OHG	Old High Ger-	**pres.p.**	present partici-	**Slav.**	Slavonic
	man		ple	**Sp.**	Spanish
ON	Old Norse	**pret.**	preterite	**subj.**	subjunctive
ONF	Old Norman	**pron.**	pronoun	**suf.**	suffix
	French	**Prov.**	Provençal	**superl.**	superlative
orig.	originally	**Rum.**	Rumanian	**Swed.**	Swedish
OS	Old Saxon	**Russ.**	Russian	**Syr.**	Syriac
pass.	passive	**S-Am.-Ind.**	South Ameri-		n
perf.	perfect		can In		
pers.	person	**Sc.**	Scottish		
Pers.	Persian	**Scand.**	Scandin		
pl.	plural	**Sc.-Gael.**	Scottish		e
Pol.	Polish	**Sem.**	Semitic		verb
Port.	Portuguese	**Serb.**	Serbian	**VL**	Vulgar Latin
p.p.	past participle	**Serbo-Croat.**	Serbo-Croa-	**voc.**	vocative
pred.	predicative		tian	**vt.**	transitive verb
pref.	prefix	**Siam.**	Siamese	**W-Ind.**	West-Indies
prep.	preposition	**sing.**	singular	**WS**	West Saxon
pres.	present	**Skt**	Sanskrit	**Yid.**	Yiddish

Shakespeare 作品名の略形

All's W *All's Well That Ends Well*
Antony *Antony and Cleopatra*
As Y L *As You Like It*
Caesar *Julius Caesar*
Corio *Coriolanus*
Cymb *Cymbeline*
Errors *The Comedy of Errors*
Hamlet *Hamlet*
1 Hen IV *1 Henry IV*
2 Hen IV *2 Henry IV*
Hen V *Henry V*
1 Hen VI *1 Henry VI*
2 Hen VI *2 Henry VI*
3 Hen VI *3 Henry VI*
Hen VIII *Henry VIII*
John *King John*
Kinsmen *The Two Noble Kinsmen*
Lear *King Lear*
Love's L L *Love's Labour's Lost*
Lucrece *The Rape of Lucrece*
Macbeth *Macbeth*
Measure *Measure for Measure*
Merch V *The Merchant of Venice*
Merry W *The Merry Wives of Windsor*
Mids N D *A Midsummer-Night's Dream*
Much Ado *Much Ado About Nothing*
Othello *Othello*
Pericles *Pericles*
Rich II *Richard II*
Rich III *Richard III*
Romeo *Romeo and Juliet*
Shrew *The Taming of the Shrew*
Sonnets *Sonnets*
Tempest *The Tempest*
Timon *Timon of Athens*
Titus *Titus Andronicus*
Troilus *Troilus and Cressida*
Twel N *Twelfth Night*
Two Gent *The Two Gentlemen of Verona*
Venus *Venus and Adonis*
Winter's *The Winter's Tale*

KENKYUSHA'S

NEW ENGLISH-JAPANESE DICTIONARY

PRINTED IN JAPAN

KENKYUSHA'S NEW ENGLISH-JAPANESE DICTIONARY

YOSHIO KOINE
Editor in Chief

FIFTH EDITION

TOKYO KENKYUSHA JAPAN

編集

小稲義男　竹林滋
田桐大澄　安藤貞雄
小西友七　寺澤芳雄
山川喜久男　吉川道夫

編集協力

東信行　小川繁司　田辺宗一
廣瀬和清　太田宜子　渡邊末耶子
児玉仁士　下田弘之
久保内端郎　鈴木榮一

執筆

安藤貞雄	広島大学教授
船戸英夫	立教大学教授
羽田三郎	青山学院大学教授
稗島一郎	文教大学講師
東信行	東京外国語大学教授
廣瀬和清	都立杉並高校教論
池谷彰	東京学芸大学助教授
乾亮一	元東京外国語大学教授
磯部薫	福岡大学教授
秦宏一	東京都立大学助教授
苅部恒徳	新潟大学助教授
河井迪男	広島大学助教授
川崎潔	独協大学助教授
児玉仁士	独協大学教授
小稲義男	元上智大学教授
小西友七	神戸市外国語大学教授
久保内端郎	東京大学助教授
栗原弘	開成学園教論
楠瀬淳三	上智大学教授
松井倫子	立教大学教授
松村好浩	神戸商科大学教授
宮井捷二	信州大学助教授
中野弘三	名古屋大学助教授
中尾啓介	電気通信大学短期大学部助教授
小川晶	東北大学教授
小川繁司	慶応義塾大学教授
太田宜子	駒沢大学・独協大学講師
岡富美子	青山学院大学教授
櫻井雅人	一橋大学助教授
笹川壽昭	新潟大学助教授
佐藤修二	中央大学教授
清水あつ子	東京外国語大学・拓殖大学講師
下田弘之	東京大学助教授
篠田義明	早稲田大学教授
獅子原巖	実践商業高校教論
須賀川誠三	独協大学教授
鈴木榮一	東北学院大学教授
田桐大澄	大東文化大学教授
竹林滋	東京外国語大学教授
竹田正道	長岡工業高専助教授
竹内公平	元香川県立高松高校教論
田辺宗一	金沢大学教授
寺澤芳雄	東京大学教授
辻正次郎	宇都宮大学教授
塚本明子	筑波大学助教授
上田稔	早稲田大学教授
渡辺勝馬	東京女子大学助教授
渡邊末耶子	都立九段高校教論
山岸和夫	専修大学教授
山川喜久男	福岡大学教授
山本俊樹	成蹊大学教授
山中桂一	東京大学助教授
柳原伊織	慶応義塾大学助教授
吉川道夫	中央大学教授

挿絵　黒澤充夫　丸山圓嶠　川井輝雄

ま　え　が　き

本辞典の改訂は，準備期間中およびその後の大小の編集会議で決定された大綱とその具体化の方式によって進められたが，改訂の規模が次第に拡大して難航を重ねた．しかし，3 段組の版面の採用などにより最終的には全 2,500 ページ内に本文の収録語数 23 万余と巻末の付録を収容することができた次第である．今回も，大学生以上を対象とし，特に英語英文学の研究者に限らず，広く今日の社会の諸方面で英語に接する人々の要請に応えうることを目標とした．以下，参考までにそのための作業の要点を挙げる．

（1） 見出し語・綴り・発音などの上で，英・米の差がある場合には米式を優先させた．

（2） 旧版の見出し語を総点検して，もはや不必要と考えられるものを削除し，事象万般の進展と複雑化，特に学術などの急激な進歩と分化によって必要となった各分野の語彙を大幅に収録して，形式・内容ともに真に情報時代にふさわしい斬新な英和辞典を作り上げるように努力した．例えば，新たに各専門家を煩わした専門語または固有名詞の増強である．この点では第 5 版は事典的性格を高めている．

（3） 現在の米国および英国の標準的な発音を，紙面の許す限り詳しく記載するように努めた．また，発音表記は，完全な音素表記とすることは差し控えて，本辞典が英語音声学を研究する人たちのための発音辞典としても利用できるように，一部の音素については敢えて異音表記 (allophonic transcription) を採用した．その結果，[ɪ], [ʊ], [t̬], [ɫ] のような見慣れない記号が使用されている．しかし，実用上は一般の方々はこれらをそれぞれ [i], [u], [t], [l] と置き換えて読んでいただいて結構である．

（4） 語源の記述に当たっては，各種の英語語源辞典や多数の権威ある英語辞典の語源欄を参照したほか，必要に応じ，それぞれの外国語語源辞典を参看して，もっとも妥当な説をとるように努めた．比較的重要な語については初出年代(概略)を与え，その語の年輪が窺えるようにした．基本的な語については，可能な限り，ゲルマン共通基語，印欧共通基語の推定形を同族語形と共に挙げ，また相互参照によって単語家族の関係をある程度暗示した．単語の語源のみならず，必要に応じ，idiom の由来，いわゆる句源を与えた．

（5） 大部分の見出し語に対する語義および記述の数量は旧版とは比較にならないほど増加しているが，語義の配列と順序は，原則として，旧版に準じて今日の用法から見て頻度数の高いものを先行させるように努め，一般使用者の便を計った．旧版で ‘bilingual principles’ の一環として訳語の直後に与えていた「双解」は，主にシノニムや英・米の差を示す場合か，訳語が紛らわしい場合に限ることにした．用例は語義解明のためのみならず，文型・統語関係・語法などの点に留意して選んだほか，必要に応じ文法・語法などの注意事項を ★ 印によって示した．

（6） 重要動詞および機能語の記述には全面的書き換えまたは大修正を施し，構文指示・統語関係の指示を強化して，本辞典の語学的性格を高めた．一般重要語の調整においても同様の配慮をした．

（7） 成句を全面的に整理・調整して増強に努めたほか，検索の便を計った．さらに，形式上は成句に類するが事典的な名詞語群をボールド体でその語群の第 1 語の項の末尾に置き，これを「準見出し」と呼ぶことにした．

（8） 巻末の外国語フレーズは，限られたスペースの中で，特に人口に膾炙したものを選ぶようにした．文形式のものを重点的に取り入れ，出典もできるだけ明示し，また随時，意味・用法上の説明を加えた．

（9） 挿絵は総点検の上，書き換えたものあるいは新規に加えたものを含めて，各専門家の校閲を経たものである．

(10) 相互参照は使用者にとって煩わしいと思われるものはなるべく止めて，情報集中化に役立つ参照を徹底させるように努めた.

以上のような操作のために参照した資料には，Oxford 系および Webster 系の大小・新旧の辞典を初めとする内外の各種の英語辞典のほか，発音・語源・文法・語法関係の辞典・参考書類，大事典，年鑑類，および各分野の専門語辞典などがある．編集室の内外から寄せられた用例カードその他多くの資料も適宜利用した.

改訂の規模拡大によるページ数の増加をできるだけ押えるために編集と校正の各段階でスペース削減に努めたが，最終段階においても編集協力者と一部の編集者は編集部と印刷部門の理解と援助を得て，主に版面整備のために語義や記述などの圧縮，用例の短縮・削除などの操作を行なった．振り返ってみると，今回の改訂の仕事量と複雑さは人力依存の限界に達していたと思われる．将来の大改訂には合理化と能率化のためにコンピューターを導入することが必要となりまた可能となるだろう.

終りに臨んで，第5版完成のために御執筆と御助言を賜わった各専門分野の146名の方々に対して，衷心から謝意を表したい．また，格別お世話になった次の方々に対して厚くお礼を申し上げる.

Martin Collick, John Kemp, Dennis Hoerner の各先生にはインフォーマントとして校正面で御協力を願った.

在日各大使館からは，その国の地名などについて資料を提供していただいた.

市川繁治郎先生には，多くの資料を提供していただいた．また，坂本龍愛先生は校正の一部を通読して下さった.

発音の校正・準備等に当たっては，福田美子　鴇田良子　平田和人　金井由允　唐木田茂明　柏原公子　枡田啓子　小倉敏博　佐々木直　高橋教雄　田口久美子　田中正之　冨岡多恵子　若旅真理子　渡辺雅子の諸氏に，特に中国語発音は金井正氏に，ブラジル・ポルトガル語発音は天野泰明氏にお願いした.

語源の校正は，小倉美知子　関戸美津子　山本文明各氏に，外国語フレーズの検討に当たっては，調査や照合を，小林絢子　田辺春美の両氏にお願いした.

社内では，河野亨雄　紀晃一　岡田穣介　佐々木則子　長井寛三　白崎政男　黒澤孝一　逸見一好　関戸雅男　窪田幸夫の諸氏が編集に当たり，改訂の追い込みが迫るにつれて，長島伸行　小沼利英　篠田達美　改田宏　鈴木康之の諸氏に応援をお願いした．全員は休日も返上して文字通り昼夜の別なく，冷酷な時間の進行と戦いながら仕事の完遂に懸命の努力を続けられた．製版部門で，佐々木修造　大塚二之　和田文五郎　榎本進　滝瀬正勝　柿岡〆吉　橋本一郎の諸氏，制作部門で，山崎博二　土方修　佐藤晃輔の諸氏には，当初から無理なお願いを続けたにもかかわらず，終始全面的な御理解と御協力をいただいた．なお，多様化した仕事を処理するため編集室で臨時に編集の手伝いや雑務をお願いした多くのアシスタントの方々にも感謝したい.

以上のように，関係者一同全力を傾けたつもりであるけれども，なお不備な点については使用者一般の方々の御教示と御叱正を賜わることができれば幸いである.

1980年（昭和55年）6月

小稲義男

刊行のことば

小社が故岡倉由三郎先生主幹の下に「新英和大辞典」を創刊しましたのは1927(昭和2)年，ついで10年を経ぬうち1936(昭和11)年に第2版を世に送りましたが，これは当時，英和大辞典の標準と見做され，「岡倉英和」の略称をもって広く世間一般に親しまれました．しかるにわが国は，日支事変に引続き太平洋戦争に突入，やがて悲惨な敗戦を迎え，その後も占領下の疲弊に喘ぐ状態が続きましたので，小社は心ならずもこの辞典の改訂を見送らざるを得ませんでした．

しかしながら，やがて新資料の入手も追々可能となり，それにつれて戦後世界の変貌とこれが英語に及ぼした影響には容易ならぬもののあることが明らかとなりましたので，小社は勇を鼓して全巻新原稿による新版を企画，前後5年を費やして1953(昭和28)年，大型第3版を完成しました．この版の編集は市河三喜・岩崎民平・河村重治郎の今は亡き3先生を中心に，福原麟太郎・中島文雄・西川正身の3先生を顧問に迎えて行なわれましたが，特筆すべきことは，専門語の記述がそれぞれの分野の一流権威者の校閲を経ていたことであります．しかし，この画期的新版をもってしても，大戦を挟む17年間の空白は一挙には埋めつくせないものがありましたので，小社は直ちに増補改訂の業に着手し，1960(昭和35)年には第4版を刊行いたしました．第3版からちょうど7年目でありました．

第3版の市河博士の筆になる「まえがき」によると，当時の小社社長小酒井五一郎は「英和辞典の生命を7年と考え，その間に必ず大規模の改訂を施すか，あるいはそれに代わる新しいものを出版する」という方針で進んでいたとのこと，第4版は正にこの主義を貫いたものと申せましょう．

さてその後アメリカでは Webster 大辞典第3版(1961)，Random House 大辞典(1966)をはじめ，それぞれ特色のある各種辞典が相次いで刊行され，それに伴って lexicography も大いに発展しましたから，小社としてはまず学習辞典にその成果を取り入れることに努めました．そのために大辞典の改訂作業は前記の理想とは大幅におくれることとなり，本格的準備に取り掛かったのは1969(昭和44)年でありました．最初は中程度の改訂を予定しましたが，あらゆる面で激動の絶えない世界の新情勢に対応する情報は，到底それでは盛り切れるものでないことが判明，遂に全面改訂に踏み切ることとなりました．以来11年，学界諸先生の絶大なる御協力と，編集・組版・制作各部門の総力をあげての献身的努力とにより，この度漸くこの第5版を完成することができました．

今回の新版は語彙はもとより，発音・語源・語義・用例のすべてに亘る内容の大幅な増加のため，従来の版面・判型を維持することは困難となりました．しかし大辞典とは言え机上で常用される辞典としては，分冊とすることは論外であり，版面を拡げるにも限度がありますので，種々考慮の結果，ここに採用した版面と判型を選定いたしました．これによって真に取扱い易い一冊物の大辞典を実現し得たものと確信いたします．

顧みれば本辞典の創刊以来すでに53年，その間に版を改めること4たび，今回この第5版を刊行して江湖の御期待に応えることができましたことは，小社の無上の光栄といたすところであります．それにつけても，本辞典の初版以降，各版の主幹，顧問，編集者などとして多大のお力添えを賜わりました学界諸先生の御厚恩が偲ばれ，心からなる感謝を捧げたいと存じます．

1980(昭和55)年6月30日

研究社 社長　植田　虎雄

専門語校閲者

図書館学 書誌学	高野彰	東京大学 総合図書館司書
ジャーナリズム	田丸成三	NHK報道局主査
哲学・論理学	杖下隆英	東京大学教授
インド哲学	原實	東京大学教授 文学博士・Ph.D.
インド哲学 仏教・サンスクリット語	上村勝彦	国学院大学助教授
心理学	南博	一橋大学名誉教授 成城大学教授 文学博士・Ph.D.
キリスト教	菊地栄三	立教大学教授
カトリック	高柳俊一	上智大学教授 Ph.D.
モルモン教	赤松成次郎	末日聖徒イエス・キリスト教会翻訳部長
イスラム教 ユダヤ教	牧野信也	東京外国語大学教授 文学博士
聖書・遊戯・心霊	船戸英夫	立教大学教授
考古学	川村喜一	元早稲田大学教授
考古学	菊池徹夫	早稲田大学講師
西洋史	穂積重行	大東文化大学教授
西洋史 フランス史	木村尚三郎	東京大学教授
フランス史	喜安朗	日本女子大学教授
中近東史	板垣雄三	東京大学助教授
ギリシャ・ローマ史	秀村欣二	東京大学名誉教授 青山学院大学教授
英国史	松村赳	東京外国語大学教授
米国史	小浪充	東京外国語大学教授
ドイツ史	西川正雄	東京大学助教授
ロシヤ史	倉持俊一	法政大学教授
ラテンアメリカ史	山田睦男	筑波大学助教授
紋章学	森護	元NHK考査室主査
地理学	佐藤久	東京大学名誉教授 理学博士
政治学	横山桂次	中央大学教授
法律学	新井正男	中央大学教授
商法・税法	堀口亘	一橋大学教授
経済学	尾高煌之助	一橋大学教授 Ph.D.
経営学	平田光弘	一橋大学教授
簿記・会計学	岡本清	一橋大学教授 商学博士
貨幣	安部英夫	株式会社泰星スタンプ・コイン取締役
金融論	花輪俊哉	一橋大学教授 商学博士
保険学	木村栄一	一橋大学教授 商学博士
社会学	高橋徹	東京大学教授
労働	戸塚秀夫	東京大学教授 経済学博士
教育学	小澤周三	東京外国語大学 助教授
ボーイスカウト	石川嘉唯	財団法人 ボーイスカウト日本連盟事務局奉仕部長
文化人類学 民族学	祖父江孝男	国立民族学博物館教授
軍事	野口宏	防衛大学名誉教授 杏林大学教授
海事	茂在寅男	東海大学教授 工学博士
甲冑・銃砲	三浦權利	西洋甲冑復元製作家
数学・統計学	赤攝也	立教大学教授 理学博士
物理学	武者利光	東京工業大学教授 理学博士
物理学	矢崎紘一	東京大学助教授 理学博士
物理学 (原子核・素粒子)	山口嘉夫	東京大学教授 理学博士
光学	桑原五郎	東京大学教授 理学博士
音響学	根岸勝雄	東京大学教授 理学博士
原子力	石野栞	東京大学助教授 工学博士
物理化学 有機化学	高橋詢	元東京大学教授 理学博士
物理化学 無機化学	西川勝	東京大学助教授 理学博士
占星・錬金	村上陽一郎	東京大学助教授
天文学	小尾信彌	東京大学教授 理学博士
天文学	大脇直明	東京学芸大学教授 理学博士
宇宙	森大吉郎	文部省宇宙科学研究所所長・工学博士
地球物理学	竹内均	元東京大学教授 理学博士
気象学	岸保勘三郎	東京大学教授 理学博士
地質・岩石 鉱物学	牛來正夫	元東京教育大学教授 理学博士
結晶学	細谷資明	東京大学教授 理学博士
自然人類学	埴原和郎	東京大学教授 理学博士
古生物学	小畠郁生	国立科学博物館 地学研究部 理学博士
生物学	太田次郎	お茶の水女子大学教授・理学博士
植物学 植物生理学	大槻虎男	聖マリアンナ医大教授・理学博士
植物分類(隠花) 植物病理学	小林義雄	国立科学博物館名誉館員・理学博士
植物分類学 (顕花)	金井弘夫	国立科学博物館 植物研究部 理学博士
植物分類学 (顕花)	小野幹雄	東京都立大学助教授 理学博士
動物分類学 (哺乳類)	今泉吉典	元国立科学博物館 動物研究部長 理学博士
動物分類学 (哺乳類)	吉行瑞子	国立科学博物館 動物研究部
動物分類学 (貝類)	波部忠重	東海大学教授 理学博士
動物分類学 (無脊椎)	今島実	国立科学博物館 動物研究部 農学博士
動物分類学 (節足動物)	武田正倫	国立科学博物館 動物研究部 農学博士
動物分類学 (ダニ類)	浅沼靖	国立科学博物館 動物研究部 理学博士

動物分類学(寄生虫)	町田昌昭	国立科学博物館動物研究部・獣医学博士
動物分類学(寄生虫)	小山力	国立予防衛生研究所寄生虫部・医学博士
動物分類学(昆虫)	黒澤良彦	国立科学博物館動物研究部・農学博士
動物分類学(淡水魚類)	中村守純	東海大学講師・農学博士
動物分類学(魚類)	新井良一	国立科学博物館動物研究部・理学博士
動物分類学(鳥類)	森岡弘之	国立科学博物館動物研究部・Ph.D.
動物分類学(爬虫両生類)洞窟学	上野俊一	国立科学博物館動物研究部・理学博士
医学	三輪卓爾	順天堂大学講師・東芝総合健診センター所長・医学博士
生化学	川邊昌太	神戸大学助教授・理学博士
歯科医学	井上昌幸	東京医科歯科大学助教授・歯学博士
薬学	花野学	東京大学教授・薬学博士
土木・鉄道・測量	堀川清司	東京大学教授・工学博士
土木・鉄道・測量	西村仁嗣	筑波大学助教授・工学博士
建築学	鈴木博之	東京大学助教授
機械工学	北郷薫	東京大学教授・工学博士
時計	小瀧富雄	中央大学教授・工学博士
自動車工学	染谷常雄	東京大学教授・工学博士
電気工学	曾根悟	東京大学助教授・工学博士
電子計算機	齊藤忠夫	東京大学助教授・工学博士
航空工学	中口博	千葉大学教授・工学博士
鉱山工学	山口梅太郎	東京大学教授・工学博士
金属工学	後藤佐吉	東京大学教授・工学博士
金属加工	宮川松男	東京大学教授・工学博士
窯業	素木洋一	東京工業大学名誉教授・東京芸術大学講師・工学博士
紡織	石川欣造	東京工業大学教授・工学博士
染色・染料	砺波宏明	日本女子大学教授・工学博士
染色・染料	岡崎光雄	東京工業大学名誉教授・東京家政学院大学教授・工学博士
製靴	村上攻	大塚製靴株式会社常務取締役
服飾	本都	服飾デザイナー
服飾	市川苑江	ファッションコーディネーター
料理	辻静雄	辻調理師専門学校校長
家具	鍵和田務	静岡女子大学教授
農学	村田吉男	東京大学教授・農学博士
土壌学	高井康雄	東京大学教授・農学博士
園芸	崎山亮三	東京大学助教授・農学博士
畜産	正田陽一	東京大学教授・農学博士
犬	長岡鳩麻呂	The Kennel Club of Japan 犬種標準委員会客員
獣医学	尾形学	東京大学教授・農学博士
林学	佐藤大七郎	東京大学名誉教授・農学博士
水産学	能勢幸雄	東京大学教授・農学博士
商業	田内幸一	一橋大学教授
広告	蓮見徳郎	株式会社電通第四クリエイティブ局参事
証券	木村増三	一橋大学教授・商学博士
郵趣	水原明窗	日本郵趣協会理事長
美術	友部直	共立女子大学教授
写真	笹井明	千葉大学教授・工学博士
宝石	乙竹宏	株式会社ミキモト取締役
皮革	丹羽行夫	株式会社ニッピ技術部長・日本皮革技術協会理事
音楽	皆川達夫	立教大学教授
音楽	佐藤章	NHK国際局渉外部主査
音楽	平尾行藏	遠山音楽財団附属図書館司書
音楽	三宅幸夫	山形大学講師
ダンス・バレエ	川口千代	筑波大学助教授
演劇	柴田稔彦	東京大学助教授
映画	池田博	日本大学教授
スポーツ	丹羽芳雄	国際基督教大学教授
スポーツ	伊東明	上智大学教授
スポーツ	真鍋輝明	NHK報道局主査
アメリカンフットボール	橋本喬	関東フットボール協会常任理事
クリケット	山室宗忠	上智大学名誉教授
釣	高田弘之	日本疑似餌釣連盟副会長・日本釣振興会理事
競馬・馬術	高橋治男	中央大学助教授
チェス	松本康司	日本チェス協会会長
トランプ	上島建吉	東京大学助教授
言語学	風間喜代三	東京大学教授・文学博士
言語学 英語学	桑原輝男	東北大学教授
修辞・詩学 文献学	寺澤芳雄	東京大学教授
音声学	竹林滋	東京外国語大学教授
中国語	輿水優	東京外国語大学教授
セム語・古代エジプト語	松田伊作	九州大学教授
英文学 各国文学	小池銈	東京大学教授
米国文学	渡辺利雄	東京大学助教授
北欧神話 北欧史	岡崎晋	東海大学教授
ギリシャ・ローマ神話	久保正彰	東京大学教授

凡　　例

1. 見出し語

本辞典には，一般の英語語句のほか，固有名詞・常用外来語句・略語・記号・接頭辞・接尾辞・連結形などを収録し，また巻末には外国語フレーズ (Foreign Phrases and Quotations) を収めた．

1.1 すべて立体のボールド体を用い，アルファベット順に配列した．

1.2 綴りの切れ目は中丸 (·) で示した．

ac·a·dem·ic [æ̀kədémɪk]
a·cad·e·my [əkǽdəmi | -mɪ]

★ ただし，実際には行末あるいは行頭において 1 字を残して切ることはなく，2 字を残して切ることも好ましくない．

① 発音の違いによって語の音節の切れ目が異なる場合は，第一の発音に合わせて切った：**sta·tus** [stéɪṭəs, stǽṭ- | stéɪt-] *n.*

外国語の場合は，必ずしも英語音の形によらず，その原語での切り方で示したものがある：**Pi·noc·chio** [pɪnɑ́kiòu, pə- | pɪnɔ́kɪə̀u, -nóu-, -kjəu ; *It.* pinɔ́kkjo] *n.*

② 複合語については，各要素間の切れ目と音節の切れ目が一致する時は，各要素の切れ目にのみ中丸を示し，各要素の分節は省略した (なお 3.12 参照)．

1.3 同一綴りでも語源の異なるものは別見出しとし，[1] [2] などの肩番号で区別した． ただし，語源上は同一語であっても，発音・語形変化その他の説明のために，便宜的に別見出しにしたものがある．

have[1] 〚ME *have(n), habbe(n)* < OE *habban* < Gmc **χabēn* (Du. *hebben* / G *haben*) ← IE **kap-* to have in hand, take (L *capere* to hold / Gk *káptein* to swallow) : cf. heave〛 ― [hǽv, hév | hǽv] *v.* (**had** [hǽd, héd | hǽd]; 三人称単数直説法現在 **has** [hǽz, héz | hǽz]) ― [hǽ(ː)v] *n.*

have[2] [(h)əv, v ; hæ̀v, hǽv] 〚↑〛 ― *auxil. v.* (**had** [(h)əd, d ; hæ̀d, hèd, hǽd, héd | (h)əd, d ; hæ̀d, hǽd] ; 三人称単数直説法現在 **has** [(h)əz, z, s ; hæ̀z, hèz, hǽz, héz | (h)əz, z, s ; hæ̀z, hǽz])

pom·pier[1] [pɑmpíə, pɑ̀mpiéɪ, pɑmpjéɪ | pɔ́mpɪə(r ; *F.* pɔ̃pje] 〚▭F ～ 'fireman, pump maker' ← *pompe* 'PUMP[1]' : ⇨ -ier[2]〛 ― *n.* **1** 消防士 (fireman). **2** = pompier ladder.

pom·pi·er[2] [pɑ̀mpiéɪ, pɑmpjéɪ | pɔ̀mpɪéɪ, pɔmpjéɪ ; *F.* pɔ̃pje] 〚▭F ～ : ↑〛 *adj.* 型にはまった (conventional), 堅苦しい, 古臭い (old-fashioned).

1.4 綴りは英米の辞典を参考に，最も一般的と思われる形を採用した．

1.5 米語と英語で習慣的に綴りが異なる時は，米の綴りを優先し，次のように示した．

col·or, 《英》 **col·our** [kʌ́lə | -lə(r]
colour *n., v.* = color.

re·al·ize [ríːəlàɪz, ríəlaɪz, ríːl- | ríəlaɪz] *v.*
re·al·ise [ríːəlàɪz, ríəlaɪz, ríːl- | ríəlaɪz] *v.* 《英》 = realize.

1.6 異綴りはそれぞれ見出しに立てたが，記述は一方の見出しのもとにまとめた．

① その語順が直前・直後のものであれば，(*also*...) として示し，見出しの代用とした．

a·field [əfíːld]
a·fi·ko·man [ɑ̀ːfɪkóumən | -kóu-] 〚...〛 *Heb. n.* (*also* **a·fi·ko·men** [～])
AFIPS

Gal·a·had [gǽləhæ̀d]
gal·an·gal [gǽlɪŋgæ̀l, -lən-, -lɪŋ-, -ləŋ- | -lɪŋ-] *n.* (*also* **gal·an·gale** [gǽləŋgèɪl, -ləŋ- | -ləŋ-])
gal·an·tine [gǽləntiːn, ←――]

② 語義の説明上異綴りを示す必要のある時は，語順にかかわらず (*also* ...) を用いて次のように示した．

gage[2] [géɪdʒ] *n., vt.* = gauge.
gauge [géɪdʒ] 〚...〛 (*also* **gage**) ★ *n.* 9 の意味では通例 gage とつづる；《米》では *n., v.* のすべての場合に gage もしばしば用いる．

③ 複合語形・派生語形の見出しは原則として，主たる形のものだけをあげて，異綴りの場合の見出しは省略した．

1.7 大文字・小文字の違いだけの場合はそれを明示し，併記見出しとした．

néw thíng, N- T- = **néw thíng, Néw Thíng**
Nèo-Gréek, nèo-G- = **Nèo-Gréek, nèo-Gréek**

1.8 2 語以上の見出し語の時，言い換えできる部分は [　　] で示したが，[　　] 内の語の語順が直前・直後に来る場合に限って用いた．

áction phòtograph [pìcture]
= **áction phòtograph**
áction pìcture

1.9 見出し語の配列順

(1) **air·lift**
air-lift
air lift

(2) **mac**
Mac
MAC

(3) 数字が含まれた見出し

① 数字だけの見出し語または見出し語の第 1 語が数字の場合：その数字を発音に従って単語に spell out した場合の順に配列した．

-one *suf.*	**three-cornered** *adj.*	**thirty** *n.*
1-A *n.*	**3-D** *adj.*	**30-dash** *n.*
one-a-cat *n.*	**three-day fever** *n.*	**.38** *n.*
		thirtyfold *adj.*

② 単語のあとに数字がつく場合：
その単語の順とし，数字部分は 1, 2, 3, ... の順で配列した．

carbon *n.*	**U.** 《略》	**Henry I** *n.*
carbon 12 *n.*	**U-235** *n.*	**Henry II** *n.*
carbon 13 *n.*	**U-238** *n.*	**Henry III** *n.*
carbon 14 *n.*	**U-239** *n.*	
carbona *n.*	**UA** 《略》	

(4) 固有名詞

① 同一綴りの地名・人名では，地名を先にした．

Jack·son[1] [dʒǽksn̩] 〚← *Andrew Jackson*〛 *n.* **1** 米国 Mississippi 州中部にある同州の首都；人口 167,000. **2** 米国 Michigan 州南部の都市；人口 44,000.

Jack·son[2] [dʒǽksn̩] 〚《原義》 son of Jack〛 *n.* 男性名.

② 同一綴りの姓では，その名のアルファベット順に配列した．

Jackson, Andrew *n.*
Jackson, Barry *n.*
Jackson, Helen (**Maria**) **Hunt** *n.*
Jackson, John Hugh·lings [hjúːlɪŋz] *n.*
Jackson, Thomas Jonathan *n.*

③ 人名で，その人本来の名前でない肩書きなどは，ローマン体で示したが，その部分は語順には数えなかった．

Chur·chill [tʃɔ́ːtʃɪl, tʃɔ́ːtʃhɪl | tʃɔ́ːtʃɪl], **John** *n.*
Churchill, Lord **Randolph** (**Henry Spencer**) *n.*
Churchill, Winston *n.*
Churchill, Sir **Winston** (**Leonard Spencer**) *n.*

1.10 意味の自明な派生語は，見出しの記述の最後に追い込んだ．

2. 準見出し

事典的な説明が必要な次のような名詞語群は，見出しに準ずるものとしてボールド体で，原則としてその第 1 語の見出しの個所で扱った．主として「名詞＋前置詞(または接続詞)＋名詞」の形式をもつ語群である．

lily *n.*
lily of the valley 〚《なぞり》← L *lilium convallium* ...〛〚植物〛ユリ科スズラン属 (*Convallaria*) の植物の総称；(特に)ドイツスズラン (*C. majalis*), スズラン (*C. keiskei*) (など).

article *n.*
articles of association [the ―] 〚法律〛 (1) 《英》 (会社の)通常定款《基本定款 (memorandum of association) に記載されない会社の組織, ...》. (2) 《米》 (法人でない社団 (unincorporated association) の) 定款.

federal *adj.*
Federal Bureau of Investigation [the —] (米国の) 連邦捜査局《司法省の一局；略 FBI》.

★ 例外的に次のような語群も準見出しで扱った.

drop *v.*
drop the handkerchief〘遊戯〙ハンカチ落とし《...》.
north *n.*
north by east 北微東 (略 NbE).
north by west 北微西 (略 NbW).

3. 発　音

3.1 国際音声記号 (International Phonetic Alphabet；略 IPA) を用い, [　] に入れて示した.

3.2 第1アクセントは [ˊ] で, 第2アクセントは [ˋ] で示した.

3.3 米音と英音とが相違する場合には, 米音を先に示し, 短い縦線を引いて次に英音を示した.
hot [hɑ́t | hɔ́t]

3.4 外国音は英語音の後に ；を用いて示した.
Ar·thur [ɑ́əθə | ɑ́:θə(r；*G.* ártʊr, *F.* arty:r]

3.5 十分に英語化していない外国語の場合は原語の発音だけを示したものがある.
Côte d'I·voire [*F.* kotdivwa:r]

3.6 弱形と強形 (⇨ 発音解説 7.2 (3)) の別は ；を用いて示した.
from [frəm; frʌ̀m, frɑ̀m, frʌ́m, frɑ́m | frəm; frɔ̀m, frɔ́m]

3.7 併記された発音記号中の一部が先に示された発音記号と共通する場合は, 原則として音節単位でハイフン [-] を用いてその共通部分を省略した.
fig·u·ra·tive [fígjʊrət̬ɪv, -gər- | -tɪv]
＝[fígjʊrət̬ɪv, fígərət̬ɪv | fígjʊrətɪv, fígərətɪv]

3.8 見出し語の発音と全く共通の部分は ～ を用いて示した.
a·mi [æmí:, ɑ:mí:；*F.* ami] *n.* (*pl.* **～s** [～z；*F.* ～]) ＝[æmí:z, ɑ:mí:z；*F.* ami]
haus·frau [háʊsfràʊ；*G.* háʊsfràʊ] *n.* (*pl.* **～s, ～·en** [～ən；*G.* ～ən]) ＝[háʊsfràʊən；*G.* háʊsfràʊən]

3.9 単にアクセントだけが移動する場合, 各音節をダッシュ [—] で表わし, アクセントの位置の違いを示した.
cap·size [kǽpsaɪz, —ˊ | —ˊ]
＝[kǽpsaɪz, kæpsáɪz | kæpsáɪz]
over·lap [ˋ—ˊ] *v.* **—** [ˊ—ˋ] *n.*
＝[òʊvəlǽp | òʊvəlǽp] *v.* **—** [óʊvəlæ̀p | óʊvəlæ̀p] *n.*

3.10 省略可能な音は ( ) を用いて示した.
pro·tu·ber·ance [pro(ʊ)t(j)ú:b(ə)rəns | prətjú:-]
＝[proʊtjú:bərəns, protjú:bərəns, proʊtú:bərəns, proʊtjú:brəns, protú:bərəns, protjú:brəns, proʊtú:brəns, protú:brəns | prətjú:bərəns, prətjú:brəns]

3.11 品詞や語義によって発音が異なる場合は, 該当個所にそれぞれ発音を表示した.
im·port **—** [ɪmpɔ́ət, əm-, -póət, ímpɔət, -poət | ɪmpɔ́:t, ˊ—] *v.*
— [ímpɔət, -poət | -pɔ:t] *n.*
— [ímpɔət, -poət | -pɔ:t] *attrib. adj.*
gey·ser **—** *n.* **1** [gáɪzə | gáɪzə(r, gí:-] 間欠泉, 間欠温泉, 間欠噴泉. **2** [gí:-]《英》(風呂・台所などに取り付けた)瞬間湯沸かし器. **—** *v.* [gáɪ- | gáɪ-, gí:-]

3.12 見出し語が2語(以上)の複合語などでは, その各々の要素の発音が他で示されている場合, アクセントだけを示した.
cánnon·bàll
wéather màp
一方の語(あるいは一部の要素)が初出の場合は, その部分だけの発音と分節を示した.
cán·nel còal [kǽnl̩-]

3.13 単独の語であっても, ある語の派生語形で, その語幹となる語の発音と造語要素との結びつきが英語の通則で推測がつきやすいものは, アクセントだけを示した.
com·mand [kəmǽnd | -mɑ́:nd]
com·mánd·er *n.* ＝[kəmǽndə | kəmɑ́:ndə(r]
com·mánd·ing *adj.* ＝[kəmǽndɪŋ | kəmɑ́:ndɪŋ]
ただし, 発音が変わる時は, 変わる部分の発音を表示した.
con·di·tion [kəndíʃən] *n.*
con·dí·tion·al [-ʃənl̩, -ʃnəl] *adj.*
＝[kəndíʃənl̩, kəndíʃnəl]
con·dí·tion·al·ly [-ʃ(ə)nəli | -lɪ] *adv.*
＝[kəndíʃ(ə)nəli | kəndíʃ(ə)nəlɪ]

lib·er·ate [líbərèɪt] *v.*
líb·er·à·tor [-t̬ə | -tə(r] *n.*
＝[líbərèɪt̬ə | líbərèɪtə(r]
set·tle[1] [sét̬l̩ | -tl̩] *v.*
sét·tler [-tlə, -t̬l̩ə | -tlə(r, -t̬l̩ə(r] *n.*
＝[sétlə, sét̬l̩ə | sétlə(r, sét̬l̩ə(r]

4. 語　源

4.1 発音表記 (ない場合は見出し語) の直後に, 〘　〙の形式で示した. また, 成句や各語義などについても必要な限り〘　〙を用いて, 句源や語義変化を明らかにした.

4.2 二つ以上の品詞に跨る時は, 主要な品詞に限って語源をあげた. 特に一方の品詞からの転用によるものは略記したものが多い.

4.3 英語内で造語された語で, その構成要素の自明なものは語源記述を省略した.

4.4 固有名詞のうち, 英・米の地名および男性名・女性名には語源を与えた.

4.5 OE (700-1100) に遡る語は直ちに OE の語形をあげ, 初出年代を省いたが, ME (1100-1500) に遡る語については, 英語における初出文献の執筆[成立]年代を, *O.E.D.* (*Oxford English Dictionary*), *M.E.D.* (*Middle English Dictionary*) により《　》に入れて示した. ただし, 派生語についてはしばしば簡略に〘ME〙とのみ記した. また 1400-1500 年間に初出の語については〘《15C》〙のように世紀で示した. 16 世紀以後の語についても, 時に世紀で示したものがある. 20 世紀の造語は通例年代指示を省いた.
boat〘OE *bāt* small open vessel ＜ Gmc **bait-*《原義》? dugout canoe or split planking (ON *beit*) ← ? IE **bheid-* to split: ⇨ bite〙
beef〘《*c*1300》*bēf*, *boef* ▭ ONF *boef*, *buef* (F *bœuf*) ＜ L *bovem*, *bōs* ox ＜ IE **gʷōus*: ⇨ cow[1]〙
smog〘《1905》《混成》← SM(OKE)＋(F)OG[1]〙
doubly〘ME〙
borrowed〘《15C》〙
★《*c*1300》などの *c* は circa (＝about), 《*a*1325》などの *a* は ante (＝before) を指す.

4.6 言語名は多くの場合略形で示した(表見返しの略語一覧表参照).

4.7 語形はローマ字以外のものは転写してイタリック体で示し, その意味はローマン体で示した. 転写法については, 一般に標準的なものによったが, 一部は本文の alphabet 表を参照されたい.

4.8 2語(以上)の見出し語で, その一部の要素についての語源を示す場合, それを明記した.
zip code〘*zip*:《頭字語》← *z*(*oning*) *i*(*mprovement*) *p*(*lan*) [*p*(*rogram*)]〙

4.9 人名に由来する語源の場合, その人名が本文の見出しにある時には, その説明を省いた.

4.10 語源欄で用いた記号等については以下の通り.
＜　発達 (developed from)　音法則的発達を示す.
▭　借入 (borrowed from)
←　派生 (taken from)　広く造語関係を示し, また語形をあげず単に借入言語名のみをあげる場合にも, 「...語起源」の意味で用いた.
←?　語源不詳
＋　結合 (and)　複合語・合成語などの構成素を示す.
∽　交替 (replaced by)
*　推定形 (unattested)　文証されないが理論上推定された語形であることを示す.
/　同族語を例示する場合, 言語間の区切りとした.
//　異説を列挙する場合, その区切りとした.
(i) (ii)　語源表記が混み入る時, 異説列挙の区分に用いた.
↑, ↓　その語の直前・直後の語源欄または見出し語を参照の意に用いた.
～　見出し語と全く同一語形の時, 誤解のない範囲で用いた.
?　疑問の余地のあることを示す.
' '　意味表示を示す.
意味表示とその語を参照の意を兼ねる時は ' ' の中で SMALL CAPITAL を用いて示した: **jongleur**〘《1779》▭ F ～ 'JUGGLER, 《古》minstrel'〙

4.11 語源欄で用いた主な用語については以下の通り.

《異化》	dissimilation	例 colonel
《異分析》	metanalysis	apron
《英語化》	Anglicization	electrophore
《押韻俗語》	rhyming slang	berk

《音位転換》	metathesis	bird
《加重》	reduplication	zigzag
《逆成》	back-formation	baby-sit
《逆つづり》	anagram	Erewhon
《擬音語》	onomatopoeia	cuckoo
《混成》	blending	smog
《短縮》	contraction	jerry[2]
《通俗語源》	folk etymology	sand-blind
《綴り変え》	anagram	lutidine
《転訛》	corruption	jitter
《転用》	conversion	box[3]
《頭音消失》	aphaeresis	cute
《頭字語》	acronym	laser
《なぞり》	calque	folk dance
《鼻音化》	nasalization	bangtail
《尾音消失》	apocope	mitt
《部分訳》	partial translation	borough-English
《変形》	modification	Jan
《ラテン語化》	Latinization	encarpus
《略》	abbreviation	exam

5. 品　詞

5.1 用いた品詞表示は以下の通り.
n., pron., rel. pron., demons. pron.; *v., vt., vi., auxil. v., substitute v.*; *adj., attrib. adj., pred. adj., demons. adj.*; *definite article, indefinite article*; *adv., rel. adv.*; *conj.*; *prep.*; *int.*; *pref., suf.*

5.2 同一語で異なる品詞は **—** をもって区切りとした.

5.3 《略》abbreviation, 《記号》symbol は品詞表示の代用とした.

5.4 連結形と一部の外来語句の見出しには品詞名は示さなかった.

5.5 特に外来語意識が残っていると思われる外国語については, 品詞名の前に *F., G., It.* などの言語名を示した.

6. 語形変化

名詞・動詞・形容詞・副詞の不規則変化形はすべて示した.

6.1 名詞の複数形

① 見出し語に直接 -s か -es がつくもの, および -y が -i- に変わって -es がつくものは, 示さなかった.

ad·e·no·ma [ædənóumə, ædṇ- | ædɪnə́umə, ædə-] *n.* (*pl.* **~s, ~·ta** [~ṭə | ~tə])

★ 不規則変化形と両方ある場合, 規則変化も表示した.

② -o で終わる語は -s か -es, またはその両形があるので, これを明記した.

ca·ca·o *n.* (*pl.* **~s**)
kan·ga·roo *n.* (*pl.* **~s, ~**)
mot·to *n.* (*pl.* **~es, ~s**)

③ 複合語形の場合, 複数形は示さなかった. ただし, 語の第1要素が変化する場合は示した.

mother-in-law *n.* (*pl.* **mothers-**)
attorney general *n.* (*pl.* **attorneys g-, ~s**)

6.2 動詞の過去形・過去分詞・-ing 形

① 見出し語に直接 -ed, -ing がつくもの, および -e が落ちて -ed, -ing のつくもの, -y が -i- に変わって -ed がつくものは示さなかった.

② 語尾の子音字が重なるものは示した.

nod *v.* (**nod·ded**; **nod·ding**)
yap *v.* (**yapped**; **yap·ping**)

③ 複合語形では, 変化する部分だけを表示した.

nóse-dìve *n.* (**-dived,** 《米》**-dove**; **-dived**)

6.3 形容詞・副詞で, -er, -est の比較級・最上級がある場合, それを示した. -er, -est の型と more ~, most ~ の型が両方ある場合, 頻度に従って表示した.

clev·er *adj.* (**~·er**; **~·est**)
chaste *adj.* (**chast·er, -est**; **more ~, most ~**)
com·mon *adj.* (**more ~, most ~**; **~·er, ~·est**)

6.4 代名詞の複数形・目的格・所有格を示した.

6.5 不規則変化形の綴りの語順が, もとの語の直前・直後にくる場合は, 別見出しは立てなかった. 語順が離れる場合は, 検索の便のため別見出しを立てたが, そこでは発音・分節とも省略した.

7. 語義・用例

7.1 語義の配列順は, 原則として, 現代の用法として最も一般的なものから順次特殊な語義に及ぶようにした.

7.2 品詞別に **1 2 3** で語義を大別し, 必要に応じて **a b c** と細別した. また, 特に必要な場合には **A B C** を用いて, より大きな範疇を示した.

7.3 [　　] を用いて, 必要な構文指示などを示した.

God *n.* **1** [しばしば g-] (各種の信仰に基づく) 神, … **2** [g-] 神像, … **5** [the gods] (劇場の)天井桟敷(さじき); …
king *vt.* **2** [通例 ~ it として] 君臨する; …
amuse *vt.* **1 a** …; [~ one*self* で] 楽しく過ごす, 遊ぶ.

7.4 《　　》を用いて, 用法指示を示した (11 用法指示一覧参照).

7.5 〘　　〙を用いて, ある特定の分野で使われることを示した.
〘医学〙〘英史〙〘音楽〙〘数学〙〘哲学〙〘法律〙〘服飾〙〘紋章〙など.

7.6 訳語部分に = として語句をあげたものは後者と同義であることを示す.

7.7 用例において見出し語に該当する部分は ~ で示した.

7.8 見出し語に関連する前置詞・副詞など, および語法上注意すべき部分はイタリックで示した.

7.9 用例中 one は主として「自分」, a person は「相手」「他人」の意に用いた (詳しくは 8.5 参照).

7.10 用例中などで, その引用の出典は次のように示した.

① 原文の句などをそのまま引用する場合: *Frailty*, thy name is woman. もろきものよ, 汝の名は女なり (Shak., *Hamlet* 1. 2. 146).

② 原文の形そのままでない場合, cf. をつけた: a *pearl* of great price 非常に高価なもの (cf. *Matt.* 13 : 46).

7.11 〈　　〉の用法

① 語義を限定する次のような語を示した.
動詞の主語・目的語, 形容詞の名詞連結, 前置詞の目的語など.

arbitrate *vt.* **1** 〈争議などを〉仲裁[調停]する: ….
crab[3] *vt.* 〈鷹(たか)が〉〈他の鷹を〉つめでひっかく, つかむ (scratch); つかみ合う (fight). **—** *vi.* 〈鷹が〉つめでひっかき合う.
effervesce *vi.* **1** 〈炭酸水などが〉沸騰する, (盛んに) 泡立つ (bubble up). **2** 〈ガスが〉泡となって出る. **3** 〈人が〉熱狂する, 興奮する, 活気づく: ….
blank *adj.* **4** 〈生活など〉空虚な, からっぽの; …: a ~ existence [day] …. **5 a** 〈顔など〉ぼんやりした, ぽかんとした (vacant); 生気[表情]のない; …: a ~ face 無表情な顔 / ….
stiff *adj.* **5 a** 〈風・流れなど〉強い, 激しい: …. **b** 〈酒など〉アルコール分の多い, 強い…. **6 a** 〈半固体など〉比較的堅い, …. **b** 〈土など〉密質で堅い: ….
around *prep.* **8** 《米》〈角〉を曲がった所に (《英》round): a store ~ the corner ….

② 慣用的に用いられる副詞・接続詞・不定詞などを訳語の後で示し, 訳語中でもそれに対応する部分を示した.

throw *vt.* **6 a** 〈衣服などを〉急いで着る, 引っかぶる 〈*on*〉, かなぐり捨てる 〈*off*〉: ~ *off* [*on*] one's coat 上着をさっと脱ぐ[着る] / ….
game *adj.* **3** 《口語》…; 〈…する〉気[元気]がある 〈*to* do〉: He is ~ *to* do anything. 元気で何でもする / ….

③ 訳語中で, [構文指示]に対応する部分を示した.

decide *vt.* **1 b** [*to* do を伴って] 〈…しようと〉決心する, 〈…すること〉にする: She ~*d to* stay at home. 彼女は家にいることにした. **c** [*that*-clause を伴って] 〈…と〉判定[推定]する, 考える: I ~*d that* there would be nothing for it but to obey him. …

7.12 〔　　〕の用法

慣用的に用いられる前置詞または as を示し, 訳語中でも, それに対応する部分を示した.

consist *vi.* **1** 〔部分・要素から〕成る 〔*of*〕: Water ~*s of* hydrogen and oxygen…. / The household ~*ed of* four women. …. **2** 〔…に〕存する, ある (lie) 〔*in*〕: Happiness ~*s in* contentment. …. **3** 〔…と〕両立する, 一致する (harmonize) 〔*with*〕: Health does not ~ *with* intemperance. … / The story does not ~ *with* the evidence. ….
dredge[2] *vt.* 〔食物に〕〈小麦粉・砂糖などを〉振りかける (sprinkle) 〔*over*〕, …に〔粉を〕まぶす 〔*with*〕: ~ flour *over* meat = ~ meat *with* flour.
gift *vt.* **1 a** 〈人〉に〔物を〕贈る (present) 〔*with*〕: ~ a person *with* a thing. **2** [主に p.p. 形で] 〔性質などを〕…に賦与する (endow) 〔*with*〕: He is ~*ed with* great talents. ….
regard *vt.* **3** 〔…であると〕考える, 〔…と〕みなす (look upon) 〔*as*〕: I ~ him *as* a friend. ….
fond[1] *adj.* **1** [Predicative に用いて] 〔…を〕好んで, 〔…

が)好きで〔*of*〕: be ~ *of* children [music, drink] ... / get [grow] ~ *of*....

7.13 〈 〉に示された語句と〔 〕で示された語句が同一センテンスに現われ得る(共起する)場合は〈 〉と〔 〕とを併記し，そうでない(共起しない)場合は短い斜線(/)を用いて区別した.

共起する場合：

blossom *vi.* **2** 栄える，発展する；発達して〔...と〕なる〈*out*〉〔*into*〕: His genius ~*ed* early. ... / The village ~*ed* (*out*) *into* a town. ... / He will ~ *out as* [*into*] a statesman. ...

共起しない場合：

shut *vt.* **3 a** 〈人・騒音などを〉閉じ込める (confine)〈*in*, *up*〉/〔*into*〕: ~ a noise *in* ... / ~ oneself *in* ... / ~ a bird *into* a cage ... / He has been ~ *in* by illness. ... / ~ a criminal *up in* a prison ....

fame *vt.* **2** [通例 Passive で]《古》(...と)世間で言う〔*as*, *for*〕/〈*to* be [do]〉: He is ~*d as* [*to be*] cruel. ....

slice *vt.* **2** 薄く切り取る〈*away*, *off*〉/〔*from*〕: ~ *off* a piece of meat.

7.14 同一の語で前置詞にも副詞にも機能する場合は，どちらか主要な用法のかっこで(もう一方を)代表させ，可能な限り用例で両様の用法を示した.

deal[2] *vt.* **3**《俗》〈人を〉〔仕事・トランプなどに〕仲間入りさせる，仲間に加える〔*in*〕: Father *dealt* me *in* the business. ... / He asked me to ~ him *in*. ....

8. 成　句

構成要素の交替をほとんど許さない語群で，一つの意味単位をなし，しかもその意味が構成要素の総和からは予測困難なものは，通例成句として扱い，品詞ごとにまとめて斜体のボールド体で示した.

8.1 すべてボールド体のアルファベット順に配列したが，固定していない不定冠詞の a, an は語順に数えていない.

8.2 成句を出す個所は，原則として以下のようにした.

① 名詞が含まれた成句は，名詞の個所で扱った.

② 動詞＋副詞または前置詞の成句は，動詞で扱った.

③ 形容詞・副詞・前置詞の結びつきの成句は，最初の語のもとで扱った.

8.3 同一の成句に二つ以上の名詞または動詞が含まれているものは，原則として，最初の名詞または動詞の見出し語のもとで扱った.

8.4 動詞の成句では，説明の必要上，その動詞の機能により (*vi.*) (*vt.*) に分けて表記したものがある.

8.5 成句中 one, one's は主として「自分」に，a person, a person's は「相手」「他人」の意に用いた.

mind *n.* ***give*** *a person* ***a bit*** [***piece***] ***of*** *one's* ***mind*** 〈人に〉直言する；〈人を〉しかる[とがめる]: I *gave* him *a piece of my* ~ on the matter. その事について彼に率直な意見を述べた.

know *one's* ***own mind*** はっきりした自分の意見をもっている，考えがぐらつかない: He doesn't *know his own* ~. 彼には定見がない.

one, a person ともに可能な場合は a person で代表させた.

nose *n.* ***under*** *a person's* (***very***) ***nose***《口語》人のすぐ目の前[面前]で，鼻っ先に[で]: She found her spectacles *under her very* ~. 彼女は(捜していた)眼鏡をすぐ目の前に見つけた / The man snatched the article right *from under our* ~*s*. その男は私たちの見ている目の前でその品をかっぱらった.

9. 挿　絵

語の理解を助けるために必要な挿絵・図解・表を採用した.

9.1 可能な限り情報の集中化をはかり (heraldry, horse, Rugby Union など)，必要に応じて他の項目からその挿絵の出ている項目を ⇨ で指示した.

9.2 動物・植物などの挿絵で，その語の説明との関係で特に必要な場合は，その絵が示す動物・植物の学名を挿絵の名前に付した: auk, blackberry, ibex など.

10. 諸記号の用法

: 訳語の後に用いて，用例の始まりを示す.

~ 見出し語の綴りまたは発音と共通の部分を示す.

/ 用例と用例の区切りを示す.

cf. 参照すべき語句を示す.

⇨ その先の語句に詳しい説明があることを示す.

( ) ① かっこ内の語(句)は省略可能を示す.
② 訳語の後で双解を示す.

(↔) 訳語の後で対照語(句)を示す.

[ ] ① かっこ内の語(句)と直前の語(句)との言い換えを示す.
② 訳語の前で構文指示や語法指示を示す.

〈 〉 ① 訳語中で，その語義の限定に必要なものを示す.
② 訳語の後で，統語関係にある副詞・接続詞などを示す.
③ 訳語中で，② に，あるいは[構文指示]に対応する部分を示す.
(詳しくは 7.11 参照)

〔 〕 ① 訳語の後で，統語関係にある前置詞などを示す.
② 訳語中で，① の前置詞に対応する部分を示す.
(詳しくは 7.12 参照)

/ 〈 〉と〔 〕が共起しないことを示す (詳しくは 7.13 参照).

★ 語法・用法上の注意事項を示す.

SMALL CAPITAL 参照する語句が数語からなる時，その語句がおさめられている見出し語を示す:
cf. signs of the ZODIAC, ⇨ *at a* TIME

- 綴り字本来のハイフン: phone-in

- 行末のハイフン:
talk·y [tɔ́:ki | -kɪ] *adj.* (**talk·i·er**; **-i·est**) **1** ＝talka-tive. **2** 〈劇・小説など〉語り[会話]の多すぎる: . . .

11. 主な用法指示一覧

《米》	Americanism	《ロンドン方言》	cockney
《英》	Briticism	《軽蔑》	contemptuous, etc.
《スコット》	Scottish	《学生語》	school term
《アイル》	Irish	《小児語》	nursery term
《ウェールズ》	Welsh	《古》	archaic
《豪》	Australian (& New Zealand)	《戯言》	humorous *or* facetious
《ニュージーランド》	New Zealand	《反語》	ironical
《カナダ》	Canadianism	《皮肉》	sarcastic
《インド》	Anglo-Indian *or* Indian	《文語》	literary
《北英》	Northern England	《詩》	poetical
《口語》	colloquial	《比喩》	figurative
《俗》	slang	《婉曲》	euphemistic
《卑》	vulgar *or* taboo	《まれ》	rare
《方言》	dialectal	《廃》	obsolete *or* obsolescent
《俗用》	improperly used, not in technical use, etc.		

★ いずれも特に限定するものではなく，その傾向を示すもので《英》ならば英国用法ないし，主として英国用法を意味する.

発　音　解　説

1.　米音と英音

1.1　本辞典では現在つまり20世紀後半におけるアメリカ英語およびイギリス英語の標準的な発音を示している．多くの語においては発音が必ずしも固定しておらず，語によっては数種の発音を記している．

1.2　今日のイギリス英語の標準的な発音とみなされているものはロンドンを中心とする南部イングランドの教育ある人たちによって話されているタイプの発音で，しばしば「容認発音」(Received Pronunciation；略 RP) と呼ばれるものである．Received とは「上流社会で受け入れられている」という意味で，元来は中上流階級子弟の大学予備校としての性格をもっていた public school で教育を受けた南部 England 出身者の発音であったが，今日ではその範囲が広がり，教育・文化・放送関係の人々の多くによって使用されている．イギリスの人口に比して使用人口は必ずしも多くはないが，政治的・文化的に高い優越性をもっている．本辞典ではこれを**英音**と呼ぶ．

1.3　アメリカ英語では，イギリス英語におけるような意味での標準発音は存在しない．アメリカでは，それぞれの地方における教養ある人たちの発音が，それぞれの地方の標準とされている．おもな方言区分は図の通りである (それぞれは更に下位区分されるのであるが，かなり専門的になるのでここでは省略する)．これらの方言の相違はすでに初期の植民地時代に遡るもので，植民地時代の東部大西洋沿岸の英語は，移民の定住地域によって，北部方言，中部方言，南部方言に3大別された．この方言区分は，英本国から渡来した移民の出身地と大きな関係がある．北部方言は Massachusetts 湾周辺を中心として発達した北部植民地の方言であるが，そこの移民の3分の2は南部 England の出身であった．また南部方言は Virginia 州の沿岸地帯から発達した植民地の方言だが，ここでも初期の移民の半数以上は南部 England 出身であった．植民地初期の北部方言は New England 地方を中心とする今日の東部方言へと，南部方言は，Virginia 州から南西部一帯，Texas 州東部にいたる地域で話される今日の南部方言へとそれぞれ発達したわけであるが，この両方言が母音の後の r を発音しない点で南部 England 英語と共通点をもっているのは，このような歴史的背景があるからである．また，この二つの地域が独立後も英本国と船舶による往来が頻繁であったことも，イギリス英語と類似している理由としてあげられよう．

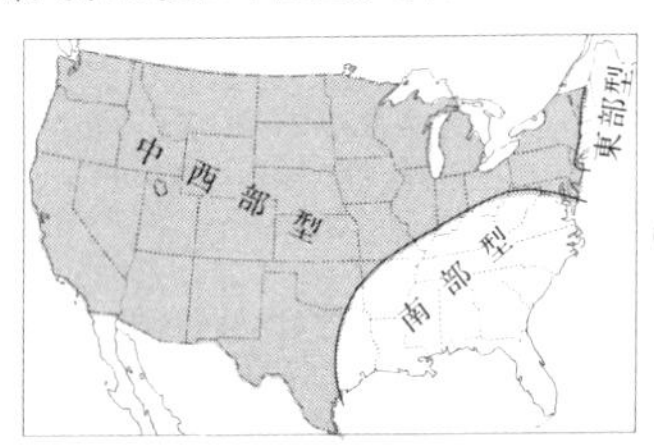

東部方言は更に，例えば hot, top の母音に一般のアメリカ発音の [ɑ] でなく，英音と同じ [ɔ] が現われ，また ask などの語に [æ] でなく [ɑ:] を用いる点でもいっそう英音に接近している．一方植民地時代の中部方言は New York から Pennsylvania 州東部に及ぶものであるが，上の二つの方言の地域と違って，この地域では England 北部や Scotland, Ireland からの移民が多かった．これらの地方の英語はもともと南部 England の英語よりも保守的であったので，これを受け継いだ中部方言は，北部方言や南部方言よりも初めから古い英語の姿を多く留めていたわけである．後になって開拓民が西へ西へと向かうにつれてこれら3種の方言が混じり合って，西へ行くほど各方言の境界はぼやけて，図で見るように広大な地域にわたって今日の非常に均質的な中西部方言が形成されたのである．西部への移民は中部植民地を中心とする進取の気性に富む英本国北部からの移民が圧倒的に多かったため，中西部方言は，植民地時代の中部方言の流れを汲むもの，つまり英本国北部の英語につながる保守的な性格を帯びることになった．この中西部方言は地域にして米本土の4分の3，人口にして3分の2を占めるもっとも勢力の大きな方言で，しばしば「一般米語」(General American；略 GA) と呼ばれる．本辞典ではアメリカ英語の発音としては主としてこの型の発音を示し，これを**米音**と呼ぶ．しかし，アメリカ人は郷土意識が強く，東部方言や南部方言の話し手たちも自分たちの話す英語に誇りをもっている．特に東部方言は文化的にも優越性を保ち，放送界においても有力な地位を占めていて，東部の人たちは General American という名称に強い反発を示すことが多い．

2.　音　素

ある言語において意味を区別するはたらきをもつ最小の音声上の単位を音素 (phoneme) という．英語では，4.5 で述べるように，「明るい l」[l] が母音の前で，「暗い l」[ɫ] がその他の位置で現われる．しかし，[l] と [ɫ] とでは意味を区別するはたらきがないので，両者はともに音素 /l/ に属する．現在の言語学では個々の音は [　] で囲み，音素は /　/ で囲んで示すのが慣行となっている．

本辞典では大体において，一つの音素は一つの記号で表わすという音素表記 (phonemic transcription) を原則としているが，上の /l/ や米音の /t/ など日本人の耳にはかなり違った響きをもつ音の場合には，音素の中の異音 (allophone) を示す異音表記 (allophonic transcription) を採用しているので，発音は /　/ で囲まずに [　] で示した．

3.　英語の母音

現代英語の特徴の一つとして，強母音 (strong vowel) と弱母音 (weak vowel) の別が存在することが挙げられる．前者は多少とも強い強勢の存在する音節に現われ，後者は完全な弱音節に現われる．

強母音は，更にそれが現われる音節の構造によって，抑止母音 (checked vowel) と開放母音 (free vowel) とに分けられる．抑止母音は閉音節にしか現われず，一方，開放母音は閉音節にも開音節にも現われる．弱母音は，閉音節にも開音節にも現われる．

抑止母音は，一般に短母音 (short vowel) と呼ばれるものである．開放母音は，一般に長母音 (long vowel) と呼ばれるものと，二重母音 (diphthong) および三重母音 (triphthong) とを含む．以下では便宜上，短母音，長母音，二重母音，三重母音の順に簡単に解説するが，これらの区別は現代英語においては絶対的なものではない．

英語の母音は一般に，無声子音の前では短く，有声子音の前および語末では長くなる傾向がある．従って *bid* [bíd] の短母音 [ɪ] の長さと *beat* [bí:t] の長母音 [i:] の長さは実際はほとんど同じくらいである．

3.1　短母音

1　[ɪ]　日本語の「イ」と「エ」の中間の感じで，唇や舌の筋肉は緩んでいる：*lip* [líp], *big* [bíg], *gym* [dʒím], *symbol* [símbəɫ].

2　[e]　英音では「エ」に近いが，米音ではもう少し舌の位置が低く，ときとして後寄りになるので正確には [ɛ] で表わすべきものであるが，本辞典では，従来通り [e] を米音・英音両方に共通して用いている：*end* [énd], *less* [lés]; *head* [héd], *bread* [bréd].

3　[æ, æ(:)]　やや「エ」の響きを伴った「ア」で，咽頭が緊張する感じを伴う．この母音は，単音節語で特に有声子音および無声摩擦音の前で長くなることが多く，このようなとき本辞典では [æ(:)] で表わす：*cap* [kǽp], *sack* [sǽk], *lamp* [lǽmp], *bag* [bǽ(:)g], *lass* [lǽ(:)s].

4　[æ, æ(:) | ɑ:]　直後に [f, θ, s] または [m, n]＋子音が続くとき，米音では上と同じ [æ, æ(:)] であるが，英音では 3.2.2 の [ɑ:] となることがある：*staff* [stǽ(:)f | stɑ́:f], *plant* [plǽnt | plɑ́:nt].

5　[ɑ, ɑ(:) | ɔ]　米音では口の奥の方で発音される「ア」で，上の [æ(:)] と同じ条件で長めに発音されることがある．米国人の中には，この母音を常に 3.2.2 の [ɑ:] と同じように長めに発音する人もある．この人たちの発音では，*bomb* と *balm* とは，ともに [bɑ́:m] となる．一方英音では，僅かに唇のまるめが加わった音である：*top* [tɑ́p | tɔ́p], *rod* [rɑ́(:)d | rɔ́d]; *what* [(h)wɑ́t | (h)wɔ́t], *quality* [kwɑ́ləṭi | kwɔ́lətɪ, -lɪ-]. (3.2.3 の [ɔ:] の音色と区別して [ɒ] の記号を用いることもある.)

6　[ɔ(:) | ɔ]　[f, θ, s, ŋ] および [r]＋母音の前では，英音は上と同じ [ɔ]．米音では，一般に 3.2.3 の [ɔ:] だが，英音の [ɔ] が現われることもある．従って精密には [ɔ:, ɒ:, ɒ | ɒ] と表わすべきであるが，このようなとき本辞典では [ɔ(:) | ɔ] で示す：*off* [ɔ́(:)f | ɔ́f], *cloth* [klɔ́(:)θ | klɔ́θ], *foreign* [fɔ́(:)rən, -rɪn | fɔ́r-].

7　[ʊ]　東日本の標準日本語の「ウ」よりも唇のまるめがやや強いが，舌の位置は低い．唇や舌の筋肉は緩んでいる：*cook* [kúk], *foot* [fút]; *bush* [búʃ], *pull* [púɫ].

8　[ʌ]　英音では「ア」に近いが，米音ではそれよりも高く，やや奥寄りである：*fun* [fʌ́n], *luck* [lʌ́k]; *come* [kʌ́m], *dove* [dʌ́v].

3.2 長母音

1 [iː]　日本語の「イー」に近く，[ɪ] よりも舌の位置が高く緊張している：*bee* [bíː], *tree* [tríː], *east* [íːst], *field* [fíːɫd].

2 [ɑː]　3.1.5 の [ɑ] よりやや長い母音．この母音は，英音では一般的だが，米音ではあまり普通ではない：*father* [fɑ́ːðɚ | -ðə(r], *spa* [spɑ́ː]; *calm* [kɑ́ːm].

3 [ɔː]　米音では日本語の「オー」よりも口が開き舌が低く，[ɒː] で表わしてもよいことがある．逆に英音では舌は高めで [oː] に近づくこともあるが，本辞典では米音・英音共通に [ɔː] で表わす：*author* [ɔ́ːθɚ | -θə(r], *taught* [tɔ́ːt]; *law* [lɔ́ː]; *talk* [tɔ́ːk].

4 [uː]　[ʊ] よりも更に唇がまるまり，舌の位置も高く緊張している．綴り字は oo であるが u, o で表わされることもある：*cool* [kúːɫ], *moon* [múːn]; *June* [dʒúːn]; *prove* [prúːv]．この母音が [j] に続くときには，精密には [i̯uː] で表わされ，現代英語の音韻体系から言うと独立した二重母音の一種とみなすこともできる：*cute* [kjúːt], *music* [mjúːzɪk]; *Euclid* [júːklɪd]; *few* [fjúː]．この場合米音では [t, d, n] の後では [j] が落ちることもある：*tune* [t(j)úːn | tjúːn]; *dew* [d(j)úː | djúː]; *neutral* [n(j)úːtrəɫ | njúː-].

5 [ɚː | əː]　英音では「アー」と「ウー」の中間のような感じの不明瞭な母音であるが，米音では舌先が歯茎の後部へ向かって持ち上がって少し奥の方へそり返るか，または舌の中央部を少し持ち上げて後にずらして，[r] のような独特の響きが加わる．対応する綴り字が，母音字＋r であるのが特徴である：*term* [tɚ́ːm | tə́ːm]; *third* [θɚ́ːd | θə́ːd]; *burst* [bɚ́ːst | bə́ːst]; *earth* [ɚ́ːθ | ə́ːθ]; *work* [wɚ́ːk | wə́ːk].

6 [ɚː(r) | ʌr]　urr, our, w の後の orr の後に更に弱母音が続くときには，米音では上の [ɚː] であるが，英音では 3.1.8 の [ʌ] となる．この場合，米音では理論的には [r] の記号は不必要で，[hɚ́ːi], [kɚ́ːɪdʒ], [wɚ́ːi] と表わせばよいのであるが，とまどう読者もあると考えられるので次のように [(r)] を入れて示した：*hurry* [hɚ́ː(r)i | hʌ́rɪ]; *courage* [kɚ́ː(r)ɪdʒ | kʌ́r-]; *worry* [wɚ́ː(r)i | wʌ́rɪ].

3.3 二重母音

1 [eɪ]　3.1.2 の [e] よりやや高い位置から [ɪ] の方向へ移行する：*cake* [kéɪk], *made* [méɪd]; *plain* [pléɪn]; *day* [déɪ]; *veil* [véɪɫ]; *they* [ðéɪ].

2 [aɪ]　「ア」あたりから [ɪ] の方へ移動するが [ɪ] までは到達せず，厳密には [ae] 程度で，また出発点は [a] から [ɑ] まで個人差がある：*ice* [áɪs], *pride* [práɪd]; *pie* [páɪ]; *fly* [fláɪ].

3 [ɔɪ]　「オ」よりやや低い位置から [ɪ] の方へ移動するが，[ɪ] までは到達せず [ɔe] 程度：*hoist* [hɔ́ɪst], *noise* [nɔ́ɪz]; *boy* [bɔ́ɪ], *toy* [tɔ́ɪ].

4 [aʊ]　「ア」あたりから [ʊ] の方へ移動するが，[ʊ] までは到達せず，[ao] 程度で，出発点は [a] から [ɑ] まで個人差がある：*out* [áʊt], *house* [háʊs]; *cow* [káʊ], *town* [táʊn].

5 [oʊ | əʊ]　米音では「オ」よりもやや高い位置から [ʊ] の方へ移行する．一方英音では一般に唇のまるめがなく舌の位置も前寄りとなって 3.2.5 の [əː] のあたりから [ʊ] へ向かう傾向が強い：*go* [góʊ | gə́ʊ], *code* [kóʊd | kə́ʊd]; *boat* [bóʊt | bə́ʊt], *road* [róʊd | rə́ʊd]; *snow* [snóʊ | snə́ʊ].

6 [ɪɚ | ɪə]　[ɪ] の位置から米音では [ɚ]，英音では [ə] へと移行する：*here* [híɚ | híə(r]; *deer* [díɚ | díə(r]; *clear* [klíɚ | klíə(r].

7 [ɛɚ | ɛə]　米音では 3.1.2 の [e]（つまり [ɛ]）から [ɚ] へ，英音では [e] より低い位置から [ə] へと移行する．出発点が更に低くなって [æɚ | æə] となることも多い：*care* [kɛ́ɚ | kɛ́ə(r]; *pair* [pɛ́ɚ | pɛ́ə(r]; *bear* [bɛ́ɚ | bɛ́ə(r].

8 [ʊɚ | ʊə]　[ʊ] の位置から [ɚ] または [ə] へ向かう：*poor* [pʊ́ɚ | pʊ́ə(r]; *tour* [tʊ́ɚ | tʊ́ə(r]; *assure* [əʃʊ́ɚ | əʃʊ́ə(r]．この二重母音が [j] に続くときは，精密には [i̯uɚ | i̯uə] と表わされる一種の三重母音となる：*cure* [kjʊ́ɚ | kjʊ́ə(r], *pure* [pjʊ́ɚ | pjʊ́ə(r]．この場合米音では [t, d, n] の後では [j] が落ちることもある：*mature* [mət(j)ʊ́ɚ | -tjʊ́ə(r], *endure* [ɪnd(j)ʊ́ɚ | -djʊ́ə(r], *manure* [mən(j)ʊ́ɚ | -njʊ́ə(r].

9 [ɑɚ | ɑː]　米音では 3.1.5 の [ɑ] の後に [ɚ] が続く．一方英音では 3.2.2 の [ɑː] と全く同じ長母音である：*far* [fɑ́ɚ | fɑ́ː(r], *garden* [gɑ́ɚdn̩ | gɑ́ː-].

10 [ɔɚ | ɔː]　米音では 3.2.3 の [ɔː] よりやや高目から [ɚ] へ移行する．一方英音では 3.2.3 の [ɔː] と同じ長母音：*horse* [hɔ́ɚs | hɔ́ːs], *forty* [fɔ́ɚṭi | fɔ́ːtɪ]; *war* [wɔ́ɚ | wɔ́ː(r], *wharf* [(h)wɔ́ɚf | (h)wɔ́ːf], *quarter* [kwɔ́ɚṭɚ | kwɔ́ːtə(r].

11 [ɔɚ, oɚ | ɔː]　英音は上と同じだが，米音ではやや保守的な話し手にあっては 3.3.10 ではやや低目の [ɔɚ] を用い，このグループの語では出発点の高目の [oɚ] を用いて区別する人がある．この人たちは *hoarse* [hóɚs] と *horse* [hɔ́ɚs], *wore* [wóɚ] と *war* [wɔ́ɚ] とを区別して発音する．しかし 10 と 11 とを区別しない米国人も多い：*soar* [sɔ́ɚ, sóɚ | sɔ́ː(r], *roar* [rɔ́ɚ, róɚ | rɔ́ː(r]; *mourn* [mɔ́ɚn, móɚn | mɔ́ːn].

3.4 三重母音

1 [aɪɚ | aɪə]

2 [aʊɚ | aʊə]　この 1 と 2 はそれぞれに二重母音の [aɪ] または [aʊ] に [ɚ] ないし [ə] が続いたもので，2 音節となることが多く，完全な三重母音とは言い難い．英音では [aɪə] は [aə]，[aʊə] は [ɑə] のように二重母音化する傾向が強い：*fire* [fáɪɚ | fáɪə(r]; *lyre* [láɪɚ | láɪə(r]; *flour* [fláʊɚ | fláʊə(r]; *power* [páʊɚ | páʊə(r].

3.5　米音では [ɪɚ, ɛɚ, ʊɚ, jʊɚ, aɪɚ, aʊɚ] の直後に弱母音が続くときには本辞典では [ɪ(ə)r, ɛ(ə)r, ʊ(ə)r, jʊ(ə)r] のように表わす．この場合の [(ə)] は [ə] がごく弱いかまたは消失することを示す：*experience* [ɪkspí(ə)riəns | -píərɪ-], *engineering* [ènd͡ʒəní(ə)rɪŋ | -níər-]; *airy* [ɛ́(ə)ri | ɛ́ərɪ]; *tourist* [tʊ́(ə)rɪst, -rəst | tʊ́ərɪst], *curious* [kjʊ́(ə)riəs | kjʊ́ərɪ-]．従ってこのような語で [r] の前の [ə] を発音しない人にあっては *serious* [sí(ə)riəs] と *Sirius* [síriəs], *Mary* [mɛ́(ə)ri] と *merry* [méri＝mɛ́ri] とは同じ発音となる．なお [ɑɚ, ɔɚ, oɚ] の直後に弱母音が続くときには [ə] は聞こえない．本辞典では [ɑːr, ɔːr, oːr] のように示す：*starry* [stɑ́ːri | -rɪ]; *glory* [glɔ́ːri, glóːri | glɔ́ːrɪ].

3.6 弱母音

1 [ɪ]　語頭および語中に現われる．3.1.1 の強母音の [ɪ] よりもやや後寄りで [ə] に近く，日本語の「イ」とは違ったあいまいな響きをもつ：*ignore* [ɪgnɔ́ɚ | ɪgnɔ́ː(r], *indulge* [ɪndʌ́ɫdʒ], *vanish* [vǽnɪʃ]; *symbolic* [sɪmbɑ́lɪk | -bɔ́l-]; *village* [vílɪdʒ]; *bargain* [bɑ́ɚgɪn | bɑ́ː-].

2 [i | ɪ]　(1) -y で表わされる語末およびそれに派生語尾の -s や -ed が付いて y が ie に変ったときに現われる．米音では 3.2.1 の [i] に近く，英音では上の [ɪ] より更に下って実質的には後寄りの [e] 程度の母音となる：*happy* [hǽpi | -pɪ]; *body* [bɑ́di | bɔ́dɪ], *cities* [sítiz | -tɪz], *carried* [kǽrid, kér- | kǽrɪd]．(2) 母音の前でも同様：*trivial* [tríviəɫ | -vɪ-], *sociality* [sòʊʃiǽləṭi | səʊʃɪǽlətɪ], *piteous* [píṭiəs | -tɪ-]; ただし [ɪ] の前では英音でも [i]：*eightieth* [éɪṭiɪθ, -ṭiəθ | -tiɪθ, -tɪəθ].

3 [ə]　(1) 語末では日本語の弱い「ア」に近い．舌の位置は次の (2) の [ə] よりかなり低くこれと区別するために [ɐ] で表わされることがある：*China* [tʃáɪnə], *sofa* [sóʊfə | sə́ʊ-]．(2) 語頭および語中に現われる標準的な [ə] は舌の位置が 3.2.5 の [əː] に近く弱いあいまいな母音であるが，周囲の音や綴り字の影響でかなりの変動がある．特に綴り字が i のときには 3.6.1 の [ɪ] に近いものが現われることが多い：*about* [əbáʊt], *ahead* [əhéd]; *oblige* [əbláɪdʒ], *offend* [əfénd]; *employ* [ɪmplɔ́ɪ, əm- | ɪm-]; *irregular* [ɪrégjʊlɚ, ər- | ɪrégjʊlə(r].

語中の [ə] は i, e, a, o, u, y のすべての母音に対応するが，特に綴り字が i のとき英音の [ɪ] に対して米音では [ə] が現われることが多い：*April* [éɪprəɫ | -prəɫ, -prɪɫ], *possible* [pɑ́səbl̩ | pɔ́sə-, -sɪ-]; *television* [téləvìʒən | télɪvìʒən, -lə-], *moment* [móʊmənt | mə́ʊ-]; *capable* [kéɪpəbl̩]; *contain* [kəntéɪn], *common* [kɑ́mən | kɔ́m-]; *August* [ɔ́ːgəst], *album* [ǽɫbəm]; *homicide* [hɑ́məsàɪd | hɔ́mɪ-], *dominate* [dɑ́mənèɪt | dɔ̀mɪ-].

4 [ɚ | ə]　米音では 3.2.5 の [ɚː] を短く弱く発音したもの，英音では上の [ə] (1) (2) と同じ．[ɚː | əː] と同じく綴り字は 母音字＋r である：*particular* [pɚtíkjʊlɚ | pətíkjʊlə(r], *standard* [stǽndɚd | -dəd]; *butter* [bʌ́ṭɚ | -tə(r], *understand* [ʌ̀ndɚstǽnd | -də-]; *circumference* [sɚkʌ́mf(ə)rəns | sə-]; *actor* [ǽktɚ | -tə(r], *forget* [fɚgét | fə-]; *murmur* [mɚ́ːmɚ | mə́ːmə(r], *Saturday* [sǽṭɚdi, -dèɪ | -tə-]; *martyr* [mɑ́ɚṭɚ | mɑ́ːtə(r].

5 [o(ʊ) | ə(ʊ)]　3.3.5 の [oʊ | əʊ] が弱く発音されると，二重母音性を失って [o | ə] となる傾向がある．このようなとき本辞典では [o(ʊ) | ə(ʊ)] と示した：*November* [nəvémbɚ, no(ʊ)- | nə(ʊ)vémbə(r], *location* [lo(ʊ)kéɪʃən | lə(ʊ)-].

6 [ʊ]　3.1.7 の [ʊ] が弱く短く発音されたもの．[j] に続くことが多く，この場合唇のまるめは殆んど失われているので [jə] と表わしてもよい：*monument* [mɑ́njumənt | mɔ́n-], *regular* [régjʊlɚ | -lə(r].

7 [u | ʊ]　上の母音の後に母音が続くときには米音では舌の位置がやや高くなり [u] に近づく：*usual* [júːʒuəɫ | -ʒʊəɫ], *February* [fébruèri | -bruəri], *continuous* [kəntínjuəs | -njʊ-].

3.7 鼻音化母音 (nasalized vowel)

フランス語からの借用語が十分に英語化しない場合には，フランス語特有の鼻音化母音が用いられることが多い．フランス語の鼻音化母音 [ɛ̃, ɑ̃, ɔ̃] は舌の位置から言えば [æ̃, ɑ̃, õ] で表わしてもよい．これらが英語化した場合，本辞典では原則として次のように示す．

[ɛ̃] → [ɛ̃ː(ŋ), æŋ]：*vin* [vɛ̃́ː(ŋ), vǽŋ]

[ɑ̃] → [ɑ̃ː(ŋ), ɔ̃ː(ŋ), ɑːŋ, ɔ(ː)ŋ]：*engagement* [ɑ̃̀ː(ŋ)gɑːʒmɑ̃́ː(ŋ), ɔ̃̀ː(ŋ)gɑːʒmɔ̃́ː(ŋ), ɑ̀ːŋgɑːʒmɑ́ːŋ, ɔ̀(ː)ŋgɑːʒmɔ́(ː)ŋ]

[ɔ̃] → [ɔ̃ː(ŋ), ɔ(ː)ŋ]：*bon* [bɔ̃́ː(ŋ), bɔ́(ː)ŋ]

後続の子音が [p, b, m] のときには [ŋ] は [m] に，[t, d, s, z] のときには [n] に変わる：Mont Blanc [mɔ̃:(m)blɑ́:(ŋ), -blɔ̃:(ŋ), mɔ(:)m-blɑ́:ŋ, -blɔ́(:)ŋ], danseuse [dɑ̃:(n)sə́:z, dɔ̃:(n)-, dɑ:n-, dɔ(:)n-, -sú:z].

4. 英語の子音

4.1 閉鎖音

1 [p] (無声), [b] (有声)　「パ」行，「バ」行の子音と同じく上下の唇で閉鎖が行なわれる：*p*i*p*e [páɪp], su*pp*er [sʌ́pɚ | -pə(r]; *b*ul*b* [bʌ́ɫb], a*b*out [əbáut].

2 [t] (無声), [d] (有声)　「タ，テ，ト；ダ，デ，ド」の子音では一般に舌先が歯裏に付くのに対して，英語の [t, d] では舌先が歯茎にあって閉鎖をつくる：*t*augh*t* [tɔ́:t]; *d*ee*d* [dí:d], Lon*d*on [lʌ́ndən].

3 [k] (無声), [g] (有声)　「カ」行，「ガ」行の子音と同じく，後舌面と軟口蓋とで閉鎖が行なわれる：*k*i*ck* [kík], musi*c* [mjú:zɪk], *c*a*c*tus [kǽktəs], *c*old [kóuɫd | kə́uɫd], *c*ut [kʌ́t]; *g*a*g* [gǽ(:)g], si*g*nal [sígnəɫ, -nɫ̩], *g*o [góu | gə́u], *g*un [gʌ́n].

4　無声閉鎖音 [p, t, k] が音節の初めにあって次に強母音が続くときには帯気音 (aspirate) となり，精密には *p*eak [pʰí:k], *t*ime [tʰáɪm], *c*ook [kʰúk] のように [pʰ, tʰ, kʰ] で表わすが，本辞典では特に示さない.

5 [ṭ]　米音では次のような位置でしばしば「有声の t」(voiced *t*) と呼ばれる音が現われる．本辞典ではこの音が現われる可能性のあるときには，[ṭ] を用いて示した．これはこの音が必ず現われるとか，この音を用いることが好ましいという意味ではない．「有声の t」は多くの場合，完全な閉鎖音ではなく「歯茎はじき音」(tap) の一種で，舌先が [d] のように歯茎に密着せず，瞬間的に軽く触れるだけの音で，精密には [ɾ] で表わし，日本語の「ラ」行の子音に多少似ている．このため pi*t*y [píṭi] が「ピリー」，wa*t*er [wɔ́:ṭɚ] が「ウォーラー」のように聞こえることがある．「有声の t」は次のような位置に現われる.

(1) 母音の後で弱母音の前：la*tt*er [lǽṭɚ], liber*t*y [líbɚṭi].
(2) 母音の後で音節主音的な [ɫ̩] (6 参照) の前：ba*tt*le [bǽṭɫ̩], li*tt*le [líṭɫ̩].
(3) [ɫ] の後で弱母音の前：fil*t*er [fíɫṭɚ], sal*t*y [sɔ́:ɫṭi].
(4) [n] の後で弱母音の前：twen*t*y [twénṭi], win*t*er [wínṭɚ]．この場合は [ṭ] と先行の [n] とが合体して「はじき鼻音」(nasal tap) [ɾ̃] となり，日本人には twenty [twéɾ̃i] は「トウェニー」，winter [wíɾ̃ɚ] は「ウィナー」のように「ナ」行の子音のように聞こえることがある.

米音では [d] もしばしば上のような位置ではじき音になることがあるが，本辞典では特に示さない.

4.2 摩擦音 (fricative)

1 [f] (無声), [v] (有声)　日本語の「フ」の子音 [ɸ] が上下の唇が狭まるのに対して，英語の [f, v] は上の前歯と下唇とが接近してできる摩擦音である：*f*i*f*e [fáɪf], su*ff*er [sʌ́fɚ | -fə(r]; *ph*ase [féɪz]; *v*oice [vɔ́ɪs], sa*v*e [séɪv].

2 [θ] (無声), [ð] (有声)　舌先を上の前歯の裏または上下の歯の間に接近させてつくられる：*th*ree [θrí:], ba*th* [bǽ(:)θ | bɑ́:θ], heal*th*y [hélθi | -θɪ]; *th*is [ðís], ba*th*e [béɪð], ei*th*er [í:ðɚ, áɪðɚ | áɪðə(r, í:ð-].

3 [s] (無声), [z] (有声)　日本語の「サ，ス，セ，ソ」の子音 [s] とほぼ同じだが，それよりも舌の緊張や摩擦が強い：*c*ea*s*e [sí:s], ma*ss*ive [mǽsɪv]; *c*ir*c*us [sə́:kəs | sɜ́:-]; *z*oo [zú:]; pan*s*y [pǽnzi | -zɪ], ri*s*e [ráɪz].

4 [ʃ] (無声), [ʒ] (有声)　日本語の「シ」の子音 [ɕ] より舌の緊張や摩擦が強く，重く暗い感じがする．また唇がまるめられて発音されることもある．[ʒ] はフランス語からの借用語を除いては語頭・語末に現われることはない：*sh*ip [ʃíp], ca*sh* [kǽ(:)ʃ]; man*s*ion [mǽnʃən]; sta*t*ion [stéɪʃən]; spe*c*ial [spéʃəɫ]; plea*s*ure [pléʒɚ | -ʒə(r]; sei*z*ure [sí:ʒɚ | -ʒə(r]; occa*s*ion [əkéɪʒən].

5 [h] (無声)　「ハ，ヘ，ホ」の子音とほぼ同じで，母音の前にしか現われない．口腔中ではせばめはなく，唇や口のかまえは次に続く母音とほぼ同じであるが，声帯は震動せず，呼気が口腔の壁に当たってわずかな摩擦の音が生じる：*h*igh [háɪ], *h*ead [héd]; *wh*ole [hóuɫ | hə́uɫ], be*h*ind [bɪháɪnd, bə-].

4.3 破擦音 (affricate)

破擦音は閉鎖音の破裂が緩やかに起こるためにいったん直後に調音点を同じくする摩擦音が続いてから閉鎖が完全に開放の状態に移るものをいう.

1 [ʧ] (無声), [ʤ] (有声)　日本語の「チ，ジ」の子音に近い．舌端は歯茎の後部から硬口蓋の前部の付近につく．唇がまるめられて発音されることもある：*ch*ur*ch* [ʧə́:ʧ | ʧɜ́:ʧ]; pi*tch*er [píʧɚ | -ʧə(r]; habi*t*ual [həbíʧuəɫ|-tju-], ques*t*ion [kwésʧən]; *j*u*dg*e [ʤʌ́ʤ]; a*dj*ust [əʤʌ́st]; *g*iant [ʤáɪənt], *g*ym [ʤím]; sol*d*ier [sóuɫʤɚ | sə́uɫʤə(r].

★[ʧ, ʤ] は音声学的には二つの音であるが，音韻論的には一つの音素と考えるのが適当である．この意味で本辞典では [ʧ, ʤ] のような合字の記号を使用している.

2 [tr] (無声), [dr] (有声)　舌先が歯茎の後部につき，唇がつき出されることがある．[tr] が強音節に現われるときは [t] だけでなく [r] も無声となる．[tr, dr] は聴覚的には [ʧ, ʤ] と似ていて，日本人の耳には「チ，ジ」に近く聞こえることもある：*tr*ee [trí:], *dr*y [dráɪ].

3 [ts] (無声), [dz] (有声)　日本語の「ツ，ズ」の子音に近いが英語では真の意味での破擦音ではなく，普通は -t, -d で終わる語に派生語尾の -s が付いたときに現われる：ca*ts* [kǽts]; en*ds* [éndz].

4.4 鼻音 (nasal)

口腔のどこかで閉鎖が行なわれるが，口蓋垂および軟口蓋の後部が下にさがって呼気が鼻腔へも抜け，鼻腔での特有の共鳴を伴う音．英語の鼻音は一般に有声である.

1 [m]　[p, b] と同じく上下の唇が閉じられる：*m*ai*m* [méɪm], su*mm*er [sʌ́mɚ | -mə(r].

2 [n]　[t, d] と同じく舌先を歯茎にあてて閉鎖をつくる：*n*i*n*e [náɪn], di*nn*er [dínɚ | -nə(r].

3 [ŋ]　[k, g] と同じく後舌面と軟蓋口とで閉鎖をつくる．この音は語頭には現われない：ha*ng* [hǽŋ], si*ng*i*ng* [síŋɪŋ]; i*n*k [íŋk], fi*n*ger [fíŋgɚ | -gə(r].

4.5 側音 (lateral)

口腔の通路の中央部が舌によって閉鎖され，呼気が舌の両側または片側を通って発音される音をいう．英語の側音は音素としては /l/ 一つであるが，その中にかなり音色の違う次の 2 種の異音を含む.

1 [l]　舌先が歯茎のあたりで閉鎖をつくる．母音および [j] の前に現われ，普通は有声である．明るい感じを与えるので「明るい l」(clear *l*) と呼ばれる：*l*ight [láɪt], mi*ll*ion [míljən], si*ll*y [síli | -lɪ].

2 [ɫ]　前者に比べて暗い音色を持つため，「暗い l」(dark *l*) と呼ばれ，子音の前および語末に現われる．後舌面が軟口蓋に向かってもり上がるため，「ウ」のような響きを持つ．従って fee*l* [fí:ɫ], bu*l*b [bʌ́ɫb] などは「フィーウ」，「バウブ」のように聞こえることがある．6 で説明する子音の後の音節主音的な [ɫ̩] において特にこの音色が著しく peop*le* [pí:pɫ̩], tab*le* [téɪbɫ̩], fin*al* [fáɪnɫ̩] などはそれぞれ「ピープー，テイブー，ファイヌー」のように聞こえる.

4.6 半母音 (semivowel)

いずれも音声的には母音であるが，きこえ (sonority) がより大きい母音が後続するために音節主音とならず，子音としてのはたらきを持つもの.

1 [j]　[i] または [ɪ] の位置から急速に後続する母音へと移行する：*y*ield [jí:ɫd], *y*ard [jɑ́ɚd | jɑ́:d]; on*i*on [ʌ́njən], famil*i*ar [fəmíljɚ | -ljə(r]．[ju:] については 3.3.6 で扱った.

2 [w]　[u] または [ʊ] の位置から急速に後続する母音に移行する：*w*ay [wéɪ], *w*ood [wúd]; *wh*ich [(h)wíʧ]; q*u*ick [kwík]．なお wh [(h)w] の発音については本文の wh- の項を参照.

3 [r]　米音では 3.2.5 の [ɚ:] と同じかまえ．つまり舌先を歯茎の後部へ向かってもち上げて少し奥の方へそり返すか，または舌の中央部を少し持ち上げて後に少しずらした位置から急速に後続する母音へ移行する．英音では母音間ではじき音 (tap) の [ɾ] を用いる人もいるが，本辞典では特に示さない：*r*ead [rí:d], *r*un [rʌ́n]．本辞典では [r] は母音の前か母音間においてのみ用い，母音のあとにくるときには先行の母音とともに二重母音とみなして [ɚ] の記号で表わす (3.3.6–3.3.11 を参照).

英音では語末につづり字 r があっても発音されないが，直後に母音で始まる語が続く時にはこの r が発音される．このような時 [(r] で示す：far [fɑ́:(r]: far [fɑ́:], far away [fɑ́:rəwéɪ].

5. 音の脱落

母音または子音が脱落する発音が普通である場合には，脱落する母音または子音を (　) で囲んで示す：mineral [mín(ə)rəɫ], dangerous [déɪnʤ(ə)rəs], distinct [dɪstíŋ(k)t], attem*p*t [ətém(p)t]．ただし，本辞典では複合語の発音はときにはアクセント記号だけを付けて示すのが原則なので，子音の脱落の表示は省略した：bréast-déep は詳しくは [brés(t) dí:p]．[ɪ(ə)r, ɛ(ə)r, ʊ(ə)r] の [(ə)] については 3.5，[o(ʊ) | ə(ʊ)] の [(ʊ)] については 3.6.5 を参照.

6. 音　節

machine という単語は [mə] と [ʃi:n] の二つに分れるように感じられる．また introduction は [ɪn], [trə], [dʌk], [ʃən] の四つに区切られる感じがする．このように前後に切れ目の感じられる音声上の単位を音節という. 音節は他より際立ってきこえ (sonority) の大きな一つの音, またはそれを中心に前または後にそれよりきこえの小さな音がついてできる. machine のはじめの音節では [ə] の前に [m] がつき, 後の音節では [i:] の前に [ʃ], 後に [n] がつく. 音節の中心となるこのようなきこえの大きな音を音節主音 (syllabic) と呼び, 普通は母音がこのはたらきをする. しかし pris*m* [prízm̩] の [m̩], sudde*n* [sʌ́dn̩] の [n̩], tunne*l* [tʌ́nɫ̩] の [ɫ̩] のように子音 (主として [m, n, ɫ]) が音節主音となることもある. 子音が音節主音となったときには [m̩, n̩, ɫ̩] のように記号の下に [ˌ] をつけて示す.

7. 英語のアクセント

7.1 語アクセント

語中のある音節が強く発音されたとき**強アクセント** (strong accent) があるという. 一方ある音節が弱く発音されたときにはアクセントがない, またはより正確には**弱アクセント** (weak accent) を受けるという. また強アクセントを二つに分けて最も強いものを**第一アクセント** (primary accent), その次の段階を**第二アクセント** (secondary accent) と呼び, 前者には母音記号の上に [ˊ] を付け, 後者には [ˋ] をつけて示す. また弱アクセントには一般に記号を付けない. 例えば internationalize では強い音節から小さな数字を用いると in[2]·ter[4]·na[1]·tion[6]·al[5]·ize[3] のように音節の数だけアクセントに段階があるわけであるが, 一般には [ìnt̬ɚnǽʃ(ə)nəlàɪz] のように3段階で表わす.

1音節の *p*en, *t*ime, cool などの [p, t, k] は 4. 1. 4 で見たように帯気音であることから強アクセントを受けていることが明らかである. また pen と pencil, time と timing, cool と cooler とを比較すると, 1音節語のアクセントの強さは第一アクセントであることが分る. このような理由で本辞典では1音節語には一般に第一アクセントの記号 [ˊ] を付けている.

7.2 句アクセントおよび文アクセント

(1) 複合語のアクセント

二つ(以上)の語が結合して単語のように一つのまとまった意味をもつ複合語の場合には, 本辞典では次のように個々の単語のアクセントではなく複合語としてのアクセントを示した. 例えば áirpòrt では air および port はそれぞれ第一アクセントを持つ [ɛ́ɚ|ɛ́ə(r], [pɔ́ɚt, póɚt | pɔ́:t] であるが, 複合語となったときには port の第一アクセントは第二アクセントに落ちて [pɔ̀ɚt, pòɚt | pɔ̀:t] となり全体としての発音は [ɛ́ɚpɔ̀ɚt, -pòɚt | ɛ́əpɔ̀:t] となることを示す.

(2) アクセントの移動

強アクセントを二つもつ語は単純に発音される場合には語末に近い方がより強いが, 直後に第一音節に第一アクセントを持つ語が続くときには語頭に近い方へ第一アクセントが移動することがある. そのようなとき本辞典では Chinése Revolútion に対して Chínese lántern のように示していることがある. しかしこれはリズムの関係でそうなる傾向があるので, 必ずそのように発音せよという意味ではない.

(3) 強形と弱形

英語の単語の中で冠詞・人称代名詞・不定代名詞・関係詞・助動詞・前置詞・接続詞などは文中では弱く発音されることが極めて多い. これらの語の中で特に1音節の語は, 弱く発音されたときには母音が弱化して, 強く発音されたときとは違った形となる. 前者を弱形 (weak form), 後者を強形 (strong form) と呼ぶ. 本辞典では強形と弱形とを次のように示した.

a [ə ; èɪ, éɪ], can [kən, ([k, g] の前ではまた) kəŋ ; kæ̀n, kǽn], do (*auxil. v.*) [(子音の前) də, (母音の前) du | dʊ ; dù:, dú:], me [mi ; mì:, mí: | mɪ ; mì:, mí:], of [əv, (母音の前ではまた) v, (有声子音の前ではまた) ə, v, (無声子音の前ではまた) ə, əf, f ; ʌ̀v, ɑ̀v, ʌ́v, ɑ́v | ɔ̀v, ɔ́v], that (*conj.*) [ðət], your [jʊɚ, jɔɚ, joɚ, jɚ ; jʊ̀ɚ, jɔ̀ə, jòɚ, jʊ́ɚ, jɔ́ɚ, jóɚ | jɔ:(r, jʊə(r, jə(r ; jɔ̀:(r, jʊ̀ə(r, jɔ́:(r, jʊ́ə(r].

8. 外国語および特殊音

日常あまり用いられない外国の人名・地名などでは原地の国語の発音を示したものがある. その際には国際音声学協会 (IPA) の発行している *The Principles of the International Phonetic Association* (1949) の方針および記号に従った. これは各国語の音声を主として簡略表記 (broad transcription) で記したものである. 英語で普通用いない音, 英語以外の国語の表記に用いられる音声記号や, 英語とはやや違った約束で用いられる記号を簡単に説明すれば次の通りである.

[ɐ] [ə] よりも舌の位置の低い中舌母音: Kais*er* [*G.* káizɐ], Gam*a* [*Port.* gémɐ].

[c] 硬口蓋と前舌面で作られる閉鎖音で, 英語の [tʃ] に似ている: ku*t*ya [*Hung.* kúca].

[ç] 日本語の「ヒ」[çi] の音で, 前舌音と硬口蓋との間でできる無声摩擦音: i*ch* [*G.* íç].

[ɕ] 舌端と硬口蓋前部との間でできる無声摩擦音で, 日本語の「シ」[ɕi] の音: O'święcim [*Pol.* ɔɕfjẽtɕim].

[ɨ] [ə] よりも舌の位置の高い中舌母音: kuibyshev [*Russ.* kújbiʃif].

[j] ロシヤ語・ポーランド語などで前の子音が口蓋化 (palatalization) を受けていることを示す: Le*n*in [*Russ.* ljénjn], Pozna*ń* [*Pol.* póznanj].

[ɟ] [c] に対する有声閉鎖音で, 英語の [dʒ] に似ている: Na*gy* [*Hung.* nɔ́ɟ], Gu*j*arati [*Hindi* gúɟrati].

[ʎ] 硬口蓋と前舌面で出す側音 (lateral) で, 英語音の [lj] に近い: *ll*ano [*Am. Sp.* ʎáno].

[ɲ] 硬口蓋と前舌面とで閉鎖が行なわれてつくられる鼻音 (nasal): Montai*gn*e [*F.* mɔ̃tɛɲ].

[ɳ] そり舌 (retroflex) の [n] の音: Pa*n*ini [*Hindi* paɳyni].

[ø] [e] を発音しながら同時に唇をまるめる母音: p*eu* [*F.* pø], Göteborg [*Swed.* jø̀:təbɔ́rj].

[œ] [ɛ] を発音しながら同時に唇をまるめる母音: j*eu*ne [*F.* ʒœn], Köln [*G.* kœ́ln].

[rr] スペイン語では [r] は単顫(せん)動音 (flap) の [ɾ] を表わすため, 顫動音 (trill) の r を [rr] で示す: *r*ío [*Sp.* rrío].

[ɹ] 舌先と歯茎後部との間でつくられる摩擦音: Chichihae*rh* [*Chin.* tʃ'ítʃ'íxāɚ̌ɹ], *J*ehol [*Chin.* ɹɤ̀xɤ́].

[r̝] 舌尖をふるわせながら歯茎との間でつくる摩擦音で, [rʒ] に似た響きをもつ: Dvo*ř*ák [*Czech* dvór̝a:k].

[ʁ] ポルトガル語やブラジル語で [r] は単顫動音 (flap) の [ɾ] を表わすため, 口蓋垂の顫動音 (trill) の r を [ʁ] で示す: a*rr*oba [*Port.* ɐʁóbɐ, *Braz.* aʁóba].

[ʂ] そり舌音の [s] 音: *Ch*ang*sh*a [*Chin.* tʂáŋʂā].

[ʇ] 歯茎で舌打ちする時出る音: *tut-tut* [ʇʇ].

[ʈ] そり舌の [t]: *Ch*ang*ch*un [*Chin.* tʂ'áŋtʂ'ūn].

[ɯ] 東日本の「ウ」の母音で唇をまるめない [u] の音: *u*gh [ɯ́:x, ɯh].

[x] スコットランド発音の lo*ch* [lɔ́x] の音で, 後舌音と軟口蓋の間でできる無声摩擦音: a*ch* [*G.* áx].

[y] [i] を発音しながら同時に唇をまるめる母音: j*u*lienne [*F.* ʒyljɛn], *Ü*bermensch [*G.* ý:bɐmɛ̀nʃ].

[ʏ] [ɪ] を発音しながら同時に唇をまるめる母音: *Deu*tschland [*G.* dɔ́ʏtʃlant].

[ɥ] [y] に対応する半母音: n*u*ance [*F.* nɥɑ̃:s].

[ɤ] 唇をまるめずに [o] を発音した音: Kaif*eng* [*Chin.* k'āɪfɤ̄ŋ].

[ɣ] [x] に対する有声音: Geor*g* [*Dan.* gé:ɔrɣ].

[ɸ] 両唇の間を狭めて出す無声摩擦音で, 日本語の「フ」[ɸɯ] の音: phew [ɸ:].

[ʔ] 声門を急に突破して出す破裂音で, 強調するとき語頭の母音の前に用いられることがある: absolutely [ʔǽbsəlù:tli], nope [nóʊʔ|nə́ʊʔ], Alfred [*Dan.* álʔfrəð]. 咳払いでは [ʔ] の誇張された音が出る.

['] 母音または子音の後で声門を瞬間的に閉鎖させることを表わす: Hans [*Dan.* hán's].

['] 閉鎖子音が帯気音 (aspirate) であることを表わす: Tang [*Chin.* t'áŋ].

[ˉ] [ˊ] [ˇ] [ˋ] それぞれ中国語の第一, 第二, 第三, 第四声を表わす: Kaifeng [k'āɪfɤ̄ŋ], Han Yü [xán ỳ], Lüshun [ly̌ʂùn].

[̥] [l̥] [m̥] のように用い, その音が無声であることを示す: hem [m̥m], ahem [mm̥m], Dolgellau [*Welsh* dolgéɬa(i)].

(竹 林 滋)

語　源　解　説

1. 英語辞典と語源

1.1 英語辞典に多少の語源説明を加えることは，最近の一般的傾向のようである．英国の *Concise Oxford Dictionary* や米国に数多い college dictionary にはかなり詳しい語源記述があり，*Pocket Oxford Dictionary* や *Concise Heritage Dictionary* のような小型辞典にも簡単ながら語源欄がついている．英和辞典の場合でも，中型以上のもので何らかの形で語源に言及しないものは，むしろまれであろう．

語の慣用法は直接語源によって左右されるものではないが，一方新しい意味・用法でも遡っていくと原義ないし古義に関係づけられる場合が少なくない．ことに古くから用いられ続けてきた語の場合には，そのことばの年輪を明らかに知るためにも語誌的・語源的知識が不可欠である．英語辞典の歴史をみると，語源が最初に取り上げられたのは，1656年出版の Thomas Blount, *Glossographia* であり，以後 Edward Phillips, *The New World of English Words* (1658), Elisha Coles, *An English Dictionary* (1676), Stephen Skinner, *Gozophlacium Anglicanum* (1689), 編者不詳の *Glossographia Anglica Nova* (1707) などいずれも語源解を標榜している．しかし一般英語辞典における語源欄の位置を確立したのは，語源記述を英語辞典に不可欠の要素と考えた Nathan Bailey の *A Universal Etymological English Dictionary* (1721) および *Dictionarium Britannicum* (1730) であった．後者の再版 (1736) こそ，かの Dr. Johnson の苦心になる，最初の本格的国語大辞典 *A Dictionary of the English Language* (1755) 2巻の底本として用いられたものである．Bailey や Johnson の語源記述は William Somner (1659), Skinner (1671), Franciscus Junius (1677) によるところ大きく，独自の寄与は少ないといわれる．

Johnson の辞典でも語源記述は一般に甚だ簡略で，Dog [*dogghe*, Dutch.], Cat [*katz*, Teuton. *chat*, Fr.], Do [*don*, Sax. *doen*, Dut.] という程度であり，その限りでは破綻を示していない．しかし，少し立ち入った記述になると，Have [*haban*, Gothick; *habban*, Saxon; *hebben*, Dutch; *avoir*, French; *avere*, Ital.] のように音韻論的には対応しないロマンス語形と結び付けたり (5.2参照), GOD [ʒ*od*, Saxon, which likewise signifies *good*. The same word passes in both senses with only accidental variations through all the Teutonick dialects.] のように，単なる形態上の類似から god を good と関係づける安易な語源説に甘んじているような例が見られる．このような語源に対する後進性は，1828年出版の Noah Webster 編 *An American Dictionary of the English Language* (現在の Webster 大辞典の元版) においても著しい．

1.2 一般に，18世紀以前の語源研究はなお恣意的な面が少なくなく，科学的厳密性を欠くものであったことは，18世紀末の語源辞典，例えば G. W. Lemon, *English Etymology* (1783) にも歴然としている．Lemon は foot をギリシャ語の *φοιτάω* ‘歩く’ からの派生とし，garden をギリシャ語 *γῦρος*, ラテン語 gyrus ‘塀や垣根などで囲んだ土地’ に関係づけている．これらもまた古典語と英語との間に見られる，後述する音韻対応を無視したもので，「語源学においては母音は何ら関与せず，子音もごく僅かしか関与しない」という，フランスの文学者 Voltaire の有名な語源学批判を甘受すべきものである．

2. 印 欧 語 族

2.1 しかし，科学的な語源研究は上記 Lemon の語源辞典出版から僅か3年後，英国の東洋学者 Sir William Jones が司法官としてインドに在任中発表した論文をもって緒につく．それは，インドの最古層の言語であるサンスクリットとヨーロッパの古典語であるギリシャ語・ラテン語との間の著しい言語特徴の類似性を指摘し，これらの言語が同一の母語 (すなわち印欧基語) から派生したものと推定する画期的な研究であった．以後多くの比較言語学者の研究や古代語の発見によって，今日では印欧基語とこれから派生した諸言語を含む印欧語族 (Indo-European family) の系譜がかなり明らかになっている．

2.2 ここにいう印欧基語 (Proto-Indo-European) とは，紀元前3-4千年頃まではほぼ単一の言語グループをなしていたと推定される言語である．この言語から今日までに分化発達した諸言語は，西はアイスランド，アイルランド，東はトルケスタン，インドの地域に跨り，これに今日英語の用いられるオーストラリアや北米大陸などを加えれば，ほとんど地球を取り巻く広大な地域に及んでいる．こうして，世界の総人口の半数に近い約20億に及ぶ言語人口をもつ印欧語族は，数多い語族の中でも，文化史的に最も重要な語族の一つといってよいであろう．次に印欧語族の分類とこれに属する主要な言語名をあげておく．([　] に包まれたものは古代語や消滅した言語を示す.)

インド語派 (Indic)
　[Sanskrit, Prakrit] — Hindi, Bengali, Urdu
イラン語派 (Iranian)
　[Old Persian] — Persian, Kurdish
　[Avestan] — Pashto
アナトリア語派 (Anatolian)
　[Hittite]
　[Luwian]
　[Lycian]
アルメニア語 (Armenian)
トカラ語 [Tocharian]
ギリシャ語 (Greek)
イリュリア語 [Illyrian]
アルバニア語 (Albanian)
イタリック語派 (Italic)
　[Latin] — Italian, French, Spanish, Portuguese, Rumanian
　[Oscan, Umbrian]
ケルト語派 (Cetlic)
　[Goidelic] — Gaelic, Manx
　[Brythonic] — Welsh, Breton
ゲルマン語派 (Germanic) ⇨ 2.3
バルト語派 (Baltic)
　[Old Prussian]
　Lithuanian, Latvian
スラヴ語派 (Slavic)
　Slovene, Serbo-Croatian, Bulgarian
　Czech, Slovak, Polish
　Russian, Ukranian

2.3 英語の属するゲルマン語派は，比較的有力とされている分類法で示すと次のようになる．

東ゲルマン語群 (East Germanic)
　[Gothic]
北ゲルマン語群 (North Germanic)
　[Old Norse] — Icelandic, Norwegian, Swedish, Danish
北海ゲルマン語群 (North Sea Germanic)
　[Old Frisian] — Frisian
　[Old English] [Middle English] — English
　[Old Frankish] — Dutch, Flemish
　[Old Saxon] — Low German
内陸ゲルマン語群 (Inland Germanic)
　[Old High German] — German

3. 英語語源学

3.1 英語を初めとするヨーロッパ諸語の語源研究が，19世紀末から20世紀前半にかけてめざましい発達をとげた印欧比較言語学の成果に負うところ極めて大であることは，多言を要しないであろう．英語語源学は，第一に英語がゲルマン語派に属する北海ゲルマン語群の一言語であり，第二にゲルマン語派が上に述べた印欧語族の一語派であることを前提としている．そこで，印欧基語に遡る英語単語の語源記述では，印欧・ゲルマン比較言語学の成果が，また古期英語 (Old English, 700-1100; 略 OE) 以降の記述には英語史の研究成果が利用されることになる．つまり，英語の語源研究には，現代英語から中期英語 (Middle English, 1100-1500; 略 ME; ただし，本辞典の語源記述では 1400-1500 は ME とせず 15C とした)，古期英語の段階にまで遡る英語の内史的部分と，さらに遡ってゲルマン基語 (Proto-Germanic)・印欧基語 (Proto-Indo-European) の段階を扱う英語の外史的部分とがあり，ある英単語の語源を特定するためには，内史・外史を通じて，形態の連続性と同時に意味の連続性が証明されなければならない．その際，内史的考察が外史的考察に先行すべきことはいうまでもない．

3.2　例えば，cow の語源は本辞典で次のように記述されている．

> **cow**[1] 〖OE *cū* < Gmc **kō(u)z* cow (Du. *koe* / G *Kuh*) ← IE **g*ʷ*ōus* ox, bull, cow (L *bōs* ox / Gk *boûs* / Skt *gāus*): cf. beef〗

語源欄の読み方について注意すると，このように OE に遡る語はただちに OE の語形を記し，ME の語形をあげないのを原則としてある．OE から ME, ME から ModE への発達は英語音韻史の知識で十分理解されるから，例外的な場合を除き省略したのである．しかし，cow の語源が古期英語 cū [kuː] であるというためには，この [kuː] という音が中期英語末から近代初期にかけて生じた大母音推移 (Great Vowel Shift) という組織的な音変化によって [kʊu] [kəu] をへて [kaʊ] となったこと，また cū → cow という綴り字上の変化は [uː] 音を表わすのに ou, ow を用いたノルマン写字生の書記法によることを明らかにして形態上の連続性を確認すると共に，その意味「牝牛」が基本的に変ることなく連続している，という意味の連続性の確認が前提となっている．

3.3　英単語の中には dog のように OE docga より古く遡ることができない場合もあるが，cow の場合は上記語源欄の示すように OE cū が最終的語源ではない．英語と同語派に属する他のゲルマン諸語に OE cū に対応する語 — OFris. kū, OS kō, OHG chuo, ON kȳr — が存在することから，古代ゲルマン人が用いた言語，いわゆるゲルマン基語の語彙に *kō(u)z が推定できる．(*印は A. Schleicher 以来，その語が文証されないが理論上推定される語形であることを示す.) 我々はさらに，このゲルマン語に対応する語形を欧亜大陸の諸言語に，OIr. bō, L bōs (cf. boss[5]), Toch. (A ko, ki ; B keu), Gk boûs, Arm. kov, Latv. gùovs, OChSlav. govędo, Aves. gāush, Skt gāus のように見出し，これらの語形の溯源する印欧基語 *gʷōus ‘牛’ を帰納的に推定することができる．上記語源欄はこの過程を簡略に〖OE *cū* < Gmc **kō(u)z* ... < IE **g*ʷ*ōus* ...〗としている．(A′ < A は A′ が A の音法則的発達であることを示す.) その際ゲルマン基語の次に，同じくこの基語から発達した同族語を例示するが，一般読者の便を考えて，通例オランダ語・ドイツ語の現代語形をあげてある．(なお Du. と G の間の斜線は異なる言語を併記するときの区切りとして用いている.) また，印欧基語の次にも同じように，ラテン語・ギリシャ語の同族語形をあげた．ギリシャ語の転写法は，サンスクリット・ヘブライ語・アラビア語・ロシヤ語と共に，本文中の alphabet の項の表に示してある．ギリシャ文字のローマ字転写は，慣用的なラテン語式によらなかったところがある．すなわち kappa は c でなく k, upsilon は y でなく u, chi は ch でなく kh, また軟口蓋音 (k, g など) の前の gamma も n でなく g で表記した．しかし，英語におけるギリシャ借入語は通例ラテン語を経由しているので，*synch*ronize のように，いずれもラテン語式 (c, y, ch, n) の形をとっていることはいうまでもない．

3.4　cow の語源はこのように IE *gʷōus に遡ることが分ったが，これからさらに溯源することは可能であろうか．大多数の語の場合，印欧語以前に遡ることは困難だが，一説によると，*gʷōus は言語の系統が不詳とされるシュメール語 (Sumerian) gu (<**gud*) ‘(種)牛’ の借入で本来擬音語であるという．また古代中国語の ‘牛’ (ngō, ngū) もシュメール語からの借入とする説があるが，これらの関係はなお不詳としなければならない．

3.5　現代英語の単語のうち印欧基語に遡るものには次のような語がある．予想されるように，日常生活に必要な基本語彙の多くを占めている．

1. 身体 arm, brow, ear, eye, foot, heart, knee, nail, navel, tooth
2. 家族 father, mother, brother, sister, son, daughter, widow
3. 動物 beaver, cow, goat, goose, hare, hart, hound, mouse, sow, wolf ; louse, nit ; bee, wasp ; crane, raven, starling ; fish, lax
4. 植物 alder, ash, asp(en), beech, birch, fir, hazel, oak, withy
5. 飲食物 bean, mead, salt, wine
6. 天体・自然現象 moon, star, sun ; rain(?), snow, wind
7. 数詞 one—ten, hundred
8. 代名詞 I, thou, ye, it, that, who, what
9. 形容詞 cold, hard, hot, light, long, new, red, white, young
10. 動詞 be, come, do, eat, lie, murmur, ride, seek, sew, sing, stand, weave
11. その他(名詞) acre, ax(e), door, furrow, month, name, night, ore, summer, thatch, year, yoke

4.　ゲルマン語派

英語の属するゲルマン基語が印欧語から分離し始めたのはおよそ紀元前 1500 年のころで，以後長い期間に亙って分化・発達を続け，紀元 5–6 世紀になって大体現在のゲルマン諸言語が確立する．上述のゲルマン語派の四分説に対し，伝統的な分類では北海ゲルマン語群と内陸ゲルマン語群を一つにした西ゲルマン語群 (West Germanic) を認める三分説をとっている．確かに他のゲルマン語に対して，これらの言語の間にはいくつかの共通の言語特徴が存在する．しかしまた一方，北欧語と西ゲルマン語，ゴート語と高地ドイツ語に特有の特徴も認められるので，むしろ北欧語とゴート語を除いた残りが，ゆるやかな纏(まと)まりをなしていたものとみるのが一番穏当かもしれない．(そこで本辞典で西ゲルマン語形を想定するときには，(WGmc) の表記を採用することにした.) ゲルマン基語の語彙をみると，印欧語時代に比べて社会生活の進歩，環境の変化が窺われる．とくに農耕・牧畜関係の語の充実と共に，航海・漁業関係の語が豊富であり (sail, sea, ship, keel, schooner, strand, ebb, swim, net, tackle, tow, etc.)，戦争関係 (bow, helm, shield, sword, weapon, etc.)，宗教関係 (god, heaven, hell, holy, werewolf, etc.) の語が目立つ．

5.　Grimm の法則

5.1　これはゲルマン語派の諸言語と印欧語族の他の語派の諸言語との間に存在する子音推移を公式化したもので，ドイツの比較言語学者 Jacob Grimm (1785–1863) に因んで Grimm's Law とよぶが，また第一子音推移と称することもある．分り易くするために，印欧基語 (IE) の子音をほぼ保存するラテン語 (L) と推移したゲルマン基語 (Gmc) の音韻をもつ英語 (E) の例で示すと次のようになる．

1) IE の無声閉鎖音 p, t, k は Gmc で摩擦音化して f, þ (=th), χ (h) となる．

IE	L	Gmc	E
p	*p*ater	f	*f*ather
t	*t*rēs	þ	*th*ree
k	*c*entum	χ	*h*undred

2) IE の有声閉鎖音 b, d, g は Gmc で無声化して p, t, k となる．

IE	L	Gmc	E
b	tur*b*a	p	thor*p*
d	*d*uō	t	*t*wo
g	a*g*er	k	a*c*re

3) IE の有声帯気音 bh, dh, gh は Gmc で帯気性を失い b, d, g となる．ただしラテン語 (L) では f, f, h (または消失)，またギリシャ語 (Gk) では ph, th, kh となる．そこでギリシャ語の例も加えると，

IE	Gk	L	Gmc	E
bh	*ph*rátēr	*f*rāter	b	*b*rother
dh	*th*úra	*f*orēs (pl.)	d	*d*oor
gh	*kh*ḗn	anser (< **h*anser)	g	*g*oose

この音韻法則に照らしてみれば，英語の foot, garden に対応するギリシャ語・ラテン語はそれぞれ poús, podós / pēs, pedis および khórtos / hortus が正しく，前にあげた Lemon の推定が科学性を欠いた恣意的な臆説に過ぎないことが明らかとなろう．

5.2　ところで，印欧基語とゲルマン語との音対応をさらに詳しくみていくと，そこに一つの問題が生じる．1) の規則に対して上例の L pater : E father の語頭の p : f は適合するが，語間の t : th の対応はどうであろうか．これは一見規則的のようだが，実は偶然の結果に過ぎない．というのは，father の OE 形は fæder で Gmc *fáđēr に遡り，従って IE t : Gmc đ の対立を示すことになるからである．同様に IE p, k もしばしば f, χ(h) とならずにその有声音 ƀ(v), ǥ として現われることが分った．Grimm の法則に対してこれは重大な例外である．しかし 1875 年，デンマークの言語学者 Karl Verner (1846–96) はこれらの変化が印欧基語のアクセントの位置に帰因することを明らかにしたのである．すなわち，IE p, t, k は有声音の間にあるとき，直前の音節にアクセントがあれば規則どおり無声の f, þ, χ だが，直前の音節にアクセントがなければそれぞれの有声音 ƀ(v), đ, ǥ として現われる．そこで father の IE から OE に至る発達の過程は次のように推定できる：IE *pətḗr- > Gmc *fađḗr > *fáđēr > WGmc *fáder > OE fǽder．この場合，ゲルマン語派ではまず子音推移が部分的に行なわれ，その後でアクセントの語幹主母音への固定化が生じたことを前提としている．

5.3　ここでふれる余裕はないが，印欧語の母音についても，子音より複雑な形ではあるが，音韻対応が明らかにされている．これによって我々は，比較言語学の輝かしい成果である音韻対応によって，ある語の語源が正しいか否かをチェックし，また表面的には類似の認

め難い語の間にも語源的関係を見出すことが可能となったのである．

例えば，意味・形態上一見類似性が明らかと思われる英語の day とラテン語の diēs が，実は語源上無関係であることは，day が Gmc *dagaz（語頭の d- は不詳）さらに IE *agher-‘一日’に由来するのに対して，diēs のほうは IE *dyē-, *dei-‘輝く，照る’に遡ると推定されるからである．また前に Dr. Johnson の辞典から引用した have の語源記述が正しくないことも本辞典の次の語源記述から窺えるはずである．

> **have**[1] 〚ME *have(n), habbe(n)* < OE *habban* < Gmc **χaƀēn* (Du. *hebben* / G *haben*) ← IE **kap-* to have in hand, take (L *capere* to hold / Gk *káptein* to swallow): cf. heave〛

また，英語の have に対して，フランス語 avoir やイタリア語 avere の語源であるラテン語 habēre は‘持つ，所有する’という基本義をもち，完了の助動詞としての用法でも一致しているのみならず，形態上も一見類似しているように見える．しかしこの場合も，本語源欄の示すとおり，have が Gmc *χaƀēn, IE *kap- に遡る（従ってラテン語の capere‘摑まえる’と同根）のに対して，habēre は IE *ghabh-, *ghebh- に由来する（従って Gmc *ʒeƀan をへて give と同根）ことは，IE k, p, gh, bh がラテン語では c (=k), p, h, b に，ゲルマン語では χ, ƀ, g, b に発達するという Grimm の法則に照らして確認できる．

5.4　さらに cow に対して beef は，意味上は‘牛—牛肉’という密接な関係をもつが，形態上は一見無関係のように見える．しかしこの 2 語が窮極的には同語根に由来することは，beef に対する本辞典の語源記述を参照すれば明らかとなろう．

> **beef** 〚《*c*1300》 *bēf, boef* ▭ ONF *boef, buef* (F *bœuf*) < L *bovem, bōs* ox < IE **gʷōus*: ⇨ cow[1]〛

ここには beef が bēf, boef のような形で 13 世紀の中期英語文献に初めて現われることがまず示されている．《 》内の数字は *O.E.D.* または *M.E.D.* のあげる初出文献の執筆[成立]年代だが，これはおおよその目安を与えるに過ぎないことはいうまでもない．そして，この ME boef は 1066 年のノルマン征服の結果，英国に定住するに至ったノルマン人が用いていたフランスの北部方言（ONF）の buef, bef（現代フランス語では bœuf で‘牛’‘牛肉’の両義をもつ）が英語に借入されたもの（▭ は借入の関係を示す）である．ついで，このフランス語がラテン語 bovem（bōs の対格形）から発達したもので，さらに（オスク方言をへて）IE *gʷōus に遡ることが示されている．

6. 英語とドイツ語

ゲルマン語派に属する諸言語はすべて，上に記した Grimm の法則とよばれる子音推移を受けたが，今日の標準ドイツ語を形成する高地ドイツ語においては，さらに第二の子音推移が生じ，その結果として，ドイツ語の子音組織は，他のゲルマン語に対して特異なものとなった．この子音推移は通例第二子音推移とよばれ，およそ紀元 5-8 世紀のころ起こったと推定されるが，第一子音推移に比べると例外が多く，また地理的にも限定されている．しかし，英語とドイツ語を比較する場合不可欠なので，簡単に付記しておく．

1) Gmc p, t, k は（高地）ドイツ語で破擦音あるいは摩擦音 [pf], [f]; [ts], [s]; [ç], [x] となる．

	E	G
p	*p*ool; o*p*en	*Pf*uhl; o*ff*en
t	*t*wo; ea*t*	*z*wei; e*ss*en
k	I (< OE *iċ*); ma*k*e	i*ch*; ma*ch*en

2) Gmc d は（高地）ドイツ語で [t] となる．

E	G
*d*aughter; goo*d*	*T*ochter; gu*t*

7. 外来語

7.1　cow や father が我々の推定しうる最古の印欧基語の段階から今日に至るまで連綿と続いている本来語（native word）の例であるのに対して，上にふれた beef は，ある時期に他言語との接触によって生じた借入語（borrowed word）あるいは外来語（foreign word）の例をなしている．

英語は中世，とくに中期英語以後ラテン語・フランス語を初めとして，ほとんど世界中の諸言語から借入を行ない，「言語的消化不良の慢性症」といわれる反面，世界で最も豊富な語彙をもつ言語の一つである．従って，英語の語源を考える場合，借入語の問題は極めて重要である．そこで，本来語と外来語との関係を統計的に見ると，使用頻度に基いて選んだ語彙約 2 万語* と約 14 万語** の場合，その語源的分類，比率は次のようになる．

	(2 万語)	(14 万語)
本来語	19%	14%
ラテン語	15%	36%
フランス語	36%	21%
ギリシャ語	13%	4.5%
北欧語	7%	2%
イタリア語 / スペイン語	1%	3%
その他	9%	19.5%

* R. G. Kent, *Language and Philology*; 北欧語の項にはオランダ語・ドイツ語を含む．

** Paul Roberts, *Understanding English*.

本来語の比率はそれぞれ 19%，14% で，語数を大きくとれば本来語の比率は低くなる傾向がある．これに対して，ラテン語・フランス語の占める比率は甚だ大きく，語彙数の大きさに比例して大きくなることが知られている．このように，英語はゲルマン語派に属する言語でありながら，語彙に関してはむしろラテン・フランス語系の色彩が極めて濃い．

7.2　外来語の借入型　一般的にいえば，外来語は借入の際に屈折語尾の部分を落とした語幹の形で取り入れられ，必要に応じてこれに本来語の語尾が加えられる．例えば L vīn-um は OE wīn‘wine’，L offer-re は OE offr-ian‘to offer’として，また ON ill-r は ME ille‘ill’，ON tak-a は OE tak-an‘take’，It. firm-a は firm として借入されている．ただし，L hyacinth-us からの OE iacinctus‘hyacinth’，ON ang-r からの ME anger‘anger’のように語尾まで含めて借入されることもある．とくに近代期以後名詞を借入する場合には原語のままの形で借入されることが多く，原語の屈折語尾の有無が，その借入が中世か近代・現代かを知る手掛りとなる：alb-um, bon-us, cris-is, dram-a（以上ラテン語またはギリシャ語）; concert-o, gondol-a（イタリア語）; sag-a（北欧語）; cherub-im（ヘブライ語）．

7.3　ラテン借入語　次に，英語における外来語の中で最も大きな比重を占めるロマンス系借入語，とくにラテン語とフランス語について，その借入の型を述べよう．

a) ラテン語からの借入は，アングロ サクソン民族のブリテン島侵入以前，いわゆる大陸時代に始まるが，初期のラテン借入語には上掲の wine のほか，bishop, butter, cheap, cup, street, wall などがある．

ラテン語の名詞・形容詞は通例辞典の見出し語となる主格形ではなく，屈折形の語幹の形で借入される．これはふつうの名詞・形容詞は主語の位置にくることが少なく，目的語などの位置に現われることが多い，という頻度の問題によると思われる．本辞典でも一般に対格の形であげ，ときに主格形を併記してある．

> **tra·di·tion** 〚《*c*1390》 ▭ (O)F ～ // L *trāditiō(n-)* delivery, handing down ← *trādere* to hand over ← *trāns* ‘TRANS-’+*dare* to give: ⇨ -ition: TREASON と二重語〛

(O)F と L との間の記号 // は‘or’の意で，借入が直接ラテン語からか，またはフランス語を経由したものか断定し難い場合に用いてある．ただし，語幹が主格からでも語尾を落とすことによって導き出せる場合には，-us, -a などの主格形であげてある．

> **con·duct** [kάndʌkt, -dəkt | kɔ́n-] 〚n.: 《*c*1441》 ▭ LL *conduct-us* escort (p.p.) ← *condūcere* (⇨ conduce) ∽ 《*c*1300》 *conduit* ▭ (O)F (p.p.) < L *conductum*. — v.: 《*a*1422》 ← L *conduct-us* ∽ 《*c*1400》 *conduite(n)* ← (n.)〛

b) ラテン語の動詞については不定詞（inf.）の語幹から借入する場合（主に -āre に終る第一変化動詞）と完了分詞（p.p.）の語幹から借入する場合とがある．一例をあげると，L condūc-ere (inf.), conduct-us (p.p.) は異なる時期に借入されてそれぞれ ME conducen (1475), conducten (*c*1400) となっている（-en は ME の不定詞語尾）．完了分詞幹は本来過去分詞（形容詞）として借入されたが，ラテン語の -t- が英語の過去分詞語尾 -(e)d に当たることが一般には十分意識されなかったため，これにさらに -ed をつけた conducted のような形が過去分詞形として用いられるようになり，ついでこれから逆に -ed をとることによって conduct-en という新しい不定詞形が生じたのである．このようにラテン語動詞は ME から近代初期にかけて，二つの型で借入される場合が少なくなかったが，通例どちらかがまもなく廃語（†）となっている：affect (1483-) — †affectate (1560-95); examine (*c*1303-) — †examinate (1560-78); †corrobore (1485-1563) — corroborate (1530-)．ときに両方の語形が残っている場合があるが，その際完了分詞形のほうが特殊化された意味を表わしていることが多いようである：convince (1530-)‘確信を抱かせる’— convict (1380-)‘罪を悟らせる’; transfer (1382-)‘運び移す’— translate (*a*1325-)‘(ある言語から別の言語へ) 移す’．

7.4　フランス借入語　1066年のノルマン征服後約300年間は，支配階級のノルマン人の言語であるノルマンフランス語 (Old Norman French；略 ONF) を基にした Anglo-French (英国で用いられたフランス語) が公用語として，宮廷・議会・法廷・学校などで用いられた．14世紀後半になると国民意識の高揚と共に英語が失地回復をして，Anglo-French は公用語としての地位を退くことになるが，その間支配階級，上流階級を通じ，おびただしいフランス語が英語の語彙に流入し，さらに ME 後期から近代にかけてパリを中心とする中央フランス語 (Central French；本辞典では (O)F と略) からその高い文化を反映する多数の語が借入された．Anglo-French は本辞典では Old Norman French (略 ONF) として示したことが多い．

catch 〖《?a1200》▭ ONF *cach-ier* = OF *chacier* (F *chasser*) < VL **captiāre* = L *captāre* to try to seize, hunt (freq.) ← *capere* to take: CHASE¹ と二重語: to take の意味は ME *lac(c)he(n)* 'to take, LATCH' の影響〗

ONF cachier = OF chacier とあるのは，ME の語形は ONF からであるが，これに対する中央フランス語の形を参考に示したのである．そしてこの OF から直接借入されたのが ME chasen すなわち chase に外ならず，従って catch と chase は共通の語源をもつ二重語 (doublet) をなしている．このように，外来語と外来語の間，あるいは外来語と本来語の間で，二重語，さらに三重語 (triplet) をなすことが少なくない：sure (OF) — secure (L)；shirt (E) — skirt (ON)；cattle (ONF) — chattel (OF) — capital (L).

a)　フランス語の名詞・形容詞の借入についても，一般に英語の語形はフランス語の対格によっている．古期フランス語の名詞・形容詞の格変化は，ラテン語の5ないし6種の格のうち，主格と対格の2種を残すのみであった．それで serfs '奴隷' と bons 'よい' を例にとり，ラテン語との関係を（　）内に示すと

	単　数	複　数
主　格	serfs (< L servus)	serf (< L servī)
対　格	serf (< L servum)	serfs (< L servōs)
主　格	bons (< L bonus)	bon (< L bonī)
対　格	bon (< L bonum)	bons (< L bonōs)

単数主格の -s はラテン語の -us に由来するが，結局中期英語の名詞組織 (単数—Ø；複数—s) に呼応するのは，主格の系列ではなくて，対格の系列であった．借入の場合にも対格の形がとられたのは，近代フランス語の名詞・形容詞形がラテン語の対格形であったことと共に，この間の事情が与っていると思われる．これに対して，フランスの人名に由来する Charles, Lewis, James などの -s は本来フランス語の主格語尾であり，これはこれらの人名が主格 (呼格を吸収) で用いられることの多かったことを反映するものであろう．人名以外でフランス語の主格形から借入された次のような場合は例外とみてよい．

ap·pren·tice 〖《1307》▭ OF *aprentis* (F *apprenti*) ← *aprendre* to learn…〗

b)　フランス語の動詞の借入に当たっては，不定詞の語幹がとられるのが一般的だが，-ir 型の動詞では現在分詞あるいは直説法現在複数などの語幹 -iss- から借入されることが多い．この -iss- はラテン語で起動相 (inchoative) を表わす接辞 -isc- に由来する．

pol·ish 〖v.: 《a1325》← (O)F *poliss-* ← *polir*…〗

ここで注意すべきは，OF [s] が英語で口蓋音化して [ʃ] となり sh の形をとっていることである．この口蓋化は次のような不定詞幹からの借入の場合にも見られる．

push 〖《?c1225》 *pusshe(n), posshe(n)* ▭ (O)F *pouss-er*, OF *po(u)lser* to push, beat…〗

また現在分詞幹からの借入は，-aindre, -eindre, -oindre 型の動詞の場合についても起こる．

join 〖《?a1300》▭ (O)F *joign-* (pres.p. stem) ← *joindre* to join…〗

上に述べたように，不定詞幹は動詞として借入されるが，語尾まで含めた不定詞形は通例名詞として借入される．しかし，ときに動詞として入ることもある．

din·ner 〖《c1300》 *diner* ▭ (O)F *dîner*, OF *disner* 'to DINE'：不定詞の名詞用法 (⇨ -er³)〗

c)　ME 期に入ったフランス借入語は，ルネサンス期に，権威をもつと考えられたラテン語形に合わせて復元されることがあった．このような再構成形を示すために，本辞典では記号 ∽ を用いている．

debt 〖《15C》▭ F《廃》*debte* ∽ 《?a1200》 *det* ▭ (O)F *dette*…〗

これに類した例が，ME 期に古期ノルド語 (Old Norse；略 ON) からの借入語が古い本来語の語形に取って代る場合に見られる．

sis·ter 〖ME ～ ▭ ON *systir* ∽ ME *suster, soster* < OE *sweostor*…〗

egg¹ 〖n.: 《c1340》 *eg(ge)* ▭ ON *egg* ∽ ME *ey* < OE *ǣg*…〗

OE sweostor は ME suster, soster (w は u, o に吸収される) となり，方言には suster として残っているが，現代英語の sister は ON 形による再構成形である．

7.5　北欧借入語　8世紀に始まる Vikings のブリテン島侵入，定住や11世紀前半のデーン人による英国支配によって，danelaw と呼ばれる地域を中心に古期英語と (同じゲルマン語派に属する) 古期ノルド語の二言語使用 (bilingualism) が行なわれ，その結果，一般の外来語の例と異なり，ON 借入語は基本的な日常語彙や文法機能を表わす語にまで及んでいる．上掲の sister, egg のほか主なものをあげておく：band¹, fellow, husband, law, leg, skin, skirt, sky, window; awkward, flat, ill, loose, low, ugly, weak, wrong; call, die, get, give, seem, take, want; they, them, their, though.

8. 造　語　法

以上に取り上げた単語は，主に OE あるいはゲルマン語以前に遡る本来語か，英語の発達の過程で借入された外来語である．しかし現在の膨大な英語の語彙の中には，英語の内部で造語されたものが多数存在するので，最後に英語の造語法について説明を加えておく．

最も一般的な造語法は，既存の語に接辞 (affix) を付けて造る派生 (derivation) と既存の2語以上の結合，または連結形 (combining form) を用いた合成 (compounding) とである．

folk·sy 〖← *folks* ((pl.) ← FOLK) + -Y⁴〗
bi·o·tron 〖← BIO- + -TRON〗

本辞典では，近代期以後の造語で構成要素の自明な合成語 (例 bookcase, world-famous) や多産的な接辞 (-al¹, -an¹, -ed, -er¹, -ful¹˒², -ic¹, -ical, -ing¹˒², -ish, -ism, -ist, -ive, -ize, -less, -like, -ly¹, -ness, -or², non-, -ous, post-, pre-, re-, semi-, super-, un-¹˒² など) や前後から自明な連結形による造語の場合，語源欄を省略したことが多い．これらの造語法によって，現在も毎日のように新語が造られているが，これらと並んで最近の新語形成に著しい造語法として省略 (abbreviation) がある．省略は，いわば合成とは逆の方法で，種々の型がある．

a)　短縮 (clipping)：語の一部を切り取った省略形で，どの部分を残すかにより，次の3種に分かれる．1) 語の頭部を残したもの：exam (← examination)；fan (← fanatic).　2) 語の尾部を残したもの：bus (← omnibus)；phone (← telephone).　3) 語の中間部を残したもの：flu(e) (← influenza)；fridge, frig (← refrigerator).

b)　次に省略の一種で Lewis Carroll, *Through the Looking Glass* (1871) で有名となり，今日も盛んに用いられているのが混成 (blending) と呼ばれる造語法である．これは2語の一部を重ねて新しい1語を造るもので，brunch 〖《1896》《混成》← BR(EAKFAST) + (L)UNCH〗や smog 〖《1905》《混成》← SM(OKE) + (F)OG〗など周知の例であろう．これは短縮と共に，生活のテンポ・リズムが急速に早まりつつある現代社会の要請に応えるものだが，現代に限った造語法ではなく，数は少ないが，古典語にも存在する．Shakespeare にも rebuse '悪口雑言する' (← rebuke + abuse) などの例があるが一般化しなかったらしい．

c)　また，既存の語に接辞を付けて派生語を造るのと逆に，ある語の一見接尾辞と見える部分を切除して本来は存在しなかった語を造る造語法があり，これは逆成 (back-formation) と呼ばれる．baby-sit '(親の留守の間) 子守りをする' 〖《逆成》← BABY-SITTER〗も baby-sitter から sitter ← sit + -er¹ の類推で造語されたものである．televise (← television), contracept (← contraception) など多数の新語を生み出している．古い例としては difficult (← difficulty) などがあり，一説では beg も beggar からの逆成としている．

d)　省略のもう一つの例として，合成語または語群の各頭文字を並べて1語を造る方法がある．これを initialism といい，このようにして造られた語を頭字語 (acronym；initial word) と呼ぶ．この種の省略語は B.C., A.D. のように古くから行なわれ，現在も英米の放送局名 BBC, VOA や辞典の OED のように各種の名称の略語として広く用いられている．これらはふつう各頭文字をアルファベット読みにしているが，ときには emcee (M.C.), okay (O.K.) のように発音綴りにすることもある．最近の傾向としては，アルファベット読みでなく1語として棒読みできるようなものが多いこと (Nato, Unesco, radar)，P.E.N. 'ペンクラブ' のように既存の語と語形が一致するものが好まれること (laser, 'pelican' crossing) などが指摘できよう．

(寺澤　芳雄)

A^1, **a**^{1} [éɪ] 〖OE A, a ⊏ L (Etruscan を経由) ⊏ Gk Α, α (álpha) ⊏ Phoenician ⊀: cf. Heb. ℵ (āleph) 《原義》 ox. ★ギリシャ語・ラテン語の最古の段階では，セム語と同様に右から左に書かれていたが，その後今日のヨーロッパ諸語のように左から右に変わった；そのためギリシャ・ラテン文字は，多くフェニキア文字を裏返したような形になっている〗 — *n.* (*pl.* **A's, As, a's, as, aes** [~z]) **1** 英語アルファベットの第1字. **2** (活字・スタンプなどの) A または a 字. **3** [A] A 字形(のもの): an A tent A 形テント. **4** 文字 a が表わす音: a short *a* 短音の a《cat, back などの [æ]; ⇨ short *adj.* 10 a》/ a long *a* 長音の a《late, pale などの [eɪ]; ⇨ long^1 *adj.* 12》. **5** (連続したものの) 第1番目(のもの). **6** (中世ローマ数字の) 50; 500. **7** 〘音楽〙 **a** イ音, (ドレミ唱法の) ラ音; イ音の弦[鍵(けん)], (パイプオルガンの) パイプ: A sharp 嬰(えい)イ音《記号は A♯》/ A flat 変イ音《記号は A♭》. **b** イ調: A major [minor] イ長調[短調] (cf. key^1 9 a).

a and izzard 始めと終わり. ***A No. 1*** [éɪ-nʌ́mbə-wʌ́n | -bə-] = A 1. ***from A to Z*** [***izzard***] 初めから終わりまで，すっかり. ***not know A from B*** [***from A to B***] 無学文盲だ.

a^2 [ə; èɪ, éɪ] 〖ME *a* 《弱形》← OE *ān* 'ONE': cf. an^1〗 — *indefinite article* (母音で始まる語の前では **an**: cf. an^1 ★) **1 a** [一般用法] 場面上不特定なものをさす単数形の Countable noun の前に用い「一つの (one)」「ある (any, some)」の意を含む (cf. the A 1 a): I saw *a* dog running across the road. 犬が道路を横切って走って行くのを見た / Mr. Smith is *an* excellent physicist. スミス氏はすぐれた物理学者です. ★(1) 制限関係詞節などによって修飾されている名詞にも，それだけではどれをさすか不明確な時は a(n) を用いる: David Jones was *a* doctor on duty that evening. 当直の医師は彼のほかにもいた / He has *a* brother who is an artist. (2) 語順は通則として a＋名詞, a＋形容詞＋名詞, a＋副詞＋形容詞＋名詞: *a* day / *a* fine day / *a* very fine day; ただし such a..., what a..., so [as, too, how]＋形容詞＋a... となる《quite, rather, half と共に用いられる場合については ⇨ quite 3 ★, rather 2 a ★, half *adj.* 1》: I have never seen *such a* beautiful scene. / *What an* interesting story it was! / He did it in *so* short *a* time. / He is *as* bright *a* boy as I have ever seen. / It was *too* heavy *a* box for me to carry. / *How* good and brave *a* deed! **b** [通例 Uncountable noun として用いる名詞に付いて] 一事例の (an instance of); 一種の (a kind of); 一定分量の，いくらかの (some): The doctor said that she would develop *a* tonsillitis. 医者は彼女が扁桃腺炎を起こすかもしれないと言った / Asparagus is *a* grass. アスパラガスは草(の一種)である / He has *a* fine intelligence. すぐれた知能をもっている / She has *a* knowledge of French. 彼女はフランス語が(いくらか)わかる / I'll have *a* sleep [swim]. ひと眠り[ひと泳ぎ]しよう.
2 a 一つの (one): *a* mile long 長さ1マイル / *a* day or two 一両日 / at *a* mouthful 一口に / in *a* word 一言で言えば，つまり / Not *a* soul was to be seen there. そこには人っ子ひとり見られなかった / Yes, I had *a* [éɪ] reply. [強意的に] はい，一応の返事はありました. **b** [dozen, score; hundred, thousand などの集合数詞の前に用いて]: *a* dozen pencils 鉛筆1ダース / *a* gross of matches マッチ1グロス / *a* hundred and twenty thousand yen 12万円 / *a* million dollars 百万ドル / *a* [《英》 *an*] hundredfold 百倍に. **c** [few, great [good] many; little, great [good] deal などの前に付けて慣用的数量表現をなして]: *a* great many books 非常にたくさんの本 / *a* good deal (of money) 多額の金 / for *a* few days 数日間 / *a* little (water) 少し(の水). ★ many a＋単数名詞は《文語》で配分的意味を強化して強意的: many *a* time 幾度ともなく. **d** [序数詞の前に用いて] もう一つの，いま1回の: He tried *a* third time. (2度やったあとで)もう1度やってみた (cf. He tried for the third time. ⇨ the A 1 b). **e** [通例 Uncountable noun として用いる飲み物などを意味する名詞に付いて] 1杯の，1人前の: Two teas and *a* coffee, please! 紅茶2杯とコーヒー1杯頂戴 / I'd like *a* beer. ビール(1杯)ください.
3 同一の (the same). ★この用法は今は《まれ》: birds of *a* feather 同じ羽毛の鳥; 同類 / men all of *a* mind 皆一つ心の人々 / These hats are much of *a* size. これらの帽子は大体同じ大きさです.
4 [固有名詞に付いて] **a** …という人 (a certain): A Mr. Jones came to see you while you were out. ご不在中にジョーンズさんという方がお見えになりました. **b** …家の人: *a* Stuart スチュアート家の人 (cf. the Stuarts ⇨ the B 3 a). **c** …の作品 (a work by): I saw *a* Rodin there. そこでロダンの作品[彫刻]を見た.
5 a [主に固有名詞に付いて] …のような人[物] (one like): He is *a* Newton in his scientific genius. 科学的天分の点では当代のニュートンともいうべき人だ. **b** [… of a …の形で] …のような… (cf. of^1 6 b): a saint *of a* man 聖人のような人. ★この場合の of のあとには固有名詞も用いられることがある: that fool *of a* John あの愚かなジョン.
6 [代表単数表現をなして] いずれの…も，…は皆《any または every の弱い意; cf. the B 1 a ★》: *A* cat can see in the dark. 猫は暗がりでも目が見える.
7 各，毎，…に付き (each, per) (cf. the B 5). ★この a(n) は語源的には前置詞 (⇨ a^3) に由来するとされる: five miles *an* hour 1時間に5マイル，時速5マイル / twice *a* week 毎週2回 / at one dollar *a* bottle 一びん1ドルで / We have three meals *a* day. 我々は日に3度食事をする.

a^3 [ə] *prep.* = a-^{1}.

a^4 [ə] 〖《?a1200》《弱形》← *ha* he, *heo* she, *hi* they〗 *pron.* 《方言》 **1** = he; she; it; they; I. **2** = him; her; them.

a^5 [ə] *auxil. v.* 《口語》 = have^2: You must *a* ['ə] done it. (= You must have done it.)

a^6 [ə] 〖ME ← OE *of* 'OF^1'〗 *prep.* 《口語・方言》 = of: cloth *a* gold = CLOTH of gold. ★しばしば先行する名詞に付けて用いる: kind*a* = kind of / sort*a* = sort of.

a^7 [áː, ɔ́ː] 〖ME 《北部方言》← *aw* 《変形》← ALL〗 *adj.* (*also* **a'**) 《スコット》 = all: for *a'* that それにもかかわらず.

a^8 [eɪ, ɑː] 〖⊏ L *ā* 《異形》← *ab* away from, from〗 *L.* prep. from の意.

a 《略》 *L.* ante (= before); atto-.

a 《記号》〘数学〙 第1既知数[量] (cf. b, c; x, y, z).

a, A 《略》 alcohol.

a, a. 《略》 anonymous; are 《面積の単位》.

ā, Ā 《略》〘処方〙 ana.

A^2 [éɪ] *n., adj.* 《英》〘映画〙 成人向け(の映画)《14歳未満には不適当; cf. AA, U^5, X^2》.

A 《略》 ammeter; Australia; Australian.

A 《記号》 **1** (道路などの) 1級, A級; (富裕度が第1位の) A階層. **2** [時に a] 〘教育〙 **a** (学業成績の評語として) 優: straight *A's* 全優 / an *A in* English. **b** 《米》 (一部の学校で) 1学期, 前期 (first semester). **3** 〘論理〙 全称肯定(命題) (universal affirmative); 全称量化詞《しばしば ∀ の形で使う》. **4** 〘化学〙 argon. **5** 〘物理〙 angstrom. **6** 〘化学〙 atomic weight. **7** (ABO 式血液型の) A 型. **8 a** 靴幅を示すサイズ番号の一つ《AA より幅広く B より狭い》. **b** ブラジャーのカップサイズの一つ《AA より大きく B より小さい》. **c** (男子用パジャマのサイズの) 小 (small). **9** 〘製紙〙 A 判《紙の規格系列の一つ》: A 4 (297×210 mm) / A 5 (210×148 mm). **10** 〘米空軍〙 水陸両用機 (amphibious plane); 〘米軍〙 攻撃機 (attack aircraft): A-10.

A, A. 《略》〘化学〙 atom; atomic.

A, A., a, a. 《略》〘音楽〙 alto; 〘電気〙 ampere(s); answer; area.

a. 《略》 ablative; about; acceleration; 〘商業〙 *F.* accepté (= accepted); 〘商業〙 accepted; accusative; acting 代理の《例: *a. Lt. Col.* = acting Lieutenant Colonel》; actual; address; adjective; after; age; aged; *L.* annus (= year); 〘商業〙 approved; aqua; 〘紋章〙 argent; 〘野球〙 assist(s); at.

a., A. 《略》 absent; acid; acre(s); acreage; active; adult; advance; advanced; afternoon; air; amateur; *L.* anno (= in the year); anode; *L.* ante (= before); anterior; arrive; arriving; author.

A. 《略》 absolute; academician; academy; ace; adjutant; admiral; airplane; America; American; Amos (旧約聖書の) アモス書; anna; annual; armored; Army; art; article; artillery; assistant; associate; athletic; 〘時計〙 *F.* avancer (= to advance)《緩急針ダイヤル面の表示》.

à [ɑː; *F.* a] 〖⊏ F *à* < L *ad* to: cf. ad-〗 *F. prep.* to, at, with, for などの意.

'a [ə] *auxil. v.* = a^5.

a-^{1} [ə] 〖ME *a-*, *o-* < lateOE *a-* ← OE *an* (prep.) 'at, ON'〗 — *pref.* **1** [名詞に付いて] on, to, toward(s), in, into などの意: *a*foot (= on foot) / *a*side (= to one side) / *a*back (= backward(s)) / *a*bed (= in bed) / *a*sleep (= in sleep) / *a*sunder (cf. *in* SUNDER). ★ [a-＋名詞] は副詞または形容詞を構成するが, *attrib. adj.* として名詞の前には用いない. **2** [Gerund に付いて] 「…して (in the act of), …中で (in the process of)」などの意 (cf. on *prep.* 8): go (*a*-)fish*ing* / He was (*a*-)hunt*ing*. 猟をしていた / The house is (*a*-)build*ing*. その家は建築中だ. ★(1) 今では通例 a- が省かれるため, その ing 形は現在分詞ともみなされる: He went fish*ing*. 魚釣に行った / They set the bell ring*ing*. 鐘を鳴らし始めた. (2) 最近では Gerund の代わりに原形動詞に付けて用いられることがある: *a*whir (= whirring) / *a*glaze (= glazed).

a-^{2} [ə] 〖OE *ā-*, *ar-*: cog. G *er-*〗 *pref.* away, on, up, out などの意でしばしば強意のために用いる: *a*bide, *a*rise, *a*wake.

a-^{3} [ə] 〖ME < OE *of* (prep.) 'OFF, OF^1'〗 *pref.* of, from の意: *a*kin (= of kin) / *a*new (= of new).

a-^{4} [ə] 〖ME ⊏ (O)F *a-* < L *ad-* to, at〗 *pref.* to, at の意 (⇨ ad-): *a*chieve, *a*mass, *a*scend.

a-^{5} [ə] 〖ME ⊏ (O)F *a-* < L *ā-* ← *ā* ← *ab-* off, away〗 *pref.* (m, p, v の前に来る時の) ab-^{1} の異形: *a*perient, *a*vert.

a-^{6} [ə] 〖ME ⊏ AF *a-* = OF *a-*, *e-*, *es-* < L *ex-* 'EX-^{1}'〗 *pref.* out, utterly の意: *a*mend.

a-^{7} [eɪ, æ, ə] 〖⊏ Gk *a-* (子音の前), *an-* (母音, h の前): cf. un-^{2} / L *in-* not / Skt *a-*〗 — *pref.* not, without の意: *a*chromatic, *a*historical, *a*moral. ★(1) ギリシャ語・ラテン語起源の語と共に用いる. (2) 母音または h の前では an- になる.

-a^1 [ə] 〖⊏ L & Gk *-a*: ⇨ -ia^1〗 — *suf.* ギリシャ語・ラテン語・ロマンス諸語の女性名詞語尾: ide*a*, aren*a*, oper*a*, duenn*a*. ★特に, 動植物名・地名・女性名に多い: hyen*a*, fuchsi*a*, Lydi*a*.

-a^2 [ə] 〖⊏ L & Gk *-a*: ⇨ -ia^2〗 *suf.* ギリシャ語・ラテン語の中性名詞の複数形語尾: phenomen*a*, gener*a*. ★動物学上の類名にもしばしば用いる: Carnivol*a*.

-a^3 [ə] 〖← NL *-a* ← ? ML (*magnesi*)*a*: 本来はギリシャ語単数女性形容詞語尾で特別の意味はない〗 *suf.* 〘化学〙「酸化物」の意の名詞を造る: ceri*a*, thori*a*.

-a- [ə] 〖← NL *-a-*〗〘化学〙 原子環で炭素に代わる元素を表わす第1要素の連結形を造る連結辞: *aza-*.

Å 《記号》〘物理〙 angstrom 《最近は単に A を用いる》.

@ [ət, æt] 《記号》〘商業〙 単価…で, …替(がえ) (at): @ $100 a doz. ダース100ドルで. ★@ は L *ad* (= at) のペン字体を符号化したもの.

A 1 [éɪ-wʌ́n] *n.* 〘海事〙 A の第1級(船)《英国ロイド船級協会の船舶登録簿 (Lloyd's Register) による船級; cf. E 3》: an *A 1* vessel. — *adj.* **1** 《口語》 第一流の, 最上の, すばらしい, すてきな (first-rate, capital): A (No.) *1* tea 極上茶 / He is A (No.) *1* man. **2** 《口語》 健康で; 〈物事が〉順調で: feel ~. **3** 〘英軍〙 体格最優秀の: an *A 1* population 甲種一級国民《A 1 から C 3 まで分けた各段階中最優秀の体格の国民》.

a·a [áːɑː] 〖⊏ Hawaiian *'a'ā*〗 *n.* 〘地質〙 アア《表面が荒くぎざぎざしている溶岩流; aa-lava ともいう; cf. pahoehoe》.

a̅a̅, A̅A̅ 《略》〘処方〙 ana 各成分の等量.

AA [éɪéɪ] *n., adj.* 《英》〘映画〙 成人向け(の映画)《14歳未満は観覧禁止; cf. A^2, U^5, X^2》.

AA 《略》 American Air Lines.

AA 《記号》 **a** 靴幅を示すサイズ番号の一つ《A より狭い》. **b** ブラジャーのカップサイズの一つ《A より小さい》.

AA, A.A. 《略》〘心理〙 achievement age; 《米》 Alcoholics Anonymous; antiaircraft; antiaircraft artillery.

a.a. 《略》〘海事〙 always afloat 常就航《傭船契約条項で「常に安全に浮揚している」の意》.

a.a., A.A. 《略》〘印刷〙 author's alteration.

A.A. 《略》 Actors' Association 俳優協会; Advertising Agency; Advertising Association; Air Attaché; all along; Angling [Anglers'] Association 釣の会, 釣(ちょう)友会; Architectural Association; Army Act; Associate in Accounting 準会計学士; Associate in [of] Arts 准文学士; Augustinians of the Assumption; automatic approval; 《英》 Automobile Association.

AAA 《略》 Agricultural Adjustment Act; American Accounting Association アメリカ会計学会; antiaircraft artillery.

AAA, A.A.A. 《略》《英》 Amateur Athletic Association; American Anthropological Association; American Arbitration Association; American Athletic Association; American Automobile Association; Association of Average Adjusters; Australian Automobile Association.

AAAA, A.A.A.A. 《略》 American Association of Advertising Agencies; Associated Actors and Artists of America; Australian Association of Advertising Agencies.

A.A.A.L. 《略》 American Academy of Arts and Letters 米国芸術院《N.I.A.L. 中の名誉会員 50 名で構成》.

A.A.A.S. 《略》 American Academy of Arts and Sciences 米国学士院; American Association for the Advancement of Science 米国科学振興協会.

AAC 《略》 Association of American Colleges (1915 年創設; cf. ACE).

Aa·chen [áːkən; *G.* áːxən] *n.* アーヘン《西ドイツ North Rhine-Westphalia 州の都市; 1944 年米軍占領; 人口 243,000; フランス語名 Aix-la-Chapelle》.

AAF, A.A.F. 《略》 Army Air Forces (米国の)陸軍航空隊《この名称は 1947 年廃止; cf. USAF》.

A.A.G.O. 《略》 Associate of American Guild of Organists.

aah [áː, áːə] *int., n., vi.* =ah.

áa·làva *n.* 〘地質〙 =aa.

Aal·borg [ɔ́ːlbɔəg | -bɔːg; *Dan.* ɔ́ːlbɔrj] *n.* オルボリ《デンマーク Jutland 半島北部の海港; 人口 155,000; 現用デンマーク語では Ålborg と綴る》.

aa·li·i [áːlìːi] 〘□ Hawaiian ~〙 *n.* 〘植物〙 ハウチワノキ (*Dodonaea viscosa*)《熱帯地方産の小高木; その果実が羽団扇(ﾊｳﾁﾜ)に似る》.

Aal·to [áːltou | -təu; *Finn.* áːltɔ], **Al·var** [álvɑr] *n.* アアルト《1898–1976; フィンランドの建築家・家具設計家》.

AAM, A.A.M. 《略》 air-to-air missile.

A. & H. 〘保険〙 accident and health.

A. & M. 《略》 Agricultural and Mechanical; 〘教会暦〙 Apostle and Martyr; (Hymns) Ancient and Modern.

a. & r. 《略》 air and rail 航空・鉄道両便(で).

A. & R., A and R 《略》 Artists and Repertoire [Repertory, Recording]: an ~ man (レコード会社などの)制作部員.

A.A.Q.M.G. 《略》 Assistant Adjutant and Quartermaster-General.

Aar [áə | áːr; *F.* aːr] *n.* [the ~] =Aare.

A.A.R., a.a.r. 《略》〘海上保険〙 against all risks.

aard·vark [áədvàək | áːdvàːk] 〘《1838》□ Afrik. ~ ← Du. *aarde* earth + *vark* pig: ⇨ farrow¹〙 —— *n.* 〘動物〙 ツチブタ, アフリカアリクイ (*Orycteropus capensis*)《アフリカ産の管歯目ツチブタ属のアリ・シロアリを食す る動物; Cape anteater, ant bear ともいう》.

aardvark

aard·wolf [áədwùlf | áːd-] 〘□ Afrik. ~ ← *aarde* (↑) + *wolf* 'WOLF'〙 —— *n.* 〘動物〙 アードウルフ, ツチオオカミ, シマハイエナ (*Proteles cristatus*)《ハイエナ (hyena) に近縁のアフリカ南部産の夜行性動物; シロアリを食う》.

Aa·re [áːrə; *G.* áːrə] *n.* [the ~] アール(川)《スイス最大の川で Rhine 川に注ぐ (295 km)》.

Aa·res·trup [ɔ́ːrəstrùːp; *Dan.* ɔ́ːrəsdrob], **Carl Ludwig Emil** *n.* オーレストループ《1800–56; デンマークの叙情詩人》.

Aar·hus [ɔ́əhuːs | ɔ́ː-; *Dan.* ɔ́rhuː's, ɔ́ːr-] *n.* オルフス《デンマークの Jultand 半島の東部にある海港; 人口 247,000》.

Aar·on [ɛ́(ə)rən | ɛ́ər-] 〘□ LL ~ □ Gk *Aarṓn* □ Heb. *Ahărṓn* 《原義》 ? enlightened ← ? Egypt.〙 —— *n.* **1** 男性名《異形 Aron》. **2** 〘聖書〙 アロン《Moses の兄でユダヤの最初の大祭司; レビ人; cf. *Exod.* 4: 14》.

Aa·ron·ic [ɛ(ə)ránɪk | ɛərɔ́n-] 〘⇨ ↑, -ic¹〙 *adj.* **1** アロン (Aaron) の. **2** ユダヤ大祭司の. **3** レビ族の(儀式に関する) (Levitical).

Aa·rón·i·cal [-nɪkəl, -nə- | -nɪ-] 〘⇨ ↑, -al¹〙 *adj.* **1** =Aaronic. **2** 大祭司のような; 尊大な, 独断的な.

Aarónic príesthood *n.* [the ~] 〘モルモン教〙 アロン神権《bishop, priest, teacher, deacon の職がある》.

Aa·ron·ite [ɛ́(ə)rənàɪt | ɛ́ər-] 〘← AARON + -ITE¹〙 *n.* アロン (Aaron) の子孫である祭司[聖職者].

Áaron's-béard 〘cf. *Ps.* 133: 2〙 *n.* 〘植物〙 多くの雄蕊または糸状の匍匐枝をもつ植物数種の総称《ツタガラクサ (Kenilworth ivy), rose of Sharon など》.

Áaron's ród 〘cf. *Num.* 17: 8〙 *n.* **1** 〘植物〙 ビロウドモウズイカ (great mullein). **2** アロンの杖《蛇のまとわりついた形の杖; 建築ではその形の装飾》.

A.A.S. 《略》 *L.* Academiae Americanae Socius (=Fellow of the American Academy); American Academy of Sciences; American Astronomical Society; Associate in Applied Science; Australian Academy of Science.

aas·vo·gel [áːsfòugəl | -fəu-] 〘《1887》□ Afrik. ~ ← Du. *aas* carrion + *vogel* bird〙 *n.* 《アフリカ》〘鳥類〙 = vulture 1.

A.A.U. 《略》《米》 Amateur Athletic Union; Association of American Universities (1900 年創設; cf. ACE).

A.A.U.N. 《略》 American Association for the United Nations.

A.A.U.P., AAUP 《略》 American Association of University Professors 米国大学教授連盟; American Association of University Presses 米国大学出版協会.

A.A.U.W., AAUW 《略》 American Association of University Women 米国大学婦人協会.

á·àxis *n.* 〘結晶〙 a 軸《結晶軸の前後軸; cf. b-axis, c-axis》.

ab [æb] 〘□ L *ab*: ⇨ ab-¹〙 *L. prep.* from の意.

Ab [áːb, æ(ː)b] 〘□ Heb. *Ābh* □ Akkad. *Abu*〙 *n.* (ユダヤ暦の) 5 月《グレゴリオ暦の 7–8 月に当たる; ⇨ Jewish calendar》.

Ab 《記号》〘化学〙 alabamine.

AB 《記号》 (ABO 式血液型の) AB 型.

ab. 《略》 about; absent.

Ab. 《略》 abortion.

a.b. 《略》〘野球〙 (times) at bat.

A.B. 《略》 Advisory Board; Air Board; airman basic; 《米》 *L.* Artium Baccalaureus (=Bachelor of Arts); 〘病理〙 asthmatic bronchitis.

A.B., a.b. 《略》〘海事〙 able-bodied seaman; able seaman.

a/b. 《略》 airborne.

ab-¹ [æb, əb] 〘ME □ (O)F *ab-* ∥ L *ab-* ← *ab* (prep.) (away) from, by: ⇨ of¹〙 —— *pref.* away, from, away from, off, apart などの意; c, t の前では abs- となり, m, p, v の前では a- となる: *ab*duct, *ab*use, *abs*cond, *abs*tract, *a*mentia, *a*perient, *a*vert.

ab-² [æb, əb] *pref.* (b の前に来る時の) ad- の異形: *ab*breviate.

ab-³ [æb] 〘← AB(SOLUTE)〙 *pref.* 〘物理〙 アブ…, 絶対…《cgs 電磁単位系の単位であることを示す》: *ab*coulomb.

a·ba [əbáː, ɑː-, æb-, ǽbə] 〘《1811》□ Arab. *'abā'(aʰ)*〙 —— *n.* **1** (アラビア・シリアなどで)らくだまたはやぎの毛で織った粗硬な織物. **2** アバ《この織物または絹で作ったアラビア人の袖なし外衣; abaya ともいう》.

aba

ABA 《略》 abscisic acid.

A.B.A. 《略》 Amateur Boxing Association; American Bankers Association; American Bar Association; American Basketball Association; American Booksellers Association.

ABAC [éɪbæk] *n.* 《英》 =nomogram.

a·bac·a [æbəkáː] 〘□ Sp. *abacá* □ Tagalog *abaká*〙 *n.* **1** 〘植物〙 マニラアサ, マニライトバショウ (*Musa textilis*). **2** マニラアサの繊維, マニラ麻 (⇨ Manila hemp).

abaci *n.* abacus の複数形.

ab·a·cis·cus [æbəsískəs, -kís-] 〘← NL ~ ← Gk *abakiskos* ← *ábax* 'ABACUS' + *-iskos* (dim. suf.)〙 *n.* (*pl.* **-cis·ci** [-sísaɪ, -kískiː, -kískaɪ]) =abaculus.

ab·a·cist [ǽbəsɪst, -səst, ǽbəkɪst, ǽbɪk-, -kəst | ǽbəkɪst, ǽbɪk-] *n.* そろばん (abacus) を用いる人.

a·back [əbǽk] 〘ME *abak* ← OE *on bæc* to the rear: ⇨ a³, a-¹, back¹〙 —— *adv.* **1** 《古・方言》 後方に (backward); 後ろへ〔*of*〕. **2** 〘海事〙 裏帆に, 逆帆に《風を前方から受けて帆がマストに吹きつけられて》: all ~ 〈帆が〉みな裏帆になって; 〈船が〉停止[逆行]して. **3** 不意に: It took me ~. びっくりした.

be taken aback (1) 〘海事〙 (風位[船の向き]が急に変わって不意に)〈帆が〉裏帆を打つ, 裏帆になる, 〈船が〉裏帆を打つ. (2) 〈人が〉不意を打たれる, びっくりする.
—— *adj.* 〘海事〙 **1** 〈帆が〉裏帆を打って, 逆帆の. **2** 〈帆桁が〉裏帆を打たせる状態の.

a·bac·te·ri·al [èɪbæktí(ə)riəl | -tíəri-] 〘← A-⁷ + BACTERIAL〙 *adj.* 〘医学〙 無菌(性)の.

a·bac·u·lus [əbǽkjʊləs] 〘← L ~: ⇨ ↓, -ule〙 *n.* (*pl.* **-u·li** [-làɪ, -lìː]) =tessera 1.

ab·a·cus [ǽbəkəs, əbǽk- | ǽbək-] 〘《a1387》□ L ~ □ Gk *ábax* slab, tablet □ Heb. *ābhāq* dust: 数字などを書くために砂をまいた板〙 —— *n.* (*pl.* **~·es, ab·a·ci** [ǽbəsàɪ, -bəkàɪ, -kìː, əbǽkaɪ | ǽbəsàɪ, ǽbəkàɪ]) **1** (算数用の)計算器, (特に)そろばん. **2** 〘建築〙 アバクス, 冠板, 頂板《円柱の柱頭上の平板; ⇨ capital² 挿絵》.

A·ba·dan [àːbədáːn, æ̀bədǽn | æ̀bədáːn, -dǽn] *n.* アバダン: **1** イラン南西部, Shatt-al-Arab 川にある島. **2** 同島の都市; 石油精製業の中心地; 人口 312,000.

A·bad·don [əbǽdn, -dən] 〘《c1390》□ LL ~ □ Gk *Abaddṓn* □ Heb. *abhaddṓn* destruction ← *ābhádh* to perish〙 —— *n.* **1** 底知れぬ穴, 奈落(ﾅﾗｸ) (bottomless pit), 底なし地獄 (abyss of hell); 破滅の場所. **2** 〘聖書〙 Apollyon のヘブライ語名.

ab ae·ter·no [æb-iːtə́ːnou, ɑːb-aɪtɛ́ə- | æb-iːtə́ːnəu, ɑːb-aɪtɛ́ə-] 〘← NL ~ 《原義》 from forever〙 *L. adv.* 太古から, 大昔から, 有史以来.

a·baft [əbǽft | əbáːft] 〘《a1325》 ~, *o(n) baft* ← OE *on* 'ON' + *baft* (← *bæftan*, *be æftan* behind: ⇨ by¹, aft)〙 〘海事〙 —— *adv.* 船尾に[へ] (aft). —— *prep.* …より船尾に, …の後ろに (aft of): ~ the mainmast 大檣(ﾀｲｼｮｳ)の後ろに.

a·bais·sé [əbéɪseɪ; *F.* abese] 〘□ F ~ (p.p.) ← *abaisser* to lower: ⇨ abase〙 *adj.* 〘紋章〙 =abased.

ab·a·lien·ate [æbéɪljənèɪt, -liə- | -ljə-, -lɪə-] 〘← L *abaliēnāt-us* (p.p.) ← *abaliēnāre* 'to ALIENATE': ⇨ ab-¹, alien〙 *vt.* 〘法律〙 〈財産などを〉譲渡する.

ab·a·lo·ne [æ̀bəlóuni | -ləʊnɪ] 〘《1850》□ Am.-Sp. *abulón* □ ? Monterey Ind. *aulun*〙 —— *n.* **1** 〘貝類〙 アワビ《ミミガイ科 *Haliotis* 属の貝類の総称; マタカアワビ (*H. gigantea*), クロアワビ (*H. discus*) など; 貝殻は装飾用およびボタン材料; ear shell, sea-ear ともいう; cf. ormer》. **2** アワビの身《食用》.

ab·amp [ǽbæ̀mp] 《略》 *n.* 〘物理〙 =abampere.

ab·am·pere [æbǽmpɪə, ⌣⌣– | æbǽmpɪə(r, ⌣⌣–] 〘← AB-³ + AMPERE〙 —— *n.* 〘物理〙 絶対アンペア, アブアンペア《電流の cgs 電磁単位; =10 amperes: 縮約形 abamp》.

a·ban·don¹ [əbǽndən] 〘《c1390》 *abandone(n)* □ OF *abandon-er* (F *abandonner*) ← *(mettre) a bandon* (to put) in one's power ← *a* at, to (← L *ad-*) + *bandon* power, control (⇨ ban²)〙 —— *vt.* **1** 〈人・場所・地位・主義などを〉捨てる, 見捨てる: ~ one's child / ~ (a) ship 船を見捨てる / ~ a fortress 要塞から撤退する / ~ an airplane (墜落しかかった)飛行機から落下傘で脱出する. **2** 〈習慣・計画・活動などを〉断念する, 捨てる, やめる: ~ one's hope [work] / They ~*ed* the plan *for* another one. その計画を断念してほかのに代えた. **3** 〈所有物を〉引き渡す, 明け渡す〔*to*〕: ~ a castle *to* the enemy 城を敵の手に渡す. **4** 〘法律〙 〈権利・財産を〉放棄する, 委付する; 〈妻子を〉遺棄する. **5** 〘海上保険〙 〈船・貨物などの被保険物を〉委付する. **6** [~ *oneself* で] 〔感情・衝動に〕身を委ねる, ふける〔*to*〕: ~ *oneself to* despair 絶望に身を任せる / ~ *oneself to* pleasure(s) 歓楽に耽る. **7** 《廃》 追放する.

a·ban·don² [əbǽndən; *F.* abɑ̃dɔ̃] 〘《1822》□ F ~ ← *abandonner* (↑)〙 —— *n.* (*pl.* **~s** [~z; *F.* ~]) 奔放さ, 気まま.

with abandon 遠慮せずに, 思いきり: act *with* ~ 思うままに行動する, 羽目をはずす / She danced [sang] *with* ~. 思いきり[我を忘れて]踊った[歌った].

a·bán·doned 〘《a1393》〙 —— *adj.* **1** 捨てて顧みられない, 遺棄された: an ~ farm, house, etc. / an ~ child 宿なし児 / an ~ mine 廃鉱. **2** 〈行動など〉思い切った: ~ laughter. **3** 捨てばちな, 自暴自棄の (self-abandoned); 放縦(ﾎｳｼﾞｭｳ)な, 破廉恥な (shameless): an ~ villain [woman] 無頼漢[ばくれん女]. **4** 〘地質〙 〈地質構造など〉形成後に地変を受けていない.

a·ban·don·ee [əbæ̀ndəníː] 〘⇨ abandon¹, -ee¹〙 *n.* **1** 〘法律〙 被遺棄者. **2** 〘海上保険〙 被委付者.

a·bán·don·er *n.* **1** 〘法律〙 放棄[遺棄]者. **2** 〘海上保険〙 委付者.

a·bán·don·ment 〘《1611》□ F *abandonnement*: ⇨ abandon¹, -ment〙 —— *n.* **1** 捨てること, 放棄; 捨てられて顧みられないこと. **2** 〘法律〙 放棄, 遺棄, 委付: malicious ~ (妻[夫]の)悪意の遺棄. **3** 〘保険〙 委付. **4** **a** (熱情などに)身を任せること; 自暴自棄. **b** =abandon².

à bas [ɑːbáː; *F.* abɑ] 〘□ F ~ 'to the bottom'〙 *F. int.* (…を)倒せ, 打倒せよ (Down with…!): *À bas* the traitors! 裏切者を倒せ.

a·base [əbéɪs] 〘《a1393》□ OF *abaiss-ier* (F *abaisser*) < VL **adbassiāre* ← AD- + LL *bassus* 'BASE¹'〙 —— *vt.* **1** 〈人〉の品格・地位などをおとす[下げる], 卑しめる (humiliate): ~ the proud 高慢な人の鼻っ柱をくじく / ~ oneself before God 神の前にへりくだる. **2** 《まれ》 …の価値を下げる (debase). **3** 《古》 〈頭・視線などを〉下げる, 伏せる. **a·bás·a·ble** [-səbl] *adj.*

a·básed *adj.* **1** 卑しめられた, 屈辱を受けた. **2** 〘紋章〙 〈紋章図形が〉通常の位置より下に描かれた (↔ enhanced). **~·ly** *adv.*

a·báse·ment 〘《1561》 ← ABASE + -MENT: cf. F *abaissement*〙 *n.* (面目などの)失墜, 失意, 屈辱.

a·bash [əbǽʃ] 〘《c1303》 *aba(i)she(n)* □ AF *abaiss-* = OF *e(s)baiss-* ← *e(s)bair* (F *ébahir*) to astonish ← *es* 'EX-¹' + *bair* to yawn, gape, bark〙 —— *vt.* 赤面させる; きまり悪がらせる, どぎまぎさせる.

a·báshed *adj.* きまりが悪い, 恥ずかしい, まごついて: be [feel] ~ きまり悪がる, まごつく. **a·básh·ed·ly** [-ʃɪdli, -ʃəd- | -lɪ] *adv.*

a·básh·ment 〘《15C》□ OF *abaissement*: ⇨ abash, -ment〙 *n.* 恥入ること, 赤面; 当惑.

a·ba·si·a [əbéɪʒiə, -ʒə | -zɪə, -zjə] 〘← NL ~: ⇨ a-⁷, basis, -ia¹〙 *n.* 〘病理〙 失歩, 歩行不能(症) (cf. astasia).

a·bask [əbǽsk | əbáːsk] 〘← A³ + BASK〙 *adv., pred. adj.* 暖まって: ~ in the sun 日なたぼっこをして.

a·bat·a·ble [əbéɪtəbl | -tə-] *adj.* **1** 減じられる. **2** 〘法律〙 (自力で)排除できる; 中断できる; 無効にできる; 減額できる.

a·bate [əbéɪt] 〘《?a1300》 *abate(n)* □ OF *abat-re* (F *abattre*) to beat down: ⇨ a-⁴, batter¹〙 —— *vt.* **1** 減じる, 減らす (diminish); 〈価を〉下げる (lower), 〈税を〉軽減する (remit); 〔…から〕〈一部を〉差し引く (deduct) 〔*of*〕: ~ a tax / ~ part *of* a price. **2** …の勢い[力, 激しさ]を和らげる, そぐ, 弱める (weaken): ~ force, pain, etc. **3** …から〔…を〕奪う (deprive) 〔*of*〕: ~ a person *of* something. **4** 省く, 除外する (omit). **5** 〘法律〙 排除する; 〈令状を〉無効にする (nullify); 〈訴訟手続を〉中止する (suspend); 〈債務・遺贈などを〉減額する: ~ a nuisance ⇨ nuisance 3. **6** (金属や石細工で浮き彫りとなるように)〈材料を〉つちで打つ, 削る.
—— *vi.* **1** (数量・勢いなどが)減少する, 衰える, 和らぐ, 〈洪水が〉ひく, 弱まる, 〈嵐が〉なぐ, 〈騒音が〉静まる; 〈痛みが〉軽くなる, 収まる. **2** 〘法律〙 **a** 〈訴因・令状などが〉無効になる, 消滅する; 〈訴訟手続が〉中止になる, 却下される; 敗訴する (fail). **b** 不法に占有する《自由保有権者が死亡し, 法定相続人または受遺者が占有する以前に第三者がその土地を不法に占有する》.

a·bát·er [-ṭə | -tə(r] *n.*

a·báte·ment 〖《a1338》□ OF ～: ⇨ ↑, -ment〗 ── *n.* **1** 減少, 減退, 終止. **2** 減価, 減額, (特に)減税額. **3** 〖法律〗排除; (訴訟の)中止, 却下; (令状などの)失効; (遺贈・債務などの)減額; (保有者死後の土地の)不法占有; (不法妨害の)自力除去: a plea in ～ 却下抗弁《コモンローにおいては現在は廃止》.

ab·a·tis [ǽbətìː, -ṭɪs, -ṭəs | ǽbətɪs, -tìː] 〖《1776》□ F *abat(t)is* things thrown down ← *abattre* to beat down: cf. abate〗 ── *n.* (*pl.* ～ [ǽbətìːz, əbǽtiːz | ǽbətìːz], ～·**es** [ǽbəṭɪsɪz, -ṭə-, -səz, əbǽṭɪsɪz, -ṭə-, -səz | ǽbə-tɪsɪz, -səz]) 〖築城〗逆茂木(さかもぎ), 鹿砦(ろくさい)《時に, 鉄条網を施してある》. **～ed** [-tìːd, -ṭɪst, -ṭəst | -tɪst, -tìːd] *adj.*

a·bat-jour [àːbɑːʒúə | -ʒúə(r; *F.* abaʒuːr] 〖□ F ～ ← *abat* it throws down + *jour* the daylight: ⇨ abate, journey〗 ── *n.* (*pl.* ～**s** [～z; *F.* ～]) 〖建築〗 **1** (窓の)目隠し《板を斜めに並べたりして視線をさえぎるもの》. **2** =skylight 1.

a·bá·tor [-ṭə | -tə(r] *n.* 〖法律〗 **1** (不法妨害の自力)排除者. **2** (保有者が死んだ後の)土地不法占有者.

Á bàttery *n.* 〖電子工学〗A 電池《真空管のフィラメント用電池; filament battery ともいう; cf. B battery, C battery》.

a·bat·tis [ǽbətìː, -ṭɪs, -ṭəs | əbǽtɪs] *n.* (*pl.* ～ [ǽbətìːz], ～·**es** [-ṭɪsɪz, -ṭəsəz | -tɪ-]) 〖築城〗=abatis.

ab·at·toir [ǽbətwɑ̀ə, -twɔ̀ə, ˌ-ˈ- | ǽbətwɑ̀ː(r, -twɔ̀ː(r; *F.* abatwaːr] 〖《1840》□ F ～ ← *abattre* to strike down: cf. abate〗 ── *n.* (*pl.* ～**s** [～z; *F.* ～]) 屠殺場 (slaughterhouse).

ab·ax·i·al [æbǽksiəl | -sɪ-] 〖← NL ～: ⇨ ab-[1], axial〗 *adj.* (↔ adaxial): **1** 〖植物〗〈葉が〉軸と反対側の面にある, 背軸面の (dorsal). **2** 〖動物〗体の中軸を遠ざかる.

a·ba·ya [əbáːjə, ɑː-] 〖□ Arab. *ʿabāyaʰ*〗 *n.* =aba.

abb [ǽ(ː)b] 〖OE *āb*, *āwebb*: ⇨ a-[2], web〗 *n.* 〖紡織〗(織物の)緯(よこ)糸 (woof) (↔ warp).

abb. 《略》 abbreviated; abbreviation(s).

Abb., abb. 《略》 abbess; abbey; abbot.

ab·ba [əbáː, æb- | ǽbə] *n.* =aba.

Ab·ba [ǽbə] 〖《c1384》□ LL ～ □ Gk *abbâ* □ Aram. *abbā* father: ⇨ abbot〗 ── *n.* **1** アバ, 父(なる)神《新約聖書中で, 神を呼ぶ語; cf. *Mark* 14: 36》. **2** [a-] 師父《東方正教会で主教などに対する敬称》.

ab·ba·cy [ǽbəsi | -sɪ] 〖《c1425》□ LL *abācia* 《変形》← L *abbātia* = *abbāt-* (⇨ abbot): ⇨ -acy〗 *n.* abbot [abbess] の職[職権, 任期, 管轄区].

Ab·bas [ǽbəs, -bæs] *n.* アッバース《566–653; Mecca の富裕な商人; 預言者 Muhammad のおじ; Abbasid 朝の創設者》.

Ábbas Híl·mi [-hílmi | -mɪ] *n.* アッバス ヒルミ《1874–1944; エジプトの khedive; 1914 年廃位と共にエジプトは英国保護領となった》.

Ab·bas·id [əbǽsɪd, əbáːs-, ǽbə-, -səd | -sɪd] *n.* **1** アッバース王朝のカリフ. **2** [the ～s] アッバース王朝[王家]《Baghdad で栄えたイスラム王朝 (750–1258)》. ── *adj.* アッバース朝の.

ab·ba·tial [əbéɪʃəl, æb-] 〖《a1642》□ F ～ □ LL *abbātiālis* ← L *abbātia* 'ABBACY': ⇨ -al[1]〗 *adj.* abbot [abbess] の; abbey の.

ab·bé [ǽbeɪ, ˌ-ˈ- | ˈ-ˌ-; *F.* abe] 〖《1780》□ F ～ < OF *abe*, *abet* < L *abbātem*: ⇨ abbot〗 ── *n.* (*pl.* ～**s** [～z; *F.* ～]) (フランスの)神父, 師 (priest)《通例様々な分野に活動する在俗の聖職者に対する敬称として用いる》; (本来はフランスの)(男子)大修道院長 (abbot).

Ab·be [áːbə, ǽbi | áːbə; *G.* ábə], **Ernst** アッベ《1840–1905; ドイツの物理学者; Jena 大学教授, 後カールツァイス (Carl Zeiss) 会社の社長となり, 同社財団を創立した》.

Ábbe condènser 〖↑〗 *n.* 〖光学〗(顕微鏡用の)アッベ集光レンズ.

Ábbe nùmber 〖← *E. Abbe*〗 ── *n.* [the ～] 〖光学〗アッベ数《光学材料の屈折率が光の波長によって変化する分散の大きさをあらわす量; nu-value ともいう》.

Ábbe refractómeter 〖← *E. Abbe*〗 *n.* 〖光学〗アッベ屈折計《臨界角 (critical angle) を測って液体または固体の屈折率を示す計器》.

ab·bess [ǽbɪs, ǽbəs | ǽbes, ǽbɪs] 〖《c1300》□ (O)F *abbesse* < eccl.L *abbātissam* (fem.) ← *abbātem* 'ABBOT': ⇨ -ess[1]〗 *n.* 女子大修道院長.

Ab·be·ville [ǽbvìːl, æbvíːl; *F.* abvil] *n.* アブヴィル《フランス北部, Somme 川に臨む町; 旧石器時代の握斧(あくふ)などの出土で知られる; 人口 24,000》.

Ab·be·vill·i·an [æbvíliən, æbəvíl-, -ljən | -lɪən, -ljən] 〖⇨ ↑, -ian〗 ── *adj.* (*also* **Ab·be·vill·e·an** [～]) 〖考古〗(ヨーロッパの旧石器時代前期に属する)アブヴィル期(文化)の (cf. Paleolithic). ── *n.* [the ～] アブヴィル期文化.

ab·bey [ǽbi | ǽbɪ] 〖《c1300》□ OF *ab(b)eie* (F *abbaye*) < L *abbātiam* 'ABBACY'〗 ── *n.* **1** (abbot [abbess] 管轄の)僧院, 大修道院, アベー (cf. monastery, convent, priory 1). **2** [the ～; 集合的] (特定のアベーの)修道士[女]たち. **3** 《英》 **a** (大修道院から起こった)大教会堂, 大聖堂; [the A-] 《英》=Westminster Abbey. **b** (もと大修道院であった)大邸宅 Newstead [n(j)úːstɪd, -sted | njúːstɪd, -sted] *Abbey* バイロン (Byron) 家の邸宅の名. **～ed** *adj.*

Ab·bey [ǽbi | -bɪ] 〖(dim.) ← ABIGAIL〗 *n.* 女性名.

ábbey·stèad *n.* 《古》大修道院所在地.

Ábbey Théatre [ǽbi- | ǽbɪ-] *n.* [the ～] アベー座《Miss Horniman が 1904 年 Dublin に設立した劇場; 1902 年結成された Irish National Theatre Society と連絡し Synge, Yeats, Lady Gregory などの劇を上演》.

Ab·bie [ǽbi | ǽbɪ] 〖(dim.) ← ABIGAIL〗 *n.* 女性名.

ab·bot [ǽbət] 〖ME *abbot*, *abbat* □ L *abbāt-em*, *abbas* □ Gk *abbás* □ Aram. *abbā* father ∞ OE *abbad*, *abbod* □ LL *abbād-em* 《変形》← *abbātem*〗 ── *n.* 大修道院長, アボット《abbey の統轄者》.

Abbot of Misrule 〖《16C》〗=LORD of Misrule.

Abbot of Unreason (昔のスコットランドで)お祭り騒ぎの司会者.

～·shìp *n.*

Ab·bot [ǽbət] 〖↑〗 *n.* 男性名.

ab·bot·cy [ǽbətsi | -sɪ] 〖⇨ abbot, -cy〗 *n.* =abbacy.

Ab·bots·ford [ǽbətsfəd | -fəd] *n.* スコットランド南東部 Borders 州 Melrose 付近の Tweed 河畔の土地; Sir Walter Scott が住んだ (1812–32) 大邸宅の所在地.

Ab·bott [ǽbət], **Edwin Abbott** (1838–1926) 英国の聖職者・文法学者; *A Shakespearian Grammar* (1869).

abbr. 《略》 abbreviated; abbreviation(s).

abbrev. 《略》 abbreviated; abbreviation(s).

ab·bre·vi·ate 〖《? a1425》← L *abbreviāt-us* (p.p.) ← *abbreviāre* to shorten ← *ab-* off + *breviāre* to shorten (← *brevis* short: ⇨ brevity): ABRIDGE と二重語〗 ── [əbríːvièɪt, æb- | əbríːvièɪt] *vt.* **1** 〈話などを〉短縮する, 〈語句を〉〔…と〕略書する 〔*to, as*〕: ～ Mister *to* Mr. Mister を Mr. と略して書く / In generative grammar 'noun phrase' is ～*d as* NP. 生成文法では noun phrase (名詞句) は NP と略する. **2** 〈訪問・話などを〉切り上げる. **3** 《戯言》〈服などを〉縮める, 短くする. **4** 〖数学〗約分する. ── [-viət, -viɪt, -vièɪt | -viət, -viɪt, -vièɪt] *adj.* 比較的短い. **ab·bré·vi·à·tor** [-ṭə | -tə(r] *n.*

ab·bre·vi·a·tion [əbrìːviéɪʃən, æb- | əbrìːvɪ-] 〖《? a1425》□ (O)F *abréviation* ∥ L *abbreviātiō(n-)*: ⇨ ↑, -ation〗 ── *n.* **1** 省略, 短縮; 省略形, 略語, 略字; 略記法. **2** 〖数学〗約分. **3** 〖音楽〗略符. **4** 〖生物〗短縮《個体発生の過程で系統発生の一部が省略される現象; cf. acceleration 4》.

ab·bre·vi·a·to·ry [əbríːviətɔ̀ːri, æb-, -tɔ̀ːri | əbríː-vjəṭ(ə)ri, -vɪə-, -vièɪ-] *adj.* 省略の.

ABC [èɪbìːsíː] 〖ME *abece*〗 ── *n.* (*pl.* ～**'s**, ～**s**) **1** [《米》では通例 *pl.*] アルファベット (the alphabet); 読み書きの知識[能力]: (as) easy [plain, simple] as ～ 非常にやさしい[明らかな, 簡単な] / repeat one's ～('s) アルファベットを繰り返して言う / He doesn't know his ～('s). エービーシーも知らない, 全く無学[無知]だ. **2** [the ～] 基礎(知識), 初歩, 入門: *the* ～ *of* medicine / *The* ～ *of* Science「科学入門」/ He doesn't know *the* ～ *of* fishing. 釣のことは全く知らない, 釣の「つ」も知らない. **3** (見出しがアルファベット順の)案内書; 《英》鉄道旅行案内書 (cf. Bradshaw).

ABC, A.B.C. 《略》 Air Bridge to Canada; alum, blood, clay and charcoal ABC 下水処理法《沈殿剤としてこれらを用いる》; America, Britain and Canada; American Book-prices Current; American Bowling Congress; American Broadcasting Company (⇨ CBS); Argentina, Brazil and Chile; Associated British Cinemas; atomic, biological and chemical; Audit Bureau of Circulations (米国)新聞雑誌部数公査機構; Australian Bankruptcy Cases; Australian Broadcasting Commission オーストラリア放送委員会; 〖テレビ〗automatic brightness control 自動輝度調節.

A.B.C. 〖《頭字語》← *A(erated) B(read) C(ompany)*〗 *n.* エービーシー(店)《もと London のチェーンストア式大衆向き喫茶店》: an ～ girl エービーシー店のウェートレス.

ÁBC árt *n.* 〖美術〗=minimal art.

ÁBC bóok *n.* (昔の子供用)初歩読本 (primer).

ABCC 《略》 Atomic Bomb Casualty Commission 原爆傷害調査委員会.

A.B.C.D. 《略》 American, British, Chinese and Dutch powers [America, Britain, China and Dutch East Indies] 《第二次大戦直前の日本をめぐる外国勢力》; Atomic Biological and Chemical Protection and Damage Control.

ab·cou·lomb [æbkúːlɑm, -loum | -lɔm] 〖← AB-[3] + COULOMB〗 *n.* 〖物理〗絶対クーロン, アブクーロン《電荷の cgs 電磁単位; =10 coulombs》.

ÁBC Pówers *n. pl.* [the ～] Argentina, Brazil, Chile の三共和国《米国・メキシコ間の紛争 (1914) の調停国》.

ÁBC sóil *n.* 〖土壌〗ABC 土壌《土壌断面が完全に A-horizon, B-horizon, C-horizon の三層位をもつ土壌; cf. R-horizon》.

ÁBC wárfare 〖*ABC*: ← *a(tomic), b(iological, and) c(hemical)*〗 *n.* ABC 戦《ABC weapons を使う戦争》.

ÁBC wéapons 〖↑〗 *n. pl.* ABC 兵器《原子・生物・化学兵器》.

ÁBD 〖← *a(ll) b(ut) d(issertation)*〗 *n.* 《米》(大学院の博士課程で)論文未修(了)者《単位は習得しているが博士論文のみ未修の者》.

abd. 《略》 abdicate; abdicated; abdomen; abdominal; 〖医学〗average body dose《放射線の》.

Abd-el-Krim [æbdelkríːm, àːb-, -krím] *n.* アブデルクリム《1883?–1963; 1921–26 年の Morocco におけるリフ (Riff) 族反乱の首領》.

Abd-er-Rah·man I [æbdɛərəmáːn, àːb- | -dɛə-] *n.* アブドゥルラフマーン一世《731–88; サラセンの王族; 755 年スペインにコルドバ (Córdoba) 回教国を建設した》.

Abd-er-Rah·man Khan [àːbdərəmáːn-káːn | -də-] *n.* =Abdur Rahman Khan.

Ab·di·as [æbdáɪəs] *n.* (Douay Bible での) Obadiah のラテン語式語形.

ab·di·ca·ble [ǽbdɪkəbl̩, -də- | -dɪ-] 〖⇨ abdicate, -able〗 *adj.* 退位できる; 放棄できる.

ab·di·cant [ǽbdəkənt | -dɪ-] 〖□ L *abdicant-em* (pres.p.) ← *abdicāre* (↓)〗 *adj.* (王位・権力などを)放棄する, 捨てる. ── *n.* 退位者; 退官者; 放棄者.

ab·di·cate [ǽbdəkèɪt | -dɪ-] 〖《1541》← L *abdicāt-us* (p.p.) ← *abdicāre* to renounce ← AB-[1] + *dicāre* to declare (⇨ dictate)〗 ── *vt.* 〈王位などを〉捨てる, …から退く; 〈権力・権利・責任などを〉放棄する, 捨てる: ～ the crown [throne] 王位を退く, 退位する. ── *vi.* **1** 退位する; 棄権する: the ～*d* king (自発的に)退位した王. **2** 〖トランプ〗(ポーカーで賭金を捨てて)勝負からおりる.

ab·di·ca·tion [æ̀bdəkéɪʃən | -dɪ-] 〖《1552》□ L *abdicātiō(n-)*: ⇨ ↑, -ation〗 *n.* **1** 退位. **2** (高官の)辞任, 挂冠(けいかん). **3** (権力の)放棄, 棄権.

áb·di·cà·tor [-ṭə | -tə(r] 〖□ L ～ ← *abdicāre*: ⇨ abdicate, -or[2]〗 *n.* 退位者; 退官者; 放棄者.

Ab·di·el [ǽbdiəl | -dɪəl, -djəl] 〖□ Heb. *ʿabhdī'ēl* servant of God〗 *n.* アブディエル《Milton の *Paradise Lost* 第 5 巻に出る悪魔に抵抗して忠誠を守った天使》.

abdom. 《略》 abdomen; abdominal.

ab·do·men [ǽbdəmen, æbdóu-, əb- | ǽbdəmèn, æbdə́umen, -mɪn, -mən] 〖《1541》□ L *abdōmen* 《原義》the hidden part of the body ← *abdere* to hide ← AB-[1] + *-dere* (← IE *$*dhē-$* to place)〗 ── *n.* (*pl.* ～**s**, **ab·dom·i·na** [æbdɑ́mənə, əb- | -dɔ́mɪ-]) 〖解剖・動物〗 **1** 腹部 (belly). **2** 腹腔(こう). **3** (昆虫・甲殻類の)腹部.

ab·dom·in- [æbdɑ́mən, əb- | -dɔ́mɪn] (母音の前に来る時の) abdomino- の異形: *abdominalgia* 腹痛.

ab·dom·i·nal [æbdɑ́mənl̩, əb- | -dɔ́mɪ-] 〖《1746》← NL *abdōmināl-is*: ⇨ abdomen, -al[1]〗 ── *adj.* **1** 腹(部)の, 腹腔の, 腹壁の (ventral); 腹式の《手術の分類としてまず腹部を開けてとりかかる術式にいう》: an ～ band 腹帯 / ～ breathing 腹式呼吸(法) / an ～ pore (動物の)腹孔 / ～ pregnancy 腹腔妊娠 / the ～ region 腹部 / ～ section 開腹(術) / ～ surgery 腹部外科 / the ～ walls [cavity] 腹壁[腹腔]. **2** 〖魚類〗〈魚が〉腹びれを腹の下側にもった. ── *n.* 開腹(術). **～·ly** *adv.*

abdóminal fín *n.* 〖魚類〗腹びれ.

ab·dom·i·no- [æbdɑ́mənou | -dɔ́mɪnə(u)] 〖← L *abdōmin-* 'ABDOMEN' + -o-〗「腹部, 腹腔[壁], 腹部と…との」の意の連結形: *abdomino*perineal 腹会陰の. ★ 母音の前では通例 abdomin- になる.

ab·dom·i·nous [æbdɑ́mənəs, əb- | -dɔ́mɪ-] 〖《1651》← ABDOMINO- + -OUS〗 *adj.* 太鼓[ほてい]腹の (potbellied); でっぷり太った.

ab·duce [æbd(j)úːs, əb- | -djúːs] 〖《1537》□ L *abdūcere* to lead away ← AB-[1] + *dūcere* to lead: cf. abduct〗 *vt.* 〖生理〗=abduct 2.

ab·dú·cens nèrve [æbd(j)úːsenz-, əb- | -djúː-] 〖*abducens*: □ L ～ (pres.p.) ← *abdūcere* (↑)〗 *n.* 〖解剖〗外転神経《眼球運動に関与する眼筋のうち外直筋を支配する; abducent nerve, 単に abducens ともいう》.

ab·du·cent [æbd(j)úːsnt, əb- | -djúː-] 〖□ L *abdūcent-em* (pres.p.) ← *abdūcere*: ⇨ abduce, -ent〗 ── *adj.* 〖解剖・生理〗外転の (↔ adducent): ～ muscles [nerves] 外転筋[神経].

ab·duct [æbdʌ́kt, əb-] 〖《1834》← L *abdūct-us* (p.p.) ← *abdūcere* (⇨ abduce)〗 ── *vt.* **1** (暴力で)〈婦女を〉誘拐(ゆうかい)する (kidnap). **2** 〖生理〗〈筋肉などが〉〈手足などを〉外転させる (↔ adduct).

ab·duc·tion [æbdʌ́kʃən, əb-] 〖《1626》□ L *abductiō(n-)*: ⇨ ↑, -ion〗 ── *n.* **1** 〖法律〗(婦女の)誘拐(ゆうかい), かどわかし; (投票人などの)奪取. **2** 〖解剖〗外転(作用). **3** 〖論理〗 **a** =apagoge. **b** 仮説設定[発想], アブダクション《Ch. S. Peirce が演繹・帰納とともに科学的探究の三つの発展段階の一つと考え, 命名したもの》.

ab·duc·tor [æbdʌ́ktə, əb- | -tə(r] 〖《1615》← NL ～ ← L *abdūcere*: ⇨ abduct, -or[2]〗 ── *n.* **1** (婦女の)誘拐(ゆうかい)者. **2** (*pl.* **ab·duc·to·res** [æ̀bdəktɔ́ːriːz, -tóːr- | -tɔ́ːr-]) 〖解剖〗外転筋《abductor muscle ともいう; ↔ adductor》.

Ab·dul-A·ziz [àːbduːlɑːzíːz, -dul- | -dʊl-] *n.* アブデュル アジズ《1830–76; トルコ皇帝 (1861–76); Abdul-Mejid 一世の弟》.

Ábdul-Ha·míd II [-hɑːmíːd-] *n.* アブデュルハミット二世《1842–1918; トルコ皇帝 (1876–1909); ロシヤとの戦争 (1877–78) で国土を失い, 内政改革に反対しキリスト教徒を迫害して青年党のために退位させられた》.

Ábdul-Me·jíd I [-mədʒíːd-, -me- | -me-, -mə-] *n.* (*also* **Ab·dul-Me·djid I** [～]) アブデュルメジト一世《1823–61; クリミア戦役当時のトルコ皇帝 (1839–61); Abdul-Aziz の兄》.

Ab·dur Rah·man Khan [àːbdərəmáːn-káːn | -də-] *n.* アブダル ラーマン カーン《1830?–1901; アフガニスタン王 (1880–1901)》.

Abe [éɪb] 〖(dim.) ← ABRAHAM〗 *n.* 男性名.

a·beam [əbíːm] 〖《c1836》← A[3], A-[1] + BEAM (n.): cf. athwart〗 ── *adv., pred. adj.* **1 a** 〖海事〗真横(まよこ)

に, 正横(ᵃᵇᵉᵃᵐ)に《竜骨の中央部と直角をなす線上に》〔of〕: The wind was [came] ~. **b**〘航空〙真横に《機体の前後軸に直角に》. **2** 輝いて; 晴れやかで, にこやかで: His face was ~ *with* happiness. 彼の顔は幸福で輝いていた.

abecedaria *n.* abecedarium の複数形.

a·be·ce·dar·i·an [èɪbiːsiːdé(ə)riən | -déərɪ-]〘《1651》▭ ML *abecedāriān-us* of the alphabet: ← *A,B,C,D*: ⇨ -ian〙— *adj.* **1** アルファベットの; エービーシー順 (alphabetical) の. **2** 初歩の (elementary). — *n.* 初歩の生徒 (beginner), 初学者, 初心者 (novice);《古》(初心者に)手ほどきをする教師.

a·be·ce·dar·i·um [èɪbiːsiːdé(ə)riəm | -déərɪ-]〘▭ ML *abecedārium*: ⇨ ↑, -ium〙*n.* (*pl.* **-i·a** [-riə | -rɪə]) アルファベット教本 (alphabet book); 入門書 (primer).

a·be·ce·da·ry [èɪbiːsíːdəri | -rɪ] *adj.* ＝abecedarian. — *n.* ＝abecedarium.

a·bed [əbéd]〘OE *on bedde*: ⇨ a³, bed〙*adv., pred. adj.*《古》寝床に[で]; 病床で: ill [sick] ~ 病床について / lie ~ 臥(ᶠ)床している, 寝ている.

A·bed·ne·go [əbédnəgòʊ, -nɪ- | æbedníːgəʊ, əbéd-nɪgəʊ]〘▭ Heb. *'abhēdh nᵉghō*《原義》servant of Nebo, a Babylonian god〙*n.*〘聖書〙アベデネゴ (⇨ Shadrach).

A·bel [éɪbəl; *F.* abɛl]〘▭ L ~ ▭ Gk *Ábel* ▭ Heb. *Hébhel*《通俗語源》breath, vanity〙— *n.* **1** 男性名. **2**〘聖書〙アベル《Adam と Eve の第二子で兄 Cain に殺された; cf. *Gen.* 4》.

Abel, Sir **Frederic Augustus** *n.* (1827–1902) 英国の化学者・火薬学者; cordite 爆薬の発明者.

Ab·é·lard [ǽbəlɑ̀ːəd | æbɪlɑ̀ː(r, ǽbɪ-, -lɑ̀ːd; *F.* abelaːr], **Pierre** *n.* アベラール《1079–1142; フランスのスコラ哲学者・神学者・教育家; Héloïse との恋愛で有名; 英語名 Peter Abelard》.

a·bele [əbíːl, éɪbəl | əbíːl]〘《1681》▭ Du. *abeel* ▭ OF *abel, albel* < LL *albellum* (dim.) ← L *albus* white: cf. alb〙*n.*〘植物〙＝white poplar 1.

A·bé·lian gróup [əbíːljən-, -liən- | -ljən-, -lɪən-]〘← *Niels H. Abel* (1802–29: ノルウェーの数学者)〙— *n.*〘数学〙アーベル群《任意の 2 元 *a, b* に対して常に可換法則 *ab*＝*ba* が成り立つ群; commutative group ともいう》.

Abélian ríng〘↑〙*n.*〘数学〙アーベル環.

a·bel·mosk [éɪbəlmɑ̀sk | -mɔ̀sk]〘← NL *abelmo-sch-us* ▭ Arab. *ḥabb-al-misk* grain of musk〙— *n.*〘植物〙トロロアオイモドキ (*Hibiscus abelmoschus*)《熱帯アジア原産アオイ科; その種子はコーヒーに風味をつける; musk mallow ともいう》.

Ab·er·bro·thock [ǽbəbrəθɑ́k | æbə(ː)brɔ́θək, (Southey の作品では) æbə(ː)brəθɔ́k] *n.* ⇨ Arbroath.

Ab·er·crom·bie [ǽbəkrɑ̀mbi, -krʌ̀m- | ǽbəkrʌ̀m-bɪ, -krɔ̀m-, ⸗⸗⸗⸗], **Las·celles** [lǽsəlz] *n.* (1881–1938) 英国の詩人・批評家・劇作家.

Ab·er·deen [ǽbədíːn | æbə-]〘《12C》*Aberdon* ← Gael. *aber* mouth, estuary＋*Don* 'the DON¹ 2'〙— *n.* **1** スコットランド Grampian 州の首都・海港; 旧 Aberdeenshire 州の首都; Dee 川と Don 川の間にあり, ほとんど全市がみかげ石で建造されているので Granite [Silver] City と呼ばれる; 人口 213,000. **2** ＝Aberdeenshire. **3** (ふところの広い)鈎銅. **4** ＝Scottish terrier. **5** ＝Aberdeen Angus.

Áberdeen Ángus *n.* アバディーン アンガス《スコットランド原産無角黒色の肉用の一品種の牛; Polled Angus ともいう》.

Ab·er·deen·shire [æbədíːnʃɪə, -ʃə | æbədíːnʃə(r, -ʃɪə(r] *n.* スコットランド北東部の旧州, 1975 年以降 Grampian 州の一部となる; 主要産業はみかげ石採掘・漁業・牧牛; 面積 5,105 km², 首都 Aberdeen.

Áberdeen térrier *n.* ＝Scottish terrier.

ab·er·de·vine [ǽbədəvàɪn, ⸗⸗⸗⸗ | -bə-]〘《1735》← ?〙*n.*〘鳥類〙マヒワ (siskin)《ヨーロッパの愛鳥家の間で用いる呼名》.

Ab·er·do·ni·an [ǽbədóʊniən, -njən | æbədə́ʊnjən, -nɪən]〘← ML *Aberdonia* 'ABERDEEN'＋-AN¹〙*adj.* Aberdeen の(人の). — *n.* Aberdeen の住人.

A·ber·glau·be [ɑ́ːbəglàʊbə | -bə-; *G.* áːbɐglaʊbə]〘《1873》▭ G ~ ← MHG *abe-* away from＋*geloube* (G *Glaube*) belief〙*G. n.* 迷信 (superstition).

Áb·er·ne·thy bíscuit [ǽbənìːθi-, -nèθi- | æbənéθɪ-, -níːθɪ-]〘《1837》← *John Abernethy* (1764–1831: 英国の外科医, 食餌(ᶜ)療法家でその考案者)〙— *n.* caraway seed 入りのかたいビスケット《単に Abernethy ともいう》.

ab·er·rance [æbérəns, əb-]〘▭ OF ~ < L *aberrantia* ← *aberrāre*: ⇨ aberrant〙— *n.* 正路離脱, 常軌逸脱[逸出], 脱線: ~ of curvature〘数学〙曲率の逸(ᵉ)れ.

ab·ér·ran·cy [-rənsi | -sɪ]〘⇨ ↑, -cy〙*n.* ＝aberrance.

ab·er·rant [æbérənt, əb-]〘《1830》▭ L *aberrant-em* (pres.p.) ← *aberrāre* to go astray ← AB-¹＋*errāre* to stray (⇨ err)〙— *adj.* **1** 踏み迷っている, 常軌を逸している, 常態でない. **2**〘生物〙(類型をはずれた)変状の, 変体の, 異常な: an ~ form 異常型. **3**〘医学〙迷入(性)の, 異所(性)の; 異常の. — *n.* **1**〘生物〙異常型(の個体). **2** 常軌を逸する人, 異常者. **~·ly** *adv.*

ab·er·ra·tion [æ̀bəréɪʃən | -bə-, -be-]〘《1594》▭ L *aberrātiō(n-)* a wandering ← *aberrāre* (↑)〙— *n.* **1 a** 常軌を逸すること, 心得違い, 非行; 覚え違い, 度忘れ; (機械などの)異常. **b**〘医学〙異常; 迷入(性), 異所性. **c**〘精神医学〙精神異常 (mental aberration). **2**〘生物〙変体, 変状, 異常(染色体). **3**〘光学〙(レンズの)収差: ⇨ chromatic aberration, spherical aberration. **4**〘天文〙光行差: annual [diurnal] ~ 年周[日周]光行差. **~·al** [-ʃənḷ, -ʃnəl] *adj.*

Ab·er·yst·wyth [æ̀bərístwɪθ, -wəθ | -wɪθ; *Welsh* aberə́stuiθ]〘← Welsh *aber* mouth＋*Ystwyth* the River Ystwyth,《原義》winding river〙— *n.* ウェールズ Dyfed 州北部の海港・海水浴場; 人口 11,000.

ab·es·sive [æbésɪv]〘← L *abesse* to be absent＋-IVE〙〘文法〙*adj.* 欠格の. — *n.* 欠格《フィンランド語などにあり, 事物の欠如を表わす》.

a·bet [əbét]〘《c1380》*abbette(n)* ▭ OF *abet-er* to cause to bite ← *à-* 'AD-'＋*beter* 'to BAIT¹'〙— *vt.* (**a·bet·ted**; **a·bet·ting**) **1** 〈人・罪を〉扇動する, 教唆する, けしかける, 幇助(ᵉ)する: ~ (a person *in*) a crime 人をそそのかして罪を犯させる / ⇨ AID *and abet*. **2**《古》支持する.

a·bét·ment〘《c1380》〙*n.* 扇動, 教唆, 幇助(ᵉ).

a·bet·tal [əbétḷ | -tl]〘⇨ abet, -al¹〙*n.*《まれ》＝abetment.

a·bét·tor [-tə | -tə(r]〘《1386》▭ AF *abettour* ← OF *abetere*: ⇨ abet, -or²〙*n.* (*also* **a·bet·ter** [~]) 扇動者, 教唆者, 幇助(ᵉ)者.

ab ex·tra [æb-ékstrə]〘▭ L ~ 'from outside'〙*L. adv.* 外部から (↔ ab intra).

a·bey·ance [əbéɪəns]〘《1528》▭ AF *abeiance* suspension ← OF *abeer* to gape after ← *à* 'AD-'＋*beer* to gape (< ML *batāre* ← ?): ⇨ -ance〙— *n.* 中止(状態), 中絶, 休止, 停止;〘法律〙(財産などの)帰属者未確定状態, 将来所有権: in ~ 中止になって, 停止中で / fall into ~《世襲爵位などが》停止になる; 〈法規などが〉用いられなくなる / hold [leave]...in ~ ...を一時未定にしておく / The scheme went into ~ (for a time). 計画は(一時)中止になった.

a·bey·ant [əbéɪənt]〘《逆成》↑〙*adj.* 休止して, 停止中で (in abeyance).

ab·far·ad [æbfǽræd, -rəd]〘← AB-³＋FARAD〙*n.*〘物理〙絶対ファラッド, アブファラッド《静電容量の cgs 電磁単位; ＝10^9 farads》.

ab·hen·ry [æbhénri | -rɪ]〘← AB-³＋HENRY〙*n.*〘物理〙絶対ヘンリー, アブヘンリー《インダクタンスの cgs 電磁単位; ＝10^{-9} henry》.

ab·hor [əbhɔ́ə, æb- | əbhɔ́ː(r]〘《?c1400》▭ L *abhorrēre* ← AB-¹＋*horrēre* to shudder (← IE **ĝhers-* to bristle: cf. horror)〙— *vt.* (**ab·horred**; **ab·hor·ring**) **1** (ぞっとするほど)ひどくきらう[いやがる], 憎悪(ᵉ)する (loathe): I ~ snakes. 蛇は大きらいだ. **2** 〈ひどくいやなものを〉避ける, 忌避[敬遠]する.

ab·hor·rence [əbhɔ́(ː)rəns, æb-, -hɑ́r- | əbhɔ́r-]〘《1660》: ⇨ ↑, -ence〙— *n.* **1** 大きらい, 憎悪(ᵉ), 憎しみ(の情) (detestation): have an ~ *of* snakes 蛇が大きらいである / hold...in ~ ...を忌みきらう. **2** 大きらいな事[物], 禁忌: Snakes are my ~.

ab·hor·rent [əbhɔ́(ː)rənt, æb-, -hɑ́r- | əbhɔ́r-]〘《1619》▭ L *abhorrent-em* (pres.p.): ⇨ abhor, -ent〙— *adj.* **1** 〈行為など〉〔...にとって〕忌わしい, いやでたまらない (detestable)〔*to*〕: Hypocrisy is ~ *to* him. 偽善は彼の性に合わない, 彼は偽善が大きらいだ. **2**《英古・米》〈人が〉〔...を〕憎悪する, 忌みきらう〔*of*〕: He is ~ *of* hypocrisy. 彼は偽善が大きらいだ. **3** 〔...に〕相反する (contrary)〔*to*〕; 〔...と〕かけ離れた〔*from*〕: a theory ~ *to* reason 理屈に合わない理論 / ~ *from* the principles of law 法律の原理とかけ離れた. **~·ly** *adv.*

ab·hór·rer [-hɔ́ːrə | -rə(r] *n.* **1** ひどくきらう人. **2** [the Abhorrers]〘英史〙議会召集反対派《1680 年英王 Charles 二世の味方として, Petitioners の国会召集請願を嫌悪し, これに対する弾劾書に署名した王党員たち; 後の Tories》.

A·bib [éɪbɪb, ɑ́ː-]〘▭ Heb. *ābhībh*《原義》ear of grain〙*n.* (ユダヤ暦の) Nisan の古名 (cf. *Exod.* 13: 4).

a·bid·ance [əbáɪdns] *n.* **1** 持続, 永続. **2** 守ること, 遵守〔*by*〕: ~ *by* rules [terms] 規則[条件]の遵守. **3** 居住 (abiding)〔*in, at*〕.

a·bide [əbáɪd]〘OE *ābīdan* to stay on: ⇨ a-², bide〙— *v.* (**a·bode** [əbóʊd | əbə́ʊd], **a·bid·ed**; **abode, abided,**《まれ》**a·bid·den** [əbídn]) — *vi.* **1**《文語》留まる, 持続する (remain); そのままであり続ける (last): Let every man ~ *in* the same calling wherein he was called. おのおのその召されし時のさまに留まるべし (*1 Cor.* 7: 20). **2**《古》居住する, 住む (dwell), 滞留する (stay)〔*in, at*〕. — *vt.* **1 a** [否定・疑問構文で] 辛抱する, 我慢する: I *can't* ~ him. あの男には我慢できない / He could *not* ~ *to be* thwarted. 邪魔だてされるのには耐えられなかった / Who can ~ that? そんなことをだれが我慢できるものか (cf. *Joel* 2: 11). **b** 勇敢に耐える, 抵抗する: ~ a storm. **2** 覚悟して受ける, 甘受する: ~ the consequences of one's deed 自分のした事の結果に甘んじる[の罰を甘受する]. **3**《古》〈人が〉...を待つ; 〈運命などが〉〈人を〉待ちかまえる: ~ the day of His coming 神の降臨を待つ. **4**〘← ABY との混同〙償う (atone for), ...の罰を受ける.

abide by (1) 〈規則・条件・約束など〉を固守する, ...を忠実に守る: ~ *by* the law [one's promise] 法律[約束]を守る (cf. law-abiding). (2) 〈決定などに〉従う, ...に黙従する; 〈結果など〉を甘受する: Do your best and ~ *by* the event. 自己の最善を尽くして事の成行きに従え. ★ この成句では abided; abided と活用する.

a·bíd·ing〘ME〙*adj.* 永続的な, いつまでも続く, 年来の: one's ~ faith [friendship] 変わらぬ信頼[友情]. **~·ly** *adv.* **~·ness** *n.*

abíding plàce *n.* 住所, 居所; 住居(ᵉ).

Ab·i·djan [æ̀bɪdʒɑ́ːn; *F.* abidʒɑ̃] *n.* アビジャン《コートジボアール (Ivory Coast) の首都; 人口 921,000》.

A·bie [éɪbi | -bɪ]〘(dim.) ← ABRAHAM〙*n.* 男性名.

à bien·tôt [ɑ̀ːbjɛ̃ː(n)tóʊ, æ̀b-, -bjæn- | -tə́ʊ; *F.* abjɛ̃to]〘▭ F ~ ← *à* till＋*bientôt* soon (← *bien* < L *bene* well ＋*tôt* (< VL **tostum* promptly))〙— *F. int.* さようなら, じゃまた (so long).

ab·i·e·tate [æbíətèɪt | ǽbɪə-]〘← ABIET(IC ACID)＋-ATE¹〙*n.*〘化学〙アビエチン酸塩[エステル].

ab·i·ét·ic ácid [æ̀biétɪk- | æ̀bɪét-]〘← L *abiet-, abiēs* fir＋-IC¹〙— *n.*〘化学〙アビエチン酸 ($C_{19}H_{29}COOH$)《松やにの主成分で黄色結晶体; 乾燥剤・石鹸・ワニスなどの製造に用いる; sylvic acid ともいう》.

Ab·i·gail [ǽbəgèɪl | ǽbɪ-]〘▭ Heb. *Abhīgáil*《原義》my father rejoiced ← *ābh* father＋*gil* to rejoice〙— *n.* **1** 女性名《愛称形 Abbey, Gail》. **2**〘聖書〙アビガイル, アビガル《Nabal の妻, 後に David の妻; cf. *1 Sam.* 25》. **3 a** アビゲイル《Beaumont と Fletcher 合作の喜劇 *The Scornful Lady* (1616) 中の侍女の名》. **b** [a-] 侍女, 腰元 (waiting woman, lady's maid).

A·bi·jah [əbáɪdʒə]〘▭ Heb. *Abhīyāʰ*《原義》Jah (＝Yahweh) is father〙*n.* 男性名. ★ New England で 17 世紀に流行した.

Ab·i·lene [ǽbəlìːn | -bɪ-]〘cf. *Luke* 3: 1〙*n.* 米国 Texas 州中部の都市; 人口 97,000.

a·bil·i·ty [əbíləti | -lətɪ, -lɪ-]〘《a1398》(*h*)*abilite* ▭ OF (*h*)*abilité* < L *habilitātem* aptitude, ability ← *habilis* suitable ∽ ME *ablete* ＝OF *ableté*: ⇨ able, -ity〙— *n.* **1** 〈...することが〉できること〈*to do*〉: have the ~ *to* adapt to circumstances 環境に順応することができる. **2** 能力 (competence), 手腕, 技量, 力量 (skill); [しばしば *pl.*] 才能 (talent): natural *abilities* 生れながらの才能, 天資 / one's ~ *in* English 英語の能力 / a man of ~ [*abilities*] 才能のある人, 手腕家 / to the best of one's ~ 最善を尽くして, できる限り. **3**〘法律〙有資格, (経済的)能力.

-a·bil·i·ty [əbíləti | -lətɪ, -lɪ-]〘▭ F *-abilité* // L *-ābilitātem*: ⇨ -able, -ity〙*suf.* -able で終わる形容詞から名詞を造る: change*ability*, nota*bility*.

ab in·con·ve·ni·en·ti [æb-ìnkənvìːniénti, -taɪ | -niéntɪ, -taɪ]〘← NL ~ 'from inconvenience'〙— *L. adv.*〘法律〙それに伴う不便から: an argument ~ 不便の論法《A なる解釈を下せば不便や困難を伴う, したがって B なる解釈が正当とする論法》.

ab init.《略》ab initio.

ab in·i·ti·o [æb-ɪníʃiòʊ, -níti òʊ | -níʃɪəʊ, -nítɪəʊ, -nísɪəʊ]〘▭ L *ab initiō* from the beginning〙*L. adv.* 最初から, 冒頭から. — *attrib. adj.* 最初の, 発端の.

ab·in·tes·tate [æ̀bɪntésteɪt]〘← AB-¹＋INTESTATE〙*adj.*〘法律〙無遺言死亡者から継承した.

ab in·tra [æb-íntrə]〘▭ L *ab intrā* from within〙*L. adv.* 内部から (↔ ab extra).

a·bi·o- [éɪbaɪo(ʊ), æbio(ʊ) | éɪbaɪə(ʊ)]〘▭ L ~ ▭ Gk *ábios* lifeless ← A-⁷＋*bios* life (cf. bio-)〙lifeless の意の連結形.

àbio·génesis〘《1870》← NL ~: ⇨ ↑, genesis〙*n.*〘生物〙自然発生 (spontaneous generation), 自生, 偶発; 自然発生説 (autogenesis) (cf. biogenesis 1).

àbio·genétic〘← NL *abiogenetic-us*: ⇨ ↑, -ic¹〙*adj.*〘生物〙自然発生(説)的な. **àbio·genétically** *adv.*

a·bi·o·gen·ic [èɪbaɪədʒénɪk]〘← ABIO-＋-GENIC〙*adj.* 非生物起源の, 生物から生じたのでない.

a·bi·og·e·nist [èɪbaɪɑ́dʒənɪst, -nəst | -ɔ́dʒɪnɪst]〘← ABIOGEN(ESIS)＋-IST〙*n.* 自然発生説者, 偶発論者.

a·bi·og·e·ny [èɪbaɪɑ́dʒəni | -ɔ́dʒɪnɪ]〘← ABIO-＋-GENY〙*n.*〘生物〙＝abiogenesis.

a·bi·o·log·i·cal [èɪbaɪəlɑ́dʒɪkəl, -dʒə- | -lɔ́dʒɪ-] *adj.* 生物学的でない; (特に)有機体によらない. **~·ly** *adv.*

a·bi·o·sis [èɪbaɪóʊsɪs, -səs | -ə́ʊsɪs]〘← ABIO-＋-OSIS〙*n.*〘病理〙生活[生命]力欠乏; 非生物性.

a·bi·ot·ic [èɪbaɪɑ́tɪk | -ɔ́t-]〘← A-⁷＋BIOTIC〙— *adj.* **1 a** 生命[生活]力を欠いた; 非生物性の (inanimate). **b** 生命にとって危険な. **2** ＝abiological. **3**〘生化学〙＝antibiotic.

a·bi·ot·ro·phy [èɪbaɪɑ́trəfi | -ɔ́trəfɪ]〘← ABIO-＋-TROPHY〙*n.*〘病理〙無生活力, 活力萎縮(ᵉ).

ab·ir·ri·tant [æbírətənt, -tnt | -rɪtənt, -tnt]〘← AB-¹＋IRRITANT¹〙〘医学〙*adj.* 刺激緩和の. — *n.* 刺激緩和剤.

a·bi·tu·ri·ent [ɑ̀ːbɪtʊ(ə)riént | -tʊərɪ-; *G.* à:bituriént]〘▭ G ~ ← NL *abiturient-* (pres.p.) ← *abiturīre* ← *abīre* to go away〙— *n.* (ドイツの大学進学コースの)中等学校卒業予定者 (cf. gymnasium¹).

ab·ject [ǽbdʒekt, ⸗⸗ | ⸗⸗]〘《a1400》▭ L *abject-us* (p.p.) ← *abjicere* to throw away ← AB-¹＋*jacere* to throw: ⇨ jet²〙— *adj.* **1** 〈状態など〉みじめな, 目も当てられない, ひどくみじめな (wretched): ~ poverty 極端な貧困, 赤貧. **2** 〈人・行動など〉卑しむべき, 浅ましい: an ~ coward [liar]. **3** へり下った, 卑屈な (servile); 意気地のない (spiritless): an ~ apology. — *n.*《古》卑賤(ᵉ)の人 (cf. *Ps.* 35: 15): the very ~*s*. **~·ly** *adv.* **~·ness** *n.*

ab·jec·tion [æbdʒékʃən]〘《a1400》▭ (O)F ~ // L *abjectiō(n-)*: ⇨ ↑, -ion〙*n.* **1** 卑賤(ᵉ)(の身). **2** 下劣, 浅ましさ. **3** 屈従, 卑下.

ab·jec·tive [æbdʒéktɪv] *adj.* 卑劣にするような; みじめにするような.

ab·ju·ra·tion [æbdʒʊréɪʃən | -dʒʊ(ə)r-] 〘《15C》▭ L *abjūrātiō(n-)* ← *abjūrāre*: ⇨↓, -ation〙 ── *n.* **1** 宣誓して(故国などを)捨てること; 国籍放棄(の誓い). **2** 〘キリスト教〙(教会に再び受入れられるときの)異端[離教]放棄の誓い.

ab·jure [æbdʒúə, əb- | əbdʒúə(r, æb-] 〘《?*a*1425》▭ (O)F *abjur-er* ∥ L *abjūr-āre* ← AB-¹+*jūrāre* to swear: ⇨ jury¹〙 ── *vt.* **1** 〈忠順の誓いなどを〉捨てる, 〈故国などを〉永久に去ることを誓う: ~ allegiance / ~ the realm 〘英古法〙永久離国の宣誓をする. **2** 〈持説・(異端)信仰などを〉公然と捨てる; 〈権利などを〉放棄する: ~ a doctrine, a claim, etc. **3** 避ける, 回避する (avoid). **ab·júr·er** [-dʒú(ə)rə | -dʒúərə(r] *n.*

Ab·kha·zi·a [æbkéɪʒiə, -ʒə, -kɑ́:ziə | -kɑ́:zɪə, -zjə; *Russ.* apxázʲijə] 〘▭ Georgian *Apkhazie*〙 ── *n.* (*also* **Ab·kha·si·a** [~]) アブハジヤ《ソ連邦 Georgia 共和国内, 黒海東南にある自治共和国; 首都 Sukhumi, 人口 507,000, 面積 8,600 km²; 公式名 the Abkhazian Autonomous Soviet Socialist Republic アブハジヤ自治ソビエト社会主義共和国》.

Ab·kha·zi·an [æbkéɪʒiən, -ʒən, -kɑ́:ziən | -kɑ́:zɪən, -zjən] (*also* **Ab·kha·si·an** [~]) *adj.* アブハジヤ(人, 語)の. ── *n.* **1** アブハジヤ人. **2** アブハジヤ語《北カフカス語族に属し, Abkhazia で話され, 子音組織の豊かさで知られる》.

abl. 《略》ablative.

ab·lac·tate [æblǽkteɪt] 〘← L *ablactāt-us* (p.p.) ← *ablactāre* to wean ← AB-¹+*lactāre* to suckle (← *lac* milk: cf. lactate)〙 *vt.* 離乳させる (wean).

ab·lac·ta·tion [æblæktéɪʃən] 〘《?*c*1425》▭ ML *ablactātiō(n-)*: ⇨↑, -ation〙 *n.* 離乳.

ab·late [æbléɪt | æb-, əb-] 〘《逆成》↓〙 ── *vt.* **1** 除去する, 切除する. **2** 〘地質〙削摩する. **3** 〘宇宙〙〈宇宙船・ミサイルなどの頭部円錐部を〉融除[溶発]する (⇨ ablation 3). ── *vi.* 切除[削摩, 消摩]される.

ab·la·tion [æbléɪʃən | æb-, əb-] 〘《?*a*1425》▭ L *ablātiō(n-)* ← *ablātus* (p.p.) ← *auferre* to carry, take away ← AB-¹+*ferre* 'to BEAR²'〙 ── *n.* **1** (一部の)除去; 〘外科〙切除. **2** 〘地質〙(溶解または水力による氷河・岩石などの)削摩 (cf. alimentation 3). **3** 〘宇宙〙アブレーション, 融除, 溶発《宇宙船・ミサイルなどの頭部やノズルの表面物質の高速高温気流による融解・蒸発; 宇宙船などの断熱保護に利用される》.

ab·la·ti·val [æblətáɪvəl] *adj.* 〘文法〙奪格(的)の.

ab·la·tive¹ [ǽblətɪv | -tɪv] 〘《*c*1397》▭ (O)F *ablatif*, *-ive* ∥ L *ablātīv-us* ← *ablātus*: ⇨ ablation〙 〘文法〙 ── *adj.* 奪格の. ── *n.* **1** 奪格 (ablative case)《「…から」の意で動作の原因・手段・所・時などを表わすラテン語名詞の格》. **2** 奪格の語《例えばラテン語で *Aenēas Troiā vēnit.* (=Aeneas came from Troy.) の *Troiā*》.

ab·la·tive² [æbléɪtɪv | æbléɪtɪv, əb-] 〘← ABLATE+-IVE〙 *adj.* 〘宇宙〙アブレーション (ablation) の, 融除[溶発]し易い.

áblative ábsolute 〘《*c*1397》〙 *n.* 〘文法〙(ラテン語の)絶対奪格, 独立奪格構文《文中で他の要素と文法的に関係せず孤立的に用いられた奪格(句); 時・原因・付帯事情を表わす副詞節に当たる; 例: *Deo volente* (=God willing); cf. accusative absolute, genitive absolute》.

ab·lá·tor [-tə | -tə(r] 〘▭ LL ~ 'one that removes' ← *ablatus*: ⇨ ablation, -or²〙 *n.* 〘宇宙〙融除材《アブレーション断熱のための材料》.

ab·laut [ǽblaʊt; *G.* áplaʊt] 〘《1871》▭ G ~ (sound) deviation ← AB-¹+*Laut* sound〙 ── *n.* 〘言語〙母音交替, アプラウト《*sing—sang—sung—song* のような母音の規則的変化; (vowel) gradation ともいう; cf. umlaut》.

a·blaze [əbléɪz] 〘《*a*1393》← A³+BLAZE¹〙 ── *adv.*, *pred. adj.* **1** 燃え立って: set… ~ …を燃え立たせる, …に火をつける. **2** 〈物が〉輝いて: ~ *with* light [jewels] 光[宝石]に輝く / a moonless night ~ *with* stars 星が燃えるように輝く月のない夜空. **3** 〈人が〉興奮して, 激して: ~ *with* anger, love, etc.

a·ble [éɪbl̩] 〘《*a*1338》▭ OF (*h*)*able* (F *habile*) < L *habilem* handy, suitable ← *habēre* to have, hold: ⇨ habit¹〙 ── *adj.* (**a·bler**; **a·blest**) **1** [Predicative に用いて]〈…が〉できる, しうる 〈*to do*〉(↔ unable): be ~ *to*…=can… / I am ~ *to* solve the problem. その問題を解くことができる / A cat is ~ *to* see in the dark. 猫は暗闇でも目が見える. ★ (1) 特に, can に欠けた未来形または完了形を shall [will, may] be *able to*… または have [has, had] been *able to*… の形で補う. (2) この用法での比較級は通例 better [more] *able* となる: He was *better* [*more*] ~ to do it than I was. (3) 一般に *able to be* done の形は好ましくないとされる. **2** 〘法律〙(…する)能力[法定資格]がある: ~ in body and mind 心身共に能力がある. **3** [Attributive に用いて]〈人が〉有能な, 手腕のある; 腕ききの (talented); 〈物が〉才能を示す: an ~ writer 有能な作家 / an ~ speech りっぱな演説. **4** =able-bodied.

-a·ble [əbl̩] 〘ME ▭ (O)F ~ ∥ L *-ābilis*〙 ── *suf.* 動詞・名詞などに付いて形容詞を造る: **1 a** (通例受動的意味で)「…できる, …され得る, …に適する, …されるべき」: obtain*able* (=able to be obtained) / eat*able* (=able to be eaten, fit for eating) / sal*able* (=fit for sale) / tax*able* (=subject to taxation) / lov*able* (=worthy to be loved). **b** (古い派生語ではしばしば能動的意味で)「…できる」: comfort*able*, suit*able*. **2** 「…しやすい, …しがちな」: change*able* (=liable to change) / perish*able* (=liable to perish). ★ (1) -able は本来 -āre に終わるラテン語第一変化動詞に対する形容詞語尾であるが, 英語では語源的に無関係の able と連想されたため -ible よりも自由に用いられ, 一般の動詞のほか名詞や動詞句にも付く: club(b)*able*, peace*able*, getat*able*. (2) ラテン語系の -ate に終わる 3 音節以上の動詞の場合は -ate を省いて -able を付ける: educ*ate*—educ*able*. (3) -able の形容詞に対応する副詞は -ably, 名詞は -ableness または -ability の形をとる: note—not*able*—not*ably*—not*ableness* / move—mov*able*—mov*ably*—mov*ableness*, mov*ability*.

áble-bódied *adj.* **1** 強壮な: ~ young men. **2** 〘海事〙〈水夫が〉A.B. 級の, 適任の, 経験豊かな.

áble-bòdied séaman *n.* 〘海事〙A.B. 級の水夫, 一人前の甲板員, 熟練船員 (略 A.B.; cf. ordinary seaman).

ab·le·gate [ǽblɪgət, -lə-, -gɪt, -gèɪt] 〘▭ F *ablégat* ∥ L *ablegāt-us*: ⇨ ab-¹, legate¹〙 *n.* 〘カトリック〙教皇特使 (papal envoy).

a·blep·si·a [eɪblépsiə | -sɪə] 〘▭ LL ~ ▭ Gk *ablepsia* blindness ← A-⁷+*blep-* (← *blépein* to look)+-IA¹〙 *n.* 〘眼科〙失明, 盲, 視覚消失症.

áble ràting *n.* 《英》〘海事〙=able-bodied seaman.

áble séaman *n.* 〘海事〙=able-bodied seaman.

ab·lins [éɪblɪnz] 〘← ABLE+-LINGS〙 *adv.* (*also* **ab·lings** [-blɪŋz]) 《スコット・北英》=aiblins.

a·bloom [əblú:m] 〘← A³+BLOOM¹〙 *adv.*, *pred. adj.* 〈花が〉咲いて, 開花して (in bloom); 〈場所が〉花が咲いて: a garden ~ *with* roses ばらの花の咲いている庭.

a·blow [əblóʊ | əbláʊ] 〘← A³+BLOW²〙 *adv.*, *pred. adj.* 〈風が〉吹いて, 〈花が〉咲いて (blowing).

ab·lu·ent [ǽblu:ənt | -luənt] 〘▭ L *abluent-em* (pres. p.) ← *abluere*: ⇨ ablution〙 *adj.* 洗浄の. ── *n.* 洗浄剤.

a·blush [əblʌ́ʃ] 〘← A³+BLUSH〙 *adv.*, *pred. adj.* 顔を赤らめて.

ab·lute [əblú:t] 〘《逆成》↓〙 《口語》 *vt.* 〈体・顔・手を〉洗う (wash). ── *vi.* 体[顔, 手]を洗う. **ab·lút·ed** [-tɪd, -təd | -tɪd, -təd] *adj.*

ab·lu·tion [əblú:ʃən, æb- | əb-] 〘《*c*1395》▭ (O)F ~ ∥ L *ablūtiō(n-)* a washing, cleansing ← *abluere* to wash off ← AB-¹+*luere* to wash (cf. *lavāre*: ⇨ lave¹)〙 ── *n.* **1** [通例 *pl.*] (宗教上の儀式, 特に聖餐式 (Eucharist) の前後における手・聖器などの)洗浄式. **2** 洗浄に用いる水, 洗滌. **3** [通例 *pl.*] (斎戒)沐浴(もくよく); 体[顔, 手]を洗うこと: perform [make] one's ~*s* 沐浴する; 洗面する. **4** [*pl.*] 《英》(兵舎・船舶などの)浴室《浴場と便所の両設備がついている》.

ab·lu·tion·ar·y [əblú:ʃənèri, æb- | əblú:ʃənəri] *adj.* 洗滌(せんでき)の, 洗浄の; 洗浄式の.

á·bly [-bli | -lɪ] 〘《*a*1398》〙 *adv.* よく, うまく, 巧みに, 有能に: an ~ executed work 巧みに仕上げられた作品 / an ~ staffed Cabinet 人材のよくそろった内閣.

-a·bly [əbli | -lɪ] 〘⇨ -able, -ly¹〙 *suf.* 「…できるように」の意の副詞を造る: demonstr*ably*, prob*ably*.

ABM, A.B.M. 《略》antiballistic missile; Atomic Bomb Mission 原子爆弾[原爆]調査委員会; Australian Board of Missions; automatic batch mix.

ab·mho [ǽbmoʊ | -məʊ] 〘← AB-³+MHO〙 *n.* (*pl.* ~**s**) 〘物理〙絶対モー, アブモー《コンダクタンスの cgs 電磁単位; =10^9 mhos》.

ab·mo·dal·i·ty [æbmo(ʊ)dǽləti | -mə(ʊ)dǽlətɪ, -lɪ-] 〘← AB-¹+MODALITY〙 *n.* 〘統計〙(母集団の要素の平均からの)偏差.

abn 《略》airborne.

Ab·na·ki [æbnɑ́:ki | -kɪ] 〘← N-Am.-Ind. (Algonquian) 《原義》those of the east〙 ── *n.* (*pl.* ~, ~**s**) **1 a** [the ~(s)] アブナキ族《米国 Maine 州およびカナダ New Brunswick 州, Quebec 州南部に住むアメリカインディアンの一部族》. **b** アブナキ族の人. **2** アブナキ語《アルゴンキアン語族に属する一言語》.

ab·ne·gate [ǽbnɪgèɪt, -nə- | -nɪ-, -ne-] 〘《1657》← L *abnegāt-us* (p.p.) ← *abnegāre* to refuse ← AB-¹+*negāre* to deny: ⇨ negate〙 ── *vt.* **1** 〈快楽・好物などを〉断つ. **2** 〈権利などを〉捨てる; 〈主義・神などを〉否認する.

ab·ne·ga·tion [æbnɪgéɪʃən, -nə- | -nɪ-, -ne-] 〘《1554》▭ L *abnegātio(n-)* refural: ⇨↑, -ation〙 ── *n.* **1** 拒絶, 拒否 (denial); 放棄, 棄権 (renunciation). **2** 自己を捨てること; 克己, 自制 (self-denial).

áb·ne·gà·tor [-tə | -tə(r] 〘▭ L *abnegātor*: ⇨ abnegate, -or²〙 *n.* 拒絶者; 放棄者.

Ab·ner [ǽbnə | -nə(r] 〘▭ Heb. *Abhnēr* 《原義》father is light〙 *n.* **1** 男性名. **2** 〘聖書〙アブネル《イスラエル軍の将で, Saul のいとこ; *I Sam.* 14:50; 26:5》.

Áb·ney lèvel [ǽbni- | -nɪ-] 〘← *W. de Wiveleslie Abney* (1843–1920: 英国の化学者・物理学者)〙 ── *n.* 〘測量〙傾斜計《特に樹木の高さを計測する器械; Abney clinometer ともいう》.

ab·nor·mal [æbnɔ́əməl, əb- | -nɔ́:-] 〘《1835》《混成》← 《廃》*anormal* (▭ F ~ ▭ L *anormalus*=L *anōmalus* ▭ Gk *anṓmalos*)+L *abnormis* (← AB-¹+*norma* 'NORM'): ⇨ anomalous〙 ── *adj.* 異常な, 変則の (unusual); 並はずれた, 異例の; 変態的な, (精神的に)病的な: an ~ condition 異常な状態 / an ~ amount of snow 非常な大雪 / ~ children 異常児. ~·**ly** *adv.*

ab·nor·mal·cy [æbnɔ́əməlsi, əb- | -nɔ́:məlsɪ] 〘↑ NORMAL–NORMALCY の類推から〙 *n.* =abnormality.

ab·nór·mal·ism [-lɪzm] *n.* 異常性, 変態性; 異常なもの.

ab·nor·mal·i·ty [æbnɔəmǽləti | -nɔ:mǽlətɪ, -lɪ-] *n.* **1** 異常. **2** 普通と違った物[事], 異常な点.

ab·nor·mal·ize [æbnɔ́əməlàɪz, əb- | -nɔ́:-] *vt.* 異常なものにする, 変態化する.

abnórmal psychólogy *n.* 異常心理学.

ab·nor·mi·ty [æbnɔ́əməti, əb- | -nɔ́:mətɪ, -mɪ-] 〘← ABNORM(AL)+-ITY: cf. L *abnormitās*〙 ── *n.* **1** 異常 (abnormality). **2** 形態の異常, 奇形; 異常なもの, 奇形物 (monstrosity).

Ab·o, ab·o [ǽboʊ | ǽbəʊ] 〘《略》← ABORIGINE, ABORIGINAL〙《豪》[しばしば軽蔑的に] *n.* (*pl.* ~**s**) 原住民. ── *adj.* 土着民の.

Å·bo [*Swed.* ó:bu:] *n.* オーブー《Turku のスウェーデン語名》.

ABO 《記号》⇨ ABO system.

a·board 〘《*a*1393》 *abord*: ⇨ a³, board: cf. F *à bord*〙 ── [əbɔ́əd, əbóəd | əbɔ́:d] *adv.* **1 a** 船内[上]に[で]; 船内[上]へ: go ~ 乗船する / have ~ 乗せて[積んで]いる / take ~ 乗せる, 積み込む. **b** 飛行機[列車, 《米》バスなど]に乗って: climb ~ 乗り込む / Welcome ~! ご搭乗[乗車, 乗船]ありがとうございます《乗務員が乗客に対して言う言葉》. **2** 船[陸]に沿って (alongside): hard [close] ~ 舷側(げんそく)に接して / keep the land ~ 陸岸に近づいて航行する. **3** 《俗》〘野球〙〈走者が〉塁に出て, 塁上で: a homer with one ~ ツーランホーマー / hit a double with three runners ~ 走者を 3 人置いて 2 塁打を打つ.

All aboard! 皆さんご乗船[《米》乗車]下さい《出発の合図》. ***fall aboard of*** 〈他船〉の舷側に衝突する: *fall ~ of* a ship. ***lay aboard*** (昔の海戦で切込み戦闘の目的で)〈他船〉に横付けする: *lay* an enemy's ship ~ 敵船に横付けする.

── [–⌐, –⌐] *prep.* **1** 〈船〉に乗って; 〈船〉の内[上]へ: come [get] ~ a ship=go ~ (a) ship 乗船する. **2** 〈飛行機・列車・《米》バスなど〉に乗って: ~ a camel らくだにまたがって.

run aboard = *fall* ABOARD *of* (⇨ *adv.* 成句).

a·board·age [əbɔ́ədɪdʒ, əbóəd- | əbɔ́:d-] *n.* 〘海事〙(海難事故としての)接触.

ÁBÓ blòod gròup *n.* [the ~] 〘医学〙ABO 式血液型 (cf. ABO system).

a·bode [əbóʊd | əbə́ʊd] 〘OE *ābād* (pret.) ← *ābīdan* 'to ABIDE'〙 ── *v.* abide の過去形・過去分詞. ── *n.* **1** 住所, 住居; 居住: an ~ of love 愛の家 (⇨ Agapemone 1) / an ~ of pleasure 歓楽郷 / of [with] no fixed ~ 〘法律〙住所不定(の) / take up one's ~ 住居を定める / make one's ~ 居住する, 寄寓(きぐう)[寓居]する (dwell). **2** (長期の)滞在, 逗留(とうりゅう).

ab·ohm [æbóʊm, ⌐–⌐ | æbə́ʊm, ⌐–⌐] 〘← AB-³+OHM〙 *n.* 〘物理〙絶対オーム, アブオーム《電気抵抗の cgs 電磁単位; =10^{-9} ohm》.

a·boi·deau [à:bwɑ:dóʊ | -dáʊ; *F.* abwado] 〘▭ Canad.-F *aboiteaux* (pl.)〙 ── *n.* (*pl.* ~**x** [~z; *F.* ~]) 《カナダ》(Nova Scotia および New Brunswick 両州に見られる)防潮ゲート (tide gate).

a·boil [əbɔ́ɪl] 〘← A³+BOIL² (n.)〙 *adv.*, *pred. adj.* **1** 煮え立って, 沸騰して (boiling). **2** 興奮して, 〔議論などで〕沸き立って 〔*with*〕.

a·boi·teau [à:bwɑ:tóʊ | -táʊ; *F.* -to] *n.* (*pl.* ~**x** [~z; *F.* ~]) =aboideau.

a·bol·ish [əbɑ́lɪʃ | əbɔ́l-] 〘《1459》▭ (O)F *aboliss-*, *abolir* ▭ L *abolēre* to destroy ← AB-¹+*ol-* (← IE *al- to grow): ⇨ -ish²〙 ── *vt.* **1** 〈慣例・制度・法律・政府などを〉廃止する, 撤廃する: ~ a law, custom, tax, etc. / ~ slavery / ~ capital punishment [the death penalty] 極刑[死刑]を廃止する. **2** 《古》〈人・物を〉壊滅させる. ~·**a·ble** [-ʃəbl̩] *adj.* ~·**er** *n.* ~·**ment** *n.*

ab·o·li·tion [æbəlɪ́ʃən | æbə(ʊ)-] 〘《1529》▭ F ~ ∥ L *abolitiō(n-)* ← *abolitus* (p.p.) ← *abolēre* (↑): ⇨ -tion〙 ── *n.* **1** (制度・法律などの)廃止, 廃棄, 全廃 (abolishment): the ~ of price control 物価統制の撤廃. **2** 奴隷制度廃止 (abolition of slavery).

ab·o·li·tion·àr·y [-ʃənèri | -nəri] *adj.* 廃止の.

ab·o·lí·tion·ism [-ʃənɪzm] 〘《1808》〙 *n.* 廃止論; (特に)奴隷制度廃止論; 死刑廃止論.

àb·o·lí·tion·ist [-ʃ(ə)nɪst, -nəst | -nɪst] 〘《1790》〙 ── *n.* 廃止論者; (特に)奴隷制度廃止論者; 死刑廃止論者. ── *adj.* 奴隷制度廃止論(者)の; 死刑廃止論(者)の; 死刑廃止の: an ~ country 死刑廃止国.

ab·o·ma·sum [æbo(ʊ)méɪsəm, æbə- | æbə(ʊ)-] 〘← NL ~ ← AB-¹+*omāsum* 'OMASUM'〙 ── *n.* (*pl.* **-ma·sa** [-sə]) 〘動物〙皺胃(しゅうい), 皺胃(すうい)(反芻(はんすう)動物の第四胃; cf. rumen 1). **àb·o·má·sal** [-səl, -sl̩] *adj.*

ab·o·ma·sus [æbo(ʊ)méɪsəs, æbə- | æbə(ʊ)-] *n.* (*pl.* **-ma·si** [-saɪ, -si:]) 〘動物〙=abomasum.

Á-bòmb 〘← A(TOM)+BOMB〙 *n.* 原子爆弾, 原爆 (atomic bomb). ── *vt.*, *vi.* (目標を)原子爆弾で攻撃する, (…に)原爆を投下する (atom-bomb).

a·bom·i·na·ble [əbɑ́m(ə)nəbl̩ | əbɔ́mɪ-] 〘《*c*1303》 *ab(h)ominable* ▭ (O)F *abominable* ∥ L *abōminābil-is*: ⇨ abominate, -able〙 ── *adj.* **1** 忌まわしい, いとわしい (detestable), 言語道断な: ~ cruelty 残忍非道. **2** 非常にいやな, 不快きわまる; とてもひどい: an ~ road / ~ weather ものすごい悪天候. ~·**ness** *n.*

Abóminable Snówman, a- s- 〘《なぞり》← Tibet. *metohkangmi* ← *metoh* foul+*kangmi* snowman〙 ── *n.* 雪男《ヒマラヤ山中などにすむといわれる正体不明の動物; yeti, また単に Snowman ともいう》.

a·bóm·i·na·bly [-bli | -blɪ] 〘《c1447》〙 *adv.* 忌まわしく; ひどく.

a·bom·i·nate [əbámənèɪt | əbɔ́mɪ-] 〘《1644》← L *abōmināt-us* (p.p.) ← *abōminārī* to deprecate as an ill omen, detest: ⇨ ab-[1], omen, -ate[3]〙 ── *vt.* 忌みきらう, 憎悪(ぞうお)する, …が大きらいである: I ～ snakes. ── *adj.* 《詩》忌みきらわれる, 忌まわしい (abominated). **a·bóm·i·nà·tor** [-ṭə | -tə(r] *n.*

a·bom·i·na·tion [əbàmənéɪʃən | əbɔ̀mɪ-] 〘《c1350》□ (O)F ～ // L *abōminātiō(n-)*: ⇨ ↑, -ation〙 ── *n.* **1** 憎悪(ぞうお), 嫌忌(けんき): I hold it in ～. 忌みきらっている. **2** 忌まわしい行為, 醜行; 醜悪 (shameful vice). **3** 〔…にとって〕ひどくいやな物 〔*to*〕.
the abomination of desolation (1) 〘聖書〙聖地を荒らす憎むべきもの (*Dan.* 9: 27, *Matt.* 24: 15, *Mark* 13: 14). (2) 忌まわしいもの, 唾棄すべきもの.

à bon droit [ɑːbɔ̃(ː)n-drwɑ́ː, -bɔ̃(ː)n- ; *F.* abɔ̃drwa] 〘□F ～ 'with justice'〙 *F. adv.* 正当に, 当然.

à bon mar·ché [ɑːbɔ̃(ː)(m)-mɑɚʃéɪ, -bɔ̃(ː)m- | -mɑː- ; *F.* abɔ̃marʃe] 〘□F ～ 'at a good bargain'〙 *F. adv.* 割安で, 安く (cheap).

a·boon [əbúːn] 〘ME *abone*《北部方言》〙 *adv., prep., adj.* 《スコット》＝above.

ab·o·rad [æbɔ́ːræd, æbóːr- | æbɔ́ːr-] 〘← AB-[1]+L *or-* (← *ōs* mouth)+-AD[3]〙 *adv.* 〘解剖・動物〙口(側)から離れて.

ab·o·ral [æbɔ́ːrəl, æbóːr-, æbɑ́r- | æbɔ́ːr-] 〘← AB-[1]+ORAL〙 ── *adj.* 〘動物〙反口(側)の, 口と反対側の, 口から遠ざかる (↔ adoral): an ～ pore 反口孔 / the ～ pole 反口極. **～·ly** *adv.*

ab·o·rig·i·nal [æ̀bərídʒ(ə)nḷ | æ̀bərídʒə-, æbɔr-, -dʒɪ-] 〘《1667》← ABORIGINE+-AL[1]〙 ── *adj.* **1 a** 原始からの; 土着の (indigenous): an ～ race. **b** 原始的な (primitive). **2** 〘生物〙土着の: ～ fauna and flora 土着の動植物. **3** 原住民の: an ～ custom, language, etc. ── *n.* ＝aborigine.

ab·o·rig·i·nal·i·ty [æ̀bərìdʒənǽləṭi | æ̀bərìdʒənǽlətɪ, æ̀bɔr-, -dʒɪ-, -lɪ-] *n.* **1** 原生状態, 土着. **2** 原始的であること, 原始性.

àb·o·ríg·i·nal·ly [-nəli, -nḷi | -nəlɪ, -nḷɪ] 〘《1821》〙 *adv.* 原始的に; 太古から, 本来.

ab·o·rig·i·ne [æ̀bərídʒənìː | -dʒə-, -dʒɪ-] *n.* **1** 〘《逆成》← *aborigines* (pl.)〙 **a** 原住民, アボリジン, アボリジニー (aboriginal) (↔ colonist). **b** [通例 A-] (オーストラリアの)原住民. **2** 〘《1547》□ L *aborīginēs* the name of primeval Romans, 《原義》 ancestors ← *ab origine* (↓)〙 [*pl.*] (ある地域の)土着の動植物.

ab o·rig·i·ne [æ̀bərídʒəniː | -dʒə-, -dʒɪ-] 〘□L *ab origine* from the beginning ← AB-[1]+*origine* ((abl.) ← *origō* 'ORIGIN')〙 *L. adv.* 最初から.

a·born·ing [əbɔ́ənɪŋ | əbɔ́ːn-] 〘← A-[1]+BORN+-ING[2]〙 ── *adv., pred. adj.* 《米》〈子供・企画・新しい時代など〉生まれかかって, 誕生しかけて: die ～ 〈計画などが〉流産に終わる, 挫折する / A new age was ～. 新時代が誕生しつつあった.

a·bort [əbɔ́ət | əbɔ́ːt] 〘《1580》□ L *abort-āre* (freq.) ← *aborīrī* to miscarry ← AB-[1]+*orīrī* to be born (← IE **er-* to set in motion)〙 ── *vi.* **1** 〈女性・雌の動物が〉流産する (miscarry). **2 a** 〘生物〙〈動植物・器官が〉発育せずじまいになる, 退化してしまう. **b** 〈病気などが〉進行が止まる. **3** 〈計画などが〉挫折する, 失敗する. **4** (天候不良・故障などのため)〈航空機・ミサイルが〉(任務を)中断する, (任務の達成に)失敗する.
── *vt.* **1 a** 〈胎児を〉流産[死産]する. **b** 〈女性を〉堕胎させる; 〈妊娠を〉中絶する. **2** 〈病気・叛乱・計画などを〉早期[早め]に抑える, 未然に防ぐ. **3** 〘軍事〙〈天候不良・故障などが〉〈飛行機・ミサイル〉の任務達成を妨げる, 失敗させる; 〈飛行などを〉中断する.
── *n.* **1** (天候不良・故障などによる飛行機の)飛行中止, 引き返し; 任務達成の失敗, 失敗に終わった飛行; (ミサイルなどの)作動失敗: a launch ～ 発射ミス. **2** 任務達成に失敗した飛行機[ミサイル].

a·bórt·ed [-ṭɪd, -ṭəd | -tɪd, -təd] *adj.* **1** 流産した, 月足らずの. **2** 発育不全の, できそこないの; 〘生物〙＝rudimentary 2.

a·bor·ti·cide [əbɔ́əṭəsàɪd | əbɔ́ːtɪ-] 〘← ABORT+-I-+-CIDE〙 *n.* **1** 堕胎 (feticide). **2** ＝abortifacient.

a·bor·ti·fa·cient [əbɔ̀əṭəféɪʃənt | əbɔ̀ːtɪ-] 〘← ABORT+-I-+-FACIENT〙 *adj.* 流産を起こす. ── *n.* 堕胎薬, (妊娠)中絶薬.

a·bor·tion [əbɔ́əʃən | əbɔ́ː-] 〘《1547》□ L *abortiō(n-)* ← *abortus* (p.p.): ⇨ abort, -tion〙 ── *n.* **1** 流産 (miscarriage); 人工流産, 妊娠中絶, 堕胎; 〘法律〙堕胎罪: have an ～ 流産[堕胎]する / induced ～ 誘発流産 / procure ～ 堕胎する / ⇨ contagious abortion. **2** 月足らずの子; 不具(者). **3** (動植物・器官の)発育中断[不全], できそこない. **4** (計画などの)失敗, しくじり; 頓挫; 失敗に終わったもの[計画, 試みなど]. **5** 〘医学〙(病気の早期)進行阻止[停止].

a·bór·tion·ist [-ʃ(ə)nɪst, -nəst | -nɪst] *n.* 堕胎施術者, 堕胎医.

a·bor·tive [əbɔ́əṭɪv | əbɔ́ːtɪv] 〘《a1325》□ ML *abortīvus* born prematurely: ⇨ abort, -ive〙 ── *adj.* **1** 〘生物〙発育不(完)全の (rudimentary). ★「まだ成熟しない」の意ではなく「永久に成熟しない」ものをいう. **2** 流産的な, 不成功の: an ～ scheme / an ～ coup d'état 失敗に終わったクーデター / prove ～ 不成功に終わる, 失敗する. **3** 〘医学〙**a** 流産の[を促進する], 堕胎促進の; 病勢を阻止する. **b** 進行の中断した, 頓挫(とんざ)性の, 不全性の. **4** 《廃》〈子が〉早産の, 月足らずの. ── *n.* 〘医学〙流産児. **～·ly** *adv.* **～·ness** *n.*

a·bor·tus [əbɔ́əṭəs | əbɔ́ːt-] 〘← NL ～: ⇨ abortion〙 *n.* 〘医学〙**1** 流産. **2** 流産児《特に, 子宮から出たとき 500 グラム以下で死亡を免れないもの》.

abórtus fèver *n.* 〘病理〙ブルセラ症 (brucellosis); 波状熱.

ÀBÓ sỳstem *n.* [the ～] 〘医学〙ABO 式血液型分類法.

abought *v.* aby, abye の過去形・過去分詞.

A·bou·kir [æ̀buːkíə, ɑ̀ːb- | -buːkíə(r, -bu-] *n.* ＝Abukir.

a·bou·li·a [eɪbúːliə, əbjúː- | -lɪə, -ljə] *n.* 〘精神医学〙＝abulia. **a·bou·lic** [eɪb(j)úːlɪk, əbjúː-] *adj., n.*

a·bound [əbáʊnd] 〘《c1325》□ (O)F *abond-er* □ L *abundāre* to overflow ← AB-[1]+*undāre* to rise in waves, surge (← *unda* a wave: ⇨ undulate)〙 ── *vi.* **1** 〈物・事が〉〔場所に〕たくさんいる[ある]〔*in*〕: Fish ～ *in* the ocean. 海には魚がたくさんいる. **2** 〈場所・人などが〉〔物資・特徴などに〕富む (be rich) 〔*in, with*〕: The ocean ～*s in* [*with*] fish. / The country ～*s in* minerals. その国は鉱物資源が多い / He ～*s in* courage. 彼は勇気に富む. **3** 〈場所などが〉〔…で〕充満している, 〔…が〕うようよしている 〔*with*〕: The house ～*s with* rats. その家にはねずみが一杯いる.

a·bóund·ing 〘⇨ ↑, -ing[2]〙 *adj.* ＝abundant: grace ～ あふれるばかりの神の恵み.

a·bóund·ing·ly 〘《c1400》〙 *adv.* 豊富に, おびただしく, たくさん.

a·bout 〘OE *abūtan, onbūtan* around ← *on* 'in, ON' +*būtan* without, outside of (← *be* 'BY', near '+*ūtan* (loc.) ← *ūt* 'OUT': cf. but[1])〙 ── [əbàʊt, əbáʊt] *prep.* **1** …の回りに, …の周囲を; …のあたりに: people ～ us われわれの周囲の人々 / somewhere ～ here どこかこの辺(に) / The bees buzzed ～ my head. 蜜蜂が頭の回りをぶんぶん飛んだ / Look ～ you. あたりに気を配れ; 慎重にやれ / There are many trees (round) ～ the house. 家の回りには木がたくさんある / You will find him ～ the house. 彼はどこか家のあたりに(内か外に)いるでしょう. **2** …の身辺に; 持ち合わせて (by, on) (cf. with 15): He has something [nothing] ～ him. 彼には見どころがある[ない] / There is something noble ～ him. 彼にはどことなく気品がある / Do you have any money ～ you? お金の持合わせがありますか. **3** …ごろに: We arrived there ～ five o'clock [midnight]. 5 時[真夜中]ごろそこへ着いた (cf. *adv.* 1). **4** …の所々[方々]に, のここかしこに: walk ～ the streets 街路を歩き回る / books lying ～ the room 部屋のあちこちに散らかっている本 / There are trees dotted ～ the field. 野原の所々に木がある. **5** …について(の), に関する: a book ～ gardening 園芸の本 / a movie ～ Lincoln リンカーンの映画 / talk ～ business 商売[仕事]の話をする / Think ～ it. それについて考えてごらん / What is it all ～? 一体何事だ / I will see ～ it. そのことはよろしく取り計らいましょう. **6** …に従事して, にたずさわって: go [set] ～ 〈仕事などに〉取り掛かる / while I am [you are] ～ it それをしているついでに / What is he ～? 彼は何をしているのか / He is busy ～ his packing. 荷造りに忙しい / Don't be long ～ it. ぐずぐずせずに早くやりなさい / I know what I am ～. 自分のしていることは心得ている; 抜かりはないよ.
How about that? ⇨ how[1] 成句. ***How's about …?*** 《米口語》*How* ABOUT …? ***What* [*How*] *about …?*** (1) …(をして)はどうですか: *What* [*How*] ～ (having) a game of chess? チェスを一番どうですか. (2) …はどうする[した]のか: *What* ～ John? We can't leave him behind. ジョンはどうするのか, 置いてきぼりにするわけにはいかない. ***What about it?*** だからどうした(という)のか, さあね.
── [─́─́] *adv.* **1 a** およそ, 約, …くらい: ～ a mile およそ 1 マイル / ～ half 約半分 / in ～ an hour もの 1 時間もたつと[たって] / at ～ five (o'clock) 5 時ごろに / He is (of) ～ my size [height, age]. 彼は私くらいの大きさ[背丈, 年齢]だ / That's ～ (the size of) it. 《口語》まあそこいらのところ / It's ～ time. もうそろそろ時刻だ; 《皮肉》何をぐずぐずしているのだ. **b** 《口語》ほとんど, 大体; 《皮肉》いい加減に, ちょっと: I am ～ frozen. (寒さで)凍えそうだ / Is your work ～ finished? 仕事は大体すみましたか / This is ～ the nicest weather we've had. まず今までにない上天気だ / I'm ～ disgusted with the job. この仕事もいい加減うんざりした. **2** まわりに, 周囲を (round): compass it ～ ぐるりを取り巻く / look ～ 見回す; 警戒する. **3** あたりに, そこいらに, 近くに (nearby); 方々に, あちこち(に); (…し)回る, 回す: There is no one ～. あたりにはだれもいない / There was a storm ～. 嵐が近づいていた / lie ～ 散らばる / carry a thing ～ 物を持って回る / follow a person ～ 人について回る, 人をつけ回す / hang ～ うろつく / walk ～ 歩き回る / wander ～ さまよい歩く / The news is going ～. そのうわさが世間に広まっている / He put the tale ～. 彼はそのうわさをして回った. **4 a** (外側を)ぐるりと(回って), 迂回(うかい)的に; 転向して, 転回した[反対の]位置に: face ～ 向き直る / go a long way [a mile] ～ 大層[1 マイル]迂回する / round ～ ぐるりと回って, 遠回りに / turn ～ ぐるりと回る / the wrong [other] way ～ 反対で, あべこべに. **b** 〘海事〙上手(うわて)回しに: make [put, bring] a ship ～ 船を上手回しにする / go ～ 上手回しで帆走する. **5** 周囲が…: The lake is four miles ～ and a mile across. 湖は周囲 4 マイルさしわたし 1 マイルだ. **6** ぐるぐる, 順番に: take turns ～ 輪番にする / turn (and turn) ～ 順繰りに, 交互に / week (and week) ～ 週交替で. **7** 動いて, 行なわれて, 働いて: get ～ 〈人が〉動き回る, 出歩く; 〈うわさが〉伝わる / The patient will soon be ～ again. 病人はもうじき起きられるでしょう / It will soon be ～. じきに始まります / Rumors are ～. うわさが立っている / Smallpox is ～. 天然痘がはやっている.
about and about 《米》似たり寄ったり. ***About face*** [《英》***turn***]! [号令]回れ右 (cf. about-face). ***be about to do*** (1) まさに(…しようとして): I *am* ～ *to* start. 今出かけようとしているところです / The roses *were* ～ *to* bloom. ばらがちょうど咲こうとしていた. (2) [否定構文で]《米口語》…するつもりがない, …することはいやだ: I'*m not* ～ *to* take the job. そんな仕事を引き受けるのはごめんだ. ***much about*** 《口語》ほとんど (cf. *adv.* 1 b): I was *much* ～ exhausted. ***out and about*** ⇨ out 成句. ***up and about*** ⇨ up 成句.
── [─́─] *vt.* 〘海事〙〈船を〉上手(うわて)回しにする. ★ 通例次の号令に用いる: *About* ship! 上手回し.

abóut-fáce *n.* 回れ右; (主義・態度などの) 180 度転換: make an ～. ── *vi.* 回れ右する; 主義[態度]を一変する, 転向する.

abóut-slèdge *n.* (鍛冶(かじ)屋の使う)大ハンマー.

abóut-túrn *n., vi.* 《英》＝about-face.

a·bove 〘《a1200》*above(n)* < lateOE *abufan* ← A-[1]+*bufan* (← *be* 'BY', near, about'+*ufan*) ∽ OE *ufan* up, above < (WGmc) **ufana, *ubana* ← **uf, *ub* 'UP'+**-ana* away from: cf. over〙 ── [əbʌ́v] *adv.* **1** 上に, 上へ, 上方に; (頭上)高く (overhead); 階上に (upstairs): the room ～ 階上の室 / the blue sky ～ 頭上の青空 / soar ～ 舞い上がる. **2** (山・川などの)上の方に, 上手(かみて)に, 上流に: The bridge is one mile ～. 橋は 1 マイル上流にある. **3** 天に[へ]: There is a god ～. 天には神がまします / He is gone ～. 彼は天国へ行った. **4** 上位に: captains and ～ 大尉並びにそれ以上の士官 / appeal to the court ～ (上位裁判所に)上訴する. **5** (本などの)前文に, (ページの)上の方に, 前ページに, 前段で[に] (cf. below 6): as we have said ～ 上に述べたように / as is stated [remarked] ～ 上記[上述]のように. ★ また *above*-mentioned, *above*-named のように複合語を造る. **6** …以上 (over): persons of fifty and ～ 50 歳以上の人々. **7** 〘動物〙背(中)が; 背びれ(側)が (cf. below 9): These birds are brown ～. これらの鳥は背(中)が褐色だ. **8** 〘劇場〙(舞台の)奥で[へ], 後方で[へ] (upstage) (cf. below 8).
from above (1) 上(層)部から(の): instructions *from* ～ 上からの指令. (2) 天上から(の); 上から(の): a gift *from* ～ 天からの賜物. ***over and above*** ⇨ over 成句.
── [─́, ─́] *prep.* **1** …より上に[上へ], より高く, …の真上[頭上]に; …より上の階に (over): ～ the horizon 地平線上に / 500 feet ～ (the) sea level 海抜 500 フィート / hover ～ the town 町の上空を舞う / She blushed ～ her neck. 顔が真っ赤になった / He lives ～ the shop. 店の上に住んで[下宿して]いる. **2** …より上流に; 《古》(時間的に)…よりさか上って: a waterfall ～ the bridge 橋の上手(かみて)の滝 / trace ～ the third century 3 世紀以前にさかのぼって跡を尋ねる. **3** …の上に出て; (音が)…よりひときわ高く: The peak rises ～ the clouds. 峰は雲を凌(しの)ぐ / His voice was heard clear ～ the noises. 彼の声は騒音の中でもはっきりと聞きとれた. **4** …より北に: The city lies six miles ～ London. その都市はロンドンの 6 マイル北にある. **5** …の先[向こう]に (past): Turn right ～ the bank. 銀行の先を右へ曲がりなさい. **6** …以上に, を越える (over); …より上位に; …より優って; …に優先して: a price ～ 500 yen 500 円以上の価格 / persons ～ thirty 30 歳以上の人々 / ～ (the) average 普通以上 / She values money ～ love. 彼女は愛より金の方を大事にする / A captain is ～ a lieutenant. 大尉は中尉よりも上官だ / He is ～ others in ability. 他の人々より力量がすぐれている / Health is ～ wealth. 《諺》健康は富にまさる / marry ～ one 自分より身分の上の人と結婚する / I chose this ～ the others. 他のものよりこれを選んだ. **7** …を超越して; …の及ばない; …するには善良過ぎる, …よりえら過ぎる: ～ suspicion [reproach] 疑念をさしはさむ[非難する]余地のない / things ～ comprehension 理解力の及ばない物事 / He is ～ such conduct [telling a lie]. そのようなことをする[うそをつくような]男ではない / I am not ～ asking questions. 質問することを別に恥ずかしいとは思わない. **8** (衣類など)…の上に着て[付けて]: wear a sweater ～ a shirt シャツの上にセーターを着ている. **9** 〘劇場〙(舞台上)…の奥で[へ], 後方で[へ].
above all ⇨ all *pron.* 成句. ***above all things*** = *above* ALL. ***above and beyond*** …に加えて. ***above oneself*** (1) 思い上がって, うぬぼれて: be ～ *oneself* / get ～ *oneself* うぬぼれる. (2) 興奮して, ばかにはしゃいで. ***over and above*** ⇨ over 成句.
── [─́] *adj.* 上にあげた, 上記の, 前述の: the ～ address 上記の宛名 / the ～ author 上記の著者 / the ～ facts 上述[前記]の事実.
── *n.* [the ～] 上記[以上]のこと[人]: *The* ～ justifies this. 以上はこれを立証する.

above·board [-⌐⌐ | -⌐⌐] 〚⇨↑, board:《原義》「盤(board) の上で」: トランプをする時に手を盤の上におけば不正ができないことから〛 — *adv., pred. adj.* 公然と(した), 公明率直に[で]: open [fair] and ～ 公明正大で[な] / an open and ～ campaign 公明な選挙運動 / He did not act ～.

abóve-cíted *adj.* 上に引用した.

abóve·déck *adv., pred. adj.* **1** 甲板上に (on deck). **2** ありのままに, あからさまに.

abóve·gróund 〚⇨ground¹〛 — *adv., pred. adj.* **1** 地面に, 地上で. **2** 埋葬されずに, 生存して, 生きて(いて). **3** 〈映画・出版物など〉体制的な, アングラでない (cf. underground 3).

abóve-méntioned *adj.* 上述の, 前述の.

abóve·stáirs *adv.* 階上で[へ]. — *adj.* (特に, もと召使部屋に対して)家族の住む.

ab o·vo [æb-óuvou | -ə́uvəu] 〚▭L *ab ōvō* from the egg: cf. Horace, *De Arte Poetica* 147: 昔ローマの宴席では卵を最初に出し, りんごを最後に出したのにちなむ〛 — *L. adv.* 始めから (from the beginning).

a·box [əbɑ́ks | əbɔ́ks] 〚← A-¹+BOX² to boxhaul〛 *adv., pred. adj.* 〘海事〙〈前檣の桁 (head yard) が〉転桁して裏帆にされて《横帆船の急停止転向のための操船法》.

Abp., abp. 《略》archbishop.

abr. 《略》abridged; abridgment.

ab·ra·ca·dab·ra [æ̀brəkədǽbrə] 〚《1696》▭LL ～ ▭ Gk *ABPAKAΔABPA* (=*abrakádabra*) ← ? ABRAXAS〛 — *n.* **1** アブラカダブラ《三角形に書いた呪文(じゅもん); 昔「おこり (ague)」などの護符として用いたもの》. **2** 呪文. **3** わけのわからない言葉, ちんぷんかんぷん: legal ～ わけのわからない法律の専門用語.

a·brad·ant [əbréɪdnt, æb- | əb-] *adj., n.* =abrasive.

ab·rade [əbréɪd, æb- | əb-] 〚《1677》▭L *abrād-ere* to scrape off ← AB-¹+*rādere* to scrape (⇨raze)〛 — *vt.* **1** 〈岩などを〉すり減らす, 侵食する; 〈機械などを〉摩損させる; 〈工作物を〉研摩[研削]する. **2 a** 〈皮膚などを〉すりむく, すり減らす. **b** 〘紡織〙〈絹などの〉表面をすって粗(あら)くする. **3** 〈人(の気力)を〉消耗させる; いら立たせる. — *vi.* すりむける; すり減る, 侵食される; 摩損する.

ab·rád·er *n.* 研削[研摩]器[機].

A·bra·ham [éɪbrəhæ̀m, -həm; *F.* abraam, *G.* á:braham] 〚▭Heb. *Abhrāhām*《通俗語源》father of the multitude (cf. *Gen.* 17:5): cf. *ābh* father, *rāḥam* to love〛 — *n.* **1** 男性名《愛称形 Abe, Abie, Aby》. **2** [《英》ではまた á:b(ə)-] 〘聖書〙アブラハム《Isaac の父でユダヤ人の始祖; cf. *Gen.* 11:27-25:10; Abram 2》: ⇨ Abraham's bosom.

sham Abraham 病気[狂気]をよそおう, 仮病を使う, ずるける (cf. Abraham-man).

Abraham, the Plains [Heights] of *n. pl.* アブラハム高原《カナダ Quebec 市, St. Lawrence 河畔の高原; 七年戦争中の 1759 年 Wolfe 将軍指揮下の英軍が Montcalm 侯指揮下の仏軍を破り Quebec 占領の端緒となった戦跡地》.

Ábraham-màn [-mæ̀n] 〚cf. *Luke* 16:19-31〛 — *n.* (*pl.* **-men** [-mèn]) **1** (16 世紀のころ London の St. Mary of Bethlehem 病院にあった精神病棟 Abraham Ward 収容者のうち, 時々物乞いに出かけることを許された)気違いこじき (cf. bedlam 1). **2** (16-17 世紀, 特に英国の修道院の廃止後, 気違いこじきをまねて国中を徘徊(はいかい)した)にせ気違いこじき.

Ábraham's bósom 〚《なぞり》← LL *sinus Abrahae*《なぞり》← Gk *kólpos Abraám*: cf. *Luke* 16:22〛 — *n.* 天国, 極楽 (heaven).

in Abraham's bosom 天国で[に]; 非常に幸福[平和]で[に]: sleep *in* ～ 天国に眠る (Shak. *Rich III* 4.3.38).

A·bram [éɪbrəm | éɪbrəm, á:b-, -bræm] 〚▭Heb. *Abhrām*《原義》father is high ← *ābh* father + *rām* high, exalted〛 — *n.* **1** 男性名. **2** 〘聖書〙アブラム《Abraham のもとの名; cf. *Gen.* 17:5》.

sham Abram =*sham* ABRAHAM.

a·bran·chi·al [eɪbrǽŋkiəl | æbrǽŋkɪ-, əb-] 〚⇨↓, BRANCHIAL〛 *adj.* 〘動物〙=abranchiate.

a·bran·chi·ate [eɪbrǽŋkiət, -kɪɪt, -kièɪt | æbrǽŋkièɪt, əb-] 〚← A-⁷+BRANCHI-+-ATE²〛 *adj.* 〘動物〙鰓(えら)のない, 無鰓(むさい)類の. — *n.* 無鰓類の動物.

a·brase [əbréɪz, æb- | əbréɪs] 〚← L *abrās-us* (p.p.) ← *abrādere* 'to ABRADE'〛 *vt.* すりみがく; すりむく.

a·brá·ser *n.* =abrader.

a·bra·sion [əbréɪʒən, æb- | əb-] 〚《1656》▭L *abrāsiō(n-)* ← *abrāsus* (⇨abrase)〛 — *n.* **1** 剝離(はくり), 剝脱; 擦過傷, (皮膚の)すりむけ; 掻爬(そうは)(術). **2** 摩剝(まはく); (岩石の)削摩; (海水の)侵食作用, 海食作用; (鉱物の)摩砕; (機械などの)摩耗, 摩損, 摩滅; 摩損箇所. **3** 〘歯科〙摩耗《歯みがきなどによって起こる歯質のすり減り》.

abrásion plátform *n.* 〘地理〙波[海, 湖]食台(地)《岩石質の海[湖]岸が波の侵食作用で削られて生じた平坦面》.

a·bra·sive [əbréɪsɪv, æb-, -zɪv | əbréɪsɪv] 〚← ABRASE +-IVE〛 — *adj.* **1** 研摩の, すり減らす; 皮をすりむく. **2** 気力を消耗させる, いら立たせる: an ～ voice. — *n.* 研摩剤, とぎ粉《金剛砂など》. **～·ly** *adv.* **～·ness** *n.*

Ab·rax·as [əbrǽksəs] 〚《1738》▭LL ～ ▭ Gk *Abráxas* (ギリシャ字母の α, β, ρ, α, ξ, α, ς の 7 字を含む神秘的な名; この 7 字を数字として読むと合計 365 となる)〛 — *n.* **1** 〘グノーシス派〙アブラクサス《365 の天界を支配する大神; 頭が鶏またはライオン, 体が人間, 脚が蛇で, むちと盾を持つ姿で表わされる, 古代のグノーシス派 (Gnostics) の一部の人々の信奉した神》. **2** [a-] Abraxas の像 [abraxas の文字]を刻んだ宝石(の護符)《abraxas stone ともいう》.

a·bra·zo [əbrá:sou, ɑ:- | -səu; *Am. Sp.* abráso] 〚▭Sp. ～ ← *abrazar* to embrace〛 — *Sp. n.* (*pl.* **～s** [～z; *Am. Sp.* ～s]) (ラテンアメリカで見られる挨拶の時の)抱擁.

ab·re·act [æ̀briǽkt | -rɪ-] 〚← AB-¹+REACT〛 *vt.* 〘精神分析〙〈無意識に抑圧された感情を〉解除する.

ab·re·ac·tion [æ̀briǽkʃən | -rɪ-] 〚《1916》← AB-¹+REACTION: cf. G *Abreagierung*〛 — *n.* 〘精神分析〙解除[解放]反応, 除反応《過去の体験で無意識に抑圧された記憶を意識化することで, 心理的な緊張が解除されること》. **ab·re·ac·tive** [æ̀briǽktɪv | -rɪ-] *adj.*

a·breast [əbrést] 〚《c1410》← A-³+BREAST〛 — *adv.* 相並んで, 並行して; 〘海軍〙横陣をなして: ride ～ 馬首を並べて進む[並進する] / march three ～ 3 人並んで[3 列になって]行進する.

***abreast of* [*with*]** (1) …に並行して, に遅れないで; 〈情報などに〉通じて: keep ～ *of* one's fellow walker (遅れないように)連れと並んで歩く / keep ～ *of* [*with*] the times 時世に遅れないようにする, 時事に明るい / be ～ *with* public sentiment 世論を察知している. (2) 〘海事〙〈他船・陸地などに〉平行に, 並行して, 沿って. ★〘海事〙ではしばしば of, with を省いて abreast を *prep.* として用いる (cf. aboard *prep.* 1): be ～ (*of*) the shore.

a·bri [æbrí:, ɑ:b-; *F.* abri] 〚▭F ～ ← OF *abrier* to shelter (from cold, rain)〛 *n.* (*pl.* **～s** [～z; *F.* ～]) 避難所 (shelter); (特に)待避壕, (山腹などの)横穴.

a·bridg·a·ble [əbrídʒəbl] *adj.* (*also* **a·bridge·a·ble** [～]) 要約[短縮]できる.

a·bridge [əbrídʒ] 〚《c1303》*abreg(g)e(n)* ▭(O)F *abregi-er* (F *abréger*) to shorten < LL *abbreviāre* 'to ABBREVIATE'〛 — *vt.* **1** 〈本・話などを〉要約[短縮]する (condense) 〔*from*〕: an ～*d* edition 短縮[要約]版 / ～*d* notation 〘数学〙略記(法). **2 a** 〈活動範囲・権利などを〉短縮する, 縮小する, 減殺(げんさい)する: ～ a person's liberty [rights] 人の自由[権利]を削減する. **b** 〈時間・距離などを〉縮める: ～ one's stay 滞在を縮める. **3** 《古》〈人〉から〈権利などを〉奪う (deprive) 〔*of*〕: ～ a person *of* his liberty. **a·brídg·er** *n.*

a·brídg·ment 〚《?a1425》▭(O)F *abrégement*: ⇨↑, -ment〛 — *n.* (*also* **a·bridge·ment** [～]) **1** 短縮, 要約. **2** (快楽などの)減殺(げんさい), (権利の)縮小. **3** 要約[省略]した物, 要約本, 抄本.

a·brim [əbrím] 〚← A-³+BRIM¹〛 *adv., pred. adj.* 縁(ふち)まで, なみなみと, 〔…で〕いっぱいで, 満ち満ちて〔*with*〕: She was ～ *with* pride. 誇りに満ちていた.

a·bris·tle [əbrísl] 〚← A-³+BRISTLE〛 *adv., pred. adj.* 〈毛など〉逆立って; 〔…で〕充満する, 〔…の〕密生する〔*with*〕.

a·broach [əbróutʃ | əbrə́utʃ] 〚《a1393》← A-³+BROACH¹〛 *adv., pred. adj.* **1** 〈樽が〉飲み口をあけられて. **2** 〈計画など〉始まって; 〈新説など〉広まって.

set abroach (1) 〈樽〉に飲み口をあける. (2) 〈計画などを〉始める, 起こす; 〈新説などを〉公けにする, 広める, 流布(るふ)する.

a·broad [əbrɔ́:d] 〚《c1280》← A-³+BROAD〛 — *adv.* **1** 国外[海外]へ, 外国で[に]: at home and ～ 国内でも国外でも / go ～ 外国へ行く, 洋行する / travel ～ 外国[海外]旅行をする, 外遊する. **2** 《古》家の外に, 外[表]に(出て): be ～ 外に出ている / go ～ 外出する / walk ～ 出歩く. **3** 〈うわさなど〉広まって, 流布(るふ)して: get ～ 世間に知れる, 広まる / set [spread] a rumor ～ うわさを広める[流す] / There is a rumor ～ that the king is ill. 王が病気だといううわさが広まっている. **4** 広く; 方々に, あちこちに. **5** 《古》的はずれで, 見当違いで: all ～ ⇨成句.

all abroad (1) 全く見当違いで. (2) 《古》頭がすっかり混乱して. ***from abroad*** 外国[海外]から(の) (cf. *n.*): come back *from* ～.

— *n.* 外地, 外国, 海外.

ab·ro·ga·ble [ǽbrəgəbl | -rə(ʊ)-] 〚← L *abrog(āre)* (↓)+-ABLE〛 *adj.* 〈法令・慣習など〉廃止できる.

ab·ro·gate [ǽbrəgèɪt | -rə(ʊ)-] 〚《a1464》← L *abrogāt-us* (p.p.) ← *abrogāre* to repeal, cancel ← AB-¹+*rogāre* to propose (as a law) (⇨rogation)〛 — *vt.* **1** 〈法令・慣習などを〉廃止する, 廃棄する, 撤廃する. **2** 無くする, 捨てる, 除く. **3** 〘医学〙妨げる, 阻害する. **áb·ro·gà·tor** [-tə | -tə(r)] *n.*

ab·ro·ga·tion [æ̀brəgéɪʃən | -rə(ʊ)-] 〚▭F ～ // L *abrogātiō(n-)* repeal ← *abrogāre* (↑): ⇨-ation〛 *n.* 廃止, 撤廃.

ab·ro·ga·tive [ǽbrəgèɪtɪv | -rə(ʊ)gèɪt-] *adj.* 〔…を〕廃止[撤廃]する〔*of*〕.

ab·rupt [əbrʌ́pt] 〚《1583》▭L *abrupt-us* (p.p.) ← *abrumpere* to break off ← AB-¹+*rumpere* to break (⇨rupture)〛 — *adj.* **1** 不意の, にわかの, 突然の, 唐突な: an ～ death 急死, 頓死(とんし) / an ～ turn 急な曲り, 急旋回 / an ～ question 不意の質問. **2** 〈態度・言葉など〉荒っぽい, 無愛想な, ぶっきらぼうな: in an ～ manner 唐突に; ぶっきらぼうに. **3** 〈文体など〉連絡[まとまり]のない, 飛躍の多い: an ～ style. **4** 〈絶壁など〉切り立った, 急な, けわしい. **5** 〘地質〙〈地層が〉断裂の. **6** 〘植物〙截形(せっけい)の, 急に断ち切った形の. — *vt.* 《古》急に中断する. **～·ness** *n.*

ab·rup·tion [əbrʌ́pʃən] 〚▭L *abruptiō(n-)*: ⇨↑, -tion〛 *n.* **1** 急激な分離, 分裂. **2** 《古》断絶, 停止, 中断.

ab·rúp·ti·o placéntae [əbrʌ́pʃiòu-plæsénti:, ɑ:brúptiòu-plɑ:kéntaɪ | əbrʌ́pʃiəu-plæsénti:] 〚← NL ～ ← L *abruptiō(n-)* (↑)+*placentae* ((gen.) ← PLACENTA)〛 — *n.* 〘病理〙早期剝離胎盤.

ab·rúpt·ly 〚《1590》〛 — *adv.* **1** 不意[突然]に, にわかに. **2** 無愛想に, ぶっきらぼうに. **3** 〈文体など〉まとまりがなく, 飛躍して, とぎれとぎれに. **4** 〈絶壁など〉切り立って, けわしく, 急に.

A·bruz·zi [ɑ:brú:tsi:, əb- | əbrútsi:, -tsɪ; *It.* abrúttsi] *n.* アブルッツィ《1873–1933; イタリアの海軍軍人; 登山家・北極探検家として有名; Prince Luigi Amedeo of Savoy-Aosta; 称号 Duke of the Abruzzi》.

abs. 《略》absence; absent; absolute (temperature); absolutely; absorbent; abstract.

A.B.S. 《略》American Bible Society 米国聖書協会; American Bureau of Shipping 米国船舶局.

abs- [æbs, əbs] *pref.* (c, t の前に来る時の) ab-¹ の異形: *abs*cond, *abs*tain.

Ab·sa·lom [ǽbsələm | -s(ə)-] 〚▭Heb. *Abhšālōm* ← *ābh* father+*šālōm* peace (⇨shalom)〛 — *n.* **1** 男性名. **2** 〘聖書〙アブサロム《David の第三子; 美貌で気位が高く, 父にそむいて Joab に殺された; cf. *2 Sam.* 13–19》.

ab·scess [ǽbses, -sɪs, -səs | -sɪs, -ses] 〚《1543》▭L *abscess-us* going away, flowing of humors into one channel ← *abscēdere* to depart ← AB-¹+*cēdere* to go (⇨cede)〛 〘病理〙 *n.* 膿瘍(のうよう). — *vi.* 膿瘍を生じる.

áb·scessed *adj.* 〘病理〙膿瘍の生じた[ある].

ab·scind [æbsínd] 〚▭L *abscind-ere* ← AB-¹+*scindere* to cut: ⇨abscissa〛 *vt.* 切断する (cut off).

ab·scise [æbsáɪz] 〚← L *absciṡ-us* (p.p.) ← *abscidere* to cut off ← *abs-* 'AB-¹'+*caedere* to cut (⇨-cide: cf. excise²)〛 — *vt.* 〘医学〙切除する. — *vi.* 〘植物〙離層の発生によって分離する.

ab·scís·ic ácid [æbsízɪk-, -sís-] 〚*abscisic*: ← ABSCIS(SION)+-IC¹〛 — *n.* 〘植物生理〙離層酸《落葉時に葉柄のつけ根に造られる離層を促進するホルモン; dormin ともいう》.

ab·scis·in [ǽbsɪsɪn, -səs-, -sən | -sɪsɪn] 〚← ABSCIS(SION)+-IN¹〛 *n.* 〘植物生理〙アブシシン《離層酸と似た作用をもつホルモンの総称》.

ab·sciss [æbsís] 〚《逆成》← ABSCISSION〛 *vt.* 切断する.

ab·scis·sa [æbsísə, əb-] 〚《1698》▭L *abscissa (līnea)* (line) cut off (fem.) ← *abscissus* (p.p.) ← *abscindere* to cut off ← AB-¹+*scindere* to cut (cf. rescind)〛 — *n.* (*pl.* **～s, ab·scis·sae** [-si:]) 〘数学〙横座標 (cf. ordinate).

Y A P O B X

abscissa

O origin; P any point; AP *or* OB abscissa of P; PB *or* AO ordinate of P; X axis of abscissa *or* X-axis; Y axis of ordinate *or* Y-axis

ab·scis·sion [æbsíʒən, -síʃən] 〚▭LL *abscissiō(n-)*: ⇨↑, -ion〛 — *n.* **1** 〘医学〙切除. **2** 〘植物〙離脱, 離層発生による分離, 正常分離.

abscíssion làyer *n.* 〘植物〙離層《秋になって葉柄 (petiole) の基部に形成される細胞層で落葉を促す》.

abscíssion zòne *n.* 〘植物〙離層体《葉柄・果柄の離層に生じる細胞層》.

áb·sciss làyer [ǽbsɪs-] *n.* 〘植物〙=abscission layer.

ab·scond [æbskɑ́nd, əb- | əbskɔ́nd, æb-] 〚《1565–78》▭L *abscond-ere* to conceal ← *abs-* 'AB-¹'+*condere* to place (← CON-+-*dere* to put (← IE **dhē-* to place: ⇨do¹))〛 — *vi.* (ひそかに)逃げる, 姿をくらます, 失踪(しっそう)する〔*from*〕: ～ *with* money 金を持ち逃げする. — *vt.* 《古》(おおい)隠す.

ab·scon·dence [æbskɑ́ndəns, əb- | əbskɔ́n-, æb-] *n.* 逃亡, 出奔, 逐電, 失踪(しっそう).

ab·scónd·er *n.* 逃亡者, 失踪者.

ab·seil [ɑ́:pzaɪl | ǽbseɪl, -zaɪl; *G* ápzaɪl] 〚▭G *abseil-en* ← AB-¹ down+*seilen* to rope〛 〘登山〙 — *n.* アプザイレン《ザイルを用いた懸垂下降; cf. rappel》. — *vi.* (ザイルを用いて)懸垂下降する.

ab·sence [ǽbsəns, -sns] 〚《c1378》▭(O)F ～ < L *absentiam* ← *absentem*: ⇨absent〛 — *n.* **1** 離れていること; 不在, 留守 (being away); 不参, 欠勤, 欠席; 不在期間 (↔ presence): ～ *from* school [a meeting] 学校を休む[集会に出ない]こと / a long ～ 長期の不在[欠席, 欠勤] / in a person's ～ 不在中に; 人のいない所で / miss the ～ ない[いない]のに気がつく; なく[いなく]てさびしい / *Absence* makes the heart grow fonder. 《諺》離れていることがかえってお互の情愛をこまやかにする. **2** 《英》(今は Eton 校での)出欠調べ, 点呼 (roll call): make the ～ 出欠を取る. **3** ないこと, 欠如 (lack) 〔*of*〕: the ～ *of* information / with ～ *of* embarrassment 気おくれの様子もなく / Darkness is the ～ *of* light. **4** 放心: He has fits of ～. 彼はぼんやりしていることがよくある.

absence of mind ぼんやりしていること, うわの空, 放心 (cf. PRESENCE *of mind*). ***in the absence of*** … の(い)ない場合に(は); …の(い)ないために: *In the* ～ *of* the Minister, the Vice-Minister takes charge. 大臣が不在の時は次官が代行する / *In the* ～ *of* definite evidence, he was acquitted. 彼は確証がないため放免された.

ábsence flàg *n.* 〘海事〙(ヨットの)オーナー不在(指示)旗《長方形の青旗で右舷の主横木または桁端に掲げる; absent flag ともいう》.

ab·sent 〘adj.: 《*c*1385》□(O)F ～ ‖ L *absent-em* (pres.p.) ← *abesse* to be absent ← AB-[1]+*esse* to be (⇨ esse). — v.: 《*c*1370》*absente(n)* ← (O)F *absent-er* □ L *absentāre* to keep away ← *absentem*: ⇨ -ent〙 **—** [ǽbsənt, -sn̩t] *adj.* **1** 不在の, 留守で, いない; 不参[欠席]の, 欠勤の (↔ present): an ～ friend, pupil, etc. / ～ *from* home, school, etc. / Long ～ soon forgotten. 《諺》「去る者は日々にうとし」/ ～ in body, but present in spirit 身は離れていても心は共にある (*1 Cor.* 5:3) / ⇨ *give the absent* TREATMENT. **2** 欠けて (lacking): Sympathy is ～ *from* his manner. 彼の態度には同情が見られない. **3** ぼんやりした, 茫然とした (absent-minded): an ～ air ぼんやりした様子 / in an ～ sort of way 放心のていで, うっかりして.

absent over leave ⇨ AOL.

absent with leave ⇨ AWL.

absent without leave ⇨ AWOL.

— [æbsént, əb-] *vt.* [～ *oneself* で]〔…を〕欠席[欠勤]する〔*from*〕: ～ *oneself from* school, a meeting, etc.

— [ǽbsənt, -sn̩t] *prep.* …の(い)ない場合[ため]に (without).

ab·sént·er [-tə | -tə(r] *n.*

ab·sen·tee [æ̀bsəntíː, -sn̩- | -sən-, -sn̩-, -sen-] 〘《1537》← ABSENT (v.)+-EE[1]〙 **—** *n.* **1** 不参者, 欠席者, 欠勤者: ～*s from* a meeting. **2** 〘法律〙不在者, 失踪者; 不在地主 (absentee landlord). **3** 不在投票者 (absentee voter).

ábsentee bállot *n.* 不在投票用紙.

àb·sen·tée·ism [-tíːɪzm̩] *n.* **1** 不在地主制度; (地主の)長期不在. **2** 常習欠勤[欠席].

ábsentee lándlord *n.* 不在地主.

ábsentee vóte *n.* 不在投票. **ábsentee vóter** *n.*

ab·sen·te re·o [æbséntiːríːou | -əu] 〘□L *absente reō* the defendant being absent〙 *L. adv.* 〘法律〙被告(人)欠席のため[場合](略 abs. re.).

ábsent flàg *n.* 〘海事〙=absence flag.

áb·sent·ly 〘《1873》〙 *adv.* ぼんやりして, うわの空で, うっかり.

ábsent-mínded *adj.* **1** ぼんやりして(いる), うっかりした, うわの空の〔*about*〕: make an ～ answer うわの空で返事をする. **2** ぼんやりしがちで, 忘れやすい. **～·ly** *adv.* **～·ness** *n.*

ábsent vóte [vóter] *n.* 《英》=absentee vote [voter].

ab·sid·i·ole [æbsídiòul | -dɪəʊl] *n.* 〘建築〙=apsidiole.

ab·sinthe [ǽbsɪnθ, -sænθ | -sɪnθ] 〘《*a*1500》□(O)F ～ □L *absinthium* □Gk *apsínthion* wormwood〙 **—** *n.* (*also* **ab·sinth** [～]) **1** アブサン《ニガヨモギ (wormwood)・アニス (aniseed) などで味をつけた芳香のある緑色の強いリキュール》. **2** 〘植物〙 **a** ニガヨモギ (*Artemisia absinthium*) (wormwood). **b** 《米》=sagebrush. **3** アブサン色《薄緑色》.

ábsinthe gréen *n.* =absinthe 3.

ab·sin·thin [æbsínθɪn, -θən | -θɪn] 〘← L *absinthium* (⇨ absinthe)+-IN[1]: cf. G. *Absinthin*〙 *n.* 〘化学〙アブシンチン《光沢のある針晶; ニガヨモギの配糖体》.

ab·sin·thine [æbsínθɪn, -θən | -θaɪn] 〘← ABSINTHE +-INE[1]〙 *adj.* アブサンのような.

áb·sin·thìsm [-θìzm̩] 〘□F *absinthisme*: ⇨ absinthe, -ism〙 *n.* アブサン中毒.

absol. 《略》absolute; absolutely.

ab·so·lute [ǽbsəlùːt, -ljùːt, ⌐ ⌐ ⌐] 〘《*c*1380》□L *absolūt-us* freed from (p.p.) ← *absolvere* 'to ABSOLVE'〙 **—** *adj.* **1** 絶対の, 絶対的な (↔ relative, comparative); 究極の: the ～ being 絶対的実在, 神 / ～ impossibility 絶対的不可能 / an ～ principle 絶対原理. **2** 無制約の, 無条件的な: ～ ownership 絶対[無条件的]所有権 / give ～ freedom to …に無制限の自由を認める. **3** 完全無欠の: ～ purity. **4 a** 純粋の: ⇨ absolute alcohol. **b** 純然たる, 全くの: He is an ～ fool [miser]. 全くのばか[けちん坊]だ / Your story is an ～ fabrication. あなたの話は始めから終わりまで作りごとばかりだ. **5** 断固とした; 確かな (definite): ～ proof. **6** 実際の, 事実上の (actual): an ～ fact. **7** 〘政治〙専制[独裁]の (cf. limited 5): an ～ ruler [monarch] 専制君主. **8** 〘文法〙 **a** (文中の他の要素から)遊離した (independent): an ～ construction 独立構文 (例: *I declining*, he left us.; cf. nominative absolute) / an ～ infinitive 独立不定詞 (例: *To be* frank, I am afraid.). **b** (後続の名詞などを略した)独立用法の: an ～ genitive 独立属格 (例: at my aunt's (= aunt's house)) / an ～ verb 独立的に用いた動詞 (例: He *gives* largely to hospitals.) / an ～ adjective 独立形容詞 (例: We pity the *poor*.). **c** 〈比較級・最上級が〉絶対的な《相対的な程度を示すのではない》: an ～ comparative 絶対比較級 (例: *Older* persons should be respected.) / an ～ superative 絶対最上級 (例: My *dearest* mother has died.). **d** 連声(れんじょう)を起こさない (⇨ sandhi). **9** 〘物理〙cgs 単位系のような)基本[絶対]単位の; 絶対温度(目盛)での. **10** 〘航空〙絶対の: ⇨ absolute altitude, absolute ceiling. **11** 〘数学〙絶対の《不等式が変数のすべての値について成り立つ時にいう; cf. conditional 5 a》. **12** 〘教育〙絶対評価の《到達目標を基準とし, それとの関係で成績を決定する評価の方式にいう》. **13** 〘電算機〙機械語で書かれた: ⇨ absolute address.

absolute index of refraction 〘光学〙絶対屈折率《真空に対する(相対)屈折率; cf. refractive index》.

— *n.* [the ～] 絶対なもの; 〘哲学〙[しばしば the A-] 絶対; [the A-] 絶対的存在, 絶対者, (宇宙の)第一原因 (the First Cause), 神 (God).

ábsolute áddress *n.* 〘電算機〙絶対アドレス《電算機製作時に配線固定されたアドレス》.

ábsolute álcohol *n.* 無水アルコール, 純アルコール.

ábsolute áltitude *n.* 〘航空〙絶対高度《航空機から真下の地面または水面までの距離; cf. corrected altitude》.

ábsolute céiling *n.* 〘航空〙絶対上昇限度《最大上昇率が 0 となる高度でそれ以上の高度では継続的な飛行はできない; 単に ceiling ともいう; cf. combat ceiling, service ceiling》.

ábsolute cómplement *n.* 〘数学〙=complement 3 c.

ábsolute convérgence *n.* 〘数学〙 **1** (級数の)絶対収束《級数の各項の絶対値から成る級数が収束すること; unconditional convergence と同じこと》. **2** (広義積分の)絶対収束《被積分関数の絶対値の積分が収束すること》.

ábsolute égo *n.* 〘哲学〙(Fichte の)絶対我.

ábsolute humídity *n.* 〘気象〙絶対湿度 (cf. relative humidity).

ábsolute idéa *n.* 〘哲学〙(Hegel の)絶対理念.

ábsolute idéalism *n.* 〘哲学〙(Hegel の)絶対的観念論.

ábsolute impédiment *n.* 〘教会法・ローマ法〙婚姻障害《無効や可罰の原因でないもの; cf. diriment impediment》.

ábsolute liabílity *n.* 〘法律〙絶対[無過失, 結果]責任.

ab·so·lute·ly [æ̀bsəlúːtli, -ljúːt-, ⌐ ⌐ ⌐ | ǽbsəlùːtlɪ, -ljùːt-, ⌐ ⌐ ⌐] 〘《*c*1380》〙 **—** *adv.* **1** 絶対に; 絶対的に, 無条件に; 無制限に. **2** 専制[独裁]的に. **3** 完全に, 全く: It is ～ correct [impossible, true]. **4** 断然; 本当に (actually): I refused the offer ～. 申し出を断然ことわった / He ～ won a prize. (驚いたことに)彼は本当に入賞したのだ. **5** [否定を強調して] 全然[全く](…ない): I know ～ *nothing* about it. そのことは全然何も知りません. **6** 《口語》全く本当に, 全くその通り (quite so, yes): Are you sure?—*Absolutely*. 確かかね—そうだとも. **7** 〘文法〙独立的に: an adjective [a verb] used ～ 独立的に用いた形容詞[動詞]. ★《英》では 1, 2, 7 の意に [⌐ ⌐ ⌐ ⌐], 3, 4, 5, 6 の意に [⌐ ⌐ ⌐ ⌐] のアクセントを用いる人もある.

ábsolute mágnitude *n.* 〘天文〙(天体の)絶対等級 (cf. apparent magnitude).

ábsolute majórity *n.* 絶対多数《投票総数または有権者総数の過半数に及ぶ得票; cf. simple majority》.

ábsolute máximum *n.* 〘数学〙絶対最大値《通常の最大値; cf. relative maximum》.

ábsolute mínimum *n.* 〘数学〙絶対最小値《通常の最小値; cf. relative minimum》.

ábsolute mónarchy *n.* 専制君主政体 (cf. limited monarchy).

ábsolute mótion *n.* 〘物理〙絶対運動《絶対静止空間 (absolute space) に対する運動; cf. relative motion》.

ábsolute músic *n.* 絶対音楽 (abstract music)《自然・人間界の事象または詩文・絵画など音楽外の観念と直接に結びつかない音楽; cf. program music》.

áb·so·lùte·ness *n.* 絶対的であること, 絶対性; 純粋無雑; 完全; 専制.

ábsolute pítch *n.* 〘音楽〙 **1** 絶対音高 (cf. relative pitch). **2** 絶対音感.

ábsolute préssure *n.* 〘物理〙絶対圧《ゲージ圧 (gauge pressure) と大気圧との和》.

ábsolute ríght *n.* 〘法律〙絶対権.

ábsolute scále *n.* 〘物理〙絶対温度目盛り《0°C が絶対温度 273.15 度に当たる》.

ábsolute spáce *n.* 〘物理〙絶対空間.

ábsolute spírit *n.* 〘哲学〙(Hegel 哲学における)絶対(的)精神《主客, 有限・無限等のあらゆる対立を弁証法的に止揚・統一し, 芸術・宗教・哲学の形をとって現われるとみた精神に対する用語; cf. objective spirit》.

ábsolute státe *n.* 〘文法〙独立状態[語形]《名詞屈折形の一つで, 他の名詞と共起せず, 単独で用いられる時の名詞の語形; セム語にみられる; cf. construct state》.

ábsolute témperature *n.* 〘物理化学〙絶対温度《−273.15°C を零度とする温度》.

ábsolute térm *n.* 〘数学〙(整関数の)絶対項, 定数項.

ábsolute thréshold *n.* 〘心理〙絶対弁別閾《標準になる刺激を変えていき, 変化がようやく弁別できた場合の変化値》.

ábsolute únit *n.* 〘物理〙絶対単位《cgs 単位をもとにして理論的に定められた電気・熱などの単位; cf. practical unit, international unit》.

ábsolute válue *n.* 〘数学〙(複素数の)絶対値.

ábsolute zéro *n.* 〘物理〙絶対零度《−273.15°C または −459.67°F》.

ab·so·lu·tion [æ̀bsəlúːʃən, -ljúː-] 〘《?*a*1200》*absolucioun* □(O)F *absolution* ‖ L *absolūtiō(n-)* an acquittal ← *absolvere* 'to ABSOLVE'〙 **—** *n.* **1** 免除, 解除; 赦免, 罪のゆるし, 無罪の申し渡し. **2 a** 〘カトリック〙(司祭がキリストから託された権威によって宣する)赦免, 赦罪, 免罪; 赦禱(しゃとう)(式): ～ *from* [*of*] sin 罪の赦免 / give [grant] ～ (司祭が悔悛(かいしゅん)をいれて)赦免を与える. **b** 〘プロテスタント〙赦罪宣言《罪を悔い改める信徒に聖職者が行なう赦罪の宣言または保証》. **3** 赦罪文, 罪障消滅の宣言: pronounce the ～ 赦罪文を読み上げる.

ab·so·lut·ism [ǽbsəlùːtɪzm̩, -ljùː-] *n.* **1** 〘哲学〙絶対説; 絶対主義: aesthetic ～ 美学上の絶対説. **2** 専制[独裁]主義; 専制政治. **3** 〘神学〙絶対主義《救いに関する神の絶対性の, または予定の教理》.

áb·so·lùt·ist [-tɪst, -təst | -tɪst] *n.* **1** 〘哲学〙絶対論者. **2** 専制[独裁]主義者. **—** *adj.* **1** 絶対論(者)の. **2** 専制主義(者)の; 専制[独裁]的な.

ab·so·lu·tis·tic [æ̀bsəluːtístɪk, -ljuː-] *adj.* =absolutist.

ab·so·lu·tize [ǽbsəluːtàɪz, -ljuː-] *vt.* 絶対化する; 絶対的なものとして扱う. **ab·so·lut·i·za·tion** [æ̀bsəluːtɪzéɪʃən, -ljuː-, -tə- | -taɪ-, -tɪ-] *n.*

ab·sol·u·to·ry [æbsɑ́ljutɔ̀ːri, -tòːri | -sɔ́ljutəri] 〘□L *absolūtōri-us* serving for acquittal: ⇨ absolute, -ory[1]〙 *adj.* 赦免の(力をもつ).

ab·solve [əbzɑ́lv, æb-, -sɑ́lv, -zɔ́(ː)lv, -sɔ́(ː)lv | əbzɔ́lv, -zɔ́ulv] 〘《?*a*1425》□L *absolve-re* ← AB-[1]+*solvere* to loosen, free (⇨ solve)〙 **—** *vt.* **1** 〔義務・責任から〕解除[免除]する〔*from*〕: ～ a person *from* an obligation [a vow] 人の責任[誓い]を解除する. **2** …に無罪を言い渡す, 〔罪などから〕赦免する〔*from*〕. **3** 〘キリスト教〙(教会で)〈人の罪を〉許す; 〈人〉に罪のゆるし[赦罪]を言い渡す: ～ a person *of* sin. **ab·sól·va·ble** [-vəbl̩] *adj.* **ab·sólv·er** *n.*

ab·sol·vent [əbzɑ́lvənt, æb-, -sɑ́l-, -zɔ́(ː)l-, -sɔ́(ː)l- | əbzɔ́l-, -zɔ́ul-] 〘□L *absolvent-em* (pres.p.) ← *absolvere* (↑)〙 **—** *adj.* 放免する; 免除する. **—** *n.* 免除する人; 赦罪する人.

ab·sol·vi·tor [əbzɑ́lvətə, æb-, -sɑ́l-, -zɔ́(ː)l-, -sɔ́(ː)l- | əbzɔ́lvɪtə(r] 〘□L ～ 'let him be absolved' (third person sing. imper. pass.) ← *absolvere* 'to ABSOLVE'〙 **—** *n.* 〘スコット法〙被告に有利な判決; 無罪判決.

ab·so·nant [ǽbsənənt] 〘□L *absonant-em* ← AB-[1]+*sonans* ((pres.p.) ← *sonāre* to sound: ⇨ sonant)〙 **—** *adj.* 《古》不調な (discordant); 不合理な, 不自然な; 〔…と〕調和しない, (相)反する〔*from, to*〕.

ab·sorb [əbsɔ́əb, æb-, -zɔ́əb | əbsɔ́ːb, -zɔ́ːb] 〘《1490》□(O)F *absorb-er* ‖ L *absorb-ēre* to swallow up ← AB-[1]+*sorbēre* to suck in (← IE **srebh-* to suck (Gk *rhophein* to sup up))〙 **—** *vt.* **1** 〈水分などを〉吸収する, 吸い上げる, 〈熱・光などを〉吸収する, 〈食料を〉摂取する, とる: A sponge ～*s* water. / Black ～*s* light. / These pollutants are ～*ed into* the system. これらの汚染物質は体内に吸収される. **2** 〈動揺・騒音などを〉吸収する, 緩和する, 和らげる: ～ shock and noise 衝撃と騒音を吸収する / A spring ～*s* a jar or jolt. ばねは動揺を和らげる / a shock-*absorbing* device 緩衝装置. **3 a** 〈知識・思想などを〉吸収する, 同化する. **b** 〈都市が〉〈町村を〉合併する, 編入する: The suburbs were ～*ed into* the city. 近郊(の町村)は市に編入[合併]された. **c** 〈他会社などを〉吸収する, 合併する. **d** 〈市場が〉〈商品・債券などを〉消化する, 引き受ける. **4 a** 〈注意力・精力・時間などを〉奪う, 取る; 〈収入を〉使い尽くす: The book ～*ed* my interest. その本に私は夢中になった / The task ～*s* all his time. 彼はその仕事のために時間を全部取られている. **b** [通例 p.p. 形で]〈人を〉夢中にさせる, 没頭させる: be ～*ed in* a book 書物を読み耽っている / be ～*ed in* one's thoughts 一心に考え込んでいる / He is ～*ed in* solving the mystery. 怪事件の解明に没頭している. **5** 〈費用などを〉負担する: ～ all charges.

ab·sorb·a·ble [əbsɔ́əbəbl̩, æb-, -zɔ́əb- | əbsɔ́ːb-, -zɔ́ːb-] *adj.* 吸収される[されやすい], 吸収性の. **ab·sòrb·a·bíl·i·ty** [-bəbíləti | -lətɪ, -lɪ-] *n.*

ab·sor·bance [əbsɔ́əbəns, æb-, -zɔ́ə- | əbsɔ́ː-, -zɔ́ː-] 〘← ABSORB+-ANCE〙 *n.* 〘光学〙(真)吸光度, 光学(的)濃度 (optical density).

ab·sór·ban·cy [-bənsi | -sɪ] *n.* 〘光学〙=absorbance.

ab·sor·bant [əbsɔ́əbənt, æb-, -zɔ́ə- | əbsɔ́ː-, -zɔ́ː-] *adj., n.* =absorbent.

ab·sórbed *adj.* 没頭した, 夢中になった〔*in*〕; 〈注意など〉引きつけられた: with an ～ air (何かに)夢中になっている様子で / read with ～ interest 夢中になって読む. **ab·sórb·ed·ly** [-bɪdli, -bəd- | -lɪ] *adv.* **ab·sórb·ed·ness** [-bɪdnɪs, -bəd-, -nəs] *n.*

ab·sor·be·fa·cient [əbsɔ̀əbəféɪʃənt, æb-, -zɔ̀ə- | əbsɔ̀ːbɪféɪ-, -zɔ̀ː-] 〘⇨ absorb, -facient〙 *adj.* 吸収作用を促進する. **—** *n.* 吸収(促進)剤.

ab·sor·ben·cy [əbsɔ́əbənsi, æb-, -zɔ́ə- | əbsɔ́ːbənsɪ, -zɔ́ː-] *n.* **1** 吸収性, 吸収力. **2** 〘光学〙=absorbance.

ab·sor·bent [əbsɔ́əbənt, æb-, -zɔ́ə- | əbsɔ́ː-, -zɔ́ː-] 〘《1718》□L *absorbent-em* (pres.p.) ← *absorbēre* 'to ABSORB'〙 **—** *adj.* 吸収性の(ある), 吸収を促進する; 〔…を〕吸収する〔*of*〕: ～ blotting paper. **—** *n.* **1** 吸収性のある物; 吸収(促進)剤. **2** 〘解剖〙吸収血管, 吸収管, リンパ管.

absórbent cótton *n.* 《米》脱脂綿(《英》cotton wool).

ab·sórb·er *n.* **1 a** 吸収するもの; (知識などを)熱心に吸収する人. **b** 吸収物[体, 材]; 吸収器[装置]; (機械の)緩衝装置, 緩衝器[材], 揺れ止め (shock absorber). **2** 〘原子力〙(中性子などの放射線の)吸収材.

ab·sórb·ing *adj.* 心を奪う, 夢中にするような, すてきにおもしろい: ～ books, games, interest, studies, etc. **～·ly** *adv.*

ab·sorp·tance [əbsɔ́əptəns, æb-, -zɔ́əp- | əbsɔ́ːp-, -zɔ́ːp-] 〘← ABSORPT(ION)+-ANCE〙 **—** *n.* 〘物理〙吸収率《放射線や光が物質に入射する時, 物質に吸収される量の入射量に対する比》.

ab·sorp·ti·om·e·ter [əbsɔ̀əpʃiɑ́mətə, æb-, -zɔ̀əp-, -pti- | əbsɔ̀ːpʃɪɔ́mɪtə(r, -zɔ̀ːp-, -ptɪ-, -mə-] 〘⇨ ↓, -meter〙 **—** *n.* 〘光学〙吸収計, 吸光光度計《物質による光の吸収率・吸収係数・光学濃度などを測定する装置》.

ab·sorp·tion [əbsɔ́əpʃən, æb-, -zɔ́əp- | əbsɔ́:pʃən, -zɔ́:p-] 〘《1597》▭F ~ // L *absorptiō(n-)* a swallowing ← *absorptus* (p.p.) ← *absorbēre* 'to ABSORB': ⇨ -tion〙 **—** *n.* **1** 吸収(作用): ~ of nourishment 〘生理〙栄養物の吸収. **2** 〘物理〙吸収《物体中での音波や光などの減衰現象》. **3** 〘物理化学〙吸収《気体の液体・固体中への溶解; cf. sorption》. **4** 〘電気〙(誘電)吸収《電界がなくなってもしばらく分極が残る, ある種の誘電体に見られる現象; dielectric absorption ともいう; cf. residual charge》. **5** 編入, 併合: the ~ of smaller tribes 小部族の併合. **6** 専念, 没頭, 夢中: ~ *in* art, comics, golf, work, etc. **7** 〘薬学〙冷浸《常温で物質を浸出させる操作》. **~·al** [-ʃənḷ, -ʃnəl] *adj.* 「収帯.

absórption bànd *n.* 〘物理〙(吸収スペクトルの)吸

absórption coeffìcient *n.* 〘物理〙吸収係数《物質が光・放射・音波などを吸収する程度をあらわす量; cf. absorption factor》.

absórption còsting *n.* =full costing. 「計.

absórption dynamòmeter *n.* 〘電気〙吸収動力

absórption èdge *n.* 〘物理〙吸収端《X 線または光の連続吸収スペクトルにおいて波長がそれ以上長くなると吸収率が急激に減少するようになる部分またはその端》.

absórption-emíssion pyròmeter *n.* 〘宇宙〙(分光分析を利用した)ガス温度計《ロケットの噴射ガスなど高温ガスの温度測定に用いる》.

absórption fàctor *n.* 〘物理〙吸収率《光・放射・音波などの物体によって吸収される強度と入射強度の比; cf. absorption coefficient》.

absórption pipètte *n.* 〘化学〙吸収ピペット《ガス分析に用いられる気体吸収用のガラス装置》.

absórption spèctrum *n.* 〘物理〙吸収スペクトル (cf. emission spectrum).

absórption sỳstem *n.* 冷却系《冷凍機で液体アンモニアなどの膨脹により低温を作る部分》.

ab·sorp·tive [əbsɔ́əptɪv, æb-, -zɔ́əp- | əbsɔ́:p-, -zɔ́:p-] 〘《1664》← L *absorptus* ((p.p.) ← *absorbēre* 'to ABSORB')+-IVE〙 **—** *adj.* 吸収的な, 吸収力のある, 吸収性の. **~·ness** *n.*

ab·sorp·tiv·i·ty [æ̀bsɔəptívəṭi, -zɔəp-, əbsɔ̀əp-, -zɔ̀əp- | æ̀bsɔ:ptívəti, -zɔ:p-, -vɪ-] **—** *n.* 〘物理〙 **1** 吸収力. **2** =absorption factor. **3** =absorption coefficient.

ab·squat·u·late [æbskwɑ́tʃulèɪt | -skwɔ́tju-] 〘← AB-[1] +SQUAT+-*ulate* (cf. speculate): ラテン語にまねた米語起源の造語〙 **—** *vi.* 《米古俗・英戯言》出奔する, 逐電する, (急いで)立ち去る. **ab·squat·u·la·tion** [æbskwɑ̀tʃuléɪʃən | -skwɔ̀tju-] *n.*

abs·que hoc [æbskwi:-hɑ́k | -hɔ́k] 〘▭L ~ 'without this'〙 *L. adv.* 〘法律〙これなしに.

ábsque im·pe·ti·ti·ó·ne vá·sti [-ɪ̀mpɪtɪ̀ʃióuni-vǽstaɪ, -pə- | -ʃɪɔ́unɪ-] 〘← NL ~ 'without impeachment of waste'〙 *L. adv.* 〘法律〙不動産毀損免除で.

abs. re. 《略》absente reo.

ab·stain [əbstéɪn, æb-] 〘《?c1350》*absteine(n)* ▭(O)F *absten-ir* ∽ OF *astenir* < L *abstinēre* ← *abs-* 'AB-[1]' +*tenēre* to hold (⇨ tenable)〙 **—** *vi.* **1** 〈飲食物を〉控える, 断つ; 〈行為を〉自制する, 慎しむ 〔*from*〕: ~ *from* fish and flesh 魚肉と獣肉を断つ, 精進(しょうじん)する / ~ *from* voting 棄権する. **2** 回避する, 棄権する. **3** 禁酒する. 「家 (teetotaler).

ab·stáin·er *n.* 節制家; 禁酒家: a total ~ 絶対禁酒

ab·ste·mi·ous [æbstí:miəs, əb- | -mjəs, -mɪəs] 〘《1611》← L *abstēmius* sober, temperate (← *abs-* 'AB-[1]'+*tēmētum* strong drink)+-OUS〙 **—** *adj.* **1** 節制のある, 飲食に節度のある: an ~ person, habit, etc. / an ~ diet 節食. **2** 質素な: an ~ meal. **~·ly** *adv.* **~·ness** *n.*

ab·sten·tion [əbsténʃən, æb-] 〘《1521》▭F ~: ⇨ abstain, -tion〙 **—** *n.* **1** 自制, 節制: ~ *from* pleasure, alcohol. **2** (権利行使の)回避; (特に)投票棄権: ~ *from* voting / seven votes for, three ~*s* 賛成 7 棄権 3.

ab·stén·tion·ìsm [-ʃənɪzm] *n.* 自制[節制]主義.

ab·stén·tion·ist [-ʃ(ə)nɪst, -nəst | -nɪst] *n.* 自制[節制]主義者. **—** *adj.* 節制主義(者)の.

ab·sten·tious [əbsténʃəs] *adj.* 自制[節制]する.

ab·sterge [æbstə́:dʒ, əb- | əbstə́:dʒ] 〘《1541》▭F *absterg-er* // L *absterg-ēre* to wipe away ← *abs-* 'AB-[1]'+ *tergēre* to wipe (⇨ terse)〙 **—** *vt.* **1** 〘医学〙…に通じをつける (purge). **2** ふき取る, 清掃する.

ab·ster·gent [æbstə́:dʒənt, əb- | əbstə́:-] 〘▭F ~ // L *abstergent-em* (pres.p.) ← *abstergēre* (↑)〙 **—** *adj.* 洗浄の, 洗浄性の; 瀉下(しゃか)(性)の. **—** *n.* **1** 洗浄剤, 洗剤 (detergent). **2** 下剤.

ab·ster·sion [æbstə́:ʒən, əb-, -ʃən | əbstə́:ʃən] 〘《15C》 ▭(O)F ~ ▭L *abstersiō(n-)* ← *abstersus* (p.p.) ← *abstergēre* (↑)〙 *n.* 清浄化, 洗浄法; 瀉下(しゃか).

ab·ster·sive [æbstə́:sɪv, əb- | əbstə́:-] 〘《15C》▭(O)F *abstersif* ← L *abstersus* (↑): ⇨ -ive〙 *adj.* =abstergent.

ab·sti·nence [ǽbstənəns | -stɪ-] 〘《1340》▭(O)F ~ ∽ OF *abstenance* < L *abstinentiam*: ⇨ abstinent, -ence〙 **—** *n.* **1** 慎み, 断つこと, 禁欲, 禁酒: ~ *from* alcohol, food, meat, pleasure, etc. / practice ~ in eating and drinking. **2 a** 〘キリスト教〙断ち物をすること, 物忌み, 精進(しょうじん): days of ~ 精進日, 斎日. **b** 〘カトリック〙小斎《金曜日などの定められた日に鳥・獣の肉を食べないこと》. **3** 禁酒: total ~ 絶対禁酒. **4** 〘経済〙(資本蓄積のため出費の)制欲, 節欲.

ábstinence thèory *n.* 〘経済〙(利子)制欲[節欲]説.

áb·sti·nen·cy [-nənsi | -sɪ] *n.* =abstinence.

ab·sti·nent [ǽbstənənt | -stɪ-] 〘《c1390》▭(O)F ~ ∽ OF *abstenant* < L *abstinentem* (pres.p.) ← *abstinēre* 'to ABSTAIN': ⇨ -ent〙 **—** *adj.* 節制する, 禁欲的な; 節度のある. **~·ly** *adv.*

abstr. 《略》abstract; abstracted.

ab·stract 〘*adj.*: 《a1398》▭L *abstract-us* (p.p.) ← *abstrahere* ← *abs-* 'AB-[1]'+*trahere* to draw (⇨ tract[1]). —v.: 《1542》← (adj.)〙 **—** [æbstrǽkt, əb-, ǽbstrækt | ǽbstrækt] *adj.* **1 a** 抽象的な (↔ concrete): an ~ concept [theory] 抽象(的)概念[理論]. **b** [the ~; 名詞的に] 抽象; 抽象[純理]的な考え方. **2** 理論的な (theoretical) (↔ applied); 観念上の (ideal); 空想的な (imaginary) (↔ practical): ~ mathematics 理論数学. **3** (抽象的で)深遠な, 難解な (abstruse): ~ speculations, reasoning, etc. **4** 〘美術〙抽象派の, アブストラクトの (↔ representational). **5** 《古》=abstracted 2. ***in the abstract*** 抽象的な考え方で, 抽象的に, 理論的に(は) (↔ in the concrete).

— [ǽbstrækt] *n.* **1 a** 摘要(書), (論文などの)概要, 抜書き, 抜粋, 抄録 (summary): make an ~ of …の要点を書き抜く, …を抜粋する. **b** 精髄 (essence). **2** [《米》ではまた æbstrǽkt, əb-] 〘哲学・論理〙抽象観念, 抽象的名辞; 抽象(性). **3** 〘文法〙=abstract noun. **4** [《米》ではまた æbstrǽkt, əb-] 〘美術〙抽象芸術作品, アブストラクト (cf. abstraction 6). **5** 〘薬学〙アブストラクト《2 部量の生薬の成分エキスに砂糖またはミルクを加えて 1 部量に調整した薬剤》.

abstract of title 〘法律〙(不動産の所有経路および土地に対する負担(抵当権など)を証明する)権利(証明要約)書, 権原要約書.

— [æbstrǽkt, əb-] *vt.* **1 a** 分離する, 取り去る: ~ (much, somewhat) *from* a person's enjoyment (大いに, いささか)興をそぐ. **b** 《婉曲》抜き取る, 盗む (steal): ~ something *from* a person. **2** 〈概念などを〉抽象する, 抽象的に扱う: ~ the notions of time, matter, etc. **3** 〈注意などを〉そらす, 〈気を〉転じる: ~ a person's attention *from* something. **4** [《米》ǽbstrækt] 抜粋する, 要約する, 抄録する (summarize). **5** 〘化学〙抽出する. **—** *vi.* **1** [《米》ǽbstrækt] 抜粋する. **2** 〘美術〙〈作家が〉アブストラクトを製作する.

ab·stract·a·ble [æbstrǽktəbḷ, əb-] *adj.* **~·ness** *n.* **ab·strác·tor, ~·er** *n.*

ábstract álgebra *n.* 〘数学〙抽象代数学《代数系 (algebraic system) を対象とする数学の分野》.

ábstract behávior *n.* 〘心理〙抽象的行動.

ab·strác·ted *adj.* **1** 分離した, 取り除いた, 抽象した. **2** (心を奪われて)ぼんやりしている, 放心した(ような) (absent-minded): with an ~ air ぼんやりして, うわの空で. **3** 〘化学〙抽出した. **~·ness** *n.*

ab·strác·ted·ly *adv.* 茫然と, ぼんやり, うわの空で.

ábstract expréssionism *n.* 〘美術〙抽象的表現主義《第二次大戦後米国に起こった絵画の一傾向; cf. action painting》.

ábstract impréssionism *n.* 〘美術〙抽象的印象主義《抽象的な形態を主に用い, 印象主義的色調で描く絵画の一傾向》.

ab·strac·tion [æbstrǽkʃən, əb-] 〘《a1400》▭(O)F ~ // L *abstractiō(n-)* ← *abstractus*: ⇨ abstract, -ion〙 **—** *n.* **1** 抽象(作用); 抽象性. **2** 抽象的概念: Whiteness and bravery are ~*s.* **3** 〘化学〙抽出. **4 a** 分離, 取除き. **b** 《婉曲》窃取, 抜取り. **5** 超脱, 脱俗; 茫然, うわの空. **6** 〘美術〙抽象, アブストラクト《自然の形体・経験界の事物を含まない線や形や色による構成, またはその作品; cf. abstract *n.* 4》: pure ~ / near ~. **~·al** [-ʃənḷ, -ʃnəl] *adj.*

ab·strác·tion·ìsm [-ʃənɪzm] *n.* 〘美術〙抽象主義.

ab·strác·tion·ist [-ʃ(ə)nɪst, -nəst | -nɪst] 〘美術〙 *n.* 抽象主義者, 抽象美術家, 抽象作家. **—** *adj.* 抽象派(的)の, 抽象主義の.

ab·strac·tive [æbstrǽktɪv, əb-] 〘《a1398》▭ML *abstractīv-us*: ⇨ abstract, -ive〙 *adj.* 抽象力のある; 抽象(的)の.

ab·stract·ly [ˌ—ˊ—, ˊ——] 〘《a1398》〙 *adv.* 抽象的に.

ábstract músic *n.* =absolute music.

ábstract nóun *n.* 〘文法〙 **1** 抽象名詞 (cf. concrete noun). **2** 抽象名詞化の接尾辞をもつ名詞 (例: honesty, kindness). 「concrete number).

ábstract númber *n.* 〘数学〙不名数, 無名数 (cf.

ábstract spáce *n.* 〘数学〙抽象空間《集合についての議論を幾何学的に表現する時の, その集合のこと》.

ab·struse [əbstrú:s, æb- | æb-, əb-] 〘《1599》▭L *abstrūs-us* (p.p.) ← *abstrūdere* to thrust away, conceal ← *abs-* 'AB-[1]'+*trūdere* to thrust, push (⇨ intrude)〙 **—** *adj.* **1** 難解な, 深奥な, 深遠な (profound): an ~ idea, subject, thinker, etc. **2** 《廃》秘密の, 隠れた. **~·ly** *adv.* **~·ness** *n.*

ab·stru·si·ty [əbstrú:səṭi | æbstrú:sɪti, əb-, -sɪtɪ] *n.* 難解さ, 深遠さ; 難解[深遠]な事柄.

ab·surd [əbsə́:d, æb-, -zə́:d | əbsə́:d] 〘《1557》▭F *absurde* ▭L *absurdus* out of tune, senseless ← AB-[1]+ *surdus* deaf, dull (⇨ surd)〙 **—** *adj.* **1 a** 不条理な, 不合理な. **b** 〈人生など〉不条理な, 無意味な; 無秩序な; 〈作品・作家など〉〈人生などの〉不条理を取り扱う (cf. absurdism): (the) ~ drama 不条理劇. **2** ばかばかしい, ばかげた; おかしい, 笑うべき: Don't be ~. ばかなことはよせ[言うな]. **3** [the ~; 名詞的に] ばかげたこと; 不条理[不合理]なこと: ⇨ THEATER of the absurd. ***reduce to the absurd*** =reduce to an ABSURDITY. **~·ly** *adv.* **~·ness** *n.*

ab·súrd·ism [-dɪzm] *n.* 〘演劇・文学〙不条理主義《人間存在の根本的不条理性を表現しようとする態度》.

ab·súrd·ist [-dɪst, -dəst | -dɪst] *n.* 不条理主義者[作者]. **—** *adj.* 不条理主義(者)の: an ~ play 不条理劇.

ab·surd·i·ty [əbsə́:dəṭi, æb-, -zə́:- | əbsə́:dətɪ, -dɪ-] 〘《?1472》▭(O)F *absurdité*: ⇨ absurd, -ity〙 **—** *n.* **1** 不条理, 不合理; ばからしさ: the height of ~ 愚の骨頂. **2** ばかばかしいこと[振舞い, 様子など]. ***reduce to an absurdity*** (1) 〈議論・計画など〉の不合理なことを示す[立証する]. (2) 〈議論・計画などを〉極端なまでに推し進める (cf. reductio ad absurdum).

absúrd théater *n.* [the ~] =THEATER of the absurd.

abt. 《略》about.

Ábt ràck [ɑ́:pt-, ǽpt-] 〘← *Roman Abt* (*d.* 1933: それを創案したスイスの鉄道技師)〙 *n.* 〘鉄道〙アプト式歯状軌道.

Ábt sỳstem 〘↑〙 *n.* 〘鉄道〙アプト式鉄道《歯軌条鉄道の一種》.

Abt system

ABU 《略》Asia-Pacific Broadcasting Union アジア太平洋放送連合《1964 年設立; アジア地域の放送機関の国際組織》.

A·bu-Bakr [ɑ́:bu:bǽkə | -kə(r)] *n.* (*also* **A·bu-Bekr** [ɑ́:bu:békə | -kə(r)]) アブーバクル《573–634; Muhammad の妻 Aisha の父で彼の後継者; Medina での第一代 caliph (632–34)》.

a·bub·ble [əbʌ́bḷ] 〘← A-[1]+BUBBLE〙 *adv., pred. adj.* **1** 泡立って. **2** ざわめいて 〔*with*〕.

A·bu·Dha·bi [ɑ̀:bu:dɑ́:bi, -dǽbi | -bɪ] *n.* **1** アブダビ《ペルシャ湾 (Persian Gulf) 南岸の首長国; 豊富な油田をもち United Arab Emirates の一つ; 人口 236,000, 面積 67,350 km²》. **2** アブダビ《Abu-Dhabi および United Arab Emirates の首都; 人口 22,000》.

a·build·ing [əbɪ́ldɪŋ] 〘⇨ a-[1]〙 *pred. adj.* 《米》建築[建設]されて, 建築中で.

Ab·u·kir [æ̀bukíə, ɑ̀:b- | -ukíə(r, -bu-] *n.* アブキール《エジプト北部の湾; 1798 年ここで「ナイル海戦」が行なわれた》.

a·bu·li·a [eɪb(j)ú:liə, əbjú:- | -lɪə, -ljə] 〘← NL ~ ← Gk *aboulia*: ⇨ a-[7], -bulia〙 *n.* 〘精神医学〙無意, 意志欠如.

a·bu·lic [eɪb(j)ú:lɪk, əbjú:-] *adj., n.* 無意志症の(人).

A·bul Ka·sim [ɑ:bú:l-kɑ́:sɪm, -səm | -sɪm] *n.* アブルカシム《?–?1013; スペイン生れのアラビアの外科医・医学著述家》.

a·bun·dance [əbʌ́ndəns] 〘《1340》▭OF ~ (F *abondance*) // L *abundantia* an overflowing ← *abundantem* (↓)〙 **—** *n.* **1** 豊富, 潤沢: a year of ~ 豊年 / We have bread in ~. パンがたくさんある / the ~ of the heart あふれるばかりの情け (cf. *Matt.* 12: 34). **2** 多数, 多量 〔*of*〕: an ~ *of* food [material goods] たくさんの食料[物資] / He has an ~ *of* friends. / An ~ *of* instances are [is] cited. 多くの例が引用されている. **3** 富裕 (wealth): live in ~ 裕福に暮らす. **4** 〘トランプ〙(ソロホイスト (solo whist) で) 9 組取るというコール. **5** 〘生態〙数度《一定の調査面積内の種類別の個体数, あるいは個体数を出現わく数で割った値》. **6** 〘物理〙存在量《宇宙における各元素の存在比や同一元素中の同位体の存在比》.

a·bun·dant [əbʌ́ndənt] 〘《c1380》▭OF ~ (F *abondant*) ▭L *abundantem* (pres.p.) ← *abundāre* 'to ABOUND'〙 **—** *adj.* **1** たくさんの, どっさりある, たっぷりの, おびただしい, あり余るほどの, 豊富な (rich): an ~ harvest 豊作 / ~ fair hair 豊かな金髪 / There is ~ proof [time]. 証拠[時間]はあり余る. **2** 〈場所が〉〔資源などに〕富む, 豊富な 〔*in, with*〕: a land ~ *in* minerals 鉱物に富む土地. 「たくさん(に).

a·bún·dant·ly 〘《a1382》〙 *adv.* 豊富に, おびただしく,

abúndant númber *n.* 〘数学〙豊数, 過剰数《その正の約数の和が自分自身より大であるような自然数; 例えば 12 など; cf. deficient number, perfect number》.

abúndant yéar *n.* [the ~] 〘ユダヤ暦〙=perfect year.

a·bu·ra [əb(j)ú(ə)rə | əb(j)úərə] 〘▭Yoruba ~〙 **—** *n.* 〘植物〙熱帯アフリカ産の緑色がかった花が咲くフジウツギ科の樹木 (*Mitragyne macrophylla*) 《材は軽くカヌーや建築材とする》.

a·bus·age [əbjú:sɪdʒ, -zɪdʒ | -zɪdʒ, -sɪdʒ] 〘⇨ ↓, -age〙 *n.* (言語の)誤用, 濫用.

a·buse 〘v.: 《?a1425》▭(O)F *abus-er* ← L *abūsus* having used up (p.p.) ← *abūtī* to use up, misuse ← AB-[1]+ *ūtī, ūsus* 'to USE[1]'. —n.: 《1439》▭(O)F *abus* // L *abūs-us* a wanting, misuse〙 **—** [əbjú:z] *vt.* **1** 〈地位・特権・才能などを〉濫用する, 悪用する, 誤用する (misuse): ~ one's authority 職権を濫用する. **2** 〈人・家畜などを〉虐待する, 酷使する: ~ one's eyes (読書などで)目を酷使する[使い過ぎる]. **3** 〈人の信用などを〉悪用する, 裏切る, 〈人の親切・寛容などを〉逆用する, …につけ込む: ~ a person's trust 人の信頼を裏切る. **4** 〈人などを〉ののしる, …に悪口を言う, 侮辱する: the best-*abused* man 一番悪口を言われた[言わ

れる]人. **5** 《古》〈女性を〉辱(はずか)しめる, 犯す. **6** 《廃》欺く(deceive). ―― [əbjúːs] *n.* **1** 濫用, 誤用, 悪用 (misuse): ～ *of* power, privileges, language, etc. **2** ののしり, 毒舌: a torrent of ～ 猛烈に浴びせかけたののしり / a word [term] of ～ ののしりの言葉, 悪態, 暴言. **3** [しばしば *pl.*] 悪弊, 弊害, 悪習: the ～*s* of tyranny / a crying ～ 捨てて置けない悪弊 / ～*s* of the times 時弊. **4** 虐待, 酷使. **5** 《古》凌辱(りょうじょく), 暴行. **6** 《廃》欺き (deception). **a·bús·er** [-zə | -zə(r] *n.*

Abu Sim·bel [ɑ́ːbuːsímbəl] *n.* アブシンベル《エジプト南部の Nile 川に臨む村; 古代エジプト王 Ramses 二世の岩窟神殿で知られる; Aswan High Dam 建設による水没を免れるため UNESCO の援助で約 70 m 上へ移動された》.

a·bu·sive [əbjúːsɪv, -zɪv | -sɪv] 〖《1583》□ F *abusif* < L *abūsīvum* ← *abūsus* (⇨ abuse): ⇨ -ive〗 ―― *adj.* **1** 濫用的な, 悪用の; 酷使する. **2** 悪罵(あくば)の, 侮辱的な, 口ぎたない: an ～ word / use ～ language 悪態をつく, ののしる. **～·ly** *adv.* **～·ness** *n.*

a·bus·tle [əbʌ́sl] 〖← A³+BUSTLE¹〗 *adv., pred. adj.* ざわめいている (bustling) 〔*with*〕.

a·but [əbʌ́t] 〖《c1450》 *abutte(n)* 《混成》? ← (O)F *abouter* to join end to end (← *à* to + *bout* end: ⇨ butt⁴) + (O)F *abuter* to make contact with one end (← *à* + *but* end: ⇨butt²)〗 ―― *v.* (**a·but·ted; a·but·ting**) ―― *vi.* **1** 〈国・地所などが〉境を接する, 〔…に〕隣接する, 臨む (border) 〔*on, upon*〕: a field ～*ting on* a road 道路に接する畑. **2** 〈建物が〉(一部が)〔…に〕接触する (touch) 〔*on, upon, against*〕: The house ～*s* (*up*)*on* [*against*] the church. **3** 〔…に〕寄り掛かる (lean) 〔*against*〕: a timber ～*ting against* a post 柱にもたせかけた材木. ―― *vt.* **1** …に隣接する, 接する, …の境をなす. **2** 〔…に〕もたせかける 〔*against*〕. **3** 《建築》迫台(せりだい)で支える.

a·bu·ti·lon [əbjúːtəlɑ̀n, -tl̩- | -tɪlən] 〖← NL ～ ← Arab. *aubūtīlūn*〗 ―― *n.* 《植物》イチビ《アオイ科イチビ属 (*Abutilon*) の植物の総称; イチビ (*A. avicennae*) やショウジョウカ (*A. striatum*) など; 美しい鐘状花をつけるものは flowering maple と称して栽培される》.

a·bút·ment 〖《1644》〗 ―― *n.* **1** 隣接. **2** 《建築・土木》**a** 迫台(せりだい), 迫持受(せりもちうけ), 橋台《アーチの両端を受ける台; ⇨ spandrel 挿絵》. **b** (突き出た部分の)接合点; 合口(あいくち)《石積みの石が互いに接する面》. **3** 《歯科》支台歯.

abutments 2 a

a·but·tal [əbʌ́tl̩ | -tl] 〖← ABUT+-AL²〗 *n.* **1** =abutment. **2** [*pl.*] 隣接地; (他の土地や道路との)境界.

a·bút·ter [-tə | -tə(r] *n.* 隣接地の地主.

a·bút·ting [-tɪŋ | -tɪŋ] *adj.* **1** 隣接した. **2** 《建築》迫台(せりだい)[橋台]の用をする.

a·buzz [əbʌ́z] 〖← A³+BUZZ¹〗 ―― *adv., pred. adj.* ぶんぶんいって; がやがやして, 〔話などで〕騒然として; 〔活気などが〕あふれて 〔*with*〕: The square was ～ *with* cars. 広場は車でごった返していた.

ab·volt [ǽbvòʊlt, ⌣⌣ | ǽbvəʊlt, ⌣⌣] 〖← AB-³+VOLT¹〗 *n.* 《物理》絶対ボルト, アブボルト《電圧の cgs 電磁単位; =10^{-8} volt》.

ab·watt [ǽbwɑ̀t, -wɔ̀(ː)t, ⌣⌣ | ǽbwɔ̀t, ⌣⌣] 〖← AB-³+WATT〗 *n.* 《物理》絶対ワット, アブワット《電力の cgs 電磁単位; =10^{-7} watt》.

a·by [əbáɪ] 〖lateOE *ābyġ-* ← *ābyċġan* ← A-²+*byċġan* 'to BUY'〗 ―― *v.* (**a·bought** [əbɔ́ːt]) ―― *vt.* 《古》償う, あがなう (redeem) (cf. abide 4): You shall dearly ～ it. あとのたたりが恐ろしいぞ. ―― *vi.* 《廃》**1** 持続する, もつ. **2** (罰として)苦難を受ける.

A·by·dos [əbáɪdəs, -dɑs | -dɒs] *n.* アビュドス: **1** エジプト中部, Nile 河畔にあった古都; 今は付近に古代エジプト王の墳墓や寺院などの遺跡をとどめる. **2** 小アジア北西部, Hellespont 海峡の最狭部にあった古都; Leander が対岸 Sestos の Hero に会うため毎夜この海峡を泳いだという伝説の地; ⇨ Hero 2.

a·bye [əbáɪ] *v.* (**a·bought** [əbɔ́ːt]) =aby.

Ab·y·la [ǽbələ | -bɪ-] *n.* アビラ《Jebel Musa の古名》.

a·bysm [əbízm, æb- | əb-] 〖《a1325》 *abi(s)me* □ OF *abisme* (F *abîme*) < VL **abyssimum* (superl.) ← L *abyssus* 'ABYSS'〗 *n.* 《古・詩》=abyss.

a·bys·mal [əbízməl, æb- | əb-] 〖《1817》: ⇨ ↑, -al¹〗 ―― *adj.* **1** 奈落(ならく)の; 深海の; 底知れぬほど深い (unfathomable). **2** 〈貧困など〉底知れぬほどの, 極端な; 《口語》ひどく悪い: ～ poverty, ignorance. **3** 《生態》=abyssal 2. **～·ly** *adv.*

a·byss [əbís, æb- | əb-] 〖《a1398》 *abissus* □ L *abyss-us* 《原義》the profoundest depth □ Gk *ábussos* bottomless ← A-⁷+*bussós* bottom (← IE **gʷādh-* to sink)〗 ―― *n.* **1** 深海, 深淵(しんえん). **2 a** 底知れぬ深い穴. **b** 底知れぬもの; 奥底, 深み (depth): the ～ of time 無限の時, 永遠 / the ～ of despair 絶望のどん底 / an ～ of disgrace [ignominy] 不面目のどん底, 極端な醜態 / the ～*es* of human nature 人間性の奥底. **3** [the ～] (古代の宇宙創造説において, かつては地球をおおっていた)地下の大海; 地獄, 奈落の底 (hell); (天地創造以前の) 混沌(こんとん). **4** 《紋章》盾 (escutcheon) の中央.

a·byss·al [əbísəl, æb-, -sl̩ | əb-] 〖□ LL *abyssāl-us*: ⇨ ↑, -al¹〗 ―― *adj.* **1** =abysmal 1. **2** 《生態》(300 尋(ひろ)(=540 m) 以上の)深海(性)の, 深海にすむ: the ～ fauna 深海動物相.

abýssal róck *n.* 《岩石》深成岩 (⇨ plutonic rock).

abýssal zóne *n.* [the ～] 《生態》深海底帯《水深 3,000–7,000 m の部分》.

Ab·ys·sin·i·a [æ̀bəsíniə, -njə | æ̀bɪsínjə, -bəs-, -nɪə] *n.* アビシニア《Ethiopia の別名》.

Ab·ys·sin·i·an [æ̀bəsíniən, -njən | æ̀bɪsínjən, -bə-, -nɪən] 〖⇨ ↑, -an¹〗 ―― *adj.* アビシニア(人, 語)の. ―― *n.* **1** アビシニア人; アビシニア語. **2** =Abyssinian cat.

Abyssínian banána *n.* 《植物》アビシニアバショウ (*Musa ensete*) 《果実はバナナに似るが食用にならない》.

Abyssínian cát *n.* アビシニアネコ《小型・短毛で毛色に特徴があるアフリカ産イエネコ》.

Abyssínian Chúrch *n.* [the ～] 《キリスト教》アビシニア教会 (⇨ Ethiopian Church).

Abyssínian góld *n.* =talmi gold.

Ac 《略》《気象》altocumulus.

Ac 《記号》《化学》actinium.

AC, A.C. 《略》air command; air commodore; air corps; aircraftman; Alpine Club; ambulance corps; analogue computer; *L.* annō Christī キリスト生誕…(年) (in the year of Christ); annual conference; appeal case; appeal court; 《米》area code; army corps; artillery college; assistant commissioner; athletic club; Atlantic Charter. 「(cf. DC).

AC, A.C., a.c., a-c 《略》《電気》alternating current

A/C 《略》aircraft; aircraftman.

A/C, a/c 《略》《会計》account; account current.

a.c. 《略》*L.* annō currente (=in the current year); *F.* année courante (=current year); 《処法》*L.* ante cibum 食前(服用) (before meals).

ac- [æk, ək, ɪk | æk, ək] *pref.* **1** (c, q, k の前に来る時の) ad- の異形: *ac*cede, *ac*cuse, *ac*quiesce. **2** (種々の起源による) a- の誤用形: *ac*knowledge.

-ac [æk, ək] 〖□ F *-aque* ∥ L *-ac-us* □ Gk *-akós*〗 ―― *suf.* **1** [形容詞語尾]「…性の, …的な, …に関する」の意: elegi*ac*, ili*ac*. **2** [名詞語尾]: aphrodisi*ac*, mani*ac*. ★ 名詞語尾 -ac に対応する形容詞形に -acal (aphrodisi*acal*, mani*acal*) があるが, 現在は -acal よりも名詞と同形の -ac の方を一般に用いる傾向がある.

A.C.A. 《略》《電気》adjacent channel attenuation 隣接チャネル減衰; 《英》《会計》Associate of the Institute of Chartered Accountants (of England and Wales).

a·ca·cia [əkéɪʃə | -ʃə, -sjə] 〖《a1398》□ L ～ □ Gk *akakía* the Egyptian tamarisk ← ? Egypt.: cf. Gk *akḗ* point〗 ―― *n.* **1** 《植物》アカシア《マメ科アカシア属 (*Acacia*) の樹木の総称; ハリアカシア (*A. armata*), ソウシジュ (*A. confusa*) など》. **2** 《植物》ニセアカシア (false acacia). **3** アラビアゴム (gum arabic).

acad. 《略》academic; academy.

Acad. 《略》Academician; Academy.

ac·a·deme [ǽkədiːm, ⌣⌣⌣] 〖□ L *Acadēmia* 'ACADEMY'〗 ―― *n.* **1** [A-] (古代アテネの Plato の)アカデメイア学園 (cf. academy 3). **2** [時に A-] 《詩》**a** 学園, (特に)大学. **b** 学園[大学]の環境[雰囲気]; 大学[学究]生活; 学界. **3** 学究 (academic); (特に)衒学(げんがく)者 (pedant). 「*Regained* 4. 244).

the grove(s) of Academe =*n.* 2 (cf. Milton, *Paradise*

a·cad·e·mese [əkæ̀dəmíːz, -míːs | -míːz] 〖← ACADEM(IC)+-ESE〗 *n.* (堅苦しい)学者流の[独特の]文体.

a·ca·de·mi·a [æ̀kədíːmiə | -mjə, -mɪə] 〖← NL ～ (↓)〗 *n.* 学園[大学]の環境[生活].

ac·a·dem·ic [æ̀kədémɪk] 〖《1586》□ (O)F *académique* ∥ ML *acadēmic-us* ← *acadēmīa* 'ACADEMY'〗 ―― *adj.* **1** 学園の, 学院の, (特に)大学の; 高等教育の: an ～ aptitude test 進学適性検査 / ～ circles 学界 / an ～ curriculum 大学課程 / an ～ degree 学位 / ～ ranks 《米》大学教師の資格《普通 instructor, assistant professor, associate professor, professor の四つ》/ an ～ gown 大学式服のガウン. **2 a** 学問(的)の; 学究的な, 学者的な (scholarly): ～ life 学究生活 / an ～ bent of mind 学究的な性向, 学究肌. **b** 学者ぶった, 偏狭な. **3** (純)理論的な, 空理空論(的)の, 非実際的な; 迂遠な: an ～ discussion, question, etc. **4** 〈芸術家や作品など〉伝統にとらわれた, 型にはまった, 保守的な, 形式偏重の: ～ art, verses, etc. **5** 《米》《教育》人文科の, 一般教養の《人文科学・純粋数学などで応用科学や職業教育以外の学問についていう》: an ～ course. **6** 学校(特に, 大学)教育による[で得た]. **7** 《哲学》[A-] アカデメイア学派[プラトン学派]の; 懐疑的な. ―― *n.* **1** [*pl.*] 空理空論, 形式にとらわれた議論. **2** 大学人; 学者, 学究(肌の人). **3** [*pl.*] =academical.

àc·a·dém·i·cal [-mɪkəl, -mə- | -mɪ-] 〖⇨ ↑, -al¹〗 ―― *adj.* =academic; (特に)学園の, 学院の, 大学の: an ～ clique 学閥. ―― *n.* [*pl.*] 大学の式服 (cap and gown): in full ～*s* 大学の正装で.

àc·a·dém·i·cal·ly 〖《1591》〗 *adv.* 学究的に; 学者ぶって; 空論的に, 非実際的に; 形式主義的に.

académic cóstume [dréss] *n.* (大学などの)学校の礼服[式服].

académic fréedom 〖《なぞり》← G *akademische Freiheit*〗 *n.* (大学における)学問の自由.

ac·a·de·mi·cian [æ̀kədəmíʃən, -dɪ-, -de-, əkæ̀də- | əkæ̀dəmíʃən, -dem-, -dɪm-] 〖《1749》□ F *académicien*: ⇨ academy, -ician〗 ―― *n.* **1** 学士院会員; 芸術[美術]院会員; 学会員; (芸術)団体員. **2** [A-] Royal Academy または French Academy の会員; ソ連の科学学院 (Academy of Sciences) の会員. **3** (学術・芸術の)伝統主義者.

àc·a·dém·i·cìsm [-məsìzm | -mɪ-] *n.* **1** 学士院[翰林(かんりん)院]風; 伝統[保守]主義 (conventionalism). **2** 《哲学》アカデメイア派[プラトン派]哲学.

acadèmic yéar *n.* 学年《欧米では 9 月に始まり翌年の 6 月に終わるのが普通; school year ともいう》.

A·ca·dé·mie fran·çaise [ɑ̀ːkədeɪmíː-frɑ̃ː(n)séɪz, -frɔ̃ː(n)-, -frɑːn-, -frɔ(ː)n- | -séz; *F.* akademifrɑ̃sɛːz] *n.* [the ～] =French Academy.

a·cád·e·mìsm [-mìzm] *n.* =academicism.

a·cad·e·my [əkǽdəmi | -mɪ] 〖《1474》□ (O)F *académie* ∥ L *acadēmīa* □ Gk *akadḗmeia* the Academy ← *Akádēmos* (古代ギリシャの神人の名: Plato 学園の名称はこれにちなむ)〗 ―― *n.* **1 a** 学園, 学院, 学校, 専門学校, 大学(校) (school) 《通例 university より下級で, 特殊の技術を授ける》: an ～ of music=a music ～ 音楽学校, 音楽院 / a naval ～ 海軍兵学校 / a riding ～ =riding school / ⇨ military academy 1. **b** (私立)中等学校 (secondary school); 《米》ハイスクール; 《スコット》=grammar school 1: ⇨ military academy 2. **c** 高等教育機関, 大学 (university, college). **2 a** 学士院, 芸術[美術]院, 翰林(かんりん)院, アカデミー; 学会; (芸術家の)協会, 団体. **b** [the A-] アカデミーフランセーズ (⇨ French Academy); (英国の)王立美術院 (⇨ Royal Academy); 王立美術院展覧会《年 1 回》. **c** 既成体制. **3** [the A-] 《哲学》**a** アカデメイア学園《Plato が門弟に哲学を説いた学園でギリシャ Athens の郊外にあった》; アカデメイア学派《プラトン学派の別名; cf. garden 6, Lyceum 2, porch 3》. **b** アカデメイア[プラトン]哲学.

Acádemy awárd *n.* アカデミー賞《映画芸術科学アカデミー (AMPAS) が毎年最優秀映画および映画関係者に与える賞; cf. Oscar² 1 a》.

acádemy bòard *n.* 《絵画》(カンバス地のような下塗を施した油絵用)厚紙カンバス, カンバスボード.

acádemy fìgure *n.* 《美術》(教授または練習用の)裸体画《通例半等身大》.

A·ca·di·a [əkéɪdiə | -djə, -dɪə] 〖□ F *Acadie* ← ? *acadie* fertile land〗 ―― *n.* カナダ南東部, Nova Scotia 州および New Brunswick 州の一部を含む地方で, 昔のフランスの植民地 (1604–1713); 1713 年英国に割譲.

A·ca·di·an [əkéɪdiən | -djən, -dɪən] 〖《1790》: ⇨ ↑, -an¹: cf. Cajun〗 ―― *adj.* **1** アカディア (Acadia) の; アカディア(地方)人の. **2** ノバスコシア(Nova Scotia) 州の; ノバスコシア州人の. **3** 《地質》アカディア造山期の. ―― *n.* **1** アカディア人. **2 a** (旧フランス植民地 Acadia から移され今の米国 Louisiana 州に住んだ)アカディア人; Louisiana 州のアカディア人; Louisiana 地方に住むアカディア人の子孫. **b** アカディア語《Louisiana 州のアカディア人のフランス語方言》. **3** ノバスコシア州人.

Acádia Nátional Párk *n.* アケーディア国立公園《米国 Maine 州南部, Mount Desert 島にあり, みかげ石で有名, 1919 年指定; 面積 169 km²》.

ac·a·jou [ǽkəʒùː, -dʒùː | -ʒùː; *F.* akaʒu] 〖□ F ～ □ Port. *acajú*: cf. cashew〗 *n.* **1 a** =cashew 1. **b** =cashew nut. **2** =mahogany.

-a·cal [əkəl] 〖⇨ -ac, -al¹〗 *suf.* -ac に終わる名詞[形容詞]に対応する形容詞語尾 (⇨ -ac ★): demoni*acal*.

a·cal·cu·li·a [èɪkælkjúːliə | -lɪə, -ljə] 〖← NL ～: ⇨ a-⁷, calculate, -ia¹〗 *n.* 《精神医学》失算(症), 計算不能症.

ac·a·leph [ǽkəlèf] 〖← NL *akalēpha* ← Gk *akalḗphē* nettle〗 *n.* (*also* **ac·a·lephe** [-lìːf]) 《動物》真正クラゲ.

ac·a·na·ceous [æ̀kənéɪʃəs] 〖← L *acanos* a kind of thistle □ Gk *ákanos* ← *akḗ* sharp point (cf. acacia): ⇨ -aceous〗 *adj.* 《生物》刺(とげ)のある. 「異形.

a·can·th- [əkǽnθ] (母音の前に来る時の) acantho- の

a·can·tha [əkǽnθə] 〖← NL ～ ← Gk *ákantha* thorn ← *akḗ* sharp point: cf. acute〗 *n.* 《生物》刺(とげ)(thorn).

Ac·an·tha·ce·ae [æ̀kənθéɪsiìː, əkæ̀n-] 〖← NL ～: ⇨ acanthus, -aceae〗 *n. pl.* 《植物》(ヒルガオ目)キツネノマゴ科. **àc·an·thá·ceous** [-ʃəs] *adj.*

ac·an·thas·ter [æ̀kənθǽstə | -tə(r] 〖← NL *Acanthaster planci* (種名: ⇨ acantho-, -aster²)〗 ―― *n.* 《動物》オニヒトデ科 *Acanthaster* 属のヒトデの総称《オニヒトデ (crown of thorns) など》.

acanthi *n.* acanthus の複数形.

a·can·thine [əkǽnθɪn, -θən, -θaɪn | -θaɪn] 〖← L *acanth(inus)* (⇨ acanthus) + -INE¹〗 ―― *adj.* **1** 《植物》ハアザミ[アカンサス] (acanthus) の[に似た]. **2** 《建築》アカンサス葉形に装飾した.

A·can·thi·sit·ti·dae [əkæ̀nθəsítədìː | -θɪsítɪ-] 〖← NL ～ ← *Acanthisitta* (属名: ← GK *akanthís* goldfinch, linnet + NL *sitta* (← Gk *síttē* nuthatch)) + -IDAE〗 ―― *n. pl.* 《鳥類》=Xenicidae.

a·can·thite [əkǽnθaɪt, ǽkənθàɪt] 〖⇨ ↓, -ite¹〗 *n.* 《鉱物》硫銀鉱 (Ag_2S) 《低温で斜方晶系に結晶する銀と硫黄の化合物; cf. argentite》.

a·can·tho- [əkǽnθoʊ, -θə | -θə(ʊ)] 〖□ Gk *ákantho-* ← *ákantha* thorn〗 ―― 《生物》「刺(とげ)(thorn), 刺のある (thorny)」の意の連結形. ★ 母音の前では通例 acanth- になる. 「のある実がなる.

acàntho·cárpous 〖⇨ ↑, -carpous〗 *adj.* 《植物》刺(とげ)

A·can·tho·ceph·a·la [əkæ̀nθəséfələ | -θə(ʊ)-] 〖←

NL ～: ⇨ acantho-, cephalo-, -a²〗 *n. pl.* 〘動物〙鉤頭虫(こうとうちゅう)綱《脊椎動物に寄生する》.

a·can·tho·ceph·a·lan [əkæ̀nθo(ʊ)séfələn, -θə- | -θə(ʊ)kéf-, -séf-] *adj., n.* 〘動物〙鉤頭虫綱の(動物).

a·can·tho·ceph·a·lid [əkæ̀nθəséfəlɪd, -ləd | -θə(ʊ)-kéfəlɪd, -séf-] *adj., n.* 〘動物〙＝acanthocephalan.

ac·an·thoc·la·dous [æ̀kənθɑ́kləd əs | -θɔ́k-] 〘← ACANTHO-＋CLADO-＋-OUS〙 *adj.* 〘植物〙刺(とげ)のある茎[枝]がついた.

ac·an·tho·di·an [æ̀kənθóʊdiən | -θə́ʊdɪən, -djən] 〘← ACANTHO-＋-ODE¹＋-IAN〙 (*also* **ac·an·tho·de·an** [～]) 〘魚類〙 ── *adj.* アカンソージース綱の. ── *n.* アカンソージース綱の魚(の化石).

Ac·an·tho·di·i [æ̀kənθóʊdiàɪ | -θə́ʊdɪ-] 〘← NL ～ ← *Acanthodes*: ⇨ acantho-, -ode¹〙 *n. pl.* 〘魚類〙アカンソージース綱.

a·can·thoid [əkǽnθɔɪd] 〘← ACANTHO-＋-OID〙 *adj.* 刺(とげ)状の; 刺のある (spiny).

ac·an·thop·te·ran [æ̀kənθɑ́ptərən | -θɔ́p-] 〘⇨ acantho-, -ptera, -an¹〙 *adj., n.* ＝acanthopterygian.

ac·an·thop·te·ryg·i·an [æ̀kənθɑ̀ptərídʒiən | -θɔ̀ptərídʒɪ-] 〘← ACANTHO-＋PTERYGO-＋-IAN¹〙 〘魚類〙 *adj., n.* 棘鰭(きょくき)類の(魚).

Ac·an·thop·te·ryg·i·i [æ̀kənθɑ̀ptərídʒiàɪ | -θɔ̀ptərídʒɪ-] 〘← NL ～ ← ACANTHO-＋-*pterygii* (← Gk *pterúgion* fin)〙 ── *n. pl.* 〘魚類〙棘鰭(きょくき)類《ひれに鋭い棘条のあるスズキなど》.

ac·an·tho·sis [æ̀kənθóʊsɪs, -səs | -θə́ʊsɪs] 〘← ACANTHO-＋-OSIS〙 ── *n.* 〘病理〙表皮肥厚(症), 有棘層肥厚, アカントーシス. **ac·an·thot·ic** [æ̀kənθɑ́tɪk | -θɔ́t-] *adj.*

a·can·thous [əkǽnθəs] 〘← ACANTHUS: ⇨ -ous〙 *adj.* 「刺(とげ)のある.

Ac·an·thu·ri·dae [æ̀kənθ(j)ʊ́(ə)rədiː | -θ(j)ʊ́ərɪ-] 〘← NL ～ ← *Acanthurus* (属名: ⇨ acantho-, -urus)＋-IDAE〙 ── *n. pl.* 〘魚類〙ニザダイ科《Teuthididae ともいう》.

a·can·thus [əkǽnθəs] 〘(1616) ▭ L ～ ▭ Gk *ákanthos* ← *akḗ* sharp point〙 ── *n.* (*pl.* ～·**es**, **a·can·thi** [-θaɪ]) **1** 〘植物〙ハアザミ, アカンサス《地中海地方に産するキツネノマゴ科ハアザミ属(*Acanthus*)の草本の総称; ハアザミ(*A. mollis*)など; その葉は建築装飾に図案化される》. **2** 〘建築〙アカンサス葉飾《コリント式の柱頭などの装飾; acanthus leaf ともいう》.

a ca·pel·la [ɑ̀ːkəpélə; *It.* akapélla] *adj., adv.* 〘音楽〙＝a cappella.

a·cap·ni·a [əkǽpniə, eɪk- | eɪkǽpnɪə] 〘← NL ～ ← Gk *ákapnos* smokeless (← A-⁷＋*kapnós* smoke)＋-IA¹〙 ── *n.* 〘病理〙炭酸欠乏(症)《血液・組織中の炭酸ガスが減少した状態》. **a·cáp·ni·al** [-niəl | -nɪ-] *adj.*

a cap·pel·la [ɑ̀ːkəpélə; *It.* akkappélla] 〘▭ It. ～ 'in chapel style'〙 〘音楽〙 ── *adj., adv.* **1** 〈教会音楽が〉(楽器の)伴奏なしの[で]; 無伴奏体の[で]. **2** 教会音楽の[風に].

a ca·pric·cio [ɑ̀ːkəpríːtʃoʊ, -prítʃ-, -tʃiòʊ | -prítʃəʊ; *It.* akaprítt∫o] 〘▭ It. ～ 'capriciously'〙 *adv.* 〘音楽〙(テンポなどの表現は)演奏家の随意に.

A·ca·pul·co [ɑ̀ːkəpúːlkoʊ, æ̀k-, -púl- | -kəʊ; *Am. Sp.* àkapúlko] *n.* アカプルコ《メキシコ南西部の海港, 観光地; 人口 403,000; 正式名 Acapulco de Juaréz [xwáres]》. 「*acaroid.*

ac·ar- [ǽkər] (母音の前に来る時の) acaro- の異形:

a·car·di·a [eɪkɑ́ːdiə | -kɑ́ːdɪə, -djə] 〘← A-⁷＋-CARDIA〙 *n.* 〘病理〙無心症.

a·car·di·ac [eɪkɑ́ːdiæ̀k | -kɑ́ːdɪ-] 〘← A-⁷＋CARDIAC〙 *adj.* 〘生理〙心臓をもたない.

acari *n.* acarus の複数形. 「*cide.*

ac·a·ri- [ǽkərɪ, -rə | -rɪ] acaro- の異形(⇨ -i-): *acari-*

a·car·i·an [əkɛ́(ə)riən | əkɛ́ərɪ-] 〘← NL *Acari* (← Gk *ákari* (↓))＋-AN¹〙 ── *adj.* **1** 〘動物〙ダニ目の. **2** ダニの[によって起こる]. ── *n.* 〘動物〙ダニ《ダニ目の動物の総称》.

ac·a·ri·a·sis [æ̀kəráɪəsɪs, -səs | -sɪs] 〘← Gk *ákari* 'mite, ACARUS'＋-IASIS〙 *n.* (*pl.* **-a·ses** [-sìːz]) 〘病理〙ダニ症.

a·car·i·cide [əkǽrəsàɪd | -rɪ-] 〘← ACAR(US)＋-I-＋-CIDE〙 *n.* ダニ駆除剤. **a·car·i·cid·al** [əkæ̀rəsáɪdl̩ | -rɪ-] *adj.*

ac·a·rid [ǽkərəd, -rɪd | -rɪd] 〘← ACARO-＋-ID²〙 *adj., n.* 〘動物〙コナダニ科の(ダニ).

A·car·i·dae [əkǽrədiː | -rɪ-] 〘← NL ～ ← *Acarus* (属名: ⇨ acarus)＋-IDAE〙 *n. pl.* 〘動物〙コナダニ科.

a·car·i·dan [əkǽrədn̩, -dən | -rɪ-] *adj., n.* 〘動物〙＝acarian; (特に)＝acarid.

Ac·a·ri·na [æ̀kəráɪnə, -ríː-] 〘← NL ～: ⇨ acaro-, -ina¹〙 *n. pl.* 〘動物〙ダニ目. 「＝acarian.

ac·a·rine [ǽkəràɪn, -rìːn] 〘⇨ ↓, -ine³〙 *adj., n.* 〘動物〙

ac·a·ro- [ǽkəro(ʊ) | -rə(ʊ)] 〘← NL ～: ⇨ acarus〙 「ダニ (mite)」の意の連結形: *acarophobia.* ★時に acari-, また母音の前では通例 acar- になる.

ac·a·roid [ǽkərɔ̀ɪd] 〘⇨ ↑, -oid〙 *adj.* ダニのような.

ácaroid résin [gúm] *n.* 〘化学〙アカロイド樹脂《天然樹脂の一種; 一種のイグサから得られ, オーストラリア産; accroides, accroides resin [gum] ともいう; cf. grass tree 1》.

ac·a·rol·o·gy [æ̀kərɑ́lədʒi | -rɔ́lədʒɪ] 〘← ACARO-＋-LOGY〙 *n.* ダニ類学. **àc·a·ról·o·gist** [-dʒɪst, -dʒəst | -dʒɪst] *n.*

ac·a·ro·pho·bi·a [æ̀kərəfóʊbiə | -rə(ʊ)fə́ʊbjə, -bɪə] 〘← ACARO-＋-PHOBIA〙 *n.* 〘精神医学〙ダニ恐怖症.

a·car·pel·ous [eɪkɑ́əpələs | -kɑ́ː-] 〘← A-⁷＋CARPEL＋-OUS〙 *adj.* (*also* **a·car·pel·lous** [～]) 〘植物〙心皮のない.

a·car·pous [eɪkɑ́əpəs | -kɑ́ː-] 〘← Gk *ákarpos* unfruitful (← A-⁷＋*kárpos* fruit)＋-OUS〙 *adj.* 〘植物〙実を生じない, 結実しない.

ac·a·rus [ǽkərəs] 〘(1658) ← NL ～ ← Gk *ákari* mite ← *akarḗs* minute ← A-⁷＋*keírein* to cut〙 ── *n.* (*pl.* **ac·a·ri** [-ràɪ, -riː]) 〘動物〙ダニ; (特に)コナダニ《コナダニ属 (*Acarus*) のダニの総称; *A. siro* など》.

a·cat·a·lec·tic [eɪkæ̀təléktɪk, -tl̩- | æ̀kætəl-, ək-] 〘(1589) ▭ LL *acatalēctic-us* ▭ Gk *akatalēktós* incomplete: ⇨ a-⁷, catalectic〙 〘詩学〙 ── *adj.* 〈詩行末が〉完全な (cf. catalectic). ── *n.* 完全詩行, 行末完全詩脚.

a·cat·a·lep·sy [eɪkǽtəlèpsi, -tl̩- | ækǽtəlèpsɪ, ək-] 〘▭ ML *acatalēpsia* ▭ Gk *akatalēpsía*: ⇨ a-⁷, catalepsy〙 *n.* 〘哲学〙(古代懐疑主義の)不可知論; 不可知性.

a·cat·a·lep·tic [eɪkæ̀təléptɪk, -tl̩- | æ̀kæ̀tәl-, ək-] 〘▭ L *acatalēptic-us* ← Gk *akatalēptós* incomprehensible: ⇨ -ic¹〙 *adj.* 〘哲学〙不可知論の.

a·cat·a·lex·is [eɪkæ̀təléksɪs, -tl̩-, -səs | -téləksɪs] 〘▭ LL ～: ⇨ a-⁷, catalexis〙 *n.* (*pl.* **-lex·es** [-siːz]) 〘詩学〙行末詩脚完全. 「のない, 無尾の.

a·cau·dal [eɪkɔ́ːdl̩] 〘← A-⁷＋CAUDAL〙 *adj.* 〘動物〙尾

a·cau·date [eɪkɔ́ːdeɪt] *adj.* 〘動物〙＝acaudal.

a·cau·les·cent [èɪkɔːlésn̩t] 〘← A-⁷＋CAULESCENT〙 *adj.* 〘植物〙茎のない, 茎の見えない, 茎がごく短い (cf. caulescent). **a·cau·les·cence** [èɪkɔːlésns] *n.*

a·cau·line [eɪkɔ́ːlaɪn] *adj.* 〘植物〙＝acaulescent.

acc. 《略》accelerate; acceleration; accent; accept; acceptance; accepted; accompanied; accompaniment; accordant; according; accountant; accusative.

Ac·cad [ǽkæd, ɑ́ːkɑːd | ǽkæd] *n.* ＝Akkad. ── [ǽkæd] *adj.* ＝Akkad.

Ac·ca·di·an [əkéɪdiən, æk-, ɑːk-, -kɑ́ːd- | əkéɪdjən, -dɪən] *adj., n.* ＝Akkadian.

ac·cede [æksíːd, ək-, ɪk- | æk-, ək-] 〘(*?a*1425) ▭ L *accēdere* to come over (to) ← *ac-* 'AD-'＋*cēdere* to go, yield (⇨ cede)〙 ── *vi.* **1** 〔申し出・要求・主張などに〕同意する, 応じる (agree) 〔*to*〕: ～ *to* a proposal, demand, etc. **2 a** 〔王位・官職などに〕つく〔*to*〕: ～ *to* an office, estate, etc. / ～ *to* the throne 王位につく / ～ *to* power 権力[政権]を握る. **b** 即位する. **3** 〔党などに〕加入[加盟, 参加]する; 〔ある国に〕帰属する〔*to*〕: ～ *to* a party. **4** 〔国際条約・協定などを〕正式に承認する, (承認して)〔…に〕加盟する〔*to*〕. **5** 《古》接近する (approach)〔*to*〕. ── *vt.* [p.p. 形で]〈官職などを〉〔人に〕授ける, 与える (award)〔*to*〕. **ac·céd·er** *n.*

ac·ce·dence [æksíːdn̩s, ək-, ɪk-, -dəns | æk-, ək-] 〘▭ F *accédence*: ⇨ ↑, -ence〙 *n.* **1** 同意, 応諾〔*to*〕. **2** 就任; 即位; 〔条約などへの〕加盟, 加入〔*to*〕.

accel. 《略》〘音楽〙accelerando.

ac·cel·er·a·ble [ɪksélərəbl̩, æk-, ək- | ək-, æk-] 〘← ACCELERATE＋-ABLE〙 *adj.* 加速[促進]できる.

ac·ce·le·ran·do [ɑːtʃèlərǽndoʊ, -rɑ́ːn-, æksèlərɑ́ːndoʊ | æksèlərǽndəʊ, ək-, ətʃèl-; *It.* attʃelerándo] 〘▭ It. ～ (pres.p.) ← *accelerāre* 'to ACCELERATE'〙 〘音楽〙 ── *adj., adv.* 漸次急速の[に] (gradually faster). ── *n.* (*pl.* ～**s**, **-di** [-diː; *It.* -di]) 漸次速奏音[楽節].

ac·cel·er·ant [ɪksélərənt, æk-, ək- | ək-, æk-] 〘⇨ ↓, -ant〙 *n.* **1** 〘化学〙促進剤, 触媒 (catalyst). **2** 《米》〘教育〙飛躍[特別]進級者.

ac·cel·er·ate [ɪksélərèɪt, æk-, ək- | ək-, æk-] 〘(1525–30) ← L *accelerāt-us* (p.p.) ← *accelerāre* to hasten ← *ac-* 'AD-'＋*celerāre* to hasten (← *celer* swift: ⇨ celerity)〙 ── *vt.* **1 a** (…の速力を)早める, 加速する (↔ decelerate): ～ a car, motor, etc. **b** 促進する (hasten) (↔ retard): ～ (the pace of) economic recovery 経済回復(のテンポ)を促進する. **2** 〈事〉の時期を早める: ～ one's departure. **3** 〘物理〙加速する《運動速度を増加させる》. **4** 《米》〘教育〙〈生徒を〉飛躍[特別]進級させる; (正規の時間を削減して)〈教科〉の進度を早める. ── *vi.* **1** 加速する, 速力が加わる[増す], 速くなる. **2** 促進する. **3** 《米》〘教育〙**a** 飛躍[特別]進級させる; 進度を早める. **b** 〈生徒が〉(卒業などに)必要な条件を早めに満たす.

ac·cél·er·àt·ed [-tɪd, -təd | -tɪd, -təd] *adj.* 速力の加わった, 加速された; 促進された. **～·ly** *adv.*

accélerated depreciátion *n.* 〘会計〙加速償却《固定資産の耐用期間の初期に, 通常の償却よりも多額の償却を行なって, 物価水準の上昇に応じた取得原価の費用化を図る逓減的償却方法の一種》.

accélerated mótion *n.* 〘物理〙加速運動, 加速度運動: uniformly ～ 等加速運動.

ac·cél·er·at·ing eléctrode [-tɪŋ- | -tɪŋ-] *n.* 〘電気〙加速電極《電子や荷電粒子を加速するための電界を加える電極》.

ac·cel·er·a·tion [ɪksèləréɪʃən, æk-, ək- | ək-, æk-] 〘(1531) ▭ L *accelerātiō(n-)* ← *accelerāre* 'to ACCELERATE': ⇨ -ation〙 ── *n.* **1 a** 加速 (↔ deceleration). **b** 促進. **2** 〘物理〙加速度; 加速: ⇨ negative acceleration, positive acceleration / uniform [variable] ～ 等[不等]加速度. **3** 〘天文〙加速. **4** 〘生物〙促進《祖先の成体期の形質が子孫の幼生期に現われる現象; cf. abbreviation 4》. **5** 〘経済〙加速度《いったん需要の増加が起こると次々に新たな財への需要へと波及して景気が加速的に上昇すること》. **6** 《米》〘教育〙飛躍進級, 特別進級; (時間削減による)進度促進.

acceleration of gravity 〘物理〙重力加速度, 重力加速《約 980 cm 毎秒毎秒》.

acceleration of the (fixed) stars 〘天文〙恒星加速《太陽に対する恒星の一日の進み》.

acceleration of the moon 〘天文〙月の加速《月の平均運動の速度の増加》.

acceleration of the planets 〘天文〙惑星加速《遠日点から近日点に向かう時の遊星の速度の増加》.

acceleration of the tides 〘海洋〙潮汐(ちょうせき)加速《潮汐による各地の改正時》.

accelerátion coefficient *n.* 〘経済〙加速度係数《実物資本と国民総生産との比率; coefficient of acceleration ともいう; cf. accelerator 7》. 「trode.

accelerátion eléctrode *n.* ＝accelerating elec-

accelerátion làne *n.* (高速道路の)加速車線 (cf. deceleration lane).

accelerátion prìnciple *n.* 〘経済〙加速度原理.

accelerátion-stòp distance *n.* 〘航空〙加速停止距離《離陸滑走中最も不利な位置で1基のエンジンが停止した時に離陸続行または停止に必要な滑走路長》.

accelerátion vóltage *n.* 〘電気〙加速電圧《電子や荷電粒子を加速するためにかける電圧》.

ac·cel·er·a·tive [ɪksélərèɪtɪv, æk-, ək-, -rət- | əksélərət-, æk-, -rèɪt-] *adj.* 加速的な, 加速性の; 促進的な.

ac·cél·er·à·tor [-tə | -tə(r)] 〘(1611)〙 ── *n.* **1** 加速する人[物]. **2** (自動車などの)加速装置, アクセル: an ～ pedal アクセル(ペダル) / step on [release] the ～ アクセルを踏む[放す]. **3** 《英》小型郵便車. **4** 〘医学〙促進因子[物質]; 促進神経; 加速装置. **5** 〘化学〙作用を促進させるための添加物[溶剤など]: **a** (現像・化学変化・ゴム硫化などの)促進剤. **b** (プラスチック製造過程における樹脂硬化の)促進剤[装置]. **c** (セメントなどの)急結剤. **6** 〘物理〙(電子・陽子などの荷電粒子に大きい運動エネルギーを与える)加速装置, 加速器《atom smasher, particle accelerator ともいう; cf. cyclotron, synchrotron》: ⇨ linear accelerator. **7** 〘経済〙加速度因子 (cf. acceleration coefficient). **8** 〘建築〙(温水暖房の)温水循環ポンプ.

accélerator glòbulin *n.* 〘生化学〙促進グロブリン《プロトロンビンからトロンビン形成個体を促進する血液凝固因子の一つ; proaccelerin, ac-globulin ともいう》.

ac·cel·er·o·graph [ɪksélərəgræ̀f, æk-, ək- | əksélərəgrɑ̀ːf, æk-, -græ̀f] 〘← ACCELER(ATION)＋-O-＋-GRAPH: cf. F *accélérographe*〙 ── *n.* 加速度計《地震運動などの加速度を記録する計器》.

ac·cel·er·om·e·ter [ɪksèlərɑ́mətə, æk-, ək- | əksèlərɔ́mɪtə(r, æk-, -mə-] 〘← ACCELER(ATION)＋-O-＋-METER¹: cf. F *accéléromètre*〙 *n.* 加速度計.

ac·cent 〘n.: (*a*1393) ▭ (O)F ～ ∥ L *accent-um* accentuation, tone ← (*ac-* 'AD-'＋*cantus* tone, melody) (なぞり) ← Gk *prosōidía* (原義) song added to (speech) (⇨ prosody). ── v.: (1530) ▭ F *accent-er*〙 ── [ǽksent | -sənt, -snt, -sent] *n.* **1** 〘音声・文法〙アクセント《語中のある音節または文中のある語を強勢 (stress), 音調 (pitch), 音の長さなどによって目立たせること; cf. word stress, sentence stress》: ⇨ primary accent, secondary accent, stress accent, pitch accent / Where is the ～ [Where does the ～ fall] *in* "Canadian"?—It is [falls] *on* the second syllable. Canadian という語のアクセントはどこにあるか—第2音節にある. **2** 〘音声〙アクセント記号, アクセント符 (accent mark): ⇨ acute accent, grave accent, circumflex accent. **3 a** 〘詩学〙(詩行中に規則的に起こる)強勢, 強音 (ictus); 強音符号, 揚音符号《通例 ′ または ⏑́》. **b** 〘音楽〙強勢, リズムの規則的な強勢; 強勢符号. **4 a** 口調, (言葉の)調子: a good French ～ / a refined ～. **b** (地方)なまり: a broad Scotch ～ 丸出しのスコットランド弁 / without (an) ～ なまりなしで, なまりのない / He speaks English with a foreign ～. 外国なまりの英語を話す. **c** [通例 *pl.*] (特徴のある)語調, 口調, 語気. **5** [*pl.*] 言葉; 詩句, 音声: the tender ～*s* of love やさしい愛の言葉. **6** (詩・散文の)リズム. **7** (絵画・デザインなどで色彩などによる)強調, アクセント; 目立たせるもの, 目立つ部分: give ～ to... を引き立たせる, ...にアクセントを付ける. **8** 強調, 重点 (emphasis)〔*on*〕: a foreign policy with an ～ *on* cooperation 協調に重きを置く外交政策 / put the ～ *on* education 教育に重点を置く. **9** 特色, 特徴. **10** (数学などの)アクセント符号. ★次の二通りの用法がある: (1) b'＝b prime / b''＝b second / b'''＝b third. (2) 3′ 5″＝3 feet 5 inches / 15′ 23″＝15 minutes 23 seconds. ── [ǽksent, ━ ━́ | æksént, ək-] *vt.* **1** 〘音声〙〈音節・語〉にアクセントを置く: ～ a word *on* the first syllable 語の第一音節にアクセントを置く[第一音節を強める]. **2** 〈音節・語〉にアクセント記号[符]を付ける. **3** 《古》〈言葉・声などを〉発する, 言う. **4** ＝accentuate 1.

ac·cent·ed [ǽksəntɪd, -təd, ━ ━́ ━ | æksént-, ək-] *adj.* 〘音声〙アクセントを受けた, アクセントのある.

áccent·less *adj.* アクセント[強調]のない.

áccent màrk *n.* **1** アクセント記号, アクセント符《音声》. **2** 〘音楽〙強勢符号 (cf. accent 3 b).

ac·cen·tor [æksέntə, ━ ━ ━ | æksέntə(r, ək-] 〘(1825) ← NL ～ ← ML: ⇨ accent, -or²〙 ── *n.* 〘鳥類〙イワヒバリ属 (*Prunella*) の鳥類の総称; (特に)ヨーロッパカヤクグリ (hedge sparrow).

ac·cen·tu·al [æksénʧuəl | æksénṭjuəl, ək-, -tjul, -ʧuəl]〘(1610)← L *accentus* accent＋-AL¹〙── *adj.* **1** アクセントの, リズムの. **2**〘詩学〙(英詩などのように)〈詩脚が〉音節のアクセントによる (cf. quantitative 2). **~·ly** *adv.*

accéntual vérse *n.*〘詩学〙強勢[アクセント]詩《母音の長短によらず音の強弱をリズムの基礎とする詩; cf. quantitative verse》.

ac·cen·tu·ate [æksénʧuèɪt, ək-, ɪk- | æksénṭju-, ək-, -ʧu-]〘(1731)← ML *accentuāt-us* (p.p.) ← *accentuāre*: ⇨ accent, -ate³〙── *vt.* **1 a** 目立たせる, 引き立てる, …の効果を強める, …にアクセントを付ける: The pearls ~*ed* her beauty. 真珠のネックレスは彼女の美しさを引き立てた. **b** いっそう悪く[激しく]する: ~ antagonism [a gap] 反目[溝]を強める[深める]. **c** 強調する, 力説する (emphasize). **2** ＝accent 1, 2.

ac·cen·tu·a·tion [æksènʧuéɪʃən, ək-, ɪk- | æksèntju-, ək-, -ʧu-]〘(1818)□ ML *accentuātiō(n-)* chanting: ⇨↑, -ation〙── *n.* **1**〘音声〙**a** アクセントの置き方. **b** アクセント記号[符]. **2** 目立たせること, 引き立てること; 強調, 力説.

ac·cén·tu·à·tor [-ṭə | -tə(r] *n.* **1** 強調者, 力説者; (特徴を)引き立たせるもの, 強調するもの. **2**〘電子工学〙エンファシス回路.

ac·cept [æksépt, ək-, ɪk-, ek- | ək-, æk-]〘(c1380)□ (O)F *accept-er* // L *accept-āre* (freq.) ← *accipere* to take ← *ac-* 'AD-'＋*capere* to take (⇨ captive)〙── *vt.* (↔ reject) **1**〈贈り物などを〉(承知して)受ける, 受け取る, 受け入れる;〈謝辞・祝辞などを〉納める,〈弁解を〉いれる: Please ~ our thanks for your remittance. ご送金下さりありがたくお礼申し上げます. **2**〈招待・申し込み・任命・職などを〉引き受ける, 承諾[受諾]する, …に応じる (↔decline, refuse): ~ an invitation [offer] 招待[申し出]に応じる / ~ a suitor 求婚者に承諾を与える / ~ battle 応戦する. **3**〈事態などを〉我慢する, 甘受する (tolerate): ~ the situation / ~ things as they are 現状に甘んじる / ~ the inevitable やむを得ない事とあきらめる. **4 a**〈陳述・答弁・訂正などを〉認める: ~ an apology / ~ correction (相手の)指摘を認める / I will ~ it *as* true. それを本当としよう. **b**〈宗教・主義などを〉信じる, 容認する: ~ Christianity / the moral code ~*ed* by each generation 各世代に容認される道徳律. **c**〈委員会の答申などを〉受理[採択]する. **d**〈人〉の入会(など)を正式に認める;〈人を〉受け入れる. **e**〘法律〙〈令状などを〉受理する;〈契約の申し込みを〉承諾する: ~ service (of a writ) 令状の送達を受理する. **5**〈語句〉の意味を取る, 解する: How are these words to be ~*ed?* この言葉はどう解釈したらよいか. **6**〘商業〙〈為替手形などを〉引き受ける, 満期時の支払いを約束する (↔ dishonor): ~ a bill of exchange. **7**〈物が〉〈塗布物・挿入物などを〉うまい具合に(受け)入れる. **8**〈雌の動物が〉〈雄〉に承諾のそぶりをする, 応じる. ── *vi.* (招待・申し出などを)受け入れる.

accept of《古》＝*vt.* 1-5.

ac·cept·a·bil·i·ty [æksèpṭəbíləṭi, ək-, ɪk-, ek- | əksèptəbílətɪ, æk-, -lɪ-]〘← LL *acceptābilitāt-em* (↓): ⇨ -ibility〙── *n.* **1** 受容性; (快く)受けられること, 受諾できること, 応諾; 満足. **2**〘言語〙容認可能性.

ac·cept·a·ble [ækséptəbl̩, ək-, ɪk-, ek- | ək-, æk-]〘(?c1378)□ (O)F ~ // L *acceptābil-is* ← *acceptāre* 'to ACCEPT': ⇨ -able〙── *adj.* **1** 受け(入れ)られる, 受諾[承諾]できる. **2 a** 許容[容認]できる: socially ~ acts 社会的に容認される行為. **b** 耐えられる, 我慢できる. **3**〈人・事物が〉意にかなう, 満足な, 結構な, 感じのよい: an ~ present. **4** どうにか合格の; なんとか見られる[聞かれる], まずまずの. **ac·cépt·a·bly** *adv.* **~·ness** *n.*

ac·cep·tance [ækséptəns, ək-, ɪk-, ek-, -tn̩s | ək-, æk-, -tn̩s]〘(1574)□ OF ~ ← *accepter* 'to ACCEPT': ⇨ -ance〙── *n.* **1** 受取り, 受納, 受容. **2** 受諾, 承諾: the ~ *of* an invitation. **3** 容認, 受理, 採択, 採用; 黙許: the ~ *of* a statement [theory] 陳述[理論]の容認[採用] / find ~〈話が〉信じられる, 受け入れられる / find [gain, win] general ~ 一般に容認[賛成]される. **4**《古》えこひいき: without ~ of persons えこひいきしないで, 公平に. **5**〘商業〙(為替手形の)引受け; 引受け済み手形: absolute [clean] ~ 単純引受け / ~ for honor 参加引受け / qualified ~ 条件付き引受け / ⇨ bank acceptance, trade acceptance. **6**《古》＝acceptation 1.

accéptance bànk *n.*〘経済〙手形引受け銀行.

accéptance sàmpling *n.*〘商業〙サンプリング検収《商品の一部を見本的に検査して全部を受理するかしないかを決める手続; cf. sampling inspection》.

ac·cép·tan·cy [-tənsi, -tn̩- | -sɪ] *n.* ＝acceptance.

ac·cep·tant [ækséptənt, ək-, ɪk-, ek-, -tn̩t | əksép-, æk-]〘□ F ~ (pres.p.) ← *accepter* 'to ACCEPT'〙── *adj.* **1**〔…を〕快く[進んで]受け入れる, 快諾する〔*of*〕. **2** ＝acceptive 1.

ac·cep·ta·tion [æ̀kseptéɪʃən]〘(c1395)□ (O)F ~ // LL *acceptātiō(n-)*: ⇨ accept, -ation〙── *n.* **1** (語句の一般に理解されている)普通の意味, 語義: formal ~ 第一義, 意義 / material ~ 字義 / in the common ~ of a word ある語の普通の意味において. **2**《古》＝acceptance 1, 2.

ac·cépt·ed〘(15C)〙── *adj.* **1** 容認された, 一般に認められている, 異論のない: an ~ opinion / the ~ meaning of a word 語の一般に認められた意味. **2**〘商業〙引受け済みの. ★ 手形引受け人が証書の表面に署名と共に通例 Accepted と書く. **~·ly** *adv.*

ac·cépt·er *n.* **1** 受諾者. **2**〘商業〙＝acceptor 1 b.

ac·cept·ive [ækséptɪv, ək-, ɪk-, ek- | ək-, æk-] *adj.* **1** 受容的な;〔…を〕受け入れる[入れやすい] (receptive)〔*of*〕. **2** もっともと思われる, 適切な.

ac·cép·tor〘(c1384)□ L ~ ← *acceptus* ((p.p.) ← *accipere* (⇨ accept)＋-OR²〙── *n.* **1 a** 受諾者. **b**〘商業〙(為替・手形の)引受け人 (cf. drawer 4). **2**〘通信〙通波器《直列共振を行なって電波を受け入れる回路; acceptor circuit ともいう; cf. rejector 2, wave trap》. **3**〘化学〙受体, 受容体《分子中に給体 (donor) からの電子対を受け入れ得る電子構造をもつ分子》. **4**〘電子工学〙アクセプター《p 型半導体で正孔に寄与する不純物》.

refer to acceptor〘銀行〙引受け人に回付されたし《銀行で不渡り手形に R/A または R.A. と略記する》.

ac·cess [ǽkses, æksés, ɪk- | ǽkses]〘(c1300)□ OF *aces* (F *accès*) < L *accessum* approach ← *accēdere* 'to ACCEDE'〙── *n.* **1 a** 近づくこと, 接近, 立入り, 出入り; 面接, 接触, 連絡; (資料などの)入手, 利用〔*to*〕: ~ *to* a place, person, inside information, etc. / easy [difficult] of ~ 近づきやすい[にくい]; 手に入れやすい[にくい] / within easy ~ of …から楽に行ける[交通の便のいい]所に. **b** 接近[出入り, 面接, 入手]の機会[権利, 自由]〔*to*〕: have ~ *to* a person 人に自由に会える / have ~ *to* a library 図書館に出入りができる / How may I gain ~ *to* this library? この図書館を利用するにはどうすればよいですか / A pathway gave ~ *to* the cottage. 細道を通るとその田舎家へ行けた. **2 a** 近づく道, 通路; 入口〔*to*〕: an ~ *to* the school *from* the highway 公道から学校への通路. **b** 交通手段, アクセス〔*to*〕. **c** 接近[入手など]の方法〔*to*〕: the only ~ *to* marine resources 海洋資源獲得の唯一の手段. **3** (病気の突然の)始まり, 発病; (病気・激情の)発作 (fit): an ~ *of* fever, passion, etc. / *in* an ~ *of* fury 発作的に怒り狂って / ~ and recess (病勢などの)進退. **4** ＝accession 3 a. **5**〘神学〙(キリストを通して)神に近づくこと. ★ 主に祈禱文の表題に用いられる語: ~ by faith. ── *vt.* **1** 入手[利用]する. **2**〘電算機〙**a** 記憶装置から〈情報を〉呼出す. **b** 記憶装置に〈情報を〉書込む.

ac·ces·sa·ry [æksés(ə)ri, ək-, ɪk- | əksésərɪ, æk-]〘(1414)□ ML *accessāri-us*: ⇨↑, -ary²〙*n., adj.* ＝accessory.

ac·ces·si·bil·i·ty [æksèsəbíləṭi, ək-, ɪk- | əksèsəbílətɪ, æk-, -sɪ-, -lɪ-] *n.* **1** 近づきやすさ, 接近[出入]できること; 入手可能なこと. **2** 影響を受けやすいこと〔*to*〕.

ac·ces·si·ble [æksésəbl̩, ək-, ɪk- | əksésə-, æk-, -sɪ-]〘(a1400)□ (O)F ~ // L *accessibil-is* ← *accēdere* 'to ACCEDE': ⇨ -ible〙── *adj.* **1**〈場所などが〉〔…にとって〕近づきうる, 入りやすい;〈人が〉近づきやすい;〈物が〉〔…にとって〕手に入りやすい, 入手しやすい;〔…に〕理解できる〔*to*〕: ~ information 得やすい情報 / mountains ~ *to* all だれでも容易に行ける山 / all the data ~ 手に入る限りの資料 / He is ~ *to* all visitors. 来訪者はだれでも彼に面接できる. **2** 容易に受け入れる, 〔…に〕動かされる (open)〔*to*〕: a mind ~ *to* reason 道理に動かされる人. **~·ness** *n.* **ac·cés·si·bly** *adv.*

ac·ces·sion [ækséʃən, ək-, ɪk- | æk-, ək-]〘(1588)□ (O)F ~ // L *accessiō(n-)* a coming to, addition: ⇨ access, -ion〙── *n.* **1**〔ある状態への〕接近, 到達 (coming)〔*to*〕: ~ *to* manhood 成年に達する[した]こと. **2**〔権利・官位・財産などの〕取得, 相続, 継承〔*to*〕; 即位: ~ *to* the throne, an estate, etc. **3 a** (添加による)増加, 増大; 取得物: That is a great ~ *to* the neighborhood. それはその近所にとって大きな利益だ. **b** (図書館の)受入れ図書[資料]〔*to*〕: a list of ~*s to* a library 図書館の新着図書目録. **4**〘法律〙(元物所有者の)天然付加に対する権利(取得), 付合, 添付. **5**〔党派・団体などへの〕加入, 加盟〔*to*〕: ~ *to* a party. **6**〔意見・要求などに対する〕同意 (assent)〔*to*〕. **7**〘国際法〙(国家間の条約・協約などの)公式承認, (承認による)加盟. **8**〘労働〙新規従業員の雇い入れ; 旧従業員の再雇用. **9** ＝access 1 a. **10**《古》(病気・感情の)発作, 激発〔*of*〕. ── *vt.*〘図書館〙〈図書資料を〉受け入れる. **~·al** [-ʃənl, -ʃnəl] *adj.*

accéssion bòok *n.*〘図書館〙図書原簿, 受入れ台帳.

accéssion nùmber *n.*〘図書館〙(図書資料の)受入れ番号.

accéssions règister *n.*《英》〘図書館〙＝accession book.

ac·ces·so·ri·al [æ̀ksɪsɔ́ːriəl, -sə-, -sóːr- | -sɔ́ːrɪ-] *adj.* ＝accessory 1, 2.

ac·ces·so·ri·us [æ̀ksɪsɔ́ːriəs, -sə-, -sóːr- | -sɔ́ːrɪ-]〘← NL *accessōrius*: ⇨ accessory〙── *n.* (*pl.* **-ri·i** [-riàɪ, -riìː | -rɪàɪ, -riìː])〘解剖〙**1** 副筋. **2** ＝accessory nerve.

ac·ces·so·rize [æksésəràɪz, ək-, ɪk- | ək-, æk-] *vt.*〈婦人服・自動車など〉にアクセサリーを付ける. ── *vi.* アクセサリーを(身に)付ける.

ac·ces·so·ry [æksés(ə)ri, ək-, ɪk- | əksésərɪ, æk-]〘(1414)□ ML *accessōri-us* ← L *accessus* (p.p.) ← *accēdere* 'to ACCEDE' (⇨-ory¹ ²): 語源的には ACCESSORY は adj., ACCESSARY は n.〙── *adj.* **1** 補助的な, 付属の, 副の, 付帯的な: an ~ claim〘法律〙付帯要求 / an ~ contract 付帯契約. **2**〘法律〙共犯[従犯]の〔*to*〕: be ~ *to* a crime 犯罪の共犯[従犯]である / be made ~ *to* murder 殺人の共犯[従犯]者とされる. **3**〘地質〙〈鉱物が〉従属的な, 副成分的な: an ~ mineral 従属[副成分]鉱物.

── *n.* **1** 付属物, 付帯物. **2**〔通例 *pl.*〕**a** (自動車の)アクセサリー, 付属品《ラジオ・ヒーター・スポットライトなど》; (家具などの)小物, アクセサリー. **b** アクセサリー, 装身具《靴・手袋・ベルト・宝石など衣服とともに身につけるもの》〔*to*〕. **3**〘法律〙共犯, 従犯 (cf. principal 4 b, accomplice 1): an ~ *to* a crime / an ~ before [after] the fact 事前[事後]共犯[従犯]. **4**〘解剖〙＝accessory nerve. **5**〘測量〙境界標の一部またはそれを定めるのに参照点となる地物《corner accessory ともいう》. **6**〘地質〙従属[副成分]鉱物. **7**〘機械〙補機, 付属機器. **ac·ces·so·ri·ly** [æksés(ə)rəli, ək-, ɪk- | əksésərəlɪ, æk-, -rɪlɪ] *adv.*

accéssory búd *n.*〘植物〙副芽.

accéssory céll *n.*〘植物〙(気孔の)副細胞;〘動物〙補助細胞, 副室.

accéssory chrómosome *n.*〘生物〙副染色体《性染色体一特に昆虫類の X 染色体をいう; cf. sex chromosome》.

accéssory frúit *n.*〘植物〙偽果, 仮果, 擬果《リンゴ・イチゴなどのように子房以外の部分が肥大してできた果実; pseudocarp ともいう》.

accéssory glànd *n.*〘動物〙付属腺.

accéssory nèrve *n.*〘解剖〙副神経《単に accessory ともいう》.

accéssory shòe *n.*〘写真〙アクセサリーシュー《カメラのフラッシュなど付属品を取り付けるための溝付台座; 単に shoe ともいう》.

áccess ròad *n.* **1** 連絡道路. **2** (横から)大通りに通じる道.

áccess tìme *n.*〘電算機〙アクセスタイム, 呼出し時間.

ac·ciac·ca·tu·ra [ɑːʧɑ̀ːkətúː(ə)rə | -túərə; *It.* attʃàkkatúːra]〘□ It. ~ ← *acciaccare* to crush〙── *n.* (*pl.* **~s, -tu·re** [-reɪ; *It.* -re])〘音楽〙短前打音《旧称「砕音」; 装飾音の一種; appoggiatura より短くアクセントがない》.

ac·ci·dence [ǽksədəns, -dn̩s, -dèns | -sɪdəns, -dn̩s]〘(a1393)□ OF *accidens* // L *accidentia* things that befall (a word) (neut.pl.) ← *accidēns* (↓)〙── *n.* **1**〘言語〙**a** 語形論《もと語形変化・活用を論じた部門》. **b** 語形変化, 形態. **2** 初歩, 入門, 手ほどき: an ~ of science 科学入門.

ac·ci·dent [ǽksədənt, -dn̩t, -dènt | -sɪdənt, -sə-, -dn̩t]〘(c1380)□ (O)F ~ // L *accident-em, accidēns* (pres.p.) ← *accidere* to fall, happen ← *ac-* 'AD-'＋*cadere* to fall (⇨ cadence)〙── *n.* **1 a** 偶然[不慮]の出来事, 偶発事件: a mere [pure] ~ 単なる偶然の出来事 / a happy [nasty] ~ 愉快[不快]な出来事 / an ~ of birth 生の偶然, たまたまある境遇に生れついたこと. **b** 偶然 (chance): by ~ 偶然(に), たまたま, ふと (↔ on purpose) / Leave nothing to ~. 何事も偶然に任せるな. **2** 不幸な出来事, 事故, 珍事, 故障, 奇禍, 災難; (不注意などによる)事故: an ~ *to* a person [thing] / a serious ~ 大きな事故 / a fatal ~ 致命的な災難 / a railroad [traffic] ~ 列車[交通]事故 / ⇨ inevitable accident / without ~ 無事に, つつがなく / be killed *in* an ~ 事故で死ぬ, 事故死する / have [meet with] an ~ 事故[奇禍]に遭(ぁ)う / *Accidents* will happen.《諺》故障は起こるもの[免れがたい] / *Accidents* will happen [occur] in the best-regulated families.《諺》どんなに規則正しい[きちんとした]家庭(など)でも事故[不慮の出来事]は起こるものだ. **3** 付帯的な事情[事実], 付随的な性質. **4**《口語》(突然の)便[尿]意, そそう. **5**〘哲学・論理〙偶有性. **6**〘文法〙語の偶有性, (数・性などの)変化. **7**〘地理〙(地表の)起伏, 高低 (cf. accidented).

ac·ci·den·tal [æ̀ksədénṭl̩ | -sɪdéntl̩, -sə-]〘(1386)□ OF ~ (F *accidentel*) // LL *accidentāl-is*: ⇨↑, -al¹〙── *adj.* **1 a** 偶然の; 偶発(的)の, 不慮の, 思いがけない (↔ intentional): an ~ meeting ぱったり出会うこと, 偶然の出会い / an ~ death 不慮の死, 事故死. **b** 過失による, 偶発(的)の: an ~ fire 失火 / ~ war 偶発戦争. **2** 非本質的な (↔ essential); 属性の, 付属的な〔*to*〕: songs ~ *to* a play. **3**〘音楽〙(調号の)臨時変化の: an ~ sharp [flat, natural] 臨時嬰[変, 本位]記号 / ~ notation [notes] (調号の)臨時変化法[臨時(被変化)音符]. **4**〘哲学〙偶有的な (cf. substantial 8). **5**〘絵画〙自然光以外の: ⇨ accidental lights. **6**〘動物〙《鳥が》偶来性の《本来の生育地から偶然にかなり離れた地域に生育している》. ── *n.* **1**〘哲学・論理〙偶有[非本質]的な性質. **2**〔*pl.*〕〘絵画〙＝accidental lights. **3**〘音楽〙臨時記号《楽曲の途中で, 一つの音の高さを一時的に変える記号; 嬰・変・本位記号など》. **~·ness** *n.*

accidéntal cólors *n. pl.*〘物理〙偶生色《ある色を見つめてから急に他所を見るとき生じる幻影的余色》, 補色残像.

accidéntal érror *n.*〘統計〙偶然[偶発]誤差 (random error).

àc·ci·dén·tal·ism [-ṭəlɪzm, -ṭl̩- | -təl-, -tl̩-] *n.* **1** 偶然の結果. **2**〘哲学〙偶然論, 偶発説. **3**〘医学〙偶発説《病因・病理を無視して病状を偶発的な変調と考える説》.

àc·ci·dén·tal·ist [-ṭəlɪst, -ləst, -ṭl̩- | -təlɪst, -tl̩-] *n.* 偶然論者; 偶発論者.

accidéntal líghts *n. pl.*〘絵画〙限定光線《昼光以外の光》.

àc·ci·dén·tal·ly [-tli, -ṭl̩i | -təlɪ, -tl̩ɪ]〘(a1398)〙── *adv.* **1 a** 偶然に(も), 偶発的に, たまたま, ふと (↔ designedly): Columbus discovered America ~. コ

ロンブスは偶然にアメリカを発見した / ～ on purpose わざと偶然を装って. **b** (不注意などにより)誤って, 過失によって: shoot a person ～ 人を誤って撃つ / The gun went off ～. 銃は暴発した. **2** 《古》付帯的に.

áccident bòat *n.* 〘海事〙(必要の際すぐ使用できるように舷外に吊り下げた)緊急用艇, 非常用ボート.

ac·ci·dent·ed [ǽksədɛ̀ntɪd, -ṭəd | -sɪdɛ̀nt-] *adj.* 〘地理〙起伏[高低]のある (uneven) (cf. accident 7).

áccident insùrance *n.* 新種保険《傷害保険など海上・火災保険以外の損害保険をいう》.

ac·ci·dent·ly [ǽksədéntli | -sɪdéntlɪ, -sə-] *adv.* = accidentally.

áccident neuròsis *n.* 〘精神医学〙災害神経症.

áccident-pròne *adj.* 〈人・車など〉(普通より)多くの事故に遭(あ)いがちな[を起こしそうな]. **～·ness** *n.*

ac·cid·i·a [æksídiə | -dɪə] *n.* = acedia¹.

ac·ci·die [ǽksədi | -sɪdɪ] 〘《?*a*1200》◻ OF *accide* ◻ ML *accidia* 《変形》← LL *acēdia*〙 *n.* = acedia¹.

ac·cip·i·ter [æksípəṭə | -pɪtə(r] 〘← NL ～ ← L 'seizer, hawk or bird of prey' ← *accipere* to take to oneself: ⇨ accept〙 — *n.* **1** 〘鳥類〙ワシタカ科ハイタカ属 (*Accipiter*) の鳥類の総称《オオハイタカ (Cooper's hawk), アシボソハイタカ (sharp-shinned hawk), オオタカ (goshawk) などの猛禽(きん)類》. **2** 〘タカの爪に似た尾のあることから〙〘外科〙(一種の)顔面包帯.

ac·cip·i·tral [æksípətrəl | -pɪ-] 〘⇨ ↑, -al¹〙 *adj.* = accipitrine.

Ac·cip·i·tres [æksípətrìːz | -pɪ-] 〘← NL ～ (pl.) ← ACCIPITER〙 *n. pl.* 〘鳥類〙ワシタカ目《Falconiformes ともいう》.

ac·cip·i·trid [æksípətrɪd, -trəd | -pɪtrɪd] 〘← NL ～ (↓)〙 *adj., n.* 〘鳥類〙ワシタカ科の(鳥).

Ac·ci·pit·ri·dae [æksəpítrədìː | -sɪpítrɪ-] 〘← NL ～ ← *Accipitr-, Accipiter* (属名: ⇨ accipiter) + -IDAE〙 *n. pl.* 〘鳥類〙ワシタカ科.

ac·cip·i·trine [æksípətràɪn, -trɪn, -trən | -tràɪn] 〘《1838》◻ F ～: ⇨ accipiter, -ine¹〙 — *adj.* **1** 〘鳥類〙ハイタカ属 (*Accipiter*) の. **2** タカのような; 貪欲な; 眼力の鋭い. — *n.* 〘鳥類〙= accipiter 1.

ac·claim [əkléɪm, æk- | ək-] 〘《1633》← L *acclām-āre* ← *ac-* 'AD-' + *clāmāre* to cry out: cf. claim, clamor¹〙 — *vt.* **1** 歓呼[喝采(かっさい)]して迎える, …に喝采する (applaud); [目的語+(*as*) 補語を伴って] 喝采して…と認める (hail): ～ the victor / The people ～*ed* him (*as*) king. 人民は歓呼して彼を王に迎えた. **2** 〈大勢の人が〉激賞する. **3** 《古》大声で言う. — *vi.* 歓呼[喝采]する. — *n.* 喝采, 歓呼の声; 激賞: with ～. **～·er** *n.*

ac·cla·ma·tion [æ̀kləméɪʃən] 〘《1541》◻ *acclāmātiō(n-)*: ⇨ ↑, -ation〙 — *n.* **1** 大喝采(かっさい); [通例 *pl.*] 歓呼の叫び: an ～ of the multitude / hail *with* ～*(s)* 歓呼して迎える. **2** (喝采や拍手で賛意を示す)発声投票, 発声投票による採決[満場一致]: carry a motion *by* ～ 発声投票で動議を通過させる.

ac·clam·a·to·ry [əklǽmətɔ̀ːri, -tòːri, æk- | əklǽmət(ə)ri] *adj.* 喝采(かっさい)の, 歓呼の; 激賞の.

ac·cli·ma·ta·tion [əklàɪməṭéɪʃən, æk- | ək-] 〘《1859》◻ F ～ ← *acclimater* (↓): ⇨ -ation〙 *n.* 《米》= acclimatization.

ac·cli·mate [ǽkləmət, æk-, -mɪt, ǽkləmèɪt | ǽkləmèɪt] 〘《1792》◻ F *acclimat-er* ← *à* to + *climate* 'CLIMATE'〙 — *v.* 《米》= acclimatize. **ac·cli·mat·a·ble** [əkláɪməṭəbl, æk- | əkláɪmət-] *adj.*

ac·cli·ma·tion [æ̀klaɪméɪʃən, -lə- | -laɪ-] *n.* 《米》= acclimatization.

acclimátion fèver *n.* 〘病理〙(主に熱帯地方で新移住者や家畜のかかる)順化[馴化(じゅんか)]熱.

ac·cli·ma·ti·za·tion [əklàɪməṭɪzéɪʃən, æk-, -tə- | əklàɪmətaɪ-, -tɪ-] 〘《1830》: ⇨ ↓, -ation〙 — *n.* **1** (新しい環境への)順応. **2** 〘生態〙風土順化, 気候順応, 気候順化《新しい気候風土に次第に慣れること》.

ac·cli·ma·tize [əkláɪmətàɪz, æk- | ək-] 〘《1836》← F *acclimater* 'to ACCLIMATE' + -IZE〙 — *vt.* 〈人・動植物を〉〔新しい風土・環境に〕順応[順化]させる, 慣らす〔*to*〕: ～ oneself *to* city life 都会生活に順応する[慣れる] / get ～*d to* the tropical climate 熱帯の気候に慣れる. — *vi.* 順応する〔*to*〕. **ac·clí·ma·tìz·a·ble** [-zəbl] *adj.* **ac·clí·ma·tìz·er** *n.*

ac·cliv·i·tous [əklívəṭəs, æk- | -vɪt-] *adj.* 上り坂の.

ac·cliv·i·ty [əklívəṭi, æk- | -vəti, -vɪ-] 〘◻ L *acclivitāt-em* a rise, ascent ← *acclīvus* steep ← *ac-* 'AD-' + *clīvus* slope〙 *n.* 上り坂, 上り傾斜 (↔ declivity).

ac·cli·vous [əkláɪvəs, æk-] 〘← L *acclīvus* (↑) + -OUS〙 *adj.* = acclivitous.

ac·co·lade [ǽkəlèɪd, -làːd, ─ ─ ╱ | -kə(ʊ)-] 〘《1623》◻ F ～ ◻ It. *accollata* (fem. p.p.) ← L *accollāre* to embrace round the neck ← *ac-* 'AD-' + *collum* neck ∽ 《15C》*acole* ◻ OF *acolee* ← A-⁴ + *col* neck: ⇨ collar〙 — *n.* **1 a** ナイト爵位[勲爵位]の授与 (cf. knighthood 2); ナイト爵位授与式《国王またはその代理者が受爵者にもとは抱擁・接吻を与えたが今ではその肩を剣の背で軽く打つ; cf. dub² 1》. **b** (授与式の)剣での軽打: receive the ～ ナイト爵に叙せられる. **c** (儀礼的な)抱擁. **2 a** 授賞式, 表彰式. **b** 栄誉(の印); 賞. **c** 称賛. **3** 〘音楽〙**a** = brace 9. **b** (各音部または声部の)連結かっこ. **4** 〘建築〙アコレード《オジーアーチ (ogee arch) を用いた扉や窓の開口部上の飾り》.

ac·com·mo·date [əkɑ́mədèɪt, æk- | əkɔ́m-] 〘《1531》← L *accommodāt-us* (p.p.) ← *accommodāre* to adapt ← *ac-* 'AD-' + *commodāre* to fit, adapt (← *commodus* filling: cf. commode)〙 — *vt.* **1 a** 〈施設・乗物・容器などが〉〈人・物を〉収容する, 入れる, 乗せる, 泊める, …の収容力がある (hold): These buses can ～ forty passengers. これらのバスは 40 名の乗客を収容できる. **b** 〈人が〉〈客などに〉宿を貸す, 泊める. **2 a** …に便宜をはかる, サービスをよくする, …の願いを入れる (oblige); …に配慮する: ～ a person's wishes 人の希望を考慮する. **b** 〈人〉に〔必要な物を〕供給する, 当てがう (supply)〔*with*〕; …に(特に, 無担保で)金を貸す[用立てる]. **3 a** [しばしば ～ *oneself* で] 適応[順応]させる, 調節する, 調和させる〔*to*〕: ～ a theory *to* facts 理論を事実に合わせ(て修正す)る / He managed to ～ *himself* well *to* the new surroundings. 新しい環境にうまく順応してゆけた. **b** 〘言語〙〈借入語などを〉〔本来語などに〕(形態上で)順応させる〔*to*〕. **4** 〈紛争などを〉和解させる, 調停する (settle): ～ differences of opinion.
— *vi.* **1** (人の)願いを入れる, 意にそう; (金を)融通する, 用立てる. **2 a** 順応する (adapt oneself)〔*to*〕. **b** 〘生理〙〈視力が〉順応する; 調節する.

ac·com·mo·dàt·ing [-ṭɪŋ | -tɪŋ] *adj.* **1** 親切な, 気のよい (obliging). **2** (悪い意味で)融通のきく, 言いなりになる, 与(くみ)しやすい. **～·ly** *adv.*

ac·com·mo·da·tion [əkɑ̀mədéɪʃən, æk- | əkɔ̀m-] 〘《1604》◻ F ～ ∥ L *accommodātiō(n-)* ← *accommodāre* 'to ACCOMMODATE': ⇨ -ation〙 — *n.* **1 a** [《米》では通例 *pl.*] (旅館・客船などの)宿泊(設備), (客)室; (列車・旅客機などの)(座)席: sleeping ～*(s)* 宿泊設備 / telephone a hotel for ～*(s)* ホテルに電話で宿泊を申し込む / The hospital has ～*s for* a hundred patients. その病院は 100 人の患者を収容する能力がある. **b** (公衆のための)便宜; (公共)施設, 設備. **2** 適応, 順応, 調節, 調和〔*to*〕. **3** 〔紛争などの〕調停, 調節, 和解 (reconcilement)〔*of*〕: the ～ *of* differences, opinions, etc. / come to an ～ 折合いがつく, 和解する. **4** (人の)便宜を計ること, 親切, 好意; もてなし: for your ～ ご便宜のために / through the friendly ～ of …の(ご)好意により. **5** 用立て, 融通, 融資, 貸金 (loan). **6** 〘生理〙順応; 調節(機能)《各種距離に焦点を合わせるための目の機能》. **7** 〘社会学〙応化《妥協や調停などによって個人や集団間の緊張関係を除去して適切で友好的な関係を作り出してゆく過程; cf. assimilation》. **8** 〘商業〙**a** 融通手形 (accommodation bill) の振出し[裏書き]. **b** = accommodation bill. **9** = accommodation train. **～·al** [-ʃənl, -ʃnəl] *adj.*

accommodátion addrèss *n.* 臨時宛先(あてさき)《住所を知られたくない人や住所不定の人が郵便物を受け取るために使う》.

accommodátion bìll *n.* 〘商業〙融通手形, 慣行手形.

accommodátion brìdge *n.* 〘土木〙特設道路 (accommodation road) にかかる橋.

accommodátion coeffìcient *n.* 〘物理〙適応係数.

accommodátion hòuse *n.* [しばしば軽蔑的に] 旅人宿.

accommodátion làdder *n.* 〘海事〙舷梯(げんてい), タラップ.

accommodátion lìne *n.* 〘保険〙営業政策上あえて引き受ける契約.

accommodátion pàper [nòte] *n.* 〘商業〙= accommodation bill.

accommodátion ròad *n.* 〘土木〙特設道路《公道につながらず私有物あるいは私有地に通じる道路》.

accommodátion tràin *n.* 《米》(各駅停車の)普通列車, 鈍行列車 (local train).

accommodátion ùnit *n.* 《英》〘官庁用語〙住宅, 住居.

ac·com·mo·da·tive [əkɑ́mədèɪṭɪv, æk- | əkɔ́mədèɪt-] *adj.* 適応する, 調節的な, 調和的な. **～·ness** *n.*

ac·cóm·mo·dà·tor [-ṭə | -tə(r] 〘◻ L *accommodātor*: ⇨ accommodate, -or²〙 — *n.* **1 a** 適応者, 順応者; 調節者; 融通者; 提供者; 調停者. **b** 〘機械〙調節器. **2** 《米》臨時雇い[パートタイム]の手伝い.

ac·com·pa·ni·ment [əkʌ́mp(ə)nimənt, æk-, -kɑ́m- | əkʌ́mp(ə)nɪ-] 〘《1744》◻ F *accompagnement*: ⇨ accompany, -ment〙 — *n.* **1** 自然的に相伴う物, 付随物, 付きもの: Disease is a frequent ～ of famine. 病気はしばしば飢饉(ききん)に伴って発生する. **2** 〘音楽〙伴奏; 伴奏部: a piano ～ *to* a solo 独唱に対するピアノの伴奏 / sing *to* the ～ of an orchestra オーケストラの伴奏に合わせて歌う / quarrel *to* the ～ of rain 雨の音の聞こえる中で口論する.

ac·cóm·pa·nist [-nɪst, -nəst | -nɪst] *n.* 伴奏者; 同伴者[物].

ac·com·pa·ny [əkʌ́mp(ə)ni, æk-, -kɑ́m- | əkʌ́mp(ə)nɪ] 〘《?*a*1425》◻ (O)F *accompagn-er* ← *à* 'A-⁴' + *compagne* 'COMPANION' (cf. company)〙 — *vt.* **1** 〈人〉に同伴する, 随行する; 送って行く: ～ a person abroad 人と海外に同行する / ～ one's sisters *on* a trip 姉妹と旅行に行く / ～ a person *to* the door 戸口まで人を送り出す / We were *accompanied* by a few friends. 少数の友人がついてきてくれた. **2 a** …に〔…を〕伴わせる, 添える〔*with, by*〕: ～ one's speech *with* gestures ジェスチャーをまじえながらスピーチをする / He *accompanied* his angry words *with* [*by*] a blow. 怒りの言葉と同時に一撃を加えた. **b** 〈事物が〉…に(同時に)伴う, 随伴する, …と同時に起こる: Thunder *accompanies* lightning. / Rising prices may be *accompanied* by high unemployment. 物価の上昇は高い失業率を伴うかもしれない. ★ 受身では前置詞として by の他に時に with を用いる: an operation *accompanied with* some pain 多少痛みの伴う手術 / Poverty *is* usually *accompanied with* illness. 貧困には普通病気がつきもの. **3** …の伴奏をする: ～ a singer / ～ the violin *on* the piano ピアノでバイオリンの伴奏をする / She sang, ～*ing* herself *on* the guitar. ギターをひきながら歌った / *Accompanied* by Miss X. 伴奏は X 嬢. — *vi.* 伴奏する.

ac·cóm·pa·ny·ing *adj.* 伴う, いっしょの, 同封の, 添付の: the ～ prospectus 同封[添付]の趣意書.

ac·cóm·pa·ny·ist [-nɪɪst, -əst | -nɪɪst] *n.* = accompanist.

ac·com·plice [əkɑ́mplɪs, æk-, -kʌ́m-, -pləs | əkʌ́mplɪs, əkɔ́m-] 〘《1589》《変形》← *a complice* (⇨ complice) ∥ 《↓ との類推による変形》← COMPLICE〙 — *n.* **1** 〘法律〙共犯者 (cf. principal 4 b, accessory 3): an ～ of a criminal / an ～ *in* a crime. **2** 同類, 連累者.

ac·com·plish [əkɑ́mplɪʃ, æk-, -kʌ́m- | əkʌ́m-, əkɔ́m-] 〘《*c*1380》*accomplisshe(n)* ← OF *accompliss-ant* (pres.p.) ← *acomplir* (F *accomplir*) < LL *accomplēre* ← *ac-* 'AD-' + *complēre* 'to COMPLETE': ⇨ -ish²〙 — *vt.* **1** 〈仕事・計画などを〉なしとげる, 完成[成就]する: ～ one's object [mission] 目的[使命]を果たす. **2** 〈道路などを〉完了する, 終える; 〈ある年齢など〉に達する: ～ only half the distance / ～ the age of eighty years 80 歳になる. **3** [今は通例 p.p. 形で] 〈人〉に学芸・技芸などを仕込む (cf. accomplished 2).

ac·cóm·plished *adj.* **1** 成就した, 完成した: an ～ task / an ～ fact 既成事実 (fait accompli). **2 a** 〔…に〕熟達した, 堪能な〔*in*〕: an ～ painter [tennis player] 絵の大家[テニスの名手] / an ～ villain (海千山千の)札付きの悪人 / be ～ *in* music 音楽に堪能である. **b** 才芸豊かな, (社交上の)たしなみのある, 教養のある: an ～ lady [gentleman] 教養のあるりっぱな淑女[紳士].

ac·cóm·plish·ment 〘《1425》◻ F *accomplissement*: ⇨ accomplish, -ment〙 — *n.* **1** 成就, 達成, 実践, 遂行: the ～ of one's purpose 目的の貫徹 / a sense of ～ 成就感 / difficult of ～ 実行困難な. **2** 業績; (りっぱな)成果, 腕前. **3 a** 技芸. **b** [しばしば *pl.*] (身に修めた, 特に社交上の)教養, 身だしなみ, 素養, 才芸: mental and personal ～*s* / a girl of many ～*s*. **4** 《軽蔑》なまかじりの芸, しろうと[殿様]芸.

accómplishment quòtient *n.* 〘心理・教育〙成就指数《教育年齢 (achievement age) を精神年齢 (mental age) で割った数(を 100 倍したもの); 略 AQ, A.Q.》.

ac·compt [əkáʊnt] 〘⇨ account〙 *n., v.* 《古》= account. **～·ing** [-ṭɪŋ | -tɪŋ] *n.*

ac·compt·ant [əkáʊntnt, æk-, -ṭənt | əkáʊntənt] *n.* 《古》= accountant.

ac·cord [əkɔ́əd, æk- | əkɔ́ːd] 〘*v.*: 《*a*1121》◻ OF *acord-er* (F *accorder*) < LL *accordāre* ← *ac-* 'AD-' + L *cor* heart. — n.: 《*c*1300》◻ OF *acord* agreement (F *accord*) ← *acorder*: 現在の *-cc-* はラテン語の影響〙 — *vi.* **1** [通例否定・疑問構文で] 〈意見・行動・事実などが〉〔…と〕一致する, 調和する (agree)〔*with*〕: The theory and practice do not ～ (well). 理論と実際が(十分に)合わない / It does not ～ *with* reason. 理屈に合わない. **2** 《古》合意する, 折合う〔*with*〕. — *vt.* **1** 〈人〉に〈栄誉などを〉与える, 授ける, 〈要求などを〉許す (grant): ～ him praise / ～ praise *to* him / ～ a most hearty welcome *to* …を心から歓迎する / ～ a request *to* a person 人の要求を容れる. **2** 一致[適合]させる **3** 《古》〈争い・相違点などを〉調和させる, 調停する.
— *n.* **1 a** (色・音などの)一致, 調和 (harmony)〔*with*〕: be in [out of] ～ *with* …と一致する[しない], と調和している[いない]. **b** (意見などの)一致: in ～ *with* one's principles 自分の主義に合って / be of one ～ (皆が)一致している. **2** 意志; 同意, 承諾. ★ 今は次の句にだけ用いる: ⇨ *of its own* ACCORD, *of one's own* ACCORD. **3** (国際)協定 (agreement), 条約 (treaty); 講和 (peace treaty)〔*with, between*〕. **4** 〘音楽〙和音, 協和音 (consonance, concord) (↔ discord).
of its own accord 自然に, ひとりでに. ***of one's own accord*** 自分から進んで, 自発的に. ***with one accord*** 一致して, こぞって, 一斉に.
～·er *n.*

ac·cor·dance [əkɔ́ədns, æk- | əkɔ́ːdəns, -dns] 〘《*c*1303》◻ OF *acordance* ← *acorder* (↑): ⇨ -ance〙 — *n.* **1** 一致, 合致; 調和; 協調. **2** (権利などの)授与.
in accordance with …と合致して, …に従って, …の通りに (↔ in opposition to): in ～ *with* your instructions 貴命に従い[より] / act in ～ *with* the dictates of one's conscience 良心の命に従って行動する.

ac·cor·dant [əkɔ́ədnt, æk- | əkɔ́ːdənt, -dnt] 〘《*c*1280》◻ (O)F *acordant* (pres.p.) ← *acorder*: ⇨ accord〙 — *adj.* 〔…と〕一致[調和]している, 合っている〔*with, to*〕: be ～ *to* reason 道理にかなっている / be ～ *with* one's principles 自分の主義に合っている. **～·ly** *adv.*

ac·cor·da·tu·ra [əkɔ̀ədətú(ə)rə, æk- | -kɔ̀ːdətúərə; *It.* akkòrdatúːra] 〘◻ It. ～ 《原義》a tuning ← *accordato* (p.p.): ⇨ accord, -ure〙 — *n.* 〘音楽〙アッコルダトゥーラ《弦楽器の一般的な調弦法》.

ac·cord·ing [əkɔ́ədɪŋ, æk- | əkɔ́ːd-] 〘《*c*1300》: ⇨ accord, -ing²〙 — *adv.* ★ 今は次の成句にのみ用いる.
according as (1) …かどうか[どう…するか]に応じて; …に準じて, …次第で: You are rewarded ～ *as* you have merits or demerits. 功過に応じて報いがくる / We see things differently ～ *as* we are rich or poor.

金持か貧乏かでものの見方が違う. (2) ...という条件で, もし...ならば (if): *According as* he is free, he will help you. 彼に暇があれば君に力を貸してくれるだろう. ***according to*** (1) ...に従って, ...に応じて: ~ *to* the provisions of the law 法律の規定に従って, 法文に照らして / live ~ *to* one's income 収入に応じて生活をする / ⇨ *according to* COCKER, *according to* HOYLE, *according to* PLAN. (2) ...(の言う所)によれば: ~ *to* the historian [The Times] その歴史家[タイムズ紙]によれば / ~ *to* his account 彼の話によれば. (3) ...次第で, ...を条件として.
— *adj.* **1** 《古》〈音など〉一致[調和]する. **2** 《口語》事と次第による: That's ~.

ac·córd·ing·ly 〘ME: ⇨ -ly¹〙 — *adv.* **1** よって, それゆえに, それで (therefore, so): I ~ sent for the manager. それだから私は支配人を呼びにやった. **2** それに応じて, (事情によって)適宜に: He began to understand and his face changed ~. 事情がわかってくるにつれて顔の色が変わった / Will you arrange ~? 事情に応じて適当にお取決め願えますか.
accordingly as = ACCORDING *as*.

ac·cor·di·on [əkɔ́ːdiən, æk- | əkɔ́ːdjən, -dɪən] 〘(1842) ← ACCORD (n.) + -*ion*: CLARION をまねた造語〙 — *n.* アコーディオン (cf. piano accordion). — *attrib. adj.* アコーディオンのようなひだのある, (アコーディオンのように)開閉自在の: an ~ door, wall, window, etc. / ⇨ accordion pleat. **ac·cór·di·on·ist** [-nɪst, -nəst | -nɪst] *n.*

accórdion plèat *n.* [通例 *pl.*] 〘服飾〙アコーディオンプリーツ《幅が 5-15 mm ぐらいの細くてまっすぐなひだ》. **accórdion-plèated** *adj.*

ac·cost [əkɔ́(ː)st, æk-, -kɑ́st | əkɔ́st] 〘(1578) □ F *accost-er* < LL *accostāre* to come up to a person's side ← *ac-* 'AD-' + *costāre* (← *costa* rib: ⇨ costa)〙 — *vt.* **1** 〈人〉に(大胆に)近づいて言葉を掛ける; 〈人〉に(こちらから)挨拶する. **2** 〈知らない人〉に呼び掛ける; 〈売春婦が〉〈客を〉呼ぶ, 引っぱる (solicit). — *n.* 《古》呼び掛け, 挨拶 (greeting).

ac·cóst·ed 〘← ACCOST 《廃》 to lie side by side + -ED〙 *adj.* 〘紋章〙 **1** 〈動物が〉並んだ, 並んで描かれた. **2** 〈動物が〉それぞれ逆に歩いた. **3** 動物が並んだ間に.

ac·couche·ment [ækuːʃmɑ́ː(ŋ), -mɑ́ːŋ, əkúːʃmɑ̃ː(ŋ), -mɑːŋ, æk-, -mənt | əkúːʃmɑ̃ː(ŋ), -mɔ̃ː(ŋ), -mɑːŋ, -mɔ(ː)ŋ; *F.* akuʃmɑ̃] 〘(1809) □ F ~ ← *accoucher* to deliver a child ← *à* 'A-⁴' + *coucher* 'to COUCH²'〙 — *F. n.* (*pl.* ~s [~z; *F.* ~]) 出産, 分娩(ぶんべん), 産 (childbirth).

ac·cou·cheur [ækuːʃɔ́ː, ækúːʃɔː, ək- | ækuːʃɔ́ː(r, əkúːʃɔː(r; *F.* akuʃœːr] 〘□ F ~ ← *accoucher* (↑)〙 *F. n.* (*pl.* ~s [~z; *F.* ~]) 産科医.

ac·cou·cheuse [ækuːʃɔ́ːz, ækúːʃɔːz, ək- | ækuːʃɔ́ːz; *F.* akuʃøːz] 〘□ F ~ (fem.) ← *accoucheur* (↑)〙 *F. n.* (*pl.* ~s [~ɪz; *F.* ~]) 助産婦, 産婆 (midwife).

ac·count [əkáʊnt, æk- | ək-] 〘n.: (c1280) *acount(e)* □ OF *acont, acunt* 《逆成》← *aconter*. — v.: (c1300) *acunte(n)* □ OF *acunt-er* < LL *accomptāre* = VL **accomputāre* ← *ac-* 'AD-' + L *computāre* 'to COMPUTE' (cf. count¹)〙 — *n.* **1** (金銭取引上の)計算, 勘定, 会計 (reckoning); (銀行)勘定, 口座, 預金 (bank account), (複式簿記上の)勘定 (略 A/C, a/c): be quick at ~s 計算が早い / cast ~s 勘定する / open [close] an ~ 取引を始める[やめる], 口座を設ける[閉じる] / keep an ~ *with* ...と取引を続ける / keep ~s 簿記をつける, 記帳する / keep household [family] ~s 家計簿をつける. **2** 〘会計〙 **a** 勘定; 勘定口座; (一定期間の)会計計算, 決算; 決算報告(書); 勘定書 (bill): pay an ~ 勘定を払う / send (in) an ~ (未払金の)清算書を送る, 請求書を送る / ⇨ MONEY of account, *render an* ACCOUNT. **b** 売掛け金勘定, 掛け (cf. charge account 1): charge a sum to a person's ~ ある金額を人の勘定につける / Short ~s make long friends. ⇨ short *adj.* 1 / Put it (down) to my ~. それは私の(勘定)につけておいて下さい. **3** 〘商業〙 **a** 愛顧 (custom): secure a customer's ~ お得意をとる. **b** 顧客, 得意先 (customer). **c** (広告代理業にとっての)広告主. **4 a** 申し開き, 答弁, 弁明, 説明. **b** 《古》(死後における神の)審判; 最後の審判 (last account): ⇨ *go to one's* (*long*) ACCOUNT. **5** 理由, 根拠; 原因, 動機: *on* this [that] ~ この[その]ゆえに, この[その]ために. **6 a** (出来事などの)記述, 説明, 報告, 記事; 物語, 話; [通例 *pl.*] (人の)話, うわさ: an ~ of everything as it happened すべて事の起こったままの記事, 一部始終 / by his ~ 彼の話だと / give an ~ of ...を説明する, ...の話をする; ...を明らかにする / *Accounts* differ. 人により話が違う / That's quite a different ~. それだと話はまるで違う / give a good [bad] ~ of ...をほめる[けなす] (cf. *give a good* ACCOUNT *of*). **b** (責任などの処置に関する)報告書 (report), 始末書. **7** 評価; 考慮; 価値, 重要さ: a person [thing] *of* no ~ 取るに足らない人[もの] / be *of* much [little, small] ~ 非常に重要である[あまり重要でない] / ⇨ *make much* [*little, no*] ACCOUNT *of*. **8** 利益, ため (advantage). **9** (音楽作品などの)上演, 演奏 (performance). **10** [通例 the ~] (London 証券取引所で) 2 週間決済取引の受渡し[決済].
account of = *on* ACCOUNT (3). ***ask an account*** (1) 決算(書)[勘定]を請求する. (2) 説明[答弁]を求める. ***balance accounts with*** *a person* = *settle* ACCOUNTS *with a person*. ***bring*** *a person* ***to account*** = *call a person to* ACCOUNT. ***by all accounts*** だれに[どこで]聞いても; 皆の話[意見]から(推して). ***call*** *a person* ***to account*** 〈人〉に説明[釈明]を求める; 〈人〉の責任を問う; 〈人を〉責める: He was *called to* ~ *over* [*for*] the error. その過失に対して彼は弁明を求められた. ***cast up*** *one's* ***accounts*** 《古俗》吐く, 戻す (vomit) (cf. 1). ***demand an account*** = *ask an* ACCOUNT. ***find*** *one's* [***no***] ***account in*** ...によって利益を受ける[受けない], ...は割に合う[合わない]. ***for account of*** *a person* 〘商業〙〈物が〉〈人〉のために(売却すべき) (on behalf of). ***from all accounts*** = *by all* ACCOUNTS. ***give a good account of*** (1) ...をりっぱにやってのける(cf. 6 a). (2) 〈相手・敵〉を負かす[殺す]. (3) 〈獲物〉を仕止める. ***give a good account of oneself*** 堂々とやってのける, 立派な振舞い[働き]を見せる. ***go to*** *one's* (***long***) ***account*** あの世へ行く, 死ぬ. ***hand in*** *one's* ***account(s)*** 《米口語》死ぬ. ***hold in much*** [***little, no***] ***account*** = *make much* [*little, no*] ACCOUNT *of*. ***hold to account*** 〔...について〕...に責任があるとする 〔*for*〕: He *held* society *to* ~ *for* moral corruption. 道義の退廃は社会が悪いからだとした. ***in account with*** 〘商業〙...と取引勘定がある. ***lay*** *one's* ***account with*** [***for, on***] 《古》...を期待する, 待ち設ける. ***leave out of account*** = *take no* ACCOUNT *of*. ***make much*** [***little, no***] ***account of*** ...に重きを置く[(あまり)置かない]. ***on account*** (1) 〘商業〙内金として: pay 10 dollars *on* ~. (2) 〘商業〙掛けで (on credit); 分割払いで: buy [sell] a thing *on* ~. (3) 《略》← *on account of the fact that*》《俗》...であるために (because). ***on*** *a person's* ***account*** 人のためを思って, 人のために. ***on account of*** (1) ...の理由で, ...のために, ...によって (because of). (2) ...のために (for the sake of). (3) = *on* ACCOUNT (3). ***on all accounts*** [***every account***] どうみても, どうあっても, 是非とも. ***on no*** [***not on any***] ***account*** どんな事情があっても ...ない, 決して...ない. ***on one's own account*** (1) 自分の(利益の)ために. (2) 自分の計算[責任]において; 独立して, 独力[自力]で. ***put out of account*** = *take no* ACCOUNT *of*. ***put to*** (***good***) ***account*** = *turn to* (*good*) ACCOUNT. ***render an account*** (1) 決算報告をする. (2) 〔...の〕説明[話]をする, 申し開きをする, 釈明する, 答弁する 〔*of*〕: *render an* ~ *of* one's conduct. ***settle*** [***square***] ***accounts with*** *a person* (1) 〈人〉との勘定を清算する, 貸し借りをなくする. (2) 〈人〉に対して恨みを晴らす. ***take into account*** = ***take account of*** 〈事情など〉を勘定に入れる, 考慮する, 斟酌(しんしゃく)する: *take* all possibilities *into* ~. ***take no account of*** ...を勘定に入れない, 考慮しない, 無視する. ***throw up*** *one's* ***accounts*** = *cast up one's* ACCOUNTS. ***turn to*** (***good***) ***account*** ...を利用[活用]する.
— *vt.* **1** [通例目的補語を伴って]〈人・物事を〉〈...であると〉考える[思う] (consider): We ~ him (*to* be) wise [a fool]. / He is ~*ed* wise [a fool]. / She ~*ed* herself clever. 自分で(は)頭がいいと思っていた. **2** 〈会計報告などを〉厳密に調べる. **3** 《古》〈功罪などを〉〔...に〕帰する (attribute) 〔*to*〕. — *vi.* **1** 説明する; 責任を持つ[取る]. **2** 《古》(収支)決算をする.
account for (1) 〔人に〕〈支出金・委託金[物件]など〉の使途[処分]を説明する, ...の会計報告をする 〔*to*〕: ~ *to* a treasurer *for* the money received 出納係に対して預り金の収支決算をする. (2) 説明する; ...の理由を説明する, の申し開きをする; ...のことで責任を負う; 〈罪など〉の償いをする: How do you ~ *for* the phenomenon? その現象をどう説明するか / I had to ~ *to* my teacher *for* my lateness. 先生に遅刻の理由を説明しなければならなかった / He was asked to ~ *for* his folly. 愚行に対して責任を取ることを要求された / There is no ~*ing for* tastes. ⇨ taste *n.* 3 a. (3) 〈物事が〉...の説明[原因]となる, を引き起こす: His carelessness ~*s for* the failure. 彼の不注意が失敗のもとだった. (4) 〈地域などが〉...を(一手に)供給する; 〈物事が〉(ある数量の中で)...の割合を占める: Co-eds ~ *for* a large proportion of our college population. わが国の大学生の中で女子学生の占める率は高い. (5) 〘狩猟〙〈獲物〉を仕止める; 〈敵兵・敵兵器など〉を殺す, 倒す, やっつける, 〈犯人など〉を捕える; (競技などで)負かす. (6) 〘スポーツ〙〈幾ら〉得点する (score). ***account of*** ...を貴ぶ, 重んじる (esteem). ★ 今は主に Passive に用いる: *be* ~*ed* much [little] *of* 重んじられる[ない].

ac·count·a·bil·i·ty [əkàʊntəbíləti, æk- | əkàʊntəbíləti, -lɪ-] *n.* 責任, 責務 〔*to*〕.

ac·count·a·ble [əkáʊntəbl, æk- | əkáʊnt-] 〘(?a1387)〙 — *adj.* **1** 説明[弁明]する義務がある; 責任のある (responsible): He is ~ *to* me *for* what he does. 彼はその行動について私に対して責任がある / I hold him ~ *for* it. 私はその責任は彼にあると思う. **2** 説明できる, もっともな. **~·ness** *n.*

ac·cóunt·a·bly [-bli | -bli] 〘(1646)〙 *adv.* **1** 責任を負う[問われる]ように. **2** 説明できるように.

ac·coun·tan·cy [əkáʊntnsi, -tən-, æk- | əkáʊntənsi] 〘⇨ ↓, -cy〙 *n.* **1** 会計[計理]事務; 会計職, 主計官の職. **2** 会計学.

ac·coun·tant [əkáʊntnt, -tənt, æk- | əkáʊntənt] 〘(1429) □ OF *acontant* (F *accomptant*) (pres.p.) ← *aconter* 'to ACCOUNT': ⇨ -ant〙 — *n.* 会計係, 勘定方, 会計担当者; 会計官, 主計; 会計士, 計理士: ⇨ certified public accountant, chartered accountant. **~·ship** *n.*

accóuntant-géneral *n.* (*pl.* **accountants-g-**) 会計課長; 経理局長.

accóunt bòok *n.* 会計簿《特に, 勘定口座をもつ帳簿・元帳》.

accóunt cúrrent *n.* (*pl.* **accounts c-**) 《古》〘銀行〙 = current account 1.

accóunt dày *n.* [通例 the ~] (London 証券取引所で) 2 週間決済取引の受渡し日 (settling day, payday).

accóunt exècutive *n.* 顧客会計主任, アカウントエグゼクティブ《広告代理業・サービス業などの顧客担当の幹部役員》.

ac·cóunt·ing [-tɪŋ | -tɪŋ] *n.* **1** 会計; 会計学. **2** (理由・原因の)説明 〔*for*〕.

accóunting èntity *n.* 〘会計〙会計実体 (⇨ business entity).

accóunting machìne *n.* 会計機; 記帳式会計機《計算・作表などの機能を備えた事務用機械》.

accóunting pèriod *n.* 〘会計〙会計期間《企業の損益計算期間のこと; fiscal period ともいう》.

accóunting prìnciple *n.* 〘会計〙会計原則.

accóunt páyable *n.* (*pl.* **accounts p-**) 《米》〘会計〙支払勘定, 債務勘定.

accóunt recéivable *n.* (*pl.* **accounts r-**) 《米》〘会計〙受取り勘定, 売掛金勘定.

accóunt réndered *n.* (*pl.* **accounts r-**) 〘商業〙提出勘定書.

accóunt sàle *n.* 〘会計〙 **1** (積送品の)売上計算書, 仕切書. **2** 掛け売り.

ac·cou·ple·ment [əkʌ́plmənt, æk- | ək-] 〘□ F ~ ← *accoupler* to couple up < OF *acoupler* ← *à* 'A-⁴' + *coupler* 'to COUPLE': ⇨ -ment〙 — *n.* **1 a** 連結, 結合. **b** (ネクタイ・留め金のような)結び合うもの, かみ合うもの. **2** 〘建築〙(柱の)連接《柱を 2 本 1 組に並べる配置》.

ac·cou·ter [əkúːtə, æk- | əkúːtə(r)] 〘(1606) □ (O)F *accoutr-er, acoustrer* to equip ← *a-* to + *cousture* (F *couture*) sewing (< VL **consūtūra* ← L *consūtus* (p.p.) ← *consuere* to sew together)〙 — *vt.* 《米》[通例 p.p. 形で] ...に(ある特殊の)服装をさせる; 〘軍事〙...に装具を着ける: be ~*ed in* [*with*] ...を着けている / be ~*ed for* battle 戦闘用装具を着けている.

ac·cóu·ter·ment 〘(1549) ← F *accoutrement*: ⇨ ↑, -ment〙 — *n.* **1** 着用, 装備. **2** [通例 *pl.*] **a** 服装; 外装, 飾り (trappings). **b** 〘軍事〙(武器と軍服以外の)装具《belt, strap など》. **3** 装身具, アクセサリー. **4** 属性, 付き物.

ac·cou·tre [əkúːtə, æk- | əkúːtə(r)] *vt.* 《英》= accouter.

Ac·cra [əkrɑ́ː, æk-, ɑːk-, ǽkrə | əkrɑ́ː, æk-] *n.* アクラ《アフリカ西部, Ghana 南部にある同国の首都; 人口 565,000》.

ac·cred·it [əkrédɪt, -dət, æk- | əkrédɪt] 〘(1620) □ F *accréditer*: ⇨ ad-, credit〙 — *vt.* **1** 〈人〉に〔事物を〕帰する (credit) 〔*with*〕; 〈事物を〉〈人に〉帰する, 〈...のものと〉信じる[みなす] (attribute) 〔*to*〕: ~ a person *with* a quality [an action] = ~ a quality [an action] *to* a person 人がある性質を持っている[ある行為をした]とみなす / He is ~*ed with* (making) the discovery. 彼がその発見をしたと信じられている / The saying is ~*ed to* Franklin. その文句はフランクリンの言ったものとされている. **2** 〈人〉に信任状を与える; 〈大使など〉に信任状を交付して〔...に〕派遣する 〔*to, at*〕: He was ~*ed to* [*at*] Washington. (駐米大使として)ワシントンに派遣された. **3 a** 〈大学などを〉有資格校[基準合格]と認定する. **b** 〈牛乳・牛など〉の品質を認定する. **4** ...に権限を与える (authorize); 是認する (approve). **5 a** 〈事・行為などが〉〈人・言葉などを〉信用させる, 信じさせる. **b** 〈言葉などを〉信用する, 信じる.

ac·cred·i·ta·tion [əkrèdətéɪʃən, æk- | əkrèdɪ-] *n.*

ac·créd·it·ed [-tɪd, -təd | -tɪd, -təd] *adj.* **1** 〈学説など〉一般に認められた. **2** 〈大使など〉(信用状を持って)派遣された; 公認の. **3** 〈大学・病院など〉基準合格の, 認定された; 〈牛乳・牛など〉品質認定された.

ac·cres·cent [əkrésnt, æk- | æk-, ək-] 〘□ L *accrēscent-em* (pres.p.) ← *accrēscere*: ⇨ accretion〙 — *adj.* **1** 生長[増大]しつづける. **2** 〘植物〙〈萼(がく)が〉(開花後)大きくなる.

ac·crete [əkríːt, æk- | æk-, ək-] 〘(1784) 《逆成》↓〙 — *vi.* **1** (他の物の付着によって)増大する, 結合する. **2** 〔...に〕付着する (adhere) 〔*to*〕. — *vt.* **1** 〈他の物を〉付着させる 〔*to*〕. **2** 引き付ける, 吸収する, (一手に)集める. — *adj.* 〘植物〙付着して大きくなった.

ac·cré·tive [-tɪv | -tɪv] *adj.*

ac·cre·tion [əkríːʃən, æk- | æk-, ək-] 〘(1615) □ L *accrētiō(n-)* ← *accrētus* (p.p.) ← *accrēscere* to increase ← *ac-* 'AD-' + *crēscere* to grow (⇨ crescent)〙 — *n.* **1** (鉱物などの, 外物の付着による)増大; (外物の)付着, 添加: A mineral augments by ~. 鉱物は外物の付着によって増大する. **2** 添加[増加]物. **3** 〘法律〙 **a** (取得者の行為によらない財産の)自然増加, 添加《河岸の土地の漸加など; cf. alluvion 2》. **b** 相続[受贈]分の増加《共同相続人[受贈者]の放棄による》. **4** 〘医学〙癒着; 付着物; 増大. **5** 固結, 凝結 (concretion). **6** 〘地質〙陸地への水中堆積物の付着成長; 宇宙塵の付着成長《惑星成長の機構》. **ac·cré·tion·à·ry** [-ʃənèri | -ʃ(ə)nəri] *adj.*

ac·croi·des [əkrɔ́ɪdiːz, æk-] 〘《変形》← NL *acaroides*〙 *n.* 〘化学〙 = acaroid resin.

ac·cru·al [əkrúːəl, æk- | əkrúːəl, -rúəl] 〘← ACCRUE + -AL¹〙 *n.* **1** 増加, 増殖; 増加物; 増加額. **2** 〘法律〙 = accretion 3.

accrúal bàsis *n.* 〘会計〙発生主義《損益を現金収支

額によらないで発生額で計算する方法；例えば未経過保険料の取扱いなど；cf. cash basis》.

ac·crue [əkrúː, æk- | ək-] 〘《1440》▭(O)F *accrue* (n.) increase ← *accrû* (p.p.) ← *accroître* to increase < L *accrēscere*：⇨ accrete, crew¹, recruit〙 — *vi.* **1** 〈利益・利子などが〉生じる，結果として生じる (result)：～ *to* a person *from* a thing / If we put money in the bank, interest ～*s*. 銀行に預金すれば利子がつく. **2** 〘法律〙権利として生じる，〈特権などが〉発生する. — *vt.* **1** 集める，蓄積する (accumulate)；〔…から〕引き出す〔*from*〕. **2** (増加物として)〈利子などを〉記入する. **ac·crú·a·ble** [-rúːəbl] *adj.* **～·ment** *n.*

accrúed dívidend *n.* 〘会計〙未収配当金.

accrúed íncome *n.* 〘簿記〙＝accrued revenue.

accrúed ínterest *n.* 〘会計〙未収利息.

accrúed liabílity *n.* 〘簿記〙見越負債.

accrúed révenue *n.* 〘簿記〙未収収益《未収利息・未収手数料など；accrued income ともいう》.

acct. 《略》account；accountant.

ac·cul·tur·ate [əkʌ́ltʃərèɪt, æk-] 〘《逆成》↓〙 — *vt.* **1** 〈民族・集団などを〉文化変容によって変化させる，文化変容させる〔*to*〕. **2** 〈子供などを〉(社会的に)適応させる〔*to*〕. — *vi.* 文化変容する；適応する. **ac·cul·tur·a·tive** [əkʌ́ltʃərèɪtɪv, æk- | -tɪv] *adj.*

ac·cul·tur·a·tion [əkʌ̀ltʃəréɪʃən, æk-] 〘← *ac-* 'AD-' ＋CULTURE＋-ATION〙 — *n.* **1** 〘社会学〙文化変容《相異る文化が直接に接触することによって，一方あるいは相手の文化内容が変化すること；cf. nativism 2》. **2** 〘心理〙文化的適応《成長期における個人の社会への適応》. **～·al** [-ʃənl, -ʃnəl] *adj.*

ac·cùl·tur·á·tion·ist [-ʃ(ə)nɪst, -nəst | -nɪst] *n.* 文化変容研究者.

ac·cul·tur·ize [əkʌ́ltʃəràɪz, æk-] 〘← ACCULTUR(ATION)＋-IZE〙 *v.* ＝acculturate.

ac·cum·bent [əkʌ́mbənt, æk-] 〘▭L *accumbent-em* (pres.p.) ← *accumbere* to lean ← *ac-* 'AD-'＋*cumbere* to lie down〙 — *adj.* **1** よりかかった (recumbent). **2** 〘植物〙対位の，側倚(そくい)の：an ～ cotyledon 側倚子葉 **3** 〘動物〙表面にぎっしりついた. **a·ccúm·ben·cy** [-bənsi | -sɪ] *n.*

ac·cu·mu·la·ble [əkjúːmjʊləbl, æk-] 〘⇨↓, -able〙 *adj.* 累積できる，蓄積できる；集積できる.

ac·cu·mu·late [əkjúːmjʊlèɪt, æk- | əkjúː-] 〘《1529》← L *accumulāt-us* (p.p.) ← *accumulāre* to heap up ← *ac-* 'AD-'＋*cumulus* 'heap, CUMULUS'〙 — *vt.* **1 a** (次第にまた努力して)集める，集積する：～ books, data, knowledge, etc. **b** 《まれ》積み上げる. **2** 〈富・財産などを〉ためる，蓄積する：～ money, debts, etc. / an ～*d* fund 積立金. **3** 〘英大学〙〈高い学位と低い学位を〉一挙に取得する：He ～*d* the degrees at Oxford. — *vi.* **1** 積もる，累積する，山積する：Dust ～*d* on the floor. 床に埃がたまった / Traffic ～*d* at the crossroads. 十字路で交通が渋滞した. **2** 〈不幸などが〉重なる. **3** 〈金が〉たまる，ふえる：Interest ～*s*. **4** 蓄財する. **5** 〘英大学〙高い学位と低い学位を一挙に取得する.

ac·cu·mu·làt·ed súrplus [-tɪd-, -təd- | -tɪd-, -təd-] *n.* 〘会計〙(法人の)留保利益，利益剰余金 (earned surplus).

accúmulated témperature *n.* 〘気象〙＝cumulative temperature.

ac·cu·mu·la·tion [əkjùːmjʊléɪʃən, æk- | əkjùː-] 〘《1490》▭F ～ // L *accumulātiō(n-)* ← *accumulāre* 'ACCUMULATE'：⇨ -ation〙 — *n.* **1 a** 積む[積もる]こと，累積，蓄積，集積：the ～ of snow, experience, wealth, etc. **b** 蓄財；利殖. **2** 堆積物，蓄積物；(好ましくないものの)積み重ね[重なり]，山 (heap)：an ～ of papers [trash] 書類[がらくた]の山 / an ～ of lies うその積み重ね. **3** 〘経済〙利子の累積；(複利による)元金増加；積立. **4** 〘英大学〙高い学位と低い学位とを一挙に取得すること. **5** 〘保険〙 **a** (生命保険)配当準備金の積立；(傷害保険契約更改時の)保険金額の増額. **b** 危険の集積.

accumulátion mòuntain *n.* 〘地理〙(火山などのように)物質の堆積によって形成された山[丘].

accumulátion pòint *n.* 〘数学〙集積点《そのどの近傍も自分自身以外に与えられた点集合の点を少なくとも一つ含むような点；cluster point, limit point, point of accumulation, weak accumulation point ともいう；cf. derived set, strong accumulation point》.

ac·cu·mu·la·tive [əkjúːmjʊlèɪtɪv, æk-, -lət- | əkjúː-mjʊlət-, -lèɪt-] 〘《1651》← L *accumulāt-us* ((p.p.) ← *accumulāre* (⇨ accumulate))＋-IVE〙 — *adj.* **1 a** 累積的傾向の. **b** 〘法律〙〈証拠・判決など〉追加的な. 累積的な (cumulative)：～ evidence / an ～ judgment, sentence, etc. **2** 〈減債基金など〉積立て式の. **3** 蓄積を好む，蓄財的な，ため込み主義の (acquisitive). **～·ly** *adv.* **～·ness** *n.*

ac·cu·mu·là·tor [-tə | -tə(r)] 〘《1691》▭L *accumulātor*：⇨ accumulate, -or²〙 — *n.* **1** 蓄積者；蓄財者. **2** 緩衝器[装置] (shock absorber) **3** 〘機械〙アキュミュレーター，ため：a hydraulic [steam] ～ 水力[蒸気]ため. **4** 《英》蓄電池 (storage battery). **5** (電算機・キャッシュレジスターなどの)累算器，アキュミュレーター. **6** 〘英大学〙高い学位と低い学位を一挙に取得する人. **7** 《英》〘競馬〙 **a** ころがし方式で賭ける人. **b** ころがし方式の勝馬投票，繰越勝馬投票《単勝式と複勝式がある》.

ac·cu·ra·cy [ǽkjʊrəsi | -rəsɪ, -rɪ-] 〘《1662》← ACCURATE＋-ACY〙 — *n.* **1** 正確，的確；綿密；精密；精(確)度：with ～ 正確に (accurately). **2 a** 〘数学〙正確さ (precision). **b** 〘物理・化学〙正確さ，精(密)度.

ac·cu·rate [ǽkjʊrət, -rɪt] 〘《1612》▭L *accūrāt-us* prepared with care (p.p.) ← *accūrāre* to take care of ← *ac-* 'AD-'＋*cūrāre* to take care of (← *cūra* care)〙 — *adj.* **1** 〈人が〉綿密な，正確な，緻密(ちみつ)な；〈言説・知識など〉精確な，的確な (correct)：～ information / an ～ report / to be ～ 正確に言えば / ～ *in* particulars 細目にわたって(も)正確な / He is ～ *in* what he says and does. 言動が周到である. **2** 〈機器など〉精密な，正確な，狂いのない (exact)：an ～ watch / ～ measurement 正確な測定. **～·ly** *adv.* **～·ness** *n.*

ac·cursed [əkə́ːst, əkə́ːsɪd, -səd | əkə́ːsɪd, -səd] 〘(p.p.) ← 《廃》*accurse* ← A-² (強意)＋CURSE〙 — *adj.* **1** のろわれた，たたりを受けた；浮かぶ瀬のない，不運な：the ～ thing のろわれたもの；いまわしいもの (*Josh.* 7:11). **2** のろうべき，いまわしい，憎むべき；《口語》いまいましい，いやでたまらない. **ac·cúrs·ed·ly** [-sɪdli, -səd- | -lɪ] *adv.* **ac·cúrs·ed·ness** [-sɪdnɪs, -səd-, -nəs] *n.*

ac·curst [əkə́ːst | əkə́ːst] *adj.* 《古》＝accursed.

accus. 《略》accusative.

ac·cus·a·ble [əkjúːzəbl, æk- | ək-] 〘▭F ～ ▭L *accūsābilis* ← *accūsāre* 'to ACCUSE'〙 *adj.* **1** 告訴[告発]すべき. **2** 罪を帰すべき，非難すべき.

ac·cus·al [əkjúːzəl, æk-, -zl | ək-] 〘⇨ accuse, -al¹〙 *n.* ＝accusation.

ac·cu·sa·tion [ækjʊzéɪʃən, ækjuː- | ækjuː-, ækjʊ-] 〘《c1380》▭F ～ // L *accūsātiō(n-)* ← *accusāre* 'to ACCUSE'：⇨ -ation〙 — *n.* **1** 非難，言いがかり (blame). **2** 〘法律〙告発，告訴，起訴 (indictment)：a false ～ 誣告(ぶこく) / be under an ～ 告訴されている / bring an ～ *against* …を告発する，…に対して公訴を提起する，…を起訴する. **3** 罪状，罪名，とが (charge).

ac·cu·sa·ti·val [əkjùːzətáɪvəl, æk- | ək-] 〘⇨↓, -al¹〙 *adj.* 〘文法〙対格の.

ac·cu·sa·tive [əkjúːzətɪv, æk- | əkjúːzət-] 〘《1434》▭L *accūsātīv-us* ← *accūsāre* 'to ACCUSE'：Gk (*ptōsis*) *aitiātikḗ* (the case) of that which is caused (lit. of accusing) を Priscian あるいは Varro が誤訳したもの，正しくは *causātīvus* (＝causative) とすべきところ〙 — *adj.* **1** 〘文法〙(ギリシャ語・ラテン語・ドイツ語などの)対格の：the ～ case 対格. **2** ＝accusatory. — *n.* 〘文法〙対格《英語では他動詞の直接目的語がこれに相当する》；対格の語，対格形：⇨ ADVERBIAL accusative. **ac·cú·sa·tive·ly** *adv.*

accúsative ábsolute *n.* 〘文法〙(ドイツ語などの)絶対対格，独立対格構文《文中で他の要素と文法的に関係せず，孤立的に用いられた対格(句)；例：G *Den Kopf* gesenkt, ging er daher.「彼はうなだれて来た」；cf. ablative absolute, nominative absolute》.

ac·cu·sa·to·ri·al [əkjùːzətɔ́ːriəl, æk-, -tóːr- | əkjùːzətɔ́ːrɪ-] 〘⇨↓, -al¹〙 — *adj.* 〘法律〙 **1** 弾劾[告発]主義的な《判事と検事が別々の；cf. inquisitorial 3》：the ～ procedure. **2** 告発人の. **～·ly** *adv.*

ac·cu·sa·to·ry [əkjúːzətɔ̀ːri, -tòːri, æk- | əkjúːzət(ə)rɪ] 〘▭L *accūsātōri-us* of an accuser ← *accūsāre*：⇨ accuse, -ory¹〙 — *adj.* **1** 〈言葉・態度など〉非難の，詰問的な. **2** 〘法律〙＝accusatorial.

ac·cu·sa·trix [ækjʊzéɪtrɪks, ækjuː- | ækjuː-, ækjʊ-] 〘▭L ～ (fem.) ← *accūsātor*〙 *n.* 女性告発人.

ac·cuse [əkjúːz, æk- | ək-] 〘《c1300》*accuse(n)* ▭L *accūs-āre* to accuse, call to account ← *ac-* 'AD-'＋*causāre* (← *causa* 'CAUSE¹, reason') ∽ ME *acuse(n)* ▭OF *acuser* < L *accūsāre*：cf. excuse, recusant〙 — *vt.* **1 a** 〈人〉に〔…の〕罪を着せる，〈人を〉〔過失など〕で責める〔*of*〕：They ～*d* him *of* dishonesty. 彼を不正直だと言って責めた / He was ～*d of* playing truant. ずる休みをしただろうと言って責められた. **b** 〈人を〉〔…のかどで〕告発[告訴]する，(正式に)起訴する〔*of*〕：～ a person *of* theft 人を窃盗(せっとう)(罪)で訴える / ～ a person *as* accessory to a crime 人を共犯として告訴する. **2** 〈人・事〉に罪[過失]を帰する，非難する：～ the times 時世が悪いのだと言う / Finding the cake gone, she ～*d* me. ケーキがなくなっているのを見て私が食べた[取った]のだろうと言った. **3** 《古》〈事を〉示す，表わす. — *vi.* 告発する.

ac·cúsed *adj.* **1** 〈人が〉罪に問われた，告訴された. **2** [the ～；名詞的に；単数または複数扱い] (刑事)被告人，被疑者 (cf. defendant).

ac·cús·er *n.* 告発者，告訴人；非難者.

ac·cús·ing *adj.* 非難の[する]；責める[とがめる]ような：an ～ eye とがめるような目つき / point an ～ finger at a person 人を指して非難する. **～·ly** *adv.*

ac·cus·tom [əkʌ́stəm, æk- | ək-] 〘《1422》▭OF *acostum-er* (F *accoutumer*) ← *à* 'A-⁴'＋*co(u)stume* 'CUSTOM'〙 — *vt.* [しばしば Passive または ～ *oneself* で]〈人・動物を〉(新しい事物に)慣らす，なじませる〔*to*〕/〔*to* do〕：～ one's eyes *to* the dark 目を暗闇に慣らす / ～ *oneself to* one's new work 新しい仕事に慣れる / I *am* [*got*] ～*ed to* live [*to* living] alone. ひとり住まいに慣れている[慣れた].

ac·cús·tomed *adj.* **1** 〔…に〕慣れた〔*to*〕. **2** 例の，いつもの (customary)；慣例の：in one's ～ seat / Put a thing in its ～ place. 物をいつもの場所に置け. **～·ness** *n.*

AC/DC 《略》〘電気〙alternating current or direct current.

AC/DC, ac/dc [éɪsìːdíːsìː] 〘↑：直流・交流両用の電気器具に喩えたもの〙 *adj.* 《俗》〈人が〉両性に対して性欲をもつ (bisexual).

ace [éɪs] 〘《a1250》*as* ▭(O)F *as* ace at dice or cards < L *as* unity：cf. deuce¹〙 — *n.* **1 a** (トランプの)エース，1 の札《A の記号で表わす》：the ～ of hearts ハートのエース. **b** (さいの)1 の目，1 の面；(ドミノなどの)1，1 の駒，牌(はい). **2 a** (テニス・バドミントン・バレーボールなどで)エース《相手がリターンできない打球》，(特に)サービスエース(service ace). **b** (サービス)エースによる得点[ポイント]. **3** 〘ゴルフ〙ホールインワン(によるスコア)，エース；ホールインワン (hole in one) を行なったホール. **4 a** 名手，名人，一流の人，ぴか一；優秀[重要]なもの，呼び物 (cf. 5)：a baseball ～ 野球の優秀選手 / a golf ～ ゴルフの名人 / an ～ *at* fishing 釣の名人. **b** [*pl.*；補語として]《米俗》一流[最高]のもの；すてきなもの；とてもいい[親切な]人. **5** [▭F *as*] (もとフランスで第一次大戦中，5 機以上の敵機を撃墜した)殊勲飛行士，空の勇士；敵機撃墜の名手，優秀な戦闘機パイロット. **6** ごくわずかの量[程度] (bit). **7** 《米俗》 **a** 1 ドル札. **b** 1 年の刑期. **8** 《米俗》(飲食店で)ひとり客(用のテーブル). **9** 〘物理〙エース (⇨ quark).

an ace in the hole (1) 〘トランプ〙(stud poker で)手札を配り終わるまで伏せてあるエースの札 (cf. hole card). (2) 《米》最後の決め手[切り札]，奥の手. (3) 〘ゴルフ〙ホールインワン. ***play one's ace*** 最善の手段を用いる. ***within an ace of*** もう少しのところで…しようとして (cf. 6)：He came *within an* ～ *of* death [being killed]. もう少しで死ぬ[殺される]ところだった.

— *attrib. adj.* 一流の，優秀な，すばらしい，ぴか一の (first-rate)：an ～ pilot, writer, etc.

— *vt.* **1** (テニス・バドミントンなどで)〈相手〉に対し(サービス)エースで得点する；〈サーブなどの球〉でエースを取る. **2** 〘ゴルフ〙〈ホール〉に一打で球を入れる. **3** 《米俗》〈試験〉で A [優]を取る. **4** 《米俗》〈人〉に勝つ，負かす，出し抜く.

ACE 《略》〘医学〙alcohol-chloroform-ether mixture アルコール 1，クロロフォルム 2，エーテル 3 の割合の調合麻酔剤；American Council on Education アメリカ教育協議会《AAC, AAU など 14 の教育関係団体で構成，主として高等教育の発展に努めている》.

ac·e- [ǽsə | ǽsɪ] 〘← ACETIC〙〘化学〙次の意の連結形：**1** 酢酸から誘導された：*ace*naphthene. **2** アセナフテン (acenaphthene) の[に関係する]：*ace*anthrene.

-a·ce [‐əsìː] 〘← LGk *akḗ* point：⇨ acrid〙「…面をもつ頂点」の意の名詞連結形：hept*ace*.

-a·ce·a [éɪʃiə | -ʃɪə] 〘← NL ～ ← L *-ācea* (neut. pl.) ← *-āceus* '-ACEOUS'：複数形になるのは本来 *animālia* (＝animals) を限定する形容詞であるため〙 — *suf.* 〘動物〙属 (genus) より上位の類(特に，綱・目など)の名を表わす複数名詞を造る：Crust*acea*.

-a·ce·ae [éɪsiiː] 〘← NL ～ ← L *-āceae* (fem. pl.) ← *-āceus* '-ACEOUS'：複数形になるのは本来 *plantae* (＝plants) を限定する形容詞であるため〙 — *suf.* 〘植物〙科 (family) 名を表わす複数名詞を造る：Ros*aceae*.

-a·ce·an [éɪʃiən, -ʃən | -ʃɪən, -ʃən] 〘▭L *-āceānus*：⇨ -acea, -aceae, -an¹〙 — *suf.* **1** [形容詞語尾] ＝-aceous. **2** [名詞語尾] -acea, -aceae に対する単数形：a crust*acean* / a ros*acean*.

a·ce·di·a¹ [əsíːdiə | -dɪə] 〘▭LL ～ ▭Gk *akēdía* torpor ← A-⁷＋*kḗdos* care〙 — *n.* **1** 無気力，無関心 (apathy). **2** (主に七つの大罪 (seven deadly sins) の一つとしての)怠惰 (sloth).

ac·e·di·a² [æsədíːə | æsɪ-] 〘▭Sp. *acedía*〙 *n.* 〘魚類〙西インド諸島・南米の大西洋岸に産するウシノシタ科の魚 (*Symphurus plagusia*).

áce-hígh 〘ポーカーで「ストレートをなす ace のある手」の意から〙 — *adj.* 《米》**1** 《口語》〔…に〕大いに人気がある[受けがよい]〔*with*〕. **2** 《俗》すばらしい，優れた；とても健康で，(体の)調子が上々の.

A·cel·da·ma [əséldəmə, əkél- | əkél-, əsél-] 〘▭ML ～ ▭Gk *Akeldamá* ▭Aram. *ḥaqēl dᵉmā* the field of blood〙 — *n.* **1** 〘聖書〙アケルダマ《Jerusalem 付近の地名；Judas がキリストを裏切った時に得た金で求めた土地；彼がここで無惨な死をとげたのでこう呼んだという；cf. *Acts* 1:19；*Matt.* 27:8》. **2** 流血の地，修羅(しゅら)の巷(ちまた)；いやな所.

a·cel·lu·lar [eɪséljʊlə | -lə(r)] 〘← A-⁷＋CELLULAR〙 *adj.* 細胞を含まない；細胞に分かれていない.

a·ce·naph·thene [æsənǽfθiːn, -nǽf- | æsɪnǽf-, -nǽp-] 〘← ACE-＋NAPHTHENE〙 — *n.* 〘化学〙アセナフテン ($C_{10}H_6(CH_2)_2$)《無色針状晶；コールタール中に含まれる；染料合成原料》.

a·ce·naph·thy·lene [æsənǽpθəliːn, -nǽf- | æsɪnǽf-θɪ-, -nǽp-] 〘⇨↑, -ylene〙 — *n.* 〘化学〙アセナフチレン ($C_{10}H_6(CH)_2$)《黄色板状晶；アセナフテンを脱水素して得られる》.

-a·cene [‐əsìːn] 〘← ANTHRACENE〙 *suf.* 〘化学〙「3 個またはそれ以上の縮合ベンゼン環を含んだ芳香族多環式炭化水素」の意の名詞を造る：pent*acene*.

a·ce·nes·the·sia [eɪsìːnəsθíːʒə, -ʒiə | -nɪsθíːzjə, -niːs-, -nəs-, -zɪə, -ʒə] 〘← A-⁷＋CENESTHESIA〙 *n.* 〘精神医学〙＝acoenesthesia.

a·cen·tric [eɪséntrɪk] 〘← A-⁷＋-CENTRIC〙 *adj.* **1** 中心のない；中心をはずれた. **2** 〘生物〙〈染色体が〉動原体 (centromere) を欠いた.

-a·ce·ous [éɪʃəs] 〖⇐L *-āceus* of the nature of : ⇨ -acea, -ous〗 ― *suf.* **1** [形容詞語尾]「…の性質をもった, …に似た」の意 : aren*aceous*, sapon*aceous*. **2** 〖生物〗-acea および -aceae に終わる名詞に対応する形容詞を造る : crust*aceous*, ros*aceous*.

a·ce·phal·ic [èɪsɪfǽlɪk, -sə-|-se-, -sɪ-, -ke-, -kɪ-] *adj.* =acephalous.

a·ceph·a·lous [eɪséfələs, əs-|(*1* では) -kéf-, -séf-, (*2, 3* では) -séf-] 〖(1731)←LL *acephalus* (⇐Gk *aképhalos* headless←A-[7]+*kephalḗ* head)+-OUS : ⇨ -cephalous〗 ― *adj.* **1** 〖動物〗無頭の ; 〖植物〗無(柱)頭の. **2** 〖詩学〗行首欠節の. **3** 指導[支配]者のいない.

áce póint *n.* (backgammon で)最初の 1 区画.

a·ce·quia [əséɪkjəː, ɑːs-; *Am. Sp.* asékja] 〖⇐Sp. ~ ⇐Arab. *as-sāqiyaʰ* irrigation stream ← *sāqā* to irrigate〗 ― *n.* (*pl.* **~s** [~z; *Sp.* ~s]) 〖米南西部〗灌漑(㊇)用溝 (irrigation ditch).

Ac·er·a·ce·ae [æ̀sərέɪsiìː] 〖←NL ~ ← *Acer* (属名 : ⇐L ~ 'maple tree')+-ACEAE〗 *n. pl.* 〖植物〗(ムクロジ目)カエデ科. **àc·er·á·ceous** [-ʃəs] *adj.*

ac·er·ate [ǽsərèɪt, -rət, -rɪt] 〖←L *ăcer* (↓)+-ATE[2]〗 *adj.* 〖植物〗 **1** 〈植物が〉針葉をもつ. **2** =acerose[1] 1.

a·cerb [əsə́ːb, æs-|əsə́ːb] 〖(1657) ⇐L *acerb-us* ← *ācer* sharp : ⇨ acrid〗 ― *adj.* **1** 〈熟していない果物など酸っぱい (sour), 苦い (bitter), 渋い (astringent). **2** 厳しい, 鋭い, 辛辣な (sharp) : an ~ writer.

ac·er·bate 〖←L *acerbāt-us* (p.p.) ← *acerbāre* ← *acerbus* sour (↑)〗 ― [ǽsəbèɪt|ǽsə-] *vt.* **1** 苛立たす, 怒らす. **2** 酸っぱくする. ― [əsə́ːbət, -bɪt|əsə́ː-] *adj.* 苛立った, 怒った.

a·cer·bic [əsə́ːbɪk|əsə́ː-] *adj.* =acerb. **a·cér·bi·cal·ly** *adv.*

a·cer·bi·ty [əsə́ːbəṭi, æs-|əsə́ːbətɪ, -bɪ-] 〖(1572) ⇐F *acerbité* // L *acerbitātem* sourness, harshness ← *acerbus* sour, harsh : ⇨ acerb, -ity〗 ― *n.* **1** 渋さ, 苦さ. **2** (気持・態度・言葉などの)鋭さ, 苦々しさ, 辛辣さ (bitterness) : with ~ 鋭く, 辛辣に.

ac·er·o·la [æ̀səróʊlə|-rə́ʊ-] 〖⇐Am.-Sp. ~ ← Sp. *acerola* 'AZAROLE'〗 ― *n.* 〖植物〗西インド諸島産キントラノオ科 *Malpighia* 属の酸味のある実をつけるオウトウの類の低木の総称.

ac·er·ose[1] [ǽsəròʊs|-rəʊs] 〖⇐L *acerōs-us* ← *acus* needle〗 *adj.* 〖植物〗 **1** 〈葉が〉針状の. **2** =acerate 1.

ac·er·ose[2] [ǽsəròʊs|-rəʊs] 〖⇐L *acerōs-us* ← *acus* chaff : ⇨ -ose[1]〗 *adj.* **1** もみがら状の. **2** もみがらの混ざった.

ac·er·ous[1] [ǽsərəs] *adj.* 〖植物〗=acerate.

a·ce·rous[2] [éɪsərəs] 〖⇐Gk *akérōs* ← A-[7]+*kéras* horn〗 *adj.* 〖動物〗触角のない ; 角のない.

a·cer·vate [əsə́ːvət, -vɪt, ǽsəvèɪt|əsə́ːvət, -vɪt, ǽsəvèɪt] 〖⇐L *acervāt-us* (p.p.) ← *acervāre* to heap up ← *acervus* heap〗 ― *adj.* 〖植物〗集積する, 群生する. **~·ly** *adv.* **ac·er·va·tion** [æ̀səvéɪʃən|æ̀sə-] *n.*

a·cer·vu·lus [əsə́ːvjʊləs|əsə́ː-] 〖←NL ~ (dim.) ← L *acervus* (↑)〗 *n.* (*pl.* **-vu·li** [-làɪ, -lìː]) 〖植物〗分生子堆.

a·ces·cent [əsésnt, æs-|əs-] 〖⇐F ~ // L *acēscentem* (pres.p.) ← *acēscere* to grow sour (inceptive) ← *acēre* to be sour〗 ― *adj.* 酸っぱくなりかかった ; やや酸っぱい. **a·cés·cen·cy** [-snsi|-sɪ] *n.*

a·cet- [ǽsət, əsíːt|ǽsɪt, əsíːt] (母音の前に来る時の) aceto- の異形.

aceta *n.* acetum の複数形.

acetabula *n.* acetabulum の複数形.

ac·e·tab·u·lar·i·a [æ̀sətæ̀bjʊlέ(ə)riə|æ̀sɪtæ̀bjʊlέəriə] 〖←NL ~ : ⇨ acetabulum, -aria〗 ― *n.* 〖植物〗カサノリ(小さな傘を開いたような形のカサノリ属 (*Acetabularia*) の暖海産の緑藻の総称).

ac·e·tab·u·li·form [æ̀sətæ̀bjʊləfɔ̀əm|æ̀sɪtæ̀bjʊlɪfɔ̀ːm] 〖←NL ~ : ⇨ ↓, -i-, -form〗 *adj.* 〖植物〗円盤状の.

ac·e·tab·u·lum [æ̀sətǽbjʊləm|æ̀sɪ-] 〖⇐L *acētābulum* (vinegar) cup ← ACETO-+*-ābulum* ((dim.) ← *-abrum* receptacle)〗 ― *n.* (*pl.* **-u·la** [-lə], **~s**) **1** (古代ローマの) 酢入れ(小杯の形をしている). **2** 〖動物〗吸盤 (sucker) ; 脚窩(㊇)(ももの関節下のくぼみ). **3** 〖解剖〗寛骨臼(㊇). **ac·e·tab·u·lar** [æ̀sətǽbjʊlə|æ̀sɪtǽbjʊlə(r)] *adj.*

ac·e·tal [ǽsətæ̀l|ǽsɪ-] 〖←ACETO-+-AL[2] : cf. G *Azetal*〗 ― *n.* 〖化学〗 **1** アセタール ($CH_3CH(OC_2H_5)_2$). **2** [*pl.*] アルデヒド (aldehydes) またはケトン (ketones) がアルコールとアセタール構造で化合しているもの.

ac·et·al·de·hyde [æ̀sətǽldəhàɪd|æ̀sɪ-] 〖←ACETO-+ALDEHYDE〗 *n.* 〖化学〗アセトアルデヒド (CH_3CHO) (酢酸など多くの工業薬品の原料).

ac·et·al·dol [æ̀sətǽldɔ(ː)l, -doʊl|æ̀sɪtǽldɒl] 〖⇨↑, -ol[1]〗 *n.* 〖化学〗アセトアルドール (⇨ aldol 1).

ac·et·am·ide [əsétəmàɪd, æ̀sətǽmaɪd, -mɪd, -məd|əsétəmàɪd, æ̀sɪtǽmɪd] 〖←ACETO-+AMIDE : cf. G *Azetamid*〗 ― *n.* (*also* **ac·et·am·id** [əsétəmɪd, -məd, æ̀sətǽm-|əsétəmɪd, æ̀sɪtǽm-]) 〖化学〗アセトアミド (CH_3CONH_2) (白色結晶 ; ethanamide ともいう).

ac·et·a·min·o·phen [æ̀sətəmínəfən|æ̀sɪtə-] *n.* 〖化学〗アセトアミノフェン ($C_8H_9O_2N$) (染料合成用, あるいは鎮痛解熱剤 ; paracetamol ともいう).

ac·et·an·i·lide [æ̀sətǽnəlàɪd, -lɪd, -ləd, -nḷ-|æ̀sɪtǽnɪlàɪd, -lɪd] 〖←ACETO-+ANILIDE〗 ― *n.* (*also* **ac·et·an·i·lid** [æ̀sətǽnəlɪd, -ləd, -nḷ-|æ̀sɪtǽnɪ-]) 〖薬学〗アセトアニリド (C_8H_9ON) (解熱鎮痛剤 ; acetylaminobenzene ともいう).

ac·e·tar·i·ous [æ̀sətέ(ə)riəs|æ̀sɪtέəri-] 〖←L *acētāria* vegetables prepared with vinegar (=*acētum*)+-OUS〗 *adj.* サラダ用の : ~ plants.

ac·e·tate [ǽsətèɪt|ǽsɪtèɪt, -tət, -tɪt] 〖←ACETO-+-ATE[1] : cf. F *acétate*〗 ― *n.* **1** 〖化学〗酢酸塩, 酢酸エステル : ⇨ copper acetate. **2** 〖化学〗アセテート (⇨ cellulose acetate). **3 a** 〖化学〗アセテート製品(酢酸塩または酢酸セルロースで造る). **b** (レコードの)アセテート盤(acetate disk ともいう). **4** 〖印刷〗(図版などの上にかぶせる)アセテート(フィルム).

ac·e·tat·ed [ǽsətèɪṭɪd, -ṭəd|ǽsɪtèɪt-] *adj.* 酢酸で処理した ; 酢酸をまぜた.

ácetate dísk *n.* =acetate 3 b.

ácetate fíber [ráyon, sílk] *n.* 酢酸人造絹糸, アセテート.

ac·et·a·zol·a·mide [æ̀səṭəzóʊləmàɪd, -mɪd, -məd|æ̀sɪtəzə́ʊləmàɪd, -mɪd] 〖←ACETO-+AZOLE+AMIDE〗 ― *n.* 〖薬学〗アセタゾールアミド ($C_4H_6N_4O_3S_2$) (動物用強心利尿剤).

a·ce·tic [əsíːṭɪk, æs-, əséṭ-|-tɪk] 〖(1808) ← ACETO-+-IC[1]〗 *adj.* 酢酸の(ような), 酢酸を含む[生じる] ; 酢の(ような), 酢を含む[生じる].

acétic ácid *n.* 〖化学〗酢酸 (CH_3COOH).

acétic anhýdride *n.* 〖化学〗無水酢酸 ($(CH_3CO)_2O$).

acétic fermentátion *n.* 〖化学〗酢酸発酵(アルコールが酢酸菌の酸化作用により酢酸を生成する現象).

a·ce·ti·fi·ca·tion [əsìːṭəfɪkéɪʃən, æs-, -sèṭ-, -fə-|-sètɪ-, -sìːt-] 〖←ACETO-+-FICATION〗 *n.* 〖化学〗酢化.

a·cé·ti·fi·er *n.* 酢化器 ; 酢酸製造器.

a·ce·ti·fy [əsíːṭəfàɪ, æs-, -séṭ-|-sét-, -síːt-] 〖←ACETO-+-I-+-IFY〗 *vt., vi.* 酢化する, 酢酸にする[なる].

ac·e·tim·e·ter [æ̀sətíməṭə|æ̀sɪtímɪtə(r), -mə-] 〖←ACETO-+-I-+-METER[1] : cf. F *acétimètre*〗 *n.* 〖化学〗=acetometer.

ac·e·tin [ǽsətn, -ṭɪn, -ṭən|ǽsɪtɪn] 〖←ACETO-+-IN[1]〗 ― *n.* 〖化学〗アセチン : **a** モノアセチン(monoacetin) ($C_3H_5(OH)_2OCOCH_3$) (爆薬の材料 ; glyceryl monoacetate ともいう). **b** ジアセチン (diacetin) ($C_3H_5(OH)(OCOCH_3)_2$) (可塑材・溶剤). **c** トリアセチン (triacetin) ($C_3H_5(OCOCH_3)_3$) (可塑材・溶材, (香水の)保香材).

ac·e·to- [ǽsəṭoʊ, əsíːṭ-|ǽsɪtəʊ, əsíːt-] 〖←L *acētum* (⇨ acetum)+-o-〗 ― 〖化学〗「アセチル (CH_3CO) を含んだ」の意の連結形. ★ 母音の前では通例 acet- になる.

àceto·ácetate *n.* 〖化学〗アセト酢酸塩[エステル].

àceto·acétic ácid 〖(部分訳) ← G *Azetessigsäure* ← *azet-* (⇨ aceto-)+*Essigsäure* acetic acid〗 *n.* 〖化学〗アセト酢酸 (CH_3COCH_2COOH).

acetoacétic éster *n.* 〖化学〗アセト酢酸エステル (⇨ ethyl acetoacetate).

a·ce·to·bac·ter [əsíːṭo(ʊ)bæ̀ktə|-tə(ʊ)bæ̀ktə(r)] 〖←NL ~ ← ACETO-+*-bacter* (⇨ bacterium)〗 *n.* 〖細菌〗酢酸菌, アセトバクター(*Acetobacter* 属の酢酸を作る好気性杆菌類).

a·cet·o·in [əsétoʊɪn, -ən|-təʊɪn] 〖←ACETO-+-IN[1]〗 ― *n.* 〖化学〗アセトイン ($CH_3COCHOHCH_3$) (無色芳香性の液体; 香料・エッセンスの原料; dimethylketol ともいう).

ac·e·tom·e·ter [æ̀sətɑ́məṭə|æ̀sɪtɔ́mɪtə(r), -mə-] 〖←ACETO-+-METER[1]〗 *n.* 〖化学〗酢酸比重計.

ac·e·tone [ǽsətòʊn|ǽsɪtəʊn] 〖⇐G *Azeton* : ⇨ aceto-, -one〗 ― *n.* 〖化学〗アセトン (CH_3COCH_3) (無色揮発性の液体 ; dimethylketone, propanone ともいう). **ac·e·ton·ic** [æ̀sətɑ́nɪk, -tóʊn-|æ̀sɪtɔ́n-] *adj.*

ácetone bòdy *n.* 〖生化学〗アセトン体 (⇨ ketone body).

ácetone cyanohýdrin *n.* 〖化学〗アセトンシアノヒドリン ($(CH_3)_2C(OH)CN$) (無色の液体 ; メタクリル酸メチルの合成原料).

ácetone fermentátion *n.* 〖化学〗アセトン発酵.

àceto·nítrile 〖←ACETO-+NITRILE〗 *n.* 〖化学〗アセトニトリル (CH_3CN) (エーテル様香気のある無色の液体; 合成物質原料・溶剤; methyl cyanide ともいう).

ac·e·to·nur·i·a [æ̀səṭo(ʊ)n(j)ʊ́(ə)riə|-tə(ʊ)njʊ́əriə] 〖←NL ~ : ⇨ acetone, -uria〗 *n.* 〖病理〗=ketonuria.

àceto·phenétidin 〖←ACETO-+PHENETIDIN(E)〗 *n.* 〖薬学〗アセトフェネチジン ($C_{10}H_{13}O_2N$) (解熱・鎮痛剤 ; phenacetin ともいう).

ac·e·to·phe·none [æ̀səṭo(ʊ)fənóʊn, əsìːṭ-|æ̀sɪtə(ʊ)fɪnə́ʊn, əsìːt-] 〖←ACETO-+PHENO-+-ONE : cf. F *acétophénone*〗 *n.* 〖化学〗アセトフェノン ($CH_3COC_6H_5$) (無色の板状晶で芳香をもつ ; acetylbenzene, hypnone, phenyl methyl ketone ともいう).

ac·e·tose [ǽsətòʊs, əsíː-|ǽsɪtəʊs] 〖⇐LL *acētōsus* : ⇨ ↓〗 *adj.* =acetous 1.

àceto·stéarin 〖←ACETO-+STEARIN〗 *n.* 〖化学〗アセトステアリン ($CH_3(CH_2)_{16}COOCH_2CHOHCH_2OOCCH_3$) (非油脂性ろう状の固体 ; 食品防腐剤・可塑材).

ac·e·tous [ǽsəṭəs, əsíː-|ǽsɪt-] 〖⇐F *acéteux* vinegary // LL *acētōsus* sour : ⇨ ↓, -ous〗 *adj.* **1** 酢の(ような), 酢を含む[生じる]. **2** 〈批評など〉辛辣な.

a·ce·tum [əsíːṭəm|-təm] 〖⇐L *acētum* vinegar= (*vinum*) *acētum* vine turned sour (neut. p.p.) ← *acēscere* to turn sour (inceptive) ← *acēre* to be sour〗 *n.* (*pl.* **a·ce·ta** [-ṭə|-tə]) 〖薬学〗酢剤, 酢酸溶液 ; 酢.

a·ce·tyl [əsíːṭḷ, əséṭḷ, ǽsəṭḷ, -tìːl|ǽsɪtɪl] 〖←ACETO-+-YL〗 *n.* 〖化学〗アセチル基 (CH_3CO-).

acètyl·ácetone 〖⇨↑, acetone〗 ― *n.* 〖化学〗アセチルアセトン ($C_5H_8O_2$) (無色芳香性液体 ; 互変異性体のケト形 ($CH_3COCH_2COCH_3$) とエノール形 ($CH_3COCHC(OH)CH_3$) の混合物として存在する).

acètyl·amìno·bénzene 〖←ACETYL+AMINO-+BENZENE〗 *n.* 〖薬学〗アセチルアミノベンゼン (⇨ acetanilide).

a·cet·y·late [əséṭəlèɪt, -ṭḷ-|-tɪl-] 〖←ACETYL+-ATE[3] // (逆成) ↓〗 *vt., vi.* 〖化学〗アセチル化する (acetylize). **a·cet·y·la·tive** [əséṭəlèɪṭɪv, -ṭḷ-|-tɪlèɪt-] *adj.*

a·cet·y·la·tion [əsèṭəléɪʃən, -ṭḷ-|-tɪl-] 〖←ACETYL+-ATION〗 *n.* 〖化学〗アセチル化[置換].

a·cét·y·là·tor [-ṭə|-tə(r)] *n.* 〖化学〗酢化機(アセチル基置換反応を行なわせる反応装置).

acètyl·bénzene *n.* 〖化学〗アセチルベンゼン (⇨ acetophenone).

acétyl céllulose *n.* 〖化学〗アセチルセルロース (cellulose acetate).

acétyl chlóride *n.* 〖化学〗塩化アセチル (CH_3COCl) (無色刺激臭液体 ; アセチル化試薬).

acètyl·chóline 〖←ACETYL+CHOLINE〗 *n.* 〖薬学・生化学〗アセチルコリン ($C_7H_{17}O_3N$) (血管拡張剤, 副交感神経の刺激伝達物質). **acètyl·cholínic** *adj.*

àcetyl·cho·lin·és·ter·ase [-kòʊlɪnéstərèɪs, -kɑ̀l-, -lə-, -rèɪz|-kəʊlɪnéstərèɪs, -kɔ̀l-] 〖⇨↑, esterase〗 ― *n.* 〖生化学〗アセチルコリンエステラーゼ(アセチルコリンを不活性化する酵素).

acétyl-Cò Á [-kòʊ-éɪ] *n.* 〖生化学〗=acetyl coenzyme A.

acétyl coénzyme Á *n.* 〖生化学〗アセチル補酵素 A ($C_{23}H_{38}N_7O_{17}P_3S$) (補酵素 A の SH 基にアセチル基が結合したもの).

a·cet·y·lene [əséṭəlɪn, -lən, -lìːn, -ṭḷ-|əsétɪlìːn, æs-, -tə-] 〖←ACETYL+-ENE〗 ― *n.* 〖化学〗アセチレン(ガス) ($HC{\equiv}CH$) (三重結合をもつ最も簡単な炭化水素 ; 反応性に富み化学工業原料として重要 ; ethyne ともいう) : ~ gas / an ~ lamp. **a·cet·y·le·nic** [əsèṭəlíːnɪk, -lén-, -ṭḷ-|-təl-] *adj.*

acétylene bláck *n.* 〖化学〗アセチレンブラック(アセチレンの熱分解・爆発分解などによって得られるカーボンブラックの一種 ; 乾電池の充塡剤・プラスチックの配合剤などに用いる ; cf. thermal black).

acétylene sèries *n.* [the ~] 〖化学〗アセチレン列(アセチレンの同族体で, その一般式は C_nH_{2n-2}).

acétylene tetrachlóride *n.* 〖化学〗四塩化アセチレン (⇨ tetrachloroethane).

acétyl gròup *n.* [the ~] 〖化学〗アセチル基.

ac·e·tyl·ic [æ̀sətílɪk|æ̀sɪ-] 〖←ACETYL+-IC[1]〗 *adj.* 〖化学〗アセチル基の.

a·cet·y·lide [əséṭəlàɪd, -ṭḷ-|-tɪl-] 〖←ACETYL+-IDE[2]〗 *n.* 〖化学〗アセチリド(アセチレンの水素を金属で置換したものの総称).

a·cet·y·lize [əséṭəlàɪz, -ṭḷ-|-tɪl-] 〖←ACETYL+-IZE〗 *vt., vi.* 〖化学〗=acetylate.

acétyl nùmber *n.* 〖化学〗アセチル数 (⇨ acetyl value).

acétyl peróxide *n.* 〖化学〗過酸化アセチル ($(CH_3COO)_2$) (分解してアセトキシル基, メチル基を生じる ; ラジカル重合開始剤に用いられ, 爆発性がある).

acétyl prómazine *n.* 〖薬学〗アセチルプロマジン ($C_{19}H_{22}N_2OS$) (鎮静剤).

acètyl·salicýlic ácid 〖←ACETYL+SALICYLIC〗 *n.* 〖薬学〗アセチルサリチル酸 (⇨ aspirin 1).

acétyl vàlue *n.* 〖化学〗アセチル価(アセチル化した油脂の結合酢酸量を示す数値 ; acetyl number ともいう).

ac·ey-deuc·ey [éɪsi-d(j)úːsi|-sɪ-djúːsɪ] 〖←ACE[1]+-Y[2]+DEUCE[1]+-Y[2]〗 ― *n.* (*also* **ac·ey-deuc·y** [~]) バックギャモン (backgammon) の一種で, 2 と 1 の組合せの目がでると, どの doublet でも自由に選べ, さらにもう一度ふる権利が与えられるもの.

A.C.G.B. 〖略〗Arts Council of Great Britain 英国芸術評議会 (cf. C.E.M.A.).

ác-glóbulin [éɪsíː-, ǽk-] 〖略〗*n.* 〖生化学〗=accelerator globulin.

ach [ɑ́ːx, ɑ́ːk; G. áx] 〖⇐G & Celt. ~〗 *int.* =ah.

A·chae·a [əkíːə|əkíːə, əkíə] *n.* アカイア(ギリシャ南部, Peloponnesus 半島北岸の Corinth 湾に臨んだ古代の地域).

A·chae·an [əkíːən|əkíːən, əkíən] 〖←L *Achaeus* (⇐Gk *Akhaiós*)+-AN[1]〗 ― *adj.* **1** アカイア (Achaea) (人)の. **2** (古代)ギリシャ(人)の (Greek). ― *n.* **1** アカイア人 ; (有史以前の)アカイア人 (cf. Aeolian 1, Dorian[1], Ionian 1). **2** (古代)ギリシャ人 (Greek).

Achǽan Léague *n.* [the ~] アカイア同盟(280–146 B.C. に Achaea 地方を中心としたギリシャ諸都市の間に結ばれた政治上の同盟).

Ach·ae·me·ni·an [æ̀kɪmíːniən, æ̀kə-, -njən|æ̀kɪmíːnjən, -nɪən] 〖←L *Achaemenius* ← Gk *Akhaiménēs* Achaemenes (紀元前 7 世紀のペルシャ王) : ⇨ -an[1]〗 ― *adj.* **1** アケメネス(王)朝の. **2** (碑文に用いられた)アケメネス朝ペルシャ語の. ― *n.* アケメネス朝の人.

A·chae·me·nid [əkíːmənɪd, æk-, -kém-, -nəd|-nɪd] 〖←*Achaemenes* (↑)+-ID[2]〗 ― *n.* (*pl.* **~s**, **Ach·ae·men·i·dae** [æ̀kɪménədìː, æ̀kə-|æ̀kɪménɪ-], **Ach·ae·men·i·des** [-dìːz]) **1** [the ~s] アケメネス王朝[王家] (550–331 B.C. ; 古代オリエントのほとんど全域を支配したイラン人の王朝). **2** アケメネス王朝[王家]の人. ― *adj.* アケメネス(王)朝の.

a·chae·tous [eɪkíːṭəs, ək-|-təs] 〖←A-[7]+Gk *khaítē*

hair＋-OUS〗 *adj.* 〘動物〙棘(し)[剛毛] (setae) のない.

A·chai·a [əkáɪə, əkéɪə | əkáɪə] *n.* =Achaea. **A·chái·an** [-ən] *adj., n.*

ach·a·la·si·a [ækəléɪʒiə, -ʒə | -ziə, -zɪə, -ʒɪə] 〖← NL ～ ← A-[7]＋Gk *khálasis* loosening (← *khalân* to loosen ＋-SIS)＋-IA[1]〗 **—** *n.* 〘病理〙弛緩不能性, 無弛緩症; 噴門痙攣(けいれん).

a·char [ɑːtʃɑ́ə, ⌐ — | ɑːtʃɑ́ː(r, ⌐ —] 〖⊏ Pers. *āchār*〗 *n.* (インドの)漬物, ピクルス.

a·char·ne·ment [æʃɑənmɑ́ː(ŋ), -mɔ́ː(ŋ), -mɑ́ːŋ, -mɔ́(ː)ŋ | æʃɑːn-; *F.* aʃaʀnəmɑ̃] 〖⊏ F ～ ← *acharner* to give a taste of flesh (to dogs, etc.): ⇨ -ment〗 **—** *F. n.* **1** (攻撃・憎悪などの)猛烈さ, 獰猛(どうもう)さ (ferocity). **2** 熱意 (gusto).

A·cha·tes [əkéɪtiːz, ɑːkɑ́ːtes] 〖⊏ L *Achātēs* ⊏ Gk *akhā́tēs* 'AGATE'〗 *n.* **1** 〘ギリシャ・ローマ神話〙アカーテース《Aeneas の親友》. **2** 信義に厚い友(cf. fidus Achates).

ach·a·ti·na [ækətáɪnə, -tíː-] 〖← NL ～ ← L *achātēs* 'AGATE'〗 **—** *n.* 〘動物〙アフリカマイマイ科アフリカマイマイ属 (*Achatina*) のカタツムリの総称《殻高 19 cm のメノウアフリカマイマイ (*A. achatina*) や作物の害虫のアフリカマイマイ (*A. fulica*) など》.

ache [éɪk] 〖v.: ME *ake(n)* < OE *acan* ← ?. — n.: ME *ache* < OE *ǣce* ← (v.): n. の発音は [éɪtʃ] であったのが 1700 年ごろ v. と混同され, n. のつづり字 *ache* を v. の発音 [éɪk] で読むようになった〗 **—** *vi.* **1** 痛む, うずく: My head [ear] ～*s*. / ～ all over からだ中が痛む / His limbs were *aching from* [*with*] fatigue. 疲労のため手足が痛んでいた. **2 a** 〈人・心が〉痛む, 悲しむ, 悩む: ～ *with* regret 痛惜に堪えない / I [My heart] ～*d at* the sad news. 悲報を聞いて心が痛んだ. **b** 〔…を〕哀れに思う, 〔…に〕同情する〔*for*〕: ～ *for* an orphan boy 孤児の少年を哀れむ. **3** 《口語》〔…を〕切望する, 〔…に〕あこがれる (long)〔*for*〕; 〈…したくて〉たまらない〈*to do*〉: ～ *for* home 強い郷愁を感じる / ～ *for* a sight of a person 人を一目(でも)見たいと思う / She was *aching to* go to the concert. その演奏会に行きたくてたまらなかった. **—** *n.* **1 a** 痛み, うずき, 疼痛(とうつう): an ～ *in* one's knee ひざの痛み / have ～*s* and pains (身体が)方々痛い. **b** [複合語の第 2 構成素として] …痛: ⇨ headache, stomachache, toothache, etc. **2** 心痛, 悲しみ, 悩み: ⇨ heartache.

a·chech [ətʃék] 〖← Egypt.〗 *n.* 〘エジプト神話〙アチェック《ライオンの体と鳥の翼をもつ生物》.

Ach·e·lo·us [ækəlóʊəs | -lə́ʊ-] 〖⊏ L *Achelōus* ⊏ Gk *Akhelôios*〗 **—** *n.* 〘ギリシャ神話〙アケローオス《ギリシャ西北部の川の神; Deianira の愛を得ようとして Hercules に負けた; Sirens の父》.

a·chene [əkíːn, eɪ-] 〖← NL *achaen-ium* ← A-[7]＋Gk *khaínein* to yawn＋-IUM〗 **—** *n.* 〘植物〙痩果(そうか)《キク科植物の果実など; cf. fruit 1 a》. **a·ché·ni·al** [-niəl | -nɪ-] *adj.*

a·che·ni·um [əkíːniəm, eɪ- | -nɪ-] 〖↑〗 *n.* (*pl.* **-ni·a** [-niə | -nɪə]) 〘植物〙=achene.

Ach·er·nar [ékənɑ̀ə, éɪ- | éɪkənɑ̀ː(r] 〖⊏ Arab. *ākhir-an-nahr* end of the river〗 *n.* 〘天文〙アケルナル《エリダヌス座 (Eridanus) の α 星で 0.5 等星》.

Ach·er·on [ǽkərɑ̀n | ǽkərɔ̀n, -rən] 〖⊏ L ～ ⊏ Gk *Akhérōn* 《原義》marshlike water ← ? *ákhos* grief, woe〗 **—** *n.* **1** 〘ギリシャ・ローマ神話〙アケロン, 「三途(さんず)の川」《黄泉(よみ)の国 Hades にある川; 死者の霊が渡し守 Charon の舟で渡る》. **2** 冥土(めいど), あの世; 地獄.

Ach·e·son [ǽtʃəsn, ǽtʃɪ- | ǽtʃɪ-], **Dean** (**Good·er·ham**) [gʊ́dəhæ̀m, -dərəm | -dəhæ̀m, -dərəm] *n.* (1893–1971) 米国の法律家・政治家; 国務長官 (1949–53).

A·cheu·le·an [əʃúːliən, əʃə́ː- | -lɪən, -ljən] 〖⊏ F *acheuléen* ← *St. Acheul* (フランスの地名; ここで初めて当時の遺物が発見された)〗 **—** *adj.* (*also* **A·cheu·li·an** [～]) 〘考古〙(ヨーロッパの旧石器時代前期の一時期)アシュール期(文化)の (cf. Palaeolithic).

à che·val [ɑːʃəvɑ́ːl; *F.* aʃəval] 〖⊏ F ～〗 **—** *F. adv.* **1** 馬に乗って (on horseback); またがって (astride). **2** (賭け事などで)二股かけて; (特に, ルーレットで)区画[数字]にまたがって.

a·chiev·a·ble [ətʃíːvəbl] *adj.* 成しとげられる, 成就できる.

a·chieve [ətʃíːv] 〖《c1380》*acheve(n)* ⊏ (O)F *achever* to accomplish, complete ← OF (*venir*) *à chief* 《原義》(to come) to a head (=to an end): cf. L *ad caput venīre*〗 **—** *vt.* **1** 〈仕事などを〉成しとげる, 達成する (accomplish): ～ a task / ～ one's purpose 目的を達する / He never fails to ～ what he undertakes. 始めたことは必ずやりとげる. **2** 〈功績を〉立てる, 〈名誉などを〉かち取る (gain, attain): ～ success 成功[目的]をとげる / ～ fame 名を博する[あげる] / ～ independence 独立を成しとげる. **—** *vi.* **1** 目的を達する. **2** 《米》(学業などで)一定の標準に達する. **a·chiév·er** *n.*

a·chíeve·ment 〖《1475》⊏ (O)F *achèvement*: ⇨ ↑, -ment〗 **—** *n.* **1** 達成, 成就, 成功: the ～ of one's object / a sense of ～ 成就感. **2** 業績, 功業, 功績, 偉業 (exploit): a scientific ～. **3** 〘教育〙学力, 成績. **4** 〘紋章〙 **a** 大紋章《盾に各種のアクセサリーを付けたもの; ⇨ heraldry 挿絵 A》. **b** 大紋章のほか badge, standard までを含めた総称. **c** =hatchment.

achíevement àge *n.* 〘心理・教育〙成就[教育]年齢《標準学力テストの結果を各教科ごとに年齢尺度に換算したもの; 略 AA, A.A.; educational age ともいう》.

achíevement quòtient *n.* 〘心理・教育〙 **1** =accomplishment quotient. **2** 教育指数《成就年齢 (achievement age) を暦年齢 (chronological age) で割った数(を 100 倍したもの); 略 AQ, A.Q.; educational quotient ともいう》.

achíevement tèst *n.* 〘教育〙学力テスト[検査].

a·chi·la·ry [eɪkáɪləri, ək- | -rɪ] 〖← A-[7]＋CHILO-＋-ARY〗 *adj.* 〘植物〙唇弁のない, 唇弁の未発達な.

Ach·il·le·an [ækəlíːən, əkíli- | ækɪlíː-] 〖⇨ ↓, -an[1]〗 *adj.* アキレス (Achilles) のような; 不死身の; 大力無双の.

A·chille [ɑːʃíːl, æ-; *F.* aʃil] 〖⊏ F ～ (↓)〗 *n.* 男性名.

A·chil·les [əkíliːz] 〖⊏ L *Achillēs* ⊏ Gk *Akhilleús* ← ?〗 **—** *n.* **1** 男性名. **2** 〘ギリシャ伝説〙アキレス, アキレウス《Peleus と海の女神 Thetis の子; Homer 作の *Iliad* に出てくるトロイ戦争でのギリシャ軍の英雄; 唯一の弱点であったかかと (heel) を敵将 Paris に射られて倒れたという》.

Achilles and the tortoise アキレスと亀《亀より 10 倍早く走れる Achilles が 100 ヤードのハンディキャップを付けて亀と競走するとしたら, 彼が最初の 100 ヤードを走る間に亀は 10 ヤード進み, 彼がその 10 ヤードを走る間に相手はさらに 1 ヤード進むことになり, Achilles は永遠に追付くことができない, としたギリシャの哲学者 Zeno of Elea の逆説の一つ》.

Achílles' [Achílles] héel [əkíliːz-] 〖母 Thetis が幼い Achilles を不死身にするため Styx 川に浸した時ぬれなかった個所という〗 **—** *n.* (Achilles のかかとのような)弱点, 「(弁慶の)泣き所」(vulnerable point) 《heel of Achilles ともいう》.

Achílles' [Achílles] téndon 〖《なぞり》← L *tendō Achillis*〗 *n.* 〘解剖〙アキレス腱(けん), 踵骨腱.

a·chim·e·nes [əkímənìːz | -mɪ-] 〖← NL ～ 《変形》← L *achaemenis* ⊏ Gk *akhaiménis*〗 **—** *n.* (*pl.* ～) 〘植物〙アキメネス, ハナギリソウ《熱帯アメリカ産イワタバコ科ハナギリソウ属 (*Achimenes*) の草の総称; サビハナギリソウ (*A. grandiflora*) など; ラッパ状の美花をつけ, 観賞用》.

ách·ing *adj.* ずきずき痛む, うずく: an ～ tooth / an ～ void やるせない空虚な気持; 《戯言》空腹 (cf. W. Cowper, *Olney Hymns*). **～·ly** *adv.*

a·chi·ral [eɪkáɪrəl, æk- | -káɪər-] 〖← A-[7]＋CHIRAL〗 *adj.* 〘化学〙アキラルの, 非掌性の《鏡像体をもたない; ↔ chiral》.

A·chit·o·phel [əkítəfèl | -tə(ʊ)-] *n.* 〘聖書〙=Ahithophel.

ach·kan [ɑ́ːtʃkən] 〖⊏ Hindi *ackan*〗 *n.* (インド人男子の着る) 7 分丈の長上着.

a·chlam·y·date [eɪklǽmədèɪt, -dət, -dɪt] 〖← A-[7]＋CHLAMYDATE〗 *adj.* 〘動物〙〈腹足類の動物が〉外套膜 (mantle) のない.

ach·la·myd·e·ous [æ̀kləmídiəs, èɪk- | -dɪ-] 〖← A-[7]＋CHLAMYDEOUS〗 *adj.* 〘植物〙花被のない, 無被の: an ～ flower 無花被花.

a·chlor·hyd·ri·a [èɪklɔəhídriə, -kloə-, -háɪd- | -klɔː-háɪdrɪə] 〖← NL ～: ⇨ a-[7], chloro-, hydro-, -ia[1]〗 **—** *n.* 〘病理〙塩酸欠乏(症), 無[遊離]塩酸症. **a·chlor·hyd·ric** [èɪklɔəhídrɪk, -kloə-, | -hàɪdrɪk] *adj.*

a·chlo·ro·phyl·lous [eɪklɔ̀ːrəfíləs, -klòː- | -klɔ̀ːr-] 〖← A-[7]＋CHLOROPHYLLOUS〗 *adj.* 〘植物〙葉緑素のない.

a·cho·li·a [əkóʊliə, eɪ- | -kə́ʊlɪə] 〖← NL ～ ← Gk *akholía* ← A-[7]＋*kholḗ* bile〗 **—** *n.* 〘病理〙胆汁欠乏(症). **a·chol·ic** [eɪkɑ́lɪk | -kɔ́l-] *adj.* **a·cho·lous** [eɪkóʊləs, -kɑ́l- | -kə́ʊl-, -kɔ́l-] *adj.*

a·chon·drite [eɪkɑ́ndraɪt | -kɔ́n-] 〖← A-[7]＋CHONDRITE〗 *n.* 〘岩石〙エコンドライト, 無球粒隕石(cf. chondrite). **a·chon·drit·ic** [èɪkɑndrítɪk | -kɔndrít-] *adj.*

a·chon·dro·pla·si·a [eɪkɑ̀ndrəpléɪʒiə, -ʒə | -kɔ̀ndrəpléɪzɪə, -zjə] 〖← A-[7]＋CHONDRO-＋-PLASIA〗 **—** *n.* 〘獣医・病理〙軟骨発育不全(症), 軟骨無形成症《牛など胎生時から発病し, 侏儒(しゅじゅ)となる疾患; 家禽(かきん)では creeper, 人間の場合は fetal rickets ともいう》.

a·chon·dro·plas·tic [eɪkɑ̀ndrəplǽstɪk | -kɔ̀n-] *adj.*

a·choo [ətʃúː] *int., n.* (*pl.* ～**s**) 《米》=atchoo.

a·chro·a·cyte [eɪkróʊəsàɪt | -krə́ʊ-] 〖← A-[7]＋Gk *khróa* color＋-CYTE〗 *n.* 〘解剖〙無色細胞.

ach·ro·ite [ǽkroʊàɪt | ǽkrəʊ-] 〖⊏ G *Achroit* ← A-[7]＋-*chroos* (⇨ -chroous): ⇨ -ite[1]〗 *n.* 〘鉱物〙アクロアイト《電気石の無色または白色の変種; 宝石に用いる》.

ach·ro·mat [ǽkrəmæ̀t | -rə(ʊ)-] 〖1: 《略》← ACHROMAT(IC LENS). 2: 《異形》← ACHROMATE〗 *n.* **1** 〘光学〙アクロマート (⇨achromatic lens). **2** 〘眼科〙全色盲者.

a·chro·mat- [èɪkro(ʊ)mæ̀t, æk- | -rə(ʊ)-] (母音の前に来る時の) achromato- の異形.

ach·ro·mate [ǽkrəmèɪt, -ro(ʊ)- | -rə(ʊ)-] 〖《逆成》↓〗 *n.* 〘眼科〙=achromat 2.

ach·ro·mat·ic [æ̀krəmǽtɪk, -ro(ʊ)- | -rə(ʊ)mǽt-] 〖《1766》← ACHROMATO-＋-IC[1]〗 *adj.* **1 a** 無色の (colorless). **b** 〘光学〙収色的な, 色消しの. **2 a** 〘生物〙非染色性の; 〈細胞が〉色素に染まりにくい. **3** 〘音楽〙全音階の (diatonic). **àch·ro·mát·i·cal·ly** *adv.*

achromátic cólor *n.* 〘心理〙無彩色《白・黒など彩度 0 の色》.

achromátic fígure *n.* 〘生物〙非染色像, 不染色像《有糸分裂における核分裂像のうち塩基性色素に染まらない部分; cf. chromatic figure》.

ach·ro·ma·tic·i·ty [æ̀krəmətísəti, -ro(ʊ)- | ækrə(ʊ)-mətísətɪ, -sɪ-] *n.* 〘光学〙=achromatism.

achromátic léns *n.* 〘光学〙色消し[アクロマチック]レンズ《色(しき)収差の補正されたレンズ; achromat ともいう; ⇨ lens 挿絵》.

achromátic prísm *n.* 〘光学〙色消しプリズム《光を分散させず, 光線の方向を変化させるプリズム》.

achromátic vísion *n.* 〘病理〙明暗視, 全色盲.

a·chro·ma·tin [eɪkróʊmətɪn, -tən | -krə́ʊmətɪn] 〖← A-[7]＋CHROMATIN〗 *n.* 〘生物〙(細胞核内の)非染色質, 不染色質, アクロマチン (cf. chromatin).

a·chro·ma·tism [eɪkróʊmətìzm, æk- | əkrə́ʊ-, æk-, eɪk-] 〖← Gk *akhrṓmatos* (⇨ achromato-)＋-ISM〗 *n.* 〘光学〙色消し性, 色収差のないこと.

a·chro·ma·ti·za·tion [eɪkròʊmətəzéɪʃən, æk-, -tə- | əkrə̀ʊmətaɪ-, æk-, -tɪ-] 〖⇨ ↓, -ation〗 *n.* 色消し法《色収差を消去すること》.

a·chro·ma·tize [eɪkróʊmətàɪz, æk- | əkrə́ʊ-, æk-] 〖⇨ ↓, -ize〗 *vt.* 無色にする, 収色する, …の色を消す.

a·chro·mat·o- [èɪkro(ʊ)mǽto(ʊ), æk- | -rə(ʊ)mǽtə(ʊ)] 〖← Gk *akhrṓmatos* ← A-[7]＋*khrōma* color〗「無色の(もの)」の意の連結形.

a·chro·mat·o·phil [èɪkro(ʊ)mǽtəfɪl, æk- | -krə(ʊ)-mǽt-] 〖⇨ ↑, -phil〗 〘生物〙 *adj.* 〈細胞・組織が〉非染色性の. **—** *n.* 非染色性細胞[組織].

a·chro·mat·o·phil·i·a [èɪkro(ʊ)mæ̀təfíliə, æk- | -krə(ʊ)mæ̀təfílɪə] 〖← NL ～: ⇨ achromato-, -philia〗 *n.* 〘生物〙非染色性.

a·chro·ma·top·si·a [eɪkròʊmətɑ́psiə | -krə̀ʊmətɔ́p-sɪə] 〖← ACHROMATO-＋-OPSIA〗 *n.* 〘病理〙色盲.

a·chro·ma·tous [eɪkróʊmətəs | -krə́ʊmət-] 〖⊏ Gk *akhrṓmatos*: ⇨achromato-, -ous〗 *adj.* 無色の (colorless); 正常より色の薄い: ～ blood.

a·chro·mic [eɪkróʊmɪk | -krə́ʊ-] 〖← A-[7]＋CHROM-＋-IC[1]〗 *adj.* **1** 無色の. **2** 〘生物〙染色物質を欠く.

a·chro·mo·bac·ter [eɪkróʊməbæ̀ktə | -krə́ʊməbæ̀k-tə(r] 〖← NL ～ ← Gk *ákhrōmos* colorless＋NL *-bacter* (⇨ bacteri-)〗 **—** *n.* 〘細菌〙アクロモバクター《真正細菌目 *Achromobacter* 属の微生物》.

a·chro·mous [eɪkróʊməs | -krə́ʊ-] 〖⇨ achromic, -ous〗 *adj.* =achromic.

ach·y [éɪki | -kɪ] 〖← ACHE＋-Y[4]〗 *adj.* (**ach·i·er**; **-i·est**) 痛む, 疼痛(とうつう)のある.

a·chy·li·a [eɪkáɪliə | -lɪə, -ljə] 〖← NL ～: ⇨ a-[7], chyli-, -ia[1]〗 *n.* 〘病理〙乳糜(にゅうび)欠乏症: gastric ～ 胃液分泌欠乏(症).

ac·i- [ǽsɪ, ǽsə | ǽsɪ] 〖⊏ G *azi-* ← NL *acidum* 'ACID'〗 **—** 〘化学〙「酸 (acid)」の意の連結形. ★ 互変異性を示す化合物で酸形を示す: *aci*-nitromethane アシニトロメタン.

a·cic·u·la[1] [əsíkjʊlə] 〖⊏ L ～ (dim.) ← *acus* needle〗 *n.* (*pl.* **-u·lae** [-lìː], ～**s**) **1** 〘生物〙針状のもの; 棘(し), 剛毛. **2** 〘鉱物〙針状結晶体.

acicula[2] *n.* aciculum の複数形.

a·cic·u·lar [əsíkjʊlə | -lə(r] 〖⊏ L *aciculār-is*: ⇨acicula[1]〗 *adj.* **1** 針状に細く尖っている; 針状物のある, 針状の. **2** 〘生物・鉱物〙=aciculate 1.

a·cic·u·late [əsíkjʊlət, -lɪt, -lèɪt | -lèɪt] 〖← ACICUL(A)[1]＋-ATE[3]〗 *adj.* **1 a** 〘生物〙棘(し)[剛毛]をもった. **b** 〘鉱物〙針状鉱物からなる. **2** =acicular 1.

a·cic·u·lum [əsíkjʊləm] 〖← NL ～ 《変形》← ACICULA[1]〗 *n.* (*pl.* ～**s**, **-u·la** [-lə]) 〘生物〙針毛, 針状体, 針状骨片.

ac·id [ǽsɪd, ǽsəd | ǽsɪd] 〖《1626》⊏ F *acide* // L *acidus* sour ← *acēre* to be sour ← IE **ak*- to be pointed or sharp (L *ācer*): cf. acrid〗 **—** *adj.* **1** 酸っぱい, 酸味の (sour): ～ fruits / It has an ～ taste.＝It tastes ～. 酸味がある, 酸っぱい / an ～ drop 《英》酸味入りドロップ (acidulated drop). **2 a** 〘化学〙酸の, 酸性の (↔ alkaline) (cf. neutral 6). **b** 〈胃が〉酸性の, 胃酸過多の (hyperacid). **3** 〈気質・顔付き・言葉などが〉とげとげしい, 辛辣な, ぷりぷりした: an ～ remark / an ～ joke 辛辣な冗談 / a clear ～ intelligence 明晰で辛辣な知性. **4** 〈色彩・光線が〉強烈な (intense). **5** 〘地質〙シリカ (silica) を多く含んだ, 酸性の (acidic): ～ rock 酸性岩 / ～ soil 酸性土壌. **6** 〘冶金〙酸性(製鋼)法の[による] (cf. basic 3): ⇨ acid process.
— *n.* **1** 〘化学〙酸. **2** 酸味のある物, 酸性の物. **3** 辛辣さ, (厳しい)皮肉. **4** 《俗》=LSD.
come the acid 《俗》横柄[不愉快]な態度をとる; とげとげしい口をきく, 皮肉を言う. ***put the acid on a person*** 《豪俗》(借金・好意などを得ようと)〈人〉に強引に迫る[働きかける], 圧力をかける.
～·ly *adv.* **～·ness** *n.*

ac·i·dae·mi·a [æ̀sədíːmiə | æ̀sɪdíːmɪə, -mjə] *n.* 〘病理〙=acidemia.

ácid anhýdride *n.* 〘化学〙酸無水物 (⇨anhydride).

ac·i·dan·the·ra [æ̀sədǽnθərə | æ̀sɪ-] 〖← NL ～ ← Gk *akid-, akis* needle＋-ANTHERA〗 **—** *n.* 〘植物〙アシダンテラ《アフリカ産アヤメ科アシダンテラ属 (*Acidanthera*) の草本の総称; 観賞用》.

ácid-bàse *adj.* 〘生化学〙酸・塩基の: ～ equilibrium 酸塩基平衡.

ácid-base titrátion *n.* 〘化学〙酸塩基滴定 (⇨ acidimetry).

ácid bàth *n.* **1** 〘医学〙鉱酸浴, 酸性鉱泉浴. **2** 〘染色〙酸(性)浴《硫酸・酢酸を主成分とするレーヨンなどの紡糸用凝固浴》.

ácid caséin *n.* 〘生化学〙アシッドカゼイン (⇨ casein 1 b).

ácid cèll *n.* 〘電気〙酸電池《電解液として硫酸などの酸を用いる電池》.

ácid chlóride *n.* 〘化学〙酸塩化物, 塩化アシル, 酸クロリド《-COCl 基を有する有機物; cf. oxychloride》.

ácid dýe [**còlor**] *n.* 〘染色〙酸性染料.

ácid égg *n.* 〘化学〙アシッドエッグ《硫酸·硝酸などの製造に際して圧搾空気を利用して酸を輸送する装置; 今は使用されない; blowcase ともいう》.
ac·i·de·mi·a [æ̀sədíːmiə | æ̀sɪdíːmɪə, -mjə] 〘← NL ～: ⇨ acid, -emia〙 *n.* 〘病理〙 =acidosis.
ácid-fàst *adj.* 〈細菌·組織 (tissue)·染料が〉抗酸性の《酸に合っても染色のさめない》. **～·ness** *n.*
ácid-fòrming *adj.* **1** 〘化学〙酸を出す[作る]. **2** 〘生化学〙〈食物が〉(体内燃焼後に)多量の酸性残留物を出す.
ácid·hèad *n.* 《俗》LSD 常用者 (cf. head 18 a).
a·cid·ic [əsídɪk, æs-] 〘← ACID+-IC¹〙 *adj.* **1** 〘地質〙 =acid 5. **2** 〘化学〙酸を形成する (acid-forming). **3** 酸の, 酸性の (acid). **4** 辛辣な, 厳しい, 皮肉な.
a·cid·i·fi·a·ble [əsídəfàɪəbḷ, ―⌣―⌣― | -dɪ-] 〘← ACIDIFY+-ABLE〙 *adj.* 酸性にすることのできる, 酸性化できる.
a·cid·i·fi·ca·tion [əsìdəfɪkéɪʃən, -fə-, æs- | -dɪfɪ-] 〘⊏F ～: ⇨ acidify, -ation〙 *n.* 酸性化; 酸敗.
a·cíd·i·fì·er *n.* 酸性にするもの; 土壌酸性化剤《硫酸アルミニウム》.
a·cid·i·fy [əsídəfàɪ, æs- | -dɪ-] 〘? ⊏F acidifi-er: ⇨ acid, -ify〙 — *vt.* **1** 酸っぱくする; 酸性にする. **2** 酸漬けする《羊毛中の植物性夾雑物を除くために硫酸に漬ける》. — *vi.* 酸っぱくなる; 酸性になる.
ac·i·dim·e·ter [æ̀sədímətə | æ̀sɪdímɪtə(r, -mə-] 〘← ACID+-I-+-METER¹〙 *n.* 〘化学〙酸滴定装置, 酸定量器.
ac·i·dim·e·try [æ̀sədímətri | æ̀sɪdímɪtri, -mə-] 〘← ACID+-I-+-METRY〙 — *n.* 〘化学〙酸滴定, 酸定量法《acid-base titration ともいう》. **a·cid·i·met·ric** [əsìdəmétrɪk | -dɪ-] *adj.*
a·cid·i·ty [əsídəṭi, æs- | -dətɪ, -dɪ-] 〘《1620》⊏F acidité ‖ LL aciditāt-em ← L acidus 'ACID': ⇨ -ity〙 — *n.* **1** 酸味, 酸性; 酸性度, 酸度. **2** 辛辣さ, 厳しさ. **3** (胃液の)酸度.
ac·id·ize [ǽsədàɪz | ǽsɪ-] 〘← ACID+-IZE〙 *vi.* 酸で処理する. — *vt.* (石灰分を中和させるため)〈油井など〉に酸を加える.
ácid metaprótein *n.* 〘生化学〙酸メタプロテン.
ácid mórdant dỳe *n.* 〘染色〙酸性媒性染料.
ácid nùmber *n.* 〘化学〙酸価《脂肪(油)および蠟(ろう)の 1g 中に含まれる遊離脂肪酸を中和するのに要する水酸化カリウムのミリグラム数; acid value ともいう》.
ac·i·do- [ǽsədòu | ǽsɪdəu] 〘← NL ～: ⇨ acid, -o-〙「酸, 酸性」の意を表わす連結形.
ac·i·do·gen·ic [æ̀sədo(u)dʒénɪk, əsìd- | -də(u)-] 〘← ACIDO-+-GENIC〙 *adj.* 〘生化学〙酸を作る[出す], 酸性にする (acid-forming).
ac·id·oid [ǽsədɔ̀ɪd | ǽsɪ-] 〘← ACID+-OID〙〘農業〙 *adj.* 〈土壌が〉アシドイドの, 酸性の (cf. basoid). — *n.* アシドイド《コロイド粒子が酸性基をもつものをいう》.
ac·i·dol·y·sis [æ̀sədáləsɪs, -sɪs | æ̀sɪdɔ́ləsɪs, -lɪ-] 〘← ACIDO-+-LYSIS〙 *n.* (*pl.* **-y·ses** [-siːz]) 〘化学〙加酸分解《酸による加水分解》.
a·cid·o·phile [əsídəfàɪl, æs-] 〘← ACIDO-+-PHILE〙〘生物〙 — *n.* (*also* **a·cid·o·phil** [-fɪl]) 好酸性物質《酸性色素で染まる細胞·組織·有機体》. — *adj.* =acidophilic.
ac·i·do·phil·ic [æ̀sədo(u)fílɪk | -də(u)-] 〘← ACIDO-+-PHILIC〙 — *adj.* **1** 〘生物〙〈有機体·バクテリアなど〉好酸性の (aciduric). **2** 〘解剖〙好酸性の, 酸性色素によく染まる (cf. basophilic).
a·ci·doph·i·lous [æ̀sədáf(ə)ləs | æ̀sɪdɔ́fɪ-] *adj.* 〘生物〙 =acidophilic.
ac·i·dóph·i·lus mílk [æ̀sədáf(ə)ləs- | æ̀sɪdɔ́fɪ-] 〘acidophilus: ← NL ～ ← L acidus 'ACID'+-o-+-philus loving (⇨ -philous)〙 *n.* 乳酸菌ミルク.
ac·i·do·sis [æ̀sədóusɪs, -səs | æ̀sɪdə́usɪs] 〘← ACID+-OSIS〙 *n.* (*pl.* **-do·ses** [-siːz]) 〘病理〙アシドーシス, 酸血症《血液が酸性化した状態; cf. alkalosis》.
ac·i·dot·ic [æ̀sədáṭɪk | æ̀sɪdɔ́t-] 〘← ACID+-OTIC¹〙 *adj.* 〘病理〙酸液過多症の; 酸中毒の.
ácid phósphatase *n.* 〘生化学〙酸ホスファターゼ《酸性の条件で活性が最大となるホスファターゼ; cf. alkaline phosphatase》.
ácid phósphate *n.* 〘化学〙酸性リン酸塩 (⇨ superphosphate 1).
ácid pròcess *n.* 〘冶金〙酸性(製鋼)法《炉の内張りに酸性耐火材を用いた製鋼法; cf. basic process》.
ácid-próof *adj.* **1** 酸に耐える, 耐酸性の. **2** =acid-fast.
ácid ràdical *n.* 〘化学〙酸基, 酸根《酸の分子から金属と置換し得る水素原子を 1 個以上除いた残りの部分》.
ácid reáction *n.* 〘化学〙酸性反応.
ácid róck 〘← ACID (n. 4)+ROCK²〙 *n.* 〘音楽〙アシッドロック《サイケデリックな効果を狙ったロック音楽》.
ácid sált *n.* 〘化学〙酸性塩.
ácid slúdge *n.* 〘化学〙硫酸スラッジ《石油精製の際, 硫酸処理によって生じる粘着性物質》.
ácid tèst *n.* **1** (もと試金のための)硝酸テスト. **2** (品行·真実性·価値·会計などの)厳密な吟味[検査], 厳しい[決定的な]試錬.
ácid tèst ràtio *n.* 〘経営〙酸性試験比率, 当座比率《当座資産と流動負債との比率; 1 対 1 が標準で, 前者が後者より大きいほど企業の資金の流動性は高い》.
ácid tríp *n.* 《俗》(LSD による)幻覚の経験.
a·cid·u·late [əsídʒulèɪt | əsídju-, æs-] 〘← L acidulus slightly sour ((dim.) ← acidus 'ACID')+-ATE³〙 — *vt.* **1** …に酸味を帯びさせる. **2** 〈人を〉気むずかしくする (embitter). **a·cid·u·la·tion** [əsìdʒuléɪʃən | əsìdju-, æs-] *n.*
a·cíd·u·làt·ed [-tɪd, -ṭəd | -tɪd, -təd] *adj.* **1** 酸味を帯びさせた: an ～ drop 《英》⇨ acid *adj.* 1. **2** 苦々しい気持の, 気むずかしい: an ～ old maid.
a·cid·u·lent [əsídʒulənt | əsídju-, æs-] *adj.* =acidulous.
a·cid·u·lous [əsídʒuləs | əsídju-, æs-] 〘《1769》← L acidulus+-OUS: ⇨ acid, -ulous〙 *adj.* **1** 酸味のある, 少し酸っぱい. **2** とげとげしい, 辛辣な, 皮肉な.
ac·i·du·ric [æ̀səd(j)ú(ə)rɪk | æ̀sɪdjúər-] *adj.* 〘生物〙 = acidophilic.
ácid vàlue *n.* 〘化学〙酸価 (⇨ acid number).
ac·id·y [ǽsɪdi, ǽsə- | ǽsɪdɪ] 〘← ACID+-Y⁴〙 *adj.* 酸性の, 酸っぱい, 舌を刺す.
ac·i·er·age [ǽsiərɪdʒ | ǽsɪ-] 〘⊏F aciérage ← acier (↓): ⇨ -age〙 — *n.* 〘金属加工〙鋼化, 鉄めっき《印刷用ステロ版を作るためなどで金属板表面に電解法で鉄皮膜をかぶせる作業》.
ac·i·er·ate [ǽsiərèɪt | ǽsɪ-] 〘← F acier steel (< VL *aciārium=L aciēs sharpness)+-ATE³〙 — *vt.* 〘金属加工〙〈金属表面〉に鉄めっきする. **ac·i·er·a·tion** [æ̀siəréɪʃən | æ̀sɪ-] *n.*
ac·i·form [ǽsəfɔ̀əm | ǽsɪfɔ̀ːm] 〘← L acus needle+-I-+-FORM〙 *adj.* 針状の (needle-shaped).
a·cil·i·ate [eɪsíliət, -lìɪt, -lièɪt | -lɪət, -lɪɪt, -lɪèɪt] 〘← A-⁷+CILIATE〙 *adj.* 〘生物〙繊毛 (cilia) のない.
ac·i·na·ceous [æ̀sənéɪʃəs | æ̀sɪ-] 〘← ACINUS+-ACEOUS〙 *adj.* 〘植物〙種[核]を含む[もつ].
a·cin·a·ci·fo·li·ate [əsìnəsəfóuliət, -lɪɪt, -lièɪt | -sɪfə́ulɪət, -lɪɪt, -lɪèɪt] 〘⇨ acinaciform, foliate〙 *adj.* 〘植物〙 =acinacifolious.
a·cin·a·ci·fo·li·ous [əsìnəsəfóuliəs | -sɪfə́ulɪ-] 〘⇨ ↓, -folious〙 *adj.* 〘植物〙偃月(えん)刀状の葉をつけた.
ac·i·nac·i·form [æ̀sənǽsəfɔ̀əm | æ̀sɪnǽsɪfɔ̀ːm] 〘← L acinacēs short sword (⊏Gk akinákēs)+-I-+-FORM〙 *adj.* 〘植物〙偃月(えん)刀 (scimitar) 状の.
ac·i·nar·i·ous [æ̀sənέ(ə)riəs | æ̀sɪnέərɪ-] 〘← ACIN(US)+-ARIOUS: cf. F acinaire〙 *adj.* 〘植物〙〈ある種の藻など〉粒状の小気胞でおおわれた.
acini *n.* acinus の複数形.
a·cin·i·form [əsínəfɔ̀əm | -nɪfɔ̀ːm] 〘← ACIN(US)+-I-+-FORM〙 *adj.* **1** 〘植物〙粒状果の, ブドウの房[果実]に似た. **2** ブドウ状の.
ac·i·nose [ǽsənòus | ǽsɪnə̀us] *adj.* =acinous.
ac·i·nous [ǽsənəs, əsáɪ- | ǽsɪ-] 〘⊏F acineux ‖ L acinōs-us like grapes: ⇨ ↓, -ous〙 *adj.* 粒状果からなる, ブドウ状の.
ac·i·nus [ǽsənəs, əsáɪ- | ǽsaɪ-] 〘⊏L ～ 'cluster of grapes, berry'〙 — *n.* (*pl.* **ac·i·ni** [ǽsənàɪ | ǽsɪ-]) **1** 〘植物〙粒状果, 小核果《クロイチゴ (blackberry), キイチゴ (raspberry) など集合果の一粒の実, またはブドウの一粒の実》; 小核《ブドウなどの核》. **2** 〘解剖〙腺房, (肺の)細葉.
-a·cious [éɪʃəs] 〘← L -āci-, -āx (adj. suf.)+-OUS〙 *suf.*「…の傾向のある, …好きな, …の多い」などの意の形容詞を造る: pugn*acious*, loqu*acious*.
-ac·i·ty [ǽsəṭi | ǽsətɪ, ǽsɪ-] 〘⊏F -acité ‖ L -ācitāt-em: ⇨ -ity〙 *suf.* -acious に終わる形容詞に対応する名詞を造る: pugn*acity*, loqu*acity*.
ack. 《略》 acknowledge; acknowledgment.
ack-ack, Ack-Ack [ǽkæ̀k | ⌣⌣, ⌣⌣] 〘《転訛》← AA (=antiaircraft の意の通信用の呼び名)〙《口語》 — *n.* **1** 対空砲火 (antiaircraft fire). **2** 高射砲 (antiaircraft gun) (cf. pom-pom¹). — *adj.* 防空[対空]の.
a·ckee [ǽkiː, ―⌣] *n.* 〘植物〙 =akee.
ack em·ma [ǽk-émə] 〘A.M. の通信用の呼び名から〙《英口語》 — *adv.* 午前 (a.m.)《電話などで用いる; ↔ pip emma》: at 10 ～. — *n.* (航空隊で)飛行機修理工 (air mechanic).
ack·ey [ǽki | ǽkɪ] 〘⊏Liberian akee〙 — *n.* (*pl.* ～**s**) **1** アキー《アフリカ西部の黄金海岸で使用するため 1796 年と 1818 年にアフリカ会社が発行した英国植民地の銀貨; 1 アキーは砂金 20 グレーンに当たる》. **2** 1 アキー銀貨. **3** 〘冶金〙(酸洗いに使用される)硝酸と硫酸の混酸.
ac·knowl·edge [ɪknálɪdʒ, æk-, ək- | əknɔ́l-, æk-] 〘《1481》《混成》←《廃》acknow (<OE oncnāwan to confess: ⇨ on, know)+KNOWLEDGE《廃》to admit〙 — *vt.* **1 a** 〈事実·義務などを〉認める, 承認する (admit); 〈事·人を〉(…であると)認める 〔*as*〕/ 〈*to be, that*〉: ～ a defeat, fault, etc. / ～ a person's rights 人の権利を認める / ～ the truth of an argument 議論の真実性を認める / He ～*d having been* on the spot. 現場にいたことを認めた / I ～ it *as* true [it *to be* true, *that* it is true]. それが真実であることを認める / He is ～*d as* an authority on the subject. その問題の権威者として定評がある. **b** [～ *oneself* で] 自認する (confess): ～ *oneself* (to be) defeated 敗北を認める. **2** 〘法律〙 **a** 〈証書などを〉(正式に)承認する: ～ a deed / ～ a signature 署名を承認する《自分のものだと言う》. **b** 〈非嫡出子を〉認知する. **3** 〈手紙·贈物など〉の受領を認める[報じる], …の礼状を出す: ～ (receipt of) a letter 手紙を受け取ったことを知らせる[通知する]. **4** 〔表情·身振りなどで〕…に気づいたことを示す, 〈人〉に〔挨拶などで〕答える〔*with*〕: He ～*d* my presence *with* a nod. 私のいるのに気づいてうなずいた / He went away without *acknowledging* me. 私に知らん顔をして行ってしまった. **5** 〈親切·功績など〉に感謝する, 礼を言う[する]: ～ a person's help and advice 人の援助と助言に対して感謝する.
～·a·ble [-dʒəbḷ] *adj.* **ac·knówl·edg·er** *n.*
ac·knówl·edged *adj.* 承認された; 定評のある: an ～ ruler, authority, etc. **ac·knówl·edg·ed·ly** [-dʒɪdli, -dʒəd-, -dʒd- | -lɪ] *adv.*
ac·knówl·edg·ment 〘《1594》← ACKNOWLEDGE+-MENT〙 — *n.* (*also* **ac·knówl·edge·ment**) **1** 承認; 〘法律〙承認(書); (非嫡出子の)認知. **2 a** 感謝, 謝礼, (相手の挨拶などに対する)会釈, 答え: as a small ～ of kindness received 軽少ながらお礼のしるしに / in ～ of …の返礼[返事]に / bow one's ～*s* of applause 喝采に対して会釈する. **b** [通例 *pl.*] (協力者などに対する著者の)謝辞: *Acknowledgments* are due to many friends and colleagues for their assistance. 多くの友人と同僚のかたがたの御援助に対して感謝しなければならない. **3** 〘商業〙受取の通知[証明], 受領書; 礼状. **4** 自認, 白状, 謝罪.
ac·le [ǽkli, əkléɪ | ǽklɪ, əkléɪ] 〘⊏Tagalog aklé〙 *n.* 〘植物〙フィリピン産マメ科ネムノキ属の高木 (*Albizzia acle*)《材は家具·工芸用》.
a·cleis·to·car·di·a [əklàɪstəkáədiə, eɪk- | -káːdɪə, -djə] 〘← Gk ákleistos (← A-⁷+kléiein to close)+kardía heart〙 *n.* 〘病理〙(心臓の)卵円孔開存.
a·clin·ic [eɪklínɪk] 〘← A-⁷+CLINIC〙 *adj.* (磁針に)傾角 (inclination) も伏角 (dip) も現われない, 無傾[無伏]角の.
aclínic líne *n.* (地磁気の)無傾[無伏]角線《magnetic equator ともいう; cf. agonic line, isoclinic line, isogonic line》.
A.C.L.S., ACLS 《略》 American Council of Learned Societies; automatic carrier landing system.
ACLU, A.C.L.U. 《略》 American Civil Liberties Union.
ACM 《略》 Association for Computing Machinery.
A.C.M.A. 《略》《英》 Associate of the Institute of Cost and Management Accountants.
Ac·mae·i·dae [ækmíːədiː | -míːɪ-] 〘← NL ～ ← Acmaea (属名: ← Gk akmaîos at the height ← akmḗ (↓))+-IDAE〙 *n. pl.* 〘貝類〙ユキノカサガイ科.
ac·me [ǽkmi | -mɪ] 〘《1570》← Gk akmḗ point ← IE *ak- sharp, pointed: ⇨ acid〙 — *n.* **1** [the ～] 絶頂, 頂点; 極度, 極致: *the* ～ of perfection 完璧 / *the* ～ of historical novels 歴史小説の最高傑作 / reach *the* ～ of art 芸術の極致に達する. **2** 《古》(病気の)危機 (crisis). **3** 《古》(人生の)頂点, 盛時.
ácme hàrrow *n.* アクメハロー, 刃状ハロー《土壌かきならし用の曲がった刃のついたハローの一種》.
ácme thrèad *n.* 〘機械〙アクメねじ《米国で用いられる台形ねじ》.
ac·mite [ǽkmaɪt] 〘⊏G Achmit: ⇨ acme, -ite¹〙 *n.* 〘鉱物〙錐輝石(すいきせき) ($NaFe^{III}Si_2O_6$).
ac·ne [ǽkni | -nɪ] 〘《1835》⊏Gk aknḗ (誤記による変形) ← akmḗ 'ACME': cf. Gk ákhnē small particle〙 *n.* 〘病理〙アクネ, 痤瘡(ざそう), にきび. **～d** *adj.*
ac·ne·mi·a [ækníːmiə | -mɪə, -mjə] 〘← A-⁷+Gk knḗmē shin+-IA¹〙 *n.* **1** 〘病理〙腓腸筋萎縮(症). **2** 無下腿.
ácne ro·sá·ce·a [-rouzéɪʃiə, -ʃə | -rəuzéɪsjə, -sɪə, -ʃɪə] 〘← NL ～ 'rose-colored acne'〙 *n.* 〘病理〙酒皶(しゅさ)性痤瘡(ざそう), 紅斑性痤瘡, 赤鼻.
ac·node [ǽknoud | -nəud] 〘← L acus needle+NODE〙 *n.* 〘数学〙(曲線の)孤立点 (isolated point).
ac·o·asm [ǽkouæ̀zm | ǽkəu-] *n.* 〘精神医学〙 =acousma.
a·cock [əkák | əkɔ́k] 〘← A-³+COCK¹ 9〙 — *adv., pred. adj.* **1** 〈帽子の縁(ふち)が〉立った状態で; 〈耳が〉ぴんと立った状態で (cocked): with hat ～ 帽子の縁を立てて, 帽子を斜めにかぶって / with ears ～ 耳をぴんと立てて. **2** 反抗的に[で]; 油断なく.
acóck·bill [⇨ ↑, bill] — *adv., pred. adj.* 〘海事〙 **1** 吊錨(ちょうびょう)で《いつでも落とせるよう錨を船首の外に吊り下げ, 錨の爪を上向きにして》. **2** 〈帆桁(ほげた)が〉一端を吊り上げた状態で《弔意のしるし》.
A·coe·la [eɪsíːlə] 〘← NL ～ ← A-⁷+coela (⇨ -coele)〙 *n. pl.* 〘動物〙(扁形動物門渦虫綱)無腸目.
a·coe·lom·ate [eɪsíːləmèɪt, èɪsiːlóumèɪt | eɪsíːləmèɪt, èɪsiːlə́umeɪt] 〘← A-⁷+COELOM+-ATE²〙 *adj.* 〘動物〙体腔 (coelom) のない.
a·coe·lom·a·tous [èɪsiːlámətəs | -lɔ́mət-] *adj.* 〘動物〙 =acoelomate.
a·coe·lom·ous [eɪsíːləməs] *adj.* 〘動物〙 =acoelomate.
a·coe·lous [eɪsíːləs] 〘← A-⁷+COELOM+-OUS〙 *adj.* 〘動物〙 **1** 消化管のない; 胃のない. **2** =acoelomate.
a·coe·nes·the·sia [eɪsiːnəsθíːʒə, -nes-, -ʒiə | -niːsθíː-zjə, -ne-, -ʒɪə] 〘← A-⁷+COENESTHESIA〙 — *n.* 〘精神医学〙(憂鬱症·ヒポコンデリーなどに見られる)健在感消失[欠如].
a·cold [əkóuld | əkə́uld] 〘ME acolde < OE ācōlod (p.p.) ← ācōlian to grow cold〙 *pred. adj.* 《古》冷たい, 寒い.
ac·o·lyte [ǽkəlàɪt | ǽkə(u)-] 〘《c1300》⊏ML acolythus, acolit-us ⊏Gk akólouthos follower, 《原義》 having one way ← a- together with+kéleuthos way, road〙 — *n.* **1** 〘キリスト教〙アコライト, 侍僧, 見習僧. **2** 〘カトリック〙 **a** 侍祭, アコライト《下級聖職階 (minor orders) の一つ; altar の蠟燭(ろうそく)の点火, 行列における蠟燭の保持, ミサの準備などをする役; アコライトの名称はカトリック教会以外でも用いられる》. **b** ミサ答え, 侍者 (altar boy). **3** 助手, 随従者; 新参者.
A·co·ma [áːkəmɔ̀ː, ǽk- | -mɑ̀ː, -mɔ̀ː] 〘⊏Sp. ～ ⊏

Acoma *Akóme*《原義》people of the white rock》 — *n.* (*pl.* ~, ~s) **1** [the ~(s)] アコマ族《米国 New Mexico 州に住む Keres 族の一部族》. **2** アコマ族の人.

à compte [ɑː-kɔ̃ː(n)t, -kɔ́(ː)nt; *F.* akɔ̃ːt] 〖□F ~〗 *F. adv.* 内金として (on account).

A·con·ca·gua [ækəŋkáːgwə, ɑ̀ːk- | ækəŋkáːgwə, -kǽgjuə; *Sp.* àkoŋkáɣwa] *n.* アコンカグワ(山)《Andes 山脈中の高山で, アルゼンチンの西部にある; 西半球の最高峰 (6,960 m)》.

ac·o·nite [ǽkənàɪt] 〖《1578》□ F *aconit* // L *aconītum* □ Gk *akóníton* monkshood ← ? *akonití* without dust, without struggle ← A-[7] + *koníein* to cover with dust〗 — *n.* **1**〘植物〙トリカブト《キンポウゲ科トリカブト属 (*Aconitum*) の植物の総称; トリカブト (*A. fauriei*), ハナカズラ (*A. ciliare*), ヨウシュトリカブト (*A. napellus*) など; cf. monkshood, wolfsbane》. **2**〘薬学〙アコニット《トリカブトの根や葉から抽出した薬品で, もとは鎮痛剤などに用いられた》. **ac·o·nit·ic** [ækənítɪk | -tɪk] *adj.*

a·con·i·tine [əkɑ́nətiːn, -tɪn, -tən | əkɔ́nɪtiːn, -tɪn] 〖← ACONITE + -INE[3]〗 — *n.* 〘化学〙アコニチン ($C_{34}H_{47}NO_{11}$)《トリカブトに含まれるアコニットアルカロイドの代表的化合物; 猛毒》.

à con·tre coeur [ɑː-kɔ̃ː(n)tr(ə)-kə́ː, -kɔ́(ː)n- | -kɔ́ː(r; *F.* akɔ̃trəkœːr] 〖□F ~〗 *F. adv.* 意志に反して, いやいやながら (reluctantly).

a·corn [éɪkɔən, -kən | -kɔːn] 〖《c1380》 *akkorne*《変形》← *akern* < OE *æcern*《原義》fruit (of the field): cf. ON *akarn* / acre: 現在の形は CORN[1] の影響〗 — *n.* **1** 殻斗(かくと)果, どんぐり《オーク (oak) のうち殻斗 (cupule) のある植物の果実》: a sweet ~ シイの実. **2**〘動物〙= acorn barnacle. **3 a** どんぐり形の物. **b**〘家具〙どんぐり形の頂華[化粧がしら, ペンダント]《木または金属で作られ 17 世紀前半の英国の家具装飾によく用いられた》. **~ed** *adj.*

ácorn bàrnacle *n.* 〘動物〙フジツボ(類)《フジツボ科・イワフジツボ科の甲殻類の総称; 岩に付着する; acorn shell ともいう》.

ácorn chàir *n.* (背の横木にどんぐり形の頂華[ペンダント]をつけた)英国 17 世紀前期 James 一世時代の椅子.

ácorn clòck *n.* どんぐり時計《上部がどんぐり形の置時計; 19 世紀前半に米国 New England で作られた》.

ácorn cùp *n.* 殻斗(かくと), (俗に)ちょく, しゃくし《どんぐりのさら; cupule ともいう》.

ácorn dùck *n.* 〘鳥類〙= wood duck.

ácorn shèll *n.* 〘動物〙= acorn barnacle.

ácorn squàsh *n.* 〘植物〙カボチャの一種 (*Cucurbita pepo*)《ハート形で貯蔵がきく》.

ácorn sùgar *n.* 〘化学〙どんぐり糖 (⇨ quercitol).

ácorn tùbe [vàlve] *n.* 〘電子工学〙エーコン管《どんぐり形の真空管; cf. apple tube》.

ácorn wòrm *n.* 〘動物〙腸鰓綱 (Enteropneusta) に属する半索動物の総称.

à corps per·du [ɑː-kɔ́ə-pəːd(j)úː | -kɔ́ː-pəːdjúː; *F.* akɔːrpɛrdy] 〖□F ~ 'with lost body'〗 *F. adv.* がむしゃらに, しゃにむに.

a·cos·mic [eɪkɑ́zmɪk | -kɔ́z-] 〖← A-[7] + COSMIC〗 *adj.* 〘哲学〙宇宙否定論の, 宇宙否定的な.

a·cos·mism [eɪkɑ́zmɪzm | -kɔ́z-] 〖← A-[7] + COSMISM〗 — *n.* 〘哲学〙無宇宙論, 無世界論. **a·cós·mist** [-mɪst, -məst | -mɪst] *n.* **a·cos·mis·tic** [èɪkɑzmístɪk | -kɔz-] *adj.*

a·cot·y·le·don [eɪkɑ̀təlíːdn, -tl- | ækɔ̀tɪlíːdən, ək-, èɪkɔt-, -dn] 〖《1819》← A-[7] + COTYLEDON〗 *n.* 〘植物〙無子葉植物.

a·cot·y·le·don·ous [eɪkɑ̀təlíːdənəs, -léd-, -tl-, -dn- | ækɔ̀tɪlíːdənəs, ək-, -dn-] 〖⇨ ↑, -ous〗 *adj.* 〘植物〙無子葉の.

a·cou- [əkúː, ǽkuː] acouo- の異形: *acou*meter.

a·cou·chy [əkúːʃi | -ʃɪ] 〖□F *acouchi* □ S-Am.-Ind. (Tupi) *acuchy*〗 — *n.* 〘動物〙アキューチ (*Myoprocta acouchy*)《アフリカ南部に生息するアグーティ (agouti) の小型の一種》.

a·cou·me·ter [əkúːmətə, æk-, ǽkuːmìːtə | əkúːmɪtə(r, æk-, -mə-, ǽkuːmìːtə(r] 〖⇨ ↓, -meter[1]〗 *n.* 〘医学〙= audiometer.

a·cou·o- [əkúːo(ʊ), ǽkuːo(ʊ) | əkúːə(ʊ), ǽkuːə(ʊ)] 〖← F *acou-* (← Gk *akoúein* to hear: ⇨ acoustic) + -o-〗「聴覚, 聴力」の意の連結形: *acouo*phonia 聴打診.

-a·cou·si·a [əkúːʒiə, -ʒə | -ziə, -zjə, -ʒiə] 〖← NL ~ ← Gk *ákousis* (← *akoúein*: ↑) + -IA[1]〗 (*pl.* **-si·ae** [-ziː]) 「聴覚, 聴力」の意の名詞連結形: hyper*acousia*.

a·cous·ma [əkúːzmə, æk-] 〖NL ~ ← Gk *ákousma* something heard ← *akoas-* (← *akouázesthai* to listen) + *-ma* (n. suf.)〗 — *n.* (*pl.* ~s, ~·**ta** [~tə | ~tə]) 〘精神医学〙要素幻聴《非言語性の単純音の幻聴》.

a·cous·tic [əkúːstɪk] 〖《1605》□F *acoustique* □ Gk *akoustikós* ← *akoúein* to hear ← IE **keu-* to pay attention: ⇨ hear〗 — *adj.* **1 a** 聴覚[聴感]の, 聴官の (auditory): ~ education 音感教育. **b** 音響(上)の, 音の, 音波の; 音響[音波]による: ~ distortion 音のゆがみ / ~ insulation 防音(材) / ~ sounding 音響測深 / the ~ properties of an auditorium 講堂の音響効果. **c** 音響学(的)の. **2 a** 〈建材など〉防音[吸音]用の (sound-absorbing). **b** 〈設備など〉音響効果をよくする; 補聴用の. **3** 〈楽器が〉電子装置をもたない, 電気的に増幅してない (cf. electric 4 a): ⇨ acoustic guitar. — *n.* **1** = acoustics 2. **2** 聴力を矯正するもの《薬剤や補聴器》.

a·cóus·ti·cal *adj.* = acoustic.

Acoustical Society of America [the —] 米国音響音声学会 (略 ASA).

acóustical hólogram *n.* 〘光学〙音波ホログラム《光の代わりに(超)音波を用いたホログラフィーによって記録した干渉図形》.

acóustical hológraphy *n.* 〘光学〙音波ホログラフィー《光の代わりに(超)音波を用いたホログラムを作るホログラフィー》.

acóustical lábyrinth *n.* 〘音響〙音響迷路 (⇨ labyrinth 7).

a·cóus·ti·cal·ly 〖《1874》〗 *adv.* 聴覚的に; 音響的に; 音響学的に.

acóustic cénter *n.* 〘解剖〙聴覚中枢.

acóustic dúct *n.* 〘解剖〙外耳道.

acóustic fílter *n.* 〘音響〙音響フィルター《ある振動数範囲の音を通過または減衰させる装置》.

acóustic ímage *n.* 〘心理〙聴覚(心)像.

acóustic guitár *n.* アコースティックギター, 生(なま)ギター《エレキギター (electric guitar) に対し電気的に増幅していない元来のもの》.

ac·ous·ti·cian [ækuːstíʃən, əkùːs- | ækuːs-] 〖← ACOUSTIC + -IAN〗 *n.* 音響学者.

acóustic impédance *n.* 〘物理〙音響インピーダンス《音場中のある有限な面における音圧振幅と体積速度との比. または音圧振幅と粒子速度との比; cf. impedance 3》.

acóustic inértance *n.* 〘音響〙= inertance.

acóustic meátus *n.* 〘解剖〙= auditory meatus.

acóustic míne *n.* 音響機雷《船のエンジンまたはプロペラの振動音で爆発する》.

acóustic nérve *n.* 〘解剖〙= auditory nerve.

a·cous·ti·co- [əkúːstɪko(ʊ), -tə- | əkúːstɪkə(ʊ)] 〖← ACOUSTIC + -O-〗「聴覚の, 音響の; 聴覚[音響]と…との」の意の連結形: *acoustico*-cineradiographic.

acóustic óhm *n.* 〘音響〙音響オーム《音響インピーダンス・音響抵抗・音響リアクタンスの単位》.

a·cous·ti·con [əkúːstəkɑ̀n | -tɪkɔ̀n] 〖← *Acousticon*《商標名》□ Gk *akoustikón* (neut.) ← *akoustikós* 'ACOUSTIC'〗 *n.* 補聴器.

acóustic órgan *n.* 〘解剖・動物〙聴覚器.

acóustic pérfume *n.* = white noise 2.

acóustic phonétics *n.* 音響音声学《音声を音響学 (acoustics) の面から研究する音声学の一部門》.

acóustic reáctance *n.* 〘音響〙音響リアクタンス《音響インピーダンスの虚数部をいう》.

acóustic resístance *n.* 〘音響〙音響抵抗《音響インピーダンスの実数部をいう》.

a·cous·tics [əkúːstɪks] 〖← ACOUSTIC + -ICS〗 — *n.* **1** [単数扱い] 音響学. **2** [複数扱い] (劇場・講堂などの)音の響きぐあい, 音響効果 (acoustic properties): The ~ of this theater are good.

a·cous·to- [əkúːsto(ʊ) | -tə(ʊ)] 〖← Gk *akoustós* audible: ⇨ acoustic〗「音響, 音波」の意の連結形: *acousto*electronics.

acòusto·electrónics *n.* 〘電子工学〙音響電子工学《表面波の伝搬を信号の処理などに用いる素子を中心とする電子工学の一分野》.

à cou·vert [ɑː-kuːvéə | -véə(r; *F.* akuvɛːr] 〖□F ~ 'under cover'〗 *F. adv., pred. adj.* おおわれて, 安全に.

A.C.P. 《略》American College of Pathologists [Physicians] 米国病理[内科]学会.

acpt. 《略》〘金融〙acceptance 引受け; 引受け済手形.

ac·quaint [əkwéɪnt, æk- | ək-] 〖《?a1200》 *acqueynte(n), acoynte(n)* □ OF *acoint-er* < ML *accognitāre* to make know ← *ac-* 'AD-' + *cognitus* (p.p.) ← *cognōscere* to get to know): ⇨ cognition〗 — *vt.* **1 a** 〈人〉に〈…を〉知らせる, 告げる 〔*with*, 《まれ》*of*〕; 《まれ》〈人〉に〈…であると〉知らせる (inform) 〈*that*〉: He ~*ed* me *with* the fact immediately. その事を早速私に知らせてきた. **b** [しばしば ~ *oneself* または Passive で] 〈人〉に〔状況などを〕実地にわからせる, 経験[習熟]させる 〔*with*〕: ~ a person *with* a new method 人に新しい方法を実地に理解させる / I ~*ed myself with* the complexity of the problem. 問題の複雑さを実感した / He *is* (well) ~*ed with* French. フランス語を(十分に)心得ている. **2** [通例 Passive で] 〔人に〕紹介する, 〔…と〕知合いにする 〔*with*〕: Let *me* ~ you (two). お二人を紹介しましょう / I *am* ~*ed with* them. 彼らとは知合いだ / They got [became] ~*ed* at the party. パーティーで知合った.

make a person acquainted with (1) 〈人〉に〈事〉を知らせる. (2) 〈人を〉…に紹介する.

ac·quain·tance [əkwéɪntəns, -tns, æk- | əkwéɪntns, -təns] 〖《c1230》 *aquaintaunce, acoyntaunce* □ OF *acointance*: ⇨ ↑, -ance〗 — *n.* **1 a** 〔人を〕(交際や文通で)知っていること, 面識(のあること) 〔*with*〕: have personal ~ *with* a person 人を直接[個人的に]知っている / I have some [no] ~ *with* him. 彼とは少し面識がある[全く面識がない] / make a person's ~ = make the ~ *of* a person 人と知合いになる / I was pleased to make his ~. 彼と近づきになれてうれしかった / ⇨ bowing acquaintance, nodding acquaintance. **b** 〔物事などを〕知っていること, 知識, 経験, 心得 〔*with*〕: have an intimate [a slight] ~ *with* music 音楽を深く[少し]知っている. **2** 知人, 知合い, 知己; [集合的] 知人たち: a slight ~ ちょっとした知人 / a mere ~, not a friend 友人でなくただの知合い / have a wide circle of ~s = have a wide ~ 交際が広い, 顔が広い. **3**〘哲学〙= KNOWLEDGE of [by] acquaintance.

scrape (an) acquaintance = ***scrape up an acquaintance*** やっとのことで[無理に]〔人と〕近づきになる 〔*with*〕: I tried to *scrape* ~ *with* him. 何とかして彼と近づきになろうとした. ***strike up an acquaintance*** ⇨ STRIKE *up* (4). ***upon* [*on*] *acquaintance*** (よく)知って[付き合って]みると.

acquáintance·shìp [-n(s)ʃ-, -nʃʃ-] *n.* **1** = acquaintance 1 a. **2** [集合的] 知人たち, 交際範囲: have a wide ~ *among* … の間に知人が多い.

ac·quest [əkwést, æk- | æk-, ək-] 〖□OF ~ (F *acquêt*) < LL *acquistum* thing acquired (p.p.) ← *acquirere* 'to ACQUIRE'〗 — *n.* **1**〘法律〙取得財産. **2**《古》獲得[取得](物) (acquisition).

ac·qui·esce [ækwiés | -wɪ-] 〖《1620》□F *acquiesc-er* □L *acquiēscere* to rest, (fig.) be satisfied ← *ac-* 'AD-' + *quiēscere* to keep quiet (⇨ quiesce)〗 — *vi.* (不本意ながら)〔…に〕同意する, 従う, 〔…を〕黙認[黙諾]する 〔*in, to*〕: ~ *in* a suggestion, proposal, decision, etc. / ~ *to* a demand.

ac·qui·es·cence [ækwiésns | -wɪ-] 〖《1631》□F ~: ⇨ ↓, -ce〗 — *n.* **1** (受動的な)承諾, 黙認, 黙諾 〔*in, to*〕: He smiled ~. にっこり笑って黙認を示した. **2**〘法律〙黙認.

ac·qui·es·cent [ækwiésnt | -wɪ-] 〖《1753》□L *acquiēscent-em* (pres.p.) ← *acquiēscere*: ⇨ acquiesce〗 *adj.* 黙認の, 黙諾の, おとなしく従う. **~·ly** *adv.*

ac·quire [əkwáɪə, æk- | əkwáɪə(r] 〖《c1600》□L *acquīr-ere* to seek in addition, acquire ← *ac-* 'AD-' + *quaerere* to seek ∽ 《a1450》 *acquere(n)* □ OF *acquerre*: ⇨ quaere〗 — *vt.* **1** (努力によって)得る, 手に入れる; (後天的に)習得する, 学ぶ (cf. inherit), 〈習慣などを〉身につける: ~ a foreign language / ~ the art of public speaking 雄弁術を習得する. **2** 〈財産・権利・称号などを〉取得する, 獲得する, 得る: ~ wealth, fame, etc. **3** [しばしば間接目的語を伴って] 〈物事が〉(…に)〈批評などを〉受けさせる, もたらす: His manner ~*d* him universal odium. 彼の態度は一般の憎悪を招いた. **4** 〈目標を〉(レーダーなどで)捕える, 捕捉する (detect). **5**《戯言》盗む (steal). **ac·quir·a·ble** [-wáɪ(ə)rəbl | -wáɪər-] *adj.*

ac·quíred *adj.* **1** 〈富・権利など〉(努力によって)取得した, 獲得した. **2** 〈習慣など〉(練習・経験などによって)習得した, 習性となった (↔ innate, inherent). **3** 〈病気・形質など〉獲得による, 後天性の (↔ hereditary, congenital).

acquíred cháracter [characterístic] *n.* 〘生物〙獲得形質.

acquíred immúnity *n.* 〘生物〙獲得免疫, 後天免疫《ある病気にかかった後, あるいは抗原・抗体などの注射によって獲得した免疫; cf. natural immunity》.

acquíred táste *n.* [通例 an ~] 次第に味を覚える嗜好品, 次第に覚える趣味; 次第に好きになった物[人]: Tobacco [Drink] is *an* ~. たばこ[酒]の味は次第に覚えるものだ.

ac·quíre·ment *n.* **1** (努力による)取得, 獲得; 修得, 習得. **2** [しばしば *pl.*] (努力によって)身につけたもの; (特に)学識, 技能, 技芸 (attainment, accomplishment).

ac·qui·si·tion [ækwəzíʃən | -kwɪ-] 〖《a1400》□L *acquīsītiō(n-)* ← *acquīsītus* (p.p.) ← *acquīrere* 'to ACQUIRE': ⇨ -ition〗 — *n.* **1** 獲得, 取得, 修得: the ~ of land, money, etc. **2** 獲得物, 〔…に〕加わった物[人] 〔*to*〕; (特に)有益な取得物, もうけ物: a valued ~. **3** (図書館・美術館などでの)本などの入手; 入手図書, 入手美術品. **4**〘宇宙〙レーダーによる人工衛星や宇宙探測機の捕捉.

ac·quis·i·tive [əkwízətɪv, æk- | -zɪt-, -zə-] 〖← L *acquīsītus* (↑) + -IVE〗 — *adj.* **1** 取得的な; 利欲的な, 欲の深い: an ~ banker / an ~ mind 向学心, 利欲心(など) / the ~ instinct 取得本能. **2** 〔…を〕得ようとする[努める] 〔*of*〕: be ~ *of* wealth. **~·ly** *adv.*

ac·quís·i·tive·ness *n.* 取得心; 欲心; 〘骨相〙欲相.

ac·quit [əkwít, æk- | ək-] 〖《?a1200》 *aquite(n)* □ OF *acquit-er* (F *acquitter*) // VL **acquitāre* ← **ac-* 'AD-' + **quitāre* = L *quiētāre* to settle (← *quiēs* rest): ⇨ quit: cf. quiet〗 — *vt.* (**ac·quit·ted**; **ac·quit·ting**) **1 a** 〈人〉に〔容疑・罪について〕無罪を言い渡す, 無罪とする 〔*of, on*〕: The judge ~*ted* him *of* (the charge of) murder. 裁判官は彼に殺人(の容疑)について無罪の判決を言い渡した / He was tried and ~*ted*. 裁判の結果無罪[免訴]となった. **b** 〈人〉に〔責任などを〕免除する, 免じる (set free) 〔*of*〕: ~ a person *of* a duty. **2**《古》〈負債などを〉返済する, 支払う (pay): ~ a debt. **3** [~ *oneself* で] **a** (どう)振舞う; 演じる, やってのける: ~ *oneself* well 立派に振舞う[やってのける] / He ~*ted himself* well in the game. 試合で立派な働きを見せた. **b** 〔任・債務などを〕果たす 〔*of*〕: ~ *oneself of* a duty [debt]. **ac·quít·ter** [-tə | -tə(r] *n.*

ac·quit·tal [əkwítl, æk- | əkwítl] 〖《1430》: ⇨ ↑, -al[2]〗 *n.* **1**〘法律〙無罪, 免訴, 放免. **2** (義務などの)解除; (負債の)免除.

ac·quit·tance [əkwítns, æk- | ək-] 〖《a1338》□OF *acquitance*: ⇨ acquit, -ance〗 *n.* 〘法律〙**1** (債務の)消滅; 責任解除. **2** 債務消滅証書; 領収証.

acr- [ækr] (母音の前に来る時の) acro- の異形.

ac·ra·sin [ǽkəsɪn, -sən | -sɪn] 〘← NL *Acrasia* (属名)＋-IN^1〙 *n.* 〖生化学〗アクラシン《細胞粘菌が単細胞期から多細胞体になるとき細胞から分泌される物質; 細胞粘菌はこの物質に対し走化性をもつ》.

a·crawl [əkrɔ́ːl] 〘← A-^{1}＋CRAWL^1〙 *adv., pred. adj.* 〈虫など〉はい回っている; 〈場所など〉〔…で〕うようよしている (crawling) 〔*with*〕.

a·cre [éɪkə | -kə(r)] 〘OE *æcer* field, a definite measure of land < Gmc **akraz* (G *Acker*) < IE **agros* pasture land ← **ag-* to drive (Gk *agrós* field, land / L *ager*): 現在の形は ML *acra* / (O)F *acre* の影響〙 ― *n.* **1** エーカー, 英町《面積の単位; 4,840 平方ヤード, 43,560 平方フィート, 0.405 ヘクタール, 4,047 m^2; 略 A》. **2** [通例 *pl.*] 畑地, 田野 (fields), 地所 (lands); 土地 (land): broad ～*s* 広い土地. **3** 《古》畑, 耕地 (field) ★ 今は次の句で用いる: ⇨God's acre. **4** [*pl.*] **a** 広がり (broad expanse): ～*s* of water 広い水面. **b** 《口語》莫大な量[数] (lots): ～*s of* goods [printed matter] 非常にたくさんの商品[印刷物].

A·cre [ɑ́ːkrə, ɑ́ːkreɪ] *n.* アッカ《イスラエル北西岸の海港; 1191 年第三回十字軍の時 Richard the Lion-Hearted に占領された; 人口 34,000》.

a·cre·age [éɪkərɪdʒ] 〘《1859》: ⇨acre, -age〙 *n.* **1** エーカー数; 地積, 面積: the ～ under cultivation 耕作面積. **2** 地所, 土地.

A·cré·a mòth [əkríːə-] 〘*Acrea*: ▭ L *acraea* (fem.) ← *acraeus* living high up ▭ Gk *akraîos*〙 ― *n.* 〖昆虫〗北米産鱗翅目ヒトリガ科のゴマダラヒトリの一種 (*Estigmene acrea*).

á·cred 〘← ACRE＋-ED 2〙 *adj.* [通例複合語の第 2 構成素として] (何)エーカーの(土地を所有する).

ácre-fóot *n.* エーカーフット《1 エーカーを 1 フィートの深さに満たすに等しい水量; ＝43,560 cubic ft.》.

ácre-ínch *n.* エーカーインチ《1 エーカーを 1 インチの深さ[高さ]に満たすに等しい水[土]の量; ＝$^1/_{12}$ acre-foot》.

ac·rid [ǽkrɪd, -rəd | -rɪd] 〘《1712》← L *ācris* ((fem.) ← *ācer* sharp, bitter)＋-ID^4: ACID (L *acidus*) の類推によるもの〙 ― *adj.* (～**er**, ～**est**; **more** ～, **most** ～) **1** (におい・味が)強く鼻[舌]を刺す, ぴりぴりする, つんとする, ひどくからい[苦い]. **2** 〈気質・言葉・人など〉厳しい, 辛辣な. **～·ly** *adv.* **～·ness** *n.*

ac·rid·i·an [əkrídiən | -dɪ-] 〘← Gk *akrid-* (↓)＋-IAN〙 〖昆虫〗 *adj.* バッタ科の.

ac·ri·did [ǽkrədɪd | -rɪ-] 〘↓〙 *n.* 〖昆虫〗＝locustid.

A·crid·i·dae [əkrídədiː | -dɪ-] 〘← NL ～ ← *Acrida* (属名: ← Gk *akrid-*, *akrís* grasshopper)＋-IDAE〙 *n. pl.* 〖昆虫〗＝Locustidae.

ac·ri·dine [ǽkrədìːn, -dɪn, -dən | -rɪdìːn, -dɪn] 〘← ACRID＋-INE^1〙 *n.* 〖化学〗アクリジン ($C_{13}H_9N$)《コールタールに含まれる; 染料・殺菌剤などの原料》.

ácridine dýe *n.* 〖染色〗アクリジン染料《化学構造によって分類した染料群の名称》.

ac·rid·i·ty [əkrídəṭi, æk- | -dətɪ, -dɪ-] 〘← ACRID＋-ITY〙 *n.* **1** (におい・味などの)刺激性, にがさ. **2** 激しさ, 厳しさ, 辛辣.

ac·ri·fla·vine [æ̀krəfléɪviːn, -vɪn, -vən | -rɪfléɪviːn, -vɪn] 〘← ACRI(DINE)＋FLAVINE〙 *n.* 〖薬学〗アクリフラビン ($C_{14}H_{14}N_3Cl$)《防腐・消毒剤; euflavine ともいう》.

Ac·ri·lan [ǽkrəlæ̀n, -lən | -rɪ-] 〘← *Acril-* (《変形》← ACRYL)＋-AN^2〙 *n.* 〖商標〗アクリラン《ポリアクリロニトリル (polyacrylonitrile) 系の合成繊維の商品名》.

ac·ri·mo·ni·ous [æ̀krəmóuniəs, -njəs | -rɪmə́unjəs, -nɪəs] 〘《1612》▭ F *acrimonieux* // ML *ācrimōniōsus* ← *ācrimōnia* (↓): ⇨ -ous〙 ― *adj.* **1** 〈気質・態度・言葉など〉激しい, 辛辣な, 毒々しい (harsh); 〈議論など〉苛烈な, 激した (bitter): an ～ dispute. **2** 《古》＝acrid 1. **～·ly** *adv.* **～·ness** *n.*

ac·ri·mo·ny [ǽkrəmòuni, -məni | -rɪmənɪ] 〘《1542》▭ L *ācrimōnia* sharpness, pungency: ⇨acrid, -mony〙 *n.* 辛辣, 激烈, 痛烈 (harshness).

A·cris·i·us [əkrísiəs | -sɪ-] 〘▭ L ～ ▭ Gk *Akrísios*〙 ― *n.* 〖ギリシャ神話〗アクリシオス《Danaë の父; Perseus をみごもった Danaë を迫害したがのちに Perseus に殺された》.

Ac·ri·ta [ǽkrɪṭə | -tə] 〘← NL ～ ← Gk *ákritos* undistinguishable ← A-^{7}＋*krínein* to distinguish〙 ― *n. pl.* 〖動物〗神経系統不明の動物群《動物と植物の中間に位置する生物群として古く仮定されたもの》.

a·crit·i·cal [eɪkríṭɪkəl, -ṭə- | -tɪ-] 〘← A-^{7}＋CRITICAL〙 *adj.* **1** 無批判的な. **2** 〖医学〗〈熱病など〉分利欠如の (cf. crisis 3 a).

ac·ro- [ǽkro(ʊ) | -rə(ʊ)] 〘← Gk *ákros* at the end, topmost (cf. *akḗ* edge)〙 ―次の意味を表わす連結形: **1** 「先端, 始め」: *acronym*. **2** 「頂点, 高さ」: *acropetal, acrophobia*. **3** 「(身体の)末端」: *acromegaly*. ★ 母音の前では通例 acr- になる.

ac·rob·a·cy [əkrɑ́bəsi | -sɪ] 〘← ACROBAT＋-CY〙 *n.* ＝acrobatics.

ac·ro·bat [ǽkrəbæ̀t] 〘《1825》▭ F *acrobate* ▭ Gk *akróbatos* one who walks on tiptoe ← *ákros* tip (⇨ acro-)＋*-batos* going (← *bainein* to go)〙 ― *n.* **1** 曲芸師, 軽業師, アクロバット. **2** 豹変者, 変節者.

ac·ro·bat·ic [æ̀krəbǽṭɪk | -rə(ʊ)bǽt-] 〘▭ F *acrobatique* ▭ Gk *akrobatikós*: ⇨↑, -ic^1〙 ― *adj.* 曲芸の, 軽業の; 軽業的な, 放れわざの: an ～ feat 軽業, 曲芸 / an ～ dance アクロバット[曲芸的]ダンス. **àc·ro·bát·i·cal·ly** *adv.*

ac·ro·bat·ics [æ̀krəbǽṭɪks | -rə(ʊ)bǽt-] 〘⇨↑, -ics〙 ― *n.* **1 a** [複数扱い] 軽業, 曲芸, アクロバット; [単数扱い] 軽業, 曲芸《技術・職業》: perform ～ 曲芸をやる / aerial ～ アクロバット飛行 (aerobatics). **b** ＝aerobatics. **2** [複数扱い] 放れわざ (feat); [単数扱い] 腕のさえ, 俊敏さ: musical ～ 曲弾(び)き.

ác·ro·bàt·ism [-tɪzm] *n.* ＝acrobatics 1 a, 2.

ac·ro·blast [ǽkrəblæ̀st] 〘← ACRO-＋-BLAST〙 *n.* 〖生物〗アクロブラスト《動物の精子の細胞の細胞質内にある中心粒に由来する小体》.

àcro·cárpous 〘← ACRO-＋-CARPOUS〙 *adj.* 〖植物〗〈蘚(せん)類が〉頂果の《雌雄の生殖器官が茎の頂に生じる; cf. pleurocarpous》.

àcro·céntric 〘← ACRO-＋-CENTRIC〙 *n., adj.* 〖生物〗末端動原体(の) (cf. centromere).

Ac·ro·chor·di·dae [æ̀krəkɔ́ədədìː | -kɔ́ːdɪ-] 〘← NL ～ ← *Acrochordus* (属名: ← ACRO-＋*chordḗ* intestine, catgut)＋-IDAE〙 *n. pl.* 〖動物〗ヤスリミズヘビ科《ヤスリミズヘビ (*Acrochordus javanicus*) などを含む》.

àcro·cyanósis 〘← NL ～: ⇨acro-, cyanosis〙 *n.* 〖病理〗(手足の指の)先端[肢端]チアノーゼ.

ac·ro·dont [ǽkrədɑ̀nt | -rə(ʊ)dɔ̀nt] 〘← ACRO-＋-ODONT〙 〖動物〗 ― *adj.* 端生歯の; 端生歯を有する (cf. pleurodont). ― *n.* 端生歯動物《歯が顎(がく)骨の頂端に生じる動物》.

ac·ro·drome [ǽkrədròum | -drə̀um] 〘← ACRO-＋-DROME〙 *adj.* 〖植物〗(ナツメの葉のように)〈葉脈が〉頂端に集まる.

a·crod·ro·mous [əkrɑ́drəməs, æk- | -rɔ́d-] 〖植物〗＝acrodrome.

ac·ro·dyn·i·a [æ̀kro(ʊ)díniə | -rə(ʊ)dínɪə] 〘← ACRO-＋-ODYNIA〙 *n.* 〖病理〗先端[肢端]疼痛(症).

ac·ro·gen [ǽkrədʒən] 〘← ACRO-＋-GEN〙 *n.* 〖植物〗(シダ類のような)頂端で生長する植物.

ac·rog·e·nous [əkrɑ́dʒənəs, æk- | -rɔ́dʒɪ-] 〘⇨↑, -genous〙 *adj.* 〖植物〗頂生の. **～·ly** *adv.*

a·crog·ra·phy [əkrɑ́grəfi | -rɔ́grəfɪ] 〘← ACRO-＋-GRAPHY〙 ― *n.* 〖金属加工〗アクログラフィー《印刷用のステロ版や電気版を作るための凸版 (relief) のデザイン方法》.

a·crog·y·nous [əkrɑ́dʒənəs, æk- | -rɔ́dʒɪ-] 〘← ACRO-＋-GYNOUS〙 *adj.* 〖植物〗(ゼニゴケのように)茎の頂に蔵卵器をもつ.

ac·ro·lect [ǽkrəlèkt, -ro(ʊ)- | -rə(ʊ)-] 〘← ACRO-＋(DIA)LECT〙 *n.* 〖言語〗(ある集団の用いる)最も有力な方言.

a·cro·le·in [əkróuliɪn, -liən | -rə́ulɪɪn] 〘← ACR(ID)＋L *olēre* smell＋-IN^1〙 ― *n.* 〖化学〗アクロレイン (CH_2=CHCHO)《刺激臭のある無色の液体; 有機合成に用いる; acrylaldehyde ともいう》.

ac·ro·lith [ǽkrəlɪθ] 〘← L *acrolith-us* ▭ Gk *akrólithos* stone-tipped: ⇨ acro-, -lith〙 ― *n.* (古代ギリシャの)頭と手足は石で胴は木の像. **ac·ro·lith·ic** [æ̀krəlíθɪk] *adj.*

a·crol·o·gy [əkrɑ́lədʒi | -rɔ́lədʒɪ] 〘▭ F *acrologie*: ⇨ acro-, -logy〙 *n.* ＝acrophony. **ac·ro·log·ic** [æ̀krəlɑ́dʒɪk | -lɔ́dʒ-] *adj.*

ac·ro·me·gal·ic [æ̀kro(ʊ)məgǽlɪk, -mɪ- | -rə(ʊ)mɪ-] 〘← ACRO-＋MEGALO-＋-IC^1〙 〖病理〗 *adj.* 先端巨大(症)の. ― *n.* 先端巨大性巨人.

ac·ro·meg·a·ly [æ̀kro(ʊ)mégəli | -rə(ʊ)mégəlɪ] 〘▭ F *acromégalie*: ⇨ acro-, megalo-, -y^1〙 *n.* 〖病理〗先端巨大(症) (cf. acromicria).

acromia *n.* acromion の複数形.

ac·ro·mic·ri·a [æ̀kro(ʊ)míkriə, -máɪk- | -rə(ʊ)míkrɪə, -máɪk-] 〘← NL ～: ⇨ acro-, micro-, -ia^1〙 *n.* 〖病理〗小(先)端症, 先端[肢端]矮小(症) (cf. acromegaly).

a·cro·mi·on [əkróumiən, -ən | -rə́umɪən, -ən] 〘← NL ～ ← Gk *akrṓmion* ← *akro-* 'ACRO-'＋*ō̃mos* shoulder＋*-ion* (dim. suf.)〙 ― *n.* (*pl.* **-mi·a** [-miə | -mɪə]) 〖解剖〗肩(突起), かたさき《肩甲骨の外側から突起する肩の尖端; acromion process ともいう》.

a·cron·i·cal [əkrɑ́nɪkəl, -nə- | -rɔ́nɪ-] 〘← Gk *akrónukhos* at nightfall (← ACRO-＋*núkhos, núx* night)＋-AL^1〙 ― *adj.* (*also* **a·cron·y·cal, a·cron·i·chal** [～]) 〖天文〗〈星の出没など〉日没に起こる. **～·ly** *adv.*

ac·ro·nym [ǽkrənɪm | -rə(ʊ)-] 〘← ACRO-＋Gk (Doric) *ónuma* name: HOMONYM をまねた造語〙 ― *n.* **1** 〖言語〗頭文字語, 頭字語《語群の各語の頭字(または頭音節)を組み合わせて造った語; 例: UNESCO < United Nations Educational, Scientific, and Cultural Organization / radar < *ra*dio *d*etecting *a*nd *r*anging; cf. initialism》. **2** ＝acrostic 1. **ac·ro·nym·ic** [æ̀krənímɪk | -rə(ʊ)-] *adj.* **àc·ro·ným·i·cal·ly** *adv.*

a·cron·y·mous [əkrɑ́nəməs | -rɔ́nɪ-] *adj.*

àcro·paresthésia 〘← NL ～: ⇨ acro-, paresthesia〙 *n.* 〖病理〗先端[肢端]異常感覚, 先端[肢端]触覚異常.

a·crop·a·thy [əkrɑ́pəθi | -rɔ́pəθɪ] 〘← ACRO-＋-PATHY〙 *n.* 〖病理〗先端[肢端]部疾患.

a·crop·e·tal [əkrɑ́pəṭl, æk- | -pɪtl] 〘← ACRO-＋-PETAL〙 *adj.* 〖植物〗〈花序など〉求頂的な. **～·ly** *adv.*

ac·ro·phobe [ǽkrəfòub | -fə́ub] 〘⇨ ↓, -phobe〙 *n.* 高所恐怖症者.

ac·ro·pho·bi·a [æ̀krəfóubiə | -rə(ʊ)fə́ubjə, -bɪə] 〘← NL ～: ⇨ acro-, -phobia〙 *n.* 〖精神医学〗高所恐怖(症). **ac·ro·pho·bic** [æ̀krəfóubɪk | -fə́u-] *adj.*

àcro·phonétic *adj.* 〖言語〗＝acrophonic.

ac·ro·phon·ic [æ̀krəfɑ́nɪk | -fɔ́n-] *adj.* 〖言語〗頭音書法の.

a·croph·o·ny [əkrɑ́fəni, æk- | -rɔ́fənɪ] 〘← ACRO-＋-PHONY〙 ― *n.* 〖言語〗頭音書法《表意文字の語頭音を, その音を表わすアルファベットに転用すること; 例えばセム系文字 Beta (家) の b はアルファベット b に用いられた》.

a·crop·o·lis [əkrɑ́pəlɪs, -ləs | əkrɔ́pəlɪs] 〘《1662》▭ Gk *akrópolis* higher city: ⇨ acro-, -polis〙 ― *n.* **1** (古代ギリシャ都市の)城砦(さい) (citadel). **2** [the A-] アクロポリス《ギリシャの都市 Athens の(昔の)高丘城砦; Parthenon 神殿その他の遺跡がある》.

acropolis 2

ac·ro·sin [ǽkrəsən | -sɪn] 〘⇨ ↓, -in^1〙 *n.* 〖生化学〗アクロシン《哺乳類の精子の先体に含まれていて, 卵の透明質を溶かすのに働く酵素》.

ac·ro·some [ǽkrəsòum | -sə̀um] 〘← ACRO-＋-SOME^3: cf. G *Akrosom*〙 *n.* 〖生物〗先体, 尖体《精子の頭部先端の突起状の構造》.

ac·ro·spire [ǽkrəspàɪə | -rə(ʊ)spàɪə(r)] 〘《1674》← ACRO-＋SPIRE^1: 英国の植物学者 Nehemiah Grew (1641–1712) の造語〙 ― *n.* 〖植物〗幼根《種子の発芽するとき最初に出るもの》.

ac·ro·spore [ǽkrəspɔ̀ə, -spòə | -spɔ̀ː(r)] 〘▭ F ～: ⇨ acro-, -spore〙 *n.* 〖植物〗(担子菌のように)担子柄の頂につく胞子.

a·cross [əkrɔ́(ː)s, əkrɑ́s | əkrɔ́s] 〘《*a*1200》: ⇨ a-^{3}, CROSS^1: cf. F *en croix*〙 ― *prep.* **1** …を横切って, を横断して; …の向こう側へ: major cities ～ the United States 合衆国中の大都市 / a bridge ～ a river 川に渡した橋 / ～ country (道路によらず)田野を横断して (cf. cross-country) / go [get] ～ a river 川向こうへ行く / run ～ a road 道路を走って横切る / He took a short cut ～ the park. 公園を抜けて近道をした. **2** …の向こう側に[で]: He lives just ～ the street (*from* us). 彼は通りを隔てて(私たちの)真向かいに住んでいる (cf. across from ⇨ *adv.* 成句). **3** …に横に, に斜めに; …と(十字に)交わるように; …と接触するように: lay two sticks ～ each other 2 本の棒切れを十文字に置く / be ～ a horse's back 馬の背にまたがっている / with a rifle ～ one's shoulder 銃を肩にかついで.

― *adv.* **1** (こちらから向こうへ)横切って, 渡って; 向こう側に[へ]: ⇨ GET^1 *across*, GO^1 *across* / hurry ～ to a store 向かいの店へ急いで行く / I was ～ at last. やっと向こうに着いた. **2** 横に, 斜めに (crosswise): The mirror was cracked ～. 鏡は横にひび割れていた. **3** さしわたし (in diameter): The lake is 5 miles ～. 湖水は直径 5 マイルだ. **4** (十字に)交わって, 交差して (crossed): with one's arms (folded) ～ 腕をこまぬいて, 腕組みをして.

across from 《米》…の向かいに, …の向こう側に (opposite): The store is just ～ *from* the post office. 店は郵便局のまん前です. ***be across to a person*** 《米口語》〈事が〉人の役目[責任]だ: It's ～ *to* you. それは君のやるべきことだ (It's up to you.).

acróss-the-bóard *attrib. adj.* **1** 全面的な, 総花的な, 一律の (general): an ～ raise in the wage scale 賃金スケールの一律切上げ, ベースアップ. **2** 《米》〖競馬〗〈賭が〉1 着・2 着・3 着の全部にわたる: an ～ bet. **3** 《米》〖ラジオ・テレビ〗(番組日程表で)〈番組が〉週五日組まれている《通例月曜から金曜まで連続のものにいう》: an ～ program 帯番組.

a·crost [əkrɔ́(ː)st, əkrɑ́st | əkrɔ́st, əkrɔ́ːst] 〘《米方言》← ACROS(s)＋-*t* (添え字: cf. against)〙 *prep., adv.* 《米方言》＝across.

a·cros·tic [əkrɔ́(ː)stɪk, -rɑ́s- | -rɔ́s-] 〘《1587》▭ F *acrostiche* // L *acrostich-is* ▭ Gk *akrostikhís* ← ACRO-＋*stíkhos* row, line (of verse) (← *steíkhein* to go in order, march): cf. distich〙 ― *n.* **1** アクロスティック: **a** 各行の初めの文字 (single acrostic), 初めと終わりの文字 (double acrostic), または初めと中間と終わりの文字 (triple acrostic) を取ってその順に綴り合わせると有意味の語句になる一種の遊戯詩, 沓冠(くつかむり)体の一種. **b** 並べた数語の初め[中, 終わり]の文字を上から下に読んでいって別な語を作る文字遊戯の一種. **2** 〖言語〗＝acronym 1. ― *adj.* アクロスティックの. **a·crós·ti·cal·ly** *adv.*

acroteria *n.* acroterion, acroterium の複数形.

ac·ro·te·ri·on [æ̀kro(ʊ)tí(ə)riɑ̀n, -ən | -rə(ʊ)tíərɪɔ̀n, -ən] 〘▭ Gk *akrōtḗrion* topmost part, extremity ← *ákros* (⇨ acro-)〙 ― *n.* (*pl.* **-ri·a** [-riə | -rɪə]) 〖建築〗アクロテリオン《古代ギリシャ建築で切妻屋根の両端や頂上にある台座; 人物彫刻などを支える》.

acroteria

ac·ro·te·ri·um [æ̀krəṭí(ə)riəm | -tíərɪ-] 〘▭ L *acrōtērium* ▭ Gk *akrōtḗrion* (↑)〙 *n.* (*pl.* **-ri·a** [-riə | -rɪə]) 〖建築〗＝acroterion.

ac·ro·tism [ǽkrəṭɪzm] 〘← A-^{7}＋Gk *krótos* a beat＋-ISM〙 *n.* 〖病理〗無脈症, 脈搏(はく)微弱.

ACRR《略》American Council on Race Relations 米国人種問題協議会.

Ac·rux [éikrʌks]〘? ← *a* (alpha)+CRUX〙*n.*〘天文〙アクルックス《南十字座の α 星で白色の二星から成る, 0.9 等星 ; cf. Beta Crucis》.

ac·ryl [ǽkrəl | -rɪl, -rəl]〘← ACR(OLEIN)+-YL〙*n.*〘化学〙アクリル (CH_2=CHCO)《アクリル酸 (acrylic acid) から誘導される一価の基》.

àcryl·áldehyde〘⇨ ↑, aldehyde〙*n.*〘化学〙アクリルアルデヒド (⇨ acrolein).

ac·ryl·am·ide [ækrəlǽmaɪd, əkríləmàɪd]〘← ACRYLO-+AMIDE〙 — *n.* アクリルアミド (CH_2=CHCONH_2)《接着剤・塗料 ; アクリロニトリルとの共重合体は重要な合成繊維》.

ac·ry·late [ǽkrəlèɪt, -lət, -lɪt | -rə-, -rɪ-]〘← ACRYLO-+-ATE[1]〙 — *n.*〘化学〙 **1** アクリレイト, アクリル酸塩[エステル]《例 : アクリル酸メチル (CH_2=CHCOOCH_3)》. **2** =acrylic resin.

ácrylate résin [**plástic**] *n.*〘化学〙=acrylic resin [plastic].

a·cryl·ic [əkrílɪk, æk-]〘← ACRYLO-+-IC[1]〙 — *adj.*〘化学〙アクリルの. — *n.* **1 a** =acrylic resin. **b** =acrylic fiber. **2 a** [通例 *pl.*] アクリル製品. **b** アクリル塗料[絵の具]. **c** アクリル絵の具による絵.

acrýlic ácid *n.*〘化学〙アクリル酸 (CH_2=CHCOOH)《重合しやすく, 接着剤などの原料》.

acrýlic éster *n.*〘化学〙アクリル酸エステル.

acrýlic fíber *n.*〘化学〙アクリル繊維.

acrýlic nítrile *n.*〘化学〙=acrylonitrile.

acrýlic résin [**plástic**] *n.*〘化学〙アクリル樹脂[プラスチック].

ac·ry·lo- [ǽkrəlo(ʊ) | -rɪlə(ʊ), -rə-]〘← ACRYL+-O-〙〘化学〙「アクリル (acryl)」の意の連結形.

àcrylo·nítrile〘⇨ ↑, nitrile〙*n.*〘化学〙アクリロニトリル (CH_2=CHCN)《アクリル樹脂の原料》.

a·cryl·o·yl [əkríləɪl, -ì:l]〘← ACRYLO-+-YL〙*n.*〘化学〙アクリロイル (CH_2=CHCO).

ac·ryl·yl [ǽkrəlɪl | -rɪ-, -rə-]〘↑〙*n.*〘化学〙=acryloyl.

ácrylyl gròup *n.*〘化学〙アクリリル基 (CH_2=CH-CO-).

ACS《略》〘生化学〙antireticular cytotoxic serum 抗網様細胞毒血清.

A.C.S.《略》American Chemical Society 米国化学会 ; American College of Surgeons 米国外科医師会.

A/cs pay., a/cs pay.《略》〘会計〙accounts payable.

A.C.S.R.《略》〘電気〙aluminum cable steel reinforced 鋼心アルミ撚(ﾖ)り線.

A/cs rec., a/cs rec.《略》〘会計〙accounts receivable.

act [ǽkt]〘n.: (c1380) ▭ F *acte* action ∥ L *āct-us* a doing ((p.p.) ← *agere* to drive, do (⇨ agent)) & *act-um* something done ((neut.) ← *āctus*). — v.: (1460) ← (n.)〙 — *n.* **1** 行為, 行ない, 所業 (deed) (cf. action 2): a heroic [wise] ~ / an ~ of kindness 親切な行為. ★ 通例 act は短期間の一回の行為をさし, action はある期間にわたる段階的な行為をさす. **2** [the ~] 行動中, 現行. ★ 今は通例次の成句で用いる : ⇨ *in the* ACT (*of* ...). **3 a**〘法律〙法令, 制定法 (law, statute); 決議, 決議書 (resolve); 裁定 (award): an *Act* [~] of Congress [〘英〙Parliament] 国会制定法 / Resale Price Maintenance *Act* 再販売価格維持法. **b** [しばしば A-] (会議の) 記録, 議事録 ; [*pl.*] 会報. **c**〘法律〙捺印証書(deed). **4 a**〘演劇〙幕, 段 : *Act* I, Scene ii 第 1 幕第 2 場 / *in* the first ~ 第一幕で[に] / between (the) ~*s* 幕間(ﾏｸｱｲ)に / a play *in* one ~=a one-*act* play 一幕劇[物]. **b** (演芸などの) 番組の一つ, 一番, 出し物 (number); 芸人(の一座). **c**《口語》見せかけ, 振り, 芝居 : ⇨ *put on an* ACT. **5**〘英大学〙(もと)学位請求論文の発表《審査員の試問に応じて出願者の弁護が行なわれた》. **6**〘カトリック〙短い祈り ; [A-] その唱《典文》: the *Act* of Faith [Hope, Charity] 信[望, 愛]徳唱 / the *Act* of Contrition 痛悔の祈り. **7** [the Acts ; 単数扱い]〘聖書〙(新約聖書の)使徒行伝 (The Acts of the Apostles). **8 a**〘哲学〙人間の行為, 行動, 人為. **b**〘心理〙精神作用.

an act of faith (1) 信念[信仰]上の行為 ; 自己犠牲的な行為, 非常な忍耐[努力]を要する事柄. (2)《口語》(勘による)賭け, 冒険. (3)〘神学〙その人の宗教的信念を立証する[試す]行為 ;〘キリスト教史〙=auto-da-fé. ***get into*** [***in on***] ***the act***《口語》(何か得になりそうな事に)加わる (join). ***in act to do***《古》まさに...しようとして. ***in the act*** (***of***...) (...の)最中で, 現行中に : I was *in the* ~ *of* shooting the bird. ちょうどその鳥を射ようとしていた / He was caught *in the* (very) ~ (*of* stealing it). (盗もうとする)現場を見つかった[捕えられた]. ***put on an act***《口語》(1) ショーを見せる. (2) 振りをする, 芝居をする ; 人目を引くように振舞う[話す], ふざける. (3) 気取る, えらぶる.

act and deed〘法律〙(後日の)証拠(物): I deliver this as my ~ *and deed.* 私の証拠物としてこれを交付するものである《捺印証書 (deed) の交付の際の用語》.

act of God〘法律〙天災, 不可抗力 (cf. inevitable accident, vis major).

act of grace (1)〘法律〙恩赦法. (2) 恩典.

Act of Supremacy [the —] 国王至上法, 首長法《国王を国教会首長と宣言し, ローマ教皇の宗教主権を排除した英国の法律で, 1534 年 Henry 八世はこれを発して Reformation を断行し, 1559 年 Elizabeth 一世が改めて制定した》.

Act of Uniformity [the —]〘英史〙(礼拝)統一法. 統一令《1549 年 (Edward 六世), 1552 年 (Edward 六世), 1559 年 (Elizabeth 一世), 1662 年 (Charles 二世) に制定された ; (特に) 1559 年のものが有名》.

Act of Union [the —]〘英〙連合法《イングランドとウェールズとの合併の法律 (1536), イングランドとスコットランドとの合併の法律 (1707), 大ブリテンとアイルランドとの合併の法律 (1800), 南アフリカ植民地連合の法律 (1909) などをいう》.

act of war 戦争行為《名目上和平関係にある国に対する不法侵略行為》.

— *vi.* **1** 行なう, 行動する ; 処置をとる, 手を打つ (take action)〔*to do*〕: The time has come to ~, not to think. 今や考えるのでなく行動すべき時がきた. **2 a** [様態の副詞語句を伴って] 振舞う (behave): ~ foolishly, wisely, etc. / ~ like a man [a lady] 男らしく[淑女のように]振舞う / He ~*ed* as if he were a child. 子供みたいな振舞いをした. **b**《米》[補語として形容詞を伴って] ...であるように振舞う (behave as if), ...のように見える, ...らしい (appear to be): ~ foolish / He ~*s* severe, although kind at heart. 根は親切だが厳しそうに振舞う / The dog ~*ed* friendly. その犬はいかにも人なつこかった. **3 a**〔...の〕役をする, 〔...として〕勤める (serve)〔*as*〕: ~ *as* Chairman [guide] 議長[ガイド役]を勤める / ~ *as* a model for an artist 画家のモデルをする. **b**〔人の〕代理をする, 代行する, 〔団体などを〕代表する〔*for*〕: The head teacher ~*ed for* the principal. 教頭が校長の代理をした / Mr. Jones is ~*ing for* the committee. ジョーンズ氏が委員長役を勤めている. **c**〈物が〉〔...の〕役目[働き]をする (serve), 〔...の〕代わりになる (do duty)〔*as*〕: The heart ~*s as* a pump. 心臓はポンプの働きをする / The plate ~*ed as* an ashtray. その皿は灰皿代わりに使われた. **4 a**〈機械・頭脳などが〉作動する, 働く, 動く : The brake refused to ~. ブレーキがどうしてもきかなかった / Your mind ~*s* quickly. 君は頭の回転が早い. **b**〈薬が〉効果を現わす, 〔...に〕きく (take effect)〔*on, upon*〕: These pills ~ *on* the liver. この丸薬は肝臓にきく / I waited for the medicine to ~ (*on* the pain). 薬が(痛みに)きくのを待った. **5 a** (俳優として)舞台に立つ, 出演する : He ~*ed in* his own play. 自作の劇に出演した. **b** 見せかけ[芝居]をする, 振り[まね]をする (pretend): She is only ~*ing.* (本気ではなく)見せかけているだけだ. **c** [通例副詞を伴って]〈劇・場面・役が〉上演に適する, 舞台にのる : This play will not ~ *well.* この劇はうまく舞台にのりそうもない. **6**《米》〔決議事項などに〕決定[裁定, 判決]を下す〔*on*〕.

— *vt.* **1**〈俳優が〉〈役を〉勤める, 演じる, 〈人物〉に扮(ﾌﾝ)する ;〈劇を〉上演する (perform);〈事件・感情などを〉演出する, (演技で)表現する : She ~*ed* (the part of) Juliet. 彼女はジュリエットに扮した / They are ~*ing* "Macbeth."「マクベス」を上演中である. **2 a** ...のように振舞う (behave like): ~ *the* man of the world 世間通気取りでいる / Stop ~*ing the* child. 子供みたいなまねをするのはよしなさい / ⇨ *act the* FOOL[1]. **b**〈感情・態度などを〉装う, まねる (feign): ~ surprise 驚いた振りをする / He was just ~*ing* it. ただその振り[まね]をしていたに過ぎない. **3**《廃》活動させる, 活発にする (actuate).

act on [***upon***] (1) ...に基づいて行動する, 〈助言など〉に従う, ...を実行する : ~ *on* a person's advice [a tip] 人の助言[情報]に従って行動する / They have no principle to ~ *upon.* 行動のより所となる方針を全然もっていない. (2) ...に影響[作用]する (affect): ⇨ *vi.* 4 b: Acid ~*s on* metals. 酸は金属に作用する. (3) ⇨ *vi.* 6. ***act out*** (1)〈物語・経験などを〉身振りでやってみる[見せる], 実演する. (2)〈考えなどを〉行動に移す, 実行する. (3)〘精神分析〙〈抑圧された感情などを〉行動化する《治療の場面で患者が言語以外の行動に表現する》. ***act up***《口語》(1)〈子供などが〉(わざと)ふざけ回る, 騒ぐ, わるさをする ; (人前でわざと)人目を引くようなことをする ;〈馬などが〉暴れ出す. (2)〈機械などが〉狂う, 調子が悪くなる ;〈患部・病気などが〉(また)痛み出す, 悪くなる : The typewriter is beginning to ~ *up.* タイプの具合が悪くなってきた. (3) (事態に適当に)反応する ; 然るべき態度に出る. ***act up to***〈主義などを〉実践[実行]する ; ...にふさわしい振舞いをする, ...を恥しめない.

act.《略》acting ; active ; activities ; actor ; actual.

-act [ǽkt]〘← Gk *akt-ís* ray〙〘動物〙(海綿動物などの骨片 (spicule) について)「輻 (ray) が...個ある(もの)」の意の形容詞および名詞連結形.

A.C.T.《略》Australian Capital Territory.

act·a·ble [ǽktəbl]*adj.* **1**〈劇が〉上演できる[しやすい]. **2** 実行できる. **àct·a·bíl·i·ty** [-təbíləṭi | -lɪtɪ, -lɪ-] *n.*

Ac·tae·on [æktí:ən | -tí:ən, -tíən]〘▭ L *Actaeōn* ▭ Gk *Aktaíōn* ← ?〙 — *n.*〘ギリシャ・ローマ神話〙アクタイオン《Diana が水を浴びている姿を見たため彼女にのろわれて鹿に変身させられ, 自分の猟犬に噛み殺された猟師》.

Ac·ta Sanc·to·rum [á:ktə-sa:ŋktɔ́:rəm, -tó:r- | -tɔ́:r-]〘▭ L *acta sanctōrum* deeds of the saints〙 — *L. n.* [the ~]〘カトリック〙(教会暦日表順の)聖人伝《聖人・殉教者の伝記集》.

áct dròp *n.*〘劇場〙アクトドロップ, 道具幕《もと各幕間(ﾏｸｱｲ)に降ろした垂れ幕》.

acte gra·tuit [ǽkt-grætwí:, á:kt-gra:-; *F.* aktgratɥi]〘▭ F ~ 'gratuitous act'〙*F. n.* いわれのない行為, 衝動的な行動.

actg.《略》acting 代理の, ...心得.

ACTH [éɪsì:tì:éɪtʃ, ǽkθ]《略》〘生化学〙adrenocorticotrophic hormone

ac·tin [ǽktən, -tɪn | -tɪn]〘▭ G *Aktin* ← L *actus* motion : ⇨ -in[1]〙*n.*〘生化学〙アクチン《蛋白質の一種 ; 筋肉蛋白質に含まれる》.

ac·tin- [ǽktɪn, -tən | -tɪn] (母音の前に来る時の) actino- の異形 : *actin*autography.

ac·ti·nal [ǽktənḷ, æktáɪ- | ǽktɪ-, æktáɪ-]〘← Gk *aktînos* ray+-AL[1]〙*adj.*〘動物〙(放射形動物の)口部の : the ~ side 口のある側.

-ac·tine [ǽktaɪn, -tɪn, -tən | -taɪn, -tɪn]〘← Gk *aktín-, aktís* ray〙 —〘動物〙(海綿動物などの骨片 (spicule) について)「...な[...個の]輻 (ray) がある」の意の形容詞連結形.

áct·ing〘← ACT+-ING[1,2]〙 — *attrib. adj.* **1** 代理の, 事務取扱いの, 臨時の (略 a., actg.): an ~ principal 校長代理[事務取扱い] / an ~ secretary 臨時の秘書. **2** 見せかけの (sham). — *n.* **1** 芝居をやること ; 俳優業 ; 演技, 所作(ｼｮｻ): ~ experience 俳優としての(舞台の)経験. **2** 上演 ; 演出(法). **3** 見せかけ, 芝居 (pretense). **4** [形容詞的に]〘演劇〙 **a**〈劇が〉上演に適する. **b** 演出用の : an ~ copy [script] 演出用台本.

ácting àrea *n.*〘劇場〙演技空間《舞台の観客に見える部分》.

ac·ti·ni- [æktínə | -nɪ] actino- の異形 (⇨ -i-).

ac·tin·i·a [æktíniə | -nɪə]〘← NL ~ ← Gk *aktís* ray〙*n.* (*pl.* **-i·ae** [-niì:], **~s**)〘動物〙イソギンチャク ; (特に)ウメボシイソギンチャク (*Actinia equina*)

ac·tin·i·an [æktíniən | -nɪ-]〘⇨ ↑, -an[1]〙*adj., n.*〘動物〙イソギンチャク目の(動物).

Ac·tin·i·ar·i·a [æktìniέ(ə)riə | -nɪέərɪə]〘← NL ~ : ⇨ actinia, -aria〙*n. pl.*〘動物〙(腔腸動物門花虫綱六放サンゴ亜綱)イソギンチャク目.

ac·tin·ic [æktínɪk]〘← Gk *aktîn-, aktís* ray+-IC[1]〙*adj.*〘化学〙(太陽)化学線の, 〈放射線が〉化学作用のある. **ac·tín·i·cal·ly** *adv.*

actínic fócus *n.*〘写真〙(視覚焦点に対して)化学焦点《chemical focus ともいう》.

actínic ráy *n.*〘物理〙活性線《化学作用の強い放射線》.

ac·ti·nide [ǽktənàɪd | -tɪ-]〘← ACTINO-+-IDE〙*n.*〘化学〙アクチニド《アクチニド系列 (actinide series) の元素の一つ》.

áctinide sèries *n.* [the ~]〘化学〙アクチニド系列《原子番号 89 番のアクチニウムから 103 番のローレンシウムまでの元素の総称 ; 最近は actinoids と呼ぶ ; cf. lanthanide series》.

Ac·ti·nid·i·a·ce·ae [æktənìdiéɪsiì: | -tɪnìdɪ-]〘← NL ~ ← *Actinidia* (属名 : ⇨ actino-, -idia)+-ACEAE〙*n. pl.*〘植物〙(ツバキ目)マタタビ科.

ac·tin·i·form [æktínəfɔ̀əm | -nɪfɔ̀:m]〘← ACTINO-+-FORM〙*adj.*〘動物〙放射形の (radiate).

ac·tin·i·o- [æktínio(ʊ) | -nɪə(ʊ)]〘← ACTINIA〙「イソギンチャクの」の意の連結形.

ac·ti·nism [ǽktənìzm | -tɪ-]〘⇨ actinic, -ism〙*n.*〘物理〙光線の化学作用.

ac·tin·i·um [æktíniəm | æktínɪəm, -njəm]〘← NL ~ : ⇨ actino-, -ium : フランスの化学者 André Louis Debierne (1874–1949) の造語〙 — *n.*〘化学〙アクチニウム《放射性元素 ; 記号 Ac, 原子番号 89, 原子量 227.0278》.

actínium emanàtion *n.*〘化学〙=actinon.

actínium sèries *n.* [the ~]〘化学〙アクチニウム系列《^{235}U (古典名アクチノウラン (actinouranium)) から出発する天然に存在する放射性元素の系列》.

ac·ti·no- [ǽktəno(ʊ) | -tɪnə(ʊ)]〘← NL ~ ← Gk *aktîn-, aktís* ray〙 — **1**〘物理〙「放射線の」の意の連結形 : *actino*meter. **2**〘動物〙「放射状の, イソギンチャク類の」の意の連結形 : *actino*id. ★ 時に actini-, また母音の前では通例 actin- になる.

ac·ti·no·bac·il·lo·sis [æktəno(ʊ)bæ̀səlóʊsɪs, -səs | -tɪnə(ʊ)bæ̀sɪlóʊsɪs]〘← NL ~ : ⇨ ↓, -osis〙 — *n.*〘獣医・病理〙アクチノバチルス症《放線菌症に似た家畜および人の病気》.

àctino·bacíllus〘← NL ~ : ⇨ actino-, bacillus〙*n.* (*pl.* **-cilli**)〘細菌〙アクチノバチルス《*Actinobacillus* 属の微生物》.

àctino·chémistry *n.* =photochemistry.

àctino·dermatítis〘← ACTINO-+DERMATITIS〙*n.*〘病理〙放射線皮膚炎.

ac·tin·o·drome [æktínədròʊm | -drəʊm]〘← ACTINO-+-DROME〙*adj.*〘植物〙〈葉が〉掌状の葉脈のある.

ac·tin·o·graph [æktínəgræ̀f | -grà:f, -græ̀f]〘← ACTINO-+-GRAPH〙*n.* 光量[光力]記録機《太陽光の化学効果の変化を記録する装置》.

ac·ti·nog·ra·phy [æktənágrəfi | -nɔ́grəfɪ]〘← ACTINO-+-GRAPHY〙*n.* 光量測定(法)《写真の露出を決定するために, 太陽光による照明の光量を測定すること》.

ac·ti·noid [ǽktənɔ̀ɪd | -tɪ-]〘← ACTINO-+-OID〙*adj.*〘動物〙放射状の.

ac·ti·noids [ǽktənɔ̀ɪdz | -tɪ-]〘(pl.) ← *actinoid* ← ACTINIDE+-OID〙*n. pl.*〘化学〙アクチノイズ, アクチノイド元素 (⇨ actinide series).

ac·tin·o·lite [æktínəlàɪt]〘← ACTINO-+-LITE〙*n.*〘鉱物〙緑閃(ｾﾝ)石, 陽起石《角閃石 (amphibole) の一種》.

ac·ti·nol·o·gy [æktənálədʒi | -tɪnɔ́lədʒɪ]〘← ACTINO-+-LOGY〙*n.* 化学線学《光の化学効果を研究する科学》.

ac·ti·nom·e·ter [æktənáməṭə | -tɪnɔ́mɪtə(r, -mə-]〘← ACTINO-+-METER[1]〙 — *n.* **1** 日射計《太陽全輻

射エネルギーの強さを測定する器械). **2 a**〘化学〙化学光量計, 感光計《光化学反応を利用して, 特に紫外線の強さを測定する装置》. **b**〘写真〙光量計《写真焼付けの際に用いる感光紙の変色による露出計》.

ac·ti·nom·e·try [æ̀ktənɑ́mətri | -tɪnɔ́mɪtri, -mə-]〘⇨ ↑, -ry〙*n.*〘物理〙化学光量測定. **ac·ti·no·met·ric** [æ̀ktəno(ʊ)métrɪk | -tɪnə(ʊ)-] *adj.*

àctino·mórphic〘← ACTINO-＋-MORPHIC〙*adj.*〘生物〙放射相称の, 輻状相称をなす, 輻射状の (cf. zygomorphic).

àctino·mórphous〘← ACTINO-＋-MORPHOUS〙*adj.*〘生物〙＝actinomorphic.

áctino·mòrphy〘← ACTINO-＋-MORPHY〙*n.*〘生物〙放射相称.

ac·ti·no·my·ces [æ̀ktəno(ʊ)máɪsiːz | -tɪnə(ʊ)-]〘← ACTINO-＋Gk *múkēs* fungus〙— *n.* (*pl.* ～)〘細菌〙アクチノミセス《*Actinomyces* 属の微生物》. **ac·ti·no·my·ce·tal** [æ̀ktəno(ʊ)maɪsíːtl̩ | -tɪnə(ʊ)maɪsíːtl] *adj.*

ac·ti·no·my·cete [æ̀ktəno(ʊ)máɪsiːt, ⌐—⌐—⌐ | -tɪnə(ʊ)-]〘← NL *actinomycētēs* (pl.): ⇨ ↑, -mycete〙— *n.*〘通例 *pl.*〙〘細菌〙放線菌(類). **ac·ti·no·my·ce·tous** [æ̀ktəno(ʊ)maɪsíːtəs | -tɪnə(ʊ)maɪsíːt-] *adj.*

ac·ti·no·my·cin [æ̀ktəno(ʊ)máɪsn̩ | -tɪnə(ʊ)máɪsɪn]〘← ACTINOMYC(ES)＋-IN[1]〙— *n.*〘生化学〙アクチノマイシン《地中にすむ放線菌から分離される抗生物質の一つ; A と B の両種がある》.

ac·ti·no·my·co·sis [æ̀ktəno(ʊ)maɪkóʊsɪs, -səs | -tɪnə(ʊ)maɪkə́ʊsɪs]〘← ACTINOMYC(ES)＋-OSIS: ドイツの病理学者 Otto Bolinger (1843–1909) の造語〙— *n.* (*pl.* **-co·ses** [-siːz]) **1**〘病理〙放線菌症 (cf. lumpy jaw). **2**〘植物病理〙ジャガイモ斑点病 (potato scab). **ac·ti·no·my·cot·ic** [æ̀ktəno(ʊ)maɪkɑ́tɪk | -tɪnə(ʊ)maɪkɔ́t-] *adj.*

ac·ti·non [ǽktənɑ̀n | -tɪnɔ̀n]〘← NL ～: ⇨ actinium, -on[3]〙— *n.*〘化学〙アクチノン《アクチニウムの壊変によって生じるラドン (radon) の同位体の旧名, ^{219}Rn のこと; 記号 An》.

ac·tin·o·pod [æktínəpɑ̀d | -pɔ̀d]〘← ANTINO-＋-POD〙*n.*〘動物〙(肉質綱)軸足虫[放射偽足]亜綱に属する原生動物.

Ac·ti·nop·o·da [æ̀ktənɑ́pədə | -tɪnɔ́p-]〘← NL ～: ⇨ antino-, -poda〙*n. pl.*〘動物〙(肉質綱)軸足虫[放射偽足]亜綱.

Ac·ti·nop·te·ri [æ̀ktənɑ́ptəràɪ | -tɪnɔ́p-]〘← NL ～: ⇨ actino-, -pteri〙*n. pl.*〘魚類〙＝Actinopterygii.

ac·ti·nop·te·ryg·i·an [æ̀ktənɑ̀ptərídʒiən | -tɪnɔ̀ptə-rídʒɪ-]〘⇨ ↓, -an[1]〙*adj., n.*〘魚類〙条鰭亜綱の(魚).

Ac·ti·nop·te·ryg·i·i [æ̀ktənɑ̀ptərídʒiàɪ | -tɪnɔ̀ptə-rídʒɪ-]〘← NL ～ ← ACTINO-＋-*pterygii* (← Gk *ptérux* wing)〙*n. pl.*〘魚類〙条鰭(じょうき)亜綱.

ac·tin·o·stele [æktínəstìːl]〘← ACTINO-＋STELE[1]〙*n.*〘植物〙放射中心柱.

àctino·thérapy〘← ACTINO-＋-THERAPY〙*n.*〘医学〙光線療法《放射線・紫外線を含む》. **àctino·thera·péutic** *adj.*

ac·ti·not·ro·cha [æ̀ktənɑ́trəkə | -tɪnɔ́t-]〘← NL ～: ⇨ actino-, trocho-〙— *n.* (*pl.* **-ro·chae** [-kìː])〘動物〙アクチノトロカ《触手動物のホウキムシ (*Phoronis australis*), ヒメホウキムシ (*P. hippocrepia*) などの浮遊性の幼生》.

àctino·uránium〘← ANTINO-＋URANIUM〙*n.*〘化学〙アクチノウラン (⇨ uranium 235).

Ac·ti·no·zo·a [æ̀ktəno(ʊ)zóʊə | -tɪnə(ʊ)zə́ʊə]〘← NL ～: ⇨ actino-, -zoa〙*n. pl.*〘動物〙＝Anthozoa.

ac·ti·no·zo·an [æ̀ktəno(ʊ)zóʊən | -tɪnə(ʊ)zə́ʊ-] *adj., n.*〘動物〙＝anthozoan.

ac·tin·u·la [æktínjʊlə]〘← NL ～: ⇨ actino-, -ula〙*n.* (*pl.* **～s, -u·lae** [-lìː])〘動物〙アクチヌラ《腔腸動物硬水母類の一幼生》.

ac·ti·o ad di·stans [ǽkʃiòʊ-æd-dístænz, -ɑːd-dístɑːns | -ʃiəʊ-]〘← NL ～〙*L. n.* ＝actio in distans.

áctio in dístans [-ɪn-]〘← NL ～〙*L. n.* 遠隔作用.

ac·tion [ǽkʃən]〘(*a*1338) ▭ (O)F ～ ∥ L *actiō(n-)* ← *actus* (p.p.) ← *agere* to do: ⇨ act, -ion〙— *n.* **1 a** 活動, 実行: It is time for ～. / mental ～ 心的[精神的]活動 / bring into ～ 活動させる; 実行する (cf. 12) / go into ～ 活動を開始する (cf. 12) / ⇨ IN ACTION, *take* ACTION. **b** 行動力, 実行力 (initiative): a man of ～ 活動家《学究的・座業的職業の人に対して政治家・軍人・探検家など》. **2** 行ない, 行為 (⇨ act *n.* 1 ★); [*pl.*] (平素の)行動, 行状, 振舞い: a generous ～ / *Actions* speak louder than words. (諺) 行ないは言葉よりも雄弁である. **3 a** 方策, 手段, 処置, 措置 (measures): Prompt ～ is needed. 早急な処置が必要だ / ⇨ *take* ACTION. **b** (米) 決定, 判決, 裁定, 決議. **4**〘物理・化学〙作用: ～ and reaction 作用と反作用 / chemical ～ 化学作用 / the ～ of acid *on* metals 酸の金属に及ぼす作用. **5 a** (機械などの)作動, 働き, 動き: a motor with easy ～ 軽く動くモーター / ⇨ *in* ACTION, *out of* ACTION. **b**〘生理〙作用; (身体・器官の)機能, 働き; (特に)便通: the ～ of the heart / ～ of the bowels 便通, 通じ. **6 a** (俳優の)所作, 演技, アクション: *Action!*〘映画〙演技始め. **b** (演説などで)身のこなし, ジェスチャー. **7 a** (劇・小説などの本筋を成す一連の)出来事, 事件; 筋 (plot); 筋の運び(方): ⇨ UNITY of action. **b** 動き. **8**〘美術〙(絵画・彫刻の中の人物の)動き, しぐさ. **9** (運動家・馬などの)(訓練された)身のこなし, 動作: a fine [graceful, clumsy] ～. **10 a** (ピアノ・タイプライターなどの)機械装置, アクション; (キーを押すときの)手ごたえ, タッチ: a light ～. **b** (元込め銃の)発射装置. **11**〘法律〙訴訟 (legal suit); 提訴権: bring an ～ (*against* a person) (人を相手取って)訴えを提起する. **12**〘軍事〙(軍事)行動; 交戦, 戦闘 (battle): break ～ 戦闘を中止する / break off an ～ 交戦をやめる / bring [come] into ～ 戦闘に参加させる[する] (cf. 1 a) / clear for ～ (軍艦で)戦闘準備をする / go into ～ 戦闘を開始する (cf. 1 a) / see ～ 戦闘に参加する, 実戦を経験する / *Action* front [rear]! [号令] 前面[背面]撃ちかた砲列. **13**〘経済〙(商品・証券などの)価格変動および取引量. **14**《俗》**a** 活気, 刺激; (景気のいい)賭け, ばくち. **b** [the ～] (ぼろい)儲け(口): ⇨ *a* PIECE *of the action*. **c** [the ～] 一番活気のある[重要な]部分: go where *the* ～ is 最も活気[刺激]のあるところへ行く. **15**〘キリスト教〙儀式; 聖餐式; (ミサの)典文 (canon).

in action (1) 活動して[中で]; 実行して[中で]: put a plan *in* ～ 計画を実行する. (2) 〈機械など〉作動して[中で], 動いて(いて). (3) 交戦中で[に], 戦闘中で[に]: be killed *in* ～ 戦死する. ***out of action*** (1) 〈機械など〉作動しなくなって, 動かなくなって. (2) 〈軍艦・戦闘機など〉戦闘力を失って: The enemy plane was put *out of* ～. 敵機は戦闘力を失った. ***suit the action to the word(s)*** すぐ言った通りにする, 言ったことを早速実行する (cf. Shak., *Hamlet* 3. 2. 19). ***take action*** (1) 行動を開始する, やり始める; (適切な)処置をとる, 手を打つ〔*in, on*〕. (2) 訴えを提起する〔*against*〕. (3) 作用する, 〈薬などが〉効く.

— *vt.* 〈人を〉相手に訴えを提起する: ～ a person *for* an offense.

～·less *adj.*

ac·tion·a·ble [ǽkʃ(ə)nəbl̩]〘(1591): ⇨ ↑, -able〙*adj.*〘法律〙〈中傷など〉訴訟の対象となる, 訴え得る. **ác·tion·a·bly** *adv.*

ac·tion·al [ǽkʃənl̩, -ʃnəl]〘← ACTION＋-AL[1]〙— *adj.* **1** 行動の[に関する]. **2**〘文法〙動作を表わす, 動作の (cf. statal 3): an ～ passive 動作受動態《例えば The gate *was closed* at six o'clock. における was closed》/ an ～ verb 動作動詞.

áction committee *n.* (政治などの)行動委員会.

áction cùrrent *n.*〘生理〙活動電流, 動作電流《筋の収縮・腺の分泌など一般に動植物の細胞組織の活動の際に生じる電流》.

áction gròup *n.* (政治団体などの)行動隊.

áction nòun *n.*〘文法〙動作名詞《動作を表わす名詞; 例えば the doctor's *arrival*, John's *discovery*; 広義には不定詞・動名詞を含むことある》.

áction pàinter *n.* 行動美術家.

áction pàinting, A- P- *n.*〘美術〙アクションペインティング, 行動美術《強烈な色彩による衝動的表現を強調する抽象表現主義の絵画》.

áction phòtograph [pìcture] *n.*〘写真〙被写人物の動作中を写した写真.

áction potèntial *n.*〘生物〙活動電位《神経や筋肉などが興奮した際, 興奮している部位と静止している部位との間で見られる電位差》.

áction ràdius *n.* (航空機・船舶の)行動半径.

áction stàtion *n.*〘軍事〙戦闘配置, 対空配置: *Action Stations!* 戦闘位置につけ.

áction tìme *n.*〘心理〙反応時間《ある刺激が与えられてから, その反応が起きるまでの時間》.

áction tràck *n.*〘テレビ〙アクショントラック《野球・ゴルフなどのスポーツ中継放送で移動体(投・打球のボールなど)の軌跡を画面に点々と再生する手法》.

Ac·ti·um [ǽkʃiəm, -tiəm | -tɪəm, -tjəm] *n.* アクチウム《古代ギリシャ北西部の半島; 紀元前31年, 付近の戦いで Antony と Cleopatra が Agrippa に敗れた》.

ac·ti·vate [ǽktəvèɪt | -tɪ-]〘(1626) ← ACTIVE＋-ATE[3]〙— *vt.* **1** 〈人・事物を〉活動的にする, 活発化する, 作動させる. **2**〘物理〙**a** …に放射能を与える. **b** 〈分子などを〉励起する (excite). **3**〘化学〙**a** 活性化する: ～ carbon 炭素を活性化する. **b** …の反応を促進する. **4**〘米軍〙(規定通りの人員・装備を配置して)〈部隊を〉編成する, 〈部隊〉の編成を発令する; 〈部隊・艦艇などを〉現役に編入する. **5** 〈下水を〉曝気(ばっき)処理[浄化]する. **ac·ti·va·ble** [ǽktɪvəbl̩, -tə- | -tɪ-] *adj.*

ac·ti·va·tion [æ̀ktəvéɪʃən | -tɪ-] *n.*

ác·ti·vàt·ed [-tɪd, -təd | -tɪd, -təd] *adj.*〘物理・化学〙活性化された, 活性の, 放射能をもたせた: ～ atoms [molecules]＝EXCITED atoms [molecules].

áctivated alúmina *n.*〘化学〙活性アルミナ.

áctivated cárbon [chárcoal] *n.*〘化学〙活性炭《脱色・脱臭や砂糖の精製などに用いられる》.

áctivated slúdge *n.*〘化学〙活性スラッジ[汚泥]《曝気(ばっき)処理法によって浄化された有機性汚泥; 単に sludge ともいう》: the ～ process 活性スラッジ法, 活性汚泥法.

activátion anàlysis *n.*〘物理〙放射化分析《原子炉中などで照射して生じる放射能による非破壊分析法》.

activátion ènergy *n.*〘化学〙活性化エネルギー.

ác·ti·và·tor [-tə | -tə(r)]〘← ACTIVATE＋-OR[2]〙— *n.*〘化学・生化学〙活性体, 活性剤, 賦活物質: **a** 固体触媒に少量加えて, 反応促進作用を増大させる物質. **b** 蛍燐光体に発光性をもたせるために加えられる物質.

ac·tive [ǽktɪv]〘(1340) ▭ (O)F *actif*, ～ ∥ L *āctīv-us* ← *āctus* (p.p.) ← *agere* to do: ⇨ act, -ive〙— *adj.* **1** 活動的な, 活発な, 敏活な (lively): an ～ mind, brain, etc. / an ～ child 活発な[じっとしていない]子供 / ～ in one's movements 動作が敏活な. **2 a** 〈生活など〉活動的な, 多忙な: an ～ life. **b** 〈競技など〉体力を要する, 激しい. **3** 積極的な, 意欲的な (energetic); 実際に活動する: an ～ reformer, resistance, etc. / ～ defense 攻勢防御 / an ～ leftist 左翼活動家 / an ～ member (団体の)活動[意欲]的な会員, 活動家 / take an ～ interest (in…) (…に)積極的な関心を持つ, 身を入れる / take an ～ part in …に意欲的に参加する, 活躍する. **4 a** 活動[作用]している; 活動[作用]し得る: That company is no longer ～. あの会社はもう営業していない. **b** 〈火山が〉活動中[性]の (cf. dormant 3, extinct 1): an ～ volcano 活火山. **c** 〈鉱山など〉操業している; 〈機械など〉作動している; 〈器官が〉健全な, 〈老人など〉元気な: He is still ～. **d**〘トランプ〙(ゲームに)参加している; (ポーカーで)おりていない, 賭権を持つ: an ～ player. **5** 〈法律など〉有効な (effective). **6** 〈商況など〉活発な, 盛んな, 値動きの激しい (lively) (↔ flat, inactive): an ～ market. **7**〘軍事〙現役の (↔ retired): an ～ army 現役(陸)軍 / ⇨ active duty, active service. **8** 能動的な (↔ passive); 自発的な, 自主的な: ⇨ active commerce. **9**〘文法〙**a** 〈態・動詞が〉能動の, 能動形の; 能動構文の (↔ passive): an ～ participle 能動分詞《present participle のこと》/ the ～ voice 能動態, 能動形. **b** 動作[非状態性]を表わす (cf. stative). **10**〘電子工学〙能動の《エネルギー源をもっている; ↔ passive》. **11 a**〘化学〙活性の (activated). **b**〘光学〙(光学)活性の (optically active), (光学的に)旋光性のある. **c**〘物理〙放射性の (radioactive). **d**〘物理〙能動的な《外部からの刺激に対して内部エネルギーを変化させて逆に仕事をしうる可能性をもつ; ↔ passive》. **12** 〈投資・資金など〉利潤を生じる, 有利な; 〈証券など〉売買の活発な. **13**〘医学〙**a** 〈病気が〉活動性の, 進行[退行]中の (↔ passive). **b** 速効のある: an ～ remedy. **14**〘会計〙〈口座など〉使用されている; 出入りの頻繁な (busy): an ～ account 活動口座. **15**〘宇宙〙送信性能のある.

— *n.* **1** [the ～]〘文法〙能動態[形] (active voice); 能動構文 (略 act.; ↔ passive): in *the* ～ 能動態で. **2** (米) ＝active member (⇨ *adj.* 3).

～·ness *n.*

áctive cápital *n.*〘経済〙活動資本.

áctive cárbon *n.*〘化学〙＝activated carbon.

áctive cénter *n.* (触媒の)活性中心.

áctive chárcoal *n.*〘化学〙＝activated charcoal.

áctive cúrrent *n.*〘電気〙有効電流 (watt current).

áctive dúty *n.*〘軍事〙現役(勤務) (略 AD): on ～.

áctive hóming *n.*〘航空〙能動型ホーミング《自ら電波などを発射し, その反射を利用する; cf. passive homing》.

áctive hýdrogen *n.*〘化学〙活性水素.

áctive immúnity *n.*〘医学〙能動免疫《生体内で抗原抗体反応を起こさせて免疫を高めること: cf. passive immunity》.

áctive íntellect *n.*〘哲学〙能動的知性 (⇨ active reason).

áctive líst *n.*〘軍事〙[通例 the ～] 現役名簿: be on *the* ～ 現役である / officers on *the* ～ 現役将校.

ác·tive·ly〘(*c*1400)〙*adv.* 活動的に; 積極的に; 活発に, 敏活に; 盛んに; 〘文法〙能動的に.

áctive máss *n.*〘化学〙活動量《化学反応にあずかる物質の濃度をいい, 通例 1 リットル中のグラム分子量で表わす》.

áctive matérial *n.*〘化学〙活物質, 作用物質《電池の電極反応に直接あずかる物質》.

áctive nétwork *n.*〘電気〙能動回路網《電源を含む回路網; cf. passive network》.

áctive nítrogen *n.*〘化学〙活性窒素.

áctive pówer *n.*〘電気〙有効電力 (effective power ともいう; cf. reactive power).

áctive prínciple *n.*〘医学〙(薬剤の)有効成分.

áctive réason *n.*〘哲学〙(アリストテレス哲学の)能動的理性《受動的理性を現実化する形相因としての理性; active intellect ともいう; cf. passive reason》.

áctive sérvice *n.*〘軍事〙**1** ＝active duty. **2** (英) 戦地勤務, 従軍: on ～.

áctive tránsport *n.*〘生化学〙能動輸送《生体膜でエネルギーを使って特定物質を透過させること》.

áctive vocábulary *n.*〘教育〙発表語彙《話したり書いたりするのに必要な語彙; productive vocabulary ともいう; ↔ receptive vocabulary》.

ác·tiv·ism [-təvìzm, -tɪ- | -tɪ-] *n.* **1** (政治的目的などのための)実力(行使)主義, (積極的な)行動主義; 実力行使, 活動: student ～ 学生活動. **2**〘哲学〙**a** 能動主義《知覚などにおいて精神は受動的でなく, 能動的であることを強調する》. **b** 活動主義《能動的活動こそが創造的かつ基本的であり, 真理もその過程で獲得・検証されるとする哲学説; 特に, 以上に立脚した教育観; cf. actualism, pragmatism》.

ác·tiv·ist [-təvɪst, -vəst | -tɪvɪst] *n.* **1** (政治的な)実力(行使)主義者, 活動家: a student ～ 学生活動家. **2**〘哲学〙(activism を奉じる)能動[活動]主義者. — *adj.* 実力行使主義(者)の, 活動家(的)の; 実力行使の. **ac·tiv·is·tic** [æ̀ktəvístɪk | -tɪ-] *adj.*

ac·tiv·i·ty [æktívəti | -vətɪ, -vɪ-]〘(?*a*1400) ▭ F *activité* ∥ ML *āctīvitātem* ← *āctīvus* 'ACTIVE': ⇨ -ity〙— *n.* **1** 活動 (action); 活動力 (energy): a man of ～ よく活動する人, 活動家 / a volcano in ～ 活動中の火山 / one's time of ～ 働き盛り. **2** 敏活, 活発. **3**〘通例 *pl.*〙(種々の)活動, 活躍: academic *activities* 研究

活動 / social *activities* 社会事業. **4** 〖教育〗課外活動. **5** (商況などの)活発, 活気, 好景気: the ~ of trade, the market, etc. **6** 作用, 機能, 働き; 作用力. **7** 〖物理〗**a** 活動度, 活量《一種の熱力学的濃度》. **b** 放射能; (放射性物質の)壊変[崩壊]率. **8** 《米》(団体・組織の)構成単位 (unit); その機能[任務]. **9** 〖化学〗活性.

actívity anàlysis *n.* 〖経済〗活動分析《経済活動・軍事計画などにおいて, 利益・輸送量・生産費などを最大または最小にするための計算法とその理論》.

actívity coeffìcient *n.* 〖化学〗活量係数.

ac·ti·vize [ǽktɪvàɪz, -tə- | -tɪ-] *vt.* =activate 1.

áctiv·o·pássive [ǽktɪvo(ʊ)-, -tə- | -tɪvə(ʊ)-] 〖*activo-*: ← ACTIVE+-O-〗 *n.* 〖文法〗能動受動態 (⇨ pseudo-passive 1).

ac·to·my·o·sin [æktəmáɪəsɪn, -sən | -sɪn] 〖⊏G *Aktomyosin* ← *akto-* (← *aktin* 'ACTIN')+MYOSIN〗 ── *n.* 〖生化学〗アクトミオシン《筋原繊維の 20% を占める蛋白質で, アクチン (actin) とミオシン (myosin) との複合体; 筋収縮の要素》.

ac·ton [ǽktən] 〖《?*a*1300》⊏OF *auqueton* (F *hoqueton*) quilted jacket ⊏Sp. *alcoton* cotton ⊏Arab. *alqūṭun* the cotton〗 ── *n.* 〖甲冑〗鎧下(よろいした)《13-14 世紀に鎖帷子(くさりかたびら)の下に着た》.

Ac·ton [ǽktən] *n.* London の自治市 Ealing の一地区; 共和制 (Commonwealth) 時代のピューリタニズムの中心地.

Ac·ton [ǽktən], **Lord** *n.* (1834-1902) 英国の歴史家; John Emerich [émərɪk] Edward Dalberg-Acton [dɔ́ːlbəːg- | -bəːg-]; 称号 1st Baron Acton of Aldenham.

ac·tor [ǽktə | -tə(r] 〖《*c*1390》*actour* doer, steward ⊏L *āctor* ← *āctus* (p.p.) ← *agere* 'to do, ACT': ⇨ -or²〗 ── *n.* **1** 俳優, 男優, 役者: a film [movie] ~ 映画俳優 / a good ~. **2** (事件の)人物, 関係者. **3** 行為者 (doer): ⇨ bad actor. **4** 〖法律〗(実行)行為者; 原告.

áctor-áction constrùction *n.* 〖文法〗「行為者・行為」構文《主語と述語の両方を有する構文》.

ác·tor·ish [-tərɪʃ] *adj.* 俳優のような; 芝居がかった, 気取った.

áctor-mánager *n.* 座元兼俳優.

áctor-prodúcer *n.* 演出家兼俳優.

áctor-próof *adj.* 〖演劇〗〈劇・役割が〉どんな下手な俳優がやっても必ず受ける.

ac·tress [ǽktrɪs, -trəs | -trɪs, -trəs, -tres] 〖《1589》← ACTOR+-ESS¹〗 *n.* 女優, 女役者.

ac·tress·y [ǽktrɪsi, -trə- | -trɪsɪ, -trə-, -tre-] 〖⇨ ↑, -y⁴〗 *adj.* 女優のような; 〈女性が〉芝居がかった, 気取った.

áct psychòlogy *n.* 作用心理学 (cf. act *n.* 8 b).

A.C.T.U. 《略》Australian Council of Trade Unions.

ac·tu·al [ǽktʃuəl, -tʃʊl | -tʃuəl, -tjuəl, -tjuəl, -tʃʊl] 〖《*a*1333》*actuel* ⊏(O)F ∥ LL *āctuāl-is* active, practical ← *āctus* (p.p.) ← *agere* 'to do, ACT': 現在の形はラテン語の影響〗 ── *adj.* **1** 実際の, 本当の, 事実上の (real) (↔ apparent, imaginary, ostensible, nominal, hypothetical): an ~ example 実例 / in ~ fact 実際に, 事実上 / the ~ originator of a plan 計画の実際の発案者. **2** 現在の, 現下の, 現行の (current, present): the ~ condition [state] 現状, 実状. ── *n.* [*pl.*] 現実(的なもの), 実際, 現物.

áctual cásh vàlue *n.* 〖経済〗現金換算価値, 現金正価, 時価 (略 ACV).

áctual cóst *n.* 〖経済〗実際原価 (cf. standard cost).

áctual gráce *n.* 〖カトリック〗助力の恩恵.

ác·tu·al·ìsm [-lìzm] *n.* 〖哲学〗現実(活動)説《世界存在を静的でなく能動的・精神的な発展的過程とみる説; 精神を実体でなく知覚などの過程的集合とみる立場》.

ác·tu·al·ist [-lɪst, -ləst | -lɪst] *n.*

ac·tua·li·té [æktjuæ̀lɪtéɪ, ɑ̀ːktjuɑː- | -tjʊ-; *F.* aktɥalite] 〖⊏F ~: ⇨ ↓〗 ── *F. n.* (*pl.* ~**s** [~z; *F.* ~]) **1** 時局[ニュース]的興味 (topical interest). **2** [*pl.*] 時事, ニュース.

ac·tu·al·i·ty [æ̀ktʃuǽləti | -tʃuǽlətɪ, -tjʊ-, -lɪ-] 〖《*c*1400》⊏(O)F *actualité* ∥ ML *āctuālit-ās* ← *āctuālis* 'ACTUAL': ⇨ -ity〗 ── *n.* **1** 現実(性), 現存; (現象的)実在 (reality): in ~ 現(実)に. **2** 実際, (現存する)事実 (fact): He made the dream of years an ~. 多年の夢を実現した. **3** (描写の)写実性 (realism). **4** [*pl.*] 現状, 実状: the *actualities* of politics 政治の現実[実体]. **5** 〖映画・テレビ・ラジオ〗事件のありのままの放送, 記録もの, ドキュメンタリー.

ac·tu·al·ize [ǽktʃuəlàɪz, -tʃʊl- | ǽktʃʊəl-, -tjʊəl-] ── *vt.* **1** 〈計画・思想などを〉具体化する, 実現する. **2** 現実[写実]的に描く. ── *vi.* 具体化する, 現実となる. **ac·tu·al·i·za·tion** [æ̀ktʃuəlɪzéɪʃən, -tʃʊl-, -lə- | -tʃuəlaɪ-, -tjʊəl-, -lɪ-] *n.*

ác·tu·al·ly [-tʃʊli, -tʃuəli | -tʃuəli, -tjʊli, -tjuəli, -tʃʊlɪ] 〖《?*a*1425》〗 ── *adv.* **1** 実際に, 本当に (really); 実のところ (as a matter of fact): Are you ~ going to get married? 本当に結婚するつもりですか / *Actually*, the letter was wrongly addressed. 実はその手紙は宛名が違っていたのだ. **2** (まさかと思うだろうが)本当に, 事実 (even): The car ~ went into the crowd. なんと車は(本当に)人込みに突っ込んでしまった. **3** 現に, 現実に, 現在: the Cabinet ~ in office 現内閣.

áctual sín *n.* 〖カトリック〗現実に犯した罪, 自罪, 現行罪 (cf. original sin).

ac·tu·ar·i·al [æ̀ktʃuέ(ə)riəl | -tjuέərɪ-, -tʃʊ-] 〖《1869》: ⇨ ↓, -al¹〗 *adj.* 保険計理人の; 保険計理人によって決定[計算]された; 保険統計の. **~·ly** *adv.*

ac·tu·ar·y [ǽktʃuèri | -tjuərɪ, -tʃʊə-] 〖《1553》⊏L *actuāri-us* registrar ← *āctus* 'ACT': ⇨ -ary〗 ── *n.* **1** 〖保険〗保険計理人, アクチュアリー. **2** 《廃》書記 (clerk); 記録係 (registrar).

ac·tu·ate [ǽktʃuèɪt | -tju-, -tʃʊ-] 〖← ML *actuāt-us* (p.p.) ← *actuāre*: ⇨ act〗 ── *vt.* **1** 〈機械などを〉作動[始動]させる: The force of the wind ~*s* the windmill. 風力が水車を動かす. **2** 〈動機などが〉〈人を〉(駆り立てて)行動させる, (…に)駆り立てる 〈*to*〉; 〈人を〉駆って…させる (impel) 〈*to* do〉: He was ~*d* by greed. 彼は貪欲に駆り立てられて(それを)行なった / He was ~*d to* the crime by revenge. 復讐心に駆られてその罪を犯した / What ~*d* him *to* kill his master? どうして主人を殺すに至ったのか.

ac·tu·a·tion [æ̀ktʃuéɪʃən | -tju-, -tʃʊ-] 〖⇨ ↑, -ation〗 *n.* 駆動, 作動; 衝動(を与えること).

ác·tu·à·tor [-tə | -tə(r] 〖← ACTUATE+-OR²〗 *n.* **1** 作動させるもの; 駆り立てるもの, 動因. **2** 〖機械〗アクチュエーター, 作動器, 作動装置.

ac·u- [ǽkjʊ, ǽkjuː] 〖⊏ML ~ ← L *acus* needle〗「針[棘(とげ)]のある」の意の連結形.

ac·u·ate [ǽkjuèɪt | ǽkjʊ-] 〖⊏ML *acuāt-us* (p.p.) ← *acuāre* to sharpen ← *acus* needle〗 *adj.* 尖った.

a·cu·i·ty [əkjúːəti, æk- | əkjúːətɪ, əkjúətɪ, -ɪtɪ] 〖《?*a*1425》⊏F *acuité* ∥ ML *acuitāt-em*: ⇨ acute, -ity〗 ── *n.* **1** (先端の)鋭さ, 尖鋭(せんえい) (sharpness): the ~ of a needlepoint. **2** (病気の)激烈 (intensity). **3** (才知などの)鋭敏 (keenness): the ~ of wit. **4** 〖生理〗明瞭度: ~ of hearing 聴覚 / ⇨ visual acuity.

A·cu·le·a·ta [əkjùːliáːtə, -éɪtə | -lɪáːtə, -éɪtə] 〖← NL ~: ⇨ ↓, -ata〗 ── *n. pl.* 〖昆虫〗有剣類《膜翅目のうち腰細亜目の別名; 産卵管が毒針を兼用しているのでこの名がある》.

a·cu·le·ate [əkjúːliət, -lìɪt, -lièɪt | -lɪət, -lɪɪt, -lɪèɪt] 〖《1605》⊏L *acūleāt-us* prickly ← *acūleus* 'ACULEUS'〗 ── *adj.* **1** 尖った; 辛辣な. **2** **a** 〖植物〗棘(とげ)のある (prickly). **b** 〖動物〗針[刺針, 毒針]のある. **c** 〖昆虫〗有剣類の.

a·cu·le·at·ed [əkjúːlièɪtɪd, -təd | -lɪèɪt-] *adj.* =aculeate.

a·cu·le·us [əkjúːliəs | -lɪəs, -ljəs] 〖⊏L *acūleus* (dim.) ← *acus* needle〗 *n.* (*pl.* **-le·i** [-liàɪ | -lɪ-]) 〖植物〗棘(とげ) (prickle); 〖動物〗毒針 (poisonous spine).

a·cu·men [əkjúːmən, ǽk-, -mɪn, ǽkjʊ-, ǽkjʊmèn | əkjúːmèn, ǽkjʊmən] 〖《1531》⊏L *acūmen* sharpened point, mental sharpness ← *acuere* to sharpen: ⇨ acute〗 ── *n.* 鋭敏, 尖鋭; 明敏, 炯眼(けいがん), 鋭才: business ~ 商才.

a·cu·mi·nate 〖《1605》⊏L *acūmināt-us* (p.p.) ← *acūmināre* to sharpen ← *acūmen* (↑)〗 ── [əkjúːmənət, -nɪt, -nèɪt | -mɪ-] *adj.* 〖植物〗鋭先形の, 頭の尖った (pointed): an ~ leaf. ── [-nèɪt] *vt.* 尖らす; 鋭敏にする. ── *vi.* 尖る.

a·cu·mi·na·tion [əkjùːmənéɪʃən | -mɪ-] 〖⇨ ↑, -ation〗 *n.* **1** 尖鋭化. **2** 尖り, 尖頭.

a·cu·mi·nous [əkjúːmənəs, æk- | -mɪ-] 〖← L *acūmin-* (⇨ acumen)+-OUS〗 *adj.* 鋭敏な, 明敏な.

ac·u·pres·sure [ǽkjʊprèʃə, ǽkjuː- | -ʃə(r] 〖← L *acus* needle+PRESSURE〗 *n.* **1** 〖医学〗挿針(そうしん)止血法. **2** 指圧療法 (cf. chiropractic).

ac·u·punc·tur·a·tor [æ̀kjʊpʌ́ŋ(k)tʃərèɪtə, æ̀kjuː- | -tə(r] 〖⇨ ↓, -ator〗 *n.* 刺鍼術師, 鍼医者.

ac·u·punc·ture 〖← L *acus* needle+PUNCTURE〗 ── [ǽkjʊpʌ̀ŋ(k)tʃə, ǽkjuː- | -tʃə(r] *n.* (東洋医学の)刺鍼(しん)術[法], 鍼(はり). ── [⌒⌒⌒] *vt.* 〈人に〉鍼療法を施す.

a·cus [éɪkəs] 〖⊏L ~ ← IE **ak-* sharp〗 *n.* (*pl.* ~) **1** 〖外科〗(手術用の)針. **2** 〖動物〗毒針 (aculeus).

ac·u·sec·tor [æ̀kjʊséktə, æ̀kjuː- | -tə(r] 〖← NL ~: ⇨ ↑, sector〗 *n.* 〖外科〗電気針[メス].

a·cush·la [əkúʃlə] 〖《1842》⊏Ir.-Gael. *a cuisle* oh darling ← *a* oh+*cuisle* darling, 《原義》pulse, vein〗 *n.* 《アイル》かわいい人, 最愛の者 (darling).

-ac·u·si·a [əkjúːʒiə, -ʒə | -zɪə, -zjə, -ʒɪə] =-acousia.

a·cu·tance [əkjúːtn̩s] 〖⇨ ↓, -ance〗 *n.* アキュータンス《フィルムの画像の》物理的鮮鋭度《画像の境界部の濃度勾配と濃度差から計算される》.

a·cute [əkjúːt] 〖《1570》⊏L *acūt-us* sharp-pointed (p.p.) ← *acuere* to sharpen ← IE **ak-* sharp (Gk *akḗ* point, edge): cf. acrid〗 ── *adj.* (**more** ~, **most** ~; **a·cut·er, -est**) **1** 尖った (pointed), 鋭い, 鋭利な (sharp) (↔ blunt, obtuse): an ~ leaf 先の尖った葉. **2** 〈感情・苦痛など〉激しい, 激烈な: ~ pain, pleasure, etc. **3** 〈論争・事態など〉重大な, 深刻な (critical): an ~ fuel shortage 深刻な燃料不足. **4** 〈感覚・才知など〉鋭敏な, 鋭い (keen): ~ eyesight / an ~ observer, critic, intellect, etc. / an ~ sense of beauty 鋭い審美感. **5** 短時間の: ~ experiments. **6** 〈病気が〉急性の (cf. chronic 2): ~ appendicitis 急性虫垂[盲腸]炎 / ~ alcoholism 急性アルコール中毒. **7** **a** 〈音が〉鋭い, 高音調性の. **b** 〖音声〗(文字に)鋭アクセント (´) (acute accent) のついた, 鋭音の (cf. grave⁴ 5), 高音調の (cf. acuteness). **8** 〖数学〗鋭角の (↔ obtuse); 〈三角形が〉鋭角だけでできた. **9** 〖植物〗〈葉先が〉鋭形の. ── *n.* 〖音声〗=acute accent.

acúte ábdomen *n.* 〖医学〗急性腹症《迅速な処理を必要とする腹部内臓の疾患; 急性虫垂炎・腸閉塞・胆石症・子宮外妊娠など多数ある》.

acúte áccent *n.* 〖音声〗鋭アクセント (´)《古代ギリシャ語では高い上昇調を表わしたといわれる; 現在では英語のように第一強勢を示したり, フランス語のように母音の質を示したりする (é=[e]); 単に acute ともいう; cf. accent 2》.

acúte ángle *n.* 〖数学〗鋭角 (↔ obtuse angle).

acúte antérior poliomyelítis *n.* 〖病理〗=poliomyelitis.

acúte árch *n.* 〖建築〗尖頭アーチ (⇨ lancet arch).

acúte biséctrix *n.* 〖結晶〗鋭等分線《光軸角の鋭角を二等分する直線》.

a·cúte·ly 〖《1601》〗 *adv.* 鋭く; 鋭敏に; 激烈に.

a·cúte·ness *n.* 鋭さ; 鋭敏; (病気の)急性, 激烈; 〖音声〗高音調性.

a·cu·ti- [əkjúːtɪ, -tə | -tɪ] 〖← L *acūtus*: ⇨ acute〗「尖った (acute)」の意の連結形: *acuti*foliate 鋭先形葉の.

ACV, acv 《略》actual cash value; air-cushion vehicle.

ACW 《略》〖通信〗alternating continuous waves 交番連続波.

A.C.W. 《略》〖英空軍〗aircraftwoman.

-a·cy [əsi | əsɪ] 〖⊏F *-atie* ∥ L *-ācia, -ātia* ⊏Gk *-áteia*〗 ── *suf.* **1** 語根 -aci- を含む形容詞または -ate で終わる形容詞から抽象名詞を造る: fall*acy* ← fall*acious* / accur*acy* ← accur*ate* / obstin*acy* ← obstin*ate*. **2** -ate で終わる名詞から状態・職などを示す抽象名詞を造る: celib*acy* ← celib*ate* / episcop*acy* ← episcop*ate* / magistr*acy* ← magistr*ate*.

a·cy·clic [eɪsáɪklɪk, -sík-] 〖← A-⁷+CYCLIC〗 ── *adj.* **1** 周期的でない. **2** 〖生態〗非周期的な. **3** 〖化学〗非環式の. **4** 〖植物〗(花の部分が)集輪生の, 螺旋状の. **5** 〖病理〗無周期の. **6** 〖数学〗非循環の.

acýclic térpene *n.* 〖化学〗非環式テルペン.

ac·y·e·sis [æ̀siíːsɪs, -səs | -sɪs] 〖← NL ~ ← A-⁷+Gk *kúēsis* pregnancy〗 *n.* 〖病理〗不妊(症) (sterility).

ac·yl [ǽsɪl, ǽsəl, ǽsiːl | ǽsɪl, ǽsiːl] 〖← AC(ID)+-YL〗 ── *n.* 〖化学〗アシル《カルボン酸 (RCOOH) の OH を除いた基の総称; 例えば酢酸 (CH_3COOH) から OH を除いたアセチル基 (acetyl) (CH_3CO) など》.

ac·yl·ate [ǽsəlèɪt | ǽsɪ-] 〖⇨ ↑, -ate³〗 *vt.* 〖化学〗アシル化する, アシル置換する《アシル基 (RCO) で置換する》. 「学」アシル化.

ac·yl·a·tion [æ̀səléɪʃən | æ̀sɪ-] 〖⇨ ↑, -ation〗 *n.* 〖化学〗アシル化.

ácyl gròup *n.* 〖化学〗アシル基 (RCO).

a·cyl·o·in [əsíloʊɪn, -ən, ǽsəlɔ́ɪn, æ̀səlóʊən | əsíləʊɪn, ǽsɪlɔ̀ɪn, æ̀sɪləʊɪn] 〖← ACYL+(BENZ)OIN〗 ── *n.* 〖化学〗アシロイン《一般に RCOCH(OHR) の構造をもつアルファケトアルコール》.

ad¹ [ǽ(ː)d] 〖《1852》《略》← ADVERTISEMENT〗 ── *n.* 《口語》広告; [形容詞的に] 広告の: an *ad* agency [agent] 広告代理店[業者] / an *ad* column 広告欄 / an *ad* rate 広告料 / an *ad* writer 広告文案家 / ⇨ want ad.

ad² [ǽ(ː)d] 《略》 *n.* =advantage 3.

ad³ [æd] 〖⊏L ~ ← IE **ad-* to, near, at: cf. at〗 *L. prep.* to, toward(s), up to, as to, according to などの意.

AD 《略》〖軍事〗active duty.

a/d, a.d. 《略》〖手形〗after date 日付後.

ad. 《略》adapt; adaptation; adapted; adapter; add; administration; adult; adverb; advertisement.

a.d. 《略》*L.* ante diem (=before the day).

a.d., A.D. [éɪdíː] 《略》Anno Domini 西暦(紀元), キリスト紀元 (cf. b.c.). ★ (1) A.D. と B.C. は対照的に用いられるが, どちらも主に若い年号の場合に多く, A.D. は数字の前に, B.C. は数字の後に置く: born (in) A.D. 50 / died (in) 44 B.C. / A.D. 23-79 / 384-322 B.C. / 13 B.C.-A.D. 25. (2) 主に《米》では A.D. を数字の後に置くこともある: 50 A.D. / 23-79 A.D. (3) century, era など期間を表わす語に伴う場合には, B.C. は in the fifth [5th] century B.C. のように, また A.D. も in the twelfth [12th] century A.D. のように用いる.

A.D. 《略》〖保険〗accidental damage; active duty; administrative department; air defense; air-dried; armament depot; autograph document; average deviation.

ad- [æd, əd] 〖ME ⊏(O)F *ad-* ∥ L *ad-* ← *ad* (prep.): ⇨ ad³, at〗 ── *pref.* 移動・方向・変化・完成・近似・固着・付加・増加・開始などを示し, あるいは単に強意を表わす: *ad*vert, *ad*vent. ★ ad- は母音の前または d, h, j, m, v の前ではそのままの形 ad-; b, c, f, g, k, l, n, p, q, r, s, t の前では一般に ad- の *d* が同化してそれぞれ ab-, ac-, af-, ag-, ac- (k の前), al-, an-, ap-, ac- (q の前), ar-, as-, at- となる. ただし「近似・付加」などの意味のときは常に ad-: *ad*rectal, *ad*scription.

-ad¹ [æd, əd] 〖⊏L *-ad-, -as* ∥ Gk *-ad-, -as* (fem. n. suf.)〗 ── *suf.* **1** 集合数詞の語尾: mon*ad*, tri*ad*, myri*ad*. **2** 女性の妖精の名: Dry*ad*. **3** 叙事詩の題名に用いる (cf. -id¹ 3): Illi*ad*, Dunci*ad*. **4** 同類植物・動物の単数形: lili*ad*.

-ad² [əd] 〖⊏F *-ade*: ⇨ -ade〗 *suf.* -ade 3 の e が脱落した形: bal*ad*, sal*ad*.

-ad³ [æd, əd] 〖← L *ad* toward〗 *suf.* 〖生物〗「…の方へ」の意の副詞を造る: cauda*d*.

A·da [éɪdə] 〖⊏G ~ 《原義》? noble ∥ 《変形》← ADAH ∥ (dim.) ← ADELAIDE²〗 *n.* 女性名.

ADA, A.D.A. 《略》action data automation; American Dental Association 米国歯科医師会; Americans for Democratic Action; average daily attendance.

ad ab·sur·dum [æd-əbsə́ːdəm | -sɜ́ː-] 〖⊏L ~〗 ── *L. adv.* (議論・行為などが)不合理(なほど)に, 極端に(走って): an argumentum ~ (ある事の)不合理な点

に訴える論証 / ⇨ REDUCTIO *ad absurdum*.

a·dac·ty·lous [eɪdǽktələs | -tɪ-] 〖← A-⁷ + DACTYL + -OUS〗 *adj.* 〘動物〙 **1** 無指の, 無趾(ㇱ)の. **2** 〈甲殻類が〉(足に)爪のない, 無爪(ソウ)の.

ad·age [ǽdɪdʒ] 〖《1548》□ F ～ ← L *adagium* proverb ← AD- + *agium* (← OL *agiere* = L *āiere* to say)〗 *n.* 格言; ことわざ.

a·da·giet·to [ədɑ̀ːdʒiétou, ɑː- | ədɑ̀ːdʒɪétəu; *It.* àdadʒétto] 〖□ It. ～ ← ADAGI(O) (↓) + *-etto* (dim. suf.) (⇨ -et)〗 〘音楽〙 ── *adv.* アダージョよりもやや早く. ── *n.* (*pl.* ～s) 短いアダージョ.

a·da·gio [ədɑ́ːdʒou, ɑː-, -dʒiòu, -ʒou | ədɑ́ːdʒɪəu; *It.* adáːdʒo] 〖《1746》□ It. *ad agio* at ease〗 ── *adv.* 〘音楽〙 アダージョ, おそく. ── *adj.* 〘音楽〙 おそい. ── *n.* (*pl.* ～s) **1** 〘音楽〙 アダージョの曲 [楽章, 楽節]. **2** アダージョ《見事なバランスと優雅な流れをもつ男女二人の踊り》.

a·da·gis·si·mo [ɑ̀ːdɑːdʒísəmòu | -sɪməu; *It.* àdadʒíssimo] 〖□ It. ～ ← ADAGI(O) + *-issimo* (□ L *-issimus* (superl.suf.))〗 *adv., adj.* 〘音楽〙 大変おそく[おそい].

A·dah [éɪdə] 〖□ Heb. *'Ādhāh* 《原義》 ornament〗 *n.* **1** 女性名. **2** 〘聖書〙 アダ 《Lamech の妻, Jubal の母; cf. *Gen.* 4: 19–21》. 「*n.* 男性名.

Ad·al·bert [ǽdḷbəːt | -bɜːt; *G.* áːdalbɛrt] 〖□ G ～〗

Ad·a·line [ǽdəlìn, -lən, -lìːn | -lɪn, -lìːn] 〖□ G *Adalin* (商標名)〗 *n.* (*also* **Ad·a·lin** [-lɪn, -lən | -lɪn]) 〘商標〙 アダリン 《催眠剤の商品名》.

Ad·am¹ [ǽdəm] 〖□ Heb. *Ādhām* man ← *ādhōm* red: 《通俗語源》 the one formed from *adhāmāh* (= the ground: cf. *Gen.* 2: 7)〗 ── *n.* **1** 男性名. **2** 〘聖書〙 アダム 《旧約聖書で天地創造に際して神が最初に造った男で, 人類の始祖; cf. *Gen.* 1–5; cf. Eve》: ⇨ second Adam. **3** [通例 the old [Old] ～] 古きアダム 《人間の悔い改めない状態》, 人間の罪深い本性, 原罪.

(as) old as Adam (大)昔からの; 〈情報など〉ひどく古くさい. ***not know a person from Adam*** 〈ある人を〉全然知らない, 全く会ったことがない: I don't *know* him *from* ～. ***since Adam was a boy*** (大)昔から, 元から.

Ad·am² [ǽdəm] 〖↓〗 *attrib. adj.* (18 世紀に J. & R. Adam の始めた)アダム(式装飾)様式の: in the ～ style アダム様式に[で]. 「家; R. Adam の弟.

Adam, James *n.* (1732–94) 英国の建築家・家具設計

Adam, Robert *n.* (1728–92) 英国の建築家・家具設計家 《英国における古典様式復興の第一人者》.

ád·a·mance [-məns] *n.* = adamancy.

ad·a·man·cy [ǽdəmənsi | -sɪ] 〖← ADAMANT + -CY〗 *n.* 強固さ; 頑固さ, 頑迷さ (stubbornness).

Ádam-and-Éve 〖⇨ Adam¹, Eve: その球根の形から〗 *n.* 《米》 〘植物〙 = puttyroot.

ad·a·mant [ǽdəmənt, -mæ̀nt | -mənt] 〖《*c*1380》 □ OF *adamaunt* □ L *adamant-*, *adamās* □ Gk *adámas* hardest metal, 《原義》 unconquerable ← A-⁷ + *damān* to tame ∽ OE *adamans* □ ML〗 ── *n.* **1** 堅硬石《伝説的な鉱物で後世これを金剛石とも磁石とも解した》. **2** 堅固[堅牢(ロウ)]無比の物: (as) hard as ～ この上なく堅固[堅牢]で; 〈意志など〉極めて強固な. ── *adj.* **1** 〈物が〉堅固[堅牢]無比の. **2** 〈人・意志など〉極めて強固な, (他のものに)絶対に動かされない; 頑固な (stubborn), 固執する (insistent): ～ *to* temptations 決して誘惑に負けない / ～ *about* [*on*] …について強硬な(態度をとって) / be ～ *in* claim 絶対に要求を引っ込めない / He is ～ *that* they should do it. 彼らがそれをすべきだとあくまで言い張る. **～·ly** *adv.*

ad·a·man·tine [æ̀dəmǽntiːn, -taɪn, -tn̩ | -taɪn] 〖《?*c*1200》 □ L *adamantin-us* □ Gk *adamántinos* ← *adámas* (↑)〗 ── *adj.* **1** 堅固[堅牢(ロウ)]無比の; 〈意志など〉極めて強固な: ～ courage 剛勇. **2** 〈鉱物が〉金剛石のような光沢[硬度]をもった.

ad·a·man·ti·no·ma [æ̀dəmæ̀ntənóumə | -tɪnə́u-] 〖← NL ～: ⇨ ↑, -oma〗 ── *n.* (*pl.* ～s, ～·ta [～tə | ～tə]) 〘歯科〙 アダマンチノーム, エナメル上皮腫《下顎骨の中にできる腫瘍の一種》.

A·dam·ic [ədǽmɪk] 〖← ADAM¹ + -IC¹〗 *adj.* (人間の始祖)アダムの(ような). **A·dám·i·cal·ly** *adv.*

Ad·a·mic [ǽdəmɪk], **Louis** *n.* (1899–1951) ユーゴスラビア生れの米国の作家; *The Native's Return* (1934).

Ad·am·ite [ǽdəmàɪt] 〖← ADAM¹ + -ITE¹〗 ── *n.* **1** アダムの子孫; 人間. **2** 裸の人; 裸体主義者 (nudist). **3** アダム派の人《古代キリスト教の一小派で, アダムとエバにならって裸の生活を実践し, 楽園における最初の無垢なる人間に帰ることを目指した》.

Ad·a·mit·ic [æ̀dəmíṭɪk | -tɪk] 〖⇨ ↑, -ic¹〗 *adj.* (人間の始祖)アダムのような; アダム派の.

Ád·am·ìt·ism [-màɪtɪzm] *n.* 裸体主義.

A·da·mov [ɑ̀ːdɑːmɔ́(ː)f, ədə- | -mɔ́f; *F.* adamɔf], **Arthur** *n.* アダモフ《1908–70; アルメニア生れのフランスの劇作家; *Ping-Pong* (1955)》.

Ad·ams [ǽdəmz], **Henry** (**Brooks**) *n.* (1838–1918) 米国の歴史家; John Quincy Adams の孫; *The Education of Henry Adams* (1907).

Adams, James Trus·low [trʌ́slou | -ləu] *n.* (1878–1949) 米国の歴史家.

Adams, John *n.* (1735–1826) 米国の独立戦争の指導者で第 2 代大統領 (1797–1801). 「文学者.

Adams, John Couch [kúːtʃ] *n.* (1819–92) 英国の天

Adams, John Quin·cy [kwínzi, -si | -sɪ] *n.* (1767–1848) 米国第 6 代大統領 (1825–29); John Adams の子.

Adams, Samuel *n.* (1722–1803) 米国の独立戦争の指導者.

Adams, William *n.* (1564–1620) 英国生れの航海家; 日本に帰化し「三浦按針」と称した.

Ádam's ále *n.* 《戯言》 水 (water).

Ádam's àpple 〖《1599》《なぞり》 ← Heb. *tappûaḥ hā'ādhām* 《原義》 apple of Adam: 禁断の実(りんご)がアダムののどにつかえたとの言い伝えから〗 ── *n.* **1** のどぼとけ: a prominent ～. **2** 〘植物〙 サンユウカ (⇨ crape jasmine).

Ádam's Brídge *n.* インド南部と Ceylon 島北西部に連なるさんご礁列島.

ad·ams·ite [ǽdəmzàɪt] 〖← *Major Roger Adams* (1889–1971: これを発明した米国の化学者) + -ITE¹〗 ── *n.* 〘化学〙 アダムサイト ($C_{12}H_9AsClN$) 《くしゃみ性毒ガス; diphenylaminechlorarsine, DM, phenarsazine chloride ともいう》. 「トラン (⇨ yucca).

Ádam's néedle 〖cf. *Gen.* 3: 7〗 *n.* 《米》 〘植物〙 イ

Ádams-Stókes sỳndrome [ǽdəmzstóuks- | -stə́uks-] 〖← *Rober Adams* (1791?–1875) & *William Stokes* (1804–78): ともにアイルランドの内科医〗 ── *n.* 〘病理〙 アダムズストークス症候群《脈拍停止・意識障害などを呈する》.

Ádam's wíne *n.* = Adam's ale.

A·da·na [ɑ́ːdənə, -nɑ̀ː, ədɑ́ːnə | ǽdənə; *Turk.* ádɑnɑ] *n.* アダナ《トルコ南部の都市; 人口 468,000》.

A·dap·i·dae [ədǽpədìː | -pɪ-] 〖← NL *Adapid-*, *Adapis* (属名) + -IDAE〗 ── *n. pl.* 〘動物〙 (霊長目キツネザル上科)アダピス科《ヨーロッパの始新世にいたサルなどを含む》.

a·dapt [ədǽpt, æd- | əd-] 〖《1611》 □ F *adapt-er* □ L *adaptāre* to fit to ← AD- + *aptāre* to fit (← *aptus* 'APT')〗 ── *vt.* **1 a** 〈言行・計画などを〉(修正して)〔…に〕適応[適合]させる 〔*to*〕: ～ (the tone of) one's speech *to* the audience 演説(の調子)を聴衆に合わせる / The plan of the house was ～*ed to* (meet) the needs of a large family. 家の設計は大家族の生活に適するようになされた. **b** [～ *oneself* で] (新しい環境などに)順応する, 慣れる 〔*to*〕: ～ *oneself to* a new life. **2 a** 〈建物・機械などを〉〔用途に合わせて〕改造する, 模様がえする (modify) 〔*for*〕: ～ a motorboat *for* (use in) fishing モーターボートを釣船に改造する. **b** 〈小説・劇などを〉〔子供・舞台用などに〕改作する, 脚色する, 翻案する (alter) 〔*for*〕: a book ～*ed for* children 子供向きに書きかえた本 / ～ a story *for* the screen [*as* a film] 物語を映画用に[映画として]脚色する / The play is ～*ed from* a French original. その劇はフランスの原作の焼き直しだ. ── *vi.* 〈人・動物が〉〔…に〕順応する 〔*to*〕 (cf. *vt.* 1 b).

a·dapt·a·bil·i·ty [ədæ̀ptəbíləṭi, æd- | ədæ̀ptəbílətɪ, -lɪ-] 〖⇨ ↓, -bility〗 *n.* 適応[適合]性; 順応[融通]性.

a·dapt·a·ble [ədǽptəbḷ, æd- | əd-] 〖《1800》〗 ── *adj.* **1** 〈物が〉適応[適合]できる 〔*to*〕. **2** 〈人が〉順応性のある, 融通のきく. **3** 改造できる; 改作[脚色]できる 〔*for*〕. **～·ness** *n.*

ad·ap·ta·tion [æ̀dæptéɪʃən, æ̀dəp-] 〖《1610》 □ F ～ // L *adaptātiō(n-)* ← *adaptāre* 'to ADAPT': ⇨ -ation〗 ── *n.* **1** 適応, 適合, 順応 〔*to*〕. **2** 改作(物), 翻案(物), 脚色 〔*for*〕: a musical ～ of a play 劇を書き直したミュージカル / an ～ *from* a French novel. **3** 〘生物〙 適応; 適応形[構造]: ～ characters 適応形質. **4** 〘生理〙 調節, 順応: ⇨ dark adaptation, light adaptation. **5** 〘心理〙 順応. **6** 〘社会学〙 順応. **～·al** [-ʃənḷ, -ʃnəl] *adj.* **～·al·ly** *adv.*

adaptátion sỳndrome *n.* 〘医学〙 (環境)適応症候群《環境からの刺激に対する生体反応の機能亢進[低下]によって起こる症候群; cf. alarm reaction》.

a·dápt·ed *adj.* **1** 改造した; 改作[脚色]した, 翻案の (cf. adapt *vt.* 2). **2** 〔…に〕適当な, ふさわしい 〔*for*, *to*〕: well ～ *for* summer wear 夏着として適切な.

a·dápt·er *n.* **1** 改作者, 翻案者. **2** 〘機械・電気〙 アダプター, 適用器, 加減装置; 誘導管, 受接管(など).

a·dap·tion [ədǽpʃən, æd- | əd-] 〖《短縮》 ← ADAPTATION: ADOPTION との類推による〗 *n.* = adaptation.

a·dap·tive [ədǽptɪv, æd- | əd-] 〖← ADAPT + -IVE〗 ── *adj.* 適応性の, 適応性を示す: be ～ *to* …に順応性を示す. **～·ly** *adv.* **～·ness** *n.* **a·dap·tiv·i·ty** [æ̀dæptívəṭi | -vətɪ, -vɪ-] *n.*

adáptive radiátion *n.* 〘生物〙 適応放散.

ad·ap·tom·e·ter [æ̀dæptɑ́(ː)məṭə | -tɔ́mɪtə(r, -mə-] 〖← ADAPT(ATION) + -O- + -METER¹〗 *n.* 〘眼科〙 明暗順応計.

a·dap·to·met·ry [æ̀dæptɑ́mətri | -tɔ́mɪtrɪ, -mə-] *n.* 〘眼科〙 明暗順応検査法.

a·dáp·tor *n.* = adapter.

A·dar [ɑːdɑ́ə, ə-, ɔ́ːdə | éɪdɑː(r)] 〖□ Heb. *Adhār* □ Akkad. *Addaru*〗 *n.* (ユダヤ暦の)12 月《グレゴリオ暦の 2–3 月に当たる; ⇨ Jewish calendar》.

Adár Shé·ni [-ʃéɪni | -nɪ-] 〖□ Heb. *Adhār šēnī* second Adar〗 *n.* = Veadar.

a·dat [ɑ́ːdɑːt] 〖← Malay ～ □ Arab. *'adālaʰ* justice, equity〗 *n.* (イスラム教の)慣習法.

ad·ax·i·al [ædǽksiəl | -sɪ-] 〖← AD- + L *axis* axle + -AL¹〗 *adj.* (↔ abaxial) **1** 〘植物〙 〈葉が〉軸の側にある, 向軸面の. **2** 〘動物〙 体の中軸に近い[に近づく].

a·day [ədéɪ] 〖← A-¹ + DAY: cf. OE *on dæge*〗 *adv.* 《廃》 昼間に, 日中 (by day).

a·days [ədéɪz] 〖ME *a dayes* ← A-¹ (= on) + *dayes* ((gen.) ← *day*)〗 *adv.* 《廃》 **1** 毎日 (daily). **2** = aday.

a·daz·zle [ədǽzḷ] 〖← A-¹ + DAZZLE (*n.*)〗 *adv.*, *pred. adj.* 〔…で〕目もくらむばかりで, きらめいて 〔*with*〕.

ADB 《略》 Asian Development Bank アジア開発銀行.

A.D.B. 《略》 accidental death benefit.

ADC 《略》 Aid to Dependent Children; Aerospace Defense Command (米国の)航空宇宙軍《旧名称は Air Defense Command 防空空軍; cf. ADCOM》; assistant division commander.

ADC, A.D.C., a.d.c. 《略》 aide-de-camp.

A.D.C. 《略》 Amateur Dramatic Club (Cambridge 大学の)素人演劇部[団]《1855 年創立》; automatic digital calculator.

ad cap·tan·dum [æd-kæptǽndəm] 〖□ L ～ 'for pleasing'〗 *L. adj.*, *adv.* 人気取りのための[に]: an ～ argument 人気取りのための議論 (cf. captation).

ad captándum vúl·gus [-vʌ́lgəs] 〖□ L ～ 'for pleasing the crowd'〗 *L. adj.*, *adv.* = ad captandum.

Ád·cock antènna [ǽdkɑk- | -kɔk-] 〖発明者の名にちなむ〗 *n.* 〘電子工学〙 アドコックアンテナ《方向測定用二極アンテナ》.

ADCOM 《略》 Aerospace Defense Command 《米空軍》(大気圏内外での軍事行動に任じる)航空宇宙軍 (cf. ADC).

add [ǽ(ː)d] 〖《*c*1380》 *adde(n)* □ L *add-ere* to put to ← AD- + *dare* to put (⇨ date²)〗 ── *vt.* **1 a** 〔他のものに〕加える, 追加する (join) 〔*to*〕; 〈人を〉一員として加える, 含める: *Add* a little water. / ～ spice *to* a dish / ～ a name *to* a list 名簿に名前を追加する / This will ～ much *to* his fame. これは彼の名声を大いに高めることになろう / *Add to it that* the inflation was getting worse. その上にインフレの悪化という情勢があった. **b** 〈部屋などを〉建て増す 〔*to*〕: ～ a nursery *to* a house 家に子供部屋を建て増す. **2 a** (足し算で)〈数を〉加える, 足す 〔*to*〕; 合計する (cf. ADD *up*): ～ two *to* [and] five 5 に 2 を加える[2 と 5 を足す] / Three ～*ed to* four makes seven. 4 足す 3 は 7 / *Add* them *together*. 合計しなさい. **b** 〈物事を〉(一つに)まとめる, 総合する (combine) 〈*together*〉. **3** 〈言葉を〉付け加える; 〈…と〉付け加えて言う[書く] 〈*that*〉: She ～*ed* a few words. / "But be careful," he ～*ed*. 「でも気をつけた方がいい」と彼は付け加えた / I will ～ *that* … ということを付け加えておきたい. ── *vi.* **1 a** 足し[加え]算をする: The child can't ～ yet. あの子はまだ足し算ができない. **b** 合計する; 合算され, 合わさる 〈*together*〉 (cf. ADD *up*). **2** 〔…を〕増す, 増加させる 〔*to*〕: Such a policy would only ～ *to* inflation. そのような政策はただインフレをあおることになるだけだ / He is ～*ing to* his weight. 目方がふえてきた. **3** 〈家などに〉建増しをする 〔*to*〕: The school has been ～*ed to* recently. 学校は最近増築された.

add in (1) 含める, 入れる (include). (2) (料理などで)〈材料を〉添加する, 加える. ***add on*** 〈項目などを〉(あとから)付け加える, 含める, 〔…に〕付け足す 〔*to*〕. ***add up*** (*vt.*) (1) 合計する (sum up) (cf. *vt.* 2). (2) 《口語》〈利害などを〉計算する, 〈人物などを〉評価[判断]する. (*vi.*) (1) 合計する (cf. *vi.* 1 b); 《英》 足し算をする. (2) 帳尻が合う, 計算が合う: These figures don't ～ *up*. (3) 《口語》〈物事が〉筋道が立つ, つじつまが合う: It doesn't ～ *up*. ***add up to*** (1) 合計[積もって]…となる (amount to). (2) 《口語》〈事が〉(結局)…ということになる, …を意味する: Their claims ～ *up to* ignorance and greed. 彼らの要求は無知と強欲ということに尽きる / Our efforts didn't ～ *up to* much. せっかくの努力も大して物にならなかった. ***to add to*** …に(かてて)加えて: *To* ～ *to* the enemy's confusion, they were now attacked in the rear as well. 敵の混乱に加えて今度は背面からも攻撃を受けた.

── *n.* **1** 〘新聞〙 補足[追加]原稿. **2** (計算機などの)加算 (addition).

ADD 《略》 American Dialect Dictionary 米方言辞典.

add. 《略》 〘処方〙 *L.* addenda (= to be added); addenda; addendum; addition; additional; address.

add·a·ble [ǽdəbḷ] *adj.* 増加しうる, 加えうる.

Ad·dams [ǽdəmz], **Jane** *n.* (1860–1935) 米国の社会事業家・作家; 女権拡張と世界平和のために尽力 (cf. Hull house); Nobel 平和賞 (1931); *Twenty Years at Hull-House* (1910).

ad·dax [ǽdæks] 〖□ L ～ ← Afr. 《土語》〗 ── *n.* (*pl.* ～·es, ～) 〘動物〙 アダックス (*Addax nasomaculata*) 《北アフリカの砂漠地帯にすむアダックス属の角のねじれたレイヨウ》.

ádded líne *n.* 〘音楽〙 = ledger line 2.

ádded válue *n.* 〘会計〙 付加価値《個別企業が, 他企業から購入した財貨および用役に対し, 生産販売活動を通じて新たに付加した価値》.

ádded-válue tàx *n.* = value-added tax.

ad·dend [ǽdend, ədénd, æd-] 〖《短縮》 ↓〗 *n.* 〘数学〙 加数(量) (↔ summand).

ad·den·dum [ədéndəm, æd-] 〖《1794》 □ L ～ 'something to be added' (gerundive) ← *addere* 'to ADD'〗 ── *n.* (*pl.* 1, 2 は **ad·den·da** [-də], 3 は ～s) **1** 付加物, 追加物, 付属品. **2** [しばしば *pl.*; 単数扱い] (書物などの)補遺 (supplement), 付録 (appendix). **3** 〘機械〙 **a** アデンダム, 歯先《歯車の歯末の面または丈(タケ); cf. dedendum》. **b** = addendum circle.

addéndum círcle *n.* 〘機械〙 (歯車の)歯先円 (cf. dedendum circle).

ádd·er[1] 〘← ADD＋-ER[1]〙 *n.* **1** 加える人[物]. **2 a** ＝adding machine. **b** 〘電算機〙加算機《電子計算機の内部で加算操作を行なう装置》.

ad·der[2] [ǽdə | ǽdə(r] 〘ME *naddere* < OE *nǣd(d)re* ← Gmc **nēðrō-* (ON *naðra* / Goth. *nadrs*) ← IE **nē-tr-* snake (L *natrix* water snake) : 現在の語形は *a nadder* が異分析によって *an adder* に転訛したもの〙 ── *n.* 〘動物〙 **1** ヨーロッパクサリヘビ (*Vipera berus*)《クサリヘビ科の毒ヘビ》. **2** クサリヘビ科のヘビの総称《パフアダー (puff adder) など》. **3** ハナダカヘビ (hognose snake)《milk adder など北米に生息する無毒のヘビ》.

ádder's-mòuth 〘葉の形が adder の口と似ているところから〙 *n.* 〘植物〙 **1** 北米産の小さい白または淡緑の花の咲くヒメラン属 (*Malaxis*) の植物《ホザキイチョウラン (*M. monophyllos*) など》. **2** ＝snakemouth.

ádder's-tòngue 〘実のなる穂から〙 ── *n.* 〘植物〙 **1** ハナヤスリ《ハナヤスリ属 (*Ophioglossum*) のシダの総称》. **2** 米国産ノコギリソウ属 (*Achillea*), アラム属 (*Arum*), カタクリ属 (*Erythronium*) の植物の総称; (特に)アメリカカタクリ (*E. americana*).

add·i·ble [ǽdəbl̩] *adj.* ＝addable.

ad·dict 〘*v.*: 《1560》← L *addict-us* (p.p.) ← *addīcere* to award, devote to ← AD-＋*dīcere* to say (⇨ diction). ─ *n.*: 《1909》← (*v.*)〙 ── [ədíkt, æd- | əd-] *vt.* **1** [通例 Passive または ～ *oneself* で] …に〔麻薬などを〕常用させる, 〔…に〕中毒させる, 〔酒色などに〕溺(おぼ)れさせる, 耽溺(たんでき)させる (habituate); 〔スポーツ・趣味などに〕耽らせる, 熱中させる 〔*to*〕: *be ～ed to* drugs, horse racing, smoking, etc. / She *is ～ed to* mak*ing* artificial flowers. 造花に凝っている / He is *～ing himself to* baseball. 野球に熱中している. **2** 〈人を〉麻薬中毒[常用者]にする. ── [ǽdɪkt, ədíkt, æd- | ǽdɪkt] *n.* **1** (麻薬などの)常用者, 中毒者: a morphine ～＝an ～ *to* morphine モルヒネ常用者. **2** (スポーツなどの)熱中者, 凝り屋, 大のファン: a golf [TV] ～.

ad·díct·ed *adj.* 〔麻薬などを〕常用している, 〔…に〕中毒している, 溺れている; 〔…に〕耽っている, 凝って[熱中して]いる 〔*to*〕 (cf. addict *vt.*). **～·ness** *n.*

ad·dic·tion [ədíkʃən, æd- | əd-] 〘← ADDICT＋-ION〙 ── *n.* (麻薬などの)常習, 中毒, 〔酒色などへの〕耽溺(たんでき); 熱中, 没頭 〔*to*〕: drug ～ 麻薬常用 / one's ～ *to* music 音楽への傾倒.

ad·dic·tive [ədíktɪv, æd- | əd-] 〘← ADDICT＋-IVE〙 *adj.* 〈薬剤など〉常用癖がつきやすい, 習慣性の.

Ad·die [ǽdi | ǽdɪ] 〘(dim.) ← ADA, ADELINE, etc.〙 *n.* 女性名.

ádd·ing machìne *n.* 加算器, 計算器.

Ad·dis A·ba·ba [ǽdɪs-ǽbəbə, ǽdəs- | ǽdɪs-ǽbəbə, -ɑ́:b-] *n.* アジスアベバ《エチオピアの首都; 人口 1,134,000》.

Ad·di·son [ǽdəsn̩ | ǽdɪ-], **Joseph** *n.* (1672–1719) 英国の評論家・詩人; Sir Richard Steele とともに *The Spectator* 誌を創刊 (1711).

Ad·di·so·ni·an [æ̀dɪsóuniən, -njən | æ̀dɪsə́unjən, -nɪən] 〘⇨ ↑, -ian〙 *adj.* アディソンの; アディソン流の《洗練された明晰な文体についていう》.

Addisónian anémia 〘← *Dr. T. Addison* (↓)〙 *n.* 〘病理〙悪性貧血, アジソン貧血《Addison's anemia, pernicious anemia ともいう》.

Áddison's disèase 〘← *Dr. Thomas Addison* (1793–1860: 1855 年この病気を発見した英国の医師)〙 *n.* 〘病理〙アジソン病《副腎(じん)機能不全》.

ad·dit·a·ment [ədítəmənt, æd- | əd-] 〘《*a*1400》□ L *additāment-um* ← *additus* (p.p.) ← *addere* 'to ADD'〙 *n.* 付加物, 追加物.

ad·di·tion [ədíʃən, æd- | əd-] 〘《*a*1388》 *addicioun* □ (O)F *addition* ∥ L *additiō(n-)* ← *addere* 'to ADD'〙 ── *n.* **1** 付加, 添加, 増加 〔*to*〕. **2** 〘数学〙加法, 寄せ算, 足し算, 加え算《記号＋; ↔ subtraction》. **3** 加わった物[人], 付加物 〔*to*〕; 増加物: recent *～s to* a library 図書館の新着[新刊]図書 / have an ～ *to* one's family 家族がふえる《子供が生れる》. **4** 建て増し, 増築; 建て増した部分 〔*to*〕; 増した土地. **5** 〘化学〙付加. **6** 〘法律〙(法律文書で人名への)付加事項《その人の居住地・職業・身分などを示す: 例えば John Doe, Esq., Richard Roe, Gent. の Esq., Gent. など》.
in addition 加うるに, さらに, その上 (besides): We have this to say *in* ～. さらに次のことを言わなければならない. ***in addition to*** …に加えて, …のほかに (besides): *In* ～ *to* the rough seas, they had a thick fog. 荒波に加えて霧が深かった.

addítion àgent *n.* 〘化学〙＝additive 2.

ad·dí·tion·al [-ʃənl̩, -ʃnəl] 〘《1639》← ADDITION＋-AL[1]〙 *adj.* 追加的な, 付加の, 補助的な (added): ～ work / It took ～ ten minutes. さらに 10 分を要した.

ad·di·tion·al·ly [-ʃ(ə)nəli | -lɪ] 〘《1665》〙 *adv.* 追加的に, 補助的に, その上に, さらに.

addítional tàx *n.* 付加税.

addítion còmpound *n.* 〘化学〙付加化合物《付加反応によって生成する化合物; cf. addition product》.

addítion pòlymer *n.* 〘化学〙付加重合体.

addítion polymerizátion *n.* 〘化学〙付加重合《単量体がそのまま付加的に連合すること; cf. condensation polymerization》.

addítion pròduct *n.* 〘化学〙付加生成物, 付加物《付加反応によって生じた物質; 特に, 不飽和結合に対する付加反応によって生成する化合物をいう》.

addítion thèorem *n.* 〘数学〙加法定理.

ad·di·tive [ǽdəṭɪv | ǽdɪt-, ǽdə-] 〘《1699》□ L *additīv-us* ← *additus* (p.p.) ← *addere* 'to ADD'〙 ── *adj.* **1** 追加の, 付加的な. **2** 〘数学〙 **a** 加法の: an ～ group 加法群, 加群 / the ～ inverse 加法に関する逆元 / the ～ identity 加法に関する単位元. **b** 〈関数が〉加法的な《関数が $f(x+y)=f(x)+f(y)$ という性質をもっていることについていう》: an ～ set function 加法的集合関数. **3** 〘化学〙付加的な, 付加の. ── *n.* **1** (食品などの)添加物: a food ～ 食品添加物. **2** 〘化学〙(ガソリン・潤滑油などの)添加剤. **～·ly** *adv.* **ad·di·tiv·i·ty** [æ̀dətívəṭi | æ̀dɪtívəti, æ̀də-, -vɪ-] *n.*

ádditive prímary [cólor] *n.* 〘写真〙加色法の原色《青色(光)・緑色(光)・赤色(光)の一つ; cf. subtractive primary》.

ádditive pròcess *n.* 〘写真〙加色法《青色光・緑色光・赤色光を種々の割合に混合して, ほとんど全部の色を出す法; cf. subtractive process》.

ad·di·to·ry [ǽdətɔ̀:ri, -tɔ̀:ri | ǽdɪtəri] 〘← ADDITION＋-ORY[1]〙 *adj.* 付加的な, 追加の (additional).

ad·dle [ǽdl̩] 〘OE *adela* liquid filth: cf. MLG *adele* (G *Adel* mire)〙 ── *adj.* **1** 〈卵が〉腐った (rotten): an ～ egg. **2** [通例複合語をなして]〈頭が〉空虚な, 空っぽの; 混乱した: ⇨ addlebrained, addlepated. ── *vt.* **1** 〈人・頭を〉混乱させる (confuse): ～ one's head [wits] *over* figures 数字で頭がぼんやりしてしまう. **2** 〈卵を〉腐らせる. ── *vi.* **1** 〈卵が〉腐る. **2** 〈頭が〉混乱する. **～·ment** *n.*

áddle·bràined *adj.* ＝addlepated.

ád·dled *adj.* ＝addle.

áddle·hèad *n.* ＝addlepate.

áddle·hèaded *adj.* ＝addlepated.

áddle·pàte *n.* ばか, 低能.

áddle·pàted *adj.* 頭の混乱した, 低能な; 風変わりな.

ad·dorsed [ədɔ́əst, æd- | -dɔ́:st] 〘← AD-＋L *dorsum* back＋-ED〙 *adj.* 〘紋章〙〈動物など〉背中合わせになった (back to back) (cf. combatant 3, aspectant).

ad·dress 〘*v.*: 《*a*1325》 *adresse(n)* □ (O)F *adress-er* < VL **addrictiāre* ← AD-＋L *dīrēctus* 'straight, DIRECT'. ─ *n.*: 《1539》← (*v.*): cf. (O)F *adresse*: cf. dress〙 ── [ədrés, æd- | əd-] *vt.* **1 a** 〈人〉に話し掛ける: I was *～ed* by a stranger. 知らない人に話し掛けられた. **b** (口頭・書面で)〈人を〉(正しい)敬称[呼び名]で呼ぶ: How does one ～ a king? 王には何と呼び掛けるのか《王の敬称は何か》/ I ～ him *as* Tom [*by* his surname]. 彼に話し掛けるときはトムと[姓で]呼ぶ. **2** 〈会衆〉に演説[講演, 説教]をする: ～ a meeting. **3** 〈言葉などを〉〔…に〕向けて言う; 〈抗議などを〉〔…に〕申し入れる, 提出する 〔*to*〕: ～ one's remark *to* a person / ～ a prayer *to* God 神に祈る / ～ a protest [petition] *to* Parliament [a person] 議会[人]に抗議[請願]する. **4** 〈手紙など〉に宛名を書く, に上書(うわがき)を書く; 〈手紙などを〉〔人に〕宛てる (direct) 〔*to*〕: ～ a letter [parcel] *to* a person. **5** 〈問題などを〉扱う, 処理する (treat). **6** 《古》〈女性を〉くどく, …に言い寄る, に求婚する (woo). **7** 〘商業〙〈船などを〉〔代理人・委託・販売人に〕回す, 託送する 〔*to*〕. **8 a** 〘ゴルフ〙(スタンスを決めて)〈ボールを〉打つためクラブの位置などを調整する. **b** 〘アーチェリー〙的に(正しい角度で)正体して〈矢を〉構える. **9** 《米》〘法律〙(立法部からの請求により)〈行政部が〉〈不適任な裁判官を〉解任する 〈*out*〉 (cf. *n.* 9). **10** 〘電算機〙〈情報を〉アドレスを指定して転送する; (情報を得るため)〈記憶装置〉に(アドレスを送って)指令する (cf. *n.* 10). **11** 《廃》 **a** 〈進路などを〉定める, 向ける (direct). **b** 〈人を〉派遣する (dispatch) 〔*to*〕. **12** 《廃》 **a** …に(身)支度をさせる (make ready). **b** …に服を着せる (dress); 〈服を〉着る (put on).
address oneself to (1) 〈仕事など〉に本気で取りかかる, 精を出す (apply oneself): I *～ed myself to* my studies. 勉強に本腰を入れた. (2) (口頭または書中で)〈人〉に話し[呼び]掛ける: He *～ed himself to* the audience. 聴衆に呼び掛けた.
── [ədrés, æd-, ǽdres | ədrés] *n.* **1** [《米》ǽdres, ədrés, æd-] **a** (手紙・小包などの)宛名, 宛先, アドレス; 上書(うわがき): the ～ *on* an envelope 封筒の宛名 / Please write to the above ～. 連絡は上のアドレス宛てに願います. **b** 所番地, アドレス, 連絡先; 住所, 営業所(など): one's name and ～ 住所氏名 / change of ～ 住所[アドレス]変更 / change one's ～ 転居する, 連絡先を変更する / I'm going to this ～. この番地[アドレス]へ行くんですが. **2 a** 挨拶の言葉《答辞・謝辞など》; 演説, 講演: a funeral ～ 弔辞, 追悼演説 / an opening [a closing] ～ 開会[閉会]の辞 / an ～ of welcome 歓迎の辞 / a TV ～ *to* the nation (元首・首相などの)テレビによる国民への演説 / give [deliver, make] an ～ 一場の挨拶[演説]をする, 式辞を述べる. **b** ＝*a form of* ADDRESS. **3** 《古》 **a** (人と話す時の)態度, 物腰, 応対ぶり: a man of affable ～ 人当たりのよい人. **b** (演説などの)話しぶり, 歌いぶり (delivery). **4** (事を処理する)巧妙な手際(てぎわ), 熟練 (tact): *with* ～ 手際よく, 巧みに. **5** [通例 *pl.*] 言い寄り, 口説(くぜつ), 求婚, 求愛 (courtship): pay one's *～es to* a lady 婦人に言い寄る. **6** 請願(書), 建白書 (appeal, petition): an ～ *to* Parliament 議会への請願 / an ～ *to* the throne 上奏文. **7 a** 《米》(大統領の)教書 〔*to*〕. **b** [the A-] 〘英国議会〙勅語奉答文 (the reply to the King's Speech). **8** 〘ゴルフ〙アドレス《球を打つ身構え》: at ～. **9** 《米》〘法律〙(裁判官を不適任として立法部から行政部へ出す)解任請求 (cf. *vt.* 9). **10** [《米》ǽdres, ədrés, æd-] 〘電算機〙アドレス, 番地《情報を記憶装置の特定の場所に転送する時の出所または行先を表わす表示に用いる; 通例, 数字; cf. *vt.* 10》.
a form of address (口頭または書面での)呼び掛け方, 敬称 (style of addressing).

ad·dress·a·ble [ədrésəbl̩, æd- | əd-] *adj.* 〘電算機〙アドレスを用いて読み書きできる.

addréss bòok *n.* 住所録.

ad·dress·ee [æ̀dresí:, ədrèsí: | æ̀dresí:] 〘《1858》← ADDRESS＋-EE[1]〙 *n.* 名宛て人, 受信人.

ad·dréss·er *n.* **1** 発信人. **2** 話し[呼び]掛ける人; 請願者. **3** ＝addressing machine. **4** [the Addressers] 〘英史〙議会召集請願派 (⇨ petitioner 2).

ad·dréss·ing machìne *n.* 宛名印刷機.

Ad·dres·so·graph [ədrésəgræ̀f | ədrésə(u)grɑ̀:f, -græ̀f] 〘⇨ address, -graph〙 *n.* 〘商標〙アドレサグラフ《宛名印刷機》.

ad·drés·sor 〘← ADDRESS＋-OR[2]〙 *n.* **1** ＝addresser. **2** 〘法律〙(信用状などの)発行者.

ad·duce [əd(j)ú:s, æd- | -djú:s] 〘《1616》□ L *addūcere* ← AD-＋*dūcere* to lead (⇨ duke)〙 ── *vt.* (証拠・例証として)提示[引証, 引用]する: ～ evidence, a reason, etc. / ～ a fact in support of an argument 議論立証のために事実を挙げる. **ad·dúc·er** *n.*

ad·duce·a·ble [əd(j)ú:səbl̩, æd- | -djú:-] *adj.* ＝adducible.

ad·du·cent [əd(j)ú:sn̩t, æd- | -djú:-] 〘□ L *addūcent-em* (pres.p.) ← *addūcere* (⇨ adduce): ⇨ -ent〙 ── *adj.* 〘解剖・生理〙内転の (adducting) (↔ abducent): an ～ muscle 内転筋.

ad·duc·i·ble [əd(j)ú:səbl̩, æd- | -djú:sə-, -sɪ-] 〘← ADDUC(E)＋-IBLE〙 *adj.* (例証として)提示[引用]できる.

ad·duct[1] [ədʌ́kt, æd-] 〘← L *adduct-us* (p.p.) ← *addūcere* 'to ADDUCE'〙 *vt.* 〘生理〙〈筋肉などが〉〈手足などを〉内転させる (↔ abduct).

ad·duct[2] [ǽdʌkt] 〘□ G *Addukt* ← L *adductus* (↑)〙 ── *n.* 〘化学〙アダクト, 付加物, 付加生成物 (addition product)《特に, 尿素などが結晶空隙中に炭化水素などをとり込んで作る化合物を指すことが多い》.

ad·duc·tion [ədʌ́kʃən, æd-] 〘□ F ～ ∥ ML *adductiō(n-)* ← L *addūcere* 'to ADDUCE': ⇨ -ion〙 *n.* **1** 〘生理〙内転(作用). **2** 提示, 引用.

ad·duc·tor [ədʌ́ktə, æd- | -tə(r] 〘《1746》□ L *adductor* 《原義》a drawer-to ← *addūcere* 'to ADDUCE'〙 ── *adj.* 〘解剖〙＝adducent. ── *n.* **1** 〘解剖〙内転筋 (adducent muscle) (↔ abductor). **2** 〘動物〙収筋, 閉筋, (二枚貝などの)閉殻筋, 閉介筋.

Ad·dy [ǽdi | ǽdɪ] 〘《異形》← ADDIE〙 *n.* 女性名.

ade [éɪd] 〘← -ADE 4〙 *n.* (レモネードなどの)甘味飲料.

Ade [éɪd], **George** *n.* (1866–1944) 米国の風刺作家; *Fables in Slang* (1900).

-ade [éɪd, ɑ́:d, æ̀d] 〘ME □ (O)F ～ □ Sp. & Port. *-ada* < L *-ātam* (fem.) ← *-ātus* (p.p. 語尾): cf. -ate[1,2,3]〙 ── *suf.* 次の意味を表わす名詞を造る: **1** 動作, 行動: tir*ade* / gascon*ade*. **2** 行動中の集団: ambus*cade* / caval*cade*. **3** 動作の結果または材料から作られた製品: marmal*ade*. ★ ball*ad*, sal*ad* などはこの語尾の e が脱落したもの (cf. -ad[2]). **4** 甘味飲料: lemon*ade*, lime*ade*.

a·del- [ədí:l, ǽdəl, ǽdl̩] (母音の前に来る時の) adelo- の異形.

A·de·la [ǽdələ, ǽdələ, -dl̩ə | ǽdɪlə, ədéɪlə] 〘□ ONF ～ ∥ OHG *Adila* 《原義》girl of the noble family: cf. Adelaide[2]〙 *n.* 女性名.

Ad·e·laide[1] [ǽdəlèɪd, -dl̩- | ǽdəlèɪd, -dɪ-, -lɪd] *n.* オーストラリア南部, South Australia 州の首都; 人口 (郊外を含めて) 900,000.

Ad·e·laide[2] [ǽdəlèɪd, -dl̩- | ǽdəlèɪd, -dɪ-] 〘□ F ～ □ G *Adelheid* < OHG *Adalhaid* (← *athal* noble (⇨ atheling)＋*haidu* 'sort, -HOOD')〙 ── *n.* 女性名《愛称形 Ada, Addie, Addy, Della》.

Ad·e·laide [ǽdəlèɪd, -dl̩- | ǽdəlèɪd, -dɪ-], **Queen** *n.* (1792–1849) 英国王 William 四世の王妃 (1818–37); 政治干渉のために不評であった.

a·de·lan·ta·do [æ̀dəlɑ:ntɑ́:dou, æ̀dl̩- | -dəu; *Sp.* àđelantáđo] 〘□ Sp. ～ (p.p.) ← *adelantar* to go forward ← *adelante* ahead ← A-[4]＋*delante* before〙 ── *n.* (*pl.* ～s [～z; *Sp.* ～s]) **1** (スペイン本国または植民地で民政・軍事兼任の)総督; 長官; 知事. **2** (もと Spanish America 初期の)探検家; 征服者; 植民地建設者.

Ad·el·bert [ǽdl̩bət, ədél- | ǽdəlbət, ədél-; G. ɑ́:dl̩-bɛrt] 〘□ G ～: ⇨ Albert〙 *n.* 男性名.

A·dele [ədél] 〘□ F *Adèle*: ⇨ Adela〙 *n.* 女性名.

A·dé·lie Cóast [Lánd] [ədéɪli- | -lɪ-; *F.* adeli-] 〘《なぞり》← F *Terre Adélie*: 1840 年これを発見したフランスの提督 Jules Dumont d'Urville (1790–1842) が妻の名にちなんで命名〙 ── *n.* アデリー海岸《オーストラリア南方, 南極大陸の海岸地方; フランス領》.

Adélie pénguin 〘↑〙 *n.* 〘鳥類〙アデリーペンギン (*Pygoscelis adeliae*)《南極の小ペンギン; 単に Adélie ともいう》.

Ad·e·line [ǽdəlàɪn, -dl̩- | ǽdɪlì:n, -də-, -làɪn] 〘□ ONF ～: ⇨ Adela, -ine[4]〙 *n.* 女性名《愛称形 Addie》.

a·de·lo- [ədí:lo(u), ǽdəl-, ǽdl̩- | ədí:lə(u), ǽdəl-, ǽdl̩-] 〘← NL ～ ← Gk *ádēlos* unseen ← A-[7]＋*dēlos* visible〙 ──「隠れた」の意の連結形. ★ 母音の前では通例 adel- になる.

A·de·lo·chor·da [ədì:ləkɔ́ədə, æ̀dəl-, æ̀dl̩- | -kɔ́:-] 〘← NL ～ ← ADELO-＋L *chorda* (⇨ chord[2])〙 *n. pl.*

〖動物〗擬索動物門《Hemichordata ともいう》.

ad·el·pho- [ədélfo(ʊ) | -fə(ʊ)] 〖← Gk ～ ← *adelphós* brother, 《原義》from the same womb ← *a-* together with＋*delphús* womb〗「兄[弟](brother)」の意の連結形.

ad·el·phog·a·my [ædəlfágəmi, ædḷ- | -fɔ́gəmi] 〖⇨ ↑, -gamy〗 *n.* 〖昆虫〗(アリなどの)同胞生殖《同一巣内の雌雄による生殖》.

-a·del·phous [ədélfəs] 〖← NL ～ -*adelphus* ← Gk *adelphós* (⇨ adelpho-)〗〖植物〗「…のような雄蕊の束をもつ」の意の形容詞連結形.

a·demp·tion [ədém(p)ʃən] 〖《1590》□ L *ademptiō(n-)* ← *ademptus* (p.p.) ← *adimere* to take away ← AD-＋*emere* to take, buy (cf. redeem)〗 ── *n.* 〖法律〗(遺贈の)取消し, 撤回.

A·den [ɑ́ːdṇ, éɪdṇ, ǽdṇ | éɪdṇ] *n.* アデン: **1** アラビア南西部のもと英国保護領,現在は南イエメン(Southern Yemen)の一部; ⇨ Yemen 2. **2** Yemen の海港で同国の首都; 人口 272,000.

Aden, the Gulf of *n.* アデン湾《アフリカの東端とアラビア半島の間の Arabia 海の湾》.

a·den- [ǽdən, ǽdṇ | ǽdɪn, ǽdən] (母音の前に来る時の) adeno- の異形.

A·de·nau·er [ǽdənàʊə, ɑ́ːd-, -dṇ- | -dənàʊə(r; G. áːdənàʊɐ], **Konrad** *n.* アーデナウア《1876–1967; ドイツの政治家; 西ドイツの首相 (1949–63)》.

ad·e·nine [ǽdəniːn, -nɪn, -nàɪn, -dṇ-] 〖← ADENO-＋-INE[3]〗 ── *n.* 〖生化学〗アデニン ($C_5H_3NH_2$)《6-アミノプリン; 膵(すい)臓その他動物組織および茶の葉に含まれる, また核酸の一部を形成する》.

ad·e·ni·tis [ædənáɪṭɪs, ædṇ-, -ṭəs | ædɪnáɪtɪs, ædə-] 〖⇨ ↓, -itis〗 *n.* 〖病理〗腺炎.

ad·e·no- [ǽdəno(ʊ), ǽdṇ- | ǽdɪnə(ʊ), ǽdə-] 〖← Gk *adén* gland〗「腺 (gland), 腺の, 腺と…との」の意の連結形. ★ 母音の前では通例 aden- になる.

àdeno·carcinóma 〖← NL ～: ⇨ ↑, carcinoma〗 *n.* 〖病理〗腺癌(がん). **àdeno·carcinómatous** *adj.*

àdeno·hypóphysis *n.* 〖解剖〗腺下垂体. **àd·eno·hypophyséal** *adj.* **àdeno·hypophýsial** *adj.*

ad·e·noid [ǽdənɔ̀ɪd, ǽdṇ- | ǽdɪnɔ̀ɪd, ǽdə-] 〖《1848》← ADENO-＋-OID〗 ── *adj.* **1** 〖解剖〗腺様の. **2** 〖病理〗アデノイドの. ── *n.* [通例 *pl.*]〖病理〗アデノイド, 腺様増殖(症) (adenoid growth).

ad·e·noi·dal [ædənɔ́ɪdḷ, ædṇ- | ædɪ-, ædə-] 〖⇨ ↑, -al[1]〗 *adj.* **1** 〖病理〗アデノイドの. **2** 〈声・様子など〉アデノイドにかかっているような. **～·ly** *adv.*

ad·e·noi·dec·to·my [ædənɔɪdéktəmi, ædṇ- | ædɪnɔɪdéktəmɪ, ædə-] 〖← ADENOID＋-ECTOMY〗 *n.* 〖外科〗アデノイド切除(術).

ad·e·noi·di·tis [ædənɔɪdáɪṭɪs, ædṇ-, -ṭəs | ædɪnɔɪdáɪtɪs, ædə-] 〖← NL ～: ⇨ adenoid, -itis〗 *n.* 〖病理〗咽頭扁桃炎, アデノイド咽頭炎.

ad·e·noi·dy [ædənɔ́ɪdi, ædṇ- | ædɪnɔ́ɪdɪ, ædə-] 〖← ADENOID＋-Y[4]〗 *adj.*＝adenoidal 2.

ad·e·no·ma [ædənóʊmə, ædṇ- | ædɪnə́ʊmə, ædə-] 〖← NL ～: ⇨ adeno-, -oma〗 *n.* (*pl.* **～s**, **～·ta** [～ṭə | ～tə]) 〖病理〗腺腫(せんしゅ), アデノーマ. **àd·e·nó·ma·tous** [-ṭəs | -təs] *adj.*

a·den·o·phore [ədénəfɔ̀ə, -fɔ̀ɚ | -fɔ̀ː(r] 〖← ADENO-＋-PHORE〗 *n.* 〖植物〗蜜腺の柄.

àdeno·phýllous 〖← ADENO-＋PHYLLOUS〗 *adj.* 〖植物〗腺毛のある葉をつけた.

àdeno·sarcóma 〖← ADENO-＋-SARCOMA〗 *n.* 〖病理〗腺肉腫(にくしゅ)《sarcoadenoma ともいう》.

ad·e·nose [ǽdənòʊs, ǽdṇ- | ǽdɪnə̀ʊs, ǽdən-] 〖← ADENO-＋-OSE[1]〗 *adj.* 〖生物〗腺をもつ[のような].

a·den·o·sine [ədénəsiːn, -sɪn, -sən | ədénəsiːn, -sɪn] 〖□ G *Adenosin* ← *Adenin* adenine: これに *-os-* (← *ribose*) が挿入されたもの〗 ── *n.* 〖生化学〗アデノシン ($C_{10}H_{13}N_5O_4$)《ヌクレオシド (nucleoside) の一種, アデニン十五炭糖(リボースまたはデオキシリボース); 酵母核酸を酵素または加圧加水分解により分解して得られ, また合成もされる》.

adénosine diphósphate *n.* 〖生化学〗アデノシン二リン酸 ($C_{10}H_{15}N_5O_{10}P_2$)《アデニル酸にリン酸がついたもの; アデニル酸キナーゼ (adenylate kinase) により ATP に可逆的に変化することによって生体にエネルギーを与える; 略 ADP》.

adénosine diphosphóric ácid *n.* 〖生化学〗＝adenosine diphosphate.

adénosine monophósphate *n.* **1** 〖生化学〗アデノシン一リン酸, アデニル酸 (略 AMP). **2** ＝cyclic AMP.

adénosine phósphate *n.* 〖生化学〗＝adenylic acid.

adénosine triphósphatase *n.* 〖生化学〗アデノシン三リン酸分解酵素《ATP ⇄ ADP の変化を触媒する酵素; 略 ATPase》.

adénosine triphósphate *n.* 〖生化学〗アデノシン三リン酸 ($C_{10}H_{16}N_5O_{12}P_3$)《横紋筋組織中にあるヌクレオチド (nucleotide) 化合物; 略 ATP》.

àdeno·vírus 〖← ADENO-＋VIRUS〗 *n.* 〖医学〗アデノウイルス《上部気道や結膜などを侵すウイルス》.

ad·e·nyl [ǽdənɪl, ǽdṇ- | ǽdɪ-, ǽdə-] 〖← ADEN(INE)＋-YL〗 *n.* 〖化学〗アデニル ($C_5H_4N_5$)《アデニン (adenine) から誘導される基名》.

ad·e·nýl·ate kínase [ædənáɪlət-, ædṇ-, -lɪt-] 〖*adenylate*: ⇨ ↑, -ate[1]〗 ── *n.* 〖生化学〗アデニル酸キナーゼ《アデノシン三リン酸によりアデニル酸をリン酸化してアデノシン二リン酸にする反応に関与する酵素》.

ádenyl cýclase *n.* 〖生化学〗アデニルチクラーゼ《アデノシン三リン酸 (ATP) から cyclic AMP の形成を触媒する酵素》.

ad·e·nýl·ic ácid [ædənílɪk-, ædṇ- | ædɪ-, ædə-] 〖⇨ adenyl, -ic[1]〗 ── *n.* 〖生化学〗アデニル酸 ($C_{10}H_{12}N_5O_4H_2PO_3$)《アデノシンのリン酸エステル; リボ核酸を構成するプリンヌクレオチド》.

àdenyl·pyrophósphate 〖← ADENYL＋PYROPH(ORIC ACID)＋-ATE[1]〗 ── *n.* 〖生化学〗アデニルピロリン酸 ($C_{10}H_{12}N_5O_3H_4P_3O_9$)《アデニル酸 (adenylic acid)＋ピロリン酸, つまり ATP》.

a·dept 〖《1663》□ L *adept-us* reached, attained (p.p.) ← *adipiscī* to reach, attain to ← AD-＋*apiscī* to reach (⇨ apt): もとは one who has attained the great secret の意で, いわゆる philosophers' stone (賢者の石)の発見者と想像された錬金術師の称号〗 ── [ədépt, æd- | ǽdept, ədépt, æd-] *adj.* 〔…に〕熟達[精通]した, 巧みな 〔*at, in*〕: an ～ writer / ～ *at* (playing) chess / be ～ *in* (the art of) persuading people 人を説得するのに妙を得ている. ── [ǽdept, ədépt, æd-] *n.* 達人, 大家, 名人 (expert) 〔*at, in*〕: an ～ *in* music / an ～ *at* evasion 言いのがれの名人. **～·ly** *adv.* **～·ness** *n.*

ad·e·qua·cy [ǽdɪkwəsi, ǽdə- | ǽdɪkwəsɪ] 〖⇨ ↓, -cy〗 *n.* 適当さ, 妥当性; 十分.

ad·e·quate [ǽdɪkwət, ǽdə-, -kwɪt | ǽdɪ-] 〖《1617》□ L *adaequāt-us* (p.p.) ← *adaequāre* to make equal to ← AD-＋*aequāre* to make equal (← *aequus* 'EQUAL')〗 ── *adj.* **1 a** (ある目的に)適切な, 妥当な, 十分な 〔*to*〕/〈*to* do〉: an ～ amount, intelligence, reason, etc. / a salary ～ *to* one's needs 所要を満たすに足る給料 / data ～ *to* prove an argument 議論を立証するに適切な資料. **b** 〈人が〉(任務などに)十分な能力のある, 適任の (competent) 〔*to, for*〕/〈*to* do〉: an ～ secretary, teacher, etc. / an ～ person *for* a task / ～ *to* teach children / He is quite ～ *to* his post. 十分その職に耐える. **2** まずまずの, どうやら間に合う, やっと合格の: merely ～ / an ～ performance まあまあの演技[演奏]. **3** 〖法律〗訴訟提起に十分[相当]な: ～ grounds. **～·ness** *n.*

ád·e·quate·ly 〖《1628》〗 *adv.* 適切に, 十分に.

ádequate stímulus *n.* 〖心理〗適当刺激, 適刺激.

a·der·min [eɪdə́ːmɪn, -mən | -dɜ́ːmɪn] 〖← A-[7]＋DERMO-＋-IN[2]〗 *n.* (*also* **ad·er·mine** [-mɪn, -mən, -miːn | -mɪn, -miːn]) 〖生化学〗アデルミン (⇨ pyridoxine).

á·der wàx [ɑ́ːdə- | -də-] 〖《部分訳》? ← G *Aderwachs* ← *Ader* vein＋*Wachs* wax〗 *n.* 〖鉱物〗アデール蠟(⇨ ozokerite).

a·des·po·ta [ədéspəṭə | -tə] 〖□ Gk *adéspota* (pl.) ← *adéspoton* ← A-[7]＋*despótēs* master〗 *n. pl.* 〖書誌学〗作者不明の作品[諺].

ad·es·sive [ædésɪv] 〖← L *adesse* to be present (← AD-＋*esse* to be)＋-IVE〗 ── *adj.* 〖文法〗存在格の《この格はフィンランド語などにあり, 任意の場所における存在を表わす》: the ～ case 存在格.

ad eund. 《略》ad eundem.

ad e·un·dem [æd-iːʌ́ndəm, -dem] 〖□ L ～ 'to the same'〗 *L. adv.* 同程度に: be admitted ～ (他大学で)同程度の学位[資格]を許される.

ad eúndem grá·dum [-gréɪdəm] 〖□ L ～ 'to the same degree'〗 *L. adv.* ＝ad eundem.

à deux [ɑː-dɜ́ː; *F.* adø] 〖□ F ～: ⇨ à: cf. deuxième〗 ── *F. adv., adj.* 二人用に[の] (for two); 二人(きり)で[の] (between two): sit ～ / *À deux with* a girl he was bash ful. 女の子と二人きりだと彼ははにかんだ.

ad ex·tre·mum [æd-ekstríːməm] 〖□ L *ad extrēmum* to the extreme〗 *L. adv.* 極端に; 結局.

ADF 《略》〖航空〗automatic direction finder.

ad fin. 《略》ad finem.

ad fi·nem [æd-fáɪnem] 〖□ L ～ 'toward the end'〗 *L. adv.* 終わりに.

ad glo·ri·am [æd-glɔ́ːriæm, -glóːr- | -glɔ́ːrɪ-] 〖□ L ～ 'for glory'〗 *L. adv.* 名誉のために.

adgo. 《略》〖音楽〗adagio.

ADH 《略》〖生化学〗antidiuretic hormone.

adh. 《略》〖処方〗*L.* adhibendus 服用すること, 用いること (to be used).

ad·here [ædhíə, əd- | ədhíə(r, æd-] 〖《1597》□ (O)F *adhér-er* ∥ L *adhaer-ēre* to stick to ← AD-＋*haerēre* to stick (⇨ hesitate)〗 ── *vi.* **1** 〔…に〕付着する, 粘着する, 密着する (stick fast) 〔*to*〕: Mud ～*d to* the car. **2 a** 〈人が〉〈自説・計画・約束などを〉堅持[固守]する, 固執する (cling) 〔*to*〕: ～ *to* a view, plan, etc. **b** 〔人・党などを〕(忠実に)支持する, 〔…に〕従う, 〔宗教などを〕信奉する (be devoted) 〔*to*〕: ～ *to* a leader, party, religion, etc. **3** 〖物理〗付着する. **4** 〖植物〗接着する, 癒着する. **5** 《廃》終始一貫する. ── *vt.* 〈物を〉〔…に〕付着[接着]させる (stick) 〔*to*〕: ～ a stamp *to* an envelope 封筒に切手を張る. **ad·hér·er** [-hí(ə)rə | -híərə(r] *n.*

ad·her·ence [ædhí(ə)rəns, əd- | ədhíər-, æd-] 〖□ (O)F *adhérence* ∥ L *adhaerentia* ← *adhaerentem* (pres.p.) ← *adhaerēre* (↑)〗 ── *n.* **1** 堅持, 固守, 執着; 支持, 忠実; 信奉 〔*to*〕. **2** ＝adhesion 1 a.

ad·her·end [ædhí(ə)rend, əd-, ædhɪ(ə)rénd | ədhíərənd, æd-, ædhɪərénd] 〖← ADHERE＋*-end* (← L *-endum* (ger. suf.))〗 *n.* 〖化学〗接着面; 接着物.

ad·her·ent [ædhí(ə)rənt, əd- | ədhíər-, æd-] 〖《adj.: *c*1385; n.: 1425》□ (O)F *adhérent* ∥ L *adhaerent-em*: ⇨ adherence〗 ── *adj.* **1** 付着性の, 粘着性の; 〔…に〕付着している 〔*to*〕. **2** 〔…に〕付属する, 関連のある 〔*to*〕. **3** 〈規則などに〉従う, 忠実な 〔*to*〕. **4** 〖植物〗＝adnate 1. **5** 〖文法〗〈形容詞が〉接着的な《名詞の前に立つ; cf. attributive》. ── *n.* **1** 支持者, 味方, 信者, 門人, 党員 〔*of*〕. **2** [*pl.*] 与党. **3** 被着剤. **～·ly** *adv.*

ad·he·sion [ædhíːʒən, əd- | əd-, æd-] 〖《1624》□ F *adhésion* ∥ L *adhaesiō(n-)* ← *adhaerēre* 'to ADHERE'〗 ── *n.* **1 a** 付着, 粘着, 固着, 接着. **b** 付着力, 粘着力; 粘着性. **2 a** ＝adherence 1. **b** 〔条約などへの〕同意, 加盟 〔*to*〕: give (in) one's ～ *to* a treaty 条約に加入[同意]を通告する. **3** 〖病理〗癒着(ゆちゃく); 癒合. **4** 〖植物〗接着, 癒着《植物の二つの切断面が細胞の分裂・増殖により相互に密着すること; cf. adnation》. **5 a** 〖化学〗付着, 粘着《異種の物質間の接着》. **b** 〖物理〗(異なる種類の物質間に働く)付着力 (cf. cohesion 3). **6** 〖鉄道〗**a** (車輪とレール間の)摩擦(抵抗). **b** ＝FACTOR of adhesion. **～·al** [-ʒənḷ, -ʒnəl] *adj.*

ad·he·sive [ædhíːsɪv, əd-, -zɪv | əd-, æd-] 〖□ F *adhésif*: ⇨ ↑, -ive〗 ── *adj.* **1** 付着力のある, 粘着性の (sticky): an ～ envelope ゴムのり付き封筒. **2** 〖物理〗付着力の. **3** 〈人など〉くっついて離れない; 〈言葉など〉いつまでも頭に残る. ── *n.* **1** 粘着性物質; 接着剤: Glue or gum is an ～. **2** ＝adhesive tape. **3** 〖郵趣〗(封筒やはがきに印刷した切手に対し)のり付き切手; のり付きシール. **～·ness** *n.*

adhésive cèll *n.* 〖動物〗粘着細胞, 膠胞, 膠着胞《クシクラゲ類に特有の腺状の細胞; これから糸を出して餌を捕える; colloblast, glue cell, lasso cell ともいう》.

adhésive fàctor *n.* 〖鉄道〗＝FACTOR of adhesion.

ad·hé·sive·ly 〖《1818》〗 *adv.* 粘着的に, ねばねばして(くっつきやすく).

adhésive plàster *n.* 絆(ばん)創膏《特に, 大型のもの》.

adhésive tàpe *n.* 接着テープ; 絆(ばん)創膏.

ad·hib·it [ædhíbɪt, -bət | -bɪt] 〖← L *adhibit-us* (p.p.) ← *adhibēre* ← AD-＋*habēre* to hold (⇨ habit[1])〗 ── *vt.* **1** 〈人・物を〉入れる (take in). **2** 〈札などを〉張る, 付ける (affix). **3** 〈薬を〉投与する, 〈治療を〉施す (administer). **ad·hi·bi·tion** [ædəbíʃən, ædhɪb-, -həb- | ædhɪb-, ædəb-] *n.*

ad hoc [æd-hɑ́k, -hóʊk | -hɔ́k, -hə́ʊk] 〖《1659》□ L ～ 'to this'〗 ── *adv., adj.* (特に)このために[の], 特別に[の], この場限りで[の], その場限りで[の]: a committee held ～＝an ～ committee 特別委員会 / an ～ election 特別選挙 / an ～ rule (一般性のない)その場限りの規則. **～·ness** *n.*

ad-hoc·er·y [ædhɑ́kəri, -hóʊk- | -hɔ́kərɪ, -hə́ʊk-] 〖⇨ ↑, -ery〗 *n.* 《俗》その場限りの方策[規則](など).

ad ho·mi·nem [æd-hɑ́mənèm | -hɔ́mɪ-] 〖□ L ～ ← AD[3]＋*hominem* ((acc.) ← *homō* man)〗 ── *L. adj., adv.* **1** 〈議論が〉(理性よりは)相手の感情や偏見に訴える(ように), 対人的な[に]: an ～ argument / argue ～ / an argumentum ～ (相手の特殊な性格・地位・境遇などに訴える)対人立証. **2** 〈答弁など〉人身攻撃的な[に], 対人的な[に].

ad·i·a·bat [ǽdiəbæ̀t | ǽdɪə-] 〖《逆成》↓〗 *n.* 〖物理〗断熱(曲)線 (adiabatic curve).

ad·i·a·bat·ic [ædiəbǽṭɪk, eɪdaɪə- | ædɪəbǽt-, eɪdaɪə-] 〖□ Gk *adiábatos* impassable (← A-[7]＋*diá* through＋*batós* passable (← *baínein* to pass))＋-IC[1]〗〖気象・物理・化学〗 ── *adj.* 断熱的な, 断熱の (cf. isothermal): a ～ chart [diagram] 断熱図《気圧・気温などを座標軸とする気塊の熱力学的状態を表わす図》. **àd·i·a·bát·i·cal·ly** *adv.*

adiabátic cúrve *n.* 〖物理〗断熱曲線.

adiabátic lápse *n.* 〖物理〗断熱減.

adiabátic lápse ràte *n.* 〖物理〗断熱減率.

adiabátic líne *n.* 〖物理〗断熱線.

adiabátic prócess *n.* 〖物理〗断熱過程.

ad·i·ad·o·cho·ki·ne·si·a [ædiæ̀dəko(ʊ)kɪníːʒiə, -kən-, -kaɪn-, -ʒə | ædɪæ̀dəkə(ʊ)kaɪníːzɪə, -kɪn-, -zjə, -ʒɪə, -ʒə] 〖← NL ～ ← A-[7]＋Gk *diádokos* successor＋*kínēsis* motion (⇨ kinetic)＋-IA[1]〗 ── *n.* 〖病理〗変換運動障害, 拮抗運動反覆不能症《内転外転を連続的に交互に行なうことができない状態; cf. diadochokinesia》.

ad·i·ad·o·cho·ki·ne·sis [ædiæ̀dəko(ʊ)kɪníːsɪs, -kən-, -kaɪn-, -səs | ædɪæ̀dəkə(ʊ)kaɪníːsɪs, -kɪn-] *n.* 〖病理〗＝adiadochokinesia.

ad·i·an·tum [ædiǽnṭəm | ædɪǽnt-] 〖□ L ～ □ Gk *adianton* maidenhair ← A-[7]＋*diainein* to wet〗 ── *n.* 〖植物〗クジャクシダ, アジアンタム《ウラボシ科クジャクシダ属 (*Adiantum*) の主に観葉植物の総称; クジャクシダ (*A. pedatum*), オカメホウライシダ (*A. tenerum*) など》.

adiaphora *n.* adiaphoron の複数形.

ad·i·aph·o·re·sis [ædiæ̀fəríːsɪs, -səs | ædɪæ̀fəríːsɪs] 〖← A-[7]＋DIAPHORESIS〗 *n.* 〖医学〗無汗(症); 制汗.

ad·i·aph·o·ret·ic [ædiæ̀fərétɪk | ædɪæ̀fərét-] 〖← A-[7]＋DIAPHORETIC〗〖医学〗 *adj.* 制汗の. ── *n.* 制汗剤.

ad·i·aph·or·ism [ædiǽfərɪzm | ædɪ-] 〖← ADIAPHOROUS＋-ISM〗 ── *n.* 〖哲学〗無關心主義 (indifferentism), 寛容的態度《無関心事 (adiaphoron) に関してそのすべてを自由に容認する立場》.

ad·i·aph·o·ron [ædiǽfərɑ̀n, -rən | ædɪǽfərɔ̀n, -rən] 〖□ Gk *adiáphoron* (neut.) ← *adiáphoros* (↓)〗 ── *n.* (*pl.* **-o·ra** [-rə]) 〖哲学〗**1** 善悪無記, アディアポラ《ストア哲学で, 善でも悪でもないもの》. **2** 無関心事, アディアポラ《キリスト教の儀式・信条等の中で聖書が命じも禁じもしていないためその遵守が個人の自由裁量に任されているもの》.

ad·i·aph·o·rous [ædiǽfərəs | ædi-] 〖□ Gk *adiáphoros* ← A-⁷+*diáphoros* different〗 — *adj.* **1** 重要でない, 善くも悪くもない. **2** 〈薬剤など〉毒にも薬にもならない.

a·di·a·ther·man·cy [ædaɪəθə́ːmənsi | -θə́ːmənsɪ] 〖← A-⁷+DIATHERMANCY〗 *n.* 《物理》不透熱性.

-a·di·ene [ədáiːn, ーー´] 〖⇨ -ene〗《化学》「二重結合を二個もつ直鎖炭化水素」を表わす名詞語尾.

a·dieu [əd(j)úː | ədjúː; *F.* adjø] 〖《c1385》 *adew(e)* □ ONF *adeu*=(O)F *adieu* ← *à* to (< L *ad*)+*dieu* god (< L *deum*): 《原義》(I recommend you) to God〗 — *int.* さようなら, ごきげんよう (good-bye!, farewell!). — *n.* (*pl.* ~**s**, **a·dieux** [~z; *F.* ~]) いとまごい, 告別 (farewell): make [take] one's ~ 告別する, さようならを言う / bid ~ to …に別れを告げる.

A·di·ge [ɑ́ːdɪdʒèɪ, -də- | -dɪ-; *It.* áːdidʒe] *n.* [the ~] アディジェ(川)《イタリア北部の川; アドリア海に注ぐ (354 km)》.

ad inf. 《略》ad infinitum.

ad in·fi·ni·tum [æd-ɪnfənáɪtəm, -níːtəm | -fɪnáɪt-] 〖□ L *ad infinitum* to infinity〗 *L. adv.* 無限に, 永遠に (forever); 際限なく (endlessly).

ad i·ni·ti·um [æd-ɪníʃiəm | -ʃɪ-] 〖□ L ~ 'at the beginning'〗 *L. adv.* 初めに, 当初.

ad int. 《略》ad interim.

ad in·te·rim [æd-íntrɪm, -ṭərɪm, -rəm | -t(ə)rɪm] 〖□ L ~ 'for the time between'〗 — *L. adv., adj.* 中間に[の], 臨時に[の], 仮に[の] (for the meantime): a chargé d'affaires ~ 臨時代理大使[公使].

a·di·os [ædióus, ɑ̀ːdi- | -dɪə́us; *Sp.* adjós] 〖□ Sp. *adiós* ← *a* to+*Dios* God: cf. adieu〗 *int.* さようなら (good-bye!).

ad·ip- [ǽdəp | ǽdɪp] (母音の前に来る時の) adipo- の異形.

ad·i·pate [ǽdəpèɪt | ǽdɪ-] 〖← ADIPO-+-ATE¹〗 *n.* 《化学》 **1** アジピン酸塩[エステル]. **2** (アジピン酸から得た)アルキド樹脂の一つ.

a·diph·e·nine [ədífəniːn, -nàɪn | -fɪ-, -fə-] 〖← ADIPO-+PHENO-+-INE³〗 *n.* 《薬学》アジフェニン ($C_{20}H_{25}NO_2$)《塩酸塩として鎮痙剤に用いる》.

a·díp·ic ácid [ədípɪk-] 〖*adipic*: ← ADIPO-+-IC¹〗 *n.* 《化学》アジピン酸 ($HOOC(CH_2)_4 \cdot COOH$)《ナイロンなどの合成原料》.

ad·i·po- [ǽdəpo(ʊ) | ǽdɪpə(ʊ)] 〖← L *adeps* fat〗 — **1** 「脂肪, 脂肪質」の意の連結形. **2** 《化学》「アジピン酸 (adipic acid)」の意の連結形. ★ 母音の前では通例 adip- になる.

àdipo·céllulose 〖⇨↑, cellulose〗 *n.* 《化学》アジポセルロース《コルク質などに含まれるセルロースで, スベリン, クチンなどを伴っている》.

ad·i·po·cere [ǽdəpəsɪ̀ə, -po(ʊ)- | ǽdɪpə(ʊ)sɪ́ə(r)] 〖《変形》← F *adipocire* ← ADIPO-+*cire* wax (⇨ cere)〗 *n.* 《生理》屍蠟(しろう) (grave wax, corpse fat).

àdipo·nítrile 〖← ADIPO-+NITRILE〗 *n.* 《化学》アジポニトリル ($NC(CH_2)_4CN$)《無色透明の液体; ナイロン66の製造中間体; tetramethylene cyanide ともいう》.

ad·i·pose [ǽdəpòus | ǽdɪpə̀us] 〖← NL *adipōs-us* ← L *adip-*, *adeps* fat of animals: ⇨ -ose¹〗 — *adj.* 脂肪の(多い), 脂肪質の (fat, fatty). — *n.* (動物体内組織中に含まれている)脂肪.

ádipose bòdy *n.* 《動物》=fat body.

ádipose fìn *n.* 《魚類》脂(あぶら)びれ《サケ・マス・アユなどの背びれと尾びれとの間にある小形のひれ》.

ádipose tíssue *n.* 《動物》脂肪組織《中性脂肪を貯蔵する組織; cf. fat body》.

ad·i·po·sis [ædəpóusɪs, -səs | ædɪpə́usɪs] 〖← NL ~: ⇨ adipo-, -osis〗 *n.* 《病理》 **1** =adiposity. **2** 脂肪変性.

ad·i·pos·i·ty [ædəpɑ́səṭi | ædɪpɔ́sətɪ, -sɪ-] 〖⇨ adipose, -ity〗 *n.* 《病理》(過)脂肪症, 脂肪過多(症); 肥満(症) (obesity).

Ad·i·ron·dack [ædərɑ́ndæk | ædɪrɔ́n-] 〖□ N-Am.-Ind. (Mohawk) *Hatiróntaks* 《原義》they eat trees〗 *n.* (*pl.* ~, ~**s**) **1** [the ~(s)] アジロンダック族《Algonquian 語族の支族でもと主に St. Lawrence 川北部のカナダに住んだ》. **2** アジロンダック族の人. **3** [the ~s] =Adirondack Mountains.

Adiróndack chàir, a- c- 〖↑〗 *n.* アジロンダック椅子[チェア]《戸外用の木製椅子で背中が傾斜し, 座席は前部が後部より高くなっている》.

Adiróndack Móuntains *n. pl.* [the ~] アジロンダック山脈《米国 New York 州北東部の山脈; Appalachian 山系の一部; 最高峰は Mt. Marcy (1,629 m); the Adirondacks ともいう》.

ad·it [ǽdɪt, ǽdət | ǽdɪt] 〖□ L *adit-us* an approach (p.p.) ← *adīre* to approach ← AD-+*īre* to go (⇨ itinerate)〗 — *n.* **1** 入口, 入路 (entrance). **2** 《鉱山》通洞, (主要坑口をもつ)横坑 (cf. level 6). **3** 接近(の手段) (access) 〔*to*〕.

ADIZ 《略》《米》Air Defense Identification Zone 防空識別圏《防空上の必要から定められた空域; 圏内では航空機の敏速な彼我識別・位置標定・管制が実施され, 敵機の場合は scramble (緊急発進)が行なわれる》.

adj. 《略》adjacent; adjective; adjoining; adjourned; adjunct; adjutant.

ad·ja·cen·cy [ədʒéɪsənsi, -sn- | -sɪ] 〖□ LL *adjacentia* ← *adjacentem* (↓): ⇨ -cy〗 — *n.* **1 a** 隣接, 近隣. **b** [通例 *pl.*] 隣接[近接]地. **2** 《放送》隣接番組《特定の番組の直前・直後の番組》.

ad·ja·cent [ədʒéɪsənt, -snt] 〖《a1420》← L *adjacent-em* (pres.p.) ← *adjacēre* to lie at or near ← AD-+*jacēre* to lie (⇨ jet²)〗 — *adj.* 〔…の〕近隣の, 付近の (neighboring); 〔…に〕隣接の, 隣の 〔*to*〕: ~ lands 隣接の地所 / ~ farms 近隣[隣接]の農場 / the Matterhorn and (the) ~ mountains マッターホーンとその近隣の山山 / linguistics and the ~ disciplines 言語学とそれに隣接した諸学(科) / The pool was ~ *to* the gym. プールは体育館の隣にあった. **~·ly** *adv.*

adjácent ángles *n. pl.* 《数学》隣接角.

ad·jec·ti·val [ædʒɪktáɪvəl, ædʒək- | -dʒek-, -dʒɪk-, -dʒək-] 〖← ADJECTIVE+-AL¹〗 — *adj.* **1** 《文法》形容詞の[に関する]; 形容詞的な. **2** 〈文体など〉形容詞の多い[をよく使う]. **3** 《戯言》いまいましい, 下らない, けちくさい《damned, 《英》bloody その他の卑俗な形容詞の代わりに用いられる》: this ~ weather. — *n.* 《文法》形容詞的語句《形容詞および形容詞相当語句》.

àd·jec·tí·val·ly [-vəli | -lɪ] 〖《1867》: ⇨↑, -ly¹〗 *adv.* 形容詞として, 形容詞的に.

ad·jec·tive [ǽdʒɪktɪv, ǽdʒək- | ǽdʒɪk-, ǽdʒək-, ǽdʒek-] 〖《?a1387》□ (O)F *adjectif, -ive* // L *adjectīv-um* (*nōmen*) that is added (to the noun) ← *adjectus* (p.p.) ← *adjicere* to throw to, add ← AD-+*jacere* to throw (⇨ jet²)〗 — *n.* 《文法》形容詞 (cf. substantive). — *adj.* **1** 《文法》形容詞の; 形容詞性の, 形容詞的な (adjectival): an ~ equivalent 形容詞相当語句 / an ~ phrase [clause] 形容詞句[節]. **2** 《法律》付随[手続]に関する (cf. substantive 5): ⇨ adjective law. **3** 《染色》色留めを要する (cf. substantive 6): ~ colors [dyes] 間接[媒染]染料. **4** 従属的な, 付随的な (dependent). **~·ly** *adv.*

ádjective láw *n.* 《法律》付随的法律, 手続法 (cf. substantive law).

ad·jec·tiv·ize [ǽdʒɪktəvàɪz, ǽdʒək- | ǽdʒɪktɪ-, ǽdʒək-, ǽdʒek-] 〖← ADJECTIVE+-IZE〗 *vt.* 《文法》〈名詞などを〉形容詞化する.

ad·join [ədʒɔ́ɪn, ædʒ- | ədʒ-] 〖《c1303》 *ajoine(n)* □ OF *ajoind-re* (F *adjoindre*) < L *adjungere* to join to ← AD-+*jungere* 'to JOIN'〗 — *vt.* **1** 〈家・土地などが〉…に隣接する: The two countries ~ each other. / A small kitchen ~*ed* the living room. 居間の隣に小さな台所が付いていた. **2** 《古》〔…に〕付加する, 付ける, 添える (add, affix) 〔*to*〕. **3** 《数学》添加する《体 (field) や環 (ring) に新しい対象を付け加えてより広い体や環を作る》. — *vi.* 隣接する, 隣り合っている: The two houses ~.

ad·jóin·ing *adj.* 隣接する: ~ houses, rooms, etc. / a park and the ~ area 公園とそれに隣接する地域.

ad·joint [ǽdʒɔɪnt] 〖← AD-+JOINT〗 — *n.* 《数学》 **1** 随伴行列《与えられた正方行列を掛けると, もとの行列の行列式と単位行列との積になるような正方行列》. **2** =Hermitian conjugate.

ad·journ [ədʒə́ːn | ədʒə́ːn] 〖《a1338》 *ajourne(n)* □ OF *ajorn-er* (F *ajourn-er*) ← *à jorn* (*nomé*) to an (appointed) day ← *à* 'AD-'+*jorn* (< LL *diurnum* day: ⇨diurnal, journal)〗 — *vt.* **1** 〈会議・法廷などを〉(次回・次期まで)休会する, 停会する, 休廷する (suspend); 〈議事などを〉延期する, 繰り延べる (postpone) (cf. prorogue 1, dissolve 3): ~ a meeting *for* a week. **2** 延期する, 停止する. **3** 《チェス》指し掛けにする. — *vi.* **1** 休会する, 停会する, 休廷する: The court ~*ed to* [*until*] the following Monday. 次の月曜日まで休廷となった. **2 a** (会議が終わって)散会する. **b** 〔…へ〕(会議・会合の)席を移す 〔*to*〕: ~ *to* the coffee shop.

ad·jóurn·ment 〖□ MF *adjournement*: ⇨↑, -ment〗 *n.* **1** 休会, 停会; 休廷; 延期, 日延べ; 休会[停会]期間. **2** 《チェス》ゲームを一時中断すること, 指し掛け.

Adjt. 《略》Adjutant.

ad·judge [ədʒʌ́dʒ, ædʒ-] 〖《c1380》 *ajuge(n)* □ OF *ajugi-er* < L *adjūdicāre* ← AD-+*jūdicāre* 'to JUDGE'〗 — *vt.* **1** 〈訴訟〉に判決を下す (decide); 〈紛争などを〉裁定する (settle). **2** [目的補語または *that*-clause を伴って]〈人などを〉〔…(である)と〕宣告する (pronounce): ~ a will void 遺言書を無効と宣告する / ~ a person (*to* be) insane=~ *that* a person is insane 人が精神異状であると宣告する. **3** 《古》〈人〉に(…の)判決を下す (sentence) 〔*to*〕/ 〈*to* do〉: ~ a person *to* death [*to* die]. **4** (裁判・審査により)〔人に〕〈賞などを〉与える, 授与する (award) 〔*to*〕: ~ a prize *to* a person / The legacy was ~*d to* her. (裁判の結果)その遺贈は彼女に与えられた. **5** 《古》[目的補語を伴って]〈…と〉判断する, 考える (consider): ~ a matter irrelevant / He ~*d* her *to* be in her mid-forties. 彼女を40代半ばと見当をつけた.

ad·júdg·ment 〖⇨↑, -ment〗 *n.* (*also* **ad·judge·ment** [~]) 判決; 《古》宣告; 裁定, 判定; 授与.

ad·ju·di·cate [ədʒúːdɪkèɪt, -də- | -dɪ-] 〖《1700》← L *adjūdicāt-us* (p.p.) ← *adjūdicāre* 'to ADJUDGE'〗 — *vt.* **1** 〈裁判官・裁判所が〉〈訴訟〉に判決を下す; (準司法手続で)裁決する, (終局判決前に)〈中間的事項を〉決定する: ~ a lawsuit, claim, etc. **2** =adjudge 2. — *vi.* **1** 〔…を〕裁判する 〔*on, upon, in*〕: ~ *on* a matter [*in* a case]. **2** 〔…を〕裁定[判定]する, 決める 〔*on, upon*〕.

ad·ju·di·ca·tion [ədʒùːdɪkéɪʃən, -də- | -dɪ-] 〖《1691》□ L *adjūdicātiō(n-)* ← *adjūdicāre* 'to ADJUDGE': ⇨ -ation〗 — *n.* **1** 判決, 裁判; 宣告; 裁定, 判定. **2** 《法律》破産宣告.

ad·ju·di·ca·tive [ədʒúːdɪkətɪv, -də-, -kèɪṭ- | -dɪkət-, -kèɪt-] 〖← ADJUDICATE+-IVE〗 *adj.* 判決[裁定]の.

ad·jú·di·cà·tor [-ṭə | -tə(r)] 〖← ADJUDICATE+-OR²〗 *n.* 裁判[裁決]者; 裁定[判定]者, 審判者.

ad·ju·di·ca·to·ry [ədʒúːdɪkətɔ̀ːri, -tòːri, -də- | -dɪkèɪt(ə)rɪ, -kə-] *adj.* =adjudicative.

ad·ju·di·ca·ture [ədʒúːdɪkətʃʊ̀ə, -də-, -kətʃə, -kèɪtʃə | -dɪkətjʊ̀ə(r)] 〖《ラテン語式造語》← ADJUDICATE+-URE〗 *n.* =adjudication.

ad·junct [ǽdʒʌŋ(k)t] 〖《1588》← L *adjunct-us* (p.p.) ← *adjungere* to join: cf. adjoin〗 — *n.* **1** 付加物, 付属物, 添え物 〔*to, of*〕: a mere ~. **2** (臨時の)補佐, 助手; 《米大学》=adjunct professor. **3** 《文法》付加詞, 付属詞《修飾補助語》. **4** 《哲学・論理》属象, 属性, 添性. — *adj.* **1** 〔…に〕付属する, 補助の (auxiliary) 〔*to*〕. **2** 〈職員など〉補佐の, 臨時の: ⇨ adjunct professor. **~·ly** *adv.*

ad·junc·tion [ədʒʌ́ŋ(k)ʃən, ædʒ-] 〖□ L *adjunctiō(n-)*: ⇨↑, -ion〗 *n.* **1** 付属, 付加, 添加 〔*to*〕. **2** 《数学》添加 (⇨ adjoin 3).

ad·junc·tive [ədʒʌ́ŋ(k)tɪv, ædʒ-] 〖□ L *adjunctīv-us*: ⇨ adjunct, -ive〗 *adj.* 添付の, 付属的な; 《文法》付加詞的な. **~·ly** *adv.*

ádjunct proféssor *n.* 《米大学》準教授 (⇨ professor 1).

ad·ju·ra·tion [ædʒʊréɪʃən | ædʒʊər-] 〖ME *adjuracioun* □ F ~ // L *adjūrātiō(n-)*: ⇨ adjure, -ation〗 *n.* **1** 厳命. **2** 懇願, 嘆願, 懇請. **~·al** [-ʃənḷ, -ʃnəl] *adj.*

ad·jur·a·to·ry [ədʒʊ́(ə)rətɔ̀ːri, -tòːri, ǽdʒʊr- | ədʒʊ́ərət(ə)rɪ] 〖⇨↓, -atory〗 *adj.* 厳命(的)の; 懇願[懇請](的)の.

ad·jure [ədʒʊ́ə | ədʒʊ́ə(r)] 〖《c1390》 *adjure(n)* □ L *adjūr-āre* to swear ← AD-+*jūrāre* to swear (← *jūs* oath: cf. jury¹)〗 — *vt.* **1** 〈人〉に〈…するように〉厳しく命じる, 厳命する 〈*to* do, *that*〉: I ~ you *to* speak the truth.=I ~ you *that* you speak the truth. 絶対に真実を話しなさい. **2** 〈人〉に〈…するように〉懇願する, 嘆願する, 懇請する 〈*to* do〉: I ~ you in Heaven's name *to* spare him. 彼をお助け下さるよう神の御名によってお願い申し上げます. **3** 《廃》〈人〉に誓わせる. **ad·jur·er, ad·ju·ror** [ədʒʊ́(ə)rə | ədʒʊ́ərə(r)] *n.*

ad·just [ədʒʌ́st] 〖《c1380》□ OF *adjust-er* □ ML *adjūstāre*=LL *adjuxtāre* to bring together ← AD-+*juxtā*: near (cf. joust)〗 — *vt.* **1** 調節する, 加減する, 〔…に〕(正しく)合わせる 〔*to*〕: ~ a radio (dial) ラジオ(のダイアル)を合わせる / ~ the speed of a train / ~ field glasses to one's eyes 双眼鏡を目に合うように調節する / ~ one's tie in a mirror 鏡でネクタイを直す. **2** 〈機械などを〉調整する, 整える (regulate); 〈雑音などを〉正す (correct): ~ a clock. **3** 〈意見などを〉調整する, 調和させる, 〈争いを〉調停する: ~ a quarrel / ~ differences of opinion 意見の相違を調整する. **4** 〈金額などを〉調整[補正]する; 〈差額を〉精算する. **5** [~ *oneself* で]〔新しい環境・社会などに〕順応する, 適応する, 慣れる 〔*to*〕: ~ *oneself* [*itself*] *to* a cold climate / He soon ~*ed himself to* the village life [people]. じきにその村の生活[人たち]と調和することができた. **6** 《保険》〈支払額を〉〈要求額と〉調和させる (settle) 〔*to*〕. **7** 《軍事》〈大砲の〉仰角と偏流を調整する. — *vi.* **1** 〔…に〕順応[適応]する 〔*to*〕; (他人との関係で)バランスをとる. **2** 〈機械などが〉調整できる.

ad·just·a·ble [ədʒʌ́stəbl] 〖⇨↑, -able〗 — *adj.* 調節[調整]できる; 調停できる; 補正[精算]できる; 順応[適応]できる. **ad·jùst·a·bíl·i·ty** [-təbíləṭi | -lətɪ, -lɪ-] *n.* **ad·júst·a·bly** *adv.*

adjústable pég *n.* 《経済》(平価の)半固定相場制, 調整可能な釘付相場制度.

adjústable-pítch *adj.* 《海事・航空》〈プロペラが〉可変ピッチの《静止時にのみピッチを変えられる; cf. controllable-pitch》.

adjústable spánner *n.* 《英》=monkey wrench 1.

adjústable squáre *n.* 《製図・木工》(可変腕木つきの)曲尺(かね).

ad·júst·ed *adj.* **1** 調節[調整]された. **2** 順応[適応]した.

ad·júst·er *n.* (*also* **adjustor**) **1** 調整者; 調節者; 調停者. **2 a** 《保険》損害査定人. **b** 《海上保険》(海損の)精算人. **3** 《機械》調整機, 調節装置《自在つりなど》. **4** [通例 adjustor] 《生理》調整体《受容器 (receptor) で生じた興奮を効果器 (effector) に伝える器官》.

ad·just·ive [ədʒʌ́stɪv] *adj.* 調節(用)の.

ad·just·ment [ədʒʌ́s(t)mənt] 〖《1644》□ OF *adjustement* (F *ajustement*) ← *adjuster* 'to ADJUST': ⇨ -ment〗 — *n.* **1** 調節; 調整; 補正; 精算. **2** 調節手段[装置]. **3** (争議の)調停. **4** 《保険》損害の査定; 《海上保険》(海損の)精算, 精算書. **5** 《心理・社会学》適応. **ad·just·men·tal** [ədʒʌ̀s(t)méntḷ, ædʒʌs(t)- | -tl] *adj.*

ad·jús·tor *n.* =adjuster.

ad·ju·tage [ǽdʒʊṭɪdʒ, ədʒúːṭ- | -tɪdʒ] 〖□ F *ajutage* 《異形》← *ajoustage* ← *ajouter, ajuster* (↑): 現在の形は AD- の影響〗 *n.* 《機械》(噴水の)放水管, 噴射管.

ad·ju·tan·cy [ǽdʒʊtənsi, -tn- | -sɪ] 〖⇨↓, -cy〗 *n.* adjutant の職[地位].

ad·ju·tant [ǽdʒʊtənt, -tnt] 〖《1600》← L *adjūtant-em* (pres.p.) ← *adjūtāre* to help (freq.) ← *adjuvāre* to help ← AD-+*juvāre* to help: ⇨ adjuvant〗 — *n.* **1** 《軍事》 **a** 副官《部隊長を補佐する幕僚》; 総務幕僚《戦闘命令を除く公報・公用通信・人事記録・命令の配布その他の業務を担当する》. **b** 《英》先任幕僚[将校] (executive officer). **2** 助手, 補佐 (assistant). **3** 《鳥類》=adjutant bird. — *adj.* 補助の (auxiliary).

ádjutant bìrd [cràne] 〖首を縮めた直立不動の姿勢が副官に似ていることから〗 — *n.* 《鳥類》オオハ

ゲコウ (*Leptoptilus dubius*)《南アジア産のコウノトリ科の鳥; 頭・首・喉嚢(ᵒ̃ᵘ)は裸出し, 羽毛がない; marabou ともいう》.

ádjutant géneral *n.* (*pl.* adjutants g-) 〘軍事〙 **1** (師団以上の部隊の)高級副官《大佐・中佐》. **2** [the A-G-] (米国の)軍務局長《少将》. **3** 《米》(州または准州の)州兵部隊の(最)高級将校 (cf. National Guard).

Ádjutant Géneral's Depàrtment *n.* [the ~] 〘米陸軍〙 軍務局.

ádjutant stòrk *n.* 〘鳥類〙 =adjutant bird.

ad·ju·vant [ǽdʒʊvənt] 〘▭F ~ ∥ L *adjūvant-em* (pres.p.) ← *adjūvāre* to aid : ⇨ adjutant〙 **—** *adj.* 助けとなる, 補助の (assisting). **—** *n.* **1** 助けとなるもの[人]. **2** 〘薬学〙 アジェバント, (補)佐剤.

ad·lai [ǽdlaɪ] *n.* 〘植物〙 =adlay.

Ad·lai [ǽdli, -leɪ, -laɪ | -leɪ] 〘▭Heb. *'ádhlai* 《原義》? just〙 *n.* 男性名.

ad·lay [ǽdlaɪ] 〘← Visayan 《土語》〙 *n.* 〘植物〙 ハトムギ (*Coix lachryma-jobi*) 《アジア産イネ科ジュズダマ属の一年草; 薬用などに栽培されることもある》.

Ad·ler [ɑ́:dlə, ǽd- | ǽdlə(r, ɑ́:d-; *G.* ɑ́:dlɐ], **Alfred** *n.* アドラー《1870–1937; オーストリアの心理学者・精神科医》.

Ad·ler [ǽdlə | -lə(r], **Felix** *n.* (1851–1933) ドイツ生れの米国の倫理学者・教育家; 倫理運動 (Ethical Culture) の主唱者.

Ad·ler [ɑ́:dlə, ǽd- | ǽdlə(r, ɑ́:d-; *G.* ɑ́:dlɐ], **Kurt** *n.* アドラー《1902–1958; ドイツの化学者; Nobel 化学賞 (1950)》.

Ad·ler [ɑ́:dlə, ǽd- | ǽdlə(r, ɑ́:d-; *G.* ɑ́:dlɐ], **Vik·tor** [víktɔr] *n.* アドラー《1852–1918; オーストリアの社会主義者》.

Ad·le·ri·an [ɑːdlí(ə)riən, æd- | -líərɪ-] 〘← *A. Adler*: ⇨ -ian〙 *adj.* 〘精神医学〙 アドラーの; アドラー学説[学派]の. **—** *n.* アドラー学説の支持者.

ad·less [ǽdlɪs, -ləs] 〘← AD¹+-LESS〙 *adj.* 〈新聞など〉広告のない.

ad-lib [ædlíb] 〘↓〙《口語》 **—** *v.* (**ad-libbed**; **-lib·bing**) **—** *vt.* **1** 〈せりふ・所作などを〉アドリブでやる, 〈楽譜にない曲譜を〉即興的に歌う[演奏する] (improvise): ~ a gag アドリブでギャグを入れる. **2** 〈演説・放送などを〉即席[原稿なし]でやる, ぶっつけ本番でやる. **3** 間に合わせに作る[使う]. **—** *vi.* アドリブ[ぶっつけ本番]でやる, 即席演説をする. **—** *adj.* **1** アドリブの, 即席の, 即興的な; 間に合わせの: an ~ speech / an ~ accompaniment. **2** 好きなだけの, あり余る. **ad-líb·ber** *n.* **ad-líb·bing** *n., adj.*

ad lib [æd-líb] 〘⇨ ad libitum〙 **—** *adv.* **1** アドリブで, ぶっつけ本番で, 即興的に: dance [play, sing, speak] ~. **2 a** 随意に, いつでも (at pleasure). **b** 好きなだけ, いくらでも. **—** *adj.* =ad-lib. **—** *n.* **1** 即興的なもの, アドリブ, ぶっつけ本番. **2** アドリブ《即興的な演奏, (ジャズ音楽で小節数と和音だけが決っていて)即興的に演奏する部分》.

ad lib. 《略》 ad libitum.

ad lib·i·tum [æd-líbəṭəm | -bɪt-] 〘▭L ~ ← *ad* (according) to+*libitum* pleasure ((p.p.) ← *libet* it pleases)〙 **—** *L. adv., adj.* **1** 随意に[の], 任意に[の] (at pleasure); いくらでもある. **2** 〘音楽〙 任意に[の] (cf. ad lib *adv., n.,* obbligato).

ad li·tem [æd-láɪtem] 〘▭L ~ 'for the suit'〙 *L. adv., adj.* 訴訟のために[の]: ⇨ guardian ad litem.

ad lit·ter·am [æd-líṭəræ̀m | -lít-] 〘▭L ~ 'to the letter'〙 *L. adv.* 文字通り (exactly).

ad loc. 《略》 ad locum.

ad lo·cum [æd-lóʊkəm | -lə́ʊ-] 〘▭L ~ 'to [at] this place'〙 *L. adv.* ここへ[に].

adm. 《略》 administration; administrative; administrator; administratrix; admission; admitted.

Adm. 《略》 Admiral; Admiralty.

ád·màn [-mæ̀n, -mən | -mæ̀n] 〘← AD¹+-MAN〙 *n.* (*pl.* **-men** [-mèn, -mən | -mèn]) 《口語》 広告屋[業者].

ad ma·num [ɑːd-mɑ́:nəm, æd-méɪ-] 〘▭L ~ 'at hand'〙 *L. adv.* 手近に(用意して).

ad·mass [ǽdmæ̀s] 〘← AD¹ + MASS〙 《英》 **—** *n.* **1** (広告などに左右されやすい)マスコミ大衆. **2** (大衆を広告などによって左右しようとする)マスコミ販売(組織). **—** *adj.* マスコミ宣伝[大衆]の: the ~ society, culture, etc.

ad·mea·sure [ædméʒə, -méɪʒə | ædméʒə(r, əd-] 〘▭OF *amesur-er* < LL *admensūrāre* ← AD-+L *mensūrāre* to measure (← *mensūra* 'MEASURE'): *-d-* は L *admensūrāre* の影響〙 **—** *vt.* **1** 〈土地などを〉〔…に〕割り当てる, 配分する (measure out) 〔*among, to*〕. **2** 計る; 測定する (measure). **3** 〘海事〙(登簿用に)〈船舶〉のトン数測定を行なう.

ad·méa·sure·ment 〘▭F *amesurement*: ⇨ ↑, -ment〙 *n.* **1** 割当て, 配分, 分賦. **2** 計量, 測定. **3** 大きさ, 広さ, かさ, 寸法. **4** 〘海事〙 トン数測定.

Ad·me·tus [ædmí:ṭəs | -təs] 〘▭L *Admētus* ▭Gk *Ádmētos* 《原義》 wild〙 **—** *n.* 〘ギリシャ伝説〙 アドメートス《Thessaly の王; アルゴー船一行 (Argonauts) の中の一人; Alcestis の夫》.

ad·min [ǽdmɪn, -mən | -mɪn] 〘略〙 *n.* 《口語》 =administration.

ad·min·i·cle [ædmínɪkḷ, əd-, -nə- | -nɪ-] 〘(1556) ▭L *adminicul-um* a prop, aid ← ? *adminēre* to stand out toward something ← AD-+-*minere* to stand out: ⇨ -cle〙 **—** *n.* **1** 補助 (aid). **2** 〘スコット法〙 補強証拠, 副証.

ad·mi·nic·u·lar [æ̀dmənɪ́kjʊlə | -mɪníkjʊlə(r] 〘← L *adminiculum* (↑)+-AR¹〙 *adj.* 補助の; 〘法律〙 補充の, 補強の: ~ evidence.

ad·min·is·ter [ədmínɪstə, æd-, -nəs- | ədmínɪstə(r] 〘(*c*1380) *amynistre* ▭OF *aministr-er* ▭L *administrāre* to manage, serve ← AD-+*ministrāre* 'to serve, MINISTER': 現在の形は L の影響〙 **—** *vt.* **1** 〈政務・公務などを〉管理する, 処理する, 執行する. **b** 〈儀式・試験などを〉執行する, 行なう: ~ a test. **3** 〔…に〕〈処置を〉施す, 与える 〔*to*〕: ~ justice 裁判する / ~ punishment *to* a person 人を罰する. **4 a** 〔…に〕〈薬を〉与える, 投与する (dispense); 〈治療を〉施す (apply) 〔*to*〕: ~ medicine [a dose] *to* a person. **b** 《戯言》〈小言を〉浴びせる; 〈げんこつを〉くらわす: ~ a rebuke *to* a person / ~ a person a box on the ear 人の横っつらをぶんなぐる. **c** 〔…に〕〈必要なものを〉与える, 施す (supply) 〔*to*〕: ~ aid / ~ oil *to* the brakes ブレーキに注油する. **5** 〘キリスト教〙〔…に〕〈秘跡を〉施す, 授ける, 執行する 〔*to*〕: ~ extreme unction *to* a person 人に終油(の秘跡)を授ける. **6** 〔…に〕〈宣誓を〉行なわせる: ~ an oath *to* a person 人に宣誓させる. **7** 〘法律〙〈遺産などを〉管理する (manage).

(**1** 〈都市・会社・家庭などを〉運営する, 統治する (direct): ~ a country 国を統治する / ~ financial affairs 財務を管理[担当]する / ~ a government 政府を運営する. **2 a** 〈法律・規則などを〉管理する, 施行する, 執行する.)

— *vi.* **1** 《古》〈人が〉〔事・人の〕助けになる, 役に立つ, 〔…を〕援助する (minister) 〔*to*〕: ~ *to* the welfare of old people 老人福祉を援助する / ~ *to* a friend (困っている)友人の力になる. **2** 統治する; 管理する. **3** 〘法律〙 遺産を管理する, 管財する.

ad·mín·is·tered príce *n.* 〘経済〙 管理価格《企業が独占力によって決めた製品価格》.

ad·min·is·te·ri·al [ədmìnəstí(ə)riəl, æd-, æ̀dmɪnəs-tí(ə)ri- | ədmìnɪstíərɪ-] *adj.* = administrative.

ad·min·is·tra·ble [ədmínɪstrəbḷ, æd-, -nəs- | ədmínɪs-] 〘← ADMINISTRATE+-ABLE〙 *adj.* **1** 管理できる, 処理できる. **2** 施行[執行]できる.

ad·min·is·trant [ədmínɪstrənt, æd-, -nəs- | ədmínɪs-] 〘▭F ~ (pres.p.) ← *administrer* 'to ADMINISTER'〙 **—** *adj.* (事務)管理の, 事務執行の. **—** *n.* 管理者 (administrator); 代行者.

ad·min·is·trate [ədmínəstrèɪt, æd- | ədmínɪs-] 〘← L *administrāt-us* (p.p.) ← *administrāre* 'to ADMINISTER'〙 *vt., vi.* =administer.

ad·min·is·tra·tion [ədmìnəstréɪʃən, æd- | ədmìnɪs-] 〘(*c*1380) ▭(O)F ~ ∥ L *administrātiō(n-)* ← *administrātus* (p.p.) ← *administrāre*: ⇨ ↑, -ation〙 **—** *n.* **1** 管理, 運営, 経営, 処理 (management). **2** 統治, 行政, 施政: civil [military] ~ 民[軍]政 / mandatory ~ 委任統治 / give good ~ 善政を施す. **3** [集合的] **a** 管理者側, 経営者側 (management). **b** 《米》(大学などの)本部, 当局: the school ~. **4 a** [通例 the A-] (大統領制の)行政部, 政府, 政権 (the government): the new [present] *Administration* 新[現]政府 / the Reagan *Administration* レーガン政権. **b** 《米》(行政)官庁: the Food and Drug *Administration* 食品医薬品局 / the Veterans *Administration* 退役軍人管理局. **5** 行政官[管理者]の任期, 行政[管理]期間; 《米》大統領政権担当期間: during the Kennedy ~ ケネディー大統領在任中に. **6** 〘法律〙 遺産管理, (破産者などの)財産管理, 管財: letters of ~ 遺産管理状. **7** (法律などの)施行, 執行 (execution): the ~ *of* justice 裁判, 司法, 処罰. **8 a** (薬剤の)投与, 投薬: oral ~ 経口投与. **b** (治療を)施すこと, 加療; (療法などの)適用. **9** (宣誓を)行なわせること: the ~ *of* an oath. **10** 〘キリスト教〙 (秘跡の)授与, (聖餐の)執行: the ~ *of* the sacraments. **~·al** [-ʃənḷ, -ʃnəl] *adj.*

ad·min·is·tra·tive [ədmínəstrèɪṭɪv, æd-, -strəṭ- | ədmínɪstrət-, -strèɪt-] 〘(1731) ▭L *administrātīv-us*: ⇨ administrate, -ative〙 **—** *adj.* 管理的な, 管理[経営]上の; 行政的な, 行政(上)の (executive) (cf. legislative 1): ~ ability 行政的手腕, 管理[経営]の才能 / an ~ court 行政裁判所 / an ~ district 行政区画. **~·ly** *adv.*

admínistrative cóunty *n.* (英国の)行政州《地方制度の改革による行政上の区域で, 旧州と一致しないこともある; 旧州の行政機能は司法上, 政治上のものを除き移管された》.

admínistrative láw *n.* 〘法律〙 行政法.

ad·mín·is·trà·tor [-ṭə | -tə(r] 〘(1434) ▭L *administrātor*: ⇨ administrate, -or²〙 **—** *n.* **1** 統治者; 行政官. **2** 管理者. **3** 《米》(主に Administration という名の付く行政官庁の)長官, 局長 (cf. administration 4 b). **4** 行政[管理]能力のある人: He is a fine ~. 非常に行政的手腕がある. **5** 〘法律〙 遺産管理人, 管財人 (cf. administration 6, executor 2). **~·ship** *n.*

ad·min·is·tra·trix [ədmìnəstréɪtrɪks, æd-, ―⌣―⌣― | ədmínɪstrèɪtrɪks] 〘(1626) ← NL ~ (fem.) ← L *administrātor*〙 **—** *n.* (*pl.* **-tra·tri·ces** [ədmìnəstréɪtrəsì:z, æd-, -nəstrətráɪsì:z | ədmínɪstrèɪtrɪsì:z]) 女性の管理者; 〘法律〙 女子遺産管理人.

ad·mi·ra·ble [ǽdm(ə)rəbḷ] 〘(*c*1450) ▭F ~ (⇨ ad-) ∽ OF *amirable* < L *admīrābilem* ← *admīrārī* to wonder at: ⇨ admire, -able〙 **—** *adj.* **1** 賞賛すべき, 感心な, あっぱれな. **2** (実に)見事な, りっぱな, けっこうな (excellent). **àd·mi·ra·bíl·i·ty** [-rəbíləṭi | -lɪtɪ, -lɪ-] *n.* **~·ness** *n.*

Ádmirable Críchton *n.* **1** [the ~] 俊才クライトン《James Crichton の別称》. **2** 若くて多芸多才の人.

Ádmirable Dóctor 〘《なぞり》← L *Doctor Mirabilis*〙 *n.* [the ~] Roger Bacon の別称.

ád·mi·ra·bly [-rəbli | -blɪ] 〘(1593)〙 *adv.* (実に)りっぱに, 見事に; 感心に, あっぱれに, 殊勝にも.

ad·mi·ral [ǽdm(ə)rəl] 〘(*a*1200) ▭OF *admira(i)l* emir ▭ML *admirālis* (L *admīrābilis* との類推) ▭Arab. *amīr-al(-baḥr)* commander of the (sea) ∽ ME *am(y)rayl* ▭(O)F *amiral* ▭Arab.: cf. amir, emir〙 **—** *n.* **1** 〘軍事〙 **a** 海軍大将: ⇨ vice admiral, rear admiral. **b** 海軍将官, 提督 (flag officer). **c** 艦隊司令官, 提督. **2 a** 《古》(一国の)海軍総帥[総司令官]. **b** =Lord High Admiral. **3** 《英》漁船隊長, 商船隊長. **4** 《古》(将官座乗の)旗艦 (flagship). **5** 〘← ADMIRABLE〙〘昆虫〙 タテハチョウ《タテハチョウ科のうちタテハチョウ亜科, イチモンジチョウ亜科などの種類の総称; ヨーロッパアカタテハ (red admiral), イチモンジチョウ (white admiral) など》.

tap the admiral 〘提督 (?Nelson) の遺体を浸したラム酒を水夫がそれと知らずに盗み飲もうとしたという言い伝えから〙《海事俗》 樽の酒を盗む.

Admiral of the Fleet (英国の) 海軍元帥《陸軍の Field Marshal に当たる; 米国では Fleet Admiral という; 略 A. of F., A.F.; cf. GENERAL of the Army》.

ádmiral·shìp 〘⇨ ↑, -ship〙 *n.* 海軍大将[将官]の職[地位]; 提督の器量[手腕].

ad·mi·ral·ty [ǽdm(ə)rəlṭi | -tɪ] 〘(1419) ▭OF *admiralté* (F *amirauté*): ⇨ admiral, -ty〙 **—** *n.* **1** [the A-] 《英》 **a** (もと)海軍本部, 海軍省《委員制で運営した; 1964 年に国防省 (Ministry of Defence) の一部門となった; cf. LORD Commissioner of Admiralty》; (もと)海軍省庁舎. **b** [the ~] =Admiralty Board. **2** 〘法律〙 **a** 《米》海事裁判所《連邦地方裁判所 (federal district court) の管轄下にある; court of admiralty ともいう》. **b** [the A-] 《英》海事法廷《高等法院 (High Court of Justice) の王座部 (King's [Queen's] Bench) の管轄下にある; 通例 Court of Admiralty という》. **c** 海事法[裁判]. **3** =admiralship. **4** 制海権 (command of the seas): the price of ~ 制海権の代償.

Ádmiralty Àrch *n.* [the ~] アドミラルティーアーチ《Victoria 女王記念のため 1910 年 London の旧海軍省庁舎近くの the mall の東端に建てられたアーチ》.

Ádmiralty Bòard *n.* [the ~] (英国の)海軍局《国防省に属し海軍行政を運営; cf. admiralty1, Sea Lord》.

ádmiralty bràss [brònze] *n.* 〘金属加工〙 アドミラルティー黄銅[青銅]《造船用耐食性真鍮; 銅 70%, 亜鉛 29%, スズ 1%》.

ádmiralty còurt *n.* 《米》〘法律〙 =admiralty 2 a.

Ádmiralty Íslands *n. pl.* [the ~] アドミラルティー諸島《南太平洋 Bismarck 諸島北部の Papua New Guinea 領の諸島; 人口 31,000, 面積 2,072 km²》.

Ádmiralty Mètal *n.* 〘商標〙 アドミラルティーメタル《admiralty brass, admiralty bronze の商品名》.

Ádmiralty míle, a- m- *n.* 〘海事〙 =nautical mile.

Ádmiralty Ránge *n.* [the ~] 南極の山脈; Ross 海の北西方にある.

ad·mi·ra·tion [æ̀dməréɪʃən | -mə-, -mɪ-] 〘(?*a*1425) ▭F ~ ∥ L *admīrātiō(n-)*: ⇨ admire, -ation〙 **—** *n.* **1 a** 感嘆, 賞賛, 嘆賞, 賛美; 敬慕, 敬愛, 憧れ 〔*for*〕: a note of ~ =exclamation mark / be struck with ~ 感に打たれる, 感心する / gaze at a picture *with* ~ 絵を感心してながめる / I stopped *in* ~. 感嘆のあまり立止まった / the ~ of a son *for* his father 息子の父親に対する敬慕. **b** 〔景色などを〕めでること, 鑑賞 〔*of*〕. **2** [the ~] 賞賛[憧れ]の的(ᵗᵉ) 〔*of*〕: She is the ~ *of* her pupils. **3** 《古》驚異(の念), 驚き (wonder).

to admiration (ものの)見事に (admirably): He executed it *to* ~. 見事にやってのけた.

ad·mi·ra·tive [ǽdmərèɪṭɪv, ədmáɪrə-, æd- | ǽdmərèɪt-, -mɪ-, ədmáɪərət-] 〘▭F *admiratif*: ⇨ ↓, -ative〙 *adj.* 《古》賞賛の[を表わす]. **~·ly** *adv.*

ad·mire [ədmáɪə, æd- | ədmáɪə(r] 〘(1590) ▭F *admir-er* (⇨ ad-) ∽ OF *amirer* < L *admīrārī* ← AD-+*mīrārī* to wonder (← *mīrus* marvellous: ⇨ miracle) ∽ (*a*1500) *amiren* ▭OF〙 **—** *vt.* **1 a** 賞賛する, 嘆賞する, 賛美する; …に感心する, 敬服する; 〈女性などを〉崇拝する, …に憧れる: ~ (a person *for*) his courage 人の勇気を賞賛する. **b** 感心してながめる: They were *admiring* the roses in the garden. **2** 《口語》(お世辞に)ほめる (praise): He forgot to ~ her cat. うっかりして彼女の猫をほめなかった(ので機嫌を損じた). **3** 《古》不思議がる, …に驚く. ★ 今は通例《反語》に用いる: I ~ his impudence. あの男の厚かましさには感心する[あきれる]よ. **4** 《米方言》…したく思う, したい (like) 〈*to* do〉: I'd ~ *to* see it. ぜひ見たいものだ. **—** *vi.* 《古》〔…に〕感心[敬服]する; 不思議に思う 〔*at*〕.

ad·mír·er [-máɪ(ə)rə | -máɪərə(r] *n.* **1** 感心する人, 敬服者, 賛美者: an ~ *of* Keats. **2** (女性に対する)崇拝者; 求婚者 (suitor); 《古》恋人 (lover).

ad·mír·ing [-máɪ(ə)rɪŋ | -máɪər-] *adj.* 感心した, ほれぼれした(ような): with ~ eyes. **~·ly** *adv.*

ad mi·se·ri·cor·di·am [æ̀d-mɪzèrəkɔ́ədiæ̀m, -mə-, -əm | -mɪzèrɪkɔ́:diæ̀m, -əm] 〘▭L ~ 'to compassion or pity'〙 **—** *L. adv., adj.* (議論など)(相手の)哀れみ[慈悲]に訴えるように[な]: an argumentum ~ (相手の)哀れみ[慈悲]に訴える論証.

ad·mis·si·bil·i·ty [ədmìsəbíləṭi, æd-｜-səbíləti, -sɪ-, -lɪ-] 〘⇨↓, -ility〙 *n.* 認容するに足ること, 許容可能性.

ad·mis·si·ble [ədmísəbḷ, æd-｜ədmísə-, -sɪ-] 〘《1611》□F ～ // LL *admissibil-is* ← *admissus* (p.p.) ← *admittere* to let in : ⇨ admit, -ible〙 ― *adj.* **1 a** 〈考え・企てなど〉許される, 容認されるべき, いれられる (allowable) : the maximum ～ dose (放射能などの)最大許容量. **b** 〘法律〙〈証拠が〉容認[許容]され得る. **2** 〔地位などに〕つく資格がある 〔*to*〕: ～ *to* an office. **～·ness** *n.* **ad·mis·si·bly** *adv.*

ad·mis·sion [ədmíʃən, æd-｜əd-] 〘《?1430》□L *admissiō(n-)* a letting in to an interview ← *admissus* (p.p.) ← *admittere* 'to ADMIT' : ⇨ -ion〙 ― *n.* **1** はいるのを許す[許される]こと, 入場, 入会, 入学, 入国, 入院(などの資格, 許可) : *Admission* free. 入場自由 / *Admission* by ticket. 入場は入場券持参者に限る / ～ *to* college / ～ *to* [*into*] a club クラブへの入会(許可) / gain [obtain] ～ 入場を許される / give [grant] a person free ～ *to* ...へ人を自由に入れる / an office of ～ 《米》(大学の)入学者選抜事務局. **2** 〔地位・職などへの〕採用, 任用, 任命 〔*to*〕: ～ *to* the practice of medicine 医師開業許可. **3** 入場料, 入会[入学]金(など) (admission fee) : charge ～ 入場料を課する[取る] / No ～. 入場無料 / *Admission* to the art gallery is two dollars. その美術館の入場料は2ドルだ. **4 a** 〔過失などの〕自認, 告白, 自白, 相手方の主張事実の承認 〔*of*〕 (cf. confession 4) ; 譲歩 (concession) : by [*on*] a person's own ～ 本人が認めたので, 自白により / make an ～ *of* the fact *to* a person その事実を人に告白する / That is a serious ～. それは重大な告白だ. **b** (事実であるとの)承認, 容認, 許容 : ～ *of* a fact / ～ *that* it is true. **5** 〘機械〙(蒸気などの)進入, 吸気 : an ～ port [valve] 進入口[弁].

Admission Dày *n.* 《米》(各州の)州制施行記念日 《例えば Arizona 州では2月14日, California 州では9月9日など》.

admíssion fèe *n.* 入場料, 入会[入学]金(など).

admíssion òfficer *n.* 《米》(大学の)入学担当係《事務官》.

admíssion tìcket *n.* 入場券.

ad·mis·sive [ədmísɪv, æd-｜əd-] 〘□L *admissiv-us* ← *admissus* (p.p.) ← *admittere* (↓)〙 *adj.* **1** 入場許可の. **2** 〔...を〕許容する, 容認的な 〔*of*〕.

ad·mit [ədmít, æd-｜əd-] 〘《a1400》□F *admett-re* □ L *admittere* to let in ← AD-+*mittere* to send ∽ 《a1420》 *amitte(n)* □OF *amett-re* < L *admittere* : cf. mission〙 ― *v.* (**ad·mit·ted ; ad·mit·ting**) ― *vt.* **1 a** 〈人・物を〉入れる, 通す (let in) ; 〈人〉に〔場所などに〕はいること[入場, 入学, 入会, 入院など]を許す 〔*to, into*〕: ～ a person *to* [*into*] a place, room, society, etc. / ～ a person *into* a school 人を校内に入れる / ～ a student *to* college [a seminar] / be ～*ted* a member 入会を許される / The attic ～*ted* little sunlight. その屋根裏にはろくに日光も差さなかった / She ～*ted* me *to* her confidence [secret]. 私に秘密を打ち明けた. **b** ...に〔身分・特権などを〕(得ることを)許す 〔*to*〕: be ～*ted to* citizenship 市民権を得る / be ～*ted to* the bar ⇨ bar[1] 7. **c** 〈切符などが〉...に〔...への〕入場を可能にする 〔*to*〕: To ～ one. (入場切符)1枚1人限り / This pass will ～ you *to* the show. このパスでそのショーにはいれる. **2 a** 〈人が〉〈主張・証拠・罪などの真実)を〉認める, 是認する, 白状する (acknowledge) : ～ a claim / ～ defeat 敗北を認める / ～ one's guilt [error] 自分の罪[誤り]を認める / I will ～ no objection. 異議は認めない[許さない] / This much, however, may be ～*ted*. だがこれだけは許容できる. **b** ...(の真実)であることを認める (acknowledge, confess) (↔ deny) : ～ it *to* be wrong / ～ *that* one was wrong / He ～*ted being* [*having* been] a spy. スパイである[あった]ことを白状した / He ～*ted* the signature *as* his own. その署名を自分のものだと認めた / (while) ～*ting that*... とは言うものの. **3** (議論で)(...であることを)一応認める, 譲る (concede) : This, I ～, is true, but .... これはなるほど真実だが, しかし.... **4** 〈建物などが〉〈人などを〉収容できる : The theater ～*s* 1,000 people. **5** 〈事実などが〉...の余地を与える[残す], 許す (allow) : It ～*s* no other interpretations. それには他の解釈の余地はない.
― *vi.* **1** 〈戸口などが〉〔...に〕通じる 〔*to*〕: The door ～*ted to* the kitchen. **2** 〈事・言葉などが〉〔...の〕余地を与える[残す], 〔...を〕許す 〔*of*〕: The plan ～*s of* improvement. その計画には改良の余地がある / The matter ～*s of* no delay [exception]. その事柄は猶予[例外]を許さない. **3** 〔...を〕認める, 自認する (acknowledge) 〔*to*〕: ～ *to* the truth of an argument 議論の正しさを認める / He ～*ted to having* stolen the car. 車を盗んだことを自供した.

ad·mit·ta·ble [ədmíṭəbḷ, æd-｜ədmít-] 〘⇨↑, -able〙 *adj.* 容認できる, 許容できる.

ad·mit·tance [ədmítṇs, æd-｜ədmítṇs, -təns] 〘← ADMIT+-ANCE〙 ― *n.* **1** 入れること, はいること, 入場(entrance), 入場許可(admitting), 入場権 : gain [get] ～ *to* ...に入場を許される[入場する] / grant [refuse] a person ～ *to* ...人に...への入場を許す[拒む] / No ～. [掲示] 入場お断り / No ～ except on business. 無用の者立入り禁止. **2** 〘電気〙アドミタンス《電流の流れやすさを表わす量で (電流)/(電圧)》.

admíttance mátrix *n.* 〘電気〙アドミタンス行列《四端子網の入出力関係を示す行列で, 各要素がアドミタンスの次元をもつもの ; Y-matrix ともいう》.

admíttance paràmeter *n.* 〘電気〙アドミタンスパラメーター《トランジスターの入出力特性を示すパラメーターでアドミタンスの次元で表わしたもの ; Y-parameter ともいう》.

ad·mít·ted [-ṭɪd, -ṭəd｜-tɪd, -təd] *adj.* (真実と)認められた, 容認された, 公認の, 明白な ; 自ら認めた : an ～ fact / an ～ thief 自ら盗人と認めている者.

ad·mít·ted·ly 〘《1804》〙 *adv.* **1** 一般に認められているように, 疑う余地もなく, 明らかに : This is ～ true. **2** 自ら認めているように, 自認によれば.

ad·mix [ædmíks, əd-] 〘《逆成》← lateME *admixt* □ L *admixt-us* (p.p.) ← *admiscēre* to mingle with ← AD-+*miscēre* 'to MIX'〙 ― *vt., vi.* 〔他物と〕混ぜ合わせる[さる], 混ぜる[混ざる] (mix) 〔*with*〕.

ad·mix·ture [ædmíkstʃə, əd-｜-tʃə(r)] 〘《1605》← L *admixtus* ((p.p.) ← *admiscēre* (↑))+-URE〙 ― *n.* **1** 混和. **2** 混和物, 混ぜ物. **3** 〘土木〙混合材, 混和材《コンクリートを練りまぜる際に加えるセメント・水・骨材以外の材料》.

Adml. 《略》Admiral.

ad·mon·ish [ədmánɪʃ, æd-｜ədmɔ́nɪʃ] 〘《1340》 *amoneste(n)* □OF *amonest-er* // VL **admonestāre* ← L *admonēre* ← AD-+*monēre* to warn : 語尾の -*t*- は屈折語尾と誤解されて消失し, さらに -ISH[2] の影響を受けた ; 語頭の AD- は L *admonēre* の影響〙 ― *vt.* **1** 〈人〉に〈...するように〉さとす, 忠告する, 勧告する (advise strongly, urge) 〈*to* do, *that*〉; 戒める, 説諭する 〔*for, about, against*〕: ～ a person *to* rise early 人に早起きするようにさとす[忠告する] / The boy was ～*ed* not *to* smoke. 少年はたばこを吸わないように戒められた / He ～*ed* me *that* I (should) be punctual. 私に時間をよく守るように注意した / He ～*ed* the student *for* carelessness [being careless]. 学生に不注意をさとした / ～ a person *against* drink*ing* too much 人に酒を飲みすぎないよう注意する. **2** 〈人〉に〔ある事を〕警告する (warn), 〔...に〕気付かせる (remind) 〔*of, about*〕: ～ a person of danger, obligations, etc. **～·er** *n.* **～·ment** *n.*

ad·món·ish·ing·ly 〘《1850》〙 *adv.* さとすように ; 忠告[警告]するように.

ad·mo·ni·tion [ædməníʃən｜-mə(ʊ)-] 〘《c1380》□ OF *a(d)monition* // L *admonitiō(n-)* warning ← *admonēre* : ⇨ admonish〙 ― *n.* さとすこと, 戒め, 説諭, 訓戒 ; 忠告, 勧告 ; 警告.

ad·mon·i·tor [ədmánəṭə, æd-｜-mɔ́nɪtə(r)] 〘□L ～ ← *admonitus* (p.p.) ← *admonēre* : ⇨ admonish〙 *n.* 訓戒[忠告, 警告]者.

ad·mon·i·to·ry [ədmánətɔ̀ːri, æd-, -tɔ̀ːri｜-mɔ́nɪt(ə)ri] 〘⇨ admonition, -ory〙 ― *adj.* 戒めの, 説諭[訓戒]の ; 忠告の, 勧告的な ; 警告的な. **ad·mon·i·to·ri·ly** [ədmànətɔ́ːrəli, æd-, -tɔ́ːr-, ―⌣―⌣―⌣｜ədmɔ́nɪt(ə)rəlɪ, -rɪ-] *adv.*

admrx. 《略》administratrix.

ad·nate [ædneɪt] 〘《1661》□ L *adnāt-us* grown to (p.p.) ← *adnāscī* to be born ← AD-+*nāscī* to be born (⇨ natal[1])〙 ― *adj.* 〘生物〙**1** 合生の《似ていない部分が一緒に成長した ; cf. connate 4》. **2** 側生の : an ～ anther 側着葯(ﾔｸ).

ad·na·tion [ædnéɪʃən] 〘⇨↑, -ion〙 *n.* 〘生物〙**1** 合生 (cf. adhesion 4). **2** 側生.

ad nau·se·am [æd-nɔ́ːziəm, ɑːd-, -siəm, -ʒiəm, -ʃiəm, -iæm, ɑːd-náuseɪàːm, -zeɪ-｜æd-nɔ́ːziæ̀m, -siæ̀m] 〘□L ～ 'to nausea'〙 ― *L. adv.* 吐気を催すほど, いやになるほど.

ad·nex [ædneks] 〘← AD-+NEX(US)〙 ― *n.* 〘文法〙対結付加語, ネクサス付加詞《Jespersen の用語 ; ネクサス関係で2番目に重要な語(通常, 動詞)または語群 ; 例えば The dog *barks* very friendly.》.

ad·nex·a [ædnéksə] 〘← NL ～ ← L ～, *annexa*(neut. pl.) ← *adnexus* appended : cf. annex〙 *n. pl.* 〘解剖〙付属器 (appendages). **ad·néx·al** [-səl, -sḷ] *adj.*

ad·nom·i·nal [ædnámənḷ｜-nɔ́mɪ-] 〘← AD-+NOMINAL〙 *adj.* 〘文法〙形容言の, 連体的な. **～·ly** *adv.*

ad·noun [ǽdnàun] 〘← AD-+NOUN : cf. adverb〙 〘文法〙 ― *n.* 形容言《名詞用法の形容詞 ; 例 : The new supersedes the old. における new と old》. ― *adj.* 《まれ》=adjective 1.

a·do [ədúː] 〘《1375》← *at do* to do (*at* is ON) : cf. *much ado*=much to do〙 ― *n.* (*pl.* ～**s**) 騒ぎ(立てること) ; 骨折り, めんどう (cf. to-do) : with much ～ 大いに骨折って[苦心して] / without much ～ 大して苦労しないで, 割合い簡単に / make too much ～ (*about* ...) (...に)余りに騒ぎ立てる / They had much ～ *to* persuade her. 彼女を説得するのに大変苦労した.
much ado about nothing から騒ぎ《Shakespeare 作の喜劇の題名より》. ***without more* [*further*] *ado*** 後は事[苦]もなく ; すぐに : He finished it *without more* ～.

ado. 《略》〘音楽〙adagio.

-a·do [ɑ́ːdou, éɪdou｜-dəu] 〘□Sp. & Port. ～ < L -*ātum* : cf. -ade〙 ― *suf.* -ade に終わるフランス語, -ada に終わるスペイン語を借入する時の異形 : bravado, desperado, tornado.

a·do·be [ədóubi｜ədə́ubɪ, ədə́ub] 〘《1759》□Sp. *adobar* to plaster □ Arab. *aṭṭūb* = *al-ṭūb* the brick (← Egypt.)〙 ― *n.* **1** (天日で乾かして造る)アドービれんが, 日干しれんが. **2** (米国南西部などの)アドービれんが家屋[塀(ﾍｲ)など]. **3** 〘土壌〙重粘な土性をもつ土壌《アドービれんがの材料》. ― *attrib. adj.* アドービれんが造りの : an ～ church, house, wall, etc.

adóbe bùg *n.* 〘昆虫〙ニワトリトコジラミ (*Haematosiphon indora*)《乾燥した米国南西部とこれに隣接するメキシコに生息する半翅目トコジラミ科の家禽(ｶｷﾝ)の害虫 ; Mexican chicken bug ともいう》.

adóbe flát *n.* 〘地質〙アドービ粘土平原《雨の少ない地方に多い》.

ad·o·lesce [æ̀dəlés, -dḷ-] 〘《逆成》↓〙 *vi.* 青年[青春]期に達する ; 青年期を過ごす.

ad·o·les·cence [æ̀dəlésṇs, æ̀dḷ-｜æ̀də(ʊ)l-] 〘《?a1425》□F ～ // L *adolēscentia* ← *adolēscere* to grow up : ⇨ adult〙 ― *n.* 青年期《男子は14-25歳, 女子は12-21歳までの成長期 ; 法律的には成年 (majority) に達するまで ; cf. puberty 1, adult 1》; 青春期, 思春期, 年ごろ ; 青春 (youth).

ad·o·lés·cen·cy [-sṇsi｜-sɪ] 〘⇨↑, -cy〙 *n.* 《古》= adolescence.

ad·o·les·cent [æ̀dəlésṇt, æ̀dḷ-｜æ̀də(ʊ)l-] 〘《?1440》□ L *adolēscent-em* (pres.p.) ← *adolēscere* ← AD-+*alescere* to grow up ← *alere* to nourish (⇨ aliment)〙 ― *adj.* **1** 青年[青春]期の ; 青年の, 若者の : an ～ boy, girl, custom, etc. **2** 青年のような ; 未熟な, たわいない. ― *n.* 青年, 若者. **～·ly** *adv.*

A·dolf [éɪdɑlf｜-dɔlf ; G. áːdɔlf, *Swed.* ɑ́ːdɔlf] 〘⇨ Adolph〙 *n.* 男性名.

A·dol·fo [ɑːdɔ́(ː)lfou, -dɑ́l-｜-dɔ́lfəu ; *Sp.* aðólfo] 〘□Sp. ～ : ↓〙 *n.* 男性名.

Ad·olph [ǽdɑlf, éɪd-｜ǽdɔlf ; G. áːdɔlf, *Swed.* ɑ́ːdɔlf] 〘□L *Adolph-us* ← Gmc : cf. OHG *Athalwolf* (← *athal* noble+*wolfa* 'WOLF') : cf. OE *Æthelwulf*〙 ― *n.* 男性名.

A·dolphe [ɑːdɔ́(ː)lf, æ-｜-dɔ́lf ; *F.* adɔlf] 〘□F ～ : ↑〙 *n.* 男性名.

A·do·nai [ɑ̀ːdənɔ́ɪ, -náɪ, æ̀d-, æ̀dənéɪaɪ] 〘□Heb. *Adhōnāy* (原義) my Lord ← *Adhōn* Lord〙 ― *n.* 上帝, 主《元来神名の代用語として用い, 旧約聖書では通例 the Lord と英訳されている ; cf. Tetragrammaton》.

A·don·ic [ədánɪk｜ədɔ́n-] 〘□ML *adōnic-us* ← L *Adōnis* (↓)〙 ― *adj.* **1** アドーニス (Adonis) の, (アドーニスのように)美貌の, 秀麗な. **2** 〘古典詩学〙アドーニス(詩格)の. ― *n.* 〘古典詩学〙アドーニス詩格《dactyl (―⌣⌣) に spondee (――) または trochee (―⌣) の続いたもの》.

A·don·is [ədánɪs, ədóu-, -nəs｜ədéunɪs] 〘《1597》□L *Adōnis* □ Gk *Ádōnis* □ Phoenician *'dn* (Heb. *adhōn* lord) : cf. Adonai〙 ― *n.* **1** 男性名. **2** 〘ギリシャ神話〙アドーニス《女神 Aphrodite に愛され, 死後アネモネに変容した美貌の青年》. **3** [時に a-] 美青年, 美少年. **4** 〘植物〙[a-] フクジュソウ《キンポウゲ科フクジュソウ属 (Adonis) の植物の総称 ; フクジュソウ (*A. amurensis*), ナツザキフクジュソウ (*A. aestivalis*) など》.

Adonis 2

Adónis blúe *n.* 〘昆虫〙ヨーロッパから近東にかけて分布する小さなシジミチョウの一種 (*Lysandra bellargus*).

a·don·i·tol [ədánətɔ̀(ː)l, -tòul｜ədɔ́nɪtɔ̀l] 〘← *adon-* (⇨ Adonis 4)+-ITOL〙 ― *n.* 〘化学〙アドニトール, アドニット ($HOCH_2(CHOH)_3CH_2OH$)《ヨウフクジュソウ (*Adonis vernalis*) の根に含まれる無色針状晶 ; 甘味あり ; ribitol ともいう》.

ad·o·nize [ǽdənàɪz, ǽdṇ-｜ǽdən-] 〘□F *adones-er* ← L *Adōnis* (⇨ Adonis) : ⇨ -IZE〙 ― *vt.* 〈男子〉におしゃれをさせる : ～ oneself 〈男が〉おしゃれをする, めかし込む. ― *vi.* 〈男子が〉めかす.

a·dopt [ədápt｜ədɔ́pt] 〘《a1500》□(O)F *adopt-er* // L *adoptāre* to choose for oneself ← AD-+*optāre* to choose (⇨ option)〙 ― *vt.* **1 a** 養子[養女]にする : ～ an orphan / ～ a child *as* one's heir [*into* one's family]. **b** 〈人を〉〔友人などとして〕選ぶ 〔*as*〕; 〈外国人を〉帰化させる : ～ a person *as* a friend. **2** 〈意見・風習・宗教などを〉(他から)採用する, 取入れる ; 〈名前・態度・方針などを〉選ぶ, 取る : ～ a confident air 自信ありげな様子をする. **3** 〈外国語を〉借用する (cf. adopted 2). **4** (会議で)〈動議・報告などを〉採択する, 承認する : The committee ～*ed* the report. **5** 〈教科書などを〉(指定書として)採用する. **6** 《英》〈政党などが〉〈候補者を〉指名する, 公認する (nominate). **7** 《英》〈自治体が〉〈私道を〉公道として管理する.

a·dopt·a·ble [ədɑ́ptəbḷ｜ədɔ́pt-] 〘⇨↑, -able〙 *adj.* **1** 養子にできる. **2** 採用[採択]できる. **a·dòpt·a·bíl·i·ty** [-təbíləṭi｜-lətɪ, -lɪ-] *n.*

a·dópt·ed *adj.* **1** 養子にされた[なった] : an ～ son [daughter] 養子[女]. **2** 採用された, (自分のものとして)選んだ : an ～ word 外来語, 借用語 / one's ～ country 自分の帰化した国.

a·dopt·ee [ədɑ̀ptíː｜ədɔ̀p-] 〘← ADOPT+-EE[1]〙 *n.* 養子.

a·dópt·er *n.* **1** 養い親, 里親. **2** 採用[採択]者.

a·dop·tion [ədɑ́pʃən｜ədɔ́p-] 〘《1340》□(O)F ～ // L *adoptiō(n-)* ← *adoptāre* 'to ADOPT' : ⇨ -ion〙 ― *n.* **1** 養子縁組. **2** 採用 ; 採択 : the country of one's own ～ 自分の帰化した国 / the ～ *of* a resolution 決議の採択. **3** (外国語の)借用 (loan, borrowing).

a·dóp·tion·ism, A- [-ʃənìzm] *n.* 〘神学〙養子論《ナザレ (Nazareth) のイエスは初め単なる人間であったが, 聖霊[ロゴス]によって神の子, すなわち神の養子とされたとする説 ; 初代教会 (2-3世紀) や8世紀スペインの養子論が有名 ; cf. Dynamic Monarchianism》.

a·dop·tive [ədɑ́ptɪv｜ədɔ́p-] 〘《?a1439》□MF *adoptif* // L *adoptīvus* : ⇨ adopt, -ive〙 ― *adj.* **1** 養子関

係の: an ~ son [daughter] 養子[女] / an ~ father [mother] 養父[母] / one's ~ family 養家. **2** 採用[借用]的な: an ~ language 外来語をよく用いる言語. **~·ly** *adv.*

a·dor·a·ble [ədɔ́ːrəbl̩, ədóːr- | ədɔ́ːr-] 〘(1611) □ F ~ ∥ L *adōrābil-is* worthy of worship ← *adōrāre* 'to ADORE': ⇨ -able〙 ― *adj.* **1** 崇敬[崇拝]するに足る; 敬慕[熱愛]するにふさわしい. **2** 《口語》愛らしい, ほれぼれするような, すてきな (charming, delightful). **a·dòr·a·bíl·i·ty** [-rəbílət̬i | -lətɪ, -lɪ-] *n.* **~·ness** *n.* **a·dór·a·bly** *adv.*

ad·o·ral [ædɔ́ːrəl, ædóːr- | ædɔ́ːr-] 〘← AD-+ORAL〙 〘動物〙 ― *adj.* 口の周囲の, 口の近くにある, 口辺の (↔ aboral): ~ tentacles 周口触手. ― *n.* 口辺, 口帯. **~·ly** *adv.*

ad·o·ra·tion [æ̀dəréɪʃən | æ̀dɔr-, æ̀dɔːr-] 〘(1543) □ (O)F ~ ∥ L *adōrātiō(n-)*: ⇨ ↓, -ation〙 ― *n.* **1** 崇敬 (veneration); (神の)崇拝 (worship); 〘カトリック〙(聖体・十字架などの)礼拝. **2** 敬慕, 熱愛; 礼賛; 熱愛[敬慕]の対象: in ~ 熱愛[礼賛]して.

Adoration of the Magi [the ―] (幼児キリストに対する)三博士礼拝の図《特に, Rubens 作が有名》.

a·dore [ədɔ́ə, ədóə | ədɔ́ː(r)] 〘(*c*1375) □ L *adōr-āre* to speak to in prayer, worship ← AD-+*ōrāre* to speak ∽ (*c*1300) *aoure(n)* □ OF *aour-er* < L: ⇨ oration〙 ― *vt.* **1 a** 〈神を〉崇拝する; 〈人を〉(神として)崇める, 崇敬する (worship): ~ a hero *as* a god. **b** 〘カトリック〙〈聖体・十字架などを〉礼拝する. **2** (崇拝に近いくらいに)敬慕する (idolize), 熱愛する, 礼賛する: I ~ you. **3** 《口語》…が大好きである: She ~*s* cats. He ~*s* listen*ing* to music. ― *vi.* 礼拝する.

a·dor·er [ədɔ́ːrə, ədóːrə | ədɔ́ːrə(r)] *n.* **1** 崇拝者 (worshiper). **2** 熱愛者, 賛美者, 礼賛者: an ~ of Keats.

a·dor·ing [ədɔ́ːrɪŋ, -dóːr- | ədɔ́ːr-] *adj.* 崇拝する; 熱愛する; ほれぼれとした: an ~ glance. **~·ly** *adv.*

a·dorn [ədɔ́ən | ədɔ́ːn] 〘(*c*1385) □ (O)F *adorn-er* □ L *adōrnāre* to fit out ← AD-+*ōrnāre* to furnish ∽ (*a*1325) *aourne(n)* □ OF *ao(u)rn-er* < L: cf. ornament〙 ― *vt.* **1** 飾る, 装飾する (decorate): ~ a bride 花嫁を盛装させる / ~ oneself *with* jewels 宝石で身を飾る / A map of the world ~*ed* the wall. 世界地図が壁を飾っていた. **2** …に美観を添える, …の美を引き立てる, 飾りとなる: Noble women ~ their land. りっぱな婦人は国の華(はな). **~ed** *adj.* **~·er** *n.*

a·dórn·ing·ly *adv.* 飾りとして, 装飾的に.

a·dórn·ment 〘(*c*1385) □ OF *ado(u)rnement*: ⇨ adorn, -ment〙 *n.* **1** 飾ること, 飾り, 装飾. **2** 装飾品: personal ~*s* 装身具.

a·down [ədáʊn] 〘OE *of dūne* off the down: ⇨ of, down[1]〙 *adv., prep.* 《古・詩》=down.

Ad·ox·a·ce·ae [æ̀dɑ̀ksérsiː | æ̀dɔ̀k-] 〘← NL ~ ← *Adoxa* (属名: ← Gk *ádoxos* without glory)+-ACEAE〙 *n. pl.* 〘植物〙(アカネ目)レンプクソウ科.

ADP *n.* 〘生化学〙=adenosine diphosphate.

ADP 《略》〘電算機〙automatic data processing.

ad pa·tres [ɑːd-pɑ́ːtreɪs, æd-péɪtriːz] 〘□ L ~ 'to fathers'〙 *L. adv., pred. adj.* 先祖のいる所へ, 死んで.

ad per·so·nam [ɑːd-pɛəsóʊnɑːm, æd-pə(ː)sóʊnæm | ɑːd-pɛəsóʊnɑːm, æd-pə(ː)sóʊnæm] 〘□ L *ad persōnam* to (the) person〙 ― *L. adv., adj.* 人に向けて[た]; 個人的に[な].

ad·pressed [ædprést, əd-] *adj.* =appressed.

ad quem [æd-kwém, ɑːd-] 〘□ L ~ 'to which'〙 *L. adv.* それに向かって: ⇨ terminus ad quem. ― *n.* 目標 (the goal). (cf. a quo) 「券 (cf. EDR).

ADR 《略》American Depositary Receipt 米国預託証

ad·ra·di·us [ædréɪdiəs | -djəs, -dɪəs] 〘← AD-+RADIUS〙 ― *n.* (*pl.* **-di·i** [-diaɪ | -dɪ-], **~·es**) 〘動物〙副輻, 従対称面《直角を 4 等分した対称面》. **ad·rá·di·al** [-diəl | -djəl, -dɪəl] *adj.* **ad·rá·di·al·ly** *adv.*

A·dras·tus [ədrǽstəs] *n.* 〘ギリシャ神話〙アドラストス《ギリシャの都市 Argos の王; Thebes 征伐七勇士の一人; ⇨ SEVEN against Thebes》.

a·dream [ədríːm] 〘← A-[1]+DREAM〙 *adv., pred. adj.* 夢を見て[見ながら] (dreaming).

ad ref·er·en·dum [æd-rèfəréndəm] 〘□ L ~ 'for reference'〙 *L. adv., adj.* なお考慮の上で[を要する] (for further consideration); 暫定的に[な].

ad rem [æd-rém, ɑːd-] 〘□ L ~ 'to the matter, to the point'〙 ― *L. adv., adj.* 適切に[な], 的をついて[た], 要領を得て[た]: an argumentum ~ 論点相当の論証, 的を得た論証. 「の異形.

ad·ren- [ədríːn, ədrén] (母音の前に来る時の) adreno-

ad·re·nal [ədríːnl̩, æd- | əd-] 〘← AD-+RENAL〙 〘解剖〙 *adj.* **1** 腎臓付近の. **2** 副腎(から)の, 腎上体の. ― *n.* =adrenal gland. **~·ly** *adv.*

adrénal córtex *n.* 〘解剖〙副腎皮質.

adrènal·córtical *adj.* 〘生理〙=adrenocortical.

adrénal córtical hórmone *n.* 〘生化学〙=adrenocorticotrophic hormone.

adrénal corticostéroid *n.* 〘生化学〙=adrenocorticosteroid.

ad·re·nal·ec·to·mize [ədrìːnəléktəmàɪz, -nl̩- | -nəl-] 〘⇨ ↓, -ize〙 *vt.* 〘外科〙…に副腎摘出の手術をする.

ad·re·nal·ec·to·my [ədrìːnəléktəmi, -nl̩- | -nəléktəmɪ] 〘← ADRENAL+-ECTOMY〙 *n.* 〘外科〙副腎摘出(術), 副摘.

adrénal glànd *n.* 〘解剖〙副腎, 腎上体.

A·dren·al·in [ədrénəlɪn, -lən, -nl̩- | -nəlɪn] 〘← ADRENAL+-INE[1]〙 *n.* 〘商標〙アドレナリン《左旋性エピネフリンの商品名》.

a·dren·a·line [ədrénəlɪn, -lən, -liːn, -nl̩- | -nəliːn, -lɪn] 〘↑〙 ― *n.* 〘生化学〙アドレナリン ($(OH)_2C_6H_3CH(OH)CH_2NHCH_3$)《1901 年高峰譲吉によって発見・命名された副腎髄質ホルモンの一つ; また交感神経末端からも分泌される神経ホルモン; adrenin, また《米》では epinephrine ともいう》.

ad·ren·al·i·tis [ədrènəláɪt̬ɪs, -t̬əs | -tɪs] 〘← ADRENAL+-ITIS〙 *n.* 〘病理〙副腎炎.

ad·ren·er·gic [æ̀drənə́ːdʒɪk | -rɪnə́ː-] 〘← ADRENO-+Gk *érgon* work+-IC[1]〙 *adj.* 〘生理〙アドレナリン作用[作働](性)の.

a·dre·nin [ədríːnɪn, -rén-, -nən | -nɪn] 〘← ADRENO-+-IN[1]〙 *n.* (*also* **a·dre·nine** [-nɪn, -nən, -niːn | -nɪn, -niːn]) 〘生化学〙=adrenaline.

ad·ren·i·tis [ædrənáɪt̬ɪs, -t̬əs | -tɪs] 〘⇨ ↓, -itis〙 *n.* 〘病理〙=adrenalitis.

ad·re·no- [ədríːno(ʊ), -rén- | -ríːnə(ʊ), -rén-] 〘← ADREN(AL)+-O-〙「副腎; 副腎ホルモン」の意の連結形. ★ 母音の前では通例 adren- になる.

adrèno·córtical [⇨ ↑, cortical] *adj.* 〘生理〙副腎皮質の[で産生する].

adrèno·corticostéroid 〘← ADRENO-+CORTICOSTEROID〙 ― *n.* 〘生化学〙副腎皮質ステロイド《副腎皮質から分泌されるステロイド系ホルモン; 生殖腺を刺激するものと糖や塩分代謝に関係する 3 種が認められている; adrenal corticosteroid ともいう; cf. cortisone 1, aldosterone》.

adrèno·corticotróphic 〘← ADRENO-+CORTICOTROPHIC〙 *adj.* 〘生化学〙副腎皮質向性の, 副腎皮質を刺激する.

adrenocorticotróphic hórmone *n.* 〘生化学〙副腎皮質刺激ホルモン《脳下垂体から出るホルモン; 関節炎・リウマチ熱治療用; 略 ACTH; adrenal cortical hormone, corticotrophin ともいう》.

adrèno·corticotróphin *n.* 〘生化学〙=adrenocorticotrophic hormone.

adrèno·corticotrópic 〘← ADRENO-+CORTICOTROPIC〙 *adj.* 〘生化学〙=adrenocorticotrophic.

a·dret [ædréɪ; *F.* adʀɛ] 〘□ F ~ 《方言》《原義》good side: cf. adroit〙 *n.* 〘地理〙日向(ひなた)斜面, 日当たりのよい山腹(斜面)《主としてアルプス山地についていう》.

A·dri·an [éɪdriən | -drɪ-] 〘□ L *Adriān-us, Hadriānus* 《原義》'of the ADRIATIC'〙 *n.* 男性名.

Adrian, Edgar Douglas *n.* (1889–1977) 英国の生理学者; Nobel 医学生理学賞 (1932); 称号 1st Baron of Cambridge.

Adrian IV *n.* ハドリアヌス[アドリアノ]四世《1100?–59; 教皇 (1154–59) になった唯一の英国人; 本名 Nicholas Breakspear》.

A·dri·a·na [èɪdriǽnə, æ̀d- | -drɪ-] 〘□ F *Adrianne* (fem.) ← ADRIAN〙 *n.* 女性名.

A·dri·an·o·ple [èɪdriənóʊpl̩ | èɪdrɪənóʊ-, æ̀d-] *n.* アドリアノープル《Edirne の旧名》.

Adrianóple réd *n.* =Turkey red 3.

A·dri·at·ic [èɪdriǽt̬ɪk, æ̀d- | èɪdrɪǽt-, æ̀d-] 〘□ L *Adriātic-us, Hadriāticus* ← *Adria, Hadria* name of a town, 《原義》the black city ← *āter* black〙 ― *adj.* アドリア海(沿岸)の. ― *n.* [the A-] =Adriatic Sea: the Mistress of *the* ~ アドリア海の女王《昔の Venice の異名》.

Adriátic óak *n.* 〘植物〙=turkey oak 1.

Adriátic Séa *n.* [the ~] アドリア海《イタリアとユーゴースラビアとの間の地中海の一部》.

A·dri·en [ɑ̀ːdriɛ́(ŋ), -ǽŋ | -drɪ-; *F.* adʀiɛ̃] 〘□ F ~: ⇨ Adrian〙 *n.* 男性名.

a·drift [ədríft] 〘(1624) ← A-[3]+DRIFT〙 ― *adv., pred. adj.* **1** 〈船など〉(風波に)漂って, 漂流して (drifting); 〘海事〙錨鎖(びょうさ)・繋留(けいりゅう)索などが切れて[ほどけて]: set a boat ~ 舟を流す (cf. *cut* ADRIFT) / The ship was ~. **2** (あてどなく)さまよって, 漂泊して, 流浪(るろう)の身となって: be ~ upon the world 流浪の身である. **3** 定見なく, ふらついて. **4** 《口語》〈物が〉はずれて, ほどけて; (調子が)狂って; 戸惑って: I'm (all) ~. (すっかり)戸惑っている, 途方に暮れている.

cut adrift (1) 〈船などを〉漂わせる, 流す. (2) 〔…との〕関係を断つ[絶たせる], 〔…と〕別れ(させ)る, 独立する[させる], 捨て(られ)る 〔*from*〕: He *cut* (himself) ~ *from* home. 家と縁を切った. ***go adrift*** (1) 漂流する. (2) 〔主題から〕脱線する 〔*from*〕: go ~ *from* the subject. ***turn a person adrift*** 〈人を〉追い出す, 路頭に迷わせる.

a·drip [ədríp] 〘← A-[3]+DRIP〙 *adv., pred. adj.* 〔しずくで〕したたって (dripping) 〔*with*〕.

a·droit [ədrɔ́ɪt] 〘(1652) □ F ~ 'rightly' ← *à* to+*droit* right (< L *dīrēctum* straight: ⇨ direct, dress)〙 ― *adj.* **1** 〔…に〕器用な, 巧みな 〔*at, in, with*〕: be ~ *in* using tools 道具を使うのがじょうずだ / He is ~ *with* figures of speech. 比喩を自在に駆使できる. **2** (事の処理が)巧妙な, 機敏な, 如才ない (clever). **~·ly** *adv.* **~·ness** *n.*

à droite [ɑːdrwɑ́ːt; *F.* adʀwat] 〘□ F ~ 'to the right'〙 *F. adv.* 右へ[に] (↔ à gauche).

a·dry [ədráɪ] 〘← A-[2]+DRY〙 *adv., pred., adj.* 《古》乾いて[た] (dry); のどがかわいて[た] (thirsty).

ads. 《略》advertisements.

A.D.S. 《略》American Dialect Society 米国方言学会.

ad·sci·ti·tious [æ̀dsətíʃəs | -sɪ-] 〘(1620) ← L *adscītus* ((p.p.) ← *adscīscere* ← AD-+L *scīscere* to acknowledge (← *scīre* to know: ⇨ science)) + -ITIOUS〙 ― *adj.* **1** 外部から得た, 外来の. **2** 補足的な (supplementary); 重要でない. **~·ly** *adv.*

ad·script [ǽdskrɪpt] 〘□ L *adscrīpt-us* (p.p.) ← *adscrībere* to enrol ← AD-+*scrībere* to write: cf. ascribe〙 ― *adj.* **1** 〘印刷〙後に書いた; 右に書かれた[印刷された] (cf. subscript, superscript): an iota ~ 後に書く[並記の]イオタ (cf. an iota SUBSCRIPT). **2** 〈農奴が〉(土地に)緊縛された 〔*to*〕. ― *n.* **1** (間違った)書込み(注); 後で書き入れた文字. **2** (土地に緊縛された)農奴.

ad·scrip·tion [ædskrípʃən] 〘□ L *adscrīptiō(n-)*: ⇨ ↑, -ion〙 *n.* =ascription.

ad·sorb [ædsɔ́əb, -zɔ́əb | ædsɔ́ːb, əd-] 〘← AD- toward+(AB)SORB〙 *vt.* 〈木炭などが〉〈ガス・色素・液体・溶解物質などを〉吸着する. **~·a·ble** [-bəbl̩] *adj.*

ad·sor·bate [ædsɔ́əbət, -zɔ́ə-, -bɪt, -beɪt | ædsɔ́ː-, əd-] 〘⇨ ↑, -ate[1]〙 *n.* 〘物理化学〙吸着されるもの, 吸着物質; 吸着質.

ad·sor·bent [ædsɔ́əbənt, -zɔ́ə- | ædsɔ́ː-, əd-] 〘← ADSORB+-ENT〙 〘物理化学〙 *adj.* 吸着性の. ― *n.* 吸着剤, 吸着体 (adsorbing agent).

ad·sorp·tion [ædsɔ́əpʃən, -zɔ́əp- | ædsɔ́ːp-, əd-] 〘← AD-+(AB)SORPTION〙 *n.* 〘物理化学〙吸着(作用) (cf. sorption).

adsórption cómpound *n.* 〘物理化学〙吸着化合物, 吸着結合物.

adsórption expònent *n.* 〘化学〙吸着指数《吸着量の濃度または圧力依存性を表わす指数》.

adsórption ísotherm *n.* 〘物理化学〙吸着等温線.

ad·sorp·tive [ædsɔ́əptɪv, -zɔ́əp- | ædsɔ́ːp-, əd-] 〘← ADSORPT(ION)+-IVE〙 〘物理化学〙 *adj.* **1** 吸着できる. **2** 吸着性(作用)の. ― *n.* 吸着質[体]. **~·ly** *adv.*

ad·sú·ki bèan [ædzúːki- | -kɪ-] *n.* =adzuki bean.

ad·sum [ǽdsʌm, ɑ́ːdsʊm | ǽdsʌm, -sʊm, -səm] 〘□ L ~ 'I am present'〙 *L. int.* (点呼などの返事で)はい, 出席です.

a du·e [ɑːdúːeɪ; *It.* adúːe] 〘□ It ~ 《原義》by two〙 ― *adv.* 〘音楽〙 **1** (2 人で, 2 声部が)一緒に, ユニゾンで (together, in unison). **2** (もともと一声部であったものが)分かれて (separately).

ad·u·lar·i·a [æ̀dʒʊlɛ́(ə)riə | æ̀djʊlɛ́əriə] 〘□ It ~ □ F *adulaire* ← *Adula* (スイスの山): ⇨ -aria〙 ― *n.* 〘鉱物〙氷長石《長石の一種; 美しい青色閃光を発するものを moonstone (月長石) という》.

ad·u·late [ǽdʒʊlèɪt, ǽdjʊl-, ǽdl̩- | ǽdjʊl-] 〘(1777) 《逆成》↓〙 *vt.* …にお世辞を言う, こびへつらう.

ad·u·la·tion [æ̀dʒʊléɪʃən, æ̀djʊl-, æ̀dl̩- | æ̀djʊl-] 〘(*c*1380) □ (O)F ~ ∥ L *adūlātiō(n-)* ← *adūlārī* to fawn like a dog〙 *n.* 追従(ついしょう), お世辞, こび.

ád·u·là·tor [-t̬ə | -tə(r)] 〘□ L *adūlātor*: ⇨ adulate, -or[2]〙 *n.* こびへつらう人, 追従者.

ad·u·la·to·ry [ǽdʒʊlətɔ̀ːri, -tòːri, ǽdjʊl-, ǽdl̩- | ǽdjuléɪt(ə)rɪ, -lət-, æ̀djʊléɪtərɪ] 〘□ L *adūlātōri-us*: ⇨ adulate, -ory〙 *adj.* お世辞の, へつらいの.

A·dul·lam [ədʌ́ləm] 〘□ Heb. *'Adullām* ← ?〙 *n.* アドラム《イスラエルの古い都の一つ; cf. *1 Sam.* 22:1》.

A·dul·lam·ite [ədʌ́ləmàɪt] 〘⇨ ↑, -ite[1]〙 ― *n.* **1** アドラムの住民 (cf. *Gen.* 38:1). **2** アドラム党員《英国で 1866 年選挙権拡張に反対して自由党を脱党した約 40 人の議員の俗称; cf. CAVE[1] of Adullam; *1 Sam.* 22:1》. **3** 脱党員派の議員.

a·dult [ədʌ́lt, ǽdʌlt, ædʌ́lt, ǽdl̩t | ǽdʌlt, ədʌ́lt] 〘(1531) □ L *adult-us* grown up (p.p.) ← *adolēscere*: ⇨ adolescence〙 ― *adj.* **1** 成人した, 大人の; 成熟した (mature): an ~ person, animal, plant, etc. **2** 〈態度など〉成人らしい, 成人にふさわしい: an ~ attitude. **3** 〈読物・映画など〉成人向きの: an ~ movie. ― *n.* **1** 大人, 成年者, 成人《通例 21 歳以上; ローマ法では男子は 14 歳, 女子は 12 歳以上; cf. age 2 a》. **2** 成熟した動物[植物]; 成体, 成虫 (cf. larva 1). **~·lìke** *adj.* **~·ly** *adv.* **~·ness** *n.*

adúlt educátion *n.* 成人教育.

a·dul·ter·ant [ədʌ́ltərənt, -trənt | -t(ə)r-] 〘← L *adulterant-em* (pres.p.) ← *adulterāre* (↓)〙 *adj.* 混ぜ物用の. ― *n.* 混和物《牛乳に混ぜた水など》.

a·dul·ter·ate 〘(1531) ← L *adulterāt-us* (p.p.) ← *adulterāre* to defile, corrupt ← AD-+*alterāre* 'to change, ALTER'〙 ― [ədʌ́ltərèɪt | -tə-] *vt.* **1** 〈食品・薬剤など〉に混ぜ物をする, (粗悪品を混ぜて)…の品質を落とす: ~ coffee / ~ milk *with* water 牛乳を水で割る. **2** (手を加えたりして)〈原文・言説などを〉不純にする, 汚す. ― [-t̬ərət, -rɪt, -trət, -trɪt, -t̬ərèɪt | -t(ə)rət, -rɪt, -tərèɪt] *adj.* **1** =adulterated. **2** 姦通の, 不義の; 不義で生れた: ~ offspring 不義の子. **3** 《古》堕落[退廃]した.

a·dúl·ter·àt·ed [-tɪd, -t̬əd | -tɪd, -təd] *adj.* 混ぜ物をした, (混ぜ物をして)粗悪な; 不純な.

a·dul·ter·a·tion [ədʌ̀ltəréɪʃən | -tə-] 〘(1506) □ L *adulterātiō(n-)* ← *adulterāre* 'to ADULTERATE': ⇨ -ation〙 *n.* **1** 混ぜ物をすること, (品質の)粗悪化; 不純化. **2** 混ぜ物をした品, 不純物, 粗悪品.

a·dúl·ter·à·tor [-t̬ə | -tə(r)] 〘□ L *adulterātor* a corrupter: ⇨ adulterate, -or[2]〙 *n.* 不純物[粗悪品]製造者.

a·dul·ter·er [ədʌ́lt̬ərə | -tərə(r)] 〘← (廃) *adulter* to commit adultery (⊏ L *adulterāre* 'to ADULTERATE') +-ER[1] ∽ 《c1370》 *avouter* ⊏ OF *avout(e)r-er*〛 ── *n.* 姦通者；(特に)姦夫.

a·dul·ter·ess [ədʌ́ltərəs, -trɪs, -rəs | ədʌ́ltərɪs, -rès, -rəs] 〚← 《廃》 *adulter* (↑)+-ESS[1]〛 *n.* 姦婦.

a·dul·ter·ine [ədʌ́ltəràɪn, -rìːn, -rɪn, -rən | -təràɪn, -rìːn, -rɪn] 〚《1542》 ⊏ L *adulterīn-us*: ⇨ adultery, -ine[1]〛 ── *adj.* **1** 粗悪[不純]な, にせの. **2** 姦通の；不義で生れた：an ~ child 不義の子 / ~ bastardy 姦通者間の庶出. **3** 不法な, 不正な.

a·dul·ter·ous [ədʌ́ltərəs, -trəs | -t(ə)r-] 〚← 《廃》 *adulter* adulterer+-OUS〛 *adj.* **1** 姦通の, 不義の；よく不義をする：an ~ affair. **2** 《古》 =adulterated. **~·ly** *adv.*

Adúlterous Bíble *n.* [the ~] =Wicked Bible.

a·dul·ter·y [ədʌ́ltəri, -tri | -tərɪ] 〚《c1415》 ⊏ L *adulteri-um* ← *adulter* adulterer 《逆成》 ← *adulterāre* 'to ADULTERATE' ∽ 《c1303》 *avoutrie* ⊏ OF < L *adulterium*〛 ── *n.* **1** 姦通, 不義：**a** 既婚者が配偶者以外と通じること. **b** 有夫の婦が配偶者以外と通じること (cf. fornication 1)：commit ~. **2** 〚聖書〛 **a** 姦淫 (*Exod.* 20:14). **b** (精神的な)姦淫《特に, 偶像崇拝；cf. *Jer.* 3:9》.

adúlt fòrm *n.* 〚生物〛 成形.

adúlt·hòod *n.* 成人であること；成人期；成熟.

a·dult·i·cide [ədʌ́ltəsàɪd | -tɪ-] 〚← ADULT+-I-+-CIDE〛 *n.* 成虫殺虫剤 (cf. larvicide).

a·dult·oid [ədʌ́ltɔɪd] 〚← ADULT+-OID〛 *n.* 〚生物〛 未熟成虫, 未熟成体.

ad·um·bral [ædʌ́mbrəl] 〚← AD-+L *umbra* (↓) -AL[1]〛 *adj.* 影を投げる；陰になった, (薄)暗い.

ad·um·brate [ǽdəmbrèɪt, ædʌ́mbreɪt, əd- | ǽdʌm-brèɪt, ǽdəm-] 〚《1581》 ← L *adumbrāt-us* (p.p.) ← *adumbrāre* ← AD-+*umbra* shade (cf. umbrella)〛 ── *vt.* **1** …の輪郭を写す, かすかに写す, ほのかに示す, ほのめかす. **2** 予示する. **3** …に影をさす, 陰にする, (薄)暗くする.

ad·um·bra·tion [æ̀dʌmbréɪʃən, æ̀dəm-] 〚《1531》 ⊏ L *adumbrātiō(n-)* ← *adumbrāre* (↑)：⇨ -ation〛 ── *n.* **1** 陰影を付けること；輪郭描写. **2** 略画；ほのかな輪郭, かすかなおもかげ, 陰影. **3** おもかげ[片影]を示すこと, 表象；予示, 前兆. **4** 影を投げること, 投影.

ad·um·bra·tive [ædʌ́mbrətɪv, əd-, ǽdəmbrèɪt- | -tɪv] *adj.* 輪郭的な；〔…を〕ほのかに示す〔*of*〕. **~·ly** *adv.*

a·dunc [ədʌ́ŋk] 〚⊏ L *adunc-us* hooked ← AD-+*uncus* hooked；a hook〛 *adj.* 〈鳥のくちばしなど〉内側へ曲がった；鉤(かぎ)のように曲がった. 「*adj.* =adunc.

a·dun·cous [ədʌ́ŋ(k)əs] 〚← L *aduncus* (↑)+-OUS〛

Ad·u·rol [ǽdərɔ̀(ː)l, ǽdʒʊ-, -ròʊl | ǽdjʊrɔ̀l] 〚⊏ G ~ (商標名)〛 *n.* 〚商標〛 アジュロール ($C_6H_3Cl(OH)_2$, $C_6H_3Br(OH)_2$) 《写真の現像主薬の一種》.

a·dust [ədʌ́st] 〚《a1400》 ⊏ L *adūst-us* (p.p.) ← *adūrere* to burn up ← AD-+*ūrere* to burn (⇨ combust)〛 ── *adj.* 《古》 **1** 焦げて, 乾いて. **2** 日焼けした. **3** 〈人・様子など〉憂鬱な, 陰気な.

adv. 《略》 ad valorem；advance；adverb；adverbial；adverbially；advertisement；advertising；advice；advisory；advocate.

Adv. 《略》 Advent；Advocate.

ad val. 《略》 ad valorem.

ad va·lo·rem [æd-vəlɔ́ːrəm, -lóːr-, -rem | -vəlɔ́ːrem, -væl-, -rəm] 〚⊏ L *ad valōrem* 'according to the value'〛 ── *adv., adj.* 〚商業〛 〈課税など〉価格に従って[た] (cf. specific *adj.* 6)：an ~ tax 従価税.

ad·vance [ədvǽns, æd- | ədvɑ́ːns] 〚v.: 《?a1200》 *avaunce(n)* ⊏ OF *avanci-er* < LL *abanteāre* ← *abante* ← *ab* through+*ante* before. ── n.: 《c1303》 ← (v.)：*a-* を L *ad-* から来たものと誤解して 16 世紀に *d* を挿入〛 ── *vt.* **1** 〈物を〉前に出す, 進める. **2** 〈意見・要求などを〉提出する, 出す, 唱道する：~ a claim for damages 損害賠償の要求を提出する. **3** 〈人を〉昇進[昇級]させる (promote)：be ~*d to* the rank of general 将官に進級する. **4** 〈事を〉推進する, 助長[促進]する, 進歩させる：~ growth 成長を促す / ~ one's own interests 私利を計る / ~ a scheme 計画を進める. **5** **a** 〈予定の事柄・日時を〉早める, 繰り上げる (↔ postpone)：They ~*d* (the date of) the wedding *from* April 10 *to* April 3. 結婚式(の日取り)を 4 月 10 日から 3 日に繰り上げた. **b** 〈歴史上の出来事・年代などを〉後世にずらす. **6** 〈価格などを〉上げる, 騰貴させる (raise). **7** 〈金銭などを〉前渡しする, 前払いする；〈金を〉前貸しする, 融通する, 立替える, 貸付ける (lend)；〈手付金を〉打つ：~ money *to* a person *on* … を抵当に人に前貸しする / ~ money *on* a contract 契約のしるしに手金を打つ / They ~*d* me part of my salary. 給料の一部を前貸ししてくれた / He was ~*d* ten pounds of his salary. 給料から 10 ポンド前借した. **8** 〚音声〛 〈舌を〉前に出す (↔ retract). **9** 《古》 〈目・眉・旗などを〉上げる (raise).

── *vi.* **1** 進む, 前進する；進軍する：~ a step / ~ *against* [*on, upon, toward*] the enemy 敵に向って進撃する[押し寄せる], 敵を攻撃する. **2** 進歩[上達, 向上]する (progress) (cf. advanced 3 a)：an *advancing* country 発展[開発]途上国 (developing country). **3** 立身する, 昇進する, 地位が上がる：~ *in* status / ~ in the world [in life] 出世する. **4** 値が上る, 騰貴する (rise)：Prices have ~*d*. **5** 歳をとる；〈夜が〉ふける (cf. advanced 2)：*advancing* age 寄る年波 / ~ *in* years 歳をとる. **6** 〈色彩が〉浮上がって見える, 目立つ (cf. recede[1] 5). **7** 《米》 (選挙運動で)遊説の先発員[下交渉人]を勤める (cf. *n.* 8 b, advance man 1).

── *n.* **1** 前進；進軍：an ~ *on* the enemy 敵への進撃. **2** (時の)進行：the ~ of evening, old age, etc. **3 a** 進歩, 発達, 進捗(しんちょく), 上達 (progress), 増進 (increase)：a rapid ~ 躍進 / an economic ~ / the ~ of learning, science, etc. / an ~ *in* science / an ~ *in* health 健康の増進 / an ~ *in* knowledge 知識の向上 / make a great ~ *in* one's studies 勉強が大いに進む. **b** 改善, 改良 (improvement)；〔…より〕(一歩)前進[改善]したもの〔*over, on*〕. **4** 昇級, 昇進, 出世 (promotion)：an ~ *in* rank. **5** (価格・給料などの)上昇, 値上げ, 値上がり, 騰貴：an ~ *in* foodstuffs 食料品の騰貴 / an ~ *in* the cost of living 生活費の騰貴 / be *on* the ~ 値上りの傾向である. **6** 前渡し, 前払い；貸出し, 融通；前借り；前渡金[品], 立替金, 貸出金, 前借り金；前金：an ~ of ten dollars / make [give] an ~ *on* wages 賃金の前渡しをする. **7** [通例 *pl.*] (人に)取入ること, 接近；(女性に)言い寄ること, 求愛 (approaches)；(和解などのための)申し出, 接近 (offer)：make ~*s to* a person. **8** 《米》 **a** 〚軍事〛 先遣隊, 先行部隊. **b** (選挙運動で)遊説の下準備, 下交渉 (cf. advance man 1). **9** 《古》 〚軍事〛 前進命令；発進合図. **10** 〚ジャーナリズム〛 **a** 前ぶれ記事, 予想記事. **b** 公表日時を指定した記事[予定稿, 発表文]. **11** 〚機械〛 **a** 進み《ねじの回転による直線的移動》. **b** 進み《またはひとつの現象が他の現象より先に発生するときその時間間隔》. **12** 〚海事〛 (船の)旋回縦距《航走中の船がある角度の操舵をした時, 針路が直角だけ曲がるまでに原針路方向へ進出する距離》.

in advance (1) 先頭に(立って) (ahead, in front). (2) 前もって, あらかじめ (beforehand)：book a room [seat] *in* ~ 部屋[席]を予約する. (3) 前金で；立替えて：pay *in* ~ 前金で払う / I am *in* ~ *to* him a hundred dollars. 彼に 100 ドル立替えている. ***in advance of*** (1) …の先頭に (↔ in arrear(s) of)：*In* ~ *of* the army went the drummers. 軍の先頭に立って鼓手隊が進んだ. (2) 〈人・考えなど〉…より進んで, …に先んじて, …よりすぐれて：He was far [well] *in* ~ *of* his times. 時代よりはるかに[大いに]進んでいた.

── *attrib. adj.* **1** 前進の, 先発の (advanced)：an ~ base 前進基地 / an ~ party 先遣隊. **2** 前もっての；前渡しの, 前金の：~ money / an ~ notice 予告, 事前通告 / an ~ payment 前払い, 前金.

ad·vánc·er *n.*

advánce àgent *n.* (興行団などの)先発員, 下準備員 (《米》 advance man). 「約.

advánce bóoking *n.* 《英》 (ホテル・劇場などの)予

advánce cópy *n.* 前出し《発売前に批評家などに送る新刊本；未製本のものは advance sheets という》.

ad·vánced *adj.* **1** 前進した：an ~ guard=advance guard. **2** (時が)進んだ：at an ~ age 高齢で / be ~ *in* years 高齢である / The night was far ~. 夜が大層ふけていた. **3 a** 進歩した, 高等の：an ~ country 先進国 / an ~ course in German ドイツ語上級コース / ~ studies 高等学術研究. **b** 〈人・考えなど〉進歩[急進]的な：an ~ idea, woman, etc. **4** 〈病気など〉進んだ, 進行した：~ cancer 進行癌. **5** 〚音声〛 (調音点が)前寄りの (↔ retracted).

advánced crédit *n.* (他大学での取得を認められた)編入に必要な修了認定科目単位.

advánced degrée *n.* 高級学位《修士号・博士号》.

advánced guárd *n.* =advance guard.

advánced lèvel, A- l- *n.* 《英》 〚教育〛 上級課程 (⇨ GENERAL Certificate of Education (1)).

advánced stánding [státus] *n.* **1** (他大学での科目修了を認められた)(認定)編入学生の身分. **2** =advanced credit. 「advanced standing 1).

advánced stúdent *n.* (大学で)(認定)編入学生 (cf.

advánce guárd *n.* **1** 〚軍事〛 前衛《行軍中に主力の前方に出す警戒部隊で, 前から point (路上斥候), advance party (前衛尖兵), support proper (尖兵中隊本隊), advance guard reserve (前衛本隊)に分かれる》. **2** =avant-garde.

advánce màn *n.* 《米》 **1** (選挙運動の遊説地へ先行して必要な準備をする)下準備員, 下交渉人. **2** =advance agent.

ad·vánce·ment 〚《?a1300》 ⊏ (O)F *avancement* ← *avancer* 'to ADVANCE'：⇨ -ment〛 ── *n.* **1** 促進, 助長, 振興：the ~ of a project 計画の促進 / the ~ of learning [science] 学問[科学]の振興. **2** 昇進, 栄達, 向上：~ *in* life [one's career] 立身出世, 栄達 / seek (personal) ~ (身の)栄達を求める. **3** 前進, 進行；進歩, 進捗(しんちょく). **4** 〚法律〛 (遺産の)前払い《親が子に生前に贈与すること》. 「vance copy).

advánce shèets *n. pl.* 見本刷り, 内容見本 (cf. ad-

ad·van·tage [ədvǽntɪdʒ, æd- | ədvɑ́ːnt-] 〚n.: 《?a1300》 *avantage* ⊏ (O)F *avantage* ← *avant* before+-AGE：*-d-* については ⇨ advance〛 ── *n.* **1 a** 有利な立場, 優位, 優勢 (superiority) 〔*over*〕：a military ~ 軍事的優位 / gain [win] an ~ *over* a person 人に対し有利な立場を得る, 人をしのぐ. **b** 有利な点, 利点, 長所, 強み (strong point)：the ~(*s*) of education 教育の利点 / ~*s* and disadvantages 長所と短所.

2 利益, 有利, 好都合 (benefit)：be *of* great [no] ~ (to…) (…にとって)大いに利益がある[少しも利益がない] / *to* no ~ (結局)得るところなく, むだに / prove [turn out] *to* a person's ~ 〈事が〉人に有利となる / It's *to* your ~. 君にとって有利だ, 君のためになる.

3 (テニスなどで)アドバンテージ《ジュース (deuce) 後の 1 点(の得点)；vantage, 《米》 ad, 《英》 van ともいう》：~ in [(*to*) server] アドバンテージイン[サーバー]《サーブ側の得点》 / ~ out [(*to*) receiver] アドバンテージアウト[レシーバー]《レシーバー側の得点》.

have the advantage of (1) …という利点をもつ：He *has the* ~ *of* experience in life. 彼には人生の経験という強みがある. (2) 〈人〉にまさる. (3) 《英》 〈人〉の知らないものを知っている：You *have the* ~ *of* me. 《皮肉》 (私を知っておられるようですが)私はあなたを存じません. ***take advantage of*** (1) 〈好機など〉を利用する (make use of)；悪用する (abuse)：He *took* ~ *of* his master's absence *to* be idle. 主人の留守をいいことにして仕事を怠けた. (2) (…の好意・弱点などに)つけ込む, 〈人〉をだます；《婉曲》 〈女性〉を誘惑する (seduce). ***take** a person **at advantage*** 《古》 〈人〉の虚を突く[に乗じる], 〈人〉の不意を打つ (take by surprise). ***to advantage*** 引き立って, 引き立つように, (より)効果的に (to good effect) (cf. 2)：be seen *to* ~ 引き立って見える / rearrange flowers *to* better ~ 生け花をより効果的になるように生け直す. ***turn to** (one's) **advantage*** 〈悪条件などを〉(逆に)利用する (exploit). ***with advantage*** 有利に, 有益に：A different policy may be adopted *with* ~. 別の方針を取る方が有効[よい]かもしれない.

── *vt.* **1** …を利する, 益する, …に資する (benefit). **2** 促進する, 助長する (promote).

ad·van·ta·geous [æ̀dvæntéɪdʒəs, -vən- | -vən-, -vɑːn-, -væn-] 〚《1598》：⇨ ↑, -ous〛 ── *adj.* 有利な (profitable), 有益な (useful)；便利な, 都合のいい (favorable) 〔*to*〕. **~·ly** *adv.* **~·ness** *n.*

ad·vect [ædvékt] 〚《逆成》 ↓〛 *vt.* **1** 〚物理〛 移流させる. **2** 〚気象〛 〈水蒸気を〉移流によって輸送する.

ad·vec·tion [ædvékʃən] 〚⊏ L *advectiō(n-)* (p.p.) *advehere* to convey ← AD-+*vehere* to carry〛 ── *n.* 〚物理・気象〛 移流《空気または海水の運動によって圧力・温度・密度・運動量などが輸送される過程；普通は水平方向の輸送だけをいう；cf. convection 2》. **~·al** [-ʃənl, -ʃnəl] *adj.*

advéction fòg *n.* 〚気象〛 移流霧.

ad·vec·tive [ædvéktɪv] 〚← ADVECT(ION)+-IVE〛 *adj.* 〚物理〛 移流の[による, を生じる].

ad·vent [ǽdvent, ǽdvənt, -vent] 〚《a1121》 ⊏ OF ~ (F *avent*) ∥ L *advent-us* arrival (p.p.) ← *advenīre* to come to ← AD-+*venīre* 'to COME'〛 ── *n.* **1** [通例 the ~] (重要な人物・事件などの)出現, 到来 (coming, arrival)：*the* ~ *of* death 死の到来 / *the* ~ *of* television テレビの出現. **2** [A-] **a** キリストの降臨, 降誕 (cf. incarnation 2). **b** キリストの再臨《Second Advent, Second Coming ともいう》. **c** 降臨節《クリスマス前の約 4 週間, カトリックでは「待降節」という》.

Ad·vent·ism [ǽdventɪzm, -vən-, ədvéntɪzm, æd- | ǽdvəntɪzm, -ven-] 〚⇨ ↑, -ism〛 ── *n.* キリスト再臨説《キリスト再臨の待望は古代からあったが, 特に米人 W. Miller が 1831 年にキリストの再臨が切迫していると語ったその説に由来する》.

Ad·vent·ist [-tɪst, -təst | -tɪst] *n.* (キリスト)再臨派 (Adventists) の信徒, キリスト再臨論者, アドヴェンティスト《Second Adventist ともいう；cf. Millerite》. ── *adj.* (キリスト)再臨派の, キリスト再臨論(者)の.

ad·ven·ti·ti·a [æ̀dvəntíʃiə, -ven- | -ventíʃɪə, -vən-] 〚← NL ~ ← L *adventicia* (neut. pl.) ← *adventicius* (↓)〛 *n.* 〚解剖〛 (血管)外膜. **àd·ven·tí·tial** [-ʃəl] *adj.*

ad·ven·ti·tious [æ̀dvəntíʃəs, -ven- | -ven-, -vən-] 〚《1603》 ← ML *adventitius* (=L *adventīcius* coming from abroad, extraneous ← *adventum* (p.p.) ← *advenīre* to come to)+-OUS：⇨ advent, -itious〛 ── *adj.* **1** 偶然の, 偶発的な (accidental)；付随の, 外来の (extraneous). **2** 〚英法〛 〈財産が〉他人[傍系の人]から伝わる. **3** 〚生物〛 偶生的な, 不定の：an ~ bud [root] 不定芽[根]. **4** 〚病理〛 獲得した, 後天的の (acquired) (cf. hereditary 1). **~·ly** *adv.* **~·ness** *n.*

ad·ven·tive [ædvéntɪv, əd- | -tɪv] 〚← ADVENT+-IVE〛 〚生物〛 *adj.* **1** (自生するが)土着でない. **2** =adventitious 3. ── *n.* 外来植物. **~·ly** *adv.*

Ádvent Súnday *n.* 降臨節中の各日曜日；(特に)降臨節中の第一日曜日《St. Andrew's Day (11 月 30 日)に最も近い日曜日》.

ad·ven·ture [ədvéntʃə, æd- | ədvéntʃə(r)] 〚n.: 《?c1225》 *aventure* ⊏ (O)F *aventure* < VL **adventūra* something about to happen ← L *adventūrus* (fut. part.) ← *advenīre* to arrive. ── v.: 《?a1300》 ⊏ OF *aventur-er* ← *aventure*：*ad-* は L の影響：cf. advent〛 ── *n.* **1 a** 冒険：the spirit of ~ 冒険心 / a story of ~ 冒険物語 / an ~ *in* treasure hunting 宝探しの冒険 / seek ~ 冒険を求める / Children are fond of ~. 子供は冒険[あぶない事をするの]が好きだ. **b** 冒険心. **2** 冒険的な経験[出来事], 珍しい[楽しい]経験[出来事]：seek ~*s* / have an ~ / the *Adventures* of Robinson Crusoe ロビンソンクルーソー漂流記 / Going to the circus with my father was an ~ *for* me. 父とのサーカス見物は(冒険のように)私の胸をおどらせた. **3** 投機, 思惑, やま (speculation). **4** 〚海上保険〛 冒険, 危険. **5** 《廃》 危険；運, 偶然(の事件) (chance) (cf. peradventure).

── *vt.* **1 a** 〈生命などを〉賭(か)する, 危険にさらす (risk). **b** [~ *oneself* で] 危険に身をさらす；思い切ってやってみる, 敢行する. **2** 〈事を〉冒険的にやってみる, 敢行する. **3** 思い切って言ってみる (venture): ~ an opinion. — *vi.* **1** 〔場所へ〕危険を冒して行く[進む]〔*into, in, upon*〕; 〔仕事などに〕危険を冒して乗り出す〔*on, upon*〕. **2** 危険を冒す (take the risk). ★ 動詞は今は venture の方が普通.

advénture plàyground *n.* 《英》子供の創意を生かすためにがらくたなどを置いてある遊戯場.

ad·vén·tur·er [-tʃ(ə)rə | -tʃ(ə)rə(r] 〚《1474》□ F *aventurier* ← *aventure*: ⇨ adventure, -er¹〛 — *n.* **1** 冒険家. **2** 傭兵 (mercenary) (cf. SOLDIER *of fortune*). **3** 投機師, 相場師, 山師《特に, 1641 年国王の債券を買ってアイルランドに土地を手に入れた人》. **4** (手段を選ばず富や地位をあさる)策士. **5** (特に 16–17 世紀英国の)冒険的貿易業者, 冒険商人 (cf. merchant adventurer).

ad·ven·ture·some [ədvéntʃəsəm, æd- | ədvéntʃə-] *adj.* = venturesome. **~·ness** *n.*

ad·ven·tur·ess [ədvéntʃ(ə)rɪs, æd-, -rəs | ədvéntʃ(ə)rɪs, -rəs, -tʃərès, -tʃres] 〚(fem.) ← ADVENTURER: ⇨ -ess¹〛 — *n.* **1** 女性冒険家. **2** (手段を選ばずまたは色仕掛けで)地位をあさる女.

ad·vén·tur·ism [-tʃərɪzm] *n.* (政治・外交などで無策・無定見による)冒険主義.

ad·vén·tur·ist [-tʃ(ə)rɪst, -rəst | -rɪst] *n., adj.* 冒険主義者(の). **ad·ven·tu·ris·tic** [ədvèntʃərístɪk, æd- | əd-] *adj.*

ad·ven·tur·ous [ədvéntʃ(ə)rəs, æd- | əd-] 〚《c1330》□ OF *aventureus* (F *aventureux*) ← *aventure* 'ADVENTURE': ⇨ -ous〛 — *adj.* **1** 冒険(心)に富む, 冒険的な, 大胆な: an ~ life 冒険的な生活 / an ~ spirit 冒険心. **2** 〈行為・企てなど〉冒険的な, 危険な, 大胆な. **~·ly** *adv.* **~·ness** *n.*

ad·verb [ǽdvəːb | -vəːb] 〚《1530》□ F *adverbe* ∥ L *adverbi-um* addition to a predication ← AD-+*verbum* 'word, VERB': cf. Gk *epírrhēma*〛《文法》 — *n.* 副詞. — *attrib. adj.* 副詞の: an ~ phrase [clause] 副詞句[節].

ad·ver·bi·al [ædvə́ːbiəl | ədvə́ːbjəl, æd-, -bɪəl] 〚《1591》□ L *adverbiāl-is* ← *adverbium* (↑): ⇨ -ial〛《文法》 — *adj.* 副詞の, 副詞的な, 副詞状の: an ~ phrase [clause] 副詞句[節] / the ~ accusative 副詞的対格《副詞的用法の対格; 例: He walked three miles. What time do you go? における three miles, What time》/ the ~ genitive 副詞的属格《副詞的用法の属格; 今は主に always, backwards, nowadays, else, once, thence, against などにその跡が残っている》/ the ~ object 副詞的目的語. — *n.* 副詞的語句《副詞および副詞相当語句》. 「て, 副詞的に.

ad·ver·bi·al·ly [-əli | -əlɪ] 〚《1548》〛 *adv.* 副詞とし

ad ver·bum [æd-və́ːbəm | -vɜ́ː-] 〚□ L ~ 'to a word'〛 *L. adv., adj.* 逐語的に[の] (word for word).

ad·ver·sar·i·a [ædvəsέ(ə)riə | -vəsέərɪə] 〚□ L *adversāria* things turned toward one: ↓〛 *n. pl.* [単数または複数扱い] **1** 注釈. **2** 備忘録; 雑録.

ad·ver·sar·y [ǽdvəsèri | -vəs(ə)rɪ] 〚《1340》 *adversarie* □ L *adversāri-us* one turned toward: ⇨ adverse, -ary〛 — *n.* **1** 競争相手, 敵手; 敵. **2** [the A-] 悪魔 (Satan). — *adj.* **1** 敵手の; 敵の. **2** 《法律》(相手方)当事者の: the ~ system 当事者主義.

ad·ver·sa·tive [ədvə́ːsətɪv, æd- | -vɜ́ːsət-] 〚□ L *adversātīv-us*: ⇨ ↓, -ative〛 — *adj.* 反意の: an ~ conjunction 反意接続詞 / an ~ clause 反意接続節 / an ~ proposition 反意命題. — *n.* 反意語 (but, although, nevertheless, on the contrary など). **~·ly** *adv.*

ad·verse [ædvə́ːs, ⌐—, ǽdvəːs | ǽdvəːs] 〚《c1385》□ L *advers-us* turned toward (p.p.) ← *advertere* ← AD-+*vertere* to turn: ⇨ advert〛 — *adj.* **1 a** (進行が)逆の, 反対の (contrary)〔*to*〕: an ~ current 逆流 / an ~ wind 逆風. **b** 〔...に〕反する, 〔...と〕反対の (opposed)〔*to*〕; 敵意のある, 批判的な (antagonistic, critical): ~ criticism / an ~ comment, opinion, etc. / a theory ~ *to* this one これと反対の理論 / He is ~ *to* capital punishment. 死刑制度に反対である. **2** 〔...に〕不利な, 〔利益などを〕害する (harmful)〔*to*〕; 不運な: ~ circumstances 逆境 / an ~ effect 悪影響 / ~ fate [fortune] 不運, 不幸 / an ~ balance of trade 輸入超過 / a decision ~ *to* a person's interests 人に不利な決定[判決] / The trade turned ~. 貿易が逆調になった. **3** 対応する (confronting): the ~ page 対ページ. **4** 《植物》〈葉が〉基部に向いた; 対生の (opposite) (cf. averse 2). **5** 《法律》利害相反する. **~·ness** *n.*

ad·verse·ly [ædvə́ːsli, ⌐—, ədvə́ːs- | ǽdvəːslɪ, —⌐] 〚《1607》〛 *adv.* **1** 逆に, 反対に, 敵対的に. **2** 不利(益)に.

ádverse reáction *n.* 《医学》有害[薬害]反応, (有害な)副作用 (cf. side effect).

ádverse seléction *n.* 《保険》逆選択《事故発生の確率の大きい者が好んで保険加入をする傾向》.

ad·ver·si·ty [ædvə́ːsəṭi, əd- | ədvə́ːsɪti, -sɪ-] 〚《?a1200》□ (O)F *adversité* ∥ L *adversitāt-em* opposition: ⇨ adverse, -ity〛 — *n.* **1** 逆境, 苦難, 不運 (misfortune, hardship): in [under] ~ 逆境にあって / suffer [meet with] ~ 悲運を経験する[に見舞われる] / struggle with ~ 逆境と戦う. **2** [しばしば *pl.*] 災難, 苦難の経験 (trial): the prosperities and *adversities* of this life 人生の栄枯盛衰 / Sweet are the uses of ~. 艱難(かん)の功徳(くどく)大なるかな (Shak., *As Y L* 2. 1. 12).

ad·vert¹ [ædvə́ːt, əd- | ədvə́ːt, æd-] 〚《?c1408》□ L *advert-ere* ← AD-+*vertere* to turn ∽ 《廃》 *averte(n)* □ (O)F *avert-ir* < VL **advertire*〛 — *vi.* **1** 〔...に〕言及[論及]する (refer)〔*to*〕. **2** 〔...に〕注意を向ける〔*to*〕.

ad·vert² [ǽdvəːt | -vəːt] 〚短縮〛 *n.* 《英口語》= advertisement (cf. ad¹).

ad·ver·tence [ædvə́ːtns, əd- | ədvə́ːtns, -təns] 〚《c1380》□ (M)F ~ □ LL *advertentia* attention, notice ← L *advertere* 'to ADVERT¹': ⇨ -ence〛 — *n.* **1** 注意, 言及〔*to*〕. **2** = advertency 1.

ad·ver·ten·cy [ædvə́ːtnsi, əd- | ədvə́ːtnsɪ, -tən-] 〚□ LL *advertentia* (↑): ⇨ -ency〛 *n.* **1** 注意深さ. **2** = advertence 1.

ad·ver·tent [ædvə́ːtnt, əd- | ədvə́ːtnt, -tənt] 〚□ L *advertent-em* (pres.p.) ← *advertere* 'to ADVERT¹': ⇨ -ent〛 *adj.* 注意[用心]深い (attentive). **~·ly** *adv.*

ad·ver·tise [ǽdvətàɪz, ⌐—⌐ | ǽdvətàɪz] 〚《?a1425》 *advertise(n)* □ MF *advertiss-*, *advertir* to warn, give notice to《L の影響による変形》← (O)F *avertir* < VL **advertire* = L *advertere* 'to ADVERT¹': ⇨ -ise〛 (*also* **advertize**) — *vt.* **1 a** 〈商品などを〉広告する, 宣伝する; 〈...という〉広告を出す〈*that*〉: ~ a book, car, etc. / ~ a situation 求人広告をする / ~ a house for sale 売家広告を出す / ~ electric appliances *in* newspapers [*on* television] 電気製品を新聞[テレビ]で宣伝する / The movie is ~*d as* the best of its kind. その映画は同種のものでは最優秀作品だと宣伝されている. **b** [~ oneself で]〔...と〕自己宣伝をする〔*as*〕. **2** 〈事を〉周知させる, 宣伝する; (故意に)目立たせる. **3** 公示する, 公告する: ~ the date of tender 入札日を公示する. **4** 〈人に〉〈事を〉通知する〔*of*〕, 〈人に〉〈...であることを〉知らせる (inform)〈*that*〉: He ~*d* them *of* the result. 彼らに結果を通知した / We were ~*d that* they could not accept our proposal. 彼らが我々の提案を受諾できないという通知に接した. **5** 《廃》〈人〉に〈...するように〉勧告する, 注意する〈*to* do〉. — *vi.* **1** 広告する. **2** 広告を出して〔...を〕捜す〔*for*〕: ~ *for* a situation [a house for rent] 求職[貸家捜し]の広告をする / ~ *for* mechanics 機械工募集の広告を出す. **3** 自己宣伝をする: It's a pity he ~*s* so much. **ád·ver·tis·a·ble** [-zəbl̩] *adj.*

ad·ver·tise·ment [ædvətáɪzmənt, ⌐—⌐—, ædvə́ːtɪzmənt, -tɪs-, -təz-, -təs- | ədvə́ːtɪsmənt, -tɪz-] 〚《1426》□ MF *advertissement* ((O)F *avertissement*) ← *advertir* (↑): ⇨ -ment〛 — *n.* (*also* **ad·ver·tize·ment** [~]) **1** 広告, 宣伝: an ~ column 広告欄 / put [insert] an ~ in... (新聞など)に広告を出す / I saw it *in* an ~. それを広告で見た / solicit ~*s* 広告を勧誘する. **2** 公示, 公告; 通知, 通告.

ád·ver·tìs·er *n.* (*also* **ad·ver·tiz·er** [~]) **1** 広告主[者]. **2** 広告を主とする新聞; [A-] (新聞の名称として)アドバタイザー: the Sun *Advertiser*.

ád·ver·tis·ing (*also* **ad·ver·tiz·ing** [~]) *n.* **1** 広告(すること); [集合的に] 広告. **2** 広告術. **3** 広告業務. — *attrib. adj.* 広告(用)の, 広告に関する: an ~ agency [agent] 広告代理店[業者] / ~ matter 広告郵便物 / an ~ pamphlet 広告用パンフレット / an ~ pillar 広告柱[塔].

ádvertising appropriàtion *n.* 広告予算.

ádvertising màn *n.* 広告業者. 「tise.

ad·ver·tize [ǽdvətàɪz, ⌐—⌐ | ǽdvətàɪz] *v.* = adver-

ad·vice [ədváɪs, æd- | əd-] 〚《1422》 *advyse* □ MF 《廃》 *advis* opinion □ L ∽ 《c1300》 *avis* □ (O)F < VL **advisum* ← L *ad* to (⇨ ad-)+*vīsum* ((p.p.) ← *vidēre* to see)〛 — *n.* **1 a** 忠告, 助言, 心添え, 勧告, アドバイス (counsel)〔*on, about*〕: a piece [bit] of ~ 一つの忠告 / much ~ / one's ~ *to* a person 人に対する助言 / on (a person's) ~ (人の)助言に従って / against a person's ~ 人の忠告に反して / give [offer, tender] ~ 助言[勧告]する / follow [take] a person's ~ 人の忠告[勧め]に従う (cf. b) / seek professional ~ 専門家の意見を求める (cf. b) / *Advice* is not always sure of a hearing. 忠告は必ず聞き入れられるとは限らない / I asked his ~ *on* the subject [*on how* to deal with it]. その問題[それをどう処理すべきか]について彼の助言を求めた. **b** (専門家の)助言, 意見, (医師の)診察, 診断, (弁護士の)鑑定: take medical ~ 医師の診察を受ける / seek a lawyer's ~ 弁護士の意見[鑑定]を求める. **2 a** [通例 *pl.*]〔遠隔地からの〕(外交・政治・商業上などの)情報, 報告 (information, news)〔*from*〕: ~*s from* Washington [our Paris agent] ワシントンよりの情報[パリ代理店よりの報告] / We received ~*s that* ...という情報に接した. **b** 《商業》(取引き上の)通知, 報告, 案内; 通知[報告]書, 案内状《advice note ともいう》: ~ = LETTER of advice: a remittance ~ 送金通知(書).

advíce bòat *n.* 《古》= dispatch boat.

ad·vis·a·bil·i·ty [ədvàɪzəbíləṭi, æd- | ədvàɪzəbílɪti, -lɪ-] 〚⇨ ↓, -ility〛 *n.* 勧めてよいこと, 得策; (策の)当否.

ad·vis·a·ble [ədváɪzəbl̩, æd- | əd-] 〚《1647》← ADVISE+-ABLE〛 — *adj.* **1** 勧めてよい; 当を得た, 適切な; 得策の, 賢明な: It is ~ to go. 行くのが得策だ. **2** 〈人・気質が〉助言を受けいれる[望んでいる]. **~·ness** *n.*

ad·vís·a·bly [-bli | -blɪ] 〚《1865》〛 *adv.* 当を得て, 適切に; 賢明に: We may ~ look for a better site. もっとよい敷地を捜すのが得策だろう.

ad·vise [ədváɪz, æd- | əd-] 〚《1448》□ MF 《廃》 *advis-er* □ VL **advisāre* ← AD-+*vīsāre* to see ∽ 《c1300》 *avise(n)* □ (O)F *avis-er* < VL **advisāre*: cf. advice〛 — *vt.* **1 a** 〈人〉に忠告する, 助言する, 勧告する〔*on, about*〕: There's no one to ~ her. / I want someone to ~ me *on* it. そのことでだれかに助言を受けたい / He ~*d* me *of* the danger [*against* touching it]. 私にその危険を[それに触れないように]警告してくれた. **b** 〈事を〉勧める (recommend): ~ caution, a change of air, etc. / He ~*ed* (my) giving up the plan. 彼は(私が)計画を思いとどまるように勧めた. **c** [*to* do または *that*-clause を伴って]〈人〉に〈...するように〉勧める (recommend); [*wh*-word を伴って]〈...について〉忠告[助言]する: I'd ~ you *to* see less of her. 彼女にはあまり会わない方がよくないか / The student was ~*d to* work harder [*that* he should work harder]. その学生はもっと勉強するように忠告された / The doctor will ~ you *what to* do. 医者はどうしたらよいか君に助言してくれるだろう / Will you ~ me *whether* I (should) take the job? その仕事を引受けるべきかどうか意見を聞かせて下さい. **2** 〈人〉に(ある事を)通知[連絡]する, 知らせる (inform)〔*of*〕〈*that*〉: He ~*d* me (*that*) he had been mistaken. 彼は間違っていたことを伝えてきた. ★《英》では今は主に商業文に用いる: We were ~*d of* the expiry of the contract. 契約満了の通知を受けた. — *vi.* **1** 〔...について〕忠告する, 勧告する (give advice)〔*on*〕: Do as I ~. 私の忠告通りにしなさい / He was asked to ~ *on* the teaching of English in Japan. 日本の英語教育について意見を述べるように依頼された. **2** 《英古・米》〔人と〕相談する, 協議する〔*with*〕: ~ *with* one's colleagues [lawyer] *on* [*about*] ...について同僚[弁護士]と相談する.

ad·vísed *adj.* **1** [通例複合語の第 2 構成素として] 熟慮の上での (deliberate); 賢明な: ⇨ well-advised, ill-advised. **2** 情報に通じている: be kept ~ *of* ...の情報を得ている. **ad·vís·ed·ness** [-zɪdnɪs, -zəd-, -nəs] *n.*

ad·vís·ed·ly [-zɪdli, -zəd- | -lɪ] 〚《1375》〛 *adv.* 熟考した上で; ことさらに, 故意に.

ad·vis·ee [ədvàɪzíː, ædvaɪ-] 〚← ADVISE+-EE¹〛 *n.* **1** 助言を受ける人. **2** 《米》(大学などで指導教員の担当する)指導学生.

ad·víse·ment 〚□ MF *a(d)visement*: ⇨ advise, -ment〛 *n.* 《英古・米》 **1** 熟慮; 審議, 協議: take under ~ 〈事を〉熟慮[熟考]する. **2** 助言 (advice).

ad·vís·er *n.* (*also* **ad·vi·sor** [~]) **1** 助言者, 忠告者, 勧告者; 顧問〔*to*〕: a legal ~ 法律顧問 / a presidential ~ 大統領顧問官. **2** 《米》 **a** (大学などの)指導教員, アドバイザー. **b** (課外活動などの)顧問〔*to*〕. **3** 《英》(地方の)視学官 (cf. school inspector).

ad·vi·so·ry [ədváɪz(ə)ri, æd- | ədváɪz(ə)rɪ] 〚← ADVISE+-ORY¹〛 — *adj.* **1** 顧問の, 諮問の: an ~ body [council] 顧問機関[会議] / an ~ committee 諮問委員会 / in an ~ capacity 顧問の資格で. **2** 助言の, 忠告の: an ~ letter. — *n.* (気象などの)状況報告.

advísory opínion *n.* 《法律》助言的意見, 勧告的意見《立法部・行政部から提出された法律問題について司法部が述べる拘束力のない意見》.

ad·vo·caat [ǽdvo(ʊ)kɑ́ːt, ⌐—⌐ | -və(ʊ)-; *Du.* ɑ̀dvokɑ́ːt] 〚□ Du. ~ 《短縮》← *advocatenborrel* drink for lawyers ← *advocaten* (⇨ advocate)+*borrel* drink, bubble〛 — *n.* アドボカート《ブランデーなどに砂糖・卵黄・香料を入れて溶かしたオランダのリキュール》.

ad·vo·ca·cy [ǽdvəkəsi | -sɪ] 〚□ OF *advocacie* □ ML *advocātia* ← L *advocātus* (↓)〛 — *n.* 唱道, 擁護, 支持 (support): the ~ *of* peace, civil rights, etc. / *in* ~ *of* ...を唱道[支持]して.

ad·vo·cate 〚《c1370》□ L *advocāt-us* advocate ← *advocāre* to call to one's aid ← AD-+*vocāre* to call (← *vōx* 'VOICE') ∽ 《a1325》 *avocat* □ (O)F < L〛 — [ǽdvəkət, -kɪt, -kèɪt] *n.* **1** 唱道者, 支持者 (upholder), 擁護者 (defender): an ~ *of* peace, free trade, etc. / ⇨ devil's advocate. **2** 《スコット》弁護士 (barrister, counselor): ⇨ judge advocate, Lord Advocate. **3 a** 代弁者 (pleader). **b** [しばしば A-] 助け主 (intercessor)《キリストのこと; cf. *1 John* 2: 1》. — [ǽdvəkèɪt] *vt.* 〈改革・政策などを〉支持する (support), 唱道する (urge)〈*that*〉: ~ social equality / ~ preserving historic sites 史跡保存を唱道する. **~·ship** *n.*

ad·vo·ca·tion [ædvəkéɪʃən] 〚□ F *advocacion* ∥ L *advocātiō(n-)* ← *advocāre* (↑): ADVOWSON と二重語〛 — *n.* **1** 《スコット法》《訴訟を終局判決前に上位裁判所へ移す》移送手続き《まれに刑事事件にみられる》. **2** 《廃》= advocacy. **3** 《廃》召喚, 出頭命令 (summoning).

ád·vo·cà·tor [-ṭə | -tə(r] 〚□ LL *advocātor*: ⇨ advocate, -or²〛 *n.* = advocate 1.

ad·voc·a·to·ry [ædvɑ́kətɔ̀ːri, -tɔ̀ːri | ǽdvəkèɪtəri] 〚← L *advocātus* ((p.p) ← *advocāre* (⇨ advocate)) + -ORY¹〛 *adj.* 唱道者の, 支持者の; 弁護者の.

ad·vow·son [ədváuzn̩, æd- | əd-] 〚《1502》□ AF *advoeson* < L *advocātiō(n-)* 'ADVOCATION' ∽ 《c1300》 *avoweson* □ OF *avoeson* right of a patron < L: ADVOCATION と二重語〛 — *n.* 《英法》牧師推薦権, 聖職推挙権, 聖職禄 (benefice) 授与権.

advt. 《略》advertisement.

A·dy [ɑ́di | ɔ́di; *Hung.* ɔ́di] **En·dre** [éndrɛ] *n.* オディ《1877–1919; ハンガリーの叙情詩人》.

ad·y·nam·i·a [æ̀daɪnǽmiə, -néɪm-, ædən- | æ̀daɪnǽmɪə, ædɪn-] 〚← NL ~ ← Gk *adunamía* want of strength ← A-⁷+*dúnamis* power〛 — *n.* 《病理》(病気のための)無力, 脱力; (特に)筋無力症; 衰弱.

ad·y·nam·ic [ædaɪnǽmɪk, ædɪn-] 〖⇨↑, -ic¹〗 *adj.* 〖病理〗脱力[衰弱]の (asthenic).

ad·y·tum [ǽdətəm | ǽdɪt-] 〖(1673) ◻ L ～ ◻ Gk *áduton* place not to be entered ← A-⁷+*dúein* to enter〗 ── *n.* (*pl.* **ad·y·ta** [-tə | -tə]) **1 a** (古代寺院の)内陣, 奥の院 (inner shrine)《祭司だけが入ることを許されまたそこから神託が授けられた》. **b** 聖所 (sanctum). **2** 奥の間, 私室.

adz [ǽ(ː)dz] *n.* 《米》=adze.

A·dzha·ria [ədʒɑ́ːriə | -rɪə ; *Russ.* adʒárjijə] *n.* アジャリヤ《ソ連邦 Georgia 共和国南西部の自治共和国; 人口 352,000, 面積 3,000 km², 首都 Batumi; 公式名 the Adzhar [ədʒɑ́ə | ədʒɑ́ː(r] Autonomous Soviet Socialist Republic アジャリヤ自治ソビエト社会主義共和国》.

adze [ǽ(ː)dz] 〖OE *adesa* ◻ ? OF *aze*《異形》← *aisse* ← L *ascia*《音位転換》← **acsia* ' AX '〗 *n.* 手おの, ちょうな. ── *vt.* 手おので削る.

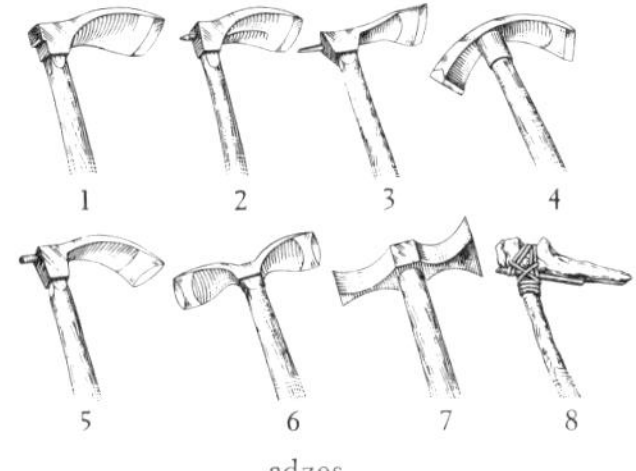

adzes
1 carpenter's adze; 2, 3 ship carpenter's adzes; 4, 5 cooper's adzes; 6 railroad adze; 7 sculptor's adze; 8 stone [Indian] adze

ad·zú·ki bèan [ædzúːki- | -kɪ-] 〖◻ Jap.〗 *n.* **1** 〖植物〗アズキ (*Phaseolus angularis*)《日本・中国産マメ科の一年草》. **2** アズキの豆, 小豆.

ae¹, **æ 1** [iː, aɪ] ラテン語およびラテン語化したギリシャ語に用いられる合字 (digraph); 英語では固有名詞 (例: Caesar, Aesop) 以外では米英共に最近 e と略すことが多い (例: medieval, primeval). ★ ae- で始まる語については e- をも参照. **2** [iː, aɪ] -a で終わるラテン語およびラテン語化したギリシャ語の名詞の複数形語尾《例: L larvae (⇨ larva)》. ★ (1) この形は英語においても formulae, nebulae, vertebrae などのように, 英語化複数形 formulas, nebulas, vertebras と共に保存されている. (2) また動植物分類での「族」「科」「亜科」などの語尾ともなる. **3** OE で [æ] [æː] の音を表わした文字; ME では長音 [æː] の場合は e, 短音 [æ] の場合は通例 a (まれに e) で表わされた.

ae² [éɪ] 〖《変形》― ME *ā* < OE *ān* one〗 *adj.* 《スコット》=one. 「Æ 1, Lloyd's Register).

Æ¹ [íː] *n.* 〖海事〗(英国ロイズ協会登録の)第三級船 (cf.

Æ² [íː] *n.* (*also* **A.E., AE** [～]) アイルランドの詩人 George William Russell の筆名.

ae. 《略》*L.* aetatis …歳 (at the age of, aged).

A.E. 《略》account executive; aeronautical engineer(ing); agricultural engineer(ing); All England; atomic energy.

Æ 1 [íː-wʌ́n] *n.* 〖海事〗第二級船 (cf. Æ¹).

A.E.A. 《略》Atomic Energy Authority; Actors' Equity Association《米》俳優組合《1912 年結成》.

Ae·a·cus [íːəkəs] 〖◻ L ～ ◻ Gk *Aiakós* ← ?: cf. Gk *aiázein* to wail ← *ai* ah〗 *n.* 〖ギリシャ神話〗アイアコス《Zeus の子, Achilles や Ajax の祖父; Aegina の王として善政をしき, 死後黄泉(よみ)の国の裁判官となった》.

A.E. and P. 《略》Ambassador Extraordinary and Plenipotentiary 特命全権大使.

A.E.C., AEC 《略》Atomic Energy Commission.

aecia *n.* aecium の複数形.

ae·ci·al [íːʃiəl, -ʃəl | -siəl, -ʃiəl, -ʃəl] 〖← AECIUM+-AL¹〗 *adj.* 〖植物〗さび胞子堆 (aecium) の.

aecidia *n.* aecidium の複数形.

ae·cid·i·o·spore [iːsídiəspɔ̀ə, -spɔ̀ə | -dɪəspɔ̀ː(r] 〖← *aecidio-* (↓)+SPORE〗 *n.* 〖植物〗=aeciospore.

ae·cid·i·um [iːsídiəm | -dɪ-] 〖← NL ～ ← Gk *aikía* (⇨ aecium)+-IDIUM〗 ── *n.* (*pl.* **-i·a** [-diə | -dɪə]) 〖植物〗さび胞子堆, 銹(しゅう)子器, 銹胞子器, 銹胞子堆《さび菌類のさび胞子を生じる生殖器官》.

ae·ci·o·spore [íːsiəspɔ̀ə, -spɔ̀ə, íːʃiə- | íːsɪəspɔ̀ː(r] 〖← NL *aecium* (↓)+-o-+SPORE〗 *n.* 〖植物〗(さび菌類の)さび胞子, 銹胞子(しゅうほうし).

ae·ci·um [íːsiəm, -ʃiəm | -sɪəm, -ʃɪəm] 〖← NL ～ ← Gk *aikía* injury: ⇨ -ium〗 *n.* (*pl.* **ae·ci·a** [-siə, -ʃiə | -sɪə, -ʃɪə]) 〖植物〗=aecidium.

ae·de·a·gus [iːdíːəgəs] 〖← NL ～ ← Gk *aidoîa* genitals+*agós* leader (← *ágein* to lead)〗 ── *n.* (*pl.* **-a·gi** [-gàɪ, -dʒàɪ]) 〖昆虫〗挿入器《雄の昆虫の生殖器官の挿入部分》.

a·e·des [eɪíːdiːz] 〖← NL ～ ← Gk *aēdḗs* odious ← A-⁷+*hēdús* ' SWEET '〗 ── *n.* (*pl.* ～) 〖昆虫〗ヤブカ《ヤブカ属 (*Aedes*) のカの総称; デング熱 (dengue) や黄熱を媒介する yellow-fever mosquito など》.

ae·dic·u·la [iːdíkjʊlə] 〖← L ～ ← *aedi-* (← *aedēs* (↓))+-*cula* (⇨ -cule)〗 ── *n.* (*pl.* **-u·lae** [-lìː]) (*also* **ae·di·cule** [édəkjùːl, íːd- | íːdɪ-]) [通例 *pl.*] 〖建築〗(古代ローマの)小神殿; 小祠, イディキュラ《両脇に柱を, 上に三角形の切妻をもった扉や窓まわりの造型》.

ae·dile [íːdaɪl] 〖(1580) ← L *aedil-is* having to do with buildings ← *aedēs* building, temple,《原義》place with a hearth ← IE **ai-dh-* to burn (Gk *aitheir*)〗 ── *n.* (古代ローマの)造営官《公共施設の管理, 厚生, 治安などを司った官吏》. **～·ship** *n.*

ae·doe·a·gus [iːdíːəgəs] *n.* (*pl.* **-a·gi** [-gàɪ, -dʒàɪ]) 〖昆虫〗=aedeagus.

Ae·ë·tes [iːíːtiːz] 〖◻ L ～ ◻ Gk *Aiḗtēs*〗 *n.* 〖ギリシャ伝説〗アイエーテース《Colchis の王; Medea の父で金の羊毛の保管者; cf. Jason², Phrixus》.

A.E.F. 《略》Allied Expeditionary Force(s) 連合国遠征[海外派遣]軍; American Expeditionary Forces.

Ae·gae·on [iːdʒíːɑn | -ɔn] 〖◻ L ～ ◻ Gk *Aigaíōn*〗 *n.* 〖ギリシャ神話〗アイガイオーン《怪神 Briareus に対して人間が与えた呼称》.

Ae·ge·an [iːdʒíːən, ɪdʒ- | iːdʒíːən, ɪdʒ-, -dʒíən] 〖← *Aegaeus*+-AN¹: 息子 Theseus が死んだと思いこみ, 悲しみのあまりこの海に身を投げた *Aegeus* にちなむ〗 ── *adj.* エーゲ海の; エーゲ文明の. ── *n.* [the ～] =Aegean Sea.

Aegéan civilizátion [cúlture] *n.* エーゲ文明[文化]《青銅器時代 (3500–1200 B.C.) に Crete を初めエーゲ海の島々を中心に小アジアやギリシャ本土にも展開された》.

Aegéan Íslands *n. pl.* [the ～] エーゲ海諸島《Dodecanese, Cyclades, Sporades などの群島を含む》.

Aegéan Séa *n.* [the ～] エーゲ海《ギリシャとトルコとの間の海で地中海の一部; the Aegean ともいう; 旧名 the Archipelago》.

ae·ger [íːdʒə | -dʒə(r] 〖◻ L ～ sick〗 *n.* 〖英大学〗病気証明書, 診断書.

ae·ge·ri·id [iːdʒí(ə)riɪd, -əd | -dʒíərɪɪd] 〖← NL *Aegeriidae* (↓)〗 〖昆虫〗 *adj.* スカシバガ(科)の. ── *n.* スカシバガ《スカシバガ科の昆虫の総称》.

Ae·ge·ri·i·dae [iːdʒəráɪədìː | -ráɪɪ-] 〖← NL ～ ← *Aegeria* (属名: ← *Aegeria* (森の泉の女神の名) ◻ L *Ēgeria* ◻ Gk *Ēgería*)+-IDAE〗 ── *n. pl.* 〖昆虫〗(鱗翅目)スカシバガ科.

Ae·geus [íːdʒiəs, -dʒuːs | íːdʒjuːs, -dʒɪəs] 〖◻ L ～ ◻ Gk *Aigeús* ← ? *aîges* waves ← ?〗 *n.* 〖ギリシャ神話〗アイゲウス《アテネ王で Theseus の父》.

Ae·gi·na¹ [ɪdʒáɪnə, iːdʒ-] *n.* エイナ(島)《ギリシャ南東部の Aegina 湾内の島; 人口 10,000, 面積 83 km²》.

Ae·gi·na² [ɪdʒáɪnə, iː-] 〖◻ L *Aegina* ◻ Gk *Aígina*〗 *n.* 〖ギリシャ神話〗アイギーナ《Asopus と Metope の娘; Zeus にかどわかされ, Aeacus を生んだ》. 「湾》.

Aegina, the Gulf of *n.* エイナ湾《ギリシャ南東部の

Ae·gir [íːdʒɪə, éɪgɪə | íːdʒɪə(r, éɪgɪə(r] 〖◻ ON ～〗 *n.* 〖北欧神話〗エーギル《海の巨人; Ran の夫》.

ae·gir·ite [éɪgəràɪt, íːdʒər-] 〖⇨↑, -ite¹〗 *n.* 〖鉱物〗=acmite.

ae·gis [íːdʒɪs, -dʒəs | -dʒɪs] 〖(1704) ◻ L ～ ◻ Gk *aigís* goatskin ← *aig-, aíx* goat〗 ── *n.* **1** 〖ギリシャ神話〗(Zeus 神が Athene 神に授けたという)神盾(しんじゅん). **2** 庇護(ひご), 保護 (protection); 後援 (auspices); 指揮, 統率 (control): under the ～ of …の保護を受けて; …の後援で; …の指揮下[傘下]に.

Ae·gis·thus [ɪdʒísθəs, iːdʒ-] 〖◻ L ～ ◻ Gk *Aígisthos* ← ?〗 ── *n.* 〖ギリシャ伝説〗アイギストス《Agamemnon のいとこ; Agamemnon の妻 Clytemnestra を誘惑し Troy から帰還した Agamemnon を殺害したが, 後に Agamemnon の息子 Orestes に殺された》.

Ae·gle [íːgli | -lɪ] 〖◻ L ～ ◻ Gk *Aíglē*《原義》radiance〗 ── *n.* 〖ギリシャ神話〗アイグレー: **1** ヘスペリデス (Hesperides) の一人. **2** 美の三女神 (the Graces) の母とされる水の精.

Ae·gos·pot·a·mi [iːgəspɑ́təmàɪ | -pɔ́t-] *n.* アイゴスポタモイ《Hellespont 海峡に注いだ古代 Thrace の小河とその河口の町; ここでアテネ海軍がスパルタの Lysander に敗れて (405 B.C.), 翌年 Peloponnesian War が終わった》.

ae·gro·tat [iːgróʊtæt, ɪg-, íːgro(ʊ)tæ̀t | iːgrə́ʊtæt, ɪg-, íːgrə(ʊ)tæ̀t] 〖(1864) ◻ L *aegrōtat* (3rd pres. sing.) ← *aegrōtāre* to be sick ← *aeger* sick〗 ── *n.* 〖英大学〗**1** (受験または講義出席不能を証明する)病気診断書. **2** (病気のため最終試験不受験の卒業予定者に与えられる)普通及第学位.

Ae·gyp·tus [iːdʒíptəs] 〖◻ L ～ ◻ Gk *Aíguptos*〗 *n.* 〖ギリシャ伝説〗アイギュプトス《エジプト王で Danaus の兄弟》.

Æl·fric [ǽlfrɪk, -frək | -frɪk] *n.* (955?–?1020) 英国の abbot で著作家・翻訳家; Grammaticus [grəmǽtɪkəs, -tə- | -tɪ-] と呼ばれる.

-ae·mi·a [íːmiə | -mɪə] =-emia.

Aen. 《略》Aeneid.

Ae·ne·as [ɪníːəs, ɪn- | iːníːæs, ɪn-, íːnɪæ̀s] 〖◻ L *Aenēas* ◻ Gk *Aineías* ← ?: cf. Gk *ainós* horrible〗 ── *n.* 〖ギリシャ・ローマ神話〗アイネアース《Anchises と Venus の間の子; トロイ戦争における Troy 側の勇士でローマの建設者》.

Aenéas Síl·vi·us [-sílviəs | -vɪ-] *n.* (*also* **A- Syl·vi·us** [～]) アエネアス シルヴィウス《ピウス二世 (Pius II) (1405–1464) の文学上の名》.

Ae·ne·id [ɪníːɪd, ɪn- | íːnɪɪd] 〖(1490) ◻ L *Aenēida* of Aeneas: ⇨ -id¹〗 ── *n.* [the ～]「アエネーイス」《ローマの詩人 Virgil 作の 12 巻の叙事詩; 主人公 Aeneas が Troy 落城後諸国を漂泊したのちローマを建国する物語》.

A·e·ne·o·lith·ic [eɪìːniəʊlíθɪk | -nɪə(ʊ)-] 〖← L *aēneus* of copper or bronze+-o-+-LITHIC〗 *adj.* 〖考古〗=Chalcolithic.

a·ë·ne·ous [eɪíːniəs | -nɪ-] 〖← L *aēneus* (↑)+-OUS〗 *adj.* 青銅色の (bronze-colored).

Aen·gus [éɪŋgəs, éɪnəs] 〖◻ Ir. *Aonghus*《原義》one choice〗 *n.* 〖ケルト神話〗アンガス《アイルランドの愛と若さと美の神》.

Ae·o·li·a [iːóʊliə, -ljə | iːə́ʊljə, ɪə́ʊ-, -lɪə] *n.* =Aeolis.

ae·o·li·an [iːóʊliən, -ljən | iːə́ʊljən, ɪə́ʊ-, -lɪən] 〖(1791) ← L *Aeolius* ' of AEOLUS '+-AN¹〗 ── *adj.* **1** [A-] (ギリシャの風の神)アイオロス (Aeolus) の; 風の. **2** 〈音が〉風によって生じた, 風のような. **3** 〖地質〗=eolian.

Ae·o·li·an [iːóʊliən, -ljən | iːə́ʊljən, ɪə́ʊ-, -lɪən] 〖↑〗 ── *adj.* **1** アイオリス (Aeolis) 地方(の方言)の. **2** (アイオリス民族の伝説的始祖)アイオロス (Aeolus) の. ── *n.* **1** アイオリス人《ギリシャ三大種族の一つ; cf. Dorian¹, Ionian 1》. **2** =Aeolic.

aeólian hárp [lýre] *n.* エオリアンハープ《羊の腸線を反響箱に張った楽器; 風が吹くにつれてその圧力で鳴り出す; wind harp ともいう》.

aeolian harp

Aeólian móde *n.* 〖音楽〗エオリア旋法《第 9 旋法; ⇨ mode¹ 6 a》.

Ae·ol·ic [iːɑ́lɪk | iːɔ́l-, ɪɔ́l-] 〖(1674) ◻ L *Aeolicus* ◻ Gk *Aiolikós* ← *Aiolis* ' AEOLIS ': ⇨ -ic¹〗 ── *adj.* **1** アイオリス (Aeolis) 地方(の方言)の. **2** 〖建築〗アイオリス様式の《柱頭には下から昇ってきた渦巻が 2 本反対方向に巻き, その下に水蓮の蕾状の装飾が凸形リングになって 2 個ついている》. ── *n.* アイオリス方言.

Ae·o·lid·i·dae [iːəlídədìː | -ə(ʊ)lídɪ-] 〖← NL ～ ← *Aeolid-*, *Aeolis* (属名: ⇨ Aeolis)+-IDAE〗 *n. pl.* 〖動物〗オオミノウミウシ科.

ae·ol·i·pile [iːɑ́ləpàɪl | iːɔ́l-, ɪɔ́l-] 〖◻ L *aeolipila* ← *Aeolus* god of the winds+*pila* ball ∥ Gk *púlē* gate〗 ── *n.* (*also* **ae·ol·i·pyle** [～]) 汽力計, 汽力釜《球または円筒に曲った管が 1 本以上付き, 釜から導かれた蒸気がそこから噴出し, その力で球[円筒]が回転して蒸気の力を示す仕掛け; 紀元前 2 世紀に考案され, 最初の蒸気機関とされる》.

aeolipile

Ae·o·lis [íːəlɪs, -ləs | íːə(ʊ)lɪs, íə(ʊ)-] 〖◻ L ～ ◻ Gk *Aiolis* ← *aiólos* quick-moving: 《原義》daughter of Aeolus〗 ── *n.* アイオリス《小アジアの北西部にあったギリシャの植民地; Aeolia ともいう》.

ae·o·lo·trop·ic [ìːəlo(ʊ)trɑ́pɪk | -lə(ʊ)trɔ́p-] 〖← Gk *aiólos* (↑)+-TROPIC〗 *adj.* 《まれ》〖化学〗=anisotropic.

Ae·o·lus [íːələs | íːə(ʊ)-, íə(ʊ)-] 〖◻ L ～ Gk *Aíolos*《原義》the rapid or changeable ← *aiólos* quick ← ?: cf. Gk *aiṓn* (↓)〗 ── *n.* アイオロス: **1** 〖ギリシャ神話〗風の神; Deïon の父. **2** テッサリア (Thessaly) の王; アイオリス族 (Aeolians) の祖.

ae·on [íːən, -ɑn | -ən, -ɔn] 〖(1647) ◻ L *aeōn* ◻ Gk *aiṓn* age, eternity: cf. Gk *aieí* always, ever〗 ── *n.* **1 a** 〖哲学〗アイオン《一生, 一世代, 一時代, 宇宙の一時代等の擬人化された時間》. **b** 無限の年月, 永劫(えいごう); 永遠, 無窮 (eternity): for ～*s* (of time) (未来)永劫に. **2** (グノーシス派の教義で)アイオン, 霊体《神および神から流出した神的で永遠的な実体》. **3** 〖地質〗=eon 2.

ae·o·ni·an [iːóʊniən, -njən | iːə́ʊnjən, ɪə́ʊ-, -nɪən] 〖⇨↑, -ian〗 *adj.* 長い年月にわたる; 永劫の, 永遠の (eternal).

ae·on·ic [iːɑ́nɪk | -ɔ́n-] *adj.* =aeonian.

ae·py·or·nis [ìːpiɔ́ənɪs, -nəs | -piɔ́ːnɪs] 〖← NL ～ ← Gk *aipús* tall, steep+*órnis* bird〗 ── *n.* 〖鳥類〗エペオルニス《Madagascar に生息していたダチョウより大型の鳥で, ロック (roc) の伝説を生じた》.

aeq. 《略》*L.* aequales (=equal).

ae·quo·rin [iːkwɔ́ːrɪn, -kwɑ́ːr-, -rən | -kwɔ́ːrɪn] 〖← NL *Aequorea* jellyfish (属名: ← L *aequoreus* of the sea)+-IN¹〗 ── *n.* 〖生化学〗エクオリン《クラゲの発光蛋白質; 発光には Ca^II, Sr^II, が必要》.

aer- [ɛ(ə)r | ɛər] (母音の前に来る時の) aero- の異形.

aer·ate [ɛ́(ə)reɪt, éɪərèɪt | éɪəreɪt, ɛ́əreɪt] 〖(1794) ← AERO-+-ATE³〗 ── *vt.* **1 a** 空気にさらす; 〈水槽・部屋など〉に空気を通す, 通気[通風]する (ventilate). **b** 〈牛乳を〉空気にさらして悪臭を除く. **c** 〈文体など〉に生気を与える. **2** 〈液体〉に(炭酸)ガスを満たす[飽和させる]. **3** 酸素と化合させる (oxygenate). **4** 〖医学〗〈血液成分を〉動脈血化する (arterialize); 曝気(ばっき)する.

áer·at·ed bréad [-tɪd-, -təd- | -tɪd-, -təd-] *n.* (酵母の代わりに)炭酸ガスを加えて焼いたパン.

áerated wáter *n.* 《英》炭酸水.

aer·a·tion [ɛ(ə)réɪʃən, èɪər- | èər-, ɛər-] 〖(1578) ← AERA(TE)+-TION: cf. F *aération*〗 ── *n.* **1** 空気にさらすこと, 通気, 通風. **2** 〖化学〗通気, エアレーション, 曝気(ばっき)《水質処理法の一つ》. **3** 〖生理〗(肺による)動脈血化 (arterialization).

áer·a·tor [-tə | -tə(r] 〖← AERATE+-OR²〗 ── *n.* **1** 通風器[装置] (ventilator). **2** 炭酸水製造器; 炭酸ガス飽和器. **3** (小麦などの)燻(くん)煙殺虫装置. **4** 土とりローラー《芝生から土粒をとる, 中空の歯のついたローラー》.

aer·en·chy·ma [ɛ(ə)réŋkɪmə, èɪər-, -rén-, -kə-|èɪər-éŋkɪ-, ɛər-, -rén-] 〖← NL ～ : ⇨ aero-, -enchyma〗 *n.* 〘植物〙通気組織.

aer·i- [ɛ́(ə)rɪ, -rə | ɛ́ərɪ] aero- の異形 (⇨ -i-) : *aerify.*

aer·i·al 〖《1604》← L *aërius* (▭ Gk *āérios* ← *āēr* 'AIR[1]') ＋-AL[1]〗 ── [ɛ(ə)riəl, eɪí(ə)r- | ɛ́ərɪ-] *adj.* **1** 空気の, 大気の; 気体の (gaseous): an ～ current 気流. **2 a** 空中の; 空中に住む: ～ spirits 空気[風]の精 (cf. Ariel[1] 3). **b** 〘生態〙空気中で生存[成長, 形成]する, 気中性の (cf. epigeal 1, aquatic): an ～ animal 気中動物 / an ～ plant 気生[着生]植物. **3 a** 空中にそびえる (lofty): an ～ spire. **b** 空中にかかる, 架空の: an ～ cableway 架空索道 / an ～ railway 架空鉄道 / an ～ ropeway 空中ケーブル / an ～ (ski) lift (スキー)リフト / an ～ wire 〘通信〙＝*n.* 1. **4** 空気のような, 希薄な, 軽い, 淡い (airy). **5** 空虚な, 空想的な (imaginary): ～ dreams. **6** 淡く美しい, 霊妙な (ethereal): ～ music. **7** 航空(機)の[に関する, による]: an ～ attack 空襲 / an ～ beacon 航空標識 / an ～ fleet＝air fleet / ～ inspection 空中査察 / ～ navigation 航空航法 / ～ transport(ation) 空輸. **8** (アメリカンフットボール・ラグビーなどで)フォワードパス (forward pass) を用いた[による]. ── [ɛ(ə)riəl | ɛ́əri-] *n.* **1** 〘通信〙空中線, アンテナ (aerial wire, antenna). **2** ＝forward pass. **～·ly** *adv.*

áerial blúe *n.* 〘窯業〙灰色がかった地に青色の模様をつけた繊細な単色の陶器.

áerial bòmb *n.* 〘軍事〙(航空機から投下する)空中爆弾, 投下爆弾.

áerial bòmbing *n.* 〘軍事〙空中爆撃, 空爆.

áerial cámera *n.* ＝aerocamera.

áerial condúctor *n.* 〘電気〙架空導体.

áerial díscharge *n.* 〘電気〙気中放電.

áerial dráinage *n.* 〘気象〙夜間山の斜面に沿っておこる冷気の下降流.

áerial fárming *n.* 〘農業〙空中農業《航空機を用いて種まきや肥料・農薬の散布を行う農業》.

áerial gúnner *n.* 〘空軍〙機上射手, 機上射撃員.

áer·i·al·ist [-lɪst, -ləst | -lɪst] *n.* 空中曲芸師, (特に)空中ぶらんこ乗り (trapeze artist).

aer·i·al·i·ty [ɛ̀(ə)riǽləṭi, eɪì(ə)r- | ɛ̀əriǽlətɪ, -lɪ-] *n.* 空想的なこと, 空虚さ.

áerial làdder *n.* (消防用の)空中はしご, つなぎばしご.

áerial mìne *n.* 〘軍事〙**1** (空中から水上目標に投下する)空中投下機雷, 航空機雷. **2** 空中投下地雷, パラシュート付き大型爆弾 (land mine ともいう).

áerial observátion *n.* 〘軍事〙＝air observation.

áerial perspéctive *n.* 〘絵画〙濃淡遠近法, 空気遠近法.

áerial phótograph *n.* 航空写真, 空中写真.

áerial photógraphy *n.* 航空写真術, 空中写真術.

áerial róot *n.* 〘植物〙気根.

áerial survéillance *n.* 〘軍事〙航空機による監視.

áerial súrvey *n.* (航空写真による)航空測量.

áerial torpédo *n.* 〘軍事〙**1** 空中[航空]魚雷, 空雷. **2** 大型空中爆弾. **3** 推進装置付き誘導弾.

ae·rie [ɛ́(ə)ri, í(ə)ri, éɪəri | ɛ́ərɪ, íərɪ] 〖《1581》▭ ML *aeria* ▭ (O)F *aire* lair of wild animals < L *ārea* level ground, bird's nest (L *ager* native place と連想): ⇨ area〗 ── *n.* **1** (ワシなど猛鳥の)高巣. **2** (山頂など)高所の人家[城, 砦]. **3** 《廃》**a** (高巣の)一かえりの巣びな. **b** (一家の)子供[子弟]たち.

aer·if·er·ous [ɛ(ə)ríf(ə)rəs | ɛər-] 〖← AERO-＋-FEROUS〗 *adj.* 空気を運ぶ[含む].

aer·i·fi·ca·tion [ɛ̀(ə)rəfɪkéɪʃən, eɪì(ə)r-, -fə- | ɛ̀ərɪfɪ-] 〖← AERO-＋-FICATION〗 *n.* **1** 空気を満たすこと. **2** 気体化, 気化.

aer·i·form [ɛ́(ə)rəfɔ̀əm, eɪí(ə)r- | ɛ́ərɪfɔ̀:m] 〖← AERO-＋-FORM〗 *adj.* **1** 空気性の, 気状の (gaseous): an ～ fluid. **2** 空(くう)の, 無形の, 実体のない.

aer·i·fy [ɛ́(ə)rəfàɪ, eɪí(ə)r- | ɛ́ərɪ-] 〖← AERO-＋-FY〗 *vt.* **1** …に空気[気体]を満たす (aerate). **2** 〈液体を〉気体化する, 気化する.

aer·o [ɛ́(ə)roʊ | ɛ́ərəʊ] 〖↓〗 *attrib. adj.* 航空機[飛行機](用)の; 航空(術)の; 航空(写真)用の: an ～ club 飛行クラブ / ⇨ aero metal.

aer·o- [ɛ́(ə)ro(ʊ) | ɛ́ərə(ʊ)] 〖《18C》← Gk *āéros* ← *āḗr* 'AIR[1]'〗 ──「空気 (air); ガス (gas); 飛行機 (airplane), 飛行船 (airship) など」の意の連結形: *aero*mania 飛行機狂. ★ 時に aeri-, また母音の前では通例 aer- になる.

aero. 《略》aeronautical; aeronautics.

àero·állergen 〖← AERO-＋ALLERGEN〗 *n.* 〘生化学〙空中アレルゲン《空中にあるアレルギー誘発物質》.

aer·o·bac·ter [ɛ́(ə)rəbæ̀ktə, -ro(ʊ)- | ɛ́ərə(ʊ)bæ̀ktə(r)] 〖← NL ～ : ⇨ aero-, bacteria〗 ── *n.* 〘細菌〙エロバクター《エロバクター属 (*Aerobacter*) の微生物で腸内にも常在する》.

àero·ballístics *n.* 〘軍事〙空気力学的[空力]弾道学《空気力学上の諸力がロケット・ミサイルなどの飛行に及ぼす影響を研究する学問》.

aer·o·bat·ic [ɛ̀(ə)rəbǽṭɪk | ɛ̀ərə(ʊ)bǽt-] 〖《逆成》↓〗 *adj.* 空中曲芸の[をやる], 空中曲技的な; 高等飛行(術)の[をやる]: an ～ flight 曲技[高等]飛行.

aer·o·bat·ics [ɛ̀(ə)rəbǽṭɪks | ɛ̀ərə(ʊ)bǽt-] 〖← AERO-＋(ACRO)BATICS〗 *n.* (飛行機などの)アクロバット[曲技]飛行; 高等飛行(術) (stunt flying).

aer·obe [ɛ́(ə)roʊb, eɪə̀roʊb | ɛ́ərəʊb, eɪərəʊb] 〖▭ F *aérobie* ← AERO-＋Gk *bios* life: cf. microbe〗 ── *n.* 〘生物〙好気性生物《特に, 菌類や細菌類; cf. anaerobe》.

aer·ob·i·an [ɛ(ə)róʊbiən, èɪər- | ɛəráʊbjən, èɪər-, -bɪən] *adj.* **aer·ób·i·ous** [-biəs | -bjəs, -bɪəs] *adj.*

aerobia *n.* aerobium の複数形.

aer·o·bic [ɛ(ə)róʊbɪk, èɪər- | ɛəráʊb-, èɪər-] 〖← AEROB(E)＋-IC[1]: フランスの化学者 Louis Pasteur の造語〗 ── *adj.* 〘生物〙**1** 好気性の (↔ anaerobic): ～ bacteria 好気性細菌 / ～ respiration 好気[酸素]呼吸. **2** 酸化(力)の(ある) (oxidative). **3** 好気性生物の[によって引き起こされる]. **aer·ó·bi·cal·ly** *adv.*

aer·o·bics [ɛ(ə)róʊbɪks | ɛəráʊ-] 〖⇨ ↑, -ics〗 ── *n.* 〘スポーツ〙エアロビクス《酸素の消耗量をふやして, 心臓や肺などの循環機能を活発にするための運動(ランニング, 水泳など)を通して体を鍛える方法》.

àero·biólogist *n.* 空中生物学者.

àero·biólogy 〖← AERO-＋BIOLOGY〗 *n.* 空中生物学. **àero·biológic** *adj.* **àero·biológical** *adj.* **àero·biológically** *adv.*

àero·biósis 〖← NL ～ : ⇨ aero-, -biosis〗 *n.* (*pl.* **-oses**) 〘生物〙好気的生活. **àero·biótic** *adj.* **àero·biótically** *adv.*

aer·o·bi·um [ɛ(ə)róʊbiəm, èɪər- | ɛəráʊbjəm, èɪər-, -bɪəm] 〖← NL ～ ← F *aérobie* 'AEROBE'＋-IUM〗 *n.* (*pl.* **-bi·a** [-biə | -bjə, -bɪə]) 〘生物〙＝aerobe.

áero·bùs *n.* 〘航空〙＝airbus.

áero·càmera *n.* (航空写真用の)航空カメラ.

àero·chémical *adj.* 〘軍事〙(飛行機から化学剤を投射する)航空化学戦の: an ～ attack 航空化学攻撃.

aer·o·do·net·ics [ɛ̀(ə)ro(ʊ)dənéṭɪks | ɛ̀ərə(ʊ)dənét-] 〖← Gk *āerodónētos* air-tossed (← AERO-＋*doneîn* to shake)＋-ICS〗 *n.* 〘航空〙滑空術; グライダー操縦術.

aer·o·don·tal·gi·a [ɛ̀(ə)ro(ʊ)dɑntǽldʒiə, èɪər-, -dʒə | ɛ̀ərə(ʊ)dɒntǽldʒɪə, èɪər-, -dʒə] 〖← AERO-＋ODONTALGIA〗 *n.* 〘歯科〙航空性歯痛.

aer·o·don·ti·a [ɛ̀(ə)ro(ʊ)dɑ́nʃiə, -ʃə | ɛ̀ərə(ʊ)dɔ́nʃɪə] 〖← AERO-＋ODONT-＋-IA[1]〗 *n.* 〘歯科〙航空歯科.

aer·o·drome [ɛ́(ə)rədròʊm | ɛ́ərədrəʊm] 〖《1891》← AERO-＋-DROME: HIPPODROME の類推〗 *n.* 《英》＝airdrome.

àero·dynámic *adj.* 空気力学(的)の. **àero·dynámically** *adv.*

aerodynámic cénter *n.* 〘航空〙空力中心《翼の断面形に固有の点で, 亜音速流におけるその点回りのモーメントが迎角にかかわらず不変》.

aerodynámic héating *n.* 〘航空〙空力加熱《超音速で飛ぶ航空機の翼前縁像などで, 空気が圧縮や表面摩擦によって高温となり機体が加熱されること》.

àero·dynámicist *n.* 空気力学者, 航空力学者.

àero·dynámics 〖《1837》〗 ── *n.* 空気力学《空気または他の気体の運動およびその中に置かれた物体に働く力などを取扱い, 航空工学の主な柱の一つ; gas-dynamics ともいう》.

aer·o·dyne [ɛ́(ə)rədàɪn | ɛ́ərə(ʊ)-] 〖← AERO-＋DYNE〗 *n.* 〘航空〙(空気より重い)重航空機 (heavier-than-air craft) (cf. aerostat).

àero·elástic *adj.* 〘航空〙空力弾性(的)の: ～ divergence 空力弾性的な発散《気流の速度がある限界を越したとき弾性的な変形が著しく大きくなって破壊するに至る現象》.

àero·elastícity *n.* 空力弾性学.

àero·émbolism *n.* 〘病理〙空気塞栓(そく) (air embolism)《手術・妊娠中絶などの際, 血管に気泡が入って血流を止める状態》.

áero·èngine *n.* 〘航空〙航空機用エンジン, 航空エンジン (aircraft engine).

aer·o·foil [ɛ́(ə)rəfɔ̀ɪl | ɛ́ərə(ʊ)-] 〖⇨ foil[2]〗 *n.* 《英》〘航空〙＝airfoil.

áerofoil sèction *n.* 〘航空〙＝wing section.

A·e·ro·flot [ɛ̀(ə)ro(ʊ)flɔ́(:)t | ɛ̀ərə(ʊ)flɔ́t; *Russ.* aeraflót] 〖▭ Russ. ～ ← *aero-* 'AERO-'＋*flot* fleet〗 *n.* アエロフロート《ソ連の国営航空; 略 AFL, 記号 SU》.

aer·o·gel [ɛ́(ə)rədʒèl | ɛ́ərə(ʊ)-] 〖← AERO-＋GEL〗 ── *n.* 〘化学〙エーロゲル《エーロゾル粒子が凝結し, その間隙に気体を含んだ構造のもの; 吸着剤・触媒に用いられる; cf. xerogel》.

aer·o·gen·ic [ɛ̀(ə)ro(ʊ)dʒénɪk | ɛ̀ərə(ʊ)-] 〖← AERO-＋-GENIC〗 *adj.* 〈細菌が〉ガスを産生する.

aer·o·gram [ɛ́(ə)rəgræ̀m | ɛ́ər-] 〖← AERO-＋-GRAM〗 ── *n.* **1** 無線電報. **2** 航空書簡, エアログラム (air letter). **3** 〘気象〙エーログラム《断熱図 (adiabatic chart) の一種》. **4** 〘医学〙＝pneumogram.

aer·o·gramme [ɛ́(ə)rəgræ̀m | ɛ́ər-] *n.* ＝aerogram 2.

aer·o·graph [ɛ́(ə)rəgræ̀f | ɛ́ərəgrɑ̀:f, -græ̀f] *n.* 自記気象計 (meteorograph).

aer·og·raph·er [ɛ(ə)rɑ́grəfə | ɛərɔ́grəfə(r)] 〖⇨ ↑, -er[1]〗 *n.* 〘米海軍〙(海軍飛行隊で気象観測と予報に任じる)航空気象観測准士官.

aer·og·ra·phy [ɛ(ə)rɑ́grəfi | ɛərɔ́grəfɪ] *n.* ＝meteorology.

àero·hýdroplane 〖← AERO-＋HYDRO-＋PLANE[2] (*n.* 5)〗 *n.* 〘航空〙水上(飛行)機 (hydroplane).

àero·hýdrous 〖← AERO-＋HYDROUS〗 *adj.* 〘鉱物〙〈鉱物が〉(小孔に)空気と水を含む.

aer·o·lite [ɛ́(ə)rəlàɪt | ɛ́ərə(ʊ)-] 〖← AERO-＋-LITE〗 *n.* 〘岩石〙石質隕石(いんせき) (stone) (cf. pallasite). **aer·o·lit·ic** [ɛ̀əro(ʊ)líṭɪk | ɛ̀ərə(ʊ)lít-] *adj.*

aer·o·lith [ɛ́(ə)rəlìθ | ɛ́ərə(ʊ)-] *n.* 〘岩石〙＝aerolite.

aer·o·lit·ics [ɛ̀(ə)ro(ʊ)líṭɪks | ɛ̀ərə(ʊ)lít-] 〖← AEROLITE＋-ICS〗 *n.* 石質隕石学.

aer·ol·o·gy [ɛ(ə)rɑ́lədʒi | ɛərɔ́lədʒɪ] 〖← AERO-＋-LOGY〗 ── *n.* **1** 気象学 (meteorology). **2** 高層[航空]気象学. **aer·o·log·i·cal** [ɛ̀(ə)rəlɑ́dʒɪkəl, -dʒə- | ɛ̀ərəlɔ́dʒɪ-] *adj.* **aer·ól·o·gist** [-dʒɪst, -dʒəst | -dʒɪst] *n.*

àero·magnétic *adj.* 〘地球物理〙空中磁気の.

aer·o·man·cy [ɛ́(ə)ro(ʊ)mæ̀nsi, éɪər- | ɛ́ərə(ʊ)mæ̀nsɪ, éɪər-] 〖《1393》 *aeromanc(i)e* ▭ MF *aéromancye* ∥ ML *āeromantia*: ⇨ aero-, -mancy〗 ── *n.* **1** (天気の模様によって行なう)天気占い; (大気の様子によって行なう)大気占い. **2** 天気予報.

àero·marı́ne *adj.* 〘航空〙洋上飛行の.

àero·mechánic *n.* 飛行機技術者, 飛行機修理工 (aircraft mechanic). ── *adj.* 空気力学の.

àero·mechánics 〖← AERO-＋MECHANICS〗 *n.* 空気力学 (aerodynamics) (cf. aerostatics 1).

àero·médical *adj.* 航空医学の.

àero·médicine *n.* ＝aviation medicine.

àero métal *n.* 〘冶金〙高力アルミニウム合金, 航空機用軽合金《亜鉛・銅を含んだアルミニウム合金》.

àero·meteórograph *n.* 航空気象記録器.

aer·om·e·ter [ɛ(ə)rɑ́məṭə | ɛərɔ́mɪtə(r), -mə-] 〖← AERO-＋-METER[1]〗 *n.* 〘物理〙(気体の流量を計る)量気計.

aer·om·e·try [ɛ(ə)rɑ́mətri | ɛərɔ́mɪtrɪ, -mə-] 〖← AERO-＋-METRY〗 ── *n.* **1** 〘物理〙気体測定; 量気学. **2** 《古》＝pneumatics. **aer·o·met·ric** [ɛ̀(ə)ro(ʊ)métrɪk | ɛ̀ərə(ʊ)-] *adj.*

áero·mòtor *n.* 航空機用発動機 (aircraft motor, aero-engine).

aer·o·naut [ɛ́(ə)rənɔ̀:t, -nɑ̀t | ɛ́ərənɔ̀:t] 〖《1784》▭ F *aéronaute* ← AERO-＋Gk *naútēs* sailor (cf. nautical)〗 ── *n.* **1** 飛行船[軽気球]に乗る人. **2** 飛行士 (air pilot) (cf. astronaut).

aer·o·nau·tic [ɛ̀(ə)rənɔ́:ṭɪk, -nɑ́ṭ- | ɛ̀ərənɔ́:t-] *adj.* ＝aeronautical.

aer·o·nau·ti·cal [ɛ̀(ə)rənɔ́:ṭɪkəl, -nɑ́ṭ-, -ṭə- | ɛ̀ərənɔ́:tɪ-] *adj.* 航空(術)の, 航空学の: an ～ chart 航空地図. **～·ly** *adv.*

aeronáutical engineéring *n.* 航空工学.

aeronáutical rádio *n.* 〘通信〙航空無線.

aeronáutical státion *n.* 〘通信〙航空無線局《地上航空機と交信する局; cf. aircraft station, land station》.

aer·o·nau·tics [ɛ̀(ə)rənɔ́:ṭɪks, -nɑ́ṭ- | ɛ̀ərənɔ́:t-] 〖← NL *āeronautica* ← AERO-＋L *nautica* ((pl. neut.) ← *nauticus* 'NAUTICAL')〗 *n.* 航空学; 航空術, 飛行術.

àero·neurósis 〖← NL ～〗 *n.* 〘病理〙航空神経症.

ae·ron·o·my [ɛ(ə)rɑ́nəmi | ɛərɔ́nəmɪ] 〖← AERO-＋-NOMY〗 ── *n.* 超高層大気物理学. **ae·ron·o·mer** [ɛ(ə)rɑ́nəmə | ɛərɔ́nəmə(r)] *n.* **aer·o·nom·ic** [ɛ̀(ə)rənɑ́mɪk | ɛ̀ərənɔ́m-] *adj.* **àer·o·nóm·i·cal** *adj.* **ae·rón·o·mist** [-mɪst, -məst | -mɪst] *n.*

aer·o·nom·ics [ɛ̀(ə)rənɑ́mɪks | ɛ̀ərənɔ́m-] *n.* ＝aeronomy.

àero·otítis média 〖← NL ～ : ⇨ aero-, otitis media〗 *n.* 〘病理〙航空中耳炎 (aviator's ear).

aer·o·pause [ɛ́(ə)rəpɔ̀:z | ɛ́ərə(ʊ)-] 〖← AERO-＋PAUSE〗 *n.* [the ～] 〘宇宙〙大気境界域《大気の上層部で下層大気と著しく組成が変わる境界域; 高度 100～150 km》.

aer·o·pha·gia [ɛ̀(ə)rəféɪdʒə, -dʒiə | ɛ̀ərə(ʊ)féɪdʒɪə, -dʒə] 〖← NL ～ ← AERO-＋-*phagia* '-PHAGY'〗 ── *n.* 〘精神医学〙呑(どん)気(症), 空気嚥下(えんげ)(症). **aer·oph·a·gist** [ɛ̀(ə)rɑ́fədʒɪst, -dʒəst | ɛ̀ərɔ́fədʒɪst] *n.*

àero·philátelist *n.* 航空(郵便)切手収集家.

àero·philátely *n.* 航空(郵便)切手収集.

àero·phóbia *n.* 〘精神医学〙嫌(けん)気(症); 高所恐怖(症) (acrophobia). **àero·phóbic** *adj.*

áero·phòne 〖← AERO-＋-PHONE〗 *n.* 気鳴楽器《楽器分類上の用語で, トランペットやフルートなど空気が発音体となる楽器の総称》.

aer·o·phore [ɛ́(ə)rəfɔ̀ə, -fɔ̀ə | ɛ́ərə(ʊ)fɔ̀:(r)] 〖← AERO-＋-PHORE〗 *n.* (*also* **aer·o·phor** [-fɔ̀ə | -fɔ̀:(r)]) 〘医学〙圧搾空気携帯装置《窒息治療用》.

àero·photógraphy *n.* 航空写真術.

àero·phýsics 〖← AERO-＋PHYSICS〗 *n.* 航空物理学.

aer·o·phyte [ɛ́(ə)rəfàɪt, éɪər- | ɛ́ərə(ʊ), éɪər-] 〖← AERO-＋-PHYTE〗 *n.* 〘植物〙＝epiphyte.

aer·o·plane [ɛ́(ə)rəplèɪn | ɛ́ərə-] 〖《1866》← AERO-＋PLANE[2]〗 *n.*, *vi.* 《英》＝airplane.

áero·plànkton *n.* [集合的] 〘生物〙空中プランクトン, 空中浮遊生物《大気中に浮遊している小形の生物》.

áero·pùlse 〖← AERO-＋PULSE[1]〗 *n.* 〘航空〙＝pulse-jet engine.

aer·o·scep·sis [ɛ̀(ə)ro(ʊ)sképsɪs, -səs | ɛ̀ərə(ʊ)sképsɪs] 〖← NL ～ ← AERO-＋Gk *sképsis* perception〗 ── *n.* (*pl.* **-scep·ses** [-si:z]) 〘動物〙(ある種の動物がもつ)気象状況を感知する能力.

aer·o·scep·sy [ɛ́(ə)ro(ʊ)skèpsi | ɛ́ərə(ʊ)skèpsɪ] 〖← AERO-＋-*scepsy* (← Gk *sképsis* (↑))〗 *n.* ＝aeroscepsis.

aer·o·scope [ɛ́(ə)rəskòʊp | ɛ́(ə)rəskəʊp] 〖← AERO-＋-SCOPE〗 ── *n.* エアロスコープ《空中から顕微鏡的物体を集める装置》. **aer·o·scop·ic** [ɛ̀(ə)rəskɑ́pɪk, èɪər- | ɛ̀(ə)rəskɔ́p-, èɪər-] *adj.*

àero·sinusítis 〖← AERO-＋SINUSITIS〗 *n.* 〘病理〙航空[気圧]性副鼻腔(くう)炎.

aer·o·sol [ɛ́(ə)rəsɑ̀l, -sɔ̀(:)l | ɛ́ərə(ʊ)sɔ̀l] 〖← AERO-＋SOL[4]〗 ── *n.* **1** 〘物理化学〙エーロゾル, 気膠(きこう)質, 煙霧質《固体または液体の微粒子を気体中に霧状に分散させた系》. **2 a** エアゾル剤, 噴霧式薬剤《殺虫剤・塗料など》. **b** エーロゾル容器《aerosol bomb など》.

áerosol bòmb *n.* エアゾル噴霧器, スプレー《殺虫剤・消毒剤などを霧状に噴出させる金属容器》.

aer·o·sol·ize [ɛ́(ə)rəsɑ̀laɪz, -sɔ̀(:)l- | ɛ́ərə(ʊ)səl-] *vt.* 〘物理化学〙エーロゾル[気膠(きこう)質]化する, 霧状に分散させる. **aer·o·sol·i·za·tion** [ɛ̀(ə)rəsɑ̀lɪzéɪʃən, -sɔ̀(:)l-, -lə- | ɛ̀ərəsɔ̀laɪ-, -lɪ-] *n.*

áero·spàce *n.* **1** 〘宇宙〙大気および宇宙空間. **2** 航空宇宙学. **3** 航空宇宙産業. ── *attrib. adj.* **1** 大気

および宇宙空間の. **2** 〈航空機が〉aerospace 用の; aerospace 飛行の. **3** 宇宙航空機生産[製作]の.

áero·sphère 〖⊏F *aérosphère*: ⇨ aero-, -sphere〗 *n.* [the ~] 〖航空〗大気圏.

aer·o·stat [ɛ́(ə)rəstæ̀t | ɛ́ərə(ʊ)-] 〖(1784) ⊏F *aérostat*: ⇨ aero-, -stat〗 *n.* 〖航空〗軽航空機 (lighter-than-air craft) (cf. aerodyne).

aer·o·stat·ic [ɛ̀(ə)rəstǽtɪk | ɛ̀ərə(ʊ)stǽt-] 〖← AERO-+STATIC〗 *adj.* **1** 気体静力学の. **2** 軽航空機操縦(術)の. **3** 《古》航空(術)の (aeronautical).

àer·o·stát·i·cal [-tɪkəl, -tə- | -tɪ-] *adj.* =aerostatic.

aer·o·stat·ics [ɛ̀(ə)rəstǽtɪks | ɛ̀ərə(ʊ)stǽt-] 〖← AERO-+STATICS〗 *n.* **1** 気体静力学, 空気静力学. **2** 軽航空機操縦術.

aer·o·sta·tion [ɛ̀(ə)rəstéɪʃən | ɛ̀ər-] 〖⊏F *aérostation* ← *aérostat* 'AEROSTAT'〗 *n.* 軽航空機操縦(法) (cf. aviation).

àero·táxis 〖← NL ~: ⇨ aero-, -taxis〗 *n.* 〖植物〗趨(すう)気性, 走気性. **àero·táctic** *adj.*

àero·therapéutics 〖← AERO-+THERAPEUTICS〗 *n.* 〖医学〗大気療法学.

àero·thérapy *n.* 〖医学〗=aerotherapeutics.

àero·thermodynámic *adj.* 気体熱力学の.

àero·thermodynámics *n.* 気体(特に空気の)熱力学.

áero·tràin *n.* 〖鉄道〗プロペラ推進式モノレール.

aer·o·trop·ic [ɛ̀(ə)ro(ʊ)trɑ́pɪk, èɪər- | ɛ̀ərə(ʊ)trɔ́p-, èɪər-] 〖← AERO-+-TROPIC〗 *n.* 〖生物〗屈気[趨気]性の.

aer·o·tro·pism [ɛ(ə)rɑ́trəpɪzm, èɪər- | ɛərɔ́t-, èɪər-] *n.* 〖生物〗屈気性, 趨気性.

aer·tex [ɛ́əteks | ɛ́ə-] 〖商標名〗 *n.* エアテックス《シャツ・下着用粗織生地》.

Aert·sen [ɑ́ətsən | ɑ́:t-; *Du.* á:rtsə] (*also* **Aerts·zen** [~]), **Pieter** *n.* アールツェン《1508?-?75; オランダの静物・風俗画家》.

aer·u·gi·nous [i:rú:dʒənəs, ɪr-, aɪr- | ɪərú:dʒɪ-] 〖(1605) ⊏L *aerūginōs-us* verdigris ← *aerūgin-*, *aerūgō* copper rust ← *aer-*, *aes* copper: ⇨ -ous〗 — *adj.* 緑青(ろくしょう)の(ような); 緑青色の (bluish-green).

ae·ru·go [i:rú:goʊ, ɪr-, aɪr- | -gəʊ] 〖cf. aeruginous〗 *n.* (*pl.* ~**s**) 緑青 (verdigris).

aer·y[1] [ɛ́(ə)ri, éɪəri | ɛ́əri] 〖(1586) ⊏L *āeri-us* ← *āer* 'AIR[1]'〗 *adj.* (**aer·i·er**; **-i·est**) 《詩》軽やかな; 淡い; 夢のような; 霊的な; 空虚な.

ae·ry[2] [ɛ́(ə)ri, í(ə)ri | ɛ́əri, íəri] *n.* =aerie.

Aes·chi·nes [éskənì:z, í:s- | í:skɪ-] *n.* アイスキネス《389-314 B.C.; Athens の雄弁家で Demosthenes の敵》.

Aes·chy·lus [éskələs, í:s- | í:skɪ-] *n.* アイスキュロス《525-456 B.C.; ギリシャの悲劇詩人; 鷲(わし)が彼のはげ頭に向かって亀を落としたため死んだという伝説は有名; *Agamemnon*「アガメムノン」》. **Aes·chy·le·an** [èskəlí:ən, ì:s- | ì:skɪlí:ən, -líən] *adj.*

Aes·cu·la·pi·an [èskjuléɪpiən | ì:skjuléɪpjən, -pɪən] 〖(1622): ⇨ ↓, -an[1]〗 — *adj.* 医神アイスクラピオス (Aesculapius) の; 医術の, 医療の (medical); 医師の. — *n.* 医者, 医師 (physician).

Aes·cu·la·pi·us [èskjuléɪpiəs | ì:skjuléɪpjəs, -pɪəs] 〖⊏L *Aesculāpius* ⊏Gk *Asklēpiós* 'ASCLEPIUS'〗 — *n.* **1** 〖ギリシャ・ローマ神話〗アイスクラピオス《ギリシャ神話の医神 Asclepius のラテン語名》. **2** 医師.

aes·cu·lin [éskjulɪn, -lən | í:skjulɪn] *n.* 〖化学〗=esculin.

Ae·sir, a- [éɪsɪə, és- | -sɪə(r)] 〖⊏ON ~ (pl.) ← *āss* god: cf. OE *ōs* / Goth. *ans* god〗 — *n. pl.* [the ~] 〖北欧神話〗エイシア, アサ神族《北欧古代の神々で Asgard に住む》.

Ae·son [í:sn] 〖⊏L ~ ⊏Gk *Aisōn*〗 *n.* 〖ギリシャ伝説〗アイソン《Jason の父》.

Ae·sop [í:sɑp, -səp | -sɔp] 〖⊏L *Aesōp-us* ⊏Gk *Aísōpos*〗 *n.* イソップ, アイソーポス《620?-?564 B.C.; ギリシャの寓話作家; その作と伝えられるのが Aesop's Fables》.

Ae·so·pi·an [i:sóupiən, -sɑ́p- | -sə́upjən, -sɔ́p-, -pɪən] 〖← L *Aesōpius* (← *Aesōpus* (↑))+-IAN〗 — *adj.* **1** イソップ (Aesop) の, イソップ風の. **2** 〈語句など〉寓意的な.

Ae·sop·ic [i:sɑ́pɪk | -sɔ́p-] *adj.* =Aesopian.

aesth. 《略》aesthetic; aesthetically; aesthetics.

aes·the·si·a [esθí:ʒə, -ʒiə | ɪsθí:zjə, i:s-, es-, -zɪə, -ʒɪə, -ʒə] *n.* =esthesia.

aes·the·si·o- [esθí:zio(ʊ) | ɪsθí:zɪə(ʊ), i:s-, es-] =esthesio-.

aes·the·si·om·e·ter [esθì:ziɑ́mətə, -θì:si- | ɪsθì:zɪɔ́mɪtə(r), i:s-, es-, -mə-] *n.* 〖医学〗=esthesiometer.

aes·the·sis [esθí:sɪs, -səs | i:sθí:sɪs, ɪs-, es-] *n.* =esthesis.

aes·thete [ésθi:t | í:s-, és-] 〖(1881) ⊏Gk *aisthētḗs* one who perceives ← IE **aw-* to perceive (⇨ audible)〗 — *n.* **1** 唯美主義者, 耽(たん)美主義者. **2** 審美眼のある人. **3** 《英》(大学で, 運動ぎらいの)勉強家 (cf. hearty 3).

aes·thet·ic [esθétɪk, ɪs-, əs- | i:sθét-, ɪs-, es-] 〖(1798) ⊏Gk *aisthētik-ós* capable of perception: ⇨ ↑, -ic[1]〗 — *adj.* **1 a** 審美的な; 美的な, 美の: ~ criticism 審美的批評 / an ~ experience [feeling] 美的体験[感情] / an ~ sense 美感, 美意識. **b** 美学の[に関する]. **2** 〈人など〉審美眼のある, 審美的な; 美を愛好する. **3** 〈物が〉芸術的な; 趣味のよい. **4** 感性[感覚]的な, 感性[感覚]の[に関する]. — *n.* **1** 〖哲学〗=aesthetics. **2** =aesthete.

aes·thét·i·cal [-tɪkəl, -tə- | -tɪ-] *adj.* =aesthetic.

aes·thét·i·cal·ly 〖(1839)〗 *adv.* **1** 審美的に; 美学的に. **2** 芸術的に.

aesthétic dìstance *n.* 〖芸術〗審美的距離《芸術家が作品にみせる現実との心理的距離》.

aesthétic educátion *n.* 〖教育〗審美教育《美の本質・理論に関する教育》.

aes·the·ti·cian [èsθətíʃən | ì:sθɪ-, es-] 〖← AESTHETIC(S)+-IAN〗 *n.* 美学者.

aes·thét·i·cìsm [-təsɪzm | -tɪ-] 〖← AESTHETIC+-ISM〗 *n.* **1** 唯美[耽(たん)美]主義. **2** 美的趣味, 審美眼.

aes·thet·i·cize [esθétəsàɪz, ɪs-, əs- | i:sθétɪ-, ɪs-, es-] 〖← AESTHET(IC)+-IZE〗 *vt.* 〈物を〉美しくする, 美化する.

aesthétic mòvement *n.* [the ~] 〖芸術〗耽美主義運動《1880 年代の英国で芸術至上主義 (art for art's sake) を唱えた芸術上の運動》.

aes·thet·ics [esθétɪks, ɪs-, əs- | i:sθét-, ɪs-, es-] 〖(1833) ← AETHETIC+-ICS〗 *n.* 〖哲学〗**1** 美学. **2** (カント哲学の)感性論. **3** (特定の)美学理論, 芸術論.

àes·tho-physiólogy [èsθo(ʊ)- | ì:sθə(ʊ)-, ès-] *n.* =esthesiophysiology.

aes·ti·val [éstəvəl, estáɪ- | i:stáɪ-] 〖(c1386) ⊏(O)F *estival* // L *aestivāl-is* ← *aestivus* ← *aestus* heat ← IE **ai-dh-* to burn〗 *adj.* 夏季(特有)の: an ~ disease.

aes·ti·vate [éstəvèɪt | í:stɪ-] 〖← L *aestivāt-us* (p.p.) ← *aestivāre* to spend the summer ← *aestivus* (↑)〗 — *vi.* **1** 夏を過ごす. **2** 〖動物〗夏眠する (cf. hibernate 1). **áes·ti·và·tor** [-tə | -tə(r)] *n.*

aes·ti·va·tion [èstəvéɪʃən | ì:stɪ-] 〖← L *aestivātus* (↑)+-ION〗 — *n.* **1** 〖動物〗夏眠 (cf. hibernation). **2** 〖植物〗花芽層, 芽層《つぼみの中で花弁が折りたたまれている状態; cf. vernation》.

aet. 《略》aetatis.

aetat. 《略》aetatis.

ae·ta·tis [i:téɪtɪs, aɪtɑ́:- | -tɪs] 〖⊏L *aetātis* at the age of, aged〗 *L. adj.* 年齢…歳の (略 aet., aetat.): *aet.* 60 年齢 60 歳.

Æth·el·stan [ǽθəlstæ̀n | -stən] *n.* =Athelstan 2.

ae·ther [í:θə | -θə(r)] *n.* **1** =ether. **2** [A-] 〖ギリシャ神話〗アイテール《晴れた空の大気の擬人化; Erebus と Nyx の子》.

ae·the·re·al [ɪθí(ə)riəl, əθ-, eθ- | ɪθíərɪ-, i:θ-] *adj.* (*also* **ae·the·ri·al** [~]) =ethereal.

Ae·thi·o·pi·a [ì:θióupiə | ì:θɪə́upjə, -pɪə] *n.* エチオピア《アフリカ北東部一帯に対する古名; 今日のエジプト・スーダン・エチオピアおよび以南の当時知られていた地を含んだ; cf. Ethiopia》.

ae·ti·o·lo·gic [ì:tiəlɑ́dʒɪk | -tɪəlɔ́dʒ-] *adj.* =etiologic. **àe·ti·o·lóg·i·cal** *adj.*

ae·ti·ol·o·gy [ì:tiɑ́lədʒi | -tɪɔ́lədʒɪ] *n.* =etiology.

Aet·na [étnə] *n.* エトナ(山) (⇨ Etna).

a·e·to- [eɪéto(ʊ), eɪí:t- | -tə(ʊ)] 〖← NL ~ ← Gk *aetós*: cf. L *avis* bird〗 〖生物〗「ワシ (eagle)」の意を表わす連結形で, 分類学上の名に用いる.

Ae·to·li·a [i:tóuliə, -ljə | -tə́uljə, -lɪə] *n.* アイトリア《古代ギリシャ北西部の一地方》.

Ae·to·li·an [i:tóuliən, -ljən | -tə́uljən, -lɪən] 〖⇨ ↑, -an[1]〗 *adj.* アイトリア (Aetolia) の; アイトリア人の. — *n.* アイトリア人.

-a·e·tus [éɪətəs | éɪɪt-] 〖← NL ~: ⇨ aeto-〗 〖生物〗「ワシ (eagle)」の意を表わす名詞連結形.

AEW 《略》〖航空〗aerial early warning (地上の警戒レーダーの死角を利用し低空で進入して来る敵機に対する)空中早期警戒(機).

af- [æf, əf] *pref.* (f の前に来る時の) ad- の異形: *af*firm, *af*flict.

Af 《記号》〖貨幣〗afghani(s).

AF 《略》Air France.

AF, A.F. 《略》air force; Anglo-French.

af. 《略》〖文法〗affix.

Af. 《略》Africa; African.

A.F. 《略》Admiral of the Fleet; advanced freight(s); Allied Forces; Armed Forces; Army Form 陸軍用紙, 陸軍書式.

AF, A.F., a.f., a-f 《略》〖通信〗audio frequency (cf. RF).

A.F.A.M. 《略》Ancient Free and Accepted Masons.

a·fanc [əvǽŋk] 〖⊏Welsh ~ 'beaver' < Celt. **abankos* ← **ab-* water: cf. Welsh *afon* river〗 — *n.* 〖ケルト伝説〗アバン《ウェールズ北部の川や湖に住み, かっぱのように人や動物を水にひきずりこむ小さな怪物》.

a·far [əfɑ́ə | əfɑ́:(r)] 〖(c1300) *afer, of feor* (⇨ a[3], far) ∞ OE *feorran* far off, from far〗 — *adv.* [通例 off を伴って] 遠く, はるかに, 遠くで[へ]: stand ~ *off* / see something ~ *off*.
from afar 遠方[遠くから]: come *from* ~.

A·fars and the Is·sas [ɑ́:fɑə(z)ən ðə i:sɑ́:(z) | -fɑ:(z)-] *n.* [the ~] アファル イッサ (⇨ Djibouti).

AFB 《略》Air Force Base 空軍基地.

AFC 《略》〖航空〗automatic flight control 自動飛行制御; 〖通信〗automatic frequency control.

A.F.C. 《略》Air Force Cross; Amateur Football Club; 《英》Association Football Club.

AFDC 《略》Aid to Families with Dependent Children (米国の)扶養児童世帯補助.

a·feard [əfíəd | əfíəd] 〖ME *afered* < OE *āfǣred* (p.p.) ← *āfǣran* to frighten: ⇨ a-[2], fear〗 *pred. adj.* (*also* **a·feared** [~]) 《古・方言》=afraid.

a·feb·rile [eɪfébrəl, -fí:b-, -rɪl, -raɪl | -fí:braɪl] 〖← A-[7]+FEBRILE〗 *adj.* 〖病理〗熱のない, 無熱の.

aff [ǽ(:)f] 〖《スコット》← OFF〗 *prep., adv.* 《スコット》=off.

aff. 《略》affiliate; affirmative; affirming.

af·fa·bil·i·ty [æ̀fəbílәṭi | -lətɪ, -lɪ-] 〖(1483) ⊏(O)F *affabilité* ← *affable* (↓): ⇨ -ity〗 — *n.* 愛想のよさ, 人好きのすること, 優しさ, 温和 (*to, toward*): with ~ 愛想よく (affably).

af·fa·ble [ǽfəbl̩] 〖(?c1475) ⊏(O)F ~ // L *affābil-is* able to be spoken to ← *affāri* to speak to ← *ad-* to+*fāri* to speak: cf. fable〗 — *adj.* **1** 〈人が〉(特に, 目下の人にも)愛想のいい, 気のおけない, 人好きのする (sociable) (*to*): an ~, quiet man. **2** 〈言葉・物腰など〉丁寧な, 物柔らかな, 優しい (courteous): an ~ smile. **~·ness** *n.*

áf·fa·bly [-bli | -blɪ] 〖(1608)〗 *adv.* 愛想よく, 物柔らかに.

af·fair [əféə | əféə(r)] 〖(?a1400) ⊏OF *afaire* (F *affaire*) ← *à* (< L *ad*) + *faire* to do (< L *facere*) ∞ (?a1300) *afere* ⊏AF *afere* = OF: cf. ado〗 — *n.* **1** 用事, 任務, 仕事 (business); 関心事 (concern): I have many ~s to look after. 処理しなければならない仕事がたくさんある / That's my (own) ~. それは君の口を出すことではない / Attend to your own ~s. 自分のことに専念しなさい. **2** [*pl.*] (公私の)諸事, 事務, 業務: family ~s 家事 / financial ~s 財務, 財政 / human ~s 人間社会の営み, 人事 / private ~s 私事 / public ~s 公事, 公務 / ⇨ foreign affairs / a talent for ~s 事務(処理)の才能 / a man of ~s 事務家, 実務家 / the ~s of state 国事, 国務, 政務. **3 a** (漠然と)事, 事柄, 出来事, 事件 (matter): an ~ of honor 決闘《男子の面目に関する事の意; cf. affaire d'honneur》 / an ~ of the heart (不純な)恋愛, 情事 (cf. 6; affaire de coeur) / His death was a tragic ~. 彼の死は悲劇的な出来事だった. **b** [*pl.*] 状況 (things): current ~s 時事, 時局 / the state of ~s 形勢, 事態 / in a pretty state of ~s はなはだ困った状態で. **c** 戦闘; 事変 (incident). **4** [通例形容詞を伴って] (漠然と)物, 品, しろもの (thing): Our refrigerator is an old ~. うちの冷蔵庫は古ぼけたしろものだ / The house was a low, one-story ~. その家は低い平家建てだった. **5** (社交的な)会合, パーティー: The party was a stand-up ~. 会は立食式だった. **6** (通例一時的で不倫な)恋愛, 情事 (love affair) (cf. 3 a): have an ~ *with* …と恋愛[関係]する. **7** [しばしば固有名詞と共に用いて] …事件, 醜聞(case): the Watergate ~ ウォーターゲート事件 / ⇨ Dreyfus affair.
an affair of =a matter of ⇨ matter 8. ***put*** [***set, leave***] *one's* ***affairs in order*** (経済的な)身辺の事柄を整理する[しておく]. ***wind up*** *one's* ***affairs*** (事業などをやめる前に)事務の整理をつける.

af·faire [əféə | əféə(r; *F.* afɛ:r] 〖⊏F ~ (↑)〗 *F. n.* (*pl.* ~**s** [~z; *F.* ~]) =affair 6, 7.

af·fai·ré [ɑ̀:feɪréɪ, æ̀f-; *F.* afere] 〖⊏F ~〗 *F. adj.* **1** 忙しい. **2** (…に)夢中になって (*with*).

affaire d'a·mour [əféədəmúə | əféədəmúə(r; *F.* afɛrdamu:r] 〖⊏F ~ 'affair of love'〗 — *F. n.* (*pl.* **af·faires d'a·mour** [əféə(z)də- | əféə(z)də-; *F.* ~]) =affaire de coeur.

affaire de coeur [əféədəkə́: | əféədəkə́:(r; *F.* afɛrdəkœ:r] 〖⊏F ~ 'affair of heart'〗 — *F. n.* (*pl.* **af·faires de coeur** [əféə(z)də- | əféə(z)də-; *F.* ~]) =affair 6.

affaire d'hon·neur [əféədɑnə́:, -dɔ(:)- | əféədɔnə́:(r; *F.* afɛrdɔnœ:r] 〖⊏F ~ 'affair of honor'〗 — *F. n.* (*pl.* **af·faires d'hon·neur** [əféə(z)də-, -dɔ(:)- | əféə(z)də-; *F.* ~]) 決闘 (duel) (cf. affair 3 a).

af·fect[1] [əfékt, æf- | əf-] 〖(1410) ← L *affect-us* (p.p.) ← *afficere* to do something to, work upon ← *ad-* to+*facere* to do, make (← IE **dhē-* to set, put: ⇨ do[1])〗 — *vt.* **1 a** …に影響を及ぼす, 作用する (influence): be ~*ed* by heat and cold 寒暑に影響される / The end ~s the means. 目的は手段に影響を与える / Acids do not ~ gold. 酸類は金に作用しない / How will it ~ public sentiment? 世論にどう響くだろうか / Japan was seriously ~*ed* by the energy crisis. 日本はエネルギー危機によって非常な打撃をこうむった. **b** …に悪い影響を及ぼす, さわる: Overwork ~*ed* his health. 過労で健康を害した / The shock ~*ed* his mind. そのショックで頭がおかしくなった. **2** 〈病気・苦痛などが〉〈局所・人を〉冒す, 襲う (attack): Cataract ~*ed* his left eye. 左の目が白内障になった / She is ~*ed with* rheumatism. リューマチにかかっている / His lungs are ~*ed*.=He is ~*ed in* the lungs. 肺が冒されている. **3** 〈人・感情を〉動かす, 感動させる (move): be ~*ed with* pity 憐れみの情を催す / She was much [deeply] ~*ed* by what she heard. その話を聞いてひどく[深く]心を打たれた / He is easily ~*ed*. 彼は感動しやすい. **4** [Passive で] 《古》〈物・人を〉〈用途・任務に〉割り当てる, 指定する (assign) (*to*).

af·fect[2] [ǽfekt, æfékt, əf-] 〖⊏L *affect-us* affection, disposition ← *affectus* (↑)〗 — *n.* **1** 〖⊏G *Affekt*〗〖心理〗情態, 情緒, 感動, 感情《快・不快などの感情と喜び・怒り・恐れ・悲しみなどの情動をまとめていう; cf. affection 2 b》. **2** 《廃》愛情; 性向.

af·fect[3] [əfékt, æf- | əf-] 〖(?a1425) ⊏F *affect-er* ⊏L *affectāre* to strive after, aim at (freq.) ← *afficere* (⇨ affect[1])〗 — *vt.* **1 a** …のふりをする, 気取る, 装う (pretend): ~ ignorance [indifference] 知らぬ顔を

する[無関心を装う] / ～ the atheist 無神論者を気取る / ～ an air of despair 絶望の風をしてみせる. **b** 〈…する[…である]ように〉見せかける (pretend) 〈*to* do〉: He ～*ed to* believe it [*to* be tired]. 信じる[疲れた]ようなふりをした / I ～*ed* not *to* know. 知らないふりをした. **2 a** 好んで用いる: ～ loud ties, old furniture, etc. / Jeans are much ～*ed* by young people. ジーパンは若い人たちが盛んに愛用する. **b** (気取って)真似る: He ～*s* a British accent. (いつも)イギリス英語の口調を真似て話す. **c** 〈ある場所〉へ好んで行く, 通う. **d** 〈動植物が〉〈ある場所など〉に好んで住む[出入りする, 生える]. **3** 〈物が〉〈ある形〉になりやすい: Drops of a liquid ～ a round figure. 液体のしたたりは円形になりやすい. **4** 《古》たしなむ, 好む. **5** 《廃》目指す (aim at). ── *vi.* 《廃》〔…に〕気が向く (incline) 〔*to*〕. **～·er** *n.*

af·fect·a·ble [əféktəbl̩, æf- | əf-] 〖← AFFECT[1] + -ABLE〗 ── *adj.* 〔…の〕影響を受けうる[やすい]; 〈病気などに〉冒されやすい; 感動しやすい 〔*by*〕. **af·fèct·a·bíl·i·ty** [-təbíləṭi | -ləti, -lɪ-] *n.*

af·fec·ta·tion [æ̀fektéɪʃən, æ̀fɪk-] 〖← (1548) ▭ F ～ ‖ L *affectātiō(n-)*: ⇨ affect[3], -ation〗 ── *n.* **1** 見せかけること, 装うこと, 誇示, 虚飾: an ～ *of* indifference, sincerity, wealth, etc. / an ～ *of* kindness わざとらしい[うわべの]親切 / without ～ 気取らないで. **2** 気取った態度, きざ: His ～*s* are insufferable. 彼のきざっぽさは鼻もちならない. **3** 《廃》愛情; 愛好 (fondness) 〔*of*〕. **4** 《廃》熱望, 追求 〔*of*〕.

af·féct·ed[1] 〖(1579) (p.p.) ← AFFECT[1]〗 *adj.* **1** (悪)影響を受けた; (病気に)冒された, 害された: the ～ area 被害地(域) / the ～ part 患部. **2** 感動した.

af·féct·ed[2] 〖(1535) (p.p.) ← AFFECT[3]〗 ── *adj.* **1 a** 気取った, きざな, 見えを張った (↔ natural): an ～ accent, lady, manner, etc. **b** わざと装った, いつわりの, 不自然な (pretended, unnatural): an ～ smile わざとらしい微笑, 作り笑い / with ～ indifference 無関心を装って. **2** [副詞を伴って] (好・悪などの)感情を抱いて (disposed): How is he ～ *toward* us? あの人は私たちに対してどんな気持ちでいるのか / ⇨ ill-affected, well-affected. **～·ness** *n.*

af·féct·ed·ly 〖(1596)〗 *adv.* 気取って, きざに.

af·fect·i·ble [əféktəbl̩, æf- | əféktə-, -tɪ-] *adj.* ＝affectable. **af·fèct·i·bíl·i·ty** [-əbíləṭi | -tɪbílətɪ, -tə-, -lɪ-] *n.*

af·féct·ing *adj.* 人を感動させる, 感動的な (touching); 哀れな, 痛ましい: an ～ scene. **～·ly** *adv.*

af·fec·tion [əfékʃən, æf- | əf-] 〖(?*a*1200) ▭ (O)F ～ ▭ L *affectiō(n-)* (favorable) disposition ← *affectus* ← *afficere* 'to AFFECT[1]'〗 ── *n.* **1** [しばしば *pl.*] 愛情, 情愛, 愛 (love, attachment); 好意 (goodwill) 〔*for, toward*〕: the object of one's ～(*s*) 愛情の対象; 意中の人 / have great [a deep] ～ *for* [*toward*] a person / set one's ～*s* (up)on a person 人を愛する / win [gain] a person's ～*s* 人の愛をかち得る / play [trifle] with a person's ～*s* 人の愛情をもてあそぶ. **2 a** [しばしば *pl.*] 感情 (emotion, feeling): stir a person's ～*s* 人を感動させる. **b** 〖心理〗感情《快・不快などの気持または怒り・恐れ・喜びなど激しい感情としての情動などを包括する; cf. affect[2] 1, conation, cognition》. **3** 《古》性向, 性情 (disposition) 〔*toward*〕 / 〈*to* do〉. **4** 《廃》＝affectation 1, 2. **5** 《廃》偏見 (prejudice). **6** 〖(1541)〗 **a** 〖病理〗疾患, 罹(り)患, 病気 (malady, disease); 傷害: an ～ of the lungs 肺の疾患 / a nervous ～ 神経性の病気. **b** (何らかの影響による)身体の状態, 体調. **7** 影響(する[される]こと). **8** 特性, 属性 (attribute). **9** 〖言語〗後続する音の影響による母音の変化, 変音 (umlaut)《特に, ケルト語の文法で用いられる; 例えば Ir. e > i, Welsh e > y, ei など》. ── *vt.* 《古》〈人などを〉愛する, 好む. **～·less** *adj.*

af·féc·tion·al [-ʃənl̩, -ʃnəl] 〖⇨ ↑, -al[1]〗 *adj.* 愛情の[に関する]. **～·ly** *adv.*

af·féc·tion·ate [əfékʃ(ə)nət, -nɪt | əf-] 〖(1494) ← AFFECTION＋-ATE[1]〗 ── *adj.* **1** 愛情の深い[こまやかな], 優しい: an ～ husband / be ～ *to* [*toward*] …を愛している. **2** 〈言葉など〉愛情のこもった: an ～ greeting, letter, embrace, etc. **3** 《廃》偏見にとらわれた. **4** 《廃》〔事・物に〕好意をもった 〔*to*〕. **～·ness** *n.*

af·féc·tion·ate·ly 〖(1588)〗 *adv.* 愛情深く[こまやかに], 愛情をこめて (lovingly): Yours ～《親類または恋人同士で用いる手紙の結辞; cf. yours 3》.

af·féc·tioned *adj.* **1** 《古》＝affected[2]. **2** 《廃》 **a** 愛情のある. **b** 頑固な.

af·fec·tive [əféktɪv, æf- | əf-] 〖(*c*1400) ▭ F *affectif, -ive* ‖ LL *affectīv-us* ← L *affectus* ← *afficere* 'to AFFECT[1]'〗 ── *adj.* **1** 感情の[による]; 感情的な; 感情表出の. **2** 〖心理〗感情の, 情動の. **～·ly** *adv.*

af·fec·tiv·i·ty [əfèktívəṭi, æf-, æ̀fek- | əfektívətɪ, æ̀fek-] 〖⇨ ↑, -ity〗 *n.* 〖心理〗感情状態, 情動状態《感情や情動の状態》.

afféct·less *adj.* 無情な (unfeeling). **～·ness** *n.*

af·fen·pin·scher [ǽfənpɪ̀nʃə, ɑ́:f- | -ʃə(r; G. áfənpɪnʃɐ] 〖▭ G ～ ← *Affe* monkey＋*Pinscher* fox terrier: 顔が猿に似ているところから〗 *n.* アーファンピンシャー《Brussels griffon の原型の犬種のイヌ》.

af·fer·ent [ǽf(ə)rənt] 〖▭ L *afferent-em* (pres.p.) ← *afferre* to bring or carry to ← *af-* 'AD-'＋*ferre* 'to BEAR[2], carry'〗 ── *adj.* 〖生理〗〈血管など〉輸入性の, 導入の; 〈神経が〉求心(性)の (centripetal) (↔ efferent): ～ nerves 求心性神経《末梢に起こった興奮を中枢に伝える》/ the ～ blood vessel 輸入血管《えらなどに血液を送り込む血管》. ── *n.* (血管などの)輸入管; (神経の)求心性線維. **～·ly** *adv.*

af·fet·tu·o·so [əfètʃuóusou, æfèṭu-, -zou | əfètjuə́uzəu, æf-, -tu-; *It.* àffettwó:so] 〖▭ It. ～ 'feelingly'〗 〖音楽〗 ── *adv., adj.* 感情をこめて[た], 情趣豊かに[な]. ── *n.* (*pl.* ～**s**) 情趣豊かな曲[律動].

af·fi·ance [əfáɪəns, æf- | əf-] 〖(*a*1338) ▭ OF *afiance* trust, confidence ← *afier* to trust < ML *affīdāre* to pledge ← L *af-* 'AD-'＋*fīdāre* to trust (← *fīdus* trusty ← *fidēs* faith)〗 ── *vt.* [通例 Passive で] 〈人を〉〔…と〕婚約させる (betroth) 〔*to*〕: *be* ～*d to* …と婚約している, …のいいなずけである / ～ one's daughter *to*… 娘を…と婚約させる / ～ oneself *to* …と婚約する. ── *n.* 《古》 **1** 誓約; (特に)婚約. **2** 信頼, 信用 〔*in*〕.

af·fí·anced *adj.* 婚約した, いいなずけの (betrothed): the ～ couple 婚約した男女 / one's ～ husband [wife] 婚約者, 許婚者 / the ～ bride of …の花嫁となるべき婚約者.

af·fi·ant [əfáɪənt, æf- | əf-] 〖▭ MF ～, *afiant* (pres.p.) ← OF *afier* to trust: cf. affiance〗 *n.* 〖米法〗 **1** 宣誓供述人 (cf. affidavit). **2** ＝deponent 1.

af·fiche [æfí:ʃ, əf-; *F.* afiʃ] 〖▭ F ～ ← *afficher* to affix < OF *afficher* < VL **affigicāre* ← AD-＋L *fīgere* to fix〗 ── *F. n.* (*pl.* ～**s** [～, ～ɪz, ～əz; *F.* ～]) 貼(は)り紙, ビラ, ポスター (poster).

af·fi·cio·na·do [əfì∫(i)əná:dou, əfìsi-, əfì:si- | əfìsjəná:dəu; *Sp.* afiθjonáðo] *n.* (*pl.* ～**s** [～z; *Sp.* ～s]) ＝aficionado.

af·fi·da·vit [æ̀fədéɪvɪt, -vət | æ̀fɪdéɪvɪt] 〖(1622) ▭ LL *affidāvit* he has stated on faith (3rd sing. perfect) ← *affidāre*: ⇨ affiance)〗 ── *n.* 〖法律〗宣誓供述書 (cf. deposition 3): The judge takes an ～. 判事は供述書を取る / The deponent swears an ～. 供述人は供述書に偽りのないことを宣誓する《★ 通俗的には swear の代わりに make, take を用いることが多い》.

af·fil·i·ate 〖(1761) ← L *affiliāt-us* (p.p.) ← *affiliāre* to adopt as a son ← AD-＋*filius* son (cf. filial)〗 ── [əfílièɪt, æf- | -lièɪt] *vt.* **1 a** 〈団体などが〉〈人を〉会員に加える, 加入させる: be ～*d with* a society [church] ある会[教会]に所属する. **b** [～ oneself で] 〔団体に〕加入する 〔*with*〕: He ～*d himself with* the club. そのクラブに入会した. **2** [通例 Passive で] **a** 〈団体が〉〈他の(小)団体〉と提携する, 合併する, 傘下[系列下]に置く; 〔…と〕提携させる 〔*with, to*〕: ～ smaller companies 小会社を合併する[子会社にする] / Our college *is* ～*d with* an American college. 本学はあるアメリカの大学と提携している / The hospital *is* ～*d to* our college. この病院は本大学の関連病院である (cf. affiliated hospital). **b** 〔…と〕密接な関係に置く 〔*with*〕: be ～*d with* …と密接な関係にある. **3** 〖法律〗〈非嫡出子〉の父子関係を決定する, の父を〔…と〕認定する 〔*on, upon, to*〕: ～ a child *to* a parent / The mother ～*d* her child *upon* J. Smith. 母親はその子は J. スミスの子だと言った. **4** …の根源[由来]を求める, 〔…に〕帰する (attribbute) 〔*to, upon*〕: ～ Greek art *to* Egypt ギリシャ芸術の源をエジプトに求める / ～ an old manuscript *upon* a courtier 古い写本をある宮廷人の作だとする. **5** 《まれ》〈人を〉養子にする (adopt). ── *vi.* [しばしば ～ with として] **1** 〔…と〕提携[協力]する; 〔…に〕加入[加盟]する. **2** 〔…と〕密接な関係をもつ. **3** 《米》〔…と〕交際する, 親しくする. ── [-lɪət, -lɪɪt | -lɪət, -lɪɪt] *n.* **1** 支部, 分会; 系列会社, 支社, 支店 (branch); 関係[協力]団体: a New York ～ of a Japanese business firm ニューヨークの日本商社支店. **2** 会員, 会友 (member); 協力者.

af·fíl·i·àt·ed [-ṭɪd, -ṭəd | -tɪd, -təd] *adj.* 密接な関係のある; 提携した, 合併した, 系列下の, 傘下の: an ～ company [concern] 系列会社, 子会社 / an ～ school 提携[付属]校, 分校 / an ～ society (中核団体に対する)支部, 分会 / an ～ union 加盟(労働)組合.

affíliated hóspital *n.* (大学医学部などの)関連病院《人事面などで系列関係の深い病院》.

af·fil·i·a·tion [əfìliéɪʃən, æf- | əfɪlɪ-] 〖(1751) ▭ F ～ ‖ LL *affiliātiō(n-)*: ⇨ affiliate, -ation〗 ── *n.* **1** 入会, 加入; 加盟. **2 a** (会社などの)提携, 合併, 系列化. **b** ＝affiliate 1. **3** 《米》(政治上の)関係, 支持: party ～*s* 党派関係. **4** 〖法律〗(非嫡出子の)父子関係決定[認知]. **5** (事物の)根源の決定[認定].

affiliátion lètter *n.* 《米》(大学などの)受入れ承認の書面.

affiliátion òrder *n.* 〖英法〗(非嫡出子の父に対する)扶養命令.

af·fi·nal [əfáɪnl̩, əf- | əf-] 〖← L *affīnis* a relative (⇨ affinity)＋-AL[1]〗 *adj.* 婚姻の[による], 姻戚の (cf. consanguineous).

af·fine [æfáɪn, əf- | əf-] 〖▭ F *affin* related ▭ L *affīnis*: ⇨ affinity〗 ── *adj.* **1** 密接な関係のある 〔*to*〕. **2** 〖数学〗擬似(変換)の, アフィン(変換)の《直線を直線に移し, 平行な直線を平行な直線に移す変換, またはそのような変換に関して不変な性質についていう》. ── *n.* 姻戚者. **～·ly** *adv.*

affíne coórdinates *n. pl.* 〖数学〗アフィン座標 (⇨ Cartesian coordinates).

af·fined [æfáɪnd, əf- | əf-] 〖← F *affin* related＋-ED〗 *adj.* **1** 密接な関係のある; 姻戚の 〔*to*〕. **2** 〖生物〗類縁の. **3** 《廃》〈…する〉義務がある 〈*to* do〉.

affíne geómetry *n.* 〖数学〗アフィン幾何学《図形の, アフィン変換で不変な性質を調べる幾何学》.

affíne gròup *n.* 〖数学〗アフィン(変換)群《アフィン変換全体の作る群》.

af·fin·i·tive [əfínəṭɪv, æf- | əfínɪt-, -nə-] 〖⇨ ↓, -ive〗 *adj.* 密接な関係のある (closely related) 〔*to*〕.

af·fin·i·ty [əfínəṭi, æf- | əfínətɪ, -nɪ-] 〖(*c*1303) ▭ OF *afinité* (F *affinité*) ‖ L *affīnitās* neighborhood ← *affīnis* adjacent, related. 《原義》bordering on ← AD-＋*fīnis* border (⇨ final)〗 ── *n.* **1** 姻戚[親族]関係, 姻戚 (cf. consanguinity); [集合的] 姻戚者, 親類, 同族. **2** 類似(性, 点), 似寄り (close resemblance) 〔*with, to, between, of*〕: the ～ of one thing *with* another / There are *affinities between* language and culture. 言語と文化には類似点がある. **3** 〖言語〗類縁(性), 同類: the ～ *between* English and Dutch. **4** 〖生物〗類縁(性)《生物相互の関係》; 親和性. **5 a** (特に, 異性間の)相性, 親近性 〔*with, between*〕; 〔相手を〕引きつける力 (attraction) 〔*for*〕: have an ～ *for* …を引きつける. **b** 相性のよい人, 心のひかれる人《特に, 異性》. **6** 〔…に対する〕親近感, 好み 〔*for, to*〕: have an ～ *for* jazz ジャズが好きである. **7** 〖化学〗親和力 〔*for*〕: Salt has an ～ *for* water. 塩は水に対して親和力がある.

af·firm [əfə́:m, æf- | əfə́:m] 〖(*c*1380) ▭ L *affirm-āre* ← AD-＋*firmāre* to make firm (← *firmus* FIRM[1]) ∽ ME *aferme(n)* ▭ OF *afermer* (F *affirmer*) ▭ L〗 ── *vt.* **1 a** 〈事を〉断言する, 確言する; 〈…であると〉断言する 〈*that*〉: I ～*ed* his innocence *to* her.＝I ～*ed to* her *that* he was innocent. 彼の潔白[彼が潔白だということ]を彼女に断言した. **b** (正当と)認める, 是認する (confirm). **2** 肯定する, 重視する (↔ deny): ～ life, peace, etc. / ～ the dignity of labor 労働の尊厳を肯定する. **3** 〖論理〗〈事を〉肯定する. **4** 〖法律〗 **a** 〈上位裁判所が〉〈下位裁判所の判決などを〉確認する, 支持する (confirm): ～ a judgment of the lower court. **b** 〈証人などが〉(宣誓の代わりに)〈供述〉の真実性を確約する (confirm) (cf. affirmation 4 a). ── *vi.* **1 a** 断言する. **b** 〖論理〗肯定する. **2** 〖法律〗 **a** 〈証人などが〉確約する (cf. *vt.* 4 b). **b** 〈上位裁判所が〉下位裁判所の判決[命令]を確認する, 支持する. **～·er** *n.*

af·firm·a·ble [əfə́:məbl̩, æf- | əfə́:m-] *adj.* 断言[確言]できる; 肯定できる; 確認できる 〔*of*〕.

af·fir·mance [əfə́:məns, æf- | əfə́:m-] 〖(1399) ▭ OF *aferma(u)nce* ← *afermer* 'to AFFIRM': ⇨ -ance〗 *n.* ＝affirmation.

af·fir·mant [əfə́:mənt, æf- | əfə́:m-] 〖▭ ? AF *afermant* ▭ L *affirmantem* (pres.p.) ← *affirmāre* (↓)〗 *n.* 断言者; 〖法律〗確約証言者 (cf. affirm *vt.* 4 b).

af·fir·ma·tion [æ̀fəméɪʃən | æ̀fəméɪʃən] 〖(*c*1410) ▭ F ～ ‖ L *affirmātiō(n-)* ← *affirmāre* 'to AFFIRM'〗 ── *n.* **1** 断言, 確言. **2** 確認, 是認; 肯定. **3** 〖論理・文法〗肯定 (↔ negation). **4** 〖法律〗 **a** 確約(証言)《宗教的理由から宣誓 (oath) を拒む者が行なう》: testify by ～ 確約証言をする. **b** 確認, 支持 (cf. affirm *vt.* 4 a).

af·fir·ma·tive [əfə́:məṭɪv, æf- | əfə́:mət-] 〖(*c*1385) ▭ (O)F *affirmatif, -ive* ‖ LL *affirmātīv-us* ← L *affirmātus* ← *affirmāre* (↑): ⇨ affirm, -ative〗 (↔ negative) ── *adj.* **1** 肯定の, 肯定的な: an ～ answer. **2** 〖論理・文法〗肯定的な: the ～ mode 肯定様式 / an ～ proposition 肯定命題 / an ～ sentence 肯定文. **3** 〈投票など〉賛成の, (討論などで)賛成側の: an ～ vote. **4** 断言(的)の, 断定的な; 〈態度など〉積極的な (positive). ── *n.* **1 a** 〖文法〗肯定語(句), 肯定的な表現《yes, He will come. など》: Two negatives make an ～. ⇨ negative *n.* 1 a. **b** 〖論理〗肯定, 肯定様式; 肯定命題; 肯定文. **c** [副詞的に] はい, その通り《無線通信での応答語》. **2** 肯定[承諾]の答え: give [receive] an ～. **3** (採決・討論などで)賛成側(の人): There were ten votes for *the* ～. 賛成投票は 10 票だった.

in the affirmative 肯定的に[の], 賛成で[の] (↔ in the negative): They all answered *in the* ～. 一同はそうだと答えた, みな賛成した / an answer *in* the ～ 肯定的な答え, 賛成.

affírmative áction plàn [prògram] *n.* 〖社会学〗社会的弱者(少数民族・女性・障害者など)のために, 機会の平等よりも結果の平等を推進する社会政策.

af·fir·ma·tive·ly 〖(*c*1454)〗 *adv.* **1** 肯定的に: answer ～ 肯定的に[そうだと]答える / nod ～ そうだと頷く. **2** 断言的に, 断定的に.

af·fir·ma·to·ry [əfə́:mətɔ̀:ri, æf-, -tɔ̀:ri | əfə́:mət(ə)rɪ] 〖← AFFIRM＋-ATORY〗 *adj.* 肯定的な; 断定的な.

af·fix [*v.*: 〖(1533) ▭ MF *affixer* ‖ ML *affix-āre* (freq.) ← *affigere* to fasten to ← AD-＋L *figere* to fasten. ── *n.*: 〖(1612) ▭ F *affixe* ‖ L *affix-us* (p.p.) ← *affigere*: ⇨ fix〗] ── [əfíks, æf-] *vt.* **1** 〈切手などを〉〔…に〕添付する, 貼(は)る (fasten) 〔*to, on*〕: ～ a stamp *to* an envelope [a letter] 封筒[手紙]に切手を貼る / a nameplate ～*ed to* a door 扉に付けた標札. **2** 〈署名などを〉〔…に〕付す, 添える (attach, add); 〈印章などを〉〔…に〕押す (impress) 〔*to*〕: ～ one's name *to* a document 文書に署名する. **3** 〈責め・汚名などを〉〔…に〕負わせる (attach) 〔*to*〕: ～ blame *to* a person. ── [ǽfɪks] *n.* **1** 〖言語〗接辞《接頭辞 (prefix)・挿入辞 (infix)・接尾辞 (suffix) の総称; cf. bound form》. **2** 添付物, 付加物; 添え物.

af·fix·a·ble [əfíksəbl̩, æf-] *adj.* **～·er** *n.* **af·fíx·ment** *n.*

af·fix·al [ǽfɪksəl] 〖⇨ ↑, -al[1]〗 *adj.* 〖言語〗接辞の.

af·fix·a·tion [æ̀fɪkséɪʃən] 〘← AFFIX＋-ATION〙 *n.* **1** ＝affixture 1. **2** 〖言語〗接辞添加《接頭辞・挿入辞・接尾辞などをつけること》. **～·al** [-ʃənḷ, -ʃnəl] *adj.*

af·fix·i·al [æfíksiəl | -sɪ-] *adj.* 〖言語〗＝affixal.

af·fix·ture [æfíkstʃə, æf- | -tʃə(r)] 〘← AFFIX＋(FIX)-TURE〙 *n.* **1** 添加, 付加, 貼付(ちょうふ). **2** 添付物, 付加物 (attachment).

af·flat·ed [əfléɪṭɪd, æf-, -ṭəd | əfléɪtɪd, -təd] 〘←《廃》*afflate* (▭ L *afflātus* 'AFFLATUS')＋-ED〙 *adj.* 霊感を受けた (inspired).

af·fla·tion [əfléɪʃən, æf- | əf-] *n.* ＝afflatus.

af·fla·tus [əfléɪṭəs, æf- | əfléɪt-] 〘《1665》▭ L *afflātus* a breathing on (p.p.) ← *afflāre* to blow, breathe ← AD-＋*flāre* 'to BLOW¹'〙 ── *n.* (詩人・予言者などの)天来の感興, 霊感 (inspiration).

af·flict [əflíkt] 〘《*a*1393》▭ L *afflict-āre* (freq.) ∥ ← L *afflict-us* (p.p.) ← *afflīgere* to dash down ← AD-＋*flīgere* to dash) ← IE **bhlīg-* to strike)〙 ── *vt.* **1** [しばしば Passive で] (肉体的・精神的に)苦しめる, 悩ます, 悲しませる〔*with*〕: ～ a person *with* complaints [cigarette smoke] 不平を言って[たばこの煙で]人を悩ます / *be* ～*ed with* gout [flies, debts] 痛風[はえ, 負債]に悩む / *be* ～*ed with* a conscience 良心の呵責(かしゃく)に苦しむ / ～ oneself 心を痛める / He *was* much ～*ed at* [by] his business failure. 事業の失敗をひどく苦にした. **2** 《廃》卑しめる, 卑下させる. **3** 《廃》打ち倒す, 打ち負かす.

af·flíct·ed *adj.* 苦しめられた, 悩まされた. **～·ness** *n.*

af·flíct·ing *adj.* 苦しい, つらい, 悲しい (distressing).

af·flic·tion [əflíkʃən] 〘《*c*1303》▭ (O)F ～ ∥ L *afflictiō(n-)*: ⇨ afflict, -ion〙 ── *n.* **1** (心身の)苦痛, 苦悩, 悲しみ, 不幸, 難儀 (distress). **2** 苦痛[苦悩, 嘆き]の種, 悩み, 災い.

af·flic·tive [əflíktɪv] 〘← F *afflictif*: ⇨ afflict, -ive〙 *adj.* 苦しめる, つらい, 痛ましい, 悲痛な. **～·ly** *adv.*

af·flu·ence [ǽflu:əns, ǽfluə- | ǽfluəns] 〘《?1350》▭ F ～ ∥ L *affluentia* ← L *affluentem* (pres.p.) ← *affluere* to flow to ← AD-＋*fluere* to flow (同義の FLOW とは語源上無関係): ⇨ fluent〙 ── *n.* **1** 富: live *in* ～ 裕福に暮らす. **2** 豊富, 豊かなこと (abundance): ～ *of* feelings, words, etc. **3** (群衆などの)殺到, 押しかけること, 押し寄せ: an ～ *of* foreigners, tourists, etc. **4** 流れ込み, 流入 (influx, afflux).

áf·flu·en·cy [-ənsi | -sɪ] *n.* ＝affluence 1, 2.

af·flu·ent [ǽflu:ənt, ǽfluə- | ǽfluənt] 〘《1413》▭ (O)F ～ ∥ L *affluent-em* (⇨ affluence)〙 ── *adj.* **1 a** 富裕な, 裕福な, 富める (wealthy): an ～ country, family, etc. / in ～ circumstances 裕福で. **b** [the ～; 名詞的] 裕福な人達: *the* ～ and the needy 富者と貧者. **2** 〔…が〕豊富な, 豊かな (abundant)〔*in*〕. **3** 勢いよく流れる, 滔滔(とうとう)たる, おびただしい (copious). ── *n.* **1** 支流 (tributary). **2** (下水処理場にはいる)未処理の下水[汚水]. **～·ly** *adv.*

áffluent socíety 〘J. K. Galbraith の著書 (1958) の題名から〙 *n.* [the ～] 豊かな[富める]社会.

af·flux [ǽflʌks] 〘《1611》← L *afflux-us* (p.p.) ← *affluere* to flow to: ⇨ affluence〙 *n.* **1** ＝affluence 3, 4. **2** 〖病理〗充血: an ～ of blood *to* the head のぼせ, 脳充血.

af·flux·ion [æflʌ́kʃən, əf-] *n.* ＝afflux.

af·force [æfɔ́əs, əf-, -fóəs | -fɔ́:s] 〘▭ OF *aforc-er* to strengthen ← A-⁴＋*forcer* 'to FORCE¹'〙 *vt.* 〖英法〗〈陪審などを〉強化する. **～·ment** *n.*

af·ford [əfɔ́əd, əfóəd | əfɔ́:d] 〘OE (*ge*)*forþian* to advance, perform ← *ge-* 'Y-'＋*forþian* 'to FURTHER': OE *ge-* (強意) は ME *a-* に弱まり, これが 16 世紀に L *af-* の影響を受けた〙 ── *vt.* **1** [can, be able to, または may を伴い, しばしば否定・疑問・条件構文で] **a** 〈人が〉…(するだけ)の余裕[資力, 時間など]をもつ, 何とか都合できる, …(すること)ができる: He *can* ～ the money [time]. それだけの金[時間]の余裕がある / We *cannot* ～ (*to* buy) the house. あの家を買うだけの余裕はない / They *cannot* ～ *for* their son *to* go to college. 息子を大学へやる余裕がない / He'll *be able to* ～ it next year. 来年は何とか都合がつくだろう / How *can* she ～ such a luxury? どうしてそんなぜいたく(品を買うこと)ができるのだろう. **b** (気兼ねなしに)〈…することが〉できる, 〈…しても〉平気である〈*to* do〉: Now I *can* ～ *to* die. もう私は死んでも心配ない / I *cannot* ～ *to* be seen in places like that. そんな場所に行って人に見られてはまずい / Nobody *can* ～ not *to* admit it. だれもそれを認めないわけにはいかない. **2** 〈物が〉〈利益などを〉与える, もたらす (give)〔*to*〕: ～ examples, pleasure, etc. / Walking ～*s* (me) moderate exercise. 歩くことは(私には)適度な運動となる / The lookout ～*s* a fine view *to* sightseers. その見晴らし台は観光客にすばらしい眺めを与える. **3** 〈自然物などが〉供給する, 産する (yield): The sun ～*s* light and heat. 太陽は光と熱を供給する / Gum trees ～ rubber. ゴムの木からゴムが採れる.
～·er *n.* **～·a·ble** [-dəbl] *adj.*

af·for·est [æfɔ́(:)rɪst, əf-, æfɑ́r-, -rəst | -fɔ́rɪst] 〘《1502》▭ ML *afforest-āre* ← *af-* 'AD-'＋*forestis* 'FOREST'〙 ── *vt.* **1** 〈土地〉に植林する, 造林する (cf. deforest). **2** 《英》(王室用の猟場にするため)〈土地を〉林野化する, 猟場にする (cf. forest *n.* 4 a). **～·a·ble** [-ṭəbl] *adj.*

af·for·es·ta·tion [æfɔ̀(:)rɪstéɪʃən, əf-, æfɑ̀r-, -rəs- | -fɔ̀rɪs-, -res-] 〘《1615》▭ ML *afforestātiō(n-)* ← *afforestāre* (↑)〙 *n.* 造林, 植林; 〖英法〗林野化.

af·fran·chise [æfrǽntʃaɪz, əf- | əfrǽn-, æf-] 〘▭ MF *afranchiss-* (pres.p. stem) ← *afranchir* (F *affranchir*) ← *à* to＋*franchir* to free (← *franc* 'free, FRANK')〙 ── *vt.* 解放する, 釈放する, 自由にする (set free). **～·ment** *n.*

af·fray [əfréɪ, æf-, ǽfreɪ | əfréɪ] 〘《*c*1303》▭ OF *effrei* (F *effroi*) ← *effreer* to disturb < VL **exfridāre* ← L EX-¹＋Frank. **fridu* peace (＝Gmc **friþiz* peace ← *fri-* ← IE **prāi* to be friendly)〙 ── *n.* **1** けんか, 乱闘, 騒ぎ (brawl). **2** 〖法律〗 **a** (公の場所での)乱闘, 闘争. **b** 闘争罪. **3** (戦争中の)小ぜりあい, 衝突 (skirmish). ── *vt.* 《古》 **1** おびえさせる, 驚かせる (frighten). **2** (驚かして)追い払う (frighten away).

af·freight·ment [æfréɪtmənt, əf-] 〘▭ F *affrètement* ← *affréter* to freight: 綴り字は英語化〙 *n.* 〖海事〗(船荷積送のための)用船: a contract of ～ 用船契約.

af·fri·cate 〘← L *affricāt-us* (p.p.) ← *affricāre* to rub against ← AD-＋*fricāre* to rub (cf. friction)〙 〖音声〗 ── [ǽfrɪkət, -rə-, -kɪt | -rɪkət, -kɪt, -kèɪt] *n.* 破擦音《破裂音で始まり同器官的な (homorganic) 摩擦音に終わる音; [tʃ], [dʒ] など》. ── [-kèɪt] *vt.* 破擦音に発音する.

áf·fri·càt·ed [-ṭɪd, -ṭəd | -tɪd, -təd] *adj.* 〖音声〗破擦(音)化した.

af·fri·ca·tion [æ̀frɪkéɪʃən, -rə- | -rɪ-] *n.* 〖音声〗破擦(音)化.

af·fric·a·tive [æfríkəṭɪv, əf- | -tɪv] 〘← AFFRICATE＋-IVE〙 〖音声〗 *n.* ＝affricate. ── *adj.* 破擦音の.

af·fright [əfráɪt, æf- | əf-] 〘《1589》←《廃》*af(f)right* frightened < OE *āfyrhted* (p.p.) ← **āfyrhtan* ← A-²＋*fyrhtan* to frighten〙 《古》 ── *vt.* 恐れさす, 驚かす (frighten). ── *n.* **1** 恐怖 (terror), 驚き (fright): in ～ 驚いて, 恐れて. **2** 恐怖のもと.

af·front [əfrʌ́nt, æf- | əf-] 〘*v.*: 《*c*1330》 *afronte(n)* ▭ OF *afront-er* (F *affronter*) < LL *affrontāre* to strike against ← *ad frontem* to the face. ── *n.*: 《1598》← (*v.*): ⇨ ad-, front〙 ── *n.* **1** (公然の)侮辱, 恥辱, 無礼な言動 (open insult): an ～ *to* a person / an ～ *to* a person's honor 人の名誉[体面]を傷つけること[もの] / put an ～ on [upon] a person＝offer an ～ to [upon] a person 人に侮辱[無礼]を加える, 人を侮辱する. **2** 《廃》攻撃; 対戦. ── *vt.* **1 a** (面と向かって)侮辱する, …に恥辱を与える: be ～*ed* by a person. **b** (侮辱によって)…の感情を害する, 怒らせる (offend): be ～*ed* by a person's impudent manner / She was much ～*ed at being* rebuked before company. 客の前で叱責(しっせき)されてひどく気を悪くした. **2** 〈死・危険など〉に平然[敢然]と立ち向かう, 物ともしない (confront). **3** 《古》〈物が〉…に面[接]する (border); 〈目〉の前に見える (front). **4** 《廃》〈敵を〉攻める, …と対戦する (encounter). **～·er** [-ṭə | -tə(r)] *n.*

af·fron·té [æ̀frʌntéɪ, əfrʌ́nṭi, æf- | æ̀frʌntéɪ, əfrʌ́ntɪ, æf-; *F.* afrɔ̃te] 〘▭ F ～ (p.p.) ← *affronter* (↑)〙 *adj.* (*also* **af·fron·tee** [～]) 〖紋章〗真正面向きの.

af·frónt·ed [-ṭɪd, -ṭəd | -tɪd, -təd] *adj.* 侮辱された; (侮辱されて)感情を害した.

af·fron·tive [əfrʌ́nṭɪv, æf- | əfrʌ́nt-] *adj.* 《古》侮辱的な, 無礼な (insulting).

affť. 《略》〖法律〗affidavit.

af·fu·sion [æfjú:ʒən, əf- | əf-] 〘《1615》▭ L *affūsiō(n-)* ← *affūsus* (p.p.) ← *affundere* to pour upon ← *af-* 'AD-'＋*fundere* to pour (cf. found³)〙 ── *n.* **1** 〖キリスト教〗灌水(かんすい)(式), 注水, 滴水《頭部に水を注いで行なう洗礼の一形式; infusion ともいう; cf. immersion 2》. **2** 〖医学〗灌水(療)法《現在ではまれ》.

Af·ghan [ǽfgæn, -gən | -gæn] 〘▭ Pashto *afghānī*〙 ── *adj.* アフガニスタン(人, 語)の. ── *n.* **1** アフガニスタン人. **2** アフガン語 (⇨ Pashto). **3** [a-] アフガン《毛糸を幾何学模様などに編んで作った毛布[ショール]》. **4** ＝Afghan hound.

Áfghan hóund *n.* アフガンハウンド《エジプト起源, アフガニスタンで開発された大種のイヌ; 尾を高く保持する; ヒョウ, カモシカ, 野ウサギなどの猟犬》.

af·ghan·i [æfgǽni, -gɑ́:ni | -nɪ] 〘▭ Pashto *afghānī* 《原義》Afghan〙 ── *n.* **1 a** アフガニ《アフガニスタンの通貨単位; ＝100 puls; 記号 Af》. **b** 1 アフガニ硬貨. **2** [A-] ＝Afghan 2.

Af·ghan·i·stan [æfgǽnəstæ̀n | -gǽnɪstæ̀n, -stən, -stɑ̀:n, -gæ̀nɪstǽn, -stɑ́:n] *n.* アフガニスタン《パキスタンの北西, イランの東, ソ連邦の南に当たる, アジア中部の共和国; 人口 20,340,000, 面積 657,500 km², 首都 Kabul; 公式名 the Republic of Afghanistan アフガニスタン共和国》.

Af·ghán·is·tàn·ism [-nɪzṃ] 〘アフガニスタンが米国から遠く離れた地にあるところから〙 ── *n.* 《米》(ジャーナリストなどが)地元の問題を無視して遠隔地の問題に力を入れること.

a·fi·brin·o·gen·e·mi·a [eɪfaɪbrɪ̀nədʒəní:miə | -dʒəní:miə, -dʒɪ-, -mjə] 〘← NL ～: ⇨ a-⁷, fibrinogen, -emia〙 ── *n.* 〖病理〗無線維素原血(症), 無フィブリノーゲン血(症).

a·fi·ci·o·na·da [əfɪ̀ʃ(i)ənɑ́:də, əfɪ̀si-, əfɪ̀:si-, -dɑ: | əfɪ̀sjə-; *Sp.* afiθjonáda] 〘▭ Sp. ～ (fem.): ↓〙 *n.* 女性の aficionado.

a·fi·ci·o·na·do [əfɪ̀ʃ(i)ənɑ́:doʊ, əfɪ̀si-, əfɪ̀:si- | əfɪ̀sjənɑ́:dəʊ; *Sp.* afiθjonádo] 〘▭ Sp. ～ (p.p.) ← *aficionar* to inspire devotion or affection ← *afición* 'AFFECTION'〙 ── *n.* (*pl.* ～**s** [～z; *Sp.* ～s]) **1** 闘牛の熱愛者. **2** (娯楽などの)熱心家, 凝り屋, ファン (devotee): a jazz [Sherlock Holmes] ～ / an ～ of bullfighting, chess, comics, etc.

a·field [əfí:ld] 〘OE *on felda* in the field: ⇨ a³, field〙 ── *adv.*, *pred. adj.* [しばしば far を伴って] **1** 〈農夫が〉野に(出て), 畑へ[で]; 〈軍隊が〉戦場に. **2** 家[国]から遠くに[離れて]. **3** 遠く離れて, 遠くに: search *far* ～ ずっと遠くを[まで]捜す. **4** 本題を離れて[はずれて], (常道を)逸脱して, 踏み迷って (astray); (特定の)分野を離れて[はずれて]: The discussion went *farther* ～. 議論はさらにわき道にそれた.

a·fi·ko·man [ɑ̀:fɪkóʊmən | -kə́ʊ-] 〘▭ MHeb. *aphīqōmān* ▭ Gk *epikṓmion* festal procession after the meal〙 ── *Heb. n.* (*also* **a·fi·ko·men** [～]) 過ぎ越しの祝いの種なしパンの一片《ユダヤ教の過ぎ越しの祝い (Passover) の時, 3 個の種なしパン (matzo) の中央のものから取ったパンの一片; 食事の終りに食べるよう取って置かれる》.

AFIPS 《略》〖電算機〗American Federation of Information Processing Societies アメリカ情報処理協会.

a·fire [əfáɪə | əfáɪə(r)] 〘《?*a*1200》 ～, *afure*: ⇨ a³, fire〙 ── *adv.*, *pred. adj.* 燃えて (on fire); 〔激情などで〕熱して, 激して〔*with*〕: with heart ～ 心が燃えて.
set afire 〈物〉に火を放つ[付ける, 燃やす]; 〈人〉の激情をかき立てる〔*with*〕: *set* a house ～.

AFL 《略》Aeroflot; American Federation of Labor 米国労働総同盟《創立 1886 年; 1955 年 2 月 CIO と合併, AFL-CIO となる》; American Football League.

a·flame [əfléɪm] 〘《1555》← A³＋FLAME (*n.*)〙 ── *adv.*, *pred. adj.* **1** 燃え立って, 炎々として (in flames): The house was ～. **2** (真赤に)輝いて〔*with*〕: The flower beds were ～ *with* color. 花壇は色とりどりの花が咲き誇っていた. **3** 〔熱意などに〕燃えて, 熱して〔*with*〕: be ～ *with* enthusiasm / His face was ～ *with* blushes. 恥かしさで顔が火のようだった.

a·flare [əfléə | əfléə(r)] 〘← A³＋FLARE (*v.*)〙 *adv.*, *pred. adj.* ぱっと燃え立って; 〔熱意などで〕急に燃えて[熱して]〔*with*〕.

af·la·tox·in [æ̀flətɑ́ksɪn, -sən | -tɔ́ksɪn] 〘← NL *A(spergillus) fla(vus)*＋TOXIN〙 ── *n.* 〖薬学〗アフラトキシン《穀物に付着したカビ (*Aspergillus flavus*) により生産される毒性物質; 強力な発癌物質といわれている; cf. mycotoxin》.

AFL-CIO 《略》American Federation of Labor and Congress of Industrial Organizations 米国労働総同盟産別会議 (cf. AFL).

a·flick·er [əflíkə | -kə(r)] 〘← A³＋FLICKER² (*v.*)〙 *adv.*, *pred. adj.* ちらちらして, きらめいて; ひらひらして, ゆらめいて (in a flicker).

a·float [əflóʊt | əflə́ʊt] 〘ME *aflot(e)* < OE *on flote* on the sea: ⇨ a³, float〙 ── *adv.*, *pred. adj.* **1** 〖海事〗 **a** (ashore に対して)海上に (at sea); 船[艦]上に, 船に乗って (on board ship): life [service] ～ 海上生活[勤務]. **b** 〈船荷が〉沖掛かりで, 陸揚げ未済の: cargo ～ and ashore 沖荷と陸荷. **2 a** (水上・空中に)浮かんで, 漂って; (風に)なびいて: Ships are ～. 船が浮かんでいる / get a ship ～ 座礁した船を引き離す. **b** 〈艦船が〉就役中の(就役)軍艦. **3** 〈甲板・田畑などが〉浸水して, 水をかぶって: The decks are ～. **4** 〈風説など〉流布(るふ)して, 広まって (current): There is rumor ～ (that…). (…という)噂が広まっている. **5** 借金をしないで, 破産しないで (out of debt). **6** 〈事業など〉発足して; 盛んに活動して. **7** 〈事が〉決まらないで, ぐらついて (adrift). **8** 〈手形など〉流通して; 〈証券が〉浮動して. ── (the floating above) / the largest warship ～ 世界一の(就役)軍艦.
keep afloat (1) 水に浮かんでいる, 沈まないようにしている[おく]. (2) 借金しないでいる[しないようにしておく]: *keep* a firm ～ 会社を赤字にならないようにしておく. ***set afloat*** (1) 浮かばせる: set a boat ～. (2) 流布(るふ)させる; 流通させる. (3) 〈事業などを〉発足させる.

a·flut·ter [əflʌ́ṭə | -tə(r)] 〘← A³＋FLUTTER (*v.*)〙 ── *adv.*, *pred. adj.* **1** そわそわ[はらはら]して, (胸が)どきどきして (in a flutter). **2** 〈旗など〉ひらひらして, ぱたぱたして; 〔旗などを〕ひらめかせて〔*with*〕.

AFM 《略》American Federation of Musicians 米国音楽家同盟.

A.F.M. 《略》《英》Air Force Medal (下士官兵に授与される)空軍勲功章.

a·fo·cal [eɪfóʊkəl | -fə́ʊ-] 〘← A-⁷＋FOCAL〙 *adj.* 〖光学〗(光学系の)物点および像点が無限遠にある.

à fond [ɑ:fɔ́:(ŋ), -fɔ́(:)ŋ; *F.* afɔ̃] 〘▭ F ～ 'to the bottom'〙 *F. adv.* 十分に, 徹底的に (thoroughly).

a·foot [əfʊ́t] 〘《?*a*1200》 *afote*: ⇨ a³, foot〙 ── *adv.*, *pred. adj.* **1** 〈事が〉起こって, 進行中で (in progress); 準備中で: set ～ 〈事を〉起こす, 〈計画を〉立てる / A plot [Mischief] is ～. 陰謀[悪事]がたくらまれている. **2** 起きて, 動き回って, 活動して (astir). **3** 《古》徒歩で, 歩いて (on foot): go ～ 歩いて行く.

a·fore [əfɔ́ə, əfóə | əfɔ́:(r)] 〘OE *on foran* before: ⇨ a-¹, before〙 ── *adv.*, *prep.* **1** 《古・方言》[時間] ＝before: ～ now 今までに(も). **2** 《方言》〖海事〗[場所] ＝before: ⇨ *afore the* MAST¹. ── *conj.* 《古・方言》＝before.

afóre·hànd 〘《1375》〙 *adv.*, *adj.* 《古・方言》＝beforehand.

afóre·méntioned *adj.* 前記[上記]の, 前述の, 前条の (abovementioned).

afóre·sàid 〘《1390》〙 *adj.* ＝aforementioned.

afóre·thòught 〘《1581》〙 ── *adj.* [通例名詞に後置

して] あらかじめ[事前に]考えた上での, 計画的な, 故意の (designed): ⇨ malice aforethought. — *n.* 事前[かねて]の考慮.

afóre·tìme 〘(1535)〙《古》*adv.* さきに, 以前に (previously). — *attrib. adj.* 以前の (previous).

a for·ti·o·ri [èɪ-fɔ̀ətɪóːriː, ɑ̀ː-fɔ̀ətɪóːraɪ, -fɔ̀əʃi-, -fɔ̀ə-, -óːriː, -óːraɪ | èɪ-fɔ̀ːtɪɔ́ːraɪ, -fɔ̀ːʃɪ-, ɑ̀ː-fɔ̀ːtɪɔ́ːriː] 〘⊏L *ā fortiōrī* with the stronger reason〙〘論理〙 — *L. adv.* 一層有力な理由をもって, なおさら一層 (all the more). — *attrib. adj.* さらに有力な理由[論拠]となる: an ~ fact.

a·foul [əfáʊl] 〘← A³+FOUL (adj.) 4〙 — *adv., pred. adj.* 《米》〔…に〕からまって (entangled), 〔…と〕衝突して (in collision) 〔*of*〕: a vessel with its shrouds ~ 横静索のからまった船 / fall [go, run] ~ *of*=*fall* [*go, run*] FOUL *of*.

AFP 《略》Agence France Presse [*F.* aʒɑ̃ːs frɑ̃ːs prɛs] フランス通信社《創立 1944 年; AP, UPI, Reuters と共に西側の四大国際通信社の一つ》.

Afr. 《略》Africa; African.

Afr- [æfr] (母音の前に来る時の) Afro- の異形.

A.-Fr. 《略》Anglo-French.

a·fraid [əfréɪd] 〘(?c1300) *af(f)raied* (p.p.) ← AFFRAY ∞ AFEAR(E)D〙 — *pred. adj.* **1 a** 〔…を〕恐れて, こわがって (in fear) 〔*of*〕: Don't be ~. こわがることはない / The child is (very) much [《口語》very] ~ *of* dogs. その子はひどく犬をこわがる / He was ~ *of* death. 死を恐れた (cf. 2, 3) / I am ~ *of what* will happen. 何が起こるかと不安だ. **b** 〔…を〕きらって, おっくうがって 〔*of*〕: be ~ *of* study [work] 勉強[仕事]がきらいだ. **c** 〔…について〕心配して, 〔…が〕不安で (anxious) 〔*for*〕: I am ~ *for* her [her health, her safety]. 彼女のこと[彼女の健康, 安否]を気づかっている / She was ~ *for* the weather *to* change. 天気が変わりはしないかと心配だった.
2 〈…することを〉心配して, 〈…しはしないかと〉不安で (apprehensive) 〈*of doing, that, lest*〉: He was ~ *of dying*. 死ぬのではないかと心配した, 死ぬのを恐れた (cf. 3) / She is ~ (*that*) she will [may, might] fail again.=She is ~ *lest* she should [might] fail again. (ひょっとしたら)また失敗するのではなかろうかと心配している《今は lest ...よりは (that) ...の方が普通》/ Don't be ~ *of making* mistakes. 間違いをするのではないかなどと気にするな《間違ったって構わない》.
3 (あとのことが)こわくて[心配で]〈…する〉気になれない, 〈…する〉勇気がない (unwilling) 〈*to do, of doing*〉: Don't be ~ *to* tell the truth. 思い切って本当のことを言いなさい / He was ~ *to* die [*of dying*]. 死ぬ勇気がなかった, 死ぬのを恐れた (cf. 2).
4 [I'm ~, I am ~ として]《口語》残念ながら…だ[と思う] (I am sorry to say). ★ 不快な事柄についての語気を和らげるために用いる (cf. fear *vt.* 1 b, hope *vt.* 1 c): *I'm* ~ (*that*) it may not be true. どうも本当ではないかもしれませんよ《that を省く方が普通》/ Is he coming, too?—*I'm* ~ so [*I'm* ~ not]. 彼も来ますか—どうもそうらしいです[そうではないようです].

Á-fràme *n.* 〘建築〙A フレーム, A 形枠, 合掌(造り)《A または逆 V の形をした剛構造の枠組; またそれによって構成された建物》.

Af·ra·mer·i·can [æ̀frəmérɪkən, -rək- | -rɪk-] 〘← AFRO-+AMERICAN〙 *adj., n.* =Afro-American.

Af·ra·sia [æfréɪʒə, -ʃə | -ʒɪə, -ʒə, -zjə, -zɪə, -ʃɪə, -ʃə] 〘← AFRO-+ASIA〙 *n.* アフレーシア《北アフリカと西南アジア》.

Af·ra·sian [æfréɪʒən, -ʃən | -ʒɪən, -ʒən, -zjən, -zɪən, -ʃɪən, -ʃən] 〘⇨ ↑, -an¹〙 — *adj.* **1** アフレーシアの. **2** アフリカ人とアジア人混血の; アフリカ系アジア人の. — *n.* アフリカ人とアジア人混血の人; アフリカ系アジア人.

af·reet [ǽfriːt, əfríːt | ǽfriːt] 〘(1802) ⊏Arab. *ʿifrīt* ⊏ Pers. *āfarīd* creature ← *āfrīdan* to create〙 *n.* 〘アラビア神話〙悪魔, 悪鬼 (demon).

a·fresh [əfréʃ] 〘← A³+FRESH〙 *adv.* 新たに, さらに (anew): start one's life ~ 人生をやり直す.

Af·ric [ǽfrɪk] 〘⊏L *Āfric-us*: ⇨ African〙《古・詩》*adj.* =African 1. — *n.* =Africa; African 1.

Af·ri·ca [ǽfrɪkə, -rə- | -rɪ-] 〘⊏L *Āfrica* (↓)〙 *n.* アフリカ(大陸)《人口 350,000,000, 面積 30,300,000 km²》.

Af·ri·can [ǽfrɪkən, -rə- | -rɪ-] 〘(?a1200) ⊏L *Āfricān-us* ← *Āfrica* 'land of *Āfri*(=ancient people of Northern Africa)': cf. Gk *Aphrikḗ* land of Carthage〙 — *adj.* **1** アフリカ(人)の; アフリカからの; アフリカ黒人の (Negro). **2** 〘生物地理〙アフリカ亜区の. — *n.* **1** アフリカ人; (特に)アフリカ黒人 (Negro). **2** アフリカ在住の白人.

A·fri·ca·na [æ̀frɪkɑ́ːnə, -rə-, -kéɪ- | -rɪkɑ́ː-] 〘← AFRICA+-ANA〙 — *n. pl.* **1** [集合的] (南)アフリカに関する文献, アフリカ風物[事情] (cf. Americana). **2** [単数扱い] アフリカ誌.

Áfrican búffalo *n.* 〘動物〙アフリカスイギュウ (⇨ Cape buffalo).

Áfrican chaméleon *n.* 〘動物〙カメレオン (*Chamaeleo chamaeleon*) (⇨ chameleon 1 a).

Áfrican dáisy *n.* 〘植物〙 **1** アフリカヒナギク (*Lonas inodora*). **2** ハゴロモギク (*Arctotis stoechadifolia*)《アフリカ南部原産の白またはすみれ色の花が咲くキク科の多年草》. **3** =dimorphotheca.

Af·ri·can·der [æ̀frɪkǽndə, -rə-, -kɑ́ːn- | -rɪkǽndə(r)] 〘⊏ Afrik. *Afrikaan(d)er*: ⇨ Afrikaner〙 — *n.* **1** 《古》=Afrikaner 1. **2** [しばしば a-]〘畜産〙アフリカンダー: **a** アフリカ南部産の赤色で大きい角を持つ役肉用の一品種の牛. **b** アフリカ南部産の臀(でん)に脂肪の蓄積する肉用の一品種の羊. **3** [時に a-]〘植物〙=Afrikaner 3.

Áfrican dóminoes *n. pl.* 《米俗》 **1** さいころ (dice). **2** [単数扱い] =craps.

Áfrican élephant *n.* 〘動物〙アフリカゾウ (*Loxodonta africana*).

Áfrican gráy *n.* 〘鳥類〙ヨウム (⇨ gray parrot).

Áfrican húnting dòg *n.* 〘動物〙リカオン (*Lycaon pictus*)《アフリカに生息するイヌ科リカオン属の肉食獣; 白・黒・黄土色の斑紋がある; hyena dog ともいう》.

African hunting dog

Áf·ri·can·ìsm [-nìzm] *n.* **1** アフリカなまり. **2** アフリカ文化の特質[特徴]. **3** アフリカ民族(独立)主義.

Áf·ri·can·ist [-nɪst, -nəst | -nɪst] *n.* **1** アフリカ研究家; アフリカ語学者, アフリカ言語研究家. **2** アフリカ民族(独立)主義者.

Af·ri·can·ize [ǽfrɪkənàɪz, -rə- | -rɪ-] *vt.* **1** アフリカ化する. **2** アフリカ黒人の支配下に置く. **3** 〈従業員などを〉アフリカ(黒)人に置き換える. **Af·ri·ca·ni·za·tion** [æ̀frɪkənɪzéɪʃən, -rə-, -nə- | -rɪkənaɪ-, -nɪ-] *n.*

Áfrican lánguages *n. pl.* [the ~]〘言語〙アフリカ語《アフリカ土着の諸言語の総称; コイサン語・スーダン語・バントゥー語などを含む》.

Áfrican líly *n.* 〘植物〙=agapanthus.

Áfrican mahógany *n.* =mahogany 2.

Áfrican márigold *n.* 〘植物〙センジュギク (*Tagetes erecta*)《キク科センジュギク属の観賞用の一年草》.

Áfrican míllet *n.* 〘植物〙 **1** シコクビエ (raggee). **2** トウジンビエ(唐人稗) (⇨ pearl millet).

Áfrican sándalwood *n.* 〘植物〙アフリカビャクダン (⇨ camwood).

Áfrican sléeping sìckness *n.* 〘病理〙=sleeping sickness 1 a.

Af·ri·can·thro·pus [æ̀frɪkǽnθrəpəs, -rə-, -kænθróʊpəs | æ̀frɪkǽnθrə-, -kænθrə́ʊ-] 〘← NL ~: ⇨ Africa, -anthropus〙 — *n.* 〘人類学〙アフリカントロプス属《アフリカ Tanganyika 地方の Njarasa 湖付近で発見された旧石器時代の化石人類を含む属名》.

Áfrican trypanosomíasis *n.* 〘病理〙=sleeping sickness 1 a.

Áfrican víolet *n.* 〘植物〙アフリカスミレ, セントポーリア (*Saintpaulia ionantha*)《熱帯アフリカ原産の紫色の花をつけるイワタバコ科の多年草; 観賞用に温室で栽培される》.

Áfrican yéllowwood *n.* 〘植物〙熱帯アフリカ産マキ科マキ属の常緑針葉樹 (*Podocarpus elongatus*).

Afrik. 《略》Afrikaans.

Af·ri·kaans [æ̀frɪkɑ́ːns, -rə-, -kɑ́ːnz, -kǽnz, ‐‐ˊ | æ̀frɪkɑ́ːns] 〘⊏ Afrik. ~ 《変形》← Du. *Afrikaansch* African〙 — *n.* 〘言語〙アフリカーンス語《南アフリカで用いられるオランダ語を根幹とした混合語; 略 Afrik.; South African Dutch, Cape Dutch ともいう; 以前は the Taal ともいった》. — *adj.* アフリカーンス語の; 南アフリカ生れの白人 (Afrikaner) の.

Af·ri·kan·der [æ̀frɪkǽndə, -rə-, -kɑ́ːn- | -rɪkǽndə(r)] *n.* **1** =Afrikaner 1. **2** [しばしば a-]〘畜産〙=Africander 2. **3** [しばしば a-]〘植物〙=Afrikaner 3.

Àf·ri·kán·der·ism [-dərɪzm] *n.* =Afrikanerism.

Af·ri·ka·ner [æ̀frɪkɑ́ːnə, -rə-, -kǽn- | -rɪkɑ́ːnə(r)] 〘⊏ Afrik. *Afrikaan(d)er* ← *Afrikaan* 'AFRICAN'+-ER¹: -der の語形は HOLLANDER との連想から〙 — *n.* **1** (主にオランダ系の)南アフリカ生れの白人《Afrikaans を話す; cf. Boer》. **2** [しばしば a-]〘畜産〙=Africander 2. **3** [しばしば a-]〘植物〙アフリカ南部産アヤメ科グラジオラス属 (*Gladiolus*) またはホモグロッサム属 (*Homoglossum*) の植物の総称.

Àf·ri·kán·er·ism [-rìzm] *n.* **1** Afrikaner 特有の風習(など). **2** アフリカーンス語法《他言語にみられる Afrikaans 特有の語・表現など》.

af·rit [ǽfriːt, əfríːt | ǽfriːt] *n.* (*also* **af·rite** [~]) 〘アラビア神話〙=afreet.

Af·ro [ǽfroʊ | -rəʊ] 〘↓〙 *adj.* 〈髪(型)が〉アフロ型の: an ~ hairstyle. — *n.* (*pl.* ~s) アフロ型《ちりちりの髪を長く丸形にした髪型》. **~ed** *adj.*

Af·ro- [ǽfro(ʊ) | -rə(ʊ)] 〘← L *Afr-*, *Āfer* African+-o-〙「アフリカ(人)の; アフリカ(人, 語)と…との (African and...)」の意の連結形. ★ 母音の前では通例 Afr- になる.

Àfro-Américan *adj.* (アフリカ系)アメリカ黒人の: ~ studies=black studies. — *n.* アメリカ黒人 (American Negro).

Àfro-Americanése *n.* =Black English.

Àfro-Américanism *n.* アメリカ黒人文化.

Àfro-Ásian *adj.* **1** アフリカとアジアの (Asian-African). **2** アフリカ系アジア人の; アジア人とアフリカ人の混血の. **3** =Afro-Asiatic.

Àfro-Asiátic *adj.* アフリカアジア語の. — *n.* =Afro-Asiatic languages.

Afro-Asiátic lánguages *n. pl.* [the ~] アフリカアジア語族《セム語・エジプト語・バーバリ語・クシト語・チャド語を含む; Hamito-Semitic languages ともいう》.

af·ror·mo·si·a [æ̀frɔəmóʊʒiə, -ziə | -rɔːmə́ʊzjə, -zɪə] 〘← NL ~ ← AFRO-+*Ormosia* (属名)〙 — *n.* 〘植物〙アフリカ北西部産マメ科 *Afrormosia* 属の高木の総称《特に *A. laxiflora* と *A. elata*》; その材〘家具用〙.

A.F.S., AFS 《略》American Field Service; Army Fire Service; Atlantic Ferry Service.

aft [ǽ(ː)ft | ɑ́ːft] 〘OE *æftan* from behind ← **af-* off, away+*-an* (場所を表わす suf.): cf. Goth. *aftana*〙 — *adv.* **1** 〘海事〙船尾に[の方へ], 後方に (abaft) 〔*of*〕 (↔ forward, fore); (船尾にある)船長や職員の居室に; 〈風が〉船の真うしろから(吹く): fore and ~ ⇨ fore¹ *adv.* 3. **2** 〘航空〙(航空機の)尾部に[の方へ], 機尾に[の方へ].
right aft (船の)真うしろに[から], 正尾に, 正後に; 船尾に近く, ずっと後に.
— *attrib. adj.* 〘海事・航空〙=after 2.

aft. 《略》after; afternoon.

A.F.T., AFT 《略》American Federation of Teachers アメリカ教員連盟.

af·ter 〘OE *æfter* (adv., prep.) < Gmc **aftar-* behind (OHG *aftar* / ON *aptr* / Goth. *aftra*) ← ? **af-* (← IE **op-* (Gk *opisō* behind) // **apo-* (Gk *opó* of))+**-ter* (compar. suf.: cf. -ther): 本来は副詞, 前置詞はその転用〙 — [ǽftə, ‐ˊ‐ | ɑ́ːftə(r, ‐ˊ‐] *prep.* **1** [場所]…のあとに (following); …のあとから: Come ~ me. 私について来なさい / The people thronged ~ him with shouts. 人々は大声をあげてどやどやと彼のあとについて行った / She closed [shut] the door ~ her. 部屋を出て[に入って]から戸を締めた.
2 a [順序] …の次[あと]に (next to): I'll come ~ you. あとから行きます / *After* you, please! どうぞお先へ / *After* you *with* the paper, please. 済んだら新聞を見せて下さい. ★ 前後に同じ名詞を用いて「繰返し」「継続」を表わす: wave ~ wave / day ~ day 日々 / hour ~ hour 幾時間も / Car ~ car was passing. 車が次々に通っていた. **b** [時] …の後[あと]に (↔ before); 《米・英方言》〈何時〉(…分)過ぎ (past) (↔ of): ~ dark 日没後 / ~ school 放課後に / ~ supper 夕食後 / half ~ two 2 時半 / at ten (minutes) ~ five 5 時 10 分に / the day [year] ~ その翌日[翌年] / the day ~ tomorrow 明後日 / the year ~ next 再来年 / ⇨ *after* HOURS / He came back ~ three days. 3 日後に帰って来た (cf. *adv.*).
3 [目的] …の後を追って; …を追求して, を尋ねて, を求めて (in quest of) (cf. for 10): go [hunt] ~ fame 名声を求める / seek ~ wealth 富を求める / thirst ~ knowledge 知識に飢える / Run ~ him! 彼を追っかけろ / The police are ~ the murderer. 警察は殺人犯を追っている / What is he ~, I wonder? 何を求めて[狙って]いるのかしら / He is ~ no good. ろくな事はもくろんでいない《いたずらなどを考えている》.
4 …のことを, …に関して (about): inquire [ask] ~ a friend 友人のこと[安否, 容体]を尋ねる / look [see] ~ children 子供たちの世話をする / look [see] ~ workmen 労働者たちの監督をする.
5 [因果関係] (…した)のだから (as a result of), …にかんがみて (in view of): *After* what you have said, I shall be careful. お言葉ですから気をつけましょう / *After* this I wash my hands of you. こうなったからにはお前と手を切る.
6 [~ all の形で] (…した)にもかかわらず (in spite of): *After all* our advice, he went and made a mess of it. あんなに忠告したのに, 彼は(聞き入れないで)とうとうへまをやってしまった / *After all* my care, it was broken. 随分注意したのだがこわれた.
7 [順位・重要性] …に次いで (nearest to): the largest city ~ London ロンドンに次ぐ大都会.
8 a …にならって, にちなんで, …の流儀で: ~ the same pattern 同じ型によって / a picture ~ Picasso ピカソ流の絵 / copy ~ a model 手本にならう / He was called James ~ his uncle. おじの名を取ってジェームズと名づけられた (cf. for 7). **b** …に従って, に応じて (according to): He acted ~ his kind [nature]. 彼らしいやり方をした. **c** 〈好みなど〉にかなって[た]: ⇨ *after one's* (*own*) HEART.
9 …を差引いて (excluding) (cf. aftertax) (↔before): ⇨ *after* TAX.
after all ⇨ all 成句. ***be after*** doing 《アイル》…したばかり (have just done): I *am* ~ having my supper. ちょうど夕食を終えたところ.
— [ˊ‐] *adv.* **1** [順序] あとに (behind): follow ~ あとに続く, あとから来る. **2** [時] 後[あと]に (later): soon [shortly] ~ 間もなく / the day [week] ~ 翌日[週] / three days ~ 三日後に (★ after three days と同義であるが, これは時の経過を強調する; cf. *prep.* 2 b) / You can read the books ~. 本はあとで読める.
— [ˊ‐, ‐ˊ‐] *conj.* (…した)あとに: He arrived ~ I did. 彼は私が着いてから着いた.
— [ˊ‐] *adj.* **1** 後の (later): ~ ages 後世(の人々) / in ~ days 後日 / in ~ years 後年, 晩年に. **2 a** 〘海事〙船尾寄りの, 船尾に近い, 船尾に属する (more aft): an ~ cabin 後部船室 / an ~ hatch 後部倉口《船尾の方にある倉口》/ ⇨ after mast. **b** 〘航空〙機尾の方の: the ~ half of a cabin.
— [ˊ‐] *n.* **1** 《口語》午後 (afternoon): this ~. **2** [*pl.*] ⇨ afters.

áfter·bày *n.* =tailrace 1.

áfter·bìrth 〘(1587)〙 *n.* 〘医学〙後産(あとざん), 胎盤娩出.

áfter·blòw *n.* 〖金属加工〗 **1** 後(ᵃ)吹き《初めに Si, C, Mn などを酸化除去した後に石灰を投入して再度送風溶解する作業》. **2** 追(ᵒ)吹き《初めの溶解鋳造後, 再び地金を追加して溶解鋳造を続けること》.
áfter·bòdy *n.* **1** 〖海事〗後部船体 (cf. forebody, middle body). **2** 〖航空〗後部胴体.
áfter·bràin *n.* ＝myelencephalon.
áfter·bùrner *n.* **1** 〖航空〗(ジェットエンジンの)再燃焼装置, アフターバーナー《reheater, tail-pipe burner ともいう》. **2** アフターバーナー《自動車などの排気ガス中の未燃成分を点火・燃焼させる装置》.
áfter·bùrning *n.* **1** 〖航空〗(ジェットエンジンの)再燃焼; 再燃焼法《タービン式噴射推進機関の燃料吹き込みと燃焼法》. **2** 〖宇宙〗アフターバーニング《ロケット推薬の燃焼がほぼ完了して推力も出なくなった後でしばらくの間不規則に燃焼が継続されること》.
áfter·càre *n.* **1** 〖医学〗アフターケア; 後療法, 病後[産後]の手当[世話]. **2** (非行少年・犯罪者などの仮釈放中または刑期満了後の)補導, 更生指導.
áfter·càst *n.* 〖金属加工〗＝afterblow.
áfter·clàp 〖⇨ clap[1]〗 *n.* (事件の)意外な余波; (一度終結した事件の)ぶり返し.
áfter·còoler *n.* **1** (圧縮空気の)アフタクーラー, 冷却機. **2** (混合燃料の)冷却装置.
áfter còst *n.* 〖会計〗事後費用《代金回収費, 製品保証費, 売上債権の貸倒損失など製品や商品の販売以後に発生する費用》.
áfter·cròp *n.* 〖農業〗(作物の)あと作, 裏作.
áfter cùre *n.* 〖化学〗後加硫《ゴムの加硫が操作後引き続いて起こる現象; after vulcanization ともいう》.
áfter·dàmp *n.* 〖鉱山〗後(ᵃ)ガス《火薬類・ガスなどが爆発したあとに生成するガス; cf. firedamp》.
áfter·dèck *n.* 〖海事〗後部甲板(ᶜᵃ).
áfter-dínner *adj.* 正餐(ᵉ)[晩餐]後の: an ～ speech (食事後の)テーブルスピーチ.
áfter·effèct *n.* **1** 余波, 影響, 「後遺症」: the ～*s* of deforestation 森林伐採の影響. **2** 〖医学〗(薬などの)後続作用[効果], 残効. **3** 〖心理〗残効.
áfter·glòw *n.* **1** 夕焼け, 夕映え, 残照. **2** 楽しい思い出; (過去の成功などの)余光, 名残り. **3** 〖物理〗残光《気体放電が消滅したあとに残る発光》. **4** 〖物理〗燐光 (phosphorescence). **5** 〖気象〗(日没後の西空の)残光.
áfter·gràss *n.* (牧草の)二番生え.
áfter·gròwth *n.* 〖農業〗二番作, 二番生え[なり].
áfter·guàrd *n.* 〖海事〗[集合的] **1** 後部部署につい た下級船員《二等水夫 (ordinary seamen) や見習水夫 (apprentices) から成る》. **2** ヨットの所有主と乗客達.
áfter·hèat *n.* 〖原子力〗(原子炉の)余熱《原子炉を止めても放射性物質の崩壊で生じる放射線により発熱が続くこと》.
áfter-hóur *attrib. adj.* 《英》 **1** ＝after-hours 1. **2** (酒場などで)閉店後の.
áfter-hóurs *attrib. adj.* 《米》 **1** 勤務[営業]時間後の: ～ work. **2** 〈ナイトクラブなど〉(法定の)閉店時間後まで営業する.
áfter·ìmage *n.* 〖心理〗残像 (cf. aftersensation).
áfter·lìfe *n.* **1** 来世. **2** 後年, 余生: in ～.
áfter·lìght *n.* **1** ＝afterglow 1. **2** 後知恵.
áfter·màst *n.* 〖海事〗後檣《船尾に一番近いマスト》.
after·math [ǽftəmæ̀θ | ɑ́:ftəmæ̀θ, -mɑ̀:θ] 〖《1523》← AFTER＋《廃》 *math* mowing (＜ OE *mǣþ* ← Gmc **mǣ-* to mow)〗 ― *n.* (*pl.* ～**s** [～s, -mæ̀ðz | ～s]) **1** (牧草の)二番刈り (rowen). **2** (戦争・災害などの)余波, 影響 (consequence): the ～ of a catastrophe / as an ～ of war 戦争の余波として.
in the aftermath of 〈戦争など〉の後に, …に続いて: *In the* ～ *of* the recession, unemployment increased. 景気後退に続いて[の影響で]失業が増加した.
áfter·mòst [-mòust | -mə̀ust, -məst] 〖《1773》← AFTER＋-MOST (cf. foremost): cf. OE *æftemest* last (superl.) ← *af, æf* off〗 *adj.* 〖海事〗(船の)最後部の.
af·ter·noon [æ̀ftənú:n | ɑ̀:ftə-] 〖《?*a*1300》 *afternone*: cf. L *post meridiem*〗 ― *n.* **1** 午後《正午から日没までの間; cf. morning, evening, night》: this [yesterday, tomorrow] ～ きょう[きのう, あす]の午後(に) / in [during] the ～ 午後に, 午後のうちに / at four (o'clock) in the ～ 午後4時に《日没後は通例 afternoon の代わりに evening を用いる》/ on Tuesday ～ 火曜日の午後に / on a summer ～ 夏の午後に / on the ～ of the 7th 7日の午後に / late in the ～ (of…) ＝in the late ～ (of…) (…の)午後遅く. **2** 《口語》＝good afternoon. **3** 《文語》(人生などの)後期: the ～ of life 人生の下り坂, 晩年. ― [ˊ-ˋ-ˊ, ˊ-ˋ-ˊ] *adj.* 午後の; 午後用の: an ～ paper 夕刊紙 / an ～ dress アフタヌーンドレス.
afternoon lády *n.* 〖植物〗＝four-o'clock.
af·ter·noons [æ̀ftənú:nz | ɑ̀:ftə-] 〖⇨ -s[2] 1〗 *adv.* 《米口語》午後に; 午後にはよく[いつも].
afternoon téa *n.* **1** 午後のお茶 (cf. tea 5). **2** 午後の懇親会.
afternóon wàtch *n.* 〖海事〗午後直《正午から午後4時までの当直; ⇨ watch *n.* 5》.
áfter·pàin *n.* 〖医学〗 **1** (あとになって起こる周期的に襲ってくる)痛み. **2** [*pl.*] 後陣痛, 産後陣痛《分娩後に起こる子宮の疼痛性収縮》.
áfter·pèak *n.* 〖海事〗最後部防水区劃; 船尾艙.
áfter·pìece *n.* 〖演劇〗(主な劇の後の)軽い切り狂言.
áfter·plày *n.* (性交の)後戯 (cf. foreplay).
áfter·rìpening *n.* 〖植物〗後熟《収穫後の種子・宿根・果実などに起こる内部的変化; それによって発芽が可能になり, 味もよくなる》.
af·ters [ǽftəz | ɑ́:ftəz] 〖← AFTER (adj., adv.)＋-s[1]〗 *n. pl.* 《英口語》デザート (dessert).
áfter·sensàtion *n.* 〖心理〗残感覚《刺激が去ってもなお残っている感覚; cf. afterimage》.
áfter·shàft *n.* 〖鳥類〗 **1** 後羽《一枚の羽の軸の基部の裏面から出ている小羽》. **2** 後羽の軸.
áfter-shàve *attrib. adj.* ひげ剃り後(用)の: an ～ lotion. ― *n.* アフターシェーブ[ひげ剃り後用のローション].
áfter·shòck *n.* 余震.
áfter-skì *attrib. adj.* スキー後の[に使う] (cf. après-ski): ～ boots.
áfter·tàste *n.* **1** (口中に残る)後味(ᵃ), 後口(ᵃ). **2** (不快な経験などのあとの)いやな気持, 後味, 名残り: the ～ of anger.
áfter·tàx *adj.* 税引き後の; 手取りの: an ～ income.
áfter·thòught *n.* **1 a** 考え直し. **b** 後からの思いつき. **2 a** 補足, 追加(事項, 部分). **b** 〖文法〗(いったん完結したあとの)追加表現. **3** 追想.
áfter·tìme *n.* 今後, 将来 (future time).
áfter·trèatment *n.* **1** 〖医学〗後療法, 後処置. **2** 〖染色〗(染色物の堅牢(ᵉ)度を増すために行なう)後処理.
áfter·wàr *adj.* 戦後の (postwar).
after·ward [ǽftəwəd | ɑ́:ftəwəd] 〖OE *æfterweard* (⇨ after, -weard) ∽ OE *æftanweard* (⇨ aft, -weard)〗 ― *adv.* あとに[で], 後ほど, 追って (later); その後, 以後: They lived happily ever ～. それからは楽しく暮らしました(めでたしめでたし)《童話の結びによく用いる句》.
áfter·wards [-wədz | -wədz] 〖《?*c*1200》: ⇨ ↑, -s[2]〗 *adv.* ＝afterward.
áfter·wòrd 〖《なぞり》? ← G *Nachwort*〗 *n.* (書物などの)あと書き, 跋(ᵃ) (cf. foreword).
áfter·wòrld *n.* [the ～] **1** 後の世, あの世 (future world). **2** 後世 (posterity).
áfter·yèars *n. pl.* 晩年; その後の年月, 後年 (cf. after *adj.* 1): in his ～.
áft·mòst [-mòust | -mə̀ust, -məst] *adj.* 〖海事〗最後部の (aftermost).
af·to [ǽftou | ɑ́:ftəu] 〖← AFT(ERNOON)＋-O〗 *n.* (*pl.* ～**s**) 《豪俗》午後 (cf. arvo).
af·to·sa [æftóusə, -zə | -tə́u-] 〖□ Am.-Sp. ～ 《略》← Sp. *fiebre aftosa* aphthous fever〗 *n.* 〖獣医〗＝foot-and-mouth disease.
A.F.V. 《略》armored fighting vehicle 装甲戦闘車両.
Ag 《記号》〖化学〗silver (← L. argentum); August.
ag. 《略》agriculture.
Ag. 《略》agent; agreement.
A.G. 《略》Adjutant General; air gunner.
A.-G., A.G. 《略》Attorney General.
ag- [æg, əg] *pref.* (g の前に来る時の) ad- の異形: *aggradation.*
a·ga [ɑ́:gə, ǽgə] 〖《1600》□ Turk. *aghā* master〗 *n.* **1** (トルコ人支配領域での)将軍, 大官; トルコ人支配者. **2** 宗教の指導者.
A·ga·dir [ɑ̀:gədíə, æ̀g- | -díə(r] *n.* アガディール《モロッコ南西部の海港; 人口 61,000》.
a·gain [əgén | əgén, əgéɪn] 〖OE *ongēan, ongēn* 《原義》in a direct line (with) ← ON＋*ġeġn* against (＜ Gmc **ʒaʒ-* ← ?)〗 ― *adv.* **1** 再び, また, 再度, 今一度(once more); [否定]またと…(しない)(any more): try ～ / ～ and ～ ＝time and (time) ～ 幾度も(繰り返して), 再三 / ever and ～ ＝now and ～ 折々, 時たま (sometimes) / once ～ もう一度 / once and ～ 一度ならず, 再三 / over and (over) ～ 何度も(繰り返して) / (all) over ～ もう一度. **2** さらにそれだけ, さらに…だけ (more): (as) large ～ as …の2倍の大きさの / He is as old ～ as she is. 年は彼女の2倍だ / half as many [much] ～ (as) (数・量が)…の一倍半で[の] / ⇨ *as* MANY *again, as* MUCH *again.* **3** さらに進んで(further), またその上に (besides); また一方 (on the other hand): Then ～, why did he go? それにまた, なぜ行ったのだろう / This is better, but then ～ it costs more. この方がよいが一面高価でもある / It might happen and ～ it might not. 起こるかも知れないしまた起こらないかも知れない. **4** [ˊ-ˊ] もとの所[状態]へ: back ～ もとへ; もと通りに立ち返って / to and ～ あちらこちらに, 行きつ戻りつ / come home ～ / be well ～ (病気から)回復する / be oneself ～ もとの自分に返る; 回復する. **5** 応じて, 答えて; (音が)反響して (in return, in response): echo ～ / I answered him ～. 彼に言い返してやった / The blow made his ears ring ～. なぐられて耳ががんがん鳴った.
― *prep.* 《廃・方言》＝against.
a·gainst [əgènst, ˊ-ˊ, əgèɪnst, ˊ-ˊ] 〖lateME ← ME *aʒeines* (＜ OE *ongēanes* (⇨ ↑, -s[2]))＋-*t* (おそらく最上級の -*st* と混同されたための添え字): cf. amidst, amongst, whilst〗 ― *prep.* **1** …に対して, …に逆らって; …に反抗[反対]して: an argument ～ the use of nuclear weapons 核兵器使用反対の議論 / row ～ the current 流れに逆らってこぐ / ⇨ *sail against the* WIND[1] / a law ～ spitting in the streets 往来でたんつばを吐くことを禁止する法律 / protest ～ oppression 圧制に対して抗議する / fight ～ longer odds 優勢の敵に立ち向かう / rise ～ the oppressor 圧制者に反抗して立つ[そむく] / Are you for or ～ the plan? その計画には賛成か反対か.
2 …に逆で, に不利で (↔for): His manner is ～ him. 態度がいけない / Her age is ～ her. あの歳ではだめだ / It is ～ all chances. それは全くありそうもない[見込みがない] / I won't hear one word ～ her. 彼女の悪口なんか一言でも聞きたくない / All the evidence was ～ him. 証拠はすべて彼に不利だった.
3 …と競って: He was running ～ his own record time. 彼は自分の記録を破ろうとして走っていた.
4 〈傾向・性格・意志・規則など〉に反して, …にそむいて (contrary to): ～ one's will [reason, principles] 自己の意志[理性, 主義]に反して / act ～ one's father's wishes 父の意に逆らう / It goes ～ my feelings to beat a woman. 女性をなぐるのは私の気持に合わない.
5 …と衝突するように, …とぶつかって: hailstones beating ～ the window 窓を打つあられ / dash [clash] ～ …と衝突する / run ～ a rock 岩にぶつかる / run (up) ～ 《口語》…に出くわす.
6 …を背景として; …と対照して (in contrast to): ～ a dark background 暗い背景に対して / ～ the evening sky 夕空を背景として / a huge tree boldly silhouetted ～ the blue sky 青空にくっきりと見える一本の大樹 / by a majority of 50 ～ 30 30票対50票の多数で. ★ 対照の意を強調するために against の前に as を添えて用いることがある (cf. as[1] *conj.* 5 a): a matter of reason *as* ～ emotion 感情と対立した理性の問題.
7 …を押して, …によりかかって, にもたれて, に接触して: lean ～ …によりかかる, もたれる / push [press] ～ …をぐっと押す, 押しつける / stand an umbrella ～ the door かさを戸口に立て掛ける / with one's back ～ the wall 壁にもたれて.
8 …に先んじて, …を考慮して, …に備えて; …を防ぐように: ～ his coming 彼の来着に備えて / wear a hat ～ the cold 防寒用に帽子をかぶる / provide ～ a rainy day ⇨ rainy day / Passengers are warned ～ pickpockets. [掲示](乗客各位)すりに御用心.
9 a 〖商業〗…と引換えに (in exchange for), …の代わりに (in return for): Deliver this package ～ payment of cost. 代金引換えこの荷物を渡しなさい / draw ～ merchandise shipped 送付の商品の決済として(手形を)振り出す. **b** 〖簿記〗…の借方に: debit £100 ～ him 100 ポンドを彼の借方に記入する.
― *conj.* 《古・方言》…までに(は) (by the time that): It will be ready ～ he comes. 彼が来る時までには間に合うだろう.
Aga Khan [ɑ́:gə-kɑ́:n, ǽgə-] *n.* アガハーン《インドのイスラム教 Ismailian 派首領の称号》.
Aga Khan III *n.* アガハーン三世 (1877–1957; インドのイスラム教 Ismailian 派首領 (1885–1957); 本名 Sultan Sir Mohammed Shah).
Aga Khan IV *n.* アガハーン四世《1936– ; Aga Khan III の孫, インドのイスラム教 Ismailian 派首領 (1957–); 本名 Karim al-Husain [kærí:m ælhuséɪn] Shah》.
a·gal [əgɑ́:l] 〖□ Arab. *'iqāl* cord〗 *n.* アーガル《金銀糸を撚(ᵃ)りあわせた2本の太い紐でアラビア人が頭巾 (kaffiyeh) を固定させるのに用いる》.
ag·a·lite [ǽgəlàɪt] 〖? ← Gk *aga-* (← ?)＋-LITE〗 *n.* 〖鉱物〗アガライト《細繊維状の滑石》.
a·gal·loch [əgǽlək, ǽgəlɑ̀k | əgǽlək, ǽgəlɔ̀k] 〖□ L *agallochum* □ Gk *agállokhon* □ ? Skt *aguru* aloeswood〗 ― *n.* 沈香(ᵃ), 伽羅(ᵃ)《インド産ジンチョウゲ科ジンコウ属の植物ジンコウ (*Aquilaria agallocha*) から得られる香材; aloeswood, eaglewood ともいう》.
agal
ag·al·mat·o·lite [æ̀gəlmǽtəlàɪt, əgǽl-, æ̀gæl-, -tḷ- | æ̀gəlmǽtəl-] 〖← NL *agalmatolith-us* ← Gk *ágalma* image, statue＋NL *-lithus* '-LITE'〗 ― *n.* 〖鉱物〗蠟(ᵃ)石《塊状葉蠟石; pagodite ともいう》.
a·gam- [eɪgæm, ǽgəm-] (母音の前に来る時の) agamo- の異形.
a·ga·ma [əgéɪmə, ǽgə-] 〖← NL ～ ← Sp. ～ □ Carib. 《土語》～ 'lizard'〗 ― *n.* 〖動物〗アガマトカゲ《アフリカ・インドに生息するキノボリトカゲ科アガマトカゲ属 (*Agama*) のトカゲの総称; レインボーアガマ (*A. agama*) など》.
Ag·a·mem·non [æ̀gəmémnɑn, -nən | -nən, -nɔn, -nən] 〖□ L ～ □ Gk *Agamémnōn* ＝**Aga-médmōn* 《原義》ruling mightily ← *ágan* very much＋*médōn* ruler (← IE **med-* to measure)〗 ― *n.* **1** 〖ギリシャ伝説〗アガメムノン《Mycenae の王; Trojan War でギリシャ軍の総大将; 戦役中不貞の妻 Clytemnestra とその情夫とに殺された》. **2** [the ～]「アガメムノン」《Aeschylus 作の *Oresteia* の第一部》.
a·ga·mete [eɪgəmí:t, eɪgǽmi:t] 〖□ Gk *agámet-os* unmarried: ⇨ a-[7], gamete〗 *n.* 〖生物〗無性生殖細胞, 非配偶子.
ag·a·mi [ǽgəmi | -mɪ] 〖□ F ～ □ Carib. 《土語》*agamy*〗 *n.* 〖鳥類〗 **1** ＝trumpeter 3 a. **2** アオサギ《アオサギ科アオサギ属 (*Ardea*) の鳥類の総称; agami heron ともいう》.
a·gam·ic [eɪgǽmɪk] 〖← NL *agamus* unwed (← Gk *ágamos* ← *a-* without＋*gámos* marriage)＋-IC[1]: cf. gamo-〗 ― *adj.* **1** 〖生物〗無性の (asexual); 無性生殖によってできた (↔ gamic). **2** 〖植物〗隠花の (cryptogamic). **a·gám·i·cal·ly** *adv.*
ag·a·mid [ǽgəmɪd, -məd | -mɪd] 〖← NL *Agamid-ae* (↓)〗 *adj., n.* 〖動物〗キノボリトカゲ科の(トカゲ).

A·gam·i·dae [əgǽmədiː | -mɪ-] 〘← NL ～ ← *Agama* (属名: ⇨ agama)＋-IDAE〙 *n. pl.* 〖動物〗キノボリトカゲ科.

a·gam·ma·glob·u·li·ne·mi·a [eɪgæ̀məglɑ̀bjʊlɪníːmiə, -lə- | -glɔ̀bjʊlɪníːmɪə, -mjə] 〘← NL ～: ⇨ a-⁷, gamma globulin, -emia〙 ― *n.* 〖病理〗無ガンマグロブリン血(症).

a·gam·o- [eɪgǽmo(ʊ), ǽgəm- | -mə(ʊ)] 〘← NL ～ ← LL *agamus* ▭ Gk *ágamos* unmarried〙 ―「無性の (asexual)」の意の連結形. ★ 母音の前では通例 agam- になる.

agàmo·génesis *n.* **1** 〖動物〗無性生殖 (asexual reproduction). **2** 〖植物〗(無性芽などによる)無性繁殖. **agàmo·genétic** *adj.* **a·gàm·o·ge·nét·i·cal·ly** *adv.*

agàmo·spécies *n.* 〖生物〗無配種.

ag·a·mous [ǽgəməs] 〘(1847) ← AGAM(IC)＋-OUS〙 *adj.* ＝agamic.

ag·a·my [ǽgəmi | -mɪ] 〘▭ Gk *agamía* celibacy ← *ágamos* (⇨ agamo-)〙 *n.* ＝agamogenesis. 〘2,600〙.

A·ga·ña [əgɑ́ːnjə] *n.* アガナ《Guam 島の首都; 人口

Ag·a·nip·pe [æ̀gənípi | -pɪ] *n.* 〖ギリシャ神話〗アガニッペー《Helicon 山にある霊泉の一つ》.

Ag·a·on·i·dae [æ̀geɪɑ́nədiː | -ɔ́nɪ-] 〘← NL ～ ← *Agaon* (属名)＋-IDAE〙 *n. pl.* 〖昆虫〗＝Agaontidae.

Ag·a·on·ti·dae [æ̀geɪɑ́ntədiː | -ɔ́ntɪ-] 〘← NL ～《変形》↑〙 *n. pl.* 〖昆虫〗(膜翅目)イチヂクコバチ科.

agapae *n.* agape² の複数形.

agapai *n.* agape² の複数形.

ag·a·pan·thus [æ̀gəpǽnθəs] 〘← NL ～《原義》flower of love: ⇨ Gk *agápē* 'agape²': ⇨ -anthus〙 ― *n.* 〖植物〗アガパンサス, ムラサキクンシラン (*Agapanthus africanus*)《アフリカ産ユリ科ムラサキクンシラン属の植物; African lily ともいう》.

a·gape¹ [əgéɪp, əgǽp | əgéɪp] 〘(1667) ← A³＋GAPE〙 ― *adv., pred. adj.* あんぐり口をあけて, あっけに取られて, 啞(あ)然として (open-mouthed): be ～ *with* surprise, curiosity, etc. / stand ～ / be ～ *at* a sight / A blast of wind set the window ～. 突風が吹いてきて窓ががたりと開いた.

a·ga·pe² [ɑːgɑ́ːpeɪ, ɑ́ːgəpèɪ, ǽg- | ǽgəpiː, -pɪ, -pèɪ] 〘(1696) ▭ Gk *agápē* brotherly love, (pl.) *agápai* love feast ← *agapân* to love ← ?〙 ― *n.* (*pl.* **a·ga·pae** [ɑːgɑ́ːpaɪ, ɑ́ːgəpàɪ, -piː | ǽgəpiː, -pàɪ], **a·ga·pai** [ɑːgɑ́ːpaɪ, ɑ́ːgəpàɪ | ǽgəpiː], ～**s**) 〖キリスト教〗**1** 愛餐(さん) (love feast)《初期キリスト教徒の会食で, 祈り・歌・聖書朗読に過ごした》. **2** アガペー, 愛, (人間に対する)神の愛; (人間の没我的な)隣人愛, 兄弟愛《同じくギリシャ語に由来するエロス (Eros) と区別して, キリスト教的愛を意味する》. **a·ga·pe·ic** [ɑ̀ːgəpéɪɪk, æ̀g- | æ̀gəpíːɪk, -péɪɪk] *adj.* **a·ga·pé·i·cal·ly** *adv.*

Ag·a·pem·o·ne [æ̀gəpémənì, -píːm- | -píːmənɪ, -pém-] 〘(1854) ← AGAPE²＋Gk *monḗ* dwelling, abode (← *ménein* to stay)〙 ― *n.* **1** [the ～] 愛の家 (abode of love)《19 世紀中ごろイングランド Somerset 州の Spaxton [spǽkstən, -tn̩] にあった自由恋愛者たちの集団》. **2** [時に a-] 自由恋愛者の集団.

Ag·a·pem·o·nite [æ̀gəpémənàɪt, -píːm- | -píːm-, -pém-] 〘⇨ ↑, -ite¹〙 *n.* 自由恋愛主義者.

a·gar [ɑ́ːgɑə, ǽgə | éɪgɑː(r)] 〘《短縮》↓〙 *n.* **1** 寒天. **2** 〖生物〗寒天培養基[培地] (agar culture medium): a blood ～ 血液寒天培地.

ágar-ágar 〘(1820) ▭ Malay ～〙 *n.* ＝agar.

ag·a·ric 〘(1533) ▭ L *agaric-um* ▭ Gk *agarikón* a kind of tree fungus: Sarmatia の一地方名 Agaria にちなむ〙〖植物〗 ― [ǽgərɪk, əgǽr-] *n.* **1** ハラタケ《ハラタケ科ハラタケ属 (*Agaricus*) のキノコの総称》. **2** ツリガネタケ類の一種 (*Fomes officinalis*) やニンギョウタケ類の一種 (*Polyporus officinalis*) など以前結核などの薬に用いられたキノコの乾燥した肉. ― [ǽgərɪk, əgǽr- | ǽgər-, əg-] *adj.* ハラタケの.

A·gar·i·ca·ce·ae [əgæ̀rəkéɪsiː | -rɪ-] 〘← NL ～ ← *Agaricus* (属名: ↑)＋-ACEAE〙 *n. pl.* 〖植物〗ハラタケ科. **à·gar·i·cá·ceous** [-ʃəs] *adj.*

ágaric ácid *n.* 〖化学〗アガリシン酸 ($C_{16}H_{33}CH(CO$-$OH)C(OH)COOHCH_2COOH$)《菌類成分の一種》.

a·gar·íc·ic ácid [æ̀gərísɪk-] *n.* 〖化学〗＝agaric acid.

a·gar·i·cin [əgǽrəsɪn, -sən | -rɪsɪn] 〘← AGARIC＋-IN¹〙 *n.* 〖化学〗アガリシン《アガリシン酸 (agaric acid) の不純なもの》.

a·gar·i·cin·ic ácid [əgæ̀rəsínɪk- | -rɪ-] *n.* 〖化学〗＝agaric acid.

ágaric míneral *n.* 〖地質〗蕈(たけ)状石《炭酸石灰の沈殿物からなる白色の柔らかい蕈(きのこ)状の物質; rock milk ともいう》.

Ag·a·ris·ti·dae [æ̀gərístədiː | -tɪ-] 〘← NL ～ ← *Agarista* (属名: ← ? Gk *Agaristē* (Sicyon の僭主 Cleisthenes の娘))＋-IDAE〙 *n. pl.* 〖昆虫〗(鱗翅目)トラガ科.

ag·a·ri·ta [æ̀gəríːṭə, ɑ̀ːg- | -tə] 〘▭ Mex.-Sp. *agrito* ← ? Sp. *agrio* sour ← L *acr-, acer* sharp〙 ― *n.* 〖植物〗米国 Texas, New Mexico 両州およびメキシコ産ナンテン科ヒイラギナンテン属の低木 (*Mahonia trifoliata*)《ジェリーになる明るい赤色の実をつける》.

a·gar·o·phyte [əgǽrəfàɪt] 〘← AGAR＋-O-＋-PHYTE〙 *n.* 〖植物〗テングサ《テングサ目テングサ科の紅藻の総称; 寒天 (agar) の原料となる》.

Ag·as·siz [ǽgəsiː, -sɪ | -siː, -sɪ], **Alexander** *n.* (1835–1910) 米国の動物学者; J. L. R. Agassiz の子.

Ag·as·siz [ǽgəsiː, -sɪ | -siː, -sɪ; *F.* agasi], **(Jean) Louis (Ro·dolphe)** [rədɔlf] *n.* (1807–73) スイス生れの米国の博物学者.

a·gas·tric [eɪgǽstrɪk] 〘← A-⁷＋GASTRIC〙 *adj.* 〖動物〗消化管の(認められ)ない.

ag·a·ta [ǽgəṭə | -tə] 〘▭ It. ～ (↓)〙 *n.* アガタ, 瑪瑙(めのう)ガラス《19 世紀後期の米国の白とばら色の斑紋仕上げをしたガラス器具》.

ag·ate [ǽgət, -gɪt] 〘(1570) ▭ (O)F ～, F《廃》*agathe* ▭ L *achātēs* ▭ Gk *akhátēs* ∽ (?a1200) *achate* ▭ OF *ac(h)ate* < L〙 ― *n.* **1 a** 〖鉱物〗瑪瑙(めのう). **b** 瑪瑙色. **2** 瑪瑙付き研摩具 (agate burnisher). **3** 瑪瑙(まがいのガラス)のビー玉. **4** 《米》〖活字〗アゲート ($5^1/_2$ アメリカンポイント相当; 英国の ruby に当たる; cf. type 10 ★). **5** 《廃》小男, ちび.

ágate lìne *n.* 《米》〖広告〗新聞広告面の寸法 ($^1/_{14}$ インチ高で一欄の幅; 広告料金算出の基準; cf. milline 1).

ágate snàil [shèll] *n.* 〖動物〗アフリカマイマイ《アフリカマイマイ属 (*Achatina*) の大型のカタツムリの総称; cf. achatina》.

ágate·wàre *n.* **1** 瑪瑙(めのう)まがいのエナメル塗り鉄器. **2** 瑪瑙まがいの陶器.

ag·ath- [ǽgəθ] (母音の前に来る時の) agatho- の異形.

Ag·a·tha [ǽgəθə] 〘▭ L ～ ▭ Gk *agathḗ* (fem.) ← *agathós* good ← ?: cf. OE *gōd* good〙 *n.* 女性名.

Agatha, Saint *n.* (聖)アガタ《3–4 世紀ごろ Sicily の名家に生れた聖女, 殉教者; 祝日 2 月 5 日》.

ag·a·tho- [ǽgəθo(ʊ) | -θə(ʊ)] 〘← Gk *agathós*: ⇨ Agatha〙「良い (good)」の意の連結形.

A·gath·o·cles [əgǽθəkliːz | -θə(ʊ)-] *n.* アガトクレス《361–289 B.C.; Sicily 島 Syracuse の僭主(せんしゅ) (tyrant)》.

ag·at·ize [ǽgəṭàɪz | ǽgə-, ǽgɪ-] 〘← AGAT(E)＋-IZE〙 *vt.* 瑪瑙(めのう)に変える; 瑪瑙まがいにする.

à gauche [ɑːgóʊʃ | -gə́ʊʃ; *F.* agoːʃ] 〘▭ F ～ 'on or to the left'〙 *F. adv.* 左へ[に] (↔ à droite).

a·ga·ve [əgɑ́ːvi, əgéɪ- | əgéɪvɪ, ǽgeɪv] 〘(1830) ← NL *Agāve* ▭ Gk *Agauḗ* (fem.) ← *agauós* noble〙 ― *n.* 〖植物〗リュウゼツラン《リュウゼツラン属 (*Agave*) の植物の総称; 繊維を採り, テキーラ (tequila) を造る; アオノリュウゼツラン (century plant) は観賞用に栽培される; cf. aloe 3》.

A·ga·ve [əgɑ́ːvi, əgéɪ- | əgéɪvɪ, ǽgeɪv] 〘L *Agāvē* ▭ Gk *Agauḗ* (↑)〙 *n.* 〖ギリシャ神話〗アガウェー《Cadmus と Harmonia の娘; Echion に嫁して Pentheus の母になったが, Dionysos のために気が狂って Pentheus を殺害する》.

a·gaze [əgéɪz] 〘← A³＋GAZE〙 *adv., pred. adj.* 凝視して, 見詰めて, 見とれて (gazing): ～ *with* surprise.

ag·ba [ǽgbə] 〘← Afr.《土語》〙 *n.* 〖植物〗アフリカ産マメ科の大樹 (*Gossweilerodendron balsamiferum*)《材は家具・室内装飾用, 樹脂も有用》.

AGC 《略》advanced graduate certificate; 〖通信・電算機〗automatic gain control.

agcy. 《略》agency.

age [éɪdʒ] 〘(c1275) ▭ OF *a(a)ge, e(d)age* (F *âge*) < VL **aetāticum* ← L *aetātem* (acc.) ← *aetās, aevitās* ← IE **aiw-* vital force, life: cf. ↓〙 ― *n.* **1** 年齢, 年配: ten years of ～ 10 歳 / What is his ～? 彼は何歳か (How old is he?) / at the ～ of six 6 歳の時 / when I was (of) your ～ 君くらいの年のころに / when I was a boy (of) your ～ 君くらいの年の少年のころ / be of an ～ *with*...と同じ年齢である / of all ～s ⇨ 成句 / He is just my ～. ちょうど私と同じ年だ / He does not look his ～. 年ほどに見えない / She looks young for her ～. 年齢の割には若く見える / be of tender [advanced] ～ 若年[高齢]である / live to [die at] a great ～ 高齢まで生きる[で死ぬ] / the ～ of a tree 樹齢 / the ～ of a building 建物の年数.

2 a 成年, 丁年 (full age, legal age)《通例 21 歳; cf. adult 1》: be [come] of (full) ～ 成年である[に達する] / over [under] ～ 成年を過ぎた[に達しない]. **b** (規定の)年齢: over [under] ～ 年齢超過[不足]で〔別. **3** 老年, 老齢, 長寿 (old age) (↔ youth): from [with] ～ 老齢のため / the infirmities of ～ 老年(期)の疾患[病弱] / the wisdom of ～ 年の功.

4 a 寿命, 一生 (lifetime): the ～ of man 人間の寿命. **b** (一生の)一時期 (stage of life): ⇨ middle age, old age 1 / the ～ of adolescence 青春期[時代] / the seven ～s (of man) (赤ん坊より老人にいたる)人生の七期 (cf. Shak., *As Y L* 2. 7. 143). **c** 一代, 世代 (generation); 世, 時代: Shakespeare and his ～ シェークスピアとその時代 / an ～ ago 一代前 / in all ～s 万世, 万代; 昔も今も / from ～ to ～ 世々, 代々 / to all ～s いつの世までも / through the ～s 大昔から, 世々代々. **d** ...時代 (period, era): the ～ of space travel 宇宙旅行の時代 / in the atomic [nuclear] ～ 原子力[核]時代に. **5** [しばしば *pl.*] 《口語》長い年月, 長い間: for an ～ / for ～s and ～s / ～s ago 大昔; とっくの昔に / I haven't seen her *for* [*in*] ages. 彼女には長く会っていない.

6 時期, 年代 (period, epoch); (地質時代区分の)期 (cf. stage 8): the *Age* of Mammals [Reptiles] 哺乳類[爬虫類]時代 / ⇨ Middle Ages, golden age, Ice Age, Stone Age. **7** 〖心理・教育〗(精神)発達年齢. **8** 〖トランプ〗＝edge 11.

act* [*be*] *one's age (年寄りなら年寄りらしく)年相応に振舞う (be sensible): *Act your* ～.

Age before beauty* [*honesty*]** 《戯言》容色[正直]よりも年齢が先《年少者が年長者に道を譲る時などに用いる: cf. After you. ⇨ after *prep.* 2 a》. ***of all ages (1) すべての時代の(うち). (2) あらゆる年齢の: men *of all* ～*s* 老いも若きも. ***score* [《口語》*shoot*] *one's age*** 〖ゴルフ〗自分の年齢に等しいスコアを出す.

age of anxiety [the ―] 〖文学〗不安の時代《不安・危機感にいろどられた時代; W. H. Auden 作の同名の長詩 (1947) による》.

age of consent [the ―] 〖法律〗承諾[合意]年齢《婚姻・性交などに対する承諾[合意]が有効と認められる法定年齢; 英国では男女共に 16 歳, 米国では州によって異なるが 13 歳から 18 歳までの間で, 男女の年齢に 2 歳程度の開きがある》.

age of discretion [the ―] 〖法律〗分別年齢《正邪を識別し得る年齢で, 刑法上の責任をもつ年齢; 英米法では 14 歳》.

Age of Reason [the ―] (1) 理性時代《18 世紀のヨーロッパ(特に, イギリス・フランス)に代表されるいわゆる啓蒙主義の時代; 理性主義の立場から前時代の伝統を迷妄として排した》. (2) [a- of r-] 思慮年齢《善悪の区別がつけられるようになる時期》.

― *v.* (～**d**; **ag·ing**, ～·**ing**) ― *vi.* **1** 年をとる[経る], ふける: ～ fast [rapidly] 早く[急(速)に]ふける. **2** 〈物が〉古くなる, 時代がつく. **3** 〖化学・冶金〗熟成する, 老化する. ― *vt.* **1** ...に年をとらせる, 老けさせる. **2** 〈物を〉古くする, 古びさせる, 古色を帯びさせる: Worry and illness ～ a man. 苦労や病気のため人はふけるもの. **3** 〈酒を〉熟成させる, ねかす. **4** 〖染色〗〈染物を〉(暖気または蒸気にさらして)発色[固着]させる. **5** 〖電気〗充電する《特に, 初充電に用いる》.

-age [ɪdʒ, ədʒ] 〘ME ▭ (O)F ～ < LL *-āticum* ← L *-āticus* '-ATIC'〙 ― *suf.* 次の意味を表わす名詞を造る: **1** 集合: cellar*age*, bagg*age*. **2** 地位, 身分, 状態: baron*age*, bond*age*. **3** 動作の過程・結果: stopp*age*, break*age*, leak*age*. **4** 割合: dors*age*. **5** 料金: cart*age*, post*age*. **6** 場所, 家: orphan*age*, parson*age*.

áge-clàss *n.* 〖文化人類学〗年齢集団《同性で同一年齢の者たちによって作られる集団》.

aged 〘(1420) ← AGE＋-ED 2〙 ― *adj.* **1** [éɪdʒd] 年齢...歳の, ...歳で: He was ～ ten. / a boy ～ 10 10 歳の少年 / died ～ 30 行年(ぎょうねん) 30 歳. **2** [éɪdʒɪd, -dʒəd, éɪdʒd | éɪdʒɪd, -dʒəd] **a** 老齢の, 年とった, 老いた: an ～ parent, woman, etc. **b** [the ～; 名詞的に; 集合的] 老人たち. **3** [éɪdʒd] 年数を経た, 熟成した; 古くなった: ～ wine / an ～ car. **4** [éɪdʒɪd, -dʒəd] 老いの: ～ wrinkles. **5** [éɪdʒd] 〈馬など〉成長し切った《馬は通例明け 7 歳以上》. **6** [éɪdʒɪd, -dʒəd] 〖地質〗侵食基準面に達した. **a·ged·ly** [éɪdʒɪdli, -dʒəd- | -lɪ] *adv.* **a·ged·ness** [éɪdʒɪdnɪs, -dʒəd-, -nəs] *n.*

a·gee [ədʒíː] 〘← A-¹＋GEE¹〙 *adv.* 《英方言》ゆがんで, 斜めに, 傾いて (obliquely, askew).

A·gee [éɪdʒiː], **James** *n.* (1909–55) 米国の小説家・映画評論家; *A Death in the Family* (1955).

áge-gràde *n.* 〖社会学〗＝age-group.

áge-gròup *n.* 〖社会学〗年齢集団《ほぼ同一年齢の者同士が作る集団》.

áge-hàrdening *n.* 〖冶金・化学〗時効硬化, 時硬 (aging)《銅合金・アルミニウム合金, 特にジュラルミンなどの合金が時間がたつにつれて硬くなること》.

áge·ing [-dʒɪŋ] *n.* **1** 〖生理〗加齢, 老齢化, 老化. **2** ＝aging 2, 3, 4.

áge·ism [-dʒɪzm] *n.* 年齢層差別; (特に)老齢者層差別.

áge·less *adj.* 老いることのない(ように見える), 不老の; すたれることのない; 永遠の: a fountain of ～ youth 不老の泉 / He looks ～. 老いを知らぬように見える / ～ truth 永遠の真理. ～**·ly** *adv.* ～**·ness** *n.*

áge lìmit *n.* 年齢制限: retire under the ～ 定年で退職する.

áge·lòng *adj.* 長年の[にわたる], 永続する (everlasting); ＝age-old: an ～ culture.

áge·màte *n.* 同年代の人.

a·gen·cy [éɪdʒənsi | -sɪ] 〘(1658) ▭ ML *agentia* ← L *agēns*: ⇨ agent, -cy〙 ― *n.* **1 a** (活動・行動などの)発動力, 作因, (能動的な)作用, 力 (motive power); 行動, 活動 (action): human ～ 人間の力 / an invisible ～ 目に見えない力 / natural ～ 自然の力[作用] / the ～ of Providence＝divine ～ 神の力, 摂理 / ⇨ free agency. **b** 斡旋(あっせん), 仲介, 媒介: ⇨ *through* [*by*] *the* AGENCY *of*. **2 a** 代理店, 取扱店, 特約店, 周旋所 (cf. agent 1): a general ～ 総代理店 / ⇨ commercial agency, news agency, travel agency. **b** 代理行為, 代行(業務); 代理業: general ～ 総代理業(務) / hold ～ *for*...の代理[代行]をする. **3** (政府など官公の)機関, 官庁; 《米》...庁, 局: a government ～ 政府機関, 官庁 / the *Agency* for International Development ⇨ AID / the International Atomic Energy *Agency* ⇨ IAEA. **4** 《米》＝Indian agency.

through* [*by*] *the agency of 〈人〉の斡旋[仲介]で; 〈自然力など〉の作用[力]で: *by the* ～ *of* the wind 風の力で / *through the* ～ *of* a friend 友人の尽力[世話]で.

ágency shòp *n.* 〖労働〗エイジェンシー ショップ《非組合員に組合費相当額を組合または慈善団体に納入することを義務づけている事業所; cf. shop 3 a》.

a·gen·da [ədʒéndə] 〘(1753) ▭ L ～ (pl.) ← *agendum* a thing to be done (gerundive) ← *agere* to do: ⇨ agent〙 ― *n.* **1 a** [集合的; 通例単数扱い] (会議の)協議事項, 議事日程(表): the ～ of [*for*] a meeting / an item *on* [of] the ～ 議事日程の 1 項目 / the ～ *for* today＝today's ～ / We had a short ～. 議題は少なかった. **b** 予定(表) (program): *on the* ～. **2** 備忘録, メモ帳 (memorandum book). **3** 〖電算機〗アジェンダ《問題を解く手順を形成する操作の集まり》. **4** [集合

的; 複数扱い]〘神学〙礼拝儀式, 礼拝規定《現在でもドイツのプロテスタント教会では礼拝規定(書)を指す公用語; ↔ credenda》. **~·less** *adj.*

a·gen·dum [ədʒéndəm]〘↑〙*n.* (*pl.* **a·gen·da** [-də], **~s**) **1** =agenda 1. **2** [*pl.*]〘神学〙⇨ agenda 4.

a·gene [éɪdʒiːn]〘← *Agene*《商標名》← ? AGE (v.)+-ENE〙**—** *n.*〘化学〙エイジーン《パン用小麦粉を漂白・熟成するために使用する三塩化窒素 (nitrogen trichloride)》.

a·gen·e·sis [eɪdʒénəsɪs, -səs | -nɪsɪs]〘← NL ~: ⇨ a-[7], genesis〙*n.* **1**〘生物〙発育不全, 形成不全. **2**〘医学〙陰萎(いんい) (impotence); 不妊; 無発生, 無発育.

a·gen·ize [éɪdʒənàɪz | -dʒɪ-]〘← AGEN(E)+-IZE〙*vt.*〘化学〙〈小麦粉を〉エイジーン (agene) で漂白する.

áge nòrm *n.*〘心理〙年齢基準《一定の年齢段階で基準とされる身心の発達レベル》.

a·gent [éɪdʒənt]〘《1579》← L *agent-em* (pres.p.) ← *agere* to do, act ← IE **ag-* to drive, do (Gk *ágein* to lead)〙**—** *n.* **1** 代理人, 代行者, 代理商; 代理店[社]; エージェント〔*for*〕; 差配人, 周旋人, 仲介者, 取扱人: act as (an) ~ *for* … / He is the sole ~ in Japan *for* an American firm. アメリカのある会社の日本における一手代理人だ / ⇨ general agent, house agent, press agent, ticket agent. **2 a** (官庁の)代表者, (出先)公吏, 係官, 事務官 (official): a diplomatic ~ (外国駐在の)外交官. **b** 手先, 回し者, スパイ: a secret ~ 密偵, 間諜(かんちょう), スパイ. **3 a**《米》(選挙などの)運動員; 勧誘員;《米口語》外交員 (traveling salesman). **b**《米》=Indian agent. **c**《英》選挙事務長. **d**《米》=road agent; station agent. **4** 行為者, 動作者 (doer, actor) (↔ patient): I am a mere instrument, not an ~. 私はほんの道具に使われているまでで発頭人ではない / ⇨ free agent. **5 a** 作因, 動因, 能因; (ある変化を起こさせる)力 (force): Rain and frost are natural ~*s* that wear away rocks. 雨や霜は岩を摩滅させる自然力である. **b** 因子; 作用物(質); 薬剤: a chemical ~ 化学薬品 / a cooling ~ 冷却剤. **c** 媒介[仲介]物. **6**〘文法〙動作の主体, 動作主 (cf. agent noun): the ~ of the passive 受動態の動作主《動詞により表わされる行為を引き起こす者; 例えば *John* opened the door. / The door was opened by *John*. における John》. **7**〘心霊〙(精神感応術で)テレパシーを発する人, 実験者 (cf. percipient 2).
— *adj.*《古》作用する, 影響力のある (acting).

ágent-géneral *n.* (*pl.* **agents-**) 自治領代表《カナダ・オーストラリアなど旧自治領の政治・経済の利益を守るため英国に常駐する代表》.

a·gen·tial [eɪdʒénʃəl] *adj.* **1** agent の; agency の. **2**〘文法〙=agentive.

a·gen·ti·val [èɪdʒəntáɪvəl]〘⇨ ↓, -al[1]〙*adj.*〘文法〙=agentive.

a·gen·tive [éɪdʒəntɪv | -tɪv]〘← AGENT+-IVE〙〘文法〙*adj.* 動作主 (agent) を示す: an ~ noun, suffix, etc. **—** *n.* 動作主を示す要素《例: teacher の -er》.

ágent nòun *n.*〘文法〙動作主名詞《動作の主体を表わす名詞; 例: maker, actor, student》.

agent pro·vo·ca·teur [ǽʒɑ̃ː(ŋ)-pro(ʊ)vɑ̀kətə́ː, ǽʒɑːŋ-, éɪdʒənt-, -tʊ́ə | ǽʒɑ̃ː(ŋ)-prəvɔ̀kətə́ː(r, ǽʒɔ̃ː(ŋ)-, ǽʒɑːŋ-, ǽʒɔ(ː)ŋ-; *F.* aʒɑ̃prɔvɔkatœːr]〘□F ~ 'provoking agent'〙**—** *F. n.* (*pl.* **agents pro·vo·ca·teurs** [ǽʒɑ̃ː(ŋ)-pro(ʊ)vɑ̀kətə́ː, ǽʒɑːŋ-, -tʊ́ə, éɪdʒənts-pro(ʊ)vɑ̀kətə́ː(z), -tʊ́ə(z) | ǽʒɑ̃ː(ŋ)-prəvɔ̀kətə́ː(r, ǽʒɔ̃ː(ŋ)-, ǽʒɑːŋ-, ǽʒɔ(ː)ŋ-; *F.* ~]) (警察側の)挑発[扇動]目的のスパイ, 警察の手先, 回し者, 密偵.

a·gent·ry [éɪdʒəntri | -rɪ]〘← AGENT+-RY〙*n.* 代理人の職[任務].

áge-òld *adj.* (大)昔から伝わる, 古来の (ancient): an ~ custom.

ag·er [éɪdʒə | -dʒə(r]〘⇨ age, -er[1]〙*n.*〘染色〙エージャー《染物を暖気または蒸気にさらして発色[固着]させる機械または設備》.

ag·er·a·tum [ædʒəréɪtəm, ədʒérə- | -təm]〘← NL *agēratum* □ Gk *agḗraton* ← A-[7]+*gêraton* old age〙**—** *n.*〘植物〙**1** カッコウアザミ《キク科カッコウアザミ属 (*Ageratum*) の植物の総称》; (特に)オオカッコウアザミ (*A. houstonianum*). **2** ヒヨドリバナ《青い花をつけるキク科ヒヨドリバナ属 (*Eupatorium*) の草本の総称》.

áge-sèt *n.*《英》〘社会学〙=age-group.

a·geu·si·a [əgjúːziə, eɪ- | -zɪə]〘← NL ~ ← A-[7]+Gk *geûsis* taste (← *geúesthai* to taste)+-IA[1]〙**—** *n.* (*also* **a·geu·sti·a** [əgjúːstiə, eɪ- | -stɪə])〘病理〙無味覚(症), 味覚消失(症), 失味(症). **a·geu·sic** [əgjúːzɪk, eɪ-] *adj.*

ag·ger [ǽdʒə | ǽdʒə(r]〘□L ~ 'heap, pile' ← AG-+*ger-* (← *gerere* to carry)〙**—** *n.* **1**〘海洋〙双潮 (double tide): **a** 高潮時にさらにほぼ同高の高潮が1回あるもの. **b** 低潮時にさらにほぼ同高の低潮が1回あるもの. **2**〘考古〙(古代ローマ建築の)堡塁(ほうるい), 砦. **3**〘解剖〙隆起 (prominence).

Ag·ge·us [ægíːəs]〘□LL *Aggaeus*〙*n.* (Douay Bible での)Haggai のラテン語式語形.

ag·gie[1] [ǽgi | ǽgɪ]〘← AG(ATE)+-IE〙*n.* ビー玉; (特に) =agate 3.

ag·gie[2], **A-** [ǽgi | ǽgɪ]〘← AG(RICULTURAL)+-IE〙*n.*《米俗》農学生, 農科生; 農学校, 農業大学.

Ag·gie [ǽgi | ǽgɪ]〘(dim.) ← AGATHA or AGNES〙*n.* 女性名.

ag·gior·na·men·to [ɑːdʒɔ̀ənəméntoʊ | -dʒɔːnəméntəʊ; *It.* addʒornaménto]〘□It. ~ ← *aggiornare* to adjourn: ⇨ -ment〙**—** *It. n.* (*pl.* **-men·ti** [-tiː; *It.* -ti]) **1** 現代化 (modernization). **2**〘カトリック〙現代化(政策).

ag·glom·er·ate〘《1684》← L *agglomerāt-us* (p.p.) ← *agglomerāre* ← *ag-* 'AD-'+*glomerāre* to gather into a ball or heap, gather together (← *glomus* ball of yarn): ⇨ glomerate〙**—** [əglɑ́mərèɪt, æg- | əglɔ́m-] *vt., vi.* **1** 塊にする[なる]. **2** まるく固める[固まる]. **—** [-rət, -rɪt, -rèɪt] *adj.* **1** 塊になった, 集塊の. **2**〘植物〙(花が)頭状に集合した. **—** [-rət, -rɪt, -rèɪt] *n.* **1** 集塊, 団塊. **2**〘岩石〙集塊岩.

ag·glom·er·a·tion [əglɑ̀məréɪʃən, æg- | əglɔ̀m-]〘《1774》□ L *agglomerātiō(n-)* ← *agglomerāre* (↑)〙**—** *n.* **1** 塊状集積, アグロメレーション; 塊状集積作用. **2** 集積したもの, 集塊, 集団.

ag·glom·er·a·tive [əglɑ́mərèɪtɪv, æg-, -rət- | əglɔ́mərət-, -rèɪt-] *adj.* 集塊性の, 集積的な.

ag·glu·ti·na·bil·i·ty [əglùːtənəbíləti, æg-, -tn- | əglùːtɪnəbíləti, -lɪ-]〘⇨ agglutinate, -ability〙*n.*〘医学〙凝集性.

ag·glu·ti·nant [əglúːtənənt, æg-, -tn- | əglúːtɪn-]〘□ L *agglūtinant-em* (pres.p.) ← *agglūtināre* (↓)〙*adj.* 接合[膠着(こうちゃく)]性の. **—** *n.* 接合剤, 膠着剤.

ag·glu·ti·nate [əglúːtənət, æg-, -nɪt, -nèɪt, -tn- | əglúːtɪn-]〘《1541》← L *agglūtināt-us* (p.p.) ← *agglūtināre* ← *ag-* 'AD-'+*glūtināre* to glue (← *glūten* 'GLUE')〙**—** *adj.* 接合[膠着]した; 膠着性の. **—** [-nèɪt] *v.* **—** *vt.* **1** (にかわ・セメントなどで)接合する, 膠着(こうちゃく)させる. **2** 膠質[膠状]化する. **3**〘言語〙〈語を〉接合して複合語を造る (cf. agglutination 3). **4**〘医学〙〈赤血球・細菌などを〉凝集させる. **—** *vi.* **1** 接合する, 膠着する. **2**〘言語〙(膠着によって)複合語を造る. **—** *n.*〘岩石〙アグルチネート, 岩滓集塊岩. **ag·glú·ti·nàt·ed** [-tɪd, -təd | -tɪd, -təd] *adj.*

ag·glú·ti·nàt·ing [-tɪŋ | -tɪŋ] *adj.* =agglutinative.

ag·glu·ti·na·tion [əglùːtənéɪʃən, æg-, -tn- | əglùːtɪn-]〘《1541》□ L *agglūtinātiō(n-)* ← *agglūtināre*: ⇨ agglutinate〙**—** *n.* **1** 膠着(こうちゃく), 粘着, 接合. **2** 膠着[接合]物. **3**〘言語〙膠着《日本語・朝鮮語・トルコ語のように単語の根幹は無変化でこれに変化する部分を添えて文法関係を示す語形成法》; 膠着語形《pigsty, steamboat のような複合語にもいう; cf. polysynthesism 2》. **4**〘医学〙**a** (傷口の)癒着(ゆちゃく). **b** 凝集, 凝集作用[反応]; 膠着.

ag·glu·ti·na·tive [əglúːtənèɪtɪv, æg-, -nət-, -tn- | əglúːtɪnət-, -nèɪt-]〘《1634》← AGGLUTINAT(E)+-IVE〙**—** *adj.* **1** 膠着(こうちゃく)性の, 接合的な; 凝集的な: an ~ substance. **2**〘言語〙膠着的な, 膠着語形[語法]の: an ~ form [compound] 膠着形[複合語].

agglútinative lánguage *n.*〘言語〙膠着(こうちゃく)言語, 膠着語《膠着 (agglutination) によって語が文法的関係を表わす言語; cf. inflectional language, isolating language》.

ag·glu·ti·nin [əglúːtənɪn, æg-, -nən, -tn- | əglúːtɪnɪn]〘← AGGLUTIN(ATION)+-IN[2]〙*n.*〘医学〙凝集素.

ag·glu·tin·o·gen [æglutínədʒɪn, -dʒən]〘← AGGLUTIN(IN)+-O-+-GEN〙**—** *n.*〘医学〙凝集原. **ag·glu·ti·no·gen·ic** [əglùːtənədʒénɪk, æg-, -tn- | əglùːtɪn-] *adj.* **ag·glu·ti·nog·en·ous** [əglùːtənɑ́dʒənəs, æg-, -tn- | əglùːtɪnɔ́dʒ-] *adj.*

ag·gra·da·tion [ægrədéɪʃən]〘⇨ ↓, -ation〙*n.*〘地質〙(河底の)増勾(ぞうこう)作用 (cf. degradation 6).

ag·grade [əgréɪd, æg-]〘← *ag-* 'AD-'+GRADE (v.)〙*vt.*〘地質〙〈河床を〉増勾(ぞうこう)する《河流による岩くずの堆積で河床の勾配を上げる》.

ag·gran·dize [əgrǽndaɪz, ǽgrəndàɪz]〘《1634》← F *agrandiss-* (pres.p. stem) ← *agrandir* to enlarge □ It. *aggrandire* ← *a-* 'AD-'+*grandire* (< L *grandire* to make great ← *grandis* 'GRAND'): ⇨ -ize〙**—** *vt.* **1** 拡大する, 増大させる (enlarge, increase). **2**〈個人・国家などの〉富[地位, 重要さ]を増大する, 強化する: England ~*d* herself by establishing colonies overseas. 英国は海外に植民地を設立して勢力を扶植した. **3**〈人などを〉実際より偉く見せる, (誇張して)称賛する (exalt). **ag·grán·diz·er** *n.*

ag·gran·dize·ment [əgrǽndɪzmənt, -dəz-, -daɪz-, ǽgrəndàɪzmənt, ←―― | əgrǽndɪzmənt]〘《1656》□ F *agrandissement*: ⇨ ↑, -ment〙**—** *n.* (富・勢力・重要さなどの)増大, 強大化, (拡大)強化: ⇨ self-aggrandizement.

ag·gra·vate [ǽgrəvèɪt, -rɪ- | -rə-]〘《1530》← L *aggravāt-us* (p.p.) ← *aggravāre* to make heavy ← *ag-* 'AD-'+*gravis* heavy (cf. grave[4])〙**—** *vt.* **1**〈悩み・病気などを〉悪化[増悪]させる;〈負担・罪などを〉一層重くする, 加重する, 深刻化する: ~ a person's illness, an offense, guilt, etc. / larceny ~*d* by murder 殺人により罪の加重された窃盗罪. **2**《口語》怒らす, いら立たせる (annoy): Don't ~ me! / He was ~*ed* by the noise. 騒音でいらいらした. **3**〘医学〙〈局部〉に炎症を起こさせる (inflame).

ág·gra·vàt·ed assáult [-tɪd-, -təd- | -tɪd, -təd-] *n.*〘法律〙加重暴行《婦女子に対する暴行など通常の暴行よりも刑を加重される性質の暴行》.

ág·gra·vàt·ing [-tɪŋ | -tɪŋ] *adj.* **1** 悪化[重大化]する: ~ circumstances. **2**《口語》腹立たしい, じれったい, しゃくにさわる: How ~ to be interrupted! 邪魔されるなんてしゃくだ. **~·ly** *adv.*

ag·gra·va·tion [ægrəvéɪʃən, -rɪ- | -rə-]〘《1481》□ F ~ // LL *aggravātiō(n-)*: ⇨ aggravate, -ation〙**—** *n.* **1** 悪化, 重大化, 加重; 悪化させるもの: an ~ of sorrow, guilt, etc. **2**《口語》腹立たせること; 腹立ち, いら立ち; 腹立たせるもの〔*to*〕.

ág·gra·và·tor [-tə | -tə(r]〘← AGGRAVAT(E)+-OR[2]〙*n.* **1** (さらに)悪化させるもの, 悪化させる人. **2**《口語》しゃくにさわるもの[人].

ag·gre·gate〘《?c1400》□ L *aggregāt-us* (p.p.) ← *aggregāre* to bring to the flock ← *ag-* 'AD-'+*greg-, grex* flock (⇨ gregarious)〙**—** [ǽgrɪgət, -rə-, -gɪt, -gèɪt | -rɪ-] *adj.* **1** 集合した, 集成的な (collected, collective). **2** 総計の (total); 総合の: ~ power 総力 / ~ tonnage (船腹の)総トン数. **3**〘法律〙集団の, 集合の: ⇨ corporation aggregate. **4**〘植物〙**a**〈花が〉密集[集合](性)の: an ~ flower 集合花. **b**〈果実が〉集合の: ⇨ aggregate fruit. **5**〘地質〙鉱物や岩石細片の集合した. **—** [ǽgrəgɪt, -rɪ-, -gət, -gèɪt | -rɪ-] *n.* **1** 集合; 集合体. **2** 総計, 総数, 総額 (sum total). **3**〘土木〙(コンクリートの)骨材《砂・砂利など》. **4**〘地質〙異質鉱物集合体《花崗岩中の石英・長石・雲母など》. **5**〘土壌〙粒団, 団粒《土壌粒子の集合体》. **6**〘数学〙=set 14. ***in the aggregate*** 全体として; 総計で.
— [-gèɪt] *v.* **—** *vt.* **1** 総計…となる (amount to): raw silk for export, *aggregating* 8,500 bales 8,500 梱(こり)に達する輸出向け生糸. **2** (一団に)集合させる. **—** *vi.* **1** (一団に)集合する. **2**《まれ》総計(…と)なる〔*to*〕. **~·ness** *n.*

ággregate frúit *n.*〘植物〙集合果, 分離複果《一花に多数の離生心皮があり, そこに生じた核果の集合体; キイチゴ・オランダイチゴなど; cf. multiple fruit》.

ág·gre·gate·ly〘《1750》〙*adv.* 全体として; 総計で.

ag·gre·ga·tion [ægrɪgéɪʃən, -rə- | -rɪ-]〘《?a1425》□ MF ~ // ML *aggregātiō(n-)*: ⇨ aggregate (v.), -ation〙**—** *n.* **1** 集合, 総合, 集成. **2** 集合体, 集成体, 集団. **3**〘生態〙(生物の)集合生活《各個体の関係が society ほど密接でない》. **4**〘医学〙(赤血球などの)凝集(物), 集合(体). **~·al** [-ʃənḷ, -ʃnəl] *adj.*

ag·gre·ga·tive [ǽgrɪgèɪtɪv, -rə- | -rɪgèɪ-] *adj.* 集合の, 集成の; 集合[集成]体の. **~·ly** *adv.*

ag·gress [əgrés, æg-]〘《1575》□ F*aggress-er* < LL *aggerssāre* (freq.) ← *aggredī* to approach, attack ← *ag-* 'AD-'+*gradī* to step, go (← *gradus* step: cf. grade)〙**—** *vi.* (相手国より先に)攻撃する, 侵略する〔*upon, against*〕; (けんかで)先に手出しする, けんかを仕掛ける. **—** *vt.* 攻撃する, …に襲いかかる (attack). **~ed** *adj.*

ag·gres·sion [əgréʃən, æg-]〘《1611》□ F *agression* // L *aggressiō(n-)* ← *aggredī* (↑)〙**—** *n.* **1 a** (正当な理由のない)攻撃, 侵略, 侵犯 (unprovoked attack)〔*upon*〕(cf. invasion 1): a war of ~ 侵略戦争 / make an ~ *upon* a country 他国に対して攻撃を仕掛ける. **b**〔権利などの〕侵害〔*upon*〕: an ~ *upon* a person's liberties. **2** 攻勢; けんか腰. **3**〘心理〙攻撃《欲求不満の結果から起きる場合が多い》.

ag·gres·sive [əgrésɪv, æg-]〘《1824》← AGGRESS+-IVE〙**—** *adj.* **1 a** 攻撃的な, 侵略的な, 攻勢の (offensive);〈兵器が〉攻撃用の; けんか好きな[腰の] (quarrelsome): an ~ war 侵略戦争 / an ~ chin 負けん気の強そうなあご. **b** [the ~; 名詞的に] 攻勢: assume [take] *the* ~ 攻勢に出る; けんかを仕掛ける. **2** 積極的な, 活動的な (enterprising); 押しの強い (pushful): an ~ salesman (販売などに)積極的なセールスマン. **3**〘植物〙旺盛な. **~·ness** *n.* **ag·gres·siv·i·ty** [ægrèsívəṭi, æg- | -vɪti, -və-] *n.*

ag·grés·sive·ly〘《1849》〙*adv.* 攻撃的に, 侵略的に; けんか腰に; 積極的に, 精力的に; 強引に.

ag·grés·sor [《1678》□ L ~: ⇨ aggress, -or[2]] *n.* (正当の理由のない)攻撃者, 侵略者: the ~ and the aggressed 侵略者と被侵略者.

aggréssor nàtion [**stàte**] *n.* 侵略国.

ag·grieve [əgríːv, æg- | əg-]〘《?a1300》*agreve(n)* □ OF *agrever* (F *aggraver*) to weigh down < L *aggravāre* to exasperate: cf. aggravate〙**—** *vt.* [通例 Passive で] **1** (ひどく)悲しませる, 苦しめる, 悩ます (distress): They were ~*d* by their son's conduct. 息子の行動にひどく心を痛めた. **2** しいたげる (oppress);〈人〉に不当な扱いをする (wrong); (不当な扱いで)…に不満をいだかせる〈*that*〉: I felt (myself) [was] ~*d at* [by] the unjust treatment. その不当な扱いを不満に思った[不服とした].

ag·grieved *adj.* **1** 悲しんでいる, 苦しんでいる; (不当な扱いで)不満をいだいた;〈態度など〉不満そうな[を表わす]: in an ~ voice. **2**〘法律〙権利を犯された: the ~ party 不服当事者. **ag·griev·ed·ly** [-vɪdli, -vəd- | -lɪ] *adj.*

ag·gro [ǽgro(ʊ) | -rəʊ]〘《短縮》← AGGR(AVATION) or AGGR(ESSION)+-O〙*n.*《英俗》**1** 紛争[もめごと]を起こすこと; 挑発. **2** 争い, けんか. **3** けんか腰, 闘争性.

a·gha [ɑ́ːgə, ǽgə] *n.* =aga.

A·ghan [əgɑ́ːn]〘□ Hindi ~ ← Skt *Agrahāyana*〙*n.* アガン(の月)《ヒンズー暦の月名の一つで, 太陽暦の 11–12 月に当たる; cf. Hindu calendar》.

a·ghast [əgǽst | əgɑ́ːst]〘《a1250》*agast, agasten* (p.p.) ←《廃》*agaste(n)* to terrify ← A-[2]+OE *gǣstan* to terrify ∽ *agasted* terrified: *-h-* は GHASTLY, GHOST の影響で 15 世紀から〙**—** *adj.* [通例 Predicative に用いて] 度を失って, 胆をつぶして, 仰天して (shocked): ~ *with* terror / listen to a person ~ / He was ~ *at* the demand. その(途方もない)要求に胆をつぶした.

ag·ile [ǽdʒɪl, ǽdʒəl | ǽdʒaɪl]〘《1577》□ (O)F ~ // L *agil-em* nimble ← *agere* to move: cf. agent〙**—** *adj.*

敏捷(びんしょう)な, 敏活な, 軽快な (nimble, active); 〈頭が〉機敏な: be ~ *in* one's movements / an ~ mind. **~·ly** [ǽdʒɪl(l)i, ǽdʒəl- | ǽdʒaɪlli] *adv.*

a·gil·i·ty [ədʒíləṭi, ædʒ- | ədʒílɪti, -lɪ-] 〘(1413) □ (O)F *agilité* ∥ L *agilitāt-em*: ⇨ ↑, -ity〙 *n.* 敏捷(びんしょう), 敏活, 軽快, すばやさ; (頭の)機敏さ: *with* ~.

a·gin [əgín] 《方言》 *adv.* =again. — *prep.* 《戯言》 = against: ⇨ *agin the* GOVERNMENT.

A·gin·court [ǽdʒənkɔ̀ət, -kɔ̀ət, éɪdʒ-, -dʒɪn-, ǽʒənkùə | ǽdʒɪnkɔ̀ː(r, -kɔ̀ːt; *F.* aʒɛ̃kuːr] *n.* アジャンクール《フランス北部, Calais 近くの村; 百年戦争中の1415年 Henry 五世の率いる英軍がフランス軍を破った地; 現在のフランス語名 Azincourt [azɛ̃kuːr]》.

ág·ing *n.* **1** 〘生理〙 =ageing 1. **2** (酒の)熟成. **3** 〘冶金・化学〙 =age-hardening. **4** 〘会計〙 年齢調べ《売掛金の債権としての良否を検討するために売掛金の経過期間を調べること》.

a·gin·ner [əgínə | -nə(r] 〘← AGIN＋-ER¹〙 *n.* 《俗》 何でも変化に反対する人.

ag·io [ǽdʒoʊ, ǽdʒiòʊ, éɪdʒiòʊ, ɑ́ːdʒoʊ | ǽdʒiəʊ, éɪdʒ-] 〘(1682) □ It. *ag(g)io* discount, premium, 《原義》 ease 《変形》 ← 《方言》 *lajje* □ MGk *allágion* exchange ← Gk *allagē* change: cf. adagio〙 — *n.* (*pl.* **~s**) **1** 〘経済〙 **a** 打歩(うちぶ) (⇨ premium 3). **b** (通貨の)両替差額[手数料]. **c** 外国為替手数料. **2** 両替業 (agiotage).

ag·io·tage [ǽdʒəṭɪdʒ | -tɪdʒ] 〘□ F ~ ← *agioter* to practice stockjobbing: ⇨ ↑, -age〙 *n.* **1** 為替[両替]業; 証券売買業. **2** 《まれ》 (証券の)投機売買.

ág·ism [-dʒɪzm] *n.* =ageism.

a·gist [ədʒíst] 〘(1598) □ OF *agist-er* (F *agiter*) ← A-⁴＋*gister* to lodge (< VL **jacitāre* (freq.) ← L *jacēre* to lie): cf. adjacent〙 〘法律〙 — *vt.* **1** 〈家畜を〉有償で(一定期間)預かる, 〈他人の家畜を〉飼育する. **2** 〈土地またはその所有主〉に課税する. — *vi.* 他人の家畜を有償で預かる[飼育する].

a·gist·er *n.* 〘法律〙 (家畜の)有償飼育人.

a·gist·ment 〘法律〙 *n.* **1** 家畜の有償飼育; その料金[収益]. **2** (土地の)課税金.

a·gis·tor *n.* 〘法律〙 =agister.

agit. 《略》 〘処方〙 L. agita (=shake, stir).

ag·i·tate [ǽdʒətèɪt | ǽdʒɪ-] 〘(1586) ← L *agitāt-us* (p.p.) ← *agitāre* to put in constant motion (freq.) ← *agere* to drive, move: ⇨ agent〙 — *vt.* **1** 〈物を〉揺り動かす; 〈水面を〉波立たせる; 〈扇などを〉振り動かす; かきまぜる[回す], 攪拌する (shake, stir): The wind *~s* the sea [the trees]. **2** 〈感情などを〉かき乱す (stir up); …の心を乱す (disturb), 興奮させる, 狼狽(ろうばい)させる (upset): ~ oneself (独りで)いらいらする / questions now *agitating* the public いま世間を騒がせている諸問題 / He was much *~d* by the news. その知らせにひどく興奮した / They are *~d about* [*over*] the matter. その事で気をもんでいる / She was *~d at* the mere mention of the name. その名を聞いただけで動揺を示した. **3** 〈計画などを〉熱心[活発]に討議する; 〈問題を〉世論に訴える. **4** 《古》 思いめぐらす. — *vi.* (政治的目的などのために) 世間を騒がす, 扇動する, アジる, (扇動によって)運動する: ~ *for* higher wages 賃上げの運動をする / ~ *against* a reform 改革反対の運動をする.

ág·i·tàt·ed [-ṭɪd, -ṭəd | -tɪd, -təd] *adj.* 動揺した, 興奮した: in an ~ voice. **~·ly** *adv.*

ag·i·ta·tion [æ̀dʒətéɪʃən | æ̀dʒɪ-] 〘(1596) □ F ~ ∥ L *agitātiō(n-)*: ⇨ agitate, -ation〙 — *n.* **1** 揺り動かすこと, 揺れ動き, 動揺; 攪拌. **2** **a** (心の)動揺, 不安, 興奮, 狼狽(ろうばい): *with* ~ / cry *in* great ~ 大いに興奮して叫ぶ. **b** (社会の)動揺, 騒ぎ, (物情)騒然 (commotion). **3** 扇動, アジ(テーション); (扇動的な)運動 (canvassing): antislavery ~ 奴隷廃止運動 / an ~ *against* high prices [*for* wage increase] 高物価反対[賃上げ]運動. **4** (計画などの)熱心[活発]な討議. **5** 〘医学〙 (精神)興奮, 激越. **~·al** [-ʃənḷ, -ʃnəl] *adj.* 「な.

ag·i·ta·tive [ǽdʒətèɪṭɪv | ǽdʒɪtət-, -tèɪt-] *adj.* 扇動的

ag·i·ta·to [æ̀dʒətɑ́ːṭoʊ | æ̀dʒɪtɑ́ːtəʊ; *It.* àdʒitáːto] 〘□ It. ~ < L *agitātus*: ⇨ agitate〙 *It. adj., adv.* 〘音楽〙 アジタート, 激した[て], 興奮した[て] (agitated(ly)).

ág·i·tà·tor [-ṭə, -tə | -tə(r] 〘(1647) □ L *agitātor*: ⇨ agitate, -or²〙 *n.* **1** 扇動者, (政治上の)運動家, 宣伝員, 活動家: a labor ~ 労働運動家. **2** 攪拌器.

ag·it·prop [ǽdʒɪtprɑ̀p, ǽdʒət- | ǽdʒɪtprɒ̀p; *Russ.* agjitprόp] 〘□ Russ. ~ ← *agit(atsiya)* 'AGITATION'＋*prop(aganda)* 'PROPAGANDA'〙 — *n.* **1** (共産主義の)宣伝と扇動, アジプロ. **2** [しばしば A-] アジプロ機関. **3** アジプロ活動家[運動員]. — *adj.* (共産主義の)宣伝と扇動に役立つ, アジプロ的な: an ~ pamphlet, play, theater, etc.

ág·it·pròp·ist [-pɪst, -pəst | -pɪst] *n.* =agitprop 3.

A·glai·a [əgláɪə, əgléɪ(j)ə | əgláɪə] 〘□ L ~ □ Gk *Aglaïa* 《原義》 brightness ← *aglaós* splendid, bright ← ?〙 — *n.* 〘ギリシャ神話〙 アグライア: **1** 輝きの女神 (cf. grace 12). **2** Acrisius と Proteus の母.

a·glare [əgléə | əgléə(r] 〘← A³＋GLARE¹〙 *adv., pred.adj.* ぎらぎら光って 〔*with*〕.

a·gleam [əglíːm] 〘← A³＋GLEAM〙 *adv., pred.adj.* 〔光・喜びなどで〕(かすかに)輝いて, きらめいて 〔*with*〕.

ag·let [ǽglɪt, -lət] 〘(1440) □ (O)F *aiguillette* point (dim.): ⇨ aiguille〙 — *n.* **1** (リボン・締め紐・靴紐などの先端につける)金具, 飾り金具《16-17 世紀に多く使われたが後に種々な装飾に用いられる》. **2** = aiguillette 1. **3** (紐・ピン・鋲など)衣服につける様々な装飾品.

a·gley [əgléɪ, -líː, -láɪ] 〘(1785) ← A³＋《スコット》 *gley* to squint (< ME *gle(y)e(n)* ← ? ON)〙 — *adv.* 《スコット》 斜めに, 曲がって, それて (awry, askew); (食い)違って (wrong).

a·glim·mer [əglímə | -mə(r] 〘← A³＋GLIMMER〙 *adv., pred.adj.* ちらちら[かすかに]光って 〔*with*〕.

a·glit·ter [əglíṭə | -tə(r] 〘← A³＋GLITTER〙 *adv., pred. adj.* きらきら輝いて, きらめく 〔*with*〕.

a·glos·si·a [eɪglɑ́siə, -glɔ́(ː)s- | -glɔ́siə] 〘□ Gk *aglossia* dumbness: ⇨ A-⁷, -glossa, -ia¹〙 *n.* 〘病理〙 無舌(症).

a·glow [əglóʊ | əgləʊ] 〘← A³＋GLOW〙 — *adv., pred. adj.* (真赤に)輝いて; 熱して, 興奮して (excited) 〔*with*〕: the horizon all ~ 真赤に染まった地平線 / a face ~ *with* pride 誇りに輝く顔.

a·glu·con [əglúːkɑn, ɑːg-, æg- | -kɒn] 〘← Gk *a* together＋GLUEO-＋-ON¹〙 — *n.* (*also* **a·glu·cone** [-koʊn | -kəʊn]) 〘生化学〙 アグリコン (aglycon); (特に)アグルコン《配糖体中でぶどう糖と結合している糖以外の部分アグリコン》.

a·gly [əglíː, əgláɪ] *adv.* =agley.

a·gly·con [əgláɪkɑn, ɑːg-, æg- | -kɒn] 〘← Gk *a* together＋-ON¹〙 — *n.* (*also* **a·gly·cone** [-koʊn | -kəʊn]) 〘生化学〙 アグリコン《配糖体の糖以外の成分をいい, きわめて多種多様である》.

AGM 《略》 air-to-ground missile.

A.G.M. 《略》 annual general meeting 年次総会.

ag·ma [ǽgmə] 〘□ LGk *ágma* < Gk ~ 'fracture'〙 *n.* 〘音声〙 **1** (ラテン・ギリシャ語で) g や gamma (γ) によって表わされる軟口蓋鼻子音 ([ŋ]). **2** =eng.

ag·mi·nate [ǽgmənət, -nɪt, -nèɪt | -mɪ-] 〘← L *agmin-, agmen* crowd＋-ATE²〙 *adj.* 〘医学〙 集まった, 一団になった, 群がった (clustered).

ag·mi·nat·ed [ǽgmənèɪṭɪd, -ṭəd | -mɪnèɪtɪd, -təd] *adj.* 〘医学〙 =agminate.

ag·nail [ǽgneɪl] 〘OE *angnægl* corn on the foot ← *ang-* compressed, painful＋*nægl, nægel* 'NAIL': cf. anger〙 — *n.* **1** (指の)さかむけ, ささくれ (hangnail). **2** 《廃》 (足の)魚の目 (corn).

ag·nate [ǽgneɪt] 〘(1534) □ L *agnāt-us* a relation (on the father's side) (p.p.) ← *agnāscī* to be born in addition to ← *ag-* 'AD-'＋*nāscī* to be born: cf. adnate, cognate〙 — *n.* **1** 男系親, 父方の親族, 内戚(ないせき). **2** 同族者. — *adj.* **1** 男系親の, 父方の (cf. cognate 1 b). **2** 同系の (akin); 同種の.

Ag·na·tha [ǽgnəθə] 〘← NL ~: ⇨ a-⁷, -gnatha〙 — *n. pl.* 〘魚類〙 無顎(むがく)綱《しばしば脊椎動物の第1綱とされ, 真正の上下両顎をもたないヤツメウナギ, メクラウナギなどの総称》.

ag·na·thous [ǽgnəθəs] 〘⇨ ↑, -ous〙 *adj.* 〘動物〙 **1** 無顎(むがく)の. **2** 無顎綱の. 「系親の; 同族者の.

ag·nat·ic [ægnǽṭɪk | -tɪk] 〘← AGNATE＋-IC¹〙 *adj.* 男

ag·na·tion [ægnéɪʃən] 〘□ F ~ ∥ L *agnātiō(n-)*: ⇨ agnate, -ation〙 *n.* 男系の親族関係; 同族関係 (cf. cognation 1).

Ag·ne·an [ɑ́ːgniən | -nɪ-] 〘← *Agni* (トルキスタン地方の古代王国名)＋-AN¹〙 *n.* 〘言語〙 =Tocharian A.

a·gnel [ænjél; *F.* aɲɛl] 〘□ F ~ 《原義》 lamb □ L *agnellus* (dim.) ← *agnus* lamb〙 — *n.* (*pl.* **a·gneaux** [ænjóʊ | -jəʊ; *F.* aɲo]) アニェル《1310 年 1 月 Philip 四世のとき初めて発行されたフランスの金貨; 表に過ぎ越しの祝いの小羊を刻む; Charles 六世 (1380–1422) のときまで作られた》.

Ag·nes [ǽgnɪs, -nəs | -nɪs] 〘□ L *Agnēs* □ Gk *Agnḗ* (fem.) ← *Agnós* 《原義》 pure, sacred, chaste〙 *n.* 女性名《愛称形 Aggie》.

Agnes, Saint *n.* (聖)アグネス《伝承では303 年頃 13 歳で殉教したといわれるローマの少女; 貞潔と少女の守護聖人; 祝日 1 月 21 日; cf. St. Agnes's Eve》.

Ag·new [ǽgn(j)uː | -njuː], **Spiro Theodore** *n.* (1918–73) 米国の政治家, 副大統領 (1969–72).

Ag·ni [ǽgni | -nɪ; *Hindi* əgni] 〘□ Skt *agni* fire: cf. L *ignis* fire〙 *n.* 〘インド神話〙 アグニ《火の神で Veda 神話中の主要な神》.

ag·nize [ǽgnaɪz] 〘← L *agnōscere* to recognize: RECOGNIZE にならった類推変形〙 *vt.* 《古》 認める.

ag·no·men [ægnóʊmən | -nəʊmen] 〘(1753) □ L *agnōmen* ← *ag-* 'AD-'＋(*g*)*nōmen* 'NAME'〙 — *n.* (*pl.* **ag·nom·i·na** [-nɑ́mənə | -nɔ́mɪ-], **~s**) **1** (古代ローマ人の)第四名, (功績を示すなどのために第三名 (cognomen) につけた)添え名 (surname) 《例: Publius Cornelius Scipio Africanus の Africanus; cf. nomen¹ 1》. **2** あだ名 (nickname). **ag·nom·i·nal** [ægnɑ́mənḷ | -nɔ́mɪ-] *adj.*

ag·nom·i·na·tion [ægnɑ̀mənéɪʃən | -nɔ̀mɪ-] 〘□ L *agnōminātiō(n-)*: ⇨ ad-, nomination〙 *n.* 〘修辞〙 = paronomasia.

Ag·non [ɑ́ːgnɑn | -nɒn], **Shmu·el Yo·sef** [ʃmúːəl jóusef | jə́ʊ-] *n.* アグノン《(1888–1970; イスラエルの小説家; 古典ヘブライ語 (Classical Hebrew) を用いる現代で最大の作家; Nobel 文学賞 (1966)》.

agnoses *n.* agnosis の複数形.

ag·no·sia [ægnóʊʒə, -ʒiə | -nə́ʊziə, -ʒiə] 〘← NL ~ ← Gk *agnōsia* ← A-⁷＋*gnō-* (⇨ -gnosis)＋-IA¹〙 *n.* 〘精神医学〙 失認, 認知不能(症).

ag·no·sis [ægnóʊsɪs, -səs | -nə́ʊsɪs] 〘← A-⁷＋-GNOSIS〙 *n.* (*pl.* **-no·ses** [-siːz]) 〘精神医学〙 =agnosia.

ag·nos·tic [ægnɑ́stɪk, əg- | -nɔ́s-] 〘← A-⁷＋GNOSTIC〙 — *n.* 不可知論者. — *adj.* **1** 不可知論(者)の, 不可知論的な. **2** 断定[独断]的でない. **ag·nós·ti·cal** *adj.* **~·ly** *adv.*

ag·nós·ti·cìsm [-təsìzm | -tɪ-] *n.* **1** 〘哲学〙 不可知論《究極的実在, 特に神の存在や本性は不可知であるとする教説; cf. atheism 1, scepticism》. **2** 〘神学〙 不可知論《神の存在は必ずしも否定しないが, その存在を知ることができるということには否定的な見解》.

ag·nus cas·tus [ǽgnəs kǽstəs] 〘(1398) □ L ~ ← *agnus* (□ Gk *ágnos* willowlike tree ← ? Sem.)＋*castus* 'CHASTE': 通俗語源で Gk *ágnos* を *hagnós* chaste と混同し, さらに L *agnus* lamb, *castus* chaste との連想でできた造語: 語源の俗解から貞操を守る木と信じられた〙 — *n.* 〘植物〙 イタリアニンジンボク, セイヨウニンジンボク (*Vitex agnus-castus*) 《chaste tree ともいう》.

Ag·nus De·i [ɑ́ːgnus déɪiː, -nəs-, ɑ́ːnjuːs-, -njus-, -déɪ, ǽgnəs-díːaɪ | ɑ́ːgnus-déɪiː, ɑ́ːnjəs-, ǽgnəs-díːaɪ] 〘(*a*1400) □ L ~ 'lamb of God' 《なぞり》 ← Gk *amnòs toû theoû*〙 — *n.* **1** 神の小羊《キリストの名称の一つ: cf. *John* 1: 29, 36》; 神羊の像《キリストの象徴; 通例, 輪光を頭にいただき十字架の旗を持った姿で描かれる》. **2** 〘カトリック〙 アニュス デイ, 神羔誦(しんこうしょう)《ミサ聖祭中の, '*Agnus Dei*' という言葉で始まる祈り; その音楽》; 神の小羊の像を印し教皇の祝福を受けた蠟(ろう)製の小円盤. **3** 〘英国国教会〙 アグヌス デイ《聖餐式中の 'O Lamb of God' で始まる聖歌; その音楽》.

Agnus Dei 1

a·go [əgóʊ | əgə́ʊ] 〘ME *ago(n)* (p.p.) ← *agon* < OE *āgān* to pass away: ⇨ a-², go¹: 今の用法はもと独立分詞構文から〙 — *adj.* [名詞に伴い副詞的をなして] (今から)…前に (cf. before *adv.* 2): five minutes ~ 5 分前に / I met her a few days ~. 数日前に彼女に会った / That was [happened] a long time ~. それはずっと前の[に起こった]ことだ / It was [is] two years ~ that he came to live here. ここに移って来たのは2年前だ. — *adv.* [long ~ で] ずっと前[以前]に (long since) (cf. long¹ *adv.* 1 b): He died *long* ~. ずっと前[昔]に死んだ / How *long* ~ was [is] it? どれくらい前のことですか / It happened not *long* ~. つい先ごろ起こった / It was founded as *long* ~ as in the 18th century. 18 世紀の昔に創立された / They were married no *longer* ~ than last month. つい先月結婚したばかりだ / long, *long* ~ 昔々 (once upon a time) / a week ~ yesterday ⇨ week 3.

a·gog [əgɑ́g, əgɔ́(ː)g | əgɔ́g] 〘(*c*1405) *on gog* □ OF *en gogues* in a merry mood (← *gogue* fun ← ?): cf. F *goguenard* playful〙 — *adv., pred.adj.* [しばしば all ~ で] (期待などで)ひどく興奮して, 熱望して: *all* ~ *for* …を熱望して / ~ *with* curiosity 好奇心でうずうずして / set an audience ~ 聴衆を沸き立たせる / He is *all* ~ *to* know what happened. 何事が起こったか知りたくて躍起になっている.

-a·gog [⌐əgɑ̀g, ⌐əgɔ̀(ː)g | ⌐əgɔ̀g] =-agogue.

a·gog·ic [əgɑ́dʒɪk, əgóʊgɪk | əgɔ́dʒ-, əgə́ʊg-] 〘□ G *agogisch*: ⇨ agogics, -ic¹〙 *adj.* 〘音楽〙 緩急法 (agogics) の.

agógic áccent *n.* 〘音楽〙 アゴージック アクセント《音の強さによらず, 音符を長めに演奏することによる強調》.

a·gog·ics [əgɑ́dʒɪks, əgóʊg- | əgɔ́dʒ-, əgə́ʊg-] 〘□ G *Agogik* ← Gk *agōgḗ* (← *ágein* to lead)＋-ICS〙 — *n.* 〘音楽〙 (演奏上の)緩急法《厳格なテンポによらず, これを変化させて表現を豊かにすること》.

a-go-go [ɑːgóʊgoʊ, əg- | -gə́ʊgəʊ] 〘← *Whisky à Gogo* (パリにあるカフェ兼ディスコの名) ← *à gogo* (↓)〙 — *n.* (*pl.* **~s**) **1** ディスコ (discotheque). **2** ロックなどの生演奏に合わせて踊ることのできる小さなナイトクラブ. — *adj.* =go-go.

à-go-go [ɑːgóʊgoʊ | -gə́ʊgəʊ] 〘□ F *à gogo* in plenty, ad lib.: cf. agog〙 *adv.* (*also* **à go-go** [~]) 豊富に, たっぷり (galore); 好きなだけ, 存分に.

-a·gogue [⌐əgɑ̀g, ⌐əgɔ̀(ː)g | ⌐əgɔ̀g] 〘□ F ~ ← Gk *agōgós* leading ← *ágein* to lead〙 「分泌[排出]を促すもの」の意の名詞連結形: lymph*agogue*.

a·go·ing [əgóʊɪŋ | əgə́ʊ-] 〘← A³＋GOING〙 *pred.adj., adv.* 動いて, 進行して: set ~ 〈事業などを〉起こす, 始める; 〈機械などを〉動かす, 稼動させる.

a·gom·e·ter [əgɑ́məṭə | əgɔ́mɪtə(r, -mə-] 〘← ?〙 *n.* 〘電気〙 加減抵抗器 (rheostat).

a·gon [ɑ́ːgɑn, ɑːgóʊn | ɑ́ːgɒn, ɑːgə́ʊn] 〘□ Gk *agṓn* 《原義》 gathering: cf. agent〙 — *n.* (*pl.* **~s, a·go·nes** [ɑːgóʊnes, əgóʊniːz | ɑːgə́ʊnes, əgə́ʊniːz]) **1** (古代ギリシャで運動・音楽・詩歌などの)懸賞競技. **2** アゴーン《ギリシャ喜劇中の主要人物が互いに異なる主張をもって言い争う部分で, 劇の本筋》. **3** 〘文学〙 (劇・小説などの)主人公と敵対者との闘争.

ag·o·nal [ǽgənḷ] 〘← AGONY＋-AL¹〙 *adj.* 苦悶の[に関する]; (特に)死の苦しみの.

a·gone [əgɔ́(ː)n, əgɑ́n | əgɔ́n] 〘(*a*1333) (p.p.) ← OE *āgān* to go by〙 *adj., adv.* 《古・詩》 =ago.

agones *n.* agon の複数形.
a·gon·ic [eɪgɑ́nɪk, əg- | -gɔ́n-] 〚← Gk *ágōnos* without angles (← A-⁷+*gōnía* angle)+-IC¹〛 *adj.* 角(ｶﾄﾞ)をなさない.
agónic líne *n.* (地磁気の)無方位角線 (cf. aclinic line, isoclinic line, isogonic line).
A·gon·i·dae [əgɑ́nədìː | əgɔ́nɪ-] 〚← NL ~ ← *Agonus* (属名)+-IDAE〛 *n. pl.* 〘魚類〙トクビレ科.
ag·o·nise [ǽgənàɪz] *n.* 《英》=agonize.
ag·o·nist [ǽgənɪst, -nəst | -nɪst] 〚□ LL *agonista* □ Gk *agōnistḗs* contestant : ⇨ agonize, -ist〛 ― *n.* **1 a** 闘争者; 競争者. **b** (劇・小説などの)主役, 主人公. **c** 精神的な苦悩をもつ人. **2** 〘医学〙 **a** 作働筋, 主働筋 (cf. antagonist 2). **b** 作働薬, 主働薬; 作用物質.
ag·o·nis·tic [æ̀gənístɪk | æ̀gə(ʊ)-] 〚← Gk *agōnistikós* pertaining to a combatant ← *agōnistḗs* contestant ← *agōnízesthai* (↓)〛 ― *adj.* **1** 論争(的)の (polemic), 争い好きな (combative). **2** (無理に)効果を狙った, 無理のある (strained): an ~ pose. **3** 〘生態〙対敵の 《敵対する同種または異種の動物に対してある行動を示す》. **4** (古代ギリシャの)懸賞競技の (cf. agon 1).
àg·o·nís·ti·cal *adj.* **àg·o·nís·ti·cal·ly** *adv.*
ag·o·nize [ǽgənàɪz] 〚《1583》□ (M)F *agonis-er* to be in death agony < LL *agonizāre* □ Gk *agōnízesthai* to contend for a prize ← *agṓn* 'AGON'〛 ― *vi.* **1** 苦悶する, 煩悶する〔*over*〕: *agonizing* intellectuals 苦悩するインテリたち. **2** 必死に努力[奮闘]する 〈*to* do〉. ― *vt.* 激しく苦しませる, 苦悶させる (torture); 煩悶させる. 「表情[叫び].
ág·o·nìzed *adj.* 苦悶の: an ~ look [shriek] 苦悶の
ág·o·nìz·ing *adj.* 苦悶を与える; ひどく苦痛な. **~·ly** *adv.*
ag·o·ny [ǽgəni | -nɪ] 〚《c1390》 *agonye* □ LL *agōnia* □ Gk *agōníā* contest, anguish ← *agṓn* 'AGON'〛 ― *n.* **1** 激しい苦痛[もだえ, 悩み], 苦悶 (anguish): be in ~ 苦しみもだえる / ~ of mind 心の悩み, 苦悶 / the ~ *of going* through examinations 受験の苦しみ[辛さ] / in *agonies* of pain 痛さに苦しみもだえて / in *agonies* of suspense どっちつかずの状態に苦悩して. **2** 激情, (悲喜の)極み: in an ~ of joy 歓喜の極みに. **3** 死[断末魔]の苦しみ (death agony). **4** 苦闘. **5** 〘キリスト教〙[the A-] (受難前の Gethsemane における)キリストの苦しみ[苦悶] (cf. *Luke* 22 : 44): *the Agony* in the garden (of Gethsemane).
pile on* [*up*] *the agony =*put* [*turn*] *on the agony* 《口語》(経験したことの)苦しさ[辛さ, 不快など]を大げさに話す.
ágony còlumn *n.* 《口語》(新聞の)私事[個人]広告欄 (personal column) 《特に, 尋ね人や所在不明の人にあてた通信などを載せる欄》.
a·go·ra¹ [ɑ̀ːgərɑ́ː] 〚□ ModHeb. *agora* < Heb. *aghōrāʰ* a small coin〛 ― *n.* (*pl.* **a·go·rot** [-róʊt | -rə́ʊt]) **1** アゴラ《イスラエルの通貨単位; =$^1/_{100}$ shekel》. **2** 1 アゴラ硬貨.
ag·o·ra² [ǽgərə | ǽgə-, ǽgɔ-] 〚□ Gk *agorá* market place, place of assembly〛 ― *n.* (*pl.* **~s, ag·o·rae** [-rìː, -ràɪ | -rìː]) **1 a** (古代ギリシャの)集会所, 広場, 市場. **b** 集会所. **2 a** (古代ギリシャの)市民集会. **b** 集会.
ag·o·ra·pho·bi·a [æ̀gərəfóʊbiə | -fə́ʊbjə, -bɪə] 〚《1873》: ⇨ ↑, -phobia〛 *n.* 〘精神医学〙広場恐怖(症) (cf. claustrophobia). 「恐怖症の人.
ag·o·ra·pho·bi·ac [æ̀gərəfóʊbiæ̀k | -fə́ʊbɪ-] *n.* 広場
ag·o·ra·pho·bic [æ̀gərəfóʊbɪk, -fɑ́b- | -fə́ʊb-] *adj., n.* 〘精神医学〙広場恐怖症の(人).
agorot *n.* agora¹ の複数形.
a·gou·ta [əgúːtə | -tə] 〚□ F ~ □ Sp. *aquta* ← Taino〛 *n.* 〘動物〙ハイチソレノドン (*Solenodon paradoxus*) 《ハイチに生息するソレノドン科のジネズミに似た昆虫捕食性の動物; 下顎に毒腺がある; cf. alamiqui》.
a·gou·ti [əgúːti | -tɪ] 〚《1731》□ F ~ □ Sp. *aguti* □ 《土語》*aqutí, acutí*〛 ― *n.* (*also* **a·gou·ty** [~]) 〘動物〙 **1** アグーティ, オオテンジクネズミ 《南米・中米・西インド諸島産のパカ科 *Dasyprocta* 属の, 厚くすべすべした粘着性の毛をもつ齧歯(ｹﾞｯｼ)類の総称; サトウキビ畑に大害を与える; cf. acouchy》. **2** (多くの齧歯類の毛(並み)に見られる)灰色に横線の模様; その動物.

agouti 1
(*D. agouti*)

agr. 《略》agreement; agricultural; agriculture.
A.G.R. 《略》《英》advanced gas-cooled (nuclear) reactor 改良型ガス冷却炉.
A·gra [ɑ́ːgrə] *n.* アグラ《インド Uttar Pradesh 州の Jumna 川に臨む都市; Taj Mahal 廟(ﾋﾞｮｳ)の所在地; 人口 595,000》.
-ag·ra [ǽgrə] 〚□ L ~ □ Gk ~ ← *ágra* catching〛 (*pl.* **-ag·rae** [-iː], **~s**) 「…の発作的激痛」の意の名詞連結形: cardi*agra*.
a·grafe [əgrǽf] 〚《1707》□ F *agrafe* hook 《逆成》← *agrafer* to hook ← *à* 'AD-'+OF *grafer* to fasten with a hook (← *grafe* sharp-pointed tool < L *graphium* □ Gk *graphion*)〛 ― *n.* (*also* **a·graffe** [~]) **1** 小かすがい (small cramp). **2** (衣服の)留め金具 (clasp); (特に)中世のよろいや衣装の留め金具. **3** (ピアノ線の)振動止め. **4** 〘古代建築〙要石(keystone) 表面の浮彫.
A·gram [G. áːgram] *n.* アグラム《Zagreb のドイツ語名》.
a·gram·ma·pha·si·a [eɪgræ̀məféɪʒiə, -ʒə | -zɪə, -zjə] *n.* 〘精神医学〙=agrammatism.
a·gram·ma·tism [eɪgrǽmətìzm] 〚← Gk *agrámmatos* (⇨ a-⁷, grammar)+-ISM〛 ― *n.* 〘精神医学〙失文法(症)《脳の疾患・外傷などで文法的に文章を構成して話すことのできない状態》.
a·gran·u·lo·cy·to·sis [eɪgræ̀njʊlo(ʊ)saɪtóʊsɪs, -səs | -lə(ʊ)saɪtə́ʊsɪs] 〚⇨ a-⁷, granule, -cyte, -osis〛 ― *n.* **1** 〘病理〙顆(ｶ)粒球減少(症). **2** 《英》〘獣医〙無顆粒白血球症, 顆粒球減少症 《panleucopenia の旧称》.
ag·ra·pha [ǽgrəfə] 〚□ Gk *ágrapha* unwritten sayings: ⇨ a-⁷, grapho-〛 ― *n. pl.* アグラファ, 聖書外キリスト語録[聖言資料]《新約外典や初代教父たちが書いたものに見出される》.
a·graph·i·a [eɪgrǽfiə | -fɪə] 〚← NL ~ ← A-⁷+Gk *graphía* a writing〛 ― *n.* 〘精神医学〙失書(症), 書字不能(症)《失語症 (aphasia) の一種》. **a·graph·ic** [eɪgrǽfɪk] *adj.*
a·grar·i·an [əgrɛ́(ə)riən | əgrɛ́ərɪ-, eɪg-] 〚《1618》← L *agrāri-us* pertaining to land (⇨ acre)+-AN¹〛 ― *adj.* **1 a** 土地の; 耕地の, 農地の[に関する]; 農業の (agricultural): an ~ problem [reform] 農地問題[改革] / an ~ dispute 小作争議 / ~ outrages 小作争議から起こる暴動, 百姓一揆(ｲｯｷ). **b** 農民(のため)の: an ~ party 農民党. **2** 〘ローマ法〙土地の: ~ laws (古代ローマの)土地分配法. **3** 〘植物〙野生の (wild). ― *n.* 土地均分[再分]論者; 農地改革論者; 農民党員.
a·grár·i·an·ism [-nìzm] *n.* 土地均分[再分]論; 農地改革論[運動]. 「〘宇宙〙無重力状態の.
a·grav·ic [eɪgrǽvɪk] 〚← A-⁷+GRAVITY+-IC¹〛 *adj.*
a·gré·a·tion [ɑːgrèɪɑːsjɔ̃ː(ŋ), -sjɔ́ːŋ; *F.* agreasjɔ̃] 〚□ F ~ ← *agréer* to agree: ⇨ ↓, -ation〛 ― *n.* 〘外交〙承諾手続き《外交使節について接受国に承諾されるか否かをあらかじめ決定するための外交上の手続き; cf. agrément 1》.
a·gree [əgríː] 〚《c1385》*agree(n)* □ (O)F *agré-er* to accept or receive with favor < VL **aggrātāre* ← L *ag-* 'AD-'+*grātus* acceptable (cf. grateful)〛 ― *vi.* (↔ disagree) **1 a** 〈提案・条件などに〉同意する, 承諾する, 応じる (consent)〔*to*〕; 〈…すると〉同意する, 承知する 〈*to* do〉 (cf. agreed 2); 〈…することに〉同意する, 賛成する 〈*to* doing, *with* doing〉: ~ *to* a plan / I ~. 同意[賛成]する, よろしい (cf. 2 a, agreed 3) / He will ~ *to* come. / He ~*d* not *to* meet her again. 二度と彼女には会わないと約束した / My father ~*d to* my going to college. 父は私が大学に行くことに賛成した / I don't ~ *with* (their) wasting things. 物をむだにするのはよろしくない / The terms were ~*d to*. 条件は承諾された. **b** 〈意見などに〉同意する〔*to, in, with*〕.
2 a 〈人と〉意見が合う, 同じ考えである〔*with*〕; (人と)〔…について〕意見がまとまる, 折合う〔*on, upon, about, as to*〕 (cf. agreed 2): I ~. 同感です, そうです (cf. 1 a) / I ~ *with* him. / He and I ~ *with* each other. 互いに意見が合う / We ~ *on* that point [*about* that matter]. その点[事]では意見が同じだ / They ~ *in* supporting the plan. その計画を支持することで同意し(ていた) / They could not ~ (*as to*) *what* to do [should be done]. どうすべきかで合意できなかった / I couldn't ~ (*with* you) more. 《口語》(君と)全く同感だ. **b** 〈条件・価格などを〉取り決める, 協定する (decide)〔*on, upon*〕 (cf. *vt.* 3): ~ *on* a date, plan, etc. / a price ~*d* (*up*)*on* 協定価格.
3 〈人が〉和合する, 折合う (get on well)〔*with*〕: They don't ~ (*together*). / He and she can't ~ (*with* each other). 二人は仲よくやって行けない.
4 〈事実・帳じりなどが〉〔…と〕一致[符合]する, 合う〔*with*〕: The evidence ~*s with* the facts. その証拠は事実と一致する.
5 [通例否定・疑問構文で] 〈食物・気候などが〉〈人の〉体[性]に合う〔*with*〕 (cf. disagree 3): Crab [City life] does not ~ *with* me. かに[都会生活]は私に合わない.
6 〘文法〙〈語形が〉(人称・性・数・格の点で)一致[呼応]する〔*with*〕: A verb ~*s with* its subject in number and person. 動詞は数と人称において主語と一致する.
― *vt.* **1** [通例 *that*-clause を伴って] …に同意する; 認める, 承認する (admit): He ~*d that* it was right. 彼はそれが正しいと認めた / It was ~*d that* it would be advisable. それが望ましいということで我々の間で意見が一致した. **2** 《英》〈不和などを〉収める, 解決する (settle). **3** 《英》〈条件・価格などを〉取り決める, 協定する (arrange) (cf. *vi.* 2 b, agreed 1). **4** 《英》 **a** 〘会計〙〈帳じりなどを〉合わせる: ~ the balance. **b** 〈計算などを〉調べる, チェックする.
***agree to differ* [*disagree*]** 互いに意見の相違を認めて争わないことに決める: Let's ~ *to differ*, and part friends.
a·gree·a·ble [əgríːəbl | əgríə-, əgríːə-] 〚《c1380》□ (O)F *agréable*: ⇨ ↑, -able〛 ― *adj.* **1** 快い, 気持ちのよい, 愛想のよい (pleasing, pleasant): an ~ companion, face, etc. / an ~ manner 感じのよい態度 / ~ weather / be ~ *to* the ear 耳に(聞いて)快い / make oneself ~ (*to* a person) (人に)愛想よくする. **2** [Predicative に用いて] 《口語》〈人が〉〈提案などに〉快く応じて, 乗り気になって〔*to*〕; 喜んで〈…しようと〉して 〈*to* do, *to* doing〉: be ~ *to* a plan, suggestion, etc. / I'm quite ~. 至極けっこうです / Is there anyone ~ *to* help(ing) with the work? だれか仕事を手伝ってくれようという者はないか. **3 a** [Predicative に用いて] 適当な, かなう (suitable)〔*to*〕: a rite ~ *to* old custom 古い慣習にかなった儀式. **b** [副詞的に] 《古・口語》=agreeably 2. 「do¹ *vt.* 10).
do the agreeable to 《口語》〈人〉に愛想よくする (cf.
― *n.* [通例 *pl.*] 《古》愉快な物[人, 経験]. 「*n.*
a·grèe·a·bíl·i·ty [-rìːəbíləṭi | -lətɪ, -lɪ-] *n.* **~·ness**
a·grée·a·bly [-bli | -blɪ] 〚《c1380》〛 ― *adv.* **1** 心地よく, 気持ちよく, 愉快に (pleasingly): sing ~ / be ~ surprised びっくりすると同時に喜ぶ, うれしい驚きを味わう. **2** 〈指図などに〉従って, 一致して (in accordance)〔*to*〕: act ~ *to* a person's instructions 人の指図によって行動する.
a·gréed *adj.* **1** 合意された, 定められた, 協定による: an ~ price [rate] 協定価格[率] / at the ~ place 所定の場所で. **2** [Predicative に用いて] 同意して: be ~ *on* [*about, as to*] a problem / He is ~ *to* work with me. 私と一緒に仕事をすることに同意している / They are all ~ *that* business is improving. 景気が好転していることは皆の一致した意見だ. **3** [A-; 間投詞的に] 《口語》承知した, 賛成, よろしい (Done!) 《That's agreed to. の意》.
a·grée·ment 〚《?a1400》□ (O)F *agrément*: ⇨ agree, -ment〛 ― *n.* **1 a** 同意, 承諾, 合意: by mutual ~ 双方合意の上で / in ~ (with a person) *on* …に関して(人に)同意して / nod in ~ 同意してうなずく. **b** 和合, 折合い. **2 a** 〘法律〙合意, 協定, 協約; 契約, 規約; 合意[協定]書[文], 契約書[文]: a labor ~ 労働協約 / an ~ *for* drug control 麻薬取締りの協定 / an ~ to build a dam ダム建設の契約 / arrive at [come to, reach] an ~ 合意に達する, 協定に至る / bring about an ~ 話をまとめる / conclude [make, enter into] an ~ (with) (…と)協定[契約]を結ぶ. **b** 〘労働〙=collective agreement. **3** (意見・陳述などの)一致, 調和: an ~ of theory and practice / in ~ (with) (…と)一致して. **4** 〘文法〙(性・数・格・人称の)一致, 呼応 (concord).
a·gré·gé [ɑ̀ːgreɪdʒéɪ; *F.* agreʒe] 〚□ F ~ 《原義》aggregated〛 ― *n.* (*pl.* **~s** [~z; *F.* ~]) アグレジェ《フランスで, 国立中等学校 (lycée) 上級教員または大学教授に必要な資格試験に合格した教授資格者》.
a·gré·mens [ɑ̀ːgreɪmɑ́ː(ŋ), -mɔ́ː(ŋ), -mɑ́ːŋ, -mɔ́(ː)ŋ] 〚(pl.) ← F *agrément* pleasure〛 *n. pl.* **1** =amenities (⇨ amenity 4). **2** 〘音楽〙=agrément 3.
a·gré·ment [ɑ̀ːgreɪmɑ́ː(ŋ), -mɔ́ː(ŋ), -mɑ́ːŋ, -mɔ́(ː)ŋ; *F.* agremɑ̃] 〚□ F ~ 'agreement'〛 ― *n.* (*pl.* **~s** [~(z); *F.* ~]) **1** 〘外交〙アグレマン《大使・公使派遣について接受国があらかじめ与える承認; cf. agréation》: give [ask for] an ~. **2** [*pl.*] =agrémens 1. **3** [*pl.*] (*also* **agrémens**) 〘音楽〙装飾音 (grace notes, ornaments); (特に, 17 世紀フランスの)鍵盤音楽の装飾音.
a·gres·tic [əgréstɪk | əg-, æg-] 〚← L *agrest-is* rural (⇨ acre)+-IC¹〛 *adj.* 田舎風の, ひなびた; 粗野な.
ag·ri·busi·ness [ǽgrɪbìznɪs, -rə-, -nəs, -nɪz, -nəz | -rɪbɪznɪs, -nəs] 〚← AGRI(CULTURE)+BUSINESS〛 ― *n.* アグリビジネス, 農事産業《作物生産と農産物加工, 農器具・肥料の製造・販売などを一緒に行なうもの》.
agric. 《略》agricultural; agriculture; agriculturist.
A·gric·o·la [əgríkələ | -kə(ʊ)-], **Gnae·us Julius** [niːəs] *n.* アグリコラ (37–93; ローマの将軍で Britain の総督).
ag·ri·cul·tur·al [æ̀grɪkʌ́ltʃ(ə)rəl, æ̀grə-, -tʃʊr- | æ̀grɪ-] 〚《1776》← AGRICULTURE+-AL¹〛 ― *adj.* 農業の, 農耕の, 農芸の; 農事の; 農学(上)の: the *Agricultural* Age 農耕時代 / an ~ chemical 農薬 / ~ chemistry 農芸化学 / ~ economics 農業経済学 / ~ engineering 農業工学 / ~ extension (work) 《米》農業知識[教育]普及(事業) / ~ products 農産物 / an ~ school [college] 農業学校[大学] / an ~ show 農業展覧会 / an ~ station 農事[農業]試験場. **~·ly** *adv.*
agricúltural àgent *n.* =county agent. 「ant).
agricúltural ànt *n.* 〘昆虫〙収穫アリ (⇨ harvester
ag·ri·cul·tur·al·ist [æ̀grɪkʌ́ltʃ(ə)rəlɪst, æ̀grə-, -tʃʊr-, -ləst | æ̀grɪkʌ́ltʃ(ə)rəlɪst, -tʃʊr-] *n.* =agriculturist.
ag·ri·cul·ture [ǽgrɪkʌ̀ltʃə, -rə- | -rɪkʌ̀ltʃə(r)] 〚《1603》□ F ~ // L *agricultūra* ← *agri* ((gen.) ← *ager* field)+*cultūra* cultivation: ⇨ acre, culture〛 ― *n.* **1** 農業 (farming) 《広義には牧畜・林業も含む》; 農耕, 農芸; 農事. **2** 農学《作物および家畜の生産・加工・利用に関する学問》.
ag·ri·cul·tur·ist [æ̀grɪkʌ́ltʃ(ə)rɪst, -rə-, -rəst | æ̀grɪkʌ́ltʃərɪst] 〚《1760》〛 *n.* **1** 農学者. **2** 農業家, 農場経営者 (farmer).
A·gri·gen·to [ɑ̀ːgrɪdʒéntoʊ, æ̀g- | -təʊ; *It.* àgridʒɛ́nto] *n.* アグリジェント《Sicily 島南部の都市; 人口 49,000》.
ag·ri·mo·ny [ǽgrəmòʊni | ǽgrɪmənɪ] 〚《c1395》*egremoigne* □ (O)F *aigremoine* // L *agrimōnia* □ Gk *argemṓnē* □ ? Heb. *argāmān* purple ∽ OE *agrimonia* □ L〛 *n.* 〘植物〙キンミズヒキ《バラ科キンミズヒキ属 (*Agrimonia*) の植物の総称; キンミズヒキ (*A. pilosa*) など; 種子が衣服について運ばれる》.
ag·ri·mo·tor [ǽgrəmòʊṭə | ǽgrɪməʊtə(r)] 〚← AGRI(CULTURE)+MOTOR〛 *n.* 農耕用トラクター.
ag·ri·o- [ǽgrio(ʊ) | -rɪə(ʊ)] 〚← NL ~ ← Gk *ágrios* ← *agrós* field: ⇨ acre〛「野生の (wild)」の意の連結形.
Ag·ri·on·i·dae [æ̀griɑ́nədìː | -rɪɔ́nɪ-] 〚← NL ~ ← *Agrion* (属名: ↑)+-IDAE〛 *n. pl.* 〘昆虫〙(蜻蛉目)イト

トンボ科.

A·grip·pa [əgrípə; *G.* a:grípa:], **Cornelius Heinrich** *n.* アグリッパ《1486?–1535; ドイツの医師·神学者; Agrippa von Nettesheim [nétəsháɪm]》.

A·grip·pa [əgrípə], **Marcus Vip·sa·ni·us** [vɪpséɪniəs | -njəs, -nɪəs] *n.* アグリッパ《63–12 B.C.; ローマの政治家·将軍·技術家; Actium の戦いで Octavian の部将として Antony と Cleopatra との軍を破った (31 B.C.)》.

Ag·rip·pi·na II [ægrəpáɪnə, -pí:nə | -rɪ-] *n.* アグリッピナ二世《15–59; ローマ皇帝 Nero の母》.

a·gri·to [əgrí:toʊ | -təʊ] *n.* (*pl.* ~**s**)〘植物〙=agarita.

ag·ro- [ǽgro(ʊ) | -rə(ʊ)]〘□F ~ ←□Gk ~ ← *agrós*: ⇨ acre〙 ── 次の意味を表わす連結形: **1**「土壌 (soil), 畑(field)」: *agro*logy. **2**「農業 (agriculture); 農業と…との」: *agro*biology.

àgro·biólogist *n.* 農業生物学者.

àgro·biólogy〘← AGRO-+BIOLOGY〙 *n.* 農業生物学. **àgro·biológic** *adj.* **àgro·biológical** *adj.* **àgro·biológically** *adv.*

àgro·chémical *n.* **1** 農薬 (agricultural chemical). **2** 農産物から造られた化学薬品.

ágro·cìty〘《部分訳》↓〙 *n.* =agrogorod.

a·gro·go·rod [ǽgro(ʊ)gɔ́:rɑd | -rə(ʊ)gɔ́:rɔd; *Russ.* agrəgórət]〘□Russ. ~ ← AGRO-+*gorod* town〙 ── *n.* (*pl.* **-go·ro·da** [~ə; *Russ.* agragəradá]) (ソ連の)農業都市《kolkhoz を集約化して農村都市化する》.

àgro-indústrial *adj.* 農工業用(生産)の.

a·grol·o·gy [əgrɑ́lədʒi, æg- | -rɔ́lədʒɪ]〘← AGRO-+-LOGY〙 *n.* 農業科学 **a·gról·o·gist** [-dʒɪst, -dʒəst | -dʒɪst] *n.*

ag·ro·ma·ni·a [ægrəméɪniə | -njə, -nɪə]〘← AGRO-+-MANIA〙 *n.*〘精神医学〙田園狂, 隠遁狂.

ag·ro·my·zid [ǽgro(ʊ)máɪzɪd, -zəd | -rə(ʊ)máɪzɪd]〘↓〙 *adj.*〘昆虫〙ハモグリバエ(科)の.

Ag·ro·my·zi·dae [ægro(ʊ)máɪzədì:, -míz- | -rə(ʊ)máɪzɪ-, -míz-]〘← NL ~ ← *Agromiza* (属名: ⇨agro-, -mizo-)+-IDAE〙 *n. pl.*〘昆虫〙(双翅目)ハモグリバエ科.

agron.《略》agronomy.

ag·ro·nom·ics [ægrənɑ́mɪks | -nɔ́m-]〘⇨ agronomy, -ics〙 *n.* 耕種学 (agronomy); 農業経営学.

a·gron·o·mist [əgrɑ́nəmɪst, æg-, -məst | -rɔ́nəmɪst] *n.* 耕種学者, 農学者.

a·gron·o·my [əgrɑ́nəmi, æg- | -rɔ́nəmɪ]〘(1814)□F *agronomie*: ⇨ agro-, -nomy〙 ── *n.* 耕種学《狭義の農学; 土の管理や肥料の取扱いまでも含めた作物の栽培技術に関する学問》. **ag·ro·nom·ic** [ægrənɑ́mɪk | -nɔ́m-] *adj.* **àg·ro·nóm·i·cal** *adj.*

ag·ros·tog·ra·phy [ægrəstɑ́grəfi, -rɑs- | -rəstɔ́grəfɪ, -rɔs-]〘← Gk *ágrōstis* (↓)+-o-+-GRAPHY〙 *n.* イネ科植物誌.

ag·ros·tol·o·gy [ægrəstɑ́lədʒi, əgrɑ́stə-, æg- | ægrəstɔ́lədʒɪ, əgrɔ́stə-, æg-]〘← Gk *ágrōstis* a kind of grass (cf. agro-)+-LOGY〙 *n.*〘植物〙禾本(ᵏᵃ)学.

ágro·tòwn〘《部分訳》← Russ. AGROGOROD〙 *n.* = agrogorod.

ag·ro·type [ǽgro(ʊ)tàɪp | ǽgrə(ʊ)-]〘⇨agro-〙 *n.*〘農業〙**1** 土壌型. **2** 作物品種.

a·ground [əgráʊnd]〘(*c*1300) ← A[3] + GROUND[1]〙 ── *adv., pred. adj.* **1 a**〘海事〙《船が(浅瀬·暗礁などに)乗り上げて, 座礁して: get [go, strike] ~ 浅瀬[暗礁など]に乗り上げる, 座礁する / run ~ 座礁する[させる] / run ~ *on* submerged rocks 暗礁に乗り上げる. **b**〈人·議論など〉動きがとれなくなって, 頓挫(ᵗᵒⁿᶻᵃ)して. **2** 地上に[で].

agst.《略》against.

agt.《略》agent; agreement.

a·guar·di·en·te [à:gwɑədiénṭi, -djénteɪ | -gwa:dɪéntɪ, -djénteɪ; *Sp.* àgwardjénte]〘□Sp. ~ ← *agua* (< L *aquam* water)+*ardiente* (< L *ardentem*) burning〙 ── *n.* アグワルディエンテ《スペイン·ポルトガル産の粗悪なブランデー》; (砂糖きびなどで造る)蒸留酒.

A·guas·ca·lien·tes [à:gwɑskɑ:ljénteɪs, -gwɑ:-, -tes | -ljén-; *Sp.* àgwaskaljéntes] *n.* **1** アグワスカリエンテス(州)《メキシコ中部の州; 人口 339,000, 面積 6,500 km²》. **2** アグワスカリエンテス《同州の首都; 人口 182,000》.

a·gue [éɪgju:]〘(*c*1300)□OF ~ ←□ML (*febris*) *acūta* acute (fever)〙 *n.* **1**〘病理〙おこり, 瘧(ᵍʸᵃᵏᵘ), マラリア熱. **2** 寒け, 悪寒(ᵒᵏᵃⁿ).

águe càke *n.*〘病理〙(ague による)(肝)脾腫.

á·gued *adj.* 瘧(ᵍʸᵃᵏᵘ)にかかった; ぶるぶる震えている.

águe·wèed *n.*《米》〘植物〙**1** =boneset. **2** リンドウ (gentian).

A·gui·nal·do [à:gɪná:ldoʊ | -dəʊ; *Sp.* àɣináldo], **E·mi·lio** [emíljo] *n.* アギナルド《1869–1964; 米西戦争中スペインに, また戦後は米国に反抗したフィリピンの志士》.

a·gu·ish [éɪgjuɪʃ, -gju:- | -gjʊ-, -gju:-]〘← AGUE+-ISH[1]〙 ── *adj.* **1** おこり[瘧(ᵍʸᵃᵏᵘ)]のような; おこりを起こさせる. **2** おこりにかかった, おこりにかかり易い. **3** 少し寒けがする; 震える. **~·ly** *adv.*

A·gu·lhas [əgʌ́ləs; *Port.* ɐgúʎɐʃ], **Cape** *n.* アグリャス岬《南アフリカ共和国にあるアフリカ南端の岬で大西洋とインド洋の境目》.

ah [á:]〘(*c*1280) *a, ah*〙 ── *int.* ああ, おお《喜び·悲しみ·苦痛·驚き·遺憾·嘆息·侮蔑·嘆願などを表わす》: *Ah*, but… だがね(など) / *Ah* me! ああ(悲しい) / *Ah*, well, … まあ仕方がない(など). ── *n.*「ああ」という叫び声. ── *vi.* **1**「ああ」と言う. **2** =er.

AH《略》arts and humanities.

Ah., a.h.《略》〘電気〙ampere-hour.

a.h.《略》〘海事〙after hatch.

A.H., A.H.《略》*L.* Anno Hegirae (=in the year of the Hegira) イスラム[回教]紀元 (cf. Hegira): A.H. 375.

a·ha [ɑ:há:, əh-]〘(*a*1325) ← AH+HA〙 *int.* あはあ, ははー, へへー《驚き·勝利·皮肉などを表わす》.

A.H.A.《略》American Historical Association; American Hospital Association; American Hotel Association.

A·hab [éɪhæb]〘□Heb. *Aḥ'ābh*《原義》father's brother: cf. Abba〙 ── *n.* **1**〘聖書〙アハブ《紀元前 9 世紀の北王国イスラエルの王; Jezebel の夫で彼女のために偶像崇拝者になった; cf. *1 Kings* 16–22》. **2** エイハブ《H. Melville 作の小説 *Moby-Dick* (1851) の主人公で捕鯨船 Pequod [pí:kwɑd | -kwɔd] の船長》.

a·han·ka·ra [əhʌŋká:rə]〘□Skt *ahaṁkāra* ← *aham* I+*kāra* making〙 *n.* アハンカーラ《ヒンズー教·ジャイナ教などで自我意識をいう; 漢訳は「我慢」》.

A·has·u·e·rus [əhæzjuí(ə)rəs, əhæs-, əhæʒu- | əhæzjʊɪ́ərəs, eɪhæz-] *n.*〘聖書〙アハシュエロス《紀元前 5 世紀のペルシャ王で Esther の夫; cf. *Esth.* 1–10; *Ezra* 4:6》.

a·head [əhéd]〘(1596) ← A[3]+HEAD〙 ── *adv.* **1 a** [位置·方向] 前方に, 前へ (in [to] the front); (部隊などの)先頭に; 行く手に当たって〔*of*〕: right [straight] ~ まん前に, ちょうど行く手に / a wind ~ 向かい風 (head wind) / sit two rows ~ *of* …より 2 列前に坐る / There was a truck ~ *of* us. 私たちの前方にトラックが(走って)いた / Breakers ~! ⇨ breaker[1] 成句 / ⇨ line ahead. **b** [運動] 前方へ(進んで)(forward); まっしぐらに (headlong): move ~ 前進する / Full speed ~! まっしぐらにフルスピードだ. **2** [時間] **a** 〔…より〕先に〔*of*〕; 先へ(早めて): an hour ~ 1 時間先(に) / arrive ten minutes ~ *of* schedule [time] 予定[定刻]より 10 分早く着く. **b** これから, 将来に(向けて); あらかじめ (in advance): plan ~ 早目に[先の]計画を立てる / Christmas was only five days ~. クリスマスまであとわずか 5 日だった / There is a bright future ~ *of* him. 彼の前途には輝かしい将来がある. **3** [進歩·優位]〔…より〕進んで, 〔…に〕まさって〔*of*〕: He was two years ~ *of* her at school. 学校では彼女より 2 年上だった / He is ~ *of* me in English. 英語は私よりできる / ⇨ *ahead of* TIME, *ahead of one's* TIME. **4** [~ of で] …より多く, …を超過して (above): The exports were ~ *of* the imports. 輸出額は輸入額を上回った. **5**《米口語》もうけて; 勝ち越して (winning): I was ~ $10. 10 ドル勝っていた / The team is two goals ~ [~ five to three]. チームは 2 ゴール[5 対 3 と]リードしている.

a·heap [əhí:p]〘← A[3]+HEAP〙 ── *adv.* (山のように)積み重なって (in a heap); どさりと (all of a heap). ── *pred. adj.* 〔…が〕(山と)積まれて〔*with*〕: a study ~ *with* books.

a·hem [mṁm, m̀m, hm̀]〘(1763)《変形》← HEM[2]〙 *int.* えへん, ふうん《注意をひいたり, 不満や躊躇(ᶜʰᵘᵘᶜʰᵒ)を表わす》.

a·him·sa [əhímsɑ:, əhíŋsɑ:]〘□Skt *ahiṁsā* non-injury ← A-[7]+*hiṁsā* injury〙 *n.* (ヒンズー教·仏教などで最高の勤めとされる)非暴力, 無殺生, アヒンサー.

a·hind [əhɪ́n(d), əháɪn(d)]〘← A-[1]+HIND[3]〙 *adv., prep.* (*also* **a·hint** [əhɪ́nt])《方言》=behind.

a·his·tor·ic [èɪhɪstɔ́(ː)rɪk, -tɑ́r- | -tɔ́r-] *adj.* =ahistorical.

a·his·tór·i·cal [-rɪkəl, -rə- | -rɪ-]〘⇨ a-[7], historical〙 *adj.* **1** 歴史に無関心な. **2** 歴史的でない, 歴史に無関係の.

A·hith·o·phel [əhíθəfèl | -θə(ʊ)-]〘□Heb. *Aḥīthṓphel*《原義》? brother in the desert〙 ── *n.*〘聖書〙アヒトペル《Absalom と組んで David に謀反(ᵐᵘʰᵒⁿ)した David の助言者; cf. *2 Sam.* 15–17》.

a.h.l.《略》*L.* ad hunc locum (=at this place).

A.H.L.《略》American Hockey League.

Ah·mad·a·bad [á:mədəbà:d, -dɑ:-] *n.* アーマダバード《インド西部, Bombay 州の都市; 人口 1,592,000》.

Ah·mad·nag·ar [à:mədnʌ́gə | -gə(r)] *n.* (*also* **Ah·med·nag·ar** [~]) アーマドナガル《インド西部, Bombay 州の都市; 人口 118,000》.

Áhnfelt's séaweed [á:nfelts-]〘← *N. Ahnfelt* (1801–37: スウェーデンの植物学者)〙 *n.*〘植物〙イタニグサ (*Ahnfeltia plicata*)《北米·ヨーロッパ·日本産の紅藻; 寒天原藻の一種; 茶色, 低木状で団集して発生する》.

a·hold [əhóʊld | əhə́ʊld]〘← A-[1]+HOLD[1] (*n.*)〙 *n.*《口語·方言》つかむこと〔*of*〕: catch [get, lay, take] ~ *of* …をつかむ. ── *adv.*《廃》〘海事〙詰め開きで.

A·hom [á:hoʊm | -həʊm] *n.* (*pl.* ~, ~**s**) **1 a** [the ~(s)] アーホム族《Assam 地方に住んでいたタイ (Tai) 族の一部族》. **b** アーホム族の人. **2** アーホム語《アーホム族の言語であったが, 現在は死滅した》.

A-horìzon *n.*〘土壌〙A 層位《最上部の土壌層位で, 腐植を含み, 生物活性が高く物質の下層への溶脱が起こる場合が多い; 暗色; cf. ABC soil》.

a·horse [əhɔ́əs | əhɔ́:s]〘← A-[1]+HORSE〙 *adv.* =ahorseback.

a·horse·back [əhɔ́əsbæ̀k | əhɔ́:s-]〘← A-[1]+HORSEBACK〙 *adv.*《古》馬に乗って, 馬で (on horseback).

a·hoy [əhɔ́ɪ]〘(1751) ← AHA+HOY[2]〙 ── *int.*〘海事〙おーい《遠くの他船に呼び掛ける時の発声; cf. hoy[2]》: Ship ~! おーい, その船よーい / *Ahoy* the deck! おーい, そのデッキの者.

AHQ, A.H.Q.《略》Air Headquarters 空軍司令部, 航空隊本部; Army Headquarters 軍司令部.

Ah·ri·man [á:rɪmən]〘□Gk *Areimán-ios, Areimán-es* □Avest. *aṅra mainyu* the evil or hostile spirit〙 ── *n.*〘ゾロアスター教〙アーリマン《悪の権化(ᵍᵒⁿᵍᵉ), 悪の神; cf. Ahura Mazda》.

a·hue·hue·te [à:wi:wéɪṭi | -tɪ; *Am. Sp.* àwiwéte]〘□Sp. ~ □Nahuatl *ahuehueton*《原義》(the) old one of the water〙 *n.*〘植物〙=swamp cypress 2.

à huis clos [ɑ:wí:-klóʊ | -klə́ʊ; *F.* aɥiklo]〘□F ~ 'with closed doors'〙 *F. adv.* 内密に (secretly), 傍聴を禁止して (in camera).

a·hull [əhʌ́l]〘← A[3]+HULL[2]〙 ── *adv.*〘海事〙**1** 総帆をたたみ舵柄(ᵈᵃʰᵉⁱ)を風下に固定して《航海中の帆船があらしに対処する一方法》: lie ~ 〈船が〉ahull の状態で漂流する. **2** 甲板が波に洗われて.

a·hun·gered [əhʌ́ŋgəd | -gəd]〘← A-[2]+HUNGERED〙 *adj.*《古》(ひどく)飢えた〔*for*〕.

a·hun·gry [əhʌ́ŋgri | -ri]〘⇨↑, hungry〙 *adj.*《廃》= ahungered.

A·hu·ra Maz·da [əhúrə-mǽzdə, á:hʊrə-]〘⇨ Ormazd〙 *n.*〘ゾロアスター教〙アフラマズダ《善の神, 光の神; Ormazd, Mazda ともいう; cf. Ahriman》.

Áh·ve·nan·maa Íslands [á:(k)vənɑ:mà:-, á:xve-; *Finn.* áhvɛnammɑ:-] *n. pl.* [the ~] アハヴェナンマー諸島《フィンランドとスウェーデンの間の諸島でフィンランドの一州; スウェーデン語名 Åland Islands》.

ai[1] [áɪ]〘(*a*1450) 擬音語〙*int.* ああ《痛み·悲しみ·哀れみなどを表わす》: *Ai! ai!*

ai[2] [áɪ, á:i, ɑ:í: | áɪ, á:ɪ, ɑ:í:]〘□Tupi ~《擬音語》〙 *n.*〘動物〙ミツユビナマケモノ (⇨ three-toed sloth).

AI《略》Amnesty International.

a.i.《略》ad interim.

A.I.《略》Admiralty Instruction; airborne intercept (radar) 機上要撃(用レーダー); Air India インド航空; air interception 空中要撃; artificial insemination.

A.I.A.《略》American Institute of Architects アメリカ建築家協会; Associate of the Institute of Actuaries.

Ai·as [áɪəs, éɪæs] *n.* =Ajax.

aib·lins [éɪblɪnz, -blənz | -blɪnz]〘《古》*ablins* ← ABLE +-*lins* (《変形》← -LINGS)〙 *adv.*《スコット》多分, おそらく (possibly, perhaps).

A.I.C.《略》American Institute of Chemists アメリカ化学者協会.

A.I.Ch.E.《略》American Institute of Chemical Engineers アメリカ化学技術者協会.

AICPA《略》American Institute of Certified Public Accountants アメリカ公認会計士協会.

aid [éɪd]〘v.: (?*a*1400) *aide(n)* □OF *aid-(i)er* (F *aider*) < L *adjūtāre* to help (freq.) ← *adjuvāre* ← AD- +*juvāre* to help (← ?). ── n.: (*c*1412) □(O)F *aide* (逆成) ← *aid(i)er*〙 ── *vt.* **1** 〈人などを〉援助する, 助力する, 手伝う (help, assist)〔*in*〕; 〈…するのに〉…を助ける〈*to do*〉: ~ displaced persons 難民を救援する / ~ a person *in* his researches 人の研究を援助する[手伝う] / ~ a company *with* funds 会社に資金の援助をする / These records ~ students *to* study [*in* study*ing*] English. これらのレコードは学生の英語学習の助けとなる. **2** 〈事を〉助成する, 促進する (promote): This medicine will ~ her recovery. この薬で回復が早まろう. ── *vi.* 援助をする, 助力する.

aid and abet〘英法〙犯行を現場で幇助(ʰᵒᵘʲᵒ)する.

aiding and abetting〘英法〙現場幇助, 補助的正犯(行為)《犯行現場にいて犯行を幇助すること; 第二級正犯 (principal in the second degree) とされる》.

── *n.* **1 a** 援助, 助力, 助け; 救援; 扶助: medical ~ 医療 / ⇨ first aid / *with* the ~ of a person 人の助けによって / read *with* [*by*] the ~ of a dictionary 辞書を使って読む / without ~ 助力[助け]なしに / call in a person's ~ 人の助けを求める / come [go] to a person's ~ 人を助けに来る[行く]. **b** (海外)援助 (foreign aid): economic [military] ~ 経済[軍事]援助. **2 a** 助力者, 補助者, 助手 (assistant). **b**《米》〘軍事〙= aide-de-camp. **3 a** 助け(となる)物; 補助金(cf. grant-in-aid): Appliances are a great ~ *for* housewives [*in* housework]. 電気製品は主婦にとって[家事をやるのに]大いに助けとなる / The fine weather was an ~ *to* attendance at the garden party. 好天気のため園遊会に多くの人が集まった. **b** 補助器具; 補聴器 (hearing aid). **c**〘教育〙教具 (teaching aid): ⇨ audio-visual aid, visual aid. **d**〘海事〙航路標識. **4** [通例 *pl.*]〘馬術〙扶助《人体による馬への合図で, 手·脚·騎座体重の転位など; natural aids ともいう》; 副扶助《馬の制御用器具で, 拍車·鞭·むながいなど; artificial aids ともいう》. **5** (封建時代の臣下から君主への)臨時献金《君主が捕虜になった場合の身代金, 君主の長男のナイト叙任祝い, 君主の長女の結婚祝いの 3 つ; 英国では 1066 年以後 14 世紀頃まで行なわれた》.

in aid of 〈目的·人〉を助けるために, 〈慈善など〉のために: The show was *in* ~ *of* something. あのショーは慈善か何かのためだった / What's (all) this *in* ~ *of*?《英口語》一体これは何のため[つもり]だ.

~·er *n.* **~·less** *adj.*

AID [éɪd]〘《頭字語》← *A(gency for) I(nternational) D(evelopment)*〙 *n.* (米国の)国際開発局《国務省の一局, 1961 年設立》.

A.I.D.《略》American Institute of Decorators 米国装

飾家協会; American Institute of Interior Designers 米国室内装飾家協会; artificial insemination by donor (cf. A.I.H.).
A·i·da [ɑːíːdə | aɪ́ː-; *F.* aida] 〖↓〗 *n.* 女性名.
A·ï·da [ɑːíːdə | aɪ́ː-; *It.* aíːda] 〖◻ It. ~〗 *n.* **1** 「アイーダ」《Verdi 作のオペラ (1871)》. **2** アイーダ《*Aïda* の女主人公(エチオピアの王女)の名》.
aid-de-camp [éɪddəkǽmp, -kɑ́ː(ŋ), -kɑ́ːŋ | -kɑ́ː(ŋ), -kɔ́ː(ŋ), -kɑ́ːŋ, -kɔ́(ː)ŋ] *n.* (*pl.* **aids-**) 《米》〖軍事〗= aide-de-camp.
aide [éɪd] 〖《短縮》↓〗 ── *n.* **1** 〖軍事〗= aide-de-camp. **2** 助力者, 顧問; 補佐官, 側近者: an ~ *to* the President = a Presidential ~ 大統領補佐官. **3** 《米》助手 (assistant); = nurse's aide.
aide-de-camp [éɪddəkǽmp, -kɑ́ː(ŋ), -kɑ́ːŋ | -kɑ́ː(ŋ), -kɔ́ː(ŋ), -kɑ́ːŋ, -kɔ́(ː)ŋ; *F.* ɛddəkɑ̃] 〖《1670》◻ F ~ 'assistant in the field'〗 ── *n.* (*pl.* **aides-** [éɪdzdə-; *F.* ɛddə-]) 〖軍事〗(専属)副官, 将官[王族]付武官: the ~ to a prince 王子付武官.
áided schóol *n.* (英国の)公費助成学校《voluntary school の一種で, 教員給与, 校舎の改築・拡張・改修などについて公費による補助を受ける学校; 宗教団体の運営する学校では, その宗派の宗教教育を行なうことができる; grant-aided school ともいう; cf. controlled school》.
aide-mé·moire [éɪdmeɪmwɑ́ə, -mem- | -memwɑ́ː(r, -mwɔ́ː(r; *F.* ɛdmemwaːr] 〖◻ F ~ 《原義》something to help memory〗 ── *F. n.* (*pl.* **aides-** [éɪdz-; *F.* ɛddə-]) **1** 記憶の助けになるもの[本, 文書]. **2** (外交交渉・協定などの)覚書 (memorandum).
Ai·din [aɪdín] *n.* = Aydin.
áid·màn [-mæ̀n] *n.* (*pl.* **-men** [-mèn]) 《米》〖軍事〗救護員, 看護兵, 衛生兵《応急手当をする衛生隊員》.
áid socìety *n.* 《米》(教会の)婦人慈善協会.
áid stàtion *n.* 〖米陸軍〗(前線の)救護所, 応急手当所《dressing station ともいう》.
ai·e [áɪi | áɪɪ] *int.* = ai¹.
ai·glet [éɪglɪt, -glət] *n.* = aglet.
ai·grette [eɪgrét, ⌐⌐ | ⌐⌐, ⌐⌐] 〖《1645》◻ F ~: cf. egret〗 ── *n.* (*also* **ai·gret** [~]) **1** 〖鳥類〗シラサギ (egret). **2** シラサギの飾り羽《特に, 背の飾り羽》; (帽子などの)飾り毛. **3** (宝石などの)羽形飾り.

aigrette 2

ai·guière [eɪgjɛ́ə | -gjéə(r; *F.* ɛgjɛːr, e-] 〖◻ F ~ 'ewer'〗 ── *n.* (*pl.* **~s** [~z; *F.* ~]) (装飾用の細長い)水差し.
ai·guille [eɪgwíːl, -gwíː | ⌐⌐; *F.* ɛgɥiːj, eg-] 〖《1816》◻ F ~ < OF *aguille* needle < VL *acūculam* = *acicula* (dim.) ← *acus* needle: cf. aglet〗 ── *n.* **1** 〖登山〗《Alps などの》針状の峰, エギーユ, 針峰,「針」. **2** 〖石工〗穿孔錐《岩石やれんがに爆破用の穴をうがつ細長いドリル》.
ai·guil·lette [èɪgwɪlét, -gwə- | -gwɪ-; *F.* ɛgɥijɛt, e-] 〖《1816》◻ F ~ (dim.) ↑: ⇨ -ette〗 ── *n.* **1** 飾緒(しょくちょ)《武官が正装の時に右肩から胸に飾る紐・モール》. **2** = aglet 1, 3. **3** (鶏や七面鳥の胸からとった)細長く切った調理ずみの肉片.

aiguillette 1

A.I.H. 《略》artificial insemination by husband.
A.I.I.E. 《略》American Institute of Industrial Engineers.
Ai·ken [éɪkən | -kɪn, -kən], **Conrad** (**Potter**) *n.* (1889–1973) 米国の詩人・小説家; *Earth Triumphant* (詩集, 1914), *Blue Voyage* (小説, 1927).
ai·ki·do [àɪkɪdóʊ | -dəʊ] 〖◻ Jap.〗 *n.* 合気道.
ail [éɪl] 〖OE *eġlan* to molest, trouble ← *eġle* troublesome: 《原義》? fearing〗 ── *vt.* 〈事態が〉苦しめる, 悩ます (trouble, afflict): What ~*s* you? どうかしたのか; どこか悪いのか / It ~*s* me that .... ということで私は悩んでいる. ── *vi.* [しばしば be ~*ing* として] 加減が悪い, 病む, わずらう; 〈商売などが〉調子が悪い: The child is ~*ing*. 加減を悪くしている / She has been ~*ing* for some time. しばらくわずらっている.
ai·lan·thus [eɪlǽnθəs, aɪ- | eɪ-] 〖← NL ~ ← Amboina《土語》*ailanto*《原義》tree of heaven: 今の形は Gk *ánthos* flower との類推〗 ── *n.* 〖植物〗ニワウルシ《ニガキ科ニワウルシ属 (*Ailanthus*) の植物の総称; ニワウルシ (*A. altissima*) など》.
Ai·leen [aɪlíːn, eɪ- | éɪliːn] 〖◻ Ir. ~: ⇨ HELEN〗 *n.* 女性名.
ail·er·on [éɪlərɑ̀n | -rɔ̀n] 〖◻ F ~ (dim.) ← *aile* wing < L *ālam* wing, 《原義》shoulder: ⇨ aisle, alate〗 ── *n.* **1** 〖航空〗補助翼, エルロン《左右の翼後縁に一対あり, 機体を横に傾ける働きをする》. **2** 〖建築〗(教会の側廊の端にあるような)半切妻《上下を逆にした渦形持送りが用いられる》.
áileron búzz *n.* 〖航空〗補助翼バズ《飛行機の速度が音速に近づき, 補助翼の前方に衝撃波ができて, 気流が剝離することによって起こる補助翼の振動》.
áileron revérsal *n.* 〖航空〗補助翼逆効き《飛行速度が大きくなって, 補助翼操舵による横揺れモーメントの向きが, 正常と反対になること》.
áileron ròll *n.* 〖航空〗緩横転《slow roll ともいう》.
ai·lette [eɪlét] 〖◻ (O)F ~ (dim.) ← *aile* (⇨ aileron): ⇨ -ette〗 ── *n.* 〖甲冑〗(13–14 世紀に鎖帷子(くさりかたびら)の肩につけた紋章入りの)肩当て.
áil·ing [-lɪŋ] *adj.* 病んでいる, 悩んでいる (cf. ail *vi.*).
áil·ment 〖《1706》← AIL + -MENT〗 ── *n.* **1** (軽微なまたは慢性の)病気, 不快, 疾患: minor ~*s* 小疾患, 軽症 / a kidney ~ 腎臓病. **2** (社会的な)不安, 悩み.
Ail·sa Craig [éɪlzə-krèɪg | -sə-] *n.* スコットランド Firth of Clyde の入口にそびえる玄武岩の小島 (高さ 340 m).

ailettes

ai·lu·ro- [aɪlúː(ə)ro(ʊ), eɪ- | -lúərə(ʊ)] 〖← NL ← Gk *ailouros* cat〗「猫」の意の連結形.
ai·lu·ro·phile [aɪlúː(ə)rəfàɪl, eɪ- | -lúər-] 〖⇨ ↑, -phile〗 (*also* **ai·lu·ro·phil** [-fɪl]) *n.* 猫好きの人, 愛猫家.
ai·lu·ro·phil·i·a [aɪlùː(ə)rəfíliə, eɪ- | -lùərəfíliə] 〖← NL ~: ⇨ ↑, -philia〗 *n.* 〖精神医学〗愛猫(症).
ai·lu·ro·phobe [aɪlúː(ə)rəfòʊb, eɪ- | -lúərəfə̀ʊb] 〖← NL ~: ⇨ ↑, -phobia〗 *n.* 〖精神医学〗猫ぎらいの人, 恐猫家.
ai·lu·ro·pho·bi·a [aɪlùː(ə)rəfóʊbiə, eɪ- | -lùərəfə́ʊbjə, -bɪə] 〖← NL ~: ⇨ ↑, -phobia〗 *n.* 〖精神医学〗恐猫(症).
aim [éɪm] 〖v.: 《*c*1303》 *a(i)me(n)* ◻ OF *am-er, esmer* < L *aestimāre* 'to ESTIMATE' // OF *aesm-er* < L **adaestimāre* ← AD- + *aestimāre*. ── n.: 《*c*1325》← (v.)〗 ── *vt.* **1** 〔…に〕〈銃などを〉向ける, …の狙いをつける (point) 〔*at*〕: ~ a gun / ~ a revolver *at* a person 人にピストルを突きつける. **2** 〈石などを〉〔…に向かって〕投げる (direct) 〔*at*〕: ~ a stone [blow] *at* a person 人に向かって石をぶつける[打ってかかる]. **3** 〈言葉・努力などを〉向ける, 当てつける (direct) 〔*at*〕: ~ a remark *at* a person 人を目指して何か言う, 人に当てこすりを言う / The policy is ~*ed at* reducing prices. その政策は物価引き下げを狙いとしている. ── *vi.* **1** 狙いを定める[つける], 狙う, 照準する 〔*at*〕: ~ *at* a target (*with* a gun) (銃で)的を狙う / fire without ~*ing* 狙いをつけずに発射する. **2 a** 〔…を(得ようと)〕志す, 目指す, 狙う 〔*at, for*〕: ~ *at* [*for*] fame, a prize, etc. / This book ~*s at* beginners of golf. この本はゴルフの初心者を対象としている / What is he ~*ing at*? 何を目論んでいるのか, 何が目的なのか. **b** 〔人を〕目指して言う, 〔…に〕当てつけ(をす)る 〔*at*〕: She was ~*ing at* me. 私に当てつけていた. **3** 〈…しようと〉志す, 目指す, 努める (try); 〈…する〉つもりである (intend) 〈*at doing, to* do〉: ~ *at* pleasing [*to* please] a person 人の気に入ろうと努める / I ~ *at* being [*to* be] there by seven. 向こうに7時までに行っているつもりだ. **4** 《廃》推測[臆測]する.
aim high [***low***] (1) 高く[低く]狙う. (2) 希望が高い[低い].
── *n.* **1 a** 狙い, 照準, 見当 (aiming): take (good) ~ (at) (…に)(十分)狙いを定める, (…を)(よく)狙う / miss one's ~ 狙い[見当]がはずれる. **b** 的に当てる腕前: His ~ is deadly. 彼は百発必中の腕前である. **2** 目標, 目的物 (object). **3** 目的 (purpose), 志, 意図: the ~(*s*) of language learning 言語学習の目的 / one's ~ *in* life 人生の目的 / the ~ and end [purpose] of… の究極の目的 / without ~ 目的なく, 漫然と / with the ~ of doing …する目的で, するために / achieve [attain] one's ~ 目的を達する / My ~ *in going* there was to see a friend. そこへ行った私の目的は友人に会うことだった. **4** 《廃》推測, 憶測.
áim·ing *n., adj.* 狙い(の), 照準(の): ~ drill 照準演習.
áiming pòint *n.* 〖射撃〗照準点.
áiming stàke [**pòst**] *n.* 〖射撃〗標桿《射撃角度と方向を修正するための補助照準点に用いる小さな棒》.
áim·less *adj.* (これという)目的のない, 目当てのない, 漫然とした; 定見のない. **~·ly** *adv.* **~·ness** *n.*
ain¹ [éɪn] 〖◻ ? ON *eiginn* 'OWN'〗 *adj.* **1** 《英方言》= one. **2** 《スコット》= own.
a·in² [áɪn | áɪɪn] *n.* = ayin.
Ain [ɛ̃́ː(ŋ), ǽŋ; *F.* ɛ̃] *n.* アン(県)《フランス東部の県; 人口 377,000, 面積 5,826 km², 首都 Bourg [burk]》.
aince [éɪns] 〖ME《北部方言》*anes*〗 *adv.* 《スコット》= once.
aî·né [eɪnéɪ, en-; *F.* ɛne] 〖◻ F ~ 'elder' ← OF *ains* before + *né* born〗 ── *F. adj.* 〈男子が〉(兄弟中で)年上の, 年長の (elder); 最年長の (eldest) (cf. cadet²): Coquelin ~ 兄のコクラン.
aî·née [eɪnéɪ, ⌐⌐; *F.* ɛne] 〖◻ F ~ (fem.) ← (↑)〗 *F. adj.* 〈女子が〉(姉妹中で)年上の, 年長の (elder); 最年長の (eldest).
ain·hum [áɪnjuːm; *Port.* ɐiɲú] 〖◻ Port. ~ ◻ Yoruba *eyun*〗 *n.* 〖病理〗特発性指趾離断症《熱帯地方の黒人に多い原因不明の疾患》.
Ai·no [áɪnoʊ | -nəʊ] *n.* (*pl.* **~s**), *adj.* = Ainu.
Ains·worth [éɪnzwəːθ, -wəθ | -wəːθ, -wəθ], **William Harrison** *n.* (1805–82) 英国の歴史小説家; *The Tower of London* (1840).
ain't [éɪnt] 〖《1778》《短縮》← *are not*, etc.〗 ── **1** are not, am not, is not の縮約形. ★ 今は無学の人または《方言》の用法; ただし《米口語》では特に ain't I の形は教養ある人も用いる (cf. an't 4, amn't, not 1 a): You ~ going. / I'm going too, ~ I? **2** have not, has not の縮約形《非標準的な語》: I ~ seen him. / He ~ got it.
Ain·tab [aɪntɑ́ːb] *n.* アインタブ《Gaziantep の旧名》.
Ain·tree [éɪntri | -trɪ] 〖ME *Ayntre* ← ON *eintré* lonely tree〗 *n.* イングランド Liverpool 市北方の村; Grand National の催される競馬場がある.
Ai·nu [áɪnuː] 〖◻ Ainu ~《原義》man〗 ── *n.* (*pl.* ~, **~s**) **1 a** [the ~(s)] アイヌ族. **b** アイヌ人; アイヌ系日本人. **2** アイヌ語. ── *adj.* アイヌ[族]の; アイヌ系日本人の; アイヌ語の.
ai·o·li [aɪóʊli, eɪ- | -ə́ʊlɪ] 〖◻ Prov. ~ ← *ai* garlic (< L *allium*) + *oli* 'OIL'〗 ── *n.* アイオリ《すりつぶしたニンニクに, 卵黄・オリーブ油を加えたマヨネーズ状のソース; ゆで煮の魚・野菜, 冷製の肉などに用いる》.
air¹ [ɛ́ə | ɛ́ə(r] 〖n.: 《?*a*1200》 *aire, eir* ◻ (O)F *air* < L *āerem* air ◻ Gk *āḗr* lower air (surrounding the earth) ← IE **aw(e)-* to blow. ── v.: 《1530》← (n.)〗 ── *n.* **1 a** 空気 (atmosphere); 気: fresh [foul] ~ 新鮮な[汚れた]空気 / upper [lower] ~ 上層[下層]の空気 / ⇨ hot air / a change of ~ ⇨ change *n.* 2 b / live on ~ 何も食べずにいる, 霞(かすみ)を食べて生きている. **b** 圧縮空気 (compressed air). **2** そよ風, 微風 (breeze): a slight ~ そよ風. **3** [the ~] **a** 大気; 外気; 空(そら) (sky), 空中, 宙: birds of *the* ~ 空飛ぶ鳥 / *in the* open ~ 戸外[野外]で (⇨ open air) / fly high up into *the* ~ 空高く[はるか上空に]飛んで行く / ⇨ BEAT¹ *the air*. **b** (航空の場としての)空, 空中; 空軍(力): command [mastery] of *the* ~ 制空権 / by ~ ⇨ 成句. **c** (電波の媒体としての)大気; ラジオ[テレビ](による放送): ⇨ *off the* AIR, *on the* AIR. **4** 流布, 公表: give ~ to one's view 見解を公にする. **5** 〖《1597》: cf. OF *aire* place, disposition〗(人の)様子, 風(ふう), 態度; (事物の)様子, 雰囲気, 感じ: with a proud ~ 得意然として / have an ~ of impudence [an impudent ~] 厚かましい態度だ / There was an ~ of gloom about the place. その場所は陰気くさい感じがした. **6 a** 自信のありそうな態度: with an ~ 自信ありそうに, もったいぶって. **b** [*pl.*] とりすました様子, 気取り: ~*s* and graces おつにすました態度, 上品振り / assume [put on] ~*s* 気取る / give oneself ~*s* 気取る, 威張る. **7** 〖音楽〗**a** (高音域の流麗な)旋律(melody); 多声曲の主要部《通例合唱曲のソプラノ声部》; アリア (aria); ふし, 曲 (tune): ⇨ national air / sing an ~ 一曲歌う. **b** エア《16 世紀末の英国の歌曲の一形式》. **8** 〖アメリカンフットボール〗フォワードパスを主体とした攻撃. **9** (古代哲学で, 四大 (four elements) の一つとしての)空気 (cf. earth 10). **10** 《古》息, 呼吸 (breath).
by air (1) 飛行機で, 空路 (by airplane) (cf. *by* STEAM, *by* WATER); 航空便で (by airmail). (2) 無線で. ***clear the air*** ⇨ clear 成句. ***fan the air*** (1) 空を打つ. (2) 〖野球〗三振する. ***get air*** 〈事が〉知れ渡る, 流布される. ***get the air*** 《米俗》(1) 解雇される (be dismissed). (2) (恋人などに)捨てられる (be rejected). ***give the air*** 《米俗》(1) 解雇する (dismiss). (2) 〈恋人などを〉捨てる (reject). ***in the air*** (1) 空中に[で]: Birds fly *in the* ~. 鳥は空を飛ぶ. (2) 〈雰囲気など〉漂って, 気配がして: Gaiety was *in the* ~. 陽気な気分が漂っていた / War was *in the* ~ again. またもや戦争の気配がした. (3) 〈うわさなど〉広まって: There are rumors *in the* ~ that … というううわさが立っている / It is *in the* ~ that he is going to retire. 引退するというううわさがある. (4) 〈計画・考えなど〉漠然として, 未(決)定で; 〈人が〉宙に迷って, とまどって: The plan is quite (*up*) *in the* ~. 計画はまだ海のものとも山のものともつかない. (5) 〖軍事〗〈部隊など〉敵にさらされて, 無防備で《敵の側面攻撃・迂回作戦などを防ぐ川・山・築城などの防護物がない状態にいう》. ***off the air*** (1) 放送されて[して]いない, 放送をやめて: go *off the* ~ 放送をやめる. (2) 〖電算機〗作動していない. ***on the air*** (1) 放送して[されて], 放送中で: go *on the* ~ 放送する[される]/ send [put] *on the* ~ 〈番組などを〉放送する / *On the* ~. [掲示] 放送中 / He [The show] will be *on the* ~ at 7 p.m. 彼[ショウ]は7時から放送する[される]. (2) 〖電算機〗作動中で. ***out of thin air*** (1) 無から, 何の根拠[先例]もなしに. (2) どこからともなく, 不意に: appear *out of thin* ~. ***saw the air*** (1) 手を上下[前後に]動かす[振る] (cf. Shak., *Hamlet* 3. 2. 5). (2) 《俗》〖野球〗空振りする. ***take air*** (1) 《英》〈話が〉知れ渡る. (2) = *take the* AIR (4). ***take the air*** (1) 外気に当たる, 外に出る, 散歩する, ドライブに出かける. (2) 〖航空〗離陸する (take off); 飛行する. (3) 《米》放送を始める. (4) 《米俗》逃げ出す. ***take to the air*** 飛行家になる. ***up in the air*** (1) 上空に: high *up in the* ~. (2) ⇨ *in the* AIR (4). (3) 《俗》興奮して, 怒って 〔*about*〕: go *up in the* ~ 興奮する, 怒る. (4) 《米俗》〈俳優が〉せりふを忘れて: go *up in the* ~ せりふを忘れる. ***vanish into thin air*** 完全に姿をくらます (cf. Shak., *Tempest* 4. 1. 148–50). ***walk*** [***tread***] ***on air*** 浮き浮きしている, 有頂天になっている.
── *attrib. adj.* **1** 空気の[を用いる]: an ~ bubble 気泡 / an ~ drill エア[空気]ドリル / an ~ pipe 空気[通気]管 / an ~ pillow 空気まくら. **2** 空の, 空中の; 飛行機の[による]; 航空の: an ~ accident 飛行機[航空]事故 / an ~ attack [strike] 空襲 / an ~ map 航空地図 / an ~ mine = aerial mine / ~ photography 航空写真術 / an ~ pilot 飛行士 / an ~ ticket 航空券 / ~ travel 空[飛行機]の旅行 / an ~ trip 空の旅.
── *vt.* **1 a** 空気にさらす, 風に当てる, 干す 〈*out*〉;

《米古・英》(熱に当てて)乾かす, …のしめりを取る: ～ clothes, linen, sheets, etc. **b** [～ *oneself* で] 外気に当たる, 散歩する (go out). **c** 〈動物を〉(運動のために)戸外に連れ出す: ～ a dog. **2** …に風を入れる[通す] (ventilate) 〈*out*〉: ～ a room. **3 a** 〈服などを〉(着て)見せびらかす (show off). **b** 〈意見・不平などを〉吹聴する, ぶちまける. **c** 〈問題などを〉公開[暴露]する, 周知させる. **4** 《米》〈番組を〉放送する (broadcast): ～ a commercial. ― *vi.* **1** 〈衣服などが〉(干されて)乾く: hang out clothes to ～ 着物をつるして乾かす. **2** 《古》外気に当たる, 散歩する. **3** 《米》放送される.

air² [ɛ́ə | ɛ́ə(r] 〖ME *air(e), ar(e)* < OE *ǣr*: cf. ere〗 *adv., adj.* 《スコット》 **1** =before. **2** =early.

A·ïr [ɑ́ːɪə | -ɪə(r; *F.* aiːr] *n.* アイア《フランス領西アフリカ東部の王国; 面積78,280km², 首都 Agadès [agadɛs]》.

áir alèrt *n.* **1** 対空警戒(警報[期間, 態勢]). **2** (戦闘機が滞空して敵の空襲に備える)空中待機.

áir àmbulance *n.* 傷病者輸送機.

áir àrm *n.* 航空隊, 航空兵科; (一国の)空軍.

áir bàg *n.* **1** (空気でふくらました)空気袋. **2** 〖自動車〗エアバッグ《自動車の衝突事故の際, 乗員の前方で自動的にふくらんで乗員を保護する袋》.

áir ballòon *n.* =balloon 1, 2.

áir bàse *n.* 航空基地, 空軍基地.

áir bàth *n.* **1** (健康のための)空気浴, 外気浴. **2** 通風乾燥器.

áir bàttery *n.* 〖電気〗空気電池.

áir bèaring *n.* 〖機械〗空気軸受け《軸と軸受けとの間隙に圧縮空気を圧入し, 空気の圧力で軸を支える軸受け》.

áir bèd *n.* 空気ベッド (⇨ air mattress).

áir bèll 〖⇨ bell¹ (n. 3)〗 ― *n.* **1** 小気泡. **2** 〖写真〗気泡むら《ネガやプリントの現像処理中に着いた気泡のため生ずるむら》. **3** 〖ガラス製造〗折込み泡《ガラスを吹いて成形している時にできる気泡で, 時に装飾の要素として残すことがある》.

áir bènds *n. pl.* 航空塞栓症《bends ともいう》.

áir·bìll *n.* 〖商業〗=airwaybill.

áir blàdder *n.* **1** 気胞. **2** 〖魚類〗(魚の)浮袋. **3** 〖植物〗(ある種の海藻の)気胞, 浮袋.

áir blàst *n.* 空気ブラスト, 衝風(装置).

áir-blàst círcuit brèaker *n.* 〖電気〗空気遮断器《空気を吹きつけてアークを消す遮断器》.

áir blúe *n.* 青緑色 (azurite blue).

áir·bòat *n.* **1** =seaplane. **2** エアボート, プロペラ船《川などを遡航するための, 飛行機のプロペラを装備した喫水の浅いボート》.

áir·bòrne *adj.* **1 a** 空輸の, 空挺の; 機上搭載の: ～ troops 空輸[空挺]部隊 / a ～ computer 機上計算機. **b** 〈飛行機が〉離陸した, 空中に浮かんだ. **2** 〈花粉などが〉風[空気]で運ばれる: ～ dust, seeds, etc.

áir-bòund *adj.* 〈水管など〉空気で詰まった.

áir bràke *n.* **1** 空気ブレーキ, 空気制動機, エアブレーキ. **2** 〖航空〗エアブレーキ《飛行機の翼や胴体に立てる抵抗板》. **3** エアブレーキ《オルゴールなどに使われる回転速度の最も簡単な制御装置》.

air·bra·sive [ɛ́əbrèɪsɪv, -zɪv | ɛ́əbrèɪs-] 〖← AIR¹ + (A)BRASIVE〗〖歯科〗 ― *n.* エアブレーシブ《砂やアルミナなどの微粉を高速気流で吹きつけ歯の切削を行なう装置》. ― *adj.* エアブレーシブを用いる.

áir-brèathe *vi.* 〈レシプロ・ジェットエンジンなどが〉(燃料燃焼のため)吸気する.

áir-brèather *n.* (航空機・潜水艦などの)吸気式エンジン.

áir brìck *n.* 〖建築〗通風[有孔]れんが.

áir bridge *n.* 〖航空〗空の回廊《航空機を利用して二つ以上の地点を結んでかけられた輸送路》.

áir·brùsh *n.* エアブラシ《圧縮空気で塗料・インクを吹き付け絵を描いたり写真を修整する器具》. ― *vt.* **1** …にエアブラシをかける; 〈模様などを〉エアブラシで入れる[描く]. **2** 〖写真〗〈画面を〉エアブラシで修整する; エアブラシで消す 〈*out*〉.

áir·bùrst *n.* (爆弾・砲弾の)空中破裂[爆発]; (火の玉の最大半径よりも大きい高度での核爆弾の)空中爆発. ― *vt., vi.* (…に)空中破裂[爆発]を起こさせる[起こす].

áir·bùs *n.* エアバス《近・中距離用の広胴型ジェット旅客機》.

áir càrgo *n.* 〖航空〗航空貨物; 空輸便: by ～.

áir càrrier *n.* **1** 航空会社 (airline). **2** (航空会社の用いる)航空機. **3** =aircraft carrier.

áir càsing *n.* 〖機械〗空気ケーシング, 空気壁, 防熱被覆.

áir càstle *n.* 空中楼閣 (castle in the air).

áir càv [-kæ̀v] *n.* 〖軍事〗=air cavalry.

áir càvalry *n.* 〖軍事〗**1** (偵察・警戒などに任じる)ヘリコプター武装偵察隊. **2** (戦闘地域に空輸される)空挺機動部隊.

áir cèll *n.* **1** 〖解剖〗=alveolus 3 b. **2** 〖植物〗気腔(きこう). **3** 〖電気〗空気電池.

áir chàmber *n.* **1** 〖機械〗(水圧装置の)空気室. **2** 〖植物〗(細胞内の)気腔(きこう); (水草の)細胞間隙(かんげき). **3** 〖動物〗(鳥類の卵の)気室.

áir chàrt *n.* 〖航空〗航空図.

áir chíef márshal *n.* 《英》空軍大将 (cf. air marshal, air vice-marshal).

áir círcuit brèaker *n.* 〖電気〗気中遮断器.

áir clèaner *n.* 空気清浄器[装置], エアクリーナー.

áir còach *n.* (列車の普通客車に相当する)低料金旅客機.

áir còck *n.* 〖機械〗空気コック.

áir commànd *n.* 〖米空軍〗航空軍集団, 航空総軍《米空軍の最高編成区分で 2 個以上の air force (航空軍)からなる; air force は 2 個以上の air division (航空師団), air division は 2 個以上の wing (航空団)からなる》.

áir cómmodore *n.* 《英》空軍准将.

áir comprèssor *n.* 〖機械〗空気圧縮機, エアコンプレッサー.

áir condènser *n.* 空冷コンデンサー《熱せられた蒸気やガスを空気によって冷却し液化する装置》.

áir-condìtion 〖《逆成》← AIR CONDITIONING〗 ― *vt.* **1** 〈部屋・建物など〉に空気調和[調節]装置を施す, 冷暖房装置を取付ける. **2** 〈部屋・建物など(の空気)を〉エアコンで調節する.

áir-condìtioned *adj.* 〈部屋・建物など〉空気調和[調節]を施した, 冷暖房のある: an ～ bus.

áir-condìtioner *n.* 空気調和装置[器], エアコンディショナー, エアコン.

áir condìtioning *n.* **1** 空気調和[調節], エアコンディショニング, 冷暖房. **2** 空気調和[調節]装置.

áir condùction *n.* 〖生理〗気導, 空気伝導《音波の外聴道経由による内耳への伝導作用; cf. bone conduction》.

áir consígnment nòte *n.* 《英》〖商業〗=airwaybill.

áir contròl *n.* **1** 航空優勢. **2** 航空管制.

áir-cóol 〖《逆成》← AIR-COOLED // AIR COOLING〗 ― *vt.* **1** 〈エンジンなどを〉空冷する, 空冷式にする (cf. water-cool). **2 a** …に冷房装置を施す (air-condition). **b** 〈部屋などを〉空気を入れて涼しくする.

áir-cóoled *adj.* 空冷式の; 冷房装置をした.

áir-cóoler *n.* 空気冷却器, 空冷装置.

áir cóoling *n.* 空気冷却, 空冷.

áir-còre *adj.* 〖電気〗〈コイル・トランスなど〉空心の.

áir còrridor *n.* 〖航空〗国際空中回廊《国際協定による特定空路》.

áir còurse *n.* **1** 〖海事〗(木造船の肋骨の間の)空気路, 通風路. **2** 〖鉱山〗=airway 4.

áir còver *n.* 〖空軍〗**1** 上空掩護(えんご). **2** 上空掩護飛行隊《air umbrella ともいう; cf. umbrella 4 a》.

áir·cràft *n.* (*pl.* ～) 航空機《飛行機・グライダー・ヘリコプターなど重航空機と, また時に飛行船・気球など軽航空機の総称》: by ～.

áircraft càrrier *n.* 航空母艦, 空母(airplane carrier).

áircraft èngine *n.* =aeroengine.

áircraft·man [-mən] *n.* (*pl.* **-men** [-mən]) 〖英空軍〗空軍二等兵《英空軍最下位の階級; 略 A.C., A/C》.

áircraft mechànic *n.* 飛行機技術者[修理工].

áircraft obsèrver *n.* 〖米空軍〗航空特技搭乗員 (⇨ observer 7).

áircrafts·man [-mən] *n.* (*pl.* **-men** [-mən]) 《英》aircraftman の非公式名.

áircraft stàtion *n.* 〖無線〗航空機局, 機上(無線)局 (cf. aeronautical station, land station).

áircraft tènder *n.* 〖海事〗航空機テンダー, 飛行機運搬船《飛行機を運搬する武装していない軍用船》.

áircrafts·wòman *n.* 《英》aircraftwoman の非公式名.

áircraft·wòman *n.* 〖英空軍〗空軍二等兵《英空軍最下位の婦人隊員の階級; 略 A.C.W.》.

áir·crèw *n.* [集合的] 航空機乗務員.

áircrew·man [-mən] *n.* (*pl.* **-men** [-mən]) (通例操縦士など以外の)航空機乗務員.

áir-cùre 〖《なぞり》← G *Luftkur*: ⇨air¹, cure〗 *vt.* 〈たばこの葉などを〉空気にさらす.

áir cùrrent *n.* 気流 (current of air).

áir cùrtain *n.* 〖建築〗エアカーテン《気流を吹いて室内の調節した空気を外気から遮断する装置》.

áir cùshion *n.* **1** 空気クッション《空気まくらなど》. **2** 〖機械〗空気クッション[緩衝装置].

áir-cùshion vèhicle *n.* 〖航空〗エアクッションビークル《略 ACV; ⇨ ground-effect machine》.

áir cýlinder *n.* **1** 〖機械〗空気シリンダー《内壁に沿って滑り動くピストンをもち, 内部に空気を封入した円筒; 空気の圧力を制御してピストンを動かす》. **2** 〖砲術〗(砲の後座を防ぐ)空気筒, 空気シリンダー.

áir defènse *n.* 防空.

Áir Dèrby *n.* 飛行大会 (cf. Derby² 3).

áir dìscharge *n.* 〖気象〗空中放電.

áir division *n.* 〖米空軍〗航空師団 (cf. air command).

áir dòor *n.* 〖建築〗=air curtain.

áir dràin *n.* 〖建築〗通気渠(きょ), 空堀(からぼり)《地下室の外壁に沿って掘った採光・通風・防湿のための空間》.

áir dràinage *n.* 〖気象〗=aerial drainage.

Air·drie [ɛ́ədri | ɛ́ədrɪ] 〖□ ? Gael. *Ardruigh* high reach [slope]〗 *n.* スコットランド Strathclyde 州 Glasgow 東方の都市; 人口 38,000.

air·drome [ɛ́ədròum | ɛ́ədràum] 〖⇨-drome〗 *n.* 《米》(十分な設備のある)飛行場, 空港《今は airport が普通》.

áir·dròp *n.* (落下傘による人員の)空中降下; (落下傘による補給品・宣伝用パンフレットなどの)空中投下.

áir-dròp *vt.* 〈補給品などを〉(飛行機から)落下傘で落とす, 空中投下する. 〈人員を〉空中降下させる. ― *vi.* 〈部隊などが〉空中降下する.

áir-drỳ *vt.* 空気乾燥する. ― *adj.* 空気乾燥した.
áir-dried *adj.*

áir dùct *n.* 〖建築〗エアダクト, 風道, 風路, 空気路, 給気管.

Áire·dale tèrrier [ɛ́ədeɪl- | ɛ́ə-] 〖*Airedale* はイングランド北東部, North Yorkshire 州の地名〗 ― *n.* エアデールテリア《Aire [ɛ́ə | ɛ́ə] 川の流域の小さな獲物をとるために育てられた大種のイヌ; 単に Airedale ともいう》.

áir èddy *n.* 気流の渦.

áir edìtion *n.* =airmail edition.

áir ejèctor *n.* 〖機械〗空気エゼクター《蒸気コンデンサー内の空気その他のガスを排除する装置》.

áir émbolism *n.* 〖病理〗=aeroembolism.

áir èngine *n.* 〖機械〗空気機関.

air·er [ɛ́(ə)rə | ɛ́ərə(r] *n.* **1 a** 乾燥装置. **b** 《英》物干し器. **2** (自分の意見などを)吹聴する人.

áir exprèss 〖□F ～〗 *n.* 《米》(小荷物の)空輸(業); [集合的] 空輸小荷物; (小荷物)空輸料金.

áir fèrry *n.* =air transport 1.

áir·fìeld *n.* 飛行場; (空港の)離着陸場.

áir·fìght *n.* 空中戦.

áir fìlter *n.* 〖機械〗エアフィルター《空気からごみ・微生物を除去するための濾過装置》.

áir flèet *n.* 〖空軍〗航空機隊, 航空艦隊; [集合的] (一国の)空軍機.

áir·flòw *n.* (航空機や自動車の引き起こす)気流. ― *adj.* **1** 空気が自由に流通できる. **2** 流線型の.

áir flùe *n.* 〖機械〗煙道《高温の空気を通す管または通路》.

áir·fòil 〖⇨ foil²〗 *n.* 《米》〖航空〗翼, 翼型《翼の断面形》.

áir fòrce *n.* **1** 空軍: the Royal *Air Force* 英国空軍 / the United States *Air Force* 米国空軍. **2 a** 〖米空軍〗航空軍 (cf. air command). **b** 《米》航空軍《かつての Army Air Forces を編成した最大の単位》. **áir-fòrce** *adj.*

Áir Fòrce Acádemy *n.* (米国の)空軍士官学校《Colorado 州 Colorado Springs に 1954 年設立》.

Áir Fòrce Cróss *n.* (英国の)空軍十字章《略 A.F.C.; cf. Distinguished Flying Cross》.

Áir Fòrce Dày *n.* (米国の)空軍記念日《9 月 18 日》.

Áir Fòrce Óne *n.* (米国の)大統領専用機, エアフォースワン《空軍に所属》.

áir fràme *n.* (飛行機・ロケットなどのエンジン・制御装置・電子装置などを除いた)機体.

Air France [*F.* ɛrfrɑ̃ːs] 〖□F ～〗 *n.* エールフランス, フランス航空.

áir·frèight *n.* 貨物空輸(業); [集合的] 航空貨物; 貨物空輸料金: by ～. ― *vt.* 航空貨物で送る.

áir·frèighter *n.* 貨物輸送機.

áir-fùeling *n.* 〖航空〗空中給油.

áir gàp *n.* **1** 〖電気〗空気ギャップ, 空隙(くうげき)《放電の時の間隙, 磁極間の間隙など》. **2** 〖地理〗風隙(ふうげき).

áir gàs *n.* 〖化学〗**1** 空気ガス《空気に可燃性蒸気を混合した気体》. **2** 発生炉ガス (producer gas).

áir gàuge *n.* 気圧計.

áir·glòw *n.* 〖気象〗大気光《中・低緯度地方の上空に見られる発光現象; cf. nightglow》.

áir·gràph, A- [-græ̀f | -grɑ̀ːf, -græ̀f] 〖← AIR¹ + (TELE)GRAPH〗 《英》 *n.* 航空縮写郵便《書面類を縮写して空輸する; cf. V-mail》. ― *vt.* 航空縮写便で送る.

áir gùn *n.* **1** 空気銃. **2** 〖機械〗=air hammer. **3** =airbrush.

áir gùnner *n.* 〖空軍〗=aerial gunner.

áir hàmmer *n.* 〖機械〗空気ハンマー《圧縮空気の圧力でピストンとハンマーを連動させる機械; pneumatic hammer ともいう》.

áir hàrbor *n.* 〖航空〗水上機発着場.

áir-hàrdening *adj.* 〖冶金〗気硬性の, 自硬性の(self-hardening): ～ cement 気硬セメント.

áir-hardening stéel *n.* 〖冶金〗自硬鋼, 空気焼入鋼《self-hardening steel ともいう》.

áir·hèad *n.* 〖空軍〗**1** 空挺堡(くうていほ)《落下傘部隊の獲得した敵地; cf. beachhead 1, bridgehead 1, railhead》. **2** 空輸末地, 航空軍需補給基地.

áir hòist *n.* 〖機械〗空気ホイスト《圧縮空気を用いた巻揚げ装置》.

áir hòle *n.* **1** 通風坑, 空気孔, 風孔(ふうこう), 風窓. **2** (川・湖などの結氷面の)空気穴. **3** 〖航空〗=air pocket.

áir hòrn *n.* 気笛, エアホーン.

áir hòstess *n.* (旅客機の)スチュワーデス, エアホステス.

áir·hòuse *n.* 〖建築〗=pneumatic architecture.

air·i·ly [ɛ́(ə)rəli | ɛ́ərəlɪ, -rɪlɪ] 〖← AIRY + -LY¹〗 *adv.* **1** 軽快に, 軽やかに; 微妙に. **2** 陽気に, うわついて, 浮き浮きして, 上っ調子に. **3** 《古》空高く.

air·i·ness [ɛ́(ə)rinɪs, -nəs | ɛ́ərɪ-] *n.* **1** 風通しのよさ, 空気の流通のよさ. **2** 軽快さ; 陽気, 快活; 上っ調子. **3** むなしさ, 空虚.

air·ing [ɛ́(ə)rɪŋ | ɛ́ər-] *n.* **1** 空気[熱気]にさらすこと, 風当て, 干すこと: give clothes an ～ 衣服を風に当てて干す / give rooms an ～ 部屋に風を通す. **2** 外気に当たること, 散歩, ドライブ; (動物などの)戸外運動: take an ～ 散歩[ドライブ]をする. **3 a** (意見などの)吹聴: give one's ideas a good ～ 考えを存分にぶちまける. **b** (問題などの)公開, 暴露. **4** 《米》ラジオ[テレビ]放送.

áiring cùpboard *n.* 《英》(衣類などを熱で乾かすための)乾燥用戸棚.

áir injèction *n.* 〖機械〗空気噴射《圧縮空気によりディーゼル機関燃焼室へ燃料を噴霧する方式; cf. solid injection》.

áir insulàtion *n.* 〖電気〗空気絶縁《空気を絶縁物とする方法》.

áir ìntake *n.* 〖航空〗空気取入口 (intake).

áir jàcket *n.* **1** 《英》=life jacket. **2** 〖機械〗空気ジャケット《熱の伝導を防ぐ》.

áir-lànce *vt.* 〖機械〗空気噴射で除去する.

áir lànce *n.* 〖機械〗空気噴射用ノズル.

áir làne *n.* 〖航空〗航空路 (airway).

áir làyering *n.* 〖園芸〗高(揚)取り法《取り木法の一つ; 枝を地表までおろさずに粘土や水ごけなどで包み発根させ, 苗木とする》.

áir·less *adj.* **1** 空気のない. **2** 風のない; 静かな

(still). **3** 風通しの悪い, むんむんする (stuffy): an ～ room. **～·ness** *n.*

áir lètter *n.* **1** 航空郵便《手紙》. **2** 航空書簡 (aerogram).

áir·lift *n.* **1** (緊急時などの)空輸, 空中補給: an ～ of troops [relief goods] 軍隊[救援物資]の空輸. **2** 空輸貨物; 空輸人員; 空輸搭載量《人員・貨物の総重量》. **3** 空中補給路. — *vt.* 〈貨物・人員を〉空輸する〔*to*〕.

áir lift *n.* 気送, エアリフト.

áir·line *n.* **1 a** 定期航空; 定期航空路, 航空路. **b** [しばしば *pl.*; 単数扱い] 航空会社. **2** 《機械》空気補給管, 空気パイプ. **3** 《米》一直線, 直線距離 (beeline).

áir·liner *n.* (大型の)定期航空機, 定期旅客機: a London-to-Paris ～.

áir lòck *n.* **1** 《土木》エアロック, 気閘(きこう)《圧縮空気の中で工事をする時, 高圧部と外部との境界に設ける出入口》. **2** 《機械》エアロック, 空気止め通路《流管系に空気を入れて流れを止める》. **3** 《宇宙》(宇宙船に設けた宇宙への)気密式出入口.

áir lòg *n.* **1** 《航空》(航空機の)飛行距離記録装置. **2** 《宇宙》(誘導ミサイルの)射程調節機器.

áir-lògged *adj.* ＝air-bound.

áir machìne *n.* 《鉱山》送風機.

áir·màil *n.* **1** 航空郵便 (cf. surface mail): by ～. **2** 航空郵便物. **3** 航空郵便切手. — *adj.* 航空郵便の: an ～ letter / an ～ line [route] 航空郵便航路 / an ～ stamp 航空郵便切手. — *adv.* 航空便で. — *vt.* 航空郵便で送る.

áirmail edìtion *n.* (新聞・雑誌の)空輸版, エアメール版.

áir·man [-mən, -mæ̀n] *n.* (*pl.* **-men** [-mən, -mèn]) **1 a** 飛行家; 飛行士, パイロット; 飛行機乗務員: a civil [civilian] ～ 民間飛行家. **b** 航空技術者. **2** 《軍事》飛行[航空]兵. **3** 《米空軍》航空兵《最下位4階級 (airman first class, airman second class, airman third class, airman basic) に属する》. **4** 《米海軍》航空機運用関係の下士官兵.

áirman·shìp *n.* 飛行家であること; 飛行術.

áir·màrk *vt.* 《航空》〈都市など〉に(地名・緯度・経度・最寄りの飛行場への方位など航法の手引きとなる)対空標識を付ける.

áir màrshal *n.* 《英》空軍中将 (cf. air chief marshal).

áir màss *n.* **1** 《気象》気塊, 気団《水平方向に気温・温度が一様な大気の巨大な団塊》. **2** 《天文》(光学的)空気量《天体の光線が大気を通り地表に達する距離または空気量; optical air mass ともいう》.

áir màttress *n.* (キャンプなどに使う)空気[エア]マットレス (air bed)《空気でふくらます》.

áir mechànic *n.* 航空機械工[整備工].

áir mèdal *n.* 《米軍》航空勲章《陸・海・空軍共通に飛行中の顕著な功績に与えられる; 1942年制定》.

áir mìle *n.* 《航空》＝international air mile.

áir-mìnded *adj.* **1** 航空方面に興味のある. **2** 飛行機の旅の好きな. **～·ness** *n.*

áir·miss *n.* 《英》《航空》＝near miss 3.

áir·mòbile *adj.* 《軍事》通例ヘリコプターによる空輸移動部隊の[に関する, からなる]: ～ operations 空中機動作戦《戦闘部隊と装備を航空機で移動しながら行なう地上戦闘》.

áir mòtor *n.* 《機械》＝air engine.

áir observàtion *n.* 《軍事》空中観測《航空機に乗って行なう砲兵射撃の射弾観測》; 空中[航空]偵察.

áir obsèrver *n.* 《米空軍》航空特技搭乗員 (⇨ observer 7).

áir òfficer *n.* **1** 《英空軍》空軍将官《准将 (air commodore) を含む》. **2** 《米海軍》(航空母艦の)航空司令; 《米陸軍》陸軍飛行将校; 《米空軍》航空将校.

áir·pàrk *n.* 《米》(工業地帯などの)小空港.

áir pàssage *n.* **1 a** 《解剖》気道. **b** 《植物》細胞間空洞. **2** 空の旅.

áir patròl *n.* 空中哨戒; 飛行偵察隊.

áir pìracy *n.* ＝skyjacking.

áir pìrate *n.* ＝skyjacker.

áir pìt *n.* 《鉱山》通気坑.

áir·plàne 〖← AIR + (AERO)PLANE〗 *n.* 飛行機 (《英》aeroplane): by ～. — *vi.* 飛行機で行く, 空の旅をする.

áirplane càrrier *n.* ＝aircraft carrier.

áirplane clòth *n.* **1** エアプレーンクロス, 羽布(はふ)《気球やグライダーに使用される丈夫な綿布》. **2** エアプレーンクロス《同上種の綿布で, ワイシャツ・少年服用生地として用いる》.

áirplane spìn *n.* (プロレスリングで)飛行機投げ《相手を肩に持ち上げて振り回して投げ飛ばす》.

áir plànt *n.* 《植物》 **1** ＝epiphyte. **2** ベンケイソウ科カランコエ属 (*Kalanchoe*) の各種の植物の総称; (特に)セイロンベンケイ, トウロウソウ (*K. pinnata*) (life plant ともいう).

áir plòt *n.* **1** 《航空》対気経路図示. **2** 《軍事》(航空母艦の)航空作戦司令[指揮]室.

áir plùg *n.* 《海事》(マンホールカバーなどの)空気栓.

áir pòcket *n.* 《航空》エアポケット《飛行機を急に落下させるような下降気流を生じている個所》.

áir police *n.* 《米軍》空軍憲兵隊 (略 A.P.).

áir pollùtion *n.* 大気汚染 (cf. noise pollution).

áir·pòrt *n.* 空港: an ～ hotel 空港ホテル / an international ～ 国際空港 / at London *Airport*.

áir pòrt *n.* 《海事》(通気用)舷窓, 空気口.

áir·pòst *n.* ＝airmail.

áir potàto *n.* 《植物》カシュウイモ, ケイモ (*Dioscorea bulbifera*)《アジア原産のヤマノイモの一種; 有毒》.

áir pòwer *n.* 空軍力, 航空勢力; (一国の)空軍.

áir prèssure *n.* 気圧.

áir·pròof 〖⇨ -proof〗 *adj.* 空気を通さない, 気密の (airtight). — *vt.* 気密にする. **～ed** *adj.*

áir propèller *n.* 航空機用プロペラ.

áir pùmp *n.* **1** 空気ポンプ, 排気ポンプ. **2** [the A- P-] 《天文》ポンプ座 (⇨ Antlia 1).

áir-ràid *attrib. adj.* 空襲の: an ～ alarm [warning] 空襲警報 / ～ precautions 防空対策 / an ～ shelter 空襲避難所, 防空壕.

áir ràid *n.* 空襲.

áir ràider *n.* 空襲(参加)機; 空襲部隊員.

áir-raid wàrden *n.* 空襲[防空]監視員 (air warden).

áir resìstance *n.* 《物理》空気抵抗.

áir rìfle *n.* 旋条空気銃, エアライフル.

áir rìght *n.* 《法律》(賃貸の対象としての)空中(使用)権《不動産の真上の空間についていう》.

áir ròot *n.* 《植物》＝aerial root.

áir ròute *n.* 《航空》航空路, 航空路線.

áir sàc *n.* **1** 《動物》(鳥の)気嚢(のう); (昆虫の)呼吸管の膨張部. **2** 《植物》(マツ・モミ属の植物の花粉粒にある)気嚢. **3** 《解剖》＝alveolus 3 b.

áir·scape [ɛ́əskèɪp | ɛ́ə-] 〖⇨ -scape〗 *n.* **1** (飛行機などから地上を見る)空景. **2** 空瞰(かん)図, 航空写真.

áir scòop *n.* 《航空》空気取入れ口[吸入口]《機体に前方向きに取付けた開孔で, 飛行中に空気が流入する》.

áir scòut *n.* **1** 機上偵察兵[員]; 偵察機; 対空監視哨. **2** 航空少年団員.

áir·scrèw *n.* 《英》(飛行機の)プロペラ.

áir-sèa réscue *n.* 《軍事》空海協同救助《航空機と艦艇の協同海難救助》; その作業.

áir sèction *n.* 《電気》エアセクション《空気絶縁を用いた電車線の区分法》.

áir sèrvice *n.* **1** (一国の)空軍 (air force); 航空兵科; [the A- S-] (もと)米軍航空隊. **2** 《航空》(旅客・郵便・貨物輸送などの)航空業務; 航空輸送.

áir shàft *n.* **1** (ビルディングなどの)通気空間 (air well). **2** (鉱山・トンネルなどの)通気立坑.

áir·shìp 〖《1888》(なぞり) ← G *Luftschiff*〗 *n.* 飛行船 (dirigible): a rigid [semi-rigid] ～ 硬式[半硬式]飛行船 / a nonrigid [flexible] ～ 軟式飛行船.

áir shòwer *n.* 《物理》空気シャワー《宇宙線粒子が地球大気圏に入射してシャワー状態になったもの》.

áir shùttle *n.* 《米口語》(通勤用)近距離定期航空便.

áir·sìck *adj.* 飛行機に酔った. **～·ness** *n.*

áir-slàke *vt.* 《化学》〈生石灰などを〉空気中で消化[風化]させる: ～*d* lime 消石灰.

áir slèeve [sòck] *n.* 《気象・航空》＝wind sock.

áir spàce *n.* **1** (室内の)空積, 気積. **2** 《生物》＝air chamber 2, 3. **3** [通例 airspace] 空域; 領空: controlled ～ 管制空域 / violate the ～ of …の領空を侵犯する. **4** 《建築》空気層《防湿のための壁や天井の空隙》. **5** 《電気》無線周波数チャンネル.

áir·spèed *n.* (航空機などの)対気速度 (cf. ground speed).

áirspeed ìndicator [mèter] *n.* (航空機の)対気速度計.

áir-sprày *adj.* 〈液・器具など〉噴霧(用)の.

áir sprày *n.* **1** (圧縮空気を用いる)噴霧器. **2** 噴霧用液.

áir sprìng *n.* 空気(緩衝)ばね.

áir squàdron *n.* 《軍事》航空大[中]隊 (cf. squadron 1 c).

áir stàck *n.* [集合的]《航空》(空港上空で)着陸の順番待ちのため旋回する飛行機《単に stack ともいう》.

áir stàtion *n.* **1** (格納庫・整備施設などのある)飛行場. **2** 《英・カナダ》＝air base.

áir stèwardess *n.* ＝air hostess.

áir strèam *n.* **1 a** 気流. **b** 《気象》高層気流. **2** ＝airflow.

áir·strìp *n.* 《航空》(仮設の)滑走路 (runway).

áir superìority *n.* 《軍事》航空優勢.

áir survèillance *n.* 《軍事》(航空機・ミサイルに対する肉眼またはレーダーによる)対空監視.

áir sùrvey *n.* ＝aerial survey.

áir swìtch *n.* 《電気》気中スイッチ《接点を空気中で開閉するスイッチ; cf. oil switch, vacuum switch》.

airt [ɛ́ət | ɛ́ət] 〖《1470》□ Gael. *aird* height: cf. Gk *árdis* point〗 《スコット》 *n.* 方位; 方角. — *vt.* 〈人〉に道を示す; 導く. — *vi.* 進む.

áir tàxi *n.* タクシー飛行機, 空のタクシー.

áir tèrminal *n.* 《航空》空港[エア]ターミナル.

áir thrèad *n.* [通例 *pl.*] 《動物》流れ糸, 遊糸《空中に浮遊する小グモの糸; gossamer ともいう》.

áir·tìght 〖《1760》: ⇨ -tight〗 — *adj.* **1** (空気の通らないように)密閉した, 気密の (airproof): an ～ test 気密試験. **2** 《米》相手に乗じるすきを与えない, 完璧な (watertight): an ～ alibi / an ～ defense [argument] 完璧な防備[議論]. **～·ly** *adv.* **～·ness** *n.*

áir·tìme *n.* 《ラジオ・テレビ》放送時間; 放送時刻.

áir-to-áir *attrib. adj., adv.* **1** 《軍事》空対空の[で]: an ～ rocket 空対空ロケット / an ～ missile 空対空ミサイル (略 AAM). **2** 《航空》飛行中の航空機間の[で]: ～ refueling 空中給油.

áir-to-fúel ràtio *n.* 《機械》空燃比 (⇨ mixture ratio).

áir-to-gróund *attrib. adj., adv.* 《軍事》空対地の[で] (cf. air-to-surface): an ～ missile 空対地ミサイル (略 AGM).

áir-to-súrface *attrib. adj., adv.* 《軍事》飛行機から発射されて地上[水上艦艇]を攻撃する[して], 空対地[艦]の[で] (cf. air-to-ground): an ～ missile 空対地[艦]ミサイル (略 ASM).

áir-to-underwáter *attrib. adj., adv.* 《軍事》飛行機から水中の潜水艦を攻撃する[して], 空対水中の[で]: an ～ missile 空対水中ミサイル (略 AUM).

áir tràin *n.* ＝sky train.

Áir Tràining Commánd *n.* [the ～] 《米空軍》訓練空軍 (略 ATRC).

Áir Tràining Córps *n.* [the ～] 《英軍》空軍将校養成部 (略 A.T.C.).

áir trànsport *n.* **1** 空中輸送, 空輸. **2** 輸送機, (特に)軍用輸送機. **3** 航空輸送隊.

áir tràp *n.* 《機械》空気トラップ[弁], 防臭弁.

áir trùnk *n.* 《建築》風道, 風路, 空気路 (air duct).

áir tùnnel *n.* 《航空》＝wind tunnel.

áir tùrbine *n.* 《機関》(圧縮空気で作動する)空気タービン.

áir twìst *n.* 《ガラス製造》空気螺旋模様《ガラス酒杯の脚を作る時に空気を入れて螺旋状にねじって作った模様》. **áir-twìsted** *adj.*

áir umbrèlla *n.* 《空軍》＝air cover 2.

áir vàlve *n.* 《機械》空気弁.

áir vèsicle *n.* 《植物》気胞.

áir vìce-márshal *n.* 《英》空軍少将 (cf. air chief marshal).

áir·vìew *n.* ＝aerial photograph.

Áir Wàc *n.* 《米口語》空軍婦人部隊員《正式には Waf という; cf. WAC》.

áir wàr *n.* 航空戦; 航空作戦.

áir wàrden *n.* ＝air-raid warden.

áir wàsher *n.* 《機械》(空気調和器などの)エアワッシャ, 空気洗浄器, 空気洗浄装置.

áir·wàve *n.* **1** [通例 *pl.*] 《通信》空間波, 空中波《放送用電波のように空中を伝搬する波》. **2** ＝airway 3.

áir·wày *n.* **1** 《航空》(諸設備を整えた)航空路: an ～ beacon 航空路ビーコン[灯台]. **2** [*pl.*] 航空会社: the British *Airways* 英国航空 (略 BA). **3** 《米》《通信》(放送・無線通信用の所定周波数の)チャンネル (channel). **4** 《鉱山》風道. **5** 《解剖》気道. **6** 《医学》エアウェイ《全身麻酔時に気管の閉塞を防ぐため用いる通気筒》.

áirway·bìll *n.* 《商業》航空貨物証書《airbill ともいう; 略 AWB》.

áir wèll *n.* ＝air shaft 1.

áir-wìse 〖⇨ -wise〗 *adj.* 航空知識のある.

áir·wòman 〖(fem.) ← AIRMAN〗 *n.* 女流飛行家; 女流飛行士[パイロット].

áir wòod *n.* 自然乾燥木材[材木].

áir·wòrthy 〖← AIR[1] + WORTHY〗 *adj.* 〈航空機が〉飛行に適する, 航空に耐える, 耐航性のある (cf. seaworthy). **áir·wòrthiness** *n.*

air·y [ɛ́(ə)ri | ɛ́əri] 〖《1375》: ⇨ air[1], -y[4]〗 — *adj.* (**air·i·er; -i·est**) **1 a** 空気のような; 実体のない (immaterial): an ～ phantom. **b** 空虚な, はかない, 淡い: an ～ dream. **c** 夢のような, 架空の, 想像上の: an ～ notion / ～ nothing 想像上の事柄 (cf. Shak., *Mids N D* 5.1.16). **d** 〈言葉など〉うわべだけの, 誠意のない: an ～ promise. **2** うわついた, 軽薄な (flippant): ～ criticism. **3** 〈動作・態度など〉軽やかな, 浮き浮きした; 活発な, 陽気な: an ～ manner / ～ laughter 陽気な笑い / an ～ tread 軽快な足取り. **4** (外観など)繊細な, 優美な (graceful); 〈布・服など〉ごく薄い: an ～ evening dress. **5** 風のよく当たる; 風通しのよい (breezy): an ～ room. **6** 高みにある; 空高くそびえる (lofty). **7** お高くとまった, もったいぶった (affected). **8** 空中の[で行なわれる]: an ～ flight 飛行, 飛翔(ひしょう). **9** 空気の; 空気から成る.

áiry-fáiry *adj.* 《口語》 **1** 〈女性など〉(妖精のように)軽やかな, 優美な; のんきな. **2** [軽蔑的に] 〈考えなど〉空想的な, 非現実的な.

AIS 《略》《会計》 accounting information system 会計情報システム.

A·i·sha [áɪʃə, ɑ́ːɪʃɑ̀ː] *n.* アイシャ《613?–678; Muhammad の愛妻で, Abu-Bakr の娘》.

aisle [áɪl] 〖《c1370》*ele* □ OF (F *aile*) < L *ālam* wing < **akslā* ← IE **ag-* to drive (⇨ act): *ai-* 《18C》は F *aile* により, また *-s-* は ISLE との連想から〗 — *n.* **1 a** 《建築》(教会堂で身廊 (nave) と平行し, 列柱などで区切られた)側廊, アイル (⇨ Gothic church 挿絵): the north [south] ～. **b** (教会堂の座席列間の)通路. **2 a** (劇場・列車などの座席列間の)通路: a seat *on* the ～ ＝ aisle seat / two *on* the ～ (劇場の)正面通路側の二人連れの席. **b** 《米》(百貨店・スーパー内などの)通路. **3** 《米》(林間などの)通路.

aisle 1 a

in the aisles 《口語》〈観客など〉(おかしさを押さえきれずに)笑いこけて: roll *in the* ～*s* (劇場などで)笑いこける / have [knock, lay, send] (rolling) *in the* ～*s* 〈観客など〉の腹の皮をよじらせ(て大当たりをと)る.

walk down the aisle (1) (教会で挙式後に)〈新郎・新婦が〉正面通路を出口へ進む. (2) 《口語》結婚する.

～d *adj.* **～·less** *adj.*

áisle sèat *n.* (劇場・列車・旅客機などの)通路側の[に接した]席《出入りが楽で便利》: a man in the ～.

áisle·wày *n.* ＝aisle 2 b.

Aisne [éɪn; *F.* ɛn] *n.* **1** エーヌ(県)《フランス北東部の県; 人口 533,000, 面積 7,428 km², 首都 Laon [lɑ̃]》. **2** [the ～] エーヌ(川)《フランス北部の川; Oise 川に注ぐ (282 km)》.

ait [éɪt] 〖OE *īġ(e)oþ* ← *ī(e)ġ* 'ISLAND' + *-aþ* (dim. suff.)〗 *n.* 《英》(川・湖中の)小島.

aitch [éɪtʃ] 〖ME *ache* □ F *hache* ? < VL **hacea*: cf. ache〗 *n.* H [h] の字[音]: ⇨ DROP *one's aitches.*

aitch·bone [éɪtʃbòʊn | -bəʊn] 〘《変形》← 《1486》 *hach-boon* (*an ache bone*《異分析》) ← *a nache bone*) ← 《c1300》 *nage, nache* ▭ OF *nache* buttocks, rump < VL **naticam* (adj.) ← L *natis* buttock〙 — *n.* エチボ(ーン): **a** (牛の)臀(ﾃﾞﾝ)骨 (rump bone). **b** (牛の)臀骨部の肉 (⇨ beef 挿絵).

Ait·ken [éɪtkən | éɪtkɪn, -kən, éɪk-], **Robert Grant** *n.* (1864-1951) 米国の天文学者.

Aitken, William Maxwell *n.* ⇨ 1st Baron BEAVERBROOK.

AIU 《略》 American International Underwriters.

Aix-en-Provence [éɪksɑ̃:(m)prəvɑ́:(n)s, -ɔ̃:(m)prəvɔ̃́:(n)s, -ɑ:(m)prəvɑ́:ns, -ɔ(:)mprəvɔ́(:)ns | -prɔ-; *F.* ɛksɑ̃prɔvɑ̃:s] *n.* エクサンプロバンス《フランス南東部, Marseilles の北方にある都市; 人口 75,000》.

Aix-la-Cha·pelle [*F.* ɛkslaʃapɛl] *F. n.* エクスラシャペル《Aachen のフランス語名》.

A·i·zo·a·ce·ae [eɪàɪzouéɪsiiː | -zəʊ-] 〘← NL ~ ← *Aizoon* (属名: ← Gk *aei* always + -ZOON) + -ACEAE〙 — *n. pl.* 〘植物〙(アカザ目)ザクロソウ科, ツルナ科. **a·i·zo·á·ceous** [-ʃəs] *adj.*

A·jac·cio [ɑ:jɑ́:tʃou | əjǽtʃɪəʊ, ədʒǽsɪəʊ; *F.* aʒaksjo] *n.* アヤクチョ《フランス南部 Corsica の海港; Napoleon 一世の出生地; 人口 43,000》.

A·jan·ta [ədʒʌ́ntə | -tə] *n.* アジャンタ《インド南中部, 丘陵地帯の村; 付近に石窟の古い寺院が多数ある》.

a·jar¹ [ədʒɑ́ə | ədʒɑ́:(r] 〘《?c1450》 *on char* on the turn < OE *on* + *ċ(i)erre* turn: ⇨ a³, char¹〙 — *adv., pred. adj.* 〈ドア・カーテンなど〉少し開いて: leave a door ~ / The door was [stood] ~. ドアは少しあいていた.

a·jar² [ədʒɑ́ə | ədʒɑ́:(r] 〘《1553》 ← A³ + JAR³〙 — *adv., pred.adj.* 不和の状態で, 調和しないで (out of harmony): be ~ *with* the world 世間と合わない / set a person's nerves ~ 人の神経をいら立たせる.

A·jax [éɪdʒæks] 〘▭ L *Ājāx* ▭ Gk *Aīās* 《原義》? an earth god〙 — *n.* **1** 〘ギリシャ伝説〙アイアス: **a** Trojan War のギリシャ方の英雄で Telamon の息子; Achilles の甲冑が Odysseus に与えられるとそれを憤慨して自殺した; Ajax the Great ともいう. **b** 同じくギリシャ方の英雄で Achilles に次いで早足; 特に Ajax the Less ともいう. **2** 「アイアス」《Sophocles 作の悲劇 (440 B.C. ごろ)》. ★ 1, 2 ともに Aias ともいう.

a·jee [ədʒíː] *adv.* = agee.

a·ji·va [ədʒíːvə] 〘▭ Skt *ajīva* without life ← *a-* 'A-⁷' + *jīva* living〙 *n.* 〘ジャイナ教〙アジーバ《宇宙構成の要素を霊魂 (jiva) と非霊魂に分けた場合の非霊魂》.

Aj·man [ædʒmǽn] *n.* アジュマーン, アジマン《ペルシャ湾 (Persian Gulf) 南岸の首長国, United Arab Emirates の一つ; 人口 6,000, 面積 250 km²》.

a jour [ɑːʒúə | -ʒúə(r; *F.* aʒuːr] 〘← F *à jour* 《原義》 toward day〙 — *adj.* (*also* **a·jou·ré** [àːʒuréɪ; *F.* aʒure]) 明り穴をつけた, 透し細工した《彫刻・金属細工・七宝・カットワーク (cutwork) などにいう》.

aj·u·tage [ǽdʒʊtɪdʒ, ədʒúːt- | -tɪdʒ] *n.* 〘機械〙 = adjutage.

AK 《略》〘米郵便〙 Alaska (州).

a.k.a., AKA 《略》 also known as 《米》 別名…《警察関係の記録などに用いる》.

A·ka·ba [ɑ́ːkəbə, ǽk- | ǽk-] *n.* = 'Aqaba.

a·ka·la [əkáːlə] 〘← Hawaiian〙 *n.* 〘植物〙ハワイ産バラ科キイチゴ属の低木または蔓状の植物 (*Rubusmacraei*)《赤紫色のキイチゴに似た実をつける; 食用》.

A·kan [ɑ́ːkɑːn] *n.* (*pl.* ~, ~**s**) **1** アカン語《アフリカの Ghana から象牙海岸にわたる広い地域に話されるクワー (Kwa) 語》. **2** [the ~(s)] アカン族《アカン語の話される地域に住み, Akim, Akwapim, Ashanti, Fanti の諸族を含む》.

a·ka·sa [ɑːkɑ́ːʃə] 〘▭ Skt *ākāśa* space〙 *n.* (*also* **a·ka·sha** [~]) 〘インド哲学〙アーカーシャ, 虚空, 空.

Ak·bar [ǽkbə, -bɑə | ǽkbɑ:(r, ʌ́kbə(r; *Hindi* əkbər] *n.* アクバル《1542-1605; ムガール (Mogul) 王朝第三代の皇帝 (1556-1605); Akbar the Great と呼ばれる》.

AKC, A.K.C. 《略》 American Kennel Club.

a·ke·a·ke [ɑːkiɑ́ːki | -kɪɑ́ːkɪ] 〘← Maori〙 *n.* 〘植物〙 **1** ハウチワノキ (*Dodonaea viscosa*)《熱帯産ムクロジ科の低木; 若枝や葉が粘る》. **2** New Zealand 産キク科 *Olearia* 属の低木《*O. avicenniaefolia* と *O. traversii*》.

a·ke·bi [ɑ́ːkəbi | -kɪbɪ] 〘▭ Jap.〙 *n.* 〘植物〙アケビ (*Akebia quinata*).

a·kee [ǽkiː, ─ ┴] 〘▭ Kru *ā-kee*〙 *n.* 〘植物〙アキー (*Blighia sapida*)《熱帯アフリカ産ムクロジ科の高木; 仮種皮は食用》.

a·ke·la [əkéɪlə] 〘← *Akela* (Kipling 作 *Jungle Book* のオオカミ群の指導者)〙 *n.* アケーラ《英国ボーイスカウト運動の wolf cub 部門の指導者》.

A·kel·da·ma [əkéldəmə] *n.* 〘聖書〙 = Aceldama.

a·kene [əkíːn, eɪ-] *n.* 〘植物〙 = achene.

A·ker·i·dae [əkérədiː | -rɪ-] 〘← NL ~ ← *Akera* (属名) + -IDAE〙 *n. pl.* 〘貝類〙ウツセミガイ科.

A·kim [ɑ́ːkɪm, ɑ́ːtʃɪm] *n.* (*pl.* ~, ~**s**) **1** [the ~(s)] アキム族《Twi 語を話す Ghana の原住人》. **2** アキム族の人.

a·kim·bo [əkímbou | -bəʊ] 〘《1400》 *in kene bowe* in a sharp curve ▭ ON **i keng boginn* bent in a curve (cf. Icel. *kengboginn* bent double, crooked)〙 — *adv., pred. adj.* **1** [通例 arms ~ として] (両)手を腰に当てひじを張って[た]: The woman stood with (her) *arms* ~. 女は(挑戦するように)両手を腰に当てひじを張って立っていた. **2** 〈脚など〉曲げた状態で.

akimbo 1

a·kin [əkín] 〘← A-³ + KIN〙 — *pred.adj.* **1** 血族の, 同族の (of kin, related) 〔*to*〕: They are near ~ *to* him. あの人たちは彼の近親だ. **2** 同種の, 同類の, 類似の〔*to*〕: These questions are closely ~. これらの問題は非常に似かよっている / Jealousy is a feeling ~ *to* envy. 嫉妬(ｼｯﾄ)は羨望(ｾﾝﾎﾞｳ)に近い感情である / Pity is ~ *to* love. ⇨ pity 1. **3** 〘言語〙同族の (cognate).

akineses *n.* akinesis の複数形.

a·ki·ne·sia [èɪkaɪníːʒiə, -kɪ-, -kə-, -ʒə | -kaɪníːzɪə, -zjə, -ʒɪə] 〘← NL ~ ← Gk *akīnēsia*: ⇨ a-⁷, -kinesis, -ia¹〙 *n.* 〘病理〙無動(症), 失動(症), 運動不能(症).

a·ki·ne·sis [èɪkaɪníːsɪs, -kɪ-, -kə-, -səs | -kaɪníːsɪs, -kɪ-] 〘↑〙 *n.* (*pl.* **-ne·ses** [-siːz]) **1** 〘病理〙 = akinesia. **2** 〘生物〙 = amitosis.

a·ki·nete [eɪkíniːt, ǽkəniːt | eɪkáɪniːt, ǽkɪ-] 〘▭ Gk *akinet-os* without movement: ⇨ a-⁷, kineto-〙 — *n.* 〘植物〙アキネート《ある種の藻類に見られる特殊な生殖細胞で, 栄養細胞の膜が肥厚し貯蔵物質を豊富に貯えたもの; 菌類の厚膜胞子 (chlamydospore) に相当する; cf. resting spore》.

Ak·kad [ǽkæd, ɑ́ːkɑːd | ǽkæd] *n.* アッカデ, アカデ, アッカド《Babylonia 地方の古代都市; cf. *Gen.* 10: 10》. — [ǽkæd] *adj.* = Akkadian.

Akkad. 《略》 Akkadian.

Ak·ka·di·an [əkéɪdiən, æk-, ɑːk-, -kɑ́ːd- | əkéɪdjən, -dɪən] 〘cf. F *accadien* / G *akkadisch*〙 — *adj.* アッカデ (Akkad) の, アッカド人の. — *n.* **1** アッカド人《紀元前 2000 年以前のメソポタミアに住んだセム系民族》. **2** 〘言語〙アッカド語《古代セム語の一つ; Babylonian, Assyrian を含む》.

Ak·ker·man [ɑ̀ːkəmɑ́ːn | -kə-; *Russ.* akjirmán] *n.* アケルマン《Belgorod-Dnestrovski の旧名》.

Ak·kra [əkrɑ́ː, æk-, ɑːk-, ǽkrə | əkrɑ́ː, æk-] *n.* = Accra.

akr- [ækr] (母音の前に来る時の) akro- の異形.

ak·ro- [ǽkro(ʊ), -rə | -rə(ʊ)] = acro-.

Ak·ron [ǽkrən | -rɒn, -rən] 〘← Gk *akron* 《原義》 highest point〙 *n.* 米国 Ohio 州北東部の工業都市; ゴム産業の中心地; 人口 252,000.

Ak·sum [ɑ́ːksuːm] *n.* アクサム《Aksumite [ɑ́ːksuːmàɪt] Empire として知られる古代エチオピア王国の首都》.

ak·va·vit [ɑ́ːkwəviːt, -kvə:-] *n.* = aquavit.

Ak·wa·pim [ɑ́ːkwəpɪm] *n.* (*pl.* ~, ~**s**) **1** [the ~(s)] アクウァピム族《Twi 語を話す Ghana の原住民》. **2** アクウァピム族の人.

Al [ǽ(ː)ɫ] 〘(dim.) ← ALBERT〙 *n.* 男性名.

Al 《記号》〘化学〙 aluminium.

AL 《略》〘米郵便〙 Alabama (州); American League (cf. NL); American Legion; Anglo-Latin; Arab League.

al. 《略》 alcohol; alcoholic.

Al. 《略》 Alabama.

a.l. 《略》〘証券〙 allotment letter (応募者に対する)割当て通知書; autograph letter.

A.L. 《略》《英》 Army List.

al-¹ [əl, æl] *pref.* (l の前に来る時の) ad- の異形: *al*leviate, *al*lude.

al-² [æl] 〘▭ Sp. & Port. *al-* ▭ Arab. *al-* the〙 — *pref.* 本来アラビア語の定冠詞で, スペイン語・ポルトガル語から借入された名詞の一部となっている: *al*chemy, *Al*coran, *al*gebra. ★ (1) 歯(茎)音の前ではそれと完全同化する (cf. acequia, adobe). (2) *el-* と転写されることもある (cf. elixir, abelmosk).

-al¹ [əl, ɫ] 〘ME *-al, -el* ▭ OF // L *-ālis* pertaining to〙 — *suf.* 「…に関する, …の性質の, …に特有の」などの意の形容詞を造る: postal, sensational, tropical. ★ (1) -ic で終わる形容詞にさらに -al が付くと意味がやや一般的・比喩的になることがある: comic—comical / economic—economical. (2) -tal, -dal, -nal に -ly が付く場合の発音については ⇨ -ly¹ ★ (2).

-al² [əl, ɫ] 〘▭ L *-āle* (pl. *-ālia*) (neut.) ← *-ālis* (↑) ∽ ME *-aille* ▭ OF〙 — *suf.* 動詞からその動詞の示す動作の名詞を造る: bestow → bestow*al* / remove → remov*al* / acquit → acquitt*al* / try → tri*al*.

-al³ [æɫ, ɔ(ː)ɫ, əɫ, ɫ | æɫ, ɔɫ, əɫ, ɫ] 〘《略》← AL(DEHYDE)〙 — *suf.* 次の意味を表わす名詞を造る: **1** 〘化学〙アルデヒド基をもつ化合物: chlor*al*, ethan*al*. **2** 〘薬学〙薬剤: barbit*al*.

a·la [éɪlə] 〘▭ L *āla* wing: cf. aisle〙 — *n.* (*pl.* **a·lae** [éɪliː]) **1** 翼 (wing). **2** 〘解剖・動物〙翼(状)部. **3** 〘植物〙(ちょう形花冠の)翼弁. **4** (古代ローマで家屋の)小部屋《ここからさらに大きな部屋・中庭へ通じるようになっている》.

ALA, A.L.A. 《略》 American Library Association アメリカ図書館協会; Associate in Liberal Arts; Authors League of America.

à la [ɑ̀ːlə, ɑ̀ːlɑ, ɑ̀ːlɑː | ɑ̀ːlɑː, ǽlɑː, ǽlə; *F.* ala] 〘▭ F ~ 'after the manner of' ← *à* according to + *la* the〙 — *F. prep.* **1 a** …風(ﾌｳ)にした, …流に[の], …式に[の]: ~ Russe [ruːs; *F.* rys] ロシヤ風に[の] / ⇨ à la mode. **b** …のまねをして, …式に: a novel written ~ Dickens ディケンズ風に書かれた小説. **2** 〘料理〙 **a** …風に[…を用いて]料理した: ⇨ à la broche, à la king, à la lyonnaise. **b** …付きの: ~ jardinière さいの目切りの各種野菜を付け合わせた / chou ~ crème シュークリーム.

Ala. 《略》 Alabama.

Al·a·bam·a [æ̀ləbǽmə | -bǽmə, -bɑ́ːmə] 〘▭ ? Am.-Ind. (Choctaw) *alba ayamule* I clear the thicket〙 — *n.* **1** 米国南東部の州で綿の大生産地 (⇨ United States of America 表). **2** [the ~] Alabama 州中部から南西に流れ Mobile 川に注ぐ川 (512 km).

Alabáma cláims *n. pl.* [the ~] アラバマ号賠償請求事件《米国南北戦争中に英国建造の Alabama 号その他の南軍の船舶が北軍の船舶に与えた多大の損害に対して, 米国が英国に賠償を請求し英国は 1872 年の国際裁定により賠償金を支払った》.

Al·a·bam·an [æ̀ləbǽmən | -bǽm-, -bɑ́ːm-] 〘← ALABAMA + -AN¹〙 — *adj.* (米国) Alabama 州(人)の. — *n.* Alabama 州人. ★ 同州生れの人は Alabamian の方を好んで用いる.

Al·a·bam·i·an [æ̀ləbǽmiən | -mjən, -mɪən] *adj., n.* = Alabaman.

al·a·bam·ine [æ̀ləbǽmiːn, -mɪn, -mən | -bǽmɪn, -bɑ́ːm-] 〘← ALABAMA + -INE¹〙 — *n.* 〘化学〙アラバミン (記号 Ab). ★ 85 番元素に最初に与えられた名称で現在は astatine という.

al·a·ban·dite [æ̀ləbǽndaɪt] 〘← *Alabanda* (トルコの町名) + -ITE¹〙 *n.* 〘鉱物〙硫マンガン鉱 (MnS).

al·a·bas·ter [ǽləbæ̀stə, ─ ─ ┴ ─ | ǽləbɑ̀ːstə(r, -bæ̀s-] 〘《c1385》 ▭ OF *alabastre* (F *albâtre*) // L ~ ▭ Gk *alábastros*: エジプトの地名 Alabastron にちなむ?〙 — *n.* 〘鉱物〙 **1** 雪花石膏(ｾｯｺｳ), アラバスター (cf. gypsum 1). **2** 縞大理石《同心円状の縞目をもった鍾乳石; Mexican onyx, onyx marble, oriental alabaster ともいう》. — *adj.* **1** 雪花石膏製の: an ~ vase. **2** 雪花石膏のような; 純白でなめらかな: her ~ arms.

alabastra *n.* alabastrum, alabastron の複数形.

al·a·bas·trine [æ̀ləbǽstrɪn, -trən, ─ ─ ┴ ─ | -trɪn] 〘⇨ ↑, -ine³〙 *adj.* = alabaster.

al·a·bas·tron [æ̀ləbǽstrɑn, -trən | -trɒn, -trən] *n.* (*pl.* **-bas·tra** [-trə], ~**s**) = alabastrum.

al·a·bas·trum [æ̀ləbǽstrəm] 〘▭ L ~ ← Gk *alabastron* (⇨ alabaster)〙 — *n.* (*pl.* **-bas·tra** [-trə], ~**s**) (古代ギリシャ・ローマの)アラバストロン《油・軟膏・香水用の小瓶; cf. aryballos, askos, lecythus》.

à la bonne heure [─ ─bɔ(ː)nə́ː | -bɒnə́ː(r; *F.* alabɔnœːr] 〘▭ F ~ 'at the good hour'〙 *F. adv.* 折よく. — *pred.adj.* けっこうで, その通り.

à la broche [─ ─brɔ́(ː)ʃ | -brɒ́ʃ, -bróʊʃ; *F.* alabrɔʃ] 〘▭ F ~ 'on the skewer': ⇨ broche〙 *adj., adv.* 串(ｸｼ)に刺して(焼いた), アラブロッシュ: eels ~.

à la bro·chette [─ ─bro(ʊ)ʃét | -brə(ʊ)-; *F.* alabrɔʃɛt] 〘▭ F ~: ⇨ brochette〙 *adj., adv.* アラブロシェット (à la broche).

A·la·ca·luf [æ̀ləkəlúːf, ɑ̀ːl-, ─ ─ ─ ┴] *n.* (*pl.* ~, ~**s**) **1 a** [the ~(s)] アラカルフ族《南米南端部の Tierra del Fuego の住民》. **b** アラカルフ族の人. **2** アラカルフ語.

à la carte [─ ─kɑ́ət | -kɑ́ːt; *F.* alakart] 〘《1812》 ▭ F ~ 'by the bill of fare': ⇨ carte²〙 — *adj., adv.* (メニューの中から一品ずつ)好みの注文の[で], アラカルトの[で] (cf. table d'hôte, prix fixe): an ~ meal 好みの料理を注文する食事 / dine [eat] ~.

a·lack [əlǽk] 〘《1447》 ← *a-* 'AH' + LACK misfortune: cf. alas〙 *int.* 《古》ああ, 悲しいかな《悲嘆・遺憾・驚きを表わす》.

a·lack·a·day [əlǽkədèɪ | ─ ┴ ─ ─, ─ ─ ─ ┴] 〘《1703》 ↑〙 *int.* = alack.

a·lac·ri·tous [əlǽkrətəs | -rɪt-] 〘⇨ ↓, -ous〙 *adj.* 敏活な.

a·lac·ri·ty [əlǽkrəṭi | -rətɪ, -rɪ-] 〘《1510》 ▭ L *alacritāt-em* ← *alacer* brisk: cf. allegro〙 *n.* 敏活, 敏速: with ~ 敏活に, てきぱきと / show ~ てきぱきする.

A·lad·din [əlǽdn] *n.* アラディン《「アラビア夜話」中の 'Aladdin and the Wonderful Lamp' の主人公で中国の貧しい少年; 魔法のランプと魔法の指輪を手に入れて, 二人の精霊 (jinn) に命じてあらゆる望みをかなえさせる》.

Aláddin's cáve *n.* アラディンのほら穴《財宝のありかのことで, 素敵な物の一杯入った部屋・箱など》.

Aláddin's lámp *n.* アラディンのランプ《のように人の望みをかなえさせる物》.

alae *n.* ala の複数形.

à la fran·çaise [─ ─frɑ̃ː(n)séɪz, -frɔ̃ː(n)-, -frɑːn-, -frɔ(ː)n-; *F.* alafrɑ̃sɛːz] 〘▭ F ~ 'after the French style'〙 *F. adv., adj.* フランス流に[の].

Á·lai Móuntains [ɑ́ːlaɪ-, ɑːláɪ-] *n. pl.* [the ~] アライ山脈《ソ連邦南西部, Kirghizia 共和国の山脈; 天山 (Tien Shan) 山系の支脈; 最高峰 5,539 m》.

A·lain [ɑːlɛ̃ː(ŋ), -lǽŋ; *F.* alɛ̃] 〘1: ▭ F ~: ⇨ Alan. 2: 《異形》← HELEN〙 *n.* **1** 男性名. **2** 女性名.

Alain *n.* アラン《1868-1951; フランスの哲学者・随筆家; 本名 Émile Auguste Chartier》.

à la ju·lienne [─ ─dʒùːlién, -ʒuː- | -lɪ-; *F.* alaʒyljɛn] 〘▭ F ~: ⇨ julienne〙 *F. adj., adv.* せん切りにした野菜・肉などを入れて(料理した): potage [consommé] ~.

à la king [─ ─kíŋ] 〘フランス語にまねて *à la* に英語の king を添えた句〙 — *adj., adv.* 《米》アラキング《鶏肉や魚肉のさいの目切りを, 青とうがらしとマッシュルーム入りのクリームソースで煮込んだ料理についていう》: chicken ~ チキンアラキング《パイケースやトーストに盛る》.

a·la·li·a [eɪléɪliə, əl-, -lǽl- | -lɪə, -ljə] 〘← NL ~ ← A-⁷ + Gk *lalia* talking〙 *n.* 〘病理〙構語障害 (cf. aphasia).

à la ly·on·naise [─ ─làɪənéɪz; *F.* alaljɔnɛːz] 〘▭ F

～ 'after the manner of Lyons': ⇨ lyonnaise〛 ― *adj., adv.* アラリヨネーズ《切った玉ねぎと一緒に料理された》: potatoes ～.

Al·a·man·ni [æ̀ləmǽni | æ̀lɪmǽnɪ, æ̀le-] *n. pl.* [the ～] =Alemanni.

Al·a·man·nic [æ̀ləmǽnɪk | æ̀lɪ-, æ̀le-] *n., adj.* =Alemannic.

al·a·me·da [æ̀ləmí:də, -méɪ-] 〚□ Sp. ～ ← *álamo* poplar〛 *n.* 《米南西部・英古》(ポプラなどの)並木のある遊歩道.

Al·a·me·da [æ̀ləmí:də, -méɪ-] 〚□ Sp. ～ (↑)〛 *n.* 米国 California 州 San Francisco の南東の都市; 人口 71,000.

à la meu·nière [← —mənjέə | -njέə(r; *F.* alamønjɛ:r] 〚□ F ～〛 *adj., adv.* =meunière.

Al·a·mine [ǽləmì:n, -mɪn, -mən | -mì:n, -mɪn] 〚← AL(UMINUM)+AMINE〛 *n.* 〘商標〙アラミン《C_{12}–C_{18} の直鎖; 分岐脂肪族アミンの商品名; 防食・浮選用》.

al·a·mi·qui [æ̀ləmɪkí:, -mə- | -mɪ-] 〚□ Am.-Sp. *almiqui*〛 ― *n.* 〘動物〙キューバソレノドン, アルミキ (*Atopogale cubana*)《キューバに生息するソレノドン科の食虫類の動物; 鼻づらが鋭く長く, 腋下などの皮膚から悪臭ある液体を分泌する; cf. agouta》.

al·a·mo [ǽləmòʊ, ɑ́:l- | -mə̀ʊ] 〚□ Sp. *álamo* ← *alno* black poplar < L *alnum* alder ← IE *el-* yellow〛 *n.* 《米南西部》〘植物〙=aspen.

Al·a·mo [ǽləmòʊ | -mə̀ʊ] 〚↑〛 ― *n.* [the ～] アラモ《米国 Texas 州 San Antonio にあるもとフランシスコ修道会の伝道所で後に要塞化された; 1836 年メキシコからの独立を目指す 187 名の Texas 人などがメキシコ軍に包囲され全滅した》.

al·a·mode [æ̀ləmóʊd, ɑ̀:lə- | ɑ̀:lɑ:mɔ́ʊd, æ̀ləmɔ́d] 〚(1753): ↓〛 *n.* アラモード絹《光沢のある薄絹の一種で, 頭巾・スカーフなどに用いる》.

à la mode [← —móʊd | -mɔ́ʊd; *F.* alamɔd] 〚□ F ～ 'in the fashion': ⇨ mode²〛 (*also* **a·la·mode** [～]) ― *adv.* 流行に従って, 当世風に, ハイカラに: be dressed very much ～. ― *adj.* **1** 流行の, ハイカラな, シックな (fashionable). **2 a** 〈牛肉が〉アラモードの《小玉ねぎや人参などの野菜と一緒に赤ぶどう酒などで蒸し煮にした》: beef ～ =～ beef. **b** 《米》〈パイなど〉アイスクリームを添えた[載せた]: pie ～.

à la mort [← —mɔ́ət, -mɔ́ə | -mɔ́:(r; *F.* alamɔ:r] 〚□ F ～ 'to the death'〛 *F.* 《古》 ― *adv.* (戦いなどで)死ぬまで; 死ぬほどに. ― *pred. adj.* **1** 半死半生で[の] (half dead). **2** 意気消沈して[た] (dejected).

Al·an [ǽlən] 〚□ ML *Alan-us* □ Celt. 《原義》? harmony〛 *n.* 男性名《異形 Allen, Alain》.

Al·an-a-dale [ǽlənədéɪl] *n.* =Allan-a-Dale.

a·lan·ah [əlǽnə] *int.* =alanna.

Å·land Íslands [ɑ́:lənd-, ɔ́:l-; *Swed.* ó:land-] *n. pl.* [the ～] オーランド諸島《Ahvenanmaa のスウェーデン語名》.

a·lang-a·lang [ɑ́:lɑ:ŋ-ɑ́:lɑ:ŋ] 〚□ Java & Malay ～〛 *n.* 〘植物〙=cogon.

á·lang gràss [ɑ́:lɑ:ŋ-] 〚(短縮) ↑〛 *n.* 〘植物〙=cogon.

à l'an·glaise [æ̀lɑ̃:(ŋ)gléɪz, ɑ̀:l-, -lɔ̃:(ŋ)-, -lɑ:ŋ-, -lɔ(:)ŋ- | ɑ̀:l-, æ̀l-; *F.* alɑ̃glɛ:z] 〚□ F ～ 'after the English style': ⇨ anglaise¹〛 *F. adv., adj.* 英国風に[の].

al·a·nine [ǽlənì:n] 〚← AL(DEHYDE)+-*an*- (添え字)+-INE¹〛 *n.* 〘化学〙アラニン ($CH_3CH(NH_2)COOH$)《蛋白質中にあるアミノ酸の一種》.

a·lan·na [əlǽnə] 〚□ Ir. *a leanbh* my child!〛 *int.* (*also* **a·lan·nah** [～]) 《アイル》〘呼掛け〙(ねえ)お前, 君.

ál·ant stárch [ǽlənt-, əlǽnt-] 〚□ G ～ < OHG □ VL **iluna* 《変形》← L *inula*: ⇨ inulin〛 *n.* 〘化学〙=inulin.

al·a·nyl [ǽlənìl] 〚← ALAN(INE) + -YL〛 *n.* 〘化学〙アラニル ($CH_3CH(NH_2)CO$)《アラニンから誘導される基》.

a·lap·a [əlǽpə] 〚□ L ～ 'a slap'〛 ― *n.* 〘キリスト教〙アラパ《ローマカトリックの堅振礼及び英国国教会の堅信礼の際に, 司教[主教]が信者の頬に与える軽打; cf. confirmation 3》.

à la page [← —pɑ́:ʒ; *F.* alapa:ʒ] 〚□ F ～ 《原義》at the page: ⇨ page¹〛 *F. pred.adj.* 〈人・事が〉現代[先端]的で (up to date).

a·lar [éɪlə | -lə(r] 〚(1839) □ L *ālār-is* ← *āla* wing: cf. aisle〛 *adj.* **1** 翼の, 羽の; 翼[羽]状の. **2** 〘植物〙腋(えき)下の, 腋(えき)生の (axillary). **3** 〘解剖〙翼状の; 腋の下の.

A·lar·cón [ɑ̀:lɑəkóʊn, -kɔ́(:)n | -lɑ:kɔ́n; *Sp.* alarkón], **Pedro Antonio de** *n.* アラルコン《1833–91; スペインの小説家; *El Sombrero de tres picos* 「三角帽子」(1874)》.

Alarcón y Mendoza, Juan Ruiz de *n.* ⇨ Ruiz de Alarcón y Mendoza.

Al·a·ric¹ [ǽlərɪk] 〚□ OHG *Alaricus* ← *ala* 'ALL' + *ric* 'ruler'〛 *n.* 男性名. ★ 19 世紀初めから.

Alaric² *n.* アラリック《370?–410; 西ゴート族 (Visigoths) の王; ローマを占領した (410)》.

a·larm [əlɑ́əm | əlɑ́:m] 〚*n.*: (?*c*1380) *alarme* □ (O)F □ It. *allarme*=*all'arme!* to arms! ― v.: (*c*1590) ← (n.): cf. arm²〛 ― *n.* **1** 驚き, 驚愕(きょうがく); 不安, 恐れ, 恐慌: a look of ～ 驚きの色, 不安そうな顔つき / in ～ 驚きあわてて / The news caused great ～. その知らせを聞いてみな驚き心配した. **2** 警報, 警急: ⇨ false alarm / beat the ～ 警急鼓を打つ / sound [ring] an ～ 警急[非常]ベルを鳴らす / give the ～ 警報する / raise the ～ 急を告げる. **3** 警報器, 警報装置; 警鐘: ⇨ burglar alarm, fire alarm. **4 a** (目ざまし時計などで)予定時刻を音で知らせる装置, アラーム; その音. **b** =alarm clock. **5** 〘フェンシング〙一歩踏み出しての挑戦. **6** 《古》非常召集 (call to arms).

take alarm (1) 〔知らせなどを聞いて〕驚く, 心配する 〔*at*〕. (2) (警報を受けて)警戒する.

alarms and excursions =ALARUMS and excursions.

― *vt.* **1** 驚かす, びっくりさせる; 心配させる, あわてさせる: be ～*ed at* the news 知らせに驚く / be ～*ed for* a person's safety 人の安否を気づかう / Don't ～ yourself. そうあわてるな[心配するな]. **2** …に警報する, 危急を知らせる; 警戒させる.

alárm bèll *n.* 警鐘, 半鐘, 早鐘.

alárm clòck *n.* 目ざまし時計: set the ～ for five o'clock 目ざましを 5 時に掛ける.

a·lárm·ed·ly [-mɪdli, -məd- | -mɪ] 〚(1880)〛 *adj.* びっくりしたように, 気づかわしそうに.

alárm gàuge *n.* 〘機械〙警報ゲージ《ボイラーに取付けた警報器; 水が減ったり蒸気の圧力が強過ぎれば鳴り出す》.

a·lárm·ing *adj.* 人を驚かせる, 驚くほどの; 不安にさせる, あわてさせる: at an ～ rate / an ～ fact.

a·lárm·ing·ly 〚(1787)〛 *adv.* 驚くほどに; 不安になるほどに; あわただしく.

a·lárm·ism [-mɪzm] *n.* **1** やたらに人騒がせをすること. **2** やたらに心配すること, 心配性.

a·lárm·ist [-mɪst, -məst | -mɪst] *n.* **1** 人騒がせをする人 (scaremonger). **2** やたらに心配する人, 心配性の人. ― *adj.* 人騒がせな(人の).

alárm reáction *n.* 〘生理〙警告反応《生体が適応できないような突然の刺激に対して起こる非特異的反応; cf. adaptation syndrome》.

a·lar·um [əlǽrəm, əlέ(ə)r-, əlɑ́:r- | əlέər-, əlɑ́:r-, əlǽr-] 〚(1584) 《変形》← ALARM〛 ― *n.* **1** 《古》警報 (alarm). **2** 《英》目ざまし時計の音; 目ざまし装置.

alarums and excursions (1) 非常警報と出撃, 混戦乱闘《Shakespeare 劇などのト書きによく見られる》. (2) 《戯言》混乱, てんやわんや.

alárum clòck *n.* 《英》=alarm clock.

a·la·ry [éɪləri, ǽl- | -rɪ] 〚← L *ālāri-us* ← *āla* wing: ⇨ alar, -ary〛 *adj.* **1** 翼の. **2** 〘生物〙翼の, 翼状の.

a·las [əlǽs | əlǽs, əlɑ́:s] 〚(?*a*1200) *allas* □ (O)F (*h*)*a las* (F *hélas*) ← *ha* 'AH' + *las* wretched (< L *lassum* weary)〛 ― *int.* ああ, 悲しいかな, あわれ《悲しみ・哀れみ・痛惜などを表わす; 今では日常語としては主に芝居がかった語》: *Alas* the day! 《古》ああ, さてもさても《the day は元来与格》/ *Alas for* poor John! ああ, かわいそうなジョン.

Alas. 《略》Alaska.

A·las·ka [əlǽskə] 〚□ Russ. *Alyaska* □ Aleut *alakshak* peninsula〛 *n.* 米国北西部の州 (⇨ United States of America 表).

Alaska, the Gulf of *n.* アラスカ湾《Alaska 南岸太平洋に面する》.

Aláska cédar *n.* 〘植物〙アラスカヒノキ (⇨ yellow cedar 1).

Aláska cód *n.* 〘魚類〙マダラ (*Gadus macrocephalus*).

Aláska cótton *n.* 〘植物〙ワタスゲ (cotton grass); (特に)アラスカワタスゲ (*Eriophorum angustifolium*).

Aláska Híghway *n.* [the ～] アラスカ公路《カナダの British Columbia 州北東部の Dawson Creek から Alaska の Fairbanks に至る公路; 米国軍用補給路として 1942 年に建設; 長さ 2,451 km; 別名 Alcan Highway》.

A·las·kan [əlǽskən] 〚← ALASKA + -AN¹〛 *adj.* (米国) Alaska 州(人)の. ― *n.* Alaska 州人.

Aláskan málamute, A- M- *n.* アラスカンマラミュート《Alaska の北極地方原産の犬種のイヌ; 重量貨物輸送作業用のそりイヌとして用いる》.

Aláskan órchis *n.* 〘植物〙北米産ラン科サギソウ属の紫色の花をつける多年草 (*Habenaria unalascensis*).

Aláska Península *n.* [the ～] アラスカ半島《Alaska 本土の南西部を成す半島》.

Aláska póllack *n.* 〘魚類〙スケトウダラ (⇨ walleye pollack).

Aláska Ránge *n.* [the ～] アラスカ山脈《Alaska 南部の山脈; 最高峰 Mt. McKinley (6,194 m)》.

Aláska stándard tìme *n.* =Alaska time.

Aláska tìme *n.* アラスカ(標準)時《米国の標準時の一つで西経 150° にあり GMT より 10 時間遅い; Hawaii time ともいう; ⇨ standard time 1 ★》.

A·las·tair [ǽləstə | -tə(r] 〚□ Sc.-Gael. ～〛 *n.* 男性名. ★ スコットランドに多い.

A·las·tor¹ [əlǽstɔə, -tə | əlǽstɔ:(r, æl-] 〚□ L *Alastōr* □ Gk *Alástōr* 《原義》the unforgetting ← A-⁷ + *lathein* to forget〛 ― *n.* 〘ギリシャ神話〙アラストール《復讐(ふくしゅう)の神》.

A·las·tor² [əlǽstə, -tɔə, ǽləstə | əlǽstɔ:(r, æl-] 〚↑〛 *n.* 男性名.

a·las·trim [æ̀ləstrím, ← — ←] 〚□ Port. ～ ← *alastrar* to spread, cover ← *lastro* covering □ F *laste*: cf. last¹〛 *n.* 〘病理〙アラストリム《天然痘の軽症型》.

a·late [éɪleɪt] 〚(1668) □ L *ālāt-us* winged ← *āla* wing: cf. aisle〛 *adj.* **1** 翼のある. **2** 〘植物〙翼状にふくれた.

á·lat·ed [-tɪd, -təd | -tɪd, -təd] 〚(1653)〛 *adj.* =alate.

A·lau·di·dae [əlɔ́:dədì:, əláʊ- | -dɪ-] 〚← NL ～ ← *Alauda* (属名: ← L *alauda* lark) + -IDAE〛 *n. pl.* 〘鳥類〙ヒバリ科.

alb [ǽ(:)lb] 〚OE *albe* □ ML *alba* (*vestis*) white (garment) (fem.) ← *albus* white ← IE **albho-* white〛 ― *n.* 〘教会〙白衣, アルバ, アルブ《ミサなどの際着用する祭服》.

alb. 《略》〘処方〙*L.* albus (=white).

Alb. 《略》Albania; Albanian; Albany; Alberta.

alb- [ælb] (母音の前に来る時の) albo- の異形.

al·ba¹ [ǽlbə] 〚← NL ～ ← L (fem.) ← *albus*: ⇨ alb〛 *n.* 〘解剖〙(脳・脊髄の)白質.

al·ba² [ǽlbə] 〚□ OProv. ～ 《原義》dawn < VL **albam*: ⇨ alb〛 *n.* (フランス Provence の叙情詩人(troubadour) が作った)暁の歌 (cf. aubade 2).

Al·ba [ǽlbə], **Fernando Ál·va·rez de To·le·do** [álbareθ de toléðo] *n.* アルバ《1508–82; スペインの将軍; オランダの新教徒反乱を鎮圧した (1567–73); Alva ともいう; 称号 Duke of Alba》.

Alba. 《略》Alberta (Canada).

al·ba·core [ǽlbəkɔ̀ə, -kɔ̀ə | -kɔ̀:(r] 〚(1579) □ Sp. *albacora* & Port. *albacor* □ Arab. *al-bákraʰ* the young camel, heifer, pig〛 ― *n.* (*pl.* ～, ～**s**) 〘魚類〙**1** ビンナガ(マグロ) (*Thunnus alalunga*). **2** クロマグロ (bluefin tuna). **3** マグロに類する魚類の総称.

Al·ba Lon·ga [ǽlbə-lɔ́(:)ŋgə, -lɑ́ŋ- | -lɔ́ŋ-] 〚← L *albus* white & *longus* long〛 ― *n.* アルバ ロンガ《イタリア中部の古代都市; 伝説では Aeneas の子 Ascanius が開いたとされる》.

Al·ban [ɔ́:lbən, ǽl- | ɔ́:l-, ɔ̀l-; *G.* álba:n, — ←] 〚□ L *Albān-us* 《原義》of Alba ← *Alba Longa* (↑)〛 *n.* 男性名.

Al·ban [ɔ́:lbən, ǽl- | ɔ́:l-, ɔ̀l-], **Saint** *n.* 聖アルバヌス[オルバン]《ローマ皇帝 Severus (193–211) の治下に殉じたといわれる英国最初の殉教者; 祝日 6 月 22 日または 17 日》.

Alban. 《略》*ML.* Albanēnsis (=of St. Albans)《Bishop of St. Albans が署名に用いる; cf. Cantuar. 2》.

Al·ba·ni·a [ælbéɪniə, ɔ:l-, -njə | -njə, -nɪə] *n.* **1** アルバニア《バルカン半島の共和国; ユーゴスラビアとギリシャとの中間にある; 人口 2,620,000, 面積 28,748 km², 首都 Tirana; 公式名 the People's Republic of Albania アルバニア人民共和国》. **2** 〚□ ML ～ 'Scotland'〛《廃》=Scotland.

Al·ba·ni·an [ælbéɪniən, ɔ:l-, -njən | -njən, -nɪən] 〚1: (1813): ⇨ ↑, -an¹. 2: (1561)〛 ― *adj.* **1** アルバニアの; アルバニア人[語]の. **2** 《廃》スコットランド(人)の. ― *n.* **1 a** アルバニア人. **b** アルバニア語(派)《インドヨーロッパ語族に属する》. **2** 《廃》スコットランド人.

Al·ba·ny [ɔ́:lbəni | ɔ́:lbənɪ, ɔ̀l-] 〚the Duke of York and Albany を記念して 1664 年に命名〛 ― *n.* **1** 米国 New York 州の首都; 同州の東部, Hudson 川に沿っている; 人口 111,000. **2** 米国 Georgia 州南西部の都市; 人口 74,000.

al·ba·rel·lo [æ̀lbərélou | -ləʊ] 〚□ It. *alberello* ? (dim.) ← *albero* poplar □ L *albus* white〛 ― *n.* (*pl.* **-rel·li** [-li:], ～**s**) 〘窯業〙アルバレロ《15–16 世紀のマジョリカ焼き (majolica) で, 広口の円筒形の保存用壺[かめ]》.

al·bar·i·um [ælbέ(ə)riəm | -bέərɪ-] 〚□ L *albārium* (neut. sing.) ← *albārius* the whitening of walls ← *albus* white + *-ārius* '-ARY'〛 ― *n.* 〘石工〙(古代建築の)薄い白色の化粧漆喰(しっくい).

al·ba·ta [ælbéɪtə | -tə] 〚← NL ～ ← L *albāta* (fem.) ← *albātus* whitened (p.p.) ← *albus* white〛 *n.* 〘冶金〙洋銀 (⇨ nickel silver).

al·ba·tross [ǽlbətrɔ̀(:)s, -trɑ̀s | -trɔ̀s] 〚(1769) 《変形》← *algatross* □ Port. *alcatraz* cormorant, pelican □ ? Arab. *al-ghaṭṭās* the diver // Arab. *al-qādūs* the jar: -*g*- が -*b*- に変化したのは L *alba* white (鳥の色)との連想か〛 ― *n.* (*pl.* ～·**es**, ～) **1 a** 〘鳥類〙アホウドリ《アホウドリ科の海鳥の総称; アホウドリ (*Diomedea albatrus*), ワタリアホウドリ (wandering albatross), クロアシアホウドリ (black-footed albatross) など》. **b** 〚S. T. Coleridge 作の *The Rime of the Ancient Mariner* に出てくるアホウドリから〛執拗な不安の種; 障害(物), 難関. **2** アルバトロス: **a** クレープ[石目]仕上げの毛織物. **b** けばのある柔らかい綿織物. **c** 梳毛織物の外観をもった防水レーヨンギャバ. **3** 《英》〘ゴルフ〙アルバトロス《パー (par) より 3 打少なく打ってホールに入れること; cf. double eagle 3》.

al·be·do [ælbí:dou | -dəʊ] 〚□ LL *albēdo* whiteness ← *albus* white〛 ― *n.* (*pl.* ～**s**) 〘天文・物理〙アルベド, 反射係数《惑星表面などが太陽などの光線を反射する程度を表わす量; cf. reflectance》.

al·be·dom·e·ter [æ̀lbədɑ́mətə | -dɔ́mɪtə(r, -mə-] 〚⇨ ↑, -meter¹〛 *n.* 〘天文〙アルベド計測器《アルベド (albedo) を計測する器具》.

Al·bee [ɔ́:lbi | ɔ́:lbɪ, ɔ̀l-], **Edward** (**Franklin**) *n.* (1928–) 米国の劇作家; *Who's Afraid of Virginia Woolf?* (1962).

al·be·it [ɔ:lbí:ɪt, æl-, -bí:ət | ɔ:lbí:ɪt] 〚(*a*1325) *al be it* al(though) it be〛 ― *conj.* 《文語》…とはいえ, …にもかかわらず (although): an enjoyable, ～ somewhat tiring, day 楽しいが少々疲れる一日 / He is an unlearned man, ～ no fool. 馬鹿ではないが無学な人である.

Ál·be·marle Sóund [ǽlbəmɑ̀ə:l- | -bəmɑ̀:l-, -bɪ-] 〚← *George Monk, Duke of Albemarle*〛 *n.* アルバマール湾《米国 North Carolina 州の入江; 長さ 80 km》.

Al·bé·niz [ɑ:lbéɪni:s, æl-, -ni:θ; *Sp.* albéniθ], **Isaac** [isaák] *n.* アルベニス《1860–1909; スペインの作曲家・ピアニスト》.

Al·ber·ich [ɑ́:lbərɪk; *G.* álbərɪç] 〚□ G ～ < OHG *Albirich* ← *alfi* elf + *ric* ruler: cf. Aubrey〛 ― *n.* 〘ドイツ伝説〙アルベリヒ《小人国王でニーベルング族

(Nibelungs) の長》.

al·bert [ǽlbət | -bət, -bəːt] 〖《1883》: Queen Victoria の夫 Prince Albert の愛用した型にちなむ〗 *n.* **1** アルバート型の懐中時計用鎖. **2** [A-] =Albert Medal.

Al·bert [ǽlbət | -bət; *F.* albɛːr, *Dan.*, *G.* álbɛrt, *Flem.* álbərt] 〖□ F ~ □ OHG *Adalbert* 《原義》 bright through nobility ← *adal*, *aðal* noble+*beraht* 'BRIGHT': cf. Ethelbert〗 ―― *n.* 男性名《愛称形 Al, Bert》.

Al·bert [ǽlbət | -bət], **Lake** *n.* アルバート湖《アフリカ中部, Uganda と Zaire との間にある湖でナイル川の水源; 長さ 160 km, 面積 5,346 km², 海抜 610 m》.

Albert, Prince *n.* アルバート殿下《1819–61; 英国の Victoria 女王の夫君; ドイツのザクスコーブルグゴータ公家の出で, 1840 年結婚し英国に帰化; その教養と人格によって女王に大きな感化を及ぼした; Prince Consort として知られた; 別称 Albert [Prince] of Saxe-Coburg-Gotha》.

Albert I *n.* アルベール[アルベルト]一世《1875–1934; ベルギー国王 (1909–1934); 本名 Albert Leopold Clément Marie Meinrad [máɪnraːt]》. 「性名.

Al·ber·ta[1] [ælbə́ːṭə | -bə́ːtə] 〖(fem.) ← ALBERT〗 *n.* 女

Al·ber·ta[2] [ælbə́ːṭə | -bə́ːtə] *n.* カナダ西部の州; 人口 1,838,000, 面積 661,188 km², 首都 Edmonton.

Álbert Háll 〖⇨ Prince ALBERT〗 ―― *n.* [the ~] アルバートホール[記念会館]《London の Kensington にあり, 音楽会・舞踏会・集会などに使用される長円形の大公会堂; 正式名 Royal Albert Hall》.

Al·ber·ti [ɑːlbéəṭi | -béəti; *It.* albérti], **Le·on** [léːon] **Battista** *n.* アルベルティ《1404–72; イタリアルネサンスの建築家・理論家》.

Al·ber·ti bass [ælbə́ːṭi-béɪs, ɑːlbéəṭi- | ælbə́ːtɪ-, ɑːlbéətɪ-; *It.* albérti-] 〖← *Domenico Alberti* (1710?–40: イタリアの音楽家)〗 ―― *n.* 〖音楽〗アルベルティバス《18 世紀前半に Alberti が初めて用いたといわれる分散和音の音型; ピアノ曲の左手によく現われる》.

Al·ber·ti·na [ælbətíːnə | -bə(ː)-] 〖↓〗 *n.* 女性名.

Al·ber·tine [ǽlbətìːn | -bə(ː)-; *F.* albɛrtin, *G.* albɛrtíːnə] 〖(fem.) ← ALBERT〗 *n.* 女性名.

al·bert·ite [ǽlbətàɪt | -bə-] 〖← *Albert* (カナダ New Brunswick 州の産地名)+-ITE[1]〗 *n.* 〖地質〗アルバート鉱《アスファルト系焦性瀝青の一種》.

Álbert Médal 〖⇨ Prince ALBERT〗 *n.* (英国の)アルバート勲功章《人命救助に殊勲のあった者に授けられる, Victoria 女王が制定した; 略 A.M.》.

Álbert Memórial 〖↑〗 *n.* [the ~] アルバート記念碑《London の Kensington Gardens にある Prince Albert の記念碑》.

Al·ber·to [ɑːlbéəṭou | -béətəu; *It.* albérto, *Sp.* albérto, *Braz.* albértu] 〖□ It. ~ 'ALBERT'〗 *n.* 男性名.

Al·ber·tus Mag·nus [ælbə́ːṭəs-mǽgnəs | -bə́ːt-], Saint *n.* アルベルトゥス マグヌス《1193?–1280; ドイツのスコラ学者; Thomas Aquinas の師, 1932 年聖列に加えられた; 通称 Albert the Great》.

al·ber·type, A- [ǽlbə(t)tàɪp | -bə(t)-] 〖□ G *Albert(t)ypie* ← *Joseph Albert* (1825–86: オーストリアの写真家)〗 *n.* 〖印刷〗=collotype.

al·bes·cent [ælbésnt, -sənt] 〖□ L *albēscent-em* (pres.p.) ← *albēscere* to become white ← *albus* white: ⇨ alb〗 ―― *adj.* 白くなりかかっている; 帯白色の (whitish). **al·bés·cence** [-sns, -səns] *n.*

Al·bi [ælbíː; *F.* albi] *n.* アルビ《フランス南部の都市, Tarn 県の首都; Albigenses の中心地; 人口 39,000》.

Al·bi·gen·ses [æ̀lbədʒénsiːz | -bɪgén-, -dʒén-] 〖□ ML ~ (pl.) ← *albigensis* 《原義》 inhabitant of Albi ← *Albiga* Albi (↑)〗 ―― *n. pl.* [the ~] アルビ派《12–13 世紀に南フランスの Albi 地方に起こった反ローマ教会の団体》. **Al·bi·gen·si·an** [æ̀lbədʒénʃən, -siən | -bɪgénsɪən, -dʒén-, -sjən] *adj.*

Al·bin [ǽlbɪn, -bən | -bɪn] 〖□ L *Albīnus* (もとローマの家族名) ← *albus* white〗 *n.* 男性名.

Al·bi·na [ælbáɪnə, -bíː-] 〖(fem.) ↑〗 *n.* 女性名.

al·bin·ic [ælbínɪk] 〖← ALBINO+-IC[1]〗 *adj.* 白子(しろこ) (albino) の, 白変種の.

al·bi·nism [ǽlbənɪzm, ælbáɪnɪzm | ǽlbɪnɪzm] 〖《1836》□ F *albinisme* □ G *Albinismus* ← *albino* (⇨ albino)+-*ismus* '-ISM'〗 ―― *n.* **1** 〖生物〗白化《色素の生産能力を完全に欠如する症状で, 劣性に遺伝する; 哺乳類に広く出現し, 毛皮・皮膚・虹彩などの色素を欠く》. **2** 〖病理〗白皮症, 白子(しろこ) (↔ melanism).

al·bi·nis·tic [æ̀lbənístɪk | -bɪ-] *adj.* 〖生物・病理〗 **1** 白化の; 白皮症にかかった. **2** 白化傾向の.

al·bi·no [ælbáɪnou | -bíːnəu] 〖《1777》□ Sp. or Port. ~ 'whitish' ← L *albus* white〗 ―― *n.* (*pl.* ~**s**) **1** 白子(しろこ), しろこ. **2** 〖生物〗白変種《色素の著しく欠けた動植物》: an ~ rat シロネズミ. **3 a** 浮出し白マーク(スタンプ). **b** 〖郵趣〗手違いで印刷されなかったもの. **al·bi·not·ic** [æ̀lbənɑ́tɪk | -bɪnɔ́t-] *adj.*

Al·bi·on [ǽlbiən | -bjən, -bɪən] 〖《?a1200》□ F ~ // OE ~ □ L *Albiō(n-)* □ Gk *Alouíōn* □ Celt. **Albio* ← ? **albho-* white (cf. L *albus* white): white land が原義; ブリテン島南部海岸の白亜質の絶壁からこの名が生じたという: cf. alb〗 ―― *n.* 〖詩・文語〗アルビオン《Great Britain の古[雅]名, 後には England の意に用いられた; cf. Caledonia, Cambria, Hibernia, Columbia 3》: perfidious ~ 不実な英国《もとフランス人が英国を非難して用いた la perfide Albion [pɛrfid albjɔ̃] の英訳》.

Al·bi·re·o [ælbíriòu | -rɪəu] 〖《誤読》← *ab ireo*: Ptolemy の天文学書の白鳥座の記述に出てくる語〗 ―― *n.* 〖天文〗アルビレオ《白鳥座 (Cygnus) の 3.2 等と 5.3 等の 2 個の星からなる重星; 合成光度 3.1 等》.

al·bite [ǽlbaɪt] 〖← L *albus* white+-ITE[1]〗 *n.* 〖鉱物〗曹(そう)長石, ソーダ長石 ($NaAlSi_3O_8$).

ALBM 《略》〖軍事〗air-launched ballistic missile 空中発射弾道ミサイル.

al·bo- [ǽlbo(u), -bə | -bə(u)] 〖← L ~ ← *albus*: ⇨ alb〗「白い (white)」の意の連結形. ★ 母音の前では通例 alb- になる.

Al·boin [ǽlbɔɪn, -boun | -bɔɪn, -bəuɪn] *n.* アルボイン《?–?573; 古代ゲルマン人の部族 Langobard 族の王 (561?–?573)》.

Ål·borg [ɔ́ːlbɔəg | -bɔːg; *Dan.* ɔ́ːlbɔrj] *n.* =Aalborg.

Al·brecht [ǽlbrekt; *G.* álbrɛçt] 〖□ G ~ 'ALBERT'〗 *n.* 男性名.

Al·bu·gi·na·ce·ae [æ̀lbjùːdʒənéɪsiìː | -dʒɪ-] 〖← NL ~ ← *Albugin-*, *Albugo* (属名: ← L *albūgo* white spot: ⇨ alb)+-ACEAE〗 *n. pl.* 〖植物〗シロサビキン科.

al·bu·gin·e·a [æ̀lbjuːdʒíniə, -bju- | -nɪə, -mɪ-] 〖← NL ~ ← L *albūgo* (↑)〗 *n.* 〖解剖〗(眼球などの)白膜.

al·bum [ǽlbəm] 〖《1651》□ L ~ 'white tablet (for entries)' ← *albus* white: ⇨ alb〗 ―― *n.* **1** アルバム《写真[切手, 絵葉書, サイン, 書画]帳など》: a photograph ~ 写真帳 / a stamp ~ (収集家の)切手帳. **2** (書)画集, 文集, 詩[歌]集 (anthology). **3** (アルバム型の)レコード入れ[ホルダー]. **4** (名曲などの LP の)組レコード[テープ], 名曲アルバム; (まとめていくつかの名曲などが入った) LP のレコード[テープ]. **5** 《米》訪客名簿 (visitors' book): ~ verses アルバムなどに書きつける(ような下手な)短詩, 即興詩.

al·bu·men [ælbjúːmɪn, -mən | ǽlbjʊmɪn, -mèn, -mən, ælbjúː-mɪn, -mən] 〖《1599》□ L *albūmen* white of an egg ← *albus* white: ⇨ alb〗 ―― *n.* **1** 卵白 (⇨ egg[1] 挿絵). **2** 〖生化学〗=albumin 2. **3** 〖植物〗胚乳(はいにゅう). 「buminize.

al·bu·men·ize [ælbjúːmɪnàɪz, -mə- | -mɪ-] *vt.* =al-

albúmen pàper *n.* 〖写真〗鶏卵紙《初期の写真印画紙; 塩化物を含む卵白を紙に塗布し硝酸銀液に浮かせて感光性をもたせたもの》.

albúmen plàte *n.* 〖印刷〗卵白平版《卵白の水溶液を感光液とした写真平版; cf. deep-etch plate》.

al·bu·min [ælbjúːmɪn, -mən | ǽlbjʊmɪn, ælbjúː-] 〖← ALBUMEN+-IN[2]: cf. F *albumine*〗 *n.* **1** 蛋白質. **2** 〖生化学〗アルブミン《単蛋白質の一種》.

al·bu·min- [ælbjúːmən | -mɪn] (母音の前に来る時の) albumino- の異形.

al·bu·mi·nate [ælbjúːmənèɪt, -nət, -nɪt | -mɪ-] 〖⇨ ↑, -ate[1]〗 ―― *n.* 〖生化学〗アルブミネート, アルブミン塩《アルブミンにアルカリまたは酸が作用してできる変性蛋白質》. 「ンカラー.

albúmin còlor *n.* (織物プリント加工の)アルブミ

al·bu·min·i- [ælbjúːmənɪ, -nə | -mɪnɪ] albumino- の異形 (⇨ -i-).

al·bu·min·ize [ælbjúːmənàɪz | -mɪ-] *vt.* 〈写真印画紙など〉に蛋白を塗る, 蛋白液で処理して光沢を出す: ~*d* paper 鶏卵紙. **al·bu·min·i·za·tion** [ælbjùːmənɪzéɪʃən, -nə- | -mɪnaɪ-, -nɪ-] *n.*

al·bu·min·o- [ælbjúːməno(u) | -mɪnə(u)] 〖← F ~ ← L *albumen* (⇨ albumen)〗「蛋白 (albumen), 蛋白質(albumin); 胚乳(はいにゅう)」の意の連結形. ★ 時に albumini-, また母音の前では通例 albumin- になる.

al·bu·min·oid [ælbjúːmənɔ̀ɪd | -mɪ-] 〖⇨ ↑, -oid〗 〖生化学〗 ―― *adj.* 蛋白のような, 蛋白性の. ―― *n.* **1** 蛋白質. **2** 硬蛋白質, 骨格性蛋白質, アルブミノイド. **al·bu·mi·noi·dal** [ælbjùːmənɔ́ɪdḷ | -mɪ-] *adj.*

al·bu·min·ose [ælbjúːmənòus | -mɪnəus] 〖← NL *albūminōs-us*: ⇨ albumino-, -ose[1]〗 *adj.* =albuminous.

al·bu·min·ous [ælbjúːmənəs | -mɪ-] 〖《1791》← ALBUMINO-+-OUS: cf. F *albumineax*〗 ―― *adj.* **1** 蛋白性の, 蛋白質を含む. **2** 〖植物〗胚乳(はいにゅう)のある, 有胚乳の: ~ seeds 有胚乳種子.

al·bu·min·u·ri·a [ælbjùːmən(j)ú(ə)riə | æ̀lbjuːmɪnjúəriə, -bju-] 〖← ALBUMINO-+-URIA〗 *n.* 〖病理〗蛋白尿(症). **al·bù·min·ú·ric** [-rɪk] *adj.*

al·bu·mose [ǽlbjumòus, -mòuz | -məus] 〖← ALBUM(IN)+-OSE[2]〗 *n.* 〖生化学〗アルブモース《消化酵素などの作用により蛋白質がわずか分解したもの: cf. proteose》.

Al·bu·quer·que [ǽlbəkə̀ːki, -bju- | -kəːkɪ] 〖← *the Duke of Albuquerque* (メキシコの総督)〗 *n.* 米国 New Mexico 州中部の都市; 人口 280,000. 「材の.

al·bur·nous [ælbə́ːnəs | -bə́ː-] 〖⇨ ↓, -ous〗 *adj.* 辺

al·bur·num [ælbə́ːnəm | -bə́ː-] 〖□ L ~ ← *albus* white〗 *n.* 〖林業〗辺材 (⇨ sapwood).

alc 《略》alcohol.

al·ca·de [ɑːlkɑ́ːdi | -dɪ] *n.* 《米南西部》=alcalde.

Al·cae [ǽlsiː] 〖← NL ~ ← *Alca* □ Swed. *alka* auk □ Norw. *alk(a)*〗 *n. pl.* 〖鳥類〗ウミスズメ目.

Al·cae·us [ælsíːəs | -síːəs, -síəs] 〖□ L ~ □ Gk *Alkaîos*〗 *n.* アルカイオス《古代ギリシャ Lesbos 島 Mytilene の叙情詩人で, 紀元前 6 世紀初頭の人》.

al·ca·hest [ǽlkəhèst] *n.* 〖錬金術〗=alkahest.

Al·ca·ic, a- [ælkéɪɪk] 〖《1630》□ L *Alcaic-us* □ Gk *Alkaikós* pertaining to or used by Alcaeus ← *Alkaîos* Alcaeus: ⇨ Alcaeus〗 ―― *adj.* **1** アルカイオス (Alcaeus) の. **2** 〖詩学〗アルシーアス格の: an ~ verse. ―― *n.* [*pl.*] 〖詩学〗アルシーアス格の詩行.

al·cai·de [ælkáɪdi, ɑːl- | -dɪ; *Sp.* alkáide] 〖□ Sp. ~ □ Arab. *al-qā'id* the commander ← *qāda* to lead (the army)〗 ―― *n.* (*pl.* ~**s** [~z; *Sp.* ~s]) **1** (スペイン・ポルトガルなどの)要塞(さい)司令官. **2** (スペイン・ポルトガルなどの)看守 (jailer); 刑務所長 (warden).

al·cal·de [ælkɑ́ːldi, ɑːl- | -deɪ; *Sp.* alkálde] 〖《1615》□ Sp. ~ □ Arab. *al-qāḍī* the judge: ⇨ cadi〗 ―― *n.* (スペインおよびもとスペインの支配下にあった地域で)裁判官を兼ねる町長.

al·ca·lig·e·nes [æ̀lkəlídʒənìːz | -dʒɪ-] 〖← NL ~ ← F *alcali* 'ALKALI'+Gk -*genēs* '-GEN'〗 ―― *n.* (*pl.* ~) 〖細菌〗アルカリゲネス《人を含む動物の腸管内に発見される *Alcaligenes* 属の微生物》.

Ál·can Híghway [ǽlkæn-] 〖← AL(ASKA)+CAN(ADA)〗 *n.* [the ~] Alaska Highway の別名.

al·cap·ton [ælkǽptɑn, -tən | -tɔn, -tən] *n.* 〖生化学〗=alkapton. 「〖病理〗=alkaptonuria.

al·cap·ton·u·ri·a [æ̀lkæptən(j)ú(ə)riə | -njúəriə] *n.*

Al·ca·traz [ǽlkətræ̀z | ⌐−⌐] 〖← Sp. *Isla de Alcatraces* Island of Pelicans〗 ―― *n.* 米国 California 州 San Francisco 湾内の島《1868–1963 年に連邦刑務所があった》. 「de.

al·cay·de [ælkáɪdi, ɑːl- | -dɪ; *Sp.* alkáide] *n.* =alcai-

Al·ca·zar [ǽlkəzɑ̀ə, ælkǽzə | æ̀lkəzɑ́ː(r; *Sp.* alkáθar] 〖《1615》□ Sp. ~ □ Arab. *al-qaṣr* the castle ← *qaṣr* □ L *castrum* fortress: cf. castle〗 ―― *n.* **1** [the ~] アルカサール《スペインの特に Seville にあるムーア人の(後には王族の)宮殿》. **2** [a-] (スペインの)ムーア人の城[要塞(さい)].

Al·ce·din·i·dae [æ̀lsədínədiː | -sɪdínɪ-] 〖← NL ~ ← *Alcedin-*, *Alcedo* (属名: ← L *alcedo* kingfisher)+-IDAE〗 *n. pl.* 〖鳥類〗カワセミ科.

Al·ces·tis [ælséstɪs, -təs | -tɪs] 〖□ L *Alcēstis* □ Gk *Álkēstis* 《原義》 valiant ← ? *alkḗ* protection: cf. Alexander〗 ―― *n.* 〖ギリシャ伝説〗アルケスティス《Thessaly 王 Admetus の妻; 夫が運命の三女神から死を宣せられた時その身代わりとなったが, Hercules は黄泉の国から彼女を連れ帰った》. 「金術上の, 錬丹術の.

al·chem·ic [ælkémɪk] 〖← ALCHEMY+-IC[1]〗 *adj.* 錬

al·chém·i·cal [-kəl] *adj.* =alchemic. **~·ly** *adv.*

ál·che·mist [-mɪst, -məst | -mɪst] 〖《?1425》□ OF *alqemiste* ∞ 《c1395》 *alchemister* ← OF *alquemiste*+-ER[1]: ⇨ alchemy, -ist〗 *n.* 錬金術学者, 錬金[錬丹]術師.

al·che·mis·tic [æ̀lkəmístɪk | -kɪ-, -kə-] *adj.* 錬金術[錬丹術]的な; 錬金術師的な. 「tic. **~·ly** *adv.*

àl·che·mís·ti·cal [-tɪkəl, -tə- | -tɪ-] *adj.* =alchemis-

al·che·mize [ǽlkəmàɪz | -kɪ-, -kə-] 〖⇨ ↓, -ize〗 *vt.* (錬金術で)〈金属を〉変質させる.

al·che·my [ǽlkəmi | -kɪmɪ, -kə-] 〖《1376》 *alkenamye*, *alconomye* (*astronomye* astronomy との類推による) ← OF *alchemie* // ML *alchymia*, *alchimia* □ Arab. *al-kīmiyā* ← *al* the+Gk *khem(e)ía* the art of transmuting metals, 《原義》 the art of the black〗 ―― *n.* **1** 錬金術《中古の化学, 特に普通の金属を金または銀に変え, また人を不老長寿にする秘術》; (中国の)錬丹術. **2** 物を変える秘法.

Al·ci·bi·a·des [æ̀lsəbáɪədìːz | -sɪ-] *n.* アルキビアデス《450?–404 B.C.; アテネの政治家・軍人》.

Al·ci·dae [ǽlsədìː | -sɪ-] 〖← NL ~ ← *Alca* (属名: ⇨ alca)+-IDAE〗 *n. pl.* 〖鳥類〗ウミスズメ科.

Al·ci·des [ælsáɪdiːz] 〖□ L ~ □ Gk *Alkeidēs* 《原義》 'male descendant of *Alceus* (Hercules の別名)'〗 *n.* =Hercules.

Al·cin·o·üs [ælsínouəs | -nəu-] 〖□ L ~ □ Gk *Alkínoos*〗 ―― *n.* 〖ギリシャ伝説〗アルキヌース《Odyssey に出てくる Nausicaä の父で Phaeacia の王; その宮廷で Odysseus (=Ulysses) が流浪物語をした》.

al·clad [ǽlklæd] 〖← *Alclad* (商標名) ← AL(MINIUM)+CLAD〗 *n.* 〖冶金〗アルミニウム合せ板, アルクラッド.

Alc·me·ne [ælkmíːni | -niː, -nɪ] 〖□ L ~ □ Gk *Alkménē* 《原義》 the strong one ← ? *alkḗ* strength: cf. Alexander〗 ―― *n.* 〖ギリシャ伝説〗アルクメネー《Amphitryon の妻; Zeus が彼女の夫の服装をして訪れ二人の間に Hercules が生まれた》.

al·co- [ǽlko(u), -kə | -kə(u)] alcoo- の異形.

Al·cock [ɔ́ːlkɑk, ǽl- | ǽlkɔk, ɔ́ːl-, ɔ́l-], Sir **John William** *n.* (1892–1919) 英国の飛行家; 大西洋初横断飛行に成功した (1919).

al·co·hol [ǽlkəhɔ̀(ː)l, -hɑ̀l | -hɔ̀l] 〖《1543》□ ML ~ □ Arab. *al-kuḥl* the powder for staining eyelids: ⇨ al-[2], kohl〗 ―― *n.* **1** 〖化学〗アルコール, 酒精 (C_2H_5OH)《ethyl alcohol ともいう》. **2** 〖化学〗アルコール《炭化水素 (RH) の水素原子を水酸基 (-OH) で置換したもの》: ⇨ methyl alcohol, amyl alcohol. **3** アルコール飲料: He does not touch ~. 酒類を口にしない.

al·co·hol·ate [ǽlkəhɔ(ː)lèɪt, -hɑl-, -lət, -lɪt, ⌐−⌐− | ǽlkəhɔ̀leɪt, -lət, -lɪt] 〖⇨ ↑, -ate[1]〗 ―― *n.* **1** 〖化学〗アルコラート《結晶水の代わりにアルコール分が含まれる化合物》. **2** 〖化学〗=alkoxide. **3** 〖薬学〗酒精剤《精油または揮発性薬物のアルコール(水)溶液; spirit ともいう》.

al·co·hol·ic [æ̀lkəhɔ́(ː)lɪk, -hɑ́l- | -hɔ́l-] 〖《1790》← ALCOHOL+-IC[1]〗 ―― *adj.* **1** アルコール(性)の; アルコール入りの: ~ liquors [drinks] (諸種の)酒精飲料. **2** アルコールによる; 大酒を飲む; アルコール中毒の: an ~ breath 酒くさい息 / ~ poisoning アルコール中毒 (alcoholism). **3** アルコール漬けの[処理の]. ―― *n.* **1** アルコール中毒(患)者; 大酒飲み. **2** 〖生物〗アル

コール漬けの標本.

alcohólic fermentátion *n.* 〘生化学〙アルコール発酵《アルコールを生産する発酵》

al·co·hol·ic·i·ty [æ̀lkəhɔ(ː)lísəṭi, -hɑl- | -hɔlísəti, -sɪ-] 〘← ALCOHOLIC+-ITY〙 *n.* アルコール性[強度].

Alcohólics Anónymous *n.* 〘米〙アルコール中毒者匿名会《New York 市に本部のある断酒団体; 略 A.A.》.

ál·co·hol·ìsm [-lìzm] 〘《1852》← NL *alcoholism-us*: ⇨alcohol, -ism〙 *n.* アルコール中毒(症); アルコール嗜癖 (dipsomania).

al·co·hol·i·za·tion [æ̀lkəhɔ̀(ː)lɪzéɪʃən, -hɑ̀l-, -lə- | -hɔ̀laɪ-, -lɪ-] 〘← NL *alcoholizātiō(n-)*: ⇨↓, -ation〙 *n.* 〘化学〙アルコール飽和, 精留.

al·co·hol·ize [ǽlkəhɔ(ː)làɪz, -hɑl- | -hɔl-] 〘← NL *alcoholiz-are*: ⇨ alcohol, -ize〙 — *vt.* **1** アルコールで処理する[飽和させる], 精留する. **2** アルコールにする. **3** アルコールで酔わせる.

al·co·hol·om·e·ter [æ̀lkəhɔ(ː)lɑ́məṭə, -hɑl- | -hɔlɔ́mɪtə(r, -mə-] 〘← ALCOHOL+-O-+-METER[1]〙 *n.* アルコール(比重)計《アルコール含量を測定する計器》.

al·co·hol·om·e·try [æ̀lkəhɔ(ː)lɑ́mətri, -hɑl- | -hɔlɔ́mɪtri, -mə-] 〘⇨↑, -metry〙 *n.* アルコール定量.

al·co·hol·y·sis [æ̀lkəhɑ́ləsɪs, -hɔ́(ː)l-, -səs | -hɔ́lɪsɪs, -lə-] 〘← ALCOHOL+-LYSIS〙 — *n.* (*pl.* **-y·ses** [-sìːz]) 〘化学〙アルコーリシス, アルコール分解《エステル・酸塩化物などにアルコールが作用してアルコキシル基が置換する反応》.

al·com·e·ter [ælkɑ́məṭə | kɔ́mɪtə(r, -mə-] 〘← ALCO-+-METER[1]〙 *n.* 〘医学〙酔度計《呼気に含まれているアルコールの量を測定して酔度を計る計器》.

al·co·o- [ǽlkouə | -kəuə] 〘《短縮》← ALCOHOL〙「アルコール」の意の連結形.

Al·cor [ǽlkɔə, ―⌐ | ǽlkɔː(r, ―⌐] 〘⇐Arab. *al-khawwār* the weak one〙 *n.* 〘天文〙アルコル《おおくま座 (Ursa Major) の 4.6 等星で Mizar と重星をなす》.

Al·co·ran [æ̀lkəræ̀n, -rɑ́ːn | -kɔrɑ́ːn, -kɔːr-, -kər-] 〘《c1390》 *alkaron* ⇐(O)F *alcoran* ⇐Arab. *al-qur'ān* ← the reciting: ⇨ Koran〙 *n.* [the ～]《古》=Koran.

Al·cott [ɔ́ːlkət, -kɑt | ɔ́ːlkət, ɔ́l-] 〘OF *eald cot(e)* (dweller at the) old cottage〙 *n.* 男性名.

Alcott, (Amos) Bron·son [brɑ́nsn | brɔ́n-] *n.* (1799–1888) 米国の哲学者・著述家・社会改良家.

Alcott, Louisa May *n.* (1832–88) 米国の女流小説家; A. B. Alcott の娘; *Little Women* (1868–69).

al·cove [ǽlkouv | -kəuv] 〘《1676》⇐F *alcôve* ⇐Sp. *alcoba* ⇐ Arab. *al-qúbba*[h] the vault〙 — *n.* **1 a** (室内の)入込み, アルコーブ (nook)《寝室・食堂などに使う小部屋》. **b** (主室に通じる)小室; 次の間. **2** 壁龕(ﾍｷｶﾞﾝ), 凹所, 床の間 (niche). **3** (庭園などの)奥まった所 (retreat). **4** 《古》=summerhouse. **～d** *adj.*

alcove 1 a

Al·cuin [ǽlkwɪn, -kwən | -kwɪn] *n.* (735?–804) 英国の神学者・教育者; Charlemagne に招かれて (781), 多くの学校を開設し各種の学問を講じて, いわゆるカロリング朝ルネサンスを主導した.

Al·cy·o·na·cea [æ̀lsiənéɪʃə, -ʃiə | -sɪənéɪsɪə, -sjə] 〘← NL ～ ← *Alcyonium* (属名: ← Gk *alkúonion* zoophyte)+-ACEA〙 — *n. pl.* 〘動物〙(腔腸動物門)ウミトサカ目.

Al·cy·o·nar·i·a [æ̀lsiənέ(ə)ri | -sɪənέərɪə] 〘← NL ～ ← *Alcyonium* (↑)+-ARIA〙 *n. pl.* 〘動物〙(腔腸動物門)ハッポウサンゴ亜綱 (Octocorallia).

al·cy·o·nar·i·an [æ̀lsiənέ(ə)riən | -sɪənέərɪ-] 〘⇨↑, -an[1]〙 *adj., n.* 〘動物〙ハッポウサンゴ亜綱の(動物).

Al·cy·o·ne [ælsáɪəniː, -ni | -nɪ] 〘⇐L *Alcyonē* ⇐ Gk *Alkuónē*〙 — *n.* **1** 〘天文〙アルシオネ《牡牛座 (Taurus) の η 星で 3 等星; プレアデス (Pleiades) の中で一番明るい星》. **2** 〘ギリシャ神話〙 **a** =Halcyone 2. **b** アルシオネ (⇨ Pleiades 1).

ald [ɔ́ːld, ɑ́ːld | ɔ́ːld] 〘OE ～〙 *adj.* 《廃・英方言》=old.

Ald. 《略》Alderman.

ald- [æld] (母音の前に来る時の) aldo- の異形.

Al·da [ǽldə] 〘⇐OHG ～ (fem.): ⇨ Aldo〙 *n.* 女性名.

Al·dan [ɑːldɑ́ːn; *Russ.* aldán] *n.* [the ～] アルダン(川)《ソ連邦ロシヤ共和国東部, Yakut 自治共和国の Stanovoi 山脈に源を発し, 東北に流れ Lena 川に注ぐ川 (2,273 km)》.

Al·deb·a·ran [ældébərən | -rən, -ræ̀n] 〘《a1393》 *Aldeboran* ⇐ ML *Aldebaran* ⇐ Arab. *al-dabarān* the follower (i.e. of the Pleiades) ← *dábar* to follow〙 — *n.* 〘天文〙アルデバラン《牡牛座 (Taurus) の α 星で 0.9 等星; 全天中で最も光の強い星の一つ》.

al·de·hyde [ǽldəhàɪd | -dɪ-] 〘《1850》⇐G *Aldehyd* 《略》← NL *al(cohol) dehyd(rogenātum)* dehydronized alcohol〙 — *n.* 〘化学〙 **1** =acetaldehyde. **2** アルデヒド (R-CHO)《アルデヒド基 -CHO をもつ化合物の一般名》. **al·de·hy·dic** [æ̀ldəháɪdɪk | -dɪ-] *adj.*

áldehyde résin *n.* 〘化学〙アルデヒド樹脂《アルデヒドを原料[成分]とする樹脂の一般名; フェノール樹脂・尿素樹脂などがこれに属する》.

Al·den [ɔ́ːldn̩, -dən | ɔ́ːldən, -dn, ɔ́l-] 〘《変形》← ALDWIN〙 *n.* **1** 男性名. **2** 女性名.

Alden, John *n.* (1599?–1687) 米国 Massachusetts 州 Plymouth の植民者で, Pilgrim Fathers の一人.

al den·te [ɑːldénteɪ, æl-; *It.* aldénte] 〘⇐It. ～《原義》to the tooth〙 *It. pred.adj.* 〘料理〙〈パスタ (pasta) 類が〉歯ごたえのある(ように調理されて).

al·der [ɔ́ːldə | ɔ́ːldə(r, ɔ́l-] 〘ME *alder, aller* < OE *alor* < Gmc **aliza* (G *Erle*) ← IE **el-* brown, yellow: -*d*- は音便上の挿入〙 — *n.* **1** 〘植物〙ハンノキ《カバノキ科ハンノキ属 (*Alnus*) の樹木の総称; *A. glutinosa* など》. **2** ハンノキに似た高木や低木.

Al·der [ɑ́ːldə | -də(r; *G.* áldɐ], **Kurt** *n.* アルダー (1902–58; ドイツの化学者; Nobel 化学賞 (1950)).

álder bùckthorn [dògwood] *n.* 〘植物〙セイヨウイソノキ (*Rhamnus frangula*)《ヨーロッパ・中央アジア・アフリカ北部原産クロウメモドキ科の落葉低木; フラングラ皮と称する樹皮は薬用》.

álder·flỳ *n.* 〘昆虫〙センブリ《広翅目センブリ科の昆虫の総称; ヨーロッパセンブリ (*Sialis lutaria*) など》.

álder flýcatcher *n.* 〘鳥類〙メジロタイランチョウ (*Empidonax traillii*)《北米東部産のハンノキ (alder) の生える沼地などに生息する小型の鳥; Traill's flycatcher ともいう》.

al·der·man [ɔ́ːldəmən | ɔ́ːldə-, ɔ́l-] 〘OE *(e)aldormann* prince, chief, governor ← *ealdor* a chief, elder (← *eald* 'OLD')+*mann* 'MAN[1]'〙 — *n.* (*pl.* **-men** [-mən]) **1** (米国・オーストラリアのある市の)市会議員《通例, 区 (ward) などの代表》. **2** (イングランド・ウェールズの州[市, 町]議会の議員により選出される)上級議員《1972 年の地方自治法で廃止》. **3** (アングロサクソン時代の)州長, 地方長官《後に数州を管理し, earl に推移した》. **4** 《廃》(guild の)組合長.

al·der·man·ic [ɔ̀ːldəmǽnɪk | ɔ̀ːldə-, ɔ̀l-] 〘《1770》〙 *adj.* alderman の[らしい]; 豪奢(ｺﾞｳｼｬ)な.

al·der·man·ry [ɔ́ːldəmənri | ɔ́ːldəmənrɪ, ɔ́l-] 〘← ALDERMAN+-RY〙 *n.* **1** alderman 選挙区. **2** alderman の職[地位].

álderman·shìp *n.* alderman の身分[職].

Al·der·mas·ton [ɔ́ːldəmæ̀stən | ɔ́ːldəmɑ̀ːs-, ɔ́l-] 〘OE *Ǣldremanestone*《原義》alderman's town〙 — *n.* イングランド Berkshire 州の村; 原子力兵器研究所があり, もとしばしば核武装反対行進の出発点になった.

Al·der·ney [ɔ́ːldəni | ɔ́ːldənɪ, ɔ́l-] *n.* **1** 英国海峡にある Channel Islands 中の一島; 人口 1,700, 面積 8 km². **2** オールダニー《Channel Islands 原産の乳牛の品種の古い呼称; ジャージー種・ガーンジー種など》. — *adj.* 〈乳牛が〉オールダニー種の.

Al·der·shot [ɔ́ːldəʃɑ̀t | ɔ́ːldəʃɔ̀t, ɔ́l-] 〘ME *Alreshete*《原義》alder coppice ← ALDER+OE *scēat* piece of cloth〙 — *n.* **1** イングランド南部, Hampshire 州北東部の都市; London の南西方にある; 人口 34,000. **2** (同上にある)オールダショット兵営《陸軍訓練基地》.

Al·dine [ɔ́ːldaɪn, -diːn | ɔ́ːl-, ɔ́l-] 〘《1802》← *Aldus Manutius*〙 〘書誌〙 — *adj.* アルドゥスの, アルドゥス版の: an ～ edition. — *n.* **1** アルドゥス版[本]《1494–1597 年間に Aldus Manutius 一家が Venice で印刷した美しい古典版》. **2** アルダイン, アルドゥス活字《Aldus Manutius の活字, 特にイタリック体》.

Al·ding·ton [ɔ́ːldɪŋtən | ɔ́ːl-, ɔ́l-], **Richard** *n.* (1892–1962) 英国の Imagism 派の詩人・小説家; *Death of a Hero* (小説, 1929), *All Men Are Enemies* (小説, 1933).

Ál·dis làmp [ɔ́ːldɪs, -dəs | ɔ́ːldɪs, ɔ́l-] 〘← A. C. W. *Aldis*: その発明者〙 *n.* 〘軍事〙オールディス(ランプ)《Morse 送信用の携帯ランプ; 単に Aldis ともいう》.

Aldm. 《略》Alderman.

Al·do [ǽldou | -dəu] 〘⇐OHG ～ 'old, wise, rich': cf. Aldous〙 *n.* 男性名.

al·do- [ǽldo(u) | -də(u)] 〘⇐? F *ald-* ← *aldéhyde*: ⇨ aldehyde〙「アルデヒド基をもつ; アルデヒドに関する」の意の連結形. ★ 母音の前では通例 ald- になる.

àldo·héxose 〘⇨ hexose〙 *n.* 〘化学〙アルドヘキソース《ヘキソースのうちアルデヒド基をもつものの一般名; グルコースなど》.

al·dol [ǽldɔ(ː)l, -doul | -dɔl] 〘← ALDO-+-OL[1]〙 — *n.* 〘化学〙 **1** アルドール ($CH_3CH(OH)CH_2CHO$)《無色の液体; acetaldol ともいう》. **2** アルドール《-CH-OH(-C-)CHO をもつ化合物》.

al·dol·ase [ǽldəlèɪs, -lèɪz | -lèɪs] 〘← ALDOL+-ASE〙 — *n.* 〘生化学〙アルドラーゼ《デスモラーゼ (desmolase) の一種; フルクトース-1, 6-二リン酸を 2 成分に開裂する酵素》.

al·dose [ǽldous, -douz | -dəus] 〘← ALDO-+-OSE[2]〙 *n.* 〘化学〙アルドース《アルデヒド基を有する糖類》.

al·do·ste·rone [ældɑ́stəròun, æ̀ldo(u)stɪróun, -stə- | ældɔ́stəràun, æ̀ldə(u)stɪráun] 〘← ALDO-+STER(OL)+-ONE〙 — *n.* 〘生化学〙アルドステロン ($C_{21}H_{28}O_5$)《副腎皮質ホルモンの一つ; Na イオンを貯え K イオンの排出を促す》.

al·dó·ste·ron·ìsm [-nìzm] *n.* 〘病理〙=hyperaldosteronism.

Al·dous [ɔ́ːldəs, ǽl- | ɔ́ːl-, ɔ́l-, ǽl-] 〘ME *Aldus, Aldis*: cf. Aldo〙 *n.* 男性名.

Al·drich [ɔ́ːldrɪtʃ | ɔ́ːldrɪtʃ, ɔ́l-, -drɪdʒ], **Thomas Bailey** *n.* (1836–1907) 米国の小説家・詩人; *The Story of a Bad Boy* (1870).

Al·dridge [ɔ́ːldrɪdʒ | ɔ́ːl-, ɔ́l-] 〘ME *Alrewic*《原義》dwelling-place among alders: cf. wick[3]〙 *n.* イングランド West Midlands 州北部の都市; 人口 89,000.

al·drin [ɔ́ːldrɪn, ǽl-, -rən | ɔ́ːldrɪn, ɔ́l-, ǽl-] 〘← *Kurt Alder* (1902–58: ドイツの化学者)+-IN[2]〙 *n.* アルドリン《強力殺虫剤; バッタなどに有効》.

Ald·win [ɔ́ːldwɪn, -wən | ɔ́ːldwɪn, ɔ́l-] 〘OE *Ealdwine* ← *eald* 'OLD'+*wine* friend〙 *n.* 男性名.

ale [éɪl] 〘OE *ealu, alu* ale, beer < Gmc **aluþ-* ← IE **alu* bitter〙 — *n.* **1 a** エール《beer より苦く色も濃くアルコール分も強い上面発酵のビールの一種; 特に, 色の淡いホップの強いものを pale ale または bitter (beer) といい, 色の濃い温和な味のものを mild ale という》. **b** 《英》=beer. ★ 商用語以外は《古》. **2** 《英》(昔英国で田舎の)エール祭《ビールを飲んだ祭[祝宴]》.

a·le·a·tor·ic [èɪliətɔ́(ː)rɪk, -tɑ́r- | -lɪətɔ́r-] 〘⇨ aleatory, -ic[1]〙 *adj.* **1** 〘音楽〙即興(曲)的な; 偶然性の. **2** =aleatory.

a·le·a·tor·ism [èɪliǽtərìzm | -lɪǽt-] *n.* 〘音楽〙エイリアトリズム《演奏時の偶然性に多くを委ねること》.

a·le·a·to·ry [éɪliətɔ̀ːri, -tòːri | -lɪətəri] 〘《1693》⇐L *āleātōri-us* ← *āleātor* dicer ← *ālea* a die,《原義》mere chance ⇐ Gk *āleós* ← *eleós* wandering in mind〙 — *adj.* **1** さいころの振り[偶然]による. **2** 〘法律〙射倖(ｼｬｺｳ)的な: an ～ contract 射倖契約. **3** 〘音楽〙=aleatoric.

Al·ec [ǽlɪk, ǽlək] 〘⇨ Aleck〙 *n.* 男性名.

a·lec·i·thal [eɪlésəθəl | -sɪ-] 〘← A-[7]+Gk *lékithos* yolk+-AL[1]〙 — *adj.* 〘生物〙無黄性の《卵黄が卵内にきわめて少ないか皆無にいう; cf. heterolecithal, homolecithal》.

Al·eck [ǽlɪk, ǽlek] 〘(dim.) ← ALEXANDER〙 *n.* 男性名.

ale·con·ner [éɪlkɑ̀nə | -kɔ̀nə(r] 〘← ALE+*con* to test +-ER[1]: ⇨ con[1]〙 *n.* (もと英国で)ビール[酒類]検査官《実際に味ききをした》.

ale·cost [éɪlkɑst, -kɔ(ː)st | -kɔst] 〘← ALE+《廃》*cost* costmary〙 *n.* 〘植物〙=costmary.

A·lec·to [əléktou | -təu] 〘⇐L ～ ⇐Gk *Alēktṓ*〙 *n.* 〘ギリシャ・ローマ神話〙アレクト《復讐(ﾌｸｼｭｳ)の女神 Furies の一人》.

a·lec·try·o·man·cy [əléktriəmæ̀nsi | -rɪəmæ̀nsɪ] 〘← Gk *alektruṓn* cock+-MANCY〙 — *n.* (*also* **a·lec·to·ro·man·cy** [əléktərəmæ̀nsi | -sɪ]) 雄鶏(ｵﾝﾄﾞﾘ)占い《昔, 雄鶏の周囲を穀粒をのせたアルファベットで囲み, 雄鶏がついばんだ順にそこの文字を合わせて占った》.

a·lee [əlíː] 〘《c1399》← A-[3]+LEE[1]〙 — *adv., pred.adj.* 〘海事〙風下(ｶｻﾞｼﾓ)舷(ｹﾞﾝ)側に[へ], 風下に[へ] (on the lee side, to leeward) (↔ aweather): ⇨ HELM[1] *alee!*, LUFF *alee!*

a·le·gar [ǽlɪgə, éɪl-, -lə- | ǽlɪgə(r] 〘《1542》← ALE+(VINE)GAR〙 *n.* 麦芽酢, ビール酢; 酸敗したエール.

ále·hòuse 〘OE *ealahūs*〙 *n.* 《古》=public house 1.

A·lei·chem [ɑːléɪxem], **Sha·lom** [ʃɑːlóum | -lóum] *or* **Sho·lem** [ʃɔ́lem, -ləm] *n.* アレイヘム (1859–1916; ロシヤ生れで米国に移住したユーモア物語作家・劇作家; 作品はすべてイディッシュ語 (Yiddish) で発表; 本名 Solomon Rabinowitz).

a·lei·chem sha·lom [ɑːléɪxem-ʃɑːlóum | -lóum] 〘⇐Heb. *'alēkhem šālōm* peace to you (pl.)〙 — *Heb. n.*「あなた方に平和を」《ユダヤ人の挨拶言葉; shalom aleichem と挨拶された時に答えるもの》.

A·le·ksandr [ɑ̀ːleksɑ́ːndr(ə); *Russ.* aljiksándr] 〘⇐Russ. ～ 'ALEXANDER'〙 *n.* 男性名.

A·le·ksan·dro·vich [ɑ̀ːleksɑ́ːndrəvɪtʃ; *Russ.* aljiksándrəvjitʃ] 〘⇐Russ. ～《原義》'son of ALEKSANDR'〙 *n.* 男性名.

A·le·ksan·drovsk [æ̀legzǽndrəfsk | -zɑ́ːn-; *Russ.* aljiksándrəfsk] *n.* アレクサンドロフスク《Zaporozhe の旧名》.

A·lek·se·e·vich [ɑ̀ːlekséɪɪvɪtʃ; *Russ.* aljiksjéjivjitʃ] 〘⇐Russ. ～《原義》'son of ALEKSEI'〙 *n.* 男性名.

A·lek·sei [ɑ̀ːlekséɪ; *Russ.* aljiksjéj] 〘⇐Russ. ～: cf. Alex〙 *n.* 男性名.

A·le·mán [ɑ̀ːleɪmɑ́ːn; *Sp.* àlemán], **Ma·te·o** [matéo] *n.* アレマン (1547?–1615; スペインの小説家; *Guzmán de Alfarache*「グスマン デ アルファラーチェ」(1599, 1604; ピカレスク小説の初め)).

Al·e·man·ni [æ̀ləmǽni | æ̀lɪmǽnɪ, æ̀le-] 〘⇐ML ～ (pl.) ← *Alemannes* ⇐ OHG *aleman* a German〙 — *n. pl.* [the ～] (古代ドイツの)アレマン人《3–5 世紀にかけて現在の Schwaben 地方に移住し, 定着したゲルマン諸部族》.

Al·e·man·nic [æ̀ləmǽnɪk | æ̀lɪ-, æ̀le-] 〘⇨↑, -ic[1]〙 *n.* アレマン語《ドイツ南西部・アルサス・スイスで話されるドイツ語》. — *adj.* アレマン語[人]の.

A·le·mán Val·des [ɑ̀ːleɪmɑ́ːn-vɑːldés; *Sp.* àlemán baldés], **Miguel** *n.* アレマン バルデス (1902– ; メキシコの法律家・政治家; 大統領 (1946–52)).

Alembert, Jean le Rond d' *n.* ⇨ d'Alembert.

a·lem·bic [əlémbɪk] 〘《c1385》 *alembyker* ⇐ OF *alembic* (F *alambic*) // ML *alembicus* ⇐ Arab. *al-anbīq* the still ← *al* the+Gk *ámbik-, ámbix* cup〙 — *n.* **1** (昔の)蒸留器, ランビキ. **2** 浄化[純化, 変形]するもの: the ～ of the mind 精神の蒸留器《想像力のこと》.

a·lem·bi·cat·ed [əlémbɪkèɪṭɪd, -bə-, -ṭəd | -bɪkèɪt-] 〘⇨↑, -ate[3], -ed〙 *adj.* 〈文体など〉(ランビキにかけたように)過度に洗練された, 推敲(ｽｲｺｳ)されすぎた.

a·lem·bi·ca·tion [əlèmbɪkéɪʃən, -bə- | -bɪ-] 〘← ALEMBIC+-ATION〙 *n.* **1** (文体などの)過度な洗練, 凝りすぎ. **2** 推敲(ｽｲｺｳ)[苦心]の結果, 粋.

a·lem·broth [əlémbrɔ(ː)θ | -brɔθ] 〘《1471》 *alembroke, albrot* ←?〙 *n.* 〘化学〙アレンブロス《塩化アンモニウムと塩化水銀 (II) の複塩; 錬金術師が万能の溶剤と考えた; salt of wisdom ともいう》.

ále·mònger *n.* ビール小売商人.

A·len·çon [əlénsən, -sn̩-, ǽlɑ̃ː(n)sɔ̃ː(ŋ), ǽlɔ̃ː(n)-, ǽlɑn-, -sɔ́(ː)ŋ; *F.* alɑ̃sɔ̃] *n.* アランソン《フランス北西部の Orne 県の首都; レースの製造地; 人口 35,000》.

Alénçon láce 〖↑〗 *n.* アランソンレース《フランス産の繊細なレース》; それに類似の機械製レース.

a·leph [ɑ́ːlef, -lɪf, -ləf | -lef, -lɪf] 〖◻ Heb. *áleph*《文末形》← *éleph* ox: 牛の頭の形を模したのにちなむ: cf. alpha〗 ── *n.* **1** アーレフ《ヘブライ語アルファベット 22 字中の第 1 字: א (ローマ字の A に当たる); ⇨ alphabet 表》. **2**〖数学〗アレフ(数)《有限でない基数 (cardinal number) のこと》.

áleph-núll[-zéro] *n.*〖数学〗アレフゼロ《最小の有限でない基数; 自然数全体の集合の基数》.

A·lep·po [əlépoʊ | -pəʊ] *n.* アレッポ《シリア北西部の都市; 人口 843,000》.

Aléppo gáll *n.* アレッポ没食(もっしょく)子《Aleppo 地方でカシの木の一種のアレッポガシ (dyer's oak) から採る没食子; タンニンに富む》.

Aléppo gràss *n.*〖植物〗=Johnson grass.

a·ler·ce [əlέəsə | əlέə-] 〖◻ Sp. ~ ← Arab. *al* the+L *larix* ʻLARCHʼ〗 ── *n.* **1** モロッコ産マオウヒバ (sandarac tree) の木材. **2**〖植物〗南米チリ産ヒノキ科の常緑針葉樹 (*Fitzroya patagonica*).

a·le·ri·on [əlí(ə)riən, -ɑ̀n | əlíəriən, -ɔ̀n] 〖◻ F *alérion* ← Frank. **adalaro* (cf. MHG *adelar* eagle)〗 *n.*〖紋章〗アレリオン《足, まれには嘴もない, 両翼を広げた鷲》.

a·ler·se [əlέəsə | əlέə-] *n.* =alerce.

a·lert [əlɜ́ːt | əlɜ́ːt] 〖《1598》◻ F *alerte* ◻ It. *all'erta* on the lookout ← *alla* to the+*erta* watchtower ((fem.) ← *erto* (p.p.) ← *ergere* < L *ērigere* ʻto ERECTʼ)〗 ── *adj.* **1 a** 油断のない, 用心深い (watchful): an ~ guard よく見張っている番人 / small but ~ eyes 小さいが鋭い目. **b** 〔…に〕よく注意して, 用心して〔*to*〕; 〔…を〕見張って, 狙って〔*for*〕: ~ *to* danger 危険を警戒して / be ~ *to* all possibilities あらゆる可能性に気を配っている / They are ~ *for* an improvement in business. 絶えず景気の好転を狙っている. **2** 機敏な, 抜け目のない: an ~ intelligence, mind, etc. / He is ~ *in seizing* an opportunity. 機を見るに敏である. **3** 敏捷な, 敏活な (brisk); 利発な: an ~ boy / be ~ *in* one's manner 態度がきびきびしている.

── *n.* **1** 警報, (特に)空襲[警戒]警報 (blue alert, yellow alert, red alert の順に警戒度が増す; cf. white alert): put out an ~ 警報を出す. **2** (空襲・警戒)警報発令期間; 警報発令態勢; 警戒待機(態勢), 待機期間. **3** 戦闘[防御, 防護]の準備完了.

on the alert (油断なく)見張って, 警戒して; 待機して〔*for, against*〕/ 〈*to* do〉. ***put [place] on alert*** 〈軍隊など〉に警戒態勢をとらせる, 待機させる.

── *vt.* **1** 〈住民・地域など〉に警報を出す. **2** 〈軍隊など〉に待機命令を発する, 警戒態勢をとらせる. **3** 〈世人〉に警告する, 注意する (warn): ~ youth *to* the dangers of drug-taking. **~·ly** *adv.* **~·ness** *n.*

-a·les [éɪliːz] 〖← NL ~ ← L *-āles* (pl.) ← *-ālis* ʻ-AL¹ʼ〗 ── *suf.*〖植物〗「…に属する[…に関連のある]植物」の意の目 (order) または群団 (alliance) 名を表わす複数名詞を造る: Ros*ales*.

Al·es·san·dra [æ̀ləsǽndrə | æ̀lɪ-, æ̀lə-, -sɑ́ːn-] 〖《異形》← ALEXANDRA〗 *n.* 女性名《愛称形 Sandra》.

A·les·san·dria [æ̀ləsǽndriə | æ̀lɪsǽndrɪə, -les-, -sɑ́ːn-; *It.* alessándria] *n.* アレッサンドリア(県)《イタリア北西部, Piedmont 県の都市; 人口 103,000》.

A·les·san·dro [ɑ̀ːlesɑ́ːndroʊ | -drəʊ; *It.* alessándro] 〖◻ It. ~ ʻALEXANDERʼ〗 *n.* 男性名《愛称形 Sandro》.

Al·e·the·a [æ̀ləθíːə | -θíə] 〖◻ Gk *alḗtheia* truth ← *alēthḗs* true, 《原義》not concealing〗 *n.* 女性名.

a·lette [əlét, æl-] 〖◻ (O)F ~ (dim.) ← OF *ele* wing: cf. aisle〗 ── *n.* **1**〖建築〗添え柱《ローマおよび新古典建築で, 大きな柱の両側に設けられてアーチなど支える柱; ⇨ spandrel 挿絵》. **2** (建物の)翼部 (wing).

a·leu·ke·mi·a [èɪluːkíːmiə | -l(j)uːkíːmɪə, -l(j)ʊ-, -lə-, -mjə] 〖← NL ~: ⇨ a-⁷, leukemia〗 ── *n.* (*also* **a·leu·ka·mi·a** [~])〖病理〗非白(血)病, 無白血病《血液中の白血球増加を伴わない白血病》. **a·leu·ke·mic** [èɪluːkíːmɪk | -l(j)uː-, -l(j)ʊ-, -lə-] *adj.*

al·eu·rone [ǽljʊròʊn | ǽlj(ʊ)(ə)rəʊn] 〖◻ Gk *áleuron* wheat flour or meal ← *alein* to grind〗 ── *n.* (*also* **a·leu·ron** [-rɑ̀n | -rɔ̀n])〖植物〗アリューロン, 糊粉(こふん). **al·eu·ron·ic** [æ̀ljʊrɑ́nɪk | æ̀lj(ʊ)(ə)rɔ́n-] *adj.*

áleurone gráins *n. pl.*〖植物〗アリューロン[糊粉(こふん)]粒.

Al·eut [əlúːt, æl-, -ljúːt, ǽliùːt, ǽljuːt | əlúːt, æl-, -ljúːt, ǽlɪùːt, ǽljuːt] 〖◻ Russ. ~ ← ?〗 ── *n.* (*pl.* **~s**, ~) **1 a** [the ~(s)] アレウト族《Aleutian 列島から Alaska 半島西部地方にかけて居住する種族》. **b** アレウト族の人. **2** アレウト語.

A·leu·tian [əlúːʃən, əljúː- | əlúːʃɪən, -ljúː-, -ʃən] *adj.* **1** アリューシャン列島の. **2** アレウト (Aleut) 族[語, 文化]の. ── *n.* **1** =Aleut 1. **2** [the ~s] =Aleutian Islands.

Aléutian Cúrrent *n.* [the ~] アリューシャン海流.

Aléutian Íslands *n. pl.* [the ~] アリューシャン[アレウト]列島《Alaska 半島の西に連なる火山列島で, 米国 Alaska 州の一部; 延長約 1,800 km》.

Á lèvel *n.*〖教育〗=advanced level.

al·e·vin [ǽləvɪn, -vən | ǽlɪvɪn] 〖◻ F ~ < OF *alevains* ← *alever* to rear ← L *allevāre*: ⇨ elevate〗 ── *n.* 稚魚; (特に, 卵からかえってまだ卵黄嚢(のう)をもっている)サケの稚魚.

ale·wife¹ [éɪlwàɪf] 〖ME *alewif*: ⇨ ale, wife〗 *n.*《古》ビヤホール[居酒屋]の女主人.

ale·wife² [éɪlwàɪf] 〖《変形》? ←《廃》*aloofes* (pl.) ◻ F *alsoe* shad: 現在の形はこの魚の腹が大きいことと飲み屋の女将のビール腹との連想からか〗 ── *n.* (*pl.* **ale·wives** [-wàɪvz])〖魚類〗米国大西洋岸に多いニシン科の shad に似た食用魚 (*Alosa pseudoharengus*).

Al·ex [ǽlɪks] 〖(dim.) ← ALEXANDER〗 *n.* 男性名.

Alex. 《略》Alexander.

A·lex·a [əléksə] 〖(dim.) ← ALEXANDRA〗 *n.* 女性名.

al·ex·an·der, A- [æ̀lɪgzǽndə, èl- | æ̀lɪgzɑ́ːndə(r, æ̀leg-, -zǽn-, -ks-] *n.* アレキサンダー《ドライジン[ブランデー]とクレームドカカオ (crème de cacao) とクリームとで作るカクテル》.

Al·ex·an·der [æ̀lɪgzǽndə, èl- | æ̀lɪgzɑ́ːndə(r, æ̀leg-, -zǽn-, -ks-; *G.* alεksándɐ] 〖◻ L ~ ◻ Gk *Aléxandros*《原義》defender of men ← *aléxein* to protect (← IE **aleq-* to ward off)+*andrós, anḗr* man (← IE **ner-(t)-*) ∽ ME *Alysaundre* ◻ OF〗 ── *n.* 男性名《愛称形 Aleck, Ellick, Sandy》.

Alexander I *n.* アレクサンドル一世: **1** (1777–1825) ロシヤ皇帝 (1801–25); ロシヤ語名 Aleksandr Pavlovich. **2** (1876–1903) セルビア王 (1889–1903); セルビア語名 Alexandar Obrenović [ɔbrέːnɔvitç].

Alexander II *n.* アレクサンドル二世《1818–81; ロシヤ皇帝 (1855–81); 農奴解放を行なった; ロシヤ語名 Aleksandr Nikolaevich》.

Alexander III *n.* アレクサンドル三世《1845–94; Alexander II の子, ロシヤ皇帝 (1881–94); ロシヤ語名 Aleksandr Aleksandrovich》.

Alexander VI *n.* アレクサンデル[アレキサンドロ]六世《1431–1503; スペイン系の教皇 (1492–1503); ボルジア家 (Borgias) の人, 謀略と悪徳を重ねた; Cesare Borgia と Lucrezia Borgia の父; 本名 Rodrigo Borgia》.

Alexánder Archipélago *n.* [the ~] アレクサンダー群島《米国 Alaska 州南東沿岸の群島》.

Alexánder Névski [-névski, -néf- | -skɪ; *Russ.* -njéfskij] *n.* アレクサンドル ネフスキー《1220?–63; ロシヤの国民的英雄, 大公; St. Petersburg の守護聖者》.

Alexánder of Túnis, 1st Earl *n.* (1891–1969) 英国の陸軍元帥; カナダ総督 (1946–52); 本名 Harold (Rupert Leofric [léɪo(ʊ)frɪk | léɪə(ʊ)-] George) Alexander.

al·ex·an·ders [æ̀lɪgzǽndəz, èl- | æ̀lɪgzɑ́ːndəz, æ̀leg-, -zǽn-, -ks-] 〖OE *alexandre* ◻ ML *alexandrum*《通俗語源》? ← L *holus atrum* ← *holus* vegetable+*atrum* ((neut.) ← *ater* black): ML 形はその花の華麗さのために Alexander the Great と連想されたことによる〗 ── *n.* (*pl.* ~)〖植物〗**1** 南欧原産のセリ科の二年草 (*Smyrnium olusatrum*)《黄緑色の小花を密に散形花序につける; 古くはサラダにして食用》. **2** =golden alexanders.

Al·ex·an·der·son [æ̀lɪgzǽndəsn̩, èl- | æ̀lɪgzɑ́ːndə-, æ̀leg-, -zǽn-, -ks-], **Ernst Fred·er·ik Wer·ner** [frédərɪk-vɜ́ːnə | -drɪk-vɜ́ːnə(r] *n.* (1878–1975) スウェーデン生れの米国の電気技師・発明家.

Alexánder the Gréat *n.* アレクサンドロス[アレクサンダー]大王《356–323 B.C.; Macedonia の王 (336–323 B.C.); ギリシャおよび小アジア・エジプトからインドに至るペルシャ帝国の征服者; 正式名 Alexander III of Macedon》.

A·lex·andr [ɑ̀ːleksɑ́ːndr(ə); *Russ.* aljiksándr] 〖◻ Russ. ~ ʻALEXANDERʼ〗 *n.* 男性名.

Al·ex·an·dra [æ̀lɪgzǽndrə, èl- | æ̀lɪgzɑ́ːn- æ̀leg-, -zǽn-, -ks-] 〖(fem.) ← ALEXANDER〗 *n.* **1** 女性名. **2**〖ギリシャ伝説〗=Cassandra².

A·lex·andre [ɑ̀ːleksɑ́ː(n)dr(ə), æl-, -sɔ́ː(n)-, -sɑ́ːn-, -sɔ́(ː)n-; *F.* alεksɑ̃ːdr] 〖◻ F ~ ʻALEXANDERʼ〗 *n.* 男性名.

Al·ex·an·dret·ta [æ̀lɪgzændrétə, èl- | æ̀lɪgzɑndrétə, æ̀leg-, -zæn-, -ks-] *n.* アレクサンドレッタ《Iskenderun の旧名》.

Alexandretta, the Gulf of *n.* アレクサンドレッタ湾《Gulf of ISKENDERUM の旧名》.

Al·ex·an·dri·a [æ̀lɪgzǽndriə, èl- | æ̀lɪgzɑ́ːndrɪə, æ̀leg-, -zǽn-, -ks-] 〖⇨ -ia¹〗 ── *n.* アレクサンドリア《エジプト北部, Nile 川デルタ上の港市; アレクサンドロス大王 (Alexander the Great) 建設 (332 B.C.); 古代世界の学問の中心地で, 現在もエジプト第一の商港; 人口 2,320,000》.

Al·ex·an·dri·an [æ̀lɪgzǽndriən, èl- | æ̀lɪgzɑ́ːndrɪ-, æ̀leg-, -zǽn-, -ks-] *adj.* **1** (エジプトの)アレクサンドリア (Alexandria) の. **2** 古代 Alexandria 文化の. **3** アレクサンドロス大王 (Alexander the Great) の. **4 a** アレクサンドリア学派の. **b** 〈著述家・作品が〉模倣的な; 学問に凝りすぎる. ── *n.* **1** (エジプトの)アレクサンドリアの人[住民]. **2** アレクサンドリア学派の人. **3**〖詩学〗=Alexandrine.

Alexándrian schóol *n.* [the ~] アレクサンドリア学派《紀元前 3 世紀ごろから Alexandria に栄えた学芸の流派》.

Alexándrian sénna *n.*〖植物〗センナ (*Cassia acutifolia*) (cf. senna 2).

Al·ex·an·dri·na [æ̀lɪgzændríːnə, èl- | æ̀lɪgzɑn-, æ̀leg-, -zæn-, -ks-] 〖(fem.) ← ALEXANDER: cf. Alexandra〗 *n.* 女性名.

al·ex·an·drine, a- [æ̀lɪgzǽndrɪn, èl-, -drən, -draɪn, -drìːn | æ̀lɪgzǽndraɪn, æ̀leg-, -zɑ́ːn-, -ks-] 〖《1589》◻ F *alexandrin* ← ALEXANDER: この韻律で Alexander 大王をたたえた *Alexandre Paris* という OF 詩にちなむ〗 ── *adj.* **1**〖詩学〗アレクサンドル格の: an ~ verse. **2** =Alexandrian. ── *n.*〖詩学〗アレクサンドル格の詩行《短長[弱強]調 (◡ – [× ◡́]) 六歩格の詩行; 例: That, like a wounded snake, drags its slow length along.—Pope》.

al·ex·an·drite [æ̀lɪgzǽndraɪt, èl- | æ̀lɪgzɑ́ːn-, æ̀leg-, -zǽn-, -ks-] 〖← ALEXANDER+-ITE¹: ロシヤ皇帝 Alexander 一世にちなむ〗 ── *n.*〖鉱物〗アレクサンダー石《昼光では緑色, 人工光では赤紫色; ⇨ birthstone》.

a·lex·i·a [əléksiə eɪl- | -sɪə, -sjə] 〖← A-⁷+Gk *léxis* speech ← *legein* to speak (L *legere* to read との混同)+-IA¹〗 *n.*〖精神医学〗失読(症), 読書不能症.

a·lex·in [əléksɪn, -sən | -sɪn] 〖《1896》◻ G ~ ← Gk *aléxein* to ward off (cf. Alexander)+-IN²〗 ── *n.* (*also* **a·lex·ine** [-sɪn, -sən, -sìːn | -sɪn, -sìːn])〖医学〗**1** アレキシン, (体液内の)殺菌素. **2** =complement 7.

al·ex·i·phar·mic [əlèksəfɑ́əmɪk | -sɪfɑ́ː-] 〖《1671》《変形》←《廃》*alexipharmac* ◻ Gk *alexiphármak-os* warding off poison ← *aléxein* (↑)+*phármakon* poison〗〖医学〗*adj.* 解毒性の (antidotal). ── *n.* 解毒剤.

A·lex·is [əléksɪs, -səs | -sɪs; *F.* alεksis, *G.* aléksɪs] 〖◻ Gk *Alexis* ← *aléxein* (⇨ alexin)〗 *n.* 男性名.

A·lex·i·us I Com·ne·nus [əléksiəs kɑmníːnəs | -sɪəs kɔm-] *n.* コムネノス家アレクシオス一世《1048–1118; ビザンチン帝国皇帝 (1081–1118)》.

a·ley·ro·did [əléɪrədɪd, -dəd | -dɪd] 〖↓〗〖昆虫〗*adj.* コナジラミ科の. ── *n.* コナジラミ《コナジラミ科の昆虫の総称》.

Al·ey·rod·i·dae [æ̀lərɑ́dədìː | æ̀leɪrɔ́dɪ-] 〖← NL ~ ← *Aleyrodes* (属名: ← Gk *aleurṓdēs* like flour: ⇨ aleurone)+-IDAE〗 *n. pl.*〖昆虫〗(半翅目)コナジラミ科.

Alf [ǽlf] 〖(dim.) ← ALFRED〗 *n.* 男性名.

Alf. 《略》Alfonso; Alfred.

al·fa [ǽlfə] 〖◻ Arab. *ḥalfā'*〗 *n.*《アフリカ》〖植物〗アフリカハネガヤ (esparto).

Al-Fai·yūm [æ̀lfeɪ(j)úːm, -faɪ-] *n.* ⇨ Faiyūm.

al·fal·fa [ælfǽlfə] 〖《1845》◻ Sp. ~ ◻ Arab. *al-fáṣṣah* the best fodder〗 ── *n.*〖植物〗アルファルファ, ムラサキウマゴヤシ (*Medicago sativa*)《クローバーに似たマメ科の牧草》.

alfálfa bútterfly *n.*〖昆虫〗オオアメリカモンキチョウ (*Colias eurytheme*)《シロチョウ科の昆虫; その幼虫 alfalfa caterpillar は alfalfa などマメ科の牧草を食害する》.

alfálfa plànt bùg *n.*〖昆虫〗北米産半翅類メクラカメムシ科の一種 (*Adelphocoris lineolatus*)《クローバーやムラサキウマゴヤシ (alfalfa) などを食害する》.

alfálfa válve *n.*〖機械〗アルファルファ弁《垂直管端を閉じるためのねじ込み弁》.

Al·fie·ri [ælfiέ(ə)ri | -fɪέərɪ; *It.* alfjέːri], Count **Vittorio** *n.* アルフィエリ《1749–1803; イタリアの劇作家・詩人》.

al·fil·a·ri·a [ælfìləríːə] 〖◻ Am.-Sp. *alfilerillo* (dim.) ← Sp. *alfiler* pin ◻ Arab. *al-khilāl* the wooden pin: 雌蕊の果実の形から〗 ── *n.* (*also* **al·fil·e·ri·a** [~])〖植物〗オランダフウロ (*Erodium cicutarium*)《フウロソウ科の植物》.

al fi·ne [æl-fíːneɪ; *It.* alfíːne] 〖◻ It. ~〗 *adv.*〖音楽〗アル フィーネ; 終わりまで (to the end).

Al·fon·so XII [ælfɑ́nsoʊ, -zoʊ | -fɔ́nzəʊ, -səʊ; *Sp.* alfónso] *n.* アルフォンソ十二世《1857–85; スペイン国王 (1874–85)》.

Alfonso XIII *n.* アルフォンソ十三世《1886–1941; スペイン国王 (1886–1931); 共和政府により廃位 (1931 年)》.

al·for·ja [ælfɔ́əhə, -fɔ́ədʒə | -fɔ́ː-; *Am. Sp.* alfórha] 〖◻ Sp. ~ ◻ Arab. *al-khúrj* the saddlebag〗 ── *n.*《米西部》**1** 鞍(くら)袋 (saddlebag). **2** (リスなどの)ほお袋 (cheek pouch).

Al·fred [ǽlfrɪd, -frəd, -fred, -fəd | -frɪd; *F.* alfrεd, *G.* álfreːt, *Swed.* álfreːd, *Dan.* álʔfrεð] 〖OE *Ælfrǣd*《原義》elf in counsel, i.e. good counselor: ⇨ elf, rede〗 ── *n.* 男性名《愛称形 Alf, Fred》.

Al·fre·da [ælfríːdə] 〖(fem.) ↑〗 *n.* 女性名.

Al·fre·di·an [ælfríːdiən | -djən, -dɪən] 〖← *Alfred* (*the Great*)+-IAN〗 *adj.* アルフレッド大王の[による].

Al·fre·do [ælfréɪdoʊ, ɑːl- | -dəʊ; *It.* alfréːdo] 〖◻ It. ~ ◻ L *Alvredus* ʻALFREDʼ〗 *n.* 男性名.

Álfred the Gréat *n.* アルフレッド大王《849–899; 英国アングロサクソン時代の Wessex 王 (871–899); デーン人 (Danes) の侵入を防ぎ, 法や諸制度を整備し, 学芸の興隆をはかってラテン書を英訳させ, 自らも一部を訳した》.

al·fres·co [ælfréskoʊ | -kəʊ] 〖《1753》◻ It. *al fresco* in the fresh (air): cf. fresco〗 ── *adv.* **1** 戸外で, 野外で: lunch ~. **2**〖美術〗フレスコ画法で. ── *adj.* **1** 戸外での, 野外の: an ~ luncheon. **2**〖美術〗フレスコ画法で描かれた. ★ *adv.* の意味の時は al fresco と 2 語に書くこともある.

Alf·vén [ǽl(f)veɪn, -ven; *Swed.* ál(f)veːn], **Han·nes** [hánnəs] *n.* アルフヴェーン《1908– ; スウェーデンの物理学者; Nobel 物理学賞 (1970)》.

Álfvén wáve 〖↑〗 *n.*〖物理〗アルフヴェーン波, 磁気流体波, 流体磁気波.

alg. 《略》algebra.

Alg. 《略》Algeria; Algerian; Algernon; Algiers.

alg- [ælg, ældʒ] (母音の前に来る時の) algo- の異形.

al·ga [ǽlgə] ⟦(1551) ▭ L ～ 'seaweed'⟧ ── *n.* (*pl.* **al·gae** [-dʒiː | -dʒiː, -giː], **～s**) 〘植物〙藻(ᵐ); 藻(ᵗ)《淡水生・海水生または気生の藻で, 緑藻・褐藻・紅藻その他の下等藻を含む》. **al·gal** [ǽlgəl] *adj.*

Al·gae [ǽldʒiː | -dʒiː, -giː] ⟦← NL ～ (pl.) ← L *alga* (↑)⟧ *n. pl.* 〘植物〙藻(ᵗ)類《下等隠花植物中で菌類に対し光合成能力のある類の総称》.

al·gae·cide [ǽldʒəsàɪd, -dʒiː- | -dʒɪ-, -dʒiː-] ⟦⇨ ↑, -cide⟧ *n.* ＝algicide.

Al·gar [ǽlgə | -gə(r] ⟦OE *Ælfgār* ← *ælf* 'ELF'＋*gār* spear⟧ *n.* 男性名.

al·ga·ro·ba [æ̀lgəróʊbə | -rəʊ-] *n.* 〘植物〙＝algarroba.

Al·ga·roth [ǽlgərɔ̀(ː)θ, -rɑ̀θ | -rɔ̀θ] *n.* 〘化学〙＝POWDER[1] of Algaroth.

al·gar·ro·ba [æ̀lgəróʊbə | -rəʊ-] ⟦▭ Sp. ～ ▭ Arab. *al-kharrūba*ʰ 'the CAROB'⟧ ── *n.* 〘植物〙 **1** ＝mesquite 1. **2** 熱帯アメリカ産マメ科の低木の一種(*Prosopis glandulosa*)《種子で飲料を作る》.

al·ge·bra [ǽldʒəbrə | -dʒɪ-, -dʒə-] ⟦(*a*1400) ▭ ML ～ ▭ Arab. *al-jabr* ← the reunion of broken parts (← *jábara* to reunite)⟧ ── *n.* **1** 代数学. **2** 代数学書[論文]. **3** 〘数学〙多元環, アルジェブラ, 代数《環をなす線形空間で, かつ任意のスカラー α, β, および任意のベクトル a, b に対し, $(\alpha a)(\beta b) = (\alpha\beta)(ab)$ の成り立つようなもの》. **4** 〘論理〙代数的論理, 論理代数《特に, ブール代数などを典型例とする記号論理学の操作・方法・体系; algebraic logic, Boolean algebra ともいう》.

al·ge·bra·ic [æ̀ldʒəbréɪɪk | -dʒɪ-, -dʒə-] ⟦(1662)⟧ ── *adj.* 代数の, 代数的な, 代数学的な, 代数学上の: an ～ equation 代数方程式 / an ～ expression 代数式. **àl·ge·brá·i·cal** *adj.* **àl·ge·brá·i·cal·ly** *adv.*

algebráically clósed field *n.* 〘数学〙代数的閉体《その元を係数とする代数方程式の根がすべてまたその元である体 (field)》. 「グラフである曲線》.

algebráic cúrve *n.* 〘数学〙代数曲線《代数方程式の

algebráic exténsion *n.* 〘数学〙代数(的)拡大(体)《その元がすべてもとの体 (field) の元を係数とする代数方程式の根となるような拡大体 (extension field)》.

algebráic lógic *n.* 〘論理〙＝algebra 4.

algebráic númber *n.* 〘数学〙代数的数《有理数係数の代数方程式の根となるような数》.

algebráic sýstem *n.* 〘数学〙代数系《いくつかの演算の定義された集合; 群(group)・環(ring)・体(field)・束(lattice)など》.

algebráic topólogy *n.* 〘数学〙代数的位相幾何学《代数的方法で位相空間の性質を研究する分野》.

al·ge·bra·ist [ǽldʒəbrèɪɪst, -əst | æ̀ldʒɪbréɪɪst, -dʒə-, ⌐–⌐–⌐] ⟦(1673)⟧ *n.* (*also* **al·ge·brist** [ǽldʒəbrɪst, -brəst | -dʒɪbrɪst, -dʒə-]) 代数学者.

Al·ge·ci·ras [æ̀ldʒəsíərəs, -dʒɪ- | æ̀ldʒɪsíərəs, -dʒə-, -dʒe-, -sáɪər-; *Sp.* àlxeθíras] *n.* アルヘシラス《スペイン南部の海港; Gibraltar 海峡に臨む; 人口 82,000》.

Al·gen·ib [ældʒénɪb, -dʒíːn-, -nəb | -nɪb] ⟦▭ Arab. *al-janb* the star⟧ ── *n.* 〘天文〙アルゲニブ《ペガスス座 (Pegasus) の γ 星で 2.8 等星; ペルセウス座 α 星 (Mirfak) の名に用いられたこともある》.

al·ge·ny [ǽldʒəni | -dʒɪni, -dʒə-] ⟦← *al-* (← ? ALLO-)＋-GENY⟧ ── *n.* 〘生物〙遺伝手術《生物の遺伝的性質を人為的に変えたり, 他の生物の遺伝子を移植したりすること》. 「男性名.

Al·ger [ǽldʒə | -dʒə(r] ⟦cf. OE *ælf-gār* elf-spear⟧ *n.*

Alger, Horatio, Jr. *n.* (1832–99) 米国の小説家; *Ragged Dick* (1867) をはじめ 100 を越える少年向きの苦学力行物語を書いた (cf. Horatio Alger).

Al·ge·ri·a [ældʒí(ə)riə | -dʒíəriə] ⟦▭ F *Algérie* ← Arab. *al-jazā'ir* the island: ⇨ -ia[1]⟧ ── *n.* アルジェリア《地中海の西端に近いアフリカ北部の共和国; もとフランス共和国に属していたが 1962 年独立; 人口 17,910,000, 面積 2,322,144 km², 首都 Algiers; 公式名 the Democratic and Popular Republic of Algeria アルジェリア民主人民共和国》.

Al·ge·ri·an [ældʒí(ə)riən | -dʒíərɪ-] *adj.* **1** アルジェリア (Algeria) の; アルジェリア人の. **2** アルジェ (Algiers) の; アルジェ人の. ── *n.* アルジェリア人.

Algérian strípe *n.* アルジェリアストライプ《粗木綿の部分と上質絹の部分を交互の縞に織ったクリーム色の上着生地》.

al·ge·ri·enne [ældʒì(ə)rién | -dʒɪəri-; *F.* alʒerjɛn] ⟦▭ F *algérienne* (fem.) ← *algérien* 'ALGERIAN'⟧ *n.* ＝Algerine 3.

Al·ge·rine [æ̀ldʒəríːn] ⟦← ALGERIA＋-INE[3]⟧ ── *adj.* ＝Algerian. ── *n.* **1 a** アルジェ人; アルジェリア人. **b** [時に a-] (アルジェの)海賊 (pirate); [a-] 《米》無法な人, 強引な人. **2** 〘最初に建造された艇の名が Algerine であったことから〙[a-] 〘英海軍・カナダ海軍〙掃海艇の一種《排水量約 1,000 トン》. **3** [a-] 《⇨ algerienne》アルジェリン《柔らかい横縞の毛織物でショール用; 厚手のものは北アフリカでテントや日よけに用いる; algerienne ともいう》.

Al·ger·ish [ǽldʒərɪʃ] ⟦← *Horatio Alger*＋-ISH[1]⟧ *adj.* 《米》アルジャー(の作品)の, アルジャー式の (⇨ Horatio Alger).

Al·ger·non [ǽldʒənən | -dʒə-] ⟦▭ ONF ～ 《原義》whiskered⟧ *n.* 男性名.

al·ge·si·a [ældʒíːziə, -ʒə | -ziə, -zjə] ⟦← NL ～ ← Gk *álgēsis* feeling of pain＋-IA[1]⟧ *n.* 〘医学〙痛覚過敏.

al·ge·sim·e·ter [æ̀ldʒəsímətə | -mɪtə(r, -mə-] ⟦⇨ ↑, -meter[1]⟧ *n.* 〘医学〙痛覚計.

al·ge·si·re·cep·tor [ældʒíːzərɪsèptə, -dʒíːsə-, -rə- | -zɪrɪsèptə(r, -sɪ-, -rə-] ⟦⇨ algesia, receptor⟧ *n.* 〘生理〙痛覚受容器. 「学」痛覚の; 痛い.

al·get·ic [ældʒétɪk | -tɪk] ⟦← ALGO-＋-ETIC⟧ *adj.* 〘医

-al·gi·a [ǽldʒiə, -dʒə | -dʒɪə, -dʒə] ⟦▭ Gk *-algia* ← *álgos* pain⟧「…痛 (pain)」の意の名詞連結形: neuralgia. 「連結形.

-al·gic [ǽldʒɪk] ⟦⇨ ↑, -ic[1]⟧「…痛の」の意の形容詞

ál·gic ácid [ǽldʒɪk-] ⟦*algic*: ← ALGA＋-IC[1]⟧ *n.* 〘化学〙＝alginic acid.

al·gi·cide [ǽldʒəsàɪd | -dʒɪ-] ⟦← ALGA＋-CIDE⟧ *n.* 〘薬学〙アルジサイド《水中の藻(ᵗ)類の撲滅に用いる化学薬品の総称》. **al·gi·cid·al** [æ̀ldʒəsáɪdḷ | -dʒɪ-] *adj.*

al·gid [ǽldʒɪd, -dʒəd | -dʒɪd] ⟦(1626) ▭ L *algid-us* cold ← *algēre* to be cold⟧ ── *adj.* **1** 寒い (cold), 寒けがする (chilly). **2** 〘病理〙(マラリア・コレラについて) 重症の; アジアコレラの: ～ cholera アジアコレラ (Asiatic cholera). 「寒け (chill).

al·gid·i·ty [ældʒídəṭi | -dətɪ, -dɪ-] *n.* 寒気 (coldness),

Al·giers [ældʒíəz | -dʒíəz] *n.* アルジェ: **1** アルジェリア北部の海港で, 同国の首都; 人口 944,000. **2** アフリカ北部の旧 Barbary States の一つで, 今のアルジェリア; もと海賊の基地として有名.

al·gin [ǽldʒɪn, -dʒən | -dʒɪn] ⟦← ALGA＋-IN[1]⟧ *n.* 〘化学〙アルギン《褐藻(ᵗ)類からアルカリ抽出で得られる水溶液化合物; アルギン酸 (alginic acid) の塩》.

al·gi·nate [ǽldʒənèɪt, -nət, -nɪt | -dʒɪ-] ⟦⇨ ↑, -ate[1]⟧ ── *n.* 〘化学〙アルジネート《各種の海草, 特に *Macrocystis pyrifera* から採ったアルギン酸の塩[エステル]の一般名; ゼラチン状物質でアイスクリームの製造・織物の糊(ᵒ)付けなどに使う》.

álginate fíber *n.* 〘化学〙アルギン酸繊維《アルギン酸から作る繊維; 手術糸などに用いる》.

al·gín·ic ácid [ældʒínɪk-] ⟦*alginic*: ← ALGIN＋-IC[1]⟧ ── *n.* 〘化学〙アルギン酸 $(C_6H_7O_4 \cdot COOH)_n$《褐藻類から得られる多糖類の一つ; アイスクリーム・化粧品の乳化剤》.

al·go- [ǽlgo(ʊ) | -gə(ʊ)] ⟦▭ Gk ～ ← *álgos* pain⟧「苦痛 (pain)」の意の連結形: *algo*meter. ★ 母音の前では通例 alg- になる. 「に似た.

al·goid [ǽlgɔɪd] ⟦← ALGA＋-OID⟧ *adj.* 藻(ᵗ)類の, 藻(ᵐ)

Al·gol [ǽlgɑl, -gɔ(ː)l | -gɔl] ⟦(*a*1393) ▭ ML ～ ▭ Arab. *al-ghūl* the demon: cf. ghoul⟧ ── *n.* 〘天文〙アルゴル《ペルセウス座 (Perseus) の β 星で 2.2–3.5 等星; 有名な食変光星》.

AL·GOL, Al·gol [ǽlgɑl, -gɔ(ː)l | -gɔl] ⟦← *algo(rithmic) l(anguage)*⟧ ── *n.* 〘電算機〙アルゴル《科学計算用のプログラム言語の一種; cf. compiler language, computer language》.

al·go·lag·ni·a [æ̀lgo(ʊ)lǽgniə | -gə(ʊ)lǽgnɪə] ⟦← ALGO-＋Gk *lagneía* lust⟧ ── *n.* 〘精神医学〙アルゴラグニー, 苦痛嗜愛, 苦痛淫楽(ᵇ)症, 疼痛(ᵗ)性愛《sadism と masochism を含む》. **al·go·lag·nic** [æ̀lgo(ʊ)lǽgnɪk | -gə(ʊ)-] *adj., n.*

al·go·lag·nist [æ̀lgo(ʊ)lǽgnɪst, -nəst | -gə(ʊ)lǽgnɪst] *n.* 苦痛淫楽(ᵇ)者.

al·go·log·i·cal [æ̀lgəlɑ́dʒɪkəl, -dʒə- | -lɔ́dʒɪ-] ⟦⇨ algology, -ical⟧ *adj.* 藻(ᵗ)類学的な, 藻類学上の. **～·ly** *adv.*

al·gól·o·gist [-dʒɪst, -dʒəst | -dʒɪst] *n.* 藻(ᵗ)類学者.

al·gol·o·gy [ælgɑ́lədʒi | -gɔ́lədʒɪ] ⟦← ALGA＋-O-＋-LOGY⟧ *n.* 藻(ᵗ)類学, 藻類研究.

al·gom·e·ter [ælgɑ́məṭə | -gɔ́mɪtə(r, -mə-] ⟦← ALGO-＋-METER[1]⟧ *n.* 〘医学〙痛覚計.

Al·gon·ki·an [ælgɑ́ŋkiən | -gɑ́ŋkiən, -kjən] ⟦(1897): ⇨ ↓, -an[1]⟧ ── *n.* **1** [the ～] 〘地質〙アルゴンキアン (原生)代《始生代と古生代の間の地質系統; 原生代 (Proterozoic) とほぼ同義》. **2** (*pl.* ～, **～s**) ＝Algonquian 1, 2; ＝Algonquin. ── *adj.* **1** 〘地質〙アルゴンキアン(原生)代の. **2** ＝Algonquian 1; ＝Algonquin.

Al·gon·kin [ælgɑ́ŋkɪn, -kən | -gɔ́ŋkɪn] ⟦(1778): ⇨ Algonquin⟧ *n., adj.* ＝Algonquin.

Al·gon·qui·an [ælgɑ́ŋkwiən, -gɑ́ŋ-, -kiən | -gɔ́ŋkwɪən, -kɪən, -kjən] ⟦(1885): ⇨ Algonquin, -an[1]⟧ ── *n.* (*pl.* ～, **～s**) **1** アルゴンキアン語族《Mississippi 川以東の, 北は Hudson 湾から南は Tennessee 州, Virginia 州に至る広大な地域に居住していたインディアンの話す諸語からなる北米の主要語族; Arapaho, Cheyenne, Cree, Blackfoot その他約 50 の言語を含む》. **2 a** [the ～(s)] (アルゴンキアン語族の言語を話す)アルゴンキアン族. **b** アルゴンキアン族の人. **3** ＝Algonquin 1, 2. ── *adj.* **1** アルゴンキアン(語)族の. **2** ＝Algonquin 1.

Algónquian-Mósan [-móʊsṇ | -máʊ-] *n.* アルゴンキアン モーサン語族《Algonquian, Salishan, Wakashan を含む北米の大語族》.

Al·gon·quin [ælgɑ́ŋkwɪn, -gɑ́ŋ-, -kɪn | -gɔ́ŋkwɪn, -kɪn] ⟦(1667) ▭ Canad.-F ～ 《変形》← 《廃》 *Algoumequin* ▭ ? Micmac *algoomaking* at the place of spearing fish and eels⟧ ── *n.* (*pl.* ～, **～s**) **1 a** [the ～(s)] アルゴンキン族《アルゴンキアン族に属する一種族でカナダ Ottawa 河口近くに住んでいたインディアン》. **b** アルゴンキン族の人. **2** アルゴンキン語《Ojibwa の一方言》. **3** ＝Algonquian 1, 2. ── *adj.* **1** アルゴンキン語の. **2** ＝Algonquian 1.

al·go·pho·bi·a [æ̀lgəfóʊbiə | -fə́ʊbjə, -bɪə] ⟦← ALGO-＋-PHOBIA⟧ *n.* 〘精神医学〙痛覚恐怖(症).

al·gor [ǽlgɔə | -gɔː(r] ⟦▭ L ～ ← *algēre* to be cold⟧ ── *n.* 《廃》〘病理〙(発熱前の)悪寒(ᵒ), 寒け; 寒さ, 冷たさ: ～ mortis [-mɔ́əṭɪs, -ṭəs | -mɔ́ːtɪs] 〘法医学〙死冷《死体のもつ冷たさ》.

al·go·rism [ǽlgərɪzm] ⟦(?*a*1200) *augrim, algorisme* ▭ OF *augori(s)me, algorisme* ▭ ML *algorismus* ▭ Arab. *al-Khwārizmī* the man of Khiva (9 世紀のアラビアの数学者 Abū Jafar Mohammed ibn Mūsā の異名)⟧ ── *n.* **1** 〘数学〙(1, 2, 3…9, 0 を用いる)アラビア記数法; アラビア数字算法; 算術. **2** アラビア数字: a cipher in ～ 零(ᵉ); 有名無実な人 (mere dummy). **3** ＝algorithm. **al·go·ris·mic** [æ̀lgərízmɪk] *adj.*

al·go·rithm [ǽlgərɪ̀ðm] ⟦《転訛》↑: cf. Gk *arithmós* number⟧ *n.* **1** 〘数学〙互除法. **2** 〘電算機〙算法, アルゴリズム. **3** ＝algorism. **al·go·rith·mic** [æ̀lgəríðmɪk] *adj.*

algoríthmic lánguage *n.* 〘電算機〙＝ALGOL.

al·gous [ǽlgəs] ⟦▭ L *algōs-us*: ⇨ alga, -ous⟧ *adj.* 藻(ᵗ)類 (algae) の(ような)[に関する]; 藻類に満ちた.

al·gra·phy [ǽlgrəfi | -fɪ] ⟦← AL(UMINUM)＋-GRAPHY⟧ *n.* 〘印刷〙アルミ平版.

Al·gren [ɔ́ːlgrɪn | ɔ́ːl-, ɔ́l-], **Nelson** *n.* (1909–) 米国の小説家; *The Man with the Golden Arm* (1949).

al·gua·cil [æ̀lgwəsíːl, -síl; *Sp.* àlgwaθíl] ⟦(1598) ▭ Sp. ～ ← Arab. *al* the＋*wazīr* 'VIZIER'⟧ ── *n.* (*pl.* **～s, al·gua·ci·les** [æ̀lgwəsíːleɪs; *Sp.* àlgwaθíles]) (*also* **al·gua·zil** [æ̀lgwəzíːl, -zíl; *Sp.* àlgwaθíl]) **1 a** (スペインの)准尉; 軍曹. **b** (スペインの)警察官, 巡査. **2** (中南米などの)保安官 (sheriff).

al·gum [ǽlgəm, ɔ́ːl-] ⟦(1578) ▭ Heb. **algōm, *almōg* (sing.) ← *algummīm, almuggīm*⟧ ── *n.* 〘聖書〙(レバノンから到来した)貴重な木《白檀(ᵇᵃ) (sandalwood) と考えられている; almug ともいう; cf. 2 *Chron.* 2:8》.

Al·gy [ǽldʒi | -dʒɪ] ⟦(dim.) ← Algernon⟧ *n.* 男性名.

-al·gy [ǽldʒi | -dʒɪ] ⟦▭ Gk *-algia*⟧ ＝-algia.

Al·ham·bra [ælhǽmbrə | æt-, əl-; *Sp.* alámbra] ⟦▭ Sp. ～ ▭ Arab. *al-ḥamrā'* the red (castle)⟧ ── *n.* [the ～] アランブラ, アルハンブラ《スペインの Granada 市の丘上にあるムーア王 (Moorish kings) の宮殿; 主として 1248–1354 年間に建てられたもの; 華麗な中庭をもつイスラム様式建築として知られる》.

Alhambra

Al·ham·bra·ic [æ̀lhæmbréɪɪk] *adj.* ＝Alhambresque.

Al·ham·bresque [æ̀lhæmbrésk] *adj.* 〈建築・装飾など〉アランブラ宮殿風の, 奇想を凝らした.

A·li[1] [ɑːlíː, ǽli, ɑ́ːli | ɑ́ːlɪ, ǽlɪ] ⟦▭ Arab. *'alīy* high, sublime⟧ *n.* 男性名.

A·li[2] [ɑːlíː, ǽli, ɑ́ːli | ɑ́ːlɪ, ǽlɪ] *n.* アリー《600?–661; アラビアの第 4 代カリフ (caliph), Shi'a 派では初代イマーム (Imam); Muhammad の教友で娘むこ; 暗殺された; アラビア語名 Ali ibn-abi-Talib》.

Ali, Mohammed *n.* **1** ⇨ Maulana MOHAMMED ALI. **2** アリ《1909–63; パキスタンの政治家・外交官》.

a·li- [éɪli, ǽli, -lə | -lɪ] ⟦← L ～ ← *āla* wing⟧ 次の意味を表わす連結形: **1** 「翼, 羽 (wing)」. **2** 〘解剖〙「側部 (side part)」.

-a·li·a [éɪliə, -ljə | -ljə, -lɪə] ⟦← NL ～ ← Gk *halía* assembly & Gk *háls* sea⟧ 「(動物地理学上の)界」の意の名詞連結形.

a·li·as [éɪliəs, -ljəs | éɪlɪæs, -ljæs, -lɪəs, -ljəs] ⟦(*c*1432) ▭ L *aliās* at another place or time ← *alius* another ← IE **al-* beyond (Gk *állos* other)⟧ ── *adv.* 一名…, 別称は, 別名は: Jones, ～ Smith ジョーンズ通称スミス, スミスこと本名ジョーンズ. ── *n.* 別称, 別名; 偽名: He sometimes went by the ～ of Johnson. 時にジョンソンという別名を使った.

A·li Ba·ba [ǽli-bɑ́ːbɑː, ɑ̀ːli-, ǽli-bǽbə | ǽlɪ-bɑ́ːbə, ɑ́ːlɪ-, -bɑ́ːbɑː] *n.* アリババ《「アラビア夜話」中の一話「アリババと四十人の盗賊」(Ali Baba and the Forty Thieves) 中の主人公(原典にはこの話はない); 貧しい木こりだったが, 'Open sesame!' という呪文により宝の岩穴に入り大金持となった》.

al·i·bi [ǽləbàɪ | ǽlɪ-] ⟦(1727) ▭ L *alibī* elsewhere ← *alius* other (⇨ alias)＋*ibi* there⟧ ── *n.* **1** 〘法律〙現場不在(証明), アリバイ《犯罪の行なわれた当時被告人または容疑者は現場以外の所にいたことの証明》; アリバイのあること: a false [perfect] ～ / have an ～ / establish [prove, set up] an ～ アリバイを立てる[立証する] / break an ～ アリバイを崩す. **2** 《口語》言いわけ, 口実 (excuse). ── 《口語》*vi.* 言いわけをする (*for*): ～ *for* leaving school early 早引けの言いわけをする / ～ *for* a person 人のために言いわけをする. ── *vt.* 〈人〉のアリバイを証言する; …のために言いわけをする: ～ oneself *out of* a tight corner アリバイによって窮地を切り抜ける.

al·i·ble [ǽləbḷ | ǽlə-, ǽlɪ-] ⟦▭ L *alibil-is* alible ← *alere* to nourish⟧ *adj.* 《古》栄養分のある (nutritive). **al·i·bil·i·ty** [æ̀ləbíləṭi | æ̀ləbílətɪ, æ̀lɪ-, -lɪtɪ] *n.*

Al·i·can·te [æ̀ləkǽnṭi, ɑ̀ːləkɑ́ːn- | æ̀lɪkǽntɪ; *Sp.* alikánte] *n.* アリカンテ《スペイン南東部の地中海に臨む港市; 人口 185,000》.

Al·ice [ǽlɪs, ǽləs | ǽlɪs] ⟦《転訛》← ADELAIDE[2]: cf. Alison⟧ *n.* 女性名《愛称形 Allie, Ally》.

Álice blúe 〘T. Roosevelt の娘 Alice Roosevelt (Longworth) の名にちなむ〙 *n.* 淡青色.

Alice-in-Wónderland 〘L. Carroll 作の童話にちなむ〙 *attrib. adj.* 奇怪な, 途方もない, ばかげた.

A·li·cia [əlíʃə, əlíʃiə, əlíːʃə, -ʃiə | əlíʃiə, -ʃə] 〘《ラテン語化》← ALICE〙 *n.* 女性名.

al·i·cy·clic [æ̀ləsáɪklɪk, -sík- | æ̀lɪ-] 〘← ALI(PHATIC)+CYCLIC〙 *adj.* 〘化学〙脂環式の: an ~ compound 脂環式化合物.

al·i·dade [ǽlədèɪd | ǽlɪ-] 〘《c1450》▭ ML *alhidada* ▭ Arab. *al-ʻiḍāda^h* the revolving radius of a circle ← *ʻaḍud* humerus〙 —— *n.* (*also* **al·i·dad** [-dæ̀d]) 〘測量〙アリダード, 指方規《平板上に取り付け, 方向を指示する器具で, 平板測量に用いる》.

a·lien[1] [éɪljən, -liən | -ljən, -lɪən] 〘《?a1300》▭ OF ~ ∥ L *aliēn-us* belonging to another ← *alius* another: ⇨ alias〙 —— *adj.* **1** 外国の, 異邦の (foreign): ~ subjects 外国の臣民. **2** 外国人の: ~ property 外国人の財産. **3 a** 異質な, 不調和な (strange). **b** 〔…と〕性質を異にする〔*from, to*〕: a style ~ *from* genuine English 真正の英語とは異なる文体. **c** 〔…に〕反する, 〔…と〕相いれない (opposed)〔*to*〕: reasoning ~ *to* logic 論理と矛盾する推理. —— *n.* **1 a** 外国人, 異邦人 (foreigner). **b** 居留外人, 帰化していない外人; 《俗用》帰化人. **c** (SF で) 異星人, 宇宙人. **2** 《古》のけ者〔*from*〕. **3** 〘言語〙(借用されながらいつまでも同化されずに)外来語の様相を失わない語. **4** 〘生態〙帰化植物. **~·ness** *n.*

a·lien[2] [éɪljən, -liən | -ljən, -lɪən] 〘《c1350》*aliene(n)* ▭ (O)F *aliéner* ∥ L *aliēnāre* 'to ALIENATE'〙 —— *vt.* **1** 〘法律〙〈財産・不動産権を〉譲渡する (alienate). **2** うとんじる, 疎外する (alienate).

a·lien·a·bil·i·ty [èɪljənəbíləṭi, -liə- | -ljənəbílɪti, -lɪə-, -lɪtɪ] *n.* 〘法律〙譲渡できること, 譲渡可能性.

a·lien·a·ble [éɪljənəbl̩, -liən- | -ljə-, -lɪə-] 〘《1611》← ALIEN[2]+-ABLE〙 *adj.* 〘法律〙〈土地など〉譲渡できる, 譲渡可能な.

a·lien·age [éɪljənɪdʒ, -liə- | -ljə-, -lɪə-] 〘← ALIEN[1]+-AGE〙 *n.* 〘法律〙外国人であること《法的身分》.

a·lien·ate [éɪljənèɪt, -liə- | -ljə-, -lɪə-] 〘《1513》← L *aliēnāt-us* (p.p.) ← *aliēnāre* to make something another's ← *aliēnus* 'ALIEN[1]': ⇨ -ate[3]〙 —— *vt.* **1 a** 〈人を〉うとんじる, 疎外する, 遠ざける〔*from*〕: be ~*d from* a friend 友人と仲違(なか)いしている. **b** 〈感情・愛情などを〉他に向けさせる (turn away)〔*from*〕: ~ a man's affection(s) *from* his wife. **2** 〘法律〙〈財産・不動産権を〉譲渡する (transfer): ~ lands *to* another.

a·lien·a·tion [èɪljənéɪʃən, -liə- | -ljə-, -lɪə-] 〘《1395》▭ (O)F *aliénation* ∥ L *aliēnātiō(n-)* ← *aliēnāre* (↑): ⇨ -ation〙 —— *n.* **1** 疎外, 疎遠, 離間 (estrangement); (自己)疎外, 疎外感: a sense of ~ 疎外感 / the ~ of man *from* nature 自然からの人間の疎隔. **2** 〘法律〙(主に不動産権の)譲渡, 割譲 (transference). **3** 〘病理〙障害; (特に)精神異常 (insanity). **4** 《なぞり》← G *Verfremdung*〙〘演劇〙異化(効果)《ドイツの劇作家 Brecht の劇作法で, 登場人物への観客の感情移入を故意に拒むことによって効果をあげようとするもの》. **5** 〘統計〙**a** 無相関. **b** 無相関係数《相関 (correlation) の低さの程度を表わす数》.

alienation of affection(s) 〘米法〙愛情離間《愛情関係にある二人(特に, 夫婦)の一方が他方から離れるように仕向けること》.

á·lien·à·tor [-ṭə | -tə(r)] 〘▭ L *aliēnātor*: ⇨ alienate, -or[2]〙 *n.* 〘法律〙譲渡人.

a·lien·ee [èɪljəníː, -liə- | -ljəníː, -lɪə-] 〘← ALIEN[2]+-EE[1]〙 *n.* 〘法律〙譲受人.

álien énemy *n.* 〘法律〙(国内に居留する)敵国人.

álien fríend *n.* 〘法律〙(国内に居留する)友邦国人.

al·i·e·ni ju·ris [æ̀liíːnaɪ-dʒʊ́(ə)rɪs, ɑ̀:liéniː-jʊ́(ə)r-, -rəs | -dʒʊ́ərɪs] 〘▭ L *aliēnī jūris* of another's law〙 —— *L. adj.* 〘法律〙〈未成年者などの無能力者が〉人の監督下にある (↔ sui juris).

á·lien·ìsm [-nìzm] 〘← ALIEN[1]+-ISM〙 *n.* **1** 〘法律〙=alienage. **2** 《古》精神病学, 精神病治療.

á·lien·ist [-nɪst, -nəst | -nɪst] 〘《1864》▭ F *aliéniste* ← *aliéné* insane ← L *aliēnātus*: ⇨ alienate〙 *n.* 〘法医学〙精神科医 (psychiatrist).

a·lien·or [èɪljənɔ́ə, éɪljənə, -liə- | èɪljənɔ́:(r, éɪljənə(r, -lɪə-] 〘▭ AF **alienour* = F *aliéneur* ← *aliéner* 'to ALIEN[2]'〙 *n.* 〘法律〙譲渡人.

álien príory *n.* =priory alien.

al·i·es·ter·ase [æ̀liéstərèɪs, -rèɪz | æ̀liéstərèɪs] 〘← ALI(PHATIC)+ESTERASE〙 —— *n.* 〘生化学〙アリエステラーゼ《分子量の少ない芳香族エステルを加水分解するエステラーゼ》.

al·i·form [éɪləfɔ̀əm, ǽl- | -lɪfɔ̀:m] 〘← L *āla* wing+-I-+-FORM〙 *adj.* 翼[羽]状の (winglike).

Al·i·garh [æ̀lɪgɑ́ə, ⸗⸗⸗ | æ̀lɪgɑ́:(r, ⸗⸗⸗] *n.* アリガー《インド中北部, Uttar Pradesh 州の都市; 人口 252,000》.

a·light[1] [əláɪt] 〘OE *ālihtan* ← A-[2]+*lihtan* 'to LIGHT[3]'〙 —— *vi.* (~·**ed**, (時に) **a·lit** [əlít]) **1** 降りる; (目的地で)下車する (get down): ~ *from* a horse, vehicle, etc. / ~ *at* a place. **2** 〈鳥が〉(空から降りて)〔木などに〕止まる (settle)〔*on, upon*〕: ~ *on* [*upon*] a tree. **3** 〈飛行機などが〉着陸[着水, 着艦]する: an ~*ing* deck (航空母艦の)帰着甲板.

***alight on* [*upon*]** (1) …の上に降りる (⇨ 2): ~ *on* one's feet ⇨ foot 成句. (2) …に偶然出会う, を偶然見出す (come upon). (3) 《古》〈物が〉落ちて…にぶつかる.

a·light[2] [əláɪt] 〘《?c1280》《変形》← *alihted* (p.p.) ← *alight* to light up: ⇨ a-[1], light[1]〙 —— *pred. adj.* **1** 《英》点火して, 燃えて: get firewood ~ まきに火をつける / set ~ 燃え上がらせる / The lamps are ~. **2** 〔…の〕火[明り]がともって; 〔喜びなどに〕輝いて〔*with*〕: The room was ~ *with* lamps. / Her face was ~ *with* enthusiasm. 顔は熱意に輝いていた.

alíght·ing gèar [-tɪŋ- | -tɪŋ-] *n.* 〘航空〙=landing gear.

a·lign [əláɪn] 〘《1693》▭ F *align-er* ← *à* to+*ligne* (← L *lineāre* to line ← *linea* 'LINE[2]')〙 —— *vt.* **1 a** 一直線に並べる; 一列にそろえる, 整列させる: He ~*ed* the chairs along the wall. 壁に沿って椅子を一列に並べた. **b** 〈照準などを〉〔標的と〕一直線に合わせる〔*with*〕: ~ one's club *with* the ball (ゴルフの)クラブをボールと一直線にする. **2** (政治目的などのために)提携させる〔*with*〕: ~ oneself *with* a new party 新党と提携する / They were ~*ed against* the budget. 予算案に団結して反対した. **3** 〘電子工学〙調整する《受信器などを最適状態に合わせて固定する》. —— *vi.* **1** 〈隊が〉整列する, 一列をなす〔*with*〕. **2** 提携する, 団結する (line up)〔*with*〕. **~·er** *n.*

a·lígn·ment 〘《1790》▭ F *alignement*: ⇨ ↑, -ment〙 —— *n.* **1 a** 一列[一直線]にする[になる, である]こと; 一列整列[整頓]; 照準を定めること: in ~ (*with*) (…と)一直線になって, 一直線上に / out of ~ (*with*) (…との)一直線上になく. **b** 一列にそろった線, 整頓線; 線形; 直線: the north-south ~ of the Rocky Mountains ロッキー山脈の南北線形. **2** 提携, 団結 (lineup)〔*with*〕; 提携したグループ. **3** 〘土木〙路線設定; (路線の)線形; 心合わせ. **4** 〘電子工学〙調整《受信器などを最適状態に合わせ固定すること》. **5** 〘考古〙列石《立石 (menhirs) の並列したもの》. **6** 〘ダンス〙アラインメント《ダンスにおける縦軸あるいは水平方向の動き》.

alígnment chàrt *n.* 〘数学〙=nomogram.

a·li·i [ɑːlíːiː] 〘▭ Hawaiian *ali'i*〙 *n.* (*pl.* ~) (ポリネシアの)首長; 王.

a·like [əláɪk] 〘《c1250》*alich(e)* 《混成》← OE *ġelīc* like+ON *ālīkr* similar〙 —— *pred. adj.* 一様で, 等しい, 同様で; よく似ていて: They are exactly ~ in that respect. その点では全く同じだ. —— *adv.* 一様に, 等しく, 同様に (equally): ⇨ SHARE[1] *and share alike* / treat all men ~ 万人を同様に遇する / young and old ~ 老いも若きも.

a·líke·ness *n.* 同様であること, よく似ていること.

al·i·ma [ǽləmə | ǽlɪ-] 〘← NL ~ ← *Alima* ← Gk *hálimos* of the sea ← *háls* sea〙 *n.* 〘動物〙アリマ《口脚目シャコ類の幼生》.

al·i·ment 〘《c1477》▭ (O)F ~ ∥ L *aliment-um* nourishment ← *alere* to rear, nourish ← IE **al-* to grow: cf. old〙 —— [ǽləmənt | ǽlɪ-] *n.* **1** 栄養物, 滋養物, 食物. **2** 扶養, 扶助. **3** 《スコット》手当 (allowance). —— [-mènt, -mənt | ǽlɪ-] *vt.* …に栄養を与える; 扶養する.

al·i·men·tal [æ̀ləménṭl̩ | æ̀lɪméntl̩] *adj.* 滋養の, 栄養的な. **~·ly** *adv.*

al·i·men·ta·ry [æ̀ləménṭəri, -tri | æ̀lɪméntərɪ] 〘《1615》▭ L *alimentāri-us* pertaining to nourishment: ⇨ aliment, -ary〙 —— *adj.* **1** 栄養作用の; 栄養の; 栄養になる. **2** 扶養を与える.

aliméntary canál [tráct] *n.* 〘解剖・動物〙(口から肛(こう)門までの)消化管.

aliméntary páste *n.* =pasta 1.

aliméntary sýstem *n.* 〘解剖・動物〙消化器系.

al·i·men·ta·tion [æ̀ləmentéɪʃən, -mən- | æ̀lɪmen-] 〘▭ ML *alimentātiō(n-)*: ⇨ aliment, -ation〙 —— *n.* **1** 栄養(作用), 滋養. **2** 扶養 (maintenance). **3** 〘地質〙(氷河を成長させる)雪の堆積 (cf. ablation 2).

al·i·men·ta·tive [æ̀ləménṭəṭɪv | æ̀lɪméntət-] *adj.* 栄養的な, 滋養の (nutritive). **~·ly** *adv.*

al·i·men·to·ther·a·py [æ̀ləménṭo(ʊ)θérəpi | æ̀lɪméntə(ʊ)θérəpɪ] 〘← ALIMENT+-O-+-THERAPY〙 *n.* 〘医学〙食事療法.

al·i·mo·ny [ǽləmòuni, -məni | ǽlɪmənɪ] 〘《1655》▭ L *alimōnia* nourishment ← *alere* to nourish: ⇨ aliment〙 —— *n.* **1** 〘法律〙(別居中や離婚後夫から妻に与える)扶助料 (cf. separate maintenance). **2** 《古》扶養料 (maintenance).

à l'im·pro·viste [ɑ̀:-lɛ̀:(m)pro(ʊ)víːst, -læ̀m- | -prə(ʊ)-; *F.* alɛ̃prɔvist] 〘▭ F ~《原義》at the unprovided for〙 *F. adv.* 突然 (suddenly).

Alí Muhámmad of Shiráz *n.* Bab ed-Din の通称.

a·line [əláɪn] *v.* =align.

A·line [əlíːn, æ̀líːn | ǽlíːn, əl-, ǽlíːn] 〘《転訛》← ADELINE〙 *n.* 女性名.

Á-lìne 〘服飾〙 *n.* A ライン《1960 年代に流行した A の字を形づくるシルエット》. —— *attrib. adj.* A ラインシルエットの: an ~ dress, skirt, etc.

a·line·ment *n.* =alignment.

a·li·no·tum [èɪlənóutəm, æ̀l- | èɪlɪnə́ʊt-, æ̀l-] 〘← NL ~ ← ALI-+*nōtum* (▭ Gk *nōton* back)〙 *n.* (*pl.* **-no·ta** [-ṭə | -tə]) 〘昆虫〙翅背板.

Al·i·oth [ǽliɑ̀θ, -ɔ̀(:)θ | ǽlɪɔ̀θ] 〘▭ Arab. *ályaʰ* fat tail of a sheep〙 *n.* 〘天文〙アリオト《おおぐま座 (Ursa Major) の ε 星で 1.8 等星》.

Ali Pasha [ɑ́:li-pɑ:ʃɑ́ | ɑ́:lɪ-pɑ:ʃə, ǽlɪ-] *n.* アリパシャ《1741–1822; トルコの太守, アルバニアの指導者》.

a·li·ped [ǽləpèd, ǽl- | -lɪ-] 〘▭ L *alipēd-em* having winged feet: ⇨ ali-, -ped〙〘動物〙 —— *adj.* (コウモリのように)腕・脚が翼となっている, 翼肢(よくし)のある, 翼膜のある. —— *n.* 翼肢動物.

al·i·phat·ic [æ̀ləfǽṭɪk | æ̀lɪfǽt-] 〘← Gk *aleíphatos* (← *áleiphar* oil, fat)+-IC[1]〙 *adj.* 〘化学〙脂肪族の, 脂肪族の (fatty): an ~ compound 脂肪族化合物.

al·i·quant [ǽləkwɑ̀nt, -kwənt | ǽlɪkwənt] 〘▭ F *aliquante* ∥ L *aliquant-um* somewhat ← *alius* other+*quantus* how great〙〘数学〙 —— *adj.* 割切れない, 整除できない (↔ aliquot): 3 is an ~ part of 10. 3 では 10 は割切れない. —— *n.* 因数でない数, 非約数 (aliquant part).

al·i·quot [ǽləkwɑ̀t, -kwət | ǽlɪkwɔ̀t] 〘《1570》▭ F *aliquote* ▭ L *aliquot* some, several ← *alius* other+*quot* how many〙 —— *adj.* **1** 〘数学〙割切れる, 整除できる (↔ aliquant): 3 is an ~ part of 12. 3 で 12 は割切れる. **2** 〘化学〙=fractional 5. —— *n.* **1** 〘数学〙因数, 約数 (aliquot part). **2** 〘化学〙アリコート《試料の一部》.

áliquot scáling *n.* 〘音楽〙アリクウォート スケーリング《ピアノの最高音域の音量を強めるために共鳴弦を付け加えて張ること》.

A·lis·ma·ta·ce·ae [əlìzmətéɪsiì:] 〘← NL ~ ← *Alismat-*, *Alisma* (属名: ← L *alisma* water plantain)+-ACEAE〙 —— *n. pl.* 〘植物〙(単子葉植物オモダカ目)オモダカ科.

Al·i·son [ǽləsn̩ | ǽlɪ-] 〘(dim.) ← ALICE〙 *n.* 女性名.

a·list [əlíst] 〘← A-[1]+LIST[1]〙 *adv., pred.adj.* 〘海事〙〈船が〉傾いて[た] (listing).

Al·is·ter [ǽlɪstə | -stə(r)] 〘《スコット》← ALEXANDER〙 *n.* 男性名.

alit *v.* alight[1] の過去形・過去分詞.

a·lite [éɪlaɪt] 〘← A[1]+-LITE〙 *n.* 〘化学〙アリット《ポートランドセメントを構成する 3CaO·SiO_2 を主成分とする第一の水硬性成分; cf. belite, celite》.

a·li·tur·gic [èɪlɪtə́:dʒɪk, æ̀l-, -lə- | -lɪtə́:-] 〘← A-[7]+LITURGIC〙 *adj.* 〘キリスト教〙〈ある日が〉礼拝式[聖餐式]の行なわれない. **à·li·túr·gi·cal** *adj.*

-al·i·ty [ǽləṭi | -ǽlətɪ, -ǽlɪ-] 〘⇨ -al[1], -ity〙 *suf.* 性質を表わす名詞を造る: gener*ality*, speci*ality*.

a·li·un·de [èɪliʌ́ndi | -lɪʌ́ndɪ] 〘▭ L ~ 'from elsewhere' ← *alius* (⇨ alias)+*unde* whence〙 —— *adv., adj.* 他所(よそ)から(の): evidence ~ 書証外の証拠《書証を証人の供述など, それ以外のもので説明する場合の供述などを指す》.

a·live [əláɪv] 〘OE *on līfe* in life, living: ⇨ a[3], life〙 —— *adv., pred. adj.* **1 a** 生きている (living) (↔ dead): be ~ 生きている / be buried ~ 生き埋めになる / (as) sure as I am ~ 極めて確かに / catch ~ 生け捕りにする / come back ~ 生還する / ⇨ SKIN *alive*. **b** 〈火などが〉消えないで, 燃えて; 〈熱意など〉衰えないで, 盛んで; 〈物事が〉存続して; 〈権利など〉有効で. **2** 活動して, 生き生きして, 活発で (active); 生気にあふれて: be ~ *with* excitement 生き生きと興奮している / ⇨ LOOK *alive*. **3** 〈場所など〉〔…で〕満ちて (swarming), にぎやかで (bustling)〔*with*〕: a tree ~ *with* birds 小鳥の群がっている木 / The beach is ~ *with* bathers in summer. その浜は夏は海水浴客でにぎわう. **4** 〔…に〕気づいて, 敏感で〔*to*〕: ~ *to* dangers, a fact, etc. / be ~ *to* one's interests 利にさとい. **5** [名詞に後置して強調的に] 在世の, 現存者の(中で): any man ~ 人はすべて, だれでも / the greatest writer ~ 当代随一の作家. **6 a** 〈電線など〉電流が通じて, 帯電して, 生きて (cf. live[2] 12). **b** 〈電気器具など〉作動中で: The microphone is ~. マイクは入っている. ***alive and kicking*** 《口語》〈老人など〉達者で, ぴんぴんして, 矍鑠(かくしゃく)として: My grandfather is still very much ~ *and kicking.* 祖父はまだ至極元気だ. ***keep alive*** (1) 生きている; 生き続ける; 生かしておく. (2) 〈火を〉消さないでおく; 〈熱意など〉を衰えさせない; 〈権利などを〉存続させる; 〈問題などを〉論議し続ける. ***Man* [*Heart*] *alive!*** 《口語》いやはや, これは驚いた. **~·ness** *n.*

a·li·yah [ɑ:líːjɑ:, əlíːjə, ɑ̀:lɪjɑ́:] 〘▭ Heb. *'aliyyāʰ* a going up〙 —— *Heb. n.* (*pl.* **~s**, **a·li·yoth** [ɑ̀:lɪjóuθ | -jə́ʊθ], **a·li·yot** [-jóut | -jə́ʊt]) **1** 〘ユダヤ教〙聖典の抜き読みのため(会堂の)聖典台へ進む[呼ばれる]こと. **2** ユダヤ人のイスラエルへの移住 (cf. olim).

a·liz·a·rin [əlízərɪn, -rən | -rɪn] 〘▭ F *alizarine* ← *alizari* madder (▭ Sp. ▭ Arab. *al-'uṣāraʰ* the juice)+-IN[1]〙 —— *n.* 〘化学〙アリザリン ($C_{14}H_8O_4$) 《天然染料; あかね (madder) の主成分; 現在は工業的に合成される》: ~ colors [dyes] アリザリン染料《酸性染料および媒染染料》.

alízarin blúe, A- B- *n.* 〘化学〙アリザリンブルー《アントラキノン系媒染染料》.

a·liz·a·rine [əlízərɪn, -rən, -rìːn | -rìːn, -rɪn] *n.* 〘化学〙=alizarin.

alízarine brówn, A- B- *n.* 〘化学〙アリザリンブラウン (⇨ anthragallol).

alk. 《略》alkali.

alk- [ǽlk] (母音の前に来る時の) alka- の異形.

al·ka- [ǽlkə] 〘← ALKANE〙「アルカン (alkane)」の意の連結形. ★ 母音の前では通例 alk- になる.

al·ka·di·ene [æ̀lkədáɪiːn] 〘⇨ ↑, -diene〙 *n.* 〘化学〙アルカジエン (⇨ diolefin)

al·ka·hest [ǽlkəhèst] 〘《1641》▭ F *alcahest* ▭ ML: アラビア語にまねた造語〙 —— *n.* 〘錬金術〙万物融化液 (universal solvent)《錬金術師が想像していた液で, その発見を彼らの研究目的の一つとしていた》.

Al·kaid [ælkáɪd, -kéɪd] 〘▭ Arab. *al-qā'id*《原義》the leader: ⇨ alcaide〙 *n.* 〘天文〙 アルカイド《大熊座 (Ursa Major) の η 星で 1.9 等星》.

al·ka·le·mi·a [æ̀lkəlí:miə | -mjə, -mɪə] 〘← NL ～: ⇨ alkali, -emia〙 ― *n.* (*also* **al·ka·lae·mi·a** [～]) 〘病理〙 アルカリ血(症)《血液中の水素イオン濃度が上昇しアルカリ性になった状態》.

al·ka·les·cent [æ̀lkəlésnt] 〘⇨↓, -escent〙 ― *adj.* 〘化学〙 ややアルカリ性をもった, アルカリ質の (slightly alkaline). **àl·ka·lés·cence** [-sṇs] *n.* **àl·ka·lés·cen·cy** [-sṇsi | -sɪ] *n.*

al·ka·li [ǽlkəlàɪ] 〘(*c*1330) ▭ ML ～ ▭ Arab. *al-qalī* =*al-qilī* the ashes (of saltwort)〙 ― *n.* (*pl.* ～**s**, ～**es**) **1** 〘化学〙 アルカリ. **2** 〘商業〙 苛性カリ, 苛性ソーダ (caustic potash *or* soda). **3 a** 〘農業〙 米国西部など燥地帯の土壌中に存在する) 可溶性塩類《植物の生育に有害》. **b** アルカリ土壌地帯 (cf. alkali flat). **4** 〘化学〙 =alkali metal.

álkali blúe *n.* 〘化学〙 アルカリブルー《トリフェニルメタン (triphenylmethane) 系の青色酸性染料》.

al·kal·ic [ælkǽlɪk] *adj.* 〘地質〙 〈火成岩が〉アルカリ金属成分を多く含んでいる.

álkali céllulose *n.* 〘化学〙 アルカリセルロース《セルロースを苛性アルカリ溶液に浸して得られる化合物で, ビスコース製造の中間体》.

álkali disèase *n.* 〘獣医〙 アルカリ病《家畜のセレニウム中毒 (selenium poisoning)》.

álkali flàt *n.* 《米》 アルカリ平地[盆地]《乾燥地帯の湖水や池が干上がってアルカリ性の塩分と沈殿物におおわれたもの; cf. alkali 3》.

álkali fúsion *n.* 〘化学〙 アルカリ融触.

al·kal·i·fy [ælkǽləfàɪ, ǽlkəlɪ-, ǽlkəl-] *vt.*, *vi.* 〘化学〙 アルカリ化する. **ál·ka·li·fì·a·ble** [-fàɪəbl] *adj.*

álkali gràss *n.* 〘植物〙 **1** 北米原産の緑色がかった花が咲くユリ科リシリソウ属の多年生草本 (*Zygadenus elegans*). **2** アルカリ性土壌に生えるオーストラリア原産のイネ科の草本 (*Distichlis spicata*)《salt grass ともいう》.

álkali mètal *n.* 〘化学〙 アルカリ金属《lithium, sodium, potassium, rubidium, cesium, francium の総称》.

álkali metaprótein *n.* 〘化学〙 アルカリメタプロテイン《グロブリン, アルブミンに希アルカリを作用させて変性させたもの》.

al·ka·lim·e·ter [æ̀lkəlímətə | -mɪtə(r, -mə-] 〘← ALKALI+-METER[1]〙 *n.* 〘物理化学〙 アルカリメーター, 炭酸定量器.

al·ka·lim·e·try [æ̀lkəlímətri | -mɪtrɪ, -mə-] *n.* アルカリ定量(法), アルカリ滴定.

al·ka·line [ǽlkəlɪn, -lən, -làɪn | -làɪn] 〘← ALKALI+-INE[1]〙 ― *adj.* **1** 〘化学〙 アルカリ属の; アルカリ性の (↔ acid; cf. neutral 6). **2** 《米》〈土壌・地帯が〉可溶性塩類を多分に含む (cf. alkali 3). **3** 〘地質〙 =alkalic.

álkaline báth *n.* 〘医学〙 アルカリ浴.

álkaline éarth *n.* 〘化学〙 **1** アルカリ土, アルカリ土類《アルカリ土類金属の酸化物》. **2** =alkaline-earth metal.

álkaline-éarth mètal *n.* 〘化学〙 アルカリ土類金属《beryllium, magnesium, calcium, strontium, barium, radium の総称》.

álkaline phósphatase *n.* 〘生化学〙 アルカリフォスファターゼ《アルカリ性の条件下で活性が最大となるフォスファターゼ; cf. acid phosphatase》.

álkaline reáction *n.* アルカリ性反応.

álkaline stórage bàttery *n.* 〘電気〙 アルカリ蓄電池.

al·ka·lin·i·ty [æ̀lkəlínəṭi | -nətɪ, -nɪ-] 〘← ALKALINE+-ITY〙 *n.* アルカリ性, アルカリ度.

al·ka·lin·ize [ǽlkəlɪnàɪz, -lə- | -lɪ-] *vt.* アルカリ性にする, アルカリ化する.

álkali ròck *n.* 〘岩石〙 アルカリ岩《Na_2O または K_2O が比較的多く, CaO が比較的少ない火成岩》.

álkali sòil *n.* アルカリ性土壌《乾燥地帯に多い》.

al·ka·li·za·tion [æ̀lkəlɪzéɪʃən, -lə- | -laɪ-, -lɪ-] *n.* アルカリ化.

al·ka·lize [ǽlkəlàɪz] *vt.* アルカリ化する (alkalify). **ál·ka·lìz·a·ble** [-zəbl] *adj.*

al·ka·loid [ǽlkəlɔ̀ɪd] 〘▭ G ～: ⇨ alkali, -oid〙 〘化学〙 ― *n.* アルカロイド, 植物塩基《植物に含有される, 窒素を含む塩基性物質 (nicotine, atropine, morphine, quinine など) の総称; 多くは生理作用が著しい》. ― *attrib. adj.* アルカリ類似の, アルカロイドの.

al·ka·loi·dal [æ̀lkəlɔ́ɪdl] *adj.* アルカロイドの.

al·ka·lo·sis [æ̀lkəlóʊsɪs, -səs | -lóʊsɪs] 〘← NL ～: ⇨ alkali, -osis〙 *n.* (*pl.* **-lo·ses** [-si:z]) 〘病理〙 アルカローシス (cf. acidosis).

al·kane [ǽlkeɪn] 〘← ALK(YL)+-ANE[2]〙 *n.* 〘化学〙 アルカン (⇨ paraffin 2 a).

álkane sèries *n.* 〘化学〙 アルカン列 (⇨ paraffin series).

al·ka·net [ǽlkənèt] 〘(1343) ▭ (O)Sp. *alcaneta* (dim.) ← *alcana* ▭ Arab. *al-ḥinnā'* 'the HENNA': ⇨ -et〙 ― *n.* **1** 〘植物〙 アルカンナ (*Alkanna tinctoria*)《ヨーロッパ産ムラサキ科の植物で, その根から紅色染料を採る; dyer's alkanet, dyer's bugloss ともいう》. **2** アルカンナ染料《赤ぶどう酒・菓子類の着色に使われる》. **3** 〘植物〙 =bugloss 1.

al·kane·thi·ol [æ̀lkeɪnθáɪoʊl, -ɔ(:)l, -ɑl | -əʊl, -ɔl] 〘← ALKANE+THIOL〙 *n.* 〘化学〙 アルカンチオール《RSH 形の化合物の一般名; R はアルキル基》.

al·kan·na [ælkǽnə] 〘← NL ～ ▭ Sp. *alcana* (⇨ alkanet)〙 *n.* 〘植物〙 **1** =alkanet. **2** =henna 1.

al·kan·nin [ælkǽnɪn, -nən | -nɪn] 〘← NL *alkanna* (↑)+-IN[1]〙 ― *n.* 〘化学〙 アルカンニン ($C_{16}H_{16}O_5$)《アルカンナ (alkanet) の根に含まれる赤褐色の色素; 顕微鏡検査用色素》.

al·kap·ton [ælkǽptɑn, -tən | -tɒn, -tən] 〘← AL(KALI) +Gk *káptein* to gulp+-ON[1]〙 ― *n.* 〘生化学〙 アルカプトン《黒尿病の尿中に存在する物質; 酸化すると黒色となる; 化学名は homogentisic acid》.

al·kap·to·nu·ri·a [ælkæ̀ptən(j)ʊ́(ə)riə | -tə(ʊ)njʊ́əriə] 〘⇨↑, -uria〙 ― *n.* 〘病理〙 アルカプトン尿(症), 黒尿症. **al·kap·to·nu·ric** [ælkæ̀ptən(j)ʊ́(ə)rɪk | -tə(ʊ)njʊ́ər-] *adj.*

al·kar·gen [ælkɑ́ədʒɪn, -dʒən, -dʒen | -kɑ́:-] 〘← AL-K(ALI)+AR(SENIC)+-GEN〙 *n.* 〘化学〙 アルカーゲン (⇨ cacodylic acid).

al·ke·ken·gi [æ̀lkəkéndʒi | -dʒɪ] 〘(1440) *alkenkengi* ▭ ML *alkekengi* ▭ Arab. *al-kākanj* the ground-cherry ▭ Pers. *kākunaj*〙 *n.* 〘植物〙 =Chinese lantern plant.

al·kene [ǽlki:n] 〘← ALK(YL)+-ENE〙 *n.* 〘化学〙 アルケン《一般式 C_nH_{2n} の鎖式炭化水素の一般名で, エチレン系炭化水素をいう; olefin ともいう》.

álkene sèries *n.* 〘化学〙 アルケン系列.

al·ker·mes [ælkə́:mi:z, -mɪs, -məs | -kɜ́:mi:z, -mɪs] 〘▭ Sp. ～ ▭ Arab. *al-qirmiz* the alkermes〙 ― *n.* アルケルメス《ブランデーから造ったイタリア原産の芳香のあるリキュール; コチニール染料でえんじ色に染色されている》.

al-Khwarizmi *n.* ⇨ Khwarizmi.

al·kine [ǽlkaɪn] *n.* 〘化学〙 =alkyne.

Alk·maar [ǽlkmɑə | -mɑ:r; *Du.* ɑ́lkma:r] *n.* アルクマール《オランダ西部の都市; 人口 60,000》.

Al·ko·ran [æ̀lkəræ̀n, -rɑ́:n | æ̀lkɔrɑ́:n, -kɔ:r-, -kər-] *n.* [the ～]《古》=Alcoran.

alk·ox·ide [ælkɑ́ksaɪd, -sɪd, -səd | -kɔ́ksaɪd, -sɪd] 〘← ALK(YL)+OXY-[1]+-IDE〙 ― *n.* 〘化学〙 アルコキシド《アルコールの水酸基の水素を金属 M で置換した化合物の総称》.

al·kox·y [ælkɑ́ksi | -kɔ́ksɪ] 〘《混成》← ALK(YL)+OXY(GEN)〙 *adj.* 〘化学〙 アルコキシの《アルコキシル基 (alkoxyl) をもつ》.

alk·ox·yl [ælkɑ́ksɪl, -sɔl | -kɔ́ksɪl] 〘← ALKYL+OXY-[1]〙 *n.* 〘化学〙 アルコキシル基 ($C_nH_{2n+1}O$).

Al-Ku·fa [ælkú:fə] *n.* アルクーファ (⇨ Kufa).

Al Kuwait [æl-kuwéɪt] *n.* =Kuwait 2.

al·ky [ǽlki | -kɪ] 〘← ALC(OHOL)+-Y[3]〙 *n.* 《米俗》 **1** アルコール, 酒 (alcohol). **2** =alcoholic 1.

alky. 《略》 alkalinity.

al·kyd [ǽlkɪd, -kəd | -kɪd] 〘← ALKY(L)+(ACI)D〙 ― *n.* 〘化学〙 アルキド(樹脂)《多価アルコールと多塩基酸の縮重合によって得られる合成樹脂; 塗料・接着剤に用いられる》.

al·kyl [ǽlkɪl, -kəl, -ki:l | -kɪl, -ki:l] 〘▭ G ～ ← *alkohol* 'ALCOHOL'+-YL〙 〘化学〙 ― *n.* アルキル (C_nH_{2n+1})《メタン系炭化水素から水素 1 原子を除いた原子団》. ― *adj.* アルキル基を含む, アルキルの.

al·kyl·ate 〘⇨↑, -ate[2,3]〙 〘化学〙 ― [ǽlkəlèɪt, -lət, -lɪt | -kɪ-] *n.* アルキラート《アルキル化した生成物; 特に, 石油化学工業でオレフィンで処理したイソパラフィン類をいう; オクタン価が高い》. ― [-lèɪt] *vt.* 〈化合物〉にアルキル基を導入する.

al·kyl·a·tion [æ̀lkəléɪʃən | -kɪ-] *n.* 〘化学〙 アルキル化[置換]《アルキル基を導入すること》.

al·kyl·ene [ǽlkəli:n | -kɪ-] 〘← ALKYL+-ENE〙 *n.* 〘化学〙 アルキレン: **a** $-(CH_2)_n-$ 形の 2 価の基の一般名. **b** =alkene.

álkyl gròup *n.* 〘化学〙 アルキル団[基]《C_nH_{2n+1} という一般式を有する 1 価の基; methyl, ethyl, propyl など; しばしば R の符号で表わされる》.

álkyl hálide *n.* 〘化学〙 ハロゲン化アルキル《アルキル基とハロゲンとの化合物で一般式は $C_nH_{2n+1}X$》.

al·kyl·ic [ælkílɪk] *adj.* 〘化学〙 アルキルの[に関する].

álkyl ràdical *n.* 〘化学〙 =alkyl group.

al·kyne [ǽlkaɪn] 〘← ALKY(L)+-(I)NE[1]〙 *n.* 〘化学〙 アルキン《アセチレン列 (acetylene series) 炭化水素; 三重結合一個をもつ鎖式炭化水素》.

álkyne sèries *n.* 〘化学〙 アルキン系列.

all [ɔ́:l] 〘OE (*e*)*all* < Gmc **allaz*, **alnaz* (Du. *al* / G *all*) < ? IE **al-no-s* beyond, exceeding (L *ultra*)〙 ― *adj.* **1 a** [限定語+複数名詞に先立って] すべての, 全部の, …は皆: *All the* angles of a triangle are equal to two right angles. 三角形の角度の総和は 2 直角の和に等しい / These are ～ *the* books I have. これが私の持っている本のすべてです / We must answer ～ *these* questions. これらの質問に全部答えなければならない / *All my* friends know it. 友人は皆知っている. **b** [(限定語+)単数名詞に先立って] 全体の, …中 (the whole of): ～ Japan 全日本(の人) / in ～ history 歴史全体中で, 全史上 / ～ *the* world 世界中(の人[物]) / *All my* money is spent. 所持金全部使い果たした / ～ day (long) 一日中, 全日 (cf. all-day) / ～ night 終夜, 一晩中 / ～ yesterday 昨日中 / ～ *the* morning=《米》～ morning 午前中 / ～ *the* year (round)=《米》～ year (round) 一年中 / ～ *the* way 途中ずっと, はるばる. ★ (1) 次のような構文では '～ the+単数名詞' は 'the only+単数名詞' の意味となる: That humble little house was ～ *the* home that I ever had. あの小さなあばら屋が前にもあとにも自分のものとなった唯一の住みかだった. (2) 特に《米口語》では ～ *the* [*these*] books, ～ *the* [*my*] money よりも ～ *of the* [*these*] books, ～ *of the* [*my*] money のほうが好んで用いられる (cf. *pron.* 1). **2** [総括的に] あらゆる, 一切の, …は皆: **a** [無冠詞の複数名詞と共に]: in ～ directions あらゆる方角に, 四方八方に / in ～ respects あらゆる点で / I am made ～ things to ～ men. 我すべての人にはすべての人のさまに従えり (*1 Cor.* 9: 22) / *All* six men [*All* six of them] arrived late. 6 人が皆遅れて来た. ★ 次の表現法では all は 'every' の意と解される: ～ *kind* [*manner*] *of* people あらゆる種類の人 (all kinds of people). **b** [無冠詞の Uncountable noun と共に]: Not ～ water is good to drink. どの水でも飲めるとは限らない / Life is not ～ happiness. 人生は楽しいことばかりではない. **3** [性質・程度を表わす抽象名詞を修飾して] あらん限りの, 最大の (the greatest possible): with ～ speed 全速力で / in ～ truth 紛れもなく, 正真正銘 / in ～ honesty [sincerity] 誠心誠意. **4** [否定的意味の動詞や前置詞のあとに用いて] 一切の, 何らの (any whatever): He disclaimed ～ knowledge of it. 一切無関係だと言った / beyond ～ doubt [question, dispute] 何らの疑い[問題, 議論]もなく. **5** [修辞的強意法] **a** [補語としての抽象名詞を修飾して] 全く…そのものといった状態で: He suddenly became ～ attention. 急に全身を耳にして謹聴した / I found her ～ gratitude. 彼女は心から感謝している様子だった. **b** [補語または同格語としての身体の一部などを表わす名詞を修飾して] 全身…ばかり[だらけ]で; 全身を…にして: The boy is ～ thumbs. あの子は全くぶきっちょな子だ / He was ～ skin and bones. 全く骨と皮ばかりになっていた / She was ～ ears [eyes]. じっと聞き入って[見つめて]いた / with a face ～ pimples にきびだらけの顔をして. **6** [Predicative に用いて]《方言》〈食物・飲料など〉食べ[飲み]尽くした: The bread [beer] was ～. パン[ビール]は食べ[飲み]尽くされていた / It's ～ any more. もう何もなくなってしまった. **7** [疑問代名詞や人称代名詞の複数の意を示すためそのあとに置く (cf. you-all)]《米口語》: Who ～ went there? だれとだれがそこへ行ったのか / We-*all* had better wait. 我々は待った方がいい.

above all things =above ALL (⇨ *pron.* 成句). ***all that***《口語》それ[あれ]ほどのこと, それ[あれ]くらいのこと(はすべて); (特に) [否定構文に従う比較節内で] そんな[あんな](には…ない), それ[あれ]ほど(までに…ない) (cf. ALL *that* ⇨ *adv.*): It isn't *so* good *as* ～ *that*. それほどにはよくはない / I knew ～ *that* before. それくらいのことは(言われるまでもなく)とっくにわかっていた / ⇨ AND *all that*, FOR *all that*. ***all two***《米方言》二つ[二人]とも (both): The lovers were walking hand in hand, ～ *two* of them. 恋人たちはおそろいで手に手を取って歩いていた. ***of all***…《口語》(驚きを示して)数ある…の中で, こともあろうに…, よりによって…: To me, *of* ～ people! 人もあろうに(よりによって)私にとは! / Why go to Iceland, *of* ～ countries? 国もあろうにどうしてアイスランドなどへ行くのか.

― *pron.* **1** 全部, 総体, 皆: **a** [複数構文 (cf. *adj.* 1 a)]: We ～ [*All of* us, We ～ *of* us] have to go. 皆行かなければならない / Are you ～ ready? 皆さん用意はよいですか / They ～ came together. 皆いっしょに来た / I like them ～. 彼ら[それら]は皆好きです / *All of the* people were happy. 人々は皆喜んでいた (cf. *adj.* 1 b ★ (2)). **b** [単数構文 (cf. *adj.* 1 b)]: *All of the* milk is spilt.=The milk is ～ spilt. 牛乳は皆こぼれている (cf. *adj.* 1 b ★ (2)) / He ate ～ *of* it.=He ate it ～. 皆食べた / We sometimes want to get away from it ～. だれでも時々何もかも(日常の煩わしい)一切のことから逃げ出したくなる / Is that ～? それだけか / *All* I want is to sleep. 眠りたいだけだ / It was ～ I could do to keep standing.《口語》立っているのが精一杯だった. **2 a** [複数構文] すべての(人), 皆の者 (all people): *All* were agreed. 皆賛成だった / *All* are welcome. (皆さんの)ご来聴歓迎. **b** [単数構文] すべて(の物), 万事 (everything): *All* is still. 万物が静まっている; 世間は静まり返った / *All* is over between us. 我々のことはもうこれまでだ / *All*'s well! 万事よし. **3** [ののしりの言葉に付けて nothing の意を強調する]《英》: ⇨ bugger-all, damn-all, sod-all.

above all 何よりも, なかんずく, 何ものにもまして (before everything else). ***after all*** 結局: *After* ～, he was right. 結局彼の言ったことは正しかった / So you've come *after* ～. (何だかんだ言っていたけれど) 結局やって来たわけだね. ***after all is said*** (***and done***) =when ALL *is said* (*and done*). ***all but*** (1) …以外はすべて (all except) (cf. but *prep.*); …は別として: I know the poem by heart, ～ *but* the last verse. 最終節は別としてその詩は暗記している. (2) [副詞的に] ほとんど (almost, nearly): He was ～ *but* dead with fatigue. 疲労のため半死と言ってよい状態だった / I ～ *but* choked. 全く息も止まってしまいそうだった. ★ 形容詞的にも用いる: the state of ～ *but* nudity ほとんど全裸の状態. ***all clear*** ⇨ all clear. ***all in all*** (1) 全体として見て, 大体において, 概して (on the whole): *All in* ～, it was a good game. 全体としていい試合だった. (2) 全体で, 全部で (altogether): He read the proofs five times ～ *in* ～. 校正は全部で

5 回読んだ. (3) 掛け替えのないもの, 最愛の人 (cf. *1 Cor.* 15:28): She was ~ *in* ~ *to* him [was his ~ *in* ~]. 彼女は彼にとって掛け替えのないいとしい人だった. ***all of*** (1) ⇨ 1 a, b. (2)《口語》(数量が)たっぷり…で (fully, as much as): He's ~ *of* six feet tall. 背が 6 フィートもある / It'll cost ~ *of* £10,000. 少なくとも 1 万ポンドはするだろう. (3)《口語》完全に…の状態で: He was ~ *of* a muddle [a tremble, a dither]. すっかりこんがらがって[震え上がって, ぶるぶる身震いをして]いた. ***all one*** ⇨ one *adj.* 3 b. ***all or nothing*** 一か八か. ***and all*** ⇨ and *conj.* 成句. ***at all*** (1) [否定] 少しも, 全然 (in the least): I do*n't* know him *at* ~. 彼を全然知りません / Thank you so much.—*Not at* ~. どうもありがとう—どういたしまして (You're welcome.) / It's *not at* ~ bad.《婉曲》決して悪くはない《まあいいほうだ》/ It's *no* good *at* ~. 全然だめだ. (2) [疑問] 少しでも, 一体 (in any way): Do you know her *at* ~? 一体彼女を知っているのですか / The wonder is that I am here *at* ~. 私がともかく今ここにいるのが不思議だ. (3) [条件] 少しでも, いやしくも: Do it well if you do it *at* ~. どうせやるなら立派にやりなさい / The word is now little used, if *at* ~. その語は今は使われるとしてもまれだ. (4) [肯定] ともかく: We were lucky to win *at* ~. ともかく勝てて幸いだった. ***for all*** ⇨ for 成句. ***in all*** (1) 全部で, 合計で: There were thirty students *in* ~. 全部で学生が 30 人いた. (2) =ALL *in all* (1): *In* ~, the talks were cordial. 全体的に見て会談は友好的なものだった. ***when all is said (and done)*** 結局 (after all). ***with all*** ⇨ with 13 b.

— *n.* **1** [one's ~] 一切の所有物[貴重な物], 全財産; 関心事のすべて, 全精力: He lost *his* ~. 何もかも(一切)失った / It was *my* little ~. それは私のなけなしの全財産だった. **2** [しばしば A-] 全体, 総体 (the whole totality); 宇宙 (the universe).

— *adv.* **1 a** 全く, 全然, すっかり (wholly, entirely): ~ alone 一人ぼっちで; 独力で / ~ at once 突然, にわかに (suddenly) / ~ of a sudden 突然, 突如として / ⇨ *all* TOO / It was ~ covered with mud. すっかり泥まみれだった / She was dressed ~ in white. 白ずくめの服装だった / I'm ~ for that.《口語》それには大賛成だ (cf. for *prep.* 6). ★ (1) しばしば, 続く語句に対する強意語として用いられる: It's ~ out of proportion. 全く不釣り合いだ / That's ~ very fine [well], but…《口語》大変けっこうだ[ありがたい]が…《不満などの口調》. (2) 被修飾語の形容詞と複合語をなすこともある: ⇨ all-powerful, all-important. **b** ただ単に, もっぱら…だけ (exclusively): He spends his money ~ on books. もっぱら本を買うためだけに金を使う. **c** [go ~ …として]《口語》非常に[恐ろしく]…となる: He often *goes* ~ eager. 彼はよくものすごく張り切る. **d** [疑問詞のあとに用いて]《口語》一体, 全体 (ever): *Where* ~ have you been? 一体どこへ行っていたのか / *What's* ~ this (about)? 一体これ[この騒ぎかた]はどうしたことか / Tell me *what* the matter is ~ about. 一体どういうことなのか(事の真相を)教えて下さい. **e**《古》ちょうど, 正に (just). **2** [the+比較級の前に用いて] **a** それだけ(ますます), その分だけ(いっそう) (so much): You'll get ~ *the better* for a rest. ひと休みすれば(それだけ)気分もよくなりますよ. **b**《口語・方言》(…できる)だけ…, …限り: That was ~ *the farther* (=as far as) he could go. 彼の行けるところは精々そこまでだった. **3**《スポーツ》双方とも (each): The score was one ~. 得点は 1 対 1 だった.

all in (1)《口語》疲れ切って (tired out): I was ~ *in* at the end of the day. その日の終わりにはへとへとに疲れてしまった. (2)《英》(経費など)すべてを含めて, 全部で (cf. all-in): It cost £10, ~ *in*. ***all out*** ⇨ out *adv.* 成句. ***all over*** ⇨ over *adv.* 成句. ***all right*** ⇨ all right. ***all that***《口語》[形容詞などの前に置き, 否定・疑問構文で (cf. ALL *that* (*adj.*))] それほどまでに, それほど, そんなに (so very): The car isn't ~ *that* expensive. その車はそんなに高いものではない / Is the problem ~ *that* difficult? 問題はそれほどむずかしいのか. ***All the best!*** ⇨ best *n.* 成句. ***all the better for*** ⇨ better¹ *adv.* 成句. ***all there***《口語》[しばしば否定・疑問構文で] 正気で (sane); 抜け目がない (quick-witted), 万事心得て (well-informed): He is *not* ~ *there*. 正気でない, 頭がおかしい; どこか抜けている. ***all to*** 〘ME *al to* utterly ← *al* 'ALL' (adv.) + *to-* to pieces (< OE *te-, to-* 'DIS-¹')〙《廃》粉微塵に (all to pieces); 完全に, 徹底的に (thoroughly). ***all up*** (1)《口語》万事終わって, 全く窮して, 絶体絶命で (all over): It's ~ *up with* him. 彼はもうだめだ. (2)《印刷》〈原稿が〉すっかり組み上がって.

all- [æl] (母音の前に来る時の) allo- の異形: *all*onym.

al·la bre·ve [ǽlə-brév(ə), ɑ́ːlə-, -bréveɪ | -bréɪveɪ; *It.* allabréːve] 〘⊏ It. ~ 'according to the breve'〙《音楽》— *n.* アラブレーヴェ ($^2/_2$ (まれに $^4/_2$) 拍子; cut time ともいう; 記号 ₵, C); (₵ の記号のついた) $^2/_2$ 拍子の楽節. — *adv., adj.* $^2/_2$ 拍子で[の].

alla cap·pel·la [ǽlə-kəpélə, ɑ́ːlə-; *It.* allakapélla] 〘⊏ It. ~ 'according to (the manner of) the chapel'〙 *adj., adv.*《音楽》=a cappella.

al·lac·tite [əlǽktaɪt] 〘← NL *allact-* (← Gk *allag-* (stem) ← *allássein* to change ← *állos* other) + -ITE¹〙 *n.*《鉱物》アラクタイト ($Mn_7(AsO_4)_2(OH)_8$).

Al·lah [ǽlə, ɑːlɑ́ː | ǽlə, ǽlɑː] 〘(1702) ⊏ Arab. *Allâh*《短縮》← *al-Ilâh* the God: cf. Elohim〙 — *n.* アラー《イスラム教の唯一神》: ~ illa [ílə] ~.=~ il [íl] ~. アラーの外に神はなし.

Al·lah·a·bad [ǽləhəbæ̀d, -bɑ̀ːd | ǽləhəbɑ́ːd, -bǽd; *Hindi* allahabad] *n.* アラハバード《インド中北部, Uttar Pradesh 州の都市; 人口 491,000》.

al·la·man·da [æ̀ləmǽndə] 〘← NL ~ ← *Jean N. S. Allamand* (1713-87: スイスの博物学者)〙 — *n.*《植物》アリアケカズラ《熱帯南米産キョウチクトウ科アリアケカズラ属 (*Allamanda*) の栽培用の植物の総称; アリアケカズラ (*A. cathartica*) など》.

al·la mar·cia [ɑ́ːlə-mɑ́ːtʃɑː, ǽlə-mɑ́ːtʃə | -mɑ́ː-; *It.* allamártʃa] 〘⊏ It. ~ 'according to the march'〙 *adv.*《音楽》アラマルチャ, 行進曲風に.

áll-Américan *adj.* **1** 全米国の, 全米の; 〈選手・チームが〉全米代表[選抜]の: an ~ championship 全米選手権. **2** 全部米国人から成る; 全部アメリカ的要素から成る; 〈製品が〉純米国製の. **3** 〈人などが〉(よい意味で)真にアメリカ的な. **4** 完全に米国(領域)内の; 全米州 (Americas) の. — *n.* 全米代表[選抜]選手[チーム].

Al·lan [ǽlən] 〘⇨ Alan〙 *n.* 男性名.

Al·lan-a-Dale [ǽlənədéɪl] *n.* アラナデール《英国の伝説的義賊 Robin Hood の手下で Robin Hood の助力により金持ちの老騎士から恋人を奪い返してもらったという陽気で歌好きな青年; Walter Scott 作の小説 *Ivanhoe* にも出る》.

al·lan·ite [ǽlənàɪt] 〘← *Thomas Allan* (1777-1833: 英国の鉱物学者): ⇨ -ite¹〙 — *n.*《鉱物》褐簾(かつれん)石《緑簾石の一種; 少量のランタン・セリウム・イットリウム・トリウムなどを含む》.

al·lant- [əlǽnt] (母音の前に来る時の) allanto- の異形.

al·lan·to- [əlǽntə(ʊ), ælǽn-, ælǽn- | -tə(ʊ)] 〘← NL ~ ← Gk *allântos, allâs*: ⇨ allantoid〙 — 次の意味を表わす連結形: **1**「尿膜の (allantoic)」. **2**「ソーセージ (sausage)」. ★ 母音の前では通例 allant- になる.

al·lan·to·ic [æ̀ləntóʊɪk, ælæn- | -tóʊ-] 〘⇨ ↑, -ic¹〙 *adj.* 尿膜の: the ~ sac [membrane] 尿膜.

al·lan·toid [əlǽntɔɪd, -toʊɪd, -toʊəd | -tɔɪd, -təʊɪd] 〘⊏ F *allantoïde* ⊏ Gk *allantoeidḗs* sausage-shaped ← *allântos, allâs* sausage: ⇨ -oid〙 — *adj.* **1** 尿膜[尿嚢(にょうのう)]に関する[の]. **2** ソーセージ形の (sausage-shaped). — *n.*《解剖》=allantois.

al·lan·to·in [əlǽntoʊɪn, -ən | -təʊɪn] 〘⊏ ? G ~ ← NL *allantois* (↓): ⇨ -in¹〙 — *n.*《化学》アラントイン ($C_4H_6N_4O_3$)《哺乳動物の尿および植物中に多く見出される針状晶の物質; 外傷薬に用いる》.

al·lan·to·is [əlǽntoʊɪs, -əs, -tɔɪs | -təʊɪs, -tɔɪs] 〘(1646) ← NL ~ ← Gk *allantoeidḗs*: ⇨ allantoid〙 — *n.* (*pl.* **-to·i·des** [æ̀ləntóʊədìːz, ælæn-, -tɔ́ɪdìːz | -tóʊɪdìːz, -tɔ́ɪdìːz])《解剖》尿膜, 尿嚢(にょうのう).

al·la pri·ma [ǽlə-príːmə, ɑ́ːlə-; *It.* allapríːma] 〘⊏ It. ~《原義》at the first〙 *n.*《美術》アッラプリマ《下描きも下塗りもしないで一気に仕上げてしまう手法》.

al·lar·gan·do [ɑ̀ːlɑːgɑ́ːndoʊ | -lɑːgǽndəʊ; *It.* allargándo] 〘⊏ It. ~ 'making slow'〙 *adv.*《音楽》=largando.

áll-aróund *attrib. adj.*《米》=all-round.

al·la·tive [ǽlət̬ɪv | -tɪv] 〘← L *allātus* (← *al-* 'AD-' + *lātus* ((p.p.) ← *ferre* to bring)) + -IVE〙《文法》— *adj.* 向格の: the ~ case 向格《フィンランド語にみられ場所・目標に向かう運動を表わす》. — *n.* 向格(の形態).

al·la tur·ca [ǽlə-túəkə, ɑ́ːlə-, -tə́ː- | -túə-, -tə́ː-; *It.* allatúrka] 〘⊏ It. ~ 'in the Turkish manner'〙 *adv., adj.*《音楽》トルコ風に[の].

al·la vos·tra sa·lu·te [ǽlə-vɔ́(ː)strə-səlúːteɪ, ɑ́ːlə-, -vɑ́s- | -vɔ́s-; *It.* allavóstrasalúːte] 〘⊏ It. ~ 'to your health'〙 *It. int.* 君の健康のために《乾杯の言葉》.

al·lay [əléɪ] 〘OE *ālecgan* to put down ← A-² + *lecgan* 'to LAY¹'〙 — *vt.* **1** 〈騒動・興奮・怒りなどを〉静める (calm). **2** 〈苦痛・心配などを〉やわらげる, 軽減する (alleviate). **~·ment** *n.*

áll-bláck *adj.* 黒人だけの, 黒人専用の (cf. all-white): an ~ church, school, etc.

Áll Bláck *n.*《口語》**1** [the ~s] オールブラックス《国際試合出場のニュージーランドラグビーチーム; ユニフォームが黒色》. **2** オールブラックスの選手.

áll-Brítish *adj.* 全英国を代表する, 全英の: an ~ soccer team 全英サッカーチーム.

All·butt [ɔ́ːlbət | ɔ́ːl-, ɔ́l-], Sir (**Thomas**) **Clifford** *n.* (1836-1925) 英国の医学者.

áll cléar 〘cf. clear (adj.) 8 b〙 *n.* [通例 the ~] **1** 空襲警報解除のサイレン[合図]: *The* ~ was sounded. **2** 危険は去った[着手してもよい]という合図[言葉]: He gave me *the* ~.

áll-cóurt *adj.*《テニス》〈試合など〉オールコートの《ベースラインでのプレーとネットでのプレー双方を含む》: an ~ game.

áll-dáy *attrib. adj.* **1** 一日中の, 終日の: an ~ excursion 一日がかりの遠出 / an ~ café 終日営業のカフェ. **2**《新聞》終日刊の《朝刊とか夕刊だけでなく一日に何回も版を改める》.

áll-dày súcker *n.*《米》細い棒の先につけた堅い大型のキャンデー《なかなか減らない; cf. lollipop》.

al·le·ga·tion [æ̀lɪgéɪʃən, æ̀lə- | æ̀lɪ-, æ̀le-] 〘(?a1425) ⊏ (O)F *allégation* // L *allēgātiō(n-)* dispatching a mission ← *allēgāre* to lelegate ← *al-* 'AD-' + *lēgāre* to commission (⇨ legate¹)〙 — *n.* **1** (十分な証拠のない)主張, 断言; 言い立て, 弁明: make an ~. **2**《法律》(立証しようとする事実についての)申し立て, 主張, 陳述.

al·lege [əlédʒ] 〘(c1300) *allegge(n)* to bring forward as evidence ⊏ AF *aleg-ier* ← OF *esligier* to disengage < VL *exlītigāre to free from a lawsuit ← EX-¹ + *lītigāre* 'to LITIGATE' ∽ ME *aleie(n)* to allege ⊏ OF *alei-er* < L *allēgāre* (↑)〙 — *vt.* **1** (はっきりした証拠なしに)〈事を〉〈事実だと〉主張する, 断言する: ~ a fact / He ~*d* it *as* true.=He ~*d that* it was true. それは本当だと主張した / It is ~*d that* he stole the wallet. 彼がその札入れを盗んだと言われている / He was ~*d to* be a spy. スパイだと言われていた. **2** (理由などとして)言い立てる, 言い訳として述べる (plead): He ~*d* illness *as* a reason for his absence.=He ~*d that* he had been absent because he was ill. 欠席したのは病気のためだと言い訳をした. **3**《古》(法廷で宣誓して)〈事実を〉陳述する, 申し立てる. **4**《古》(権威づけ・確証などのために)引き合いに出す, 引用する (cite) 〔*for, against*〕. **al·lég·er** *n.*

al·léged *adj.* **1** (勝手に…と)言い立てられた: an ~ criminal 犯罪人と言われる人. **2** いわゆる; 疑わしい (questionable): his ~ friends 彼の言うところの友達 / an ~ cure for cancer 癌の怪しげな治療薬.

al·lég·ed·ly [-dʒɪdli, -dʒəd- | -lɪ] 〘(1874)〙 — *adv.* 申し立てによると, 伝えられるところによれば: ~ clean politics いわゆるきれいな政治 / The money was ~ stolen in transit. その金は輸送中に盗まれたことになっている.

Al·le·ghe·ny [æ̀ləgéɪni, -géni | ǽlɪgèni] 〘← N-Am.-Ind. (Delaware) ? *welhik-*[*oolik-*] *hanna* beautiful river〙 — *n.* **1** [the ~] 米国 New York 州南西部から Pennsylvania 州西部を通り Pittsburgh で Ohio 川に合流する川 (523 km). **2** [the Alleghenies] =Allegheny Mountains.

Alleghény bárberry *n.*《植物》=American barberry.

Alleghény Móuntains *n. pl.* [the ~] アレゲーニー山脈《米国 Pennsylvania, Maryland, West Virginia, Virginia 各州にまたがる山脈で, Appalachian 山系の一部; the Alleghenies ともいう》.

Alleghény spúrge *n.*《植物》米国 Allegheny 山脈地方原産のツゲ科フッキソウ属の低木状多年草 (*Pachysandra procumbens*).

al·le·giance [əlíːdʒəns] 〘(c1399) *al(l)egeaunce* ← ? *a(l)-* 'AD-' + OF *ligeaunce* (← *lige* 'LIEGE')〙 — *n.* **1** 〔君主・国家に対する〕忠誠 (loyalty) 〔*to*〕; (封建時代の)臣従の義務, 忠義, 忠節: an oath of ~ 忠誠[臣従, 帰順]の誓い / pledge [swear] ~ *to* …に忠誠を誓う. **2** 〔人・主義などに対する〕忠実, 献身 (devotion) 〔*to*〕: The critic owes no ~ *to* anything but *to* truth. 批評家は真理にしか忠誠を誓う必要はない.

al·le·giant [əlíːdʒənt] 〘← ALLEGI(ANCE) + -ANT〙 *adj.* 忠義な, 忠節[忠実]な (loyal) 〔*to*〕. — *n.* 忠誠[忠義]を尽くす人.

al·le·gor·ic [æ̀lɪgɔ́(ː)rɪk, æ̀lə-, -gɑ́r- | æ̀lɪgɔ́r-, æ̀lə-, æ̀le-] 〘(c1395) ⊏ (O)F *allégorique* // L *allēgoricus* ⊏ Gk *allegorikós*: ⇨ allegory, -ic¹〙 *adj.* =allegorical.

al·le·gor·i·cal [æ̀lɪgɔ́(ː)rɪkəl, æ̀lə-, -gɑ́r-, -rə- | æ̀lɪgɔ́rɪ-, æ̀lə-, æ̀le-] 〘(1528): ⇨ ↑, -al¹〙 — *adj.* **1** 寓話(ぐうわ)(的)の; 風喩(ふうゆ)の, 寓意的な, 比喩的な. **2** 〈聖典のテキストが〉寓意を含む. **~·ly** *adv.*

ál·le·gò·rism [-rɪzm] *n.* 寓意(ぐうい)の使用; 寓意的な解釈.

ál·le·go·rist [-rɪst, -rəst | -rɪst] *n.* 寓話(ぐうわ)作者; 寓意を用いる人; 寓意的解釈者.

al·le·go·ris·tic [æ̀lɪgɔːrístɪk, æ̀lə-, -gɔ̀ːr-, -gər- | æ̀lɪgər-, æ̀lə-, æ̀le-] *adj.* 寓意(ぐうい)的な, 寓意を用いる; 寓意的に解釈する.

al·le·go·rize [ǽlɪgəràɪz, ǽlə-, -gɔːr-, -gər- | ǽlɪgər-, ǽlə-, ǽle-] 〘(c1456) ⊏ L *allēgorizāre* ← *allēgoria* (↓): ⇨ -ize〙 — *vt.* **1** 寓話(ぐうわ)化する. **2** 寓意的に解する. — *vi.* 風喩(ふうゆ)を用いる. **al·le·go·ri·za·tion** [æ̀lɪgərɪzéɪʃən, æ̀lə-, -gɔ̀ːr-, -gər-, -rə- | æ̀lɪgəraɪ-, æ̀lə-, æ̀le-, -rɪ-] *n.* **ál·le·go·rìz·er** *n.*

al·le·go·ry [ǽlɪgɔ̀ːri, ǽlə-, -gɔ̀ːri | ǽlɪgəri, ǽlə-, ǽle-] 〘(c1384) ⊏ (O)F *allégorie* // L *allēgoria* ⊏ Gk *allēgoría* speech made otherwise than one seems to speak ← *allēgoreîn* to speak otherwise ← *állos* other + *agoreúein* to speak in the assembly (← *agorá* assembly ← IE *ger- to gather)〙 — *n.* **1**《修辞》アレゴリー, 寓喩(ぐうゆ), 風喩(法). **2** 寓意物語, 寓話, たとえ話 (cf. fable 1 a). **3 a** 寓意的なもの; 寓意を含む絵(など). **b** 象徴 (emblem).

al·le·gret·to [æ̀ləgrétoʊ, ɑ̀ːl- | æ̀lɪgrétəʊ, æ̀le-; *It.* allegrétto] 〘⊏ It. ~ (dim.): ↓〙《音楽》— *adj., adv.* アレグレット, やや快速な[に]《allegro と andante の中間》. — *n.* (*pl.* ~**s**) アレグレットの曲[楽章, 楽節]; アレグロの小品.

al·le·gro [əlégroʊ, əléɪg- | əléɪgrəʊ, æl-, -lég-; *It.* allégro] 〘(1632) ⊏ It. ~ 'cheerful, gay' ← L *alacer* brisk ← IE *al- to wander〙 — *adv.*《音楽》アレグロ, 快速に《presto と allegretto との中間》. — *adj.* **1**《音楽》アレグロ, 快速な. **2**《言語》(日常多用されるために語または句が)短縮された (例: yes madame → yes'm). **3**《音声》急速調の. — *n.* (*pl.* ~**s**) **1**《音楽》アレグロ(の曲[楽章, 楽節]). **2**《音声》急速調《発話の速度の速いこと; cf. lento》.

al·lele [əlíːl] 〘⊏ G *Allel*《短縮》← ALLELOMORPH〙 *n.* (*also* **al·lel** [əlél])《生物》対立遺伝子, 対立因子, 対立形質. **al·le·lic** [əlíːlɪk, əlél-] *adj.*

áll-eléctric *adj.* 〈住宅など〉(光熱用に)電気だけを使用する, 全電力の.

al·le·lism [əlíːlɪzm, əlél-] *n.* 〖生物〗対立, 対立性.

al·lel·o- [əléloʊ, əlíːl- | -lə(ʊ)] 〘← Gk *allḗlōn* of one another ← *állos* other〙「代わりの, 対立する; 相互の, 相反の」の意の連結形.

al·lel·o·morph [əléləmɔ̀ːf, əlíːl- | -mɔ̀ːf] 〘⇨ ↑, -morph〙 *n.* 〖生物〗=allele. **al·lel·o·mor·phic** [əlèləmɔ́ːfɪk, əlìːl- | -mɔ́ː-] *adj.*

allelomórphic géne *n.* 〖生物〗対立遺伝子, 対立因子.

al·lél·o·mòr·phism [-fɪzm] *n.* 〖生物〗=allelism.

al·le·lu·ia [æ̀ləlúːjə | æ̀lɪ-] 〘(*a*1200) ▭ L *allēlūia* ▭ Gk *allēloúia* ▭ Heb. *halᵉlū-yāh* praise ye Yahweh: ⇨ hallelujah〙 (*also* **al·le·lu·iah** [~]) — *int., n.* = hallelujah.

Al·le·lu·iát·ic Séquence [æ̀ləluːjǽtɪk- | æ̀lɪluː-jǽt-] 〘▭ L *allēluiatic-us* ← *allēlūia* (↑)〙 — *n.* [the ~] 〖カトリック〗アレルヤ続誦《ミサ典礼でトラクトス(詠誦)に続いて唱えられるものに対して, アレルヤ誦に続いて唱えられる歓喜の賛美歌をいう》.

al·le·mande, A- [ǽləmæ̀n(d), -mən(d), -mɑ̀ːnd | ǽlmɑ̃ː(n)d, -mɔ̃ː(n)d, -mɑːnd, -mɔ(ː)nd; *F.* almɑ̃ːd] 〘▭ F ~ (fem.) ← *allemand* German〙 — *n.* **1** 〖ダンス〗アルマンド: **a** 17-18 世紀にフランス宮廷で行なわれたドイツ舞踏に由来するダンス. **b** カドリール (quadrille) 中の型の一つ. **c** ドイツ[スイス]のフォークダンス. **2** 〖音楽〗アルマンド舞曲《舞踏音楽から様式化されて古典組曲 (suite) の重要な構成要素となった》. **3** =allemande sauce.

állemande sàuce, A- s- *n.* アルマンドソース《ホワイトソース (white sauce) に卵黄と生クリームを加えた濃厚なソース》.

áll-embrácing *adj.* 総てを包含する, 総括[包括]的な, 完全な: an ~ love, responsibility, etc.

al·le·mont·ite [æ̀ləmɑ́ntaɪt | æ̀lɪmɔ́n-] 〘▭ F ~ ← *Allemont* (発見地であるフランスの地名)+-ITE¹〙 *n.* 〖鉱物〗アレモンタイト, アレモン石 (SbAs).

Al·len [ǽlən | ǽlən, ǽlɪn] 〘(異形) ← ALAN〙 *n.* 男性名.

Allen, Ethan *n.* (1738-89) 米国独立戦争に活躍した米国軍人; Vermont の不正規義勇軍 Green Mountain Boys の首領.

Allen, Frederick Lewis *n.* (1890-1954) 米国のジャーナリスト; *Only Yesterday* (1931), *Since Yesterday* (1940), *The Big Change* (1952).

Allen, James Lane *n.* (1849-1925) 米国の小説家; *A Kentucky Cardinal* (1894).

Allen, (William) Her·vey [hɔ́ːvi | hɔ́ːvɪ] *n.* (1889-1949) 米国の作家; *Anthony Adverse* (1933).

al·lene [ǽliːn] 〘(短縮) ← ALLYLENE〙 *n.* 〖化学〗アレン ($CH_2{=}C{=}CH_2$)《ジオレフィンの一種; propadiene, sym-allylene ともいう》.

Al·len·town [ǽləntàʊn | ǽlɪn-, ǽlən-] 〘← *William Allen* (1704-80: アメリカの弁護士・商人)+TOWN〙 *n.* 米国 Pennsylvania 州の都市; 人口 107,000.

al·ler·gen [ǽlədʒən | ǽlə-] 〘(1912) ▭ G ~ ← *Allergie* 'ALLERGY'+-GEN〙 *n.* 〖医学〗アレルゲン《アレルギーを起こす物質》.

al·ler·gen·ic [æ̀lədʒénɪk | æ̀lə-] 〘← ALLER(GY)+-GENIC〙 *adj.* アレルギー誘発(性)の, アレルギーを起こす.

al·ler·gic [əlɔ́ːdʒɪk, æl- | əlɔ́ː-] 〘(1911) ← ALLERGY+-IC¹〙 — *adj.* **1** アレルギー(性)の; アレルギーにかかった, アレルギー体質の: an ~ disease アレルギー(性)疾患 / develop an ~ reaction (to…) (…に対し)アレルギー反応を起こす / be ~ *to* pollen 花粉アレルギーである. **2** 《口語》〔…に〕神経過敏な; 〔…が〕大きらいで〔*to*〕: be ~ *to* airplanes [smoking, work] 飛行機[たばこ, 仕事]が大きらいである.

allergic to blondes 《米俗・戯言》女好きで.

al·ler·gin [ǽlədʒɪn, -dʒən | ǽlədʒɪn] 〘(変形) ← ALLERGEN〙 *n.* 〖医学〗=allergen.

ál·ler·gist [-dʒɪst, -dʒəst | -dʒɪst] *n.* アレルギー専門医.

al·ler·gy [ǽlədʒi | ǽlədʒɪ] 〘(1911) ▭ G *Allergie* ← ALLO-+-*ergie* '-ERGY': オーストリアの小児科医 Clemens von Pirquet (1874-1910) の造語〙 — *n.* **1** 〖病理〗**a** アレルギー〔*to*〕: an ~ *to* pollen 花粉に対するアレルギー. **b** 〔2回目以後の注射・服薬などに対する〕アレルギー[異常]反応〔*to*〕(cf. anaphylaxis, idiosyncrasy). **2** 《口語》大きらいなこと, 毛ぎらい (antipathy)〔*to*〕: have an ~ *to* study 勉強が大きらいである.

al·le·ri·on [əlí(ə)riən, -ɑ̀n | əlíəriən, -ɔ̀n] *n.* 〖紋章〗=alerion.

al·le·thrin [ǽləθrɪn, -θrən | ǽlɪθrɪn] 〘← ALL(YL)+(PYR)ETHRIN〙 *n.* 〖化学〗アレスリン ($C_{19}H_{26}O_3$)《イエバエなどに速効性のある合成殺虫剤》.

al·lette [əlét, æl-; *F.* alɛt] *n.* =alette.

al·le·vi·ate [əlíːvièɪt, æl- | -vɪ-] 〘(?*a*1425) ← L *alleviāt-us* (p.p.) ← *alleviāre* ← *al-* 'AD-'+*levāre* to lighten: ⇨ levity〙 — *vt.* **1** 〈苦痛・苦悩を〉軽減する, 軽くする, 楽にする (relieve); 〈厄介な状態などを〉緩和する: ~ poverty 貧困を減らす. **2** 《古》〈罪などを〉軽減[酌量]する (extenuate).

al·le·vi·a·tion [əlìːviéɪʃən, æl- | əlìːvɪ-] 〘(15C): ⇨ ↑, -ation〙 *n.* 軽減, 緩和; 軽減するもの.

al·le·vi·a·tive [əlíːvièɪtɪv, æl-, -viəṭ- | əlíːvɪèɪt-, -vɪət-] *adj.* 軽減的な, 緩和的な, 慰藉(いしゃ)の. — *n.* 軽減[緩和]するもの.

al·lé·vi·à·tor [-ṭə | -tə(r)] *n.* **1** 軽減者; 慰めとなる物, 緩和するもの. **2** (水力装置の)緩衝器.

al·le·vi·a·to·ry [əlíːviətɔ̀ːri, -tɔ̀ri | -vɪèɪtərɪ] *adj.* = alleviative.

áll-expénse *adj.* 全費用スポンサー負担の; 全費用払込み済みの, 全費用込みの: an ~ tour パック旅行.

al·ley¹ [ǽli | ǽlɪ] 〘(1360-61) *alei(e)* ▭ OF *alee* (F *allée*) passage (fem. p.p.) ← *aler* to go < L *ambulāre* to walk: cf. amble〙 — *n.* **1** (庭園・公園などの)細道, 小道. **2** 横町, 路地, 小路(こうじ); 裏通り: ⇨ blind alley. **3** (skittles などの)球戯場. **4** 〖ボウリング〗**a** レーン (lane); [時に *pl.*] ボーリング場. **b** =bowling green. **5** 《米》〖テニス〗アレー《ダブルスコートのサイドラインとサービスサイドラインの延長線の間の区画; 内側の線はシングルスコートのサイドラインをなす; cf. tramline 3》. **6** 《方言》=aisle 1 b.

up* [*down*] *one's alley 《俗》好み[性(しょう)]に合って, 得意とするところで, 打ってつけで.

al·ley² [ǽli | ǽlɪ] 〘(1720) (短縮) ← ALABASTER〙 *n.* (大理石などの)上等のビー玉 (cf. blood alley): play ~s.

álley càt *n.* 《米》 **1** (裏通りをうろつく)野良猫. **2** 《俗》売春婦,「路地の女」.

Al·leyn·i·an [əléɪniən, æl-, -njən | -njən, -nɪən] 〘← *Edward Alleyn* (1566-1626: 有名な俳優で, 同校の創立者)+-IAN〙 *adj., n.* 《英》(London 南部の Dulwich [dʌ́lɪdʒ, -tʃ] にある) Dulwich College の(生徒[卒業生]).

al·ley-oop [ǽliúːp | ǽlɪ-] 〘← F *allez* ((imper.) ← *aller* to go)+*oop* (← ?)〙 *int.* よいしょ, どっこいしょ《重い物を持ち上げたり立ち上がったりする時の発声》.

álley·wày *n.* **1** 裏通り, 横町. **2** 狭い通路.

Al·lez vous en! [æ̀leɪvuːzɑ̃ː(ŋ), -zɔ̃ː(ŋ), -zɑ́ːŋ, -zɔ́(ː)ŋ; *F.* alevuzɑ̃] 〘▭ F ~ 'Away with you!'〙 *F.* 行ってしまえ (Go away!).

Áll-fàther *n.* [the ~] 最高神, 主神, 神.

áll-fìred 〘(変形) ← HELL-FIRED〙 《米俗》 *adj.* ひどい, 非常な, べらぼうな (excessive): What an ~ fool! — *adv.* ひどく, べらぼうに: ~ important.

áll fíves *n. pl.* [単数扱い] 〖トランプ〗オールファイブ (all fours の一種で, 切札の 5 が 5 点; cf. pedro).

Áll Fóols' Dày 〘(1712)〙 *n.* =April Fools' Day.

áll fóurs *n. pl.* **1** 四肢, (獣の)四足, (人の)両手両足. **2** 〘(変形) ← *all four cards*〙[単数扱い] 〖トランプ〗オールフォア《2-4 人で遊ぶ古い英国のゲームで seven-up, cinch, auction pitch などの前身; high (最高の切札), low (最低の切札), jack (切札のジャック), game (獲得した絵札) の 4 役に対して得点が与えられる; high-low-jack ともいう》.

on all fours (1) (人や獣など)四つんばいで: go [run] *on* ~ 四つんばいで行く[走る]. (2) 〔…と〕ぴったり合って, 完全に一致して〔*with*〕.

áll-gírl *adj.* 〈チームなど〉女子選抜の: an ~ team.

All·hal·low·mas [ɔ̀ːlhǽloʊməs, -lə-, -məs | -lə(ʊ)-] 〘ME *Alhalwemesse* < OE *ealra hālgena mæsse* 《原義》all saints' mass〙 *n.* =Hallowmas.

All·hal·lows [ɔ̀ːlhǽloʊz, -ləz | -ləʊz] 〘ME *alhalwes* < OE *ealle halgan*: ⇨ all, hallow¹〙 *n.* (*pl* ~) = Hallowmas.

Allhállows éve [Éve] *n.* =Halloween.

Àll·hállow·tìde 〘(*c*1300): ⇨ tide¹〙 *n.* 《古》諸聖人の祝日 (Allhallows) の季節.

áll·hèal 〘← ALL+HEAL: この種の植物はすべての傷に効能があるとされたことから: cf. panacea〙 *n.* 〖植物〗 **1** カノコソウ (valerian). **2** =self-heal.

al·li·a·ceous [æ̀liéɪʃəs | æ̀lɪ-] 〘(1792) ← L *allium* garlic (⇨ allium)+-ACEOUS〙 *adj.* **1** 〖植物〗ネギ属 (*Allium*) の. **2** ねぎ[にんにく, にら]くさい.

al·li·ance [əláɪəns, æl- | əl-] 〘(*c*1300) *alia(u)nce* ▭ OF *aliance* (F *alliance*) ← *alier* 'to ALLY¹': ⇨ -ance〙 — *n.* **1** 同盟 (union); 同盟条約: an offensive and defensive ~ 攻守同盟 / a dual [triple, quadruple] ~ 二[三, 四]国同盟 / form [enter into] an ~ *with* … と同盟[提携]する / in ~ *with* … と連合[結託]して. **2** 協力, 協調: an ~ *between* church and state. **3** 縁組: arrange an ~ 縁組を世話する. **4** 同盟国; 縁組した人たち. **5** 類似, 共通点 (affinity): an ~ *between* logic and metaphysics. **6** 〖植物〗群団《種類・組成のよく似た群集を統合したもの》.

Alliance for Progress [the —]「進歩のための同盟」《米国海外援助の一環として 1961 年に発足したラテンアメリカ開発援助協定》.

allíance rìng *n.* (新郎新婦のイニシアルと結婚の日付を刻み込んだ)二つの環を組合せた結婚指輪.

al·lied [ǽlaɪd, əláɪd, æl-] 〘ME: (p.p.) ← ALLY¹〙 — *adj.* **1** 同盟している. **2** [A-] 連合国の: the *Allied* Forces 連合軍. **3** 縁組して: The two families are ~. **4** 同類の, 類似の: history and ~ subjects 歴史および同系の学科 / ~ animals 同類の動物.

Allied and Associated Powers [the —] (第一次大戦に米国が参加した後の)反中央連合諸国 (⇨ allies 2).

Al·lier [æljéɪ; *F.* alje] *n.* **1** アリエ(県)《フランス中部の県; 人口 388,000, 面積 7,381 km²; 首都 Moulins [mulɛ̃]》. **2** [the ~] アリエ(川)《フランス南部から北流して Loire 川に注ぐ (410 km)》.

al·lies [ǽlaɪz, əláɪz, æl-] 〘(pl.) ← ALLY¹〙 — *n. pl.* **1** 同盟国; 同盟者. **2** [the A-] **a** 連合国《第一次大戦でドイツなど中欧諸国 (Central Powers) に対抗した英国・フランス・ロシヤその他の連合諸国 (⇨ ALLIED and Associated Powers); 第二次大戦では枢軸国 (the Axis) と対抗した中国・フランス・英国・米国・ソ連などの諸国 (United Nations)》. **b** NATO 加盟諸国.

al·li·ga·tion [æ̀lɪgéɪʃən, æ̀lə- | æ̀lɪ-] 〘▭ L *alligātiō(n-)* ← *alligāre* to bind to ← *al-* 'AD-'+*ligāre* to bind (cf. ligament)〙 — *n.* 〖数学〗混合法《品質の違うものを混合して, 目指す品質のものを作り出すための算法》.

al·li·ga·tor [ǽlɪgèɪṭə, ǽlə- | ǽlɪgèɪtə(r)] 〘(1568) (廃) (*a*)*lagarto* ▭ Sp. *el lagarto* ← *el* the (< L *ille* that)+*lagarto* lizard (< L *lacertum* 'LIZARD'): 英語の形は L *alligāre* (↑) の影響〙 — *n.* **1** 〖動物〗**a** アリゲーター《ワニ科アリゲーター属 (*Alligator*) のワニの総称; 米国南東部産のミシシッピーワニ (American alligator) および中国産の南北緯 30 度より高緯度にすむヨウスコウワニ (*A. sinensis*); cf. crocodile 1》. **b** =caiman. **c** =loricate. **2** わに革: a handbag of ~. **3** 〖機械〗アリゲーター, わにはだ《わにの口のようにかみ合うベルトの綴じ合わせに用いる金具》. **4** 《米軍俗》水陸両用装軌車. **5** 《米俗》スイング音楽狂. — *attrib. adj.* アリゲーターの(ような); 〈布など〉わに皮模様の; 〈工具など〉わに口の. — *vi.* **1** 〈ペンキ・ニスなどが〉わに皮のようにひび割れする. **2** 〖冶金〗〈圧延金属板が〉端がさけて口をあける.

álligator àpple 〘この果実の皮がワニのそれに類似しているところから〙 *n.* 〖植物〗=pond apple.

álligator clìp *n.* 〖電気〗わに口クリップ《わにのあご状の端子》.

álligator gàr *n.* 〖魚類〗アリゲーターガー (*Lepisosteus spatula*)《米国中部の河川に産するレピソステウス科のガー (gar) の一種; 体長 3 m に達する》.

Al·li·ga·tor·i·dae [æ̀lɪgətɔ́(ː)rədiː, æ̀lə-, -tɑ́r- | æ̀lɪ-gətɔ́rɪ-] 〘← NL ~ ← *Alligator* (属名: ⇨ alligator)+-IDAE〙 *n. pl.* 〖動物〗アリゲーター科.

álligator lìzard *n.* 〖動物〗北米・中米産のアリゲーターに似た小型のトカゲの総称《カキネハリトカゲ (*Sceloporus undulatus*) やアリゲータートカゲ属 (*Gerrhonotus*) の動物など》.

álligator pèar 〘ワニの生息地に生えているところから〙 *n.* 〖植物〗=avocado 2.

álligator shèars *n. pl.* 〖機械〗わに口シヤー (lever shears).

álligator snàpper [tùrtle, tèrrapin] *n.* 〖動物〗 **1** ワニガメ (*Macrochelys temminckii*)《北米 Mexico 湾に注ぐ河川に産する巨大なカメ; 尾がワニに似て体長 1 m, 重さ 100 kg にも達する; loggerhead ともいう》. **2** =snapping turtle 1.

álligator tòrtoise *n.* 〖動物〗=snapping turtle 1.

álligator wampèe *n.* 〖植物〗=pickerelweed.

álligator wrènch *n.* 〖機械〗わに口スパナ.

áll-impórtant *adj.* 大いに重要な, 肝要な: the ~ thing 最重要事項.

áll-ín *adj.* **1** 《英》全部を含んだ (all-inclusive): an ~ price 込み値段 / ~ insurance 〖保険〗全危険担保保険. **2** 〈努力など〉惜しみない, 決然たる. **3** 〖レスリング〗制限なしの, フリースタイルの: ~ wrestling. **4** 〖ジャズ〗総出演の, 総奏の; アンサンブル演奏の.

áll-inclúsive *adj.* 全部を含んだ, 包括的な: an ~ price. **~·ness** *n.*

áll-inclúsive cóncept *n.* 〖会計〗包括主義《期間利益の計算に前期損益修正や臨時損益項目をも含めるとする考え方; cf. current operating performance concept》.

áll-in-óne *n.* =corselet².

al·li·sion [əlíʒən, æl-] 〘▭ LL *allisiō(n-)* ← L *allisus* (p.p.) ← *allīdere* to strike against ← *al-* 'AD-'+-*līdere* (← *laedere* to hurt): ⇨ lesion〙 — *n.* 〖法律〗(停泊中の船への)船の衝突《相手が航行中の場合の衝突 (collision) に対する語》.

al·lit·er·ate [əlíṭərèɪt, æl- | -lít-] 〘(1816) (逆成) ↓〙 〖修辞〗 — *vi.* **1** 頭韻法を用いる. **2** 〈語が〉頭韻を踏む, 頭韻体をなす: 'High' ~*s with* 'harp.' — *vt.* 〈ある音を〉頭韻に用いる: Coleridge ~*s* the 'f's' and 'b's' in the lines 'The *f*air *b*reeze *b*lew, the white *f*oam *f*lew, The *f*urrow *f*ollow'd *f*ree.' **al·lít·er·à·tor** [-ṭə | -tə(r)] *n.*

al·lit·er·a·tion [əlìṭəréɪʃən, æl- | -tə-] 〘(1656) ▭ ML *alliterātiō(n-)* ← *al-* 'AD-'+*littera* 'LETTER'〙 — *n.* 〖詩学・修辞〗頭韻(法), アリタレーション《一連の数語が同音もしくは同字で始まることにより一種の文体的効果をあげる技巧; ゲルマン語の本来の詩的技巧の一つで, 古期英語や中期英語で盛んに用いられた; 例: *C*are *k*illed the *c*at. / *a*pt *a*lliteration's *a*rtful *a*id》.

al·lit·er·a·tive [əlíṭərèɪṭɪv, æl-, -rəṭ- | -rət-, -rèɪt-] 〘(1764): ⇨ ↑, -ative〙 *adj.* 〖詩学・修辞〗頭韻を踏んだ, 頭韻体の, 頭韻的な: ~ verse 頭韻詩. **~·ly** *adv.*

al·li·um [ǽliəm | ǽlɪ-] 〘▭ L *allium, ālium* garlic, 《原義》the bulbous plant ← ?〙 — *n.* 〖植物〗ネギ属 (*Allium*) の植物の総称《ネギ (*A. fistulosum*), タマネギ (*A. cepa*), ニンニク (*A. sativum*) など, においの強い球根植物; cf. alliaceous》.

áll-knówing *adj.* 全知の.

áll-níght *adj.* **1** 終夜の, 徹夜の: ~ negotiations 夜を徹しての交渉 / an ~ train service 列車の終夜運転. **2** 終夜営業の: an ~ snack bar.

áll-níght·er [-ṭə | -tə(r)] *n.* 徹夜する人; 徹夜の会議[勝負, ゲームなど]; 終夜営業店.

al·lo- [ǽloʊ, ǽlə | ǽlə(ʊ)] 〘▭ Gk ~ ← *állos* other: ⇨ alias〙 **1**「異なる, 他の; 異質の, 異形の…; …の変種」の意の連結形: *allo*merism, *allo*phone. **2**「立体異性体を示す」の意の連結形《より安定な異性体を指すこともある》. ★ 母音の前では通例 all- になる.

Al·lo·a [ǽloʊə | ǽləʊə] 〚《15C》 *Alway* ← ? Gael. *all-bheach* rocky ← *ailbhe* rock〛 ― *n.* スコットランド中部, Central 州東部の都市で, 旧 Clackmannanshire 州の首都; 人口 14,000.

al·lo·bar [ǽlo(ʊ)bɑ̀ə, ǽlə- | ǽlə(ʊ)bɑ̀ː(r)] 〚← ALLO-+ -bar (cf. isobar)〛 *n.* 『物理』 アロバー《同位元素の存在比が天然のものと異なる物質》.

àllo·bárbital 〚← ALLO-+BARBITAL〛 *n.* 『薬学』 アロバルビタール (⇨ diallylbarbituric acid).

àllo·bárbitone 〚← ALLO-+BARBITONE〛 *n.* 『薬学』 =allobarbital.

al·lo·bar·ic [æ̀lo(ʊ)bǽrɪk, æ̀lə-, -bér- | æ̀lə(ʊ)bǽr-] 〚← ALLO-+BARIC[2]〛 *adj.* 『気象』 気圧変化の[に関する].

al·lo·ca·ble [ǽləkəbl̩, ǽlo(ʊ)- | ǽlə(ʊ)-] 〚← ALLOC(ATE)+-ABLE〛 *adj.* 割当[配分]することのできる.

al·lo·cate [ǽləkèɪt, ǽlo(ʊ)- | ǽlə(ʊ)-] 〚《1640-41》 ← ML *allocāt-us* (p.p.) ← *allocāre* to place to ← *al* 'AD-' + *locāre* to place: ⇨ locate〛 ― *vt.* **1** 〈資金などを〉〔用途に〕振り当てる, 取っておく (set aside) 〔*to, for*〕: Congress ~*d* funds *for* pollution control. 議会は汚染防止に資金を充当した. **2** 配分する, 割り当てる; (allot); 〔人に〕〈任務などを〉当てがう (assign) 〔*to*〕: ~ one's time *among* several jobs [*between* work and play] 幾つかの仕事[仕事と遊び]に時間を配分する / ~ duties *to* persons. **3** 〈人を〉〔任務などに〕配置する 〔*to*〕: ~ a person *to* a task. **4** …の位置を定める (locate). **ál·lo·càt·a·ble** [-təbl̩ | -tə-] *adj.* **ál·lo·cà·tor** [-tə | -tə(r)] *n.*

al·lo·ca·tee [æ̀ləkətíː, æ̀lo(ʊ)- | æ̀lə(ʊ)-] 〚⇨ ↑, -ee[1]〛 *n.* (資材配給の)受配者.

al·lo·ca·tion [æ̀ləkéɪʃən, æ̀lo(ʊ)- | æ̀lə(ʊ)-] 〚《1535》 ▭ F ← // ML *allocātiō(n-)* ← *allocāre*: ⇨ allocate, -ation〛 ― *n.* **1 a** 割り当て, 配分 (apportionment). **b** 配分額. **2** (統制品などの)配給; 配給量: Sugar was under ~. / Textile materials were put on [taken off] ~. 織物原料は統制になった[をはずされた]. **3** 配置, 定置. **4** 『会計』 (経費・収入の)配賦, 配分.

al·lo·chi·ri·a [æ̀ləkáɪriə | -káɪ(ə)rɪə] 〚← NL ← ← AL-LO-+Gk *kheír* hand+-IA[1]〛 *n.* 『病理』 感覚体側逆転, アロヒリー現象.

àllo·chromátic 〚← ALLO-+CHROMATIC〛 *adj.* 『鉱物』 二次的に着色した.

al·loch·thon [əlɑ́kθən, æl-, -θɑn | -lɔ́kθən, -θɔn] 〚《逆成》 ↓〛 ― *n.* (*also* **al·loch·thone** [-θoʊn | -θəʊn]) 『地質』 異地性, 外来《岩石が生成地域とは別の地域に移動していること; cf. autochthon 3》.

al·loch·tho·nous [əlɑ́kθənəs, æl- | -lɔ́k-] 〚← ALLO-+(AUTO)CHTHONOUS〛 ― *adj.* **1** 『地質』 流積性の, 異地性の; 〈岩石が〉外来の (cf. autochthonous 2). **2** 『生物』 他生性の《違う祖先から生じた》.

al·lo·cu·tion [æ̀ləkjúːʃən | æ̀lə(ʊ)-] 〚《1615》 ▭ L *allo-cūtiō(n-)* ← *alloquī* to speak to ← *al-* 'AD-'+*loquī* to speak (⇨ locution)〛 ― *n.* **1** 訓諭演説, 訓示, 告諭. **2** 『カトリック』 **a** (19 世紀の秘密枢機卿(ｷｮｳ)会議における)教皇説話. **b** 教皇訓示.

al·lod [ǽlɑd, ǽləd | ǽlɔd, ǽləd] 〚《1689》 《短縮》 ← ALO-DIUM〛 *n.* 『法律』 =alod. =alodial.

al·lo·di·al [əlóʊdiəl, æl- | ələ́ʊdjəl, -diəl] *adj.* 『法律』

al·lo·di·um [əlóʊdiəm, æl- | ələ́ʊdjəm, -dɪəm] *n.* 『法律』 =alodium.

al·log·a·my [əlɑ́gəmi, æl- | -lɔ́gəmɪ] 〚← ALLO-+-GA-MY〛 *n.* 『植物』 異花[他花]受精 (cross-fertilization) (cf. autogamy 1). **al·lóg·a·mous** [-məs] *adj.*

al·lo·ge·ne·ic [æ̀lo(ʊ)dʒəníːɪk | æ̀lə(ʊ)dʒɪ-] 〚← ALLO-+(SYN)GENEIC〛 *adj.* 『生物』 異質遺伝子的な《同種内で遺伝子組成が異なるものにいう; cf. syngeneic》.

al·lo·gen·ic [æ̀lo(ʊ)dʒénɪk | -lə(ʊ)-] 〚← ALLO-+-GEN-IC〛 ― *adj.* **1** 『地質』 =allothogenic. **2** 『生物』 〈生態的遷移が〉他発的な, 他動的な《野火・伐採・洪水・火山活動・植林など群落外の作用によって起こることにいう; cf. autogenic》: an ~ succession 他発[他動]的遷移.

al·lo·graft [ǽləgræ̀ft | ǽlə(ʊ)grɑ̀ːft] *n.* 『外科』 =homo-graft.

al·lo·graph [ǽləgræ̀f | ǽlə(ʊ)grɑ̀ːf, -græ̀f] 〚← ALLO-+-GRAPH〛 ― *n.* **1** 『法律』 非自筆, 非自署, 代筆(による署名), 代署 (cf. autograph). **2** 『言語』 異綴り体: **a** ある書記記号または書記素 (grapheme) に属する一群の異形文字(の一つ); 例えば書記素 <m> には *M*, m, *m* などの異綴り体がある. **b** 同一の音素 (phoneme) を表わす一群の文字(の一つ); 例えば fun の *f* と cough の *gh* は音素 /f/ を表わす異綴り体の 2 例である. **al·lo·graph·ic** [æ̀ləgrǽfɪk | æ̀lə(ʊ)-] *adj.*

al·loi·o·gen·e·sis [əlɔ̀ɪo(ʊ)dʒénəsɪs, -səs | -ə(ʊ)dʒénɪsɪs] 〚← NL ~ ← Gk *alloîos* of another sort+-GENE-SIS〛 *n.* 『生物』 アロイオゲネシス, 混合生殖, 両性処女生殖交代.

àllo·isómerism *n.* 『化学』 アロ異性.

al·lom·er·ism [əlɑ́mərɪzm, æl- | -lɔ́m-] 〚← ALLO-+-MERISM〛 *n.* 『化学』 アロ異性.

al·lom·er·ize [əlɑ́mərὰɪz | -lɔ́m-] *vi.* 『化学』 アロ異性化する.

al·lom·er·ous [əlɑ́mərəs, æl- | -lɔ́m-] 〚← ALLOMER-(ISM)+-OUS〛 *adj.* 『化学』 アロ異性の《分子が立体的にのみ異なる》.

al·lom·e·try [əlɑ́mətri, æl- | -lɔ́mɪtrɪ, -mə-] 〚← AL-LO-+-METRY〛 *n.* 『生物』 アロメトリー, 相対[対比]成長; 対比成長測定(学). **al·lo·met·ric** [æ̀ləmétrɪk] *adj.*

al·lo·morph [ǽləmɔ̀əf | ǽlə(ʊ)mɔ̀ːf] *n.* **1** 〚← ALLO-+MORPH(EME)〛 『言語』 異形態《例えば, 複数を示す形態素 (morpheme) は dishes の *-es* [ɪz, əz], dreams の *-s* [z], traps の *-s* [s] などの異形態からなる; cf. morph[1]》. **2** 〚← ALLO-+-MORPH〛 『鉱物』 =paramorph.

al·lo·mor·phic [æ̀ləmɔ́əfɪk | æ̀lə(ʊ)mɔ́ː-] *adj.*

ál·lo·mòr·phism [-fɪzm̩] *n.* 『化学』 =allotropy.

al·lo·mor·pho·sis [æ̀ləmɔ́əfəsɪs, -səs | æ̀lə(ʊ)mɔ́ːfəsɪs] 〚← NL ~: ⇨ allo-, morphosis〛 ― *n.* 『生物』 アロモルフォシス, 相対変異《同時期における異種類の生物の相対成長; cf. aromorphosis》.

al·longe [əlɔ̃ː(n)ʒ, ælɔ̃ːnʒ; *F.* alɔ̃ːʒ] 〚▭ F ~ 《原義》 lengthening (↓)〛 *n.* (手形・証書の)付箋(ﾌｾﾝ) (rider).

al·lon·gé [ælɔ̃ː(n)ʒéɪ, æ̀lə(ː)n- ; *F.* alɔ̃ʒe] 〚▭ F ~ *allonger* to lengthen, stretch out ← L *longus* long: ⇨ lunge[1]〛 ― *adj.* 『バレエ』 アロンジェ《片足で立ち両腕を伸ばした姿勢にいう》.

al·lo·nym [ǽlənɪ̀m | ǽlə(ʊ)-] 〚← ALLO-+-ONYM〛 *n.* **1** 偽名《著作者が利用した別人[有名人]の名; cf. pseudonym》. **2** 偽名で出した作品.

al·lo·path [ǽləpæ̀θ | ǽlə(ʊ)-] 〚《1830》 ▭ G ~: ⇨ al-lo-, -path〛 *n.* アロパシー療法医.

al·lo·path·ic [æ̀ləpǽθɪk | æ̀lə(ʊ)-] 〚《1830》 ▭ G *allo-pathisch*: ⇨ allo-, -pathic〛 *adj.* 『医学』 アロパシー(療法)の. **àl·lo·páth·i·cal·ly** *adv.*

al·lóp·a·thist [-θɪst, -θəst | -θɪst] *n.* =allopath.

al·lop·a·thy [əlɑ́pəθi, æl- | -lɔ́pəθɪ] 〚《1842》 ▭ G *Allopathie*: ⇨ allo-, -pathy〛 ― *n.* 『医学』 アロパシー《病気による原状とは逆の状態を作り出すことによる治療体系; cf. homeopathy》.

al·lo·pat·ric [æ̀ləpǽtrɪk, æ̀lo(ʊ)-, -péɪt- | æ̀lə(ʊ)-] 〚← ALLO-+Gk *pátrā* fatherland+-IC[1]〛 *adj.* 『生物』 異所性の, 地域ごとに異なった (cf. sympatric).

al·lop·a·try [əlɑ́pətri | əlɔ́pətri] 〚← ALLO-+-*patry* (⇨ patri-)〛 *n.* 『生物』 異所性.

al·lo·phan·a·mide [æ̀ləfǽnəmὰɪd, -mɪd, -məd | æ̀lə(ʊ)fǽnəmὰɪd, -mɪd] 〚⇨ ↓, amide〛 *n.* 『化学』 アロファン酸アミド (⇨ biuret).

al·lo·phane [ǽləfèɪn] 〚← Gk *allophan-ḗs* appearing otherwise: ⇨ allo-, -phane〛 *n.* 『鉱物』 アロフェン《一種の粘土鉱物; 無定形の含水アルミニウムケイ酸塩》.

al·lo·phone [ǽləfòʊn | ǽlə(ʊ)fəʊn] 〚《1938》 ← ALLO-+-PHONE: B. L. Whorf の造語〛 ― *n.* 『音声』 異音《同じ音素 (phoneme) に属する音; 音素 /l/ に属する dark [ɫ] と clear [l] や日本語のハ行の子音音素 /h/ に属する [h], [ç], [ɸ] など; cf. allophonic transcription》.

al·lo·phon·ic [æ̀ləfɑ́nɪk | æ̀lə(ʊ)fɔ́n-] *adj.* 『音声』 異音の, 異音的な: ~ differences. **àl·lo·phón·i·cal·ly** *adv.*

allophónic transcríption *n.* 『音声』 異音表記《音素の異音 (allophone) に対して別個の音声記号を用いる表記方式; [ ] で囲んで示す; 本辞典における /l/ と米音の /t/ の表記など; 例: little [lítl̩ | -tl̩], 日本語のハ [ha], ヒ [çi], フ [ɸɯ], ヘ [he], ホ [ho]; cf. phonemic transcription》.

al·lo·phyl·i·an [æ̀ləfíliən, -ljən | -ljən, -lɪən] 〚← Gk *allóphūlos* foreign (← ALLO-+*phūlḗ* tribe)+-IAN〛 《古》 ― *adj.* (言語が)異族の《Indo-European および Semitic 両語族以外の言語にいう》. ― *n.* 異族の人.

al·lo·plasm [ǽləplæ̀zm̩ | ǽlə(ʊ)-] 〚← ALLO-+-PLASM〛 *n.* 『生物』 異形質 (cf. metaplasm).

àllo·pólyploid 〚← ALLO-+POLYPLOID〛 『生物』 *n.* 異質倍数性の個体. ― *adj.* 異質倍数性の (cf. autopolyploid).

àllo·pólyploidy 〚← ALLO-+POLYPLOIDY〛 *n.* 『生物』 異質倍数性 (cf. autopolyploidy).

al·lo·pu·ri·nol [æ̀lo(ʊ)pjúə)rənɔ̀(ː)l, -nòʊl | æ̀lə(ʊ)pjúərɪnɔ̀l] 〚← ALLO-+PURINE+-OL[1]〛 *n.* 『薬学』 アロプリノール($C_5H_4N_4O$)《尿酸排泄促進剤, 痛風治療薬》.

áll-or-nóne *adj.* **1** 〈反応など〉全面的かそれとも皆無かどちらかの. **2** =all-or-nothing 1, 2.

áll-or-nóne làw *n.* [the ~] 『生理』 悉(ｼｯ)無律, 全か無かの法則.

áll-or-nóthing *adj.* **1** 〈主義・条件など〉妥協を許さない, イエスかノーかの, 絶対的な. **2** 〈勝負など〉一か八かの. **3** =all-or-none 1.

al·lo·sau·rus [æ̀ləsɔ́ːrəs | æ̀lə(ʊ)-] 〚← NL ~: ⇨ allo-, -saurus〛 *n.* 『古生物』 アロサウルス《ジュラ紀の恐竜アロサウルス属 (*Allosaurus*) の一種で, 体長 10 m》.

al·lo·seme [ǽləsìːm | ǽlə(ʊ)-] 〚← ALLO-+SEME(ME)〛 *n.* 『言語』 異意味《同一の意味素 (sememe) に属するとみなされる意味》.

al·lo·some [ǽləsòʊm | ǽlə(ʊ)səʊm] 〚← ALLO-+-SOME[3]〛 ― *n.* 『生物』 異質染色体, 異形染色体《核分裂の時, 他の染色体と違った行動をとり, 異常凝縮をする染色体で性染色体そのものとみなされる; cf. autosome》.

àllo·stéric *adj.* 『生化学』 アロステリーの. **àllo·stérically** *adv.*

al·los·ter·y [əlɑ́stəri | əlɔ́stərɪ] 〚← ALLO-+Gk *stereós* solid+-Y[1]〛 ― *n.* 『生化学』 アロステリー《基質と立体構造を異にする物体によって酵素活性を変化させること》.

àllo·synápsis 〚← NL ~: ⇨ allo-, synapsis〛 *n.* 『生物』 =allosyndesis.

àllo·sýndesis 〚← NL ~: ⇨ allo-, syndesis〛 *n.* 『生物』 異親対合, 異質接合 (cf. autosyndesis).

al·lot [əlɑ́t, æl- | əlɔ́t] 〚《*a*1547》 ▭ OF *alot-er* ← *a-* 'AD-'+*loter* to divide by lot (⇨ lot)〛 ― *vt.* **1** (くじ (lot) や権限によって)配分する, 割り当てる (assign) 〔*to*〕: ~ a task *to* each person = ~ each person a task 各人に任務を当てがう / The funds have been ~*ted to* the school. 資金は学校に割り当てられた / Each of us was ~*ted* part of the work. 各自はその仕事を分担させられた. **2** 〈資金・時間などを〉〔用途に〕当てる, 充当する (appropriate) 〔*to, for*〕: ~ time *to* recreation 娯楽に時間を振り向ける / a budget ~*ted to* scientific research [*for* a new hospital] 科学研究[病院新設]のための予算. **3** 〈運命などを〉定める: our ~*ted* portion in life 人間がこの世で定められた寿命. ― *vi.* 《米北部》 〔…を〕見込む (rely); 〔…する〕つもりである (intend) 〔*on, upon*〕: I ~ *upon* going.

al·lot·ee [əlɑ̀tíː, æl-, æ̀lɑtíː | æ̀lɔtíː] *n.* =allottee.

àllo·tellúric ácid *n.* 『化学』 アロテルル酸 (⇨ telluric acid b).

àllo·tétraploid 〚← ALLO-+TETRAPLOID〛 *adj., n.* 『生物』 =amphidiploid.

al·lo·the·ism [ǽlo(ʊ)θìːɪzm, ǽlə- | ǽlə(ʊ)-] 〚← ALLO-+-THEISM〛 *n.* 異神崇拝, 異神教.

Al·lo·the·ri·a [æ̀ləθí(ə)riə, æ̀lo(ʊ)- | æ̀lə(ʊ)θíərɪə] 〚← NL ~: ⇨ allo-, -theria〛 *n. pl.* 『動物』 異獣亜綱.

al·loth·o·gen·ic [əlɑ̀θədʒénɪk | əlɔ̀θə-] 〚← G *allothigen* (⇨ allo-, -gene)+-IC[1]: cf. -o-〛 *adj.* 『地質』 〈鉱物が〉他生の《allogenic ともいう; ↔ authigenic》.

al·lo·thog·e·nous [æ̀ləθɑ́dʒənəs | -θɔ́dʒɪ-] 〚⇨ ↑, -ous〛 *adj.* 『地質』 =allothogenic.

al·lót·ment 〚《1574》 ▭ F ~: ⇨ allot, -ment〛 ― *n.* **1 a** 割当て, 配付, 分配 (distribution); 指定; 配置. **b** 『証券』 (応募者に対する)証券の割当て. **2 a** 割り当てられた[分配された]もの; 分前, 分担額. **b** 運命, 天命. **3 a** 『海事』 (船員給料の)家族渡し分. **b** 『米軍』 (給与の)配分額《軍人の俸給中の一定額で, 本人の希望によって家族とか保険会社などに直接支払われる分》; (ある部隊・機関の)人員定数, 定員. **4** 《英》 **a** (貧農などのための小区分の)耕作用貸付け地. **b** (通例公有地を借りる)市民農園.

allo·transplant 〚← ALLO-+TRANSPLANT〛 『生物・外科』 [ˌ‐‐‐ˊ] *vt.* 同種間に移植する. ― [ˊ‐‐‐ˌ] *n.* 同種間移植. **àllo·transplantátion** *n.*

al·lot·ri·o·mor·phic [əlɑ̀triəmɔ́əfɪk | əlɔ̀trɪəmɔ́ː-] 〚← Gk *allótrios* (↓)+-MORPHIC〛 ― *adj.* 『鉱物』 他形的な《周囲の情況によってその鉱物固有の結晶面を示さないもの; cf. idiomorphic 2, hypidiomorphic》.

al·lot·ri·oph·a·gy [əlɑ̀triɑ́fədʒi | əlɔ̀triɔ́fədʒɪ] 〚← Gk *allótrios* strange+-PHAGY〛 *n.* 『病理』 =pica[2].

al·lo·trope [ǽlətròʊp | ǽlə(ʊ)trəʊp] 〚← ALLO-+-TROPE〛 ― *n.* 『化学』 同素体. **al·lo·trop·ic** [æ̀lo(ʊ)trɑ́pɪk, æ̀lə- | æ̀lə(ʊ)trɔ́p-] *adj.* **àl·lo·tróp·i·cal** *adj.* **àl·lo·tróp·i·cal·ly** *adv.*

al·lot·ro·pism [əlɑ́trəpɪzm | əlɔ́t-, əl-] *n.* 『化学』 =allotropy.

al·lot·ro·py [əlɑ́trəpi | əlɔ́trəpɪ, əl-] 〚《1850》 ← ALLO-+-TROPY〛 *n.* 『化学』 同素《同じ元素が異なった配列の結晶あるいは異なった分子式の分子を作る性質》.

all' ot·ta·va [ɑ̀ːlətɑ́ːvə, æ̀l-, -lo(ʊ)t- | -lə(ʊ)t-; *It.* àllottáːva] 〚▭ It. ~ ← *alla* to the (← *a* to+*la* the)+*ottava* octave〛 ― *adv.* 『音楽』 1 オクターブ高く[低く] (記号 8va).

al·lot·tee [əlɑ̀tíː, æl-, ‐‐ˊ, æ̀lɑtíː | æ̀lɔtíː] 〚← AL-LOT+-EE[1]〛 *n.* 割当てを受ける人.

al·lót·ter [-tə | -tə(r)] *n.* **1** 割り当てる人, 配分する人. **2** 『電気』 分配器.

al·lo·type [ǽlətὰɪp | ǽlə(ʊ)-] 〚← ALLO-+TYPE〛 ― *n.* 『生物』 **1** 別模式標本《完模式標本 (holotype) と性を異にする標本》. **2** 副模式標本 (paratype). **3** 『生化』 アロタイプ《免疫グロブリンの遺伝的変異; InV 因子や Gm 因子など》. **al·lo·typ·ic** [æ̀lətípɪk | æ̀lə(ʊ)-] *adj.* **àl·lo·týp·i·cal·ly** *adv.*

áll-óut *attrib. adj.* 総力をあげての, 全面的な; 徹底的な (thoroughgoing): an ~ effort / an ~ war.

áll·óver *adj.* 〈模様など〉全面にわたる. ― *n.* 総模様の布地[レース]; 同じ模様を繰返して全面に配したデザイン.

áll-ó·ver·ish [-óʊv(ə)rɪʃ | -ə́ʊ-] *adj.* 《口語》 何となく気分がすぐれない: be [feel] ~. **~·ness** *n.*

áll-òvers [-z] *n. pl.* [the ~] 《米南部・中部》 落ちつかない[ぞっとする]感じ (fidgets).

al·low [əláʊ] 〚《*a*1325》 *alloue(n)* ▭ OF *alou-er* (F *allouer*) to praise, approve, assign 《混成》 ← ML *allocāre* 'to assign, ALLOCATE' + L *allaudāre* to praise ← *al-* 'AD-'+*laudāre* 'to praise, LAUD'〛 ― *vt.* **1 a** 〈行為・出来事を〉許す (permit); …に〈…するのを〉許す 〈*to do*〉; 〈物事が〉許す, 可能にする: ~ (a person) a free passage (人を)自由に通行させる / No smoking ~*ed*. [掲示] 禁煙 / I can't ~ him *to* go out. 彼を外出させるわけにはいかない / *Allow* me *to* introduce you to Mr. Jones. ジョーンズ氏にご紹介いたします. **b** …の存在を許す, 入れる (let in): Dogs are not ~*ed* in the cars. 列車の中に犬を連れ込むことはできない. **c** [目的語+方向の副詞語句を伴って] 〈人〉に入る[出る]こと(など)を許す. ★ この用法は目的語のあとの to go, to come, to get などの to 不定詞の省略による: ~ a person *in* [*out*] / None was ~*ed through* the gate. だれも門を通ることを許されなかった. **d** [~ *oneself* で] …に耽(ﾌｹ)る (indulge in): He ~*ed himself* many luxuries. 贅(ｾﾞｲ)沢三昧に耽った. **2** [目的語+to do を伴って] 〈人・物など〉に〈…するのを〉許しておく, (構わず)…させておく: ~ a child *to* run wild (しつけをしないで)子供を野放しにしておく / I ~*ed* the door *to* stand open. うっかり戸を明け放しにしておいた. **3** 〈要求・議論などを〉認める (admit); 〈事・人などを〉〈…であると〉認める 〈*to be*〉 / 〈*that*〉: ~ a claim / I ~ your argument. / I ~ it *to* be wrong. = I ~ *that* it is wrong. そ

れが間違っているということを認める. **4** 〈人〉に〈給与・食料などを〉(定期的に)割り当てる (allot), 与える, 支給する (grant): ～ a person 5,000 yen a month＝～ 5,000 yen a month *to* a person / ～ a servant one day *for* rest 召使に1日休みを取らせる / ～ 6% interest *on* deposits 預金に6%の利息をつける / He doesn't ～ himself rich food. こってりした食物は控えることにしている. **5 a** 〔…に〕〈費用・時間など〉の余裕をみておく, 見込む 〔*for*〕; 〈必要量を〉用意する: ～ 10 pounds *for* expenses 費用を10ポンドとみておく / *Allow* yourself an hour to get to the airport. 空港へ行くのに1時間みておきなさい. **b** 〔…を見越して〕〈金額などを〉割引き[割増し]する 〔*for*〕; 〈割引きを〉考慮する: ～ 5 cents in the dollar 1ドルにつき5セント割り引く / ～ an inch *for* shrinkage 縮むものとみて1インチ加えておく / ～ something *for* breakage 破損に対していくらか値引きをする / Don't you ～ discount *for* cash? 現金なら幾らか引けませんか. **6** 《米方言》 **a** 〈…と〉言う (say), 思う (think) 〈*that*〉. **b** 〈…する〉つもりである (intend) 〈*to do*〉. **7** 《古》 **a** 〈事〉に同意[賛同]する (approve). **b** 賞賛する (praise).
— *vi.* ★ 次の成句で: ***allow for*** (1) 〈事情〉を斟酌(しんしゃく)する, 考慮に入れる (make allowance for): The plan failed, but we must ～ *for* their shortage of money. 計画は失敗したが彼らの資金不足を斟酌しなければならない. (2) …を見越しておく, …に備える (provide for): In climbing mountains, ～ *for* changes in weather. 山登りをする時は天候の変化を考慮して[に備えて]行くことだ. ***allow of*** (通例)〈事が〉…を許す, …の余地がある (admit): ～ *of* no delay 延引を許さない, 猶予ができない / ～ *of* some alteration 多少変更の余地がある.

al·low·a·ble [əláuəbl] 〖《?a1387》□ OF *allo(u)able*: ⇨ ↑, -able〗 — *adj.* **1** 許される, 許容[容認]される, 差しつかえない, 正当な. **2** 《米・カナダ》〈石油(産出)が〉(割当制の限度内で)許容されている. — *n.* 《米・カナダ》(石油の)産出許容量. **～·ness** *n.*

al·lów·a·bly [-bli | -bli] 〖《c1443》〗 *adv.* 許容できるように, 容認されるように, 正当に.

al·low·ance [əláuəns] 〖《c1378》□ OF *alo(u)ance*: ⇨ allow, -ance〗 — *n.* **1 a** (手当・飲食物の, 定期的な)一定の割当[支給]量: put a person on a fixed ～ 人に一定量の支給をする. **b** 手当(金), 給与額[金], 小遣い; …料, …費: an entertainment ～ (会社などの)交際費 / a family [traveling] ～ 家族[旅行]手当 / an ～ *for* housekeeping 家事費 / an ～ *for* long service 年功加俸. **c** 《簿記》引当金: an ～ *for* depreciation 減価償却引当金 / an ～ *for* doubtful debts 貸倒引当金 / an ～ *for* repairs 修繕引当金. **d** (定期的な)一定量の食物[飲物], 一定期間(など): an ～ of time *for* rest 規定の休憩時間. **2** 余裕; 斟酌(しんしゃく), 酌量, 手加減. **3** (大量購入・下取りなどでの)値引き, 割引き (discount): make an ～ of 10% *for* cash payment 現金払いなら一割引きにする. **4** 承認, 許容 (acceptance); 許可 (permission): the ～ *of* a claim. **5** 容認 (tolerance) 〔*of*〕: the ～ *of* slavery. **6 a** 《造幣》＝tolerance 4 a. **b** 《機械》(穴と軸とのはめあい, 工作寸法などに与える)許容量, ゆとり, 寸法差, 公差. **7 a** 《競馬》(負担重量の)減量. **b** 《ヨット》(レースで状況条件により控除される)実際経過時間に対する修正量.
at no allowance 存分に, 思いのままに (at pleasure).
make allowance(s) for (1) …に手心を加える, …を酌量する. (2) …を許す, 大目にみてやる (excuse).
— *vt.* 〈人〉に一定の手当[飲食物]を支給する; [通例 p.p. 形で]〈手当・飲食物を〉一定額[定量]に制限する.

Al·lo·way [ǽləwèi] 〖《原義》 rock-plain: cf. OGael. *allmhagh*〗 *n.* スコットランド南西部 Strathclyde 州の Ayr に近い村; Robert Burns の出生地.

al·lówed *adj.* **1** 許された; 認められた. **2** 《物理》許容された: ～ transition 許容遷移.

al·low·ed·ly [əláuɪdli, -əd- | -lɪ] 〖《1602》〗 *adv.* 許容されて, 明白に, 当然 (admittedly).

allówed tìme *n.* **1** 《経営》＝standard time 2. **2** 《労働》余裕時間《疲労回復その他個人の生理的欲求のために必要な時間を考慮に入れた上で, 標準的な能率で一定の作業を完了するのに許容される時間》.

al·lox·an [əlɑ́ksən | əlɔ́k-] 〖□ G ～ ← *All(antoin)* (牝牛の尿膜中の成分: cf. allantoid)＋*Ox(alsäure)* oxalic acid: ⇨ -an²〗 — *n.* 《化学》アロキサン ($C_4H_2N_2O_4$) 《尿酸を酸化させて得られる無色柱状晶の化合物》.

al·loy 〖*n.*: 《1596》□ (O)F *aloi* ← *aleier* to combine ＜ L *alligāre* 'to ALLY¹'. — v.: 《1691》□ F *aloy-er* ← *aloi*〗 — [ǽlɔɪ, əlɔ́ɪ, æl- | ǽlɔɪ, əlɔ́ɪ] *n.* **1** 《化学》合金: an ～ of gold and copper 金と銅の合金. **2** (金銀の)品位 (standard). **3** 《古》合金に用いる卑金属. **4** [əlɔ́ɪ, æl-, ǽlɔɪ | ǽlɔɪ] 混じりもの: pleasure without ～ 純粋な快楽. **5** 混合(物), 混交 (mixture).
— [əlɔ́ɪ, æl-, ǽlɔɪ | əlɔ́ɪ] *v.* — *vt.* **1** 〈金銀など〉に卑金属を混ぜる; 合金にする (mix) 〔*with*〕: ～ silver *with* copper 銀に銅を混ぜて合金にする / ～ copper and tin *into* bronze 銅と錫を混ぜて青銅を作る. **2** (合金にして)…の品位[品質]を落とす (debase). **3 a** 〈楽しみなどを〉減じる, 殺(そ)ぐ, 損(そこな)う (impair) 〔*with*〕: happiness ～*ed with* worries. **b** 〈厳しさなどを〉減じる, 和らげる (allay) 〔*with*〕. — *vi.* [通例副詞を伴って]〈金属が〉合金になる: Copper ～*s well* [*easily*]. 銅金は合金になりやすい.

álloy stèel *n.* 《冶金》合金鋼, 特殊鋼《炭素鋼(carbon steel) にニッケル・クロム・マンガンなどの元素を加えて特殊な性質を与えた鋼》.

áll-pàss *adj.* 《通信》全通過の《フィルターなどの特性で, 移相器に見られるような, 特に顕著な減衰を示す周波数をもたないものについていう》.

áll-pówerful *adj.* 全能の (omnipotent); 全権を握った: an ～ dictator 最高独裁者.

áll-púrpose *adj.* あらゆる目的にかなう; 用途の広い: an ～ tool.

áll-rèd 〖英国の地図では英領は赤色にされていたことから〗 *adj.* 《古》英国領土だけを通る: an ～ line (世界各地の)全英領経由線 / an ～ route 全英領連絡航路.

áll ríght 〖《a1131》 *eall riht*〗 — *adv.* **1** 満足に, 申し分なく, 立派に (satisfactorily): They are getting along ～. 結構うまくやっている. **2** 《口語》間違いなく, ちゃんと, 確かに (without fail): We got there ～. 向こうにちゃんと着いた / We've made it ～—won the first prize. やったぞ, やったとも—1等に入賞だ.
— *adj.* (*also* **all-right**) **1 a** [Predicative に用いて]〈物事が〉満足な, 申し分のない (satisfactory); 差しつかえない; 〈人が〉元気で, 大丈夫で: Are you ～? 元気かね, 大丈夫(だった)かね / Am I ～ *for* the station if I go this way? 駅はこちらへ行けばいいですか / That's ～ *with* me. 私はそれで結構です(が) / I'm ～, Jack. 《英》自分は大丈夫だ《利己主義》. **b** [間投詞的に]《口語》: *All right!* よろしい, オーケー / *All right!* You shall repent this. 《反語》よーし, 覚えてろ《あとで悔むなよ》/ *All right* already! 《米俗》もういい, いい加減にしなさい, 黙りなさい. **2** [Attributive に用いて]《米口語》〈人・物事が〉ちゃんとした, 立派な, 頼りとなる: an ～ fellow.
a (little) bit of all right ⇨ bit² 成句.

áll rísk [rísks] *adj.* 《保険》全危険担保の.

áll rísk insùrance *n.* 《保険》全危険担保保険《各種の危険を包括的に担保にする保険》.

áll-róund *attrib. adj.* **1** 万能な, 多芸の; 用途の広い: an ～ athlete [player] 万能選手 / an ～ tool. **2** 多方面にわたる (many-sided), 円満な: an ～ education 円満な教育. **3** 一切を込めた, 全般にわたる (inclusive); 完全な: an ～ price 諸掛り込み値段 / ～ championships 総合選手権 / an ～ failure 完全な失敗. **～·ness** *n.*

áll-róund·er *n.* 万能[多芸]な人; 《英》万能選手.

Áll Sáints' Dày *n.* 《キリスト教》諸聖人の祝日, 諸聖徒日, (俗に)万聖節《11月1日; 特に, カトリックや英国国教会で諸聖人の霊を祭る記念日》.

áll·sèed *n.* 《植物》種子(たね)草《ミチヤナギ (knotgrass), アカザ (goosefoot) などのような種子の多い草》.

áll-séeing *adj.* すべて[万物]を見通す.

áll-sórts *n. pl.* 多種多様な物, 寄せ集め; (特に, カンゾウ (licorice) のエキスで風味をつけた各種)カンゾウあめの取り合わせ《licorice all-sorts の略称》.

Áll Sóuls' Dày 〖OE *ealra sāwlena dæġ* day of all souls〗 — *n.* 《キリスト教》諸死者の記念日, 諸魂日, (俗に)万霊節《11月2日; All Saints' Day の翌日で, すべての逝去信徒を記念する日》.

áll·spìce 〖《1621》← ALL＋SPICE: cinnamon, nutmeg, clove¹ など種々の薬味の香りを併有するとの考えから〗 — *n.* **1** 《植物》オールスパイス (*Pimenta officinalis*)《西インド諸島産のフトモモ科の常緑高木; pimiento, allspice tree ともいう》. **2 a** オールスパイスの実. **b** オールスパイス《オールスパイスの実を乾燥して作る香辛料》. **3** 《植物》芳香性の低木数種の総称《クロバナロウバイ (Carolina allspice), ロウバイ (Japan allspice) など》.

állspice òil *n.* ＝pimento oil.

áll-stàr *adj.* スターぞろい[総出演]の; 花形[一流]選手(出場)の: an ～ cast 名優総出演, オールスターキャスト. — *n.* [通例 *pl.*] オールスターチームの選手.

Áll's Wèll That Énds Wèll *n.* 「終わりよければすべてよし」《Shakespeare 作の喜劇 (1602-03)》.

áll-terráin vèhicle *n.* 《自動車》全地勢走行車《荒れ地の走行に適した軽量で頑丈な自動車; 略 ATV》.

áll-tìme *adj.* **1** 前代未聞の, 空前の, 記録的な: an ～ record / an ～ high [low] 最高[最低]記録. **2** 専任の, 本職の (full-time).

al·lude [əlúːd | əlúːd, əljúːd] 〖《1533》□ L *allūd-ere* to joke, to refer to ← *al-* 'AD-'＋*lūdere* to play a game (← *lūdus* game: ⇨ ludicrous)〗 — *vi.* **1** (文章や話の中で)〔事に〕言及する; 〔故事を〕引く (refer) 〔*to*〕: the story ～*d to* 言及された物語. **2** 〔…のことを〕言う, 指す 〔*to*〕: By saying that he ～*s to* you. ああ言うのは君のことです. **3** 〔事を〕暗に指して言う, ほのめかす, 当てつけて言う (hint) 〔*to*〕: She ～*d to* his stinginess. 彼のけちなことをほのめかした.

áll-úp *n.* 《航空》＝gross weight 2.

áll-úp wèight *n.* 《航空》＝gross weight 2.

al·lure [əlúə, æl-, -ljúə | əljúə(r, əlúə(r] 〖《1402》 *allure(n)* □ OF *alur-er* to attract ← *al-* 'AD-'＋*lurer* 'to LURE'〗 — *vt.* **1 a** 〈人を〉(うまいえさで)誘う, おびき寄せる (tempt, lure). **b** 〈人を〉〔場所などへ〕誘い入れる[込む] 〔*to, into*〕; 〔場所などから〕おびき出す, 誘い出す 〔*from*〕: ～ a person *to* [*into, from*] a place / ～ a person *into* danger. **c** 〈人を〉そそのかして…させる 〈*to do*〉: She was ～*d* by the advertisement *to* buy the article. 広告に釣られてその品を買った. **2** 魅惑する (charm). — *n.* 魅力, 魅惑 (charm). **al·lur·er** [əlúərə, æl-, -ljúərə | əljúərə(r, əlúər-] *n.*

al·lúre·ment *n.* 誘惑, 魅力 (charm); 誘惑[魅惑]物, 好餌(こうじ): the ～*s* of a big city.

al·lur·ing [əlúərɪŋ, æl-, -ljúə(r)- | əljúərɪŋ, əlúər-] *adj.* 人の心をひく, 誘い込むような; 心を奪う, 魅惑的な (fascinating): ～ beauty, music, etc. **～·ly** *adv.*

allúring glànd *n.* 《動物》誘惑腺《昆虫の雄が雌をひきつける, 香りのある物質を分泌する腺》.

al·lu·sion [əlúːʒən, æl- | əlúːʒən, əljúː-] 〖《1548》□ F ～ // L *allūsiō(n-)* ← *allūsus* (p.p.) ← *allūdere* 'to ALLUDE'〗 — *n.* **1** ほのめかし, 当てつけ, 風刺; (間接の)言及 〔*to*〕: in ～ *to* 暗にそれとなく…を指して[…に言及して] / make no further ～ *to* …にはそれ以上触れない. **2** 《古》隠喩 (metaphor).

al·lu·sive [əlúːsɪv, æl-, -zɪv | əlúːsɪv, əljúː-] 〖← L *allūsus* (↑)＋-IVE〗 — *adj.* **1 a** ほのめかしの, 当てこすりの; 言及の(多い). **b** 〔…に〕言及して, 〔…を〕ほのめかして 〔*to*〕. **2** 《古》比喩的な. **～·ness** *n.*

allúsive árms *n. pl.* 《紋章》紋章図形によって紋章使用者の姓などを連想させる紋章 (cf. canting arms).

al·lú·sive·ly 〖《1656》〗 *adv.* ほのめかして, それとなく(言及して).

alluvia *n.* alluvium の複数形.

al·lu·vi·al [əlúːviəl, æl-, -ljúː-, -vjəl | əlúːvjəl, əljúː-, -vɪəl] 〖《1802》: ⇨ alluvium, -al¹〗 《地質》 — *adj.* 沖積物[層]の, 堆(たい)積土砂の (cf. diluvial 3); 沖積土中に見出される: the ～ epoch 沖積世 / ～ gold 砂金 / ～ soil 沖積土. — *n.* **1 a** 沖積土. **b** 《豪》黄金含有の沖積土. **2** 沖積層鉱床に生じる鉱石.

allúvial cóne *n.* 《地質》沖積錐《急傾斜の沖積扇状地; cf. alluvial fan》.

allúvial depósit *n.* 《地質》＝alluvium.

allúvial fán *n.* 《地質》扇状地, 沖積扇状地 (cf. alluvial cone).

al·lu·vi·on [əlúːviən, æl-, -ljúː-, -viɑ̀n | əlúːvjən, əljúː-, -vɪən] 〖《1536》□ F ～ □ L *alluviō(n-)* an overflow, alluvial land ← *alluere* to wash against ← *al-* 'AD-'＋*lavāre* to wash: ⇨ lave¹〗 — *n.* **1** 《地質》漂砂鉱床, 沖積物[層] (alluvium). **2** 《法律》増地, (水辺の)新生地, 寄り地《波浪・水流などの作用によって泥(どろ)土が盛り上がって岸に生じるもの; cf. accretion 3 a》. **3** 洪水 (flood), 氾濫(はんらん) (overflow). **4** (波の)打寄せ.

al·lu·vi·um [əlúːviəm, æl-, -ljúː-, -vjəm | əlúːvjəm, əljúː-, -vɪəm] 〖《1665》□ L ～ (neut.) ← *alluvius* alluvial ← *alluere* (↑): ⇨ -ium〗 — *n.* (*pl.* **～s, -vi·a** [-viə | -vjə, -vɪə]) 《地質》沖積物[層]《現在の河川や海によって堆積したもの; cf. eluvium》; 沖積土.

áll wáve recèiver *n.* 《通信》全波受信機, オールウェーブ.

áll-wèather *adj.* 全天候(用)の, どんな天候にも使える[耐えうる]: an ～ highway [fighter-bomber].

áll-white *adj.* (黒人のいない)白人だけの, 白人専用の (cf. all-black): an ～ school.

al·ly¹ 〖《c1300》 *allie(n)* □ OF *ali-er* (F *allier*) to join, unite ＜ L *alligāre* ← *al-* 'AD-'＋*ligāre* to bind: ⇨ ligament: ALLOY と姉妹語〗 — [əlái, ǽl-, ǽlaɪ] *v.* — *vt.* **1** 〈国家を〉同盟させる; 〈個人・家族を〉結びつける, 縁続きにする (combine, join); 〈政党などを〉提携させる 〔*with, to*〕: ～ oneself *with* …と同盟[提携, 縁組]する / be *allied* (*with*…) (…と)同盟[提携, 縁組]している. **2** [通例 Passive で] 〔…に〕類属させる, (類縁関係に)結び付ける (connect) 〔*to*〕: English *is* nearly *allied to* Dutch. 英語はオランダ語と近い類縁である / Coal *is* chemically *allied to* the diamond. 石炭は化学的にはダイヤモンドと同類である. — *vi.* 同盟[提携, 縁組]する 〔*with*〕.
— [ǽlaɪ, əlái, æl-] *n.* **1 a** 同盟国, 連合国 〔*of*〕. **b** [the Allies] ＝allies 2. **2** 助力者, 支持者, 味方; 補助物 〔*of*〕. **3** (植物・動物など)同類, 同種のもの.

al·ly² [ǽli | ǽli] *n.* ＝alley².

Al·ly [ǽli | ǽli] 〖(dim.) ← ALICE, AILEEN〗 *n.* 女性名.

-al·ly [əli, -li | əli, -li] 〖← -AL¹＋-LY¹〗 *suf.* -ical の形をもたない -ic 形容詞に付いて副詞を造る: frantic*ally*, narcotic*ally*.

áll-yèar *attrib. adj.* 一年中続く, 年中無休の, 年間通して(有効)の: an ～ resort.

al·lyl [ǽlɪl, ǽləl | ǽlɪl] 〖← L *allium* 'ALLIUM'＋-YL〗 *n.* 《化学》アリル (⇨ allyl group). **al·lyl·ic** [əlílɪk, æl-] *adj.*

állyl álcohol *n.* 《化学》アリルアルコール (CH_2=$CHCH_2OH$)《合成樹脂などの原料; propenol, propenyl alcohol ともいう》.

állyl cáproate *n.* 《化学》カプロン酸アリル (CH_3-$(CH_2)_4COOCH_2CH$=CH_2)《パイナップル様の香りがする; 香料》.

állyl chlóride *n.* 《化学》塩化アリル (CH_2=$CHCH_2$-Cl)《不快な刺激臭のある無色の液体》.

állyl gróup *n.* 《化学》アリル基 (CH_2=$CHCH_2$- 基).

állyl mercáptan *n.* 《化学》アリルメルカプタン, アリルチオアルコール (CH_2=$CHCH_2SH$)《無色の液体; 医薬・加硫剤原料》.

állyl plástic *n.* 《化学》＝allyl resin.

állyl ràdical *n.* 《化学》＝allyl group.

állyl résin *n.* 《化学》アリル樹脂《アリルアルコールの誘導体から得られる樹脂》.

állyl súlfide *n.* 《化学》硫化アリル ($(C_3H_5)_2S$)《ニンニクに含まれる無色の液体》.

al·lyl·thi·o·u·re·a [ǽlɪlθàɪo(ʊ)jʊríːə, -lət- | ǽlɪlθàɪə(ʊ)jʊ́əriə, -jʊ(ə)ríə] 〖← NL ～: ⇨ allyl, thiourea〗 *n.* 《化学》アリルチオ尿素 (⇨ thiosinamine).

alm [ɑ́ːm, ɑ́ːlm | ɑ́ːm] 〘《逆成》← ALMS〙 *n.* 施し物.

al·ma [ǽlmə] *n.* =almah.

Al·ma [ǽlmə] 〘□L ~ (fem.) ← *almus* nourishing〙 *n.* 女性名.

Al·ma-A·ta [æ̀lməətɑ́ː | -ɑ́ːtə; *Russ.* almaátá] *n.* アルマアタ《ソ連邦 Kazakstan 共和国の首都; 人口 890,000》.

al·ma·can·tar [ǽlməkæ̀ntə, ---- | -tə(r] *n.* 〘天文〙=almucantar.

Al·mach [ǽlmæk] 〘□ Arab. *al-'anāq* 《原義》 the badger〙 *n.* 〘天文〙アルマク《アンドロメダ座 (Andromeda) の γ 星で 2.1 等星》.

Al·ma·dén [æ̀lmədéɪn, ɑ̀ːl-; *Sp.* àlmaðén] *n.* アルマデン《スペイン南部の都市; 水銀鉱山がある; 人口 11,000》.

Al·ma·gest [ǽlmədʒèst] 〘《c1386》□ OF *almageste* □ Arab. *al-majistī* the greatest work ← *al* the+Gk *megístē* (*súntaxis*) greatest (composition) ← *mégas* great〙 —— *n.* **1** [the ~] 「アルマゲスト」《古代 Alexandria の天文学者 Ptolemy の天文学書》. **2** [a-] 同書に似た中世の占星学または錬金術の書物.

al·mah [ǽlmə] 〘《1814》□ Arab. *'ālima^h* (fem.) learned woman ← *'álima* to know〙 *n.* (エジプトの)ダンサー.

al·ma ma·ter [ǽlmə-mɑ́ːtə, ɑ́ːl-, -méɪ- | ǽlmə-mɑ́ːtə(r, -méɪ-] 〘《c1400》□ L *alma māter* fostering mother: 元来ローマ人が Ceres と Cybele に与えた異称〙 —— *n.* **1** 母校, 出身校. **2** 《米》(母校の)校歌.

al·ma·nac [ɔ́ːlmənæ̀k, ǽl-, ɑ́ːl-, -nɪk | ɔ́ːlmənæ̀k, ɔ́l-] 〘《c1388》 *almenak* □ ML *almanac(h)* □ Gk *almenikhiaká* (pl.) calendars〙 —— *n.* (*also* **al·ma·nack** [~]) **1** 暦書, 暦(こよみ) (cf. calendar): a nautical ~ 航海暦. **2** (世界各国の国勢・スポーツ・娯楽などの記録・情報を集めた)年鑑, ガイドブック (cf. yearbook): ⇨ Whitaker's Almanack.

al·man·dine [ǽlməndìːn, -dàɪn] 〘《1658》《転訛》← 《廃》 *alabandine* □ L (*gemma*) *alabandīna* (gem) of Alabanda (宝石の産出地として知られた小アジアの古代都市)〙 —— *n.* 〘鉱物〙鉄礬(ばん)ざくろ石 ($Fe_3Al_2Si_3O_{12}$); 貴ざくろ石《その宝石》.

al·man·dite [ǽlməndàɪt] 〘⇨ -ite²〙 *n.* 〘鉱物〙=almandine.

al-Man·sur [ɑ̀ːlmɑːnsúə | -súə(r] *n.* アルマンスール (712?–75; アッバース (Abbasid) 朝第 2 代カリフ (calif); Baghdad の建設者; アラビア語名 Abū Ja'far 'Abd Allāh).

Al·ma-Tad·e·ma [ǽlmətǽdəmə, -dɪ- | -dɪ-], Sir **Lawrence** *n.* (1836–1912) オランダ系の英国画家; Victoria 時代の英国風俗と古代風絵画を描いた.

al·me [ǽlmeɪ] *n.* (*also* **al·meh** [~]) =almah.

al·me·mar [ælmíːmɑə | -mɑː(r] 〘□ MHeb. *almēmār* □ Arab. *al-minbar* the platform〙 —— *n.* (*also* **al·me·mor** [-mɔə | -mɔː(r]) (ユダヤ教会堂の)講壇 (bema, bimah ともいう).

Al·me·rí·a [æ̀lməríːə | -ríə; *Sp.* àlmería] *n.* アルメリア《スペイン南部, 地中海沿岸の港市; 人口 104,000》.

Al·mer·ic [ǽlmərɪk, ælmér- | ǽlmər-, ælmér-] 〘lateOE □ OHG *Amalricus* ← *amal* work+*ric* ruler〙 *n.* 男性名.

al·might·y [ɔːlmáɪṭi | -tɪ] 〘OE *ealmihtiġ, ælmihtiġ* 《なぞり》← L *omnipotens* 'OMNIPOTENT': ⇨ all, mighty〙 —— *adj.* **1 a** 全能の, 大自在力を有する (all-powerful); 圧倒的な勢力をもつ: the *Almighty* God =God *Almighty* 全能の神. **b** [the A-; 名詞的に] 全能の神, 全能者 (God). **2** 《口語》大変な, 途方もない (very great): an ~ noise. —— *adv.* 《俗》大いに, すこぶる (exceedingly): I'm ~ glad. とてもうれしい. **al·might·i·ly** [-ṭɪli, -ṭə-, -ṭḷi | -tɪli, -tə-] *adv.* **al·might·i·ness** *n.*

almighty dóllar *n.* [the ~] 《口語》万能のドル[黄金], 金銭の威力.

al·mi·que [æ̀lməkíː | -mɪ-] 〘□ Am.-Sp. *almiquí*〙 —— *n.* **1** 〘植物〙西アフリカのアカテツ科の高木 (*Manilkara albescens*). **2** アルミキー材《赤褐色の堅材で, 家具製造用》.

Al·mi·ra [ælmáɪrə | -máɪərə] 〘□ Arab. *al-amīra^h* the princess〙 *n.* 女性名.

al·mi·rah [ælmáɪrə | -máɪərə] 〘□ Hindi *almārī* □ Port. *almario* < L *armārium* 'AMBRY'〙 *n.* 《インド》衣装だんす (wardrobe), 戸棚 (cupboard).

al·mon [ǽlmoun | -mɔn] 〘□ Bisayan ~〙 —— *n.* **1** 〘植物〙アルモン《フィリピン産フタバガキ科サラノキ属の高木 (*Shorea eximia*) 《Philippine mahogany ともいう》. **2** アルモン材.

al·mond [ɑ́ːmənd, ǽ(l)m-, ɑ́ːlm- | ɑ́ːm-] 〘《?c1300》 *alma(u)nde* □ OF *al(e)mande* (F *amande*) ← ML *amandula* 《転訛》← L *amygdala* □ Gk *amugdálē* almond〙 —— *n.* **1** 〘植物〙アーモンド, ヘントウ(扁桃), ハタンキョウ(巴旦杏), (旧称)アメンドウ (*Prunus amygdalus*) 《西アジア原産の落葉高木; sweet almond ともいう; cf. bitter almond》. **2** アーモンド, 扁桃《同上の果実の核の中の仁(じん); 先の尖った長楕(だ)円形で, 食用にする》. **3** 《古》〘解剖〙扁桃(腺) (tonsil). **4** アーモンド型の物《装飾品など》. **5** 薄い黄褐色 (delicate tan). —— *attrib. adj.* アーモンド製[風味]の; アーモンド型[色]の: ⇨ almond-eyed.

álmond càke *n.* 〘化学〙アーモンドの残滓(さ)《アーモンドから油を搾った残り滓》.

álmond-éyed *adj.* 扁桃状の目をした (slant-eyed) 《両端の尖った長楕(だ)円形の目をした人; 特に, 日本人・中国人などにいう》.

álmond mèal *n.* 〘化学〙 **1** 漂白したアーモンド粉末《化粧品・香水用》. **2** 粉末状アーモンド滓(さ).

álmond mìlk *n.* 〘薬学〙アーモンド乳剤《漂白アーモンド・アラビアゴム・砂糖と水で作った乳状混濁液で, 鎮痛剤になる; milk of almonds ともいう》.

álmond òil *n.* 〘化学〙 **1** 扁桃油, 甘扁桃油《扁桃の種子から得られる脂肪油; expressed almond oil, sweet almond oil ともいう》. **2** 苦扁桃油《苦扁桃の種子から得られる芳香油; bitter almond oil ともいう》. **3** =benzaldehyde.

al·mo·ner [ǽlmənə, ɑ́ːm- | ɑ́ːmənə(r, ǽlm-] 〘《c1303》 *aumener* □ OF *almosnier* < VL **almosnārium* = ML *eleēmosynārius* 'ELEEMOSYNARY'〙 —— *n.* **1** (昔の修道院・貴族・王家などの)施物(せもつ)分配係[吏]: ⇨ Lord High Almoner of England. **2** 《英》(病院の)医療社会福祉係《通例女性; 公式には medical social worker という》.

al·mon·ry [ǽlmənri, ɑ́ːm- | ɑ́ːmənri, ǽlm-] 〘《15C》 □ OF *almosnerie* ← *almosnier* (↑)〙 *n.* (もと修道院などの)施物(せもつ)所, 施物分配所; 施物係の住居.

al·most [ɔ́ːlmoust, -´, ɔ́ːlməst | ɔ́ːlməust, ɔ́l-, -´, ɔ́ːlməst] 〘OE (*e*)*allmǣst, ælmǣst* nearly: ⇨ all, most〙 —— *adv.* **1** ほとんど, 大方 (very nearly): ~ always ほとんどいつも / ~ the longest piece ほぼ最長のもの / Come ~ any day—not Friday. 来るのはほとんどいつでもよい, 金曜日はだめだが / It is ~ midnight. そろそろ真夜中だ / He was ~ drowned. すんでのことで溺死(でし)するところだった. **2** [名詞を修飾して] 《文語》ほとんど…と言ってよい: his ~ impudence 厚かましいとさえ言える彼の態度.

almost never [***no, nothing***] ほとんど(…)ない: *Almost no* one came. ほとんど誰も来なかった / There was ~ *nothing* left. ほとんど何も残っていなかった.

álmost periódic fúnction *n.* 〘数学〙概周期関数《周期関数 (periodic function) のある種の拡張》.

al·mous [ɔ́ːməs] *n.* (*pl.* ~) 《英方言》=alms.

alms [ɑ́ːmz, ɑ́ːlmz | ɑ́ːmz] 〘OE *ælmysse* < Gmc **alemos(i)na* □ VL **alimosina* 《変形》← LL *eleēmosyna* □ Gk *eleēmosúnē* compassion ← *eleḗmōn* compassionate ← *éleos* mercy, pity〙 —— *n.* (*pl.* ~) **1** [通例複数扱い] 施し物, 義捐(えん)金 (donation) (cf. alm): ask for (an) ~ 施しを乞う / ask [beg] (an) ~ of a person 人に施しを求める / give ~ to a beggar こじきに施しをする. **2** 《古》施し, 喜捨, 慈善(行為). ★ ラテン語系形容詞: eleemosynary.

álms bòx [**chèst**] *n.* 《英》(教会の)慈善箱.

álms·dèed 〘lateOE *ælmesdǣd*〙 *n.* **1** 《古》慈善行為, 施し. **2** 《廃》慈善.

álms·fòlk *n. pl.* 施しを受ける貧民たち (almsmen).

álms·gìver *n.* 施しをする人, 慈善家.

álms·gìving *n.* 施しをすること, 喜捨(行為).

álms·hòuse *n.* **1** 《英》(私設の)救貧院, (特に)養老院. **2** 《古》=poorhouse.

álms·man [-mən] 〘OE *ælmesmann*〙 *n.* (*pl.* **-men** [-mən, -mèn]) **1** 施しを受ける貧民. **2** 《古》施しをする人.

álms·wòman *n.* **1** 施しを受ける貧しい女. **2** 《古》施しをする婦人.

al·mu·can·tar [æ̀lmjukǽntə, ---- | -tə(r] 〘《17C》 □ ML *almucantarath* □ Arab. *al-muqanṭarāt* vaulted things ← *qánṭara* to vault ∽ ME *almicanteras* □ ML *almicantarath* 《異形》〙 —— *n.* 〘天文〙等高度線.

al·muce [ǽlmjuːs] 〘《転訛》← AMICE²〙 *n.* 毛皮で裏打ちした(頭巾つきの)肩ぎぬ《昔聖職者が用いた》.

al·mug [ǽlmʌg, ɔ́ːl-] 〘《変形》← ALGUM〙 *n.* 〘聖書〙=algum (cf. *1 Kings* 10: 11).

al·ni·co [ǽlnɪkòu, -nə- | -nɪkəu] 〘← AL(UMINIUM)+NI(CKEL)+CO(BALT)〙 —— *n.* (*pl.* ~**es**) 〘冶金〙アルニコ《鉄・ニッケル・アルミニウム・コバルトを含む磁石鋼の一種; 三島徳七博士 (1893–) の発明した磁石鋼の米国での商品名》.

al·o·ca·si·a [æ̀ləkéɪʒɪə, -ʒə | -zjə, -zɪə, -ʒɪə] 〘← NL ~ 《変形》← COLOCASIA〙 —— *n.* 〘植物〙クワズイモ《熱帯アジア原産サトイモ科クワズイモ属 (*Alocasia*) の観葉植物の総称; クワズイモ (*A. macrorhiza*) など》.

al·od [ǽlɑd, ǽləd | ǽlɔd, ǽləd] *n.* 〘法律〙=alodium.

alodia *n.* alodium の複数形.

a·lo·di·al [əlóudiəl, æl- | əláudjəl, -dɪəl] 〘□ ML *allōdiāl-is*: ⇨ ↓, -al¹〙 —— *adj.* 〘法律〙自由保有土地の, 自主地の (cf. feudal 1): ~ tenure 自由土地保有(権). **~·ism** [-lìzm] *n.*

a·lo·di·um [əlóudiəm, æl- | əláudjəm, -dɪəm] 〘《1628》 □ ML *al(l)ōdium* □ Frank. **alod-* complete property ← Gmc **al-* all+**-ōd* property (< **audaz* (cf. OE *ēad* property)): ⇨ -ium〙 —— *n.* (*pl.* **-di·a** [-dɪə | -djə, -dɪə], **~s**) 〘法律〙完全私有地《ノルマン征服以前にあった勅許保有地 (bookland) で, 封建的負担を完全に免れたもの》.

al·oe [ǽlou | ǽləu] 〘OE *aluwan* (pl.) ← *alu(w)e* □ L *aloē* □ Gk *alóē*〙 —— *n.* **1 a** 〘植物〙アロエ, ロカイ(蘆薈)《ユリ科アロエ属 (*Aloe*) の多肉植物の総称; 薬用・観賞用; キダチロカイ (*A. arborescens*) など》. **b** [しばしば *pl*; 単数扱い] 〘薬剤〙アロエ, 蘆薈汁《ある種のアロエの葉の液汁を煮つめたもので下剤用》. **2** [*pl.*] 〘聖書〙⇨ aloes. **3** 〘植物〙リュウゼツラン属 (*Agave*) の総称《アオノリュウゼツラン (American aloe), リュウゼツラン (great aloe) など; cf. agave》.

al·oes [ǽlouz | ǽləuz] *n. pl.* 〘聖書〙 **1** 沈香(じんこう)《インド産の樹木ジンコウ(沈香) (*Aquilaria agallocha*) から得られた薫香料; cf. *John* 19: 39; *Song of Sol.* 4: 14》. **2** 沈香 (agalloch).

áloes·wòod *n.* =agalloch.

al·o·et·ic [æ̀lo(u)étɪk | æ̀ləuét-] 〘← ALOE+-ETIC: cf. F *aloétique*〙 *adj.* 蘆薈(ろかい)汁入りの, 蘆薈質の. —— *n.* 蘆薈剤.

a·loft [əlɔ́(ː)ft, əlɑ́ft | əlɔ́ft] 〘《?c1200》 *o loft(e)* □ ON *ā lopt* into the air & *ā lopti* in the air: ⇨ a³, loft〙 —— *adv., pred. adj.* **1 a** 上に, 高く (high up, on high); 空中に: The flag was fluttering ~. **b** 飛行中に. **2** 〘海事〙檣(しょう)上に; 帆桁(ほげた)の上に, 帆柱や索具に登って: gear ~ 檣上の索具 / go ~ 檣上に登る. **3** 《古》天国で[へ]: go ~ 天国に行く, 死ぬ (die). —— *prep.* 《古》…の頂上に; …の上に (above).

a·lo·gi·a [eɪlóudʒɪə, -dʒə | -láudʒɪə, -dʒə] 〘← NL ~ ← Gk *álogos* (⇨ a-⁷, logos)+-IA¹〙 *n.* 〘病理〙アロギー (aphasia).

a·log·i·cal [eɪlɑ́dʒɪkəl, -dʒə- | -lɔ́dʒɪ-] 〘← A-⁷+LOGICAL〙 *adj.* 論理とは無関係の, 論理に基づかない, 論理を超越した (nonlogical). **~·ly** *adv.*

al·o·gism [ǽlədʒìzm] 〘← LL *alogia* (⇨ alogia)+-ISM〙 *n.* **1** 論理に無関係なこと, 論理を超越していること. **2** 非論理的な言説[思考].

a·lo·ha [əlóuə, ɑːl-, æl-, -hɑː | -láu-] 〘□ Hawaiian ~ 《原義》 love〙 —— *n.* 《ハワイ》 **1** 愛 (love); 親切 (kindness). **2** (送迎の)挨拶 (greetings). —— *int.* アロハ, ようこそ, さよなら.

alóha pàrty *n.* (ハワイなどの)送別会, 歓送会; (時に)歓迎会.

alóha shìrt *n.* アロハシャツ《Hawaii の人たちが着用する明るいプリントのシャツ》.

Alóha Stàte *n.* [the ~] 米国 Hawaii 州の俗称.

al·o·in [ǽlouɪn, -ən | ǽləuɪn] 〘← ALOE+-IN²〙 *n.* 〘化学〙アロイン《アロエから得られる苦味のある結晶質の物質; 下剤に用いる》.

a·lone [əlóun | əláun] 〘《?a1200》 *al on(e)* wholly one: ⇨ all, one〙 —— *pred. adj.* **1** (他から離れて)ひとりで, 孤独で (solitary, by oneself): be [live, stay] ~ / They were left ~ there. 彼らだけそこに残された / We found him all ~. (見ると)彼はひとりぼっちだった. **2** [名詞・代名詞に後置してこれを限定して] ただ…だけ(では) (not others, only); (他は別にして)…だけでも. ★ この alone は副詞とみなすこともできる: She ~ knows it. / He ~ can do it. 彼だけがそれをできる / I want to speak to you ~. 君と二人だけ[きり]で話がしたい / Man shall not live by bread ~. 人はパンのみにて生くるものにあらず (*Matt.* 4: 4; *Luke* 4: 4) / This city ~ has ten million people. この都市だけが[だけでも]1 千万の人口を有する. **3** ひとりで, 孤立して (sole, one and only): He was not ~ *in* his sufferings. 彼と同じ苦しみを味わっている人はほかにもあった / I am not ~ *in* (holding) this opinion. この意見をもっているのは私だけではない. **4** 比類がなく, 無比で (unequaled): She was ~ *as* an opera singer. オペラ歌手として第一人者だった / He stands ~ *in* his surgical skill. 外科の技術では当代随一だ.

leave alone ⇨ leave¹ 成句. ***leave*** [***let***] ***severely alone*** ⇨ severely 成句. ***let alone*** ⇨ let¹ 成句. ***let well*** (***enough***) ***alone*** ⇨ let¹ 成句.

—— *adv.* **1** ひとりで, 単独に, 独力で (by oneself): Don't go ~. / He did it ~. **2** (ただ)単に (only): not ~…but…=*not* ONLY…*but* (also)….

~·ness *n.*

a·long 〘OE *andlang* continuous ← *and-* 'against, ANTI-'+*lang* 'LONG¹'〙 —— [əlɔ́(ː)ŋ, əlɑ́ŋ, -´ | əlɔ́ŋ, -´] *prep.* **1 a** 〈道路など〉の全長[一部]を通して, …を通って; …に沿って, …伝(づた)いに: We were driving ~ the road [the river]. その道を[川沿いに]ドライブしていた / The dog was stretched ~ the hearth-rug. 犬は暖炉の前の敷物の上に長々と延びていた / There is a drugstore ~ this street. この通りに[を行くと]ドラッグストアがある. **b** …の辺[あたり]に (about): ~ here [there] この[その]辺に[方向に]. **2** …のうちに (in the course of): Somewhere ~ the journey he lost his wallet. 旅行の途中どこかで札入れをなくした. **3** 〈方針など〉に従って: ~ approved scientific lines 認められた科学的方法に従って.

—— [-´] *adv.* **1** 前方へ, ぐんぐん, ずっと(前へ) (onward, forward): go [walk] ~ / ⇨ RUN *along*, SEND¹ *along*. **2** 人から人へ, 場所から場所へ, 次々に[と]: pass news ~. **3** [通例 ~ by として] 〈場所〉に沿って: cars parked ~ *by* the sidewalk 歩道に沿って駐車している車の列. **4** 《米口語》(時・仕事・会など)だいぶ進んで: ~ toward morning かなり朝方に / The afternoon was well ~. 午後もだいぶ回っていた / He was well ~ *in* years. だいぶ年をとっていた. **5** 〔…と〕一緒に (together)〔*with*〕; 連れて, 持って: He went ~ *with* her. 彼女と一緒に行った / I sent a photo ~ *with* the letter. 手紙と一緒に写真を送った / They brought their children ~. 子供たちを連れて来た / He had his gun ~ (*with* him). 銃を携えていた. **6** ここ[そこ]へ, やって来て[行って] (over): I went ~ to see him. 彼のところに遊びに行った.

all along (1) (…の)端から端まで: ⇨ *all along the* LINE². (2) ずっと, 初めから (all the time): I knew it *all* ~. 初めから知っていた. (3) 絶え間なく (continuously). ***along about*** 《米口語》(時間などが)大体…ごろ(で): ~ *about* noon [seven o'clock]. ***along back*** 《米》少し前に, 最近. ***along of*** 〘← ME *ilong* < OE *ġelang* ← *ġe-* (⇨ y-)+*lang* 'LONG¹'〙 《方言》(1) …のために (owing to): The accident was all

~ *of* his carelessness. その事故は全く彼の不注意によるものだった. (2) …と一緒に: Come ~ *of* me to the station. 駅まで一緒に来なさい. ***be along*** 《口語》やって来る (come): I'll *be* ~ in a minute. すぐ行きます / The book will *be* ~ in September. その本は9月に到着するでしょう. ***come along*** ⇨ come 成句. ***right along*** ⇨ right *adv.* 成句.

alóng·ships *adj., adv.* 〘海事〙船の中心線に(沿って)[の] (fore-and-aft).

alóng·shóre *adv., adj.* 岸に沿って[た], 海岸伝いに[の].

alóng·side 〘(1707)〙 — *adv.* **1** 横側に (beside); 並んで, 一緒に (side by side). **2** 〘海事〙(本船・桟橋などに)横付けに(なって): bring a boat ~ ボートを横付けにする.
alongside of (1) =alongside *prep.* 1, 2. (2) …と比較して; …に劣らず.
— *prep.* **1 a** …の横に, …に沿って: ~ a park, river, etc. **b** 〘海事〙…に横付けに. **2** …と並んで; …と共[一緒]に. **3** …に劣らず, …と肩を並べて.

A·lon·so [əlάnzou | əlɔ́nzəu; *Sp.* alónso] 〘□ Sp. ~ 《転訛》← Alfonso 'ALPHONSO'〙 *n.* 男性名.

A·lon·zo [əlάnzou | əlɔ́nzəu] 〘↑〙 *n.* 男性名.

a·loof [əlúːf] 〘(1532) ← A[3]+*loof* (⇨ luff) (cf. Du. *te loef* to windward): AFOOT, AGROUND, etc. との類推〙 — *adv.* **1** 離れて〔*from*〕, 避けて, 遠ざかって (apart, away): stand [keep (oneself), hold (oneself)] ~ *from* …から離れて[遠ざかって, 超然として]いる. **2** 《古》〘海事〙風上の方へ (windward): spring ~ 風上に間切(ぎ)る[出る] (luff). — *adj.* **1** [Predicative に用いて] 打ち解けないで, 冷淡で, 超然として (reserved): be ~. **2** [Attributive に用いて] よそよそしい, お高くとまった: an ~ bow, woman, etc. **~·ly** *adv.* **~·ness** *n.*

al·o·pe·ci·a [æ̀ləpíːʃiə, -ʃə | æ̀lə(u)píːsiə, -ʃiə] 〘(*a*1398) □ L *alōpecia* mange of fox, baldness □ Gk *alōpekía* ← *alṓpēx* fox〙 *n.* 〘病理〙脱毛(症), 禿頭(とく), はげ.

alopécia ar·e·á·ta [-æ̀riéɪtə | -æ̀riéɪtə] 〘← NL ~ 'circumscribed baldness'〙 *n.* 〘病理〙円形脱毛症.

a·lors [ɑːlɔ́ə | -lɔ́ː(r; *F.* alɔːr] 〘□ F ~ ← *à* to+*lors* then (← L *illā hōrā* from that hour)〙 *F. int.* (それ)では, それなら, じゃ.

A·lor Se·tar [ǽlɔə-sətάə, ɑ́ːl- | -lɔː-sətάː(r] *n.* アロルスタル《Malaysia 北西部 Kedah 州の首都; 人口 66,000》.

a·loud [əláud] 〘(*c*1280) ← A[3]+LOUD〙 — *adv.* **1** (人に聞こえる程度に)声を出して (out loud): speak ~ / read ~ 音読する / think ~ ⇨ think *vi.* 1. **2** 《古》大声で, 声高らかに: laugh ~ / cry [shout] ~. **3** 《口語》目立つほど, 明白に: It reeks ~. ぷんぷんにおう.

a·low [əlóu | ələ́u] 〘ME: ⇨ a[3], low[1]〙 *adv.* **1** 〘海事〙低い部分に, 下方に (below); 船内に: ~ and aloft 甲板下も甲板上も; 上を下へ, くまなく. **2** 低く; 下に.

Al·o·ys·ius [æ̀louíʃəs, -ʃiəs | æ̀ləuíʃəs, -ísiəs] 〘□ ML *Aloisius*: ⇨ Louis[1]〙 *n.* 男性名.

Aloýsius Gon·zá·ga [-gənzάːgə], Saint *n.* アロイシウス ゴンザガ《1568-1591; イタリアのイエズス会修士; 青少年・学生の保護聖人; 祝日 6 月 21 日》.

alp [ǽlp] 〘《逆成》← ALPS〙 — *n.* **1** (雪をいただいた)高山, 高峰; (スイスの)アルプス山腹の牧草地[牧場], アルプ: ~s on ~s 重畳(ちょうじょう)たる峻峰(しゅんぽう); 重なる難関 (cf. Pope, *An Essay on Criticism* 232). **2** 卓越したもの[人]: intellectual ~s 一流知識人.

A.L.P. 《略》American Labor Party.

al·pac·a [ælpǽkə] 〘(1792) □ Sp. ~ □ Aymara *allpaca*〙 — *n.* **1** 〘動物〙アルパカ (*Lama pacos*)《南米産のラクダ科の家畜》. **2** アルパカの毛. **3** アルパカ毛織; アルパカと木綿[絹]の交ぜ織り. **4** アルパカ毛織で作った衣服: an ~ coat. **5** アルパカまがいのレーヨン[木綿]; その衣服: an ~ coat.

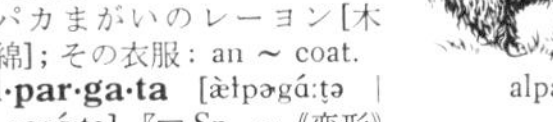
alpaca 1

al·par·ga·ta [æ̀lpəgάːtə | -pəgάːtə] 〘□ Sp. ~ 《変形》← *alpargate* □ Arab. 《方言》*al-parghāt* (pl.) ← *al-parghah* the sandal〙 — *n.* =espadrille.

al·pen·glow [ǽlpənglòu | -pənglə̀u, -pɪn-] 〘《部分訳》← G *Alpenglühen* ← *Alpen* Alpine+*glühen* 'to GLOW'〙 — *n.* アルペングロー, 山頂光《日の出の直前日没の直後に高山の山頂がばら色に映える現象》.

al·pen·horn [ǽlpənhɔ̀ən | -pənhɔ̀ːn, -pɪn-] 〘□ G *Alpenhorn* ← *Alpen* (↑)+*Horn* 'HORN'〙 — *n.* アルペンホルン, アルプホルン《スイスで牛飼いの用いる長さ 2-3 m の木管楽器; alphorn ともいう》.

al·pen·stock [ǽlpənstὰk | -pɪnstɔ̀k, -pən-] 〘□ G ~ ← *Alpen* (↑)+*Stock* stick (cf. stock[1])〙 — *n.* 〘登山〙アルペンシュトック[ストック]《鳶口(とびぐち)のような形の金具のついた登山用の杖》.

Álpes-de-Háute Provénce [ælpdəóut- | -óut-; *F.* alpdoːt-] *n.* アルプドオートプロバンス(県)《フランス南東部のイタリアに接する県; 人口 108,000, 面積 6,944 km^2, 首都 Digne [diɲ]》.

Alpes-Ma·ri·times [æ̀lpmæ̀rətíːm | -rɪ-; *F.* alpmaritim] *n.* アルプマリティーム(県)《フランス南東部のイタリアに接する県; 人口 756,000, 面積 4,294 km^2, 首都 Nice》.

al·pes·trine [ælpéstrɪn, -trən | -trɪn] 〘← ML *alpestris* (← L *Alpēs* 'ALPS')+-INE[3]〙 *adj.* 〘生物〙亜高山帯の (subalpine).

ál·peth cáble [ǽlpeθ-] 〘*alpeth*: ← AL(MINIUM)+P(OLY)ETH(YLENE)〙 *n.* 〘電気〙アルペス ケーブル《鉛被の代わりにアルミテープを用いたケーブル》.

al·pha[1] [ǽlfə] 〘(?*c*1200) □ L ~ ∥ Gk *álpha* ← Phoenician (cf. Heb. *āleph* 《原義》ox: 牛の頭の形から): ⇨ aleph〙 — *n.* **1** アルファ《ギリシャ語アルファベット 24 字中の第 1 字: *A*, *α* (ローマ字の A, a に当たる) ⇨ alphabet 表》. **2** *A* [α] の表わす音. **3 a** 第一, 初め (beginning) (cf. omega 2). **b** 第一位のもの, 第一級; 《英》(学業成績の) A, 優 (cf. beta, gamma): ~ plus (学業成績の) A^+, 秀. **4** [通例 A-; 星座名の属格を伴って] 〘天文〙アルファ (α) 星, 主星《一つの星座中で最も明るい星》. **5** [形容詞的に] 〘化学〙アルファの, α-, 第 1 の. ★ 有機化合物の置換基の位置, 異性体・(糖類の)立体異性, 種々の変態を示す物質の相などに関して順位を示す: ⇨ alpha-eucaine, alpha-naphthol.
from alpha to omega 初めから終わりまで; 終始.
the alpha and omega 初めと終わり (cf. *Rev.* 1:8); 最も重要な要素[部分]〔*of*〕.

al·pha[2] [ǽlfə] 《略》*attrib. adj.* =alphabetic.

Al·pha [ǽlfə] 〘cf. alpha[1]〙 *n.* 女性名. ★ 長女につける.

álpha-adrenérgic *adj.* 〘生理〙アルファ受容体 (alpha-receptor) の[に関する].

al·pha·bet [ǽlfəbèt, -bɪt, -bət | -bɪt, -bèt] 〘(?*a*1425) □ L *alphabēt-um* □ Gk *alphábētos* ← *álpha* 'ALPHA[1]'+*bēta* 'BETA'〙 — *n.* **1** アルファベット, 字母表《一言語の全文字; 例えば英字 26 文字のすべて》; 通常の文字に代わる記号[信号]体系: ⇨ phonetic alphabet, Latin alphabet, deaf-and-dumb alphabet, Morse alphabet. **2** 初歩, 入門, いろは〔*of*〕: the ~ *of* law.

ALPHABET TABLE

HEBREW

א[1]	áleph	(')
ב[2]	bēth	b, bh
ג[2]	gimel	g, gh
ד[2]	dáleth	d, dh
ה	hē	h
ו	wāw	w
ז	záyin	z
ח[3]	ḥēth	ḥ
ט[4]	ṭēth	ṭ
י	yōdh	y
כ[2] ך[5]	kaph	k, kh
ל	lámedh	l
מ ם[5]	mēm	m
נ ן[5]	nūn	n
ס	sámekh	s
ע[6]	'áyin	'
פ[2] ף[5]	pē	p, ph
צ[4] ץ[5]	ṣādhé	ṣ
ק[4]	qōph	q
ר	rēsh	r
שׁ	shīn	š
שׂ	śīn	ś
ת[2]	tāw	t, th

ARABIC

ا[7]	álif	(')
ب	bā'	b
ت	tā'	t
ث	thā'	th
ج	jīm	j
ح[3]	ḥā'	ḥ
خ[8]	khā'	kh
د	dāl	d
ذ	dhāl	dh
ر	rā'	r
ز	zāy	z
س	sīn	s
ش	shīn	š
ص[4]	ṣād	ṣ
ض[4]	ḍād	ḍ
ط[4]	ṭā'	ṭ
ظ[4]	ẓā'	ẓ
ع[6]	'ayn	'
غ[9]	ghayn	gh
ف	fā'	f
ق[4]	qāf	q
ك	kāf	k
ل	lām	l
م	mīm	m
ن	nūn	n
ة[10]	hā'	h
و	wāw	w
ى	yā'	y

GREEK

Α	α	álpha	a
Β	β	bêta	b
Γ	γ	gámma	g
Δ	δ	délta	d
Ε	ε	épsīlon	e
Ζ	ζ	zêta	z
Η	η	êta	ē
Θ[11]	θ	thêta	th
Ι	ι	iôta	i
Κ	κ	káppa	k
Λ	λ	lámbda	l
Μ	μ	mû	m
Ν	ν	nû	n
Ξ	ξ	xî	x
Ο	ο	ómīcron	o
Π	π	pî	p
Ρ	ρ	rhô	r, rh[12]
Σ	σ ς[5]	sígma	s
Τ	τ	taû	t
Υ	υ	úpsīlon	u
Φ[11]	φ	phî	ph
Χ[11]	χ	chî	kh
Ψ	ψ	psî	ps
Ω	ω	ōméga	ō

RUSSIAN

А	а	a
Б	б	b
В	в	v
Г	г	g
Д	д	d
Е	е	e, ye
Ё	ё	e, yo
Ж	ж	zh
З	з	z
И	и	i
Й	й	ĭ
К	к	k
Л	л	l
М	м	m
Н	н	n
О	о	o
П	п	p
Р	р	r
С	с	s
Т	т	t
У	у	u
Ф	ф	f
Х	х	kh
Ц	ц	ts
Ч	ч	ch
Ш	ш	sh
Щ	щ	shch
Ъ[13]	ъ	
Ы	ы	y
Ь[14]	ь	'
Э	э	e
Ю	ю	yu
Я	я	ya

SANSKRIT[15]

अ	a
आ	ā
इ	i
ई	ī
उ	u
ऊ	ū
ऋ	ṛ
ॠ	ṝ
ऌ	ḷ
ॡ	ḹ
ए	e
ऐ	ai
ओ	o
औ	au
·	ṁ
:	ḥ
क	k
ख	kh
ग	g
घ	gh
ङ	ṅ
च	c
छ	ch
ज	j
झ	jh

ञ	ñ
ट	ṭ
ठ	ṭh
ड	ḍ
ढ	ḍh
ण	ṇ
त	t
थ	th
द	d
ध	dh
न	n
प	p
फ	ph
ब	b
भ	bh
म	m
य	y
र	r
ल	l
व	v
श	ś
ष	ṣ
स	s
ह	h

各欄の最初にアルファベット[字母]をあげた. (ギリシャ語・ロシヤ語では大文字と小文字を併記した.) アラビア語では, 続け書きの場合に, たとえば ب (bā') に対して بـ (語頭), ـبـ (語中), ـب (語末) のように多少異なる別形が用いられるが, ここには単独で書く場合の独立形のみをあげてある. ヘブライ語・アラビア語・ギリシャ語については, 各字母の次にその名称をあげたが, このうち, ヘブライ文字とギリシャ文字の名称はいずれも本辞典の見出し語となっている. (ただし, 分音符号などは見出し語にはつけない.) 各欄の最後に本辞典語源欄で主として用いたローマ字転写をあげた.

1. 弱い声門閉鎖音を表わすが, 語頭のものは転写しない.
2. ב, ג, ד, כ, פ, ת は摩擦音を, 中に・を付した בּ, גּ, דּ, כּ, פּ, תּ は閉鎖音を表わし, 前者は h を添えて bh, gh…, 後者は b, g… のように転写する.
3. 無声咽頭摩擦音.
4. ふつう emphatic とよばれる咽頭化音.
5. 語末でのみ用いられる別形.
6. 3 に対する有声咽頭摩擦音.
7. 本来音価をもたず, ء (hamza) と共に, または ā を表わすのに用いる. 語頭の hamza は転写しない.
8, 9. それぞれ無声と有声の軟口蓋摩擦音.
10. 語末の ة は母音で始まる語が続くときは t, それ以外では h で転写する.
11. 帯気閉鎖音 (ローマ字転写の h は帯気音を表わす).
12. rh は r に対して語頭で無声の [r̥] を示す.
13. 合成語の要素を区分し, また直前の子音が (前舌母音を伴う場合でも) 口蓋化しないことを示す分離符号; 本辞典では表記しない.
14. 直前の子音が (前舌母音を伴わない場合でも) 口蓋化することを示す.
15. サンスクリットの書写・印刷に通例用いられる Devanagari 文字.

al·pha·bet·ic [æ̀lfəbéṭɪk | -tɪk] 〚《1642》〛 *adj.* アルファベットの, 字母の; アルファベットで表記される; アルファベット[エービーシー]順の: an ~ language.
àl·pha·bét·i·cal [-ṭɪkəl, -ṭə- | -tɪ-] 〚《1567》〛 *adj.* = alphabetic: (in) ~ order アルファベット[エービーシー]順(に).
àl·pha·bét·i·cal·ly 〚《1567》〛 *adv.* アルファベット[エービーシー]順に.
al·pha·bet·ics [æ̀lfəbéṭɪks | -tɪks] 〚⇨ alphabet, -ics〛 *n.* (話音の)アルファベット[文字]表記法研究.
al·pha·bet·ism [ǽlfəbətìzm, -be- | -bɪ-, -be-] *n.* **1** (話音の)アルファベット[文字]表記. **2** (署名などにおける)アルファベット使用《ABC などと書く》.
al·pha·bet·i·za·tion [æ̀lfəbèṭɪzéɪʃən, -bə-, -ṭə- | -bɪtaɪ-, -be-, -tɪ-] *n.* **1** アルファベット[エービーシー]順配列, アルファベット順化; アルファベット順のリスト. **2** アルファベット化.
al·pha·bet·ize [ǽlfəbətàɪz | -bɪ-] 〚《1867》← ALPHABET+-IZE〛 — *vt.* **1** エービーシー順にする: ~ a list of names. **2** エービーシーで表わす. **ál·pha·bet·iz·er** *n.*
álphabet sóup *n.* アルファベットスープ《アルファベット文字形をしたマカロニの入ったスープ》.
álpha bràss *n.* 〘冶金〙アルファ黄銅《銅合金の一つで, 亜鉛 35% までのものをいう》.
álpha cèllulose *n.* 〘化学〙アルファセルロース《セルロース試料中で, 17.5% 水酸化ナトリウム液に溶けない部分で分子量の大きいもの; cf. beta cellulose, gamma cellulose》.
Álpha Cen·táu·ri [-sentɔ́:raɪ] 〚*Centauri*: ▭ L *Centauri* (gen.) ← *Centaurus*: ⇨ centaur〛 — *n.* 〘天文〙アルファケンタウリ《ケンタウルス座の α 星で 0.1 等星; Sirius, Canopus に次ぐ全天第三の輝星; Rigil Kentaurus ともいう; cf. alpha[1] 4》.
Álpha Crúcis *n.* 〘天文〙=Acrux.
álpha decày [disintegràtion] *n.* 〘物理〙アルファ崩壊《α 線(ヘリウムの原子核 ⁴He)を出す原子核の崩壊; 通例 α-decay と書く》.
álpha-eucáine *n.* 〘化学〙アルファオイカイン ($C_{19}H_{27}NO_4$)《局部麻酔薬でオイカインの一種》.
álpha glóbulin *n.* 〘生化学〙アルファグロブリン《血漿中のグロブリンで電気泳動したとき最も早く移動するもの; cf. beta globulin, gamma globulin》.
álpha-hélical *adj.* 〘生化学〙アルファヘリックス[螺旋]の.
álpha-hélix *n.* 〘生化学〙アルファヘリックス[螺旋]《蛋白質やポリペプチッドの二次構造の一つでアミノ酸残基 3.6 個で時計回りに 1 回転する構造》.
álpha-hypóphamine *n.* 〘薬学〙アルファハイポファミン (⇨ oxytocin 2).
álpha ìron *n.* 〘化学〙アルファ鉄《純鉄の同素体の一種で 909°C 以下で安定, 体心立方晶系で強磁性; cf. beta iron, gamma iron, delta iron》.
al·pha·mer·ic [æ̀lfəmérɪk] 〚← ALPHA(BET+NU)MERIC〛 *adj.* 〘電算機〙=alphanumeric. **àl·pha·mér·i·cal** *adj.* **àl·pha·mér·i·cal·ly** *adv.*
al·pha·met·ic [æ̀lfəméṭɪk | -tɪk] 〚← ALPHA(BET+ARITH)METIC〛 — *n.* 〘数学〙覆面算《筆算の結果の数字を文字で置き換えたものを与え, もとの筆算を復元させる数学パズル; 例: SEND+MORE=MONEY》.
álpha mòvement *n.* 〘心理〙アルファ運動現象《仮現運動の一種で, 例えば, 同じ長さの線分でも a は短く見え, b は長く見える; cf. beta movement》.
álpha-náphthol *n.* 〘化学〙アルファナフトール《アルカリ水溶液に易溶, 昇華性があり水蒸気蒸留可能な無色柱状晶; cf. naphthol 1》.
álpha-naph·thyl·thi·o·u·ré·a [-nǽfθɪlθàɪo(ʊ)jʊríːə | -ə(ʊ)jʊ(ə)-] *n.* 〘化学〙=ANTU.
àlpha·numéric [æ̀lfə-] 〚← ALPHA(BET)+NUMERIC(AL)〛 — *adj.* 〘電算機〙英数字の, 文字数字式の《アルファベットと数字の両方を用いる》. **àl·pha·nu·mér·i·cal** *adj.*
álpha pàrticle *n.* 〘物理〙アルファ粒子《ヘリウムの原子核 ⁴He のこと; 記号 α; 通例 α-particle と書く; cf. beta particle》.
álpha prívative 〚《なぞり》← MGk *álpha sterētikón*〛 *n.* 〘言語〙(ギリシャ語・英語で)否定を表わす接頭辞 a- または an- (⇨ a-[7]).
álpha ràу *n.* 〘物理〙アルファ線《アルファ粒子から成る; 通例 α-ray と書く》.
Al·phard [ǽlfəəd | -fɑːd] 〚▭ Arab. *al-fard* the solitary one〛 *n.* 〘天文〙アルファルド《うみへび座 (Hydra) の α 星で 2.0 等星》.
álpha-recèptor *n.* 〘生理〙アルファ受容体, α 受容体.
álpha rhỳthm *n.* 〘生理〙(脳波の)アルファリズム《alpha wave ともいう》.
al·pha·scope [ǽlfəskòʊp | -skɔ̀ʊp] 〚← ALPHA(NUMERIC)+-SCOPE〛 — *n.* 〘電算機〙アルファスコープ《アルファベットや数字などをブラウン管上に写し出す電算機の表示装置》.
álpha-stánnic ácid *n.* 〘化学〙α-スズ酸 (⇨ stannic acid).
álpha tèst *n.* 〘心理〙アルファ(式)検査, A 式知能検査, 言語式知能検査《第一次大戦中米国で将校・兵士に施した知能検査; cf. beta test》.
álpha wàve *n.* 〘生理〙アルファ波 (⇨ alpha rhythm).
Al·phec·ca [ælfékə] 〚▭ Arab. *al-fákkah* ← *fákka* to dislocate〛 *n.* 〘天文〙アルフェッカ《かんむり座 (Corona Borealis) の α 星で 2.2 等星》.
al·phen·ic [ælfénɪk] 〚▭ F ~〛 *n.* 〘薬学〙アルフェニック《大麦糖または砂糖菓子》.
Al·pher·atz [ælférəts] 〚▭ Arab. *al-fáras*《原義》the mare〛 — *n.* 〘天文〙アルフェラツ《アンドロメダ座 (Andromeda) の α 星でペガスス座 (Pegasus) の δ 星ともなっている 2.0 等星》.
Al·phe·us [ælfíːəs | -fíːəs, -fíəs] 〚▭ L ~ ▭ Gk *Alpheiós*〛 — *n.* 〘ギリシャ神話〙アルフェイオス《Peloponnesus 半島の川の神; Oceanus と Tethys の子; 森の精 Arethusa に恋し, 彼女が Ortygia 島にのがれて泉になると, 川に変じて合体した; cf. Arethusa》.
Al·phonse [ɑːlfɔ̃́(:)n(s), æl-, -fɔ́(:)ns; *F.* alfɔ̃:s] 〚▭ F ~ (↓)〛 *n.* 男性名.
Al·phon·so [ælfɑ́nsoʊ, -zoʊ | -fɔ́nzəʊ, -səʊ] 〚▭ Sp. *Alfonso* ▭ OHG *Adulfuns* ← *adal* noble+*funs* ready〛 *n.* 男性名.
alp·horn [ǽlphɔ̀ən | -hɔ̀:n] *n.* =alpenhorn.
al·phos [ǽlfɑs | -fɔs] 〚▭ Gk *alphós* a kind of leprosy: ⇨ alb〛 *n.* 〘病理〙乾癬; 白斑《ハンセン病類似の皮膚疾患をさす》.
al·pine [ǽlpaɪn, -pɪn, -pən | -paɪn] 〚《?*a*1425》▭ L *Alpīn-us* 'of the ALPS': ⇨ -ine[3]〛 — *adj.* **1** [A-] アルプス山脈 (Alps) の. **2** [しばしば A-] 高山の; 高山性の (cf. montane): an ~ belt 高山帯 / an ~ club 山岳会 / ~ fauna [flora] 高山動物[植物](相) / an ~ plant 高山植物. **3** 大変高い(ところにある). **4** [A-] 〘人類学〙アルプス人種の(特徴のある): the *Alpine* type. **5** [A-] 〘スキー〙アルペン競技の, 滑降(競技)に関する (cf. Nordic 3). — *n.* **1** 高山植物. **2** (アルプスなどで用いる)登山用ソフト帽. **3** [A-] 〘人類学〙アルプス人種《中部・東部ヨーロッパに分布し, 北欧人種に比して身長がやや低く体毛が多く短頭》.
álpine bístort *n.* 〘植物〙=serpent grass.
Álpine cátchfly *n.* 〘植物〙ユキマンテマ (*Silene alpestris*)《ヨーロッパ山地産ナデシコ科マンテマ属の白い花をつける多年草》.
Álpine combíned *n.* [the ~] 〘スキー〙アルペン複合競技《滑降・回転・大回転の複合競技; cf. Nordic combined》.
álpine cúrrant *n.* 〘植物〙ヨーロッパ産の高山性のスグリ (*Ribes alpinum*)《ユキノシタ科の低木; 花は黄緑色, 実は食べられる; mountain currant ともいう》.
álpine fír *n.* 〘植物〙Rocky 山脈にみられるモミ属の常緑高木 (*Abies lasiocarpa*).
álpine gárden *n.* 高山植物園《高山植物を栽培する rock garden》.
Álpine íbex *n.* 〘動物〙アルプスアイベックス (*Capra ibex*)《Alps および Apennines 山脈の野生ヤギ; 後ろ向きに曲がった大角をもつ》.
Álpine póppy *n.* 〘植物〙 **1** =Iceland poppy. **2** 小さい黄花をつける Rocky 山脈産の高山性のヒナゲシの一種 (*Papaver pygmaeum*).
Álpine róse *n.* 〘植物〙 **1** ヨーロッパやアジアの山地に生えるツツジ科ツツジ属 (*Rhododendron*) のシャクナゲ類の総称. **2** =edelweiss.
al·pin·ism, A- [ǽlpənìzm | -pɪ-] 〚← ALPINE+-ISM〛 *n.* アルプス登山; 登山, アルピニズム.
ál·pin·ist, Á- [-nɪst, -nəst | -nɪst] 〚← ALPINE+-IST〛 *n.* アルプス登山家; 登山家, アルピニスト.
Alps [ǽlps] 〚《*a*1387》▭ (O)F *Alpes* < L *Alpēs* (pl.)《原義》the High Mountains ▭ Celt. **alb*- high mountain: L *albus* white と結びつけるのは通俗語源〛 — *n. pl.* [the ~] アルプス(山脈)《フランス・スイス・イタリアを通り南欧に連なる; 最高峰 Mont Blanc (4,807 m)》: in the Swiss ~.
al·read·y [ɔːlrédi, ⸗⸗⸗ | ɔːlrédɪ, ɔl-, ⸗⸗⸗] 〚《?*a*1200》*al redy* fully prepared: ⇨ all, ready〛 — *adv.* **1** もはや, もう, すでに: He is ~ asleep [sleeping]. / I have ~ written it. / It's done ~. もう済んでいる / He had ~ started when I telephoned. 私が電話した時には彼はもう出掛けていた / Let's hurry; it's ~ late. 急ごう, もう遅いのだ. **2** すでに, かねて: He ~ knows [knew] it. / She has ~ been in Europe. ヨーロッパには前に行ったことがある. **3** [疑問文・否定文の単文文尾に置いて]〘口語〙おやもう, まさかまだ (so early). ★ 驚きなどを表わす (cf. yet 1, 2): Has the bus left ~? おや, バスはもう出てしまったのか / He isn't up ~, is he? (こんなに早いのに)彼はまさか起きているのではないだろうね.
al·right [ɔːlráɪt, ⸗⸗] *adv., adj.* =all right. ★ 広告・漫画などでかなり一般化しているが, 非標準的とする人が多い.
A.L.S., a.l.s. 《略》autograph letter signed 自筆自署の手紙.
Al·sace [ælsǽs, -séɪs, ⸗⸗ | ǽlsæs, -zæs; *F.* alzas] 〚▭ ML *Al(i)sātia*: ⇨ Alsatia〛 — *n.* **1** アルザス《フランスの北東部, Vosges 山脈と Rhine 川の間の地方; ドイツ語名 Elsass》. **2** アルザス(ワイン)《アルザス地方産の辛口の白ぶどう酒》.
Álsace-Lorráine *n.* アルザスロレーヌ《フランス北東部の地方; もとの Alsace と Lorraine の東部を含む; 1871–1919 および 1940–44 年間はドイツ領, 現在はフランスの Bas-Rhin, Haut-Rhin および Moselle の 3 県に分かれる; 人口 2,504,000, 面積 14,524 km²; ドイツ語名 Elsass-Lothringen》.
Al·sa·tia [ælséɪʃə, -ʃɪə | -ʃɪə, -ʃə] 〚▭ ML *Al(i)sātia*《ラテン語名》← OHG *eli-sāzzo* (G *Elsass*) inhabitant of the other (bank of the Rhine) ← *elles* 'ELSE'+*sig-gan* 'to SIT': フランスとドイツとの間の Rhine 川西方, スイスとの国境の一地方で久しく所属不明の地であった〛 — *n.* **1** 《古》=Alsace 1. **2** もと London 中央の Whitefriars 地区の俗称; 16 世紀から 1697 年まで犯罪者・負債者の逃げ場所となった修道院があった. **3** (犯罪者などの)潜伏地.
Al·sa·tian [ælséɪʃən | -ʃɪən, -ʃən] 〚《1691》: ⇨ ↑, -an[1]〛 — *adj.* **1** アルザス (Alsace) の. **2** アルセーシア (Alsatia) の. — *n.* **1 a** アルザス人. **b** 〘言語〙アルザス語《アルザス人の話すアレマン方言; 南西ドイツ, スイスのドイツ語》. **2** アルセーシア居住者. **3** 《英》=German shepherd dog.
Alsátian dóg *n.* 《英》=German shepherd dog.
ál·sike clóver [ǽlsæk-, -saɪk-, ɔ́:lsaɪk- | ǽlsɪk-] 〚《1852》← *Alsike* (初めてこの牧草が栽培されたスウェーデンの地名)〛 — *n.* 〘植物〙タチオランダゲンゲ (*Trifolium hybridum*)《マメ科のクローバーの一種で, 有用な牧草; 単に alsike ともいう》.
Al Si·rat [æ̀l-sɪrɑ́:t, -sə- | -sɪ-] 〚▭ Arab. *al-sirāṭ* the road: cf. street〛 — *n.* [the ~] 〘イスラム教〙 **1** (宗教の)正道. **2** (天国に行く者が通らなければならない)細い道.
al·so [ɔ́:lsoʊ, ⸗⸗ | ɔ́:lsəʊ, ɔ́l-, ⸗⸗] 〚OE (*e*)*alswā* wholly so: ⇨ all, so[1]〛 — *adv.* もまた (besides, as well); やはり, 同様に (in like manner). ★ 位置は通例, 文中または文尾: I ~ went. / He came ~. / not only…but ~ …のみならず…もまた (⇨ only 成句). ★ (1) too と同義だがやや形式張った語. (2) 否定文には either などを用いる: If you don't go, I won't, *either.* 君が行かないなら私も行くまい / I don't like it.—*Neither* [*Nor*] do I. 私はきらいだ—私もだ. — *conj.* 《口語》そしてまた[その上] (and also): He gave me this book, ~ some candy to eat on the way home. この本とそして家に帰る途中で食べるキャンデーとをくれた. ★ *conj.* の用法は非標準的とする人が多い.
álso-ràn *n.* **1 a** 〘競馬〙着外に落ちた馬《四着以下》. **b** (レースで)入賞できなかった選手. **2** 《口語》落選者; 失敗者; 落伍者; 凡人, 凡才.
al·stroe·me·ri·a [æ̀lstrəmí(ə)riə | -strə(ʊ)míəriə] 〚← NL ~ ← *Claude Alstroemer* (1736–94: スウェーデンの植物学者)+-IA[1]〛 — *n.* 〘植物〙ユリズイセン, アルストレーメリア《南米産ヒガンバナ科ユリズイセン属 (*Alstroemeria*) の植物の総称; 観賞用に栽培; キバナユリズイセン (*A. aurantiaca*) など》.
alt [ǽlt] 〚《1535》▭ It. *alto* ▭ L *altus* high, shrill (of voice)《原義》nourished (p.p.) ← *alere* to nourish ← IE **al*- to grow, nourish: cf. old〛 — *n., adj.* 〘音楽〙アルト(の) (alto), 中高音(の).
in alt (1) 〘音楽〙インアルト《高音部譜表上(ᵹ)第 1 間のト音に始まるオクターブの諸音で》: C *in* ~. (2) 《英》有頂天になって, 興奮して (exalted, excited).
alt. 《略》alternate; alternating; alternations; altitude; 〘音楽〙alto.
alt- [ælt] (母音の前に来る時の) alto- の異形: *altazimuth.*
Al·ta [ǽlṭə | -tə] 〚▭ L ~ (fem.) ← *altus* high, tall: ⇨ alt〛 *n.* 女性名.
Alta. 《略》Alberta.
Al·ta Ca·li·for·nia [*Sp.* áltakàlifórnja] 〚⇨ Alta〛 — *n.* アルタカリフォルニア《現在の California 地域を指すスペイン語名; 英語名 Upper California; cf. Baja California》.
Al·tai [ǽltaɪ, ⸗⸗ | æltéraɪ, -tɑ́ɪ; *Russ.* altáj] 〚▭ Mongolian ~ ← *al* gold+*tai* mountain〛 — *n.* **1** [the ~] =Altai Mountains. **2** アルタイ地方《ソ連邦ロシヤ共和国シベリア南西部 Ob 川上流地域; 人口 2,701,000, 面積 261,700 km²; 首都 Barnaul》.
Al·tai·an [æltéɪ(j)ən, -táɪən | -té(ɪ)ən, -táɪən] 〚▭ F *altaïen* ← *Altai* Altai Mountains: ⇨ ↑, -an[1]〛 *adj., n.* =Altaic.
Al·ta·ic [æltéɪɪk] 〚《1850》▭ F *altaïque* ← *Altai* (↑): ⇨ -ic[1]〛 — *adj.* **1** アルタイ (Altai) 山脈の; アルタイ山脈に住む人の. **2** 〘言語〙アルタイ語族の. — *n.* **1** 〘言語〙アルタイ語族《トルコ・ツングース・モンゴル語などを含む》. **2** アルタイ語族の言語を話す人.
Áltai Móuntains *n. pl.* [the ~] アルタイ山脈《モンゴル人民共和国およびソ連領アジアにまたがる大山系; 最高峰 Belukha [bjilúxə] (4,506 m)》.
Al·tair [æltáɪə, -téə, ⸗⸗ | æltéə(r, ⸗⸗] 〚▭ Arab. *al-ṭā'ir* the bird〛 *n.* 〘天文〙アルタイル, 牽牛(ᵹᵹ)星, 彦星《わし座 (Aquila) の α 星で 0.0 等星》.
Al·ta·mi·ra [æ̀lṭəmí(ə)rə | -təmíərə; *Sp.* àltamíra] *n.* アルタミラ《スペイン北部, Santander 付近にある洞窟(ᵹ); その壁面に後期旧石器時代の彩色した動物の絵があるので有名》.
al·tar [ɔ́:lṭə | ɔ́:ltə(r, ɔ́l-] 〚OE *altar*(*e*) ▭ LL *altāre*=L *altāria* (pl.) high altar,《原義》burnt offerings: cf. L *adolēre* to burn〛 — *n.* **1** 〘キリスト教〙祭壇, 聖餐台, 聖体拝領台, 宝座, 聖卓 (communion table) (⇨ church 挿絵): ⇨ high altar. **2** 祭壇. **3** 〘造船〙乾ドックの階段. **4** [the A-] 〘天文〙さいだん(祭壇)座 (⇨ Ara).
lead to the altar 〈女性〉と結婚する. ***raise to the altars of the Church*** (列福式・列聖式等により)叙階する.
Altar of Repose [the —] 〘カトリック〙聖体安置所《キリストの死をしのぶために聖週間に聖堂外に設けられる》.
al·tar·age [ɔ́:lṭərɪdʒ | ɔ́:ltə-, ɔ́l-] 〚《15C》▭ OF *auterage*: ⇨ ↑, -age〛 — *n.* **1** [集合的](祭壇への)供物; (教会への)寄進. **2** (教会儀式に対する司祭への)謝礼

金, お布施. **3** [集合的] 逝去者記念式(法要)の寄付.
áltar bòard *n.* 〘キリスト教〙(コプト教会でミサの際に聖杯と聖体皿を置くための)祭壇盤.
áltar bòy *n.* (教会の)侍者, アコライト (acolyte)《教会の諸儀式, 特にミサ聖祭に侍して司祭を助ける》.
áltar brèad *n.* ミサ聖祭[聖餐式]用パン.
áltar clòth *n.* 祭壇布, 聖壇布; (俗に)祭壇前面垂帳.
áltar·piece *n.* (教会堂の)祭壇の背後・上部の飾り《絵画・彫刻またはついたて; cf. reredos》.
áltar ràil *n.* 〘キリスト教〙=communion rail.
áltar stòne *n.* 〘カトリック〙 **1** (祭壇の)祭台 (⇨ mensa 1). **2** 携帯用祭壇 (⇨ superaltar).
áltar·wise 〘⇨ -wise〙 *adv.* 聖壇の向きに.
alt·az·i·muth [æltǽz(ə)məθ | -zɪ-] 〘《1860》← ALT(ITUDE)+AZIMUTH〙 *n.* 〘天文〙経緯儀.
Alt·dorf [ǽltdɔəf, ɑ́:lt- | -dɔ:f; *G.* áltdɔrf] *n.* アルトドルフ《スイス中部の小都市; William Tell の伝説上の故郷; 人口 8,700》.
al·ter [ɔ́:ltə | ɔ́:ltə(r, ɔ́l-] 〘《c1385》□(O)F *altér-er* ∥ LL *alter-āre* to change ← L *alter* other ← **al-* (⇨ alias) +**-tero-* '-THER'〙 — *vt.* **1** (形・性質・位置などについて部分的に)変える, 変更する, 改める (change, modify): ~ an opinion 意見[説]を改める / ~ a house 家を改造する / ~ a suit 服を作り変える / ~ course 〘海事〙針路を変える / ~ the course of history 歴史の流れを変える / ~ the clock (夏時間などで)時計の針をずらす / That ~*s* the case. それでは話が変わってくる. **2** 《米・豪》〈家畜などを〉去勢する (geld); …から卵巣を取去る (spay). — *vi.* 変わる, 改まる, 一変する; 〈人が〉衰える, ふける: He has ~*ed* since his illness. **~·er** [-tərə | -tərə(r] *n.*
al·ter·a·ble [ɔ́:ltərəbl, -trə- | ɔ́:lt(ə)r-, ɔ́l-] *adj.* 変えられる, 変更[改造]可能な. **àl·ter·a·bíl·i·ty** [-rəbíləti | -ləti, -lɪ-] *n.* **ál·ter·a·bly** *adv.*
al·ter·ant [ɔ́:ltərənt | ɔ́:ltə-, ɔ́l-] 〘□F *altérant* (pres.p.) ← *altérer* 'to ALTER'〙 *adj.* 変質させる. — *n.* 変質させるもの; 変色剤.
al·ter·a·tion [ɔ̀:ltəréɪʃən | ɔ̀:ltə-, ɔ̀l-] 〘《a1398》□(O)F *altération* ∥ LL *alterātiō(n-)*: ⇨ alter, -ation〙 — *n.* **1** 変更, 改変, 改造. **2** 変化, 変質. **3** 改変[変更, 改造]個所: ~*s in* a house, dress, etc.
al·ter·a·tive [ɔ́:ltərèɪtɪv, -rət- | ɔ́:ltərət-, ɔ́l-, -rèɪt-] 〘《a1398》□(O)F *altératif* ∥ LL *alterativ-us* (p.p.) ← *alterāre* 'to ALTER'〙 — *adj.* **1** 改変的な, 変質的な. **2** 《俗用》〘医学〙体質を改善する. — *n.* 《俗用》(徐々に健康にすると称する)変質剤, 体質変換薬; 変質療法.
al·ter·cate [ɔ́:ltəkèɪt, ǽl- | ɔ́:ltə-, ɔ́l-] 〘《1530》← L *altercāt-us* (p.p.) ← *altercārī* to dispute with another ← *alter* another: ⇨ alter, -ate³〙 — *vi.* 口論する, 争論する, 言い争う (dispute angrily) 〔*with*〕.
al·ter·ca·tion [ɔ̀:ltəkéɪʃən, æ̀l- | ɔ̀:ltə-, ɔ̀l-] 〘《c1390》□(O)F ~ ∥ L *altercātiō(n-)*: ⇨ ↑, -ation〙 — *n.* 口論, 激論, 論争 (hot dispute): have an ~ *with* a person 人と激論する 〔*on*〕.
áltered chórd *n.* 〘音楽〙変化和音《臨時に変化した音を含む和音》.
al·ter e·go [ɔ́:ltə-í:gou, ɑ́:lt-, ǽlt-, -égou | ǽltə(r)-égəu, ɔ́:l-, -í:gəu] 〘□L ~《原義》other I: Cicero の用法〙 — *n.* (*pl.* ~s) **1** 他我, 分身 (other self). **2** (同じ趣味・思想の)親友 (bosom friend).
al·ter i·dem [ɔ́:ltə-áɪdem, ɑ́:lt-, ǽlt-, -ídem | ǽltə(r)-, ɔ́:l-] 〘□L ~ 'another the same'〙 *L. n.* 酷似したもの.
al·tern [ɔ:ltə́:n, æl-, ⸗⸗ | ɔ:ltə́:n, ɔl-, ⸗⸗] 〘□L *altern-us* alternating: ⇨ alter〙 *adj.* =alternate 1.
al·ter·nance [ɔ́:ltənəns, ǽl- | ɔ:ltə́:n-, ɔl-] 〘⇨ ↓, -ance〙 *n.* 交替, 交互 (alternation).
al·ter·nant [ɔ́:ltənənt, ǽl- | ɔ:ltə́:n-, ɔl-] 〘□L *alternant-em* (pres.p.) ← *alternāre* (↓)〙 — *adj.* **1** 交互の, 交代の. **2** 〘地質〙異種の地層が交互に重なった, 互層の. — *n.* **1** 〘数学〙交代関数 (alternating function). **2** 〘論理〙=disjunct. **3** 〘言語〙交替形《異音 (allophone) や異形態 (allomorph)》.
al·ter·nate 〘《1513》← L *alternāt-us* (p.p.) ← *alternāre* to do one thing after the other ← *alternus* (⇨ altern)〙 — [ɔ́:ltənèɪt, ǽl- | ɔ́:ltə-, ɔ́l-] *v.* — *vt.* 互い違いにする; 交替にする, 交互に行なう 〔*with, by*〕: ~ red and blue lines / ~ red lines *with* blue / ~ writing *with* [and] reading 執筆と読書を交互に行なう. — *vi.* **1** 交互する, 互い違いになる: Red lines ~ *with* blue. **2** 交替する 〔*with*〕; (二者の間で)交替する, (二つの状態などを)交互に繰り返す 〔*between*〕: They ~*d* [She ~*d with* him] *in* setting the table. 二人は交替で食卓の用意をした / Joy and grief ~ in my breast.=I ~ *between* joy and grief. 私の胸中は悲喜こもごもである / The flood and ebb tides ~ *with* each other. **3** 〘電気〙〈電流が〉交番する.
— [ɔ́:ltənət, ǽl-, -nɪt | ɔ:ltə́:-, ɔl-] *adj.* **1** (二種のものが)交互に[に現われる], 交替の, 代わる代わるの: ~ lines of red and blue / red lines ~ *with* blue 青い線と互い違いになった赤い線 / a week of ~ snow and rain 雪と雨が交互に降る[降った]一週間 / ~ hope and fear 一喜一憂. **2** 一つ置きの, 互い違いの (every other): read the ~ lines / each ~ day 隔日 / on ~ days 一日置きに. **3** 〘植物〙〈葉が〉(軸に対して)互生の, 花の部分(例えば萼と花弁)が交互にある (cf. opposite 3, verticillate 1): ~ leaves 互生葉. **4** =alternative 2: an ~ plan 代案 / an ~ date for a picnic ピクニックのための代わりの日取り. **5** 〘電気〙=alternating 3: an ~ current.
— [ɔ́:ltənət, ǽl-, -nɪt | ɔ:ltə́:-, ɔl-] *n.* **1** 《米》=alternative 1. **2** 代理人[役], 代わり; 補欠 (substitute) 〔*to*〕. **3 a** (二人交替制の)交替者 〔*to*〕. **b** 〘演劇〙ダブルキャストの(俳優の)一方; 代役.
álternate ángles *n. pl.* 〘数学〙錯角《一直線 *XY* が二直線 *AB*, *CD* とそれぞれ点 *P*, *Q* で交わってできる角 *APY* と *DQX*, および *BPY* と *CQX*》.
álternate generátion *n.* 〘生物〙=ALTERNATION of generations.
ál·ter·nate·ly 〘《1432》〙 *adv.* 代わる代わる, 交替に, 交互に, こもごも 〔*with*〕; 互い違いに, 一つ置きに: ~ push and pull 押したり引いたりを交互に繰り返す.
álternate plúmage *n.* 〘鳥類〙代羽《年一回の完全な換羽以外の換羽によって得られた羽装; cf. basic plumage》.
álternate stráight *n.* 〘トランプ〙=skip straight.
ál·ter·nàt·ing [-tɪŋ | -tɪŋ] *adj.* **1** 交互する, 交替の, 交番の. **2** 〘数学〙交代の. **3** 〘電気〙交流の, 交番の (cf. direct 11).
álternating cúrrent *n.* 〘電気〙交流, 交流電流 (略 A.C., a.c.; cf. direct current): an ~ generator = alternator.
álternating fúnction *n.* 〘数学〙交代式《二つの変数を入れ換えると符号が変わる多項式; cf. symmetric function》.
álternating gróup *n.* 〘数学〙交代群《有限個のものの偶置換全体の作る群; cf. symmetric group》.
álternating láyers *n. pl.* 〘地質〙互層.
álternating líght *n.* 〘海事〙互光灯《光色が交互に替わる灯台光》.
álternating mátrix *n.* 〘数学〙交代行列《転置すると符号が変わる行列; cf. symmetric matrix》.
álternating personálity *n.* 〘心理〙 **1** =multiple personality. **2** 交替人格.
álternating psychósis *n.* 〘精神医学〙躁鬱病 (manic-depressive psychosis).
álternating séries *n.* 〘数学〙交代級数《正の項と負の項とが交互に表われる級数; $1-1/3+1/3^2-1/3^3+\ldots$ のごときもの》.
álternating vóltage *n.* 〘電気〙交番電圧, 交流電圧.
al·ter·na·tion [ɔ̀:ltənéɪʃən, æ̀l- | ɔ̀:ltə-, ɔ̀l-] 〘《c1443》□(O)F ~ ∥ L *alternātiō(n-)*: ⇨ alternate, -ation〙 — *n.* **1** 交互, 交代, 交替, 交番: There is an ~ of red and white stripes in the Stars and Stripes. 星条旗には赤と白の線が交互している. **2** 一つ置き. **3** 〘論理〙=disjunction 2. **4** 〘数学〙交代数列《正の項と負の項とが交互に表われる数列; 1, −2, 3, −4, … のごときもの》. **5** 〘電気〙交番, 交番数.
alternation of generations 〘生物〙世代交代[交番].
alternation of nuclear phases 〘生物〙核相交代[交番].
alternation of strata 〘地質〙互層.
al·ter·na·tive [ɔ:ltə́:nətɪv, æl- | ɔ:ltə́:nət-, ɔl-] 〘《1590》□ML *alternātiv-us* ← *alternātus* (p.p.) ← *altenāre*: ⇨ alternate, -ative〙 — *adj.* **1 a** (二者について)どちらか一方を選ぶべき, 二者択一(的)の: the ~ courses of life *or* death 生か死かの二筋道 / These two plans are not necessarily ~. この二つの計画は必ずしも二者択一的ではない《両立も可能だ》. **b** (三者以上について)どれか一つを選ぶべき, (三者・数者)択一(的)の: construct three ~ hypotheses 三つの択一的な仮説を立てる. ★ もとは a, b のうち通例 a の意味に用いた; *n.* 1, 2 についても同じ. **2** 代わりとなる, 代わりの: an ~ plan [route] 代案[代わりのルート] / There is no ~ course. ほかに手段がない. **3 a** 〘論理〙選言的な, 二者択一的な. **b** 〘文法〙選択的な: an ~ conjunction 選択接続詞《or, either…or など》/ an ~ question 選択疑問(文)《例: Is this a pen or a pencil?》.
— *n.* **1 a** 二者の間の選択(の機会), 二者択一: the ~ *of* liberty *or* death 自由か死かの二者択一 / We have the ~ *of going* by train *or* by bus. 列車で行くかバスで行くかどちらかを選べる / There is no ~. 選択の余地[自由]がない, そうするより仕方がない (There is no choice.) (cf. 2 a). **b** 三者以上の間の選択, (三者・数者)択一. ★ ⇨ *adj.* 1 ★. **2 a** どちらか選択すべき二つのもの(のうちの一つ); (…の代わりに)他に採りうる[残った]方法, (…の)代り 〔*to*〕: The ~*s* were death *and* surrender. 死と[か]降伏のどちらかを選ばなければならなかった / The ~ *to* death was surrender. 死を選ばないとするなら降伏するよりなかった / He was given the ~*s* of going *and* remaining. 行くか残るかのどちらかにせよと言われた / The ~ is (*to*) compromise. もう一つの手段は妥協(すること)だ / The only ~ *to* refusal is consent. 拒絶以外の方法には承諾しかない / There is no (other) ~. ほかに方法がない, そうするより仕方がない (cf. 1 a) / I have no ~ but to agree. 同意するより仕方がない. **b** (三つ以上のものについて)代わり一つ; (何か)ほかの方法, 代わり: choose a [the] third ~ / as an ~ *to*…の代わりに[として]. ★ ⇨ *adj.* 1 ★. **3** 《廃・俗用》交互の, 交替の (alternate). **4** 〘医学〙変質剤. **~·ness** *n.*
altérnative deníal *n.* 〘論理〙否定選言(詞)《構成要素となる二命題が共に真の時にのみ全体が偽となるような複合命題およびこのような複合命題を構成する命題結合詞; Sheffer's stroke の一つで, 連言の否定と等価; cf. joint denial》.
al·tér·na·tive·ly 〘《1581》〙 *adv.* **1 a** (二者)択一的に, 選択的に. **b** (その)代わりに; あるいは(また). **2** 《廃・俗用》交互に, 交替で (alternately).
altérnative mandámus *n.* 〘法律〙選択的職務執行令状 (cf. peremptory mandamus).
altérnative socíety *n.* [the ~] 〘社会学〙代替社会《現在の社会にとって代わる社会》.
altérnative stándard *n.* 〘経済〙交代本位制《金と銀の法定比価を固定した金銀複本位制度; グレシャムの法則 (Gresham's law) により事実上は金または銀の一方だけが本位貨として流通する》.
altérnative títle *n.* =subtitle 1 a.
altérnative vóte *n.* 〘政治〙=preferential voting.
ál·ter·nà·tor [-tə | -tə(r] *n.* 〘電気〙交流発電機.
al·terne [ɔ́:ltə:n | ɔ́:ltə:n, ɔ́l-] 〘□F ~ 'alternate' □L *alternus*: ⇨ alternate〙 — *n.* 〘生態〙交替群集《ある異なった地域を占めている二つ以上の群集が互いに入れ替わる関係にあるときの群集の一つをいう》.
al·ter·ni- [ɔ:ltə́:nɪ, æl-, -nə | ɔ:ltə́:nɪ, ɔl-] 〘← NL ~ ← L *alternus* (↑)〙「交互の, 互生の; 交互に」の意の連結形: *alterni*foliate 互生葉序の.
al·thae·a [ælθí:ə | -θí:ə, -θíə] 〘《1669》□L ~ □Gk *althaía* wild mallow ← *álthein* to heal〙 — *n.* 〘植物〙 **1** タチアオイ《アオイ科タチアオイ属 (*Althaea*) の植物の総称; タチアオイ (*A. rosea*) など》. **2** ムクゲ (rose of Sharon).
Al·thae·a [ælθí:ə | -θí:ə, -θíə] 〘□L ~ □Gk *Althaía*: ↓〙 — *n.* 〘ギリシャ伝説〙アルタイア《Meleager の母; 自分の兄弟たちの死を悼みその原因となったわが子 Meleager を呪い殺す》.
Al·the·a [ælθí:ə | -θí:ə, -θíə] 〘□Gk *Althaía*《原義》healer: cf. althaea〙 *n.* 女性名.
al·tho [ɔ:lðóu | ɔ:lðə́u, ɔl-] *conj.* 《米》=although.
alt·horn [ǽlthɔ̀ən | -hɔ̀:n] 〘← ALT+HORN〙 *n.* アルトホルン《サクソルン属の吹奏楽用金管楽器; alto (horn), alto saxhorn ともいう》.
al·though [ɔ:lðóu, ⸗⸗ | ɔ:lðə́u, ɔl-, ⸗⸗] 〘《c1325》*al thauh*: ⇨ all (adv.), though〙 — *conj.* たとえ…でも, …とはいいながら, …だが (though, even if): *Although* (he is) very old, (yet) he is quite strong.=He is quite strong ~ (he is) very old. 随分年をとっているがなかなか達者だ. ★ (1) though よりは形式張った語で, 仮定よりは事実を述べる時に多く用いられる. (2) 主節に先立つ時は although の方が多く用いられる. (3) as though, even though, what though…? では though の代わりに although を用いることはなく, また early though it was などの構文についても同様である. (4) その他, 口調や韻律の関係で選ぶこともある.
al·ti- [ǽltɪ, -tə | -tɪ] 〘□L ~ ← *altus*: ⇨ alt, old〙 alto- の異形 (⇨ -i-): *alti*meter.
al·ti·graph [ǽltəgræ̀f | -tɪgrɑ̀:f, -græ̀f] 〘⇨ ↑, -graph〙 *n.* 記録器付き高度計.
al·tim·e·ter [æltímətə, ǽltəmì:tə | ǽltɪmì:tə(r, ɔ́:l-] 〘← ALTI-+-METER¹〙 *n.* 高度測量器; 〘航空〙高度計: ⇨ radio altimeter.
al·tim·e·try [æltímətri | -tímɪtri, -mə-] 〘← ALTI-+-METRY〙 *n.* 〘天文〙高度[仰角]測量. **al·ti·met·ric** [æ̀ltəmétrɪk | -tɪ-] *adj.* **àl·ti·mét·ri·cal** *adj.*
al·ti·pla·no [æ̀ltɪplɑ́:nou, -tə- | -tɪplɑ́:nəu; *Sp.* àltipláno] 〘□Am.-Sp. ~ ← Sp. *alti-* (⇨ alti-)+*plano* 'PLAIN¹'〙 — *Sp. n.* (*pl.* ~s) **1** (ボリビアなどの)高原. **2** [the A-] アルチプラーノ《ペルー南部からボリビア北部にまたがる Andes 山脈頂部の高原状の盆地》.
alti-rilievi *n.* alto-rilievo の複数形.
al·tis·si·mo [æltísəmòu | -sɪməu; *It.* altíssimo] 〘□It. ~ 'very high' (superl.) ← ALTO〙〘音楽〙 — *adj.* 最も高い. — *n.* ★ 次の成句で: ***in altissimo*** インアルティッシモ《in alt よりさらに高いオクターブ; 3 点ト音より始まる》.
al·ti·tude [ǽltət(j)ù:d | -tɪtjù:d] 〘《c1386》□L *altitūdō* ← *altus* high: ⇨ alt, -tude〙 — *n.* **1 a** (航空機などの)高度, 高さ (height): an ~ flight 高度飛行 / an ~ record 高度記録 / *at* high ~(s) 高高度において / *at* an ~ of …の高度で / lose ~ 〈飛行機などが〉高度が下がる / the ~ of a tower. **b** 深さ (depth). **2** 〘天文〙高度: take the sun's ~ 太陽の高度を計る. **3 a** 〘地理〙海抜高度, 標高: The mountain has an ~ of 3,000 meters. **b** [通例 *pl.*] 高所, 高地: In those ~*s* the air is extremely thin. **4** 〘数学〙 **a** (頂点から底辺へおろした)垂線. **b** 高さ. **5 a** 高位 (high position). **b** (性質・程度などの)卓越, 極致.
áltitude sickness *n.* 〘病理〙(酸素不足による)高所病.
al·ti·tu·di·nal [æ̀ltət(j)ú:dənl, -dnl | -tɪtjú:dɪnl] 〘← L *altitudinem* high (⇨ alt)+-AL¹〙 *adj.* 高度の; 標高の.
al·ti·tu·di·nous [æ̀ltət(j)ú:d(ə)nəs, -dn- | -tɪtjú:dɪn-] *adj.* 高度のある, 高い (lofty).
al·to [ǽltou | -təu] 〘《1784》□It. ~ (*canto*)=high (singing) < L *altum* high: ⇨ alt〙〘音楽〙 — *n.* (*pl.* ~s) **1** アルト: **a** 女声最低音(域) (contralto). **b** 男声最高音(域) (countertenor). ★ 通常, 男性は bass, baritone, tenor, alto, 女性は alto, mezzosoprano, soprano の順で高くなる. **2** アルト歌手. **3** アルト声部. **4** アルト楽器《viola, English horn, althorn など; 普通のものより四度または五度低い》; =althorn. — *attrib. adj.* アルトの; アルト歌手の: an ~ solo アルト独唱 / an ~ horn [saxhorn] =althorn.
al·to- [ǽltou | -tə(u)] 〘← L *altus* (↑)〙「高」の意の連結形: *alto*cumulus. ★ 時に alti-, また母音の前では通例 alt- になる.
álto cléf *n.* 〘音楽〙アルト記号 (⇨ clef 挿絵).
àlto·cúmulus 〘← NL ~ ← ALTO-+*cumulus* heap-

like〛 *n.* (*pl.* **-muli**)〘気象〙高積雲 (略 Ac ; ⇨ cloud 挿絵).

altocúmulus cas·tel·lá·tus [-kæstəléɪtəs, -lá:- | -təs] 〚← NL ～〛 *n.* (*pl.* **altocumuli cas·tel·la·ti** [-léɪtaɪ, -lá:ti:])〘気象〙塔状高積雲.

altocúmulus flóccus 〚← NL ～〛 *n.* (*pl.* **altocumuli flocci**)〘気象〙房状高積雲.

altocúmulus lenticuláris *n.* (*pl.* **altocumuli lenticularis**)〘気象〙レンズ状高積雲.

altocúmulus stratifórmis *n.* (*pl.* **altocumuli stratiformis**)〘気象〙層状高積雲.

al·to·geth·er [ɔ̀:ltəgéðə, -tʊ- | ɔ̀:ltəgéðə(r, ɔ̀l-, -tʊ-] 〚lateOE *eal togeder* : ⇨ all, together〛 ― *adv.* **1** 全く, 全然, まるで (entirely) : He is ～ foolish. / That is not ～ false. それはまんざらうそでもない. **2** 全体で (in all) : There were six people ～. 全部で 6 人いた. **3** 全体的にみて, 総じて (on the whole) : *Altogether* [Taken ～], the party was a success. パーティーは全体としてうまく行った. ― *n.* [the ～] 《口語》真っ裸 (the nude) : *in the* ～ 真っ裸で / strip down to *the* ～ 真っ裸になる.

al·tom·e·ter [æltɑ́mətə | -tɔ́mɪtə(r, -mə-] 〚← ALTO- + -METER[1]〛 *n.* 高度儀.

Al·ton [ɔ́:ltn̩ | ɔ́:l-, ɔ̀l-] 〚← OE *Eltone* 《原義》'the village of *Ælle*' : ⇨ -ton : もと地名〛 *n.* 男性名.

Al·to·na [á:ltɔ(ʊ)nà: | ǽltə(ʊ)nə ; *G.* áltonà:] *n.* アルトナ《西ドイツ北部, Hamburg 州の旧都市; 1937 年以後 Hamburg 市の一部となった》.

álto-relíevo 〚《変形》↓〛 *n.* (*pl.* **～s**)〘美術〙高浮彫り, 高肉彫り (high relief).

álto-rilíevo 〚□ It. *alto rilievo* high relief : ⇨ alt, relief[2]〛 *n.* (*pl.* **al·ti-rilievi** [á:ltɪ:- ; *It.* álti-])〘美術〙= alto-relievo.

àlto·strátus 〚← NL ～ : ⇨ alto-, stratus〛 *n.* (*pl.* **-strati**)〘気象〙高層雲 (略 As ; ⇨ cloud 挿絵).

al·tri·cial [æltríʃəl] 〚← NL *altriciāl-is* ← L *altric-*, *altrix* female nourisher + -IAL〛 ― *adj.* 〘動物〙〈鳥など〉晩成性の, 晩熟性の《孵化(ふか)した時未成熟で親の世話を必要とする ; cf. nidicolous ; ↔ precocial》. ― *n.* 晩成性[晩熟性]の鳥《ハトなど》.

Al·trin·cham [ɔ́:ltrɪŋəm | ɔ́:l-, ɔ̀l-] 〚ME *Aldringeham* ← OE *Aldhere* (人名) + *-ingham* homestead of the people (⇨ -ing[3], home)〛 ― *n.* イングランド Greater Manchester 州南部の都市 ; 人口 41,000.

al·tru·ism [ǽltruɪzm̩ | -trʊ-] 〚《1853》□ F *altruisme* ← It. *altrui* of or to others < L *alter* other : A. Comte の造語〛 ― *n.* 愛他主義, 利他(主義) (↔ egoism) ; 利他的な行為.

ál·tru·ist [-ɪst, -əst | -ɪst] 〚《1868》: ⇨ ↑, -ist〛 *n.* 愛他[利他]主義者 (↔ egoist).

al·tru·is·tic [æ̀ltruístɪk | -trʊ́s-] 〚《1853》← ALTRU(ISM) + -ISTIC〛 *adj.* 利他(主義)的な, 愛他的な, 利他主義者(流)の (↔ egoistic). **àl·tru·ís·ti·cal·ly** *adv.*

al·u·del [ǽljudɛ̀l] 〚《1559》□ F ～ □ Sp. □ Arab. *al-uthāl* the piece of apparatus〛 *n.* 〘化学〙昇華用凝縮器[冷却器]《以前用いられていた昇華して来る蒸気を捕えるための管》.

al·u·la [ǽljulə] 〚← NL ～ (dim.) ← L *āla* wing : ⇨ aisle〛 *n.* (*pl.* **al·u·lae** [-lì:, -lài]) **1** 〘鳥類〙小翼. **2** 〘昆虫〙翼膜. **al·u·lar** [ǽljulə | -lə(r] *adj.*

al·um [ǽləm] 〚《1373》□ OF ～ (F *alun*) < L *alūmen* 《原義》bitter salt ← ? (cf. ale)〛 ― *n.* 〘化学〙 **1** 明礬(みょうばん)《$M^{I}_2SO_4M^{III}_2(SO_4)_3 \cdot 24H_2O$ なる一般式をもつ複塩の総称》: basic [cubic] ～ 明礬石 / ⇨ burnt alum. **2 a** カリ明礬 ($KAl(SO_4)_2 \cdot 12H_2O$)《potash alum, potassium alum, aluminum potassium sulfate, common alum ともいう》. **b** アンモニア明礬 ($NH_4Al(SO_4)_2 \cdot 12H_2O$)《ammonia alum, ammonium alum ともいう》. **3** 《商用語》= aluminum sulfate.

alum. 《略》aluminium ; aluminum ; alumnus.

al·u·mel [ǽljumɛ̀l] 〚《逆成》← ALUM(INIUM) + (NICK)EL〛 *n.* 〘冶金〙アルメル《ニッケル(主成分)とアルミニウムの合金》.

a·lu·min- [əlú:mən | əljú:mɪn, æl-, -lú:-] (母音の前に来る時の) alumino- の異形 : *aluminosis*.

a·lu·mi·na [əlú:mənə | əljú:mɪ-, æl-, -lú:-] 〚← NL ～ ← L *alūmen* 'ALUM'〛 ― *n.* 〘化学〙酸化アルミニウム, アルミナ, 礬土(ばんど) (Al_2O_3)《普通は白色の粉末でボーキサイト (bauxite) から作られる ; 天然にはコランダム・サファイア・ルビー・金剛砂として産し, 人造宝石・研摩剤・吸着剤などに利用される ; aluminum oxide ともいう》.

alúmina cemènt *n.* アルミナセメント, 礬土(ばんど)セメント.

a·lu·mi·nate [əlú:mənət, -nɪt, -nèɪt | əljú:mɪ-, æl-, -lú:-] 〚← ALUMINA + -ATE[1]〛 *n.* 〘化学〙アルミン酸塩 : ～ of soda アルミン酸ソーダ.

alúmina trihýdrate *n.* 〘化学〙アルミナ三水化物 ($Al_2O_3 \cdot 3H_2O$)《水酸化アルミニウム ($Al(OH)_3$) と同じ白色結晶; ガラス・陶器・アルミニウム製造原料; hydrated alumina ともいう》.

a·lu·mi·nif·er·ous [əlù:məníf(ə)rəs | əljù:mɪ-, æl-, -lù:-] 〚← ALUMINO- + -FEROUS〛 *adj.* アルミニウムを含む.

a·lu·mi·nite [əlú:mənàɪt | əljú:mɪ-, æl-, -lú:-] 〚□ G *Aluminit* : ⇨ alumino-, -ite[3]〛 *n.* 〘鉱物〙アルミナイト ($Al_2SO_4(OH)_4 \cdot 7H_2O$)《アルミニウムの硫酸塩; 白色の結晶 ; ドイツ・フランス・ソ連の凝灰岩中から産出》.

al·u·min·i·um [æ̀ljumíniəm, -njəm | -njəm, -nɪəm] 〚《1812》《変形》← ALUMINUM〛 *n.*, *attrib. adj.* 《英》〘化学〙= aluminum.

a·lu·mi·nize [əlú:mənàɪz | əljú:mɪ-, æl-, -lú:-] 〚⇨ ↓, -ize〛 *vt.* アルミニウムで処理する, …にアルミニウムを被(き)せる.

a·lu·mi·no- [əlú:məno(ʊ) | əljú:mɪnə(ʊ), æl-, -lú:-] 〚← L *alūmin-*, *alūmen* 'ALUM'〛 ―〘化学〙次の意味を表わす連結形 : **1** 「明礬(みょうばん) (alum)」: *alumino*graphy. **2** 「アルミニウム」: *alumino*silicate.

a·lu·mi·nog·ra·phy [əlù:mənɑ́grəfi | əljù:mɪnɔ́grəfɪ, æl-, -lù:-] *n.* 〘印刷〙= algraphy.

a·lu·mi·non [əlú:mənɑ̀n | əljú:mɪnɔ̀n, æl-, -lú:-] 〚← ALUMINO- + (I)ON〛 *n.* 〘化学〙アルミノン ($C_{22}H_{23}N_3O_9$)《赤褐色の粉末 ; 分析用試薬》.

alùmino·sílicate 〚← ALUMINO- + SILICATE〛 *n.* 〘化学〙アルミノケイ酸塩《Al_2O_3 と SiO_2 からなる塩の総称 ; 粘土の主成分》.

a·lu·mi·no·ther·my [əlú:məno(ʊ)θɜ̀:mi | əljú:mɪnə(ʊ)θɜ̀:mɪ, æl-, -lú:-] 〚□ G *Aluminothermie* : ⇨ alumino-, -thermy〛 ― *n.* 〘冶金〙アルミノテルミー[テルミット法]《アルミニウムが酸化する際に発生する多量の熱を利用した金属酸化物の還元冶金法》.

a·lu·mi·nous [əlú:mənəs | əljú:mɪ-, æl-, -lú:-] 〚《1541》□ F *alumineux* □ L *alūminōsus* : ⇨ -ous〛 *adj.* **1** 明礬(みょうばん)の, 明礬性の. **2** 礬土の, 礬土質の.

a·lu·mi·num [əlú:mənəm | əljú:mɪ-, æl-, -lú:-] 〚《1812》← NL ～ : ⇨ alumina, -ium : 英国の化学者 H. Davy (1778-1829) の造語〛 *n.* 〘化学〙アルミニウム《軽金属元素の一つ ; 記号 Al, 原子番号 13, 原子量 26.98154》. ― *attrib. adj.* アルミニウム(含有, 製)の.

alúminum ácetate *n.* 〘化学〙酢酸アルミニウム ($Al(CH_3COO)_3$)《水溶性の白色粉末; 媒染剤・収斂(しゅうれん)剤として用いられる》.

alúminum bórate *n.* 〘化学〙ホウ酸アルミニウム ($2Al_2O_3 \cdot B_2O_3 \cdot 3H_2O$)《主に crown glass 製造用》.

alúminum borohýdride *n.* 〘化学〙水素化ホウ素アルミニウム ($Al(BH_4)_3$)《易燃性で揮発性の液体 ; 有機合成・ジェット燃料添加剤に用いられる ; aluminum tetrahydroborate ともいう》.

alúminum bràss *n.* 〘冶金〙アルミ真鍮《銅 59–70%, 亜鉛 29–40%, アルミニウム 0.3–5.2% を含む》.

alúminum brònze *n.* 〘冶金〙アルミニウム青銅《銅を中心にアルミニウム 5–10%, 鉄, ニッケル, スズそれぞれ 1% 以下を含む》.

alúminum cárbide *n.* 〘化学〙炭化アルミニウム (Al_4C_3)《純粋なものは白色の結晶 ; 水と反応してメタンを発生する》.

alúminum chlóride *n.* 〘化学〙塩化アルミニウム ($AlCl_3$ または Al_2Cl_6)《潮解性の強い白色結晶; フリーデルクラフツ反応 (Friedel-Crafts reaction) の触媒》.

alúminum fluosílicate *n.* 〘化学〙フルオロケイ酸アルミニウム ($Al_2(SiF_6)_3$)《白色粉末; 合成宝石製造に用いられる》.

alúminum hydróxide *n.* 〘化学〙水酸化アルミニウム ($Al(OH)_3$)《アルミニウムイオンを含む水溶液にアンモニア水を加えてゲル状沈殿として得られる ; 酸にもアルカリにも溶ける両性水酸化物》.

alúminum monostéarate *n.* 〘化学〙アルミニウムモノステアレート ($Al(OH)_2[O_2C(CH_2)_{16}CH_3]$)《塗料の乾燥剤・つや出し剤》.

alúminum nítrate *n.* 〘化学〙硝酸アルミニウム ($Al(NO_3)_3 \cdot 9H_2O$)《白色水溶性の結晶 ; 媒染剤》.

alúminum óxide *n.* 〘化学〙酸化アルミニウム (⇨ alumina).

alúminum pàint *n.* アルミニウムペイント, アルミニウム塗料《アルミニウム粉末を用いた塗料》.

alúminum potássium súlfate *n.* 〘化学〙硫酸アルミニウムカリウム, カリ明礬(みょうばん) (⇨ alum 2 a).

alúminum sílicate *n.* 〘化学〙ケイ酸アルミニウム《Al_2O_3 と SiO_2 からなる種々の組成のもの; 地殻の重要部分を占め, 陶器・セメントの原料 ; cf. mullite》.

alúminum súlfate *n.* 〘化学〙硫酸アルミニウム ($Al_2(SO_4)_3$)《製紙工業・染色に用いられる無色の結晶》.

alúminum tetrahydrobórate *n.* 〘化学〙テトラヒドロホウ酸アルミニウム (⇨ aluminum borohydride).

a·lum·na [əlʌ́mnə] 〚□ L ～ (fem.) ↓〛 *n.* (*pl.* **a·lum·nae** [-ni:, -naɪ | -ni:]) 《米》女性の alumnus.

a·lum·nus [əlʌ́mnəs] 〚《1645》□ L ～ 'foster child' ← *alere* to nourish〛 ― *n.* (*pl.* **a·lum·ni** [-naɪ]) **1** 《米》**a** 卒業生, 校友 : an *alumni* association 校友会, 学友会, 同窓会 / an ～ magazine 校友[同窓]会誌. **b** 旧会員, 旧社員, 旧寄稿者(など). **2** 生徒, 学生 〔*of*〕. ★ alumnus は通例男子に用いられるが, 複数形 (alumni) は男女を合わせた場合にも用いられる.

álum·ròot 〚← ALUM + ROOT[1]〛 ― *n.* 〘植物〙 **1 a** ユキノシタ科ツボサンゴ属 (*Heuchera*) の多年草の総称; (特に)アメリカツボサンゴ (*H. americana*). **b** アメリカツボサンゴの渋い根《収斂剤用》. **2** = wild cranesbill.

A·lun·dum [əlʌ́ndəm] 〚《混成》← AL(UMINA) + (CARBOR)UNDUM〛 *n.* 〘商標〙アランダム《研摩・耐火器具材》.

al·u·nite [ǽljunàɪt, ǽlə-] 〚□ F ～ ← *alun* 'ALUM' : ⇨ -ite[1]〛 *n.* 〘鉱物〙明礬(みょうばん)石 ($KAl_3(SO_4)_2(OH)_6$)《アルミニウム・カリウムの原料鉱物》.

a·lu·no·gen [əlú:nədʒən | əljú:-, æl-, -lú:-] 〚□ F *alunogène* : ⇨ alum, -gen〛 ― *n.* 〘鉱物〙アルノーゲン ($Al_2(SO_4)_3 \cdot 18H_2O$)《硫化鉱物を含む炭層中などに産出; feather alum, hair salt ともいう》.

al·u·ta·ceous [æ̀ljutéɪʃəs] 〚← LL *alūtāci-us* ← L *alūta* soft leather ← *alūmen* 'ALUM' : 皮をなめすのに alum を用いたことから : ⇨ -aceous〛 *adj.* なめし革色の[質]の.

Al·va [ǽlvə ; *Sp.* álba] *n.* ⇨ Alba.

Al·vah [ǽlvə] 〚□ Heb. *'Alwāh* 《原義》disobedience〛 *n.* 男性名《異形 Alvan》.

Al·va·ra·do [æ̀lvərɑ́:dou | -dəu ; *Sp.* àlbaráðo], **Alfonso de** *n.* アルバラード《?–?1553 ; メキシコおよびペルー征服に参加したスペインの軍人 ; Cortés の将軍の 1 人で残酷さで有名》.

Alvarado, Pedro de *n.* アルバラード《1495?–1541 ; スペインの軍人; メキシコ征服で Cortés の腹心; Equador を探検, Guatemala 市を建設 ; 残虐行為で有名》.

Al·va·rez [ǽlvərɛ̀z], **Luis Walter** *n.* (1911–) 米国の物理学者 ; Nobel 物理学賞 (1968).

Al·va·rez Quin·te·ro [á:lvərɛ̀ɪθ-kɪntérou | -rəu ; *Sp.* álβareθkintéro], **Joa·quín** [xwakín] *n.* アルバレスキンテロ《1873–1944 ; スペインの劇作家 ; 兄の Serafín と合作で 200 篇程の感傷的軽喜劇を作った》.

Alvarez Quintero, Se·ra·fín [sèrafín] *n.* アルバレスキンテロ《1871–1938 ; Joaquín の兄で劇作家》.

al·ve·ol- [ælví:əl, ælvíoul, ǽlviəl | ælvíəl, æ̀lvɪə́ul, ǽlvɪəl] (母音の前に来る時の) alveolo- の異形.

al·ve·o·lar [ælví:ələ, -lɑ̀ə, æ̀lvióulə, -lɑə, ǽlviələ, -lɑ̀ə | ælvíələ(r, ælvɪə́ul-, ǽlvɪəl-] 〚《1799》: ⇨ alveolus, -ar[1]〛 ― *adj.* **1** 〘解剖〙肺胞の, 胞状の ; 歯槽(しそう)の. **2** 〘音声〙歯茎音の : an ～ consonant 歯茎音. ― *n.* **1** [*pl.*]〘解剖〙歯槽 ; = alveolar arch. **2** 〘音声〙歯茎音《上の歯茎と舌先また舌端とで調音される音 ; [t], [d], [s], [z], [n], [l] など》. **～·ly** *adv.*

alvéolar árch *n.* 〘歯科〙歯槽(しそう)弓.

alvéolar prócess *n.* 〘歯科〙歯槽(しそう)突起.

alvéolar pyorrhéa *n.* 〘歯科〙= pyorrhea alveolaris.

alvéolar rídge *n.* 〘歯科〙歯槽(しそう)堤, 顎堤.

al·ve·o·late [ælví:ələt, -lɪt, -lèɪt | -víə-] 〚□ L *alveolāt-us* : ⇨ alveolus, -ate[2]〛 ― *adj.* 〘解剖〙蜂の巣状の, 小孔[気胞]のある. **al·ve·o·la·tion** [ælvì:əléɪʃən | -vɪə-] *n.*

al·ve·ole [ǽlviòul | -vɪə̀ul] 〚□ F *alvéole* 'ALVEOLUS'〛 *n.* = alveolus.

alveoli *n.* alveolus の複数形.

al·ve·o·li·tis [ælvì:əláɪtɪs, -təs | -vɪəláɪtɪs] 〚⇨ ↓, -itis〛 *n.* 〘病理〙歯槽(しそう)炎.

al·ve·o·lo- [ælví:əlo(ʊ) | -víələ(ʊ)] 〚□ L ～ : ⇨ alveolus〛「歯槽(しそう); 歯茎と…との (alveolar and…)」の意の連結形. ★ 母音の前では通例 alveol- になる.

alvèolo·násal 〚⇨ ↑, nasal〛〘音声〙*adj.* 歯茎鼻音の. ― *n.* 歯茎鼻音 ([n]).

alvèolo·pálatal *adj.*, *n.* 〘音声〙歯茎口蓋音(の).

al·ve·o·lus [ælví:ələs | ælvíəl-, æ̀lvɪə́ul-, ǽlvɪəl-] 〚□ L ～ (dim.) ← *alveus* hollow, cavity〛 ― *n.* (*pl.* **-o·li** [ælví:əlàɪ, -lì: | ælvíəlaɪ, -li:, æ̀lvɪə́ulaɪ, -li:, ǽlvɪəlàɪ, -lì:]) **1** 蜂の巣の小孔 (cell). **2** 蜂の巣状の小窩(か)[小孔]. **3** 〘解剖〙**a** 歯槽(しそう). **b** 肺胞. **c** (複合腺の)小胞. **4** 〘古生物〙矢石 (belemnite) の円錐形の小室.

Al·ve·ra [ælví(ə)rə | -víər-] 〚⇨ Elvira〛 *n.* 女性名.

Al·vin [ǽlvɪn, -vən | -vɪn] 〚OE *Æthelwine* ← *æthel* noble + *wine* friend : cf. G *Alwin*〛 *n.* 男性名《異形 Ailwin, Ailuin, Alewyn, Aylwin》.

Al·vi·na [ælváɪnə] 〚(fem.) ↑〛 *n.* 女性名.

al·vine [ǽlvaɪn, -vən, -vaɪn | -vaɪn, -vɪn] 〚《1754》← NL *alvīn-us* ← L *alvus* belly : ⇨ -ine[1] : cf. alveolus〛 *adj.* 《廃》〘医学〙腹の ; 腸の.

Al·vi·ra [ælváɪrə, -ví(ə)rə | -váɪərə, -víərə] 〚⇨ Elvira〛 *n.* 女性名.

alw. 《略》allowance.

al·way [ɔ́:lweɪ, ―⌣― | ⌣―] 〚OE *ealne weg* (acc.) 'the whole way, ALL (the) WAY[1]'〛 *adv.* 《古・詩》= always.

al·ways [ɔ́:lwiz, -wəz, -wɪz, -weɪz | -weɪz, -wəz, -wɪz] 〚《?a1200》*alles weis, alleweyes* : ⇨ -s[2] 1〛 ― *adv.* **1 a** 常に, いつも, 始終, 必ず : He ～ comes late. / He is ～ late. / You can ～ come. / He *does* [dʌ́z] ～ come late. ほんとに彼はいつも遅く来る / He ～ *is* [ɪ́z] late. ほんとに彼はいつも遅い[遅れる] / Mother is ～ working. / She nearly [almost] ～ gets up at six. 大抵(いつも) 6 時には起きる / It's ～ fine on my birthday. 私の誕生日は必ず天気がよい / I ～ said (= have said) that you would catch cold. 今に君はかぜを引くぞと私がいつも言っていただろう. **b** [否定語に伴って] いつも[必ずしも](…ではない)《部分否定》: He was *not* ～ idle. いつも怠けているわけではなかった / The rich are *not* ～ happy. 金持は必ずしも幸福ではない. **2** [通例動詞の進行形に伴って] 絶えず, いつも, しょっちゅう (continually). ★腹立たしさなどを表わす : You *are* ～ *leaving* the door open. 君はいつもドアを開けっ放しにしておくじゃないか. **3** いつまでも, 永久に (forever) : I will remember this day ～. きょうの日をいつまでも忘れないだろう. **4** (まさかの時には)いつでも, とにかく, 少なくとも (at any rate) : We ～ have the alarm bell. とにかく非常ベルが(付けて)あるから.

always excepting 〘法律〙ただし次の場合を除き, ただし…はこの限りにあらず. ***always granting*** 〘法律〙ただし…. ***always provided*** 〘法律〙ただし…はこの限りにあらず.

Al·win [ǽlwɪn, -wən | -wɪn] 〚⇨ Alvin〛 *n.* 男性名.

a·lys·sum [əlísəm | ǽlɪs-] 〚《1551》← NL ～ ← L *alysson* □ Gk *álusson* madwort (neut.) ← *állussos* curing madness : 狂犬病に効くと信じられたことから : ⇨ a-[7], lyssa〛 ― *n.* 〘植物〙 **1** アブラナ科 *Alyssum* 属

および *Lobularia* 属のニワナズナの類の雑草の総称. **2** ＝sweet alyssum.

Álz·hei·mer's disèase [ɑ́:ltshaɪməz- | -məz-; G. áltshaɪmɐ-] 〚《なぞり》← G *Alzheimersche Krankheit* ← *Alois Alzheimer* (1864–1915: ドイツの神経科医)〛 ― *n.* 〖病理〗アルツハイマー病《老年性痴呆の一つの型で, 脳の萎縮を来たす》.

am [əm, m, æm, ǽm] 〚OE (*e*)*am*, *eom* < Gmc **izm*(*i*) (ON *em* / Goth. *im*) < IE **ésmi* (Gk *eimí*) ← **es-* 'to BE'〛 *vi.* be の第一人称単数直説法現在形.

Am 《記号》〖化学〗americium.

AM, A.M., a.m., a-m 《略》〖電子工学〗amplitude modulation (cf. FM): an *AM* radio [station].

A/m 《略》〖電気〗ampere per meter アンペア毎メートル《起磁力の単位》.

am. 《略》〖電気〗ammeter.

Am. 《略》America; American.

a.m. [éɪém] 〚《略》← L *ante meridiem*〛 ― *adj.* 午前…(before noon). ★(1) a.m. と p.m. は A.M., A.M., P.M., P.M. とも書き, どちらも時刻を表わす数字または数詞の後に置く: at 6 [six] *a.m.* / from 9 *a.m.* to 5 *p.m.* 午前9時から午後5時まで / from 5 to 9 *p.m.* 午後5時から9時まで. (2) 時間と分の間に《米》ではコロン,《英》ではピリオドを用いる: 8:30 *p.m.*《米》＝《英》8.30 *p.m.* 午後8時30分 / take the 10:30 *a.m.* train 午前10時30分の列車に乗る.

A.M. 《略》airmail; 〖米軍〗Air Medal; 《英》Albert Medal; anno mundi《★しばしばスモールキャピタルで印刷される》; 《米》*L.* Artium Magister (＝Master of Arts) (cf. M.A.); *L.* Ave Maria (＝Hail, Mary).

-am [æm] 〚□ ? G ～ ← ? NL *ammonia*〛〖化学〗「アンモニアと関連する化合物」の意の名詞連結形.

A.M.A., AMA 《略》American Management Association アメリカ経営管理協会; American Marketing Association アメリカマーケティング協会; American Medical Association; American Missionary Association; Australian Medical Association.

Am·a·bel [ǽməbèl] 〚□ L *Amābilis*《原義》lovable ← *amāre* to love〛 *n.* 女性名《異形 Amabelle, Amabilia, Amabil, Amable》.

am·a·da·vat [ǽmədəvæ̀t, ⌐–⌐–⌐] 〚《1777》← *Ahmadabad* (この鳥をヨーロッパに輸出したインドの都市)〛 *n.* 〖鳥類〗ベニスズメ (*Estrilda amandava*)《南アジア原産のカエデチョウ科の鳥; avadavat ともいう》.

A·ma·de·us [ɑ̀:mədéɪʊs; G. àmadé:ʊs] 〚□ G ～ □ L *Amadeus*《原義》love of God〛 *n.* 男性名.

Am·a·dis [ǽmədɪs, -dəs | -dɪs] 〚□ Sp. ～ (↑)〛 ― *n.* **1** 男性名. **2** アマディス《16 世紀初めの中世スペイン騎士物語 *Amadis of Gaul* [(Port.) *de Gaula*] の主人公で文武両道に秀でた騎士道の華(ᵹ)》.

am·a·dou [ǽmədù:] 〚《1815》□ F ～ □ Prov. ～《原義》lover < L *amātōrem*: 燃えやすいことから〛 *n.* ＝punk[1] 2.

a·mah [ɑ́:mə, -mɑ:, ɑ:mɑ́:] 〚□ Anglo-Ind. ～ □ Port. *ama* < ML *amma*, (L) mother《擬音語》?〛 ― *n.* アマ《東洋で欧米人の家庭に雇われる現地人の乳母 (wet nurse)・女中・子守》.

a·main [əméɪn] 〚《1540》← A-[1]＋MAIN[1] (n.)〛 *adv.*《古・詩》**1** 力一杯に, 激烈に (violently). **2** まっしぐらに, 全速力で; 大急ぎで. **3** 大いに, 非常に (greatly).

amal. 《略》amalgamate; amalgamated.

a·ma·la·ka [ɑ:mɑ́:ləkə] 〚← Skt *āmalaka* myrobalan tree〛 *n.* 〖建築〗アマラカ《中世のインド寺院の高塔 (sikhara) の頂部の饅頭型の装飾》.

Am·a·lek [ǽməlèk] 〚□ Heb. *'Amālēq*〛 *n.* 〖聖書〗**1** アマレク《Esau の孫の一人; cf. *Gen.* 36:12》. **2** ＝Amalekite.

A·ma·le·kite [ǽmələ̀kaɪt, əmǽləkàɪt | əmǽləkàɪt] 〚⇨ ↑, -ite[1]〛 ― *n.* 〖聖書〗アマレク人(ᵹ) (Amalek の子孫と伝えられる, シリアの好戦的な半遊牧民族; cf. *Exod.* 17:8–16). ― *adj.* アマレク人(ᵹ)の.

a·mal·gam [əmǽlgəm] 〚《1471》□ (O)F *amalgame* // ML *amalgama* ← ? Arab. *al-málgham* □ Gk *málagma* poultice, soft material ← *malakós* soft ← IE **mel-* soft〛 ― *n.* **1 a** 〖冶金〗アマルガム《水銀と他の金属との合金》. **b** 〖鉱物〗天然アマルガム. **c** 〖歯科〗アマルガム《銀・スズを主成分とする虫歯のつめ物》. **2** 合成物. **3** 混合(物) (mixture): an ～ of emotions 感情の交錯 / an ～ of imagination and truth 想像と真実との混交. ― *vt.* ＝amalgamate. **～·a·ble** [-məbl] *adj.*

a·mal·ga·mate 〚《1660》〛 ― [əmǽlgəmèɪt] *v.* ― *vt.* **1** 〖冶金〗〈金属を〉(水銀と合わせて)アマルガムにする: ～ silver *with* mercury. **2** 〈会社などを〉合同する, 合併する: ～ two companies *into* one / ～ one company *with* another. **3** 〈種族・思想などを〉混合[融合]させる. ― *vi.* **1** 〖冶金〗アマルガムになる. **2** 〈階級・思想などが〉融合する, 混じり合う. ― [-mət, -mɪt, -mèɪt] *adj.* ＝amalgamated.

a·mál·ga·màt·ed [-tɪd, -təd | -tɪd, -təd] *adj.* **1** 〖冶金〗アマルガムとなった, 汞(ᵹ)化した. **2** 合同した, 合併した; 混交した, 融合した.

a·mal·ga·ma·tion [əmæ̀lgəméɪʃən] 〚《1612》: ⇨ -ation〛 ― *n.* **1** 〖冶金〗**a** アマルガムにすること. **b** ＝amalgamation process. **2** (会社の)合同, 合併. **3** (民族・文化の)混交, 融合; 《米》黒人と白人との混血.

amalgamátion pròcess *n.* 〖冶金〗アマルガム法, 混汞(ᵹ)法《アマルガムにすることによって金・銀などを抽出する精錬法》.

a·mal·ga·ma·tive [əmǽlgəmèɪtɪv | -tɪv] *adj.* **1** 〖冶金〗アマルガムになりやすい. **2** 混交しやすい, 融合的な; 合同的な.

a·mál·ga·mà·tor [-tə | -tə(r] *n.* **1** 混汞(ᵹ)器[機], アマルガム機. **2** 合併者.

Am·al·the·a [æ̀məlθí:ə | -θí:ə, -θíə] 〚□ L ～ □ Gk *Amáltheia* ← ? *malakós* soft: cf. amalgam〛 ― *n.* (*also* **Am·al·thae·a** [～]) 〖ギリシャ神話〗**1** アマルテイア《Zeus をやぎの乳で育てた nymph》. **2** そのやぎ《その角が cornucopia になった》. **3** 〖天文〗アマルティア《木星 (jupiter) の第5衛星》.

A·man·da [əmǽndə] 〚□ L ～《原義》worthy to be loved (fem.) ← *amandus* (gerundive) ← *amāre* to love: cf. Amabel〛 *n.* 女性名《愛称形 Manda, Mandy》.

a·man·dine [ɑ̀:məndí:n, æ̀m- | əmǽndaɪn; *F.* amɑ̃dín] 〚□ F ～ ← *amande* 'ALMOND': ⇨ -ine[1]〛 ― *adj.* 〈料理が〉アーモンドを使った, アーモンドを付け合わせにして供される: swordfish [trout] ～.

am·a·ni·ta [æ̀mənáɪtə, -ní:- | -tə] 〚← NL ～ ← Gk *amanîtai* (pl.) a kind of fungus〛 ― *n.* 〖植物〗テングタケ《テングタケ科テングタケ属 (*Amanita*) の多くの毒キノコの総称; テングタケ (*A. pantherina*), タマゴテングタケ (*A. phalloides*) など》.

a·man·ta·dine [əmǽntədi:n | -tə-] 〚← *a*(*d*)*manta*(*ne*)《一種の有機化合物: ⇨ adamant, -ane[2]》＋(AM)INE: *-d-* は *adamantane* の *-d-* を後置したもの〛 ― *n.* 〖薬剤〗アマンタジン ($C_{10}H_{17}N$)《合成抗ウイルス薬・インフルエンザ治療薬》.

a·man·u·en·sis [əmæ̀njuénsɪs, -səs | -njuénsɪs] 〚《1619》□ L *āmanuens-is* clerk, secretary ← (*servus*) *ā manū* (slave) at hand＋*-ēnsis* belonging to: ⇨ a-[4], manual: cf. -ese〛 ― *n.* (*pl.* **-en·ses** [-si:z]) 筆記者, 筆耕, 写字生, 書記; 文筆助手.

am·a·ranth [ǽmərænθ] 〚《1551》← NL *Amaranth-us* ← L *amarantus* □ Gk *amárantos* unfading ← A-[7]＋*marainein* to fade, wither〛 ― *n.* **1** (伝説の)常世(ᵹ)の花, 不凋(ᵹ)花. **2** 〖植物〗アマランサス, ハゲイトウ《ヒユ科ヒユ属 (*Amaranthus*) の観賞植物の総称; ハゲイトウ (*A. tricolor*), ヒモゲイトウ (love-lies-bleeding) など》. **3** 〖化学〗アマランス, アマラント赤《赤色の酸性アゾ染料 (azo dye)》. **4** ＝purpleheart.

Am·a·ran·tha·ce·ae [æ̀mərænθéɪsiì:] 〚← NL ～ ← *Amaranthus* (属名: ↑)＋-ACEAE〛 *n. pl.* 〖植物〗(双子葉植物アカザ目)ヒユ科. **àm·a·ran·thá·ceous** [-ʃəs] *adj.*

am·a·ran·thine [æ̀mərǽnθɪn, -θən, -θaɪn | -θaɪn] 〚《1667》: ⇨ amaranth, -ine[1]〛 ― *adj.* **1** 不凋(ᵹ)花の, しぼまない (unfading). **2** アマランサスの(ような). **3** 紫の, 紫色をした (purplish).

am·a·ran·tite [æ̀mərǽntaɪt] 〚⇨ amaranth, -ite[1]〛 *n.* 〖鉱物〗アマランタイト ($Fe(SO_4)(OH)·3H_2O$).

am·a·relle [ǽmərèl, ⌐–⌐] 〚□ G ～ □ ML *amarellum* ← L *amārus* bitter〛 ― *n.* 〖園芸〗アマレル群のオウトウ《酸果オウトウ (sour cherry) の品種群; 果汁は無色で酸味が強い》.

Am·a·ril·lo [æ̀mərílou | -ləu] 〚← Sp. *amarillo* yellow〛 *n.* 米国 Texas 州北西部の都市; 人口 74,000.

Am·a·ryl·li·da·ce·ae [æ̀mərɪlədéɪsiì: | -lɪ-] 〚← NL ～ ← *Amaryllid-*, *Amaryllis* (属名: ↓)＋-ACEAE〛 ― *n. pl.* 〖植物〗(単子葉植物ユリ目)ヒガンバナ科. **àm·a·rỳl·li·dá·ceous** [-ʃəs] *adj.*

am·a·ryl·lis [æ̀mərílɪs, -ləs | -lɪs] 〚《1794》← NL ～ ← L ～ □ Gk *Amarullis*: Virgil などの詩に出る羊飼いの少女の名〛 ― *n.* **1** 〖植物〗ホンアマリリス (*Amaryllis belladonna*)《アフリカ南部原産ヒガンバナ科アマリリス属の球根植物; belladonna lily ともいう; cf. hippeastrum 1》. **2** [A-]《詩》アマリリス《田園詩に現われる羊飼いの少女や田舎娘の名》.

Am·a·sa [əméɪsə | ǽməsə, əméɪsə] 〚□ Heb. *'amāśā*《原義》? burden, burden bearer〛 *n.* 男性名.

a·mass [əmǽs] 〚《1481》□ (O)F *amass-er* // ML *amassāre* ← A-[4]＋L *massa* 'MASS[1]'〛 ― *vt.* **1** 〈富などを〉蓄積する: ～ a fortune. **2** 集める, 収集する: ～ data. ― *vi.* 集まる, 群がる. **～·er** *n.* **～·ment** *n.*

am·a·teur [ǽmətə̀:, -tə, -t(j)ùə, -tʃùə, -tʃə | ǽmətə(r, -tə̀:(r, -tjʊ̀ə(r, -tʃə(r, æ̀mətə́:(r] 〚《1784》□ F ～ □ L *amātor* lover ← *amāre* to love: cf. -or[2]〛 ― *n.* **1** アマチュア, 素人(ᵹ) (↔ professional): an ～ *in* art. **2** (金銭的報酬を受けない)アマチュア選手. **3** なまかじり屋 〔*at*〕. **4** 愛好家: an ～ *of* wine. ― *adj.* アマチュアの[による], 素人の, 専門家でない, 本職でない: an ～ detective, golfer, painter, etc. / ～ radio アマチュア無線 / ～ theatricals アマチュア演劇.

am·a·teur·ish [æ̀mətə́:(r)ɪʃ, -t(j)ʊ́(ə)r-, ⌐–⌐–⌐, ǽm-ətʃʊ̀(ə)r- | æ̀mətə́:rɪʃ, -tʃʊ́ər-, ⌐–⌐–⌐, ǽmətʃərɪʃ] *adj.* 素人(ᵹ)らしい, 素人臭い, 未熟な: an ～ attempt. **～·ly** *adv.* **～·ness** *n.*

am·a·teur·ism [ǽmətə̀:rɪzm, -tərɪzm, -t(j)ʊ̀(ə)rɪzm, -tʃʊ̀(ə)r-, -tʃərɪzm | ǽmətərɪzm, -tə̀:rɪzm, -tjʊ̀ər-, -tʃər-ɪzm] *n.* **1** 好事(ᵹ), 素人風(の道楽); 素人芸. **2** (スポーツの)アマチュアリズム, アマチュア規定[資格].

ámateur·shìp *n.* 素人[愛好家]であること; アマチュア資格.

A·ma·ti [ɑ:mɑ́:ti, əm- | əmɑ́:tɪ, æm-; *It.* amá:ti] *n.* **1** アマティ《16–17 世紀にイタリアの Cremona でバイオリンの製作に従事した有名な一家の姓》. **2** アマティ家製作のバイオリン.

Amati, Nicolò *n.* アマティ《1596–1684; イタリアのバイオリン製作者で Antonio Stradivari の師匠》.

am·a·tive [ǽmətɪv | -tɪv] 〚□ ML *amātiv-us* ← L *amātus* (p.p.) ← *amāre* to love: ⇨ -ive〛 ― *adj.* 恋の, 恋愛の; 恋をしがちな; 好色な (amorous). **～·ly** *adv.* **～·ness** *n.*

am·a·tol [ǽmətɔ(:)l, -tɑ̀l, -tòul | -tɔ̀l] 〚← AM(MONIUM)＋-A-＋(TRINITRO)TOL(UENE)〛 ― *n.* アマトール爆薬《硝酸アンモニウム (ammonium nitrate) と TNT との混合物で強力な爆薬》.

am·a·to·ri·al [æ̀mətɔ́:riəl, -tó:r- | -tɔ́:rɪ-] *adj.* ＝amatory.

am·a·to·ry [ǽmətɔ̀:ri, -tò:ri | -tərɪ] 〚《1599》□ L *amātōri-us* of a lover ← *amātor* lover ← *amāre* to love〛 ― *adj.* 恋愛の; 恋情的な, 色欲の, 好色的な: an ～ poem 恋歌 / an ～ look 色目 / an ～ potion ほれ薬.

am·au·ro·sis [æ̀mɔ:róusɪs, -səs | -róusɪs] 〚《1657》← NL ～ ← Gk *amaúrōsis* ← *amaurós* dark, dim＋-OSIS〛 ― *n.* (*pl.* **-ro·ses** [-si:z]) 〖病理〗黒内障, 黒そこひ (cf. cataract 2, glaucoma). **am·au·rot·ic** [æ̀mɔ:rɑ́tɪk | -rɔ́t-] *adj.*

amaurótic ídiocy *n.* 〖病理〗黒内障(性)白痴.

a·maze [əméɪz] 〚OE *āmasian*: ⇨ a-[2], maze〛 ― *vt.* **1** [しばしば p.p. 形で] あきれさせる, びっくりさせる, 仰天させる (astonish greatly): You ～ me! 君にははんとに驚くよ[あきれるよ] / I am ～*d at* you. 君には恐れ入ったよ / I was ～*d to* find the patient recovered so soon. 患者がそんなに早く治っているのを見てびっくりした. **2** 《廃》途方に暮れさせる, 当惑させる (perplex). ― *vi.* ひどく驚く; びっくりする. ― *n.* 《古・詩》＝amazement.

a·mázed 〚OE *āmasod*〛 ― *adj.* びっくりした: an ～ look. **a·máz·ed·ly** [-zɪdli, -zəd-, -zd- | -zɪdlɪ, -zəd-] *adv.* **a·máz·ed·ness** [-zɪdnɪs, -zəd-, -zd-, -nəs | -zɪd-, -zəd-] *n.*

a·máze·ment *n.* **1** 驚愕(ᵹ), 仰天: *to* one's ～ 驚いたことには. **2** 《廃》当惑, 混乱.

a·máz·ing *adj.* 驚くべき, あきれるばかりの, びっくりするような, すばらしい: an ～ appetite / ～ beauty.

a·máz·ing·ly *adv.* 驚くばかりに, すばらしく, すごく: ～ clever.

Am·a·zon[1] [ǽməzɑ̀n, -zən, -zn | -zən, -zn] 〚□ Sp. & Port. *Amazon-as* (↓): この川の流域に住む Tapuya 族との戦闘(1541)でその部族の女達が勇猛果敢に戦ったことに因んで, スペイン人 Francisco de Orellana が命名〛 ― *n.* [the ～] アマゾン(川)《南米北部の川; ペルー領 Andes 山脈に源を発し東に向かい, ブラジルの北部を流れて大西洋に注ぐ; 流域が世界第一の大河 (6,300 km)》.

Am·a·zon[2] [ǽməzɑ̀n, -zən, -zn | -zən, -zn] 〚《c1385》□ L *Amāzōn* □ Gk *Amazṓn* ← ? IE **magh-* to fight (Old Iranian **hamazan-* warrior): アマゾンたちが弓を引く便利のために右の乳房を切っていたという伝説から, 通俗語源では A-[7]＋Gk *mazós* breast〛 ― *n.* **1** 〖ギリシャ伝説〗**a** [the ～s] アマゾン族《古代, コーカサス山や黒海の沿岸に住み戦争・狩猟を事としていたと伝えられる勇猛な女武者からなる民族; Scythia や Africa にもいたという》. **b** アマゾン族の女; 女武者, 女戦士. **2** [しばしば a-] (背が高く身心ともに)男性的な女, 女丈夫, 男まさり; (背の高い)スポーツウーマン. **3** 〖鳥類〗南米に生息するボウシインコ属 (*Amazona*) のインコの総称. **4** 〖昆虫〗＝Amazon ant.

Ámazon ánt *n.* 〖昆虫〗サムライアリ, 奴隷狩りアリ《サムライアリ属 (*Polyergus*) のアリの総称; ヨーロッパより北アメリカにかけて数種あり, 日本にはサムライアリ (*P. samurai*) 1 種を産する; クロヤマアリ類の巣を襲い幼虫や蛹(ᵹ)を奪って自分の巣に運び, それから羽化した成虫を奴隷として使う》.

Am·a·zo·ni·an [æ̀məzóuniən, -njən | -zóunjən, -nɪən] *adj.* **1 a** アマゾン(族)のような. **b** [しばしば a-] 〈女性が〉(身心ともに)男性的な, 男まさりの. **2** アマゾン川(流域)の.

am·a·zon·ite [ǽməzənàɪt, -zɑ- | -zə-, -zɔ-] 〚← AMAZON[1]＋-ITE[1]〛 *n.* 〖鉱物〗アマゾン石, 天河石《淡緑色の長石の一種で装飾用》.

Ámazon líly *n.* 〖植物〗アマゾンユリ (⇨ eucharis).

Ámazon stóne *n.* 〖鉱物〗＝amazonite.

Ámazon wáter lìly *n.* 〖植物〗＝royal water lily.

amb. 《略》ambassador; ambulance.

am·bage [ǽmbɪdʒ] 〚《16C》《逆成》← 《c1385》*ambages* □ (O)F □ L *ambāges* circuit ← *ambi-* both ways＋*agere* to go〛 ― *n.* (*pl.* **am·ba·ges** [æmbéɪdʒi:z, ～ɪz, ～əz]) 《古》**1** [通例 *pl.*] 回りくどい[迂遠(ᵹ)な]言い回し. **2** [*pl.*] **a** 回り道. **b** 迂遠な方法[手段], 迂曲.

am·ba·gious [æmbéɪdʒəs] 〚□ L *ambāgiōs-us*: ⇨ ↑, -ous〛 *adj.* 《古》曲がりくねった, 回りくどい, 遠回しの, 迂遠(ᵹ)な (roundabout). **～·ly** *adv.*

Am·ba·la [əmbɑ́:lə] *n.* アンバラ《インド北部, Haryana 州の都市; 考古学上の遺跡がある; 人口 102,000》.

am·ba·rel·la [æ̀mbərélə] 〚□ Sinhalese *æmbarælla* ← Skt *āmravāṭaka* ← *āmra* mango＋*vāṭaka* enclosure〛 *n.* 〖植物〗＝Otaheite apple.

am·ba·ri [æmbɑ́:ri, əm- | -rɪ] 〚□ Hindi *ambārī* □ Pers. *ambārī*〛 *n.* (*also* **am·ba·ry** [～]) 〖植物〗アンバリヘンプ (⇨ kenaf 1).

am·bas·sa·dor [æmbǽsədə, əm-, ɪm- | æmbǽsədə(r, -sɪ-] 〚《c1385》□ (O)F *ambassadeur* □ It. *ambasciator* < VL **ambactiātorem* ← ML *ambactia*, *ambaxia* mission □ Gmc **ambahtaz* (OE *ambeht* servant) □ L *ambactus* servant ← ? Celt.: cf. embassy〛 ― *n.* **1** 大使 (cf. envoy[1] 1): be appointed ～ *to* the United

States 駐米大使に任じられる / the ~ *to* the court of St. Jame's 駐英大使 / an ordinary [a resident] ~ 弁理大使, 駐劄(ちゅうさつ)大使 / the American *Ambassador to* Japan 駐日アメリカ大使 / His uncle is ~ *to* France. 彼のおじは駐仏大使だ. **2** 使節; 代理人 (agent): an ~ of peace 平和使節 / act as another's ~ in negotiations 交渉の代理をする.

ambássador-at-lárge *n.* (*pl.* **ambassadors-**) 《米》無任所大使.

am·bas·sa·do·ri·al [æmbæ̀sədɔ́ːriəl, əm-, ɪm-, -dɔ́ːr- | æmbæ̀sədɔ́ːrɪ-, æ̀mbæsə-, -sɪ-] *adj.* 大使の; 使節の: at the ~ level 大使級のレベルで.

ambássador·ship *n.* 大使[特使]の職[身分, 資格].

am·bas·sa·dress [æmbǽsədrɪs, əm-, ɪm-, -drəs | æmbǽsədrɪs, -sɪ-, -drəs, -drès] 〖《1594》: ⇨ -ess[1]〗 *n.* **1** 女性大使; 女性使節. **2** 大使夫人.

am·batch [ǽmbætʃ] 〖← ? Ethiopic〗 — *n.* 〚植物〛アンバッチ (*Aeschynomene elaphroxylon*)《熱帯アフリカ産のマメ科クサネム属の低木; 材は軽く, 舟や漁網の浮きに使う》.

am·ber [ǽmbə | -bə(r] 〖《?c1350》 *aumbre* ▭ (O)F *ambre* ∥ ML *ambare* ▭ Arab. *ʿánbar* ambergris〗 — *n.* **1** 琥珀(こはく)《地中に埋没して化石化した樹脂》: ⇨ *a* FLY[2] *in amber*. **2** 琥珀色, 薄黄色, 黄褐(かっ)色. **3 a** 〚劇場〛琥珀色の(スポット)ライト. **b** 琥珀色の交通信号《日本などの黄色に当たる》. — *adj.* 琥珀(製)の; 琥珀色の (cf. succinic).

ámber·fìsh 〖その体色から〗 *n.* 〚魚類〛熱帯・亜熱帯産アジ科ブリ属 (*Seriola*) およびその近縁の魚類の総称《amberjack, yellowtail など》.

am·ber·gris [ǽmbəgrɪs, -grìːs | -bəgrìːs, -grɪs] 〖《?a1425》 ▭ (O)F *ambre gris* 'gray AMBER'〗 — *n.* 〚化学〛アンバーグリス, 龍涎香(りゅうぜんこう)《マッコウクジラ (sperm whale) から採れる香料》.

am·ber·i·na [æ̀mbəríːnə] 〖← *Amberina* (商標名) ← AMBER〗 — *n.* アンバリーナ, 琥珀ガラス《19 世紀後期の米国で作られた工芸ガラス; ルビー色から琥珀色に徐々に移る着色がしてある》.

am·ber·jack [ǽmbədʒæ̀k | -bə-] 〖← AMBER+JACK[1] 8: その体色から〗 *n.* (*pl.* ~, ~s) 〚魚類〛大西洋産アジ科ブリ属の魚 (*Seriola lalandi* (or *dumerili*)).

am·ber·oid [ǽmbərɔ̀ɪd] 〖⇨ -oid〗 *n.* 合成琥珀(こはく).

am·bi- [ǽmbɪ, -bə | -bɪ] 〖▭ L ~ ← IE **ambhi* around (Gk *amphí* / L *ambō* both): cf. amphi-, both〗 —「about, (a)round, on both sides など」の意の連結形: *ambi*dextrous. ★ 時に ambo- になる.

am·bi·ance [ǽmbiəns, ɑ̃ː(m)biɑ́ː(n)s, ɑ̀ːmbiɑ́ːns | -bɪəns, -bjəns; *F.* ɑ̃bjɑ̃ːs] 〖▭ F ~〗 *n.* (*pl.* ~s [~ɪz, ~əz; *F.* ~]) = ambience.

am·bi·dex·ter [æ̀mbɪdékstə, -bə- | -bɪdékstə(r] 〖《1395》 ▭ ML ~: ⇨ ambi-, dexter〗 — *n.* **1** ふた心のある人. **2** 《古》両手のきく人. — *adj.* 《廃》= ambidextrous.

am·bi·dex·ter·i·ty [æ̀mbɪdekstérəṭi, -bə- | æ̀mbɪdekstérətɪ, -rɪ-] *n.* **1** 両手きき. **2** 非常な器用さ; 多芸多能. **3** ふた心 (duplicity).

am·bi·dex·trous [æ̀mbɪdékstrəs, -bə- | -bɪ-] 〖《1646》: ⇨ ambidexter, -ous〗 — *adj.* **1** 両手のきく: an ~ tennis player. **2** 非常に器用な; 多芸多能な. **3** ふた心のある, ずるい. **~·ly** *adv.* **~·ness** *n.*

am·bi·ence [ǽmbiəns, ɑ̃ː(m)biɑ́ː(n)s, ɑ̀ːmbiɑ́ːns | ǽmbɪəns, -bjəns; *F.* ɑ̃bjɑ̃ːs] 〖▭ F *ambiance*: ⇨ ↓, -ence〗 — *n.* (*pl.* ~s [~ɪz, ~əz; *F.* ~]) (*also* **ambiance**) **1** 環境 (environment); 雰囲気 (atmosphere). **2** [通例 ambiance]〚美術〛アンビアンス《主題の表現効果を引き立てるために様々なものをつけ加えること》.

am·bi·ent [ǽmbiənt | -bɪənt, -bjənt] 〖《1596》 ▭ *ambiant* ∥ L *ambient-em* going round (pres.p.) ← *ambīre* to surround ← AMBI-+*īre* to go〗 — *adj.* 包囲した, 取り巻く (surrounding): ~ air. — *n.* = ambience 1.

am·bi·gu·i·ty [æ̀mbɪgjúːəṭi, -bə- | æ̀mbɪgjúːətɪ, -gjʊ̈ə-, -ɪtɪ] 〖《?c1400》 ▭ (O)F *ambiguité* ∥ L *ambiguitātem* double meaning: ⇨ ↓, -ity〗 — *n.* **1 a** 両意; 多義性. **b** 曖昧, 不明確. **2** 曖昧な語句[言い回し]: The law is full of *ambiguities*. その法律には曖昧な点が多い. **3** 〚文学〛(一つの表現に含まれる) 多義性, 重層的な意味《これらのからみ合いや緊張関係を評価したのは W. Empson の創見》. **4** 〚言語〛(文法構造上の) 曖昧性《同一の語結合が同時に異なる意味をもつ場合に生じる曖昧さ; 例えば old men and women (old men and old women / women and old men); cf. amphibology》.

am·big·u·ous [æmbígjuəs | -gju-] 〖《1528》 ▭ L *ambiguus* shifting, doubtful ← *ambigere* to wander about ← AMBI-+*agere* to drive (⇨ agent): ⇨ -ous〗 — *adj.* **1** 両意の[に取れる]; 多義の: an ~ reply. **2** 曖昧な, まぎらわしい (equivocal), 不明確な, 不明瞭な (obscure): an ~ victory. **3** 〈種類など〉(分類上)中間的な. **~·ness** *n.*

am·bíg·u·ous·ly *adv.* 両意[多義]的に; 曖昧に, 不明確に: an ~ worded phrase.

am·bil·a·nak [æmbɪ́lənɑ(k) | -bɪ-] 〖▭ Malay *ambilanak* ← *ambil* taking over+*anak* child〗 — *adj.* 〚文化人類学〛マラヤ人式結婚の《特に, Sumatra で見られ, 夫は結納金を出す代わりに妻の家に入り, 子供または妻に対する財産権を持たず, また妻の父に追出されることもある》.

am·bi·sex·trous [æ̀mbɪsékstrəs, -bə- | -bɪ-] 〖《1966》 ← AMBI-+-*sextrous*: AMBIDEXTROUS からの類推〗 *adj.* **1** = unisex. **2** 両性愛の (bisexual).

àmbi·syllábic *adj.* 〚音声〛〈子音が〉両側音節に属する, 両音節的な《panic の n など》.

am·bit [ǽmbɪt, -bət | -bɪt] 〖《a1398》 ▭ L *ambit-us* a going about (p.p.) ← *ambīre*: ⇨ ambient〗 — *n.* **1** 周囲 (circumference); 域内, 構内 (precincts), 区域 (bounds) 〔*of*〕. **2** (権限などの) 範囲 (sphere) 〔*of*〕.

àmbi·téndency *n.* 〚心理〛両価傾向《同じ対象に対して相反する傾向; 例えば愛と憎しみをもつこと》.

am·bi·tion [æmbíʃən] 〖《1340》 ▭ (O)F ~ ∥ L *ambitiō(n-)* a canvassing for office, seeking after fame ← *ambīre* to go round: ⇨ ambient〗 — *n.* **1** (名声・権力・富などに対する) 野心, 野望, 功名心: full of ~. **2** 大望, 念願, 熱望, 抱負 〔*for*〕/ 〈*to* do [*be*]〉: high ~s 大志, 大望 / an ~ *for* political power 政権への野心 / He had an ~ *to* become a musician. 音楽家になろうと熱望していた. **3** 念願[熱望]の的; 野心の的: His ~ is (to win) the world championship. = It is his ~ to win the world championship. 彼の念願は世界選手権を獲得することだ. **4** 覇気(はき), 精力. **5** 《米中部》悪意, 恨み. — *vt.* 熱望する, 念願する. **~·less** *adj.*

am·bi·tious [æmbíʃəs] 〖《c1384》 ▭ L *ambitiōs-us*: ⇨ ↑, ous〗 — *adj.* **1** 野心のある[を抱いた]; 大望を抱いた; 覇気(はき)のある, 意欲的な: an ~ politician, youth, etc. / Boys, be ~! 若者よ, 大志を抱け《米人 W. S. Clark の言葉》. **2** 〈…を〉熱望して (strongly desirous) 〔*of, for*〕; 〈…しようと〉切望して 〈*to* do [*be*]〉: be ~ *of* power, fame, etc. / He is ~ *to* win a prize. 入賞しようと意欲を燃やしている. **3** 〈計画・作品など〉野心的な, 意欲的な, 大がかりな; 力に余る, 欲張った: an ~ project, work, etc. **~·ness** *n.*

am·bí·tious·ly 〖《15C》〗 *adv.* 野心的に; 意欲的に; 大がかりに; 欲張って.

am·bi·tus [ǽmbəṭəs | -bɪt-] 〖▭ L ~: ⇨ ambit〗 *n.* (*pl.* ~) **1** (葉・二枚貝などの) 外縁, 周囲. **2** 〚音楽〛(教会旋法の) 音域.

am·biv·a·lence [æmbívələns | æ̀mbɪvéɪl-, æmbív-əl-] 〖《1912》 ← AMBI-+VALENCE[2]: cf. G *Ambivalenz* (心理学者 S. Freud の造語)〗 — *n.* **1** 〚心理〛両価感情, アンビバレンス《同じ対象に対する相反する感情の共存》. **2 a** 両面価値; (相反する) 感情の交錯; 賛否両論. **b** 不決断, 躊躇(ちゅうちょ); 浮動(性), 流動(性) 〔*between*〕; (表現などの) 曖昧さ (ambiguity).

am·biv·a·len·cy [-lənsi | -sɪ] *n.* = ambivalence.

am·biv·a·lent [æmbívələnt | æ̀mbɪvéɪl-, æmbívəl-] *adj.* **1** 〚心理〛両価的な[に関する]. **2 a** 〈事が〉両面価値(的)の, 相反する二つの性質を持つ; 〈態度・人など〉相反する感情の[を抱く]; 賛否相半ばする: Her feelings toward him were ~. 彼に対する感情は複雑だった《愛すると同時に憎んでもいた》. **b** 不決断な, 気迷った: He was ~ *about* his decision to buy the house. その家を買うかどうかについて決心がつきかねていた. **c** 浮動[流動]的な. **d** 〈意味など〉曖昧な. **~·ly** *adv.*

am·bi·ver·sion [æ̀mbɪvə́ːʒən, -bə-, -ʃən | -bɪvə́ːʃən] 〖《1927》 ← AMBI-+-*version* (cf. introversion, extroversion)〗 — *n.* 〚心理〛両向性格《内向性 (introversion) と外向性 (extroversion) の両方をもっている性質》.

am·bi·ver·sive [æ̀mbɪvə́ːsɪv, -bə-, -zɪv | -bɪvə́ːs-] *adj.* 〚心理〛両向性格の.

am·bi·vert [ǽmbɪvə̀ːt, -bə- | -bɪvə̀ːt] 〖《1927》: ⇨ ambi-, introvert〗 *n.* 〚心理〛両向性格者《内向性と外向性の両方をもっている人; cf. introvert, extrovert》.

am·ble [ǽmbl̩] 〖《?c1300》 ▭ (O)F *ambl-er* < L *ambulāre* to walk ← AMBI-+*-*el-* to go (cf. L *exul* 'EXILE'): cf. ambulate〗 — *vi.* **1 a** 〚馬術〛〈馬が〉アンブルで歩く; 〈騎手が〉アンブルで馬を進ませる. **b** 〈馬が〉ゆっくりした歩調で歩く. **2** 〈人が〉ゆるゆる[ぶらぶら]歩く 〈*along, about*〉. — *n.* **1 a** 〚馬術〛アンブル《馬が同側の両脚を片側ずつほぼ同時に上げて進む 4 拍子のゆっくりした側対的歩法; pace よりのろく, 歩調もややくずれている; cf. gait[1] 3》. **b** (馬の) ゆっくりした歩調, 軽歩 (easy pace). **2** (人の) ゆっくりした歩調; ぶらぶら歩き, 散歩 (stroll).

ám·bler [-blə, -bl̩ə | -blə(r, -bl̩ə(r] 〖ME〗 *n.* アンブルで歩く馬; ゆっくり歩く人.

ám·bling [-blɪŋ, -bl̩-] 〖ME〗 — *adj.* **1** 〈馬が〉アンブルで歩く, 側対歩の: an ~ trot. **2** 〈人が〉ぶらぶら歩く; 〈馬車が〉ゆっくり進む. **3** 〈読物など〉テンポののろい, のんびりした. **~·ly** *adv.* 「の異形.

am·bly- [ǽmbli | -blɪ] (母音の前に来る時の) amblyo-

am·blyg·o·nite [æmblígənàɪt] 〖▭ G *Amblygonit* ← Gk *amblugṓnios* obtuse-angled ← AMBLYO-+*gōnía* angle: ⇨ -ite[1]: 劈開(へきかい)が鈍角であることから〗 *n.* 〚鉱物〛アンブリゴナイト, 燐礬(りんばん)石 ($Li(AlF)PO_4$).

am·bly·o- [ǽmblio(ʊ) | -blɪə(ʊ)] 〖▭ LL ~ ← Gk *amblús* blunt〗 — 次の意味を表わす連結形: **1**「鈍い, かすんだ」: *ambly*opia. **2**「弱視に関する」: *amblyo*scope. ★ 母音の前では通例 ambly- になる.

am·bly·o·pi·a [æ̀mblióupiə | -blɪə́ʊpjə, -pɪə] 〖← NL ~ ← Gk *amblu͂ōpía*: ⇨ ↑, -opia〗 *n.* 〚病理〛弱視.

am·bly·op·ic [æ̀mbliɑ́pɪk | -blɪɔ́p-] *adj.*

am·bly·o·scope [ǽmbliəskòup | -blɪəskə̀ʊp] *n.* 〚眼科〛弱視矯正器.

am·bly·pod [ǽmblɪpɑ̀d, -blə- | -blɪpɔ̀d] 〖↓〗 *n.* 〚動物〛鈍脚目の有蹄動物.

Am·blyp·o·da [æmblípədə] 〖← NL ~: ⇨ amblyo-, -poda〗 *n. pl.* 〚動物〛鈍脚目.

am·bo [ǽmbou | -bəʊ] 〖《1641》 ▭ LL ~ ▭ Gk *ámbōn* raised place, pulpit〗 — *n.* (*pl.* ~s, **am·bo·nes** [æmbóuniːz | -bə́ʊ-]) 〚キリスト教〛**1** (初期教会堂などの) (聖書) 朗読台, 読経台. **2** 説教壇 (pulpit).

am·bo- [ǽmbo(ʊ) | -bə(ʊ)] ambi- の異形: *ambo*ceptor.

am·bo·cep·tor [ǽmbo(ʊ)sèptə, -bə- | -bə(ʊ)sèptə(r] 〖← AMBI-+(RE)CEPTOR〗 — *n.* 〚医学〛アンボセプター, 両受体《免疫血清中にある一種の抗体; 補体と免疫元との結合を媒介する》.

Am·boi·na [æmbɔ́ɪnə] *n.* **1** アンボイナ (⇨ Ambon). **2** = Amboina wood.

Ambóina wòod *n.* アンボイナ材《シタンの類のマメ科の植物 (*Pterocarpus indicus*) の木材; 色と木目が美しく高級家具の製材に使用; padouk wood ともいう》.

Am·boi·nese [æ̀mbɔɪníːz, -níːs, ─ ─́ ─ | æ̀mbɔɪníːz] 〖← *Amboina*+-ESE〗 *adj.* アンボン[アンボイナ](人, 語)の. — *n.* (*pl.* ~) **1** アンボン人. **2** アンボン語.

Am·boise[1] [ɑ̃ː(m)bwɑ́ːz, ɔ̃ː(m)-, ɑːm-, ɔ(ː)m-; *F.* ɑ̃bwaːz] *n.* アンブワーズ《フランス中部, Tours 市の東方にある史跡; 有名な城がある》.

Am·boise[2] [ɑ̃ː(m)bwɑ́ːz, ɔ̃ː(m)-, ɑːm-, ɔ(ː)m-; *F.* ɑ̃bwaːz] 〖▭ F ~〗 *n.* 男性名.

Am·bon [ǽmbɑn | -bɔn] *n.* アンボン《インドネシア Molucca 諸島中の島; 人口 115,000, 面積 800 km²; Amboina, Amboyna ともいう》.

ambones *n.* ambo の複数形.

Am·bo·nese [æ̀mbəníːz, -níːs | -níːz] *adj., n.* (*pl.* ~) = Amboinese.

àmbo·séxual 〖← L *ambō* both (⇨ ambi-)+SEXUAL〗 *adj.* 〚生物〛雌雄両性的な.

Am·boy·na [æmbɔ́ɪnə] *n.* = Amboina.

Ambóyna wòod *n.* = Amboina wood.

Am·boy·nese [æ̀mbɔɪníːz, -níːs, ─ ─́ ─ | æ̀mbɔɪníːz] *adj., n.* (*pl.* ~) = Amboinese.

am·brétte·sèed òil [æmbrét-] 〖*ambrette*: ▭ (O)F ~: ⇨ amber, -ette〗 — *n.* アムブレット シード オイル《トロロアオイモドキ (abelmosk) の種子から抽出した油で, 麝香(じゃこう)の香りがあり香水製造用》.

am·bret·to·lide [æmbréṭəlàɪd, -tl̩- | -təl-] 〖⇨ ↑, -ole[1], -ide[2]〗 — *n.* 〚化学〛アンブレットリド ($C_{16}H_{28}O_2$)《強い麝香(じゃこう)のような香りのする無色の液体; トロロアオイモドキ (abelmosk) の種子から得られる; 香料用》.

am·broid [ǽmbrɔɪd] *n.* = amberoid.

Am·broise [ɑ̃ː(m)brwɑ́ːz, ɔ̃ː(m)-, ɑːm-, ɔ(ː)m-; *F.* ɑ̃brwaːz, -brwaːz] 〖▭ F ~: ↓〗 *n.* 男性名.

Am·brose [ǽmbrouz | -brəuz, -brəus] 〖▭ L *Ambrosi-us* ← Gk *ambrósios* immortal: ⇨ ambrosia〗 *n.* 男性名.

Ambrose, Saint *n.* アンブロシウス《339?–397; Milan の司教; St. Augustine の回心に大きな影響を与えた. Doctors of the Church の一人; 祝日 12 月 7 日》.

am·bro·si·a [æmbróuʒiə, -ʒə | -brə́uzjə, -zɪə, -ʒɪə] 〖《1567》 ▭ L ~ ▭ Gk *ambrosía* (fem.) ← *ambrósios* divine ← *ámbrotos* immortal ← A-[7]+*brotós* mortal (← IE **mer-* to rub away (L *mors* death))〗 — *n.* **1** 〚ギリシャ・ローマ神話〛神の食物, 神饌(しんせん)《不老不死の性質を与えるという神の食物; cf. amrit 1, nectar 1》. **2** 極めて美味な[香りのよい]物 (cf. honeydew 3). **3** 詩的霊感; 甘美な音楽. **4** 〚植物〛ブタクサ《北米原産キク科ブタクサ属 (*Ambrosia*) の植物の総称; ブタクサ (*A. artemisiaefolia*) など; その花粉は風に運ばれ秋季の花粉症 (hay fever) の原因となる; ragweed ともいう》. **5** = beebread. **6** 《米》種々の果物に刻んだココナッツとシェリー酒などを振りかけたデザート.

am·bro·si·al [æmbróuʒiəl, -ʒəl | -brə́uzjəl, -zɪəl, -ʒɪəl] *adj.* **1** (ambrosia のように) 極めて美味な (delicious), かんばしい (fragrant); 甘美な, 妙(たえ)なる. **2** 神々にふさわしい, 神々しい (divine). **~·ly** *adv.*

am·bro·si·an [æmbróuʒiən, -ʒən | -brə́uzjən, -zɪən, -ʒɪən] *adj.* = ambrosial.

Am·bro·si·an [æmbróuʒiən, -ʒən | -brə́uzjən, -zɪən, -ʒɪən] 〖《a1225》 ▭ L *Ambrosān-us*〗 *adj.* アンブロシウス (St. Ambrose) の[に関する].

Ambrósian chánt *n.* [the ~] 〚音楽〛アンブロジオ聖歌《St. Ambrose に由来すると言われるイタリア Milan 地方の典礼用聖歌; cf. Gregorian chant》.

am·bro·type [ǽmbrətàɪp] 〖← Gk *ámbrotos* immortal (⇨ ambrosia)+-TYPE〗 — *n.* 〚写真〛(昔の) アンブロタイプ写真《露光やや不足の湿板陰画の膜面を黒色物上に押し当て, これをガラス面上から見る写真; 陽画に見える》.

am·bry [ǽmbri, ɑ́ːmri | ǽmbrɪ] 〖《a1225》 *almerie* ▭ OF *almarie, ar-* (F *armoire*) ▭ L *armārium* cupboard, 《原義》 repository for arms ← *arma* 'ARMS'〗 — *n.* **1** 〚キリスト教〛(教会堂の聖餐式用具などを入れる) 押入れ, 戸棚. **2** 《古》(戸と棚のついた) 押入れ, 戸棚 (closet, cupboard); 食器戸棚, 食器室 (cupboard, pantry).

ambs·ace [éɪmzeɪs, ǽmz-] 〖《a1250》 *ambes as* ▭ OF < L *ambās ās* both ace ← *ambās* ((fem.) ← *ambō* both (⇨ ambi-))+*ās* unit (⇨ ace)〗 — *n.* 《古》**1** ぴんぞろ《2 個のさいの目にどちらも 1 (ace) が出ること; 最も悪い目》. **2** 悪運, 貧乏くじ (bad luck). **3** くだらないこと (worthlessness). **4** 最少.

within ambsace of 《古》= *within an* ACE[1] *of*.

ambulacra *n.* ambulacrum の複数形.

am·bu·lac·ral [æ̀mbjʊlǽkrəl, -léɪk-] 〖⇨ ambulacrum, -al[1]〗 *adj.* 〚動物〛歩帯の.

ambulácral fóot *n.* 〚動物〛管足《棘皮(きょくひ)動物の足》.

ambulácral sýstem *n.* 〖動物〗管足系, 歩管系, 水管系《棘皮(きょくひ)動物の内部にある特有の細管系統》.

am·bu·lac·rum [æ̀mbjulǽkrəm, -léɪk-] 〖← NL *ambulācrum* ← L 'a walk, avenue' ← *ambulāre* 'to AMBULATE'〗 — *n.* (*pl.* **-lac·ra** [-rə]) 〖動物〗(棘皮(きょくひ)動物の)歩帯.

am·bu·lance [ǽmbjuləns] 〖《1819》□ F ～ ← (*hôpital*) *ambulant* walking (hospital) □ L *ambulantem* (pres. p.) ← *ambulāre* 'to AMBULATE': ⇨ -ance〗 — *n.* **1 a** 救急車 (ambulance car): by ～ / call for an ～ 救急車を呼ぶ. **b** 傷病者輸送機. **2** 〖軍事〗傷病兵[患者]輸送車[機]; 移動野戦病院. **3** (昔, 米国西部で用いられた)旅行用幌馬車(など).

ámbulance càr *n.* 救急自動車, 救急車.

ámbulance chàser *n.* 《米俗》 **1** 交通事故を種にかせぐ弁護士. **2** あくどくかせぐ弁護士. **ámbulance chàsing** *n.*

am·bu·lant [ǽmbjulənt] 〖□ L *ambulant-em*: ⇨ ambulance, -ant〗 *adj.* **1** 歩き回る; 移動する. **2** 〖医学〗=ambulatory 3.

am·bu·late [ǽmbjulèɪt] 〖← L *ambulāt-us* (p.p.) ← *ambulāre* to walk: cf. amble〗 — *vi.* 歩き回る; 歩行する; 移動する. **am·bu·la·tion** [æ̀mbjuléɪʃən] *n.* **ám·bu·là·tor** [-tə | -tə(r] *n.*

am·bu·la·to·ri·um [æ̀mbjulətɔ́ːriəm, -tóːr- | -tɔ́ːrɪ-] 〖□ ML *ambulatōrium* (neut.): ↓〗 *n.* 外来診療所 (outpatient clinic).

am·bu·la·to·ry [ǽmbjulətɔ̀ːri, -tòːri | -lət(ə)rɪ, -leɪt-, æ̀mbjuléɪt-] 〖《1621》□ L *ambulātōri-us* movable ← *ambulātus* (p.p.) ← *ambulāre* (⇨ ambulate): ⇨ -ory[1]〗 — *adj.* **1** 歩行(用)の, 歩行できる; 歩行に適する: an ～ animal 歩行動物 / an ～ appendage = *n.* 2. **2** 移動性の, 移動的な (movable); 巡回の (itinerant). **3** 〖医学〗 **a** 〈患者が〉歩行できる, 寝たきりでない; 外来の: an ～ patient. **b** 〈治療(法)が〉(患者に)歩行を許す, 歩行[通院]患者を対象にする (ambulant). **4** 〖法律〗〈遺言など〉(本人の生存中は)変更[取消し]可能な: an ～ will. — *n.* **1** (修道院・教会堂などの)屋内遊歩場, 周歩廊, 回廊 (deambulatory). **2** 〖動物〗(甲殻類などの)歩脚 (ambulatory appendage). **am·bu·la·to·ri·ly** [æ̀mbjulətɔ́ːrəli, -tóːr-, ⌣⌣⌣⌣⌣ | ǽmbjulət(ə)rəlɪ, -lèɪt-, æ̀mbjuléɪt-, -rɪlɪ] *adv.*

am·bus·cade [æ̀mbəskèɪd, ⌣⌣⌣ | ⌣⌣⌣] 〖《1582–88》□ F *embuscade* □ It. *imboscata* (fem. p.p.) ← *imboscare* to place in ambush < VL **imboscāre* (↓)〗 — *n., v.* =ambush. ★ 今では主に軍事用語. **ám·bus·càd·er** *n.*

am·bush [ǽmbuʃ] 〖《c1300》 *embusshe(n), abushe(n)* □ OF *embusch-ier* (F *embûcher*) < VL **imboscāre* to set in a bush ← L *im-* IN-[1] + *boscus* 'BUSH[1]'〗 — *n.* **1** 待伏せ; 待伏せ攻撃: a blow from (an) ～ やみ打ち / fall into an ～ 待伏せに会う / be killed *in* an ～ 待伏せに会って殺される / lie [hide] *in* ～ 待伏せする. **2** 待伏せ場所[地点]. **3** 伏兵, 伏勢(ふくぜい): lay [make] an ～ (for…) (敵に対して)伏兵を置く. **4** (思わぬ)落とし穴, わな, 危険 (trap, snare). — *vt.* **1** 待伏せして襲う, …に伏兵攻撃をする. **2 a** [～ *oneself* として] 待伏せする: ～ *oneself* behind trees 木陰に(身を忍ばせて)待伏せする. **b** 〈兵を〉伏せておく: ～*ed* troops 伏兵, 伏勢. — *vi.* 待伏せする (lie in wait) 〔*for*〕. **～·er** *n.* **～·ment** *n.*

ámbush bùg *n.* 〖昆虫〗花に隠れて他の昆虫を捕食するヒゲブトカメムシ科の昆虫の総称.

am·bys·to·ma [æmbístəmə] 〖← NL ～: ⇨ amblyo-, -stoma[1]〗 — *n.* 〖動物〗トラフサンショウウオ《トラフサンショウウオ属 (*Ambystoma*) の動物の総称; 北米からメキシコにかけて分布; 幼形生殖をするものが axolotl と呼ばれることがある》.

AMDG 《略》ad majorem Dei gloriam (⇨ 巻末).

amdt. 《略》amendment.

a·me·ba [əmíːbə] *n.* (*pl.* **a·me·bae** [-biː], **～s**) 《米》〖動物〗=amoeba. **a·me·bic** [əmíːbɪk] *adj.* **a·me·boid** [əmíːbɔɪd] *adj.* 「amoebiasis.

am·e·bi·a·sis [æ̀miːbáɪəsɪs, -səs | -sɪs] *n.* 〖病理〗=

amébic dýsentry *n.* 〖病理〗=amoebic dysentry.

a·me·bi·cide [əmíːbəsàɪd | -bɪ-] *n.* =amoebicide.

a·me·bi·form [əmíːbəfɔ̀əm | -bɪfɔ̀ːm] *adj.* =amoebiform.

a·me·bo·cyte [əmíːbəsàɪt] *n.* 〖生物〗=amoebocyte.

âme dam·née [áːm-dɑːnéɪ; *F.* ɑːmdɑne] 〖□ F ～ 'damned soul'〗 *F. n.* (*pl.* **âmes dam·nées** [～(z)]; *F.* ～]) 盲従者, 手足のように使われる人, ロボット.

a·meer [əmíə, eɪm- | əmíə(r, æm-, ǽmɪə(r] *n.* =amir.

a·mei·o·sis [èɪmaɪóusɪs, -səs | -áusɪs] 〖← NL ～: ⇨ a-[7], meiosis〗 *n.* 〖生物〗(細胞核の)異常減数分裂.

A·me·lia [əmíːljə | -ljə, -lɪə] 〖← Gmc《原義》? laborious (cf. ON *ama* to trouble): 後に L *Aemilia* (ローマの氏族名)と混同〗 *n.* 女性名《異形 Amalia; 愛称形 Amy》.

a·me·lio·ra·ble [əmíːljərəbḷ, -liər- | -ljər-, -lɪər-, -lɪɔːr-] 〖← F *améliorer* (⇨ ameliorate) + -ABLE〗 *adj.* 改良[改善]できる.

a·me·lio·rant [əmíːljərənt, -liər- | -ljər-, -lɪər-, -lɪɔːr-] 〖⇨ ↑, -ant〗 *n.* **1** 改良[改善]する物. **2** 〖農業〗土壌改良剤.

a·me·lio·rate [əmíːljərèɪt, -liər- | -ljər-, -lɪər-, -lɪɔːr-] 〖《1767》← F *améliorer* ← *à* 'AD-' + L *meliōrāre* (← *melior* better): ⇨ -ate[3]〗 (↔ deteriorate) — *vt.* 〈状態などを〉良くする, 改善する, 改良する: ～ living conditions / ～ international tension 国際緊張を緩和する. — *vi.* 良くなる, 改善される.

a·me·lio·ra·tion [əmìːljəréɪʃən, -liər- | -ljər-, -lɪər-, -lɪɔːr-] 〖□ F *amélioration*: ⇨ ↑, -ation〗 *n.* **1** 改善, 改良. **2** 改善個所, 改善した物.

a·me·lio·ra·tive [əmíːljərèɪtɪv, -liə-, -rət- | -ljərət-, -lɪər-, -lɪɔːr-, -rèɪt-] *adj.* 改善の, 改良的な.

a·mé·lio·rà·tor [-tə | -tə(r] *n.* 改善[改良]者, 改善[改良]する物.

a·me·lio·ra·to·ry [əmíːljərətɔ̀ːri, -liə-, -tòːri | -ljərèɪt(ə)rɪ, -lɪə-, -rət-] *adj.* =ameliorative. 「性名.

A·me·li·ta [æ̀məlíːtə | -tə] 〖(dim.) ← AMELIA〗 *n.* 女

am·e·lo·blast [ǽməlo(u)blæ̀st | ǽmɪlə(u)-] 〖←《廃》*amel* (□ AF *amail* = OF *esmail* 'ENAMEL') + -o- + -BLAST〗 *n.* 〖歯科〗エナメル芽細胞.

am·e·lo·blas·to·ma [æ̀məlo(u)blæstóumə | -lə(u)blæstə́u-] *n.* 〖解剖〗=adamantinoma.

a·men [eɪmén, ɑː- | ɑː-, eɪ-] 〖OE □ LL *āmēn* □ Gk *amḗn* □ Heb. *āmēn* certainty, truth〗 — *int.* **1** アーメン《キリスト教徒が祈りなどの終わりに唱える; So be it!「かくあれかし」の意》. **2** まことに, そうだ, よろしい《同意・賛成を表わす》. ★ 歌では [ɑːmén] が普通.

— *n.* **1** アーメンの言葉[応答, 唱和]: sing the ～ アーメンを唱える. **2** [eɪmén] 同意, 賛成.

say amen to …に同意[賛成]する (assent to).

— *adv.* 《古》まことに (truly).

A·men [ɑ́ːmən] 〖← Egypt. *Ȧmen*《原義》? the one who hides his name〗 — *n.* 〖エジプト宗教〗アメン《Thebes の羊頭の主神で多産と生命を司る; 後には太陽神 Ra と同一視され Amen-Ra として崇拝された; Karnak の Amen 神殿は有名; ギリシャ語名 Ammon, Amon, Amun》. 「AMMAN.

A·men [ɑ́ːmən], **Ja·cob** [dʒéɪkəp | -kɔp] *n.* =Jacob

a·me·na·bil·i·ty [əmìːnəbíləti, əmèn- | əmìːnəbílətɪ, -lɪ-] *n.* (服従の)責任; 快く従うこと, 従順(性)〔*to*〕.

a·me·na·ble [əmíːnəbḷ, əmén- | əmíːn-] 〖《1596》□ AF **ame(s)nable* ← (O)F *amener* to bring up to ← *à* to + *mener* to bring (< L *mināre* to drive ← *minārī* to threaten ← *minae* threats): ⇨ -able: cf. menace〗 — *adj.* **1** 〔法律などに〕従う義務のある, 服すべき, 責を負うべき〔*to*〕; 法的に責任のある (legally responsible): be ～ *to* the law, authority, etc. **2 a** 〔助言などに〕快く従う, 〔道理を〕容(い)れる (responsive)〔*to*〕: ～ *to* argument, advice, persuasion, etc. / a person ～ *to* reason 道理に服する人, 話せば物のわかる人. **b** 御しやすい, 従順な; 容易に動かされる〔*to*〕: a person easily ～ *to* flattery すぐおだてに乗る人. **3 a** 〔非難などの〕余地のある, 受けやすい (liable)〔*to*〕: actions ～ *to* criticism 非難の余地のある行動. **b** 〔テスト・分析などを〕受けることが可能な, 〔…で〕調べることができる〔*to*〕: data ～ *to* mathematical analysis 数学的分析を施せるデータ. **～·ness** *n.*

a·mé·na·bly [-blɪ | -blɪ] *adv.* 服従して; 従順に; 〔…に〕従って〔*to*〕: ～ *to* the rules 法則に従って / be ～ disposed 素直である.

á·men còrner [éɪmen-] *n.* 《米》 **1** (一部の新教教会で)説教壇の横の席, アーメンコーナー《もと礼拝式中 'Amen!' と応答する音頭を取った信者たちの占めた席》. **2** (教会で)熱心な信者たちの占める一画.

a·mend [əménd] 〖《c1230》□ (O)F *amend-er* < L *ēmendāre* to free from faults ← *ē-* 'EX-[1]' + *mendum* fault: cf. emend〗 — *vt.* **1** 〈行状などを〉改める: ～ one's behavior, life, view, etc. **2** 〈議案・文書などを〉修正する, 改正する, 改訂する, 訂正する: ～ a bill, measure, constitution, etc. / an ～*ed* bill 修正法案. **3** 〈局面を〉改善する. — *vi.* **1** 良くなる, 改まる. **2** 行ないを改める, 改心する. **3** 《廃》〈病人・病気が〉回復する. **～·er** *n.* 「修正できる.

a·mend·a·ble [əméndəbḷ] 〖ME〗 *adj.* 改められる,

a·men·da·to·ry [əméndətɔ̀ːri, -tòːri | -tərɪ] *adj.* 《米》修正的な, 矯正する (corrective).

a·mende ho·no·ra·ble [æmɑ́ː(n)dɑ̀ːnərɑ́ːbḷ, æmɔ́ː(n)d-, æmɑ́ːnd-, æmɔ́(ː)nd- | -ɔ̀n-; *F.* amɑ̃ːdɔnɔrabl] 〖□ F ～ 'honorable amends'〗 — *n.* (*pl.* **a·mendes ho·no·ra·bles** [æmɑ́ː(n)dzɑ̀nərɑ́ːbḷ, æmɔ́ː(n)d-, æmɑ́ːndzɑ̀n-, æmɔ́(ː)nd- | -ɔ̀n-; *F.* amɑ̃ːdzɔnɔrabl]) **1** 〖古英法〗公式の謝罪《非行者に恥辱を与えて神, 国王または被害者に対して謝罪させること; 例えば, 白衣を着け, 首の回りに縄を巻き, たいまつを持って教会に行き懺悔させるなどの方法が用いられた》. **2** 陳謝.

a·ménd·ment 〖《c1230》□ (O)F *amendement*: ⇨ amend, -ment〗 — *n.* **1** 修正, 改正, 訂正: make an ～. **2** 改心, 矯正. **3** 修正案[動議]: propose [move] an ～ to a bill [law] 法案[法律]の修正を提案する, 修正の動議を出す / the *Amendments* (米国)憲法修正個条 / ⇨ Eighteenth Amendment. **4** (局面の)改善, 好転. **5** 《古》(健康の)回復. **6** 〖土壌〗土壌改良; (石灰・石膏など)地質改良物《窒素・リン・カリウムなどの担体を除く》.

a·mends [əméndz] 〖《?a1300》□ OF *amendes* (pl.) ← *amende* fine[2] ← *amender* 'to AMEND'〗 — *n.* (*pl.* ～) **1** 償い, 埋合わせ, 補償: make ～ (*to* a person) *for* … (人に対して)〈損失・損傷など〉を償う, …の埋合わせをする. **2** 《廃》改良, 改正; (健康などの)回復.

A·men·ho·tep III [ɑ̀ːmənhóutep, æ̀m- | -hə́u-] *n.* アメンホテップ三世《1411–1375 B.C.; 古代エジプト新王国時代第 18 王朝の王; Amenhotep 四世 Ikhnaton 王の父; Amenophis III ともいう》.

Amenhotep IV *n.* アメンホテップ四世《?–1357 B.C.; Amenhotep 三世の息子で古代エジプト新王国時代第 18 王朝第 10 代の王 (1379–62 B.C.); 太陽神 Aten 崇拝による唯一神信仰を宣言した最初の王; Ikhnaton, Amenophis IV ともいう》.

a·me·ni·ty [əménəti, əmíːn- | əmíːnətɪ, -mén-, -nɪ-] 〖《a1398》□ (O)F *aménité* ∥ L *amoenitāt-em* delightfulness ← *amoenus* pleasant: ⇨ -ity: cf. L *amāre* to love〗 — *n.* **1 a** (場所・環境・気候などの)好ましさ, 快適さ, 心地よさ. **b** (人・態度・気質などの)感じのよさ, 温和 (mildness). **c** なごやかさ, 和気あいあい. **2** (地所・住宅などの)見栄え, 価値, 魅力. **3** [しばしば *pl.*] **a** (住宅・職場・都市などの)快適な設備[環境], 文化的な施設: Central air-conditioning and a swimming pool are among the *amenities* of his home. 彼の家の設備には集中冷暖房とプールが含まれている. **b** (公共機関などの提供する)便宜, サービス. **4** [しばしば *pl.*] 楽しみ, 愉楽: the *amenities* of literature [home life]. **5** [*pl.*] 礼儀, 儀礼, 挨拶; 交誼, よしみ, 友好(関係): exchange *amenities* 交歓する. 「ベッド.

aménity bèd *n.* 《英》(健康保険による病院の)差額

Am·e·no·phis III [æ̀mənóufɪs, -fəs | -nə́ufɪs] *n.* = Amenhotep III.

Amenophis IV *n.* =Amenhotep IV.

a·men·or·rhe·a [eɪmènəríːə, ɑːm- | -ríːə, -ríə] 〖← NL ～: ⇨ a-[7], meno-[1], -rrhea〗 *n.* (*also* **a·men·or·rhoe·a** [～]) 〖病理〗無月経.

A·men-Ra [ɑ́ːmənrɑ́ː] *n.* 〖エジプト宗教〗アメンラー《古代エジプトの太陽神; 多産・生命の神 Amen と太陽神 Ra とが融合して出来た》.

am·ent[1] [ǽmənt, éɪm-, -ment | -mənt, -ment] 〖← NL *āment-um* ← L 'thong, spike'〗 — *n.* 〖植物〗尾状花序, 葇荑(じゅうい)花序《ヤナギ科植物のような花序; amentum ともいう; cf. catkin》.

a·ment[2] [éɪment, -mənt | -ment, -mənt] 〖□ L *āment-, āmēns* mad ← A-[5] + *mēns* mind〗 *n.* 〖精神医学〗精神薄弱者 (cf. amentia). **a·men·tal** [eɪméntḷ | -tḷ] *adj.*

amenta *n.* amentum の複数形.

am·en·ta·ceous [æ̀məntéɪʃəs, èɪm-, -men-] 〖← AMENT[1] + -ACEOUS〗 *adj.* 〖植物〗尾状花の(ような); 〈木が〉尾状花をつける.

a·men·ti·a [eɪménʃiə, -ʃə | -ʃɪə, -ʃə] 〖← NL ～: ⇨ ament[2], -ia[1]〗 *n.* 〖精神医学〗アメンチア, 精神薄弱 (feeble-mindedness)《先天性の白痴; cf. dementia》.

am·en·tif·er·ous [æ̀məntíf(ə)rəs, èɪm-] 〖← AMENT[1] + -FEROUS〗 *adj.* 〖植物〗尾状花をつける.

a·men·ti·form [əméntəfɔ̀əm, eɪm-, əm- | -méntɪfɔ̀ːm] *adj.* 〖植物〗尾状花状の.

a·men·tum [əméntəm | -təm] 〖□ L *āmentum*: ⇨ ament[1]〗 — *n.* (*pl.* **a·men·ta** [-tə | -tə]) **1** 〖植物〗尾状花序 (⇨ ament[1]). **2** (古代ローマの)投槍の柄につけた革紐《槍を遠くへ飛ばすため》.

Amer. 《略》America; American. 「形.

A·mer- [əmér] (母音の前に来る時の) Amero- の異

Am·er·a·sian [æ̀məréɪʒən, -ʃən | -ʒɪən, -ʒən, -zjən, -zɪən, -ʃɪən, -ʃən] 〖← AMERO- + ASIAN〗 — *adj.* アメリカ人とアジア人の混血の. — *n.* アメリカ人とアジア人の混血児《特に, 父がアメリカ人で母がアジア人; cf. Eurasian》.

a·merce [əmə́ːs | əmə́ːs] 〖《c1378》□ AF *amerci-er* to fine ← (O)F *à* at + *merci* 'MERCY'〗 — *vt.* **1** 〖法律〗(裁判所の自由裁量で)罰金刑に処する, …に(ある額の)罰金を科する (fine): ～ a person *of* a month's salary 人に 1 か月の罰俸(ばっぽう)を科する / ～ a person (*in*) the sum of… 人に…の(金額の)罰金を科する. **2** 罰する (punish): ～ a person *with* the loss of… 人から罰として…を奪う.

a·mérce·ment 〖《a1325》□ AF *amerciment*: ⇨ ↑, -ment〗 *n.* 〖法律〗罰金刑; 罰金, 罰俸. 「を科し得る.

a·mer·ci·a·ble [əmə́ːsiəbḷ, -ʃə- | əmə́ːsɪə-] *adj.* 罰金

A·mer·i·ca [əmérɪkə, -rə- | -rɪ-] 〖《1781》← NL ～ ← *Americus Vespucius*《ラテン語化》← *Amerigo Vespucci* (⇨ Vespucci): ドイツの地図製作者 Martin Waldseemüller (1470?–?1522) が 1507 年に初めて用いた名称〗 — *n.* **1** アメリカ合衆国, アメリカ, 米国 (the United States of America). **2** 北米 (North America). **3** 南米 (South America). **4** 南北アメリカ. **5** 米州, アメリカ大陸《北米・中米・南米を含む》. ★ 4, 5 は the Americas ともいう.

A·mer·i·can [əmérɪkən, -rə- | -rɪ-] 〖《1578》〗 — *adj.* **1 a** アメリカ(合衆国)の, 米国の; アメリカ的[式]の; アメリカ人の: ⇨ American language. **b** アメリカ製の: an ～ car, toy, etc. **2 a** アメリカ大陸の. **b** 〈動植物が〉(北[南])アメリカ原産の. **3** アメリカインディアンの. — *n.* **1** アメリカ合衆国人, アメリカ人, 米国人: a French [Japanese] ～ フランス系[日系]米人. **2** 米大陸住民: a Latin ～ ラテンアメリカ人 / a North [South] ～ 北[南]米人. **3** アメリカインディアン, インディアン. **4** =American English. **～·ness** *n.*

A·mer·i·can·a [əmèrəkǽnə, -kɑ́ːnə, -kéɪnə | -rɪkɑ́ːnə] 〖⇨ -ana〗 — *n. pl.* **1** アメリカーナ《アメリカに関する文献で, アメリカの歴史・地理・文学などに関する記事・書籍の類》; アメリカの風物; アメリカ誌. **2** [単数扱い] アメリカーナ《アメリカ関係文献集》.

Américan álligator *n.* 〖動物〗ミシシッピーワニ

(*Alligator mississippiensis*)《米国南東部に生息するワニ, 体長 4.5 m に達する》.

Américan állspice *n.* 〖植物〗クロバナロウバイ (⇨ strawberry shrub).

Américan áloe *n.* 〖植物〗アオノリュウゼツラン (century plant).

Américan arborvítae *n.* 〖植物〗ニオイヒバ (*Thuja occidentalis*)《北米東部のヒノキ科の常緑針葉樹; 枝は短かく水平に出て, 樹冠はピラミッド状になる》.

Américan ásh *n.* 〖植物〗アメリカトネリコ (⇨ white ash).

Américan bádger *n.* 〖動物〗アメリカアナグマ (*Taxidea taxus*)《北米西部産》.

Américan bárberry *n.* 〖植物〗アメリカメギ (*Berberis canadensis*)《北米産メギ属の植物で薬用; Canada barbery, Allegheny barberry ともいう》.

Américan Béauty *n.* 〖園芸〗アメリカンビューティー《米国の hybrid perpetual rose; 大輪で赤い》. ★ 米国 District of Columbia の花.

Américan bíson *n.* 〖動物〗アメリカバイソン (*Bison bison*)《北米産のヤギュウ; 今は絶滅に瀕(ひん)している; American buffalo ともいう》.

Américan bónd *n.* 〖石工〗アメリカ積み《れんがや石を長手積みの 4 または 5 層おきに小口積みを 1 層はさむ壁体の積み方; common bond ともいう; ⇨ bond¹ 挿絵》.

Américan búffalo *n.* 〖動物〗= American bison.

Américan chaméleon *n.* 〖動物〗ミドリアノール (*Anolis carolinensis*)《米国南東部産のタテガミトカゲ科アノールトカゲ属のトカゲ; 体色が瞬時に変化するのでカメレオンと混同される》.

Américan chèese [chèddar] *n.* = Cheddar.

Américan Cívil Wár *n.* [the ~] (米国の)南北戦争 (1861–65) (⇨ Civil War 2 a).

Américan clòth *n.* 《英》 **1** 模造エナメル革《柔軟な油布 (oil cloth) で, 主に椅子カバーやテーブルかけに用いる》. **2** = americani.

Américan cóckroach *n.* 〖昆虫〗ワモンゴキブリ (*Periplaneta americana*)《北米原産; 現在は全世界の熱帯・亜熱帯に広く分布する》.

Américan cóot *n.* 〖鳥類〗アメリカオオバン (*Fulica americana*)《北米産の沼地などに生息するクイナ科オオバン属の水鳥》.

Américan cópper *n.* 〖昆虫〗ベニシジミ (*Lycaena phlaeas*)《北米東部および北部に広く分布するシジミチョウ科のチョウ; 米国で copper と言えばこの種を指すことが多い》.

Américan cótton *n.* = upland cotton.

Américan cówslip *n.* 〖植物〗= shooting star 2.

Américan cráb àpple *n.* 〖植物〗米国東部産バラ科の高木で黄色い小さな実のなる野生リンゴの一種 (*Malus coronaria*)《garland crab ともいう》.

Américan cránberry *n.* 〖植物〗オオミノツルコケモモ (*Vaccinium macrocarpon*)《米国産ツツジ科コケモモ属の常緑低木; large cranberry ともいう》.

Américan cránberry bùsh *n.* 〖植物〗= cranberry bush.

Américan cráwl *n.* [the ~] 〖水泳〗アメリカ式クロール《左右の腕を水から抜く間に両足で 6 回水をキックするクロール泳法 (6-beat crawl); cf. Australian crawl》.

Américan crócodile *n.* 〖動物〗アメリカワニ (*Crocodylus acutus*)《熱帯アメリカに生息するワニ》.

Américan dréam *n.* [the ~] **1** アメリカ(人)の夢《独立宣言書にうたわれた民主主義の理想と物質的繁栄とを国内から始めて, 国外にも及ぼしたいという理想》. **2** アメリカ的生活様式.

Américan éagle *n.* **1** 〖鳥類〗= bald eagle. **2** (1782 年以来の米国紋章の)白頭わし.

Américan élder *n.* 〖植物〗アメリカニワトコ (*Sambucus canadensis*)《北米東部産スイカズラ科ニワトコ属の低木》.

Américan élm *n.* 〖植物〗アメリカニレ (*Ulmus americana*).

Américan Énglish *n.* アメリカ英語, 米語《合衆国で使用される英語; cf. American language, British English》.

Américan Expedítionary Fórces *n. pl.* [the ~] (第一次大戦の)米国海外(欧州)派遣[遠征]軍 (略 A.E.F.).

Américan Fálls *n. pl.* [the ~; 通例単数扱い] アメリカ滝 (⇨ Niagara Falls 1).

Américan Federátion of Lábor *n. pl.* [the ~] 米国労働総同盟 (略 AFL, A.F.L., A.F. of L.) (⇨ AFL-CIO).

Américan Fíeld Sèrvice *n.* アメリカンフィールドサービス《中等教育段階での学生交流計画を行なう民間団体; 外国からの留学生を米国の家庭に配属させて学生生活を送らせるものと, 米国の学生を外国に派遣する計画の 2 種類がある; 略 AFS》.

Américan flamíngo *n.* 〖鳥類〗ベニフラミンゴ (*Phoenicopterus ruber*).

Américan fóotball *n.* アメリカンフットボール《109.7 m×48.5 m のフィールドの中で 11 人のチームで防具・ヘルメット・ショルダーパットなどをつけ, ボールを相手ゴールへ持ち込み得点する(陣取り)競技; 攻・守は走・投・蹴・当たりなど分業化され交代自由》.

Américan fóxhound *n.* アメリカンフォックスハウンド《English foxhound よりやや小型で耳が長い犬種のイヌ》.

Américan fróg's-bit *n.* 〖植物〗= frogbit 2.

Américan germánder *n.* 〖植物〗北米原産シソ科ニガクサ属の低地または多湿地の花壇用多年草 (*Teucrium canadense*).

Américan glóbeflower *n.* 〖植物〗アメリカキンバイソウ (*Trollius laxus*)《米国北東部産キンポウゲ科キンバイソウ属の黄緑色の花をつける多年草》.

Américan hólly *n.* 〖植物〗アメリカヒイラギ (*Ilex opaca*) (⇨ holly).

Américan hórnbeam *n.* 〖植物〗アメリカシデ (*Carpinus caroliniana*)《北米産カバノキ科の翼果をつける材質の堅い高木》.

a·mer·i·ca·ni, A- [əmèrəká:ni | -rɪká:nɪ] 〖⊏ Swahili ~: もと米国から輸入されたことから〗 *n.* アメリカニ, アメリカノ《一種の綿布》.

Américan Índian *n.* (アメリカ)インディアン《南北アメリカに住むエスキモーを除く原住民; Amerind, Native American ともいう; cf. Amerind》.

Américan Índian Dày *n.* 《米》 アメリカインディアンの日《インディアンに敬意を表する祝日; 9 月の第 4 金曜日》.

Américan Índian lánguages *n. pl.* [the ~] 〖言語〗アメリカインディアン語《南北アメリカ大陸と西インド諸島で用いられる多数の土着語の総称; それらの言語構造や語彙は互いに異なり, 親族関係を確認できない; その多くは形態上, 抱合語 (incorporating language) に属する; Indian languages ともいう》.

Américan ípecac *n.* 〖植物〗= Indian physic 1.

A·mér·i·can·ism [-nìzm] 〖(1781)〗 — *n.* **1** 米国特有の語[語句, 表現, 発音], 米国語法 (cf. Briticism, Englishism). **2** 米国風; 米国人気質, 米国魂. **3** 米国びいき, 親米主義.

A·mér·i·can·ist [-nɪst, -nəst | -nɪst] *n.* **1** アメリカ研究家. **2** 親米家. **3** アメリカインディアン(文化・言語)の研究家.

Américan ívy *n.* 〖植物〗アメリカヅタ (⇨ Virginia creeper).

A·mer·i·can·i·za·tion [əmèrɪkənɪzéɪʃən, -rə-, -nə- | -rɪkənaɪ-, -nɪ-] *n.* **1** 米国化. **2** 米国帰化.

A·mer·i·can·ize [əmérɪkənàɪz, -rə- | -rɪ-] 〖(1797)〗 *vt., vi.* **1** 米国風に変える[変わる], 米国化する. **2** 米国に帰化させる[する]. **A·mér·i·can·iz·er** *n.*

Américan jóy *n.* 〖植物〗= Virginia creeper.

Américan Júdas trèe *n.* 〖植物〗= redbud.

Américan Lábor Pàrty *n.* [the ~] 米国労働党《1936 年 7 月 New York 市で創立; 1956 年消滅; 略 A.L.P.》.

Américan lánguage *n.* [通例 the ~] アメリカ英語, 米語 (American English).

Américan lárch *n.* 〖植物〗= tamarack 1 a.

Américan láurel *n.* 〖植物〗= mountain laurel 1.

Américan Léague *n.* [the ~] アメリカンリーグ《National League と共に米国の二大プロ野球連盟の一つで 1900 年設立, 次の 14 チームからなる: 東部地区 (New York) Yankees, (Boston) Red Sox, (Baltimore) Orioles, (Detroit) Tigers, (Cleveland) Indians, (Milwaukee) Brewers, (Toronto) Blue Jays; 西部地区 (Kansas City) Royals, (Chicago) White Sox, (Minnesota) Twins, (Texas) Rangers, (California) Angels, (Oakland) Athletics, (Seattle) Mariners; 東部・西部の優勝チームが World Series 出場権をかけて Play-Off を行なう; cf. National League, major league 2》.

Américan léather *n.* 模造エナメル革 (American cloth) の一種.

Américan Légion *n.* [the ~] 米国在郷軍人会《1919 年結成, 第一次・第二次大戦およびその後の戦争の出征軍人の愛国的団体; cf. British Legion》.

Américan léopard *n.* 〖動物〗アメリカヒョウ《jaguar の俗称》.

Américan líon *n.* 〖動物〗アメリカライオン《cougar の俗称》.

Américan lótus *n.* 〖植物〗キバナハス (*Nelumbo lutea*)《米国東部産スイレン科ハス属の水生植物; 花は黄色で大きく, 種子は食用になる》.

Américan mándrake *n.* 〖植物〗アメリカミヤオソウ (⇨ mayapple 1).

Américan móss *n.* 〖植物〗サルオガセモドキ (⇨ Spanish moss).

Américan móuntain àsh *n.* 〖植物〗アメリカナナカマド (*Sorbus americana*)《北米産バラ科ナナカマド属の高木; 葉は長さ 30 cm 位になる》.

Américan órgan *n.* アメリカオルガン《リードオルガンの一種で, 吸気によってリードが音を出す; melodeon ともいう》.

Américan pàrty *n.* [the ~] アメリカ党《1853–56 年のころ政治の実権を土着人の手で占めようと努めた; cf. know-nothing 3》.

Américan pérch *n.* = yellow perch.

Américan plàn *n.* [the ~] アメリカ方式《部屋代・食費合算のホテル制度; cf. European plan》: *on the* ~.

Américan pláne *n.* 〖植物〗アメリカスズカケノキ (⇨ buttonwood).

Américan póplar *n.* 〖植物〗アメリカヤマナラシ (*Populus tremuloides*)《米国産ポプラの一種》.

Américan Revísed Vérsion *n.* [the ~] = American Standard Version.

Américan Revolútion *n.* [the ~] アメリカ独立戦争《英本国とそのアメリカ植民地との間の戦争 (1775–83); これによって植民地は本国から独立してアメリカ合衆国を建設した; 米国では Revolutionary War ともいい, 英国では War of American Independence ともいう》.

Américan róbin *n.* 〖鳥類〗= robin¹ 2.

Américan sáble *n.* **1** 〖動物〗アメリカテン (*Martes americana*). **2** アメリカテンの毛皮.

Américan sáddle hòrse *n.* アメリカン サドルホース《普通 3 ないし 5 種の歩様 (gaits) ができる軽快な乗用馬で, ホースショー (horse show) や馬術大会用に育成されている; 産地は主として Kentucky なので, Kentucky saddle horse とも呼ばれている》.

Américan sáffron *n.* 〖植物〗= safflower 1.

Américan Samóa *n.* 米領サモア《Tutuila 島・Manua 諸島などから成る南太平洋の米国海外領; 人口 27,000, 面積 198 km², 首都 Pago Pago》.

Américan's Créed *n.* [the ~] 米国人民宣誓《下院書記官 William Tyler Page 起草; 1918 年 4 月 3 日下院によって採択された》.

Américan sénna *n.* 〖植物〗ツリハブソウ (*Cassia malilandica*)《北米産マメ科カワラケツメイ属の植物》.

Américan Stándard Vérsion *n.* [the ~] 米国改訂訳聖書《1901 年出版; The Revised Version の米国版; American Revised Version ともいう; 略 A.S.V., ASV》.

Américan Stúdies *n.* (学科としての)アメリカ研究[事情].

Américan tíger *n.* 〖動物〗アメリカトラ《jaguar の俗称》.

Américan twíst *n.* 〖テニス〗アメリカンツイスト(サーブ)《ボールがレシーバーの左へ高くはずむようにスピンをかけたサービス》.

Américan végetable-tállow trèe *n.* 〖植物〗シロヤマモモ (⇨ wax myrtle).

Américan wáter spàniel *n.* アメリカンウォータースパニエル《巻き毛で耳が長く垂れ, すぐれた嗅覚をもつ中型の銃猟作業犬種のイヌ》.

Américan whíte ípecac *n.* 〖植物〗= ipecac spurge.

Américan wídgeon *n.* 〖鳥類〗= baldpate 2.

Américan wistéria *n.* 〖植物〗アメリカフジ (*Wisteria frutescens*)《北米産マメ科のフジの一種》.

Américan wórmseed *n.* 〖植物〗= Mexican tea.

A·mer·i·cas [əmérɪkəz, -rə- | -rɪ-] *n. pl.* [the ~] = America 4, 5.

am·er·i·ci·um [æ̀mərɪ́ʃiəm, -siəm | -sɪəm, -sjəm, -ʃɪəm] 〖← NL ~: ⇨ Americ(a), -ium〗 — *n.* 〖化学〗アメリシウム《放射性元素, 超ウラン元素の一つ; 記号 Am, 原子番号 95》.

A·mer·i·co- [əmérɪko(ʊ), -rə- | -rɪkə(ʊ)] 〖← AMERIC(A)+-O-〗 — 「アメリカ(人)の; アメリカ(人)と…との (American and...)」の意の連結形: *Americo*-Liberian 米国系リベリア人.

Amerigo Vespucci *n.* ⇨ Vespucci.

a·mer·i·ka·ni, A- [əmèrəká:ni | -rɪká:nɪ] *n.* = americani.

Am·er·ind [ǽmərɪnd] 〖← AMER(ICAN)+IND(IAN)〗 *n.* アメリカ原住民《アメリカインディアンまたは時にエスキモーを指す》. **Am·er·in·dic** [æ̀mərɪ́ndɪk] *adj.*

AmerInd 《略》 American Indian.

Am·er·ín·di·an [æ̀mərɪ́ndiən | -djən, -dɪən] *adj.* アメリカ原住民 (Amerind) の; アメリカインディアンの言語の. — *n.* **1** = Amerind. **2** アメリカインディアンの言語.

am·er·is·tic [æ̀mərɪ́stɪk] 〖← Gk *amerist-ós* undivided ← A-⁷+*meristós* divided: ⇨ -ic¹〗 — *adj.* 〖植物〗〈ある種のシダ類が〉分化していない (undifferentiated); 分裂組織のない.

A·mer·o- [əméro(ʊ) | -rə(ʊ)] 〖← AMER(ICAN)+-O-〗 「アメリカの; アメリカと…との (American and ...)」の意の連結形. ★ 母音の前では通例 Amer- になる.

A·me·ry [éɪməri | -rɪ] 〖⇨ Almeric〗 *n.* 男性名.

ames·ace [éɪmzèɪs, ǽmz-] *n.* = ambsace.

âmes damnées *n.* âme damnée の複数形.

a·met·a·bol·ic [èɪmèṭəbɑ́lɪk | -tə-] 〖← A-⁷+METABOLIC〗 *adj.* 〖動物〗変態 (metamorphosis) のない.

a·me·tab·o·lous [èɪmɪtǽbələs, -mə- | -me-, -mɪ-, -mə-] *adj.* 〖動物〗= ametabolic.

am·e·thop·ter·in [æ̀məθɑ́ptərɪn, -rən | -θɔ́pt(ə)rɪn] 〖← A(MINO-)+METH(YL)+PTER(O-)+-IN¹〗 *n.* 〖薬学〗= methotrexate.

am·e·thyst [ǽməθəst, -θɪst, -θist | ǽmɪθɪst, ǽmə-, ǽme-] 〖(1596) ⊏ L *amethyst-us* ⊏ Gk *améthustos* remedy against drunkenness ← A-⁷+*méthus* drunken (← *méthu* wine) ∽ ME *ametiste* ⊏ OF (F *améthyste*): 紫水晶には酔いを防ぐ力があると想像されていた〗 — *n.* **1** 〖鉱物〗 **a** アメシスト, 紫水晶, 紫石英 (⇨ birthstone). **b** すみれ色サファイア (Oriental amethyst). **2** 紫色 (purplish tint). — *adj.* **1** アメシスト色の. **2** アメシストの入った.

am·e·thys·tine [æ̀məθɪ́stɪn, -tən, -taɪn | æ̀mɪθɪ́staɪn, æ̀mə-, æ̀me-] 〖(1670) ⊏ L *amethystin-us*: ⇨ ↑, -ine¹〗 *adj.* アメシスト[紫水晶]質の; アメシスト色の.

am·e·tro·pi·a [æ̀mətróupiə | æ̀mɪtróupjə, -piə] 〖← NL ~ ← Gk *ámetros* irregular (← A-⁷+*métron* 'METER²')+-OPIA〗 — *n.* 〖病理〗非正視(症), 屈折異常(症)《近視・遠視・乱視など》.

am·e·tro·pic [æ̀mətróupɪk, -trɑ́p- | æ̀mɪtrɔ́p-] *adj.* 〖病理〗非正視の.

Amex 《略》 American Express; American (Stock) Exchange アメリカ証券取引所; American Expeditionary Forces.

amg. 《略》 among.

A.M.G. 《略》 Allied Military Government (of Occupied Territory).

Am·har·a [æmhǽrə, -hɑ́:rə | -hǽrə] *n.* アムハラ《エチオピア北西部の州; 旧王国; 首都 Gondar》.

Am·har·ic [æmhǽrɪk, -hɑ́:r- | -hǽr-] *n.* アムハラ語《アビシニア公用語》. — *adj.* アムハラ (Amhara) の; アムハラ語の.

Am·herst [ǽməst, ǽmə:st | ǽməst, ǽmə:st], **Jeffrey** *n.* (1717–97) 英国の陸軍元帥; 七年戦争で北米派遣軍司令官としてカナダのフランス軍を制圧した; 称号 Baron Jeffrey Amherst.

a·mi [æmí:, ɑːmí:; *F.* ami] 〚▭F ～＜L *amīcum* friend〛 *F. n.* (*pl.* ～**s** [～z; *F.* ～]) (男の)友だち (friend); 恋人, 愛人 (lover) (cf. amie).

a·mi·a·bil·i·ty [èɪmiəbíləṭi, -mjə- | -mjəbílətɪ, -mɪə-, -lɪ-] *n.* **1** 人好きのすること, 優しさ, 温和. **2** なごやかさ.

a·mi·a·ble [éɪmiəbl̩, -mjə- | -mjə-, -mɪə-] 〚《*a*1375》▭(O)F ～＜L *amīcābilem* amicable ← *amīcus* friend: 意味上 OF *amable* ((F *aimable*) lovely ＜L *amābilem* ← *amāre* to love) の影響を受けた: AMICABLE と二重語〛 — *adj.* **1** 人好きのする, 気立てのよい, 優しい (genial); 愛想のよい (affable): an ～ disposition, manner, teacher, etc. / do the ～《口語》愛想よくする (cf. do¹ *vt.* 10). **2** 〈会合・雰囲気など〉なごやかな, 気楽な (pleasant). **3** 《古》〈人の性質など〉愛すべき (lovable): an ～ weakness of human nature 人の性(さが)として無理からぬ欠点. **4** 《廃》立派な; 愛らしい. ～**·ness** *n.*

á·mi·a·bly [-bli | -blɪ] 〚《*c*1400》〛 *adv.* 優しく, 愛想よく; なごやかに.

am·i·an·thus [æ̀miǽnθəs | æ̀mɪ-] 〚《1668》▭L *amiantus* ▭Gk *amíantos* undefiled ← A-⁷+*miaínein* to stain〛 — *n.* (*also* **am·i·an·tus** [æ̀miǽnṭəs | æ̀mɪǽnt-]) 《鉱物》 **1** アミアンタス《上質の石綿 (asbestos)》. **2** 繊維状蛇紋石.

am·ic [ǽmɪk] 〚← AM(IDO-)+-IC¹〛 *adj.* 《化学》アミド (amide) の; アミン (amine) の.

am·i·ca·bil·i·ty [æ̀mɪkəbíləṭi, æ̀mə- | æ̀mɪkəbílətɪ, -lɪ-] *n.* 友好, 友誼, 親睦(ぼく), 親善.

am·i·ca·ble [ǽmɪkəbl̩, ǽmə- | ǽmɪ-] 〚《?*a*1425》▭L *amīcābil-is* friendly ← *amīcus* friend ← *amāre* to love: AMIABLE と二重語〛 — *adj.* 友好的な, 好意的な, 親睦的な (friendly); 平和的な, 穏やかな (peaceable): an ～ disposition 穏やかな性質 / ～ relations 友好[親睦]関係 / an ～ settlement 円満な解決, 和解 / in an ～ way 友好的に, 平和的に. ～**·ness** *n.*

ámicable áction *n.* 《法律》友誼的訴訟《当事者間の友誼的合意によって提起される訴訟で, 事実問題については争いがなく, 権利についての現実の紛争に関して裁判所の判断を求めるもの》.

ámicable númber *n.* 《数学》友数, 親和数《二つの整数で, 一方の約数の和が他方に等しく逆もいえるもの; 例えば 220 と 284, 18416 と 17296》.

ám·i·ca·bly [-bli | -blɪ] *adv.* 友好的に, 平和的に, 仲よく.

am·ice¹ [ǽmɪs, ǽməs | ǽmɪs] 〚《*a*1382》 *amyse* ←? OF *amis* (pl.) ← *amit* ∽ 《?*a*1200》 *amyse, amit* ▭OF (F *amict*) ＜L *amictum* mantle (p.p.) ← *amicīre* to wrap ← AMBI-+*jacere* to throw (cf. jactation): ME で AMICE² と混同〛 — *n.* 《キリスト教》肩ぎぬ《聖職者がミサの際に alb の下に着る長方形の白麻布; もとは頭にのせた》.

am·ice² [ǽmɪs, ǽməs | ǽmɪs] 〚ME *amisse* ▭OF *aumuce* (F *aumusse*) ▭ML *almūcia* ←? Arab. *al* the +*mústaqa*ʰ fur cloak (cf. G *Mütze* cap)〛 *n.* ＝almuce.

amici curiae *n.* amicus curiae の複数形.

A·mí·ci prìsm [əmí:tʃi- | -tʃɪ-; *It.* amí:tʃi-] 〚← G. B. *Amici* (1786–1863: イタリアの天文学者)〛 — *n.* 《光学》アミーチプリズム《屋根型プリズムの一種; 像を正立させる正立プリズム, 3 枚のプリズムを貼り合わせた直視プリズム (Amici direct-vision prism) など》.

a·mi·cron [eɪmáɪkrɑn | -krɒn] 〚← A-⁷+MICRON〛 *n.* 《化学》アミクロン, 超微子《限外顕微鏡 (ultramicroscope) でも認められない程度の微粒子》.

a·mi·cus cu·ri·ae [əmí:kəs-kjú(ə)riàɪ, əmáɪkəs-kjú(ə)rii: | əmí:kəs-kjúərɪàɪ, əmáɪkəs-kjúərɪi:] 〚▭L *amīcus cūriae* a friend at the court〛 — *n.* (*pl.* **a·mi·ci c-** [əmí:ki-:, əmáɪkaɪ-]) **1** 《法律》法廷助言者《通常は弁護士》. **2** 当てにならない友.

a·mid¹ [əmíd, —⌐] 〚OE *on middan* in the middle: ⇨a-¹, mid¹〛 — *prep.* 《文語》 **1** …の真中に (in [into] the middle of); …に囲まれて (among): stand ～ the crowd / stand ～ the flowers of May 5 月の花に囲まれている. **2** 〈ある状況〉の中に; 〈行為・事件〉の最中に: ～ loud protests 激しい抗議の声を浴びながら / ～ tears 涙ながらに / ～ one's work 仕事の最中に. ★《米》では amid を, 《英》では amidst をより多く用いる傾向がある.

am·id² [ǽmɪd, ǽməd | ǽmɪd] *n.* 《化学》＝amide.

a·mid- [əmí:d, ǽməd | əmí:d, ǽmɪd] (母音の前に来る時の) amido- の異形.

Am·i·da [ɑ́:mi:dɑ̀:] *n.* 《仏教》＝Amitabha.

am·i·dase [ǽmədèɪs, -dèɪz | ǽmɪdèɪs] 〚← AMIDO-+-ASE〛 *n.* 《生化学》アミダーゼ《アミド類を加水分解する酵素の総称》.

am·ide [ǽmaɪd, ǽmɪd, ǽməd | ǽmaɪd] 〚《1850》← AM(MONIA)+-IDE²: フランスの化学者 C. A. Wurtz (1817–84) の造語〛 — *n.* 《化学》アミド: **a** アンモニアの水素を酸基で置換したもの, 酸アミド. **b** アンモニアの水素を金属で置換したもの《例: ナトリウムアミド ($NaNH_2$)》.

a·mid·ic [əmídɪk, æm-] *adj.* 《化学》アミド化物の.

am·i·din [ǽmədɪn, -dən | ǽmɪdɪn] 〚← ML *amidum* (＝L *amylum* starch)+-IN¹: cf. amyl〛 *n.* 《化学》アミジン《澱粉を水中で加熱して得られる水溶性の物質》.

am·i·dine [ǽmədi:n, -dɪn, -dən | ǽmɪdi:n, -dɪn] 〚← AMIDO-+-INE³〛 *n.* 《化学》アミジン《$RC(=NH)NH_2$ のような一般式をもつ化合物 (R は炭化水素基)》.

a·mi·do [əmí:doʊ, ǽmədòʊ | əmí:dəʊ, ǽmɪdəʊ] *attrib. adj.* 《化学》アミド化合物の.

a·mi·do- [əmí:do(ʊ), ǽmə- | əmí:də(ʊ), ǽmɪ-] 〚← AMIDE+-O-〛 — 《化学》 **1** 「アミド (amide) の」の意の連結形: *amido*-compound アミド化合物. **2** ＝amino-. ★ 母音の前では通例 amid- になる.

am·i·dol [ǽmədɔ̀(:)l, -dòʊl | ǽmɪdɒ̀l] 〚▭G ～ (商標名)〛 *n.* 《化学》アミドル ($C_6H_3(NH_2)_2OH \cdot 2HCl$)《現像主薬の一種》.

am·i·done [ǽmədòʊn | ǽmɪdəʊn] 〚← (*dimethyl*)-*ami(no-)* (⇨ dimethyl, amino-)+D(IPHENYL-)+(HEPTAN)ONE〛 *n.* 《薬学》アミドン (⇨ methadone).

a·mi·do·py·rine [əmì:do(ʊ)páɪri:n, æ̀mə-, -rɪn, -rən | əmì:də(ʊ)páɪ(ə)rì:n, æ̀mɪ-, -rɪn] *n.* 《薬学》アミドピリン (⇨ aminopyrine).

amíd·shìp *adv., adj.* 《米》《海事》＝amidships.

amíd·shìps 〚《1692》《変形》← MIDSHIPS: 語頭の *a-* は AMID¹ の影響〛 — *adv.* **1** 《海事》 **a** (船の)中央部に[で, へ]《船首と船尾との, または両舷(げん)の中央部》. **b** 縦に (lengthwise). **2** 《英口語》 **a** 中央に, 真ん中に (in the middle). **b** 〈打撃など〉腹[みぞおち]に(当たって). — *adj.* 《海事》(船の)中央部の.

a·midst [əmídst, əmítst, —⌐] 〚《1565》← ME *amiddes* (⇨ amid¹, -s² 1)+-*t* (添え字: cf. against)〛 *prep.* ＝amid¹.

a·mie [æmí:, ɑːmí:; *F.* ami] 〚▭F ～ (fem.): ⇨ ami〛 *F. n.* (*pl.* ～**s** [～z; *F.* ～]) (女の)友だち; 恋人, 愛人 (sweetheart) (cf. ami).

A·miel [éɪmiəl, ǽm-, ɑːmjél | ǽmɪəl, éɪm-, -mjəl, ɑːmjél; *F.* amjɛl], **Henri Frédéric** *n.* アミエル《(1821–81; スイスの哲学者; *Fragments d'un journal intime*「アミエルの日記」(1883))》.

A·miens [æmjɛ̃:(ŋ), -jǽŋ, ǽmiənz | ǽmjɛ̃:(ŋ), -mɪɛ̃:(ŋ), -mjæŋ, -mɪæ̃ŋ, -mɪənz, -mjənz; *F.* amjɛ̃] *n.* アミアン《フランス北部, Somme 川に臨む都市, Somme 県の首都; 大聖堂があり, 第一・第二次大戦の戦跡 (1914, 1918, 1944 年); 人口 130,000》.

a·mi·go [əmí:goʊ, ɑːm- | -gəʊ; *Sp.* amíɣo] 〚▭Sp. ～＜L *amīcum* friend〛 *n.* (*pl.* ～**s** [～z; *Sp.* ～s]) 友だち.

am·il·dar [ɑ̀:mɪldɑ́ə, -məl-, ⌐—⌐ | -mɪldɑ́:(r, ⌐—⌐] *n.* ＝aumildar.

a·mim·i·a [eɪmímiə | -mɪə] 〚← NL ～: ⇨ a-⁷, mime, -ia¹〛 *n.* 《病理》無表情.

a·min- [əmí:n, æm-, ǽmən | əmí:n, æm-, ǽmɪn] (母音の前に来る時の) amino- の異形.

am·i·nase [ǽmənèɪs | ǽmɪ-] 〚← AMINO-+-ASE〛 — *n.* 《生化学》アミナーゼ《核酸およびその誘導体を加水分解して脱アミノする反応にあずかる酵素群; アミダーゼ (amidase) の一種》.

am·i·nate [ǽmənèɪt | ǽmɪ-] 〚← AMINO-+-ATE³〛 *vt.* 《化学》アミノ化する《有機分子中にアミノ基–NH_2 を導入して, アミン, アミノ化合物を作る反応》.

a·mine [əmí:n, ǽmi:n, ǽmɪn, ǽmən | əmí:n, ǽmi:n] 〚← AM(MONIUM)+-INE³〛 — *n.* 《化学》アミン: **a** アンモニア (NH_3) の H を炭化水素の基で置換した構造のものの総称. **b** アンモニア (NH_3) の H をハロゲン (halogen) で置換したもの《例: クロラミン (chloramine)》.

a·mi·no [əmí:noʊ, æm-, ǽmənòʊ | əmí:nəʊ, æm-, ǽmɪ-] 〚↑〛 *attrib. adj.* 《化学》アミンの, アミノ (–NH_2 の原子団)の.

am·i·no- [əmí:no(ʊ), æm-, ǽmə- | əmí:nə(ʊ), æm-, ǽmɪ-] 〚↑〛 — 「amine の」の意の連結形: *amino*-compound アミノ化合物. ★ 母音の前では通例 amin- になる.

amíno·acètic ácid *n.* 《化学》アミノ酢酸 (⇨ glycine 1).

amíno ácid *n.* 《化学》アミノ酸《分子内にアミノ基とカルボキシル基をもつ化合物の総称; 両性で水に可溶》.

àmino·ac·id·ú·ri·a [-æ̀sɪd(j)ú(ə)riə, -æ̀sə- | -æ̀sɪdjúərɪə] 〚⇨ ↑, -uria〛 *n.* 《医学》アミノ酸尿(症).

amíno álcohol *n.* 《化学》アミノアルコール《同一分子内にアミノ基とアルコール性の水酸基をもつ化合物の総称》.

amìno·àzo·bénzene 〚← AMINO-+AZO-+BENZENE〛 — *n.* 《化学》アミノアゾベンゼン ($C_6H_5N{=}NC_6H_4NH_2$)《o-, m-, p- の 3 種の異性体があり, 染料中間体》.

amìno·bénzene *n.* 《化学》アミノベンゼン (⇨ aniline).

amìno·benzóic ácid *n.* 《生化学》アミノ安息香酸 ($H_2NC_6H_4COOH$)《構造上 o-, m-, p- の 3 種がある》.

ámino gròup *n.* 《化学》アミノ基 (NH_2)《amino radical ともいう》.

amìno·phénol *n.* 《化学》アミノフェノール ($NH_2C_6H_4OH$)《o-, m-, p- の 3 種の異性体があり, 染料中間体》.

am·i·noph·er·ase [æ̀mənɑ́fərèɪs, -rèɪz | æ̀mɪnɒ́fərèɪs] 〚← AMINO-+-PHER+-ASE〛 *n.* 《生化学》アミノフェラーゼ (⇨ transaminase).

am·i·no·phyl·line [æ̀mənɑ́fəlɪn, -lən, -lì:n, əmì:no(ʊ)fíl-, æ̀mə- | əmì:nə(ʊ)fíli:n, æ̀mɪ-, æ̀mɪnɒ́fɪlì:n] 〚← AMINO-+(THEO)PHYLLINE〛 — *n.* 《薬学》アミノフィリン ($(C_7H_8N_2O_2)_2 \cdot C_2N_4(NH_2)_2 \cdot 2H_2O$)《テオフィリン (theophylline) とエチレンジアミン (ethylenediamine) との混合物で, 利尿剤に用いる》.

a·mi·no·plast [əmí:no(ʊ)plæ̀st, æm-, ǽmə- | əmí:nə(ʊ)-, æm-, ǽmɪ-] *n.* 《化学》＝amino plastic.

amíno plástic *n.* 《化学》アミノプラスチック, アミノ樹脂《アミノ化合物とアルデヒド (aldehyde) の縮合反応で得られる樹脂の総称; amino resin ともいう》.

a·mi·no·py·rine [əmì:no(ʊ)páɪri:n, æm-, æ̀mə-no(ʊ)-, -rɪn, -rən | əmì:nə(ʊ)páɪ(ə)rì:n, æm-, æ̀mɪnə(ʊ)-, -rɪn] 〚← (*dimethyl*)*amino-* (⇨ amidone)+(ANTI)PYRINE〛 — *n.* 《薬学》アミノピリン ($C_{13}H_{17}ON_3$)《鎮痛解熱剤; amidopyrine ともいう》.

a·mi·no·quin naph·tho·ate [əmí:no(ʊ)kwɪn-nǽfθoʊèɪt, ǽmə-, -kwən- | əmí:nə(ʊ)kwɪn-nǽfθəʊ-, ǽmɪ-] 〚← AMINO-+(PAMA)QUIN(E)+NAPHTHO-+-OATE〛 — *n.* 《薬学》アミノキンナフトエート ($C_{19}H_{29}N_{30}$)《抗マラリア剤; pamaquine ともいう》.

amíno ràdical *n.* 《化学》＝amino group.

amíno résin *n.* 《化学》＝amino plastic.

amìno·salicýlic ácid *n.* 《薬学》アミノサリチル酸 ($C_7H_7NO_3$); (特に) ＝para-aminosalicylic acid.

amìno·succínic ácid *n.* 《生化学》アミノこはく酸《aspartic acid ともいう》.

amìno·tránsferase *n.* 《生化学》アミノ基移転酵素 (⇨ transaminase).

amìno·tríazole *n.* 《化学》アミノトリアゾール (⇨ amitrole).

a·mir [əmíə, eɪm- | əmíə(r, æm-, ǽmɪə(r] 〚▭Arab. *amīr* commander: cf. emir〛 *n.* ＝emir.

A·mis [éɪmɪs, -məs | -mɪs], **Kingsley** *n.* (1922–) 英国の小説家; *Lucky Jim* (1954).

A·mish [ɑ́:mɪʃ, ǽm-, éɪm-] 〚← *Jacob Amman(n)* or *Amen*: ⇨ -ish¹〛《キリスト教》 — *adj.* アマン (J. Amman) の; アマン派の. — *n.* [the ～; 集合的] アマン派《17 世紀末にメノー派 (Mennonites) の Amman が創始した保守的な宗派で, 主に米国 Pennsylvania 州に移住し Pennsylvania Dutch を使用する; Amish Mennonites ともいう; cf. hooker² 5》.

a·miss [əmís] 〚《*c*1250》 *a mis, on mis*: ⇨ a-¹, miss² (n.)〛 — *adv.* 悪く (ill), まずく (badly), 誤って, 不都合に (wrongly); 場違いに, まずい時に: judge ～ 判断を誤る / speak ～ 間違ったことを言う.

come amiss 〈事が〉ありがたくない (be unwelcome): Nothing *comes* ～ to him. 彼は何でもござれだ / Nothing *comes* ～ to a hungry man. 《諺》ひもじい時にまずいものなし (cf. HUNGER is the best sauce.). ***do amiss*** (1) (事を)やりそこなう, しくじる. (2) 《婉曲》悪い事をする (do wrong). ***go amiss*** (1) 〈事が〉手違いになる, 失敗する; 〈人が〉間違ったことをする: All *went* ～. 万事不首尾だった. (2) 故障する. ***take amiss*** 〈ある事〉の真意を誤解する, 悪くとる, …に腹を立てる: Don't *take* it ～ if he doesn't come. もし彼が来なくても気を悪くしないで下さい.

— *pred. adj.* [通例 be の補語として] **a** 具合が悪く, 不都合な[で]; 間違っていて; 故障して (wrong): There's something ～ *with* him. 彼はどうかしている《病気かなにかだ》/ Something is ～ *with* the engine. エンジンがどこか故障している. **b** [否定構文で] (まんざら)悪くない, 結構で: The party was *not* ～. パーティーは結構よかった / It *won't* be ～ to accept the offer. 申し出を承知するのも悪くはあるまい.

Am·i·ta·bha [ʌ̀mɪtɑ́:bə] 〚▭Skt *Amitābha* ← *amita* infinite+*ābhā* light〛 *n.* 《仏教》阿弥陀(だ)仏, 無量光仏《西方にある極楽世界を主宰する仏陀の名》.

am·i·tate [ǽmətèɪt, -ṭət, -tɪt | ǽmɪ-] 〚← L *amita* paternal aunt+-ATE¹〛 — *n.* 《文化人類学》 **1** 姪(めい)と父方のおばとの間の特別の関係《種族によっては非常に重視される》. **2** 自分の兄弟の子供に対して持つ女性の権威とそれに伴う権利義務関係.

am·i·to·sis [æ̀mətóʊsɪs, æ̀mə-, -səs | èɪmaɪtə́ʊsɪs, æ̀mɪ-] 〚← NL ～: ⇨ a-⁷, mitosis〛 — *n.* 《生物》(核の)無糸分裂 (cf. mitosis). **am·i·tot·ic** [èɪmaɪtɑ́ṭɪk, æ̀mə- | èɪmaɪtɒ́t-, æ̀mɪ-] *adj.* **àm·i·tót·i·cal·ly** *adv.*

am·i·trip·ty·line [æ̀mətríptəli:n, -lɪn, -lən | æ̀mɪtríptɪli:n, -lɪn] 〚← AMI(NO)-+*tripto-* (《変形》← *trypto-* ← Gk *triptós* rubbed)+-YL+-INE³〛 — *n.* 《薬学》アミトリプチリン ($C_{20}H_{23}N$)《抗鬱病薬》.

am·i·trole [ǽmətròʊl | ǽmɪtrəʊl] 〚← AMI(NO)-+TR(IAZ)OLE〛 *n.* 《化学》アミトロール ($C_2H_4N_4$)《除草剤; aminotriazole ともいう》.

am·i·ty [ǽməṭi | ǽmətɪ, ǽmɪ-] 〚《1437》▭(O)F *amitié* ＜VL **amīcitātem* friendship ← L *amīcus* friend: ⇨ -ity〛 — *n.* 和親, 親睦, 親善(関係), 親交 (friendly relations) (*with*): a treaty of peace and ～ 和親条約, 修好条約.

AMM 《略》《軍事》antimissile missile.

amm- [æm] (母音の前に来る時の) ammo- の異形.

Am·man [əmǽ:n, æmǽn | əmɑ́:n] *n.* アンマン《Jordan 北部にある同国の首都; 人口 672,000; 旧約聖書ではアンモンの人々 (Ammonites) の中心地》.

Am·man [ɑ́:mɑ:n; *G.* ámaːn] (*also* **Am·mann** [～]), **Jacob** *n.* アマン《17 世紀末のスイスの聖職者; Amish (Mennonites) の始祖》.

am·me·ter [ǽm(m)ì:ṭə | ǽmɪtə(r, ǽmə-] 〚← AM(PERE)+-METER¹〛 *n.* 《電気》電流計, アンメーター.

am·mi·a·ceous [æ̀miéɪʃəs | æ̀mɪ-] 〚← NL *Ammi*

(属名: ← L *am(m)i* (植物名))+-ACEOUS⟧ *adj.* 〘植物〙セリ科の (apiaceous).

am·mine [ǽmiːn, ─ ─́, əmíːn] ⟦← AMM(ONIA)+-INE³⟧ ── *n.* 〘化学〙アンミン《配位化合物中の中性配位子としてのアンモニア (NH_3) の名称; 例えばヘキサアンミンコバルト (III) 塩化物 ($[Co(NH_3)_6]Cl_3$) の 6 個の NH_3》.

am·mo [ǽmou | ǽməu] ⟦(短縮) ← AMMUNITION⟧ *n.* (口語) 弾薬.

am·mo- [ǽmo(u) | ǽmə(u)] ⟦← Gk *ámmos* sand (混成) ← *ámathos* sand+*psámmos* sand⟧「砂」の意の連結形. ★ 母音の前では通例 amm- になる.

am·mo·cete [ǽməsìːt] *n.* 〘魚類〙=ammocoetes.

am·mo·coe·tes [æ̀məsíːtiːz] ⟦← NL ~ ← AMMO-+-*coetes* (← Gk *koítē* bed)⟧ ── *n.* (*pl.* ~) 〘魚類〙アンモコエテス《ヤツメウナギ科の魚類の口の吸盤も眼も未発達の時期の幼生 (larva)》.

Am·mon¹ [ǽmən | ǽmən, -mɔn] ⟦□ L *Ammōn* □ Gk *Ámmōn* □ Egypt. *Åmen*: ⇨ Amen⟧ ── *n.* アモン, アムモーン《古代エジプト人の Amen 神のギリシャ語名; ギリシャ人は Zeus, ローマ人は Jupiter について言った》.

Am·mon² [ǽmən | ǽmən, -mɔn] ⟦□ Heb. *ʽAmmōn* 《原義》? the people⟧ ── *n.* (*pl.* ~) **1** アンモン《Dead Sea の北東部, Jordan 川の東方にあった半遊牧のセム族の古代国家; 首都 Rabbah》. **2** 〘聖書〙アンモン人(じん)《Lot が自分の妹娘によって産んだ子 Ben-ammi の子孫でアンモンに住んだセム族の一部族(の人)(Ammonite(s)); その主要都市 Rabbah; cf. *Gen.* 19:38》: the children of ~ アンモン人.

am·mo·nal [ǽmənæ̀l] ⟦← AMMON(IUM)+AL(UMINUM)⟧ *n.* 〘化学〙アンモナル《アルミニウム粉末・硝酸アンモニア・TNT・木炭から成る強力爆薬》.

am·mo·nate [ǽmənèɪt] *n.* 〘化学〙=ammoniate.

ámmon explósive *n.* アンモン爆薬《硝安ベースの岩石爆破用爆薬》.

am·mo·ni- [əmóuni | əmáuni] (母音の前に来る時の) ammonio- の異形.

am·mo·nia [əmóunjə, -niə | əmáunjə, -nɪə] ⟦← NL ~ ← L (*sal*) *ammōniacus* '(salt) of AMMON¹': ⇨ ammoniac⟧ ── *n.* 〘化学〙 **1** アンモニア: ⇨ liquid ammonia. **2** =ammonia water.

ammónia álum *n.* 〘化学〙アンモニア明礬(みょうばん) (⇨ alum 2 b).

am·mo·ni·ac [əmóuniæ̀k | əmáunɪ-] ⟦(?1440) □ L *ammōniac-um* □ Gk *ammōniakón* pertaining to Ammon¹ (Libya の Ammon¹ を祭った神殿の付近に ammoniac plant があったところから) ∽ (c1330) *armoniak* □ ML *armoniacum*⟧ 〘化学〙 ── *adj.* =ammoniacal: ⇨ sal ammoniac. ── *n.* アンモニアクム, アンモニアゴム《ammoniac plant から分泌する精油・ゴム・樹脂から成る粘稠性物質; gum ammoniac ともいう》.

am·mo·ni·a·cal [æ̀mənáɪəkəl | æ̀mə(u)-] *adj.* アンモニア(性)の[を含む]: ~ liquor =ammonia liquor.

ammoníacal bríne *n.* 〘化学〙アンモニア鹹水(かんすい)《アンモニアソーダ法の工程中で, 鹹水にアンモニアを吸収させたもの》.

ammóniac plànt *n.* 〘植物〙西アジア原産のセリ科の多年草 (*Dorema ammoniacum*)《茎や葉柄の癭(えい) (gall) からゴム樹脂のアンモニアクム (ammoniac) が採れる》.

ammónia lìquor *n.* 〘化学〙 **1** アンモニアガス液, ガス液《石炭・タールなどを乾留する時に得られるアンモニア・アンモニウム化合物などを含む液体; ammoniacal liquor, gas liquor ともいう》. **2** 安水《アンモニア水の工業名; アンモニア合成塔からの発生気体を水に吸収させたもの》.

ammónia nìtrogen *n.* 〘化学〙アンモニア性窒素.

ammónia sóda pròcess *n.* 〘化学〙アンモニアソーダ法 (⇨ Solvay process).

ammónia solùtion *n.* 〘化学〙=ammonia water.

am·mo·ni·ate [əmóunièɪt | əmáunɪ-] 〘化学〙 *vt.* **1** アンモニアで処理する; アンモニアと化合させる; アンモニアで飽和させる. **2** =ammonify. ── *n.* アンモニア化物. **am·mo·ni·a·tion** [əmòuniéɪʃən | əmàu-] *n.*

am·mó·ni·àt·ed mércury [-tɪd-, -təd- | -tɪd-, -təd-] *n.* 〘化学〙不溶融性白降汞, (化学名)塩化水銀(II)アミド (NH_2HgCl)《塩化第二水銀に過剰のアンモニア水を加えて作る白色の粉末; 皮膚病の外用薬, しらみの駆除に用いる; white precipitate ともいう》.

ammóniated superphósphate *n.* 〘化学〙アンモニア化過リン酸石灰.

ammónia wàter *n.* 〘化学〙アンモニア水《ammonia solution, aqua ammonia, aqueous ammonia, spirit of hartshorn ともいう》.

am·mon·ic [əmάnɪk, əmóun- | əmɔ́n-, əmáun-] *adj.* 〘化学〙アンモニアの; アンモニアから誘導した.

am·mo·ni·fi·ca·tion [əmòunəfɪkéɪʃən, əmɑ̀n-, -fə- | əmàunɪfɪ-, əmɔ̀n-] *n.* 〘化学〙アンモニア化成作用.

am·mo·ni·fy [əmóunəfàɪ, əmάn- | əmáunɪ-, əmɔ́n-] 〘化学〙 *vt.* アンモニア化成する, 〈窒素化合物を〉(微生物によって)アンモニアまで分解する. ── *vi.* アンモニアになる. **am·mó·ni·fi·er** *n.*

am·mo·ni·o- [əmóunio(u) | əmáunɪə(u)] ⟦← AMMONIUM+-O-⟧「アンモニア, アンモニウム」の意の連結形. ★ 母音の前では通例 ammoni- になる.

am·mo·nite¹ [ǽmənàɪt] ⟦(1758) ← NL *Ammōnites* ← L (*cornū*) *Ammōnis* (horn) of Ammon¹: ⇨ -ite¹: Ammon 神は羊の角をはやしている⟧ ── *n.* 〘古生物〙アンモナイト, アンモン貝, 菊石《デボン紀から白亜紀に栄えた頭足類の化石動物の総称; cf. Hamites》. **am·mo·nit·ic** [æ̀mənítɪk | -tɪk] *adj.*

am·mo·nite² [ǽmənàɪt] ⟦← AMMON(IA)+-ITE¹⟧ *n.* アンモニア肥料《動物の老廃物から造る》.

Am·mon·ite [ǽmənàɪt] ⟦□ LL *Ammonitēs*: ⇨ Ammon², -ite¹⟧ *n., adj.* 〘聖書〙アンモン人(じん)(の).

am·mo·ni·um [əmóuniəm, -njəm | əmáunjəm, -nɪəm] ⟦(1808) ← NL ~: ⇨ ammonia, -ium⟧ *n.* 〘化学〙アンモニウム, アンモニウム基 (NH_4).

ammónium ácetate *n.* 〘化学〙酢酸アンモニウム (CH_3COONH_4)《白色潮解性結晶; 染色・医薬・肉用防腐剤》.

ammónium álum *n.* 〘化学〙アンモニア明礬(みょうばん) (⇨ alum 2 b).

ammónium bicárbonate *n.* 〘化学〙重炭酸アンモニウム, 重炭安 (NH_4HCO_3).

ammónium biflúoride *n.* 〘化学〙重フッ化アンモニウム (NH_4HF_2).

ammónium binóxalate *n.* 〘化学〙重蓚酸(しゅうさん)アンモニウム ($(NH_4)_2C_2O_4$).

ammónium brómide *n.* 〘化学〙臭化アンモニウム (NH_4Br)《無色結晶; 写真用臭化銀原料・鎮静剤用》.

ammónium cárbamate *n.* 〘化学〙カルバミン酸アンモニウム (NH_2COONH_4)《白色の粉末; 尿素製造の原料》.

ammónium cárbonate *n.* 〘化学〙 **1** 炭酸アンモニウム ($(NH_4)_2CO_3$). **2** =ammonium bicarbonate. **3** 炭酸アンモン《炭酸水素アンモニウムとカルバミン酸アンモニウム (ammonium carbamate) の混合物; 気付け薬 (smelling salt) として用いる》.

ammónium chlóride *n.* 〘化学〙塩化アンモニウム (sal ammoniac) (NH_4Cl).

ammónium cýanate *n.* 〘化学〙シアン酸アンモニウム (NH_4OCN)《無色針状晶; 水溶液を加熱すると尿素となる》.

ammónium hýdrogen cárbonate *n.* 〘化学〙炭酸水素アンモニウム (NH_4HCO_3)《無色結晶; ベーキングパウダー・消火剤・医薬品原料》.

ammónium hýdrogen flúoride *n.* 〘化学〙フッ化水素アンモニウム ($NH_4F \cdot HF$)《無色結晶, 有毒; ガラスのつや消し, 発酵工業で消毒剤として使用される》.

ammónium hýdrogen óxalate *n.* 〘化学〙蓚酸(しゅうさん)水素アンモニウム ($(NH_4)_2C_2O_4$)《無色結晶; インク消しの成分》.

ammónium hydróxide *n.* 〘化学〙水酸化アンモニウム (NH_4OH).

ammónium láctate *n.* 〘化学〙乳酸アンモニウム ($CH_3CHOHCOONH_4$)《無色結晶; 市販品は水溶液》.

ammónium molýbdate *n.* 〘化学〙モリブデン酸アンモニウム ($(NH_4)_2MoO_4$)《白色結晶; リン酸イオンの沈澱剤》.

ammónium nítrate *n.* 〘化学〙硝酸アンモニウム, 硝安 (NH_4NO_3)《白色結晶; 爆薬・肥料用》.

ammónium perchlórate *n.* 〘化学〙過塩素酸アンモニウム (NH_4ClO_4)《無色結晶; カーリット(爆薬)の原料》.

ammónium phósphate *n.* 〘化学〙リン酸アンモニウム; (特に)リン酸二水素アンモニウム ($(NH_4)H_2PO_4$)《肥料・難燃材》.

ammónium sált *n.* 〘化学〙アンモニウム塩.

ammónium sélenate *n.* 〘化学〙セレン酸アンモニウム ($(NH_4)_2SeO_4$)《無色結晶; 防虫剤用》.

ammónium súlfate *n.* 〘化学〙硫酸アンモニウム, 硫安 ($(NH_4)_2SO_4$)《肥料として大量に用いられる》.

ammónium súlfide *n.* 〘化学〙硫化アンモニウム ($(NH_4)_2S$)《無色または黄白色針状晶; 織物工業・写真に用いられる》.

ammónium thiocýanate *n.* 〘化学〙チオシアン酸アンモニウム (NH_4SCN)《無色結晶; 染色・除草剤用》.

ammónium thiosúlfate *n.* 〘化学〙チオ硫酸アンモニウム ($(NH_4)_2S_2O_3$)《無色潮解性固体; 写真の定着液・金属の清浄剤用》.

am·mo·no [əmóunou, ǽmənòu | əmáunəu, ǽmənəu] 〘↓〙 *attrib. adj.* 〘化学〙アンモニアの, アンモニアを含む[から誘導された].

am·mo·no- [əmóuno(u), ǽmən- | əmáunə(u), ǽmən-] ⟦← AMMONIA⟧ 〘化学〙「アンモニア, アンモニアを含む[から誘導された]」の意の連結形.

am·mo·noid [ǽmənɔ̀ɪd] 〘↓〙 *n.* 〘古生物〙=ammonite¹.

Am·mo·noi·de·a [æ̀mənɔ́ɪdiə | -dɪə] ⟦← NL ~ ← *Ammōnitēs* 'AMMONITE¹'+-OIDEA⟧ *n. pl.* 〘古生物〙(軟体動物門)菊石目.

am·mo·noi·de·an [æ̀mənɔɪdíːən] *adj., n.* 〘古生物〙菊石目の(軟体動物).

am·mo·nol·y·sis [æ̀mənάləsɪs, -səs | -nɔ́lɪsɪs] ⟦← NL ~: ⇨ ammono-, -lysis⟧ ── *n.* (*pl.* **-y·ses** [-sìːz]) 〘化学〙アンモノリシス, 加安分解《化合物が液体アンモニア中でアンモニアと反応して分解する反応》.

am·mo·no·lyze [əmóunəlàɪz, æm-, -nḷ- | -máu-] *vt.* 〘化学〙…にアンモノリシスを起こさせる. ── *vi.* アンモノリシスを起こす.

am·mo·no·tel·ic [əmòunətélɪk | əmàunə(u)-] ⟦⇨ ↑, telic⟧ *adj.* 〘生物〙〈水生無脊椎動物が〉アンモニアを排出する.

ámmon pòwder *n.* アンモン火薬《硝安と木炭から成る火薬, ロケット用推薬》.

am·mu·ni·tion [æ̀mjuníʃən] ⟦(a1626) □ F (廃) *am(m)unition* (異分析) ← *la munition* the supplies: ⇨ munition⟧ ── *n.* **1** 〘軍事〙弾薬. **2** (けんかなどの)飛び道具, 武器. **3** (主張などを納得させるのに役立つ)資料, 攻撃[防御]手段: ~ *for* one's argument. **4** (廃) 軍需品 (munitions). ── *vt.* …に弾薬を支給する.

ammunítion bòx [chèst] *n.* 弾薬箱.

amn. 《略》ammunition.

am·ne·sia [æmníːʒə | -zjə, -zɪə] ⟦(1878) ← NL ~ ← Gk *amnēsía* forgetfulness ← A-⁷+*mnēsios* of memory: ⇨ amnesty, -ia¹⟧ ── *n.* 〘病理〙健忘(症), 記憶喪失[消失](症) (cf. hypermnesia).

am·ne·si·ac [æmníːʒiæ̀k, -zi- | -ʒɪ-, -zɪ-] *n.* 記憶喪失(症)の人.

am·ne·sic [æmníːzɪk, -sɪk] *adj.* 記憶喪失の. ── *n.* =amnesiac.

am·nes·tic [æmnéstɪk, -níːs-] *adj.* =amnesic.

am·nes·ty [ǽmnɪsti, -nəs-, -nes- | ǽmnɪstɪ, -nəs-, -nes-] ⟦(1580) □ F *amnestie* ∥ L *amnestia* □ Gk *amnēstía* forgetfulness ← *ámnēstos* forgotten ← A-⁷+*mnâsthai* to remember⟧ ── *n.* **1** 〘法律〙大赦 (general pardon)《統治大権によって, 過去の犯罪(主として政治犯罪)を赦免する行為》: an ~ *for* political prisoners / grant an ~ to criminals 罪人に大赦を行なう. **2** 〘国際法〙戦争犯罪の赦免. **3** (古) 見逃し (overlooking). ── *vt.* …に大赦を与える.

Ámnesty Internátional *n.* アムネスティーインターナショナル《1961 年に結成された, 囚人の人権擁護を目的とする国際民間団体; 本部ロンドン; ノーベル平和賞 (1977); 略 AI》.

amnia *n.* amnion の複数形.

am·ni·o·cen·te·sis [æ̀mnio(u)sentíːsɪs, -səs | -nɪə(u)sentíːsɪs] ⟦← AMNIO(N)+CENTESIS⟧ *n.* (*pl.* **-te·ses** [-siːz]) 〘医学〙羊水穿刺.

am·ni·og·ra·phy [æ̀mniάgrəfi | -nɪɔ́grəfɪ] ⟦← AMNIO(N)+(RADIO)GRAPHY⟧ *n.* 〘医学〙羊水造影(法).

am·ni·on [ǽmniən, -niɑn | -nɪən, -nɪɔn] ⟦← NL ~ ← Gk *amníon* 'CAUL' (dim.) ← ? *amnós* lamb⟧ ── *n.* (*pl.* ~s, **am·ni·a** [-niə | -nɪə]) 〘解剖〙羊膜《羊水をへだてて胎児を包む膜》.

am·ni·on·ic [æ̀mniάnɪk | -nɪɔ́n-] *adj.* 〘解剖〙=amniotic.

am·ni·os·co·py [æ̀mniάskəpi | -nɪɔ́skəpɪ] ⟦← AMNION+-SCOPY⟧ *n.* 〘医学〙羊膜腔内視鏡検査(法).

Am·ni·o·ta [æ̀mnióutə | -nɪə́utə] 〘↓〙 *n. pl.* 〘動物〙有羊膜類.

am·ni·ote [ǽmniòut | -nɪəut] ⟦← NL *Amniota*: ⇨ amnion⟧ *adj., n.* 〘動物〙有羊膜類の(脊椎動物) (cf. anamniote).

am·ni·ot·ic [æ̀mniάtɪk | -nɪɔ́t-] *adj.* 〘解剖〙羊膜の.

amniótic flúid *n.* 〘生理〙羊水.

am·n't [ǽnt, ǽmənt] (方言) am not の縮約形 (cf. ain't, an't).

àm·o·bárbital [æ̀mo(u)- | æ̀mə(u)-] ⟦← AM(YL)+-O-+BARBITAL⟧ *n.* 〘薬学〙アモバルビタール ($C_{11}H_{18}N_2O_3$)《神経精神疾患の治療に応用される催眠薬》.

am·o·di·a·quin [æ̀mo(u)dáɪəkwɪn | æ̀mə(u)-] ⟦← AM(IN)O-+DI(HYDROCHLORIDE)+-A-+QUIN(OLINE)⟧ ── *n.* 〘化学〙アモジアキン ($C_{20}H_{22}N_3OCl$)《マラリアの治療に用いる》.

a·moe·ba [əmíːbə] ⟦(1841) ← NL ~ ← Gk *amoibḗ* change ← *ameibein* to change⟧ ── *n.* (*pl.* **a·moe·bae** [-biː], ~s) 〘動物〙アメーバ《原生動物根足虫亜綱アメーバ目アメーバ属 (*Amoeba*) の単細胞動物の総称; 沼や池にすむオオアメーバ (*A. porteus*) など》.

a·moe·ba·cide [əmíːbəsàɪd] *n.* 〘医学〙=amoebicide.

amoebae *n.* amoeba の複数形.

am·oe·bae·an [æ̀miːbíːən, æ̀mə- | æ̀miː-] ⟦(1658) ← L *amoebaeus* (□ Gk *amoibaîos* interchanging ← *amoibḗ*: ⇨ amoeba)+-AN¹⟧ ── *adj.* (*also* **am·oe·be·an** [~]) **1** 〘詩学〙交互応答的な, 対話体の. **2** =amoebic.

am·oe·bi·a·sis [æ̀miːbáɪəsɪs, -səs | -sɪs] ⟦← NL ~: ⇨ amoeba, -asis⟧ *n.* 〘病理〙アメーバ症.

a·moe·bic [əmíːbɪk] *adj.* **1** アメーバの(ような). **2** アメーバによる.

amóebic dýsentery *n.* 〘病理〙アメーバ赤痢.

a·moe·bi·cide [əmíːbəsàɪd | -bɪ-] ⟦← NL ~: ⇨ amoeba, -cide⟧ *n.* 〘医学〙殺アメーバ薬. **a·moe·bi·ci·dal** [əmìːbəsáɪdḷ | -bɪ-] *adj.*

a·moe·bi·form [əmíːbəfɔ̀ːəm | -bɪfɔ̀ːm] *adj.* アメーバ状の.

a·moe·bo·cyte [əmíːbəsàɪt] ⟦← AMOEBA+-O-+-CYTE⟧ *n.* 〘生物〙変形細胞, 遊走細胞《組織内を自由に移動する細胞; 脊椎動物のリンパ球や白血球など》.

a·moe·boid [əmíːbɔɪd] ⟦← AMOEB(A)+-OID⟧ *adj.* 〘生物〙アメーバ類似の; アメーバのような: ~ movements アメーバ運動.

a·mok [əmʌ́k, əmάk | əmɔ́k; (Malaya では) άːmɑu] ⟦□ Malay *amoq*⟧ ── *adv.* 狂乱して, 暴れ狂って.

go amok (1) =*run* AMOK. (2) 〈計画などが〉狂う, 手違いになる. ***run amok*** (1) 血に飢えて暴れ狂う, 狂乱する. (2) 度を失う, 見境をなくす; 暴れ回る; 狂ったように走り回る.

── *adj.* 狂乱した, 狂った. ── *n.* 〘精神医学〙アモク《興奮状態で殺人をする精神錯乱でマライ人に多い》.

a·mo·le [əmóuli, -leɪ | -lɪ, -leɪ; *Sp.* amóle] ⟦□ Mex.-Sp. ~ □ Nahuatl *amol(li)*⟧ ── *n.* (*pl.* ~s [~z; *Sp.* ~s]) **1** シャボンノキの類の植物の根(など)《石鹸代用品》. **2** 〘植物〙石鹸の原料として利用された植物の総称《シャボンノキ (soap plant) など》.

A·mon [άːmən] *n.* =Amen.

a·mong [əmʌ́ŋ, ─ ─́] ⟦OE *amang, on gemang* in the crowd, in the midst of ← ON+*gemang* crowd (← *ge*-

mengan 'to MINGLE'): 現在の発音が [əmʌ́ŋ] でなくて [əmɑ́ŋ] であるのは West Midland 方言の影響〗 — *prep.* ★ 通例三者以上の場合に用いる (cf. between★). **1** 〈多数〉の中で[へ, に], …の間に(囲まれて) (surrounded by); …の間で一緒に: live ~ the mountains 山中で暮らす / a house ~ the trees 木に囲まれた家 / live ~ the poor 貧しい人々と一緒に暮らす. **2 a** 〈ある数・仲間〉の中に, …の一つで (one of): She was ~ the prize winners. 受賞者の一人だった / He is ~ the best skiers. 最もすぐれたスキーヤーの一人だ / That was ~ the things they said to me. それは彼らが私に向かって言ったことの一つだ. **b** 〈同じ種類〉の中で抜きん出て: He is one ~ many [a thousand]. 彼は多数[千人]に一人の(傑出した)人間だ; 多数の中の一人でしかない / He is a writer ~ writers. 作家の中の作家だ. **c** 〈数〉の中から: Choose ~ us. **3** …の間で(一般に) (with): dissatisfaction ~ the nation 国民の間に広がっている不満 / He is popular ~ the students. 学生の間で人気がある. **4 a** …の間で(各々に) (to each of): Divide these ~ you three. これを君たち3人の間で分配したまえ. **b** …の間で(合わせて): We had not five dollars ~ us. 皆の金を合わせても5ドルなかった. **c** …の協力で: You have ~ you spoiled the child. 君たち皆で子供を甘やかしたのだ / We finished the work ~ ourselves. その仕事はわれわれ皆でやりとげた. **5** …(の間)で互いに (each with the other): They quarreled ~ themselves. 内輪同士でけんかをした.

among others* [*other things*]** 数ある中で, ほかにもあるが, その中でも, とりわけ. ***from among …の中から: The chairman is chosen *from* ~ the members. 議長は会員の互選による.

a·mongst [əmʌ́ŋ(k)st, —ˊ] 〖(1509) ← ME *amonges* (⇨ among, -s² 1)+-*t* (添え字: cf. against, amidst)〗 *prep.* =among.

A·mon-Ra [ɑ́:mənrɑ́:] 〖□ Egypt. *Åmen-Rēʿ* ← *Åmen* 'AMEN'+*Rēʿ* sun〗 *n.* 〖エジプト神話〗=Amen-Ra.

a·mon·til·la·do [əmɑ̀ntəlɑ́:dou, -tɪ(l)jɑ́:- | əmɔ̀ntɪlɑ́:dəu, -tɪljɑ́:-; *Sp.* amòntiʎáðo] 〖□ Sp. (*vino*) *amontillado* (wine) made in Montilla〗 — *n.* (*pl.* ~**s** [~z; *Sp.* ~s]) アモンティラード, アモンティ(リ)ャード《スペイン Montilla 原産の薄色で中辛口のシェリー》.

a·mo·ra [əmɔ́:rə, əmóːrə | əmɔ́:rə] 〖□ MHeb. *āmōrā* speaker〗 — *n.* (*pl.* **a·mo·ra·im** [ɑ̀:mo(u)rɑ́:ɪm | -mə(u)-]) [しばしば A-] 〖ユダヤ教〗アモラ《3-5 世紀のころ Palestine と Mesopotamia の律法学校でミシュナ (Mishnah) を講じたユダヤ人の律法学者; その教説は Babylonian Talmud と Palestine Talmud に記録されている; cf. sabora, tanna, Mishnah, rabbi¹, Talmud》.

a·mor·al [eɪmɔ́(:)rəl, æm-, -mɑ́r- | eɪmɔ́r-, əm-, æm-] 〖(1882) ← A-⁷+MORAL〗 *adj.* **1** 道徳とは無関係な; 道徳の範囲外の, 超道徳的な (nonmoral). **2** 〈幼児など〉道徳観念をもたない; 道徳に無関心な. **~·ly** *adv.* **a·mór·al·ism** [-lɪzm] *n.* 〖哲学〗無道徳主義《あらゆる道徳的価値や当為を否定する立場; 既成の道徳体系を否定する立場》; 無道徳状態[態度]. **a·mór·al·ist** [-lɪst, -ləst | -lɪst] *n.*

a·morce [əmɔ́əs | əmɔ́:s] 〖(1802) □ F ~ 'bait, lure' ← OF *amordre* to bait: cf. morsel〗 *n.* 点火薬, 起爆剤; おもちゃのピストルの雷管.

am·o·ret·to [æ̀mərétou, ɑ̀:m- | -təu; *It.* àmorétto] 〖□ It. ~ (dim.) ← *amore* < L *amōrem* love〗 — *n.* (*pl.* **-ret·ti** [-ti:; *It.* -ti], **~s**, **~es**) 〖美術〗アモレット《16 世紀イタリア美術にあるような小キューピッド; cf. putto》.

a·mo·ri·no [æ̀mərí:nou, ɑ̀:m- | -nəu; *It.* àmorí:no] 〖□ It. ~ (dim.) ← *amore* (↑)〗 *n.* (*pl.* **-ri·ni** [-ni:; *It.* -ni], **~s**) =amoretto.

am·o·rist [ǽmərɪst, -rəst | -rɪst] 〖← L *amor* love+-IST〗 *n.* **1** 漁色家. **2** 恋愛文学作者.

Am·o·rite [ǽməràɪt] 〖← Heb. *Amōrī*《原義》? mountain dwellers+-ITE¹〗 — *n.* 〖聖書〗アモリ人(ʤ)《紀元前 3000 年期以後 Palestine から Mesopotamia に至る地域を征服していた民族; cf. *Gen* 10:16》.

a·mo·ro·so¹ [ɑ̀:mərόusou, æ̀m- | æ̀mərə́usəu; *It.* amoró:so] 〖□ It. ~ 'amorous' (↓)〗 *adv.* 〖音楽〗アモローソ, 愛情豊かに, 愛らしく, 優しく (tender(ly)).

a·mo·ro·so² [ɑ̀:mərόusou, æ̀m- | æ̀mərə́usəu; *Sp.* àmoróso] 〖□ Sp. ~ < L *amōrōsum* (↓)〗 — *n.* (*pl.* **~s** [~z; *Sp.* ~s]) アモローソ《スペイン産の中甘口のシェリー》.

am·o·rous [ǽm(ə)rəs | ǽmər-] 〖(? c1300) □ OF ~ (F *amoureux*) □ ML *amōrōsus* ← L *amor* love: ⇨ -ous〗 — *adj.* **1** 好色的な, 多情な, 恋にもろい: an ~ disposition, nature, etc. **2** 〈人を〉恋している, ほれこんで[恋慕して]いる (enamored) 〔*of*〕: He was ~ *of* her. **3** なまめかしい, あだっぽい, 色っぽい (showing love): an ~ glance, sigh, etc. **4** 恋の, 恋愛の[に関する] (amatory): an ~ song. **5** 愛情をこめた; 情熱的な. **~·ly** *adv.* **~·ness** *n.*

a·mor pa·tri·ae [éɪmɔə-péɪtriì:, ɑ́:mɔə-pɑ́:triàɪ | éɪmɔ:-péɪtriì:, ɑ́:mɔ:-pɑ́:triàɪ] 〖□ L *amor patriae* love of the father land〗 *L. n.* 愛国心 (patriotism).

a·mor·phism [əmɔ́əfɪzm | əmɔ́:-] 〖□ G *Amorphism-us*: ⇨ ↓, -ism〗 *n.* **1** 無定形. **2** 〖化学・鉱物〗無定形(質), 非晶(質); 〖生物〗無定形; 〖地質〗等質.

a·mor·phous [əmɔ́əfəs | əmɔ́:-] 〖(1731) □ Gk *ámorph-os*: ⇨ a-⁷, -morphous〗 — *adj.* **1** 無定形の, 不規則な形の. **2** 組織[統一]のない; 不規則な; 特色のない, 漠然とした. **3** 〖化学・鉱物〗無定形の, 非結晶の, 非結晶質の (noncrystalline): an ~ body 非結晶体 / Glass is ~, while sugar is crystalline. **4** 〖生物〗発達した組織のない; 無定形の. **5** 〖地質〗《成層・理層・劈開(へきかい)がなく》等質の. **~·ly** *adv.* **~·ness** *n.*

amórphous semicondúctor *n.* 〖電子工学〗非晶質半導体.

a·mort [əmɔ́ət | əmɔ́:t] 〖(1590)《短縮》←《古形》*all amort*《異分析》← F *à la mort* to the death〗 — *adj.* 《古》(死んだように)生気がない, 活気[元気]がない (lifeless, dejected).

a·mor·tise [ǽmətàɪz, əmɔ́ətaɪz | əmɔ́:taɪz, -tɪz] *vt.* = amortize.

a·mor·tis·seur [əmɔ̀ətɪsə́: | əmɔ̀:tɪsə́:(r; *F.* amɔrtisœ:r] 〖□ F ~ ← *amortir* to deaden: ⇨ amortize〗 — *n.* 〖電気〗制動巻線《amortisseur winding ともいう; ⇨ damper winding》.

am·or·ti·za·tion [æ̀mətɪzéɪʃən, əmɔ̀ə-, æm-, -tə- | əmɔ̀:tɪ-, æ̀mɔ:t-, æ̀mət-, -taɪ-] *n.* **1** 〖会計〗**a** (無形固定資産または繰延資産の)償却 (cf. depreciation 2, depletion 3). **b** (減債基金による)年賦償還, 割賦償却; その額: an ~ rent 年賦金 / an ~ schedule 年賦償還表. **2** 〖法律〗(教会・法人への)不動産譲渡, 死手譲渡, 永代寄付 (cf. mortmain 1).

am·or·tize [ǽmətàɪz, əmɔ́ətaɪz | əmɔ́:taɪz, -tɪz] 〖(c1378) □ (O)F *amortiss-* (stem) ← *amortir* to deaden < VL **admortire* ← AD-+**mortus* (=L *mortuus* death ← L *mors*): 語尾の -ize は ML *admortizāre* (← OF *amortir*+L *-izāre* '-IZE') の影響: cf. mortal〗 — *vt.* **1** 〖会計〗**a** 〈無形固定資産または繰延資産を〉償却する. **b** (減債基金 (sinking fund) によって)〈負債を〉償却する, なしくずしにする (pay off, liquidate). **2** 〖英古法〗〈不動産を〉譲渡する; 死手譲渡する (alienate in mortmain). **ám·or·tìz·a·ble** [-zəbl] *adj.*

a·mor·tize·ment [æ̀mətáɪzmənt, əmɔ́ətɪzmənt, -təz- | əmɔ́:tɪz-] 〖(1439)《変形》← (O)F *amortissement*: ⇨ ↑, -ment〗 — *n.* **1** 〖建築〗**a** (支柱や控壁の)頂部の斜面. **b** 頂部の正面《破風(はふ)など》. **2** 〖法律・会計〗=amortization.

a·mor vin·cit om·ni·a [ɑ:mɔ́ə-wíŋkɪt-ɑ́mniə, -ɔ́:m- | -mɔ́:-wíŋkɪt-ɔ́mnɪə] 〖□ L *amor vincit omnia* love conquers all〗 *L.* 愛はすべてに打ち勝つ (⇨ ommia vincit amor, nos et cedamus amori (巻末)).

A·mo·ry [éɪməri | -rɪ] 〖← ALMERIC〗 *n.* 男性名.

A·mos [éɪməs | -mɔs] 〖□ Gk *Amṓs* □ Heb. *ʿĀmōs*《原義》carried〗 — *n.* 〖聖書〗**1** アモス《紀元前 8 世紀のヘブライの預言者》. **2** (旧約聖書の)アモス書.

am·o·site [ǽməsàɪt, -zàɪt] 〖← *A(sbestos) M(ine) o(f) S(outh Africa)*+-ITE¹〗 *n.* 〖鉱物〗アモサ石綿《鉄分に富む角閃石石綿》.

a·mo·tion [æmóuʃən, əm- | -mə́u-] 〖□ L *amotiō(n-)* ← *amotus* (p.p.) ← *amovēre* to remove: ⇨ a-⁵, motion〗 *n.* 〖病理〗剝離, 分離.

a·mount [əmáunt] 〖(c1275) □ OF *amont-er* to amount to ← *amont* upward ← A-⁴+*mont* mountain〗 — *n.* **1** 総計, 総数, 総額 (sum total): The ~ of 7 and 6 is 13. **2** 量, 額 (quantity): a large ~ of money 巨額の金, 大金 / a small ~ of food 少量の食物 / a considerable ~ of rain かなりの雨量 / in small ~*s* (一度に)少しずつ / to the ~ of… 総計…まで(も), …だけ / He has any ~ of work. 仕事は山ほどある. **3** 〖会計〗金額: the ~ of an annuity 年金の元利合計. **4** 要旨 (substance), 結果 (effect): The ~ of the testimony is this. 証言の要旨はこうである.

in amount (1) 総計[総額]で. (2) 要するに, 結局.

amount at risk 〖保険〗(1) 危険保険金額《生命保険で保険金額からその契約のために積み立てられた準備金を差引いた金額; cf. NET amount at risk》. (2) 財産保険で引受保険金額の総額.

— *vi.* **1** 総計(いくらに)なる, (…の)額に上る (come up) 〔*to*〕: The bill ~*s to* 100 dollars. 勘定は総計 100 ドルになる. **2** 要するに(…に)なる (come), (…といに)等しい (be equivalent) 〔*to*〕: It doesn't ~ *to* much. 大したものではない / It ~*s to* very little. ほとんど無価値である / an originality ~*ing* almost *to* genius 天才といってもよいような独創性 / This answer ~*s to* a refusal. この返事は拒絶も同然だ / What, after all, does it ~ *to*? 結局どういうことになるのか. **3** 《廃》登る (go up); 乗る (ride).

amóunt limit *n.* 〖心理〗作業制限《一定量の作業に要する時間を計る時の作業量; cf. time limit 2》.

a·mour [əmúə, ɑ:m-, æm- | əmúə(r, æm-; *F.* amu:r] 〖(a1300) □ (O)F ~ < L *amōrem*〗 — *n.* (*pl.* ~ [~z; *F.* ~]) **1** 恋愛, ロマンス; (特に)情事, 浮気 (love affair): have an ~ *with* a person. **2** 情事の相手, 愛人《特に, 女性》.

amóur cour·tóis [-kuətwɑ́: | -kuə-; *F.* -kurtwa] 〖□ F ~〗 *F. n.* =courtly love.

am·ou·rette [æ̀mərét, æ̀mə-; *F.* amurɛt] 〖□ F ~ (dim.): ⇨ amour〗 *n.* **1** ちょっとした情事, 浮気 (petty amour). **2** =amoretto.

a·mour pro·pre [æ̀muə-próupr(ə), ɑ̀:m-, -prɑ́p- | æ̀muə-prɔ́pr(ə), ɑ́:m-, -pə(r; *F.* amurprɔpr] 〖□ F *amour-propre*《原義》love of oneself〗 — *F. n.* 自尊心, 自負心; うぬぼれ: wound a person's ~ 人の自尊心を傷つける.

A·moy [ɑ:mɔ́ɪ, æm-, əm- | əmɔ́ɪ] *n.* **1** 厦門(アモイ)島《中国南東部, 福建省 (Fukien) の島》. **2** 厦門《厦門島にある海港》. **3** 厦門語[方言].

amp¹ [ǽmp] 〖《略》〗 *n.* 《口語》〖電気〗=ampere.

amp² [ǽmp] 〖《略》← AMPLIFIER // AMPLIFIED GUITAR〗 *n.* **1** 《口語》アンプ (amplifier). **2** 《米俗》電気ギター.

AMP 《略》〖生化学〗adenosine monophosphate.

amp. 《略》amperage; ampere(s); amplifier.

AMPAS, A.M.P.A.S. 《略》Academy of Motion Picture Arts and Sciences (米国の)映画芸術科学アカデミー《創立 1927 年; Hollywood にある; cf. Academy Award, Oscar² 1 a》.

am·pel- [ǽmpəl | -pɪl] (母音の前に来る時の) ampelo- の異形.

am·pe·lite [ǽmpəlàɪt | -pɪ-] 〖□ L *ampelitis* □ Gk *ampelitis* of the vine ← *ámpelos* vine: ⇨ -ite¹〗 *n.* 〖地質〗アンペライト (⇨ cannel coal).

am·pe·lo- [ǽmpəlo(u) | -pɪlə(u)] 〖← NL ~ ← Gk *ámpelos* (↑)〗「ぶどう(の木) (grapevine)」の意の連結形. ★ 母音の前では通例 ampel- になる.

am·pe·lop·sis [æ̀mpəlɑ́psɪs, -səs | æ̀mpɪlɔ́psɪs] 〖← NL ~: ⇨ ↑, -opsis〗 — *n.* (*pl.* ~) 〖植物〗**1** ノブドウ《ブドウ科ノブドウ属 (*Ampelopsis*) の植物の総称》. **2 a** ツタ (Boston ivy). **b** アメリカヅタ (Virginia creeper).

am·per·age [ǽmp(ə)rɪdʒ, -pɪ(ə)r- | -pɛər-, -pɪər-] 〖⇨ ↓, -age〗 *n.* 〖電気〗アンペア数.

am·pere [ǽmpɪə, -pɛə | ǽmpɛə(r, -pɪə(r] 〖(1881) ↓〗 *n.* 〖電気〗アンペア《電流の単位; 1 秒間に 1 クーロンの電気量を送る電流の強さ; 略 A, a》.

Am·père [ɑ̃:(m)pɛ́ə, ɑ:m- | ǽmpɛə(r; *F.* ɑ̃pɛ:r], **André Marie** *n.* アンペール《1775-1836; フランスの物理学者》.

ámpere bàlance *n.* 〖電気〗電流天秤《分銅の代わりにコイルを置き, これに流す電流による力を利用して力を測る天秤》.

ámpere-condúctors *n. pl.* 〖電気〗アンペア導体数《電機子巻線の導体数と電流値との積》.

ámpere-hóur *n.* 〖電気〗アンペア時《ある時間通った電流の積算量, すなわち電荷の単位, 1 アンペア 1 時間の量; 略 Ah.》.

ámpere·mèter *n.* 電流計 (ammeter).

Ámpere's láw *n.* 〖物理〗アンペールの法則《定常電流の閉回路が作る磁場を決める法則》.

ámpere-tùrn *n.* 〖電気〗アンペア回数《起磁力および磁位の MKSA 単位; 略 AT》.

am·per·o·met·ric [æ̀mpɪ(ə)rəmétrɪk, -pɛ(ə)r- | -pɛərə-, -pɪər-] *adj.* 〖電気〗電流測定の[を伴った].

amperométric titrátion *n.* 〖化学〗電流滴定《電気滴定の一種; 滴定の終点を電流値の変化によって知る滴定法》.

am·per·om·e·try [æ̀mpərɑ́mətri, -pɪ(ə)r- | -pɛərɔ́mɪtri, -pɪər-, -mə-] *n.* 〖化学〗電流滴定.

am·per·sand [ǽmpəsæ̀nd, ←—ˊ | ǽmpəsæ̀nd] 〖(1837)《変形》← *and per se and* 'and' by itself (makes) 'and'〗 *n.* '&' (=and) の字の呼び名.

am·phe·rot·o·ky [æ̀mfərɑ́təki | -rɔ́təki] 〖← Gk *amphóteros* both+*tókos* offspring+-Y¹〗 *n.* 〖生物〗雌雄両者を産む単為生殖.

am·phet·a·mine [æmfétəmì:n, -mɪn, -mən | -fétəmì:n, -mɪn] 〖← A(LPHA)+M(ETHYL)+PH(ENYL)+ET(HYL)+AMINE〗 *n.* 〖薬学〗アンフェタミン ($C_{18}H_{28}N_2O_4S$)《覚醒剤, 中枢神経興奮薬, 交感神経興奮薬》.

am·phi- [ǽmfɪ, -fə | -fɪ] 〖□ L ~ □ Gk *amphi* on both sides: ⇨ ambi-〗「両側に (on both sides), 周囲に」などの意の連結形: *amphiaster, amphibian*.

Am·phi·a·ra·us [æ̀mfiəréɪəs | -fɪə-] 〖□ L *Amphiarāus* □ Gk *Amphiáraos*〗 — *n.* 〖ギリシャ神話〗アンフィアラオス《ギリシャの Argos の勇士・予言者; テーベ征伐七勇士の一人; ⇨ SEVEN against Thebes》.

àmphi·arthrósis 〖← NL ~: ⇨ amphi-, arthrosis〗 *n.* 〖解剖〗半関節.

am·phi·as·ter [ǽmfiæ̀stə | -fɪæ̀stə(r] 〖← NL ~〗 *n.* 〖生物〗(細胞核分裂における)両星, 双星状体.

Am·phib·i·a [æmfíbiə | -bɪə, -bjə] 〖(1609) ← NL ~ ← Gk *amphibia* (neut. pl.) ← *amphibios* 'AMPHIBIOUS'〗 *n. pl.* 〖動物〗両生綱 (cf. amphibian 1).

am·phib·i·an [æmfíbiən | -bɪən, -bjən] *adj.* **1** 水陸両生の (amphibious); 〖動物〗両生綱の. **2** =amphibious 2. — *n.* **1 a** 〖動物〗両生綱の動物. **b** 水陸両生の動物[植物]. **2 a** 水陸両用飛行機[戦車, トラック(など)]. **b** 〖軍事〗(敵前上陸作戦用の)水陸両用車[装軌車] (cf. amtrac). **3 a** 両様の性質をもつもの. **b** 二重人格者.

àmphi·biólogy 〖← AMPHIBIA+-o-+-LOGY〗 *n.* 〖動物〗両生類学, 両生動物論 (cf. herpetology).

àmphi·biótic *adj.* 〖動物〗**1** 幼虫時代は水中にすみ成長して陸上にすむ. **2** 水陸両生の.

am·phib·i·ous [æmfíbiəs | -bɪəs, -bjəs] 〖← Gk *amphibios* living a double life ← AMPHI-+*bios* life)+-OUS〗 — *adj.* **1** 水陸両生の: an ~ animal, plant, etc. **2** 水陸両用の (amphibian): an ~ plane, tank, tractor, etc. **3** 〖軍事〗《攻撃など》水陸(空)共同の; 〈部隊など〉陸海(空)共同作戦のための: ~ operations 水陸両用作戦, 上陸作戦, 陸海空共同作戦 / an ~ corps 水陸両用[上陸作戦(用)]部隊. **4** 両様の性質をもつ; 二重人格の. **~·ly** *adv.* **~·ness** *n.*

àmphi·blástula 〖← NL ~: ⇨ amphi-, blastula〗 *n.* 〖動物〗アンフィブラストゥラ《石灰海綿類中のケツボ

カイメンなどに見られる幼生形; cf. olynthus》.

am·phi·bole [ǽmfəbòʊl | -fɪbəʊl] 《《1606》□ F ～ □ LL *amphibolos* ← Gk *amphíbolos* 'AMPHIBOLOUS': フランスの鉱物学者 Haüy (1743-1822) の命名. その構造の多様性から》 ── *n.* 《鉱物》各種の角閃(ｾﾝ)石の総称.

am·phi·bol·ic [æ̀mfəbɑ́lɪk | -fɪbɔ́l-] 《⇨ ↑, -ic[1]》 *adj.* **1** 角閃(ｾﾝ)石の. **2** 曖昧な, 不明確な (ambiguous, uncertain). **3** 《医学》予後の見通しの不確かな.

am·phib·o·lite [æmfíbəlàɪt, ǽmfəbo(ʊ)- | -bə-, -bə(ʊ)-] 《□ F ～: ⇨ amphibole, -ite[1]》 *n.* 《岩石》角閃(ｾﾝ)岩. **am·phib·o·lit·ic** [æmfìbəlítɪk | -tɪk] *adj.*

am·phib·o·log·i·cal [æmfìbəlɑ́dʒɪkəl, -dʒə- | -lɔ́dʒɪ-] *adj.* 曖昧な言い方の, 文意多義[不明]の.

am·phi·bol·o·gy [æ̀mfəbɑ́lədʒi | -fɪbɔ́lədʒɪ] 《《c1385》□ LL *amphibologia*=L *amphibolia* 'AMPHIBOLY': LL *-logia* は *tautologia* (⇨ tautology) などの類推: ⇨ ↓, -logy》 ── *n.* 《言語・論理》(文法構造の曖昧さによる)文意多義, 多義構文《例えば He gave her dog biscuits. では「彼女の犬にビスケットを与えた」とも「彼女に犬用のビスケットを与えた」とも解釈できる; cf. ambiguity 4, equivocation 3》.

am·phib·o·lous [æmfíbələs] 《□ LL *amphibol-us* □ Gk *amphíbolos* ambiguous, doubtful ← AMPHI-+*bólos* throw (← *bállein* to throw)》 ── *adj.* 両意的な, 意義曖昧な, 文意不明の (equivocal).

am·phib·o·ly [æmfíbəli | -lɪ] 《□ L *amphibolia* ambiguity □ Gk *amphibolía*: ⇨ ↑, -ia[1]》 ── *n.* **1** 《言語》=amphibology. **2** 《論理》文意曖昧(の虚偽)《虚偽論における虚偽の一例》.

am·phi·brach [ǽmfəbræ̀k | -fɪ-] 《《1589》□ L *amphibrach-ys* □ Gk *amphíbrakhus* short at both ends ← AMPHI-+*brakhús* short》 ── *n.* 《詩学》(古典詩の)短長短格 (⏑–⏑), (英詩の)弱強弱[抑揚抑]格 (×´×)《例: The bláck bands / came óver.—Byron; cf. foot 10》. **am·phi·brach·ic** [æ̀mfəbrǽkɪk | -fɪ-] *adj.*

am·phi·car·pic [æ̀mfəkɑ́ːpɪk | -kɑ́ː-] 《⇨ amphi-, -carpic》 *adj.* 《植物》二通りの果実を造る.

am·phi·car·pous [æ̀mfəkɑ́ːpəs | -fɪkɑ́ː-] *adj.* 《植物》=amphicarpic.

am·phi·chro·ic [æ̀mfəkróʊɪk | -fɪkrə́ʊ-] 《⇨ amphi-, -chroic》 ── *adj.* 《化学》(酸アルカリ)両色反応の《混合指示薬で変色が打ち消されるものにいう; 例: リトマスとコンゴレッド (Congo red)》.

am·phi·coe·lous [æ̀mfəsíːləs | -fɪ-] 《← LGk *amphíkoilos* hollowed all round (← AMPHI-+Gk *koîlos* hollow)+-OUS》 *adj.* 《解剖・動物》両凹(ｵｳ)形の.

am·phi·cra·ni·a [æ̀mfəkréɪniə | -fɪkréɪnjə, -nɪə] 《← NL ～: ⇨ amphi-, cranio-, -ia[1]》 *n.* 《病理》両側頭痛 (cf. hemicrania).

am·phic·ty·on [æmfíktiən, -tiɑ̀n | -tɪən, -tjən] 《《逆成》← *Amphictyons* (pl.) □ Gk *Amphiktúones* dwellers around ← AMPHI-+*ktízein* to found》 ── *n.* 《ギリシャ史》**1** アンフィクチオン会議の代議員. **2** [the Amphictyons] アンフィクチオン会議 (cf. amphictyony 1).

am·phic·ty·on·ic [æmfìktiɑ́nɪk | -tɪɔ́nɪk] *adj.* 《ギリシャ史》アンフィクチオン同盟[会議]の: an ～ council アンフィクチオン会議. 「tyony 1.

amphictyónic léague *n.* 《ギリシャ史》=amphic-

am·phic·ty·o·ny [æmfíktiəni | -tɪənɪ] 《□ Gk *amphiktuonía*: ⇨ amphictyon, -y[1]》 ── *n.* **1** 《ギリシャ史》アンフィクチオン同盟, アンフィクチオニア, 隣保同盟《古代ギリシャで神域と祭祀擁護のために結んだ近隣部族[国家]の同盟; 代議員による各自の会議をもった; 最も有名な同盟は Delphi の Apollo 神殿を中心としたデルポイのアンフィクチオン同盟 (Delphic Amphictyony)》. **2** (共同利益のための)隣諸国同盟.

am·phi·dip·loid [æ̀mfɪdíplɔɪd, -fə- | -fɪ-] 《⇨ amphi-, diploid》 *adj., n.* 《生物》複二倍体(の), 両性全数(の). **àmphi·díploidy** *n.*

am·phig·a·mous [æmfígəməs] *adj.* 《植物》**1** 明らかな有性生殖器官を欠く植物の. **2** 通気組織[気孔]を欠く植物の.

am·phig·e·nous [æmfídʒənəs | -dʒɪ-] *adj.* 《植物》〈ある種の真菌類が〉葉の両側に生える.

am·phi·go·ry [ǽmfəgɔ̀ːri, -gòːri, æmfígəri | ǽmfɪgərɪ] 《□ F *amphigouri* ← AMPHI-+? (ALLE)GORY》 ── *n.* (*also* **am·phi·gou·ri** [æ̀mfəgúː(ə)ri | -fɪgúərɪ]) (一見して有意味のようで)無意味な詩文.

àmphi·káryon *n.* 《生物》複相核, 倍数核《2 組の半数染色体をもつ細胞核; cf. hemikaryon》.

am·phim·a·cer [æmfíməsə | -sə(r)] 《《1589》□ L *amphimacr-us* □ Gk *amphímakros* long on both sides: ⇨ amphi-, macro-》 ── *n.* 《詩学》(古典詩の)長短長格 (–⏑–), (英詩の)強弱強[揚抑揚]格 (´×´)《例: Live thy Life, / Yóung and óld.—Tennyson; cf. foot 10》.

am·phi·mic·tic [æ̀mfəmíktɪk] 《← AMPHI-+Gk *miktós* 'MIXED'》 ── *adj.* 《生物》**1** 自由に交雑し生殖力のある子孫を作る. **2** アンフィミクシスの. **àm·phi·míc·ti·cal·ly** *adv.*

am·phi·mix·is [æ̀mfəmíksɪs, -səs | -fɪmíksɪs] 《← NL ～ ← AMPHI-+Gk *míxis* mingling (cf. mix)》 ── *n.* (*pl.* **-mix·es** [-siːz]) **1** 《生物》両性生殖, 有性生殖. **2** 《生物》両性混合, アンフィミクシス《受精による雌雄両者の遺伝質の混和》. **3** 《精神医学》性的成熟過程で肛門エロチシズムと性器エロチシズムが併存すること.

Am·phi·neu·ra [æ̀mfən(j)úː(ə)rə | -fɪnjúərə] 《← NL ～: ⇨ amphi-, neuro-, -a[2]》 *n. pl.* 《動物》双神経亜門.

Am·phi·on [æmfáɪən] 《□ L *Amphīōn* □ Gk *Amphíōn* ← ? AMPHI-》 ── *n.* 《ギリシャ神話》アンピーオーン《Zeus と Antiope の息子; Zethus と双生児で Niobe の夫; Zethus とともに Thebes の城壁を築くとき竪琴を弾じると, 石は自然に動いて城壁はおのずから出来た》.

am·phi·ox·us [æ̀mfiɑ́ksəs | -fɪɔ́k-] 《← NL ～ ← AMPHI-+Gk *oxús* sharp》 *n.* (*pl.* **-ox·i** [-saɪ], **～·es**) 《動物》ナメクジウオ (⇨ lancelet).

am·phi·path·ic [æ̀mfəpǽθɪk | -fɪ-] 《← AMPHI-+-PATHIC》 *adj.* 《化学》両親媒性の《極性脂質のように親水基と親油基をもつことにいう》. 「amphipathic.

am·phi·phi·lic [æ̀mfəfílɪk | æ̀mfɪ-] *adj.* 《化学》=

am·phi·pneus·tic [æ̀mfən(j)úːstɪk, -fɪpn- | -fɪnjúːs-, -fɪpn-] 《← AMPHI-+Gk *pneustikós* of breathing (← *pnéin* to breathe): ⇨ -ic[1]》 ── *adj.* 《動物》**1** (ある種の両生類に一生)鰓(ｴﾗ)と肺のある. **2** 双気門式の, 双気門型の《第 1 気門と後端の 1-3 体節だけに気門のある; 双翅類昆虫の幼虫などに見られる》.

am·phi·pod [ǽmfɪpɑ̀d, -fə- | -fɪpɔ̀d] 《↓》《動物》*adj.* 端脚目の. ── *n.* 端脚目の動物《ハマトビムシなど》.

Am·phip·o·da [æmfípədə] 《← NL ～: ⇨ amphi-, -poda》 *n. pl.* 《動物》(節足動物門)端脚目. **am·phíp·o·dan** [-dən] *adj., n.* **am·phíp·o·dous** [-dəs] *adj.*

am·phip·ro·sty·lar [æmfìprəstáɪlə | -prə(ʊ)stáɪlə(r] *adj.* 《建築》=amphiprostyle.

am·phi·pro·style [æ̀mfɪpróʊstaɪl, -fə-, æmfíprəstàɪl | æmfíprə(ʊ)stàɪl, æ̀mfɪprə́ʊstàɪl] 《□ L *amphiprostȳl-us* □ Gk *amphipróstūlos*: ⇨ amphi-, prostyle》《建築》── *adj.* 〈ギリシャ神殿など〉両前柱式の, 両向拝式の. ── *n.* 両前柱式[両向拝式]の建物.

am·phi·pro·tic [æ̀mfəpróʊtɪk | -fɪprə́ʊt-] 《← AMPHI-+PROT(ON)+-IC[1]》 *adj.* 《化学》=amphoteric 2.

am·phi·sar·ca [æ̀mfəsɑ́ːkə | -fɪsɑ́ː-] 《← NL ～: ⇨ amphi-, sarco-, -a[2]》 *n.* 《植物》(メロン・ヒョウタンなど)内部が果肉質で種子の多い閉果.

am·phis·bae·na [æ̀mfəsbíːnə | -fɪs-] 《(*a*1398) □ L ～ □ Gk *amphísbaina* ← AMPHI-+*baínein* to go》 ── *n.* (*pl.* **-bae·nae** [-niː], **～s**) **1** (伝説の)両頭の蛇. **2** 《動物》ミミズトカゲ《熱帯地方の土中にすむミミズトカゲ属 (*Amphisbaena*) のトカゲの総称; 足がなく前後に自由に動く; ダンダラミミズトカゲ (*A. fuliginosa*) など》. **am·phis·bae·nic** [æ̀mfəsbíːnɪk | -fɪs-] *adj.*

am·phis·ci·ans [æmfíʃiənz, -ʃənz | -ʃɪənz] 《← ML *amphiscius* (□ Gk *amphískios* throwing a shadow both ways ← AMPHI-+*skiá* shadow)+-AN[1]+-S[1]》 ── *n. pl.* 《古》熱帯の住民.

am·phis·ci·i [æmfíʃiàɪ | -ʃɪ-] *n. pl.* =amphiscians.

Am·phi·sil·i·dae [æ̀mfəsílədìː | -fɪsílɪ-] 《← NL ～ ← *Amphisile* (属名)+-IDAE》 *n. pl.* 《魚類》=Centriscidae.

àmphi·stýlar 《← AMPHI-+-STYLAR》 *adj.* 《建築》〈ギリシャ神殿など〉両端[両側]に柱のある.

am·phi·tene [ǽmfətìːn | -fɪ-] *n.* 《生物》=zygotene.

am·phi·the·a·ter [ǽmfəθìːətə, -θìə- | -fɪθɪətə(r, -θɪèt-] 《《1546》□ L *amphitheātrum* □ Gk *amphithéātron*: ⇨ amphi-, theatre》 ── *n.* **1** 円形競技場, 円形劇場《古代ローマの円形または長円形大演技場; 中央に設けた闘技場 (arena) の周囲にひな壇式観覧席をめぐらしたもの; cf. Colosseum 1》. **2** 闘技場, 競技場 (arena). **3** (近代劇場の)半円形の階段式さじき[観客席]. **4** (ひな壇式)大講堂; 階段(式手術)教室. **5** すりばち形の地形; 円形の盆地.

am·phi·the·a·tral [æ̀mfəθíːətrəl, -θíə- | æ̀mfɪθɪət-, -θɪét-] *adj.* =amphitheatric.

am·phi·the·at·ric [æ̀mfəθiǽtrɪk | -fɪθɪ-] *adj.* 円形劇場(式)の. **àm·phi·the·át·ri·cal** *adj.* **àm·phi·the·át·ri·cal·ly** *adv.*

am·phi·the·ci·um [æ̀mfəθíːʃiəm, -ʃəm | -fɪθíːsɪəm, -sjəm] 《← NL ～: ⇨ amphi-, -thecium》 ── *n.* (*pl.* **-ci·a** [-ʃiə, -ʃə | -sɪə, -sjə]) 《植物》アンフィテシウム《コケ類の蒴(ｻｸ) (capsule) の外層》.

am·phith·y·ron [æmfíθərɑ̀n | -θɪrɔ̀n] 《□ LGk *amphithúron* (Gk) hall ← AMPHI-+*thúra* 'DOOR'》 ── *n.* (*pl.* **-y·ra** [-rə]) 《東方正教会》聖(像)障 (iconostasis) の扉の前にさげるベール[カーテン].

am·phit·ri·chate [æmfítrəkət, -kɪt, -kèɪt | -trɪ-] *adj.* 《細菌》=amphitrichous.

am·phit·ri·chous [æmfítrəkəs | -trɪ-] 《⇨ amphi-, -trichous》 *adj.* 《細菌》両端に鞭毛のある.

Am·phi·tri·te [æ̀mfətràɪti, ∸–∸– | æmfítràɪtɪ] 《□ L ～ □ Gk *Amphitrítē* 《原義》roaring round (the earth) ← AMPHI-+? *trízein* to creak》 ── *n.* 《ギリシャ神話》アンフィトリテ《海の女神; Nereus の娘で Poseidon の妻》.

am·phit·ro·pous [æmfítrəpəs] 《⇨ amphi-, -tropous》 ── *adj.* 《植物》曲生の, 半倒生の《胚珠が胎座に着生している場合にいう; cf. anatropous》: an ～ ovule 曲生胚珠.

Am·phit·ry·on [æmfítriən | -rɪ-] 《□ Gk *Amphitrúōn* 《原義》one who reigns far and wide ← AMPHI-+? *túrannos* 'lord, TYRANT': 2 は Amphitryon の留守中に妻の Alcmene が彼女の夫の姿に身を変えた Zeus に招かれもてなされたことから》 ── *n.* **1** 《ギリシャ伝説》アンフィトリオン《Alcmene の夫》. **2** 主人役, (もてなしのよい)接待者.

am·phi·u·ma [æ̀mfijúːmə | -fɪ-] 《← NL ～ ← AMPHI-+? Gk *pneûma* breath》 ── *n.* 《動物》アンヒューマ (*Amphiuma means*)《米国南東部産アンヒューマ科アンヒューマ属のサンショウウオに似た両生類; blind eel, congo eel, congo snake ともいう》.

am·pho·gen·ic [æ̀mfədʒénɪk] 《← NL *ampho-* (⇨ amphi-)+-GENIC》 *adj.* 《生物》ほぼ同数の雌雄の子を産む. 「=amphogenic.

am·phog·e·nous [æmfɑ́dʒənəs | -fɔ́dʒɪ-] *adj.* 《生物》

ámpho-ion *n.* 《化学》両性イオン.

am·pho·lyte [ǽmfəlàɪt] 《← AMPHO(TERIC)+(ELECTRO)LYTE》 ── *n.* (*also* **am·pho·lite** [～]) 《化学》両性電解質《一つの酸化物で塩基に対しては酸性, 酸に対しては塩基性を示すものをいう》.

am·pho·lyt·ic [æ̀mfəlítɪk | -tɪk] *adj.* 《化学》=amphoteric 2.

am·pho·ra [ǽmfərə] 《《1322》□ L ～ □ Gk *amphoreús* ← AMPHI-+*phoreús* bearer (← *phoreîn* to carry)》 ── *n.* (*pl.* **am·pho·rae** [-rìː, -ràɪ], **～s**) **1** (古代ギリシャ・ローマの)アンフォーラ《両取っ手付きのつぼ[かめ]; cf. stamnos》. **2** (同上に似た)両取っ手付き容器. **ám·pho·ral** [-rəl] *adj.*

amphorae 1

am·phor·ic [æmfɔ́(ː)rɪk, -fɑ́r- | -fɔ́r-] 《← NL *amphoric-us*: AMPHORA の口を吹いた時の息の音に似ていることから: ⇨ amphora, -ic[1]》 ── *adj.* 《病理》〈呼吸(音)が〉空壺(ｺ)音性の.

am·pho·ris·kos [æ̀mfərískəs] 《□ Gk *amphorískos* (dim.) ← *amphoreús* 'AMPHORA'》 ── *n.* (*pl.* **-ris·koi** [-kɔɪ]) 《考古》(高さ 12 cm 位の)小型アンフォーラ (cf. amphora 1).

am·pho·ter·ic [æ̀mfətérɪk] 《← Gk *amphóteros* ((compar.) ← *amphṓ* both)+-IC[1]》 ── *adj.* **1** 両様に作用する. **2** 《化学》両性の, 両性的な《酸または塩基 (base) として作用する》.

amphotéric cómpound *n.* 《化学》両性化合物.

am·pho·ter·i·cin [æ̀mfətérəsɪn, -sən | -rɪsɪn] 《⇨ ↑, -in[1]》 ── *n.* 《薬学》アンホテリシン《土中にすむ放射菌 (*Streptomyces nodosus*) から得られる抗生物質; A と B の 2 種がある》; (特に) =amphotericin B.

amphotéricin B *n.* 《薬学》アンホテリシン B ($C_{46}H_{73}NO_{20}$)《かび病の治療に用いる抗生物質の一つ》.

amphotéric óxide *n.* 《化学》両性酸化物.

amp.-hr. 《略》《電気》ampere-hour.

am·pi·cil·lin [æ̀mpəsílɪn, -lən | -pɪsílɪn] 《《短縮》← *am*(*ino benzil*) *p*(*en*)*icillin*》 *n.* 《薬学》アムピシリン《合成ペニシリン抗生物質》.

am·ple [ǽmpl] 《《1437》□ (O)F ～ □ L *amplus* large, spacious = *amlos comprehensive ← ? IE *am- to hold (L *ampla* handle)》 ── *adj.* (**am·pler; am·plest**) **1 a** 広い, 広大な, 十分ゆとりのある: an ～ house [kitchen] 手広い家[台所]. **b** でっぷりした; 《婉曲》ふくよかな (stout): an ～ lady / an ～ bosom [breast] ふくよかな胸 / He is of ～ proportions. (肥満して)かっぷくのよい人だ. **2** (余るほど)十分な (quite enough), 豊富な, たっぷりの (abundant): ～ evidence / an ～ supply 十分[豊富]な供給 / ～ means 十分な資産[資力] / do ～ justice to a meal (食べ残しなどせず)ごちそうをすっかり平らげる / in ～ time ゆっくりと / Three yards will be ～ *for* it. それには 3 ヤールもあれば結構(余るくらい)だ / There is ～ room to suspect. 疑いをさしはさむ余地が十分ある.
～·ness *n.*

am·plec·tant [æmpléktənt] 《← L *amplecti* to surround+-ANT》 *adj.* 《植物》(巻きひげのように)巻きつく, からみつく.

am·plex·i·caul [æmpléksəkɔ̀ːl | -sɪ-] 《← NL *amplexicaul-is* ← L *amplexus* ((p.p.) ← *amplecti* (↑))+*caulis* stem》 *adj.* 《植物》〈葉・托葉が〉抱茎形の.

am·plex·i·fo·li·ate [æmplèksəfóʊliət, -lɪɪt, -lièɪt | -plèksɪfə́ʊlɪət, -lɪɪt, -lɪèɪt] 《⇨ ↑, foliate》 *adj.* 《植物》抱茎形の葉をもつ.

am·plex·us [æmpléksəs] 《□ L ～ (p.p.) ← *amplecti* to surround》 ── *n.* (*pl.* ～) 《動物》抱接《カエルなどのように, 体外受精でも雌雄両個体が体を密着させ, 生んだ卵に直ちに精子をかける行為》.

am·pli·ate [ǽmpliət, -lɪɪt, -lièɪt | -plɪət, -plɪɪt, -plɪèɪt] 《□ L *ampliāt-us* (p.p.) ← *ampliāre* to make wider ← *amplior* (compar.) ← *amplus* 'AMPLE'》 ── *adj.* **1** 広げられた (widened); 大きくなった (enlarged). **2** 《昆虫》〈羽が〉外側の端が突出した.

am·pli·a·tion [æ̀mpliéɪʃən | -plɪ-] 《□ (O)F ～ // L *ampliātiō*(*n*-) ← *ampliāre* (↑): ⇨ -ation》 ── *n.* **1** 《法律》(未だ調査が不十分な場合に, 裁判官の行なう)判決言渡しの延期. **2** 《古》=amplification 1.

am·pli·a·tive [ǽmplièɪtɪv | -plɪèɪt-] 《□ ML *ampliātiv-us* ← L *ampliātus* (p.p.) ← *ampliāre* (↑)》 ── *adj.* 《論理・哲学》拡張(的)の: an ～ proposition [judgment] 拡張命題[判断].

am·pli·dyne [ǽmplədàɪn | -plɪ-] 〘← AMPLI(FIER)＋DYNE〙 *n.* 〘電気〙アンプリダイン《直流発電機の原理を用いた回転型電力増幅機》.

am·pli·fi·ca·tion [æ̀mpləfɪkéɪʃən, -fə- | -plɪfɪ-] 〘▭ L *amplificātiō(n-)*: ⇨ amplify, -fication〙 ── *n.* **1** 拡大[拡張](部分) (enlargement, extension). **2** 拡大(率), 倍率. **3** 〘電気〙増幅. **4** 〘《なぞり》← Gk *aúxēsis*〙 **a** 〘修辞〙拡充(法), 敷衍(ふえん); 拡充[敷衍]するための素材. **b** 〘文法〙拡充[敷衍](体).

amplificátion cònstant *n.* 〘電気〙増幅定数.

amplificátion fàctor *n.* 〘電気〙増幅率.

am·pli·fi·ca·tive [ǽmpləfɪkèɪtɪv, æmplífɪkət-, -fə- | ǽmplɪfɪkèɪt-, æmplífɪkət-] *adj.* 拡大[拡張]的な; 敷衍(ふえん)的な.

am·plif·i·ca·to·ry [æmplífɪkətɔ̀ːri, -tòːri, -fə- | ǽmplɪfɪkèɪtəri, ⌐ー ー ー ⌐ ー] *adj.* ＝amplificative.

ám·pli·fì·er *n.* **1** 拡大レンズ《拡大像を作るため(写真)レンズ系に付加する凸(アタッチメント)レンズ》. **2** 〘電気〙増幅器, アンプ《電圧や電力の振幅増幅装置》.

am·pli·fy [ǽmpləfàɪ | -plɪ-] 〘《?*a*1425》▭ (O)F *amplifi-er* < L *amplificāre* to broaden ← *amplus* 'AMPLE': ⇨ -fy〙 ── *vt.* **1** 〈話などを〉敷衍(ふえん)する, 拡充する, 詳説する. **2** 拡大[拡張, 増大, 増強]する (expand). **3** 《古》誇張する (exaggerate). **4** 〘電気〙増幅する. ── *vi.* 敷衍する, 詳説する 〔*on, upon*〕: There is no need to ～. この上くどくどと言う必要はない.

am·pli·tude [ǽmplət(j)ùːd | -plɪtjùːd] 〘▭ F ～ // L *amplitūdō*: ⇨ ample, -tude〙 ── *n.* **1** 広さ, 幅, 大きさ. **2** 十分, たっぷり: an ～ *of* money. **3** (知性などの)幅の広さ, ゆとり (breadth). **4** 品格, 威厳 (dignity). **5 a** 〘物理・電気〙振幅. **b** 〘数学〙偏角《与えられた複素数に対応する平面上の点を P としたとき, 原点 O と P とを結ぶ半直線 OP が *x* 軸の正の方向となす角; argument ともいう》. **c** 〘天文・海事〙振幅; 出没方位角《水平線上の東西点から南北へ測った天体方位を表わす角度; 南北点を基点とする azimuth とは区別》. **d** 〘砲術〙射程, 弾着距離.

ámplitude distórtion *n.* 〘電子工学〙振幅歪(ひずみ)《トランジスター等の非線形性により振幅が大きくなると顕著になる出力波形の歪》.

ámplitude modulátion *n.* 〘電子工学〙 **1** 振幅変調《搬送波の振幅を信号に応じて変えること; 略 AM; cf. frequency modulation》. **2** 振幅変調放送.

ám·ply [-pli | -lɪ] 〘《15C》〙 *adv.* **1** 十分に, たっぷり. **2** 広々と, 広く. **3** 詳細に.

am·pul [ǽmpjuːl, -puːl | -puːl] 〘lateOE *ampulle* ▭ (O)F *ampo(u)le* < L *ampulla* (↓)〙 ── *n.* (*also* **am·pule** [-pjuːl], **am·poule** [～]) **1** 〘医学〙(注射液の)アンプル (cf. vial). **2** ＝ampulla.

am·pul·la [æmpúlə, -pʌ́lə | -púlə] 〘《*a*1398》▭ L ～ (dim.) ← Gk *amphoreús* 'AMPHORA'〙 ── *n.* (*pl.* **am·pul·lae** [-liː]) **1** (古代ローマの)アンプラ《両取っ手付き細首球形のつぼ》. **2** 〘キリスト教〙祭瓶(さいびん) (cruet); 聖油[聖水]入れ. **3** 〘解剖〙膨大(部)《管状構造が部分的にふくれ上がった部分》; 精管膨大部. **4** 〘生物〙アンプル, 瓶状体.

am·pul·la·ceous [æ̀mpəléɪʃəs, -pʊ-] 〘⇨↑, -aceous〙 *adj.* 瓶 (ampulla) 状の, つぼ状にふくれた (bottle-shaped). ⌐laceous.

am·pul·lar [æmpúlə, -pʌ́lə | -lə(r)] *adj.* ＝ampul-

am·pu·tate [ǽmpjʊtèɪt] 〘《1638》← L *amputāt-us* (p.p.) ← *amputāre* to cut off ← AMBI-＋*putāre* to cut〙 ── *vt.* **1** 〈手足・乳房などを〉(外科手術で)切断する: He had his left arm ～*d*. 左腕の切断を受けた. **2** 取り除く, 削除する. **3** 《廃》〈木の枝などを〉切り取る.

am·pu·ta·tion [æ̀mpjʊtéɪʃən] 〘《1611》▭ L *amputātiō(n-)*: ⇨↑, -ation〙 *n.* 〘外科〙切断(術).

ám·pu·tà·tor [-tə | -tə(r)] *n.* 切断者, 切断手術者.

am·pu·tee [æ̀mpjʊtíː] *n.* (手術で)手[足]などを失った人.

am·rit [ǽmrɪt, -rət | -rɪt] 〘← Skt *amṛta* immortal(ity) ← A-[7]＋*mṛta* death: cf. Gk *ám(b)rotos* immortal〙 ── *n.* (*also* **am·ri·ta** [æmríːtə | -tə]) 〘インド神話〙 **1** 不老不死の飲料, 甘露 (cf. ambrosia 1). **2** (この飲料によって与えられる)不老不死. **3** 涅槃(ねはん).

Am·rit·sar [ʌmrítsə, æm- | æmrítsə(r); *Hindi* əmrytsər] *n.* アムリツァー《インド北西部, Punjab 州の都市; 人口 433,000》.

A.M.S. 《略》Agricultural Marketing Service; 〘軍事〙Army Map Service 陸軍地図部; Army Medical Service (英国の)陸軍軍医部; Army Medical Staff 軍司令部幕僚軍医.

AMSA 《略》advanced manned strategic aircraft 高等有人戦略航空機. ⌐Engineers.

A.M.S.E. 《略》Associate Member of the Society of

Am·ster·dam [ǽmstədæ̀m | æ̀mstədǽm, ⌐ー ⌐] *n.* アムステルダム《オランダ中西部の港市で, 同国の首都; 人口 976,000》.

amt [ǽmt, áːmt] 〘▭ Dan. ～ ▭ G ～ 'office' < OHG *ambaht*: cf. embassy〙 *n.* (デンマークの)行政区画, 州

amt. 《略》amount. ⌊(county).

A.M.T. 《略》airmail transfer.

am·trac [ǽmtræk] 〘《略》← *am(phibious) trac(tor)*〙 *n.* (*also* **am·track** [～]) 《米》〘軍事〙＝amphibian 2 b.

Am·trak [ǽmtræk] 〘《短縮》← *American Travel and Track*〙 ── *n.* 《米》〘鉄道〙アムトラック《米国政府によって 1970 年に設立された全米鉄道旅客輸送公社 (National Railroad Passenger Corporation) の経営する主要都市間の鉄道の愛称》.

am·u [ǽmjuː] 〘《頭字語》← *a(tomic) m(ass) u(nit)*〙 *n.* 〘物理〙原子質量単位.

a·muck [əmʌ́k] *adv., adj., n.* ＝amok.

A·mu Dar·ya [àːmuːdáːrjə; *Russ.* amudarjá] *n.* [the ～] アムダリヤ(川)《アフガニスタンの Hindu Kush 山脈に源を発し, 北西方 Aral 海に注ぐ川 (2,540 km); 古名 Oxus》.

a·mu·guis [ɑːmúːgiːs; *Sp.* amúgis] 〘▭ Tag *amugis*〙 ── *n.* (*also* **a·mu·gis** [～]) 〘植物〙ボルネオ・ニューギニアなどに産するウルシ科の高木 (*Koordersiodendron pinnatum*); その材《赤褐色で美しい》.

am·u·let [ǽmjʊlɪt, -lət, -lèt] 〘《1601》▭ L *amulēt-um* ← ?〙 *n.* お守り, 護符, 魔よけ.

A·mund·sen [áːmənsən, ǽm- | -sn | áːmʊn(d)sən, -mən-, -sn; *Norw.* áːmunsən], **Ro·ald** [róːɑl] *n.* アムンゼン《1872–1928; ノルウェーの探検家; 北西航路 (Northwest Passage) を発見 (1903–06), 1911 年初めて南極点に到着した》.

Ámundsen Séa *n.* [the ～] アムンゼン海《Ross 海の東方, 南極大陸に接する太平洋の一部》.

A·mur [ɑːmʊ́ə | æmʊ́ə(r), æm-, æmuə(r)] *n.* [the ～] アムール(川), 黒竜江《アジア東部の川; 中国東北部とソ連邦との国境を流れ, Okhotsk 海に注ぐ (4,440 km)》.

Amúr córk *n.* 〘植物〙キハダ (*Phellodendron amurense*)《アジア東部, Amur 地方原産ミカン科の観賞用落葉高木》.

Amúr lílac *n.* 〘植物〙アジア東部産モクセイ科ハシドイ属の落葉小高木 (*Syringa amurensis*)《リラの一種》.

Amúr prívet *n.* 〘植物〙アジア東部産モクセイ科イボタノキ属の常緑低木 (*Ligustrum amurense*).

a·muse [əmjúːz] 〘《1480》▭ (O)F *amus-er* to divert ← A-[4]＋*muser* 'to MUSE'〙 ── *vt.* **1 a** (退屈しないように)楽しませる, 面白がらせる, 慰める (entertain); [～ *oneself* で]楽しく過ごす, 遊ぶ 〔*with, by*〕: ～ one's guests *with* songs, *by* singing, etc. / The girl was amus*ing herself with* a doll [(*by*) play*ing* marbles]. その子は人形で[おはじきをして]遊んでいた. **b** 〈人を〉おかしがらせる, 笑わせる 〔*with, by, at*〕/ 〈*that*〉 (cf. amused): That kind of joke does not ～ me. そんな冗談はおかしくない / He was very (much) [highly] ～*d with* [*at, by*] the story. その話を聞いてひどく面白かった / I was ～*d at* him [his ignorance]. 彼[彼が何も知らないでいること]を滑稽に思った / You ～ me. ばからしい, 笑わせるね / I am not ～*d*. (そんなこと)おかしくも何ともない《Victoria 女王があるとき機嫌を損じて 'We are not ～*d*.' と言ったことから》. **2** 《古》〈時・暇を〉紛らす (beguile). **3** 《古》だます, 惑わす (delude). **4** 《廃》 **a** 〈注意・力などを〉奪う, 〈人を〉夢中にさせる (absorb). **b** 〈人・心を〉悩ませる, 混乱させる (bewilder). **a·mús·a·ble** [-zəbl̩] *adj.* **a·mús·er** *n.*

a·mused *adj.* **1** 面白がって (cf. amuse 1 b). **2** 〈表情などが〉おかしそうな, 面白そうな: an ～ look, smile, etc. **a·mús·ed·ly** [-zɪdli, -zəd- | -lɪ] *adv.*

a·múse·ment 〘《1611》▭ F ～: ⇨ amuse, -ment〙 ── *n.* **1** おかしさ, 面白さ; 笑い(を誘うこと); 楽しみ, 慰み, 遊び (enjoyment): in ～ 面白がって, おかしがって / show ～ *at* [*over*] a comic strip 漫画を見て面白そうにする / The child took off his father smoking, much *to* our ～. その子は父親のたばこを吸う真似をして我々をひどく笑わせた. **2** 楽しみ事, 娯楽 (entertainment): an indoor [outdoor] ～ 室内[室外]娯楽 / a place of ～ 娯楽場《劇場・映画館など》/ for (one's own) ～ 娯楽として, 楽しみ[慰み]に / His chief ～ is golf. 彼の主な楽しみはゴルフだ. **3 a** (遊園地などの)娯楽設備. **b** [*pl.*] (社交的な)催し.

amúsement arcàde *n.* 《英》ゲームコーナー.

amúsement cènter *n.* 歓楽地[街].

amúsement gròunds *n.pl.* ＝amusement park.

amúsement pàrk *n.* 遊園地 (《英》funfair).

amúsement tàx *n.* 娯楽税.

a·mu·si·a [eɪmjúːziə | -zɪə] 〘← NL ～ ← Gk *amousia* lack of harmony ← A-[7]＋*moûsa* 'MUSE, music': ⇨ -ia[1]〙 ── *n.* 〘精神医学〙失音楽, 音痴《大脳損傷による音楽的能力の障害》.

a·mús·ing *adj.* 面白おかしい, 面白い, 滑稽な: an ～ story, talker, etc. / It is highly ～. それは中々面白い. **～·ly** *adv.* **～·ness** *n.*

a·mu·sive [əmjúːzɪv, -sɪv] *adj.* ＝amusing.

AMVETS [ǽmvets] 《略》American Veterans (of World War II) (第二次大戦)米国出征兵士会《創立 1945 年, 本部 Washington; cf. AVC》.

A·my [éɪmi | -mɪ] 〘▭ F *Aimée* (fem. p.p.) ← *aimer* to love〙 *n.* 女性名.

Am·y·cus [ǽməkəs | ǽmɪ-] 〘▭ L ～ ▭ Gk *Ámukos*〙 *n.* 〘ギリシャ神話〙アミュコス《海神 Poseidon の息子, 巨人で冷酷さと拳闘の強さで有名》.

am·y·e·li·a [æ̀maɪíːliə, æ̀mi-, -él- | -íːljə, -él-, -lɪə] 〘← NL ～ ← Gk *amúelos* marrowless: ⇨ a-[7], myelo-, -ia[1]〙 *n.* 〘病理〙無脊髄症.

a·myg·da·la [əmígdələ] 〘▭ L ～ ▭ Gk *amugdálē* 'ALMOND': cf. OE *amygdal* almond〙 ── *n.* (*pl.* **-da·lae** [-liː, -làɪ]) **1** 〘植物〙アーモンド, ヘントウ(扁桃) (almond). **2** 〘解剖〙 **a** 扁桃(腺) (tonsil). **b** (大脳の)扁桃核. **c** 小脳扁桃.

A·myg·da·la·ce·ae [əmìgdəléɪsiː] 〘← NL ～: ⇨↑, -aceae〙 *n. pl.* 〘植物〙サクラ科. **a·mỳg·da·lá·ceous** [-ʃəs] *adj.*

a·myg·da·late [əmígdəlɪt, -lɪt, -lèɪt | əm-, æm-] *adj.* 扁桃(へんとう)(状)の; 扁桃で作った.

a·myg·dale [əmígdeɪl] 〘← AMYGDALA: その形から〙 *n.* 〘地質〙(火山岩中の小孔を満たす)杏仁(きょうにん)状鉱物塊.

am·yg·dal·ic [æ̀mɪgdǽlɪk] *adj.* **1** 扁桃の. **2** 〘化学〙アミグダリン(酸)の[から得た]. ⌐mandelic acid).

amygdálic ácid *n.* 〘化学〙アミグダリン酸 (⇨

a·myg·da·lin [əmígdəlɪn, -lən | əmígdəlɪn, æm-] 〘⇨ amygdala, -in[1]〙 ── *n.* 〘化学〙アミグダリン ($C_6H_5CH(CN)OC_{12}H_{21}O_{10}$)《アンズなどの種子に含まれる配糖体》.

a·myg·da·line [əmígdəlɪn, -lən, -làɪn | əmígdəlɪn, æm-, -làɪn] 〘▭ L *amygdalin-us*: ⇨ amygdala, -ine[1]〙 *adj.* **1** 扁桃(へんとう)(状)の. **2** 扁桃(腺) (tonsil) の.

a·myg·da·loid [əmígdəlɔ̀ɪd | əm-, æm-] 〘⇨ amygdala, -oid〙 *n.* 〘地質〙杏仁(きょうにん)岩《杏仁状鉱物塊 (amygdale) を含む火山岩》. ── *adj.* ＝amygdaloidal.

a·myg·da·loi·dal [əmìgdəlɔ́ɪdl̩ | əm-, æm-] *adj.* **1** 扁桃(へんとう)状の (almond-shaped). **2** 〘地質〙杏仁(きょうにん)岩状の.

amýgdaloid bòdy *n.* 〘解剖〙扁桃体《側頭葉に含まれる灰白質の小塊で, 脳幹神経節 (basal ganglia) の一部を形成する》.

a·myg·dule [əmígd(j)uːl | -djuːl] 〘← AMYGDALA＋-ULE〙 *n.* 〘地質〙(溶岩中の)杏仁(きょうにん)孔.

am·yl [ǽmɪl, ǽməl | -mɪl] 〘← AM(YLUM)＋-YL〙 *n.* 〘化学〙アミル (C_5H_{11})《数種の異性構造がある; pentyl ともいう》. ⌐の異形.

am·yl- [ǽməl | ǽmɪl] (母音の前に来る時の) amylo-

am·y·la·ceous [æ̀məléɪʃəs | -mɪ-] 〘⇨ amylo-, -aceous〙 *adj.* 澱粉性[状]の (starchy).

ámyl ácetate *n.* 〘化学〙 **1** 酢酸アミル ($CH_3COOC_5H_{11}$)《芳香ある無色の液体; フルーツエッセンスなどに用いられる》. **2** ＝isoamyl acetate.

ámyl álcohol *n.* 〘化学〙アミルアルコール ($C_5H_{11}OH$)《8 種の異性体がある; pentanol ともいう》.

am·y·lase [ǽməlèɪs, -lèɪz | ǽmɪlèɪs] 〘← AMYLO-＋-ASE〙 *n.* 〘生化学〙アミラーゼ: **a** 澱粉消化酵素の総称. *α*-1, 4-グリコシド結合を加水分解する酵素で, 作用様式での *α*-アミラーゼと *β*-アミラーゼとがある; diastase ともいう. **b** 澱粉糖化酵素.

am·y·lene [ǽməliːn | ǽmɪ-] 〘← AMYLO-＋-ENE〙 ── *n.* 〘化学〙アミレン (C_5H_{10}): **a** ペンタンから誘導される 2 価の基名. **b** 二重結合 1 個の鎖式炭化水素, 5 種の異性体がある.

ámyl gròup *n.* 〘化学〙アミル基, ペンチル基 (C_5H_{11}).

a·myl·ic [əmílɪk] *adj.* 〘化学〙アミルの.

ámyl nítrate *n.* 〘化学〙硝酸アミル ($C_5H_{11}ONO_2$)《爆発性があり, ニトロ化剤・ディーゼル燃料添加剤》.

ámyl nítrite *n.* 〘化学〙亜硝酸アミル ($C_5H_{11}ONO$)《血管拡張剤, 狭心症・高血圧緩和剤として用いられる; isoamyl nitrite ともいう》.

am·y·lo- [ǽməlo(ʊ) | ǽmɪlə(ʊ)] 〘▭ LL ～: ⇨ amylum〙「アミル (amyl); 澱粉 (amylum)」の意の連結形. ★ 母音の前では通例 amyl- になる. ⌐「性澱粉」.

a·myl·o·gen [əmílədʒən] *n.* 〘化学〙アミロゲン《可溶

am·y·loid [ǽməlɔ̀ɪd | ǽmɪ-] 〘← AMYLO-＋-OID〙〘化学〙 *n.* アミロイド, 類澱粉体. ── *adj.* アミロイドの, 澱粉様の, 澱粉体の.

am·y·loi·dal [æ̀məlɔ́ɪdl̩ | -mɪ-] *adj.* 〘化学〙＝amyloid.

am·y·loi·do·sis [æ̀məlɔɪdóʊsɪs, -səs | æ̀mɪlɔɪdóʊsɪs] 〘← NL ～: ⇨ amylo-, -oid, -osis〙 ── *n.* (*pl.* **-do·ses** [-siːz]) 〘病理〙 **1** アミロイド変性《臓器・組織にアミロイドが沈着する状態》. **2** アミロイド症, アミロイドーシス, 類澱粉症.

am·y·lol·y·sis [æ̀məlɑ́ləsɪs, -səs | æ̀mɪlɔ́lɪsɪs] 〘← NL ～: ⇨ amylo-, -lysis〙 ── *n.* (*pl.* **-y·ses** [-siːz]) 〘生化学〙澱粉分解. **am·y·lo·lyt·ic** [æ̀məlo(ʊ)lítɪk | æ̀mɪlə(ʊ)lít-] *adj.*

àmylo·péctin *n.* 〘化学〙アミロペクチン《澱粉中にアミロースと共に存在する多糖類; 熱水溶液は糊状》.

am·y·lo·plast [ǽməlo(ʊ)plæ̀st | ǽmɪlə(ʊ)-] 〘← AMYLO-＋-PLAST〙 *n.* 〘植物〙アミロプラスト《貯蔵澱粉の形成に関係する白色体》.

am·y·lop·sin [æ̀məlɑ́psɪn, -sən | æ̀mɪlɔ́psɪn] 〘← AMYLO-＋(PE)PSIN〙 *n.* 〘生化学〙アミロプシン《膵(すい)液中にある澱粉糖化酵素》.

am·y·lose [ǽməlòʊs, -lòʊz | ǽmɪlə̀ʊs] *n.* 〘化学〙アミロース《澱粉の成分の多糖類の一種》.

ámyl própionate *n.* 〘化学〙プロピオン酸アミル ($CH_3CH_2COOC_5H_{11}$)《エステルの一種; 香料》.

ámyl rádical *n.* 〘化学〙＝amyl group.

ámyl salícylate *n.* 〘化学〙サリチル酸アミル ($C_6H_4(OH)COOC_5H_{11}$)《芳香性の液体, 香料・石鹸の原料; isoamyl salicylate ともいう》. ⌐fide).

ámyl súlfide *n.* 〘化学〙硫化アミル (⇨ diamyl sul-

am·y·lum [ǽmələm | ǽmɪ-] 〘▭ L ～ ▭ Gk *ámulon* starch (neut.) ← *ámulos* not ground at the mill ← A-[7]＋*múlē* 'MILL'〙 *n.* 〘化学〙澱粉.

A·myot [æmióʊ, æmjóʊ | æ̀mɪə́ʊ, æmjə́ʊ; *F.* amjo], **Jacques** *n.* アミヨ《1513–93; フランスの古典学者; Plutarch の「対比列伝」(*Parallel Lives*) の翻訳 *Les Vies des hommes illustres* (1559) などギリシャ古典の仏訳者として有名; cf. Sir Thomas NORTH》.

a·my·o·to·ni·a [èɪmaɪətóʊniə | -tə́ʊnjə, -nɪə] 〘←

NL ～: ⇨ a-⁷, myo-, -tonia〛 n. 〚病理〛筋無緊張(症), 筋アトニー.

Am·y·tal [ǽmətɔ̀(ː)l, -tæ̀l | ǽmɪtæ̀l] n. 〚商標〛アミトール《amobarbital の商品名》.

ámytal sódium n. 〚薬学〛アミタルナトリウム, アモバルビタールナトリウム ($C_{11}H_{17}N_2O_3Na$)《鎮痛剤・睡眠剤》.

an¹ [ən, n; æ̀n, ǽn] 〚OE *ān* 'an, ONE'〛 ── *indefinite article* = a (cf. a²). ★ (1) 母音で始まる語の前に用いられる: *an* apple / *an* egg / *an* island / *an* old man / *an* unpleasant story. (2) 語頭の子音字 h が発音されない場合にも用いる: *an* hour / *an* honest man. (3) 語頭の h が発音される場合, その音節にアクセントがないときには, 一般に a が多く用いられるが, 特に《英》では an も用いられる: *a* [*an*] hotel / *a* [*an*] historical novel. (4) [juː, jʊ] と発音する u-, eu-, ew- で始まる語や one [wʌ́n] の前では a を用いる: *a* unit / *a* European / *a* ewe / such *a* one. (5) 文字・数字および略字の前の a と an の用法は各字の名称の始まる音による: *an* a [éɪ] (cf. *a* t [tíː]) / *an* 8 [éɪt] (cf. *a* 6 [sɪ́ks]) / *an* M.P. [émpíː] / *an* SOS [ésòʊés | -əʊ-] (cf. *a* D.D. [díːdíː]).

an² [ən; æ̀n, ǽn] 〚2: cf. and 9〛 *conj.* (*also* **an'** [～]) **1** 《方言・口語》=and. **2** 《古・方言》=(and) if.

AN 《略》〚化学〛acid number; ante-natal.

AN, A.N., A.-N. 《略》Anglo-Norman.

an. 《略》*L.* anno; annum; anonymous; *L.* ante (=before).

a.n. 《略》above-named.

A.N. 《略》Associate in Nursing 準看護学士.

an-¹ [æn, ən] *pref.* (n の前に来る時の) ad- の異形: *an*nex.

an-² [æn, ən] *pref.* (母音および h の前に来る時の) a-⁷ の異形: *an*archy, *an*harmonic.

an-³ [æn] *pref.* (母音の前に来る時の) ana- の異形: *an*ode.

-an¹ [ən, n̩] 〚⊏L *-ānus* (adj. suf.) ∽ ME *-ain(e), -en* ⊏OF〛 ── *suf.* 「…の, …の性質の, …に属する, …生れの; 〚動物〛…綱・目・類に属する; 〚地質〛…紀に属する」などの意を表わす形容詞を造る (cf. -ian, -ean, -eian): Anglic*an*, Luther*an*, Republic*an*, Mammali*an*, Cambri*an*, etc. ★ -an に終わる形容詞は異形 -ian, -ean と同様に, しばしば名詞として用いられる: histori*an*, theologi*an*, Americ*an*, Christi*an*, Europe*an*.

-an² [æn, ən] 〚(変形) ← -ENE, -INE³, -ONE〛 ── *suf.* 〚化学〛次の意味を表わす名詞を造る: **1** (複素環式)不飽和炭素化合物: fur*an*. **2** (-ose などに終わる)炭水化物の重合体を表わす無水化合物: dextr*an*. **3** -e に終わる炭水化物の分子内無水物: β-glucos*an*.

a·na¹ [ǽnə, ɑ́ːnə, éɪnə | ɑ́ːnə] 〚(1727–51)〚転用〛← -ANA〛 ── *n.* (*pl.* ～, ～s) (ある人・事についての)語録, 雑話集, 逸話集; 逸話集の中の一編; [*pl.*] 小話, 雑話, 逸話 (anecdotes).

a·na² [ǽnə] 〚(*a*1500) ⊏ML ～ ⊏Gk *aná* (↓)〛 *adv.* 〚薬学〛等量に (in equal quantities)《処方に āā, ĀĀ などと略記する》.

ANA 《略》American Newspaper Association; American Nurses Association 米国看護協会; Association of National Advertisers 全米広告主協会.

an·a- [ǽnə, ənǽ] 〚⊏L ～ // Gk ～ ← *aná* (prep.)〛 ── *pref.* 本来ギリシャ語系の語に付き, 次の意味を表わす (cf. an-³): **1** 「上方に, さかのぼって」: *ana*dromous. **2** 「逆に」: *ana*gram. **3** 「再び, 新たに」: *Ana*baptist. **4** 「全体に」: *ana*lysis. **5** 「…に従って」: *ana*logy.

-an·a [ǽnə, ɑ́ːnə, éɪnə | ɑ́ːnə] 〚← NL ～ ← L *-āna* (pl.) ← *-ānus* belonging to: cf. -an¹〛 ── *suf.* 人名・地名や普通名詞の後に付いて「…に関する雑多の知識, …語録, …逸話集, …風物誌, …文献」などの意を表わす複数名詞を造る (cf. -iana): Americ*ana*, Shakespeare*ana*, cricket*ana*.

an·a·bae·na [æ̀nəbíːnə] 〚← NL ～ ← Gk *anabainein* to go up ← ANA- + *bainein* to go〛 *n.* 〚植物〛アナベナ《*Anabaena* 属の藍藻(らんそう)の総称; *A. cycadeae* など》.

An·a·bap·tism [æ̀nəbǽptɪzm] 〚← NL *anabaptismus* ← LGk *anabaptismós* ← ANA- + *baptismós* 'BAPTISM'〛 ── *n.* 〚キリスト教〛**1** アナバプティズム, 再洗礼主義《1523 年 Zurich で Zwingli 派から起こった新教の一派の教義で, 成年後の再洗礼の必要と全身浸礼・政教分離などを主張する》. **2** 再洗礼, 再浸礼.

An·a·báp·tist [-tɪst, -təst | -tɪst] 〚(1532) ← NL *anabaptista*: ⇨ ↑, -ist〛 ── *n.* **1** アナバプティスト, 再洗礼主義者. **2** 《軽蔑》=Baptist 3. ── *adj.* 再洗礼派[主義]の; 再洗礼論の[に関する].

An·a·bap·tis·tic [æ̀nəbæptɪ́stɪk] *adj.* 再洗礼派的な.

an·a·bas [ǽnəbəs, -bæ̀s] 〚← NL ～ ← Gk *anabás* (aorist p.) ← *anabainein* to go up: ⇨ anabaena〛 ── *n.* 〚魚類〛キノボリウオ《インド・南洋産キノボリウオ科キノボリウオ属 (*Anabas*) の淡水魚の総称; キノボリウオ (climbing perch) など》.

an·ab·a·sine [ənǽbəsìːn, -sɪn, -sən | -sìːn, -sɪn] 〚← NL *Anabasis*: ⇨ ↓, -ine³〛 ── *n.* 〚化学〛アナバシン, 2-(3-ピリジル)-ピペリジン ((C_5H_4N)$C_5H_{10}N$)《たばこアルカロイドの一種; 殺虫液に用いる》.

a·nab·a·sis [ənǽbəsɪs, -səs | -sɪs] 〚(1706) ⊏Gk *anábasis* ← *anabainein* (cf. anabaena): cf. katabasis〛 ── *n.* (*pl.* **-a·ses** [-siːz]) **1** 進軍, 遠征. **2** [the A-] (古代ギリシャ軍の)小サイラス王 (Cyrus the Younger) がペルシャ王である兄 Artaxerxes 二世に対して行なったペルシャ遠征. **3 a** [the A-]「アナバシス」《クセノホン (Xenophon) 遠征記の名著, 通常「一万人の退却」といわれる》. **b** 散々な退却, 敗退.

an·a·bat·ic [æ̀nəbǽtɪk | -tɪk] 〚⊏LGk *anabatik-ós* ← Gk 'skilled in mounting' ← *anabainein* (↑)〛 ── *adj.* 〚気象〛〈風・気流が〉上昇する; 上昇気流によって生じる (↔ katabatic).

an·a·bi·o·sis [æ̀nəbaɪóʊsɪs, -səs | -əʊsɪs] 〚← NL ～ ← Gk *anabíōsis* ← *anabióein* to revive ← ANA- + *bióein* to live〛 ── *n.* (*pl.* **-o·ses** [-siːz]) 〚生物〛蘇生(そせい)《生物が外見上生活活動を停止した状態から再び活動を始めること》. **an·a·bi·ot·ic** [æ̀nəbaɪɑ́tɪk | -ɔ́t-] *adj.*

a·nab·o·lism [ənǽbəlɪ̀zm, æn- | ənǽbə(ʊ)-] 〚← Gk *anabolḗ* that which is thrown up (← ANA- + *bállein* to throw) + -ISM〛 ── *n.* 〚生理・生物〛同化(作用), 物質合成代謝 (cf. catabolism). **an·a·bol·ic** [æ̀nəbɑ́lɪk | -bɔ́l-] *adj.*

a·nab·o·ly [ənǽbəli | -lɪ] 〚← Gk *anabolḗ* (↑) + -Y¹〛 *n.* 〚生物〛後期新生《個体発生の最終段階に新形質が加わること》.

an·a·branch [ǽnəbræ̀ntʃ | -brɑ̀ːntʃ] 〚(略) ← *ana(stomosing) branch*〛 *n.* 〚地理〛一度本流を離れてまた合流する支流.

an·a·can·thous [æ̀nəkǽnθəs] 〚← Gk *anákanthos* (← *an-* 'A-⁷' + *ákantha* thorn) + -OUS〛 *adj.* 〚植物〛とげ(状突起)のない.

An·a·car·di·a·ce·ae [æ̀nəkɑ̀ədiéɪsiìː | -kɑ̀ːdɪ-] 〚← NL ～ ← *Anacardium* (属名: ← ANA- + Gk *kardia* heart + -IUM) + -ACEAE〛 ── *n. pl.* 〚植物〛(双子葉植物ムクロジ目)ウルシ科. **àn·a·càr·di·á·ceous** [-ʃəs] *adj.*

a·nach·o·rism [ənǽkərɪzm] 〚← ANA- + Gk *khōríon* country, place + -ISM: ANACHRONISM との連想〛 *n.* (場所的に)異質なもの, 場違いなもの.

an·a·chron·ic [æ̀nəkrɑ́nɪk | -krɔ́n-] *adj.* =anachronistic.

a·nach·ro·nism [ənǽkrənɪzm] 〚(*a*1646) ⊏F *anachronisme* // Gk *anakhronism-ós* ← *anakhronízesthai* to refer to a wrong time ← ANA- + *khrónos* time: ⇨ -ism〛 ── *n.* **1** 時代錯誤, アナクロニズム. **2 a** 時代錯誤的な物, 時代遅れの人[物]. **b** 古くて場違いな物, 前世紀の遺物. **3** (歴史上の年代などについての)記時錯誤, 年代の誤り (cf. parachronism, prochronism).

a·nach·ro·nis·tic [ənæ̀krənɪ́stɪk | -krə-, -krɔ-] *adj.* 時代錯誤的な; 時代遅れの. **a·nàch·ro·nís·ti·cal** *adj.* **a·nàch·ro·nís·ti·cal·ly** *adv.*

a·nach·ro·nous [ənǽkrənəs] *adj.* =anachronistic.

a·nac·id·i·ty [æ̀nəsɪ́dəṭi | -dəti, -dɪ-] 〚← A-⁷ + ACIDITY〛 *n.* 〚病理〛無酸(症), 胃酸欠乏(症).

a·nac·la·sis [ənǽkləsɪs, -səs | -sɪs] 〚← NL ～ ← Gk *anáklasis* ← *anakláein* to refract ← ANA- + *kláein* to break〛 ── *n.* (*pl.* **-la·ses** [-siːz]) **1** 〚詩学〛換格《長々短々格を長短長短格に変換すること》. **2** 《まれ》〚光学〛屈折. **3** 《古》〚外科〛(強直関節の)強制的屈曲. **an·a·clas·tic** [æ̀nəklǽstɪk] *adj.*

an·a·clas·tics [æ̀nəklǽstɪks] *n.* =dioptrics.

an·a·cli·nal [æ̀nəkláɪnḷ] *adj.* 〚地質〛地層傾斜と反対方向に向かう (cf. cataclinal).

an·a·cli·sis [æ̀nəkláɪsɪs, -səs | -sɪs] 〚⊏Gk *anáklisis* leaning back ← *anaklinein* to lean upon ← ANA- + *klinein* to lean〛 ── *n.* 〚精神分析〛依存的自己愛 (anaclitic love)《一次的な幼児の自己愛 (narcissism) と成人の対象愛との中間にある二次的自己愛で, 他人を自分の一部あるいは必要なものと認める愛》.

an·a·clit·ic [æ̀nəklɪ́tɪk | -tɪk] *adj., n.* 〚精神分析〛依存的自己愛の(人).

an·a·coe·no·sis [æ̀nəsɪnóʊsɪs, -səs | -nəʊsɪs] 〚⊏ML ～ ⊏Gk *anakoínōsis* ← *anakoinóein to* communicate ← ANA- + *koinós* common〛 ── *n.* (*pl.* **-no·ses** [-siːz]) 〚修辞〛哀訴法, 質問法《論議中の問題について諸君が相手に訴え, 意見や判断を求める技法》.

anacolutha *n.* anacoluthon の複数形.

an·a·co·lu·thi·a [æ̀nəkəlúːθiə | æ̀nəkə(ʊ)lúːθɪə, æ̀næk-, -ljúː-, -θjə] 〚← NL ～ ← Gk *anakolouthía* anacoluthon (↓)〛 ── *n.* 〚文法〛破格構文《例: Who hath ears to hear, let him hear.— *Matt.* 13:9 (let 以下が前の部分の構造に続かず, 違った構造を成している)》.

an·a·co·lu·thon [æ̀nəkəlúːθɑn | æ̀nəkə(ʊ)lúːθɔn, æ̀næk-, -ljúː-, -θən] 〚(1706) ← NL ～ ← Gk *anakólouthon* (neut.) ← *anakólouthos* ← *an-* 'A-⁷' + *akólouthos* following (cf. acolyte)〛 ── *n.* (*pl.* **-lu·tha** [-θə], ～s) 〚文法〛破格構文 (anacoluthia); それが生じる文. **an·a·co·lu·thic** [æ̀nəkəlúːθɪk | æ̀nəkə(ʊ)-, æ̀næk-, -ljúː-] *adj.* **àn·a·co·lú·thi·cal·ly** *adv.*

an·a·con·da [æ̀nəkɑ́ndə | -kɔ́n-] 〚(1768) ⊏ ? Singhalese *henakandayā* green whip snake〛 ── *n.* **1** 〚動物〛アナコンダ (*Eunectes murinus*)《南米産大ヘビ》. **2** 巨大なヘビ《ボア (boa constrictor) など》. **3** 〚トランプ〛スタッドポーカー (stud poker) の一種《7 枚配られた手札のうち 2 枚を捨て, 残り 5 枚を 1 枚ずつ開きながら賭けていく方式》.

An·a·con·da [æ̀nəkɑ́ndə | -kɔ́n-] 〚南北戦争で Grant 将軍が Lee の率いる南軍を包囲したことにちなむ: ↑〛 *n.* 米国 Montana 州南西部の都市; 世界最大の銅精錬所がある; 人口 10,000.

A·nac·re·on [ənǽkriən | -rɪ-] *n.* アナクレオン (570?–?485 B.C.; 恋と酒を歌ったギリシャの叙情詩人).

A·nac·re·on·tic [ənæ̀kriɑ́ntɪk | -krɪɔ́nt-] 〚⊏L *Anacreontic-us* ← Gk *Anacréōn* (↑)〛 ── *adj.* **1** アナクレオン (Anacreon) の; アナクレオン詩風の. **2** 酒と恋の; 陽気な, 恋愛的な. ── *n.* [しばしば a-] 〚古典詩学〛アナクレオン風の詩.

an·a·crog·y·nous [æ̀nəkrɑ́dʒənəs | -krɔ́dʒɪ-, -dʒə-] 〚← *an-* 'A-⁷' + ACROGYNOUS〛 *adj.* 〚植物〛**1** 枝の中途に蔵卵器をもった. **2** 配偶体が不定生長をする.

an·a·cru·sis [æ̀nəkrúːsɪs, -səs | -sɪs] 〚(1833) ← NL ～ ← Gk *anákrousis* a pushing back ← *anakroúein* ← ANA- + *kroúein* to push: ⇨ -sis〛 ── *n.* (*pl.* **-cru·ses** [-siːz]) **1** 〚詩学〛行首余剰音《行頭において所定の韻律の始まる前におかれた規定外の音節(通例弱音節); 例: Whén the | stárs threw | dówn their | spéars ‖ *And* wátered | heáven | wíth their | téars—Blake》. **2** 〚音楽〛上拍 (upbeat)《特に, 小節中の最強勢部を導入する 1 個または 2 個以上の音》.

an·a·cul·ture [ǽnəkʌ̀ltʃə | -tʃə(r)] 〚← ANA- + CULTURE〛 ── *n.* 〚細菌〛弱毒[変性]細菌培養, アナカルチュア《細菌の発育できる培地全部をフォルマリンで処置したもの; 予防接種用ワクチンに使用する》.

an·a·dem [ǽnədèm, -dəm] 〚(1604) ⊏L *anadēma* ⊏Gk *anádēma* headband ← ANA- + *deîn* to bind: cf. diadem〛 ── *n.* 《詩》(婦人の頭飾りの)花かずら, 花輪 (garland).

an·a·de·ni·a [æ̀nədíːniə, -njə | -njə, -nɪə] 〚← NL ～: ⇨ a-⁷, adeno-, -ia¹〛 *n.* 〚病理〛無腺(症), 腺欠損(症).

an·a·di·plo·sis [æ̀nədɪplóʊsɪs, -də-, -səs | -dɪpləʊsɪs] 〚⊏LL *anadiplōs-is* ⊏Gk *anadíplōsis* repetition ← *anadiploûn* (← ANA- + *diploûn* to double) + -SIS: ⇨ diplo-〛 ── *n.* (*pl.* **-plo·ses** [-siːz]) 〚修辞〛前辞反復《前文の最後の語または最も重要な語を繰り返すこと; 例: We are the children of God: And if children, then heirs. (cf. *Rom.* 8:16–17)》.

a·nad·ro·mous [ənǽdrəməs, æn-] 〚(1753) ⊏Gk *anádromos* running upward ← ANA- + *drómos* a running: cf. catadromous〛 ── *adj.* 〚魚類〛〈魚が〉(産卵のため)川をさかのぼる, 溯河(そか)性の, 昇流性の (cf. catadromous, diadromous): an ～ fish 溯河(そか)魚《サケ・ニシン (shad) など》.

a·nae·mi·a [əníːmiə | əníːmjə, æn-, -mɪə] *n.* 《英》=anemia.

a·nae·mic [əníːmɪk | ən-, æn-] *adj.* 《英》=anemic.

an·aer·obe [ǽnəròʊb, ænέ(ə)roʊb | ænέərəʊb, ænéɪərəʊb] 〚⊏F *anaérobe*: ⇨ a-⁷, aerobe〛 *n.* 〚生物〛嫌気(けんき)[無気]性生物《主に菌類や細菌類; cf. aerobe》.

anaerobia *n.* anaerobium の複数形.

an·aer·o·bic [æ̀nəróʊbɪk, ænε(ə)r- | ænεəróʊb-, ænèɪər-] *adj.* 〚生物〛**1 a** 空気なしで生活できる, 嫌気(けんき)性の, 無気の (↔ aerobic): ～ bacteria 嫌気細菌. **b** 嫌気性生物の[による]. **2** 嫌気的生存の[による] (cf. anaerobiosis). **àn·aer·ó·bi·cal·ly** *adv.*

anaeróbic adhésive *n.* 嫌気(けんき)性接着剤《空気に触れないようにすると硬化する接着剤》.

an·aer·o·bi·o·sis [æ̀nəro(ʊ)baɪóʊsɪs, ænε(ə)r-, -bi-, -səs | ænεərə(ʊ)baɪə́ʊsɪs, ænèɪər-] 〚← NL ～: ⇨ a-⁷, anaerobe, -sis〛 ── *n.* (*pl.* **-o·ses** [-siːz]) 〚生物〛嫌気(けんき)的生存. **an·aer·o·bi·ot·ic** [æ̀nəro(ʊ)baɪɑ́ṭɪk, ænε(ə)r-, -bi- | ænεərə(ʊ)baɪɔ́t-, ænèɪər-] *adj.*

an·aer·o·bi·um [æ̀nəróʊbiəm, ænε(ə)r-, ænèɪər- | ænεəróʊbɪəm, ænè(ɪ)ər-, -bjəm] 〚← NL ～: ⇨ anaerobe, -ium〛 *n.* (*pl.* **-bi·a** [-biə | -bjə, -bɪə]) 〚生物〛=anaerobe.

anaes. 《略》anaesthesia; anaesthetic.

an·aes·the·sia [æ̀nɪsθíːʒə, æ̀nəs- | æ̀nɪsθíːzjə, æ̀niːs-, æ̀nəs-, -zɪə, -ʒɪə, -ʒə] *n.* 《英》〚医学〛=anesthesia.

àn·aes·thè·si·ól·o·gist [-dʒɪst, -dʒəst | -dʒɪst] *n.* 《英》=anesthesiologist.

an·aes·the·si·ol·o·gy [æ̀nɪsθìːziɑ́lədʒi, æ̀nəs-, -θìːsi- | æ̀nɪsθìːzɪɔ́lədʒɪ, æ̀niːs-, æ̀nəs-] *n.* 《英》=anesthesiology.

an·aes·thet·ic [æ̀nɪsθéṭɪk, æ̀nəs- | æ̀nɪsθét-, æ̀niːs-, æ̀nəs-] *adj.* 《英》=anesthetic.

an·aes·the·tist [ənésθəṭɪst, æn-, -ṭəst | əníːsθətɪst, ən-, -θɪ-] *n.* 《英》=anesthetist.

an·aes·the·tize [ənésθətàɪz, æn- | əníːsθə-, ən-, -θɪ-] *vt.* 《英》〚医学〛=anesthetize.

anag. 《略》anagram.

an·a·gen·e·sis [æ̀nədʒénəsɪs, -səs | -nɪsɪs] 〚← NL ～: ⇨ ana-, genesis〛 ── *n.* **1** 〚生物〛アナゲネシス, 改善《生物の一系統がその系統として進化を続けること; cf. catagenesis》. **2** 〚廃〛〚生理〛(組織)再生 (cf. neogenesis).

an·a·glyph [ǽnəglɪ̀f] 〚(1651) ⊏Gk *anagluphḗ* work in low relief ← ANA- + *glúphein* to carve〛 ── *n.* **1** 薄肉彫り, 凸彫(とつちょう)(の彫刻, 装飾). **2** 〚写真〛アナグリフ《左眼の像と右眼の像を橙色と青緑色に印刷し像の余色のフィルター(左眼青緑, 右眼橙色)をかけて見る立体写真[映画]》.

an·a·glyph·ic [æ̀nəglɪ́fɪk] *adj.* 薄肉彫りを施した. **àn·a·glýph·i·cal** *adj.*

an·a·glyp·tic [æ̀nəglɪ́ptɪk] 〚⊏LL *anaglyptic-us* ⊏Gk *anagluptikós* ← *anágluptos* anaglyphic: ⇨ anaglyph, -ic¹〛 *adj.* =anaglyphic.

an·a·glyp·tics [æ̀nəglɪ́ptɪks] *n.* 薄肉彫り術, 浮彫り装飾術.

an·ag·no·ri·sis [æ̀nægnɔ́ːrəsɪs, -nɔ́ːr-, -səs | -nɔ́ːrɪsɪs] *n.* (*pl.* **-ri·ses** [-siːz]) 〚ギリシャ劇〛認知, 発見《主人公が自己や他人の正体・状況の真相などを発見すること》.

an·a·go·ge [ǽnəgòʊdʒi, ――― | ǽnəgəʊdʒɪ] 〚(15C) ⊏LL *anagōgē* ⊏Gk *anagōgḗ* leading up ← ANA- + *agōgḗ* (← *ágein* to draw, lead)〛 ── *n.* **1** (聖書などの)精神的[寓意(ぐうい)的]解釈; 神秘的意味. **2** 〚神学〛ア

ナゴーゲー《特に, 聖書の中から来世に関する隠された意味を引き出そうとする解釈(方法)》.

an·a·gog·ic [æ̀nəgɑ́dʒɪk | -gɔ́dʒ-] 〘《c1395》□ ML *anagōgic-us*: ⇨ ↑, -ic¹〙 ― *adj.* 神秘[精神]的な: ～ interpretations. **àn·a·góg·i·cal** *adj.* **àn·a·góg·i·cal·ly** *adv.* 「anagoge.

an·a·gog·y [ǽnəgòudʒi | -gɔ̀dʒɪ, -gɔ̀gɪ, -gə̀udʒɪ] *n.* = ana-

an·a·gram [ǽnəgræ̀m] 〘《1589》□ F *anagramme* ∥ NL *anagramma* ← Gk *anagrammatismós* ← ANA-+ *grámma* letter〙 ― *n.* **1** (語句の)綴り変え, 逆綴り, アナグラム《例: Time の anagram として emit ができる》. **2** [*pl.*; 単数扱い] 綴り変え遊戯《一語または語句の文字を種々に置き換えて新語句を作る; 例えば live から evil を作る類, また Florence Nightingale を綴り変えて Flit on, cheering angel! とするような複雑なものもある; cf. anany*m*》. **3** 綴り変えの語[文].

an·a·gram·mat·ic [æ̀nəgrəmǽtɪk | -tɪk] *adj.* **àn·a·gram·mát·i·cal** *adj.* **àn·a·gram·mát·i·cal·ly** *adv.*

an·a·gram·ma·tism [æ̀nəgrǽmətìzm] *n.* 語句の綴り変え (⇨ anagram). 「考案者.

àn·a·grám·ma·tist [-tɪst, -təst | -tɪst] *n.* 綴り換え

an·a·gram·ma·tize [æ̀nəgrǽmətàɪz] *vt.* 〈語句を〉綴り変える, アナグラムにする: 'Dame Eleanor Davis' may be ～*d* to 'Never so mad a ladie.' **an·a·gram·ma·ti·za·tion** [æ̀nəgræ̀mətɪzéɪʃən, -tə- | -taɪ-, -tɪ-] *n.*

An·a·heim [ǽnəhàɪm] 〘← (*Santa*) *Ana* (川の名)+G *Heim* (⇨ home)〙 *n.* 米国 California 州南西部の都市; Disneyland の所在地; 人口 194,000.

A·nak [éɪnæk] 〘□ Heb. *'Anāq* 《原義》long-necked man〙 *n.* 〘聖書〙アナク《巨人族アナク人(びと)の名祖(なおや); cf. *Num.* 13: 28, 33》.

An·a·kim [ǽnəkɪm] 〘□ Heb. *'Anāqim* (pl.) ← *'Anāq* (↑): cf. seraphim, cherubim〙 ― *n. pl.* [the ～] 〘聖書〙アナク[アナキ]人(びと)《Anak の子孫で Palestine の巨人族; cf. Anakims》.

An·a·kims [ǽnəkɪmz] *n. pl.* [the ～] 〘聖書〙=Anakim (cf. *Deut.* 2: 21, *Josh.* 11: 21, *Num.* 13: 22).

a·nal [éɪnl̩] 〘← NL *ānāl-is*: ⇨ anus, -al¹〙 ― *adj.* **1 a** 〘解剖〙肛門(こう)(部)の (cf. anus): ～ fistula 〘病理〙痔瘻(じろう). **b** 肛門側の. **2** 〘精神分析〙 **a** (Freud のリビドー (libido) 発達論による第二期の)肛門(愛)期の (cf. oral 4, genital 2): the ～ phase 肛門期 / ⇨ anal erotism. **b** 肛門愛性格の (cf. anal character).

anal. 《略》analogous; analogy; analysis; analytic; analyze; analyzed.

ánal cháracter *n.* 〘精神分析〙肛門愛性格《肛門愛に関係する性格で, 几帳面・けち・頑固などを特徴とする》.

a·nal·cime [ənǽlsiːm, -saɪm] 〘□ F ～ □ Gk *análkimos* weak ← *an-* 'A-⁷'+*álkimos* strong〙 *n.* 〘鉱物〙方沸(ふっ)石 ($NaAlSi_2O_6 \cdot H_2O$). **a·nal·cim·ic** [ænəlsɪ́mɪk, -sím-] *adj.*

a·nal·cite [ənǽlsaɪt] 〘⇨ ↑, -ite¹: 摩擦すると弱電気が起こることから〙 *n.* 〘鉱物〙=analcime.

an·a·lec·ta [æ̀nəléktə, æ̀nl̩- | ǽnəl-] 〘□ L ～ □ Gk *análekta* things gathered up (neut.pl.) ← *análectos* select ← *analégein* ← ANA-+*légein* to gather, speak〙 ― *n. pl.* =analects.

an·a·lects [ǽnəlèkts, ǽnl̩- | ǽnəl-] 〘《1623》: ↑〙 ― *n. pl.* **1** 選集, 語録《通例表題名として用いる》: the *Analects* of Confucius 論語. **2** 《廃》(宴会などの食物の)残り物.

an·a·lem·ma [æ̀nəlémə] 〘□ L ～ 'sundial showing the meridian and latitude of a place' □ Gk *análemma* ← *analambánein* to take up, restore ← ANA-+*lambánein* to receive〙 ― *n.* (*pl.* ～**s**, ～·**ta** [～tə | ～tə]) 〘天文〙(通例, 日時計の一部を成す)赤緯と毎日の時差を示す 8 字型比例尺. **an·a·lem·mat·ic** [æ̀nələmǽtɪk, -lə- | -tɪk] *adj.*

an·a·lep·tic [æ̀nəléptɪk, æ̀nl̩- | æ̀nəl-] 〘□ Gk *analēptik-ós* restorative ← *analambánein* (↑)〙 〘医学〙 ― *adj.* **1** 体力[気力]回復の (restorative), 強壮作用のある (tonic). **2** 麻酔からさめかかった. ― *n.* 強壮剤 (tonic), 興奮薬[剤], 蘇生薬[剤].

ánal érotism [eróticism] *n.* 〘精神分析〙肛門性愛《Freud のリビドー (libido) 発達論で 2 歳ぐらいの幼児が排泄に快感をもつこと》. 「fish¹ 挿絵).

ánal fín *n.* 〘魚類〙しりびれ (cf. abdominal fin; ⇨

an·al·ge·sia [æ̀nəldʒíːʒə, æ̀nl̩-, -ʒiə, -ziə | æ̀nældʒíː-zjə, -zɪə] 〘← NL ～ ← Gk *analgēsía* ← *an-* 'A-⁷'+ *algein* to feel pain: ⇨ -algia〙 ― *n.* 〘病理〙痛覚脱失[消失](症), 無痛覚(症), 無痛法.

an·al·ge·sic [æ̀nəldʒíːzɪk, æ̀nl̩-, -sɪk | æ̀nældʒíːs-, -dʒés-] 〘医学〙 *adj.* 無痛覚の; 鎮痛性の. ― *n.* 鎮痛薬[剤]: a local ～ 局所麻酔薬.

An·al·ges·i·dae [æ̀nəldʒésədìː, æ̀nl̩- | æ̀nəldʒésɪ-] 〘← NL ～ ← *Analges* (属名: ← Gk *analgēs* painless ← *an-* 'A-⁷'+*álgos* pain)+-IDAE〙 ― *n. pl.* 〘動物〙ウモウダニ科. **an·al·ge·sid** [ənǽldʒəsɪd, -səd | -sɪd] *adj., n.*

an·al·get·ic [æ̀nl̩dʒétɪk | æ̀nəldʒét-] 〘← Gk *análgētos* painless+-IC¹: ⇨ analgesia〙 *adj., n.* 〘医学〙=anal-

ánal glánd *n.* 〘解剖〙肛門(こう)腺. 「gesic.

a·nal·i·ty [eɪnǽləṭi | -lətɪ, -lɪ-] *n.* 〘精神分析〙肛門性《肛門期の特性》. 「=analogue.

an·a·log [ǽnəlɔ̀(ː)g, -lɑ̀g, -nl̩- | ǽnəlɔ̀g] *n., adj.* 《米》

ánalog compùter *n.* 《米》〘電算機〙=analogue computer. 「logical.

an·a·log·ic [æ̀nəlɑ́dʒɪk, -nl̩- | æ̀nəlɔ́dʒ-] *adj.* =ana-

an·a·log·i·cal [æ̀nəlɑ́dʒɪkəl, -nl̩-, -dʒə- | æ̀nəlɔ́dʒɪ-] 〘《1570》〙 *adj.* **1** 類推(的)の, 類推による. **2** 《古》=analogous 1. ～**·ly** *adv.* 「推診断.

a·nál·o·gism [-dʒɪzm̩] *n.* **1** 類推推理. **2** 〘医学〙類

a·nál·o·gist [-dʒɪst, -dʒəst | -dʒɪst] *n.* 類推推理者, 類推論者.

a·nal·o·gize [ənǽlədʒàɪz] *vt.* **1** 類比で説明する. **2** …が(…に)類似することを示す 〔*to, with*〕. ― *vi.* **1** 類推する, 類推的に論じる. **2** (…に)類似する 〔*with*〕.

a·nal·o·gous [ənǽləgəs] 〘《1646》□ L *analogus* □ Gk *análogos* proportionate ← ANA-+*lógos* ratio, proportion: ⇨ logos, -ous〙 ― *adj.* **1** 類似の, 似ている (similar) 〔*to, with*〕(↔ antilogous): an ～ term 類同語 / be ～ *to* …に類似している. **2** 〘生物〙相似の (corresponding) 〔*to*〕: The gills of fishes are said to be ～ *to* the lungs in terrestrial animals. 魚類の鰓(えら)は地上動物の肺と相似器官であると言われる. ～**·ly** *adv.* ～**·ness** *n.* 「gous organ).

análogous órgan *n.* 〘生物〙相似器官 (cf. homolo-

an·a·logue [ǽnəlɔ̀(ː)g, -lɑ̀g, -nl̩- | ǽnəlɔ̀g] 〘《1826》□ F ～ □ Gk *análogon* (neut.) ← *análogos* 'ANALOGOUS'〙 ― *n.* **1 a** 相似物, 類似物. **b** 対等者, 対応者 (opposite number). **2** 〘言語〙類比《統語・意味など異なる部門の規則などに機能・形式上の類似が認められること; Chomsky の用語》; 類同語. **3** 〘生物〙相似器官 (analogous organ) (cf. homologue 2). **4** 〘化学〙類似体, 類似化合物《化合物の構造が似ていて, その中の一原子ないし基だけが異なるもの》. **5** 〘電気〙相似型, 計量型, アナログ. ― *adj.* 相似型[アナログ]の; アナログ計算機の: an ～ watch アナログ式[針式]の時計 (cf. digital 3).

análogue compùter *n.* 〘電算機〙アナログ計算機, 相似型(電子)計算機, (俗に)アナコン《数値を電圧などの連続的に変化する量に対応させて計算を行なう装置; cf. digital computer》.

análogue-to-dígital convérsion *n.* 〘電子工学〙AD 変換《アナログ信号をそれに対応するデジタル信号に変換すること; cf. digital-to-analogue conversion》.

a·nal·o·gy [ənǽlədʒi | -dʒɪ] 〘《?a1425》□ (O)F *analogie* ∥ L *analogia* □ Gk *analogía* proportion: ⇨ analogous, -y¹〙 ― *n.* **1** 類似, 似寄り (similarity): an ～ *between* two things / have [bear] some ～ *with* [*to*] …にいくらか似ている / trace an ～ *between* …の相似点を求める. **2** 〘哲学・論理〙類推, 類比, アナロジー, 比論; 〘数学〙類比; 〘言語〙類推: draw an ～ 類推する / false ～ 誤まった類推 / forced ～ 無理な類推, こじつけ / reasoning *by* ～ 類推推理 / on the ～ *of* = by ～ *with* …から類推して. **3** 〘生物〙相似 (cf. homology 3).

análogy tèst *n.* 〘心理〙類比テスト《例えば,「昼・光; 夜・―」の ― の部分に闇という言葉を当てはめるような類比能力のテスト》.

an·al·pha·bet [ænǽlfəbèt, -bɪt, -bət | -bɪt, -bèt] 〘□ Gk *analphábēt-os* ← *an-* 'A-⁷'+*alphábētos* 'ALPHABET'〙 ― *n.* 文字の読めない人, 文盲 (analphabetic). ～**·ism** [-bètɪzm, -bɪtɪzm, -bə- | -bɪtɪzm̩, -bètɪzm] *n.*

an·al·pha·bet·ic [ænæ̀lfəbéṭɪk, ―――́― | -tɪk] *adj.* **1** 文字[アルファベット]によらない《表音法など》. **2** (無学で)文字の読めない, 無学な, 無筆の (illiterate). ― *n.* =analphabet.

ánal véin *n.* 〘昆虫〙肛脈(こうみゃく)《翅脈の一つ》.

a·nal·y·sand [ənǽləsæ̀nd, -zæ̀nd | -lə-, -lɪ-] 〘← ANALYS(IS)+-*and* (← L -*andus* (gerundive suf.))〙 *n.* 精神分析を受けている人.

an·a·lyse [ǽnəlàɪz, ǽnl̩- | ǽnəl-] *vt.* 《英》=analyze.

a·nal·y·sis [ənǽləsɪs, -səs | -ləsɪs, -lɪ-] 〘《1581》← NL ～ ← Gk *análusis* a loosing ← *analúein* to release ← ANA-+*lúein* to loose, resolve〙 ― *n.* (*pl.* **-y·ses** [-sìːz]) **1 a** 分析, 分解 (↔ synthesis). **b** 分析結果. **2** (問題などの)分析的な検討, 綿密な研究. **3** 〘化学〙 **a** 分析: an ultimate ～ 元素分析 / ⇨ qualitative analysis, quantitative analysis, spectrum analysis. **b** 分析表. **4** 〘数学〙 **a** 解析, 解析学. **b** 解析《結論が得られたものとして逆に推論を進め, 仮定と結論との関係を分析する操作》. **5** 〘文法〙分析《文をその構成要素に分析し, 要素相互の関係を明らかにすること》. **6** 〘言語〙(言語が)分析的なこと, 分析性 (cf. synthesis 4 a; analytic language). **7** 〘哲学・論理〙分析《複雑な概念・命題等をその構成要素である基礎的でより単純な概念・命題等に解体・還元する哲学的方法; 言いかえ等によって表現の意味を明晰化する活動および成果》. **8** 〘心理〙 **a** 分析. **b** 精神分析(療法) (psychoanalysis): be under ～ 精神分析(によって治療)を受けている / go into ～ with …〈精神分析医〉に分析を受け始める.

in the last* [*final, ultimate*] *analysis 〘cf. F. *en dernière analyse*〙 帰するところ, 要するに, 結局.
make an analysis of …を分析する; 〈文〉を解剖する.
on* [*upon*] *analysis 分析の上で, 分析の結果.

analysis of variance 〘統計〙=variance analysis.

análysis sítus 〘□ L *analysis sitūs* analysis of situation〙 *n.* 〘数学〙=topology 2.

an·a·lyst [ǽnəlɪst, -ləst, -nl̩- | ǽnəlɪst] 〘《1656》□ F *analyste*〙 ― *n.* **1 a** 分析者, 分析家[学者]. **b** 情勢分析[解説]家: a political ～ 政治評論家. **2** 精神分析医 (psychoanalyst). **3** システム分析者 (systems analyst).

an·a·lyt·ic [æ̀nəlɪ́tɪk, æ̀nl̩- | æ̀nəlít-] 〘《c1590》□ ML *analytic-us* □ Gk *analutikós*: ⇨ -ic¹〙 ― *adj.* **1** 分析的な, 分解的な (↔ synthetic). **2** 分析[分解]に長じた; 分析的傾向の: an ～ mind. **3** 〘言語〙〈言語が〉分析的な (↔ synthetic): ⇨ analytic language. **4** 〘心理〙精神分析の (psychoanalytic). **5** 〘哲学〙〈判断・陳述・命題などが〉分析的な《経験的に確かめるまでもなく言葉の意味だけから必然的に真である; cf. synthetic 4》: ⇨ analytic judgment, analytic proposition. **6** 〘数学〙 **a** 解析の. **b** 〈複素変数が〉定義領域内の各点で一階微分可能な; 正則の. **c** 〈曲線が〉解析関数で表わしたパラメーター表示の式を有する. **d** (証明について)解析的手法を用いた.

àn·a·lýt·i·cal [-tɪkəl, -ṭə- | -tɪ-] *adj.* **1** =analytic. **2** 〘美術〙(主としてキュービズム (Cubism) の絵画で)対象をいくつかの平面の組合わせとしてとらえた.

analýtical bálance *n.* 分析用天秤.

analýtical chémistry *n.* 分析化学.

Analýtical Cúbism, a- c- *n.* 〘美術〙分析的キュービズム《形態の組合せに重点をおいたキュービズム初期の一傾向; cf. Synthetic Cubism》.

analýtical éntry *n.* 〘図書館〙分出記入《全集などで, その中の個々の著作に対して作られる記入》.

àn·a·lýt·i·cal·ly *adv.* 分析[分解]的に; 解析的に.

analýtical méthod *n.* 〘哲学・論理〙分析(的方)法.

analýtical nóte *n.* 〘図書館〙分出注記.

analýtic continuátion *n.* 〘数学〙解析接続《解析関数を, 解析性を保ったまま拡大すること; またそうして得られた関数》.

analýtic geómetry *n.* 〘数学〙解析幾何学《座標を用いて推論する幾何学; cf. synthetic geometry》.

an·a·ly·tic·i·ty [æ̀nələtísəṭi, æ̀nl̩- | æ̀nəlɪtísətɪ, -sɪ-] *n.* 〘哲学・論理〙(命題などの)分析性.

analýtic júdgment *n.* 〘哲学・論理〙分析的判断《主語に潜在する述語を顕在化しただけの自明な判断; 経験的に確かめるまでもなく意味だけによって必然的に真である判断; cf. synthetic judgment》.

analýtic lánguage *n.* 〘言語〙分析的言語《語形変化の複雑なラテン語などに対し, 語形変化が単純で, 文法的関係を主として機能語 (function word) や語順で表わす言語; 例えば近代英語など; cf. synthetic language》.

analýtic philósophy *n.* 〘哲学〙分析哲学《総合的な哲学体系の樹立を目指すよりは分析的活動, 特に日常的・科学的・哲学的な言語表現の丹念な分析によって哲学的問題の解決を企図する活動であり, とりわけ第二次大戦後の現代英語圏の哲学に顕著な動向; cf. philosophical analysis》. 「analytic 5).

analýtic proposítion *n.* 〘論理〙分析的命題 (cf.

analýtic psychólogy *n.* 〘心理〙 **1** 分析心理学. **2** (スイスの C. G. Jung の)心理分析法. 「析論.

an·a·lyt·ics [æ̀nəlɪ́tɪks, æ̀nl̩- | æ̀nəlít-] *n.* 〘数学〙分

an·a·lyz·a·ble [ǽnəlàɪzəbl̩, ǽnl̩- | ǽnəl-] *adj.* 分析[分解, 解析]できる. **àn·a·lỳz·a·bíl·i·ty** [-zəbíləṭi | -lətɪ, -lɪ-] *n.*

an·a·ly·za·tion [æ̀nəlɪzéɪʃən, -lə-, -nl̩- | æ̀nəlaɪ-, -lɪ-] *n.* 分析, 分解; 解析; 〘文法〙解剖.

an·a·lyze [ǽnəlàɪz, ǽnl̩- | ǽnəl-] 〘《1601》□ F *analys-er*: ⇨ analysis, -ize〙 ― *vt.* **1** 分析[分解]する; 分析的に調べる, (批判的に)検討する: ～ a person's statement, the causes of business depression, etc. **2** 〘化学〙〔元素などに〕分析する〔*into*〕; 〘数学〙解析する, 分析する; 〘文法〙〔文の構成要素に〕分析する〔*into*〕. **3** 〘心理〙=psychoanalyze.

ánalyzed rhýme *n.* 〘詩学〙分析韻《精巧入念に韻が踏んであるため, 詳しく分析しなければ理解できないような脚韻》.

án·a·lỳz·er *n.* **1** 分析者, 分解者. **2** 分析的に調べる人. **3** 〘光学〙検光子《光の偏光状態を調べるために用いる偏光プリズム》.

A·nam [ənǽm, ən-, ǽnæm | ǽnæm] *n.* =Annam.

an·am·ne·sis [æ̀næmníːsɪs, æ̀nəm-, -səs | -sɪs] 〘← NL ～ ← Gk *anámnēsis* ← *anamimnḗskein* to remind ← ANA-+*mimnḗskein* to remind: cf. amnesia〙 ― *n.* (*pl.* **-ne·ses** [-siːz]) **1** 追憶, 想起, 回想 (recollection). **2** 〘医学〙病歴, 既往歴 (cf. case history). **3** 〘プラトン哲学〙アナムネシス《真の知識の獲得は忘却されたイデア界の想起にほかならないとする説》. **4** [しばしば A-] 〘キリスト教〙アナムネシス, 記念(唱)《キリストの贖罪の出来事の想起; 特に礼拝式用語としてはキリストの命令「わが記念としてこれを行なえ」に従ってパンとぶどう酒をささげる, 聖餐祈禱の一部に対する名称》.

an·am·nes·tic [æ̀næmnéstɪk, æ̀nəm-] *adj.* **1** 追憶の; 思い出す. **2** 〘医学〙既往(歴)の; (免疫学的機構による記憶に対して起こる)既往反応の[に関する]. **àn·am·nés·ti·cal·ly** *adv.*

An·am·ni·o·ta [æ̀næmnióuṭə | -niə́utə] 〘↓〙 *n. pl.* 〘動物〙無羊膜類.

an·am·ni·ote [ænǽmniòut | -niə̀ut] 〘← NL *Anamniota*: ⇨ a-⁷, amniote〙 *adj., n.* 〘動物〙無羊膜類の(脊椎動物) (cf. amniote).

An·a·mor·pha [æ̀nəmɔ́əfə | -mɔ́ː-] 〘← NL ～: ⇨ ana-, morpha〙 *n. pl.* 〘動物〙(節足動物門唇脚綱)改形亜綱.

an·a·mor·phic [æ̀nəmɔ́ɚfɪk | -mɔ́:-] *adj.* 〖光学〗アナモルフィックな《一つの子午面における屈折力 (power)・倍率が他の子午面のものと異なる》: ⇨ anamorphic lens.

anamórphic léns *n.* 〖光学〗円柱レンズ, アナモル「フィックレンズ.

an·a·mor·phism [æ̀nəmɔ́ɚfɪzṃ | -mɔ́:-] *n.* 〖生物〗＝anamorphosis 3.

an·a·mor·pho·scope [æ̀nəmɔ́ɚfəskòup | -mɔ́:fəskɔ̀up] *n.* 〖光学〗歪像鏡 (cf. anamorphic).

an·a·mor·pho·sis [æ̀nəmɔ́ɚfəsɪs, -səs | -mɔ́:fəsɪs] 〖□ Gk *anamórphōs-is* transformation ← *anamorphoûn* to transform ← ANA-＋*morphḗ* form〗 ── *n.* (*pl.* **-pho·ses** [-si:z]) **1** 〖光学〗歪形(ゆがみ), 歪像(ゆがみ); 歪像描法 (cf. anamorphic). **2** 〖植物〗奇形変態. **3** 〖生物〗漸(ぜん)変進化, 漸進変化. **4** 〖動物〗(ある種の節足動物に見られる)増節現象[変態].

an·a·nas [ǽnənæ̀s, ənǽnəs | ənɑ́:nəs] 〚(1613)〛□ Sp. *ananás* ← Guarani *naná*〗 ── *n.* (*pl.* ～) 〖植物〗 **1** パイナップル科アナナス属 (*Ananas*) の植物の総称《pineapple など》. **2** [《米》 æ̀nǽnɑ:s, ɑ̀:n-] パイナップル科の植物の総称《pinguin など》.

an·an·cas·tic [æ̀nənkǽstɪk] *adj.* 〖精神医学〗＝anankastic.

a·nan·da [ɑ́:nəndə] 〖← Skt *ānanda* joy ← *a-* (強詞)＋*nandati* he rejoices〗 *n.* 〖ヒンズー教〗歓喜 (cf. Sat-cit-ananda).

A·nan·da [ɑ́:nəndə] *n.* 阿難陀, 阿難《釈迦十大弟子の一人》.

an·an·drous [ænǽndrəs, ən-] 〖← Gk *ánandros* husbandless (← *an-* 'A-⁷'＋*andrós* (gen.), *anḗr* man, male)＋-OUS〗 *adj.* 〖植物〗雄蕊のない.

An·a·ni·as [æ̀nənáɪəs] *n.* **1** 〖聖書〗アナニヤ: **a** Sapphira の夫; 献金の一部を隠匿し神を詐(いつわ)った罰を受けて死んだ (cf. *Acts* 5: 1–6). **b** Paul に洗礼を行なった Damascus のキリスト教徒 (*Acts* 9: 1–19). **2** うそつき (liar).

an·an·kas·tic [æ̀nənkǽstɪk] 〖← Gk *anagkastós* forced) ← *anágkē* necessity)＋-IC¹〗 *adj.* 〖精神医学〗(強迫観念による)強迫行為的な.

an·an·thous [ænǽnθəs, ən-] 〖⇨ a-⁷, -anthous〗 *adj.* 〖植物〗花のない, 無花の.

an·a·nym [ǽnənɪm] 〖← ANA-＋-*nym* (← Gk *ónuma*, *ónoma* 'NAME': cf. anonym)〗 *n.* 本名を逆に綴った筆名[偽名] (cf. anagram, back slang, palindrome).

an·a·paest [ǽnəpèst | -pi:st, -pèst] 〚(1678)〛□ L *anapaest-us* □ Gk *anápaistos* struck back ← *anapaíein* ← ANA-＋*paíein* to strike〗 ── *n.* 〖詩学〗(古典詩の)短短長格 (⏑⏑–), (英詩の)弱弱強[抑抑揚]格 (× × ⁄)《例: And the shéen of their spéars was like stárs on the séa.—Byron; cf. foot 10》.

an·a·paes·tic [æ̀nəpéstɪk | -pí:s-, -pés-] *adj.* 〖詩学〗(古典詩の)短短長格の; (英詩の)弱弱強[抑抑揚]格の.

an·a·pest [ǽnəpèst | -pi:st, -pèst] *n.* 《米》〖詩学〗＝anapaest.

an·a·pes·tic [æ̀nəpéstɪk | -pí:s-, -pés-] *adj.* 《米》〖詩学〗＝anapaestic.

an·a·phase [ǽnəfèɪz] 〖← ANA-＋PHASE¹〗 *n.* 〖生物〗(細胞の核分裂の)後期 (cf. prophase). **an·a·phas·ic** [æ̀nəféɪzɪk] *adj.*

a·naph·o·ra [ənǽfərə] 〚(1589)〛□ L ～ □ Gk *anaphorá* ← *anaphérein* ← ANA-＋*phérein* 'to BEAR², carry'〗 ── *n.* **1** 〖修辞〗首句反復(法)《同じ語句を相次いで文首に反復すること; ↔ epiphora》. **2** 〖文法〗前方[後方]照応《伝統文法では代名詞・助動詞・代動詞・代不定詞などによる前方照応を指すのが普通であるが, 新言語学では後方照応にも用いられることがある》. **3** 〖音楽〗(楽節・楽句・音型の)反復. **4** [《米》ではまた ɑ̀:nəfərɑ́:] 〖キリスト教〗アナフォラ《奉献の意で聖別 (consecration) や陪餐 (communion) を含む聖餐式の中心的な祈禱をいう》.

an·a·phor·ic [æ̀nəfɔ́(:)rɪk, -fɑ́r- | -fɔ́r-] *adj.* 〖文法〗既出の語[句]をさす, 前方照応的な, 指示的な《例: *Tom* says that *he* killed Mary in the room. / A *rule* that cannot be kept is a bad *one*.; cf. deictic; ↔ cataphoric》. **àn·a·phór·i·cal** *adj.* **àn·a·phór·i·cal·ly** *adv.*

an·aph·ro·dis·i·ac [æ̀næfrədíziæ̀k, ænæ̀f- | -frə(u)dízɪ-] 〖← Gk *an-* 'A-⁷'＋APHRODISIAC〗 〖医学〗 *adj.* 性欲抑止的な. ── *n.* 制淫(せいいん)薬[剤], 性欲抑制薬.

an·a·phy·lac·tic [æ̀nəfɪlǽktɪk, -fə- | -fɪ-] 〖⇨ anaphylaxis, -ic¹〗 ── *adj.* 〖病理〗過敏症の, アナフィラキシーの: an ～ shock アナフィラキシーショック. **àn·a·phy·lác·ti·cal·ly** *adv.*

an·a·phy·lac·toid [æ̀nəfɪlǽktɔɪd, -fə- | -fɪ-] 〖⇨ ↑, -oid〗 *adj.* 〖病理〗アナフィラキシー様の, 過敏症類似の.

an·a·phy·lax·is [æ̀nəfɪlǽksɪs, -fə-, -səs | -fɪlǽksɪs] 〖← NL ～ ← ANA-＋Gk *phúlaxis* a guarding: cf. prophylaxis〗 ── *n.* (*pl.* **-lax·es** [-si:z]) 〖病理〗アナフィラキシー, 過敏症《血清または蛋白質 (protein) の注射後などに起こる現象; cf. allergy 1 b》.

an·a·pla·sia [æ̀nəpléɪʒə, -ʒiə | -zjə, -zɪə, -ʒɪə] 〖← NL ～: ⇨ ana-, -plasia〗 *n.* 〖病理〗逆生, 退生, 退形成《細胞がより原始的で未分化な状態に戻ること》.

an·a·plas·ma [æ̀nəplǽzmə] 〖← NL ～: ⇨ ana-, -plasma〗 *n.* (*pl.* ～**·ta** [～ṭə | ～tə], ～**s**) 〖細菌〗アナプラズマ《リケッチア目アナプラズマ科アナプラズマ属 (*Anaplasma*) の微生物; 脊椎動物の赤血球内に寄生し, 球形または卵円形で直径は約 0.5 μ》.

an·a·plas·mo·sis [æ̀nəplæzmóusɪs, -səs | -mə́usɪs] 〖← NL ～: ⇨ ↑, -osis〗 *n.* (*pl.* **-mo·ses** [-si:z]) 〖獣医〗(家畜の)アナプラズマ病.

an·a·plas·tic [æ̀nəplǽstɪk] 〖← Gk *anáplast-os* remolded: ⇨ ana-, -plastic〗 *adj.* **1** 〖外科〗形成手術の. **2** 〖病理〗〈細胞が〉逆生性の, 退生的な, 未分化の.

an·a·plas·ty [ǽnəplæ̀sti | -tɪ] 〖⇨ ↑, -y¹〗 *n.* 《廃》形成外科術 (plastic surgery).

an·a·ple·ro·sis [æ̀nəplɪəróusɪs, -səs | -rə́usɪs] 〖← NL ～ ← Gk *anaplḗrōsis* ← *anaplēróein* to fill up ← ANA-＋*plēróein* to fill〗 ── *n.* (*pl.* **-ro·ses** [-si:z]) 《廃》〖医学〗 **1** 肉芽発生, 創面治癒. **2** 補填. **3** 形成外科.

an·a·poph·y·sis [æ̀nəpɑ́fəsɪs, -səs | -pɔ́fɪsɪs] 〖← NL ～: ⇨ ana-, apophysis〗 *n.* (*pl.* **-y·ses** [-si:z]) 〖解剖〗脊椎副突起. **an·ap·o·phys·i·al** [æ̀næpəfíziəl | -zɪəl, -zjəl] *adj.*

An·ap·si·da [ənǽpsɪdə, -sə- | -sɪ-] 〖← NL ～ ← ANA-＋Gk *apsid-*, *apsis* loop, mesh＋-IDA〗 ── *n. pl.* 〖古生物〗(爬虫綱)無弓亜綱《最も原始的な爬虫類を含む》. **an·ap·sid** [ənǽpsɪd, -səd | -sɪd] *adj.*

an·ap·tot·ic [æ̀nəptɑ́tɪk, æ̀næp- | -tɔ́t-] 〖← ? ANA-＋Gk *áptōtos* indeclinable (← A-⁷＋*ptôsis* case)＋-IC¹: cf. Gk *anáptōtos* flat (of style)〗 ── *adj.* 《まれ》〖言語〗〈言語が〉語尾変化を失った: English is an ～ language.

an·ap·tyx·is [æ̀nəptíksɪs, æ̀næp-, -səs | -sɪs] 〖← NL ～ ← Gk *anaptúxis* ← *anaptússein* to unfold ← ANA-＋*ptússein* to fold〗 ── *n.* (*pl.* **-tyx·es** [-si:z]) 〖音声〗母音挿入《2 個の子音間に弱い母音が発達すること; 例えば film [fíləm] の [ə], ME talk [tɑ́lk] > [tɑ́ʊlk] など》. **an·ap·tyc·tic** [æ̀nəptíktɪk, æ̀næp-] *adj.*

An·a·pur·na [æ̀nəpúənə, -pə́:- | -púə-, -pɑ́:-] *n.* ＝Annapurna.

an·arch [ǽnɑɚk | ǽnɑ:k] 〖《逆成》← ANARCHY〗 *n.* **1** ＝anarchist. **2** 《詩》 **a** 国を無秩序に陥れる人; 暴君. **b** 反乱の指導者[扇動者].

an·ar·chic [ænɑ́ɚkɪk, ən- | -nɑ́:-] 〚(1790)〛 *adj.* 無政府(状態)の; 無秩序の; 無政府主義的な. **an·ár·chi·cal** *adj.* **an·ár·chi·cal·ly** *adv.*

an·ar·chism [ǽnəkìzṃ, ǽnɑɚ- | ǽnə-] 〚(1642)〛 *n.* アナキズム, 無政府主義(運動), 無政府論.

án·ar·chist [-kɪst, -kəst | -kɪst] 〚(1678)〛 *n.* アナキスト, 無政府主義者[支持者]. ── *adj.* ＝anarchistic: an ～ communist アナキスト系共産党員.

an·ar·chis·tic [æ̀nəkístɪk, æ̀nɑɚ- | æ̀nə-] *adj.* 無政府主義(者)的な.

an·ar·chy [ǽnəki, ǽnɑɚ- | ǽnəkɪ] 〚(1539)〛□ ML *anarchia* □ Gk *anarkhía* lack of a ruler ← *ánarkhos* without a chief ← *an-* 'A-⁷'＋*arkhós* leader, chief (cf. arch-¹)〗 ── *n.* **1 a** アナキー, 無政府(状態). **b** (ユートピア的な)無政府社会. **2** 無秩序, 乱脈, 混乱 (lawlessness, chaos). **3** ＝anarchism.

an·ar·thri·a [ænɑ́ɚθriə | ænɑ́:θrɪə] 〖← NL ～: ⇨ ↓, -ia¹〗 *n.* 〖病理〗構語障害, 失構語症. **an·ar·thric** [ænɑ́ɚθrɪk | ænɑ́:-] *adj.*

an·ar·throus [ænɑ́ɚθrəs | ænɑ́:-] 〚(1808)〛□ Gk *ánarthr-os* without joints, not articulated ← *an-* 'A-⁷'＋*árthron* joint: ⇨ -ous〗 ── *adj.* **1** 〖ギリシャ文法〗無冠詞の. **2** 〖動物〗関節のない; 無節足の (unarticulated).

an·a·sar·ca [æ̀nəsɑ́ɚkə | -sɑ́:-] 〚(*a*1398)〛□ ML ～ ← ANA-＋Gk *sárx* flesh＋-A¹〗 *n.* 〖病理〗全身水腫(すいしゅ)[浮腫]. **àn·a·sár·cous** [-kəs] *adj.*

An·a·sa·zi [ɑ̀:nəsɑ́:zi, æ̀n- | -zɪ] 〖□ Navaho *'a-naa-sází* alien ancient one〗 ── *n.* (*pl.* ～, ～**s**) **1 a** [the ～(s)] アナサジ族《米国 Arizona 州北部および New Mexico 州の高原地帯に住みアナサジ文化を創造したインディアンで, Basket Maker 族と Pueblo 族に属した》. **b** アナサジ族の人. **2** 〖考古〗アナサジ文化《100 B.C.–A.D. 1700 に栄えたといわれる》. ── *adj.* アナサジ族[文化]の: the ～ culture.

an·as·pid [ənǽspɪd, -pəd | -pɪd] 〖↓〗 *n.* 〖古生物〗(シルリア紀 (Silurian) からデボン紀 (Devonian) にかけての)無顎綱欠甲目の動物.

An·as·pi·da [ənǽspədə | -pɪ-] 〖← NL ～ ← *an-* 'A-⁷'＋Gk *aspid-*, *aspis* round shield＋-A²〗 *n. pl.* 〖古生物〗欠甲目.

An·as·pi·da·ce·a [ənæ̀spədéɪʃiə, æn- | -pɪdéɪsɪə, -sjə] 〖← NL ～: ⇨ ↑, -acea〗 *n. pl.* 〖動物〗アナスピデス目.

anastases *n.* anastasis の複数形.

An·as·ta·sia [æ̀nəstéɪʒə, -ʒiə, ɑ̀:nəstɑ́:ʃə | æ̀nəstéɪzjə, -zɪə, æ̀nəstɑ́:z-] 〖□ LL ～ (fem.) ← *Anastasius* ← Gk *Anastásios* ← *anástasis* resurrection: ⇨ anastasis〗 ── *n.* 女性名《愛称形 Stacey》.

Anastasia, Saint *n.* アナスタシア《304 年ごろローマ皇帝 Diocletian の迫害により殉教した女子聖人; 祝日 12 月 25 日》.

a·nas·ta·sis [ənǽstəsɪs, -səs | -sɪs] 〖□ Gk *anástasis* standing up ← *anistánai* to make to stand up ← ANA-＋*histánai* to cause to stand〗 ── *n.* (*pl.* **-ta·ses** [-si:z]) 〖美術〗(ビザンチン美術の)キリストの冥府降下の図.

an·a·stat·ic [æ̀nəstǽtɪk | -tɪk] 〚(1849)〛← Gk *anástatos* ((p.p.) ← *anistánai* (↑))＋-IC¹〗 *adj.* 〖印刷〗アナスタチックの《石版や亜鉛板を転写版とした》: ～ printing アナスタチック印刷.

an·as·tig·mat [ənǽstɪgmæ̀t, æ̀nəstígmæt | ənǽstɪgmæt, æn-] 〖□ G ～ 《逆成》← *anastigmatisch* anastigmatic〗 ── *n.* 〖光学〗アナスチグマート《非点収差(と像面彎曲)が補正されたレンズ》.

an·as·tig·mat·ic [æ̀nəstɪgmǽtɪk, æ̀næs-, ænæ̀s- | -tɪk] 〖← *an-* 'A-⁷'＋ASTIGMATIC〗 ── *adj.* 〖光学〗〈光学系が〉非点収差(と像面彎曲)が補正された: an ～ lens ＝anastigmat.

a·nas·to·mose [ənǽstəmòuz, -mòus | -mə̀uz, -mə̀us] 〖↓〗 ── *vt.* 〖解剖・生物〗〈脈管などを〉吻合(ふんごう)させる (*with*). ── *vi.* **1** 〈二つの川が〉(網状に)合流する. **2** 〖解剖・生物〗〈脈管などが〉吻合する.

a·nas·to·mo·sis [ənæ̀stəmóusɪs, æ̀nəs-, -səs | ænəstəmə́usɪs, æ̀næs-] 〚(1615)〛← NL ～ ← Gk *anastómōsis* outlet ← *anastomóein* to furnish with a mouth ← ANA-＋*stóma* mouth (cf. stomach): ⇨ -osis〗 ── *n.* (*pl.* **-mo·ses** [-si:z]) **1** 〖解剖・病理・外科〗吻合(ふんごう)《管状器官の接合》; 吻合術. **2** 〖生物〗吻合, 交差連絡《神経などの分枝が先端で接着癒合(ゆごう)して網状となること》. **3** (川・運河などの)網状形成, 合流 (cf. anabranch).

a·nas·to·mot·ic [ənæ̀stəmɑ́tɪk, æ̀nəs- | -mɔ́t-] 〖⇨ ↑, -otic¹〗 *adj.* 吻合(ふんごう)的な, 交差連絡の; 合流する, 網状をなす.

a·nas·tro·phe [ənǽstrəfi | ənǽstrəfɪ, æn-] 〖□ ML ～ □ Gk *anastrophḗ* inversion ← *anastréphein* ← ANA-＋*stréphein* to turn: cf. catastrophe〗 ── *n.* 〖修辞〗倒置(法)《語の普通の順序を逆にすること; 例: In them lives melancholy.—Galsworthy; inversion ともいう》.

an·a·sty·lo·sis [æ̀nəstaɪlóusɪs, -səs | -lə́usɪs] 〖← NL ～ ← ANA-＋Gk *stulōsis* colonnade (← *stûlos* pillar): ⇨ -osis〗 *n.* (*pl.* **-lo·ses** [-si:z]) 〖考古〗剝落した部分を用いてする記念物の復元.

anat. 《略》anatomical; anatomy.

a·nat·a·bine [ənǽṭəbì:n, -bɪn, -bən | -təbì:n, -bɪn] 〖← ANA-＋Sp. *tab(aco)* 'TOBACCO'＋-INE³〗 *n.* 〖化学〗アナタビン ($C_{10}H_{12}N_2$)《たばこアルカロイドの一つ》.

an·a·tase [ǽnətèɪs, -tèɪz | -tèɪs] 〖□ F ～ □ Gk *anátasis* extension ← ANA-＋*teínein* to stretch: ⇨ -ase〗 *n.* 〖鉱物〗鋭錐石 (TiO_2)《octahedrite ともいう》.

an·a·tex·is [æ̀nətéksɪs, -səs | -sɪs] 〖← NL ～ ← Gk *anátēxis* act of melting ← ANA-＋*tḗkein* to melt: ⇨ -sis〗 ── *n.* (*pl.* **-tex·es** [-si:z]) 〖地質〗再溶融(作用), アナテクシス《岩石の超変成作用の過程の一つ; 既存岩石が再溶融してマグマを生じる現象; palingenesis ともいう》.

a·nath·e·ma [ənǽθəmə | -θə-, -θɪ-] 〚(1526)〛□ LL ～ □ Gk *anáthema* thing accursed, 《原義》anything devoted ← ANA-＋*tithénai* to put (cf. thesis)〗 ── *n.* **1** 〖カトリック〗(教会の)呪(のろ)い, 破門, アナテマ《キリストとの交わりから除外され異端とされること》; (教義などの)弾劾. **2** 神の呪い; 呪い (curse, imprecation). **3** [しばしば無冠詞で補語として] **a** (教会によって)呪われた者[物]. **b** ひどくきらわれている者[物], 大きらいなもの, 禁物 (abomination): Alcohol is [Hypocrites are] ～ *to* him. 彼はアルコール[偽善者]が大きらいだ.

a·nath·e·mat·ic [ənæ̀θəmǽṭɪk | -θəmǽt-, -θɪ-] *adj.* 憎むべき, いやでたまらない (loathsome).

a·nath·e·ma·ti·za·tion [ənæ̀θəməṭɪzéɪʃən, -ṭə- | -θəmətaɪ-, -θɪ-, -tɪ-] 〖□ ML *anathēmatizātiō(n-)*〗 *n.* 呪い; 破門宣告.

a·nath·e·ma·tize [ənǽθəmətàɪz | -θə-, -θɪ-] 〖□ LL *anathēmatizāre* □ Gk *anathematízein*: ⇨ anathema, -ize〗 ── *vt., vi.* **1** (教会で)呪う, アナテマを宣告する, 破門する (excommunicate). **2** 呪う (curse); (公然と)非難する (denounce).

an·a·tid [ǽnəṭɪd, -ṭəd, ənǽṭ- | -tɪd] 〖↓〗 *adj., n.* 〖鳥類〗ガンカモ科の(鳥).

A·nat·i·dae [ənǽṭədi: | -tɪ-] 〖← NL ～ ← *Anat-*, *Anas* (属名: ← L *anas* duck)＋-IDAE〗 *n. pl.* 〖鳥類〗ガンカモ科.

an·a·tine [ǽnətàɪn] 〖□ L *anatin-us* ← *anas* (↑)〗 〖鳥類〗 *adj.* カモの(ような). ── *n.* ガンカモ科の鳥.

A·na·tole [æ̀nətɔ́(:)l | -tɔ́l; F. anatɔl] 〖□ F ～: 3 世紀末ごろの Laodecia の司教 St. Anatole にちなむ〗 *n.* 男性名.

An·a·to·li·a [æ̀nətóuliə, -ljə | -tə́uljə, -lɪə] 〖□ ML ～ □ Gk *anatolḗ* sunrise, east ← *anatéllein* to rise ← ANA-＋*téllein* to accomplish, rise: ⇨ -ia¹〗 ── *n.* アナトリア《黒海と地中海との間の広大な高原; 昔は小アジア (Asia Minor) と同義, 近代ではアジアトルコ (Turkey in Asia) の別名》.

An·a·to·li·an [æ̀nətóuliən, -ljən | -tə́uljən, -lɪən] *adj.* アナトリア(人, 語)の. ── *n.* **1** アナトリア人. **2** アナトリア語(派)《ヒッタイト語 (Hittite) などを含む印欧語族の言語群》. **3** アナトリア製トルコ敷物.

An·a·tol·ic [æ̀nətɑ́lɪk | -tɔ́l-] *adj.* ＝Anatolian.

an·a·tom·i·cal [æ̀nətɑ́mɪkəl, -mə- | -mɪ-] 〖← F *anatomique* // LL *anatomic-us*: ⇨ anatomy, -ical〗 ── *adj.* **1** 解剖学(的)の, 解剖学上の; 解剖(的)の: an ～ term 解剖学用語 / an ～ specimen 解剖模型. **2** 構造的な, 構造に根ざした. **an·a·tom·ic** [æ̀nətɑ́mɪk, -mə- | -mɪ-] *adj.* **àn·a·tóm·i·cal·ly** *adv.*

an·a·tom·i·co- [æ̀nətɑ́mɪko(u), -mə- | -tɔ́mɪkə(u)] 〖← L *anatomi-cus* ← *anatomia*: ⇨ anatomy, -o-〗 ──「解剖学の; 解剖学と…との」の意の連結形: *anatomicopathologic(al)* 解剖病理学の.

a·nat·o·mist [ənǽṭəmɪst, -məst | -təmɪst] 〚(1569)〛□ F *anatomiste*〗 *n.* **1** 解剖(学)者. **2** (綿密な)分析者.

a·nat·o·mi·za·tion [ənæ̀ṭəmɪzéɪʃən, -mə- | -təmaɪ-, -mɪ-] *n.* **1** 解剖. **2** 分析的な吟味.

a·nat·o·mize [ənǽṭəmàɪz | -tə-] 〚(?*a*1425)〛□ ML *anatomizāre*: ⇨ anatomy, -ize〗 *vt.* **1** 〈動植物体を〉

解剖する. **2** (解剖するように)細密に分析[分解]する.

a·nat·o·mo- [ənǽṭəmo(ʊ) | -təmə(ʊ)] 〚《変形》← ANATOMICO-〛 =anatomico-.

a·nat·o·my [ənǽṭəmi | -təmɪ] 〚《*a*1398》□ (O)F *anatomie* // LL *anatomia* ← Gk *anatomḗ* dissection ← *anatémnein* to cut up ← ANA-+*témnein* to cut (cf. tome)〛 — *n.* **1 a** 解剖学, 解剖論: general ～ 解剖学総論 / human ～ 人体解剖学 (cf. 3 a) / ⇨ pathological anatomy. **b** 解剖学書. **2** 解剖(術) (dissection). **3 a** 解剖学的構造; 解剖模型: human ～ 人体組織 (cf. 1 a) / the ～ of a frog. **b** (物事の)骨組み, 構造 (structure). **4** 《廃》解剖体 (anatomical subject). **5** 《古》骨格, 骸骨(がい) (skeleton); ミイラ (mummy). **6** (骨と皮ばかりに)やせこけた人: a mere ～. **7** 《戯言》(人間の)からだ (body). **8** 精密な検査, 分析: the ～ of a crime.

an·a·to·no·sis [æ̀nəṭənóʊsɪs, -səs | -tənə́ʊsɪs] 〚← NL ～ ← ANA-+Gk *tónōsis* strengthening〛 — *n.* (*pl.* **-no·ses** [-si:z]) 《植物》増張現象《細胞内液の浸透圧が外部のそれに応じて変化する現象》.

an·a·tox·in [æ̀nətɑ́ksɪn, -sn | -tɔ́ksɪn] 〚← ANA-+TOXIN〛 *n.* 《医学》=toxoid.

a·nat·ro·pous [ənǽtrəpəs] 〚← NL *anatropus*: ⇨ ana-, -tropous〛 — *adj.* 《植物》倒生の, 倒立の《珠孔と珠柄とが逆さになっている胚珠についていう; cf. amphitropous, campylotropous, orthotropous》: an ～ ovule 倒生胚珠.

a·nat·ta[1] [ʌ̀nətɑ́:] 〚□ Pali *anatta* ← Skt *anātman* 《原義》having no soul〛 — *n.* 《仏教》無我《絶対なる唯一の原理, 中心主体の存在を否定すること; われという観念, わがものという観念を排除すること; cf. THREE Signs of Being》.

a·nat·ta[2] [ənɑ́:ṭə, ənǽṭə | ənǽtə] *n.* =annatto.

a·nat·to [ənɑ́:toʊ, ənǽt- | ənǽtəʊ, æn-] *n.* =annatto.

an·au·tog·e·nous [æ̀nɔ:tɑ́dʒənəs | -tɔ́dʒɪ-, -dʒə-] 〚← *an-* 'A-[7]'+AUTOGENOUS〛 *adj.* 《昆虫》〈カなど〉卵を生むのに血を吸う必要がある (cf. autogenous 3).

An·ax·ag·o·ras [æ̀næksǽgərəs | -ræs, -rəs] *n.* アナクサゴラス《500?–428 B.C.; ギリシャの哲学者》.

A·nax·i·man·der [ənǽksəmæ̀ndə, ─ ─ ─ ─ | ənǽksɪmæ̀ndə(r, ─ ─ ─ ─] *n.* アナクシマンドロス《610?–?546 B.C.; ギリシャの Miletus の哲学者・天文学者》.

An·ax·im·e·nes of Lamp·sa·cus [æ̀næksímənì:z-əv-lǽmpsəkəs | -mɪ-] *n.* (ランプサコスの)アナクシメネス《380?–320 B.C.; 古代ギリシャの修辞家・歴史家》.

Anaxímenes of Milétus *n.* (ミレトスの)アナクシメネス《?–525 B.C.; ギリシャの Miletus の哲学者; 空気を万物の根源とした》.

an·bur·y [ǽnbəri, -beri | -bəri] 〚《1598》《混成》? ← OE *angnægl* 'AGNAIL'+BERRY《原義》? painful berrylike tumor〛 — *n.* **1** 《獣医》牛・馬の脚に生じる顆粒状の軟腫(しゅ). **2** 《植物病理》(カブラ・キャベツなどの)根瘤肥大症.

anc. 《略》ancient; anciently.

-ance [əns, ns] 〚ME *-aunce* □ (O)F *-ance* < L *-antiam*: ⇨ -ant〛 — *suf.* 行動・状態・性質などの意を表わす名詞語尾 (cf. -ence, -ancy): **1** -ant を語尾とする形容詞に対応する名詞を造る: brilli*ance*, dist*ance*. **2** 直接に動詞に付けて名詞を造る: assist*ance* (← assist+*-ance*) / persever*ance* (← persevere+*-ance*).

an·ces·tor [ǽnsestə | -sestə(r, -sɪs-, -səs-] 〚《*c*1300》 *auncestre* □ OF *ancestre* (F *ancêtre*) < L *antecessor* predecessor ← *antecessus* (p.p.) ← *antecēdere* ← ANTE-+*cēdere* to go: ⇨ -tor〛 — *n.* **1 a** 先祖, 祖先 (forefather) 《通例曾父母以前の代の者をいう; ↔ descendant》. **b** 《法律》直系尊属; 被相続人 (cf. heir 3). **2** 先駆(者), 前身; 原型 (prototype). **3** 《生物》先祖《それから発達した, または発達したと推定される原種》.

áncestor wòrship *n.* 祖先崇拝.

an·ces·tral [ænséstrəl] 〚《古形》*auncestrell* □ OF *ancestrel* (F *ancestral*): ⇨ ancestor, -al[1]〛 — *adj.* **1** 先祖の, 祖先の; 累代の, 先祖伝来の: ～ acres [estates] 父祖伝来の土地. **2** 先駆(者)に当たる; 原型をなす. **3** 《生物》先祖の: ～ forms of life 生物の原始形態. **～·ly** *adv.*

an·ces·tress [ǽnsestrɪs, -sɪs-, -səs-, -trəs | -ses-, -sɪs-, -səs-] *n.* 先祖の女性.

an·ces·try [ǽnsestri | -sestrɪ, -sɪs-, -səs-] 〚《*a*1338》《変形》← OF *ancesserie*: ME *ancestre* の影響による: ⇨ ancestor, -y[1]〛 — *n.* **1** 祖先の系統, 家系: an American of Japanese ～ 日系米人 / trace one's ～ back to ...まで家系をたどる / He is of good ～. 家柄が良い. **2** (立派な)家柄, 名門, 門閥. **3** [集合的] 先祖, 祖先 (ancestors) (↔ posterity). **4** (物体・現象などの)始まり, 発端, 起源. **5** 発達過程, 歴史. **6** 《生物》系統.

An·chi·ses [ænkáɪsi:z, æŋ- | æŋ-, æn-] 〚□ L *Anchisēs* □ Gk *Agkhísēs*〛 — *n.* 《ギリシャ・ローマ神話》アンキーセース《Aeneas の父; 息子の手によって火災の Troy から救い出された》.

an·chi·there [ǽŋkəθìə | -kɪθɪə(r] 〚← NL *Anchithērium* ← Gk *ágkhi* near+-THERIUM〛 — *n.* 《古生物》アンキテリウム《中新世および鮮新世のアンキテリウム属 (*Anchitherium*) の馬の化石種》.

An·chi·the·ri·um [æ̀ŋkəθí(ə)riəm | -kɪθíəri-] 〚← NL ～ ← Gk *ágkhi* (↑)+-THERIUM〛 *n.* 《古生物》アンキテリウム属《奇蹄目ウマ科の絶滅属; 森林の草食獣》.

an·chor [ǽŋkə | -kə(r] 〚OE *ancor* □ L *ancora* □ Gk *ágkūra* anchor ← IE **ank-*, **ang-* to bend: cf. angle[1,2]〛 — *n.* **1** 《海事》錨(いかり), アンカー: ⇨ bower anchor, kedge anchor, sheet anchor, stream anchor. **2** 固定させるもの; 頼みの綱, 力となるもの, (心の)拠(よ)りどころ (cf. *Heb.* 6:19): be an ～ *to* ...にとって頼みの綱である. **3 a** 固定[定着]装置, 安定[固定]器具. **b** (気球を係留して固定させるための)重り. **c** 《医学》固定装置, 維持装置. **4** 《建築》錨飾り, つなぎ金物, (壁などを締め付ける)引金物(ひきがなもの). **5** 《土木》(吊り橋などのケーブルを両端で固定する)アンカー, 固定装置. **6** =anchorman. **7** 《軍事》防衛線上の要点, 防御線の主要拠点. **8 a** 錨形の物. **b** 《動物》錨状針骨《海綿などの体中にある》. **9** 《紋章》錨《希望 (hope) の象徴とされる》. **10** [*pl.*] 《俗》(自動車の)ブレーキ (brakes). **11** 《時計》アンクル《がんぎ車を係合するつめのある部品; ⇨ escapement 挿絵》.

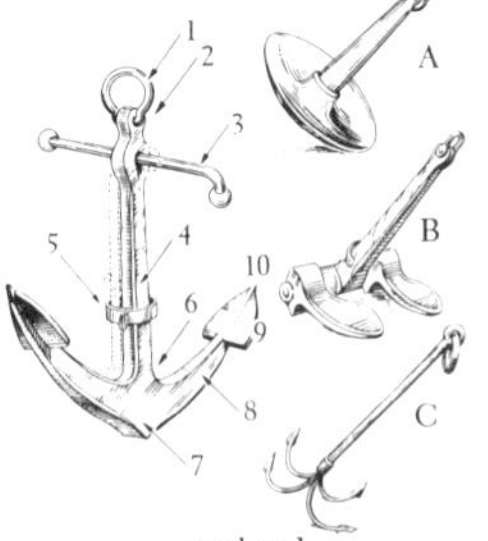

anchor 1

1 ring; 2 eye; 3 stock; 4 shank; 5 balancing band; 6 throat; 7 crown; 8 arm; 9 fluke *or* palm; 10 bill *or* peak

A mushroom anchor
B stockless anchor
C grapnel

Anchor awash. 《海事》錨水面《錨を揚げる際に, 水面すれすれまで来た状態; 正錨(せいびょう) (up anchor) の直前》. ***at anchor*** 錨(いかり)泊中で[の]: be [lie, ride] *at* ～ 投錨[停泊]している. ***back an anchor*** 《海事》副錨(いかり)を付ける《大錨の把駐力を増すためにその錨索の途中に副いかりを付け大錨が地面に対して引っかく形を保たせる》. ***cast an anchor to windward*** (1) 《海事》風上に投錨(とうびょう)する. (2) 安全策を講じる. ***cast*** (***the***) ***anchor*** (1) 投錨する. (2) 〔ある場所に〕落ち着く, とどまる〔*in*〕. ***cat the anchor*** 錨を錨架につり上げる. ***come to*** (***an***) ***anchor*** (1) 錨を下ろす, 停泊する. (2) 落ち着く (settle down); 定住する (come to rest): He *came to* ～ in a chair. 椅子に腰をおろした. ***drag*** (***the***) ***anchor*** 《海事》(嵐などで)(船の)錨が引きずられてきかなくなる. ***drop*** (***the***) ***anchor*** = *cast* (*the*) ANCHOR. ***lay an anchor to windward*** = *cast an* ANCHOR *to windward*. ***let go*** (***the***) ***anchor*** 錨を入れる; [号令] 錨入れ, 投錨(とうびょう). ***slip the anchor*** 《海事》錨鎖をスリップ (slip) で留めておいたのを開いて投錨する. ***swallow the anchor*** 《俗》船乗りをよす, 陸(おか)に上がる. ***The anchor comes home.*** 《海事》走錨する《海底に爪を引っかけていた錨が風の力などに耐えられず滑り出す》. ***weigh anchor*** (1) (出帆のために)錨を上げる, 抜錨(ばつびょう)する; 出帆する. (2) 立ち去る, 出掛ける; (当面の)仕事に取り掛かる.

— *vt.* **1** 〈船を〉錨でつなぐ, 錨泊させる: ～ a ship in the bay. **2** 〈気球などを〉係留する, 固定する, 〈テントを〉止める〔*to*〕: ～ a tent *to* the ground. **3 a** 〈希望などを〉かける, つなぐ (fix): ～ one's hope *in* [*on*] ...に望みの綱を掛ける. **b** 〈注意力などを〉しっかり捕える, つなぎ留める. **4 a** 《スポーツ》〈チーム〉のアンカーを勤める. **b** 《ラジオ・テレビ》〈番組〉の総合司会を勤める, 解説をする. — *vi.* **1** 投錨する; (錨を下ろして)停泊する: ～ off a harbor 港外(沖)に停泊する. **2** 固定する. **3** 〈人が〉住まいを定める, 落ち着く.

an·chor·age[1] [ǽŋk(ə)rɪdʒ | -kər-] 〚← ↑, -age〛 — *n.* **1 a** 錨地, 泊地, 船がかり, かかり場. **b** 投錨(とうびょう), 停泊. **c** 停泊料[税]. **2** (気球などの)係留: an ～ post 係留柱. **3** (心の)拠(よ)りどころ, 頼みの綱. **4** 《土木》アンカレッジ, 定着(基礎)《吊り橋などのケーブルを陸地の部分で引き留めるため, 鋼材をコンクリートに埋めこんで引き抜けないように固めたブロック》. **5** 《歯科》固定源《矯正力を歯に働かせる場合の抵抗源となるもの, あるいは金冠・義歯等を口の中に固定するための歯》. **6** 《医学》固定(法). **7** 《心理》碇泊(ていはく)点《認知や判断の対象の位置づけにあたって基準とするもの》.

an·chor·age[2] [ǽŋk(ə)rɪdʒ | -kər-] 〚← 《廃》*anchor* anchorite (< OE *ancra* □ OIr. *anchara* ← eccl.L *anachōrēta* 'ANCHORITE')+-AGE〛 — *n.* 隠者の住まい, 庵(いおり) (hermitage).

An·chor·age [ǽŋk(ə)rɪdʒ | -kər-] 〚← ANCHORAGE[1]: 昔捕鯨船がここに停泊したことから〛 *n.* 米国 Alaska 州南部の海港; 人口 48,000.

ánchor àrm *n.* 錨(いかり)の腕 (⇨ anchor 挿絵).

ánchor bàll *n.* 《海事》停泊球《昼間船舶が停泊していることを示すため船首付近に掲げる黒球》.

ánchor bèd *n.* 《海事》錨床(びょうしょう), 錨座 (billboard) 《船首楼甲板上に錨(いかり)を引き上げて置く座》. ★ 現今の新しい船にはない.

ánchor bèll *n.* 《海事》アンカーベル, 停泊船霧中号鐘《停泊中の船舶が霧の濃い時に鳴らすベル》.

ánchor bènd *n.* 《海事》錨結び (fisherman's bend).

ánchor bìll *n.* 《海事》錨(いかり)の爪の先端 (⇨ anchor 挿絵).

ánchor bòlt *n.* 《建築》(土台などを基礎に取り付ける)基礎ボルト, アンカーボルト《anchor rod ともいう》.

ánchor bùoy *n.* 《海事》錨(いかり)浮標[ブイ]《投入してある錨の位置を示す小さい浮き》.

ánchor chòck *n.* 《海事》**1** アンカー台《昔, 錨(いかり)を甲板上に収納しておく時に動かないように噛ませた楔状の木の台》. **2** 錨踵(びょうしょう)補強材《昔, 木製のストックが損傷した時, これに当てた補強材》. 「挿絵」.

anchor cròwn *n.* 《海事》錨(いかり)の最低部 (⇨ anchor

ánchor dàvit *n.* 《海事》錨(いかり)つりの柱. ★ 現今の新しい船には用いない.

ánchor dèck *n.* 《海事》錨(いかり)作業用甲板.

án·chored *adj.* **1** 錨を下ろした; (錨で)固定された. **2** 《紋章》=ancrée.

ánchor escàpement *n.* 《時計》アンクル脱進機《多くの振り子時計に用いられている脱進機; がんぎ車と係合するアンクルのつめの部分が錨形をしているのでこの名がある; 脱進動作中がんぎ車に僅かに後戻りを強いるので退却脱進機(recoil escapement)ともいう》.

an·cho·ress [ǽŋk(ə)rɪs, -rəs | ǽŋkərɪs, -res, -rəs] 〚《1393》← ME *ancre* < OE *ancra*: ⇨ anchorage[2], -ess[1]〛 *n.* 女の隠者.

an·cho·ret [ǽŋkərèt, -rɪt, -rət] *n.* =anchorite.

an·cho·ret·ic [æ̀ŋkərétɪk | -tɪk] *adj.* =anchoritic.

ánchor flùke *n.* 錨(いかり)のつめ, 錨鉤(びょうこう) (⇨ anchor 挿絵).

ánchor gèar *n.* 錨具(びょうぐ) 《錨(いかり)関係の用具》.

ánchor gròund *n.* 錨地(びょうち), 錨泊地《投錨に適する海底》.

ánchor-hòld *n.* **1** 錨(いかり)の把駐力, 錨きき. **2** 安固, 安全 (firm hold, security).

ánchor ìce *n.* 《地質》底氷《水底に出来る海綿状の結氷; ground ice ともいう》.

ánchor ìnsulator *n.* 《電気》引留め碍子(がいし).

an·cho·rite [ǽŋkəràɪt | -kər-, -kɔr-] 〚《*a*1464》 *ancorite* □ ML *anchōrīta* □ Gk *anakhōrētḗs* ← *anakhōrein* to withdraw ← ANA-+*khōrein* to give place, retire ∞ 《*c*1433》 *anachorite* □ eccl.L *anachōrēta*〛 — *n.* **1** (宗教的理由による)隠者, 隠士, 世捨て人, 道士 (recluse); 隠遁(いんとん)的な人. **2** 《カトリック》独住修士, 隠修士 (hermit).

an·cho·rit·ic [æ̀ŋkərítɪk | -tɪk] *adj.* 隠者の(ような), 隠遁(いんとん)的な. **àn·cho·rít·i·cal·ly** *adv.*

ánchor knòt *n.* 《海事》錨(いかり)結び (fisherman's bend).

ánchor·less *adj.* **1** 錨(いかり)のない, 錨を失った. **2** 安定を失った.

ánchor light *n.* 《海事》投錨(とうびょう)灯, 停泊灯《停泊中の船が日没から日出まで掲げる白色灯; riding light ともいう》.

ánchor lining *n.* 《海事》アンカーすれ止め板《錨(いかり)を引き上げる時船体外板が損傷するのを防ぐ添え板》.

ánchor·màn [-mæ̀n] *n.* (*pl.* **-men** [-mèn]) **1** 《スポーツ》**a** (綱引きで)チーム最後尾の人. **b** (リレーなどで)最後の走者[選手], アンカー: the ～ *on* a relay team. **c** (野球チームで)最強打者. **2 a** (事業などの)責任者, 調整者 (coordinator). **b** 《テレビ・ラジオ》ニュース番組の(総合司会を勤める)キャスター (cf. linkman[2] 1). **c** (討論会の)司会者 (moderator). **3** 《米俗》(卒業する同期生中で)成績が最下位の者.

ánchor pàlm *n.* 《海事》=anchor fluke.

ánchor plàte *n.* 《土木》定着板, 控え板《矢板式岸壁のタイロッドを固定するための土中の板》.

ánchor pòcket *n.* 《海事》アンカーポケット《錨(いかり)を引き上げたとき錨爪が平らに納まるようにした船外凹入部》.

ánchor pòint *n.* 《アーチェリー》矢を放つ前の構えを安定させるために自分の腕や手をあげてくる顔の一点《例えばあご》.

ánchor rìng *n.* **1** 錨環(びょうかん) (⇨ anchor 挿絵). **2** 《数学》トーラス, 円環面[体] (torus). 「bolt).

ánchor ròd *n.* 《建築》アンカーロッド (⇨ anchor

ánchor ròpe *n.* 《海事》アンカーロープ, 錨索(びょうさく) 《錨に付いた長い索; 大きい船では索の代りに鎖を使う》.

ánchor shàckle *n.* 《海事》アンカーシャックル《錨鎖(びょうさ)と錨環を連結するシャックル》.

ánchor shànk *n.* 《海事》錨幹(びょうかん) (⇨ anchor 挿絵).

ánchor shòt *n.* **1** 《海事》=grapple shot. **2** 《玉突》アンクル突き《引続き cannon を取る突き》.

ánchor stòck *n.* 《海事》錨(いかり)の横木, 錨の笄(こうがい).

ánchor stròke *n.* 《玉突》=anchor shot 2.

ánchor thròat *n.* 《海事》錨喉(びょうこう) (⇨ anchor 挿絵).

ánchor wàtch *n.* 《海事》守錨(しゅびょう)直《停泊中に強風・強潮などで錨(いかり)がひけ[走錨し]ないかを見守る当直》.

an·chor·y [ǽŋk(ə)ri | -rɪ] 〚《変形》? ← ANCRÉE: ANCHOR の影響 ?〛 *adj.* 《紋章》=ancrée.

an·cho·vet·a [æ̀ntʃo(ʊ)véṭə | -tʃə(ʊ)vétə] 〚□ Sp. ～ (dim.) ← *anchova* (↓)〛 — *n.* 《魚類》北米太平洋沿岸に生息するカタクチイワシ科の小魚の一種 (*Cetengraulis mysticetus*) 《釣餌用》.

an·cho·vy [ǽntʃoʊvi, ─ ─ ─, ǽntʃə- | ǽntʃəvɪ, æntʃə́ʊvɪ] 〚《1596》□ Sp. & Port. *anchova* (i) □ ? It. (Genoese) *ancioa* < VL **apjuam* □ Gk *aphúē* small fry // (ii) □ ? Basque *anchu* dried fish ← *anchua* dry〛 — *n.* (*pl.* **-cho·vies**, ～) 《魚類》カタクチイワシ科の小魚の総称; (特に)アンチョビー (*Engraulis encrasi-*

cholus)《産卵期には表層にのぼってくる; 地中海に多産する; pickles, anchovy sauce などに用いる》.
ánchovy páste *n.* アンチョビーペースト《アンチョビーをすりつぶし, 酢・香辛料を加えて練ったもの》.
ánchovy pèar *n.* 〘植物〙アンチョビーナシ《西インド諸島産サガリバナ科のマンゴーに似た果物》; その木 (*Grias cauliflora*).
ánchovy sáuce *n.* アンチョビーソース.
ánchovy tóast *n.* アンチョビー付きのトースト.
an·chu·sa [æŋkjúːsə, -zə] 〖← NL *Anchūsa* ← L 'alkanet' ▭ Gk *ágkhousa*〗 ── *n.* 〘植物〙ウシノシタグサ《ムラサキ科ウシノシタグサ属 (*Anchusa*) の植物の総称; ウシノシタグサ (*A. azurea*) など; cf. bugloss》.
an·chu·sin [æŋkjúːsɪn, -sən | -sɪn] 〖(1863): ⇨ ↑, -in¹〗 *n.* 〘化学〙赤い着色材料《植物の一種アルカンナ (alkanet) の根から採る; alkannin が主成物》.
an·chy·lose [ǽŋkɪlòus, -kə-, -lòuz | ǽŋkɪlə̀uz] *vt.*, *vi.* 〘医学〙=ankylose.
an·chy·lo·sis [æ̀ŋkɪlóusɪs, -kə-, -səs | æ̀ŋkaɪlə́usɪs, æ̀n-] *n.* (*pl.* **-lo·ses** [-siːz]) 〘解剖・病理〙=ankylosis.
an·chy·los·to·mi·a·sis [æ̀ŋkɪlòusto(ʊ)máɪəsɪs, -kə-, -lɑ̀stə-, -səs | -kɪlə̀ustə(ʊ)máɪəsɪs, -lɔ̀s-] *n.* (*pl.* **-a·ses** [-siːz]) 〘病理〙=ancylostomiasis.
an·cienne no·blesse [ɑ̃ː(n)sjén-no(ʊ)blés, ɔ̃ː(n)-, ɑːn-, ɔ(ː)n- | -nə(ʊ)-; *F.* ɑ̃sjɛnnɔblɛs] 〖▭ F ～ 'ancient nobility'〗 ── *F. n.* [the ～; 集合的] (1789 年のフランス革命以前の)旧制度 (ancien régime) の貴族.
an·cien ré·gime [ɑ̃ː(n)sjɛ̃ː(ŋ)-reɪʒíːm, ɔ̃ː(n)-, ɑːn-, ɔ(ː)n-, -sjǽŋ-; *F.* ɑ̃sjɛ̃ʀeʒim] 〖▭ F ～ 'ancient system of government'〗 ── *F. n.* (*pl.* **an·ciens ré·gimes** [～(z); *F.* ～]) **1** [the ～] 旧制度, アンシャンレジーム (ancient regime)《特にフランス革命以前のフランス絶対王政期の政治・社会制度》. **2** 旧制度, 旧体制.
an·cient¹ [éɪnʃənt] 〖(1554)《変形》← ENSIGN: ↓ の影響〗 *n.* **1** 《古》旗 (flag, standard). **2** 《廃》旗手 (standard-bearer).
an·cient² [éɪnʃənt] 〖(?c1390) *auncien* ▭ AF=(O)F *ancien* < VL **antiānum* old, former ← ANTE- + L *-ānus* '-AN¹': *-t* は -ANT, -ENT との類推で 15 C から〗 ── *adj.* (**more** ～, **most** ～; ～**er**, ～**est**) **1** 昔の, 往古の; 古代の (⇨ ancient history 1): ～ civilization 古代文明 / an ～ city 古代都市, 古都 / ～ relics 古代の遺物 / ～ times 古代 / in ～ days 大昔に. **2** 古来の, 非常に古い: an ～ custom, building, superstition, etc. **3** 古くさい, 旧式な (old-fashioned); 《戯言》古ぼけた: an ～ style of dress / an ～ box camera, straw hat, etc. **4 a** 老齢の, 年老いた (very old): *The Rime of the Ancient Mariner* (Coleridge 作の)「老水夫行」. **b** 《古》(高齢で)徳の備わった, 賢明な (venerable, wise). **c** よぼよぼの. **5** 〘法律〙30 年(時には 20 年)たった: an ～ boundary / ⇨ ancient lights.
ancient and honorable 〈伝統など〉古来の, 昔ながらの, 由緒ある (time-honored) (cf. *Isa.* 9: 15).
── *n.* **1** 古代人. **2 a** [通例 the ～s] 古代文明国人《特に, 古代ギリシャ・ローマ・エジプト・ヘブライ人》. **b** [しばしば *pl.*] 古代作家, 古典作家. **3** 《古》老人, 故老 (old man); 先祖 (ancestor). **4** 古代の貨幣.
Ancient of Days (1) [the ―] 〘聖書〙「日の老いたる者」, 神 (God) (*Dan.* 7: 9). (2) [a- of d-] 《戯言》非常な老人, 非常に古い物.
～·ness *n.*
áncient hístory *n.* **1** 古代史《ヨーロッパ史ではほぼ西ローマ帝国滅亡 (476) まで; cf. history 1 a》. **2** 《口語》 **a** 時代遅れの事柄. **b** 古くさい話, 周知の事柄 (common knowledge): It's ～ now.
áncient líghts *n. pl.* 〘法律〙 **1** 採光[日照]権を取得した窓(など)《20 年以上採光を妨げられなかった窓; 主に英国ではそれ以後も採光を続ける権利がある; cf. ancient² *adj.* 5》. **2** 採光[日照]権.
án·cient·ly *adv.* **1** 大昔に (in ancient times). **2** 《廃》以前に (formerly).
áncient mónument *n.* 古跡[遺跡]記念物《英国では環境省所管》.
áncient regíme *n.* =ancien régime.
an·cient·ry [éɪnʃəntri | -rɪ] *n.* **1** 古代, 大昔 (ancient times). **2** 古さ (ancientness); 古風 (ancient style); 旧式. **3** 《廃》古い家系, 旧家 (ancient lineage); 家系 (ancestry). **4** [集合的] 《廃》老人たち.
an·ci·le [ɑːŋkíːleɪ, ænsáɪli | ɑːŋkíːleɪ, ænsáɪlɪ] 〖▭ L *ancīle* ← ? *ancīdere* ← *an-* 'AMBI-' + *caedere* to cut〗 ── *n.* (*pl.* **an·cil·i·a** [ɑːŋkíliə, ænsíl-lɪə]) 聖なる楯《古代ローマ人が Rome の守りを保証すると考えた 12 本の聖なる楯の各々》.
an·cil·la [ænsílə] 〖▭ L ～ 'female servant' (dim.) ← *ancula* (fem.) ← *anculus* servant〗 ── *n.* (*pl.* **an·cil·lae** [-liː]) **1 a** 添え物, 付属物 〔*to*〕. **b** 役立つもの, 手引き 〔*to*〕. **2** 《古》女中.
an·cil·lar·y [ǽnsəlèri, ænsíləri | ænsílərɪ] 〖(1667) ▭ L *ancillār-is* of a female servant: ⇨ ↑, -ary〗 ── *adj.* **1** 補助的な, 付随の, 付属的な (auxiliary, subordinate) 〔*to*〕: an ～ science 補助科学. **2** 〘法律〙付属の, 付加的な. ── *n.* 補助物, 付随物.
an·cip·i·tal [ænsípətl | -pɪtl] 〖← L *ancipit-*, *anceps* two headed (← AMBI- + *caput* head) + -AL¹〗 ── *adj.* 〘動物〙二面のある; 〘植物〙二稜形の, 二稜のある (two-edged).
an·cip·i·tous [ænsípətəs | -pɪt-] *adj.* 〘動物・植物〙=ancipital.
an·cle [ǽŋkl] *n.* 《廃》=ankle.
An·co·hu·ma [æ̀ŋkəh(j)úːmə] *n.* アンコウーマ《南米ボリビアの Sorata 山の高峰の一つ (6,287 m)》.
an·con [ǽŋkɑn | -kɔn] 〖(1706) ▭ L *ancōn* ▭ Gk *agkṓn* elbow: cf. ankle〗 ── *n.* (*pl.* **an·co·nes** [æŋkóuniːz | -kə́u-]) **1** 〘解剖〙ひじ (elbow). **2** 〘建築〙(渦形などの)持送り (console, bracket); つなぎ金物.
an·co·na [æŋkóunə, æn- | -kə́u-] 〖▭ It. ～ ← ? Gk *eikóna* (acc.), *eikṓn* image: ↓ との連想による変形か: cf. icon〗 ── *n.* (*pl.* **an·co·ne** [-ni | -nɪ], ～**s**) 〘教会〙祭壇の背後の飾り (altarpiece)《特に, 入念に作られた枠組のある色彩画などから成る》.
An·co·na [æŋkóunə, æn- | -kə́u-; *It.* ankóːna] *n.* **1** アンコーナ《イタリア東部, アドリア海に臨む都市; 人口 108,000》. **2** アンコーナ《Ancona の原産でレグホンに似ている卵用の一品種の鶏》.
an·co·nal [æŋkóunl̩, æn- | -kə́u-] *adj.* 〘解剖〙ひじ (elbow) の (cf. ancon 1).
ancone *n.* ancona の複数形.
an·co·ne·al [æŋkóuniəl, æn- | -kə́unɪəl] *adj.* 〘解剖〙=anconal.
ancones *n.* ancon の複数形.
Áncon shèep 〖*Ancon*: ← NL ～: その脚の形から: ⇨ ancon〗 *n.* 〘畜産〙アンコン シープ《今は絶滅した長胴・短脚で前足の曲がった一品種の羊》.
An·cre [ɑ́ː(ŋ)kr(ə), ɔ̃ː(ŋ)-, ɑ́ːŋ- | ɔ̃ː(ŋ)-; *F.* ɑ̃ːkʀ] *n.* [the ～] アンクル(川)《フランス北東部, Picardy 地方を流れ Somme 川に注ぐ川 (35 km); 第一次大戦の戦跡; 1916 年 11 月連合軍が初めて戦車を使用した》.
an·crée [ǽŋkreɪ; *F.* ɑ̃kʀe] 〖▭ F *ancré* ← *ancre* 'ANCHOR'〗 ── *adj.* 〘紋章〙先端が二叉に分かれ錨(いかり)形に曲がった《anchory ともいう; cf. moline》: ⇨ cross ancrée.
an·cress [ǽŋkrɪs, -krəs, -kres] *n.* =anchoress.
anct. 《略》ancient.
-an·cy [ənsi, n̩si | -sɪ] 〖⇨ -ance, -cy〗 *suf.* -ance の変形で性質・状態を表わす名詞語尾: ascend*ancy*, redund*ancy*.
an·cy·l- [ǽŋkɪl, -kəl, ǽnsəl | ǽŋkɪl, ǽnsɪl] (母音の前に来る時の) ancylo- の異形.
An·cyl·i·dae [æŋkílədiː, ænsíl- | -lɪ-] 〖← NL ～ ← *Ancylus* (属名: ⇨ ankylo-) + -IDAE〗 *n. pl.* 〘貝類〙オガワコザラガイ科.
an·cy·lo- [ǽŋkɪlo(ʊ), -kə-, ǽnsə- | ǽŋkɪlə(ʊ), ǽnsɪ-] =ankylo-.
An·cy·lo·sto·mat·i·dae [æ̀ŋkɪlòusto(ʊ)mǽtədiː, -kə-, æ̀nsə-, -lɑ̀stə- | æ̀ŋkɪlə̀ustə(ʊ)mǽtɪ-, æ̀nsɪ-, -lɔ̀s-] 〖← NL ～ ← *Ancylostomat-*, *Ancylostoma* (属名: ⇨ ankylo-, -stoma¹) + -IDAE〗 *n. pl.* 〘動物〙鉤虫(こうちゅう)科.
an·cy·lo·sto·mi·a·sis [æ̀ŋkɪlòusto(ʊ)máɪəsɪs, -kə-, æ̀nsə-, -lɑ̀stə-, -səs | æ̀ŋkɪlə̀ustə(ʊ)máɪəsɪs, æ̀nsɪ-, -lɔ̀s-] 〖← NL ～ ← *Ancylostoma* (↑) + -IASIS〗 ── *n.* (*pl.* **-a·ses** [-siːz]) 〘病理〙鉤虫(こうちゅう)症, 十二指腸虫症 (hookworm disease).
An·cy·lo·stom·i·dae [æ̀ŋkɪlo(ʊ)stɑ́mədiː, -kə-, æ̀nsə- | æ̀ŋkɪlə(ʊ)stɔ́mɪ-, æ̀nsɪ-] *n. pl.* 〘動物〙=Ancylostomatidae.
and [ən(d), [t, d, s, z] の後ではまた n̩, [p, b] の後ではまた m̩, [k, g] の後ではまた ŋ̍; ǽn(d), ǽn(d)] 〖OE ～, *ond* < Gmc **anda*, **unda* (Du. *en* / G *und*) ← IE **n̥dhá-* ← **en* in〗 ── *conj.* **1 a** [語・句・節などを対等に連結して; 記号 & (cf. ampersand)] そして, および, …と…, …や…: a statesman ～ a poet 政治家と詩人 (cf. 1 b) / black ～ white bread 黒パンと白パン / He can speak *both* English ～ French. 英語もフランス語も話せる / The boy sat *between* her ～ me. 少年は彼女と私との間にすわった / I answered the question carefully ～ without error. その質問に慎重に間違いなく答えた / They walked over the river ～ through the woods. 彼らは川を渡り森を通って歩いて行った / She said that she would agree ～ that she would go with me any day. 彼女は承知していつでもお伴をすると言った / a knife ～ fork ナイフとフォーク (cf. a knife ～ a spoon) / man ～ wife 夫妻 / I want money ～ [ǽ(ː)nd] happiness, not money or [ɔ́ə | ɔ́ː] happiness. 金も幸福もほしいのであって金か幸福がほしいのではない. ★ (1) 三つ以上の語句を対等に連結する場合には次の 3 通りの表わし方がある: (a) A, B(,) ～ C / (b) A ～ B ～ C / (c) A, B, C. このうち (a) が注意深く最も穏当な表現法であり, (b) は口語調の文体に見られ, (c) は次々と思いつくままに書き連ねるときの様式である. (2) and を文の冒頭に用いるのは特に古い文体に多い: … *And* the Spirit of God moved upon the face of the waters. …神の霊水の面(おもて)をおおいたりき (*Gen.* 1: 2). (3) 《口語》では強勢を置いた and [ǽ(ː)nd, ǽnd] を間投詞的に文頭に用いることがある: *And* are they really going to get married? まあ, 二人は本当に結婚するのでしょうか / *And* that reminds me. ああ, それで思い出した. **b** かつ, (…と同時に)また: buy ～ sell 売買する / eat ～ drink 飲み食いする / We walked ～ talked. 歩きながら話をした / He is a statesman ～ poet. 彼は政治家で詩人です (cf. 1 a) / It was a black ～ white film. 白黒映画だった. ★ 最後の 2 例で不定冠詞が繰り返されないことに注意; ただし同一人[物]をさす名詞が and で結ばれた二つの形容詞に修飾され, その一つ一つが強調される場合には, それぞれの前に不定冠詞が繰り返される: He was evidently *an* active ～ *an* energetic sightseer. 彼は確かに活発で精力的な旅行者だった. **c** [足し算で] …足す… (plus): Four ～ two make(s) [equal(s)] six. 4 足す 2 は 6. **d** [数詞を接続して]: two hundred ～ twenty-three 223《★ 百の位の次に and [ənd, ən] を入れるが《米》では略すこともある》/ one thousand ～ one 1,001 / one million ～ fifty 1,000,050 / two pounds ～ five pence (英貨) 2 ポンド 5 ペンス / seven ～ six (もと英貨) 7 シリング 6 ペンス《7/6 と略記する》. ★ one ～ twenty (=twenty-one) の語法は古風で, 主に年齢などをいう場合に 2 桁(けた)の数のうちでも比較的低い数を表わすのに用いられる: She is getting on five ～ forty. もうかれこれ 45 歳だ. **e** それから, …して (and then): She nodded ～ walked on. うなずいてからまた歩き続けた / He finished his speech, ～ they applauded. 演説を終えると拍手が起こった.
2 a [同一の語を結び反復・継続を表わして] …も…も, …に…し(続ける): hundreds ～ hundreds 何百も何百も, 幾百となく / again ～ again 何度も何度も, 再三再四 / I waited for hours ～ hours. 何時間も何時間も待った / He got wet through ～ through. ずぶぬれになった / They talked ～ talked. 彼らはしゃべりにしゃべった[(長時間)しゃべりまくった] / cf. TWO *and two*. **b** [比較級と共に用いて] ますます…: The airplane flew up higher ～ higher. 飛行機は高く高く飛んで行った / Things are getting more ～ more difficult. 事態は段々困難になっていく. **c** [同一の名詞を結び種々様々の意を強調して]: There are hotels ～ hotels, some good, some bad. ホテルにもぴんからきりまである, 良いのもあれば悪いのもある.
3 a [結果の意を含んで] それで, だから (and so): He is a fool ～ knows nothing. 彼はばかで[だから]何も知らない. **b** [ǽnd] [命令文またはそれに相当する語句の後に用いて] そうすれば, それなら (cf. or¹ *adj.* 3): Go along this way, ～ you will soon get there. この道に沿って行けばじきにそこへ着きます / Move [Another step], ～ I will shoot. 動くと[もう一歩でも動いたら]撃つぞ.
4 [ǽnd] **a** [対立の意を含んで] …でしかも (yet); …しながら(それでいて) (but); 《口語》それどころか(さらに): His last work is an entertaining ～ scholarly book. 彼の近作はおもしろくてしかも学究的な本です / He is rich, ～ he lives like a beggar. 金持なのに乞食のような暮しをしている / She promised to tell me, ～ didn't. 私に知らせてくれると約束しておきながら知らせてくれなかった / A sailor, ～ [ǽ(ː)nd] afraid of the weather! 《口語》船乗りのくせに荒天を恐れるとは / He came?—*And* stayed the night. 《口語》彼が来たのですか―そうですよ, その上一晩泊って行きました. **b** [補足的または制限的陳述を追加して] しかも: She, ～ she alone, was chosen. 実に彼女だけが選ばれた / He did it, ～ did it well. それをやってのけた, しかも立派に / ⇨ *and* HOW¹, *and no* MISTAKE, *and no* WONDER, *and* THAT¹ (1).
5 [ən, n, m, ŋ̍] **a** [意味上あとの語が前の語に従属する二つの名詞を連結して]: a cup ～ saucer 受け皿付きのカップ / (a) whiskey ～ water 水割りウイスキー(一杯) / a carriage ～ four 四頭立ての馬車 / write with pen ～ ink ペンで書く, ペン書きにする. ★ (1) 特にパン・料理の名称に用いる: bread ～ butter バター付きパン《バターを塗った[添えた]パン》/ a roll ～ cheese チーズ入りロールパン / fruit ～ cream クリーム入りフルーツ / ham [bacon] ～ eggs ハム[ベーコン]エッグ / meat ～ potatoes ポテト付きの肉. (2) 《米俗》では料理の注文用語として and のあとの名詞を省略することがあり, その場合の発音は [ǽ(ː)nd] となる (cf. GAME and (set)): ham [bacon] ～ = ham [bacon] ～ eggs / coffee ～ = coffee ～ doughnuts コーヒーとドーナツ. **b** [二つの形容詞を連結して, 前の語があとの語に副詞的にかかることを示す] 《口語》: It was nice ～ warm (=nicely warm). ぽかぽかと暖かかった / I'm good ～ hungry. とても腹ぺこだ. **c** [come, go, run, try, write などの命令形または不定詞形のあとに置いて; 次の動詞と共に目的を示す to 不定詞の意味を表わす] 《口語》: Go ～ see who it is. だれなのか見て来なさい / I will try ～ do it better next time. この次はもっとよくやるようにしましょう / Let's run along ～ catch him. 追っかけて行ってつかまえてやろう / Please write ～ tell me any time you like. いつでもご都合のよい時に一筆お知らせ下さい. ★ 特に《米口語》では and が省かれることがある: Can you *come see* me tonight? 今晩お出でになれませんか. **d** [二つの動詞を連結して, あとの動詞に付帯情況を示す現在分詞の意味を添える]: Please stand ～ wait here for some time. しばらくここでこのまま待っていて下さい / He still sat ～ looked at the picture. まだその絵を見てすわっていた.
6 [2 語を連結し, あとの語に前の語に対する修飾語的機能を添える]: his fair ～ outward character うわべだけ公正な彼の性格 / in poverty ～ distress はなはだしい貧困状態にあって, 窮迫して.
7 [二つの街路名を連結して, 交差点を示す] 《米》: 12th Street ～ Independence Avenue 12 番街とインディペンデンス通りの交差点.
8 〘論理〙かつ, そして, および《命題結合詞の連言[両立]詞として用いられる; cf. conjunction 5》.
9 《廃》…ならば (if); …としても (even if) (cf. an² 2): ～ it pleases you = if you please.
and all 《口語》 (1) その他みんな[なにもかも], …ごと: He ate the fish, bones ～ *all*. 魚を骨ごと食べた / The money had been stolen, box ～ *all*. お金は箱ごと盗まれていた. (2) …やなにか: I have no time to rest, with meetings ～ *all*. 会議やなにかで休む暇も

ない. (3) [単に先行の陳述を強調して]《英方言》全く, 実際 (truly): They were a queer lot, ~ *all*. 彼らは全くもっておかしな連中だった. ***and all that*** 《口語》…やら何やら, …など (and so forth): He used to take drugs ~ *all that*. 麻薬やら何やらよく飲んでいた / Very many happy returns of the day, ~ *all that*. どうか幾久しく《誕生日・祝日の挨拶(あいさつ)》. ***and/or*** ⇨ and/or. ***and so forth*** [***on***] …など, …等(等), …その他(同じように); またそういったこと. ★ アクセントは so にあって forth, on にはない: You must get ready milk, eggs, flour, ~ *so forth* [*on*]. 牛乳・卵・小麦粉などを用意しなければならない / She cried and screamed ~ *so forth*. 泣いたりわめいたりいろいろと大変だった.
— *n*. 付け加え, 付け足し; (付け加えの)条件 (cf. if *n*.): I don't want to hear any ~*s* about it. それには「ただし」などということは聞きたくない.

AND [ǽ(ː)nd] 〘↑〙 *n*. 〘電算機〙アンド論理積《すべての入力が "1" であるとき出力に "1" を生ずる論理》.

and. 《略》〘音楽〙 andante.

-and [ænd] *suf*. =-nd¹.

An·da·lu·sia [ӕndəlúːʒə, -ʒiə | -zjə, -zɪə, -ʒɪə, -sjə, -sɪə, -ʃɪə] 〘□ Sp. *Andalucía* □ Arab. *'Andalus* □ L *Vandalusia* country of the Vandals: ⇨ -ia¹〙 — *n*. アンダルシア《スペイン南部, 大西洋と地中海に面する地方; 面積 87,921 km²》.

An·da·lu·sian [ӕndəlúːʒən | -zjən, -zɪən, -ʒɪən, -sjən, -ʃɪən] *adj*. アンダルシア(人, 方言)の. — *n*. **1** アンダルシア人. **2** (スペイン語の)アンダルシア方言. **3** =Andalusian fowl.

Andalúsian fówl *n*. アンダルシャン《Andalusia 地方原産の卵用の一品種の鶏》.

Andalúsian schóol *n*. [the ~] アンダルシア派《Seville を中心とする 17 世紀のスペイン画家の一派》.

an·da·lu·site [ӕndəlúːsaɪt] 〘□ F *andalousite* ← *Andalousie* Andalusia (原産地名): ⇨ -ite¹〙 *n*. 〘鉱物〙アンダルサイト, 紅柱石 (Al_2SiO_5).

An·da·man [ǽndəmən, -mæ̀n, -mən] *adj*. アンダマン諸島(人)の; アンダマン語の: an ~ islander [Islander]. — *n*. **1** =Andamanese 1. **2** [the ~] =Andaman Sea.

Ándaman and Nícobar Íslands *n*. *pl*. [the ~] アンダマンニコバル諸島《Bengal 湾中, ビルマの南西部にある二つの群島で, インド政府の直轄領; 人口 116,000, 面積 8,327 km², 首都 Port Blair》.

An·da·man·ese [ӕndəməníːz, -níːs | -níːz] *adj*. = Andaman. — *n*. (*pl*. ~) **1** アンダマン諸島人. **2** アンダマン語.

Ándaman Íslands *n*. *pl*. [the ~] アンダマン諸島《Bengal 湾東部の諸島; Nicobar 諸島とともにインドの連邦政府直轄領をなす; 人口 49,000, 面積 6,422 km²》.

Ándaman Séa *n*. [the ~] アンダマン海《Bengal 湾の一部で, Andaman and Nicobar 諸島の東方海域》.

an·da·men·to [ӕndəméntou | -təu; *It*. andaménto] 〘□ It. ~ ← *andare* to walk+-*mento* '-MENT'〙 — *n*. (*pl*. ~s [~z]) 〘音楽〙アンダメント: **a** フーガ (fugue) のエピソード. **b** 通例判然と対比した 2 部分より成るフーガの長い主題.

an·dan·te [ɑndáːnteɪ, -ti, ændǽnti | ændǽntɪ; *It*. andánte] 〘(1742) □ It. ~ 'moving slowly' (pres.p.) ← *andare* to go: cf. ambulate〙 〘音楽〙 — *adj*., *adv*. アンダンテ, ゆったりした調子の[で], 歩く速さの[で]. — *n*. 緩徐楽章, アンダンテ(の曲[楽章, 楽節]).

an·dan·ti·no [ɑ̀ndɑntíːnou, ӕndæn- | ӕndæntíːnəu; *It*. andantíːno] 〘(1819) □ It. ~ (dim.) ↑〙 〘音楽〙 — *adv*. アンダンティーノ, アンダンテよりやや早い速度で. — *n*. (*pl*. ~s) アンダンティーノ(の曲[楽章, 楽節]).

An·de·an [ǽndiən, ændíːən | ændíːən, -díən, ǽndɪən] *adj*. (南米)アンデス (Andes) 山脈の. — *n*. アンデス山地人.

Ándean cóndor *n*. 〘鳥類〙 =condor 1 a.

-an·der [ǽndə | -də(r)] 〘← NL -*andrus* ← Gk -*andros* '-ANDROUS'〙 〘植物〙「…個の[…の形の]雄蕊のあるもの」の意の名詞連結形.

An·ders [ǽndəz | -dəz; *Dan*. ánərs, *Swed*. ándərs] 〘《異形》← ANDREW〙 *n*. 男性名.

An·der·sen [ǽndəsn | -də-; *Dan*. ánərsən], **Hans Christian** *n*. アンデルセン, アネルセン《1805-75; デンマークの詩人・童話作家; *Improvisatoren*「即興詩人」(1835), *Eventyr*「童話」(1835)》.

An·der·son [ǽndəsn | -də-] *n*. =Anderson shelter.

An·der·son [ǽndəsn | -də-], **Carl David** *n*. (1905-) 米国の物理学者, positron の発見者; Nobel 物理学賞 (1936).

Anderson, Marian *n*. (1902-) 米国の黒人女性歌手.

Anderson, Maxwell *n*. (1888-1959) 米国の劇作家; *Both Your Houses* (1933), *Winterset* (1935).

Anderson, Sherwood *n*. (1876-1941) 米国の小説家; *Winesburg, Ohio* (1919), *Poor White* (1920).

Ánderson shèlter 〘← *Sir John Anderson* (これが採用された時の英国の内相 (1939-40))〙 — *n*. 《英》軽便防空シェルター《なまこ鋼鉄板を張ったアーチ形の簡易移動式小型防空小屋》.

An·der·son·ville [ǽndəsnvɪl | -də-] *n*. 米国 Georgia 州南西部の村; 南北戦争当時南軍の捕虜となった数万の北軍兵士はここの監獄に入れられその多数は獄死した.

An·des [ǽndiːz; *Sp*. ándes] *n*. [the ~; 複数扱い] アンデス山脈《Colombia および Venezuela から Cape Horn まで南米西部を縦走する大山脈; 延長 8,900 km; 最高峰は Aconcagua (6,960 m) で西半球の最高峰》.

Ándes glów *n*. 〘気象〙 =Andes lightning.

an·de·sine [ǽndɪziːn, -də- | -dɪ-] 〘□ G *Andesin*: ⇨ Andes, -ine³〙 *n*. 〘鉱物〙中性長石《斜長石の一種》.
an·de·sin·ic [ӕndɪzínɪk, -də- | -dɪ-] *adj*.

an·de·site [ǽndɪzaɪt, -də- | -dɪ-] 〘□ G *Andesit*: Andes, -ite¹〙 *n*. 〘岩石〙安山岩《火山岩の一種》. **an·de·sit·ic** [ӕndɪzítɪk, -də- | -dɪzít-] *adj*.

Ándes lìghtning *n*. 〘気象〙電場が乱された時山岳地帯の上で起こるコロナ型の電気放電.

Ándes lìghts *n*. *pl*. 〘気象〙 =Andes lightning.

An·dhra Pra·desh [ɑ́ːndrə prədéɪʃ, -déʃ | ǽndrə prədéʃ, -déɪʃ] *n*. アンドラ プラデシュ(州)《インド中南部の州; 人口 43,395,000, 面積 275,244 km², 首都 Hyderabad》.

and·i·ron [ǽndaɪən | -ən] 〘(1309) *aundiren* □ OF *a(u)ndier* (F *landier*) □ ? Gaulish **andero-* young bull (薪架(まき)に牛の首を装飾として用いたことから): -*iron* は IRON との連想から: cf. gridiron〙 — *n*. 炉の薪(まき)のせ(台), 薪架(まき) (firedog).

andirons

An·di·zhan [ӕndɪʒǽn, ɑ̀ndɪʒɑ́ːn; *Russ*. andʲiʒán] *n*. アンディジャン《ソ連邦南部 Uzbekistan 共和国の都市; 人口 224,000》.

and/or [ǽndɔ̀ə | -ɔ̀ː(r)] *conj*. 'および' あるいは 'または' (and or or), 両方ともまたはいずれか一方 (both or either) (cf. either-or): theory ~ practice 理論と実際あるいはそのいずれか《theory and practice と theory or practice の二形の略記で三者択一を示す》/ Contributions in money ~ garments are welcome. 金銭・衣服の寄付を歓迎します.

An·dor·ra [ændɔ́(ː)rə, -dɑ́rə | -dɔ́ːrə, -dɔ́rə; *Sp*. andórra] *n*. アンドラ《フランスとスペインとの間, ピレネー山脈 (Pyrenees) 中にあるフランス・スペイン共同保護下の公国; 人口 20,000, 面積 466 km², 首都 Andorra la Vella [*Sp*. -la-béja]; 公式名 the Valleys of Andorra アンドラ公国; フランス語名 Andorre [ɑ̃dɔːr]》.

andr- [ændr] (母音の前に来る時の) andro- の異形.

-an·dra [ǽndrə] 〘← NL ~ (fem.) ← -*andrus* '-ANDROUS'〙 〘植物〙「…の形の雄蕊のある植物」の意の名詞連結形. ★ 分類学上の名に用いる.

an·dra·dite [ændrɑ́ːdaɪt, ǽndrədàɪt] 〘← *J. B. de Andrada e Silva* (1763?-1838: ブラジルの地質学者): ⇨ -ite¹〙 *n*. 〘鉱物〙灰鉄ざくろ石 ($Ca_3Fe_2(SiO_4)_3$).

An·drás·sy [ɑ́ːndrɑːʃi | -ʃɪ; *Hung*. ɔ́ndraːʃi], Count **Gyula** [djúlɔ] *n*. アンドラシー: **1** (1823-90) ハンガリーの政治家. **2** (1860-1929) 同上の息子, 政治家.

An·dré [ɑ̃ː(n)dréɪ, ɔ̃ː(n)-, ɑːn- | ɔ(ː)n-; *F*. ɑ̃dre] 〘□ F ~ 'ANDREW'〙 *n*. 男性名.

An·dré [ǽndri, ɑ́ːndreɪ | -drɪ, -dreɪ; *F*. ɑ̃dre], **John** *n*. (1751-80) スイス系の英国陸軍軍人, 米国独立戦争で英軍のスパイとして米国で処刑された.

An·dre·a [ɑːndréɪɑ; *It*. andréːa] 〘□ ML ~: ⇨ Andrew〙 *n*. **1** 女性名. **2** 男性名.

Andrea del Sarto *n*. ⇨ Sarto.

An·dre·á·nof Íslands [ӕndriǽnɔf-, -nɔ(ː)f- | -drɪǽnɔf-; *Russ*. andrjiánəf-] 〘← *Andreyan Tolstykh* (1761 年にこれを発見したロシヤの商人)〙 — *n*. *pl*. [the ~] アンドレアノフ諸島《米国 Alaska 州南西部 Aleutian 列島の西部を成す諸島; 面積 3,710 km²》.

An·dre·as [ǽndriæ̀s, -driəs | -drɪæ̀s, -drɪəs; *G*. andréːas] 〘□ L ~ 'ANDREW'〙 *n*. 男性名.

An·dre·ev [ɑːndréɪ(j)əf; *Russ*. andrjéjəf], **Leonid Nikolaevich** *n*. アンドレーエフ《1871-1919; ロシヤの劇作家・小説家: *The Red Laugh* (1904), *He Who Gets Slapped* (戯曲, 1916)》.

An·dre·e·vich [ɑːndréɪɪvɪtʃ; *Russ*. andrjéjivjitʃ] 〘□ Russ. ~ 《原義》'son of ANDREI'〙 *n*. 男性名.

An·drei [ɑːndréɪ; *Russ*. andrjéj] 〘□ Russ. ~ 'ANDREW'〙 *n*. 男性名.

an·dre·nid [ændríːnɪd, -nəd | -nɪd] 〘↓〙 *n*. 〘昆虫〙ヒメハナバチ《ヒメハナバチ科のハチの総称》.

An·dren·i·dae [ændrénədiː, -ríːn- | -nɪ-] 〘← NL ~ ← *Andrena* (属名: ← ? Gk *anthrḗnē* wasp)+-IDAE〙 *n*. *pl*. 〘昆虫〙(膜翅目)ヒメハナバチ科.

An·drew [ǽndruː] 〘□ OF *Andreu* (F *André*) □ L *Andreas* □ Gk *Andréās* ← ? *andreios* manly ← *anḗr* man: ⇨ andro-〙 — *n*. **1** 男性名《愛称形 Andy, Dandi, Dandy; 異形 Anders, Andrea, Andrey, Andros》. **2** [(Saint) ~] アンデレ《十二使徒の一人; Peter の弟; ギリシャで殉教したといわれる; スコットランドの守護聖人, 七守護聖人 (Seven Champions of Christendom) の一人; 祝日 11 月 30 日; cf. *Mark* 3:18; *John* 1:40》. **3** 〘← *Andrew Millar* [*Miller*] (押韻俗語) ship of war〙 [the ~] 《英海軍俗》英国海軍 (Royal Navy).

An·drewes [ǽndruːz], **Lancelot** *n*. (1555-1626) 英国国教会の神学者, Winchester の主教, 欽定訳聖書翻訳者の一人.

-an·dri·a [ǽndriə | -rɪə] 〘← NL ~ ← Gk: ⇨ -androus, -ia¹〙 〘植物〙「…個の[…の形の]雄蕊のある植物」の意の複数名詞連結形.

an·dric [ǽndrɪk] 〘□ Gk *andrikós*: ⇨ andro-, -ic¹〙 *adj*. 男子の, 男に関する (↔ gynic).

An·drić [ɑ́ːndrɪtʃ; *Serbocroat*. ǎndritʃ], **I·vo** [íːvə] *n*. アンドリッチ《1892-1975; ユーゴスラビアの詩人・小説家・短編作家; Nobel 文学賞 (1961); *The Bridge on the Drina* (1945)》.

An·dri·ette [ӕndriét | -drɪ-; *F*. ɑ̃driɛt] 〘□ F ~ (fem. dim.) ← ANDRÉ〙 *n*. 女性名.

an·dro- [ǽndrə, -drou | -drə(u)] 〘□ Gk ~ ← *andrós* (gen.) ← *anḗr* man ← IE **ner-* man〙 —「人(の), 人間(の); 男性(の), 雄器, 雄蕊(ずい)」などの意の連結形 (↔ gyno-): *andro*clinium, *andro*phobia, *andro*sphinx. ★ 母音の前では通例 andr- になる.

àndro·céntric *adj*. 男性中心の, 男性支配の, 男性優勢の (↔ gynecocentric): an ~ society.

an·dro·ceph·a·lous [ӕndrəséfələs, -dro(u)- | -drə(u)kéf-, -séf-] 〘⇨ andro-, -cephalous〙 *adj*. (スフィンクスのように)人頭獣身の.

An·dro·cles [ǽndrəkliːz | -rə(u)-] 〘□ L ~ □ Gk *Androklēs*〙 — *n*. 〘ローマ伝説〙アンドロクレス《ローマの奴隷の名; 逃げ出して捕えられライオンに食わせるため闘技場に引き出されたが, そのライオンは以前彼に足のとげを抜いてもらったことがあるので彼に食いつかなかった》.

an·dro·clin·i·um [ӕndrəklíniəm | -drə(u)klíni-] 〘← NL ~: ⇨ andro-, clino-, -ium〙 — *n*. (*pl*. **-i·a** [-niə | -nɪə]) 〘植物〙(ラン科植物の)葯床(やくしょう)《clinandrium ともいう》.

An·dro·clus [ǽndrəkləs | ændrɔ́k-] *n*. 〘ローマ伝説〙 =Androcles.

an·dro·co·ni·um [ӕndrəkóuniəm | -drə(u)kə́unɪ-] 〘← NL ← ANDRO-+Gk *kónis* dust+-IUM〙 — *n*. (*pl*. **-ni·a** [-niə | -nɪə]) 〘昆虫〙発香鱗《鱗翅類の雄の羽に見られる発香性の鱗粉》.

an·dro·di·oe·cious [ӕndrədaɪíːʃəs | -drə(u)-] 〘← ANDRO-+DIOECIOUS〙 *adj*. (*also* **an·dro·di·e·cious** [~]) 〘植物〙雄性異株の.

an·droe·ci·um [ændríːʃiəm, -siəm | -sɪəm, -sjəm] 〘← NL ~ ← ANDRO-+Gk *oikíon* ((dim.) ← *oîkos* house)+-IUM〙 — *n*. (*pl*. **-ci·a** [-ʃiə, -siə | -sɪə, -sjə]) [集合的]〘植物〙雄蕊群 (stamens) (↔ gynoecium).
an·dróe·cial [-ʃiəl, -ʃəl | -sɪəl, -sjəl] *adj*.

an·dro·gam·one [ӕndrəgǽmoun | -drə(u)gǽməun] 〘← ANDRO-+GAMONE〙 — *n*. 〘生化学〙アンドロガモン《ウニ精子のメタノール (methanol) 抽出液にある受精物質の一つで, 精子の運動を制御する》.

an·dro·gen [ǽndrədʒən, -dʒèn] 〘← ANDRO-+-GEN〙 — *n*. 〘生化学〙アンドロゲン, 男性ホルモン《精巣から分泌される雄性物質の総称; 炭素 19 個からなるアンドロスタン骨格をもつステロイドの総称; cf. estrogen》.

àndro·génesis 〘← NL ~: ⇨ andro-, genesis〙 *n*. 〘生物〙雄核発生, 雄性発生, 雄性前核生殖, 雄性単為生殖 (↔ gynogenesis). **àndro·genétic** *adj*.

àndro·génic *adj*. 〘生物〙雄を生じる (↔ gynogenic).

An·drog·e·us [ændrɑ́dʒiəs | -drɔ́dʒɪ-] 〘□ L ~ □ Gk *Andrógeōs*〙 — *n*. 〘ギリシャ神話〙アンドロゲオース《クレタ王 Minos の子; Minos はその死の代償としてアテナイ人から 9 年ごとに 7 人の娘と 7 人の若者を取り立てた; cf. Minotaur》.

an·dro·gyne [ǽndrədʒàɪn] 〘(1552) □ F ~ // L *androgyn-us* □ Gk *andrógunos*: ⇨ andro-, -gyne〙 — *n*. **1** 男女両性具有者, ふたなり (hermaphrodite); (特に)女性偽半陰陽者 (female pseudohermaphrodite). **2** 女性的な男. **3** 〘植物〙雌雄同花序の植物 (androgynous plant). — *adj*. =androgynous.

an·drog·y·nous [ændrɑ́dʒənəs | -drɔ́dʒɪ-] 〘(1628): ⇨ ↑, -ous〙 — *adj*. **1** 男女両性具有の, 半男半女の (hermaphroditic); (特に)女性偽半陰陽者の. **2** 〘植物〙(同一の花序に)雌雄両花のある, 雌花雄花同座の. **3** (服装や行動の点で)男女の区別がつかない.

an·drog·y·ny [ændrɑ́dʒəni | -drɔ́dʒɪ-] 〘← ANDRO-+-GYNY〙 — *n*. **1** 男女両性具有, 両性奇形; (特に)女性偽半陰陽 (female pseudo-hermaphroditism). **2** 〘植物〙雌雄両花具有《雌花・雄花の同座》.

an·droid [ǽndrɔɪd] 〘← NL *androides*: ⇨ andro-, -oid〙 — *n*. **1** アンドロイド《人間の形をしたロボット》. **2** =humanoid. — *adj*. 人間の特徴をもつ; 男性の特徴をもつ.

An·drom·a·che [ændrɑ́məkiː | -drɔ́məkɪ] 〘□ L ~ □ Gk *Andromákhē* 《原義》having a husband who excels in fight ← ANDRO-+*mákhē* fight〙 — *n*. 〘ギリシャ神話〙アンドロマケ《Hector の忠実な妻で Astyanax の母》.

An·drom·e·da [ændrɑ́mədə | -drɔ́mɪ-] 〘□ L ~ □ Gk *Andromédā* 《原義》mindful of her husband ← ANDRO-+*médesthai* to think on〙 — *n*. **1** 〘ギリシャ神話〙アンドロメダ《エチオピアの王女で国を救うため海の怪獣に人身御供(ごくう)となったが

Andromeda 1
1 Andromeda; 2 Perseus; 3 sea monster

Perseus に救われてその妻となった》. **2** 〘天文〙アンドロメダ座《北天の星座；the Chained Lady ともいう》.

àndro·monóecious 〘← ANDRO- ＋ MONOECIOUS〙 *adj.* (*also* **àndro·monécious**) 〘植物〙雄花同株の《一つの株に雄花と両性花とを付けるものをいう》.

àndro·pétalous *adj.* 〘植物〙一部雄蕊(ずい)の残留する花弁の；小形の葯が花弁頂端についている.

an·dro·pho·bi·a [ændrəfóubiə, -dro(ʊ)- | -drə(ʊ)-fə́ʊbjə, -bɪə] *n.* 男性恐怖症, 男ぎらい.

an·dro·phore [ǽndrəfɔ̀ə, -fɔ̀ə | -drə(ʊ)fɔ̀:(r] 〘□ F ～：⇨ andro-, -phore〙 *n.* 〘植物〙 **1** 花の中にあって雄蕊をつける柱状物. **2** 雄器をつけるカビ菌糸の枝.

ándro·sphinx *n.* (*pl.* ～**·es, -sphinges**) 男の顔のスフィンクス (⇨ sphinx 1 a).

an·dro·spore [ǽndrəspɔ̀ə, -spɔ̀ə | -drə(ʊ)spɔ̀:(r] 〘← NL *androspōr-us*：⇨ andro-, -spore〙 ── *n.* 〘植物〙アンドロ胞子《サヤミドロの胞子嚢内の1個あるいは数個の雄性植物体に発達する雄性胞子》.

an·dros·ter·one [ændrástəròun | -drɔ́stərəʊn] 〘← ANDRO-＋STER(OL)＋-ONE〙 *n.* 〘生化学〙アンドロステロン ($C_{19}H_{30}O_2$)《男性の尿中にある男性ホルモン》.

-an·drous [ǽndrəs] 〘← NL *-andrus* ← Gk *-andros* of a man：⇨ andro-, -ous〙 ── 〘植物〙「…個の[…の形の]雄蕊[雄器]のある」の意の形容詞連結形 (↔ -gynous)：poly*androus*.

-an·dry [∸–ændri | -rɪ] 〘← NL *-andria* ← Gk *-andria* ← *-andros* (↑)：⇨ -y[1]〙 〘生物〙-androus に対する名詞連結形.

An·dva·ri [ɑ́:ndwɑ:ri | -rɪ] *n.* 〘北欧神話〙アンドヴァリ《Loki にニーベルング (Nibelungs) の宝と指輪を盗まれ, それに呪いをかけた小人》.

An·dy [ǽndi | -dɪ] 〘(dim.) ← ANDREW〙 *n.* 男性名.

ane [éɪn] 〘OE *ān*：ONE の方言形〙 *adj., n., pron.* 《スコット・北英》 ＝one.

-ane[1] [éɪn] 〘⇨ -an[1]〙 *suf.* -an[1] の変形であるが, しばしば異なった意味を表わす：hum*ane* (cf. human) / urb*ane* (cf. urban).

-ane[2] [eɪn] 〘ドイツの化学者 A. W. von Hofmann (1818-92) の造語(1866)〙 *suf.* 〘化学〙アルカン(alkane)類を示す名詞を造る：meth*ane*, pent*ane*, prop*ane*.

a·near [əníə | əníə(r] 〘← A-[1]＋NEAR：cf. anew, afar〙 *adv., prep., vt.* 《古》 ＝near.

an·ec·do·ta [ænɪkdóuṭə, ænək- | ænekdə́ʊtə, -nɪk-] *n. pl.* ＝anecdote 2.

an·ec·dot·age [ǽnɪkdòuṭɪdʒ, ǽnək- | ǽnɪkdəʊt-, ǽnek-] 〘(1823) ← ANECDOTE＋-AGE：cf. dotage〙 ── *n.* **1** [集合的] 逸話；逸話集. **2** 《戯言》(昔話をしたがる)老年期 (cf. dotage 1).

an·ec·dot·al [ænɪkdóuṭḷ, ænək- | ænekdə́ʊ-, ænɪk-] *adj.* **1** 逸話(的)の；逸話に富んだ. **2** 〘美術〙挿話風の《逸話の場面を伝えるように構成された》. ～**·ly** *adv.*

àn·ec·dót·al·ist [-ṭəlɪst, -ləst, -ṭḷ- | -təlɪst, -tḷ-] *n.* ＝anecdotist.

an·ec·dote [ǽnɪkdòut, ǽnək- | ǽnɪkdəʊt, ǽnek-] 〘(1676) □ F ～ ∥ ML *anecdota* □ Gk *anékdota* things unpublished ← *an-* 'A-[7]'＋*ékdota* (← *ekdidónai* to give out ← *ek-* out＋*didónai* to give：cf. ex-[1], date[2])〙 ── *n.* **1** 逸話, 小話. **2** [*pl.*] 隠れた史実, (歴史上の)秘話, 秘史. **3** 〘美術〙逸話の場面を描いた作品.

an·ec·dot·ic [ænɪkdáṭɪk, ænək- | ænekdɔ́tɪk, -nɪk-] *adj.* **1** ＝anecdotal. **2** 逸話を話したがる[の好きな].
àn·ec·dót·i·cal *adj.* **àn·ec·dót·i·cal·ly** *adv.*

án·ec·dòt·ist [-ṭɪst, -ṭəst | tɪst] *n.* 逸話を話す人；逸話収集家.

an·ech·o·ic [ænɪkóuɪk, ænək-, ænek- | ænekə́ʊ-, ænɪk-] 〘← *an-* 'A-[7]'＋ECHOIC〙 *adj.* 〈録音室など〉無反響の (echoless)：an ～ chamber [room] 無響室.

an·e·las·tic·i·ty [ænɪlæstísəṭi, ænəl-, ænɪ:læs-, -sti | ænèlæstísətɪ, ænɪl-, ænəl-, ænɪ:l-, -ləs-, -lɑ:s-, -sɪ-] 〘← *an-* 'A-[7]'＋ELASTICITY〙 *n.* 〘物理〙非弾性.

a·nele [əní:l] 〘ME *anelie(n)* to anoint with oil ← OE *an* on＋*ele* oil (□ L *oleum*)〙 *vt.* 《古》〘キリスト教〙 ＝anoint 2.

an·em- [ǽnəm | ǽnɪm] (母音の前に来る時の) anemo- の異形.

a·ne·mi·a [əní:miə | əní:mjə, æn-, -mɪə] 〘(1836) ← NL ～ ← Gk *anaimía* ← *an-* 'A-[7]'＋*haîma* blood〙 *n.* **1** 〘病理〙 **a** 貧血. **b** ＝ischemia. **2** 無気力.

a·ne·mic [əní:mɪk | ən-, æn-] *adj.* **1** 〘病理〙貧血(性)の. **2** 青白い；元気[気力]のない；生気[面白味]のない：an ～ book, economy, etc. **a·né·mi·cal·ly** *adv.*

an·e·mo- [ǽnəmo(ʊ) | ǽnɪmə(ʊ)] 〘← Gk ～ ← *ánemos* wind ← IE **an(ə)-* to breathe：cf. animus〙 ──「風」の意の連結形：*anemo*meter. ★ 母音の前では通例 anem- になる.

an·em·o·chore [ǽnəməkɔ̀ə, -kɔ̀ə | ǽnɪmə(ʊ)kɔ̀:(r] 〘⇨ ↑, -chore〙 *n.* 〘植物〙風媒植物；その種子[胞子].

an·e·moch·o·rous [ænəmákərəs | ænɪmɔ́k-] *adj.* 〘植物〙風媒の；風媒植物の.

a·nem·o·gram [ənéməgræ̀m] *n.* 〘気象〙風力気象紙《anemograph で記録した風速自記紙》.

a·nem·o·graph [ənéməgræ̀f | -grɑ̀:f, -græ̀f] *n.* 〘気象〙自記風速[風力]計, 記録風速計. **a·nem·o·graph·ic** [ənèməgræ̀fɪk] *adj.*

an·e·mog·ra·phy [ænəmágrəfi | -mɔ́grəfɪ] 〘(1755) ← ANEMO-＋-GRAPHY〙 *n.* 〘気象〙測風術.

an·e·mol·o·gy [ænəmálədʒi | ænɪmɔ́lədʒɪ] 〘(1791)：⇨ ↑, -logy〙 *n.* 風学 (science of the wind).

an·e·mom·e·ter [ænəmáməṭə | ænɪmɔ́mɪtə(r, -mə-] *n.* 〘気象〙風速計, 風力計.

anemometer

an·e·mo·met·ric [ænəmo(ʊ)métrɪk | ænɪmə(ʊ)-] *adj.* 風力測定の, 風速計(上)の.
àn·e·mo·mét·ri·cal *adj.* **àn·e·mo·mét·ri·cal·ly** *adv.*

an·e·mom·e·try [ænəmáməṭri | ænɪmɔ́mɪtrɪ, -mə-] 〘(1847) ← ANEMO- ＋ -METRY〙 ── *n.* 〘気象〙風力測定, 測風法.

a·nem·o·ne [ənéməni, -nì: | -nɪ] 〘(1551) □ L *anemōnē* □ Gk *anemṓnē* 《原義》daughter of the wind (← ANEMO- ＋ *-ṓnē* (fem. patronymic suf.)) ← ? Sem.：通俗語源によって *ánemos* と連想された〙 ── *n.* **1** 〘植物〙アネモネ《キンポウゲ科イチリンソウ属 (*Anemone*) の観賞植物の総称；windflower ともいう》；(特に)アネモネ (*A. coronaria*). **2** 〘動物〙イソギンチャク (sea anemone).

anemone 1
(*A. coronaria*)

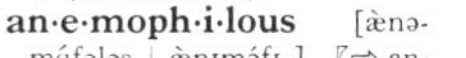

an·e·moph·i·lous [ænəmáfələs | ænɪmɔ́fɪ-] 〘⇨ anemo-, -philous〙 ── *adj.* 〘植物〙(授粉が)風媒の (wind-pollinated) (cf. entomophilous, hydrophilous 1, ornithophilous 2)：an ～ flower 風媒花. 「風媒性.

an·e·moph·i·ly [ænəmáfəli | ænɪmɔ́fɪlɪ] *n.* 〘植物〙

a·nem·o·scope [ənéməskòup | -skə̀ʊp] *n.* 〘気象〙風向計, 風信器, 風向器, 風位計.

ànemo·táxis 〘← NL ～：⇨ anemo-, -taxis〙 *n.* (*pl.* **-tax·es** [-si:z]) 〘生物〙 ＝anemotropism.

an·e·mot·ro·pism [ænəmátrəpɪzm | ænɪmɔ́t-] *n.* 〘生物〙走風性《気流に対しての生物体の定位をいい, 頭を風上に向けて飛ぶアブ・ハチ・チョウなどの昆虫にみられる》.

an·en·ce·pha·lia [ænensɪféɪljə, -sə- | -kəf-, -kɪf-, -sef-, -sɪf-] 〘← NL ～：⇨ a-[7], encephalo-, -ia[1]〙 *n.* 〘病理〙 ＝anencephaly.

an·en·ceph·a·ly [ænɪnséfəli, ænən-, ænen- | ænənséfəlɪ, ænɪn-, -kéf-] 〘↑〙 ── *n.* 〘病理〙無脳症. **an·en·ce·phal·ic** [ænensɪfǽlɪk, -sə- | -kəf-, -kɪf-, -sef-, -sɪf-] *adj.* **àn·en·céph·a·lous** [-ləs] *adj.*

an·end [ənénd] 〘ME：⇨ a-[2], end〙 ── *adv.* **1** 《古》終わりまで, 絶えず. **2** 《古》直立して, まっすぐに (on end). **3** 〘海事〙 **a** 〈マストなど〉正常の姿勢に立って. **b** 〈2 船が〉真直に向かい合って. **c** 〈風が〉真向かいで.

a·nenst [ənénst, ─∸] *prep.* 《英方言》 ＝anent.

a·nent [ənént, ─∸] 〘OE *on emn, on efen* 'on EVEN[2] (ground) with, beside'：*-t* は添え字：⇨ a-[2]〙 ── *prep.* **1** 《古・戯言・スコット》…について (concerning). **2** 《古・方言》…の真向かいに (over against)；…の間近に (close to)；…と並んで.

-a·ne·ous [éɪniəs, -njəs | -njəs, -nɪəs] 〘□ L *-āneus*：⇨ -an[1], -ous〙 *suf.* ラテン語系の形容詞語尾：subter*raneous*.

an·er·gy [ǽnədʒi, ǽnə- | ǽnə:dʒɪ, ǽnə-] 〘← NL *anergia* ← *an-* 'A-[7]'＋Gk *érgon* work＋-IA[1]〙 ── *n.* **1** 〘病理〙アネルギー, 無作動, 精力欠乏. **2** 〘医学〙アネルギー《抗原に対する反応性の低下状態》. **an·er·gic** [ænə́:dʒɪk | ænə́:-] *adj.*

an·er·oid [ǽnərɔ̀ɪd | ǽnə-, ǽnɪ-] 〘(1848) □ F *anéroïde* ← A-[7]＋LGk *nērón* liquid (← Gk *nērós* wet)＋-OID〙 *adj.* 液体を用いない. ── *n.* ＝aneroid barometer.

áneroid barómeter [bárograph] *n.* 〘気象〙(自動記録装置つき)アネロイド気圧計《aneroidograph ともいう》.

an·er·oid·o·graph [ænərɔ́ɪdəgræ̀f | ænərɔ́ɪdəgrɑ̀:f, ænɪ-, -græ̀f] *n.* 〘気象〙 ＝aneroid barograph.

anes [éɪns] 〘《古形》← ONCE〙 *adv.* 《スコット・北英》 ＝once.

an·es·the·sia [ænɪsθí:ʒə, ænəs- | ænɪsθí:zjə, ænì:s-, ænəs-, -zɪə, -ʒɪə, -ʒə] 〘← NL ～ ← Gk *anaisthēsía* ← *anaisthētein* ← *an-* 'A-[7]'＋*aisthētós* sensible (← *aisthánesthai* to perceive)〙 ── *n.* **1** 〘医学〙麻酔(術) (narcosis)：under ～ 麻酔をかけられて / ⇨ BASAL anesthesia, general anesthesia, local anesthesia. **2** 〘病理〙感覚脱失, 知覚消失[麻痺], 無感覚(症).

an·es·the·sim·e·ter [ænèsθəsíməṭə, æn- | ænì:sθɪsímɪtə(r, ən-, -θə-, -mə-] 〘⇨ ↑, -meter[1]〙 *n.* 〘医学〙 **1** 麻酔計. **2** ＝esthesiometer.

àn·es·thè·si·ól·o·gist [-dʒɪst, -dʒəst | -dʒɪst] *n.* 麻酔学者；麻酔(専門)医 (anesthetist).

an·es·the·si·ol·o·gy [ænɪsθì:ziálədʒi, ænəs-, -θi:si- | ænɪsθì:zɪɔ́lədʒɪ, ænì:s-, ænəs-] 〘⇨ anesthesia, -logy〙 *n.* 麻酔学.

an·es·thet·ic [ænɪsθéṭɪk, ænəs- | ænɪsθét-, ænì:s-, ænəs-] 〘← Gk *anaisthētós* senseless (← *an-* 'A-[7]'＋*aisthētós*)＋-IC[1]：⇨ anesthesia〙 *adj.* **1** 麻酔(術)の；麻痺させる. **2** 無感覚な；鈍感な, 無関心な (insensible) 〔*to*〕. ── *n.* 麻酔薬：a general [local] ～ 全身[局部]麻酔薬 / under an ～ 麻酔をかけられて.
àn·es·thét·i·cal·ly *adv.*

an·es·thet·ist [ənésθəṭɪst, æn-, -ṭəst | əní:sθətɪst, ən-, -θɪ-] *n.* 麻酔士；麻酔医.

an·es·the·tize [ənésθətàɪz, æn- | əní:sθə-, ən-, -θɪ-] *vt.* 〘医学〙…に麻酔をかける. **an·es·the·ti·za·tion** [ənèsθəṭɪzéɪʃən, æn-, -ṭə- | ənì:sθətaɪ-, ən-, -θɪ-, ⌞-tɪ-] *n.*

anestri *n.* anestrus の複数形.

an·es·trous [ænéstrəs | ænì:s-] 〘⇨ anestrus, -ous〙 *adj.* 〘動物〙無発情期間の.

an·es·trum [ænéstrəm | ænì:s-] 〘← NL ～ (↓)〙 *n.* 〘動物〙 ＝anestrus.

an·es·trus [ænéstrəs | ænì:s-] 〘← NL ～：⇨ a-[7], estrus〙 ── *n.* (*pl.* **-es·tri** [-traɪ]) 〘動物〙発情休止[静止]期, 無発情期《発情期と発情期との間の無発情の期間》；cf. estrus》.

an·e·thole [ǽnəθòul | -θə̀ʊl] 〘← L *anēthum* anise (← Gk *ánēthon*)＋-OLE[1]〙 ── *n.* 〘化学〙アネトール ($CH_3OC_6H_4CH{=}CHCH_3$)《アニス油 (anise oil) の主成分》.

A·ne·to [ənéɪṭou | -təʊ；*Sp.* anéto], **the Pi·co de** [pí:kou-deɪ | -kəʊ-；*Sp.* píkode] *n.* アネト一山《スペイン北東部の山；ピレネー山脈 (Pyrenees) 中の最高峰 (3,404 m)；フランス語名 Pic de Néthou》.

an·eu·ploid [ǽnjuplɔ̀ɪd] 〘← A-[7]＋EUPLOID〙 〘生物〙 *adj., n.* ＝heteroploid.

an·eu·ploi·dy [ǽnjuplɔ̀ɪdi | -dɪ] 〘□ G *Aneuploidie*：⇨ ↑, -y[1]〙 *n.* 〘生物〙 ＝heteroploidy.

an·eu·rin [ǽnjurɪn, -rən | ǽnju(ə)rɪn] 〘← A-[7]＋NEURO-＋-IN[1]〙 *n.* (*also* **an·eu·rine** [-rì:n]) 〘生化学〙アノイリン (⇨ thiamine).

an·eu·rysm [ǽnjurɪzm | ǽnju(ə)r-] 〘(1656) □ Gk *aneúrusma* dilatation ← *aneurúnein* to dilate ← ANA-＋*eurús* wide〙 ── *n.* (*also* **an·eu·rism** [～]) **1** 〘病理〙動脈瘤(りゅう)《動脈壁の袋状拡張》；(時に)心臓壁[静脈壁]の袋状拡張：a cardiac [venous] ～ 心臓[静脈]瘤. **2** 異常増大. **àn·eu·rýs·mal** [-məl] *adj.*

a·new [ən(j)ú: | ənjú:] 〘(*c*1305) *aneue*：⇨ a-[3], new：cf. OE *of-niowe*〙 ── *adv.* **1** もう一度 (once more)：start life ～ 人生をやり直す. **2** 新規に, 改めて, 新方針で (afresh)：edit ～ 改訂する. 「fractuous.

an·frac·tu·ose [ænfrǽktʃuòus | -tjuə̀ʊs] *adj.* ＝an-

an·frac·tu·os·i·ty [ænfræ̀ktʃuásəṭi | ænfræ̀ktjuɔ́sətɪ, -sɪ-] 〘(1596) □ F *anfractuosité* ← LL *anfractuōsus* (↓)：⇨ -ity〙 ── *n.* **1** 屈曲状態；(精神などの)錯雑. **2** [しばしば *pl.*] 屈曲した溝[穴, 通路など].

an·frac·tu·ous [ænfrǽktʃuəs | -tju-] 〘(1621) □ F *anfractueux* ∥ L *anfractuōs-us* ← *anfractus* a winding ← *an-* 'AMBI-'＋*fractus* ((p.p.) ← *frangere* to break)：⇨ -ous〙 ── *adj.* 屈曲の多い, 曲がりくねっている (circuitous)：an ～ cliff.

ang. 《略》angle；angular. 「諸部分, 肢分.

an·ga [ʌ́ŋgə] *n.* 〘□ Skt ～ 'discipline'〙 *n.* (身体の)

an·ga·kok [ǽŋgəkɑ̀k | -kɔ̀k] 〘← Eskimo〙 *n.* (エスキモーの)まじない師.

An·ga·ra [ɑ̀:ŋgərɑ́:；*Russ.* angará] *n.* [the ～] アンガラ(川)《ソ連邦シベリア南部, Baikal 湖に源を発し Yenisei 川に注ぐ川 (1,779 km)》.

an·ga·ry [ǽŋgəri | -rɪ] 〘(1880) □ ML *angaria* compulsory service □ Gk *aggareía* office of a courier ← *ággaros* courier〙 ── *n.* 〘国際法〙非常徴用(権)《交戦国が軍事上の必要から自国・占領地または公海上にある中立財産を収用または破壊する権利；ただし後に賠償の義務がある；正式名 right of angary》.

-an·ge [ændʒ] 〘← NL *-angium*：⇨ angio-〙「脈管 (vessel), 果被 (capsule)」の意の名詞連結形.

an·ge·kok [ǽŋgɪkɑ̀k, -gə- | -gɪkɔ̀k] *n.* ＝angakok.

an·gel [éɪndʒəl] 〘(13C) *aungel* □ OF *angele* (F *ange*) □ eccl.L *angelus* □ Gk *ággelos* messenger 《なぞり》← Heb. *mal'ākh* ∽ ME & OE *engel* ← Gmc (Du. *engel* / G *Engel*) □ eccl.L *angelus*：cf. angary〙 ── *n.* **1** 〘神学〙 **a** 天使, 神の御使《天使の九階級中, 第九階級の天使》. ★ 中世では上から下へ次の九階級に分けられていた：上級三隊─seraphim (熾(し)天使), cherubim (智天使), thrones (座天使)；中級三隊─dominions [dominations] (主天使), virtues (力天使), powers (能天使)；下級三隊─principalities [princedoms] (権天使), archangels (大天使), angels (天使)；なおこの外に virtues と principalities [princedoms] とを入れ換えた序列も行なわれた：a fallen ～ 堕落天使 / an ～ of a child 天使のようにかわいらしい子供 / a little lower than the ～*s* 神[天使(たち)]よりもわずかに劣って[た] (cf. *Ps.* 8:5) / like *angel*-visits [～*s'* visits], few and far between 天使の訪れのようにごくまれで (cf. T. Campbell, *Pleasures of Hope*) / enough to make (the) ～*s* weep (天使たちを泣かせるほど)ひどく悲しい[悪い, ばかげた] (cf. Shak., *Measure* 2. 2. 122) / entertain ～*s* [an ～] unawares 高貴な[偉い]人とは気づかないでもてなしをする (cf. *Heb.* 13:2) / Fools rush in where ～*s* fear to tread. 《諺》盲(めくら)蛇に怖(お)じず (Pope, *Essay on Criticism*). **b** 《廃》堕落天使：the devil and his ～*s* 悪魔とその使いたち (*Matt.* 25:41). **2** 〘美術〙天使の像《通例翼をつけ白衣をまとっている》. **3** 《詩》使者, 先触れ (messenger)：the ～ of death. **4** 守護神 (attendant spirit)：one's good ～ 守り神 / ⇨ guardian angel. **5** 昇天した[天に召された]故人. **6** 天使のような人《心も姿も美しい女性・可憐(かれん)な子供など》；親切な人：Be an ～ and sharpen my pencil. お願いだから鉛筆を削って下さい. **7** 《俗》(演劇・催しなどの)財政上の後援者, パトロン. **8** エンジェル金

貨《1470 年 Edward 四世が初めて鋳造し, 1634 年まで鋳造が続いた英国の金貨; 大天使 Michael が竜を退治している姿がついていて当時 6s. 8d. から 10s. ほどの価値があった; angel-noble ともいう》. **9**《通信》(レーダーに映る)異物像. **10**《俗》《海事》=jolly jumper. ***an angel of light*** (1) 光の天使 (2 *Cor.* 11 : 14). (2) いとしい人; 皆に愛されている人. ***on the side of the angels*** ⇨ side 成句.
angels on horseback =angels-on-horseback.
— *vt.*《俗》〈演劇など〉に経済的な援助を与える.

An·ge·la [ǽndʒələ | -dʒə-, -dʒɪ-]〘(fem.) ← ↑〙*n.* 女性名.

ángel bèd〘《なぞり》← F *lit d'ange*〙*n.* 四柱がなく天蓋のついたベッド.

ángel càke〘《なぞり》? ← L *panus angelicus* : その白い色から〙*n.* エンゼルケーキ《小麦粉に泡立てた卵白を加えて作った白いスポンジケーキ》.

An·ge·le·no [æ̀ndʒəlíːnou | -dʒɪlíːnəu, -dʒə-]〘⇨ Am.-Sp. *angeleño* ← (*Los*) *Angeles*+-*eño* '-AN¹'〙— *n.* (*also* **An·ge·le·ño** [-léɪnjou | -njəu]) (*pl.* ~**s**)《米》米国 Los Angeles の住人, ロス人.

ángel-fàce *n.*《口語》無邪気でかわいらしい顔(の若者).

ángel·fìsh *n.*《魚類》**1** エンゼルフィッシュ (⇨ scalare). **2** カスザメ (⇨ angel shark).

ángel fòod *n.* **1** =angel cake. **2**《米俗》(教会・伝道会などの)説教, 教理; 宗教.

ángel fòod càke *n.* =angel cake.

ángel·hòod *n.* **1** 天使であること; 天使的性格. **2** **a** 天使のような人. **b** [集合的] 天使たち[の一団].

an·gel·ic [ændʒélɪk]〘《1485》⇨ (O)F *angélique* : ⇨ angel, -ic¹〙— *adj.* **1** 天使の. **2** (容姿・性格など)天使のような, 天使にふさわしい, 霊妙な: ~ innocence, loveliness, purity, etc. / an ~ face [smile] あどけなくかわいい顔[微笑]. **an·gél·i·cal** *adj.* **an·gél·i·cal·ly** *adv.*

an·gel·i·ca [ændʒélɪkə, -lə- | -lɪ-]〘《1578》← NL ~ ← ML (*herba*) *angelica* angelic (herb) (fem.) ← L *angelicus* : 薬効があったことから〙— *n.* **1**《植物》シシウド, アンゼリカ《セリ科シシウド属 (*Angelica*) の草本の総称; (特に) *A. archangelica*》. **2** シシウドの茎の砂糖漬け. **3** アンゼリカ: **a** シシウドで味をつけた一種のリキュール. **b** [A-] 米国 California 州産の白ぶどう酒《デザートワイン》.

An·gel·i·ca [ændʒélɪkə, -lə- | -lɪ-]〘⇨ L ~ 'angelic' (↑)〙*n.* 女性名.

An·gel·i·can [ændʒélɪkən, -lə- | -lɪ-] *adj.* フラアンジェリコ (Fra Angelico) の(描いた).

angélica óil *n.*《化学》アンゲリカ油《アンゼリカの根・種子などを蒸留して得られる芳香のある精油》.

angélica trèe *n.*《植物》**1** =Hercules'-club 1. **2** アメリカザンショウ (prickly ash).

Angélic Dóctor *n.* [the ~] 天使的博士《Thomas Aquinas の異名》.

An·ge·li·co [ændʒélɪkòu, -lə- | -lɪkəu; *It.* andʒéːliko], Fra *n.* アンジェリコ《1387–1455; イタリアの宗教画家・ドミニコ会士; 本名 Guido di Pietro, 修道士名 Fra Giovanni da Fiesole》.

Angélic Salutátion *n.* [the ~]《カトリック》天使祝詞 (Ave Maria)《聖母 Mary に受胎を告げた時の大天使 Gabriel の祝詞で始まる祈り; cf. *Luke* 1 : 28》.

An·ge·li·na [æ̀ndʒəlíːnə, -láɪ- | -dʒɪlíː-, -dʒe-, -dʒə-]〘(dim.) ← ANGELA〙*n.* 女性名.

An·ge·line [ǽndʒəlàɪn | -dʒɪ-, -dʒe-, -dʒə-]〘↑〙*n.* 女性名.

An·ge·li·no [æ̀ndʒəlíːnou, -láɪ- | -dʒɪlíː-, -dʒe-, -dʒə-] *n.* (*pl.* ~**s**) =Angeleno.

an·ge·lique [ǽndʒəlìːk, ニーー | -dʒɪ-, -dʒe-, -dʒə-]〘⇨ F ~ 'ANGELIC'〙— *n.* **1**《植物》アンゼリーク (*Dicorynia paraensis*)《南米熱帯地方産マメ科の高木》. **2** アンゼリーク材.

An·gell [éɪndʒəl], Sir **Norman** *n.* (1874–1967) 英国の評論家・平和論者; 著書 *The Great Illusion* (1910) において戦争は勝者にも無益であると説いた; Nobel 平和賞 (1933); 本名 Sir Ralph Norman Angell Lane.

ángel lìght *n.*《建築》(垂直様式のゴシック建築の)窓の三角形の小間(ᵹ).

ángel-nóble *n.* =angel 8.

an·ge·lo- [ǽndʒəlo(u) | -dʒɪlə(u), -dʒə-]〘← Gk *ággelos* 'ANGEL'〙「angel」の意の連結形.

an·gel·ol·o·gy [èɪndʒəlálədʒi | -dʒɪlɔ́lədʒɪ, -dʒə-]〘← NL *angelologia*〙*n.*《キリスト教》天使論《それぞれの天使の本質・位階に関する学問》.

ángel's fóotstool *n.*《俗》《海事》=jolly jumper.

ángel shàrk *n.*《魚類》カスザメ《カスザメ属 (*Squatina*) のサメの総称; angelfish ともいう》.

ángel shòt *n.*《海軍》結合半球弾《昔の大砲の砲弾; 敵船の索具などを切断するのに使われた》.

ángel slèeve *n.* エンゼルスリーブ《ガウンなどにつけられる肩から長く垂れ下がる幅広の袖》.

angel sleeve

ángels-on-hórseback *n.* カキをベーコンで巻いて焼き, トーストの上にのせて出す英国の料理《devils-on-horseback, pigs in blankets ともいう》.

ángel's-trùmpet *n.*《植物》南米原産ナス科の長いラッパ形の花を垂下し, 観賞用に植える低木: **a** キダチチョウセンアサガオ (*Datura suaveolens*). **b** ゴタチチョウセンアサガオ (*D. arborea*).

An·ge·lus [ǽndʒələs | -dʒɪ-, -dʒə-]〘← ML ~ 'ANGEL': この祈りの最初の言葉 *Angelus Domini* から〙— *n.* **1**《カトリック》**a** お告げの祈り, アンジェルス《大天使 Gabriel が聖母 Mary にもたらしたキリストの受胎告知 (Annunciation) を記念して鳴らす Angelus bell を合図として行なう》. **b** =Angelus bell. **2** [The ~]「晩鐘」《Louvre 博物館にある J. F. Millet 作の絵の題名》.

Ángelus bèll〘↑〙*n.*《カトリック》お告げの鐘, アンジェルスの鐘《一日 3 回, 朝と正午と日没に鳴らしてお告げの祈りの時刻を知らせる鐘》.

an·ger [ǽŋgə | -gə(r)]〘《c1250》⇨ ON *angr-a* to grieve, vex & *ang-r* grief ← Gmc **aŋg-* tight, narrow (Du. & G *eng* / OE *enge* narrow) ← IE **angh-* tight, painful (L *angere* to throttle, torment / Gk *ágkhein* to choke)〙— *n.* **1** **a** 怒り, 立腹, 怒気 (rage, wrath)〔*at, with, against, over*〕: in ~ 怒って / in a fit of ~ かっと怒って, 腹立ちまぎれに / ~ *at* [*with, against*] a person 人に対する怒り / ~ *over* a person's remark 人の言葉に対する憤り / feel ~ *at* ...に怒りを覚える / ⇨ *put one's anger in one's* POCKET. **b** (自然力などの)荒れ狂い, 怒号: the ~ of the sea. **2**《廃・方言》(傷などの)痛み, 炎症. — *vt.* **1** 怒らせる, 立腹させる: an ~*d* look 怒った顔付き / He was greatly ~*ed* by his friend's ingratitude [*at* the measures]. 友人の恩知らずぶり[その処置]にひどく腹を立てた. **2**《廃・方言》〈傷などを〉うずかせる, ...に炎症を起こさせる. — *vi.* 怒る, 腹を立てる (get angry): He ~*s* easily. すぐ腹を立てる. **~·less** *adj.*

An·ger·bo·da [áːŋgəbɔ̀ːdə | -gə-] *n.*《北欧神話》アングルボダ《女の巨人; Loki との間に Fenrir, Midgard serpent, Hel を産む》.

án·ger·ly〘ME〙*adv.*《古》怒って (angrily).

An·gers [ɑ̃ː(n)ʒéɪ, ɔ̃ː(n)-, ɑːn-, ɔ(ː)n-; *F.* ɑ̃ʒe] *n.* アンジェー《フランス西部の都市, Maine-et-Loire 県の首都, 古くは Anjou の首都; 人口 136,000》.

An·ge·vin [ǽndʒəvɪn, -vən | -dʒɪvɪn, -dʒə-]〘⇨ F ~ ⇨ ML *Andegavinus* Anjou〙(*also* **An·ge·vine** [-vɪn, -vən, -vàɪn | -vàɪn, -vɪn]) — *adj.* **1** (フランスの一地方)アンジュー (Anjou) の. **2** (英国王家)アンジュー家の, プランタジネット家 (Plantagenets) の; アンジュー王家時代の, プランタジネット朝時代の. — *n.* **1** アンジュー地方人. **2** アンジュー[プランタジネット]家の人 (⇨ Plantagenet).

an·gi- [ǽndʒi | -dʒɪ] (母音の前に来る時の) angio- の異形.

an·gi·na [ændʒáɪnə, ǽndʒə- | ændʒáɪ-]〘《1590》⇨ L ~ 'quinsy' ⇨ Gk *agkhónē* a throttling : cf. anger〙— *n.*《病理》**1** アンギーナ, 口峡炎, 扁桃炎《咽頭・扁桃の炎症》. **2** 狭心症 (angina pectoris). **an·gi·nal** [-nl] *adj.* **an·gi·nose** [ǽndʒənòus, ændʒáɪnous | ǽndʒɪnə̀us, ændʒáɪnəus] *adj.* **an·gi·nous** [-nəs] *adj.*

angína péc·to·ris [-péktərɪs, -rəs | -rɪs]〘← NL ~《原義》quinsy of the chest〙*n.*《病理》狭心症.

an·gi·o- [ǽndʒio(u) | -dʒɪə(u)-]〘← NL ~ ← Gk *aggeîon* vessel (dim.) ← *ággos* vessel〙—「脈管(vessel), 果被 (case, capsule)」の意の連結形: *angiology*. ★ 母音の前では通例 angi- になる.

an·gi·o·blast [ǽndʒio(u)blæ̀st | -dʒɪə(u)-] *n.*《生物》血管原始細胞, 血管[脈管]芽細胞, 血管[脈管]形成細胞.

àngio·cardiógraphy *n.*《医学》心臓撮影(法)《造影剤を静注し, 胸部血管および心臓内腔を X 線[造影]により撮影すること》. **àngio·cardiográphic** *adj.*

àngio·cardiólogy *n.* 循環器学.

ángio·càrp *n.*《植物》被果性植物.

àngio·cárpic *adj.*《植物》=angiocarpous.

àngio·cárpous *adj.*《植物》**1** 外被に覆われた果実の. **2** 子実層が菌状体内に包蔵されている.

an·gi·og·ra·phy [æ̀ndʒiágrəfi | -dʒɪɔ́grəfɪ] *n.*《医学》血管造影[撮影](法), 血管写. **an·gi·o·graph·ic** [æ̀ndʒiəgrǽfɪk | -dʒɪə(u)-] *adj.*

an·gi·ol·o·gy [æ̀ndʒiálədʒi | -dʒɪɔ́lədʒɪ] *n.*《医学》脈管学.

an·gi·o·ma [æ̀ndʒióumə | -dʒɪə́u-]〘← NL ~ : ⇨ angio-, -oma〙— *n.* (*pl.* ~**s**, ~**·ta** [~tə | ~tə])《病理》血管腫(ʃᵤ) (cf. hemangioma). **an·gi·om·a·tous** [æ̀ndʒiámətəs, -óumə- | -dʒɪɔ́mətəs, -ə́um-] *adj.*

an·gi·o·sperm [ǽndʒio(u)spə̀ːm | -dʒɪə(u)spə̀ːm] *n.*《植物》被子植物 (cf. gymnosperm).

An·gi·o·sper·mae [æ̀ndʒio(u)spə́ːmiː | -dʒɪə(u)spə́ː-]〘← NL ~ : ⇨ angio-, -spermae〙*n. pl.*《植物》被子植物門. **àn·gi·o·spér·mous** [-məs] *adj.*

àngio·tén·sin [-ténsɪn, -sən | -sɪn]〘← ANGIO-+TENS(ION)+-IN¹〙*n.*《生化学》アンギオテンシン《血圧上昇作用と副腎皮質ホルモン分泌促進作用をもつホルモン; プロアンギオテンシンで存在し, 腎臓のレニン (renin) の作用でアンギオテンシン I となりそれがさらに血中の転換酵素でアンギオテンシン II となる》.

àngio·tén·sin·ase [-ténsɪnèɪs, -nèɪz | -nèɪs]〘⇨ ↑, -ase〙*n.*《生化学》アンギオテンシナーゼ《アンギオテンシンを活性化する転換酵素》.

an·gi·ot·o·my [æ̀ndʒiátəmi | -dʒɪɔ́təmɪ]〘← ANGIO-+-TOMY〙*n.*《外科》脈管切開(術).

an·gi·ot·o·nase [æ̀ndʒiátənèɪs, -tn-, -nèɪz | -dʒɪɔ́tənèɪs, -tn-]〘⇨ ↓, -ase〙*n.*《生化学》アンギオトナーゼ (⇨ hypertensinase).

an·gi·o·to·nin [æ̀ndʒio(u)tóunɪn, -nən | -dʒɪə(u)tə́unɪn]〘← ANGIO-+TON(IC)+-IN¹〙*n.*《生化学》アンギオトニン (⇨ hypertensin).

an·gi·o·tribe [ǽndʒiətràɪb | -dʒɪə-]〘← ANGIO-+-TRIBE〙*n.*《外科》圧砕止血器.

ang·klung [ǽŋklʌŋ] *n.* =anklong.

Ang·kor [ǽŋkɔə, -kɔə | -kɔː(r)] *n.* アンコール《カンボジア北西部にある Khmer 王国の遺跡; cf. Angkor Thom, Angkor Wat》.

Ángkor Thòm [-tɔ̀ːm] *n.* アンコールトム《Angkor Wat の北約 1.5 km にある Khmer 王国の都城趾》.

Ángkor Wàt [**Vàt**] [-wɑ̀t | -wɔ̀t] *n.* アンコールワット《Angkor にある Khmer 族の残した 3 層の石造寺院で, 世界的に著名な遺跡; 1860 年に発見》.

Angl.《略》*F.* Angleterre (=England); Anglian; Anglican; Anglicized.

an·glaise¹ [ɑ̃ː(ŋ)gléɪz, ɔ̃ː(ŋ)-, ɑ(ː)ŋ-, ɔ(ː)ŋ-, æŋ-; *F.* ɑ̃glɛːz]〘⇨ F ~ (fem.) ← *anglais* 'ENGLISH'〙— *n.*《ダンス》アングレーズ: **a** 英国の古い郷土舞踊. **b** (古典組曲にみられるような) 2 拍子の快活な踊りの一形式.

an·glaise² [ɑ̃ː(ŋ)gléɪz, ɔ̃ː(ŋ)-, ɑ(ː)ŋ-, ɔ(ː)ŋ-, æŋ-; *F.* ɑ̃glɛːz]〘⇨ F ~《略》*à la anglaise* in the English manner : ↑〙— *adj.*《料理》**1** ゆでただけでソースなしの: potatoes ~. **2** 溶き卵とパン粉の衣をつけた: cutlets ~.

an·gle¹ [ǽŋgl]〘《c1380》⇨ (O)F ~ < L *angulum* corner, angle ← IE **ank-*, **ang-* to bend (Gk *agkúlos* crooked)〙— *n.* **1**《数学》角(ᵏ), 角度: an acute ~ 鋭角 / an oblique ~ 斜角 / an obtuse ~ 鈍角 / an ~ of 45° 45 度の角(度) / form [make] an ~ of 90° (*with* ...) (...と) 90 度の角をなす / ⇨ exterior angle, interior angle, right angle, round angle, straight angle. **2** (建物などの)かど, 突出部 (projection): stroke the ~ of one's jaw あごの先を撫でる. **3** **a** すみ (corner): in an ~ of the room. **b**《古》奥まった所 (nook); 片田舎. **4** **a** (物事を見る)角度, 観点, 立場 (standpoint): view a problem *from* different [all] ~*s* 問題を種々の[あらゆる]角度から観察する / a new ~ *on* the problem 問題を見る新観点. **b** (物事の)面, 相 (aspect): consider all ~*s* of a matter. **5** **a** (ある目的のための)方法, 手段 (approach): with a new ~ of approach 新しい取り組み方[アプローチ]で. **b** (報道などを扱う)特定の視点; 特定の立場に合う扱い方 (slant). **c**《口語》不正な手段; 〈...する〉魂胆, 企み (scheme)〈*to do*〉; (企んでいる)利益. **6**《写真》(カメラの)アングル《撮影する時のカメラの位置と向き》. **7**《スポーツ》**a** (テニス・アメリカンフットボールなどで)球を角度をつけて打つ[蹴る]こと. **b**《アメリカンフットボール》アングル《相手側に対してより防禦を効果的, かつ反則をしないよう角度をつけて守備をすること》: get [have] an ~. **8**《機械》=angle steel.
at an angle (1) ある角度で[をなして]: *at an* ~ of 30° 30 度の角度をなして〔*to, with*〕. (2) 〈道など〉(斜めに)曲がって: The road turned *at an* ~. 道は(斜めに)曲がった / proceed *at* ~*s* 曲がりくねって進む. ***on the angle***《古》斜めに (obliquely). ***take the angle*** 角度を計る〔*of*〕.
angle of advance《機械》前進角.
angle of approach《機械》近寄り角.
angle of attack《航空》迎え角《気流[翼の進行方向]と翼弦線とのなす角; angle of incidence ともいう》.
angle of bank《航空》横揺れ角《機体の対称面と鉛直線とのなす角; angle of roll ともいう》.
angle of climb《航空》上昇角.
angle of contact《物理》接触角.
angle of depression《測量》俯角.
angle of deviation《光学》偏角.
angle of elevation《航空・測量》仰角, 高角.
angle of incidence (1)《物理》投射[入射]角. (2)《航空》=ANGLE of attack. (3)《航空》(翼の)取付角《機体の基準線と翼弦線とのなす角; angle of wing setting ともいう》.
angle of lag《物理・電気》遅れ角.
angle of lead [-líːd]《物理・電気》進み角.
angle of obliquity [pressure]《機械》圧力角.
angle of pitch《航空》縦揺れ角, ピッチ角《機体の前後軸と水平面との間の角》.
angle of recess《機械》遠のき角.
angle of reflection《物理》反射角.
angle of refraction《光学》屈折角《二つの媒質の境界面で屈折された光線が屈折された点における境界面の法線となす角; refraction angle ともいう》.
angle of repose [rest]《物理》息角, 休止角, 落着き角.
angle of roll《航空》=ANGLE of bank.
angle of sweep-back《航空》後退角《平面図で見て, 翼幅方向の基準線が機体の左右軸に対して後方に傾いている角度; cf. ANGLE of sweepforward》.
angle of sweepforward《航空》前進角《平面図で見て, 翼幅方向の基準線が機体の左右軸に対して前方に傾いている角度; cf. ANGLE of sweepback》.
angle of thread《機械》ねじ山角.
angle of torsion [twist]《機械》ねじれ角.
angle of view《光学》視角, 写角, 画角.
angle of wing setting《航空》=ANGLE of incidence (3).
angle of yaw《航空》偏揺れ角, 偏揺角.
— *vt.* **1** (ある角度に)曲げる: ~ one's head toward the top of a mountain. **2** **a** 〈物を〉ある角度に置く. **b** (テニス・アメリカンフットボールなどで)〈ボールを〉サイドライン寄りに角度をつけて打つ[蹴る]. **3**《写真》〈カメラ〉の角度[アングル]を定める. **4** 〈報道などを〉特定の視点から扱う, (特定の立場に合うように)ゆがめる, 偏向させる (slant) (cf. *n.* 5 b): ~ the news, a story, etc. — *vi.* **1** (斜めに)曲がる: The

path ~*d* to the left. **2** 曲がり(くねり)ながら進む；斜めに進む：~ up a hill / ~ *across* a snowfield 雪原を斜めに横切る.

an·gle[2] [ǽŋɡl] 〚OE *angul* fishhook ← IE **ank-* (↑)〛 ── *n.* 〘古〙 釣針 (fishhook)；釣道具 (fishing tackle)：a brother of the ~ 《文語》釣師, 太公望(angler). ── *vi.* **1** 魚釣をする〔*for*〕：~ *for* trout. ★ 普通は fish を用いる. **2** 〔…を〕手に入れようと狙う[たくらむ], ほのめかして〔…を〕得ようとする (scheme, fish)〔*for*〕：~ *for* compliments, information, an invitation, etc.

An·gle [ǽŋɡl] 〚OE *Angel*, *Engle* ▭ L *Angl-us* ((pl.) *Angli*)《原義》'people of *Angul* (釣針 (angle) の形をした Schleswig の一地方名)' ← Gmc **angli*-: cf. English〛 ── *n.* **1** [the ~s] アングル族《もとユトランド半島南部の北ドイツの Schleswig-Holstein に住み, 5世紀以後英国に渡って East Anglia, Mercia および Northumbria 諸国を創建したゲルマン族; 6世紀ごろにはすでにこの名は英国の全ゲルマン族について用いられていた; Saxons, Jutes と合わせて Anglo-Saxons と総称される》. **2** アングル族の人, アングル人.

ángle bàr *n.* **1** 〘機械〙 =angle steel. **2** 〘鉄道〙(レールの)山形継目板.

ángle bèad *n.* 〘建築〙 隅玉縁(すみたまぶち)《直角に出張った角の部分に施された玉縁飾り》.

ángle·bèrry *n.* 〘獣医〙 =anbury 1.

ángle bràce *n.* 〘建築〙(垂直材と水平材とが交わる所に斜めに取り付ける)方杖(ほうづえ)；(水平材同士が交わる所に斜めに取り付ける)火打(ひうち).

ángle bràcket *n.* **1** 〘建築〙 隅(すみ)持送り, 角腕金, 角ブラケット. **2** 山パーレン (⇨ bracket 3 b).

án·gled *adj.* **1** かどのある；角(かど)をなした；斜めの：right-*angled* 直角の. **2** 〈報道など〉ゆがめられた, 偏向した. **3** 〘紋章〙〈線など〉段違いになった.

ángled déck *n.* 〘海軍〙(航空母艦の)斜走甲板, アングルデッキ《母艦に斜側方に張り出して設けた着艦用甲板》.

An·gle·doz·er [ǽŋɡldòuzə | -dàuzə(r)] 〚← ANGLE[1] + (BULL)DOZER〛 ── *n.* 〘商標〙 アングルドーザー《ブルドーザーの排土板を左右に約 25° 傾けて取り付けた大型地ならし機》.

ángle gèar *n.* 〘機械〙 アングル歯車《両軸の交わる角が 90° 以外のかさ歯車》.

ángle ìron *n.* 〘機械〙 アングル鉄, 山形鉄《L 字形の断面をもつ鉄棒材》.

ángle jòint *n.* 〘建築〙 隅接(すみつぎ)；ひじ継手.

ángle mèter *n.* 〘測量〙 角度計, 測角計 (goniometer)；傾斜計 (clinometer).

ángle-pàrking *n.* (道路際での)斜め駐車.

ángle·pòd 〚← ANGLE[1] + POD[1]〛 *n.* 〘植物〙 北米中南部産ガガイモ科 *Gonolobus* 属の数種の植物の総称.

án·gler [-ɡlə | -ɡlə(r)] *n.* **1** 魚を釣る人, 釣師, 釣人 (cf. fisherman 1). **2** 〘魚類〙 チョウチンアンコウ亜目の魚類の総称《チョウチンアンコウ (*Himantolophus groenlandicus*) など》.

ángler·fìsh *n.* 〘魚類〙 =angler 2.

ángle ràfter *n.* 〘建築〙 隅木(すみき).

An·gle·sey [ǽŋɡlsi, -sìː | -sɪ, -siː] 〚ME *Angleseia*《原義》'the ISLAND of the ANGLES'〛 ── *n.* (*also* **An·gle·sea** [~]) ウェールズ北西部の島；もとは一州を成していたが, 現在は Gwynedd 州の一部；人口 60,000, 面積 715 km²；旧首都 Beaumaris [boumǽrɪs, -rəs | bəumǽrɪs, bjuː；*Welsh* biumáris].

ángle shèar *n.* 〘機械〙 山形材シャー《山形鉄 (angle iron) を剪断する機械》.

ángle shòt *n.* アングルショット：**a** 〘写真〙 通常の眼の位置と異なる点から撮影した写真. **b** 〘映画〙 先行する画面と異なる角度から対象に向けて撮影された画面.

an·gle·site [ǽŋɡlsàɪt, -ɡləsàɪt] 〚▭ F ~ ← *Anglesey* (その発見地)：⇨ -ite[1]〛 *n.* 〘鉱物〙 硫酸鉛鉱 ($PbSO_4$).

ángle·smìth 〚← ANGLE (IRON) + SMITH〛 *n.* 〘機械・造船〙 山形火造り(工)《山形鉄 (angle iron) や造船用の形鋼ビーム (beam) などを作るかじ屋》.

ángle stèel *n.* 〘機械〙 山形鋼《断面が L 形の棒鋼材》.

ángle stòne 〘建築〙 隅(すみ)石, かど石 (quoin).

ángle tìe *n.* 〘建築〙 火打《水平材同士が交わる所に斜めに架け渡す補強材》.

ángle vàlve *n.* 〘機械〙 アングル弁.

ángle wìng *n.* 〘昆虫〙 翅の縁が鋸歯状になっているキタテハ属 (*Polygonia*)・ヒオドシチョウ属 (*Nymphalis*)・コノハタテハ属 (*Anaea*) のチョウの総称.

ángle·wìse *adv.* 角になって；角状に.

ángle·wòrm 〚← ANGLE[2] + WORM〛 *n.* (魚釣の餌にする)ミミズ (earthworm).

An·gli·a [ǽŋɡliə | -ɡlɪə, -ɡljə] 〚⇨ Angle, -ia[1]〛 *n.* アングリア《England のラテン語名》.

An·gli·an [ǽŋɡliən | -ɡlɪən, -ɡljən] *adj.* **1** アングル族[語]の. **2** =East Anglian. ── *n.* **1 a** =Angle. **b** =East Anglian 1. **2 a** アングル語《古期英語の北部および東部の方言》. **b** =East Anglian 2.

An·glic [ǽŋɡlɪk] 〚▭ ML *Anglic-us* 'ENGLISH'〛 ── *n.* アングリック語《スウェーデンの英語学者 R. E. Zachrisson (1880–1937) の提唱した英語のつづり字を改良した国際補助語》. ── *adj.* =Anglian.

An·gli·can [ǽŋɡlɪkən, -ɡlə- | -ɡlɪ-] 〚《(1635)》▭ ML *Anglicān-us*：⇨ ↑, -an[1]〛 ── *adj.* **1** 英国国教会 (Church of England) の. **2** 英国国教会派の, 聖公会の. **3** 《米》英国(民)の (English). ── *n.* **1** 英国国教徒；(英国国教会)高教会派の人 (High Churchman). **2** 英国国教会派の人, 聖公会員.

Ánglican chánt *n.* [the ~] 〘音楽〙 英国国教会聖歌.

Ánglican Chúrch *n.* [the ~] **1** 英国国教会 (Church of England). **2** =Anglican Communion.

Ánglican Commúnion *n.* [the ~] 英国国教会[聖公会]派, アングリカン コミュニオン, 聖公会連合《英国国教会と教義を同じくする教会の世界的連合で, 英国国教会のほかに Church of Ireland, Episcopal Church of Scotland, Church in Wales, Protestant Episcopal Church (in the U.S.), Episcopal Church of Japan (日本聖公会)などを含む》.

Án·gli·can·ism [-nìzṃ] *n.* 英国国教会(派)主義[教義], 聖公会神学 (Anglican theology)；(英国国教会)高教会派の教義《一般に Anglican Communion に属する教会の教理ならびに慣行を意味する；その教理は, キリスト教をカトリックとプロテスタントに大別した時, その両要素を備えながらそのいずれとも異なった特色を有する》.

An·gli·ce [ǽŋɡləsi, -sìː | -ɡlɪsɪ] 〚▭ ML ~ 'in English' ← *Anglicus* 'ENGLISH'〛 ── *adv.* **1** 英語で, 英語風に (cf. Latine, Gallice)：Marie, ~ Mary マリー, すなわち英語風に言うとメアリー. **2** 平たく言えば (in plain English).

An·gli·cism [ǽŋɡləsìzṃ | -ɡlɪ-] 〚《(1642)》：⇨ ↑, -ism〛 *n.* **1 a** (英国)英語の慣用語句；英語語法. **b** (外来語としての)英語(の語句)；その特徴. **2** 英国人気質(かたぎ)；英国人的な慣習[考え, 流儀など]. **3** 英国びいき.

An·gli·cist [-sɪst, -səst | -sɪst] *n.* 英語[英文]学者.

An·gli·cize, a- [ǽŋɡləsàɪz | -ɡlɪ-] *vt.* **1** 英国風[イギリス式]にする, 英国化する. **2 a** 〈外国語を〉英語化する：~ a Latin word. **b** 〈外国語を〉(形を変えないで)英語に採り入れる. ── *vi.* 英語化する；英国化する. **An·gli·ci·za·tion** [æ̀ŋɡləsɪzéɪʃən, -sə- | -ɡlɪsaɪ-, -sɪ-] *n.*

An·gli·fy [ǽŋɡləfàɪ | -ɡlɪ-] *vt.* =Anglicize. **An·gli·fi·ca·tion** [æ̀ŋɡləfɪkéɪʃən, -fə- | -ɡlɪfɪ-] *n.*

án·gling [-ɡlɪŋ] *n.* 釣, 釣魚(ちょうぎょ), 魚釣(術).

An·glist [ǽŋɡlɪst, -ləst | -lɪst] 〚▭ G ~ ← L *Angli*：⇨ Angle, -ist〛 *n.* =Anglicist.

An·glis·tics [æŋɡlístɪks] 〚▭ G *Anglistik*：⇨ ↑, -ics〛 *n.* 英語[英文]学.

An·glo [ǽŋɡlou | -ɡləu] 〚《(略)》← ANGLO-AMERICAN〛 *n.* (*pl.* ~**s**) **1** =Anglo-American. **2** (米国南西部で)非ラテン系の白人.

An·glo- [ǽŋɡlo(u) | -ɡlə(u)] 〚▭ L ~ ← *Anglus* 'ANGLE, Englishman'〛「英国の, 英語の；英国[語]と…との (English and...)」の意の連結形：*Anglo*-American.

Ánglo-Áfrican *adj.*, *n.* 英国系アフリカ人(の).

Ánglo-Américan *adj.* **1** 英米の：~ commerce 英米通商 / ~ literature 英米文学. **2** 英国系アメリカ人の；英語を母国語とする北アメリカ人の. ── *n.* 英国系アメリカ人；英語を母国語とする北アメリカ人.

Ánglo-Cátholic *adj.*, *n.* 英国(国教会)カトリック派の(教徒), 英国国教会高教会派の(人).

Ánglo-Cathólicism *n.* 英国カトリック派主義[教理]《英国国教会のカトリック的要素を強調する》, 英国国教会高教会派主義 (cf. High Church).

Ànglo·céntric *adj.* 英国中心の.

Ánglo-Chinése *adj.* 英国と中国との.

Ánglo-Egýptian Sudán *n.* ⇨ Sudan 2.

Ánglo-Frénch *adj.* 英仏の；アングロノルマン語の. ── *n.* =Anglo-Norman.

Ánglo-Frísian *adj.* アングロフリジア語の. ── *n.* アングロフリジア語《古期英語と古期フリースランド語に共通の祖語》.

Ánglo-Índian *adj.* 英国とインドの, 英印の (cf. Indo-British)；インド英語の；英印[欧亜]混血(児)の. ── *n.* **1** インド居住の英国人；インド生れの英国人. **2** 英印混血児；(インドの)欧亜混血児 (Eurasian). **3** インド(で使用される)英語, 英印語.

Ánglo-Írish *adj.* **1** イングランドとアイルランドの. **2** アイルランド英語の. ── *n.* **1** [the ~；集合的] アイルランド在住のイングランド人；イングランド人とアイルランド人を祖先にもつ人. **2** アイルランド英語[語法, なまり] (Irish English).

Ánglo-Ísraelite *n.*, *adj.* Anglo-Saxon 人はイスラエルの失われた十支族 (lost tribes) の子孫であるとの説を信じる人(の)：the ~ theory.

Ánglo-Itálian *adj.* 英国とイタリアの, 英伊の.

Ánglo-Japanése *adj.* 英国と日本の, 日英の.

Ánglo-Látin *n.* 英国中世ラテン語 (略 AL).

An·glo·ma·ni·a [æ̀ŋɡlo(u)méɪniə, -ɡlə-, -njə | -ɡlə(u)-méɪnjə, -nɪə] 〚← NL ~：⇨ Anglo-, -mania〛 *n.* 英国心酔, 英国狂, 親英熱.

An·glo·ma·ni·ac [æ̀ŋɡlo(u)méɪniæ̀k, -ɡlə- | -ɡlə(u)-méɪnɪ-] *n.* 英国心酔者.

Ánglo-Nórman *adj.* **1** ノルマン人の英国支配時代 (1066–1154) の. **2** アングロノルマン語の. ── *n.* **1** ノルマン人の征服後英国に移住したノルマン人. **2** アングロノルマン語《ノルマン征服後の英国で約 3 世紀にわたり公用語として用いられたフランス語方言；特に法律関係に根強く残った；Anglo-French, Norman-French ともいう》.

An·glo·phile, a- [ǽŋɡlo(u)fàɪl, -ɡlə- | -ɡlə(u)-] 〚▭ F *anglo-philie*：↓〛 (*also* **An·glo·phil** [-fɪl]) *n.*, *adj.* 親英家(の), 英国(人)びいきの(人), 英国文化崇拝者(の).

An·glo·phil·ic, a- [æ̀ŋɡlo(u)fílɪk, -ɡlə- | -ɡlə(u)-] *adj.*

An·glo·phil·i·a, a- [æ̀ŋɡlo(u)fíliə, -ɡlə-, -lɪə | -ɡlə(u)-fíljə, -lɪə] 〚← NL ~：⇨ Anglo-, -philia〛 ── *n.* 親英的なこと, 英国びいき, 英国文化崇拝. **An·glo·phil·i·ac, a-** [æ̀ŋɡlo(u)filiæ̀k, -ɡlə- | -ɡlə(u)fílɪæk, -ljæk] *adj.*

An·gloph·i·lism, a- [æŋɡláfəlìzṃ | -ɡlɔ́fɪ-] *n.* =Anglophilia.

An·glo·phobe, a- [ǽŋɡlo(u)fòub, -ɡlə- | -ɡlə(u)fəub] 〚⇨ ↓, -phobe〛 ── *n.* 英国恐怖症の人, (極端な)英国(人)ぎらいの人. **An·glo·pho·bic, a-** [æ̀ŋɡlo(u)fóubɪk, -ɡlə- | -ɡlə(u)fə́u-] *adj.*

An·glo·pho·bi·a, a- [æ̀ŋɡlo(u)fóubiə, -ɡlə- | -ɡlə(u)-fə́ubjə, -bɪə] 〚← NL ~：⇨ Anglo-, -phobia〛 ── *n.* 英国恐怖症, 英国(人)ぎらい. **An·glo·pho·bi·ac** [æ̀ŋɡlo(u)fóubiæ̀k, -ɡlə- | -ɡlə(u)fə́ubɪæk, -bjæk] *adj.*

An·glo·phone, a- [ǽŋɡlo(u)fòun, -ɡlə-, -ɡlə(u)fəun] 〚▭ F ~：⇨ Anglo-, -phone〛 ── *n.*, *adj.* (二言語以上が使用されている国などで)英語を話す[使用する](人). **An·glo·phon·ic** [æ̀ŋɡlo(u)fánɪk, -ɡlə- | -ɡlə(u)-fɔ́n-] *adj.*

Anglo-Saxon [æ̀ŋɡlo(u)sǽksn, -sən | -ɡlə(u)-] 〚← NL *Anglo-Saxon-ēs* the English people ← ML *Angli Saxonēs* the English ← L *Angli* 'the ANGLES' + *Saxonēs* 'the SAXONS'〛 ── *n.* **1 a** (ノルマン人の征服以前に Britain 島に住んでいた)アングロサクソン人 (English Saxon). **b** [the ~s] アングロサクソン民族 (the Anglo-Saxon race). **2 a** (英語を国語とする)英国系の人, アングロサクソン；英国人. **b** 《米》植民地時代からの英国系の人. **3** アングロサクソン語, 古(期)英語《最近は通例 Old English という》. **4** (英語にみられる)ゲルマン語の要素. **5** (英語の前身である)大陸時代の英語 (pre-English). **6** 《米》**a** (現代)英語 (English). **b** 《口語》平明[率直]な英語；露骨[卑俗]な英語. ── *adj.* **1** アングロサクソン民族の；アングロサクソン的な. **2** アングロサクソン語[古(期)英語]の. **3** 《米口語》**a** 〈英語の表現が〉平明[率直]な. **b** 〈英語の単語が〉(単音節で)露骨な, 卑俗な.

Ánglo-Sáxon Chrónicle *n.* [the ~]「アングロサクソン年代記」《Alfred 大王時代(9 世紀末)に編纂された英国古代史；Old English で書かれているが筆者は不明》.

Ánglo-Sáxon·dom *n.* **1** アングロサクソン族(英国系人種)の領土. **2** アングロサクソン圏《世界の政治舞台に活躍する英米人》.

Ànglo-Sáx·on·ism [-sənìzṃ, -sṇ-] *n.* **1** アングロサクソン語的な語句[語法]. **2** アングロサクソン気風[精神], 英国人気質(かたぎ), 英国魂. **3** アングロサクソン特有の傾向[特色]. **4** アングロサクソンの優越感.

Àn·glo-Sáx·on·ize [æ̀ŋɡlo(u)sǽksənàɪz, -sṇ- |] *vt.* 〈民族・文化等を〉アングロサクソン化する.

An·go·la[1] [æŋɡóulə, æn- | æŋɡə́u-] *n.* アンゴラ《アフリカ南西部の共和国；もとポルトガル領西アフリカ (Portuguese West Africa) といったが, 1975 年独立；人口 5,673,000, 面積 1,246,700 km², 首都 Luanda；公式名 the People's Republic of Angola アンゴラ人民共和国》.

An·go·la[2], **a-** [æŋɡóulə, æn- | æŋɡə́u-] *n.* 〘古〙 =Angora[2].

An·go·lan [æŋɡóulən, æn- | æŋɡə́u-] *n.*, *adj.* アンゴラ人(の).

An·go·lese [æ̀ŋɡo(u)líːz, æn-, -líːs | æ̀ŋɡə(u)líːz] 〚← ANGOLA[1] + -ESE〛 *n.* (*pl.* ~) **1** アンゴラに住む Bantu 族の人. **2** アンゴラ語.

An·go·ra[1] [æŋɡɔ́ːrə, æn-, -ɡóːrə | ǽŋɡərə, æŋɡɔ́ːrə] 〚▭ L *Ancȳra* ▭ Gk *Ágkūra*《原義》anchor〛 *n.* アンゴラ《Ankara の旧名》.

An·go·ra[2], **a-** [æŋɡɔ́ːrə, æn-, -ɡóːrə | æŋɡɔ́ːrə] 〚← ANGORA[1]〛 ── *n.* **1 a** =Angora wool. **b** (アンゴラウサギの毛で作る)アンゴラ毛糸, アンゴラ織. **c** =mohair 1. **2** 〘動物〙 **a** =Angora cat. **b** =Angora goat. **c** =Angora rabbit.

Angóra cát *n.* 〘動物〙 アンゴラネコ《絹のような長毛をもつイエネコ》.

Angóra góat *n.* 〘動物〙 アンゴラヤギ《これから mohair を取る》.

Angóra rábbit *n.* 〘動物〙 アンゴラウサギ《Ankara 地方原産の白い長毛をもったウサギ；その毛は織物の原料》.

Angóra wóol *n.* アンゴラ毛(け)《アンゴラウサギ[ヤギ]の毛》；=mohair 1.

an·gos·tú·ra bárk [æ̀ŋɡəst(j)úːrə- | -ɡɒstjúərə-, -ɡəs-] 〚《なぞり》? ← Am.-Sp. *corteza de Angostura* ← *Angostura* (南米 Venezuela の Ciudad Bolívar の旧名)〛 ── *n.* アンゴスツラ皮《南米産ミカン科の *Cusparia febrifuga* の樹皮；解熱強壮剤や angostura bitters を作る；単に angostura ともいう》.

angostúra bítters *n. pl.* アンゴスツラビターズ《アルコールをベースにアンゴスツラ皮から採った油を加えた芳香のある苦味剤；カクテルの香味付け用》.

An·gou·móis gráin mòth, a- g- m- [ɑ̃ː(ŋ)ɡuː-mwɑ́ː-, ɔ̃ː(ŋ)-, ɑ̀ːn-, ɔ̀ː(ŋ)- ; *F.* ɑ̃ɡumwa-] 〚← *Angoumois* (フランスの地名)〛 ── *n.* 〘昆虫〙 バクガ (*Sitotroga cerealella*)《キバガ科の小蛾；幼虫は貯蔵穀物を食う》.

án·gri·ly [-ɡrəli | -ɡrəlɪ, -ɡrɪ-] 〚ME〛 *adv.* 怒って, 立腹して, 腹立たしそうに.

an·gry [ǽŋɡri | -ɡrɪ] 〚《(?c1380)》：⇨ anger, -y[4]〛 ── *adj.* (**more** ~, **most** ~；**an·gri·er, an·gri·est**) **1 a** 怒った, 怒っている, 立腹した 〈*to do, that*〉：look ~ 怒っ

た顔をしている / be ~ *with* [《米》*at*] a person 人を怒る / be ~ *against* injustice 不正[不法]を憤る / I felt ~ *about* his carelessness. 彼の不注意のことで腹立たしく思った / He is ~ *about* being left behind. 取り残されたことで怒っている / She got ~ *at* his remark [*with* him *for* [*over*] his remark]. 彼の言葉に[のために, について]怒った / They will be ~ *to* hear it. それを聞いたら怒るだろう / He was ~ *that* he had been deceived. だまされたので怒っていた. **b** 〈言葉など〉怒りの[に満ちた]: an ~ look 怒った顔付き / come to ~ words (*with* ...) (...と)激論[口論]になる. **2** 〈空・海など〉険悪な, 荒れている, 激しい: an ~ sky, sea, etc. / ~ waves 怒濤(どとう). **3** 〈傷など〉炎症を起こしている (inflamed), (ずきずき)痛む (painful): an ~ sore. **4** 《古》怒りやすい, 短気な (hot-tempered). — *n.* =angry young man. **án·gri·ness** *n.*

ángry yòung mán 〚L. A. Paul (1905–) の自伝 *Angry Young Man* (1951) に始まり John Osborne 作の戯曲 *Look Back in Anger* (1956) によって世に広まる〛 — *n.* **1** [しばしば A- Y- M-]《文学》「怒れる若者」《既存の社会に対して反抗と批判を示した John Osborne その他 50 年代の英国の作家達を指す; 女流作家に用いる場合は angry young woman; 略 A.Y.M.》. **2** (「怒れる若者」のように)反抗的な人《特に, 作家》.

Ang.-Sax. 《略》Anglo-Saxon.

angst [ɑ́ːŋst | ǽŋst; *Dan., G.* áŋst] 〚□ Dan. ~ // G *Angst*: cf. anger〛 — *Dan., G. n.* (*pl.* **angs·te** [ǽŋstə; *Dan.* áŋstə], **ängs·te** [éŋstə; *G.* éŋstə])《哲学》不安 (anxiety), 苦悩 (anguish): have ~ 不安感をいだく.

ang·strom [ǽŋstrəm, ɔ́(ː)ŋ- | ǽŋ-] 〚← *A. J. Ångström* (↓)〛 — *n.* 《物理》オングストローム《短波長の測定単位; 1 億分の 1 cm (すなわち 10^{-8} cm); 記号 A, Å; angstrom unit ともいう》.

Ång·ström [ǽŋstrəm, ɔ́ːn- | ǽŋ-; *Swed.* ɔ́ŋstrœm], **Anders Jonas** *n.* オングストローム《1814–74; スウェーデンの物理学者》.

An·gui·dae [ǽŋgwədìː | -gwɪ-] 〚← NL ~ ← *Anguis* (属名: ← L 'snake')+-IDAE〛 *n. pl.* 《動物》アシナシトカゲ科.

an·gui·form [ǽŋgwəfɔ̀əm | -gwɪfɔ̀ːm] 〚← L *anguis* (↑)+-FORM〛 *adj.* 《古》へび状の (snake-shaped).

An·guil·la[1] [æŋgwílə, æn- | æŋ-] *n.* アングィラ(島)《英領西インド諸島国家連合 (West Indies Associated States) に属する Leeward Islands の一島; 人口 6,000, 面積 91 km²》.

an·guil·li·form [æŋgwíləfɔ̀əm | -lɪfɔ̀ːm] 〚← L *anguilla* eel (← *anguis* snake)+-I-+-FORM〛 *adj.* 《古》うなぎ状の.

an·guine [ǽŋgwaɪn | -gwɪn] 〚□ L *anguin-us* ← *anguis* snake: ⇨ -ine¹〛 *adj.* 《古》へびの(ような).

an·guish [ǽŋgwɪʃ] 〚*n.*: (?a1200) *angwisshe* □ OF *anguisse* (F *angoisse*) < L *angustiam* narrowness, distress ← *angustus* narrow: ⇨ anger. — *v.*: (a1338) □ OF *anguissi-er* (F *angoisser*) □ LL *angustiāre*: ⇨ -ish²〛 — *n.* (心身の)激しい苦痛, 苦悶(くもん), 苦悩, 悲痛, 激痛: in ~ 苦しんで. — *vt., vi.* 苦悩させる[する].

án·guished 〚ME〛 *adj.* 苦悩する; 苦悩に満ちた: an ~ conscience, look, shriek, etc.

an·gu·lar [ǽŋgjʊlə | -lə(r)] 〚(1597) □ L *angulār-is*: ⇨ angle¹, -ar¹〛 — *adj.* **1** (鋭い)かどのある; 角張った: an ~ face 角張った顔. **2** 角(度)の;《物理》角度で計った. **3** 骨張った (bony), やせこけた (lank): a tall and ~ woman. **4** ぎこちない (awkward), 堅苦しい (stiff); 片意地な, かどのある: an ~ voice とげとげしい声 / in an ~ manner 堅苦しく, かど立って. **5**《解剖》かどの, 隅角の; 眼角の. **~·ly** *adv.*

ángular accelerátion *n.* 《物理》角加速度.

ángular advánce *n.* 《蒸気機関》前進角《蒸気機関の主クランクと偏心輪の偏心角との間の角のうち 90 度を超える量.

ángular áperture *n.* 《光学》開口角《光学系の光軸上の物点に対して入射瞳の直径が張る角》.

ángular cútter *n.* 《機械》山形フライス, 角フライス《直角でない溝や面などを削るのに用いるフライス》.

ángular dispérsion *n.* 《光学》角分散度.

ángular displácement *n.* 《物理》角変位《座標系や物体が一定軸のまわりに一定角だけ回転すること; またはその回転角》.

ángular dístance *n.* 《数学》角距離.

ángular fréquency *n.* 《電気》角周波数, 角振動数.

an·gu·lar·i·ty [æ̀ŋgjʊlǽrəṭi, -lér- | -lǽrɪti, -rɪ-] *n.* **1** かどのあること; 角ばっていること. **2** 角をなすこと, 成角, 角状. **3** [*pl.*] 角ばった形, 鋭いかど (sharp corners). **4** 骨ばっていること, やせぎす. **5** ぎこちなさ, 堅苦しさ; かど張っていること, 片意地.

ángular léaf spòt *n.* 《植物病理》角形斑葉病《細菌の寄生によりワタ・ウリなどの葉面に角形の斑点を生じるもの; angular spot ともいう》.

ángular magnificátion *n.* 《光学》角倍率.

ángular méasure *n.* 角度.

ángular moméntum *n.* 《物理》角運動量《運動する物体があるとき, 指定された点に関するその物体の運動量のモーメント; moment of momentum ともいう》: orbital ~ 軌道角運動量.

ángular moméntum quántum nùmber *n.* 《物理》角運動量量子数.

ángular perspéctive *n.* 《製図》傾斜[直角]透視(図)《two-point perspective ともいう》.

ángular spót *n.* 《植物病理》=angular leaf spot.

ángular velócity *n.* 《物理》角速度.

an·gu·late 〚← L *angulāt-us* (p.p.) ← *angulāre* to make angular: ⇨ angle¹, -ate²,³〛 — [ǽŋgjʊlət, -lɪt, -lèɪt | -lèɪt, -lɪd, -lɪt] *adj.* 角をなした, 角のある, 角状の: ~ leaves stems, etc. — [-lèɪt] *v.* — *vt.* ...に角を付ける; 角張らせる. — *vi.* 角張る. **án·gu·làt·ed** [-ṭɪd, -ṭəd | -tɪd, -təd] *adj.*

ángulated sáil *n.* 《海事》額縁縫いの帆《船首三角帆などの帆布の縫い方を額縁のすみと同じようにしたもの; mitered sail ともいう》.

an·gu·la·tion [æ̀ŋgjʊléɪʃən] *n.* **1** 角をつける[なす]こと, 角状. **2** 角度測定. **3** 《医学》(病的な)屈曲, 角形成.

an·gu·li- [ǽŋgjʊlɪ, -lə | -lɪ] 〚← NL ~ ← L *angulus* 'ANGLE¹'〛「角 (angle); かどの (angular); かどと…との」の意の連結形.

an·gu·lo- [ǽŋgjʊlo(ʊ)- | -lə(ʊ)] anguli- の異形.

An·gus[1] [ǽŋgəs] 〚⇨ Aengus〛 *n.* **1** 男性名. ★ スコットランドに多い. **2** 《ケルト神話》=Aengus.

An·gus[2] [ǽŋgəs] *n.* スコットランド東部の旧州; 1975 年以降は Tayside 州の一部, 面積 2,260 km², 首都 Forfar; 旧名 Forfar, Forfarshire.

An·gus[3] [ǽŋgəs] *n.* =Aberdeen Angus.

an·gus·ti- [æŋgʌ́stɪ-, -tə | -tɪ] 〚□ ? L ~ ← *angustus* narrow: cf. anguish〛「狭い (narrow)」の意の連結形.

An·gus·tu·ra [æ̀ŋgəst(j)ʊ́(ə)rə | -tjʊ́ərə] *n.* 《商標》アングスツラ《angostura bitters の商品名》.

ang·wan·ti·bo [æŋ(g)wɑ́ːnṭəbòʊ | -tɪbəʊ] 〚← Afr. (Efik)〛 — *n.* (*pl.* ~s) 《動物》アンワンチボ (*Arctocebus calabarensis*)《アフリカ西部に生息するロリス科アンワンチボ属の長い鼻と未発達の尾をもつ夜行性の小さなキツネザルの一種》.

an·har·mon·ic [æ̀nhɑəmɑ́nɪk | -hɑːmɔ́n-] 〚□ F *anharmonique*: ⇨ a-⁷, harmonic〛 *adj.* 《物理》非調和(振動)の.

an·har·mo·nic·i·ty [æ̀nhɑəmənísəṭi | -hɑːmənísətɪ, -sɪ-] *n.* 《物理》非調和性, 不調和性.

anharmónic rátio *n.* 《数学》非調和比 (⇨ cross ratio).

an·he·do·ni·a [æ̀nhiːdóʊniə | -dəʊnɪə, -njə] 〚← NL ~ ← *an-* 'A-⁷'+Gk *hēdonḗ* pleasure+-IA¹〛 *n.* 《精神医学》性快感消失(症), 性的冷感症.

an·hed·ral [ænhíːdrəl | -héd-, -híːd-] 〚⇨ a-⁷, -hedral〛 — *adj.* **1** 《鉱物》=allotriomorphic. **2** 《航空》〈翼など〉下反角を有する. — *n.* 《航空》下反角《左右の翼が水平面に対して下がっているもの; 負の上反角; cathedral angle ともいう; cf. dihedral》.

anhédral ángle *n.* 《航空》=anhedral.

an·hem·i·ton·ic [ænhèmɪtɑ́nɪk, -mə- | -mɪtɔ́n-] 〚← *an-* 'A-⁷'+HEMI-+TONIC〛 *adj.* 《音楽》〈音階が〉半音のない.

an·hi·dro·sis [æ̀nhɪdróʊsɪs, -hə-, -səs | -hɪdrə́ʊsɪs] 〚← NL ~: ⇨ a-⁷, hidrosis〛 *n.* 《病理》無汗(症), 発汗減少.

An·him·i·dae [ænhímədìː | -mɪ-] 〚← NL ~ ← *Anhima* (属名: ← Port. ← Tupi)+-IDAE〛 *n. pl.* 《鳥類》サケビドリ科.

an·hin·ga [ænhíŋgə] 〚□ Port. ~ ← Tupi〛 *n.* 《鳥類》ヘビウ (snakebird).

An·hwei [ɑ̀ːnhwéɪ; *Chin.* ānxuī] *n.* 安徽(あんき)省《中国東部の省; 人口 47,130,000, 面積 130,000 km², 首都 Hofei (合肥)》.

anhyd. 《略》《化学・地質》anhydrous.

an·hydr- [ænháɪdr] (母音の前に来る時の) anhydro- の異形.

an·hy·dra·tion [æ̀nhaɪdréɪʃən] *n.* 水分除去, 脱水.

an·hy·dre·mi·a [æ̀nhaɪdríːmiə | -mjə, -mɪə] 〚← NL ~: ⇨ anhydro-, -emia〛 — *n.* 《病理》乏水血症《血液中の水分が減少した状態》. **àn·hy·dré·mic** [æ̀nhaɪdríːmɪk] *adj.*

an·hy·dride [ænháɪdraɪd, -drɪd, -drəd | -draɪd] 〚⇨ anhydro-, -ide²〛 *n.* 《化学》無水物.

an·hy·drite [ænháɪdraɪt] 〚□ G *Anhydrit*: ⇨ ↓, -ite¹〛 *n.* 《鉱物》無水石膏(せっこう), 硬石膏 ($CaSO_4$).

an·hy·dro- [ænháɪdro(ʊ) | -drə(ʊ)] 〚← Gk *anudro-* ← *ánudros* waterless ← A-⁷+*húdōr* water: *-h-* は HYDRO- との類推で挿入〛 —「無水(物)の」の意の連結形. ★ 母音の前では通例 anhydr- になる.

an·hy·dro·sis [æ̀nhɪdróʊsɪs, -hə-, -səs | -hɪdrə́ʊsɪs] *n.* 《病理》=anhidrosis.

an·hy·drous [ænháɪdrəs] 〚(1819) □ Gk *ánudr-os*: ⇨ anhydro-, -ous〛 *adj.* 《化学・鉱物》無水の.

a·ni[1] [ɑːníː, ən-] 〚□ Sp. *aní* □ Tupi *ani, anú*〛 — *n.* 《鳥類》オオハシカッコウ《熱帯アメリカ産ホトトギス科オオハシカッコウ属 (*Crotophaga*) のカッコウの総称; オオハシカッコウ (*C. ani*) など》.

ani[2] *n.* anus の複数形.

a·nic·ca [əníkə] 〚□ Pali ~ ← Skt *anitya* not eternal ← *a-* 'A-⁷'+*nitya* eternal〛 *n.* 《仏教》(命の)はかなさ, (人生の)無常 (cf. THREE Signs of Being).

an·i·con·ic [æ̀naɪkɑ́nɪk | -kɔ́n-] 〚← *an-* 'A-⁷'+ICONIC〛 — *adj.* **1** 《キリスト教》〈偶像が〉神的対象[人像]によらない, 単なる物的象徴によって表わされた, 象徴的な. **2** 〈宗教など〉偶像[聖像]のない[を用いない], 象徴的物体崇拝の. **3** 偶像反対の.

an·i·con·ism [ænáɪkənìzm] *n.* **1** 象徴的物体崇拝. **2** 偶像反対.

an·i·cut [ǽnɪkʌ̀t, ǽnə- | ǽnɪ-] 〚□ Tamil *aṇai kaṭṭu* dam building〛 *n.* 《インド》(インド南部で)灌水(かんすい)用の堰(せき).

a·nigh [ənáɪ] 〚(1773) ← A-¹+NIGH: ANEAR からの類推〛《古》*adv.* (~·er; ~·est) =near. — *prep.* =near.

a·night [ənáɪt] 〚OE *on niht*: ⇨ a-¹, night〛 *adv.* 《古》夜に, 夜間に (at night).

a·nights [ənáɪts] 〚(混成) ← OE *on niht* (↑)+*nihtes* ((adv.) ← *niht* 'NIGHT'+*-es* '-s² 1')〛 *adv.* =anight.

an·il [ǽnɪl, -nəl | -nɪl] 〚(1581) □ F ~ □ Port. ~ □ Arab. *an-nīl* the indigo (← Skt *nīlī* dark blue)〛 — *n.* **1** 《植物》ナンバンコマツナギ (*Indigofera anil*)《西インド諸島産マメ科コマツナギの類の植物; かつてはこれから藍 (indigo) を採った》. **2** 藍, 藍色 (indigo). **3** 《化学》アニル《アニリンとアルデヒドからできるシッフ塩基 (Schiff base)》.

a·nile [ǽnaɪl, éɪn- | éɪn-, ǽn-] 〚(1652) □ L *anīlis* ← *anus* old woman ← IE **an-* old woman, ancestor〛 — *adj.* 老婆の(ような); もうろくした, 焼きが回った; 〈考えなど〉たわいない, 浮わついた.

an·i·lide [ǽnəlɪd, -ləd, -làɪd, -nḷ- | ǽnɪlàɪd, -lɪd] 〚□ G *Anilid*: ⇨ anil, -ide²〛 — *n.* 《化学》アニリド《アニリンのアミノ基の水素 1 原子または 2 原子をアシル基 (acyl group) で置換した化合物 C_6H_5NHCOR または $C_6H_6N(COR)_2$ の総称》.

a·ni·linc·tion [èɪnɪlíŋ(k)ʃən, æ̀n-, -nə- | -nɪ-] 〚⇨ ↓, -ion〛 *n.* =anilingus.

a·ni·lin·ctus [èɪnɪlíŋ(k)təs, æ̀n-, -nə- | -nɪ-] *n.* 〚← AN(US)+(CUNN)ILINCTUS〛 =anilingus.

an·i·line [ǽnəlɪn, -lən, -làɪn, -nḷ- | ǽnɪlìːn, -lɪn] 〚(1850) ← ANIL+-INE³〛《化学》 — *n.* (*also* **an·i·lin** [ǽnəlɪn, -lən, -nḷ- | ǽnɪlɪn]) **1** アニリン ($C_6H_5NH_2$)《液体; 染料・合成樹脂原料; aminobenzene, phenylamine ともいう》. **2** =aniline dye. — *adj.* アニリンの: ~ colors アニリン色素.

ániline bláck *n.* 《染色》アニリンブラック《代表的な酸化染料; アニリンの酸化で得られる安価でしかも堅牢な黒色染め》.

ániline blúe *n.* 《染色》アニリンブルー《生体染色に使われる青色酸性染料》.

ániline dỳe *n.* アニリン染料《合成染料と同義; 天然染料に対していう》.

ániline-formáldehyde résin *n.* 《化学》アニリンホルムアルデヒド樹脂《アニリンとホルムアルデヒドの縮合で得られる樹脂; 硬質で電気絶縁性に富む》.

ániline hydrochlóride *n.* 《化学》塩酸アニリン ($C_6H_5NH_2 \cdot HCl$)《アニリンの塩酸塩; アニリンブラック染料の原料》.

ániline pòint *n.* 《化学》アニリン点《等容積のアニリンと炭化水素(混合物)が均一溶液として存在し得る最低温度; 炭化水素の分析に用いられる》.

ániline prínting [pròcess] *n.* 《印刷》アニリン印刷 (⇨ flexography).

a·ni·lin·gus [èɪnɪlíŋgəs, -nə- | -nɪ-] 〚← NL ~ ← AN(US)+(CUNN)ILINGUS〛 *n.* 肛門接吻, 舐肛(しこう), アニリンガス (cf. cunnilingus).

a·nil·i·ty [əníləṭi, æn- | ænílɪti, ən-, -lɪ-] 〚□ L *anīlitāt-em*: ⇨ anile, -ity〛 *n.* **1** (老婆のような)老いぼれ, もうろく. **2** 老婆のよまいごと.

anim. 《略》《音楽》animato.

an·i·ma [ǽnəmə | ǽnɪ-] 〚□ L ~: ⇨ animus〛 — *n.* **1** 魂 (soul), 精神 (spirit). **2** 生命 (life). **3** 《心理》(C. G. Jung の学説で)アニマ: **a** 内的人格 (cf. persona 2). **b** 男性のもつ抑圧された女性的特性 (cf. animus 5).

an·i·mad·ver·sion [æ̀nəmædvə́ːʒən, -məd-, -ʃən | æ̀nɪmædvə́ːʃən, -məd-] 〚□ L *animadversiō(n-)* attention, inquiry ← *animadversus* (p.p.) ← *animadvertere* (↓): ⇨ -sion〛 — *n.* 批判, 批評; 非難, 難詰, 譴責(けんせき) 〔*on, upon, about*〕: make ~*s on* a person's conduct.

an·i·mad·vert [æ̀nəmædvə́ːt, ――――́ | æ̀nɪmædvə́ːt, -məd-] 〚(?a1425) □ L *animadvert-ere* to notice, punish ← *animus* mind+*advertere* to turn to: ⇨ advert〛 — *vi.* 批判する, 批評する; 酷評する, 非難する, 責める (censure) 〔*on, upon, about*〕: ~ *on* a person's conduct, faults, etc.

an·i·mal [ǽnəməl | ǽnə-, ǽnɪ-] 〚(c1330) □ L ~ 'living being' ← *animāle* (neut.) ← *animālis* living ← *anima* breath, life: ⇨ animus: cf.「いき」「いきもの」〛 — *n.* **1** (植物に対して)動物. **2** (人間以外の)動物; けだもの, 四足獣 (quadruped); 哺乳動物 (mammal): a wild ~ 野獣 / a domestic ~ 家畜. **3** 下等な人間, 人でなし, 人非人 (brutish person). **4** [通例 the ~] 獣性 (animal nature): *the* ~ in man 人間の獣性 / There is very little ~ in him. 彼には動物的なところがほとんどない《高級な人間だ》. **5** 《口語》人, 物, 代物 (person, thing): There is no such ~. そんなものは(い)ない. — *adj.* **1 a** 動物の[に関する]: ~ worship 動物崇拝 / an ~ painter 動物画家 / ~ life 動物の生態; [集合的] 動物. **b** 動物性[質]の: ~ fats 動物性脂肪 / ~ food 動物性食物《魚鳥獣肉》/ ~ matter 動物質. **2** 動物的な, 獣的な, 肉欲(的)の: ~ appetite [desires] 獣欲 / ~ courage 蛮勇 (cf. MORAL courage) / ~ needs 動物的欲求 / ~ passion(s) 獣欲, 肉欲 / ⇨ animal spirits. **3** 《生物》動物極の. **~·ness** *n.*

ánimal bíscuit *n.* 《英》=animal cracker.

ánimal bláck *n.* 動物性黒色顔料《リン酸カルシウムを主成分とする; bone black, ivory black など》.

ánimal chárcoal *n.* 《化学》獣炭《動物の骨や血を乾留して得られる炭物質》.

ánimal crácker *n.* 《米》動物ビスケット《動物の形をした小型のビスケット》.

animalcula 〚← NL ~〛 *n.* animalcule, animalculum の複数形.

animalculae 〖ANIMALCULA を単数と誤解した複数形〗 *n.* animalculum の複数形.

an·i·mal·cu·lar [æ̀nəmǽlkjʊlə | æ̀nɪmǽlkjʊlə(r, æ̀nə-] *adj.* 極微[微小]動物の.

an·i·mal·cule [æ̀nəmǽlkjuːl | æ̀nɪ-, æ̀nə-] 〖《1509》 ← NL *animalcul-um* (dim.) ← L *animal*: ⇨ animal, -cule〗 — *n.* (*pl.* **~s, -mal·cu·la** [-kjʊlə]) **1** 極微動物, 微小動物 (microscopic animal). **2** 《古》 小動物《ネズミ・ハエなど》.

àn·i·mál·cu·lìsm [-kjʊlìzm] *n.* **1** (病原などの)極微動物説. **2** 〖生物〗(主)精子論 (⇨ spermism).

àn·i·mál·cul·ist [-lɪst, -ləst | -lɪst] *n.* **1** 極微動物学者; (生活現象をすべて極微動物の働きとする)極微動物説論者. **2** (主)精子論者.

an·i·mal·cu·lum [æ̀nəmǽlkjʊləm | æ̀nɪ-] *n.* (*pl.* **-cu·la** [-lə], **-cu·lae** [-lìː, -làɪ]) =animalcule.

ánimal electrícity *n.* 〖生物〗(動物の組織から発生する)動物電気.

ánimal fáith *n.* 動物的信仰《外界の実在や事物の本質に対する非理性的で本能的な信仰; George Santayana の用語》.

ánimal fúnctions *n. pl.* 〖生物〗動物性機能《運動・感覚・発音・発光・発電・内分泌など, 特に動物に顕著に認められる生理作用; cf. vegetative functions》.

ánimal hèat *n.* 〖生理〗(生きた動物の)体温.

ánimal húsbandry *n.* 畜産(業); 畜産学.

An·i·mal·ia [æ̀nəméɪljə, -liə | æ̀nɪméɪljə, æ̀nə-, -lɪə] 〖← NL ~ ← L ~ (pl.) ← ANIMAL〗 *n. pl.* 動物界 (animal kingdom).

an·i·mal·ier [æ̀nəmalíə, ⸗⸗⸗⸌ | æ̀nɪmalíə(r, æ̀nə-] 〖□F ~〗 *n.* 〖美術〗動物画家[彫刻家].

án·i·mal·ìsm [-lìzm] *n.* **1** 動物的な性状; 元気はつらつ. **2** 獣欲主義 (sensualism). **3** (人間には霊性がないとする)人間動物説.

án·i·mal·ist [-lɪst, -ləst | -lɪst] *n.* **1** 人間動物説主張者. **2** 獣欲主義者. **3** 動物画家[彫刻家]; 動物物語作家. **4** =animalculist. **an·i·mal·is·tic** [æ̀nəməlístɪk | æ̀nɪ-] *adj.*

an·i·mal·i·ty [æ̀nəmǽləṭi | æ̀nɪmǽlətɪ, æ̀nə-, -lɪ-] 〖□F *animalité*: ⇨ animal, -ity〗 — *n.* **1** 動物であること. **2** (人間の)動物性, 獣性(animal nature); 活力, 元気はつらつ (vitality). **3** 動物界 (animal world).

an·i·mal·ize [æ̀nəməlàɪz | ǽnə-, ǽnɪ-] *vt.* **1** 〈人を〉動物的[獣的]にする (brutalize, sensualize). **2** 〈古代人などが〉〈神を〉動物の形で表わす. **3** 〖美術〗〈人間や神の姿を〉動物の形で描く; 〈人間〉の動物的側面を強調して描く. **4** 〈食物などを〉動物質に変える. **5** 〖化学〗〈植物性繊維・合成繊維を〉アニマライズする《動物性繊維に類似した性質を与える》. **an·i·mal·i·za·tion** [æ̀nəməlɪzéɪʃən, -lə- | æ̀nɪməlaɪ-, -lɪ-] *n.*

ánimal kìngdom *n.* [the ~] (博物学上の)動物界 (cf. mineral kingdom, plant kingdom).

ánimal·lìke *adj.* 動物的な.

án·i·mal·ly [-məli | -lɪ] *adv.* 肉体的に (physically).

ánimal mágnetism *n.* **1** 《古》 **a** 〖医学〗動物磁気. **b** 催眠術 (hypnotism). **2** 人を引きつける力; 性的魅力.

ánimal óat *n.* 〖植物〗カラスムギの一種 (*Avena sterilis*)《animated oat と同様に穂が動く》. ⌈oil).

ánimal óil *n.* 〖化学〗動物油; 獣油; (特に)骨油 (bone

ánimal pòle *n.* 〖生物〗動物極, 動極 (cf. vegetal pole). ⌊pole).

ánimal psychólogy *n.* 動物心理学.

ánimal spírits *n. pl.* **1** 血気, 元気 (liveliness). **2** 〖哲学〗動物精気《脳髄・神経などに作用して情念や身体の運動を引き起こす可動的で微細な精気で, 17–18世紀の哲学, 特にデカルト哲学における仮説》.

ánimal stárch *n.* 〖生化学〗動物澱粉 (glycogen).

an·i·ma mun·di [ǽnəmə-mʌ́ndaɪ, -múndiː | ǽnɪ-, ǽnə-] 〖□L ~ 'soul of the world'〗 — *L. n.* (*pl.* **an·i·mae m-** [-mìː-mʌ́ndaɪ, -maɪ-múndiː]) 〖哲学〗世界霊魂《人間の霊魂との類比で全世界を有機的に統合する生命原理として想定された霊魂》.

an·i·mate 〖《adj.: *a*1398; v.: 1538》□ L *animāt-us* (p.p.) ← *animāre* to fill with breath ← *anima* breath, life: ⇨ animus, -ate[2,3]〗 — [ǽnəmèɪt | ǽnɪ-, ǽnə-] *vt.* **1** …に生命を吹き込む, 生かす: The soul ~*s* the body. 霊魂は身体に生命を吹き込む. **2 a** 活気づける, 活発にする (enliven); 勇気づける, 励ます (encourage): be ~*d* by [*with*] hope / ~ a person *with* hope / The dance was ~*d* by the song. 踊りは歌ではずんだ. **b** 行動に駆り立てる, 鼓舞する (inspire): the motives which ~*d* that man その人物を行動に駆り立てた動機. **3** 〈(あやつり)人形などを〉動かす, 動くように作る. **4** 〖映画〗動画[漫画映画]にする. — [-mət, -mɪt | -mət, -mɪt, -mèɪt] *adj.* **1** 命のある, 生きた (living, alive); 生気のある, 生物たる (↔ inanimate); (植物に対して)動物の: ~ nature 生物界, (特に)動物界. **2** 活気[元気]のある (lively). **3** 〈人形など〉動くことができる. **4** 〖言語・文法〗 **a** 有生(物)の《生命を有するもの, または生命を有すると考えられるものについていう; ↔ inanimate》: an ~ noun 有生名詞 / an ~ subject 有生主語. **b** (ロシヤ語などで)〈名詞が〉活動体の《この場合男性名詞の対格は主格と同形になる》. **~·ness** *n.*

án·i·màt·ed [-tɪd, -ṭəd | -tɪd, -təd] *adj.* **1** 生気に満ちた, 活発な, 勢いのよい, 躍動する, 生きているような (full of life, lively): an ~ bust 生きているような胸像 / an ~ description 生き生きした描写 / an ~ discussion 活気のある討論. **2** 動画(式)の. **~·ly** *adv.*

ánimated cartóon *n.* 漫画映画; 動画.

ánimated óat *n.* 〖植物〗カラスムギの一種 (*Avena strigosa*)《もみの先端から長く伸びる芒(のぎ)が湿度の変化に応じて伸縮し, 穂全体が動く》.

ánimated pícture *n.* 活動写真《映画 (motion picture) の古い言い方》.

án·i·mà·ter [-ṭə | -tə(r] *n.* =animator.

án·i·màt·ing [-ṭɪŋ | -tɪŋ] *adj.* **1** 生気を与える (life-giving). **2** 気を引き立てる(ような), 活気づける(ような), 鼓舞する. **án·i·màt·ing·ly** *adv.*

an·i·ma·tion [æ̀nəméɪʃən | æ̀nɪ-] 〖□L *animātiō(n-)*: ⇨ animate, -ation〗 — *n.* **1 a** 生気[活気]を与えること. **b** 生気, 活気 (life, spirit): a face devoid of ~ 生気のない顔 / ⇨ suspended animation. **2** 元気はつらつ, 活発 (liveliness): with ~ 活気を帯びて, 活発に. **3** 〖映画〗 **a** 動画[漫画]製作. **b** 動画, アニメーション; 漫画映画.

an·i·ma·tism [ǽnəmətìzm | ǽnɪ-] *n.* 〖哲学〗アニマチズム《霊魂は認めぬが無生物をも生き物とみなす考え方》.

a·ni·ma·to [æ̀nəmáːṭoʊ, àːn- | -nɪmáːtəʊ; *It.* animáːto] 〖□It. ~ □ L *animātus*: ⇨ animate〗 *adj.* 〖音楽〗アニマート, 元気に, 生き生きとして (with animation).

án·i·mà·tor [-ṭə | -tə(r] *n.* **1** 生気[活気]を与えるもの; 鼓舞者, 活気づけるもの. **2** 〖映画〗漫画映(製)作者, 動画撮影のコマ割りを決める人.

a·nime [ənìːm] 〖□F ~ ← (p.p.) ← *animer* 'to ANIMATE'〗 *n.* 〖甲冑〗(16 世紀の)横はぎ式の胴鎧(どう) (cf. cuirass 1).

anime

an·i·mé [ǽnəmèɪ, ⸗⸗⸌ | -nɪ-] 〖□F ~ □ Sp. ~ □ Tupi *ananim* resin〗 — *n.* アニメ《熱帯アメリカ産のワニスを作るのに用いる芳香性樹脂》: **a** =copal. **b** =elemi.

an·i·mism [ǽnəmìzm | ǽnɪ-] 〖□G *Animism-us* ← ANIMA: ドイツの物理・化学者 G. E. Stahl (1660–1734) の造語: ⇨ -ism〗 — *n.* **1** 物活説, アニミズム, 有霊観《あらゆる対象に生命を認める考え方》. **2** 精霊崇拝, 精霊説, 有霊観《人または物に憑(つ)く霊や魔物(demon)の存在を信じる説》. **3** 活力説 (vitalism). **4** 霊魂が生命と健康の原泉であるという教義.

án·i·mist [-mɪst, -məst | -mɪst] *n.* **1** 物活説信奉者. **2** 精霊崇拝者, 精霊説信奉者. **3** 活力説唱道者. **an·i·mis·tic** [æ̀nəmístɪk | æ̀nɪ-] *adj.*

an·i·mos·i·ty [æ̀nəmáṣəṭi, æ̀nɪ- | æ̀nɪmɔ́sətɪ, -sɪ-] 〖《?*a*1425》□ (O)F *animosité* // LL *animōsitātem* boldness ← *animōsus* bold, spirited ← *animus* (↓): ⇨ -ity〗 — *n.* 憎悪心, うらみ, 敵意 (enmity): have ~ *against* [*toward*] …に敵意をいだく / ~ *toward* the enemy / ~ *between* the two.

an·i·mus [ǽnəməs | ǽnɪ-] 〖《1831》□ L ~ 'rational soul, mind' ← IE **an(ə)-* to blow, breathe〗 — *n.* **1** 悪意, うらみ, 敵意 (grudge, animosity): have an ~ *against* a person 人にうらみをもっている. **2** 意志, 意向, 目的. **3** 生気を与える[活動的な]魂. **4** 〖法律〗心素, 意思 (intention): ~ furandi [fjʊrǽndaɪ | fjʊ(ə)r-] 窃盗(せっ)の意思 / ~ testandi [testǽndaɪ] 遺言の意思. **5** 〖心理〗(C. G. Jung の学説で)アニムス《女性のもつ抑圧された男性的特性; cf. anima 3 b》.

an·i·on [ǽnàɪən, -aɪɑ̀n | ǽnàɪən] 〖《1834》□ Gk *anión* a going up (neut. pres.p.) ← *aniénai* to go up ← ANA- + *iénai* to go: M. Faraday の命名〗 — *n.* 〖物理化学〗陰イオン, アニオン, 負イオン (negative ion) (cf. ion, cation).

ánion exchànge *n.* 〖化学〗陰イオン交換.

ánion exchànger *n.* 〖化学〗陰イオン交換体.

an·i·on·ic [æ̀naɪɑ́nɪk | -ɔ́n-] *adj.* 〖化学〗アニオンの, 陰イオンの. **àn·i·ón·i·cal·ly** *adv.*

aniónic detérgent *n.* 〖化学〗陰イオン洗浄剤.

an·i·on·ot·ro·py [æ̀naɪənɑ́trəpi | -nɔ́trəpɪ] *n.* 〖物理化学〗アニオノトロピー, アニオノイド転位《有機化合物の転位反応のうち, 転位が陰イオンの移動によって起こるもの; cf. cationotropy》.

a·nis [ənìːs; *Sp.* anís] 〖□Sp. ~: ⇨ anise〗 *n.* アニス酒《aniseed で造るスペイン産の強い酒; anisette の一種》.

an·is-[1] [ǽnaɪs, ænáɪs] (母音の前に来る時の) aniso-[1] の異形: *aniseikonia*. ⌈異形: *anisole*.

an·is-[2] [ǽnəs | ǽnɪs] (母音の前に来る時の) aniso-[2] の

an·is·al·de·hyde [æ̀nəsǽldəhàɪd | æ̀nɪsǽldɪ-] 〖← ANISO-[2] + ALDEHYDE〗 — *n.* 〖化学〗アニスアルデヒド ($CH_3OC_6H_4CHO$)《無色または淡黄色の液体で特有の芳香を有する; anisic aldehyde, aubepine ともいう》.

an·ise [ǽnɪs, ǽnəs | ǽnɪs] 〖《?c1300》□ (O)F *anis* < L *anisum* □ Gk *ánison*〗 — *n.* **1** 〖植物〗アニス (*Pimpinella anisum*)《地中海地方産セリ科の植物; 種子に精油を含み, 薬用・香料とする》. **2** =aniseed.

ánise álcohol *n.* 〖化学〗=anisyl alcohol.

an·i·seed [ǽnɪsìːd, ǽnə-, ǽnɪssìːd, ǽnəs- | ǽnɪsìːd] 〖《*a*1398》: ⇨ anise, seed〗 *n.* アニスの実《薬用・香味料用》. ⌊料用》.

áníseed òil *n.* =anise oil.

an·is·ei·ko·ni·a [æ̀naɪsaɪkóʊniə | -kə́ʊnɪə, -njə] 〖← NL ~ ← ANISO-[1] + Gk *eikṓn* image + -IA[1]〗 — *n.* 〖眼科〗不等像視症《網膜像の大きさ・形態が両眼で異なるために眼精疲労の原因となる》. **an·is·ei·kon·ic** [æ̀naɪsaɪkɑ́nɪk | -kɔ́n-] *adj.*

ánise òil *n.* アニス油《アニスの実から採り, 薬用・香料用》.

an·i·sette [æ̀nəsét, -zét, ⸗⸗⸌ | æ̀nɪzét; *F.* anizɛt] 〖□F *anisette* (*de Bordeaux*) (dim.) ← *anis* 'ANISE'〗 — *n.* アニス酒, アニセット《アニスの実で味をつけたリキュール》.

a·nís·ic ácid [ənísɪk-, æn-, -náɪs-] 〖*anisic*: ← ANIS(E) + -IC[1]〗 *n.* 〖化学〗アニス酸 ($CH_3OC_6H_4COOH$)《ウイキョウ油などに存在, 合成もされ, 香料の調合用》.

anísic álcohol *n.* 〖化学〗=anisyl alcohol.

anísic áldehyde *n.* 〖化学〗=anisaldehyde.

an·i·so-[1] [ǽnaɪsoʊ, ænáɪ- | -sə(ʊ)] 〖← NL ~ ← Gk ~ ← *ánisos* unequal ← *an-* 'A-[7]' + *ísos* equal〗 —「不同, 不等 (unlike)」の意の連結形 (↔ iso-): *aniso*petalous 大きさの違う花弁のある / *aniso*sthenic 不等力の. ★ 母音の前では通例 anis- になる.

an·i·so-[2] [ǽnəsoʊ | ǽnɪsə(ʊ)] 〖← L *anis-um* 'ANISE'〗「アニス (anise); アニス酸 (anisic acid)」の意の連結形: *aniso*yl. ★ 母音の前では通例 anis- になる.

an·i·so·car·pic [æ̀naɪsoʊkɑ́ːpɪk, ænàɪ- | -sə(ʊ)kɑ́ː-] 〖← ANISO-[1] + -CARPIC〗 *adj.* 〖植物〗〈花が〉不同数心皮の (cf. isocarpic).

an·i·so·car·pous [æ̀naɪsoʊkɑ́ːpəs, ænàɪ- | -sə(ʊ)kɑ́ː-] *adj.* 〖植物〗=anisocarpic.

an·i·so·co·ri·a [æ̀naɪsoʊkɔ́ːriə, ænàɪ-, -kóːr- | -sə(ʊ)kɔ́ːrɪə] 〖← NL ~ ← ANISO-[1] + Gk *kórē* pupil of the eye + -IA[1]〗 *n.* 〖眼科〗瞳孔(左右)不同(症).

an·i·so·dac·ty·lous [æ̀naɪsoʊdǽktələs, ænàɪ- | -sə(ʊ)dǽktɪ-] 〖← ANISO-[1] + -DACTYLOUS〗 — *adj.* **1** 〖動物〗足指の数の不同な. **2** 〖鳥類〗足指 3 本が前方に 1 本が後方に向いた.

an·i·so·ga·mete [æ̀naɪsoʊgəmìːt, -gǽmiːt, ænàɪ- | -sə(ʊ)-] *n.* 〖生物〗異形配偶子 (heterogamete).

an·i·sog·a·mous [æ̀naɪsɑ́gəməs | -sɔ́g-] *adj.* 〖生物〗異形接合の, 異形配偶の.

an·i·sog·a·my [æ̀naɪsɑ́gəmi | -sɔ́gəmɪ] 〖← ANISO-[1] + -GAMY〗 — *n.* 〖生物〗異形接合, 異形配偶《互いに形の異なる配偶子の接合; ↔ isogamy》. **an·i·so·gam·ic** [æ̀naɪsəgǽmɪk] *adj.*

an·i·so·i·co·ni·a [æ̀naɪsoʊaɪkóʊniə, ænàɪs- | -sə(ʊ)aɪkə́ʊnɪə, -njə] *n.* 〖眼科〗=aniseikonia.

an·i·sole [ǽnəsòʊl | ǽnɪsə̀ʊl] 〖□F *anisol*: ⇨ aniso-[2], -ole[1]〗 — *n.* 〖化学〗アニソール ($C_6H_5OCH_3$)《無色の芳香のある液体で, 香水の製造とシラミの駆除用; methyl phenyl ether ともいう》.

an·i·som·er·ism [æ̀naɪsɑ́mərìzm | -sɔ́m-] 〖← ANISO-[1] + -MERISM〗 — *n.* 〖生物〗不等節化《生物体の同様な部分の数が減少し部分間の差が増大する系統的変化; cf. polyisomerism》.

an·i·som·er·ous [æ̀naɪsɑ́mərəs | -sɔ́m-] *adj.* 〖植物〗〈花が〉不同数の器官[部分]をもつ.

an·i·so·met·ric [æ̀naɪsəmétrɪk, ænàɪ-] 〖□F *anisométrique*: ⇨ a-[7], isometric〗 — *adj.* **1** 〖結晶〗立方[等軸]晶系でない (cf. isometric 5). **2** 不等の (↔ isometric).

an·i·so·met·ro·pi·a [æ̀naɪsoʊmətróʊpiə, -sə- | -sə(ʊ)mɪtrə́ʊpɪə, -pjə] 〖← NL ~: ⇨ a-[7], isometropia〗 — *n.* 〖眼科〗屈折(左右)不同(症), 不同視, 不同像症.

an·i·so·me·tro·pic [æ̀naɪsoʊmətrɑ́pɪk, -tróʊ- | -sə(ʊ)mɪtrɔ́p-, -trə́ʊ-] *adj.*

an·i·so·phyl·lous [æ̀naɪsoʊfíləs, ænàɪ- | -sə(ʊ)-] 〖□F *anisophylle*: ⇨ aniso-[1], -phyllous〗 *adj.* 〖植物〗葉の形や大きさが不揃いの.

An·i·sop·ter·a [æ̀naɪsɑ́ptərə | -sɔ́p-] 〖← NL ~: ⇨ aniso-[1], -ptera〗 *n. pl.* 〖昆虫〗不均翅亜目《ヤンマ・アカトンボ・シオカラトンボなど前翅と後翅の形が同一でなく, 翅を開いて静止する高等なトンボ類を含む》. **àn·i·sóp·ter·an** [-rən] *adj.*

an·i·so·trop·ic [æ̀naɪsətrɑ́pɪk, ænàɪ- | -trɔ́p-] 〖← *an-* 'A-[7]' + ISOTROPIC〗 — *adj.* **1** 〖化学〗異方性の (aeolotropic)《方向によって性質の異なる》. **2** 〖植物〗異なる種類の刺激に向かう. **àn·i·so·tróp·i·cal·ly** *adv.*

anisotrópic líquid *n.* 〖物理・結晶〗=liquid crystal.

an·i·sot·ro·py [æ̀naɪsɑ́trəpi | -sɔ́trəpɪ] *n.* **1** 〖物理〗異方性《物理的性質が方向によって異なること》. **2** 〖植物〗外界に対してそれぞれ異なった反応を示す植物の性質.

an·is·seed [ǽnɪssìːd, ǽnəs- | ǽnɪs-] *n.* =aniseed.

án·i·syl ácetate [ǽnəsɪl- | ǽnɪ-] 〖*anisyl*: ← ANISO-[1] + -YL〗 — *n.* 〖化学〗酢酸アニシル ($CH_3OC_6H_4CH_2OCOCH_3$)《アニスアルコールの酢酸エステル; 香料原料》.

ánisyl álcohol *n.* 〖化学〗アニスアルコール ($CH_3OC_6H_4CH_2OH$)《無色の芳香性液体; 香料の原料; 融点 45°C, 沸点 259°C; anisic alcohol ともいう》.

A·ni·ta [əníːṭə | -tə] 〖□Sp. ~ (dim.) ← ANNA〗 *n.* 女性名.

An·i·us [ǽniəs | ǽnɪ-] 〖□Gk *Ánios*〗 *n.* 〖ギリシャ神話〗アニオス《Delos 島の Apollo の神官; 放浪途次の Aeneas らを歓待する》.

An·jou [ǽndʒuː, ɑ̃ː(ŋ)ʒúː, ɔ̃ː(ŋ)-, ɑːŋ-, ɔ(ː)n- | ɑ̃ː(ŋ)ʒúː, ɔ̃ː(ŋ)-, ɑːŋ-, ɔ(ː)ŋ-; *F.* ɑ̃ʒu] *n.* アンジュー《フランス西部, Loire 川流域の旧公国》. ★ ラテン語系形容詞: Angevin.

An·ka·ra [ǽŋkərə, ɑ́ːŋ- | ǽŋ-] *n.* アンカラ《小アジア中部の都市; 1923 年以来トルコ共和国の首都; 歴史的には Angora とも呼ばれた; 人口 1,209,000》.

an·ker [ɑ́ːŋkə, ǽŋ- | ǽŋkə(r] 〖□Du. ~ □ ? ML *an-*

ceria keg〛 ── n. アンカー《オランダ・デンマーク・スウェーデン・ロシヤなどで行なわれる酒類の量名; もとは英国でも用いられた; 米国では 10 ガロンに計算される》; 1 アンカー入りの樽.

an·ker·ite [ǽŋkəràɪt] 〘□G *Ankerit* ← *M. J. Anker* (*d.* 1843: オーストリアの鉱物学者): ⇨ -ite¹〙 n. 〘鉱物〙鉄白雲石 (Ca(Fe, Mg, Mn)$(CO_3)_2$).

ankh [ǽŋk, ɑ́ːŋk | ǽŋk] 〘□Egypt. *'nḫ* life〙 n. 〘考古・美術〙= crux ansata.

An·king [ɑ̀ːnkíŋ; *Chin.* āntɕʰìŋ] n. 安慶《揚子江に臨む安徽(ｱﾝｷ)省 (Anhwei) の都市》.

an·kle [ǽŋkl̩] 〘(a1325) □ON *ǫkkl-a* = **ankula* ← Gmc **aŋk-* (Dan. & Swed. *ankel* / Du. *enkel* / G *Enkel*) ← IE **ank-* to bend ∽ OE *anclēo(w)*: cf. angle¹·²〙 ── n. **1** 足首 (cf. malleolus). **2** 足関節《脚部と足部をつなぐ関節》. ── vi. 《俗》歩く. 「astragalus).

ánkle·bòne 〘(a1398)〙 n. 〘解剖〙距骨(ｷｮｺﾂ) (talus,

ánkle-déep adj. **1** 〈泥など〉足首までの深さの[で]: ~ mud, snow, water, etc. **2** [Predicative に用いて] **a** 〈地面など〉〈泥などに〉足首までの深さにおおわれて〔in〕: The path is ~ *in* mud. 小道は泥が足首までぬかる. **b** 〈人など〉〈水などに〉足首まで入って〔in〕: I was ~ *in* the water. 私は水に足首まで入っていた.

ánkle·jàck n. 足首の上までの深靴.

ánkle jèrk n. 〘医学〙くるぶし反射, アキレス腱(ｹﾝ)反射 (Achilles tendon reflex) (cf. knee jerk).

ánkle jòint n. 〘解剖〙距(ｷｮ)関節.

ánkle-léngth adj. 〈服が〉くるぶしまでの長さの.

ánkle sòck n. くるぶしまでのソックス (《米》anklet).

ánkle stràp n. (婦人靴などで)足首に回す留め紐.

an·klet [ǽŋklɪt, -lət] 〘← ANK(LE) + -LET〙 ── n. **1** 足首飾り (cf. bracelet 1). **2** 足首に掛ける足枷(ｱｼｶｾ). **3 a** 《米》= ankle sock. **b** 防寒用に足首につけるバンド. **4** (靴の)足首に回す留め革 (ankle strap); 留め革が付いているローシューズ《婦人・子供用》.

an·klong [ǽŋklɔ(ː)ŋ, -klɑŋ | -klɔŋ] 〘□Malay *aṅkluṅ*〙 n. (*also* **an·klung** [-klʌŋ]) アンクロン《東インド諸島の懸垂竹パイプの楽器》.

an·kus [ǽŋkəs, ʌ́ŋkəʃ] 〘□Hindi *aṅkuš* ← Skt *aṅkuśa* ← IE **ank-* to bend: cf. angle¹〙 (*also* **an·kush** [-kəʃ]) n. (*pl.* ~, **~·es**) (インドで)象使いの突き棒.

ankyl- [ǽŋkɪl, -kəl | -kɪl] (母音の前に来る時の) ankylo- の異形.

an·ky·lo- [ǽŋkɪlo(ʊ), -kə- | -kɪlə(ʊ)] 〘← NL ~ ← Gk *ankulo-* ← *ankúlos* curved ← IE **ank-* to bend (Gk *ágkos* bend, hollow)〙 次の意味を表わす連結形: **1** 屈曲した, 鉤(ｶｷﾞ)になった (crooked, curved). **2** 癒着[膠着(ｺｳﾁｬｸ)](した): *ankylo*glossia. ★ 母音の前に来る時は通例 ankyl- になる.

an·ky·lo·glos·si·a [æ̀ŋkəlo(ʊ)glɔ́(ː)siə, -glɑ́s- | -kɪlə(ʊ)glɔ́siə] 〘← NL ~: ⇨ ↑, -glossia〙 n. 〘病理〙舌小帯短縮(症).

an·ky·lo·saur [ǽŋkəlo(ʊ)sɔ̀ə | -kɪlə(ʊ)sɔ̀ː(r)] 〘← NL *Ankylosaur-ia*: ⇨ ankylo-, -saur〙 n. 〘古生物〙よろい竜, アンキロサウルス《白亜紀の恐竜》.

an·ky·lose [ǽŋkɪlòʊs, -kə-, -lòʊz | ǽŋkɪlə̀ʊz] 〘↓〙 〘医学〙 ── vt. **1** 〈骨と骨などを〉膠着させる: ~*d* bones. **2** 〈関節を〉強直させる. ── vi. **1** 〈骨と骨が〉膠着する, 固着する. **2** 〈関節が〉強直する.

an·ky·lo·sis [æ̀ŋkɪlóʊsɪs, -kə-, -səs | æ̀ŋkaɪlə́ʊsɪs] 〘(1713) ← NL ~ ← Gk *agkúlōsis*: ⇨ ankylo-, -osis〙 ── n. (*pl.* **-lo·ses** [-siːz]) 〘病理〙(関節の)強直. **an·ky·lot·ic** [æ̀ŋkɪlɑ́tɪk, -kə- | æ̀ŋkaɪlɔ́t-] adj.

an·ky·los·to·mi·a·sis [æ̀ŋkəlɑ̀stəmáɪəsɪs, -səs | -kɪlɔ̀stəmáɪəsɪs] n. (*pl.* **-a·ses** [-siːz]) 〘病理〙= ancylostomiasis.

ANL 《略》Argonne National Laboratory (米国 Illinois 州にある)アルゴンヌ国立研究所.

an·lace [ǽnlɪs, -ləs, -leɪs] 〘(c1300) *anelas*《音位転換》← OF *ale(s)naz* (aug.) ← *alesne* (F *alêne*) awl ← Gmc (OHG *alansa* dagger)〙 n. (中世の)先細の短剣.

an·la·ge [ɑ́ːnlɑːgə; G. ánlaːgə] 〘□G ~ 'setup, layout' ← *an-* on + *Lage* a laying〙 ── n. (*pl.* **an·la·gen** [-gən; G. -gən], **~s**) **1** 〘生物〙原基, 原始細胞 (primordium), 胚胞(ﾊｲﾎｳ) (blastema). **2** 基本, 根本 (basis). **3** 傾向 (inclination).

an·laut [ɑ́ːnlaʊt; G. ánlaʊt] 〘□G ~ ← *an-* on + *Laut* sound (cf. loud)〙 ── n. (*pl.* **an·lau·te** [-laʊṭə | -tə; G. -laʊtə], **~s**) 〘音声〙初頭音《語または音節の初めの音; cf. auslaut, inlaut》.

Ann [ǽ(ː)n] 〘□L *Anna* □ Gk *Ánna* □ Heb. *Ḥannā́ʰ* 《原義》grace〙 n. 女性名《愛称形 Annie, Nan, Nancy》.

ann. 《略》annals; *L.* anni (= years); annual; annuities; annuity.

Ann. 《略》Anne.

an·na [ɑ́ːnə, ǽnə | ǽnə] 〘(1727) □Hindi *ānā*〙 ── n. **1** アンナ《インドの旧貨幣; = $^1/_{16}$ rupee》. **2** 《インド》十六分の一: have eight ~s of dark blood 原住民の血が半分混じっている.

An·na [ǽnə; G. ána, Russ. ánnə] 〘⇨ Ann〙 n. 女性名《愛称形 Anita, Annie, Nan, Nancy, Nannie, Nanny, Nina, Nita》.

An·na·ba [ɑnɑ́ːbə] n. アンナバ《アフリカ Algeria 北東部, 地中海に臨む海港; 人口 151,000; 旧名 Bône》.

An·na·bel [ǽnəbèl] 〘《変形》? ← AMABEL〙 n. 女性名《異形 Anabel, Anabill, Anabul, Annabella, Annable, Annaple》.

an·na·berg·ite [ǽnəbəːgàɪt | -bɜː-] 〘← *Annaberg* (Saxony の町の名): ⇨ -ite¹〙 n. 〘鉱物〙ニッケル華 ($Ni_3As_2O_8 \cdot 8H_2O$).

an·nal [ǽnl̩] 〘《逆成》← ANNALS〙 n. 《古》(年代記中の一年間・一事項などの)記録. 「者, 年譜作者.

an·nal·ist [ǽnəlɪst, -ləst, -nl̩- | ǽnəlɪst] n. 年代記編

an·nal·is·tic [æ̀nəlístɪk, -nl̩- | æ̀nəl-] adj. 年代記の, 年史の, 年譜的な.

an·nals [ǽnl̩z] 〘(1536) □F *annales* // L *annālēs* (*libri*) yearly (book) ← *annālis* yearly ← *annus* year: ⇨ -al¹〙 ── n. *pl.* **1** 年代記, 年史, 年譜. **2** 史料, 記録 (historical records): in the ~ of science 科学史上. **3** (学会などの)年報, 紀要; 年鑑.

An·nam [ænǽm, ən-, ǽnæm | ænǽm, ǽnæm] n. アンナン(安南)《インドシナ東海岸にあるもと王国(首都 Hué), フランスの保護領; 今はベトナムの一部》.

An·na·mese [æ̀nəmíːz, -míːs | æ̀nəmíːz] adj. アンナン(安南)の; 安南人の; 安南語の. ── n. (*pl.* ~) **1** 安南人. **2** 安南語 (Vietnamese).

An·na·mite [ǽnəmàɪt] adj., n. = Annamese.

An·nap·o·lis [ənǽp(ə)lɪs, -ləs | ənǽpəlɪs, æn-] 〘← *Anna* (⇨ Anne²) + -POLIS: 1695 年に命名〙 ── n. **1** 米国 Maryland 州の首都; Chesapeake 湾岸の港市で米国海軍兵学校 (Naval Academy) がある (cf. West Point); 人口 30,000. **2** (同地の)海軍兵学校.

Annápolis Róyal n. カナダ Nova Scotia 州西部, Fundy 湾に臨む町; カナダ最初の植民地 (1605); 人口 800; 旧名 Port Royal.

An·na·pur·na [æ̀nəpúənə, -pɔ́ː- | -púə-, -pɔ́ː-] 〘□Skt *Annapūrṇā* giver or possessor of food〙 ── n. **1** 〘ヒンズー教〙= Devi 2. **2** アンナプルナ《ネパール中部, Himalaya 山脈にある山塊; 最高峰 8,078 m》.

Ann Ar·bor [æ̀náəbə | -ɑ́ːbə(r)] 〘← ? *Ann* (*Allen*) (初期の植民者) + ARBOR (森林地帯であったのにちなむ?)〙 ── n. 米国 Michigan 州南東部の都市; University of Michigan の所在地; 人口 104,000.

an·nates [ǽneɪts, -nɪts, -nəts] 〘(1534) ← F *annate* □ ML *annāta* year's proceeds ← L *annus* year〙 ── n. *pl.* (*also* **an·nats** [ǽnæts, -nɪts, -nəts]) 〘カトリック〙年納, 聖職禄(ﾛｸ)取得納金《司教などの聖職就任後初年度の収入; もとローマ教皇に上納したが, 英国では 1534 年以来国王に納め国教のために使用され, のちに Queen Anne's Bounty の中へ納められた》.

an·nat·to [ənɑ́ːṭoʊ, ənǽṭ- | ənǽtəʊ, æn-] 〘← Carib.〙 ── n. (*pl.* **~s**) **1** 〘植物〙ベニノキ, アナトノキ (*Bixa orellana*)《熱帯アメリカ産の小樹》. **2** アナットー《ベニノキの種子の肉質の外被から採る帯黄赤色染料; バター・チーズなどの色付け用》.

Anne¹ [ǽ(ː)n; F. aːn] 〘□F ~ 'ANN'〙 n. 女性名.

Anne² [ǽ(ː)n] n. (1665-1714) 英国女王 (1702-14), Stuart 朝最後の君主; 治世中にスコットランドとの合体により Great Britain 王国が成立 (1707).

an·neal [əníːl] 〘OE *anǣlan* to burn, kindle ← A-¹ + *ǣlan* to burn (← *āl* fire ← IE **ai-dh-* to burn)〙 ── vt. **1 a** 〘冶金〙〈鋼鉄・ガラスなどを〉焼きなます (cf. annealing 1). **b** 〘生物〙〈核酸を〉アニールする (cf. annealing 2). **2** 〈精神を〉鍛える (temper): ~ the mind. ── vi. 〘生物〙〈核酸が〉アニールする. ── n. 〘冶金〙焼きなまし(したもの).

an·néal·ing [-lɪŋ] 〘(15 C)〙 n. **1** 〘冶金〙焼きなまし《加熱後徐冷する操作; cf. hardening 1 a, tempering》. **2** 〘生物〙アニールすること《DNA を熱して 2 本鎖を 1 本鎖にした後冷却し再び 2 本鎖にすること; 2 種の DNA を混ぜて行い, 相互間の 2 本鎖のできる割合から, DNA 構造の類似性を調べる》.

an·nec·tent [ənéktənt, æn-] 〘□L *annectent-em* (pres.p.) ← *annectere*: ⇨ annex, -ant〙 adj. (*also* **an·nec·tant** [~]) 〘動物〙連結する (connecting).

an·ne·lid [ǽnəlɪd, -ləd, -nl̩- | ǽnlɪd] 〘(1834) □F *annélide*: ⇨ ↓, -id²〙 〘動物〙 adj. 環形動物門の. ── n. 環形動物《ミミズ・ヒル・ゴカイなど》.

An·nel·i·da [ənélədə, æn- | -lɪ-] 〘← NL ~ ← F *annéles* 《原義》ringed ones ((pl.) ← *annelé* (p.p.) ← *anneler* to encircle ← OF *a(n)nel* (F *anneau*) ring < L *anellum* (dim.) ← ANUS) + -IDA〙 ── n. *pl.* 〘動物〙環形動物門. **an·nél·i·dan** [-dən, -dn̩] adj., n.

Ánne of Áustria n. (1601-66) フランス王 Louis 十三世の后; 王子 Louis 十四世幼年時代の摂政.

Ánne of Bohémia n. (1366-94) 英国王 Richard 二世の后; ボヘミア出身で, 1382 年王妃となったが浪費癖のため王と議会の争いの種となった.

Ánne of Cléves [-klíːvz] n. (1515-57) 英国王 Henry 八世の第 4 王妃.

An·net·ta [ənéṭə, æn- | -tə] 〘(dim.) ← ANN〙 n. 女性名.

An·nette [ænét, ən-] 〘□F ~ (dim.) ← ANN〙 n. 女性名.

an·nex 〘(c1370) □(O)F *annex-er* ← *annexe* joined ← L *annectere* to bind to ← *an-* 'AD-' + *nectere* to bind〙 ── [ənéks, æn-] vt. **1 a** 付け加える, 添付する (add)〔to〕: ~ a glossary *to* a book 書物に用語解を付ける / as per ~*ed* paper 別紙の通り. **b** 〈条件などを〉付ける, 付帯させる (attach)〔to〕. **c** 〈署名などを〉書き添える (affix)〔to〕. **2** 〈領土・小国などを〉併合する〔to〕: ~ a smaller state *to* a larger one. **3** 《口語》手に入れる (obtain); 着服する; 盗む (steal). **4** 〈属性・特権などを〉帰する, 付属させる〔to〕. **5** 《古》〈物を〉付け(加え)る (add); 取付ける (fix)〔to〕. ── [ǽneks, ǽnɪks | ǽneks] n. **1** 付加物; 添付書類. **2** 《米》別館, 新館, 離れ (《英》annexe): an ~ *to* a hotel [the main building]. **~·a·ble** [-səbl̩] adj.

an·nex·a·tion [æ̀nekséɪʃən, æ̀nɪk-, æ̀nək- | æ̀nek-] n. **1** 併合; 併合物, 併合地. **2** 付加; 付加物; 添付物. **~·al** [-ʃənl̩, -ʃnəl] adj.

àn·nex·á·tion·ist [-ʃ(ə)nɪst, -nəst | -nɪst] n. 併合論者.

an·nexe [ǽneks, ǽnɪks | ǽneks] n. 《英》= annex.

an·ni·cut [ǽnɪkʌ̀t, ǽnə- | ǽnɪ-] n. = anicut.

An·nie [ǽni | ǽni] 〘(dim.) ← ANN〙 n. 女性名.

An·ni·el·li·dae [æ̀niélədiː | æ̀niélɪ-] 〘← NL ~ ← *Anniella* (属名: ← Sp. *ani(e)llo* ring < L *anellum* small ring) + -IDAE: cf. Annelida〙 ── n. *pl.* 〘動物〙ギンイロアシナシトカゲ科.

Ánnie Óak·ley [-óʊkli | -ə́ʊkli] 〘はさみを入れたあとが米国の射撃の名手 *Annie Oakley* の射抜いた穴だらけのトランプ札に似ているところから〙 ── n. 《米俗》無料入場券, 招待券, フリーパス《単に Oakley ともいう》. 「[絶滅]できる.

an·ni·hi·la·ble [ənáɪələbl̩ | ənáɪə-, ənáɪɪ-] adj. 全滅

an·ni·hi·late [ənáɪəlèɪt | ənáɪə-, ənáɪɪ-] 〘(1525) ← LL *annihilāt-us* (p.p.) ← *annihilāre* to reduce to nothing ← *an-* 'AD-' + L *nihil* nothing ∽ 《廃》*annihil* □ (O)F *annihil-er*: ⇨ nihil, -ate³〙 ── vt. **1 a** 滅ぼす, 絶滅[全滅]させる. **b** ...に多大の損害[損傷]を与える. **2** 〈法律などを〉無効にする, 廃する (annul). **3** 無力にする: ~ a person's ambition. **4** 〈チームなどを〉圧倒する, 完敗させる. **5** 無視する, 軽視する. ── vi. 〘物理〙消滅する. **an·ni·hi·la·to·ry** [ənáɪələtɔ̀ːri, -tɔ̀ːri | ənáɪələ̀ɪtəri, ənáɪɪ-, -lət-] adj.

an·ni·hi·la·tion [ənàɪəléɪʃən | ənàɪə-, ənàɪɪ-] 〘(1638) □F ~ // LL *annihilātiō(n-)*: ⇨ ↑, -ation〙 ── n. **1** 全滅, 絶滅, 壊滅: the ~ of man. **2** 〘キリスト教〙空[無]に帰すること, 霊魂絶滅[消滅], (死における霊魂の)寂滅(ｼﾞｬｸﾒﾂ), (悪人死後の)必滅. **3** 〘物理〙(対)消滅《粒子と反粒子とが消滅して他の粒子(光子を含む)に変換すること; pair annihilation ともいう; cf. positronium》.

an·nì·hi·lá·tion·ìsm [-ʃənɪzm] n. 〘キリスト教〙霊魂絶滅[消滅]説, 霊魂寂滅論; (悔い改めない人の)死後の霊魂必滅説. **an·nì·hi·lá·tion·ist** [-ʃ(ə)nɪst, -nəst | -nɪst] n.

annihilátion òperator n. 〘物理〙消滅演算子.

annihilátion radiàtion n. 〘物理〙消滅放射《通常は電子と陽電子の対消滅に伴う 2 個のガンマ線放出過程をさす》.

an·ni·hi·la·tive [ənáɪəlèɪṭɪv, -ləṭ- | ənáɪələt-, -lèɪt-] adj. 全滅させる, 破壊的な: be ~ *of* life 生命を消滅させる.

an·ní·hi·là·tor [-ṭə | -tə(r)] n. **1** 絶滅者. **2** 〘数学〙零化群《加群の与えられた部分群を 0 に移す指標全体の作る群》.

anni mirabiles 〘□L *annī mīrābilēs*〙 n. annus mirabilis の複数形.

anniv. 《略》anniversary.

an·ni·ver·sa·ry [æ̀nəvə́ːs(ə)ri | æ̀nɪvə́ːs(ə)ri] 〘(?a1200) □ML (*diēs*) *anniversāria* anniversary (day) ← L *anniversārius* returning yearly ← *annus* year + *versus* ((p.p.) ← *vertere* to turn) + *-arius* '-ARY'〙 ── n. **1** (例年の)記念日; 年忌; ...周年[回忌]; 記念祭: a wedding ~ 結婚記念日 / the 60th ~ of one's birth 還暦 / on the ~ of... / a tenth-*anniversary* number (雑誌の)発刊 10 周年記念号. **2** 〘カトリック〙= year's mind. ── adj. **1** 例年の. **2** 記念日の, 年祭の: an ~ day.

Anniversary Dày n. = Australia Day.

an·no Dom·i·ni [ǽnoʊ dɑ́mənìː, ɑ́ːnoʊ-, -dóʊm-, -nìː, -nàɪ | ǽnəʊ-dɔ́mɪnàɪ] 〘(1579) □L *annō Dominī* in the year of (our) Lord〙 ── adv. [時に A-] キリスト紀元で, 西暦... (略 A.D., A.D.) (⇨ A.D.). ── n. [A- D-] 《英戯言》寄る年波, 老齢: *Anno Domini* is the trouble. / the ~ clause 定年規定.

an·no mun·di [ǽnoʊ mʌ́ndaɪ, ɑ́ːnoʊ-, -múndiː | ǽnəʊ-mʌ́ndaɪ] 〘□L *annō mundī* in the year of the world〙 ── *L.* adv. 世界紀元で《天地創造の年から起算して; 略 A.M., A.M.》.

an·no·na [ənóʊnə | ənə́ʊ-] 〘↓〙 n. 〘植物〙 **1** [A-] バンレイシ属《バンレイシ科の一属》. **2** バンレイシ《熱帯アメリカ産バンレイシ属の植物の総称; cherimoya, custard apple など果実は食用となるものが多い》.

An·no·na·ce·ae [æ̀nənéɪsiiː] 〘← NL ~ ← *Annona* (属名: ← Sp. *anona* □ Taino *anon*) + -ACEAE〙 ── n. *pl.* 〘植物〙(双子葉植物ニクズク目)バンレイシ科. **an·no·ná·ceous** [-ʃəs] adj.

annot. 《略》annotate; annotation; annotator.

an·no·tate [ǽnəṭèɪt, ǽno(ʊ)- | ǽnə(ʊ)-] 〘(1733) ← L *annotāt-us* (p.p.) ← *annotāre* to note down ← *an-* 'AD-' + *notāre* to mark: ⇨ note〙 ── vt. 注釈する, 注解する: ~ a text / an ~*d* edition 注釈(付きの)版. ── vi. 注釈を書く[付ける]. **án·no·tàt·a·ble** [-ṭəbl̩ | -tə-] adj. **án·no·tàt·er** [-ṭə | -tə(r)] n.

an·no·ta·tion [æ̀nətéɪʃən, æ̀no(ʊ)- | æ̀nə(ʊ)-] 〘(a1464) □(O)F ~ // L *annotātiō(n-)*: ⇨ annotate, -ation〙 n. 注釈をすること; 注釈, 注解. 「注釈的な.

an·no·ta·tive [ǽnəṭèɪṭɪv, ǽno(ʊ)- | ǽnə(ʊ)tèɪt-] adj.

án·no·tà·tor [-ṭə | -tə(r)] n. 注釈者.

an·not·i·nous [ənɑ́ṭənəs, æn-, -ṭn̩- | -nɔ́tɪn-] 〘← L *annōtinus* (← *annus* year) + -OUS〙 adj. 〘植物〙1 年目の, 1 年経った (one year old).

an·nounce [ənáʊns] 〘(1483) □OF *anonc-ier* (F *annoncer*) < L *annuntiāre* ← *an-* 'AD-' + *nuntiāre* to bring news, report (← *nuntius* messenger)〙 ── vt. **1**

a 告知する (proclaim); 発表する (publish); 表明する, (もったいぶって)告げる (declare): ~ a birth, death, marriage, etc. / ~ one's candidacy *to* his constituency 立候補を選挙民に表明する / A forthcoming book was ~*d*. 新刊書の予告が出た / It has been ~*d* that.... b 〈…だ[である]と〉発表[声明]する 〈*that*〉: The spokesman ~*d that*.... c 〈人・事などを〉(…であると[として])発表する 〈*to be*〉/〔*as*〕: They ~*d* her *as* the best movie actress of the year. 彼女をその年の最優秀映画女優として発表した / A marriage has been ~*d to* have been arranged between Mr. A and Miss B. A 氏と B 嬢の婚約の成立が披露(ひろう)された / He ~*d* himself to me *as* a distant cousin. 彼は私に遠い親戚(しんせき)だと名乗った[称した]. 2 〈客〉の来着を大声で告げる[取り次ぐ]; 〈召使が〉〈食事〉の用意のできたことを告げる: The maid ~*d* a visitor. / Dinner was ~*d*. 3 (ラジオ・テレビで)〈放送員が〉〈番組などを〉放送する, アナウンスする: ~ news, a baseball game, etc. 4 〈行事などを〉(正式に)通知する. 5 〈事が〉予示する; 〈人が〉予告する (foretell); 〈物事が〉…を示す (indicate): The crowing of cocks ~*s* the coming of day. 鶏鳴は夜明けの知らせだ. — *vi.* 1 〔…の〕アナウンサーを勤める〔*for*〕: ~ *for* the B.B.C. 2 《米》 a 〔役職への〕立候補を表明する〔*for*〕: ~ *for* mayor 市長への立候補を発表する. b 〔候補者などへの〕支持を声明する〔*for*〕.

an·nóunce·ment *n.* 1 告知, 公告, 告示〔*of*〕. 2 発表, 声明, 披露(ひろう); 通知; 予告: make an ~ of ... を発表[通知]する. 3 (印刷された)通知状. 4 (ラジオ・テレビで流される)広告《通常, 番組と番組の間の秒数の短いもの》. 5 〘トランプ〙 =declaration 4; (特に, skat で)シュナイダー (schneider) やシュワルツ (schwarz) の予告.

an·nóunc·er *n.* 1 告知者; 発表[通知]者. 2 (ラジオ・テレビの)アナウンサー, 放送員.

an·noy [ənɔ́ɪ] 〘《c1280》 *anoie(n)* □ OF *anoi-er* (F *ennuyer*) < LL *inodiāre* ← L *in odiō* in hatred: cf. ennui, odium〙 — *vt.* 1 [しばしば Passive で] うるさがらせる, いら立たせる (irritate), 悩ます, 困らせる (trouble): That fellow [noise] ~*s* me. あいつ[あの音]はうるさい / He ~*s* his mother by asking difficult questions. 難しい質問をして母親を悩ます / He was ~*d with* me *for* my lateness [being late]. 私が遅いのでいらいらしていた / I am ~*ed with* myself *for* being careless. 不注意なので自分にあいそが尽きている / She was (very) much [《口語》 very] ~*ed at* his impudence. 彼の厚かましさをひどく不愉快に思った / I am ~*ed about* him. 彼の(したり言ったりした)ことで腹を立てている / He will get ~*ed to* hear it. それを聞いたら気を悪くするだろう / He was ~*ed that* someone had mixed up his papers. だれかが書類をごちゃごちゃにしたので腹立たしかった. 2 〈敵軍などを〉(度々襲撃などして)苦しめる, 悩ます, 痛めつける (harass): ~ the enemy / I was ~*ed* by some ruffians in the park. 公園でやくざにいやがらせをされた. — *vi.* 悩みの種である, うるさい. — *n.* 《古》 =annoyance 1.

an·noy·ance [ənɔ́ɪəns] 〘《c1390》 □ OF *anoiance*: ⇨ ↑, -ance〙 — *n.* 1 a うるさがらせる[いら立たせる, 悩ます]こと. b いら立ち, 腹立ち; 迷惑: put a person to ~ 人を悩ます[人に迷惑をかける] / to a person's ~ 困ったことには. 2 うるさい[厄介な, 迷惑な]もの: That noise is a great ~ to me.

an·nóy·ing 〘《a1300》〙 *adj.* うるさい, じれったい, 迷惑な: How ~! ああうるさい. **~·ly** *adv.*

an·nu·al [ǽnjuəl, ǽnjuł | ǽnjuəl, ǽnjuł] 〘《15C》 □ LL *annuālis* ← L *annus* year ← IE **at-no-* ← **at-* to go ∞ 《c1382》 *annuel* □ (O)F〙 — *adj.* 1 一年の, 一年間の: an ~ income [output] 年収[年産] / ~ expenditure [revenue] 歳出[歳入] / an ~ rate of interest 年利率. 2 年々の, 例年の, 年に一度の: an ~ event 例年の行事, 年中行事 / an ~ pension 年金 / one's ~ visit 年に一度の訪問. 3 〈出版物など〉年一回の, 年刊の: an ~ report 年次報告; 年報. 4 〘生物〙一年生の, 一季生の (cf. perennial 3): an ~ plant. — *n.* 1 〘生物〙一年生[一季生]植物[動物]: ⇨ hardy annual 1. 2 a 年報, 年鑑, 年刊物. b 《米》 =yearbook 2. c =giftbook 2. 3 〘宗教〙年忌. 4 年賦金.

an·nu·al·ly [ǽnjuəli, ǽnjuli | ǽnjuəlɪ, ǽnjulɪ] *adv.* 年々, 毎年, 年ごとに; 一年一回ずつ.

ánnual párallax *n.* 〘天文〙年周視差.

ánnual ráte *n.* 〘時計〙年差《1 年間における時計の進み遅れ; 秒/年の単位で表わす》.

ánnual ríng *n.* 1 (樹木の)年輪《growth ring ともいう; cf. false ring》. 2 〘動物〙(魚のうろこ・貝殻などの表面の)年輪.

an·nu·i·tant [ən(j)úːɪtənt, -tn̩t | ənjúːɪt-, ənjúɪt-] 〘⇨ ↓, -ant〙 *n.* 年金受取人.

an·nu·i·ty [ən(j)úːəti | ənjúːətɪ, ənjúə-, ənjúːɪ-, ənjúɪ-] 〘《c1412》 □ (O)F *annuité* □ ML *annuitātem* ← L *annuus* yearly: ⇨ annual, -ity〙 — *n.* 1 年金; 年賦金: an ~ bond 年金証書 / a life [terminable, perpetual] ~ 終身[有期, 永続]年金 / ⇨ deferred annuity. 2 年金受取権; 年金支払義務. 3 年金支払契約.

annúity cértain *n.* (*pl.* **annuities c-**) 〘保険〙確定年金.

an·nul [ənʌ́l] 〘《c1385》 □ OF *a(d)null-er* (F *annuler*) < LL *annullāre* ← *an-* 'AD-' + L *nullum* nothing: ⇨ null〙 — *vt.* (**an·nulled; an·nul·ling**) 1 〈命令・決議などを〉無効にする, 取り消す (nullify), 〈法令・判決などを〉廃棄する (abolish); 〈婚姻〉の無効を宣する. 2 消滅させる. **~·la·ble** [-ləbl̩] *adj.*

annul. 《略》 annulment.

an·nu·lar [ǽnjulə | -lə(r)] 〘《1571》 □ L *ān(n)ulār-is* ← *ān(n)ulus*: ⇨ annulus, -ar[1]〙 *adj.* 環の; 環状の, 輪状の. **~·ly** *adv.*

ánnular eclípse *n.* 〘天文〙金環食 (cf. partial eclipse, total eclipse).

ánnular lígament *n.* 〘解剖〙環状靱帯(じんたい).

ánnular spáce *n.* 〘機械〙輪形すきま《大小二重に重なった環[円筒]と環[円筒]との間の空間》.

An·nu·la·ta [ænjuléɪtə, -léɪ- | -tə] 〘← NL ~ (↓)〙 *n. pl.* 〘動物〙 =Annelida.

an·nu·late [ǽnjulət, -lɪt, -lèɪt] 〘← L *a(n)nulāt-us* ← *an(n)ulus* ring: ⇨ annulus, -ate[2]〙 *adj.* 環の(ある); 環紋のある; 環をつけた.

an·nu·lat·ed [ǽnjulèɪtɪd, -təd | -tɪd, -təd] *adj.* =annulate.

an·nu·la·tion [ænjuléɪʃən] *n.* 環状; 環状構造, 環状部.

an·nu·let [ǽnjulɪt, -lət | -lèt, -lɪt, -lət] 〘← L *ān(n)ulus* a ring + -ET ∞ ? 《廃》 *anlet* □ OF *an(n)elet*〙 — *n.* 1 小環 (ringlet). 2 〘建築〙(円柱周囲の)環紋, 輪状平縁, 環縁(わぶち) (⇨ capital[2] 挿絵). 3 〘紋章〙輪, 環《力の象徴とされる; 五男を示す血統マーク (cadency mark); ⇨ heraldry 挿絵 G》.

annuli *n.* annulus の複数形.

an·núl·ment *n.* 1 取消し, 失効, 廃棄. 2 〘法律〙(婚姻の)無効宣告.

an·nu·loid [ǽnjulɔ̀ɪd] 〘⇨ annulus, -oid〙 *adj.* 環状の; 〘動物〙環形体節に分かれた体をもつ.

an·nu·lose [ǽnjulòus | -lə̀us] 〘← NL *annulōs-us*: ⇨ ↓, -ose[1]〙 *adj.* 環状の (ring-shaped).

an·nu·lus [ǽnjuləs] 〘□ L ~, *ānulus* ring (dim.) ← *ānus* ring (ringlet): ⇨ anus〙 — *n.* (*pl.* **an·nu·li** [-lài], **~·es**) 1 環, 輪 (ring). 2 a 〘数学〙環形《2 つの同心円で囲まれた図形》. b 〘天文〙金環. c 〘植物〙(シダ類の胞子嚢(のう)の)環帯, (キノコ類の)つば (cf. volva). d 〘動物〙(環形動物の)体環.

an·num [ǽnəm] 〘□ L ~ (acc.) ← *annus* year: ⇨ annual〙 *n.* 年 (year): per ~ 一年につき.

Annunc. 《略》 Annunciation.

an·nun·ci·ate [ənʌ́nsièɪt, æn-, -ʃi- | ənʌ́nʃɪ-, -sɪ-] 〘《c1375》 ← ML *annunciāt-us* (p.p.) ← L *annuntiāre* 'to ANNOUNCE'〙 *vt.* 告知する, 布告する.

an·nun·ci·a·tion [ənʌ̀nsiéɪʃən, æn-, -ʃi- | ənʌ̀nsɪ-] 〘《a1325》 □ (O)F *annonciation* □ LL *annunciātiō(n-)*: ⇨ ↑, -ation〙 — *n.* 1 告知, 告示〔*of*〕. 2 [the A-] 〘キリスト教〙 a 受胎告知, お告げ《大天使 Gabriel が聖母マリアにキリストの受胎を告げたこと; cf. Luke 1:26-38》. b (聖母マリアへの)お告げの祝日, 処女聖マリア蒙告日《キリスト受胎告知の記念祭日; 3 月 25 日; Annunciation Day, Lady Day ともいう》. 3 [A-] 受胎告知の絵[像].

Annunciátion Dày *n.* 〘キリスト教〙 =annunciation 2 b.

Annunciátion lìly 〘受胎告知の絵に描かれることから〙 *n.* 〘植物〙 1 ニワシロユリ (⇨ Madonna lily). 2 =Bermuda lily.

an·nún·ci·à·tor [-tə | -tə(r)] 〘□ LL *annunciātor*〙 *n.* 1 告知者. 2 (信号)表示器[盤]《ブザーや電光により信号の発信元(の番号)などを示す装置》.

an·nun·ci·a·to·ry [ənʌ́nsiətɔ̀ːri, æn-, -tòːri | ənʌ́nsɪətəri] *adj.* 告知者の; 告知する〔*of*〕.

Annunzio, Gabriele D' *n.* ⇨ D'Annunzio.

an·nus mi·ra·bi·lis [ǽnəs-mərɑ́ːbəlɪs, -rǽb-, -ləs, ɑ́ːnəs-mɪrɑ́ːbɪ- | -mɪrɑ́ːbɪlɪs] 〘□ L *annus mirābilis* wonderful year〙 — *L. n.* (*pl.* **an·ni mi·ra·bi·les** [ǽnaɪ-mərɑ́ːbəliːz, -rǽb-, ɑ́ːniː-mɪrɑ́ːbɪlèɪs | ǽnaɪ-mɪrɑ́ːbɪliːz, ɑ́ːniː-mɪrɑ́ːbɪlèɪs]) 1 不思議な(事件の多かった)年, 驚くべき[吉兆の]年. 2 [the A- M-] 驚異の年《London の大火やペストの大流行のあった 1666 年; 同年の事件を歌った Dryden 作の詩の題名から》.

an·o-[1] [ǽno(u) | ǽnə(u)] 〘← NL ~ ← Gk *ánō* above, upward: cf. ana-〙 *pref.* ギリシャ語系の学術用語で,「上に, 上の」の意: *ano*opsia, *ano*carpous.

an·o-[2] [ǽno(u), éɪn- | -nə(u)] 〘← NL ~: ⇨ anus〙「肛門 (anus); 肛門と…との (anal and...)」の意の連結形.

a·no·a [ənóuə | ənə́uə] 〘土語〙 *n.* 〘動物〙アノア (*Anoa depressicornis*)《Celebes 島産の矮(わい)小水牛; 水牛に似ているが角(つの)はほぼまっすぐ後方に伸びる》.

a·no·bi·id [ənóubiɪd, -əd | ənə́ubiɪd] 〘↓〙 *adj.* 〘昆虫〙シバンムシ(科)の.

An·o·bi·i·dae [ænəbáɪədì: | -báɪɪ-] 〘← NL ~ ← *Anobium* (属名: ⇨ ano-[1], -bium) + -IDAE〙 *n. pl.* 〘昆虫〙(鞘翅目)シバンムシ科.

a·no·ci·as·so·ci·a·tion [ənòusiəsòusiéɪʃən, -ʃi- | ənə̀usɪəsə̀usɪ-, -ʃɪ-] 〘← A-[7] + *noci-* (← L *nocēre* to harm) + ASSOCIATION〙 — *n.* 〘外科〙(全身・局所麻酔などによる)外科的ショック防止麻酔法.

a·no·ci·a·tion [ənòusiéɪʃən, -ʃi- | ənə̀usɪ-, -ʃɪ-] 〘略〙 *n.* 〘外科〙 =anociassociation.

an·ode [ǽnoud | ǽnəud] 〘《1841》 □ Gk *ánod-os* a going up ← *an-* 'ANA' + *hodós* way〙 — *n.* 〘電気〙 1 (電子管・電解槽の)陽極, アノード. 2 (一次電池・蓄電池の)陰極, 負極. (↔ cathode). **an·od·al** [ænóudl̩, æn- | -nə́u-] *adj.*

ánode dárk spàce *n.* 〘物理〙陽極暗部《低圧気中放電の陽極と陽光柱間に生じる暗い部分》.

ánode fàll *n.* 〘電気〙陽極降下《陽極における電圧降下》.

ánode glòw *n.* 〘物理〙陽極グロー.

ánode lòss *n.* 〘電気〙陽極損《陽極における電力損失》.

ánode rày *n.* 〘物理化学〙 =positive ray.

ánode resistance *n.* 〘電子工学〙(陽極)内部抵抗《2 端子装置の端子から装置側をみた抵抗; plate resistance ともいう》.

a·nod·ic [ænɑ́dɪk, ænóud-, ənɑ́d- | ænɔ́d-, ən-] *adj.* (cf. cathodic) 1 a 〘電気〙陽極の[に関する]. b 〘化学〙〈元素が〉電池を作ったとき陽極になり易い. 2 〘植物〙本来の遺伝的螺旋排列軸の方に葉の半分が向いた. **an·ód·i·cal·ly** *adv.*

an·od·ize [ǽnədàɪz, ǽno(u)- | ǽnə(u)-] *vt.* 〘冶金〙〈金属を〉陽極酸化する《電解により薄膜で保護する》.

an·od·i·za·tion [æ̀nədɪzéɪʃən, æ̀no(u)-, -də- | æ̀nə(u)daɪ-, -dɪ-] *n.*

an·o·don·ti·a [æ̀nədɑ́nʃiə, æ̀no(u)-, -ʃə | æ̀nə(u)dɔ́nʃɪə] 〘← NL ~: ⇨ a-[7], -odont, -ia[1]〙 *n.* 〘病理〙無歯(症), (先天的)歯牙欠如.

an·o·dyne [ǽnədàɪn, ǽno(u)- | ǽnə(u)-] 〘《1543》 □ L *anōdyn-us* □ Gk *anṓdunos* ← *an-* 'A-[7]' + *odúnē* a pain〙 — *adj.* 1 鎮痛の. 2 a 心を和らげる, 気を静める (soothing). b 〈作品など〉生ぬるい, 気の抜けたような. — *n.* 1 鎮痛剤. 2 (感情などを)和らげるもの, 鈍らせるもの: Time is an ~ of grief. **an·o·dyn·ic** [æ̀nədínɪk, æ̀no(u)- | æ̀nə(u)-] *adj.*

an·oes·trous [ænéstrəs | æníːs-] *adj.* 〘動物〙 =anestrous.

an·oes·trum [ænéstrəm | æníːs-] *n.* 〘動物〙 =anestrus.

an·oes·trus [ænéstrəs | æníːs-] *n.* (*pl.* **-oes·tri** [-traɪ]) 〘動物〙 =anestrus.

àno·génital dístance [æno(u)-, èɪn- | -nə(u)-] *n.* 〘解剖〙肛門性器間距離.

a·noint [ənɔ́ɪnt] 〘《c1303》 *enointe(n)* ← AF *anoint* = OF *enoint* (p.p.) ← *enoindre* < L *inungere* ← IN-[1] + *ungere* to smear〙 — *vt.* 1 a …に〔油・膏薬などを〕塗る[すり込む] (smear, rub)〔*with*〕: ~ one's hand *with* cold cream. b 〔水などで〕ぬらす (moisten)〔*with*〕. 2 〘キリスト教〙 a (聖別のしるしとして)…に聖油を塗る[注ぐ], (油を塗りまたは注いで)聖別する[清める] (consecrate); [補語を伴って](塗油によって)〈国王などに〉選ぶ: ~ a priest [king] (塗油によって)司祭[国王]を聖別する / ~ a person king. b …に終油 (extreme unction) を施す. 3 〈人を〉〔…として〕選定する, 指名[任命]する〔*as*〕: be ~*ed as* a Nobel laureate ノーベル賞受賞者に選ばれる. 4 《古・方言》なぐりつける. **~·er** [-tə | -tə(r)] *n.* **~·ment** *n.*

a·nóint·ed [-tɪd, -təd | -tɪd, -təd] 〘《1380》〙 *adj.* 1 油を塗った[注いだ]. 2 a 聖別された. b [the A-; 名詞的に] =Lord's Anointed.

a·nóint·ing [-tɪŋ | -tɪŋ] 〘《c1303》〙 — *n.* 1 油を塗ること. 2 〘キリスト教〙油注ぎ, 塗油《人や物に油を注いで清めること; 旧約聖書の時代から行なわれた》; 〘カトリック〙塗油式《洗礼・堅振の時, また献堂式・祭壇の聖別・司祭叙品式などの場合行なわれる》; 終油の秘跡.

Anointing of the Sick 〘カトリック〙病人の塗油 (⇨ extreme unction).

a·no·le [ənóuli | ənə́ulɪ] 〘□ F *anolis* □ Carib. 《土語》 *anoli*〙 — *n.* 〘動物〙アノールトカゲ《北・中・南米産の食虫性のタテガミトカゲ科アノールトカゲ属 (*Anolis*) の動物の総称; 自由に皮膚の色を変える; cf. American chameleon》.

an·o·lyte [ǽnəlàɪt, ǽno(u)- | ǽnə(u)-] 〘← AN(ODE) + (ELECTR)OLYTE〙 *n.* 〘電気・化学〙陽極液, 陽極電解液, アノード液 (cf. catholyte).

a·nom·al- [ənɑ́məl | ənɔ́m-] (母音の前に来る時の) anomalo- の異形.

a·nom·al·i- [ənɑ́məli, -lə | ənɔ́məli] anomalo- の異形 (⇨ -i-).

a·nóm·a·lìsm [-lìzm] *n.* 変則的なこと; 変則, 異例, 例外 (anomaly).

a·nom·a·lis·tic [ənɑ̀məlístɪk | ənɔ̀m-] *adj.* 1 変則[例外](的)の, 異常な. 2 〘天文〙近点の. **a·nòm·a·lís·ti·cal·ly** *adv.*

anomalístic mónth *n.* 〘天文〙近点月《月が近地点から再び近地点に帰るまでの約 27.6 日》.

anomalístic yéar *n.* 〘天文〙近点年《地球が近日点から再び近日点に帰るまでの 365 日 6 時間 13 分 53 秒》.

a·nom·a·lo- [ənɑ́məlou | ənɔ́mələ(u)] 〘□ L *anōmalo-* (↓)〙「変則の (anomalous), 不規則な (irregular)」の意の連結形. ★ 時に anomali-, また母音の前では通例 anomal- になる.

a·nom·a·lous [ənɑ́mələs | ənɔ́m-] 〘《1646》 ← L *anōmalus* (□ Gk *anṓmalos* irregular ← *an-* 'A-[7]' + *homalós* even (← *homós* the same (⇨ homo-))) + -OUS〙 — *adj.* 1 a 変則(的)の, 例外的な, 異例の, 異常な, 変態的な (irregular, abnormal); 特異な, 奇異な, 奇妙な: an ~ instance 異常な例, 異例. b 〘文法〙変則(的)の: an ~ verb 変則動詞《助動詞など, 形態上動詞としての正規の活用を欠くもの》: ⇨ anomalous finite. 2 (常道と)矛盾した, 相反する (contradictory), 逸脱した (deviant). **~·ness** *n.*

anómalous dispérsion *n.* 〘物理〙(光の)異常分散.

anómalous fínite *n.* 〘文法〙変則定(形)動詞《変則動詞の定形 (finite form); am, is, are, was, were; have, has, had; do, does, did; shall, should, will, would; can, could, may, might; must, ought; need; dare; used の 12 箇の動詞 24 の語形がある》.

a·nóm·a·lous·ly *adv.* 変則(的)に, 例外的に.

anómalous wáter *n.* 〘物理・化学〙異常水 (⇨ polywater).

anómalous Zéeman effèct *n.* 〖光学〗異常ゼーマン効果《原子の全スピン角運動量が零でない準位間のスペクトル線のゼーマン効果で, 正常ゼーマン効果では 3 本に分裂するのに対して, 多くの線に分裂する》.

a·nom·a·lure [ənáməlùə, -ljùə | ənɔ́məlùə(r, -ljùə(r] *n.* 〖動物〗＝scaletail.

a·nom·a·ly [ənáməli | ənɔ́məli] 〖(1571) ◻ L *anōmalia* ◻ Gk *anōmalía* irregularity: ⇨ anomalous, -y[1]〗 ── *n.* **1 a** 変則[例外, 変態]的なこと, 異常なこと; 特異性; 矛盾[逸脱]性. **b** 変則, 例外, 異例, 変態; 特異な点[もの]; 矛盾, 逸脱: A man without reason is an ～. 理性をもたない人間は異常な人間だ. **c** 〖医学〗異常. ★ 先天異常を指すことが多い. **2** 〖文法〗変則: 'Oxen', the plural of 'ox', is an ～. 'ox' の複数形 'oxen' は変則的だ. **3** 〖天文〗近点角《近日点または近地点からの角距離》: the true ～ 真近点角 / ⇨ mean anomaly. **4** 〖気象〗偏差《平均値からのずれ》.

anom. fin. 《略》〖文法〗anomalous finite.

a·no·mi·a [ənóumiə | ənáumjə, -miə] 〖← NL ～: ⇨ anomo-, -ia[1]〗 *n.* 〖精神医学〗名称失語(症), 失名詞(症).

a·nom·ic [ənámɪk, eɪn-, -nóum- | -nɔ́m-, ǽnəmɪk] *adj.* 〖社会学・心理〗アノミー的な, 無規制の.

an·o·mie [ǽnəmi:] 〖◻ F ～ ◻ Gk *anomía* lawlessness: ⇨ anomo-, -y[1]〗 ── *n.* **1** 〖社会学〗アノミー, 無規制状態《規範の解体によって, 個人や社会が無規制状態に陥ること》. **2** 〖心理〗アノミー《社会成員の行動を統制する社会規範がその統制力を失った状態; 成員個人の心理的不安定と社会不安をひき起こす》.

an·o·mite [ǽnəmàɪt] 〖⇨ ↓, -ite[1]〗 *n.* 〖鉱物〗アノマイト, 異常黒雲母.

an·o·mo- [ǽnəmo(ʊ) | -mə(ʊ)] 〖← NL ～ ← Gk *ánomos* lawless ← *an-* 'A-[7]' + *nómos* law (⇨ -nomy)〗「変則の, 不規則の (irregular)」の意の連結形: *anomo*carpous 変則的果実を有する / *anomo*phyllous 変則葉の.

An·o·mu·ra [ænəm(j)ú(ə)rə | -mjúərə] 〖← NL ～: ⇨ ↑, -ura〗 *n. pl.* 〖動物〗異尾亜目《節足動物門十脚目のヤドカリ類》.

an·o·my [ǽnəmi | -mɪ] *n.* 〖社会学・心理〗＝anomie.

a·non [ənán | ənɔ́n] 〖OE *on ān* (acc.) into one & *on āne* (dat.) in one (minute): ⇨ on, one〗 ── *adv.* **1** 《古》じきに (soon), やがて, ほどなく (presently). **2** 《古》いつか, そのうち (at another time); また (again): ⇨ EVER *and anon*. **3** 《廃》すぐ, 直ちに (at once).

anon. 《略》anonymous; anonymously.

an·o·nych·i·a [ænəníkiə | -kɪə] 〖← NL ～: ⇨ a-[7], onycho-, -ia[1]〗 *n.* 〖医学〗無爪(症), 先天性爪欠如, 爪甲欠如奇形.

an·o·nym [ǽnənɪm | ǽnə-, ǽnɔ-] 〖◻ F *anonyme* ← (adj.) ← LL *anōnymus* ◻ Gk *anṓnumos* ← *an-* 'A-[7]' + *ónuma, ónoma* 'NAME'〗 ── *n.* **1** 匿名者, 無名氏; 作者不明(の著作). **2** 変名, 仮名 (pseudonym).

an·o·nym·i·ty [ænənɪ́məṭi | ænənɪ́mətɪ, ænɔ-, -mɪ-] *n.* **1** 無名[匿名]であること, 作者不明. **2** 個性のないこと. **3** 無名のもの.

a·non·y·mous [ənánəməs, æn- | ənɔ́nɪ-] 〖(1601) ← LL *anōnymus* (⇨ anonym) + -ous〗 ── *adj.* **1** 〈人が〉無名の, 匿名の; 〈著作など〉作者[著者, 製作者など]不明の, 〈寄付・電話など〉名前を明かさない (略 anon.) (↔ onymous): an ～ author, book, donor, gift, letter, telephone call, etc. / an ～ song 読み人知らずの歌 / remain ～ 匿名[無名]のままでいる, 名を出さぬ. **2** 個性のない, 特徴のない. **～·ness** *n.*

a·nón·y·mous·ly *adv.* 無名で, 匿名で.

an·o·op·si·a [ænouápsiə | ænəuɔ́psɪə] 〖← NL ～: ⇨ ano-[1], -opsia〗 *n.* 〖眼科〗上(向性)斜視.

a·noph·e·les [ənáfəli:z, ənóuf- | ənɔ́fɪ-, -fə-] 〖← NL ～ ← Gk *anōphelḗs* useless, hurtful ← *an-* 'A-[7]' + *óphelos* use, help〗 ── *n.* (*pl.* ～) 〖昆虫〗アノフェレスカ, ハマダラカ《ハマダラカ属 (*Anopheles*) のカの総称; マラリアを媒介する *A. maculipennis* など》.

a·noph·e·line [ənáfəlàɪn, -lɪn, -lən | ənɔ́fɪlàɪn, -lɪn] 〖⇨ ↑, -ine[1]〗〖昆虫〗 ── *adj.* ハマダラカ属 (*Anopheles*) またはその近縁の属のカの. ── *n.* ハマダラカ属のカ.

an·oph·thal·mi·a [ænəfθǽlmiə | -mɪə] 〖← NL ～: ⇨ a-[7], opthalm-, -ia[1]〗 *n.* 〖動物〗無眼, 盲目性《先天的に眼を欠如すること》.

an·o·pi·a [ænóupiə | ænə́upjə, -pɪə] 〖← NL ～: ⇨ a-[7], -opia〗 *n.* 〖眼科〗 **1** 失明, 盲目; 無眼球(症). **2** ＝anoopsia.

an·o·pis·tho·graph·ic [ænəpɪsθəgrǽfɪk | -θə(ʊ)-] 〖⇨ a-[7], opistho-, -graphic〗 *adj.* 〖印刷〗〈原稿・図書など〉片面書き[刷り]の.

an·opl- [ǽnəpl] (母音の前に来る時の) anoplo- の異形.

An·o·pla [ǽnəplə] 〖← NL ～ ← Gk *ánoplos* (← *an-* 'A-[7]' + *hóplon* tool, weapon) + -A[2]〗 *n. pl.* 〖動物〗(紐形動物門)無針綱.

an·o·plo- [ǽnəplo(ʊ) | -plə(ʊ)] 〖← NL ～ (↑)〗〖動物〗「防護器官のない (unarmed)」の意の連結形. ★ 母音の前では通例 anopl- になる.

An·o·plu·ra [ænəplú(ə)rə | -plúərə] 〖← NL ～: ⇨ ↑, -ura〗 *n. pl.* 〖昆虫〗シラミ目.

a·nop·si·a [ənápsiə | ənɔ́psɪə] *n.* 〖眼科〗＝anoopsia.

a·no·rak [ǽnəræk] 〖◻ Greenland Eskimo *ánoraq*〗 *n.* アノラック (⇨ parka 2).

an·o·rec·tal [ænəréktḷ, æ̀no(ʊ)- | æ̀nə(ʊ)-] 〖⇨ ano-[2], rectal〗 *adj.* 〖医学〗肛門と直腸の[に関する].

an·o·rec·tic [ænəréktɪk] 〖← Gk *anórektos* (⇨ a-[7], orectic) + -IC[1]〗 *adj.* ＝anoretic.

an·o·ret·ic [ænərétɪk] 〖《変形》↑〗 *adj.* 〈人が〉食欲のない; 〈薬など〉食欲を減退させる. ── *n.* 〖薬学〗食欲減退剤[薬].

an·o·rex·i·a [ænəréksiə | -sɪə, -sjə] 〖← NL ～ ← Gk *anóreksia*: ⇨ ↑, -ia[1]〗 *n.* 〖精神医学〗 **1** 無食欲(症), 食欲不振. **2** ＝anorexia nervosa.

anoréxia ner·vó·sa [-nə:vóusə, -zə | -nə:vóu-] 〖← NL ～ 'nervous anorexia'〗 *n.* 〖精神医学〗神経性無食欲(症), 神経性食欲不振.

an·o·rex·i·ant [ænəréksiənt | -sɪ-] *n.* 〖薬学〗＝anoretic.

a·nor·mal [eɪnɔ́əməl | -nɔ́:-] 〖◻ F ～: ⇨ a-[7], normal〗 *adj.* 普通でない[と違う] (not normal) 《abnormal ほど異常性を強調しない》.

an·or·thic [ænɔ́əθɪk, ən- | ænɔ́:θ-] 〖⇨ a-[7], ortho-, -ic[1]〗 *adj.* 〖結晶〗三斜晶系の (triclinic).

an·or·thite [ənɔ́əθaɪt | ənɔ́:-] 〖◻ F ～: ⇨ ↑, -ite[1]〗 *n.* 〖鉱物〗灰長石 ($CaAl_2Si_2O_8$)《斜長石の一種》. **an·or·thit·ic** [ænɔəθɪ́ṭɪk | ænɔ:θɪ́t-] *adj.*

an·or·tho·clase [ənɔ́əθəklèɪs, -klèɪz | ənɔ́:θəklèɪs] 〖⇨ a-[7], orthoclase〗 *n.* 〖鉱物〗アノーソクレース, 曹微斜長石《アルカリ長石の一種》.

an·or·tho·pi·a [ænɔəθóupiə | ænɔ:θə́upɪə, -pɪə] 〖← NL ～: ⇨ a-[7], ortho-, -opia〗 *n.* 〖眼科〗歪視(ﾜｲｼ).

an·or·tho·site [ənɔ́əθəsàɪt | ənɔ́:-] 〖⇨ a-[7], ortho-, -ite[1]〗 *n.* 〖岩石〗斜長岩.

a·no·scope [éɪnəskòup | -skə̀up] 〖← ANO-[2] + -SCOPE〗 *n.* 〖医学〗肛門鏡.

an·os·mi·a [ænázmiə, ən-, -nás- | -nɔ́zmɪə] 〖← NL ～ ← *an-* 'A-[7]' + Gk *osmḗ* scent (⇨ odor) + -IA[1]〗 ── *n.* 〖病理〗無嗅覚(ｷｭｳｶｸ)(症), 嗅覚脱失[消失]. **an·os·mic** [ænázmɪk, ən- | -nɔ́z-] *adj.*

an·o·sog·no·sia [ænəsagnóuʒə, -ʃə | -səgnə́uzɪə, -zjə, -ʒɪə] 〖← NL ～: ⇨ a-[7], noso-, -gnosis, -ia[1]〗 *n.* 〖精神医学〗病態失認, アノゾグノジー.

an·oth·er [ənʌ́ðə, ─ ̄ ─ | -ðə(r] 〖(?c1200): ⇨ an[1], other〗 ── *adj.* **1** もう一つの (one more); 第二の (a second): in ～ moment たちまち / in ～ six months もう 6 か月たてば / Have [Try] ～ cup. もう一杯召上がれ / He has ～ son. もう一人息子がある / I wouldn't stay here for ～ day. ここにはもう 1 日もいたくない / You'll never have ～ chance like it [～ such chance]. 二度とこんな機会は来ないぞ (cf. *pron.* 3; such *adj.* ★) / He may turn out ～ Shakespeare. 第二のシェークスピア[大文豪]になるかも知れない / Life is ～ word for struggle. 人生とは苦闘というのに等しい. **2** 別の, ほかの (different): ～ thing [question] 別問題 / ～ day 他日, 後日に (cf. 1) / ～ time また今度, いつか, 別の時に / of ～ age 別の時代の, 昔の / I felt myself quite ～ man. われながら全く別人の思いがした / That is ～ matter. それは別のことだ《わけが違う》/ But that is ～ story. しかしそれは別の話(だから今はお預け) / I want ～ book *than* [*from*] this. これとは別の本がほしい. **3** 〈人・物事が〉ありきたりの, 平凡な: He is not just ～ politician. ただの政治家とは違う.
another place ⇨ place[1] 成句.
── [─ ̄ ─] *pron.* **1** もう一つの物, もうひとりの人: He finished the beer and ordered ～. そのビールを飲んでしまうともう一杯注文した. **2** 別の物[人] (a different one); (自分とは)別の人, 他人: I don't like this one; show me ～. これは気に入らないから別のを見せて下さい / It is one thing to know, and ～ to teach. 知っているのと教えるのとは違う, 知っていても教えられるとは限らない. **3** そういうもの, 同じもの (one just like): It is just such ～. ちょうどそんなものだ / You will never see such ～. 《古》あんな人[物]はもう二度と会え[見られ]まい (cf. *adj.* 1) / Liar!—You're ～! 《口語》うそつき―(なんだと)君だってうそつきじゃないか. **4** 《英》いま一名: **a** 訴訟事件で実名を出さない時に用いる: X versus Y and ～ X 対 Y ほか一名. **b** クリケットの選手名簿などで A. N. Other と書いて匿名または未決定の選手の名に代用する. ★ A.N. は anonymous の略字と見せて A.N. Other＝another とかけたもの.
like another 〖cf. F *comme un autre*〗 ありふれた, 平凡な, 普通の (cf. *adj.* 3): That's an argument *like* ～. それはありきたりの議論だ / It's a skill *like* ～. それはありふれた技術だ. ***one after another*** ⇨ one *pron.* 成句. ***one way and another*** ⇨ way[1] 成句. ***one with another*** ⇨ one *pron.* 成句. ***Tell me another!*** 《口語》そんなこと信じられない, 冗談だろう.

anóther-guèss 〖《転訛》← *anothergets* 《転訛》← 《廃》*anothergates* ← ANOTHER + *gates* (⇨ gate[2], -s[2])〗 ── *adj.* 《古》種類の違った (of another kind) (cf. otherguess).

A·nouilh [ǽnu:i | ǽnu:i:, ǽnu:ɪ; *F.* anuːj], **Jean** *n.* アヌイ《1910– ; フランスの劇作家; *Antigone*「アンチゴーヌ」(1944)》.

an·our·ous [ənú(ə)rəs, æn- | -njúər-] *adj.* 〖動物〗＝anurous.

an·ov·u·lant [ænávjulənt, ænóuv- | ænɔ́v-, ænə́uv-] *n.* 排卵抑止剤. ── *adj.* 排卵抑止の.

an·ov·u·la·tion [ænàvjuléɪʃən, ænòuv- | ænɔ̀v-, ænə̀uv-] 〖⇨ a-[7], ovulate, -ation〗 *n.* 〖生理〗無排卵, 排卵停止.

an·ov·u·la·to·ry [ænávjulətɔ̀:ri, ænóuv-, -tɔ̀:ri | ænɔ́vjulèɪtəri, ænə́uv-, -lət-] 〖⇨ ↑, -ory[1]〗 *adj.* 〖医学〗 **1** 排卵を伴わない. **2** 排卵を抑止する: an ～ drug.

an·ox·e·mi·a [ænaksí:miə | ænɔksí:mɪə, -mjə] 〖← NL ～: ⇨ a-[7], oxo-, -emia〗 *n.* (*also* **an·ox·ae·mi·a** [～]) 〖病理〗無酸素血(症).

an·ox·i·a [ænáksiə, ən- | -nɔ́ksɪə] 〖← NL ～: ⇨ a-[7], oxo-, -ia[1]〗 *n.* 〖病理〗無酸素(症), 低酸素(症), 酸素欠乏症. **an·ox·ic** [ænáksɪk, ən- | -nɔ́k-] *adj.*

A.N.P. 《略》Aircraft Nuclear-Powered Program 〖米空軍〗航空機原子力推進計画.

ANPA 《略》American Newspaper Publishers Association 米国新聞発行者協会《1887 年創立》.

ANS 《略》American Nuclear Society 米国原子力学会; Army News Service 陸軍報道部; Army Nursing Service (英国の)陸軍看護部隊.

ans. 《略》answer; answered.

an·sate [ǽnseɪt, -sət, -sɪt] 〖◻ L *ānsāt-us* ← *ānsa* handle〗 *adj.* 柄 (handle) のついた.

ánsate cròss *n.* 〖考古・美術〗＝crux ansata.

An·schau·ung [á:nʃauəŋ, -ʃauʊŋ; *G.* ánʃauʊŋ] 〖◻ G ～: cf. on, show〗 ── *n.* (*pl.* **～·en** [～ən; *G.* ～ən]) **1** 〖哲学〗直観《思惟や推理によらず端的にものごとの総体や本質を把握する認識能力》. **2** 見解, 立場 (outlook).

An·schluss [á:nʃlʊs; *G.* ánʃlʊs] 〖◻ G ～ ← *anschliessen* to join〗 ── *n.* **1** 合併, 併合. **2** [the ～] (ナチドイツによる)オーストリア併合, アンシュルス《1938 年》.

An·selm [ǽnselm] 〖◻ L *Anselm-us* ← OHG *Ansehelm* ← *Ansi* god + *helm* 'HELM[2]'〗 *n.* 男性名.

Anselm, Saint *n.* アンセルムス《1033–1109; イタリア Aosta に生れた神学者・スコラ学者; Canterbury 大司教 (1093–1109); 祝日 4 月 21 日》.

An·ser·es [ǽnsərì:z] 〖← NL ～ ← L *ānserēs* (pl.) ← *ānser* goose〗 *n. pl.* 〖鳥類〗ガンカモ目.

an·ser·ine [ǽnsəràɪn, -rɪn, -rən | -ràɪn] 〖← L *ānserinus* (← *ānser* goose) + -INE[1,3]〗 ── *adj.* **1** 〖鳥類〗ガンカモ目の, ガチョウの. **2 a** ガチョウのような (gooselike). **b** ばかな, 間の抜けた. ── *n.* 〖化学〗アンセリン ($C_{10}H_{16}N_4O_3$)《ガチョウの筋肉中にある物質》.

An·ser·met [à:(n)seəméɪ, ɔ̃:(n)-, à:n-, ɔ̀:(n)- | -sɛə-; *F.* ɑ̃sɛrmɛ], **Ernest** *n.* アンセルメ《1883–1969; スイスの指揮者》.

an·ser·ous [ǽnsərəs] *adj.* ＝anserine 2.

An·shan [à:nʃá:n] *n.* 鞍山《中国北東部遼寧省 (Liaoning) の都市》.

ANSI 《略》American National Standards Institute 米国規格協会.

An·son [ǽnsn], **George** *n.* (1697–1762) 英国の航海家・海将; オーストリア継承戦争中にスペインとフランスの通商破壊を兼ねて世界周航を行なった (1740–44); 称号 1st Baron Anson.

an·swer [ǽnsə | á:nsə(r] 〖n.: OE *andswaru* reply < Gmc **andswarō* (Dan. & Swed. *ansvar*) ← **and-* against (cf. anti-) + **swar-* (⇨ swear). ―v.: OE *andswerian, andswarian* to swear back, answer ← *andswaru*〗 ── *vt.* **1 a** 〈人・質問など〉に答える, 返事する: ～ a person, question, etc. / ～ a letter 手紙に返事を書く[出す] / ～ a speech 答辞を述べる. **b** 〈人〉に〈質問〉について答える: *Answer* me this question. 私のこの質問に答えなさい. **c** (人に)…と答えて言う; (人に)〈…であると〉答える 〈*that*〉: He didn't ～ a word (*to* me). (私に)一言も答えなかった / 'Yes,' she ～*ed*. 「はい」と彼女は答えた / I ～*ed* (him) *that* I would be happy to accompany him. 喜んでお供をしようと(彼に)答えた. **2** 〈呼出しなど〉に応じる, 〈電話など〉に答える, 出る (respond to): ～ a call / ～ the telephone / ～ the bell [knock, door] 取次ぎに出る. **3** 〈問題など〉に答える, 解く (solve): ～ examination questions / ～ a riddle なぞを解く. **4 a** 〈議論・批判など〉に反論する; 論破する. **b** 〖法律〗〈質問書〉に対して答弁する. **5** …に[…で]報いる, 応酬する (respond to) 〔*with*〕: ～ blow(s) *with* blow(s) なぐられてなぐり返す. **6** 〈願い・要求などを〉聞き入れる, …に応じる (grant): ～ a person's wish / My prayer was ～*ed*. 祈りがかなった. **7** 〈目的など〉にかなう, 役立つ (suit, serve): ～ the purpose 目的にかなう, 間に合う (cf. *vi.* 4 a). **8** 〈人相書など〉に一致する (cf. *vi.* 5). **9** 〈負債などを〉支払う: ～ a debt / ～ damages 賠償金を支払う. **10** 《廃》償う (atone for).
── *vi.* **1 a** (口頭・書面などで)答える, 返事をする (reply); 応答する (respond) 〔*to*〕: I knocked, but no one ～*ed*. ノックしたがだれも答えなかった[出て来なかった] / *Answer to* your name clearly. 名前を呼ばれたらはっきり返事をしなさい / He ～*ed for* his son. 息子に代わって答えた / The ship didn't ～. 船は応答しなかった / An echo ～*ed*. こだまがした[聞こえた]. **b** (行為で)答える, 応じる (respond): ～ *with* a blow (口で)答える代わりになぐる / He ～*ed by* glaring at me. 答えないで私をにらみつけた. **2** (試験などで)答える, 解答する. **3 a** 〔過失などの〕申し開きをする; 〔…の〕責任を問われる, 責めを負う 〔*for*〕: You must ～ (*to* them) *for* your negligence. 君は怠慢のことで(彼らに)責任を負わなければならない. **b** 〔人物・品質などに〕責任をもつ, 〔…を〕保証する (guarantee) 〔*for*〕: I can ～ *for* his competence. 彼の能力は保証します. **4 a** 役に立つ, 間に合う (serve) (cf. *vt.* 7); 〈物が〉〔…の〕代用になる 〔*for*〕: The cup ～*ed for* an ashtray. カップが灰皿に使われていた. **b** 〈事が〉うまくゆく

(succeed): The experiment ~*ed* (well). 実験は成功した / That doesn't ~ *with* me. それは私の場合にはだめだ[通用しない]. **5** 〔人相書・要件に〕当てはまる, 符合する (correspond) 〔*to*〕 (cf. *vt.* 8): He [His face] ~*ed to* the description. 彼[彼の顔]は人相書に一致した. **6** 〈船・車などが〉〈舵輪などの操作に〉反応を示す, 応(こた)える, 手応えがある (respond) 〔*to*〕: The car doesn't ~ *to* the wheel. この車はハンドルがきかない. **7** 〘法律〙答弁書を提出する.

answer back 《口語》(人に)口答えする; (人に対して)自己弁護をする: Don't ~ (me [your mother]) *back.* (私に[お母さんに])口答えするのはよしなさい. ***answer to the name of*** ⇨ name 成句. ***answer up*** はっきり[てきぱき]と返事する 〔*to*〕.

— *n.* **1 a** (口頭・書面などによる)答え, 返事, 回答 (reply); 応答 (response) 〔*to*〕: an ~ *to* a letter, person, question, etc. / an ~ *to* an address [a speech] 答辞 / the ~ of an echo こだまの響き / give an ~ = make (an) ~ 答える, 返事をする / send an ~ (手紙の)返事を出す[よこす] / get [have] an ~ *from* a person *about* [*on*] a matter ある事について人から返事を受ける / We received an ~ *that* they had sent the article. その品は送ったという返事を受けた / Is there an [any] ~?—No, there's no ~. (電報などに対して)返事が必要でしょうか—いや, 返事はいらない / The ship made no ~. 船は応答しなかった. **b** (行為による)答え, 反応 〔*to*〕: Her ~ (*to* me) was a smile. (私への)彼女の答えはほほえみであった. **2 a** 〔問題などの〕答え, 解答, 正解 (solution) 〔*to*〕: an ~ column [sheet] 解答欄[用紙] / find an ~ *to* a question 問題の答えを出す / have an ~ *for* everything 何でもすぐ答えられる / What's the ~? 正解は何か; どうすればよいのか. **b** 〔事態の〕解決(案) (solution) 〔*to*〕: seek an ~ *to* high prices 物価高の打開策を求める. **3 a** 〔非難などへの〕反論, 応酬 〔*to*〕. **b** 〘法律〙答弁(書). **4** 返報, 仕返し 〔*to*〕. **5** 〘音楽〙(fugue や canon の)応答; 答主題, 追行句 (cf. subject 6 a).

in answer (*to*...) (1) (...の)返事として, (...に)答えて: *in* ~ *to* your letter of May 6 5月6日付けの貴信にお答えして. (2) (要求などに)応じて, 対して; (非難・攻撃などに)対して, 反論して; (...の)仕返しに. ***know all the answers*** 《口語》何でも知っている(つもりでいる), 何でも知ったかぶりをする; 如才がない, 世慣れている. ***the answer to a maiden's prayer*** 《口語》(1) (若い女性の夢にぴったりの)理想的な青年. (2) 理想的な[うってつけの]もの.

an·swer·a·ble [ǽns(ə)rəbl | ɑ́ːn-] *adj.* **1** [Predicative に用いて] 責任のある; 責めを負わなければならない (responsible) 〔*to, for*〕: He is ~ (*to* us) *for* his conduct. (我々に対して)彼は自分の行為の責任をとるべきだ. **2** 〈問題など〉答えられる; 〈議論など〉反論[論破]できる. **3** 《古》役立つ, 適当な 〔*to*〕. **4** 《古》等しい (equal); 一致する (corresponding) 〔*to*〕. **~·ness** *n.* **àn·swer·a·bíl·i·ty** [-rəbílət̬i | -lәti, -lɪ-] *n.* **án·swer·a·bly** *adv.*

án·swer·er [-s(ə)rə | -rə(r] *n.* **1** 答える人, 回答者; 解答者. **2** 〘法律〙答弁者.

án·swer·ing pénnant [-s(ə)rɪŋ-] *n.* 〘海事〙応答旗, 回答旗《国際信号法によって定められた信号の応答を示す赤白縦縞のペナント》.

ánswering sèrvice *n.* 《米》留守番電話(業務).

ánswer·less *adj.* **1** 答え[返事]をしない. **2** 答え[応答]のない. **3** 〈問いなど〉答えられない.

ant [ǽnt] 〘OE *ǣmete* < (WGmc) **āmaitjōn*, **aimaitjōn* ← **a-* off+**mait-* to cut (G *Ameise*): cf. emmet〙 — *n.* 〘昆虫〙アリ《膜翅目アリ科の昆虫の総称》.

have ants in one's pants 《俗》(何かしたくて・心配などで)うずうず[むずむず, いらいら]している.

ant. 《略》antenna; antiquarian; antiquary; antique; antiquities; antonym.

Ant. 《略》Antarctica; Anthony; Antigua; Antrim.

an't [ǽnt, ɑ́ːnt, éɪnt | ɑ́ːnt] **1** 《口語》are not の縮約形. ★ 今は通例 aren't を用いる. **2** [疑問文で]《英口語》am not の縮約形. ★ 今は通例 aren't と書く (cf. amn't, not 1 a): I'm still young, ~ I? **3** 《方言・卑》is not, has not, have not の縮約形. **4** 《方言》=ain't 1.

ant- [ænt] *pref.* (母音および h の前に来る時の) anti- の異形: *ant*acid, *ant*helion.

-ant [ənt, n̩t] 〘ME *-aunt* ▭ (O)F *-ant* ∥ L *-ant-, -āns* (pres.p. suf.): ラテン語第一変化動詞から: cf. -ent〙 — *suf.* **1** 「...性の, ...をする」などの意の形容詞語尾《本来語の -ing² に相当する》: ascend*ant*, malign*ant*, stimul*ant*. **2** 「...する人[もの], ...作用者[物]」の意の名詞を造る: serv*ant*, depend*ant*, stimul*ant*.

an·ta [ǽnt̬ə | -tə] 〘▭ L *antae* (pl.) ← IE **anəta* doorjamb (Skt *āta* doorframe)〙 *n.* (*pl.* **an·tae** [-tiː, -taɪ], ~**s**) 〘建築〙壁端柱, アンタ.

ANTA [ǽnt̬ə | -tə] 〘《頭字語》← *A*(*merican*) *N*(*ational*) *T*(*heater and*) *A*(*cademy*)〙 *n.* 米国演劇振興協会.

An·ta·bus [ǽnt̬əbjùːs | -tə-] 〘← ANTI-+ABUSE〙 *n.* 〘商標〙アンタビュース《アルコールにいや気を催させる薬, 酒止め薬》.

ant·ac·id [æntǽsɪd, -səd | -sɪd] 〘← ANTI-+ACID〙 *adj.* (特に胃の)酸を中和する, 制酸(性)の. — *n.* 酸中和物《alkali など》; 制酸剤[薬].

antae *n.* anta の複数形.

An·tae·an [æntíːən | -tíːən, -tíən] *adj.* アンタイオス(のような); 巨大な; 大力の.

An·tae·us [æntíːəs | -tíːəs, -tíəs] 〘▭ L ~ ▭ Gk *Antaîos*《原義》opposite, hostile ← *ánta* face to face: cf. anti-〙 — *n.* 〘ギリシャ神話〙アンタイオス《海神 Poseidon と大地の神 Gaea の間に生れた巨人; 体が大地に触れている間は無敵であったが, Hercules が抱え上げて絞め殺した》.

an·tag·o·nism [æntǽgənɪ̀zm] 〘▭ F *antagonisme* ∥ Gk *antagṓnisma*: ⇨ ↓, -ism〙 — *n.* **1** 〔人・物事に対する〕敵対, 対立, (積極的な)反抗, 反対; 反対性, 敵愾(がい)心, 反抗心; 敵対行動 〔*to, toward, against, between*〕: ~ *between* Capital and Labor 労使の反目 / feel great ~ *toward* one's rival ライバルに対して大いに敵愾心をもやす / be in ~ *to* ...に敵対[対立]している / come [be brought] into ~ *with* ...と反目するに至る. **2** 〘生理・薬学〙(二つ(以上)の器官・薬剤などの)拮抗(きっこう)(作用), 対抗作用 (cf. synergism 2). **3** 〘生態〙拮抗作用《異種の生物が同じ生活場所を占めようとすることなどで互いに干渉しあうこと》.

an·tag·o·nist [-nɪst, -nəst | -nɪst] 〘《1599》▭ F *antagoniste* ∥ LL *antagōnista* ▭ Gk *antagōnistḗs* rival ← *antagōnízesthai*: ⇨ antagonize, -ist〙 — *n.* **1** 反対者, 反抗者, 敵対者, 競争者 (enemy, opponent). **2** 〘解剖〙拮抗(きっこう)筋 (cf. agonist 2). **3** 〘薬学〙(相互の薬効を相殺し合う)拮抗剤[物質]. **4** 〘歯科〙対合歯.

an·tag·o·nis·tic [æntæ̀gənístɪk, ⸗⸗⸗⸗] *adj.* 反対の, 敵対する, 敵愾(がい)心のある, 反目している; 拮抗(きっこう)する, 相反する, 相いれない 〔*to*〕: ~ forces / be ~ *to* truth. **an·tàg·o·nís·ti·cal** *adj.* **an·tàg·o·nís·ti·cal·ly** *adv.*

an·tag·o·nize [æntǽgənàɪz] 〘▭ Gk *antagōníz-esthai* ← ANTI-+*agōnízesthai* to struggle (← *agṓn* contest: ⇨ agony)〙 — *vt.* **1** 〈人を〉敵に回す, ...の反感を買う: He ~*d* the villagers by his haughty manner. **2** 〈力・薬剤などを〉(反作用で)相殺(そうさい)する, 中和する (counteract, neutralize). **3** 《古》〈敵などに〉対抗する, 反対する (oppose). — *vi.* (人の)反感を買う. 「acid」.

ant·al·ka·li [æntǽlkəlàɪ] *n.* 〘化学〙制アルカリ剤《通

ant·al·ka·line [æntǽlkəlɪn, -lən, -làɪn | -làɪn] 〘化学〙 *adj.* アルカリ性中和の, 制アルカリ性の. — *n.* =antalkali.

An·ta·na·na·ri·vo [æ̀nt̬ənæ̀nəríːvou, æ̀n- | -tənæ̀nəríːvəʊ] *n.* アンタナナリボ《Madagascar の中央部に位置する同国の首都; 人口 367,000; 旧名 Tananarive》.

ant·a·pex [æntéɪpeks] 〘← ANTI-+APEX〙 *n.* (*pl.* ~**es, ant·ap·i·ces** [-éɪpəsìːz, -ǽp- | -pɪ-]) 〘天文〙反向点, 太陽背点《太陽が空間を運動している方向(太陽向点)と反対の方向に当たる天球上の点; cf. solar apex》.

an·tar·an·ga [ʌ̀ntəráŋgə | -tə-] 〘▭ Skt *antaraṅga* inner discipline〙 — *n.* [複数扱い]〘ヨーガ〙(精神に関する)ヨーガ三法《総持 (dharana)・禅定 (dhyana)・三昧 (samadhi) をいう》.

ant·arc·tic [æntɑ́ɚktɪk, -ɑ́ɚt̬ɪk | æntɑ́ːktɪk, ⸗⸗⸗] 〘《1601》▭ L *antarctic-us* ▭ Gk *antarktikós* opposite the north ← ANTI-+*arktikós* 'ARCTIC' ∽ 《?a1398》 *antartik* ▭ OF *antartique* (F *antarctique*) ∥ L〙 — *adj.* [時に A-] 南極の; 南極地方の (↔ arctic): an ~ expedition 南極探検. — *n.* [the A-] **1** 南極地方 (antarctic regions). **2** 南氷洋 (Antarctic Ocean).

Ant·arc·ti·ca [æntɑ́ɚktɪkə, -tɑ́ɚt̬ɪkə, -t̬əkə | -tɑ́ːktɪkə] 〘▭ L ~ (fem.) (↑)〙 *n.* 南極大陸《面積 14,200,000 km²; Antarctic Continent ともいう》. 「の旧名.

Antárctic Archipélago *n.* Palmer Archipelago

Antárctic Círcle *n.* [the ~] 南極圏《南寒帯の北の限界線で南極から 23°28', または 66°32'S の緯線》.

Antárctic Cóntinent *n.* [the ~] =Antarctica.

Antárctic Ócean *n.* [the ~] 南氷洋, 南極海. ★ 正式には Antarctic Sea という.

Antárctic Península *n.* [the ~] 南極半島《南米の南方にある南極大陸の大半島; Falkland 諸島に属する; Graham Land ともいう; 旧名 Palmer Peninsula》.

Antárctic Póle *n.* [the ~] 南極(点) (South Pole).

Antárctic région *n.* [the ~] 〘生物〙《動物地理上の》南極区.

Antárctic Séa *n.* [the ~] 南極海《太平洋・大西洋・インド洋の南部で, 南極大陸を取り巻いている部分; cf. Antarctic Ocean》.

Antárctic Tréaty *n.* [the ~] 南極条約《南極地域における科学的調査研究の自由と協力・軍事利用の禁止・各国の領有権の主張の凍結などを取り決めた国際条約; 1959 年調印》.

Antárctic Zòne *n.* [the ~] 南極帯, 南寒帯 (South Frigid Zone)《南極圏から南極まで》.

An·tar·es [æntέ(ə)riːz | -tέər-] 〘▭ Gk *Antárēs* ← ANTI-+*Arēs* 'Mars, ARES': 「赤くて火星に対抗する星」の意から〙 — *n.* 〘天文〙アンタレス, 《古名》大火《さそり座 (Scorpius) の α 星で赤色の 1.0 等星》.

ant·ar·thrit·ic [æ̀ntɑɚθrít̬ɪk | -tɑːθrít-] 〘← ANTI-+ARTHRITIC〙〘薬学〙 *adj.* 痛風[関節炎]に効く. — *n.* 痛風[関節炎]薬[剤].

ant·asth·mat·ic [æ̀ntæzmǽt̬ɪk | -æsm-] 〘← ANTI-+ASTHMATIC〙〘薬学〙 *adj.* 喘息(ぜんそく)に効く. — *n.* 喘息(鎮静)薬[剤].

ant·a·troph·ic [æ̀ntətrɑ́fɪk, -tǽt-, -tróuf- | -trɔ́f-, -trə́uf-] 〘← ANTI-+ATROPHIC〙〘薬学〙 *adj.* 萎縮予防の. — *n.* 萎縮予防薬[剤].

ánt bèar *n.* 〘動物〙 **1** オオアリクイ (*Myrmecophaga jubata*)《熱帯アメリカ産の貧歯類の動物; great anteater, tamanoir ともいう》. **2** ツチブタ, アフリカアリクイ (⇨ aardvark).

ánt·bìrd *n.* 〘鳥類〙アリドリ《南米産のアリドリ科の鳥の総称; ant thrush ともいう》.

ánt càtcher *n.* 〘鳥類〙アリドリ (antbird). 「称」.

ánt còw *n.* 〘昆虫〙アブラムシ, アリマキ《aphid の俗

an·te [ǽnti | -tɪ] 〘《1853》▭ L ~ (↓)〙 — *n.* **1** 〘トランプ〙アンティー, 参加料《ポーカーで札が配られる前に出すチップや賭(か)金; cf. blind *n.* 7 a》. **2** 《口語》(事業などへの)分担金 (share). **3** 《俗》値段 (price).

raise [***up***] ***the ante*** (1) 〘トランプ〙アンティー[賭け金]を引き上げる. (2) 《口語》分担金を引き上げる. (3) 《俗》(値段を)上げる, 値上げする.

— *vi., vt.* (**an·ted, an·teed**; ~**·ing**) **1** 〘トランプ〙(賭け金を)出す, 払う 〈*up*〉. **2** (分担金などを)出す, 払う (pay) 〈*up, off*〉.

an·te- [ǽnt̬ɪ, -t̬ə | -tɪ] 〘ME ▭ L *ante* (adv., prep.) before: cf. anti-〙 — *pref.* **1** 「(時間的に)前の, ...に先立つ」の意 (↔ post-): *ante*bellum, *ante*-Victorian. **2** 「(空間的に)...の前にある」の意: *ante*room.

ánt·èater *n.* **1** 〘動物〙 **a** アリクイ《熱帯アメリカ産の(シロ)アリを捕食する動物の総称; オオアリクイ (great anteater), コアリクイ (tamandua), センザンコウ (pangolin) など》. **b** ハリモグラ (echidna). **c** ツチブタ (aardvark). **2** 〘鳥類〙アリドリ (antbird).

an·te·bel·lum [æ̀nt̬ɪbéləm | -tɪ-] 〘▭ L *ante bellum* before the war〙 — *adj.* (↔ postbellum) **1** 戦前の: in ~ days 戦前時代に. **2** 《米》南北戦争前の. **3** 第一次[第二次]大戦前の.

ànte·bráchial 〘⇨ ↓, -al¹〙 *adj.* 〘解剖〙前腕の.

ànte·bráchium 〘← NL ~: ⇨ ante-, brachium〙 *n.* 〘解剖〙前腕, まえうで (forearm).

an·te·cede [æ̀nt̬əsíːd | -tɪ-] 〘▭ L *antecēd-ere* ← ANTE-+*cēdere* to go〙 *vt.* (時間・順序などで)...に先行する (precede).

an·te·ced·ence [æ̀nt̬əsíːdn̩s | æ̀ntɪsíːdəns, -dn̩s, ⸗⸗⸗] 〘▭ L *antecēdentia*: ⇨ ↑, -ence〙 — *n.* **1** (時・関係が)先立つこと, 先行, 先住 (precedence). **2** 上位, 優先 (priority). **3** 《まれ》〘天文〙逆行 (retrograde motion)《惑星が天球上を東から西へ動くこと》.

an·te·ced·en·cy [æ̀nt̬əsíːdn̩si | æ̀ntɪsíːdənsɪ, -dn-, ⸗⸗⸗⸗⸗] *n.* 先行, 先住.

an·te·ced·ent [æ̀nt̬əsíːdn̩t, ⸗⸗⸗ | æ̀ntɪsíːdənt, -dn̩t, ⸗⸗⸗] 〘《c1385》▭ (O)F *antécédent* ∥ L *antecēdent-em* (pres.p.) ← *antecēdere* 'to ANTECEDE': ⇨ -ent〙 — *adj.* **1** 先立つ, 先行の (preceding); 〔...に〕先立つ, 先行する, 〔...より〕前の (prior) 〔*to*〕: an event ~ *to* the war. **2** 〘論理〙前件の, 前提の; 推定的な (presumptive): an ~ probability. 「to).

antecedent to ...に先立って[先行して] (antecedently

— [《米》⸗⸗⸗] *n.* **1** [*pl.*] (個人の)経歴, 素性; 来歴, 沿革 (past history): a man of shady ~*s* 素性のいかがわしい人. **2** [*pl.*] 祖先 (ancestors). **3** [通例 *pl.*] 先行の事情. **4** 〘文法〙先行詞. **5** 〘論理〙前件, 先件, 前提 (↔ consequent). **6** 〘数学〙(↔ consequent) **a** (比の)前項, 前率. **b** (dyad の)前の因子. **7** 〘音楽〙(fugue の)主唱, (canon の)先行句.

antecedent and consequent 〘音楽〙(二つの旋律動機からなる)対句.

an·te·céd·ent·ly *adv.* **1** 〔...より〕先に, 前に, 先立って 〔*to*〕. **2** 〘論理〙前件[先件]として; 推定的に(言えば): It may be ~ probable.

an·te·ces·sor [æ̀nt̬əsésɚ | -tɪsésə(r] 〘《?a1300》▭ L *antecessor* ← ANTE-+*cess-* ((p.p. stem) ← *cedere* to go): cf. ancestor〙 *n.* 《まれ》前任者 (predecessor).

an·te·cham·ber [ǽntɪtʃèɪmbɚ | -tɪtʃèɪmbə(r] 〘《1656》▭ F *antichambre*: ⇨ ante-, chamber〙 — *n.* **1** (主室に通じる)入口の間, 控えの間, 次の間. **2** 〘海事〙予燃室《高速ディーゼルエンジンにおいて, 主燃焼室に燃料が送られる直前に, 前もって不完全燃焼を開始させておく室》. 「関」.

ánte·chàpel *n.* 〘教会〙礼拝堂の前室[入口の間, 玄

ánte·chòir *n.* 〘教会〙(教会堂の)聖歌隊席の前の空間.

an·te·date [ǽnt̬ɪdèɪt, ⸗⸗⸗ | æ̀ntɪdéɪt, ⸗⸗⸗] *vt.* **1** 〈小切手などを〉(実際よりも)前日付けにする (cf. backdate): ~ a letter. **2** 〈歴史的事件などを〉もっと以前のことだとする. **3** 〈出来事などが〉...よりも以前のことである, ...に先んじる. **4** 〈記憶などを〉昔にさかのぼらせる. **5** 〈出来事を〉早める (accelerate). **6** 《古》〈行事などを〉見越す (anticipate). — [⸗⸗⸗] *n.* 前日付 (↔ postdate).

án·te·dàt·ed [-t̬ɪd, -t̬əd | -tɪd, -təd] *adj.* 〘図書館〙事前年紀の.

an·te·di·lu·vi·an [æ̀nt̬ɪdɪlúːviən, -də-, -daɪ-, -ljúː-, -vjən | -tɪdaɪlúːvjən, -dɪ-, -ljúː-, -vɪən] 〘《1646》← ANTE-+L *diluvium* deluge (← *diluere* to wash away)+-AN¹〙 — *adj.* **1** ノア (Noah) の大洪水以前の (cf. *Gen.* 7–8; ↔ postdiluvian): the ~ patriarchs ノアの大洪水以前の族長《Adam から Noah に至るまで》. **2** 古めかしい, 古風な, 時代遅れの (antiquated): ~ ideas. — *n.* **1** ノアの大洪水以前の人. **2** 非常な年寄; ひどく時代遅れの[旧弊な]人 (old fogy).

an·te·fix [ǽnt̬ɪfɪks | -tɪ-] 〘▭ L *antefixum* (neut.) ← *antefixus* fixed in front (p.p.) ← *antefigere* ← ANTE- + *figere* 'to FIX'〙 — *n.* (*pl.*

antefixes

～·es, an·te·fix·a [-fiksə]) 〖建築〗瓦の端(ﾊ)飾り; 軒鼻(ﾊﾅ)飾り, (軒の)水吐き. **àn·te·fix·al** [-səl, -sl] *adj.*

an·te·flex·ion [æ̀ntɪflékʃən | -tɪ-] *n.* 〖病理〗子宮前屈 (cf. retroflexion 2).

ánt ègg *n.* アリの卵《実際は蛹(ｻﾅｷﾞ)の入った繭(ﾏﾕ)》; 乾燥して養魚・小鳥などの飼料にする》.

an·te·lap·sar·i·an·ism [æ̀ntɪlæpséːriənìzm | -tɪlæpséərɪ-] 〖⇨ ante-〗 *n.* 〖神学〗 =supralapsarianism.

an·te·lope [ǽntəlòup, -tl- | -tɪlə̀up] 〖(1417) ▭ OF *antelop* (F *antilope*) ▭ ML *ant(h)alop-us* ▭ LGk *anthólops* ← ? Gk *ánthos* flower+*óps* eye〗 ── *n.* (*pl.* ～, ～s) **1** 〖動物〗レイヨウ(羚羊), アンテロープ《アフリカ・アジアの平原に生息するシカに似たウシ科の動物の総称; gazelle, impala, springbok, gerenuk など》. **2** レイヨウの革《肉面側をビロード状に仕上げた柔らかい革; 手袋用など》. **3** 《米》〖動物〗プロングホーン, エダツノレイヨウ (pronghorn).

Ántelope Stàte *n.* [the ～] 米国 Nebraska 州の俗称.

an·te me·rid·i·an [æ̀ntɪmərídiən, -mɪ- | æ̀ntɪmərídiən, -mɪ-, -djən] 〖▭ L *antemeridiān-us* (↓)〗 *adj.* 午前の: an ～ meal.

an·te me·rid·i·em [ǽntɪmərídiəm, -mɪ-, -dièm | -tɪmərídièm, -mɪ-, -diəm] 〖▭ L *ante meridiem* before noon〗 ── *adj.* 午前(の) (略 a.m.; cf. post meridiem; ⇨ a.m.).

an·te·mor·tem [ǽntɪmɔ́ətəm | -tɪmɔ́ːt-] 〖▭ L *ante mortem*〗 *adj.* 死亡(直)前の (before death) (↔ postmortem): an ～ confession.

an·te·mun·dane [æ̀ntɪmʌndéɪn, ⌐⌐⌐⌐ | -tɪ-] 〖← ANTE-+L *mundus* world+-ANE[1]: ⇨ mundane〗 *adj.* 天地創造以前の.

ànte·nátal 〖医学〗 *adj.* **1** 出生前の, 誕生前の (prenatal): an ～ life 母胎内での生活. **2** 〈医療など〉出産前の, 妊娠期間中の: an ～ clinic. ── *n.* 《英》出産前の健康診断.

ánte·nàve *n.* 〖教会〗玄関廊, 拝廊 (narthex).

ànte-Nicáean *adj.* =ante-Nicene.

ànte-Nícene *adj.* 〖キリスト教〗ニカイア会議 (Nicene Council) 以前の《ante-Nicaean ともいう》.

an·ten·na [ænténə] 〖(1698) ▭ ML ～=L ～, *antemna* sail yard 《短縮》? ← **an(a)tempnā* ← ANA-[1]+IE **temp-* to stretch〗 ── *n.* **1** (*pl.* **an·ten·nae** [-niː], ～s) **a** 〖動物〗触角, (カタツムリなどの)角(ﾂﾉ) (feeler) (cf. antennule). **b** 〖植物〗ランの花の蕊柱に生ずる興奮性の突起. **2** (*pl.* ～s) 〖通信〗アンテナ, 空中線 (aerial): a frame ～ 枠(ﾜｸ)形アンテナ / a sending [receiving] ～ 送波[受波]線, 送信[受信]アンテナ.

anténna arrày *n.* 〖通信〗空中線列, アンテナアレイ《特定の方向に指向性をもつ; beam antenna ともいう》.

anténna cìrcuit *n.* 〖通信〗アンテナ回路.

antennae *n.* antenna 1 の複数形.

anténna effìciency *n.* 〖通信〗空中線効率.

anténna gàin *n.* 〖通信〗空中線利得.

an·ten·nal [ænténl] *adj.* 〖動物〗触角の.

anténnal glànd *n.* 〖動物〗触角腺.

anténna mìne *n.* 〖海軍〗水中線[アンテナ]機雷, 触角機雷《その長い触角に触れると発火する機雷》.

anténna reflèctor *n.* 〖通信〗アンテナ反射器.

An·ten·na·ri·i·dae [æ̀ntènəráɪədiː | -ráɪɪ-] 〖← NL ～ ← *Antennarius* (属名: ⇨ antenna, -ary)+-IDAE: 頭部の触角様突起から〗 *n. pl.* 〖魚類〗イザリウオ科.

an·ten·na·ry [ænténəri | -ri] *adj.* 触角(状)の.

An·ten·na·ta [æ̀ntənéɪtə | -tɪnéɪtə] 〖← NL ～: ⇨ antenna, -ata〗 ── *n. pl.* 〖動物〗触角類《節足動物門のうちの昆虫類; モトゲジ (scutiger), ヤスデ (milliped) などを含む》.

an·ten·nate [ænténət, -nɪt, -nèɪt] *adj.* 〖動物〗触角のある.

an·ten·ni·fer [ænténəfə | -nɪfə(r)] 〖← NL ～: ⇨ antenna, -fer〗 *n.* 〖動物〗触角担節.

an·ten·nule [ænténjuːl] 〖▭ F ～ (dim.) ← *antenne* 'ANTENNA'〗 ── *n.* 〖動物〗(カタツムリ・エビ・カニなどの)小触角. ★ 触角が 2 対ある場合で, 小の 1 対を antennules, 大を antennae という.

An·te·nor [æntíːnɔə | -nɔː(r)] 〖▭ Gk *Antḗnōr*〗 ── *n.* 〖ギリシャ神話〗アンテノル《Troy の老将で Helen をその夫 Menelaus のもとに送り帰すようにと Priam 王に忠告した》.

ánte·nùmber *n.* (ある数の)すぐ前の数, 先行数.

ànte·núptial *adj.* 結婚前の: an ～ contract.

ànte·órbital *adj.* 〖解剖〗眼(窩)の前にある, 眼窩前の.

an·te·par·tum [æ̀ntɪpáətəm | -tɪpáːt-] 〖▭ L *ante partum* ← ANTE-+*partum, partus* ((p.p.) ← *parere* to bear offspring)〗 *adj.* 〖医学〗分娩前の.

an·te·pas·chal [æ̀ntɪpǽskəl | æ̀ntɪpáːs-, -pǽs-] *adj.* **1** 復活祭 (Easter) 前の. **2** 〖ユダヤ教〗過ぎ越しの祝い (Passover) 前の.

an·te·past [ǽntɪpæ̀st, -tə- | -tɪ-] 〖← ANTE-+(RE)PAST〗 *n.* 《古》 **1** =foretaste. **2** アンティパスト《最初に出る料理; 前菜など》.

an·te·pen·di·um [æ̀ntɪpéndiəm | -tɪpéndɪəm, -djəm] 〖(1696) ▭ ML ～ ← ANTE-+L *pendēre* 'to PEND'+-IUM〗 ── *n.* (*pl.* **-di·a** [-diə | -dɪə, -djə], ～s) 〖教会〗 =frontal 2.

an·te·pe·nult [æ̀ntɪpíːnʌlt, -pɪnʌ́lt, -pə- | -tɪpɪnʌ́lt, -pe-, -pə-] 〖▭ LL *antepaenūlt-ima* (fem.) ← *antepaenultimus*: ⇨ ante-, penult〗〖音声・詩学〗 ── *n.* 語末から 3 番目の音節《例: sub-stan-ti-ate の -stan-; cf. ultima》. ── *adj.* =antepenultimate.

an·te·pe·nul·ti·mate [æ̀ntɪpɪnʌ́ltəmət, -pə-, -mɪt | -tɪpɪnʌ́ltɪ-, -pe-, -pə-] 〖⇨ ↑, -ate[2]〗〖音声・詩学〗 ── *adj.* 末尾第三音節の《語末から第 3 番目の音節の》. ── *n.* =antepenult.

ànte·póst *adj.* 《英》〖競馬〗〈賭けが〉出走馬掲示前の, 出馬確定前の《ブックメーカーの賭けで, 出走馬が確定する前の賭け率についていう》.

ànte·prándial *adj.* =preprandial.

an·te·ri·or [æntí(ə)riə | -tíəriə(r)] 〖(1611) ▭ F *antérieur* // L *anterior* (compar.) ← *ante*: ⇨ ante-, -ior〗 ── *adj.* **1** 前面の, 前部の (fore); 前方の 〔*to*〕 (↔ posterior). **2 a** (時間的に)前の, 先の, 先立って(いる) (prior) 〔*to*〕: an ～ age / ages ～ *to* the Flood ノアの大洪水以前の時代. **b** (論理的に)先行する 〔*to*〕. **3 a** 〖解剖〗前の, 前方の, 腹側の (ventral). **b** 〖動物〗前の, 前方の, 頭部に近い. **4** 〖植物〗=abaxial 1. **～·ly** *adv.*

an·te·ri·or·i·ty [æntì(ə)riɔ́(ː)rəti, -ár- | -tìəriɔ́rəti, -rɪti] *n.* (位置的・時間的に)前(先)であること 〔*to*〕.

antérior tóoth *n.* 〖歯科〗前歯《門歯・犬歯など》.

an·te·ro- [ǽntəro(ʊ) | -tɪrə(ʊ), -tə-] 〖← NL ～: ⇨ anterior〗 ──「前部の; 前部と…との (anterior and…)」の意の連結形: *antero*parietal 〖解剖〗前頭頂(部)の; 前体壁の / *antero*posterior 前後の / *antero*lateral 前横の / *antero*inferior 前低の.

ánte·ròom *n.* **1** (主室に通じる)次の間, 控えの間, 控え室; 待合室 (waiting room). **2** 《英》〖軍事〗(士官食堂の)控え室, 談話室.

ánte·tỳpe *n.* =prototype.

an·te·ver·sion [æ̀ntɪvə́ːʒən, -ʃən | -tɪvə́ːʃən] *n.* 〖病理〗(子宮などの)前傾 (cf. version 4 a).

ánt flỳ *n.* 羽(ﾊﾈ)アリ《よく釣の餌にする》.

anth-[1] [ænθ] (母音の前に来る時の) antho- の異形.

anth-[2] [ænθ] *pref.* (h の前に来る時の) anti- の異形.

An·the·a [ænθíːə | ænθíə, -θíːə, ǽnθɪə, ǽnθjə] 〖← Gk *ánthea* (fem.) ← *ántheios* flowery ← *ánthos* flower〗 *n.* 女性名.

ánt hèap *n.* =anthill.

ant·he·lion [ænthíːljən, ænθíː-, -liən | ænθíːljən, -lɪən] 〖(1670) ▭ Gk *anthḗlion* (neut.) ← *anthḗlios* opposite to the sun ← ANTI-+*hḗlios* sun〗 ── *n.* (*pl.* **ant·he·li·a** [-ljə, -liə | -ljə, -lɪə], ～s) 〖気象〗反対幻日(ｹﾞﾝｼﾞﾂ)《幻日 (parhelion) の一種; 太陽と正反対の位置の雲・霧などに現われる光点で, まれに見られる》.

ant·hel·min·tic [æ̀nthelmíntɪk, æ̀nθel- | -tɪk] 〖← ANTI-+Gk *hélminthos* ((gen.) *hélmins* worm)+-IC[1]〗 (*also* **ant·hel·min·thic** [-θɪk]) 〖医学〗 ── *adj.* 駆虫の. ── *n.* 駆虫剤, 虫下し (vermifuge).

an·them [ǽnθəm | -θəm, -θem] 〖ME *anteme, antefne* < OE *antefn* ▭ LL *antiphōna* 'ANTIPHON': *-th-* については cf. author〗 ── *n.* **1** 聖歌, 賛美歌 (hymn). **2** 祝歌, 頌歌(ｼｮｳｶ): ⇨ national anthem. **3** 〖音楽〗アンセム《英国国教会におけるモテット(motet) またはカンタータ (cantata) に類する(独唱付)合唱音楽》. ── *vt.* 聖歌を歌って祝う.

-an·the·ma [ænθíːmə] 〖▭ LL ～ ← Gk *ánthēma* efflorescence ← *ánthos* flower+-*ēma* '-EME'〗 ── (*pl.* ～**·ta** [～tə | -tə], ～s) 〖病理〗「発疹 (eruption)」の意の名詞連結形.

an·the·mi·on [ænθíːmiən, -miɑ̀n | -mɪən, -mɪɔn] 〖▭ Gk *anthémion* (dim.) ← *ánthos* flower〗 ── *n.* (*pl.* **-mi·a** [-miə | -mɪə]) (建築や陶器などの装飾に用いる)忍冬(ﾆﾝﾄﾞｳ)模様, すいかずら模様, 尾つなぎ模様《honeysuckle ornament ともいう》.

anthemion

-an·the·mum [ǽnθəməm] 〖▭ L ～ ← Gk *ánthemon* flower: ↑〗 ──〖植物〗「…の(ような)花をもつ植物」の意の名詞連結形. ★ 分類学上の名に用いる.

an·ther [ǽnθə | -θə(r)] 〖(1551) ← NL *anthēra* ← L 'medicine extracted from flowers' ▭ Gk *antherá* (fem.) ← *antherós* flowery ← *ánthos* flower: ⇨ antho-〗 ── *n.* 〖植物〗葯(ﾔｸ)《雄蕊(ｵｼﾍﾞ)の先端部を占める嚢状物》. **～·al** [-θərəl] *adj.*

-an·the·ra [ǽnθərə] 〖← NL ～ (↑)〗〖植物〗「…の(ような)葯(ﾔｸ)をもった植物」の意の名詞連結形. ★ 分類学上の名に用いる.

ánther cèll *n.* 〖植物〗葯(ﾔｸ)(室) (theca).

ánther dùst *n.* 〖植物〗花粉 (pollen).

an·ther·id·i·um [æ̀nθərídiəm | -dɪ-] 〖← NL ～: ⇨ anther, -idium〗 ── *n.* (*pl.* **-i·a** [-diə | -dɪə]) 〖植物〗(隠花植物の)雄器, 蔵精器, 造精器. **àn·ther·íd·i·al** [-diəl | -dɪ-] *adj.*

an·ther·o·zo·id [æ̀nθərəzóuɪd, -zóuəd | -zə́ʊɪd] 〖← ANTHER+-O-+ZOOID〗 *n.* 〖植物〗(隠花植物の)精子, 精虫.

-an·thes [ǽnθiːz] 〖← NL ～ ← Gk *-anthēs* blooming ← *ánthos* flower〗〖植物〗「…の(ような)花をもつ植物」の意の名詞連結形. ★ 分類学上の名に用いる.

an·the·sis [ænθíːsɪs, -səs | -sɪs] 〖← NL ～ ← Gk *ánthēsis* full bloom: ⇨ anther〗 *n.* (*pl.* **-the·ses** [-siːz]) 〖植物〗開花期; 開花.

ánt·hìll *n.* **1** ありづか, ありの塔, 蟻丘(ｷﾞｷｭｳ). **2** (ありづかの塔のように)人の往来の激しい場所.

an·tho- [ǽnθo(ʊ) | -θə(ʊ)] 〖▭ L ～ ← Gk *ánthos* flower〗「花」の意の連結形: *antho*cyanin, *antho*logy. ★ 母音の前では通例 anth- になる.

àntho·cárpous *adj.* 〖植物〗〈果実など〉果皮が花被からできた.

An·thoc·er·o·ta·ce·ae [ænθɑ̀sərə(ʊ)téɪsiː | -θɔ̀sərə(ʊ)-] 〖← NL ～ ← *Anthoceros* (属名: ← ANTHO-+Gk *kéras* horn)+-ACEAE〗 *n. pl.* 〖植物〗ツノゴケ科.

An·tho·cor·i·dae [æ̀nθəkɔ́(ː)rədiː, -kár- | -kɔ́rɪ-] 〖← NL ～ ← *Anthocoris* (属名: ← ANTHO-+Gk *kóris* bug)+-IDAE〗 *n. pl.* 〖昆虫〗(半翅目)ハナカメムシ科.

an·tho·cy·an [æ̀nθəsáɪən, -θə(ʊ)- | -θə(ʊ)-] 〖← ANTHO-+Gk *kúanos* dark blue〗 ── *n.* 〖生化学〗アントシアン, 花青素《アントシアニン (anthocyanin) とアントシアニジン (anthocyanidin) とを合わせたもの》.

an·tho·cy·an·i·din [æ̀nθəsaɪǽnədɪn, -θo(ʊ)-, -dən | -θə(ʊ)saɪǽnɪdɪn] 〖← ANTHO-+CYANID(E)+-IN[1]〗 ── *n.* 〖生化学〗アントシアニジン《アントシアニン (anthocyanin) のアグリコン (aglycon); 2-フェニルベンゾピリリウム (2-phenylbenzopyrylium) 構造に 4-6 の水酸基がついている化合物; 花色素の一つ》.

an·tho·cy·a·nin [æ̀nθəsáɪənɪn, -θo(ʊ)-, -nən | -θə(ʊ)sáɪənɪn] 〖← ANTHO-+CYANO-+-IN[1]〗 ── *n.* 〖生化学〗アントシアニン《アントシアニジン (anthocyanidin) に糖が結合したもの; 結合する糖の種類と数と位置で種々な色を示す》.

an·tho·di·um [ænθóudiəm | -θə́ʊdɪ-] 〖← NL ～ ← Gk *anthṓdēs* flowerlike (⇨ antho-, -oid)+-IUM〗 ── *n.* (*pl.* **-di·a** [-diə | -dɪə]) 〖植物〗(キク科植物などの)花頭, 花冠.

an·thog·ra·phy [ænθágrəfi | -θɔ́grəfi] *n.* 〖植物〗花の描写, 花誌.

anthol. 《略》 anthology.

an·tho·log·i·cal [æ̀nθəlɑ́dʒɪkəl, -dʒə- | -θə(ʊ)lɔ́dʒ-] *adj.* 詩集の; 文集の; 詞華集の.

an·thól·o·gist [-dʒɪst, -dʒəst | -dʒɪst] *n.* 選集編者, 詞華集[文集]編集者, 佳句集編集者.

an·thol·o·gize [ænθɑ́lədʒàɪz | -θɔ́l-] *vi.* 詩選[選集]を作る. ── *vt.* 詩選[選集]に入れる. **an·thól·o·gìz·er** *n.*

an·thol·o·gy [ænθɑ́lədʒi | -θɔ́lədʒɪ] 〖(1640) ← NL *authologia* ← Gk *anthologia* flower-gathering: ⇨ antho-, -logy〗 ── *n.* **1** 詞華集, 名詩選集, アンソロジー, 詩選. **2** 選集, 文集, 佳句集, 名句選. **3** 名曲集; 名画集. **4** [the A-] 〖東方正教会〗(典礼の)聖務日課書, アンソロギオン.

an·tho·my·iid [æ̀nθəmáɪjɪd, -jəd | -jɪd] 〖↓〗〖昆虫〗 *adj.* ハナバエ(科)の. ── *n.* ハナバエ《ハナバエ科の昆虫の総称》.

An·tho·my·ii·dae [æ̀nθəmáɪjədiː] 〖← NL ～ ← *Anthomyia* (属名: ← ANTHO-+Gk *muîa* fly)+-IDAE〗 *n. pl.* 〖昆虫〗(双翅目)ハナバエ科.

An·tho·ny [ǽnθəni | -tənɪ, -θə-] 〖⇨ Antony〗 *n.* 男性名.

An·tho·ny [ǽnθəni | -tənɪ, -θə-], Saint *n.* アントニウス《251?-356; エジプトの隠修士で, 修道院の創始者といわれる; また豚飼いの守護聖人で, 子豚が生れたとき最小のを彼に捧げるのが中世の風習であった; イタリアの守護聖人, 七守護聖人 (Seven Champions of Christendom) の一人; 祝日 1 月 17 日》.

An·tho·ny [ǽntəni | -tənɪ], **Mark** *n.* =Mark ANTONY.

An·tho·ny [ǽnθəni | -nɪ], **Susan Brow·nell** [bráʊnel] *n.* (1820-1906) 米国の社会運動家・婦人参政権論者.

Ánthony and Cleopátra *n.* 「アントニーとクレオパトラ」《Shakespeare 作の悲劇 (1606-07)》.

Án·tho·ny of Pádua [ǽnθəni- | -tənɪ-, -θə-], Saint *n.* パドヴァのアントニウス《1195-1231; フランシスコ会の修道士でイタリアとフランスに布教した; 祝日 6 月 13 日》.

an·thoph·i·lous [ænθɑ́fələs | -θɔ́f-] *adj.* 〖動物〗〈昆虫が〉花を好む, 好んで花に集まる.

an·tho·phore [ǽnθəfɔə, -fòə | -fɔː(r)] 〖← Gk *anthophór-os* flower-bearing: ⇨ antho-, -phore〗 *n.* 〖植物〗花被間柱《萼(ｶﾞｸ)と花弁の間にある柄》.

an·tho·phyl·lite [æ̀nθo(ʊ)fílaɪt, -θə-, ænθɑ́fəlàɪt | æ̀nθə(ʊ)fílaɪt, ænθɔ́fəlàɪt] 〖▭ G *Anthophyllit* ← NL *anthophyllum*: ⇨ antho-, -phyll, -ite[1]〗 ── *n.* 〖鉱物〗直閃石 ((Mg, Fe)$_7$Si$_8$O$_{22}$(OH)$_2$)《角閃石の一種》.

an·tho·tax·y [ǽnθətæ̀ksi | -sɪ] 〖← ANTHO-+-TAXY〗 *n.* 〖植物〗花序 (inflorescence).

-an·thous [ǽnθəs] 〖← ? NL *-anthus*: ⇨ antho-, -ous〗「…の花のある」の意の形容詞連結形: mon*anthous*.

An·tho·zo·a [æ̀nθə(ʊ)zóuə, -θə- | -θə(ʊ)zə́ʊə] 〖← NL ～: ⇨ antho-, -zoa〗 ── *n. pl.* 〖動物〗(腔腸(ｺｳﾁｮｳ)動物門)花虫綱《サンゴ・イソギンチャクなどを含む》.

an·tho·zo·an [æ̀nθə(ʊ)zóuən, -θə- | -θə(ʊ)zə́ʊən] *adj., n.* 〖動物〗花虫綱の(動物).

an·thr- [ænθr] (母音の前に来る時の) anthra- の異形.

an·thra- [ǽnθrə] 〖⇨ anthracene〗「アントラセン核 (anthracene nucleus)」の意の連結形: *antra*quinone. ★ 母音の前では通例 anthr- になる.

an·thrac- [ǽnθrək] (母音の前に来る時の) anthraco- の異形.

an·thra·cene [ǽnθrəsìːn] 〖← ANTHRACO-+-ENE〗 ── *n.* 〖化学〗アントラセン ($C_6H_4(CH)_2C_6H_4$)《アントラセン油から得られる結晶物; アリザリン (alizarin) などの原料》.

ánthracene brówn *n.* 〖化学〗アントラセンブラウン (⇨ anthragallol).

ánthracene òil *n.* 〖化学〗アントラセン油, 緑油《コールタールを 270°C 以上で蒸溜するとき得られる; 防腐剤などに用いられる; green oil ともいう》.

anthraces *n.* anthrax の複数形.

an·thrac·ic [ænθrǽsɪk] 〖⇨ anthrax, -ic[1]〗 *adj.* 〖病理〗癰(ﾖｳ)[炭疽(ﾀﾝｿ)]の[に似た].

an·thra·cite [ǽnθrəsàɪt] 〖(1601) ▭ L *anthracit-ēs* ▭ Gk *anthrakítēs* a kind of coal: ⇨ anthrax, -ite[1]〗 *n.* 〖地質〗無煙炭《hard coal ともいう》.

an·thra·cit·ic [æ̀nθrəsíṭɪk | -tɪk] *adj.* 無煙炭の(ような), 無煙炭質の.

an·thra·cit·ous [ǽnθrəsàɪṭəs | -təs] *adj.* 無煙炭を含む.

an·thrac·nose [ænθrǽknoʊs | -nəʊs] 〖□F ～ □Gk *ánthrax* carbuncle＋*nósos* disease〗 *n.* 〖植物病理〗炭疽(たん)病《豆類や果実などの病害; cf. bitter rot》.

an·thra·co- [ǽnθrəko(ʊ) | -kə(ʊ)] 〖□L ～ ← Gk *ánthrax* carbuncle〗 ── 次の意味を表わす連結形: **1** 「石炭, 炭素」. **2** 「癰(よう) (carbuncle, anthrax)」. ★ 母音の前では通例 anthrac- になる.

an·thra·coid [ǽnθrəkɔ̀ɪd] 〖⇨↑, -oid〗 *adj.* **1** 〖病理〗癰(よう)[炭疽(たん)]のような. **2 a** 紅玉[ざくろ石]のような (cf. carbuncle 1). **b** 炭[石炭, 炭素]のような.

ànthraco·silicósis 〖← NL ～: ⇨ anthraco-, silicosis〗 *n.* 〖病理〗炭(粉)珪肺(けいはい)(症) (anthrasilicosis).

an·thra·co·sis [æ̀nθrəkóʊsɪs, -səs | -kə́ʊsɪs] 〖← NL ～: ⇨ anthraco-, -osis〗 *n.* (*pl.* **-co·ses** [-si:z]) 〖病理〗炭粉症《炭粉が内臓などに沈着して起こる》.

an·thra·gal·lol [æ̀nθrəgǽloʊl, -lɑl | -ləʊl, -lɒl] 〖← ANTHRA-＋GALLIC＋-OL[1]〗 ── *n.* 〖化学〗アントラガロール ($C_{14}H_5O_2(OH)_3$)《オレンジ色の結晶, 茶色の媒染剤; alizarine brown, anthracene brown ともいう》.

an·thran·i·late [ænθrǽnəlèɪt, -nḷ-, æ̀nθrənílèɪt | ænθrǽnɪlèɪt] 〖⇨ anthranilic (↓), -ate[1]〗 *n.* 〖化学〗アントラニル酸塩[エステル].

an·thra·níl·ic ácid [æ̀nθrənílɪk-] 〖*anthranilic*: ← ANTHRA-＋ANIL(INE)＋-IC[1]〗 ── *n.* 〖化学〗アントラニル酸, ($NH_2C_6H_4COOH$)《無色の結晶; アゾ染料の合成原料; aminobenzoic acid の一つ; ortho-aminobenzoic acid ともいう》.

ànthra·quinóne 〖← ANTHRA-＋QUINONE〗 ── *n.* 〖化学〗アントラキノン ($C_6H_4(CO)_2C_6H_4$)《アントラセン (anthracene) の酸化によって生じる黄色結晶物; アリザリン (alizarin) の原料》.

anthraquinóne dýe *n.* 〖染色〗アントラキノン染料《化学構造によって分類した染料群》.

ànthra·silicósis *n.* 〖病理〗＝anthracosilicosis.

an·thrax [ǽnθræks] 〖(1373) □L ～ □Gk *ánthrax* coal, carbuncle〗 *n.* (*pl.* **an·thra·ces** [-θrəsì:z]) 〖病理〗 **1** 《古》癰(よう). **2** 炭疽(たん), 脾脱疽(ひだっそ).

-an·threne [ǽnθri:n] 〖⇨ anthracene〗「アントレン(アントラセン (anthracene) に関係した化合物)」の意の名詞連結形: phen*anthrene*.

An·thrib·i·dae [ænθríbədì: | -bɪ-] 〖← NL ～ ← *Anthribus* (属名)＋-IDAE〗 *n. pl.* 〖昆虫〗(鞘翅目)ヒゲナガゾウムシ科.

an·throne [ǽnθroʊn, ─́─ | ǽnθrəʊn, ─́─] 〖← ANTHRO-＋-ONE〗 ── *n.* 〖化学〗アントロン ($C_{14}H_{10}O$)《アントラキノンの還元で得られる無色─淡黄色結晶; 染料原料, 糖の定量検出に用いられる》.

anthrop. 《略》anthropological; anthropology.

an·throp·ic [ænθrɑ́pɪk | -θrɔ́p-] 〖□Gk *anthropikós*: ⇨↓, -ic[1]〗 ── *adj.* **1** 人間の; 人間[人類]に関係のある. **2** 〖地質〗人類遺跡を含んだ. **an·thróp·i·cal** *adj.*

an·thro·po- [ǽnθrəpo(ʊ), -θro(ʊ)- | -θrə(ʊ)pə(ʊ)] 〖□L *anthrōpo-* ← Gk *ánthrōpos* man〗「人, 人類; 人類学」の意の連結形: *anthropo*centric, *anthropo*logy.

ànthropo·céntric *adj.* **1** 人間中心的な, 人類を中心[究極目的]とする. **2** (自然現象などを)人間を中心にして解釈する. **ànthropo·céntrically** *adv.* **ànthropo·centrícity** *n.*

ànthropo·céntricism *n.* (*also* **ànthropo·céntrism**) 人間中心主義(説), 人間中心観.

ànthropo·génesis 〖← NL ～: ⇨ anthropo-, -genesis〗 *n.* 人類発生[発達]論. **ànthropo·genétic** *adj.*

an·thro·po·gen·ic [æ̀nθrəpo(ʊ)dʒénɪk, -θro(ʊ)- | -θrə(ʊ)pə(ʊ)-] *adj.* **1** 人類発生[発達]論の. **2** 人類(活動)の影響による[を受ける].

an·thro·pog·e·ny [æ̀nθrəpɑ́dʒəni, -θro(ʊ)- | -θrə(ʊ)pɔ́dʒɪni] *n.* ＝anthropogenesis.

ànthropo·geógraphy 〖□G *Anthropogeographie*: ドイツの地理学者 F. Ratzel (1844-1904) の造語〗 *n.* 人文地理学 (human geography).

an·thro·pog·ra·phy [æ̀nθrəpɑ́grəfi | -pɔ́grəfi] *n.* 《人類学》記述的人類学, 人類の現状論《地理的分布・人種的特性などを論じる》; 人類誌.

an·thro·poid [ǽnθrəpɔ̀ɪd, -θro(ʊ)- | ǽnθrə(ʊ)pɔ̀ɪd, ænθrə́ʊpɔɪd] 〖□Gk *anthrōpoeid-ḗs* of human form: ⇨ anthropo-, -oid〗 ── *adj.* **1** 〈動物が〉人間に似た; 類人猿類の; 人間の形をした. **2** 《口語》〈人間が〉猿のような, 類人猿に似た. ── *n.* **1** 類人猿. **2** 猿のような人. **an·thro·poi·dal** [æ̀nθrəpɔ́ɪdḷ, -θro(ʊ)- | -θrə(ʊ)-] *adj.*

ánthropoid ápe *n.* 類人猿《霊長目のゴリラ・チンパンジー・オランウータン・テナガザルなど》.

An·thro·poi·de·a [æ̀nθrəpɔ́ɪdiə | -dɪə] 〖← NL ～: ⇨ anthropo-, -oidea〗 *n. pl.* 〖動物〗 **1** 類人猿科《Pongidae ともいう》. **2** ＝Hominidae.

an·thro·pol·a·try [æ̀nθrəpɑ́lətri, -θro(ʊ)- | -θrə(ʊ)pɔ́lətri] 〖← ANTHROPO-＋-LATRY〗 *n.* 〖哲学〗人間崇拝《特定の人間を神聖視して崇めること》.

an·thro·po·lite [ænθróʊpəlàɪt, -θrɑ́pə-, ǽnθrəpə- | ænθrə́ʊpə-, -θrɔ́pə-, ǽnθrəpə-] *n.* 〖古生物〗＝anthropolith.

an·thro·po·lith [ænθróʊpəlɪθ, -θrɑ́pə- | -θrə́ʊpə-, -θrɔ́pə-] 〖← ANTHROPO-＋-LITH〗 *n.* 〖古生物〗人体化石 (fossil man).

an·thro·po·log·ic [æ̀nθrəpəlɑ́dʒɪk, -θro(ʊ)- | -θrə(ʊ)pəlɔ́dʒ-] *adj.* ＝anthropological.

an·thro·po·log·i·cal [æ̀nθrəpəlɑ́dʒɪkəl, -θro(ʊ)-, -dʒə- | -θrə(ʊ)pəlɔ́dʒɪ-] *adj.* 人類学(的)の, 人類学上の. **～·ly** *adv.*

anthropológical linguístics *n.* 〖言語〗人類言語学 (⇨ ethnolinguistics).

àn·thro·pól·o·gist [-dʒɪst, -dʒəst | -dʒɪst] *n.* 人類学者.

an·thro·pol·o·gy [æ̀nθrəpɑ́lədʒi, -θro(ʊ)- | -θrə(ʊ)pɔ́lədʒi] 〖(1593) ← NL *anthrōpologia*: ⇨ anthropo-, -logy〗 *n.* **1** 人類学: ⇨ physical anthropology, social anthropology. **2** 文化人類学 (cultural anthropology). **3** (哲学的)人間学 (philosophical anthropology).

an·thro·pom·e·ter [æ̀nθrəpɑ́məṭə, -θro(ʊ)- | -θrə(ʊ)pɔ́mɪtə(r, -mə-] *n.* 〖人類学〗人体測定器《身長計》.

an·thro·po·met·ric [æ̀nθrəpəmétrɪk, -θro(ʊ)-, -po(ʊ)- | -θrə(ʊ)pə(ʊ)-] *adj.* 人体測定の. **àn·thro·po·mét·ri·cal** *adj.* **àn·thro·po·mét·ri·cal·ly** *adv.*

an·thro·pom·e·try [æ̀nθrəpɑ́mətri | æ̀nθrə(ʊ)pɔ́mɪtri, -mə-, ǽnθrə(ʊ)pə(ʊ)mètri] *n.* 人体測定(法) (cf. anthroposcopy).

ànthropo·mórphic 〖⇨ anthropomorphous, -ic[1]〗 ── *adj.* **1** 神人同形(同性)説の, 擬人観 (anthropomorphism) の. **2** 人間の形をした; 人間に似ている: an ～ deity. **àn·thro·po·mór·phi·cal·ly** *adv.*

an·thro·po·mor·phism [æ̀nθrəpo(ʊ)mɔ́əfɪzm, -θro(ʊ)- | -θrə(ʊ)pə(ʊ)mɔ́:-] 〖(1753): ⇨↑, -ism〗 ── *n.* **1** 神人同形(同性)説, (神・自然の)擬人観, 擬人論 (cf. zoomorphism 2). **2** 擬人化.

àn·thro·po·mór·phist [-fɪst, -fəst | -fɪst] *n.* 神人同形(同性)論者, 擬人論者.

an·thro·po·mor·phize [æ̀nθrəpo(ʊ)mɔ́əfaɪz, -θro(ʊ)- | -θrə(ʊ)pə(ʊ)mɔ́:-] 〖⇨ anthropomorphous, -ize〗 ── *vt.* **1** 〈神を〉人格化する, 〈神などに〉人間の形[属性]を与える, 人間性を帰する. **2** 擬人化する.

an·thro·po·mor·pho·sis [æ̀nθrəpo(ʊ)mɔ́əfəsɪs, -θro(ʊ)-, -səs | -θrə(ʊ)pə(ʊ)mɔ́:fəsɪs] 〖⇨↓, -osis〗 *n.* 人間に変形すること, 人間化.

ànthropo·mórphous 〖□LL *anthrōpomorphus* □Gk *anthrōpómorphos* of human form: ⇨ anthropo-, -morphous〗 *adj.* ＝anthropomorphic.

an·thro·pon·y·my [æ̀nθrəpɑ́nəmi, -θro(ʊ)- | -θrə(ʊ)pɔ́nɪmi] 〖← ANTHROPO-＋-ONYM＋-Y[1]〗 *n.* 人名研究《onomastics の一分野; cf. toponymy 1》.

an·thro·pop·a·thism [æ̀nθrəpɑ́pəθɪzm, -θro(ʊ)-, -po(ʊ)pǽθɪzm | -θrə(ʊ)pɔ́pəθɪzm, -pə(ʊ)pǽθɪzm] *n.* 〖哲学〗＝anthropopathy.

an·thro·pop·a·thy [æ̀nθrəpɑ́pəθi, -θro(ʊ)- | -θrə(ʊ)pɔ́pəθi] 〖□LGk *anthrōpopátheia* humanity: ⇨ anthropo-, -pathy〗 ── *n.* 〖哲学〗人間の感情を人間以外のもの(特に神)に帰する説, 神人同感同情説.

an·thro·poph·a·gi [æ̀nθrəpɑ́fədʒàɪ, -θro(ʊ)- | -θrə(ʊ)pɔ́fəgàɪ, -dʒàɪ] *n. pl.* (*sing.* **-a·gus** [-gəs]) 食人種.

an·thro·poph·a·gite [æ̀nθrəpɑ́fədʒàɪt, -θro(ʊ)- | -θrə(ʊ)pɔ́f-] 〖⇨ -ite[1]〗 *n.* 食人種の人 (cannibal).

an·thro·poph·a·gous [æ̀nθrəpɑ́fəgəs, -θro(ʊ)- | -θrə(ʊ)pɔ́f-] *adj.* 人肉を食う, 食人種の (man-eating).

an·thro·poph·a·gus [æ̀nθrəpɑ́fəgəs, -θro(ʊ)- | -θrə(ʊ)pɔ́f-] 〖□L *anthrōpophagus* □Gk *anthrōpophagós*: ⇨ anthropo-, -phagous〗 ── *n.* anthropophagi の単数形.

an·thro·poph·a·gy [æ̀nθrəpɑ́fədʒi, -θro(ʊ)- | -θrə(ʊ)pɔ́fədʒi] 〖□LL *anthrōpophagia* □Gk *anthrōpophagía*: ⇨ anthropo-, -phagy〗 ── *n.* 人肉を食うこと, 人食いの風習 (cannibalism). **àn·thro·po·phág·ic** [-pəfǽdʒɪk] *adj.* **àn·thro·po·phág·i·cal** *adj.*

an·thro·po·pho·bi·a [æ̀nθrəpo(ʊ)fóʊbiə | -pə(ʊ)fə́ʊbjə, -bɪə] 〖← ANTHROPO-＋-PHOBIA〗 *n.* 対人恐怖(症).

an·thro·pos·co·py [æ̀nθrəpɑ́skəpi, -θro(ʊ)- | -θrə(ʊ)pɔ́skəpi] *n.* 人体視察(法)《人体を実測せず観察によって調査する; cf. anthropometry》.

an·throp·o·sere [ænθrɑ́pəsɪə, ǽnθrə- | ænθrɔ́pəsɪə(r, ǽnθrəpə(ʊ)-] 〖⇨ anthropo-, series〗 *n.* 〖生態〗＝noosphere 1.

an·thro·pos·o·phy [æ̀nθrəpɑ́səfi, -θro(ʊ)- | -θrə(ʊ)pɔ́səfi] *n.* 〖哲学〗人知学《オーストリアの社会哲学者 Rudolf Steiner (1861-1925) の提唱した精神運動で, 神知学 (theosophy) と反対に人間を認識の中心に置く》.

an·thro·po·zo·ic [æ̀nθrəpo(ʊ)zóʊɪk, -θro(ʊ)- | -θrə(ʊ)pə(ʊ)zə́ʊ-] 〖← ANTHROPO-＋-ZOIC[1]〗 *adj.* 〖地質〗人類出現期以後の, 地質時代の第四紀の.

-an·thro·pus [ǽnθrəpəs, ænθróʊ- | ǽnθrə-, ænθrə́ʊ-] 〖← NL ～: ⇨ anthropo-〗 ──〖人類学〗「ヒト (man)」の意の名詞連結形. ★ 分類学上の名称に用いる: Pithec*anthropus*.

an·thu·ri·um [ænθjʊ́(ə)riəm | -θjʊ́ərɪ-] 〖← NL ～ ← ANTHO-＋Gk *ourá* tail＋-IUM〗 *n.* 〖植物〗ベニウチワ, アンスリウム《熱帯アメリカ産のサトイモ科ベニウチワ属 (*Anthurium*) の観賞・観葉植物の総称; ベニウチワ (flamingo flower) など》.

-an·thus [ǽnθəs] 〖← NL ～ ← Gk *ánthos* flower〗 ──〖生物〗「…の(ような)花をもつ[に似た]生物」の意の名詞連結形. ★ 動植物分類の属名に用いる: Schiz*anthus* ムレゴチョウ属.

an·ti [ǽntaɪ, -ṭi | -tɪ] 〖↓〗《口語》 ── *n.* 反対者, 反対論者 (opponent). ── *adj.* 反対を唱える, 反対で: He is terribly ～. ── *prep.* …に反対で (against): He was ～ all that. そういうことにはすべて反対だった.

an·ti- [ǽntaɪ, -ṭi, -tɪ, -ṭə | -tɪ] 〖ME □(O)F *anti-* // L *anti-* ← Gk *antí-* opposite to, against ← IE *ant-s against: cf. ante〗 ── *pref.*「反・非・排・逆・抗・対」などの意 (↔ pro-): **1** 「反…, 排…」: *anti*-Japanese, *anti*-Communist, *anti*militarism. **2** 「…の競争者, 敵」: *anti*pope, *Anti*christ. **3** 「…の反対の」: *anti*type, *anti*thesis. **4** 「…でない, 非… (un-)」: *anti*grammatical. **5** 「…に対立の」: *anti*pole. **6** 「…に逆に作用する, …を防ぐ; (病毒を)中和する」: *anti*body, *anti*septic, *anti*biotic, *anti*aircraft. **7** 〖物理〗「…の反粒子」: *anti*particle, *anti*neutron. ★ (1) 母音および h の前では ant- となることがある: *ant*alkali, *ant*helmintic. (2) 時に i または大文字で始まる名詞および形容詞の前ではハイフンを伴う: *anti*-imperialistic, *anti*-British.

An·ti·a [æntáɪə] *n.* 〖ギリシャ伝説〗アンティア《Proetus 王の妻で, Bellerophon に恋して容れられず, 怒って彼を王に讒訴(ざんそ)して殺させようと計った; Stheneboea ともいう》.

ànti·achíever *n.* 勉強ぎらいな学生[生徒].

ànti·áir *adj.* 《口語》＝antiaircraft.

ànti·áircraft *adj.* 対空の, 防空の: ～ devices 防空装置[施設] / ～ artillery 高射砲部隊 / an ～ gun 高射砲 (cf. ack-ack) / an ～ missile 対空ミサイル. ── *n.* **1** 対空兵器, 高射砲. **2** 高射砲部隊. **3** 対空砲火.

ànti·álien *adj.* 外人排斥の, 排外的な.

ànti·allérgic 〖医学〗 *adj.* 抗アレルギーの. ── *n.* 抗アレルギー薬[物質].

ànti·Américan *adj.* 反米[排米]の. ── *n.* 反米主義者.

ànti·ántibody *n.* 〖医学〗抗抗体《生体に抗体 (antibody) を与えることで作られる免疫グロブリンで, 抗体の働きを妨げる作用をする》.

ànti·ántidote *n.* 〖医学〗抗解毒剤 (cf. antidote).

ànti·anxíety *adj.* 〖医学〗抗不安の: an ～ agent [drug] 抗不安薬.

an·ti·ar [ǽnṭiɑ̀ə | -tɪɑ:(r] 〖□Jav. *antjar*〗 *n.* **1** 〖植物〗ウパスノキ (upas). **2** アンチアリン《ウパスノキの樹液から採る猛毒; 毒矢に用いる》.

An·ti·ar·cha [æ̀nṭiɑ́əkə | -tɪɑ́:-] 〖← NL ～ ← ANTI-＋Gk *arkhós* anus＋-A[2]: 肛門の位置が Urochorda と対照をなすことから〗 *n. pl.* 〖魚類〗胴甲亜綱.

An·ti·ar·chi [æ̀nṭiɑ́əkaɪ | -tɪɑ́:-] *n. pl.* 〖魚類〗＝Antiarcha.

ànti·arrhýthmic *adj.* 〖医学〗抗不整脈の: an ～ agent [drug] 抗不整脈薬.

ànti·árt *n.* 反対芸術, 反芸術《既成の美や秩序を否定する立場をとる》; (特に)ダダ (Dada). ── *adj.* 反芸術の. **ànti·artístic** *adj.*

ànti·authoritárian *adj.* 権威主義反対の, 反権威主義の. **～·ism** *n.*

ànti·áuxin *n.* 〖生化学〗抗オーキシン《オーキシン (auxin) の生理作用を拮抗的に阻害する物質》.

ànti·bacchíus 〖□L ～ □LGk *antibákkheios*: ⇨ anti-, bacchius〗 *n.* 〖詩学〗強強弱[長長短]格.

ànti·bactérial *adj.* 抗菌(性)の.

ànti·ballístic míssile *n.* 〖軍事〗対弾道弾ミサイル, 弾道ミサイル要撃[迎撃]用ミサイル (略 ABM).

ànti·báryon *n.* 〖物理〗反バリオン《バリオン (baryon) の反粒子; cf. hadron》.

ànti·biósis 〖← NL ～: ⇨ anti-, -biosis〗 *n.* (*pl.* **-ses**) 〖生化学〗抗生, 抗生作用《相互に有害な作用を及ぼす生物(細菌)の拮抗関係》.

ànti·biótic 〖生化学〗 *adj.* 抗生の. ── *n.* **1** 抗生物質《ある微生物によって作られる物質で他の微生物の生育を阻害する作用をもつもの; penicillin, streptomycin など》. **2** [～s] ⇨ antibiotics. **ànti·biótically** *adv.*

ànti·biótics *n.* 〖生化学〗抗生物質学.

ànti·bláck *adj.* 黒人に反対する, 反黒人主義の. **ànti·bláck·ism** [-kɪzm] *n.*

an·ti·blas·tic [æ̀nṭɪblǽstɪk, -ṭə-, -taɪ- | -tɪ-] *adj.* 〖生物〗細菌発育阻止の《特に, 体内の物質が寄生動物の成長を抑える場合にいう》.

an·ti·bod·y [ǽnṭɪbɑ̀di, -ṭə- | -tɪbɔ̀di] 〖(なぞり) ← G *Antikörper*〗 *n.* 〖生理〗抗体.

ànti·Brítish *adj.* 反英[排英]の.

an·tic [ǽnṭɪk | -tɪk] 〖(1529) □It. *antico* 'ancient, ANTIQUE': 古代ローマの遺跡に見られるような異様なものの意から (cf. grotesque)〗 ── *n.* **1** [通例 *pl.*] はね回り, ふざけ (prank, caper); 滑稽な[おどけた]身振り; ばかげた行動, 狂態. **2 a** 《古》道化師 (clown); おどけ者. **b** 《廃》道化芝居. **3** 《古》(建築などの)グロテスクな装飾[模様] (cf. gargoyle 1). ── *adj.* **1 a** おどけた, 滑稽な. **b** 〈動物など〉軽妙な. **2** 《古》風変わりな, 異様な, 怪奇な. ── *vi.* (**an·ticked**; **-tick·ing**) ふざけ(回)る, おどける. **án·ti·cal·ly** *adv.*

ànti·cáncer *adj.* 〖医学〗制癌効力のある, 抗癌性の: an ～ drug 抗癌[制癌]薬.

ànti·cáncerous *adj.* 〖医学〗＝anticancer.

ànti·cárious *adj.* 〖歯科〗抗カリエス性の, カリエスに効く.

ànti·cátalase *n.* 〖生化学〗抗カタラーゼ《カタラーゼの作用を抑制する物質》.

ànti·cátalyst *n.* 〖化学〗負触媒, 抗触媒《negative catalyst ともいう; cf. catalyst 1》.

ànti·catárrhal 〖薬学〗 *adj.* カタルに効く, 抗カタル性の. ── *n.* 抗カタル薬[剤].

ànti·cathéxis *n.* 〖精神分析〗反対充当《ある衝動に含まれるリビドー (libido) がその衝動と反対の衝動に移動する心理状態》.

ànti·cáthode *n.* **1** 〖電気〗(真空放電管の)陽極 (anode). **2** 〖物理〗(X 線管の)対陰極, ターゲット (target).

ànti-Cátholic *adj., n.* 反カトリック主義の(人).

an·ti·chlor [ǽnṭɪklɔ̀ə, -klɔ̀ə, -ṭə-, -taɪ- | -tɪklɔ̀ː(r)] 〖← ANTI-＋CHLOR(INE)〗 ― *n.* 〖化学〗除塩素剤《塩素ないし次亜塩素酸イオンを中和除去する薬品の総称; 染色・木材パルプ・漂白用; チオ硫酸ナトリウム (sodium thiosulfate) など》. **an·ti·chlo·ris·tic** [ænṭɪklɔːrístɪk, -ṭə-, -taɪ-, -klɔːr- | -tɪklɔːr-] *adj.*

ànti·cholinérgic 〖医学〗*adj.* 抗コリン作用性の. ― *n.* 抗コリン作用薬.

ànti·cholinésterase *n.* 〖生化学〗抗コリンエステラーゼ物質 (cf. cholinesterase).

An·ti·christ, a- [ǽnṭɪkràɪst, -ṭə-, -taɪ- | -tɪ-] 〖? lateOE *antecrist* ⊏ OF *antecrist* (F *antéchrist*) ⊏ eccl.L *antichristus* ⊏ Gk *antikhristos*〗 ― *n.* **1** キリスト(教)の敵, キリスト(教)反対者. **2** [(the) ～] 反キリスト《キリスト再臨以前に出現してこの世に悪を満たすであろうと初期キリスト教徒が予期したキリストの敵; *1 John* 2:18, 22》. **3** にせキリスト (false Christ).

ànti-Chríst *adj.* キリストに反対する, 反キリストの.

ànti·chrístian 〖(1531)〗 *adj.* キリスト(教)反対の, 非キリスト教徒的な. ― *n.* キリスト教反対者.

an·tic·i·pant [æntísəpənt | -sɪ-] 〖⊏ L *anticipānt-em* (pres.p.) ← *anticipāre*: ⇨ ↓, -ant〗 *adj.* 〔…に〕先んじる; 〔…を〕予想[期待]して 〔*of*〕. ― *n.* ＝anticipator.

an·tic·i·pate [æntísəpèɪt | -sɪ-] 〖(1532) ← L *anticipāt-us* (p.p.) ← *anticipāre* ← ANTE-＋*capere* to take: ⇨ -ate³〗 ― *vt.* **1 a** 〈よい事(が起こるの)を〉楽しみにして待つ, 期待する (look forward to): ～ pleasure / ～ a friend's visit / I ～*d* his com*ing*. 彼の来るのを待ちもうけた. **b** 〈悪い事(が起こるの)を〉取越し苦労する (cf. 2 a) (★ この意味には expect を用いるべきだとする人が多い): ～ trouble もめ事を予期する. **2 a** 予想する, 予期する (foresee, expect): ～ a change in weather 天気の変わるのを予想する / We did not ～ *that* such a thing would happen. そんな事が起ころうとは思わなかった. **b** 予想して手配する, 事前に手を打つ; 前もって[先走って]話す[書く]: She always ～*s* my wishes. 私が言わないうちにいつも私の心をくんでくれる / Your argument ～*s* the conclusion. 君の議論は結論を見越して[先取りして]いる. **3** …の機先を制する, 出し抜く (forestall): ～ the enemy's move 敵の動きに対して先手を打つ. **4** …に先立つ, 先行する (precede); …の先駆をなす: Leonardo da Vinci ～*d* many later discoveries and inventions. レオナルド ダ ビンチは後世の多くの発見や発明に先鞭をつけた. **5** 〈事(の時期)を〉早める (hasten): ～ a person's arrival, ruin, etc. **6** 〈入る金を〉見越して使う: You shouldn't ～ your salary. **7** 〖商業〗**a** 〈債務などを〉期限前に支払う. **b** 前払いする. ― *vi.* **1** 見越す; 先取りする. **2** 〖医学〗〈病気・症状が〉前駆する.

an·tic·i·pa·tion [æntìsəpéɪʃən | æntìsɪ-, æ̀ntɪ-] 〖(*a*1397) ⊏ (O)F ～ ∥ L *anticipātiō(n-)*: ⇨ ↑, -ation〗 ― *n.* **1** 予想, 予期, 予測; 期待; 見越し; 予感: in [by] ～ 前もって, あらかじめ / in ～ of …を見越して, 予想して, 当てにして / Thanking you in ～. 前もってお礼を申し上げます《依頼状・照会状などの結びの文句》. **2** 事前処理, 先取り. **3** 機先を制すること. **4 a** 先行すること; 先鞭をつけること. **b** 先行するもの, 先駆をなすもの 〔*of*〕. **5 a** 〖商業〗期限前支払い; 前払い. **b** 〖法律〗期限前処分《信託財産から生じる収益を期限到来前に処分すること》. **6** 〖音楽〗先行音《次の和音に属する音が前の和音に先行的に現われることにいう》. **7** 〖医学〗前駆現象《もと, 遺伝病が代が替わるたびに早い年齢で出現するといわれた現象》.

an·tic·i·pa·tive [æntísəpèɪṭɪv, -pəṭ- | -sɪpèɪt-, -pət-] *adj.* 予期しての, 見越しての; 期待しがちな, 期待するような. **～·ly** *adv.*

an·tíc·i·pà·tor [-ṭə | -tə(r)] 〖⊏ L *anticipātor*〗 *n.* 予想者; 見越す人; 出し抜く人.

an·tic·i·pa·to·ry [æntísəpətɔ̀ːri, -tɔ̀ːri | -sɪpèɪt(ə)ri, -pət-] *adj.* **1** 予想の, 予期しての, 見越しての; 期待するような. **2** 〖文法〗先行の[する] (cf. preparatory 4): an ～ subject 先行主語《例えば It is wrong to tell lies. の it など》. **an·tic·i·pa·to·ri·ly** [æntìsəpətɔ́ːrəli, -tɔ́ːr-, ―⌣―⌣―⌣― | æntísɪpèɪt(ə)rəli, -pət-, ―⌣―⌣―⌣―] *adv.*

anticked v. antic の過去形・過去分詞. ⌊-rɪli] *adv.*

anticking v. antic の現在分詞.

an·ti·clas·tic [æ̀nṭɪklǽstɪk, -ṭə-, -taɪ- | -tɪ-] *adj.* 〖数学〗(曲面上の点で)主曲率が異符号の (↔ synclastic).

anticlástic póint *n.* 〖数学〗鞍点(あんてん) (saddle point).

ànti·clérical *adj.* (政治上などでの)聖職者の権力に反対する, 教権反対の. ― *n.* 教権反対者.

ànti·clericalism *n.* 反聖職(者)主義; 教権反対.

ànti·climáctic 〖⇨ anticlimax, climactic〗 *adj.* 竜頭蛇尾の, 線香花火的な, あっけない. **ànti·climác·tically** *adv.*

ànti·climax *n.* **1** 〖修辞〗語勢[文勢]漸落, 漸降法 (bathos) (↔ climax). **2** 竜頭蛇尾, 線香花火的な結末; 期待の裏切り, あっけなさ 〔*of*〕.

an·ti·cli·nal [æ̀nṭɪkláɪnl, -ṭə- | -tɪ-] *adj.* **1** 〖地質〗背斜状の (cf. synclinal 2): the ～ axis [line, fold, strata, valley] 背斜軸[線, 褶曲(しゅうきょく), 層, 谷]. **2** 〖解剖〗背斜脊柱の. **3** 〖植物〗垂層の《面が生長面に対し垂直なものにいう; cf. periclinal 1》.

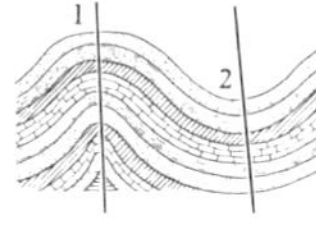

anticlinal axis
1 anticlinal axis
2 synclinal axis

an·ti·cline [ǽnṭɪklàɪn, -ṭə- | -tɪ-] 〖← ANTI-＋Gk *klínein* to bend, incline〗 ― *n.* **1** 〖地質〗背斜褶曲(しゅうきょく), 背斜 (cf. syncline). **2** 〖植物〗垂層面.

an·ti·cli·no·ri·um [æ̀nṭɪklaɪnɔ́ːriəm, -ṭə-, -nɔ́ːr- | -tɪklaɪnɔ́ːrɪ-] 〖← NL ～: ⇨ ↑, -orium〗 *n.* (*pl.* **-ri·a** [-riə | -rɪə]) 〖地質〗複背斜 (cf. synclinorium).

ànti·clóckwise *adj., adv.* ＝counterclockwise.

ànti·coágulant 〖医学〗*adj.* 凝血抑止の, 抗凝固性の. ― *n.* 抗凝固剤《血液凝固を妨げる物質; 検査や治療のために使う》.

ànti·códon *n.* 〖生物〗アンチコドン《転移 RNA (tRNA) 上にあって, 伝令 RNA の暗号 codon と相補的である 3 個の連続した塩基配列》.

ànti·cohérer *n.* 〖通信〗アンティコヒーラー《電波の作用によってコヒーラーとは逆に抵抗を増す検波器》.

ànti·coíncidence *n.* 〖物理〗逆の合致. ⌈の.

ànti·colónial *adj.* 植民地主義反対の, 反植民地主義

ànti-Cómmunist *adj.* 共産主義反対の, 反共の: an ～ policy 反共政策.

ànti·cómmutative *adj.* 〖数学〗非可換の.

ànti·convúlsant 〖医学〗*adj.* 痙攣(けいれん)抑止の. ― *n.* 抗痙攣薬.

ànti·convúlsive *adj.* 〖医学〗＝anticonvulsant.

Ánti-Córn-Làw Léague *n.* [the ～] (英国の) 穀物法廃止連盟, 反穀物法連盟《1839 年 Richard Cobden と John Bright が主唱して Manchester で結成した連盟; cf. Corn Law》.

ànti·corrósive *adj.* さび止めの, 腐食防止(性)の: ～ paint. ― *n.* 腐食止め, 防食剤, 防錆(ぼうせい)剤.

An·ti·cos·ti [æ̀nṭəkɔ́(ː)sti | -tɪkɔ́sti] *n.* カナダ Quebec 州の St. Lawrence 河口にある島; 面積 7,941 km².

ánti·crèeper *n.* 〖鉄道〗アンチクリーパー《レールと枕木の間の移動を防ぐために用いる金具》.

ànti·cróp *adj.* 〖軍事〗〈化学兵器など〉作物破壊(用)の, 対作物の.

ànti·crýptic *adj.* 〖動物〗〈体色など〉周囲から目立たない (cf. procryptic): ～ color 抗隠匿色.

an·ti·cy·clo·gen·e·sis [æ̀nṭɪsàɪkloʊ(ʊ)dʒénəsɪs, -ṭə-, -taɪ-, -səs | -tɪsàɪklə(ʊ)dʒénɪsɪs] 〖← NL ～: ⇨ anticyclone, -genesis〗 *n.* 〖気象〗高気圧の発生[発達].

an·ti·cy·clol·y·sis [æ̀nṭɪsaɪklɑ́ləsɪs, -ṭə-, -taɪ-, -səs | -tɪsaɪklɔ́lɪsɪs, -ləs-] 〖← NL ～: ⇨ ↓, -lysis〗 *n.* (*pl.* **-y·ses** [-sìːz]) 〖気象〗高気圧の消滅[衰弱].

ánti·cỳclone *n.* 〖気象〗**1** 逆旋風. **2** 高気圧 (⇨ high-pressure area). ⌈性の.

ànti·cyclónic *adj.* **1** 反対旋風の(吹く). **2** 高気圧

ànti·dázzle *adj.* 〖自動車〗〈ルームミラーなど〉眩惑防止の, 防眩の. ⌈の.

ànti·democrátic *adj.* 民主主義反対の, 反民主主義

ànti·depréssant *adj., n.* 〖薬学〗抗鬱病剤(の), 興奮剤(の).

ànti·depréssive *adj.* 〖薬学〗＝antidepressant.

ànti·derívative *n.* 〖数学〗＝indefinite integral.

ànti·deutérium *n.* 〖物理〗反重水素《重水素の反粒子; 反重陽子を核とこれと陽電子から構成される》.

ànti·déuteron *n.* 〖物理〗反重陽子《重陽子の反粒子; 反陽子と反中性子とから構成される》.

ànti·diabétic 〖薬学〗*adj.* 抗糖尿病性の. ― *n.* 抗糖尿病薬, 糖尿病治療薬.

ànti·diphtherític 〖薬学〗*adj.* 抗ジフテリアの, ジフテリア予防[治療]の. ― *n.* 抗ジフテリア(注射)剤.

ànti·disestablishmentárianism *n.* 〖キリスト教〗(19 世紀の英国国教会に対する)非国教化反対, 国教制度廃止反対. ⌈― *n.* 利尿抑止薬.

ànti·diurétic 〖薬学〗*adj.* 抗利尿性の, 利尿阻止性の.

antidiurétic hórmone *n.* 〖生化学〗抗利尿ホルモン《腎小管で水の再吸収を増加させ, したがって尿が少量になるホルモン; 略 ADH》.

an·ti·do·ron [æ̀nṭɪdɔ́ːrɑn, -taɪ-, -dóːr-, -rən | -tɪdɔ́ːrɔn, -rən] 〖⊏ LGk *antídōron* return gift ← ANTI-＋Gk *dōron* gift (← *didónai* to give)〗 *n.* (*pl.* **-do·ra** [-rə]) 〖東方正教会〗祝別パン片《聖餐式 (Eucharist) 後, 聖餐に与(あずか)れなかった求道者などに配られる聖なるパン; eulogia ともいう》.

an·ti·dot·al [æ̀nṭɪdóʊṭl, -ṭə- | ǽntɪdàʊtl, ⌣―⌣―] *adj.* 解毒(性)の. **～·ly** *adv.*

an·ti·dote [ǽnṭɪdòʊt, -ṭə- | ǽntɪdàʊt] 〖(?*a*1425) ⊏ L *antidot-um* ⊏ Gk *antídoton* ← *antidotos* given against ← ANTI-＋*dotós* (← *didónai* to give)〗 ― *n.* **1** 解毒剤 〔*to, for, against*〕: an ～ *for* [*to*] a poison. **2** 〔害悪などの〕矯正手段, 対策 〔*to, for, against*〕: an ～ *for* poverty / Work is the best ～ *to* sorrow. 仕事が悲しみを癒す最良の手段である.

an·ti·drom·ic [æ̀nṭɪdrɑ́mɪk, -ṭə- | -tɪdrɔ́m-] 〖← ANTI-＋DROMO-＋-IC¹〗 *adj.* 〖生理〗逆方向性の《神経刺激を普通と逆の方向に導く》.

ànti-dúmping *adj.* ダンピング[海外投売]防止の.

ànti·eléctron *n.* 〖物理〗＝positron.

ànti·emétic 〖薬学〗*adj.* 鎮吐[制吐]作用の(ある), 抗嘔吐作用の(ある). ― *n.* 鎮吐[制吐]薬, 抗嘔吐薬.

ànti·énzyme *n.* 〖生化学〗抗酵素物質《酵素または酵素原を抗原として作った抗体で, その抗原とした酵素の活性を抑制する物質》. ⌈の.

ànti·estáblishment *adj.* 既成体制反対の, 反体制

ànti·establishmentárian 〖⇨ -arian〗 *n.* 反体制主義者. ⌈アンテナ.

ànti·fáding antènna *n.* 〖電気〗フェージング防止

ànti·fébrile 〖薬学〗*adj.* 解熱の(効果のある). ― *n.* 解熱剤.

An·ti·feb·rin [æ̀nṭɪfíːbrɪn, -taɪ-, -féb-, -rən | -tɪfíːbrɪn, -féb-] 〖← ANTI-＋FEBRI-＋-IN¹〗 *n.* 〖商標〗アンチフェブリン《acetanilide の商品名》.

ànti·féderal *adj.* 連邦(主義)反対の, 反連邦主義の.

ànti·féderalism *n.* 反連邦主義. ⌈反連邦主義者.

Ànti·féderalist *n.* **1** (米国の) 反連邦党員. **2** [a-]

Anti·féderalist pàrty *n.* [the ～] (米国の) 反連邦党《1790 年以前には憲法採択に反対し, 以後はその厳格な解釈を主張した》.

ànti·férment *n.* 抗酵素, 発酵防止剤.

ànti·ferromágnet *n.* 〖磁気〗反強磁性物質.

ànti·ferromagnétic *adj.* 〖磁気〗反強磁性の.

ànti·ferromágnetism *n.* 〖磁気〗反強磁性.

ànti·fertílity *adj.* 〖医学〗避妊(用)の.

ánti·fòam *n.* 〖化学〗泡止め剤; 泡消し剤, 消泡剤.

an·ti·fog·gant [æ̀nṭɪfɔ́(ː)gənt, -ṭə-, -taɪ-, -fɑ́g- | -tɪfɔ́g-] 〖← ANTI-＋FOG¹＋-ANT〗 *n.* 〖写真〗(写真の)かぶり防止剤.

an·ti·fog·mat·ic [æ̀nṭɪfɔ(ː)gmǽṭɪk, -ṭə-, -taɪ-, -fɑg- | -tɪfɔgmǽt-] 〖⇨ anti-, fog¹: 戯言的造語〗 *n.* 〖米〗霧払いに飲む(朝)酒.

ànti·fóreign *adj.* 排外的な.

ànti·fórm *adj.* 〖美術〗反定型の《在来の伝統的な表現形式[手段]に反対する現代芸術の一傾向にいう》.

ànti·fóuling 〖海事〗*adj.* よごれ止めの. ― *n.* ＝antifouling paint.

antifóuling pàint *n.* 〖海事〗(船底用)防食ペイント; よごれ止めペイント《船底への動植物の付着を防ぐ有毒の塗料》.

ánti·frèeze 〖化学〗*adj.* 〈液剤が〉氷点下降用の. ― *n.* 氷点下降剤, 不凍剤.

ánti·frèezing *adj.* 抗凍結の.

ànti·fríction *n.* 減摩材, 潤滑材 (lubricant). ― *adj.* 減摩性の; (特に)〈ベアリングなど〉回転[ころがり]接触の. ⌈面などに用いる》.

antifríction mètal *n.* 〖機械〗減摩メタル《軸受け

ànti·fúngal *adj.* 〖農業〗殺菌(剤)の (fungicidal).

an·ti-g, anti-G [æ̀nṭɪdʒíː, -ṭə-, -taɪ- | -tɪ-] 〖← ANTI-＋G(RAVITY)〗 *adj.* 抗重力の: ⇨ anti-G suit.

ànti·gás *adj.* 防毒ガス用の.

an·ti·gen [ǽnṭɪdʒən, -ṭə-, -dʒèn, -dʒɪn | -tɪ-, -tə-] 〖← ANTI-＋-GEN〗 ― *n.* **1** 〖生化学〗抗原《生体内に入って抗体 (antibody) を生成する作用のある物質》. **2** 〖薬学〗抗原薬.

an·ti·gen·ic [æ̀nṭɪdʒénɪk, -taɪ- | -tɪ-] *adj.* 抗原の. **àn·ti·gén·i·cal·ly** *adv.* **an·ti·ge·nic·i·ty** [æ̀nṭɪdʒənísəṭi, -taɪ- | -tɪdʒɪnísəṭi, -dʒə-, -dʒe-, -sɪ-] *n.*

ànti·glóbulin *n.* 〖生化学〗抗グロブリン《グロブリン (globulin) と結合して沈澱させる抗体》.

An·tig·o·ne [æntígəni, -nìː | -nɪ] 〖⊏ L ～ ⊏ Gk *Antigónē* 《原義》in place of mother ← ANTI-＋*gonḗ* womb〗 ― *n.* 〖ギリシャ伝説〗アンティゴネー《Oedipus とその母 Jocasta との間の娘; 殺された兄 Polynices を葬ろうとして禁を犯し, 生埋めを宣告され縊死(いし)した》.

An·tig·o·nus I [æntígənəs] *n.* アンティゴノス一世 (382?–301 B.C.; Alexander 大王の将軍でその後継者の一人; マケドニア王 (306–301 B.C.); あだ名 Antigonus Cyclops [Monophthalmos [mɑ̀nɑfθǽlməs | mɔ̀nəf-]] (一つ目のアンティゴノス)).

an·tig·o·rite [æntígəràɪt] 〖⊏ G *Antigorit* ← *Antigorio* (イタリアの地名でその生産地): ⇨ -ite¹〗 *n.* 〖鉱物〗アンチゴライト ($Mg_3Si_2O_5(OH)_4$)《蛇紋石の一種》.

ànti·grávity 〖物理〗*n.* **1** 反重力. **2** 抗重力. ― *adj.* 抗重力の.

an·ti·grop·e·los [æ̀nṭɪgrɑ́pələs, -ṭə-, -lɑ̀s-, -lòʊs | -tɪgrɔ́pɪləs, -lɔ̀s, -lə̀ʊs] 〖← ? ANTI-＋Gk *hugrós* liquid ＋*pēlós* mud〗 *n. pl.* 《古戯言》防水脚絆(きゃはん).

ànti-G sùit *n.* 〖航空〗＝G suit.

An·ti·gua [æntíːg(w)ə, -tíg-, -gwə | æntíːgə] *n.* アンチグア(島)《英連邦内の西インド諸島国家連合 (West Indies Associated States) に属する Leeward 諸島の一島; 人口 70,000, 面積 442 km², 首都 St. John's》.

ànti·halátion 〖写真〗*n.* ハレーション防止(法). ― *adj.* 〈フィルムなど〉ハレーションを防止する.

ànti·hélix *n.* 〖解剖〗対耳輪.

ánti-hèro *n.* 〖文学〗反対英雄, 反英雄《通常の主人公に見られるような英雄的資質を欠いた主人公》.

ànti-heróic *adj.* 〖文学〗**1** 〈主要人物が〉反英雄的な. **2** 〈作品など〉(主要人物に)反英雄的な人物が登場する.

ànti·hístamine *n.* 〖薬学〗＝antihistaminic.

ànti·histamínic 〖薬学〗*adj.* 抗ヒスタミン性の. ― *n.* 抗ヒスタミン薬.

ànti·húman *adj.* **1** 人間に反対する, 反人間の. **2** 〖生化学〗抗人の《人血に対する抗体をもっている》.

ànti·hýperon *n.* 〖物理〗反重核子《重核子の反粒子》.

ànti·hypertensive 〖医学〗*adj.* 抗高血圧性の, 高血圧を抑制する. ― *n.* 抗高血圧(症)薬.

ànti·ícer *n.* 〖航空〗氷結防止装置, 防氷装置 (cf. deicer); 氷結防止液.

ànti·impérialism *n.* 反帝国主義.

ànti·impérialist *n.* 反帝国主義者. ― *adj.* 反帝国主義(者)の. ⌈炎症抑制剤.

ànti·inflámmatory 〖薬学〗*adj.* 炎症抑制の. ― *n.*

ànti-intelléctual *n.* **1** 知識人[知的な事柄]に反感をもつ人. **2** 反主知主義者. ― *adj.* 知識人[知的な事柄]に反感をもつ; 反主知主義の.

ànti-intelléctualism *n.* 1 〘哲学〙反主知主義. 2 知識人[知的な事柄]への反対[反感].
ànti-intelléctualist *n.* 1 〘哲学〙反主知主義者. 2 知識人[知的な事柄]に反感をもつ人.
ànti-Jácobin *adj.* ジャコバン党[主義]反対の; 急進思想反対の. — *n.* ジャコバン党[主義]反対者.
ànti-Japanése *adj.* 排日[抗日]の.
ánti-knòck 〘機械〙 *n.* アンチノック剤, 制爆剤《内燃機関の燃焼室内に発生するノッキングを押えるため燃料に加える物質; cf. knocking 2》. — *adj.* 制爆性の, アンチノック性の.
Ánti-Lébanon *n.* [the ~] アンティレバノン(山脈)《シリアの南西, レバノン山脈の東に連なる山脈; 最高峰 Mt. Hermon (2,814 m)》.
ànti·lépton *n.* 〘物理〙反軽粒子《軽粒子の反粒子》.
ànti·leukémic *adj.* 〘薬学〙白血病抑制の, 抗白血病の.
ànti·líthic 〘薬学〙 *adj.* 結石防止の. — *n.* 結石防止剤.
ànti·lítter *adj.* ごみ捨て[塵芥(じんかい)投棄]防止の.
An·til·le·an [æ̀ntəlíːən, æntíliən | æ̀ntɪlíːən, -líən, æntíliən, -ljən] *adj.* アンチル諸島の.
An·til·les [æntíliːz] *n. pl.* [the ~] ⇨ Greater Antilles, Lesser Antilles.
An·til·o·chus [æntíləkəs] 〘◻L ~ ◻Gk *Antilokhos*〙 *n.* 〘ギリシャ伝説〙アンティロコス《Nestor の息子で Achilles の腹心の友》.
an·ti·log [ǽntɪlɔ̀(ː)g, -ṭə-, -taɪ-, -lɑ̀g | -tɪlɔ̀g] *n.* 〘数学〙=antilogarithm.
ànti·lógarithm *n.* 〘数学〙真数《ある数の対数に対してもとの数をいう》.
an·til·o·gous [æntíləgəs] 〘← Gk *antilogos* + -OUS〙 *adj.* 自己[前後]矛盾の (↔ analogous).
an·til·o·gy [æntílədʒi | -dʒɪ] 〘◻Gk *antilogía*: ⇨ anti-, -logy〙 *n.* 自己矛盾, 前後[自説]矛盾.
an·ti·ló·pine wallaróo [æ̀ntɪlóupɪn-, -ṭə-, -pən-, -paɪn- | -tɪlóupɪn-, -paɪn-] *n.* 〘動物〙アカワラルー (⇨ euro).
ànti·lýmphocyte [ànti·lymphocýtic] sé·rum *n.* 〘生理〙(移植時の拒否反応に対抗するための)抗リンパ球血清.
an·ti·ma·cas·sar [æ̀ntɪməkǽsə | -tɪməkǽsə(r)] 〘《1852》← ANTI- + MACASSAR (OIL): マカサ髪油よけの意〙 — *n.* 椅子の背おおい《19 世紀の英国でマカサ油の整髪による椅子の背の汚れを防ぐために用いた布地[敷物]で, 中流家庭によく見受けられたので, その時代の象徴とされる》.
ànti·magnétic *adj.* 〈時計など〉強い磁場においても故障の起こらない, 耐磁性の.
ànti·malárial 〘薬学〙 *adj.* 抗マラリア性の. — *n.* 抗マラリア薬.
ánti·màsque *n.* (also **ánti·màsk**) 〘演劇〙(仮面劇 (masque) で行なわれた)幕間(まく)の道化(どう)狂言.
ánti·màtter *n.* 〘物理〙反物質《通常の物質を構成している粒子(陽子・中性子・電子)の反粒子(反陽子・反中性子・陽電子)から構成される物質》.
antimensia *n.* antimension, antimensium の複数形.
an·ti·men·si·on [æ̀ntɪménsiɑ̀n, -ṭə-, -ɔ̀un, -ən | -tɪménsiɔ̀n, -ṭə-, -ɔ̀un, -ən] 〘← ML *antimensium* ◻ MGk *antimínsion, -mēsion* ← ANTI- + L *mensa* table + Gk *-ion* '-IUM'〙 — *n.* (*pl.* **-si·a** [-siə | -siə]) 〘東方正教会〙 1 アンティミンス, 代案《聖別された絹または麻の布; 祭壇上に敷かれ, 主教によって聖別された聖遺物の小片が縫い込まれている》. 2 〘カトリック〙聖体布 (corporal).
an·ti·men·si·um [æ̀ntɪménsiəm, -ṭə- | -tɪménsɪ-] *n.* (*pl.* **-si·a** [-siə | -siə]) = antimension.
an·ti·mere [ǽntɪmɪə, -ṭə- | -tɪmɪə(r)] 〘← ANTI- + -MERE〙 — *n.* 〘動物〙相称部分, 対部《例えば左右相称のものの左右の各半部など》. **an·ti·mer·ic** [æ̀ntɪmérɪk, -ṭə- | -tɪ-] *adj.*
ànti·metábolite *n.* 〘生物・医学〙代謝拮抗物質《代謝物質と構造的・機能的に似ていて, その代謝物質が関与する作用を阻害する物質》.
ànti·micróbial 〘生化学〙 *adj.* 抗菌の, 抗生の. — *n.* 抗菌物質, 抗生物質.
ànti·mílitarism *n.* 反軍国主義.
ànti·mílitarist *n.* 反軍国主義者. — *adj.* 反軍国主義(者)の.
ànti·mílitary *adj.* 軍国主義反対の, 反軍国主義の.
ànti·míssile 〘軍事〙 *adj.* ミサイル防御用の, 対ミサイルの, ミサイル迎撃の. — *n.* = antimissile missile.
antimíssile míssile *n.* 〘軍事〙対ミサイル用ミサイル, ミサイル迎撃用ミサイル (略 A.M.M.).
ànti·mitótic 〘生物・生化学〙 *adj.* 抗有糸分裂の《細胞の有糸分裂を阻害する》. — *n.* 抗有糸分裂物質.
ànti·monárchical *adj.* 君主政治に反対する. **ànti·monárchic** *adj.*
ànti·mónarchist *n.* 君主政治反対者.
an·ti·mo·nate [ǽntɪmənèɪt, -ṭə-, -nət, -nɪt | -tɪ-] 〘← ANTIMONY + -ATE^1〙 — *n.* 〘化学〙アンチモン酸塩[エステル]《一般式 $xM_2O \cdot ySb_2O_5 \cdot zH_2O$ で示される化合物》.
an·ti·mo·ni·al [æ̀ntɪmóuniəl, -ṭə-, -njəl | -tɪmə́unjəl, -niəl] *adj.* 〘化学〙アンチモンの, アンチモニー質の.
antimónial léad [-léd] *n.* 〘化学〙アンチモン鉛, 硬鉛《アンチモンを 4-10% 含む鉛合金で蓄電池極板に用いる; grid metal, hard lead ともいう》.
an·ti·mon·ic [æ̀ntɪmɑ́nɪk, -ṭə-, -móu- | -tɪmɔ́n-] 〘化学〙 *adj.* 5 価のアンチモン (Sb^V) の, 第二アンチモンの. — *n.* アンチモン化合物.
antimónic ácid *n.* 〘化学〙アンチモン酸 (⇨ antimony pentoxide).

an·ti·mo·nide [ǽntɪmənàɪd, -ṭə-, -nɪd, -nəd | -tɪ-] 〘← ANTIMONY + -IDE^2〙 *n.* 〘化学〙アンチモン化合物.
an·ti·mo·ni·ous [æ̀ntɪmóuniəs, -ṭə- | -tɪmə́unjəs, -niəs] *adj.* 〘化学〙 = antimonous.
antimónious ácid *n.* 〘化学〙亜アンチモン酸《三酸化アンチモンの水和物》.
antimónious óxide *n.* 〘化学〙酸化第一アンチモン (⇨ antimony trioxide).
ànti·monópoly *adj.* 独占反対の: the ~ law 独占禁止法.
an·ti·mo·nous [ǽntəmənəs, -ṭɪ-, -mòun- | -tɪmən-] *adj.* 〘化学〙3 価のアンチモン (Sb^{III}) の, 第一アンチモンの.
ántimonous hýdride *n.* 〘化学〙水素化第一アンチモン, 水素化アンチモン (III) (⇨ stibine).
ànti·monsóon *n.* 〘気象〙反対季節風 (↔ monsoon).
an·ti·mo·ny [ǽntɪmòuni, -ṭə-, -məni | -tɪmənɪ] 〘《?c1425》◻ ML *antimōni-um* ← ? Arab. *al-úthmud, al-ithmid* ← Gk *stimmi* 'STIBIUM': ⇨ -y^1〙 — *n.* 〘化学〙アンチモン, アンチモニー《金属元素の一つ; 記号 Sb, 原子番号 51, 原子量 121.75》. ★ ラテン語系形容詞: stibial.
antimony 124 *n.* 〘化学〙アンチモン 124《アンチモンの放射性同位元素; 質量数 124; 半減期 60 日; トレーサーに用いる》.
ántimony cínnabar *n.* 〘化学〙= antimony vermilion.
ántimony glánce *n.* 〘鉱物〙= stibnite.
ántimony hýdride *n.* 〘化学〙水素化アンチモン (⇨ stibine).
an·ti·mo·nyl [ǽntəmənɪ̀l | -tə-] 〘← ANTIMON(Y) + -YL〙 *n.* 〘化学〙アンチモニル基 (SbO).
ántimony oxychlóride *n.* 〘化学〙塩化酸化アンチモン (SbClO)《アンチモン化合物の原料; 難燃性布地製造に用いる》.
ántimony pentaflúoride *n.* 〘化学〙五フッ化アンチモン, フッ化アンチモン (V)《無色油状液体; フッ素化剤》.
ántimony pentasúlfide *n.* 〘化学〙= antimony sulfide a.
ántimony pentóxide *n.* 〘化学〙五酸化アンチモン (Sb_2O_5)《アンチモン酸塩; アンチモン化合物原料; antimonic acid ともいう》.
ántimony súlfate *n.* 〘化学〙硫酸アンチモン ($Sb_2(SO_4)_3$)《無色粉末; 爆薬製造に用いる》.
ántimony súlfide *n.* 〘化学〙硫化アンチモン: **a** 五硫化アンチモン (Sb_2S_5)《ゴムの加硫剤, 油絵の具・水彩絵の具の顔料に用いる》. **b** 三硫化アンチモン (Sb_2S_3)《絵の具の顔料, 花火やマッチの製造に用いる》.
ántimony triflúoride *n.* 〘化学〙三フッ化アンチモン, フッ化アンチモン (III) (SbF_3)《陶磁器・織物染色に用いる; 有毒》.
ántimony trióxide *n.* 〘化学〙三酸化アンチモン (Sb_2O_3)《白色結晶; 防火塗料の原料; antimonious oxide ともいう》.
ántimony trisúlfide *n.* 〘化学〙= antimony sulfide b.
ántimony vermílion *n.* 〘化学〙アンチモン朱《赤褐色の粉末; 顔料》.
ànti·mutagénic *adj.* 〘生物〙抗突然変異性の《自然突然変異や人為的突然変異の比率を減少させる》.
an·ti·mý·cin A [æ̀ntɪmáɪsn- | -tɪmáɪsɪn-] *n.* 〘生化学〙アンチマイシン A《抗生物質の一つ; ミトコンドリアの電子伝達系の働きを阻害する》.
ànti·nátional *adj.* 反国家的な, 反国家主義の.
ànti·neoplástic 〘薬学〙 *adj.* 抗腫瘍(性)の. — *n.* 抗腫瘍薬.
ànti·neurálgic 〘薬学〙 *adj.* 抗神経痛の. — *n.* 神経痛薬[剤].
ànti·neurític 〘薬学〙 *adj.* 神経炎に効く. — *n.* 神経炎剤.
ànti·neutríno *n.* 〘物理〙反中性微子.
ànti·néutron *n.* 〘物理〙反中性子《中性子の反粒子》.
ant·ing [ǽntɪŋ | -tɪŋ] 〘← ANT + -ING^1〙 *n.* 〘鳥類〙蟻浴, アンチング《鳥が寄生虫をとるためアリを自己の羽毛にこすりつけること》.
an·ti·node [ǽntɪnòud, -ṭə-, -taɪ- | -tɪnəud] *n.* 〘物理〙波腹《二つの波節 (node) の中間部》. **àn·ti·nód·al** [-dl] *adj.*
ànti·nóise *adj.* 騒音防止の: an ~ law 騒音防止令.
an·ti·no·mi·an [æ̀ntɪnóumiən, -ṭə-, -taɪ- | -tɪnə́umjən, -miən] 〘《1645》← ML *antinomi* antinomians (← ANTI- + Gk *nómos* law) + -IAN〙 〘神学〙 — *adj.* 反律法主義の, 道徳律廃棄論の. — *n.* 反律法主義者, 道徳律廃棄[不要]論者, 信仰至上主義者.
àn·ti·nó·mi·an·ism [-nɪzm] *n.* 〘神学〙反律法主義, 道徳律廃棄[不要]論, 反戒律説《キリスト教を信じる者は福音に示されている神の恵みの救済を受けるから道徳律から解放されると主張する信仰至上論》.
an·ti·nom·ic [æ̀ntɪnɑ́mɪk, -ṭə-, -taɪ-, -nóum- | æ̀ntɪnɔ́mɪk] *adj.* 矛盾する; 〘哲学〙二律背反の.
an·tin·o·my [æntínəmi | -mɪ] 〘《1592》◻ L *antinomia* ◻ Gk *antinomía* ambiguity in the law: ⇨ anti-, -nomy〙 — *n.* 1 二法[原理, 規則]間の矛盾; 権威の衝突. 2 〘哲学〙二律背反, アンチノミー, 自己矛盾; 逆説 (paradox).
An·tin·o·us [æntínouəs | -nəu-] 〘◻ L ~ ◻ Gk *Antínoos*〙 — *n.* 1 〘ギリシャ伝説〙アンティノオス, アンティヌース《Penelope の求婚者の中で最も傲慢な男; Odysseus に殺された》. 2 アンティノウス《ローマ皇帝 Hadrian に寵愛された美青年; しばしば男性美の典型とされた》.
án·ti·nous reléase [ǽntənəs- | -tɪ-] 〘← ? ANTINOUS〙 *n.* 〘写真〙= cable release.

ánti·nòvel *n.* 〘文学〙反小説, アンチロマン《伝統的手法を退けた小説》. **~·ist** *n.*
ànti·núclear *adj.* 1 核兵器反対の. 2 〘生物・生化学〙抗核の《細胞の核やその成分の DNA と反応する傾向のある》.
ànti·núcleon *n.* 〘物理〙反核子《核子の反粒子のことで普通 $\bar{N}$ で表わす; 反陽子と反中性子とがある》.
An·ti·och [ǽnṭiɑ̀k | -tɪɔ̀k, -tjɔk] *n.* アンチオキア《トルコ南部の都市; 古代シリア王国の首都 (300-64 B.C.); 人口 29,000》.
An·ti·och·i·an [æ̀ntiɑ́kiən, -óuk- | -tɪə́ukjən, -kɪən] *adj.* アンチオキア (Antioch) の.
An·ti·o·chus III [æntáɪəkəs] *n.* アンチオコス三世《241-187 B.C.; 古代シリアの王 (223-187 B.C.); エジプトと近東の大部分を征服したが, ローマ軍に破られた (190 B.C.); 通称 Antiochus the Great》.
Antiochus IV *n.* アンチオコス四世《215?-163 B.C.; 古代シリアの王 (175-163 B.C.), Antiochus 三世の子; エルサレムの神殿に Zeus としての自分の像を据えマカベア戦争の原因を作った; 通称 Antiochus Epiphanes [epífənìːz, ɪp-]》.
an·ti·o·don·tal·gic [æ̀nṭio(ʊ)dɑntǽldʒɪk, -taɪo(ʊ)- | -tɪə(ʊ)dɔn-] 〘歯科〙 *adj.* 歯痛に効く. — *n.* 歯痛(鎮静)剤《antodontalgic ともいう》.
An·ti·o·pe [æntáɪəpi | -pɪ] 〘◻ Gk *Antiópē*《原義》opposite ← ANTI- + *óps* eye〙 — *n.* 〘ギリシャ神話〙アンティオペー《Thebe 王の娘, Zeus との間に Amphion と Zethus とを生み, 後 Lycus の妻となったが捨てられ, 彼の後妻 Dirce の迫害を受け, 結局息子たちに救われた》.
ànti·óxidant *n.* 〘化学〙酸化防止剤, 老化防止剤《酸化作用を防止・抑制する薬品の総称》.
ànti·ó·zon·ant [-óuzounənt | -ə́uzəun-, -əuzə́un-] *n.* 〘化学〙オゾン割れ防止剤《オゾンの酸化作用を防ぐ化学薬品の総称》.
ànti·párallel *adj.* 1 〘物理〙〈二つのベクトルが〉平行でしかも方向正反対の. 2 〘数学〙逆平行の.
ànti·parasític *adj.* 〘薬学〙寄生虫に対して作用する.
ánti·pàrticle *n.* 〘物理〙反粒子《粒子(素粒子または原子核など)に対して, 質量・寿命は等しく, 電荷的性質や他の量子数(重粒子数・軽粒子数・ストレンジネスなど)が正反対の粒子》.
an·ti·pas·to [æ̀ntɪpǽstou, ɑ̀ːntɪpɑ́ːs-, -ṭə- | æ̀ntɪpǽstəu; *It.* àntipásto] 〘◻ It. ~ ← *anti-* 'ANTE-' + *pasto* (< L *pastum* food)〙 — *n.* (*pl.* **~s, -pas·ti** [-tiː; *It.* -ti]) 前菜 (hors d'oeuvre).
An·tip·a·ter [æntípəṭə | -tə(r)] *n.* アンチパテル《398?-319 B.C.; Alexander 大王の将軍; マケドニアの摂政》.
An·ti·pa·thar·i·a [æ̀ntɪpəθέ(ə)riə, -ṭə- | -tɪpəθέərɪə] 〘← NL ~ ← *Antipathes* (属名: ← Gk *antipathés* remedy for suffering: ⇨ anti-, pathos) + -IA^1〙 — *n. pl.* 〘動物〙(腔腸動物門) マヨケサンゴ目.
an·ti·pa·thet·ic [æ̀ntɪpəθéṭɪk, -ṭə-, æntìpə- | æ̀ntɪpəθét-, æntìpə-] 〘← L *antipathia* 'ANTIPATHY' + (PATH)ETIC〙 — *adj.* 1 **a** 〔物・人に〕(生来の)反感をいだいている, 〔…を〕毛ぎらいする, 〔…が〕大きらいな (averse) 〔*to*〕: He was ~ *to* deception. 欺瞞(ぎまん)が大きらいだった. **b** 〔…と〕相いれない, 性が合わない (incompatible) (cf. antipathy 3) 〔*to*〕: a policy ~ *to* compromise 妥協を許さぬ政策. 2 〔…に〕反感を起こさせる, 虫の好かない (repugnant) 〔*to*〕: His attitude was ~ *to* me. 私には彼の態度がいやでたまらなかった. **àn·ti·pa·thét·i·cal** *adj.*
àn·ti·pa·thét·i·cal·ly *adv.* 反感をもって, 先天的[病的]にきらって.
an·ti·path·ic [æ̀ntɪpǽθɪk, -ṭə- | -tɪ-] 〘◻ F *antipathique*: ⇨ ↓, -ic^1〙 — *adj.* 1 〔…と〕相いれない, 反対の〔*to*〕. 2 〘医学〙**a** 逆の性状を備えた, 拮抗的な. **b** アロパチー療法の (allopathic).
an·tip·a·thy [æntípəθi | -θɪ] 〘《1601》◻ F *antipathie* // L *antipathia* ◻ Gk *antipátheia*: ⇨ anti-, -pathy〙 — *n.* 1 (生れつきの)反感, 毛ぎらい, 虫の好かないこと, (根深い)悪感情 (repugnance, aversion) 〔*to, for, against, between*〕: Some people have an ~ *to* [*against*] cats. 生れつき猫がきらいな人がある. 2 虫の好かない物, 本能的にいやな物: Spiders are my ~. 蜘蛛(くも)が大きらいだ. 3 相いれない性質, 性が合わないこと (incompatibility).
ànti·patriótic *adj.* 反愛国主義(的)の.
ànti·pédal *adj.* 〘動物〙〈軟体動物の体の部分が〉足と反対方向にある.
ànti·periódic 〘薬学〙 *adj.* 〈(マラリアに対する)キニーネなど〉周期的発作予防の. — *n.* 周期病薬.
ànti·peristálsis 〘← NL ~: ⇨ anti-, peristalsis〙 *n.* 〘生理〙逆蠕動(ぜんどう)《腸の内容物が逆に押し上げられる運動》.
ànti·pernícious anémia fàctor *n.* 〘生化学〙抗悪性貧血因子《vitamin B_{12} のこと》.
ànti·personnél *adj.* 〘軍事〙(装備などに対するより人員殺傷を目的とする)対人の, 地上兵員目当ての: an ~ bomb, shell, etc. / an ~ mine 対人地雷.
an·ti·per·spi·rant [æ̀ntɪpə́ːsp(ə)rənt, -ṭə-, -taɪ- | -tɪpə́ː-] *n.* 〘薬学〙発汗抑制薬.
ànti·pétalous *adj.* 〘植物〙〈葯(やく)が〉花弁と交互の位置に来る.
ànti·phlogístic *adj.* 1 〘薬学〙炎症を散らす. 2 燃素 (phlogiston) 説に反対の. — *n.* 〘薬学〙消炎剤.
Anti·phlo·gis·tine [æ̀ntɪflo(ʊ)dʒístiːn, -ṭə-, -taɪ-, -tɪn, -tən | -tɪflə(ʊ)dʒístiːn, -flɔ-, -tɪn] 〘⇨ ↑, -ine^3〙

n. 〖商標〗アンチフロジスチン《消炎膏(こう)》.

an·ti·phon [ǽntəfən, -fɑ̀n | -tɪfən, -fɔ̀n] 〖《*c*1500》▭ LL *antiphōna* ▭ Gk *antíphōna* (neut. pl.) ← *antíphōnos* sounding in answer to ← ANTI-+*phōnḗ* voice (⇨ phone²): cf. anthem〗 ── *n.* **1** 〖音楽〗応答頌歌(しょうか). **2** 〖カトリック〗交誦(こうしょう)(聖歌)《礼拝式の際に詩編の(前)後に左右の聖歌隊が交互に歌う聖務日課》. **3 a** 入祭唱, 奉納唱, 聖体拝領唱《ミサ固有式文の三つの行列の歌》. **b** 礼拝のある部分の前奏[結び]として歌われる聖書の一節[数節]. **4** 反応, 応答 (response).

an·tiph·o·nal [æntífənl] *adj.* **1** 応答頌歌(しょうか)の; 交誦(こうしょう)(聖歌)の(ような). **2** 〔…に〕反応する〔*to*〕. ── *n.* =antiphonary. **~·ly** *adv.*

an·tiph·o·nar·y [æntífənèri | -nəri] 〖《*c*1390》▭ ML *antiphōnāri-um* : ⇨ antiphon, -ary〗 ── *n.* 交誦(こうしょう)集, アンティフォナーレ《聖務日課の聖歌集》. ── *adj.* =antiphonal.

an·tiph·o·ny [æntífəni | -ni] *n.* **1** 対応的楽音[和声音]. **2** 応答頌歌(しょうか), 交唱 (cf. homophony 2). **3** 〖カトリック〗=antiphon 2. **4** 反応, 反響 (response).

an·tiph·ra·sis [æntífrəsɪs, -səs | -sɪs] 〖《1533》▭ LL ~ ▭ Gk *antíphrasis* ← ANTI-+*phrázein* to tell (cf. phrase)〗 ── *n.* (*pl.* **-ra·ses** [-sìːz]) 〖修辞〗語意反用《極北の氷に閉ざされた島を Greenland というように, 語句をその真意の反対に用いること; cf. irony¹ 3 a》. **an·ti·phras·tic** [æ̀ntəfrǽstɪk | -tɪ-] *adj.*

an·tip·o·dal [æntípədl] 〖⇨ ↓, -al¹〗 ── *adj.* **1** 対蹠(たいせき)地の, 〔…の〕対蹠地にある〔*to*〕. **2** 対蹠的な, 正反対の (directly opposite) 〔*to*〕: ~ points (球面上の)対蹠点. **3** 対立する, 大きく異なる〔*to*〕. ── *n.* 〖植物〗反足細胞《被子植物の子嚢内の底部に位する3個の細胞; antipodal cell ともいう》. **~·ly** *adv.*

an·ti·pode [ǽntəpòud | -tɪpəud] 〖《逆成》← ANTIPODES〗 ── *n.* **1 a** 正反対のもの〔*of*, *to*〕(cf. antipodes 3). **b** [時に A-] =antipodes 1 b. **2** 〖光学〗(光学異性の)対掌体. **3** 〖通信〗対蹠(たいせき)点《地球上の対蹠的な地点》.

an·tip·o·de·an [æntɪ̀pədíːən, æ̀ntɪp- | æntɪ̀pə(u)díːən, -díən, æ̀ntɪp-] *adj.* **1** =antipodal. **2** [時に A-] 《英》オーストラリア(人)の. ── *n.* **1** 対蹠地の人. **2** [時に A-] 《英》オーストラリア人.

an·tip·o·des [æntípədìːz] 〖《*a*1398》▭ L ~ ▭ Gk *antípodes* (pl.) ← *antípous* having the feet opposite ← ANTI-+*poús* foot (cf. -pod¹)〗 ── *n. pl.* **1 a** 〖地理〗対蹠(たいせき)地《地球上で互いに正反対の側にある二つの地域; 厳密にはその対蹠点 (antipodal points) をいう》: Japan and Argentina are ~. **b** [時に A-; 複数または単数扱い] (ある地域の)対蹠地: at [in] the ~ 対蹠地で[に] / Argentina is the ~ of Japan. アルゼンチンは日本の対蹠地である. **c** [the ~, the A-] オーストラリアとニュージーランド(と付近の諸島) (Australasia)《英国の antipodes であることから; cf. down under》. **2** 《古》対蹠地の住民たち. **3** [複数または単数扱い] 対蹠的なもの, 正反対: Good and evil are ~. / The ~ of love is hate. 愛の反対は憎しみである / at the ~ of opinion (with) (…と)(互いに)意見が対立して[食い違って].

An·tip·o·des [æntípədìːz] 〖↑〗 *n. pl.* [the ~] **1** ニュージーランド南東の諸島; London の対蹠地. **2** =antipodes 1 c.

ànti·poétic *adj.* 〖文学〗反詩の, 反伝統詩の《伝統的な詩の手法・スタイルに反対する》.

ánti·pòle *n.* **1** 反対の極. **2** 正反対〔*of*〕.

ànti·polítical *adj.* 政治に反対の, 反政治的な. **ànti·polítically** *adv.*

ànti·pollútion *adj.*, *n.* 汚染[公害]防止(の): ~ laws, devices, etc. **~·ist** [-ʃ(ə)nɪst, -nəst | -nɪst] *n.*

ánti·pòpe *n.* 〖カトリック〗(正統のローマ教皇に対立する)対立教皇, 僭称的教皇, 偽教皇.

ànti·póverty *adj.* 貧困撲滅の, 貧困阻止の: an ~ program. ── *n.* 貧困撲滅計画[運動].

ànti·próton *n.* 〖物理〗反陽子 (negative proton)《陽子の反粒子》.

ànti·prurític 〖薬学〗*adj.* 鎮痒の, 止痒性の. ── *n.* 止痒剤.

ànti·psychótic 〖薬学〗*adj.* 精神病治療用の. ── *n.* 精神病治療薬.

ànti·pyrétic 〖← ANTI-+PYRETIC〗〖薬学〗*adj.* 解熱性の. ── *n.* 解熱剤, 熱さまし.

an·ti·py·rine [æ̀ntɪpáɪriːn, -tə-, -taɪ-, -rɪn, -rən | -tɪpáɪərìːn] 〖《商標》: ⇨ ↑, -ine³〗 ── *n.* (*also* **an·ti·py·rin** [-rɪn, -rən | -rɪn]) 〖薬学〗アンチピリン ($C_{11}H_{12}N_2O$)《解熱・止痛剤》.

an·ti·py·rot·ic [æ̀ntɪpaɪrɑ́tɪk, -tə-, -taɪ- | -tɪpaɪ(ə)rɔ́t-, -pɪ-] 〖薬学〗*adj.* **1** =antiphlogistic. **2** 火傷に効く. ── *n.* **1** 火傷(治療)剤. **2** =antiphlogistic.

antiq. 《略》antiquarian; antiquity, antiquities.

an·ti·quar·i·an [æ̀ntəkwɛ́(ə)riən, -tɪ- | æ̀ntɪkwɛ́əri-] 〖《1610》: ⇨ antiquary, -an¹〗 ── *adj.* 好古家的な, 古物研究[収集]の; 古書売買の: an ~ bookseller. ── *n.* **1** 好古家, 古物収集家 (antiquary). **2** 〖製紙〗大版画用紙《31×53 インチ》.

àn·ti·quár·i·an·ìsm [-nìzm] *n.* 骨董癖[趣味], 古物収集[愛好]癖.

an·ti·quar·y [ǽntəkwèri, -tɪ- | -tɪkwəri] 〖《1563》▭ L *antiquāri-us* ← *antiquus* 'ANTIQUE': ⇨ -ary〗 *n.* **1** 古物研究[収集, 愛好]家. **2** 骨董商, 古物商人.

an·ti·quate [ǽntɪkwèɪt, -tə- | -tɪ-] 〖← L *antiquāt-us* (p.p.) ← *antiquāre* to make obsolete ← *antiquus* (↑): ⇨ -ate³〗 ── *vt.* **1** 〈新しい物が〉〈旧来の物を〉時代遅れにする, 廃れさせる. **2** =antique 1. **an·ti·qua·tion** [æ̀ntɪkwéɪʃən, -tə- | -tɪ-] *n.*

án·ti·quàt·ed [-tɪd, -təd | -tɪd, -təd] *adj.* **1** 古風な, 古臭い, 廃れた (old-fashioned); 旧弊な: an ~ custom, idea, etc. **2** 老齢の (aged).

an·tique [æntíːk] 〖《1530》▭ F ~ // L *antiqu-us* ancient ← *ante* before: cf. ante-, antic〗 ── *adj.* **1** 大昔の, 古代の; 古来の (ancient) (↔ modern). **2 a** 〈家具など〉時代を経た, 骨董の; [the ~; 名詞的に; 集合的] 骨董類: ~ jewelry. **b** 古代風の; 古代模様の. **3** 古風な, 古臭い, 旧式な (old-fashioned): an ~ car 時代物の車. **4** 骨董品を扱う[売る, 展示する]: an ~ dealer [shop] 骨董商[店]. **5** 〖製紙〗(紙の表面が)荒仕上げの. ── *n.* **1** 骨董品, 古器, 古物. **2** [the ~] 古代様式 (ancient style)《特に, 古代ギリシャ・ローマの彫刻・建築についていう》. **3** 〖活字〗アンチック《筆線にコントラストの少ないやや肉太の見出し用活字書体; cf. Egyptian 6》. **4** 〖製紙〗荒仕上げ紙. ── *vt.* **1** 〈家具などを〉古風に見せる[作る, 仕上げる] (cf. distress *vt.* 3). **2** 〖紡織〗〈紙・織物を〉(文字・模様などで)打出しにする. **3** 〖製本〗〈本の表紙などに〉空押しする. ── *vi.* 骨董品を求めるために店を見て回る. **~·ly** *adv.* **~·ness** *n.*

antíque brónze *n.* アンチークブロンズ《青銅色よりやや赤味が強く明るい黄褐色》.

antíque crówn *n.* 〖紋章〗アンチーククラウン《紋章図形によく使用される冠の一種; eastern crown ともいう》.

antíque góld *n.* アンチークゴールド《暗黄色, からしよりやや緑味を帯びた濃い色》.

an·tí·quer [-kə | -kə(r)] *n.* **1** 好古家, 古物収集家. **2** 新しい家具を古風に見せる[仕上げる]人.

an·tiq·ui·ty [æntíkwəti | -kwətɪ, -kwɪ-] 〖《?*c*1280》▭ (O)F *antiquité* ▭ L *antiquitātem* : ⇨ antique, -ity〗 ── *n.* **1** 年経ていること, 古さ, 古色: a custom of great [remote] ~ 大昔からの風習. **2** 太古 (old times); (特に, ヨーロッパ史で, 中世以前の)上古, 古代《西ローマ帝国滅亡 (476) まで; cf. ancient history》: in ~ 太古[古代]に(は). **3** [集合的] 古人, 古代人 (the ancients). **4** [*pl.*] 古代の風習, 古事; [通例 *pl.*] 古器物, (古代の)遺物 (ancient relics): Greek and Roman *antiquities* 古代ギリシャ・ローマの文物《遺跡・遺物・古文書など》.

ànti·rachític 〖薬学〗*adj.* 抗佝僂(くる)病 (rachitis) 性の. ── *n.* 佝僂病治療[予防]薬.

ànti·rácism *n.* 人種差別反対.

ànti·refléction fílm [cóating] *n.* 〖光学〗反射防止膜.

ànti·refléxive *adj.* 〖数学〗非反射的な《ある要素が自分自身との関係にないような, そういう関数についていう; 垂直, 大小など》.

ànti·remónstrant *n.* **1** 抗議反対者. **2** [A-] 〖キリスト教〗反抗議派の人, 反諫(かん)争派の人《1610 年抗議派 (Remonstrants) の抗議に反対したオランダの Calvin 派の人》.

ánti·rènt *adj.* **1** 地代(支払い)反対の. **2** [A-] (米国の)地代反対党の《New York 州に 1839年から 47 年まで存続し, 地主 (patroon) への地代反対を支持した》.

ànti·résonance *n.* 〖電気〗反共振《共振時にインピーダンスが最大となる並列共振 (parallel resonance); インピーダンスが最小となる直列共振に対していう》.

ànti·rheumátic 〖薬学〗*adj.* リウマチ予防[治療]の. ── *n.* リウマチ治療薬.

ànti·románce *n.*, *adj.* 〖文学〗アンチロマン(の) (cf. antinovel).

an·tir·rhi·num [æ̀ntɪráɪnəm, -tə- | -tɪ-] 〖《1551》← NL ~ ← L ~ ▭ Gk *antírrhinon* ← ANTI- equal to, like+*rhís* nose (⇨ rhino-)〗 ── *n.* 〖植物〗キンギョソウ《ゴマノハグサ科キンギョソウ属 (*Antirrhinum*) の植物の総称; キンギョソウ (snapdragon) など》.

ànti·rúst *adj.* **1** 防錆(ぼうせい)の. **2** さびない. ── *n.* 防錆剤, さび止め.

ànti-sabbatárian *adj.* 安息日 (Sabbath) 厳守反対の. ── *n.* 安息日拒否者.

Ànti-Salóon Lèague of América *n.* [the ~] 米国酒類販売反対同盟《1895 年創立》.

An·ti·sa·na [æ̀ntɪsɑ́ːnə | -tɪ-; *Sp.* àntisána] *n.* アンティサナ(山)《南米エクアドル, Andes 山脈中にある火山 (5,556 m)》.

ànti·science *n.* **1** 科学反対[無価値]論, 反科学主義. **2** 反科学主義者. **ànti·scientífic** *adj.*

ànti·scíentism *n.* =antiscience 1.

ànti·scorbútic 〖薬学〗*adj.* 抗壊血病の. ── *n.* 抗壊血病剤 (vitamin C).

ànti·scríptural *adj.* 聖書に反対の, 聖書[経典]に反対の主義.

ànti-Sémite *n.* セム族[ユダヤ人]排斥者, ユダヤ人ぎらいの人.

ànti-Semític *adj.* 反セム族[ユダヤ人]主義の.

ànti-Sémitism *n.* 反セム族主義, ユダヤ人排斥主義[思想, 運動].

ànti·sensitizátion *n.* 〖写真〗反増感《分光増感剤の増感作用を損う現象》.

ànti·sépalous *adj.* 〖植物〗〈蕊(ずい)が〉萼(がく)と交互の位置につく.

an·ti·sep·sis [æ̀ntəsépsɪs, -səs | -tɪsépsɪs] 〖← NL ~: ⇨ anti-, sepsis〗 *n.* (*pl.* **-sep·ses** [-siːz]) 〖医学〗防腐(法), 制腐(法), 消毒(法).

an·ti·sep·tic [æ̀ntəséptɪk | -tɪ-] *adj.* **1** 〖医学〗防腐(性)の, 制腐の, 消毒の, 防腐[消毒]を施した. **2 a** 無菌(状態)の (aseptic). **b** 非常に清潔な[きれいな]. **3** 簡素すぎる, 妙味のない (austere). **4** 〈言葉など〉人間味のない, 冷淡な (detached). ── *n.* 〖医学〗防腐剤, 消毒薬. **àn·ti·sép·ti·cal·ly** *adv.*

an·ti·sep·ti·cize [æ̀ntəséptəsàɪz | -tɪséptɪ-] *vt.* 防腐剤で処理する, 防腐[消毒]する.

ànti·sèrum *n.* 〖医学〗抗血清, 免疫血清.

ànti·séx *adj.* 性に反対する, 性的衝動[表現]を抑えようとする.

ànti·séxual *adj.* =antisex.

ànti·síde tòne *n.* 〖通信〗防側音《電話の送話音を送話者の受話器に聞こえないようにすること; cf. side tone》.

ànti·skid *adj.* すべり止めの.

ànti·slávery *n.*, *adj.* 奴隷制度反対(の), 奴隷廃止(の).

ànti·smóg *adj.* スモッグ防止の: ~ devices.

ànti·sócial *adj.* **1** 反社会的な, 社会秩序を乱す: ~ activities. **2** 非社交的な (unsociable); 利己的な (selfish). **~·ly** *adv.*

antisócial group *n.* 〖社会学〗反社会的集団《ギャング・やくざ・非行少年グループのように, その集団目標が社会の公共的秩序や安寧に反するような集団》.

ànti·sólar *adj.* 〖天文〗(天球上で)太陽と正反対の.

ànti-Sóviet *adj.*, *n.* ソ連に反対の(人), 反ソ(的)の(人).

ànti·spasmódic 〖薬学〗*adj.* 痙攣(けいれん)止めの. ── *n.* 鎮痙剤.

ànti·státic *adj.* **1** 帯電防止の《織物・ワックスなどに静電気が起こるのを防止する》. **2** 〖ラジオ・テレビ〗雑音防止の.

An·tis·the·nes [æntísθənìːz | -θɪ-] *n.* アンティステネス《445?-?365 B.C.; ギリシャの哲学者でキニク学派 (Cynic school) の創始者》.

ànti-Stókes lìne [-stóuks- | -stə́uks-] 〖← ANTI-+*Stokes'* (*law*)〗 ── *n.* 〖物理〗反ストークス線《物質が光を吸収して再放射する蛍光, あるいは入射光を散乱するラマン効果で放射される入射光よりも波長の短い放射光; cf. Stokes line》.

ànti·streptolýsin *n.* 〖生化学〗抗ストレプトリジン: *antistreptolysin*-O 抗ストレプトリジン-O《抗連鎖球菌溶血素; 略 ASLO, ASO》.

an·tis·tro·phe [æntístrəfi, -fiː | -fɪ] 〖《1605》▭ LL ~ ▭ Gk *antistrophḗ* a turning back: ⇨ anti-, strophe〗 ── *n.* **1** 〖ギリシャ劇〗アンチストロペ (cf. strophe 1): **a** 合唱舞踏隊の左手より右方への転回. **b** 右方転回のとき歌う歌章. **2** 〖詩学〗**a** 合唱歌・ピンダロス風オード (Pindaric ode) の第 2 連[節] (cf. strophe 2 a). **b** (韻律上)対応する連[節]. **3** 〖修辞〗**a** 逆反覆《同じ文句の語順を逆にして繰り返した部分; 例: the master of the servant, andthe servant of the master》. **b** (相手の語句の)逆用, 送手論法. **an·ti·stroph·ic** [æ̀ntɪstrɑ́fɪk, -tə-, -stróuf- | -tɪstrɔ́f-] *adj.*

ànti·súbmarine *adj.* 〖軍事〗対潜水艦の, 対潜の: ~ aircraft / ~ warfare 対潜作戦, 対潜水艦戦.

ànti·sudorífic 〖薬学〗*adj.* 止汗性の. ── *n.* =antiperspirant.

ànti·symmétric *adj.* **1** 〖数学〗交代の, 歪(わい)対称 (skew-symmetric) の《転置すると符号が変わる行列についていう》. **2** 〖物理〗反対称の. **ànti·symmétrical** *adj.*

ànti·syphilític 〖薬学〗*adj.* 駆黴性の. ── *n.* 駆黴薬.

ànti·tánk *adj.* 〖軍事〗対戦車用の: an ~ gun 対戦車砲 / an ~ mine [missile] 対戦車(用)地雷[ミサイル].

ánti·thèater *n.* 〖演劇〗反演劇, アンチテアトル《伝統的な自然主義演劇を否定する前衛的な演劇の総称》.

ànti·théft *adj.* 盗難防止の: an ~ lock 盗難防止錠.

ànti·théism *n.* 〖哲学〗反有神論《有神論 (theism) が神の存在を認める立場を意味するときは antitheism は無神論; 有神論が一なる創造神を強調する立場のときは汎神論 (pantheism), 多神教 (polytheism) などをいう; ↔ theism》.

ànti·théist *n.* 反有神論者.

an·tith·e·sis [æntíθəsɪs, -səs | -θɪsɪs, -θəs-] 〖《1529》▭ LL ~ ▭ Gk *antíthesis* ← *antitithénai* to oppose ← ANTI-+*tithénai* to place (cf. thesis): ⇨ -sis〗 ── *n.* (*pl.* **-e·ses** [-sìːz]) **1 a** 〔2 者の〕(著しい)対照, 正反対 (opposition, contrast) 〔*of*, *between*〕: the ~ *of* joy and sorrow / in sharp ~ *to* …と著しい対照をなして. **b** 反対[対照]をなすもの (direct opposite) 〔*of*, *to*〕: Confusion is the ~ *of* order. / She is amiable, the ~ *of* her husband. 彼女は愛想がよくて夫とはひどく対照的だ. **2** 〖修辞〗**a** 対照法《一つの文の中で意味の反対な章句を対照的に置くこと; 例: Man proposes, God disposes.》. **b** 対照章句, 対句. **3** 〖哲学・論理〗反対命題, 反定立, 反立, アンチテーゼ (cf. thesis 3 c, synthesis 3 a). **4** 〖音楽〗答主題 (answer).

an·ti·thet·ic [æ̀ntəθétɪk | -tɪθét-] *adj.* =antithetical.

an·ti·thet·i·cal [æ̀ntəθétɪkəl, -θétə- | -tɪθétɪ-] 〖← LL *antitheticus* (▭ Gk *antithetikós* : ⇨ antithesis, -ic¹)+-AL¹〗 ── *adj.* **1** (著しい)対照をなす; (対照的に)相反する (directly opposed) 〔*to*〕. **2** 対照法(的)の[を含む]; 反定立(的)の[を含む]. **3** 〖音楽〗答主題(的)の[を含む]. **~·ly** *adv.*

ànti·thýroid 〖薬学〗*adj.* 抗甲状腺(性)の. ── *n.* 抗甲状腺薬.

ánti·tórque ròtor *n.* 〖航空〗(ヘリコプターの)尾部ローター.

ànti·tóxic *adj.* **1** 抗毒性の, 防毒処理の. **2** 抗毒素の.

ànti·tóxin *n.* 〖医学〗抗毒素; 抗毒薬.

ánti·tràde 〖気象〗[ˊ-ˋ-] *n.* [通例 *pl.*] 反対貿易風, 逆恒風 (cf. trade wind). ── [ˋ-ˊ-] *adj.* 恒風と反対の.

an·ti·tra·gus [æ̀ntɪtréɪgəs, -tə- | -tɪ-] 〖← NL ~: ⇨ anti-, tragus〗 *n.* (*pl.* **-tra·gi** [-dʒaɪ, -gaɪ]) 〖解剖〗(耳殻の)対珠.

ànti-Trinitárian *adj., n.* 〘神学〙三位一体説反対の[論者]. 反三一神論の[論者].

ànti-Trinitárianism *n.* 〘神学〙三位一体反対論, 反三一神論.

ànti·trúst *adj.* 《米》独占禁止の: ～ laws.

ànti·trúst·er *n.* 《米》独占禁止法賛成論者.

ànti·tubércular *adj.* 〘医学〙＝antituberculous.

ànti·tubérculous *adj.* 〘医学〙結核治療用の.

ànti·túmor *adj.* 〘薬学〙抗腫瘍性の, 抗癌(性)の, 制癌(性)の (cf. anticancer).

ànti·túmoral *adj.* 〘薬学〙＝antitumor. 「せき止め.

ànti·tússive 〘薬学〙 *adj.* 鎮咳(性)の. **—** *n.* 鎮咳薬,

ànti·twílight *n.* 〘気象〙(日没後の東の空の)薄明 《antitwilight arch ともいう》.

an·ti·type [ǽntɪtàɪp, -tə-, ǽntaɪ- | ǽntɪ-] 〘⊏LL *antitypus* ⊏ Gk *antitupos* struck back, correspondent ← ANTI-＋*túpos* blow, stamp, die (cf. type)〙 **—** *n.* **1 a** (原型・象徴に予示されたまたはそれを具現する)対型. **b** 〘神学・聖書〙(原型に対する)対型, (予型に対する)本型 《type や symbol によって予示[予表]されるもの; すなわち旧約聖書の人物・出来事の中に新約聖書, 特にキリストや教会などに対する約束・預言を見る時, 前者は type あるいは symbol で, 後者がその antitype》. **2** 反対の型, 対照的な型 (opposite type).

an·ti·typ·ic [æ̀ntɪtípɪk, -tə-, æ̀ntaɪ- | æ̀ntɪ-] *adj.*

àn·ti·týp·i·cal *adj.* **àn·ti·týp·i·cal·ly** *adv.*

An·ti·um [ǽnʃiəm | -ʃɪ-] *n.* アンティウム 《Anzio の古名; Nero 帝の生誕地》.

ànti·únion *adj.* 労働組合反対の. **～·ist** *n.*

ànti·ùniverse *n.* 〘物理〙反宇宙《反物質 (antimatter) から成るとされる仮想の宇宙》.

ànti·utópia *n.* 反ユートピア(的な作品).

ànti·utópian *adj.* 反ユートピアの. **—** *n.* 反ユートピアの存在を信じる[予言する]人.

ànti·vaccinátion *n., adj.* 種痘反対(の). **～·ist** [-ʃ(ə)nɪst, -nəst | -nɪst] *n.*

ànti·vác·cin·ist [-vǽksənɪst, -nəst | -sɪnɪst] *n., adj.* 種痘反対者(の).

an·ti·ven·in [æ̀ntɪvénɪn, -tə-, -taɪ-, -víːn-, -nən | -tɪvénɪn] 〘← ANTI-＋F *venin* (< L *venēnum*＋-IN¹: ⇨ venom)〙 **—** *n.* (*also* **an·ti·ve·nene** [-vəníːn, -véniːn, -víːn- | -vɪníːn, -véniːn, -víːn-]) 〘医学〙蛇毒(じゃどく)血清.

ànti·více *adj.* 売春反対の.

ànti·víral *adj.* 〘医学〙抗ウイルス(性)の.

ànti·viviséction *n.* (動物の)生体解剖反対(論).

ànti·viv·i·séct·ion·ìsm [-ʃənìzm] *n.* (動物の)生体解剖[実験]反対論.

ànti·vivisécionist *n.* (動物の)生体解剖反対論者. **—** *adj.* 生体解剖反対論(者)の.

ànti·wár *adj.* 戦争反対の, 反戦の: ～ activities.

ànti·whíte *adj.* 白人に反対する, 反白人主義の.

ánti·wòrld *n.* 〘物理〙反世界《反物質 (antimatter) から成るとされる仮想の世界》.

ànti·xerophthálmic vítamin *n.* 〘生化学〙抗眼球乾燥性ビタミン《vitamin A のこと》.

ant·ler [ǽntlə | -lə(r] 〘《*a*1398》*auntelere* ⊏ AF＝OF *antoillier* (F *andouiller*) < ? VL **anteoculārem* ← *anteoculāris* located before the eye: ⇨ ante-, ocular〙 **—** *n.* 〘動物〙(牡ジカの)枝角; その分かれた(1本の)枝.

ánt·lered *adj.* 枝角のある; 枝角状の.

Ant·li·a [ǽntliə | -lɪə] 〘← NL *Antlia* (*Pneumatica*) 《原義》(air) pump ← L *antlia* pump ⊏ Gk *antlía* bilge water ← *ántlos* hold of a ship: フランスの天文学者 N. L. de Lacaille (1712-62) の命名〙 **—** *n.* **1** 〘天文〙ポンプ座《南天の星座; the Air Pump, the Pump ともいう》. **2** [a-] (*pl.* **-li·ae** [-lìiː]) 〘昆虫〙螺旋吻(らせんふん)《チョウやガの螺旋状の口吻》.

ánt lìon *n.* 〘昆虫〙ウスバカゲロウ《ウスバカゲロウ科の昆虫の総称》; (特に)アリジゴク(蟻地獄)《地表にすり鉢状の巣を作るウスバカゲロウ (*Hagenomyia micans*)・コウスバカゲロウ (*Myrmeleon formicarius*) などの幼虫の総称》.

an·to·don·tal·gic [æ̀ntə(ʊ)dɑntǽldʒɪk | -tə(ʊ)dɔn-] *adj., n.* 〘歯科〙＝antiodontalgic.

An·to·fa·gas·ta [æ̀ntəfəgɑ́ːstə | -tə-; *Sp.* àntofaɣásta] *n.* アントファガスタ《チリ北部の海港; 人口 160,000》.

An·toine [ɑ̃ː(n)twɑ́ːn, ɔ̃ː(n)-, ɑːn- | ɔ(ː)n-; *F.* ɑ̃twɑn] 〘⊏ F ～ 'Antony'〙 *n.* 男性名.

An·toi·nette [æ̀nt(w)ənét | æ̀ntwɑːn-, ɑ̀ːn-, -twə-; *F.* ɑ̃twanɛt] 〘⊏ F ～ (fem. dim.): ⇨ Antony〙 *n.* 女性名.

Antoinette, Marie *n.* ⇨ Marie Antoinette.

An·ton [ǽntɑn, -tɑn | -tən, -tɔn; *Czech* ántɔn, *Du.* ántɔn, *G.* ántoːn, *Russ.* antón] 〘⇨ Antony〙 *n.* 男性名.

An·to·ni·a [æntóʊniə, -njə | -tə́ʊnjə, -nɪə] 〘⊏ It. ～ (fem.) ← ANTONIO〙 *n.* 女性名.

An·to·ni·an [æntóʊniən, -njən | -tə́ʊnjən, -nɪən] *n.* 〘カトリック〙アントニウス(修道)会士 (cf. Saint ANTHONY).

An·to·ni·nus [æ̀ntənáɪnəs | -tə(ʊ)-], **Marcus Aurelius** *n.* アントニヌス (⇨ Marcus Aurelius).

Antonínus Píus *n.* アントニヌス ピウス《86-161; ローマ皇帝 (138-161); 五賢帝の第四代目》.

An·to·nio [æntóʊniòʊ | -tə́ʊnɪə̀ʊ, -njəʊ; *It.* antóːnjo, *Sp.* antónjo] 〘⊏ It. ～ 'ANTONY'〙 *n.* 男性名.

An·to·ni·us [æntóʊniəs | -tə́ʊnjəs, -nɪəs], **Marcus** *n.* ⇨ Mark ANTONY.

an·ton·o·ma·si·a [æ̀ntɑnəméɪʒiə, -ʒə | æ̀ntənə(ʊ)méɪzɪə, -zjə] 〘《1589》⊏ L ～ ⊏ Gk *antonomasía* ← *antonomázein* to name instead ← ANTI-＋*onomázein* to name (← *ónoma* 'NAME')〙 **—** *n.* 〘修辞〙換称《例えば a wise man の代わりに a Solomon, Napoleon の代わりに the little Corporal, また人名の代わりに his lordship ということ》.

An·to·ny [ǽntəni | -tənɪ] 〘⊏ L *Antōni-us* (ローマの氏族名)〙 *n.* 男性名《愛称形 Tony; 異形 Anthony》.

Antony, Mark *n.* アントニウス《83?-30 B.C.; ローマの将軍; Caesar の友で第2回三頭政治の一人; Octavian と政権を争い, Actium の戦いで破れ, 翌年自殺した; ラテン語名 Marcus Antonius》.

an·to·nym [ǽntənɪm, -tn- | -tə(ʊ)n-] 〘《1870》⊏ F *antonyme* ⊏ Gk *antṓnumia* ← ANTI-＋*ónuma, ónoma* 'NAME'〙 **—** *n.* 反意語, 反義語, アントニム (cf. synonym 1): 'False' is the ～ of 'true'. **an·to·nym·ic** [æ̀ntənímɪk | -tə-] *adj.*

an·ton·y·mous [æntɑ́nəməs | -nɪ-] *adj.* 反意語(的)な.

an·ton·y·my [æntɑ́nəmi | -tɔ́nɪmɪ] *n.* **1** 反意語(的)であること, 反意性. **2** 反意語研究. **3** (強調などのための)反意語の使用[結合]. **4** 反意語表[体系].

ánt-pìpit *n.* 〘鳥類〙アリサザイ (⇨ gnateater).

ánt plànt *n.* 〘植物〙蟻植物 (⇨ myrmecophyte).

an·tr- [æntr] (母音の前に来る時の) antro- の異形.

antra *n.* antrum の複数形.

an·tre [ǽntə | -tə(r] 〘⊏ F ～ ⊏ L *antrum*: cf. antrum〙 *n.* 《詩》洞穴(どうけつ) (cavern).

An·trim [ǽntrɪm, -trəm | -trɪm] *n.* 北アイルランド北東部の州; 人口 339,000, 面積 3,100 km², 首都 Belfast.

an·tro- [ǽntro(ʊ) | -trə(ʊ)] 〘← NL ～ ← LL *antrum*: ⇨ antrum〙 **—** 「(骨の)洞 (antrum); 洞と…との (antral and…)」の意の連結形. ★ 母音の前では通例 antr- になる.

an·trorse [ǽntrɔəs, ─ ́ | æntrɔ́ːs] 〘← NL *antrors-us*: ⇨ antero-, versus〙 *adj.* 〘生物〙上方または前方に向いた (↔ postrorse).

an·trum [ǽntrəm] 〘⊏ L ～ ⊏ Gk *ántron* cave〙 *n.* (*pl.* **an·tra** [-trə]) 〘解剖〙(骨の)洞(どう). **án·tral** [-trəl] *adj.*

An·try·cide [ǽntrəsàɪd | -trɪ-] 〘⇨ -cide〙 *n.* 〘商標〙アントリサイド《トリパノソーマ病 (trypanosomiasis) 治療薬の商品名》.

ánts' égg *n.* ＝ant egg.

ánt·shrike [ǽntʃràɪk] *n.* 〘鳥類〙アリモズ《熱帯アメリカ産のモズに似たアリドリ科アリモズ属 (*Thamnophilus*) の各種の鳥類の総称》.

ánt thrùsh *n.* 〘鳥類〙アリドリ (⇨ antbird).

ANTU [ǽntuː] 〘《頭字語》← *a*(*lpha*)-*n*(*aphthyl*)-*t*(*hio*)-*u*(*rea*)〙 *n.* 〘化学〙アンツー ($C_{10}H_7NHCSNH_2$)《殺鼠(さっそ)剤の一種》.

An·tung [ɑ̀ːntúŋ; *Chin.* āntūŋ] *n.* **1** ＝Tan-tung. **2** 安東《中国東北部の旧県; 旧省都 Ton-Tung》.

Ant·werp¹ [ǽntwəːp, -wəp | -wɑːp] *n.* アントワープ《ベルギー北部, Scheldt 川に臨む港市; 人口 227,000; フラマン語名 Antwerpen, フランス語名 Anvers》.

Ant·werp² [ǽntwəːp, -wəp | -wɑːp] 〘↑〙 *n.* 〘鳥類〙アントワープバト《ベルギー産伝書鳩の一種》. 「料」.

Ántwerp blúe *n.* 〘化学〙アントワープ青《紺青の顔

Ant·wer·pen [*Flem.* ántwɛrpə] *n.* アントワルパ《Antwerp¹ のフラマン語名》.

Ántwerp hóllyhock *n.* 〘植物〙ヨーロッパ産アオイ科タチアオイ属の淡黄色の花が咲く草本 (*Althaea ficifolia*).

Ántwerp pígeon *n.* 〘鳥類〙＝Antwerp².

A·nu·bis [ən(j)úːbɪs, -bəs | ənjúːbɪs] 〘⊏ L *Anūbis* ⊏ Gk *Ánoubis* ⊏ Egypt. *An*(*e*)*pu* jackal〙 **—** *n.* 〘エジプト神話〙アヌビス《Osiris の子で頭がジャッカル; 死者の案内人, ミイラ作りの神; ギリシャ神話の Hermes に当たる》.

Anubis

a·nu·cle·ate [eɪn(j)úːkliət, -kliɪt, -klièɪt | -njúːkliət, -kliɪt, -klièɪt] 〘← A-⁷＋NUCLEATE〙 **—** *adj.* 〘生物〙核のない.

a·nu·cle·at·ed [eɪn(j)úːklièɪtɪd, -təd | -njúːklièɪtɪd, -təd] *adj.* 〘生物〙＝anucleate.

Á nùmber 1 [-wʌ́n] *adj.* ＝A 1 *adj.* 2.

A·nu·ra [ən(j)ú(ə)rə, æn- | -njúərə] 〘← NL ～: ⇨ a-⁷, -ura〙 *n. pl.* 〘動物〙＝Salientia.

a·nu·ran [ən(j)ú(ə)rən, æn- | -njúər-] *adj., n.* 〘動物〙＝salientian.

an·u·re·sis [æ̀njuríːsɪs, æ̀nə-, -səs | æ̀njuríːsɪs] 〘← NL ～ ← *an-* 'A-⁷'＋Gk *oúrēsis* urination〙 **—** *n.* 〘病理〙**1** 尿閉. **2** ＝anuria. **an·u·ret·ic** [æ̀njurétɪk, æ̀nə- | æ̀njurét-] *adj.*

an·u·ri·a [ən(j)ú(ə)riə, æn- | -njúərɪə] 〘← NL ～: ⇨ a-⁷, -uria〙 *n.* 〘病理〙無尿(症). **an·u·ric** [ən(j)ú(ə)rɪk, æn- | -njúər-] *adj.*

an·u·rous [ən(j)úərəs, æn- | -njúər-] 〘⇨ a-⁷, -urous〙 *adj.* 〘動物〙〈カエルなど〉無尾の (acaudate, tailless).

a·nus [éɪnəs] 〘《1658》⊏ L *ānus* ring, anus〙 *n.* (*pl.* **～·es, a·ni** [-naɪ]) 〘解剖〙肛門(こうもん) (cf. anal).

An·vers [*F.* ɑ̃vɛːr, (現地では) ɑ̃vɛrs] *n.* アンヴェール《Antwerp¹ のフランス語名》.

an·vil [ǽnvɪl, -vəl | -vɪl] 〘ME *anvelt, anvelde* < OE *anfilte* (MDu. *anvilt* / OHG *anafalz*) ← Gmc **ana* 'ON'＋**falt-* to beat: ⇨ felt¹〙 **—** *n.* **1** 鉄敷(かなしき), 鉄床(かなとこ). **2** 〘解剖〙きぬた骨, 砧骨(ちんこつ) (⇨ incus 1). **3** (測量器の)取付けあご, アンビル (⇨ micrometer 挿絵). **4** アンビル《打楽器として, オペラの小道具などに使われる鉄床(かなとこ); ハンマーで叩く》. **5** 〘気象〙かなとこ雲《anvil cloud, anvil top ともいう; ⇨ incus 2》.

anvil 1
1 face; 2 beak; 3 hardie hole

on the anvil 〈事が〉準備中で, 取りかかって (in preparation); 詮議(せんぎ)中で (under discussion).

ánvil blòck *n.* 〘機械〙アンビルブロック, 金敷(かなしき)《動力ハンマー用の鉄敷(かなしき)》.

ánvil clòud [tɔ̀p] *n.* 〘気象〙かなとこ雲 (⇨ incus 2).

anx·i·e·ty [æŋzáɪəti | æŋzáɪətɪ, -ŋgz-] 〘《*c*1525》⊏ F *anxiété* // L *anxietāt-em* ← *anxius* 'ANXIOUS': ⇨ -ty〙 **—** *n.* **1 a** 心配, 懸念, 気遣い, 不安 (uneasiness, concern) 〔*about, for*〕: with ～ 心配して, 憂慮して / be in great ～ 非常に心配している / cause [give] (great, much) ～ to a person 人に(大変)心配をかける / feel [have] ～ *about* [*for*] a person's safety 人の安否を気遣う / She was all ～. ひどく心配していた. **b** 心配事, 心配の種: fears and *anxieties* / Her son is a constant ～ *to* her. 息子は絶えず彼女に心配をかけている. **2** 切望, 熱望 (eagerness) 〔*for*〕 / 〈*to* do, *that*〉: ～ *for* fame / have an ～ *to* succeed / He showed his ～ *that* the party should return safe. 彼は一行の無事帰着を念願している様子を見せた. **3** 〘精神医学〙不安, 苦悶. **4** 〘哲学〙不安《特定の対象でなく無または可能性へのかかわりとして実存哲学が人間の根本的な気分と考えるもの; cf. angst》.

anxíety neurósis *n.* 〘精神医学〙不安神経症.

anx·ious [ǽŋ(k)ʃəs] 〘《1623》⊏ L *anxius* solicitous, uneasy ← *angere* to press tight, throttle: ⇨ anger, -ous〙 **—** *adj.* **1 a** 〈人・心が〉心配な, 不安な, 気遣って (worried, uneasy) 〔*about, at, for*〕 / 〈*lest*〉: an ～ feeling, mind / look ～ / be [feel] ～ *about* one's health 健康を気にする / be ～ *at* a person's delay 人が遅いので気をもむ / be ～ *about* [*for*] a person 人のことを気遣う / I was ～ *lest* he should lose the money. 彼がその金を無くしはしないかと心配だった. **b** 〈顔など〉心配[不安]そうな: an ～ look, manner, etc. **c** 不安なための, 気遣っての: make ～ inquiries 心配して問い合わせる. **2** 〈事が〉不安な, 心配な: an ～ day, matter, etc. / It was an ～ time *for* us. **3** 〔事を〕切望して〔*for*〕; しきりに〈…した〉がって (eager) 〈*to* do, *that*〉: be ～ *for* success, a person's return, etc. / They are ～ *to* know the result. しきりに結果を知りたがっている / I am ～ *for* him *to* come. 彼の来るのを切に望んでいる / He was ～ *that* all should go well. 万事うまく行くことを念願していた. **～·ness** *n.*

ánxious bènch *n.* [the ～] 《米》**1** 求道者席《伝道集会で霊の救いを願う人たちのために説教壇近くに設けられた席; mourners' bench ともいう》. **2** 不安な状態[気持ち]: on *the* ～ 心配して, 気にかけて.

ánx·ious·ly *adv.* **1** 心配して, 案じて, 気遣わしそうに: wait ～ for the news. **2** 切望して, 切に.

ánxious mèeting *n.* 《米古》(伝道集会後の)求道者会 (cf. revival 2).

ánxious sèat *n.* [the ～] ＝anxious bench.

an·y 〘OE *ǣniġ* < Gmc **aina(i)ʒaz* (Du. *eenig* / G *einig*) ← **ain-* 'ONE'＋**-iʒ-* '-Y¹'〙 **—** [éni | énɪ] *adj.* **1** [èni; əni, [t, d] の後では ṇi | ènɪ; ənɪ, [t, d] の後では ṇɪ] [否定・疑問・条件] **a** [通例単数名詞を伴って] どんな…も, 何か[も]…, だれか[も]… (cf. some *adj.* 1 a): Is there ～ reason for it? それに何か訳がありますか / If you can find ～ excuse, tell it to me. 何か言い訳でもあるなら聞こう / *Any* question(s)? 何かご質問はありませんか / He doesn't read just ～ books. 本なら何でも読むというわけではない (cf. 1 b). ★《口語》では否定語のあとの any がしばしば意味を弱めてほとんど不定冠詞と同意となる: There isn't ～ postmark on this letter. この手紙には消印がない. **b** [数量を示し, 複数形の Countable noun か Uncountable noun を伴って] いくらか[も]…, 少しの…(で)も (cf. some *adj.* 2): I didn't find ～ apples there. そこにはリンゴが1個もなかった / He doesn't read ～ books. 本は何も[全く]読まない《★ 時に 1 a にあげた He doesn't read just ～ books. と同意を表わすこともある; ただしその場合には文尾を上昇調で発音する》/ I didn't have ～ money with me. お金は少しも持ち合わせなかった《★ I had *no* money with me. よりも口語的》/ There isn't ～ hope of finding it. それが見つかる望みなど全然ない《★ There is *no* hope of finding it. よりも否定の意味が強い》/ You can solve the problem without ～ difficulty. その問題は何のぞうさもなく解ける / Are there ～ letters for me? 私に何か手紙が来ていませんか / Will you come with me if you have ～ time? お暇だったらごいっしょ願えませんか. **c** [距離・時間などを意味する単数名詞を伴って] どれほどの…も: You won't be able to travel ～

distance before nightfall. 日暮れ前にはいくらも行けはしないでしょう.
2 [肯定] **a** [通例単数名詞を伴って] どんな…でも, どれでも…, 何[だれ]でも…: *Any* schoolboy can do that. どんな生徒でもそれくらいのことはできる / He knew ~ and every person in the village. 彼は村中の人を一人残らず知っていた / *Any* room is better than no room. どんな部屋でもないよりはよい / *Any* paper will do. どんな紙でもよい / I'll go to ~ place you order me. あなたの行けと言う所へはどこへでも行きます (cf. anyplace) / Phone me ~ time you like. 《口語》いつでもご都合のよい時にお電話ください (cf. anytime) / Take ~ two points. 任意の2点をとりなさい / The night seemed to be longer than ~ other I had ever passed. その夜はそれまでになかったほどに長い夜に思われた / She was forbidden to enter ~ coffee shop. 彼女はどんな喫茶店にもはいってはいけないと言われた / ⇨ *in any* CASE[1]. **b** [数量を示し, 複数形の Countable noun か Uncountable noun を伴って] どれほどの…でも, いくらでも…: Choose ~ flowers you like. 好きな花をいくらでも選びなさい / You must try to avoid ~ more delay. これ以上長引かないようにしなければならない / ⇨ *at any* COST[1], *at any*[1] RATE. **c** [数量などを意味する単数名詞を伴って] どれほどの…でも, 無際限の (unlimited): He has ~ *amount of* money. お金はいくらでも持っている.
any old ⇨ old 成句. ***any one*** (1) [éni wʌ́n | éni-] どれでも一つ(の), だれでも一人(の): Take ~ *one* book. / You may take ~ *one* of these. どれでも一つお取りなさい. (2) [éni wʌ̀n | éni-] =anyone. ***any road*** =anyroad. ***any way*** =anyway 1, 3. ***any which way*** ⇨ way 成句.
— [éni | éni] *pron.* (*pl.* ~) [文脈上特定の範囲内の人または物をさし, または単独に用いて] **1** [否定・疑問・条件] どれか[も], だれか[も] (cf. some *pron.* 1); いくらか[も], 少しでも: I can*not* find ~ *of* them. 彼らのうちだれも[それらのうちどれも]見当たらない / I asked them if there were ~ present who knew about it. だれかそのことを知る者がいるかと尋ねた / I want some apples [milk]; have you got ~? リンゴ[ミルク]がほしいのですが, ありますか / If ~ *of* the students calls on me, tell him to wait. もし学生がだれか訪ねて来たら待つように言ってくれ / Is there ~ more *of* this stuff? この品はまだありますか. **2** [肯定] どれでも, だれでも: Take ~ you please. どれでも好きなのをお取り下さい / She can do the work better than ~ before her. 彼女は前任者のだれよりもよく仕事ができる.
if any もしあれば; たとえあるにしても: Correct errors, *if* ~. / There is little, *if* ~, hope. 望みはまずない. ***not having*** [***taking***] ***any***《口語》(ある事に関係すること・人に係り合うことなどは)ご免で, 真っ平で, いやで: I'm *not having* ~. 私には関係のないことだ, それはご免こうむる.
— [èni; əni, [t, d] の後では n̩i | èni; əni, [t, d] の後では n̩i] *adv.* [否定・疑問・条件] **1 a** [形容詞・副詞の比較級を伴って] 少し(で)も, いくらか, 少しは (in any degree): He isn't ~ *better* this morning. けさも少しもよい方ではない / I don't smoke ~ *longer*. もうたばこはやめた / I can't walk ~ *more*. もうこれ以上歩けない (cf. anymore) / You've become twenty without being ~ *the wiser*. お前も20にもなりながらちっとも賢くなっていないね / Can you run ~ *farther*? これ以上走れますか / If the weather gets ~ *better*, I'll call on him. 天気がいくらかよくなったら彼を訪ねよう. **b** [~ good として]《口語》少しもうまく[得意で](ない): I was *never* ~ *good* at mathematics. 数学は全然だめだった. **2** [動詞を修飾して]《米口語》少しも(…ない), 少しは (at all): The medicine didn't help ~. 薬は全然利かなかった / Did you sleep ~ last night? 夕べ少しは眠りましたか.
any old how《俗》(1) =anyhow 3. (2) とにかく, それはそうと (in any case).

an·y·bod·y [énibɑ̀di, -bʌ̀di, -bədi | énibɔ̀di, -bədi]〘《c1300》〙 — *pron.* **1** [否定・疑問・条件] だれも, だれか (cf. any *adj.* 1 a, somebody *pron.*): There wasn't ~ in the house. 家にはだれもいなかった / Did you ask ~ to come? だれかに来てくれと言いましたか / If ~ comes, tell him [them] to wait. だれかが来たら待つように言いなさい / John can do it if ~ (can). (ほかの人はともかく)ジョンはできる. ★ not...anybody は nobody の意味となるのが普通であるが, 次の例では, (a) の意味のほかに, (b) のように, anybody が everybody と同意となり, not...anybody で部分否定を表わすこともある; (b) の場合には文尾の anybody が特に下降調で強調される: He does*n't* lend his books to ~. (a) だれにも本を貸さない; (b) だれにでも本を貸すとは限らない. **2** [肯定]だれでも (cf. any *adj.* 2 a): *Anybody* can do that. だれにだってそれはできる / He is taller than ~ else. ほかのだれよりも背が高い.
anybody's game [***match, race***]《口語》勝敗の予想のつかない競技[試合, 競走], 全く互角の競技[試合, 競走]. ***anybody's guess*** ⇨ guess *n.* 成句.
— *n.* **1** [主に疑問・否定・条件] (何かの点で)重きをなす人, ひとかどの人間 (cf. somebody *n.*): I *never* wanted to be ~. ひとかどの人物になりたいなどと思ったことは全くない / everybody who is ~ いやしくもひとかどの人間はだれでも. **2** [通例否定・条件構文で] 並の人: He's *not* just ~, he's the boss. ただの人じゃない, 社長だ.

an·y·how [énihàu | éni-]〘《1740》〙 — *adv.* **1 a** どのようにしてでも, 何としてでも (in any way): The work may be done almost ~. その仕事はどんなやり方でもやってよい. **b** どのようにでも…する仕方で; どんな風に…しても (in whatever way): The answer is wrong ~ you look at it. 答えはどう見ても間違っている / *Anyhow* I do it, it always fails. どんな風にやってもいつもうまく行かない. **2** いずれにしても, とにかく (in any case); 少なくとも (at least); (話題を変えて)それはともかくとして: It must be done ~. ともかくもしなければならない / She is sincere, ~, even if she is rather slow. ちょっと仕事が遅いということがあっても少なくともまじめだ / *Anyhow*, let us begin. とにかく取りかかろう. **3** どうにかこうにか, いい加減に, おざなりに, ぞんざいに: Things are all ~. 何もかもいい加減になっている.
feel anyhow《口語》何だか身体の具合が悪い.

an·y·more [ènimɔ́ə, -mɔ́ə | ènimɔ́:(r)] *adv.* (*also* **àny móre**) **1** [否定構文で]もはや, 今(で)は (now) (cf. any *adv.* 1): He does*n't* work ~. 彼はもう働かない / I *seldom* go there ~. そこへはもう滅多に行かない. **2** [肯定構文で]《方言》もう, 今(で)は: She's a grown-up woman ~. 彼女ももう一人前の女になった.

an·y·one [éniwʌ̀n, -wən | éni-]〘《?c1380》〙 — *pron.* =anybody《幾分形式ばった語》: *Anyone* could have told you that. それ位だれに聞いてもわかっただろうに. ★ANY *one* (1) と区別する.

an·y·place [énipleɪs | éni-]〘← *any place* (⇨ any (adj.) 2 a)〙 *adv.*《米口語》=anywhere.

ány·ròad *adv.*《英》どの道, いずれにしても, とにかく (anyway)《非標準的な語》.

A·nys·ti·dae [ənístədi: | -tɪ-]〘← NL ~ ← *Anystis* (属名)+-IDAE〙 *n. pl.*〘動物〙ハモリダニ科.

an·y·thing [éniθìŋ, -θɪŋ | éni-]〘OE *ǣnig þing*〙 — *pron.* **1** [否定・疑問・条件] **a** 何も, 何か(あるもの[こと]) (cf. any *adj.* 1 a, something *pron.* 1 a): I can't believe ~ you say. 君の言うことは何一つ信用できない / He didn't do ~ else.《米口語》全くその通りのことをした / Did you see ~ there? そこで何か見ましたか / She wondered whether it had ~ to do with the event. 何かその事件と関係があるのではないかと考えた / if ~ wrong happens 何か異常な事でも起こったら. **b** [~ of として] (…は)少し(で)も, いくら(で)も (cf. something *pron.* 1 b): I haven't seen ~ *of* Mr. A lately. 近ごろ A さんに少しも会っていない / Is he ~ *of* a musician? 彼は少しは音楽がやれますか. **2** [肯定] 何でも (cf. any *adj.* 2): He can do ~.
anything but …のほかは何でも; 少しも…でない (not...at all), …とだけは決して言えない (far from): I will do ~ *but* that. そのほかのことなら何でもする《そればっかりはご免だ》/ He is ~ *but* a scholar. 彼が学者だなんてとんでもない / It is ~ *but* pleasant. 楽しいどころか《不愉快だ》/ [独立的に] You look like a gentleman.—*Anything but*. ご立派な紳士とお見受けしますが—とんでもありません. ***anything like*** [主に否定構文で] …に似た[類する]ものは何も (cf. ANYTHING *like* ⇨ *adv.*): I *never* saw ~ *like* it. そのようなものは見たことがない / He does *not* like ~ *like* labor. 労働などは全く好まない. (***as***)***...as anything***《口語》何にも劣らないほど, 非常に: He is *as* proud *as* ~. とても得意だ. ***for anything*** (1) [否定語の後で] いくら得をしても(…しない), 決して(…しない): I would *not* do it *for* ~. どんなことがあってもそれはしない. (2) [too...for ~ として]《口語》極端に, 非常に (excessively): It was *too* hot *for* ~. ものすごく暑かった. ***if anything*** 少しでも差違があるとすれば, いずれかと言えば (rather): He is, *if* ~, a little better today. 大して変りはないが, 今日は少しはよい方です. ***like anything***《口語》激しく, ものすごく, 非常に (exceedingly): She wants it *like* ~. それをものすごく欲しがっている / He was proud *like* ~. 非常に得意だった. ***or anything*** [否定・疑問・条件] …とか何とか(そういったこと) (cf. *or* SOMETHING): If he wants to visit me *or* ~, I'll be at home all day. もし彼が私を訪ねたいとか何とか言うのだったら, ずっと家にいる.
— *n.* [主に否定語の後で] 大した事, 重要な事 (a serious thing) (cf. something): Don't worry. It isn't ~. 心配しないで, 何でもないのだから.
— *adv.* 少しは, いくらか; 少しも (at all): Is she ~ like her mother? 彼女は少しは母親に似ていますか.
anything like [否定・疑問構文で] 全然, 少しも (cf. ANYTHING *like* ⇨ *pron*): I have *not* ~ *like* tried it. それを手がけてもいません.

an·y·thing·ar·i·an [èniθɪŋɛ́(ə)riən | èniθɪŋɛ́ərɪ-]〘⇨ ↑, -arian〙 *n.*〘軽蔑的に〙一定の信仰[信条]を持たない人, (宗教的に)無関心な人.

an·y·time [énitàɪm | éni-] *adv.* **1** いつでも, どんな時にも (at any time): You can come ~. いつでも来てよい. ★ しばしば関係詞なしに従節を導いて用いられる: *Anytime* you find such leaves you should cut them. そんな葉を見付けたら切った方がよい. **2** どんな場合でも, 必ず (invariably): I'll do it better ~. いつだってもっとうまくやってみせる.

an·y·way [éniwèɪ | éni-]〘《a1325》〙 — *adv.* **1** 何としてでも, どうにでも (in any way). ★ any way と2語でも書き, しばしば関係詞なしに従節を導いて用いられる (cf. anyhow 1 b): You can do it ~ [*any way*] you like. どうにでもしたいようにやってよい. **2** いずれにしても, やっぱり, とにかく (in any case): I'll go ~. 私はとにかく行く. **b** それはそうと (anyhow). **3** ぞんざいに, いい加減に.

an·y·ways [éniwèɪz | éni-]〘《?c1200》*ani weis*: ⇨ -s[2]〙 *adv.* **1**《口語》=anyway 1. **2**《方言》=anyway 2.

an·y·where [éni(h)wɛ̀ə | éni(h)wɛ̀ə(r)]〘《c1380》〙 — *adv.* **1** [否定・疑問・条件] **a** どこへ[に]も, どこかへ[に] (cf. somewhere 1 a): I won't go ~. どこへも行きはしない / Can I get it ~ in this town? この町のどこかで手にはいりますか / Tell him so if you meet him ~. 彼にどこかで会ったらそう言って下さい / You will find it in New York if ~. どこかにしてもニューヨークでは見つかるだろう. **b** [~ near として]《口語》幾分でも, 少し(で)も (at all): The answer didn't come ~ *near* the correct one. その答えは正解とはひどく違っていた / He isn't ~ *near* as kind as his sister is. 彼は妹さんとは大違いで不親切な人だ. **2** [肯定] **a** どこへでも, どこ[どの辺]でも: You may go ~. どこへ行ってもよろしい. **b** どこ(へ)でも…する所に; どこに…しても (wherever): Go ~ you like. どこでも行きたい所へ行きなさい / *Anywhere* you go it's the same. どこへ行っても同じだ.
anywhere from...to... = ***anywhere between...and...*** (数・時間などを述べて)…から…のあたり, …ないし…: There were ~ *from* [*between*] fifty *to* [*and*] seventy students. 50人から70人あたりの学生がいた / *Anywhere from* three *to* six months might have passed. 3か月ないし6か月後のことだったろう. ***get anywhere*** ⇨ get[1] 成句. ***or anywhere*** [否定・疑問・条件] あるいはどこかそんなところに: if you want to go to Africa *or* ~ アフリカへでもどこへでも行きたいなら.
— *n.* [時に節を伴って]どこでも (any place): They welcome visitors from ~. どこから来る人でも歓迎する.

an·y·wise [éniwàɪz | éni-]〘《?c1175》: ⇨ any, wise[2]〙 *adv.*《文語》どのようにでも (in any manner), どの点からも, いかほどにも (at all).

An·zac [ǽnzæk]〘《頭字語》← *A*(*ustralian and*) *N*(*ew*) *Z*(*ealand*) *A*(*rmy*) *C*(*orps*)〙 — *n.* **1**〘軍事〙アンザック軍団員; [the ~s] アンザック軍団《オーストラリア・ニュージーランド連合軍団; 第一次大戦中の Gallipoli 戦役から始まる》. **2 a** オーストラリア兵, ニュージーランド兵. **b** オーストラリア人, ニュージーランド人. **3** アンザック軍団の Gallipoli 半島上陸 (1915年).

Ánzac Dày *n.* アンザックデー《4月25日; アンザック軍団の Gallipoli 半島上陸(1915年)記念日》.

An·zio [ǽnziòu, á:n- | -ziəu; *It.* ántsjo] *n.* アンツィオ《イタリアの Rome 南方にある海港; 1944年1月連合軍のイタリア侵入の時の上陸地; 観光地; 人口 7,000; 古名 Antium》.

An·zus [ǽnzəs]〘《頭字語》← *A*(*ustralia*), *N*(*ew*) *Z*(*ealand and the*) *U.S.*〙 — *n.* (*also* **AN·ZUS** [~]) アンザス《オーストラリア・ニュージーランド・米国によって 1951 年に結成された太平洋共同防衛体制》.

a.o. 《略》account of; and others. 「Order 軍命令, 軍令.

A.O. 《略》〘軍事〙accountant officer 経理部将校; Army

A.O.C. 《略》〘軍事〙Air Officer Commanding 飛行[航空]隊長, 空軍指揮官;〘軍事〙Army Ordnance Corps 陸軍兵器部隊; *F.* appellation d'origine contrôlée (ぶどう酒の)統制原産地名称.

A.O.D. 《略》〘軍事〙Army Ordnance Department 陸軍兵器部.

A. of F. 《略》〘英海軍〙Admiral of the Fleet.

A.O.H. 《略》Ancient Order of Hibernians.

A-OK [éɪòukéɪ | -əu-]〘← *A* (*one*)+O.K.〙 *adj.* (*also* **A-O-Kay** [~])《米口語》すべてオーケーの, 完全な.

AOL, A.O.L. [éɪɔ(ː)l, éɪòuél | éɪɔl, éɪəuél]《略》《米》〘軍事〙absent over leave 休暇[賜暇]期間超過欠勤, 許可期間超過外出 (cf. overleave, AWL, AWOL).

AONB, A.O.N.B. 《略》《英》Area of Outstanding Natural Beauty.

A one [éɪ-wʌ́n] *n., adj.* =A 1 *n., adj.*

A·o·ni·a [eɪóuniə, -njə | -áunjə, -niə] *n.* アオニア《ギリシャ Boeotia の一地方; Muses の住んだと伝えられる Helicon 山がある》.

A·o·ni·an [eɪóuniən, -njən | -áunjən, -niən] *adj.* **1** アオニア (Aonia) 地方の. **2** 女神ミューズ (Muses) の.

AOQ 《略》average outgoing quality 平均出検品質.

aor. 《略》〘ギリシャ文法〙aorist.

a·o·rist [éɪərɪst, ɛ́(ə)r-, -rəst | éərɪst, éɪər-]〘《1581》□ Gk *aórist-os* indefinite ← A-[7]+*horistós* definable (← *horizein* to bound (cf. horizon))〙〘ギリシャ文法〙 — *n.* アオリスト, 不定過去《継続・完了を意味せず単に起こった事実を一回的に表現する時制》. — *adj.* 不定の (indefinite): the ~ tense アオリスト.

a·o·ris·tic [èɪərístɪk, ɛ(ə)r- | ɛər-, èɪər-] *adj.* **1**〘ギリシャ文法〙アオリストの, 不定過去の. **2** =aorist. **à·o·rís·ti·cal·ly** *adv.*

a·ort- [eɪɔ́ət | -ɔ́:t] (母音の前に来る時の)aorto- の異形.

a·or·ta [eɪɔ́əṭə | -ɔ́:t-]〘《1594》← NL ~ ← Gk *aortḗ* ← *aeirein* to lift: cf. artery〙 — *n.* (*pl.* **~s, a·or·tae** [-ti:])〘解剖〙大動脈 (⇨ heart 挿絵): the ascending [descending] ~ 上行[下行]大動脈. **a·ór·tal** [-tl̩ | -tl] *adj.* **a·or·tic** [eɪɔ́əṭɪk | -ɔ́:t-] *adj.*

aórtic árch *n.* 〘解剖〙大動脈弓 (⇨ heart 挿絵).
aórtic incómpetence [insufficiency] *n.* 〘病理〙大動脈弁閉鎖不全.
aórtic stenósis *n.* 〘病理〙大動脈口狭窄症.
aórtic válve *n.* 〘解剖〙大動脈弁.
a·or·ti·tis [èɪɔətáɪtɪs, -təs | -ɔːtáɪtɪs] 〖← NL ～: ⇨ ↓, -itis〗 *n.* 〘病理〙大動脈炎.
a·or·to- [eɪɔ́əṭo(ʊ) | -ɔ́ːtə(ʊ)] 〖← NL ～: ⇨ aorta〗「大動脈 (aorta)」の意の連結形. ★ 母音の前では通例 aort- になる.
a·or·tog·ra·phy [èɪɔətágrəfi | -ɔːtɔ́grəfi] *n.* 〘医学〙大動脈造影[撮影](法), アオルトグラフィー. **a·or·to·graph·ic** [èɪɔəṭəgrǽfɪk | -ɔːtə-] *adj.* 「感.
AOS, A.O.S. 《略》〘宇宙〙accept of signal 信号の入
a·ou·dad [áudæd, áːudæ̀d] 〖⊏F ～ ⊏ Berber *audad*〗 ── *n.* 〘動物〙バーバリシープ, タテガミヒツジ (*Ammotragus lervia*)《北アフリカ産の野生羊; Barbary sheep ともいう》.

aoudad

à out·rance [àːuːtrɑ́ː(n)s, -trɔ̃ː(n)s, -trɑ́ːns, -trɔ́(ː)ns; *F.* a utrɑ̃ːs] 〖⊏F ～ 'to the limit'〗 *F.* 極度に; 最後[死ぬ]まで, あくまで.
Ap, Ap. 《略》April.
AP 《略》airplane; air pollution; Associated Press エーピー《米国の二大通信社の一つ; cf. UPI》.
AP, A.P. 《略》〘米軍〙Air Police.
A/P 《略》〘商業〙advise and pay 通知し, 支払わせる; authority to pay 支払い権限; authority to purchase 購買権限.
ap. 《略》《米》apothecaries'; apparent; *L.* apud (=in the works of, according to).
ap., Ap. 《略》apostle. 「者送り校正刷[ゲラ].
a.p. 《略》〘醸造〙above proof; 〘印刷〙author's proof 著
A.P. 《略》American plan; atomic power. 「加保険料.
A.P., A/P, a.p. 《略》〘保険〙additional premium 追
ap-[1] [æp, əp] *pref.* (p の前に来る時の) ad- の異形: *ap*pear. 「*ap*agoge.
ap-[2] [æp] *pref.* (母音の前に来る時の) apo- の異形:
Ap- [æp] 〖⊏ Welsh *ap* 《頭音消失》← *map* son〗 *pref.* ウェールズ系の人名(姓)の前に付いて son of の意を表わす (cf. patronymic *n.* 1): *Ap*john, *Ap*reys.
a·pa [əpáː] 〖⊏ Port. ⊏ Tupi ～ ← Galibi〗 *n.* 〘植物〙= wallaba.
A.P.A. 《略》American Philological Association; American Philosophical Association 米国哲学協会; American Protestant Association 米国プロテスタント連合[協会]; American Psychiatric Association 米国精神医学会; American Psychological Association 米国心理学会; Association for the Prevention of Addiction; Association of Public Analysts.
a·pace [əpéɪs] 〖《c1385》← OF *à pas*: ⇨ a-[1], pace[1]〗 ── *adv.* **1** 速やかに, 急速に (swiftly): Ill news comes ～. ⇨ news 1 b. **2** 〔…と〕歩調を合わせて, 肩を並べて (abreast) 〔*with, of*〕.
a·pache [əpǽʃ, əpáːʃ | əpǽʃ, æp-, -páːʃ; *F.* apaʃ] 〖《1902》⊏F ～ ← (↓)〗 ── *n.* (*pl.* **a·pach·es** [～ɪz, ～əz; *F.* ～]) **1** (Paris の)無頼漢, ならずもの, アパッシュ. **2** 無頼漢, ごろつき, やくざ (ruffian).
A·pach·e [əpǽtʃi | -tʃɪ] 〖⊏ Sp. ～ ⊏ ? Zuñi *Ápachu* 《原義》enemy〗 ── *n.* (*pl.* ～, ～**s**) **1 a** [the ～(s)] アパッチ族《米国 New Mexico, Arizona, Texas, Colorado の諸州およびメキシコに居住した北米インディアン》. **b** アパッチ族の人. **2** アパッチ族の言語.
apáche dànce *n.* アパッシュダンス《Paris の酒場などで始められた(男女)ペアの激しい踊り》.
Apáche Stàte 〖もとこの州にアパッチ族が多く住んでいたことから〗 *n.* [the ～] 米国 Arizona 州の俗称.
ap·a·go·ge [æ̀pəgóudʒi | -gə̀udʒɪ] 〖⊏ Gk *apagōgē* ← *apágein* to lead off ← APO-+*ágein* to lead (cf. -agogue)〗 ── *n.* 〘論理〙アパゴーゲー《大前提が真で小前提が蓋然的に真である三段論法に対する Aristotle の命名》. **ap·a·gog·i·cal** [æ̀pəgádʒɪkəl, -dʒə- | -gɔ́dʒɪ-] *adj.* **àp·a·góg·i·cal·ly** *adv.*
ap·a·nage [ǽpənɪdʒ] *n.* = appanage.
a·pa·re·jo [æ̀pəréɪou, àːpə-, -réɪhou | -réɪəu, -réɪhəu; *Am. Sp.* àparého] 〖⊏ Am.-Sp. ～ ⊏ Sp. ～ 'equipment, preparation' ← *aparejar* to prepare: cf. apparel〗 ── *n.* (*pl.* ～**s** [～z; *Am. Sp.* ～s]) 《米南西部》(革またはキャンバスのクッションで出来た)荷ぐら.
a·part [əpáət | əpáːt] 〖《c1378》⊏ OF ～ (F *à part*) < L *ad partem* to the one side or part: ⇨ ad-, part〗 ── *adv.* **1 a** (場所的・時間的に)離れて, 別れて (separately): The village and the school are three miles ～. 村と学校は三マイル離れている / The holidays are two days ～. 休日は二日の間隔がある / ⇨ LIVE[1] *apart*. **b** 〔…から〕離れて, 離して (at a distance); 〔…を〕避けて 〔*from*〕: cut ～ 切り離す / He stood ～ *from* them. 彼らから離れていた. **2** 離れ離れに, ばらばらに (to pieces): break a toy ～ おもちゃをばらばらにこわす / ⇨ COME *apart*. **3 a** 個別的に[それだけで](考えると) (separately): Viewed ～, the question is simple. 個別的に見ると問題は簡単だ. **b** [名詞・動名詞に後置して] (…を)別にして, 除いて (aside): A few things ～, … いくつかの点は別として… / Joking [Jesting] ～, what will they do? 冗談はさて置いて彼らはどうするだろう. **4** 一方へ, わきへ; (ある目的・用途のために)別にして, 取り除いて: ⇨ SET *apart* (1).
apart from (1) …のほかに, …に加えて (besides): *Apart from* (raising) the funds, there is the matter of personnel. 資金(調達)のほかに人員の問題がある. (2) …を除いては, …のほかに (except for): *Apart from* a few fragments, nothing remains of his work. 2, 3 の断片を除いては彼の作品は何も残っていない. ***tell [know] apart*** 〈似た人・物を〉区別する, 見分ける (distinguish) 〔*from*〕: The twins are difficult to *tell* ～. あの双子は区別がつきにくい.
── *pred. adj.* **1 a** 離れて, 別で (separate); 独立した (independent) 〔*from*〕: The storehouse is ～ *from* the building. 倉庫は建物から離れている. **b** 〈人・物が〉意見[性質]が違って; 疎遠で (distant) 〔*from*〕: They grew ～. **2** [名詞に後置して]〈人・物が〉(他とは)別で, 例外的で (out of the common): a race ～ 別個の[特に優秀な]人種.
～·ness *n.*
a·part·heid [əpáəteɪt, -aɪt, -heɪt, -haɪt | əpáːtheɪt, -heɪd, -haɪt; *Afrik.* apártheɪt] 〖⊏ Afrik. ～ 《原義》separateness ← *apart* (⊏F *à part* (↑)) + -*heid* '-HOOD'〗 ── *n.* 民族隔離計画; (特に, 南アフリカ共和国で計画された黒人に対する)人種差別待遇[隔離政策], アパルトヘイト.
a·part·ment [əpáətmənt | əpáːt-] 〖《1641》⊏ F *appartement* ⊏ It. *appartamento* ← *appartare* to separate ← *a parte* 'APART': ⇨ -ment〗 ── *n.* **1** 《米・カナダ》**a** アパート (《英》flat) 《共同住宅 (apartment house) 内の一組の部屋から成る住居; cf. duplex apartment》: a three-room ～ / *Apartments* for Rent (アパート)空室[貸室]あり《広告文》. **b** = apartment house. **2** [*pl.*] 《英》**a** (多く短期滞在のための)貸室, 貸間. **b** 高級アパート, マンション (cf. mansion 2). **3 a** 部屋, 室 (room). **b** [しばしば *pl.*] (大きくて立派な)部屋, 室《しばしば組み部屋 (suite) を成す》.
a·part·men·tal [əpɑ̀ətméntḷ, æ̀pɑət- | æ̀pɑːtmén-tḷ, əpɑ̀ːt-] *adj.* 「house.
apártment bùilding *n.* 《米・カナダ》= apartment
apártment hotél *n.* 《米》ホテル式アパート《食事や召使のサービスなど一切経営者が供給する; cf. service flat》.
apártment hòuse *n.* 《米・カナダ》(主に賃貸の)共同住宅, アパート (apartment building) (《英》block [building] of flats) (cf. condominium 2).
ap·as·tron [æpǽstrən, -trɑn | -trən, -trɔn] 〖← NL ～ ← APO-+Gk *ástron* 'STAR'〗 ── *n.* (*pl.* **-as·tra** [-trə]) 〘天文〙遠星点《連星系で伴星が主星から最も遠ざかった点; cf. periastron》.
ap·a·tet·ic [æ̀pətéṭɪk | -tét-] 〖⊏ Gk *apatētik-ós* fallacious ← *apatân* to cheat: ⇨ -ic[1]〗 ── *adj.* 〘動物〙保護色[形態]をもった: ～ coloration 保護色.
ap·a·thei·a [æ̀pəθáɪə] 〖⊏ Gk *apátheia* 'APATHY'〗 *n.* (*also* **a·path·i·a** [əpǽθiə | -θɪə]) 〘ストア哲学〙アパテイア (⇨ apathy 3).
ap·a·thet·ic [æ̀pəθéṭɪk | -tɪk] 〖《1744》← APATHY + (PATH)ETIC〗 ── *adj.* **1** 無感情の, 無感動の (unemotional). **2** 無神経な, 冷淡な (indifferent) 〔*to, toward*〕.
àp·a·thét·i·cal *adj.* **àp·a·thét·i·cal·ly** *adv.*
ap·a·thy [ǽpəθi | -θɪ] 〖《1603》⊏ F *apathie* ⊏ L *apathia* ⊏ Gk *apátheia* ← *apathḗs* ← A-[7]+*páthos* 'feeling, PATHOS'〗 ── *n.* **1** 無感動. **2** (他人が興味を覚えるものに対する)無関心, 無神経, 冷淡, しらけ (indifference) 〔*to, toward*〕: with ～ / have an ～ *to* …に冷淡である. **3** 〘ストア哲学〙アパテイア, 不受態《喜怒哀楽の多様な情念に動かされない心の状態; apatheia ともいう》. **4** 〘精神病理〙無感情, 感情鈍麻.
ap·a·tite [ǽpətàɪt] 〖《1803》⊏ G *Apatit* ⊏ Gk *apátē* deceit: 他の鉱石と見まちがえることから: ⇨ -ite[1]〗 *n.* 〘鉱物〙燐灰(りんかい)石 ($Ca_5(PO_4)_3(OH, F, Cl)$).
ap·a·to·sau·rus [æ̀pəṭo(ʊ)sɔ́ːrəs | -tə(ʊ)-] 〖← NL ～ ← *apato-* ⊏ Gk *apátē* (↑) + -SAURUS〗 ── *n.* 〘古生物〙アパトサウルス《ジュラ紀後期北米にいた竜脚亜目 *Apatosaurus* 属の草食の恐竜; 爬虫類中最大; 体長 26 m, 体重 30 トン》.
APB 《略》all points bulletin.
APB Opinion 《略》〘会計〙Accounting Principles Board Opinion 会計原則審議会意見書.
APC, A.P.C. 〖1: 《略》← *a(spirin), p(henacetin), c(affeine)*. 2: 《略》← *a(ll)-p(urpose) c(ure)*〗 ── *n.* **1** 〘薬学〙複方 APC 散《解熱・鎮痛剤; アスピリン・フェナセチン・カフェインの配合薬》. **2** 《戯言》万能薬.
ape [éɪp] 〖OE *apa* ← Gmc **apan-* (Du. *aap* / G *Affe*)〗 ── *n.* **1** 〘動物〙**a** エイプ《主にアジア・アフリカ産の尾なしザル》. **b** 類人猿(えん) (anthropoid ape, pongid). **2** 短尾のサル. **3** 人[猿]まねをする人, 模倣者. **4** (類人猿のように)無骨で下等な人間. **5** 《廃》ばか.
God's ape 生れながらのばか. ***lead apes in hell*** 〘猿の手を引いてやるのがオールドミスの来世での仕事との言い伝えから〙〈女が〉一生独身で暮らす. ***play the ape*** (1) 人まねをする. (2) ふざけ回る; 悪ふざけをする. ***play the sedulous ape*** (修練のために)〈大家の〉文体(など)をまねる (imitate closely) 〔*to*〕 (R. L. Stevenson, *Memories and Portraits*). ***say an ape's paternoster*** 寒くて[こわくて]歯の根が合わない.
── *adj.* 《俗》狂気の; 興奮した; 夢中になった. ★ 主に次の成句に用いる: ***go ape*** 《俗》(1) 気が狂う, ひどく怒る[興奮する]. (2) 〔…に〕夢中になる, 熱中する 〔*over, for*〕: *go* ～ *over* a girl.
── *vt.* **1** まねる, 模倣する. **2** 装う (feign): ～ modesty. **3** [～ it として]《古》人[猿, 物]まねをする.
áp·er *n.*
a·peak [əpíːk] 〖《1596》*a pike* ⊏ F *à pic* perpendicularly: 現在の形は PEAK[1] の影響〗 ── *adv.* 〘海事〙 **1** 〈錨が〉立ち錨に(なって). **2** 〈帆桁など〉一端を一ぱいに吊り上げられ斜めに起こされて. **3** (こぐ手を休める場合などに)〈オールが〉斜めに立て交差させられて.
a·pei·ron [əpáɪrɑn, əpéɪ- | -rɔn] 〖⊏ Gk *ápeiron* (neut.) ← *ápeiros* infinite ← A-[7]+*peírar* completion〗 ── *n.* (*pl.* **a·pei·ra** [-rə, -rɑː]) 〘哲学〙アペイロン《無限を意味し, ギリシャの哲学者 Anaximander が世界の根源にある実在を名づけたもの》.
A·pel·doorn [ǽpəldɔ̀ən, -dòən, áːp- | -dɔ̀ːn; *Du.* áːpəldòːrn] *n.* アーペルドールン《オランダの都市; 人口 136,000》. 「シャの画家」.
A·pel·les [əpéliːz] *n.* アペレス《360?-?315 B.C.; ギリ
ápe-màn [-mæ̀n] *n.* (*pl.* **-men** [-mèn]) 〘人類学〙 **1** 猿人《ホモサピエンス (*Homo sapiens*) とピテカントロプス (pithecanthropus)・アウストラロピテクス (australopithecus) などの中間に位する; cf. Swartkrans ape-man》. **2** 類人猿に育てられたと思われる人間.
Ap·en·nine [ǽpənàɪn | ǽpɪ-, ǽpe-] *adj.* アペニン[アペニノ]山脈の.
Ap·en·nines [ǽpənàɪnz | ǽpɪ-, ǽpe-] *n. pl.* [the ～] アペニン[アペニノ]山脈《イタリア半島の背骨をなす山脈; 最高峰 Monte Corno [kɔ́ənou | kɔ́ːnəu; *It.* kɔ́rno] (2,914 m)》.
a·pep·sia [eɪpépʃə, -siə | -sɪə, -sjə] 〖← NL ～ ← Gk *apepía* ← A-[7]+*péptein* to digest〗 *n.* 〘病理〙消化不良.
ap·er·çu [æ̀pəsúː, ⌐⌐⌐ | æ̀pəːs(j)úː; *F.* apɛrsy] 〖⊏ F ～ 'rapid survey' (p.p.) ← *apercevoir* to perceive〗 ── *F. n.* (*pl.* ～**s** [～z; *F.* ～]) **1** (書物・論文などの)梗概(こうがい), 概要, 一覧 (outline). **2** 一瞥; 洞察.
a·pe·ri·ent [əpí(ə)riənt | əpíərɪ-] 〖《1626》⊏ L *aperient-em* (pres.p.) ← *aperīre* to open: ⇨ -ent〗 〘薬学〙 *adj.* 通じの効果のある. ── *n.* 軟下薬, 緩下(かん)剤.
a·pe·ri·od·ic [èɪpɪ(ə)riɑ́dɪk, ⌐⌐⌐⌐⌐ | èɪpɪərɪɔ́dɪk, ⌐⌐⌐⌐⌐] 〖← A-[7]+PERIODIC[1]〗 ── *adj.* **1** 非周期的な, 不規則な (irregular). **2** 〘物理〙非周期的な. **3** 〘暗号〙(ほとんど)反復しない, 容易に反復が見出し得ない. **à·pe·ri·ód·i·cal·ly** *adv.* **à·pe·ri·o·díc·i·ty** [èɪpɪ(ə)riədísəṭi | èɪpɪərɪədísətɪ, -rɪɔ-, -sɪ-] *n.*
aperiódic círcuit *n.* 〘電気〙非周期性回路, 非同調回路.
a·per·i·tif [ɑ̀ːperətíːf, -rɪ-, ɑːpèrətíːf, əp- | əpérɪtɪf, ɑ̀ːperɪtíːf; *F.* aperitif] 〖《1894》⊏ F *apéritif* (adj.) < L *aperitivum* ← L *aperīre* to open: ⇨ aperient〗 ── *n.* (*pl.* ～**s** [～s; *F.* ～]) **1** アペリチフ, 食前酒《食欲促進のため食前にとるアルコール飲料》. **2** = aperitif wine.
aperitif wìne *n.* アペリチフワイン《食前酒またはカクテルに用いる辛口のまたはあまり甘くない sherry, vermouth など; cf. table wine, dessert wine》.
a·per·i·tive [əpérəṭɪv | əpérət-, -rɪ-] 〖《?a1425》⊏ F *apéritif, -ive* (fem.) opening: ⇨ aperitif, -ive〗 ── *adj.* **1** 〘薬学〙= aperient. **2** 食欲を刺激する. ── *n.* **1** 〘薬学〙 **a** = aperient. **b** 食欲促進薬. **2** = aperitif.
ap·er·tom·e·ter [æ̀pətɑ́məṭə | æ̀pətɔ́mɪtə(r, -mə-] 〖← APERT(URE)+-O-+-METER[1]〗 ── *n.* 〘光学〙(レンズ特に顕微鏡対物レンズの)開口数測定器, 開(放)角測定器, 開口計.
ap·er·ture [ǽpətʃùə, -tʃə, -t(j)ùə | ǽpətjùə(r, -tʃùə(r, -tʃə(r] 〖《?a1425》⊏ L *apertūra* an opening ← *aperīre* to open: OVERTURE と二重語〗 ── *n.* **1** 開き口, 孔 (opening), すきま (gap). **2** 〘光学〙開き, (レンズの)口径; (反射鏡の)鏡径; (撮影機・映写機などの)視野絞り. **3** 〘解剖〙口, 開口.
áperture càrd *n.* 〘電算機〙アパチャーカード《穿孔(せんこう)カードの一部分を切抜いて窓にし, そこにマイクロフィルムを貼り付けられるもの》. 「る)窓板.
áperture plàte *n.* 〘光学〙(光学機械で視野絞りとな
áperture ràtio *n.* 〘光学〙口径比 (⇨ relative aperture).
ap·er·y [éɪpəri | -rɪ] 〖← APE (n.)+-ERY〗 *n.* **1** (猿のような)人まね, 猿まね (mimicry); くだらないいたずら[振舞い]. **2** 猿の集団; 猿の小屋.
a·pet·al·ous [eɪpéṭələs, -ṭḷ- | -təl-] 〖← NL *apetalus* (← Gk *apétalos*: ⇨ a-[7], petalous) + -OUS〗 *adj.* 〘植物〙花弁 (petal) のない, 無弁の.
a·pex [éɪpeks] 〖《1603》⊏ L ～ 'point, summit' ← ? *apere* to fasten: cf. apt〗 ── *n.* (*pl.* ～**es**, **a·pi·ces** [éɪpəsìːz, ǽp- | -pɪ-]) **1** 頂上, 頂点, 頂 (summit); 頂端, 先端: the ～ of a cone, triangle, etc. **2** 〘天文〙向点: ⇨ solar apex. **3** 絶頂, 極致 (climax, acme): He was at the ～ of his power. 権勢の絶頂にあった. **4** 〘音声〙舌先 (tip) (cf. point 22 b, blade 7). **5** 〘解剖〙頂, 尖: the ～ of a lung 肺尖.
ap·fel·stru·del [ǽpfəlstrùːdḷ, -ʃtrùː-; *G.* ápfəlʃtruː-dl] 〖⊏ G ～ ← *Apfel* 'APPLE'+STRUDEL〗 ── *n.* アプフェルシュトルーデル, りんごのシュトルーデル《紙のように薄い生地に, りんごの薄切り・干しぶどう・砂糖などを巻き込んで焼いたデザート用菓子》.
aph. 《略》aphorism.
aph- [æf] *pref.* (h の前に来る時の) apo- の異形; ただし h は繰返さない: *aph*elion.
a·pha·ci·a [əféɪʃiə, -ʃə | -sɪə, -sjə] *n.* 〘眼科〙= aphakia.
a·phaer·e·sis [əférəsɪs, æf-, -fí(ə)r-, -səs | əfíərɪsɪs]

〖《1611》▭LL ～ ▭Gk *aphaíresis* ← *aphaireîn* to take away ← APO-＋*haireîn* to snatch〗 ― *n.* (*pl.* **-e·ses** [-sì:z]) 〘言語〙語頭音(節)消失《advantage が vantage に, It is …が 'Tis …になるなど; cf. syncope 1, apocope, aphesis》. **aph·ae·ret·ic** [æ̀fərétɪk | -tɪk] *adj.*

a·pha·ki·a [əféɪkiə, æf- | -kɪə, -kjə] 〖← NL ～ ← A-[7]＋Gk *phakós* lentil＋-IA[1]〗 *n.* 〘眼科〙無水晶体(症)《aphacia ともいう》.

aph·an- [æfən] (母音の前に来る時の) aphano- の異形: *aphanite*.

Aph·a·nip·ter·a [æ̀fənɪ́ptərə] 〖← NL ～: ⇨ aphano-, -ptera〗 *n. pl.* 〘昆虫〙＝Siphonaptera.

aph·a·nite [æfənàɪt] 〖▭F ～: ⇨↓, -ite[1]〗 *n.* 〘岩石〙非顕晶質火山岩. **aph·a·nit·ic** [æ̀fənɪ́ṭɪk | -tɪk] *adj.*

aph·a·no- [æfənoʊ | -nə(ʊ)] 〖▭F ～ ← Gk *aphanḗs* invisible: ⇨ a-[7], phenomenon〗 ― 次の意味を表わす連結形: **1**「目に見えない, 不鮮明な」: *Aphanomyces*. **2**〘岩石・植物〙「結晶粒が非常に微細な, 非顕晶質の」. ★ 母音の前では通例 aphan- になる.

a·pha·si·a [əféɪʒiə, -ʒə | əféɪzjə, æf-, eɪf-, -zɪə, -ʒɪə, -ʒə] 〖《1867》← NL ～ ← Gk *aphasía* speechlessness: ⇨ a-[7], -phasia〗 ― *n.* 〘病理〙失語(症) (cf. dysphasia): motor [Broca's] ～ 運動性[ブロカ]失語症 / sensory [Wernicke's] ～ 知覚性[ウェルニッケ]失語症.

a·pha·si·ac [əféɪziæ̀k | -əzɪ-] *n.* 失語症患者.

a·pha·sic [əféɪzɪk] 〘病理〙 *adj.* 失語症の. ― *n.* ＝aphasiac.

aphelia *n.* aphelion の複数形.

aph·e·li·nid [æ̀fəláɪnɪd, -lí:-, -lín-, -nəd | -nɪd] 〖↓〗 *n.* 〘昆虫〙ツヤコバチ(ツヤコバチ科の昆虫).

Aph·e·lin·i·dae [æ̀fəlínədì:] 〖← NL ～ ← *Aphelinus* (属名: ← Gk *aphelḗs* smooth ← A-[7]＋? *phelleús* stony ground)＋-IDAE〗 *n. pl.* 〘昆虫〙ツヤコバチ科.

a·phe·lion [æfí:ljən, -liən, æphí:- | æfí:ljən, -lɪən] 〖《1656》《ギリシャ語化》← NL *aphēlium* (J. Kepler の造語で L *apogaeum* 'APOGEE' からの類推) ← APO-＋*hḗlios* sun (⇨ helio-)〗 ― *n.* (*pl.* **-lia** [-ljə, -liə | -ljə, -lɪə]) 〘天文〙遠日点《惑星や彗星(すいせい)が太陽を隔る最も遠い点; ↔ perihelion》.

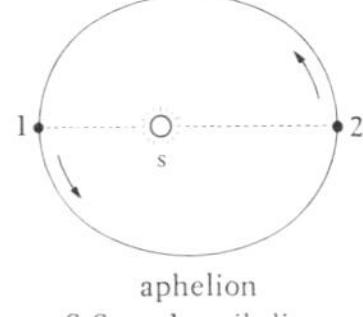

aphelion
S Sun; 1 perihelion; 2 aphelion

a·phe·li·o·trop·ic [æfì:liətrɑ́pɪk | -lɪətrɔ́p-] 〖⇨↑, -tropic〗 ― *adj.* 〘植物〙背光性の (cf. heliotropic). **a·phè·li·o·tróp·i·cal·ly** *adv.*

a·phe·li·ot·ro·pism [æfì:liɑ́trəpɪ̀zm | -lɪɔ́t-] *n.* 〘植物〙背光性 (cf. heliotropism).

a·pher·e·sis [əférəsɪs, æf-, -fí(ə)r-, -səs | æfíərɪsɪs] *n.* (*pl.* **-e·ses** [-sì:z]) 〘言語〙＝aphaeresis.

aph·e·sis [æfəsɪs, -səs | æfɪsɪs, æfə-] 〖《1880》← NL ～ ← Gk *áphesis* a letting go ← *aphiénai* to let go ← APO-＋*hiénai* to send〗 ― *n.* (*pl.* **-e·ses** [-sì:z]) 〘言語〙語頭母音消失《語頭の強勢のない短母音が消失すること; 例えば esquire が squire, alone が lone となるなど; cf. aphaeresis》.

a·phet·ic [əfétɪk, æf- | -tɪk] 〖《1880》← Gk *áphetos* (← *aphiénai* (↑))＋-IC[1]〗 ― *adj.* 〘言語〙語頭母音消失の; 語頭母音消失[語頭音消失]によって生じた: 'Squire' is the ～ form of 'esquire'. **a·phét·i·cal·ly** *adv.*

aph·i·cide [éɪfəsàɪd, æf- | -fɪ-] 〖⇨↓, -cide〗 *n.* (アブラムシの)殺虫剤.

a·phid [éɪfɪd, æf-, -fəd | éɪfɪd] 〖← NL *aphid-*, *aphis* ← ? Gk *apheidḗs* unsparing, lavish: その盛んな繁殖力からか〗 ― *n.* 〘昆虫〙アブラムシ, アリマキ《半翅目アブラムシ上科の昆虫の総称; 植物の液汁を吸う》.

aphides *n.* aphis の複数形.

a·phid·i·an [əfɪ́diən, eɪf-, æf- | eɪfɪ́dɪən, æf-, -djən] 〘昆虫〙 *adj.* アブラムシ(科)の. ― *n.* ＝aphid.

A·phid·i·dae [əfɪ́dədì:, eɪf-, æf- | eɪfɪ́dɪ-, æf-] 〖← NL ～: ⇨ aphis, -idae〗 ― *n. pl.* 〘昆虫〙(半翅目)アブラムシ科, アリマキ科《広義にはアブラムシ上科全般を指す》.

áphid lìon *n.* 〘昆虫〙＝aphis lion.

A·phi·doi·de·a [eɪfədɔ́ɪdiə, æf- | -fɪdɔ́ɪdɪə] 〖← NL ～ ← *Aphid-* (⇨ aphid, -oidea)〗 *n. pl.* 〘昆虫〙(半翅目)アブラムシ上科.

a·phis [éɪfɪs, æf-, -fəs | -fɪs] *n.* (*pl.* **aph·i·des** [éɪfədì:z, æf- | -fɪ-]) 〘昆虫〙＝aphid.

áphis lìon *n.* 〘昆虫〙クサカゲロウ (lacewing) の幼虫《アリマキ (aphis) を食べる》.

a·phlas·ton [əflǽstən | -tɔn] *n.* 〘海事〙＝aplustre.

aph·o·late [æfəlèɪt] 〖← ? A(Z-)＋PHO(SPHINE)＋-*late* (← ?)〗 *n.* アホレット ($C_{12}H_{24}N_9P_3$)《特に家ばえを抑制するのに有効な化学不妊剤》.

a·pho·ni·a [eɪfóuniə, əf- | eɪfə́ʊnjə, æf-, əf-, -nɪə] 〖← NL ～ ← Gk *aphōnía* ← *áphōnos* voiceless ← A-[7]＋*phōnḗ* sound (⇨ phone[2]): ⇨ -ia[1]〗 ― *n.* 〘病理〙失声症, 発声不能(症).

a·phon·ic [eɪfɑ́nɪk, -fóun- | eɪfɔ́nɪk, æf-, əf-] *adj.* **1** 口だけ動いて声の出ない. **2**〘病理〙失声(症)の. **3**〘音声〙無声の (voiceless).

aph·o·ny [æfəni | -nɪ] *n.* 〘病理〙＝aphonia.

aph·o·rism [æfərɪ̀zm | æfər-, -fɔr-] 〖《1528》▭F *aphorisme* // LL *aphorism-us* ▭Gk *aphorismós* definition ← *aphorízein* to define ← APO-＋*horízein* to set bounds (cf. horizon)〗 ― *n.* アフォリズム, 金言, 格言, 警句 (pithy saying). **aph·o·ris·mat·ic** [æ̀fərɪzmǽṭɪk | -fərɪzmǽt-, -fɔr-] *adj.* **aph·o·ris·mic** [æ̀fərízmɪk | -fər-, -fɔr-] *adj.*

áph·o·rist [-rɪst, -rəst | -rɪst] *n.* 警句家, 金言[格言]作者.

aph·o·ris·tic [æ̀fərístɪk | æ̀fər-, -fɔr-] 〖▭Gk *aphoristikós*: ⇨ aphorism, -ic[1]〗 ― *adj.* **1** 警句[金言]の; 格言体の; 警句[金言]の引用の多い. **2** 警句を吐く[引用する]癖のある. **àph·o·rís·ti·cal·ly** *adv.*

aph·o·rize [æfəràɪz | æfər-, æfɔr-] *vi.* 警句を吐く; 格言体を用いる.

a·pho·tic [eɪfóuṭɪk | -fə́ut-] 〖← A-[7]＋PHOTIC〗 *adj.* 光の(届か)ない, 真っ暗な (lightless).

aphr- [æfr] (母音の前に来る時の) aphro- の異形.

a·phra·si·a [əfréɪʒiə, -ʒə, æf- | -zɪə, -zjə, -ʒɪə] 〖← NL ～ ← A-[7]＋Gk *phrásis* speech: ⇨ -ia[1]〗 *n.* 〘病理〙失語句(症).

aph·ro- [æfrou | -rə(ʊ)] 〖▭G ～ ▭Gk ← *aphrós* foam〗「泡 (foam)」の意の連結形. ★ 母音の前では通例 aphr- になる.

aph·ro·dis·i·a [æ̀frədíʒiə, -ʒə | -zɪə, -ʒɪə] 〖← NL ～ ← Gk *Aphrodísios* (↓)〗 *n.* 性欲高進; 性的興奮; 性交, 性行為.

aph·ro·dis·i·ac [æ̀frədíziæ̀k | æ̀frə(ʊ)dízɪ-] 〖《1719》▭Gk *aphrodisiak-ós* venereal ← *Aphrodísios* 'of APHRODITE'〗 ― *adj.* 性欲を促す, 催淫(さいいん)的な. ― *n.* 催淫薬, 媚薬(びやく).

aph·ro·di·si·a·cal [æ̀frədɪzáɪəkəl, -də-, -sáɪ- | -dɪ-] *adj.* ＝aphrodisiac.

Aph·ro·di·te [æ̀frədáɪṭi, æ̀fro(ʊ)- | æ̀frə(ʊ)dáɪtɪ] 〖▭L ～ ▭Gk *Aphrodítē* = **Aphthorethē*, **Attorethē* ▭Heb. '*Ashtōreth* goddess of fertility: ギリシャ語の形は Gk *aphrós* foam との連想〗 ― *n.* 〘ギリシャ神話〙アプロディーテー《恋愛と美の女神; ローマ神話の Venus に当たる; cf. Morpho》. ★ ラテン語系形容詞: Cyprian.

Aphrodite of Melos [the ―] ＝VENUS of Melos.

aph·tha [æfθə] 〖← NL ～ ← Gk *áphtha* an eruption ← *háptein* to set on fire〗 ― *n.* (*pl.* **aph·thae** [-θi:]) 〘医学〙**1** 鵞口瘡(がこうそう); アフタ性口内炎 (thrush). **2** [*pl.*] アフタ《口の中や舌にできる痛い小潰瘍》.

aph·thous [æfθəs-] *adj.* アフタ性の.

áphthous féver *n.* 〘獣医〙アフタ熱 (⇨ foot-and-mouth disease).

a·phyl·lous [eɪfíləs] 〖▭Gk *áphullos* leafless: ⇨ a-[7], -phyllous〗 *adj.* 〘植物〙無葉性の, 葉のない.

a·phyl·ly [eɪfíli | -lɪ] *n.* 〘植物〙無葉性[状態].

API, A.P.I. 《略》 air-position indicator 〘空軍〙自動対気位置指示器; American Petroleum Institute; *F.* Association Phonétique Internationale 国際音声学協会 (cf. IPA).

A·pi·a [ɑpí:ə | ɑpí:ə, əpíə] *n.* アピア《西サモア (Western Samoa) の港市で同国の首都; R. L. Stevenson の墓がある; 人口 31,000》.

a·pi·a·ceous [èɪpiéɪʃəs, æ̀p- | -pɪ-] 〖← NL *Apiaceae* ← *Apium* (属名: ← L *apium* parsley)＋-ACEAE: ⇨ -ous〗 *adj.* 〘植物〙＝ammiaceous.

a·pi·an [éɪpiən | -pjən, -pɪən] 〖▭L *apiān-us* ← *apis* bee〗 *adj.* 蜜蜂 (bee) の.

a·pi·ar·i·an [èɪpiɛ́(ə)riən | -pɪɛ́ərɪ-] 〖▭L *apiārius* belonging to bees (← *apiārium* beehouse ← *apis* (↑))＋-ARIAN[1]〗 *adj.* 蜜蜂の; 蜜蜂飼養 (beekeeping) の.

a·pi·a·rist [éɪpiərɪst, -pièr-, -rəst | éɪpjərɪst, -pɪər-] *n.* 養蜂(ようほう)家 (beekeeper).

a·pi·ar·y [éɪpièri | éɪpjəri, -pɪər-] 〖▭L *apiāri-um* beehouse ← *apis* bee: ⇨ -ary〗 *n.* 蜜蜂飼養所, 養蜂(ようほう)場, 養蜂園.

a·pic- [éɪpɪk, æ̀p-, -pək | æ̀pɪk, éɪp-] (母音の前に来る時の) apico- の異形.

a·pi·cal [éɪpɪkəl, æ̀p-, -pə-, | æ̀pɪ-, éɪp-] 〖← NL *apical-is*: ⇨ apico-, -al[1]〗 ― *adj.* **1** 頂点 (apex) の; 絶頂の, 頂上の. **2**〘音声〙舌先音の: an ～sound 舌先音. **3**〘解剖〙尖[先]端の; 肺尖の. **4**〘歯科〙(歯)根尖の. ― *n.* 〘音声〙舌先音《舌先と歯ないし歯茎で調音される音; [t], [d], [θ], [ð], [s], [z], [n], [l] など》. **～·ly** *adv.*

ápical céll *n.* 〘植物〙頂細胞, 頂端細胞.

ápical dóminance *n.* 〘植物〙頂芽優勢《頂芽が腋芽の生長を抑える現象; 生長素が頂芽で造られるためという》.

ápical forámen *n.* 〘歯科〙(歯)根尖孔.

ápical granulóma *n.* 〘歯科〙歯根肉芽腫.

ápical grówth *n.* 〘植物〙頂端生長.

a·pi·cal·ize [éɪpɪkəlàɪz, æ̀p-, -pə- | æ̀pɪ-, éɪp-] *vt.* 〘音声〙舌先音化する.

ápical merístem *n.* 〘植物〙頂端分裂組織 (cf. lateral meristem).

apices *n.* apex の複数形.

a·pi·co- [éɪpɪkou, æ̀p-, -pə- | æ̀pɪkə(ʊ)] 〖← NL ～ ← L *apic-*, *apex*: ⇨ apex〗 ― 次の意味を表わす連結形: **1**「頂点, 頂端, 先端 (apex)」. **2**「(舌)端と…との (apical and…)」: *apicodental*. ★ 母音の前では通例 apic- になる.

a·pic·u·late [əpíkjulət, eɪp-, -lɪt, -lèɪt] 〖← NL *apiculum* ((dim.) ← L *apex* (↑))＋-ATE[2]〗 *adj.* 〘植物〙〈葉など〉頂端が急に短くとがった.

apiculi *n.* apiculus の複数形.

a·pi·cul·ture [éɪpəkʌ̀ltʃə | -pɪkʌ̀ltʃə(r)] 〖← L *apis* bee＋CULTURE〗 *n.* (大規模な)蜜蜂飼養, 養蜂(ようほう).

à·pi·cúl·tur·al [-tʃ(ə)rəl] *adj.*

a·pi·cul·tur·ist [èɪpəkʌ́ltʃ(ə)rɪst, -rəst, ⌐—⌐— | èɪpɪkʌ́ltʃərɪst, ⌐—⌐——] *n.* 蜜蜂飼養者, 養蜂(ようほう)家 (beekeeper).

a·pic·u·lus [əpíkjuləs, eɪ-] 〖← NL ～: ⇨ apiculate〗 *n.* (*pl.* **-u·li** [-làɪ]) 〘植物〙鋭くとがった頂端.

Ap·i·dae [æpədì: | -pɪ-] 〖← NL ～ ← *Apis* (属名: ← L *apis* bee)＋-IDAE〗 *n. pl.* 〘昆虫〙(膜翅目)ミツバチ科.

a·piece [əpí:s] 〖《c1430》 *a pece*: ⇨ a[2], piece〗 ― *adv.* 各個に, 個々に, めいめいに (each): The bulbs are a hundred watts ～. 電球はどれも 100 ワットだ / He gave us 5 dollars ～. 一人に 5 ドルずつくれた.

à pied [ɑ:pjéɪ; *F.* apje] 〖▭F ～ 'on foot'〗 *F. adv.* 歩いて (afoot).

a·pi·ol·o·gy [èɪpiɑ́lədʒi | -pɪɔ́lədʒɪ] 〖← L *apis* bee＋-LOGY〗 *n.* 蜜蜂研究.

A·pis [éɪpɪs, -pəs | ɑ́:pɪs, éɪp-] 〖▭L ～ ▭Gk *Âpis* ▭Egypt. *Ḥep*, *Ḥāpi* (原義) hidden〗 ― *n.* **1**〘エジプト神話〙アピス《古代エジプトの Memphis で崇拝された聖牛 (sacred bull)》. **2**〘ギリシャ・ローマ神話〙アピス《Peloponnesus 半島全土を支配したが, 暴君だったので殺害された; 後に Serapis と同一視され崇拝された》.

áp·ish [-pɪʃ] 〖《15C》〗 *adj.* **1** 猿 (ape) のような. **2** 人まねをしたがる. **3** こざかしい, 愚かな; いやに気取った. **～·ly** *adv.* **～·ness** *n.*

a·piv·o·rous [eɪpívərəs] 〖← ? F *apivore* (← L *apis* bee＋-*vore* '-VOROUS')＋-OUS〗 *adj.* 〘動物〙〈鳥など〉ミツバチを食べる (bee-eating).

Apl. 《略》 April.

a·pla·cen·tal [èɪpləsénṭl | -tl] 〖← A-[7]＋PLACENTAL〗 *adj.* 〘動物〙無胎盤の.

A·pla·coph·o·ra [èɪpləkɑ́fərə, æ̀p- | -kɔ́f-] 〖← NL ～: ⇨ a-[7], placo-, -phora〗 ― *n. pl.* 〘動物〙(軟体動物門)無板綱《カセミミズ (*Epimenia verrucosa*) などを含む》. **à·pla·cóph·o·ran** [-rən] *adj.*, *n.*

ap·la·nat [æplənæ̀t] 〖▭G ～ 《逆成》← *aplanatisch* ▭APLANATIC〗 ― *n.* 〘光学〙無収差レンズ, アプラナート《光軸上のある点に対し, 球面収差が補正され, かつ正弦条件を満たすように設計された光学系; 通常さらに, 色収差など他の収差も補正されている》.

ap·la·nat·ic [æ̀plənǽṭɪk | -tɪk] 〖← Gk *aplánētos* free from error (← A-[7]＋*planāsthai* to wander (cf. planet[1]))＋-IC[1]〗 ― *adj.* 〘光学〙(収差を補正した)不遊の; 無収差の: an ～ lens ＝aplanat.

a·plan·o- [eɪplǽnou | -nə(ʊ)] 〖← ? NL ～ ← Gk *aplanḗs* not wandering ← A-[7]＋*planāsthai* (↑)〗 ― 〘植物〙「不動の」の意の連結形. ★ 藻類・菌類の胞子に用いられる: *aplanospore*.

a·plan·o·ga·mete [eɪplǽnəgəmì:t, ⌐—⌐—⌐] 〖⇨↑, gamete〗 ― *n.* 〘生物〙不動配偶子《卵や不動精子のように鞭毛(べんもう)をもたず運動性のない配偶子; cf. planogamete》.

a·plan·o·spore [eɪplǽnəspɔ̀ə, -spɔ̀ə | -spɔ̀:(r)] 〖⇨ aplano-, spore〗 *n.* 〘植物〙不動胞子.

a·pla·si·a [eɪpléɪʒiə, əp-, æp-, -ʒə | -ʒɪə, -ʒə] 〖← NL ～: ⇨ a-[7] -plasia〗 *n.* 〘病理〙形成不全(症), 無形成(症).

a·plas·tic [eɪplǽstɪk] 〖← A-[7]＋PLASTIC〗 *adj.* **1** 非可塑(そ)性の; 非形成的な. **2**〘病理〙形成不全の, 無形成(性)の.

aplástic anáemia *n.* 〘病理〙再生不良[不能]性貧血.

a·plen·ty [əplénṭi | -tɪ] 〖← A-[1]＋PLENTY〗 ― *pred. adj.* [名詞に後置して] たくさんの, 豊富な (in plenty): There were anglers ～ on the beach. 浜にはたくさんの釣師がいた. ★ There is fine cloth a plenty. などにおける同格的名詞用法から転じたもの. ― *adv.* **1** 豊富に (plentifully). **2**《米口語》非常に, とても (very much): He was scared ～. ひどく驚いた. ― *n.* たくさん, 豊富 (plenty, abundance).

ap·lite [æplaɪt] 〖▭G *Aplit*: ⇨ haplo-, -ite[1]〗 *n.* 〘岩石〙半花崗(こう)岩, アプライト. **ap·lit·ic** [æplíṭɪk | -tɪk] *adj.*

a·plomb [əplɑ́m, əplʌ́m | əplɔ́m, æplɔ̃:(ŋ), æplɔ(:)ŋ, æplɔ̃:m; *F.* aplɔ̃] 〖《1828》▭F ～ ← *à plomb* according to the plummet〗 ― *n.* **1** 自信, 沈着 (self-possession): with ～ 沈着に, 落着いて. **2** 鉛直 (perpendicularity). **3**〘バレエ〙(バレエダンサーがポーズや動きに安定感を持続するために要求される)完全なる平衡.

a·plus·tre [əplʌ́stri | -trɪ] 〖▭L ～ ▭Gk *áphlaston*〗 ― *n.* (*pl.* **a·plus·tri·a** [-triə | -trɪə], **a·plus·tra** [-trə]) 〘海事〙(古代ギリシャ・ローマ船の)カーブした装飾船尾《aphlaston ともいう; cf. acroterium》.

Ap·ly·si·i·dae [æ̀pləsáɪədì: | -lɪsáɪɪ-] 〖← NL ～ ← *Aplysia* (属名: ← Gk *aplusía* kind of sponge ← *áplutos* unwashed ← A-[7]＋*plúnein* to wash)＋-IDAE〗 *n. pl.* 〘動物〙アメフラシ科.

apmt. 《略》 appointment.

ap·ne·a [æpniə, æpní:ə | æpní:ə, -níə] *n.* 《米》〘病理〙＝apnoea.

ap·neu·sis [æpn(j)ú:sɪs, -səs | -njú:sɪs] 〖← NL ～ ← Gk *apneústos* breathless ← A-[7]＋*pleîn* to breathe: ⇨ -sis〗 ― *n.* (*pl.* **-neu·ses** [-si:z]) 〘獣医〙呼息性無呼吸, 持続性吸息《呼吸筋の持続性の強直性収縮による》.

ap·neu·stic [æpn(j)ú:stɪk | -njú:s-] *adj.* **1**〘獣医〙呼息性無呼吸の, 持続性吸息の. **2**〘昆虫〙〈幼虫が〉気門のない, 無気門式[形]の (cf. holopneustic).

ap·noe·a [æpniə, æpní:ə | æpní:ə, -níə] 〖← NL ～ ← Gk *ápnoia* ← *ápnous* ← A-[7]＋*pnoé*, *pnoiḗ* breath〗 *n.* 〘病理〙**1** 無呼吸, 呼吸停止. **2** ＝asphyxia.

APO, A.P.O. 《略》 Army Post Office (米国の)陸軍郵便局; Asian Productivity Organization アジア生産性機構.

apo. 《略》〘天文〙apogee.

ap·o- [æpou | æpə(ʊ)] 〖ME ▭(O)F // L & Gk ～ ← Gk *apó* from, away: cf. ab-[1]〗 ― *pref.* **1**「(…から)離れて (off, away)」などの意: *apochromatic*, *apo-*

stasy. **2** 〖化学〗「…から誘導された(化合物) (derived from)」の意: *apo*morphine, *apo*phyllite. ★ 母音の前ではしばしば ap-, h の前では aph- となる; ただし h は繰返さない: *ap*agoge, *aph*eresis.

ap·o·ap·sis [æ̀pouǽpsɪs, -səs | æ̀pəuǽpsɪs] 〘← NL ～: ⇨ apo-, apsis〙 *n.* (*pl.* **-ap·si·des** [-sɪdìːz, -sə- | -sɪ-]) 〖天文〗 = apocenter.

ap·o·as·tron [æ̀pouǽstrɑn, -trɑn | æ̀pəuǽstrən, -trɔn] *n.* (*pl.* **-as·tra** [-trə]) 〖天文〗 = apastron.

Apoc. 《略》 Apocalypse; Apocrypha; apocryphal.

a·poc·a·lypse [əpɑ́kəlɪps, æp- | əpɔ́k-] 〘? OE ⊏ (O)F ～ // eccl.L *apocalyps-is* ⊏ Gk *apokálupsis* revelation ← APO-+*klúptein* to cover (← IE **kel-* to cover)〙 — *n.* **1** 天啓, 啓示, 黙示 (revelation). **2** 天啓書, 啓示文学. **3** [the A-] (新約聖書の)ヨハネの黙示録 (The Revelation of St. John). **4** 世の終わり, 世界の終末 (doomsday).

a·poc·a·lyp·tic [əpɑ̀kəlɪ́ptɪk, æp- | əpɔ̀kə-] 〘⊏ LGk *apokaluptik-ós*: ⇨ ↑, -ic¹〙 — *adj.* **1** 天啓(的)の, 黙示の (revelatory). **2** (ヨハネ)黙示録の; 黙示録的な. **3 a** 世界の終末を予言する, 終末観的な: Spengler was an ～ writer. **b** 〈事が〉(世界の)終末を予示する, 不吉な; 破滅的な. **4** やたらと予言する; 大げさな. **5** 終局的な (climatic). **a·pòc·a·lýp·ti·cal** *adj.* **a·pòc·a·lýp·ti·cal·ly** *adv.*

a·pòc·a·lýp·ti·cism [-təsɪzm | -tɪ-] *n.* 〖神学〗 黙示信仰 《黙示(文学)的期待, 特に切迫した現世の終末の期待や終末時における罪人の決定的な滅亡や, 義人の天国への復活などによって特色づけられた信仰あるいは教理をいう》.

apocalýptic númber *n.* 〖聖書〗 = NUMBER of the Beast.

a·poc·a·lyp·tism [əpɑ̀kəlɪ́ptɪzm, æp- | əpɔ̀k-] *n.* 〖神学〗 = apocalypticism.

a·pòc·a·lýp·tist [-tɪst, -təst | -tɪst] *n.* 黙示録作者.

ap·o·carp [ǽpəkɑ̀əp | -kɑ̀ːp] *n.* 〖植物〗 (心皮の分離した)離生子房[果実] (cf. syncarp).

ap·o·car·pous [æ̀pəkɑ́əpəs | -kɑ́ː-] *adj.* 〖植物〗 心皮の離れている, 離生心皮の (↔ syncarpous): an ～ ovary 離生子房.

ap·o·car·py [ǽpəkɑ̀əpi | -kɑ̀ːpɪ] *n.* 〖植物〗 一つの子房[果実]の中で心皮がそれぞれ分離している状態.

ap·o·ca·tas·ta·sis [æ̀pəkətǽstəsɪs, -səs | -sɪs] 〘← NL ～: ⇨ apo-, catastasis〙 — *n.* (*pl.* **-ta·ses** [-sìːz]) **1** 復旧, 回復 (restitution). **2** 〖神学〗 万物の復興, 万物更新 《すべての被造物は究極的には救いの恩恵にあずかり, 万物は本来の姿に復興されるという教義; cf. universalism 3》.

ap·o·cen·ter [ǽpəsèntə | ǽpə(ʊ)sèntə(r] *n.* 〖天文〗 遠点 《天体が第二の天体の回りを公転する時, その軌道上で第二天体からの距離が極大となる点; cf. pericenter》. **ap·o·cen·tric** [æ̀pəséntrɪk | æ̀pə(ʊ)-] *adj.*

ap·o·chro·mat [æ̀pəkro(ʊ)mæ̀t, ∸∸∸∸ | -krə(ʊ)-] 〘⊏ G ～ 《逆成》 ← *apochromatisch* apochromatic〙 — *n.* 〖光学〗 アポクロマート 《赤・黄・青の三つの波長の光に対し, 色収差が補正された(色消しされた)対物レンズ; cf. achromat 1》.

ap·o·chro·mat·ic [æ̀pəkro(ʊ)mǽtɪk | -krə(ʊ)mǽt-] *adj.* 〖光学〗 アポクロマートの.

a·poc·o·pate [əpɑ́kəpèɪt | əpɔ́kə(ʊ)-] 〘← NL *apocopāt-us* (p.p.) ← *apocopāre*: ⇨ ↓, -ate³〙 *vt.* 〖言語〗 …の語尾の文字[音節]を削る. **a·poc·o·pa·tion** [əpɑ̀kəpéɪʃən | əpɔ̀kə(ʊ)-] *n.*

a·poc·o·pe [əpɑ́kəpi, -pìː | əpɔ́kə(ʊ)pɪ] 〘⊏ LL ～ ⊏ Gk *apokopḗ* a cutting off ← *apokóptein* to cut off ← ← APO-+*kóptein* to cut〙 — *n.* 〖言語〗 語尾(音)消失 (cf. aphaeresis, aphesis, syncope 1): **a** 歴史的過程における語末音の消失; 例: nama > name [néɪm]. **b** 詩においてある語の語尾の 1 音または 1 音節を省くこと; 例: often > oft.

Apocr. 《略》 Apocrypha.

ap·o·crine [ǽpəkrɪn, -krən, -kràɪn, -krìːn | -krɪn, -krìːn] 〘← APO-+Gk *krínein* to separate〙 — *adj.* 〖生理〗 アポクリンの, 離出分泌をする (cf. eccrine): an ～ gland アポクリン腺, 離出分泌腺.

A·poc·ri·ta [əpɑ́krəṭə | əpɔ́krɪtə] 〘← NL ～ ← Gk *apokrita* (neut. pl.) ← *apokritos* separated ← *apokrínein* to separate (↑)〙 — *n. pl.* 〖昆虫〗 (膜翅目の)細腰亜目 《ハチ類のうち腹部第 2 節が細くくびれているかまたは柄状となっている一群のハチを含む; Clistogastra ともいう》.

A·poc·ry·pha [əpɑ́krəfə | əpɔ́krɪ-] 〘(*a*1387) ⊏ eccl. L ～ (neut. pl.) ← *apocryphus* ⊏ Gk *apókruphos* hidden ← APO-+*krúptein* to hide (cf. crypt)〙 — *n. pl.* [しばしば単数扱い] **1** [the ～] 〖聖書〗 聖書外典, 外典, アポクリファ 《聖書正典結集の時その選にもれた諸文書で, 旧約外典・新約外典がある; cf. canon¹ 3》. **2** [a-] 典拠の疑わしい文書[言説], 偽作.

a·poc·ry·phal [əpɑ́krəfəl | əpɔ́krɪ-] *adj.* **1** [A-] (聖書)外典の, アポクリファ (Apocrypha) の: the *Apocryphal* Gospels. **2** 典拠の疑わしい (uncanonical); 偽作の, 偽書の; 〈風聞など〉(真偽の)疑わしい (dubious). **3** 《古》 にせの, まがいの (false, sham).

A·poc·y·na·ce·ae [əpɑ̀sənéɪsiìː, æ̀pəsə-, -saɪ- | əpɔ̀sɪ-, æ̀pəs-, -saɪ-] 〘← NL ～ ← *Apocynum* (属名: ← L *apocynum* dogbane ⊏ Gk *apókunon* ← APO-+*kúōn* 'dog, HOUND¹')+-ACEAE〙 — *n. pl.* 〖植物〗 (双子葉植物フジウツギ目)キョウチクトウ科. **a·pòc·y·ná·ceous** [-ʃəs] *adj.*

ap·o·cyn·thi·on [æ̀pəsínθiən | æ̀pə(ʊ)sínθɪ-] 〘← NL ～ ← APO-+CYNTHIA²+(APHELI)ON〙 *n.* 〖天文〗 = apolune.

Ap·o·da [ǽpədə | ǽpə(ʊ)-] 〘← NL ～ ← Gk *ápod-*, *ápous* footless: ⇨ a-⁷, -poda〙 — *n. pl.* 〖動物〗 **1** 無脚目 《甲殻類の寄生動物》. **2** ウナギ目の魚類の総称. **3** 無足目 《棘皮動物の管足 (tube feet) のないナマコなど》. **4** 蛇形目 《特殊な両生類》.

ap·o·dal [ǽpədḷ | ǽpə(ʊ)-] *adj.* 〖動物〗 **1** 無足(目)の, 無脚(目)の, 蛇形(目)の. **2** ウナギ目の. — *n.* **1** 無脚目[無足目, 蛇形目]の動物. **2** ウナギ目の魚類.

ap·o·deic·tic [æ̀pədáɪktɪk | æ̀pə(ʊ)-] *adj.* = apodictic.

ap·o·deme [ǽpədìːm] 〘← NL *apodēma*: ⇨ apo-, -dema〙 *n.* 〖動物〗 アポディーム, 内突起 《節足動物の外骨格のクチクラ (cuticle) の内突起》.

ap·o·dic·tic [æ̀pədíktɪk | æ̀pə(ʊ)-] 〘(1652) ⊏ L *apodictic-us* ⊏ Gk *apodeiktikós* ← *apodeiknúnai* to point out: ⇨ apo-, deictic〙 — *adj.* **1** 〖論理〗 〈命題など〉必然[必証]的な. **2** 明白で疑いのない. **àp·o·díc·ti·cal·ly** *adv.*

A·pod·i·dae [əpɑ́dədìː | əpɔ́dɪ-] 〘← NL ～: ⇨ Apus, -idae〙 *n. pl.* 〖鳥類〗 アマツバメ科.

a·pod·i·form [əpɑ́dəfɔ̀əm | əpɔ́dɪfɔ̀ːm] 〘↓〙 *adj.* 〖鳥類〗 アマツバメ目の.

A·pod·i·for·mes [əpɑ̀dəfɔ́əmiːz | əpɔ̀dɪfɔ́ː-] 〘← NL ～ ← *Apod-*, *Apus* (属名: ⇨ Apus)+-I-+-*formēs* ((pl.) ← *-formis* '-FORM')〙 — *n. pl.* 〖鳥類〗 アマツバメ目.

a·pod·o·sis [əpɑ́dəsɪs, -səs | əpɔ́də(ʊ)sɪs] 〘(*a*1638) ← NL ～ ← Gk *apódosis* return, answering clause ← *apodidónai* to give back ← APO-+*didónai* to give〙 — *n.* (*pl.* **-o·ses** [-sìːz]) 〖文法〗 (条件文の)帰結(節), 結句 《例: If I could go, *I would go.* または *I would go* if I could. の *I would go*; cf. protasis》.

ap·o·dous [ǽpədəs | ǽpə(ʊ)-] *adj.* 〖動物〗 = apodal.

àpo·énzyme *n.* 〖生化学〗 アポ酵素 《活性団をもつ補酵素 (coenzyme) と結合している酵素の蛋白質部分》.

ap·o·fer·ri·tin [æ̀pəférətṇ | æ̀pə(ʊ)férɪtɪn] *n.* 〖生化学〗 アポフェリチン 《無色の金属蛋白質; フェリチンの鉄のとれたもの》.

a·pog·a·my [əpɑ́gəmi, æp- | -pɔ́gəmɪ] *n.* 〖植物〗 単為生殖, 無配生殖, アポガミー. **ap·o·gam·ic** [æ̀pəgǽmɪk] *adj.* **a·pog·a·mous** [əpɑ́gəməs, æp- | -pɔ́g-] *adj.*

apog. 《略》 apogee.

ap·o·ge·an [æ̀pədʒíːən] *adj.* 〖天文〗 遠地点の.

ap·o·gee [ǽpədʒìː, -dʒi | ǽpə(ʊ)dʒìː] 〘(1594) ⊏ F *apogée* // NL *apogae-um* ← Gk *apógaion* from the earth ← APO-+*gē* earth〙 — *n.* **1** 〖天文〗 遠地点 《月や人工衛星などの軌道で地球から最も遠く隔たった点; cf. apolune; ↔ perigee》. **2** 最遠[最高]点; 頂点, 絶頂 (climax): at the ～ of one's career.

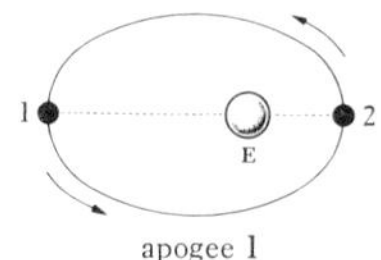

apogee 1
E earth; 1 apogee; 2 perigee

àpo·geótropism *n.* 〖植物〗 背地性 (cf. geotropism).

a·po·gon·id [əpóugənɪd, eɪp-, -nəd | əpáugənɪd, eɪp-] 〘↓〙 *n.* 〖魚類〗 テンジクダイ科の魚類の総称.

Ap·o·gon·i·dae [æ̀pəgɑ́nədìː | -gɔ́nɪ-] 〘← NL ～ ← *Apogon* (属名: ⇨ a-⁷, pogono-)+-IDAE〙 *n. pl.* 〖魚類〗 テンジクダイ科.

ap·o·graph [ǽpəgræ̀f | -græ̀f, -grɑ̀ːf] 〘《古形》 *apograph-on* ⊏ Gk *apógraphon* ← *apográphein* to copy: ⇨ apo-, -graph〙 *n.* (*pl.* **a·pog·ra·pha** [əpɑ́grəfə, æp- | -pɔ́g-]) 〖図書館〗 転写本.

ap·o·ka·tas·ta·sis [æ̀pəkətǽstəsɪs, -səs | -sɪs] *n.* (*pl.* **-ta·ses** [-sìːz]) = apocatastasis.

a·po koi·nou [ɑ́ːpou kɔ́ɪnuː | -pəu-] 〘⊏ Gk *apó koinoû* 《原義》 in common〙 *n.* 〖文法〗 共有構文 《同一の語(群)を繰り返して二つの構文で表現すべきところを繰り返さないで済ました構文; 例えば There were *three men* sat on a bench.》: an ～ construction.

ap·o·laus·tic [æ̀pəlɔ́ːstɪk] 〘(1836–37) ⊏ Gk *apolaustik-ós* ← *apolaúein* to enjoy ← APO-+**law-* (← IE **lāu-* gain, profit (L *lucrum* 'LUCRE'))〙 — *adj.* 快楽に耽る, 放縦な (self-indulgent).

a·po·lit·i·cal [èɪpəlɪ́ṭɪkəl, -ṭə- | -tɪ-] 〘⇨ a-⁷〙 *adj.* **1** 政治嫌いの, 政治に無関心な, ノンポリの. **2** 政治的意義のない. **～·ly** *adv.*

A·pol·li·naire [əpɑ̀lənéə, əpɔ̀(ː)l- | əpɔ̀lɪnéə(r; *F.* apɔlinɛːr], **Guillaume** *n.* アポリネール 《1880–1918; ポーランド系のフランスの詩人・小説家; 本名 Wilhelm Apollinaris de Kostrowitzki [kɔstrɔwítski]》.

A·pol·li·nar·i·an [əpɑ̀lənɛ́(ə)riən | əpɔ̀lɪnɛ́ərɪ-, -nɑ́ːr-] *adj.* アポリナリ(オ)ス (Apollinaris) (説)の. — *n.* アポリナリ(オ)ス説信奉者.

A·pol·li·nar·is¹ [əpɑ̀lənɛ́(ə)rɪs -rəs | əpɔ̀lɪnɛ́ərɪs, -nɑ́ːr-] *n.* アポリナリ(オ)ス 《310?–?90; Laodicea の神学者・主教; Arianism に反対しキリストの神性を強調するあまり, その人性を否定する結果となり異端とされる》.

A·pol·li·nar·is² [əpɑ̀lənɛ́(ə)rɪs, -rəs | əpɔ̀lɪnɛ́ərɪs, -nɑ́ːr-] 〘← *Apollinarisburg* (ドイツの原産地)〙 — *n.* アポリナリス 《西ドイツでとれる沸騰性の鉱泉飲料; Apollinaris water ともいう》.

A·pol·lo [əpɑ́lou | əpɔ́ləu] 〘ME ⊏ L *Apollō* ⊏ Gk *Apóllōn*〙 — *n.* (*pl.* **～s**) **1** 〖ギリシャ・ローマ神話〗 アポロン, アポロ 《古代ギリシャ・ローマの凛々(りり)しく美しい青年の神で詩歌・音楽・予言・医術などを司る; 後に太陽神 Helios と同一視された》. **2** 《詩》 太陽. **3** 非常な美男子.

Apóllo Bèl·ve·dére [-bèlvədíə | -bélvɪdíə(r, ∸∸∸∸] *n.* [the ～] 〖美術〗 ベルベデーレのアポロン像 《Rome の Vatican 宮殿にある男性美を示す石像; 19 世紀には古典美の典型と考えられた; cf. belvedere 2》.

Ap·ol·lo·ni·an [æ̀pəlóuniən, æ̀pɑl-, -njən | æ̀pəláunjən, æ̀pɔl-, -nɪən] *adj.* **1** アポロン[アポロ]神の(ような). **2** [a-] 調和した, 均衡のとれた; 理性的な, 冷静な (↔ Dionysian).

A·pol·lo·nius Dys·co·lus [æ̀pəlóuniəs-dískələs, -njəs- | -láunjəs-, -nɪəs-] 〘⊏ Gk *Apollṓnios Dúskolos* Apollonius the Crabbed〙 — *n.* アポロニオス デュスコロス 《2 世紀ごろ Alexandria に住んだギリシャ語文法家》.

A·pol·lyon [əpɑ́ljən, -liən | əpɔ́ljən, -lɪən] 〘(*c*1384) ⊏ ML *Apollyōn* ⊏ Gk *Apollúōn* (pres.p.) ← *apollúein* to destroy utterly ← APO-+*ollúnai* to destroy〙 — *n.* **1** 〖聖書〗 アポルオン 《底知れぬ深い穴の天使の名; ヘブライ語名 Abaddon; cf. *Rev.* 9:11》. **2** 魔王 (the Devil).

a·pol·o·get·ic [əpɑ̀lədʒéṭɪk | əpɔ̀lədʒét-] 〘(?*c*1425) ⊏ LL *apologēticus* ← Gk *apologētikós* fit for defense ← *apologeîsthai* to speak in defense: ⇨ apology, -ic¹〙 — *adj.* **1 a** 謝罪(的)の, わびの; 〈人が〉謝罪する, わびる (regretful) 〔*for, about*〕: an ～ speech 陳謝の辞 / He was very ～ *for* not coming [*about* his mistake]. 来なかったことを[間違ったことで]しきりに謝った. **b** 〈態度など〉すまなさそうな, 遠慮がちな (diffident): an ～ smile. **2** 弁解の, 弁明的な, 言い訳の. — *n.* **1** (正式の)弁明, 弁護 〔*for*〕. **2** [*pl.*] ⇨ apologetics. **a·pol·o·gét·i·cal** *adj.* **a·pòl·o·gét·i·cal·ly** *adv.*

a·pol·o·get·ics [əpɑ̀lədʒéṭɪks | əpɔ̀lədʒét-] *n.* **1** 〖神学〗 (キリスト教の)弁証学, 護教学[論]. **2** 弁証法.

ap·o·lo·gi·a [æ̀pəlóudʒiə, -dʒə, əpɑ̀lədʒíːə | æ̀pəláudʒɪə] 〘⊏ LL ～: ⇨ apology〙 — *n.* (*pl.* **～s, -gi·ae** [-lóudʒiìː, -lədʒíːeɪ | -láudʒiìː]) **1** (正式の)弁明, 弁護 (apology, defense). **2** 〔自己・他人の行動・信念などについての〕弁明書 〔*for*〕.

Apológia pro Ví·ta Sú·a [-pro(ʊ)-váɪṭə-súːə | -prə(ʊ)-váɪtə-sú(ː)ə] 〘⊏ LL *apologia prō vitā suā* apology for his life〙 — *n.* 「わが生涯の弁」, 「アポロギア」 《Cardinal Newman の信仰体験の発展を述べた自叙伝 (1864)》.

a·pól·o·gist [-dʒɪst, -dʒəst | -dʒɪst] 〘(1640) ⊏ F *apologiste*: ⇨ apology, -ist〙 — *n.* **1** 弁明者, 弁護者. **2** [A-] 弁証家[学者], 護教家[学者] 《特に, キリスト教攻撃に対して弁証の書を著わした, 初代教会の教父をいう》.

a·pol·o·gize [əpɑ́lədʒàɪz | əpɔ́l-] *vi.* **1** わびを言う, わびる, 謝罪[陳謝]する: *Apologize to* the gentleman *for* your rudeness [*for* being rude]. あの方に無礼のおわびを言いなさい / I was ～*d to.* 謝罪を受けた. **2** 弁明する; 弁護する.

a·pól·o·giz·er *n.* 謝罪者, わびる人.

ap·o·logue [ǽpəlɔ̀(ː)g, -lɑ̀g | ǽpə(ʊ)lɔ̀g, -lɔ̀ug] 〘⊏ F ～ ⊏ L *apologus* ← Gk *apólogos* tale: ⇨ apo-, logos〙 *n.* 教訓, 寓話(ぐうわ) (moral fable).

a·pol·o·gy [əpɑ́lədʒi | əpɔ́lədʒɪ] 〘(?*c*1425) ⊏ (O)F *apologie* // LL *apologia* ⊏ Gk *apología* ← *apologeîsthai* to speak in one's defense: ⇨ apo-, -logy〙 — *n.* **1** 謝罪, 陳謝, わび 〔*for*〕: a letter of ～ / a written ～ わび状 / in ～ *for* …をわびて, …のおわびに / make an ～ *to* a person *for* one's bad behavior [being late] / offer a person an ～ [one's ～, *apologies*] *for* …のことで人に謝る / owe a person an ～ 人に謝らなければならぬことがある / Please accept my ～. どうぞお許し下さい / My *apologies*. どうも申し訳ありません(でした) / You have no *apologies* to make. 何も謝ることはない. **2 a** (正式の)弁明, 弁護; 弁明書 (apologia) 〔*for*〕. **b** 弁解, 言い訳 (excuse) 〔*for*〕. **3** 〔ある物の〕お粗末な代用品, 間に合わせ的なもの 〔*for*〕: a mere ～ *for* a dinner ごちそうとはほんの名ばかりのもの / She gave me an ～ *for* a smile. 私に申し訳程度の微笑を見せた. **4** [the A-] 「ソクラテスの弁明」 《Plato の青年時代初期の対話編》.

ap·o·lune [ǽpəlùːn | -lùːn, -ljùːn] 〘← APO-+LUNE¹〙 — *n.* 〖天文〗 遠月点 《月のまわりを軌道運動する物体が月から最も離れる点; cf. apogee; ↔ perilune》.

ap·o·mict [ǽpəmìkt | ǽpə(ʊ)-] 〘《逆成》 ↓〙 *n.* 〖生物〗 アポミクト 《アポミクシス (apomixis) によって成立した個体およびそれの自殖で増えた群》.

ap·o·mic·tic [æ̀pəmíktɪk | æ̀pə(ʊ)-] 〘← APO-+Gk *miktós* mixed+-IC¹〙 — *adj.* 〖生物〗 アポミクトの; 単性生殖の. **àp·o·míc·ti·cal** *adj.* **àp·o·míc·ti·cal·ly** *adv.*

ap·o·mix·is [æ̀pəmíksɪs, -səs | -sɪs] 〘← NL ～: ⇨ apo-, mixo-, -sis〙 — *n.* (*pl.* **-mix·es** [-siːz]) 〖生物〗 アポミクシス, 単性生殖 《卵が受精なしに発生する単為生殖, 特にミツバチ・シロアリなどの卵が受精せずに発生する無精生殖など》.

àpo·mórphine *n.* 〖薬学〗 アポモルヒネ ($C_{17}H_{17}NO_2$) 《吐剤・去痰薬》.

àpo·neurósis 〘← NL ～: ⇨ apo-, neuro-, -sis〙 *n.* 〖解剖〗 腱(けん)膜. **àpo·neurótic** *adj.*

a·poop [əpúːp] 〘← A-¹+POOP〙 *adv.* = astern.

ap·o·pemp·tic [æ̀pəpém(p)tɪk] 〘⊏ LGk *apopemptik-ós* ← Gk *apopémpein* to send away ← APO-＋*pémpein* to send : ⇨ -ic¹〙 *adj.* 《古》〈歌など〉送別の.
àpo·pétalous *adj.* 〘植物〙離弁花の.
a·poph·a·sis [əpɑ́fəsɪs, -səs | əpɔ́fəsɪs] 〘⊏ LL ～ ⊏ Gk *apóphasis* denial ← *apophánai* to speak out, deny ← APO-＋*phánai* to speak : ⇨ -sis〙 ── *n.* (*pl.* **-a·ses** [-sìːz]) 〘修辞〙陽否陰述(法)《反語の一種で, 表面はある事を否定しながら実はそれを暗示し肯定すること; 例: I speak not to disprove what Brutus spoke. (Shak., *Caesar* 3. 2. 105); cf. paraleipsis》.
ap·o·phat·ic [æ̀pəfǽtɪk | -tɪk] 〘⊏ Gk *apophatik-ós* : ⇨ ↑, -ic¹〙 ── *adj.* 〘神学〙否定的な《否定の方法によって獲得された神の知識に適用される》: ～ theology 否定神学.
ap·o·phthegm [ǽpəθèm | ǽpə(ʊ)-] 〘《1553-87》⊏ Gk *apóphthegma* thing uttered, terse saying ← *apophthéggesthai* to speak one's opinion plainly ← APO-＋*phthéggesthai* to utter〙 ── *n.* ＝apothegm. **ap·o·phtheg·mat·ic** [æ̀pəθegmǽtɪk | -tɪk] *adj.* **àp·o·phtheg·mát·ical** *adj.*
a·poph·y·ge [əpɑ́fədʒìː, -dʒi | əpɔ́fɪdʒìː] 〘⊏ Gk *apophugḗ* an escape ← APO-＋*phugḗ* flight (← IE **bheug-* to flee (L *fugere* to flee))〙 ── *n.* 〘建築〙 **1** (柱身から柱礎に接続する部分の)下広がりの彎曲部. **2** (柱身から柱頭に接続する部分の)上広がりの彎曲部《hypophyge ともいう》.
ap·o·phyl·lite [æ̀pəfílaɪt, əpɑ́fəlàɪt | æ̀pəfílaɪt, əpɔ́fɪlàɪt] 〘⊏ F ～ : ⇨ apo-, phyllite : 剝落しやすいことから〙 ── *n.* 〘鉱物〙魚眼石 ($KFCa_4(Si_8O_{20})8H_2O$) 《fisheye stone ともいう》.
a·poph·y·sis [əpɑ́fəsɪs, -səs | əpɔ́fɪsɪs] 〘← NL ～ ← Gk *apóphusis* offshoot ← APO＋*phúsis* natural growth (cf. physic) : ⇨ -sis〙 ── *n.* (*pl.* **-y·ses** [-sìːz]) **1** 〘解剖〙骨起, 骨端, アポフィーゼ. **2** 〘植物〙隆起《蘚(せん)類の胞子柄や毬果(きゅうか)の鱗片にある》. **3** 〘建築〙＝apophyge. **a·poph·y·se·al** [əpɑ̀fəsíːəl | əpɔ̀fɪ-] *adj.*
ap·o·plec·tic [æ̀pəpléktɪk | æ̀pə(ʊ)-] 〘《1611》⊏ F *apoplectique* ∥ LL *apoplēctic-us* ⊏ Gk *apoplēktikós* : ⇨ ↓, -ic¹〙 ── *adj.* **1** 〘病理〙 **a** 卒中(性)の : an ～ fit 卒中発作. **b** 〈人が〉卒中の; 卒中にかかりやすい. **2** (激怒したりして)卒中を起こしそうな, ひどく興奮した: ～ with rage かんかんに怒って. ── *n.* 卒中患者. **àp·o·pléc·ti·cal** *adj.* **àp·o·pléc·ti·cal·ly** *adv.*
ap·o·plex·y [ǽpəplèksi | ǽpə(ʊ)plèksi] 〘《*a*1387》⊏ (O)F *apoplexie* ∥ LL *apoplēxia* ⊏ Gk *apoplēxia* ← *apoplḗssein* to strike down ← APO-＋*plḗssein* to strike (← IE **plāk-* to strike (cf. plague))〙 ── *n.* 〘病理〙 **1** 脳出血, 脳溢(いつ)血, (脳)卒中 (cerebral apoplexy) (cf. cerebral accident) : be seized with ～ 卒中にかかる / have a fit [stroke] of ～ 卒中を起こす. **2** (器官内部の)出血, 溢血 : abdominal ～ 腹腔内出血.
ap·o·pyle [ǽpəpàɪl | ǽpə(ʊ)-] 〘← APO-＋Gk *púlē* gate〙 *n.* 〘動物〙後門《海綿の鞭毛室が胃腔に開く部分; cf. prosopyle》.
ap·o·ret·ic [æ̀pərétɪk | -tɪk] 〘⊏ Gk *aporē(ma)tik-ós* ← *aporeîn* to doubt ← *áporos* impassable ← A-⁷＋*póros* passage : ⇨ -ic¹〙 *adj.* 懐疑的な (sceptic).
a·po·ri·a [əpɔ́ːriə, əpóːr- | əpɔ́ːrɪə] 〘← NL ～ ← LL ～ 'doubt, perplexity' ⊏ Gk *aporía* ← *áporos* : ⇨ ↑, -ia¹〙 ── *n.* (*pl.* **～s, -ri·ae** [-riìː]) **1** 〘哲学〙アポリア《論理的難点》. **2** 難問, 難点.
a·port [əpɔ́ət, əpóət | əpɔ́ːt] 〘《1627》← A-¹＋PORT²〙 ── *adv.* 〘海事〙左舷(げん)に (↔ astarboard) : put the helm ～ 舵柄(だへい)を左舷に取る《昔の方式で, 船首は右舷に向く; 今の put the wheel astarboard と同意》/ Hard ～! 取舵(とりかじ)一ぱい.
ap·o·se·le·ne [æ̀po(ʊ)sɪlíːni, -sə- | æ̀pə(ʊ)sɪlíːnɪ, -sə-] 〘↓〙 *n.* 〘天文〙＝apolune.
ap·o·se·le·ni·um [æ̀po(ʊ)sɪlíːniəm, -sə- | æ̀pə(ʊ)sɪlíːnjəm, -sə-, -nɪəm] 〘← NL ～ ← APO-＋Gk *selḗnē* moon＋-IUM 3〙 *n.* 〘天文〙＝apolune.
àpo·semátic *adj.* 〘動物〙〈動物の色・におい・構造など〉(護身のために)警告的な, 警戒させるような: ～ coloration 警戒色. **àpo·semátically** *adv.*
ap·o·si·o·pe·sis [æ̀pəsaɪəpíːsɪs, -səs | æ̀pə(ʊ)saɪə(ʊ)píːsɪs, əpɔ̀sɪə(ʊ)-] 〘《1578》⊏ LL ～ ⊏ Gk *aposiṓpēsis* ← *aposiōpân* to be quite silent ← APO-＋*siōpê* silence : ⇨ -sis〙 ── *n.* (*pl.* **-pe·ses** [-sìːz]) 〘修辞〙話中頓(とん)絶(法)《中途で急に文を切ること; 例: If we should fail—. / Well, I never! まあ驚いた》. **ap·o·si·o·pet·ic** [æ̀pəsaɪəpétɪk | æ̀pə(ʊ)saɪəpét-, əpɔ̀sɪə(ʊ)-] *adj.*
a·pos·po·ry [æ̀pəspɔ̀ːri, -spòːri, əpɑ́spəri, æp- | ǽpəʊspɔ̀ːri, əpɔ́spərɪ, æp-] *n.* 〘植物〙無胞子生殖, アポスポリー.
a·pos·ta·sy [əpɑ́stəsi, əpɔ́(ː)s- | əpɔ́stəsɪ] 〘《?1348》⊏ eccl.L *apostasia* ⊏ LGk *apostasía* = Gk *apóstasis* a standing off, revolt ← APO-＋*stánai* 'to STAND' : ⇨ -y¹〙 ── *n.* **1** 背教, 棄教《告白した信仰を捨てて宗門にそむくこと》. **2** 背信, 変節, 変説, 脱党.
a·pos·tate [əpɑ́steɪt, -tət, -tɪt | əpɔ́s-] 〘《1340》⊏ (O)F ～ ∥ eccl.L *apostata* ⊏ Gk *apostátēs* ← *apostánai* (↑)〙 ── *n.* **1** 背教者. **2** 背信者, 変節者, 変説者, 脱党者. ── *adj.* 背教した, 背教者的な; 背信の, 変節の, 脱党の. **ap·o·stat·ic** [æ̀pəstǽtɪk | æ̀pə(ʊ)stǽt-] *adj.* **àp·o·stát·i·cal** *adj.*
a·pos·ta·tize [əpɑ́stətàɪz, əpɔ́(ː)s- | əpɔ́s-] *vi.* **1** (告白した)信仰を捨てる, 背教者となる. **2** 変節して(他党に)移る〔*from, to*〕: ～ *from* monarchism *to* socialism / ～ *from* one party *to* another.
a pos·te·ri·o·ri [áːpoustì(ə)rióːri, -tèr-, -óːri-, éɪpɑːstì(ə)rióːraɪ, -poʊ-, -óːr- | éɪ-pɒstèrɪɔ́ːràɪ, -tɪər-, àː-pɒstèrɪɔ́ːriː] 〘⊏ L *ā posteriōri* from what comes after ← *ā* from＋*posterior* latter ((compar.) ← *posterus*)〙 (↔ a priori) ── *adj.* **1** 〘論理〙帰納的な (inductive) : ～ reasoning 帰納的推理[推論]. **2** 〘哲学〙後天的な, 経験的な. ── *adv.* **1** 帰納的に : reason ～. **2** 後天的に.
a·pos·te·ri·o·rism [áːpoustì(ə)rióːrɪzm, -tèr-, -óːr- | -pɒstèrɪɔ́ːr-] *n.* 〘哲学〙後天説, 後天主義《先天説[主義]と反対に事象の説明に身近で経験的, 後天的に知られるものを根拠とする立場》.
a·pos·til [əpɑ́stɪl, -təl | əpɔ́stɪl] 〘⊏ F *apostille* ← *apostiller* to annotate ← A-⁴＋*postiller* to annotate : ⇨ postil〙 *n.* 《古》傍注; 注釈.
a·pos·tle [əpɑ́sl, əpɔ́(ː)sl | əpɔ́sl] 〘《13C》⊏ OF ～ (F *apôtre*) ⊏ eccl.L *apostolus* ⊏ Gk *apóstolos* one sent forth, messenger ← APO-＋*stéllein* to send ∽ OE *apostol* ⊏ eccl.L〙 ── *n.* **1** 〘キリスト教〙 **a** [A-] 使徒《キリストの十二使徒の一人》. **b** [the Apostles] (キリストの)十二使徒 (the Twelve Apostles). **2** 使徒: **a** (東方正教会で)キリストの七十人の弟子の一人. **b** ある種のプロテスタント派聖職者の最高位の職名. **c** 初期キリスト教時代の宣教者・伝道者の名称. **3** (一国・一地方における)キリスト教の最初の伝道者: the *Apostle* of the English⇨Saint AUGUSTINE (of Canterbury) / the *Apostle* of Ireland ⇨ Saint PATRICK / the *Apostle* of the Slavs ⇨ Saint CYRIL. **4** 〘モルモン教〙使徒《12 名から成る評議員会の一員》. **5** (主義・政策などの)使徒, 主唱者, 唱導者 : the ～ of Free Trade 自由貿易の使徒《Richard Cobden のこと》. **6** [*pl.*] 〘海事〙(繋柱にもなる)船首副肋材.
apóstle bìrd *n.* 〘鳥類〙 **1** チメドリ (babbler); (特に) ハイガシラゴウシュウマルハシ (*Pomatostomus temporalis*) 《オーストリア産ヒラタキ科の鳥》. **2** ハイイロツチスドリ (*Struthidea cinerea*) 《オーストラリア産ツチスドリ科の大きな声で鳴く鳥》.
Apóstles' Créed *n.* [the ～] 使徒信条[信経] 《キリスト教の最も基本的な信仰箇条で, I believe in God the Father Almighty, Maker of heaven and earth... (われは天地の造り主, 全能の父なる神を信ず) で始まる; 単に the Creed ともいう; 祈禱書 (Common Prayer) 中の早禱 (Morning Prayer), 晩禱 (Evening Prayer) の一部をなす》.
apóstle·shìp *n.* 使徒の身分[職分].
apóstle spòon, A- s- *n.* (昔, 小児洗礼で名親 (godparent) が記念に贈った)柄の先が使徒の像になっている銀のスプーン.
a·pos·to·late [əpɑ́stəlèɪt, -lət, -lɪt, -tl- | əpɔ́stə(ʊ)lət, -lɪt, -lèɪt] 〘《*a*1400》⊏ LL *apostolāt-us* : ⇨ apostle, -ate¹〙 ── *n.* **1** 使徒の職[任務] (apostleship). **2** 〘カトリック〙教皇職[位], 使徒職; 司教の任務, 宣教活動. **3** (主義・宣伝・運動などの)指導的立場; (主義・宣伝・運動などの唱導を目的とする)指導団体[協会].
ap·os·tol·ic [æ̀pəstɑ́lɪk | -stɔ́l-] 〘《?c1200》⊏ (O)F *apostolique* ∥ eccl.L *apostolic-us* ⊏ Gk *apostolikós* ← *apóstolos* 'APOSTLE' : ⇨ -ic¹〙 ── *adj.* **1** 十二使徒の, 使徒的な. **2** 使徒教義(的)の; 福音伝道の. **3** 使徒伝承の. **4** [時に A-] (使徒 St. Peter の後継者としての)ローマ教皇の (papal) : an ～ letter 教皇書簡. **àp·os·tól·i·cal** *adj.* **àp·os·tól·i·cal·ly** *adv.*
Apostólic Chúrch *n.* **1** [the ～] 使徒教会, (十二使徒の創設したものとしての)キリスト教会 (Christian church) 《使徒の伝承・教えを継ぐ教会》. **2** 〘カトリック〙＝Apostolic See 2.
apostólic délegate *n.* 教皇代理使節《Vatican と正規の外交関係のない国に教皇の代理として派遣される; cf. nuncio 1》.
Apostólic Fáthers *n. pl.* [the ～] 〘キリスト教〙使徒教父, 使徒後教父《十二使徒 (Apostles) に続く, 1 世紀末から 2 世紀前半における正統的なキリスト教著作家たち》.
a·pos·to·lic·i·ty [əpɑ̀stəlísəṭi | əpɔ̀stəlísətɪ, -sɪ-] *n.* **1** 使徒的性格. **2** 使徒伝承(性) 《unity, catholicity, holiness と共に教会の本質的特質》.
Apostólic Sée *n.* 〘カトリック〙 **1** [the ～] (使徒 St. Peter の創設した)聖座, 教皇座. **2** [a- s-] (使徒の代表者 St. Peter によって始められた)使徒管区 (Apostolic Church).
apostólic succéssion *n.* 使徒伝承[継承] 《カトリック教会や英国国教会がその権威を使徒たち (Apostles) から継承されているという主張》.
apostólic vícar *n.* 〘カトリック〙＝vicar apostolic.
a·pos·tro·phe [əpɑ́strəfi, əpɔ́(ː)s-, -fìː | əpɔ́strəfɪ] 〘1: 《1594》⊏ F ～ ∥ LL *apostroph-us* ⊏ LGk *apóstrophos* 《原義》turned away ← *apostréphein* to turn away ← APO-＋*stréphein* to turn (cf. strophe). 2: 《1533》⊏ L *apostrophe* ⊏ Gk *apostrophḗ* turning away ← *apostróphein*〙 ── *n.* **1** アポストロフィ ('): **a** 省略符号《例: can't, ne'er, '80》. **b** 所有格の符号《例: boy's, boys'》. **c** 複数符号《例: many M.P.'s》. **2** 〘修辞〙頓呼(とんこ)(法) 《演説や詩文の中途で感慨のあまり急転して特殊の人や事物に呼びかけること; cf. apostrophize; obsecration 3》.
ap·os·troph·ic [æ̀pəstrɑ́fɪk, æ̀pɑs-, æ̀pɔ(ː)s-, -tróuf- | æ̀pəstrɔ́f-] *adj.* **1** アポストロフィの, 省略符号の. **2** **a** 〘修辞〙頓呼(とんこ)法的な. **b** 〈作家など〉よく頓呼法を用いる.
a·pos·tro·phize [əpɑ́strəfàɪz, əpɔ́(ː)s- | əpɔ́s-] *vt., vi.* **1** 〘文法〙省略符号 (') を付けて省略する, (…に)省略符を付ける. **2** 〘修辞〙(中途で)急転して(…に)呼びかける, 頓呼(とんこ)法を用いる (cf. apostrophe 2).
apóthecaries' mèasure *n.* 薬剤用液量法《薬品に用いる液量; 8 drams＝480 minims をもって 1 液量オンス (fluidounce) とする》.
apóthecaries' wèight *n.* 薬衡, 薬剤用衡量法《薬品に用いる衡量; 8 drams＝24 scruples＝480 grains をもって 1 重量オンス (ounce) とする》.
a·poth·e·car·y [əpɑ́θəkèri | əpɔ́θəkərɪ, -θɪ-] 〘《*c*1387-95》⊏ OF *apotecaire* (F *apothicaire*) ⊏ LL *apothēcārius* warehouseman ← L *apothēca* storehouse ⊏ Gk *apothḗkē* ← *apotithénai* to put away ← APO-＋*tithénai* to put : ⇨ -ary〙 ── *n.* **1** 《英古・米》薬剤師 (pharmacist), 薬種商, 薬屋 (druggist) 《英国ではもと処法も医療も行なった》. **2** 《米》薬店, 薬局 (pharmacy). **3** 《英・アイルランド》〘医学〙(薬剤師協会の検定による処方資格をもつ)薬剤師《法律用語》.
ap·o·the·ci·um [æ̀pəθíːʃiəm, -siəm | -sɪəm] 〘← NL ～ ← L *apothēca* (↑)＋-IUM 2〙 ── *n.* (*pl.* **-ci·a** [-ʃiə, -siə | -sɪə]) 〘植物〙(菌類や地衣 (lichen) 類の)裸子器《中に子嚢(のう)と側糸がある》. **àp·o·thé·ci·al** [-ʃiəl, -siəl | -sɪəl] *adj.*
ap·o·thegm [ǽpəθèm | ǽpə(ʊ)-] 〘《変形》← APOPHTHEGM〙 ── *n.* 警句, 格言 (maxim). ★《英》では apophthegm を用いることが多い. **ap·o·theg·mat·ic** [æ̀pəθegmǽtɪk | æ̀pə(ʊ)θegmǽt-] *adj.* **àp·o·theg·mát·ical** *adj.* **àp·o·theg·mát·i·cal·ly** *adv.*
ap·o·them [ǽpəθèm | ǽpə(ʊ)-] 〘← APO-＋Gk *théma* that which is placed : ⇨ theme〙 *n.* 〘数学〙辺心距離《正多角形の中心から辺までの距離》.
a·poth·e·o·sis [əpɑ̀θióʊsɪs, æp-, æ̀pəθíːə-, -səs | əpɔ̀θɪə́ʊsɪs, æ̀pə(ʊ)θɪ-] 〘《1605》⊏ eccl.L *apotheōsis* ⊏ Gk *apothéōsis* deification ← *apotheoun* to deify : ⇨ apo-, theo-, -sis〙 ── *n.* (*pl.* **-o·ses** [-sìːz]) **1** 神に祭る[神として崇める]こと, 神格化, 神聖視. **2** 賛美, 崇拝 (glorification). **3** 極致, 理想: an ～ *of* chivalry 騎士道の理想的人物, 理想的な騎士. **4** (人・物の)昇天.
ap·oth·e·o·size [æ̀pəθíːəsàɪz, əpɑ́θiəsàɪz | əpɔ́θɪə(ʊ)sàɪz, æ̀pə(ʊ)θíə(ʊ)saɪz] *vt.* **1** 神として崇める, 神格化[神聖視]する (deify). **2** 賛美する (glorify).
ap·o·tro·pa·ic [æ̀pətro(ʊ)péɪɪk | -trə(ʊ)-] 〘← Gk *apotrópaion* ← *apotrépein* to turn away ← APO-＋*trépein* to turn)＋-IC〙 ── *adj.* 厄除けの, 厄払いになる: ～ magic. **àp·o·tro·pá·i·cal·ly** *adj.* 「い, 厄除け.
ap·o·tro·pa·ism [æ̀pətro(ʊ)péɪɪzm | -trə(ʊ)-] *n.* 厄払
Á pòwer supplỳ *n.* 〘電子工学〙 A 電源《真空管のヒーター用電源; A supply ともいう》.
app. 《略》apparatus; apparent; apparently; appeal; appended; appendix; applied; appointed; apprentice; approval; approved; approximate.
App. 《略》Apostles.
ap·pal [əpɔ́ːl] 〘《*a*1333》*apalle(n)* to grow or make faint ⊏ OF *apal(l)-ir* to make or become pale ← A-⁴＋*pâlir* 'to grow PALE¹'〙 ── *vt.* (**ap·palled; ap·pal·ling**) …の胆をつぶさせる, 度を失わせる, ぞっとさせる (dismay) (cf. appall) : His impudence ～*led* me. / He was ～*led* by the violence of the earthquake. 地震の激しさに胆をつぶした / I was ～*led at* his ignorance. 彼の無知にはあきれて物が言えなかった.
Ap·pa·la·chia [æ̀pəléɪtʃə, -lǽtʃə, -tʃiə | -léɪtʃɪə] 〘← ? *Apalachee* (フロリダ北部のインディアンの部族名) ← ? N-Am.-Ind. (Choctaw) *apelachi* helper〙 ── *n.* **1** アパラチア地方《米国東部の山間地方, Appalachian 山脈の中部・南部および Piedmont 台地を含む; 貧困者が多く居住》. **2** 〘地質〙アパラチア《Appalachian 山脈東方の大西洋中に存在したと考えられる陸地》.
Ap·pa·la·chian [æ̀pəléɪtʃən, -lǽtʃ-, -tʃiən | -léɪtʃɪən] *adj.* **1** アパラチア山脈の. **2** 〘地質〙古生代後期(ペンシルバニア紀)造山運動の. ── *n.* **1** [the ～s] ＝Appalachian Mountains. **2** アパラチア山脈地帯の白人.
Appaláchian Móuntains *n. pl.* [the ～] アパラチア山脈《北米東部海岸に沿ってカナダ Quebec 州から米国 Alabama 州北部まで続く山脈; 延長 2,570 km; 最高峰 Mt. Mitchell (2,037 m)》.
Appaláchian téa *n.* **1** 〘植物〙アパラチアチャノキ (*Ilex vomitoria*) 《北米東部に産するモチノキ科の低木》. **2** アパラチア茶《同上の葉で作ったまがい茶》.
Appaláchian Tráil *n.* [the ～] アパラチア山道《Maine 州中部から Georgia 州北部に通じる, 長さ約 3,000 km の山道》.
ap·pall [əpɔ́ːl] *vt.* ＝appal. ★今は主に《米》.
ap·páll·ing [-lɪŋ] *adj.* **1** ぞっとするような, 恐ろしい, すさまじい (dreadful) : an ～ sight ぞっとするような光景. **2** 《口語》ひどい, あきれるほどの (shocking) : ～ ignorance / His English is ～. **～·ly** *adv.*
Ap·pa·loo·sa [æ̀pəlúːsə, àːp-] 〘《変形》← ? *a Palouse*: Palouse Indians, または Palouse River にちなむか〙 ── *n.* アパルーサ《北米西部に産するスペイン系の頑丈な乗馬用の一品種の馬; 臀部(でんぶ)と腰部に白黒の斑点がある》.
ap·pa·nage [ǽpənɪdʒ] 〘《1602》⊏ (O)F *apanage* ← OF *apaner* to provide with bread＝OProv. *apanar* to

feed, support < ML *appānāre* ← *ap-* 'AD-'+L *pānis* bread : ⇨ -age : cf.「パン」》 ── *n.* **1** (国王が世継ぎ以外の王子たちに与える)扶持(ふち), 采地(さいち). **2** 属領, 属地 (dependency). **3** (地位・身分などに付随する)役得(perquisite). **4** 従属物(adjunct), 属性(attribute).

appar. 《略》apparatus ; apparent ; apparently.

ap·pa·rat [ǽpəræ̀t, à:pərá:t ; *Russ.* aparát] 〖□ Russ. ~《原義》'APPARATUS'〗 *n.* 〘政治〙(ソ連などの)共産党首脳部[機関].

ap·pa·ra·tchik [à:pərá:tʃɪk ; *Russ.* aparátʃik] 〖□ Russ. ~ ← APPARAT+*-chik* '-ER¹'〗 ── *Russ. n.* (*pl.* **~s, -ra·tchi·ki** [-tʃɪkì: ; *Russ.* aparátʃikji]) **1** 〘政治〙(ソ連などの)共産党首脳部員. **2** 共産党スパイ.

ap·pa·ra·tus [æ̀pərǽtəs, -réɪt- | -réɪt-] 〖《a1628》□ L *apparātus* preparation ← *apparāre* to prepare, make ready ← *ap-* 'AD-'+*parāre* to make ready : cf. prepare〗 ── *n.* (*pl.* ~, **~·es**) **1 a** (理化学用などの)一式の器具[器械], 装置, (機械)設備 (equipment) : a piece of ~ 装置の一部 / a chemical ~ 化学器具 / an experimental ~ 実験装置 / various ~ / an ~ *for* washing cars 洗車設備. **b** (部分品からなる)機器 (instrument, machine) : an X-ray ~. **2** 用具一式 : a gymnastic ~ (器械)体操用具. **3** 〘生理〙(一連の)器官, 装置 : the digestive [respiratory] ~ 消化[呼吸]器官 / the ~ *for* phonation (喉頭(こうとう)にある)発声装置. **4 a** (政治活動などの)機構 (machinery). **b** (政党の)機関. **c** 〘政治〙=apparat. **5** =apparatus criticus.

apparátus crít·i·cus [-krítɪkəs | -tɪ-] 〖□ L *apparātus criticus* critical apparatus〗 ── *n.* **1** (文学研究などのための)参考資料. **2** (原典批評の)比較資料《通例本文に対して脚注の形で示す異文など ; 略 app. crit.》.

ap·par·el [əpǽrəl, əpér- | əpǽr-] 〖《c1275》□ OF *apareill-er* (F *appareiller*) to clothe < VL **adpariculāre* to make equal ← L *apparāre* to make ready : ⇨ apparatus〗 ── *vt.* (**-elled,** 《米》**ap·par·eled ; -el·ling,** 《米》**-el·ing**) **1** 〈人〉に〔服を〕着せる[まとわせる]〔*in*〕: a person gorgeously ~(*l*)*ed* きらびやかに着飾った人. **2** 飾り立てる, 装飾する (adorn)〔*with, in*〕. **3** 〘海事〙〈船を〉装備する (equip)〔*with*〕. ── *n.* **1** 衣服, 服装, よそおい : an article of ~. **2** おおい, 飾り. **3** 《古》外観, 様子. **4** 《古》〘海事〙(マスト・帆・錨・砲などの)装備. **5** 〘キリスト教〙祭服の刺繍.

ap·par·ent [əpǽrənt, əpé(ə)r- | əpǽrənt, əpéər-] 〖《?a1400》□ L *appārent-em* (pres.p.) ← *appārēre* 'to APPEAR' ∽ 《?c1380》*aparant* □ OF (F *apparent*) : ⇨ -ent〗 ── *adj.* **1** 明白な (evident)〔*to*〕: an ~ motive はっきりした動機 / The fact is ~ *to* everyone. この事実はだれにでも明白だ / It was ~ that someone had opened the letter. だれかが手紙を開封したのは明らかだった. **2** (ありありと)目に見える, はっきりした (visible)〔*to*〕: be ~ *to* the naked eye 肉眼でも見える / A look of joy was ~ in her face. 顔には喜びの色がはっきり現われていた. **3** 見掛けの, 表面上の, うわべの (seeming) (↔ actual, real) : an ~ advantage 一見利点と思えること / His reluctance was only ~. 彼のいやがるのはうわべだけだった. ★ 1, 3 は特に Attributive に用いられた場合, 文脈がなければ意味が曖昧なことがある : the ~ truth of an argument. **4 a** 〘物理〙見掛けの. **b** 〘天文〙視… : ⇨ apparent horizon, apparent motion. **5** 〘法律〙明らかな, 外見上わかる (cf. presumptive 1) : ⇨ heir apparent 2. **~·ness** *n.*

appárent cándle pòwer *n.* 〘光学〙見掛けの燭光.

appárent déath *n.* 〘医学〙仮死.

appárent héir *n.* 〘法律〙=heir apparent 2.

appárent horízon *n.* 〘天文〙視水[地]平線《見掛けの水[地]平線》.

ap·pá·rent·ly 〖《c1380》〗 ── *adv.* **1** 見たところでは, 見掛けは, 外見上, どうも…らしい (seemingly) : History advances through an ~ contradictory process. 歴史は一見矛盾した過程をたどって進む / Space is ~ empty. 空間は表面的には空虚なものに見える. **2** 明白に (evidently) : You are ~ right. 君の言うことは明らかに正しい. ★ 今は 1 の意味に用いられることが多いが, 文脈によっては曖昧なことがある.

appárent mágnitude *n.* 〘天文〙視等級《天体の見掛けの等級 ; cf. absolute magnitude》.

appárent mótion *n.* 〘天文〙視運動《天体の見掛けの運動》.

appárent pówer *n.* 〘電気〙皮相電力《見掛けの電力 ; 電圧×電流》.

appárent sólar tíme *n.* 〘天文〙=apparent time.

appárent tíme *n.* 〘天文〙視(太陽)時《日時計によって示される太陽時 ; 略 A.T.》.

appárent wéight *n.* 〘造船〙見掛け重量.

appárent wínd *n.* **1** 〘海事〙視風《船などのように移動しつつある物体上で感じるままの風》. **2** 〘航空〙相対風《移動する物体に対する相対風のこと ; 静止物体に対する真風 (true wind) と区別する》.

ap·pa·ri·tion [æ̀pərɪ́ʃən] 〖《?a1425》□ (O)F ~ // LL *appāritiō(n-)* ← L *appārēre* (↓) : ⇨ -tion〗 ── *n.* **1** 幽霊, 亡霊, 妖怪(ようかい) (ghost, specter). **2 a** (突然の)出現 (appearance) : the ~ *of* a ghost, comet, etc. **b** (突然に)現われた[現われる]人[物] ; (特に)驚異的[不思議]なもの (phenomenon). **3** 〘天文〙(掩蔽(えんぺい)後の星・惑星などの)最初の出現. **~·al** [-ʃənl, -ʃnəl] *adj.*

ap·par·i·tor [əpǽrəṭə | -rɪtɔ̀:(r), -tə(r)] 〖《1528》□ L *appāritor* (public) servant ← *appārēre* 'to APPEAR' : ⇨ -or²〗 ── *n.* **1** (古代ローマ・昔の民事[教会]裁判所の)下役人. **2** (英大学の)総長の権標捧持者 (beadle). **3** 《廃》先触れ, 案内者 (herald, usher).

ap·pas·sio·na·ta [əpà:sɪəná:ṭə | əpæ̀sjəná:tə, -sɪə- ; *It.* appassjoná:ta] *adj.* 〘音楽〙=appassionato.

ap·pas·sio·na·to [əpà:sɪəná:ṭou | əpæ̀sjəná:təu, -sɪə- ; *It.* appassjoná:to] 〖□ It. ~ (masc.) & *appassionata* (fem.) (p.p.) ← *appassionare* to impassion : ⇨ ad-, passion, -ate²〗〘音楽〙 ── *adj.* アパッショナート[タ], 情熱的な (impassioned). ── *n.* (*pl.* **~s**) アパッショナート(の楽章[曲]).

ap·pau·mée [æ̀po(ʊ)méɪ | æ̀pə(ʊ)-] 〖□ F ~ ← *ap-* 'AD-'+*paume* 'PALM¹'〗 ── *adj.* (*also* **ap·pau·mé** [~]) 〘紋章〙〈右手が〉開いて内側を見せた《一般紋章図形として使用されるほか, 盾に赤の左手を小さく配して Baronet の階級を示すマークとして使用される ; cf. ARMS² of Ulster》.

app. crit. 《略》apparatus criticus.

ap·peach [əpí:tʃ] 〖《a1333》*apeche(n)* □ AF *enpech-er* =OF *empechier* 'to IMPEACH'〗 *vt.* 《廃》告発[弾劾]する ; 非難する (impeach). **~·ment** *n.*

ap·peal [əpí:l] 〖v. : 《a1338》□ OF *apel-er* (F *appeler*) < L *appellāre* to approach, address (freq.) ← *appellere* to drive to ← *ap-* 'AD-'+*pellere* to drive. ── n. : 《c1300》□ OF *apel* (F *appel*) ← (v.)〗 ── *vi.* **1** 哀願する, 懇願する, 要請する (implore) : ~ *to* a person *for* support / She ~*ed to* him *to* come at once. 彼にどうかすぐ来てくれるようにと頼んだ. **2** 〘法律〙 **a** 上訴[控訴, 上告]する〔*to*〕: ~ *to* a higher court. **b** 〔判決を不服として〕上訴する〔*against, from*〕: ~ *against* a decision=~ *from* a judgment 判決を不服として上訴する. **3 a** 〔法律・世論・武力などに〕訴える, アピールする (resort)〔*to*〕: ~ *to* the law [public] 法律[世間]に訴える / ~ *to* arms [force] 武力[暴力]に訴える / ⇨ *appeal to the* COUNTRY. **b** 〘スポーツ〙〔審判員に〕アピール[抗議]する〔*to*〕; 〔判定を求めて・不服として〕アピールする〔*for, against*〕. **4** 〈物事・人が〉〔人・心などに〕訴える, 〔…の〕気に入る, 興味をひく (interest, attract)〔*to*〕: ~ *to* the eye 目に訴える, 目を楽しませる / Picasso's paintings ~ *to* me. ピカソの絵は私には面白い / The idea ~*ed*. その考えは人気を得た. ── *vt.* **1** 〘法律〙 **a** 〈事件を〉上訴[控訴, 上告]する : ~ a case. **b** 《古》〈人を〉〔…の罪で〕訴える (accuse)〔*of, for*〕. **2** 《古》〈人〉に挑戦する (challenge). ── *n.* **1** 哀願, 懇願, 要請 (earnest entreaty)〔*for*〕: respond to an ~ 要請に応じる / an ~ *for* help / make an ~ *to* a person *for* a contribution [funds] 人に寄付[基金]を募る. **2** 〔世論などに〕問うこと, 〔武力などに〕訴えること, アピール〔*to*〕: make an ~ *to* reason 理性に訴える. **3** 〘法律〙 **a** 上訴, 控訴, 上告, 訴願 : on ~ 上訴の結果[上で] / ⇨ COURT of appeal. **b** 上訴権 ; 上訴を受けた事件. **c** 告発. **4** 興味を起こさせる力, 魅力 (attraction) : ⇨ sex appeal / the ~ of traveling / Hunting has little ~ *for* me. 狩猟は私にはあまり興味がない / This book enjoys a wide ~ *for* youth. この本は青年に広く愛読される. **5** 〘スポーツ〙〔審判員への〕アピール, 抗議〔*to*〕. **6** 《廃》挑戦. **ap·péal·a·ble** [-ləbl] *adj.* **ap·pèal·a·bíl·i·ty** [-ləbíləṭi | -lətɪ, -lɪti] *n.* **~·er** [-lə | -lə(r)] *n.*

ap·péal·ing [-lɪŋ] *adj.* **1** (人に)訴えるような, 懇願するような ; 感動的な : ~ eyes. **2** 魅力的な, 感じのよい (attractive). **~·ly** *adv.*

ap·pear [əpíə | əpíə(r)] 〖《c1275》□ OF *aper-* (stem) ← *apareir* (F *apparoir*) < L *appārēre* ← *ap-* 'AD-'+*pārēre* to come in sight〗 ── *vi.* **1 a** 現われる, 出現する (come in sight) ; 見える : The ghost ~*ed* (*to* him) again. / The moon ~*ed* from behind the clouds. 月が雲間から現われた. **b** 〈人が〉(会などに)姿を見せる, 出席する (turn up) : He seldom ~*s* at a party. **2 a** 〈俳優などが〉出演する, 出場する : ~ on the stage 舞台に立つ / ~ on television / ~ *as* Macbeth. **b** 〈作家などが〉世に出る, 現われる : He first ~*ed as* a novelist. 初め小説家として世に出た. **c** 〈書物・記事などが〉公にされる, 出る : ~ in the papers / A new edition will ~ soon. 新版が間もなく出る. **3** 〘法律〙(法廷などに)出頭する, 出廷する : ~ in court / ~ *as* (a) witness 証人として出廷する / ~ before a judge 判事の取調べを受ける / ~ *for* …の弁護人[代理人]として出頭する ; …の弁護人を勤める. **4** 〈物事が〉(初めて)見られる, 現われる : The word first ~*s* in Milton. / The steam engine ~*ed* in the 18th century. **5 a** [通例補語または to be [do] を伴って]〈…(である)と〉見える[思われる], 〈…である[…する]〉らしい (seem, look) : He ~*s to be* asleep [*to be* sleeping]. / He ~*s* (*to* me) still young. (私には)彼はまだ若いように見える / The news ~*s* (*to* be) false. その知らせはうそらしい / He ~*ed* (*to* be) depressed. 元気がないように思えた / He ~*s* (*to* be) a coward. 臆病者らしい / She ~*ed to* like music. 音楽が好きらしかった / He ~*ed to* have been ill. 病気をしていたらしかった. **b** [非人称の it を主語として]〈…である〉らしい (seem)〈*that*〉: *It* ~*ed* (*to* me) (*that*) he was worried about something. 彼は何か心配事があるように(私には)思えた / It ~*ed* as if the night would never end. 夜が終わらないように思われた / He was, *it* ~*s*, on a trip. 彼は何でも旅行をしていたらしい / He is her uncle.—So *it* ~*s* [*It* ~*s* so]. 彼は彼女のおじだ—そうらしいね / Has he come back ?—No, *it* ~*s* not. 彼は帰ってきましたか—いや, 帰って来ていないようだ / as *it* ~*s* 見たところ(では). **c** [There ~(s) to be として] …がある[いる]らしい (seem) : *There* ~*s to be* no difference. / *There* ~ *to be* some defects in the car. 車に少し欠陥があるようだ. **6 a** 〈事が〉明らか[確か]である, 現われる : His skill ~*s* in his work. **b** [非人称の it を主語として]〈…であることが〉明らかである, 確かになる〈*that*〉: *It* ~*ed* later (*that*) she had known it all along. 彼女がずっとそれを知っていたことがあとではっきりした. ★ 5 b と 6 b の構文は文脈によっては意味が曖昧なことがある.

ap·pear·ance [əpí(ə)rəns | əpíər-] 〖《16C》← APPEAR+-ANCE ∽ 《c1380》*ap(p)araunce* □ OF *aparance, -ence* (F *apparence*) < LL *appārentiam* ← L *appārēre* (↑)〗 ── *n.* **1 a** (人・物が)現われること, 見え(てく)ること, 出現 : the sudden ~ of an airplane / the ~ of a man in the dark. **b** (会などに)姿を見せること, 出席 : make an [one's] ~ at a party / The Queen made three ~*s* on the balcony. 女王はバルコニーに3度お出になった. **c** 出演, 出場 : an ~ in a film [on television] / her ~ *as* Ophelia [in *Hamlet*] / make one's first [last] ~ on the stage 初舞台[名残りの舞台]を踏む. **d** 〘法律〙出頭, 出廷, 応訴 : enter an ~ 出廷する / make [put in] an ~ in court. **2 a** (作家などが)世に出ること, 現われること : He made an [his] ~ *as* a writer with a best seller. ベストセラーを書いて文壇に乗り出した. **b** (書物などの)出版, 発刊 ; (記事などが)出ること, 掲載 : the ~ of a revised edition / The magazine made its (first) ~ five years ago. その雑誌は5年前に発刊された. **3** (物事が)(初めて)現われること, (最初の)出現, 初出 ; the ~ of printing, television, etc. / the ~ of man on earth 地球上における人間の出現. **4 a** (人・物の)外観, 外見, 見掛け, うわべ (outward aspect) (↔ substance) ; (人の)様子, 風采(ふうさい), 容姿 (look) : the ~ of a building, street, etc. / a man of wealthy ~ 金持らしい風采の人 / have a gloomy ~ 陰気くさく見える / in ~ 見たところ, 外見は / neat in ~ こざっぱりした身なりで[の] / meet a person with every ~ of pleasure 喜びの様子を一杯に見せて人を迎える / make a good [fine] ~ 体裁[押し出し]が立派である / The story has the ~ of truth [being true]. その話は真実らしく見える / Never judge by ~*s*. 決して見掛けで判断してはいけない (cf. *John* 7 : 24) / *Appearances* are deceptive. 《諺》見掛けは当てにならない. **b** [*pl.*] 形勢, 状況, 情勢 (circumstances) : *Appearances* are against you [in your favor]. 形勢は君に不利[有利]だ / *Appearances* are *that*…. 情勢は…だ. **5 a** 見せ掛け, ふり (semblance) : assume [give, put on] the ~ of loyalty [being loyal] 忠実なふりをする[を装う] / give murder the ~ of suicide 殺人を自殺と見せ掛ける. **b** [*pl.*] 体面, 体裁, 見栄 : for the sake of ~=for ~ sake 体面上, 体裁に, 見栄のために / keep up [save] ~*s* 体面を保つ[繕う], 見栄を張る. **6 a** (人の目に)見える物[物体] ; (自然界の)(不可思議な)現象 : a strange ~ in the sky. **b** 幽霊, 亡霊 (apparition) ; まぼろし (illusion). **7** 〘哲学〙 **a** (実在性をもたない見掛けの)仮象 (semblance). **b** (感覚的な)現象. **c** (物自体などに対する)現象界.

put in an [*one's*] ***appearance*** (特に, 儀礼的に短時間)出席する, 参列する, 姿を見せる, 顔を出す (cf. 1 d).

to [***by, from***] ***all appearances*** [《英》***appearance***] どう見ても[考えても] : *To all* ~*s*, the whole thing is a deception. どう見ても全体が瞞着だ.

ap·pear·ing [əpí(ə)rɪŋ | əpíər-] *adj.* [しばしば複合語の第2構成素として]《米》(…に)見える, (…と)思われる (looking) : a youthful ~ man 若々しく見える人 / a very fine-*appearing* lady とても立派な様子をした婦人.

ap·pease [əpí:z] 〖《c1300》□ AF *apes-er*=OF *apaisier* (F *apaiser*) ← A-⁴+*pais* 'PEACE'〗 ── *vt.* **1 a** 〈人を〉なだめる, 慰撫(いぶ)する (soothe). **b** 〈争いなどを〉静める ; 〈怒り・悲しみなどを〉和らげる (calm) : ~ a person's anger. **2** 〈渇などを〉いやす, 〈食欲などを〉満たす : ~ a person's thirst, hunger, appetite, curiosity, etc. **3** 〈強圧的な外国などに〉対して宥和(ゆうわ)政策をとる, 宥和する (conciliate) : Neville Chamberlain tried to ~ Hitler. **ap·péas·a·ble** [-zəbl] *adj.* **ap·péas·er** *n.* **ap·péas·ing·ly** *adv.*

ap·péase·ment 〖《1439》□ OF *apaisement* : ⇨ ↑, -ment〗 ── *n.* **1** なだめること, 慰撫(いぶ) ; 静めること, 緩和 ; (渇を)いやすこと, (空腹などを)満たすこと, 満足 : the ~ of hunger. **2** (強圧的な外国などに対する)宥和(政策) : an ~ policy / *Appeasement* of fascism proved futile. ファシズムの宥和は結局むだだった.

ap·pel [əpél, æ- ; *F.* apɛl] 〖□ F ~ : ⇨ appeal〗 ── *n.* (*pl.* **~s** [~z ; *F.* ~]) 〘フェンシング〙 **1** (しばしばフェイントをかけるために)床を踏み鳴らすこと《元来は攻撃意図の警告のために行なった》. **2** (攻撃のチャンスを狙うために)相手の剣を軽く打つこと.

ap·pel·lant [əpélənt] 〖《1399》□ (O)F ~ (pres.p.) ← *appeller* 'to APPEAL'〗 *n.* 〘法律〙 **1** 上訴[控訴, 上告]人 (cf. appellee). **2** 訴える人, 哀願する人, 要請者.

ap·pel·late [əpélət, -lɪt | əpélət, æp-, -lɪt, -lèɪt] 〖《15C》□ L *appellāt-us* (p.p.) ← *appellāre* 'to APPEAL'〗 ── *adj.* 〘法律〙上訴[控訴, 上告]の ; 上訴[控訴, 上告]を処理する : an ~ court 上訴[控訴, 上告]裁判所 / an ~ division (of the Supreme Court) (米国 New York 州・New Jersey 州の)控訴裁判所, 中間上訴裁判所.

appéllate jurisdíction *n.* 〖法律〗上訴管轄権 (cf. original jurisdiction).

ap·pel·la·tion [æ̀pəléɪʃən | æ̀pə-, æ̀pɪ-, æ̀pe-] 〖《?*a*1425》▭ L *appellātiō(n-)* ← *appellāre* (↑): ⇨ -ation〗 ── *n.* **1** 名称, 称呼, 名前, 称号 (name, title); 通称, 別称: give a man his proper ~ 人を(通称などでなく)正式の名[本名]で呼ぶ. **2** 命名 (naming).

ap·pel·la·tive [əpéləṭɪv | əpélət-, æp-] 〖《?1425》▭ L *appellātīv-us*: ⇨ appellate, -ative〗 ── *adj.* **1** 命名の (naming). **2** 〈名称が〉説明的な, 通称の (descriptive). **3** 〖文法〗〈名詞が〉類を示す, 総称的な (common) (cf. proper 9). ── *n.* **1** = appellation 1. **2** 〖文法〗(固有名詞に対して)普通名詞 (common noun). **~·ly** *adv.*

ap·pel·lee [æ̀pəlíː, ←─] 〖▭ F *appelé* (p.p.) ← *appeler* 'to APPEAL': ⇨ -ee¹〗 *n.* 〖米法〗被上訴[控訴, 上告]人 (respondent) (cf. appellant 1).

ap·pel·lor [æ̀pəlɔ́ə, ←─, əpélə | æ̀pəlɔ́ː(r, ←─, əpélə(r)] 〖《15C》▭ AF *apelour* = OF *apeleor* < L *appellātōrem* ← *appellāre* 'to APPEAL': ⇨ -or²〗 ── *n.* 〖英法〗告訴人, 告発人 (cf. appellee, appellant 1).

ap·pend [əpénd] 〖《*a*1376》▭ OF *apend-re* to depend on < L *appendere* to hang (something) on ← *ap-* 'AD-' + *pendēre* 'to PEND'〗 ── *vt.* **1** 〈札などを〉付ける (attach) 〔*to*〕: ~ a label to a trunk トランクに荷札を付ける. **2 a** 〈付録などを〉添える, 加える, 追加する (add) 〔*to*〕: ~ notes [an appendix] *to* a book / ~ one's signature *to* a contract 契約書に署名する. **b** 〈書類などを〉(書面に)添付する, 同封する. **3** (ひもなどで)つるす, 下げる (hang).

ap·pend- [əpénd] (母音の前に来る時の) appendo- の異形.

ap·pend·age [əpéndɪdʒ] *n.* **1** 付加物, 添付物, 付属物 〔*to*〕. **2** 〖生物〗副器, 付属器官, 付属肢(ᵉ). **3** 〖解剖〗付属器. **4** 取巻き, 子分; 従者, 付人.

ap·pen·dance [əpéndəns] 〖▭ OF *apendance*: ⇨ append, -ance〗 *n.* 付随[付帯, 付属]的なこと.

ap·pen·dant [əpéndənt] 〖《*c*1380》▭ OF *apendant* (F *appendant*) (pres.p.) ← *appendre* 'to APPEND': ⇨ -ant〗 ── *adj.* **1** 付随[付属]する, 付帯的な (attendant) 〔*to, on*〕: the duties ~ *to* kingship 王位に付随する義務 / kingship and its ~ duties. **2** 〖法律〗(相続不動産に)付帯する. **3** 付加された, 付け[添え]られた (attached) 〔*to*〕. **4** つるされた (hanging) 〔*to*〕. ── *n.* **1** 付随物, 付帯的な物[人]. **2** 〖法律〗(相続不動産に付随する)付帯権利 (cf. appurtenance 3).

ap·pen·dec·to·my [æ̀pəndéktəmi | æ̀pendéktəmɪ] *n.* 〖外科〗虫垂切除(術): perform an ~.

ap·pen·dent [əpéndənt] *adj., n.* = appendant.

ap·pen·dic- [əpéndɪk, æp-, -dək, -dɪs, -dəs | -dɪk, -dɪs] (母音の前に来る時の) appendico- の異形.

ap·pen·di·cal [əpéndɪkəl, æp-, -də- | -dɪ-] *adj.* 〖解剖〗= appendiceal.

ap·pen·di·ceal [æ̀pəndíʃəl, əpèndəsíːəl, æp- | æ̀pendísɪəl, əpèndɪsíːəl, æp-] *adj.* 〖解剖〗虫垂の.

ap·pen·di·cec·to·my [əpèndɪséktəmi, æp-, -də- | əpèndɪséktəmɪ] *n.* 《英》〖外科〗= appendectomy.

appendices *n.* appendix の複数形.

ap·pen·di·ci·tis [əpèndəsáɪṭɪs, -ṭəs | -dɪsáɪtɪs, -də-] 〖← NL ~: ⇨ appendico-, -itis〗 *n.* 〖病理〗虫垂炎, (俗に)盲腸炎.

ap·pen·di·cle [əpéndɪkl̩, -də- | -dɪ-] 〖▭ F *appendicule* // L *appendicula*: ⇨ appendix, -cle〗 *n.* 小付属物 (small appendage).

ap·pen·di·co- [əpéndɪko(ʊ), æp-, -də- | -dɪkə(ʊ)] 〖← NL ~: ⇨ appendix〗 = appendo-.

ap·pen·dic·u·lar [æ̀pəndíkjʊlə | æ̀pendíkjʊlə(r)] 〖⇨ ↑, -ar¹〗 *adj.* **1** 付属物の. **2 a** 〖生物〗付属肢の. **b** 〖解剖〗= appendiceal.

Ap·pen·dic·u·la·ta [æ̀pəndɪkjʊlɑ́ːṭə, -léɪ- | æ̀pendɪkjʊlɑ́ːtə, -léɪ-] 〖← NL ~: ⇨ appendicle, -ata〗 *n. pl.* 〖動物〗(原索動物門)尾虫綱.

ap·pen·dic·u·late [æ̀pəndíkjʊlət, -lɪt, -lèɪt | æ̀pen-] *adj.* 〖生物〗付属器官[付属肢]のある[を形成する].

ap·pen·dic·u·lat·ed [æ̀pəndíkjʊlèɪṭɪd, -ṭəd | æ̀pendíkjʊlèɪtɪd, -təd] *adj.* 〖生物〗= appendiculate.

ap·pen·dix [əpéndɪks] 〖《1542》▭ L ~ ← *appendere* 'to APPEND': ⇨ -ix〗 ── *n.* (*pl.* **~·es, -pen·di·ces** [-dəsìːz | -dɪ-]) **1** 付加物, 付属物, (特に)付録 (supplement), 追加 (addition): an ~ *to* a book. **2** 〖解剖〗付属物[体]; 垂; 虫垂 (vermiform appendix). **3** 〖航空〗補給筒《自由気球にガス充填する目的で球形ガス袋の下端にとりつけられた球皮製の円筒》.

ap·pen·do- [əpéndo(ʊ) | -də(ʊ)] 〖← NL ~ ← *appendic-, appendix* (↑)〗「虫垂 (vermiform appendix)」の意の連結形. ★ 母音の前では通例 append- になる.

ap·pen·zell, A- [ǽpənzèl, ɑ́ːpəntsèl; G. àpəntsɛ́l, ←─] 〖← *Appenzell* (スイスの州名でその原産地)〗 ── *n.* アッペンツェル刺繡《スイス起源のもので一般に薄青糸で白地に施す細かいドローンワーク (drawnwork)》.

ap·per·ceive [æ̀pəsíːv | æ̀pə-] 〖ME *ap(p)erceive(n)* to perceive ▭ OF *apercev-eir* < VL **appercipēre*: ⇨ ad-, perceive〗 ── *vt.* 〖心理〗**1** (明確に)知覚する, 統覚する. **2** 〈新しい観念を〉既得の概念で理解同化する, 類化する.

ap·per·cep·tion [æ̀pəsépʃən | æ̀pə-] 〖《1753》← NL *apperceptiō(n-)* (Leibnitz の造語): ⇨ ↑, -tion〗 *n.* 〖哲学・心理〗統覚《意識を明瞭にし統一する心理過程》.

ap·per·cep·tive [æ̀pəséptɪv | æ̀pə-] *adj.* 〖心理〗統覚(的)の. **~·ly** *adv.*

appercéptive máss *n.* 〖心理〗統覚群《多くの心理的な要素が統覚によって統一されている状態》.

ap·per·cip·i·ent [æ̀pəsípiənt | æ̀pəsípɪənt, -pjənt] *adj.* 〖心理〗統覚機能をもつ; 統覚の.

ap·per·son·a·tion [æ̀pəːsənéɪʃən, əp-, -sn̩- | æ̀pɜː-, əp-] 〖← *ap-* 'AD-' + PERSONATION: cf. G *Apersonierung*〗 *n.* 〖精神医学〗自他混同.

ap·per·tain [æ̀pətéɪn | æ̀pə-] 〖《*c*1380》▭ OF *apertenir* (F *appartenir*) < VL **appartenēre* = LL *appertinēre* ← *ap-* 'AD-' + *pertinēre* 'to PERTAIN'〗 ── *vi.* **1 a** 〔…に〕属する (belong) 〔*to*〕: a house and everything ~*ing to it* 家屋とそれに所属する一切の物. **b** 〈属性などが〉〈地位・人などに〉伴う, 付随する 〔*to*〕: the rights ~*ing to* the (post of) President 大統領(の職)に帰属する権限. **2** 〔…に〕関係[関連]する (pertain) 〔*to*〕. **3** 〔…に〕適する, 適切である 〔*to*〕: Decision ~*s to* emergencies. 決断は緊急時に必要である.

áp·pe·tence [-təns, -tn̩s] *n.* = appetency.

ap·pe·ten·cy [ǽpəṭənsi, -tn̩- | -tənsɪ, -tn̩-] 〖《1627》▭ L *appetentia* longing after ← *appetere* to seek after ← *ap-* 'AD-' + *petere* to seek: ⇨ -ency〗 ── *n.* **1** (強い)欲望, 欲求 (appetite) 〔*for, after*〕. **2** (動物の)本能的な欲求, 性癖 (propensity) 〔*for*〕. **3** 〖化学〗親和力 (affinity) 〔*for*〕.

ap·pe·tent [ǽpəṭənt, -tn̩t | ǽpɪtənt, -tn̩t] 〖《?1440》▭ L *appetent-em* (pres.p.) ← *appetere* (↑): ⇨ -ent〗 *adj.* 熱望する, あこがれる (eager, longing).

ap·pe·ti·ble [ǽpəṭəbl̩, əp-, ǽpəṭə- | -tə-, -tɪ-] 〖▭ L *appetibil-is*: ⇨ appetency, -ible〗 ── *adj.* 望ましい, 好ましい (desirable). **ap·pè·ti·bíl·i·ty** [-ṭəbíləṭi | -təbílətɪ, -tɪ-, -lɪ-] *n.*

ap·pe·tite [ǽpətàɪt | ǽpɪ-, ǽpə-] 〖《*a*1349》▭ OF *apetit* (F *appétit*) ▭ L *appetītus* ← (p.p.) ← *appetere*: ⇨ appetency〗 ── *n.* **1** 食欲, 食い気 〔*for*〕: a huge [keen] ~ 旺盛(ᵉ)[盛んな]食欲 / lack [loss] of ~ 食欲不振 / lose one's ~ 食欲がなくなる / sharpen [whet] a person's ~ 人の食欲をそそる[促す] / have little ~ *for* breakfast あまり朝食を食べる気がしない / have a good [poor] ~ 食欲がある[乏しい], 食が進む[進まない] / eat with a good ~ うまそうに[盛んに]食べる / A good ~ is a good sauce. 《諺》ひもじい時にまずいものなし (cf. HUNGER is the best sauce). **2** 肉体的な欲望 (physical desire): animal ~*s* 動物的欲求 / carnal [sexual] ~ 肉[性]欲. **3 a** (強い)欲望, 欲求, 渇望 (desire) 〔*for*〕: an intellectual ~ 知的欲求 / an ~ *for* fame [reading] 名誉[読書]欲. **b** 趣味, 愛好, 好み (taste, liking) 〔*for*〕: an ~ *for* music, detective stories, etc. **4** 《古》渇望の的.

to* [*after*] *one's appetite 《古》自分の好き勝手に, 好みのままに.

ap·pe·ti·tive [ǽpətàɪṭɪv, əpéṭəṭ-, əp- | æpétət-, əp-] *adj.* **1** 食欲の. **2** 〖生物〗欲求の: ~ behavior.

ap·pe·tiz·er [ǽpətàɪzə | ǽpɪtàɪzə(r] *n.* **1** 食欲を促進する[食欲をつける]物; 前菜 (hors d'oeuvre): Exercise is a good ~. 運動は食欲を増進する. **2** 〔…の〕景気[元気]づけとなるもの, 前景気 〔*to, for*〕.

ap·pe·tiz·ing [ǽpətàɪzɪŋ | ǽpɪ-] *adj.* **1** 食欲をそそる, うまそうな (savory): ~ food / an ~ smell. **2** 食指の動くような, 魅力的な (attractive). **~·ly** *adv.*

Ap·pia [ɑːpjɑ́ː, æp-; *F.* appja], **Adolphe** *n.* アピア (1862-1928; スイスの近代的舞台装置家・演出家).

Áp·pi·an Wáy [ǽpiən- | ǽpɪən-, ǽpjən-] *n.* [the ~] アッピア街道《古代ローマの有名な道路; Rome から Capua を通って Brundisium (今の Brindisi) に至る; 長さ約 563 km; 312 B.C. に監察官 (censor) の Appius Claudius (Caecus) により建設された; ラテン語名 Via Appia》.

appl. 《略》appeal; appellant; applicable; applied.

ap·pla·na·tion [æ̀pləneɪʃən, æ̀pleɪ-] 〖← ML *applānātus* flattened (p.p.) ← *applānāre* to flatten ← AD- + L *plānāre* to make even〗 *n.* 〖医学〗圧平, 扁平化.

ap·plaud [əplɔ́ːd] 〖《*c*1475》▭ L *applaud-ere* to clap the hands in approbation ← AD- + *plaudere* to clap, beat〗 ── *vi.* **1** 拍手する, 拍手喝采(ᵉ)する, 声援を送る (clap hands, cheer): The audience ~*ed* loudly. 聴衆[観客]は盛んに拍手(喝采)した. **2** 称賛する, ほめそやす (praise). ── *vt.* **1** 〈弁士・公演など〉に拍手(喝采)する, 声援を送る: The singer [concert] was ~*ed* again and again. **2** 〈人・事を〉称賛する, ほめそやす (praise): The mayor's policy was ~*ed* by the citizens. 市長の政策は市民に好評だった / I ~ (you *for*) your decision. 私は君の決心に拍手を送る《よくぞ決心した》. **~·a·ble** [-dəbl] *adj.* **~·a·bly** *adv.* **~·er** *n.* **~·ing·ly** *adv.*

ap·plause [əplɔ́ːz] 〖《*c*1425》▭ L *applaus-us* (p.p.) ← *applaudere* (↑)〗 ── *n.* **1** 拍手, 拍手喝采, 声援: deafening [loud and long] ~ / shouts of ~ 声援 / give [receive] ~ / greet a person with wild ~ 人を熱狂的な拍手喝采で迎える. **2** 称賛, 称揚 (praise, approval): win general ~ 一般の称賛を博する.

ap·plau·sive [əplɔ́ːzɪv, æp-, -sɪv | -sɪv] *adj.* 《古》拍手(喝采)の; 称賛的な. **~·ly** *adv.*

ap·ple [ǽpl̩] 〖ME *apple, epple* < OE *æppel* ← Gmc **aplu-* (Du. *appel* / G *Apfel* / ON *epli*) ← IE **abel-* apple〗 ── *n.* **1 a** りんご: slices of ~ / An ~ a day keeps the doctor away. 一日にりんご一個で医者いらず. **b** 〖植物〗リンゴ (apple tree)《バラ科リンゴ属 (*Malus*) の植物の総称; リンゴ (*M. pumila*) など》. **c** リンゴ材 (applewood). **2 a** (リンゴのように)丸い果実: ⇨ custard apple, love apple, May apple, oak apple, thorn apple. **b** 〖植物〗丸い果実を生じる植物. **3 a** (形や色が)リンゴに似た物《ボールなど》. **b** 《米俗》(野球の)ボール. **4** [通例 the ~] (Eden の園の)禁断の木の実 (forbidden fruit). **5** 《米俗》**a** [通例形容詞を伴って] やつ, 男 (fellow): a bad ~ 悪人, やくざ, 不良 / a wise ~ 生意気な若造. **b** [the (Big) A-] ニューヨーク市. **6** [*pl.*] = APPLE(*s*) *and pears*. **7** 〖電子工学〗= apple tube.

apple(s) and pears 〖STAIRS との脚韻俗語〗《英俗》階段 (stairs). ***polish the apple*** 《米俗》(人の)ご機嫌をとる (cf. apple-polish). ***the apple of* a *person's* [*the*] *eye*** (1) ひとみ (pupil). (2) 非常に大切にしているもの, 掌中の珠(ᵉ) (cf. *Deut.* 32: 10): She was *the* ~ *of her father's eye*.

apple of discord (1) [the ─] 〖ギリシャ神話〗争いのりんご《争いの女神 Eris が 'For the fairest' と記した黄金のりんごをある婚礼の宴席へ投じたので Hera, Athena および Aphrodite の三女神の競争となり, Zeus の命でその審判に当たった Troy の王子 Paris はこれを Aphrodite に与えた; これが Trojan war のもととなったという》. (2) 不和[嫉妬]のもと, 争いの種.

apple of Peru 〖植物〗(1) オオセンナリ (*Nicandra physaloides*)《ペルー原産のナス科の多年草; 実が美しく観賞用; shoofly ともいう》. (2) = jimsonweed.

apple of Sodom [the ─] (1) ソドムのりんご《死海の近傍の産で外観は美しいがひとたび口に入れると灰に化すると言い伝えられている; the Dead Sea fruit [apple] ともいう》. (2) 失望の種, 開けてくやしい玉手箱; どうにも食べられない果実.

ápple àphid *n.* 〖昆虫〗リンゴにつくアブラムシ; (特に)リンゴアブラムシ (*Aphis pomi*).

ápple·bèr·ry [-bèri, -bəri | -b(ə)rɪ] *n.* 〖植物〗オーストラリア原産のトベラ科の低木 (*Billardiera scandens*)《花が美しく, 実は甘酸っぱい》.

ápple blòssom *n.* リンゴの花. ★ 米国 Arkansas 州および Michigan 州の州花.

ápple brándy *n.* りんごブランデー (《米》applejack)《りんご酒 (cider) を蒸留して造った酒》.

ápple·bùtter *n.* 《米》(りんご酒で煮て香料を加えた)りんごジャム.

Ap·ple·by [ǽpl̩bi | -bɪ] *n.* イングランド北西部 Cumbria 州の都市; 旧 Westmorland 州の首都; 人口 2,000.

ápple·càrt *n.* りんご運搬車.

upset the* [*a person's*] *applecart 計画をくつがえす[打ちこわす].

ápple chéese *n.* りんごの絞りかす (apple pomace) のかたまり.

ápple dúmpling *n.* りんごをパイ生地で包んで焼いたデザート.

ápple gréen *n.* 澄んだ薄緑色.

ápple hèad *n.* (小形犬の)円形の頭.

ápple·jàck *n.* 《米》**1** = apple brandy. **2** = hard cider.

ápple màggot *n.* 〖昆虫〗暗褐色のミバエ科のハエ (*Rhagoletis pomonella*) の幼虫《りんごを食う; railroad worm ともいう》.

ápple mìnt *n.* 〖植物〗= horsemint 2.

ápple òrchard *n.* りんご園.

ápple pandówdy *n.* 《米》= pandowdy.

ápple-píe 〖アップルパイはアメリカ的な食品とされることから〗 *attrib. adj.* 《米口語》〈美徳など〉アメリカ人の尊重する, アメリカ的な[独特の].

ápple píe *n.* アップルパイ, りんご入りパイ.

ápple-píe bèd *n.* (寝ようとしても)足を十分伸ばせないように敷布を折りたたんだ寝床《いたずら; cf. short-sheet》.

ápple-pie órder *n.* 《口語》きちんと整っていること, 整然とした状態 (perfect order).

in apple-pie order 《口語》きちんと整頓されて (shipshape): put [keep] one's room *in* ~.

ápple-pòlish 〖米国の学童がよく教師にぴかぴかに磨いたりんごをプレゼントすることから〗 *vi., vt.* 《米俗》(人の)ごきげんをとる, (人に)ごまをする.

ápple pòlisher *n.* 《米俗》ごきげんとり, ごますり.

ápple pómace *n.* りんごの絞りかす (cf. pomace 1).

ápple·sauce [←──] *n.* 《米》**1** アップルソース《薄切りにしたりんごに砂糖と水を加えて煮くずれるまで煮たもの; 豚・鴨料理などに添える; cf. sauce 2》. **2** 《俗》たわごと (nonsense), 大風呂敷 (bunk); おべんちゃら, お世辞 (flattery).

ápple scàb *n.* 〖植物病理〗リンゴ腐敗病《リンゴの黒星病菌 (*Venturia inaequalis*) が葉・果実・新梢を犯し表面にかさぶたをつくる病害; cf. scab 7》.

Ap·ple·seed [ǽpl̩sìːd], **Johnny** *n.* アップルシード (1775?-1847; 米国の開拓者 John Chapman の通称; 中西部にりんご園を始めたので有名).

Ap·ple·ton [ǽpl̩tən, -tn̩], Sir **Edward Victor** *n.* (1892-1965) 英国の物理学者; Nobel 物理学賞 (1947).

Ápple·ton làyer 〖↑: その発見者〗 *n.* [the ~] 〖通信〗アプルトン層 (⇨ F layer).

ápple trèe bòrer *n.* 〖昆虫〗幼虫がリンゴの木などに害を与える昆虫: **a** ムツボシタマムシの類の昆虫 (*Chrysobothris femorata*)《flatheaded apple tree borer ともいう》. **b** ヨーロッパ産のカミキリムシの一種 (*Saperda candida*)《roundheaded apple tree borer ともいう》.

ápple tùbe 〖りんごの形をしていることから〗 *n.* 〖電子工学〗(可聴波増幅器の)熱電子管, 真空管《単に apple ともいう; cf. acorn tube》.

ápple wìfe [**wòman**] *n.* りんご売りの女.
ápple·wòod *n.* リンゴ材.
ap·pli·ance [əpláɪəns] 〖← APPLY＋-ANCE〗 *n.* **1 a** 用品, 用具, 器具, 機械, 装置 (apparatus); (特に)(家庭用・事務用の)電気器具[製品]: a business [household] ～ / electric [medical, scientific] ～*s* 電気[医療, 科学用]器具 / an ～ store (家庭用)電気器具店 / an ～ *for* cleaning bottles びん掃除の道具. **b** 消防車 (fire engine). **2** 適用, 応用, 使用 (application). **3** 《古》手段, 手だて (means). **4** 《廃》追従, 屈従 (compliance).
ap·pli·ca·bil·i·ty [æ̀plɪkəbɪ́ləṭi, æ̀plə-, əplɪ̀k- | æ̀plɪkəbɪ́ləti, əplɪ̀k-, -lɪtɪ] *n.* 適用の可能性, 応用のきくこと; 適当さ, 妥当性, 適不適.
ap·pli·ca·ble [ǽplɪkəbl, ǽplə-, əplɪ́k-, æp- | ǽplɪk-, əplɪ́k-] 〖《1563》□ (O)F ～ // ML *applicābil-is*: ⇨ apply, -able〗 — *adj.* 適用[応用]できる; 当てはまる, 適当な (appropriate) 〔*to*〕: The remark is ～ *to* [in] this case. **～·ness** *n.* **áp·pli·ca·bly** *adv.*
ap·pli·cant [ǽplɪkənt, ǽplə- | -lɪ-] 〖□ L *applicant-em* (pres.p.) ← *applicāre* (↓): ⇨ -ant〗 — *n.* 志願者, 志望者, 出願者, 応募者, 申込み者 (candidate); 申請人 (petitioner) 〔*for*〕: a job ～ 求職者 / an ～ *for* a situation 求職者 / an ～ *for* admission to a school 入学志願者.
ap·pli·ca·tion [æ̀pləkéɪʃən | -lɪ-] 〖《*a*1398》□ ML *applicātiō(n-)* ← *applicāre* 'to APPLY': ⇨ -ation〗 — *n.* **1 a** 応用, 適用, 使用 (use) 〔*to*〕: the ～ *of* science *to* industry / the ～ *of* a rule *to* a case ある場合に対する法則の適用 / the ～ *of* fire *to* cooking 料理に火を使うこと. **b** (規則・用語などの)適用性, 使用法; 適切さ, 妥当性 (appropriateness) 〔*to*〕: a rule of general ～ 一般に適用される[当てはまる]法則, 通則 / The rule has no ～ *to* this particular case. その規則はこの事例には当てはまらない. **c** (資金などの)充当 〔*to*〕. **2 a** 申込み, 志願, 応募; 出願, 申請 (request): an ～ blank [form] 申込み[申請]用紙 / an ～ *for* admission 入学志願, 入会[加入]申込み / an ～ *for* a passport 旅券交付の申請 / on ～ 申込み次第 / an ～ by telephone 電話による申込み / an ～ *by* a foreigner 外国人の申込み / make an ～ *to* a firm *for* employment 会社に採用申込みをする / send [hand] in a written ～ 願書を出す. **b** 申込み書, 願書, 申請書; 申込み[申請]用紙: fill in [out] an ～ (必要事項を)申込み用紙に記入する. **3 a** (物を)〔…に〕当てること, あてがうこと; (力・熱などを)〔…に〕加えること 〔*to*〕: the ～ *of* heat *to* the bulb. **b** (薬などを)〔…に〕付けること, 使用, 塗付, 貼用(ちょう)(など) 〔*to*〕: the ～ *of* a bandage, an ointment, etc. / the ～ *of* paint *to* a door. **c** 外用薬, 膏薬, 湿布(など); 塗布物. **4** 専念, 没頭, 勤勉 〔*to*〕: close ～ *to* [in] one's studies.
applicátion mòney *n.* 株式申込み金.
ap·pli·ca·tive [ǽpləkèɪṭɪv, -kəṭ-, əplɪ́kə-, æp- | ǽplɪkət-, -kèɪt-, əplɪ́kət-] 〖← 《廃》*applicate* applied □ L *applicāt-us* (p.p.) ← *applicāre* 'to APPLY': ⇨ -ative〗 — *adj.* 応用(的)の, 実地応用の; 実用的な (practical). **～·ly** *adv.*
ap·pli·ca·tor [ǽpləkèɪṭə | -lɪkèɪtə(r)] 〖← 《廃》*applicate* (↑)＋-OR²〗 *n.* 〖医学〗(棒状の)塗布器[具], 綿(めん)棒.
ap·pli·ca·to·ry [ǽpləkətɔ̀ːri, ǽplɪ-, -tɔ̀ːri, əplɪ́k-, æp- | ǽplɪkətəri, əplɪ́k-] *adj.* 適用[応用, 使用]できる; 実用的な (practical).
ap·plied *adj.* **1** (実際に)適用された, 応用の (↔ pure, abstract, theoretical): ～ chemistry [mathematics, psychology] 応用化学[数学, 心理学] / ～ art 応用[工芸]美術. **2** アップリケを施した (appliquéd).
applíed linguístics *n.* 応用言語学《言語学の成果を(外)国語教育・文体の教育・翻訳・言語習得などの実用面に応用して役立てようとするもの》.
applíed músic *n.* 《米》〖教育〗実用音楽《理論面を除外した音楽実践の科目; practical music ともいう》.
applíed phonétics *n.* 応用音声学《音声学の成果を外国語研究や発音矯正などの分野に応用する部門》.
ap·pli·er *n.* 適用[応用] (apply) する人[物].
ap·pli·qué [æ̀pləkéɪ | æplíːkeɪ, ə-; *F.* aplike] 〖□ F ～ (p.p.) ← *appliquer* 'to APPLY'〗 — *n.* **1** アップリケ: **a** 種々な形に切り抜いた布地や革を別の大きな布または革の上にのせ, 貼りつけたり縫いつけたりする飾り細工. **b** 別々に作られたレース模様をネットなどにとじつけたレース地. **2** 〖金属加工・木工〗アップリケ《家具などの装飾用に取付けられた木や金属の飾り》. — *attrib. adj.* アップリケの; アップリケを施した: ～ work. — *vt.* (～d; ～·ing) …にアップリケを施す.
ap·ply [əpláɪ] 〖《?*a*1350》□ OF *apli-er* (F *appliquer*) < L *applicāre* to fasten, attach to ← *ap-* 'AD-'＋*plicāre* to fold, fasten (⇨ ply¹)〗 — *vt.* **1** 〈物を〉〔…に〕当てる, 付ける, 塗る, 加える 〔*to*〕: ～ lipstick / ～ one's eyes *to* (a pair of) binoculars 双眼鏡に目を当てる / ～ a puff *to* one's face 顔にパフを当てる, 顔をパフでたたく / ～ varnish on a box 箱にニスを塗る. **2** 〈力・労力などを〉〔…に〕用いる, 使用する(use) 〔*to, on*〕; 〈装置などを〉作動させる, 〈人を〉働かせる: ～ force 暴力を用いる / The union *applied* pressure *to* [*on*] the management. 労組は経営者側に圧力を掛けた / ～ the brakes ブレーキを掛ける. **3** 〈資金などを〉〔ある用途に〕当てる, 向ける, 充当する 〔*to, for*〕: ～ a sum of money *to* welfare work ある金額を福祉事業に当てる [使う]. **4 a** 応用する, 利用する; 〈法則などを〉適用する, 当てはめる 〔*to*〕: ～ steam *to* navigation 蒸気を航海に応用する / ～ a law / ～ a rule *to* linguistic analysis 言語分析にある法則を適用する. **b** 〈(特徴を表わす)言葉などを〉〔人・物に〕用いる, 付ける 〔*to*〕: ～ an epithet *to* a person 人にあだ名をつける. **5 a** 〈心・注意力・精力などを〉〔仕事などに〕注ぐ, 傾ける, 向ける (set) 〔*to*〕: ～ one's mind *to* one's studies もっぱら勉強に身を入れる, 研究に没頭する. **b** [～ one*self* として] 〔…に〕身を入れる, 専念する (devote oneself) 〔*to*〕: I *applied myself to* (solving) the problem. その問題(を解くこと)に専念した. ★ ～ one*self to* do の形もあるが今は《まれ》. — *vi.* **1** 適用される, 適合する, 当てはまる (fit) 〔*to*〕: This book does not ～ *to* beginners. この本は初学者には向かない / The rule *applies to* [in] this case. その規則はこの場合に当てはまる. **2 a** 志願[志望]する, 申込む, 出願する, 申請する 〈*to* do〉: ～ personally 直接行って申込む / ～ *for* (admission to) a college 大学に(入学を)志願する / ～ *to* a firm *for* employment 会社に採用を申込む / ～ *for* a patent 特許を出願する / He *applied to* the manager *for* an advance on his salary. 支配人に給料の前借りを頼んだ / *Apply* here. お申込みはこちら / *Apply for* tickets at Window 3. 切符の申込みは「3番窓口」です / The jobs advertised were *applied for* by many people. 求人広告には多数の応募者があった / He *applied to* be sent to Europe. ヨーロッパ派遣を志願した. **b** 問い合わせる, 照会する (inquire): For particulars ～ *to* [at] the office. 詳細は事務所に[で]お問い合わせ下さい. **3** [副詞を伴って] 〈ペンキなどが〉(よく)塗れる, 付く.
ap·pog·gia·tu·ra [əpɑ̀dʒətúərə | əpɔ̀dʒətúərə, -dʒɪə-, -tjúər-; *It.* appɔddʒatúːra] 〖《1753》□ It. ～ ← *appoggiare* to lean upon, rest < VL **appodiāre*: ⇨ ad-, podium: cf. appui〗 — *n.* (*pl.* ～**s**, **-tu·re** [-reɪ; *It.* -re]) 〖音楽〗長前打音《装飾音 (grace note) の一種; 旧称は倚音(いおん); cf. acciaccatura》.

written　played

appoggiatura

ap·point [əpɔ́ɪnt] 〖《*c*1385》□ OF *apoint-er* (F *appointer*) to arrange ← *à point* to a point: ⇨ a-⁴, point〗 — *vt.* **1 a** 任名[指命]する, 任用する, 選任する (nominate, select) 〔*as, to*〕 / 〈*to* be [do]〉: ～ an agent, a professor, etc. / The President ～*ed* him (*to* be) Secretary of State. 大統領は彼を国務長官に任命した / He was ～*ed* chairman. 議長に指名された / He was ～*ed as* a member of the delegation. 代表団の一員に任命された / They ～*ed* him *to* the Chair of Economics. 彼に経済学講座担当を命じた. **b** (委員を選定して)〈委員会を〉(正式に)設立する: ～ a committee. **2** 〈ある目的のために〉〈日時・場所を〉定める, 指定する (fix) 〔*for*〕: ～ a date [place] *for* a meeting. **3** 〈神・権威者などが〉定める, 規定する (decree, direct): ～ a task / ～ books to be read 読むべき書物を指定する / God ～*s that* it shall be done. 神はそれがなされることを定めておられる. **4** [通例 p.p. 形で] 装備する (furnish): The room is elegantly ～*ed*. **5** 〖法律〗〈財産〉の帰属[受益]者を指定する; 〈人を〉受益[受託]者に指定[指名]する. — *vi.* 〖法律〗指定[指名]権を行使する.
ap·póint·ed [-ṭɪd, -ṭəd | -tɪd, -təd] *adj.* **1 a** 指定された, 約束の: at the ～ time [place]. **b** 定められた, 規定の: one's ～ task 定められた仕事 / one's ～ lot 宿命. **2** [通例副詞を伴って] 装備された, 設備のある (equipped): ⇨ well-appointed.
ap·poin·tee [əpɔ̀ɪntíː, æ̀pɔɪn-] 〖← APPOINT＋-EE¹〗 *n.* **1** 被任命者 (↔ appointer). **2** 〖法律〗被指定人 (cf. appointor 2).
ap·póint·er [-ṭə | -tə(r)] *n.* 任命者 (↔ appointee).
ap·point·ive [əpɔ́ɪnṭɪv | -tɪv] *adj.* 《米》 **1** 〈官職など〉任命による, 任命制の (cf. elective 2): an ～ office [position] 任命職. **2** 任命の: ～ power(s) 任命権.
ap·póint·ment 〖《1417》□ OF *apointement*: ⇨ appoint, -ment〗 — *n.* **1** 任命, 指名, 任用, 選定; 叙任 〔*to, as*〕: the ～ of a teacher / one's ～ *to* a post, governorship, etc. /receive an ～ *as* ambassador 大使に任命される. **2** (任命による)地位, 任務, 官職 (position, office): take up an ～ 就任する. **3** (日時と場所を決めた会合・面会の)取決め, 約束, 予約 〔*with*〕 / 〈*to* do〉 (cf. engagement 1): an ～ at ten o'clock / give [get] an ～ / keep [break] an ～ 約束を守る[破る] / have an ～ *with* a dentist [at a dentist's] 歯医者に予約がしてある / see a doctor by ～ 予約をして医者に見てもらう / make an ～ *with* [*to* see] a person 人と会う約束をする / The ～ is *for* 3 o'clock. (会う)約束は3時だ. **4** [通例 *pl.*] (ホテル・船などの)設備, 装備, (馬などの)装具, 馬具; 調度品. **5 a** (神・権威者などが)規定[指定]すること, 命令. **b** 《古》定め, 摂理. **6** 〖法律〗(財産の)指定[指名](権): the power of ～.
ap·poin·tor [əpɔ̀ɪntɔ́ə, æ̀pɔɪn-, əpɔ́ɪnṭə | əpɔ̀ɪntɔ́ː(r), æ̀pɔɪn-, əpɔ́ɪn-, tə(r)] *n.* **1** ＝appointer. **2** 〖法律〗指定権者《指名権行使の権限を与えられた者; cf. appointee》.
Ap·po·mat·tox [æ̀pəmǽṭəks | -təks] 〖← N-Am.-Ind. (Algonquian): Algonquin の部族名〗 — *n.* 米国 Virginia 州中部の町; 1865 年 4 月 9 日ここで南軍の Lee 将軍が北軍の Grant 将軍に降伏して南北戦争が終わった.
ap·port [əpɔ́ət, əpóət | əpɔ́ːt] 〖《1902》□ F ～ ← *apporter* to bring < L *apportāre* ← *ap-* 'AD-'＋*portāre* to carry〗 — *n.* 〖心霊〗幻姿《降霊術の会 (séance) で霊媒を通じて物体が現われる心霊現象; そのようにして現われるという物体》.
ap·por·tion [əpɔ́əʃən, əpóə- | əpɔ́ː-] 〖《1574》□ (O)F *apportionn-er* ← A-⁴＋*portionner* to portion〗 — *vt.* (ある基準によって)割り当てる, 配分する, 〈費用・損失などを〉分担させる (portion out) 〔*to, among, between*〕: ～ work *to* a person 人に仕事を割り当てる / Work was ～*ed to* us. / We were ～*ed* work. / The profits were ～*ed among* them. 利益は彼らの間で分配された / He ～*ed* them each a plot of land. 彼らにそれぞれ一区画の土地を与えた / ～ expenses 費用を割り当てる[分担させる]. **～·er** [-ʃ(ə)nə | -nə(r)] *n.*
ap·pór·tion·ment *n.* **1 a** 割り当て, 分配, 分賦; (費用・損失などの)分担 〔*to, among*〕. **b** 〖保険〗(損害補填(ほてん)額の)分担. **2** 《米》 **a** 〖議会〗(人口比率による)(各州への)下院議員数の割り当て 〔*to*〕. **b** (州議会で各郡への)議員数割り当て. **c** 〖税法〗(各州への)課税割り当て.
ap·pose [æpóuz | æpə́uz] 〖《逆成》← APPOSITION〗 — *vt.* **1** 〈二つの物を〉並べる, 並置する. **2** 《古》〈一つの物を〉〔…の〕そばに置く, 〔…に〕付ける (put, apply) 〔*to*〕. **ap·pós·a·ble** [-zəbl] *adj.*
ap·po·site [ǽpəzɪt, -zət | ǽpə(ʊ)zɪt] 〖《1621》□ L *apposit-us* (p.p.) ← *appōnere* ← *ap-* 'AD-'＋*pōnere* to put: ⇨ pose¹〗 — *adj.* **1** 適切な, ぴったりした (apt, to the point) 〔*to, for*〕: an ～ answer, remark, etc. / be ～ *to* the case その場にぴったり合う. **2** 〖植物〗付着した, 並生の. **～·ly** *adv.* **～·ness** *n.*
ap·po·si·tion [æ̀pəzɪ́ʃən | æ̀pə(ʊ)-] 〖《?*a*1425》□ (O)F ～ // ML *appositiō(n-)*: ⇨ ↑, -tion〗 — *n.* **1 a** 並置, 並立 (juxtaposition). **b** 《古》添付, 付加 〔*to*〕: the ～ of a seal *to* a contract 契約書への押印. **2** 〖文法〗同格(関係) (cf. extraposition 1) 〔*to, with*〕: In 'Mr. Smith, our neighbor, bought a new car', 'Mr. Smith' and 'our neighbor' are *in* ～. / a noun *in* ～ 同格名詞 / *in* ～ *to* …と同格(関係)の[に]. **3** 〖生物〗付着生長[成長], 付加法 (cf. intussusception 1): growth by ～ (細胞膜の)付着生長[成長].
ap·po·sí·tion·al [-ʃənl, -ʃnəl] *adj.* **1** 〖文法〗同格(関係)の. **2** 〖生物〗付着生長[成長]の. **～·ly** *adv.*
apposítion éye *n.* 〖動物〗連立像眼, 接合眼《昼行性昆虫に見られる複眼で, 小細胞が円錐晶体の直下に位置し色素細胞が個眼の基層までのびているような型の複眼; cf. superposition eye》.
ap·pos·i·tive [əpɑ́zəṭɪv, æp- | -pɔ́zɪt-] 〖文法〗 *adj.* 同格(的)の, 同格関係にある 〔*to*〕: an ～ word, phrase, clause. — *n.* 同格語[句, 節]. **～·ly** *adv.*
ap·prais·al [əpréɪzəl, æp-, -zl | əp-] *n.* **1** 評価, 値踏み, 見積り, 鑑定; 査定 〔*of*〕: an ～ *of* land, a person, a work of art, etc. / make [give] an ～ *of* …を評価する, 見積もる. **2** 評価額, 見積り価格.
ap·praise [əpréɪz, æp- | əp-] 〖《*c*1400》*ap(p)reise(n)* 《変形》← OF *apris-ier* ← *à* 'A-⁴'＋*pris* 'PRICE': 英語の形は PRAISE の影響〗 — *vt.* **1** 〈財産・物品・数量などを〉値踏みする, 評価[鑑定]する, 見積もる (estimate); 査定する (assess): ～ a house, a loss, etc. / ～ land *at* so much 土地を幾らと評価[査定]する. **2** 〈人物・能力・作品などを〉評価する (evaluate), 判断する (judge): ～ a person, a musical composition, etc. / look at a person with an *appraising* eye 人を値踏みするような[批判的な]目で見る. **ap·práis·a·ble** [-zəbl] *adj.* **ap·práis·ing·ly** *adv.* **～·ment** *n.*
ap·práis·er *n.* **1 a** 評価[鑑定]する人. **b** 〖法律〗評価[鑑定]人. **2** 《米》関税査定官.
ap·prais·ive [əpréɪzɪv, æp- | əp-] *adj.* 〈言葉など〉評価的な; 〈目付きなど〉評価するような, 詮索的な.
ap·pre·cia·ble [əpríːʃəbl | -ʃə-, -ʃɪə-] 〖《15C》□ (O)F *appréciable*: ⇨ appreciate, -able〗 — *adj.* **1** 〈物事が〉認め[感じ]られる, 目に見えるほどの, 多少の; 明らかな, かなりの: an ～ change / for no ～ reason はっきりした理由なしに / There is no ～ difference. 目につくほどの[大した]相違はない. **2** 評価できる.
ap·pré·cia·bly [-bli | -blɪ] *adv.* **1** 感じられるほどに; 多少; 明らかに, かなり. **2** 評価できるように.
ap·pre·ci·ate [əpríːʃièɪt | -ʃièɪt, -sièɪt] 〖《1655》← ML *appretiāt-us* (p.p.) ← *appretiāre* to set a price to ← *ap-* 'AD-'＋*pretium* 'PRICE': APPRIZE と二重語: ⇨ -ate³〗 — *vt.* **1 a** 〈人・物〉の真価を認める, 良さがわかる, 〈物を〉しみじみ楽しむ[味わう], 玩味(がんみ)する (esteem, enjoy); 高く評価する, 称賛する, …に好意をもつ (admire): ～ Shakespeare, (good) wine, etc. / His genius was ～*d* by posterity. 彼の天才は後世に認められた / I ～ a shower after a day's work. 一日の仕事のあとでシャワーを浴びるのは全くいいものだ. **b** 〈芸術を〉鑑賞する: ～ art, music, etc. **2** 〈好意などを〉感謝する, 〈功などを〉多とする 〈doing〉: I greatly ～ your kindness. / I ～ being invited to the party. パーティーへのご招待ありがとう存じます. **3 a** 〈物事を〉(的確に)判断する, 認識する (estimate correctly); 〈細かい差異などを〉識別する, 感知する (discriminate): ～ an international situation / ～ shades of meaning. **b** 〈事を〉理解する, わかる (understand); 〈…というこ

とを〉認める (admit) 〈*that*〉: You will ~ our difficult position. 当方の苦衷はお察しいただけるでしょう / We ~ *that*...=*It* is ~*d that* ...ということは一応理解できます. **4** 《古》評価する, 見積もる (estimate). **5** …の価格を騰貴させる, 上昇させる (↔ depreciate).
— *vi.* 〈土地・物などが〉値上りする; 〈価格が〉騰貴する; (数が)ふえる (↔ depreciate).

ap·pre·ci·a·tion [əprìːʃiéɪʃən, -si- | -ʃɪ-, -sɪ-] 〘《?c1400》□(O)F *appréciation* □LL *appreciātiō(n-)*: ⇨↑, -ation〙 — *n.* **1 a** (人・物の)真価を認める[理解する]こと, (物事を)心から楽しむ[味わう]こと, 玩味(がんみ), 味得: the ~ *of* the tea ceremony. **b** 鑑賞; 鑑賞力[眼]: show ~ / the ~ *of* beauty / have a keen ~ *of* poetry 詩に対する鋭い鑑賞力がある / listen to music *with* ~ 音楽を鑑賞する. **2** (好意などへの)感謝, 謝意 (gratitude); (功などを)多とすること, 称賛 (approval): a letter of ~ 感謝状 / in ~ *of* ...への感謝として[の印に]; …を多として, を賞して. **3 a** (的確な)判断, 理解, 認識. **b** (細かい差異などの)識別, 感知. **4** (書物などの)批評; (特に)好意的な書評: write an ~ *of* .... **5** (価格の)騰貴, 上昇 (↔ depreciation): an ~ *of* the market, stock, yen, etc.

ap·pre·cia·tive [əpríːʃətɪv, -ʃièɪt- | əpríːʃɪətɪv, -ʃièɪt-] *adj.* (↔ depreciatory) **1** 鑑賞的な; 鑑識力[眼]のある: ~ criticism 鑑賞(的)批評 / an ~ audience 目の高い聴衆. **2** 感謝の, 感謝を表わす〔*of*〕: ~ words / ~ *of* ...を感謝して. **~·ly** *adv.* **~·ness** *n.*

ap·pré·ci·à·tor [-tə | -tə(r] *n.* **1** 真価を解する人, 玩味(がんみ)する人; 鑑賞家. **2** 謝意を表する人.

ap·pre·cia·to·ry [əpríːʃətɔ̀ːri, -tɔ̀ri | -ʃɪətəri, -ʃət-, -ʃièɪt-] 〘← APPRECIAT(E)+-ORY[1]〙 *adj.* =appreciative.

ap·pre·hend [æ̀prɪhénd, -rə- | -rɪ-] 〘《a1398》□L *apprehend-ere* ← *ap-* 'AD-'+*prehendere* to seize (cf. prehensile)〙 — *vt.* **1** 〈物事・意味を〉悟る, 認める (perceive, understand); [通例 *that*-clause または目的語+*to* be を伴って]〈…であると〉理解する: The child ~*ed* his father's death [*that* his father was dead]. その子は父の死を悟った. **2** 〈事を〉懸念(けねん)する, 危ぶむ (fear); 〈…ということを〉恐れる 〈*that*〉: ~ danger in every sound 物音がするたびに身の危険を感じる / He ~*ed that* an accident might happen. 事故が起こりはしないかと気づかった / *It* is ~*ed that* ...の恐れがある. **3** 〈人を〉捕える, 逮捕する. ★ 主に法律用語. — *vi.* **1** 理解する. **2** 《古》恐れる, 懸念する.

ap·pre·hen·si·ble [æ̀prɪhénsəbḷ, -rə- | -rɪhénsə-, -sɪ-] 〘《15C》□LL *apprehensibil-is* ← L *apprehensus* (p.p.) ← *apprehendere* (↑): ⇨ -ible〙 — *adj.* 理解できる〔*to, by*〕: *To* many people legal documents are not ~. 多くの人にとって法律文書はわかりにくい. **àp·pre·hèn·si·bíl·i·ty** [-səbílətɪ | -sɪbílətɪ, -sə-, -lɪ-] *n.* **àp·pre·hén·si·bly** *adv.*

ap·pre·hen·sion [æ̀prɪhénʃən, -rə- | -rɪ-] 〘《a1398》□LL *apprehensiō(n-)*: ⇨ apprehend, -sion〙 — *n.* **1** 憂慮, 懸念(けねん), 不安, 心配 (fear) 〔*of, for, about*〕/ 〈*that*〉: a nameless ~ 何とも言えない不安 / be under ~ 憂慮している / have ~(*s*) of danger, earthquakes, etc. / She felt ~ *for* [*about*] her son's health. 息子の健康を不安に思った / They had ~ *that* there might be another war. また戦争になるのではなかろうかと不安だった. **2 a** (比較的皮相な)理解, 理解力 (understanding): a man of feeble ~ 理解力の鈍い[物わかりの悪い]人 / be above a person's ~ 理解できない / be quick [dull] of ~ 理解が早い[鈍い]. **b** (比較的皮相な)考え, 意見, 見解 (view, opinion): in my ~ 私の考えでは. **3** 〘法律〙捕縛, 逮捕 (arrest): the ~ *of* a thief.

ap·pre·hen·sive [æ̀prɪhénsɪv, -rə- | -rɪ-] 〘《a1398》□ML *apprehensiv-us* ← L *apprehensus* (p.p.): ⇨ apprehensible, -ive〙 — *adj.* **1** 懸念(けねん)して, 気づかって, 恐れて(いる) (anxious, worried) 〔*of, for, about*〕/ 〈*that*〉: an ~ look / be ~ *of* danger, disaster, failure, etc. / be ~ *for* [*about*] a person's safety 人の安否を気づかう / We were ~ *about* her marriage [her marrying him]. 彼女の結婚[彼女が彼と結婚すること]について懸念をいだいた / They are ~ *that* another severe earthquake may occur. また大地震が起こりはしないかと心配している. **2 a** 理解の早い, 聡明な (intelligent). **b** 〔事に〕気付いて, 知って (aware) 〔*of*〕: be ~ *of* ...に気付いている. **3** 知覚の (perceptive): ~ power 知覚力. **~·ly** *adv.* **~·ness** *n.*

ap·pren·tice [əpréntɪs, -təs | -tɪs] 〘《1307》□OF *aprentis* (F *apprenti*) ← *aprendre* to learn < L *apprendere* 《短縮》← *apprehendere* 'to APPREHEND'〙 — *n.* **1 a** (昔の)徒弟, 年季奉公人〔*to*〕(cf. master 3 c, journeyman 1 a): bind a boy ~ *to* a printer 少年を印刷屋に年季奉公に出す[徒弟にやる]. **b** 見習; 見習工〔*to*〕: an ~ mechanic 機械工見習 / a carpenter's ~ 大工見習 / an ~ *to* a house painter ペンキ屋の見習 / an ~ student =3 a. **2** 初心者, 新米 (beginner) 〔*in*〕: an ~ *in* golf [writing]. **3 a** 実習生, 練習生. **b** 〘米海軍〙(seaman や airman に進む前段階の)実習兵. **4** 〘競馬〙見習騎手《騎手歴1年未満またはレースに40勝をしていない者をいう》. — *vt.* 徒弟にやる, 年季奉公に出す; 見習に出す, 見習騎手にする〔*to*〕: ~ a boy *to* a tailor / ~ one*self to* ...の徒弟になる; …の見習になる.

ap·prén·ticed *adj.* 〈人が〉徒弟の; 見習の〔*to*〕.

ap·prén·tice·ship [-tɪ(ʃ)ʃɪp, -tə-, -tɪsʃɪp, -təs- | -tɪ(ʃ)ʃɪp, -tɪsʃɪp] *n.* 年季奉公, 徒弟の身分[期間], 年季; 見習の身分[期間]; 実習の身分[期間]: the period of ~ (年季奉公の)年季《通例4–7年》; 見習[実習]期間 / one's ~ *to* [*with*] a person / one's ~ *at* a barber's [*in* bricklaying] / serve [serve out] one's ~ *with* a mason 石工のもとで年季をいれる[勤め上げる].

ap·pressed [əprést, æp-] 〘← L *appressus* ((p.p.) ← *apprimere, adprimere* to press to ← AD-+*primere* to press)+-ED〙 *adj.* 〔物に〕密着[固着]した〔*to, against*〕.

ap·pres·so·ri·um [æ̀presɔ́ːriəm, -sóːr- | -sɔ́ːrɪ-] 〘← NL ← L *appressus* (↑)+-ORIUM〙 — *n.* (*pl.* **-ri·a** [-riə | -rɪə]) 〘生物〙付着器《寄生性の菌類の菌糸が宿主の表皮に付着するための吸盤様の構造》.

ap·prise [əpráɪz, æp- | əp-] 〘□F *appris* (p.p.) ← *apprendre* to learn, teach: ⇨ apprentice〙 — *vt.* (*also* **ap·prize** [~]) 〈人〉に(…(ということ)を)知らせる, 通知[通告]する (inform) 〔*of*〕/ 〈*that*〉: ~ a person *of* a fact / be ~*d of* ...を知って[承知して]いる / He ~*d* me *that* the matter was settled. 事件は落着したと私に知らせた.

ap·prize [əpráɪz, æp- | əp-] 〘《1402》□OF *apris-ier* 'to APPRAISE'〙 — *vt.* (*also* **ap·prise** [~]) **1** 《古》〈物を〉高く評価する, 尊重する (value). **2** 《廃》=appraise. **ap·príz·er** *n.*

ap·pro [ǽprou | -rəu] *n.* 《英口語》=approval; approbation. ★ 次の成句で: ***on*** [***upon***] ***appro*** =*on* APPROVAL.

ap·proach [əpróutʃ | əprə́utʃ] 〘《c1280》□OF *aprochier* (F *approcher*) < LL *appropiāre* ← *ap-* 'AD-'+*propiāre* to draw near (← *propius* (compar.) ← *prope* near)〙 — *vt.* **1** (場所的・時間的に)…に近づく, 近寄る, 接近する: ~ land 陸地に接近する / The man ~*ed* me. / The house is ~*ed* by a gravel drive. その家には砂利を敷いた車道を通って行く / The old man is ~*ing* eighty. あの老人は八十に近い / It was ~*ing* midnight. 真夜中になろうとしていた. **2** (性質・状態・数量などの点で)…に近づく, 近い; …に近似する, 似る: ~ completion 完成に近い / ~ manhood 成人に近づく / a sum ~*ing* the required amount ほぼ所要金額に近い額 / His reply ~*es* a refusal. 彼の返事はほとんど拒絶に等しい. **3 a** (交渉の目的で)〈人〉に接近する, 話をもちかける, 交渉を始める: ~ a person *for* a loan 人に融資を受けたいと申し出る / ~ a person *on* [*about*] a matter [*with* a proposal] ある事で[ある提案をもって]人に交渉する / He is easily ~*ed*. 彼には容易に近づける, 彼は親しみやすい. **b** …に近づく, 〈人〉と親しくなろうとする; 〈人を〉買収しよう[動かそう]とする. **4** 〈仕事・問題〉に取り掛かる (set about). **5** 《古》〈物を〉〔…に〕近づける (bring near) 〔*to*〕: ~ a chair *to* the fire. **6** 〘軍事〙(近接路によって)〈要塞など〉に接近する (cf. *n.* 7 a). **7** 〘航空〙〈空港〉へ向かって進入する(態勢をとる) (cf. *n.* 6). — *vi.* **1** (場所的・時間的に)近づく, 近寄る, 接近する: Christmas is ~*ing*. / The time ~*es*. 時が迫る. **2** (性質・状態・数量などの点で)〔…に〕近い (amount); 〔…に〕近似する (approximate) 〔*to*〕 (cf. *vt.* 2). **3** 〘ゴルフ〙アプローチ(ショット)をする (cf. *n.* 8). **4** 〘航空〙(空港へ向かって)進入する, 着陸進入態勢にはいる (cf. *n.* 6).
— *n.* **1** (場所的・時間的な)近づき, 近寄り, 接近: the ~ of night, summer, an army, etc. / ~ *to* an object, a person, a place, etc. **2** (性質・状態・数量などの)近いこと, 近似 (nearness): his nearest ~ *to* a smile 彼として精一杯の微笑. **3** 〔ある地点に〕近づく道, 入る道, 入口, 進入路 (access) 〔*to*〕: the ~ *to* a house, town, etc. / the ~ *to* a bridge 橋のたもと. **4 a** 〔仕事・問題・研究などに〕取り掛かる方法, 取り上げ方, 研究方法[態度], アプローチ〔*to*〕: a method of ~ / a new ~ *to* language learning 新しい言語学習法 / ⇨ oral approach. **b** 入門(書), 手引き〔*to*〕. **5** [しばしば *pl.*] 〔人に〕接近しようとすること, 〔人を〕動かそうとすること, (交渉などの)申入れ, 提案 (offer, overture); 〔異性に〕近づこうとすること (advances) 〔*to*〕: make ~*es to* a person / His ~*es* were refused by her. 彼女は彼の誘いを断った. **6** 〘航空〙空港への進入, アプローチ: make an ~. **7** [*pl.*] **a** 〘軍事〙(敵の要塞・陣地などへの)近接路, 接敵路《塹壕(ざんごう)など》. **b** 〘土木〙(橋のまたはトンネルへの)アプローチ. **c** 〘鉄道〙アプローチ《列車が信号機によって制御される区間に入る前に通過する鉄道線路の区間》. **8** 〘ゴルフ〙アプローチ(ショット)《パッティンググリーン (putting green) に球を運ぼうとする打撃; approach shot [stroke] ともいう》: ~ play / make [play] an ~. **9** 〘スキー〙(ジャンプの)助走滑走路. **10** 〘ボウリング〙アプローチ: **a** 投球動作への入り方. **b** 助走路.
easy [***difficult***] ***of approach*** (1) 〈場所など〉近づきやすい[にくい], 行きやすい[にくい]. (2) 〈人が〉近寄りやすい[にくい], 親しみやすい[にくい].

ap·proach·a·ble [əpróutʃəbḷ | əprə́utʃ-] *adj.* **1** 〈場所・物事が〉接近できる, 近寄れる, 近づきやすい (easy of access). **2** 〈人が〉近づき[親しみ]やすい. **~·ness** *n.* **ap·pròach·a·bíl·i·ty** [-tʃəbílətɪ | -lətɪ, -lɪ-] *n.*

appróach àid *n.* 〘航空〙(空港の)進入援助設備.

appróach gràfting *n.* 〘園芸〙寄せ[呼び]接ぎ (cf. inarch).

approach grafting

ap·próach·ing 〘《15C》〙 *adj.* 近づいて来る, 迫って来る: ~ dawn, footsteps, death, etc.

appróach lìght *n.* 〘航空〙(空港滑走路の)進入灯, アプローチライト《夜間着陸誘導用》.

appróach shòt [**stròke**] *n.* 〘ゴルフ〙アプローチショット (⇨ approach *n.* 8): make [play] an ~.

ap·pro·bate [ǽprəbèɪt | -rə(ʊ)-] 〘《15C》← L *approbāt-us* (p.p.) ← *approbāre* 'to APPROVE': ⇨ -ate[3]〙 — *vt.* **1 a** 《米》是認[承認]する (approve); 認可[公認]する (sanction). **b** 称賛する. **2** 〘スコット法〙〈証書の一部などを〉(法的に)有効と認める. ★ 通例次の句に用いて: ~ and reprobate 〈証書〉の一部を認め残部を拒否する《しかし, 法的には認められない》.

ap·pro·ba·tion [æ̀prəbéɪʃən | -rə(ʊ)-] 〘《a1393》□(O)F ~ □L *approbātiō(n-)*: ⇨↑, -ation〙 — *n.* **1** 認可, 免許 (sanction); 是認, 承認, 賛同 (approval); 推賞, 称賛 (praise): gain [win] ~. **2** 《廃》証明, 立証. ***on approbation*** 〘商業〙=*on* APPROVAL.

ap·pro·ba·tive [ǽprəbèɪtɪv, -bət-, əpróubə-, əprə́ub- | ǽprə(ʊ)bèɪt-] 〘□F *approbatif* // ML *approbātīv-us* proving: ⇨ approbate, -ative〙 *adj.* =approbatory.

ap·pro·ba·to·ry [ǽprəbətɔ̀ːri, -tɔ̀ri, əpróub-, əprə́ub- | æ̀prə(ʊ)béɪtəri, ←――――] *adj.* 是認[承認]の; 賛意を表わす: an ~ gesture 是認[賛成]の身ぶり.

ap·pro·pin·qui·ty [æ̀prəpíŋkwəti | -kwətɪ, -kwɪ-] 〘← *ap-* 'AD-'+PROPINQUITY〙 *n.* 《古》=propinquity.

ap·pro·pri·a·ble [əpróupriəbḷ | əprə́uprɪ-] *adj.* 割り当て可能な, 充当できる〔*to*〕.

ap·pro·pri·ate 〘《?a1425》□L *appropriāt-us* (p.p.) ← *appropriāre* to make one's own ← *ap-* 'AD-'+*proprius* one's own (⇨ proper): ⇨ -ate[2,3]〙 — [əpróupriət, -prit | əprə́upriət, -prit] *adj.* **1** 適切な, 妥当な (suitable) 〔*to, for*〕: clothes ~ *to* [*for*] the occasion その場合にふさわしい服装 / words ~ *to* express the idea その思想を言い表わすのに適切な言葉 / *It* is ~ *that* he should be chosen. 彼が選ばれるのは妥当だ. **2** 固有[特有]の (peculiar) 〔*to*〕. — [-prièɪt | -prɪ-] *vt.* **1 a** 〈公共物・共有物などを〉私用に供する, 私物化する, 専用する; 横領[着服]する; 〈他人の考えなどを〉盗用する: ~ to one*self* [one's own use] 私物化する, 専用する; 横領する. **b** 〈わずかな金品を〉盗む, くすねる (pilfer). **c** 〈国家などが〉〈権利などを〉占有[収用]する (take over). **d** 〘法律〙〈公有地などを〉(合法的に)専有する. **2** 〈資金などを〉〔特定の用途に〕割り当てる, 充当する (set apart) 〔*for, to*〕: ~ funds *for* [*to*] space exploitation 宇宙開発のために予算を割り当てる / Part of the swimming pool has been ~*d for* (the use of) children. プールの一部分は子供用に指定されている. **3** 《古》〈言葉などを〉〔…に〕適合させる, 合わせる〔*to*〕. **ap·pro·pri·a·tive** [əpróuprièɪtɪv, -priət- | əprə́uprɪət-, -prièɪt-] *adj.*

ap·pró·pri·ate·ly *adv.* 適切に, ふさわしく; 適切にも: She dresses ~. ふさわしい身なりをしている.

ap·pró·pri·ate·ness *n.* 適切さ, 妥当性, ふさわしさ: with ~ 適切に, 妥当に.

ap·pro·pri·a·tion [əpròupriéɪʃən | əprə̀uprɪ-] 〘《?1382》□(O)F ~ // LL *appropriātiō(n-)*: ⇨ appropriate, -ation〙 — *n.* **1 a** 私物化, (不当な)専用; 横領, 着服; 盗用. **b** 盗むこと, 窃盗. **c** 占有, 収用. **d** 〘法律〙専有. **2 a** (資金などの)割り当て, 充当; 割り当てられた物〔*for*〕. **b** (議会などによる)予算割り当て承認; (承認を経た)(割り当て)予算(額), 支出(金), …費〔*for*〕: a housing ~ 住宅建設費 / an ~ *for* defense 国防費[予算] / an ~ of a million dollars 百万ドルの予算. **3 a** 〘神学〙(三位一体の三位へのそれぞれの属性の)帰属. **b** 〘英国国教会〙中世の教会財産の一種で修道院に永久に帰属せしめられた十分の一税 (tithes) その他の寄与 (cf. impropriation).
appropriation of surplus 〘会計〙利益金処分.

appropriátion bìll *n.* 〘議会〙(議会に提出する)政府支出案, 歳出予算案《《米》では appropriations bill ともいう》: an educational ~ 教育予算案.

appropriátion bùdget *n.* 〘会計〙割当型予算.

ap·pro·pri·à·tor [-tə | -tə(r] *n.* (公共物などを)私用に供する人, (不当な)専用者; 横領者; 盗用者.

ap·prov·a·ble [əprúːvəbḷ, æp- | əp-] 〘《15C》〙 *adj.* 承認[是認, 賛成]できる; 称賛できる. **ap·próv·a·bly** *adv.*

ap·prov·al [əprúːvəl, æp- | əp-] 〘《1696》: ⇨↓, -al[2]〙 — *n.* **1** 是認, 賛成, 同意; 称賛 (praise): with warm ~ / gain [receive] ~ 賛成を得る, 称賛される / show one's ~ 賛意[満足]を示す, 称賛を表わす. **2 a** (公式の)承認, 賛同: parliamentary ~ 議会の承認[協賛] / ~ of the minutes 議事録の承認 / with your kind ~ ご賛成を得て / give one's ~ to ...を承認[採択]する / I submit this plan for your ~. この案に対し承認をお願いします. **b** 認可, 裁可 (sanction).
on approval 〘商業〙(客が実物を見て)気に入れば買うという条件で (cf. *on* SALE *or* [*and*] *return* (2)): sale *on* ~ 点検売買 / send goods *on* ~ 試験的に品物を送る.

ap·prove [əprúːv, æp- | əp-] 〘《a1325》□OF *aprover* (F *approuver*) < L *approbāre* ← *ap-* 'AD-'+*probāre* 'to PROVE'〙 — *vt.* **1** 〈議案・報告などを〉承認[支持]する, …に賛同[賛成]する (confirm); 認可する (sanction): ~ a bill, resolution, etc. / ~ accounts 決算報告(書)を承認する / The proposal was ~*d* by the committee. その提案は委員会で採択され

た. **2** =APPROVE of (⇨ *vi.*). **3** [通例 ~ oneself で]《古》 **a** 〈人・物事が〉…であることを実証する (prove): He ~*d himself* (*to* be) honest. **b** 〈人・物事が〉〔神などの〕称賛に値することを実証する〔*to*〕. **4** 《廃》 **a** 証明する (prove); 立証する (attest). **b** 〈人〉の有罪を宣告[証明]する (convict). — *vi.* 〔人・物事を〕よいと言う[思う], 是認する, 〔…に〕賛成[同意, 満足]する (↔ disapprove); 〔…を〕称賛する〔*of*〕: I don't ~ *of* his intention [his *going* alone]. 彼の意向[彼がひとりで行くこと]には賛成しない / The new policy was (very) much ~*d of* by the people. 新政策は国民に大好評だった.

appróved schóol *n.* (英国の)教護院《もと不良未成年者を収容補導した国立の施設 (1933–69); community home の前身; cf. industrial school 2》.

ap·próv·er 〚《c1395》〛 — *n.* **1** 承認[賛成]者, 是認者. **2 a** 《廃》密告者 (informer). **b** 〘英古法〙共犯証人《減刑をねらい共犯者の犯罪を証言する人; cf. king's evidence》.

ap·próv·ing *adj.* 賛成[是認]する, 満足そうな. **~·ly** *adv.*

approx. 《略》approximate; approximately.

ap·prox·i·mal [əprɑ́ksəməl, æp- | -prɔ́ksɪ-] 〚⇨ approximate, -al¹〛 *adj.* 〘解剖〙密接[隣接]した (contiguous): an ~ surface 密接面.

ap·prox·i·mant [əprɑ́ksəmənt | -rɔ́ksɪ-] 〚□ L *approximānt-em* (pres.p.) (↓)〛〘音声〙 — *adj.* 接近音の. — *n.* 接近音《調音器官のせばめが広く摩擦を生じない音; 母音を除いた半母音や無摩擦継続音 (frictionless continuant)》.

ap·prox·i·mate 〚《?a1425》□ LL *approximāt-us* (p.p.) ← *approximāre* to come near to ← *ap-* 'AD-' + *proximus* nearest ((superl.) ← *prope* near)〛 — [əprɑ́ksəmət, -mɪt | -rɔ́ksɪ-] *adj.* **1 a** (数量・程度など)近似の: an ~ distance, time, weight, etc. / closely [roughly] ~ / an ~ estimate 概算見積り / an ~ value of π [pi] 円周率の近似値 / be ~ *to* the market price 市価に近い. **b** おおよその, 大体の (fairly correct): give (only) an ~ account of the disaster 災害の(ほんの)概略を伝える. **2** 類似の (very similar). **3** 接近した. — [-mèɪt] *v.* — *vt.* **1** (数量・程度・性質などの点で)…に近づく, 接近する (approach): The dispute ~*d* a settlement. 紛争は解決に近づいた / The amount ~*d* $1,000 [the required sum]. 金額は約千ドル[ほぼ所要額]に達した / His art ~*s* perfection. 彼の技[芸]は完璧(かんぺき)に近い. **2 a** 概算する: ~ the time *at* two hours その時間を約 2 時間と見積もる. **b** 〘数学〙近似する, 近似値を見いだす. **3** 近づける (bring close to): ~ a translation *to* its original 翻訳を原文に近いものにする. **4** まねる (imitate), …に見せかける (simulate). — *vi.* (数量・性質などの点で)〔…に〕近い, ほぼ等しい〔*to*〕: ~ roughly *to* the truth 《報道などが》ほぼ真相に近い. **~·ness** *n.*

ap·próx·i·mate·ly *adv.* ほとんど (almost); おおよそ, ほぼ, 大体 (roughly, about): ~ correct, equal, etc. / for ~ a year 約一年間 / The two countries are ~ antipodes. 両国はほぼ対蹠(たいせき)地である.
very approximately (1) ほんの概算で, ごくおおざっぱに言って. (2) ごく正確に.

appróximate rhýme *n.* 〘詩学〙近似韻《故意または不注意に用いられた, 正規の韻に類似した押韻; 例, these: cease》.

ap·prox·i·ma·tion [əprɑ̀ksəméɪʃən | -rɔ̀ksɪ-] 〚《?a1425》□ ML *approximātiō(n-)*: ⇨ -ation〛 — *n.* **1 a** (数量・性質など)接近する[させる]こと, 接近. **b** 近似(するもの): This is a close ~ *to* the truth. これはごく真実[真相]に近い. **2** 概算, 見積り (estimate); 概算額[高], 概数: an ~ of the number of unemployed workers. **3** 〘数学・物理〙近似; 近似計算, 近似法; 近似値[数]: by successive ~ 逐次近似(法)によって.

ap·prox·i·ma·tive [əprɑ́ksəmèɪtɪv, -mət- | -rɔ́ksɪmət-] *adj.* =approximate 1 a. **~·ly** *adv.*

appt. 《略》appoint; appointed; appointment.

apptd. 《略》appointed.

ap·pui [æpwíː, əp-; *F.* apɥi] 〚《a1573》□ F ~ ← *appuyer* to lean on, support < VL **appodiāre* ← *ap-* 'AD-' + L *podium* pedestal, support〛 — *n.* **1** 〘軍事〙支持, 支援 (defensive support): a point of ~ = point d'appui 2. **2** 〘乗馬〙(手綱 (bridle) などによる騎手と馬の口との)釣合い, 銜(はみ)受け.

ap·pulse [əpʌ́ls, æp-, ǽpʌls | æpʌ́ls, əp-, ǽpʌls] 〚□ L *appuls-us* a drawing to ← *appellere* ← *ap-* 'AD-' + *pellere* to drive: cf. pulse¹〛 — *n.* **1** 〘天文〙(天体の)近接 (approach)〔*to*〕; 二天体が合 (conjunction) に近づくこと; 合. **2** (船・波・軍隊などの)衝突, (船体に損傷を受ける程の)接触. **3** 接近(すること).

ap·pur·te·nance [əpə́ːtnəns, -tən-, -tn- | əpɔ́ːtɪn-, -tən-, -tn-] 〚《?a1300》□ AF *apurtenance* = OF *apartenance* (F *appartenance*) < VL **appertinentiam* ← LL *appertinēre* 'to APPERTAIN': ⇨ -ance〛 — *n.* **1** [しばしば *pl.*] 付属品, 付属物 (accessory)〔*to*〕. **2** [*pl.*] 装置, 機械 (apparatus, instruments). **3** 〘法律〙従物, 財産に付属する権利〔*to*〕(cf. appendant 2): a house and all its ~*s* 家とその一切の付属物.

ap·pur·te·nant [əpə́ːtnənt, -tən-, -tn- | əpɔ́ːtɪn-, -tən-, -tn-] 〚《c1370》□ OF *apartenant* (F *appartenant*) (pres.p.) ← *apartenir* 'to APPERTAIN': ⇨ -ant〛 — *adj.* 付属の, 付随する (accessory, incident)〔*to*〕. — *n.* 付属物[品] (appurtenance).

appx. 《略》appendix.

Apr. 《略》April.

a·prax·i·a [eɪprǽksiə | -sɪə] 〚← NL ← Gk *apraxía* a not acting: ⇨ a-⁷, praxis, -ia¹〛 — *n.* 〘精神医学〙失行(症), 行動不能(症). **a·prac·tic** [eɪprǽktɪk] *adj.* **a·prax·ic** [eɪprǽksɪk] *adj.*

a·près nous le dé·luge [ɑ̀ːpreɪ-núː-lə-deɪl(j)úːʒ; *F.* apʀenuldelyːʒ] 〚□ F ~ 'after us the deluge'〛 — *F.* あとは野となれ山となれ (⇨ après nous [moi] le déluge (巻末)).

a·près-ski [ɑ̀ːpreɪskíː, æp-; *F.* apʀeski] 〚□ F ~ 'after skiing'〛 — *F. n.* **1** (スキーロッジなどでの)スキー後の時間[夕べ, 娯楽]. **2** [形容詞的に] スキーの後の[で使う]: an ~ amusement, party, etc. / an ~ suit スキー後に向くスーツ.

a·pri·cot [ǽprəkɑ̀t, éɪp- | éɪprɪkɔ̀t] 〚《1580》《変形》← 《1551》《廃》*abrecock* □ ? Catalan《廃》*abercoc* □ Arab. *al-barqūq* □ LGk *praikókion* □ L *praecocia* (neut.pl.) ← *praecoquus* early ripe ← *prae-* 'PRE-' + *coquere* to ripen (⇨ cook): 現在の語形は F *abricot* apricot と L *apricum* sunny place との影響: cf. precocious〛 — *n.* **1** あんず, アプリコット: ~ brandy あんず酒. **2** 〘植物〙ホンアンズ (*Prunus armeniaca*). **3** あんず色, 赤味を帯びた黄色.

A·pril¹ [éɪprəl | -prəl, -prɪl] 〚《c1375》□ L *Aprīl-is* ∞ ME *averil* □ (O)F *avril* < L *Aprilem* & OE *Aprēlis* □ L: 原義は month of Venus か (cf. Etruscan **apru* □ Gk *Aphrō*《略》← *Aphrodītē* 'APHRODITE')〛 — *n.* 4 月 (略 Apr.).

A·pril² [éɪprəl | -prəl, -prɪl] 〚↑〛 *n.* 女性名《May, June にならい 20 世紀に用いられ始めた》.

Ápril fóol *n.* **1** 四月ばか《4 月 1 日の万愚節のいたずらでかつがれた人》: make a person an ~ 人を四月ばかでかつぐ. **2** 万愚節でのいたずら.

Ápril Fóols' Dày *n.* 万愚節《いたずらご免の 4 月 1 日; この日にかつがれた人を April fool という; All Fools' Day ともいう》.

Ápril wéather *n.* **1** 降ったり照ったりする天気. **2** 微笑と涙の交錯, 泣き笑い.

a pri·o·ri [ɑ̀ː-priɔ́ːri, æ̀-, -óːri, èɪ-praɪɔ́ːraɪ, -priɔ́ːri, -óːr- | èɪ-praɪɔ́ːraɪ, ɑ̀ː-priːɔ́ːriː, -prɪ-] 〚□ L *ā priōri* from what is before ← *ā* from + *priōrī* ((abl.) ← *prior* 'first, PRIOR¹')〛 — *adj.* **1** (↔ a posteriori) **a** 〘論理〙演繹(えんえき)的な (deductive): ~ reasoning 演繹的推理[推論]. **b** 〘哲学〙先天[先験]的な, 生得的な: an ~ fact 先験的事実 / ~ probability 先験的確率. **2 a** (事実や経験に基づかないで)推測的な (presumptive); 直感的な (intuitive): an ~ judgment 直感的な判断. **b** 《俗用》即座の (offhand). — *adv.* **1** (↔ a posteriori) **a** 演繹的に: argue [reason] ~. **b** 先天[先験]的に, 生得的に. **2 a** 推定的に; 直感的に. **b** 《俗用》即座に.

a·pri·o·rism [ɑ̀ːpriɔ́ːrɪzm, æ̀p-, -óːr-, èɪpraɪ- | èɪpraɪɔ́ːr-] 〚《なぞり》? ← F *apriorisme*〛 — *n.* **1** 〘哲学〙先天主義. **2** 〘論理〙演繹(えんえき)主義; 演繹的推理[原理, 観念].

à·pri·ó·rist [-rɪst, -rəst | -rɪst] *n.* 先天主義者; 演繹(えんえき)主義者.

a·pri·o·ris·tic [ɑ̀ːprìoːrístɪk, æ̀p-, èɪpraɪ-, -oːr- | èɪpraɪɔːr-] *adj.* 先天主義(的)の; 演繹(えんえき)主義(的)の. **à·pri·o·rís·ti·cal·ly** *adv.*

a·pri·or·i·ty [ɑ̀ːpriɔ́(ː)rəti, æp-, èɪpraɪ-, -ɑ́r- | èɪpraɪɔ́rɪti, -rɪ-] *n.* **1** 〘哲学〙先天性. **2** 〘論理〙演繹(えんえき)(性).

a·pron [éɪprən] 〚《16C》《異分析》← 《1307》*napron* □ OF *naperon* (F *napperon*) napkin, cloth (dim.) ← *nap(p)e* cloth < ML *nappam* = L *mappa* 'NAPKIN' (cf. map): cf. adder²〛 — *n.* **1 a** エプロン, 前掛け (cf. pinafore 1): a kitchen ~ / wear [be in] an ~ エプロンをして[つけて]いる / wipe one's hands *on* [*with*] one's ~ エプロンで手をふく. **b** (馬車などの座席の前に掛ける革製・防水布などの)ひざ掛け. **c** 〘英国国教会〙エプロン《bishop, dean などの着用する式服の一種で, 膝(ひざ)まで垂れた cassock の短いもの》. **d** 《フリーメースン》(制服の)前垂れ. **2** 〘機械〙エプロン: **a** 危険防止用の(金属)カバー. **b** 旋盤の往復前の懸垂部. **c** =apron conveyor. **3 a** 〘航空〙エプロン《空港で乗客・貨物の積み降ろしなどを行なう(舗装した)広場》. **b** 〘海事〙エプロン《埠頭(ふとう)で貨物の積み降ろしなどを行なうための上屋(うわや)前の広場》. **c** (建物の前の)広場《駐車用など》. **4** 〘土木〙《河岸・堤防の》護床, 水たたき; (ダムの)阻堰(そえん). **5 a** 〘ボクシング〙エプロン《リングの床がロープの外に張り出した部分》. **b** 〘ゴルフ〙エプロン《グリーンの外側と接するコースの部分》. **6** 〘劇場〙 **a** エプロン, 前舞台 (forestage)《プロセニアム (proscenium) の前に張り出した舞台の部分》. **b** =apron stage. **7** 〘建築〙 **a** (家具や窓敷居 (windowsill) の下にある)幅木(はばき) (skirt). **b** (窓の外側の下につけられた)副水切り, 副雨(あま)押え《雨押え (apron piece) の上端に付ける木造部分》. **8** 〘造船〙(木船の)副船首材. **9** 〘自動車〙エプロン《自動車の前部, ラジエーター下部に取り付けられる水平または垂直の金属保護板, 泥よけ板》. **10** 〘写真〙タンク現像用ベルト《フィルムと一緒に枠に巻き込みフィルムがくっつかないようにする, ふちに凹凸のあるプラスチックのベルト》. **11** 〘地質〙山麓の沖積平地. **12** 〘軍事〙 **a** (防空用の)係留気球金網. **b** 屋根形鉄条網の斜面. **c** (火砲を保護する防栅(ぼうさく)の)下方防栅. **13** 〘鳥類〙肉垂《シチメンチョウ・アヒルなどの頸部に垂れ下がる脂肪に富む皮膚のひだ》. **14** 飾り毛《イヌの首の下方, 胸にある長めの毛》. — *vt.* …にエプロンを掛け(させ)る. **~ed** *adj.*

ápron convéyor *n.* 〘機械〙エプロンコンベヤー《短冊形の鋼板を取り付けたチェーンコンベヤー》.

a·pron·ful [éɪprənfʊ̀l] *n.* (*pl.* **~s, a·prons·ful**) エプロンに一杯: an ~ of apples.

ápron piece *n.* 〘建築〙 **1** 雨(あま)押え《板張りの外壁の最下部などに雨滴が外から内側に入らないように付ける板; flashing ともいう》. **2** 階段の踊場[螺旋(らせん)階段の踏段]を支える小梁(こばり).

ápron rèef *n.* 〘地質〙島の海岸にできた小規模なサンゴ礁《裾礁のでき始めのもの》.

ápron stàge *n.* 〘劇場〙(Elizabeth 朝時代などの土間に突き出した)張出し舞台, エプロンステージ.

ápron strìng *n.* 前掛け[エプロン]のひも.
be tied to one's mother's* [*wife's*] *apron strings 母[妻]の言いなりになる.

ap·ro·pos [æ̀prəpóu, ―――́ | ǽprəpəu, ―――́] 〚□ F *à propos* 《原義》to the purpose ← *à* 'AD-' + *propos* 'PURPOSE'〛 — *adj.* 時機を得た (opportune), 適切な: an ~ remark / It is particularly ~ that …ということは特に妥当だ. — *adv.* **1** 適切に (to the purpose): You speak quite ~. お言葉は全く適切です. **2** ついでに, ちなみに, それはそうと (by the way).
apropos of …に関して, について (concerning); …の話で思い出したが, …と言えば (speaking of): a discussion ~ *of* the agenda 議事日程についての論議 / ~ *of* nothing (何の前置きもなく)出し抜けに, やぶから棒に / *Apropos of* earthquakes, we felt one last night. 地震と言えば昨夜もあった.
— *prep.* …について, …のことで《apropos of の of を省略した形》: ~ the coming generation.

a·pros·ex·i·a [èɪprɑséksiə | -prəséksɪə] 〚← NL ~ ← Gk *aprosexía* heedlessness ← A-⁷ + *prosékhein* to heed (← *pros* toward + *ékhein* to hold): ⇨ -ia¹〛 — *n.* 〘精神医学〙注意減退症, 注意集中不能(症).

a·pró·tic sólvent [eɪpróuṭɪk- | -prə́ut-] *n.* 〘化学〙非プロトン性溶媒, 中性溶媒《ベンゼン・四塩化炭素など陽子を放出しない有機溶媒の総称》.

A.P.S. 《略》Amateur Photographic Society アマチュア写真協会; American Peace Society 米国平和協会; American Philatelic Society 米国郵趣協会; American Philosophical Society 米国哲学協会; American Physical Society 米国物理学協会; American Protestant Society 米国プロテスタント協会.

apse [æps] 〚《1822》□ ML *aps-is* 'APSIS'〛 — *n.* **1** 〘建築〙アプス, アプシス, 後陣 (apsis)《教会堂祭壇後方の丸屋根のある半円形の窪み; 古代教会堂では bishop の座; 右の挿絵のほかに ⇨ church 挿絵》. **2** 〘天文〙=apsis 1.

apse 1

ápse lìne *n.* 〘天文〙(天体の軌道の)長軸線 (line of apsides).

ap·si·dal [ǽpsədḷ | -sɪ-] 〚《1846》← L *apsis, apsid-* 'APSIS' + -AL¹〛 — *adj.* **1** 〘建築〙アプス (apse) の, アプス状の. **2** 〘天文〙軌道極点 (apsis) の: ~ motion 近(星)点運動.

apsides *n.* apsis の複数形.

ap·sid·i·ole [æpsídiòul | -dɪəʊl] 〚□ F ~ ← *abside* 'APSE': ⇨ -ole²〛 *n.* 〘建築〙小アプス, 小後陣 (cf. apse 1).

ap·sis [ǽpsɪs, -səs | -sɪs] 〚《1601》□ L ~, *absis* □ Gk *(h)apsis* felloe of a wheel, vault ← *háptein* to fasten〛 — *n.* (*pl.* **ap·si·des** [ǽpsədìːz, æpsáɪdiːz | æpsáɪdiːz, ǽpsɪdìːz]) **1** 〚← NL ← L〛〘天文〙軌道極点, アプス《楕円軌道の長軸端で近点および遠点の総称》: the higher ~ (惑星などの)遠(日)点; (月の)遠地点 / the lower ~ (惑星などの)近(日)点; (月の)近地点 / the line of *apsides* 長軸線. **2** 〘建築〙=apse 1.

apt [ǽpt] 〚《?c1350》□ L *apt-us* fitted, suited (p.p.) ← *apere* to fasten ← IE **ap-* to take, reach (L *apisci* to attain)〛 — *adj.* (**~·er, ~·est; more ~, most ~**) **1** 〈…する〉傾向がある, …しやすい, …し勝ちな (prone, inclined)〈*to* do〉: He is ~ *to* forget people's names. 人の名前をよく忘れる / That path is ~ *to* be muddy after rain. あの小道は雨が降るとぬかりやすい. **2** 《米》…しそうな (likely)〈*to* do〉: He is ~ *to* succeed. 成功しそうだ / The buses are ~ *to* be crowded still. バスはまだ込んでいるだろう. **3** 〔ある事に〕機敏な (quick), 才能[素質]のある, 頭のよい (clever)〔*at*〕: an ~ student / a pupil ~ *to* learn 物覚えの早い生徒 / be ~ *at* languages 語学の才がある / be ~ *at* flattering お世辞がうまい. **4** 〈言葉など〉適切な, 適当な〔*for*〕: an ~ answer, quotation, etc. / a remark ~ *for* the occasion その場にふさわしい言葉. **5** 《古》用意のある (ready), 進んでする (willing)〔*for*〕.

APT 《略》〘電算機〙automatically programmed tools 数値制御工作機械の工具の通路を記述するコンピュータ用言語.

apt. 《略》apartment; aptitude.

Ap·ter·a [ǽptərə] 〚← NL ~ ← Gk *ápteros* (↓): ⇨ -a²〛 *n. pl.* 〘昆虫〙 **1** 無翅目, ナガコムシ目. **2** 無翅亜綱.

ap·ter·al [ǽptərəl] 〚← Gk *ápteros* wingless (← A-⁷ + *pterón* wing, row of columns) + -AL¹〛 — *adj.* **1** 〘動物〙=apterous 1. **2** 〘建築〙〈ギリシャ神殿など〉側面に柱列のない.

ap·te·ri·um [æptí(ə)riəm | -tíərɪ-] 〚← NL ~: ⇨

a-⁷, ptero-, -ium〗 *n.* (*pl.* **-ri·a** [-riə|-rɪə])〘鳥類〙無羽域,裸区《おおばねのない部分; cf. pteryla》. 「状の.

ap·ter·oid [ǽptərɔ̀ɪd]〖⇨↑, -oid〗*adj.*〘動物〙無翼

ap·ter·ous [ǽptərəs]〖⇨ apteral, -ous〗*adj.* **1**〘動物〙〈鳥が〉無翼の;〈昆虫が〉無翅(ʰ)の. **2**〘植物〙翼状物のない: an ～ stem.

Ap·ter·y·ges [æptérədʒìːz | -rɪ-]〖← NL ～ (pl.) ← APTERYX〗*n. pl.*〘鳥類〙＝Apterygiformes.

ap·ter·yg·i·al [æ̀ptərídʒiəl, -dʒəl | -dʒɪəl]〖← A-⁷＋Gk *pterúgion* little wing＋-AL¹〗*adj.*〘動物〙翼[翅, ひれ, 手足]のない.

Ap·ter·yg·i·for·mes [æ̀ptərìdʒəfɔ́əmiːz | -dʒɪfɔ́ː-]〖← NL ～ ← APTERYX＋*-formes* ((pl.) ← *-formis* '-FORM')〗*n. pl.*〘鳥類〙キーウィ目.

Ap·ter·y·go·ta [æptèrəgóʊṭə | -rɪgə́ʊtə]〖← A-⁷＋*Pterygota* ← Gk *pterugōtá* winged (neut. pl.) ← *ptérux* wing〗*n. pl.*〘昆虫〙(昆虫綱)無翅亜綱.

ap·ter·y·gote [æptérəgòʊt | -rɪgəʊt]〖↑〗*adj.*〘昆虫〙無翅亜綱の.

ap·ter·yx [ǽptəriks]〖《1813》← NL ～: ⇨ a-⁷, -pteryx〗*n.*〘鳥類〙キーウィ (⇨ kiwi 1 a).

ap·ti·tude [ǽptət(j)ùːd | -tɪtjùːd]〖《15C》□ (O)F ～ ∥ ML *aptitūdō*: ⇨ apt, -tude〗── *n.* **1** **a** (特定の)才能, 素質 (talent) 〔*for*〕: an artistic ～ 芸術的才能 / have an ～ *for* languages [sketching] 語学[スケッチ]の才がある. **b** (学習などでの)機敏さ, 頭[物覚え]のよさ (intelligence). **c**〘心理〙適性〔*for*〕. **2** 性向, 傾向, 習癖 (inclination) 〔*to*〕/〈*to* do〉: An ～ *to* vice is easily acquired. 悪い癖は付きやすい / Oil has an ～ *to* burn. 油には燃えやすい性質がある. **3** 適切さ, ふさわしさ (fitness) 〔*for*〕.

áptitude tèst *n.*〘教育〙適性検査.

ápt·ly〖《15C》〗*adv.* 適切に, ふさわしく, うまく(suitably): It has ～ been said that …とは適評[至言]だ.

ápt·ness *n.* **1** 適切さ, ふさわしさ〔*for*〕. **2** 性向, (…し勝ちな)傾向: the ～ of men *to* imitate 人間の模倣性. **3** 才能, 素質: ～ *to* learn.

APU《略》〘航空〙auxiliary power unit.

Ap·u·le·ius [æ̀pjʊlíːəs], **Lucius** *n.* アプレイウス《紀元2世紀時代のローマの哲学者・風刺家; *Metamorphōsēs* (英訳名 *The Golden Ass*)》.

A·pu·lia [əpjúːljə, -liə | -ljə, -lɪə] *n.* アプリア(州)《イタリア南東部の州; 人口 3,494,000, 面積 19,347 km²; イタリア語名 Puglia》. **A·pu·lian** [əpjúːljən, -liən | -ljən, -lɪən] *adj., n.*

a pun·ta d'ar·co [ɑː-púːntɑː-dɑ́əkoʊ | -dɑ́ːkəʊ; *It.* apúntadárko]〖□ It. ～ 'at the point of the bow'〗*adv.*〘音楽〙弓の上端で《弦楽器奏法の指示》.

A·pus [éɪpəs]〖← NL ～ ← L ～ 'swallow supposed to be footless' ← Gk *ápous* footless ← A-⁷＋*poús* foot〗── *n.*〘天文〙ふうちょう(風鳥)座《南天の星座; the Bird of Paradise ともいう》.

ap·y·rase [ǽpərèɪs, -rèɪz | ǽpɪrèɪs]〖← A(DENOSINE)＋PYR(OPHOSPHATE)＋-ASE〗*n.*〘生化学〙アピラーゼ《ATP からリン酸を加水分解する酵素》.

a·py·ret·ic [èɪpaɪréṭɪk, æ̀pə- | æ̀paɪrét-, -paɪər-, -pɪr-]〖⇨ a-⁷, pyretic〗*adj.*〘病理〙熱のない, 無熱(性)の.

a·py·rex·i·a [èɪpaɪréksiə | -paɪ(ə)réksɪə]〖← NL ～: ⇨ a-⁷, pyrexia〗*n.*〘病理〙無熱, 発熱間欠期.

aq.《略》aqua; aqueous.

AQ, A.Q.《略》〘心理・教育〙accomplishment quotient;〘心理・教育〙achievement quotient.

'Aq·a·ba [ɑ́ːkəbə, ǽk- | ǽk-] *n.* アカバ《Jordan 南西部, 'Aqaba 湾頭の港》.

'Aqaba, the Gulf of *n.* アカバ湾《Arabia 半島と Sinai 半島とを分ける紅海北端の湾》.

aq. bull.《略》〘処方〙*L.* aqua bulliens (＝boiling water).

aq. dest.《略》〘処方〙aqua destillata.

AQL, A.Q.L.《略》〘商業〙acceptable quality level 許容基準内品質.

aq·ua [ǽkwə, ɑ́ːk- | ǽk-]〖《*a*1398》□ L ～ 'water' < IE **akwa*: cf. Jap.「あか, 閼伽」〗── *n.* **1** (*pl.* **aq·uae** [ǽkwiː, -waɪ, ɑ́ːkwaɪ | ǽkwiː, -waɪ]) 水; 液, 溶液 (solution). **2** (*pl.* ～**s**) ＝aquamarine 2.

aq·ua- [ǽkwə, ɑ́ːk- | ǽkwə] aqui- の異形. ★ 特に, 水上演芸・水上[水中]スポーツに関して用いる: *aqua*cade.

áqua ammónia [**am·mó·ni·ae**] [-əmóʊniː | -əməʊ-] *n.*〘化学〙アンモニア水 (ammonia water).

aq·ua·belle [ǽkwəbèl, ɑ́ːk- | ǽk-]〖← ? AQUA(CADE)＋BELLE〗*n.*《米》水着の美人.

aq·ua·cade [ǽkwəkèɪd, ɑ́ːk-, ⌣⌣⌣ | ǽkwəkèɪd, ⌣⌣⌣]〖← AQUA＋(CAVAL)CADE〗*n.*《米》水上演芸 (cf. synchronized swimming, water ballet).

aq·ua·cul·ture [ǽkwəkʌ̀ltʃə, ɑ́ːk- | ǽkwəkʌ̀ltʃə(r)] *n.* ＝aquiculture. **aq·ua·cul·tur·al** [æ̀kwəkʌ́ltʃ(ə)rəl, ɑ̀ːk- | æ̀k-] *adj.*

áqua des·til·lá·ta [-dèstəlɑ́ːṭə | -tɪlɑ́ːtə]〖□ L *aqua destillāte* distilled water〗*n.* (*pl.* **aquae des·til·la·tae** [-tiː]) 蒸溜水.

aquae *n.* aqua 1 の複数形.

aq·ua·for·tis [æ̀kwəfɔ́əṭɪs, ɑ̀ːk-, -ṭəs | æ̀kwəfɔ́ːtɪs]〖《*a*1500》□ L ～ 'strong water'〗── *n.* (*pl.* **-for·tes** [-tiːz]) **1**〘化学〙硝酸《nitric acid の古名》. **2**〘エッチング〙硝酸で版面を腐食する技法.

aq·ua·lung [ǽkwəlʌ̀ŋ, ɑ́ːk- | ǽk-]〖← *Aqua-Lung* (商標名) ← AQUA＋LUNG〗── *n.* アクアラング《肩に負う圧搾空気のシリンダーと目と鼻につけるガラスのマスクを含む潜水用水中呼吸器; cf. scuba》. ── *vi.* アクアラングを使う.

áq·ua·lùng·er *n.* アクアラングをつけた潜水夫.

aq·ua·ma·ni·le [æ̀kwəmənáɪli, ɑ̀ːkwəmənìː- | -lɪ]〖□ LL *aquamanilē*《変形》← L *aquae manālē* ← *aquae* ((gen.) ← AQUA)＋*manālē* ewer (← *manālis* flowing ← *manāre* to flow)〗── *n.* (*pl.* ～**s** [-mənáɪliːz, -níːleɪs], **-ma·nil·i·a** [-məníliə | -lɪə]) **1** 広口水さし. **2**〘キリスト教〙水盤《ミサの時, 司祭が手を洗うためのもの》.

aq·ua·ma·rine [æ̀kwəməríːn, ɑ̀ːk- | æ̀k-]〖《1727–51》□ L *aqua marīna* sea water ∽《廃》*aigue marine* □ F〗── *n.* **1**〘鉱物〙藍玉(ᵃⁱ), アクアマリン《緑柱石 (beryl) の変種; 宝石に用いる; ⇨ birthstone》. **2** 薄い緑青色 (light bluish green).

aq·ua·naut [ǽkwənɔ̀ːt, ɑ́ːk-, -nɑ̀ːt | ǽkwənɔ̀ːt]〖← AQUA＋(AERO)NAUT〗── *n.* **1** アクアノート, 潜水技術者《主に海底の仮泊所を拠点としてかなりの長期間にわたり海中の探索などを行なう; oceanaut ともいう; cf. habitat 3, hydronaut》. **2** ＝skin diver.

aq·ua·plane [ǽkwəplèɪn, ɑ́ːk- | ǽk-]〖← AQUA＋PLANE²〗── *n.* アクアプレーン《モーターボートに引かせる波乗り板; cf. water ski》. ── *vi.* **1** アクアプレーンに乗って遊ぶ. **2**《英》＝hydroplane 2. **áq·ua·plàn·er** *n.*

áqua pú·ra [-p(j)ʊ́(ə)rə | -p(j)ʊ́ərə]〖□ L *aqua pūra* pure water〗── *n.* (*pl.* **aq·uae pu·rae** [ǽkwiː-p(j)ʊ́(ə)riː, ǽkwaɪ-p(j)ʊ́(ə)raɪ | ǽkwiː-p(j)ʊ́əriː, ǽkwaɪ-p(j)ʊ́əraɪ]) 純水, 蒸留水.

áqua ré·gi·a [-ríːdʒiə | -ríːdʒɪə]〖《1610》□ L *aqua rēgia* royal water〗── *n.* (*pl.* **aq·uae re·gi·ae** [-dʒiìː]) 〘化学〙王水《濃硝酸と濃塩酸の混合液; 金や白金を溶かす; nitrohydrochlolic acid ともいう》.

aq·ua·relle [æ̀kwərél, ɑ̀ːk- | æ̀k-]〖《1869》□ F ～ □ It. *acquarello* water color ← *acqua* water〗── *n.* **1**〘絵画〙透明水彩画(法). **2**〘印刷〙型抜き水彩画, 型染め水彩画.

àq·ua·rél·list [-lɪst, -ləst | -lɪst] *n.* (透明)水彩画家.

aquaria *n.* aquarium の複数形.

a·quar·ist [əkwé(ə)rɪst, -rəst | ǽkwərɪst]〖⇨↓, -ist〗*n.* **1** **a** 水族館長. **b** 水族槽(など)の所有者. **2** 水生生物研究家.

a·quar·i·um [əkwé(ə)riəm | -wéərɪ-]〖《1854》□ L ～ (neut.) ← *aquārius* pertaining to water: ⇨ aqua, -arium〗── *n.* (*pl.* ～**s**, **-i·a** [-riə | -rɪə]) **1** 水槽, 水族槽, アクアリウム《ガラス製の水生動植物の飼育・観賞用容器》, 金魚鉢; 養魚池. **2** 水族館.

A·quar·i·us [əkwé(ə)riəs | əkwéərɪ-]〖《1391》□ L ～ 'water carrier'《なぞり》← Gk *hudrokhóos*: ⇨↑, -ary〗── *n.* **1**〘天文〙みずがめ(水瓶)座《南天の星座; the Water Bearer, the Water Carrier ともいう》. **2**〘占星〙**a** みずがめ座, 宝瓶(ᵇʸᵒ)宮《黄道12宮の第11宮; the Water Bearer ともいう; cf. zodiac》. **b** みずがめ座生れの人.

aq·ua·tel [æ̀kwətél, ɑ̀ːk- | æ̀k-]〖← AQUA(TIC)＋(HO)TEL〗*n.*《英》アクアテル《マリーナ (marina) などに係留してある水上ホテル船》.

a·quat·ic [əkwɑ́ṭɪk, -wǽṭ- | əkwǽt-, əkwɔ́t-]〖《1490》□ (O)F *aquatique* ∥ L *aquāticus* watery: ⇨ aqua〗── *adj.* **1** 水の, 水に属する. **2** 水生の, 水産の (cf. aerial): an ～ animal 水生動物 / an ～ bird 水鳥 / an ～ plant 水草, 水生植物 / ～ products 水産物. **3** 水上[水中]で行なう: ～ sports 水上競技[スポーツ]. ── *n.* **1** 水生動物, 水生植物, 水草 (cf. hydrophytic). **2** [*pl.*; 時に単数扱い]水上競技[スポーツ]; 水中戯. **3** 水上スポーツの好きな人. **a·quát·i·cal·ly** *adv.*

aq·ua·tint [ǽkwətɪnt, ɑ́ːk- | ǽk-]〖《1782》□ F *aquatinte* □ It. *acqua tinta*: ⇨ aqua, tint¹〗〘エッチング〙── *n.* **1** アクアチント《食刻凹版の一種》. **2** アクアチント版画. ── *vt., vi.* アクアチントで食刻する. **～·ed** [-ṭɪd, -ṭəd | -tɪd, -təd] *adj.* **～·er** [-ṭə | -tə(r)] *n.*

áqua·tòne *n.*〘印刷〙アクアトーン《網写真を応用した写真平版法の一種》; アクアトーンによる印刷物.

a·qua·vit [ɑ́ːkwəvìːt, ǽk-, ɑ́ːkvɑː- | ǽkwəvɪt, -vìːt]〖□ Norw., Dan. & Swed. *akvavit* □ ML *aqua vitae* (↓)〗── *n.* アクワビット《スカンジナビア諸国の蒸留酒; 通例ジャガイモや穀類を原料とし, ヒメウイキョウの実 (caraway) で風味をつける》.

áqua ví·tae [-váɪṭi, -tiː | -tiː, -tɪ]〖《15C》□ ML ～ 'water of life': cf. whiskey〗*n.* **1** (錬金術で)アルコール (alcohol). **2** 火酒《brandy, whiskey など》.

aq·ue·duct [ǽkwədʌ̀kt | ǽkwɪ-]〖《1538》□ L *aquae ductus* conveyance of water ← *aquae* ((gen.) ← AQUA)＋*ductus* ((p.p.) ← *dūcere* to lead)〗*n.* **1** 水路, 水道; 高架式水道, 水路橋, 水道橋. **2**〘解剖〙水管, 水道.

aqueduct of Syl·vi·us [-sílviəs | -vɪəs, -vjəs]〖*Sylvius*:《ラテン語名》← *Jacques Dubois* (1478–1555: フランスの解剖学者)〗〘解剖〙シルヴィウス(導)水管, 中脳水管《第3・第4脳室を連絡する》.

áqueduct brìdge *n.* 水路橋, 水道橋.

a·que·ous [éɪkwiəs, ǽk- | -wɪ-]〖《1643》□ ML *aqueus* of water: ⇨ -ous〗── *adj.* **1** 水の; 水から成る; 水のような (watery): an ～ solution 水溶液 / an ～ tint〘絵画〙水彩, 水色. **2** 水の作用による, 水成の. **3**〘植物〙**a** 透明組織の. **b** 水に富む.

Roman aqueduct bridge

áqueous ammónia *n.*〘化学〙アンモニア水 (ammonia water).

áqueous húmor *n.*〘解剖〙(眼の)水様液, (眼)房水 (⇨ eye¹ 挿絵).

áqueous róck *n.*〘岩石〙水成岩 (sedimentary rock).

áqueous tíssue *n.*〘植物〙貯水組織.

aq·ui- [ǽkwə, ɑ́ːk- | ǽkwɪ]〖□ L ～: ⇨ aqua〗「水 (water)」の意の連結形: *aqui*culture. ★ 時に aqua- になる.

aq·ui·clude [ǽkwəklùːd, ɑ́ːk- | ǽkwɪ-]〖← AQUI-＋L *clūdere, claudere* 'to CLOSE¹'〗*n.*〘地質〙難透水層.

aq·ui·cul·ture [ǽkwəkʌ̀ltʃə, ɑ́ːk- | ǽkwɪkʌ̀ltʃə(r)] *n.* **1**〘生物〙水中生物培養, 水生植物栽培, (水生動物)養殖, 海洋生物培養; 栽培[養殖]漁業 (cf. mariculture). **2**〘農業〙＝hydroponics. **aq·ui·cul·tur·al** [æ̀kwəkʌ́ltʃ(ə)rəl, ɑ̀ːk- | æ̀kwɪ-] *adj.*

aq·ui·fer [ǽkwəfə, ɑ́ːk- | ǽkwɪfə(r)] *n.*〘地質〙帯水層, 透水層《地下水で飽和されている地層》.

a·quif·er·ous [əkwíf(ə)rəs, ɑːk- | æk-] *adj.*〘地質〙水を含んだ, 水を運ぶ[導く].

Aq·ui·fo·li·a·ce·ae [æ̀kwəfòʊliéɪsiìː | æ̀kwɪfəʊlɪ-]〖← NL ～ ← *Aquifolium* (属名: ← L *aquifolium* holly tree ← AQUI-＋*folium* leaf)＋-ACEAE〗── *n. pl.*〘植物〙(双子葉植物ムクロジ目)モチノキ科.

Aq·ui·la [ǽkwələ | ǽkwɪlə, əkwílə]〖← NL ～ ← L 'eagle'〗── *n.*〘天文〙わし(鷲)座《白鳥座 (Cygnus) の南にある星座で, 0.8等星アルタイル(Altair)を含む; the Eagle ともいう》.

aq·ui·le·gi·a [æ̀kwəlíːdʒiə | æ̀kwɪlíːdʒɪə]〖← NL ～ ← ML *aquilēgia, aquilēja* columbine〗── *n.*〘植物〙オダマキ《キンポウゲ科オダマキ属 (*Aquilegia*) の植物の総称; columbine ともいう》.

A·qui·le·ia [ɑ̀ːkwɪléɪ(j)ə] *n.* アクイレイア《アドリア海北端の町; ローマ時代の中枢都市》.

aq·ui·line [ǽkwəlàɪn, -lɪn, -lən | ǽkwɪlàɪn]〖《1646》□ L *aquilīn-us* ← *aquila* 'EAGLE': ⇨ -ine¹〗── *adj.* **1** ワシの; ワシに似た, ワシのような. **2**〈鼻・顔立ちなど〉(ワシのくちばしのように)かぎ形の[に曲がった] (hooked): an ～ nose わし鼻, かぎ鼻. **aq·ui·lin·i·ty** [æ̀kwəlínəṭi | æ̀kwɪlínətɪ, -nɪ-] *n.*

Aquinas, Saint Thomas *n.* ⇨ Thomas Aquinas.

Aq·ui·nist [əkwáɪnɪst, -nəst | əkwáɪnɪst, æk-]〖← *St. Thomas Aquinas*＋-IST〗*n.* (トマス)アクィナス信奉者[研究家] (Thomist).

Aq·ui·taine [ǽkwətèɪn | æ̀kwɪtéɪn; *F.* akitɛn] *n.* アキテーヌ《フランス南西部の盆地; 紀元前56年 J. Caesar に征服され, 以後ローマ帝国の属州, 後公爵領; ラテン語名 Aquitania [æ̀kwətéɪniə, -njə | æ̀kwɪtéɪnjə, -nɪə]》.

a·quiv·er [əkwívə | -və(r)]〖← A-¹＋QUIVER²〗*adv., pred. adj.* (ぶるぶる)震えて〔*with*〕.

a quo [eɪ-kwóʊ, ɑː- | -kwə́ʊ]〖□ L *a quō* from which〗── *L. adv.* それから: ⇨ terminus a quo. ── *n.* (思想などの)新展開, 発足点 (point of departure) (cf. ad quem).

a·quos·i·ty [əkwɑ́səṭi, eɪk- | -kwɔ́sətɪ, -sɪ-]〖□ LL *aquōsitāt-em* ← L *aquōsus* 'AQUEOUS': ⇨ -ity〗*n.* 水であること; 水分のあること, 水っぽさ (wateriness).

Ar《略》Arabic.

Ar《記号》〘化学〙argon. 「Arkansas (州).

AR《略》〘化学〙acrylic rubber アクリルゴム;〘米郵便〙

A/R, AR《略》〘会計〙account receivable.

ar.《略》〘紋章〙argent; aromatic; arrival; arrive(s).

Ar.《略》Arabian; Arabic; Aramaic; argentum.

a.r., A.R.《略》*L.* anno rēgnī (＝in the year of the reign) 治世第…年に: A.R. 25.

a.r., a/r, A.R., A/R《略》〘海上保険〙all risks.

A.R.《略》accomplishment ratio;〘商業〙advice of receipt 受取り通知;〘化学〙acid resisting 耐酸性(の);〘商業〙acknowledgment of receipt 受取り通知; all rail;〘化学〙analytical reagent 分析用試薬; *L.* Anna Rēgina (＝Queen Anne); annual return; army regulation.

ar- [ær, ər] *pref.* (r の前に来る時の)ad- の異形: *ar*rear.

-ar¹ [ə | ə(r)]〖□ L *-āris* belonging to (*l* を含む語幹に付く時の *-ālis* '-AL¹' の変形) ∽ ME *-er* □ AF〗── *suf.*「…の, …の性質の, …のような」の意の形容詞を造る: famili*ar*, simil*ar*. ★ 通例語幹に l を含む語に付き, -le に終わる名詞に付く時は -le を -ul- に変える: angle → angul*ar* / muscle → muscul*ar*.

-ar² [ə | ə(r)]〖□ L *-ārius* ∥ *-āris* (agent suf.) ∽ ME *-er* □ AF: ↑〗── *suf.* **1**「…の人, …の物」などの意の名詞を造る: schol*ar*, alt*ar*. **2**〘SCHOLAR などとの類推による変形〙-er¹ の異形: begg*ar*, li*ar*, pedl*ar*.

A·ra [é(ə)rə | éərə]〖← NL ～ ← L *āra* altar,《原義》a parched place〗*n.*〘天文〙さいだん(祭壇)座《南天の星座; the Altar ともいう》.

A.R.A.《略》Associate of the Royal Academy (英国)王立美術院準会員 (cf. R.A.).

Ar·ab [ǽrəb, ér- | ǽr-]〖《1369》□ (O)F *arabe* □ L *Arab(u)s* □ Gk *Árab-, Áraps* □ Arab. *'Arab*《原義》? dwellers of the desert〗── *n.* **1** アラブ人, アラビア人. **2** アラビア馬, アラブ種(の馬), アラブ (Arab horse). **3** [《米》ではまた éɪræb] [時に a-] 浮浪児 (street arab). ── *adj.* **1** アラブ人の, アラビア人の: an ～ chief, custom, woman, etc. **2** アラビアの (Arabian).

Arab.《略》Arabia; Arabian; Arabic.

ar·ab- [ǽrəb] (母音の前に来る時の) arabo- の異形.

ar·a·ban [ǽrəbæ̀n] 〖← ARABO-＋-AN²〗 *n.* 〖化学〗アラバン《加水分解により L-アラビノース (arabinose) を生じるペントサン (pentosan) をいう》.

Ar·a·bel [ǽrəbèl, ér- | ǽrə-] 〖《変形》? ← ANNABEL〗 *n.* 女性名.

Ar·a·bel·la [æ̀rəbélə, èr- | æ̀r-] 〖《ラテン語形》↑〗 *n.* 女性名.

ar·a·besque [æ̀rəbésk, èr- | æ̀r-] 〖《1656》□ F ～ 'Arabian' □ It. *arabesco*: ⇨ Arab, -esque〗 ― *adj.* **1** 〈意匠など〉アラベスク(風, 様式)の, (アラビア風)唐草模様の. **2** 手の込んだ, 凝った; 奇抜な, 風変わりな (fanciful). ― *n.* **1 a** アラベスクの装飾[文様], アラベスク(風), (アラビア風の)唐草模様. **b** 〖建築〗(イスラム教建築の)抽象的装飾. **2 a** 〖音楽〗アラベスク《装飾の多い楽曲》. **b** 手の込んだ言語表現の型. **3** 〖バレエ〗アラベスク《片足で立ち身体を前方に倒し, 片手は前に他の手足は床と平行に後ろに伸ばすポーズの一つ; cf. attitude 5》. ― *vt.* アラベスク風に装飾する.

arabesque 1

A·ra·bi·a [əréɪbiə, -bjə | -bjə, -bɪə] 〖⇨ Arab, -ia¹〗 ― *n.* アラビア《アジア南西部の大半島; バーレン, クウェート, オーマン, カタール, サウジアラビア, 南イエメン, アラブ首長国連邦, イエメンを含む; 人口約 17,000,000, 面積 2,600,000 km²; Arabian Peninsula ともいう》. ★ 以前は北部の Arabia Deserta [dɪzə́ːtə | -zə́ːtə] (Desert Arabia), 南東部の Arabia Felix [fíːlɪks, -ləks | -lɪks] (Fertile Arabia), 北東部の Arabia Petraea [pɪtríːə, pə- | pɪ-] (Rocky Arabia) に分かれていた.

A·ra·bi·an [əréɪbiən, -bjən | -bjən, -bɪən] 〖《?a1300》〗 ― *adj.* **1** アラビアの. **2** アラブ人の, アラビア人の (Arab). ― *n.* **1** アラブ人, アラビア人 (Arab). **2** アラビア語 (Arabic)《セム (Semitic) 語族に属する》. **3** ＝Arab 2.

Arábian bírd *n.* ＝phoenix 1.

Arábian cámel *n.* 〖動物〗ヒトコブラクダ (⇨ dromedary).

Arábian cóffee *n.* 〖植物〗コーヒーノキ (*Coffea arabica*)《その種子はコーヒーの原料になる》.

Arábian Désert *n.* [the ～] アラビア砂漠《Nile 川と紅海との間のエジプトの砂漠; 面積 2,331,000 km²》.

Arábian Gúlf *n.* [the ～] アラビア湾 (⇨ Persian Gulf).

Arábian hórse *n.* ＝Arab 2.

Arábian jásmine [jéssamine] *n.* 〖植物〗マツリカ(茉莉花) (*Jasminum sambac*)《インド原産の低木で, モクセイ科のジャスミンの一種; その芳香のある白色の花は中国で茶に入れる; cf. jasmine tea》.

Arábian Níghts' Entertáinments, The *n. pl.* 「アラビア夜話」《10 世紀ごろペルシャ方面から伝わった話にアラビアの多数の話が加わったもの; The Arabian Nights, The Thousand and One Nights ともいう》.

Arábian Península *n.* [the ～] アラビア半島 (⇨ Arabia).

Arábian Séa *n.* [the ～] アラビア海《インド洋の北西部でインドとアラビアの中間》.

Ar·a·bic [ǽrəbɪk, ér- | ǽr-] 〖《c1325》□ OF ～ (F *arabique*) // L *Arabic-us* □ Gk *Arabikós*: ⇨ Arab, -ic¹〗 ― *adj.* **1** アラビア語[文字]の: a word of ～ origin アラビア起源の語. **2** アラビアの (Arabian); アラブ[アラビア]人の (Arab). ― *n.* **1** アラビア語 (Arabian). **2** (コーランによって樹立された)標準的アラビア文語および古典語.

Árabic álphabet *n.* 〖言語〗アラビア語アルファベット《フェニキア, アラムなどと同じセム系アルファベットの一つで, 28 文字よりなる; イスラム教の拡大と共にアラビア語のみならず, アジア・アフリカの諸言語の表記に広く用いられている》.

Árabic árch *n.* 〖建築〗＝horseshoe arch.

Árabic árchitecture *n.* 〖建築〗アラビア建築《中近東を中心に見られるイスラム教徒たちの建築》.

Árabic fígure *n.* ＝Arabic numeral.

A·rab·i·cize [ərǽbɪsàɪz, -bə- | -bɪ-] *vt.* **1** 〈外国語を〉アラビア語化する. **2** ＝Arabize 1.

Árabic númeral *n.* アラビア数字《0, 1, 2, 3, …など; cf. Roman numeral》.

a·rab·i·nose [ərǽbənòus, ǽrəb-, -nòuz | ərǽbɪnə̀us, ǽrəb-] 〖← ARAB(IC)＋-IN²＋-OSE²〗 ― *n.* 〖化学〗アラビノース ($C_5H_{10}O_5$)《細菌などの培養基として使用する五炭糖; pectinose ともいう》.

ar·a·bin·o·side [æ̀rəbínəsàɪd, ərǽbəno(ʊ)- | æ̀rəbínə-, ərǽbɪnə(ʊ)-] 〖⇨ ↑, -ide〗 *n.* 〖生化学〗アラビノシッド《arabinose という五炭糖を含んでいる配糖体》.

ar·a·bis [ǽrəbɪs, -bəs | -bɪs] 〖《1706》← NL ～ ← Gk *arabis* ← *Árab-*, *Áraps* 'ARAB'〗 ― *n.* 〖植物〗ハタザオ《アブラナ科ハタザオ属 (*Arabis*) の植物の総称; ウスベニハタザオ (*A. muralis*) など》.

Ar·ab·ism [ǽrəbɪzm̩, ér- | ǽr-] *n.* **1** アラビア語風[法]. **2** アラビアへの心酔, アラビア(文化)研究. **3** アラブ民族主義.

Ár·ab·ist [-bɪst, -bəst | -bɪst] *n.* アラビア学者, アラビア語[文学]研究家.

Ar·a·bize [ǽrəbàɪz, ér- | ǽr-] *vt.* **1 a** 〈人を〉アラブ化する. **b** 〈民族〉にアラブの血を混ぜる. **2** ＝Arabicize 1.

ar·a·ble [ǽrəbl̩, ér- | ǽr-, éər-] 〖《c1410》□ (O)F ～ // L *arābil-is* ← *arāre* to plow ∞ 《廃》*earable* ← *ear* to plow (< OE *erian*): ⇨ -able〗 ― *adj.* **1** 〈土地が〉耕せる, 耕作に適する, 耕地の: ～ land 耕地. **2** 《英》**a** 作物栽培に従事する; 耕作の. **b** 〈作物が〉種子からの栽培が必要な. ― *n.* 耕地. **ar·a·bil·i·ty** [æ̀rəbíləṭi, èr- | æ̀rəbílɪti, èər-, -lɪ-] *n.*

Árab Léague *n.* [the ～] アラブ諸国連盟《1945 年エジプト・イラク・ヨルダン・レバノン・サウジアラビア・シリア・イエメンの間に結成された連盟; 後にアルジェリア・クウェート・リビア・モロッコ・南イエメン・スーダン・チュニジアなども加わり, アラブ 21 か国が加盟; 略 AL; 正式名 the League of Arab States》.

ar·a·bo- [ǽrəbo(ʊ) | -bə(ʊ)] 〖← ARABINOSE〗 〖化学〗次の意味を表わす連結形: **1** アラビノース (arabinose) に関する. **2** [通例イタリック体で] アラビノースと同じ立体配置をもつ.

Árab Repúblic of Égypt *n.* [the ～] エジプトアラブ共和国《1971 年 9 月よりのエジプトの公式名》.

Ar·a·by [ǽrəbi, ér- | ǽrəbi] 〖《a1225》□ OF *ar(r)abi* (F *Arabie*)〗 *n.* 《古・詩》＝Arabia.

A·ra·ce·ae [əréɪsiìː] 〖← NL ～ ← *Arum* (属名: ⇨ arum)＋-ACEAE〗 *n. pl.* 〖植物〗(単子葉植物サトイモ目)サトイモ科. **a·ra·ceous** [-ʃəs] *adj.*

ar·a·chid·ic [æ̀rəkídɪk] 〖← NL *Arachid-*, *Arachis* (⇨ arachis oil)＋-IC¹〗 *adj.* 〖化学〗アラキン酸の.

arachídic ácid *n.* 〖化学〗アラキン酸 ($CH_3(CH_2)_{18}COOH$)《エステルが植物中の油脂成分として存在》.

ar·a·chi·dón·ic ácid [æ̀rəkɪdánɪk-, -kə- | -kɪdɔ́n-] 〖*arachidonic*: ⇨ arachidic, -on¹, -ic¹〗 ― *n.* 〖化学〗アラキドン酸 ($CH_3(CH_2)_4(CH{=}CHCH_2)_4(CH_2)_2COOH$)《動物の内臓脂質中に存在する不飽和脂肪酸》.

ár·a·chis òil [ǽrəkɪs-, -kəs- | -kɪs-] 〖*arachis*: ← NL ～ ← ? Gk *arakís* (dim.) ← *arakós* chickling vetch〗 *n.* ＝peanut oil.

ar·achn- [ərǽkn] (母音の前に来る時の) arachno- の異形.

A·rach·ne [ərǽkni | -nɪ] 〖□ L *arachnē* □ Gk *Arákhnē* 《原義》spider〗 ― *n.* 〖ギリシャ神話〗アラクネー《芸術の神 Athene と機織りの競争をして負けて「くも」にされた少女》.

a·rach·nid [ərǽknɪd, -nəd | -nɪd] 〖↓〗 *n.* 〖動物〗クモガタ綱の動物.

A·rach·ni·da [ərǽknədə | -nɪ-] 〖← NL ～ ← Gk *arákhnē* spider, spider's web＋-IDA〗 *n. pl.* 〖動物〗クモガタ綱, 蛛形(ちゅけい)綱《クモ・サソリ・ダニなどを含む》.

a·rach·ni·dan [ərǽknədən, -dn̩ | -nɪ-] 〖↑〗 *adj., n.* 〖動物〗クモガタ綱の(動物).

ar·ach·ni·tis [æ̀rækná ɪṭɪs, -ṭəs | -tɪs] 〖← NL ～: ⇨ ↓, -itis〗 *n.* 〖病理〗くも膜炎, 蜘網(ちもう)膜炎.

a·rach·no- [ərǽkno(ʊ) | -nə(ʊ)] 〖← NL ～: ⇨ Arachnida〗「クモ (spider); くも膜 (arachnoid membrane)」の意の連結形. ★ 母音の前では通例 arachn- になる.

a·rach·noid [ərǽknɔɪd] 〖← NL *arachnoid-es* ← Gk *arakhnoeidḗs* like a cobweb: ⇨ arachnida, -oid〗 ― *adj.* **1** 〖植物〗くもの巣状の (cobweblike). **2** 〖解剖〗くも膜の, 蜘網(ちもう)膜の (cf. subarachnoid). **3** 〖動物〗クモガタ綱の. ― *n.* **1** 〖解剖〗くも膜, 蜘網膜 (arachnoid membrane) (cf. dura mater, pia mater). **2** 〖動物〗＝arachnid.

ar·ach·nol·o·gy [æ̀rəknáləd͡ʒi | -nɔ́ləd͡ʒɪ] 〖← ARACHNO-＋-LOGY〗 *n.* 〖動物〗クモ学《クモ・サソリ・ダニなどの研究分野を含む》.

A·rad [ɑːráːd, ―́―; *Ruman.* arád] *n.* アラド《ルーマニア西部, Mures 川に臨む都市; 人口 172,000》.

A·rad·i·dae [ərǽdədìː | -dɪ-] 〖← NL ～ ← *Aradus* (属名: ← ? Gk *árados* disturbance)＋-IDAE〗 *n. pl.* 〖昆虫〗(半翅目)ヒラタカメムシ科.

ar·ae·om·e·ter [æ̀riámәṭə, ɛ̀(ə)r- | æ̀riɔ́mɪtə(r, ɛ̀ər-, -mə-] *n.* ＝areometer.

a·rae·o·style [əríːəstàɪl | əríː ə(ʊ)-] 〖□ L *araeostyl-os* □ Gk *araióstulos* ← *araiós* rare: ⇨ -style¹〗 〖建築〗 *adj.* 疎柱式の. ― *n.* 疎柱式(建物).

a·rae·o·sys·tyle [əriːəsístaɪl | əriːə(ʊ)-] 〖□ F *aréosystyle* ← Gk *araiós* (↑)＋F *systyle* 'SYSTYLE'〗 〖建築〗 ― *adj.* 吹寄柱式の《柱が 2 本ずつ組になって並べられた》. ― *n.* 吹寄柱式(建物).

A·ra·fú·ra Séa [æ̀rəfú(ə)rə-, ɑ̀ːr- | -fúərə-] *n.* [the ～] アラフラ海《オーストラリアと New Guinea 島の間の海; 面積 650,000 km²》.

A·ra·go [ǽrəgòu | -gə̀u; *F.* arago], **Dominique François Jean** *n.* アラゴー《1786–1853; フランスの天文・物理学者・政治家》.

Ar·a·gon [ǽrəgɑ̀n, -gən | -gən] *n.* アラゴン《スペイン北東部の地方; 11–15 世紀には王国; 人口 1,153,000, 面積 47,609 km²》.

A·ra·gon [ærəgɔ̃ː(ŋ), -gɔ́(ː)ŋ; *F.* aragɔ̃], **Louis** *n.* アラゴン《1897–　; フランスの小説家・詩人・批評家; *Les Communistes*「レ コミュニスト」(1949–51). *La Semaine sainte*「聖週間」(1958)》.

Ar·a·go·nese [æ̀rəgəníːz, -níːs | -níːz] *adj.* アラゴン (Aragon) (人, 語)の. ― *n.* (*pl.* ～) **1** アラゴン人. **2** アラゴン語.

a·rag·o·nite [ərǽgənàɪt, ǽrəg- | ərǽg-] 〖□ G *Aragonit* ← *Aragon* (スペインにあるその石の発見地): ⇨ -ite¹〗 ― *n.* 〖鉱物〗霰(あられ)石 ($CaCO_3$)《calcite と同一化学組成だが, 物理性・結晶系の異なる鉱物》. **a·ra·go·nit·ic** [ərǽgənítɪk, æ̀r- | ərǽgənít-] *adj.*

A·ra·gua·ya [æ̀rəgwáɪə; *Braz.* àragwáia] *n.* [the ～] アラグァイア(川)《ブラジル中央部を北に流れ Tocantins 川に注ぐ川 (2,198 km)》.

Ar·a·hat, a- [ǽrəhət, -hɑ̀t] *n.* 〖仏教〗＝Arhat.

ar·ak [ǽrək, ərǽk | ǽrək] *n.* ＝arrack.

A·raks [ərɑ́ːks; *Russ.* aráks] *n.* [the ～] アラクス(川)《トルコ東部に源を発し, イラン北西部との境を流れて Kura 川とカスピ海とに注ぐ川 (1,072 km); トルコ語名 Aras》.

Ar·al·dite [ǽrəldàɪt] *n.* 〖商標〗アラルダイト《エポキシ樹脂の一種(接着剤)の商品名》.

A·ra·les [əréɪliːz] 〖← NL ～: ⇨ Arum, -ales〗 *n. pl.* 〖植物〗(単子葉植物)サトイモ目.

A·ra·li·a·ce·ae [ərèɪliéɪsiː | -lɪ-] 〖← NL ～ ← *Aralia* (属名: ← ?)＋-ACEAE〗 *n. pl.* 〖植物〗(双子葉植物セリ目)ウコギ科. **a·rà·li·á·ceous** [-ʃəs] *adj.*

Á·ral Séa [ǽrəl- | ɑ́ːrəl-, éər-; *Russ.* arál] *n.* [the ～] アラル海《ソ連邦南西部, カスピ海東方の内陸塩湖; 面積 64,500 km² (世界第四位); Lake Aral ともいう》.

Ar·am [ɛ́(ə)rəm | éəræm, -rəm] 〖⇨ Aramaean〗 *n.* アラム《古代シリア (Syria) の聖書名》.

Aram. 《略》Aramaic.

A.R.A.M. 《略》Associate of the Royal Academy of Music.

Ar·a·mae·an [æ̀rəmíːən | -míːən, -míən] 〖← L *Aramaeus* (□ Gk *Aramaîos* of Aram ← Heb. *Ărām* Aram)＋-AN¹〗 *n., adj.* アラム人(の); アラム語(の).

Ara·ma·ic [æ̀rəméɪɪk] 〖⇨ ↑, -ic¹〗 ― *adj.* アラム (Aram) の; アラム語の. ― *n.* アラム語《セム語族に属する; アラム人のみならず, ユダヤ人・ペルシア人など広く古代東方世界の人々の lingua franca として用いられた》.

Aramáic álphabet *n.* 〖言語〗アラム アルファベット: **a** 紀元前 9 世紀から数世紀にわたって南西アジアの通商のために用いられ, シリア・アラビアなど他のアルファベットの基になった北セム系のアルファベット. **b** 正方形書体のヘブライ アルファベット.

A·ram·co [ərǽmkou | -kəu] 〖《頭字語》← *Ar(abian)-Am(erican) (Oil) Co(mpany)*〗 ― *n.* アラムコ《サウジアラビアの原油生産に携わる米国資本の巨大石油会社》.

Ar·a·me·an [æ̀rəmíːən | -míːən, -míən] *n., adj.* ＝Aramaean.

Ar·an [ǽrən] *adj.* **1** アラン(諸)島の. **2** (アラン島独特の)模様編みニットウェアの: a ～ sweater.

A·ran·da [ərǽndə, ərɑ́ːn-] *n.* (*pl.* ～, ～s) **1 a** [the ～(s)] アランダ族《オーストラリア中部に住む種族》. **b** アランダ族の人. **2** アランダ語. ― *adj.* アランダ族[語]の.

a·ra·ne·id [əréɪniɪd, -niəd, æ̀rəníː-, -əd | əréɪniɪd] 〖↓〗 *n.* 〖動物〗クモ (spider) (cf. arachnid).

Ar·a·ne·i·da [æ̀rəníːədə | -níːɪ-] 〖← NL ～ ← *Aranea* (属名: ← L *arānea* spider: cf. Arachnida)＋-IDA〗 *n. pl.* 〖動物〗真正クモ目.

ar·a·ne·i·dan [æ̀rəníːədn̩ | -níːɪ-] *adj., n.* 〖動物〗真正クモ目の(動物).

Ár·an Íslands [ǽrən-] *n. pl.* [the ～] アラン諸島《アイルランドの西部 Galway 湾の近くにある三つの小島; J. M. Synge の *The Aran Islands* (1907) はこの諸島の見聞記》.

A·ran·ta [ərǽnṭə, ərɑ́ːn- | -tə] *n., adj.* ＝Aranda.

A·ran·ya·ka [ɑːrɑ́ːnjəkə] 〖□ Skt *āraṇyaka* 《原義》forest treatise〗 *n.* 〖バラモン教〗「アーラニヤカ」(⇨ Veda).

A·rap·a·ho [ərǽpəhòu | -hə̀u] 〖□ Am.-Ind. (? Crow) *aa-raxpé-ahu* 《原義》tattoo ← *aa-* with＋*raxpé* skin＋*-ahu* many〗 ― *n.* (*also* **A·rap·a·hoe** [～]) (*pl.* ～, ～s) **1 a** [the ～(s)] アラパホー族《北米 Algonquian 語族の部族で, 今はカナダ中部から米国西部にかけて平原地帯に住む》. **b** アラパホー族の人. **2** アラパホー語《Algonquian 語族の一つ》.

ar·a·pai·ma [æ̀rəpáɪmə] 〖← NL ～ ← Port. & Sp. ～ ← Tupi〗 *n.* 〖魚類〗＝pirarucu.

ar·a·pon·ga [æ̀rəpɑ́ŋgə | -pɔ́ŋ-] 〖□ F ～ □ Port.〗 *n.* (*also* **ar·a·pun·ga** [-pʌ́ŋgə]) 〖鳥類〗＝bellbird a.

Ar·a·rat [ǽrəræ̀t] 〖□ Heb. *Ărārāṭ* □ Akkad. *Urarṭu*〗 ― *n.* **1** アララト(山)《トルコ東部のソ連とイランの国境付近にある大小二つの火山をもつ山 (5,185 m)》. **2** 〖聖書〗アララテ《大水が引いてノア (Noah) の箱舟がとどまった所; cf. *Gen.* 8:4》.

ar·a·ro·ba [æ̀rəróubə | -rə́u-] 〖□ Port. ～ ← Tupi〗 ― *n.* **1** 〖植物〗南米ブラジル産マメ科の木 (*Andira araroba*)《幹からゴア末 (Ga powder) を採る》. **2** 〖薬学〗＝Goa powder.

A·ras [ɑrɑ́ːs] *n.* [the ～] アラス(川) (⇨ Araks).

A·rau·can [əráukən] *n.* (*pl.* ～, ～s), *adj.* ＝Araucanian.

A·rau·ca·ni·a [ərɑukɑ́ːniə, -kéɪ-, -njə, æ̀rɔːkéɪ- | æ̀rɔːkéɪnjə, -nɪə] *n.* アラウカニア《チリ中部の地方; アラウカン族が多い》.

A·rau·ca·ni·an [ərɑukɑ́ːniən, -kéɪ-, -njən, æ̀rɔːkéɪ- | æ̀rɔːkéɪnjən, -nɪən] 〖□ Sp. *Araucano* ← *Arauco* (チリの地名: ← Araucan *ragh, raq, rau* clay＋*ko, co* water)＋*-ano* '-IAN'〗 ― *n.* **1 a** [the ～] アラウカン族《チリ中部およびブラジル北部に住む南米インディアンの種族》. **b** アラウカン族の人. **2** アラウカン語. ― *adj.* アラウカン族[語]の.

ar·au·car·i·a [æ̀rɔːkɛ́(ə)riə | -kéərɪə] 〖← NL ～ ← *Arauco* (↑): ⇨ -aria〗 ― *n.* 〖植物〗ナンヨウスギ《南米・オーストラリアなどに産するナンヨウスギ属 (*Araucaria*) の針葉樹の総称; 実 (nut) は食用になる; チリマツ (monkey puzzle) など》. **àr·au·cár·i·an** [-riən | -rɪ-] *adj.*

Ar·au·car·i·a·ce·ae [æ̀rɔːkɛ(ə)riéɪsiː | -kɛəri-] 〘← NL ～ ← *Araucaria* (属名 : ↑)+-ACEAE〙 *n.* 〘植物〙 (裸子植物針葉樹類) ナンヨウスギ科.

Ar·a·wak [ǽrəwɑ̀ːk, -wæ̀k] *n.* (*pl.* ～, ～s) **1 a** [the ～(s)] アラワク族《アラワカン (Arawakan) 族を形成する(任意の)部族で, 今は主にガイアナ (Guyana) の沿岸に住む》. **b** アラワク族の人. **2** アラワク語. **—** *adj.* アラワク族[語]の.

Ar·a·wa·kan [æ̀rəwɑ́ːkən, -wǽk-] *n.* (*pl.* ～, ～s) **1 a** [the ～(s)] アラワカン族《南米および西インド諸島に住むもと大種族》. **b** アラワカン族の人. **2** アラワカン語(族)《南米全域に分布するインディアンの一大語族》. **—** *adj.* アラワカン族[語]の.

ar·ba kan·foth [ɑ́ːbə-kɑ́ːnfəs, -fous, -fout | ɑ́ːbə-kɑ́ːnfəs, -fəus, -fəut] 〘⊏ Heb. *árba' kanphōth* four corners〙 **—** *n.* (*also* **ar·ba kan·fot** [～]) 〘ユダヤ教〙 男性ユダヤ教徒の用いる四角い布で, 衣服の下に頭から着る (cf. tallith).

ar·ba·lest [ɑ́ːbəlɪst, -ləst, -lèst | -lɪst, -lèst] 〘lateOE *arblast* ⊏ OF *arbaleste* (F *arbalète*) kind of catapult < LL *arcuballistam* : ⇨ arc, ballista〙 **—** *n.* (*also* **ar·ba·list** [-lɪst, -ləst | -lɪst]) (中世の)弩(ど)(crossbow).

ár·ba·lest·er 〘ME〙 *n.* 弩兵(ぬ), 弩(ど)の射手.

Ar·be·la [ɑəbíːlə | ɑː-] *n.* アルベラ《Nineveh の東にあった古代アッシリアの都市; この付近で Alexander 大王が Darius 三世のペルシャ軍を大敗させた (331 B.C.)》.

ar·bi·ter [ɑ́əbəṭə | ɑ́ːbɪtə(r] 〘(?*a*1387) ⊏ L ～ 'umpire, judge' ← ? *ar-* 'AD-'+*bitere, bētere* to go〙 **—** *n.* **1 a** (権威ある)決定者, 裁断者, 判定者 (judge): God is the ～ *of* our fate. **b** (趣味・作法などの)権威者: the ～ *of* etiquette, fashion, etc. / the ～ *of* elegance (優雅な)趣味の元締め, 通人. **2** =arbitrator 1.

árbiter e·le·gán·ti·ae [-èləgǽnʃiː | -èlɪ-] 〘⊏ L ～ 'judge of elegance': Tacitus が Petronius を評した言葉から〙 *L. n.* 趣味[儀礼など]の決定者, 通人.

árbiter e·le·gan·ti·á·rum [-èləgænʃiɛ́(ə)rəm | -èlɪgænʃiɛ́ər-] 〘⊏ L ～ 'judge of elegances'〙 *L. n.* = arbiter elegantiae.

ar·bi·tra·ble [ɑ́əbətrəbl̩, ɑəbít- | ɑ́ːbɪt-, ɑːbít-] 〘← L *arbitrārī* to judge (⇨ arbitrate)+-ABLE〙 *adj.* 〈争議など〉仲裁[調停]できる, 仲裁に付すべき.

ar·bi·trage 〘(1480) ⊏ (O)F ～ ← *arbitrer* 'to ARBITRATE': ⇨ -age〙 **—** *n.* **1** [ɑ́əbətrɑ̀ːʒ, ⌐－⌐ | ɑ̀ːbɪtrɑ́ːʒ, ɑ́ːbɪtrɪdʒ; *F.* arbitraʒ] 〘商業〙 裁定取引; さや取売買, ピンハネ: an ～ broker さや取仲買人 / an ～ house さや取屋. **2** [ɑ́əbətrɪdʒ | ɑ́ːbɪ-] 《まれ》=arbitration.

ar·bi·trag·er [ɑ́əbətrɑ̀ːʒə, ⌐－⌐－ | ɑ̀ːbɪtrɑ́ːʒə(r, ɑ́ːbɪtrɪdʒə(r] *n.* 〘商業〙 さや取商人, ピンハネ商人.

ar·bi·tra·geur [ɑ̀əbətrəʒə́ː | ɑ̀ːbɪtrəʒə́ː(r; *F.* arbitraʒœːr] 〘⊏ F ～〙 *n.* 〘商業〙 =arbitrager.

ar·bi·tra·gist [ɑ́əbətrɑ̀ːʒɪst, -ʒəst, ⌐－⌐－ | ɑ̀ːbɪtrɑ́ːʒɪst, ɑ́ːbɪtrɪdʒ-] *n.* 〘商業〙 =arbitrager.

ar·bi·tral [ɑ́əbətrəl | ɑ́ːbɪ-] 〘⊏ (O)F ～ ∥ LL *arbitrāl-is*: ⇨ arbiter, -al¹〙 *adj.* 仲裁[調停]の.

ar·bit·ra·ment [ɑəbítrəmənt | ɑːbítrə-, -trɪ-] 〘(*c*1385) *arbitrement* ⊏ OF ⊏ ML *arbitrāmentum* judgement: 現在の形は ML の影響: ⇨ arbiter, -ment〙 **—** *n.* **1** 仲裁, 調停 (arbitration). **2** (仲裁者の)裁定, 裁決; 裁定権. **3** (権威による)決定; 《古》(最終)決定権.

ar·bi·trar·i·ly [ɑ̀əbətrérəli, ⌐－⌐－－ | ɑ́ːbɪtrərəlɪ, -rɪlɪ] *adv.* **1** 任意に, 恣意的に, 勝手に; 気まぐれに: choose ～. **2** 専横に, 独裁的に.

ar·bi·trar·y [ɑ́əbətrèri | ɑ́ːbɪtrərɪ] 〘(*a*1400) ⊏ L *arbitrāri-us* of arbitration, not fixed: ⇨ arbiter, -ary〙 **—** *adj.* **1 a** 任意の, 恣意(し)的な, 勝手に選んだ: in ～ order 順序不同に[で]. **b** 〈事・人など〉勝手(気まま)な, 気まぐれな (capricious). **2** 専断な, 専横な, 独裁的な (despotic): an ～ ruler, government, etc. **3** 〘法律〙〈判決など〉(成文法などに拘束されず)自由裁量による: an ～ decision. **4** 〘数学〙 任意の, 不定の (undetermined). **5** 〘言語〙 恣意的な《例えば語の形と意味の関係》. **6** 《英》〘印刷〙〈活字が〉特殊なアクセント付きの: an ～ character 特殊アクセント付き活字[文字]《例: â č ł ş》. **—** *n.* [*pl.*] 《英》〘印刷〙 特殊アクセント付き活字. **ár·bi·trar·i·ness** *n.*

ar·bi·trate [ɑ́əbətrèɪt | ɑ́ːbɪ-] 〘(1590) ← L *arbitrāt-us* (p.p.) ← *arbitrārī* to judge: ⇨ arbiter, -ate³〙 **—** *vt.* **1** 〈争議などを〉仲裁[調停]する: ～ differences *between* two parties 二者間の係争を調停する. **2** 仲裁[調停]によって決する, 仲裁に付する. **3** 《古》〈権威者が〉〈事を〉(最終的に)決定する. **—** *vi.* **1** (居中)調停する, 仲裁に立つ: ～ *in* a dispute / ～ *between* contending parties. **2** (紛争などを)仲裁(裁判)に付する.

ar·bi·tra·tion [ɑ̀əbətréɪʃən | ɑ̀ːbɪ-] 〘(*c*1390) ⊏ (O)F ～ ⊏ L *arbitrātiō(n-)*: ⇨ ↑, -ation〙 **—** *n.* 仲裁, (居中)調停; 仲裁裁判: refer [submit] a dispute to ～ 争議を仲裁に付する / go to ～ 〈企業・労働者などが〉仲裁を頼む; 〈争議が〉仲裁に付される / a court of ～ 仲裁裁判所 / the Labor *Arbitration* Law 労働仲裁法 / ～ of exchange 〘商業〙 為替の裁定. **～·al** [-ʃənl̩, -ʃnəl] *adj.* **ar·bi·tra·tive** [ɑ́əbətrèɪṭɪv | ɑ́ːbɪtrèɪt-] *adj.*

arbitrátion bàr *n.* 〘冶金〙 アービトレーション試験棒《ロットのサンプル用の試験棒》.

ár·bi·trà·tor [-ṭə | -tə(r] 〘(*c*1426) ⊏ L *arbitrātor*: ⇨ arbitrate, -or²〙 *n.* **1** (争議などの)仲裁人, 調停者, 裁定人 (arbiter). **2** =arbiter 1. **～·shìp** *n.*

ar·bit·re·ment [ɑəbítrəmənt | ɑːbítrə-, -trɪ-] *n.* = arbitrament.

ar·bi·tress [ɑ́əbətrɪs, -trəs | ɑ́ːbɪtrɪs, -tres, -trəs] 〘(1340) ⊏ OF *arbitresse*: ⇨ arbiter, -ess¹〙 *n.* **1** 婦人仲裁人. **2** (権威的な)女性決定[裁断]者.

ar·blast [ɑ́əblæst | ɑ́ː-] *n.* 《古》=arbalest.

ar·bo·lo·co [ɑ̀əbəlóukou | ɑ̀ːbəlóukəu] 〘⊏ Am.-Sp. ～ ← Sp. *árbol* (< L *arborem* (↓))+LOCO¹〙 **—** *n.* (*pl.* ～es) 〘植物〙 南米コロンビア産キク科の低木 (*Montanoa lehmannii*)《玉突のキューの用材》.

ar·bor¹ [ɑ́əbə | ɑ́ːbə(r] 〘(1659) *arber* ⊏ F *arbre* tree, axis < L *arborem* (↓): 現在の形はラテン語の影響〙 *n.* 〘機械・金属加工〙 アーバー, 軸, 心棒 (axle).

ar·bor² [ɑ́əbə | ɑ́ːbɔː(r, -bə(r] 〘← NL ～ ← L 'tree'〙 *n.* (*pl.* **ar·bo·res** [ɑ́əbərìːz | ɑ́ː-]) **1** 〘植物〙 樹木, 木本, 高木, 喬木(きょうぼく) (tree). **2** 〘解剖〙 (小脳の)活樹(体).

ar·bor³, 《英》 **ar·bour** [ɑ́əbə | ɑ́ːbə(r] 〘(?*a*1300) (*h*)*erbere* herb garden ⊏ AF=(O)F *herbier* ← *herbe* 'HERB': L *arbor* (↑) に影響された〙 **—** *n.* **1** (格子細工などに木の枝やつる性の植物をはわせて作った)東屋(あずまや), 亭(ちん); (林間などの)木陰 (bower). **2** 《廃》 **a** 果樹園 (orchard). **b** 並木道 (shaded walk).

ar·bo·ra·ceous [ɑ̀əbəréɪʃəs | ɑ̀ːbər-, ɑ̀ːbɔːr-] 〘⇨ ↑, -aceous〙 *adj.* =arboreal.

ar·bo·ral [ɑ́əb(ə)rəl | ɑ́ː-] *adj.* =arboreal.

Árbor Dày *n.* 植樹祭《初め米国で 4, 5 月ごろ行なわれたが, 今はカナダ・オーストラリアなどでも行なわれる》.

ar·bor·e·al [ɑəbɔ́ːriəl, -bóː- | ɑːbɔ́ːrɪ-] 〘(1667) ← L *arboreus* (⇨ arboreous)+-AL¹〙 **—** *adj.* **1** 樹木の, 樹木性の, 木本の: ～ vegetation 樹木. **2** 樹上[樹間]に住む: ～ animals. **3** 〘動物〙〈サルなどの骨格が〉樹間生活に適した. **～·ly** *adv.*

ár·bored *adj.* **1** 東屋(あずまや)のある. **2** 樹木[木陰]のある; 並木のある: an ～ walk 並木道.

ar·bor·e·ous [ɑəbɔ́ːriəs, -bóː- | ɑːbɔ́ːrɪ-] 〘(1646) ⊏ L *arboreus*: ⇨ arbor², -ous〙 **—** *adj.* **1** 樹木の多い, 木の茂った (wooded). **2** =arboreal 2: an ～ bird. **3** =arborescent.

arbores *n.* arbor² の複数形.

ar·bo·res·cence [ɑ̀əbərésns | ɑ̀ːbər-, -bɔːr-] 〘⇨ ↓, -ence〙 *n.* **1** 高木[喬木(きょうぼく)]性. **2** 樹木状; (結晶などの)樹枝状.

ar·bo·res·cent [ɑ̀əbərésn̩t | ɑ̀ːbər-, -bɔːr-] 〘(1675) ⊏ L *arborēscent-em* (pres.p.) ← *arborēscere* to grow into a tree ← ARBOR²: ⇨ -ent〙 **—** *adj.* **1** (成長・外観など)樹木のような, 高木[喬木(きょうぼく)]状の, 亜喬木の. **2** 〈鉱物など〉樹枝状の. **～·ly** *adv.*

ar·bo·re·tum [ɑ̀əbəríːṭəm | ɑ̀ːbəríːt-, -bɔːr-] 〘← NL ～ ← L *arborētum* place grown with trees: ⇨ arbor²〙 **—** *n.* (*pl.* ～s, **-re·ta** [-ṭə | -tə]) 樹木園, 植物園 (cf. fruticetum).

ar·bo·ri·cul·ture [ɑ́əbərɪkʌ̀ltʃə, -bərə-, ɑəbɔ́ːrə-, -bóːrə- | ɑ́ːbərɪkʌ̀ltʃə(r, -bɔːr-] 〘⇨ arbor², culture〙 **—** *n.* (主に観賞用)樹木栽培 (cf. silviculture). **ar·bo·ri·cul·tur·al** [ɑ̀əbərɪkʌ́ltʃ(ə)rəl, -bərə-, ɑəbɔ̀ːrə-, -bòːrə- | ɑ̀ːbərɪkʌ́l-, -bɔːr-] *adj.*

ar·bo·ri·cul·tur·ist [ɑ̀əbərɪkʌ́ltʃərɪst, -bərə-, ɑəbɔ́ːrə-, -bóːrə-, -rəst | ɑ̀ːbərɪkʌ́ltʃərɪst, -bɔːr-] *n.* 樹木栽培家.

ar·bo·ri·form [ɑ́əbərəfɔ̀əm, ɑəbɔ́ːrə-, -bóːrə- | ɑ́ːbərɪfɔ̀ːm, -bɔːr-] *adj.* 樹木の形をした, 樹木状の.

ar·bo·rist [ɑ́əbərɪst, -rəst | ɑ́ːbərɪst] *n.* 育樹専門家.

ar·bo·ri·za·tion [ɑ̀əbərɪzéɪʃən, -rə- | ɑ̀ːbəraɪ-, -rɪ-] *n.* **1** 樹木[樹枝]状形成. **2 a** 〘鉱物〙 (結晶などの)樹木[樹枝]状. **b** 〘解剖〙 (脈管などの)樹木[樹枝]状化.

ar·bo·rize [ɑ́əbəràɪz | ɑ́ː-] 〘⊏ F *arboris-er*: ⇨ arbor², -ize〙 *vt., vi.* 樹木[樹枝]状にする[なる].

ar·bor·ous [ɑ́əbərəs | ɑ́ː-] 〘← ARBOR²+-OUS〙 *adj.* 樹木の; 樹木からなる.

ar·bor·vi·tae [ɑ̀əbəváɪṭi | ɑ̀ːbəváɪtɪ, -tiː] 〘← NL *arbor vitae* tree of life〙 **—** *n.* **1** 〘植物〙 ニオイヒバ (*Thuja occidentalis*)《米国東部産ヒノキ科の針葉樹; cf. oriental arborvitae》. **2** 〘解剖〙 =arbor vitae.

ar·bor vi·tae [ɑ́əbə-váɪṭiː | ɑ́ːbə-] *n.* 〘解剖〙 小脳活樹.

arbour *n.* =arbor³.

ar·bo·vi·rus [ɑ̀əbəváɪrəs | ɑ̀ːbə(ʊ)váɪər-] 〘《略》 ← *ar*(*thropod*-)*bo*(*rne*) *virus*〙 **—** *n.* 〘医学〙 アルボウイルス《節足動物によって伝播されるウイルスの総称; 脳炎, 黄熱などの病原体を含む》.

Ar·broath [ɑəbróuθ | ɑːbrə́uθ] 〘ME *Abbirbroth* 《原義》 at the mouth of the river Brothock〙 **—** *n.* スコットランド Tayside 州の海港・観光地; ここで Robert 一世が 1320 年に英国王 Edward 二世に対してスコットランドの独立宣言を行なった; 人口 23,000; Aberbrothock ともいう.

Ar·buck·le [ɑ́əbʌkl̩ | ɑ́ː-], **Ros·coe** [rɑ́skou | rɔ́skə(ʊ)] *n.* (1881-1933) 無声映画時代の米国の喜劇俳優.

Ar·buth·not [ɑəbʌ́θnət, ɑ́əbəθnɑ̀t | ɑːbʌ́θnət, əb-], **John** *n.* (1667-1735) スコットランド生れの英国の医師・風刺作家; Swift の友人; その文集 *The History of John Bull* (1712) は "John Bull" という代表的英国人の通称を作り出した.

ar·bu·tus [ɑəbjúːṭəs | ɑːbjúːt-] 〘(1551) ⊏ L ～ 'wild strawberry tree'〙 **—** *n.* 〘植物〙 **1** ツツジ科 *Arbutus* 属の数種の低木の総称; (特に)南ヨーロッパ産の観賞用・食用に栽培される植物 (*Arbutus unedo*). **2** 北米産ツツジ科イワナシ属の匍匐(ほふく)性低木 (*Epigaea repens*) 《trailing arbutus ともいう》. ★ 米国 Massachusetts 州の州花.

arc [ɑ́ək | ɑ́ːk] 〘(*c*1390) ⊏ (O)F ～ < L *arcum* bow, arch ← IE **arqu*- bow and arrow〙 **—** *n.* **1** 〘数学〙 弧, 円弧: the major [minor] ～ 優[劣]弧 / of ～ 角度の. **2** 弧形, 弓形: fly [move] *in* an ～ 弧を描いて飛ぶ[進む]. **3** 〘電気〙 **a** アーク, 電弧 (electric arc). **b** =arc lamp. **4** 〘天文〙 弧: the diurnal ～ 日周弧. **5** 〘医学〙 弧: a hysterical ～ ヒステリー弓《ヒステリーによる強直性発作》 / a reflex ～ 反射弓. **6** 《廃》 アーチ (arch).

arc of approach 〘機械〙 近寄り弧《原動歯車の歯の根本寄りの部分が従動歯車の歯の先寄りの部分に接触しながら押し進める間に歯車が通過する弧の長さ》.

arc of contact 〘機械〙 接触弧《一組の歯車において, 一方の歯が他方の歯に接触を始めた時刻から接触が終了する時刻までに歯車が通過する弧の長さ, またはベルト車においてベルトと接触している円周の部分》.

arc of Lo·witz [-lóuvɪts | -lə́u-; *Russ.* lóvjɪts] 〘← *J. T. Lowitz* (18 世紀のドイツ系ロシヤ人の天文学者)〙 〘気象〙 ローウィッツの弧《まれに見られる暈(かさ)の一種で, 22° の幻日からうっすらとのびている》.

arc of recess [recession] 〘機械〙 遠のき弧《原動歯車の歯の先寄りの部分が従動歯車の歯の根本寄りの部分に接触しながら押し進める間に歯車が通過する弧の長さ》.

— *vi.* (～ed, **arcked**; ～·ing, **arck·ing**) **1** 〘電気〙 弧光を発する. **2** 弧を描く, 弧を描いて進む[飛ぶ].

— *adj.* 〘数学〙 逆の《sine, cosine など, 三角関数の逆関数についていう》.

Arc, Jeanne d' *n.* =Joan of Arc.

Arc. 《略》 Arcade.

A.R.C. 《略》 Agricultural Research Council; American Red Cross 米国赤十字社.

ar·cade [ɑəkéɪd | ɑː-] 〘(1731) ⊏ F ～ ⊏ It. *arcata* ← *arco* bow, arch < L *arcum* bow: ⇨ arc, -ade〙 **—** *n.* **1** 〘建築〙 **a** 拱廊(きょうろう), 列拱, 迫持(せりもち)ぞろい《柱などで支えられたアーチの連なり》. **b** (アーチを連ねた)歩廊, 回廊. **2 a** 回廊状の通路. **b** アーケード《屋根付きの街路・商店街》, 仲店通り: a shopping ～ / ⇨ amusement arcade. **ar·cád·ed** *adj.*

arcade 2 b

Ar·ca·di·a [ɑəkéɪdiə | ɑːkéɪdjə, -dɪə] 〘⊏ L ～ ⊏ Gk *Arkadía* ← *Arkádos* (gen.) ← *Arkás* (founder of Arcadia)〙 **—** *n.* **1** アルカディア《古代ギリシャ Peloponnesus 半島の中央高原の景勝地; 住民は牧羊・狩猟を生業として一つの理想郷を造っていたという》. **2** 理想的田園.

Ar·ca·di·an [ɑəkéɪdiən | ɑːkéɪdjən, -dɪən] 〘(1590): ⇨ ↑, -an¹〙 **—** *adj.* **1** アルカディア (Arcadia) の. **2** [しばしば a-] アルカディア風の, 牧歌的な: ～ simplicity アルカディア風の[牧歌的な]簡素. **—** *n.* **1** アルカディアの人. **2** [しばしば a-] 理想的に簡素な田舎人, 田園趣味の人. **3** (古代ギリシャ語の)アルカディア方言.

Ar·cá·di·an·ìsm, a- [-nìzm] *n.* アルカディア風, 簡素な田園趣味, 牧歌的な気風[精神].

ar·cád·ing *n.* 〘建築〙 (建物などに用いられた)アーチの連なり.

Ar·ca·dy [ɑ́əkədi | ɑ́ːkədɪ] *n.* 《詩》 =Arcadia.

arcana *n.* arcanum の複数形.

ar·cane [ɑəkéɪn | ɑː-] 〘⊏ L *arcān-us*: ⇨ arcanum〙 **—** *adj.* 秘密の, 不可解な (secret, mysterious); (普通の人には)難解な; 秘義的な (esoteric): an ～ reason, rite, word, etc. **～·ly** *adv.* **～·ness** *n.*

ar·cá·nist [-nɪst, -nəst | -nɪst] 〘⇨ ↓, -ist〙 *n.* (磁器などの)製法の奥義を窮めた職人; 名工.

ar·ca·num [ɑəkéɪnəm | ɑː-] 〘(1599) ⊏ L *arcānum* (neut.) ← *arcānus* closed ← *arca* chest: ⇨ ark〙 **—** *n.* (*pl.* **-ca·na** [-nə]) **1** 神秘, 秘密 (mystery, secret); 奥義. **2** 〘錬金術〙 (錬金術師 (alchemist) が発見しようと努めた)自然界の秘密. **3** 秘薬, 霊薬 (elixir).

arcánum ar·ca·nó·rum [-ɑəkənɔ́ːrəm, -nóːr- | -ɑːkənɔ́ːr-] 〘← NL ～ ← L *arcānum arcānōrum* mystery of mysteries〙 **—** *n.* **1** 最も神秘[秘密]なもの. **2** 〘占星・錬金術〙 (astrology, alchemy, magic の背後に潜むと思われた)究極の秘密.

ar·ca·to [ɑəkɑ́ːṭou | ɑːkɑ́ːtəu; *It.* arkáːto] 〘⊏ It. ～ ← *arco*: ⇨ arcade〙 *adv.* 〘音楽〙 弓で (coll'arco) 《弦楽器奏法の指示》.

ar·ca·ture [ɑ́əkətʃʊ̀ə, -tʃə | ɑ́ːkətjʊ̀ə(r, -tʃʊ̀ə(r, -tʃə(r] 〘← ML *arcāta* 'ARCH¹'+-URE〙 *n.* 〘建築〙 **1** 小アーケード. **2** アーケード状装飾 (blind arcade).

árc-bàck *n.* 〘電子工学〙 逆弧《水銀整流器などで通常流さない向きの電流を流してしまう一種の誤動作; backfire ともいう》.

arc-bou·tant [ɑ́əbuːtɑ́ː(ŋ), -tɔ́ː(ŋ), -tɑ́ːŋ, -tɔ́(ː)ŋ | ɑ́ːbuː-; *F.* arbutɑ̃] 〘⊏ F ～ 《原義》 thrusting arch〙 **—** *F. n.* (*pl.* **arcs-bou·tants** [～(z); *F.* ～]) 〘建築〙 《ゴシック建築の》飛び控え壁 (flying buttress).

árc chùte *n.* 〘電気〙 アークシュート《遮断器などでアークを引き伸ばして消弧させる部分》.

árc cosécant *n.* 〘数学〙 アークコセカント, 逆余割(関数)《記号 cosec^{-1}; inverse cosecant ともいう》.

árc cósine *n.* 〘数学〙アークコサイン, 逆余弦(関数)《記号 $\cos^{-1}$; inverse cosine ともいう》.

árc cotángent *n.* 〘数学〙アークコタンジェント, 逆余接(関数)《記号 $\cot^{-1}$; inverse cotangent ともいう》.

Arc de Tri·omphe [ɑ̀ːk-də-triɔ́ː(m)f, -ɔ́(ː)mf | ɑ́ːk-də-triː-; *F.* arkdətriјɔ̃ːf] 〘□F ～ 'arch of triumph'〙 ―― *n.* [the ～] (Paris の)凱旋門《Napoleon がその戦役を記念するために 1806 年に建築し始め 1836 年に完成》.

árc dìscharge *n.* 〘電気〙アーク放電.

ar·cel·la [ɑəsélə | ɑː-] 〘← NL ～ ← L *arca* box, chest (cf. ark)＋-ELLA〙 ―― *n.* 〘動物〙アルセラ《原生動物門有殻アメーバ目に属する *Arcella* 属の原生動物の総称; 殻をもったアメーバの一群で, 代表種はナベカムリ (*A. vulgaris*)》.

árc fùrnace *n.* アーク炉《電弧による熱を利用した電気炉; cf. electric furnace, induction furnace》.

arch[1] [ɑ̀ətʃ | ɑ́ːtʃ] 〘《c1300》□(O)F *arche* < VL **arcam* ← L *arcus* 'bow, ARC'〙 ―― *n.* **1** 〘建築〙アーチ, 迫持(せりもち)《石やれんがを弧形に積み上げてかけ渡した構造物》. **2** アーチ路 (archway). **3** アーチ[弓形]門, 緑門: a memorial ～ 記念門 / a triumphal ～ ＝ an ～ of triumph 凱旋門. **4 a** アーチ形, 弓形, くし形, 半円形: the ～ of an eyebrow 弓形のまゆ, 三日月まゆ / the ～ of the heavens [sky] 大空, 蒼穹(そうきゅう). **b** 弓形の物[部分]: a railroad ～ (アーチ型の)ガード / the ～ of a foot 土踏まず. **c** 土踏まず. **d** 《古》虹(にじ) (rainbow). **5** 〘解剖〙弓(きゅう): the dental ～ 歯列弓 / the plantar ～ 土踏まず. **6** (指紋の)弓状紋 (⇨ fingerprint 挿絵). **7** [Arches]〘教会法〙＝COURT of (the) Arches. **8** 《古》弧 (arc).
―― *vt.* **1** …にアーチを渡す[掛ける]. **2** アーチ形[弓形]にする, 弓形に曲げる[そらす] (bend, curve): ～ one's eyebrows (驚きや不満のため)まゆをつり上げる / A cat ～*es* its back. ねこは背を弓なりに曲げる. **3** 〈橋などが〉…に掛かる (span).
―― *vi.* **1 a** アーチ形[弓形]になる, 弓形に曲がる[そる]: Her eyebrows ～*ed.* 彼女のまゆがつり上がった. **b** (アーチのように)(…の上)に差し掛かる 〔*across, over, against*〕: A rainbow ～*ed over* the bridge [*against* the sky]. **c** 〈球などが〉弓形に[弧を描いて]進む[飛ぶ]. **2** 〘ダンス〙(パートナーあるいはコーナー(隣の人)と手をつないで, 上方に)アーチをつくる. **3** 〘海事〙〈船体が〉中央部で盛り上がる形になる (hog).

arches 1

A semicircular: 1 keystone; 2 voussoirs; 3 springer; 4 impost; 5 crown; 6 rise; 7 span; 8 intrados; 9 extrados; B segmental; C elliptical; D stilted; E round horseshoe; F pointed horseshoe; G lancet; H equilateral; I trefoil; J ogee; K four-centered; L rampant; M flat

arch[2] [ɑ̀ətʃ | ɑ́ːtʃ] 〘《1547》《独立用法》← ARCH-[1]〙 ―― *adj.* **1 a** 〈女・子供の顔付きなど〉いたずらっぽい, ちゃめな (roguish): an ～ look, smile, etc. / look ～ ひょうきんに見える / Her tone sounded ～. 彼女の口調はちゃめっぽく聞こえた. **b** ずるい, ずるそうな (sly). **2** [Attributive に用いて] 主な, 主要な (chief); 首領の; 大…: an ～ imposter 大詐欺師. ★ 今は通例複合語に用いる (⇨ arch-[1]).

arch. 《略》archaic; archaism; archery; archipelago; architect; architectural; architecture.

Arch. 《略》Archbishop; Archdeacon; Archduke; Archibald.

arch-[1] [ɑ̀ətʃ | ɑ̀ːtʃ] 〘< OE *ærce-, erce-* □L *arch(i)-* □Gk *arkh(i)-* chief ← *arkhós* leader ← *árkhein* to rule, begin〙 ――「首たる, 第一の; 大…, はなはだしい」などの意の連結形: *arch*enemy / *arch*liar 大うそつき / *arch*-robber 盗賊の頭(かしら). ★ (1) *arch*angel などでは後続の a 音の影響で [ɑ̀ək | ɑ̀ːk] と発音する. (2) 近代におけるギリシャ語・ラテン語からの借入語では通例異形 archi- が用いられる: *archi*mandrite.

arch-[2] [ɑək | ɑːk] archi-[2] の異形: *arch*enteron.

-arch[1] [ɑək | ɑːk] 〘ME □OF *-arche* □LL *-archa*＝L *-arches* □Gk *-arkhēs* ← *arkhós* (↑)〙「支配者, 王, 君主」の意の名詞連結形: mon*arch*, olig*arch*.

-arch[2] [ɑək | ɑːk] 〘□? G ～ ← Gk *arkhḗ* beginning: cf. arch-[1]〙 *suf.*「…に起点[原点]をもつ」の意の形容詞語尾: end*arch*.

ar·chae- [ɑ́əki | ɑ́ːki] (母音の前に来る時の) archaeo- の異形.

Ar·chae·an [ɑəkíːən | ɑːkíːən, -kíən] 〘⇨↓, -an[1]〙 〘地質〙 ―― *adj.* 太古代の, 始生代の; 太古代[始生代]岩石の: the ～ era 太古代, 始生代《約 25 億年以前の最古の地質地代》/ ～ rocks 太古代[始生代]岩石. ―― *n.* [the ～] 太古代, 始生代.

ar·chae·o- [ɑ́əkio(ʊ), -kiə, ɑəkíːo(ʊ), -kíːə | ɑ́ːkɪə(ʊ), ɑːkíːə(ʊ)] 〘□Gk *arkhaio-* ← *arkhaîos* ancient ← *arkhḗ* beginning: cf. arch-[1]〙 ――「古代の (ancient), 原始(的)の (primitive)」の意の連結形: *archaeo*logy. ★ 母音の前では通例 archae- になる.

ar·chae·o·cyte [ɑ́əkio(ʊ)sàɪt, -kiə- | ɑ́ːkɪə(ʊ)-] *n.* 〘動物〙原始細胞, 原性[原生]細胞《発生初期の幼生中の未分化の細胞》.

Àrchaeo·gastrópoda 〘← NL ～: ⇨ archaeo-, Gastropoda〙 *n. pl.* 〘貝類〙(軟体動物門)原始腹足目 (cf. Aspidobranchia).

archaeol. 《略》archaeological; archaeology.

ar·chae·o·log·ic [ɑ̀əkiəlɑ́dʒɪk | ɑ̀ːkɪəlɔ́dʒ-] *adj.* ＝ archaeological.

ar·chae·o·log·i·cal [ɑ̀əkiəlɑ́dʒɪkəɫ, -dʒə- | ɑ̀ːkɪəlɔ́dʒɪ-, -kjə-] *adj.* 考古学(的)の, 考古学上の: ～ digging (考古学的調査のための)遺跡発掘 / an ～ site 考古学的遺跡. **～·ly** *adv.*

àr·chae·ól·o·gist [-dʒɪst, -dʒəst | -dʒɪst] *n.* 考古学者.

ar·chae·ol·o·gize [ɑ̀əkiɑ́lədʒàɪz | ɑ̀ːkiɔ́l-] *vi.* 考古学の研究をする; (趣味で)考古学をやる.

ar·chae·ol·o·gy [ɑ̀əkiɑ́lədʒi | ɑ̀ːkiɔ́lədʒi] 〘《1607》□LL *archaeologia* □Gk *arkhaiología*: ⇨ archaeo-, -logy〙 ―― *n.* **1** 考古学. **2** 〘考古〙古代文化の遺物[遺跡]. **3** 《古》古代史 (ancient history).

ar·chae·op·ter·yx [ɑ̀əkiɑ́ptərɪks | ɑ̀ːkiɔ́p-] 〘← NL ～: ⇨ archaeo-, -pteryx〙 ―― *n.* 〘古生物〙始祖鳥《ジュラ紀の古鳥類 *Archaeopteryx* 属または古鳥亜綱の鳥の総称》.

ar·chae·or·nis [ɑ̀əkiɔ́ənɪs, -nəs | ɑ̀ːkiɔ́ːnɪs] 〘← NL ～: ⇨ archaeo-, -ornis〙 ―― *n.* 〘古生物〙始祖鳥《*Archaeornis* 属 (現在では *Archaeopteryx* 属と同義とされる)の鳥の総称》.

Ar·chae·or·ni·thes [ɑ̀əkiɔ́ənəθìːz, -əənáɪθiːz | ɑ̀ːkɪɔ́ːnɪθìːz, -ɔːnáɪθiːz] 〘← NL ～: ⇨ archaeo-, ornitho-〙 ―― *n. pl.* 〘古生物〙古鳥亜綱《歯をもったジュラ紀の原始鳥類》.

Ar·chae·o·zo·ic [ɑ̀əkiəzóʊɪk | ɑ̀ːkɪə(ʊ)zə́ʊ-] *adj., n.* 〘地質〙＝Archeozoic.

ar·cha·ic [ɑəkéɪɪk | ɑː-] 〘《1832》□F *archaïque* □Gk *arkhaikós* ← *arkhaîos*: ⇨ archaeo-, -ic[1]〙 ―― *adj.* **1 a** 〈語句・語法など〉古い, 古風な, 古体の (old-fashioned): an ～ word 古語. **b** 〈文体など〉古文体の, 体の; 〈作家など〉古語[擬古体]を用いる. **2** 〈風習・考えなど〉昔風の, すたれた (out-of-date). **3 a** 初期の (undeveloped). **b** 〘生物〙原始的な (primitive). **4** [しばしば A-]〘美術〙〈美術様式・文化など〉初期の, 創始期の, アルカイックな, 古拙な (cf. Hellenistic 2): ～ Greek sculpture / the ～ period 古拙期.

ar·chá·i·cal·ly *adv.* 擬古体に, 古語として; 古風に.

archáic smíle *n.* 〘美術〙アルカイックスマイル, 古拙の微笑《紀元前 500 年ごろまでのギリシャの彫刻に特有な微笑に似た表情; 広義には日本の飛鳥時代の仏像などにも指摘される》.

ar·cha·ism [ɑ́əkiìzm, -keɪ- | ɑ́ːkeɪ-] 〘← NL *archaismus* ← Gk *arkhaismós* ← *arkhaîos*: ⇨ archaeo-, -ism〙 ―― *n.* **1** 古語; 古文体, 擬古体. **2** 擬古主義. **3** 古風; 古風な習慣.

ár·cha·ist [-kiɪst, -keɪ-, -əst | -keɪɪst] *n.* **1** (言語・美術上の)擬古主義者, 古語使用者. **2** 古物[遺物]研究家 (antiquary).

ar·cha·is·tic [ɑ̀əkiístɪk, -keɪ- | ɑ̀ːkeɪ-] *adj.* 古風な, 古体の; 擬古的な. **àr·cha·ís·ti·cal·ly** *adv.*

ar·cha·ize [ɑ́əkiàɪz, -keɪ- | ɑ́ːkeɪ-] 〘□Gk *arkhaízein*: ⇨ archaic, -ize〙 *vt.* 古風にする, 古風な言い方にする. ―― *vi.* 古体[古語]を用いる, 古風をまねる.

ar·chal·lax·is [ɑ̀əkəlǽksɪs, -səs | ɑ̀ːkəlǽksɪs] 〘← NL ～ ← ARCHI-[2]＋Gk *állaxis* exchange〙 ―― *n.* (*pl.* **-lax·es** [-siːz])〘生物〙アルハラクシス《胚の最初の器官の原基が一定方向に変化していくこと》.

arch·an·gel [ɑ́əkèɪndʒəɫ, ⌐ ⌐ ⌐ | ɑ́ːkèɪndʒəɫ, ⌐ ⌐ ⌐] 〘lateOE ～ □OF *archangele* ∥ LL *archangel-us* □Gk *arkhággelos*: ⇨ arch-[1], angel〙 ―― *n.* **1** 〘神学〙大天使《天使の九階級中第八階級の天使; ⇨ angel 1 a》. **2** 〘植物〙＝angelica 1.

Arch·an·gel [ɑ́əkèɪndʒəɫ, ― ⌐ ⌐ | ɑ́ːkèɪndʒəɫ, ― ⌐ ⌐] *n.* アルハンゲリスク (⇨ Arkhangelsk).

Archangel, the Gulf of *n.* アルハンゲル湾《Dvina Bay の旧名》.

arch·an·gel·ic [ɑ̀əkeɪndʒélɪk | ɑ̀ːk-] 〘《15C》〙 *adj.* 大天使の(ような).

Ar·chan·thro·pi·nae [ɑəkæ̀nθrəpáɪniː | ɑːk-] 〘← NL ～: ⇨ archi-[2], anthropo-, -inae〙 ―― *n. pl.* 〘人類学〙アルカントロプス亜科《もとピテカントロプスなどの原人段階のものを示した分類学上の亜科名》.

Ar·chan·thro·pine [ɑəkǽnθrəpàɪn | ɑː-] 〘↑〙 *n.* 〘人類学〙原人《アルカントロプス亜科 (Archanthropinae) の原人》.

árch bàr *n.* 〘建築〙アーチ形棒材.

àrch·bíshop 〘OE *ærcebiscop* □LL *archiepiscop-us* □Gk *arkhiepískopos*: ⇨ arch-[1], bishop〙 ―― *n.* **1 a** 〘カトリック〙大司教; 〘東方正教会〙大主教. **b** 〘英国国教会〙大主教《米国聖公会や日本聖公会にはこの制度はない; cf. presiding bishop》. **c** 〘プロテスタント〙大監督. **2** 〘仏教〙大僧正.

àrch·bíshopric 〘OE *arcebiscopriće*〙 *n.* archbishop の座[職, 管区].

árch bòard *n.* 〘海事〙(アーチ形の)船尾船名板.

árch brìck *n.* 〘建築〙迫持(せりもち)れんが《アーチの建造に用いるくさび形のれんが》.

árch brìdge *n.* 〘土木〙アーチ橋, 拱橋.

árch cènter *n.* 〘土木〙セントル《アーチの型枠》.

árch·confratérnity 〘《なぞり》← It. *arciconfraternita*〙 ―― *n.* 〘カトリック〙大信心会《他の信心会を合併し, 与えられている特権や贖宥(しょくゆう)を分与する権利がある会》.

Archd. 《略》Archdeacon; Archduke.

árch dàm *n.* 〘土木〙アーチダム《構造物のアーチ作用により水圧など諸外力に抵抗する貯水機能をもったダム》.

arch·dea·con [ɑ̀ətʃdíːkən | ɑ̀ːtʃ-] 〘OE *ærcediacon* □LL *archidiāconus* □Gk *arkhidiā́konos*: ⇨ arch-[1], deacon〙 ―― *n.* **1** 〘英国国教会〙大執事; 〘カトリック〙大助祭; (その他で)大補祭, 助祭長, 長補祭, 副監督《特に英国国教会では, 主教から教区の管理の一部を任される重要な職で, 17 世紀以降司祭がこれに当たる》. **2** 〘仏教〙副僧正, 権(ごん)僧正. **～·ship** *n.*

arch·dea·con·ate [ɑ̀ətʃdíːkənət, -nɪt | ɑ̀ːtʃ-] 〘⇨↑, -ate[1]〙 *n.* archdeacon の地位[職].

arch·dea·con·ry [ɑ̀ətʃdíːkənri | ɑ̀ːtʃdíkənri] 〘《15C》〙 *n.* archdeacon の権能[地位, 管轄区, 邸宅].

àrch·díocese *n.* 〘キリスト教〙大司教区, 大主教区《archbishop の管轄する教区》. **àrch·diócesan** *adj.*

árch·dúcal *adj.* 大公の; 大公領の.

àrch·dúchess 〘□F *archiduchesse*: ⇨ archiduke, -ess[1]〙 *n.* **1** 大公妃《archduke の夫人・未亡人》. **2** 1918 年までのオーストリアの)皇女.

árch·dúchy 〘□F《廃》*archeduché* (F *archiduché*): ⇨ arch-[1], duchy〙 *n.* 大公領, 大公国《archduke または archduchess の領土》.

àrch·dúke 〘□OF *archeduc* (F *archiduc*): ⇨ arch-[1], duke〙 *n.* 大公《1918 年までのオーストリア皇子》.

àrch·dúke·dom *n.* ＝archduchy.

ar·che-[1] [ɑ́əkɪ, -kə | ɑ́ːkɪ] 〘□L ～: ⇨ archi-[1]〙 *pref.*「原 (primitive, original)」の意: *arche*gonium.

ar·che-[2] [ɑ́əki | ɑ́ːkɪ] (母音の前に来る時の) archeo- の異形.

Ar·che·an [ɑəkíːən | ɑːkíːən, -kíən] *adj., n.* 《米》〘地質〙＝Archaean.

arched 〘《c1330》〙 ―― *adj.* **1** アーチのある, 迫持(せりもち)造りの; アーチ形の, 弓形の: an ～ door 迫持造りのドア / an ～ bridge そり橋, アーチ橋. **2** 〘紋章〙〈区画線など〉アーチ状の, カーブした《invexed ともいう; ⇨ heraldry 挿絵 F》.

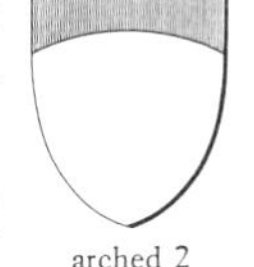
arched 2

árched squáll *n.* 〘気象〙アーチ形スコール《赤道地方に起こる突風で, 密集した黒雲がアーチ形に前進し激しい雷雨を伴う》.

árched trúss *n.* 〘土木〙アーチトラス《アーチ状のけた構えで基底部分が温度の変化による伸縮で動くようになったもの》.

archegonia *n.* archegonium の複数形.

ar·che·go·ni·al [ɑ̀əkɪgóʊniəɫ, -kə- | ɑ̀ːkɪgə́ʊnɪ-] 〘⇨ archegonium, -al[1]〙 *adj.* 〘植物〙 **1** 造卵器の. **2** ＝archegoniate 1.

Ar·che·go·ni·a·tae [ɑ̀əkɪgòʊniéɪtiː, -kə-, -éɪ- | ɑ̀ːkɪgə̀ʊnɪ-] 〘← NL ～ ← ARCHEGONIUM＋*-atae* ((fem. pl.) ← L *-ātus* '-ATE[2]')〙 *n. pl.* 〘植物〙造卵器植物類.

ar·che·go·ni·ate [ɑ̀əkɪgóʊniət, -kə-, -niɪt, -nièɪt | ɑ̀ːkɪgə́ʊniət, -niɪt, -nièɪt] 〘← NL ～: ⇨↓, -ate[1,2]〙 〘植物〙 ―― *adj.* **1** 造卵器をもった. **2** ＝archegonial 1. ―― *n.* 造卵器植物.

ar·che·go·ni·um [ɑ̀əkɪgóʊniəm, -kə- | ɑ̀ːkɪgə́ʊnɪəm, -njəm] 〘← NL ～ ← Gk *arkhégonos* first of a race: ⇨ arche-[1], -gonium〙 ―― *n.* (*pl.* **-ni·a** [-niə | -nɪə, -njə])〘植物〙造卵器《シダ類など下等植物の雌性生殖器官》.

àrch·énemy *n.* 大敵: the ～ (of mankind) 人類の大敵, サタン.

ar·chen·ter·on [ɑəkéntərɑ̀n, -rən | ɑːkéntərɔ̀n, -rən] 〘← NL ～: ⇨ archi-[2], enteron〙 *n.* (*pl.* **-ter·a** [-rə])〘生物〙原腸 (primitive enteron).

ar·che·o- [ɑ́əkio(ʊ), -kiə, ɑəkíːo(ʊ), -kíːə | ɑ́ːkɪə(ʊ), ɑːkíːə(ʊ)] archaeo- の異形: *Archeo*zoic. ★ 母音の前では通例 arche- になる.

ar·che·o·cyte [ɑ́əkio(ʊ)sàɪt, -kiə- | ɑ́ːkɪə(ʊ)-] *n.* 〘動物〙＝archaeocyte.

ar·che·ol·o·gy [ɑ̀əkiɑ́lədʒi | ɑ̀ːkiɔ́lədʒi] *n.* 《米》＝archaeology.

Ar·che·o·zo·ic [ɑ̀əkiəzóʊɪk | ɑ̀ːkɪə(ʊ)zə́ʊ-] 〘← ARCHAEO-＋-ZOIC〙〘地質〙 ―― *adj.* 始生代の: the ～ era 始生代《先始生代と共に地球歴史の最古の時代でこの時代に生物が発生したと想像されている》: ～ rocks 始生代岩石. ―― *n.* [the ～] **1** 始生代. **2** 始生代層.

ar·cher [ɑ́ətʃə | ɑ́ːtʃə(r)] 〘《c1300》□AF ～＝OF *archier* < VL **arcārium* ← L *arcus* 'bow, ARC'〙 ―― *n.* **1** 弓術家, 射手 (bowman). **2** [the A-] **a** 〘天文〙いて(射手)座 (⇨ Sagittarius 1). **b** 〘占星〙射手座, 人馬宮 (⇨ Sagittarius 2). **3** 〘魚類〙＝archerfish.

Ar·cher [ɑ́ətʃə | ɑ́ːtʃə(r)], **William** *n.* (1856–1924) スコットランド生れの英国の劇作家・劇評家, Ibsen の紹介者; *The Old Drama and the New* (1923).

ar·cher·ess [ɑ́ətʃərɪs, -rəs | ɑ́ːtʃərɪs, -rès, -rəs] *n.* 女性弓術家.

árcher·fish *n.* 〘魚類〙 **1** テッポウウオ (*Toxotes*

jaculator)《インド・南洋産の淡水魚; 巧みに水を吹きかけ昆虫を落として捕食する》. **2** テッポウウオと類似の魚類の総称.

ar·cher·y [ɑ́ətʃ(ə)ri | ɑ́:tʃəri]〖(?c1375) ⊏ OF *archerie*: ⇨ archer, -ery〗 **—** *n.* **1** アーチェリー, 洋弓術 (⇨ arrow, bow, bracer 挿絵): an ~ target. **2** 弓矢の使用. **3** [集合的] 射手隊. **4** [集合的] 弓矢類, 弓術用具.

A
B
C
D
E

archery target

A gold	(inner)	10 points
	(outer)	9 points
B red	(inner)	8 points
	(outer)	7 points
C blue	(inner)	6 points
	(outer)	5 points
D black	(inner)	4 points
	(outer)	3 points
E white	(inner)	2 points
	(outer)	1 point

ar·che·spore [ɑ́əkɪspɔ̀ə, -kə-, -spɔ̀ə | ɑ́:kɪspɔ̀:(r]〖↓〗 *n.*〖植物〗胞原細胞(群). **ar·che·spo·ri·al** [ɑ̀əkɪspɔ́:riəl, -kə-, -spɔ́:r- | ɑ̀:kɪspɔ́:rɪ-] *adj.*

ar·che·spo·ri·um [ɑ̀əkɪspɔ́:riəm, -spɔ́:r-, -kə- | ɑ̀:kɪspɔ́:rɪ-]〖← NL ~: ⇨ arche-¹, spore, -ium〗 *n.* (*pl.* **-ri·a** [-riə, -rɪə])〖植物〗=archespore.

ar·chet·to [ɑəkétoʊ | ɑ:kétəʊ; *It.* arkétto]〖⊏ It. ~ ← *arco* bow (cf. arcade) + *-etto* '-ET'〗 **—** *n.* (*pl.* **~s**)〖窯業〗成形体の余分の部分を掻き取るための針金を弓状に張った道具.

ar·che·typ·al [ɑ̀əkɪtáɪpəl, -kə- | ɑ̀:kɪ-] *adj.* 原型(的)の; 典型的な. **~·ly** *adv.*

ar·che·type [ɑ́əkɪtàɪp, -kə- | ɑ́:kɪ-]〖(1605) ⊏ L *archetyp-um* ⊏ Gk *arkhétupon* original type, pattern ← *arkhétupos* molded first as a model: ⇨ archi-², -type〗 **—** *n.* **1 a** 原型 (prototype): The Model T is the ~ of mass-produced automobiles. (フォードの) T 型車は大量生産による自動車の原型である. **b** 典型: the very ~ of a fool, knight, etc. **2**〖哲学〗原型《現象界の事物の原型としての Plato の idea; 新プラトン派やスコラ哲学では被創造物の形態を決定する神の心の中の観念; 現象に対する外界または物自体など》. **3**〖心理〗元型, アーキタイプ《人類に普遍的な象徴を帯びた原始的な心像; Jung の用語》. **4 a**〖文芸〗(世界各地の神話や伝承に現われて, 民衆の意識下に共通して存在すると思われる)原型, 祖型. **b** (作品などにしばしば使用されるテーマなどの)原型. **ar·che·typ·ic** [ɑ̀əkɪtípɪk, -kə- | ɑ̀:kɪ-] *adj.* **àr·che·týp·i·cal** *adj.* **àr·che·týp·i·cal·ly** *adv.*

àrch·fiend *n.* **1** 大悪魔 (chief fiend). **2** [the ~] 魔王 (Satan).

árch hèad *n.*〖機械〗アーチヘッド《動桁 (walking beam) の両端に固定する湾曲した金具; ポンプ用の鎖を吊すために使用》.

ar·chi-¹ [ɑ́əkɪ, -kə | ɑ́:kɪ] arch-¹ の異形 (⇨ -i-): *archi*diaconal, *archi*episcopal.

ar·chi-² [ɑ́əkɪ, -kə | ɑ́:kɪ]〖⊏ L ~ ← Gk *arkhḗ* beginning: cf. arch-¹〗〖生物〗「原 (primitive, original)」の意の連結形: *archi*plasm. ★ 時に arch- になる.

Àrchi·annélida〖← NL ~: ⇨ ↑, Annelida〗 *n. pl.*〖動物〗(環形動物門)原始環虫綱.

Ar·chi·bald¹ [ɑ́ətʃəbɔ̀:ld, -bəld | ɑ́:tʃɪ-]〖ME *Arcebaldus* ⊏ OF *Archembaldt* ∽ OE *Eorconbeald* ⊏ OHG *Ercanbald* ← *ercan* genuine + *bald* 'BALD'〗 **—** *n.* 男性名《愛称形 Archie, Archy》.

Ar·chi·bald², a- [ɑ́:tʃəbɔ̀:ld, -bəld | ɑ́:tʃɪ-]〖← *Archibald, certainly not* (20 世紀初めの英国の流行歌の繰り返し): 対空射撃を受けた英国の操縦士がこれを口にしたことから〗 **—** *n.* =Archie².

ar·chi·blast [ɑ́əkəblæ̀st | ɑ́:kɪ-] *n.*〖生物〗**1** 卵の原形質部分《卵黄や貯蔵物質を除いた部分》. **2** =epiblast. **ar·chi·blas·tic** [ɑ̀əkəblǽstɪk | ɑ̀:kɪ-] *adj.*

ar·chi·carp [ɑ́əkɪkɑ̀əp, -kə- | ɑ́:kɪkɑ̀:p] *n.*〖植物〗子嚢(しのう)菌類の雌性生殖器官 (cf. ascogonium).

Ar·chi·chla·myd·e·ae [ɑ̀əkɪkləmídiì: | -kə-, ɑ̀:kɪ-]〖← NL ~: ⇨ archi-², chlamydeous〗 **—** *n. pl.*〖植物〗離弁花類, 古生花被類《双子葉植物のうち花弁が付け根から互いに離れているもの; cf. Sympetalae》. **àr·chi·chla·mýd·e·ous** [-diəs | -dɪ-] *adj.*

àrchi·diáconal *adj.* archdeacon の.

àrchi·diáconate〖⊏ ML *archidiācōnāt-us*: ⇨ archdeacon, -ate¹〗 *n.* =archdeaconate.

àrchi·díocese *n.* =archdiocese.

Ar·chie¹ [ɑ́ətʃi | ɑ́:tʃɪ]〖(dim.) ← ARCHIBALD¹〗 *n.* 男性名.

Ar·chie², a- [ɑ́ətʃi | ɑ́:tʃɪ]〖(略) ← ARCHIBALD²〗 *n.*《俗》高射砲 (antiaircraft gun).

àrchi·epíscopacy〖← LL *archiepiscopus* (⇨ archbishop) + -ACY〗 *n.*〖キリスト教〗archbishop (管治)制.

àrchi·epíscopal *adj.* archbishop の: an ~ throne archbishop の座[地位] / an ~ cross=patriarchal cross / an ~ staff=crosier 1 b.. **~·ly** *adv.*

àrchi·epíscopate〖⊏ ML *archiepiscopāt-us*: ⇨ archiepiscopacy, -ate¹〗 *n.* archbishop の職[任期, 管区].

ar·chil [ɑ́ətʃɪl, -kɪl, -əl | ɑ́:tʃɪl, -kɪl]〖(1483) ⊏ OF *orchel* (F *orseil*) ⊏ It. *orcello*: ⇨ orchil〗 **—** *n.* **1** リトマス《リトマスゴケなどの地衣から採取される紫色の色素; 化学の試薬として使われる》. **2**〖植物〗リトマスゴケ (*Roccella tinctoria*).

Ar·chil·o·chus [ɑəkíləkəs | ɑ:-] *n.* アルキロコス《紀元前 8-7 世紀ごろのギリシャの叙情・諷刺詩人》.

ar·chi·mage [ɑ́əkəmèɪdʒ, -kɪ- | ɑ́:kɪ-]〖← NL *archimag-us* ← LGk *arkhimagos*: ⇨ arch-¹, Magus〗 *n.* 大魔法師 (great magician).

ar·chi·man·drite [ɑ̀əkɪmǽndraɪt, -kə- | ɑ̀:kɪ-]〖(1591) ⊏ F ~ // LL *archimandrita* ⊏ LGk *arkhimandrítēs* ← ARCH-¹ + *mándra* monastery, (Gk) enclosure: ⇨ -ite¹〗 **—** *n.*〖東方正教会〗**1** (大)修道院長 (cf. abbot). **2** 修道会総会長, 管長 (superior abbot)《いくつかの修道院全体の長》. **3** 大修道院長《すぐれた修道士に与えられる名誉称号》.

Ar·chi·me·de·an [ɑ̀əkəmí:diən, -mɪdí:ən, -mə- | ɑ̀:kɪmí:djən, -dɪən, ɑ̀:kɪmɪdí:ən, -mɪ-, -dí:ən] *adj.* アルキメデスの; アルキメデスの発見[考案]した.

Archimédean scréw *n.* =Archimedes' screw.

Ar·chi·me·des [ɑ̀əkəmí:di:z | ɑ̀:kɪ-] *n.* アルキメデス《287?-212 B.C.; ギリシャの数学者;「アルキメデスの原理」を発見した》.

Archimédes' príncìple *n.*〖物理〗アルキメデスの原理.

Archimédes' scréw *n.*〖機械〗アルキメデスの螺旋(らせん)水揚げ機.

Archimedes' screw

ar·chin [ɑəʃí:n | ɑ:-] *n.* (*also* **ar·chine** [~]) =arshin.

árch·ing *n.* **1** アーチ形[弓形]にする[なる]こと; 迫持(せりもち)(構え)にすること. **2** アーチ形, 弓形, 弧形; 弓状部; 迫持構え.

Àrchi·oligochǽta〖← NL ~: ⇨ archi-², Oligochaeta〗 *n. pl.*〖動物〗(環形動物門)原始貧毛類.

ar·chi·pel·a·go [ɑ̀əkəpéləgòʊ, ɑ̀ətʃə- | ɑ̀:kɪpélɪgəʊ, -lə-]〖(1502) ⊏ It. *arcipelago* chief sea ← *arci-* 'ARCH-¹' + Gk *pélagos* sea〗 **—** *n.* (*pl.* **~s, ~es**) **1** 群島: ⇨ Arctic Archipelago, Malay Archipelago. **2** 群島のある海. **3** [the A-] 多島海《Aegean Sea の旧名》. **ar·chi·pe·la·gi·an** [ɑ̀əkəpɪléɪdʒiən, ɑ̀ətʃə-, -pə-, -dʒən | ɑ̀:kɪpɪléɪdʒɪən, -dʒən] *adj.* **archi·pe·lag·ic** [ɑ̀əkəpəlǽdʒɪk, ɑ̀ətʃə-, -pə- | ɑ̀:kɪpɪ-] *adj.*

Ar·chi·pen·ko [ɑ̀əkəpéŋkoʊ | ɑ̀:kɪpéŋkəʊ; *Russ.* arxjípjinko], **Alexandr Por·fi·ri·e·vich** [parfjírjivjitʃ] *n.* アルキペンコ《1887-1964; ロシヤ生れの米国の抽象彫刻家》.

ar·chi·pho·neme [ɑ́əkəfòʊni:m, ⌐−⌐− | ɑ́:kɪfəʊni:m] *n.*〖言語〗原音素《例えば, 英語では音素 /p/ と /b/ とは無声, 有声の対立をもつが, speak のように /s/ の後ではその対立がない; このような場合 /s/ の後では /p/ と /b/ 両者の基底をなす原音素 /P/ が出現するという》.

ar·chi·plasm [ɑ́əkəplæ̀zm | ɑ́:kɪ-]〖⊏ G *Archiplasma*: ⇨ archi-², -plasm〗 **—** *n.*〖生物〗**1** 原始原形質, 原胚子形質《細胞分裂の際に紡錘糸などを形成する物質; archoplasm ともいう》. **2** (受精卵の分割を始める前の)未分化の原形質. **ar·chi·plas·mic** [ɑ̀əkəplǽzmɪk | ɑ̀:kɪ-] *adj.*

ar·chip·te·ryg·i·um [ɑ̀əkɪptərídʒiəm | ɑ:kɪptərídʒɪ-]〖← NL ~ ← ARCHI-² + Gk *pterúgion* little wing〗 *n.*〖動物〗原始鰭(き).

archit. (略) architecture.

ar·chi·tect [ɑ́əkətèkt | ɑ́:kɪ-]〖(1563) ⊏ F *architecte* ⊏ L *architectus* ⊏ Gk *arkhitéktōn* ← *arkhi-* 'ARCH-¹' + *téktōn* builder (← IE **tekth-* to weave, fabricate: cf. technic)〗 **—** *n.* **1** 建築家, 建築技師: ⇨ landscape architect, naval architect. **2** 企画者, 創造者, 建設者 (designer, creator): the (Great) *Architect* 造物主, 神 / the ~ of one's own fortune 自己の運命の開拓者 / the (chief) ~ of a coup d'état クーデターの主導者 / the ~ of détente 緊張緩和の立て役者.
— *vt.* 建築する; 設計する; 企画(遂行)する.

ar·chi·tec·ton·ic [ɑ̀əkətektɑ́nɪk | ɑ̀:kɪtektɔ́n-]〖⊏ L *architectonic-us* ⊏ Gk *arkhitektonikós*: ⇨ arch-¹, tectonic〗 **—** *adj.* **1** 建築術の; 建築の; 建築家の. **2** 構造的な, 構成的な, 組織的な (constructive): ~ beauty 構成美. **3** 建築様式の. **4**〖哲学〗組織的[体系的]知識の. **5**〖美術〗〈作品など〉(大建築を思わせるように)雄大な (monumental). **—** *n.* =architectonics.
àr·chi·tec·tón·i·cal·ly *adv.*

ar·chi·tec·ton·ics [ɑ̀əkətektɑ́nɪks | ɑ̀:kɪtektɔ́n-] *n.* **1** 建築学. **2**〖哲学〗建築術《体系の技術で, 雑多な認識を寄せ集めでなく学問的体系へと統一する方法》. **3** 構成様式: the ~ of Beethoven's symphonies.

árchitects' scále *n.*〖建築〗建築用定規, 三角スケール《建築設計用の定規で, 各種の縮尺の目盛りがあり, 三角柱の形状をしている》.

ar·chi·tec·tur·al [ɑ̀əkətéktʃ(ə)rəl | ɑ̀:kɪ-] *adj.* **1 a** 建築の, 建築上の: ~ beauty 建築美 / an ~ assistant (製図などをする)建築助手 / an ~ firm 建築[建設]会社. **b** 建築用の. **2** 建築術の, 建築学上の; 建築学の法則にかなった. **3** 建築的な. **~·ly** *adv.*

ar·chi·tec·ture [ɑ́əkətèktʃə | ɑ́:kɪtèktʃə(r]〖(1563) ⊏ F ~ ⊏ L *architectūra*: ⇨ architect, -ure〗 **—** *n.* **1** 建築術[学]; 建築(設計)(業): domestic ~ 住宅建築 / ecclesiastical ~ 教会建築, 宗教建築 / military ~ 築城法 / naval ~ 造船学. **2** 建築様式; 建築風[法]: Gothic [Roman] ~. **3** 建築物 (building); [集合的] 建築 (buildings). **4** 構造, 組織, 構成 (construction).

ar·chi·trave [ɑ́əkətrèɪv | ɑ́:kɪ-]〖(1563) ⊏ F ~ ⊏ It. ← *archi-* 'ARCH-¹' + *trave* beam (⊏ L *trabs*)〗 **—** *n.*〖建築〗**1** アーキトレーブ, 台輪(だいわ)《entablature の最下部; 柱上の梁に相当する部分; ⇨ entablature 挿絵》. **2** 軒縁(のきぶち), 額縁(がくぶち)《窓・出入口周囲の化粧縁》. **3** アーチ外周部の繰形.

architrave 2
1 dripstone; 2 architrave; 3 mullion; 4 pane; 5 windowsill; 6 stringcourse.

ar·chi·val [ɑəkáɪvəl, ɑ́əkɪ-, -kə- | ɑ:káɪ-] *adj.* 記録[(古)文書]の; 記録保管所の.

ar·chive [ɑ́əkaɪv | ɑ́:-]〖(1603) ⊏ (廃) F ~ (F *archives*) ⊏ L *archīvum* ⊏ Gk *arkheîon* public building, residence of chief magistrate ← *arkhḗ* beginning, first place: cf. archi-²〗 **—** *n.* **1** [*pl.*] 記録[公文書類]保管所, 古文書館; 記録収集所. **2** [通例 *pl.*] (保管されている)古記録《史料となる一家・団体・国家などの古文書類》; 公文書. **3** (情報・データなどの)集積(所).
— *vt.* 〈文書・記録などを〉(記録保管所などに)保管する, 集める.

ar·chi·vist [ɑ́əkɪvɪst, -kə-, -kaɪ- | ɑ́:kɪ-]〖(1753) ⊏ F *archiviste*: ⇨ ↑, -ist〗 *n.* 記録[公文書]保管人, 記録[文書]係, 古文書係.

ar·chi·volt [ɑ́əkəvòʊlt | ɑ́:kɪvəʊlt]〖(1731) ⊏ It. *archivolto* ← *archi-* 'ARCH¹' + *volto* turned (< VL **voltum* (p.p.) ← L *volvere* to roll)〗 **—** *n.*〖建築〗アーキヴォルト, 曲がり額縁(がくぶち), 飾り迫縁(せりぶち), 装飾窓縁《アーチの曲線に沿ってつけられた飾り縁》.

arch·lute [ɑ́ətʃlù:t | ɑ́:tʃlù:t, -ljù:t]〖⊏ F *archiluth* ⊏ It. *arciliuto*: ⇨ arch-¹, lute¹〗 **—** *n.* 大リュート《普通のリュートに長い低音弦を付け加え, そのための糸倉を別にもつ楽器》.

árch·ly〖← ARCH² + -LY¹〗 *adv.* ちゃめっぽく, ひょうきんに; ずるく, ずるそうに.

árch·ness〖⇨ arch², -ness〗 *n.* ちゃめ(さ加減); ずるさ, 狡猾(こうかつ).

ar·chon [ɑ́əkɑn, -kən | ɑ́:kən, -kɔn]〖(1659) ⊏ L *archōn* ⊏ Gk *árkhōn* ruler, magistrate ← *árkhein* to rule〗 **—** *n.* **1** アルコン, 執政官《古代ギリシャ Athens の 9 名より成る最高の役職》. **2** 支配者, 主宰者.
~·ship *n.*

ar·chon·tate [ɑ́əkəntèɪt | ɑ́:-]〖⊏ F *archontat* ← *archonte* 'ARCHON': ⇨ -ate¹〗 *n.* アルコンの任期.

ar·cho·plasm [ɑ́əkəplæ̀zm | ɑ́:-] *n.*〖生物〗=archiplasm 1.

árch òrder *n.*〖建築〗アーチ オーダー《ローマ建築でアーチの周囲を柱で囲ったもの》.

Ar·cho·sau·ri·a [ɑ̀əkəsɔ́:riə | ɑ̀:kəsɔ́:rɪə]〖← NL ~ ← Gk *árkhōn* (⇨ archon) + -SAUR + -IA¹〗 **—** *n. pl.*〖古生物〗(脊椎動物門)祖竜亜綱. **àr·cho·sáu·ri·an** [-riən | -rɪ-] *adj.*, *n.*

àrch·príest〖(a1387) *archeprest*〗 *n.* **1**〖カトリック〗主席司祭. **2**〖英国国教会〗**a**《古》主席司祭[牧師] (dean). **b** =rural dean.

árch rìng *n.*〖土木〗アーチリング, 拱環(きょうかん).

árch stòne [**sòlid**] *n.*〖建築〗=voussoir.

árch suppòrt *n.* (靴の底に入れ土踏まずを支える)踏まず心(しん).

archt. (略) architect.

árch·wày *n.*〖建築〗**1** 拱道(きょうどう), 拱路, アーチ道《アーチの架けられた通路[入口]》. **2** 通路上のアーチ.

árch·wìse *adv.* アーチ形[弓形]状に.

Ar·chy [ɑ́ətʃi | ɑ́:tʃɪ]〖(dim.) ← ARCHIBALD¹〗 *n.* 男性名.

-ar·chy [ɑ̀əki | ɑ̀:kɪ]〖ME *-archie* ⊏ OF // L *-archia* ⊏ Gk *-arkhia* ← *-arkhós* '-ARCH¹': ⇨ -y¹〗 **—**「…政治 (rule), …政体 (government)」の意の名詞連結形: mon*archy*.

Ar·ci·dae [ɑ́əsədì: | ɑ́:sɪ-]〖← NL ~ ← *Arca* (属名: ← L *arca* box: cf. ark) + -IDAE〗 *n. pl.*〖貝類〗(二枚貝類)フネガイ科.

ar·ci·form [ɑ́əsəfɔ̀əm | ɑ́:sɪfɔ̀:m]〖⇨ arc, arch¹, -form〗 *adj.*〖解剖〗アーチ形[弓状, 弧状]の.

árc·jèt *n.*〖宇宙〗**1** アーク ジェット《アーク放電によって発生した高温プラズマを噴出した高速流》. **2** =arc-jet engine.

árc-jèt èngine *n.*〖宇宙〗アークジェットエンジン《arcjet によって推力を得るプラズマエンジン》.

arcked *v.* arc の過去形・過去分詞.

arcking *v.* arc の現在分詞.

árc làmp *n.* 弧光灯, アーク灯.

árc lìght *n.* **1** =arc lamp. **2** アーク灯の光.

árc lìghting *n.* 弧光点灯, アーク照明.

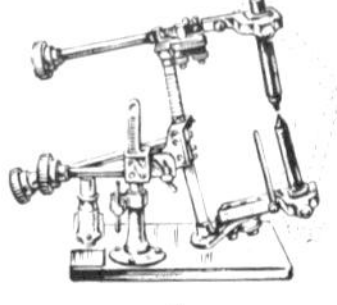

arc lamp

A.R.C.M. (略) Associate of the Royal College of Music.

ar·co [ɑ́əkoʊ | ɑ́:kəʊ; *It.* árko]〖⊏ It. ~ 'bow': ⇨ arcade〗 **—** *adv.*〖音楽〗弓で (cf. pizzicato). ★ 弦楽器の奏者への指示として用いる.

A.R.C.O. (略) Associate of the Royal College of Organists.

arc·o·graph [ɑ́əkəgræ̀f | ɑ́:kəgrɑ̀:f, -græ̀f]〖⇨ arc, -graph〗 *n.*〖数学〗円弧規《円弧を描く用具》.

árc-òver *n.* 〘電気〙 弧絡《アークで電気的につながること》.

A.R.C.S. 《略》 Associate of the Royal College of Science; Associate of the Royal College of Surgeons (of England); Australian Red Cross Society.

árc sécant *n.* 〘数学〙 アークセカント, 逆正割(関数)《記号 sec⁻¹; inverse secant ともいう》.

árc síne *n.* 〘数学〙 アークサイン, 逆正弦(関数)《記号 sin⁻¹; inverse sine ともいう》.

árc spèctrum *n.* 〘物理〙 アークスペクトル《アーク灯から発する光のスペクトル》.

arct- [ɑəkt|ɑːkt] (母音の前に来る時の) arcto- の異形.

árc tángent *n.* 〘数学〙 アークタンジェント, 逆正接(関数)《記号 tan⁻¹; inverse tangent ともいう》.

arc·tic [ɑ́əktɪk, ɑ́əṭɪk | ɑ́ːktɪk] 〘《(1556)》 ▭ L *arcticus* ▭ Gk *arktikós* of the Bear ← *árktos* the Bear (constellation), the North ∽ 《(1391)》 *artik* ▭ OF *artique* (F *arctique*) ▭ ML *articus*: cf. Arthur〙 ── *adj.* **1** [時に A-] 北極の; 北極地方の (↔ antarctic): an ~ expedition 北極探検. **2 a** 極寒の (frigid): ~ weather 極寒. **b** 冷たい, 冷淡な: an ~ smile. ── *n.* **1** [the A-] **a** 北極地方 (arctic regions). **b** 北極海 (Arctic Ocean). **2** [通例 *pl.*] 《米》(留め金具付き半長の)防寒防水オーバーシューズ: a pair of ~*s*. **árc·ti·cal·ly** *adv.*

Árctic Archipélago *n.* [the ~] 北極海諸島《北米大陸北方と Greenland との間のカナダの島々》.

árctic chárr *n.* 〘魚類〙 アルプスイワナ (*Salvelinus alpinus*)《カナダ北部・アラスカの湖水産のイワナ》.

Árctic Círcle *n.* [the ~] 北極圏《北寒帯の南の限界線で, 北極から 23°28′, または 66°32′N の緯線》.

Árctic dáisy *n.* 〘植物〙 アキノコハマギク (*Chrysanthemum arcticum*).

árctic fóx *n.* 〘動物〙 ホッキョクギツネ (*Alopex lagopus*)《ホッキョクギツネ属の哺乳動物; 冬に真っ白になる白ギツネ (white fox) と一年中青灰色の青ギツネ (blue fox) とがある; cf. red fox》.

árctic gráyling, Á- g- *n.* 〘魚類〙 北米産カワヒメマス科の魚の一種 (*Thymallus signifer*).

Árctic Ócean *n.* [the ~] 北極海《ユーラシア・北米両大陸および Greenland に囲まれた北極を取り巻く海》.

árctic plánt *n.* 〘植物〙 北極地植物.

Árctic Póle *n.* [the ~] 北極(点) (North Pole).

árctic séal *n.* 模造アザラシ毛皮《ウサギの毛皮を加工し, アザラシに似せたもの》.

árctic séa smòke *n.* 〘気象〙 北極霧《冷たい空気が海水中の暖かい水面上に吹き寄せてできる霧》.

árctic smóke *n.* 〘気象〙 =arctic sea smoke.

Árctic térn, á- t- *n.* 〘鳥類〙 キョクアジサシ (*Sterna paradisaea*)《夏に北極で繁殖し冬は南極にまで渡る》.

Árctic Zòne *n.* [the ~] 北極帯, 北寒帯 (North Frigid Zone)《北極圏から北極までの間》.

Arc·ti·i·dae [ɑəktáɪədiː | ɑːktáɪɪ-] 〘← NL ~ ← *Arctia* (属名: ← GK *árktos* bear: cf. arctic)+-IDAE〙 ── *n. pl.* 〘昆虫〙 (鱗翅目) ヒトリガ科. **arc·ti·id** [ɑ́əktiɪd, -əd, -kʃi- | ɑ́ːktiɪd, -kʃi-] *adj.*

arc·to- [ɑ́əkto(ʊ)|ɑ́ːktə(ʊ)] 〘▭ L ~ ← Gk *árktos* (↑)〙 ── 次の意味を表わす連結形: **1** 「北の (north); 北極の (arctic)」. **2** 「熊 (bear)」. ★ 母音の前では通例 arct- になる.

Arc·to·cy·on·i·dae [ɑ̀əkto(ʊ)saɪɑ́nədiː | ɑ̀ːktə(ʊ)saɪɔ́nɪ-] 〘← NL ~ ← *Arctocyon* (属名: ← ARCTO-+Gk *kúōn* dog)+-IDAE〙 ── *n. pl.* 〘古生物〙 アルクトキオン科《ヨーロッパの上部暁新世の *Arctocyon* 属の哺乳動物などを含む》.

Arc·to·gae·a [ɑ̀əktədʒíːə] 〘← NL ~: ⇨ arcto-, -gaea〙 ── *n.* (*also* **Arc·to·ge·a** [~]) 〘生物地理〙 北界《動物分布三大区分の一つ; アジア・ヨーロッパ・アフリカ・北アメリカの各大陸を含む地域; cf. Neogaea, Notogaea》. **Àrc·to·gáe·an** [-dʒíːən] *adj.* **Àrc·to·gé·an** [-dʒíːən] *adj.*

Arc·tu·rus [ɑəkt(j)ʊ́(ə)rəs | ɑːktjʊ́ər-] 〘《(*c*1380)》 ▭ L ~ ▭ Gk *Arktoûros* ← *árktos* bear+*oûros* guardian〙 ── *n.* 〘天文〙 アークトゥルス, 摂提(せってい)大角(だいかく)星《牛飼い座 (Boötes) の α 星で −0.1 等星》.

ar·cu·ate [ɑ́əkjuət, -kjuɪt, -kjuèɪt | ɑ́ːkjuət, -kjuɪt, -kjuèɪt] 〘▭ L *arcuātus* (p.p.) ← *arcuāre* to curve like a bow ← *arcus* bow: cf. arc〙 ── *adj.* 弧状の; 弓形の, アーチ状の (arched): ~ islands 弧状列島.

ar·cu·at·ed [ɑ́əkjuèɪṭɪd, -ṭəd | ɑ́ːkjuèɪt-] *adj.* =arcuate.

ar·cu·a·tion [ɑ̀əkjuéɪʃən | ɑ̀ːkju-] 〘▭ LL *arcuātiō(n-)*: ⇨ arcuate, -ation〙 *n.* **1** (弓状の)曲がり. **2** 〘建築〙 アーチ構造; 迫持(せりもち)工事(法).

ar·cus [ɑ́əkəs | ɑ́ː-] 〘← NL ~ ← L ~ 'bow, ARC'〙 *n.* (*pl.* ~) 〘気象〙 アーチ雲.

ar·cus se·ni·lis [ɑ́əkəs-sɪnáɪlɪs, -sə-, -ləs | ɑ́ːkəs-sɪnáɪlɪs] 〘▭ L *arcus senilis* senile bow〙 *n.* 〘病理〙 老人環《老人の角膜縁に見られる狭い黄白色弓で脂肪変性による》.

árc wèlding *n.* アーク溶接.

árc·wìse connécted sét *n.* 〘数学〙 弧状連結集合《どの 2 点も弧 (arc) で結べるような位相空間; 必然的に連結 (connected) となる》.

ARD 《略》〘医学〙 acute respiratory disease 急性呼吸器疾患.

-ard [əd | əd] 〘ME ▭ OF ~, *-art* ▭ OHG *-hart, -hard* hardy: cf. hard, Gerard: custard, leopard, steward などの *-ard* は異語源〙 ── *suf.*「大いに…する者」の意の名詞を造る. ★ 非難の意を含むことが多い (cf. -art): cow*ard*, dot*ard*, drunk*ard*, slugg*ard*.

ar·deb [ɑ́ədeb | ɑ́ː-] 〘▭ Arab. *irdább, ardább* ▭ Gk *artábē* ▭ OPers. *artaba*〙 *n.* アルダブ《エジプト地方の乾量単位; 5.62 米 bushels, 約 1.98 hectoliters》.

Ar·dèche [ɑədéʃ | ɑː-; *F.* aʀdɛʃ] *n.* アルデーシュ(県)《フランス南部の県; 人口 262,000, 面積 5,556 km², 首都 Privas [pʀivɑ]》.

Ar·de·i·dae [ɑədíːədiː | ɑːdíːɪ-] 〘← NL ~ ← *Ardea* (属名: ← L *ardea* heron)+-IDAE〙 *n. pl.* 〘鳥類〙 サギ科. **ar·de·id** [ɑ́ədiɪd, -əd | ɑ́ːdiɪd] *adj.*

Ar·den¹ [ɑ́ədn̩ | ɑ́ː-] 〘ME *Arderne* ← OE **eardærn* dwelling-house: 地名に由来する家族名〙 *n.* 男性名.

Arden, John *n.* (1930–) 英国の劇作家; *Serjeant Musgrave's Dance* (1959).

Ar·den² [ɑ́ədn̩ | ɑ́ː-] 〘← Celt. *ardu-* high or steep (place)〙, **the Forest of** ── *n.* アーデンの森: **1** イングランド Warwickshire 州北部の森林地帯. **2** Shakespeare 作の *As You Like It* で仮想された森の名; the Forest of Ardennes と考えられている.

ar·den·cy [ɑ́ədnsi, -dən- | ɑ́ːdnsɪ, -dən-] 〘⇨ ardent, -cy〙 *n.* **1** (燃えるような)熱意, 熱情: the ~ of love, expectation, etc. **2** 〘海事〙 (船の)風上への向首性.

Ar·dennes [ɑədén(z) | ɑː-; *F.* aʀdɛn] *n.* アルデンヌ: **a** フランス北東部のベルギーに接する県; 人口 310,000, 面積 5,219 km², 首都 Mézières [mezjɛːʀ]. **b** = the Forest of ARDENNES.

Ardennes, the Forest of *n.* アルデンヌの森《ベルギー南東部を中心にルクセンブルクおよびフランスの Ardennes まで Meuse 川東岸に沿った山林地帯; 第一次・第二次大戦の激戦地》.

ar·dent [ɑ́ədn̩t, -dənt | ɑ́ː-] 〘《(15C)》 ▭ L *ardentem* ∽ 《(*a*1333)》 *ardaunt* ▭ OF *ardant* (F *ardent*) ▭ L *ardentem* (pres.p.) ← *ardēre* to burn ← *aridus* 'ARID': ⇨ -ent〙 ── *adj.* **1 a** 〈人が〉(何かに)熱中している, 熱烈な (passionate, devoted): an ~ lover, patriot, supporter, etc. / an ~ golfer ゴルフに打ち込んでいる人. **b** 〈情熱など〉熱烈な, 激しい (vehement): an ~ hope, love, etc. **c** 〈目など〉(情熱で)燃えている(ような), 輝く (glowing). **2 a** 〈熱など〉火のような, 熱い, 強烈な (fiery): the ~ heat of the sun. **b** 《廃》燃える, 燃えやすい (cf. ardent spirits). **3** 〘海事〙 〈船が〉風上へ船首を向けたがる. **~·ness** *n.*

ár·dent·ly 《(1340)》 *adv.* 熱烈に, 熱心に, 激しく.

árdent spírits *n. pl.* 蒸留酒, 火酒《brandy, whiskey, gin など》.

ar·dor, 《英》 **ar·dour** [ɑ́ədə | ɑ́ːdə(r)] 〘《(?*a*1425)》 ▭ OF *ardour* (F *ardeur*) < L *ardōrem* heat ← *ardēre*: ⇨ ardent, -or¹〙 ── *n.* **1 a** 情熱, 熱情, 熱意, 意気込み (eagerness): patriotic ~ / the ~ of a lover / show ~ *for* study / with ~ 熱心に. **b** (情熱などの)熱烈さ, 激しさ. **2** 《まれ》 高熱, 灼熱(しゃくねつ) (burning heat).

ar·du·ous [ɑ́ədʒuəs | ɑ́ːdju-] 〘《(1538)》 ← L *arduus* steep, difficult+-OUS〙 ── *adj.* **1 a** 〈仕事など〉困難な, 骨の折れる: an ~ task. **b** 〈生活・境遇など〉耐え難い, つらい, きびしい (trying): an ~ life. **2** 奮闘的な, 根気強い (strenuous): an ~ effort 根気強い努力, 健闘 / an ~ worker こつこつ働く人, 勤勉な働き手. **3** 登りにくい, 険しい (steep): an ~ hill, path, etc. **~·ness** *n.*

ár·du·ous·ly *adv.* 苦労して, 骨を折って, 根気強く, 勤勉に, 孜々(しし)として.

are¹ [ə; ɑə, ɑ́ə | ə(r); ɑ:(r), ɑ́:(r)] 〘OE (Northumbrian) *aron*〙 *vi., anxil. v.* be の第二人称単数および第一人称・二人称・三人称複数の直説法現在形.

are² [ɛ́ə, ɑ́ə | ɑ́:(r; *F.* a:r, a:r] 〘▭ F ~ ▭ L *ārea* (↓)〙 *n.* アール《メートル法の面積単位; =100 m²; 略 a.》.

ar·e·a [ɛ́(ə)riə | ɛ́əriə] 〘《(1538)》 ▭ L *ārea* vacant piece of ground, building plot (cf. *ārēre* to be dry)〙 ── *n.* **1** 面積, 地積; 床面積 (floor space): the ~ of a square [triangle] 正方形[三角形]の面積 / It is 300 square meters in ~. 面積が 300 平方メートルである. **2 a** (特定の)地方, 地域, 地帯 (region); 地区, 区域 (zone): a mountain ~ 山岳地帯 / the Kanto ~ 関東地方[地区] / a commercial ~ 商業地区 / a parking ~ 駐車区域 / an ~ of outstanding natural beauty (英国の)国定特別美景地区《全英に 33 個所ほどある》/ ⇨ culture area, sterling area. **b** (建物内の特定の)部分: the kitchen ~ of a hotel. **3** (活動などの)範囲, 領域 (scope, range); (学問などの)分野, 部門: an ~ of study / a wide ~ of scientific investigation 科学的研究の広い分野. **4** 地面, 空地 (open space). **5** (建物の)敷地; 庭. **6 a** 《英》地下勝手口 (⇨ areaway 1): an ~ bell [door, gate] 地下勝手口のベル[ドア, 通用門]. **b** 〘建築〙 =dry area. **7** 〘教育〙 (学校の)教科内容の主要部分. **8** 〘解剖〙 **a** 野, 区; 領域. **b** 領《大脳皮質のある特殊機能を司る中枢》. **9** 〘生物〙 部域《発生初期に特定の分化能力が局限されている胚の部分》; 分布圏《動植物の種や群集が生存する範囲》.

área bòmbing *n.* 〘軍事〙 地域爆撃《目標でなく敵の広範な地域に損害を与え, その維持を困難ならしめるための大規模な空爆; cf. pattern bombing》.

área còde *n.* 《米・カナダ》〘電話〙 地域番号, 市外局番《加入者番号の前につける 3 桁の数字; cf. STD code》.

ar·e·al [ɛ́(ə)riəl | ɛ́ərɪ-] *adj.* **1** 面積の; 地域の. **2** 〘言語〙 地域言語学の. **~·ly** *adv.*

área linguístics *n.* =areal linguistics.

áreal linguístics *n.* 地域言語学《例外のない音法則の存在を否定して, 言語の変化とその伝播の説明に系統よりも地域的な接触を重視する言語理論》.

área navigátion *n.* 〘航空〙 エリアナビゲーション《計算機と特別のディスプレー装置を組合わせた機上搭載用の新しい航法装置; 略 RNav》.

área o·pá·ca [-o(ʊ)péɪkə | -ə(ʊ)-] 〘← NL ~: ⇨ opaque, area〙 ── *n.* 〘動物〙 暗域(あんいき)《鳥類や爬虫類の発生初期の胚盤葉の周域で明域 (area pellucida) を取り囲み, 卵黄と直接するために不透明に見え, 胚の形成されない部分》.

área pel·lú·ci·da [-pəlúːsədə | -pelúːsɪ-] 〘← NL ~: ⇨ pellucid, area〙 ── *n.* 〘動物〙 明域(めいいき)《鳥類や爬虫類の発生初期において胚盤葉の中心部の透明に見える, 将来胚の形成される部分》.

área stùdy *n.* 地域研究《一定地域の地理・歴史・文化などの総合研究》.

área vas·cu·ló·sa [-væ̀skjʊlóʊsə | -ləʊsə] 〘← NL ~: ⇨ vascular, area〙 *n.* 〘動物〙 血管域《鳥類や爬虫類の胚盤葉の暗域の中で中胚葉が侵入している部分》.

área vit·el·lí·na [-vɪṭəláɪnə, -vàɪ- | -tə-] 〘← NL ~: ⇨ vitelline, area〙 ── *n.* 〘動物〙 卵黄域《鳥類や爬虫類の胚盤葉の暗域のうち, 中胚葉の進入した血管域の外周部をいい, この部分は外・内胚葉のみが卵黄表面をおおっている》.

área·wày *n.* 《米》 **1** 地下勝手口, 地下室出入り口 (《英》 area)《地下室(台所)前の舗装された空地; 商人などの出入り口・通風・採光用》. **2** (建物と建物, 棟と棟の間の)通路 (passageway).

ar·e·ca [əríːkə, ǽrɪkə, ǽrə- | ǽrɪkə, əríːkə, ər-] 〘← NL ~ ← Port. ~ ▭ Malayalam *aṭekka* ← Tamil〙 ── *n.* 〘植物〙 アジア産ヤシ科アレカ属 (*Areca*) の植物の総称; (特に)ビンロウ (betel palm).

aréca nùt *n.* =betel nut.

aréca pàlm *n.* 〘植物〙 =areca.

a·rec·o·line [ərékəliːn] 〘← ARECA+-OL¹+-INE³〙 *n.* 〘化学〙 アレコリン ($C_8H_{13}O_2N$)《ビンロウの種子 (areca nut) から採れるアルカロイド; 家畜の駆虫剤に用いる》.

areg *n.* erg² の複数形.

a·re·na [əríːnə] 〘《(1627)》 ▭ L *(h)arēna* sand, sandy place〙 ── *n.* **1** (古代ローマの amphitheater で, 中央の砂を敷いた)闘技場. **2** 競技場, 試合場, 土俵; 道場; (試合場のある)競技館: a boxing ~. **3** 活舞台, 競争場裡(り): in the ~ of the United Nations 国連の活舞台で / enter the ~ of politics 政界に入る. **4** 〘演劇〙 =arena theater 1.

ar·e·na·ceous [æ̀rənéɪʃəs | -rɪ-] 〘▭ L *arēnāceus* sandy: ⇨ ↑, -aceous〙 *adj.* **1** 砂質の, 砂地の. **2** 〘植物〙 砂(地)に生じる. **3** 砂のような; 無味乾燥な.

aréna stàge *n.* 〘演劇〙 円形劇場の舞台.

aréna théater *n.* 〘演劇〙 **1** 円形劇場《中央に舞台があってその回りに観客席のあるもの; theater-in-the-round ともいう》. **2** 円形劇場上演法.

ar·e·nic·o·lous [æ̀rəníkələs] 〘⇨ arena, -colous〙 *adj.* 〘動物〙 砂(中)にすむ.

ar·e·nite [ǽrənàɪt, əríːnaɪt] 〘← ARENA+-ITE¹〙 *n.* 〘岩石〙 砂質岩.

ar·e·nose [ǽrənòʊs | -nəʊs] 〘▭ L *(h)arēnōsus* sandy: ⇨ arena, -ose¹〙 *adj.* 砂混じりの; じゃりじゃりする.

aren't [ɑ́ənt, ɑ́ːrənt | ɑ́ːnt] 〘口語〙 **1** are not の縮約形. **2** [疑問構文で] am not の縮約形. ★ 主に《英》 (cf. ain't, an't, amn't): I'm a student, ~ I? / *Aren't* I your mother?

ar·e·o- [ɛ́(ə)rio(ʊ) | ɛ́ərɪə(ʊ)] 〘← Gk *Áreos, Árēs* Mars〙 「火星 (Mars)」の意の連結形: areography.

àreo·céntric *adj.* 〘天文〙 火星中心の.

ar·e·og·ra·phy¹ [ɛ̀(ə)riɑ́grəfi | ɛ̀ərɪɔ́grəfɪ] *n.* 〘天文〙 火星表面学.

ar·e·og·ra·phy² [ɛ̀(ə)riɑ́grəfi | ɛ̀ərɪɔ́grəfɪ] 〘← AREA+-O-+-GRAPHY〙 *n.* 〘生物地理〙 生物地理誌 (cf. biogeography).

a·re·o·la [əríːələ | ærɪə(ʊ)lə, ər-] 〘← NL ~ ← L *āreola* (dim.) ← *ārea* 'AREA'〙 ── *n.* (*pl.* **-o·lae** [-liː, -làɪ], ~**s**) **1 a** 小さい隙間(すきま). **b** 〘生物〙 小域, 小隙(しょうげき); (葉脈間・翅脈間などの)網目状空隙. **2 a** 〘解剖〙 乳(頭)輪; 虹彩輪《瞳孔(どうこう)に接する虹彩 (iris) の部分》. **b** 〘病理〙 (皮疹(ひしん)の)紅輪.

a·re·o·lar [əríːələ | ærɪə(ʊ)lə(r), ər-] *adj.* 〘解剖〙 小隙(しょうげき)のある; 網目状の, 輪紋状の.

a·re·o·late [əríːələt, -lɪt, -lèɪt | ærɪə-, ər-] *adj.* 〘解剖〙 =areolar.

ar·e·o·la·tion [æ̀rɪəléɪʃən, ɛ̀(ə)riə- | ærɪə(ʊ)-, ər-, ɛ̀ərɪə(ʊ)-] *n.* 〘生物〙 網目状空隙(くうげき)形成, 網目状組織.

ar·e·ole [ɛ́(ə)riòʊl | ɛ́ərɪəʊl] 〘▭ F *aréole* ▭ L *āreola* 'AREOLA'〙 *n.* =areola.

ar·e·ol·o·gy [ɛ̀(ə)riɑ́lədʒi | ɛ̀ərɪɔ́lədʒɪ] *n.* 〘天文〙 火星学.

ar·e·om·e·ter [æ̀riɑ́məṭə, ɛ̀(ə)r- | æ̀rɪɔ́mɪtə(r, ɛ̀ər-, -mə-] 〘▭ ? F *aréomètre* ← Gk *araiós* thin: ⇨ -meter¹〙 ── *n.* 浮秤, 液体比重計 (hydrometer)《液体中に浮かべて比重を測る簡単な比重計》.

ar·e·om·e·try [æ̀riɑ́mətri, ɛ̀(ə)r- | æ̀rɪɔ́mɪtrɪ, ɛ̀ər-, -mə-] *n.* 液体比重測定(法).

Ar·e·op·a·gite [æ̀riɑ́pədʒàɪt, -gàɪt | æ̀rɪɔ́pəgàɪt, -dʒàɪt] 〘▭ L *Areopagites* ▭ Gk *Areiopagítēs*: ⇨ Areopagus, -ite¹〙 ── *n.* アレオパゴス (Areopagus) の会議の構成員; (後には, 特に)裁判官.

Ar·e·op·a·git·ic [æ̀riɑ̀pədʒíṭɪk | æ̀rɪɔ̀pədʒít-] *adj.* アレオパゴス裁判所の.

Ar·e·op·a·git·i·ca [æ̀riɑ̀pədʒíṭɪkə, -ṭə- | æ̀rɪɔ̀pədʒítɪ-] *n.* [the ~] 「アレオパジティカ」《J. Milton が出版の自由を主張したパンフレットの表題 (1644)》.

Ar·e·op·a·gus [æ̀riɑ́pəgəs | æ̀rɪɔ́p-] 〘▭ L ~ ▭ Gk *Areiópagos* = *Áreios págos* hill of Ares or Mars: ⇨ pax: cf. *Acts* 17: 19, 22〙 ── *n.* **1** [the ~] **a** (古代ギリシャの) アレオパゴス《ギリシャ Athens の丘; こ

こに置かれた評議会は貴族政以来保守派の牙城で，政治的実権を握っていた》．b アレオパゴス裁判[審所]所《古代ギリシャ Athens の最高法廷》．2 最高裁判所 (high tribunal).

a·re·o·style [əríːəstàɪl, æ̀rio(ʊ)- | əríːə(ʊ)-, æ̀rɪə(ʊ)-] *adj., n.* 〖建築〗=araeostyle.

a·re·o·sys·tyle [əriːəsístaɪl, æ̀rio(ʊ)- | əriːə(ʊ)-, æ̀rɪə(ʊ)-] *adj., n.* 〖建築〗=araeosystyle.

A·re·qui·pa [æ̀rəkíːpə, æ̀rɪkíː- | æ̀rɪ-, æ̀re-; *Sp.* àrekípa] *n.* アレキパ《ペルー南部の都市；人口 203,000》.

Ar·es [έ(ə)riːz | έər-] 〖▭L ～ ▭Gk *Árēs* Mars, 《原義》destroyer ← *arḗ* bane, ruin〗 *n.* 〖ギリシャ神話〗アレース《軍(いくさ)の神；ローマ神話の Mars に当たる》.

ar·e·ta·ics [æ̀rətéɪɪks] 〖← Gk *aretḗ* virture+-ICS〗 *n.* 徳論《徳の本質・実践などを研究課題とする倫理学の分野；cf. eudaemonics》.

a·re·te [æ̀rətéɪ, -tíː, əríːṭi | əríːtiː, æ̀r-, -tɪ] 〖▭Gk *aretḗ* ← *aréskein* to appease〗 *n.* 〖哲学〗徳, アレテー《物, 特に性格に備わりそれを良くする性質》.

a·rête [əréɪt, ær- | æréɪt, ər-, -rét; *F.* arɛt] 〖《1862》▭F ～ 'fishbone, sharp ridge (of roofing)' ▭LL *arista*, (L) beard of grain〗 ― *n.* (*pl.* ～s [～s; *F.* ～]) 〖地理〗(主に氷河の侵食によるアルプスなどの岩石からなる)鋭い山稜(さんりょう)；〖登山〗やせ尾根, 鎌(かま)尾根, アレート.

ar·e·thu·sa [æ̀rəθ(j)úːzə, -sə | æ̀rɪθ(j)úːzə, æ̀re-] 〖← NL ～ (↓)〗 ― *n.* 〖植物〗ラン科サワラン属 (*Arethusa*) の植物の総称；(特に)ピンクや白の花をつける小さなラン (*A. bulbosa*).

Ar·e·thu·sa [æ̀rəθ(j)úːzə, -sə | æ̀rɪθ(j)úːzə, æ̀re-] 〖▭L ～ ▭Gk *Aréthousa* ← *árdousa* waterer (fem. pres.p.) ← *árdein* to water〗 ― *n.* 〖ギリシャ神話〗アレトゥーサ：a 川の神 Alpheus に追われていたのを Artemis によって小川に姿を変えられて救われたという森の精．b Hesperides の一人.

A·re·ti·no [æ̀rətíːnoʊ | æ̀rɪtíːnəʊ; *It.* àretíːno], **Guido** *n.* ⇨ Guido d'Arezzo.

Aretino, Pietro *n.* アレティーノ《1492–1556; イタリアの風刺作家・劇作家》.

A·rez·zo [ərétsoʊ, ɑːr- | -tsəʊ; *It.* arέttso] *n.* アレッツォ《イタリア中部, Tuscany の都市；人口 89,000》.

arf·ved·son·ite [ɑ́ːəvɪdsənàɪt, -vəd-] 〖← *J. A. Arfvedson* (19 世紀のスウェーデンの化学者)+-ITE[1]〗 ― *n.* 〖鉱物〗ソーダ角閃石, アルベゾン角閃石 (Na_{2-3}-(Fe, Mg, Al)$_5Si_8O_{22}$(OH)$_2$)《アルカリ角閃石の一種》.

arg. 《略》〖紋章〗argent; *L.* argentum (=silver); argument.

Arg. 《略》Argentina; Argentine; Argyll.

ar·gal [ɑ́ːəgəɫ | ɑ́ː-] *n.* 1 〖化学〗=argol[1]. 2 〖動物〗=argali.

ar·ga·la [ɑ́ːəgələ | ɑ́ː-] 〖▭Hindi *hargilā*〗 *n.* 〖鳥類〗1 =adjutant bird. 2 =marabou.

ar·ga·li [ɑ́ːəgəli | ɑ́ːgəlɪ] 〖← Mongolian〗 *n.* (*pl.* ～, ～s) 〖動物〗アルガリ (*Ovis ammon*)《中央アジアに生息する角の曲がった大きな野生の羊》.

Ar·gand, a- [ɑ́ːəgæn(d), -gɑːn(d), -gən(d) | ɑ́ːgæn(d), -gən(d); *F.* argɑ̃] 〖《1790》← *Aimé Argand* (1755–1803: それを発明したスイスの物理学者)〗 *n.*=Argand lamp.

Árgand bùrner, á- b- *n.* アルガン灯(丸芯)の火口, アルガンバーナー.

Árgand dìagram 〖← *Jean Robert Argand* (1768–1822: フランスの数学者)〗 ― *n.* 〖数学〗アルガン図表《実数部分を *x* 座標, 虚数部分を *y* 座標とする点で複素数を表示するようにした平面；*x* 軸を実軸 (real axis), *y* 軸を虚軸 (imaginary axis) という；Gauss plane ともいう》.

Árgand làmp, á- l- 〖⇨ Argand〗 *n.* アルガン灯「(丸芯のランプ)」.

Ar·gas·i·dae [ɑəgǽsɪdìː, -sə- | ɑːgǽsɪ-] 〖← NL ～ ← *Argas* (属名: ← ? Gk *argós* idle ← A-[7]+*érgon* work) +-IDAE〗 ― *n.* 〖動物〗ヒメダニ科. **ar·ga·sid** [ɑ́ːəgəsɪd, -səd | ɑ́ːgəsɪd] *adj.*

ar·gent [ɑ́ːədʒənt | ɑ́ː-] 〖《a1400》▭(O)F ～ < L *argentum* silver: ⇨ argentum〗 ― *n.* 1 《古・詩》銀 (silver). 2 《詩》銀白, 純白. 3 〖紋章〗銀色《無彩色図では白無地で示す；⇨ heraldry 挿絵 E》. 4 《廃》銀貨 (silver coin), 貨幣 (money). ― *adj.* 銀の, 銀のような；銀白の (silvery-white)；純白の；〖紋章〗銀色の.

ar·gent- [ɑədʒént | ɑː-] (母音の前に来る時の) argento- の異形: *argent*amide.

ar·gen·tal [ɑədʒénṭɫ | ɑːdʒéntɫ] *adj.* 銀の(ような)；銀を含む.

ar·gen·te·ous [ɑədʒénṭiəs | ɑːdʒéntɪ-] 〖← L *argenteus* (⇨ argentum)+-OUS〗 *adj.* 銀のような, 銀状の (silvery)

Ar·gen·teuil [ɑ̀ːʒəntə́ːi, -tə́ːɫ | ɑ̀ː-; *F.* arʒɑ̃tœj] *n.* アルジャントイユ《フランス北部, Paris に近い Seine 河畔の都市；人口 91,000》.

ar·gen·ti- [ɑədʒénṭɪ, -ṭə | ɑːdʒéntɪ] argento- の異形 (⇨ -i-): *argenti*nitrate.

ar·gen·tic [ɑədʒénṭɪk | ɑːdʒént-] *adj.* 〖化学〗2 価の銀「(Ag^{II}) の, 第二銀の.

ar·gen·tif·er·ous [ɑ̀ːədʒəntíf(ə)rəs | ɑ̀ːdʒən-, -dʒen-] *adj.* 〖地質〗〈鉱石・鉱脈など〉銀を生じる, 銀を含む.

Ar·gen·ti·na [ɑ̀ːədʒəntíːnə | ɑ̀ːdʒən-, -dʒen-] 〖▭Sp. ～ ← ? (*tierra*) *argentina* silvery (land): その川(特に *Rio de la Plata* the river of silver) や湖の美しさにちなむ: ⇨ argentine〗 ― *n.* アルゼンチン《南米の共和国；人口 26,060,000, 面積 2,776,889 km², 首都 Buenos Aires; 公式名 the Argentine Republic アルゼンチン共和国》.

Ar·gen·ti·na [ɑ̀ːədʒəntíːnə | ɑ̀ːdʒən-, -dʒen-; *Am. Sp.* àrhentína], **La** [lɑː; *Sp.* la] *n.* アルヘンティナ《1888–1936; アルゼンチンの女性舞踊家；本名 Antonia Mercé [antónja mɛrθé]》.

ar·gen·tine [ɑ́ːədʒəntàɪn, -tɪn, -tən, -tiːn | ɑ́ːdʒəntàɪn] 〖《15C》▭(O)F *argentin* ∥ L *argentin-us* of silver: ⇨ argentum, -ine[1]〗 ― *adj.* 銀の；銀のような, 銀色の (silvery): ～ glass 銀色ガラス. ― *n.* 1 銀；銀色金属. 2 〖魚類〗銀色のうろこをもったニギス科ニギス属 (*Argentina*) の鹹水(かんすい)魚の総称. 3 魚鱗箔(ぎょりんはく)《魚のうろこから採った銀色材料で, 模造真珠製造用》.

Ar·gen·tine [ɑ́ːədʒəntìːn, -tàɪn | ɑ́ːdʒəntàɪn, -tiːn] 〖⇨ Argentina〗 ― *adj.* アルゼンチンの: the ～ Republic. ― *n.* 1 アルゼンチン(共和国)人. 2 [the ～] =Argentina. 3 〖ダンス〗アルゼンチン(タンゴ).

Ar·gen·tin·e·an [ɑ̀ədʒəntíniən, -tíːn-, -njən | ɑ̀ːdʒən-tínjən, -nɪən] *adj., n.* =Argentine.

Árgentine ánt *n.* 〖昆虫〗アルゼンチンアリ (*Iridomyrmex humilis*)《南米産で米国南西部・オーストラリアなどに分布する茶色のアリ》.

Árgentine clóth *n.* アルゼンチンクロス《薄地モスリンに似たつや出し綿織物》.

Ar·gen·tin·i·an [ɑ̀ədʒəntíniən, -tíːn-, -njən | ɑ̀ːdʒən-tínjən, -nɪən] *adj., n.* =Argentinean.

Ar·gen·tin·i·dae [ɑ̀ədʒəntínədìː | ɑ̀ːdʒəntínɪ-] 〖← NL ～ ← *Argentina* (属名: ⇨ argento-, -ina[1])+-IDAE〗 *n. pl.* 〖魚類〗ニギス科.

ar·gen·tite [ɑ́ːədʒəntàɪt | ɑ́ː-] 〖▭G *Argentit*: ⇨ ↓, -ite[1]〗 *n.* 〖鉱物〗輝銀鉱 (Ag_2S)《銀の普通の鉱石；silver glance ともいう》.

ar·gen·to- [ɑədʒénṭo(ʊ) | ɑːdʒéntə(ʊ)] 〖▭L ～: ⇨ argentum〗「銀」の意の連結形: *argento*metry. ★時に argenti-, また母音の前では通例 argent- になる.

ar·gen·tol [ɑ́ːədʒəntɔ̀(ː)ɫ, -tòʊɫ | ɑ́ːdʒəntɔ̀ɫ, -dʒen-] 〖⇨ ↑, -ol[1]〗 *n.* 〖化学〗アルゼントル ($C_9H_5N(OH)SO_3Ag$)《粉末状で防腐剤として用いられる有機銀化合物》.

ar·gen·tom·e·try [ɑ̀ədʒəntɑ́mətri | ɑ̀ːdʒəntɔ́mɪtrɪ, -mə-] *n.* 〖化学〗銀滴定.

ar·gen·tous [ɑədʒénṭəs | ɑːdʒént-] *adj.* 〖化学〗1 価の銀 (Ag^I) の, 第一銀の: ～ chloride 塩化銀 (AgCl).

ar·gen·tum [ɑədʒénṭəm | ɑːdʒént-] 〖▭L ～ ← IE **ar(e)g-* to shine (Gk *árgillos* 'ARGIL': cf. argue)〗 *n.* 〖化学〗=silver 1.

ar·ghan [ɑ́ːəgən | ɑ́ː-] 〖← ?〗 *n.* 〖植物〗中央アメリカ産の野生のパイナップルの一種 (*Ananas magdalenae*) (cf. pita 1).

Ar·gi·dae [ɑ́ːədʒɪdìː, -dʒə- | ɑ́ːdʒɪ-] 〖← NL ～ ← *Arge* (属名: ← ? Gk *argḗs* bright)+-IDAE〗 *n. pl.* 〖昆虫〗(膜翅目)ミフシハバチ科.

ar·gil [ɑ́ːədʒɪɫ, -dʒəɫ | ɑ́ːdʒɪɫ] 〖《a1398》 *argilla* ▭OF *argille* (F *argile*) ▭L *argilla* ▭Gk *árgillos* white clay: cf. argentum〗 ― *n.* 1 陶土, 白粘土 (potter's clay). 2 〖化学〗=alumina.

ar·gill- [ɑədʒíl | ɑː-] (母音の前に来る時の) argillo- の異形.

ar·gil·la [ɑədʒílə | ɑː-] 〖▭L ～: ⇨ argil〗 *n.* カオリン, 白陶土 (kaolin).

ar·gil·la·ceous [ɑ̀ədʒəléɪʃəs, -dʒɪ- | ɑ̀ːdʒɪ-] 〖《1731》▭L *argillaceus*: ⇨ argil, -aceous〗 *adj.* 1 陶土質の, 粘土質の (clayey). 2 多量の粘土を含む.

ar·gil·li- [ɑədʒílɪ, -lə | ɑːdʒílɪ] argillo- の異形 (⇨ -i-).

ar·gil·lic [ɑədʒílɪk | ɑː-] 〖← ARGILL(O-)+-IC[1]〗 *adj.* 多量の粘土を含む (argillaceous): an ～ horizon 〖土壌〗アルジリック層《粘土の集積層》.

ar·gil·lif·er·ous [ɑ̀ədʒəlíf(ə)rəs, -dʒɪ- | ɑ̀ːdʒɪ-] *adj.* 陶土[粘土]を生じる.

ar·gil·lite [ɑ́ːədʒəlàɪt, -dʒɪ- | ɑ́ːdʒɪ-] *n.* 〖岩石〗粘土質岩 (cf. shale, slate[1] 1 a, mudstone).

ar·gil·lo- [ɑədʒílo(ʊ) | ɑːdʒílə(ʊ)] 〖▭L ～ ← *argilla* 'ARGIL'〗 ―「粘土, 陶土 (clay)；粘土[陶土]を生じる[に富む]」の意の連結形. ★時に argilli-, また母音の前では通例 argill- になる.

ar·gi·nase [ɑ́ːədʒənèɪs, -dʒə-, -nèɪz | ɑ́ːdʒɪnèɪs] 〖⇨ ↓, -ase〗 *n.* 〖化学〗アルギナーゼ《arginine を ornithine と尿素とに分解する酵素》.

ar·gi·nine [ɑ́ːədʒəniːn, -dʒɪ-, -nàɪn, -nɪn, -nən | ɑ́ːdʒɪniːn, -nàɪn] 〖← ? Gk *arginóeis* bright+-INE[3]〗 ― *n.* 〖化学〗アルギニン ($H_2N(NH)CNH(CH_2)_3CH(NH_2)COOH$)《塩基性アミノ酸の一種》.

Ar·gi·nu·sae [ɑ̀ədʒən(j)úːsiː, -dʒɪ- | ɑ̀ːdʒɪnjúː-] *n. pl.* [the ～] アルジヌーシ《小アジアと Lesbos 島との間の島々；アテネとスパルタの交戦地 (406 B.C.)》.

Ar·gi·op·i·dae [ɑ̀ədʒaɪɑ́pədìː, -dʒi- | ɑ̀ːdʒaɪɔ́pɪ-, -dʒɪ-] 〖← NL *Argiope* (属名: ← Gk *Argiópē* (ニンフの名))+-IDAE〗 *n. pl.* 〖動物〗コガネグモ科.

Ar·give [ɑ́ːədʒaɪv, -gaɪv | ɑ́ːgaɪv] 〖▭L *Argīv-us* ▭Gk *Argeios* ← *Árgos* 'ARGOS'〗 ― *adj.* 1 (古代ギリシャの)アルゴス (Argos) の；アルゴリス (Argolis) の. 2 ギリシャの (Greek). ― *n.* 1 アルゴス人；アルゴリス人. 2 ギリシャ人.

ar·gle [ɑ́ːəgɫ | ɑ́ː-] 〖《1589》《方言》《変形》← ARGUE: ⇨ -le[3]〗 *vt., vi.* 《方言》(…のことで)議論する (argue).

ar·gle-bar·gle [ɑ́ːəgɫbɑ́ːəgɫ | ɑ́ːgɫbɑ́ː-] 〖《加重》↑〗 *vi., n.* 《口語・方言》=argy-bargy.

Ar·go [ɑ́ːəgoʊ | ɑ́ːgəʊ] 〖▭Gk *Argṓ* ← *argós* swift〗 ― *n.* 1 [the ～] 〖ギリシャ伝説〗アルゴー船 (cf. Argonaut 1). 2 〖天文〗アルゴ座《南天の大星座として設けられたが今は用いられていない》.

ar·gol[1] [ɑ́ːəgɔ(ː)ɫ | ɑ́ːgɔɫ] 〖《c1325》 *argoil* ▭AF *argoil* ← ? Gk *argós* (↑)〗 ― *n.* 〖化学〗粗酒石《ぶどう酒の熟成中に樽 (vat) の内側に付着する結晶物；これを精製して酒石 (tartar) を造る》.

ar·gol[2] [ɑ́ːəgɔ(ː)ɫ | ɑ́ːgɔɫ] 〖← Mongolian〗 *n.* アラガル《乾燥した牛糞・羊糞など；モンゴルなどで燃料用》.

Ar·go·lis [ɑ́ːəgəlɪs, -ləs | ɑ́ːgəlɪs] *n.* アルゴリス《古代ギリシャ Peloponnesus 半島の東部地方で Argos や Mycenae などの有力な都市があった》.

Argolis, the Gulf of *n.* アルゴリス湾《ギリシャ Peloponnesus 半島の東岸にありエーゲ海に面する》.

ar·gon [ɑ́ːəgɑn | ɑ́ːgɔn, -gən] 〖《1894》← NL ～ ← Gk *argón* (neut.) ← *argós* idle, inert ← A-[7]+*érgon* work: idle gas の意〗 ― *n.* 〖化学〗アルゴン《空気中に存在する希ガス元素；記号 Ar, 原子番号 18, 原子量 39.948》.

Ar·go·naut [ɑ́ːəgənɔ̀ːt, -nɑ̀ːt | ɑ́ːgənɔ̀ːt] 〖▭L *Argonauta* ▭Gk *Argonaútēs* ← *Argṓ* 'ARGO'+*naútēs* sailor〗 ― *n.* 1 〖ギリシャ伝説〗アルゴナウテース《アルゴー船一行 (the Argonauts) の一人；伝説の英雄 Jason に従って Argo という船に乗り「黄金の羊毛 (the Golden Fleece)」を捜すためコルキス (Colchis) 国へ遠征した勇士》. 2 [時に a-] a 冒険家 (adventurer). b (米国で, 1848–49 年にゴールドラッシュに駆られて California に集まった)金鉱探検者 (cf. forty-niner 1). 3 [a-] 〖動物〗アオイガイ (paper nautilus).

Ar·go·nau·tic [ɑ̀ːəgənɔ́ːṭɪk, -nɑ́ːṭ- | ɑ̀ːgənɔ́ːt-] *adj.* 〖ギリシャ伝説〗アルゴー船一行 (the Argonauts) の (cf. Argonaut 1): the ～ expedition アルゴナウテースたちの遠征.

Ar·go·nau·ti·dae [ɑ̀əgənɔ́ːṭədìː | ɑ̀ːgənɔ́ːtɪ-] 〖← NL ～ ← *Argonauta* (属名: ⇨ Argonaut)+-IDAE〗 *n. pl.* 〖動物〗(八腕目)アオイガイ科.

Ar·gónne Fórest [ɑəgɑ́n-, -gɔ́(ː)n-, ―― | ɑːgɔ́n-; *F.* argɔn-] *n.* アルゴンヌの森《フランス北東部の山林地帯；戦跡 (1918, 1944)；単に Argonne ともいう》.

Ar·gos [ɑ́ːəgɑs, -gəs | ɑ́ːgɔs] *n.* アルゴス《ギリシャ南東部の古代都市；Argolis 地方の中心地で Sparta, Athens, Corinth の強敵だった》.

ar·go·sy [ɑ́ːəgəsi | ɑ́ːgəsɪ] 〖《1577》《変形》←《廃》*ragusye* ▭It. *ragusea* vessel of Ragusa〗 ― *n.* 1 (16–17 世紀に豪華な荷物を積んでアドリア海 (Adriatic Sea) を航行した Ragusa や Venice の) 大型帆船. 2 《詩》大型商船, 船；商船団. 3 豊富な貯え, 宝庫 (rich store): an ～ *of* poetic images.

ar·got [ɑ́ːəgət, -goʊ | ɑ́ːgəʊ; *F.* argo] 〖《1860》▭F ～ ← ?〗 ― *n.* 1 (盗賊・浮浪者などの)隠語, 暗語, 符牒(ふちょう) (cant): pickpockets' ～. 2 (あるグループ・職業などに)特有な用語, 俗語 (slang, jargon): the ～ of students / printers' ～.

ar·gu·a·ble [ɑ́ːəgjuəbɫ | ɑ́ːgjuː-] *adj.* 1 〈事が〉議論可能な. 2 a 〈事が〉主張可能な, 論拠のある, 恐らく真実な[間違いない]: It is ～ that he has misjudged the situation. 恐らく情勢の判断を誤っていると言ってよかろう. b 〈事が〉議論の余地のある, 疑わしい (uncertain): It is ～ whether the assumption is valid. 前提が妥当であるかどうかは疑問である.

ár·gu·a·bly [-bli | -blɪ] *adv.* (論理的に)主張できるように, 恐らく間違いなく: Eliot's '*Four Quartets*' is ～ his greatest work. エリオットの「四つの四重奏」は多分彼の最も偉大な作品と言えるだろう.

ar·gue [ɑ́ːəgjuː | ɑ́ː-] 〖《c1303》▭(O)F *argu-er* ▭L *argūtāre* to prate (freq.) ← *arguere* to make clear, prove ← IE **ar(e)g-* to shine (Gk *árguros* / L *argentum* silver: cf. argentum)〗 ― *vt.* 1 a 〈事の可否・真偽など〉を論じる, 議論する (discuss): ～ a point, question, etc. / ～ a case 〈弁護人が〉事件の弁論をする. b 〈事(の合法性など)を〉問題にする, …に異議を唱える (question): ⇨ *argue the* TOSS. 2 (理由などを示して)〈事を〉主張する (maintain) 〈*that*〉: ～ one's position 自分の立場を主張[弁護]する / He ～*d that* he was in the right. 彼は自分の方が正しいのだと主張した. 3 〈人を〉説いて…させる〔*into, out of*〕: They ～*d* him *into* joining the party. 彼を説得して入党させた / She ～*d* herself *into* going back. いろいろ考えた末もどることにした / He ～*d* me *out of* the habit. 私を説いてその習慣をやめさせた / ～ a person *down* 人を言い込める. 4 〈物事が〉示す (indicate)；立証する (prove): His conduct ～*s* him (*to be*) a rogue [～*s* roguery in him]. その振舞いで彼の悪者であることが明らかだ / The bloodstains ～ *that* there was foul play. 血痕は犯行のあったことを物語っている / Not to know me ～*s* yourselves unknown. 私を知らないとは自分たちの無名な証拠である (Milton, *Paradise Lost* 1. 830). ― *vi.* 1 論じる, 議論する；論争する: ～ *with* a person *about* [*over*] a thing 人とある事について議論する / ～ *against* 〈人・事〉に反対の議論をする；〈事が〉…と反対の結論を示す / ～ *for* [in favor of] …に賛成の議論をする / ～ *with* oneself (何かについて)自分でいろいろと考える / ～ away 長々と議論する / ～ in a circle ⇨ circle 4 b. 2 言い争う, 口論する (quarrel): ～ *about* money (*with* each other) / They are always *arguing*.

***argue away* [*off*]** (1) 〈問題などを〉(もっともらしい議論で)片付ける, 一掃する: ～ *away* a misunderstanding. (2) ⇨ *vi.* 1.

ár·gu·er [-gjuːə, -gjuə | -gjuːə(r)] *n.*

ar·gu·fy [ɑ́ːəgjufàɪ | ɑ́ː-] 〖⇨ ↑, -fy〗 《口語・方言》 ― *vi.* (つまらぬ事を)くどくどと論じる；言い争う. ― *vt.* しつこく論じる；〈人を〉しつこい議論で悩ます. **ár·gu·fì·er** *n.*

ar·gu·ment [ɑ́ːəgjumənt | ɑ́ː-] 〖《c1330》▭(O)F ～ ▭

L *argūmentum*: ⇨ argue, -ment】 ── *n.* **1 a** (賛否の)議論, 論議 (discussion): have an ~ *with* a person *about* [*over*] a question / beyond ~ 議論の余地のない, 明らかな / without ~ 異議[文句]なしに / for the sake of ~ 議論の[を進める]ために. **b** 言い争い, 口論 (quarrel): He had an ~ *with* his wife *about* their son. **c** 〘法律〙(弁護士の)弁論. **2** (賛否の)論拠, 論点, 理由 (reason) 〔*for, against*〕/ ‹*that*›: a strong [weak] ~ / an ~ *for* [*against*] (end*ing* a) war / put forward an ~ in favor of compromise 妥協賛成論を出す / on the ~ *that*...という理由で / My ~ is *that* his assumption is faulty. (それに対する)私の主張は彼の前提に誤りがあるということだ. **3** 推論, 立論 (reasoning); 論法: follow a person's ~. **4 a** (文学作品の)梗概 (summary). **b** 主題, 主旨, テーマ (theme): the ~ of a speech. **5 a** 〘哲学・論理〙論証 (argumentum); 議論, 論議: an ~ from silence = ARGUMENTUM e [ex] silentio. **b** 〘論理〙(関係や関数の)項 (term). **6** 〘数学〙**a** 独立変数, 引数. **b** 偏角 (amplitude). **7** 《廃》**a** 証拠 (proof). **b** 争いの根拠[理由].

argument from design [the ―] 〘哲学〙目的論的証明 (teleological argument) 《目的をもった宇宙の秩序を神の存在の証明の根拠に用いる証明法》.

argument from illusion [the ―] 〘哲学〙錯覚論法 《錯覚・幻覚の可能性を根拠にして知覚の認識的確実性を疑問視し, また知覚は物それ自身の性質を表わさないと主張する議論》.

ar·gu·men·tal [àːgjuméntl | àːgjuméntl] *adj.*

argumenta *n.* argumentum の複数形.

ar·gu·men·ta·tion [àːgjuməntéɪʃən, -men- | àːgju-men-, -mən-] 〘《c1443》⊏ (O)F ~ // L *argūmentātiō(n-)* ← *argūmentārī* to bring forward proof: ⇨ argument, -ation〙 ── *n.* **1** 推論, 論証; 立論 (reasoning). **2** 討議, 論争 (discussion, debate).

ar·gu·men·ta·tive [àːgjuméntəṭɪv | àːgjuméntət-] 〘《15C》〙 ── *adj.* **1** ‹人が›議論好きな, 理屈っぽい (quarrelsome). **2** ‹発言など›議論的な, 論争的な. **3** 〘法律〙‹抗弁が›立証的な. **4** ‹事が›(...を)示す, ほのめかす (indicative) 〔*of*〕. **~·ly** *adv.* **~·ness** *n.*

árgument prìnciple *n.* [the ~] 〘数学〙偏角原理 《複素正則関数の閉曲線に沿う偏角 (argument) の変化は, その閉曲線の内部にある零点と極の個数の差の 2π 倍に等しいという原理》.

ar·gu·men·tum [àːgjuméntəm | àːgjumént-] 〘⊏ L *argūmentum* 'ARGUMENT'〙 ── *L. n.* (*pl.* **-men·ta** [-ṭə | -tə]) 〘哲学・論理〙論証, 論法 (argument).

argumentum ad [-æd] ...に向けての論証[論法]: an ~ *ad* baculum 威力[暴力]に訴える論証 / an ~ *ad* ignorantiam [-ìgnərǽnʃiəm | -ʃɪəm] (=ignorance) 無知(相手が事実に暗い点)に乗じる論証 / an ~ *ad* populum [-pɑ́pjuləm | -pɔ́p-] (=the people) 大衆にこびる論証 / ⇨ argumentum AD ABSURDUM, argumentum AD HOMINEM, argumentum AD MISERICORDIAM, argumentum AD REM.

argumentum e [ex] si·len·ti·o [-sɪlénʃiòu, -sə- | -sɪlénʃiəu] 〘哲学・論理〙沈黙[無言]論法 (argument from silence) 《反証が提示されないことをもって当面の結論の正しさを主張する論法》.

ar·gus [ɑ́əgəs | ɑ́ː-] 〘← NL ~ (↓): その羽[翅]の紋様が目に似ていることから〙 ── *n.* **1** 〘鳥類〙セイラン (*Argusianus argus*) 《タイ・マレー産のキジ科の美しい鳥; 目のような模様がある; argus pheasant ともいう》. **2** 〘昆虫〙翅に多くの目のような斑点のある(特に, ジャノメチョウ科の)チョウの総称.

Ar·gus [ɑ́əgəs | ɑ́ː-] 〘《1369》⊏ L ~ ⊏ Gk *Argós* ← *argós* shining, bright〙 ── *n.* **1** 男性名. **2 a** 〘ギリシャ神話〙アルゴス 《百眼の巨人; Echidna を退治した; 小牛に変えられた美女 Io の番をしていたが Hermes の笛に眠らされて Io を奪われたため, Hera は怒って彼を殺しその目をくじゃくの尾につけたという》. **b** 鋭く見張る人, 厳重な見張人. **3** 〘ギリシャ神話〙アルゴス 《Phrixus の息子で, アルゴー船 (the Argo) の建造者》.

Árgus-éyed, á- 〘↑〙 *adj.* 目の鋭い, 油断のない (vigilant).

árgus phéasant *n.* 〘鳥類〙セイラン (⇨ argus 1).

ar·gute [ɑəgjúːt | ɑː-] 〘《?1440》⊏ L *argūt-us* clear, sharp (p.p.) ← *arguere* 'to ARGUE'〙 ── *adj.* **1** 敏捷な; 鋭敏な, 抜け目のない (shrewd). **2** ‹音が›鋭い, かん高い (shrill). **~·ly** *adv.* **~·ness** *n.*

ar·gy-bar·gy [ɑ́əgibɑ́əgi | ɑ̀ːgibɑ́ːgi] 〘《加重》← 《方言》*argy* 《変形》← ARGUE〙 《口語・方言》 ── *vi.* 議論を戦わす, 討論をする (debate); 言い争う, 口論する. ── *n.* 議論, 討論 (argument); 言い争い, 口論.

Argyl. 《略》Argyll: Argyllshire.

ar·gyle¹ [ɑ́əgaɪl, ─́─ | ɑːgáɪl] 〘← ? *Duke of Argyle*〙 *n.* (*also* **ar·gyll** [~]) (保温式の)グレーヴィー容器 (gravy vessel).

ar·gyle², A- [ɑ́əgaɪl, ─́─ | ɑːgáɪl] 〘← *Argyll*: この氏族が用いた格子柄から〙 ── *n.* (*also* **ar·gyll** [~]) **1** (靴下・セーターなどを編む時の)ダイヤ形色模様. **2** [通例 *pl.*] ダイヤ形色模様のソックス. ── *adj.* アーガイル柄の, ダイヤ形色模様の.

Ar·gyll [ɑəgáɪl | ɑː-] *n.* = Argyllshire.

Ar·gyll·shire [ɑəgáɪlʃɪə, ɑ́əgaɪl-, -ʃə | ɑːgáɪlʃə(r, -ʃɪə] 〘← *Argyll* (スコットランドの地名) + -SHIRE〙 *n.* スコットランド西部沿岸の旧州で, Firth of Clyde の大部分を含む; 1975 年以降 Strathclyde 州の一部と Highland 州南部の一部となる; 面積 8,055 km², 首都 Inverary [ìnvəréə)ri | -réəri]; 単に Argyll ともいう.

ar·gyr- [ɑ́ədʒər | ɑ́ːdʒɪr] (母音の前に来る時の) argyro- の異形: *argyr*anthous 銀色の花のある.

ar·gyr·i·a [ɑədʒíriə | ɑːdʒírɪə] 〘← NL ~: ⇨ ↓, -ia¹〙 *n.* 〘病理〙銀中毒.

ar·gy·ro- [ɑ́ədʒərou, -rə | ɑ́ːdʒɪrə(u)] 〘← NL ~ ← Gk *árguros* silver: cf. argue〙「銀, 銀色」の意の連結形. ★ 母音の前では通例 argyr- になる.

ar·gyr·o·dite [ɑədʒírədàɪt | ɑːdʒírə(u)-] 〘← Gk *argurṓdēs* rich in silver (← *árguros* (↑)) + -ITE¹〙 *n.* 〘鉱物〙硫銀ゲルマニウム鉱 (Ag_8GeS_6).

Ar·gy·rol [ɑ́ədʒərɔ̀(ː)l, -ròul, -rɑ̀l | ɑ́ːdʒɪrɔ̀l] 〘← ARGYRO- + -OL²〙 *n.* 〘商標〙アージロール 《目・耳・鼻など局部防腐剤として用いる含銀液》.

Ar·hat, a- [ɑ́əhʌt | ɑ́ː-] 〘⊏ Skt ~ 《原義》deserving respect〙 *n.* 〘仏教〙阿羅漢(あらかん), 応供(おうぐ). **~·ship** *n.*

a·rhyth·mi·a [əríðmiə, ər- | -mɪə] *n.* 〘病理〙= arrhythmia.

a·ri·a [ɑ́ːriə, é(ə)r- | ɑ́ːrɪə; *It.* áːrja] 〘⊏ It. ~ 《原義》atmospheric air: ⇨ air¹〙 ── *n.* (*pl.* **~s, a·ri·e** [-rièɪ | -rɪ-; *It.* áːrje]) 〘音楽〙**1** 詠唱, アリア 《オペラ・カンタータなどで通例楽器の伴奏のある抒情的性格の独唱曲; cf. arioso, recitative 1》. **2** = air¹ 7 a.

-a·ri·a¹ [é(ə)riə | éərə] 〘← NL ~ ← L *-āria* (fem. sing., neut. pl.) ← *-ārius* '-ARY'〙 ── *suf.* 〘生物〙動植物の上位の分類名, 特に「目 (order)」を表わす複数名詞を造る: Actin*iaria* イソギンチャク目.

-aria² *suf.* -arium の複数形.

ária da cápo 〘⊏ It. ~ 'air from the beginning'〙 ── *n.* (*pl.* **arias da capo, arie da capo**) 〘音楽〙ダ・カーポアリア 《17 世紀半頃から 18 世紀半頃にかけて発達し確立されたアリアの形式で, A–B–A の 3 部形式をとる》.

Ar·i·ad·na [æ̀riǽdnə | æ̀rɪ-] 〘↓〙 *n.* 女性名.

Ar·i·ad·ne [æ̀riǽdni | æ̀riǽdnɪ] 〘⊏ L ~ ⊏ Gk *Ariádnē*〙 ── *n.* **1** 女性名. **2** 〘ギリシャ神話〙アリアドネー 《Crete の王 Minos の娘; Theseus と恋に落ち, 彼に糸のまりを与えて道しるべとし迷宮からの脱出を助けた; cf. labyrinth 1 b, Minotaur》.

Ar·i·an¹ [é(ə)riən | éərɪ-] 〘← LL *Ariān-us* (← *Arīus* ⊏ Gk *Áreios*) + -AN¹〙 *adj.* アレイオス (Arius) の; アレイオス主義の. ── *n.* アレイオス主義の人.

Ar·i·an² [é(ə)riən | éərɪ-] *adj., n.* = Aryan.

-ar·i·an [é(ə)riən | éərɪ-] 〘← L *-ārius* '-ARY' + -AN¹〙 ── *suf.* 「...派の(人), ...主義の(人), ...歳の(人)」などの意の形容詞・名詞を造る: humanit*arian*, veget*arian*, sexagen*arian*.

Á·ri·an·ism [-nìzm] *n.* 〘キリスト教〙アレイオス[アリウス]主義 《イエスは父なる神と同質(同一実体)ではないが, 他のすべての被造物に先立って父により創造された高貴な存在であるとする Arius の教説; キリストの神性を否定するものとして 325 年の Nicene Council で異端とされる》.

A·ri·an·ize [é(ə)riənàɪz | éərɪ-] *vt., vi.* アレイオス主義にする[なる].

A.R.I.B.A. 《略》Associate of the Royal Institute of British Architects 英国王立建築家協力準会員.

a·ri·bo·fla·vin·o·sis [eɪràɪbo(u)flèɪvɪnóusɪs, -və-, -səs | -bə(u)flèɪvɪnə́usɪs] 〘← NL ~: ⇨ a-⁷, riboflavin, -osis〙 *n.* 〘病理〙リボフラビン[ビタミン B²] 欠乏(症).

A.R.I.C. 《略》Associate of the Royal Institute of Chemistry.

A·ri·ca [əríːkə; *Sp.* aríka] *n.* アリカ: **1** チリ北部の海港; 人口 122,000. **2** ⇨ Tacna-Arica.

ar·id [ǽrɪd, ér-, -rəd | ǽrɪd] 〘《1652》⊏ F *aride* // L *ārid-us* ← *ārēre* to be dry〙 ── *adj.* **1 a** ‹土地・空気など›乾燥した, 乾き切った: an ~ plateau. **b** 不毛の, 荒れた: ~ soil. **2** ‹頭脳・思想など›貧弱な, 不毛の; ‹作品・人など›無味乾燥な: ~ writing / an ~ lecture, personality, etc. **~·ly** *adv.* **~·ness** *n.*

a·rid·i·ty [ərídəṭi, ær- | ərídɪti, ər-, -dɪ-] 〘⊏ F *aridité* // L *āriditāt-em* ← *āridus*: ⇨ ↑, -ity〙 ── *n.* **1** 乾燥(状態); 不毛. **2** 貧弱さ; 無味乾燥, むなしさ: the ~ of life, recent poetry, etc.

arie *n.* aria の複数形.

A·riège [æriéɪʒ | ærɪ-; *F.* arjɛːʒ] *n.* アリエージュ(県) 《フランス南部のスペインに接する県; 人口 139,000, 面積 4,390 km², 首都 Foix [fwa]》.

ar·i·el [é(ə)riəl | éərɪ-] 〘《1832》⊏ Arab. *áryil* 《変形》← *áyyil* stag〙 ── *n.* 〘動物〙アラビアガゼル (*Gazella arabica*) 《アラビアに生息するレイヨウ; ariel gazelle ともいう》.

Ar·i·el [é(ə)riəl | éərɪ-] 〘⊏ LL ~ ⊏ Gk ~ ⊏ Heb. *arī'ēl* lion of god: 英語では AERIAL, AIRY と連想された〙 ── *n.* **1** 女性名. **2** 男性名. **3** エーリアル 《Shakespeare 作の *The Tempest* に登場する空気の精; 自由に姿を変え空を飛んで主人の Prospero を助ける; cf. AERIAL spirits》. **4** 〘天文〙アリアル 《天王星 (Uranus) の第 1 衛星; 5 個の衛星のうち内側から 2 番目》.

Ar·i·elle [ɛ̀(ə)riél | ɛ̀ərɪ-] 〘↑〙 *n.* **1** 女性名. **2** 男性名.

Ar·i·es [é(ə)riːz, -riːz | éəriːz, éərɪiːz, ǽriiːz] 〘《a1388》⊏ L ~ 'ram'〙 ── *n.* **1** 〘天文〙おひつじ(牡羊)座 《北天の星座; the Ram ともいう》: the first point of ~ 白羊宮の原点 《春分点》. **2** 〘占星〙**a** 牡羊座, 白羊宮 《黄道 12 宮の第 1 宮; the Ram ともいう; ⇨ zodiac》. **b** 牡羊座生れの人.

a·ri·et·ta [æ̀riéṭə, ɑ̀ːr- | æ̀riétə; *It.* arjétta] 〘⊏ It. ~ (dim.) ← ARIA〙 *n.* (*pl.* **~s, a·ri·et·te** [-teɪ; *It.* -te]) 〘音楽〙アリエッタ, 小詠唱 (short aria).

a·ri·ette [æ̀riét, ɑ̀ːr- | æ̀rɪ-; *F.* arjɛt] 〘⊏ F ~ (↑)〙 *n.* (*pl.* **~s** [~s; *F.* ~]) 〘音楽〙= arietta.

a·right [əráɪt] 〘OE *on riht, ariht*: ⇨ a-¹, right〙 *adv.* 正しく, 間違いなく (rightly): if I remember ~ 私の記憶が誤っていなければ, 確か.

A·rik·a·ra [əríkərə] 〘⊏ N-Am.-Ind. (Pawnee) ~ 《原義》horns: その髪形から〙 ── *n.* (*pl.* **~, ~s**) **1 a** [the ~(s)] アリカラ族 《今は米国 North Dakota 州, Missouri 河畔に住む平原インディアンの一種族》. **b** アリカラ族の人. **2** アリカラ語 《Caddoan 語族の一つ》.

a·ri·ki [ɑːríːkiː] *n.* (*pl.* ~) = alii.

ar·il [ǽrəl | ǽrəl, ǽrɪl] 〘← ? NL *arill-us* ← ML *arilli* dried grapes ⊏ Sp. *arillos*〙 *n.* 〘植物〙仮種皮 《種子の表面にある特殊な被覆物》. **ár·illed** [~d] *adj.*

ar·il·late [ǽrəlèɪt, -lət, -lɪt | ǽrə-, ǽrɪ-] 〘⇨ ↑, -ate²〙 *adj.* 〘植物〙仮種被のある.

ar·il·lode [ǽrəlòud | ǽrə-, ǽrɪ-] 〘← ARIL + -ODE¹〙 *n.* 〘植物〙偽仮種被.

ar·i·ose [ɑ́ːriòus, ǽr- | -rɪəus] 〘↓〙 *adj.* 〘音楽〙調子の美しい, 叙情調の (songlike).

a·ri·o·so [ɑ̀ːrióusou, æ̀r-, -zou | ɑ̀ːrɪə́uzəu, æ̀r-; *It.* arjóːso] 〘⊏ It. ~: ⇨ aria, -ose¹〙 ── *adj., adv.* 〘音楽〙アリオーソ(風)の[に]. ── *n.* (*pl.* **~s, -o·si** [-siː, -ziː | -ziː; *It.* -si]) アリオーソ 《オペラ・カンタータなどで詠唱 (aria) と叙唱 (recitative) との中間的性質の歌曲; 通例, 器楽伴奏がつく》.

Ar·i·os·to [ɑ̀ːriɔ́(ː)stou, æ̀r-, -ɑ́s-, -óus- | æ̀rɪɔ́stəu; *It.* arjɔ́sto], **Lu·do·vi·co** [lùdovíːko] *n.* アリオスト 《1474–1533; イタリアの詩人; *Orlando Furioso*「狂えるオルランド」(1532)》.

-ar·i·ous [é(ə)riəs | éərɪ-] 〘← L *-ārius* '-ARY' + -OUS〙 *suf.* 「...性の」の意の形容詞を造る: greg*arious*.

a·rise [əráɪz] 〘OE *ārisan*: ⇨ a-², rise〙 ── *vi.* (**a·rose** [əróuz | ərə́uz]; **a·ris·en** [ərízn]) **1 a** ‹事が›起こる, 生じる, 発生する (occur): An idea *arose*. ある考えが浮かんだ / A quarrel *arose* between the brothers. 兄弟の間に争いが起こった. **b** ‹事が›(...から)起こる, (...に)原因する (result) 〔*from, out of*〕: Courage ~*s from* hope. 希望から勇気が湧く. **c** ‹偉人などが›現われる, 生まれる (appear, be born). **2** 《文語》起床する, 起きる; 立ち[起き]上がる. ★ 日常語は get up. **3 a** ‹風などが›起こる, 出る (rise): A wind [mist] is *arising*. **b** ‹声などが›聞こえてくる: A scream *arose* in the darkness. **4** 《詩》‹死者が›よみがえる. **5** 《古・詩》‹太陽などが›昇る, 出る (rise). **6** 《詩》(反抗して)立ち上がる, 謀叛(むほん)を起こす (rise) 〔*against*〕. **7** 《詩》‹建物が›建てられる.

arising out of [独立構文で]...の結果として; ...に関連して(のことだが) (cf. 1 b).

a·ris·ings [əráɪzɪŋz] *n. pl.* (生産過程から生じる)副産物, 廃棄物.

Arist. 《略》Aristotle.

a·ris·ta [ərístə] 〘← NL ~ ← L ~ 'beard of grain': cf. arête〙 ── *n.* (*pl.* **a·ris·tae** [-tiː, -taɪ], **~s**) **1** 〘植物〙芒(のぎ) (awn) 《イネ科植物の外花穎(えい)の先端から出る剛毛状の突起》. **2** 〘動物〙芒状物, (ハエなどの)端刺 《昆虫類の触角第 3 節にある特化した剛毛》.

Ar·is·tar·chus [æ̀rɪstɑ́əkəs, æ̀rəs- | æ̀rɪstɑ́ː-] *n.* アリスタルコス 《紀元前 2 世紀のギリシャの文法家; アレクサンドリア図書館長; 多くのテキストの校訂と註釈を著す》.

Aristárchus of Sámos *n.* サモスのアリスタルコス 《紀元前 3 世紀のギリシャの天文学者》.

a·ris·tate [ərísteɪt, -stət, -stɪt] 〘← L *aristāt-us*: ⇨ arista, -ate²〙 *adj.* **1** 〘植物〙芒(のぎ)のある. **2** 〘動物〙芒のある, 芒形の.

Ar·is·ti·des [æ̀rɪstáɪdiːz, æ̀rəs- | æ̀rɪs-] *n.* アリスティデス 《530?–468 B.C.; アテネの政治家で将軍; 通称 Aristides the Just》.

Ar·is·tip·pus [æ̀rɪstípəs, æ̀rəs- | æ̀rɪs-] *n.* アリスティッポス 《435?–? 355 B.C.; ギリシャの哲学者でキレネ学派を立てた人; cf. Cyrenaic 2》.

a·ris·to- [əríst(o)u, -tə | ǽrɪstə(u), ər-] 〘⊏ F ~ ⊏ LL ~ ← Gk *áristos* best〙「最上の (best), 優秀な (superior)」の意の連結形: *aristo*cratic.

ar·is·toc·ra·cy [æ̀rɪstɑ́krəsi, æ̀rəs-, èr- | æ̀rɪstɔ́krəsɪ] 〘《1561》⊏ (O)F *aristocratie* ⊏ L *aristocratia* ⊏ Gk *aristokratia* rule of the best: ⇨ ↑, -cracy〙 ── *n.* **1 a** 貴族政治; 貴族政治の国 (cf. democracy). **b** 最上の市民による政治; そうした政治の国. **2** [the ~; 集合的] **a** 貴族, 貴族社会 (the nobility). **b** 上流[特権]階級: the ~ of labor 〘経済〙労働貴族 《労働者でありながら高所得を得てブルジョア化し, ブルジョア社会の支柱となる人々》. **3** [集合的] (知能・資産など)一流の人々: an ~ of talent.

a·ris·to·crat [ərístəkræ̀t, ær-, ǽrɪs-, ǽrəs- | ǽrɪs-, ærís-, ər-] 〘《1789》⊏ F *aristocrate* 《逆成》← *aristocratie* (↑) & *aristocratique* (↓): ⇨ -crat〙 ── *n.* **1** 貴族 (noble, patrician): a struggle between the ~*s* and the plebeians 貴族と平民間の闘争. **2** 貴族的な人. **3** 貴族政治主義者. **4** (ある物の中で)最上のもの: the ~ *of* cigars 最上のシガー.

a·ris·to·crat·ic [əristəkrǽṭɪk, ær-, æ̀rɪs-, æ̀rəs- | æ̀rɪstəkrǽt-] 〘《1602》⊏ F *aristocratique* ⊏ Gk *aristokratikós*: ⇨ aristocracy, -ic¹〙 ── *adj.* **1** 貴族の; 貴族政治の. **2 a** 貴族的な, 貴族らしい, 立派な, しゃれた; 鷹揚(おうよう)な. **b** 貴族ぶる, 尊大な; 排他的な. **3** 貴族主義の. **~·ly** *adv.*

a·ris·to·crát·i·cal [-ṭɪkəl, -ṭə- | -tɪ-] *adj.* = aristocratic.

ar·is·toc·rat·ism [æ̀rɪstɑ́krətìzm, æ̀rəs-, ərístəkræ̀tɪzm | æ̀rɪstɔ́krətìzm] *n.* **1** 貴族[貴族政治]主義. **2** 貴族的な気風[精神], 貴族かたぎ.

aristo·génesis *n.* 〘生物〙アリストゲネシス, 最善進化《進化は, その生物に本来備わった能力と外界との適応によって一定の方向に連続的に進むという考え; 現在はあまり受け入れられていない》.

A·ris·to·lo·chi·a·ce·ae [ərìstə(ʊ)lo(ʊ)kiéɪsiì:, æ̀r-, -tə- | æ̀rɪstə(ʊ)lə(ʊ)kɪ-, ər-] 〘← NL ~ ← *Aristolochia* (← L ▭ Gk *aristolokhia* birthwort ← ARISTO- + *lokheia* childbirth) + -ACEAE〙 *n. pl.* 〘植物〙(双子葉植物)ウマノスズクサ科. **a·ris·to·lo·chi·á·ceous** [-ʃəs] *adj.*

A·ris·to·lo·chi·a·les [ərìstə(ʊ)lo(ʊ)kiéɪli:z, æ̀r-, -tə- | æ̀rɪstə(ʊ)lə(ʊ)kɪ-, ər-] 〘← NL ~ ← *Aristolochia* (↑) + -ALES〙 *n. pl.* 〘植物〙(双子葉植物)ウマノスズクサ目.

Ar·is·toph·a·nes [æ̀rɪstɑ́fənì:z, æ̀rəs- | æ̀rɪstɔ́f-] *n.* アリストパネス《448?–?380 B.C.; 古代ギリシャ Athens の喜劇作家; *The Clouds* (423 B.C.); *The Birds* (414 B.C.); *The Frogs* (405 B.C.) など》.

Ar·is·to·phan·ic [æ̀rɪstəfǽnɪk, æ̀rəs- | æ̀rɪstə(ʊ)-, -tɔf-] *adj.* アリストパネス風の《風刺的な喜劇などについていう》.

Ar·is·to·te·lian [æ̀rɪstətí:ljən, æ̀rəs-, -liən, èr-, ərìs-, æ̀r- | æ̀rɪstətí:ljən, -stə(ʊ)-, -lɪən] 〘← L *Aristotelius* of Aristotle + -IAN〙 — *adj.* (*also* **Ar·is·to·te·lean** [~]) **1** アリストテレスの; アリストテレス学派の. **2** 論理的な; 演繹的な. — *n.* アリストテレス学徒.

Àr·is·to·té·lian·ism [-nìzm] *n.* **1** アリストテレス(学派)の哲学. **2** アリストテレス主義《論理的分析と経験的事実の解明を重視する立場》.

Aristotélian lógic *n.* 〘論理〙 **1** アリストテレス論理学《アリストテレスの *Organon* における論理学》. **2** (伝統的)形式論理学《*Organon* に由来し中世を経て近世・現代に至る, 現代数学的論理学以前の論理学》.

Ar·is·tot·le [æ̀rɪstɑ̀tl, ǽrəs-, ér- | ǽrɪstɔ̀tl] 〘▭ Gk *Aristotélēs*〙 — *n.* アリストテレス《384–322 B.C.; 古代ギリシャの哲学者; Plato の弟子で Alexander 大王の師; *Ethics, Poetics, Politics*, etc.》.

Àristotle's lántern 〘ウニの形がある種の提灯(ちょうちん)に似ているというアリストテレスの記述から〙 — *n.* 〘動物〙アリストテレスの提灯(ちょうちん)《ウニ類の口部にある咀嚼(そしゃく)器官》.

a·ris·to·type [ərístətàɪp] *n.* 〘写真〙アリスト印画法《塩化銀ゼラチン製の感光紙(アリスト紙または P.O.P. という)を用いる写真印画法》; アリスト印画.

arith. 《略》arithmetic; arithmetical.

ar·ith·man·cy [ǽrɪθmænsi, ǽrəθ- | ǽrɪθmænsɪ] *n.* =arithmomancy.

a·rith·me·tic 〘《(16C)》▭ L *arithmētica* ▭ Gk (*hē*) *arithmētikḗ* (*tékhnē*) (the art) of counting ▭ *arithmós* number, a counting ∽ 《(c1250)》*arsmet(r)ik* ▭ OF *arismétique* (F *arithmétique*) ▭ VL **arismētica*: ME 形は L *ars metrica* art of measuring と混同したため〙 — [ərɪ́θmətɪ̀k | -mə-, -mɪ-] *n.* **1** 算数, 算術, 算法: literal ~ =algebra 1 / mental ~ 暗算 / ⇨ decimal arithmetic. **2** 算数の能力; 計算, 勘定: I challenge your ~. 君の計算は怪しいぞ. **3** 算数書. — [æ̀rɪθmétɪk, æ̀rəθ-, èr- | æ̀rɪθmét-] *adj.* 算数の, 算術の.

àr·ith·mét·i·cal [-tɪkəl, -tə- | -tɪ-] 〘《(1543)》〙 *adj.* = arithmetic. **~·ly** *adv.*

arithmétic áverage *n.* 〘数学〙=arithmetic mean.

a·rith·me·ti·cian [ərìθmətíʃən | ərìθmə-, æ̀rɪθ-, -mɪ-] 〘《(1557)》▭ F *arithméticien*〙 *n.* 算数家, 算術家.

arithmétic méan *n.* 〘数学〙算術平均, 相加平均《n 個の数の和を n で割ったもの; cf. geometric mean, harmonic mean》.

arithmétic progréssion *n.* 〘数学〙等差数列, 算術数列 (cf. geometric progression).

arithmétic séries *n.* 〘数学〙等差級数, 算術級数 (cf. geometric series).

a·rith·me·tize [ərɪ́θmətàɪz | -mə-, -mɪ-] *vt.* 算術化する: **a** 〘数学〙数学のある理論を算術に還元する, すなわちその理論の諸対象・諸概念を自然数を用いて定義し直す. **b** 〘論理〙論理・数学の証明のため記号や式に特殊な数をふり当てそれらを算術的に表現する; K. Gödel [G. gǿ:dl] の方法. **a·rith·me·ti·za·tion** [ərìθmətɪzéɪʃən, æ̀rɪθme-, -tə- | ərìθmə-, æ̀rɪθ-, -mɪ-] *n.*

a·rith·mo- [ərɪ́θmo(ʊ) | -mə(ʊ)] 〘← ? NL ~ ← LGk ~ ← Gk *arithmós* number〙「数」の意の連結形.

a·rith·mo·man·cy [ərɪ́θməmæ̀nsi, ǽrɪθ- | -mə(ʊ)-mæ̀nsɪ] *n.* 数占い.

ar·ith·mom·e·ter [æ̀rɪθmɑ́mətə | -mɔ́mɪtə(r, -mə-] *n.* (初期の)計算器.

-ar·i·um [έ(ə)riəm | έərɪ-] 〘▭ L *-ārium* (neut.) ← *-ārius* '-ARY'〙 — *suf.* (*pl.* **~s, -a·ri·a** [έ(ə)riə | έərɪə])「…に関連する[用いる]物, …の場所」などの意のラテン語系名詞を造る: aqu*arium*, honor*arium*.

Ar·i·us [əráɪəs, έ(ə)ri- | έərɪ-, əráɪ-] *n.* アレイオス, アリウス《250?–?336; Alexandria の聖職者; キリストの神性を否認した; cf. Arianism》.

a ri·ve·der·ci [ɑ:rì:veɪdέətʃi | -déətʃɪ; *It.* arivedértʃi] *It. int.* =arrivederci.

Ariz. 《略》Arizona.

Ar·i·zo·na [æ̀rəzóunə, èr- | æ̀rɪzóʊ-] 〘▭ Am.-Sp. ~ ▭ Papago *Arizonac*《原義》little springs〙 *n.* 米国南西部の州 (⇨ United States of America 表).

Arizóna cýpress *n.* 〘植物〙アリゾナイトスギ (*Cupressus arizonica*)《米国 Arizona 州産の常緑針葉高木; 庭木にする》.

Ar·i·zo·nan [æ̀rəzóunən, èr- | æ̀rɪzóʊ-] *adj.* (米国) Arizona 州(人)の. — *n.* Arizona 州人.

Ar·i·zo·ni·an [æ̀rəzóuniən, èr-, -njən | æ̀rɪzóʊnjən, -nɪən] *adj., n.* =Arizonan.

Ar·ju·na [ɑ́ədʒənə / ɑ́:-] *n.* アルジュナ《古代インドのサンスクリット大叙事詩 *Mahabharata* に登場する英雄の一人; cf. Bhagavad-Gita》.

ark [ɑ́ək | ɑ́:k] 〘OE (*e*)*arc* ▭ L *arca* chest, coffer〙 — *n.* **1** [the ~] 〘聖書〙**a** (ノアの)箱舟 (Noah's ark). **b** =ARK of the Covenant. **2** [the A-] 〘ユダヤ教〙= Holy Ark. **3** 身を寄せる所, 避難所 (refuge) (cf. 1 a). **4 a** (ノアの箱舟のような)大舟, 箱舟. **b** 《米》(もと川で農作物などの運搬に用いた)大型平底船 (broadhorn). **5** 《方言・詩》櫃(ひつ), 箱, (ふたのある)かご.
out of the ark 《口語》(ノアの箱舟から出てきたように)とても古い, 旧式で: His hat is [has come] *out of the* ~. 彼の帽子は古色蒼然としている. ***touch*** [***lay hands on***] ***the ark*** (***of the covenant***) 神聖視されている事柄に手出しをする[を軽々しく扱う] (cf. *2 Sam.* 6: 6).

Ark of the Covenant [**of Testimony**] [the —] 〘ユダヤ教〙契約の箱《十戒を刻んだ 2 個の平たい石を納めた箱; ユダヤ人にとって最も神聖なもの; cf. *Exod.* 25: 10–22》.

Ark. 《略》Arkansas.

Ar·kan·san [ɑəkǽnzn, -zən | ɑ:-] *adj.* (米国) Arkansas 州(人)の. — *n.* Arkansas 州人.

Ar·kan·sas [ɑ́əkənsɔ̀: | ɑ́:kənsɔ̀:, ɑ:kǽnzəs] 〘▭ F ~ ← N-Am.-Ind. (Siouan)《原義》? downstream people〙 — *n.* **1** 米国中部の州 (⇨ United States of America 表). **2** [《米》ではまた ɑəkǽnzəs] [the ~] 米国 Colorado 州中部の Rocky 山脈から起こり Arkansas 州南東部で Mississippi 川に合流する川 (2,330 km).

Árkansas kíngbird *n.* 〘鳥類〙北アメリカ西部に生息するハイイロタイランチョウ属の鳥 (*Tyrannus verticalis*).

Árkansas tóothpick *n.* 《米》=bowie knife.

Ar·kan·si·an [ɑəkǽnziən, -siən | ɑ:kǽnzɪ-, -sɪ-] *adj., n.* =Arkansan.

Ar·khan·gelsk [ɑəkǽŋgelsk | ɑ:-; *Russ.* arxángjiljsk] *n.* アルハンゲリスク《ソ連邦ロシヤ共和国北西部, Northern Dvina 川の河口, 白海の Dvina 湾に臨む海港 (11 月–5 月凍結); 人口 391,000; 英語名 Archangel》.

Ar·kie [ɑ́əki | ɑ́:ki] 〘← ARK(ANSAS) + -IE〙 *n.* 《米口語》(Arkansas 出身の)移動農業労働者, 放浪農夫 (cf. Okie).

ar·kose [ɑ́əkous, -kouz | ɑ́:kəus] 〘▭ F ~〙 *n.* 〘岩石〙アルコース, 花崗質砂岩.

árk shèll 〘貝殻の内側が舟の形をしていることから〙 *n.* 〘貝類〙フネガイ科の貝の総称《ノアノハコブネガイ (*Arca noae*) など》.

Ark·wright [ɑ́əkraɪt | ɑ́:k-], Sir **Richard** *n.* (1732–92) 英国の綿業家; 水力紡績機械 (water frame) を発明.

Arl·berg [ɑ́əlbə:g, -bɛəg | ɑ́:lbə:g; *G.* árlbɛrk] *n.* **1** アールベルク峠《オーストリア西部, Alps の険路; 高さ 1,802 m》. **2** [the ~] アールベルク(トンネル)《アールベルク峠の下を通るトンネル》.

Ar·len [ɑ́ələn | ɑ́:-] 〘← ?: cf. Arlene〙 *n.* 男性名. 《異形 Arlyn》.

Ar·len, Michael *n.* (1895–1956) アルメニア系の英国の小説家; *The Green Hat* (1924).

Ar·lene [ɑəlí:n | ɑ:-] 〘← ?: cf. Arlen〙 *n.* 女性名. ★ 20 世紀に米国で多く用いられるようになった.

arles [ɑ́əlz | ɑ́:lz] 〘《(c1225)》*erles* 《異化》← OF *erres* (pl.) (F *arrhes*) < L *arrham* earnest money: cf. earnest[2]〙 *n. pl.* 《スコット・北英》手付金.

Arles [ɑ́əl | ɑ́:l; *F.* arl] *n.* アルル《フランス南東部の都市; Rhone 川の河口に近く, 古代ローマの遺跡がある; 人口 47,000》.

Ar·ling·ton [ɑ́əlɪŋtən | ɑ́:-] 〘英国の地名にちなむ〙 — *n.* **1** 米国 Virginia 州北東部の郡; Potomac 川対岸の Washington, D.C. の郊外住宅地; 無名戦士の墓などのある国立墓地 (National Cemetery) がある. **2** 米国 Texas 州北東部の都市; 人口 111,000.

Ar·lyn [ɑ́əlɪn, -lən | ɑ́:lɪn] 〘⇨ Arlen〙 *n.* 男性名.

arm[1] [ɑ́əm | ɑ́:m] 〘OE (*e*)*arm* < Gmc **armaz* (Du. *arm* / G *Arm*) ← IE **ar-* to join (L *armus* shoulder / Gk *harmós* joint)〙 — *n.* **1** 腕, 上肢(し) (hand (手)を含めないこともある): an upper ~ 上腕, 上膊(はく) / one's better ~ きき腕, 右腕 / one's left ~ 左腕 / ⇨ right arm / with a handbag on one's ~ 腕にハンドバッグを下げて / a child [a baby, an infant] in ~*s* まだ歩けない子供[赤ん坊, 乳飲み子] / have a child in one's ~*s* 子供を抱いている / fold one's ~*s* 腕を組む, 腕組みする / give [offer] one's ~ (to) (…に)(つかまりなさいと)腕を差し出す / take the ~ 差し出された腕を取る / put an ~ around a person's neck 人の首に抱きつく / under one's ~ わきの下に, 小わきに(抱えて) / within ~'s reach 手の届く所に. ★ ラテン語系形容詞: brachial. **2** 〘動物〙**a** (脊椎(せきつい)動物の)前足, 前肢. **b** (無脊椎動物の)肢, 運動器, 把握器. **3** (服の)袖 (sleeve). **4** 大枝 (large branch). **5** (椅子・ソファーなどの)ひじ掛け. **6** 腕に似たもの《腕木・腕金・入江など》; (レコードプレーヤーなどの)アーム: the ~*s* of an anchor 錨(いかり)腕 (⇨ anchor 挿絵) / ⇨ yardarm / an ~ of a river 分流 / an ~ of the sea 入江, 入海 / the ~ of a balance [lever] はかりのさお[てこの腕] / the ~*s* of a windmill 風車の羽根車. **7** 権力 (power, authority): the ~ of the law 法の力 (cf. long arm 2) / ⇨ SHORTEN *the arm of* / Justice [A king] has long ~*s*. 正義の力[王権]の及ぶところは広い. **8** (官庁・活動などの)部門 (division, branch) (cf. arm[2] 3): the ~*s* of government 政府の諸機関. **9** (野球などで)投球力, 制球力. **10** 〘活字〙腕木《E や F の横棒》. **11** 〘電気〙アーム《整流回路などで機能的には一個の弁作用で代表できる部分》.

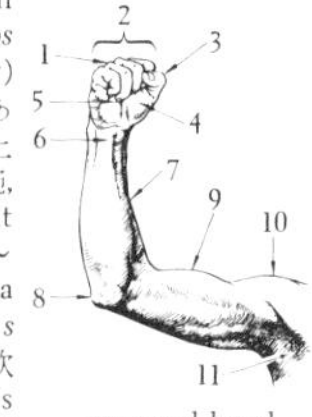

arm and hand
1 knuckle; 2 fingers; 3 thumb; 4 ball of the thumb; 5 palm; 6 wrist; 7 forearm; 8 elbow; 9 upper arm; 10 shoulder; 11 armpit

arm in arm 〔人と〕腕を組み合って〔*with*〕: He was walking ~ *in* ~ *with* her. ***as long as*** one's ***arm*** 《口語》〈名簿など〉とても長い. ***at arm's length*** ⇨ arm's length 成句. ***make a long arm*** ⇨ long arm 成句. ***put the arm on*** 《米俗》(1)〈人〉を捕える[逮捕する]. (2)〈人〉に〔金品を〕ねだる, 強要する〔*for*〕. ***talk*** *a person's* ***arm off*** ⇨ talk 成句. ***the arm of flesh*** 肉の腕 (cf. *2 Chron.* 32: 8); 人の力, 人の援助: In such peril, *the* ~ *of the flesh* can do but little. このような危険に際しては人力ではほとんど何もできない. ***throw*** *oneself* ***into the arms of***… (1) …の腕の中に身を投げかける. (2) …の妻[愛人]になる. ***twist*** *a person's* ***arm*** (1) 人の腕をねじる. (2) 人に強制する, 無理に強いる. ***with folded arms*** 腕組みして; 手をこまぬいて, 傍観して (cf. fold[1] *vt.* 2). ***with open arms*** ⇨ open arms 成句.
— *vt.* 腕を組み合って〈人〉に同伴する, 〈人〉の腕を「取って連れて行く.

arm[2] [ɑ́əm | ɑ́:m] 〘n.: 《逆成》← ARMS. — v.: 《(?a1200)》▭ (O)F *arm-er* < L *armāre* to equip ← *arma* 'ARMS'〙 — *n.* **1 a** [*pl.*] 兵器, 武器 (weapons); (特に)銃砲 (firearms): ⇨ side arms, small arm / ~*s* control 軍備制限 / the ~*s* industry 兵器[軍需]産業 / a stand of ~*s* ⇨ stand *n.* 13 / by ~*s* 武力によって / change ~*s* 銃をにない換える / give up one's ~*s* 武器を渡して降伏する / lay down (one's) ~*s* 武器を捨てる; 戦いをやめる; 降伏する / lie on [upon] one's ~*s* 武器をまま寝る / a man of ~*s* 《古》=man-at-arms. **b** [通例修飾語を伴って] 《まれ》武器 (weapon); [*pl.*; 単数扱い] 《古・詩》甲冑(かっちゅう), 武具 (armor). **2** [*pl.*] **a** 戦闘, 戦争 (fighting, war): deeds [feats] of ~*s* 戦功, 武勲 / appeal [go] to ~*s* 武力に訴える. **b** 軍務, 兵役 (military service): adopt ~*s* as a career 軍人を職業に選ぶ. **c** 《詩》戦功, 武勲 (deeds of arms). **3** 〘軍事〙**a** 兵科, (戦闘)兵種, 戦闘部隊 (combat branch): the infantry [artillery] ~ 歩兵[砲兵]科 / of all ~*s* 各兵種の[から成る]. **b** (一国の軍隊の)一部門, …軍: the air ~ 空軍 (cf. arm[1] 8). **4** [*pl.*] 〘紋章〙紋章: ⇨ COAT of arms, COLLEGE of Arms, KING of Arms / grant ~*s* 紋章(をつけること)を許可する / a grant of ~*s* 紋章使用許可証 / the royal ~*s* 英国王の紋章.

arms, and the man 武器[戦争]と人 (Virgil, *Æneid* 第一行の句からの英訳). ***bear arms*** (1) 武器を携帯[所有]する; 〈人が〉武装している. (2) 兵役に服する. (3) 紋章を帯びる. ***call to arms*** 〈部隊〉に戦闘準備を命じる (cf. *To* ARMS); 〈兵を〉召集[動員]する. ***carry arms*** (1) 武器を携帯[所有]する. (2) 〘軍事〙=*shoulder* ARMS. ***in arms*** 武装して; 軍備を整えて: rise *in* ~*s* 武器を取って立ち上る, 兵を挙げる. ***order arms*** ⇨ order *v.* 成句. ***pile arms*** ⇨ pile[1] *vt.* 4. ***port arms*** ⇨ port[2] *vt.* 2. ***present arms*** ⇨ present[2] *vt.* 6 b. ***shoulder arms*** 〘軍事〙になえ銃(つつ)をする: *Shoulder* ~*s*! [号令]になえ銃. ***slope arms*** 《英》〘軍事〙=*shoulder* ARMS. ***stand to*** one's ***arms*** 〘軍事〙戦闘隊形を作る, 戦闘準備をする: *Stand to your* ~*s*! ***take arms*** =*take up* ARMS (1), (2). ***take up arms*** (1) 武器を取る, 武装する; 戦端を開く〔*against*〕. (2) 闘争を始める. (3) 兵士になる. ***To arms!*** [号令]戦闘準備. ***turn*** one's ***arms against*** …に対して戦争を仕掛ける, …を攻撃する. ***under arms*** 〈兵士が〉武装して, 戦争[戦闘]準備を整えて; 動員されて. ***under the arm*** 《英俗》貧弱で, だめで. ***up in arms*** (1) 手に手に武器を取って, 戦う準備を整えて; 反旗を翻して, 反乱を起こして〔*against*〕. (2)〔不満な事柄について〕強い反対を示して, 憤慨して〔*about, over*〕: They are *up in* ~*s about* the new railroad line. 新鉄道路線に強い反対の声を上げている.

arms of alliance 〘紋章〙結婚によって組み合わされた紋章《結婚によって妻は生家の紋章を夫の紋章と組み合わせて夫婦の紋章として使用, 妻だけの紋章はない; cf. ESCUTCHEON of pretence》.

arms of pretension 〘紋章〙権利の紋章《国王・国家の紋章の場合, 主権が及んでいないのに我が領土であるとしてその領域の紋章を加えている場合をいう》.

arms of Ulster 〘紋章〙准男爵 (baronet) を示す紋章で, 銀の地に赤の開いた左手を描いたもの《baronet's badge ともいう》.

— *vt.* **1 a** 武装させる: ~ oneself 武装する; 油断なく構える / be ~*ed* at all points (議論などで)一分のすきもない, 慎重に構えている. **b** [ある武器で]武装させる; 〈兵器〉に〔…を〕装備する〔*with*〕: He ~*ed* himself *with* a gun. 銃で身を固めた / a rocket ~*ed with* a warhead 弾頭を装備したロケット. **c** 保護する, 守る (protect)〔*against*〕: ~ oneself *against* failure 失敗から身を守る. **2 a** 〈人など〉に〔用具などを〕供給する, 与える (furnish)〔*with*〕: ~ a person *with* tools / ~*ed with* a camera カメラをを携えて[用意して] / The bee is ~*ed with* a sting. ハチには針という武器がある. **b** 〈人〉に〔必要な知識・資格・手段などを〕与える, 授ける〔*with*〕: ~ a person *with* information / ~*ed with* full powers 全権を帯びて / *Armed with* courage, he set out. 勇気に身を固めて出発した. **3** 〈物を〉防護する, 補強する (fortify)〔*with*〕; 装甲する (armor). **4 a** 〈導火線〉に点火する: ~ a fuse. **b** 〘軍事〙〈爆弾・弾丸など〉に(信管その他の)発火装置をつける; 〈信管を〉発火準備状態にする, 安全解除する. **5** 〘電気〙…に電機子 (armature) を付ける. **6** 〘海事〙〈測鉛〉に獣脂 (arming) を詰める. — *vi.* **1** 武器を取る, 武装する; 軍備を整える: ~ *for* war. **2** 闘争の準備をする: ~ *against* injustice.

Arm. 《略》Armagh; Armenia; Armenian.

ar·ma·da [ɑəmάːdə, -mǽdə, -méɪ | ɑːmάːdə] 〘《1533》□ Sp. ~ < ML *armāta* armed forces ← L *armāre* 'to ARM[2]': ARMY と二重語: ⇨ -ade〙 — *n.* **1** 艦隊. **2** (飛行機・車両などの)大編成部隊. **3** [the A-] =Spanish Armada.

ar·ma·dil·lo [ὰəmədílou, -lə | ὰːmədíləu] 〘《1577》□ Sp. ~ (dim.) ← *armado* armed creature (↑)〙 — *n.* (*pl.* **~s, ~es**) 〘動物〙アルマジロ《熱帯アメリカに産するアルマジロ科の夜行性哺乳動物の総称; 背面のよろいでおおわれ敵に会えば球状になって身を守る種がある; 体長 40–100 cm 位; ココノオビアルマジロ (*Dasypus novemcinctus*) など》.

Ar·ma·ged·don [ὰəməgédn | ὰː-] 〘《1811》□ LL ~ □ Gk *Harmagedṓn* □? Heb. *ʿar Mᵉghiddō* mountain (district) of Megiddo〙 *n.* **1** ハルマゲドン《世界の終末における善と悪との最後の大決戦(場); cf. *Rev.* 16: 16》. **2** 最後の大決戦; (国際的な)大決戦[動乱](の場).

Ar·magh [ɑəmάː, ⌐ ⌐ | ɑːmάː] *n.* **1** 北アイルランド南東部の州; 人口 131,000, 面積 1,326 km^2. **2** 同州の首都.

ar·ma·gnac [άəmənjæ̀k, ⌐ ⌐ ⌐ | άːmənjæ̀k, ⌐ ⌐ ⌐; *F.* armaɲak] 〘□ F ~〙 — *n.* [しばしば A-] アルマニャック《フランス旧 Armagnac 地方産の上等の辛口のブランデー; cf. cognac》.

Ar·ma·gnac [ὰəmənjǽk | ὰː-; *F.* armaɲak] *n.* アルマニャック《フランス南西部の旧 Gascony 地方の一地区; 現在の Gers [ʒɛːr, ʒɛrs] 県とほぼ同じ地域》.

ar·mal·co·lite [ɑəmǽlkəlὰɪt, -mɔ́ːl- | ɑː-] 〘3 人の宇宙飛行士 *N. Armstrong, E. Aldrin, M. Collins* の名にちなんだ命名: ⇨ -lite〙 — *n.* 〘鉱物〙アーマルコライト ($(Fe, Mg)Ti_2O_5$)《米国のアポロ 11 号乗組員が月の静かの海 (the Sea of Tranquillity) から採集した玄武岩中に発見された新鉱物; cf. tranquillityite》.

ar·ma·ment [άəməmənt | άː-] 〘《1699》□ L *armāment-um, -a* (pl.) implements ← *armāre* 'to ARM': ⇨ -ment〙 — *n.* **1** [しばしば *pl.*] (一国の)軍備; 軍事力: an ~(*s*) race 軍備競争 / limitation [reduction] of ~ 軍備制限[縮小]. **2** [しばしば *pl.*] **a** 兵器: nuclear ~*s* 核兵器. **b** (要塞・軍艦などの)装備, 兵装, 備砲(数): auxiliary ~ 補助砲 / main [secondary] ~ 主[副]砲 / a warship with an ~ of 16 guns 大砲 16 門を備えた軍艦. **3** (戦備を整えた)軍隊, 部隊. **4** 軍備[戦備]を整えること, 武装化 (↔disarmament): nuclear ~ 核武装. **5** 〘生物〙=armor 4.

ar·ma·men·tar·i·um [ὰəməmentέ(ə)riəm, -mən- | ὰːməmentέərɪ-, -mən-] 〘□ L *armāmentārium* arsenal: ⇨ ↑, -ary〙 — *n.* (*pl.* **-i·a** [-riə | -rɪə], **~s**) **1** 〘医学〙医療必需品一式《器具・薬品・書籍などを含む》. **2** (特定の分野に必要な)全設備[資料, 要因].

Ar·mand [ɑəmάː(ŋ), -mɔ́ː(ŋ), -mάːŋ, -mɔ́(ː)ŋ | ɑː-; *F.* armɑ̃] 〘□ F ~ 'HERMAN'〙 *n.* 男性名.

armaria *n.* armarium の複数形.

ar·mar·i·an [ɑəmέ(ə)riən | ɑːmέərɪ-] *n.* 〘カトリック〙(昔の修道院の)図書・写字室係の修道士.

ar·mar·i·um [ɑəmέ(ə)riəm | ɑːmέərɪ-] 〘□ ML *armārium* bookcase, library, (L) place for arms: cf. ambry〙 *n.* (*pl.* **-i·a** [-riə | -rɪə], **~s**) =ambry 2.

ar·ma·ture [άəmətʃʊ̀ə, -tʃə, -t(j)ʊ̀ə | άːmətjʊ̀ə(r, -tʃʊ̀ə(r, -tʃə(r] 〘《*a*1450》□ L *armātūra* armor ← *armāre* 'to ARM': ARMOR と二重語〙 — *n.* **1** 〘生物〙防護器官《歯・とげなど》. **2** 〘電気〙**a** 電機子: the ~ of a generator [motor]. **b** (継電器などの磁極の)接片, 接極子: the ~ of a magnet. **3** 〘建築〙(中世建築の)補強鉄材. **4** 〘彫刻〙(製作中の像を支える)仮わく, 補強材. **5** 《古》よろい(かぶと), 甲冑(かっちゅう) (armor), 武器 (arms).

árm bàdge *n.* 腕章.

árm·bànd *n.* (腕に巻く)腕章.

arm·chair [⌐ ⌐, ⌐ ⌐] 〘《1633》〙 — *n.* ひじ掛け椅子. — *attrib. adj.* **1 a** 〈批評家・批評など(実地)経験によらない, 空論的な (theoretical); 素人の (amateur): an ~ theory 机上の空論 / an ~ detective (実地調査をしないで推理する)素人探偵. **b** (読書・テレビなどをもとにした)想像上の (vicarious): ~ travel / an ~ traveler. **2** 〈劇など〉茶の間で見る.

arme blanche [άəm-blά:(n)ʃ, -blɔ́ː(n)ʃ, -blάːnʃ, -blɔ́(ː)nʃ | άːm-; *F.* armәblɑ̃ːʃ] 〘□ F ~ 'white weapon'〙 — *F. n.* (*pl.* **armes blanches** [~]) 〘軍事〙 **1** 白兵, 白兵戦用武器《火器と区別して騎兵刀・騎兵槍(そう)・銃剣など》. **2** 騎兵 (cavalry).

armed 〘《?*c*1225》〙 — *adj.* **1** 武装した; 武力による: an ~ merchantship 武装商船 / ~ neutrality [peace] 武装中立[平和] / ~ robbery 武装強盗 / an ~ revolution 武力革命. **2** 〘生物〙防護器官を備えた. **3** 〘紋章〙〈動物・猛禽(きん)類など〉角・くちばし・脚・爪・歯などが体の色と異なる (cf. membered 3): a lion or ~ azure 爪の青い金のライオン.

-armed [ɑəmd | ɑːmd] 〘← ARM[1]+-ED 2〙「…の腕をした」の意の形容詞連結形: bare-*armed* 腕をむき出しにした, 腕もあらわな[に] / long-*armed* 腕の長い.

ármed búllhead *n.* 〘魚類〙=pogge.

ármed fórces [sérvices] *n. pl.* [(the) ~] (一国のあるいは数か国の)軍, 軍隊《陸・海・空の三軍》.

Ar·me·ni·a [ɑəmíːniə, -njə | ɑːmíːnjə, -nɪə] 〘《1373》□ L ~ □ Gk *Armenía* □ OPers. *Arminà*〙 — *n.* アルメニア《ソ連邦南西部, Caucasia 地方のソ連邦構成共和国の一つ; 人口 2,956,000, 面積 29,800 km^2, 首都 Yerevan; 公式名 the Armenian Soviet Socialist Republic アルメニアソビエト社会主義共和国》.

Ar·me·ni·an [ɑəmíːniən, -njən | ɑːmíːnjən, -nɪən] 〘《1598》: ⇨ ↑, -an[1]〙 — *adj.* アルメニア(人)の; アルメニア語の. — *n.* **1** アルメニア人. **2** アルメニア語《印欧語族の一派》. **3** 〘キリスト教〙アルメニア(派)教徒《アルメニア教会 (Armenian Church) の一員》.

Arménian álphabet *n.* [the ~] アルメニア文字《5 世紀初めに St. Mesrop がギリシャ文字とイラン文字を基にして作った; 36 文字からなり後に 2 字追加》.

Arménian Chúrch *n.* [the ~] アルメニア教会《最古の国教会ともいわれ, 4 世紀初頭に設立; カルケドン総会議 (the Council of Chalcedon) (451 年) の決定を拒否, 民族的結合の固い独自な教会として今日に至る; 一種のキリスト単性論 (Monophysitism) を奉ずるが, 教理的にはおおむね東方正教会に一致しており, その一部はローマカトリック教会と合同した》.

Arménian stóne, a- s- *n.* =azurite blue.

Ar·me·noid [ɑəmíːnɔɪd, άəmənɔ̀ɪd | ɑːmíːnɔɪd, άːmɪnɔ̀ɪd] 〘← ARMENIA+-OID〙〘人類学〙 — *n.* 類アルメニア人《西アジアに分布する人種でアルプス人種の一分枝; やや濃色の皮膚・突出した鼻をもち短頭でいわゆるユダヤ人の特徴をもつ》. — *adj.* アルメニア人的な.

Ar·men·tières [ὰəmɑntjέə, -tíəz | ὰːmɑntjέə(r, -tíəz; *F.* armɑ̃tjɛːr] *n.* アルマンティエール《フランス北部の都市; 第一次大戦の激戦地; 人口 29,000》.

armes par·lantes [άəm-pɑəlάː(n)t, -lɔ́ː(n)t, -lάːnt, -lɔ́(ː)nt | άːm-, -pɑː-; *F.* armәparlɑ̃ːt] 〘□ F 《原義》 speaking arms〙 *n. pl.* 〘紋章〙=allusive arms.

ar·met [άəmɪt, -mət | άː-] 〘□ (O)F ~ (*arme* 'ARM[2]' と連想) ← OSp. *almete* □ OF *helmet*: ⇨ helmet〙 — *n.* 〘甲冑〙アーメット《鉢・目庇(まびさし)・面頬(めんぽお)などを備えた 15 世紀の兜(かぶと)》.

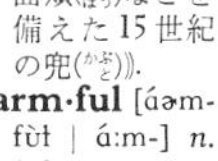

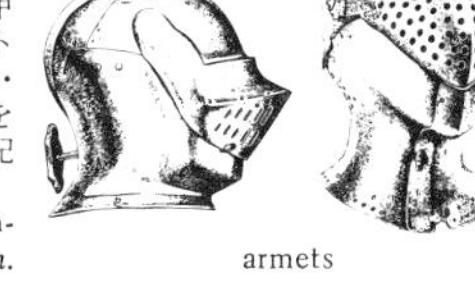

armets

arm·ful [άəmfʊ̀l | άːm-] *n.* (*pl.* **~s, arms·ful**) (両)腕一杯, ひとかかえ; たくさん〔*of*〕: an ~ *of* books.

árm gàrter *n.* =garter 2.

árm·guàrd *n.* **1** (弓術・フェンシングなどの)籠手(こて); 腕甲. **2** 〘ボクシング〙腕によるガード.

árm·hòle 〘《*a*1325》〙 *n.* **1** アームホール, (服の)袖ぐり, 袖つけ線[位置]. **2** 《廃》〘解剖〙=armpit.

ar·mi·ger [άəmɪdʒə, -mə- | άːmɪdʒə(r] 〘《1762》□ ML ~ 'squire', L weaponbearer ← L *arma* weapons+*gerere* to carry〙 — *n.* **1** アーミジャー《紋章使用資格をもつ者で, esquire 以上の階層に限られる》. **2** =armor-bearer. **ar·mig·er·al** [ɑəmídʒərəl | ɑː-] *adj.*

ar·mig·er·ous [ɑəmídʒərəs | ɑː-] *adj.* 紋章をつける資格のある: an ~ family.

ar·mil·la [ɑəmílə | ɑː-] 〘□ L ~ ← *armus* 'shoulder, ARM[1]'〙 — *n.* (*pl.* **ar·mil·lae** [-liː, -laɪ], **~s**) **1** 〘考古〙腕輪 (bracelet). **2** (英国王が着用する)戴冠式用ストール (cf. stole 1).

ar·mil·lar·y [άəməlèri, ɑəmíləri | ɑːmílərɪ] 〘《1664》← L *armilla* (↑)+-ARY〙 *adj.* 腕輪の(ような); 環状の.

ármillary sphére *n.* 〘天文〙渾(こん)天儀, アーミラリー天球儀《古代の天球儀の一種》.

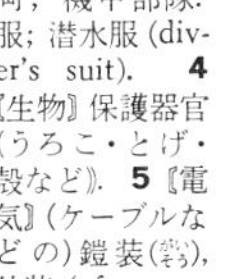

armillary sphere

1 earth; 2 pole; 3 hour circle; 4 Arctic circle; 5 tropic of Cancer; 6 ecliptic; 7 meridian; 8 equator; 9 tropic of Capricorn; 10 horizon; 11 Antarctic circle

árm·ing 〘《?*a*1300》〙 — *n.* **1** 武装を施すこと, 武装; 武装具類. **2** 〘電気〙(磁石の)接極子. **3** 〘海事〙(海底の砂・泥などが付着して上がって来るように測鉛の下端穴 (arming hole) に詰めた)獣脂.

árming càp *n.* 〘甲冑〙(兜(かぶと)の下にかぶる)綿入れ頭巾.

árming dòublet *n.* 〘甲冑〙鎧下(よろいした).

árming pòint *n.* [通例 *pl.*] 〘甲冑〙(鎧下(よろいした)についている)留紐《鎧の部分を体にむすび留める紐》.

árming prèss *n.* (製本用の)型押器.

Ar·min·i·an [ɑəmíniən, -njən | ɑːmínɪən, -njən] 〘← *Jacobus Arminius*〙 *adj.* アルミニウス (Arminius) 派の. — *n.* アルミニウス派信者.

Ar·mín·i·an·ìsm [-nìzm] *n.* 〘神学〙アルミニウス主義[説]《Calvin の教義 (⇨ Calvinism) を修正して人間の自由意志と神の恵みとがすべての人に及ぶべきものであるとする説》.

Ar·min·i·us [ɑəmíniəs, -njəs | ɑːmínɪəs, -njəs], **Jacobus** *n.* アルミニウス《1560–1609; オランダのプロテスタント神学者; cf. Arminianism》.

ar·mip·o·tent [ɑəmípətənt | ɑːmípət-] 〘《*c*1385》□ L *armipotent-em* ← *arma* 'ARMS'+*potens* powerful〙 *adj.* 武力に勝れた.

ar·mi·stice [άəməstɪs, -mə-, -stəs | άːmɪstɪs] 〘《1699》□ F ~ ← NL *armistitium* ← L *arma* 'ARMS'+-*stitium* stoppage (← *sistere* to stop)〙 — *n.* 休戦; 停戦 (truce): make an ~ 休戦する.

Ármistice Dày *n.* (1918 年第一次大戦の)休戦記念日《毎年 11 月 11 日》. ★ 第二次大戦の休戦も含めて米国では 1954 年に Veterans Day と, 英国・カナダでは 1946 年に Remembrance Day と改称された.

árm·less[1] 〘《*c*1375》〙 *adj.* **1** 腕なしの, 無肢(し)の. **2** 〈椅子など〉ひじ掛けのない.

árm·less[2] 〘《1616》〙 *adj.* 武器をもたない, 無防備の.

arm·let [άəmlɪt, -lət | άːm-] 〘← ARM[1]+-LET〙 *n.* **1** (上腕につける)腕輪, 腕飾り, 腕章. **2** 小入江. **3** ごく短い袖.

árm·lòad *n.* (両)腕にかかえられる量, ひとかかえ〔*of*〕(cf. armful): an ~ *of* clothing, wood, etc.

árm·lòck *n.* 〘レスリング〙アームロック, 腕固め.

ar·moire [ɑəmwάə | ɑːmwάː(r; *F.* armwaːr] 〘□ F ~ 'closet, movable cupboard'〙 *n.* (*pl.* **~s** [~z; *F.* ~]) 大型衣装だんす.

ar·mor, 《英》**ar·mour** [άəmə | άːmə(r] 〘《*c*1300》 *arm(u)re* □ (O)F *armure* < L *armātūram* ← *armāre* 'to ARM[2]': ARMATURE と二重語〙 — *n.* **1 a** 〘甲冑〙鎧(よろい)(兜(かぶと)), 甲冑, 具足: a piece of ~ / a suit of ~ 甲冑一領[一揃い] / (clad) in ~ 鎧を着て(いる), 武装して(いる) / a knight in ~ / ⇨ *a* CHINK[2] *in one's* [*the*] *arm.* **b** 身の守りとなるもの (protection): wear the ~ of indifference 無頓着な態度で身を守る. **2** 〘軍事〙**a** (軍艦・戦車・航空機・要塞などの)装甲. **b** [集合的] 装甲車両; 機甲部隊. **3** 防護服; 潜水服 (diver's suit). **4** 〘生物〙保護器官《うろこ・とげ・殻など》. **5** 〘電気〙(ケーブルなどの)鎧装(がいそう), 外装 (cf. armoring). **6** 〘紋章〙紋章; 大紋章 (achievement). — *vt.* **1** …に鎧を着せる. **2** 〈軍艦などを〉装甲する. **3** 〘ガラス製造〙〈ガラスを〉強化する (cf. armored glass). **~·less** *adj.*

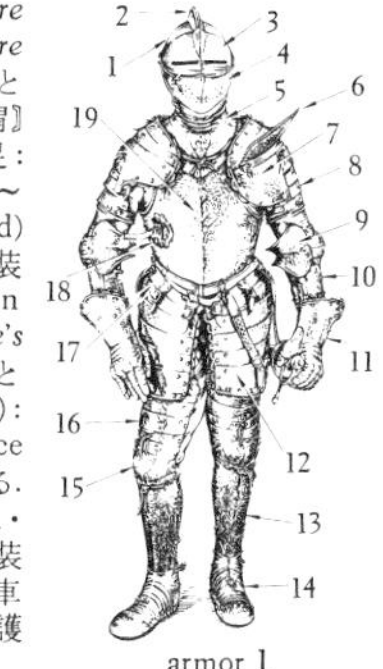

armor 1

1 skull; 2 comb; 3 visor; 4 ventail; 5 gorget; 6 haute-piece; 7 pauldron; 8 rerebrace; 9 couter; 10 vambrace; 11 gauntlet; 12 tasset; 13 greave *or* jambeau; 14 sabbaton; 15 poleyn; 16 cuisse; 17 fauld; 18 lance rest; 19 breastplate

ármor-bèarer *n.* 鎧(よろい)持ち, 騎士の従者 (esquire).

ármor bèlt *n.* (軍艦の喫水線付近の)装甲帯.

ármor-clàd *adj.* 鎧(よろい)を着た; 装甲した: an ~ ship 装甲艦. — *n.* 装甲艦.

ár·mored *adj.* **1** 装甲された; 装甲車両を有する; 機甲部隊による: an ~ car [cruiser] 装甲車[巡洋艦] an / ~ train 装甲列車 / an ~ battalion 機甲大隊 / ~ forces [troops] 機甲部隊 / an ~ combat 機甲戦闘. **2** 〘電気〙鎧装(がいそう)[外装]された: an ~ cable 外装ケーブル.

ármored cóncrete *n.* 〘建築〙鉄筋コンクリート《reinforced concrete の昔風の呼び方》.

ármored gláss *n.* 〘ガラス製造〙強化ガラス《焼入れを行ない強度を著しく強くしたガラス》.

ármored scále *n.* 〘昆虫〙マルカイガラムシ《半翅目マルカイガラムシ科のカイガラムシの総称; San Jose scale など》.

ar·mor·er [άəmərə | άːmərə(r] 〘《*c*1385》□ AF *armurer*=OF *armurier*: ⇨ armor, -er[1]〙 — *n.* **1** 武具師, 具足師. **2** 兵器製造者. **3** 兵器係, 武器管理者. **4** 〘軍事〙**a** (部隊で小火器の修理・整備に従事する)火器係, 小火器整備係. **b** (爆弾・機関銃など飛行機の武装の修理・整備に従事する)武装整備員[工].

ar·mo·ri·al [ɑəmɔ́ːriəl, -mɔ́ːr- | ɑːmɔ́ːrɪ-] *adj.* 紋章の; 紋章のついた[ある]. — *n.* 〘紋章〙 **1** 紋章集, 紋章教科書. **2** =arm[2] 4. **~·ly** *adv.*

armórial béaring *n.* [通例 *pl.*] 紋章; (特に)大紋章 (achievement, coat of armor, coat of arms).

Ar·mor·ic [ɑəmɔ́(ː)rɪk, -mάr- | ɑːmɔ́r-] *adj., n.* =Armorican.

Ar·mor·i·ca [ɑəmɔ́(ː)rɪkə, -mάr-, -rə- | ɑːmɔ́rɪ-] 〘《*c*1395》□ L *Armoricae* (pl.) ← Gaulish *are-* in front of (cf. L *prae*)+*mor* sea (cf. L *mare*)〙 — *n.* アルモ

リカ《フランス北西部の古代の一地方；ほぼ今の Brittany に当たる》.

Ar·mor·i·can [ɑəmɔ́(ː)rɪkən, -mɑ́r-, -rə- | ɑːmɔ́rɪ-] 〚《1480》〛 *adj.* アルモリカ(地方人, 地方語)の. ― *n.* **1** アルモリカ地方人. **2** アルモリカ地方語.

ár·mor·ing [-m(ə)rɪŋ] *n.* 〘電気〙鎧装(がいそう), 外装《ケーブルに鋼帯・鋼線などを巻いて保護すること》.

ár·mor·ist [-mərɪst, -rəst | -mərɪst] *n.* 紋章通, 紋章学者[専門家].

ármor-pìercing *adj.* 〘軍事〙〈銃弾・砲弾など〉装甲を貫通する, 破甲の, 徹甲の: an ~ bomb 徹甲爆弾.

ármor plàte *n.* (軍艦・戦車・飛行機・要塞などの)装甲鋼板, 装甲板, 防弾板; [集合的] =armor plating.

ármor-plàted *adj.* **1** 装甲した. **2** (攻撃・権力に)無感覚な.

ármor plàting *n.* [集合的]装甲(鋼)板(armor plates); 「装甲.

ar·mor·y[1] [ɑ́əm(ə)ri | ɑ́ːməri] 〚《1489》□(O)F *armoirie* ← *armoier* to brazon ← *arme* 'ARMS': ⇨ -y[1]〛 ― *n.* **1** 紋章付人名簿. **2** 紋章学 (heraldy). **3** 《古》紋章 (heraldic bearings).

ar·mor·y[2], 《英》 **ar·mour·y** [ɑ́əm(ə)ri | ɑ́ːməri] 〚《?*a*1300》 *armurie*: ⇨ armor, -y[1]〛 ― *n.* **1 a** 兵器[武器]庫, 兵器室. **b** 《米》造兵廠(しょう) (arsenal); 兵器工場. **2 a** (特定の)兵器類(の集積). **b** (物資・資料などの)集積. **3** 《米》〘軍事〙**a** 州兵[陸軍予備役]部隊本部《通例大きな営舎で被服・兵器類を格納し, 訓練場も兼ねる》. **b** (その)屋内訓練場 (drill hall). **4** [集合的]《古》武具, 兵器類 (arms and armor).

armour *n.* =armor.

armoured *adj.* =armored.

armoury *n.* =armory[2].

ar·mo·zeen [ɑ̀əməzíːn | ɑ̀ː-] 〚《1599》□ OF *armesin* (F *armoisin*) □ ? It. *ermesino* □ ModGk *khermexi* □ Arab. *qirmizī*: cf. crimson, kermes〛 ― *n.* (*also* **ar·mo·zine** [~]) アーマジン《厚地の無地絹布; 通例黒色で僧服・喪章などに用いる》. 「(axilla).

árm·pìt 〚《*a*1333》〛 *n.* 〘解剖〙わきのした, 腋窩(えきか)

árm·ràck *n.* (小火器格納用の)銃架《arms rack ともいう》.

árm·rèst *n.* (椅子などの)ひじ掛け.

arms [ɑ́əmz | ɑ́ːmz] 〚《*a*1250》□(O)F *armes* □ L *arma* weapons ← IE **ar-* to join; arm〛 *n. pl.* ⇨arm[2] 1 a, 2, 4.

árms dèpot [dùmp] *n.* 兵器置場[集積所].

árm's-léngth *attrib. adj.* 〘商業〙〈取引行為など〉互いに対等な立場に立っての, 公平な; 商業ベースでの.

árm's léngth *n.* 腕を伸ばしただけの距離[長さ]. ★ 次の成句で: ***at arm's length*** (1) 腕一杯の長さに離して, 少し距離をおいて (at a distance); 敬遠して: hold a picture *at* ~ (よく見るために)腕を伸ばして絵をもつ / keep a person *at* ~ 人を遠ざける, 手元へ寄せ付けない; 人によそよそしくする. (2) 〘商業〙(取引行為など)互いに対等な立場に立って(の), 公正に[な]; 商業ベースで(の).

árms ràce *n.* 軍備[軍拡]競争 (armament(s) race).

árms ràck *n.* =armrack.

Arm·strong [ɑ́əmstrɔ(ː)ŋ, -strɑŋ | ɑ́ːmstrɔŋ], **(Daniel) Louis** *n.* (1900–71) 米国のジャズトランペット奏者; 通称 Satchmo [sǽtʃmou | -məu].

Armstrong, Edwin Howard *n.* (1890–1954) 米国の電気技師・発明家; FM 放送考案者.

Armstrong, Neil Alden *n.* (1930–) 米国の宇宙飛行士; 最初の月着陸者の一人 (1969).

Armstrong, Sir **William George** *n.* (1810–1900) 英国の機械技師; アームストロング砲 (Armstrong gun) の発明者. 「理押し, 強い圧力.

árm-twisting *n.* 《米口語》(目的をとげるための)無

ar·mure [ɑ́əmjuə, -mjə | ɑ́ːmjuə(r, -mjə(r; *F.* armyːr] 〚□F ~: ⇨ armor〛 *n.* (毛または絹の)鎖かたびら形紋織.

árm wrèstling *n.* 腕相撲 (Indian wrestling).

ar·my [ɑ́əmi | ɑ́ːmi] 〚《*c*1387–95》 *arme* 《廃》military expedition □(O)F *armée* < L *armātam* armed forces ← *armātus* (p.p.) ← *armāre* 'to ARM[2]': ⇨ -y[3]〛 ― *n.* **1** (陸軍の)軍隊, 部隊 (armed force): an ~ of occupation 占領軍, 進駐軍 / raise an ~ 軍を起こす, 兵を募る / send an ~ overseas 海外に派兵する. **2 a** [the ~ or A-] 陸軍《一国の地上軍隊を意味する総括的用語》: be in the ~ 陸軍[軍隊]にいる, 軍人である / enter [join, go into] the ~ 陸軍[軍隊]にはいる / leave the ~ 除隊になる, 退役する / serve in the ~ 兵役[軍務]に服する. **b** [the ~] 兵役, 軍務. **3** 〘陸軍〙軍《最大の管理自営の戦術部隊; 必要に応じて 2 個以上の army から army group (軍集団) が作られることもある》: the *Army* Commander 軍司令官. ★ 軍の区分は通例次のようになる: army《2 個(以上)の軍団 (corps) と支援部隊からなり, 長は通例大将 (general); field army (野戦軍) ともいう》—corps《2 個(以上)の師団 (division) からなり, 長は通例中将 (lieutenant general)》—division《2 個(以上)の旅団 (brigade) からなり長は通例少将 (major general)》—brigade《2 個(以上)の連隊 (regiment) からなり, 長は通例准将 (brigadier general)》—regiment《2 個(以上)の大隊 (battalion) からなり, 長は通例大佐 (colonel)》—battalion《2 個(以上)の中隊 (company) からなり, 長は通例少佐 (major)》—company《2 個(以上)の小隊 (platoon) からなり, 長は通例大尉 (captain)》—platoon《2 個(以上)の分隊または班 (squad *or* section) からなり, 長は通例中尉または少尉 (first *or* second lieutenant)》—squad《通例軍曹, 伍長各 1 人ずつと 10 人の兵からなる》. **4** (人や動物の)大勢, 大群 (host): an ~ of ants, locusts, etc. / a vast ~ of tourists. **5** (ある目的のために組織化された)団体, 集団: the Salvation *Army* 救世軍.

Army of the United States [the ―] 合衆国陸軍, 米国陸軍《United States Army の旧称; 略 AUS, A.U.S.》.

― *attrib. adj.* 陸軍の, 軍隊の: an ~ broker [contractor] 陸軍御用商人 / ~ life 軍隊生活 / an ~ surgeon 陸軍軍医.

Ármy Àct *n.* [the ~] 《英》〘軍事〙陸軍刑法.

Ármy Áir Fòrces *n. pl.* [the ~] (米国の)陸軍航空隊《1947 年に米国空軍 (United States Air Force) として独立した; 略 AAF》.

Ármy and Návy stòres *n. pl.* [the ~] 《英》陸海軍購買組合売店.

ármy ànt *n.* 〘昆虫〙サスライアリ, (俗に)軍隊アリ《サスライアリ亜科のアリの総称; 大挙して移動し他動物を駆逐する; cf. driver ant, legionary ant》.

ármy àrea *n.* 〘米軍〙軍管区 (⇨corps area).

ármy còrps 〚cf. F *corps d' armée*〛 *n.* 〘軍事〙軍団《2 個以上の師団 (division) と補助部隊 (auxiliary troops) から成り, 長は通例, 中将 (lieutenant general)》.

ármy gròup *n.* 〘陸軍〙軍集団 (⇨ army 3).

ármy lìst *n.* 《英》=army register.

Ármy Órdnance Còrps *n.* 〘軍事〙陸軍兵器部隊.

ármy règister *n.* 《米》陸軍現役将校名簿《現階級・生年月日・学歴・軍歴などを記載する》.

ármy·wòrm *n.* 〘昆虫〙アワヨトウ (*Leucania unipuncta*) の幼虫《合衆国北部に生息するヤガ科の昆虫; 時に大発生し, 広大な地域に農作物の大害を与える》.

Ar·nauld [ɑənóu | ɑːnɔ́u; *F.* arno], **Antoine** *n.* アルノー《1612–94; フランスのヤンセン主義(Jansenism)を奉じる神学者; 通称 the Great Arnauld; *Grammaire générale et raisonnée*「ポールロワイヤル文法」(共著) (1660)》.

Ar·naut [ɑ́ənaut, ―´ | ɑ́ːnaut, ―´] 〚《1802》□ Turk. *Arnavut* Arbanian □ ? MGk *Arbanítēs* 《変形》← *Albanítēs* ← *Albania* □ ML *Albānus* an Albanian〛 ― *n.* (主としてオスマン帝国軍に服務していた)アルバニア人.

Arndt [ɑ́ənt | ɑ́ːnt; *G.* árnt], **Ernst Mo·ritz** [móːrɪts] *n.* アルント《1769–1860; ドイツの愛国者・詩人》.

Arne [ɑ́ən | ɑ́ːn], **Thomas Augustine** *n.* (1710–78) 英国の作曲家 (⇨ Rule, Britannia).

Arn·hem [ɑ́ənhem, ɑ́ənəm | ɑ́ːnəm, ɑ́ːnhem] *n.* アルンヘム《オランダ東部の Rhine 川に臨む港市; Gelderland 州の首都; 人口 126,000》.

Árnhem Lánd 〚17 世紀にその沿岸を探検したオランダ船 *Arnhem* に因む〛 *n.* オーストラリアの Northern Territory 北岸の地域; 原住民特別保留地.

ar·ni·ca [ɑ́ənɪkə | ɑ́ː-] 〚《1753》← NL ~ ← ?〛 ― *n.* **1** 〘植物〙アルニカ (*Arnica montana*)《キク科ウサギギク属の薬用植物》. **2** 〘薬学〙アルニカ製剤, アルニカチンキ《外傷薬》.

Ar·nim [ɑ́ənɪm, -nəm | ɑ́ːnɪm; *G.* árnɪm], **Bet·ti·na von** [bɛtíːna] *n.* アルニム《1785–1859; ドイツの女流詩人; Clemens Brentano の妹で Ludwig von Arnim の妻; Goethe との書簡は有名; 旧姓名 Bettina (Elisabeth) Brentano》.

Arnim, Ludwig Joachim von *n.* アルニム《1781–1831; ドイツのロマン派の詩人; 通称 Achim [áxɪm] von Arnim》.

Ar·no [ɑ́ənou | ɑ́ːnəu; *It.* árno] *n.* [the ~] アルノ(川)《イタリア中部の川; アペニン山脈から発し Florence を通り Pisa の付近で地中海に注ぐ (240 km)》.

Ar·nold [ɑ́ənḷd | ɑ́ː-; *G.* árnɔlt, *Du.* árnɔlt] 〚ME *Arnald, Arnott* □ ML *Arnold-us* ∥ OF *Arnaud* □ OHG *Arenwald* 《原義》strong as an eagle: cf. G *Aar* eagle (⇨ erne) & *walten* to rule〛 ― *n.* 男性名.

Ar·nold [ɑ́ənḷd | ɑ́ː-], **Benedict** *n.* (1741–1801) 米国の将軍; 独立戦争の時英軍に内通した.

Arnold, Sir **Edwin** *n.* (1832–1904) 英国の詩人・東洋研究家; *The Light of Asia* (1879).

Arnold, Matthew *n.* (1822–88) 英国の詩人・批評家・教育家; *Poems* (1853), *Essays in Criticism* (1865, 1888).

Arnold, Thomas *n.* (1795–1842) 英国の教育者・歴史家; Matthew Arnold の父; Rugby 校の校長として (1828–42) public school の教育を刷新した.

Ar·nold·son [ɑ́ənḷdsn | ɑ́ː-; *Swed.* árnɔldsɔn], **Klas Pon·tus** [kláːs pɔ́ntus] *n.* アルノルドソン《1844–1916; スウェーデンの平和主義者; Nobel 平和賞 (1908)》.

ar·oid [ɛ́(ə)rɔɪd | ɛ́ər-] 〚← AR(UM)+-OID〛 〘植物〙 *adj.* アルム属 (*Arum*) の (cf. arum); サトイモ科の (araceous). ― *n.* サトイモ科の植物の総称.

a·roint [ərɔ́ɪnt] 〚《1606》← ?: cf. Shak. *Macbeth* 1.3.6〛 ― *vt.* 《古》**1** [命令形で次の形で用いて]: *Aroint thee*! 去れ, 失せろ (Begone!) (★ thee は thyself の意). **2** (ののしって)追い払う.

a·ro·ma [əróumə | ərə́u-] 〚《18C》□ L *arōma* □ Gk *árōma* spice, sweet herb ∽ 《?*a*1200》 *aromat* □ OF (F *aromate*) □ L *arōmata* (pl.)〛 ― *n.* **1 a** 芳香, 香気, かおり (fragrance, delicate flavor): the ~ of coffee, a fine cigar, etc. **b** アロマ《ぶどう酒の原料になるぶどうのもつ独特な芳香; cf. bouquet 4 a》. **2** (特有な)趣, 気品, 妙趣: the ~ of culture [poetry].

ar·o·mat·ic [æ̀rəmǽtɪk, ɛ̀r- | æ̀rə(u)mǽt-] 〚《*c*1400》□ (O)F *aromatique* □ LL *arōmaticus* □ Gk *arōmatikós*: ⇨↑, -atic〛 ― *adj.* **1 a** 芳香のある, 香気のある (fragrant); 〈匂(にお)いが〉芳しい; 強い匂がする: an ~ tobacco / the ~ scent of pines. **b** 趣のある. **2** 〘化学〙(ナフタレンのような)芳香族の, 芳香性の: ~ bitters 芳香性ビターズ《芳香油を含む》/ an ~ oil 芳香油 (cf. essential oil). ― *n.* **1** 芳香性の物, 香料, 芳香剤, 芳香植物. **2** 〘化学〙=aromatic compound.

àr·o·mát·i·cal·ly *adv.*

aromátic cómpound *n.* 〘化学〙芳香族化合物《ベンゼン (benzene)・ナフタレン (naphthalene) など》.

ar·o·ma·tic·i·ty [æ̀rəmətísəṭi, əròu- | æ̀rəmətísəti, -sɪ-] *n.* **1** 芳香性. **2** 〘化学〙芳香族性《ベンゼンのように二重結合があるのに不飽和性があまりない性質》.

aromátic vínegar *n.* 香酢《樟脳(しょうのう)などを溶かした酢で嗅(か)ぎ薬に用いる》. 「wintergreen 1).

aromátic wíntergreen *n.* 〘植物〙ヒメコウジ (⇨

a·ro·ma·ti·za·tion [əròumaṭɪzéɪʃən, -ṭə- | əròumətaɪ-, -tɪ-] *n.* 〘化学〙芳香族化.

a·ro·ma·tize [əróumətàɪz | əróu-] 〚□ F *aromatis-er* □ LL *arōmatizāre* □ Gk *arōmatizein*: ⇨ aromatic, -ize〛 ― *vt.* **1** …に芳香をつける, 香味を加える, 芳香性にする: an ~*d* wine 芳香性ワイン. **2** 〘化学〙芳香族化する.

ar·o·mor·pho·sis [æ̀rəmɔ́əfəsɪs, -səs | -mɔ́ːfəsɪs] 〚← NL ~ ← Gk *ára* then, straightway+MORPHOSIS〛 ― *n.* 〘生物〙アロモルフォシス《進化過程において新しい体制の形成が速やかに行なわれること; cf. allomorphosis》.

arose 〚OE *ārās*〛 *v.* arise の過去形.

a·round [əráund] 〚《*a*1300》: ⇨ a-[1], round〛 ― *adv.* (cf. round[1] *adv.* ★) **1** 四方に[を] (on every side): His house is fenced all ~. 彼の家は四方を柵(さく)で囲ってある. **2** ぐるりに, 周囲に: People crowded ~. 人が大勢集まって来た. **3 a** あたりを, 周囲を: He looked ~ in wonder. 不思議そうな顔をしてあたりを見回した / the scenery ~ 周囲の景色 / The smoke was seen for miles ~. その煙は何マイル四方にもわたって見えた. **b** 《米》周囲が (《英》round): This tree is four feet ~. この木は周囲が 4 フィートある. **4 a** 《米》(ぐるりと)回って, ぐるぐると (《英》round): fly ~ over a city 市の上空を旋回する / The earth keeps going ~ and ~. 地球はぐるぐると回転し続ける. **b** 皆に行き渡って: The apples are just enough to go ~. リンゴはちょうど皆に行き渡るだけある. **5** 《口語》あちこちと (here and there): travel ~ 漫遊する / show a person ~ 人をあちこち見物させる. **6** 《口語》**a** どこかこの[その]辺で, この[その]あたりで, 近くで: He's ~ somewhere [somewhere ~]. どこかその辺にいる / I was waiting ~ (here) for a friend. (ここで)ぶらぶらして友人を待っていた. **b** 特定の場所に (along): Come ~ for a chat. おしゃべりをしにお出でなさい. **7 a** (季節・順番などが)めぐって: Another spring has come ~. また春がめぐって来た. **b** 全期間を通して. ★ 主に次の句で用いる: (all) the year ~ 1 年中. **8** 迂回して: The path goes ~ by the pond. 小道は池のほとりを迂回している. **9** 反対の方向へ (《英》round): He turned ~ when he heard the noise. その物音を聞くと後ろをふり返った. **10** 《口語》正常な状態に, (意識を)回復して: bring a person ~ 人を正気づかせる. **11 a** 〈品物など〉得られて, 出回って, あって: There are many new-type toys ~. 新型のおもちゃがたくさん出回っている. **b** 《口語》〈有名人など〉現存中で, いて: He is one of the best playwrights ~. (今日)最もすぐれた劇作家の一人だ. **12** 《米口語》動き回って, 立ち働いて (about): ⇨ UP *and around.*

all around (1) 四方[あたり]一面に (cf. 1). (2) 回り中に, いたるところに; 一同に: shake hands *all* ~ 回りの人々と握手する, 握手をして回る. (3) 《米》あらゆる点で; 万遍なく. ***get around*** ⇨ get[1] 成句. ***have been around*** 《口語》(方々で)広い経験がある, 世慣れている: I've *been* ~ (a bit). 世の中のことは(少々)心得ているつもりだ.

― [―´, ―´] *prep.* (cf. round[1] *adv.* ★) **1** …の周囲に, …を取り巻いて (encircling): We sat ~ the fire. 火を囲んで坐った. **2** …の方々を: travel [roam] ~ the country 国内を漫遊[流浪]する. **3** …の四方を, のあたりを: look ~ a room 室内を見回す / I looked ~ me. あたりを見回した. **4 a** …の周辺に, の近く[付近]に (near, about): the district ~ the village 村の周辺の地方 / He is ~ the house. 彼は家のどこか(中または近く)にいる / He lives somewhere ~ Brighton. どこかブライトンの近くに住んでいる. **b** 〈人〉の側近に[の] (close to): the president and the people ~ him 大統領と側近者たち. **5** …ごろ, 約… (about): (at) ~ half past three 3 時半ごろに / ~ a hundred people 約 100 人. **6** …のあちこちに: There are trees (all) ~ the park. その公園には至る所に木がある. **7** …の周囲をめぐって, …を一周して; …を迂回して, を回避して: a trip ~ the world 世界一周旅行 / sail ~ a cape 岬を迂回して航海する. **8** 《米》〈角〉を曲がった所に (《英》round): a store ~ the corner 角を曲がった所にある店. **9** …を中心に(回転して): The moon turns ~ the earth. 月は地球を中心に回転する. **10** …に基づいて, …を中心にして (based on): write a biography ~ a person's letters and journals 人の手紙や日記を元にして伝記を書く.

aróund-the-clòck *adj.* 《米》=round-the-clock.

a·rous·al [əráuzəl, -zɫ] 〚⇨↓, -al¹〛 *n.* 刺激(する[されること); 覚醒(かくせい), 喚起.

a·rouse [əráuz] 〚《1590》← A-²《強意》+ROUSE¹〛 **—** *vt.* **1** 〔眠りなどから〕〈人を〉起こす (awake, rouse) 〔*from*〕: ~ a person *from* sleep / He was ~*d from* his thoughts by the sound. その音を聞くと考え事をしていた彼は我に返った. **2** 〈感情などを〉刺激する, 起こさせる, 喚起する; 〈人を〉覚醒(かくせい)[奮起]させる (stir up, excite): ~ (a person's) curiosity, envy, suspicion, etc. / ~ a person *to* activity 人を奮起させる / A red rag ~*s* the anger of a bull. 赤い布片は雄牛を怒らせる. **—** *vi.* 覚醒する, 奮起する.

a·row [əróu | əráu] 〚《?*a*1200》 *aroue*: ⇨ a-¹, row¹: cf. OE *on gerǣwe*〛 *adv.* 一列に, ずらりと (in a row); 列を正して.

a·roynt [ərɔ́ɪnt] *vt.* =aroint.

Arp [ɑ́ːp | ɑ́ːp; *G.* árp], **Jean** *or* **Hans** *n.* アルプ《1889-1966; フランスの抽象画家・彫刻家; Dadaism 主唱者の一人》.

ARP, A.R.P. 《略》 air-raid precautions.

arpeggi *n.* arpeggio の複数形.

ar·peg·gi·a·tion [ɑəpèdʒiéɪʃən | ɑːpèdʒɪ-] 〚⇨↓, -ation〛 *n.* 〘音楽〙アルペッジォ (arpeggio) 演奏[を用いて作曲すること].

ar·peg·gi·o [ɑəpédʒiòu, -dʒou | ɑːpédʒɪàu; *It.* arpéddʒo] 〚《1742》 ▭ It. ~ ← *arpeggiare* to play on a harp ← *arpa* 'HARP'〛 **—** *n.* (*pl.* **~s, ar·peg·gi** [-dʒiː; *It.* -dʒi]) 〘音楽〙 **1** アルペッジォ《和音の構成音を急速かつ連続的に奏すること》: in ~. **2** アルペッジォで奏する和音.

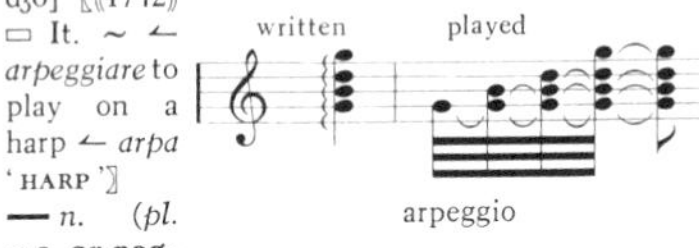

ar·pent [ɑəpɑ́ː(ŋ), -pɔ̃ː(ŋ), -pɑ́ːŋ, -pɔ́(ː)ŋ | ɑ́ː-; *F.* aʀpɑ̃] 〚▭ (O)F ~ < VL **arependis* = L *arepennis* ← Gaulish〛 **—** *n.* (*pl.* **~s** [~(z); *F.* ~]) アルパン: **a** 昔のフランスの面積の単位; 地方により広さが異なる; 今でもカナダ Quebec 州, 米国 Louisiana 州の一部などで用いられ, 約1エーカー. **b** 長さの単位; 約 63¼ ヤード; 今は Quebec 州で用いられる.

ar·que·bus [ɑ́ək(w)ɪbəs, -bʌ̀s, -kəbəs | ɑ́ːkwɪbəs] *n.* 〘銃砲〙=harquebus.

arr. 《略》 arranged (by); arrangement(s); arrival; arrive(s); arrived.

A.R.R. 《略》 *L.* annō rēgnī rēgis [rēgīnae] (=in the year of the king's [queen's] reign).

ar·rack [ǽrək, ərǽk | ǽrək] 〚《1602-05》 ▭ Arab. *ʿáraq* (fermented) juice〛 **—** *n.* アラック《中近東諸国その他でココヤシの汁・米・糖蜜などを原料とする種々の蒸留酒》.

ar·rah [ǽrə] 〚《1705》 ▭ Ir.-Gael. *ara*〛 *int.* 《アイル》あら, おや, でも《驚きなどを表わす》.

ar·raign [əréɪn, ær- | ər-] 〚《?*c*1380》 *ar(r)eine(n)* ▭ AF *arain-er* = OF *araisnier* (F *arraisonner*) < VL **adratiōnāre* to call to account ← AD- + L *ratiō(n-)* 'REASON'〛 **—** *vt.* **1** 〘法律〙(法廷に召喚して)〈被告人〉に罪状 (charge) の認否 (guilty or not guilty) を問う: be ~*ed for* [on a charge of] murder 殺人罪に問われる. **2** 〔...のかどで〕〈人を〉非難する, 糾弾する (accuse) 〔*for*〕; 〈行為・発言を〉とがめる: ~ a politician before the bar of public opinion 政治家を世論の前に糾弾する. **~·er** *n.*

ar·ráign·ment 〚《1444》 ▭ OF *araisnement*: ⇨↑, -ment〛 **—** *n.* **1** 〘法律〙罪状認否手続《法廷に被告人を召喚して起訴状 (indictment) に書かれた罪状の認否を答弁させる手続き》. **2** 非難, 難詰, 糾弾.

ar·rak [ǽrək, ərǽk | ǽrək] *n.* =arrack.

Ar·ran [ǽrən] 〚▭ ? Gael. *aran* (gen.) ← *ara* kidney〛 *n.* スコットランド南西部, Strathclyde 州の Firth of Clyde にある島; 観光地; 人口 3,600, 面積 427 km².

ar·range [əréɪndʒ, ær- | ər-] 〚《1375》 *araynge(n)* ▭ OF *arangi-er* (F *arranger*) ← *a-* 'AD-' + *rangier* 'to RANGE'〛 **—** *vt.* **1 a** 整える, 整頓する; 配列する, 配置する: ~ books, shelves, etc. / ~ flowers in a vase 花を花びんに生ける / ~ one's hair 髪を整える. **b** 〈事務などを〉整理する, 順序立てる: ~ one's affairs 身辺の雑事を整理する / ~ one's thoughts 考えをまとめる. **2 a** (協議などによって)〈事を〉手配する, 手はずする, 計画する (prepare, plan); 〈車など〉の手配をする: ~ a concert, negotiations, etc. / ~ a loan from a bank 銀行からローンを取りつける / ~ a meeting *for* Saturday afternoon 土曜日の午後に会を予定する / Everything has been ~*d for* the trip. 旅行の手はずは全部ついている. **b** 取り決める, 協定する: ~ rates, terms, etc. / ~ a marriage 縁談をまとめる. **3** 〈紛争などを〉調停する (settle): ~ a dispute. **4** 〘音楽〙編曲する, アレンジする 〔*for*〕: ~ a song *for* the piano 歌をピアノ曲に編曲する. **5** 改作する, 脚色する (adapt) 〔*for*〕: ~ a novel *for* the stage 小説を上演用に脚色する.
— *vi.* **1 a** 打ち合わせ[話合い]をする, 取り決めをする, 協定する: I will ~ *with* the manager *for* an interview. 面会してもらうようマネージャーに話をつけよう / He tried to ~ *with* his creditors *about* payment of interest. 利息支払いについて債権者と談合[協定]しようとした. **b** 〔...の〕手配[手はず]をする, 準備をする (prepare) 〔*for*〕: We are *arranging for* a party. パーティーの準備をしている / The tickets have been ~*d for*. 切符の手配はすんでいる / Capulet ~*d for* Juliet *to* marry Paris. キャピュレットはジュリエットをパリスと結婚させるように手はずを整えた / The secretary ~*d for* a car *to* be sent. 秘書は車を差し向ける手配をした. **2** [通例 *to* do [be] または *that*-clause を伴って] **a** 〈...するように〉打ち合わせる[手配する, 予定する]: I have ~*d to* meet her [*that* I should meet her] next Monday. 次の月曜日に彼女に会うことにしてある / It is ~*d that* ...という都合[段取り]になっている. **b** 〈...するように〉(何とか)都合をつける, やってみる (manage): Can you ~ *to* come [be here] earlier? もっと早く来られませんか / I'll ~ somehow. 何とか都合しましょう. **3** 〘音楽〙編曲する.

ar·ráng·er *n.*

ar·ránge·ment 〚《1727》 ▭ F ~: ⇨↑, -ment〛 **—** *n.* **1 a** 整頓, 整理; (特別に)並べられたもの; (花などの)生け方, (服装などの)飾り付け; 配列, 配置; 取合わせ, (色の)配合: an apt ~ of words 言葉の適切な配列 / ⇨ flower arrangement. **b** 構造, 組織, 制度. **2** 話合い, 取り決め, 協定 (agreement); 談合, 示談; 調停, 和解 (settlement): come to an ~ 話合いがつく, 協定[示談, 和議]に達する. **3** [通例 *pl.*] 準備, 用意, 手配, 繰合わせ (preparations): an ~ committee 準備委員会 / make ~*s for* a meeting 会の準備をする / make ~*s to* go on a trip 旅行に行く手はずをする / *Arrangements* have been made. 手はずが整っている, 準備完了. **4 a** (幾つかの部品から成る)装置 (device). **b** 《俗用》仕組み, 代物(しろもの) (affair). **5** 〘音楽〙編曲, アレンジ《原曲をできるだけそこなわずに大規模な編成から小編成に改めること; cf. transcription 3》; 編曲した作品. **6** 改作, 翻案, 脚色 (adaptation); 改作した作品, 翻案物. **7** 〘数学〙順列 (permutation).

ar·rant [ǽrənt, ér- | ǽr-] 〚《1550》《異形》← ERRANT: *thief errant* または *errant thief* のような言い方から common, public → notorious へと意味が変化した〛 **—** *adj.* **1** 全くの, 徹底的な (downright): an ~ fool 大ばか / an ~ lie 大うそ / ~ nonsense 途方もないたわごと. **2** 名うての (notorious); 恥知らずの, 極悪な: an ~ knave, rogue, etc. **3** 《廃》さまよう, 流浪の (wandering). **~·ly** *adv.*

ar·ras¹ [ǽrəs, ér- | ǽr-] 〚《?*a*1422》← ARRAS〛 **—** *n.* (*pl.* ~) **1 a** (14-15世紀の, Arras で織られた)アラス織《美しい絵模様のあるつづれ織》. **b** アラス織の掛け布[垂れ幕, カーテンなど]. **2 a** つづれ織. **b** つづれ織の掛け布, タペストリー《昔しばしば室内の壁に掛けめぐらせた》: Go, hide thee behind the ~. さあ早く, 壁掛けの後ろに隠れろ (Shak., *1 Hen IV* 2.4.549).

ar·ras² [ɑ́ːrɑːs; *Sp.* árras] 〚▭ Sp. ~ ▭ LL *arrae* (pl.) ← L *arr(h)a(bō)* pledge: ⇨ earnest²: cf. arles〛 *n.* 〘スペイン法〙《結婚に際して夫から新妻への》贈与品.

Ar·ras [ərɑ́ːs, ǽrəs | ǽrəs; *F.* aʀɑːs] *n.* アラス《フランス北部の都市, Pas-de-Calais 県の首都; 第一次大戦の戦跡地; 人口 54,000》.

ár·rased *adj.* (アラス織の)掛け布を掛けた: an ~ wall.

ar·ra·sene [æ̀rəsíːn, ⌣⌣⌣] 〚← ARRAS¹ + (DAMASC)-ENE〛 *n.* アラシーン糸《毛と絹などを混ぜた刺繍用の太糸》.

ar·ray [əréɪ, ær- | ər-] 〚v.: 《?*a*1325》 ▭ AF *arai-er* = OF *areer* < VL **arredāre* to arrange ← AD- + **rēdāre* to provide (▭ Gmc **rǣð-* (cf. ready)). — n.: 《*a*1338》 ▭ AF *arai* = OF *arei*〛 **—** *vt.* **1 a** 〈軍隊などを〉整列させる, 勢ぞろいさせる (marshal): ~ troops for battle [*against* the enemy] / soldiers ~*ed* in order of battle 戦闘隊形に並んだ兵隊 / They ~*ed* themselves *against* the bill. その法案にこぞって反対した. **b** 〈証拠などを〉ずらりと列べる, 列挙する. **2** 装う, 飾る (dress up) 〔*in*〕: ~ oneself *in* rich clothes 美装[盛装]する / a bird ~*ed in* beautiful feathers 美しい羽毛を着けた鳥. **3** 〘法律〙陪審員名簿に載せる (impanel).
— *n.* **1 a** (軍の)整列, 陣立て, 陣列, 勢ぞろい: in battle ~ 戦闘隊形を整えて / make an ~ 勢ぞろいする / set in ~ 整列させる. **b** (陣立てした)軍隊, 軍勢. **2** ずらりと並んだ[並べ立てた]もの (display), 多数 (large number): an ~ *of* cakes, problems, etc. / an imposing ~ *of* celebrities 堂々たる名士の顔触れ / a vast [whole] ~ *of* data 莫大な[一大]資料. **3** 衣装 (dress), 美装 (rich apparel): be in fine ~ 美装をこらしている. **4** 〘法律〙陪審員名簿の序列(決定); (召集された)陪審員 (panel)《総員》. **5 a** 〘数学〙配列《幾つかの対象をある形に並べたもの; ベクトル, 行列など》. **b** 〘統計〙配列《大きさの順のように, ある原則に従ってデータを並べたもの》. **6** 〘電算機〙 **a** 配列《記憶装置上にとる, 連続した記憶装置》. **b** アレイ《単一の記憶装置中に記憶素子を並べたもの》. **c** 〘通信〙=antenna array. **~·al** [~əl] *n.* **~·er** *n.* **~·ment** *n.*

ar·rear [əríə, ær- | əríə(r)] 〚《1620》← 《*c*1300》 *ar(r)ere* behind, in the rear ▭ OF *ar(i)ere* (F *arrière*) < VL **ad retrō* ← AD- + L *retrō* behind: ⇨ retro-〛 **—** *n.* **1** [通例 *pl.*] **a** (借金・支払いなどの)滞り; (仕事などの)遅れ: ~*s* of wages, work, correspondence, etc. / have ~*s* of rent to pay 家賃[地代]が滞っている. **b** 支払い残金, 延滞金: ~*s in* taxes. **2** 《古》しんがり (the rear).
fall into arrears 滞る. ***in arrear(s)*** 〔支払いが〕遅れて, 滞って; 〔仕事が〕遅れて (behindhand) 〔*with*〕: wages *in* ~*s* 未払い賃金 / He is *in* ~*s with* the payment [his rent]. 支払い[家賃]が滞っている. ***in arrear(s) of*** ...より遅れて (behind) (↔ in advance of): In this respect we are much *in* ~ *of* European countries. この点ではヨーロッパ諸国よりはるかに遅れている. ***work off arrears*** 働いて遅れを取り返す.

ar·rear·age [əríə(ə)rɪdʒ, ær- | əríər-] 〚《*a*1325》 ▭ OF *arerage* (F *arrérage*): ⇨↑, -age〛 **—** *n.* **1** 延滞, 滞り, 遅れ. **2** [しばしば *pl.*] 支払い残高, 延滞金額 (arrears). **3** 《古》保留物[品].

ar·rect [ərékt] 〚▭ L *arrect-us* (p.p.) ← *arrigere* to set upright, erect ← *ar-* 'AD-' + *regere* to keep in a straight line〛 **—** *adj.* 《古》 **1** [Predicative に用いて] 〈犬などの耳が〉ぴんと立って(いる) (pricked up). **2** 〈人など〉耳をそばだてて(いる), 一心になって(いる) (intent, alert).

ar·re·not·o·kous [æ̀rənɑ́ṭəkəs | -nɔ́t-] *adj.* 〘生物〙=arrhenotokous.

ar·rest [ərést, ær- | ər-] 〚v.: 《?*a*1375》 ▭ OF *arest-er* (F *arrêter*) to stop < VL **arrestāre* ← AD- + L *restāre* to stay, stop (⇨ rest²). — n.: 《*c*1385》 ▭ OF *arest(e)* (F *arrêt*) stoppage〛 **—** *vt.* **1 a** 〘法律〙取り押える, 逮捕する (seize); 検束[検挙, 拘引]する (take into custody) 〔*for, as*〕: ~ a person *as* a murderer 人を殺人犯として逮捕する / He was ~*ed for* theft [carry*ing* a weapon]. 窃盗[凶器携帯]のかどで逮捕された. **b** 〘海法〙〈船舶・船貨を〉差押える. **c** 〘スコット法〙〈財産を〉差押える. **2 a** 〈進行・成長などを〉(引き)止める, はばむ, 阻止する (stop): ~ decay, growth, a current, etc. **b** 〘医学〙〈病気〉の進行を阻止する: ~*ed* cancer. **3 a** 〈人目・注意などを〉引く, 引き止める (attract): A fine statue ~*ed* my eyes [my attention]. 立派な彫像が私の目に止まった[注意を引いた]. **b** 〈人〉の注意[興味]を引く: The casual remark ~*ed* her. その何気ない言葉が彼女の注意を引いた. **4** 〘法律〙〈判決を〉阻止する. **6** 《古》(手で)つかまえる, 捕える (catch).
— *n.* **1 a** 〘法律〙捕縛, 逮捕; 検束, 検挙, 拘引 (seizure): be under ~ 拘引[収監]中である / place [put] under ~ 拘禁する / make an ~ of a person 人を逮捕する / ⇨ house arrest / You are under ~. 君を逮捕する. **b** 〘海法・スコット法〙差押え (seizure) (cf. *vt.* 1 b, c). **2** 阻止, 停止, 中断: ⇨ cardiac arrest. **3** 〘法律〙(判決の)阻止: ~ of judgment. **4** 〘機械〙制動装置.

ar·res·ta·tion [æ̀restéɪʃən] *n.*

ar·rest·a·ble [əréstəbɫ] *adj.* **1** 〘法律〙〈犯罪が〉令状なしに(犯人を)逮捕できる: an ~ crime. **2** 〘医学〙〈病気が〉進行を阻止できる: an ~ disease.

ar·res·tant [əréstənt] 〚← ARREST + -ANT〛 *n.* 〘昆虫〙停止因子《昆虫の移動を停止させ摂食を開始させる物質》.

ar·rest·ee [əréstíː] 〚← ARREST + -EE¹〛 *n.* 逮捕された人, 逮捕[捕縛]者.

ar·rést·er 〚《15C》〛 *n.* **1** 逮捕[捕縛]する人. **2 a** 防止装置. **b** 避雷器 (lightning arrester). **3** 〘航空〙=arresting gear.

arréster gèar *n.* 《英》〘航空〙=arresting gear.

arréster hòok *n.* 〘航空〙拘束フック, 着艦フック《機体の後部下方に装備する引込式のフック; 着艦[着陸]の際, 航空母艦の甲板や狭い陸上飛行場に装備される拘束索 (arrester wires) を引っかけ, 短かい距離で停止させる》.

arréster wìres *n. pl.* 〘航空〙拘束索, 引留め索 (⇨ arresting gear).

ar·rést·ing *adj.* 人の注意[興味]を引く, 人目につく: an ~ headline (新聞の)目立つ見出し. **~·ly** *adv.*

arrésting bàrrier *n.* 〘航空〙=crash barrier 2.

arrésting gèar *n.* 〘航空〙アレスティングギア (《英》 arrester gear)《飛行機が航空母艦に着艦するとき急速に停止させるために甲板に取りつけた制動装置; arrester wires ともいう》.

ar·res·tive [əréstɪv, ær- | ər-] *adj.* **1** 人目[注意]を引きやすい. **2** 〘文法〙抑止的な (adversative): an ~ conjunction 抑止的な接続詞《but, yet, however など》.

ar·rést·ment *n.* **1** 阻止. **2** 逮捕; 拘引. **3** 〘スコット法〙所得の差押え(手続).

ar·rés·tor *n.* =arrester.

ar·ret [əréɪ; *F.* aʀɛ] 〚▭ F *arrêt*: ARREST と二重語〛 *n.* (*pl.* **~s** [~z; *F.* ~]) 〘フランス法〙判決 (judgment); 命令 (decree).

Ár·re·tine wàre [ǽrətàɪn-, -tiːn-] *n.* 〘窯業〙アルテタム焼き《古代ローマ時代にイタリアの Arezzo [arέttso] (旧名 Arretium [əríːʃiəm, -ʃəm | -ʃɪəm]) で作られた古い陶器; 微細な赤色粘土を用い同じ色の釉がかかっており, 製作者の印が押されて, 薄浮彫りの独特な形の装飾がある; Samian ware ともいう》.

Ar·rhe·ni·us [əríːniəs, əréɪ- | əríːnjəs, -nɪəs; *Swed.* aréːnius], **Svan·te** [svántə] **August** *n.* アレーニウス《1859-1927; スウェーデンの物理・化学者; Nobel 化学賞 (1903)》.

ar·rhe·not·o·kous [æ̀rənɑ́ṭəkəs | -nɔ́t-] 〚▭ Gk *arrhenotókos* bearing male children ← *arrhēno-* male + *tókos* offspring: ⇨ -ous〛 **—** *adj.* 〘生物〙雄性子孫生殖 (arrhenotoky) の (↔ thelytokous).

ar·rhe·not·o·ky [æ̀rənɑ́ṭəki | -nɔ́təki] 〚▭ Gk *arrhēnotokía* (↑): ⇨ -ia¹〛 *n.* 〘生物〙雄性子孫生殖, 産雄単為生殖《雄のみ発生する単為生殖; ↔ thelytoky》.

ar·rhyth·mi·a [eɪríðmiə, ær- | -ríðmɪə, -ríθ-] 〚← NL ~ ← Gk *arruthmía* want of rhythm: ⇨ a-⁷, rhythm〛 *n.* 〘病理〙不整脈. **ar·rhyth·mic** [eɪríðmɪk, ær- | -ríð-, -ríθ-] *adj.* **ar·rhýth·mi·cal** *adj.*

ar·ric·cio [əríːtʃou | -tʃəu; *It.* aríttʃo] 〚▭ It. ~ ← *arricciare* to curl, groove ← *a-* 'AD-' + *riccio* (< L *ēricium* hedgehog)〛 **—** *n.* (*pl.* **~s**) 〘美術〙(フレスコ

壁画 (fresco) で) 壁面に最初に施される荒塗り (cf. intonaco).

ar·ride [əráɪd, ər-] 〘◻L *arrīd-ēre* ← *ar-* 'AD-'+ *rīdēre* to smile (⇨ ridiculus)〙 *vt.* 《古》〈物事が〉喜ばせる (please), 満足させる (gratify).

ar·rière-ban [ǽriɛ̀əbɑ́:n, -bǽn | ǽriɛ̀əbǽn ; *F.* arjɛrbɑ̃] 〘《1523》◻F ～ < OF *ariereban* 《変形》← *arban, herban* ◻Gmc **hariban* (OHG *heriban*) ← OHG *hari* army (G *Heer*)+*ban* proclamation (⇨ ban²) : F *arrière* behind と混同〙 ― *n.* (*pl.* ～**s** [～z ; *F.* ～]) **1** (封建時代にフランス王の発した)臣下召集令, 総動員令. **2** [集合的] 召集された臣下たち[軍勢].

ar·rière-pen·sée [ǽriɛ̀əpɑ̃:(n)séɪ, -pɔ̃:(n)-, -pɑ:n-, -pɔ(:)n- | ǽriɛ̀ə- ; *F.* arjɛrpɑ̃se] 〘◻F ～ 《原義》behind thought〙 ― *F. n.* (*pl.* ～**s** [～z ; *F.* ～]) **1** 腹の中, 底意. **2** =mental reservation.

'Ar·ri·et [ǽriət | ǽrɪ-] 〘《俗》← HARRIET : cf. 'Arry〙 *n.* 《英口語》(London の) 柄の悪い元気な(若い)女, ねえちゃん.

ar·ris [ǽrɪs, ǽrəs, ér- | ǽrɪs] 〘《1677》◻OF *areste* (F *arête*) < LL *aristam* ear of grain, bone of a fish : cf. arête〙 ― *n.* (*pl.* ～, ～·**es**) 〘建築〙 **1** (ドリス式円柱の縦溝が接して作る)かど, 稜(りょう). **2** (繰形などの)かど, すみ.

árris fillet *n.* 〘建築〙広小舞い.

árris gùtter *n.* 〘建築〙(V 字形)樋(とい), 三角樋, 薬研(やげん)樋.

árris pìece *n.* 〘造船〙(木製組立てマストの)埋め木 《何本もの長材を鉄環でしめつけてマストを作る時, そのすき間を埋めるための細長い埋め木》.

árris·wìse *adv.* 〘建築〙(タイルの配置などで)かど[すみ]を向けて.

ar·ri·val [əráɪvəl] 〘《c1380》*arrivaile* ◻AF *arrivaille* : ⇨ arrive, -al¹〙 ― *n.* **1** **a** 到着, 来着, 入港 〔*at, in,* etc.〕(↔ departure) ; 出現, 到来 (advent) : the ～*s* and departures of trains 列車の発着 / safe ～ 安着 / on (one's) ～ 到着の上, 着き次第. **b** 〘商業〙(貨物の)到着, 着荷 : for ～ 到着渡し / cash on ～ 着荷払い. **2** 〔結論・ある年齢などへの〕到達 〔*at*〕. **3** **a** 到着者 ; 到着物, 着荷 : daily ～*s at* a hotel / The teacher is a new ～. あの先生は新任だ / The Smiths were recent ～*s in* the village. スミス一家はその村に最近越してきたばかりだった. **b** [(new) ～] 《口語》新しく生まれた赤ん坊, 新生児 (newborn child). ― *attrib. adj.* 到着の ; 到着者[物]の : an ～ contract [sale] 〘商業〙先物約定[売買] / an ～ list 到着船客名簿 / an ～ platform 到着[着車]ホーム / an ～ station 最終到着駅, 終着駅.

arríval pòint *n.* 〘海事〙着達地 《航海計算の到達地点》; ↔ departing point.

ar·rive [əráɪv] 〘《?a1200》◻OF *ariv-er* (F *arriver*) < VL **arripāre* to come to shore ← **ar-* 'AD-'+L *ripa* shore〙 ― *vi.* **1** **a** 〔目的地に〕着く, 到着する, 現われる 〔*at, in,* (*up*)*on, over*〕(↔ depart) : ～ *at* a place, town, city, etc. / ～ *in* a country, large city, etc. ★ 大都市でも, 通過途中などの一地点と考える時は at : I ～*d at* Chicago and took a plane. / ～ back (*from* …) (…から)帰って来る, 帰着する / ～ *in* port 入港する / I ～*d* home at six. 6 時に帰宅した / He ～*d in* Paris *from* London. / The spacecraft ～*d on* the moon. 宇宙船は月面に到着した / We ～*d over* Tokyo. 東京上空に達した / *Arrived at* the station, he hurried to the ticket window. 駅に着くと急いで出札口へ行った 《★ この構文は, 今はまれな be *arrived* (cf. be come [fallen, gone, etc.]) の分詞構文 Being *arrived* …に由来する》. **b** 〈物が〉届く, 着く : The parcel ～*d* yesterday. **2** 《口語》〈赤ん坊が〉生まれる (be born). **3** **a** 〔ある年齢・時期に〕達する (attain) 〔*at*〕: ～ *at* majority [the age of 20] 成年[20 歳]に達する. **b** 〔結論・合意などに〕達する (reach) 〔*at*〕: ～ *at* a conclusion / No understanding has yet been ～*d at.* まだ何ら了解(点)には達していない. **4** **a** 〈時が〉来る (come) : The time has ～*d*. いよいよ時期が到来した. **b** 《古》〈事が〉起こる (happen). **5** [フランス語法] 〈人が〉成功[出世]する, 有名になる (cf. arrivé) : He has ～*d* (*as* a writer) only recently. (作家として)名を成したのはほんの最近のことだ. ― *vt.* **1** 《廃》〈場所〉に着く, 到着する. **2** 《米》〈空港〉に到着する (cf. depart 2) : We are *arriving* Heathrow soon. **ar·rív·er** *n.*

ar·ri·vé [æ̀rɪvéɪ ; *F.* arive] 〘◻F ～ (p.p.) ← *arriver* (↑)〙 *F. n.* (*pl.* ～**s** [～z ; *F.* ～]) 成上がり者 (upstart).

ar·rívcd 〘← F *arrivé* (↑)+-ED〙 *adj.* (*also* **ar·ri·véd** [æ̀rɪvéɪd]) 成功[出世]した, 名を成した.

ar·ri·ve·der·ci [ɑ:ri:veɪdɛ́ətʃi | -dɛ́ətʃɪ ; *It.* arrivedértʃi] 〘◻It. ～ 'till we meet again' : cf. au revoir, auf Wiedersehen〙 *It. int.* さようなら, じゃまた.

ar·ri·vism [æ̀rɪví:zm, -vízm] *n.* =arrivisme. **ar·ri·vist** [æ̀rɪví:st, -víst] *n.*

ar·ri·visme [æ̀rɪví:sm ; *F.* arivism] 〘◻F ～ ← *arriver* 'to ARRIVE' : ⇨ -ism〙 *F. n.* (あくどい)出世主義.

ar·ri·viste [æ̀rɪví:st, -víst ; *F.* arivist] 〘◻F ～ ← *arriver* (↑) : ⇨ -ist〙 *F. n.* (*pl.* ～**s** [～s ; *F.* ～]) (あくどい)出世主義者, 野心家, 成上がり者.

ar·ro·ba [əróubə | əráu- ; *Sp.* aróβa, *Port.* ɐʀóbɐ, *Braz.* aʀóba] 〘◻Sp. ～ ◻Arab. *ar-rúb'* the quarter〙 ― *n.* (*pl.* ～**s** [～z ; *Sp.* ～s, *Port.* ～ʃ, *Braz.* ～s]) **1** アローバ 《スペイン・ポルトガル・ブラジルの重量単位 ; Mexico では 25.37 常用ポンド, Brazil では 32.38 常用ポンド》. **2** アローバ 《スペインの液量 ; 不定であるが, ぶどう酒では 4.26 米ガロン》.

ar·ro·gance [ǽrəgəns, ér- | ǽr-] 〘《c1303》◻(O)F ～ ‖ L *arrogantia* : ⇨ arrogant, -ance〙 *n.* 横柄(おうへい), 尊大, 傲慢, 無礼.

arrogance of power 〘W. Fulbright の造語〙〘外交〙権力の傲(おご)り[驕傲(きょうごう)].

ár·ro·gan·cy [-gənsi | -sɪ] 〘◻L *arrogantia* : ⇨ ↓, -ancy〙 *n.* =arrogance.

ar·ro·gant [ǽrəgənt, ér- | ǽr-] 〘《c1390》◻(O)F ～ ‖ L *arrogant-em* (pres.p.) ← *arrogāre* (↓)〙 ― *adj.* 横柄な, 尊大な, 傲慢な, 無礼な (haughty) ; 専横な (overbearing) : an ～ face, man, manner, etc. / an ～ demand 横暴な要求. **～·ly** *adv.* **～·ness** *n.*

ar·ro·gate [ǽrəgèɪt, ér- | ǽrə(ʊ)-] 〘《1530》← L *arrogāt-us* (p.p.) ← *arrogāre* to ask for oneself ← *ar-* 'AD-' + *rogāre* to ask (⇨ rogation) : ⇨ -ate³〙 ― *vt.* **1** [通例 ～ to one*self* として] 〈権利などを〉(不当にも)自分のものだと称する, 私する ; 〈称号などを〉偽って使う, 詐称する (assume) : ～ power *to oneself* 権力を私する / ～ (*to oneself*) the rank of major 少佐だと詐称する. **2** 〈ある属性などを〉(十分な根拠なしに)〔人などに〕帰する (ascribe) 〔*to*〕: ～ an ulterior motive *to* a person 人が不純な動機をもっていると勝手に決める. **ár·ro·gà·tor** [-tə | -tə(r)] *n.*

ar·ro·ga·tion [æ̀rəgéɪʃən, èr- | æ̀rə(ʊ)-] 〘《1590》◻L *arrogātiō(n-)* : ⇨ ↑, -ation〙 ― *n.* (権利などの)不当な主張, わが物にすること ; 越権(行為) ; 詐称 : the ～ of leadership.

ar·ron·di [æ̀rɔ̃:(n)dí:, æ̀rɔ(:)n- ; *F.* arɔ̃di] 〘◻F ～ (p.p.) ← *arrondir* to round (↓)〙 *adj.* 〘バレエ〙〈腕の形・脚の動きなど〉丸味をもった, アロンディ.

ar·ron·disse·ment [ərɑ́ndɪsmənt, -dəs-, æ̀rəndí:smənt, ərɑ́ndi:smɑ̃:(ŋ), -mɑ̀:ŋ | æ̀rəndí:smɑ̃:(ŋ), -mɔ̃:(ŋ), -mɑ:ŋ, -mɔ(:)ŋ ; *F.* arɔ̃dismɑ̃] 〘◻F ～ ← *arrondir* to round : ⇨ a-, round¹, -ment〙 ― *n.* (*pl.* ～**s** [-mənts, -mɑ̃:(ŋ)z, -mɑ̀:ŋz | ～z ; *F.* ～]) **1** (フランスの)郡 《県 (department) の最大行政区 ; いくつかの小郡 (canton) からなる》. **2** (Paris の)区.

ar·row [ǽrou, ǽrə, ér- | ǽrəu] 〘OE *ar(h)we*, *(e)arh* ← Gmc **arχw-* (ON **arw-* / Goth. *arhwazna*) ← IE **arqu-* bow (L *arcus* bow) : 原義は belonging to the bow : cf. arc〙 ― *n.* **1** 矢 : shoot an ～ 矢を射る[放つ] / with bow and ～ 弓矢を携えて / (as) straight as an ～ 矢のようにまっすぐ(な). ★ ラテン系語形容詞 : sagittal. **2** 矢の形をした物 ; 矢印 《地図や道案内の～など》. **3** =broad arrow. **4** [*pl.* ; 単数扱い] 《口語》=dart 3. **5** 〘植物〙(サトウキビの)花序, (花序の内部に入って来ている)花茎の細長い部分. **6** [the A-] 〘天文〙や(矢)座 (⇨ Sagitta 1). ― *vi.* (矢のように)飛ぶ, 突進する (dart). ― *vt.* **1** [～ one's way で] 突き進む, 突進する. **2** 〘印刷〙〈挿入個所を〉矢印で示す : ～ *in* 矢印で示して挿入する. **～·less** *adj.* **～·lìke** *adj.*

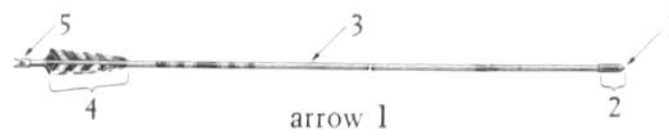

1 point ; 2 pile ; 3 shaft ; 4 fletching ; 5 nock

árrow·hèad 〘《1386》〙 ― *n.* **1** 矢じり, 矢の根 ; 矢じりに似た物 : the (broad) ～ =broad arrow. **2** (製図で寸法線の両端につける)矢印. **3** 〘植物〙オモダカ 《オモダカ属 (*Sagittaria*) の植物の総称 ; 大ていは水生植物で矢じり形をした葉をもつ ; 特に, 水槽で観賞用に植える *S. gigantea* など》. **4** 〘建築〙(卵鏃(ぞく)飾り (egg and dart) の)矢じりの部分. **5** 〘服飾〙三角かがり, アローヘッド 《サテンステッチ (satin stitch) で矢頭[三角形]に刺す刺繍 ; 装飾, かんぬきどめに用いる》.

árrow·hèaded *adj.* 矢じり形の ; (古代アッシリア文字の)楔形の (cuneiform) : ～ characters 楔形文字.

árrow·ròot 〘《1696》: インディアンがその根を毒矢の傷の治療に用いたことから〙 ― *n.* **1** 〘植物〙クズウコン (*Maranta arundinacea*) 《熱帯アメリカ・ブラジル原産の多年草 ; 根茎から良質の澱粉が得られる》. **2** **a** アロールート, くず粉 《クズウコンの根茎から採る澱粉 ; 料理や菓子の製造に用いる》. **b** アロールートに類似した他の植物からとった澱粉.

árrow-shàped *adj.* 矢状[矢形]の ; 矢の根形の.

árrow-stìtch *n.* 〘服飾〙(コルセットの鯨髭(ひげ)を留める)矢じりかがり.

árrow·wòod *n.* 〘植物〙昔矢を作るのに適した枝をもつ諸種の低木の総称 《laurustine, 米国南西部やメキシコ産のキク科の低木 (*Pluchea sericea*), ocean spray など》.

árrow·wòrm *n.* 〘動物〙矢虫 《海洋に生息する毛顎(もうがく)動物門の浮遊小動物の総称 ; 素早く動く姿が飛ぶ矢に似ている ; ヤムシ (*Sagitta bipunctata*) など》.

ar·row·y [ǽroui, ér- | ǽrəui] *adj.* **1** 矢のような ; まっすぐな ; 早く飛ぶ, 早い. **2** 〈言葉など〉鋭い, 辛辣(しんらつ)な (sharp). **3** 矢の, 矢で出来た.

ar·roy·o [ərɔ́ɪ(j)ə, əróujou, ərɔ́ɪ(j)ou | ərɔ́ɪ(j)əu] 〘◻Sp. ～ ← ? : cf. L *arrūgia* shaft, pit in a mine〙 ― *n.* (*pl.* ～**s**) 《米南西部》**1** (乾燥地帯の)小川, 細流, アロヨ. **2** (深い)涸(か)れ谷 (dry gully).

ar·roz con pol·lo [ɑ:róuθ-kɔ(:)n-póuljou, ɑ:róus-kɔ(:)n-póujou | ɑ:ráuθ-kɔn-páuljəu, ɑ:ráus-kɔn-páujəu ; *Sp.* aróθkonpóʎo, *Am. Sp.* aróskonpójo] 〘◻Sp. ～ 'rice with pullet'〙 ― *n.* アロスコンポーリョ 《ライスと鶏肉にトマト・サフランなどの香辛料を加えたスペイン風料理》.

'Ar·ry [ǽri, éri | ǽri] 〘《俗》← HARRY : cf. 'Arriet¹〙 *n.* 《英口語》(London の)柄の悪い元気な(若い)男, (町の)あんちゃん : ～ and 'Arriet. **～·ish** [～ɪʃ] *adj.*

ar·ryth·mi·a [eɪríðmiə, æ- | -ríðmɪə, -ríθ-] *n.* 〘病理〙=arrhythmia.

A.R.S. 《略》Agricultural Research Service.

ars- [ɑəs | ɑ:s] 〘← ARSENIC〙「ヒ素 (arsenic)」の意の連結形.

A.R.S.A. 《略》Associate of the Royal Scottish Academy ; Associate of the Royal Society of Arts.

ars·a·níl·ic ácid [ɑ̀əsənílɪk- | ɑ̀:-] 〘*arsanilic* : ← ARS-+ANIL(INE)+-IC¹〙 ― *n.* 〘化学〙アルサニル酸 ($NH_2C_6H_4AsO(OH)_2$) 《o-, m-, p- の異性体がある ; 有毒》.

ars an·ti·qua [ɑ́əs-æntí:kwə, ɑ́əz- | ɑ́:s-, ɑ́:z-] 〘◻L *ars antiqua* old art〙 ― *n.* [the ～] 〘音楽〙アルスアンティクァ 《西欧中世 1300 年以前(特に 13 世紀後半)の音楽およびその様式 ; cf. ars nova》.

arse¹ [ɑ́əs | ɑ́:s] 〘OE *ears, ærs* ← Gmc **arsaz* (Du. (*n*)*aars* / G *Arsch*) ← IE **ers-* buttocks, backside (Gk *órros* rump) : cf. uro-²〙 *n.* 《卑》=ass².

arse² [ɑ́əs | ɑ́:s] 〘《異形》← ASS¹〙 *vi.* 《英俗》=ass¹.

árse-licking *n., adj.* 《英卑》=ass-licking.

ar·sen- [ɑ́əs(ə)n, -sn̩, ɑəsén | ɑ́:s(ə)n, -sn̩, -sɪn] (母音の前に来る時の) arseno- の異形.

ar·se·nal [ɑ́əs(ə)nl̩ | ɑ́:s(ə)nl̩, -sn̩-, -sɪn-] 〘《1506》◻It. *arsenale* dock ← Arab. *dār aṣ-ṣinā'ah* house of the craft〙 ― *n.* **1** **a** 兵器[軍需]工場[工廠(こうしょう)] : a naval ～ 海軍工廠. **b** 整備補給廠. **2** 兵器庫, 軍需品倉庫 ; (兵器庫を兼ねる)訓練場. **3** 兵器[軍需品]の保有量[集積] : a nuclear ～ 核(兵器)保有量. **4** 備蓄, 収蔵, 集積 (store) ; 宝庫 (storehouse) : an ～ of information.

ar·se·nate [ɑ́əsnət, -nɪt, -sn̩-, -sənèɪt, -sn̩- | ɑ́:s(ə)nɪt, -sɪ-, -sn̩-, -nèɪt] 〘《廃》*arseniate* ◻? F *arséniate* : ⇨ arsenic, -ate¹〙 *n.* 〘化学〙ヒ酸塩[エステル] (H_3AsO_4).

Ar·sène [ɑəséɪn | ɑ:- ; *F.* arsɛn] 〘◻F ～〙 *n.* 男性名.

ar·se·nic 〘《a1393》◻(O)F ～ ◻L *arsenicum* ◻Gk *arsenikón* = *arrenikón* yellow orpiment ← Syr. *zarnīg* ← Iran. (cf. Pers. *zar* gold / Skt *hiraṇya* gold, *hari* yellowish) : Gk で通俗語源により *arsenikós* male, virile と混同された〙 ― [ɑ́əs(ə)nɪk, -sn̩- | ɑ́:snɪ-] *n.* **1** 〘化学〙ヒ素 《記号 As, 原子番号 33, 原子量 74.9216》. **2** 《商用語》=arsenic trioxide (cf. white arsenic). ― [ɑəsénɪk | ɑ:-] *adj.* ヒ素の[を含む] ; (特に) 5 価のヒ素 (As^{V}) を含む.

arsénic ácid *n.* 〘化学〙ヒ酸 (H_3AsO_4).

ar·sen·i·cal [ɑəsénɪkəl, -nə- | ɑ:sénɪ-] 〘化学〙*adj.* ヒ素の ; ヒ素を含む : ～ poisoning ヒ素中毒. ― *n.* ヒ素化合物 ; ヒ素剤, 含ヒ剤 《殺虫剤》.

arsénical pýrites *n.* 〘鉱物〙=arsenopyrite.

ársenic anhýdride *n.* 〘化学〙無水ヒ酸 (As_2O_5) 《白色無定形潮解性の固体 ; ガラス成分 ; arsenic pentoxide ともいう》.

ársenic disúlfide *n.* 〘化学〙二硫化ヒ素 (As_4S_4, As_2S_2 または AsS) 《橙赤色の粉末 ; 花火製造に用いる ; arsenic monosulfide ともいう》.

ársenic mírror *n.* 〘化学〙ヒ素鏡 《ヒ素の検出に使われるマーシュ試験で, 試料に水素を作用させてできる水素化ヒ素が冷たい白色陶器の表面に触れて分解した暗褐色のヒ素の付着物》.

ársenic monosúlfide *n.* 〘化学〙一硫化ヒ素 (⇨ arsenic disulfide).

ársenic pentasúlfide *n.* 〘化学〙五硫化ヒ素 (As_2S_5 または As_4S_{10}) 《黄色の単斜晶形の結晶》.

ársenic pentóxide *n.* 〘化学〙五酸化ヒ素 (⇨ arsenic anhydride).

ársenic súlfide *n.* 〘化学〙硫化ヒ素 (V) (As_2S_5) 《微黄色結晶》.

ársenic trichlóride *n.* 〘化学〙三塩化ヒ素 ($AsCl_3$) 《無色油状液体 ; 有機ヒ素化合物合成, 窯業で用いられる》.

ársenic trióxide *n.* 〘化学〙三酸化ヒ素 (As_2O_3 または As_4O_6), (俗に)亜ヒ酸 《白色粉末で白ヒ (white arsenic) ともいい猛毒 ; 医薬・防腐剤・顔料用》.

ársenic trisúlfide *n.* 〘化学〙三硫化ヒ素 (As_2S_3 または As_4S_6) 《黄色の結晶 ; 花火製造・黄色顔料に用いる ; king's yellow ともいう》.

ar·se·nide [ɑ́əsənàɪd, -sn̩- | ɑ́:sən-, -sɪ-] 〘◻F ～ : ⇨ arseno-, -ide²〙 *n.* 〘化学〙ヒ化物.

ar·se·ni·ous [ɑəsí:niəs, -njəs | ɑ:sí:njəs, -nɪəs] 〘◻F *arsénieux* : ⇨ arseno-, -ous〙 *adj.* 〘化学〙ヒ素 (arsenic) の[を含む] ; (特に) 3 価のヒ素 (As^{III}) を含む.

arsénious ácid *n.* 〘化学〙亜ヒ酸 (H_3AsO_3) 《顔料・殺虫除草用》.

arsénious óxide *n.* 〘化学〙=arsenic trioxide.

ar·se·nite [ɑ́əsənàɪt, -sn̩- | ɑ́:sən-, -sɪ-] 〘◻F *arsénite* : ⇨ arseno-, -ite¹〙 *n.* 〘化学〙亜ヒ酸塩[エステル].

ar·sen·iu·ret·ted [ɑəsénjurètɪd, -sí:n-, -tɪd | ɑ:sénjurèt-, -sí:n-] 〘← *arseniurete* (⇨ arsenic, -uret : ↑ の古名)+-ED 2〙 *adj.* 〘化学〙ヒ素化した.

arséniuretted hýdrogen *n.* 〘化学〙ヒ化水素 (⇨ arsine).

ar·se·no [ɑ́əs(ə)nou, -sn̩-, ɑəsén- | ɑ́:s(ə)nə(ʊ), -sn̩-, -sɪn-] 〘↓〙 *adj.* 〘化学〙アルセノ基 (-As=As-) を含んだ.

ar·se·no- [ɑ́əs(ə)nou, -sn̩-, ɑəsén- | ɑ́:s(ə)nə(ʊ), -sn̩-, -sɪn-] 〘← ARSENIC〙 ― 〘化学〙「ヒ素(の) (arsenic), アルセノ基 (-As=As-) を含む」の意の連結形. ★ 母音の前では通例 arsen- になる.

árseno gròup *n.* 〘化学〙アルセノ基 (-As=As-).
ar·sen·o·lite [ɑəsénəlaɪt, -nl- | ɑ:-] *n.* 〘鉱物〙ヒ華 (As_2O_3).
ar·se·nom·e·try [ɑ̀əsənámətri, -sn- | ɑ̀:sənɔ́mɪtrɪ, -sn-, -mə-] *n.* 〘化学〙亜ヒ酸滴定.
àrseno·pýrite *n.* 〘鉱物〙硫ヒ鉄鉱, 毒砂 (FeAsS) 《mispickel ともいう》.
ar·se·no·so- [ɑ̀əsənóuso(ʊ), -sn- | ɑ̀:sənə́usə(ʊ), -sn-, -sɪn-] 〘← ARSENO-＋(FERR)OSO-〙〘化学〙「アルセノソ基 (-As=O) を含む」の意の連結形.
ar·se·nó·so gròup [ɑ̀əsənóusou-, -sn- | ɑ̀:sənə́u-səʊ-, -sn-, -sɪn-] *n.* 〘化学〙アルセノソ基 (-As=O).
ar·se·nous [áəs(ə)nəs, -sn- | ɑ́:sənəs, -sn-, -sɪn-] *adj.* 〘化学〙＝arsenious.
ársenous ácid *n.* 〘化学〙＝arsenious acid.
arses *n.* arsis の複数形.
A.R.S.H. 《略》Associate of the Royal Society for the Promotion of Health 王立健康増進協会員.
ar·shin [ɑəʃí:n | ɑ:-; *Russ.* arʃín] 〘▭ Russ. ~ ← Turk. *aršyn* measure ← Pers. *ārš* 《原義》elbow〙 ── *n.* (*also* **ar·shine** [~]) アルシン《ロシヤの長さの単位; メートル法採用以前の基本単位; ＝71 cm》.
ar·sin- [ɑəsí:n | ɑ:-] 〘化学〙(母音の前に来る時の) arsino- の異形.
ar·sine [ɑəsí:n, ⸺ | ɑ:sí:n, ⸺] 〘← ARS-＋-INE[3]〙 *n.* 〘化学〙水素化ヒ素, アルシン, ヒ化水素 (AsH_3) 《arseniuretted hydrogen ともいう》.
ar·sín·ic ácid [ɑəsínɪk- | ɑ:-] *n.* 〘化学〙アルシン酸 《RR'AsOOH の一般名》.
ar·si·no [ɑəsí:nou | ɑ:sí:nəu] 〘↓〙 *adj.* 〘化学〙アルシノ基 ($-AsH_2$) を含んだ.
ar·si·no- [ɑəsí:no(ʊ) | ɑ:sí:nə(ʊ)] 〘← ARSINE〙〘化学〙「アルシノ基 ($-AsH_2$) を含む」の意の連結形. ★ 母音の前では通例 arsin- になる.
arsíno gròup *n.* 〘化学〙アルシノ基 ($-AsH_2$).
ar·sis [áəsɪs, -səs | ɑ́:sɪs] 〘(*a*1398) ▭ LL ~ 'accented syllable', 《原義》a raising (of voice) ▭ Gk *ársis* unaccented syllable, 《原義》a raising (of foot in beating time) ← *aírein* to lift, raise〙 ── *n.* (*pl.* **ar·ses** [-si:z]) **1** 〘詩学〙(英詩の)強音部[節] (cf. ictus 1, thesis 5); (古典詩の)弱音部, 抑音部. **2** 〘音楽〙上拍, 弱拍 (upbeat); (リズムをとる際, 弱拍を示すため)手を上に挙げること (↔ thesis).
A.R.S.L. 《略》Associate of the Royal Society of Literature.
ars lon·ga, vi·ta bre·vis [áəs-lɔ́(:)ŋgə váɪtə-brí:vɪs, áəz-, -vəs, áəs-lɔ́(:)ŋgɑ: wí:tɑ:-bréwɪs | ɑ́:s-lɔ́ŋgə váɪtɑ:-brí:vɪs, ɑ́:z-, ɑ́:s-lɔ́ŋgɑ̀: váɪtɑ:-bréwɪs] 〘▭ L *ars longa, vita brevis* art is long, life is short; Hippocrates の警句のラテン語訳〙 ── *L.* 芸は長く人生は短し (⇨ 巻末).
ars no·va [áəs-nóuvə, ɑ́:z- | ɑ́:s-nə́u-, ɑ́:z-] 〘▭ L ~ 'new art'〙 *n.* [the ~] 〘音楽〙アルスノヴァ《西欧中世 14 世紀の音楽およびその様式; cf. ars antiqua》.
ar·son [áəsn | ɑ́:-] 〘(*a*1680) ▭ AF & OF ~ < ML *arsiō(n-)* act of burning ← L *ardēre* to burn〙 ── *n.* 〘法律〙放火(罪). **~·ous** [-sənəs, -sn-] *adj.*
ár·son·ist [-s(ə)nɪst, -sn-, nəst- | -sənɪst, -sn-] *n.* 〘法律〙放火犯人.
ars·phen·a·mine [ɑəsfénəmì:n, -mɪn, -mən | ɑ:s-fénəmì:n, -mɪn] 〘← ARS-＋PHEN(YL)＋AMINE〙 *n.* 〘薬学〙アルスフェナミン (⇨ Salvarsan).
ars po·e·ti·ca [ɑ́əs-pouétɪkə, -tə-, ɑ́əz- | ɑ́:s-pəuétɪ-, ɑ́:z-] 〘▭ L ~ 'art of poetry'〙 *n.* **1** 詩の技法 (art of poetry), 詩学 (poetics). **2** 詩論. **3** [A- P-]「詩論」《紀元前 13 世紀ごろ Horatius が文学や詩の技法を教訓をまじえて論じた詩》.
ARSR 《略》〘航空〙Air Route Surveillance Radar 航空路監視レーダー《航空路監視用の長距離レーダーで覆域は高度 21,000 m, 距離約 350 km》.
ar·sy-var·sy [ɑ́əsi-vɑ́əsi | ɑ́:sɪ-vɑ́:sɪ] 〘(加重) ← ARSE[1]＋-Y[2]: *varsy* は L *versus* 'VERSUS' の影響か〙 ── *adv., adj.* (*also* **ar·sy-ver·sy** [~]) 《俗》ひっくりかえって[た], さかさまに[の] (topsy-turvy).
art[1] [ət; ɑ̀ət, ɑ́ət | ət; ɑ̀:t, ɑ́:t] 〘OE (*e*)*art*: ⇨ are〙 *vi.* 《古・詩》be の二人称単数直説法現在形: thou ~= you are.
art[2] [ɑ́ət | ɑ́:t] 〘(*c*1300) ▭ (O)F ~ < L *artem, ars* skill, art ← IE **ar-* to join: ⇨ arm[1]〙 ── *n.* **1 a** (総合的・個別的に)芸術; [the ~s; 集合的] ＝fine art 2: ~ for ~'s sake 芸術のための芸術, 芸術至上主義 (cf. ars gratia artis (巻末)) / ~ for life's sake 人生のための芸術《「人生派」の立場》/ the *art*-for-*art* school 芸術派 / Music is an ~. 音楽は芸術である / ⇨ graphic arts, plastic art / a work of ~ ⇨ work *n.* 5 c. **b** (芸術部門の中で特に)美術 (fine art): French ~ / decorative ~ 装飾美術 / applied ~ 応用美術 / study ~. **c** [集合的]美術[芸術](作品): a museum of modern ~ 近代美術館 / He is fond of ~. 美術(品)が好きだ. **2 a** (芸術的)技法, 手法, 芸(風); (芸術的)手腕, 手ぎわ (cf. 4): the ~ of the novel 小説技法 / the ~ of T.S. Eliot T.S. エリオットの巧法[芸術] / with ~ 手ぎわよく, 巧みに / *Art* is long, life is short. 芸は長く人生は短し《この art は誤まって「芸術」の意にも用いられる; cf. ars longa, vita brevis》. **b** (作品の)芸術性[味]. **3 a** (専門の)技術, 技芸: the ~ of building [navigation, printing] 建築[航海, 印刷]術 / a term [word] of ~ 《古》術語 / the ~ of agriculture 農芸 / the healing ~ 医術 / ⇨ black art, industrial art 2. **b** (技術を要する)職業 (trade, craft): the potter's ~ 陶芸 / learn the barber's ~ 理髪業を修行する. **4** 〔何かをする〕方法, 秘訣(ひけつ), こつ (skill, knack) 〔*of*〕; 熟練, 手腕, わざ, 巧妙さ (skillfulness) (cf. 2 a): by ~ 熟練によって / the ~ *of* swimming 水泳術 / the ~ *of* making money 金もうけの秘訣 / There's no ~ *in* [*to*] doing it. それをするには別に要領[熟練]はいらない. **5 a** (自然に対して)人工, 人為: by ~ 人工によって, 人為的に / nature and ~ 自然と人工. **b** わざとらしさ, 不自然さ, 作為, 技巧 (artificiality): a smile without ~ 素直[無邪気]な微笑. **6 a** 狡猾(こうかつ)さ, ずるさ (cunning): by ~ 狡猾に. **b** [通例*pl.*] 術策, 手管 (artifice, trick). **7 a** 学問[学術]の一部門 (branch of learning); [通例 *pl.*] (大学の)科目, 学科《中世では下位の三科 (trivium) と上位の四科 (quadrivium) から成っていた》. **b** [通例 *pl.*] (1) (大学で理科系科目に対し)人文科学 (cf. humanity 3 c): ~*s* and sciences 文科系と理科系(の科目) / a Bachelor [Master] of *Arts* 文学士[修士]. (2) 《米》＝liberal arts 2. **8** [集合的] 〘印刷〙(本文に対し)挿絵, 図版. **9** 《古》学問, 学術 (learning, science).
the art of the art ⇨ state 成句.
art and part 〘(*c*1425): もと to be concerned in either by art (in contriving it) or by part (taken in actually executing it) の意から〙 (1) 〘スコット法〙幇助(ほうじょ)罪(で), 従犯(で), 第二級正犯(で) 〔*in*〕: be [have] ~ *and part in* ...の共犯である. (2) 加担して, 協力[参加]して (participating) 〔*in*〕: He was ~ *and part with* a friend *in* (doing) it. 友人と共同でそれに当たった.
art of self-defense [the ―] 護身術《boxing や fencing の別名》.
arts and crafts (美術)工芸.
── *attrib. adj.* 芸術(的)の, 美術(的)の: an ~ critic 美術批評家 / ~ education / an ~ film 芸術映画 / ~ history 美術史 / an ~ school [student] 美術学校[学生].
── *vt., vi.* [~ up で] 《口語》(気取って)芸術的に見せようとする, きざっぽく飾り立てる.
Art [ɑ́ət | ɑ́:t] 〘(dim.) ← ARTHUR〙 *n.* 男性名.
art. 《略》article; artificer; artificial; artillery; artist.
-art [ət | ət] *suf.* -ard の異形: bragg*art*.
ar·tal *n.* rotl の複数形. ★ 時に単数扱い.
Ar·taud [ɑətóu | ɑ:tə́u; *F.* arto], **An·to·nin** [ɑ̃tɔnɛ̃] *n.* アルトー《1896–1948; フランスの演出家・俳優・詩人・劇作家; *Le Théâtre et son double*「演劇とその分身」(演劇論集, 1938)》.
art au·tre [ɑ̀ətó:tr(ə) | ɑ́:t-; *F.* arto:tr] 〘▭ F ~ 《原義》another art〙 *F. n.* 〘美術〙＝tachisme.
Ar·ta·xer·xes I [ɑ̀ətə(g)zə́:ksi:z | ɑ̀:tə(g)zə́:k-, -tə-ksə́:-] *n.* アルタクセルクセス一世《?-425 B.C.; 古代ペルシャの王 (465–425 B.C.); Xerxes 一世の息子》.
Artaxerxes II *n.* アルタクセルクセス二世《?-359 B.C.; 古代ペルシャの王 (404–359 B.C.); Darius 二世の息子, CYRUS the Younger の兄; 通称 Mnemon》.
árt dèaler *n.* 美術商, 画商.
art de·co, A- D- [ɑ́ə(t)-deɪkóu, ⸺ | ɑ́:(t)-deɪkə́u, ⸺; *F.* ardeko] 〘▭ F *Art Déco* (略) ← *Exposition Internationale des Arts Décoratifs et Indestriels Modernes* international exposition of modern decorative and industrial arts (1925 年にパリで開かれた展覧会)〙 ── *n.* 〘美術〙アール デコ《1920 年代にフランスを中心に流行した装飾美術の一様式》.
árt dirèctor *n.* **1** 〘演劇・映画・テレビ〙美術監督, アートディレクター. **2** 〘出版・印刷〙(書物その他の印刷物の美術面に責任をもつ)アートディレクター.
árt èditor *n.* 〘出版・印刷〙＝art director 2.
ar·te·fact [ɑ́ətəfækt, -tɪ- | ɑ́:tɪ-] *n.* ＝artifact.
ar·tel[1] [ɑətél | ɑ:-] *n.* ＝artal.
ar·tel[2] [ɑətél | ɑ:-; *Russ.* artélj] 〘▭ Russ. *artel'* ▭ It. *artieri* (pl.) ← *artiere* artisan〙 *n.* (ロシヤに 14–15 世紀からあった独立農民や労働者の)協同組合, アルテリ.
ar·te·mi·a [ɑətí:miə | ɑ:tí:mɪə, -mjə] 〘← NL ~ ← ARTEMIS＋-IA[2]〙 *n.* 〘動物〙＝brine shrimp.
Ar·te·mis [ɑ́ətəmɪs, -məs | ɑ́:tɪmɪs, -tə-] 〘▭ L ~ ▭ Gk *Ártemis* ← ?〙 ── *n.* **1** 女性名. **2** 〘ギリシャ神話〙アルテミス《日輪の神 Apollo と双生児の月の女神 (cf. Luna); また狩猟の女神で森林・野獣の守護神; ローマ神話の Diana に当たる》.
ar·te·mis·i·a [ɑ̀ətəmíʒiə, -ʒə, -ziə, -siə | ɑ̀:tɪmísɪə] 〘(*a*1325) ▭ NL ~ ← L ~ 'mugwort' ▭ Gk *artemisía* 《原義》plant sacred to Artemis ← *Ártemis* (↑): ⇨ -ia[1]〙 ── *n.* 〘植物〙ヨモギ《キク科ヨモギ属 (*Artemisia*) の植物の総称; ニガヨモギ (*A. absinthium*), ヨモギ (*A. princeps*) など》.
Ar·ten·kreis [ɑ́ətŋkràɪs | ɑ́:-; *G.* ártŋkràɪs] 〘▭ G ~ 《原義》cycle of species ← *Arten* ((pl.) ← *Art* kind)＋*Kreis* cycle〙 ── *n.* (*pl.* **Ar·ten·krei·se** [-kràɪzə; *G.* -kráɪzə], **~·es**) 〘生物〙連繋種, 種環.
ar·ter [ɑ́ətə | ɑ́:tə(r)] 《方言》〘(変形) ← AFTER〙 *prep., conj., adv., adj.* 《方言》＝after.
ar·te·re·nol [ɑ̀ətərí:nɔ(:)l, -noʊl | ɑ̀:tərí:nɔl] 〘← *Arterenol* (商標名)〙 *n.* 〘生化学〙アルテレノール (⇨ norepinephrine).
ar·te·ri- [ɑətí(ə)ri | ɑ:tíərɪ] (母音の前に来る時の) arterio- の異形.
ar·te·ri·al [ɑətí(ə)riəl | ɑ:tíərɪ-] 〘(?*a*1425) ▭ (O)F *artériel*: ⇨ artery, -al[1]〙 ── *adj.* **1** 〘生理〙 **a** 動脈の; 動脈状の (cf. venous 2); 動脈系の: ~ blood 動脈血. **b** 動脈血の. **2** 〈道路など〉動脈のような, 幹線の, 主要な: ~ drainage 脈路系排水 / an ~ road [highway] 幹線道路. ── *n.* 幹線道路. **~·ly** *adv.*
ar·te·ri·al·i·za·tion [ɑətì(ə)riəlɪzéɪʃən, -lə- | ɑ:tɪə-rɪəlaɪ-, -lɪ-] *n.* 〘生理〙(肺による静脈血の)動脈血化.
ar·te·ri·al·ize [ɑətí(ə)riəlàɪz | ɑ:tíərɪ-] *vt.* **1** 〘生理〙〈肺が〉〈静脈血を〉動脈血化する. **2** 動脈状化する, ...に動脈状の組織を与える.
ar·te·ri·o- [ɑətí(ə)riə, -rio(ʊ) | ɑ:tíərɪə(ʊ)] 〘▭ Gk *artērio-* ← *artēría* 'ARTERY'〙「動脈」の意の連結形: *arterio*sclerosis. ★ 母音の前では通例 arteri- になる.
ar·te·ri·o·gram [ɑətí(ə)riəgræm | ɑ:tíərɪə-] *n.* 〘医学〙動脈撮影像.
ar·te·ri·og·ra·phy [ɑətì(ə)riágrəfi | ɑ:tɪərɪɔ́grəfɪ] *n.* 〘医学〙(X 線を用いる)動脈造影[撮影](法). **ar·te·ri·o·graph·ic** [ɑətì(ə)riəgrǽfɪk | ɑ:tɪərɪə-] *adj.*
ar·ter·i·ole [ɑətí(ə)riòʊl | ɑ:tíərɪə̀ʊl] 〘▭ F *artériole* ← ? NL *arteriola* small artery: ⇨ artery, -ole[2]〙 *n.* 〘解剖〙小動脈, 細動脈.
artèrio·sclerósis 〘← NL ~: ⇨ arterio-, sclero-, -osis〙 *n.* 〘病理〙動脈硬化(症). **artèrio·sclerótic** *adj., n.*
ar·te·ri·ot·o·my [ɑətì(ə)riátəmi | ɑ:tɪərɪɔ́təmɪ] 〘▭ LL *artēriotomia* ▭ Gk *artēriotomía*: ⇨ arterio-, -tomy〙 *n.* 〘外科〙動脈切開(術)《多く側頭動脈に行なう》.
artèrio·vénous *adj.* 〘解剖・病理〙動静脈の[をつなぐ]; 動静脈を侵す.
ar·te·ri·tis [ɑ̀ətəráɪtɪs, -təs | ɑ̀:təráɪtɪs] 〘← NL ~: ⇨ arterio-, -itis〙 *n.* 〘病理〙動脈炎.
ar·ter·y [ɑ́ətəri | ɑ́:tərɪ] 〘(*a*1398) ▭ L *artēria* ▭ Gk *artēría* windpipe, artery ← ? *a(e)írein* to raise〙 ── *n.* **1** 〘解剖〙動脈 (cf. vein 1): the dorsal ~ 背動脈 / the main ~ 大動脈 / ⇨ brachial artery, maxillary artery. **2** 幹線, 幹線[主要]道路, 主要水路; 中枢.
ar·te·sian [ɑətí:ʒən | ɑ:tí:zjən, -zɪən, -ʒɪən, -ʒən] 〘(1830) ▭ F *artésien* 《原義》of Artois ← OF *Arteis* (ヨーロッパで掘抜き井戸が最も古くから行なわれたフランスの旧州名で, 現在は Artois): ⇨ -ian〙 ── *adj.* 掘抜き(井戸)の.
artésian wéll *n.* **1** アルトワ (Artois) 式井戸, 掘抜き井戸, 噴(ふん)き井戸. **2** 深く掘った井戸.
árt fòrm *n.* 〘芸術〙 **1** 既成作品からとられた表現形式. **2** 主題や内容が既存の作品のものと一致する表現形式. **3** (芸術の表現媒体としての)形態, フォルム.
art·ful [ɑ́ətfəl | ɑ́:t-] *adj.* **1** 〈人・手段など〉技巧[手管]を弄する, 狡猾(こうかつ)な, ずるい (crafty, cunning): an ~ woman. **2** 〈人・技術など〉技巧[工夫]に富んだ, 巧妙な, 上手な (skillful, clever). **3** 〈言葉など〉凝った, わざとらしい (artificial). **~·ness** *n.*
árt·ful·ly *adv.* **1** 狡猾(こうかつ)に, ずるく. **2** 巧みに, 手ぎわよく.
árt gàllery *n.* 美術館, 美術品陳列場; 画廊.
árt glàss *n.* **1** 工芸ガラス. **2** (目先の変わった)工芸ガラス製品.
árt-histórical *adj.* 美術史の[に関する].
árt hòuse *n.* 〘演劇〙＝art theater.
ar·thr- [ɑəθr | ɑ:-] (母音の前に来る時の) arthro- の異形.
ar·thral·gi·a [ɑəθrǽldʒiə, -dʒə | ɑ:θrǽldʒɪə, -dʒə] 〘← NL ~: ⇨ arthro-, -algia〙 *n.* 〘病理〙関節痛. **ar·thrál·gic** [ɑəθrǽldʒɪk | ɑ:-] *adj.*
ar·thrit·ic [ɑəθrítɪk | ɑ:θrít-] 〘(17C) *arthritick* ▭ L *arthrīticus* ▭ Gk *arthrītikós* ← *arthrîtis* (↓) ∽ (*a*1398) *artetik* ▭ OF *artetique* ▭ ML *arteticus*〙 ── *adj.* **1** 関節炎の[にかかった]. **2** おいぼれの[を示す(ような)]. ── *n.* 関節炎患者. **ar·thrít·i·cal·ly** *adv.*
ar·thri·tis [ɑəθráɪtɪs, -təs | ɑ:θráɪtɪs] 〘▭ L *arthrītis* ▭ Gk *arthrîtis* ← *árthron* joint: ⇨ -itis〙 *n.* (*pl.* **-thrit·i·des** [-rítədi:z | -tɪ-]) 〘病理〙関節炎.
ar·thro- [ɑ́əθro(ʊ), -θrə | ɑ́:θrə(ʊ)] 〘▭ L ~ ▭ Gk ~ ← *árthron* (↑)〙「関節」の意の連結形: *arthro*pathy. ★ 母音の前では通例 arthr- になる.
àrthro·centésis 〘← NL ~: ⇨ arthro-, centesis〙 *n.* 〘医学〙関節穿刺(せんし).
ar·throd·e·sis [ɑəθrádəsɪs, -səs | ɑ:θrɔ́dəsɪs] 〘← NL ~: ⇨ arthro-, -desis〙 *n.* (*pl.* **-e·ses** [-sì:z]) 〘外科〙関節固定(術).
ar·thro·di·a [ɑəθróudiə | ɑ:θrə́udɪə, -djə] 〘← NL ~ ← Gk *arthrōdía* ← *arthrṓdēs* articulated ← *árthron* joint: ⇨ -ode[1], -ia[1]〙 ── *n.* (*pl.* **-di·ae** [-diì:]) 〘解剖〙平面関節.
Ar·thro·di·ra [ɑ̀əθro(ʊ)dáɪrə, -θrə- | ɑ̀:θrə(ʊ)-] 〘← NL ~ ← ARTHRO-＋Gk *deirḗ* neck, throat: ⇨ -a[2]〙 *n. pl.* 〘古生物〙(デボン紀の)節頸目.
ar·thro·dire [ɑ́əθro(ʊ)dàɪə, -θrə- | ɑ́:θrə(ʊ)dàɪə(r)] 〘↑〙 *n.* 〘古生物〙節頸目の魚類の総称.
ar·thro·mere [ɑ́əθro(ʊ)mɪə, -θrə- | ɑ́:θrə(ʊ)mɪə(r)] 〘← ARTHRO-＋-MERE〙 *n.* 〘動物〙(環節動物の)体節.
ar·throp·a·thy [ɑəθrápəθi | ɑ:θrɔ́pəθɪ] *n.* 〘病理〙関節症.
Ar·throph·y·ta [ɑəθráfətə | ɑ:θrɔ́fɪtə] 〘⇨ arthro-, -phyte, -a[2]〙 *n. pl.* 〘植物〙有節植物門《スギナ・トクサなどの類; Sphenopsida (トクサ門)ともいう》.
ar·thro·pod [ɑ́əθro(ʊ)pɑ̀d, -θrə- | ɑ́:θrə(ʊ)pɔ̀d] 〘↓〙 ── *n.* 〘動物〙節足動物《エビ・カニ・クモ・サソリ・ムカデ・昆虫など節足動物門の動物の総称》. **ar·throp·o·dal** [ɑəθrápədəl | ɑ:θrɔ́p-] *adj.* **ar·thróp·o·dan** [-dən] *adj.* **ar·thróp·o·dous** [-dəs] *adj.*
Ar·throp·o·da [ɑəθrápədə | ɑ:θrɔ́p-] 〘← NL ~: ⇨ arthro-, -poda〙 *n. pl.* 〘動物〙節足動物門.
ar·thro·sis [ɑəθróusɪs, -səs | ɑ:θrə́usɪs] 〘← NL ~ ← Gk *árthrōsis* ← *arthroûn* to articulate (← *árthron* joint)＋-OSIS〙 ── *n.* (*pl.* **-thro·ses** [-si:z]) **1** 〘解剖〙関節接合. **2** 〘病理〙関節症.

arthro·spore [áəθro(ʊ)spɔ̀ə, -θrə-, -spɔ̀ə | á:θrə(ʊ)spɔ̀:(r] *n.* **1** 〖細菌〗分節胞子. **2** 〖植物〗有節芽胞. **ar·thro·spor·ic** [àəθrəspɔ́rɪk, -spɔ́:r- | à:θrəspɔ́:r-] *adj.* **ar·thros·po·rous** [aəθrɑ́spərəs | a:θrɔ́s-] *adj.*

Ar·thur [áəθə | á:θə(r; *G.* ártʊr, *F.* arty:r] 〖ME ▭ ML *Art(h)ur-us* ▭ ? Celt. **arto-* bear (Welsh *arth*) ← IE **ṛ́k-tho-s* bear (Gk *árktos* : ⇨ arctic)〗 **—** *n.* 男性名《愛称形 Art, Artie》.

Ar·thur [áəθə | á:θə(r], **Chester Alan** *n.* (1830-86) 米国第21代の大統領 (1881-85).

Arthur, King *n.* アーサー王《5, 6世紀ごろの Britain 島の伝説的王; 円卓の騎士団 (Knights of the Round Table) を従え, いわゆるアーサー王伝説の中心人物》.

Ar·thu·ri·an [aəθʊ́(ə)riən | a:θjʊ́ərɪ-] *adj.* アーサー王 (King Arthur) の[に関する]; アーサー王伝説[物語]のような: the ～ romances [stories] アーサー王物語. **—** *n.* **1** アーサー王の部下, 円卓の騎士. **2** アーサー王伝説の研究家.

Arthúrian légend *n.* [the ～] 〖文学〗アーサー王伝説《中世文学において英国種の重要な伝説; ⇨King Arthur》.

ar·ti·ad [áəţiæ̀d, -ʃi- | á:tɪ-, -ʃɪ-] 〖← Gk *ártios* even ＋-AD[1]〗 *n.* **1** 〖化学〗偶価元素《偶数の原子価を有する元素; cf. perissad》. **2** 〖動物〗偶蹄目の動物.

ar·tic [áəţɪk | á:t-] 〖略〗 *n.* 《英口語》〖自動車〗=articulated lorry.

ar·ti·choke [áəţətʃòʊk | á:tɪtʃə̀ʊk] 〖▭ It. 《方言》*articiocco* 《変形》← *arcicioffo* ▭ OSp. *alcarchofa* ▭ Arab. *al-kharšūf* the artichoke〗 **—** *n.* 〖植物〗 **1 a** アーチチョーク, チョウセンアザミ (*Cynara scolymus*)《花托(たく)を食用にする; globe artichoke ともいう》. **b** アーチチョークの花托. **2** =Jerusalem artichoke.

ar·ti·cle [áəţɪkḷ, -ţə- | á:tɪ-] 〖《?a1200》▭ (O)F ～ ▭ L *articulus* (dim.) ← *artus* joint, limb ← IE **ar-* to join : ⇨-cle : cf. art[2], arm[1]〗 **—** *n.* **1** (新聞・雑誌などの)記事, 論説: an editorial ～ 論説, 社説 / an ～ *about* [*on*] pollution / in a newspaper ～ 新聞の記事(の中)に. **2** 〔同種のものの〕一個, 一品 (item, piece) 〔*of*〕: an ～ *of* clothing 衣料品一つ / an ～ *of* furniture 家具一品 / Bread is an ～ *of* food. パンは食品の一つだ. **3** 物品, 品物, 商品, 品 (thing, commodity): ～*s* of trade 商品 / toilet ～*s* 化粧品 / the genuine ～ 本物. **4** 〖文法〗冠詞《英語では a, an, the》: the definite [indefinite] ～ 定[不定]冠詞. **5 a** (契約・法令などの)個条, 条項; [*pl.*] 契約, 規約: ～*s* and clauses 条項 / ～ by ～ 逐条的に / *Article* 1 第1条《Art. 1 と略記する》/ *under* ～ 5 第5条に(より) / the ～*s* of partnership 組合規約 / ⇨ Thirty-nine Articles. **b** [*pl.*] 年季契約 (articles of apprenticeship): in ～*s* 年季契約で働いて. **6** 《口語》[しばしば軽蔑的に] 人, やつ: a smart ～. **7** 《古》〔ある事に関する〕問題, 事柄 (matter) 〔*of*〕: in the ～ *of* …の事[件]で, …に関して(は). **8** 《古》瞬間, 瀬戸際. ★ 通例次の句で: in the ～ of death 死の間際に, 臨終に. **9** 《英口語》室内便器.

of great article 《廃》極めて重要な.

article of faith (1) 〖キリスト教〗信仰個条, 信条. (2) 深い信念, 信条.

articles of agreement 《口語》〖法律〗(個条書きにした)契約書; 契約 (contract).

articles of association [the —] 〖法律〗(1) 《英》(会社の)通常定款《基本定款 (memorandum of association) に記載されない会社の組織, 手続きなどの事項を定める》. (2) 《米》(法人でない社団 (unincorporated association) の)定款.

Articles of Confederation [the —] 〖米史〗連合規約《英国のアメリカ植民地13邦が独立した時の最初の憲法; 1781年3月1日発効し, 現行の憲法が制定される (1788年) まで存続した》.

articles of religion [the —] 〖キリスト教〗宗教個条《英国国教会の Thirty-nine Articles のような各宗派の基本的信仰規約》.

Articles of War [the —] (1) 〖英軍〗(19世紀以前の)陸海軍懲罰・訴訟法. (2) 〖米軍〗(陸・海・空軍)軍法会議法《1951年 the Uniform Code of Military Justice となった》.

— *vt.* **1 a** 契約で縛る. **b** 年季契約によって雇う: ～ an apprentice 年季契約で徒弟を雇う / be ～*d* to a printer (年季契約で)印刷屋の徒弟になる. **2** 《古》**a** 個条書きにする, 列挙する. **b** 〖法律〗〈人に対して〉〈罪状を〉列挙する 〔*against*〕; (罪状を列挙して)〈人を〉告発する (indict). **—** *vi.* **1** 〖法律〗(罪状を列挙して)〔人を〕告発する 〔*against*〕. **2** 《廃》規定[契約]する.

ár·ti·cled 〖《c1434》〗 *adj.* 年季契約の: an ～ apprentice / an ～ clerk 〖英法〗(ソリシター (solicitor) になるための)実務修習生.

ar·tic·u·la·ble [aətíkjʊləbḷ | a:-] *adj.* 考えをはっきり[遠慮なく]述べることができる.

ar·tic·u·la·cy [aətíkjʊləsi | a:tíkjʊləsɪ] *n.* 考えをはっきり[遠慮なく]述べることができること.

ar·tic·u·lar [aətíkjʊlə | a:tíkjʊlə(r] 〖▭ L *articulār-is* ← *articulus* 'ARTICLE' : ⇨-ar[1]〗 *adj.* 〖医学〗関節接合の; 関節の: an ～ disease.

Ar·tic·u·la·ta [aətìkjʊlɑ́:ţə, -léɪţə | a:tìkjʊlɑ́:tə, -léɪtə] 〖← NL ～ (neut. pl.) ← L *articulātus* (↓)〗 *n. pl.* 〖動物〗(触手動物門)有関節亜綱.

ar·tic·u·late 〖《adj : 1569; v. : 1553-87》▭ L *articulāt-us* (p.p.) ← *articulāre* to separate into natural divisions ← *articulus* 'joint, ARTICLE' : ⇨-ate[2,3]〗 **—** [aətíkjʊlət, -lɪt | a:-] *adj.* **1** 〈発音・言葉など〉はっきりした, 明瞭な (distinct, clear). **2** 〖言語〗音節からできた, 分節的な, 有節音の: ～ speech 意味のある語句に分かれた言語, 明瞭な言語. **3 a** 物が言える, 話すことのできる. **b** 思うことをはっきり述べることができる, 遠慮なく[どしどし]発言する: an ～ speaker, writer, etc. **c** 〈考え・論旨など〉明確な, (理路)整然とした. **4** 〈物の形・地域・時代など〉明確な[に区切られた] (distinct). **5** 〈組織など〉(各部分の調和によって)一本化した, 渾然(こん)とした. **6** 〖生物〗関節のある (jointed). **—** [-lèɪt] *v.* **—** *vt.* **1** 〈音(節)・語などを〉はっきり[明瞭に]発音する. **2** 〖音声〗調音する《音声器官 (organs of speech) が言語音 (speech sound) をつくる》; 発音する. **3** 〈考えなどを〉はっきり[明確に]表現する; 〈形などを〉明確に表わす[示す]. **4** 〈部分的なものを〉〔他と〕統合する, 一本化する (integrate) 〔*with*〕. **5 a** 〖解剖〗関節で接合する (joint): The bones are ～*d to* the spine. それらの骨は脊柱に関節で接合している. **b** 〈車両などを〉関節式に連結する (cf. articulated 5). **6** 〖歯科〗〈義歯の人工歯を〉排列する. **—** *vi.* **1** はっきり[明瞭に]発音する. **2** 〖音声〗(言語音の)調音をする. **3** 〖解剖〗〈骨が〉関節で接合する 〔*with*〕. **4** 《廃》折り合う (come to terms) 〔*with*〕. **—** [-lət, -lɪt] *n.* 〖貝類〗有関節亜綱の動物《ホウズキチョウチン (lamp shell) など》.

～·ness *n.*

ar·tíc·u·làt·ed [-ţɪd, -ţəd | -tɪd, -təd] *adj.* **1 a** はっきり発音された. **b** 〈語音が〉調音された. **2** 〈考えなど〉明確に表現された. **3 a** 関節で接合された (jointed). **b** 〖動物〗関節のある. **4** (統合などによる)相互関係のある. **5** 〖鉄道・自動車〗〈車両など〉連結式の, 関節式の: an ～ bus, car, vehicle.

artículated locomótive *n.* 〖鉄道〗関節式機関車《2-3の連結した部分からなり, 2-3組の独立した(駆)動輪をもつ蒸気機関車》.

artículated lórry *n.* 《英》〖自動車〗=trailer truck.

artículated tráin *n.* 〖鉄道〗関節列車《列車編成の単位として幾つかの車両を(半)永久的に連結したもの》.

artículated trúck *n.* 〖自動車〗=trailer truck.

ar·tíc·u·late·ly *adj.* **1** (言葉を)はっきりと, 明瞭に (clearly). **2** 明確に, 整然と (distinctly).

ar·tic·u·la·tion [aətìkjʊléɪʃən | a:-] 〖《?a1425》▭ (O)F ～ ∥ L *articulātiō(n-)* : ⇨ articulate, -ation〗 **—** *n.* **1** 〖音声〗**a** 調音. **b** 言語音, 話音 (speech sound); (特に)子音 (consonant). **2** 明瞭な発音; 発音(ぶり) (enunciation). **3** (考えなどの)明確な表現; (形などの)明確な表示. **4 a** 〖通信〗明瞭度《言語を正しく聴取し得る度合》. **b** 〖音楽〗アーティキュレーション《各音を明瞭に打ち出すこと; 旋律を幾つかの部分に分割して, 旋律の特徴を強調すること》. **5 a** 統合, 一体化. **b** (密接な)相互関係. **c** 〖教育〗調整《初等と中等など異なる教育段階間の相互の接続をはかること; 学校・教会および家庭での教育を関連づけること》. **6** 〖言語〗**a** 分節《発話の各部分を有意味な言語音に分けること》. **b** 有節構造《発話の各部分が連結詞 (connective) で結ばれている構造》. **7** 〖建築〗分節, 節づけ《造型モティーフの単位を明確にしてアクセントをつけること》. **8 a** 〖解剖・生物〗関節接合 (jointing); 関節 (joint). **b** 〖植物〗節(せつ) (node). **9** 〖歯科〗**a** 人工歯排列《機能上, 外観上具合よく人工歯を配置すること》. **b** 咬交《下顎の歯が上顎の歯に接触しながら滑走すること》. **c** =occlusion 3.

ar·tic·u·la·tive [aətíkjʊlətɪv, -lèɪţ- | a:tíkjʊlət-, -lèɪt-] *adj.* 〖音声〗調音(上)の.

ar·tíc·u·là·tor [-ţə | -tə(r] *n.* **1** 発音の明瞭な人; 発音する人. **2** 〖音声〗調音器官, 調音部《調音点 (point of articulation) の下にあって自由に動く音声器官; 下唇や舌など》. **3** 〖歯科〗咬合器.

ar·tic·u·la·to·ry [aətíkjʊlətɔ̀:ri, -tɔ̀ri | a:tíkjʊlət(ə)ri, -lèɪt-, a:tìkjʊléɪtərɪ] *adj.* **1** 〖音声〗調音(上)の. **2** =articular. **ar·tic·u·la·to·ri·ly** [aətìkjʊlətɔ́:rəli, -tɔ́:r-, —————— | a:tíkjʊlət(ə)rəlɪ, -rɪlɪ] *adj.*

articulatory phonétics *n.* 〖音声〗調音音声学《音声をその調音 (articulation) の面から研究する音声学の部門; physiological phonetics ともいう》.

Ar·tie [áəţi | á:tɪ] 〖(dim.) ← ARTHUR〗 *n.* 男性名.

ar·ti·fact [áəţəfæ̀kt, -ţɪ- | á:tɪ-] 〖《1821》← L *arti-* (《連結形》← *ars* 'ART[2]') ＋ *factum* something made ((neut. p.p.) ← *facere* to make)〗 **—** *n.* **1 a** (天然物に対して)人工物, 加工品《道具や装飾品》; 工芸品, 芸術品; (文明の)所産. **b** 〖考古〗(自然の遺物に対して)人工遺物, 文化遺物: an ～ of Stone Age man 石器時代人の文化遺物. **2** 〖生物〗人為構造, 人為結果《試薬・死などによって組織内に生じた物質または構造で, 本来生物の体内になかったもの》. **ar·ti·fac·tu·al** [àəţɪfǽktʃuəl, -ţə-, -tʃʊl | à:tɪfǽktjʊəl, -tjʊl, -tʃʊəl, -tʃʊl] *adj.*

ar·ti·fice [áəţəfɪs, -fəs | á:tɪfɪs] 〖《1534》▭ F ～ ▭ L *artificium* skilled handicraft, skill ← *artifex* craftsman ← *arti-* (↑) ＋ *-fex* (← *facere* to make)〗 **—** *n.* **1 a** 術策, 策略, 手管 (cunning trick): by ～. **b** 狡猾(こう), 欺瞞(まん) (cunning). **2** 巧妙な思い付き, 工夫. **3** 熟練, 手腕, 巧みさ (skill).

ar·tif·i·cer [aətífəsə, áəţə- | a:tífɪsə(r, á:tɪ-] 〖《a1393》▭ AF **artificier* : ⇨ ↑, -er[1]〗 **—** *n.* **1** 技術家, 細工人 (craftsman); 名工, 名匠. **2** 考案者, 発明者 (contriver): the Great *Artificer* 造物主 (R. L. Stevenson, *To My Wife*). **3** 〖軍事〗技術兵, 陸[海]軍技工 (soldier mechanic).

ar·ti·fi·cial [àəţəfíʃəl | à:tɪ-] 〖《c1390》▭ (O)F *artificiel* ∥ L *artificiāl-is* : ⇨ artifice, -al[1]〗 **—** *adj.* **1** 人工(的)の, 人為的な (made by art) (↔ natural): ～ abortion 人工流産 / ～ lightning 人工雷. **2** 人造の (synthetic); 模擬[模造]の (sham) (↔ real): an ～ eye 入れ目, 義眼 / ～ fertilizer [manure] 化学肥料 / ～ flowers 造花 / an ～ fly 〖釣〗毛鉤(ばり) / an ～ leg 義足 / an ～ limb 義肢 / an ～ tooth 人工歯, 義歯, 入れ歯 / an ～ diamond. **3 a** 不自然な, 堅苦しい, 装った (unnatural, forced): an ～ laugh わざとらしい笑い(声) / an ～ smile 作り笑い / ～ tears 空涙. **b** 〈人・文体など〉気取った, きざな (affected). **4** 〖生物〗人為的な. **—** *n.* **1** 人造物; (特に)造花; [通例 *pl.*] 化学肥料. **2** 〖釣〗擬餌(ぎじ)鉤. **～·ness** *n.*

artifícial áid *n.* **1** [通例 *pl.*] 〖馬術〗⇨ aid *n.* 4. **2** 〖登山〗人工登攀(はん)の用具《ハーケン (piton), アイゼン (crampon) など》.

artifícial classificátion *n.* 〖生物〗=artificial system.

artifícial fertilizátion *n.* 〖生物〗人工受精.

artifícial héart *n.* 〖医学〗=mechanical heart.

artifícial horízon *n.* **1** 人工水平, 模擬地平《測量または天体観測の際, 人工的に定める水平線》. **2** 人工水平儀《航空機・艦船・列車などのような動揺体上で人工的に水平面を得る装置; gyro horizon ともいう》.

artifícial inseminátion *n.* 人工授精: ～ by husband 配偶者間人工受精 (略 A.I.H.) / ～ by donor 非配偶者間人工受精 (略 A.I.D.).

artifícial intélligence *n.* 〖電算機〗人工知能《推論・学習または言語理解など人間がもっている機能を機械によって実行する能力》.

ar·ti·fi·ci·al·i·ty [àəţəfìʃiǽləţi | à:tɪfɪʃɪǽlətɪ, -lɪ-] *n.* **1** 人工[人為]的なこと, 人工, 人為; 不自然さ, わざとらしさ; 気取り. **2** 人工的[不自然]なもの; 人工物.

ar·ti·fi·cial·ize [àəţəfíʃəlàɪz | à:tɪ-] *vt.* 人工的にする, 人工化する; 不自然なものにする.

artifícial kídney *n.* 〖医学〗人工腎臓 (kidney machine).

artifícial lánguage *n.* **1** 人造語 (cf. natural language). **2** 〖電算機〗=machine language.

artifícial lárynx *n.* 〖医学〗人工喉頭(こう).

artifícial lúng *n.* 〖医学〗人工肺.

àr·ti·fí·cial·ly [-ʃəli | -lɪ] 〖《?a1425》〗 *adv.* **1** 人工的に, 人為的に. **2** 不自然に, わざとらしく.

artifícial móther *n.* =mother[1] 5.

artifícial mutátion *n.* 〖生物〗人為突然変異.

artifícial parthenogénesis *n.* 〖生物〗人為単為生殖, 人為単性生殖.

artifícial pérson *n.* 〖法律〗=juristic person.

artifícial plánet *n.* 太陽を回る軌道にある人工天体.

artifícial radioactívity *n.* 〖物理〗人工放射能《中性子・陽子などを種々の元素に衝撃させることによって人工的に生じる放射能; induced radioactivity ともいう》.

artifícial ráin *n.* 人工降雨.

artifícial respirátion *n.* 人工呼吸: apply ～ 人工呼吸を施す.

artifícial sátellite *n.* 人工衛星.

artifícial seléction *n.* 〖生物〗人為選択, 人為淘汰 (cf. natural selection).

artifícial sílk *n.* 人造絹糸, 人絹, レーヨン (rayon).

artifícial súnlight *n.* 人工太陽光線.

artifícial sýstem *n.* 〖生物〗人為分類《生物をその進化の系統を無視して花弁の数・食物の種類などに基づいて便宜的に分類した体系; artificial classification ともいう; cf. natural system》.

ar·til·ler·ist [aətílərɪst, -rəst | a:tílərɪst] *n.* **1** =artilleryman. **2** 砲術家.

ar·til·ler·y [aətíl(ə)ri | a:tílərɪ] 〖《c1390》 *artelrie* ▭ (O)F *artillerie* ordnance ← *artillier* to equip with engines of war ← ML *articula* engine of war (dim.) ← L *ars* 'ART[2]'〗 **—** *n.* **1** [集合的] 砲, 大砲, ミサイル発射機 (guns, cannon) (cf. small arm): ～ fire 砲火. **2** 砲兵科, 砲兵隊 (cf. cavalry 1 a, infantry 1 b): ～ fighting 砲兵戦 / the Royal *Artillery* 英国砲兵隊 / ⇨ field artillery, heavy artillery. **3** 砲術 (gunnery). **4** (議論や説得のための)有力な論法[武器]. **5** [通例集合的] 《俗》(拳銃, 小銃などの)武器, 凶器. **6** [集合的] 《古》飛び道具《弓・投石器 (sling)・弩(ど) (catapult) など》.

artíllery·man [-mən | -mən, -mæ̀n] *n.* (*pl.* **-men** [-mən, -mèn]) (個々の)砲兵, 砲手 (gunner).

artíllery plànt *n.* 〖植物〗コメバコケミズ (*Pilea microphylla*)《南米原産イラクサ科ミズ属の背の低い多年草; 花壇の縁に植える》.

ar·ti·o·dac·tyl [àəţio(ʊ)dǽktḷ | à:tɪə(ʊ)dǽktɪl] 〖↓〗 〖動物〗 **—** *adj.* 偶蹄(てい)目の. **—** *n.* 偶蹄目の動物《ウシ・ヒツジ・ヤギ・カモシカ・シカ・キリン・ラクダ・カバ・ブタ・イノシシなど》.

Ar·ti·o·dac·ty·la [àəţio(ʊ)dǽktələ | à:tɪə(ʊ)dǽktɪ-] 〖← NL ～ (neut. pl.) ← *artiodactylus* having an even number of toes ← Gk *ártios* even ＋ *-dactylus* '-DACTYLOUS' : ⇨ -a[2]〗 **—** *n. pl.* 〖動物〗偶蹄目《有蹄類の中で偶数個のひずめを有する獣類; cf. Perissodactyla》. **àr·ti·o·dác·ty·lous** [-ləs] *adj.*

ar·ti·san [áəţɪzn, -ţə-, -sṇ | à:tɪzǽn, ⏤⏤⏤] 〖《1538》▭ F ～ ▭ It. *artigiano* ← L *artitus* skilled in art (p.p.) ← *artire* to instruct in arts ← *artem, ars* 'ART[2]'〗 **—** *n.* **1** 職人, 職工, 技工 (handicraftsman). **2** 《廃》=artist. **～·ship** *n.*

art·ist [áəţɪst, -ţəst | á:tɪst] 〖《1581》▭ F *artiste* ▭ It. & ML *artista* ← L *artem, ars* 'ART[2]' : ⇨ -ist〗 **—** *n.*

1 a 芸術家. b 美術家；(特に)画家, 彫刻家：one's ~ friend / a commercial ~ 商業美術家. 2 a (物事の処理などの)上手な人, 手際のよい人. b [その道の]達人, 名人 (*at, in*)：an ~ *at* coffee コーヒーの達人 / an ~ *in* disguise 変装の名人. 3 《俗用》=artiste 1. 4 《米・豪俗》a いかさま師：an ~ *with* cards, dice. b [形容詞を伴って] (好ましくない事に熱心な)人, やつ：a booze ~ 飲み助. 5 《古》=artisan 1.

ar·tiste [ɑətíːst | ɑː-; F. artist] 〖□F ~ (↑)〗 *n.* (*pl.* ~s [~s; F. ~]) 1 芸能人, 芸人. 2 (料理・仕立て・理髪などで)名人(芸の人). 3 《軽蔑》芸術家.

ar·tis·tic [ɑətístɪk | ɑː-] *adj.* 1 芸術の；美術の. 2 a 芸術的な；美術的な：~ beauty, effects, etc. b 風雅な, 趣のある (tasteful). 3 芸術[美術]を好む[解する, の才のある]. 4 (物事の処理など)手際のよい, 巧妙な. 5 芸術[美術]家(的)の：an ~ temperament 芸術家的気質. **ar·tís·ti·cal** *adj.*

ar·tís·ti·cal·ly *adv.* 1 芸術[美術]的に；風雅に；手際よく. 2 芸術的に見て[見れば].

ártist lithógraphy *n.* 〖美術〗=autolithography.

ar·tist·ry [ɑ́ətɪstri, -təs- | ɑ́ːtɪstri] *n.* 1 a 芸術的手腕[技巧]；芸術性, 芸術的効果. b 芸術的才能. 2 芸道.

ártist's próof *n.* 〖版画〗下刷り, 初刷り《普通刷りよりも鮮明なので珍重される》.

árt·less *adj.* 1 巧まない, 無技巧の, 自然な (natural)；飾りのない, 簡素な (simple)；無邪気な, あどけない, 人ずれのしていない (innocent, naive)：~ art 無技巧の[たくまない]技巧 / an ~ smile. 2 非芸術的な (inartistic), 不細工な, 拙劣な (clumsy). 3 技術を欠いた；無教養な, 無知な (ignorant). **~·ly** *adv.* **~·ness** *n.*

árt lìning *n.* 〖印刷〗仮想並び線そろえ (cf. standard lining).

árt·mo·bìle [-mo(ʊ)bìːl, -mə- | -mə(ʊ)-] 〖← ART²+(AUTO)MOBILE〗 *n.* 《米》(トレーラーで地方を巡回する)移動美術館.

art mo·derne [ɑ́ə-mo(ʊ)déən | ɑ́ː-mə(ʊ)déən; F. aːrmɔdɛrn] 〖□F ~ 'modern art'〗 *F. n.* 近代美術(品).

árt muséum *n.* 美術館 (art gallery).

árt mùsic *n.* 〖音楽〗芸術音楽, 創作音楽《民俗音楽 (folk music) のように伝承による音楽と区別して, 作曲家が個を意識して創作した音楽》.

Art Nou·veau, a- n- [ɑ́ə(t)-nuːvóʊ | ɑ́ː-nuːvə́ʊ; F. aːrnuvo] 〖□F ~ 'new art'〗 — *F. n.* 〖美術〗アールヌーボー《19 世紀の末から 20 世紀初頭にかけてフランス・ベルギー両国に起こった装飾美術の一派およびその運動；cf. Jugendstil》.

ar·to- [ɑ́əṭə(ʊ), -ṭə | ɑ́ːtə(ʊ)] 〖□L ~ ← Gk *ártos* loaf, wheat-bread〗「パン (bread)」の意の連結形.

árt òbject 〖《なぞり》← F *objet d'art*〗 *n.* =objet d'art.

Ar·tois [ɑətwɑ́ː | ɑː-; F. artwa] *n.* アルトワ(州)《フランス北部の旧州；cf. artesian well》.

ar·to·type [ɑ́əṭətàɪp | ɑ́ːtə-] 〖← ART²+-O-+-TYPE〗 *n.* 〖印刷〗アートタイプ (⇨ collotype 1).

árt pàper *n.* 《英》〖製紙〗アート紙 (coated paper)《白土などを塗ってから強光沢をつけた紙》.

ARTS 《略》〖航空〗Automatic Radar Terminal System ターミナル管制情報処理システム《ASR で得られる情報を計算機で処理し, 航空機の自動識別・追尾を行ない, 管制卓の CRT 上に機名・便名・高度・速度などの情報を表示する》.

Árts and Cráfts Mòvement *n.* [the ~] 〖美術〗美術工芸運動《19 世紀英国の美術運動；W. Morris らが主唱した》.

árts còllege *n.* 《米》リベラル アーツカレッジ《liberal arts の教育を主目的とする大学[学部]》.

árt sòng *n.* 〖音楽〗(フォークソングなどに対し, 叙情的な)芸術歌曲.

árt squàre *n.* 敷物の一部をなすための模様つき方形の織物.

árt·sy-and-cráfty [ɑ́ətsi- | ɑ́ːtsɪ-] *adj.* =arty-crafty.

art·sy-craft·sy [ɑ́ətsikrǽftsi | ɑ́ːtsɪkrɑ́ːftsɪ] *adj.* 《米口語》=arty-crafty.

árt thèater *n.* 〖演劇〗芸術劇場, アート シアター《主に芸術的な映画・実験的な劇を上映・上演する劇場》.

árt tìtle *n.* 〖映画〗意匠字幕, 装飾字幕.

art trou·ve [ɑ́ə-truːvéɪ | ɑ́ː-; F. artruve] 〖□F *art trouvé* found art〗 — *n.* 〖美術〗《偶然に》見つけた芸術《特定の意図をもたず, たまたま目にふれた物をとりあげ, そこに作家の理念を託する》.

árt ùnion *n.* 1 《米》(19 世紀米国でくじ引き (lottery) によって絵画を配布した)美術協会. 2 《豪》(大規模な)くじ引き, 富くじ《もとは賞品が美術品, 今は現金》.

Ar·tu·ro [ɑətʊ́(ə)roʊ | ɑːtʊ́ərəʊ; It. artúːro] 〖□It. ~ 'ARTHUR'〗 *n.* 男性名.

árt·wòrk *n.* 1 a [集合的にも用いて] 美術(工芸)品. b 美術(工芸)の仕事, (手)工芸. 2 〖印刷〗=art² 8.

art·y [ɑ́əṭi | ɑ́ːti] *adj.* (**art·i·er; -i·est**) 《口語》〈装飾品など〉芸術品まがいの, いやに凝った；〈人が〉芸術家気取りの, ディレッタント (dilettante) の, きざな：~ clothes, furniture, etc. / artists and ~ people 芸術家とえせ芸術家たち. **árt·i·ly** [-ṭɪli, -ṭə-, -ṭli | -tɪli, -tə-, -tli] *adv.* **árt·i·ness** *n.*

arty. 《略》artillery.

árty-and-cráfty *adj.* =arty-crafty.

árty-cráfty 〖← *Arts and Crafts* (*Movement*)：⇨ -y⁴〗 — *adj.* 《口語》1 〈家具など〉いやに凝った, 実用向きでない；〈人が〉(いやに凝った)手造りの[民芸調の]物を使う[作る]. 2 〈人が〉芸術家気取りの (arty).

Ar·tzy·ba·shev [ɑ̀ətsɪbɑ́ːʃəf, -ʃef | ɑ̀ːtsɪbɑ́ː-; *Russ.* artsɨbáʃɨf], **Mikhail Petrovich** *n.* アルツィバーシェフ《1878–1927；ロシヤの小説家；*Sanin* (1907)》.

A·ru·ba [ərúːbə] *n.* アルーバ(島)《ベネズエラの北西岸沖, オランダ領西インド諸島中の Antilles 諸島の一島；人口 61,000, 面積 193 km²》.

Á·ru Íslands [ɑ́ːruː-] *n. pl.* [the ~] アルー諸島《インドネシア領東インドの諸島；人口 35,000, 面積 8,563 km²》.

a·rum [ɛ́(ə)rəm | ɛ́ər-] 〖← NL ~ ← L ~ □ Gk *áron*〗 *n.* 〖植物〗アラム《サトイモ科アラム属 (*Arum*) の植物の総称；cuckoopint など；cf. aroid》.

árum lìly *n.* 〖植物〗=calla.

Ar·un·del [ǽrəndl] 〖lateOE *Harundel* ← ? OE *Hārhūn-dell* ← *hārhūne* hoarhound+DELL〗 — *n.* イングランド南部の West Sussex 州の町；有名な古城 (Arundel Castle) がある.

ar·un·di·na·ceous [ərʌ̀ndənéɪʃəs | ərʌ̀ndɪ-] 〖□L (*h*)*arūndināceus* ← (*h*)*arūndō* reed：⇨ -aceous〗 *adj.* 〖植物〗アシ(葦)(reed)の；アシ[(サトウ)モロコシ(cane)]のような.

A·run·ta [ərʌ́ntə | -tə] *n., adj.* =Aranda.

a·rus·pex [ərʌ́speks, ǽrəspèks] *n.* (*pl.* **a·rus·pi·ces** [ərʌ́spəsìːz | -pɪ-]) =haruspex.

A.R.V. 《略》〖聖書〗American (Standard) Revised Version.

Ár·val Bróthers [ɑ́əvəl- | ɑ́ː-] 〖《なぞり》← L *Frātrēs Arvālēs* (← *arval* □ L *arvālis* of cultivated field ← *arvum* cultivated land)〗 — *n. pl.* [the ~] (古代ローマの)アルヴァーレース神官団《Dea Dia などを祭る 12 名の神官団》.

ar·vo [ɑ́əvoʊ | ɑ́ːvəʊ] 〖《短縮》← AFTERNOON〗 *n.* (*pl.* ~s) 《豪俗》午後 (cf. afto).

A.R.W.S. 《略》Associate of the Royal Society of Painters in Water Colours (英国)王立水彩画会準会員.

-ar·y [-ˌ–(–)èri, -əri | -(–)əri] 〖ME □ OF *-arie* (F *-aire*) // L *-ārius* (masc. adj. suf.), *-ārium* (neut.), *-āria* (fem.) pertaining to, connected with〗 — *suf.* 1「…の, …に関する」の意の形容詞を造る：arbitr*ary*, milit*ary*, prim*ary*. 2「…に関係する人, …に関するもの, …の場所」などの意の名詞を造る：advers*ary*, diction*ary*.

Ar·y·an [ɛ́(ə)riən, ɑ́ərjən | ɛ́ərɪən, ɑ́ːr-] 〖《1601》← Skt *ārya* noble, Aryan, member of the upper castes ← IE *aryo- lord, ruler：cf. Iran：⇨ -an¹〗 — *adj.* 1 《古》アーリア語族[民族]の, 印欧語族[民族]の (Indo-European). 2 インド イラン語の (Indo-Iranian). 3 (ナチドイツで)アーリア人(種)の, 非ユダヤ系白人の《特にノルディック系のコーカソイド人を指す》. — *n.* 1 《古》アーリア[印欧]語族；アーリア民族 (cf. Hamite 2). 2 インドイラン語. 3 (ナチドイツで)非ユダヤ系白人.

Ar·y·an·ize [ɛ́(ə)riənàɪz, ɑ́ːrjə- | ɛ́ərɪə-, ɑ́ːr-] *vt.* 1 アーリア化する. 2 (ナチドイツで)…からユダヤ人を追放する, ユダヤ人の勢力を排除する. **Ar·y·a·ni·za·tion** [ɛ̀(ə)riənɪzéɪʃən, -naɪ- | ɛ̀ərɪənaɪ-, ɑ̀ːr-, -nɪ-] *n.*

Ar·ya Sa·maj [ɑ́ːrjə-səmɑ́ːdʒ] 〖□ Hindi *ārya samāj* Aryan meeting〗 — *n.* [the ~] 〖ヒンズー教〗アーリヤサマージ, アーリヤ協会《Dayananda Sarasvati [dəjùːnɑ́ndə sɑ́rəsvɑ́ṭi | -tɪ] (1824–83) が 1875 年に創立；偶像崇拝を排斥し,「ヴェーダに帰れ」と主張；また婦人の地位の向上につとめ教育と社会事業の面でも多大の成功を収めた》.

aryballi *n.* aryballus の複数形.

ar·y·bal·los [æ̀rəbǽləs | æ̀rɪ-] 〖□ Gk *arúballos* bag, purse ← ? *arúein* to draw+*bállein* to throw〗 — *n.* (*pl.* ~·**es**, **ar·y·bal·loi** [-lɔɪ]) (古代ギリシャの)香油瓶, 軟膏瓶《首が短く片耳付きの球形の瓶；cf. alabastrum, askos, lecythus》.

aryballos

ar·y·bal·lus [æ̀rəbǽləs | æ̀rɪ-] 〖□ L ~ (↑)〗 *n.* (*pl.* ~·**es**, **ar·y·bal·li** [-laɪ]) =aryballos.

ar·y·ep·i·glot·tic [æ̀rièpəglɑ́ṭɪk | æ̀rièpɪglɔ́t-] 〖← Gk *arúein* to draw+EPIGLOTTIC〗 — *adj.* 〖解剖〗披裂軟骨喉頭蓋の.

ar·y·ep·i·glot·tid·e·an [æ̀rièpəglɑṭídiən | æ̀rièpɪglɔtídɪ-] *adj.* 〖解剖〗=aryepiglottic.

ar·yl [ǽrəl, ǽrɪl | ǽrɪl] 〖← AR(OMATIC)+-YL〗 *n.* 〖化学〗アリール族《芳香族炭化水素の環についた水素 1 原子を除いた残基》.

ar·yl·a·mine [æ̀rɪləmíːn, æ̀rə-, -lǽmɪn, -ən | æ̀rɪləmíːn, -lǽmɪn] *n.* 〖化学〗アリルアミン ($CH_2{=}CHCH_2NH_2$).

ar·yl·ate [ǽrəlèɪt | ǽrɪ-] 〖← ARYL+-ATE³〗 *vt.* 〖化学〗アリール化する.

áryl gròup *n.* 〖化学〗アリール基《芳香族炭化水素の基の一般名》.

ar·y·te·no·ep·i·glot·tic [æ̀rəṭìːnoʊèpəglɑ́ṭɪk | æ̀rɪtìːnəʊèpɪglɔ́t-, æ̀rə-] 〖⇨ ↓, epiglottic〗 *adj.* 〖解剖〗=aryepiglottic.

ar·y·te·noid [æ̀rəṭíːnɔɪd, ərɪ́ṭən-, -tn- | æ̀rɪtíːn-, æ̀rə-] 〖← NL *arytaenoid-es* ← Gk *arutainoeidḗs* ← *arútaina* funnel：⇨ -oid〗 〖解剖〗 *adj.* 披裂の. — *n.* 披裂軟骨.

a·ryth·mi·a [eɪríðmiə, ær- | -ríðmɪə, -ríθ-] *n.* 〖病理〗=arrhythmia.

as¹ [əz; æz, ǽz] 〖《?a1200》《短縮》← OE *alswā* all so, quite so：ALSO と二重語：cf. G *als* as, than ← *also* therefore〗 — *adv.* [同程度を表わす指示副詞]〈…と〉同様に, 同じくらい (equally). ★ しばしば as…as… の形で相関的に用いられる (cf. *conj.* 1 a, *rel. pron.* 1)；ただしあとの *as*-clause が省略されることがある；また時には比較の対象が前出の陳述中に含まれていることもある：He is *as* clever (*as* you are). 彼も(君に)劣らず利口だ / This is twice [three times, four times] *as* big *as* that. これはあれの 2 [3, 4] 倍大きい / He has *as* much again [half *as* much, half *as* much again] *as* I have. 彼は私の 2 倍も持っている[半分しかない, 1 倍半ある] / He did it in two hours, but it took me *as* many days. 彼は 2 時間でやったが私は 2 日かかった / Kate can sing just *as* sweetly. ケートも全く同じくらいよい声で歌える / ⇨ AS MANY, AS MUCH, AS WELL².

— *conj.* 1 a [同程度の比較；先行の as (⇨ *adv.*) と相関的に as…as… として] …(と同じ)ほど, …くらい, …だけ：I am *as* tall *as* he (is). 私の身長は彼と同じくらいだ《★ 口語ではしばしば目的格を用いて I am *as* tall *as him*. となる》/ She is *as* wise *as* (she is) fair. 美しくもあるがまた賢い, 才色兼備だ / You like her *as* much *as* I (=I like her). 君も僕と同じくらい彼女が好きだ / You like her *as* much *as* me (=you like me). あなたは私(を好くの)と同じくらい彼女を好いています / I get up *as* early *as* I should. 起きるべき時間に遅れずに起きている / Run *as* fast *as* you can [*as* fast *as* possible]. できるだけ速く走れ / John is *as* diligent *as* any other boy in the class. ジョンはクラスのどの男の子にも劣らず勤勉です / He is *as* busy *as* ever. 相変らず忙しい / He can run *as* fast *as* 20 miles an hour. 彼は 1 時間に 20 マイルも(速く)走れる / *as* early [late] *as* 1930 早くも 1930 年に[1930 年に至ってようやく], 1930 年にはすでに[まだ]. ★ 否定では相関的副詞として so が用いられることもある (⇨ *conj.* 2 a) が, 今日では as が肯定の場合と同様に用いられることが多い：He was*n't as* quick *as* you. あなたのように速くはなかった. b [直喩 (simile) を構成して] …のように(最も, 実に). ★ 通例先行の as を省く；しばしば頭韻を踏み, また時には語呂(ご)合わせ的な形式をなすことがある：(*as*) sure *as* fate =very sure / quick *as* a flash / busy *as* a bee / blind *as* a bat / cool *as* a cucumber / happy *as* happy can be =very happy / still *as* still =very still.

2 [so…as… として] …ほど：a [否定の比較 (cf. *conj.* 1 a ★)]：I am *not so* tall *as* he. 彼ほど背が高くない / She was *not so* young *as* she looked. 見かけほど若くなかった. b [結果・目的；あとに to do を従えて]：I *so* arranged matters *as to* suit [I arranged matters *so as to* suit] all of you. 君たち皆に都合のいいように計らった / He was *so* kind *as* (=kind enough) *to* help me. 親切にも私を助けてくれた / He turned aside *so as to* avoid meeting me. 私に会うのを避けるようにわきにそれて行った.

3 [対比・比例；時に強調的に As…, so… の構文をなす] …(である)ようにまた(…で)：Parks are to the city *as* (=what) lungs are to the body. 公園と都市との関係は肺と身体との関係に似ている / Two is to three *as* four is to six.=*As* two is to three, (*so*) four is to six. 2 : 3 = 4 : 6 / *As* rust eats iron, *so* care eats the heart. さびが鉄を腐食するように労苦は心をむしばむ / *As* a man lives, *so* shall he die. 《諺》生あるごとく死あり (cf. *Eccles.* 11 : 3).

4 [様態] a …(する)ように (in the way that)；…(する)通りに；…(という状態)によれば：I live *as* others do. 私は他人の(暮らす)ように暮らす[人と同じように生活する] / Do *as* you are told. 言われる通りにしなさい / Leave it *as* it is. そのままにしておきなさい / Take things *as* they are. 物事はすべてあるがままに受け入れなさい / *As* she predicted, the sky cleared up. 彼女が予言した通り空が晴れ渡った / *As* you know, he has thousands of English books. 君も知っているように彼は英書を何千冊も持っている / He collects paintings, *as* did several of his ancestors. 彼も祖先の何人もがしたように絵を収集している《★ *as*-clause の主語が長い時など倒置が行なわれることがある；⇨ 4 末尾 ★》/ I went in, booted *as* I was. 靴をはいたまま中にはいった (cf. 8) / Living *as* I do so far from town, I seldom have visitors. 何しろこんな人里離れた所に住んでいるので訪ねて来る人も滅多にない / I promise to do this *as* (=as surely as) I hope for salvation. (神の救いを望むと同様)確かにこれをすることを約束する / It is stated *as* above [below]. それは上[下]のように述べられている / The law *as* it stands at present, is severe on authors. その法律は現行では著者にきびし過ぎる / Tom is quite good, *as* boys go. このごろの男の子としてはトムはなかなかよい子だ (cf. go¹ *vi.* 7 a) / ⇨ *as* BEST *one can* [*may*]. b [省略構文で前置詞的に用いて] …のような[で, に] (like)；例えば… (for instance)：Her face was *as* a mask. 彼女の顔は能面のようだった / ⇨ *as one* MAN¹ / Many words, *as* in English, have been borrowed from other languages. 英語の場合もそうであるが, ほかの言語から借入された語が多い / Some animals, *as* the fox and the squirrel, have bushy tails. キツネやリスのようなある種の動物にはふさふさした尾がある《★ 特に例を列挙する場合には単独な as よりも such as (⇨ *rel. pron.* 1 ★ (1)) のほうが普通》. ★ 次の表現では as は 'and so' に相当し, 指示副詞としての原義的特質を暗示している：He was a linguist, *as* was his wife. 彼は語学者だったが, 彼の夫人もそうだった.

5 a [あとにある種の形容詞・過去分詞・前置詞を伴い制限の意を添えて]: I would call them friends *as distinct* from mere acquaintances. 彼らを単なる知合いとは区別して友人と呼ぶことにしたい / This is my opinion *as distinguished* from theirs. これは彼らの意見とははっきりと異なった私の意見である / *As compared* with his father's, his merits were nothing. 父親の功績に較べてみるならば彼の功績など取るに足らぬものだった / I'm studying colloquialism *as contrasted* with literary style. 文語体と対照しての口語体を研究している / Mary likes reading, *as opposed* to May, who hates it. メリーはメイとは反対に読書が好きだ, メイのほうは読書がきらいなのだ / The balance of power has shifted *as between* our army and the enemy. わが軍と敵軍の間での力の均衡は移動している / ⇨ as AGAINST (*prep.* 6 ★). AS *from*. **b** [先行する名詞の概念を制限する形容詞節を導いて]: The origin of English *as* we know it is commonly traced back to the eighth century. 我々の知っている英語の起源は普通 8 世紀にさかのぼる / There I met Old John *as* we called him. そこで我々の言うジョンじいさんに会った / The sight of the mountain *as seen* from the lakeside is very beautiful. 湖畔から見た山の光景は実に美しい (★ as seen は as it is seen の略).

6 [時] **a** …している時, …すると; …しながら: He came up *as* I was leaving. ちょうど出かけようとしているところへ彼がやって来た / We were smoking *as* we talked. 話をしながらたばこを吸っていた. ★ (1) when, while よりも緊密な同時性を示す. (2) 次の省略的表現法は本来同格語の前に as を添加したもの: *As* a boy (=When a boy), he was fond of sport. 子供の時分にはスポーツが好きだった. **b** …につれて (according as): He became wiser *as* he grew older. 彼は年をとるにつれて賢くなった.

7 [理由] …だから, …ので: *As* it was getting dark, we soon turned back. 暗くなってきたので間もなく引き返した. ★ この用法の as は意味が不明確になりがちなため, 特に《米》では避けられ, 代わりに because または since が用いられる傾向がある.

8 [譲歩] **a** [形容詞[名詞, 副詞]+as… の形をなして]: Young *as* he is (=Though he is young), he is wise. 年は若いが賢明だ / Woman *as* she was, she decided to bear up against the distress. 女ながらもその苦難に耐えて行こうと決心した / That I cannot accept, poor piper *as* I am. (この通り)貧しい笛吹きの身ではありますが, それはお引き受けするわけに参りません / *much as*… (⇨ much *adv.* 成句). ★ (1) この表現法は (As) young as he is, he… のように, 強調された形容詞が主語に対し同格的叙述語の機能を果たしたものに由来する; 文脈によっては理由を表わすこともある: Young *as* he is, he naturally commits such a mistake. 若いものだから自然こんな間違いをする. (2) 第 2, 第 3 の例におけるように as の前に名詞が用いられている場合には, その名詞は通例無冠詞. **b** [原形動詞+as+主語+may [might, will, would] の形をなして]: Try *as* you may (=However hard you may try), you will never succeed. 君はどんなに努力しても成功するまい. 「=than.

9 《英方言》[形容詞・副詞の比較級のあとに用いて]:

10 《口語・方言》[名詞節を導いて] =that: I don't know *as* it makes any difference. まずそれでどうということはあるまい.

as far as ⇨ far *adv.* 成句. ***as for*** …については, …はどうかと言えば (speaking of): *as for* me 人はともかく私は, 私などは (for my part) / *As for* the others, they don't count. ほかのものなど問題でない. ★ しばしば他と対照的に否定・軽視の観念を含む場合に用いられる (cf. AS *to* (1)). ***as from*** (法律・契約など)〈何日[時]〉より, …以後 (on [at] and after): The agreement starts *as from* September 1. その協定は 9 月 1 日から発効する. ***as good as*** ⇨ good *adj.* 成句. ***as if*** [əzíf] (1) あたかも…かのように[で] (as would be the case if) (as though): He behaves *as if* he was [《文語》were] a child. 子供みたいな振舞いをする / I felt *as if* I hadn't long to live. もう命も長くはないように感じた / He looks *as if* he is angry. 怒ったような顔をしている / It seemed *as if* he would never come. 彼はとうとう来ないのかと思われた (★ この文では as if は that と同意となる) / It looks *as if* it's going to rain. 雨が降りそうな様子だ / He raised his hand *as if to* take off his hat. 帽子を脱ごうとするかのように手をあげた / It isn't *as if* he were [《口語》was] poor. 彼が貧乏だというわけでもあるまいし / *As if* you didn't know! そ知らぬ顔をして, 知っているくせに. (2) 〖《なぞり》← G *als ob*〗〖哲学〗「かのように」《カント哲学の現象界を人間が生きるために有用な虚構と解釈した H. Vaihinger (1852-1933) がその著 *Philosophie des Als-Ob*「かのようにの哲学」(1911) で中心概念とした言葉》. ***as it is*** (1) 現状のままで (cf. *conj.* 4 a). (2) [仮想的陳述に続いて] (しかし仮想に反し)実際は, 実情は (in reality): Of course I would pay you if I could. But *as it is* I cannot. もちろんできたらお払いするのですが, 実のところお払いできないのです. ★ 過去の実情について述べる場合には as it *was* が用いられる: Of course I would have paid you if I could. But *as it was* I could not. ***as it were*** 言わば, ある程度 (so to speak): Our alma mater was, *as it were*, revived in 1899. 母校は言わば 1899 年に蘇生(そせい)した. ***as of*** (1) (何年[日, 時])現在で[の], …までで[の]: the U.S. Cabinet *as of* Sept. 1, 1980 1980 年 9 月 1 日現在での米国内閣. (2) 《米》=AS *from*: He was promoted *as of* the preceding April 1. 先の 4 月 1 日付けで昇進した. ***as though*** [əzðóu | -ðəu] = AS *if*. ***as to*** (1) …に関しては, については (with regard to): He said nothing *as to* places. 場所のことは何も言わなかった. ★ 特に《英》ではしばしば As for と同様に対照の観念を含んで用いられる: *As to* you—I am ashamed of you. さて君のことだがあいそが尽きた. (2) [*wh*-clause または *wh*-phrase に先立って] …について (about). ★ 特に《英》で多く用いられるが, しばしば表現されないことがある: They were quarreling *as to which* was the stronger. どちらが強いかについて争っていた / I'm uncertain *as to whether* she is the right girl for me. 彼女が僕にふさわしい子かどうか迷っている / Nobody could decide (*as to*) *what to* do. だれもどうしてよいか判断しかねた. (3) …に従って, によって (according to, by): These articles have been classified *as to* size and color. これらの品は大きさと色で分類されている. ***as usual*** ⇨ usual *adj.* 成句. ***as yet*** ⇨ yet 成句. ***as you were*** (1) 〖軍事〗[号令] もとへ; もとの位置へ帰れ. (2) 《口語》(前言を訂正する場合などに)…ではなく…, …いや…: There I met Brown—*as you were*—I mean White. そこでブラウンに会った—いや, (ブラウンでなく)ホワイトのことだ.

— *rel. pron.* **1** [先行する such, the same, as などと相関的に用いて]: Tell the children *such* stories *as* are instructive as well as interesting. 子供たちにおもしろいばかりでなくためにもなる話をしてやって下さい / Bees like *the same* odors *as* we do. ミツバチは人間と同じかおりを好む / This is *the same* watch *as* I have lost. これは私がなくしたのと同じ(ような)時計です (★ 同種類を表わすことが多いが, 《口語》では the same watch *that* I have lost の場合と同じく同一物を表わすこともある) / He will lend you *as* much money *as* he has. 彼は君に持っているだけの金を貸してくれるだろう. ★ (1) しばしば省略節を導く: There you can have *such* liquors *as* beer. そこではビールのような飲み物が飲める / In the field there are various animals, *such as* horses, cattle, and deer. その野原には馬・牛・鹿のようないろいろな動物がいる (cf. *conj.* 4 b) / My brother works in *the same* building *as* you (=as you work in). 兄はあなたと同じビルで仕事をしています. (2) such…as はあとに不定詞句を従えることがある: He was charged with *such* guilt *as to* leave no doubt. 疑いの余地のないような罪で告発された. **2** [文全体を先行詞として]: He was a foreigner, *as* (=which fact) I knew from his accent. 彼は外国人だった, 言葉つきでわかったのだが / Grandpa, *as* was usual with him, took the dog out for a walk after breakfast. おじいさんはいつものように朝食後犬を連れて散歩に出た. **3** 《俗・方言》=that: them *as* (=those who) know me おいらを知ってる連中 / It was him *as* did it. 彼がしたのです.

as ever is [was] ⇨ ever 成句. ***as follows*** ⇨ follow 成句. ***as is*** 《口語》現状のままで (as it is); (特に, 商品について)現品で, (損傷があっても)取り替えないという約束で, 無保証で: I bought the car *as is*. その車を無保証で買った. ***as regards*** ⇨ regard *v.* 成句. ***as was*** 《口語》以前の状態のままで (cf. AS *is*).

— *prep.* (cf. *conj.* 4 b) **1** …として (in the capacity of): Speaking *as* a foreigner, … 外国人として言うならば… / He attended the meeting *as* an observer. その会にオブザーバーとして出席した / I will act *as* go-between. 私が仲人役をする (★ as に続く名詞が官職・役目などを示す時は無冠詞) / His act *as* Romeo was almost perfect. ロミオとしての彼の演技はほとんど完璧(かんぺき)だった. **2** [accept, describe, recognize, regard, represent, see, treat, view, look up to, think of などのあとで目的補語を伴って] …と: I *regard* [*look upon*] him *as* a fool. 彼をばかだと思っている / He *treats* me *as* a child. 私を子供のようにあしらう / They *looked up to* him *as* their leader. 彼を首領と仰いでいた. ★ as のあとには形容詞や現在分詞が用いられることもある: They *regarded* him *as indispensable*. 彼を絶対必要な人間と考えた / This theory is *seen as lying* at the root of political error. この説は根源的には政治上の誤謬に起因しているとみなされる.

as[2] [ǽ(ː)s] 〖▭L *as*: cf. ace〗 — *n.* (*pl.* **as·ses**) **1** アース《古代ローマの青銅貨でレンズ形; もとは目方 12 オンス》. **2** アース《古代ローマの重さの単位; 12 オンス, 約 340 g》.

as 《略》〖化学〗asymmetric.

As 《略》〖気象〗altostratus.

As 《記号》〖化学〗arsenic.

AS 《略》airspeed.

AS, AS., A.S., A.-S. 《略》Anglo-Saxon.

A/S 《略》〖商業〗after sight; alongside.

A/S, AS 《略》antisubmarine.

A.S. 《略》《英》Academy of Science; *L.* anno salutis (=in the year of salvation); assistant secretary; assistant surgeon.

as- [æs, əs] 〖⇨ ad-〗 *pref.* (s の前に来る時の) ad- の異形: *assert, assimilation.*

A·sa [éɪsə | éɪsə, ɑ́ːsə, éɪzə] 〖▭Heb. *Āsā*《原義》? myrtle, physician〗 *n.* 男性名.

ASA 《略》Acoustical Society of America; American Society of Appraisers 米国鑑定家協会; American Standards Association 米国規格協会《現在は American National Standards Institute (略 ANSI); cf. DIN, JIS》.

A.S.A. 《略》American Statistical Association 米国統計協会; Amateur Swimming Association アマチュア水泳協会.

as·a·fet·i·da [æ̀səfítədə, -fét- | -fétɪ-, -fíːt-] 〖《*a*1398》▭ML ~ ← *asa* gum (cf. Pers. *azā* resin)+L *foetida* ((fem.) ← *foetidus* stinking (⇨ fetid))〗 — *n.* (*also* **as·a·foet·i·da** [~]) **1** 阿魏(あぎ)《イラン・アフガニスタン地方に産するセリ科オオウイキョウ属 (*Ferula*) の薬用植物の特に *F. assafoetida, F. foetida* などから採ったゴム樹脂; 強い臭気があり痙攣(けいれん)の鎮静剤・駆虫剤》. **2** 〖植物〗阿魏が採取される植物の総称《devil's dung ともいう》.

a.s.a.p., ASAP 《略》as soon as possible.

As·aph [ǽsəf] 〖▭Heb. *Āsāph*《原義》? (God is) collector〗 *n.* 男性名.

Asaph. 《略》*ML.* Asaphēnsis (=of Saint Asaph) 《Bishop of Saint Asaph [éɪsəf] が署名に用いる; ⇨ Cantuar. 2》.

A·sar [ɑ́ːsɑə, ―⌐ | ɑ́ːsɑː(r, ―⌐] *n. pl.* =Aesir.

A·sarh [ɑ́ːsɑə, ―⌐ | ɑ́ːsɑː(r, ―⌐] 〖▭Hindi *Asāṛh* ← Skt *Aṣāḍha*〗 — *n.* アーサール(の月)《ヒンズー暦の月名の一つで, 太陽暦の 6-7 月に当たる; cf. Hindu calendar》.

as·a·rum [ǽsərəm] 〖← NL ~ ← L ~ 'hazelwort' ▭Gk *ásaron*〗 *n.* 〖薬学〗細辛(さいしん)《カナダサイシン (wild ginger) の根茎および根を乾燥したもの; せきどめ・発汗用》.

asb. 《略》asbestos.

As·ben [ɑːsbén] *n.* =Aïr. 「asbestine.

as·bes·tic [æsbéstɪk, æz- | æz-, əz-, æs-, əs-] *adj.* =

as·bes·tine [æsbéstiːn, æz-, -tɪn, -tən | æzbéstiːn, əz-, æs-, əs-] 〖▭L *asbestin-us* ← Gk *asbéstinos*: ⇨ asbestos, -ine[1]〗 — *adj.* 石綿性[質]の; 不燃性の (incombustible).

As·bes·tine [æsbéstiːn, æz-, -tɪn, -tən | æzbéstiːn, əz-, əs-, əs-] *n.* 〖商標〗アスベスチン《短繊維状滑石の商品名; ゴム, 紙の充填材 (filler), ペイントの増量剤 (extender) に用いる》.

as·bes·toid [æsbéstɔɪd, æz- | æzbés-, əz-, æs-, əs-] 〖⇨↓, -oid〗 *adj.* 石綿類似の, 石綿様の.

as·bes·tos [æsbéstəs, æz- | æzbéstɒs, əz-, æs-, əs-, -təs] 〖《17C》▭L ~ ▭Gk *ásbestos* unquenchable ← A-[7]+ *sbestós* quenchable (← *sbennúnai* to quench) ∽ 《*a*1100》 *albeston* ▭OF *a(l)beston* ▭L *asbeston* (acc.): OF *al*- の形は L *albus* white との連想による〗 — *n.* **1** 〖鉱物〗 **a** アスベスト, 石綿. **b** (不燃材として用いられた)貴蛇紋石, 温石綿 (chrysolite). **2** 石綿地 (asbestos fabric). **3** 〖劇場〗防火幕.

asbéstos cemént *n.* 〖建築〗アスベストセメント《通常のセメントに石綿を加えたもの; 耐火・耐災・耐候性がある》.

as·bes·to·sis [æ̀sbestóusɪs, æ̀z-, -səs | æ̀zbestə́usɪs, əz-, æs-, əs-] 〖← NL ~: ⇨ asbestos, -osis〗 — *n.* 〖医学〗アスベスト症, 石綿(沈着)症《石綿の粉末吸入によって肺臓または皮膚に石綿の沈着する職業病》.

as·bes·tus [æsbéstəs, æz- | æz-, əz-, æs-, əs-] *n.* = asbestos.

as·bo·lane [ǽzbəlèɪn, ǽs-] *n.* 〖鉱物〗=asbolite.

as·bo·lite [ǽzbəlàɪt, ǽs-] 〖《変形》← G *Asbolan* ▭Gk *asbólē* soot ← *áseín* to dry up: 語尾は -ITE[1] との連想: cf. ash[2]〗 — *n.* 〖鉱物〗呉須土(ごすど)《酸化コバルトを含むマンガン土; 陶器用絵の具; cf. zaffer》.

As·bur·y [ǽzberi, -b(ə)ri | -b(ə)ri], **Francis** *n.* (1745–1816) 英国の宣教師, 米国メソジスト教会の初代監督.

Ásbury Párk 〖↑〗 *n.* 米国 New Jersey 州東部の海岸都市; 海水浴場; 人口 17,000.

ASC, A.S.C. 《略》American Standards Committee 米国工業規格委員会.

A.S.C. 《略》American Society of Cinematographers 米国映画カメラマン協会.

asc- [æs(k)] (母音の前に来る時の)asco- の異形.

As·ca·laph·i·dae [æ̀skəlǽfədìː | -fɪ-] 〖← NL ~ ← *Ascalaphus* (属名: ← Gk *askálaphos* a kind of owl)+ -IDAE〗 *n. pl.* 〖昆虫〗(脈翅目) ツノトンボ科.

As·ca·ni·us [æskéɪniəs | -njəs, -nɪəs] 〖▭L ~ ▭Gk *Askánios*〗 — *n.* 〖ローマ神話〗アスカニオス《Aeneas が Troy 落城のとき連れて逃げた息子, Alba Longa の建設者》.

ASCAP, A.S.C.A.P. 《略》American Society of Composers, Authors and Publishers 米国作曲家作詞家出版家協会.

as·ca·ri·a·sis [æ̀skəráɪəsɪs, -səs | -sɪs] 〖← NL ~: ⇨ ascaris, -iasis〗 *n.* (*pl.* **-a·ses** [-sìːz]) 〖病理〗回虫症.

as·ca·rid [ǽskərɪd, -rəd, -rìd | -rɪd] 〖↓〗 *n.* (*pl.* **~s, as·car·i·des** [æskǽrədìːz, əs- | -rɪ-]) 〖動物〗カイチュウ科の動物の総称《カイチュウ (roundworm) など》.

As·car·i·dae [æskǽrədìː, əs- | -rɪ-] 〖← NL ~: ⇨ ascaris, -idae〗 *n. pl.* 〖動物〗カイチュウ(回虫)科.

ascarides *n.* ascarid または ascaris の複数形.

as·car·i·dole [æskǽrədòʊl | -rɪdə̀ʊl] 〖← ASCARID+ -OLE[1]〗 — *n.* (*also* **as·car·i·dol** [-dɔ̀(ː)l, -dòʊl | -dɔ̀l]) 〖化学〗アスカリドール ($C_{10}H_{16}O_2$)《アリタソウ (Mexican tea) の精油(ヘノポジ油 (chenopodium oil)) の主成分; 過酸化物構造をもち, 駆虫作用がある》.

as·ca·ris [ǽskərɪs, -rəs | -rɪs] 〖← NL ~ ← LL ~ ▭

Gk *askaris* ← *skairein* to gambol》 *n.* (*pl.* **as·car·i·des** [æskǽrədìːz, əs- | -rɪ-]) 《動物》＝ascarid.

A.S.C.E. 《略》 American Society of Civil Engineers 米国土木学会.

as·cend [əsénd, æs-] 《(*c*1384) ⊏ L *ascend-ere* to climb up ← *a-* 'AD-'+*scandere* to climb (cf. scansion)》 — *vi.* **1** (山などに)登る, 上がる (climb); (川を)のぼる, さかのぼる (go up) (↔ descend): The party ~*ed to* the summit. **2** 〈煙などが〉(立ち)昇る, 上昇する (rise): Smoke was ~*ing from* the volcano. **3** 〈道などが〉登りになる. **4 a** 〈物価が〉上がる, 騰貴する. **b** 地位が上がる, 向上する, 出世する (rise). **5** (時代的・世代的に)さかのぼる, 遡及(そきゅう)する: ~ *to* a former century. **6 a** 《音楽》〈音が〉調子が上がる, 上行する. **b** 《古》〈叫び声などが〉起こる, 聞こえてくる (rise). **7** 《天文》〈天体が〉地平線上に昇る; (特に)天頂 (zenith) に向かって昇る. **8** 《印刷》上につき出る (cf. ascender 2). — *vt.* **1 a** 登る, 上がる (climb) (↔ descend): ~ a mountain, a ladder, the stairs, etc. **b** 〈川を〉のぼる, さかのぼる. **2** 〈王位〉に登る: ~ the throne 王位に就く, 即位する. **~·a·ble** [-dəbl] *adj.* **~·i·ble** [-dəbl | -dəbl, -dɪbl] *adj.*

as·cén·dance [-dəns] *n.* ＝ascendancy.

as·cen·dan·cy [əséndənsi, æs- | -sɪ] *n.* 日の出の勢い, 優勢, 権勢, 支配権 (domination, sway): gain a complete ~ *over* ...を制圧する / have (an [the]) ~ *over* ...に対し優位を占める, ...を支配する / be under a person's ~ 人に支配されている.

as·cen·dant [əséndənt, æs-] 《(*c*1388) ⊏ (O)F ~ // L *ascendent-em* (pres. p.) ← *ascendere*: ⇨ ascend, -ant》 — *adj.* **1** 上昇的な, 上がって行く (rising) (↔ descendent). **2** 〈地位・人など〉優位の, 優勢な, 権勢のある (dominant). **3 a** 《占星》東の地平線上に昇っている. **b** 《天文》天頂に向かって昇行中の: an ~ star. **4** 《植物》上に曲がった: an ~ leaf. — *n.* **1** [しばしば A-] 《占星》上昇点《誕生時など特定の時に東の地平線上にかかる黄道上の位置》; 上昇宮《上昇点にある黄道 12 宮の星座》: the house of the ~ 東の地平線以上 5 度より以下 25 度までの間の星宿 / the lord of the ~ 首座星. **2** 優位, 優勢, 勢力 (predominance). **3** 尊属 (cf. ancestor 1 b; ↔ descendant): a lineal [collateral] ~ 直系[傍系]尊属.
in the ascendant (1) 〈運勢が〉優勢で; 〈運が〉開けてきて: He felt that his star was *in the* ~. 自分は運が向いていると思った. (2) 〈人・勢力など〉隆盛で, 日の出の勢いで; 登り坂で.
~·ly *adv.*

as·cen·dence [əséndəns] *n.* ＝ascendance.

as·cén·den·cy [-dənsi | -sɪ] *n.* ＝ascendancy.

as·cen·dent [əséndənt] *adj., n.* ＝ascendant.

as·cénd·er *n.* **1** ascend する人[もの]. **2** 《活字》 **a** ＝ascending letter. **b** アセンダー《b, d, f, h などの, エックスハイト (x height) より高く上に出る部分; cf. descender》.

as·cend·ing *adj.* (↔ descending) **1** 上がって[登って]行く, 上昇(的)の; 上方に向かう, 上行の: an ~ escalator / the ~ order of the powers 《数学》昇冪(べき)の順 / an ~ scale 《音楽》上昇音階. **2** 《植物》斜上行の: ~ inflorescence 斜上行[上向き]の花序.

ascénding aórta *n.* 《解剖》上行大動脈 (cf. descending aorta).

ascénding létter *n.* 《活字》アセンダー文字《エックスハイト (x height) より上に出る部分をもつ小文字; b, d, f, h など; cf. descending letter》.

ascénding nóde *n.* 《天文》昇交点 (cf. descending node).

ascénding rhýthm *n.* 《詩学》＝rising rhythm.

as·cen·sion [əsénʃən, æs- | əs-] 《(?*a*1300) ⊏ (O)F ~ // LL *ascensiō(n-)* ascent: ⇨ ascend, -sion》 *n.* **1 a** 昇ること. ★ 今は通例 ascent を用いる. **b** 登山. **2** 《キリスト教》 **a** [the A-] キリストの昇天, 主の昇天 (cf. *Acts* 1:9). **b** [A-] ＝Ascension Day. **3** 《天文》天体が地平線上に昇ること.

As·cen·sion [əsénʃən, æs- | əs-] *n.* アセンション(島)《南大西洋上の英領の小島; 1501 年の Ascension Day にポルトガル人によって発見された; 面積 88 km^2; cf. St. Helena 2》.

as·cén·sion·al [-ʃənl, -ʃnəl] *adj.* 上昇(的)の.

Ascénsion Dày *n.* 《キリスト教》(キリスト)昇天日[祭]; 《カトリック》御昇天の(大)祝日《復活祭後 40 日目で常に木曜日; Holy Thursday ともいう》.

Ascénsion·tìde *n.* 《キリスト教》昇天節《(キリスト)昇天日 (Ascension Day) から聖霊降臨日前夜 (Whitsunday Eve) までの 10 日間》.

as·cen·sive [əsénsɪv, æs- | əs-] *adj.* **1** 上昇的な (rising); 進歩的な (progressive). **2** 《まれ》《文法》強意的な (intensive).

as·cent [əsént, æs-] 《(1600) ← ASCEND: DESCENT との連想》 — *n.* (↔ descent) **1** 登ること, 登り: the ~ of Mt. Fuji 富士登山 / an ~ *to* the summit 登頂 / make an ~ (*of* ...) (山などに)登る. **2** 上昇: the ~ of a balloon 気球の上昇. **3** (身分などの)昇進, 栄達 (advancement). **4 a** 登り坂[道], 登り勾配(こうばい) (upward slope): a gentle [rapid] ~ ゆるやかな[急な]坂道 / The road has an ~ of five degrees. 道は 5 度の登り勾配である. **b** 上がり段, 階段. **5** 遡及(そきゅう).

as·cer·tain [æ̀sətéɪn | æ̀sə-] 《(1427) *acertaine(n)* ⊏ OF *acertain-* (stem) ← *a(s)certener*: ⇨ a-^{4}, certain》 — *vt.* **1 a** 〈事実などを〉確かめる, 突き止める, 確認する, 探知する (find out): ~ the cause of (a person's) death (人の)死因を確かめる. **b** [しばしば *that*-clause または *wh*-clause を伴って] 〈...であると[かを]〉確かめる: He ~*ed that* it was an error.＝He ~*ed* it *to* be an error. それが誤りであることを確かめた / It is difficult to ~ *where* the rumor started. 噂がどこから広まったかを突き止めることは困難だ / We must ~ *whether* it is his signature. 彼の署名かどうかを確認しなければならない. **2** 《古》確実にする, 確定する (make definite). **~·a·ble** [-nəbl] *adj.* **~·a·bly** *adv.*

àscer·táin·ment *n.* 確かめる[突き止める]こと, 確認, 探知.

as·ce·sis [əsíːsɪs, æs-, -səs | -sɪs] 《⊏ LL *ascēsis* ⊏ Gk *áskēsis* exercise ← *askeîn* to exercise, work: ⇨ -esis》 — *n.* (*pl.* **-ce·ses** [-siːz]) 《哲学》鍛練, 克己, 禁欲 (self-discipline, asceticism).

as·cet·ic [əsétɪk, æs- | -tɪk] 《(1646) ⊏ Gk *askētik-ós* practiced, athletic ← *askētḗs* monk, hermit, 《原義》one who exercises ← *askeîn* (↑): ⇨ -ic^1》 — *n.* **1** 禁欲主義者. **2** 苦行者, 行者(ぎょうじゃ). **3** 《キリスト教》(初期キリスト教時代の)修道士 (monk), 隠修士, 隠者 (hermit). — *adj.* 禁欲(的)の, 禁欲生活の; 〈風貌(ふうぼう)など〉行者のような: an ~ life 禁欲生活; 苦行者の生活.
as·cét·i·cal *adj.* **as·cét·i·cal·ly** *adv.*

ascétical theólogy *n.* 《神学》修徳神学.

as·cét·i·cìsm [-təsɪzm | -tɪ-] 《(1646)》 *n.* **1** 禁欲主義; 禁欲生活. **2** 《宗教》苦行, 修行. **3** 《カトリック》修徳(主義).

Asch [ǽ(ː)ʃ], **Sho·lem** [ʃóuləm | ʃáu-] *or* **Sho·lom** [ʃəlóum | -láum] *n.* (1880–1957) ポーランド生まれの米国の劇作家・小説家; 主に Yiddish で書いた; *Three Cities* (三部作の小説) (1933).

As·cham [ǽskəm], **Roger** *n.* (1515–68) 英国の古典学者・人文主義者, Elizabeth 一世の師; *The Scholemaster* (1570).

Asc·hel·min·thes [æ̀sk(h)elmínθiːz] 《← NL ~: ⇨ asco-, helminth》 *n. pl.* 《動物》袋形動物門.

Ásch·heim-Zón·dek tèst [áːʃhaɪmtsó(ː)ndek-, -zándek-, -dɪk- | -tsɔ́ndek-; *G.* áʃhaɪmtsɔ́ndɛk-] 《← *Selman Aschheim* (1878–) + *Bernhard Zondek* (1891–): 共にドイツの医師》 — *n.* 《医学》アッシュハイム ツォンデック試験《妊婦の尿を未成熟のマウスに注射して行なう妊娠判定テスト》.

Á·schoff bòdy [nòdule] [áːʃɔ(ː)f- | -ʃɔf-; *G.* áʃɔf-] 《← *Ludwig Aschoff* (1866–1942: ドイツの細菌学者)》 *n.* 《病理》(リウマチ性心疾患の際の)アショッフ結節.

as·ci *n.* ascus の複数形.

as·ci- [ǽsɪ, ǽsə | ǽsɪ] asco- の異形 (⇨ -i-).

as·cid·i- [əsídi, æs-] (母音の前に来る時の) ascidio- の異形.

ascidia *n.* ascidium の複数形.

As·cid·i·a·ce·a [əsìdiéɪʃiə, æs- | -dɪéɪʃɪə] 《← NL ~ ← *Ascidia* (属名: ← Gk *askídion*: ⇨ ascidium) + -ACEA》 *n. pl.* 《動物》(原索動物門尾索綱)ホヤ目.

as·cid·i·an [əsídiən, æs- | -dɪən] 《動物》 *adj.* ホヤの. — *n.* ホヤ (⇨ sea squirt).

as·cid·i·o- [əsídiou, æs- | -dɪə(u)] 《← NL ~ (↓)》「ホヤ (ascidian); つぼ状(器官) (ascidium)」の意の連結形. ★ 母音の前では通例 ascidi- になる.

as·cid·i·um [əsídiəm, æs- | -dɪ-] 《← NL ~ ← Gk *askídion* (dim.) ← *askós* leather bag, wineskin: ⇨ -idium》 — *n.* (*pl.* **-i·a** [-diə | -dɪə]) 《植物》(ウツボカズラなどの葉の一部が変形してできた)つぼ状器官.

ASCII [ǽskiː] 《(頭字語) ← *A(merican) S(tandard) C(ode for) I(nformation) I(nterchange)*》 *n.* 《電算機》アスキー(符号)《情報交換用米国標準符号》.

as·ci·tes [əsáɪtiːz, æs-] 《(*a*1400) *aschites* ⊏ LL *ascītēs* ⊏ Gk *askítēs* dropsy ← *askós* leather bag, belly: cf. ascus》 — *n.* (*pl.* ~) 《病理》腹水 (dropsy of the belly).

as·cit·ic [əsítɪk, æs- | -tɪk] *adj.*

As·cle·pi·ad [əsklíːpiəd, æs-, -piæ̀d | æsklíːpiæ̀d, -pjæd, -piəd, -pjəd] 《(1656) ⊏ L *Asclēpiadēus* ⊏ Gk *Asklēpiádeios* ← *Asclēpiádēs* (紀元前 2 世紀ごろのギリシャの詩人)》 — *n.* 《古典詩学》アスクレピアデス格《spondee (— —), choriambus (— ⌣ ⌣ —) および iambus (⌣ —) からなる; Asclepiadic ともいう》.

As·cle·pi·a·da·ce·ae [əsklìːpiədéɪsiìː, æs- | æsklìːpɪə-] 《← NL ~ ← *Asclepiad, Asclepias* (属名: ← L *asclēpias* swallowwort ⊏ Gk *asklēpiás* 《原義》plant dedicated to Asclepius ← *Asklēpiós* 'ASCLEPIUS') + -ACEAE》 — *n. pl.* 《植物》(双子葉植物フジウツギ目)ガガイモ科. **as·clè·pi·a·dá·ceous** [-ʃəs] *adj.*

As·cle·pi·a·de·an [əsklìːpɪədíːən, æs- | æsklìːpɪədíːən, -dɪən] 《← LL *Asclēpiadēus* (⊏ Gk *Asklēpiádeios*) + -EAN》 *adj., n.* 《古典詩学》アスクレピアデス格の(詩).

As·cle·pi·ad·ic [əsklìːpiǽdɪk, æs- | æsklìːpɪ-] 《⇨ ↑, -ic^1》 *adj., n.* 《古典詩学》＝Asclepiadean.

As·cle·pi·us [əsklíːpiəs, æs- | æsklíːpɪəs, -pjəs] 《⊏ L *Asclēpius* ⊏ Gk *Asklēpiós*》 — *n.* 《ギリシャ神話》アスクレピオス《Apollo の子で医学の神; ラテン語名 Aesculapius》.

as·co- [ǽskou, -ko(u) | -kə(u)] 《← NL ~ ← ASCUS》「袋」の意の連結形. ★ 時に asci-, また母音の前では通例 asc- になる.

as·co·carp [ǽskəkɑ̀ːp | -kə(u)kɑ̀ːp] *n.* 《植物》子嚢(のう)果.

as·co·go·ni·um [æ̀skəgóuniəm | -kə(u)gə́unɪ-] 《← NL ~: ⇨ asco-, -gonium》 *n.* (*pl.* **-ni·a** [-niə | -nɪə]) 《植物》(子嚢(のう)菌の)造果器, 造嚢器 (cf. archicarp).

as·co·my·cete [æ̀sko(u)máɪsiːt, -maɪsíːt | -kə(u)-] 《↓》 *n.* 《植物》子嚢(のう)菌《子嚢菌亜門の植物; cf. basidiomycete》.

As·co·my·ce·tes [æ̀sko(u)maɪsíːtiːz | -kə(u)-] 《← NL ~: ⇨ asco-, -mycetes》 *n. pl.* 《植物》子嚢(のう)菌亜門.

as·co·my·ce·tous [æ̀sko(u)maɪsíːtəs | -kə(u)maɪsíːt-] *adj.* 子嚢(のう)菌の.

as·con [ǽskɑn | -kɔn] 《← NL ~ ← Gk *askós* wineskin》 — *n.* 《動物》アスコン型《海綿動物の体内をめぐる水溝系の一型; 小孔よりただちに胃腔に通じる最も簡単な型; cf. leucon, sycon》.

as·co·noid [ǽskənɔ̀ɪd] 《← NL ~: ⇨ ↑, -oid》 *adj.* 《動物》アスコンの[に似た].

as·cor·bate [əskɔ́əbət, eɪs-, -bɪt | əskɔ́ː-, æs-] 《⇨ ↓, -ate^1》 *n.* 《生化学》アスコルビン酸塩.

a·scór·bic ácid [əskɔ́əbɪk-, eɪs- | əskɔ́ː-, æs-] 《*ascorbic*: ← A-^{7} + NL *scorbutus* scurvy + -IC^1: ⇨ scorbutic》 — *n.* 《生化学》アスコルビン酸 ($C_6H_8O_6$)《新鮮な果物, 特にミカン類・トマト・野菜などに豊富, また動物製品にもある, 抗壊血病 (antiscorbutic) 要素; vitamin C, cevitamic acid ともいう》.

ásco·spòre *n.* 《植物》子嚢(のう)胞子.

àsco·spóric *adj.* 《植物》子嚢(のう)胞子を生じる.

àsco·spórous *adj.* 《植物》＝ascosporic.

as·cot [ǽskət, -kɑt | -kɔt] 《← *Ascot* 2》 *n.* 《米》 **1** アスコットタイ (《英》 Ascot tie)《幅広の一種のネクタイ》. **2** あごの下で輪にして着ける幅広のスカーフ.

As·cot [ǽskət, -kɑt | -kɔt] 《OE *East-cot* 《原義》eastern cottage》 — *n.* **1** イングランド Berkshire 州の村; Windsor の南西約 10 km. **2 a** アスコット競馬場《この村の Ascot Heath にあり, 特に毎年 6 月に行なわれる 4 日間の Royal Ascot レースは最も貴族的で, 女王[国王]の臨御がある》: ~ races. **b** アスコット競馬《特に Royal Ascot をさす》.

as·crib·a·ble [əskráɪbəbl, æs- | əs-] *adj.* 〔...に〕帰せられる, 帰すべき〔*to*〕: an accident ~ *to* carelessness 不注意によると思われる事故.

as·cribe [əskráɪb, æs- | əs-] 《(?*a*1425) ⊏ L *ascrib-ere* ← *as-* 'AD-' + *scribere* to write ∽ (*c*1340) *ascrive(n)* ⊏ OF *ascriv-* (stem) ← *ascrire* ⊏ L: ⇨ scribe^1》 — *vt.* **1 a** 〈...(の起原など)を〉〔...に〕帰する (assign) 〔*to*〕: The painting has been (wrongly) ~*d to* Rubens. その絵はルーベンス作と(誤り)伝えられている. **b** 〈性質などを〉〔...に〕帰する, 〔...が〕持っているとみなす (attribute, impute) 〔*to*〕: ~ grace *to* God 神に恩寵(おんちょう)を帰する / ~ a good [bad] motive *to* a person [his conduct] 人(の行動)がよい[悪い]動機によっていると考える. **2** 〈事を〉〔...の〕結果[せい]とみなす〔*to*〕: His politeness was ~*d to* his upbringing. 彼の行儀良さは育ちによるものとされた.

as·crip·tion [əskrípʃən, æs-] 《(1597) ⊏ L *ascriptiō(n-)* ← *ascriptus* (p.p.): ⇨ ↑, -tion》 — *n.* **1** (物事を)〔...に〕帰すること, 帰属(の認定)〔*to*〕: the ~ of social unrest *to* misrule 社会不安(の原因)を失政に帰すること. **2** 《キリスト教》(聖職者が説教の終りに)神を賛美する言葉, 神に栄光を帰する言葉[祈り]. **as·crip·tive** [əskríptɪv, æs-] *adj.* 帰属の[に関する].

ASCU 《略》《米》 Association of State Colleges and Universities.

as·cus [ǽskəs] 《← NL ~ ← Gk *askós* leather bag》 *n.* (*pl.* **as·ci** [ǽs(k)aɪ, ǽskiː]) 《植物》子嚢(のう).

as·dic, A.S.D.I.C. [ǽzdɪk] 《(頭字語) ← *A(nti-) S(ubmarine) D(etection) I(nvestigation) C(ommittee)*》 — *n.* 《電子工学・海軍》アスデック, 水中(音波)探知機, 対潜測音機《英国で開発された潜水艦探知機; sonar の旧式な型》.

A.S.E. 《略》 Amalgamated Society of Engineers; American Stock Exchange; Associate of the Society of Engineers.

-ase [eɪs, eɪz | eɪs] 《⊏ F ~ ← (DIAST)ASE》 *suf.* 《生化学》酵素 (enzymes) を表わす名詞を造る: gluc*ase*, lact*ase*, pect*ase*.

ASEAN, A.S.E.A.N. [eɪsíːən, ɑzíː-; (現地では) ǽsiən] 《(頭字語) ← *A(ssociation of) S(outh) E(ast) A(sian) N(ations)*》 *n.* 東南アジア諸国連合, アセアン《1967 年設立》.

a·seis·mat·ic [èɪsaɪzmǽtɪk, -saɪs- | æ̀saɪzmǽt-] 《← A-^{7} + Gk *seismós* earthquake (← *seíein* to shake) + -ATIC》 *adj.* 耐震(的)の.

a·se·i·ty [eɪsíːəṭi, əs- | -síːətɪ, -ɪtɪ] 《⊏ ML *asēitātem* ← L *ā sē* from oneself (⇨ ab-): ⇨ -ity》 — *n.* 《哲学》自存性《自己の存在の根拠・原理が自己自身の中にあるような対象や状態のあり方; 例えば神のように》.

A·sel·li·dae [əsélədìː | -lɪ-] 《← NL ~: ⇨ ↓, -idae》 *n. pl.* 《動物》(節足動物門等脚目)ミズムシ科.

a·sel·lus [əséləs] 《← NL ~ ← L *asellus* (dim.) ← *asinus* 'ASS^1'》 — *n.* (*pl.* **a·sel·li** [-laɪ, -liː]) 《動物》ミズムシ科 *Asellus* 属の節足動物の総称《中部ヨーロッパの池沼にふつうに見られる *A. aquaticus* など》.

a·se·mi·a [əsíːmiə | -mjə, -mɪə] 《← Gk *ásēmos* signless (← A-^{7} + *sêma* sign) + -IA^1》 *n.* 《精神医学》象徴不能(症), 失象徴(症).

a·sep·sis [eɪsépsɪs, əs-, -səs | æsépsɪs, eɪs-, əs-] 《← NL ~: ⇨ a-^{7}, sepsis》 — *n.* (*pl.* **a·sep·ses** [-siːz]) 《医学》 **1** 無菌(状態). **2** (外科的)防腐処置, 無菌法 (cf. antisepsis).

a·sep·tic [eɪséptɪk, əs- | æs-, eɪs-, əs-] 《(1859): ⇨ a-^{7}, septic》 — *adj.* **1** 《医学》無菌の, 免毒性の; (外科的)防腐処置の: ~ surgery 無菌手術. **2** 感情を表に出

さない, 控え目の, 冷たい;〈文体など〉情味のない;〈意見など〉とらわれない, 公平な. **3** 浄化効果をもつ. **—** *n.* 防腐剤 (cf. antiseptic). **a·sép·ti·cal·ly** *adv.*

-ases *suf.* -asis の複数形.

a·sex·u·al [eɪsékʃuəl, -ʃəl | eɪséksjuəl, æs-, əs-, -sjʊl, -ʃuəl, -ʃʊl] *adj.* **1** 〘生物〙性別のない, 性器のない, 無性の. **2** 性とは無関係の. **~·ly** *adv.*

aséxual generátion *n.* 〘生物〙無性世代.

a·sex·u·al·i·ty [eɪsèkʃuǽləti | eɪsèksjuǽlətɪ, æs-, əs-, -ʃʊ-, -lɪ-] *n.* 〘生物〙無性(状態).

aséxual reprodúction *n.* 〘生物〙無性生殖.

asg. 《略》assigned; assignment.

As·gard [ǽsgɑəd, ǽz- | ǽsgɑːd] 〚ON *Āsgardh-r* ← *āss* god＋*gardhr* yard〛 **—** *n.* (*also* **As·garth** [-gɑəθ | -gɑ̀ːθ], **As·gar·dhr** [-gɑəðə | -gɑːðə(r)]) 〘北欧神話〙アスガルド《アースの神々 (Aesir) の国で障壁がめぐらしてあり, 12 の神の住居があるという》.

asgd. 《略》assigned.

asgmt. 《略》assignment.

ash[1] [ǽ(ː)ʃ] 〚OE *æsc* ← Gmc **askiz-* (Du. *esch* / G *Esche*) ← IE **ōs-* (L *ornus* elm)〛 **—** *n.* **1** 〘植物〙トネリコ《モクセイ科トネリコ属 (*Fraxinus*) の植物の総称》; (特に)セイヨウトネリコ(common ash), アメリカトネリコ (white ash). **2** トネリコ材《材質は強靭(じん)》. **—** *attrib. adj.* トネリコの; トネリコ製の.

ash[2] [ǽ(ː)ʃ] 〚OE *asce, æsce* ← Gmc **askōn-* (Du. *asch* / G *Asche*) ← IE **asgōn* ← **as-* to burn (L *ardēre* to burn / Gk *ásein* to dry up)〛 **—** *n.* **1** [しばしば *pl.*] 灰, 灰殻, 燃え殻; [*pl.*] (火事の後の)灰, 灰燼(じん): tobacco ~(*es*) / wood ~(*es*) 木灰 / cigarette ~(*es*) / a cigar ~ 葉巻きの灰《かたまり》/ ~(*es*) in the fireplace 暖炉の灰 / This coal leaves a lot of ~. この石炭は灰がたくさん出る / be burned to ~*es* 焼けて灰になる, 灰燼に帰する, 全焼する / In ten minutes the hut was [lay] in ~*es*. 10 分で小屋は灰になった. **2 a** 〘化学〙灰, 灰分. **b** 《商用語》＝soda ash. **c** 〘地質〙火山灰 (volcanic ash). **3** [*pl.*] (焼け跡の)残骸(がい), 廃墟(きょ) (ruins); 痕跡(せき) (vestiges): the ~*es* of an old order 旧体制の名残り. **4** [*pl.*] (死体を焼いた後の)灰, 屍(し)灰, 遺骨; 《詩》遺骸, なきがら (remains): His ~*es* were collected in an urn. 彼の遺骨は骨つぼに納められた / Peace (be) to his ~*es*! 故人の霊よ安らかなれ. **5** [*pl.*] 《詩》土, ちり (dust); 肉体, 人間: ⇨ DUST *and ashes.* **6** [*pl.*] (仕草・言葉などで表わす)悲しみ[後悔, 遺憾など]の印: ⇨ *in* SACKCLOTH *and ashes.* **7 a** ＝ash gray. **b** [*pl.*] 《詩》(死人のような顔面の)蒼白(はく) (pallor). **8** 〚(1882): この年の英豪戦のあと英国のスポーツ紙で, 勝った豪チームが英チームの死体を火葬にし, その骨灰を豪州に持ち帰ったと皮肉ったことから〛[the ~es] 〘クリケット〙(英豪戦 (test match) の仮想の)トロフィー; 英豪戦勝敗(の行方): win [lose] *the ~es* 英豪戦で勝つ[負ける] / recover [bring back] *the ~es* 英豪戦で雪辱する.

ash(es) of roses 灰色がかったピンク. ***ashes to ashes, dust to dust*** 灰を灰に, ちりをちりに(かえせ) (Prayer Book, *The Burial of the Dead*). ***(as) pale as ashes*** (顔面)蒼白で, まっさおな顔をして. ***lay in ashes*** ＝ ***reduce to ashes*** 全焼させる, 焼き払う; 〈国などを〉焦土と化する, 壊滅させる. ***rise (like a phoenix) from the ashes*** (不死鳥のように)再生する, (災害などの)打撃から立ち直る: Japan *rose from the ~es of* defeat. 日本は敗戦の傷跡[痛手]から立ち直った. ***turn to ashes in*** *a person's* ***mouth*** 〈期待した経験などが〉苦々しいものとなる, いやな後味を残す.

— *vt.* **1** …に灰を振りかける. **2** 〈骨などを〉焼いて灰にする. **~·less** *adj.*

ash[3] [ǽ(ː)ʃ] 〚OE *æsc* 'ASH[1]': ルーン文字 æ の呼び名から〛 *n.* アッシュ《古英語の合字 æ および音声記号 [æ] の呼び名》.

a·shake [əʃéɪk] 〚← A-[1]＋SHAKE〛 *pred. adj.* (ぶるぶる)震えて (shaking).

a·shamed [əʃéɪmd] 〚OE *āscēamod* (p.p.) ← *āscamian* to be ashamed: ⇨ a-[2], shame (v.)〛 **—** *pred. adj.* **1 a** 〔自分・他人(の行為・状態)を〕恥じて, 恥ずかしく思って 〔*of*〕 (↔ proud): She was [felt] ~ *of* her son [her son's ignorance]. / I felt ~ *of* what I said. 自分の言ったことを恥じた / He is ~ *of* himself (*for* wearing such clothes). (あんな服を着ているので)自分を恥ずかしく思っている / I'm ~ *for* you. お前のために私の方が恥ずかしいよ. **b** 〈…であることを〉恥じて 〈*that, to do*〉: He is ~ *that* he was rude. 失礼なことをした[言った]のを恥じて[恐縮して]いる / She felt ~ *that* you should hear of her failure. 失敗したことが君の耳に入ったら恥ずかしいと思った / He was ~ *to* be seen in such a place. そんな場所にいるのを見られるのが恥ずかしかった (cf. 3). **2** [~ *of doing* として] …した[する]ことを恥じて: He is ~ *of having* done such a thing. そんな事をしたのを恥じている. **3** [~ *to do* として] **a** 恥ずかしくて…したくない, 〈…するのを〉潔しとしない: He was ~ *to* see his father. 気が引けて父に会いたくなかった, 父に合わせる顔がなかった (cf. 1 b) / I'm ~ *to* say that …お恥ずかしい話[こと]ですが…. **b** [否定構文で]: She was *not* ~ *to* work as a maid. 女中として働くのをいとわなかった. **—** *attrib. adj.* [今は修飾語を伴って] 恥じている: a very ~ man. **a·shám·ed·ly** [-mɪdli, -məd- | -mɪdlɪ, -məd-, -md-] *adv.* **a·sham·ed·ness** [-mɪdnɪs, -məd-, -md-, -nəs] *n.*

A·shan·ti [əʃǽnti, əʃɑ́ːn- | əʃǽntɪ] *n.* (*pl.* **~, ~s**) **1** アシャンティ《Ghana の州; 以前は王国, 後に旧英領 Gold Coast の一部 (1901–57); 人口 1,478,000, 面積 24,-930 km², 首都 Kumasi》. **2 a** [the ~(s)] アシャンティ族《アフリカ西部, Ghana 南部の森林地帯に住む種族》. **b** アシャンティ族の人. **3** アシャンティ語 《Akan 語の一方言》.

ásh bìn *n.* 《英》灰[石炭殻]入れ, ごみ箱 (cf. ash can).

ásh-blónd *adj.* 〈髪が〉薄い金髪[ブロンド]の.

ásh blónd *n.* **1** 薄い金髪の人. **2** 薄い金髪[ブロンド]の色.

ásh-blónde *adj.* ＝ash-blond.

ásh blónde *n.* 薄い金髪の女性.

Ash·bur·ton [ǽʃbəːtn | bəː-], **1st Baron** *n.* Alexander Baring の称号.

ásh·càke *n.* 《米南部・中部》(とうもろこしの粗挽き粉の生地を)熱い灰の中で焼いたパン.

ásh càn *n.* 《米》**1** (金属製の)灰[石炭殻]入れ, ごみ入れ (cf. ash bin). **2** 《米海軍俗》爆雷 (depth charge).

Ásh·can schòol [ǽʃkæn-] 〚[↑]〛 *n.* [the ~] 〘美術〙アッシュカン派《20 世紀初頭の米国 New York などのスラム街をテーマにしたリアリスト画家のグループ》.

ásh còlor *n.* 灰白色 (ash gray). **ásh-còlored** *adj.*

ásh dùmp *n.* (炉の)灰落とし (⇨ fireplace 挿絵).

ash·en[1] [ǽʃən] 〚(*a*1325): ⇨ ash[1], -en[1]〛 *adj.* 《古》トネリコの(ような); トネリコ製の.

ash·en[2] [ǽʃən] 〚(*c*1375): ⇨ ash[2], -en[1]〛 *adj.* **1** 灰の(ような); 灰色の, 青白い: an ~ face. **2** 灰からできている.

Ash·er [ǽʃə | ǽʃə(r)] 〚□ Heb. *Āšér* 《通俗語源》happy〛 **—** *n.* **1** 男性名. **2** 〘聖書〙 **a** アセル《Jacob の第 8 子; cf. *Gen.* 30: 12–13》. **b** アセル族《Asher を祖とするイスラエルの十二支族の一つ》.

ash·er·y [ǽʃəri | -rɪ] 〚← ASH[2]＋-ERY〛 *n.* **1** 灰置場. **2** 灰焼場; 真珠灰[粗製炭酸カリ]製造所.

ash·et [ǽʃɪt, ǽʃət] 〚□ F *assiette*〛 *n.* 《スコット・ニュージーランド》大皿.

Ashe·ville [ǽʃvɪl, -vəl | -vɪl] 〚← *Samuel Ashe* (1725–1813: North Carolina 州知事): ⇨ -ville〛 *n.* 米国 North Carolina 州西部の都市; 人口 60,000.

ásh fùrnace *n.* 〘ガラス製造〙アッシュ炉《ガラス製造用の原料をフリット (frit) にするための窯炉》.

ásh gráy *n.* 灰白色 (ash color). **ásh-gráy** *adj.*

ásh hèap *n.* 灰の山, 灰だまり.

ásh hòle *n.* (炉下部の)灰落とし孔; 灰だめ場.

a·shim·mer [əʃímə | -mə(r)] 〚← A-[1]＋SHIMMER〛 *pred. adj.* かすかに[ちらちら]光って 〔*with*〕.

a·shine [əʃáɪn] 〚← A-[1]＋SHINE〛 *pred. adj.* 光って, 輝いて (shining) 〔*with*〕.

ásh·ing *n.* **1** 灰を振りかけること. **2** 〘化学〙灰化; 除灰; 灰みがき.

a·shiv·er [əʃívə | -və(r)] 〚← A-[1]＋SHIVER〛 *pred. adj.* 震えて (shivering) 〔*with*〕.

Ash·ke·lon [ǽʃkəlɑ̀n, -kɪlən, -kə-, -lɔ̀n] *n.* ＝Ashqulon.

Ash·ke·na·zi [æ̀ʃkənɑ́ːzi, ɑ̀ːʃkənɑ́ːzi | -zɪ] 〚□ MHeb. *Aškᵉnazzīm* (pl.) ← Heb. *Aškᵉnáz* a descendant of Japheth (cf. *Gen.* 10: 3): 中世的用法ではドイツを意味する〛 **—** *n.* (*pl.* **-na·zim** [-zɪm], ~) アシュケナジ《ヨーロッパ中部および北部のユダヤ人; cf. Sephardi》.

Ash·ke·naz·ic [æ̀ʃkənǽzɪk, ɑ̀ːʃkənɑ́ːz-] *adj.*

ásh kèy *n.* 〘植物〙トネリコの翅果 (cf. key[1] 16).

Ash·kha·bad [ǽʃkəbæ̀d, -bɑ̀ːd; *Russ.* aʃxabát] 〚□ Russ. ~ ← Turk. *ishk* love＋Pers. *abad* town〛 **—** *n.* アシュハバード《ソ連邦南部 Turkmenistan 共和国の首都; 人口 309,000; 旧名 Poltoratsk》.

ash·lar [ǽʃlə | -lə(r)] 〚(14C) □ OF *aisselier* crossbeam □ L *axilla* (dim.) ← *axis* plank〛 **—** *n.* **1** 〘石工〙 **a** [集合的にも用いて] 切石, 張付け石. **b** 切石積み (ashlar masonry ともいう; cf. ragwork). **2** 〘建築〙屋根裏仕切束. **—** *vt.* …に切石を張る.

ásh·lar·ing [-lərɪŋ] *n.* **1** 〘石工〙 **a** ＝ashlar 1 b. **b** [集合的] 切石, 張付け石. **2** [集合的] 〘建築〙屋根裏仕切束.

áshlar lìne *n.* 〘建築〙横目地(じ)《切石を積んだ壁面の外部の水平線》.

áshlar màsonry *n.* 〘石工〙＝ashlar 1 b.

ash·ler [ǽʃlə | -lə(r)] *n., vt.* ＝ashlar.

Ash·ley [ǽʃli | -lɪ], Sir **William James** *n.* (1860–1927) 英国の経済史家.

ásh·màn [-mæ̀n] *n.* (*pl.* **-men** [mɛ̀n]) 《米》(ごみ類を集める)清掃夫.

a·shore [əʃɔ́ə, əʃóə | əʃɔ́ː(r)] 〚← A-[1]＋SHORE〛 **—** *adv.* **1** 浜に[へ], 岸に[へ] (on or to the shore): be driven ~ 〈船などが〉岸に吹き付けられる; 座礁(しょう)する / be washed ~ 岸に打ち上げられる / run ~ 浅瀬に乗り上げる, 座礁する / swim ~ 岸へ泳ぎ着く. **2** 陸上に (on land) (↔ aboard, afloat): ~ and adrift 陸上にまた海上に / life [service] ~ 陸上生活[勤務] / come [go] ~ (船から)上陸する; 〈水泳者が〉浜に上がる; 〈船が〉座礁する / take ~ 陸揚げする.

ásh òven *n.* 〘ガラス製造〙＝ash furnace.

ásh-pále *adj.* 灰白色の; 青白い.

ásh·pàn *n.* (炉の火床 (grate) 下の)灰受け皿, 灰受け, 灰皿.

ásh·pìt *n.* (炉の火床下の)灰落とし穴, 灰だめ (⇨ fireplace 挿絵).

ásh·plànt *n.* **1** トネリコ (ash) の若木《ステッキ・むちなどに用いる》. **2** トネリコのステッキ. 「(1 個).

ásh·pòne *n.* 《米》熱灰で焼いたとうもろこしパン

Ash·qu·lon [ǽʃkəlɑ̀n | -kɪlən, -kə-, -lɔ̀n] *n.* アシュケロン《イスラエルの地中海岸の都市》.

A.S.H.R.A.E. 《略》American Society of Heating, Refrigerating and Air-Conditioning Engineers 米国暖冷房空気調和技術者協会.

ash·ram [ɑ́ːʃrəm] 〚□ Skt *āśrama* ← *ā* toward＋*śrama* fatigue, religious exercise〛 **—** *n.* **1** 〘ヒンズー教〙(聖者の住む)隠所, 庵(いお) (hermitage); 僧房, 修行所; (隠所・僧房の)修行者たち. **2 a** (禅などの)修行所, 道場. **b** 《米》ヒッピー族のたむろする場所, ヒッピー村 (hippie commune).

a·shra·ma [ɑ́ːʃrəmə] 〚□ Skt *āśrama* (↑)〛 **—** *n.* **1** 〘ヒンズー教〙アーシュラマ《インド古代法典に規定された上流階級 (Brahmans, Kshatriyas, Vaisyas) の生涯の四つの住期の一つ: (1) 学生期 (brahmacharya), (2) 家住期 (grihastha), (3) 林住期 (vanaprastha), (4) 遊行期 (sannyasi)》. **2** ＝ashram 1.

ásh·stànd *n.* スタンド式[付き]の灰皿.

Ash·ton-un·der-Lyne [ǽʃtənʌ̀ndəláɪn | -də-] 〚← *Ashton* (⇨ ash[1], town)＋UNDER＋*Lyme* (← Celt. 《原義》elm tree: cf. Welsh *llwyf* elm)〛 **—** *n.* イングランド Greater Manchester 州東部, Manchester 東方の都市; 人口 49,000; 単に Ashton ともいう.

Ash·to·reth [ǽʃtərèθ | -tə-, -tɔ-] 〚□ Heb. *ʿAštōreth* 《混成》← *ʿAštart* 'ASTARTE'＋*bōšeth* shame: 古代ヘブライ人はこの女神を「恥」と見なしたことから〛 *n.* 〘神話〙アシュトレト《古代セム族の女神; cf. Astarte》.

ásh·trày *n.* (たばこの)灰皿.

A·shur [ɑ́ːʃʊə | -ʃʊə(r)] *n.* ＝Assur.

A·shur·ba·ni·pal [ɑ̀ːʃəbɑ́ːnəpɑ̀ːl | -ʃəbɑ́ːnɪ-] *n.* アッシュールバニパル《アッシリアの王; 在位 669?–626 B.C.; cf. Sardanapalus》.

Ásh Wédnesday 〚(*c*1300): cf. eccl. L *dies cinerum* day of ashes〛 **—** *n.* 灰の水曜日, 聖灰水曜日《Lent の初日; カトリック教会ではこの日に懺悔(ざんげ)の象徴として頭上に灰をかける習慣がある; First Day of Lent ともいう》.

ash·y [ǽʃi | ǽʃɪ] 〚(*c*1385)〛 **—** *adj.* (**ash·i·er; -i·est**) **1** 灰の. **2** 灰だらけの, 灰まみれの. **3** 灰のような(色の), 灰白色の. ★時に副詞的にも用いる: His face turned [went] ~ pale. 顔色が真青になった.

ASI, A.S.I. 《略》〘航空〙airspeed indicator.

A·sia [éɪʒə, -ʃə | -ʃə, -ʒə] 〚(?*a*1300) □ L ~ □ Gk *Asía* ← Akkad. *āṣū* to go out, rise〛 *n.* アジア《五大州の一つ; 人口 2,400,000,000, 面積 44,000,000 km²》.

Ásia Mínor *n.* 小アジア《アジア西部の黒海・地中海および Marmara 海の間の半島部; トルコの大部分を含む; cf. Anatolia》.

A·sian [éɪʒən, -ʃən | -ʃən, -ʃɪən, -sɪən, -sjən, -ʒən] 〚□ L *Asiān-us* □ Gk *Asiānós* ← *Asía* 'ASIA': ⇨ -an[1]〛 **—** *adj.* アジアの; アジア人の. **—** *n.* アジア人 (cf. Asiatic).

Ásian flú *n.* 《口語》＝Asian influenza.

Ásian Gámes *n. pl.* [the ~] アジア競技大会.

A·si·an·ic [èɪʒiǽnɪk, -zi-, -ʃi- | -ʃiǽn-, -si-, -ʒi-] *adj.* **1** 小アジアの. **2** 〘文学〙(紀元前の 3 世紀間にアジアのギリシャ人が用いた文体のように)誇張的で華麗な. **3** 〘言語〙非インドヨーロッパ語族の.

Ásian influénza 〚1957 年そのウイルスが香港で初めて発見されたことから〛 *n.* アジアかぜ (Asian flu).

A·sian·ize [éɪʒənàɪz, -ʃə- | -ʃə-, -ʒə-] *vt.* アジア化する.

A·si·at·ic [èɪʒiǽtɪk, -zi-, -ʃi- | -ʃiǽt-, -si-, -ʒi-] 〚□ L *Asiatic-us* □ Gk *Asiatikós* of Asia: ⇨ Asia, -atic〛 **—** *adj.* アジア(人)の; アジア式[風]の. **—** *n.* アジア人. ★ Asiatic は(特に人種の場合は)侮蔑の意を含むと思われがちなので, Asian の方が多く用いられる傾向がある.

Asiátic béetle *n.* 〘昆虫〙＝oriental beetle.

Asiátic chólera *n.* 〘病理〙アジア[真性]コレラ.

Asiátic cóckroach *n.* 〘昆虫〙コバネゴキブリ (⇨ oriental cockroach).

Asiátic flú *n.* 《口語》＝Asian influenza.

À·si·át·i·cìsm [-təsɪzm | -tɪ-] *n.* **1** アジア風[式](の模倣). **2** (文体・様式などの)華麗さ.

Asiátic Rússia *n.* アジアロシヤ《ソ連邦のアジア大陸の部分を指し, ロシヤ共和国の大部分と Turkmenistan, Uzbekistan, Tadzhikistan, Kirghizia および Kazakstan 共和国の大半を含む》.

Asiátic Túrkey *n.* アジアトルコ《トルコ領のアジア大陸に属する部分; cf. Anatolia》.

a·side [əsáɪd] 〚(?*a*1300): ⇨ a-[1], side〛 **—** *adv.* **1** わきへ[に], かたわらに: stand [step] ~ わきへ寄る[よける] / take [draw] a person ~ (内緒話などのため)人をわきへ連れて行く / turn ~ (from) (…から)わきへそれる. **2** 別にして, 取りのけて (in reserve): Keep [Hold] this book ~ (for me). この本を(私に)取っておいて下さい. **3** 除外して, 抜きにして (apart): joking ~ 冗談はさておき. **4** わきを向いて(そっと): speak ~ (相手には聞えぬように)わきを向いて(そっと)言う; 〈俳優が〉わきぜりふ[傍白]を言う. **5** 双方それぞれ, 各々 (on each side). **6** [~ of として] 《古・方言》…のわき[そば]に, …と並んで (beside, alongside of).

aside from 《米》＝APART *from.*

— *n.* **1 a** 〘演劇〙わきぜりふ, 傍白《相手役に聞こえない約束で言う独白》. **b** ひそひそ話, ささやき 〔*to*〕. **2** 余談 (digression).

a·sien·to [æ̀siéntoʊ, ɑ̀ːs- | -siéntəʊ; *Sp.* asjénto] 〚□ Sp. ~ 'seat, treaty' ← *asentar* to seat, make an agreement ← *a-* 'AD-'＋*sentar* to seat〛 **—** *n.* (*pl.* **~s** [~z; *Sp.* ~s]) 〘スペイン史〙1713 年の Utrecht 条約によってスペイン王と英国との間に結ばれたアメリカ大陸

におけるスペイン植民地に対するアフリカ黒人と各種商品の供給契約.

a·sig·mat·ic [èɪsɪgmǽtɪk | -tɪk] 〖← A-[7]+SIGMATIC〗 — *adj.* 《文法》語根に s を付加せずに形成された《例えば古代ギリシャ語で lúō "I lose" の aorist 形 é-lū-s-a に対して léipō "I leave" のそれは é-lip-on と -s- をもたない》.

a·si·lid [əsáɪlɪd, -síl-, -ləd | -lɪd] 〖↓〗《昆虫》*adj.* ムシヒキアブ(科)の. — *n.* ムシヒキアブ《ムシヒキアブ科の総称》.

A·sil·i·dae [əsílədì: | -lɪ-] 〖← NL ～ ← *Asilus* (属名: ← L *asilus* gadfly)+-IDAE〗 *n. pl.* 《昆虫》(双翅目)ムシヒキアブ科.

A·sin [á:sɪn, -sən | -sɪn] 〖□ Skt *Āśvina*〗 *n.* アシン(の月)《ヒンズー暦の月名の一つで, 太陽暦の9-10月に当たる; cf. Hindu calendar》.

as·i·nine [ǽsənàɪn, -sṇ- | ǽsɪn-] 〖《c1610》□ L *asininus* ← *asinus* 'ASS[1], dolt': ⇨ -ine[1]〗 — *adj.* **1** ロバの; ロバのような. **2** 愚かな (stupid), 頑固な. **～·ly** *adv.*

as·i·nin·i·ty [æ̀sənínəṭi, -sṇ- | æ̀sɪnínəti, -nɪ-] *n.* 頑固, 愚鈍(な行ない, 性質).

A·sir [æsíə, ɑ:s- | -síə(r] *n.* アシル《サウジアラビア南西岸の地方》.

-a·sis [← əsɪs, -səs | -sɪs] 〖□ L *-āsis* □ Gk *-āsis*: cf. -sis, -iasis, -osis〗 — *suf.* (*pl.* **-a·ses** [əsi:z]) 「…に似た状態・特徴」の意を表わし, 通例 -iasis の形で病名に用いられるギリシャ語系名詞を造る: elephanti*asis*, mydri*asis*, psori*asis*.

ask [ǽ(:)sk | ɑ́:sk] 〖OE *āscian* 《音位転換》← *ācsian, āxian* to ask < (WGmc) **aiskōjan* (G *heischen*) ← IE **ais-* to wish (L *aeruscāre* to beg / Gk *hímeros* longing)〗 — *vt.* **1** 〈人〉に〈ものを〉尋ねる, 問う (inquire): ～ (a person) the price, the way, etc. / ～ a person a question = ～ a question *of* a person 人に質問する《★ of を用いた後者の方が堅い表現》/ ～ (a person) a person's name / ～ a person *about* a matter / ～ (a person) *who* it is [*how to* go] / He ～*ed* (me) *if* [*whether*] it was true. 本当かどうか(私に)尋ねた / We were ～*ed* no questions. = No questions were ～*ed of* us. 私たちは何も聞かれなかった / May I ～ the time? 時間を教えていただけませんか / "Do you know him?" I ～*ed*. 「彼を知っていますか」と私は聞いた / Is this yours, may I ～ [if I may ～]? 失礼ですがこれはあなたのですか. **2 a** 〈人〉に〈ものを〉頼む, 請う, 求める (request, beg): ～ (a person) a favor, a person's advice, etc. / May I ～ you a favor? = May I ～ a favor *of* you? 一つお願いがあります / He ～*ed* me *for* some money. 私に金を少しくれと言った / She ～*ed* his permission. = She ～*ed* permission *from* him. = She ～*ed* him *for* permission. 彼の許可を求めた / I ～ nothing of you. 君に何も求めはしない / That is too much to ～ *of* a student. 学生にそれを求めるのは無理だ. **b** [目的語+to do または *that*-clause を伴って]〈人〉に〈…することを〉頼む[求める]: He ～*ed* me *to* marry him. 彼は私に結婚してくれと言った / I will ～ him not *to* go. 彼に行かないように頼もう / They were ～*ed to* do it. / She ～*ed that* a discount might be made. 値引きをしてもらえないかと頼んだ / I ～*ed that* he (should) come at once. 彼にすぐ来てもらいたいと要求した. **c** [*to* do を伴って]〈…すること[許可]を〉頼む, 請う: He ～*ed to* see the manager. 支配人に会わせてもらいたいと言った / I ～*ed* (my wife) *for* someone *to* post the letter. 手紙をだれかに出させるように(妻に)頼んだ. **d** 《口語》〈女〉に結婚を申し込む: Mother, he ～*ed* me again. **3** (代価として)請求する, 要求する (demand): ～ a high price / What [How much] do you ～ *for* this hat? この帽子はいくらですか / They ～*ed* (me) ten dollars *for* it. それは10ドルだと言った / They ～*ed* too much. ひどく高いことを言った. **4** 〈物事が〉要する (require) (cf. *vi.* 3): It ～*s* close attention. それには細心の注意がいる. **5 a** [しばしば方向の副詞語句を伴って] 招待する, 招く, 呼ぶ (invite): ～ a person *to* [*for*] dinner 人を晩餐に招待する / ～ a person *down* [*up*] 人に上[下]へ来てもらう / ～ a person *down* (*to* the country) 人を田舎へ招く / ～ a person *in* 人を呼び入れる[通す] / ⇨ ASK *out* (1) / ～ a person *over* (*to* one's house) 人を(自宅に)招く / ～ a person *back* (招かれた)お礼に人を招待する (cf. *vi.* 1) / ～ oneself (招かれないのに)押しかける / He ～*ed* several friends *to* meet me. 私を引き合わせるために数人の友人を相客に招いた. **b** [目的語+*to* do を伴って]〈人を〉…するように〉招く, 誘う: I ～*ed* her *to* come to [for] tea. 彼女をお茶に呼んだ. **6** 《古》《キリスト教》(教会で)〈聖職者が〉〈結婚予告 (banns) を〉発表する (publish); …の結婚予告を発表する (cf. asking 2): ～ the banns / be ～*ed* (in church)〈当事者が〉教会で結婚予告をしてもらう.

— *vi.* **1** 尋ねる, 問う (inquire)〔*about, after*〕: ～ again [back] 問い返す / I ～*ed about* it. それについて尋ねた[問い合わせた] / ～ *after* a person's health 人の健康を尋ねる, 人が元気かと聞く / ～ *after* a person 人の安否を問う; 人を見舞う; 《古》= ask *for* a person ⇨ 2 / Now you are ～*ing*! 《口語》いや, それは難問だ / That's ～*ing*! 《口語》返事はご免だ, ノーコメントだ. **2 a** 〔宿・食物・援助などを〕求める, 請う (beg); 〔人と〕面会[話]したいと頼む〔*for*〕: ～ *for* advice, money, time, etc. / ～ *for* a night's lodging 一夜の宿を求める / She ～*ed for* his permission. (cf. *vt.* 2 a) / ～ *for* a person 人に面会を求める / Someone came ～*ing for* you. だれか君を訪ねて来た / *Ask*, and it shall be given you. 求めよ, さらば与えられん (*Matt.* 7:7, *Luke* 11:9). **b** 〔罰などを〕自ら招くようなことをする〔*for*〕: ～ *for* it 《口語》= ask for trouble ⇨ trouble 1 a. **3** 〈物事が〉〔…を〕要する (require)〔*for*〕(cf. *vt.* 4): It ～*s for* close attention. それには細心の注意がいる.

ask around 《米》あちこち[その辺りで]尋ねる. ***ask for*** (1) 〈ある場所〉への道案内を求める: He ～*ed for* the post office. 郵便局へ行く道を教えてくれといった (cf. *vi.* 2). (2) ⇨ *vi.* 3. ***Ask me*** (***another***). 《口語》そんなこと(こっちだって)知らない (I don't know). ***ask off*** 《口語》(用事のため職場から)時間を割かせてもらう. ***ask out*** (1) 〈人を〉よそへ招待する: ～ a person *out to* dinner. (2) 《米》やめさせてもらう, 辞職[辞任]する. ***I ask you*** 《口語》全くひどい(ものだ), けしからん: I ～ *you*, can you call this an expressway? ***if you ask me*** 《口語》私に言わせてもらえれば, 私の考えでは (in my opinion): *If you* ～ *me*, the weather is not ideal for a picnic.

Ask [ɑ́:sk] 〖□ ON *Ask-r*: cf. ash[1]〗 *n.* 《北欧神話》アスク《神々によってトネリコ (ash) とニレ (elm) から作られた最初の男; cf. Embla》.

As·ka·lon [ǽskəlɑ̀n | -lən, -lɔ̀n] *n.* = Askelon.

a·skance [əskǽns | -kǽns, -kɑ́:ns] 〖《1530》*a scanche, a sca(u)nce* ← ?: cf. ME *ascaunce* as if to say (← AS+OF *quanses* how of: cf. quansi), *Askoin* sidewise (← A-[1]+? (M)Du. *schuin* sidewise)〗 — *adv.* **1** 横に (sideways); 横目で; 怪しそうに, 疑って (suspiciously); 軽蔑して; 非難して; ねたんで: look ～ at …を横目で見る, (じろりと)しり目にかける; …を怪しいと思って見る. **2** 遠回しに, 曖昧に (indirectly): speak ～.

a·skant [əskǽnt] *adv.* = askance.

as·ka·rel [ǽskərèl] 〖← ?〗 *n.* 《化学》アスカレル《不燃性合成絶縁材[油]の総称》.

as·ka·ri [ǽskəri, əská:ri, æs- | -rɪ] 〖《1889》□ Arab. *'askarī* soldier〗 — *n.* (*pl.* ～, ～**s**) **1** (ヨーロッパ人に訓練された東アフリカの)アフリカ兵. **2** (東アフリカの)アフリカ人警官.

As·ke·lon [ǽskəlɑ̀n | -kɪlən, -kə-, -lɔ̀n] *n.* = Ashkelon.

ásk·er 〖ME〗 *n.* **1** 尋ねる人; 質問者. **2** (何かを)求める[ねだる]人; 乞食(こじき) (beggar).

as·ke·sis [əskí:sɪs, æs-, -səs | -sɪs] *n.* (*pl.* **as·ke·ses** [-si:z]) 《哲学》= ascesis.

a·skew [əskjú:] 〖《1573》← A[1]+SKEW[1]〗 — *adv.* 斜めに (obliquely), 横に (sidelong); ゆがんで (awry); 軽蔑的に, さげすんで: hang a picture ～ 絵をゆがんで掛ける / look ～ at …を斜めに見る, (軽蔑して)横目で見る. — *adj.* [通例 Predicative に用いて] 斜めに; ゆがんで[だ]: His glasses were very much ～. 眼鏡がひどくゆがんでいた. **～·ness** *n.*

ask·ing 〖OE *āscung, āxung*〗 — *n.* **1 a** 尋ねること, 質問. **b** 求めること, 請求. **2** 《古》(結婚の)予告(をすること) (cf. ask *vt.* 6): This is the first time of ～. これ第1回の予告なり (*Prayer Book*, 'Solemnization of Matrimony').

for the asking 請求(する)だけで, (ほしいと言えば)ただで: You may have it [It's yours, It's there] *for the* ～. ほしいと言いさえすれば(ただで)もらえる.

ásking bìd *n.* 《トランプ》(contract bridge で) アースキング ビッド《スラム (slam) の可能性がある時, パートナーに特定のスーツ (suit) の即攻札 (quick trick) の有無を聞くために使う特殊なビッド》.

ásking prìce *n.* 《商業》(売り手の)言い値.

ásking ràte *n.* 《商業》(売り手の)言い値, 要求歩合, 要求交換比率.

a·sklent [əsklént] 〖《スコット》← ASLANT〗 *adv., pred. adj.* 《スコット》= aslant.

as·kos [ǽskɑs | -kɔs] 〖□ Gk *askós* leather bag: cf. ascus〗 — *n.* (*pl.* **as·koi** [-kɔɪ]) (古代ギリシャ・ローマの)香油入れ, ぶどう酒入れ (cf. alabastrum, aryballos, lecythus).

ASL 《略》American Sign Language.

A.S.L.A. 《略》American Society of Landscape Architects アメリカ造園家協会《造園家・都市計画・地域計画家たちの団体》.

a·slant [əslǽnt | -lɑ́:nt] 〖《a1325》*aslant(e), oslant(e)* on slope: ⇨ a-[1], slant[1] (n.)〗 — *adv.* 傾斜して, 傾いて, 斜めに (obliquely): The rain was driven ～. 雨は風で斜めに降った. — *pred. adj.* 傾いて, 斜めで: listen with (one's) head ～ 小首を傾けて聞き入る. — [-ˊ, -ˊ] *prep.* …を斜めに横切って, …と筋違いに (athwart): The ship was sailing ～ the bay.

a·sleep [əslí:p] 〖ME *aslepe* < OE *on slǣpe*: ⇨ a-[1], sleep〗 — *adv., pred. adj.* **1** 眠って (sleeping) (↔ awake): fall [drop] ～ 寝入る, 寝つく (cf. 5) / be [lie] fast [sound] ～ ぐっすり寝入っている. **2** 〈手足が〉しびれて (numb): My foot is ～. **3** 〈こま (top) が〉(よく回って)澄んで(いて). **4** (眠ったように)静まって, 休止して, 無気力[無関心]で. **5** 《婉曲》永眠して, 眠って (dead): ～ in the grave / fall ～ 永眠する (cf. 1). **6** 《海事》(風が無く)〈帆が〉たるんでしまって.

ASLEF, A.S.L.E.F. [ǽzlef] 《略》Associated Society of Locomotive Engineers and Firemen.

ASLIB, As·lib [ǽzlɪb] *n.* 《図書館》Association of Special Libraries and Information Bureaux.

ASLO 《略》《生化学》antistreptolysin-O.

a·slope [əslóup | əslóup] 〖《a1398》: ⇨ a-[1], slope〗 *adv., pred. adj.* 斜面をなして, 傾いて, 傾斜して.

ASM 《略》《軍事》air-to-surface missile.

A.S.M. 《略》assistant sales manager; assistant scout master; assistant stage manager; assistant station master.

As·ma·ra [æzmá:rə, æs-, -mǽrə] *n.* アスマラ《Ethiopia 北部, Eritrea 州の首都; 人口 364,000, 海抜 2,367 m》.

A.S.M.E. 《略》American Society of Mechanical Engineers アメリカ機械技師協会.

As·mo·de·us [æ̀zmo(ʊ)dí:əs, æ̀s- | æsmóʊdjəs, -dɪəs] 〖□ L *Asmodaeus* □ Gk *Asmodaĩos* □ Heb. *Ašmᵉdhāy* □ Avest. *Aeshma-dæva* 'Aeshma, the deceitful'〗 — *n.* 《ユダヤ神話》アシュマダイ《Tobias の妻の先夫7人を殺した悪魔 (evil spirit)》. ★ Milton, *Paradise Lost* では [《英》æ̀smə(ʊ)dí:əs] と発音される.

A.S.N.E. 《略》American Society of Newspaper Editors 米国新聞編集者協会.

ASO 《略》《生化学》antistreptolysin-O.

a·so·cial [eɪsóuʃəl | æsóu-] 〖← A-[7]+SOCIAL〗 *adj.* **1** 社交的でない, 非社交的な. **2** 《口語》思いやりのない, 利己的な (selfish); 敵意のある. **3** 反社会的な.

A·so·ka [əsóukə, əʃóu- | əsóu-, əʃóu-; *Hindi* əʃoka] 〖□ Skt *Aśoka*〗 — *n.* 《仏教》アショーカ王, 阿育王《古代インドの Maurya 王朝第三代の帝王 (268?-? 232 B.C.); Maurya 王朝の版土を最大に拡張; 仏教に帰依し, 各地にアショーカ法勅を残し法 (dharma) による政治を行なった》.

a·so·ma·tous [eɪsóumətəs | -sóumət-] 〖□ LL *asōmat-us* □ Gk *asṓmatos* ← A-[7]+*sōmat-, sôma* body: ⇨ soma[1], -ous〗 *adj.* 無形の (incorporeal).

A·so·pus [əsóupəs | -sóu-] 〖□ L *Āsōpus* □ Gk *Asōpós*〗 *n.* 《ギリシャ神話》アソーポス《ギリシャ Boeotia を流れる川の神》.

asp[1] [ǽ(:)sp | æsp, ɑ́:sp] 〖《c1350》*aspide, aspis* □ OF *aspide* ∥ L *aspis* □ Gk *aspís*〗 — *n.* **1** 《動物》エジプトコブラ (*Naja haje*)《Cleopatra が自殺に用いたのもこれと伝えられる; Egyptian cobra ともいう》. **2** アスプクサリヘビ (*Vipera berus*)《ヨーロッパなどにすむクサリヘビ科の小さな毒蛇》. **3** (古代エジプトの諸王が王者の印として王冠につけた)へび形章 (uraeus).

asp[2] [ǽ(:)sp | ǽ(:)sp, ɑ́:sp] 〖OE *æspe*〗 *n., adj.* = aspen.

ASP, A.S.P. 《略》《経済》American Selling Price 米国内販売価格《米国内の卸売価格を基準に輸入品に課税する制度》.

a.s.p. 《略》《商業》*F.* accepté sous protêt (= accepted under protest).

ASPAC [ǽspæk] 〖《頭字語》← *As(ian and) Pa(cific) C(ouncil)*〗 *n.* アジア太平洋協議会, アスパック《1966年6月設立》.

as·par·a·gine [əspǽrədʒì:n, -dʒɪn, -dʒən | -dʒì:n, -dʒɪn] 〖□ F ～: ⇨ asparagus, -ine[3]〗 — *n.* 《生化学》アスパラギン ($H_2NOCCH_2CH(NH_2)COOH$)《アスパラギン酸のモノアミド》.

as·par·a·gín·ic ácid [əspæ̀rədʒínɪk-] *n.* 《生化学》= aspartic acid.

as·par·a·gus [əspǽrəgəs, -pér- | -pǽr-] 〖《16C》□ L ～ □ Gk *aspáragos, aspháragos* ∽ OE *spargi* □ L: ⇨ sparrowgrass〗 — *n.* **1** 〖← NL ～〗(*pl.* ～) 《植物》**a** アスパラガス (*Asparagus officinalis*)《ユリ科テンモンドウ属の植物; 芽を食用にする》: cultivate [grow] ～. **b** = asparagus fern. **2** アスパラガス(の若芽): an ～ tip アスパラガスの先[先端] / eat ～. **3** 《軍俗》= asparagus bed 2.

aspáragus bèan *n.* 《植物》ジュウロクササゲ (*Vigna sesquipedalis*)《熱帯アメリカ産のマメの一種; 長大な莢(さや)がなり, 食用にする》.

aspáragus bèd *n.* **1** アスパラガスの畑. **2** 《軍俗》(鋼鉄・木材・コンクリートなどを地面に埋めた)対戦車障害物.

aspáragus bèetle *n.* 《昆虫》アスパラガスハムシ《成虫・幼虫共にアスパラガスに害を与えるハムシ科の小型の甲虫の総称; アスパラガスクビナガハムシ (*Crioceris asparagi*), ジュウニホシクビナガハムシ (*C. duodecimpunctata*) など》.

aspáragus fèrn *n.* 《植物》アスパラガス (*Asparagus plumosus*)《シダに似た攀縁性半低木; 観葉植物》.

aspáragus pèa *n.* 《植物》= goa bean.

as·par·tate [əspɑ́ətèɪt | -pɑ́:-] *n.* 《生化学》アスパラギン酸塩[エステル].

as·pár·tic ácid [əspɑ́əṭɪk- | -pɑ́:t-] 〖← ASPAR(AGUS)+-*t*- (添え字)+-IC[1]〗 *n.* 《生化学》アスパラギン酸 ($HOOCCH_2CH(NH_2)COOH$)《アミノ酸の一種》.

as·pàr·to·kínase [əspɑ̀əṭo(ʊ)- | -pɑ̀:tə(ʊ)-] 〖← ASPART(IC ACID)+-O-+KINASE〗 — *n.* 《生化学》アスパラギン酸キナーゼ《アスパラギン酸の加燐酸化を触媒する酵素》.

As·pa·sia [æspéɪʒə, -ʒə | -ʒɪə, -zjə, -zɪə] 〖□ L ～ □ Gk *Aspasía*〗 *n.* アスパジア (470?-410 B.C.; Athens の才色兼備の婦人で Pericles の愛妾).

A.S.P.C.A. 《略》American Society for the Prevention of Cruelty to Animals 米国動物愛護協会.

as·pect [ǽspekt] 〖《c1385》□ L *aspect-us* glance (p.p.) ← *aspicere* ← *a-* 'AD-'+*specere* to look (cf. spectacle)〗 — *n.* **1 a** (人の)顔付き, 表情, 様子 (look, appearance): forbidding in ～ こわい顔付きで / a man of [with an] amiable ～ 愛想のよさそうな感じの人. **b** (物の)姿, 様子 (appearance): the physical ～ of Australia オーストラリアの地勢 / paint Mt. Fuji in its changing ～*s* 絶えず変化する富士山の姿を描く.

2 a (事の)様相, 形勢, 局面, (問題などの)面, 方面 (phase): the physical ~ of love 恋愛の肉体的な(側)面 / assume [present] a serious ~ 険悪な様相を帯びる[呈する]. **b** 見地, 角度 (viewpoint): approach a problem *from* a different ~ 別の面から問題と取組む. **3 a** (家などの)向き (exposure): a house with a southern ~ 南向きの家. **b** (物の)面, 側 (side): the ventral ~ 腹面. **4** 〖《なぞり》◻ Russ. *vid*〗〖文法〗(ロシヤ語などの動詞の)相, アスペクト《完了・未完了そのほかの動詞のさまざまな様態などを表わす文法形式; 英語の Progressive なども一つのアスペクトとする文法家がある》. **5** 〖生態〗季観《植物群落の季節的な外観》. **6** 〖占星〗星相, 角相, 視座《惑星間の角度を示し, 人事に影響するという》. **7** 《古》瞥見(べっけん), 一目.

as·pec·tant [əspéktənt] 〖◻ L *aspectānt-em*: ⇨↑, -ant〗 *adj.* 〖紋章〗(鳥・魚・猛獣以外の)〈動物が〉向き合っている (respectant) (cf. combatant, addorsed).

áspect ràtio *n.* **1** 〖航空〗アスペクト比, 縦横(じゅうおう)比《気流の方向に垂直な翼幅と平均翼弦長との比; (翼幅)²/(翼面積)で定義される》. **2** 〖テレビ〗画像比《画像の縦横の比率; 縦 3 横 4 の割合》. **3** 〖造船〗舵の高さと長さの比. **4** 〖宇宙・航空〗**a** (ロケット・ミサイルの)胴体の平均直径と体長との比 (slenderness ratio ともいう). **b** (ロケットモーターの)直径と全長との比.

as·pec·tu·al [æspéktʃuəl, ーーーー | -tju-, -tʃu-] *adj.* 〖文法〗相 (aspect) の[に関する].

as·pen [ǽspən, -pɪn | ǽspən, ɑ́ːs-, -pen, -pɪ-] 〖《*c*1395》: ⇨ asp², -en²〗 ── *n.* 〖植物〗ヤマナラシ《ヤナギ科ヤマナラシ属 (*Populus*) の植物の総称; 特にヨーロッパヤマナラシ (European poplar), アメリカヤマナラシ (American poplar), ポプラ (Lombardy poplar), オオバヤマナラシ (*P. grandidentata*) など風に当たって葉の震える種類をいう; quaking aspen [ash, asp] ともいう》. ── *adj.* ポプラの; ポプラの葉のような, よく震える: tremble like an ~ leaf.

as·per [ǽspə | -pə(r)] 〖《15C》◻ (O)F *aspre* // It. *aspero* ◻ MGk *áspron* (neut.) ← *áspros* white ◻ L *asper* (*nummus*) rough (coin)〗 ── *n.* アスパー《古いエジプト・トルコ銀貨》; アスパー《のちに通貨単位; 120 aspers＝1 piaster》.

as·per·ate 〖◻ L *asperāt-us* (p.p.) ← *asperāre* to make rough ← *asper* (↑)〗 《古》 ── [ǽspərət, -rɪt] *adj.* (手触りが)ざらざらする, 粗(あら)い (rough). ── [-rèɪt] *vt.* 粗くする, ざらざらにする (make rough).

as·perge [əspə́ːdʒ, æs- | -pə́ːdʒ] 〖◻ F *asperg-er* // L *aspergere* (↓)〗 *vt.* 〖カトリック〗…に[聖水を]振りかける (sprinkle) 〔*with*〕.

As·per·ges, a- [əspə́ːdʒiːz, æs- | æspə́ː-, əs-] 〖《1553-87》◻ L *aspergēs* thou shalt sprinkle ← *aspergere* to sprinkle upon: 式の最中に歌われる *Aspergēs mē, Domine, hyssopō* Lord, thou shalt purge me with hyssop という聖歌の冒頭の句から: ⇨ asperse〗 ── *n.* 〖カトリック〗**1** 灌水(かんすい)式, 聖水散布式《日曜日の歌ミサ (High Mass) の前に祭壇・司祭・会衆に聖水を振りかけて清める式》. **2** 灌水式の聖歌.

as·per·gill [ǽspədʒɪl | -pə-] *n.* 〖カトリック〗＝aspergillum.

aspergilla *n.* aspergillum の複数形.

As·per·gil·la·ce·ae [æ̀spədʒɪléɪsiː, -dʒə- | -pədʒɪ-] 〖← NL ～ ← *Aspergillus* (属名: ⇨ aspergillus)＋-ACEAE〗 *n. pl.* 〖植物〗コウジカビ科.

aspergilli *n.* aspergillus の複数形.

as·per·gil·lo·sis [æ̀spədʒɪlóusɪs, -dʒə-, -səs | -pədʒɪlə́usɪs] 〖← NL ～ ← *Aspergillus* (↑)＋-OSIS〗 ── *n.* (*pl.* **-lo·ses** [-siːz]) 〖獣医〗アスペルギルス症《コウジカビ属 (*Aspergillus*) の菌によって起こる動物(特に鶏)の病気; 結核に似て主に肺を冒す》.

as·per·gil·lum [æ̀spədʒíləm | -pə-] 〖← NL ～ ← L *aspergere* 'to sprinkle, ASPERGE'＋-*illum* (dim. suf.)〗 ── *n.* (*pl.* **-gil·la** [-lə], **～s**) 〖カトリック〗灌水(かんすい)器, 聖水散布用器《小さな刷毛(はけ), または小穴のあいた丸い容器のついた棒》.

aspergillum

as·per·gil·lus [æ̀spədʒíləs | -pə-] 〖← NL ～ (↑)〗 *n.* (*pl.* **-gil·li** [-laɪ]) 〖植物〗コウジカビ《コウジカビ属 (*Aspergillus*) の各種の菌類の総称; こうじをつくるニホンコウジカビ (*A. oryzae*) など》.

as·per·i·ty [æspérəṭi, əs- | -pérətɪ, -rɪ-] 〖《16C》◻ L *asperitāt-em* roughness ← *asper* rough ∽ 《?*a*1200》 *asprete* ◻ OF(F *âpreté*) < L〗 ── *n.* **1** (表面の手触りの悪いこと, ざらざら, でこぼこ (roughness); [通例 *pl.*] ごつごつした所, 隆起部分: the ~ of the ground. **2** (音声の)耳障り, (語調の)荒々しさ: speak with ~ 荒々しくものを言う. **3** (気分・気質の)荒々しさ, 邪険, 無愛想 (harshness); [通例 *pl.*] 辛辣な言葉. **4** (気候などの)激しさ (severity); (境遇などの)つらさ, 困難: the *asperities* of a winter campaign 冬期戦の苦しさ.

a·sper·mous [eɪspə́ːməs | æspə́ː-] 〖◻ Gk *ásperm-os*: ⇨ a-⁷, spermous〗 *adj.* 〖医学〗無精液の.

as·perse [əspə́ːs, æs- | -pə́ːs] 〖《1490》← L *aspers-us* (p.p.) ← *aspergere* ← *a-* 'AD-'＋*spargere* to sprinkle: cf. sparse〗 ── *vt.* **1** 〈人〉に[悪口などを]浴びせる〔*with*〕; 〈人・人格・名誉などを〉中傷する (slander): ~ a person *with* accusations 人に非難を浴びせる / ~ a person's character [honor]. **2 a** 《古》…に〔水などを〕振りかける〔*with*〕. **b** 〖キリスト教〗…に聖水を振りかける[振りかけて授洗する].

as·per·sion [əspə́ːʒən, æs-, -ʃən | -pə́ːʃən] 〖《1553-87》◻ L *aspersiō(n-)*: ⇨↑, -sion〗 ── *n.* **1** 中傷 (slander), 悪評, 汚名: cast ~*s* on a person [a person's honor] 人を中傷する, 人に汚名をきせる. **2** 〖キリスト教〗撒水(さっすい), 聖水散布; 撒水式洗礼《洗礼のまれな形式で, affusion の変形; cf. immersion 2》: baptize by ~ 聖水を振りかけて洗礼を授ける. **3** 《古》露, 小雨; しぶき.

as·per·so·ri·um [æ̀spəsɔ́ːriəm, -sóːr- | -pəsɔ́ːrɪ-] 〖◻ ML ～: ⇨ asperse, -orium〗 *n.* (*pl.* **-ri·a** [-riə | -rɪə], **～s**) 〖カトリック〗聖水盤.

as·phalt [ǽsfɔːlt, -fælt | -fælt] 〖《18C》◻ LL *asphaltum* ◻ Gk *ásphalton* bitumen ← A-⁷＋*sphállein* to cause to fall (石壁の石の接合に使われたためか) ∽ 《?*c*1380》 *Aspalt(oun)* ◻ OF〗 ── *n.* **1** 〖化学〗アスファルト; アスファルトに似た人工物質. **2** (アスファルトと砕石を混合した)アスファルト《舗装材》: an ~ pavement アスファルト舗道. ── 〖《英》ーー, ーー〗 *vt.* アスファルトでおおう; 〈道路などを〉アスファルトで舗装する: ~ a street [road].

ásphalt cemént *n.* 〖土木〗アスファルトセメント《重交通の舗装用に精製されたアスファルト》.

as·phal·tene [æsfɔ́ːltiːn, -fǽl- | -fǽl-] 〖◻ F *asphaltène*: ⇨ asphalt, -ene〗 ── *n.* 〖化学〗アスファルテン《アスファルトの石油エーテル不溶分のうち, ベンゼン・二硫化炭素に不溶性の高分子物質; cf. carbene 1》.

as·phal·tic [æsfɔ́ːlṭɪk, -fǽl- | -fǽlt-] *adj.* アスファルト(質)の; アスファルトを含む.

as·phal·tite [æsfɔ́ːltaɪt, -fǽl-, ーーー | æsfǽltaɪt, ーーー] 〖◻ Gk *asphaltítēs*: ⇨ asphalt, -ite¹〗 ── *n.* 〖地質〗アスファルタイト《普通のアスファルトよりも融解点の高い天然アスファルト》.

ásphalt júngle *n.* 《米》アスファルトジャングル《生存競争の激しい過密都市またはその特定の地域》.

ásphalt mástic *n.* 〖土木〗アスファルトマスチック《アスファルトと充填材との混合物》.

ásphalt pàper *n.* 〖製紙〗アスファルト紙《アスファルトを塗布した防水・防湿紙》.

ásphalt róck *n.* 〖地質〗瀝青が浸みこんだ岩石.

as·phal·tum [æsfɔ́ːlṭəm, -fǽl- | -fǽlt-] *n.* ＝asphalt.

a·spher·ic [eɪsférɪk, -sfɪ(ə)r- | -sfér-] 〖← A-⁷＋SPHERIC〗 *adj.* 〖光学〗非球面の: an ~ lens. **a·sphér·i·cal** *adj.*

as·pho·del [ǽsfədèl | -fə-, -fo-] 〖《1597》◻ L *asphodel-us* ◻ Gk *asphódelos*: cf. daffodil〗 ── *n.* (*pl.* **～, ～s**) **1** 〖植物〗南ヨーロッパ産ユリ科ツルボラン属 (*Asphodelus*) および *Asphodeline* 属の植物の総称. **2** 〖ギリシャ神話〗不凋(ふちょう)花《Elysium の野に咲いていると伝えられる花》.

as·phyx·i·a [æsfíksiə, əs-, -kʃə | -sɪə, -sjə] 〖《1706》← NL ～ ← Gk *asphuxía* pulselessness ← A-⁷＋*sphúxis* pulsation (← *sphúzein* to beat): cf. sphygmus〗 ── *n.* 〖病理〗仮死; 窒息 (suffocation). **as·phýx·i·al** [-siəl | -sɪəl, -sjəl] *adj.*

as·phyx·i·ant [æsfíksiənt, əs- | -sɪ-] 〖← ASPHYXIA＋-ANT〗 *adj.* 窒息性の. ── *n.* 窒息剤.

as·phyx·i·ate [æsfíksièɪt, əs- | əsfíksɪ-, æs-] *vt., vi.* 窒息させる[する] (suffocate): an *asphixiating* gas 窒息ガス.

as·phyx·i·a·tion [æsfìksiéɪʃən, əs- | əsfìksɪ-, æs-] *n.* 窒息, 気絶, 仮死(状態).

as·phýx·i·à·tor [-ṭə | -tə(r)] *n.* **1** 動物窒息試験器, 窒息装置. **2** (炭酸ガス応用の)消火器. **3** (下水管の)漏水試験器.

as·phyx·y [æsfíksi, əs-, ǽsfɪk- | æsfíksɪ] *n.* 〖病理〗＝asphyxia.

as·pic¹ [ǽspɪk] 〖《1789》◻ F ～ (原義) ASP¹: 肉汁の色がコブラ (asp¹) を連想させるところから〗 ── *n.* アスピック《肉や魚のだし汁から作ったゼリー; 普通ゼラチンを加えて冷やし固め, 冷製料理に用いる》.

as·pic² [ǽspɪk] 〖《1530》◻ (O)F ～ (変形) ← *aspe* 'ASP¹'〗 *n.* 《詩》＝asp¹.

as·pic³ [ǽspɪk] 〖◻ F ～ ◻ OProv. *espic* spike (of a grain) ◻ L *spica* 'SPIKE'〗 ── *n.* 〖植物〗スピカラベンダー (*Lavandula spica* (or *officinalis*)) 《lavender の一種で精油を採る》.

as·pid- [ǽspəd | -pɪd] (母音の前に来る時の) aspido- の異形.

as·pi·dis·tra [æ̀spədístrə | -pɪ-] 〖《1822》← NL ～ ← Gk *aspís* shield＋? *ástron* star〗 ── *n.* 〖植物〗ハラン (*Aspidistra elatior*) 《中国原産のユリ科の常緑多年草; 観賞用として広く栽培される; しばしば中流家庭の因習性などの象徴とされる》.

as·pi·do- [ǽspədo(ʊ) | -pɪdə(ʊ)] 〖← NL ～ ← Gk *aspís* shield〗「盾 (shield)」の意の連結形. ★ 母音の前では通例 aspid- になる.

As·pi·do·bran·chi·a [æ̀spədo(ʊ)brǽŋkiə | -pɪdə(ʊ)-brǽŋkɪə] 〖← NL ～: ⇨↑, branchio-, -a²〗 *n. pl.* 〖貝類〗楯鰓(じゅんさい)類《原始腹足目の一部》.

as·pi·rant [ǽsp(ə)rənt, əspáɪ(ə)r- | əspáɪər-, ǽspɪr-] 〖◻ L *aspīrant-em*: ⇨ aspire, -ant〗 ── *n.* 大望を抱く人; (地位・栄誉などの)志望者, 志願者, 熱望者: an ~ *after* [*for*, *to*] honors / a presidential ~. ── *adj.* 抱負のある, 大望[大志]のある, 向上的な (aspiring).

as·pi·ra·ta [æ̀spəráːṭə, -réɪ- | -pɪráːtə, -réɪ-] 〖← NL ～ ← L *aspīrāta* (fem.p.p.) ← *aspīrāre* (↓)〗 *n.* (*pl.* **-ra·tae** [-tiː]) 〖ギリシャ文法〗帯気音 (ϕ, χ, θ).

as·pi·rate 〖《1669》← L *aspīrāt-us* (p.p.) ← *aspīrāre*: ⇨ aspire, -ate³〗 ── [ǽspərèɪt | -pə-, -pɪ-] *vt.* **1** 〖音声〗**a** 〈破裂音を〉帯気で発音する, 帯気音にする《破裂の直後に [h] に似た息の音が聞えるように発音する》: The first [p] in "paper" is ~*d*, but the second is unaspirated. paper では最初の [p] は帯気音だが 2 番目のは無気音である. **b** 〈語または音節を〉[h] で始める, …に [h] 音を響かせる[加えて発音する]: ~ a vowel 母音の前に h 音をつける / 'When' is usually ~*d* in America. **2** 〖医学〗**a** 〈膿などを〉吸出器で吸い出す. **b** 〈異物を〉気管支[肺]に吸い込む, 吸引する. **3** 吸い出す, 吸引する.
── [ǽsp(ə)rət, -rɪt] *n.* **1** 〖音声〗**a** 帯気音. **b** [h] 音, 気音; 気(息)音字《h の字》; (ギリシャ語の)気(息)音符 (ʽ): put the ~ in the wrong place 誤って (hair を air とし) h を落としたり (air を hair と) h を入れたりする《Cockney などの発音癖; cf. DROP *one's aitches*》. **2** 〖医学〗吸引された物質〔*from*〕(cf. *vt.* 2 a).
── [ǽsp(ə)rət, -rɪt] *adj.* 〖音声〗帯気音の, [h] 音の.

ás·pi·ràt·ed [-ṭɪd, -ṭəd | -tɪd, -təd] 〖音声〗 *adj.* 帯気の, 気音の; [h] 音を伴う (↔ unaspirated). ── *n.* ＝aspirate 1.

as·pi·ra·tion [æ̀spəréɪʃən | -pə-, -pɪ-] 〖《*a*1398》◻ L *aspīrātiō(n-)* ← *aspīrāre*: ⇨ aspire, -ation〗 ── *n.* **1 a** 抱負, 向上心, 大望; 熱望, 念願, (野心的な)志望: an ~ *for* [*after*] fame, knowledge, a position, etc. / an ~ *to* attain an ideal / have ~*s* [an ~] *to* be(come) a great scientist 大科学者になろうという大望を抱く. **b** 切望[念願]の的: The mayorship was his ~. 市長になることが彼の念願だった. **2** 〖音声〗帯気 (⇨ aspirate *vt.* 1 a); (帯気の際の)気音《pin の [p] の後に聞こえる [h] に似た音》. **3** 呼吸 (breathing); (特に)吸気 (inspiration). **4** 〖医学〗**a** 吸出し, 吸引 (suction). **b** (気管支・肺への)異物の吸引: ~ pneumonia 吸入[嚥下(えんげ)]性肺炎. **5** 〖音楽〗アスピラシオン《弦楽器の音の終りに現れる装飾音》. **～·al** [-ʃənl, -ʃnəl] *adj.*

ás·pi·rà·tor [-ṭə | -tə(r)] 〖◻ G ～: ⇨ aspirate (v.), -or²〗 *n.* **1** 吸引器. **2** 吸い上げポンプ. **3** 〖医学〗吸引器[装置], (膿などの)吸出し器, アスピレーター.

as·pi·ra·to·ry [əspáɪ(ə)rətɔ̀ːri, -tòːri | -páɪərətərɪ] *adj.* 呼吸の, 吸気の.

as·pire [əspáɪə, æs- | əspáɪə(r)] 〖《*a*1400》◻ L *aspīrāre* ← *a-* 'AD-'＋*spīrāre* to breath: cf. spirit, inspire〗 ── *vi.* **1** 〔偉大・高遠なものを〕志望する, 切望する, 〔…のに対する〕大志を抱く, 〔…に〕あこがれる 〔*to*, *after*〕; 〈…したいと〉熱望する 〈*to* do [be], *to* doing [being]〉: ~ *after* knowledge / ~ *to* high literary fame 文名を天下に揚げたいと熱望する / He secretly ~*d to* (win(ning)) the hand of this lady. この婦人との結婚をひそかに切望していた. **2** 《古・詩》立ち昇る (rise); 高くそびえる (tower up).

as·pír·er [-páɪ(ə)rə | -páɪərə(r)] *n.* ＝aspirant.

as·pi·rin [ǽsp(ə)rɪn, -rən, -pən | -p(ə)rɪn, -pɪ-] 〖《1899》◻ G ～ ← A(CETYL)＋*Spir*(*säure*) salicylic acid (⇨ spirea)＋-IN²〗 ── *n.* 〖薬学〗**1** アスピリン ($C_9H_8O_4$) 《サリチル酸を無水酢酸でアセチル化したものでアセチルサリチル酸 (acetylsalicylic acid) の別名; 解熱・鎮痛・頭痛薬》. **2** アスピリン錠剤 (aspirin tablet): take an ~.

as·pír·ing [-páɪ(ə)rɪŋ | -páɪər-] *adj.* **1** 大望を抱いている, 向上心に燃えている, 野心のある (ambitious): an ~ politician, young man, etc. **2** 《古・詩》立ち昇る (rising); 高くそびえる (towering). **～·ly** *adv.*

-as·pis [ǽspɪs, -pəs | -pɪs] 〖← NL ～ ← Gk *aspís* shield〗 ──〖動物・古生物〗「盾(たて)のようなものをもつもの」の意の名詞連結形《属名に用いる》: Cephal*aspis*, Odont*aspis*.

a·squint [əskwínt] 〖《*a*1250》← A-¹＋? Du. 《廃》*schuinte* slope, slant ← *schuin* sideway: cf. squint〗 ── *adv., pred.adj.* **1** 横目に, やぶにらみに, 斜めに: look ~ at a person. **2** 斜視で.

As·quith [ǽskwɪθ, -kwəθ | -kwɪθ], **Herbert Henry** *n.* (1852–1928) 英国の政治家; 自由党の党首, 首相 (1908–16); 第一次大戦勃発時の首相であったが戦争半ばで Lloyd George と交代; 称号 1st Earl of Oxford and Asquith.

A.S.R. 《略》〖航空〗airport surveillance radar 空港監視レーダー《空港周辺空域にある航空機の位置を探知し, 離着陸や空中待機などの管制に使う》; air-sea rescue.

a·sra·ma [ɑ́ːʃrəmə] *n.* ＝ashrama.

A.S.R.S. 《略》《英》Amalgamated Society of Railway Servants《今は N.U.R.》.

ass¹ [ǽ(ː)s] 〖ME *asse* < OE *assa* ◻ OIr. *asan* ◻ L *asinus* ass, dolt < IE **asinus* ass (Gk *ónos*)〗 ── *n.* **1** 〖動物〗ロバ《ウマ科ウマ属 (*Equus*) の野生のロバや飼育種の動物の総称; アフリカノロバ (*E. asinus*) とアジアノロバ (*E. hemionus*) の 2 種がある; cf. onager, donkey》: ⇨ asses' bridge. ★ この意味では ass² との音の連想をさけるため, 聖書以外では donkey を用いることが多い. **2** [《英》ではまた ɑ́ːs] ばか, 頑固な人, 強情者: You silly ~! ばかだね君は《冗談にもいう》. ***an ass in a lion's skin*** ライオンの皮をかぶったろば, 「虎の威を借る狐」《Aesop 物語から》. ***make an ass of*** 〈人〉をばかにする[愚弄(ぐろう)する]. ***make an ass of oneself*** ばかなことをする. ***play the ass*** ばかなまねをする.
── *vi.* 《俗》**1** [~ about [around] として] **a** ぶらぶらする, のらくらする (fool about): ~ *about* with a person. **b** 〔機械などを〕いじる, いじり回す (fool)

〔*with*〕: Don't ~ *about with* my radio. **2** [~ along として] **a** ぶらぶら進む[歩く]. **b** ばかなまねをする.

ass² [ǽ(ː)s] 〘《変形》← ARSE¹〙 ── *n.* 《米卑》 **1** 尻, けつ (buttocks). **2 a** 肛門 (anus). **b** 女性の性器. **3** [しばしば a piece [bit] of ass として] **a** 性交. **b** 女. ★ ass [arse] は多くの卑俗な表現に用いられる.

ass. 《略》 assembly; assistant; association; assorted; assurance.

as·sa·gai [ǽsəgàɪ, ―‐― | ―‐―] *n., v.* =assegai.

as·sa·i¹ [ɑːsáɪ, -sáːi | əsáɪ; *It.* assáɪ] 〘□ It. ~ 'very, enough' < VL *ad satis*: ⇨ asset〙 *adv.* 《音楽》 非常に, ごく, アッサイ (very): allegro ~ 非常に早く.

as·sa·i² [ɑ̀ːsɑːíː] 〘□ Port. ~ □ Tupi *assahi*〙 *n.* **1** 《植物》 アサイヤシ (*Euterpe edulis*) 《ブラジル産ヤシ科キャベツヤシ属の植物》. **2** アサイヤシ飲料.

as·sail [əséɪl, æs- | əs-] 〘《?*a*1200》 □ OF *assaill-ir, assalir* (F *assaillir*) < VL **assalīre* 《変形》 ← L *assilīre* to leap upon ← *as-* 'AD-'+*salīre* to leap: cf. sally〙 ── *vt.* **1 a** 〈人・陣地などを〉(激しく)攻め立てる, 猛烈に攻撃する, 襲撃する: ~ an enemy, a fortress, etc. / ~ a person *with* blows 人になぐりかかる. **b** 〈人を〉〔質問・議論・非難などで〕攻め立てる, 攻撃する, 悩ます〔*with*〕: ~ a person *with* questions 人を質問攻めにする. **2 a** 〈疑惑・恐怖などが〉〈人・心を〉襲う, 悩ます (beset): Fears ~*ed* her. / I was ~*ed with* [*by*] doubts. 疑惑に悩まされた. **b** 〈音・臭気などが〉襲う: Shouts ~*ed* our ears. 叫び声が聞えてきた. **3** 〈仕事・難局など〉と取組む, …に立ち向かう. **~·a·ble** [-ləbl] *adj.* **~·er** [-lə | -lə(r)] *n.* **~·ment** *n.*

as·sail·ant [əséɪlənt, æs- | əs-] 〘《*c*1532》 □ F *assaillant* (pres.p.) ← *assaillir*: ⇨ ↑, -ant〙 *n.* 攻撃[襲撃, 襲来]者. ── *adj.* 《古》 攻め寄せる, 攻撃の, 寄せ手の.

As·sam [əsǽm, æs-, ǽsæm | æsǽm, ―‐] *n.* アッサム(州) 《インド北東部の州; 茶の大産地; 人口 14,631,000, 面積 78,461 km², 首都 Shillong》.

As·sa·mese [æ̀səmíːz, -míːs | æ̀səmíːz, æ̀sæ-] *adj.* アッサム地方の, アッサム人[語]の. ── *n.* (*pl.* ~) アッサム人[語].

Assám féver *n.* 《病理》 アッサム熱 (kala azar).

Assám Státes *n. pl.* [the ~] アッサム諸州 《言語別州再編成法 (1956 年 11 月) 以前の州; その大部分は今日の Assam 州に含まれる》.

as·sart [əsɑ́ːət | əsɑ́ːt] 〘《*a*1450》 □ AF ~ =OF *essart* grubbing up of trees < LL *exartum* cleared (land) (p.p.) ← **exarire* to grub up ← EX-¹+L *sarire* to grub〙 ── *vt., vi.* (林地の)樹木[やぶ]を掘り除く, (林地を)開拓する. ── 《古英法》 *n.* **1 a** (耕地にするための)林地開拓. **b** 林地開拓罪. **2** (林地)開拓地.

as·sas·sin [əsǽsn̩ | -sɪn] 〘《1531》 □ F ~ // ML *assassin-us* □ Arab. *ḥaššāšīn* drinkers of hashish (pl.) ← *ḥaššāš* ← *ḥašīš*: この狂信者は行動前まず hashish を飲まされるのを常としたことから〙 ── *n.* **1** 暗殺者, 刺客. **2 a** [the Assassins] (イスラム教徒の)暗殺秘密結社団 《1090-1272 年ごろペルシャやシリアで十字軍指導者などに対して暗殺などのテロ行為を行なった狂信者の団体》. **b** [A-] 暗殺秘密結社団員.

as·sas·si·nate [əsǽsənèɪt, -sn̩- | -sɪn-, -sən-, -sn̩-] 〘《1618》 ← ML *assassināt-us* (p.p.) ← *assassināre* ← *assassinus* (↑): ⇨ -ate³〙 ── *vt.* **1** 〈要人などを〉暗殺する, やみ討ちする. **2** 〈名誉などを〉卑劣な手段で傷つける[毀損(きそん)する]. **as·sas·sin·a·ble** [əsǽsənəbl, -sn̩- | -sɪn-, -sən-, -sn̩-] *adj.*

as·sas·si·na·tion [əsæ̀sənéɪʃən, -sn̩- | -sɪn-, -sən-] 〘《1605》〙 *n.* **1** 暗殺(行為), やみ討ち: political ~. **2** 名誉や評判を毀損(きそん)すること.

as·sás·si·nà·tor [-tə | -tə(r)] *n.* 暗殺者, 刺客.

assássin bùg *n.* 《昆虫》 殺し屋カメムシ (⇨conenose).

as·sault [əsɔ́ːlt | əsɔ́ːlt, əsɔ́lt] 〘《?*a*1200》 *assaut* □ (O)F < VL **assaltum* (p.p.) ← *assalire* 'to ASSAIL': *-l-* の挿入については cf. fault, vault²〙 ── *n.* **1 a** (突然に)襲いかかること, 襲撃 〔*on, upon*〕: make an ~ *on* a person *with* a stick 人にいきなり棒で打ってかかる. **b** (言葉による激しい)攻撃, 非難 〔*on, upon*〕: make an ~ *on* sectarianism 派閥(主義)を非難する. **2** 《軍事》 **a** 急襲, 強襲, 襲撃 (storm); (近距離での)集中攻撃, 猛攻; 強襲上陸; 空挺攻撃 〔*on, upon*〕: make an ~ *on* the enemy 敵を急襲する / carry [take] a fortress [city] by ~ 強襲して要塞[都市]を攻略する / fight against the ~ of wind and rain 風雨の襲来と戦う. **b** (攻撃の最終段階での)突撃, 白兵突撃. **3** 《法律》 暴行(未遂), 暴行の脅迫. **4** 《婉曲》〈女性に対する〉暴行 (rape)〔*on, upon*〕 (cf. indecent assault).

assault and battery 《法律》 暴行殴打 《故意に暴力を用い不法に他人の身体に害を加える行為; 現実に殴打した場合が battery, 狭義の assault は他人に危害を加える態勢をとり, 威怖の念を生ぜしめた場合; assault を広義に用いると battery をも含む》.

assault at [of] arms (*pl.* **assaults at [of] arms**) 《英》 (1) 《フェンシング・ボクシング・レスリング》 練習試合; (チーム間各級選手の)トーナメント. (2) 《軍事》 白兵戦訓練の公開.

── *vt.* **1 a** 〈人などを〉襲う, …に襲い[打って]かかる: The crowd ~*ed* the cars *with* stones. 群衆は車を襲って投石した. **b** 《軍事》 (攻撃の最終段階で)…に突撃する; 〈敵・陣地などを〉急襲する, 強襲する, 猛攻する (storm): ~ a fortress. **c** 〈人・物事を〉(言葉で)攻撃する, 非難する (attack). **2** 〈音・光などが〉〈人・感覚を〉襲う: The odor ~*ed* my nose. その臭気が鼻を突いた. **3** 《法律》〈人を〉殴打する, …に暴行する. **4** 《婉曲》〈女性を〉襲う, …に暴行する. ── *vi.* 襲う, 襲撃する; 突撃する, 強襲する, 猛攻する.

~·er [-tə | -tə(r)] *n.*

assáult bòat *n.* 《軍事》 (敵前上陸[渡河]用の)小形強襲[攻撃]用舟艇[ボート] (cf. storm boat, assault craft).

assáult cràft *n.* 《軍事》 強襲上陸用舟艇 《敵前上陸作戦用の舟艇・水陸両用車などの総称; cf. assault boat》.

as·saul·tive [əsɔ́ːltɪv | əsɔ́ːlt-, əsɔ́lt-] *adj.* 《心理》 襲撃しそうな, 襲いかかりたがる. **~·ness** *n.*

as·say 〘《*c*1303》 □ OF *assai, essai* 'ESSAY' (F *essai*)〙 ── [ǽseɪ, ―‐ | əséɪ, æs-] *n.* **1 a** 《化学》 試金; 検定, 評価分析; 試金物, 分析物; (試金)分析表[結果]: make an ~ of an alloy [ore] 合金[鉱石]を(試金)分析する. **b** 《薬学》 分析; 分析物; 分析表[結果]: the ~ of a drug. **c** 《化学・薬学》 (分析)検定. **2** 分析, 検討 (analysis); 実験, テスト (test); (分析・実験による) 評価 (estimate): ⇨ bioassay. **3** 《古》 試み (attempt); (懸命の)努力. **4** 《廃》 毒味.

── [æséɪ, ―‐ | əséɪ, æs-] *vt.* **1** 《化学》 **a** (貴金属などの含有量を調べるため)〈鉱石を〉試金する, 分析する, 〈合金・貨幣などを〉(定量)分析する, 〈貴金属〉の純分を調べる; 〈食品などを〉分析する. **b** (分析の結果)〈鉱石が〉〈…の(貴金属などの)含有量を〉示す, 検定する (cf. *vi.* 2). **2 a** 《薬学》 〈薬物を〉分析する. **3** 〈物事を〉分析する, 検討する; (分析)評価する (evaluate): ~ a state of affairs, the results of an election, etc. **4 a** ためす, 試験する (test): ~ abilities. **b** 《医学》 〈薬物などを〉動物実験[定量, 力価検定, 効力検定, アッセイ]する. **5** 《古》 試みる (attempt)〈*to* do〉: ~ a difficult task. **6** 《廃》 …の毒味をする. ── *vi.* 《化学》 **1** 試金する, (定量)分析をする. **2** [補語を伴って] (分析の結果)〈鉱石が〉〔貴金属などの〕高い[低い]含有量を示す 〔*in*〕 (cf. *vt.* 1 b): The ore ~*s* high [low] *in* nickel. **~·a·ble** [~əbl] *adj.*

ássay bàlance *n.* 試金天秤.

ássay bàr *n.* (政府作製の標準分析)純金[純銀]棒.

as·sáy·er *n.* 《化学》 試金[分析]者.

ássay ínch *n.* 試金インチ 《鉱山の評価用語》.

as·sáy·ing *n.* 《化学》 試金法, 検定試験.

ássay màster *n.* 分析試験官.

ássay òffice *n.* (金銀などの)純分検定所.

ássay tón *n.* 《金属加工》 分析トン, 試金トン 《試金分析の際の重量単位; =29.166 g》.

as·se·gai [ǽsɪgàɪ, -sə-, ―‐― | ǽsɪgàɪ] 〘《1625》 □ F 《廃》 *azagaie* (F *zagaie, sagaie*) □ OSp. *azagaya* □ Arab. *az-zaghāyaʰ* ← *al* the+Berber *zaghāyaʰ* spear〙 ── *n.* **1** (アフリカ南部の部族などの用いる)細身の投げ槍. **2** 《植物》 アセガイ (*Curtisia dentata*) 《アフリカ南部産のミズキ科の高木; 材が硬くこの木で投げ槍を作る》. ── *vt.* 投げ槍で刺す.

as·sem·blage [əsémblɪdʒ] 〘□ F ~: ⇨ assemble, -age〙 ── *n.* **1** 集合, 集会, 会合, 集まり. **2** 会衆, 集団, 群衆 (gathering); (物の)群, 集まり (collection). **3** 《機械》 (機械などの各部分の)組立て (assembly). **4** 《数学》 =set A 14. **5** [または æsɑ̃ː(m)blɑ́ːʒ, æsɔ̃ː(m)-, æsɑːm-, æsɔ(ː)m-; *F.* asɑ̃blaːʒ] 《美術》 アサンブラージュ 《空缶・空瓶・紙屑などさまざまな物体を寄せ集めて作品を構成する現代美術の一手法; その作品》. **6** 《考古》 アセンブリッジ 《考古学的遺跡から発見された遺物》.

as·sem·blag·ist [əsémblɪdʒɪst, æ̀sɑːmblɑ́ːʒɪst, -əst | əsémblɪdʒɪst, æ̀sɑːmblɑ́ːʒɪst, æ̀sɔ(ː)m-] *n.* 《美術》 アサンブラージュ (assemblage) によって表現する作家.

as·sem·ble [əsémbl̩] 〘《*a*1325》 □ (O)F *assembl-er* < VL **assimulāre* ← *as-* 'AD-'+L *simul* together: cf. assimilate, same〙 ── *vt.* **1 a** (特定の目的のために) 〈人を〉集める, 集合させる, 召集する: ~ an audience / The guests were ~*d* in the hall. 客はホールに集まっていた. **b** 〈物を〉集める, 収集する (collect); (集めて)整理する, まとめる. **2** 《機械》 〈部品・機械などを〉組み立てる: ~ an airplane, a watch, etc. / ~ parts *into* a model car 部品を組み立てて模型自動車を作る / ~*d* parts 組み立てた部品. **3** 《電算機》 アセンブルする 《アセンブラー言語 (assembly language) のプログラムを機械語に翻訳する; cf. compile 4》. ── *vi.* 集まる, 集合する, 会合する (convene).

as·sem·blé [æ̀sɑ̃ː(m)bléɪ, æ̀sɔ̃ː(m)-, æ̀sɑːm-, æ̀sɔ(ː)m-; *F.* asɑ̃ble] 〘□ F ~ (p.p.) ← *assembler* (↑)〙 ── *n.* (*pl.* ~**s** [~z; *F.* ~]) 《バレエ》 アサンブレ 《バレエの跳躍の基礎; 第 5 ポジションから片脚で踏み切って跳び上がり, 両脚で第 5 ポジションに降りる技術》.

as·sém·bler [-blə | -blə(r)] *n.* **1** 組立て工. **2** 《商業》 (農産物などの)集荷人《仲買人》. **3 a** 《電算機》 アセンブラー 《アセンブラー言語で書かれたプログラムを機械語のプログラムに変換するプログラム; assembly program ともいう》. **b** =assembly language.

assémbler lànguage *n.* =assembly language.

as·sem·bly [əsémbli | -blɪ] 〘《*c*1300》 □ (O)F *assemblée* (fem. p.p.) ← *assembler* 'to ASSEMBLE': ⇨ -y³〙 ── *n.* **1 a** (討議・社交などの共同目的による)集会, 会合, 会議: an ~ of Congress / speak in ~ 集会[会議]で発言する. **b** 集合すること: freedom of ~ 集会の自由. **2 a** [しばしば A-] (立法)議会: the *Assembly* of Notables ⇨ notable *n.* 2 / ⇨ legislative assembly, General Assembly. **b** [A-] (米国の数州の議会の)下院: the *Assembly* of California. **3** 《機械》 **a** (部品・機械などの)組立て. **b** 組立て部品一式. **c** 組立品. **4** 《軍事》 **a** 集合合図, 集合らっぱ[太鼓]. **b** (軍隊の)集結, 集合. **5** 《電算機》 アセンブリー 《アセンブラー (assembler) により記号言語で書かれたプログラムを機械語に翻訳すること》.

Assemblies of God [the ―] 《キリスト教》 神の集会 《20 世紀初期米国に設立されたペンテコステ派に属する一派; cf. Pentecostal *adj.* 2》.

assémbly dìstrict *n.* 《米政治》 州議会下院議員選挙区 (cf. senatorial district, Congressional district).

assémbly-gròund *n.* (特に, つがうための)鳥などの群がりの場.

assémbly háll *n.* **1 a** (集)会場; 会館. **b** =assembly room 1 c. **2** (航空機などの)組立て工場.

assémbly lànguage *n.* 《電算機》 アセンブラー言語 《機械の命令語の所在番地・演算コード・参照番地を記号で表現する低水準のプログラム言語; assembler language ともいう》.

assémbly lìne *n.* **1** 組立てライン, 組立て線 (cf. flow line 3). **2** (流れ作業的な)能率偏重の手順[過程].

assémbly·man [-mən] *n.* (*pl.* **-men** [-mən, -mèn]) (議会の)議員; (米国州議会の)下院議員.

assémbly màrk *n.* (機械・構造物などの)組立て記号, 合い印.

assémbly plànt *n.* =assembly shop.

assémbly prògram *n.* 《電算機》 =assembler 3 a.

assémbly ròom *n.* **1 a** (舞踏会などの)会場, 集会室 《昔は上流階級の社交場》. **b** [*pl.*] (会館の一連の)会場; 会館. **c** (学校の)講堂. **2** 組立て工場 (assembly shop).

assémbly shòp *n.* 組立て工場.

assémbly·wòman *n.* (議会の)女性議員; (米国州議会の)女性下院議員.

assémbly wòrker *n.* 組立てライン[線]作業員.

as·sent [əsént, æs-] 〘《?*a*1300》 □ OF *a(s)sent-er* < L *assentārī* (freq.) ← *assentīre* to join in feeling ← *as-* 'AD-'+*sentīre* to feel, perceive: (⇨ sense)〙 ── *vi.* **1 a** 〔提案などに〕同意する (agree), 賛成する (consent) 〔*to*〕: ~ *to* a plan, proposal, etc. / He ~*ed* readily *to* his daughter marrying the man. 娘がその男と結婚するのを快く承知した. **b** 〔相手の意見に〕(表面的に)同意する, 合づちを打つ (say yes); 〔要求を〕(消極的に)承諾する, 認める (concede) 〔*to*〕/〈*to* do〉: ~ *to* a person's views / ~ *to* listen to a person 人の話を聞くことを承知する. **2** 〔事を〕(事実として)認める, 譲る〔*to*〕. ── *n.* 同意, 賛成, 許諾 (agreement); (消極的な)承認, 黙諾 (acquiescence)〔*to*〕: ~ and consent 《英議会》 協賛 / by common ~ 一同賛成[一致]して / with one ~ 満場一致で, 異議なく / royal [Royal] ~ 《英議会》 (両院通過の議案に対する)裁可, 勅裁 / give one's ~ 同意[承諾]を与える / ask one's parents' ~ 親の承諾を求める / nod (one's head) in ~ うなずいて同意を示す, うんとうなずく. **as·sen·tive** [əséntɪv, æs- | -tɪv] *adj.*

as·sen·ta·tion [æ̀səntéɪʃən, æ̀sen-, æ̀sn̩- | æ̀sen-] 〘□ L *assentātiō(n-)*: ⇨ ↑, -ation〙 *n.* 追従, 迎合, 付和雷同.

as·sént·ed [-tɪd, -təd | -tɪd, -təd] *adj.* 《証券》 同意付きで預託された 《証券の量・性質または状態の所定の変更について所有者が同意するという約定のもとに預託された》: ~ bonds [securities] 同意付き預託債券[証券].

as·sént·er [-tə | -tə(r)] *n.* =assentor 1.

as·sen·ti·ent [əsénʃiənt, æs-, -ʃənt | -ʃiənt, -ʃənt] 〘□ L *assentient-em* (pres.p.) ← *assentīre* 'to ASSENT'〙 *adj.* 同意の, 賛成の. ── *n.* 同意者, 賛成者.

as·sént·ing·ly [-tɪŋli | -tɪŋlɪ] *adv.* 同意[賛成]して, 同意するように.

as·sén·tor [-tə | -tə(r)] *n.* **1** 同意者, 賛成者 (assenter). **2** 《英法》 (議員選挙の際の)候補者指名共賛者 (8 名) のうちの一人.

As·ser [ɑ́ːsə | ǽsə(r); *Du.* ásər], **To·bi·as Mi·cha·el Ca·rel** [tobíːɑs míːçaːel kárəl] *n.* アッセル 《1838-1913; オランダの法律学者; Nobel 平和賞 (1911)》.

as·sert [əsɔ́ːt, æs- | əsɔ́ːt] 〘《*a*1604》 ← L *assert-us* (p.p.) ← *asserere* ← *as-* 'AD-'+*serere* to join: ⇨ series〙 ── *vt.* **1** (根拠なしに)断言する, 主張する, 言い張る (affirm): ~ *that* it is true=~ *it to be* true=~ its truth それが真実だと主張する. **2** 〈権利などを〉主張する, 擁護する (maintain); (強引に)行使する (put into effect): ~ a claim, right, etc. / ~ one's power 権力を行使する. **3** [~ one*self* として] **a** 自分の権利[意見]を主張する, 自己主張をする; 我を張る, でしゃばる: He never forgets to ~ *himself*. **b** 〈天分などが〉現われる: Justice will ~ *itself*. 正義公道は自ら明らかになるものだ. **4** …の存在を仮定する[前提とする]. **~·er, as·sér·tor** [-tə | -tə(r)] *n.*

as·sert·i·ble [əsɔ́ːtəbl, æs- | əsɔ́ːtə-, -tɪ-] *adj.* (*also* **as·sert·a·ble** [-tə- | -tə-]) 主張できる, 主張される.

as·ser·tion [əsɔ́ːʃən, æs- | əsɔ́ː-] 〘《1424》 □ (O)F ~ // LL *assertiō(n-)*: ⇨ assert, -ation〙 ── *n.* **1** 〔権利などの〕主張 〔*of*〕; 自己主張 (self-assertion). **2 a** (根拠に基づかない)断言, 主張, 言説 (declaration): make an ~ 断言[主張]する / That's a mere ~ of his. それはただ彼の主張に過ぎない. **b** 《哲学・論理》 断定, 主張. **~·al** [-ʃənl, -ʃnəl] *adj.*

as·ser·tive [əsɔ́ːtɪv, æs- | əsɔ́ːt-] *adj.* 断定的な (positive); 独断的な; しつこい, 強引な (aggressive): an ~ man / an ~ sentence 《文法》 断定文 《肯定平叙文》. **~·ly** *adv.* **~·ness** *n.*

as·ser·to·ry [əsə́:təri, æs- | əsə́:tərɪ] *adj.* ＝assertive.

asses *n.* as², ass¹·² の複数形.

ásses' brídge 〘《なぞり》← NL *pōns asinōrum*〙 *n.* 〘数学〙＝pons asinorum.

as·sess [əsés, æs- | əs-] 〘《1423》▭ OF *assess-er* ← ? ML *assessus* (p.p.) ← L *assidēre* to assist in office of judge ← *as-* 'AD-'＋*sedēre* to sit : cf. assize〙 ― *vt.* **1** (税額決定のために)〈財産・収入などを〉(…と)評価する, 査定する (estimate) 〔*at*〕: His landed property was ~*ed at* three million dollars. 彼の地所は 300 万ドルと査定された. **2** 〈税金・罰金・損害賠償金など〉の金額を査定する 〔*at*〕: a tax ~*ed at* ten pounds 10 ポンドと査定された税金. **3 a** (査定によって)〈税金・罰金・割当て金などを〉〔人・物・行為に〕課する, 割り当てる 〔*on, upon*〕: ~ union dues *on* all members 組合費を全員に掛ける / Damages will be ~*ed upon* the company. 会社に賠償金が課されるだろう. **b** 〈人・物〉に〔ある金額・罰金などを〕課する, 割り当てる 〔*at, in*〕: ~ a person *at* [*in*] fifty pence 人に 50 ペンスを課(税)する / He was ~*ed in* a fine of one pound. 罰金として 1 ポンドを課された. **c** [二重目的語を伴って]…に〈ある金額を〉課する : He was ~*ed* ten dollars *for* the fund. その資金の分担に 10 ドル割り当てられた. **4** 〈人・物事を〉(厳密に)評価する (evaluate) : ~ a curriculum.

as·séss·a·ble [əsésəbl̩, æs- | əs-] *adj.* **1** 査定できる; 課税[賦課]できる. **2** 〘証券〙〈証券が〉払込み追徴のできる, (未払込み金の)払込み請求のできる.

as·sess·ee [æ̀sesí:, əsèsí:, ─ ─ ─] *n.* (財産などの)被査定者; (税金などの)賦課を受ける人.

as·séss·ment *n.* **1** (課税の対象としての財産・収入などの)評価, 査定. **2** (税額などの)査定: the ~ of taxes [damages] 税額[損害賠償額]の査定 / a standard of tax ~ 課税標準. **3** 賦課額, 税額, 評価[査定]額; 割付け[割当て]金. **4** (人物などの)評価 (evaluation). **5 a** 〘証券〙払込み追徴(金); (未払込み金の)払込み請求 (call). **b** 〘保険〙賦課 : ⇨ assessment insurance.

asséssment insùrance *n.* 〘保険〙賦課式保険 (あらかじめ徴収した保険料に不足が生じたときは追徴する方式の保険).

as·sés·sor *n.* **1** (財産・収入などの)評価人, 査定者. **2** 〘法律〙裁判所補佐人. **3** 補佐役. **4** 《古》**a** 顧問, 相談役. **b** 同役, 相役. **as·ses·so·ri·al** [æ̀səsɔ́:riəl, æ̀se-, æ̀sə-, -sɔ́:rɪ- | æ̀sesɔ́:rɪ-] *adj.* **~·shìp** *n.*

as·set [ǽset | ǽset, ǽsɪt] 〘《19C》《逆成》←《1531》*assets* ▭ AF ~, *asetz*＝OF *asez* (F *assez*) enough < VL **ad satis* in sufficiency ← AD-＋L *satis* sufficiency : *assets* の -*s* を複数語尾と誤解した逆成〙 ― *n.* **1** 資産 (一項目). **2** (無形の財としての)有用[有利, 貴重]なもの, 利点, 強み, 長所 (advantage) 〔*to, for*〕 (cf. liability 4): One of his ~*s* is patience. 彼の長所の一つは我慢強さだ / Knowledge of English is an ~ *to* anyone. 英語の知識はだれにもプラスとなる. **3** [*pl.*] (個人や会社の)資産, 財産 : ~*s* and liabilities 資産と負債 / net ~*s* 正味資産 / ⇨ current assets, fixed assets. **4** [*pl.*] 〘法律〙(債務弁済または遺贈に充当すべき)遺産; (破産者の債務弁済に充当すべき)全資産.

ásset effèct *n.* 〘経済〙資産効果 (⇨ Pigou effect).

as·sev·er·ate [əsévərèɪt, æs-] 〘《1791》← L *asseverāt-us* (p.p.) ← *asseverāre* ← *as-* 'AD-'＋*sevērus* serious (⇨ severe)〙 ― *vt.* 〈事を〉(強く)主張する, 断言する, 誓って言う (affirm) : ~ a fact, one's innocence, etc. / ~ *that* it is true. **as·sev·er·a·tive** [əsèvərèɪtɪv, æs- | -tɪv] *adj.*

as·sev·er·a·tion [əsèvəréɪʃən, æs-] 〘《*a*1556》▭ L *asseverātiō(n-)* : ⇨ ↑, -ation〙 *n.* 断言, 誓言.

As·shur [á:ʃʊə | -ʃʊə(r)] *n.* ＝Assur.

as·sib·i·late [əsíbəlèɪt, æs- | -bɪ-, -bə-] 〘《1844》← L *assibilāt-us* (p.p.) : ⇨ ad-, sibilate〙 〘音声〙 ― *vt.* 歯擦音 (sibilant) を伴って発音する, 歯擦音化する (《[tj] [dj] をそれぞれ [tʃ] [dʒ] に発音するなど; 例えば, [krístjən > krístʃən], [édjʊkèɪt > édʒʊkèɪt]》). ― *vi.* 歯擦音に(置き)変わる.

as·sib·i·la·tion [əsìbəléɪʃən, æs- | -bɪ-, -bə-] *n.* 〘音声〙歯擦音化.

As·si·de·an [æ̀sədí:ən | æ̀sɪ-] 〘← 《*c*1384》*assideis* (▭ Gk *asidaîoi* ▭ Heb. *ḥasīdhīm* pious ones)＋-AN¹〙 *n.* 〘ユダヤ教〙＝Hasid 1.

as·si·du·i·ty [æ̀sɪd(j)ú:əti, æ̀sə- | æ̀sɪdjú:ətɪ, -djúə-, -ɪtɪ] 〘《?*a*1425》▭ L *assiduitāt-em* attendance ← *assiduus* sitting by, industrious ← *assidēre* ← *as-* 'AD-'＋*sedēre* to sit : ⇨ -ity〙 ― *n.* **1** たゆまない努力, 勤勉, 精励 (diligence) : ~ *in* one's business / with ~ 精を出して. **2** [通例 *pl.*] たゆまない心づくし, 心づかい.

as·sid·u·ous [əsídʒuəs, æs- | əsídju-] 〘《1538》▭ L *assiduus* : ⇨ ↑, -ous〙 ― *adj.* **1** 〈人が〉勤勉な, 精励な(diligent); 〈仕事など〉たゆみのない : an ~ teacher / ~ reading / be ~ *in* one's duties. **2** 《古》(卑屈なほど)献身的な心づかいをする. **~·ly** *adv.* **~·ness** *n.*

as·si·en·to [æ̀siéntoʊ, à:si- | -siéntəʊ] 〘▭ Sp. ~ 'contract' ← *asentar* to seat, adjust ← A-⁴＋*sentar* seat (← L *sedēre*)〙 *n.* (*pl.* **~s**) ＝asiento.

as·sign [əsáɪn, æs- | əs-] 〘*v.* : 《*c*1300》▭ (O)F *assign-er* < L *assignāre* ← *as-* 'AD-'＋*signāre* to mark out (⇨ sign). ― *n.* : 《1343》▭ AF ~＝(O)F *assigné* (p.p.)〙 ― *vt.* **1** 〈物・仕事などを〉〔人に〕割り当てる, 当てがう, 指定する (give out) 〔*to*〕; 〈人〉に〈仕事などを〉割り当てる (allot) : ~ rooms to guests (ホテルなどで)客に部屋を割り当てる / ~ positions *to* people (cf. 2 a) / The task was ~*ed to* me. その仕事は私に割り当てられた / I was ~*ed* the task. / The teacher ~*s* us homework every week. 先生は私たちに毎週宿題を出す. **2 a** 〈人を〉〔任務・職場などに〕選定[選任]する (appoint) 〔*to, for*〕/ 〈*to* do〉: ~ a person *to* a position [post] 人をある職に選任する (cf. 1) / He will be ~*ed to* lead the expedition. 探険隊のリーダーに任命されるだろう. **b** 〘軍事〙〈人・部隊を〉〔ある指揮系統に〕(比較的長期的に)所属させる; 〈人を〉〔比較的長期的な職に〕補職[補任]する 〔*to*〕 (cf. attach 2 b). **3** 〈日時・場所・限界などを〉指定する, 定める (fix) 〔*for, to*〕: ~ a day *for* a meeting [trial] 会合[裁判]の日を定める / ~ a limit *to* something 物事に限界を設ける. **4 a** 〔事・行為に対して〕〈原因などを〉挙げる 〔*to, for*〕; 〈事を〉〔…に〕帰する, 〔…の〕せいだとする (ascribe) 〔*to*〕: ~ a motive [reason] *for* an action / Dozing was ~*ed as* the cause of the accident. 居眠りが事故の原因に挙げられた / They ~*ed* the accident *to* dozing. 事故は居眠り(運転)のためだとした. **b** 〈物事(の起源など)を〉〔…に〕帰する 〔*to*〕: ~ a saying *to* a person / The vase has been ~*ed to* the fifteenth century. その花びんは 15 世紀のものと考えられている. **c** 〈属性などを〉〔…に〕帰する 〔*to*〕: ~ intelligence [a motive] *to* a person. **5** 〘法律〙〈財産・権利などを〉〔人に〕譲渡する (transfer) 〔*to*〕: ~ property *to* a person.
― *vi.* 〘法律〙(債権者のために他人に)財産を委託する. ― *n.* [通例 *pl.*] 〘法律〙(財産や権利の)譲受人 (assignee) : heirs and ~*s*. **~·er** *n.*

as·sign·a·ble [əsáɪnəbl̩, æs- | əs-] *adj.* **1** 指定できる; 選任できる. **2** 〈原因など〉挙示できる; 〈物事が〉〔…に〕帰せられる 〔*to*〕. **3** 〘法律〙譲渡できる. **as·sìgn·a·bíl·i·ty** [-nəbíləti | -lətɪ, -lɪ-] *n.* **as·sígn·a·bly** *adv.*

as·si·gnat [ǽsɪnjà:, ǽsɪgnæ̀t | æ̀sɪnjá:, ǽsɪgnæ̀t; *F.* asiɲa] 〘▭ F ~ ▭ L *assignāt-us* (p.p.) : ⇨ assign〙 ― *n.* (*pl.* **~s** [-njá:z, -næ̀ts; *F.* ~]) 〘フランス史〙アシニャ紙幣 (フランスの革命政府が 1789–96 年に, 没収した僧族財産を抵当として発行した不換紙幣; 100 francs のものが最後には反古(ほ)同然になった).

as·sig·na·tion [æ̀sɪgnéɪʃən] 〘《1433》▭ (O)F ~ ▭ L *assignātiō(n-)* : ⇨ assign, -ation〙 ― *n.* **1 a** 指定; 割当て. **b** ＝assignment 4. **2** (時間と場所を決めた)密会の約束; (男女の)あいびき(の約束) (tryst) : keep an ~ *with* …と約束して密会[あいびき]する / a house of ~ ＝assignation house. **3** 〘法律〙＝assignment 5 a.

assignátion hòuse *n.* 《米》売春宿 (brothel).

as·sígned rísk *n.* 〘保険〙割当て不良物件, 割当て危険, アサインドリスク (assigned risk plans において, 共同引受け組織から保険会社に割当てられる物件).

assígned rísk plàns *n. pl.* 〘保険〙不良物件割当て計画, 危険割当て方式 (危険が大きくて保険会社がその引受を好まない物件を共同引受け組織で引き受け, 会員保険会社間にその危険を割り当てること; 米国で州法により定められ, 自動車保険などに行なわれる).

as·sign·ee [æ̀sɪní:, æ̀sə-, æ̀saɪ-, əsàɪní: | æ̀sɪní:, æ̀saɪn-] 〘《1343》▭ (O)F *assigné* (p.p.) ← *assigner* : ⇨ assign, -ee¹〙 ― *n.* **1** 〘法律〙**a** (権利などの)譲受人 (cf. assign *n.*, assignor). **b** 受託者; 代理人. **c** 《古》破産管財人. **2** 《古》(昔, オーストラリアなどの英国植民地で)割当て召使 (無給の囚人; cf. assignment 6).

as·sígn·ment 〘《1389》▭ OF ~ ▭ MF *assignāmentum* : ⇨ assign, -ment〙 ― *n.* **1 a** 割当, 任務の割当; 割当任務 (commission, task): go out on an ~ 仕事で出かける. **b** 選任, 任命 (appointment); (任命された)職, 地位 : the ~ *of* a person *to* a new position / an important ~ in the government 政府の要職. **2** 〘教育〙研究課題, 宿題 (cf. homework 1): spend one hour on an English ~ 英語の宿題に 1 時間かける. **3** (日時などの)指定. **4** (理由・動機などの)挙示; 帰属, 帰因. **5** 〘法律〙**a** (財産・権利の)譲渡; 譲渡証書. **b** 委託, 移転 (破産者の財産が破産管財人に移る場合など). **6** 《古》(無給召使としての)囚人割当て制度 (cf. assignee 2).

as·sign·or [æ̀sɪnɔ́ə, æ̀sə-, æ̀saɪ-, əsàɪnɔ́ə | æ̀sɪnɔ́:(r), æ̀saɪ-] *n.* 〘法律〙(財産・権利の)譲渡人 (cf. assignee 1 a); 委託者.

as·sim·i·la·ble [əsímələbl̩ | -mɪ-, -mə-] *adj.* **1** 同化[吸収]できる. **2** 《古》なぞらえ得る 〔*to*〕. **as·sìm·i·la·bíl·i·ty** [-ləbíləti | -lətɪ, -lɪ-] *n.*

as·sim·i·late [əsímələ̀ɪt | -mɪ-, -mə-] 〘《?*a*1425》← ML *assimilāt-us* (p.p.) ← *assimilāre* to liken ← *as-* 'AD-'＋*similis* like : ⇨ similar, -ate³〙 ― *vt.* **1 a** 〈消化した食物などを〉同化する, 吸収する : Food is ~*d* and converted into organic tissue. 食物は同化されて有機組織に変えられる. **b** 〈知識などを〉吸収する, (完全に)理解する, 消化する (grasp) : ~ ideas, information, etc. / ~ what one reads. **2** 〈物事を〉似通ったものにする, 同(質)化する (make similar) 〔*to, with*〕. **3** 〈少数民族・移民などを〉(文化的に)同化[融合]する 〔*into, to*〕: The United States has ~*d* people of many races. **4** 〈人・性質などを〉順応させる (adapt, conform) 〔*to, with*〕: ~ oneself *to* a new neighborhood 新しい土地に順応する. **5** 〘音声〙同化する 〔*to*〕 (↔ dissimilate ; ⇨ assimilation 4). **6** 《古》なぞらえる (liken) 〔*to, with*〕. ― *vi.* **1** 〈食物などが〉同化する, 吸収される. **2** 〈物が〉同(質)化する 〔*to, with*〕. **3** 〈移民などが〉(文化的に)同化する 〔*to, with*〕: Some immigrants ~ quickly and others slowly. **4** (文化的に)順応する 〔*to, with, into*〕. **5** 〘音声〙同化する (↔ dissimilate; ⇨ assimilation 4). **6** 《古》類似する 〔*to, with*〕.

as·sím·i·là·tor [-tə | -tə(r)] *n.*

as·sim·i·la·tion [əsìməléɪʃən | -mɪ-, -mə-] 〘《?*a*1425》▭ ? ML *assimilātiō(n-)* physiological assimilation, (L) similarity : ⇨ ↑, -ation〙 ― *n.* (↔ dissimilation) **1** 同化, 一様化. **2 a** 〘生物・生理〙同化(作用) (cf. catabolism). **b** 〘地質〙同化作用 (マグマ中に外来岩石が溶かし込まれること). **3** 〘社会学〙同化, 融合 (個人や集団が生活や経験の交流を通じて, 共通の行動様式や文化を共通するようになる過程). **4** 〘音声〙同化 (ある音が隣接する他の音の影響を受けてその音に近い音に変化すること; 例 : water [wá:tər] の [a:] が [w] の影響で [wɔ́:tə | -tə(r)] になった). **5** 〘心理〙同化 (知覚が周囲の条件に影響されてその方向へと変化すること).

as·sìm·i·lá·tion·ìsm [-ʃənìzm] *n.* 〘社会学〙(異民族などの)同化[吸収]政策; 文化融合論[政策].

as·sim·i·lá·tion·ist [-ʃ(ə)nɪst, -nəst | -nɪst] *n., adj.* (異民族間の)同化[吸収]政策論者(の); 文化融合論者(の).

assimilátion stàrch *n.* 〘植物〙同化澱粉.

assimilátion tìssue *n.* 〘植物〙同化組織.

as·sim·i·la·tive [əsímələ̀ɪtɪv, -lət- | -mɪlət-, -mə-, -lèɪt-] 〘《*c*1400》▭ ML *assimilātīv-us* (p.p.) : ⇨ assimilate, -ative〙 ― *adj.* 同化の; 同化的な, 同化力のある, 同化作用の.

as·sim·i·la·to·ry [əsímələtɔ̀:ri, -tò:ri | -mɪlət(ə)rɪ, əsìmɪléɪt(ə)rɪ, -mə-] *adj.* ＝assimilative.

As·sin·i·boin [əsínəbɔ̀ɪn | -nɪ-] 〘▭ F ~ ▭ Ojibwa *ūsini-ūpwäwᵃ* (原義) one who cooks by use of stones ← *ūsini* stone＋*ūpwäwᵃ* he cooks by roasting〙 ― *n.* (*also* **As·sin·i·boine** [~]) (*pl.* **~s**, ~) **1 a** [the ~(s)] アシニボイン族 (Missouri 川上流から Saskatchewan 川中流に至る地域に住むアメリカインディアンの一種族). **b** アシニボイン族の人. **2** アシニボイン語 (アシニボイン族が話す Dakota 方言).

As·sin·i·boine [əsínəbɔ̀ɪn | -nɪ-] *n.* [the ~] アシニボイン(川) (カナダ南部の川 (1,000 km)).

As·si·si [əsí:si, əsí:zi, -si, əsízi | əsí:zɪ, æs-; *It.* assí:zi] *n.* アッシジ (イタリア中部, Perugia 南東方の町; St. Francis の生地; その修道院で有名; 人口 25,000).

As·si·si·an [əsísiən, əsí:ziən, əsí:s-, əsíz- | əsí:zɪ-, æs-] *adj.* **1** アッシジの. **2** アッシジの聖フランチェスコ (Saint Francis of Assisi) の. ― *n.* **1** アッシジの住民. **2** [the ~] アッシジの聖フランチェスコ (Saint FRANCIS OF ASSISI).

as·sist [əsíst] 〘《1426》▭ (O)F *assist-er* ▭ L *assistere* to stand by ← *as-* 'AD-'＋*sistere* to cause to stand ← *stāre* 'to STAND'〙 ― *vt.* **1 a** 〈人を〉手伝う, …に助力する (help, aid); 〈人〉に〔事業などで〕手を貸す, 援助する 〔*in*〕; 〈人を〉〔仕事などで〕手伝う, 助ける, 〔金銭などで〕援助する, …を与える 〔*with*〕: ~ an architect 建築家の助手をする / ~ a person *in* a project / She ~*ed* her son *with* his homework. 息子の宿題を手伝ってやった. **b** 〈人〉に〈…するのを〉手伝う, 援助する 〈*in* doing, *to* do〉: She ~*ed* him *in* correcting [*to* correct] the proof. 彼の校正を助けた / I was ~*ed in* painting the door. ドアのペンキ塗りを手伝ってもらった. **c** [in, out などや副詞句を伴って]〈人を〉助けて…させる : ~ a person *out* of a car 手を貸して人を車から降ろす / ~ a child *to* food 子供に食べ物を取ってやる. **2** 〈物事を〉援助する, 支持する; 〈物事が〉〈人・物事〉の助けになる, 助長[促進]する : ~ a campaign, person, etc. ― *vi.* **1 a** 〔仕事などを〕手伝う, 援助[支持]する 〔*in*〕: ~ *at* childbirth 〈助産婦などが〉赤ん坊を取り上げる. **b** 〔…に〕参加する (take part) 〔*in*〕: ~ *in* a movement. **2** [フランス語法] 立ち合う, 列席する (be present) 〔*at*〕: ~ *at* a ceremony, an interview, etc. **3 a** 〘野球〙補殺する. **b** 〘アイスホッケー〙アシストする.
― *n.* **1** 《米》**a** 援助, 助力. **b** 補助器(具)[装置]. **2 a** 〘野球〙補殺 (打者・走者をアウトにする送球). **b** 〘アイスホッケー〙アシスト (シューターに適切なパスを送ってゴールインを助けるプレー).
~·er *n.*

as·sis·tance [əsístəns, -tn̩s] 〘《1398》*assystence*, ~ ▭ ML *assistentia* : Mod E -*ance* の綴りは F *assistance* の影響 : ⇨ ↑, -ance〙 ― *n.* **1** 手伝い, 助力, 援助, 支持 (help, support) ; 財政的援助 : technological ~ / public ~ 《米》生活保護 / be of ~ (*to*…) (…に)役立つ / come to a person's ~ 人を援助する / give [render] ~ (*to*…) (…に)援助を与える. **2** 《古》[フランス語法] 列席, 出席 (presence) 〔*at*〕; [集合的] 列席[出席]の人々 (persons present).

as·sis·tant [əsístənt, -tn̩t] 〘《1433》*assistent* ▭ L *assistent-em* (pres.p.) ← *assistere* 'to ASSIST' : 今の語尾は F *assistant* の影響 : ⇨ -ant〙 ― *adj.* 補助の, 補佐の, 副…, …補; 〔…の〕助けになる 〔*to*〕: an ~ manager 副支配人. ― *n.* **1 a** 助手, 補助者, 補佐役 (helper). **b** 〘米大学〙助手. **2** 《英》店員, 売子 (shop assistant). **3** 補助手段, 補助物 (auxiliary). **4** 〘染色〙助剤.

assistant chief of police 《米》(警察の)副本部長 (⇨ police 1 ★).

assístant chíef cónstable *n.* 《英》(自治体[地方]警察の)警察次長 (⇨ police 1 ★).

assístant commíssioner *n.* 《英》(ロンドン警視庁の)警視監; (ロンドン市警察の)副本部長 (⇨ police 1 ★).

assístant lécturer *n.* 〘英大学〙助講師 (⇨ lecturer 2).

assístant máster [místress] *n.* 《英》(校長 (head teacher) に対して)平教員.

assístant proféssor *n.* 《米大学》助教授 (⇨ professor 1 a ★). **～·shìp** *n.*

assístant·shìp *n.* **1** 助手[補助者]の地位. **2** 《米大学》 **a** (主に, 博士課程の大学院学生などが就く)助手職. **b** 助手手当.

as·sís·tor *n.* 《法律》幇助(ほう)者.

As·siut [æ̀siúːt, ɑ̀ːs- | æsjúːt] *n.* ＝Asyut.

as·size [əsáɪz, æs- | əs-] 〚《(?a1300)》 ▭ OF *as(s)ise* session, settlement ← *assis* (fem.p.p.) ← *asseeir* (F *asseoir*) to be seated < L *assidēre* ← *as-* 'AD-'＋*sedēre* to sit〛 ― *n.* **1** [通例 *pl.*] 《英法》 **a** (もとイングランドおよびウェールズ各州の)巡回裁判《上級裁判所の判事が定期的に(毎年数回)地方を回って行なった民事・刑事の陪審裁判; 1971 年に改正されて, 民事は High Court に, 刑事は Crown Courts に引き継がれた; cf. circuit 2》: at ～*s* / hold ～*s* 巡回裁判を行なう / an ～ town 巡回裁判開廷都市 / ⇨ COURT of assize. **b** 巡回裁判開廷期[地]. **2** 《古法律》 **a** (陪審)裁判, 審理 (inquest). **b** (陪審裁判を要する)訴訟. **c** (陪審裁判の)令状. **d** (陪審の)評決 (verdict). **3** 《スコット法》 **a** 陪審裁判. **b** [集合的] 陪審員 (jury). **4** [the great [last] ～ として] 最後の審判 (the Last Judgment). **5 a** 《廃》立法[行政]会議. **b** 《英廃・米古》法令, 条令 (edict, ordinance). **6** 《古法律》 **a** (消費物資の)価格・量目・品質に関する法令. **b** (小麦価格に基づくパンとビールの)法定価格. **c** 法定規準.

áss-licking 〚⇨ ass²〛 *n., adj.* へつらい(の) (toadying).

assn. 《略》association.

assoc. 《略》associate; associated; association.

as·so·ci·a·ble [əsóʊʃiəbl̩, -ʃə-, -siə-, æs- | əsóʊʃiəbl̩, -ʃə-, -sjə-, -sɪə-] *adj.* 連想できる, 連想される 〔*with*〕.
as·sò·cia·bíl·i·ty [-ʃiəbíləṭi, -ʃə-, -siə- | -ʃɪəbíləti, -ʃə-, -sjə-, -sɪə-, -lɪ-] *n.*

as·so·ci·ate 〚《(?a1425)》 ← L *associāt-us* (p.p.) ← *associāre* ← *as-* 'AD-'＋*sociāre* to join ∽ 《(c1400)》 *associe(n)* ▭ OF *associe-r* ▭ L *associāre*: ⇨ social, -ate³〛 ― [əsóʊʃièɪt, -si- | əsóʊʃi-, -si-] *v.* ― *vt.* **1** 〈物事・人を〉〔…と〕(心理的に)関係づける, 結び付けて考える, 連想する 〔*with*〕: We ～ (the name of) Nero *with* tyranny and cruelty. ネロと言えば暴政と残虐を連想する[思い出す]. **2 a** [しばしば Passive で] 〈人・物事を〉〔…と〕共同[連合]させる, 〔…に〕参加させる (join); 〔…と〕結合[関連]させる (connect) 〔*with*〕 (↔ dissociate): be ～*d with* a person *in* business 人と共同で事業に携わっている / be ～*d with* an electrical company 《米》電気会社に勤務している / ～ two names *in* graft 両名を汚職の共謀者と見なす / cases of lung cancer ～*d with* smoking 喫煙と関連づけられる肺癌(がん)の症例. **b** [～ *oneself* として] 〔…と〕共同[連合]する, 〔運動・意見などに〕(公然と)賛同[参画]する 〔*with*〕: He ～*d himself with* the law firm [the policy]. 法律事務所と提携した[その政策の支持を表明した]. **3** 《化学》会合させる 〔*with*〕 (cf. association 6). ― *vi.* **1** 交際する, 付き合う (keep company) 〔*with*〕: ～ *with* young people. **2** 提携する, 連携する (unite) 〔*with*〕: ～ *in* a common cause 共通の目的のために協同する. **3** 《化学》会合する.
― [-ʃiət, -ʃiɪt, -ʃət, -ʃɪt, -ʃièɪt, -sièɪt | -ʃɪət, -ʃɪɪt, -sɪət, -siɪt, -ʃɪèɪt] *n.* **1** 仲間, 友, 僚友; 提携者 (ally), 組合員 (partner); 同僚, 同人 (colleague); 共犯者, 共謀者 〔*in*〕: an ～ *in* business＝a business ～ 商売仲間. **2 a** 準会員, 会友; 準社員. **b** 《米大学》(短期大学または 4 年制大学短期コース修了の)準学士(号); 準教授 〔*in*〕. **3** 付随物 (concomitant). **4** 《心理》連想観念, 連合心象. **5** 《数学》 **a** ＝Hermitian conjugate. **b** [*pl.*] 同伴《環 (ring) の, 互いに約元である 2 つの元》.
― [-ʃiət, -ʃiɪt, -ʃət, -ʃɪt, -ʃièɪt, -sièɪt | -ʃɪət, -ʃɪɪt, -sɪət, -siɪt, -ʃɪèɪt] *adj.* **1** 連合した; 仲間の; 同僚の (associated). **2** 準…: an ～ judge 陪席判事 / an ～ member 準会員[社員]. **3** 付随する (concomitant). **4** 《心理》連想の. **～·shìp** *n.*

as·só·ci·àt·ed [-tɪd, -ṭəd | -tɪd, -təd] *adj.* ～

assóciated bánk *n.* 組合銀行《組合員で形成される金融機関》.

Assóciated Préss *n.* ⇨ AP.

assóciate proféssor *n.* 《米大学》準教授 (⇨ professor 1). **～·shìp** *n.*

as·so·ci·a·tion [əsòʊsiéɪʃən, -ʃi- | əsòʊsɪ-, -ʃɪ-] 〚《(1535)》 ▭ F ～ ∥ ML *associātiō(n-)*: ⇨ associate, -ation〛 ― *n.* **1** 連合[合同, 共同, 提携](すること) 〔*with*〕: in ～ *with* …と共同[連携]して (cf. 4) / ⇨ ARTICLES of association, DEED of association. **2** 《法律》協会, 会; 共同団体, 組合, 社団, 会社; 結社: ⇨ voluntary association. **3** 交際, 付合い (companionship), 親密 (intimacy) 〔*with*〕. **4** 結合; 関連 (connection) 〔*with*〕: in ～ *with* …に関連して (cf. 1). **5 a** 《心理》連想; ＝ASSOCIATION of ideas. **b** (連想による)思い出 (recollection): The photograph had pleasant ～*s* for her. その写真には彼女にとって楽しい思い出があった. **6** 《化学》会合《分子間力・水素結合によって数分子が結合すること》. **7 a** 《天文》(星の)集落《中心から外に広がっていくような運動を示す散開星団の一変種》. **b** 《数学》結合《いくつかの元を 1 つの演算で次々に結びつけること》. **8 a** 《生態》群叢(そう), 群集《種類・組成から植物群落を分類した時の一単位》. **b** 《動物》関連, 結合《一時的な個体の集団状態》. **9 a** ＝association football. **b** ＝touch football.

association of ideas 《心理》観念連想.

as·sò·ci·á·tion·al [-ʃənl̩, -ʃnəl] *adj.* **1** 協会の, 共同団体の, 社団の. **2** 連想(上)の.

as·sò·ci·á·tion·al·ism [-ʃ(ə)nəlɪzm] *n.* 《心理》＝associationism. **as·sò·ci·á·tion·al·ist** [-ʃ(ə)nəlɪst, -ləst | -lɪst] *n., adj.*

associátion bòok [còpy] *n.* (名士などの書入れのある)手沢(しゅたく)本.

associátion fìbers *n. pl.* 《解剖》連合線維《脳皮質の各区を結びつける神経線維》.

associátion fóotball *n.* サッカー (⇨ soccer).

as·sò·ci·á·tion·ism [-ʃənɪzm] *n.* 《心理》連合主義《心理過程を感覚や観念などの要素の結合によるとみなす心理学上の立場》. **as·sò·ci·á·tion·ist** [-ʃ(ə)nɪst, -nəst | -nɪst] *n., adj.*

associátion psychòlogy *n.* 《心理》連合心理学.

as·so·ci·a·tive [əsóʊʃièɪṭɪv, -si-, -ʃəṭ-, -sɪəṭ-, -ʃiəṭ- | əsóʊʃɪət-, -ʃièɪt-, -sjət-, -sɪət-, -sièɪt-] *adj.* **1** 連合(的)の, 連携の. **2** 《心理》連合(的)の, 連想の[による]. **3** 《数学》結合(的)の: the ～ law 結合法則《演算に関する性質で, 加法の $(a+b)+c=a+(b+c)$ に相当するもの》. **～·ly** *adv.*

as·só·ci·à·tor [-ṭə | -tə(r)] *n.* 仲間, 組合員, 会員.

as·soil [əsɔ́ɪl, æs-] 〚《(c1275)》 ▭ AF *as(s)oili-er*＝OF *assoldre* (F *absoudre*) < L *absolvere* to loosen: ⇨ absolve〛 ― *vt.* 《古》 **1** 〈人を〉(罪から)免じる, 許す (absolve); 赦免する, 自由の身にする (acquit, release): ～ a person *from* [*of*] sin. **2** あがなう (atone for).

as·so·nance [ǽsənəns, ǽsn̩- | ǽsə(ʊ)n-, -sn̩-] 〚《(1727)》 ▭ F ～: ⇨ ↓, -ance〛 ― *n.* **1** 音の類同; 類音. **2** 《詩学》 **a** 母音韻, 半階(かい)音《母音だけの押韻; 例: man: cat / baby: lady》. **b** 類韻《広い意味で音の類似を指す; 例: form: informal / grave: great》. **3** 部分的な一致[符合], 類似 (partial correspondence).

as·so·nant [ǽsənənt, ǽsn̩- | ǽsə(ʊ)n-, -sn̩-] 〚《(1727–51)》 ▭ F ～ ∥ L *assonant-em* (pres.p.) ← *assonāre* to respond to ← *as-* 'AD-'＋*sonāre* 'to SOUND¹': ⇨ -ant〛 ― *adj.* **1** 《詩学》母音だけ同韻(律)の, 半階(かい)音の; 類韻の. **2** 類(似)音の. ― *n.* 母音韻似語, 類音語.

as·so·nan·tal [æ̀sənǽnṭl, æ̀sn̩- | -tl] *adj.* ＝assonant.

as·so·nate [ǽsənèɪt, ǽsn̩-] 〚← L *assonāt-us* (p.p.) ← *assonāre*: ⇨ assonant, -ate³〛 *vi.* **1** 〈音節・語が〉類音をもつ 〔*with*〕. **2** 《詩学》母音だけ押韻する.

as·sort [əsɔ́ət | əsɔ́ːt] 〚《(1490)》 ▭ OF *assort-er* (F *assortir*) ← A-⁴＋*sorte* 'SORT'〛 ― *vt.* **1** 類別する, 分類する, 仕分けする (classify): ～ apples, books, etc. / The shoes were ～*ed by* [*in*] size. 靴は大きさで分けられていた. **2 a** 〈品物を〉各種取りそろえる[詰め合わせる]. **b** 〈店など〉に各種の品物を取りそろえる. **3** 〈同種のものを〉組み合わせる (group) 〔*with*〕 (cf. assorted). ― *vi.* **1** [well, ill などを伴って] 釣り合う, 調和する (match) 〔*with*〕 (cf. assorted): The picture *well* [*ill*] ～*ed with* the room. その絵は部屋とよく調和した[しなかった]. **2** 《古》交際する, 付き合う (associate) 〔*with*〕. **as·sórt·ive** [əsɔ́əṭɪv | əsɔ́ːt-] *adj.*

as·sor·ta·tive [əsɔ́əṭəṭɪv | əsɔ́ːtət-] *adj.* **1** 釣り合う, 調和する. **2** 《生物》類似性に基づく. **～·ly** *adv.*

assórtative máting *n.* 《生物》選択結婚《ある形質の者同士が結婚したり, あるいはある形質のものを意識的に避けて結婚すること》.

as·sórt·ed [-ṭɪd, -ṭəd | -tɪd, -təd] *adj.* **1** 類別[分類]した, 仕分けした. **2** 各種取りそろえた; 雑多な: a box of ～ biscuits 詰合わせビスケット一箱 / a well-*assorted* stock 品ぞろいのいい在庫. **3** 釣り合った, 調和した: a well-*assorted* [an ill-*assorted*] couple 似合いの[不釣り合いの]夫婦(など).

as·sórt·er [-ṭə | -tə(r)] *n.* 《米》(品物の)組合わせをする人, 仕分け人.

as·sórt·ment *n.* **1** 仕分け, 口分け, 類別, 種別. **2 a** (各種)取りそろえた物, 詰合わせ物: an ～ *of* imported goods 輸入品各種. **b** 雑多な物[人]の集まり (variety). **c** 同種のものの集まり.

As·sou·an [æswɑ́ːn, ɑːs- | æ̀sʊǽn, -ɑ́ːn, ⸗⸗⸗] *n.* ＝Aswan.

ASSR, A.S.S.R. 《略》Autonomous Soviet Socialist Republic 自治ソビエト社会主義共和国.

Asst., asst., Ass/t, ass/t 《略》Assistant; assistant.

asstd. 《略》assented; assorted.

A.S.S.U. 《略》American Sunday School Union.

as·suage [əswéɪdʒ] 〚《(c1300)》 *aswage(n)* ▭ OF *assouagier* < VL **assuāviāre* ← *as-* 'AD-'＋*suāvis* 'SWEET'〛 ― *vt.* **1 a** 〈苦痛・怒り・不安などを〉緩和する, 和らげる (soften). **b** 〈人を〉なだめる (soothe, calm): ～ an angry man. **2** 〈食欲などを〉静める, 満たす (appease): ～ one's thirst *with* water. ― *vi.* 《古》静まる, 減退する (abate).

as·suáge·ment *n.* 緩和, 軽減, 鎮静; 緩和物.

As·su·an [æswɑ́ːn, ɑːs- | æ̀sʊǽn, -ɑ́ːn, ⸗⸗⸗] *n.* ＝Aswan.

as·sua·sive [əswéɪsɪv, -zɪv | -sɪv] 〚← A-⁴＋SUASIVE〛 *adj.* 緩和する, なだめる, 和らげる (soothing).

as·sue·tude [ǽswɪt(j)ùːd, -wə- | -wɪtjùːd] 〚▭ L *assuētūdō* ← *assuētus* (p.p.) ← *assuēscere* to become accustomed ← *as-* 'AD'-＋*suēscere* to become accustomed〛 ― *n.* 慣れ, 習慣 (habit).

as·sum·a·ble [əsúːməbl̩ | əs(j)úːm-] *adj.* **1** 仮定[想定]できる. **2** 〈任務など〉執(と)ることができる 〔*by*〕. **3** 装うことができる. **as·sùm·a·bíl·i·ty** [-məbíləṭi | -ləti, -lɪ-] *n.*

as·súm·a·bly [-blɪ | -blɪ] *adv.* 恐らく, 多分(…であろう) (probably): *Assumably* it is true.

as·sume [əsúːm | əs(j)úːm] 〚《(a1420)》 ▭ L *assūm-ere* ← *as-* 'AD-'＋*sūmere* to take (← SUB-＋*emere* to take)〛 ― *vt.* **1 a** 仮定する, 想定する, 臆測(おく)する, 当然のことと考える (take for granted, suppose): ～ a person's consent (一応)人の承諾を仮定する[決めてかかる] / They ～*d* her guilt. 彼女が有罪だと決めていた. **b** 〈…と〉仮定[想定]する; 考える (suppose) 〈*that*, *to* be [do]〉: They ～*d* her (*to* be) guilty. 彼女が有罪だと決めていた / I ～*d that* our team would win. こちらのチームが勝つものと決めていた / He is ～*d to* be the best writer of our time. 当代随一の作家とみなされている / *Assuming* (*that*) this is no good, what alternative is there? 仮にこれがだめだとしたらほかにどんな方法があるだろうか. **c** 《論理》(論証の仮定または前提として)仮定する. **2** 〈役目・任務などを〉引き受ける, 〈責任を〉負う, 執(と)る (undertake): ～ office 就任する / ～ the chair 議長席につく / ～ control of …を支配[掌握]する, 牛耳る. **3 a** 〈態度を〉執る, 〈性質を〉帯びる (take on): ～ a haughty air 傲慢な態度を執る / ～ a new aspect 新局面を呈する, 面目を一新する / ～ a normal condition 平常の状態になる. **b** 〈服などを〉身に着ける (put on). **c** 〈名前などを〉(仮に)採用する, かたる (adopt): ～ a false name 偽名を使う. **4** …のふりをする, 装う (pretend, simulate): ～ ignorance 無知を装う, 知らないふりをする / ～ gaiety 陽気らしくふるまう. **5** 〈権利などを〉わが物にする, 横取りする (usurp): ～ power *to oneself* 権力をほしいままにする. **6** 《法律》 **a** 〈他人の負債などを〉引き受ける. **b** 〈…することを〉引き受ける 〈*to* do〉. **7 a** 《古》…に加入を許す, 加入させる. **b** 《神学》〔天国へ〕受け入れる 〔*into*〕: be ～*d into* heaven 昇天する. ― *vi.* 僭越(せん)な態度に出る, でしゃばる (be presumptuous). **as·súm·er** *n.*

as·súmed *adj.* **1** 装うた, 偽りの (pretended): ～ ignorance そ知らぬ顔 / an ～ voice 作り声 / under an ～ name 仮名[偽名]を用いて. **2** 仮定した, 想定上の (supposed): an ～ cause 想定上の原因 / the ～ time of his departure 彼が出発したと思われる時間. **3** 奪われた, 横領された (usurped): an ～ right. **4** 引き受けた: ～ bonds 《証券》引受社債.

as·súm·ed·ly [-mɪdli, -məd- | -lɪ] *adv.* **1** 仮定的に, 想定上 (assumptively). **2** 想定上は, 多分 (assumably).

as·súm·ing *adj.* 僭越(せん)な, でしゃばる, なまいきな (arrogant). **～·ly** *adv.*

as·sump·sit [əsʌ́m(p)sɪt, æs-, -sət | əsʌ́m(p)sɪt] 〚《(1612)》 ← NL ～ ← L ～ 'he has undertaken' (perf.) ← *assūmere* 'to ASSUME'〛 ― *n.* 《法律》 **1** 引受け訴訟《古英法の訴訟形式の一種, 単純契約 (simple contract) の履行を要求する訴訟》. **2** (引受け訴訟によって)訴えうる契約 (actionable contract).

as·sump·tion [əsʌ́m(p)ʃən] 〚《(c1300)》 ▭ OF *asomption* (F *assomption*) ∥ LL *assumptiō(n-)* (L) a taking up ← *assumptus* (p.p.) ← *assūmere* 'to ASSUME': ⇨ -tion〛 ― *n.* **1 a** 仮定, 前提, 想定, 臆測(おく) (supposition): It's a mere ～. 単なる臆測に過ぎない / the ～ of truth 真実であるという想定 / the ～*s* of a statement 言説の前提(条件) / We will proceed *on* the ～ *that* the argument is valid. その議論が妥当だという仮定のもとに話を進めよう. **b** 《論理》(三段論法 (syllogism) の)小前提 (minor premise). **2** (任務などを)執(と)ること, 引受け, 就任: the ～ of office 就任. **3** (権利・権力などを)わが物にすること, 独占, 横取り: ～ *of* power, rights. **4** 僭越(せん), でしゃばり (arrogance): an air of ～ 威張った風. **5** 《法律》(他人の負債の)引受け. **6** [the A-] 《カトリック》 **a** 聖母マリア被昇天 (Assumption of the Virgin): the feast of the *Assumption* 聖母マリア被昇天の大祝日 (8 月 15 日). **b** 聖母マリア被昇天の大祝日.

Assumption of Moses [The ―] モーセの被昇天《偽典 (pseudepigrapha) 中の一書》.

assumption of risk 《法律》危険の引受け《雇傭契約の中で, 被傭者がその業務に当たってこうむる危険について傭い主に賠償を求めず, 自らその危険を負担するむねを明示すること》.

as·súmp·tion·ist [-ʃ(ə)nɪst, -nəst | -nɪst] *n.* **1** 《米史》米国の独立戦争で各州がこうむった負債の補填を連邦政府が引受けるべきだとした人. **2** [the Assumptionists] 《カトリック》＝AUGUSTINIANS of the Assumption.

as·sump·tive [əsʌ́m(p)tɪv] 〚← L *assumptus* (⇨ assumption)＋-IVE〛 *adj.* **1** 仮定(的)の, 臆測(おく)(的)の. **2** 僭越(せん)な, 傲慢な. **～·ly** *adv.*

As·sur [ǽsə | ǽsə(r)] 〚← Assyrian《原義》? the benign〛 *n.* アッシュール《アッシリアの戦争の最高神》.

as·sur·ance [əʃʊ́(ə)rəns, æs- | əʃʊ́ər-] 〚《(c1390)》 ▭ OF *aseurance* (F *assurance*): ⇨ ↓, -ance〛 ― *n.* **1** 保証, 請合い; 確約, 言質(げんち) (pledge) 〈*that*〉: He gave me an [his] ～ *that* he would be there on time. 必ず時間通り向こうに行くと私に言った[約束した]. **2** 確信, (ある事についての)自信, 安心(感) (confidence) 〔*of*〕 / 〈*that*〉: He had ～ *of* your support. 君の支持を堅く信じていた / I have ～ *that* I will win the race. 私はレースに勝つ自信がある / make ～ doubly [double] sure 念には念を入れる (cf. Shak., *Macbeth* 4. 1. 83). **3** (自分の才能についての)自信 (self-confidence), (自信から生れる)落着き (self-possesion): with ～ 自信をもって, 落ち着いて. **4** 厚かましさ, ずうずうしさ (impudence): have the ～ *to* do ずうずうしくも…す

る. **5** 《古》(地位などの)安定, 安全 (security). **6** 《米古・英》(生命)保険 (⇨ insurance 1): an ～ company 保険会社 / life ～ 生命保険. **7** 《法律》不動産譲渡; 不動産譲渡証書. **8** 《神学》(神の恩寵や救済の)確証, 確かさ; (神との人格的交わりの)自覚.

as·sure [əʃúə, æʃ- | əʃúə(r)] 〖(c1375) ⊏ OF *aseu-re* (F *assurer*) < VL **assēcūrāre* ← *as-* '*AD-*' + L *sēcūrus* 'SECURE, safe'〗 ── *vt.* **1 a** 〈人〉に〈…だと〉保証する, 確かに〈…だと〉言う 〈*that*〉; 〈人〉に〔…を〕保証する, 請け合う, 確約する (guarantee, pledge) 〔*of*〕: I ～ you he can be trusted. 本当に彼は信用できる人だ / He was ～*d that* it was true [false]. 全く真実[偽り]だと告げられた / I ～ you *of* its quality [my cooperation]. 君にその品質[私の協力]を保証する. **b** 《古》〈人〉に〈物事を〉保証[確約]する: He ～*d* me success. **2 a** (保証して)〈人を〉安心させる, 元気づける (cf. reassure): The doctor tried to ～ me, saying it was nothing serious. 医者はそれは大したことはないと言って私を安心させようとした. **b** 〈人〉に〈…だと〉納得させる 〈*that*〉; 〈人〉に〔物事について〕確信を持たせる, 納得させる (convince) 〔*of*〕: He was unable to ～ them *that* it was a mistake. 彼らにそれは間違いだということを納得させることができなかった / I wish I could ～ her *of* her abilities. 彼女にその才能について自信を持たせることができたらよいのにと思う. **c** [～ *oneself* または Passive で用いて] 確信[納得]する[している], 安心する[している] (feel confident) 〔*of*〕 / 〈*that*〉: I ～*d myself of* his safe arrival. 彼の安着を確かめた / Now I *am* ～*d of* success. いよいよ私は成功の自信がついた[成功間違いなしだ] / You may [can] rest ～*d that* … ⇨ rest² *vi.* **3** 〈地位などを〉安定させる, 固める (make safe). **4** 〈将来の事柄を〉確実にする, 確保する (ensure): This will ～ his promotion. これで彼の昇進が確実になろう. **5 a** …に保険をかける (insure). **b** 《英》〈生命〉に保険をかける: ～ (a person's) life (人に)生命保険をかける.

as·súred 〖(a1420)〗 ── *adj.* **1** 保証された; 確かな, 確実な, 安定した (certain): an ～ fact, income, position, etc. **2 a** 自信を持った, 落着きのある (self-assured): in an ～ manner 自信のある態度で. **b** うぬぼれの強い; 厚かましい. **3** 《英》生命保険をかけた[に加入した] (cf. assure 5). ── *n.* (*pl.* ～, ～s) [通例 the ～; 単数または複数扱い] 《保険》被保険者.

as·súr·ed·ly [-ʃú(ə)rɪdli, -rəd- | -ʃúərɪdli, -rəd-] *adv.* **1** 確かに, 確実に (surely). **2** 自信を持って.

as·súr·ed·ness [-ʃú(ə)rɪdnɪs, -rəd-, -ʃúəd-, -nəs | -ʃúəd-, -ʃúərɪd-, -rəd-] *n.* **1** 確実さ, 確実性. **2** 自信の強さ; 図太さ (impudence).

as·súr·er [-ʃú(ə)rə | -ʃúərə(r)] *n.* **1** 保証者. **2** 《保険》(生命)保険業者 (underwriter).

as·sur·gen·cy [əsə́ːdʒənsi | əsə́ːdʒənsɪ] *n.* 《植物》斜上性.

as·sur·gent [əsə́ːdʒənt | əsə́ː-] 〖⊏ L *assurgent-em* (pres.p.) ← *assurgere* ← *as-* '*AD-*' + *surgere* to rise〗 ── *adj.* **1** 上昇的な (rising). **2** 《植物》斜上性の (ascendant).

as·súr·ing [-ʃú(ə)rɪŋ | -ʃúər-] *adj.* **1** 保証する(ような). **2** 安心させる(ような), 心強い; 自信[確信]を与える(ような). ～**·ly** *adv.*

as·súr·or [-ʃú(ə)rə | -ʃúərə(r)] *n.* =assurer.

assy. 《略》 assembly.

Assyr. 《略》 Assyrian.

As·syr·i·a [əsíriə, æs- | əsíriə] 〖⊏ L ～ ⊏ Gk *Assuria* ⊏ Akkad. *Ashshur*: cf. Syria〗 ── *n.* アッシリア《現在のイラクを中心とした西南アジアにあった古代王国; 首都 Nineveh》.

As·syr·i·an [əsíriən, æs- | əsíri-] 〖(1598)〗 *adj.* **1** アッシリアの. **2** アッシリア人[語]の. ── *n.* アッシリア人; アッシリア語.

As·sỳr·i·ól·o·gist [-dʒɪst, -dʒəst | -dʒɪst] *n.* アッシリア学者.

As·syr·i·ol·o·gy [əsiriɑ́lədʒi, æs- | əsɪriɔ́lədʒɪ] 〖← ASSYRI(A) + -O- + -LOGY〗 ── *n.* アッシリア学《アッシリアの言語・歴史・風俗・遺物などを研究する学問》. **As·syr·i·o·log·i·cal** [əsiriəlɑ́dʒɪkəl, æs-, -dʒə- | əsɪrɪəlɔ́dʒɪ-] *adj.*

AST 《略》 Atlantic standard time.

-ast [æst, əst] 〖ME ⊏ (O)F *-aste* ⊏ L *-asta, -astes* ⊏ Gk *-astēs*: cf. -ist〗 *suf.* 「…に関係のある人」の意の名詞を造る: hypochondri*ast*.

a·sta·ble [eɪstéɪbl] 〖← MONOSTABLE, BISTABLE〗 ── *adj.* **1** 安定していない. **2** 《電子工学》〈真空管・トランジスターの回路など〉非安定の《とりうる二つの状態がともに不安定で両者の状態を繰返す; cf. monostable, bistable》: an ～ multivibrator 非安定マルチバイブレーター.

Á-stàge résin *n.* 《化学》A 樹脂 (⇨ resol).

a·star·board [əstɑ́əbəd | əstɑ́ːbəd, -bɔːd] 〖← A-¹ + STARBOARD〗 ── *adv.* 《海事》右舷(うげん)に (↔ aport): put the helm ～ 舵柄(だへい)を右舷に取る《昔の方式で船首は左舷に向く; 今の put the wheel aport と同意》/ Hard ～! 面舵(おもかじ)いっぱい.

as·tar·te [əstɑ́əṭi, æs- | -tɑ́ːtɪ] 〖← NL ～ (↓)〗 *n.* 《貝類》エゾシラオガイ《エゾシラオガイ属 (*Astarte*) の貝の総称; *A. borealis* など》.

As·tar·te [əstɑ́əṭi, æs- | -tɑ́ːtɪ] 〖⊏ L ～ ⊏ Gk *Astártē* ⊏ Ugaritic *'Athtart*: cf. Ashtoreth, Isis〗 ── *n.* 《神話》アスタルテ《フェニキア人らの崇拝した古代セム族の豊作と生殖の女神; ヘブライ人のアシュトレト (Ashtoreth), バビロニア人・アッシリア人のイシュタル (Ishtar) に当たり, ギリシャ人・ローマ人はそれぞれ Aphrodite, Venus と考えた》.

a·sta·si·a [əstéɪʒiə, -ʒə | -ʒɪə, -ʒə] 〖← NL ～ ← Gk *astasía*: ⇨ ↓, -ia¹〗 *n.* 《病理》失立(症), 起立不能(症), 無定位(症) (cf. abasia).

a·stat·ic [eɪstǽṭɪk | -tɪk] 〖← A-⁷ + STATIC〗 ── *adj.* **1** 不安定な (unstable, unsteady). **2** 《物理》無定位の (cf. static): an ～ governor 無定位調速機 / an ～ needle 無定位(磁)針. **a·stát·i·cal·ly** *adv.*

astátic contról *n.* 《電気》無定位制御.

astátic galvanómeter *n.* 《物理》無定位検流計.

a·stát·i·cism [-ṭəsɪzm | -tɪ-] *n.* 《物理》無定位.

as·ta·tine [ǽstətiːn, -tɪn, -tən | -tiːn, -tɪn] 〖← Gk *ástatos* unstable (⇨ astatic) + -INE³〗 ── *n.* 《化学》アスタチン《元素; 記号 At, 原子番号 85, 原子量 210?; cf. alabamine》.

a·stay [əstéɪ] 〖← A-¹ + STAY²〗 *pred. adj., adv.* 《海事》近錨(きんびょう)の[に]《錨を上げる途中で, 船から見た錨鎖の方向がマストの前方支索の方向と一致した状態》.

as·ter [ǽstə | -tə(r)] 〖(1603) ← NL ～ ← L ～ ⊏ Gk *astḗr* star〗 ── *n.* **1** 《植物》シオン《キク科シオン属 (*Aster*) の植物の総称; アメリカシオン (*A. novae-angliae*) など》. **2** 《植物》エゾギク《キク科エゾギク属 (*Callistephus*) の植物の総称; エゾギク (China aster) など》. **3** 〖← NL ～ ← LL ～ 'star'〗《生物》星状体.

as·ter- [ǽstər] (母音の前に来る時の) astero- の異形: *aster*oid.

-as·ter¹ [ǽstə | -tə(r)] 〖ME ⊏ L *-aster* ⊏ Gk *-astḗr* (pejorative suf.)〗 ── *suf.* **1** 「…に似て非なる者, へぼ, 三流の…」などの意の名詞を造る (cf. -ster): poet*aster*. **2** 《植物》「…に類似[近縁]」などの意の名詞を造る: pin*aster*.

-as·ter² [ǽstə | -tə(r)] 〖← NL ～ ← Gk *astḗr*: ⇨ aster〗 主に生物学で「星」の意の名詞連結形: di*aster*.

As·ter·a·ce·ae [æ̀stəréɪsiːː] 〖← NL ～: ⇨ Aster-, -aceae〗 *n. pl.* 《植物》=Compositae. **àster·á·ceous** [-ʃəs] *adj.*

a·ster·e·og·no·sis [eɪstèriɑgnóusɪs, -stì(ə)ri-, -səs | -stɪərɪɔgnə́usɪs, -stèrɪ-] 〖← NL ～: ⇨ a-⁷, stereognosis〗 *n.* (*pl.* **-no·ses** [-siːz]) 《病理》立体感覚失認, 立体認知不能.

as·ter·i- [ǽstərɪ, æstí(ə)rɪ, -rə | ǽstərɪ, æstíərɪ] astero- の異形 (⇨ -i-).

as·te·ri·at·ed [æstí(ə)rièɪṭɪd, -ṭəd | -tíərièɪt-] 〖← Gk *astérios* starry + -ATE³ + -ED〗 *adj.* 《結晶》星状光彩を示す (cf. asterism 3).

As·ter·i·i·dae [æ̀stəráɪədìː | -ráɪɪ-] 〖← NL ～ ← *Asterias* (属名: ← Gk *astérios* starry) + -IDAE〗 *n. pl.* 《動物》(棘皮動物門)ヒトデ科.

As·ter·in·i·dae [æ̀stərínədìː | -nɪ-] 〖← NL ～ ← *Asterina* (属名: ⇨ astero-, -ina¹) + -IDAE〗 *n. pl.* 《動物》(棘皮動物門)イトマキヒトデ科.

as·te·ri·oid [æstí(ə)riɔ̀ɪd | -tíərɪ-] 〖← NL *Asterioidea* ← *Asterias* (⇨ Asteriidae) + -OIDEA〗 *adj., n.* 《動物》=asteroid 2.

as·ter·isk [ǽstərɪ̀sk | -tərɪ̀sk, -trɪsk] 〖(a1382) ⊏ LL *asterisc-us* ⊏ Gk *asterískos* (dim.) ← *astḗr* 'STAR'〗 ── *n.* **1** アステリスク, 星じるし, 星標 (*) (star)《参照(この時は第1番目の参照符として使用される)・省略・(文献にはないが理論上想定される)推定形・文法的でない表現形式などの指示に用いる; cf. reference mark》. **2** 《東方正教会》(聖パンが直接覆(おお)いにふれないよう聖体拝領皿などの上にかぶせる)星架, 星形金具, 星付き十字架. ── *vt.* …に星じるしをつける. ～**ed** *adj.* ～**·less** *adj.*

as·te·ris·kos [ɑ̀ːstərískɔ(ː)s | -kɔs] *n.* 《東方正教会》=asterisk 2.

as·ter·ism [ǽstərɪzm] 〖(1598) ⊏ Gk *asterism-ós* constellation ← *astḗr* 'STAR': ⇨ -ism〗 ── *n.* **1** 三星標, アステリズム (⁂ または ⁂); 特に, 注意をうながす文章の前に付ける). **2** 《天文》星宿, 星座 (constellation). **3** 《結晶》**a** (スタールビーのように)星状に光を散乱すること. **b** アステリズム《結晶が変形を受けたために, そのラウエ写真 (Laue photograph) の各斑点が伸びて全体が星状模様を呈すること》. **as·ter·ís·mal** [æ̀stərízməl] *adj.*

as·te·rix·is [æ̀stəríksɪs, -səs | -sɪs] 〖← NL ～ ← A-⁷ + Gk *stérixis* fixed position〗 *n.* 《病理》定位維持不能(肝昏睡のときなど).

a·stern [əstə́ːn | əstə́ːn] 〖(1627) ← A³ + STERN〗 ── *adv., pred. adj.* 《海事》船尾に, 船尾の方へ; 後方に (backward), 後ろに (behind); 他船の後について: a ship next ～ 後続船 / ～ *of* …よりも後方に[で] / back ～ 「ゴースターン」をかける, 〈船を〉後進させる; 逆進する / Go ～! [命令] ゴースターン, 後進 (↔ Go ahead!) / move ～ 後進する / set a ship ～ 船を後進させる.
drop* [*fall*] *astern 《海事》〈船が〉(速力が落ちて)〔他船に〕遅れる, 後落(こうらく)する 〔*of*〕.

a·ster·nal [eɪstə́ːnl | -stə́ː-] 〖← A-⁷ + STERNAL〗 *adj.* 《解剖・動物》**1** 無胸骨の. **2** 胸骨 (sternum) に到達[結合]しない.

as·ter·o- [ǽstəro(u) | -rə(u)] 〖⊏ Gk ～ ← *astḗr* star〗 「星」の意の連結形. ★ 時に asteri-, また母音の前では通例 aster- になる.

as·ter·oid [ǽstərɔ̀ɪd] 〖(1802) ⊏ Gk *asteroeid-ḗs* starlike ← *astḗr* 'STAR': ⇨ -oid〗 ── *n.* **1** 《天文》小惑星《火星と木星との軌道の間およびその付近に散在する小型の惑星; 1800 個以上発見されている; planetoid ともいう》: the ～ belt 小惑星帯. **2** 《動物》ヒトデ (starfish). ── *adj.* **1** 星状の (starlike, star-shaped). **2** 《動物》ヒトデ類の; ヒトデ(類)に似た.

as·ter·oi·dal [æ̀stərɔ́ɪdl] *adj.* **1** 小惑星状の. **2** 《動物》ヒトデ類の.

As·ter·oi·de·a [æ̀stərɔ́ɪdiə | -dɪə] 〖← NL ～: ⇨ asteroid, -oidea〗 *n. pl.* 《動物》(棘皮動物門)ヒトデ綱.

as·ter·oi·de·an [æ̀stərɔ́ɪdiən | -dɪ-] *adj., n.* 《動物》ヒトデ綱の(動物).

As·ter·o·pe [æstérəpiː] 〖⊏ Gk *Asteropḗ*〗 *n.* 《ギリシャ神話》アステロペ (⇨ Sterope).

As·ter·o·zo·a [æ̀stərəzóuə | -zə́uə] 〖← NL ～: ⇨ astero-, -zoa〗 *n. pl.* 《動物》(棘皮動物門)星形亜門.

as·then- [æsθén, əs-] (母音の前に来る時の) astheno- の異形.

as·the·ni·a [æsθíːniə, əs-, æ̀sθəníːə | æsθíːnjə, -nɪə] 〖← NL ～ ← Gk *asthéneia*: ⇨ astheno-, -ia¹〗 *n.* 《病理》無力(症), 虚弱, 衰弱 (debility) (cf. sthenia).

as·then·ic [æsθénɪk, əs- | æs-] 〖⊏ Gk *asthenik-ós*: ⇨ ↓, -ic¹〗 ── *adj.* **1** 衰弱している, 虚弱の (weak, debilitated). **2** 《心理》〈体型が〉やせ型の, 細長型の (cf. athletic 2, pyknic): the ～ type 無力型. ── *n.* 《心理》無力型の人.

as·then·o- [æsθénou, əs- | -nə(u)] 〖⊏ Gk ～ ← *asthenḗs* weak ← A-⁷ + *sthénos* strength (⇨ sthenic)〗 ──「無力[衰弱](の)」の意の連結形. ★ 母音の前では通例 asthen- になる.

as·the·no·pi·a [æ̀sθənóupiə | -θɪnə́upɪə, -pjə] 〖← NL ～: ⇨ ↑, -opia〗 *n.* 《眼科》眼精疲労.

as·then·o·sphere [æsθénəsfɪə, əs- | -sfɪə(r)] *n.* [the ～] 《地質》アセノスフェア《地球表層部のリソスフェア (lithosphere) 下にあると考えられる, より軟かく流動性に富む層》.

asth·ma [ǽzmə | ǽsmə] 〖(16C) ⊏ Gk *âsthma* a panting ← *ázein* to breathe hard ∽ (a1400) *asma* ⊏ ML ～ ⊏ Gk〗 ── *n.* 《病理》喘息(ぜんそく): bronchial [cardiac] ～ 気管支[心臓]喘息.

asth·mat·ic [æzmǽṭɪk | æsmǽt-] 〖⊏ L *asthmatic-us* ⊏ Gk *asthmatikós*: ⇨ ↑, -ic¹〗 ── *adj.* **1** 《医学》喘息(性)の; 喘息にかかっている; 呼吸困難な: ～ bronchitis 喘息性気管支炎. **2** 喘息の[あえぐ]ような音を出す (wheezy). ── *n.* 喘息患者.

asth·mát·i·cal *adj.* **asth·mát·i·cal·ly** *adv.*

asth·ma·toid [ǽzmətɔ̀ɪd | ǽs-] 〖⇨ asthmatic, -oid〗 *adj.* 《医学》**1** 喘息に似た. **2** 喘息(特有)の.

a·sthore [əsθɔ́ə, -θóə | -θɔ́ː(r)] 〖(1894) ⊏ Ir.-Gael. *a stōr* ← *a* O + *stōr* treasure: cf. store〗 *n.* [呼掛けに用いて]《アイル》愛するもの (darling).

As·ti [ɑ́ːsti, ǽs- | ǽstiː, -tɪ; *It.* ásti] *n.* **1** アスティ《イタリア北西部, Piedmont の都市; 人口 77,000》. **2** アスティ《Asti 原産の白ぶどう酒》; =Asti spumante.

as·tig·mat·ic [æ̀stɪgmǽṭɪk | -tɪk] 〖(1849) ← A-⁷ + Gk *stígmatos* (← *stígma* 'point STIGMA') + -IC¹〗 ── *adj.* **1** 《眼科》乱視の, 乱視眼の; 《光学》非点収差の: ～ lenses 乱視眼鏡 / an ～ pencil 《光学》非点光束. **2** 物事を歪曲して見がちな, 偏見にとらわれた. ── *n.* 《眼科》乱視の人. **às·tig·mát·i·cal** *adj.* **às·tig·mát·i·cal·ly** *adv.*

a·stig·ma·tism [əstígmətɪ̀zm, æs- | æs-, əs-] 〖(1862)〗 ── *n.* **1** 《眼科》乱視(眼) (cf. stigmatism 4). **2** 《光学》(レンズの)非点収差《光学系の軸外物点から出た光線束が一つの像点に集まらずメリジオナル (meridional) およびサジタル (sagittal) 像点が現われる収差; cf. stigmatism 3》. **3** (偏見等によって)歪められた物の見方.

a·stig·ma·tiz·er [əstígmətàɪzə, æs- | æstígmətàɪzə(r), əs-] *n.* 《光学》(測距儀の)伸光器《光点を光線に延伸する装置》.

a·stig·ma·tom·e·ter [əstɪ̀gmətɑ́məṭə, æs- | æstɪ̀gmətɔ́mɪtə(r), əs-, -mətə(r)] 〖← ASTIGMAT(ISM) + -O- + -METER¹〗 *n.* 《眼科》乱視計.

as·tig·mom·e·ter [æ̀stɪgmɑ́məṭə | -mɔ́mɪtə(r), -mə-] *n.* 《眼科》=astigmatometer.

a·stig·mi·a [əstígmiə, æs- | æstígmɪə, əs-] 〖← NL ～: ⇨ a-⁷, stigma, -ia¹〗 *n.* 《眼科》=astigmatism 1.

a·stil·be [əstílbi | -bɪ] 〖← NL ～ 《原義》(flower) not showy ← A-⁷ + Gk *stilbē* (fem.) ← *stilbós* glistening ← *stilbein* to glitter〗 ── *n.* 《植物》チダケサシ《ユキノシタ科チダケサシ属 (*Astilbe*) の植物の総称; チダケサシ (*A. microphylla*), 観賞用に栽培されるアワモリショウマ (*A. japonica*) など》.

a·stir [əstə́ː | əstə́ː(r)] 〖(1823) ← A-¹ + STIR¹〗 ── *adv., pred. adj.* **1** 動いて (in motion); 活気を帯びて, 活動して (stirring, active); 興奮して: The whole town was ～ *with* the news. 町中がその情報でざわめいていた. **2** (ベッドから)起きて (up and about): be early ～ 早く起きている.

Ásti spu·mán·te [-spumɑ́ːnteɪ, -spə- | -spjuːmǽntɪ, -spju-; *It.* -spumánte] 〖⊏ It. ～ 《原義》sparkling Asti: Asti は産地の地名〗 ── *n.* アスティスプマンテ《イタリア Asti 原産で発泡性の白ぶどう酒》.

ASTM, A.S.T.M. 《略》 American Society for Testing and Materials 米国材料試験協会.

A.S.T.M.S. 《略》《英》 Association of Scientific, Technical, and Managerial Staffs.

a·stom·a·tous [eɪstɑ́məṭəs, -stóum- | æstɔ́mət-, æstə́um-] 〖← A-⁷ + STOMATOUS〗 *adj.* 《動物》口のない, 無口の (mouthless); 《植物》気孔のない.

As·ton [ǽstən, -tn], **Francis William** *n.* (1877–1945) 英国の物理学者; 質量分析器の改良により Nobel 化学賞 (1922).

Aston, William George *n.* (1841–1911) アイルラン

ド出身の英国の外交官・言語学者；幕末から明治初期に日本に駐在；日本の研究家・紹介者 *Annals of Ancient Japan* (1896)『日本書紀』の英訳.

Áston dárk spàce 〘← *F. W. Aston*〙 ── *n.* 〘電気〙アストン暗部《真空放電の際, Ar, Ne などの不活性気体で, 陰極面と陰極光との間に明瞭に現われる暗部をいう；cf. Crookes dark space》.

as·ton·ied [əstɑ́nid | -tɔ́nɪd] 〘《c1300》(p.p.) ←《廃》*astony*《変形》←《廃》*astone* to stun (↓)〙 *adj.*《古》ひどく驚いた, 仰天した (bewildered).

as·ton·ish [əstɑ́nɪʃ | -tɔ́n-] 〘《1530》← ?《廃》*astony, astone* (< ME *astonie(n), astone(n)* astound ▭ OF *eston-er* (F *étonner*) < VL **extonāre* to strike, shock ← EX-+L *tonāre* to thunder)+-ISH〙 ── *vt.* **1** (ひどく)驚かす, びっくりさせる (surprise greatly)；〈人を〉〔…で〕驚かす〔*by, with*〕: His accuracy ～*es* the reader. 彼の正確さは読者を驚かす / He ～*ed* us *with* his assertion. その主張で私たちを驚かした. **2** [p.p. 形で；形容詞的に] 驚く〔*at, by*〕/〈*to* do, *that*〉: I am ～*ed at* you. 君には驚く[あきれる]よ / They were ～*ed at* [*by*] his ignorance. 彼の無知に驚いた / She was ～*ed to* see [*at seeing*] the changes in Tokyo. 東京の変わり方を見て驚いた / I am ～*ed that* it should fail [has failed]. 失敗する[した]とは驚いた.

as·tón·ished *adj.* 驚いた, びっくりした: an ～ look, manner, etc. **～·ly** *adv.*

as·tón·ish·ing *adj.* 驚くほどの, びっくりするような, 目ざましい (amazing)〔*to*〕: an ～ event 驚くべき事件 / It is ～ that this is [should be] true. これが本当だとは驚く(べきことだ). **～·ly** *adv.* **～·ness** *n.*

as·tón·ish·ment *n.* **1 a** (非常な)驚き, びっくり, 驚愕(きょう)〔*at*〕: *in* ～ 驚きのあまり, 驚いて / with ～ 驚いた様子で, 驚いて / to one's ～ 驚いたことには. **b** 驚くべき事[もの]. **2**《古》(周章)狼狽(ばい) (dismay).

As·tor [ǽstə | ǽstə(r, -tɔː(r], **John Jacob** *n.* (1763–1848) 米国の資本家・皮革商.

Astor, Nancy Witch·er [wítʃə | wítʃə] *n.* (1879–1964) 米国生まれの英国下院最初の婦人議員 (1919–45)；2nd Viscount Astor (1879–1952) の妻；旧姓 Langhorn [lǽŋhɔən, -hən | lǽŋhɔːn].

As·to·ri·a [æstɔ́ːriə, -tóːr-, əs- | -tɔ́ːrɪə] *n.* 米国 Oregon 州北西部の海港；人口 11,000.

as·tound [əstáund] 〘v.: 《(1600)》← ME *astoun(e)d, astoned* (p.p.). ── adj.: 《c1300》*astoun(e)d, astoned* (p.p.) ← *astonen* to stun: ⇨ astonied〙 ── *vt.* [しばしば p.p. 形で] びっくり仰天させる, …の胆をつぶさせる (stun with amazement)〔*by, with, at*〕. ── *adj.*《古》仰天した, 胆をつぶした, 愕然(がく)とした.

as·tóund·ing *adj.* びっくり仰天するような, 胆をつぶすような, どえらい (amazing). **～·ly** *adv.*

astr. 《略》astronomer; astronomical; astronomy.

astr- [æstr] (母音の前に来る時の) astro- の異形: *astroid.* ⌈astrakhan.

as·tra·chan, A- [ǽstrəkən, -kæ̀n | æ̀strəkǽn] *n.* ＝

a·strad·dle [əstrǽdl] 〘← A-[1]+STRADDLE〙 ── *adv., prep.* (…に)またがって (astride): sit ～ (*of* [*on*]) a horse 馬にまたがる / stand ～ 足を開いて立つ.

As·trae·a [æstríːə | -tríːə, -tríə] 〘▭ L ← ▭ Gk *Astraía*《原義》starry (fem.) ← *astraîos* ← *astḗr* 'STAR'〙 ── *n.* 〘ギリシャ神話〙アストライア《Zeus と Themis の娘で正義の女神；青銅時代の終りに最後に人類[地上]から去り, おとめ座 (Virgo) に変えられた》.

as·tra·gal [ǽstrɪgəl, -trə- | -trə-] 〘《1563》▭ L *astragal-us*: ⇨ astragalus〙 ── *n.* **1** 〘建築〙 **a** 玉縁(ぶち), 定規縁, アストラガル (bead) (⇨ molding[1], pedestal 挿絵). **b** たたみ扉の端についた縁形. **2** 〘機械〙(管や筒口の)厚肉帯；砲口凸縁(えん). **3** 〘解剖〙＝astragalus 1.

as·trag·al- [əstrǽgəl, æs-] (母音の前に来る時の) as-

astragali *n.* astragalus の複数形. ⌊tragalo- の異形.

as·trag·a·lo- [əstrǽgəlo(ʊ), æs- | -lə(ʊ)] 〘← Gk *astragálo-s*〙 ── 次の意味を表わす連結形：**1**「さいころ (dice)」. **2** 〘解剖〙「距骨 (astragalus)」. ★母音の前で通例 astragal- になる.

as·trag·a·lus [əstrǽgələs, æs-] 〘← ? NL ～ ← Gk *astrágalos* knucklebone, anklebone〙 ── *n.* (*pl.* **-a·li** [-lài, -lìː]) **1** 〘解剖〙距骨(きょ) (anklebone, talus). **2** 〘植物〙レンゲソウ《マメ科レンゲソウ属 (*Astragalus*) の植物の総称；milk vetch, トラガカントゴムノキ (tragacanth) など》.

as·tra·khan, A- [ǽstrəkən, -kæ̀n | æ̀strəkǽn] 〘《1766》: ↓〙 ── *n.* アストラカン：**1** Astrakhan 地方産子羊の巻毛黒毛皮 (cf. karakul). **2** アストラカン皮のまがい織《astrakhan cloth ともいう》.

As·tra·khan [ǽstrəkæ̀n, -kən | æ̀strəkǽn; *Russ.* ástrəxənj] 〘cf. khan[2]〙 *n.* アストラハン《ソ連邦ロシヤ共和国カスピ海沿岸, Volga 河口の都市；人口466,000》.

as·tral [ǽstrəl] 〘《1605》▭ LL *astrāl-is* ← L *astrum* 'STAR' ▭ Gk *ástron*: ⇨ -al[1]〙 ── *adj.* **1** 星の；星のような (stellar)；星型の (star-shaped). **2** 星の世界の, 星界の：～ spirits (昔, 想像された)星界の精霊たち. **3 a** 夢想的な (visionary). **b** 高位の, 上流の (exalted). **4** 〘生物〙星状体の (cf. aster 3). **5** 〘心霊〙霊気の, 星気の：⇨ astral body. ── *n.* **1** ＝astral lamp. **2** 〘心霊〙＝astral body.

ástral bódy *n.* 〘心霊〙星気体《心霊研究や神知学において霊魂と肉体との中間にあると仮定されている超感覚的な霊気体》.

ástral crówn *n.* 〘紋章〙アストラル クラウン《対の翼 4 組を輪にした冠；飛行関係者のマークなどに使用される》.

ástral lámp *n.* アストラル ランプ, 無影灯《灯下に影を落とさない石油ランプ》. ⌈糸状構造》.

ástral ráy *n.* 〘生物〙星糸《星状体を構成する個々の

a·strand [əstrǽnd] *adj.* 〘海事〙＝stranded.

as·tra·pho·bi·a [æ̀strəfóubiə | -fə́ubjə, -bɪə] 〘← NL ～ ← Gk *astrapḗ* lightning+-PHOBIA〙 *n.* 〘精神医学〙雷(鳴)[稲妻]恐怖(症), 雷雨恐怖(症).

a·stray [əstréɪ] 〘《c1300》*astrai(ed), o stray* ▭ OF *estraié* (p.p.) ← *estraier* 'to STRAY'〙 ── *adv., pred. adj.* **1** (道に)迷って (lost): be ～ / go ～ 道に迷う / The parcel went ～. 小包が(途中で)紛失した. **2** 〈人が〉(考え方・行動などの)本筋をはずれて, 道を踏みはずして, 邪道にはいって；堕落して；〈心が〉さ迷って, あらぬかたに走って：lead a person ～ 人を惑わす[堕落させる] / He went ～ with his bad friends. 悪友と一緒になって悪の道にはいった.

As·tre·a [æstríːə] *n.* 〘ギリシャ神話〙＝Astraea.

a·strict [əstríkt] 〘《1513–75》← L *astrict-us* (p.p.) ← *astringere* to draw close, bind: ⇨ astringe〙 ── *vt.*《まれ》**1 a** 締め付ける, (狭い所に)閉じ込める, 束縛する. **b** (法的・道徳的に)束縛[拘束, 制限]する (bind up)〔*to*〕. **2** 便秘させる. **a·stric·tion** [əstríkʃən] *n.*

as·tric·tive [əstríktɪv] *adj.* **1** 収斂(しゅうれん)性の. **2** 制限的な, 束縛の. ── *n.* 収斂剤 (astringent).

As·trid [ǽstrɪd, -rəd | -rɪd] 〘← ON *Āstrið-r*: cf. OHG *Ansitruda* ← *ansi* god+*trūt, drūt* beloved, dear〙 *n.* 女性名《1935 年事故死したベルギー女王の名から一般化した》.

a·stride 〘《1664》← A-[1]+STRIDE〙 ── [əstráɪd] *adv.* **1** またがって：～ *of* a donkey ろばにまたがって / ride [sit] ～ (馬に)またがって行く[いる]. **2** 脚を開いて：stand ～. ── [─ ⌐; ─ ⌐] *prep.* **1** …にまたがって：～ a scooter スクーターにまたがって / sit ～ a horse 馬に乗る. **2** …の両側に (on both sides of): The troops were stationed ～ the river. 軍隊は川の両側に配置されていた. **3** …をつないで；…(の全体)にわたって, …に及んで：～ an age, a country, etc.

as·tringe [əstríndʒ] 〘《1523》▭ L *astringere* ← *a-* 'AD-' + *stringere* to draw tight, bind: ⇨ strict: cf. astrict〙 ── *vt.* **1** 緊縛する. **2** 〘医学〙収縮[収斂(しゅうれん)]させる (constrict)；秘結させる (constipate).

as·trin·gen·cy [əstríndʒənsi | -sɪ] *n.* **1** (薬の)収斂(しゅうれん)性；収斂味. **2** 厳しさ. **3** 渋味, 渋さ.

as·trin·gent [əstríndʒənt] 〘《1541》▭ F ～ // L *astringent-em* (pres.p.) ← *astringere*: ⇨ astringe, -ent〙 ── *adj.* **1** 収斂(しゅうれん)性の (styptic): ～ taste 収斂味《収斂性の酸味》. **2** 〈性質が〉厳しい, 厳格な (stern). **3** 渋い. ── *n.* **1** 収斂剤. **2** アストリンゼント《化粧水》. **～·ly** *adv.*

as·trin·ger [ǽstrɪndʒə | -dʒə(r] 〘《1486》*austringer, ostringer*《変形》← *ostreg(i)er* ▭ OF *ostrucher, ostricier* ← *ostour* hawk < ML *auceptor* = L *acceptor*《変形》← *accipter* 'ACCIPTER' (*accipĕre* 'to ACCEPT' との連想による変形)〙 ── *n.* 〘鷹狩〙鷹匠, 鷹使い.

as·tri·on·ics [æ̀striɑ́nɪks | -triɔ́n-] 〘← ASTR(ONAUTICS) + (AV)IONICS〙 ── *n.* 〘宇宙〙宇宙電子工学《宇宙航行に関連した電子工学, 誘導・制御・計測・通信等を含む；avionics ともいう》.

as·tro- [ǽstro(ʊ) | -trə(ʊ)] 〘ME ← Gk *ástron* 'STAR'〙「天体, 天文, 星」の意の連結形. ★母音の前では通例 astr- になる：*astrology, astrometry.*

àstro·biólogy *n.* 天体生物学. **àstro·biológical** *adj.* **àstro·biólogist** *n.*

as·tro·bleme [ǽstrəblìːm] 〘← ASTRO-+Gk *blêma* missile, wound from a missile ← *baléein* to throw〙 *n.* 〘地質〙隕石痕《隕石が地表に衝突して残した痕跡》.

àstro·bótany 〘▭ Russ. *astrobotanika*: ⇨ astro-, botany〙 *n.* 宇宙植物学《地球以外の天体に光合成のような作用をもつ植物性生物を探査する学問》.

àstro·chémistry *n.* 宇宙化学《宇宙の物質などの化学的研究をする学問；cosmochemistry ともいう》.

ástro·còmpass *n.* 〘航空〙アストロコンパス《星などの天体の位置から航空機などの位置を割出すコンパスの一種；磁気コンパスが使えなくなる極地帯で特に使用される》.

as·tro·cyte [ǽstrəsàɪt] *n.* 〘解剖〙星細胞；星状(神経)膠(こう)細胞. **astro·cyt·ic** [æ̀strəsítɪk | -tɪk] *adj.*

as·tro·cy·to·ma [æ̀strəsaɪtóumə | -tə́u-] 〘← NL ～: ⇨ astro-, cyto-, -oma〙 *n.* (*pl.* **～s, ～·ta** [～tə | ～tə]) 〘病理〙星細胞腫(しゅ), 星状膠(こう)細胞腫.

astro·dome [ǽstrədòum | -dəum] *n.* 〘航空〙天測窓 (《英》astro-hatch)《飛行機の上部にあるドーム形の窓でここから飛行中天体観測を行なう》.

àstro·dynámics *n.* 宇宙力学《大気圏外における人工天体の運動を論じる力学理論》.

ástro fix *n.* 〘航空〙アストロフィックス《星などの天体の位置をもとにして自機の位置を算出すること》.

as·tro·gate [ǽstrəgèɪt] 〘← ASTRO-+(NAVI)GATE〙〘宇宙〙*vt.* 〈宇宙船などを〉宇宙航行させる. ── *vi.* 宇宙を航行する. **ás·tro·gà·tor** [-tə | -tə(r] *n.*

as·tro·ga·tion [æ̀strəgéɪʃən] 〘← ASTRO-+(NAVI)GATION〙 *n.* 〘宇宙〙宇宙航行. ⌈学.

àstro·geólogy 〘← ASTRO-+GEOLOGY〙 *n.* 惑星地質

as·trog·o·ny [æstrɑ́gəni | -trɔ́gənɪ] 〘← ASTRO-+-GONY〙 *n.* 天体進化論 (cf. cosmogony).

as·tro·graph [ǽstro(ʊ)græ̀f | -trə(ʊ)grɑ̀ːf, -græ̀f] *n.* 〘天文〙**1** 天体写真儀. **2** アストログラフ《星の位置をよみとる航海用図表》.

àstro-hátch *n.*《英》〘航空〙＝astrodome.

as·troid [ǽstrɔɪd] *n.* 〘数学〙アステロイド(曲線), 星芒形(せいぼうけい)《4個の尖点 (cusp) をもつ内サイクロイド (hypocycloid)》.

astrol. 《略》astrologer; astrological; astrology.

as·tro·labe [ǽstrəlèɪb | -trə(ʊ)-] 〘《?a1300》▭ OF *astrelabe* // ML *astrolabium* ▭ (dim.) ← Gk *astrolábon* (*órganon*)《原義》startaking (instrument) ← ASTRO- + *lambánein* to take〙 ── *n.* 〘天文〙アストロラーベ：**1** 天文経緯度の精密観測用の天体観測装置の一種. **2** 昔の天体観測儀.

astrolabe 2

as·trol·a·try [æstrɑ́lətri | -trɔ́lətrɪ] 〘← ASTRO-+-LATRY〙 *n.* 天体[星辰(せいしん)]崇拝.

àstro·lithólogy 〘← ASTRO-+LITHOLOGY〙 *n.* 隕石(いんせき)学.

as·trol·o·ger [əstrɑ́lədʒə | -trɔ́lədʒə(r] 〘《a1382》〙 *n.* **1** 占星学者, 星占い師. **2**《廃》天文学者 (astronomer).

as·tro·log·ic [æ̀strəlɑ́dʒɪk | -lɔ́dʒ-] *adj.* ＝astrological.

as·tro·log·i·cal [æ̀strəlɑ́dʒɪkəl, -dʒə- | -lɔ́dʒɪ-] 〘《1591》← LL *astrologic-us* ▭ Gk *astrologikós*+-AL[1]: ⇨ ↓, -ical〙 *adj.* 占星(的)の, 占星術(上)の. **～·ly** *adv.*

as·trol·o·gy [əstrɑ́lədʒi | -trɔ́lədʒɪ] 〘《a1387》▭ (O)F *astrologie* ▭ L *astrologia* ▭ Gk *astrología*: ⇨ astro-, -logy〙 ── *n.* **1** (星によって人間の運命を知ろうとする)占星術. **2**《古》〘物理〙星学, 原始天文学. **3**《廃》天文学 (astronomy). ⌈*n.* 天体気象学.

àstro·meteorólogy 〘← ASTRO-+METEOROLOGY〙

as·trom·e·ter [əstrɑ́mətə | æstrɔ́mɪtə(r, -mə-] *n.* 〘天文〙天体光度測定器《今はあまり使わない》.

as·trom·e·try [əstrɑ́mətri | æstrɔ́mɪtrɪ, -mə-] *n.* 〘天文〙天文測定学《位置天文学の一部門》.

astron. 《略》astronomer; astronomical; astronomy.

as·tro·naut [ǽstrənɔ̀ːt, -nɑ̀ːt | -nɔ̀ːt] 〘← ASTRO-+(AERO)NAUT〙 *n.* 宇宙飛行士.

as·tro·nau·ti·cal [æ̀strənɔ́ːtɪkəl, -nɑ́ːt-, -tə- | -nɔ́ːtɪ-] *adj.* 宇宙航行術[学](的)の；宇宙飛行士の. **～·ly** *adv.*

as·tro·nau·tics [æ̀strənɔ́ːtɪks, -nɑ́ːt- | -nɔ́ːt-] 〘← ASTRONAUT+-ICS〙 ── *n.* 〘宇宙〙宇宙航行術[学]《有人または無人の対象物を宇宙空間に飛ばし操縦する技術・学問を総合したもので, 天体力学・天体物理学・機械力学・電気通信学・生物学などの分野にまたがる》.

àstro·navigátion *n.* 〘海事・航空〙天文航法 (⇨ celestial navigation).

àstro·návigator *n.* 天文航法による航行者.

as·tron·o·mer [əstrɑ́nəmə | -trɔ́nəmə(r] 〘《a1387》《変形》← 《?a1300》*astronomien* ▭ OF ▭ LL *astronomus* ▭ Gk *astronómos*: ⇨ astronomy, -er[1]〙 ── *n.* **1** 天文学者. **2**《英》天文台長.

Astrónomer Róyal *n.* (*pl.* **Astronomers R-**) (英国の)王室天文学者《Edinburgh の王立天文台長》.

as·tro·nom·ic [æ̀strənɑ́mɪk | -nɔ́m-] *adj.* ＝astronomical.

as·tro·nom·i·cal [æ̀strənɑ́mɪkəl, -mə- | -nɔ́mɪ-] 〘《1556》← L *astronomic-us* + -AL[1]: ⇨ astronomy, -ical〙 ── *adj.* **1** 天文の, 天文学的な, 天文学用の, 天文学上の：an ～ instrument 天文学用器械 / ～ observations 天文観測 / an ～ observatory 天文台. **2** 〈数字など〉天文学的な, 巨大な：～ figures, distances, incomes, etc. **～·ly** *adv.* ⌈年表.

astronómical chronólogy *n.* 天文年代学, 天文

astronómical clóck *n.* 天文時計：**1** 天文観測に用いられる極めて正確で, 通常恒星時をよむように作られた時計. **2** 月の満ち欠けや惑星位置などの天文現象を示す機構を組み込んだ時計.

astronómical dáy *n.* 〘天文〙天文日(じつ)《平均正午から始まる平均太陽日のこと；天文観測に用いた；1925 年 1 月 1 日以降は一般に真夜中から次の真夜中に終わるように定めた常用日を用いる》.

astronómical látitude *n.* 〘天文〙天文緯度《ある地点の鉛直線と地球自転軸とのなす角度の余角》.

astronómical lóngitude *n.* 〘天文〙天文経度《ある地点の鉛直線と地球の自転軸とを含む平面が, 天文台の鉛直線と地球の自転軸とを含む平面とによってなす角度をいう》.

astronómical photógraphy *n.* 天体写真術.

astronómical refráction *n.* 〘天文〙大気差 (⇨ refraction).

astronómical spectróscopy *n.* 天体分光学.

astronómical télescope *n.* 天体望遠鏡 (cf. terrestrial telescope).

astronómical tíme *n.* 〘天文〙天文時(じ)《1925 年 1 月 1 日以前に用いられた時制；1 日が正午に始まり次の正午で終わるようになっていた》.

astronómical twílight *n.* 〘天文〙天文薄明《天文学に用いる薄明で太陽の俯角が 12 度から 18 度の間》.

astronómical únit *n.* 〘天文〙天文単位, 天文単位距離《太陽系内の天体間の距離を測定するための距離の単位；= 1,496 × 10^8 km；略 A.U.》. ⌈ともいう》.

astronómical yéar *n.* 〘天文〙天文年《tropical year

astronómical zénith *n.* 〘天文〙天文天頂 (cf. GEOCENTRIC zenith).

as·tron·o·my [əstrɑ́nəmi | -trɔ́nəmɪ] 〘《?a1200》▭

(O)F *astronomie* ▭ L *astronomia* ▭ Gk *astronomía* ← *astronómos* astronomer : ⇨ astro-, -nomy〛 ── *n.* **1** 天文学 (cf. astrology) : descriptive ～ 記述天文学 / gravitational ～ ＝celestial mechanics / theoretical ～ 理論天文学 / statistical ～ 統計天文学 / ⇨ nautical astronomy, practical astronomy, spherical astronomy. **2** 天文学の論文.

as·tro·phile [ǽstrəfàɪl] *n.* (*also* **as·tro·phil** [-fɪl]) 星の研究家, 素人天文学者.

àstro·phótograph *n.* 天体写真.

àstro·photógraphy *n.* 天体写真術. **àstro·photográphic** *adj.*

àstro·photómeter *n.* 天体測光計.

àstro·photómetry *n.* 天体測光(術, 学), 天体光度測定(法).

àstro·phýsical *adj.* 天体物理学(的)の.

àstro·phýsicist *n.* 天体物理学者.

àstro·phýsics 〘← ASTRO-＋PHYSICS〙 *n.* 天体物理学.

as·tro·sphere [ǽstro(ʊ)sfɪə | -trə(ʊ)sfɪə(r] *n.* 〘生物〙 **1** (細胞の)星状圏, 中心球 (centrosphere)《星状体 (aster) の中心部》. **2** 中心体を除いた星状体.

a·strut [əstrʌ́t] 〘(*c*1330) *astrout* : ⇨ a-¹, strut¹〙 *adv.*, *pred. adj.* 気取って[た]; 気取った歩き方で.

as·tu·cious [əst(j)úːʃəs, æs- | -tjúː-] 〘▭ F *astucieux* ← *astuce* astuteness : ⇨ astute, -ous〙 ── *adj.* ＝ astute. **～·ly** *adv.* **～·ness** *n.* **as·tu·ci·ty** [əst(j)úːsəṭi | -tjúːsəti, -sɪ-] *n.*

As·tu·ri·an [æst(j)ú(ə)riən, əs- | æst(j)ʊ́ərɪ-] *adj.* アストゥリアス (Asturias) の; アストゥリアス人[語]の. ── *n.* **1** アストゥリアス人. **2** アストゥリアス語《スペイン語の方言》.

As·tu·ri·as [əst(j)ú(ə)riəs, æs- | æst(j)ʊ́ərɪæs, -rɪəs] *n.* アストゥリアス : **1** スペイン北西部地方. **2** 同地方にあった王国; 1037 年 Castilla に合併された.

As·tu·ri·as [ɑːstú(ə)riɑ̀ːs | -tʊ́ərɪ-; *Sp.* astúrjas], **Miguel An·gel** [áŋxel] *n.* アスツリアス《1899–1974; グアテマラの小説家・詩人; *El señor Presidente*「大統領閣下」(1946), Nobel 文学賞 (1967)》.

as·tute [əst(j)úːt, æs- | -tjúːt] 〘▭ L *astūt-us* ← *astus* craft〙 ── *adj.* **1** 鋭い, 機敏な, 明敏な : an ～ eye, observer, etc. **2** 抜け目のない; 狡猾(ｺｳｶﾂ)な, ずるい : an ～ politician / be ～ *in* business (dealings) 商売[上の取引き]に抜け目がない. **～·ly** *adv.* **～·ness** *n.*

As·ty·a·nax [æstáɪənæ̀ks | əs-, æs-] 〘(1611) ▭ L ～ ▭ Gk *Astuánax*《原義》king of the city ← *ástu* city＋*ánax* lord〙 ── *n.* 〘ギリシャ神話〙 アステュアナクス《Hector と Andromache の息子; Trojan War で勝ったギリシャ軍に城壁から投げ落とされて殺された》.

a·sty·lar [eɪstáɪlə | æstáɪlə(r] 〘← Gk *ástulos* (← A-⁷＋*stûlos* pillar)＋-AR¹〙 *adj.* 〘建築〙〈建物正面が〉無柱式の.

A·sun·ción [əsùːnsióʊn, ɑːs- | əsʊ̀nsɪáʊn, -sɪɔ́n; *Sp.* àsunθjón] *n.* アスンシオン《パラグアイ南西部, Paraguay 川に臨む港市で同国の首都; 人口 435,000》.

a·sun·der [əsʌ́ndə | -də(r] 〘OE *on sundran* apart : ⇨ a-¹, sunder〙 ── *adv.*, *pred. adj.* **1** (一つのものが)二分されて; ばらばらに : break ～ 二つに割る[割れる] / cut ～ 切り離す / come [fall] ～ ばらばらに崩れる / put ～ 引き離す, ばらばらにする / tear ～ きれぎれに引き裂く, 寸断する. **2** (二つ以上のものが)離れて, 離れ離れに (apart); (性質などが)かけ離れて : The villages lie ～. / The clouds were driven ～. 雲は(風で)飛び散った.

Á supplý *n.* 〘電子工学〙 A 電源 (⇨ A power supply).

A·sur [ǽsə, ɑ́ːsʊə | ǽsə(r, ɑ́ːsʊə(r] *n.* ＝Assur.

ASV, A.S.V. 《略》〘軍事〙 air-to-surface vessel 航空機に装備する機上対水[対艦船]レーダー.

A.S.V. 《略》〘聖書〙 American Standard Version.

A.S.W. 《略》〘軍事〙 antisubmarine warfare.

As·wan [æswɑ́ːn, ɑːs- | æs-] *n.* アスワン《エジプトアラブ共和国南東部, Nile 川東岸の都市; 人口 259,000》.

Aswán Dám *n.* [the ～] アスワンダム《Aswan の近くにある Nile 川をせき止めて造られた大ダム》.

Aswán Hígh Dám *n.* [the ～] アスワンハイダム《Aswan Dam の上流約 8 km の所に Nile 川をせき止めて造られた高さ 111 m, 幅 520 m の世界最大のロックフィルダム (rock-fill dam); 最大貯水量約 1,600 億立方メートル》.

a·swarm [əswɔ́əm | əswɔ́ːm] 〘← A-¹＋SWARM¹ (n.)〙 *pred. adj.* 〈場所が〉(…で)うようよして, 充満して (swarming) (*with*) : The zoo was ～ *with* children.

Asyl. 《略》 Asylum.

a·syl·la·bi·a [èɪsɪléɪbiə, -sə- | -sɪléɪbɪə, -bjə] 〘← NL ～ ← A-⁷＋L *syllaba* 'SYLLABLE'＋-IA¹〙 *n.* 〘病理〙 綴音不能(症).

a·syl·lab·ic [èɪsɪlǽbɪk, -sə- | æ̀sɪ-] 〘← A-⁷＋SYLLABIC〙 *adj.* 〘音声〙 ＝nonsyllabic.

a·sy·lum [əsáɪləm] 〘(?*a*1439) ▭ L ～ ▭ Gk *ásūlon* refuge (neut.) ← *ásūlos* inviolable ← A-⁷＋*sūlon* right of seizure ∞ (*c*1384) *asile* ▭ (O)F *aisle, asyle* ▭ L〙 ── *n.* **1** (もと身体障害者・困窮者・孤児などの)収容所, 施設, ホーム; (特に)精神病院 : an ～ *for* the aged 老人ホーム / a lunatic ～ 精神病院《今は通例 mental home [hospital, institution] という》/ an orphan ～ 孤児院. **2** (昔の逃亡犯罪人・負債者などの)逃込み場, 保護所 (sanctuary)《多くは教会堂》. **3** 〘国際法〙 **a** (外国(から)の政治的亡命者に対する)保護収容所《大使館など》. **b** (亡命者の)保護(収容) : grant ～ 亡命を認める / He sought [asked for] (political) ～ *in* the United States. 合衆国に(政治的)亡命を求めた / ⇨ RIGHT of asylum. **4 a** 避難所, 隠れ場 (refuge), 憩(ｲｺ)いの場所. **b** 避難, 保護 (shelter) : seek [find] ～.

a·sym·bo·li·a [èɪsɪmbóʊliə | -bə́ʊlɪə, -ljə] 〘← NL ～ : ⇨ a-⁷, symbol, -ia¹〙 *n.* 〘病理〙 象徴不能(症), 失象徴 (asemia).

a·sym·met·ric [èɪsɪmétrɪk, æ̀s-, -sə- | æ̀sɪ-, èɪs-] *adj.* **1** 不均整の, 不釣合いな. **2** 〘植物〙 非相称の. **3 a** 〘数学〙 反対称の《*A* が *B* とその関係にあり, *B* も *A* とその関係にあるならば, *A* と *B* とは必然的に等しくなければならないという関係についていう》. **b** 〘統計〙 非対称の. **4** 〘化学〙 **a** 〈分子内の原子配列が〉不均整の. **b** 〈炭素分子内の原子が〉不斉の. **5** 〘物理〙 非対称の, 対称的でない. **à·sym·mét·ri·cal** *adj.* **à·sym·mét·ri·cal·ly** *adv.*

a·sym·me·try [eɪsɪ́mətri, æs- | æsɪ́mɪtrɪ, eɪs-, -mə-] 〘▭ Gk *asummetría* ← *asúmmetros* ill-proportioned : ⇨ a-⁷, symmetry〙 ── *n.* **1** 不釣合い, 不均整; 非対称. **2** 〘統計〙 非対称度 (⇨ skewness). **3** 〘化学〙 不均整; 不斉 (⇨ asymmetric 4).

asýmmetry potèntial *n.* 〘物理化学〙 不斉電位《ガラス電極などの内側と外側が同じ溶液中で示す電位差》.

a·symp·to·mat·ic [eɪsɪ̀m(p)təmǽṭɪk | æsɪm(p)tə-mǽt-, -tɪm-] *adj.* 〘病理〙 無症候(性)の. **a·sỳmp·to·mát·i·cal·ly** *adv.*

as·ymp·tote [ǽsɪm(p)tòʊt, ǽsəm(p)- | ǽsɪm(p)tə̀ʊt] 〘(1656) ← ? NL **asymptōt-us* ← Gk *asúmptōtos* not falling together ← A-⁷＋*sumptōtós* (adj.) ← *sumpíptein* to fall together : ⇨ symptom〙 ── *n.* 〘数学〙 漸近線.

as·ymp·tot·ic [æ̀sɪm(p)tɑ́ṭɪk, æ̀səm(p)- | æ̀sɪm(p)tɔ́t-] *adj.* 〘数学〙 漸近(的)の : an ～ circle [cone] 漸近円[円錐] / an ～ series 漸近級数. **às·ymp·tót·i·cal** *adj.* **às·ymp·tót·i·cal·ly** *adv.*

asymptótic cúrve *n.* 〘数学〙 漸近曲線.

a·syn·ap·sis [eɪsɪnǽpsɪs, -sə-, -səs | -sɪnǽpsɪs] 〘← NL ～ : ⇨ a-⁷, synapsis〙 *n.* 〘生物〙 不接合《減数分裂で相同染色体が対合せず一価染色体が現われる現象》.

a·syn·chro·nism [eɪsɪ́ŋkrənɪ̀zm̩, -sín- | æsɪ́ŋ-] *n.* 非同時性, 異時性, 異期.

a·syn·chro·nous [eɪsɪ́ŋkrənəs, -sín- | æsɪ́ŋ-] *adj.* **1** 非同時性の, 時の合わない. **2** 〘電気〙 非同期の : an ～ machine 非同期機, 誘導機. **～·ly** *adv.*

a·syn·chro·ny [eɪsɪ́ŋkrəni, -sín- | æsɪ́ŋkrənɪ] *n.* ＝ asynchronism.

asyndeta *n.* asyndeton の複数形.

as·yn·det·ic [æ̀sndéṭɪk, èɪs-, -sɪn- | æ̀sɪndét-] *adj.* 〘修辞〙 連辞[接詞]省略(的)の (⇨ asyndeton 1). **à·syn·dét·i·cal·ly** *adv.*

a·syn·de·ton [əsíndətɑ̀n, eɪs-, -tən | æsíndɪtən, əs-] 〘(1589) ▭ LL ～ ▭ Gk *asúndeton* (neut.) ← *asúndetos* unconnected ← A-⁷＋*súndetos* (← *sun-* 'SYN-'＋*deîn* to bind)〙 ── *n.* (*pl.* **-de·ta** [-ṭə | -tə], **～s**) **1** 〘修辞〙 連辞[接詞]省略《Caesar の "*Veni, vidi, vici.*" (＝I came, I saw, I conquered) が有名; ↔ polysyndeton》. **2** 〘図書館〙 (目録で)相互参照不備.

a·sy·ner·gi·a [èɪsɪnə́ːdʒiə, -dʒə | -nə́ːdʒɪə, -dʒə] 〘← NL ～ : ⇨ a-⁷, synergia〙 *n.* 〘病理〙 協同[共同]運動不能[消失](症).

a·syn·er·gy [eɪsínədʒi | -nədʒɪ] *n.* 〘病理〙 ＝asynergia.

a·syn·tac·tic [èɪsɪntǽktɪk, -sən- | -sɪn-] 〘▭ Gk *asúntaktos* irregular＋-IC¹ : ⇨ a-⁷, syntactic〙 ── *adj.* 〘文法〙 非統語的な, 統語法[文章法]によっていない; 非文法的な (ungrammatical).

Ás Yòu Líke Ít *n.* 「お気に召すまま」《Shakespeare 作の喜劇 (1599)》.

a·sys·to·le [eɪsístəliː] *n.* 〘生理〙 不全収縮(期). **a·sys·tol·ic** [èɪsɪstɑ́lɪk, -səs- | -sɪstɔ́l-] *adj.*

As·yut [æ̀siúːt, ɑ̀ːs- | æsjúːt] *n.* (*also* **As·yūt** [～]) アシュート《エジプト中部 Nile 川河畔の都市; 人口 182,000》.

at¹ [ət, æt; ǽt, ǽt] 〘OE *æt* in, at < Gmc **at* in (OFris. *et, at* / OHG *az* / ON *at*) ← IE **ad-* to, near (L *ad*)〙 ── *prep.* **1 a** [点・位置・場所] …において, …に, …で : *at* a point 一点に[で] / *at* the center 中心に[で] / *at* a distance 離れた所に, 離れて / *at* the end of a street 通りの端(ﾊｼ)に / *at* the foot [top] of a hill 小山のふもと[頂上]に / *at* the head of a page ページの上部に / live *at* a small town [a village, one's uncle's] 小さな町に[村に, おじの家に]住んでいる / stand *at* the door 戸口に立つ. **b** [出入の点] …から : enter a house *at* the front door 表口から家に入る / go in *at* one ear and out *at* the other 右の耳から入って左の耳から抜ける. **c** [到着地点・到達点] …に : arrive *at* one's destination, the end of a journey, a conclusion, etc. **d** [臨席・在・不在] …に《出て・行ってなど》: be (present) *at* a meeting 会に出席している / be present *at* a funeral [wedding] 葬式[結婚式]につらなる. **e** 《米》[東西南北の地方を示して] : *at* the East(ward) 東部地方に. **f** 《米》〘海事〙 [風の方向を示して] : The wind now blows *at* west. 風は今西から吹いている. **2 a** [時の一点・時刻・時節] : (*at*) what time 何時に / *at* 5 o'clock 5 時に / *at* half past seven 7 時半に / *at* noon 正午に / *at* daybreak [sunset] / *at* night [midnight] / *at* midsummer [Christmas] / *at* parting 別れる時に / *at* present 今は, 現今 / *at* that time あの時は, その当時は / *at* the beginning [end] of a month 月初め[末]に / *at* this time of (the) year [day] この季節[今時分]に. **b** [年齢] : *at* his age あの歳で / *at* (the age of) seven 7 歳の時に. **c** [at a [an] …として] 一度に(など) : *at* a bound 一飛びに / *at* a mouthful 一口に. **3 a** (1 d の意味から)…中, …して (engaged in) : *at* breakfast 朝飯中 / *at* church (教会に行って)礼拝中 / *at* prayer お祈りをして / *at* school (学校へ行って)授業中 / be *at* work [play] 働いて[遊んで]いる / What are you *at* now? 君は今何をしているの. **b** [上手(ｼﾞｮｳｽﾞ)・下手(ﾍﾀ)の分野] : She is good [poor] *at* drawing. 絵が上手[下手]だ / He is a genius *at* music. 音楽の天才だ. **4** [状態・情況] **a** [極点] : Art was then *at* its best. 当時芸術は全盛であった / The storm was *at* its worst. あらしは猛烈を極めていた. **b** [平和・不和] : *at* peace 平和で / *at* war 戦争中で / *at* odds 不和で. **c** [窮状・立場] : *at* a loss 困って, 当惑して / ⇨ *at* FAULT / He doesn't know where he is *at*. 彼は自分の立場をご存じない (cf. where *pron.* 1 ★). **d** [停止・休止] : *at* a standstill ぴたりと止まって / *at* anchor 停泊して / *at* rest 休息して. **e** [自由・任意] : *at* one's disposal 意のままに / *at* will 随意に, 気ままに / be *at* liberty to do …してもよい / *at* your leisure ごゆっくり. **f** [手段・方法・様態] : speak *at* length 詳しく話す / *at* a gallop 一足飛びに, 疾駆して / *at* a trot 〈馬が〉だく足で. **5** [方向・目当・目的] : look *at* the moon 月を見る[ながめる] / gaze [glance, stare] *at* a person / point *at* something ある物を指す / aim *at* a mark 的をねらう / fire a pistol *at* a person 人に向かってピストルを放つ / throw a stone *at* a dog 犬に石を投げる / What are you looking *at*? 何を見ているのですか / fly [jump, rush, snatch] *at* …に飛びつく / guess *at* …を当ててみる / hint *at* …を暗に示す, ほのめかす / laugh *at* a person 人を(あざけり)笑う / ⇨ TALK *at* / He ran *at* me with a knife. ナイフを持って私に飛びかかって来た. **6 a** [本源] …から, …より : get information *at* the source 情報を(また聞きでなく)手に入れる / receive maltreatment *at* the hands of a person 人から虐待を受ける. **b** [感情の原因] …を見て[聞いて, 考えて] : be surprised *at* a person's rudeness 無作法に驚く / be annoyed *at* failing 失敗してむしゃくしゃする / rejoice *at* the news 知らせを聞いて喜ぶ / tremble *at* the thought of …を考えて[思い出して]震える / wonder [grieve] *at* the sight of …を見て驚く[悲しむ]. ★ 人・物を目的語とするとき《英》は通例 with を用いるが, 《米》はしばしば at も用いる : I was angry *at* him. / The child was pleased *at* the toy. **7** [度・割合] : *at* 80° 80 度に[で] / *at* zero 零度に[で] / *at* that rate その割で; そのぶんでは / *at* (the [a] rate [speed] of) 40 miles an hour 1 時間 40 マイル(の割[スピード])で / *at* full speed 全速力で. **8** [数量・代価・費用] …で(売買する); …と(見積る) : *at* a good price よい値で / *at* a high salary 高給で / buy [sell, be sold] *at* ten pounds 10 ポンドで買う[売る, 売れる] / estimate a crowd *at* 2,000 群衆を 2,000 人と見積る / *at* the cost [expense, price] of one's health 健康を犠牲にして.

at about …ごろ (about) : He got up *at about* six. 6 時ごろ起きた. ★ at about は about よりも口語的. ***At him* [*them*]!** 彼[彼ら]にかかれ (cf. 5). ***at it*** 従事して, かかって : He is hard *at it*. せっせとやっている / They are *at it* again. また(夫婦げんかなど)やっている / while we are *at it* 事のついでに. ***be at*** 《口語》 (1) (口やかましく)〈人〉にせがむ : She's *at* her husband again. またもや夫にしつこく言っている / His children *were at* him *to* buy a new car. 子供たちは彼に新車を買えとせがんだ. (2) …を攻撃する; 〈他人の物〉をいじくる : Tom's *been at* my watch again. トムがまた私の時計をいじくっていた. ***where it's at*** ⇨ where *pron.* 成句.

at² [ɑ́ːt] 〘▭ Siamese ～〙 *n.* (*pl.* ～) アット《ラオスの通貨単位; ＝$^1/_{100}$ kip》.

At 《記号》〘化学〙 astatine.

AT 《略》〘電気〙 ampere-turn.

A/T 《略》〘商業〙 American terms アメリカ式取引条件.

at. 《略》 airtight; atmosphere(s); atomic.

At., At [ǽt] 〘《逆成》← ATS. ATS : *-s, -S* を複数語尾と誤解した逆成〙 *n.* 《英口語》 国防婦人部隊員.

A.t. 《略》 Atlantic time.

A.T. 《略》 achievement test; air temperature; air transport(ation) 空輸; antitank; 〘天文〙 apparent time.

at- [æt, ət] *pref.* (t の前に来る時の) ad- の異形 : *at*tend.

-a·ta [ɑ́ːṭə, éɪ- | -tə] 〘← NL ～ ← L *-āta* (neut. pl.) ← *-ātus* '-ATE¹'〙 ── *suf.* 「…の特徴をもつもの」の意の複数名詞語尾《通例動物学上の分類に用いられる》: Coelenter*ata* 腔腸動物門, Branchi*ata* 鰓鰓綱.

at·a·bal [ǽṭəbæ̀l, -bɑ̀ːl, ⌣⌣⌣ | ǽtəbæ̀l] 〘(1672) ▭ Sp. ～ ▭ Arab. *aṭ-ṭábl* the drum〙 ── *n.* (*also* **attabal**) アタバル : **a** アラビアの半球形太鼓. **b** 西インド諸島の小太鼓.

At·a·brine [ǽṭəbrɪn, -brən, -brìːn | ǽtəbrìːn, -brɪn] 〘▭ G *Atebrin* ← ? *Antifebrin* : ⇨ anti-, febrile, -ine³〙 ── *n.* 〘商標〙 アタブリン ($C_{23}H_{30}ClN_3O \cdot 2HCl \cdot 2H_2O$)《マラリア予防薬の商品名》.

A·ta·cá·ma Désert [æ̀ṭəkɑ́ːmə- | æ̀tə-; *Sp.* àta-káma-] *n.* [the ～] アタカマ砂漠《南米チリ北中部の荒地で硝石の産地; 人口 153,000, 面積 78,268 km²》.

at·a·cam·ite [ətǽkəmàɪt, əṭǽkə- | ætəkǽmaɪt, ətǽkə-màɪt] 〘▭ F ～ : ⇨ ↑, -ite¹〙 *n.* 〘鉱物〙 緑塩銅鉱 ($Cu_2Cl(OH)_3$).

a·tac·tic [eɪtǽktɪk] *adj.* **1** 〘病理〙 ＝ataxic. **2** 〘化学〙 アタクチックの : ～ polymer アタクチックポリマー

《主鎖・側鎖の配置に全く規則性のない重合体》.

at·a·ghan [ǽtəgæ̀n, -gən | ǽtə-] *n.* =yataghan.

A·ta·hual·pa [æ̀təwɑ́ːlpə | æ̀tə-; *Am.Sp.* àtawálpa] *n.* アタワルパ《1500-33; 南米 Inca 帝国最後の国王; Pizzaro に殺された; cf. Huáscar》.

At·a·lan·ta [æ̀tələ́ntə, æ̀tḷ- | æ̀tələ́ntə] 〘□L ～ □Gk *Atalántē* (fem.) ← *atálantos* having the same value (as a man) ← *a-* (← IE **sem-* one, together: ⇨ same) + *tálanton* balance (⇨ talent)〙 — *n.* **1** 女性名. **2** 〘ギリシャ神話〙アタランテー《足が速く狩猟に長じた少女; 彼女との競走に負けた求婚者は皆殺されたが, Hippomenes が Aphrodite からもらった金のりんご 3 個を競争中に次々に落として彼女に拾わせて勝ち結婚した》: throw an apple into the path of ～ 人を好餌(こうじ)で釣ろうとする.

at·a·man [æ̀təmǽn, ⌐-⌐ | ǽtəmən; *Russ.* atamán] 〘□Russ. ～ < ORuss. *vatamanŭ*〙 *n.* (*pl.* ～s) コサック人の(戦闘部)隊長, アタマン.

at·a·más·co lily [æ̀təmǽskoʊ-, ⌐-⌐- | æ̀təmǽskəʊ-, ⌐-⌐-] 〘*atamasco*: ← N-Am.-Ind.〙 — *n.* 〘植物〙 **1** 米国産ヒガンバナ科タマスダレ属のユリのような白い花をつけ観賞用に栽培される多年草 (*Zephyranthes atamasco*). **2** タマスダレ属の植物の総称《サフランモドキ (zephyr lily) など》.

AT & T 《略》 American Telephone and Telegraph Company 米国電話電信会社.

a·tap [ǽtæp] 〘□Malay ～ 'roof, thatch'〙 *n.* **1** 〘植物〙ニッパヤシ (nipa). **2** ニッパヤシの葉. **3** ニッパヤシの葉で葺(ふ)いた屋根.

at·a·rac·tic [æ̀tərǽktɪk | æ̀tə-] 〘← Gk *atarakt-ós* calm (↓)+-IC¹〙 — *adj.* **1 a** 〘薬学〙精神安定性の. **b** 精神安定的な. **2** 落着きのある, 平静な (calm). — *n.* 〘薬学〙精神安定剤 (tranquilizer).

at·a·rax·i·a [æ̀tərǽksiə | æ̀tərǽksɪə] 〘← NL ～ ← Gk *ataraxía* ← *atáraktos* undisturbed ← A-⁷+*tarássein* to disturb〙 *n.* =ataraxy.

at·a·rax·ic [æ̀tərǽksɪk | æ̀tə-] *n., adj.* =ataractic.

at·a·rax·y [ǽtərǽksi | æ̀tərǽksɪ] 〘□F ～: ⇨ ataraxia〙 *n.* 無感動, 冷静, 平然.

A.T.A.S. 《略》〘英空軍〙 Air Transport Auxiliary Service 空輸補助部隊.

Atatürk, Kemal *n.* ⇨ Kemal Atatürk.

a·taunt [ətɔ́ːnt, ətɑ́ːnt | ətɔ́ːnt] 〘(?a1439) □(O)F *autant* as much (as possible) < 《古形》 *altant* ← *al* other (thing) (< VL **ale*=L *aliud* (neut.) ← *alius* another)+*tant* so much (< L *tantus* so great: cf. else, tantamount)〙 — *adv., pred.adj.* (*also* **a·taun·to** [-toʊ | -təʊ]) **1** 〘海事〙すべての帆を張って (with all sails set). **2** 万事ととのって (shipshape).

at·a·vic [ǽtəvɪk, ətǽv- | ǽtəvɪk, ətǽv-] *adj.* **1** =atavistic. **2** 古い先祖の.

at·a·vism [ǽtəvìzm | ǽtə-] 〘(1833) □F *atavisme* ← L *atavus* father of a great-grandfather, ancestor ← ? *atta* daddy+*avus* grandfather: ⇨ -ism〙 — *n.* **1** 〘生物〙隔世遺伝 (reversion). **2** 先祖返り(的な現象) (throwback).

át·a·vist [-vɪst, -vəst | -vɪst] *n.* 隔世遺伝の人[もの].

at·a·vis·tic [æ̀təvístɪk | æ̀tə-] *adj.* **1** 〘生物〙隔世遺伝(的)の. **2** 先祖返り的な. **àt·a·vís·ti·cal·ly** *adv.*

a·tax·i·a [ətǽksiə, eɪt- | ətǽksɪə, æt-, eɪt-] 〘□Gk *ataxía* disorder ← *átaktos* disorderly ← A-⁷+*taktós* ordered (← *tássein* to put in order): ⇨ -ia¹〙 — *n.* **1** 〘病理〙失調(症), 運動失調(症): ⇨ locomotor ataxia. **2** 無秩序, 混乱 (↔ eutaxy).

a·tax·ic [ətǽksɪk, eɪt- | ət-, æt-, eɪt-] *adj.* 〘病理〙運動失調の[を伴う].

a·tax·ite [ətǽksaɪt, æt-] 〘⇨ ataxia, -ite¹〙 *n.* 〘岩石〙アタキサイト, 無構造隕鉄《貧ニッケルアタキサイトと富ニッケルアタキサイトの二種がある》.

a·tax·o·nom·ic [eɪtæ̀ksənámɪk | -sə(ʊ)nɔ́m-] 〘← A-⁷+TAXONOMIC〙 *adj.* 〘生物〙非分類的な.

a·tax·y [ətǽksi, ǽtæk- | ətǽksɪ] *n.* =ataxia.

At·ba·ra [ǽtbərə | ætbɑ́ːrə] *n.* [the ～] アトバラ(川)《エチオピアの北西部から流れてスーダンで Nile 川に注ぐ川 (805 km)》.

at bát *n.* (*pl.* ～s) 〘野球〙打席, 打数, アットバット (略 a. b.) (cf. *at* BAT²): He made one hit in four ～s. 4 打席で 1 安打した.

A.T.C., ATC 《略》 Air Traffic Control 航空交通管制; 〘英軍〙 Air Training Corps; 〘米軍〙 Air Transport Command 航空輸送司令部; 〘鉄道〙 automatic train control.

atch·a [ətʃɑ́ː] *int.* =atchoo.

atch·oo [ətʃúː] 〘擬音語〙 *int.* はくしょん《くしゃみの音を表わす》. — *n.* (*pl.* ～s)「はくしょん」の音.

ate [ME *et, at* < OE *ǣt, æt*] *v.* eat¹ の過去形.

A·te [ɑ́ːti, éɪti, ɑ́ːteɪ, éɪtiː | ɑ́ːtɪ, éɪtɪ] 〘□Gk *Átē* ← *átē* infatuation〙 *n.* **1** 〘ギリシャ神話〙アーテー《人を悪事や愚行に駆り立て破滅させる盲目的な衝動を象徴する女神》. **2** [a-] (人を破滅に陥れる)盲目的な衝動.

-ate¹ [ət, ɪt, èɪt] 〘ME □(O)F *-at* ‖ L *-ātus* (masc.), *-ātum* (neut.): ↓〙 — *suf.* 次の意味を表わす名詞語尾: **1** 位, 職; 集団: consul*ate*, doctor*ate*, episcop*ate*, magistr*ate*, sen*ate*. **2** (ある行為の)対象となる人・物; 行為の結果: leg*ate*, precipit*ate*, condens*ate*. **3** 〘化学〙「…酸塩, …酸エステル」: acet*ate*, sulf*ate*.

-ate² [ət, ɪt, èɪt] 〘ME *-at* □L *-ātus* (*-āre* を語尾とする第一変化動詞の完了受動分詞[過去分詞]語尾): cf. -ed〙 — *suf.* **1** ラテン語系形容詞の語尾: fortun*ate*, delic*ate*, orn*ate*. **2** 「…化した」の意の形容詞を造る: Italian*ate*. **3** 〘生物〙(名詞に付いて)「…を有する」の意の形容詞(またその転用で名詞)を造る: chord*ate*, foli*ate*.

-ate³ [⌐-èɪt, -éɪt] 〘ME ← L *-ātus* (↑)〙 — *suf.* 次の意味を表わす動詞語尾: **1** 「…させる, …する, …になる」: actu*ate*, captiv*ate*, felicit*ate*, hyphen*ate*, incapacit*ate*. **2** 〘化学・医学〙「…を加える, …で処理する」: camphor*ate*, vaccin*ate*. ★ 2 音節の動詞では cre*áte*, reb*áte* のように [-éɪt] の強勢が普通. 3 音節以上の動詞では éduc*àte*, domést*icàte* のように 2 音節前に第一強勢が来る [⌐-èɪt] の強勢が原則.

a·tel- [ətél, ǽtɪːl] (母音の前に来る時の) atelo- の異形.

at·e·lec·ta·sis [æ̀təléktəsɪs, æ̀tḷ-, -səs | æ̀təléktəsɪs] 〘← NL ～: ⇨ atelo-, ectasis〙 *n.* 〘病理〙アテレクターゼ, 無気肺《出生時の新生児肺膨張不全》.

a·te·lei·o·sis [ətèlióusɪs, -səs, ætiːli- | -lɪə́usɪs] *n.* 〘病理〙=ateliosis.

a·tel·ic [eɪtélɪk] 〘← A-⁷+TELIC〙 *adj.* 〘文法〙〈相が〉未完了の (imperfective) (↔ telic).

a·te·lier [æ̀təljéɪ, -tḷ-, ⌐-⌐ | ətéljèɪ, ǽte-, ætél-, -ljeɪ; *F.* atəlje] 〘(1840) □F ～ < OF *astellier* woodpile ← *astele* chip of wood < LL *astellam*=L *astula* 《変形》 ← *assula* (dim.) ← *assis* board〙 — *n.* (*pl.* ～s [～z; *F.* ～]) アトリエ, 画室, 仕事場, 製作室 (studio).

a·tel·i·o·sis [ətèlióusɪs, ætiːli-, -səs | ətèlɪə́usɪs, ætiː-] 〘← NL ～ ← Gk *atéleia* incompleteness (↓)+-OSIS〙 *n.* 〘病理〙下垂体性幼稚症《発育不全, 小児様発育》.

a·tel·o- [ətélou, ǽtíː- | -lə(ʊ)] 〘□Gk ～ ← *atelḗs* incomplete ← A-⁷+*télos* end〙 —「不完全な, 発育不全の (defective)」の意の連結形. ★ 母音の前では通例 atel- になる.

a tem·po [ɑːtémpou | -pəʊ; *It.* atémpo] 〘□It. ～ 'in time'〙 *adv., adj.* 〘音楽〙もとの速度で《主として ritardando または accelerando のあとに用いる》.

A·ten [ɑ́ːtn] 〘□Egypt. *'itn* 《原義》 sun disk〙 *n.* [the ～] 〘エジプト神話〙アトン《古代エジプトの王 Amenhotep 四世により信奉された太陽神; 日輪にかたどられた》.

Á tènt *n.* 《米》A 型テント《リッジポール (ridge pole) から両側にカンバスを斜めに張った屋根型のテント》.

A·ten·tac·u·la·ta [èɪtentæ̀kjuláːtə, -léɪtə | -tə] 〘← NL ～: ⇨ a-⁷, tentaculate〙 *n. pl.* 〘動物〙(有櫛動物門)無触手綱《Nuda ともいう》.

a ter·go [ɑːtéəgou | -téəgəʊ] 〘□L *a tergō* at [from] the back〙 *L. adv.* 背部に, 後ろに; 背後[後ろ]から.

A·te·ri·an [ətí(ə)riən | ətíərɪ-] 〘□F *atérien* ← (*Bir el-*) *Ater* (チュニジア南部にあるこの文化の標準遺跡): ⇨ -ian〙 — *adj.* 〘考古〙アティール文化の《アフリカ北部に広く分布する後期旧石器文化にいう》.

à terre [ɑːtéə | -téə; *F.* atɛːr] 〘□F ～ 'on the ground'〙 *adv., pred. adj.* 〘バレエ〙アテール, 床に.

ath. 《略》 athlete; athletic.

Ath·a·bas·can [æ̀θəbǽskən] *n.* =Athapaskan.

Ath·a·bas·ka [æ̀θəbǽskə] *n.* **1** [the ～] アタバスカ(川)《Athabaska 湖に注ぐ川 (1,231 km)》. **2** = Athapaskan.

Athabaska, Lake *n.* アタバスカ湖《カナダ西部の湖; 面積 8,081 km²》.

Ath·a·bas·kan [æ̀θəbǽskən] *n.* =Athapaskan.

Ath·a·mas [ǽθəmæ̀s] 〘□L *Athamās* □Gk *Athámas*〙 *n.* 〘ギリシャ神話〙アタマス《Thebes の王, Phrixus と Helle の父》.

ath·a·na·sia [æ̀θənéɪʒə, -ʃə | -ʃə, -ʃɪə, -sjə, -sɪə] 〘□LL ～ □Gk *athanasía* ← A-⁷+*thánatos* death〙 *n.* 不死, 不滅 (immortality).

Ath·a·na·sian [æ̀θənéɪʒən, -ʃən | -ʃən, -ʃɪən, -sjən, -sɪən] 〘(1586)〙 — *adj.* アタナシオス (Athanasius) の; アタナシオス派[教義]の. — *n.* アタナシオス[アタナシオス教義]の信奉者.

Athanásian Créed *n.* [the ～] 〘キリスト教〙アタナシオス[アタナシウス]信条[信経]《古代末期から中世に西方教会で用いられた三位一体論的・受肉論的信条; もと Athanasius が書いたものとされていたが実は作者不詳》.

Àth·a·ná·sian·ism [-ʒənìzm, -ʃə- | -ʃə-, -ʃɪə-, -sjə-, -sɪə-] *n.* アタナシオス(信条の)教義.

Ath·a·na·si·us [æ̀θənéɪʒiəs, -ʒəs, -ʃiəs, -ʃəs | -ʃəs, -ʃɪəs, -sjəs, -sɪəs], **Saint** *n.* アタナシオス, アタナシウス《296?-373; Alexandria の主教; アレイオス主義 (Arianism) に反対し正統信仰の教義を確立した; 通称 Athanasius the Great》.

a·than·a·sy [əθǽnəsi | -sɪ] *n.* =athanasia.

a·tha·nor [ǽθənɔ̀ə | -nɔ̀ː(r)] 〘(15C) □ML **athanor* □Arab. *at-tannūr* the oven〙 *n.* 〘錬金術〙燃料自給式の消化炉.

Ath·a·pas·kan [æ̀θəpǽskən] 〘□N-Am.-Ind. (Cree) *Athap-askaw* Athapaskan people, 《原義》 grass or reeds here and there+-AN¹〙 (*also* **Ath·a·pas·can** [～]) — *adj.* アタパスカン族[語(族)]の. — *n.* **1 a** [the ～s] アタパスカン族《カナダ西部の Athabaska 湖あたりに住みアタパスカン語を話していた北米インディアンの一種族》. **b** アタパスカン族の人. **2** アタパスカン語族《アラスカからカナダ北西部・アメリカ南西部・北メキシコにわたる広い地域に分布し, ナヴァホ (Navaho), アパッチ (Apache) 語をも含む北米インディアン最大の語族》.

A·thar·va-Ve·da [ətɑ́əvəvéɪdə, -víːdə | ətɑ́ː-] *n.* [the ～] 〘バラモン教〙「アタルヴァヴェーダ」(⇨ Veda).

a·the·ism [éɪθiìzm] 〘(1587) □F *athéisme* ← *athée* (↓): ⇨ -ism〙 *n.* **1** 〘哲学〙無神論 (↔ theism). **2** 不信心; (不信心による)神を恐れない振舞い.

á·the·ist [-θiɪst, -əst | -ɪst] 〘(1571) □F *athéiste* ← *athée* ← Gk *átheos* godless ← A-⁷+*theós* god: ⇨ -ist〙 *n.* **1** 無神論者 (↔ theist). **2** 不信心者.

a·the·is·tic [èɪθiístɪk] 〘(1634)〙 *adj.* **1** 無神論(的)の; 無神論者(的)の. **2** 不信心な; 神を恐れない, 邪悪な. **à·the·ís·ti·cal** *adj.* **à·the·ís·ti·cal·ly** *adv.*

ath·e·ling [ǽθəlɪŋ, ǽðə- | ǽθəlɪŋ, ǽθɪ-] 〘OE *æþeling* < (WGmc) **aþeliŋʒa* (OHG *ediling*) ← **aþal-* race, family (OE *æþelu* / OHG *adal* (G *Adel*)): ⇨ -ing³〙 — *n.* (Anglo-Saxon 時代の)貴族 (nobleman); 王子 (prince); 皇太子.

Ath·el·stan [ǽθəlstæ̀n, -stən | -stən] 〘OE *Æþelstāne* ← *æþel* noble+*stān* 'STONE'〙 — *n.* **1** 男性名. **2** アセルスタン《895?-939; イングランド王 (924-39); Alfred 大王の孫; Danes を撃破し, England 統一の強化につとめた》.

áthel trèe [ǽθəl-] 〘*athel*: □Arab. *áthla^h*〙 *n.* 〘植物〙アジア南西部原産の庭園樹として観賞するギョリュウ属の常緑低木 (*Tamarix aphylla*)《salt tree ともいう》.

a·the·mat·ic [èɪθɪmǽtɪk, -θə-, -θiː- | æ̀θɪmǽt-] 〘(1894) ← A-⁷+THEMATIC〙 — *adj.* **1** 〘言語〙 **a** 〈名詞・動詞の語幹など〉語幹形成母音のない《屈折語尾の前に語幹形成母音 e または o (thematic vowels) をもたない; 例えばギリシャ語 *esti* (=is) ← *es-* (語根)+*-ti* (人称語尾)》. **b** 〈言語が〉動詞の活用変化に語幹形成母音を用いない. **2** 〘音楽〙主題のない, 無主題の《例えば装飾音型などを指していう》.

A·the·na [əθíːnə] 〘⇨ Athene〙 *n.* **1** 女性名. **2** 〘ギリシャ神話〙=Athene.

Ath·e·nae·um [æ̀θəníːəm | æ̀θɪníːəm, -níəm] 〘□L ～ □Gk *Athēnaîon* ← *Athḗnē* 'ATHENE'〙 — *n.* **1** [the ～] **a** アテナイオン《古代ギリシャの Athens にあった女神 Athene の神殿; 詩人・文学者が集まってその著作を論評した》. **b** (Hadrian 帝がローマに建設した)アテネウム学園《雄弁術・修辞学・哲学・法律などを教授した》. **2 a** [a-] 文芸[学術]協会; 文芸[学術]クラブ. **b** [the ～] (London の)アシニーアム(クラブ)《会員は有名な文学者・学者など; 1824 年創設》. **3** [a-] 図書室[館].

Ath·e·nae·us [æ̀θəníːəs | æ̀θɪníːəs, -níəs] *n.* アテナイオス《紀元 2 世紀末から 3 世紀初めのギリシャの著作家; *Deipnosophistai*「食卓談義」》.

Athenai [*Mod.Gk.* aθínɛ] *n.* アテナイ《Athens のギリシャ語名》.

A·the·ne [əθíːni | -nɪ] 〘□Gk *Athḗnē* ← ?〙 — *n.* **1** 女性名. **2** 〘ギリシャ神話〙アテーネー, アテーナー《知恵・学芸・工芸・戦争の女神; 父 Zeus の頭から甲冑(かっちゅう)をつけて生れたと伝えられる; 古代ギリシャの Athens の守護神; Pallas Athene ともいう; ローマ神話の Minerva に当たる》.

Ath·e·ne·um [æ̀θəníːəm | æ̀θɪníːəm, -níəm] *n.* = Athenaeum.

A·the·ni·an [əθíːniən, -njən | -njən, -nɪən] *adj.* アテネ (Athens) の; (特に)古代アテネ(文明)の. — *n.* (古代)アテネ人.

Ath·ens [ǽθɪnz, ǽθənz | ǽθɪnz] 〘□L *Athēnae* □Gk *Athênai* (pl.) ← *Athḗnē* 'ATHENE'〙 — *n.* アテネ, アテナイ《ギリシャ南東部にある同国の首都; 古代ギリシャで Attica の首都, ギリシャ文明(最盛期)の中心地; 人口 863,000; ギリシャ語名 Athenai》.

carry* [*send*] *owls to Athens ⇨ owl 成句.

ath·er·ine [ǽθəràɪn, -rɪn, -rən | -ràɪn, -rɪn] 〘← NL *Atherina* (属名) ← Gk *atherínē* smelt ← *athḗrē* gruel〙 *adj., n.* 〘魚類〙トウゴロウイワシ科の(魚).

ath·er·in·id [æ̀θərínɪd, -ráɪn-, -nəd | -nɪd] 〘↓〙 *n.* 〘魚類〙トウゴロウイワシ科の魚.

Ath·er·in·i·dae [æ̀θərínədiː | -nɪ-] 〘← NL ～: ⇨ atherine, -idae〙 *n. pl.* 〘魚類〙トウゴロウイワシ科.

a·ther·mal [eɪθə́ːməl | æθə́ː-] *adj.* 〘化学〙無熱の: ～ solution 無熱溶液《混合熱 0 の溶液》.

a·ther·man·cy [æθə́ːmənsi | æθə́ːmənsɪ] 〘← A-⁷+THERMO-+-ANCY〙 *n.* 〘物理〙不透熱性.

a·ther·ma·nous [æθə́ːmənəs | æθə́ː-] *adj.* 〘物理化学〙不透熱性の (↔ diathermanous).

ath·er·o- [ǽθərou | -rə(ʊ)] 〘← NL ～: ↓〙 〘病理〙「アテローム (atheroma)」の意の連結形.

ath·er·o·ma [æ̀θəróumə | -rə́ʊ-] 〘← NL ～ ← L ～ □Gk *athérōma* ← *athḗrē* gruel, porridge: ⇨ -oma: cf. atherine〙 — *n.* (*pl.* **～s, ～·ta** [～tə | ～tə]) 〘病理〙 **1** アテローム, 粥腫(じゅくしゅ), 粉瘤(ふんりゅう). **2** 動脈アテローム《血管壁の退行性動脈硬化》.

ath·er·o·ma·to·sis [æ̀θəròumətóusɪs, -səs | -rəʊmətə́usɪs] 〘← NL ～: ⇨ ↑, -osis〙 *n.* (*pl.* **-to·ses** [-siːz]) 〘病理〙アテローム症; 動脈アテローム変性.

ath·er·o·ma·tous [æ̀θəróumətəs | -rə́ʊmət-] *adj.* 〘病理〙アテローム(性)の.

àthero·sclerósis 〘← NL ～: ⇨ athero-, sclerosis〙 *n.* 〘病理〙アテローム(性動脈)硬化(症). **àthero·sclerótic** *adj. n.*

Ath·er·ton [ǽθətn | ǽθə-], **Gertrude** (**Franklin**) *n.* (1857-1948) 米国の女流小説家; *The Conqueror* (1902), *Black Oxen* (1923).

ath·e·tize [ǽθətàɪz | ǽθɪ-] 〘(1886) ← Gk *áthetein* to

set aside (A-[7]+*theós* placed ← *tithénai* to place)+-IZE】 — *vt.* (古典の本文批評において)〈文節・語句などを〉不純なものとして退ける[排除する].

ath·e·toid [ǽθətɔ̀ɪd] 【⇨ athetosis, -oid】 *adj.* 〘病理〙 **1** アテトーシス状[特有]の. **2** =athetotic 1.

ath·e·to·sic [æ̀θətóusɪk | -tə́u-] *adj.* 〘病理〙 =athetotic.

ath·e·to·sis [æ̀θətóusɪs, -səs | -tə́usɪs] 【← Gk *áthetos* not fixed+-OSIS: cf. athetize】 — *n.* 〘病理〙 アテトーシス, アテトーゼ《たえず四肢の不随意運動を伴っている主として小児期の神経疾患》.

ath·e·tot·ic [æ̀θətɑ́tɪk | -tɔ́t-] *adj.* 〘病理〙 **1** アテトーゼの. **2** =athetoid 1.

a·thirst [əθə́ːst | əθə́ːst] 【《*c*1280》 *athurst* < OE *ofþyrsted* (p.p.) ← *ofþyrstan* 'suffer THIRST': ⇨ a-[1]】 — *pred. adj.* **1** 《古・詩》のどがかわいて, 渇して (thirsty). **2** 渇望して (eager) 〔*for*〕: be ~ *for* fame, information, etc.

athl. 《略》 athlete; athletic; athletics.

ath·lete [ǽθliːt] 【《?*a*1425》 ▭ L *āthlēta* ▭ Gk *athlētḗs* combatant ← *athlein* to contend ← *áthlos* contest & *áthlon* prize】 — *n.* **1** 運動選手, スポーツマン. **2** 《英》(トラックとフィールドの)陸上競技者. **3** (筋骨)たくましい人. 「白癬.

áthlete's fóot *n.* 〘病理〙 (足にできる)水むし, 汗疱状

áthlete's héart *n.* 〘病理〙 スポーツ心(臓), 過度運動性心臓肥大《肉体的激労の継続のため起こる心臓肥大》.

ath·let·ic [æθlétɪk | æθlét-, əθ-] 【《1605》 ▭ L *āthlēticus* ▭ Gk *athlētikós*: ⇨ athlete, -ic[1]】 — *adj.* **1** (運動)競技の, 競技的な; 体育の: an ~ meet(ing) 競技会, 運動会 / ~ sports 運動競技; 《英》陸上競技(会). **2** 運動選手の[らしい]; 筋骨のたくましい (robust), 元気で活発な (vigorous): a man of ~ build. **3** 運動[競技]用の. **4** 〘心理〙〈体型が〉筋骨型の, 闘士型の (cf. asthenic, pyknic): the ~ type 闘士型, 闘士体型.

ath·lét·i·cal·ly *adv.*

athlétic fóot *n.* 〘病理〙 =athlete's foot.

athlétic héart *n.* 〘病理〙 =athlete's heart.

ath·lét·i·cism [-təsɪzm | -tɪ-] *n.* **1** (専門としての)運動競技. **2** 運動競技[スポーツ]熱. **3** たゆまざる努力.

ath·let·ics [æθlétɪks | æθlét-, əθ-] 【《1727》 ← ATHLETIC: ⇨ -ics】 — *n.* **1** [通例複数扱い] **a** 運動競技. **b** 《英》陸上競技 (track and field). **2** [通例単数扱い] (科目としての)体育《実技と理論がある》.

athlétic suppórter *n.* =jockstrap 1.

ath·o·dyd [ǽθədɪd] 【← *A(ero)-Th(erm)o-Dy(namic)-D(uct)*】 *n.* 〘航空〙 アソダイズ《今は通例 ramjet engine という》.

Áth·ole bròse [ǽθəl-] 【*Athole*: ← *Athole, Atholl* (スコットランドの山岳地帯)】 — *n.* (*also* **Ath·oll brose** [~]) 《スコット》 アトルブローズ《ウイスキーに蜂蜜とオートミールを混合した飲物》.

at home [əthóum | əthə́um, ətə́um] 【← *at home* (招待カードの文句)】 — *n.* (面会の曜日などを決めておいてその時間内(通例午後)に来客をもてなす)気軽な招待会, アットホーム; (自宅で催す)略式のパーティー (cf. *at* HOME (1)): an ~ card / She holds her ~ on Thursday.

-a·thon [←əθɑ̀n | -əθɔ̀n] 【← (MAR)ATHON】「長さの記録を競う競技」の意の名詞連結形: talk*athon*.

Ath·o·nite [ǽθənàɪt] 【← L *Athōn, Athōs* (⇨ Mount ATHOS)+-ITE[1]】 *adj.* アトス山 (Mount Athos) の; アトス山の修道院の. — *n.* アトス山の修道士.

Ath·os [ǽθɑs, éɪθ- | -θɔs] *n.* アトス(半島)《ギリシャ北東部の Chalcidice 半島が分かれて三つ又になった最東方の小半島; 長さ約 50 km》.

Athos, Mount 【▭ Gk *Áthōs*】 *n.* アトス山《Athos 半島の先端, 岬をなす山 (2,033 m); 東方正教会の 20 の修道院から成る自治共和国》.

a·thrill [əθríl] 【← A-[1]+THRILL】 *pred.adj.* 〈恐怖・快感などで〉ぞくぞく[わくわく, うずうず]して 〔*with*〕.

ath·ro·cyte [ǽθrəsàɪt] 【← Gk *athróos* collected+-CYTE】 *n.* 〘生物〙 集受細胞《体液中の排出物をとり込み貯蔵する働きをもつ細胞》.

a·thwart [əθwɔ́ət | əθwɔ́ːt] 【《1470》 ← A-[1]+THWART: cf. ON *um þuert* over in a transverse direction】 — *adv.* **1** 横ざまに, 筋違いに, 斜めに (crosswise, obliquely). **2** 意に反して (perversely): Everything goes ~. 何もかも思い通りに行かない. **3** 〘海事〙 **a** 竜骨線に直交して; 横方向に (cf. fore and aft ⇨ fore[1] *adv.* 3). **b** 舷側を風に向けて (broadside to the wind). — *prep.* **1** (…の直前・進路など)を横切って: ~ a person's path, vision, etc. **2** …に逆らって, 反して (against, contrary to): ~ a person's purpose.

athwárt·hàwse *adv., pred.adj.* 〘海事〙 (停泊中の他船の)前方を横切って 〔*of*〕.

athwárt·shìp *adj.* 〘海事〙 船体を横切る, 船体真横の.

athwárt·shìps [⇨ -s[2]] *adv.* 〘海事〙 船体を横切って, 真横に.

-at·ic [ǽtɪk | ǽt-] 【▭ F *-atique* ∥ L *-āticus* ▭ Gk *-atikos* ← *-at-* (p.p. 語幹)+*-ikos* '-IC[1]'】 — *suf.* 「…の, …的な, …性の」などの意の形容詞を造る: aqu*atic*, Asi*atic*, dram*atic*, lun*atic*. ★ この類の形容詞はしばしば名詞ともなる.

a·tich·oo [ətɪ́tʃuː] *int., n.* (*pl.* ~s) 《英》 =atchoo.

-a·tile [ətḷ, ətàɪl | ətàɪl] 【▭ L *-ātilis*: ⇨ -ate[2], -ile】 — *suf.* -atic とほぼ同じ意味をもつ形容詞を造る: vol*atile*, fluvi*atile*.

a·tilt [ətɪ́lt] 【《1562》 ← A-[1]+TILT[1]】 — *adv., pred. adj.* **1** 《古》 槍(ﾔﾘ)を構えた姿勢で, 突きの構えで. **2** 傾いて(倒れそうな): with a bottle ~ 瓶(ﾋﾞﾝ)を傾けて.

***run* [*ride*] *atilt at* [*against*]** (1) 《古》 (馬上試合で)…に向かって槍を傾けて(まっしぐらに)突きかかる. (2) (論戦などで)〈相手を〉激しく攻撃する.

a·tin·gle [ətɪ́ŋgl] 【← A-[1]+TINGLE】 *pred.adj.* ひりひりして, うずいて (tingling); 興奮して (excited).

-a·tion [éɪʃən] 【ME *-acioun* ▭ (O)F *-ation* ∥ L *-ātiō(n-)*: ⇨ -ate[2], -ion】 — *suf.* 次の意味を表わす名詞語尾: **1** 動作, 行動: agit*ation*, flirt*ation*. **2** 結果の状態: occup*ation*. **3** 結果として生じた物: civiliz*ation*, decor*ation*. ★ (1) 一般には一語の中にこれらの諸語義を併せ含むことが多い. (2) 本来 -ate, -ize, -ise で終わる動詞やラテン語・フランス語系の動詞に付くが, まれに英語起源の動詞に付くことがある: starve → starv*ation*.

a·tip·toe [ətɪ́ptòu | -tə̀u] *adv., pred.adj.* **1** つま先立って, つま先で. **2** 抜き足差し足で, こっそりと. **3** 大いに期待して, 待ち構えて: She was ~ *to* hear good news. 朗報を聞かんと待ち構えていた.

a·tish·oo [ətɪ́ʃuː] *int. n.* (*pl.* ~s) 《英》 =atchoo.

-a·tive [← èɪtɪv, ← (−) ət- | -tɪv] 【ME ▭ (O)F *-atif, -ative* ∥ L *-ātīvus*: ⇨ -ate[2], -ive】 — *suf.* 「…的な」の意で傾向・性質・関係などを表わす形容詞語尾: **1** -ate で終わる動詞から《この場合が最も多い》: rel*ate* → rel*ative*. **2** ラテン語系の動詞から: affirm → affirm*ative*. **3** -ty で終わる名詞から: authori*ty* → authori*tative*. **4** (2 との類推で)英語固有の動詞から: talk → talk*ative*.

Át·ka máckerel [**físh**] [ǽtkə-, ɑ́ːt-] 【*Atka*: ← *Atka* (Aleutian 列島中の一島で生息地)】 *n.* 〘魚類〙 キタノホッケ (*Pleurogrammus monopterygius*).

Atkins *n.* ⇨ Tommy Atkins.

Atl. 《略》 Atlantic. 「形.

at·lant- [ətlǽnt] (母音の前に来る時の) atlanto- の異

At·lan·ta [ətlǽnṭə, æt- | -tə] 【← *Western & Atlantic Railroad*: *-a* は市名に多い女性語尾】 *n.* 米国 Georgia 州の北部にある同州の首都; 人口 436,000.

at·lan·tad [ətlǽntæd] 【← NL *atlant-, atlas* (⇨ atlas 4)+-AD[1]】 *adv.* 〘解剖〙 環椎(ｶﾝﾂｲ) (atlas) の方向へ.

at·lan·tal [ətlǽnṭḷ, æt- | -tḷ] *adj.* 〘解剖〙 環椎(ｶﾝﾂｲ)の.

At·lan·te·an [æ̀tlæntíːən, -lən-, ətlǽnṭiən, æt- | æ̀tlæntíːən, -lən-, -tíən, ətlǽntɪən, æt-, -tjən] 【← L *Atlantēus* 'of ATLAS'+-AN[1]】 — *adj.* **1** 巨人アトラス (Atlas) のような; 巨大な (gigantic), 力の強い (strong). **2** (古代人が西方の楽土と信じていた)アトランティス島 (Atlantis) の; アトランティス島のような.

atlantes *n.* atlas の複数形.

At·lan·tic [ətlǽnṭɪk, æt- | ətlǽnt-] 【《?*a*1425》 ▭ L (*mare*) *Atlantic-um* Atlantic Ocean ▭ Gk (*Pélagos*) *Atlantikós* ← *Átlās* 'the ATLAS mountains'】 — *adj.* **1 a** 大西洋の; 大西洋沿岸の: the ~ islands 大西洋諸島 / the ~ states 《米》 大西洋沿岸諸州. **b** 大西洋横断の (transatlantic): an ~ liner 大西洋航路定期船. **c** 大西洋沿岸諸国(間)の. **2** (アフリカ北西部の)アトラス山脈 (Atlas Mountains) の. **3** 巨人アトラス (Atlas) の. **4** 〘植物〙 氷河時代後に Scandinavia 地方に起こった植生遷移の一時期の. — *n.* [the A-] 大西洋: the North [South] ~ 北[南]大西洋.

Atlántic bonito *n.* 〘魚類〙 大西洋産ハガツオ属の魚 (*Sarda sarda*).

Atlántic bránt *n.* 〘鳥類〙 コクガン (*Branta bernicla hrota*) 《Greenland 北部で繁殖し, 北米大西洋岸で越冬する黒い小型のガン》.

Atlántic Chárter *n.* [the ~] 大西洋憲章《1941 年 8 月 14 日米国大統領 Roosevelt と英国首相 Churchill が北大西洋海上に会して決定した「米英共同宣言」: 領土拡張否認・主権と自治回復・海洋の自由・侵略国の武装解除などの 8 原則を含む》.

Atlántic Cíty *n.* 米国 New Jersey 州南東部の都市; 有名な海水浴地; 人口 44,000.

Atlántic cróaker *n.* 〘魚類〙 米国南部大西洋岸と Florida 州の川にすむニベ科の重要な食用魚 (*Micropogan undulatus*) 《ぐーぐーと鳴くような音を出す》.

At·lán·ti·cism [-təsɪzm | -tɪ-] *n.* 〘政治〙 (軍事・政治・経済上の)欧州・北米諸国協力主義[政策]. **At·lán·ti·cist** [-sɪst, -səst | -sɪst] *n.*

Atlántic kíttiwake *n.* 〘鳥類〙 =kittiwake.

Atlántic Ócean *n.* [the ~] 大西洋《North Atlantic と South Atlantic とに分かれる; 面積 81,663,000 km[2], 最深部 8,345 m》. 「[Pact].

Atlántic Páct *n.* [the ~] =North Atlantic Treaty

Atlántic Próvinces *n. pl.* [the ~] (カナダの)大西洋諸州《New Brunswick, Newfoundland, Nova Scotia, Prince Edward Island を含む》.

Atlántic púffin *n.* 〘鳥類〙 ヒメツノメドリ (*Fratercula arctica*).

Atlántic Rídge *n.* [the ~] 大西洋(中央)海嶺《大西洋の中央に横たわる大海底山脈, 北は Iceland に迫り, 南はアフリカ南端で東に折れて西インド洋海嶺へ続く》.

Atlántic sáilfish *n.* 〘魚類〙 大西洋やメキシコ湾に生息するマカジキ科バショウカジキ属の魚 (*Istiophorus americanus*). 「salmon 1 a).

Atlántic sálmon *n.* 〘魚類〙 タイセイヨウサケ (⇨

Atlántic stándard tìme *n.* =Atlantic time.

Atlántic tìme *n.* 大西洋(標準)時《米国の標準時の一つで西経 60° にあり GMT より 4 時間遅い; Atlantic standard time ともいう; ⇨ standard time》.

Atlántic tómcod *n.* 〘魚類〙 =tomcod a.

At·lan·tis [ətlǽnṭɪs, æt-, -ṭəs | -tɪs] 【▭ L ~】 — *n.* アトランティス(島)《Gibraltar 海峡の西方大西洋中にあったと Plato が述べている楽土; 神罰によって一昼夜にして沈んだといわれる大きな島》.

at·lan·to- [ətlǽnṭo(u) | -tə(u)] 【← NL ~ (↓)】「環椎(ｶﾝﾂｲ) (atlas); 環椎と…との (atlantal and…)」の意の連結形. ★ 母音の前では通例 atlant- になる.

at·lan·to·sau·rus [ətlæ̀nṭəsɔ́ːrəs | -tə-] 【← NL ~ ← L *Atlant-* 'ATLAS'+-SAURUS】 *n.* 〘古生物〙 アトラントサウルス, 巌竜《竜脚亜目 *Atlantosaurus* 属のジュラ紀後期に北米にいた恐竜》.

at·las [ǽtləs] 【《1589》 ▭ L *Atlās* (↓)】 — *n.* (*pl.* 1-4 では ~·es, 5 では通例 **at·lan·tes** [ətlǽntìːz, æt-]) **1** 【← NL ~: 1595 年出版の *Mercator* (フランダースの地理学者)の地図帳の題名から; もと地図書の巻頭に天をになう Atlas の絵を付けるのを例としたことに由来する】 地図書, 地図帳 (volume of maps). **2** 図表集. **3 a** 〘製紙〙 アトラス判《筆記・図画用紙の大きさ; 33[34]×26 インチ》. **b** 〘製本〙 =atlas folio. **4** 【← NL ~: 巨人 ATLAS から】 〘解剖〙 環椎(ｶﾝﾂｲ), 第一頸椎(ｹｲﾂｲ) (cf. axis[1] 3). **5** 〘建築〙 (1 本の)男像柱 (telamon) (cf. caryatid).

At·las [ǽtləs | ǽtləs, -læs] 【▭ L *Atlās* ▭ Gk *Átlās* ← ? *a-* (語頭添加音)+IE **tel-* to lift, support (L *tolerāre* to endure / Gk *trēntai* to bear)】 — *n.* **1** 〘ギリシャ神話〙 アトラス《天空を双肩にになう巨人 (Titan); Atlas 山脈を象徴したものといわれる》. **2** (アトラスのような)重荷をになう人; 大黒柱 (mainstay).

Atlas 1

átlas béetle *n.* 〘昆虫〙 オオカブトムシ (*Chalcosoma atlas*) 《アジア産の体長 75 mm に達する黒褐色で光沢を有する昆虫》.

Átlas cédar *n.* 〘植物〙 アトラスシーダー (*Cedrus atlantica*) 《ヒマラヤスギに似たアルジェリア産のマツ科の常緑針葉樹》.

átlas fólio *n.* 〘製本〙 アトラスフォリオ《二折本の最大版; 16×25 インチ; 単に atlas ともいう; cf. elephant folio》.

átlas gríd *n.* 〘写真〙 空中写真の格子(ｺｳｼ)線《目標地点の発見を容易にさせるために施すもの》.

átlas móth *n.* 〘昆虫〙 ヨナクニサン(与那国蚕), オオアヤニシキ (*Attacus atlas*) 《沖縄の与那国島・台湾・インド・ジャワなど熱帯アジア産の世界最大のガ; 翅を広げると 25 cm に達する》.

Átlas Móuntains *n. pl.* [the ~] アトラス山脈《アフリカ北西部に連なる山脈(延長約 2,000 km) で Morocco, Algeria, Tunisia にわたる; 主峰は Mt. Tizi (4,167 m)》.

at·latl [ɑ́ːtlɑːṭḷ | -tḷ] 【▭ Uto-Aztec. ~】 *n.* (アメリカインディアンの用いる)矢投げ具.

At·li [ɑ́ːtli | -lɪ] 【▭ ON ~: ⇨ Attila】 — *n.* 〘北欧伝説〙 アトリ《フン族 (Huns) の王; *Volsung Saga* で, 遺産目当てに Sigurd の寡婦 Gudrun と結婚しその兄弟たちを殺したが, ついに彼女に殺害された》.

atm. 《略》 atmosphere(s); atmospheric.

at. m. 《略》〘化学〙 atomic mass. 「atmiatry.

atm- [ætm] (母音の前に来る時の) atmo- の異形:

at·man [ɑ́ːtmən] 【← Skt *ātman* breath, spirit ← IE **ēt-men-* breath (OHG *ātum* breath)】 — *n.* (*pl.* ~s) 〘バラモン教・ヒンズー教〙 アートマン, 我《ウパニシャッド哲学で個人の中心主体とされ, 世界の根本原理であるブラフマン (Brahma) と同一であるとされた(梵我一如); 我は仏教では否定された》. 「の異形.

at·mid- [ǽtmɪd | -mɪd] (母音の前に来る時の) atmido-

at·mi·do- [ǽtmədo(u) | -mɪdə(u)] 【← Gk ~ ← *atmid-, atmís* steam (↓)】「水蒸気 (steam); 蒸気 (vapor)」の意の連結形. ★ 母音の前では通例 atmid- になる.

at·mo- [ǽtmo(u) | -mə(u)] 【← NL ~ ← Gk *atmós* vapor ← IE **aʷe-* to blow】「蒸気 (vapor), 空(air)」の意の連結形. ★ 母音の前では通例 atm- になる.

at·mol·y·sis [ætmɑ́ləsɪs, æt-, -səs | -mɔ́lɪsɪs, -lə-] 【← NL ~: ⇨ -lysis】 — *n.* (*pl.* **-y·ses** [-sìːz]) 〘化学〙 分気, 透壁分気法《混合気体を多孔性物質に通し拡散させて分離すること》. 「法で分離する.

at·mo·lyze [ǽtməlàɪz] 【⇨ ↑, -ize】 *vt.* 〘化学〙 分気

at·mom·e·ter [ætmɑ́məṭə, æt- | -mɔ́mɪtə(r, -mə-] *n.* アトモメーター, 蒸発計.

at·mo·phile [ǽtməfàɪl] 〘化学〙 *adj.* 〈化学元素・化合物が〉親気的な, 大気中にある, 大気中に発生しやすい. — *n.* 親気元素.

at·mo·sphere [ǽtməsfɪə | -sfɪə(r] 【《1638》 ← NL *atmosphaera* ← Gk *atmós* vapor (⇨ atmo-)+*sphaira* 'SPHERE'】 — *n.* **1** [the ~] **a** 大気《地球を取り巻いている気体》; (その下層部分をなす)空気 (the air). **b** 〘物理〙 (大)気圏《大気の存在する領域; cf. lithosphere》: a nuclear test in the ~ 大気圏内の核実験. **c** 〘天文〙 大気《天体を取り巻くガス体; 恒星の表面層》. **2** (特定の場所の)空気(の状態): a stuffy ~ むっとする空気. **3** 雰囲気, 周囲の状況, 環境, 空気, 気分 (environment, milieu): an ~ of freedom 自由の雰囲気 / a tense ~ 緊張した空気. **4 a** (芸術品などのか

もし出す)雰囲気, 気分, 感じ, ムード: a play full of ~ 雰囲気に富んだ劇. **b** (場所などのもつ)独特な雰囲気, ムード, (エキゾチックな)魅力: The restaurant has ~. **5**〘放送・映画〙(雰囲気を作り出すための)背景音響効果. **6**〘物理〙気圧単位《海面において温度 0°C の水銀 760 mm 柱の底面に及ぼす圧力で 1 cm² に約 1,013,246 ダインの力が働いた時の圧力になる; 略 atm.》: absolute ~ 絶対気圧. **7**〘化学〙雰囲気《媒体》. ***clear the atmosphere*** ⇨ clear 成句. **~d** *adj.*

at·mo·spher·ic [ætməsférɪk, -sfí(ə)r- | -sfér-] 〘《1873》〙 ― *adj.* **1 a** 大気の, 空気の; 大気中の, 空気中の; 大気(の作用)による: an ~ depression 低気圧 / an ~ discharge 空中放電 / ~ (nuclear) testing 大気圏内(核)実験 / ~ pollution 大気汚染. **b** 大気のような; 〈光・色など〉かすんだような, 淡い (hazy, airy). **2** 雰囲気[ムード]の(ある), 雰囲気を作り出す: ~ music ムード音楽 / an ~ play ムード劇. **àt·mo·sphér·i·cal** *adj.* **àt·mo·sphér·i·cal·ly** *adv.*

atmosphéric bráking *n.*〘宇宙〙大気制動《宇宙船などが地球または他の惑星の大気圏に突入し減速すること》.

atmosphéric distúrbance *n.*〘通信〙空中擾乱(じょうらん)《無線通信電波が空中電気に妨害されること》.

atmosphéric electrícity *n.*〘物理〙(聖エルモの火 (St. Elmo's fire)・オーロラなどの)空電(現象).

atmosphéric éngine *n.*〘機関〙(昔の)大気圧気関.

atmosphéric perspéctive *n.*〘絵画〙=aerial perspective.

atmosphéric préssure *n.*〘気象〙大気圧, 気圧: high [low] ~ 高[低]気圧.

atmosphéric refráction *n.*〘天文〙=refraction 2.

at·mo·spher·ics [ætməsférɪks, -sfí(ə)r- | -sfér-] *n.*〘通信〙**1** 空電 (static)《大気電気によって生じる一種の電波で, 無線通信に妨害を与えるもの》. **2** 空電を起こす自然現象《雷・オーロラなど》. **3** (空電によって生じるラジオ・テレビの)雑音.

atmosphéric tíde *n.*〘気象〙大気潮汐《大気中の微小振動のうち世界的規模で起こるもの》.

at·mo·sphe·ri·um [ætməsfí(ə)riəm | -sfíərɪ-] 〘← ATMOSPHERE+-IUM〙 ― *n.*〘気象〙**1** (雲・雷・虹・オーロラなどの)気象現象の像を投映する装置. **2** その装置を備えつけた部屋[建物].

at. no. 《略》〘物理・化学〙atomic number.

A.T.O. 《略》〘航空〙assisted take-off (ロケットやカタパルトなどの)補助装置を使った離陸; 〘鉄道〙automatic train operation.

at·oll [ǽtɔ(ː)l, ǽtɑl, ǽtoul, éɪt- | ǽtɔl, ətɔ́l] 〘《1625》⊏ Malayalam *atoḷu* reef〙 ― *n.* アトール, 環礁《珊瑚礁が礁湖 (lagoon) を囲んで環状に連なるもの, しばしばその上に小島をもつ》.

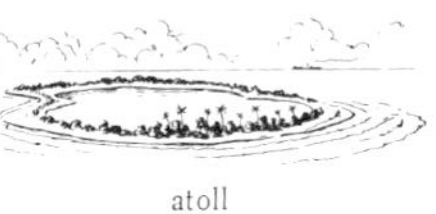
atoll

at·om [ǽtəm | ǽt-] 〘《?a1400》*attome, athomus* ⊏ (O)F *atome* ∥ L *atomus* ⊏ Gk *átomos* indivisible ← A-⁷+*tomós* (adj.) (← *témnein* to divide, cut)〙 ― *n.* **1**〘物理・化学〙**a** 原子. **b** [the ~] 原子力 (atomic energy). **2** [形容詞的に] =atomic: the ~ age / an ~ scientist. **3** 微量, みじん (particle): smash [break] …to ~*s* …をこなみじんに砕く / He doesn't have an ~ *of* sincerity. 彼には誠意のかけらもない / There is not an ~ *of* truth in the news. そのニュースは根も葉もない. **4**〘哲学〙原子《物質の不可分な究極的極微粒子; cf. atomism 2》.

at·om·ar·i·um [ætəmɛ́(ə)riəm | ætəmɛ́ərɪ-] *n.* 《原子力》展示用小型原子炉(展示室), 原子力展示館.

átom-bómb *vt., vi.* 原子爆弾で攻撃する.

átom bómb *n.* 原子爆弾 (atomic bomb).

a·tom·ic [ətɑ́mɪk, æt- | ətɔ́m-] 〘《1678》〙 ― *adj.* **1** 原子の: an ~ formula〘化学〙原子式. **2** 原子力の; 原子力を用いる; 原子爆弾の[を用いる]: ~ control 原子力管理 / ~ propulsion 原子力推進 / an ~ (aircraft) carrier 原子力航空母艦 / an ~ ship [vessel] 原子力船 / an ~ submarine 原子力潜水艦 / ~ weapons 原子力兵器, 核兵器 / ~ warfare 原子力戦争. **3** 極微の, 微細な (tiny). **4**〘化学〙原子の, 原子状の: ~ hydrogen [oxygen] 原子状水素[酸素]. **5 a**〘哲学〙原子(的)の, 原子論(的)の (atomistic). **b**〘哲学・論理〙(論理的にもはや分割不可能で単純という点で)原子的な (cf. molecular 2): an ~ proposition 原子命題. **a·tóm·i·cal** *adj.* **a·tóm·i·cal·ly** *adv.*

atómic áge *n.* [the ~] 原子力時代.

atómic báttery *n.* 原子電池《放射能を直接電流に変える装置》.

atómic bómb *n.* 原子爆弾, 原爆.

atómic bómb disèase *n.*〘病理〙原爆症.

atómic bómbing *n.* 原子爆弾による攻撃.

atómic clóck *n.* 原子時計《セシウム等の原子またはアンモニアなどの分子の振動を利用して電気的な発振器を構成し, その発振周波数によって時を刻む非常に精度の高い標準時計; cf. cesium clock》.

atómic cócktail *n.*《医学俗》原子カクテル《癌(がん)治療・診断のため患者に服用させるヨウ化ナトリウム (sodium iodide) などの医薬用放射性物質》.

atómic disintegrátion *n.*〘物理〙原子核崩壊《放射性元素の原子核が粒子を放出しまたは K 殻の電子を吸収して他種の原子核に変わる現象》.

atómic énergy *n.* 原子エネルギー, 原子力 (nuclear energy) (cf. atomic power).

Atómic Énergy Authòrity *n.* [the ~] (英国の)原子力公社《1954 年設立; 略 A.E.A.》.

Atómic Énergy Commission *n.* [the ~] **1** (国連)原子力委員会《1946 年安全保障理事会の下部機関として設立; 1952 年通常軍備委員会と合併して軍縮委員会となる》. **2** (米国の)合衆国原子力委員会《1946 年設立の非軍関係の連邦機関; 1974 年のエネルギー再編法により Department of Energy (エネルギー庁; 略 DOE) に発展的解消; 略 A.E.C.》.

atómic físsion *n.*〘物理・化学〙原子核分裂 (nuclear fission).

atómic fúsion *n.*〘物理・化学〙原子核融合 (⇨ fusion 3).

atómic héat *n.*〘化学〙原子熱《1 グラム原子 (gram atom) の物質の温度を 1°C 上げるのに要する熱量》.

atómic hýdrogen wélding *n.* 原子水素溶接.

atómic hypóthesis *n.* =atomic theory 1.

at·o·mic·i·ty [ætəmísəṭi | ætəmísətɪ, -sɪ-] *n.* **1**〘化学〙**a** (気体分子中の)原子数. **b** 原子価 (atomic value, valence). **2**〘哲学〙原子性, 原子的性格《原子のように単純・非分割・究極等の性格》.

atómic máss *n.*〘化学〙原子質量.

atómic máss ùnit *n.*〘物理〙原子質量単位《質量数 12 をもつ炭素原子の質量の $^1/_{12}$ に相当する質量の単位; mass unit ともいう》.

atómic núcleus *n.*〘物理・化学〙原子核.

atómic númber *n.*〘物理・化学〙原子番号 (略 at. no.).

atómic philósophy *n.*〘哲学〙=atomism 2 a.

atómic phýsics *n.* 原子物理学.

atómic píle *n.*〘原子力〙原子炉《主として黒鉛を減速材として用いた初期のものを指す; cf. reactor 5》.

atómic pówer *n.* **1** (動力としての)原子力 (nuclear power) (cf. atomic energy): an ~ plant [station] 原子力発電所. **2** 核[原子]兵器保有国 (nuclear power).

atómic-pówered *adj.* 原子力を(動力に)使用する.

a·tom·ics [ətɑ́mɪks, æt- | ətɔ́m-] 〘← ATOM+-ICS〙 *n.* 《米》原子学《原子力・核分裂などの研究》.

atómic strúcture *n.*〘物理〙原子構造.

atómic théory *n.* **1**〘物理・化学〙原子論, 原子説. **2**〘哲学〙=atomism 2 a.

atómic tíme *n.*〘物理・天文〙原子時《原子時計によって刻まれる時刻》.

atómic únit *n.*〘物理〙原子単位 (atomic mass unit).

atómic válue *n.*〘化学〙原子価 (valence).

atómic vólume *n.*〘化学〙原子容, 原子体積《1 グラム原子の固体物質の体積; cf. molecular volume》.

atómic wéight *n.*〘物理〙原子量.

át·om·ìsm [-mìzm] 〘《1678》〙 ― *n.* **1**〘物理・化学〙=atomic theory 1. **2**〘哲学〙**a** 原子論《万物はもはや分割できない極微粒子からなるという説; Democritus らが最初に唱えた; atomic theory ともいう; cf. atom 4》. **b** (論理的)原子論《全世界が単純・非分割の命題的な事態からなる綜体と考える立場; Russell や前期 Wittgenstein の説》. **3**〘心理〙原子論, 原子主義《心理現象を心的要素の結合として説明しようとする心理学説; cf. associationism, sensationism 2》. **4**〘社会学〙**a** (社会の)個別的区分[階層](制). **b** 原子論的社会観《社会を単に物理的原子のような集合体とみなす立場》. **c** (社会・集団内部の)孤立[個人]主義(的傾向).

át·om·ist [-mɪst, -məst | -mɪst] 〘《1610》〙 *n.* 原子論者.

at·om·is·tic [ætəmístɪk | ætə(ʊ)-] *adj.* **1** 原子論[説]の, 原子論的な. **2 a** 〈社会・経済など〉個別的区分制の, 原子論的な: an ~ economy, market, etc. / an ~ society 原子論的社会《内面的に孤立した各個体がただ受動的に同調するもの; cf. atomism 4 a》. **b** 個人主義的な. **at·om·ís·ti·cal·ly** *adv.*

at·om·i·za·tion [ætəmɪzéɪʃən, -mə- | ætə(ʊ)maɪ-, -mɪ-] *n.* **1** 原子化, 微粒化; 霧化. **2** 霧吹き作用. **3** 原子化 (cf. atomize 4 a).

at·om·ize [ǽtəmàɪz | ǽtə(ʊ)-] *vt.* **1** 粉砕する. **2** 〈液体を〉霧にする, 霧に吹く: ~*d* fuel, paint, perfume, etc. **3**《口語》原子爆弾[兵器]で粉砕[破壊, 攻撃]する. **4 a** 個別化する, …の統一性[まとまり]を失わせる, 原子化する (cf. atomistic 2 a). **b** 原子論的に見る[扱う].

át·om·iz·er *n.* 霧吹き器, (香水・消毒剤などの)噴霧器.

átom smàsher *n.*《口語》〘物理〙粒子加速器[装置] (accelerator).

at·o·my¹ [ǽṭəmi | ǽtəmɪ] 〘《1594》⊏ L *atmi* (pl.) ← *atomus* 'ATOM': 単数と誤解したもの〙 ― *n.*《古》**1** ごく小さなもの (atom); ちり (mote). **2** 小びと, ちび.

at·o·my² [ǽṭəmi | ǽtəmɪ] 〘《1597》← (*an*) *atomy*《異分析》← ANATOMY〙 *n.*《古》**1** 骸骨 (skeleton). **2** ひどくやせている人, 骨と皮の人.

A·ton [ɑ́ːtən | -tɔn] *n.* [the ~]〘エジプト神話〙=Aten.

a·ton·a·ble [ətóunəbl | ətə́ʊn-] *adj.* 償いうる, あがなわれる.

a·ton·al [eɪtóunl, æt-, ət- | -tə́ʊ-] 〘← A-⁷+TONAL〙 *adj.*〘音楽〙無調の: ~ music. **~·ly** *adv.*

a·tón·al·ism [-nəlɪzm, -nl-] *n.*〘音楽〙無調主義, 無調形式使用《20 世紀初頭の Schönberg らの調性にとらわれず音楽を作る試み》.

a·tón·al·ist [-nəlɪst, -ləst, -nl- | -lɪst] *n.*〘音楽〙無調主義者. **a·ton·a·lis·tic** [eɪtòunəlístɪk, æt-, ət-, -nl- | -tə̀ʊn-] *adj.*

a·to·nal·i·ty [èɪtounǽləṭi, æ̀ṭ-, -ṭə- | -təʊnǽlətɪ, -lɪ-] *n.*〘音楽〙**1** 無調性 (cf. tonality 1). **2** (作曲上の)無調主義[形式].

a·tone [ətóun | ətə́ʊn] 〘《?c1300》'to be reconciled' ← *at on(e)* of one mind: ⇨ at, one ∥《逆成》? ← ATONEMENT〙 ― *vi.* **1** (人に対して)〔罪などを〕償う, あがなう, 〔…の〕罪滅ぼしをする (make amends, make up) 〔*for*〕: ~ *for* a crime, one's sin, etc. / ~ *to* a person *for* breaking one's promise 約束を破ったことで人に償いをする / His rudeness has not been ~*d for*. **2**《廃》和(解)する. ― *vt.* **1**《古》**a** 〈罪などを〉償う, あがなう. **b** 〈人を〉なだめる (appease). **2**《廃》和解させる; 調和させる.

a·tóne·ment 〘《1513》《なぞり》← ML *adūnāmentum* ← *adūnāre* to unite ∽ (《c1390》)《廃》*onement*: ⇨ one, -ment〙 ― *n.* **1** 償い, あがない, 罪滅ぼし: make ~ *for* …を償う. **2** [時に A-]〘神学〙贖罪(しょくざい) [the A-] (キリストの十字架の死による)あがない. **3**《廃》和解, 和合.

a·to·ni·a [eɪtóuniə, æ- | -tə́ʊnɪə, -njə] *n.* =atony.

a·ton·ic [eɪtɑ́nɪk, æt-, ət- | ætɔ́n-, ət-, eɪt-] 〘《1727-51》⊏ F *atonique* ∥ ML *atonic-us* ← Gk *átonos* relaxed, unaccented ← A-⁷+*tónos* 'TONE': cf. tonic〙 ― *adj.* **1**〘音声〙アクセント[強勢]のない, 無強勢の, 抑揚のない (unaccented). **2**〘病理〙無緊張性の, 弛緩(しかん)した, アトニーの. ― *n.*〘音声〙無強勢の語[音節, 音].

at·o·nic·i·ty [èɪṭo(ʊ)nísəṭi, æ̀t-, -tə- | æ̀tə(ʊ)nísətɪ, -sɪ-] *n.*〘病理〙無緊張性, 弛緩(しかん)状態.

at·o·ny [ǽṭəni, ǽtni | ǽtənɪ] 〘⊏ LL *atonia* ⊏ Gk *atonía* relaxed, want of tone: ⇨ atonic〙 *n.* **1**〘病理〙(収縮性器官の)無緊張(症), 緊張減退(症), 弛緩(しかん), アトニー. **2**〘音声〙アクセント[強勢]のないこと, 無強勢.

a·top [ətɑ́p | ətɔ́p] 〘← A³+TOP〙 *adv.* 頂上に (on or at the top) 〔*of*〕: a hill with a castle ~ 頂上に城のある丘 / ~ *of* a hill 丘の頂上に. ― *prep.* …の頂上に: from ~ a roof 屋根の上から.

at·o·py [ǽṭəpi | ǽtəpɪ] 〘⊏ Gk *atopía* strangeness ← *átopos* out of place, strange ← A-⁷+*tópos* place〙 ― *n.*〘病理〙アトピー《遺伝的素因による過敏なりしアレルギー状態》. **a·top·ic** [eɪtɑ́pɪk, -tóup- | -tɔ́p-, -tə́ʊp-] *adj.*

-a·tor [←—èɪṭə | -tə(r)] 〘⊏ L *-ātor* (⇨ -ate³, -or²) ∽ ME *-atour* ⊏ OF〙 *suf.*「…する人[物]」の意の名詞を造る: avi*ator*, gradu*ator*.

-a·to·ry [ətɔ̀ːri, ətòːri | ətərɪ, èɪt-] 〘⊏ L *-ātōrius*: ⇨ -ate², -ory¹〙 *suf.*「…のような, …と関係のある, …となる」の意の形容詞を造る: am*atory*, laud*atory*.

a·tox·yl [ətɑ́ksɪl, eɪt-, -səl | ætɔ́ksɪl] 〘← A-⁷+TOX(IC)+-YL〙 ― *n.*〘薬学〙アトキシル ($NH_2 \cdot C_6H_4 \cdot AsO_3HNa+4H_2O$)《もと梅毒・睡眠病・皮膚病・貧血などに用いた酸性水銀塩》.

ATP 《略》〘生化学〙adenosine triphosphate.

ÁTPase [-èɪs, -èɪz | -èɪs] 〘⇨↑, -ase〙 *n.*〘生化学〙ATP アーゼ《ATP を ADP とリン酸に分解する反応を触媒する酵素》.

at·ra·bil·ious [ætrəbíljəs, -liəs | -ljəs, -lɪəs] 〘《1651》← L *ātra bilis* black bile (《なぞり》) ← Gk *melagkholía* melancholy)+-OUS〙 ― *adj.* **1** 憂鬱症にかかった. **2** 気がふさいでいる, 憂鬱性の; むっつりした, 気むずかしい: an ~ old woman. **~·ness** *n.*

at·ra·men·tous [ætrəméntəs | -təs] 〘← (?a1400)《廃》*atrament* (⊏ L *ātrāmentum* ink ← **ātrāre* to blacken ← *āter* black)+-OUS〙 ― *adj.* 墨のような, 真っ黒な.

a·trau·mat·ic [èɪtrəmǽṭɪk, -trɔː-, -trau- | -trɔː-, -trau-] 〘← A-⁷+TRAUMATIC〙 *adj.*〘外科〙非外傷性の, 非外力性の.

at·ra·zine [ǽtrəziːn] 〘← ? L *ātr-*, *āter* black+(TRI)-AZINE〙 *n.*〘薬学〙アトラジン ($C_8H_{14}ClN_5$)《除草剤》.

ATRC 《略》〘米空軍〙Air Training Command.

A·trem·a·ta [ətréməṭə, eɪ-, -tríːm- | -tə] 〘← NL ~ ← A-⁷+-*tremata* (⇨ -trema)〙 *n. pl.*〘動物〙(触虫動物門)無穴目.

a·trem·ate [ətrémət, -mɪt] 〘↑〙 *n.*〘動物〙無穴目の触虫動物《*Lingula* 属のシャミセンガイなど》.

a·trem·ble [ətrémbl] *pred.adj., adv.* ぶるぶる震えて.

a·tre·sia [ətríːʒə, -ʒiə | -ʒɪə, -ʒə] 〘← NL ~: ⇨ a-⁷, -tresia〙 ― *n.*〘医学〙**1** (先天性)閉鎖(症), 無孔: anal [vaginal] ~ 鎖肛[鎖陰, 鎖膣]. **2** (卵胞などの)萎縮消失.

A·tre·us [éɪtruːs, -triəs | -triùːs, -truːs, -trɪəs] 〘⊏ L ~ ⊏ Gk *Atreús*〙 ― *n.*〘ギリシャ伝説〙アトレウス《Pelops の子で Mycenae の王; 王自身および一家の非行はギリシャ劇作家の題材となった; cf. Thyestes》.

at·ri- [éɪtri | -trɪ] (母音の前に来る時の)atrio- の異形.

atria *n.* atrium の複数形.

a·tri·al [éɪtriəl | -trɪ-] *adj.*〘解剖〙心房[心耳] (atrium) の.

a·trich·i·a [eɪtríkiə, ət- | ætríkɪə] 〘← NL ~: ⇨ a-⁷, tricho-, -ia¹〙 *n.*〘病理〙無毛(症). **at·rich·ic** [eɪtríkɪk, ət- | æt-]

at·ri·cho·sis [èɪtrɪkóusɪs, -səs | ætrɪkə́ʊsɪs] 〘← NL ~ ← Gk *átrikhos* (↑)+-OSIS〙 *n.* (*pl.* **-cho·ses** [-siːz])〘病理〙=atrichia.

at·ri·chous [ǽtrɪkəs, -rə-, eɪtrɪk- | ǽtrɪk-, eɪtrík-] *adj.* **1**〘生物・昆虫・植物〙鞭毛[鞭節・匍匐枝] (flagella) のない. **2**〘病理〙無毛の.

at·ri·o- [éɪtrio(ʊ) | -trɪə(ʊ)] 〘⇨ atrium〙〘解剖〙「(心)房, 前房」の意の連結形: *atrio*nector 洞房結節. ★ 母音の前では通例 atri- になる.

àtrio·ventrícular *adj.* 〖解剖〗(心臓の)房室(系)の; (心臓の)房室間の (略 A.V.).

atrioventrícular búndle *n.* 〖解剖〗房室束.

atrioventrícular nóde *n.* 〖解剖〗房室結節, 田原結節.

a·trip [ətríp] 〖(1626) ← A-¹+TRIP¹〗 ― *pred. adj., adv.* 〖海事〗準備が整って: **a** =aweigh. **b** (一層よく風をはらむように)〈帆や帆桁が〉まさに回し直されて; 〈帆が〉まさに広げられるばかりになって. **c** 〈マストの上部が〉下げる用意のできた.

a·tri·um [éɪtriəm, ɑ́ː-｜ɑ́ːtrɪ-, éɪt-] 〖(1577) ▭ L *ātrium*〗 ― *n.* (*pl.* **a·tri·a** [-triə｜-trɪə], **~s**) **1** 〖建築〗 **a** アトリウム《古代ローマ建築の住宅における玄関広間; 中央に天窓 (compluvium) があり, その下に雨水だめ (impluvium) が設けられている》. **b** (教会前面の)柱廊の巡った中庭 (cf. paradise 6). **2** 〖解剖〗心房, 心耳 (auricle); (耳の)鼓室. **3** 〖動物〗(排泄腔(ぼう)・生殖腔などの)腔 (cavity).

atrium 1 a
1 compluvium
2 impluvium

-a·trix [éɪtrɪks] 〖← L *-ātor* '-ATOR'+*-īx* (fem. suf.)〗 *suf.* -ator の女性形.

a·tro·cious [ətróuʃəs｜ətrə́u-] 〖(1669) ← L *atrōcis, atrōx* cruel (← *āter* black)+-OUS〗 ― *adj.* **1 a** 極悪な, 凶悪な; 残虐な; 暴虐な: an ~ criminal, crime, etc. **b** 非人道的な, 非道な, 恐ろしい: ~ nuclear weapons. **c** 無法な, 法外な, ひどい (outrageous). **2** 〈病気・苦痛など〉激しい, 苦しい, 激烈な. **3** 〖口語〗ひどい, お話にならない (disgusting): ~ food, weather / an ~ play / His English is ~. **~·ness** *n.*

a·tró·cious·ly *adv.* **1** 凶悪に; 残虐に; 暴虐に. **2** 無法に, 理不尽に. **3** 激烈に, 激しく. **4** 〖口語〗ひどく(下手に), 悪趣味に.

a·troc·i·ty [ətrɑ́səṭi｜ətrɔ́sətɪ, -sɪ-] 〖(1534) ▭ (O)F *atrocité* ▭ L *atrōcitātem* ← *atrōx* cruel: ⇨ atrocious, -ity〗 ― *n.* **1** 極悪, 凶悪, 残虐, 暴虐. **2 a** 残虐行為, 凶行, 蛮行 (atrocious deed); [*pl.*] (戦時中などの一連の)残虐行為: commit an ~ / *atrocities* committed in war. **b** (社交上の)大失態, 大失策: commit an ~. **3** (生活・労働などの)耐え難い状態[条件]. **4** 〖口語〗ひどい代物[行為], 下手な[悪趣味な]もの.

à trois [ɑːtrwɑ́ː; *F.* atʀwa] 〖▭ F ~ 'by three'〗 *F. pred. adj., adv.* 三人(用)の[で]: a dinner ~ / dine ~.

a·tro·phic [eɪtróufɪk, æt-, -trɑ́f-｜ætrɔ́f-, ət-] *adj.* 萎縮(いしゅく)性の.

át·ro·phied 〖(1597)〗 *adj.* 萎縮(いしゅく)した, やせ衰えた.

at·ro·phy [ǽtrəfi｜-fɪ] 〖(1620) ▭ F *atrophie* ▭ L *atrophia* ▭ Gk *atrophía* ← *átrophos* ill-fed ← A-⁷+*trophḗ* nourishment〗 ― *n.* **1** 〖病理〗萎縮(いしゅく)(症), 無栄養症, 消耗(症): ~ of the liver, lungs, etc. **2** 〖生物〗(機能の)衰退, (形態の)退化, 退縮. **3** (道徳心などの)衰退, 減退: the ~ of conscience, virtue, etc. ― *vt., vi.* 萎縮させる[する]; やせ衰え(させ)る.

at·ro·pine [ǽtrəpìːn, -pɪn, -pən｜-pɪn, -pìːn] 〖(1842) ▭ G *Atropin* ← NL *Atropa* belladonna genus ← Gk *átropa* deadly nightshade ← *Átropos* 'ATROPOS': ⇨ -ine³: cf. trope〗 ― *n.* (*also* **at·ro·pin** [-pɪn, -pən｜-pɪn]) 〖化学〗アトロピン ($C_{17}H_{23}NO_3$) 《ベラドンナ (belladonna) から採る有毒アルカロイド; 痙攣(けいれん)を静めまた瞳孔拡大の作用がある》.

átropine súlfate *n.* 〖薬学〗硫酸アトロピン (($C_{17}H_{23}O_3N)_2 \cdot H_2SO_4$) 《チョウセンアサガオの類 (datura) の葉を干したマンダラ葉に含まれるアルカロイド; 散瞳・鎮痙剤》.

at·ro·pism [ǽtrəpìzm] *n.* 〖病理〗アトロピン中毒.

At·ro·pos [ǽtrəpɑ̀s｜-pɔ̀s] 〖▭ L ~ ▭ Gk *Átropos* 《原義》inflexible (↓)〗 ― *n.* 〖ギリシャ・ローマ神話〗アトロポス《運命の三女神 (the Fates) の一人; 運命の糸を切る役》.

at·ro·pous [ǽtrəpəs] 〖▭ Gk *átropos* inflexible: ⇨ a-⁷, -tropous〗 *adj.* 〖植物〗直生の: an ~ ovule 直生胚珠.

Ats, ATS [æts] 〖(頭字語) ← *A*(*uxiliary*) *T*(*erritorial*) *S*(*ervice*)〗 *n.* 《英口語》国防婦人部隊《1941 年編成, 1949 年 WRAC として陸軍に編入; cf. At.》.

ATS, A.T.S. 《略》American Temperance Society 米国禁酒協会; American Travel Service; Army Transport Service 陸軍輸送部; 〖鉄道〗automatic train stop; 〖鉄道〗automatic train supervisory system.

ats., a.t.s. 《略》at the suit of.

a.t.s. 《略》〖医学〗anti-tetanic serum 抗破傷風血清.

att. 《略》attached; 〖商業〗Attention; attorney.

Att. 《略》〖商業〗Attention; Attic; Attorney.

ATT 《略》〖商業〗Attention.

at·ta [ɑ́ːtɑː] 〖▭ Hindi *āṭā*〗 *n.* 《インド》小麦粉.

at·ta·bal [ǽṭəbæ̀l, -bɑ̀ːl, ⌐ ⌐ ⌐｜-tə-] *n.* =atabal.

at·ta·boy [ǽṭəbɔ̀ɪ, ⌐ ⌐ ⌐｜-tə-] 〖← *That's the boy!*〗 *int.* 《米口語》いよう, うまい, えらいぞ《★ 男性に向かって激励・称賛などを表わす; cf. attagirl》.

at·tac·ca [ətɑ́ːkə, ətǽkə; *It.* attákka] 〖▭ It. ~ 《原義》attack (imper. sing.) ← *attaccare* to attack〗 ― *vi.* [命令形で] 〖音楽〗(次の楽章を)すぐ始めよ《楽章の終りに指示される》.

at·tach [ətǽtʃ] 〖(*a*1338) ▭ OF *atach-ier* (F *attacher*) ← A-⁴+(*es*)*tachier* to fasten ← Gmc (cf. OE *staca* 'STAKE¹'): ATTACK と二重語〗 ― *vt.* **1 a** [...に]取り付ける, くっ付ける, 張りつける, 縛りつける (fasten) 〔*to*〕 (↔ detach): ~ a label *to* a parcel 小包に札を付ける / The key ring was ~*ed to* his belt *with* [by] a chain. 鍵輪は鎖でベルトに付けてあった. **b** 〈署名などを〉(書き)添える, 加える (affix) 〔*to*〕: ~ one's signature [name] *to* a document. **c** [~ *itself* または Passive で用いて] くっ付く, 付着する (adhere) 〔*to*〕: The abalone ~*es itself to* rocks. アワビは岩にくっ付く. **2 a** [しばしば ~ *oneself* または Passive で用いて] 〈人を〉〔団体などに〕所属[加入]させる, 引き入れる 〔*to*〕: ~ *oneself to* a publishing firm 出版社に入社する / He is ~*ed to* a new party. 新党に属している. **b** 〖軍事〗〈個人・部隊を〉〔ある指揮系統に〕比較的一時的に配属する 〔*to*〕 (cf. assign 2 b): ~ an officer *to* a regiment 将校を連隊に配属する / He is ~*ed to* the embassy [battalion headquarters]. 大使館[大隊本部]付きである. **3** 〈条件などを〉付ける, 付加する 〔*to*〕. **4 a** 〈重要性などを〉(...に)置く (assign) 〔*to*〕: ~ great [much] importance *to* education 教育を大いに重視する. **b** 〈責任などを〉(...に)帰する (attribute) 〔*to*〕: No blame is ~*ed to* his action 彼の行為には何も非難すべき点はない. **5** [しばしば Passive または ~ *oneself* として] 〈人・動物を〉(愛情などで)結び付ける, 愛着させる, 慕わせる 〔*to*〕: Kindness ~*es* people *to* each other. 親切は人々を互いに結びつける / She is deeply ~*ed to* him. 彼をひどく慕っている / The monkey has ~*ed itself to* him. 猿が彼になついて離れなくなった. **6** 〖法律〗逮捕する (arrest); 差し押える (seize). **7** 《廃》...をつかむ (lay hold of).

― *vi.* 〈物事が〉(...に)付随する, 伴う, 属する 〔*to, upon*〕: responsibilities that ~ *to* liberty 自由に伴う責任 / No blame ~*es to* him (for the accident). (事故のことで)彼には何ら非難すべきところはない.

at·tach·a·ble [ətǽtʃəbl̩] *adj.* **1** 取り付けできる 〔*to*〕. **2** 〖法律〗逮捕[差し押え]できる.

at·ta·ché [ætəʃéɪ, ætæ-, ətæ̀ʃeɪ｜ətǽʃeɪ, æt-; *F.* ataʃe] 〖▭ F ~ (p.p.) ← *attacher* to attach〗 ― *n.* (*pl.* **~s** [~z; *F.* ~]) (大使・公使の)随行員, 大使館員, 公使館員, 外交官試補: ⇨ commercial attaché, military attaché, naval attaché. **~·ship** *n.*

at·ta·ché càse [ətǽʃeɪ-, æ̀ṭəʃéɪ-, ætæ-｜ətǽʃɪ-, -ʃeɪ-] *n.* **1** アタッシェケース《書類用の四角い小型手さげ折りカバン》. **2** =briefcase.

at·táched *adj.* **1** 取り付けてある. **2** 付属の: an ~ school 付属校. **3** 〖建築〗壁続きの, 棟割式の: an ~ house (連続住宅の)一戸 (cf. detached). **4** 〖動物〗固着性の (cf. sessile).

at·tách·ment 〖(*a*1400) ▭ (O)F *attachement*: ⇨ attach, -ment〗 ― *n.* **1** 取付け, 結び付け, 付着; 付着物. **2 a** 結び付けるもの《ひも・ねじなど》, 連結部[装置] (fastening). **b** 〖歯科〗アタッチメント《義歯を歯に固定する特殊装置》. **3** 付属物[品], 付属装置, アタッチメント (accessory) 〔*for*〕: ~*s for* a sewing machine ミシンの付属品 / a camera with flash ~ フラッシュ付きのカメラ. **4 a** 愛着, 愛慕心, 愛情 〔*to, for*〕: have an ~ *to* a person 人を愛している / form a deep ~ *for* a person 人に深い愛着を覚えるようになる. **b** 〈主義・人などへの〉傾倒, 献身 〔*to*〕. **5** 〖法律〗逮捕(令状), 差押え(令状): ⇨ foreign attachment.

attáchment plùg *n.* 〖電気〗差込みプラグ《電気器具と配線との接続に使う接続器》.

at·tack [ətǽk] 〖(1600) ▭ F *attaqu-er* ▭ It. *attaccare* ← *at-* 'AD-'+OIt. *(*es*)*taccare* to attach ← *stacca* ← Gmc: cf. stake¹: ATTACH と二重語〗 ― *vt.* **1 a** 〈敵軍・陣地などを〉攻撃する, 攻める (↔ defend): ~ the enemy, castle, etc. **b** 〈人・動物など〉に襲いかかる, 襲う: The dog ~*ed* the cat. / He ~*ed* me *with* a knife. ナイフで私に襲いかかった. **c** 《婉曲》〈女性を〉襲う (assault), 乱暴する (rape). **2** (文章・言葉で)〈人・行為を〉攻撃する, 非難する (abuse); 〈主張などを〉攻撃[反論, 批判]する: ~ the government (policy), argument, etc. **3 a** 〈病気が〉〈人・局所を〉襲う, 冒す (seize): He was ~*ed* by pneumonia [a fever] 肺炎[熱病]にかかった. **b** 〈風雨などが〉〈物を〉侵す, 腐食する: Acid ~*s* metal. 酸は金属を侵す. **4** 〈仕事・食事など〉に勢いよく取り掛かる[着手する]: ~ a task, problem, etc. / We ~*ed* the dinner at once. すぐさま食事にむしゃぶりついた. **5** 〖チェス〗〈駒を〉攻める. ― *vi.* 攻撃する, 攻撃を開始する: The best way to defend is to ~. 防御の最上の方法は攻撃だ.

― *n.* **1 a** 攻撃, 襲撃 (↔ defense); 襲来: under ~ 攻撃されて[を受けて] / make [deliver] an ~ (*up*)*on* [*against*] the enemy 敵に攻撃を加える / an ~ of locusts バッタの襲来. **b** (文章・言葉による)攻撃, 非難, 批判: make an ~ (*up*)*on* a person in the press 人を新聞紙上で攻撃する. **2** 発病, 罹病(りびょう); (病気の)発作 (fit, seizure): a heart ~ 心臓発作 / an ~ *of* hiccups しゃっくりの発作 / have an ~ *of* measles はしかにかかる. **3** 〔仕事などの〕開始, 着手 〔*on, upon*〕. **4 a** (競技などで)攻撃(位置); [the ~] 攻撃側. **b** 〖クリケット〗攻撃, 投球 (bowling); 投手 (bowlers); [the ~] 攻撃側. **c** 〖チェス〗攻め; 布局において黒の用いる手段を白が使うこと. **d** 〖ラクロス〗相手チームのゴールとセンターの間にいるプレーヤー《第 1 アタックから第 3 アタックの 3 人がいる》; その位置. **5** 〖音楽〗 **a** (声楽・器楽で最初の)発声, 発音. **b** アタック《1 音符または 1 楽句の最初を強調する演奏法》. **6** 〖音声〗音立て《休止状態から発音し始めること; cf. glide 4》.

― *attrib. adj.* 〖軍事〗攻撃用の: an ~ aircraft, missile, etc. / an ~ formation 攻撃隊形.

~·a·ble [-kəbl̩] *adj.* **~·er** *n.*

attáck·man [-mæ̀n] *n.* (*pl.* **-men** [-mèn]) (ラクロスなどで)攻撃位置の選手.

at·ta·girl [ǽṭəgɜ̀ːl, ⌐ ⌐ ⌐｜ǽtəgɜ̀ːl, ⌐ ⌐ ⌐] 〖← *That's the girl!*: cf. attaboy〗 ― *int.* (*also* **at·ta·gal** [ǽṭəgæ̀l, ⌐ ⌐ ⌐｜-tə-]) 《米口語》いよう, うまい, えらいぞ《★ 女性に向かって attaboy の代わりに用いられる》.

at·tain [ətéɪn] 〖(?*a*1300) ▭ OF *ateign-* (pres.p. stem) ← *ataindre* (F *atteindre*) < VL **attangere* 《変形》← L *attingere* ← *at-* 'AD-'+*tangere* to touch: cf. tangent〗 ― *vt.* **1 a** 〈目的・望みなどを〉成しとげる, 達成する (gain): ~ one's aim, ambition, etc. **b** (努力によって)〈地位などを〉(勝ち)得る, 獲得する (win): ~ eminence, success, etc. **2** 〈高所・高齢など〉に(到)達する (reach): ~ the summit of a mountain, a ripe old age, etc. ― *vi.* (成長または努力によって)(...に)達する, 至る (come up) 〔*to*〕: ~ *to* man's estate 成年に達する / ~ *to* perfection 完璧(かんぺき)に達する / ~ *to* power [wealth, wisdom] 権力[富, 知恵]を得る.

at·tain·a·bil·i·ty [ətèɪnəbíləṭi｜-bílətɪ, -lɪ-] *n.* 達成[到達]の可能性, 遂(と)げられること.

at·tain·a·ble [ətéɪnəbl̩] *adj.* 達成[到達]できる, 遂(と)げられる. **~·ness** *n.*

at·tain·der [ətéɪndə｜-də(r)] 〖(1444) ← OF *ataindre* to accuse < L *attingere*: ⇨ attain: cf. attaint〗 ― *n.* **1** 〖法律〗私権喪失, 権利剥奪《もと, 大逆罪などの重罪犯人が死刑などの宣告を受けた結果生じた; 現在は法益剥奪 (outlawry) 処分の場合を除き廃止》: ⇨ BILL of attainder. **2** 《廃》不名誉 (dishonor).

at·táin·ment 〖(1384) *attenement* 《廃》encroachment〗 ― *n.* **1** 成しとげること, 達成; 到達; (地位などの)獲得: the ~ of one's goal. **2** 達して得たもの; [しばしば *pl.*] (高度の)学識, 才芸, 才能 (accomplishment): artistic [literary, scientific] ~*s* / a man of varied ~*s* 多才[多芸]の人.

at·taint [ətéɪnt, æt-｜ət-] [*v.*: 〖(*c*1330) ▭ OF *ataint* (p.p.) ← *ataindre* 'to ATTAIN'. ― *n.*: (*a*1338) ▭ OF *atainte* ← (fem.) ← *ataint*〗 ― *vt.* **1** 汚す, 汚辱する (disgrace): ~ a person's honor [name] 人の名誉[名]を汚す. **2 a** 〈病気などが〉冒す (affect). **b** 《古》感染させる, 毒する (infect, corrupt) 〔*with*〕. **3** 《古》〖法律〗...の私権を剥奪する, 喪失させる (cf. attainder 1). **4** 《古》告発する, 問責する (accuse) 〔*of*〕. **5** 《廃》〈人〉の有罪を証明する, 有罪とする 〔*of*〕. ― *n.* **1** 《古》汚辱, 汚名. **2** 〖法律〗 **a** (小陪審 (petty jury) 評決の)不正の有無の審理《昔 24 人から成る陪審 (grand jury) で行なった》; (不正評決の)小陪審に対する有罪決定. **b** =attainder 1. **3** 《廃》(中世馬上試合での)タッチ, 突き.

at·ta·pul·gite [æ̀ṭəpʌ́ldʒaɪt｜æ̀tə-] 〖← *Attapulgus* (その生産地に近い米国 Georgia 州の地名)+-ITE¹〗 *n.* 〖鉱物〗アタパルジャイト (⇨ palygorskite).

at·tar [ǽṭə, ǽtɑə｜ǽtə(r)] 〖(1798) ▭ Pers. *'aṭar* perfumed ← *'iṭr* perfume ← Arab.〗 ― *n.* **1** 花の精[香水]. **2** 〖化学〗=ATTAR of roses. **3** 芳香 (fragrance).
attar of roses 〖化学〗ばら油, ばらの精 (rose oil).

at·tem·per [ətémpə, æt-｜-pə(r)] 〖(*c*1200) ▭ OF *atempr-er* (F *attremper*) < L *attemperāre* to accommodate ← *at-* 'AD-'+*temperāre* 'to TEMPER'〗 ― *vt.* 《古》 **1** (他の要素を加えて)緩和[加減]する, 弱める (moderate). **2 a** 〈物〉の温度を調節する (regulate). **b** 調和させる, 合わせる (accommodate) 〔*to*〕. **3** 〈感情, 人を〉和らげる, 静める, なだめる (soothe). **4** 〈金属を〉鍛える (temper). ★ 今はどの意味にも通例 temper を用いる. **~·ment** *n.*

at·tem·per·a·tor [ətémpərèɪṭə, æt-｜-tə(r)] *n.* (醸造業などで用いられる液体温度を一定度に保つ)保温器.

at·tempt [ətém(p)t, æt-｜ət-] 〖(*a*1393) ▭ OF *attempter* < L *attemptāre* ← *at-* 'AD-'+*temptāre* 'to try, TEMPT'〗 ― *vt.* **1** 試みる, 企てる, 計る (try, seek) 〈*to do*; *doing*〉: ~ a difficult problem 難問を解こうとする / ~ an excuse 言い訳をしようとする / A coup d'état was ~*ed* by the general. クーデターが将軍によって企てられた / He ~*ed to* better his own record, but failed. 自己の記録を更新しようと試みたが失敗した / They ~*ed climbing* Mt. Everest twice. エベレスト登攀を二度企てた / ~*ed* robbery [suicide] 強盗[自殺]未遂. **2 a** 〈要塞(さい)などを〉襲う, 攻撃する, 〈山〉に挑(いど)む: ~ a fortress / ~ K2 K2 に挑(いど)む. **b** 《古》〈人命を〉奪おうとする, ねらう (try to take): ~ the life of ... を殺そうとする[企てる] / ~ one's own life 自殺を企てる. **3** 《古》誘惑する (tempt) 〈*to do*〉.

― *n.* **1 a** 試み, 企て, 企図, 努力 (trial, endeavor) 〈*to do*〉/〔*at*〕: an ~ *at* negotiations / an ~ *to* reform [*at* reforming] education 教育改革の企図 / He made an ~ *to* sleep [*at* sleeping]. 無理に眠ろうとした / I made an ~ *at* the work, but failed. その仕事を企てたが失敗した / succeed *at* the first ~ 一度で成功する / He turned aside *in* an ~ *to* avoid the blow. 打たれるのを避けようとして身をかわした / without an ~ *at* concealment 隠し立てをしないで. **b** (努力から生れた)(不満足な)結果, 出来ばえ 〔*at*〕: a poor ~ *at* painting [a sketch] 下手な絵[スケッチ]. **2 a** 《古》攻撃, 襲撃 (attack) 〔*on, against*〕: an ~ *on* a fortress, town, etc. **b** 〔要人などの生命を〕奪おうとする企て 〔*on*〕:

An ～ was made *on* his life [the life of the ambassador]. 彼[大使]に対して暗殺が企てられた. **c** 〔スポーツなどの記録を〕破ろうとすること〔*on*〕. **3** 〘法律〙未遂(行為); 未遂罪〔*at*〕: an ～ *at* murder, hijacking, etc. **～·a·ble** [-təbl] *adj.* **～·er** *n.*

at·tend [əténd, æt- | ət-] 〘(*a*1325) □ OF *atend-re* (F *attendre*) to wait for < L *attendere* ← *at-* 'AD-' + *tendere* to stretch: ⇨ tend¹〙 ── *vt.* **1** 〈会などに〉出席[列席, 参列]する; 〈学校などに〉通う, 行く: ～ a funeral / ～ school, church / ～ Mass ミサに出る[出席する] / ～ a baseball game 野球の試合を見に行く / His class is well ～*ed*. 彼のクラスは聴講者が多い. **2 a** 〈家臣・召使などが〉...にかしずく, 仕える, 付き添う, ...の世話をする (wait upon); ...に随行する (escort) (cf. *vi.* 5): The king on his trip was ～*ed* by court officials. 御旅行中の王は宮内官の供奉(ぐぶ)をお受けになった / He ～*ed* her *to* the concert. 彼女のお供をして演奏会へ行った. **b** 〈医師・看護婦などが〉(一定期間)〈患者〉に付き添う, ...の治療[看護, 世話]を(担当)する; 往診する (visit) (cf. *vi.* 4 b): He is ～*ed* by a specialist [good nurse]. 専門医[よい看護婦]が付いてる. **3** 〈事が〉(結果として)...に伴う (accompany) (cf. *vi.* 6): Success ～*ed* his perseverance. 彼は忍耐の結果成功した / The project will be ～*ed with* [by] many obstacles. その企画には多くの障害が伴うだろう. **4** 《古》〈人・言葉などを〉注意して聞く, ...に留意する (listen to) (cf. *vi.* 2 a). **5** 《古》〈人・事を〉見張る, 用心する (watch over). **6** 《古》〈人・事を〉待つ (wait for); 期待する (expect); 〈事が〉待ち構える (await).
── *vi.* **1** 出席[参列]する, 出向く (be present)〔*at*〕: I merely ～ sometimes. / Please ～ *at* this office on Friday morning. 当所へ金曜日午前中にお出で下さい. **2 a** [通例 ～ *to* として]〈人・言葉などに〉耳を傾ける, 留意する (listen): ～ *to* a lecture, teacher, etc. / *Attend to* my words [what I say]. 私の言葉[私の言うこと]をよく聞きなさい / Are you ～*ing*? 君は聞いているのですか. **b** 〔事に〕注目[注意]する〔*to*〕. **3** 〔仕事などに〕精を出す, 没頭する (apply oneself)〔*to*〕: ～ *to* one's business, studies, etc. **4 a** 〔人・動物などの〕世話をする, 面倒をみる, 〔機械などの〕手入れをする, 〔事を〕取り扱う〔*to*〕: ～ *to* children, chickens, a matter, etc. / ～ *to* a person's wishes 人の要望に添うように計らう / Is anybody ～*ing to* you? = Are you being ～*ed to*? (店員が客に向かって)だれか御用を承っておりましょうか / Let him ～ *to* that later. それはあとで彼に処理させなさい. **b** 〈医師・看護婦が〉〔患者・傷病の〕手当て[処置]をする (treat)〔*to*〕(cf. *vt.* 2 b): ～ *to* an injury / The emergency case was ～*ed to* by a resident physician. その急病人は(病院宿泊の)研修医に手当てを受けた. **5 a** 〔貴人・主人などに〕かしずく, 仕える, 伺候する, 〔...の〕世話をする; 〔...に〕供奉[随行]する〔*on, upon*〕(cf. *vt.* 2 a): Several ladies ～*ed upon* the queen. 何人もの女官が女王にかしずいた / The old man had a servant ～*ing on* him. 老人には召使が付いていた. **b** [～ *up(on)* として] = *vt.* 2 b. **6** [～ *(up)on* として] = *vt.* 3. **～·er** *n.*

at·ten·dance [əténdəns] 〘(*c*1380) □ OF *atendance*: ⇨ ↑, -ance〙 ── *n.* **1 a** 出席, 出勤, 参会, 参列 (presence)〔*at*〕; 就学: ～ *at* school, a meeting, etc. / regular ～ 精勤 / His ～ is bad. 出席[出勤]状態が悪い. **b** 出席回数: make ten ～*s* 10 回出席する. **c** [集合的] 出席者, 列席者, 観客. **d** 出席者数: There was a large [small] ～ *at* the ceremony. 式の参列者は多かった[少なかった]. **2 a** 付き添うこと, 仕えること, 伺候; 随行, 供奉(ぐぶ); 世話(すること); (医師・看護婦による)手当て, 治療, 看護〔*on, upon*〕: in ～ *on* ...に仕えて[付き添って]; ...の世話をして; 〈患者〉の手当て[治療, 看護]をして / die without medical ～ (医師の)手当て[医療]を受けずに死ぬ. **b** 《古》(ホテルなどの)サービス; サービス料. **3** [集合的]《廃》供奉者, 従者, 随行者〔*of*〕.
***dance attendance (up)on** a person* (そばに付き添って)〈人〉のごきげんを伺う, ...にちやほやする.

atténdance allòwance *n.* 《英》〘保険〙(重病人に給付される)付添看護手当.
atténdance àrea *n.* 《米》〘教育〙(公立学校の)学区.
atténdance cèntre *n.* 《英》保護観察センター《裁判所の判決で 21 歳以下の非行少年に対して矯正施設に収容させず自発的な改善更正を促進するための施設》.
atténdance òfficer *n.* 〘教育〙(無断欠席者などの補導をする)怠学者補導官《公立学校職員; truant officer ともいう》.
at·ten·dant [əténdənt] 〘(*c*1400) □ OF *atendant*: ⇨ attend, -ant〙 ── *adj.* **1** 付添いの, 供の, 随行の〔*on, upon*〕. **2** 伴う, 付随する (accompanying)〔*on, upon*〕: an accident and its ～ circumstances 事故とその付帯情況 / unemployment ～ *upon* depression 不況に伴う失業. **3** 列席の, 参会の, (その場に)居合わす: an ～ crowd. ── *n.* **1** 付添人, 随行者, 従者; (患者の)治療者, 看護人〔*on, upon*〕: the king and his ～*s* 王とお付きの者 / one's medical ～ 主治医. **2** 出席者, 参会者, 参列者〔*at*〕. **3** (ホテル・会社・ガソリンスタンドなどの)接客係, 係(員), 案内係: a cloakroom ～ クローク係 / an ambulance ～ 救急隊員 / a museum ～ 博物館の案内係. **4** 付随物, 付きもの.
atténdant kéy *n.* 〘音楽〙 = relative key.
at·tend·ee [ətèndíː, æten-] *n.* 《米》 = attendant 2.
at·ténd·ing *adj.* 〘医学〙 **1** 〈医師が〉(ある患者の)主治医を勤めて[担当して]いる: one's ～ physician 主治医. **2** 〈医師が〉(付属病院で)実習指導に当たっている: an ～ surgeon.
at·tent [ətént] 〘(15C) □ L *attent-us* (p.p.) ← *attendere* 'ATTEND'〙 *adj.* 《古》注意深い (attentive), 専心している (intent)〔*to, upon*〕. **～·ly** *adv.*
at·ten·tat [ætɑ̃ː(n)tɑ́ː, ætɑ̃ː(n)-, ætɑːn-, æto(ː)n-; *F.* atɑ̃ta] 〘□ F ～ ← *attenter* to attempt〙 ── *F. n.* (*pl.* ～*s* [～z; *F.* ～]) (失敗した)政治的暴力[クーデター].
at·ten·tion [əténʃən] 〘(*c*1380) □ L *attentiō(n-)* ← *attentus* (p.p.) ← *attendere* 'to ATTEND': ⇨ -tion〙 ── *n.* **1** 注意(を向け(ている)こと), 傾聴, 注目, 留意〔*to*〕; 注意力: close ～ *to* meaning 意味に対する細心の注意 / with ～ 注意深く / pay [give] ～ 注意を払う, 注意する / give ～ to one's work 仕事に精を出す / Pay more ～ to the lecture. 講義をもっとよく聞きなさい / call [draw] ～ to ...に注意を向けさせる, ...を指摘する / divert ～ (*from*...) (...から)注意(力)をそらす / His absence came to my ～. 彼の欠席[欠勤]が私の目に止まった / Her appearance attracted ～. 彼女のなりが人目を引いた / Suddenly she stiffened to ～. 急に体を硬くして耳をそばだてた / I am all ～. 私は全身を耳にして(聞いて)いる / *Attention*, please! 皆さまに申し上げます《アナウンス係の用語》. **2 a** (具体的な)考慮, 配慮, 手配 (consideration)〔*to*〕: promise immediate ～ 至急手配を約束する / Give more ～ to your manners. もっと行儀に気を付けなさい / The situation requires serious ～. 情勢は慎重な配慮を要する. **b** 心づかい, 親切, 世話, 手当て (care)〔*to*〕: ～ *to* old people 老人の世話[へのいたわり] / He needed immediate [medical] ～. 彼は直ちに[医者の]手当てを必要とした. **c** (機械などの)手入れ: My typewriter needs ～. **3 a** 丁寧, 丁重 (politeness)〔*to*〕: with ～ 丁寧に. **b** [しばしば *pl.*] 心尽くし, 慇懃(いんぎん); (女性への)親切〔*to*〕: pay (one's) ～*s to* a lady 婦人に求婚[求愛]する (court). **4** 〘心理〙注意《環境の中からある特定の部分を選び出しそれに集中する認知の働き》. **5** 〘軍事〙気をつけの姿勢 (cf. *at* EASE (4)): *Attention* [(ə)tènʃʌ́n, æt-]! [号令] 気をつけ《略して 'shun [ʃʌ́n]! という》/ come [stand] to ～ 気をつけ[不動]の姿勢を取る / stand at ～ 気をつけの姿勢でいる, 不動の姿勢を取る. **6** [A-]〘商業〙アテンション, ...宛て《会社・官庁などへの書面で, ある人または部課を目指す場合, 注意を引くためにその直前に付ける語; for the attention of... の意; 略 ATT, Att., ATTN, Attn.; cf. attention line, CARE *of*》: *Attention* (:) Mr. Charles Smith, Manager.
～·al [-ʃənl, -ʃnəl] *adj.*
atténtion lìne *n.* 〘商業〙アテンションライン《会社などへの書面で, inside address と salutation の中間に必要に応じて特定の宛名を記す一行; cf. attention 6》.
atténtion spàn *n.* 〘心理〙注意の範囲 (⇨ SPAN of attention).
at·ten·tive [əténtɪv, æt- | ətént-] 〘(*c*1449) □ (O)F *attentif* ← *attente* expectation: ⇨ attention, -ive〙 ── *adj.* **1** 注意深い, よく気を付ける, 傾聴[注目]する; 〔仕事などに〕励む (intent)〔*to*〕: an ～ reader, mind, etc. / be ～ to duty 義務を守る / be ～ to hygiene 衛生に注意する. **2 a** 〔人のために〕気を遣う, 親切な, いたわる (solicitous)〔*to*〕: an ～ son [wife] / be ～ *to* guests [the sick]. **b** (女性に)親切な, ちやほやする. **3** 丁寧な, 慇懃(いんぎん)な (polite)〔*to*〕: ～ *to* strangers.
～·ly *adv.* **～·ness** *n.*
at·ten·u·ant [əténjuənt | -nju-] 〘□ F ～ □ L *attenuantem* (pres.p.) ← *attenuāre*: ⇨ ↓, -ant〙 ── *adj.* 希薄にする; 〘医学〙〈血液などを〉希釈する. ── *n.* 〘医学〙希釈剤.
at·ten·u·ate 〘(1530) ← L *attenuāt-us* (p.p.) ← *attenuāre* ← *at-* 'AD-' + *tenuāre* to make thin ← *tenuis* 'THIN'〙 ── [əténjuèɪt | -njʊ-] *v.* ── *vt.* **1** 細くする, (やせ)細らせる (make slender). **2** 〈液体・気体を〉薄める, 希薄にする, 希釈する (dilute, rarefy); ...の力・量・価値などを減じる, 弱める (weaken). **3** 〘電気〙減衰させる: be ～*d* 減衰する. **4** 〘医学〙〈病毒・ワクチンなどを〉弱毒化する. ── *vi.* 細くなる, やせ細る; 薄くなる; 弱る, 衰える. ── [əténjuət, -njuɪt, -njuèɪt | -nju-] *adj.* **1** = attenuated. **2** 〘植物〙〈葉が〉先の細くなった, 漸先形の.
at·tén·u·àt·ed [-tɪd, -təd | -tɪd, -təd] *adj.* 細くした; 薄くした, 希釈した.
at·ten·u·a·tion [ətènjuéɪʃən | -nju-] 〘□ L *attenuātiō(n-)*〙 *n.* **1** 細くなること, やせ細り; やつれ (emaciation); 薄弱, 衰弱. **2** 希薄化, 希釈; 希釈度. **3** 〘物理・化学・電気〙減衰《電流・電圧・電力などの減少》.
attenuátion cónstant *n.* 〘物理・化学・電気〙減衰定数《ある量が減少する度合を示すもの》.
at·tén·u·à·tor [-tə | -tə(r)] *n.* 〘電気〙減衰器.
at·test [ətést, æt- | ət-] 〘(1596) □ F *attest-er* □ L *attestārī* to bear witness ← *at-* 'AD-' + *testārī* to be a witness: cf. testament〙 ── *vt.* **1 a** 〈事実を〉証言する, 証明する, 立証する (testify): ～ the truth of a statement 陳述の真実さを証言する / I ～ *that* it is true. それが真実だということを証明する. **b** 〘法律〙(宣誓などによって)〈証書などの〉真正なことを証明する: ～ a will. **2** 〈物事が〉...の証拠となる, 立証する: The child's punctuality ～*s* his strict upbringing. あの子のきちょうめんさでその厳しい仕付けがわかる. **3** 〈語句などの〉使用を確証[確認]する, 文証する. **4** 宣誓させる (put on oath). **5** 《英》〘畜産〙〈牛・牛乳〉の無病[無菌]を証明する: ～*ed* cattle 健康であることを証明された牛 / ～*ed* milk 保証牛乳 (cf. certified milk). **6** 〘軍事〙〈要員を〉(宣誓の上)兵籍に入れる (enroll). ── *vi.* **1 a** 〔...を〕証言する (bear witness)〔*to*〕. **b** 〈物事が〉〔...の〕証明となる〔*to*〕: These facts all ～ *to* the integrity of his purpose. これらの事実は彼の目的の誠実さを立証する. **2** 〘軍事〙兵籍に入る. ── *n.* 《廃》証拠; 証明.
at·test·ant [ətéstənt, æt- | ət-] 〘□ L *attestant-em* (pres.p.) (↑)〙 *adj.* 証拠となる, 証明する. ── *n.* 〘法律〙(証書の真正さの)証明者, 証人.
at·tes·ta·tion [ætestéɪʃən, ætɪs-, ætəs-, ates- | ætes-] 〘(1547) □ F ～: ⇨ attest, -ation〙 *n.* **1** 証言, 証明, 立証; 証拠. **2** 〘法律〙(証書などの真正の)証明.
at·tést·er *n.* (*also* **at·tés·tor**) 〘法律〙(証書作成の)立会い証人.
Att. Gen. 《略》 Attorney General.
at·tic [ǽtɪk | -tɪk] 〘(1696) □ F *attique* ← L *Atticus* (↓): Attic 様式のつけ柱 (pilaster) を用いたことから〙 ── *n.* **1 a** 〘建築〙屋階《屋根下の階》, 屋根裏 (attic story). **b** 屋根裏部屋 (attic room(s), garret) 《《米》では二部屋以上にも用いる》: live in an ～. **2** 《口語・戯言》頭 (head) (cf. upper story 2): be queer in the ～ 頭が変だ[鈍い]. **3** 〘建築〙アティク《ギリシャ建築で軒蛇腹の上の細長い横壁》. **4** 〘解剖〙上鼓室.
At·tic [ǽtɪk | -tɪk] 〘(1599) □ L *Attic-us* □ Gk *Attikós* of Attica〙 ── *adj.* **1 a** 古代アッティカ (Attica) の; 古代アテネ (Athens) の, アテネ人の. **b** 《古》古代ギリシャの (Greek). **2** [時に a-] 〈文芸様式などが〉アテネ風の, 古典的な, 高雅な; 〈文体などが〉簡潔典雅な. ── *n.* **1** アッティカ人; アテネ人. **2** アッティカ方言《アッティカ地方のギリシャ語; 古代の標準ギリシャ語》.
At·ti·ca [ǽtəkə | ǽtɪ-] 〘□ L ～ □ Gk *Attikḗ*〙 *n.* アッティカ: **1** 古代ギリシャ Athens を中心とする国家. **2** ギリシャ中部の県; 首都 Athens.
Áttic báse *n.* 〘建築〙(ギリシャ建築で円柱の)アッティカ式柱基.
Áttic fáith *n.* 絶対に揺がない信義 (cf. Punic faith).
At·ti·cism, a- [ǽtəsɪzm | ǽtɪ-] 〘□ L *Atticism-us* □ Gk *Attikismós*: ⇨ Attic, -ism〙 *n.* **1** アテネ文学の特質. **2** アテネ(特有の)語法. **3** (誇張や装飾を排した)簡潔典雅な文体 (cf. Asianic 2). **4** アテネ(人)に対する憧憬(しょうけい)[模倣].
At·ti·cize, a- [ǽtəsàɪz | ǽtɪ-] *vt.* アテネ風にする, アテネ化する. ── *vi.* **1** アテネ人の味方をする. **2** アッティカ方言を使用する.
áttic órder *n.* 〘建築〙アッティカ式《角柱を用いる柱式》.
Áttic sált, a- s- 〘《なぞり》← L *sāl Atticum*〙 *n.* アテネ風の(優雅な)とんち, 上品なしゃれ.
áttic stóry *n.* 〘建築〙 = attic 1 a.
At·ti·cus [ǽtɪkəs, ǽtə- | ǽtɪ-], **Titus Pom·po·ni·us** [pɑmpóuniəs | pɒmpə́unjəs, -nɪəs] *n.* アッティクス《109–32 B.C.; Rome の実業家・文芸愛好者; Cicero の親友》.
Áttic wít, a- w- *n.* = Attic salt.
at·tid [ǽtɪd, ǽtəd | ǽtɪd] 〘↓〙 *adj., n.* 〘動物〙ハエトリグモ科の(クモ).
At·ti·dae [ǽtədìː | -tɪ-] 〘← NL ～ ← *Attus* (属名: ← ? L *atta* one that walks on tiptoes) + -IDAE〙 ── *n. pl.* 〘動物〙ハエトリグモ科《以前は Salticidae といった》.
At·ti·la [ǽtələ, ǽtlə, ətɪ́lə | ǽtɪlə] 〘□ Goth. ～ 《原義》little father: 一時ゴート人を支配したのでそう呼ばれた〙 ── *n.* アッティラ《?–453; ヨーロッパに侵入したフン族 (Huns) の王; 451 年 Châlons-sur-Marne でローマ人および西ゴート人 (Visigoths) に破られた; あだ名 the Scourge of God》.
at·tire [ətáɪə, æt- | ətáɪə(r)] 〘(*c*1300) □ OF *atir-(i)er* to set in order, adorn ← A-⁴ + *tire* rank, order (⇨ tire³)〙 ── *vt.* [しばしば ～ oneself または Passive] 装わせる (dress); 盛装させる (dress up)〔*in*〕: ～ *oneself in* blue [a blue suit] ブルーの装いをする[ブルーの服を着る] / They came out, ～*d for* traveling [the honeymoon]. 旅行[ハネムーン]の服装をして出て来た. ── *n.* **1 a** 装い, 服装, 衣装 (dress, apparel); 盛装, 美装 (finery): in male ～ 男装で[の]. **b** (樹木などの)装い: the ～ of spring 春の装い. **2** 〘狩猟・紋章〙鹿の枝角 (antlers of a stag).
at·tired *adj.* **1** 〘狩猟〙枝角のある. **2** 〘紋章〙 **a** 〈鹿が〉角を付けた. **b** 〈鹿〉の角が体の色と異なる《鹿以外の弱い動物は horned》.
At·tis [ǽtɪs, ǽtəs | ǽtɪs] 〘□ L ～ □ Gk *Áttis, Áttus*〙 *n.* 〘ギリシャ神話〙アッティス, アテュス《Cybele に愛された Phrygia の少年》.
at·ti·tude [ǽtɪt(j)ùːd, ǽtə- | ǽtɪtjùːd] 〘(1668) □ F ～ □ It. *attitudine* aptness, posture < LL *aptitūdinem* 'APTITUDE'〙 ── *n.* **1 a** (精神状態の表われとしての)姿勢, 身構え, 態度 (posture): an ～ of respect / sit [stand] *in* a lazy [threatening] ～ ものぐさそうな姿勢[威嚇的な態度]でいる. **b** 〘美術〙(人物などの)姿勢, ポーズ. **2** 〔物事などに対する〕(心的)態度, 心構え (disposition); (しばしば感情的な)意見, 立場, 心境 (opinion)〔*to, toward*〕: one's ～ *to* life 人生観 / show a patronizing ～ 恩に着せるような態度を見せる / take [assume] a strong ～ *toward* ...に対して強硬な態度[姿勢]を取る. **3** 〘心理〙(一定した)態度《ある事象に一定の反応をひき起こす行動傾向》. **4** 〘宇宙・航空〙姿勢《地面に対する機体傾角・バンク角などや周囲の大気に対する迎え角・横すべり角など》. **5 a** 〘ダンス〙姿勢, ポーズ. **b** 〘バレエ〙アチチュード《片足で立ち片足を後ろに曲げたポーズ; arabesque の変形》.

an attitude of mind =2. ***strike an attitude*** (1) 気取った[わざとらしい]身構えをする, ポーズを作る (pose for effect). (2) 気取った[風変りな]振舞いをして見せる. ***attitude of flight*** 〘航空〙飛行姿勢.

at·ti·tu·di·nal [ætətʲ(j)ú:d(ə)nəl, -dn̩l | ætɪtjú:dɪnl] *adj.* 態度の[に関する], 態度を表わす.

at·ti·tu·di·nar·i·an [ætɪt(j)ù:dənέ(ə)riən, ætə-, -dn̩- | ætɪtjù:dɪnέəri-] *n.* =attitudinizer. **~·ism** [-nìzm] *n.*

at·ti·tu·di·nize [ætətʲ(j)ú:dənàɪz, ætə-, -dn̩- | ætɪtjú:dɪn-] *vi.* (態度を)気取る, ポーズを作る, 気取って言う[書く].

àt·ti·tú·di·nìz·er *n.* 気取った態度を取る人, 気取り屋.

Átt·lee [ǽtli | -lɪ], **Clement Richard** *n.* (1883-1967) 英国の政治家; 労働党党首 (1935-57), 同党内閣の首相 (1945-51); 称号 1st Earl Attlee.

attn., Attn., ATTN. 《略》〘商業〙Attention.

at·to- [ǽtoʊ | ǽtə(ʊ)] 〚← Dan. or Norw. *atten* eighteen < ON *āttjān*〛 ── 「アト (10^{-18})」の意の連結形 (略 a). ★ mks 単位系・SI 単位系で基本単位に付けて用いる.

at·torn [ətə́:n | ətə́:n] 〚《*a*1250》 'to turn, transform' ▭ OF *atorn-er* to direct, attorn ← A-[4]+*torner* < L *tornāre* 'to TURN'〛 〘法律〙 ── *vi.* (土地譲渡の結果)〈借地人が〉新地主を承認する. ── *vt.* 〈土地などを〉譲渡する (transfer). **~·ment** *n.*

at·tor·ney [ətə́:ni | ətə́:nɪ] 〚《*c*1303》 ▭ OF *atorné* ← (p.p.) ← *atorner* (↑)〛 ── *n.* 〘法律〙 **1** (委任状 (letter of attorney) による)代理人, 代人 (attorney-in-fact): by ~ 代理人によって, 代人で / ⇨ POWER of attorney, WARRANT of attorney. **2** =attorney-at-law.

attórney-at-láw *n.* (*pl.* **attorneys-**) 〘法律〙 **1** 《米》弁護士 (lawyer). **2** 《英廃》=solicitor 3.

attórney géneral *n.* (*pl.* **attorneys g-, ~s**) [しばしば A- G-] **1** 法務長官, 司法長官: **a** 米国では内閣員または州最高法務官. **b** 英国では国王に任命され, 内閣と運命をともにはするが内閣員ではない; 国王を代表して刑事訴追に当たる最高の法務官吏. **2** (米国のいくつかの州で) =public prosecutor.

attórney-in-fáct *n.* (*pl.* **attorneys-**) =attorney 1.

attórney·shìp *n.* **1** attorney の職[身分]. **2** 代理権.

at·tract [ətrǽkt] 〚《?*a*1425》 ← L *attract-us* (p.p.) ← *attrahere* ← *at-* 'AD-'+*trahere* to draw: cf. tract[1]〛 ── *vt.* **1 a** 〈注意・興味などを〉引く, そそる (draw) (↔ distract); 〈人〉の気[注意]を引く, …に興味(など)を起こさせる, 魅惑する (allure): ~ admiration, curiosity, etc. / The picture ~*ed* attention [my eye]. その絵は人目を引いた[私の目に止まった] / She was ~*ed* by him [his good looks]. 彼[彼の美貌]に心を引かれた. **b** 〈危険・批判などを〉招く, 呼ぶ: ~ risks. **2 a** 〈人・動物などを〉(興味・利益などで)引き付ける[寄せる] 〔*to, toward*〕: ~ admirers, followers, etc. / The fire ~*ed* a large crowd. 火事でたくさんのやじ馬が集まった / Bees are ~*d to* flowers. ミツバチは花に引き付けられる / He couldn't help being ~*ed to* her. 彼女に引き付けられるのをどうすることもできなかった. **b** 誘致する〔*to*〕: ~ tourists / ~ industry *to* a district ある地域に工業を誘致する. **3** (引力・磁気などで)〈物を〉引く, 引き付ける (↔ repel): A magnet ~*s* iron. 磁石は鉄を引く / Salt ~*s* moisture. 塩は湿気を呼ぶ / The moon is ~*ed to* the earth. 月は地球に引き付けられている. **4** 《俗》盗む, くすねる (steal). **5** 〘文法〙〈語が〉(牽引作用によって)〈近くの語〉の呼応に影響を与える〔*into*〕: The verb has been ~*ed into* the plural by a plural noun after it. この動詞はそのあとの複数名詞の影響で複数をもって呼応している.
── *vi.* 引き付ける(力がある); 魅力がある, 魅惑する.
~·a·ble [-təbl] *adj.* **~·er, at·trác·tor** *n.*

at·trac·tant [ətrǽktənt] *n.* 引き付けるもの, 誘引物; 〘動物〙昆虫などを誘い寄せるのに使う物質, 誘引剤.

at·tráct·ing *adj.* 人の注意を引く, 人目につく, 魅惑的な (attractive); (物を)引き付ける. **~·ly** *adv.*

at·trac·tion [ətrǽkʃən] 〚《*a*1400》 ▭ (O)F ~ ‖ L *attractiō(n-)*: ⇨ attract, -tion〛 ── *n.* **1** 引き付けること, (互いに)引き付けられること; 誘引, 誘致〔*to, toward*〕: the ~ of a crowd / the ~ of ants *to* sweet foodstuffs. **2 a** 〔人・注意力などを〕引き付ける力, 魅力 (charm)〔*for*〕: the ~ of a circus *for* children 子供たちに対するサーカスの魅力 / Gambling has no ~ *for* me. 私はギャンブルには全く興味がない. **b** (多数の)人を引き付けるもの, 人目を引くもの, 魅惑的なもの, 魅力; 呼び物: the chief ~ of the evening [program] 当夜[番組]の主な呼び物 / Kyoto is full of tourist ~*s*. 京都には観光の名所がたくさんある. **3** 〘物理〙引力 (↔ repulsion): the ~ of gravity 重力 / capillary [molecular] ~ 毛管[分子]引力 / chemical ~ 親和力 (affinity) / magnetic ~ 磁引力, 磁力. **4** 〘文法〙牽引《近くの語に引かれて数・格などが変化すること; 例: when him [=he whom] we serve's away》.

at·trác·tion·al·ly [-ʃ(ə)nəli | -lɪ] *adv.*

attráction sphère *n.* 〘生物〙誘引球《中心体の中心粒の周囲に球状に分化した細胞質; centrosphere ともいう》.

at·trac·tive [ətrǽktɪv] 〚《*a*1400》 ▭ (O)F *attractif* ‖ LL *attractīvus* ← L *attractus*: ⇨ attract, -ive〛 ── *adj.* **1 a** 〈女性など〉人目に付く, 魅力[愛嬌(あいきょう)]のある (charming), きれいな (pretty): an ~ face, girl, voice, etc. / a man ~ *to* young girls / She is not beautiful, but ~. **b** 〈物事が〉興味をそそる, 人の気に入る: an ~ device, garden, etc. / an ~ price ころ合いの値段 / an ~ store 人目を引く[気のきいた]店. **2** 〈動物などを〉引き付ける, 誘引する〔*to*〕: a smell ~ *to* cats. **3** 〘物理〙引力のある. **~·ly** *adv.* **~·ness** *n.* **at·tràc·tív·i·ty** [ətræktívəṭi | -vɪtɪ, -vɪ-] *n.*

attráctive núisance *n.* 〘法律〙誘惑的妨害物《分別のない子供たちを招き寄せるような危険物; 建築中の足場など》.

at·tra·hent [ǽtrəhənt | ətréɪ(ɪ)ənt, ǽtrəhənt, ǽtrɪənt] 〚▭ L *attrahent-em* (pres.p.) ← *attrahere* to draw to: ⇨ attract, -ent〛 *n.* =attractant.

attrib. 《略》attribute; attributive; attributively.

at·trib·ut·a·ble [ətríbjuṭəbl | -tə-] *adj.* 〈原因などに〉帰し得られる, 帰因する, 〔…の〕せいである〔*to*〕: be ~ *to* …に帰し得る.

at·trib·ute 〚n.: 《*c*1373》 ← L *attribūt-us* (p.p.) ← *attribuere* ← *at-* 'AD-'+*tribuere* to add, assign: cf. tribute. ── v.: 《1523》 ← L *attribūt-us*〛 ── [ətríbjut, -bju:t | -bju:t, -bjut] *vt.* **1** 〈性質などを〉〔…に〕属させる, 〔…が〕もっていると考える[みなす]〔*to*〕: ~ talent [guilt] *to* a person. **2** 〈結果などを〉〔ある原因に〕帰する, 〔…の〕せいだとする〔*to*〕: ~ an effect *to* a cause / They ~ his success *to* hard work [*working* hard]. 彼の成功を勉強[勤勉]の賜物であるとしている / His death was ~*d to* heart failure. 彼の死因は心臓麻痺(ひ)とされた. **3 a** 〈作品・発明などを〉(相当な根拠によって)〔…の〕作だとする, 〔…の〕手によるものとする (ascribe)〔*to*〕: ~ a work of art *to* a person / The saying is ~*d to* a Greek philosopher. その格言はギリシャの哲学者が言ったものとされている. **b** 〈物〉の年代[出所]を〔…のものと〕考える[みなす]〔*to*〕: The vase has been ~*d to* China [Tang]. その花器は中国[唐時代]のものとみなされてきた.
── [ǽtrəbjù:t | -rɪ-] *n.* **1** 属性, 特質 (characteristic): Kindness is an ~ of a good teacher. **2 a** (官職・資格などの表象となる)付きもの, 持物 (symbol): The eagle was the ~ of Jupiter. / A crown and scepter are ~*s* of kings. 冠と笏(しゃく)とは王の標象[王に付きもの]である. **b** 〘美術〙(表現された人物の性格を特徴づける)きまった持物. **3** 〘論理・哲学〙属性, 性質 (predicate) (↔ subject). **4** 〘文法〙 **a** 限定語(句), 属性・性質を表わす語(句) (adjunct); (特に)形容詞(相当語句)《例えば a *good* dog》. **b** 内心構造 (endocentric construction) における二つの直接構成素のうちの修飾部《例えば *this* boy / *very* old / *black*board など》.

at·tríb·ut·er [-ṭə | -tə(r)] *n.*

at·tri·bu·tion [ætrəbjú:ʃən | -rɪ-] 〚《1467》 ▭ (O)F ~ ‖ L *attribūtiō(n-)*: ⇨ ↑, -tion〛 ── *n.* **1** (性質などを)帰すること, (結果などを)〔原因に〕帰すること, (作品などを)〔作者のものと〕判断すること (ascription)〔*to*〕: the ~ of an effect *to* a cause / the ~ of intelligence *to* some animals ある種の動物に知性があるとみなすこと[説] / the ~ of a painting *to* Picasso. **2** 帰せられるもの, 属性 (attribute). **3** 《古》(官職などに付属する)権能, 職権. **~·al** [-ʃənl, -ʃnəl] *adj.*

at·trib·u·tive [ətríbjuṭɪv | -tɪv] 〚《1606》 ▭ F *attributif*: ⇨ attribute, -ive〛 ── *adj.* **1** 属性的な, 属性を表わす. **2** 〘文法〙限定[修飾]的な, 連体的な (↔ predicative): ⇨ attributive adjective, attributive noun. ── *n.* 〘文法〙限定詞, 連体語[句]. ★ the old dog の *old* は Attributive (限定詞)で, The dog is old. の *old* は Predicative (叙述詞). **~·ness** *n.*

attríbutive ádjective *n.* 〘文法〙限定形容詞《a big boy における *big* のように名詞の前に置かれた形容詞; cf. predicative adjective》.

at·tríb·u·tive·ly *adv.* **1** 属性的に. **2** 〘文法〙限定詞として.

attríbutive nóun *n.* 〘文法〙限定名詞《a cannon ball における *cannon* のように限定形容詞用法の名詞のこと; cf. predicative noun》.

at·trite [ətráɪt, æt-] 〚▭ L *attrit-us* (p.p.) ← *atterere* to rub against ← *at-* 'AD-'+*terere* to rub〛 ── *adj.* 〘カトリック〙(不完全な)痛悔をもつ (cf. contrite). ── *vt.* 摩滅させる.

at·trít·ed [-ṭɪd, -ṭəd | -tɪd, -təd] *adj.* 擦(す)れた, 摩滅[削摩]している.

at·tri·tion [ətríʃən, æt-] 〚《*c*1385》 ▭ ML *attrītiō(n-)* chastisement, (L) rubbing against: ⇨ attrite, -tion〛 ── *n.* **1** 摩擦 (friction). **2** 摩滅, 摩損 (abrasion): a war of ~ 消耗戦. **3** (数などの)減少, 縮小; (死亡・退職などによる)人員の欠落. **4** 〘カトリック〙(不完全な)痛悔 (cf. contrition 2). **5** 〘歯科〙咬耗(こうもう) (occlusal wear)《上下の歯の擦り合わせで歯が擦り減ること》. **~·al** [-ʃənl, -ʃnəl] *adj.*

attrítion mill *n.* 〘機械〙アトリションミル, 歯付円板粉砕機.

At·tu [ǽtu:] *n.* アッツ(島)《米国 Alaska 州西部 Aleutian 列島西端の島; 日本軍が占領していた (1942-43)》.

at·tune [ət(j)ú:n, æt- | -tjú:n] 〚← *at-* 'AD-'+TUNE: ATONE からの類推か〛 ── *vt.* **1** 〈楽器など〉の調子を合わせる, 調音する (put in tune)〔*to*〕: ~ a violin *to* a piano バイオリンをピアノの調子に合わせる. **2** 〈心など〉の調子を合わせる, 〈気分などを〉調和させる (harmonize)〔*to*〕: hearts ~*d to* worship 礼拝にふさわしい人々(の心) / My mind was not ~*d to* a serious book. 私は真面目な本を読むような気分ではなかった. **~·ment** *n.*

Atty. 《略》Attorney.

Atty. Gen. 《略》Attorney General.

ATV 《略》〘自動車〙all-terrain vehicle.

A.T.V. 《略》《英》〘テレビ〙Associated Television.

at. vol. 《略》〘化学〙atomic volume.

a·twain [ətwéɪn] 〚ME *atweyne* ← OE *on twēgen*: ⇨ a-[1], twain〛 *adv.* 《古》二つに (in twain, in two); (二つに)分かれて (asunder).

a·tween [*adv.* ətwí:n; *prep.* ─ ⌣, ─ ⌣] 〚《*c*1400》 *atwene* ← A-[1]+*-twene* (⇨ between)〛 *adv., prep.* 《古・方言》=between.

a·twit·ter [ətwíṭə | -tə(r)] 〚← A-[1] 2+TWITTER (v.)〛 *adv., pred. adj.* **1** (小鳥が)さえずって (twittering). **2** 興奮して; そわそわして.

Át·wood's machìne [ǽtwʊdz-] 〚← *George Atwood* (1746-1807: 英国の数学者でその発明者)〛 ── *n.* 〘物理〙アトウッドの器械《物体の落下運動を緩慢にし重力加速度 g の測定に適するようにした器械》.

at. wt. 《略》〘化学〙atomic weight.

a·typ·i·a [eɪtípiə | -pɪə] 〚← NL ~: ⇨ a-[7], type, -ia[1]〛 *n.* 〘病理〙異型性, 非定型性.

a·typ·ic [eɪtípɪk] *adj.* =atypical.

a·typ·i·cal [eɪtípɪkəl, -pə- | -pɪ-] *adj.* 非定型の, アブノーマルな; 不規則な. **~·ly** *adv.*

au [óʊ | əʊ; *F.* o] 〚▭ F ~ 《短縮》← *à le* to the〛 *F.* = to the, at the, with the.

Au 《記号》〘化学〙gold (← L. aurum).

A.U. 《略》Actors' Union; 〘印刷〙all up; 〘天文〙astronomical unit.

A.U., ÅU. 《略》〘天文〙angstrom unit 天文単位.

au·bade [oʊbá:d, -bǽd | əʊbá:d; *F.* obad] 〚《1678》 ▭ F ~ ▭ Sp. **albada* ← *alba* dawn: ⇨ alba[2]〛 ── *n.* (*pl.* **~s** [~z; *F.* ~]) **1** 〘音楽〙オバド: **a** 恋人と別れる暁の歌 (cf. serenade). **b** 田園情緒の曲. **2** 〘文学〙暁の恋歌; (恋人の)暁の別れの歌, 後朝(きぬぎぬ)のうた (cf. alba[2]). **3** 朝の鳥のさえずり.

Aube [óʊb | əʊb; *F.* o:b] *n.* **1** オーブ(県)《フランス北部の県; 人口 281,000, 面積 6,026 km^2; 首都 Troyes》. **2** [the ~] オーブ(川)《フランス北部に発し, 西北に流れて Seine 川に注ぐ (200 km)》.

au·be·pine [ɔ́:bəpì:n, -beɪ-] 〚▭ F *aubépine* < VL **albispīna* ← L **alba spīna*=*spīna alba* white thorn〛 *n.* 〘化学〙オーベピン (⇨ anisaldehyde).

Au·ber [oʊbέə | əʊbέə(r; *F.* obɛ:r], **Daniel François Es·prit** [ɛspri] *n.* オーベール《1782-1871; フランスの作曲家》.

au·berge [oʊbέəʒ | əʊbέəʒ, ─ ⌣; *F.* obɛrʒ] 〚▭ F ~ ← Gmc: cf. harbor / G *Herberge* inn〛 *F.* *n.* (*pl.* **-berg·es** [~ɪz, ~əz; *F.* ~]) 宿屋, はたご(屋) (inn).

au·ber·gine [óʊbəʒì:n, -bɛə-, -dʒì:n, ─ ─ ⌣ | óʊbəʒì:n, -dʒì:n, ─ ─ ⌣, əʊbəʒí:n; *F.* obɛrʒin] 〚《1794》 ▭ F ~ ▭ Catalan *alberginia* ▭ Arab. *al-bādhinjān* eggplant ← *al-* the+Pers. *bādhinjān*〛 ── *n.* (*pl.* **~s** [~z; *F.* ~]) =eggplant.

Au·ber·vil·liers [òʊbəvi:ljéɪ | əʊbə-; *F.* obɛrvilje] *n.* オーベルヴィリエ《フランス北部の Paris に近い都市; 人口 74,000》.

au bleu [oʊ-blə́:, -blú: | əʊ-; *F.* oblø] 〚▭ F ~ 《原義》to the blue〛 *pred.adj., adv.* オーブルー《魚(特にマス)を酢入りのクールブイヨン (court bouillon) で青っぽくゆで煮した料理についていう》: trout ~.

au·bre·ti·a [ɔ:brí:ʃiə, ɔ:-, -ʃə | ɔ:brí:ʃiə, -ʃə] *n.* 〘植物〙=aubrietia.

Au·brey [ɔ́:bri | -brɪ] 〚▭ F *Auberi* ▭ G *Alberich* ← MHG *alb* elf+*-rich* ruler (cf. rich): cf. Alberich / OE *Ælfric*〛 *n.* 男性名《異形 Auberon》.

au·brie·tia [ɔ:brí:ʃiə, ɔ:-, -ʃə | ɔ:brí:ʃɪə, -ʃə] 〚《1829》 ← NL ~ ← *Claude Aubriet* (1668-1743: フランスの動植物画家): ⇨ -ia[2]〛 ── *n.* 〘植物〙ムラサキナズナ《地中海沿岸産アブラナ科ムラサキナズナ属 (*Aubrietia*) の多年草の総称; ムラサキナズナ (*A. deltoidea*) など; 観賞用》.

au·burn [ɔ́:bən | -bən, -bə:n] 〚《*a*1420》 *a(l)borne* blond, yellowish white ▭ OF *auborne, alborne* ▭ ML *alburnus* whitish ← L *albus* white: 現在の意味は ME *brun* brown との連想から〛 ── *adj.* **1** 赤褐色の (reddish-brown), 金褐色の (golden-brown): ~ hair. **2** 《廃》黄色[茶色]がかった白の, (薄い)麻色の. ── *n.* 赤褐色, 金褐色.

Au·burn[1] [ɔ́:bən | -bən, -bə:n] 〚Goldsmith の詩 *The Deserted Village* 中の村の名にちなむ〛 *n.* 米国 New York 州中部の都市, 州刑務所がある; 人口 35,000.

Au·burn[2] [ɔ́:bən | -bən, -bə:n] 〚⇨ auburn〛 *n.* 男性名.

Au·bus·son [òʊbəsɔ́:(ŋ), -sɔ́(:)ŋ | əʊ-; *F.* obysɔ̃] 〚← *Aubusson* (フランス中部の町でその生産地)〛 ── *n.* オーバッソン織《手織りできれいな模様があるタペストリー (tapestry)》; (特に)オーバッソン織じゅうたん (Aubusson carpet [rug]).

a.u.c., A.U.C. 《略》*L.* ab urbe condita, annō urbis conditae (=(in the year) from the founding of the city (i.e. Rome)) ローマ紀元《ローマ建設の年 (753 B.C.) から起算して, Augustus 帝の時から用いられた》.

Au·cas·sin and Ni·co·lette [ɔ̀:kəsǽ(ŋ) -ən- nìkəlét] *n.* 「オーカッサンとニコレット」《13 世紀初め北フランスで書かれた, 貴族の息子 Aucassin と捕われのサラセンの美少女の恋を主題にした chantefable; フランス語名 Aucassin et Nicolette [ɔkasɛ̃ e nikɔlɛt]》.

Auck·land [ɔ́:klənd] *n.* ニュージーランド北島北部にある港市, もと同国の首都 (1840-65); 人口(郊外を含んで) 151,000.

au cou·rant [òʊ-kurɑ́:(ŋ), -rɔ́:(ŋ), -rɑ́:ŋ, -rɔ́(:)ŋ | əʊ-;

F. okurā]〚▭ F ～ 'in the current'〛 ── *F. adj.* **1**〔情勢に〕明るい,〔最新の情報に〕通じている (well-informed, up-to-date)〔*with, of*〕: keep oneself ～ *of* (時勢など)に遅れないようにする. **2**〔事の内情を〕心得ている (acquainted)〔*with, of*〕.

auc·tion [ɔ́ːkʃən | ɔ́ːk-, ɔ́k-] 〚(1595) ▭ L *auctiō(n-)* (public sale by) increase (of bids) ← *auctus* (p.p.) ← *augēre* to increase: ⇨ -tion〛 ── *n.* **1** 競売, せり売り: a public ～ 公売 / ⇨ Dutch auction / put up to [《米》at] ～ 〈物を〉競売に付する[かける] / sell by [《米》at] ～ 〈物を〉競売で売る / buy at an ～ 〈物を〉競売で買う. **2**〘トランプ〙**a** せり, ビッディング (bidding) 《bridge などで, 競技に先立ち切札の種類・トリック (trick) の取得数などを宣言 (bid) し合い, 最も高いトリック取得数を契約 (contract) した者に切札決定権が与えられるまでの過程》; (それによって到達した)最高ビッド, コントラクト (contract). **b** =auction bridge.

all over the auction 《豪俗》至る所に (everywhere).
── *vt.* 競売で売る (sell by auction) 〈*off*〉: The house was ～*ed off.* 家は競売で売り払われた.

áuction blòck *n.* 競売台.

áuction brìdge *n.*〘トランプ〙オークションブリッジ《contract bridge の前身で, 獲得したトリック数による得点がすべて勝負に直結する方式のブリッジ》.

auc·tion·eer [ɔ̀ːkʃəníə | ɔ̀ːkʃəníə(r, ɔ̀k-] *n.* 競売人, せり売り人: come under the ～'s hammer 競売になる. ── *vt.* 競売で売る (auction).

àuc·tion·éer·ing [-ní(ə)rɪŋ | -níər-] *n.* 競売業, せり売り業.

áuction pínochle *n.*〘トランプ〙オークションピノクル《通常 4 人で行なうピノクルの一種; 実際に競技するのは 3 人で各自 15 枚の手札をもち, せりによって切札決定権, メルド (meld) 権, 打出し権, 3 枚の後家札 (widow) 使用権などを獲得する方式》.

áuction pìtch *n.*〘トランプ〙オークションピッチ《2–7 人で行なうせりで打出し権(同時に切札選択権)を決める方式の seven-up; setback ともいう》.

áuction pòol *n.* **1** (競馬などで)勝馬(など)の名前を当てる一種の富くじ. **2**〘海事〙船の一日の航走マイル推定懸賞戯《船中で行なわれる一種の富くじ》.

auc·to·ri·al [ɔːktɔ́ːriəl, auk-, -tóːr- | -tɔ́ːri-] 〚← L *auctor* 'AUTHOR'+-IAL〛 *adj.* =authorial.

au·cu·ba [ɔ́ːkjʊbə] 〚← NL ～ ← ? Jap. *aoki ba*「青木葉」〛 *n.*〘植物〙アオキ《東部アジア・日本産ミズキ科アオキ属 (*Aucuba*) の常緑低木の総称; アオキ (*A. japonica*) など》.

aud. 《略》audit; auditor.

au·da·cious [ɔːdéɪʃəs] 〚(1550) ▭ F *audacieux* bold ← *audace* boldness ▭ L *audācia* ← *audāx* bold ← *audēre* to dare, be eager ← *avidus* 'AVID': ⇨ -ous〛 ── *adj.* **1** 大胆な, 不敵な, 豪放な (bold, daring). **2** 向こう見ずな, 無謀な (reckless). **3** ずぶとい (brazen), 傍若無人な (impudent); 不埒(ﾗﾁ)な (shameless). **4** 独創的な; 自由奔放な, 活発な. **～·ly** *adv.* **～·ness** *n.*

au·dac·i·ty [ɔːdǽsəṭi | -sətɪ, -sɪ-] 〚(?*a*1425) ← L *audāc-, audāx* (↑)+-ITY〛 ── *n.* **1** 大胆不敵, 豪胆, 豪放 (boldness); 無謀, 向こう見ず (recklessness). **2** ずぶとさ, 不届き至極, 傍若無人 (insolence): have the ～ *to* do ずうずうしくも…する. **3** [通例 *pl.*] 大胆な行為; 厚かましい言動.

Aude [óud | óud; *F.* oːd] *n.* オード(県)《フランス南部の地中海に臨む県; 人口 279,000, 面積 6,342 km², 首都 Carcassonne》.

Au·den [ɔ́ːdn | ɔ́ːdn, -dən], **W**(**ystan**) **H**(**ugh**) *n.* (1907–73) 1946 年米国に帰化した英国生れの詩人・劇作家; *Look, Stranger!* (1936), *For the Time Being* (1945), *The Dyer's Hand* (評論集; 1948, '62).

au·di·bil·i·ty [ɔ̀ːdəbíləṭi | -dɪbílətɪ, -də-, -lɪ-] *n.* **1** 聞き取れること, はっきり聞こえる状態; 可聴性, 聴度. **2**〘生理〙聴力, 聴覚感度.

au·di·ble [ɔ́ːdəbl̩ | -də-, -dɪ-] 〚(1529) ▭ ML *audibilis* ← L *audīre* to hear: ⇨ -ible〛 ── *adj.* (耳に)聞こえる, はっきり聞き取れる: an ～ sound, voice, etc. ── *n.*〘アメリカンフットボール〙オーディブル《攻撃側・守備側ともに一度スクリメージライン (line of scrimmage) に着いてから合図をもって位置を入れかえること; automatic ともいう》. **～·ness** *n.*

áudible límit *n.*〘物理〙可聴限界.

áu·di·bly [-bli | -blɪ] *adv.* 聞こえる程度に, 聞こえるように, 聞き取れるほどに: complain ～.

au·di·ence [ɔ́ːdiəns, ɑ́ːd- | ɔ́ːdjəns, -dɪəns] 〚(?*c*1350) ▭ (O)F ～ ▭ L *audientia* a hearing ← *audientem* (pres.p.) ← *audīre* to hear: ⇨ -ence〛 ── *n.* **1** [集合的] **a** 聴衆 (listeners); (映画・劇などの)観衆, 観客 (spectators); (ラジオの)聴取者 (listeners), (テレビの)視聴者 (viewers): a large [small] ～ 大勢の[少数の]聴衆 / an ～ of thousands / the ～ *at* a speech [theater] / ～ participation (劇などへの)観客参加; (放送番組などへの)視聴者参加 / The ～ is [are] enjoying the show. 観客はショウを楽しんでいる. **b** (書物などの)読者. **c** (芸術(家)・主義などの)支持者, 愛好者, ファン: Picasso's ～. **2** (国王などが外国使節などに与える)公式会見, 謁見(ｴｯｹﾝ), 接見〔*with, of*〕: be received [admitted] *in* ～ 拝謁[謁見]を許される / grant an ～ to …に謁見を許す / have an ～ *with*…=have ～ *of* …に拝謁する, 引見される / an ～ chamber [room] 接見室, 拝謁の間. **3** 聞いてもらう機会, 聞いてやること, 聴取 (hearing): give (an) ～ (訴えなどを)聴取する, 聞いてやる, 聞く (hear, listen) / in the ～ of a person=in a person's ～ 《古》人の聞いている所で, 人の前で.

au·di·ent [ɔ́ːdiənt, ɑ́ːd-, -djənt | ɔ́ːdjənt, -dɪənt] 〚▭ L *audient-em* (↑): ⇨ -ent〛 *adj.* 聞く, 傾聴する (listening). ── *n.* 聞く人, 傾聴する人.

au·dile [ɔ́ːdaɪl] 〚← AUDIO-+-ILE[1]〛 ── *adj.* **1**〘生理〙聴覚の[による]. **2**〘心理〙〈人が〉聴覚型の. ── *n.*〘心理〙聴覚型の人《聴覚像が特に鮮明な人; cf. motile, visualizer》.

aud·ing [ɔ́ːdɪŋ] *n.*〘教育〙オーディング, 聴解《語られる言葉の内容を理解し, 解釈しようとして耳を傾けること》.

au·di·o [ɔ́ːdiòu | -dɪəu] 〚↓〛 ── *n.* (*pl.* **～s**) **1 a** (テレビ受像機・映写機などの)音声部分 (cf. video). **b** 音響機器, オーディオ. **2** 音放送[受信]; 音再生, (特に)ハイファイ (high fidelity). **3 a**〘通信〙可聴周波音. **b** 《俗用》音 (sound). ── *adj.* **1**〘通信〙可聴周波の, 低周波の. **2 a** (テレビ・映画などで)音の, 音声の (cf. video). **b** 音放送[受信](用)の; 音再生(用)の, (特に)ハイファイの. **3** 音響機器(専門)の.

au·di·o- [ɔ́ːdiou | -dɪəu] 〚← L *audīre* to hear ← IE **aw-* to perceive〛 ── 次の意味を表わす連結形: **1**「聴覚; 聴覚と…との」: *audio*meter, *audio*visual. **2**「音」: *audio*phile.

áudio ámplifier *n.*〘通信〙可聴周波増幅器《audio-frequency amplifier ともいう》.

áudio frèquency *n.*〘通信〙可聴周波《常人の耳に聞こえる範囲の周波数, 50–20,000 Hz 程度; 無線用高周波に対して低周波ともいう; 略 AF》.

áudio-frèquency *adj.*

au·di·o·gen·ic [ɔ̀ːdiədʒénɪk | -dɪə-] *adj.*〘心理〙〈発作など〉高周波音による: an ～ seizure 聴源発作.

au·di·o·gram [ɔ́ːdiəgræ̀m | -dɪə-] *n.*〘医学〙オーディオグラム, 聴力図.

áudio-guíded *adj.* イアホーンで案内される: an ～ tour イアホーンで説明を聞きながら回る(博物館などの)見物[見学].

àudio-língual *adj.*〘教育〙〈外国語教授法など〉耳と口による, 口頭練習に基づく (aural-oral) (cf. audio-visual).

au·di·ol·o·gy [ɔ̀ːdiɑ́lədʒi | -dɪɔ́lədʒɪ] 〚← AUDIO-+-LOGY〛 ── *n.*〘医学〙聴力学, 聴覚学《聴能を研究し併せて難聴の治療を行なう; cf. otology》. **au·di·o·log·i·cal** [ɔ̀ːdiəlɑ́dʒɪkəl, -dʒə- | -dɪəlɔ́dʒɪ-] *adj.* **àu·di·ól·o·gist** [-dʒɪst, -dʒəst | -dʒɪst] *n.*

au·di·om·e·ter [ɔ̀ːdiɑ́məṭə | -dɪɔ́mɪtə(r, -mə-] *n.*〘医学〙オーディオメーター, 聴力計.

au·di·om·e·try [ɔ̀ːdiɑ́mətri | -dɪɔ́mɪtrɪ, -mə-] *n.*〘医学〙聴力検査, オーディオメトリー. **au·di·o·met·ri·cal** [ɔ̀ːdio(ʊ)métrɪkəl, -rə- | -dɪə(ʊ)métrɪ-] *adj.*

au·di·o·phile [ɔ́ːdio(ʊ)fàɪl | -dɪə(ʊ)-] *n.* オーディオファン[愛好家], ハイファイファン.

áudio sìgnal *n.* **1**〘電子工学〙音声信号《音声をマイクロフォンなどで電気信号に変えたもの; cf. picture signal》. **2**〘通信〙可聴(周波)信号《可聴周波 (audio frequency) の電気信号》.

áudio·tàpe *n.* 録音テープ, オーディオテープ (cf. videotape).

áudio·tỳpist *n.* 録音テープ(など)を聞きながら打つタイピスト.

àudio·vísual *adj.* 視聴覚(教材)の (cf. audio-lingual). ── *n.* [*pl.*]〘教育〙=audiovisual aids.

audiovísual áid *n.* [通例 *pl.*]〘教育〙視聴覚教材[教具]《教室・図書館などで用いる映画・ラジオ・テレビ・テープレコーダー・写真・地図・図表・グラフ・模型など; cf. visual aid》.

au·dit [ɔ́ːdɪt, -dət | -dɪt] 〚(1431) ▭ L *audit-us* a hearing ← *audīre* to hear〛 ── *n.* **1 a** 会計検査, (会社などの)監査: a day of ～=an ～ day 会計検査日. **b** 会計検査報告(書). **2** 清算, 決算. **3** 厳密な検査[検討]. **4** 《古》審理, 裁判 (judicial hearing). ── *vt.* **1** 〈会計・帳簿・請求〉の検査[監査]をする. **2** 《米》〈大学の講義・科目〉に聴講生として出席する, 聴講する (cf. auditor 3): ～ lectures [a course]. ── *vi.* 会計検査[監査]をする. **～·a·ble** [-ṭəbl | -tə-] *adj.*

au·dit- [ɔ́ːdət | -dɪt] (母音の前に来る時の) audito- の異形.

áudit ále オーディットエール《もと英国の大学で造った特に強いビール; 会計検査日 (day of audit) に用いた》.

áudit certíficate *n.*〘会計〙監査証明 (audit report).

au·di·tion [ɔːdíʃən] 〚(1599) ▭ L *auditiō(n-)*: ⇨ audio-, -tion〛 ── *n.* **1** 聞くこと; 聴力, 聴感, 聴覚. **2 a** (芸能志願者に対する)テスト, オーディション; オーディションでの演技(など): give an ～ (志願者に対して)テストをする; 〈志願者が〉オーディションで演技などをやって見せる. **b** (レコードなどの)試聴. **3**〘演劇〙(脚本の採否などを決めるための簡単な)試演. ── *vt.* 〈芸能志願者〉のテスト[オーディション]を行なう. ── *vi.* オーディションを受ける〔*for*〕: ～ *for* TV a commercial, a part, etc.

au·di·tive [ɔ́ːdəṭɪv | -dɪt-] 〚▭ F *auditif*: ⇨ audio-, -ive〛 *adj.* =auditory.

au·di·to- [ɔ́ːdəṭo(ʊ) | -dɪtə(ʊ)] 〚ME ▭ OF ～ // L ～ ← *auditus* (p.p.) ← *audīre* to hear〛 ── 「音 (sound); 耳と…との (auditory and…)」の意の連結形. ★ 母音の前では通例 audit- になる.

au·di·tor [ɔ́ːdəṭə | -dɪtə(r] 〚(*a*1333) ▭ AF *auditour* = (O)F *auditeur* ▭ L *auditor*〛 ── *n.* **1** 会計検査官; 会計監査人, 監査役, 監事. **2** 聞く人 (hearer), 聴衆の一人; (ラジオなどの)聴取者 (listener) (cf. viewer). **3** 《米》(大学の)聴講生《単位取得を目的としない》. **4**〘法律〙(請求権の有無の)査定官. **～·shìp** *n.*

auditoria *n.* auditorium の複数形.

au·di·to·ri·al [ɔ̀ːdətɔ́ːriəl, -tóːr- | -dɪtɔ́ːrɪ-] *adj.* 会計検査(官)の.

au·di·to·ri·um [ɔ̀ːdətɔ́ːriəm, -tóːr- | -dɪtɔ́ːrɪ-] 〚(1727–51) ▭ L *auditōrium*: ⇨ ↓, -ium〛 ── *n.* (*pl.* **～s, -ri·a** [-riə | -rɪə]) **1** (劇場などの)観客席; 聴衆席, 講堂, 大講義室. **2** 《米》会館, 公会堂 (hall).

au·di·to·ry [ɔ́ːdətɔ̀ːri, -tòːri | -dɪt(ə)rɪ] 〚adj.: (1578) ▭ LL *auditōri-us* (adj.): ⇨ auditor, -ory[1]. ── n.: (*c*1390) ▭ L *auditōri-um* (↑): ⇨ -ory[2]〛 ── *adj.*〘解剖・生理〙聴覚の (cf. visual): an ～ image 聴覚像 / ～ sensation [perception, sense] 聴覚 / the ～ type〘心理〙聴覚型《記憶型の一つ; cf. audile》. ── *n.* 《古》 **1** 聴衆, 観衆 (audience). **2** 聴衆席, 観客席 (auditorium).

áuditory aphásia *n.*〘病理〙聴覚性失語(症).

áuditory área *n.*〘解剖〙(大脳の)聴覚野.

áuditory canál *n.*〘解剖〙=auditory meatus.

áuditory cápsule *n.*〘生物〙=otic vesicle.

áuditory meátus *n.*〘解剖〙耳道《外耳道または内耳道; 人体解剖学では acoustic meatus ということもある》.

áuditory nèrve *n.*〘解剖〙聴神経《acoustic nerve ともいう》.

áuditory phonétics *n.*〘音声〙聴覚音声学《音声を聴覚の面から研究する音声学の一部門》.

áuditory vèsicle *n.*〘生物〙=otic vesicle.

áudit repòrt *n.*〘会計〙=audit certificate.

au·di·tress [ɔ́ːdətrɪs, -trəs | -dɪtrɪs, -très, -trəs] *n.* **1** 女性の聞き手. **2** 《米》(大学の)女子聴講生.

Au·drey [ɔ́ːdri | -drɪ] 〚(変形) ← ETHELDRED〛 *n.* 女性名.

Audrey, Saint *n.* ⇨ Saint ETHELDREDA.

Au·du·bon [ɔ́ːdəbɑn, -bùn | -bən, -bɔ̀n], **John James** *n.* オーデュボン (1785–1851; Haiti 島に生れフランスで教育を受けた米国の鳥類学者・画家; *The Birds of America* (1827–38)).

Áudubon wárbler 〚← *J.J. Audubon* (↑)〛 ── *n.*〘鳥類〙オージュボンアメリカムシクイ (*Dendroica auduboni*) 《北米西部産アメリカムシクイ科の小鳥; Audubon's warbler ともいう》.

Au·er [áuə | áuə(r; *G.* áuɐ], **Leopold** *n.* アウアー (1845–1930; ハンガリーのバイオリニスト).

A.U.E.W. 《略》《英》Amalgamated Union of Engineering Workers.

au fait [ou-féɪ | əu-; *F.* ofɛ] 〚▭ F ～ 《原義》 to the fact or point〛 ── *F. pred. adj.* **1** よく知って(いる), 精通して(いる) (versed)〔*with, to*〕: put [make] a person ～ *with* …を人に熟知させる. **2** 熟達して, 上手で (good)〔*in, at*〕: be ～ *at* chess.

Auf·ga·be, a- [áufgɑ̀ːbə; *G.* áufgàːbə] 〚▭ G ～: 意味上 G *aufgeben* to assign と連想〛 ── *n.* (*pl.* **-ga·ben** [-bən; *G.* -bən]) 〘心理〙課題《心理実験で被験者に与えられる課題》.

Auf·he·ben [áufhèɪbən; *G.* áufhèːbən] 〚▭ G ～ ← *aufheben* to lift up: cf. heave〛 *n.*〘哲学〙止揚, 揚棄《Hegel 弁証法哲学の基礎概念; ⇨ sublation》.

Auf·klä·rung [áufklɛ̀(ə)rʊŋ | -klɛ̀ər-; *G.* áufklɛ̀ːrʊŋ] 〚▭ G ～〛 *G. n.* 啓蒙(ｹｲﾓｳ); [the ～] (特に, 18 世紀の)啓蒙思潮[運動] (cf. enlightenment 3).

au fond [ou-fɔ́ː(ŋ), -fɔ́(ː)ŋ | əu-; *F.* ofɔ̃] 〚▭ F ～ 'at bottom'〛 *F. adv.* 根底[心底]は, 実際(に)は (cf. à fond).

auf Wie·der·seh·en [auf-víːdəzèɪən | -də-; *G.* auf-víːdɐzèːən] 〚▭ G ～ 《原義》 until we meet again: cf. au revoir〛 *G. int., n.* ではまた, さようなら(の挨拶).

aug. 《略》augmentative; augmented.

Aug. 《略》August.

Au·ge·an [ɔːdʒíːən | -dʒíːən, -dʒíən] 〚(1599)〛 ── *adj.* **1** アウゲアス (Augeas) 王の. **2** (アウゲアス王の牛舎のように)きたない, 不潔極まる; (道徳的に)腐敗しきった. **3** 〈仕事など〉至難でその上不愉快な.

Augéan stábles *n. pl.* [the ～]〘ギリシャ神話〙アウゲアス (Augeas) 王の牛舎《3,000 頭の牛を飼いながら 30 年間一度も掃除をしなかったが, Heracles が Alpheus 川の水を引いて一日で清掃したという》: cleanse [purge] *the* ～ 腐敗を一掃する.

Au·ge·as [ɔ́ːdʒiəs, ɔːdʒíːəs | ɔːdʒíːæs, ɔ́ːdʒɪæ̀s] 〚▭ L *Augēas* ▭ Gk *Augeías*〛 *n.*〘ギリシャ神話〙アウゲアス《ギリシャ Elis の国王; cf. Augean stables》.

au·gend [ɔ́ːdʒend] 〚▭ L *augend-um* ← *augēre* to increase〛 *n.*〘数学〙被加算数[量] (summand).

au·ger [ɔ́ːgə | -gə(r] 〚(15C) (*an*) *augur, auger* 《異分析》← ME (*a*) *navegar, nauger* < OE *nafogār* ← *nafu* 'NAVE[2]' of a wheel' + *gār* spear, javelin: cf. OHG *nabugēr* (G *Näber*)〛 ── *n.* **1** (螺旋(ﾗｾﾝ)状の)木工錐(ｷﾘ), ボード錐, 板錐, ねじ錐. **2** オーガー《土質調査や鑿地(ｻｸﾁ)に使われる錐》.

augers 1

Au·gér effèct [ouʒéɪ- | əu-; *F.* oʒe-] 〚← *Pierre V. Auger* (1899– : フランスの物理学者でその発見者)〛 ── *n.* [the ～]〘物理〙オージェ効果《X 線を出し得るほどに励起された原子が X 線を出さず, 自己の軌道電子を放出し安定になっていく現象》.

Augér elèctron *n.*〘物理〙オージェ電子《オージェ効果 (Auger effect) で放出される電子》.

Augér shòwer *n.*〘物理〙オージェシャワー《強い宇宙線シャワー》.

Augh·rim [ɔ́ːgrɪm, -grəm | -grɪm] *n.* 北アイルランド Galway 州の村; William 三世が James 二世支持派の

アイルランド・フランス連合軍を大敗させた (1691) 所.

aught¹ [ɔ́:t, ɑ́:t | ɔ́:t] 〖OE *āwiht, ōwiht* ← *ā, ō* ever (⇨ aye²)+*wiht* 'WIGHT, thing'〗 ── *n.* 《古》あること[もの], 何か, 何も (anything) (cf. naught).
for aught I care どうでも構わない (for all I care): He may die *for* ∼ *I care*. やつが死んだって構う[知る]ものか. *for aught I know* よくは知らないが,(何とも言えないが)多分 (for all I know, perhaps). *if aught there be* 《古》あったところで(知れたもの).
── *adv.* 《古》どうにも, 到底 (at all); どのみち.

aught² [ɔ́:t, ɑ́:t | ɔ́:t] 〖《異分析》← *a naught*〗 *n.* 零, 0 (naught, cipher).

aught³ [ɔ́:t, ɑ́:t | ɔ́:t] 〖OE *āhte* (pret.) ← *āgan* 'to OWE': ⇨ ought¹〗 ── *vt.* (過去形 ∼; 三人称単数現在形 ∼, ∼s) 《スコット》 **1** 所有する (own). **2** 〈人, 物〉に負うところがある (owe). ── *adj.* 所有している.
── 〖OE *ǣht* ← *āgan*: cf. OHG *ēht* / Goth. *aihts*〗 *n.* 《古》 **1** 所有(権). **2** 所有物, 財産.

aught⁴ [ɑ́:xt] 〖ME *auhte*: ⇨ eight〗 *adj.* 《スコット》 =eight; eighth.

Au·gier [óuʒiéɪ | əʊdʒɪ-; *F.* oʒje], **(Guillaume Victor) Émile** *n.* オージェ《1820-89; フランスの劇作家》.

au·gite [ɔ́:dʒaɪt] 〖□ L *augit-es* precious stone □ Gk *augítēs* ← *augḗ* gleam ← IE **aug-* to shine: ⇨ -ite¹〗 ── *n.* 〖鉱物〗 輝石 (pyroxene) の一種. **au·git·ic** [ɔ:dʒɪ́tɪk | -tɪk] *adj.*

au·gi·tite [ɔ́:dʒətàɪt | -dʒɪ-] *n.* 〖岩石〗 輝石岩《輝石に富む玄武岩質火山岩の一種; cf. pyroxenite》.

aug·ment 〖v.: 《*a*1400》 □ (O)F *augment-er* < LL *augmentāre* to increase ← *augmentum* ← L *augēre* to increase: ⇨ -ment. ─n.: 《*a*1420》 □ (O)F ∼ // LL *augment-um*〗 ── [ɔ:gmént, ⌐⌐|⌐⌐] *v.* ── *vt.* **1** (数量・程度・大きさの上で)増加[増大]させる (increase) (↔ diminish): ∼ defense power, personnel, taxes, etc. / They will ∼ their service by (increas*ing*) extra trains. 臨時列車(の増発)によってサービスを強化することになろう. **2** 〖音楽〗 **a** 〈主題を〉拡大[拡延]する. **b** 増音する《長音程や完全音程に半音を付加する》. **3** 〖文法〗 …に接頭母音をつける (⇨ *n.*). **4** 〖紋章〗 〈紋章〉に加増紋を付加する. ── *vi.* 増加する, 増す, 増大する: Nowadays accidents ∼ in an alarming way. 当節は事故が驚くほど増加していく. ── [ɔ́:gment | -mənt] *n.* 〖文法〗 接頭母音《ギリシャ語やサンスクリットの動詞が過去時制を示すために語頭に添える母音または語頭の母音を長くすること; ギリシャ語の ἐ など》.
∼·a·ble [-təbl | -tə-] *adj.*

aug·men·ta·tion [ɔ̀:gməntéɪʃən, -men- | -men-, -mən-] 〖《*a*1422》 □ OF *augmentacion* (F *augmentation*) □ LL *augmentātiō(n-)* ← *augmentāre*: ⇨ ↑, -ation〗 ── *n.* **1** 増加, 増大. **2** 増加率. **3** 増加物, 添加物 (addition). **4** 〖音楽〗 拡大《主題または音型を, 音価を一定の比率で拡大した形で再現すること; ↔ diminution》. **5** 〖紋章〗 加増紋. **6** 〖文法〗 接頭母音添加.

aug·men·ta·tive [ɔ:gméntətɪv | -tət-] 〖《1413》 □ (O)F *augmentatif*: ⇨ ↑, -ative〗 ── *adj.* **1** 増加的な, 増大性の. **2** 〖文法〗 (増大辞として)大きさや不細工さを強調する. ── *n.* 〖文法〗 増大辞《大きさなどを強調する接頭辞・接尾辞; cf. diminutive; 例: balloon (large ball) / million (large thousand) (← L *mille* thousand)》.

aug·ment·ed [-tɪd, -təd | -tɪd, -təd] *adj.* 増加[増大]した; 〖音楽〗 増音程の, 半音増の, 増(ぞう)… (cf. perfect 8 b, diminished 2): ⇨ augmented interval.

augménted ínterval *n.* 〖音楽〗 増音程《完全音程や長音程をなす2音の一方を動かして半音増加させた音程》.

augménted mátrix *n.* 〖数学〗 拡大行列《連立一次方程式の係数の右へ, 定数項から成る一列をつけ加えて得られる行列》.

augménted róman, A- R- *n.* =initial teaching alphabet.

augménted síxth *n.* 〖音楽〗 増6度和音.

aug·mén·tor [-tə | -tə(r] *n.* (*also* **aug·ment·er** [∼]) **1** 増大する物[人]. **2** 〖航空・宇宙〗 推力増強装置《推力を増すための補助エンジン》.

au gra·tin [oʊ-grǽtn, ɔ:-, -grɑ́:tn | əʊ-grǽtɛ̃:(ŋ), -tæŋ, -tæn; *F.* ogʀatɛ̃] 〖□ F ∼ 'with a gratin, or crust made by burning in the oven'〗 ── *pred. adj.* 〖料理〗 グラタンで[にした] (cf. gratin): cauliflower [macaroni] ∼ カリフラワー[マカロニ]グラタン.

Augs·burg [ɔ́:gzbə:g, áʊgsbʊəg | áʊgzbə:g; *G.* áʊksbʊʀk] *n.* アウクスブルク《西ドイツ南部, Bavaria 州の都市; 人口 247,000》.

Áugsburg Conféssion *n.* [the ∼] アウクスブルク信仰告白[信条]《1530年にドイツの Augsburg で Luther と Melanchthon が発表した信仰告白文》.

au·gur [ɔ́:gə, -gjə | ɔ́:gə(r] 〖n.: 《1549》 □ L ∼ 'a senior priest of divination' < OL **augos, *augeris* increase, growth (意味上 AUSPEX と連想): ⇨ augment. ─v.: □ L *augurāri* ← *augur*〗 ── *n.* **1** 卜占(ぼく)官《古代ローマで鳥の挙動・鳴声, 獣の臓腑(ぞう), 天体の現象などによって公事の吉凶を判断した僧官》. **2** 易者, 占い師 (fortune-teller), 予言者 (prophet). ── *vt.* **1** 占う; (占いで)予言する (predict): From the economic conditions I ∼ its failure [*that* it will fail]. (今日の)経済状態から見てその失敗を[それは失敗するだろうと]予想する. **2** 〈物事が〉予め知らせる, …の前兆となる (portend): It seems to ∼ success (*for* him). (彼にとって)成功の前兆らしい. ── *vi.* **1** 占う. **2** [通例 ∼ well [ill] として] 〈事が〉前兆を示す: ∼ *well* [*ill*] 縁起がよい[悪い] / This ∼*s well* [*ill*] *for* the scheme. これは計画にとって幸先(さい)がよい[悪い].
∼·ship *n.*

au·gu·ral [ɔ́:gjurəl, -gər- | -gjʊr-] *adj.* **1** 占い(者)の. **2** 前兆をなす, 吉凶を示す (ominous, auspicious).

au·gu·ry [ɔ́:gjuri, -gəri | ɔ́:gjʊrɪ] 〖《*c*1385》 □ OF *augurie* // L *augurium*: ⇨ augur, -ery〗 *n.* **1** 占い(術), 占い判断 (divination). **2** 占いの儀式. **3** 前兆, 予示.

au·gust [ɔ:gʌ́st] 〖《1664》 □ L *august-us* venerable ← *augēre* to increase〗 ── *adj.* **1** 威厳のある, 尊厳な (majestic), 威風あたりを払う (awe-inspiring), 堂々たる (imposing): an ∼ personage やんごとなき御方. **2** 畏(かしこ)い, 尊い, 神々しい (venerable): your ∼ father 御尊父. **∼·ly** *adv.* **∼·ness** *n.*

Au·gust¹ [ɔ́:gəst] 〖OE ∼ □ L *August-us* 《原義》 august (↑): 最初のローマ皇帝 Augustus Caesar にちなんで従来の *Sextilis* (第6月)にかえたもの (⇨ December: cf. July)〗 ── *n.* 8月 (略 Aug., Ag.).

Au·gust² [ɔ́:gəst; *G., Swed., Dan.* áugʊst] 〖↑〗 *n.* 男性名.

Au·gus·ta¹ [ɔ:gʌ́stə, əg-] 〖(fem.) ← AUGUSTUS〗 *n.* 女性名《愛称形 Guss, Gussie》.

Au·gus·ta² [ɔ:gʌ́stə, əg-] *n.* 米国 Georgia 州東部, Savannah 河畔の都市; 人口 54,000.

Au·gus·tan [ɔ:gʌ́stən, əg-] 〖□ L *augustān-us* ← *Augustus*: ⇨ August¹〗 ── *adj.* **1** (ローマ皇帝)アウグストゥス (Augustus) の. **2 a** (ローマ文芸全盛期としての)アウグストゥス帝時代の; (一国の)文芸全盛期の: ⇨ Augustan age 2. **b** 〈文学が〉古典主義(的)の. **c** 〈趣味・様式など〉古典風の, 高雅な. **3** アウクスブルク (Augsburg) の. ── *n.* 文芸全盛期の作家.

Augústan áge *n.* [the ∼] **1** アウグストゥス帝時代《ラテン文学の隆盛期; 27 B.C.–14 A.D.》. **2** (一国の)文芸全盛時代, 古典主義時代《英国では狭義には Queen Anne の時代すなわち Pope, Addison の時代をいうが, 広義には Dryden 時代を含めることもあり, また18世紀文学を総称することもある》.

Augústan Conféssion *n.* [the ∼] =Augsburg Confession.

Au·guste¹ [ɔ:gúst, oʊ-, -gíst | ɔ:-, əʊ-; *F.* ogyst, o-] 〖□ F ∼ 'AUGUST²'〗 *n.* 男性名.

Au·guste², **a-** [áugəst] 〖□ F ∼ □ ? G *August* auguste: ⇨ August²〗 ── *n.* 〖演劇〗 (サーカスの)道化役, アウグスト《顔を白く塗り大きな丸い赤鼻をし, だぶだぶの服を着てへまばかりやる役》.

Au·gus·tine¹ [ɔ:gəstí:n, -gɪs-; *F.* ogystin, ɔ-] 〖□ L *Augustin-us* ← *Augustus* 'AUGUST²': ⇨ -ine¹〗 *n.* 男性名《異形 Austin》.

Au·gus·tine² [ɔ́:gəstì:n, ɔ:gʌ́stɪn, əg-, -tən | ɔ:gʌ́stɪn, əg-] *n.* 〖カトリック〗 =Augustinian 2.

Au·gus·tine [ɔ́:gəstì:n, ɔ:gʌ́stɪn, əg-, -tən | ɔ:gʌ́stɪn, əg-], **Saint** *n.* **1** アウグスティヌス《354–430; 初期キリスト教会最大の指導者・神学者・哲学者; *The City of God*, および *Confessions* の著者; 北アフリカ Hippo の司教; St. Augustine of Hippo; 祝日8月28日》. **2** アウグスティヌス, オーガスチン《?–604; ローマの修道士; 597年英国に上陸し, 伝道師団の長として英国人のキリスト教化に尽くし, ケント王 Ethelbert の援助を得て Canterbury を拠点に布教を進めた; Canterbury の初代大司教; 祝日5月26日; St. Austin また the Apostle of the English とも呼ばれる》.

Au·gus·tin·i·an [ɔ̀:gəstíniən, -njən | -nɪən, -njən] *adj.* **1** アウグスティヌス (St. Augustine of Hippo) の(神学説の). **2** アウグスティノ修道会の. ── *n.* **1** アウグスティヌス主義者. **2** 〖カトリック〗 **a** [the ∼s] アウグスティノ(修道)会. **b** アウグスティノ修道士.

Augustinians of the Assumption [the ─] 〖カトリック〗 (聖母)被昇天アウグスティノ会《1850年フランスで創立された修道会; ultramontanism, つまりローマ中心的な傾向の故に, フランスで物議をかもし禁止され, スペイン・ベルギー・米国などに広がった; the Assumptionists ともいう》.

Au·gus·tín·i·an·ism [-nìzm] *n.* 〖神学〗 アウグスティヌス (St. Augustine of Hippo) の教義, アウグスティヌス主義.

Au·gus·tin·ism [ɔ:gʌ́stənìzm, əg-, ɔ́:gəstì:nɪzm | -gʌ́stɪ-] *n.* =Augustinianism.

Au·gus·tus [ɔ:gʌ́stəs, əg-] 〖□ L ∼ 'AUGUST²'〗 ── *n.* **1** 男性名. **2** アウグストゥス《63 B.C.–A.D. 14; ローマ最初の皇帝 (27 B.C.–A.D. 14); Julius Caesar の後継者; 国政を改革し, 学芸を奨励した; Gaius Julius Caesar Octavianus または Augustus Caesar ともいう; 皇帝前は Octavianus (⇨ Octavian) と呼ばれた》.

au jus [oʊ-ʒú:(s), oʊ-dʒú:s | əʊ-; *F.* oʒy] 〖□ F ∼ 'with juice'〗 ── *pred. adj.* 〈肉料理が〉その肉汁 (gravy) と共に供する: roast beef ∼.

auk [ɔ:k] 〖《1678》 □ Norw. or Icel. *alk(a)* < ON *ālka*: cf. Dan. *alke* / Swed. *alka*〗 ── *n.* 〖鳥類〗 ウミスズメ《北半球の沿岸に生息するウミスズメ科の鳥類の総称; ヒメウミスズメ (little auk) など; cf. great auk》.

auk
(*Synthliboramphus antiguus*)

auk·let [ɔ́:klɪt, -lət] 〖⇨ ↑, -let〗

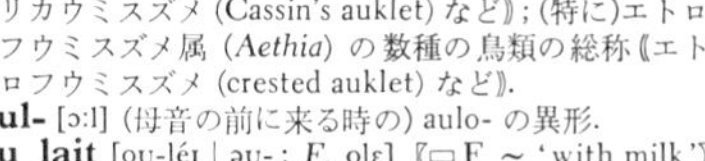

── *n.* 〖鳥類〗 小型のウミスズメ類の鳥類の総称《アメリカウミスズメ (Cassin's auklet) など》; (特に)エトロフウミスズメ属 (*Aethia*) の数種の鳥類の総称《エトロフウミスズメ (crested auklet) など》.

aul- [ɔ:l] (母音の前に来る時の) aulo- の異形.

au lait [oʊ-léɪ | əʊ-; *F.* olɛ] 〖□ F ∼ 'with milk'〗 *F. pred. adj.* ミルク入りの: ⇨ café au lait.

auld [ɔ:ld, ɑ́:ld | ɔ́:ld] 〖OE 《北部方言》 *ald*: ⇨ old〗 *adj.* 《スコット》 =old.

Auld Kirk [ɔ́:ld-kə́:k | -kɔ́:k] *n.* [the ∼] スコットランド教会 (Church of Scotland).

auld lang syne [ɔ̀:ɫ(d)-lǽŋ-záɪn, -sáɪn | -sáɪn, -záɪn] 〖《スコット》 ∼ 'old long ago': ⇨ syne〗 ── *n.* **1** 《スコット》 懐しい昔, 今は懐しその昔 (the (good) old times); 古いよしみ, 旧交: drink to ∼. **2** [A- L- S-] 「オールド ラング サイン」《R. Burns の詩; 「ほたるの光」はこの詩につけた William Shield [ʃí:ld] (1748–1829) の旋律を借りたもの》.

Auld Licht [ɔ́:ɫd-líçt] 〖《スコット》 ∼ 《原義》 old light〗 *n.* [the ∼] (スコットランド分離派教会の)旧派《宗教と国家との結合を主張する; cf. New Light》.

Auld Ree·kie [ɔ́:ɫd-rí:ki | -kɪ] 〖《スコット》 ∼ 《原義》 old reeky (city)〗 *n.* スコットランド Edinburgh 市の俗称.

au·lic [ɔ́:lɪk, ául-] 〖□ F *aulique* □ L *aulicus* □ Gk *aulikós* of the court ← *aulḗ* court〗 *adj.* 宮廷の.

Áulic Cóuncil [ɔ́:lɪk-, ául-] 〖《なぞり》 ← G *Hofrat*〗 ── *n.* **1** (神聖ローマ帝国の)皇帝直裁の最高裁判所. **2** 御前会議《旧ドイツ帝国の枢密院会議 (1502–1806); 後にはオーストリアの内閣閣議》.

au·lo- [ɔ́:lo(ʊ) | -lə(ʊ)] 〖← NL ∼ ← Gk *aulós*: cf. alveolus〗 「横笛 (flute); 管」の意の連結形. ★ 母音の前では通例 aul- になる.

auloi *n.* aulos の複数形.

au·lo·phyte [ɔ́:ləfàɪt] *n.* 〖植物〗 他の植物体内の空処に生活する植物《共生でも寄生でもない》.

au·los [ɔ́:ləs | -lɒs] 〖□ Gk *aulós*: ⇨ aulo-〗 *n.* (*pl.* **au·loi** [-lɔɪ]) アウロス《古代ギリシャの甲高い音を出す複簧(ふく)管楽器》.

aulos

Au·lo·stom·i·dae [ɔ̀:ləstɑ́mədì: | -tɔ́mɪ-] 〖← NL ∼ ← *Aulostomus* (属名: ⇨ aulo-, -stomus)+-IDAE〗 ── *n. pl.* 〖魚類〗 ヘラヤガラ科.

Aum [ɔ:m] *n.* 〖インド哲学〗 =Om.

AUM 《略》 〖軍事〗 air-to-underwater missile.

aum·bry [ɔ́:mbri | -brɪ] *n.* =ambry.

au·mil·dar [ɔ:mɪldɑ́ə, -məl-, ⌐⌐⌐ | ɔ:mɪldɑ́:(r, ⌐⌐⌐] 〖□ Hindi *'amaldār* ← Arab. *'amal* work+Pers. *-dār* -er¹〗 ── *n.* (インド人の)仲買人, 代理人, 支配人; (特に)税金取立て人, 収税吏.

a.u.n. 《略》 *L.* absque ūlla nota (=with no identifying mark).

au na·tu·rel [oʊ-nǽtərél, -tjʊr-, -nǽtʃʊrəl, -nǽtər- | əʊ-nætjʊrél; *F.* onatyʀɛl] 〖□ F ∼ 'in the natural'〗 ── *F. pred. adj., adv.* **1 a** 自然のままの[で]. **b** 裸の[で], ヌードの[で] (nude). **2 a** (本来の味を生かして)淡白に料理した (cooked plainly). **b** 生(なま)のままの[で] (uncooked): oysters ∼.

aune [óun | əʊn; *F.* o:n] 〖□ F ∼ < OF *aulne*〗 *n.* オーヌ《フランスの織物用旧尺度; =1.18 m (後に1.2 m)》.

aunt [ǽnt, ɑ́:nt | ɑ́:nt] 〖《*c*1300》 □ OF *a(u)nte* (F *tante*) < L *amitam* father's sister ← **amma* mother〗 ── *n.* **1 a** おば, 伯母, 叔母 (cf. uncle) (cf. father 1 a ★): I'm now an ∼. (兄弟に子供ができて)私はおばさんになった. **b** おじの妻, 義理のおば (cf. aunt-in-law). **2 a** 《口語》 (よその親しい)おばさん. **b** =auntie 2. **3** 《俗》 (年下の男性を好む)年配のホモ.
My (*sainted*) *aunt!* あら, まあ.
∼·hood *n.* **∼·like** *adj.*

aunt·ie [ǽnti, ɑ́:nti | ɑ́:ntɪ] 〖⇨ ↑, -ie〗 ── *n.* **1** 《口語》 おばちゃん. **2** 《米口語》 (黒人の)ばあや, ばあさん. **3** 《英口語》 保守的(傾向)の機関; (特に)ビービーシー (B.B.C.): *Auntie* B.B.C. **4** 《空軍俗》 ミサイル迎撃ミサイル (antimissile missile). **5** =aunt 3.

áunt-in-láw *n.* (*pl.* **aunts-**) 義理のおば: **a** おじの妻. **b** 配偶者のおば.

áunt·ly *adj.* おばのような.

Àunt Sálly *n.* **1** 〖遊戯〗 サリーおばさんのパイプ落とし《縁日などで年増女の木像にくわえさせたりその耳にはさんだりしてあるパイプに棒を投げつけて, それを打ち落とす遊び》. **2** 《英》 (不当な)攻撃[嘲弄]の的.

aunt·y [ǽnti, ɑ́:nti | ɑ́:ntɪ] *n.* =auntie.

au pair [oʊ-péə | əʊ-péə(r; *F.* opɛ:ʀ] 〖□ F ∼ 'on equal terms'〗 ── *adj., adv.* 相互援助の[によって], オペア(方式)の[で]. ── *n.* =au pair girl. ── *vi.* オペアガールとして働く.

au páir gírl *n.* オペアガール《英国などの家庭に無料で滞在させてもらう代りに家事手伝いなどをしながら英語[語学]を学ぶ外国からの若い女性》.

aur-¹ [ɔ:r] (母音の前に来る時の) auri-¹ の異形.

aur-² [ɔ:r] (母音の前に来る時の) auri-² の異形.

au·ra [ɔ́:rə] 〖《*c*1400》 □ L ∼ 'breeze' □ Gk *aúra*〗 ── *n.* (*pl.* ∼**s**, **au·rae** [-ri:]) **1** (物体から出る)発散物 (emanation), (花などの)かおり, におい. **2** (人や物の微妙で独特な)雰囲気, 感じ; (人・物が発散する)魅力, 輝かしさ (radiance): an ∼ of culture, sadness, etc. / There was an ~ of mystery about her. 彼女にはどことなく謎めいた風があった. **3** 〘心霊〙霊気, オーラ. **4** 〘電気〙囲電気. **5** 〘病理〙(癲癇(てんかん)・ヒステリーなどの主観的な)前兆, アウラ. **6** [A-] 〘ギリシャ神話〙アウラ《微風の女神》.

au·ral[1] [ɔ́ːrəl] *adj.* aura の.

au·ral[2] [ɔ́ːrəl, ɑ́ːr-|ɔ́ːr-] 〘(1847) ← L *auris* ear + -AL[1]〙 — *adj.* **1** 耳の; 聴覚の, 聴感の: ~ comprehension 〘教育〙(外国語の)聞き取りによる理解. ★ 英国の語学教育では特に oral / aural という句で oral と区別して [áurəl] と発音されることがある. **2** 〘解剖・生理〙耳性の; 聴力の. **~·ly** *adv.*

áural-óral *adj.* 〘教育〙〈外国語教授法など〉耳と口による: the ~ method.

au·ra·mine [ɔ́ːrəmìːn, -mɪn, -mən, ɔ̀ːrəmíːn | ɔ́ːrəmìːn, -mɪn] 〘← L *aurum* gold + AMINE〙 — *n.* 〘化学〙オーラミン ($C_{17}H_{22}ClN_3$)《ミヒラーのケトン (Michler's keton) と塩化アンモニウムと塩化亜鉛を共融して作る黄色染料》.

Au·rang·zeb [ɔ́ːrəŋzèb, áʊr- | -ræŋ-, -rəŋ-] *n.* アウランジーブ《1618–1707; Hindustan のムガル (Mogul) 皇帝 (1658–1707)》.

aurar *n.* eyrir の複数形.

au·rate [ɔ́ːrət, -rɪt, -reɪt | -reɪt, -rət, -rɪt] 〘← L *aurum* gold + -ATE[1]〙 *n.* 〘化学〙金酸塩.

au·re·ate [ɔ́ːriət, -riɪt, -rièɪt | ɔ́ːriət, -riɪt, -rièɪt] 〘(*a*1420) □ ML *aureāt-us* ← L *aureus* golden ← *aurum* gold: ⇨ -ate[2]〙 — *adj.* **1** 金色の (golden); さんらんたる, きらびやかな. **2** 〈文体・表現など〉華麗な, 凝りすぎた.

aurei *n.* aureus の複数形.

Au·re·li·a [ɔːríːljə, -liə | -ljə, -lɪə] 〘□ L ~ (fem.) ← *Aurelius* (ローマの家族名: ← ? L *aurum* gold)〙 *n.* 女性名.

Au·re·lian [ɔːríːljən, -liən | -ljən, -lɪən] *n.* アウレリアヌス《212?–275; ローマの皇帝 (270–75); ラテン語名 Lucius Domitius Aurelianus [dəmíʃəs ɔːrìːliéɪnəs, do(ʊ)-, -ʃiəs | də(ʊ)míʃɪəs ɔːrìːlɪ-, dɔ-, -ʃəs]》.

Aurelius, Marcus *n.* ⇨ Marcus Aurelius.

au·re·o·la [ɔːríːələ, ər- | ɔːríə(ʊ)lə] 〘(15C) □ ML *aureola* (*corōna*) golden (crown) (fem.) ← *aureolus* (dim.) ← *aureus* ← *aurum* gold〙 — *n.* (*pl.* **~s, -o·lae** [-lìː]) = aureole.

au·re·ole [ɔ́ːriòʊl | -rɪəʊl] 〘(*c*1225) □ (O)F *auréole* (↑)〙 — *n.* **1 a** 〘神学〙(俗世・欲情・悪魔に打ち勝った有徳の人々に神が与えるとされる天国の)栄冠, 報賞, 栄光. **b** 〘比喩〙輝かしさ (radiance). **2** 〘美術〙(聖像の頭部または全身を囲む)後光, 光輪 (halo) (cf. nimbus 3). **3** 〘地質〙接触変質域《火成岩体の回りで接触変成が及んでいる範囲》. — *vt.* (後光などで)囲む. **~d** *adj.*

au·re·o·lin [ɔːríːəlɪn, əl-, -lən | -lɪn] 〘← *aureol-* (⇨ aureola) + -IN[1]〙 — *n.* 〘化学〙オーリオリン, アウレオリン《黄色の絵画用顔料; ヘキサニトロコバルト (III) 酸カリウム ($K_3[Co(NO_2)_6]$) の顔料名》.

Au·re·o·my·cin [ɔ̀ːrio(ʊ)máɪsn̩, -riə- | -rɪə(ʊ)máɪsɪn] 〘← L *aureo-*, *aureus* golden + -MYCIN: その色が黄金色であるため〙 — *n.* 〘商標〙オーレオマイシン《chlortetracycline の商品名》.

au·re·us [ɔ́ːriəs | -rɪ-] 〘□ L ~《原義》golden〙 *n.* (*pl.* **au·re·i** [-riàɪ | -rɪ-]) アウレウス《Caesar から Constantine I までの古代ローマの金貨; その通貨単位》.

au re·voir [òʊ-rəvwɑ́ə, ɔ̀ː- | əʊ-rəvwɑ́ː(r, -rɪ-; *F.* ɔʀəvwaːʀ] 〘□ F ~《原義》to the seeing again: cf. auf Wiedersehen〙 — *F. int., n.* ではまた, さようなら(の挨拶): say ~ to ...に(ではまたと)別れを告げる.

au·ri-[1] [ɔ́ːrɪ, -rə | -rɪ] 〘← L *auris* 'EAR[1]'〙「耳 (ear)」の意の連結形: *auri*form. ★ 母音の前では通例 aur- になる.

au·ri-[2] [ɔ́ːrɪ, -rə | -rɪ] 〘← L *aurum* gold: cf. auro-〙「金 (gold)」の意の連結形. ★ 母音の前では通例 aur- になる.

au·ric [ɔ́ːrɪk] 〘← L *aurum* gold + -IC[1]〙 *adj.* **1** 〘化学〙第二金の, 3 価の金 (Au^{III}) の (cf. aurous): ~ oxide 酸化第二金 (Au_2O_3). **2** 金の(ような); 金を含む.

áuric ácid *n.* 〘化学〙金酸 ($HAuO_2$)《両性水酸化物, 水酸化金 (III) (gold (III) hydroxide) ($Au(OH)_3$) が酸性の方がやや強いところから呼ばれる慣用名》.

au·ri·cle [ɔ́ːrɪkl̩, -rə- | -rɪ-] 〘(1653) L *auricula* (dim.) ← *auris* ear〙 — *n.* **1** 〘解剖〙耳介(じかい) (pinna). **2** 〘その形の類似から〙〘解剖・動物〙(心臓の)心耳 (⇨ heart 挿絵). **3** 〘生物〙耳状物, 耳状部. **~d** *adj.*

au·ric·u·la [ɔːríkjʊlə | ɔːríkjʊlə, ɔːr-] 〘(1655) □ NL ~ ← L ~ (↑)〙 — *n.* (*pl.* **~s, -u·lae** [-lìː]) **1** 〘植物〙アツバサクラソウ (*Primula auricula*)《黄色の花をつけるサクラソウ科の高山植物; 主に Alps に産し葉の形が耳に似ているので俗に bear's-ear ともいわれる; 観賞用にも栽培》. **2** = auricle. **3** 〘動物〙オーリキュラ《*Auricula* 属の軟体動物の総称》.

au·ric·u·lar [ɔːríkjʊlə | -lə(r] 〘(1542) □ LL *auriculār-is* ← L *auricula* (↑)〙 — *adj.* **1** 耳の[による], 聴覚[聴感]の[による]. **2** 耳語の[による], 内密な: an ~ confession 〘カトリック〙(司祭にする)秘密告白, 耳聴告白. **3** 耳状の (auriculate). **4** 〘解剖〙心耳の. **5** 〘鳥類〙〈羽が〉耳をおおう. — *n.* [通例 *pl.*] 〘鳥類〙耳羽 (auricular feathers).

au·ric·u·lar·i·a [ɔːrìkjʊlé(ə)riə | -léərɪə] 〘← NL ~: ⇨ auricula, -aria[1]〙 *n.* (*pl.* **-i·ae** [-riìː], **~s**) 〘生物〙オーリクラリア《ナマコ類の浮遊性幼生》.

Au·ric·u·lar·i·a·ce·ae [ɔːrìkjʊlè(ə)riéɪsiìː | -lèərɪ-] 〘← NL ~: ⇨ ↑, -aceae〙 *n. pl.* 〘植物〙キクラゲ科.

auriculariae *n.* auricularia の複数形.

Au·ric·u·lar·i·a·les [ɔːrìkjʊlè(ə)riéɪliːz | -lèərɪ-] 〘← NL ~: ⇨ Auriculariaceae, -ales〙 *n. pl.* 〘植物〙キクラゲ目.

au·ríc·u·lar·ly *adv.* 耳で; ささやいて, 内密に.

aurícular wítness *n.* 〘法律〙(直接)聞いたことを証言する証人 (cf. ocular witness).

au·ric·u·late [ɔːríkjʊlət, -lɪt, -lèɪt | ɔːr-, ər-] 〘← NL **auriculāt-us* ← LL *auriculātus* having ears (⇨ auricula) + -ate[2]〙 — *adj.* **1** 耳翼のある; 心耳のある; 耳状部を有する. **2** 耳形の.

au·ric·u·lo- [ɔːríkjʊlo(ʊ) | -lə(ʊ)] 〘← ? NL ~ ← L *auricula* 'AURICLE'〙 — 次の意味を表わす連結形: **1**「(心臓の)心耳 (auricle of the heart) と...との[とに関する]」. **2**「耳と...との (aural and...)」.

auriculo·ventrícular *adj.* 〘解剖〙= atrioventricular.

au·rif·er·ous [ɔːríf(ə)rəs] 〘← L *aurifer* gold-bearing: ⇨ auri-[2], -ferous〙 *adj.* 〘地質〙〈岩石・砂礫(されき)など〉金を含む, 金を生じる: an ~ mine [ore] 金山[含金鉱].

au·ri·form [ɔ́ːrəfɔ̀əm | -rɪfɔ̀ːm] 〘⇨ auri-[1]〙 *adj.* 耳形の, 耳状の, 耳のような (ear-shaped).

au·ri·fy [ɔ́ːrəfàɪ | -rɪ-] 〘← AURI-[2] + -FY〙 *vt., vi.* 金に化する.

Au·ri·ga [ɔːráɪgə] 〘□ L *auriga* charioteer ← *aureae* (pl.) bridle of a horse + *-iga* driver (← *agere* to drive, lead)〙 *n.* 〘天文〙ぎょしゃ(馭者)座《北天の星座, 主星は Capella; the Charioteer, the Wagoner ともいう》.

Au·ri·gna·cian [ɔ̀ːrɪnjéɪʃən, -rɪ-, -rə- | ɔ̀ːrɪgnéɪʃən, -ʃɪən] 〘□ F *aurignacien* ← *Aurignac* (この時代の遺物を出土した洞窟(どうくつ)のある南フランスの地名): ⇨ -ian〙 〘考古〙 — *adj.* オーリニャック期(文化)の《ヨーロッパを中心とする地域における後期旧石器時代の一時期についていう; cf. Paleolithic》. — *n.* **1** オーリニャック期文化. **2** オーリニャック期人.

au·rin [ɔ́ːrɪn, -rən | -rɪn] 〘□ G ~: ⇨ auri-[2], -in[1]〙 *n.* 〘化学〙オーリン (⇨ rosolic acid).

Au·riol [ɔ̀ːrióʊl, -óʊt | -rɪɔ́ʊt; *F.* ɔʀjɔl], **Vincent** *n.* オリオール《1884–1966; フランスの政治家・弁護士; 第 4 共和国初代の大統領 (1947–54)》.

au·ri·scope [ɔ́ːrəskòʊp | -rɪskəʊp] 〘← AURI-[1] + -SCOPE〙 *n.* 〘医学〙耳鏡 (otoscope).

au·rist [ɔ́ːrɪst, -rəst | -rɪst] 〘← AURI[1]- + -IST〙 *n.* 耳科医 (otologist).

au·ro- [ɔ́ːro(ʊ), -rə | -rə(ʊ)] 〘← L *aurum* gold: cf. auri-[2]〙 — 次の意味を表わす連結形: **1**「金 (gold); 金と...との (gold and...)」. **2** 〘化学〙「1 価の金 (Au^I) の[に関する, を含む], 第一金の (aurous)」.

au·roch [áʊrɑk, ɔ́ːr- | ɔ́ːrɔk] *n.* 〘動物〙= aurochs.

au·rochs [áʊrɑks, ɔ́ːr- | ɔ́ːrɔks] 〘(1766) □ G *Auerochs* < OHG *ūrohso* ← *ūro* aurochs + *ohso* 'ox': cf. OE *ūr* aurochs〙 — *n.* (*pl.* ~, **~·es**) 〘動物〙**1** オーロクス (*Bos taurus primigenius*)《ヨーロッパの畜牛の祖先で 17 世紀に絶滅した野牛; urus ともいう》. **2** ヨーロッパヤギュウ (⇨ wisent).

au·ro·ra [ərɔ́ːrə, ɔːr-, -róːrə | ɔːrɔ́ːrə, ər-] 〘(*c*1386) □ L *aurōra* dawn ← IE **awes-* to shine: cf. east〙 — *n.* (*pl.* **~s, au·ro·rae** [-riː]) **1** オーロラ, 極光. **2 a** あけぼの, しののめ, 夜明け, 曙光(しょこう) (dawn). **b** (物事の)始まり, 発足(期).

Au·ro·ra[1] [ərɔ́ːrə, ɔːr-, -róːrə | ɔːrɔ́ːrə, ər-] 〘↑〙 *n.* **1** 女性名. **2** 〘ローマ神話〙アウローラ, オーロラ《あけぼのの女神; ギリシャ神話の Eos に当たる》.

Au·ro·ra[2] [ərɔ́ːrə, ɔːr-, -róːrə | ɔːrɔ́ːrə, ər-] *n.* **1** 米国 Colorado 州北中部の都市, 住宅地; 人口 118,000. **2** 米国 Illinois 州, Chicago 西方の工業都市; 人口 75,000.

auróra aus·trá·lis [-ɔːstréɪlɪs, -ɑːs-, -ləs | -ɔːstréɪlɪs, -ɔs-] 〘← NL ~ ← AURORA + L *austrālis* southern (cf. Australia)〙 — *n.* (*pl.* **aurorae -tra·les** [-liːz]) 南極光 (southern lights) (cf. aurora borealis).

auróra bor·e·á·lis [-bɔ̀ːriǽlɪs, -bòːr-, -éɪl-, -ləs | -bɔ̀ːriǽlɪs, -éɪl-] 〘← NL ~ ← AURORA + L *boreālis* northern〙 — *n.* (*pl.* **aurorae bo·re·a·les** [-liːz]) オーロラ, 北極光 (northern lights) (cf. aurora australis).

aurorae *n.* aurora の複数形.

au·ro·ral [ərɔ́ːrəl, ɔːr-, -róːr- | ɔːrɔ́ːrəl, ər-] *adj.* **1 a** あけぼのの, 曙光(しょこう)の. **b** 曙光のような, ばら色の, 輝かしい (radiant). **2** オーロラ[極光]の(ような).

au·ro·re·an [ərɔ́ːriən, ɔːr-, -róːr- | ɔːrɔ́ːrɪ-, ər-] *adj.* = auroral.

au·rous [ɔ́ːrəs] 〘□ LL *aurōs-us* ← L *aurum* gold: ⇨ -ous〙 *adj.* **1** 〘化学〙第一金の, 1 価の金 (Au^I) の (cf. auric): ~ oxide 酸化第一金. **2** 金の, 金を含む.

au·rum [ɔ́ːrəm, áʊr-] 〘□ L ~ 'gold'〙 *n.* 〘化学〙= gold 1.

aurum po·ta·bi·le [áʊrəm-pətɑ́ːbəli, ɔ́ːrəm-pətǽb- | -lɪ] 〘← NL ~ 'potable gold'〙 *L. n.* 飲用金《昔用いられた金粉を含んだ強壮剤》.

Au·rung·zeb [ɔ́ːrəŋzèb, áʊr- | -rʌŋ-, -rəŋ-] *n.* = Aurangzeb.

AUS, A.U.S. 《略》Army of the United States.

Aus. 《略》Australia; Australian; Austria; Austrian.

Au·sa·ble [ɔːséɪbl̩] 〘← F *au sable* sandy (place)〙 *n.* [the ~] 米国 New York 州北東部の川; 景勝の峡谷 (長さ 3 km) を通って Champlain 湖に注ぐ (129 km).

Au·schwitz [áʊʃvɪts; *G.* áʊʃvɪts] *n.* アウシュヴィッツ: **1** = Oświęcim. **2** 第二次大戦中ポーランドの Oświęcim 市の郊外にあったナチの大強制収容所; ユダヤ人などの大虐殺が行なわれた.

aus·cul·tate [ɔ́ːskəltèɪt | ɔ́ːskəl-, ɔ́s-, -kʌl-] 〘(逆成) ↓〙 *vt., vi.* 〘医学〙聴診する: ~ a person's chest.

aus·cul·ta·tion [ɔ̀ːskəltéɪʃən | ɔ̀ːskəl-, ɔ̀s-, -kʌl-] 〘(1634) □ L *auscultātiō(n-)* ← *auscultātus* (p.p.) ← *auscultāre* to listen ← *auris* ear + ? **clutos* heard〙 — *n.* **1** 〘医学〙聴診(法) (cf. percussion 6). **2** 聞くこと (listening).

aus·cul·ta·tor [ɔ́ːskəltèɪtə | ɔ́ːskəltèɪtə(r, ɔ́s-, -kʌl-] 〘□ L *auscultātor*〙 *n.* 〘医学〙聴診者; 聴診器 (stethoscope).

aus·cul·ta·to·ry [ɔːskʌ́ltətɔ̀ːri | -tətəri] *adj.* 〘医学〙聴診(上)の.

aus·form [ɔ́ːsfɔ̀əm | -fɔ̀ːm] 〘← AUS(TENITIC) + (DE)FORM〙 — *vt.* 〘金属加工〙オースフォームする, オースフォーミングする《Ni-Cr-Mo 鋼などの過冷オーステナイト (austenite) の状態で塑性変形を加えた後, 強靭化と疲労強度を高めるために急冷して加工熱処理をする》.

Aus·gleich [áʊsglaɪk; *G.* áʊsglaɪç] 〘□ G ~ 'arrangement'〙 — *G. n.* (*pl.* **Aus·glei·che** [-kə; *G.* -çə]) **1** [the ~] アウスグライヒ《1867 年にオーストリアとハンガリーとの間に締結された二重君主制の協約; cf. Austria-Hungary》. **2** [a-] 協定; 妥協.

aus·lan·der [áʊslæ̀ndə, ɔ́ːs-, -lèn- | -də(r; *G.* áʊslɛndɐ] 〘□ G *Ausländer*: ⇨ out, land〙 *n.* 外国人.

aus·laut [áʊslaʊt; *G.* áʊslaʊt] 〘□ G ~: ⇨ out, loud〙 *n.* (*pl.* **aus·lau·te** [-tə | -tə; *G.* -tə], **~s**) 〘音声〙末尾音《語または音節の終りの音; cf. anlaut, inlaut》.

aus·pex [ɔ́ːspeks | ɔ́ːs-, ɔ́s-] 〘□ L ~ 'bird seer': ⇨ auspice〙 *n.* (*pl.* **aus·pi·ces** [ɔ́ːspəsìːz | ɔ́ːspɪ-, ɔ́s-]) 卜占(ぼくせん)官 (augur).

aus·pi·cate [ɔ́ːspəkèɪt | -pɪ-] 〘← L *auspicāt-us* (p.p.) ← *auspicārī* to take auspices: ⇨ ↓, -ate[3]〙 — *vt.* 《古》(儀式などによって)〈事を〉(めでたく)始める, (正式に)開始する, ...に着手する (inaugurate).

aus·pice [ɔ́ːspɪs, -pəs | ɔ́ːspɪs, ɔ́s-] 〘(1533) □ F ~ ∥ L *auspic-ium* a bird-watching ← *auspex* bird-watcher ← *avis* bird + *specere* to look at, watch: cf. augur〙 — *n.* **1** [通例 *pl.*] 保護, 援助, 賛助, 主催 (support, patronage): under the ~*s* of ...の援助[後援, 主催]の下に, の賛助を得て, の好意によって. **2** [しばしば *pl.*] 前兆 (omen), (特に)吉兆: under favorable ~*s* 幸先(さいさき)よく. **3** (鳥で行なう)占い: take ~*s* 吉兆を占う.

auspices *n.* auspex の複数形.

aus·pi·cial [ɔːspíʃəl | ɔːs-, ɔs-] *adj.* **1** 占いの: ~ rites. **2** = auspicious.

aus·pi·cious [ɔːspíʃəs | ɔːs-, ɔs-] 〘(1602)〙 — *adj.* **1** 前兆のよい, 幸先(さいさき)のよい, 縁起のよい (of good omen, promising): an ~ beginning (物事の)幸先のよい始まり. **2** めでたい, 幸運な (fortunate): ~ six years 幸運続きの 6 年間. **~·ness** *n.*

aus·pí·cious·ly *adv.* めでたく, 縁起よく, 幸先(さいさき)よく.

Aus·sie [ɔ́ːsi, ɑ́ːsi | ɔ́zi, ɔ́si] 〘(dim.) ← AUSTRALIAN: ⇨ -ie〙 *n.* 《口語》**1 a** オーストラリア人. **b** オーストラリア兵. **2** オーストラリア (Australia).

Aust. 《略》Austria; Austria-Hungary; Austrian.

aus·tausch [áʊstaʊʃ; *G.* áʊstaʊʃ] 〘□ G ~《原義》exchange〙 *n.* (*pl.* **aus·tau·sche** [-ʃə; *G.* -ʃə]) 〘物理〙交換係数.

aus·tem·per [ɔːstémpə | ɔːstémpə(r, ɔs-] 〘← AUS(TENITE) + TEMPER〙 *vt.* 〘冶金〙オーステンパーする《鋼の S 曲線を利用して焼入れする》.

Aus·ten [ɔ́ːstən, ɑ́ːs-, -tɪn | ɔ́stɪn, ɔ́ːs-], **Jane** *n.* (1775–1817) 英国の女流小説家; *Pride and Prejudice* (1813), *Emma* (1816).

aus·ten·ite [ɔ́ːstənàɪt, ɑ́ːs- | ɔ́ːstɪn-, ɔ́s-] 〘□ F ~ ← *Sir W. C. Roberts-Austen* (1843–1902: 英国の冶金学者): ⇨ -ite[1]〙 — *n.* 〘冶金〙オーステナイト《γ 鉄中に炭素を固溶した固溶体 (solid solution)》.

aus·ten·it·ic [ɔ̀ːstənítɪk, ɑ̀ːs- | ɔ̀ːstɪnít-, ɔ̀s-] *adj.* 〘冶金〙〈鉄合金が〉オーステナイトの.

aus·ten·it·ize [ɔ́ːstənətàɪz, ɑ́ːs- | ɔ́ːstɪnaɪt-, ɔ́s-] *vt.* 〘冶金〙〈鉄合金を〉オーステナイト化する.

Aus·ter [ɔ́ːstə | -tə(r] 〘□ L ~: ⇨ auster south (wind) の擬人化〙 *n.* アウステル《南風の神; cf. Notus》.

aus·tere [ɔːstíə | ɔstíə(r, ɔːs-] 〘(*a*1338) □ (O)F *austère* ∥ L *austēr-us* dry, harsh □ Gk *austērós* ← *aúein* to dry ← *aûos* dry ← IE **saus-* dry〙 — *adj.* (**aus·ter·er; -est**) **1 a** 〈人・性格・言行など〉厳しい, 厳格な, きまじめな (stern): an ~ teacher. **b** 〈様子など〉厳しそうな, いかめしい (grim): an ~ look. **2** (自己に)厳しい, 禁欲的な (ascetic): an ~ hermit, Puritan, etc. **3 a** 〈生活など〉質素な, 簡素な: an ~ life. **b** 〈文体・様式など〉飾りけのない, 簡素な, 渋い. **4** 厳粛な, 重重しい. **5** 《古》(味が)酸っぱい, 苦い. **~·ness** *n.*

aus·tére·ly *adv.* **1** 厳しく, 厳格に; いかめしく. **2** 禁欲的に; 質素に, 簡素に.

aus·ter·i·ty [ɔːstérəṭi | ɔstérɪti, ɔːs-, -rɪ-] 〘(*c*1380) □ (O)F *austérité*: ⇨ austere, -ity〙 — *n.* **1** 厳しさ, 厳格; 厳粛. **2** 質素, 簡素, 渋味. **3 a** 耐乏, 緊縮; [通例 *pl.*] 禁欲[耐乏]生活, 苦行: practice *austerities*. **b** [形容詞的に] 耐乏の, 緊縮の: ~ clothes / an ~ life. **4** 《古》酸味, 苦味.

Aus·ter·litz [ɔ́ːstəlɪts, áʊs- | ɔ́stə-; *G.* áʊstɐlɪts] *n.* アウステルリッツ《チェコスロバキア中部の町; 1805 年 Napoleon がロシヤとオーストリアとの連合軍を破った所; チェコ語名 Slavkov》.

Aus·tin[1] [ɔ́ːstɪn, ɑ́ːs-, -tən | ɔ́stɪn, ɔ́ːs-] 〘← *the Austin Motor Co.* (英国の自動車メーカー)〙 *n.* 〘商標〙オースティン《英国製小型自動車の名称》.

Aus·tin[2] [ɔ́ːstɪn, ɑ́ːs-, -tən | ɔ́stɪn, ɔ́ːs-] 〘← *S. F. Aus-*

tin》 n. 米国 Texas 州中部, Colorado 川に沿う都市; 同州の首都; 人口 302,000. 「n. 男性名.
Aus·tin³ [ɔ́:stɪn, ɑ́:s-, -tən | ɔ́stɪn, ɔ́:s-] 〖⇨ Augustine¹〗
Aus·tin⁴ [ɔ́:stɪn, ɑ́:s-, -tən | ɔ́stɪn, ɔ́:s-] 〖《?1384》□ (O)F *Augustin* □ LL *Augustīnus*〗 adj., n. = Augus-
Austin, Saint n. = Saint Augustine 2. ⌊tinian.
Austin, Alfred n. (1835-1913) 英国の桂冠詩人 (1896-1913); *The Garden that I Love* (1894).
Austin, Mary (Hunter) n. (1868-1934) 米国の女流小説家・劇作家; *The Land of Little Rain* (小説) (1903).
Austin, Stephen Fuller n. (1793-1836) Texas を開拓した米国人.
Áustin Fríar [⇨ Austin⁴] n. 〖カトリック〗アウグスティノ修道会 (Order of St. Augustine) の修道士.
Austl. 《略》Australia; Australian.
Austr. 《略》Austria; Austrian. 「tro-¹,² の異形.
Austr- [ɔ:str | ɔstr, ɔ:str] (母音の前に来る時の) Aus-
aus·tral [ɔ́:strəl] 〖《1398》□ L *austrāl-is* southern ← *auster* south wind〗 ― adj. **1** 南の, 南方の (southern); 〈風が〉南からの (southerly). **2** [A-] **a** = Australian. **b** = Australasian.
Austral. 《略》Australia; Australian.
Aus·tral·a·sia [ɔ̀:strəléɪʒə, -ʃə | ɔ̀strəléɪziə, ɔ̀:s-, -ʒə, -zjə, -zɪə, -ʃɪə, -ʃə] 〖□ F *Australasie* ← L *austrālis* 'austral'+*Asia* Asia〗 ― n. オーストラレーシア: **a** Australia, New Zealand および付近の諸島の総称. **b** 英連邦に属する西南太平洋の諸島の総称. **c** = Oceania. ★ 地理学では, この名称は用いない.
Aus·tral·a·sian [ɔ̀:strəléɪʒən, -ʃən | ɔ̀strəléɪziən, ɔ̀:s-, -ʒən, -zjən, -zɪən, -ʃɪən, -ʃən] adj. オーストラレーシアの. ― n. オーストラレーシア人.
Áustral Énglish n. オーストラル[オーストラレーシア]英語《オーストラリア・ニュージーランドの英語》.
Aus·tra·lia [ɔ:stréɪljə, ɑ:s- | ɔstréɪljə, ɔ:s-, -lɪə] 〖← NL ~ ← L (*Terra*) *Austrālis* the southern (land): ⇨ austral, -ia〗 ― n. **1** オーストラリア, 豪州《南太平洋とインド洋にはさまれた大陸で六大州の一つ; 面積約 8,000,000 km²》. **2** オーストラリア《オーストラリア大陸の諸州と Tasmania その他付近の諸島を含む連邦で英連邦 (British Commonwealth) 内の自治共和国; 人口 14,070,000, 面積 7,686,849 km², 首都 Canberra; 公式名 the Commonwealth of Australia オーストラリア連邦》.
Austrália Dày n. (オーストラリアの) 建国記念日《1788 年の英国人のオーストラリア上陸を記念する法定休日; 1 月 26 日あるいはその直後の月曜日》.
Aus·tra·lian [ɔ:stréɪljən, ɑ:s- | ɔstréɪljən, ɔ:s-, -lɪən] adj. **1** **a** オーストラリアの, 豪州の: the ~ aborigines オーストラリア原住民. **b** オーストラリア人[英語, 土語]の; 《古》オーストラリア原住民の. **2** **a** 〖動物地理〗オーストラリア区の. **b** 〖植物地理〗Australia と Tasmania を含む地理区分の. ― n. **1** オーストラリア人, 豪州人; オーストラリア原住民, オーストラリア アボリジン (Australian Aborigine). **2** オーストラリア英語 (Australian English); オーストラリア原住民の言語.
Aus·tra·li·an·a [ɔ:strèɪliǽnə, ɑ:s-, -ɑ́:nə, -éɪnə | ɔs-trèɪliɑ́:nə, ɔ:s-] 〖← Australia+-ana〗 n. オーストラリアの文物.
Austrálian Álps n. pl. [the ~] オーストラリアアルプス《オーストラリア南東部に連なる山脈; 最高峰は Mt. Kosciusko (2,228 m)》.
Austrálian bállot n. オーストラリア式投票用紙《全候補者名が印刷された投票用紙; 支持者名に印を付ける方式の秘密投票に用いる; 最初オーストラリアで始まった (1856); cf. Indiana ballot, Massachusetts ballot》.
Austrálian béar n. 〖動物〗= koala.
Austrálian Cápital Térritory n. [the ~] オーストラリア首都特別地域《New South Wales 内にあるオーストラリア連邦直属の一地域; この中に連邦首都 Canberra がある; 人口 144,000, 面積 2,431 km²》.
Austrálian cráwl n. [the ~] 〖水泳〗オーストラリア式クロール《オーストラリア原住民の泳法に由来する泳法で, 今日のアメリカ式クロール (American crawl) に改良される前の, 左右の腕がそれぞれひとかきづつする間に 2 回足をあおる泳法 (2-beat crawl)》.
Austrálian Énglish n. オーストラリア英語 (cf. Austral English).
Austrálian hóneysuckle n. 〖植物〗バンクシア (*Banksia integrifolia*)《オーストラリア産ヤマモガシ科の常緑低木; beefwood ともいう》.
Aus·trá·lian·ìsm [-nɪ̀zm] n. **1** オーストラリア英語特有の表現. **2** オーストラリア気質[精神]. **3** オーストラリア国粋主義; オーストラリア支持[びいき].
Aus·tra·lian·ize [ɔ:stréɪljənàɪz, ɑ:s- | ɔstréɪljən-, ɔ:s-, -lɪən-] vt. **1** オーストラリア化する. **2** オーストラリアに帰化させる. 「Rules.
Austrálian Nátional Rúles n. pl. = Australian
Austrálian píne n. 〖植物〗オーストラリア特産のモクマオウ科モクマオウ属 (*Casuarina*) の常緑樹数種の総称; (特に) トキワギョリュウ (*C. equisetifolia*)《今は熱帯地方で広く栽培される》.
Austrálian Rúles n. pl. **1** [単数扱い] オーストラリアンルールズ(フットボール)《1 チーム 18 人ずつの選手が広さ 180-190 ヤードのフィールドに各エンドに四つずつ設けられたゴールポストを用いて行なうラグビーに似たゲーム; ボールは大形のラグビーボールを用いる》. **2** その規則.
Austrálian Rúles fóotball n. = Australian Rules 1.
Austrálian térrier n. オーストラリアンテリア《オーストラリアで数種のテリアの異種交配によって作り出された小型の犬種のイヌ; 作業用》.
australis ⇨ aurora australis, Corona Australis.
aus·tra·lite [ɔ́:strəlàɪt, ɑ́:s- | ɔ́s-, ɔ́:s-] 〖← Australia (その生産地)+-ite¹〗 n. 〖鉱物〗オーストラライト《オーストラリア産のテクタイト (tektite) の一種》.
Aus·tra·loid [ɔ́:strəlɔ̀ɪd, ɑ́:s- | ɔ́s-, ɔ́:s-] 〖← Australia+-oid〗 〖人類学〗 ― n. アウストラロイド《オーストラリア原住民・タスマニア人などの身体特徴を共通にもつ人類; 身体特徴・文化ともに古代的要素を多く残しており, 現代の旧石器時代人ともいわれる; cf. stock² 15》. ― adj. アウストラロイドの.
aus·tra·lo·pith·e·cine [ɔ:strèɪlo(ʊ)pɪθəsàɪn, ɑ:s- | ɔstrèɪlə(ʊ)pɪ́θɪ-, ɔ:s-] 〖← NL *Australopithecinae* ← *Australopithecus* (属名: ← L *austrālis* 'austral'+NL *pithēcus* ape (⇨ pitheco-))+-inae: ⇨ -ine¹〗 〖人類学〗 ― adj. アウストラロピテクスの. ― n. = australopithecus.
aus·tra·lo·pi·the·cus [ɔ:strèɪlo(ʊ)pɪθí:kəs, ɑ:s-, -pə-, -pɪ́θɪ-, -θə- | ɔstrèɪlə(ʊ)pɪθí:-, ɔ:s-, -pɪ́θɪ-] 〖← NL ~: ↑〗 ― n. 〖人類学〗アウストラロピテクス《1924 年に最初に発見された人類の古い先祖と思われる *Australopithecus* 属の猿人; 主として洪積世初期 (約 100-300 万年前) に生存していた; 現在では Swartkrans ape-man, Kromdraai ape-man など南アフリカ共和国・東アフリカ・エチオピアなどから多数の化石が発見されている; cf. zinjanthropus》.
Aus·tral·orp [ɔ́:strəlɔ̀əp, ɑ́:s- | ɔ́strəlɔ̀:p, ɔ́:s-] 〖← Austral(ia)+Orp(ington)〗 ― n. オーストラロープ《オーストラリアでオーピントン種 (Orpington) を改良してできた黒色の卵用鶏》.
Aus·tra·sia [ɔ:stréɪʒə, ɑ:s-, -ʃə | ɔstréɪzjə, ɔ:s-, -zɪə, -ʒɪə, -ʒə] 〖□ ML *Austrāsia, Ostrāsia* (原義) eastern country ← Frank. *ōstra- eastern: ⇨ east〗 ― n. アウストラシア《昔の Frank 王国の東部地方; 今のフランス北東部・ドイツ西部・ベルギーを含む Rhine 川両岸の地域》.
Aus·tri·a [ɔ́:striə, ɑ́:s- | ɔ́striə, ɔ́:s-] 〖← NL ~ ← G *Österreich* (原義) eastern kingdom ← *öster* eastern (< OHG *ōstar*)+*Reich* kingdom (< OHG *rīkki*): ⇨ east, rich〗 ― n. オーストリア《ヨーロッパ中部の共和国 (1918 年以来); 人口 7,520,000, 面積 83,850 km², 首都 Vienna; 公式名 the Republic of Austria オーストリア共和国; ドイツ語名 Österreich》.
Áustria-Húngary n. オーストリア ハンガリー《オーストリア, ハンガリーおよびその他諸小国を含んだ中部ヨーロッパの王国 (1867-1918); Dual Monarchy ともいう》. **Áustria-Hungárian** adj., n.
Aus·tri·an [ɔ́:striən, ɑ́:s- | ɔ́striən, ɔ́:s-] adj. **1** オーストリア(人, 語)の. **2** オーストリア(経済)学派の. ― n. **1** **a** オーストリア人. **b** オーストリア語《ドイツ語の一方言》. **2** オーストリア(経済)学派の人.
Áustrian bríer n. 〖植物〗黄色い悪臭のある花が咲くバラ科の低木 (*Rosa foetida*).
Áustrian Émpire n. [the ~] オーストリア帝国《最後の神聖ローマ帝国皇帝 Francis 二世がオーストリア皇帝 Francis 一世と称した 1804 年から 1918 年まで栄えた帝国; 1867 年からはオーストリア ハンガリー帝国と呼ぶのが普通; cf. Hapsburg Monarchy》.
Áustrian schòol n. [the ~] 〖経済〗オーストリア学派《19 世紀末-20 世紀初頭のオーストリアに栄えた経済学派; K. Menger に始まり Eugen Böhm-Bawerk (1851-1914), Friedrich von Wieser などの学者を含む; 限界効用の概念を中心に消費理論を構築し, 迂回生産を基礎とする資本と利子の理論を唱えた》.
Aus·tro-¹ [ɔ́:stro(ʊ), ɑ́:s- | ɔ́strə(ʊ), ɔ́:s-] 〖← L *auster* the south (wind): ⇨ east〗 ― 次の意味を表わす連結形: **1** 「南の (south); 南からの (southern)」. **2** 「オーストラリアと…との (Australian and…)」: *Austro*-Malayan. ★ 母音の前では通例 Austr- になる.
Aus·tro-² [ɔ́:stro(ʊ), ɑ́:s- | ɔ́strə(ʊ), ɔ́:s-] 〖← NL ~ ← Austria〗 ―「オーストリアと…との (Austrian and …); オーストリア (Austria)」の意の連結形: *Austro*-Hungarian / *Austro*phobia. ★ 母音の前では通例 Austr- になる.
Àustro·asiátic [⇨ Austro-¹] 〖言語〗 adj. アウストロアジア諸言語の, 南亜語族の. ― n. アウストロアジア語族《モンクメール・チャム・カシ・ムンダー諸語の総称》.
Àustro-Gérman adj. オーストリア ドイツの.
Àustro-Húngary n. = Austria-Hungary. **Àustro-Hungárian** adj., n.
Aus·tro·ne·sia [ɔ̀:stro(ʊ)ní:ʒə, ɑ̀:s-, -ʃə | ɔ̀strə(ʊ)ní:zjə, ɔ̀:s-, -zɪə, -ʒɪə, -ʒə, -sjə, -sɪə, -ʃɪə, -ʃə] 〖← Austro-¹+Gk *nēsos* island+-ia¹〗 ― n. オーストロネシア《太平洋中部および南部の諸島; Indonesia, Micronesia, Polynesia を含む》.
Aus·tro·ne·sian [ɔ̀:stro(ʊ)ní:ʒən, ɑ̀:s-, -ʃən | ɔ̀strə(ʊ)-ní:zjən, ɔ̀:s-, -zɪən, -ʒɪən, -ʒən, -sjən, -sɪən, -ʃɪən, -ʃən] adj. オーストロネシア(語族)の. ― n. オーストロネシア語族《南太平洋の Polynesia, Melanesia, Micronesia, Indonesia で使われる諸語の総称; Malayo-Polynesian ともいう》.
aut. 《略》autograph; automatic. 「acoid.
aut- [ɔ:t] (母音の前に来る時の) auto-¹ の異形: *aut*-
au·ta·coid [ɔ́:təkɔ̀ɪd | -tə-] 〖← auto-¹+Gk *ákos* remedy+-oid〗 ― n. 〖生理〗オータコイド, 局所ホルモン《ホルモンと化学伝達物質の中間的性格をもつ物質》. **au·ta·coi·dal** [ɔ̀:təkɔ́ɪdl | -tə-] adj.
au·tarch [ɔ́:tɑək | -tɑ:k] 〖□ Gk *aútarkh-os* ← (adj.) 'autocratic' ← auto-¹+*arkhós* ruler (⇨ -arch¹)〗 n. 専制君主, 独裁者 (autocrat).
au·tar·chy¹ [ɔ́:tɑəki | -tɑ:kɪ] 〖《1691》□ Gk *autarkhía* self-rule: ⇨ ↑, -y¹〗 ― n. **1** 絶対[専制]主権 (absolute sovereignty). **2** 専制[独裁]政治(体制); 専制国, 独裁国. **au·tar·chic** [ɔ:tɑ́əkɪk | -tɑ́:-] adj. **au·tár·chi·cal** adj. **au·tár·chi·cal·ly** adv.
au·tar·chy² [ɔ́:tɑəki | -tɑ:kɪ] n. = autarky.
áu·tar·kist [-kɪst, -kəst | -kɪst] n. 経済自立主義者.
au·tar·ky [ɔ́:tɑəki | -tɑ:kɪ] 〖《c1643》□ Gk *autárkeia* ← *autárkēs* self-sufficient ← auto-¹+*arkeîn* to suffice〗 ― n. **1** 自給自足; (特に) 自給自足経済, アウタルキー. **2** 経済自立国策. **3** 経済自立地方[国家].
au·tar·kic [ɔ:tɑ́əkɪk | -tɑ́:-] adj. **au·tár·ki·cal** adj. **au·tár·ki·cal·ly** adv.
au·te·cious [ɔ:tí:ʃəs] adj. 〖植物〗= autoecious.
au·té·cism [-sɪzm] n. 〖植物〗= autoecism.
aut·e·col·o·gy [ɔ̀:tɪkɑ́lədʒi, -te-, -ti:-, -ṭə- | -ti:kɔ́l-ədʒɪ, -tɪ-] n. 〖生態〗個生態学, 種生態学 (cf. synecology). **aut·e·co·log·i·cal** [ɔ̀:ti:kəlɑ́dʒɪkəl, -te-, -dʒə- | -lɔ́dʒɪ-] adj.
au·teur [outə́: | autə́:(r; F. otœ:r] 〖□ F ~ □ L *auctor* 'author'〗 n. (pl. ~s [~z; F. ~]) 〖映画〗(監督至上主義に合致する)映画監督. 「theory.
au·téur·ism [-tə́:(r)ɪzm | -tə́:r-] n. 〖映画〗= auteur
autéur thèory 〖《部分訳》← F *politique des auteurs*〗 ― n. [the ~] 〖映画〗監督至上主義《映画批評で, 映画監督の個性・手法が作品の性格を決定するという考え方》. 「authorized.
auth. 《略》authentic; author; authoress; authority;
au·then·tic [əθéntɪk, ɔ:θ- | ɔ:θént-] 〖《?c1380》(16C) □ LL *authentic-us* □ Gk *authentikós* original, genuine ← *authéntēs* perpetrator, author ← auto-¹+*héntēs* doer ∽《1369》*au(c)tentik* □ OF *autentique* (F *authentique*)〗 ― adj. **1** **a** 信頼すべき, 信ずべき, より所[典拠]のある (reliable): an ~ report, statement, etc. **b** 《口語》誠実な (sincere). **2** 真正な, 本物の (genuine): an ~ portrait, signature, etc. **3** 〖法律〗認証された, 正式な, 真正な: an ~ deed. **4** 〖音楽〗正格の (cf. plagal): **a** (教会旋法で) 主音が音域 (ambitus) の最低音に位する: an ~ mode 正格旋法. **b** 属和音から主和音へ終止する: ⇨ authentic cadence. **5** 《廃》= authoritative. **au·thén·ti·cal·ly** adv.
au·then·ti·cate [əθéntəkèɪt, ɔ:θ- | ɔ:θéntɪ-] 〖《1653》← ML *authenticāt-us* (p.p.) ← *authenticāre* to make authentic ← LL *authenticus* (↑): ⇨ -ate³〗 ― vt. **1** 〈言説・事柄など〉の信頼できることを証明する, の確実性を立証する. **2** 〈筆跡・美術品など〉の本物[真正]であることを証明する. **3** 〖法律〗〈証書などを〉正式な手続きで作成する; (真正であることを) 認証する.
au·then·ti·ca·tion [əθèntəkéɪʃən, ɔ:θ- | ɔ:θèntɪ-] n. (確実性の) 証明, 立証; 認証.
au·thén·ti·cà·tor [-tə | -tə(r] n. 証明者; 認証者.
authéntic cádence n. 〖音楽〗正格終止(法)《属和音または属七の和音から主和音に終止すること》.
au·then·tic·i·ty [ɔ̀:θentísəṭi, -θən- | ɔ̀:θentísətɪ, -θən-, -sɪ-] 〖《1657》〗 ― n. **1** **a** 信頼性, 確実性; (事の) 真偽. **b** 《口語》誠実(なこと). **2** 出所の正しさ; 真正.
au·thi·gen·e·sis [ɔ̀:θədʒénəsɪs, -səs | -θɪdʒénɪsɪs, -nə-] 〖← NL ~ ← Gk *aûthi* there+-genesis〗 ― n. (pl. **-e·ses** [-sì:z]) 〖地質〗自生作用《堆積物の堆積に引き続き固結する過程で化学的・生化学的作用によって新しい鉱物を形成する作用》.
au·thi·gen·ic [ɔ:θədʒénɪk | -θɪ-] 〖← G *authigen* authigenic (↑)+-ic¹〗 adj. 〖地質〗〈鉱物が〉自生の (↔ allothogenic). 「authigenic.
au·thig·e·nous [ɔ:θídʒənəs | -dʒɪ-] adj. 〖地質〗=
au·thor [ɔ́:θə | -θə(r] 〖《?c1350》*au(c)to(u)r* □ AF *autour* = OF *autor* (F *auteur*) ‖ L *auctor* promoter, author ← *auctus* (p.p.) ← *augēre* to increase: *auth-* のつづりは 16 C 頃からで語源的でない〗 ― n. **1** **a** 著者, 作者; 作家, 著述家 (cf. authoress): the ~ of a book / one's favorite ~ 愛読の作家. **b** (ある著者の) 著作, 作品 (writing): He has read many ~*s*. / a passage in an ~ ある作家の一節. **2** (計画などの) 立案者, 創始者, 創造者, 張本人 (originator): the ~ *of* an idea / God the *Author* of our being われらの創造者[造物主]である神 / Who was the ~ *of* the joke? そんないたずらを企(たく)らんだのはだれか. **3** 〖生物〗(学名の) 命名者. ― vt. **1** 〈本などを〉書く, 著わす. **2** 創始する, 創造する (create).
áuthor càtalog n. 〖図書館〗著者(名)目録 (cf. title catalog). 「入》.
áuthor èntry n. 〖図書館〗著者記入《著者名の目録記
au·thor·ess [ɔ́:θərɪs, -rəs, -θr- | ɔ́:θərɪs, -rès, -rəs] 〖《1478》〗 n. 女流作家. ★ 今は author が普通.
au·tho·ri·al [ɔ:θɔ́:riəl, -θóər- | -θɔ́:rɪ-] adj. 著者[作者]の, 著者による (auctorial). 「index).
áuthor ìndex n. 〖図書館〗著者(名)索引 (cf. subject
au·thor·i·tar·i·an [ɔ:θɔ̀(:)rəté(ə)riən, əθ-, -θɑ̀r- | ɔ:-θɔ̀rɪtéəri-, ɔθ-, əθ-] adj. **1** 権威[独裁](主義)的な. **2** 権柄(けんぺい)ずくな. ― n. **1** 権威主義者; 独裁主義者. **2** 権柄ずくな人.

au·thòr·i·tár·i·an·ìsm [-nìzm] *n.* 権威[独裁]主義.
au·thor·i·ta·tive [əθárətèɪtɪv, ɔ:θ-, -θɔ́(:)r-, -tət- | ɔ:θɔ́rɪtətɪv, əθ-, əθ-, -rə-, -tèɪt-]〘(1605)〙 ― *adj.* **1** 権力[権限]をもつ : an ～ organization. **2** 当局の, その筋(から)の ; 正式な (official) : ～ orders. **3** 〈情報など〉信頼すべき, 権威のある (reliable) : an ～ account, opinion, etc. / ～ sources 権威筋. **4** 〈人・態度など〉権威のある ; 命令的な, 権柄(ぺい)ずくな (commanding) : in an ～ manner [voice]. **～·ness** *n.*
au·thór·i·tà·tive·ly *adv.* **1** 権威的に, 権威をもって. **2** 権威筋から. **3** 権威を示して ; 命令的に, 横柄に.
au·thor·i·ty [əθárəti, ɔ:θ-, -θɔ́(:)r- | ɔ:θɔ́rətɪ, əθ-, -rɪ-]〘(?a1200) ▭ (O)F *autorité* ▭ L *auctōritātem* personal influence : ⇨ author, -ity〙 ― *n.* **1** (政府・支配者などの)権力, 権威, 支配 (power, rule)〔*over*〕: the ～ of the sovereign / a position of ～ 権力の地位 / a person in ～ 権力者 / under the ～ of ...の権力[支配]下に / exercise [have] ～ *over* ...に対して権力を振う[もつ]. **2 a** 権限, 職権〔*for*〕/〈*to do*〉: on one's own ～ 自己の一存で, 独断で / exceed one's ～ 越権行為に出る / The police have (the) ～ *to* maintain peace and order. 警察は治安を維持する権限がある. **b** (権力者による)許可, 是認 (authorization) ; (委任された)権利 ; 自由裁量〔*for*〕/〈*to do*〉: by (the) ～ of ...の許可[認可]を得て / The manager gave me ～ *for* opening [*to* open] the letter. 支配人は私に手紙を開封してよいと言った / You have no ～ *to* move my bag (without permission). (許可なしに)私のかばんを動かす法はない. **c** 〘法律〙授権書. **3 a** [通例 *pl.*] 政府, 当局, その筋 : the civil [military, school] *authorities* 行政[軍, 学校]当局 / many such school *authorities* そのような多くの学校当局 / *Authority* expressed its displeasure. 当局は不満を表明した. **b** 公共事業機関 : ⇨ port authority, Tennessee Valley Authority. **4** (地位・人柄・経験などによる)威信, 権威, 影響力〔*over, with*〕; 説得力, 重み : speak with ～ 権威をもって話す / They have little ～ *over* [*with*] their children. 子供に対してほとんど権威がない[にらみがきかない]. **5** 〔特定の主題についての〕権威者, 大家, 泰斗 ; 権威書〔*on*〕: He is an ～ *on* gardening [Shakespeare]. **6 a** 典拠, より所, (論拠となる)引用 ; 出典 (source) ; 証言〔*for*〕: *on* the ～ of ...を典拠[より所]にして / I have it *on* good ～. それは確かな筋によるものだ. **b** 〔行為などの〕正当な理由, 根拠 (warrant)〔*for*〕. **7** (演奏・作品などの)堂に入った演技[出来ばえ]. **8** 〘法律〙判決 ; 判(決)例, 先例.
authority to pay 〘商業〙= LETTER of credit.
authority to purchase 〘商業〙手形買取り授権書.
au·tho·ri·za·tion [ɔ̀:θ(ə)rɪzéɪʃən, -rə- | ɔ̀:θ(ə)raɪ-, -rɪ-] *n.* **1** 授権, 委任. **2** 認定, 認可, 公認, 官許. **3** 認証.
au·tho·rize [ɔ́:θəràɪz]〘(?c1378) *au(c)torise(n)* ▭ OF *auctoris-er* (F *autoriser*) ∥ ML *auctōrīz-āre* ← *auctor* 'AUTHOR' : ⇨ -ize〙 ― *vt.* **1** ...に〈...する〉権限を与える, 委任する (empower)〈*to do*〉: We ～*d* him to act for us. 彼に代行の権限を与えた. **2** 〈行動・計画などを〉許可[認可]する, 許す (sanction) : ～ a foreign policy / A budget was ～*d* for the project. その計画に対して予算が承認された[割り当てられた] / an expression ～*d* by custom 慣用上認められた表現. **3** 《古》〈物事が〉...の根拠となる, 正当化する (justify).
áu·tho·rized *adj.* 認可された, 認可を得た, 認定の, 検定済の ; 公認された, 正しい ; 権限を授けられた : an ～ agent 指定代理人 / an ～ translation 原著者の許可を得てなされた翻訳.
áuthorized cápital *n.* 〘経済〙授権資本 (cf. nominal capital).
Áuthorized Vérsion *n.* [the ～] 〘聖書〙欽定(きん)訳聖書《英国王 James 一世の命によって翻訳編集され 1611 年に出版された英訳聖書; Shakespeare と共に近代英語文体の形成に甚大な影響を与えた; 略 A.V.; 米国では通例(時に英国でも) King James Bible [Version] という ; cf. Revised Version》.
áuthor·less *adj.* 著者[作者]不明の, 読み人知らずの ; 匿名の (anonymous).
áuthor màrk *n.* 〘図書館〙著者記号《著者の姓の記号化》.
áuthor nùmber *n.* 〘図書館〙著者番号 (author mark).
áuthor's alterátion *n.* 〘印刷〙著者直し《著者自身による字句の改変 ; 略 A.A., a.a. ; cf. printer's error》.
áuthor's corréction *n.* 〘印刷〙= author's alteration (略 AC).
áuthor's edítion *n.* 〘図書館〙私版, 自費出版本.
áuthor·shìp *n.* **1** 著作者であること ; (仕事としての)著述, 著述業 : the trade of ～ 著述業. **2** (書物・楽曲などの)原作者(がだれであるかということ), 著者 ; (うわさ・事件などの)出所, 根源, 張本人 (origin) : the ～ of a book, conspiracy, etc. / a book of doubtful ～ 原作者の不確かな本.
Auth. Ver. 《略》〘聖書〙Authorized Version.
au·tism [ɔ́:tɪzm]〘← NL *autism-us* : ⇨ auto-¹, -ism〙 *n.* **1** 〘心理〙自閉性 (dereism). **2** 〘精神医学〙自閉(症).
au·tis·tic [ɔ:tístɪk] *adj.* 自閉性の ; 自閉症の : an ～ child. ― *n.* 自閉性[症]の人. **au·tís·ti·cal·ly** *adv.*
au·to [ɔ́:toʊ, ɑ́:ţ- | ɔ́:tau]〘(1899)《略》← AUTOMOBILE〙《米口語》*n.* (*pl.* ～s) 自動車, 車 (car). ― *vi.* 車で行く, 車を運転する : ～ to the lake.
auto. 《略》automatic ; automobile ; automotive.
au·to-¹ [ɔ́:ţo(ʊ) | -tə(ʊ)]〘← Gk *autós* self〙「自身の, 独自の, 自己...」などの意の連結形 : *auto*cracy, *auto*-suggestion. ★ 母音の前では時に aut- になる.
au·to-² [ɔ́:ţo(ʊ) | -tə(ʊ)]〘← AUTOMOBILE〙「自動車の」の意の連結形 : *auto*camp, *auto*cross.
au·to-³ [ɔ́:ţo(ʊ) | -tə(ʊ)]〘← AUTOMATIC〙「自動機械の, 自動の」の意の連結形 : *auto*-changer.
áuto·alàrm *n.* 〘海事〙自動警報装置, 自動警急信機《遭難信号を受信して自動的に警報を鳴らす装置》.
àuto·ántibody *n.* 〘生理〙自己抗体.
au·to·bahn [ɔ́:ţo(ʊ)bɑ̀:n, áuţ- | -tə(ʊ)- ; *G.* áutobà:n]〘▭ G ～ ← AUTO-²+*Bahn* track, road : It. *autostrada* のなぞり か〙 ― *G. n.* (*pl.* ～s, **au·to·bah·nen** [-nən ; *G.* -nən]) アウトバーン《ドイツ・オーストリアの高速道路 (express-way, 《英》 motorway) ; cf. autopista, autoroute, autostrada》.
àuto·biógrapher *n.* 自叙伝作者, 自伝作者.
àuto·biográphic *adj.* = autobiographical.
àuto·biográphical *adj.* 自叙伝的な, 自叙伝体の. **～·ly** *adv.*
àuto·biógraphy 〘(1809)〙 *n.* **1** 自叙伝, 自伝 ; 自伝文学. **2** 自伝の執筆.
áuto·bòat *n.* = motorboat.
áuto·bùs *n.* 乗合自動車, バス (omnibus).
au·to·cade [ɔ́:ţo(ʊ)kèɪd, -ţə- | -tə(ʊ)-]〘← AUTO-²+(CAVAL)CADE〙 *n.* 《米》= motorcade.
áuto·càmp *n.* 自動車旅行者用キャンプ場.
áuto·càr *n.* 《古》自動車.
àuto·catálysis *n.* 〘化学〙自触媒現象, 自触媒作用. **àuto·catalýtic** *adj.*
au·to·ceph·a·lous [ɔ̀:ţo(ʊ)séfələs | -tə(ʊ)-]〘(1863) ▭ LGk *autoképhal-os* : ⇨ auto-¹, -cephalous〙 ― *adj.* **1** 〘東方正教会〙〈教会・主教が〉自治の, 自主的な, 独立の (independent). **2** 独自の頭[長]をもつ.
au·to·ceph·a·ly [ɔ́:ţo(ʊ)sèfəli | -tə(ʊ)sèfəlɪ]〘▭ LL *autocephalia* : ⇨ ↑, -y¹〙 *n.* 〘東方正教会〙(教会・主教の)自主性, 独立性.
áuto·chànger[-chànge] *n.* = automatic record changer.
au·to·chrome [ɔ́:ţo(ʊ)kròʊm, -ţə- | -tə(ʊ)-]〘▭ F ～ : ⇨ auto-³, chrome〙 ― *n.* 〘写真〙オートクローム《フランス人 Lumière 兄弟の発明した初期天然色透明写真用乾板》.
au·toch·thon [ɔ:tɑ́kθən, -θɑn | -tɔ́kθən, -θɔn, ɔ:tɔ́kθən, -θɔn]〘(1646) ▭ Gk *autókhthōn* from the land itself ← AUTO-¹+*khthṓn* earth〙 ― *n.* (*pl.* ～s, **-toch·tho·nes** [-θənì:z]) **1** [通例 *pl.*] 原住民 (aboriginal inhabitant). **2** 〘生物〙土地原産の動植物, 自生種. **3** 〘地質〙原[現]地性の《岩石が生成地域から移動していないこと ; cf. allochthon》. **au·toch·tho·ny** [ɔ:tɑ́kθəni | -tɔ́kθənɪ] *n.*
au·toch·thon·al [ɔ:tɑ́kθənl | -tɔ́k-] *adj.* = autochthonous.
autochthones *n.* autochthon の複数形.
au·toch·thon·ic [ɔ̀:tɑkθɑ́nɪk | -tɔkθɔ́n-] *adj.* = autochthonous.
au·tóch·tho·nìsm [-nìzm] *n.* 土着, 原産.
au·toch·tho·nous [ɔ:tɑ́kθənəs | -tɔ́k-]〘(1805)〙 ― *adj.* **1** 〘生物〙土地固有の, 原産的な, 原住的な, 土着の (aboriginal) (cf. heterochthonous). **2** 〈岩石が〉原[現]地性の (cf. allochthonous). **3** 〘病理〙自所(性)の, 自己由来の, 自生の. **4** 〘精神医学〙〈観念が〉自生の, 〈思考が〉自己の所属を離れてひとりでに次々と現われてくるような. **～·ly** *adv.*
au·to·clave [ɔ́:ţo(ʊ)klèɪv, -ţə- | -tə(ʊ)-]〘▭ F ～《原義》self-closing ← AUTO-³+L *clāvis* key〙 ― *n.* **1** (料理用の)圧力釜 (pressure cooker). **2 a** (化学用の)耐[加]圧器, オートクレーブ. **b** (医療器具消毒用の)加圧(蒸気)滅菌器. ― *vt.* 圧力釜[オートクレーブ]に入れる[掛ける].
áuto·còder *n.* 〘電算機〙オートコーダー《初期のアセンブラー (assembler) の一種》.
àuto·cohérer *n.* 〘電気〙オートコヒーラー《無線電信の初期に用いられた検波器の一種》.
au·to·coid [ɔ́:ţəkɔ̀ɪd | -tə-] *n.* 〘生理〙= autacoid.
àuto·collimátion *n.* 〘光学〙オートコリメーション《平面の反射を利用し望遠鏡などの視準線の方向・焦点を調整する操作》.
àuto·cóllimator *n.* 〘光学〙(オートコリメーションが行なえる)視準器.
àuto·correlátion *n.* 〘統計〙自己相関《観測値と一定時間後の観測値との相関》.
áuto còurt *n.* 《米》= motel.
au·toc·ra·cy [ɔ:tɑ́krəsi | -tɔ́krəsɪ]〘(1655) ▭ Gk *autokráteia* ← *autokratḗs* : ⇨ ↓, -cracy〙 *n.* **1** 独裁権. **2** 独裁政治, 独裁政府 ; 独裁国, 独裁政治の行なわれている地域.
au·to·crat [ɔ́:ţəkræ̀t, áuţ-, -ţo(ʊ)- | ɔ́:tə(ʊ)-]〘(1803) ▭ F *autocrate* ▭ Gk *autokratḗs* ruling by oneself ← AUTO-¹+*krátos* might (⇨ -crat)〙 ― *n.* **1** 独裁[専制]君主 (absolute monarch). **2** 独裁者, ワンマン. **3** 横暴な人.
au·to·crat·ic [ɔ̀:ţəkrǽţɪk, àuţ- | ɔ̀:tə(ʊ)krǽt-]〘⇨ ↑, -ic¹〙 *adj.* **1** 専制(的)の ; 独裁(的)の (absolute, dictatorial) (cf. constitutional 3) : ～ government 独裁政治 (cf. POPULAR government). **2** 横暴な. **àu·to·crát·i·cal** *adj.* **àu·to·crát·i·cal·ly** *adv.*
áuto·cròss〘← AUTO-²+CROSS(-COUNTRY)〙 *n.* (自動車の)クロスカントリーレース.
áuto·cùe *n.* 《英》〘テレビ〙オートキュー《テレビ用後見機で, テープようのものが動いて, 出演者や講演者などに台詞(せりふ)・文句を教える電子装置 ; cf. TelePrompTer》.
áuto·cỳcle *n.* 《古》補助エンジン付き自転車.
au·to-da-fé [àuţədəféɪ, ɔ̀:ţ-, -ţo(ʊ)- | ɔ̀:tə(ʊ)dɑ:féɪ, àut- ; *Port.* áutudɐfɛ]〘(1723) ▭ Port. *auto da fé* 《原義》act of faith〙 ― *n.* (*pl.* **autos-** [-ţəz-, -ţo(ʊ)z- | -tə(ʊ)z- ; *Port.* -tuʒ-]) 〘キリスト教史〙**1** (宗教裁判所 (the Inquisition) の)死刑宣告判決の公式宣告と執行, アウトダフェ. **2** アウトダフェの判決の執行 ; (特に)異端者の火刑.
au·to de fé [áuţoudeɪféɪ | -təu- ; *Sp.* áutodefe]〘▭ Sp. ～ ▭ Port. *auto da fé* (↑)〙 ― *Sp. n.* (*pl.* **autos de fé** [-touz- | -təuz- ; *Sp.* -tos-]) 〘キリスト教史〙= auto-da-fé.
àuto-destrúction[-destrúctive] árt *n.* 〘美術〙自壊芸術《完成された形態を保つことなく崩壊や消滅するように工夫された芸術 ; 現代美術の一傾向》.
au·to·di·dact [ɔ̀:ţo(ʊ)dáɪdækt, -daɪdǽkt, -dɪ-, -də- | -tə(ʊ)dɪdǽkt, -də-]〘▭ Gk *autodídakt-ós* self-taught ← AUTO-¹+*didaktós* (← *didáskein* to teach : ⇨ didactic)〙 ― *n.* 独学[独習]者 (self-taught person).
au·to·di·dac·tic [ɔ̀:ţo(ʊ)daɪdǽktɪk, -dɪ-, -də- | -tə(ʊ)-dɪ-, -daɪ-] *adj.* 独学(者)の ; 独学によって得た.
auto·drome [ɔ́:ţo(ʊ)dròʊm, -ţə- | -tə(ʊ)drəum]〘← AUTO-²+Gk *drómos* course (← *dramein* to run)〙 *n.* 〘自動車〙オートレース走路.
áuto·dỳne *n.* 〘通信〙オートダイン《ヘテロダイン用信号を検波器内部で発生させる方式 ; cf. heterodyne》.
au·toe·cious [ɔ:tí:ʃəs]〘⇨ ↓, -ous〙 *adj.* 〘植物〙**1** 同種寄生の (cf. heteroecious). **2** 〈コケ類など〉雌雄両生殖器官を備えた.
au·toe·cism [ɔ:tí:sɪzm]〘← AUTO-¹+Gk *oikos* house +-ISM〙 ― *n.* 〘植物〙同種寄生《ヒマワリやソラマメのさび菌 (rust) など寄生菌類が単一宿主 (host) で発達を完了することをいう》.
àuto·erótic *adj.* 〘心理〙自体愛の. **àuto·eróticaIly** *adv.*
àuto·eróticism *n.* 〘心理〙= autoerotism.
àuto·érotism *n.* 〘心理〙自体愛.
au·tog·a·mic [ɔ̀:ţo(ʊ)gǽmɪk | -tə(ʊ)-] *adj.* 〘植物・生物〙= autogamous.
au·tog·a·mous [ɔ:tɑ́gəməs, ət- | ɔ:tɔ́g-] *adj.* 〘植物・生物〙自家生殖の.
au·tog·a·my [ɔ:tɑ́gəmi, ət- | ɔ:tɔ́gəmɪ] *n.* **1** 〘植物〙自家生殖 (cf. allogamy). **2** 〘生物〙自家生殖, オートガミー《原生動物の生殖法の一つ ; 同じ個体に由来する 2 個の核が合体して新しい核を形成すること》.
àuto·génesis *n.* **1** 〘生物〙自然発生 (abiogenesis). **2** 〘病理〙自己発生. **3** 〘生態〙自生《原因・由来が外部環境と無関係に個体・群集・地域等の内部にあること》.
àuto·genétic *adj.* **1** 〘生物〙**a** 自然発生した (self-generated). **b** 自然発生の[に関する]. **2** 〘病理〙自己発生の. **àuto·genétically** *adv.*
àuto·génic *adj.* **1** 〘生物〙〈生態的遷移が〉自発的な《群落内で自然に起こる ; cf. allogenic 2》: an ～ succession 自発的遷移. **2** 〘昆虫〙= autogenous 3.
au·tog·e·nous [ɔ:tɑ́dʒənəs, ət- | ɔ:tɔ́dʒɪ-]〘▭ Gk *autogenḗs* self-produced : ⇨ auto-¹, -genous〙 ― *adj.* **1** 〘生物〙自生の, 自原的な (cf. heterogenous) : ～ vaccine 自生ワクチン. **2** 〘生理〙自家発生の. **3** 〘昆虫〙〈カなど〉卵を生むのに血を吸う必要がない (cf. anautogenous).
autógenous wélding *n.* 〘金属加工〙= gas welding.
au·tog·e·ny [ɔ:tɑ́dʒəni, ət- | ɔ:tɔ́dʒɪnɪ]〘▭ Gk *autogenḗs* : ⇨ auto-¹, -geny〙 *n.* 〘生物〙自然発生 (self-generation).
au·to·gi·ro [ɔ̀:ţo(ʊ)dʒáɪroʊ | ɔ̀:tə(ʊ)dʒáɪərəu]〘← *Autogiro* 《商標名》: ⇨ auto-¹˒³, gyro-〙 ― *n.* (*pl.* ～s) 〘航空〙オートジャイロ《前進すると前から来る気流により機上の回転翼が回転して揚力を生じ飛行する航空機 ; gyroplane ともいう ; cf. helicopter》.
au·to·graft [ɔ́:ţo(ʊ)græ̀ft | -tə(ʊ)grɑ̀:ft] 〘外科〙*n.* 自己[自家]移植片《同一個体からとって移植した組織片 ; cf. heterograft, homograft》. ― *vt.* 〈組織を〉自家移植する.
au·to·graph [ɔ́:ţəgræ̀f | -təgrɑ̀:f, -græ̀f]〘(1640-44) ▭ LL *autograph-um* (neut.) ← L *autographus* ▭ Gk *autógraphon* : ⇨ auto-¹, -graph〙 ― *n.* **1** 自筆, 肉筆, 親筆. **2** 自署, 署名 (signature) (cf. allograph). **3** 自筆の原稿(など) ; 著者署名入り文書. **4** 〘印刷〙肉筆石版刷, 肉筆石版画. ― *attrib. adj.* **1** 自筆の ; 自署の : an ～ letter [manuscript] 自筆の手紙[原稿] / an ～ album [book] 署名帳, サイン帳. **2** 〘美術〙〈作品が〉自筆の, 本物の : This Rubens is ～. ― *vt.* **1** 自筆で書く, 自書する. **2** ...に自署する : ～ a presentation copy 贈呈本に署名する / an ～*ed* picture of T. S. Eliot. **3** 〘印刷〙肉筆石版で複写[複製]する.
au·to·graph·ic [ɔ̀:ţəgrǽfɪk | -tə(ʊ)-] *adj.* **1** 自筆の, 自書の, 真筆の ; 自署の. **2** 〈計器が〉自記の (self-recording). **3** 〘印刷〙肉筆石版印刷の. **àu·to·gráph·i·cal** *adj.* **àu·to·gráph·i·cal·ly** *adv.*
au·tog·ra·phy [ɔ:tɑ́grəfi | -tɔ́grəfɪ] *n.* **1** 自筆で書くこと, 自書. **2** 筆跡. **3** [集合的]自筆, 自筆(原稿). **4** 〘印刷〙肉筆石版印刷.
àuto·gravúre *n.* 〘印刷〙オートグラビア《写真凹(おう)版 (photogravure) の一種》.
au·to·gy·ro [ɔ̀:ţo(ʊ)dʒáɪroʊ | ɔ̀:tə(ʊ)dʒáɪərəu] *n.* (*pl.* ～s) 〘航空〙= autogiro.
Áuto·hàrp *n.* 〘商標〙オートハープ《zither の一種 ; 簡単な和音はボタン操作で奏する》.
àuto·hypnósis *n.* 自己催眠術. **àuto·hypnótic** *adj.*
au·toi·cous [ɔ:tɔ́ɪkəs] *adj.* 〘植物〙= autoecious.

àuto·ignítion *n.* **1** (内燃機関の)自己着火；自然発火 (cf. preignition). **2**〘化学〙＝spontaneous combustion. 「point).

àuto·ignítion pòint *n.*〘化学〙自然点火温度 (flash

àuto·immúne *adj.*〘病理〙自己免疫(性)の. **àuto·immúnity** *n.*

àuto·immunizátion *n.*〘病理〙自己免疫化.

àuto·inféction *n.*〘病理〙自己感染.

àuto·inoculátion *n.*〘医学〙自己接種.

àuto·intóxicant *n.*〘病理〙自家中毒素.

àuto·intoxicátion *n.*〘病理〙自家中毒.

au·to·ist [ɔ́:touɪst, -əst | -təuɪst] *n.* ＝automobilist.

àuto·kinesis *n.*〘心理〙自動運動 (autokinetic effect). **àuto·kinétic** *adj.*

autokinétic efféct[illúsion] *n.*〘心理〙自動運動現象《暗室内で静止している光点を凝視していると，その光点があたかも動いているかのように見える現象》.

áuto lìft *n.* (車体点検・修理用の)自動車リフト.

àuto·líthograph *n.*〘美術〙直接石版画.

àuto·lithógraphy *n.*〘美術〙直接石版画法《原画を直接印刷面に描く石版画法；artist lithography ともいう》. 「loading).

àuto·lóading *adj.*〈銃器など〉自動装塡(てん)式の (self-

au·tol·o·gous [ɔ:tάləgəs | -tɔ́l-]〘← AUTO-[1]＋(HOMO)-LOGOUS〙 *adj.*〘生物〙地元の，同原の《組織中に自然[正常]に派生する》.

Au·tol·y·cus [ɔ:tάləkəs | -tɔ́lɪ-]〘□ L ～ □ Gk *Autólukos*〙 *n.*〘ギリシャ神話〙アウトリュコス《Hermes の子で巧妙な泥棒；Odysseus の母方の祖父》.

au·tol·y·sate [ɔ:tάləsèɪt, -sət, -sɪt, -zèɪt | -lɪ-]〘⇨ autolysis, -ate[1]〙 *n.*〘生化学〙自己溶解物，自己分解質.

au·to·ly·sin [ɔ:tάləsɪn, ɔ̀:təlái-, -tl̩-, -sən | ɔ:tɔ́lɪsɪn, ɔ̀:təlάɪs-]〘⇨ ↓, -in[1]〙 *n.*〘生化学〙(動植物組織を破壊させる)自己分解素.

au·tol·y·sis [ɔ:tάləsɪs, -səs | -tɔ́lɪsɪs]〘← NL ～: ⇨ auto-[1], -lysis〙 ― *n.*〘生化学〙自己分解，自己消化《一生物体の細胞が自己の酵素の作用により分解すること；cf. heterolysis》. **au·to·lyt·ic** [ɔ̀:təlítɪk, -tl̩- | -təlít-] *adj.*

au·to·lyze [ɔ́:təlàɪz, -tl̩- | -təl-] *vt., vi.*〘生化学〙自己分解[消化]させる[する].

áuto·màker *n.*《米》自動車製造業者.

au·to·mat [ɔ́:təmæ̀t | -tə(u)-]〘← *Automat* (商標名) ← AUTOMATON〙 *n.* **1** 自動販売器 (slot machine)：a coffee ～. **2** [A-]《米》オートマット《自動販売式食堂のサービスマーク (service mark)》. 「automato- の異形.

au·to·mat- [ɔ̀:təmǽt | -tə-] (母音の前に来る時の)

automata *n.* automaton の複数形.

au·to·mate [ɔ́:təmèɪt | -tə-]〘《逆成》← AUTOMATION〙 ― *vt.* **1**〈工場・操作などを〉オートメーション化する，自動[オートメ]化する：～ production / Electronics has ～*d* many aspects of modern living. 電子工学は現代生活の多くの面を自動化している. **2** 自動操作する，オートメーションで経営[管理]する. ― *vi.* オートメーションを取り入れる，オートメ化する.

au·to·mat·ic [ɔ̀:təmǽtɪk | -təmǽt-]〘《1748》← Gk *autómat-os* self-moving＋-IC[1]〙 ― *adj.* **1 a** 自動の，自動的[式]の，オートマティックの：～ action 自動作用 / an ～ door [elevator] 自動ドア[エレベーター] / an ～ locker (駅などにある)コインロッカー / ～ operation 自動操作 / an ～ telephone 自動電話. **b**〈銃器など〉(全)自動式の《引金を引き続けている限り弾丸の装塡・発射・空薬莢の排出が連続的に行なわれる方式をいう》. **c**〈自動車のギヤが〉自動式の，オートマチックの：～ gear. **d**〈時計が〉自動巻きの. **2 a** 無意識の，習慣的な，機械的な (mechanical) (↔ voluntary). **b** 自然な，必然的な (necessary)：an ～ consequence. **3**〘生理・心理〙自動(性)の，自発運動の，無意識的な，反射的な (reflex)：an ～ response. **4**〘美術〙オートマチスムによる，オートマティックな (cf. automatism 5). ― *n.* **1 a** 自動機械[工具，装置]. **b** ＝automatic pistol；automatic rifle. **c**〘機械〙＝automatic transmission. **d** 自動巻き(時計). **2**〘アメリカンフットボール〙＝audible. **àu·to·mát·i·cal** *adj.* **àu·to·mát·i·cal·ly** *adv.*

automátically prógrammed tóol *n.*〘電算機〙数値制御用プログラミングシステムの一種《略 APT；cf. NC》. 「機.

automátic blóck sìgnal *n.*〘鉄道〙自動閉塞信号

automátic dáta prócessing *n.*〘電算機〙自動データ処理 (略 ADP；cf. integrated data processing).

automátic diréction fìnder *n.*〘航空〙自動方向探知器 (略 ADF). 「sion.

automátic dríve *n.*〘機械〙＝automatic transmis-

automátic fréquency contròl *n.*〘通信〙自動周波数制御《発振器などの周波数を目的とする値に自動的に合わせる制御；略 AFC》.

automátic gáin contròl *n.*〘電気〙自動利得制御《出力信号が適当な大きさになるように増幅器の利得を自動的に調整すること；略 AGC》.

au·tom·a·tic·i·ty [ɔ:tὰmətísəṭi, -ṭo(u)-, -mæ- | -təmətísəti, -mæ-, -sɪ-] *n.* **1** 自動性. **2**〘生理〙自動性，反射性《摘出した心臓が独自に収縮活動をなし得る現象など》：the ～ of reaction to response.

automátic lánding *n.*〘航空〙自動着陸《全自動で航空機を着陸させること》. 「propelling pencil).

automátic péncil *n.*《米》シャープペンシル (《英》

automátic pílot *n.* **1**〘航空〙自動操縦装置. **2**〘海事〙自動操舵装置.

automátic pístol *n.* 自動拳銃《銃把内に弾倉のある型で自動的に発射されるもの；cf. revolver》.

automátic prémium lòan *n.*〘保険〙保険料自動振替貸付け《保険料の払込み期日がきても払込みがない場合，保険会社は契約失効としないで保険料を立替えて，それを貸付金とする方式》.

automátic récord chànger *n.* 自動レコード交換装置《一枚のレコードの演奏が終わると自動的に他のレコードが降りて連続的に演奏できるもの》.

automátic rífle *n.* 自動小銃 (cf. bolt action).

automátic stábilizing equìpment *n.*〘航空〙自動安定装置《略 ASE；stability augmentation system ともいう》.

automátic télephone exchànge *n.*〘通信〙自動電話交換機；自動電話交換局.

automátic trácking *n.*〘電子工学〙自動追尾《レーダーによる目標物の進路追跡方式》.

automátic tráin contròl *n.*〘鉄道〙自動列車制御装置 (略 A.T.C.).

automátic tráin operàtion *n.*〘鉄道〙(列車の)自動運転 (略 A.T.O.). 「置) (略 ATS).

automátic tráin stòp *n.*〘鉄道〙自動列車停止(装

automátic tráin supervìsory sỳstem *n.*《米》〘鉄道〙自動列車監視装置 (略 ATSS).

automátic transmíssion *n.*〘機械〙自動変速装置，自動変速機《自動車などのギヤが自動的に変換される；automatic drive ともいう》.

automátic vólume contròl *n.*〘通信〙自動音量制御(装置)《ラジオ受信機の出力をアンテナ入力の変動にかかわらず自動的に一定に保つこと；その装置；略 AVC, a.v.c.》.

automátic wríting *n.*〘心霊〙自動筆記，神霊書写《テレパシーなどにより無意志的または無意識に字や画をかくこと；cf. spirit writing》.

au·to·ma·tion [ɔ̀:təméɪʃən | -tə-]〘《1948》：⇨ automaton, -ation〙 *n.*〘機械〙(機械・工場・生産などの操作をできるだけ人手を使わずコンピューターなどにより調整制御する)自動操作(法)，オートメ(ーション).

au·tom·a·tism [ɔ:tάmətìzṃ, ət- | ɔ:tɔ́m-]〘《1838》□ F *automatisme*：⇨ automate, -ism〙 ― *n.* **1** 自動(性)，自動作用，自動的活動；機械的[無意識的]行為. **2**〘生物〙(動物の)自動[機械的]行動説. **3**〘生理・病理〙自動性《心臓の鼓動・筋肉の反射運動などにいう》；自動症. **4**〘心理〙自動現象，無意識行動《夢中遊行など》. **5**〘美術〙オートマチスム《意識活動を避けて無意識的被抑圧思想感情に芸術的表現を与えること；超現実主義 (surrealism) の用語》. **6**〘哲学〙自動機械説《生物，特に人間を精巧な機械になぞらえてみる立場》. **au·tóm·a·tist** [-tɪst, -təst | -tɪst] *n.*

au·tom·a·ti·za·tion [ɔ:tὰməṭɪzéɪʃən, ət-, -ṭə- | ɔ:tɔ̀mətaɪ-, -tɪ-] *n.* 自動化；オートメ(ーション)化.

au·tom·a·tize [ɔ:tάmətàɪz, ət- | ɔ:tɔ́m-] *vt.* 自動化する，オートメ化する (automate).

au·to·mat·o- [ɔ̀:təmǽṭo(u) | -tәmǽtə(u)]〘□ Gk ～ ← *autómatos* self-moving〙「自動的な」の意の連結形. ★ 母音の前では通例 automat- になる.

au·tom·a·ton [ɔ:tάmətən, -tṇ, ət-, -tὰn | ɔ:tɔ́mətən, -tṇ]〘□ L ～ □ Gk *autómaton* (neut.) ← *autómatos* self-moving ← AUTO-[1]＋-*matos* willing (← IE **men-* to think (L *mēns* mind / Gk *ménos* spirit))〙 ― *n.* (*pl.* ～**s**, **-a·ta** [-tə | -tə]) **1** 自動機械[装置]. **2** (機械作用の)ロボット，自動人形. **3** (ロボットのように)機械的に行動する人. **4**〘電算機〙オートマトン《人間の知能的動作を行なうことのできる自動機械》.

au·tom·a·tous [ɔ:tάməṭəs | -tɔ́mət-]〘□ L *automatus* □ Gk *autómatos* (↑)〙 *adj.* ロボットのような；自動的な，機械的な (automatic).

àuto·méchanism *n.* 自動機構《設計されたとおりの条件に従って自動的に動作する装置》.

Au·tom·e·don [ɔ:tάmədὰn | -tɔ́mɪdən]〘□ L ～ □ Gk *Automédōn*〙 *n.* **1**〘ギリシャ伝説〙アウトメドン《Achilles の戦車の御者》. **2** (巧みな)御者.

au·to·mo·bile [ɔ̀:təmo(u)bí:l, -mə-, ⌐⌐⌐⌐, ɔ̀:təmóubi:l | ɔ́:təmə(u)bì:l, ⌐⌐⌐⌐, ɔ̀:tə(u)məubi:l]〘《1883》□ F ～：⇨ auto-[1], mobile〙 ― *n.* 自動車；(特に)乗用車. ★ 主に《米》；日常語としては《米》では car，《英》では car または motorcar. ― *vi.*《米》自動車に乗る，ドライブする. ― *adj.* ＝automotive.

áutomobile insùrance *n.*〘保険〙自動車保険《自動車事故で他人に与えた損害賠償責任の保険を含む》.

au·to·mo·bil·ism [ɔ̀:təmo(u)bí:lɪzṃ, -mə-, ⌐⌐⌐⌐, ɔ̀:təmóubi:lìzṃ | ɔ́:təmə(u)bì:lɪzṃ, ⌐⌐⌐⌐, ɔ̀:tə(u)məubi:lìzṃ] *n.*《米》自動車の使用[運転法，操縦技術]. 「用者，ドライバー (motorist).

àu·to·mo·bíl·ist [-lɪst, -ləst | -lɪst] *n.*《米》自動車使

àuto·mórphic [ɔ̀:təmɔ́əfɪk | -tə(u)mɔ́:-] *adj.* **1**〘鉱物〙自形の (⇨ idiomorphic 2). **2** 自己流の：an ～ concept.

àuto·mórphism [ɔ̀:təmɔ́əfɪzm | -təmɔ́:-] *n.*〘数学〙自己同形[型]写像，自己同形[型]《代数系の自分自身への同形写像；cf. isomorphism 2》.

au·to·mo·tive [ɔ̀:təmóuṭɪv | -təmə́ut-] *adj.* **1**〈機械など〉自動推進の (self-propelled). **2** 自動車(関係)の：the ～ industry 自動車産業.

au·to·net·ics [ɔ̀:ṭo(u)néṭɪks, -ṭə- | -tə(u)nét-]〘← AUTO-[1]＋(CYBER)NETICS〙 *n.*〘電子工学〙自動制御論.

au·to·nom·ic [ɔ̀:tənάmɪk | -tə(u)nɔ́m-] *adj.* **1** ＝autonomous 1. **2**〘解剖・生理〙〈神経が〉自律的[性]の；自律神経系[性]の. **3**〘植物〙自発的な，自動的な：～ movements 自動運動. **àu·to·nóm·i·cal** *adj.* **àu·to·nóm·i·cal·ly** *adv.* 「(症).

autonómic imbálance *n.*〘病理〙自律神経失調

autonómic nérvous sỳstem *n.*〘解剖・生理〙**1** 自律神経系《植物性機能を自動的に調節する神経系；交感神経系 (sympathetic nervous system) と副交感神経系 (parasympathetic nervous system) とから成る；cf. central nervous system》. **2** ＝parasympathetic nervous system. 「者，自治論者.

au·tón·o·mist [-mɪst, -məst | -mɪst] *n.* 自治制主張

au·ton·o·mous [ɔ:tάnəməs, ət-, | ɔ:tɔ́n-]〘《1800》□ Gk *autónom-os* making or having one's own laws (← AUTO-[1]＋*nómos* law)＋-OUS〙 ― *adj.* **1** 自治的な；自律的な；自主的な (cf. heteronomous 1). **2**〘生物〙独立存在の，自律性の. **3 a**〘植物〙＝autonomic 3. **b**〘生理〙自律性の；自律神経に支配される. **4**〘言語〙自律的な. **～·ly** *adv.*

autónomous repúblic *n.* 自治共和国《ソ連邦を構成するソビエト社会主義共和国 (S.S.R.) 内の自治領；ソ連邦憲法および連邦構成共和国憲法に照応しその特質を考慮に入れた自らの憲法をもつ；現在ソ連邦には 20 の自治共和国がある；正式名 Autonomous Soviet Socialist Republic (自治ソビエト社会主義共和国)；略 ASSR, A.S.S.R.》.

au·ton·o·my [ɔ:tάnəmi, ət- | ɔ:tɔ́nəmɪ]〘《1623》□ Gk *autonomía* independence：⇨ autonomous, -y[1]〙 ― *n.* **1** 自治；自治権 (cf. heteronomy). **2** 自治団体. **3** (行動などの)自由，自主性. **4**〘哲学〙自律《特にカント倫理学の中心概念で，実践理性が自己に義務法則を課しそれに服すること；cf. heteronomy 2》.

au·to·nym [ɔ́:tənɪm | -tə-]〘《1867》← AUTO-[1]＋-ONYM〙 *n.* 本名 (cf. pseudonym)；本名で著わした著

àuto·oxidátion *n.*〘化学〙＝autoxidation 2. 「作.

au·toph·a·gous [ɔ:tάfəgəs | -tɔ́f-]〘□ Gk *autophagós*：⇨ auto-[1], -phagous〙 *adj.* 自己消耗の，自食(性)の.

au·toph·a·gy [ɔ:tάfədʒi | -tɔ́fədʒɪ] *n.*〘生物〙(飢餓などによる)自己消耗，自食.

au·to·phyte [ɔ́:təfàɪt | -tə(u)-] *n.*〘植物〙無機物質から直接栄養物を摂取する植物. **auto·phyt·ic** [ɔ̀:təfíṭɪk | -tə(u)fít-] *adj.*

áuto·pìlot〘《短縮》〙*n.*〘航空・海事〙＝automatic pilot.

au·to·pis·ta [àuto(u)pí:stə: | -tə(u)-; *Sp.* àutopísta]〘□ Sp. ～ ← AUTO-[2]＋*pista* track〙 *Sp. n.* アウトピスタ《スペインの高速道路；cf. autobahn》. 「graft.

au·to·plast [ɔ́:to(u)plæ̀st | -tə(u)-] *n.*〘外科〙＝auto-

au·to·plas·tic [ɔ̀:to(u)plǽstɪk | -tə(u)-] *adj.* **1**〘外科〙自己組織形成術 (autoplasty) の. **2**〘精神医学〙自己変容的な. **3** (環境に)適応[順応]性のある. **àu·to·plás·ti·cal·ly** *adv.*

au·to·plas·ty [ɔ́:to(u)plæ̀sti, -ṭə- | -tə(u)plæ̀stɪ]〘← Gk *autóplastos* self-formed＋-Y[1]：⇨ auto-[1], -plasty〙 ― *n.*〘外科〙自己(組織)形成(術)，自家移植形成術《患者の身体から採った移植片をその患者に移植して，失なわれた体部を整形する手術；cf. autograft》.

áuto·pòlo *n.*〘スポーツ〙オートポロ《自動車に乗って行なうポロ》.

àuto·pólyploid〘生物〙*n.* 同質倍数体. ― *adj.* 同質倍数性の (cf. allopolyploid). 「ploidy).

àuto·pólyploidy *n.*〘生物〙同質倍数性 (cf. allopoly-

àuto·potámic *adj.*〘生態〙〈植物または動物が〉清流に生える[生息する] (cf. eupotamic).

áu·top·sist [-sɪst, -səst | -sɪst] *n.* (検死)解剖者.

au·top·sy [ɔ́:tɑpsi, -ṭəp- | ɔ́:təpsɪ, -tɔp-, ɔ:tɔ́p-]〘《1651》← NL *autopsia* ← Gk *autopsía* a seeing with one's own eyes ← AUTO-[1]＋*ópsis* sight (cf. optic)〙 ― *n.* **1** (死因を確かめるための)死体解剖，剖検；(特に)検死 (postmortem)：make an ～ of ... ＝perform an ～ on ...の死体を解剖[検死]する. **2** (事後における)分析，解剖 (critical analysis). **3** 実地観察，実見. ― *vt.* ...に検死(解剖)を行なう，解剖する.

au·top·tic [ɔ:tάptɪk | -tɔ́p-]〘□ Gk *autoptik-ós*：⇨ ↑, -ic[1]〙 *adj.* 死体解剖の；検死の；実地観察の[による]. **au·tóp·ti·cal** *adj.*

àuto·purificátion *n.*〘生理〙自浄作用.

àuto·rádiogram *n.* ＝autoradiograph.

àuto·rádiograph *n.* オートラジオグラフ《試料中の放射性(同位)元素の位置と分布量を，密着した写真乳剤膜に対する放射線の作用の強弱で測定する写真》.

àuto·radiógraphy *n.* オートラジオグラフィー《オートラジオグラフを撮る写真法》. **àuto·radio·gráphic** *adj.*

àuto·regulátion *n.*〘生物〙自己調節《さまざまな条件の下でも生理作用を一定に保つこと》.

àuto·rótate *vi.*〘航空〙自転する (⇨ autorotation).

àuto·rotátion *n.*〘航空〙自転《気流中の回転翼が風からエネルギーの供給を受けて回転すること》.

au·to·route [ɔ́:təru:t, -ṭo(u)-, ά:ṭ- | ɔ́:tə(u)-; *F.* otʀut, ɔto-]〘□ F ～ ← AUTO-[2]＋*route* road〙 *F. n.* (*pl.* ～**s** [～s; *F.* ～]) オートルート《フランス・ベルギーなどの高速道路；cf. autobahn》.

autos-da-fé *n.* auto-da-fé の複数形.

autos de fé *n.* auto de fé の複数形.

áuto·sèxed *adj.*〘畜産〙＝autosexing.

áuto·sèxing *adj.*〘畜産〙自家性別の，自家性標示の《伴性遺伝する形質を利用して，羽色や羽の性質から初生雛で性を見わけられるような鶏についていう》.

áuto·slèd *n.* (雪氷の上などを走る)自動そり.

au·to·some [ɔ́:tə(ʊ)sòʊm, -tə- | -tə(ʊ)sə̀ʊm] 〘← AUTO-¹+-SOME²〙 ― *n.* 〘生物〙常染色体《核を構成する染色体のうち性染色体以外の染色体をいう; euchromosome ともいう; cf. allosome》. **au·to·so·mal** [ɔ̀:təsóʊməl|-təsə́ʊ-] *adj.* **àu·to·só·ma·ly** *adv.*

àuto·stabílity *n.* 〘機械〙 **1** 自律安定. **2** (ジャイロスコープ (gyroscope) のような)自動安定装置による安定.

au·to·stra·da [àʊto(ʊ)strɑ́:də|-tə(ʊ)-; *It.* àutostrá:da] 〘◻ It. ~ ← AUTO-²+*strada* street, road〙 ― *It. n.* (*pl.* ~s, -stra·de [-deɪ; *It.* -de]) アウトストラーダ《イタリアの高速道路; cf. autobahn》.

àuto·suggést *vt.* 自己暗示で作り出す[除く, 左右する].

àuto·suggéstion *n.* 〘心理〙自己暗示.

àuto·synápsis 〘← NL ~: ⇨ auto-¹, synapsis〙 *n.* 〘生物〙=autosyndesis.

áuto·sýndesis 〘← NL ~: ⇨ auto-¹, syndesis〙 *n.* 〘生物〙同親対合, 同質接合 (cf. allosyndesis).

au·to·tel·ic [ɔ̀:to(ʊ)télɪk, -tí:l- | -tə(ʊ)-] 〘← Gk *autotelḗs* complete in itself (← AUTO-¹+*télos* end)+-IC¹〙 ― *adj.* 〘哲学・文学〙自己目的的な, それ自体が目的となる (cf. heterotelic).

au·to·tel·ism [ɔ̀:to(ʊ)télɪsm, -tí:l- | -tə(ʊ)-] *n.* 〘哲学・文学〙自己目的主義《芸術作品, 特に文学作品は自己自身によって正当化されるという考え方》.

àuto·tetraploidy *n.* 〘生物〙同質 4 倍性《ゲノム (genome) が 4 の個性をもっていること》. **àuto·tétraploid** *adj., n.*

àuto·thérapy *n.* 〘医学〙自家治療[療法].

au·tot·o·mize [ɔ:tɑ́təmàɪz | -tɔ́tə-] 〘⇨ ↓, -ize〙〘動物〙 *vt.* 〈トカゲなどが〉〈体の一部を〉自切する, 自割する. ― *vi.* 自切する, 自割する.

au·tot·o·my [ɔ:tɑ́təmi|-tɔ́təmɪ] 〘← AUTO-¹+-TOMY〙 ― *n.* **1** 〘動物〙(トカゲなど捕えられた時その尾を切るような)自己切断, 自切. **2** 〘外科〙自己手術. **au·to·tom·ic** [ɔ̀:tətɑ́mɪk | -tətɔ́m-] *adj.*

àuto·toxémia *n.* (*also* **auto·toxaemia** [~]) 〘病理〙=autointoxication.

àuto·tóxic *adj.* 自家中毒素の[による].

àuto·tóxin *n.* 〘病理〙自家中毒素.

àuto·transfórmer *n.* 〘電気〙単巻変圧器, オートトランス.

àuto·tránsplant *n., vt.* 〘外科〙=autograft. **àuto·transplantátion** *n.*

au·to·tron·ic [ɔ̀:to(ʊ)trɑ́nɪk, -tə- | -tə(ʊ)trɔ́n-] 〘← *Autotronic* (商標名) ← AUTO-¹+(ELEC)TRONIC〙 *adj.* 〈エレベーターが〉自動(電子)装置の.

au·to·troph [ɔ́:tətròʊf, -tràf | -tətrɔ̀f] 〘◻ G ~〙 *n.* 〘生物〙独立栄養生物, 自主栄養生物, 無機栄養生物 (holophyte) (cf. heterotroph).

au·to·tro·phic [ɔ̀:tətróʊfɪk, -trɑ́f- | -trɔ́f-] *adj.* **1** 〘生物〙独立栄養の, 栄養物質を自ら造る, 自主栄養の (cf. heterotrophic). **2** 簡単な物質を食べて生きて行ける. **àu·to·tróph·i·cal·ly** *adv.*

au·tot·ro·phy [ɔ:tɑ́trəfi | -tɔ́trəfɪ] *n.* 〘生物〙独立栄養, 自主栄養, 無機栄養.

áuto·trùck *n.* 《米》貨物自動車, トラック (《英》motorlorry).

áuto·tỳpe *n.* **1** 〘印刷〙オートタイプ《単色刷りの印画法》; その印画. **2** 複写, 模写 (facsimile). ― *vt.* オートタイプ版にする, 〈絵画を〉写真版に複写する. **àuto·týpic** *adj.*

àuto·typógraphy *n.* 〘印刷〙オートタイポグラフィー《nature printing の一種で, 銅の軟材を版に使う》.

au·to·typ·y [ɔ́:to(ʊ)tàɪpi, -tə- | -tə(ʊ)tàɪpɪ] *n.* 〘印刷〙オートタイプ法[術]《オートタイプ (autotype) による複製印刷法》.

au·tox·i·da·tion [ɔ:tɑ̀ksədéɪʃən, -sə- | -tɔ̀ksɪ-] *n.* 〘化学〙 **1** 自動酸化. **2** 酸化反応 (auto-oxidation).

au·tre·fois ac·quit [òʊtrəfwɑ́:-əkí: | əʊ-] 〘◻ AF ~ 'formerly acquitted'〙 ― *n.* 〘法律〙前の無罪裁判《同一犯罪事実で, すでに無罪判決を受けたこと, また, それを根拠になされる公訴棄却の申し立て》.

autrefóis con·vict [-kənvɪ́kt] 〘◻ AF ~ 'formerly convicted'〙 ― *n.* 〘法律〙前の有罪裁判《同一犯罪事実で, すでに有罪判決を受けたこと, また, それを根拠になされる公訴棄却の申し立て; cf. double jeopardy》.

au·tumn [ɔ́:təm, ɑ́:t- | ɔ́:t-] 〘(17C) ◻ L *autumn-us* ← ? Etruscan ∽ (1380) *autumpne* ◻ OF *automphe* (F *automne*) ◻ L〙 ― *n.* **1** 秋, 秋季《天文学上は北半球では秋分から冬至まで, 南半球では春分から夏至まで; 一般には落葉と実りの季節をさす; 通俗的には, 北半球では大体 9, 10, 11 月, 英国では 8, 9, 10 月とすることもある》: in (the) ~ 秋に(なると) / in the ~ of 1980 1980 年の秋に. ★ 米国では日常語としては通例 fall を用いる. **2** (衰退期に入ろうとする)成熟期; 初老期, 凋落(ちょうらく)期, 晩年: in the ~ of her life. **3** [形容詞的に] 秋の; 秋向きの: an ~ day / ~ tints 秋色, 紅葉 / ~ wear.

au·tum·nal [ɔ:tʌ́mnəl, -nḷ, ɑ:- | ɔ:-] 〘(1574)〙 ― *adj.* **1** 秋の; 秋のような: ~ leaves, skies, etc. / ~ tints 秋色, 紅葉. **2** 秋咲きの; 秋に実る. **3** 中年を過ぎた, 初老の: an ~ matron.

autúmnal équinox *n.* [the ~] 〘天文〙 **1** 秋分. **2** 秋分点《秋季昼夜平分点; autumnal point ともいう; cf. vernal equinox》.

autúmnal póint *n.* [the ~] 〘天文〙=autumnal equinox 2).

áutumn béllflower *n.* 〘植物〙ヨーロッパ産のリンドウの一種 (*Gentiana pneumonanthe*).

áutumn crócus *n.* 〘植物〙=meadow saffron.

au·tun·ite [óʊtənàɪt, ɔ́:-, -tn- | ə́ʊtən-, ɔ́:-] 〘← *Autun* (その産地であるフランスの町の名)+-ITE¹〙 ― *n.* 〘鉱物〙燐灰(りんかい)ウラン石 ($Ca(UO_2)_2(PO_4)_2 10\text{-}12H_2O$) 《ウラン雲母の一種》.

Au·vergne [oʊvɛ́ən, -vɜ́:n | əʊvɛ́ən, -vɜ́:n; *F.* ovɛʀɲ] *n.* オーベルニュ《フランス南中部の一地方; 火山性の山が多い; cf. puy》.

au vol [oʊ-vɑ́l | əʊ-vɔ́l] 〘◻ F ~ 'to the flight'〙 *n.* 〘鷹狩〙鷹を飛ばす時の掛声.

aux [oʊ | əʊ; *F.* o] 〘◻ F 《短縮》 ← *à les* to the: cf. au〙 *F.* =to the; at the; with the.

aux. 《略》auxiliary.

aux- [ɔ:k] (母音の前に来る時の) auxo- の異形: *auxin*.

au·xan·o·gram [ɔ:gzǽnəgræ̀m, ɔ:ksǽn-] *n.* 〘細菌〙最適平板培地《平板培養基のこと》.

au·xa·nog·ra·phy [ɔ̀:gzənɑ́grəfi, ɔ̀:ksə- | -nɔ́grəfɪ] *n.* 〘細菌〙最適細菌培養法《最適平板培地を用いてする, 細菌に最適な培地を決定する方法》.

au·xa·nom·e·ter [ɔ̀:gzənɑ́mətə, ɔ̀:ksə- | -nɔ́mɪtə(r, -mə-] 〘← Gk *auxánein* to increase+-o-+-METER¹: cf. auxo-, auction〙 ― *n.* 〘植物〙生長計《高等植物の軸方向の伸長を計測する計器》.

aux armes [oʊzɑ́əm | əʊzɑ́:m; *F.* ozarm] 〘◻ F ~ 'to arms'〙 *F. int.* 武器を取れ, 戦闘準備.

-aux·e [ɔ́:ksi | -sɪ] 〘← NL ~ ← Gk *aúxē* growth: cf. auxo-〙 ― (*pl.* **-aux·ae** [-si:, -saɪ]) 〘医学〙「拡大, 腫脹 (enlargement); 肥大, 肥厚 (hypertrophy)」の意の名詞連結形.

aux·e·sis [ɔ:gzí:sɪs, ɔ:ksí:-, -səs | -sɪs] 〘← NL ~ ← Gk *aúxēsis* ← *auxánein* to increase: cf. auxo-〙 *n.* (*pl.* **-e·ses** [-si:z]) 〘生物〙肥大, 増大 (cf. merisis).

aux·et·ic [ɔ:gzétɪk, ɔ:ksét- | -tɪk] 〘◻ Gk *auxētik-ós*: ⇨ ↑, -ic¹〙〘生物〙 *adj.* 増大の[を促す]. ― *n.* 増大促進剤.

auxil. 《略》auxiliary.

aux·il·ia·ry [ɔ:gzɪ́ljəri, ɑg-, -zɪ́l(ə)ri | ɔ:gzɪ́ljərɪ, ɔ:ksɪ́l-, ɔg-, ɔk-, -lɪər-] 〘(1601) ◻ L *auxiliāri-us* helpful ← *auxilium* addition, help: ⇨ -ary: cf. augment〙 ― *adj.* **1** 補助の, 従属的な (helping, subsidiary): Science and technology are ~ *to* each other. 科学と技術は相補関係にある / ~ troops (外国からの)援軍, 援隊 / an ~ vessel [ship] 〘海軍〙補助艦艇. **2** 予備の (reserve). ― *n.* **1** 補助者, 助手; 補助物[手段]. **2** [通例 *pl.*] (外国からの)援軍, 外人部隊 (foreign troops). **3** 〘海軍〙補助艦艇《tug, supply ship, transport など》. **4** 〘海事〙 **a** 補助機関 (auxiliary engine). **b** 補助機関付き帆船. **5** 〘文法〙=auxiliary verb. **6** (社交クラブなどの)補助団体: a women's ~ 婦人準会員団. **7** 〘カトリック〙=auxiliary bishop. **8** 〘数学〙補助量.

auxíliary bíshop *n.* 〘カトリック〙補佐司教《教区長である(大)司教の任務を補佐する名義上の司教》.

auxíliary céll *n.* 〘植物〙助細胞《紅藻の雌性生殖器官に見られる細胞; 受精の後に 2 倍体接合子が助細胞の助けをかりて造胞糸を経て果胞子に発達する》.

auxíliary éngine *n.* 〘海事〙補助機械, 補機《船の主機以外の機械; 揚錨(ようびょう)機・発電機など》.

auxíliary equátion *n.* 〘数学〙 **1** 補助方程式. **2** =characteristic equation.

auxíliary lànguage *n.* 〘言語〙(国際的)補助言語《エスペラント語など》.

auxíliary nòte *n.* 〘音楽〙=auxiliary tone.

auxíliary pówer ùnit *n.* 〘航空〙(航空機に搭載する)補助動力装置 (略 APU).

auxíliary ráfter *n.* 〘建築〙 **1** 補助棰(たるき). **2** 添え合掌《トラスの中の補助棰; cushion rafter ともいう》.

Auxíliary Territórial Sérvice *n.* [the ~] 〘英陸軍〙国防婦人部隊《1949 年 Women's Royal Army Corps (W.R.A.C.) と改称; 略 ATS》.

auxíliary tóne *n.* 〘音楽〙補助音《和音の一構成音が一時的に和音外に出た音; auxiliary note ともいう》.

auxíliary vérb *n.* 〘文法〙助動詞 (cf. main verb).

aux·i·lyt·ic [ɔ̀:ksəlɪ́tɪk | -sɪlɪ́t-] 〘← AUXO-+-I-+-LYTIC〙 *adj.* 〘生化学〙(細胞などの)溶解(作用)を促進させる.

aux·i·mone [ɔ́:ksəmòʊn | -sɪmə̀ʊn] 〘← Gk *aúximos* promoting plant growth+-ONE〙 ― *n.* 〘生化学〙オーキシモン《植物の生長を促進すると考えられるビタミンに似た物質》.

aux·in [ɔ́:ksɪn, -sən | -sɪn] 〘⇨ ↓, -in¹〙 *n.* 〘生化学〙オーキシン《植物生長ホルモン; cf. Avena test, heteroauxin》. **aux·in·ic** [ɔ:ksɪ́nɪk] *adj.* **aux·ín·i·cal** *adj.*

aux·o- [ɔ́:kso(ʊ) | -sə(ʊ)] 〘← Gk *aúxein* to grow, increase〙 ―「増加, 増大, 成長, 生長; 促進, 刺激」などの意の連結形: *auxo*chrome. ★ 母音の前では通例 aux- になる.

àuxo·cárdia *n.* 〘医学〙(生理的な)心拡張期; 心肥大.

aux·o·chrome [ɔ́:ksəkròʊm | -krə̀ʊm] *n.* 〘化学〙助色団 (cf. chromophore).

aux·o·spore [ɔ́:ksəspɔ̀ə, -spɔ̀ə | -spɔ̀:(r] *n.* 〘植物〙増大胞子.

aux·o·troph [ɔ́:ksətròʊf, -trɑ̀f | -trɔ̀f] 〘← AUXO-+(PROTO)TROPH〙 *n.* 〘生物〙栄養要求株(しゅ)《自分で栄養を合成できない菌株; cf. prototroph》.

aux·o·tro·phic [ɔ̀:ksətróʊfɪk, -trɑ́f- | -trɔ́f-] *adj.* 〘生物〙栄養要求性の.

Av [ɔ:v] *n.* 〘ユダヤ暦〙=Ab.

av. 《略》average; avoirdupois.

Av. 《略》Avenue; *F.* Avocat (=lawyer).

a.v. 《略》*L.* annos vixit (=he [she] lived so many years); 〘会計〙asseted value 評価価値.

a.v., A/V 《略》〘商業〙ad valorem.

A.V. 《略》〘解剖・病理〙arteriovenous; Artillery Volunteers; 〘解剖〙atrioventricular; audio-visual; 〘解剖〙auriculoventricular; 〘聖書〙Authorized Version (cf. R.V.); average value 平均値.

a·va [əvɑ́:, əvɔ́:] 〘《スコット》 ~ ← *av* of+A⁷〙 *adv.* (*also* **a·va'** [~]) 《スコット》=of all; at all.

av·a·da·vat [ǽvədəvæ̀t] *n.* 〘鳥類〙=amadavat.

a·vail [əvéɪl] 〘(c1300) ← A-⁴+*vaile(n)* to avail ◻ (O)F *vail-* (pres. stem) ← *valoir* to be worth ◻ L *valēre* to be effective: cf. valiant〙 [通例否定・疑問構文で] ― *vi.* 〈物事が〉役に立つ, 用が足りる (be useful, serve) 〔*against*〕/ 〈*to* do〉: Nothing ~*ed against* the flood. 洪水に対しては何事もむだだった / No words ~*ed to* pacify him. どんな言葉も彼をなだめる力がなかった. ― *vt.* 〈人を〉利する, 〈人〉に役立つ(benefit): It will ~ you little or nothing. それはほとんど君の役に立つまい / Will it ~ them?

avail oneself of ...を利用する, ...に乗じる (make use of): He ~*ed himself of* every opportunity to learn English. あらゆる機会を利用して英語を学んだ. ★ 今は主に《米》では oneself を省くことがある: ~ *of* a proposal.

― *n.* **1** 利益, 効用, 効果 (advantage, use). ★ 今は下の成句にのみ用いる. **2** [*pl.*] 《古》利益, 収益.

of avail [通例否定・疑問構文で] 役に立つ, 効果がある: Every means we employed was *of no* [*little*] ~. 我々の用いたあらゆる手段は全く[ほとんど]むだだった / *Of what* ~ is it? それは何の役に立つのか. ***to no avail***=***without avail*** (1) 役に立たずに, むなしく: We tried to persuade her, but *to no* ~. 彼女を説得しようとしたがだめだった. (2) 役に立たない, むだで (of no avail).

a·vail·a·bil·i·ty [əvèɪləbɪ́ləti | -lətɪ, -lɪ-] *n.* **1** 利用[入手]の可能性; 有効性. **2** 利用できる人[物(など)]. **3** 《米》〘政治〙当選有望なこと; 立候補可能なこと.

a·vail·a·ble [əvéɪləbl] 〘(1417)〙 ― *adj.* **1 a** (すぐ)利用できる, 役に立つ, 間に合う (at hand); 手に入る, 得られる (accessible) 〔*to, for*〕: take the first ~ train できるだけ早い便の列車に乗る / The golf links is ~ *to* members only. そのゴルフ場は会員だけが利用できる / No easy text is ~ *for* my class. 私のクラス用のやさしいテキストが見つからない / Slacks are ~ in different sizes. スラックスはいろんなサイズのが得られる. **b** 〈人が〉(暇なので)会って[来て, (仕事を)して]もらえる, 手があいている 〔*for*〕: He is not ~ *for* the dinner. 彼は(忙しくて)晩餐会には来てもらえない / I called on the manager, but he was not ~. 支配人を訪問したが会ってもらえなかった. **2** =valid 2: tickets ~ on day of issue only 通用当日限りの切符. **3** 《米》〘政治〙 **a** 〈候補者が〉当選見込みのある. **b** 立候補の意志[資格]がある. **4** 〘法律〙〈抗弁など〉有効な (valid): an ~ plea. **5** 《古》有利な, 有益な (profitable) 〔*to*〕. **~·ness** *n.*

aváilable ássets *n. pl.* 〘会計〙利用可能資産《使途の制限がなく抵当にも入っていない資産》.

aváilable chlórine *n.* 〘化学〙有効塩素量《さらし粉などで漂白などの目的に有効に働く塩素の量; 百分率で表わす》.

aváilable énergy *n.* 〘物理〙有効エネルギー (cf. unavailable energy).

aváilable líght *n.* 〘写真・美術〙自然光《撮影・制作のため特別な照明をしない光線状態》.

a·váil·a·bly [-bli | -blɪ] *adv.* 利用[入手]できるように, 有効に.

av·a·lanche [ǽvəlæ̀ntʃ | -lɑ̀:nʃ, -lɑ̀:ntʃ, -lɔ̀:ntʃ] 〘(1789) ◻ F ~ ◻ Swiss-F *avalantse* descent ◻ Savoyard *lavantse* ◻ VL **labanca* ← ?: *aval-* は F *avaler* to lower の影響〙 ― *n.* **1** なだれ: fall in an ~ / be caught in an ~ なだれにあう. **2** なだれのように押し寄せるもの, 殺到: an ~ *of* angry words, letters, stones, etc. **3** 〘物理・化学〙電子なだれ《電界により加速された電子が次々に分子をイオン化しなだれ状になって生じる導電現象; electron avalanche, Townsend avalanche ともいう》. ― *vi.* なだれとなって[を打って]落ち(てく)る; (なだれのように)押し寄せる, なだれ込む, 殺到する. ― *vt.* ...に殺到する (flood): He was ~*d with* invitations. 招待攻めにあった.

ávalanche líly 〘雪線の近くに生え, 雪の消える頃に咲くことから〙 ― *n.* 〘植物〙米国北西部の高山地帯に生える白色の美花をつけるユリ科カタクリ属の多年草 (*Erythronium montanum*).

ávalanche wínd *n.* 〘気象〙なだれ風《なだれに伴う突風》.

a·vale·ment [ɑ̀:vɑ:lmɑ́:(ŋ), ævæl-, -mɔ́:(ŋ), -mɑ́:ŋ, -mɔ́(:)ŋ; *F.* avalmɑ̃] 〘◻ F ~ 《原義》swallowing ← *avaler* to lower, swallow〙 ― *n.* 〘スキー〙凸凹のある表面を速いスピードで方向転換する時, ひざを曲げて調節しスキーが雪面から離れないようにすること.

Av·a·lon [ǽvəlɑ̀n | -lɔ̀n] 〘◻ F ~ ◻ Welsh (*Ynys yr*) *Afallon* (Island of) Apples〙 ― *n.* (*also* **Av·al·lon** [~]) 〘ケルト伝説〙アバロン《Arthur 王とその部下が死後運ばれたという西方楽土の島; Glastonbury であったともいわれる》.

a·vant-cou·ri·er [ɑ:vɑ̀:ntkʊ́riə, -kɔ́:(r)- | æ̀vɑ̃:(ŋ)kʊ́rɪə(r, ǽvənt-, -vɔ̃:(ŋ)-, -vɑ:ŋ-, -vɔ(:)ŋ-; *F.* avɑ̃kuʀje] 〘◻ F *avant courrier* ← *avant* forward+*courrier* courier〙 ― *n.* (*pl.* ~s [~z; *F.* ~]) **1** 先駆者, 先発者; 伝令官. **2** [*pl.*] 《古》前衛, 先峰 (advance guard).

a·vant-garde [ɑːvàːn(t)gáːd, æv-, -vàː(ŋ)-, -vɔ̀ː(ŋ)-, -vàːŋ-, -vɔ̀(ː)ŋ-, ɑːvàːn(t)gɑ̀ːd | ævɑ̀ː(ŋ)gáːd, -vɔ̀ː(ŋ)-, -vɑːŋ-, -vɔ̀(ː)ŋ-, -vaŋ-; *F.* avɑ̃gaʀd] 〘□F ~ 'vanguard'〙 ── *n.* [集合的] **a** (主に芸術方面の)前衛派, アバンギャルド: an ~ *in* literature / the ~ and the Establishment 前衛派と既成[体制]派. **b** 前衛派の支持者たち. ── *attrib. adj.* 前衛(的)の, アバンギャルドの: ~ art, artists, films, etc.

a·vànt-gárd·ism [-dɪzm] *n.* (主に芸術上の)前衛主義.

a·vànt-gárd·ist [-dɪst, -dəst | -dɪst] *n.* 前衛主義者.

a·van·tu·rine [əvǽntʃəriːn, -rɪn, -rən | -riːn, -rɪn] *n.*, *adj.* =aventurine.

av·a·rice [ǽv(ə)rɪs, -rəs | -vərɪs] 〘(?*c*1300) □(O)F ~ □L *avāritia* greed ← *avārus* greedy ← *avēre* to long for, covet: cf. avid〙 ── *n.* (金銭上の)強欲さ, 貪欲; (物事を)手に入れたがる[保持したがる]こと.

av·a·ri·cious [æ̀vəríʃəs] 〘(*c*1390) □(O)F *avaricieux*: ⇨↑, -ous〙 *adj.* ひどく欲の深い, 強欲な, 貪欲な (greedy). **~·ly** *adv.* **~·ness** *n.*

a·vast [əvǽst | əváːst] 〘(1681) ← ? Du. *houd vast* hold fast〙 *int.* 〘海事〙 待て (stop), やめ, よせ (cease): *Avast* heaving!

av·a·tar [ǽvətɑ̀ə, ‐ ‐ ‐ | ǽvətɑ̀ː(r, ‐ ‐ ‐; *Hindi* əʋtar] 〘(1784) ← Skt *avatāra* descent ← *ava* down + *tār-* to pass over〙 ── *n.* **1** 〘インド神話〙 権現(ごん), 権化(ごん), 化身(けしん) (incarnation). **2** 具体化, 具象 (embodiment); 示現; 相, 面 (phase).

a·vaunt [əvɔ́ːnt, əváːnt | əvɔ́ːnt] 〘(?*a*1400) ← (adv.) □(O)F *avant* to the front ← L *ab ante* from before〙 *int.* 《古》 行け, 去れ, 退散せよ (begone!).

AVC, a.v.c. 《略》〘通信〙 automatic volume control.

AVC, A.V.C. 《略》 American Veterans' Committee 米国在郷軍人委員会 (cf. AMVETS).

A.V.D. 《略》 Army Veterinary Department 陸軍獣医部.

avdp. 《略》 avoirdupois.

a·ve [ɑ́ːveɪ, -vi | ɑ́ːvɪ] 〘(?*a*1200) □L (*h*)*avē* hail, farewell □? Punic *ḥāwē* live!〙 ── *int.* **1** ようこそ(いらっしゃい) (hail, welcome). **2** さらば, ごきげんよう (farewell). ── *n.* **1** 歓迎[告別]の叫び(声)[挨拶]. **2** [しばしば A-] =Ave Maria 1, 2.

Ave. 《略》 Avenue.

Ave·bu·ry [éɪvb(ə)ri | -bəri], 1st Baron *n.* ⇨ Sir John LUBBOCK.

a·vec plai·sir [ɑːvèk-pleɪzíə | -zíə(r; *F.* avɛkplɛziːʀ] 〘□F ~ 'with pleasure'〙 *F. adv.* 喜んで.

Av·e·line [ǽvəliːn, -làɪn] 〘□F ~: ⇨ Evelyn〙 *n.* 女性名.

a·vel·lan [əvélən, ǽvə-] 〘← L *avellana* filbert〙 ── *adj.* (*also* **a·vel·lane** [əvéleɪn, ǽvəlèɪn]) 〘紋章〙 はしばみの: a cross ~ 先端がはしばみの形をした十字 (⇨ cross 挿絵).

A·ve·lla·ne·da [æ̀vəʒənéɪdə; *Am. Sp.* àbeʒanéða] *n.* アベヤネダ《アルゼンチン東部の Buenos Aires 州北東部の都市; 人口 338,000》.

A·ve Ma·ri·a [ɑ́ːveɪ-məríːə, ɑ́ːvi-, -mɑːr- | ɑ́ːvɪ-məríə, -ríːə] 〘(?*a*1200) □ML *Avē Maria* Hail, Mary〙 ── *n.* 〘カトリック〙 **1** アベマリアの祈り, 天使祝詞《聖母マリアに捧げる祈り; cf. *Luke* 1: 28, 42》. **2** アベマリア(を唱える)時刻. **3** (ロザリオ (rosary) の祈りを数える)アベマリアの玉.

av·e·na·ceous [æ̀vənéɪʃəs | æ̀vɪ-, æ̀və-] 〘← *avena* (⇨ Avena test) + -ACEOUS〙 *adj.* 〘植物〙 カラスムギ (oats) に似た.

Av·e·nar·ius [æ̀vənɛ́(ə)riəs | æ̀vɪnɛ́ərɪ-; *G.* àvenáːrɪʊs], **Richard** *n.* アヴェナリウス《1843–96; ドイツの哲学者, 経験批判論 (empiriocriticism) の主唱者》.

A·vé·na tèst [əvíːnə-] 〘*Avena*: ← NL ← L *avēna* oats〙 *n.* 〘植物生理〙 アベナテスト《カラスムギ (*Avena sativa*) による植物生長素の含有量テスト; cf. auxin》.

a·venge [əvénʤ] 〘(*c*1378) □OF *aveng-ier* ← A-⁴ + *vengier* (F *venger*) (< L *vindicāre* to avenge, punish: cf. vengeance)〙 ── *vt.* **1** 〈他人または自分の被害〉の(通例正当な)復讐(ふくしゅう)[報復, 仕返し]をする (revenge) 〔*on, upon*〕: ~ an insult *on* a person 人に対して侮辱を受けた仕返しをする / At the last moment Hamlet *~d* the murder of his father. 土壇場でハムレットは殺害された父のあだを報じた. **2** 〈被害者〉の遺恨を晴らす, あだを返す, かたきを討つ 〔*on, upon*〕: He *~d* the peasants *upon* their oppressor. 迫害者を懲らしめて小作人たちの恨みを晴らした. **3** [~ *oneself* または Passive で] 〔…に〕復讐する, 仕返しする 〔*on, upon*〕: He *~d himself* [was *~d*] *on* them *for* the betrayal. ── *vi.* 復讐する, 仕返しする.

a·venge·ful [əvénʤfəl] *adj.* 復讐(ふくしゅう)心に満ちた. **~·ly** *adv.*

a·véng·er 〘ME〙 ── *n.* あだを討つ人, 復讐(ふくしゅう)者. **avenger of blood** [the ―] 〘聖書〙 (血族関係上)あだ討ちの義務のある人《被害者の最近親; *Deut.* 19: 6, *Josh.* 20: 5》.

a·véng·ing *adj.* 復讐(ふくしゅう)の, あだ[かたき]討ちの.

av·ens [ǽvɪnz, ǽvənz] 〘(?*c*1200) □OF *avence* □ML *avencia* a kind of clover〙 ── *n.* (*pl.* ~, ~·es) 〘植物〙 ダイコンソウ《北半球の寒地・温帯に分布するバラ科ダイコンソウ属 (*Geum*) の植物の総称; cf. bennet 2》.

av·en·tail [ǽvəntèɪl] 〘(?*c*1390) □? AF *aventaille* (i) 《異分析》? ← OF *la ventaille* 'the VENTAIL' // (ii) =OF *esventail* airhole ← *esventer* (F *éventer*) < VL **exventāre* ← EX-¹ + L *ventus* wind〙 ── *n.* 〘甲冑〙 **1** (鎖頭巾(ずきん)の)あご当て. **2** =camail. **3** (close helm の)面頰(めんぼお) (ventail).

Av·en·tine [ǽvəntàɪn, -tiːn] 〘□L *Aventīn-us*〙 *n.* [the ~] アヴェンティヌスの丘《ローマの七丘 (Seven Hills) の一つ》.

a·ven·tu·rine [əvéntʃəriːn, -rɪn, -rən | -riːn, -rɪn] 〘(1791) □F ~ □It. *avventurino* ← *avventura* chance: その発見の偶然性にちなむ: cf. adventure〙 (*also* **a·ven·tu·rin** [-rɪn, -rən | -rɪn]) ── *n.* **1** 〘ガラス製造〙 アベンチュリンガラス《肉眼で認められる大きさの金属銅の結晶が多数分散しているガラス》. **2** 〘窯業〙 アベンチュリン釉《金属の微細結晶(主として酸化鉄)が析出し, 砂金石のような外観を呈する釉》. **3** 〘鉱物〙 砂金石. ── *adj.* 梨(なし)地の.

av·e·nue [ǽvən(j)ùː | ǽvənjùː, ǽvɪ-] 〘(1600) □F ~ (fem. p.p.) ← *avenir* to approach < L *advenīre* ← AD- + *venīre* to come)〙 ── *n.* **1** 並木道[通り]: an ~ of maples. **2** (都市の)広い街路, 大通り (broad street). ★ 米国の大都市などでは avenue と street を縦と横の道路に使い分ける場合がある; 例えば New York では Avenue は南北, Street は東西の道路に用いている: ⇨ Fifth Avenue. **3** 《英》 **a** (country house の玄関に通じる)並木道. **b** 二列の並木. **4** 道筋, ルート: an ~ *to* India / an ~ of trade 交易路 / an ~ of escape 逃げ道, 退路. **5** (成功などへの) 道, 方法: an ~ *to* [*of*] fame, knowledge, promotion, etc. / explore every ~ できる限りの手段を尽くす[講じる] / open up an ~ *of* compromise 妥協の道を切り開く.

a·ver [əvə́ː | əvə́ː(r] 〘(*a*1400) □(O)F *avér-er* ← A-⁴ + OF *veir, voir* true (cf. very)〙 *vt.* (**a·verred; a·ver·ring**) **1** 〈事〉の真実を断言する; 〈…であると〉(自信をもって)言明[主張]する (assert positively) ⟨*that*⟩: ~ a statement / He *~red that* the task was easy. 仕事は容易だと言い切った. **2** 〘法律〙 〈申し立て〉の事実[正当さ]を立証[主張]する; 〈…であると〉主張する ⟨*that*⟩.

av·er·age [ǽv(ə)rɪʤ] 〘(1491) 'charge over and above the shipment freight' 《変形》 ← F *avarie* damage to goods in transit □It. *avaria* □Arab. *'awārīya*ʰ damages: 「平均」の意味は「投資者平等負担の船荷損害」の意から で18世紀以後: ⇨ -age〙 ── *n.* **1** 平均, アベレージ (mean proportion): above [below] (the) ~ 平均以上[以下]で / on (an [the]) ~ 平均して, ならして, 概して / take [strike] an ~ 平均を出す; 平均する / The ~ of 2, 7, and 9 is 6. / He is above ~ in intelligence. 知能は普通以上だ / He reads, on (an) ~, two books a week. 平均[大体]週に本を二冊読む. **2** (一般)標準, 並(なみ) (common standard): well up to the ~ 標準に十分達して. **3** 〘数学〙 **a** 平均値: ⇨ geometric average. **b** =arithmetic mean. **4** 〘スポーツ〙 (チームまたは選手の勝負などの)率, アベレージ: ⇨ batting average, bowling average. **5** 〘海商〙 **a** 海損《海難によって生じる損害》; 分損: ⇨ general average, particular average. **b** 海損の分担; 分担額. **6** 〘海事〙 (港湾料・水先案内料・曳船料など船長負担の)小口雑費《もと船側と荷主側とで分担したが現在は貨物運賃に含まれている》. **7** [通例 *pl.*] 〘証券〙 平均株価: ⇨ Dow-Jones average.

── *adj.* **1** 平均の, ならしての (mean): the ~ monthly rainfall 一か月平均降雨量 / ⇨ average life. **2** 標準の, 並の, 普通の (ordinary): the [an] ~ man 普通の人 / an ~ winter 例年並の冬 / an article of ~ quality 並品, 中等品 / children of ~ IQ 標準知能指数の児童.

── *vt.* **1** 平均する, …の平均を取る (cf. AVERAGE *out* (1)): ~ 3, 6, and 9 3と6と9の平均を出す. **2** 平均して…をする[取る](など) (cf. *vi.* 1): We ~ 8 hours(') work a day. 一日平均8時間働く / The car *~d* 60 miles an hour. その車の平均時速は60マイルだった. **3** 〈利益・損失などを〉均分する 〔*among*〕. **4** 平均[標準]化する (cf. AVERAGE *out*). ── *vi.* **1 a** 平均する と…である[になる] (cf. *vt.* 2, AVERAGE *out* (3)): Their wages ~ $500 a month. 彼らの賃金は月額平均500ドルだ / The attendance *~d* 75%. 出席率は平均75パーセントだった. **b** 〈色が〉平均して〈ある色彩〉になる. **2** 〘証券〙 難平(なんぴん)売り[買い]する, 難平をかける: ⇨ AVERAGE *down*, AVERAGE *up* (3).

average down 〘証券〙 難平買いする《買い付けた証券や商品の平均買付値段を下げるために安値のものを買い増す》. ***average out*** (*vt.*) (1) …の平均を〔…と〕出す 〔*at*〕. (2) 平均[標準]化する (cf. *vt.* 4). (*vi.*) (1) 平均すると〔…に〕なる 〔*at, to*〕 (cf. *vi.* 1): His daily study *~s out at* five hours. 彼の1日の勉強は平均5時間だ. (2) 《口語》 〈事が〉(結局)平均[常識]的な線に落ち着く 〔*at*〕. (3) 〘証券〙 難平売り[買い]によって損を免れて手仕舞いする. ***average up*** (*vt.*) (1) 〈給与などを〉一般水準に引き上げる. (2) …の平均を出す. (*vi.*) 〘証券〙 難平売りする《売り付けた証券や商品の平均売付値段を上げるために高値のものを売り増す》.

~·ly *adv.*

áverage adjústment *n.* 〘海商〙 海損清算.

áverage cláuse *n.* 〘保険〙 (損害保険の)比例条項; (海上保険の)単独海損[分損]担保約款.

áverage deviátion *n.* 〘統計〙 =mean deviation.

áverage fúture lífetime *n.* 〘保険・年金〙 平均余命.

áverage lífe *n.* 〘物理・化学〙 平均寿命《放射性核種, 励起状態, 反応物質が減衰または反応して最初の $1/e$ (e は自然対数の底)に減少するまでの時間; mean life ともいう》.

áverage révenue *n.* 〘商業・経済〙 平均収入《総収入を販売量で除した販売量1単位あたりの収入; cf. marginal revenue》.

A·ver·il [éɪv(ə)rəl] 〘← ? OE *eofor* boar + *hild* battle // *hyld* protection: 7世紀の Yorkshire の聖徒にちなむ〙 *n.* 女性名《変形 Averell, Averyl; 愛称形 Averilla》.

a·vér·ment 〘(1429)〙 *n.* **1** 言明, 断言 (positive assertion). **2** 〘法律〙 事実の主張[立証].

A·ver·nus [əvə́ːnəs | əvə́ː-] 〘(16C) □L ~ □? Gk *áornos* birdless (lake) ← A-⁷ + *órnis* bird〙 ── *n.* **1** アベルヌス(湖), 《ローマ神話》 アウェルヌス(湖)《イタリア Naples 西方の湖; 昔その水が臭気を発散してその上を飛ぶ鳥を殺したと信じられ, 地獄への入口と言われた》. **2** 地獄 (hell). **A·vér·nal** [-nḷ] *adj.*

A·ver·ro·ës [əvérouìːz, æv-, æ̀vəróuiːz | əvérəuìːz, æv-, æ̀vəráuiːz] *n.* アベロエス《1126?–1198; スペインにいたアラビアの哲学者; キリスト教やユダヤ教に大きな影響を与えた; アラビア語名 ibn-Rushd》.

Av·er·ro·ism [əvérouɪzm, æv-, æ̀vəróuɪzm | əvérəu-ɪzm, æv-, æ̀vəráuɪzm] 〘(1877)〙 ── *n.* 〘哲学〙 アベロエス主義[哲学]《アリストテレス哲学に対する新プラトン派的な汎神論的解釈をいう》. **Av·ér·ro·ist** [-ɪst, -əst | -ɪst] *n.*

Av·er·ro·is·tic [əvèrouístɪk, æv-, æ̀vərou- | əvèrəu-ís-, æv-, æ̀vərəu-] *adj.* 〘哲学〙 アベロエス (Averroës) 派哲学(者)の.

a·ver·sant [əvə́ːsənt | əvə́ː-] 〘□L *āversant-em* ← *āversārī* to turn oneself from (freq.) ← *āvertere* (↓)〙 *adj.* 〘紋章〙 〈右手が〉開いて甲を見せた (cf. appaumée).

a·verse [əvə́ːs | əvə́ːs] 〘(1597) □L *āvers-us* (p.p.) ← *āvertere* to turn away: ⇨ avert〙 ── *adj.* **1** [Predicative に用いて] (…が)(ひどく)きらいで, いやで, (…に)反対して (reluctant, unwilling) 〔*to, from*〕 / ⟨*to* do⟩. ★ from は今は主に《英》, to do は今は《まれ》: He is ~ *to* [*from*] any form of exercise. どんな種類の運動も大きらいだ / I am not ~ *to* something short. 何か一杯きゅっとやるのもいやではない《一杯やりたい》 / He is ~ *to* coming here. ここへ来るのをいやがっている. **2** 〘植物〙 〈葉が〉基茎から反対に向いた (cf. adverse 4). **~·ly** *adv.* **~·ness** *n.*

a·ver·sion [əvə́ːʒən, æv-, -ʃən | əvə́ːʃən] 〘(1596) □L *āversiō(n-)* a turning away: ⇨ avert, -sion〙 ── *n.* **1** (根強い)嫌悪(けんお), 大きらい, けぎらい (repugnance) 〔*to, for, from*〕: have [feel] an ~ *to* flattery, fops, spiders, etc. / After that he took an ~ *to making* a speech. それからというもの彼は演説をするのがこわくなった. **2** いやな物[人]: one's pet ~ 《戯言》 虫の好かない[大きらいな]もの (bête noire). **3** 〘心理〙 嫌悪《心身に対する苦痛・不快を回避すること》: ⇨ aversion therapy. **4** 《廃》 避けること, そむけること.

avérsion thèrapy [trèatment] *n.* 〘心理〙 嫌悪療法《望ましくない行動を除くためにその行動に嫌悪を起こさせる刺激を結合させ, その条件づけによって行動自体を嫌悪させるようにする心理療法》.

a·ver·sive [əvə́ːsɪv, æv-, -zɪv | əvə́ːsɪv] *adj.* **1** 嫌悪(けんお)の[を示す]. **2** 避ける(ための), 回避的な.

a·vert [əvə́ːt, æv- | əvə́ːt] 〘(?*a*1439) □(O)F *avert-ir* // L *āvertere* to turn aside from ← A-⁵ + *vertere* to turn〙 ── *vt.* **1** 〈目・心などを〉そむける, そらす, 転じる (turn away) 〔*from*〕: She *~ed* her eyes [glance] *from* him. 彼から目[視線]をそらした. **2** 避ける, よける, 防ぐ (ward off, prevent): ~ a blow, war, etc. ── *vi.* 《古》 〈人が〉向き直る (turn away) 〔*to, from*〕. **~·a·ble** [-təbḷ | -tə-], **~·i·ble** [-təbḷ | -tə-, -tɪ-] *adj.* **~·er** [-tə | -tə(r] *n.*

Av·er·tin [əvə́ːtɪn, -tən, -tn̩ | əvə́ːtɪn] *n.* 〘商標〙 アベルティン《バイエル (Bayer) 社製の麻酔剤 tribromoethanol の薬品名》.

A·ver·y [éɪv(ə)ri | -ri] 〘OE *Everild* ← ? *eofor* boar + *hild* battle: cf. OHG *Eburhilt*〙 *n.* 男性名.

A·ves [éɪviːz] 〘← NL ~ ← L *avēs* (pl.) ← *avis* bird〙 *n. pl.* 〘動物〙 鳥綱.

A·ves·ta [əvéstə] 〘⇨ Zend〙 *n.* [the ~] アベスタ《ゾロアスター教の経典; ⇨ Zend-Avesta》.

A·ves·tan [əvéstən] *n.* アベスタ語《アベスタ経典の大部分に用いられている古代ペルシャ語に近い言語; Iranian 語派に属する; 旧称 Zend》. ── *adj.* アベスタ経典[言語]の.

A·ves·tic [əvéstɪk] *n.* =Avestan.

avg. 《略》 average.

av·gas [ǽvgæ̀s] 〘《短縮》 ← *av*(*iation*) *gas*(*oline*)〙 *n.* 《米》 航空ガソリン.

a·vi- [éɪvɪ, ǽvɪ, -və | éɪvɪ] 〘← L *avis* bird〙 「鳥」の意の連結形.

a·vi·an [éɪviən | -vjən, -vɪən] *adj.* 鳥(類)の (avine).

ávian diphthéria *n.* 〘獣医〙 家禽ジフテリア (⇨ fowl pox).

ávian leukósis còmplex *n.* 〘獣医〙 ニワトリ白血症群 (leukosis).

ávian pneumoencephalítis *n.* 〘獣医〙 鶏肺脳炎 (⇨ Newcastle disease).

ávian pòx *n.* 〘獣医〙 禽痘 (⇨ fowl pox).

ávian spirochetósis *n.* 〘獣医〙 家禽スピロヘータ症 (fowl spirochetosis).

á·vi·a·rist [-vièrɪst, -rəst, -vièr- | -vjərɪst, vɪə-] *n.* 鳥の飼育者[係].

a·vi·ar·y [éɪvièri | éɪvjəri, -vɪə-] 〘(1577) □L *aviārium* poultry yard ← *avis* bird: ⇨ -ary〙 *n.* (動物園などの大形の)鳥小屋, 鳥類飼育場, 飼鳥園.

a·vi·ate [éɪvièɪt, ǽv- | éɪvièɪt, -vjeɪt] 〘《逆成》 ↓〙 *vi.* 飛行する. ── *vt.* 〈飛行機を〉操縦する.

a·vi·a·tion [èɪviéɪʃən, æ̀v- | -vɪ-] 〘(1887) □F ~: ⇨ avi-, -ation〙 ── *n.* **1** 飛行, 航空. **2** 飛行[航空]術. **3** [集合的] 航空機, (特に)軍用機. **4** 航空機産業 (aviation industry).

aviátion bàdge *n.* 航空記章 (⇨ wing *n.* 3 a).

aviátion cadèt *n.*〘米空軍〙航空士官候補生.
aviátion médicine *n.* 航空医学《飛行条件から受けるストレスや航空作業そのものが人体に及ぼす影響を明らかにし, 医学的な面から対策を講じることを目的とした学問; cf. space medicine》.　「ガソリン.
aviátion spírit *n.*〘航空〙(高オクタン価の)航空用
á·vi·à·tor [-ṭə | -tə(r]〘□F *aviateur*〙*n.* 飛行家: a civilian [private] ～ 民間飛行家 / a lady ～ 女流飛行家.　「dia).
áviator's éar *n.*〘病理〙航空中耳炎 (aero-otitis me-
a·vi·a·tress [éɪvièɪtrɪs, ǽv-, -trəs | éɪvièɪtrɪs, -vjeɪ-, -tres, -trəs] *n.* =aviatrix.
a·vi·a·trix [èɪviéɪtrɪks, æ̀vɪ- | èɪv-]〘← AVIA(TOR)+-TRIX: cf. F *aviatrice*〙*n.* (*pl.* ～**·es**, **-a·tri·ces** [-trəsìːz | -trɪ-]) 女流飛行家.
A·vice [éɪvɪs, -vəs | -vɪs]〘□ONF ～□? OHG *Aveza*〙*n.* 女性名《異形 Avis》.
Av·i·cen·na [æ̀vɪsénə, æ̀və-|æ̀vɪ-] *n.* アビセンナ, アビケンナ《979–1037; イラン人イスラム教徒の医師・哲学者; アラビア語の多数の著作をあらわした; アラビア語名 ibn-Sina》.
avicularia *n.* avicularium の複数形.
A·vic·u·la·ri·i·dae [əvìkjʊləráɪədìː|-ráɪɪ-]〘← NL ～ ← *Avicularia* (属名: ← L *avicula* (dim.) ← *avis* bird)+-IDAE〙*n. pl.*〘動物〙=Theraphosidae.
a·vic·u·lar·i·um [əvìkjʊlέ(ə)riəm | -lέərɪ-]〘← NL ～: ⇨↓, -arium〙*n.* (*pl.* **-i·a** [-riə | -rɪə])〘動物〙鳥頭体《多形性の群体をつくるコケムシ類の個虫が特殊な場合に示す型で, 全形が鳥の頭の形に似ている》.
a·vi·cul·ture [éɪvəkʌ̀ltʃə, ǽvə- | éɪvɪkʌ̀ltʃə(r] *n.* 鳥類飼育, 鳥飼い.
á·vi·cùl·tur·ist [-tʃ(ə)rɪst, -rəst|-rɪst] *n.* 鳥類飼育家.
av·id [ǽvɪd, ǽvəd|ǽvɪd]〘(1769)□L *avid-us* ← *avēre* to crave: cf. avarice〙── *adj.* **1** 貪欲な; 〔…を〕渇望する (greedy)〔*for, of*〕: ～ *for* news しきりにニュースを知りたがって / be ～ *for* food 食べ物に飢えている / A miser is ～ *of* money. けちん坊は金に目がない. **2** 熱心な (eager): an ～ listener, reader, etc. / with ～ interest むさぼるように興味をもって, 食い入るように. **～·ly** *adv.* **～·ness** *n.*
av·i·din [ǽvədɪn, -dən|ǽvɪdɪn]〘⇨↓, -in¹: biotin に対する親和力の強さから〙── *n.*〘生化学〙アビディン《卵白の中にあって biotin と特異的に結合して卵白の作用を害する蛋白質》.
a·vid·i·ty [əvídəṭi, æv-, eɪv- | əvídətɪ, æv-, -dɪ-]〘(*c*1449)□(O)F *avidité* // L *aviditāt-em* ← *avidus*: ⇨ avid, -ity〙── *n.* **1** (熱烈な)欲求心, 渇望 (ardent desire); 熱心, 熱意 (eagerness): with ～ むさぼるように, ひどく熱心に. **2** 欲, 強欲, 貪欲 (greed). **3**〘化学〙**a** 酸[アルカリ]の解離度に基く強度. **b** 親和力 (affinity). **4**〘生化学〙親和性《抗原との結合を高めるような抗体の性質》.
a·vi·dya [avídjɑː]〘□Skt *avidyā*《原義》ignorance ← *a-* 'A-⁷'+*vidyā* knowledge (cf. wit²)〙── *n.*〘ヒンズー教・仏教〙無知, 無明(むみょう)《特に, 窮極の真理に対する盲目をいう; cf. vidya》.
a·vi·fau·na [èɪvəfɔ́ːnə, æ̀v-|èɪvɪ-]〘← NL ～ ← L *avis* bird + FAUNA〙── *n.*〘集合的〙〘生態〙鳥類相, 地方鳥類 (ornis)《一地方, 一時期に分布した鳥類》. **à·vi·fáu·nal** [-nḷ] *adj.*
av·i·ga·tion [æ̀vəgéɪʃən, èɪv- | -vɪ-]〘(混成)← AVI(ATION)+(NAVI)GATION〙*n.* 航空 (aerial navigation).
A·vi·gnon [æ̀vɪnjɔ̃ː(ŋ), -njɔ́(ː)ŋ, əvínjən | æ̀vɪnjɔ̃ː(ŋ), -njɔ̀(ː)ŋ; *F.* aviɲɔ̃] *n.* アビニョン《フランス南東部, Rhone 川沿岸の都市; 一時は教皇の都であった (1309–77); 人口 79,000》.
A·vi·la Ca·ma·cho [ɑ́ːvɪlə-kəmáːtʃoʊ | -tʃəʊ; *Sp.* ábila-kamátʃo], **Manuel** *n.* アビラ カマチョ《1897–1955; メキシコの政治家・軍人; 大統領 (1940–46)》.
a·vine [éɪvaɪn, -vɪn, -vən | -vaɪn, -vɪn] *adj.* =avian.
a·vion [æ̀viɔ̃ː(ŋ), -ɔ́(ː)ŋ | -vɪ-; *F.* avjɔ̃]〘□F ～ ← L *avis* bird〙*F. n.* (*pl.* ～**s** [～z; *F.* ～]) 飛行機 (airplane): ⇨ par avion.
a·vi·on·ics [èɪviɑ́nɪks, æ̀v- | -vɪɔ́n-]〘《短縮》← *avi(ation) (electr)onics*〙*n.*〘航空〙アビオニクス, 航空電子工学, 航空エレクトロニクス.
a·vir·u·lent [eɪvír(j)ʊlənt | æv-]〘← A-⁷+VIRULENT〙*adj.*〘病理〙〈細菌・ウイルスなど〉無発病性の; 無毒性の (cf. nonpathogenic, virulent 3).　「性名.
A·vis [éɪvɪs, -vəs | -vɪs]〘⇨ Avice: 原義不明〙*n.* 女
a·vi·so [əváɪzoʊ | əváɪzəʊ, əvíːz-]〘□Sp. ～ < LL *avisum* 'ADVICE'〙*n.* (*pl.* ～**s**) **1** = dispatch boat. **2**《廃》公文書送達 (dispatch); 通報 (advice).
a·vi·ta·min·o·sis [eɪvàɪṭəmənóʊsɪs, -mɪ-, -səs | æ̀vìtəmɪnə́ʊsɪs]〘← NL ～: ⇨ a-⁷, vitamin, -osis〙── *n.* (*pl.* **-o·ses** [-siːz])〘病理〙ビタミン欠乏症. **a·vi·ta·min·ot·ic** [eɪvàɪṭəmənɑ́ṭɪk | æ̀vɪtəmɪnɔ́t-] *adj.*
av·i·zan·dum [æ̀vɪzǽndəm]〘□ML *avizandum* (neut. gerund.) ← *avizāre* to advise〙── *n.*〘スコット法〙一時休廷[延期]《新たな問題や困難な問題が起きた時, 判決を一時延期する裁判所の決定》.
Av·lo·na [ævlóʊnə | -ləʊ-] *n.* =Valona.
A.V.M.《略》Air Vice-Marshal.
avn.《略》aviation.
a·vo [ɑ́ːvuː; *Port.* ávu]〘□Port. ～〙*n.* (*pl.* ～**s** [～z; *Port.* ～ʃ]) **1** アボ《マカオの通貨単位; =¹/₁₀₀ pataca》. **2** 1 アボ硬貨.
av·o·ca·do [æ̀vəkɑ́ːdoʊ, ɑ̀ːv-|æ̀və(ʊ)kɑ́ːdəʊ]〘(1697)《変形》← Sp. *aguacate* □ Nahuatl *ahuacatl*《短縮》← *ahuacacuahuitl*《原義》testicle tree: cf. alligator〙── *n.* (*pl.* **～s, ～es**)〘植物〙**1** アボカド (*Persea americana*)《西インド諸島・メキシコ・ガテマラ原産のクスノキ科の熱帯果樹》. **2** アボカド, ワニナシ (avocado pear)《アボカドの果実; セイヨウナシ (pear) 型で生食・サラダ用; alligator pear ともいう》.
av·o·ca·tion [æ̀vəkéɪʃən | æ̀və(ʊ)-]〘(1529)□L *āvocātiō(n-)* ← *āvocāre* to call away ← *a-* 'AB-¹'+*vocāre* to call〙── *n.* **1** 副業, 内職; 道楽(仕事), 余技 (hobby). **2** 本職, 本業, 職業. **3**《古》慰み事, 気晴らし (diversion). **4**《廃》気をそらすこと, まぎらすこと (distraction). **～·al** [-ʃənḷ, -ʃnəl] *adj.* **～·al·ly** *adv.*
a·voc·a·to·ry [əvɑ́kətɔ̀ːri, -tòːri | əvɔ́kət(ə)ri]〘□ML *āvocātōri-us* ← *āvocāre*: ⇨↑, -ory¹〙*adj.* 呼び返す (calling back): an ～ letter 召還状.
av·o·cet [ǽvəsèt|ǽvə(ʊ)-]〘(1766)□F *avocette* □It. *avocetta*〙── *n.*〘鳥類〙ソリハシセイタカシギ《くちばしが上に曲がっているソリハシセイタカシギ属 (*Recurvirostra*) の鳥類の総称; ソリハシセイタカシギ (*R. avosetta*) など》.
A·vo·ga·dro [æ̀vəgɑ́ːdroʊ, ɑ̀ːv- | -drəʊ; *It.* avogáːdro], Count **A·ma·de·o** [àmadéːo] *n.* アボガドロ《1776–1856; イタリアの物理・化学者》.
Avogádro nùmber [cónstant] *n.*〘化学〙アボガドロ数《1 モルの純物質中に存在する分子の数; 6.022045×10²³; cf. gram molecule》.
Avogádro's láw [hypóthesis] *n.*〘物理〙アボガドロの法則《同温度・同圧力の下におけるすべての気体の同体積は同数の分子を含むという法則》.
a·void [əvɔ́ɪd]〘(1373)□AF *avoid-er*=OF *esvuidier* to empty out ← ES-+*vuidier* to empty (⇨ void)〙── *vt.* **1** **a** 〈人・場所・物事を〉避ける, 回避する, 敬遠する (evade, shun): ～ evil [bad company, danger] 悪[悪友, 危険]を避ける / He ～*ed* my eye. 私の視線を避けた. **b** 〈…するのを〉避ける (refrain from)〈*doing*〉: She ～*ed* giving a definite answer. はっきりした返事をしようとはしなかった. **2**〘法律〙取消す, 無効にする (annul). **3**《廃》…から立ち去る (leave). **～·er** *n.*
a·void·a·ble [əvɔ́ɪdəbḷ] *adj.* 避けられる, 免れられる, 回避できる. **a·vóid·a·bly** *adv.*
a·void·ance [əvɔ́ɪdṇs, -dəns]〘(*a*1398)〙── *n.* **1** 避けること, 回避: the ～ of traffic accidents. **2**〘法律〙無効, 取り消しの主張: ⇨ CONFESSION and avoidance. **3** (聖職の)空位 (vacancy). **4**〘文化人類学〙回避慣習《無文字社会によくみられる慣習で, ある特定の関係にある相手と口をきかないなどして互いに避け合うもの; 夫とその妻の両親の間に存在することが多く, 無用の摩擦を防ぐため起こったとも解釈されている》.
a·void·ant [əvɔ́ɪdənt, -dṇt] *adj.*〘心理〙(特定の刺激を)回避しようとする, 回避(的)の.
avoir.《略》avoirdupois.
av·oir·du·pois [æ̀vədəpɔ́ɪz, ⌐−−⌐ | æ̀vədəpɔ́ɪz]〘(?*a*1325) *averdepeise, avoir de pois* □OF *aver de peis* goods sold by weight ← *aveir* (F *avoir*) goods (< L *habēre* to have)+*de* of+*peis, pois* (F *poids*) weight〙── *n.* **1** 常衡《貴金属・宝石・薬品以外に用いる衡量 16 ounces=7,000 grains をもって 1 ポンド (pound) と定める; 略 avoir., avdp., av.》: 5 pounds [lb.] ～ 常衡 5 ポンド. **2**《米口語》肥満; 体重, 重さ: a woman of much ～ 太った女.
avoirdupóis pòund *n.* 常用ポンド (⇨ pound¹ 1 a).
avoirdupóis wèight *n.* =avoirdupois 1.
A·von [éɪvən, ǽv-]〘□Celt. ～ 'river'〙── *n.* **1** イングランド南西部の州; 1974 年に新設; 旧 Gloucestershire 州南部と旧 Somerset 州北部よりなる; 人口 921,000, 面積 1346 km², 首都 Bristol. **2** [the ～] イングランド中部, Warwickshire 州を北東から南西に流れる川; Shakespeare の生地 Stratford-upon-Avon を経て Severn 川に注ぐ (154 km). ★ イングランドには他にも同名の川がある.
av·o·set [ǽvəsèt | ǽvə(ʊ)-] *n.*〘鳥類〙=avocet.
à vo·tre san·té [ɑː-vɔ́ːtr(ə)-sɑ̃ː(n)téɪ, -sɔ̃ː(n)-, -sɑːn-, -sɔ(ː)n-; *F.* a vɔtrsɑ̃te]〘□F ～ 'to your health'〙*F.* ご健康を祝して(乾杯).
a·vouch [əváʊtʃ]〘(*a*1393) 'to appeal for confirmation to some warrant' □OF *avoch-ier* □L *advocāre* to call, summon (as legal defender): ⇨ advocate, vouch〙*vt.*《古》**1** (確信をもって)主張する, 断言する: ～ a fact 事の真実を明言する / ～ *that* it is true. **2** **a** 自認する, 認める (acknowledge, confess): ～ misconduct 不行跡を告白する / ～ *that* one is guilty. **b** [～ *oneself* として] 自分は…であると認める: ～ *oneself* heretical [(*as*) a heretic] 異端者であることを自認する. **3** 保証する (vouch for): ～ the quality of an article 品質を請け合う. ── *vi.*《古》保証する (guarantee)〔*for*〕. **～·ment** *n.*
a·vow [əváʊ]〘(*c*1220)□(O)F *avou-er* □L *advocāre* to summon: ⇨ advocate〙── *vt.* **1** **a** 〈過失などを〉率直に[公然と]認める, 告白する: ～ one's errors, views, etc. / He ～*s that* he loves drink. 彼は酒好きだということをおおっぴらに言っている. **b** [～ *oneself* として] 自分は〈…であることを〉認める[告白する]〈*to be*〉: He ～*ed himself* (*to be*) cowardly [a coward, in the wrong]. 彼は臆病だ[臆病者だ, 自分が間違っている]と率直に認めた. **2** **a** 〈ある事を〉(責任をもって)言明する, 公言する. **b** 〈…であると〉公言する〈*that*〉; 〈ある事を〉〈…に違いないと〉言明[断言]する〈*to be*〉. **3**〘法律〙…の正当占有の申し立てをする (cf. avowry). **～·a·ble** [～əbḷ] *adj.* **～·er** *n.*
a·vow·al [əváʊəl]〘(1732)〙*n.* 公言, 言明; (公然の)自認, 告白: make an ～ of … を公言[自認]する.
a·vówed〘(1340)〙── *adj.* 自認の; 公言の, 公認の; 公然の: one's ～ aims 明言した目的 / an ～ candidate 立候補を表明した人 / an ～ enemy 公然の敵 / He is the ～ author of the pamphlet. 彼は自分がそのパンフレットを書いたと言っている. **a·vow·ed·ness** [əváʊɪdnɪs, -əd-, -nəs] *n.*
a·vow·ed·ly [əváʊɪdli, -əd-|-lɪ] *adv.* 自認して, 公言して, 公然と; 明白に.
a·vow·ry [əváʊri | əváʊ(ə)rɪ]〘ME □OF *avouerie*: ⇨ avow, -ry〙── *n.*〘法律〙正当占有の申し立て《自救的動産差押え (distress) をしたことを認めそれを正当な権利に基づくものであると主張すること; cf. avow 3》.
a·vul·sion [əvʌ́lʃən]〘(1622)□L *āvulsiō(n-)* ← *āvulsus* (p.p.) ← *āvellere* to tear away ← *a-* 'AB-¹'+*vellere* to pull〙── *n.* **1** 引き裂くこと, むしりとること. **2** 裂片. **3**〘法律〙(土地の)突然の転位, 自然分離《洪水または河流の変移のため土地の相当部分が隣地へ付着すること; 所有権に変更はない》; 分裂地. **4** (身体部分の)捻除; 摘出, 裂離.
a·vun·cu·lar [əvʌ́ŋkjʊlə|-lə(r]〘(1831)← L *avunculus* maternal uncle ((dim.) ← *avus* grandfather)+-AR¹: cf. uncle〙── *adj.* おじの; おじらしい; (おじのように)慈愛のある, 優しい: ～ affection. **～·ly** *adv.*
aw [ɔː, ɑː | ɔː]〘擬音語〙*int.* おお《軽い抗議・懇願・嫌悪(けんお)・同情などを表わす》.
AW, A/W《略》〘商業〙actual weight 実量; airworthy; 〘海事〙all water 全水運《全部水路輸送で》.
A.W.《略》〘航空〙aerial warning;〘航空〙airborne warning;〘英軍〙Articles of War; atomic warfare; automatic weapon 自動火器.
a·wa [əwɔ́ː, əwɑ́ː] *adv.*《スコット》=away.
AWACS《略》〘航空〙airborne warning and control system 空中警戒指令(機)《敵機を発見し, 空中から味方の航空部隊を指揮する機能, およびそれをもつ航空機》.
a·wait [əwéɪt]〘(?*a*1200) □ ONF *await-ier*=OF *aguaitier* ← A-⁴ + *waitier*=OF *gnaitier* 'to WAIT'〙── *vt.* **1**《文語》**a** 〈人が〉待つ, 待ち受ける (wait for); 待望する, 期待する (expect): ～ the arrival of …の到来を待つ / ～ a decision 決定を待つ / an ～*ed* book 待ち受けていた本 / *Awaiting* the favor of your prompt attention. 至急御回答願い上げます《手紙の結び》. **b** 〈条約などが〉〈批准などを〉待つ. **2**《文語》〈運命などが〉…に用意されている, 待っている (be in store for): Death ～*s* us all. 死がわれわれすべてを待っている《人間は死を免れぬ》/ A surprise ～*s* him. 思いがけない事が彼を待ち受けている《今に驚くぞ》. **3**《廃》待ち伏せする. ── *vi.*《文語》〈人・物事が〉待ち受ける.
a·wake [əwéɪk]〘*v.*: OE *āwacan* & *āwacian*: ⇨ a-², wake¹. ── adj.: ME《尾音消失》← *awaken* (p.p.)〙── *v.* (**a·woke** [əwóʊk | əwə́ʊk], **a·waked**; **a·waked, a·woke, a·wok·en** [əwóʊkən | əwə́ʊk-]) ── *vt.* **1** 眠りからさます, 〈眠っている人を〉起こす (wake). **2** 〈記憶・恐怖などを〉呼び起こす, かき立てる (arouse): ～ sorrow *in* a person 人に悲哀の念を起こさせる / The sight *awoke* old memories. その光景は古い記憶を呼び起こした. **3** 〔無関心・不活動から〕目ざます, 覚醒(かくせい)させる (stir up); …に〔罪・実状などを〕悟らせる, 自覚させる〔*to*〕: His words *awoke* me *to* a sense of duty. 彼の言葉は私に義務感を自覚させた. ── *vi.* **1** 目がさめる, 起きる: ～ *from* sleep [a dream] 眠り[夢]からさめる / ～ at seven / He *awoke to* find it was still dark. 目がさめてみるとまだ暗かった / I *awoke* one morning and found myself famous. ある朝目をさましてみると一躍有名になっていた (*Childe Harold's Pilgrimage* によって名声を博した時の詩人 Byron の端的な感想). **2** 〔無関心などから〕目ざめる, 奮起する〔*from*〕; 〔…に〕気づく, 〔…を〕悟る, 自覚する〔*to*〕: ～ *from* an illusion 迷いから目がさめる / ～ *to* a danger [the surroundings] 危険[周囲の様子]に気づく.
── *pred. adj.* **1** 眠らずに, 目がさめて (↔ asleep) (cf. wide-awake): ～ or asleep 寝てもさめても / be wide ～ all night 一晩中まんじりともしない / keep (oneself) ～ 目がさめて[眠らずに]いる / Coffee keeps him ～. 彼はコーヒーを飲むと眠れない. **2** **a** 油断のない, 機敏な (alert); 奮起して, 活動して (aroused): be wide ～ 抜け目がない. **b** 〔…に〕気づいて, 〔…を〕自覚して (aware)〔*to*〕: be fully ～ *to* a danger 危険をはっきり意識している / be wide ～ *to* one's interests 利害にさとい[抜け目がない].
a·wak·en [əwéɪkən]〘OE *onwæcnan, āwæcn(i)an*: ⇨↑, waken〙── *vt., vi.* =awake: ～ *from* sleep / be ～*ed* by a noise 物音に目をさます. ★ 比喩的に *vt.* に用いられることが多い: ～ a person's pity / ～ suspicion *in* a person 人に疑惑を起こさせる / She was ～*ed to* the realities of life. 人生の現実に目ざめ(させられ)た. **～·er** *n.* [-k(ə)nə | -nə(r]
a·wak·en·ing [-k(ə)nɪŋ] *adj.* 目ざめつつある; 覚醒(かくせい)の. ── [-kn-] *n.* **1** **a** (怠惰などからの)覚醒, 目ざめ, 自覚, 奮起. **b** (注意などを)呼び起こすこと, 喚起: the ～ of interest. **2** 〔ある事柄に〕気づくこと, 認識 (realization)〔*to*〕: a rude ～ (不快な事実につい

ての)突然の認識. **3** (信仰などの)復興, 復活 (revival): ⇨ Great Awakening. **4** 目をさますこと, 目ざめ.

a·ward [əwɔ́əd | əwɔ́ːd] 〖(a1325) ▭ AF *award* (= OF *esguart*) ← *awarder* (= OF *esguarder* to observe, decide: ⇨ es-, guard)〗 — *vt.* **1 a** 〈賞などを〉〈審判の上で〉授与する (confer): ~ a prize *to* a person / He was ~*ed* a Ph. D. *for* the thesis. その論文により博士号を授けられた / The cup was ~*ed to* our team. カップはわれわれのチームが受けた. **b** (罰などとして)課する 〔*to*〕. **2** 〖法律〗(仲裁裁判などで)裁定する, (判決で)認める, 与える: A judge ~*s* damages in a civil action. 判事は民事訴訟において損害賠償を認める. — *n.* **1** 〖法律〗 **a** 審判, 判定; 裁定. **b** 裁定書. **c** (損害賠償などの)裁定額. **2** 授与されるもの; 賞, 賞品 (prize), 栄誉 (honor). **3** 奨学金. **~·a·ble** [-dəbl] *adj.* **~·er** *n.*

a·ward·ee [əwɔ̀ədíː, ―― | əwɔ̀ːdíː, ――] 〖⇨ ↑, -ee[1]〗 *n.* 裁定[賞, 奨学金]を受ける人, 受賞者.

a·ware [əwɛ́ə | əwɛ́ə(r)] 〖ME *iwar(e)* < OE *ġewær*: ⇨ y-, ware[2]〗 — *adj.* **1** [Predicative に用いて] **a** 〔…に〕気づいていて, 〔…を〕知っていて (conscious) 〔*of*〕: become ~ *of* a danger 危険に気づく / They were not ~ *of* his presence. 彼のいるのを知らなかった / I was suddenly ~ *of* it. 急にそれに気づいた. **b** 〈…ということを〉知っていて 〈*that, wh-*〉: He is well [fully] ~ *that* there is something wrong about it. どこか調子の悪いのは十分承知している / I was not ~ (*of*) *what* kind of man he was. 彼がどんな風な人なのか私は知らなかった. **2** (その道のことにはっきりした)認識[意識]のある: be politically [socially] ~ 政治[社会的]意識がある. **3** 万事心得ている, そつ[抜かり]のない (alert): an ~ person. **4** 《古》〔…を〕警戒して, 用心して (watchful) 〔*of*〕.

a·wâre·ness *n.* **1** 気づいていること, 知っていること 〔*of*〕/〈*that*〉. **2** 意識 (consciousness) (cf. aware 2): political ~ 政治意識.

a·wash [əwɔ́(ː)ʃ, əwáʃ | əwɔ́ʃ] 〖(1833) ← A-[3]+WASH (n.)〗 — *adv., pred.adj.* **1** 波にもまれて, (波間に)漂って (afloat). **2** 水びたしで (flooded). **3** 〈場所が〉〔…で〕充満して, 一杯で (overflowing) 〔*with*〕: a kitchen ~ *with* garbage. **4** 〖海事〗〈暗礁・甲板など〉〔…の〕水面とすれすれの高さで, 洗岩の 〔*with*〕: ~ *with* the sea / Anchor ~. ⇨ anchor 成句.

a·way [əwéɪ] 〖OE *onweġ, āweġ*: ⇨ a[3], way[1]〗 — *adv.* **1** [位置] 離れて, 遠くへ行って, 去って, 不在[欠席]で: far ~ はるか遠方に / miles ~ 何マイルも離れて / ~ at the front (ずっと遠くに)出征中で / ~ (to the) east はるか東に / keep ~ (*from*...) (…に)近づかない, 〈人・物を〉近づけない / He is ~ *from* home [school]. 家にいない[学校を休んでいる] / He is ~ in the country [on a trip, for the summer]. 田舎へ[旅行に, 避暑に]行っている / Christmas is still three months ~. クリスマスはまだ3か月先のことだ. **2** [移動] あちらへ, 去って: go ~ / turn ~ 追い返す; (顔を)そむける / *Away!* あっちへ行ってしまえ / ⇨ COME *away*. **3** [消失・除去] (消え)去って, 失せて, (行って)しまって: die [fade] ~ 消え去る / waste ~ やせ衰える / cut [rub] ~ 切り[こすり]取る / wash ~ 洗い流す / throw ~ one's money 金銭を浪費する. **4** [連続] 絶えず, せっせと, どんどん: dance [dig, work] ~. **5** [即時] 直ちに, すぐ. ★ 次の句で: ⇨ RIGHT *away*, STRAIGHT *away*. **6** [強意] 《米口語》はるかに, ずっと (far). ★ 他の副詞 back, behind, down, off, up などの前につけてそれを強める; しばしば 'way, way と略される.

away back 《米口語》ずっと前に, 早くも (far back, as long ago as): ~ *back* in 1900 1900 年の昔に. ***away with*** (1) [命令文で] …を追い[取り]払え (take away): *Away with* him! (彼を)追い払え / *Away with* it! 取り除いて[よして]しまえ / *Away with* you! 行ってしまえ. (2) [通例 cannot ~ *with* として] 《古》…を我慢する (put up with): I *cannot* ~ *with* it [him]. ***do away (with)*** ⇨ do[1] 成句. ***from away*** 《米口語》遠くから (from a distance). ***out and away*** ⇨ out *adv.* 成句. ***well away*** ⇨ well[2] *adv.* 成句. ***Where away?*** ⇨ where *adv.* 成句.

— *adj.* **1** 〖スポーツ〗〈試合など〉相手のホームグラウンドでの, 遠征の (out) (cf. home *adj.* 3): an ~ game [match] 遠征試合 / an ~ win 遠征試合での勝利. **2** 〖ゴルフ〗アウェー: **a** 〈ボールが〉ホールから最も遠くにある. **b** 〈ゴルファーが〉(そのために)最初にプレーすべき. **3** 〖野球〗アウトになって: two ~ in the eighth inning 8回2死になって.

— *n.* 〖スポーツ〗遠征試合(での勝利).

awáy·gòing cróp *n.* 〖法律〗期間後収穫《waygoing crop ともいう》.

awáy·swinger *n.* 〖クリケット〗= outswinger.

awe [ɔ́ː] 〖(c1200) *aghe, awe* ▭ ON *ag-i* fear, anguish ← Gmc **az-* ← IE **agh-* to be afraid (Gk *ákhesthai* to be grieved) ∽ OE *eġe*〗 — *n.* **1** 畏敬(いけい), 畏怖 (reverential fear): feel ~ / a feeling of ~ 畏敬の念, 畏怖心 / with ~ 畏敬して, 恐れかしこまって / be in ~ of …を畏敬する, 恐れ敬う / hold [keep] a person in ~ 人を畏敬[恐れ]させる / be struck with ~ 畏敬の念に打たれる, 威厳に打たれる / The boy stood in ~ of his father. その子は父親を畏怖していた. **2** 《古》威圧力. **3** 《廃》恐怖. — *vt.* **1** 畏敬[畏怖]させる: They were ~*d* by the grandeur of Niagara Falls. ナイアガラ瀑布(ばくふ)の壮観に畏敬の念を覚えた. **2** 〈人を〉畏怖させて〔…の状態に〕至らせる〔*into*〕: He was ~*d into* silence. 威厳に打たれて沈黙した.

a·wea·ry [əwí(ə)ri | əwíəri] *pred. adj.* 《詩》= weary.

a·weath·er [əwéðə | -ðə(r)] *adv.* 〖海事〗風上に (toward the wind) (↔ alee): ⇨ HELM[1] *aweather!*

awed *adj.* 畏敬の念に打たれた, 畏敬を示す: in an ~ voice 畏怖したような声で. **~·ly** *adv.* **~·ness** *n.*

a·weigh [əwéɪ] *adv., pred. adj.* 〖海事〗起き錨(いかり)で《錨が海底を離れた瞬間, 航海状態に移る瞬間をいう》: with anchor ~ 錨を揚げて.

áwe-inspìring *adj.* 畏敬(いけい)[畏怖]の念を起こさせる, 恐れを抱かせる.

áwe·less 〖ME〗 *adj.* **1** 畏怖を感じない; 恐れを知らない; 不遜(ふそん)な. **2** 《廃》畏敬の念を起こさせない. **~·ness** *n.*

awe·some [ɔ́ːsəm] *adj.* **1** 畏怖心を起こさせる (awe-inspiring); 恐ろしい, ものすごい (dreadful). **2** 畏怖心[恐れ]に満ちた; うやうやしい (reverential). **~·ly** *adv.* **~·ness** *n.*

áwe·strìcken *adj.* = awestruck.

áwe·strùck 〖(1634)〗 *adj.* 畏敬(いけい)の念に打たれた, 畏怖して[恐れて]いる.

aw·ful [ɔ́ːfəl] 〖(?a1200)〗 — *adj.* **1** 恐ろしい, すさまじい (dreadful): an ~ noise, storm. **2** 《口語》 **a** (とても)ひどい, いやな, 下手な(など) (very bad): ~ food, manners / an ~ fellow, hat. **b** 非常な, 大した (very great): an ~ bore ひどくうるさいやつ / ~ nonsense ひどくばかげたこと. **3** 畏敬(いけい)の念を起こさせる; 荘厳な (impressive). **4** 畏敬の念に満ちた, 敬虔な. — *adv.* 《口語》 = awfully 1: I'm ~ glad you came. 来てくれてとてもうれしい. **~·ness** *n.*

aw·ful·ly 〖(c1340)〗 — *adv.* **1** [ɔ́ːfli, -fəli | -fli] 《口語》 **a** 非常に, 恐ろしく, とても, ばかに (very) (cf. horribly 2): ~ cold, tired / He is ~ good at tennis. テニスがとてもうまい / It is ~ kind of you. 本当にご親切さま / Thanks ~ for everything. **b** (ひどく)不愉快な態度で, 無作法に: behave ~. **2** [ɔ́ːfəli | -li] 畏敬(いけい)の念を起こさせるように; 荘厳に. **3** [ɔ́ːfəli | -li] 《古》畏敬の念をもって, うやうやしく; 恐れて.

AWG, A.W.G. 《略》American Wire Gauge アメリカ線径ゲージ《電線など針金の直径を表示する番号; 米国で制定された》.

a·wheel [ə(h)wíːl] *adv., pred.adj.* 自転車[自動車]で.

a·while [ə(h)wáɪl] 〖OE *āne hwīle*: ⇨ a[2], while〗 *adv.* しばらく (for a time).

a·whirl [ə(h)wə́ːl | ə(h)wə́ːl] *pred. adj.* ぐるぐる回っている.

awk·ward [ɔ́ːkwəd | -wəd] 〖(1380) 《廃》 'in the wrong direction' ← *auk* backhanded (▭ ON *afug-r* turned the wrong way ← *af* off)+-WARD〗 — *adj.* (~·er; ~·est) **1 a** 〈人・動作など〉堅苦しい, ぎごちない, 無作法な (clumsy); 気詰まりな, きまりが悪い (embarrassed): an ~ excuse 苦しい弁解 / an ~ expression ぎごちない[堅苦しい]表現 / be ~ *in* one's manner 物腰がぎごちない / He is [feels] ~ *with* women. 女の人の前で堅くなる[きまり悪がる]. **b** 〈子供など〉(均整がとれていなくて)ぶかっこうな, ぎごちない (ungainly). **c** 不器用な, 下手な (bungling) (↔ deft): an ~ workman / He is ~ *with* [*at* handling] tools. 道具の扱い方が下手だ. **2 a** 〈物が〉扱いにくい, 不便な: an ~ tool. **b** 〈方法など〉やりにくい, まずい. **3 a** 〈立場など〉扱いにくい, 厄介な, 〈時など〉間[具合]の悪い, まずい, 困った: an ~ question / an ~ situation 困った状態[事態] / It is ~ that he should be away at this moment. いま彼がいないとは困ったことだ. **b** 〈沈黙など〉気まずい, 気詰まりな (embarrassing): We kept an ~ silence. **4** 〈坂道・角など〉都合の悪い, あぶない (dangerous). **5 a** 〈人など〉手に負えない, 手ごわい (formidable): an ~ customer ⇨ customer 2. **b** 言うことを聞かない, 協力しない. **6** 《廃》つむじ曲がりの, 片意地な (perverse). **~·ness** *n.*

áwkward àge *n.* [the ~] (大人とも子供ともつかない)扱いにくい年ごろ, 思春期.

áwk·ward·ly *adv.* **1** ぶかっこうに; ぎごちなく; 気詰まりさせるように, きまり悪そうに. **2** 不器用に, まずく. **3** 扱いにくく, 都合悪く, 困らせるように.

áwkward squàd *n.* **1** 〖軍事〗新兵班. **2** 《俗》未熟な連中[チーム].

awl [ɔ́ːl] 〖OE *ǣl* ← Gmc **āl-* (Du. *aal* / G *Ahle*) ← ?〗 *n.* (靴屋などが用いる)突きぎり.

AWL, A.W.L., a.w.l. [ɔ́ːl, éɪdʌ̀bljuːél] 《略》《米》absent with leave 許可済離隊, 賜暇欠勤 (cf. AWOL, AOL).

awls

aw·less [ɔ́ːlɪs, -ləs] *adj.* 《米》= aweless.

áwl·wòrt *n.* 〖植物〗ハリナズナ (*Subularia aquatica*) 《北半球に広く分布するアブラナ科の小型多年草; 水辺に生える》.

aw·mous [ɑ́ːməs, ɔ́ː-] 〖ME *almouse, awmus* 《北部方言》 ▭ ON *almusa*: cf. alms〗 *n.* (*pl.* ~) 《スコット》= almous.

awn [ɔ́ːn] 〖(a1150) *awne, agune* ▭ ON *agn-, ōgn* (Swed. *agn* / Dan. *avn(e)*) ← IE **ak-* sharp (L. *acus* chaff): cf. OE *eġenu* husk〗 — *n.* **1** 〖植物〗(麦などの)のぎ, 芒(のぎ) (beard). **2** 〖動物〗(シカの枝角の末端にあるような)小突起[隆起]. **áwn·less** *adj.*

áwn·ed *adj.* = bearded.

áwned whéatgrass *n.* 〖植物〗花頴 (lemmas) にのぎがある雑草 (*Agropyron subsecundum*) (cf. couch grass).

awn·er [ɔ́ːnə | -nə(r)] *n.* 〖農業〗脱芒機.

aw·ning [ɔ́ːnɪŋ] 〖(1624) ← ?: cf. F *auvent* shed〗 *n.* **1 a** (窓などの外に取り付けた)日除け, 雨おおい. **b** 〖海事〗(甲板上の)天幕. **2** 避難所, 雨宿り場.

áwning dèck *n.* 〖海事〗覆(おおい)甲板《主甲板の上に前後方向に走る軽甲板; hurricane deck ともいう》.

áwning stànchion *n.* 〖海事〗天幕(支)柱, テント支柱.

áwning wìndow *n.* 突き出し窓.

awning window

áwnless brómegrass *n.* 〖植物〗北半球の温帯に産するイネ科スズメノチャヒキ属の牧草 (*Bromus inermis*) 《しばしば雑草となる》.

awoke 〖OE *āwōc* ← *āwæcnan* 'to AWAKEN': 過去分詞は過去形の転用で 18 世紀から〗 — *v.* awake の過去形・過去分詞.

awoken *v.* awake の過去分詞.

AWOL, A.W.O.L., a.w.o.l. [éɪwɔ(ː)l, éɪdʌ̀bljuːòuél | éɪwɔl, éɪdʌ̀bljuːəuél] 〖《頭字語》← *a(bsent) w(ith)o(ut) l(eave)*〗 〖軍事〗 — *adj., adv.* 職務離脱で[の], 無許可[無断]離隊で[の], 無断[無届]上陸[外出]で[の]: be ~ / go ~ 職務離脱する. — *n.* 職務離脱者, 無許可離隊者. (cf. AOL, AWL)

a·work [əwə́ːk | əwə́ːk] 〖ME〗 *adv., pred. adj.* 活動して (at work).

A.W.R.E. 《略》Atomic Weapons Research Establishment (英国の)オルダーマストン原子兵器研究所.

a·wry [əráɪ] 〖(a1393) *āwrie, on wry*: ⇨ a[3], wry〗 — *adv., pred.adj.* **1** 曲がって, ゆがんで, ねじれて (twisted): look ~ 横目で見る; 疑い[不信]の目で見る / His necktie was all ~. 彼のネクタイはひどくゆがんでいた. **2** 〈物事・行動など〉間違って, 誤って, 不首尾に (wrong, amiss).

go [run, tread,* etc.*] awry 〈人が〉道を踏み誤る, 邪道に走る; 〈事が〉不首尾に終わる, 失敗する. ***tread one's [the] shoe awry*** 《古》不義[密通]をする.

ax [ǽks] 〖OE *æx, æces* ▭ Gmc **akwizjō, *akujō* (G *Axt* / Du. *aaks*) ← IE **agʷ(e)sī* (L *ascia* / Gk *axínē*)〗 — *n.* **1 a** 斧(おの), まさかり (cf. hatchet 1). **b** = battle-ax. **c** = axhammer. **2 a** 首切り役人 (headsman) の斧. **b** [the ~] 斬首. **3** 〖← Geddes axe: Sir Eric Geddes (1875–1937: 英国の実業家・政治家) を委員長とする *Geddes* 委員会の勧告による (1922) 英国の官庁の大巾な人員・経費の削減〗[the ~] (人員・経費などの)(大幅な)削減, 縮小. **4** 《米俗》(ジャズなどに用いる)楽器《saxophone, guitar など》.

get the ax 《口語》(1) 斬首に処される. (2) 首になる. (3) 退学させられる. (4) (恋人, 友人などに)捨てられる. (5) 〈計画など〉中止させられる. ***give the ax*** 《口語》(1) 〈人を〉首にする. (2) 〈人を〉退学させる. (3) 〈恋人などを〉振る. ***hang up one's ax*** 無用な計画を中止する. ***have an ax to grind*** 〖少年をうまくおだてて斧をとがせたという, 俗に Franklin に帰せられた話から〗《口語》腹に一物がある. ***lay the ax to the root of*** …の根絶を計る, の抜本的な改革を行なう (cf. *Matt.* 3:10, *Luke* 3:9). ***put the ax in the helve*** 難問題を解決する, なぞを解く. ***send the ax after the helve*** = throw the HELVE after the hatchet.

— *vt.* **1 a** 斧で切る. **b** 〖石工〗〈石材などの表面を〉斧で削(って仕上げ)る: *axed* bricks. **2 a** 〈人員・経費などを〉(大幅に)削減する, 整理する, 削る: *axed* officials. **b** 〈人を〉首にする: be *axed from* a job 仕事を首になる. **c** 〈計画などを〉中止する: They ~*ed* his scheme. 彼の案を削った. **d** 〈値段などを〉大幅に下げる.

ax. 《略》axiom; axis.

ax- [æks] (母音の前に来る時の) axo- の異形.

ax·an·thop·si·a [æksənθɑ́psiə | -θɔ́psiə] 〖← NL ~: ⇨ a-[7], xanthopsia〗 *n.* 〖眼科〗黄色盲.

áx·brèaker *n.* 〖植物〗 **1** オーストラリア産の材質が堅い植物 (*Notelaea longifolia*). **2** = quebracho 2 a.

axe [ǽks] *n., vt.* = ax.

ax·el [ǽksəl, ɑ́k-, -sl | ǽk-] 〖← *Axel Paulsen* (1855–1938: ノルウエーのスケート選手, その技の発明者)〗 — *n.* 〖スケート〗アクセル《一方のスケートの外側の前方エッジからジャンプし空中で1回転半してから, もう一方のスケートの外側の後方のエッジから氷上にもどるジャンプ》.

Ax·el [ǽksəl, -sl] 〖▭ Swed. ~ 《原義》supporter ?〗 *n.* 男性名.

Ax·el·rod [ǽksəlrɑ̀d, -sl- | -rɔ̀d], **Julius** *n.* (1912–) 米国の生理学者; Nobel 医学生理学賞 (1970).

áxe·man [-mən, -mæ̀n] *n.* (*pl.* **-men** [mən, -mèn]) = axman.

a·xen·ic [eɪzénɪk, -zíːn- | æz-] 〖← A-[7]+XENO-+-IC[1]〗 *adj.* 〖生物〗異種生物を混じない; (特に)〈動物が〉無菌の (sterile).

axes *n.* axis[1] の複数形.

áx·hàmmer *n.* 〖石工〗斧槌(おのづち), 石目槌《粗い石を割ったり仕上げたりする斧》.

ax·i- [æksi, æksə | æksɪ] axo- の異形 (⇨ -i-).

ax·i·al [ǽksiəl | -siəl, -sjəl] *adj.* **1** 軸の, 軸上の, 軸性の; 軸のまわりの, 軸方向の: ~ rotation. **2** 〖植物〗(形態学的に)中軸性の: an ~ placenta 中軸胎座 / an

~ root 主根, 直根. **3** 〖化学〗軸方向の《環状構造のなす平面に対して垂直方向の》. **ax·i·al·i·ty** [æksiǽləṭi | -siǽlətɪ, -lɪ-] *n.* **~·ly** *adv.*

áxial ángle *n.* 〖鉱物〗軸角《結晶軸のなす角》.

áxial filament *n.* 〖動物〗軸糸《鞭毛(べんもう)の中軸をなす弾性の糸》.

áxial-flów *adj.* 〖航空〗軸流[軸向き流れ]の《流体が軸方向に流れる; cf. radial-flow》: an ~ turbine 軸流タービン.

áxial grádient *n.* 〖生物〗軸勾配《ある軸にそって含有物質の量や生理的な性質に勾配があること; 単に gradient ともいう》.

áxial péncil *n.* 〖数学〗共軸平面束(そく)《一直線を通るあらゆる平面の束(そく)》.

áxial skéleton *n.* 〖解剖〗軸骨格《頭と軀(く)幹の骨格》.

ax·il [ǽksəl, -sɪl | -sɪl] 〖《1794》← NL *Axilla*: ⇨ axilla〗 *n.* 〖植物〗葉腋(ようえき).

ax·ile [ǽksaɪl] 〖⇨ axo-, -ile¹〗 *adj.* 〖植物〗(形態的性質に関係なく)軸に属する, 軸にある.

ax·i·lem·ma [æ̀ksəlémə | -sɪ-] 〖← AXO-+LEMMA²〗 *n.* (*pl.* ~·**ta** [~ṭə | ~tə]) 〖解剖〗軸索鞘.

áxile placentátion *n.* 〖植物〗中軸胎座《数個の心皮が癒着し, しかも中軸を造りその周囲に胚珠が着生するつき方》.

ax·il·la [æksílə] 〖◻ L ~ 'armpit' (dim.) ← **axula*, *āla* wing〗 — *n.* (*pl.* **ax·il·lae** [-liː, -laɪ | -liː], ~**s**) **1** 〖解剖〗腋窩(えきか), わきのした. **2** 〖植物〗葉腋(ようえき) (axil). **3** 〖鳥類〗翼腋.

ax·il·lar [ǽgzɪlə, æksílə, ǽgzə-, ǽksə- | æksílə(r] 〖《1541》〗 *n.* 〖鳥類〗腋羽(えきう).

ax·il·lar·y [ǽksəlèri, æksíləri | æksílərɪ] 〖《1615》〗 *adj.* **1** 〖解剖〗わきのした[腋窩]の. **2** 〖植物〗葉腋(ようえき)の, 腋生の: an ~ bud 腋芽. — *n.* 〖鳥類〗=axilla 3.

ax·i·nite [ǽksənàɪt | -sɪ-] 〖◻ F ~ ← Gk *axínē* 'AX' +-ITE¹: 斧形の結晶から〗 *n.* 〖鉱物〗斧石(おのいし) ((Ca, Mn, Fe)$_3$Al$_2$BO$_3$(Si$_4$O$_{12}$)(OH)).

ax·i·no·man·cy [ǽksənəmæ̀nsi, æksín- | ǽksɪnə(ʊ)mæ̀nsɪ, æksínə-] 〖◻ L *axinomantia* ◻ Gk *axinomanteía* ← *axínē* (↑): ⇨ -mancy〗 *n.* (古代ギリシャの)斧(おの)占い《熱した斧の頭に瑪瑙(めのう) (agate) または黒玉 (jet) をのせるとそれが罪人の方へ動くとされた》.

ax·i·o·log·i·cal [æ̀ksiəlɑ́dʒɪkəl, -dʒə- | -sɪəlɔ́dʒɪ-] *adj.* **1** 価値論(的)の. **2** (本質的)価値に基づく[に関する].

axiológical éthics *n.* 〖倫理〗価値倫理(学)《行為の動機や目的の価値を主題として論じる倫理的立場: cf. teleological ethics, deontological ethics》.

àx·i·ól·o·gist [-dʒɪst, -dʒəst | -dʒɪst] *n.* 〖哲学〗価値論者.

ax·i·ol·o·gy [æ̀ksiɑ́lədʒi | -sɪɔ́lədʒɪ] 〖《1908》← Gk *áxios* (↓)+-LOGY〗 *n.* 〖哲学〗価値論, 価値学.

ax·i·om [ǽksiəm | -sɪəm, -sjəm] 〖《1485》◻F *axiome* ∥ L *axiōma* ◻ Gk *axíōma* what is thought fit or worthy ← *axioûn* to hold worthy ← *áxios* worthy〗 — *n.* **1** **a** 〖論理・数学〗公理《理論の前提となる命題; 自明の根本命題; cf. theorem 2, 3》. **b** 自明の理. **2** 原理, 原則. **3** 〖哲学・倫理〗格率 (maxim).

axiom of choice 〖数学〗選択公理《空でない任意個数の集合から, 同時に一つずつ要素を選び出すことができるという集合論の公理; multiplicative axiom ともいう》.

axiom of countability 〖数学〗可算公理《各点の近傍が可算個の基をもつ位相空間は第一可算公理をみたすという; 開集合に対する可算個の基がある位相空間は第二可算公理をみたすという》.

ax·i·o·mat·ic [æ̀ksiəmǽṭɪk | -sɪə(ʊ)mǽt-, -sjə(ʊ)-] 〖《1797》◻ Gk *axiōmatik-ós*: ⇨ ↑, -atic〗 — *adj.* **1** **a** 公理の; 公理のような, 自明の (self-evident). **b** 原則(的)の: It is ~ *of* diplomacy that ... ということは外交上の原則である. **2** 格言(的)の. **àx·i·o·mát·i·cal** *adj.* **àx·i·o·mát·i·cal·ly** *adv.*

ax·i·o·mat·ics [æ̀ksiəmǽṭɪks | -sɪə(ʊ)mǽt-, -sjə(ʊ)-] *n.* 〖論理・数学〗 **1** 公理(体)系《一群の公理; 公理化された体系》. **2** 公理論《公理(群)または公理体系についての研究あるいは理論》.

ax·i·om·a·tize [æ̀ksiɑ́mətàɪz | -sɪɔ́m-] *vt.* 公理化する.

áxiom sỳstem *n.* **1** 〖論理〗公理体系《一群の公理と定理の派生に必要な変形規則; 以上から得られる定理・規則の全体としての体系》. **2** 〖数学〗公理系《理論の前提となる公理の集まり》.

ax·is¹ [ǽksɪs, -səs | -sɪs] 〖《1549》◻ L ~ 'axle, pivot' ← IE **aks-i-* ← **ag-* axis〗 — *n.* (*pl.* **ax·es** [ǽksiːz]) **1** 軸, 軸線: the earth's ~ =the ~ of the equator 〖天文〗地軸 / the ~ of a cylinder 〖数学〗(両底面の中心点を結んだ)円筒の軸 / The earth revolves *on* its ~. 地球は自転する / ⇨ major axis, minor axis. **2** (運動・伸長・方向などの)主軸, 中枢, 中心部. **3** 〖解剖〗軸椎(じくつい), 第二頸椎(けいつい) (cf. atlas 4). **4** 〖植物〗軸《枝・葉・根などをつけ, 中軸となる茎》. **5** 〖数学〗座標軸: the ~ of abscissas [ordinates] 横[縦](座標)軸. **6** **a** 〖光学〗光軸《回転対称光学系の対称軸, または結晶の光(学)軸》: the ~ of a lens レンズの光軸 / the ~ of the eye 視軸 / the ~ of refraction 屈折軸 / ⇨ optical axis 1. **b** 〖結晶〗結晶軸. **7** 〖航空〗軸《飛行機の運動や空気力の大きさを記述するために使用する座標軸》: a lateral ~ 左右軸 / a longitudinal ~ 前後軸 / a normal ~ 上下軸. **8** 〖政治〗 **a** 枢軸《国家間の連合》; [集合的]枢軸国: the Rome-Berlin ~ (第二次大戦に先立ってイタリアとドイツが結んだ)ローマ ベルリン枢軸. **b** [the A-] (第二次大戦の)日独伊枢軸: the *Axis* powers 枢軸国. **9** (共通目的のための)提携, 連合 (association). **10** **a** 〖建築・製図〗軸線, 対称軸, 芯(しん)《図面上に配置や物体の中心を示すために記入する線》. **b** 〖美術〗(作品の中心となる想像上の)軸線. **11** 〖ダンス〗(動きが一点に集中したり回転する時の)身体の軸部分. **12** 〖古〗(車輪の)軸, 車軸 (axle).

axis of a curve 〖数学〗曲線の(対称)軸《曲線を対称な2つの部分に分ける直線》.

axis of revolution 〖数学〗回転軸《ある図形を一直線のまわりに回転させてできた立体に対し, その直線をいう》.

axis of rotation 〖機械〗回転軸線.

axis of symmetry 〖数学〗対称軸.

ax·is² [ǽksɪs, -səs | -sɪs] 〖《1601》← NL ~ ← L ~〗 *n.* 〖動物〗アクシスジカ (*Axis axis*)《インド産シカ科アクシスジカ属の白い斑(ふ)のあるシカ》.

áxis cýlinder *n.* 〖解剖〗軸索.

áxis cýlinder pròcess *n.* 〖解剖〗=axon.

áxis dèer *n.* 〖動物〗=axis².

àxi·symmétric *adj.* 線対称の, 軸に関して相称[対称]をなす. **àxi·symmétrical** *adj.* **àxi·sýmmetry** *n.*

ax·le [ǽksl] 〖《1596》←《13C》*axel(-tre)* 'AXLETREE'〗 — *n.* 〖機械〗(車輪の)心棒, 車軸 (axletree) (⇨ wheel 挿絵); 軸端: a blind ~ 盲軸, 不導軸 / ⇨ dead axle, driving axle, live axle. **áx·led** *adj.*

áxle bòx *n.* 〖機械〗軸箱.

áxle jòurnal *n.* 〖機械〗車軸ジャーナル, 車軸頸《車軸の軸受けに支えられた部分》.

áxle lòad *n.* 〖機械〗車軸荷重, 軸重.

áxle pìn *n.* (荷車などの)車軸ボルト.

áxle·trèe 〖《*a*1325》◻ ON *öxul-tree* ← *öxull* axle ← Gmc **axsulaz* ← **axsō* (OE *eaxl* / G *Achsel* shoulder) ∽《1200》*axtreo* ← OE *æx* axle+*treo* tree: cf. axis¹〗 *n.* (荷車などで両端から車を支える)車軸(棒), 定車軸 (⇨ wheel 挿絵).

áx·man [-mən, -mæ̀n] *n.* (*pl.* **-men** [-mən, -mèn]) 斧(おの)を使う人, 木こり (woodman).

Ax·min·ster [ǽksmɪnstə | -tə(r] 〖イングランド Devon 州のもと原産地〗 — *n.* アクスミンスター(じゅうたん)《もとはトルコじゅうたんに似た上質の手織りのもの; 今は機械織りじゅうたんの一種; Axminster carpet [rug] ともいう》.

ax·o- [ǽksoʊ, -so(ʊ) | -sə(ʊ)] 〖← Gk *áxōn* axle, axis¹〗 — 次の意味を表わす連結形: **1** 「軸 (axis)」. **2** 〖解剖〗「軸索 (axis cylinder)」. ★ 時に axi-, また母音の前では通例 ax- になる.

ax·o·lotl [ǽksəlɑ̀ṭl | ǽksəlɔ̀tl] 〖《1786》◻ Nahuatl ~《原義》water doll ← *atl* water+*xolotl* doll〗 — *n.* 〖動物〗 **1** 北米やメキシコにすむトラフサンショウウオ属 (*Ambystoma*) の幼形生殖 (neoteny) をするサンショウウオ類の動物の総称. **2** アホロートル (*Siredon mexicanum*)《メキシコ山地の湖沼に生息し, 成長後も外鰓(がいさい)をもつサンショウウオ (salamander) の一種》.

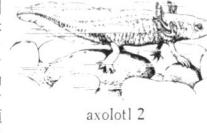

axolotl 2

ax·on [ǽksɑn | -sɔn] 〖← NL ~ ← Gk *áxōn* axis〗 — *n.* (*also* **ax·one** [ǽksoʊn | -səʊn]) 〖解剖〗(脊椎(せきつい)動物の)軸索《神経線維の中心をなし伝導を司る; axis cylinder process ともいう; ⇨ neuron 挿絵》. **ax·o·nal** [ǽksənḷ, æksɑ́nḷ, -sóʊ- | ǽksənḷ, æksɔ́nḷ, -sə́ʊ-] *adj.* **ax·on·ic** [æksɑ́nɪk, -sóʊn- | -sɔ́n-, -sə́ʊn-] *adj.*

ax·o·no- [ǽksəno(ʊ) | -nə(ʊ)] 〖← Gk *áxōn* axle, axis〗「軸 (axis)」の意の連結形.

ax·o·no·met·ric [æ̀ksəno(ʊ)métrɪk | -nə(ʊ)-] *adj.* 〖製図〗軸測投像の: ~ drawing 軸測投像製図 / ~ projection 軸測投像的投像. **àx·o·no·mét·ri·cal·ly** *adv.*

ax·o·nom·e·try [æ̀ksənɑ́mətri | -nɔ́mɪtrɪ, -mə-] *n.* 〖製図〗軸測投像法.

áxo·plàsm *n.* 〖解剖〗軸索突起原形質, アキソプラスマ. **àxo·plásmic** *adj.*

áx·sèed *n.* 〖植物〗コロニア バリア (*Coronilla varia*)《ヨーロッパ産のピンクの花をつけるマメ科の薬用植物; crown vetch ともいう》.

áx·stòne *n.* 〖鉱物〗(南洋の原住民などが斧(おの)などに用いる)玉(ぎょく)《翡翠(ひすい) (jade) の一種》.

Ax·um [ɑ́ːksuːm] *n.* =Aksum.

ay¹ [áɪ] *adv., int., n.* (*pl.* **ayes** [~z]) =aye¹.

ay² [éɪ] *adv.* =aye².

ay³ [éɪ] 〖ME *ei* ← ?: cf. F *ahi*, *aï*〗 *int.* 《古・方言》ああ《驚き・悲しみ・悔いなどを表わす; cf. ah, oh》. ★ 通例次の句で: Ay me! ああ, 悲しいかな.

A·ya·cu·cho [àɪəkúːtʃoʊ | -tʃəʊ; *Sp.* ajakútʃo] *n.* アヤクチョ《ペルー南西部の都市; 1824 年この付近での独立派軍の勝利によりペルーは独立しスペインの新世界 (New World) での支配は終わった; 人口 17,000》.

ay·ah [ɑ́ːjə | áɪə, ɑ́ːjə] 〖《1782》◻ Hindi *āyā*, *āya* ◻ Port. *aia* nursemaid < L *avia* grandmother〗 *n.* 《インド》(インド人の)乳母, 女中.

a·ya·tol·lah [ɑ̀ːjətóʊlə, -tɑ́lə | -tə́ʊlə, -tɔ́lə] *n.* (*also* **a·ya·tul·lah** [ɑ̀ːjətɑ́lə]) アヤトラ《イランのイスラム教シーア派 (Shi'a) の最高指導者に与えられる尊称》.

AYC 《略》American Youth Congress 米国青年会議.

AYD 《略》American Youth for Democracy 米国民主主義青年団.

Ay·din [aɪdín] *n.* アイドン《トルコ南西部, İzmir 南東の都市; 古代の遺跡がある; 人口 188,000》.

aye¹ [áɪ] 〖《1576》← ? I (pron.)〗 — *adv., int.* しかり, はい (yes); (票決で)賛成 (cf. content² *pred. adj.* 3). ★ 今は票決の時および船員が用いる時の他は主に《古》または《方言》: 〖海事〗*Aye*, ~, sir! はい承知しました, 「ようそろ」《号令に対する部下の応答》. — *n.* **1** 肯定の答え. **2** 賛成投票, 可; [しばしば *pl.*] 賛成投票者 (cf. yea): the ~*s* and noes 賛成と反対(の投票) / The ~*s* have it. 可とする者多数.

aye² [éɪ] 〖《?*c*1200》*ai, ei* ◻ ON *ei* ← Gmc **aiwaz* (OE *ā* / G *je*)〗 *adv.* 《古・詩・方言》常に, いつも (ever, always): for (ever and) ~ 永久に.

aye³ [éɪ] *int.* =ay³.

aye-aye [áɪàɪ] 〖《1781》◻ F ~ ◻ Malagasy *aiay*: その鳴声からか〗 — *n.* 〖動物〗アイアイ, ユビザル (*Daubentonia madagascariensis*)《Madagascar 島産の原始的なキツネザル; 夜行性で中指の特有の長い爪で卵の中味を取り出しまた昆虫の幼虫を掘り出して食う》.

aye-aye

A·ye·sha [ɑ́ːiːʃɑ̀ː] *n.* =Aisha.

AYH 《略》American Youth Hostels.

a·yin [áɪɪn, áɪən | áɪɪn] 〖◻ Heb. *ʿáyin*《原義》eye: この文字の形から〗 — *n.* (*also* **'ay·in** [~]) ガイン《ヘブライ語アルファベット 22 字中の第 16 字: ע; ローマ字の O に当たる; ⇨ alphabet 表》.

Ayles·bu·ry [éɪlzb(ə)ri | -rɪ] 〖OE *Æglesbyriġ* ← *Ægel* (意味不明)+*byriġ* burg〗 — *n.* **1** イングランド Buckinghamshire 州の首都; 人口 121,000. **2** エールズベリー《英国産の白色で肉用品種のアヒル》.

Ayl·mer [éɪlmə | -mə(r] 〖OE *Æthelmær* ← *æthel* noble+*mære* famous: cf. atheling〗 *n.* 男性名《異形 Elmer》.

Ayl·win [éɪlwɪn, -wən | -wɪn] 〖OE *Æthelwine*《原義》noble friend (↑) ∥ *Ælfwine*《原義》elf friend〗 *n.* 男性名.

A.Y.M. 《略》angry young man.

Ay·ma·ra [àɪmərɑ́ː] *n.* (*pl.* ~, ~**s**) **1** **a** [the ~(s)] アイマラ族《ボリビアとペルーの Titicaca 湖付近に住んでいる南米インディアンの部族》. **b** アイマラ族の人. **2** **a** アイマラ語. **b** アイマラ語族《南米アメリカ インディアン語, ケチュマラ語族 (Quechumaran) に属する》.

Ay·ma·ran [àɪmərɑ́ːn] *adj.* アイマラ族[語(族)]の. — *n.* =Aymara 2 b.

a·yous [eɪjúːs] *n.* 〖植物〗=obeche.

Ayr [ɛ́ə | ɛ́ə(r] *n.* **1** =Ayrshire¹. **2** スコットランド Strathclyde 州の港市・観光地; 旧 Ayrshire 州の首都; 人口 48,000.

Ayr. 《略》Ayrshire.

ayre [ɛ́ə | ɛə(r] *n.* 《古》〖音楽〗=air 7 b.

Ayr·shire¹ [ɛ́əʃɪə, -ʃə | ɛ́əʃə(r, -ʃɪə(r] *n.* スコットランド南西部の旧州, 1975 年以降 Strathclyde 州の一部.

Ayr·shire² [ɛ́əʃɪə, -ʃə | ɛ́əʃə(r, -ʃɪə(r] *n.* エアシャー《スコットランド旧 Ayrshire 州原産の長く曲がった角のある乳用品種の牛》.

áyr stòne, A- S- *n.* きめの細かい研磨用石材《snakestone ともいう》.

Ayr·ton [ɛ́ətn̩ | ɛ́ə-], **William Edward** *n.* (1849–1908) 英国の電気工学者; 来日して物理学を講じ (1873–78), また日本の電気工学の発展に貢献した.

Áyrton shùnt 〖← *William E. Ayrton* (その発明者)〗 *n.* 〖電気〗エアトン分流器, 万能分流器《universal shunt ともいう》.

Ay·toun [éɪtn̩], **William Ed·mond·stoune** [édmənstən] *n.* (1813–1865) スコットランドの詩人.

a·yu [ɑ́ːjuː, áɪ(j)uː] 〖◻ Jap.〗 *n.* 〖魚類〗アユ (*Plecoglossus altivelis*)《日本を中心とした東アジアに分布するアユ科の淡水魚; sweetfish ともいう》.

A·yub Khan [ɑːjúːb-kɑ́ːn], **Mohammed** *n.* アユブカーン《1907–74; パキスタンの軍人・政治家; 大統領 (1958–69)》.

a·yun·ta·mien·to [aɪjʊ̀ntəmiéntoʊ | -miéntəʊ; *Sp.* ajùntamjénto] 〖◻ Sp. ~ ← *ayuntar* to join (← *a-* 'AD-'+*juntar* 'to JOIN')+-*miento* '-MENT'〗 — *Sp.* *n.* (*pl.* ~**s** [~z; *Sp.* ~s]) **1** 市政当局 (municipal government); 市会 (municipal council). **2** 市役所 (town hall); その所在地.

a·yur·ve·da [ɑ́ːjəvèɪdə | -jə-] 〖◻ Skt *āyurveda* ← *āyur-* life, vital power+*veda* knowledge〗 — *n.* 〖ヒンズー教〗アーユル ヴェーダ《インドの古代医学の総称》. **a·yur·ve·dic** [ɑ̀ːjəvéɪdɪk | -jə-] *adj.*

A·yu·the·a [ɑːjúːθiə̀ː, -θiə | -θiə̀ː, -θɪə] *n.* アユタヤ《タイ国中部, Menam 川に沿う都市; 同国の旧首都; 人口 40,000》.

AZ 《略》〖米郵便〗Arizona (州).

az. 《略》azimuth; 〖紋章〗azure.

az-¹ [æz] (母音の前に来る時の)azo- の異形.

az-² [eɪz, æz | æz] (母音の前に来る時の) aza- の異形.

a·za- [éɪzə, ǽzə | ǽzə] 〖← AZ(OTE)+-A-〗 〖化学〗「環の異節原子として窒素を含むこと」の意の連結形: *aza*cyamine. ★ 母音の前では通例 az- になる.

A·zad [ɑzɑ́ːd], **A·bul Ka·lam** [əbʊ́l kəlɑ́ːm] *n.* アーザード《1889–1958; インドのイスラム教学者・独立運動の指導者》.

a·za·lea [əzéɪljə, -liə | -ljə, -lɪə] 〖《1753》← NL ~ ← Gk *azaléa* (fem.) ← *azaléos* dry: 乾燥地によく育つこ

とから〗 ── *n.* **1** 〖植物〗[A-] アザレア属《初期の植物学のツツジ科の一属; 今はツツジ属 (*Rhododendron*) の亜属とされる》. **2** 〖園芸〗アザレア, セイヨウツツジ, オランダツツジ. **3** (一般に)ツツジ, サツキ.

A·za·lea [əzéɪljə, -liə | -ljə, -lɪə] 〖↑〗 *n.* 女性名.

a·zan [ɑːzɑ́ːn] 〖⊏ Arab. *adhán* call to prayer〗 *n.* 〖イスラム教〗アザーン《イスラム寺院の光塔(minaret)から日に5回行なわれる祈禱時刻の告知; cf. muezzin》.

A·za·ña y Díez [əθɑ́ːnjə-iː-diéz | -dɪ-; *Sp.* aθáɲa-i-djeθ], **Ma·nuel** [manwél] *n.* アサーニャ イ ディエス《1880–1940; スペインの政治家; 首相 (1931–33, 1936), 大統領 (1936–39)》.

Az·a·ri·ah [æ̀zəráɪə] 〖⊏ Heb. *'Azaryā́h* God has helped: cf. Ezra〗 *n.* 男性名.

az·a·role [ǽzəròʊl | -rə̀ʊl] 〖《1658》⊏ F *azerole* ⊏ Sp. *acerola* ⊏ Arab. *az-za'rūra*[h]〗 ── *n.* **1** 〖植物〗アザロール (*Crataegus azarolus*)《地中海地方に産するバラ科サンザシ属の低木; 果実を食用》. **2** アザロールの(果)実《medlar の一種》.

àza·sérine 〖← (DI)AZO-+AC(ETYL)+SERINE〗 *n.* 〖薬学〗アザセリン ($C_5H_7N_3O_4$)《制癌性のある抗生物質》.

a·za·thi·o·prine [æ̀zəθáɪəpriːn, -prɪn, -prən | -priːn, -prɪn] 〖← AZA-+THIO-+P(U)RINE〗 *n.* 〖薬学〗アザチオプリン ($C_9H_7N_7O_2S$)《制癌剤》.

A·za·zel [əzéɪzəl, ǽzəzèl] 〖⊏ Heb. *'Azāzḗl* ← ? *'āzáz ēl* God is strong〗 ── *n.* **1** 〖聖書〗アザゼル《贖罪の日 (Day of Atonement) に人間の罪を負った山羊 (scapegoat) がつかわされる砂漠の悪霊; cf. *Lev.* 16: 8, 10, 26》. **2** (聖書の偽典 Enoch に出てくる)アザゼル《サタン (Satan) とともに神に謀叛した堕落天使の一人; Milton, *Para dise Lost* 1: 534》. **3** 〖イスラム神話〗アザゼル《裏切りのために天使によって捕えられた魔物 (jinn)》.

AZC 《略》American Zionist Council.

a·zed·a·rach [əzédəræ̀k] 〖《1753》⊏ F *azédarac* ⊏ Sp. *acedaraque* ⊏ Pers. *āzād dirakht* free or noble tree〗 ── *n.* **1** 〖植物〗タイワンセンダン (chinaberry). **2** タイワンセンダンの根の皮《もと催吐剤・駆虫剤用に用いられた》.

az·e·lá·ic ácid [æ̀zəléɪɪk- | æ̀zɪ-] 〖*azelaic*: ← AZO-+Gk *élaion* olive oil+-IC[1]〗 ── *n.* 〖化学〗アゼライン酸 ($HOOC(CH_2)_7COOH$)《オレイン酸 (oleic acid) を酸化して得られる無色の結晶; 可塑剤などの原料》.

a·ze·o·trope [eɪzíːətròʊp | -trə̀ʊp] 〖← A-[7]+*zeo-* (← Gk *zeîn* to boil)+-TROPE〗 *n.* 〖物理化学〗共沸混合物《共沸現象を示す混合液体》.

a·ze·o·trop·ic [eɪzìːə(ʊ)trɑ́pɪk | -ə(ʊ)trɔ́p-] *adj.* 〖化学〗共沸の: the ~ point 共沸点.

azeotrópic distillátion *n.* 〖化学〗共沸蒸留.

a·ze·ot·ro·py [èɪziɑ́trəpi | -zɪɔ́trəpɪ] 〖⇨ azeotrope, -y[1]〗 ── *n.* 〖物理化学〗共沸, アゼオトロピー《混合液体の蒸留の際に, 蒸気と液体の組成がある温度で一致する現象》.

A·zer·bai·jan [æ̀zərbaɪdʒɑ́ːn, ɑ̀ːz- | -zə-; *Russ.* azjirbajdʒán] 〖⊏ Russ. ~ ⊏ Pers. *Azarbaydjan* 《原義》? country of fire: 石油の産地にちなむか〗 ── *n.* アゼルバイジャン: **1** (*also* **A·zer·bai·dzan** [~]) ソ連邦 Caucasus 地方のソ連邦構成共和国の一つ; 人口 5,866,000, 面積 86,600 km², 首都 Baku; 公式名 the Azerbaijan Soviet Socialist Republic アゼルバイジャンソビエト社会主義共和国. **2** Araks 川を境にアゼルバイジャン共和国に接するイラン北西部の肥沃な山岳地方; 人口 2,859,000, 面積 91,000 km², 主要都市 Tabriz.

A·zer·bai·ja·ni [æ̀zərbaɪdʒɑ́ːni, ɑ̀ːz- | -zəbaɪdʒɑ́ːnɪ] *n.* (*pl.* ~**s**, ~) **1** アゼルバイジャン共和国 (Azerbaijan) 人; (イランの)アゼルバイジャン地方 (Azerbaijan) の住民《トルコ族》. **2** = Azerbaijanian.

A·zer·bai·ja·ni·an [æ̀zərbaɪdʒɑ́ːniən, ɑ̀ːz- | -zəbaɪdʒɑ́ːnɪ-] *adj.* アゼルバイジャン人の; (イランの)アゼルバイジャンの住民の. ── *n.* アゼルバイジャン語《チュルク (Turkic) 語の一つ》.

az·ide [ǽzaɪd, éɪz-, -zɪd, -zəd | -zaɪd, -zɪd] 〖← AZO-+-IDE[2]〗 *n.* 〖化学〗アジド, アジ化物《N_3 基をもつ爆発しやすい化合物》.

az·i·do [ǽzɪdòʊ, ǽzə- | ǽzɪdə̀ʊ] 〖↑〗 *adj.* 〖化学〗アジド基の[を含む].

ázido gròup *n.* 〖化学〗アジド基 ($-N_3$).

A·zil·ian [əzíːljən, əzíl-, -liən | -ljən, -lɪən] 〖← (*Mas d'*) *Azile* (House of) Azile (フランス領 Pyrenees 山脈中の洞穴の名)〗 ── *adj.* 〖考古〗(旧石器時代と新石器時代の中間の中石器時代の一時期)アジール期(文化)の (cf. Paleolithic). ── *n.* [the ~] アジール期(文化).

az·i·muth [ǽzəməθ | ǽzɪ-] 〖《*a*1388》⊏ (O)F *azimut* ⊏ Arab. *as-sumūt* (pl.) the paths ← *samt* (sing.)〗 ── *n.* **1** 〖天文・海事〗方位角, 方位 (cf. amplitude 5 c); 方位圏: an ~ angle 方位角 / a magnetic ~ 磁気方位 / in ~ 方位圏内で[に] / ⇨ time azimuth. **2** 方角; 方針 (course).

az·i·muth·al [æ̀zəmʌ́θəl, -mjúːθ- | æ̀zɪmjúːθ-] *adj.* 〖天文・海事〗方位角の. ~**·ly** *adv.*

azimúthal equidístant projéction *n.* 〖地図〗正(主)距方位図法《すべての経線の各部分が正しい長さの割合で表わされる方位図法; zenithal equidistant projection ともいう》.

azimúthal quántum nùmber *n.* 〖物理〗方位量子数《軌道角運動量の大きさを表わす量子数》.

ázimuth bàr *n.* 〖海事〗方位鉆, シャドウピン《方向を測るために羅盆のガラスの中心に縦にはめこむ細い金属製の棒》.

ázimuth cìrcle *n.* 〖天文〗方位圏; 方位環 (cf. vertical circle).

ázimuth còmpass *n.* 〖天文〗方位羅針儀.

az·ine [ǽziːn, éɪz-, -zɪn, -zən | -ziːn, -zɪn] 〖← AZO-+-INE[3]〗 ── *n.* 〖化学〗アジン《6原子環式化合物で, 2個以上の原子が炭素でなく, しかも少なくとも1個以上が窒素原子の化合物; 窒素の数によって diazine, triazine, tetrazine などという; cf. azole》.

à·zin·phos·méthyl [èɪzɪnfɑs-, æ̀z-, -zən-, -zn- | èɪzɪnfɔs-, æ̀z-] 〖← AZINE+PHOS(PHORUS)+METHYL〗 *n.* 〖薬学〗アジンホスメチル《有機リン殺虫剤》.

az·lon [ǽzlɑn | -lɔn] 〖← AZO-+*-lon* (cf. nylon)〗 *n.* 〖化学〗アズロン《人造蛋白質繊維の総称》.

a·zo [éɪzoʊ, ǽz- | ǽzəʊ] 〖← AZOTE〗 *adj.* 〖化学〗〈化合物が〉窒素を含む, アゾ(-N=N- の原子団)の: an ~ compound アゾ化合物.

Azo. 《略》Azores.

a·zo- [éɪzo(ʊ), ǽz- | ǽzə(ʊ)] 〖← AZOTE〗 次の意味を表わす連結形: **1**「窒素 (nitrogen)」: *azo*green アゾ緑色. **2**「アゾ基」. ★ 母音の前では通例 az- になる.

àzo·bénzene *n.* 〖化学〗アゾベンゼン ($C_6H_5N{=}NC_6H_5$)《赤色結晶; cis- と trans- の異性体がある》.

àzo·bénzol *n.* 〖化学〗= azobenzene.

ázo dỳe *n.* 〖染色〗アゾ染料《アゾ基 (azo group) を含む一群の染料》.

ázo gròup *n.* 〖化学〗アゾ基 ($-N_2-$), アゾ原子団.

a·zo·ic [eɪzóʊɪk, əz- | əzə́ʊ-, æzə́ʊ-] 〖← Gk *ázōos* (⇨ a-[7], zoo-)+-IC[1]〗 ── *adj.* **1** 生命の痕跡のない. **2** 〖地質〗無生物時代の. **3** 〖生態〗動物の生息していない: the ~ zone 無生物帯《水中などで動物の全く生息していない層》.

azóic dỳe *n.* 〖染色〗アゾイック染料《不溶性アゾ染料; 普通氷冷下で操作を行ない, 繊維上で不活性染料を生じさせて染めるので ice color, in grain dye ともいう》.

àzo·ímide *n.* 〖化学〗アゾイミド (⇨ hydrogen azide).

a·zole [éɪzoʊl, ǽz- | ǽzəʊl] 〖← AZO-+-OLE[1]〗 ── *n.* 〖化学〗アゾール: **1** その中の一つ以上が窒素である環状に配置された5個の元素を含む化合物; 窒素の数によって diazole, triazole などという. **2** 6環式化合物の総称 (cf. azine).

az·o·lit·min [æ̀zo(ʊ)lítmɪn, -mən | æ̀zə(ʊ)lítmɪn] 〖← AZO-+LITM(US)+-IN[1]〗 ── *n.* 〖化学〗アゾリトミン《リトマスから精製される暗赤色の色素; 酸塩基指示薬の一種》.

a·zon [éɪzoʊn, -zɑn | -zəʊn, -zɔn] 〖← *az*(*imuth*) *on*(*ly*)〗 *n.* 〖軍事〗= azon bomb.

a·zon·al [eɪzóʊnl | -zə́ʊ-] 〖← A-[7]+ZONAL〗 *adj.* **1** (地域的に)区分[区画]されていない. **2** 〖土壌〗非成帯の, 亜成帯の (cf. intrazonal, zonal 2).

azónal sòil *n.* 〖土壌〗非成帯土壌《年代が新しく, また断面の発達が十分でなく, 成帯・間帯のいずれになるか明らかでない土壌型; cf. intrazonal soil, zonal soil》.

á·zon bòmb [éɪzoʊn-, -zɑn- | -zəʊn-, -zɔn-] 〖⇨ azon〗 ── *n.* 〖軍事〗方向可変爆弾, 遠距離操縦爆弾《尾部の特殊無線装置により, 操作者が落下方向を左右に変えることのできるようにした500キロ爆弾; cf. razon bomb》.

a·zon·ic [eɪzɑ́nɪk | æzɔ́n-] 〖⊏ Gk *azōnik-ós* ← *ázōnos* ← A-[7]+*zṓnē* 'belt, ZONE'〗 *adj.* 非局地的な, 一地帯[局地]に限定されていない.

A·zores [éɪzɔəz, -zoəz, əzɔ́əz, əzóəz | əzɔ́ːz] *n. pl.* [the ~] アゾレス(諸島)《大西洋ポルトガル西方にあるポルトガル領群島; 人口 337,000, 面積 2,335 km²》.

Azóres hígh *n.* 〖気象〗アゾレス高気圧《アゾレス諸島近辺に発する亜熱帯性高気圧圏》.

A·zo·rín [ɑ̀ːθouríːn] (1873–1967) スペインの作家. いわゆる '98 年の世代を代表する一人; *Una hora de España* (論集 1924) (「スペインの一時」); 本名 José Martínez [martíneθ] Ruiz.

a·zo·tae·mi·a [èɪzo(ʊ)tíːmiə, æ̀z- | æ̀zə(ʊ)tíːmɪə, -mjə] *n.* 〖病理〗= azotemia.

a·zote [éɪzoʊt, ǽz- | əzə́ʊt, ǽz-, ǽzəʊt] 〖《1791》⊏ F ~ ← A-[7]+Gk *zōḗ* life: A. L. Lavoisier の造語: 窒素が酸素と違って呼吸作用を保持できないところから〗 ── *n.* 《廃》〖化学〗アゾート, 窒素 (nitrogen).

a·zo·te·mi·a [èɪzo(ʊ)tíːmiə, æ̀z- | æ̀zə(ʊ)tíːmɪə, -mjə] 〖← NL ~: ⇨ ↑, -emia〗 ── *n.* 〖病理〗高窒素血(症)《血液中に窒素が増加した状態》. **a·zo·te·mic** [èɪzo(ʊ)tíːmɪk, æ̀z- | æ̀zə(ʊ)-] *adj.*

az·oth [ǽzɔ(ː)θ, ǽzoʊθ, ǽzɑθ | ǽzɔθ] 〖《15C》⊏ Arab. *az-zāwūq* the quicksilver〗 ── *n.* 〖錬金術〗**1** (すべての金属の根本元質としての)水銀 (mercury). **2** (スイスの Paracelsus のいわゆる)万病[万能]薬.

a·zot·ic [eɪzɑ́tɪk, æz- | əzɔ́t-, æz-] *adj.* 〖化学〗窒素の; 窒素を含む; 窒素性の.

a·zo·tize [ǽzətàɪz, ǽz- | ǽz-] *vt.* 〖化学〗**1 a** 窒素化する (nitrogenize). **b** …から酸素を除去する. **2** アゾ化合物 (azo compound) に変える.

a·zo·to·bac·ter [eɪzóʊṭəbæ̀ktə, æz- | æzə́ʊtəbæ̀ktə(r)] 〖← NL ~: ⇨ azote, bacterium〗 ── *n.* 〖細菌〗アゾトバクター《Azotobacteraceae 科 *Azotobacter* 属の空気中の窒素を固定する機能がある細菌》.

A·zov [ǽzɔ(ː)f, éɪz-, -zɑf, -zɑv | ɑ́ːzɔv], **the Sea of** 〖⊏ Russ. ~ ← Turk. *azak* low, lowland〗 ── *n.* アゾフ海《黒海北部の内海; Kerch 海峡によって黒海と結ばれている; 面積 37,600 km²》.

Az·ra·el [ǽzreɪəl, -rɪəl | ǽzreɪəl, -reɪl, -rɪəl] 〖⊏ Arab. *'izrā'īl* ⊏ Heb. *'Ǎzar'ēl* 《原義》God has halped〗 ── *n.* 〖ユダヤ教・イスラム教〗アザレル《死の瞬間に霊魂を肉体から分離する天使》.

Az·tec [ǽztek] 〖《1787》⊏ F *Aztèque* // Sp. *Azteca* ⊏ Nahuatl (pl.) ← *Aztecatl* ← *Azt*(*a*)*llan* (この部族の伝説的原住地: 《原義》near the crane)+*-tecatl* (起源を示す suf.)〗 ── *n.* **1 a** [the ~s] アステカ族《1519年スペイン人 Cortés に征服されるまで, 12世紀ごろからメキシコ中央部に高文明を築いていたアメリカインディアンの部族》. **b** アステカ族の人. **2** アステカ語. ── *adj.* アステカ人[語]の.

Az·tec·an [ǽztekən] *adj.* = Aztec.

az·u·lene [ǽʒəliːn | ǽzjʊ-] 〖← Sp. *azul* blue (↓)+-ENE〗 ── *n.* 〖化学〗アズレン《青色の炭化水素》: **1** 植物精油のうち青紫色のものの一般名 $C_{15}H_{18}$. **2** 合成された青色の結晶 $C_{10}H_8$; 1 のアズレンの母体.

az·ure [ǽʒə | ǽʒə(r, éɪʒ-, -ʒʊə(r, -zjʊə(r] 〖《?*a*1300》⊏ (O)F *azur* ⊏ ? OSp. *azur, azul* ⊏ Arab. *al-lāzawárd* ⊏ Pers. *lāzhuward* lapis lazuli: 語頭の *l* の脱落は *l'azur* と誤解したものか: cf. lapis lazuli〗 ── *adj.* **1** 空色の (sky-blue); 青空の, 晴朗な; 青空のような: the ~ sea 青い海 / ~ eyes 青い目. **2** [通例名詞の後に置いて] 〖紋章〗青色の. **3** 〖製本〗〈装丁図柄が〉水平の並行線模様の. ── *n.* **1** 空色. **2** [the ~] 青空, 天空 (sky). **3** 〖紋章〗青色 (blue)《無彩色図では横線で示す; ⇨ heraldry 挿絵 E》. **4** 《古》〖鉱物〗青金石, るり (lapis lazuli).

ázure stòne *n.* 〖鉱物〗**1** 青金石, るり (lapis lazuli). **2** 天藍(らん)石 (lazulite).

az·u·rine [ǽʒəràɪn | ǽʒʊ(ə)r-, ǽʒər-, ǽzjʊ(ə)r-] *adj.* 空色の (azure). ── *n.* **1** 〖染色〗アズリン《アニリンの酸化によってつくられる青黒色染料》. **2** 〖魚類〗ヨーロッパ産のコイ科デース属の魚 (*Leuciscus caeruleus*)《背は灰青色》.

az·ur·ite [ǽʒəràɪt | ǽʒʊ(ə)r-, ǽʒər-, ǽzjʊ(ə)-] 〖⊏ F ~: ⇨ azure, -ite[1]〗 ── *n.* 〖鉱物〗**1** 藍(らん)銅鉱 ($Cu_3(OH)_2(CO_3)_2$)《銅の原鉱の一つ》. **2** アズライト《藍銅鉱をみがいた宝石》.

ázurite blúe *n.* 〖顔料〗アズライトブルー, 青緑色.

az·ur·mal·a·chite [ǽʒəmǽləkàɪt | ǽʒə-] *n.* 〖鉱物〗藍孔雀石《藍銅鉱と孔雀石との混合石》.

a·zy·gos [eɪzáɪgəs, ǽzə- | ǽzɪ-] *adj., n.* 〖解剖・生物〗= azygous.

a·zy·go·spore [eɪzáɪgəspɔ̀ə, əz-, -spòə | -spɔ̀ː(r] 〖⇨ ↓, spore〗 *n.* 〖生物〗奇状胞子《配偶子の融合なしにつくられる生殖細胞》.

a·zy·gous [eɪzáɪgəs, ǽzə- | ǽzɪ-] 〖← NL *azygos* ← Gk *ázugos* unyoked ← A-[7]+*zugón* yoke: cf. zeugma〗 〖解剖・生物〗 ── *adj.* 対(つい)をなさない, 不対(ふつい)の: an ~ vein 奇静脈. ── *n.* 不対部分, 単一器官.

az·yme [ǽzaɪm] 〖⊏ LL *azȳma* (neut.pl.) ← L *azȳmus* ⊏ Gk *ázūmos* ← A-[7]+*zúmē* leaven〗 ── *n.* (*also* **az·ym** [ǽzɪm, -zəm | -zɪm]) 〖ユダヤ教〗**1** 種なしパン《過越(すぎこし)の祝い (Passover) に用いるもの》. **2** [*pl.*] = Feast of Unleavened Bread (⇨ feast).

az·y·mous [ǽzəməs | ǽzɪ-] *adj.* 無酵母の, 種なしの (unleavened): ~ bread.

B

B, b [bíː] 〖OE *B, b* ⊏ L (Etruscan を経由) ⊏ Gk *B, β* (bēta) ⊏ Phoenician ㇱ: cf. Heb. ב (bēth)《原義》house: ⇨ A¹ 1 ★〗 ── *n.* (*pl.* **B's, Bs, b's, bs** [~z]) **1** 英語アルファベットの第2字. **2** (活字・スタンプなどの)B または b 字. **3** [B] B 字形(のもの). **4** 文字 b が表わす音《big, rob などの [b]》. **5** (連続したものの)第2番目(のもの). **6** (中世ローマ数字の) 300. **7**〘音楽〙**a** ロ音, (ドレミ唱法の)シ音; ロ音の弦[鍵(けん)], (パイプオルガンの)パイプ: *B* flat 変ロ音《記号 B♭》/ *B* sharp 嬰(えい)ロ音《記号 B♯》. **b** ロ調《ドイツ語では H》: *B* major [minor] ロ長[短]調 (cf. key¹ 9 a).

b《記号》〘物理〙barn(s);〘気象〙blue sky;〘数学〙第2既知数[量] (cf. a, c, d; x, y, z).

B《記号》**1** (道路などの) 2 級, B 級; (富裕度が第2位の) B 階層. **2** [時に b-]〘教育〙**a** (学業成績の評語として)良: a *B in* biology. **b**《米》(一部の学校で) 2 学期, 後期 (second semester). **3**〘化学〙boron. **4** (ABO 式血液型の)B型. **5** 靴幅を示すサイズ番号の一つ《A より幅広く C より狭い》. **6** ブラジャーのカップサイズの一つ《A より大きく C より小さい》. **7** (男子用パジャマのサイズの)中 (medium). **8** (映画の等級として)普通, 二流; (主要作品との併映用に小規模な経費で製作する) B 級作品: a *B* movie《米》[《英》film]. **9**〘物理〙magnetic induction. **10**〘電気〙**a** magnetic flux density. **b** susceptance. **11** bel(s). **12**〘貨幣〙baht(s); bolivar(s); boliviano(s). **13**〘物理〙baryon number. **14**〘チェス〙bishop. **15** black (鉛筆の)黒色濃度 (cf. H). **16**〘米軍〙爆撃機 (bomber): *B*-52.

B/《記号》〘貨幣〙balboa(s).

B/-《記号》〘商業〙bag; bale.

b.《略》back; bag; bale; ball; bass; basso; bay horse; beam; bedroom; before; *L.* bis (=twice); bitch; blue sky; bound; bowels;〘クリケット〙bowled (by); bust; by;〘クリケット〙bye².

b., B.《略》〘野球〙base; baseman; base hit; bat; battery; bay; belga(s); bench; bicuspid; billion; blended; blend of; blue; book; born; breadth; brightness; brother; bulb.

B.《略》Bachelor; Bacillus; Baptist; Baron; Bassoon; battle; Baumé; *L.* Beātus, Beāta (=Blessed); Belgium; Benediction; Bey; Bible; Bishop; Black; Blessed; Board; Boatswain; Bomber; Boston; British; Brotherhood; Building.

ba [báː] 〖⊏ Egypt. *b*ꜣ〗 *n.* バー《古代エジプトの宗教上の霊魂; 人間の頭のある鳥の姿で表わされる》.

Ba《記号》〘化学〙barium.

BA《略》British Airways 英国航空 (B.E.A. と B.O.A.C. が合併 (1971) したもの).

B.A.《略》*L.* Baccalaureus Artium (=Bachelor of Arts);〘金融〙bank(er's) acceptance 銀行引受手形; batting average; breathing apparatus; British Academy; British America; British Association (for the Advancement of Science); Buenos Aires.

baa [bǽː, báː | báː] 〖(*a*1586): 擬音語〗 *n.* めー《羊の鳴き声》. ── *vi.* (~**ed**, ~**'d**; ~**ing**) 〈羊が〉めーと鳴く (bleat).

B.A.A.《略》Bachelor of Applied Arts; British Airports Authority.

B.A.A.E.《略》Bachelor of Aeronautical and Astronautical Engineering.

Ba·al, b- [béɪəl, béɪl] 〖⊏ Heb. *Bá'al*《原義》owner, lord: cf. Akkad. *Bēlu*: cf. Beelzebub〗 ── *n.* (*pl.* **Ba·a·lim, b-** [béɪ(ə)lɪm, -ləm, béɪəlɪm | béɪəlɪm, báːlɪm], ~**s**) **1** バール神《古代セム人の泉・森・星などの自然神, 特にフェニキア人の尊信した肥沃・豊饒の神》. **2** 邪神, 偶像神 (idol).

bend* [*bow*] *the knee to Baal 邪神を礼拝する; 異端[俗説]に膝を屈する (cf. *1 Kings* 19: 18).

báa-làmb *n.*《小児語》めーめー羊ちゃん.

Ba·al·bek [béɪəlbèk, béɪl-, báːl-] *n.* バールベク《レバノン東部の村; バール神の神殿などローマ時代の遺跡がある; 古代ギリシャ語名 Heliopolis》.

Baalim, b- *n.* Baal の複数形.

Ba·al·ish, b- [béɪəlɪʃ, béɪlɪʃ] *adj.* **1** バール神の(ような). **2** 偶像神崇拝の, 妄信の (idolatrous).

Ba·al·ism, b- [béɪəlìzm, béɪlɪzm] *n.* **1** バール神崇拝. **2** 偶像神崇拝. **Bá·al·ist, b-** [-lɪst, -ləst | -lɪst] *n.*

Ba·al·ite, b- [béɪəlaɪt, béɪlaɪt] *n.* バール神崇拝者.

Baal Shem-Tob [báːl-ʃémtóuv, -ʃéɪm- | -tóuv] *n.* (*also* **Baal Shem-Tov** [~]) バールシェムトーブ《1700?-60; ポーランドで活躍した Ukraine 生れのユダヤ人の宗教家, Hasidism の創始者; 通称 BEShT [béʃt]; 本名 Israel ben Eliezer [bén èlíːzə | -zə(r)]》.

baas [báːs] 〖(1625) ⊏ Afrik. ~ ⊏ MDu. *baes*: cf. boss¹〗 *n.*《アフリカ南部》[しばしば呼掛けに用いて]主人, だんな様 (master).

baas·skap [báːskaːp] 〖⊏ Afrik. ~《原義》mastership ← BAAS+MDu. *-scap* '-SHIP'〗 *n.* (アフリカ南部の)白人による非白人支配.

Baath [bǽ(ː)θ | báːθ] *n.* バース党《アラブ諸国, 特にシリアの急進主義政党; 選挙・出版・言論・集会の自由と汎アラブ主義を主張》.

Bab¹ [bǽ(ː)b] 〖(dim.) ← BARBARA¹〗 *n.* 女性名.

Bab² [báːb], **the** 〖⊏ Pers. *Bāb* ← *Bāb-ed-Din*《原義》gate of the faith ← *bāb* gate〗 *n.* Bab ed-Din の通称.

ba·ba [báːbaː, -bə; *F.* baba] 〖⊏ F ~ ⊏ Pol. ~《原義》old woman〗 ── *n.* (*pl.* ~**s** [~(z); *F.* ~]) ババ《イーストでふくらませて焼いたフルーツケーキ; ラム酒入りのシロップに浸す; rum baba ともいう》.

baba au rhum [báːbaːouráːm, -bə- | -əu-; *F.* babaorɔm] 〖⊏ F ~ 'BABA with rum (syrup)'〗 ── *n.* (*pl.* **ba·bas au r-** [báːbaːzouráːm, -bə- | -zəu-; *F.* babazorɔm]) =baba.

ba·ba·coo·te [bɑ̀ːbəkúːtɪ | -tɪ] 〖(1880) ⊏ Malagasy *babakoto*〗 *n.*〘動物〙インドリ (*Indri indri*)《Madagascar 島産のキツネザル (lemur) の一種; cf. indri》.

Ba·bar [báːbə | -bə(r)] *n.* =Baber.

ba·bas·su [bɑ̀ːbəsúː, ─ ─ ⌒] 〖⊏ Port. *babaçú* ← S-Am.-Ind. (Tupian)〗 ── *n.*〘植物〙ババスーヤシ (*Orbignya speciosa*)《ブラジル北東部産の巨大なヤシ; その実から採った油は石鹸やマーガリンの原料》.

Bab·bie [bǽbi | -bɪ] 〖(dim.) ← BARBARA¹〗 *n.* 女性名.

Bábbit mètal *n.*〘冶金〙=Babbitt metal.

bab·bitt¹ [bǽbɪt, -bət | -bɪt] 〖← BABBITT METAL〗 *n.* **1**〘冶金〙=Babbitt metal. **2**〘機械〙バビットメタルの軸受け内張. ── *adj.* バビットメタルの[でできた, に関する]. ── *vt.* …にバビットメタルを張る.

Bab·bitt, b-² [bǽbɪt, -bət | -bɪt] 〖← *Babbitt*: Sinclair Lewis 作の同名の小説 (1922) の主人公〗 *n.* 教養の乏しい俗物的実業家 (cf. Babbittry).

Bab·bitt [bǽbɪt, -bət | -bɪt], **Irving** *n.* (1865–1933) 米国の教育家・文芸批評家; 新人文主義 (New Humanism) の主唱者; *Rousseau and Romanticism* (1919).

Bábbitt mètal 〖← *Isaac Babbitt* (1799–1862: 米国の発明家)〗 *n.*〘冶金〙バビットメタル[合金]《スズ(時に鉛)・アンチモニー・銅の合金で軸受けに用いる》.

Bab·bitt·ry, b- [bǽbɪtri, -bət- | -bɪtri] 〖← BABBITT+-RY〗 *n.* 低俗な実業家かたぎ.

bab·ble [bǽbl] 〖(*a*1250) *babel(n)* ← IE *baba- (擬音語): ⇨ -le³: cf. MLG (Du.) *babbelen*〗 ── *vi.* **1** 〈流れ・鳥などが〉さざめく, さらさらと音を立てる (murmur). **2 a** 〈小児などが〉意味のない片言(かたこと)を言う. **b** ぺちゃくちゃ言う, むだ口をきく (chatter). ── *vt.* **1** 〈たわいないことなどを〉ぺちゃくちゃ[ぺらぺら]いう: ~ nonsense. **2** 〈秘密などを〉(軽率に)べらべら口走る 〈*out*〉: ~ (*out*) a secret, the truth, etc. ── *n.* **1** さらさら流れる音, せせらぎ. **2 a** 小児の意味のない片言. **b** くだらないおしゃべり, (大勢の人が)ぺちゃくちゃしゃべる声, がやがや. **3** (電話に入る)無関係な雑音, 混信(音), 騒音.

báb·ble·ment *n.* =babble.

báb·bler [-blə, -lə | -blə(r, -lə(r] *n.* **1** 片言を言う小児. **2 a** ぺちゃくちゃしゃべる人, おしゃべり. **b** 秘密を漏らす人. **3**〘鳥類〙チメドリ《スズメ目チメドリ亜科の鳥の総称》. **4**《豪俗》(特に羊飼い・羊毛刈り込み人などの食事の準備をする)料理人.

báb·bling [-blɪŋ, -lɪŋ] *adj.* **1** 片言を言う; ぺちゃくちゃしゃべる. **2** さらさら流れる: a ~ brook. ── *n.* **1** (わけのわからない)おしゃべり; 冗舌. **2** さらさら流れる音: the ~ of a brook. **~·ly** *adv.*

Báb·cock tèst [bǽbkɑk- | -kɔk-] 〖← *S. M. Babcock* (1843–1931: 米国の化学者)〗 *n.* バブコック法《牛乳やクリーム中のバター性脂肪の含有量を測定する法》.

babe [béɪb] 〖(? *a*1200) ← *baba- 'to BABBLE': cf. mamma¹, papa¹〗 ── *n.* **1**《文語》赤ん坊 (baby): ~*s* and sucklings 赤ん坊や乳飲み子, 青二才ども (cf. *Ps.* 8: 2, *Matt.* 21: 16). **2** うぶな人, 世間知らず: He is a mere ~ in the ways of the world. 全く世間の事にうとい. **3**《米俗》[しばしば呼び掛けにも用いて]若い女, (魅力的な)娘; かわいい女.

a babe in the wood(s) 〖古謡 "The Children in the Wood" より〗=babe 2.

Babe [béɪb] 〖← ?〗 *n.* **1** 男性名. **2** 女性名.

Bab ed-Din [báːb-eddíːn] *n.* バーブエドディン《1819–50; ペルシャの宗教家, バービ教 (Babism) の開祖; 通称 the Bab, Ali Muhammad of Shiraz》.

Ba·bel [béɪbəl, bǽb- | béɪb-] 〖(*c*1390) ⊏ Heb. *Bābhél* (Babylonia の都) ⊏ Akkad. *Bāb-ilu*《原義》the gate of the god〗 ── *n.* **1 a** バベルの都《Shinar の古都で Babylon のこと; Noah の洪水の後に人々はここに天まで届く塔 (Tower of Babel) を建てようとした時に神の怒りに触れ, 人々の言語が混乱し塔は完成されなかった; cf. *Gen.* 11: 1–9》. **b** バベルの塔. **2** [通例 a b-] **a** (大勢の人が)がやがや言う話し声; 音声[言語, 思想など]の混乱: *a* ~ of sound / *a* ~ of heathen tongues 異国の人の(わけのわからない)言葉のさえずり. **b** 騒々しい光景[場所]; 騒々しい集まり. **3** [通例 b-] **a** 非常に高い建物, 摩天楼. **b** 架空の計画.

Ba·bel·ic [beɪbélɪk, bæb- | beɪb-] *adj.*

Ba·bel·ism, b- [béɪbəlɪzm, bǽb- | béɪb-] *n.* 音声・言語・思想などの混乱.

Ba·bel·ize, b- [béɪbəlaɪz, bǽb- | béɪb-] *vt.* (違った言語・文化などの混淆で)混乱させる, 乱す, 狼狽(ろうばい)させる. **Ba·bel·i·za·tion** [bèɪbəlɪzéɪʃən, bæ̀b-, -laɪ- | bèɪbəlaɪ-, -lɪ-] *n.*

Bab el Man·deb [bǽb-el-mǽndeb] 〖⊏ Arab. *Bābu-l-Mándab*《原義》the gate of lamentation: しばしばそこで難船したことから〗 ── *n.* [the ~] バブエルマンデブ海峡《アフリカ東岸とアラビア半島の間の紅海と Aden 湾を結ぶ海峡; 幅 32 km》.

Ba·ber [báːbə | -bə(r)] *n.* バーブル《1483–1530; インドのムガール帝国(Mogul Empire) の創建者; 本名 Zahir ud-Din Muhammad》.

ba·be·si·a [bəbíːʒiə, -ʒə | -ʒɪə, -ʒə] 〖← NL ~ ← *Victor Babeș* (1854–1926: ルーマニアの細菌学者): ⇨ -ia²〗 ── *n.*〘動物〙バベシア《胞子虫綱 *Babesia* 属の原生動物の総称; 主に哺乳動物の赤血球に寄生し, 時に大きな被害を与える》.

bab·e·si·a·sis [bæ̀bɪzáɪəsɪs, -bə-, -bi-, -səs | -bɪzáɪəsɪs] 〖← NL ~: ⇨ ↑, -iasis〗 *n.* (*pl.* **-a·ses** [-sìːz])〘獣医〙バベシア病《babesia による家畜の病気》.

Ba·bette [bæbét] 〖(dim.) ← ELIZABETH²〗 *n.* 女性名.

Ba·beuf [bɑːbʌ́f, bə-; *F.* babœf], **François Noël** *n.* バブーフ《1760–97; フランスの革命家; 総裁政府 (Directoire) の転覆を企てて失敗, 自殺を図ったがその翌日処刑された; 筆名 Gracchus Babeuf》.

Ba·bi [báːbi | -bɪ] 〖⊏ Pers. ~ ← BAB²〗 *n.* バービ教派; バービ教徒 (⇨ Babism).

ba·biche [bəbíːʃ] 〖⊏ Canad.-F ~ ← N-Am.-Ind. (Algonquian)〗 *n.*《カナダ》(動物の生皮・腱などで造った)雪靴用革紐.

bábies' brèath *n.*〘植物〙=baby's breath.

Ba·bín·ski réflex [sígn] [bəbínski- | -skɪ-] 〖← *Josef François Felix Babinski* (1857–1932: フランスの神経学者)〗 ── *n.*〘医学〙母趾反射, バビンスキー反射[徴候]《足底を刺激すると足の親指が背屈する病的反射, ただし乳幼児・性興奮時などでは生理的; Babinski's reflex [sign] ともいう; cf. plantar reflex》.

bab·i·ru·sa [bæ̀bərúːsə, bɑ̀ːb- | -bɪ-] 〖(1696) ⊏ Malay *bābīrūsa* hog deer〗 ── *n.* (*also* **bab·i·rous·sa** [~], **bab·i·rus·sa** [~])〘動物〙バビルーサ, シカイノシシ (*Babyrusa babyrussa*)《Celebes 島及びその周辺に生息するイノシシ科の動物; 雄の上あごの犬歯は細長く, 上くちびるを貫通して顔面に出ている》.

Bab·ism [báːbɪzm] 〖← BAB²+-ISM〗 ── *n.* (1844 年に興ったペルシャの)バービ教《万有神教的で高い道徳と, 両性の平等を唱える; 後 Bahaism がこれに取って代わった》. **Báb·ist** [-bɪst, -bəst | -bɪst] *n.*

bab·ka [báːbkə] 〖⊏ Pol. ~ (dim.) ← *baba* 'BABA'〗 *n.* バブカ《干しぶどう入り, ポーランド風の円筒形のスポンジケーキ》.

Ba·bœuf [bɑːbʌ́f, bə-; *F.* babœf] *n.* =Babeuf.

ba·boo [báːbuː] *n.* =babu.

ba·boon [bæbúːn | bə-] 〖(? *c*1320) *babewin* ⊏ OF *babuin* gaping figure, manikin, baboon ← ? *baboue* muzzle, grimace〗 ── *n.* **1**〘動物〙ヒヒ《アフリカ・アラビア産ヒヒ属 (*Papio*) のサルの総称; マントヒヒ (sacred baboon), サバンナヒヒ (*P. cynocephalus*) など; cf. chacma, mandrill》. **2** 粗野な人, (特に)醜く野卑な人.

ba·boon·er·y [bæbúːnəri | bəbúːnəri] *n.* 粗野[醜く野卑]な行為[態度].

ba·bóon·ish [-nɪʃ] *adj.* ヒヒのような; 醜く野卑な.

ba·bouche [bəbúːʃ, bɑː-; *F.* babuʃ] 〖(1695) ⊏ F ~ ⊏ Arab. *bābūj* ⊏ Pers. *pāpūsh* foot-covering〗 *n.* バブーシュ《トルコなどの東洋風の上履(うわぐつ)[スリッパ]》.

Babs [bǽ(ː)bz] 〖(dim.) ← BARBARA¹〗 *n.* 女性名.

BABS《略》〘航空〙beam [blind] approach beacon system (盲目)着陸援助用無線装置 (cf. ILS).

ba·bu [báːbuː] 〖(1782) ⊏ Hindi *bābū, bābu*《原義》father〗 ── *n.* **1** 君, 様《インドのある地方で Mr. に相当する尊称》. **2**《古》**a** 英語が書けるインド人書記. **b** [通例軽蔑的に] 少しばかり英語の教育を受けたインド人, 英国かぶれのインド人: ~ English (本から覚えた)凝った英語.

ba·bul [bəbúːl] 〘□ Pers. *babūl*〙 **—** *n.* **1**〘植物〙アラビアゴムモドキ (*Acacia arabica*)《熱帯アフリカ産；古くはゴムをとり，また樹皮からタンニン・染料を得た；babul acacia ともいう》. **2** (アラビアゴムモドキの)ゴム，さや，木の皮，樹皮.

Ba·bur [báːbə | -bə(r)] *n.* ＝Baber.

ba·bush·ka [bəbúːʃkə, bɑː-, -búʃ-, -kɑː; *Russ.* bábuʃkə] 〘□ Russ. ～ 'grandmother' (dim.) ← *baba* old woman〙 *n.* **1** 祖母，おばあさん. **2** バーブシュカ《婦人用三角ずきん[スカーフ]で，両端をあごの下で結ぶ》.

ba·by [béɪbi | -bɪ] 〘《c1378》 *babi* (dim.) ? ← BABE : ⇨ -y²〙 **—** *n.* **1 a** 赤ん坊，赤ちゃん，乳児 (infant): She is going to have a ～ next month. 赤ん坊が来月生まれる予定だ / *Baby* is crying. 赤ん坊が泣いている. ★ (1) 一般には it で受けるが，家族内などでは he [she] を用いる. (2) ⇨ father 1 a ★. **b** 動物の赤ん坊. **2** (家族・チームなどの中で)一番年若の者，末っ子: the ～ *of* the family [class]. **3 a** 赤ん坊[子供]みたいな人: He is a great [big] ～. 彼は大きな赤ん坊みたいだ《世話がやける》. **b** 意気地のない人. **4 a** (普通より)小さい物[人]，ちび. **b** 小型自動車. **c**《口語》小びん(など). **5**《俗》[しばしば呼び掛けに用いて] **a** 若い女，(きれいな)娘；恋人，「かわい子ちゃん」. **b** 男(の子). **c** [通例修飾語を伴って] 人，物: a tough ～. **6**《口語》関心事；おはこ，得意: It's his ～. それが彼の「みそ」だ. **7**《口語》(厄介な)役目，仕事；責任: It's your ～. それは君の役目だ.

carry* [*hold*] *the baby 厄介な役目を背負い込む. ***pass the baby*** (いやな役目などを他人に回して)責任逃れをする. ***talk baby*** (1) 赤ん坊のような話し方をする. (2) 赤ん坊に話すような話し方をする. ***throw out* [*throw away, empty*] *the baby with the bathwater*** 大事なものを無用なものと一緒に捨ててしまう.

— *attrib. adj.* (**ba·bi·er**; **-bi·est**) **1** 赤ん坊の(ような): a ～ brother まだ赤ん坊の弟 / a ～ girl [boy] 女[男]の赤ちゃん / a ～ wife 子供のような若妻 / a ～ lamb [elephant] 羊[象]の赤ちゃん. **2**《口語》(普通より)小さい，小型の；小規模の: a ～ camera 小型カメラ / a ～ car 豆自動車，小型車 / a ～ typhoon 豆台風. **3** 子供用の: ⇨ baby carriage [buggy].

— *vt.*《口語》**1**〈人を〉(赤ん坊[子供]のように)大事にする，甘やかす (pamper): She is *babied* by all hands. 皆にちやほやされる. **2**〈道具などを〉大事に扱う: ～ a new car. **3** (バドミントンなどで)〈球を〉軽く打つ.

báby àct *n.*《米》**1** 幼児[未成年者]の行為；子供らしい[めめしい]行ない: play the ～ 幼稚な行為をする. **2** 未成年の抗弁，(消滅)時効の抗弁: plead the ～《口語》未成年を理由に(契約などの)責任を逃れようとする；未経験を口実にする.

báby béef *n.* **1** 食肉用の太った若い雌牛[去勢牛]. **2** ベビービーフ《1-2 歳の時に屠(ᵗ)殺する目的で肥育した若い雌牛[去勢牛]の肉》.

báby blúe *n.* ベビーブルー《薄い青色》.

báby-blúe-èyes 〘その花の斑点が眼に似ていることから〙 **—** *n.* (*pl.* ～)〘植物〙ルリカラクサ，ネモフィラ (*Nemophila menziesii*)《米国産ハゼリソウ科の青い花の咲く園芸植物》.

báby bònd *n.*《米》〘証券〙額面価額が 1,000 ドル未満の債券 (small bond).

báby bòuncer *n.* ＝baby jumper.

báby bùggy *n.*《米・カナダ》(折り畳式フードが付いている 4 輪の)乳母車，ベビーバギー (《英》pram).

báby càrriage *n.*《米》＝baby buggy.

báby càrrier *n.*〘軍事〙小型航空母艦[空母] (⇨ escort carrier).

báby còach *n.*《米》＝baby buggy.

báby dóll *n.* **1** 赤ちゃん人形. **2**《口語》(無邪気で)きれいな娘[女]，かわい子ちゃん.

báby fàce *n.* **1** 赤ん坊みたいな顔，童顔. **2** 童顔の人. **báby-fàced** *adj.*

báby fàrm *n.*《軽蔑》有料託児所，保育園.

báby fàrmer *n.*《軽蔑》託児所経営者，保育園主.

báby fàrming *n.*《軽蔑》託児所経営.

báby flàttop *n.*〘軍事〙＝baby carrier.

báby fòod *n.* 幼児食，離乳食.

báby gránd *n.* (長さ 5-6 フィートの)平型小ピアノ (baby grand piano ともいう).

báby·hòod *n.* **1** 幼児期，幼少時. **2** 幼少，幼稚.

báby·hòuse *n.* 人形の家 (doll's house).

ba·by·ish [béɪbiɪʃ] *adj.* 赤ん坊のような，子供じみた，おとなげない，幼稚な **～·ly** *adv.* **～·ness** *n.*

báby jùmper *n.*《英》ベビージャンパー《天井から吊るしておく幼児の手足運動用の丸い枠》.

báby kisser *n.*《米俗》(やたらと子供にキスする)選挙運動中の候補者.

báby·less *adj.* 赤ん坊のいない，子供のない.

Bab·y·lon [bǽbələn, -lɑ̀n | bǽbɪlən] 〘□ L ～ □ Gk *Babulṓn* □ Akkad. *Bāb-ilāni* ← *bāb* gate＋*ilāni* ((pl.) ← *ilu* gate): cf. Babel〙 **—** *n.* **1** バビロン《イラクの Euphrates 川に沿ったバビロニアの古都；バビロン第一王朝の首都；その壮麗さと文化において比類のない都であった；後にカルデア帝国の首都》. **2** (バビロンのような)華美で種々の悪徳のはびこる大都市，魔都. **3**〘バビロニア捕囚 (Babylonian captivity) の故事から〙捕囚の地.

Bab·y·lo·nia [bæ̀bəlóunjə, -niə | bæ̀bɪláunjə, -nɪə] *n.* バビロニア《メソポタミア南部の古代の地域名またそこにおこった国名；首都 Babylon》.

Bab·y·lo·nian [bæ̀bəlóunjən, -niən | bæ̀bɪláunjən, -nɪən] *adj.* **1** バビロニア王国の，古都バビロンの. **2** バビロン[バビロニア]人の(ような)；ぜいたくな，華美な (luxurious)；悪徳の，邪悪な (sinful). **3** バビロニア語の. **—** *n.* **1** (古代)バビロニア[バビロン]人. **2** バビロニア語《古代バビロニアで使われたアッカド語 (Akkadian)》. **3** ＝Balylonian captivity.

Babylónian captívity [éxile] *n.* [the ～] **1**〘聖書〙バビロニア[バビロン]捕囚[虜囚]《バビロニア王 Nebuchadnezzar によってユダ王国の人々がバビロニアに移され捕囚の生活を送ったこと (597-538 B.C.)；the Captivity, the Exile ともいう》. **2** (教皇の)バビロニア幽囚《教皇 (pope) が 7 代 (1309-76) にわたりフランス王の権力下におかれ，南仏 Avignon に滞在したことをいう》. [1, 2.

Bab·y·lon·ic [bæ̀bəlɑ́nɪk | -bɪlɔ́n-] *adj.* ＝Babylonian

báby-mìnd·er *n.*《英》＝baby-sitter.

báby-píg disèase *n.*〘獣医〙生れたばかりの豚の子がかかる低血糖症.

báby prímrose *n.*〘植物〙ヒナザクラ，ハルコザクラ (*Primula forbesii*)《中国からビルマ原産のピンクの花をつけるサクラソウの一種》.

báby's brèath 〘その花の芳香による連想からか〙 **—** *n.*〘植物〙**1 a** シュッコンカスミソウ，コゴメナデシコ (*Gypsophila paniculata*)《地中海沿岸原産の白またはピンクの花が咲く多年草》. **b** カスミソウ (*G. elegans*)《カフカス原産の大きい白またはバラ色の花が咲く一年草》. **2** ＝grape hyacinth. **3** ヨーロッパ産のヤエムグラ属の一種 (*Galium sylvaticum*).

báby shòw *n.* 赤ちゃんコンクール.

báby-sìt 〘《逆成》↓〙 (**baby-sat**; **-sit·ting**) **—** *vi.* ベビーシッターをする，(親の留守の間)子守りをする: ～ *with* a person's baby 人の赤ん坊のベビーシッターをする. ★ 過去形は did baby-sitting とするほうが普通. **—** *vt.* …のベビーシッターをする.

báby-sìtter 〘《1937》← BABY＋SITTER〙 *n.* ベビーシッター《両親が外出の間雇われる留守番の子守役；通例アルバイトの女子学生》.

báby snàtcher *n.*《英俗》＝cradle snatcher.

báby splìt *n.*《俗》〘ボウリング〙ベビースプリット《2 番と 7 番または 3 番と 10 番のピンが残ったもの》.

báby spót *n.* ベビースポット《手近から狭い範囲を照らす舞台用小型スポットライト》.

báby's tèars *n.* (*pl.* ～)〘植物〙Corsica 島および Sardinia 島産のイラクサ科の植物 (*Helxine soleirolii*)《観葉植物として栽培》.

báby stèp *n.* (giant steps で)一人が進むことのできる一歩の最短の歩幅《一方の足のつま先に他方の足のかかとを接して前進する；cf. giant step》.

báby tàlk *n.* **1 a** (舌の回らない)赤ん坊ことば[口調]. **b** (赤ん坊・恋人・愛玩動物に対して大人が用いる)赤ん坊のような話し方. **2** (わざとする)簡単すぎる無邪気な話し方[説明].

báby tòoth *n.*〘歯科〙乳歯 (milk tooth).

báby wàlker *n.* ＝walker 3.

Bac.《略》*L.* Baccalaureus (＝Bachelor).

Ba·car·di [bəkɑ́ədi | -kɑ́ːdɪ] 〘← *Bacardi* (酒造家の名 ?)〙 **—** *n.* バカルディ: **1**〘商標〙西インド諸島産の辛口のラム. **2** グレナディンシロップ・砂糖・ライムジュースを入れて作ったカクテル.

bac·ca¹ [bǽkə] 〘□ L *bacca, bāca* olive, berry: ⇨ bacci-〙 *n.* (*pl.* **bac·cae** [bǽkiː, -kaɪ, bǽksiː])〘植物〙液果，漿果(ˢʰᵒᵘᵏᵃ) (⇨ berry 1).

bac·ca² [bǽkə] *n.*《英口語・米俗》＝baccy.

bac·ca·lau·ré·at [bɑ̀ːkəlɔːriɑ́ː | -rɪ-; *F.* bakalɔrea] 〘□ F ～ (↓)〙 *n.* バカロレア《フランスの中等学校卒業と国立総合大学の入学資格を与える国家資格(試験)》.

bac·ca·lau·re·ate [bæ̀kəlɔ́ːriət, -lɑ́ːr-, -riɪt | -lɔ́ːriət, -rɪɪt] 〘《1625-49》□ F *baccalauréat* // ML *baccalaureātus* ← *baccalārius*: ⇨ bachelor, -ate¹〙 **—** *n.* **1** 学士 (bachelor) の称号. **2**《米》**a** (大学の卒業に際しての)卒業式説教，卒業式訓辞. **b** (通例，卒業式の直前の日曜に行なわれる)卒業式の礼拝[ミサ].

baccaláureate sèrmon *n.* ＝baccalaureate 2 a.

bac·ca·rat [bɑ̀ːkərɑ́ː, bæ̀k-, ⌣–⌣ | bǽkərɑ̀ː, ⌣–⌣; *F.* bakara] 〘《1866》□ F *baccara* ← ? *Baccarat* (フランスの町の名)〙 **—** *n.* (*also* **bac·ca·ra** [～; *F.* ～])〘トランプ〙バカラ《欧米のカジノで行なわれる賭博ゲーム；親が自分と子に 2-3 枚ずつ札を配り，各自の札の合計点数の末尾一桁が 8 か 9 に近いほど勝ちとなる，西洋おいちょかぶ；cf. chemin de fer》.

bac·cate [bǽkeɪt] 〘□ L *baccātus* ← *bacca* berry, pearl: ⇨ -ATE²〙 *adj.*〘植物〙**1** 液果[漿果(ˢʰᵒᵘᵏᵃ)] (berry) を生じる. **2** 液果状の.

Bac·chae [bǽkiː, -kaɪ | -kiː] 〘□ L ～ □ Gk *Bákkhai* (pl.) ← *Bákkhē* maenad ← *Bákkhos* 'BACCHUS'〙 **—** *n. pl.* **1 a** バッコス神 (Bacchus) の侍女たち. **b** バッコス神の巫女(ᵐⁱᵏᵒ)たち. **2** バッコス祭に参加する女たち.

bac·cha·nal [bǽkənl̩ | -nl, -næ̀l] 〘《1536》□ L *Bacchānālis* 'of BACCHUS': ⇨ -al¹〙 **—** *adj.* **1** バッコス神 (Bacchus) の(ような). **b** 飲み狂う，どんちゃん騒ぎの. **2 a** バッコス祭の(ような). **—** [《米》bæ̀kənl̩, bæ̀kənǽl, bɑ̀ːkənɑ́ːl, ⌣–⌣] *n.* **1** バッコス神の信徒；バッコスの神の祭司[巫子(ᵐⁱᵏᵒ)]. **2** 酒飲み，飲み騒ぐ人. **3 a** [B-；時に *pl.*] ＝Bacchanalia 1. **b** 乱飲乱舞の酒宴，どんちゃん騒ぎ，底ぬけ騒ぎ (orgy).

Bac·cha·na·lia [bæ̀kənéɪljə, -liə | -ljə, -lɪə] 〘《1633》□ L *Bacchānālia*: ⇨ ↑, -ia²〙 **—** *n.* (*pl.* ～, ～s) **1** バッカナリア《古代ローマのバッコス祭，酒神祭；cf. Dionysia》. **2** [b-] ＝bacchanal *n.* 3 b.

bac·cha·na·lian [bæ̀kənéɪljən, -liən | -ljən, -lɪən] 〘《1565》: ⇨ ↑, -ian〙 *adj.* ＝bacchanal. **—** *n.* ＝bacchanal 1. 「ん騒ぎ.

bàc·cha·ná·lian·ism [-nɪ̀zm̩] *n.* 大酒宴，どんちゃ

bac·chant [bəkǽnt, bæ-, -kɑ́ːnt, bǽkənt | bǽkənt] 〘《1699》□ L *bacchānt-em* (pres.p.) ← *bacchārī* 'to celebrate the festival of BACCHUS'〙 **—** *n.* (*pl.* **～s, -chantes** [bəkǽnts, -kɑ́ːnts, -kǽntiːz, -kɑ́ːn- | bəkǽntɪz, bəkǽnts]) ＝bacchanal 1. **—** *adj.* **1** バッコス神を崇拝する. **2** 酒を好む，大酒飲みの.

bac·chan·te [bəkǽnti, bæ-, -kɑ́ːn-, -kǽnt, -kɑ́ːnt | bəkǽntɪ, bəkǽnt] 〘《1797》□ F ～: ↑〙 *n.* **1** 酒神 Bacchus の巫女(ᵐⁱᵏᵒ) (maenad). **2** 酒宴にふける女.

bacchantes *n.* bacchant の複数形.

bac·chan·tic [bəkǽntɪk, bæ-, -kɑ́ːn- | bəkǽnt-] *adj.* ＝bacchant.

Bac·chic [bǽkɪk] 〘《1669》□ L *Bacchic-us* □ Gk *Bakkhikós* 'of BACCHUS'〙 *adj.* **1** バッコス神の，バッコス祭の (cf. Dionysian). **2** [b-] (飲めや歌えの)どんちゃん騒ぎの.

bac·chi·us [bəkáɪəs, bæ-] 〘□ L ～ □ Gk *Bakkheîos* (*poús*) (foot) of Bacchus, frenzied (foot) (↓)〙 *n.* (*pl.* **-chi·i** [-káɪaɪ])〘詩学〙バッカス格《バッカス讃歌に用いた弱強強[短長長]格の詩脚；cf. antibacchius》.

Bac·chus [bǽkəs] 〘《?a1300》 *Bacus* □ L *Bacchus* □ Gk *Bákkhos*《原義》? the god of grapeberries: ↓〙 **—** *n.*〘ギリシャ神話〙バッコス，バッカス《酒神；Dionysus の別名》: a son of ～ 大酒家，酔っ払い.

Bacchus

bac·ci- [bǽksə | -sɪ] 〘← L *bacca, bāca* olive, berry〙「液果，漿果 (berry)」の意の連結形: *bacci*form 液果状の.

bac·cif·er·ous [bæksɪ́f(ə)rəs] 〘⇨ ↑, -ferous〙 *adj.*〘植物〙液果[漿果(ˢʰᵒᵘᵏᵃ)]を結ぶ[生じる].

bac·civ·o·rous [bæksɪ́vərəs] 〘← BACCI-＋-VOROUS〙 *adj.*〘動物〙液果[漿果]を常食とする.

bac·co [bǽkou | -kəu] *n.*《英口語》＝baccy.

bac·cy [bǽki | -kɪ] 〘《短縮》← TOBACCO〙 *n.*《英口語・米俗》たばこ.

bach [bǽtʃ] 〘《略》← BACHELOR〙 **—** *n.* **1**《米俗》独身男: an old ～ 一生独身を通す[そうとする]男 / keep ～ やもめ暮らしをする. **2**《ニュージーランド》一時しのぎの小屋；(特に海岸や行楽地に設けられた)小さな家，小別荘. **—**《米・カナダ・豪口語》*vi.* 独身生活[やもめ暮らし]をする；(特に)〈夫が〉(妻の外出中)家事をする. **—** *vt.* [～ it として] 独身生活[やもめ暮らし]をする.

Bach [bɑ́ːk, bɑ́ːx; *G.* báx], **Johann Christian** *n.* バッハ《1735-82；J. S. Bachの末子で作曲家；通称 the London Bach》.

Bach, Johann Sebastian *n.* バッハ《1685-1750；ドイツのオルガン奏者で作曲家；近代音楽の父と呼ばれ，また子供と区別して「大バッハ」と称せられる》.

Bach, Karl Philipp Emanuel *n.* バッハ《1714-88；J. S. Bach の次子で作曲家；通称 the Berlin Bach》.

bach·e·lor [bǽtʃ(ə)lə | -tʃ(ə)lə(r), -tʃɪl-] 〘《?a1300》□ OF *bacheler* young man aspiring to knighthood ＜ VL **baccalāris* ＝ ML *baccalārius* tenant, vassal farmer, advanced student: ⇨ -or²: cf. baccalaureate〙 **—** *n.* **1** 未婚男子，独身男 (single [unmarried] man) (cf. spinster 1): a ～'s baby 私生児 / ⇨ old bachelor / an old friend of one's ～ days 独身時代の旧友 / *Bachelors'* wives and old maids' children are best bred. 未婚の男の妻と未婚の老女の子供は理想的だ《架空の存在ゆえ》. **2** 学士(号) (cf. master¹ 5): a *Bachelor* of Arts 文学士(号) (略 B.A., A.B.) / a *Bachelor* of Medicine 医学士(号) / a *Bachelor* of Science 理学士(号) (略 B.S., B.Sc., S.B.) / He is a *Bachelor* of Science *in* chemistry. 化学の学士号を持っている. **3 a** (他の騎士に従う)若い騎士，騎士見習，近習騎士. **b** ＝knight bachelor 1. **4 a** (つがいの相手のない)若い雄のオットセイ《捕獲を許される》. **b** (繁殖期に)相手のない雄.

báchelor apàrtment *n.* 独身アパート.

báchelor-at-árms *n.* (*pl.* **bachelors-**) ＝bachelor 3 a.

báchelor bùtton *n.*〘植物〙＝bachelor's button.

báchelor chèst *n.* ＝bachelor's chest.

báchelor dìnner *n.* ＝bachelor party.

bách·e·lor·dom [-dəm] *n.* (男の)独身，独身の身分.

báchelor flàt *n.*《英》＝bachelor apartment.

báchelor gìrl *n.*《口語》自活している独身女性.

báchelor hàll *n.* ＝bachelor's hall.

báchelor·hòod *n.* ＝bachelordom.

bách·e·lor·ism [-lərɪ̀zm̩] *n.* **1** 独身[未婚]男子であること，独身. **2** 独身男子の特質[特色，特徴].

bách·e·lor·ly *adj.* 独身男の[らしい].

báchelor móther *n.*《口語》**1** 未婚の母. **2** (夫に生別・死別して)女手一つで子供を育てる母親.

báchelor pàrty *n.* 男だけの社交会；(特に結婚直前の男を囲んでやる男だけの)独身お別れ会.

báchelor's bùtton *n.*〘植物〙ボタン形の花の咲く植物の総称《ヤグルマギク (cornflower), フランスギク (oxeye daisy) など》.

báchelor's chèst *n.* バチェラーズチェスト《18 世紀の英国の低い整理だんす; 上で書きものができるようになっている》.

「elor's ともいう」.

báchelor's degrée *n.* 学士号《口語では単に bach-

báchelor sèal *n.* =bachelor 4 a.

báchelor's háll *n.* 独身者の住居; (妻の外出中の)ひとり住い. ★ 主に次の句で: keep ～ 独身生活[やもめ暮らし]をする; 〈夫が〉妻の外出中家事をする《★ 今は keep bach というほうが普通》.

「格,身分」.

báchelor·ship *n.* **1** (男の)独身. **2** 学士の称号[資

báchelor wòman *n.* 《口語》=bachelor girl.

Bách trúmpet 〚← *J. S. Bach*〛 *n.* 〚音楽〛 バッハトランペット《特に, J. S. Bach の作品の高音域の速いパッセージを演奏するのに適したトランペット》.

B.A.C.I.E. 《略》 British Association for Commercial and Industrial Education.

ba·cil·lar [bəsílə, bǽsələ | bəsílə(r)] *adj.* =bacillary.

Bac·il·la·ri·a·ce·ae [bæ̀sɪlɛ̀(ə)riéɪsiìː, bæ̀sə-|-sɪlèərɪ-] 〚← NL ～ ← *Bacillāria* (属名: ⇨ bacillus, -aria[1])+ -ACEAE〛 ── *n. pl.* 〚植物〛 珪藻綱 (Bacillariophyceae) に相当する以前の分類名. **bàc·il·la·ri·á·ceous** [-ʃəs] *adj.*

Bac·il·lar·i·o·phy·ce·ae [bæ̀sɪlɛ̀(ə)riəfáɪsiìː, bæ̀sə-, -fís- | -sɪlèərɪ-] 〚← NL ～ ← *Bacillāria* (↑)+-o-+ -PHYCEAE〛 *n. pl.* 〚植物〛 珪藻綱.

ba·cil·lar·y [bǽsəlèri, bəsíləri | bæsílərɪ] 〚← BACILLUS＋-ARY〛 *adj.* **1** 杆(かん)状の: ～ tissue. **2** 〚細菌〛 バチルス(性)の, 杆菌(性)の: ～ researches.

bac·il·le·mi·a [bæ̀sɪlíːmiə, -sə- | -sɪlíːmjə, -mɪə] *n.* 〚病理〛 =bacteremia.

bacilli *n.* bacillus の複数形.

ba·cil·li·form [bəsíləfɔ̀əm | -lɪfɔ̀ːm] 〚← NL *bacilliform-is*: ⇨ bacillus, -form〛 *adj.* バチルス形[状]の, 小棒状の.

bac·il·lu·ri·a [bæ̀səlʊ́(ə)riə, -ljʊ́(ə)r- | -sɪlʊ́ərɪə, -ljʊ́ər-] 〚← NL ～: ⇨ ↓, -uria〛 *n.* 〚病理〛 細菌尿(症).

ba·cil·lus [bəsíləs] 〚(1883) ← NL ～ =LL ～ (dim.) ← *baculus*=*baculum* rod, staff〛 ── *n.* (*pl.* **ba·cil·li** [-laɪ]) **1** 〚細菌〛 **a** [B-] バチルス[バシラス]属. **b** バチルス, 杆(かん)菌, 桿(かん)菌《バチルス属の微生物; 枯草菌 (*B. subtilis*) など; cf. bacterium, coccus 1, spirillum》. **2** [通例 *pl.*] 《俗用》 細菌 (bacterium), 病菌.

bacíllus Cal·mette-Gué·rin [-kælmétgeɪrɛ̃ː(ŋ), -ræ̃ŋ; *F.* -kalmɛtgeʀɛ̃] 〚⊏ F *bacille Calmette-Guérin* ← *A. L. C. Calmette* (1863–1933) & *Camille Guérin* (1872–1961): この菌を発見したフランスの細菌学者の名から〛 ── *n.* 〚医学〛 BCG, カルメットゲラン菌.

bac·i·tra·cin [bæ̀sətréɪsṇ | -sɪtréɪsɪn] 〚(1945) ← *Bacillus subtilis*)+(*Margaret*) *Tracy* (米国人; この女性が子供の時の傷の中にこの物質が発見された)+-IN[1]〛 ── *n.* 〚生化学〛 バシトラシン《枯草菌 (*Bacillus subtilis*) の類の培地から得られる水に可溶の連鎖状球菌・ぶどう状球菌などに対して効果のある抗生物質》.

back[1] [bǽk] 〚n.: OE *bæc* < Gmc **bakam* (ON *bak* / OHG *bah*) ← ?. ─v.: (*a*1376) ← (n.). ─adj.: (*c*1490) ← (n.). ─adv.: (*c*1390) 《頭音消失》 ← ABACK〛 ── *n.* **1** (人間・動物の)背(中), 背部(はいぶ); (衣服の背中)の部分: hurt one's ～ 背中を傷める / sit on the horse's ～ 馬の背にまたがる / have [carry] on one's ～ 背負っている[行く] / pat a person on the ～ ⇨ pat[1] 成句 / sit with one's ～ to …に背中を向けて坐る / Excuse my ～. 背中[おしり]を向けてごめんなさい / His ～ was up. 彼は立腹した《ネコが背をそびやかすしぐさから; cf. *get one's* BACK *up*》. ★ ラテン語系形容詞: dorsal. **2 a** (物の)背面, 後ろ, 裏, かげ (↔ front): the ～ of a door ドアの向こう側 / the ～ of a book 本の後ろ(の数頁) (cf. *n.* 11 a) / on the ～ of an envelope 封筒の裏に / a yard at the ～ of a house 家の裏手の庭 (cf. *n.* 4 a). **b** 裏庭(backyard). **c** [the Backs] (Cambridge 大学の)裏手の庭園《Cam 川に沿ってあり大変美しい》. **3 a** (建物の)背面, 裏(側). **b** 裏側の部屋: in a second-floor ～ 二階[三階]裏側の部屋で. **c** 裏部屋の住人. **4 a** 後部, 奥; (舞台奥の, または写真撮影の際の)背景: the ～ of the mouth [throat] 口[のど]の奥 / the ～ of a drawer 引出しの奥 / the ～ of the car 車の後部 / a room at the ～ of the house 家の奥の部屋 (cf. *n.* 2 a) / at the ～ of a village 村の奥の方に. **b** (心の)底; (事の)真相: at the ～ of one's mind 心[記憶]の奥に. **5 a** (手足の)甲. **b** (山の)峰. **c** (刀などの)背, 峰: ⇨ lazyback / the ～ of a spoon. **d** (波の)背. **e** (船の)竜骨. **f** (椅子の)背もたれ. **g** (手すりの)上側. **h** (輪の)外側. **i** 裏当て, 裏張り (backing): the ～ of a coat. **6** 背骨 (backbone): break one's ～ 背骨を折る. **7** (衣服を着る)からだ: have nothing on one's ～ 裸である / She puts all she earns on her ～. もうけた金は皆着てしまう. **8** 荷をかつぐ力: He has a strong ～. 彼は重い物でもよくかつぐ. **9 a** 〚サッカー〛 バック, 後衛《ゴールキーパーの前に位置するプレーヤー》; 〚ラグビー〛 バックス, (特に) =fullback. **b** 〚アメリカンフットボール〛 バック《攻撃ではクォーターバック・ハーフバック・フルバック, 守備ではライン メンの背後に位置するプレーヤー》. **c** バック[後衛]の位置 (cf. forward). **10** 〚建築〛 **a** (アーチなどの壁中に埋まった)外弧面, 上面. **b** 窓台下から床までの腰板. **11 a** 〚製本〛 =backbone 4; のど《図書の綴じ目に近い側の余白》. **b** 〚活字〛 背 (⇨ type 挿絵). **12** 〚採鉱〛 採掘場の天井, あご冠(かむり). **13** 〚海事・航空〛 プロペラ翼板 (propeller blade) の背面 (cf. face 14). **14** 〚音声〛 後舌面《back of the tongue ともいう; cf. front *n.* 13》.

at one's back*＝*at the back of …の後ろに, の背後に (behind) (cf. *n.* 2 a, 4 a); …を後援して; …を追跡して: have a large number of people *at one's* ～ 大勢の後援者をもっている / There must be someone [something] *at the* ～ *of* this. この背後にはだれか(黒幕)がいる[何か(魂胆)がある]に違いない. ***back to back*** (1) 背中合わせに: sit ～ *to* ～ (*with*) (…と)背中合わせに坐る (cf. back-to-back 1). (2) 連続的に: hit two homers ～ *to* ～ in the seventh inning 7 回にホームランを二つ続けざまに打つ. (3) 〚トランプ〛 (stud poker で) くっつきの《伏せて配られた最初の札と, 次に配られた表向きの札とが背中合わせのペアになる場合にいう》. ***back to front*** 前後を逆にして, 後ろ前に(着るなど): put one's dress on ～ *to front*. ***behind a person's back*** 人のいない時に, 内証で, こっそり (in secret). ***break a person's back*** (1) 人に背負いきれぬ荷を負わす. (2) 人を失敗させる, (何か)人を破産させる. ***break one's back*** (1) ⇨ *n.* 6. (2) 懸命に努力する: My parents *broke their* ～*s* getting me through college. 両親は私を大学を卒業させるのにひどく骨を折った. (3) 〈船が〉真二つに折れる. ***break the back of*** (1) =*break a person's* BACK. (2) 〈仕事・計画など〉の困難な部分をあらまし片付ける, 峠を越す. (3) 〈攻撃・議論などを〉打ち負かす, …に打ち勝つ. ***get [put, set] one's [a person's] back up*** (ネコが背をそびやかすように)怒る[人を怒らせる], いらだつ[人をいらだたせる, 人をいこじにする] (cf. *n.* 1). ***get off a person's back*** 《口語》 人のあら捜しをやめる, 人を邪魔する[悩ます]のをやめる. ***get the back of***…の後ろへ回る. ***get to the back of***…の真相を突き止める. ***give a person a back*** (人の踏み台になるため)背中を貸す; (馬飛び遊びで人の)飛び台になる. ***give a person the back*＝*give the back to a person*** 〈人〉に背を向ける; 〈人を〉無視する. ***have a broad back*** 寛大である. ***have on one's back*** (1) ⇨ *n.* 1, 7. (2) 〈負担などを〉背負いこむ, …に悩まされる. ***in back of*** 《米口語》=*at the* BACK *of* (cf. BACK *of* ⇨ *adv.* 成句): a tool shed *in* ～ *of* the house 家の後ろの道具小屋. ***know like the back of one's hand*** 〈場所などを〉よく知っている, …に精通している. ***make a back (for a person)***=*give a person a* BACK. ***on a person's back*** 人のあらを捜して; 人を悩ませて: He's always *on my* ～ if I don't work hard. 仕事の手をゆるめるといつも小言をいう. ***on one's back*** 仰向けに: be [be flat, lie] *on one's* ～ 仰向けに寝ている; 病床についている; 万策尽きた状態にある / be thrown *on one's* ～ 仰向けに倒される; 全く負かされる / lay a person *on his* ～ 人を仰向けに倒す. ***on the back of***…に引き続いて; …に加えて. ***put one's back into***…に全力を投入する, 身を入れる, 努力する. ***rip up the back*** 人のいないところで悪口を言う, 陰口をきく (backbite). ***see the back of*** 〈訪問者・侵入者など〉を追い払う, 厄介払いする: I'm glad to *see the* ～ *of* them. 連中がいなくなってせいせいした. ***show the back to***…に後ろを見せる, …から逃げる. ***slap a person on the back*** (友情・称賛などのしるしに)人の背中をぽんとたたく (cf. backslap). ***stab a person in the back*** (1) 人の背を刺す. (2) 人の陰口をきく, 人を中傷する. (3) (信じている)相手を裏切る. ***the back of beyond*** (1) 遠い遠い所, 世界の果て: He lives at *the* ～ *of beyond*. どこか遠い所に住んでいる / Such a thing is to be looked for at *the* ～ *of beyond*. そんな物は世界の果てで捜さなければだめだ. (2) 《英》 奥地, (特に)オーストラリアの奥地. ***to the back*** 骨の髄まで (cf. *to the* BACKBONE). ***turn one's back on***…に背を向ける, …を見捨てる; を無視する; …に後ろを見せる, …から逃げ出す: *turn one's* ～ *on* the truth. ***with [having] one's back to the wall*** (大勢を相手に)追い詰められて, 窮地に陥って: England was fighting *with her* ～ *to the wall*. 英国は追い詰められて必死に戦っていた.

── *attrib. adj.* **1** 背部[後]の, 後部[方]の, 後ろの, 裏の, 裏手の: a ～ alley 裏通り / a ～ entrance 裏口 / a ～ garden 裏庭 / ～ teeth 奥歯 / ⇨ back bench, back door, back room, back street. **2** 遠い, 辺鄙な, 奥の (remote): ～ settlements 辺鄙な開拓地 / ～ slums (場末の)貧民街 / ⇨ back road. **3** (雑誌などの, 最新号を除いた)既刊の, 〈雑誌など〉(現在)出回っていない; 過去の: a ～ issue (雑誌などの)旧号, バックナンバー / ⇨ back file, back number. **4** 〈支払い・俸給など〉未納[済]の, 滞っている: a ～ rent 滞った家賃[地代] / a ～ salary 未払い俸給 / ⇨ back pay. **5** 後戻りの, 逆の: a ～ current 逆流 / a ～ step 後戻り / ⇨ back action, back answer, back track. **6** 〚音声〛 後舌(面)の, 後舌(面)で調音する (cf. front *adj.* 2, central *adj.* 6). **7** 〚海事〛 真後ろへ戻る. **8** 〚ゴルフ〛 (18 ホールのコースで)後半(9 ホール)の (cf. nine *n.* 7). **9** 〚クリケット〛 バックプレー (back play) の: a ～ stroke.

── *adv.* **1 a** 後方へ, 後ろに[で], あとに; 奥に[へ]; 引っ込んで; 離れて: ～ and forth ⇨ 成句 / ～ from the road 道路から(奥に)引っ込んで / play ～ 〚クリケット〛 ⇨ play[1] *vi.* 3 a / step ～ さがる / look ～ 見返る, 振返る / move ～ in a bus バスの奥へ進む / sit ～ in one's chair 椅子に深く腰を掛ける / Keep ～! あとに下っていなさい / The police held the crowd ～. 警官は群集を制した. **b** 後ろにもたれて: lie ～ on a couch ソファーにもたれて坐る. **2 a** もとへ; 帰って, 戻って; 逆戻りして; 戻して; 直って: a few pages ～ 数ページ前(に) / on one's way ～ 帰り道で / *Back!* =Go ～! 帰れ, 戻れ / ～ in New York ニューヨークへ戻って; もといたニューヨークで(は) / I'll be ～ at five. 5 時には帰ります / go ～ to primitive life 原始的生活に逆戻りする (cf. *adv.* 4 a) / put a book ～ (on the shelf) 本を(棚の)もとの場所へ戻す / be ～ on one's feet 再び元気になって, 立直って / Artificial respiration brought him ～. 人工呼吸で彼は甦った. **b** 返して; 返報に: have money ～ 金を返してもらう / give [pay] ～ a loan 借りを返す / answer ～ 口答えする / hit a person ～ なぐり返す. **3 a** 押えて, 控えて; 出さずに, しまって; 引っ込めて: hold ～ one's anger 怒りをこらえる / keep ～ the main fact 主な事実を隠して置く / take ～ one's words 自分の言った事を撤回する. **b** 遅らせて; 未納で, 滞って: be ～ in payment [rent] 支払い[家賃]が遅れている. **4 a** 昔に, 以前をさかのぼって: for some time ～ しばらく前から / go ～ to the 7th century 7 世紀にさかのぼる (cf. *adv.* 2 a) / look ～ on one's youth 青春時代を振返ってみる / The U.S.A. declared her independence ～ in 1776. アメリカ合衆国は 1776 年の昔に独立を宣言した. **b** 《口語》 (今から)…以前に (ago): two weeks ～ 2 週間前に.

back and forth (1) 前後に, 行きつ戻りつ. (2) あちらこちらに. ***back of*** 《米口語》 (1) …の後ろに, の背後に (behind): the houses ～ *of* the church 教会の後ろの家 / What could be ～ *of* his strange remark? 彼の不思議なことばの裏には何があるのか. (2) …より以前に: go far ～ *of* this これよりはるか以前にさかのぼる. (3) …を後援して. ***get [have] one's own back*** ⇨ own 成句. ***there [to…] and back*** そこまで[…へ]往復で: It's twenty miles *there and* ～. そこまでは往復 20 マイルある / a fare *to* London *and* ～ ロンドンまでの往復運賃.

── *vt.* **1** 後退させる, 後ろへ戻す, 逆行させる 〈*up*〉: ～ a horse (*up*) 馬を後ずさりさせる / ～ a car *into* [*out of*] the garage 自動車をバックしてガレージに入れる[から出す] / ～ the oars オールを逆にこぐ. **2 a** …に背を付ける, 裏打ちする: ～ a book 本に背を付ける / ～ a picture 絵に裏打ちする / ～ a dress *with* silk ドレスに絹の裏を付ける. **b** …の裏にある, 背景をなす: a garden ～*ing* the house 家の裏手にある庭 / The chalk cliffs ～ the beach. 白堊(はくあ)の断崖が浜辺の背景になっている. **3 a** 後押しする, 後援する (support) 〈*up*〉: ～ a plan 計画を支持する / ～ a person *up* 人を後援する / ～ a friend in his candidature 友人の立候補を後援する / ～ *up* an argument *with* facts 事実をあげて議論に説得力を加える. **b** 〈勝負〉に賭ける: ～ a winner [wrong horse] 勝ち馬[負け馬]に賭ける / ～ the field ⇨ field 11 c. **4 a** 〈手形など〉に裏書きする (endorse): ～ a check / ～ a bill (for a friend) (友人のために)手形に裏書きする. **b** 〈事業など〉の金銭上の責任を負う. **5** 《方言》 〈封筒〉にあて名を書く. **6** 《まれ》 〈馬〉の背に乗る; 〈馬を〉乗りならす. **7** 〚写真〛 〈乾板・フィルムの裏面〉にハレーション防止の薬品を塗る. **8** 〚音楽〛 …に伴奏をつける (accompany). **9** 〚海事〛 〈帆を〉逆帆にする《逆帆にして船の前進力を阻止または後進をする》. **10** 〚音声〛 〈音を〉舌の後方[後部]で発音する. ── *vi.* **1** 後ろに戻る, 後ずさりする, 逆行する: ～ *up* a little 少し後へ下がる / ～ *away* from a snake ヘビに驚いて後ずさりする. **2** 背中合わせになる, 背後で接する: The house ～*s onto* [《英》 *on to*] a wall. 家の裏はすぐ塀になっている. **3** 〚気象〛 〈風が〉逆転する《東風が北風となるように風向きが反時計まわりに移動する; ↔ veer》. **4** 〚海事〛 逆帆にする《帆の前面から風を受けるように帆桁を回す》.

back and fill (1) 〚海事〛 (狭い瀬戸を風上に向かってつれ潮を利用して進む時)帆を巧みに操ってひたすら潮流に流されるようにして進む. (2) 《米》 前後に動かす[動く]. (3) 《米》 考え[態度]が常にぐらつく (vacillate). ***back away*** (1) ⇨ *vi.* 1. (2) 〔…から〕身を引く, 撤退する〔*from*〕. ***back down*** (1) 〈運転手・車などが〉後ろへ下がる, バックする; 〔木などから〕降りる. (2) 手を引く, 引き下がる〔*from*〕. (3) 〈前言などを〉取消す, 撤回する; 〔…を〕譲歩する, 非を認める〔*from, on, over*〕. ***back off*** 《米》 =BACK *down*. ***back out (of)*** (1) (…から)後ろ向きに出る[出す]. (2) (〈企画・契約など〉から)手を引く; (〈競技など〉から)抜ける: ～ *out of* a bargain, contest, scheme, etc. / We cannot ～ *out* now. 今さら引っ込みがつかない. (3) 約束を破る, 違約する: He agreed to pay, then ～*ed out*. 払うと約束しておきながら違約した. ***back up*** (*vt.*) (1) ⇨ *vt.* 1. (2) ⇨ *vt.* 3 a. (3) 〈障害物・ダムなどが〉〈水を〉せき止める. (4) 《米》 〈車を〉後進させる. (*vi.*) (1) ⇨ *vi.* 1. (2) 〈下水などが〉(つかえて)たまる, 逆流してあふれる. (3) 《米》 〈車・交通が〉じゅずつなぎになる, 渋滞する. (4) 〈供給物などが〉(さばき口がなくて)たまる. (5) 〚球技〛 バックアップする《送球や打球をさばく味方選手の後ろに備える》. (6) 〚印刷〛 (表面(おもて)についで)裏刷りする; (電気版 (electrotype) を補強するために裏面に)裏金付けする. (7) 〚海事〛 〈留めたロープの端を〉引っぱってさらにしっかり結び留める. (8) 〚クリケット〛 〈投球を受けている打手または受けていない打手が〉走る構えをして打者線から出る.

back[2] [bǽk] 〚⊏ Du. *bak* ⊏ (O)F *bac* < VL **baccam* water vessel〛 *n.* (醸造・染色などに使う)大おけ.

báck·àche *n.* 背中の痛み, (特に)腰痛.
báck·àching *adj.* 〈仕事が〉ひどく骨の折れる, つらい: a ~ job.
báck áction *n.* 《米》(機械などの)反動.
báck-álley *adj.* 〈企てなど〉こそこそした, 明朗でない, きたない: ~ schemes, gossip, etc.
báck ànchor *n.* 〘海事〙(主錨の係駐力を補強するための小さな)添錨, 副錨, バックアンカー.
báck-and-fórth *attrib. adj.* 前後の; 相互の: a ~ movement 前後運動 / ~ traffic of information 情報のやりとり[交換].
báck ànswer 〘⇨ back¹ (adj.)〙 *n.* (無礼な)口答え: give a ~ 口答えする.
back·ass·wards [bǽkǽswədz | -wədz] *adv.* 《卑》尻の方から, 逆さまに.
báck·bànd *n.* (荷鞍に渡した馬の)背帯《荷車のながえ (shafts) と連結し, かつそれを引き上げる役をする; ⇨ harness 挿絵》.
báck béam *n.* 〘紡織〙バックビーム, 間丁(けんちょう)《織機の後部で, 経糸(たていと)が巻きつけてある木の円筒》.
báck bénch *n.* [the ~] (英下院の)後列席《平議員の席》; [集合的]平議員連 (cf. front bench).
báck·bénch·er *n.* (英下院で後方の座席について前方の党首・幹部たちを支持する)平議員.
báck·bìte 〘(a1325): ⇨ back (adv.), bite〙 — *v.* (**back·bit**; **-bit·ten**, 《口語》**-bit**) — *vt.* 〈いない人〉の悪口を言う, 〈人〉の陰口をきく. — *vi.* 人の陰口をきく. **báck·bìter** *n.*
báck·bìting 〘ME〙 *n.* 陰口(をきくこと).
báck·blòck *n.* [通例 *pl.*]《豪》(河川・海岸から離れた)奥地, 奥地の開拓地, 開拓地の第一線.
báck·blòck·er *n.* 《豪》奥地の住民.
báck·bòard 〘OE *bæc-bord* larboard: ⇨ back¹ (n.), board〙 — *n.* **1 a** (荷車の)後板. **b** (掛け額の)背板. **c** (ボートの)より板. **d** (昔の電話機の)背面板. **2** 〘医学〙(小児の)脊柱矯正板, 背板. **3** 〘バスケットボール〙バックボード《バスケットを取り付けた板》.
báck·bòiler *n.* 《英》(ストーブやレンジの後ろに置いた)湯沸し (《米》water back).
báck·bòne 〘(a1325): ⇨ back¹ (n.), bone¹〙 — *n.* **1** 背骨, 脊柱 (spine). **2** (山脈の)脊梁(せきりょう). **3 a** [the ~] (集団・計画などの)中心的支持力, 主力: the ~ of a defense 防衛の主力 / the ~ of England 英国の背骨《upper middle class のこと》. **b** 気骨, 精神力, 根性: He lacks [wants] ~. 彼には気骨がない. **4** 〘製本〙**a** (書籍の)背《ここに書名・著者名などを示す》. **b** 《米》背張り部分. **5** 〘海事〙バックボーン《甲板上の天幕の中央に縦に縫いつけた補強用ロープ》. **6** 〘造船〙バックボーン《船の中心線に沿って船底に縦の強さを与える背骨材; 竜骨・内竜骨など》.
to the backbone [通例被修飾語のあとに置いて]骨の髄まで, どこまでも, 完全に[な], 徹底的に[な] (cf. *to the* CORE¹): an Englishman *to the* ~ 生粋の英国人 / a liberalist *to the* ~ 徹底的な自由主義者.
~·less *adj.*
báck·bòned *adj.* **1** 背骨のある: a ~ creature. **2** 気骨[根性]のある.
báck·brèaker *n.* とても骨の折れる仕事.
báck·brèaking *adj.* **1** 〈仕事など〉ひどく骨の折れる. **2** 〈荷など〉ひどく重い.
báck·chàt 〘← BACK¹ (adj.)〙 *n.* 《口語》**1** 《英》口答え (back talk). **2** (喜劇役者などの)掛合い問答, 当意即妙の応答.
báck-chèck 〘← BACK¹ (adv.)〙 — *vi.* 〘アイスホッケー〙バックチェックする《攻撃をしかけてくる相手チームのプレーヤーの動きを阻止するため, 味方チームのディフェンス区域内に引っ込む; cf. fore-check》.
báck clòth 〘← BACK¹ (adj.)〙 — *n.* **1** バッククロス《ローラー捺染機で下敷きに用いる布》. **2** 〘海事〙バントペケット《横帆を畳んだ時にその中央部を巻き上げて固縛するための帆桁に取り付けた三角形のキャンバス》. **3** 《英》〘劇場〙=backdrop 1 a.
báck·còmb *vt.* (髪に)逆毛(さかげ)を立てる.
báck còmb *n.* 頭髪の後部につける装飾用の櫛(くし).
bàck·cóuntry *n.* 《米・カナダ・豪》(都会から遠い)田舎, 奥地; 未開拓地. **báck-cóuntry** *adj.*
báck cóupling *n.* 〘電気〙反結合《出力(の一部)を入力に加えて正帰還をかけること》.
báck·cóurt *n.* バックコート: **a** 〘バスケットボール〙センターラインより味方側のコート. **b** 〘テニス〙コートの後陣でサービスラインとベースラインの間の区画 (↔ forecourt; ⇨ lawn tennis 挿絵).
báck·cóurt·man *n.* 〘バスケットボール〙(チームの)ガード.
báck·cròss 〘← BACK¹ (adv.)+CROSS¹ (v.)〙〘生物〙 — *vt.* 戻し交配[交雑]する. — *n.* 戻し交配[交雑]《雑種第一代をその一方の親と交配すること》; 戻し交配によって得られた雑種. — *adj.* 戻し交配[交雑]の[に関する].
báck cúrrent *n.* 〘電気〙逆電流 (⇨ reverse current).
bàck·dáte 〘← BACK¹ (adv.)+DATE² (v.)〙 — *vt.* **1** 〈書類・出来事などを〉(実際より)前の日付にする. **2** …を(実際の日より)前の日付にさかのぼって発効させる: ~ the wage increases *to* January 1 1月1日にさかのぼって昇給させる.
báck díve *n.* 〘水泳〙背面飛込み《飛込み台で後ろ向きに立ち, 後ろ向きに飛込むこと》.
báck·dóor *adj.* **1** 裏口の. **2** 内密の, 秘密の (secret): ~ methods 陰謀.
báck dóor *n.* **1 a** (家の)裏口. **b** (国などの表玄関に対し)裏玄関, 裏口. **2** 秘密[不正]手段: by the ~ 密かに, 策を弄(ろう)して.
báck·dòwn 〘← *back down* (⇨ back¹ (v.) 成句)〙 *n.* 《米口語》退却, 後退.
báck·dròp *n.* **1 a** 〘劇場〙(舞台の背後に吊るした)背景幕, 垂れ幕 (《英》back cloth). **b** (写真家の用いる)背景布. **2** (事件などの)背景 (background).
backed 〘← BACK¹ (n., v.)+-ED〙 — *adj.* **1** [しばしば複合語の第2構成素として](…の)背をもった; (…の)背部を付けた: a straight-*backed* old lady 背のまっすぐな老婦人 / a high-*backed* chair 背の高い椅子. **2** 保温性を増すために裏に経糸(たていと)[緯糸(よこいと)]を付けた. **3** 後援[支持]された. **4** 〘商業〙〈手形など〉裏書のある. **5** 〘写真〙〈フィルム・乾板など〉裏面にハレーション防止層が塗られた.
báck electromótive fórce *n.* 〘電気〙=counter electromotive force.
báck énd 〘← BACK¹ (adj.)〙 *n.* **1** 後ろの端, 後部, 後尾. **2** 《スコット・北英》晩秋, 初冬.
báck·er 〘← BACK¹ (v.)+-ER¹〙 — *n.* **1** (運動・事業などの)後援者, 後盾(だて). **2** (競馬など他人のする勝負事の)賭け手 (cf. layer 7). **3** 支持物; 台紙《紙が折れ曲ったりしないようにするための支え紙》. **4** 〘製本〙バッキング工, 山出し工, 耳出し工《丸背の本で, 表紙付けに便利なように本の背にバッキングをする人》.
back·et [bǽkɪt, -kət] 〘□ F *baquet* (dim.) ← *bac* tub: ⇨ back²〙 *n.* 《スコット》(石炭・塩などを運ぶ浅い)木箱, 手おけ.
báck·fàll *n.* 〘レスリング〙フォール《投げてマットに背をつけさせること》.
báck-fénce *adj.* 〈会話など〉裏側のかき根越しになされる; 陰口の: a ~ chat [talk].
báck·fìeld *n.* 〘アメリカンフットボール〙**1** [集合的]バックフィールド《攻撃チームからみて相手守備軍のラインバッカーより後ろの位置にいるプレーヤー》. **2** バックフィールドの位置.
báck fíle *n.* 〘図書館〙(新聞などの)バックナンバー綴り[の綴じ込み]; バックナンバー.
báck·fìll *n.* 〘土木〙埋め戻し; 埋め戻し材料. — *vt.* 〈掘った穴を〉埋め戻す.
báck·fìll·ing *n.* 〘土木〙=backfill.
báck·fìre 〘← BACK¹ (adj.)〙 — *n.* **1** 《米・カナダ・豪》向かい火《野火などの延焼を防止するため下手(しもて)に放つ火; cf. counterfire》. **2** 〘機械〙(内燃機関の早発による)逆火(ぎゃっか), 逆火(さかび), バックファイヤー. **3** (銃・砲の)逆火(ぎゃっか), 逆発, 復炎; 逆動. **4** 期待はずれの結果, 不首尾. **5** 《まれ》〘電子工学〙逆弧 (arc-back). — [《英》⌐⌐] *vi.* **1** 《米・カナダ・豪》向かい火を放つ. **2** 〈銃砲が〉逆火[逆発, 復炎]する; 逆動する. **3** 〈計画などが〉期待はずれの[予期に反した]結果になる, 不首尾に終わる: Our plan ~*d* (*on* us). **4** 〘機械〙〈内燃機関・車などが〉バックファイヤーを起こす.
back·fisch [bɑ́ːkfɪʃ; G. bákfɪʃ] 〘□ G *Backfisch* 《原義》fish for baking〙 *G. n.* (*pl.* **-fi·sche** [~ə; G. ~ə]) 年頃の女の子, ティーンエージャー.
báck·flàsh *n., vi.* 〘映画・文学〙フラッシュバックの手法(で描く).
báck·flòw *n.* 逆流.
báck fócus *n.* 〘写真〙バックフォーカス, 後部焦点《無限遠に焦点を合わせた時のレンズの一番後ろ側の面の頂点から焦点面までの距離》.
báck-formàtion 〘(1887): ⇨ back¹ (adv.): J. A. H. Murray の造語〙 — *n.* 〘言語〙**1** 逆成《ある語を他の語からの派成語と考え逆にその本源と思われる新語を造ること; 例: lazy → laze; typewriter → typewrite; donation → donate》. **2** 逆成語.
back·gam·mon [bǽkgæ̀mən, ⌐⌐⌐ | ⌐⌐⌐, ⌐⌐⌐] 〘(c1645) ← BACK¹ (adv.)+GAMMON²: こまが後戻りすることからか〙 — *n.* **1** バックギャモン《2個の遊戯箱 (tables) の上の各12個のとがり部分 (points) の盤上で, 2個のさいを振って各15個のこま (men) を動かす西洋すごろく》: a ~ board バックギャモンの盤. **2** バックギャモンでの勝ち, (特に)3倍点 (tripled score) をとった時の勝ち. — *vt.* バックギャモンで〈相手〉に勝つ; (特に)3倍点で〈相手〉に勝つ.

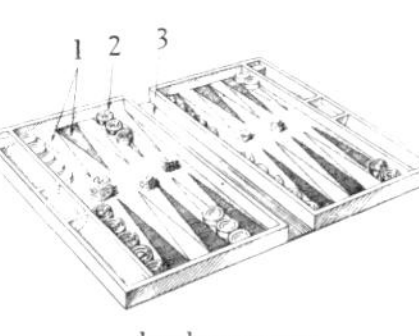

backgammon
1 points; 2 men; 3 bar

báck gèar [gèaring] *n.* 〘機械〙バックギヤ《旋盤の主軸の回転速度を変化させる歯車装置》.
báck gráy *n.* =back cloth 1.
báck·gròund 〘(1672)〙 — *n.* **1** (景色・絵画・舞台の)背景, 遠景 (cf. foreground, middle distance): a castle with a ~ of hills / in the ~ 背景[遠景]に / the ~ of the heavens 星辰(せいしん)の背景《天体の背景をなす暗黒の空間》. **2** (織物・画面などの)地(じ): a dress with red spots on a white ~. **3** 目立たない所, 裏面: keep [stay, be, remain, etc.] in the ~ 表面に立たないでいる, 黒幕になっている. **4 a** (事件発生の)背景, 背後事情; (背景となる)一連の条件, 原因: the ~ of the American Revolution. **b** (問題などの理解に必要な)背景的情報, 予備知識《background information ともいう》. **c** (人の自然的・物理的・物質的などの)背景《教養・家柄・交友など》, 素性(すじょう), 経歴, 前歴; 経験, 学識: a man with a college [French] ~ 大学出の[フランス語の素養のある]男. **5** =background music. **6** 〘教育〙基礎環境《性格形成期などの環境》. **7** 〘電子工学・物理〙(送信および受信電子装置や一般に測定装置に常に存在する)影雑音, バックグラウンド, 暗騒音《信号に影響を与える, もともと存在する擬似信号》.
— *attrib. adj.* 背景の[となる]. — *vt.* **1** …の背景となる. **2** …に背景となるもの[予備知識]をもたせる.
báck·gròund·er *n.* 《米》(政府の政策・措置などの背景を説明するための)非公式記者会見; その新聞発表.
báckground héater *n.* バックグランドヒーター《常にある一定の温度を保つための暖房装置; 適温よりやや低くそれ以上暖めるには他の暖房器具を用いる》. **báckground héating** *n.*
báckground mùsic *n.* バックグラウンドミュージック《映画・ラジオ・テレビ・演劇などで背景に流す音楽; また食堂・デパートなどで流すムード音楽》.
báckground projéction *n.* 〘映画・テレビ〙バックグラウンドプロジェクション, 背景投写[映写]《あらかじめ準備しておいたフィルムやスライドをアクション撮影の際, 半透明のスクリーン上に裏側から背景として投写すること; back projection, rear projection ともいう》.
báck·hànd 〘⇨ back¹ (adj.)〙 — *n.* **1 a** (テニスなどで)バックハンド(ストローク)《手の甲を打球方向に向けて打つ打球法; cf. forehand 3》. **b** バックハンド(ストローク)が用いられる(プレーヤーの)サイド. **2** (筆跡の)左傾書体《上下の筆線が左に傾いている書体》. **3** 〘野球〙バックハンドキャッチ. — *adj.* = backhanded. — *adv.* **1** バックハンド[逆手]で. **2** 左傾書体で. **3** 〘野球〙バックハンドキャッチで. — *vt.* **1** バックハンドで打つ, 逆手で打つ. **2** 〘野球〙バックハンドで〈球を〉捕える.
báck·hánd·ed 〘⇨↑, -ed 2〙 — *adj.* **1** バックハンドによる, 逆手で打った; 〈打撃など〉手の甲による: a ~ stroke in tennis. **2** 〈筆跡が〉左傾斜の: ~ writing. **3** おずおずする, 躊躇する (hesitant): ~ in asking a question 質問するのをためらう. **4** まわりくどい, もってまわった, あいまいな (equivocal); 実意のない, 不誠実な (insincere); 皮肉な, 意地の悪い (sarcastic) (cf. left-handed 6): a ~ warning, compliment, etc. — *adv.* **1** バックハンド[逆手]で. **2** 〘野球〙バックハンドキャッチで. **~·ly** *adv.* **~·ness** *n.*
báckhanded rópe *n.* =left-handed rope.
back·hand·er [⌐⌐⌐, ⌐⌐⌐] *n.* **1 a** 〘テニス〙バックハンド(ストローク). **b** 〘野球〙バックハンドキャッチ. **2** 逆手打ち; 手の甲での打撃. **3** 間接的攻撃, 非難. **4** おまけの1杯《酒びんを順送りに左へ回す前に右側の人についでやる2杯目のつぎ酒》. **5** 《英俗》わいろ (bribe).
báckhand rópe *n.* =left-handed rope.
báck·hàul *n.* (運送道程の全部または一部に生じる)逆送.
Back·haus [bɑ́ːkhaus; G. bákhaus], **Wilhelm** *n.* バックハウス《1884–1969; ドイツのピアニスト》.
báck·hòe *n.* 〘土木〙バックホウ《地盤より低い所の掘削に適した掘削機の一種》.
báck·hòuse *n.* **1** 《米》屋外便所 (privy). **2** 〘方言〙(母屋(おもや)の後方の)離れ, 裏屋.
báck·ing 〘← BACK¹ (v.)+-ING¹〙 — *n.* **1 a** 裏付け, 裏張り; 裏材, 裏板. **b** 〘劇場〙(舞台装置の窓や戸口などの開口部の後ろに置く)隠し幕. **2** 後援, 支持; [集合的]後援者[団体]: financial ~ 財政的支援 / win strong union ~ 労働組合の強力な支持を得る / have a strong ~ 強力な支持団体がある. **3** (手形などの)裏書保証. **4** 逆行, 後退: a ~ signal 後退信号. **5** 〘音楽〙(特に, 録音時に歌手につける)伴奏: vocal [instrumental] ~ 声楽[器楽]による伴奏. **6** 〘製本〙バッキング, 山出し, 耳出し《本の中身の背をたたいて耳出しをする作業》. **7** 〘印刷〙裏刷り. **8** 〘写真〙(乾板・フィルムの裏面の)ハレーション防止塗布層.
bácking light [làmp] *n.* **1** =backup light. **2** 〘劇場〙=backing strip.
bácking rìng *n.* 〘機械〙裏当て輪.
bácking strìp [strìplight] *n.* 〘劇場〙ストリップライト《舞台装置の背景に当てるための照明》.
báck júdge *n.* 〘アメリカンフットボール〙バックジャッジ《バックフィールド地域を受持つ審判》.
báck·làsh *n.* **1 a** 逆回転. **b** 〘機械〙バックラッシュ, 「がた」,「あそび」《歯車や機械のゆるんだ部分の戻り》. **2 a** 《米》(黒人の人種差別反対運動に対する)白人の差別[巻き返し]運動: a white ~. **b** 強い巻き返し[反撥](運動). **c** (急激な)逆戻り, 激しい反動: a political ~. **3** 〘釣〙(リールの)糸のもつれ. — *vi.* **1** 「がた」「あそび」をつくる. **2** (急激に)逆戻り[巻き返し]をする, 強い反動を起こす. **3** 〘釣〙〈リールの糸が〉もつれる. **~·er** *n.*
báck·làsh·ing *n.* 〘機械〙=backlash 1 b.
báck·less *adj.* 背部のない; 〈婦人服が〉背中の部分が広くあいた: a ~ bench, dress, etc.
báck·lìft *n.* 〘ラグビー・サッカー〙バックリフト《ボールをキックする時, 逆方向に脚を上げる動作》.
báck·lìght *n.* 背面光, バックライト, 逆光線, バック照明《対象の背後から, または対象に直角に当たる照明》. — *vt.* (~·ed, -lit) …に背面光を当てる, 背後から照らす.
báck·lìght·ing *n.* 〘写真〙逆光照明(法), バック照明(技術).

báck lìne *n.* **1**〘ラグビー〙バックライン《スリークォーターの形成するライン》. **2**〘アメリカンフットボール〙バックライン《スクラムの後ろのバックスの形成するライン; cf. back *n.* 9 b》.

báck·lìning *n.* **1**〘建築〙裏羽目《上げ下げ窓の窓枠を裏打ちする板で, 窓のすべりをよくするために張られる》. **2**〘製本〙背紙, 背張り《本の中身の背とか, 背表紙の内側に張付けて補強の用にあてる布や紙》.

báck·lìst *n.* (出版社の新刊本を除く)在庫本(リスト). — *vt.* 〈書物を〉在庫本(リスト)に入れる[含める].

báck lòad *n.* 背中に背負った[背負えるだけの]荷物, 背負いやすい荷物.

báck·lòbe *n.* 〘電気〙バックローブ《指向性空中線[アンテナ]で本来電波を出すべき方向と正反対の方向に出る電波束》.

báck·lòg *n.* **1**《米》炉背木《まきの台木として炉の奥に置く長く燃える大丸太》. **2**《口語》(商品などの)注文残高; 滞貨; (仕事などの)未処理分, 残務; (材料などの)予備貯蔵, 備蓄, 手持ち: have a sound ~ *of* experience 経験をしっかり積む. — *vt.* **1** (将来に備えて)取っておく, 留保する. **2** (将来のものとして)…の注文を受注する. 「撮影広場».

báck lót *n.* 〘映画〙バックロット《撮影所付属の屋外

báck márgin *n.* 〘印刷〙のど(あき)《図書のとじ目の側の余白; gutter margin, inner margin, inside margin ともいう》.

báck·màrker *n.* **1** (レースで)ハンディキャップを受けない選手. **2** =also-ran.

báck màtter *n.* 〘印刷〙(書物の)後付け《本文の後にある参考書目・索引・補遺などの部分; end matter ともいう; cf. front matter》.

báck mòlding *n.* 〘建築〙縁取用繰形, 散(ち)繰形《壁面のへりを隠すために内側窓や戸の側部に取り付ける突き出しの部分》.

báck·mòst 〘(1782) ← BACK[1] (adj.)+-MOST〙 *adj.* 最も後方の, 最後部の.

báck mutátion *n.* 〘生物〙逆突然変異, 復帰突然変異《突然変異した遺伝子が前の状態に変異すること》.

báck númber *n.* **1** バックナンバー, 旧号《雑誌などで, 最新号以外の既刊の号》. **2**《口語》時代遅れの人[もの, 方法].

báck órder *n.* 〘商業〙**1** 未処理注文《処理や納期の終わってない注文》. **2** 後積(ぢ)注文, 繰越し注文, 再指図《調達し残った部分または元の注文時になかった品への新注文》.

báck òut *n.* **1**《米口語》撤回, 脱退, 取消, 変節. **2**〘宇宙〙時間読み撤回《時間読みの行程を逆にして中止すること》.

báck·pàck《米》*n.* 背負って運ぶ荷; (特に)背負ったまま使用するように設計された器機《消火器など》. — *vt.* (スポーツとして)〈食料・キャンプ用具などを〉背中にしょって山野を歩く. — *vi.* バックパッキングする. **~·er** *n.* **~·ing** *n.*

báck-páge *adj.* 〘新聞〙裏ページ[裏面]の; 報道価値の低い (↔ front-page).

báck páge *n.* (本などの)偶数ページ, 裏ページ.

báck-pàint *vt.* 〈建物内部の造作など〉の裏[隠れた部分]を塗る, 裏塗りをする. **~·ing** *n.*

báck párlor *n.* (私用の)奥の部屋,「裏座敷」.

báck pássage *n.* 《口語》直腸 (rectum).

báck pày *n.* **1** 未払い給料[俸給]. **2** (賃金引上げなどの場合の)遡及(きゅう)分給与 (cf. retroactive 2).

back·pedal [⌐⌐⌐ | ⌐⌐⌐] 〘⇨ back[1] (adv.)〙 — *vi.* (-ped·aled, -alled; -al·ing, -al·ling) **1** (自転車を減速するため)ペダルを逆に踏む. **2** (ボクシングなどで)後ろに身をかわす, すばやく後退する. **3** 行動を逆転する; 〔意見・約束などを〕撤回する〔*from, on*〕.

báck pìtch *n.* 〘機械〙横ピッチ《2 列以上のリベット継手の各列間の間隔》.

báck·plàstering *n.* 〘建築〙裏プラスター塗り《壁の断熱・遮音性能を高めるために, 壁下地の裏側, つまり壁の仕上げ面とは反対側をプラスターで塗ること》.

báck·plàte 〘⇨ back[1] (n., adj.)〙 *n.* **1**〘建築〙裏地板《構材を支えるための木[金属]の板》. **2**〘甲冑〙背当て (cf. breastplate 1 a).

báck plày *n.* 〘クリケット〙バックプレー《打手が三柱門 (wicket) の方へ一歩下がって球を打つこと; cf. forward play》.

báck prèssure *n.* 〘機械〙背圧《蒸気機関の出口側の蒸気圧力》.

báck prèssure-árm lìft mèthod *n.* 〘医学〙人工呼吸法の一種《背中を圧迫し次に両ひじを上げる動作を繰り返す》.

báck-projèct 〘映画・テレビ〙*vt.* 〈映像を〉背景映写する (⇨ background projection). — *n.* 背景映写された映像. 「projection.

báck projèction *n.* 〘映画・テレビ〙=background

back·ra [bǽkrə] *n., adj.* =buckra.

báck·rèst *n.* **1** バックレスト《手仕事に従事する人が用いる背中を休めるためによりかかる支え》. **2**〘機械〙あと振れ止め. **3**〘紡織〙バックレスト, 間丁(ちょう)《織機の後部で経糸(たて)を支えるもの》.

báck róad *n.* (人通りの少ない)田舎道《舗装していないことが多い》.

báck·ròom *adj.* 舞台裏で行なわれる, 秘密の; こっそり決められた: ~ politics 秘密政治.

báck róom *n.* **1** 奥の部屋. **2 a** (政党などの指導者の)秘密会合の場所. **b** 秘密研究所.

báckroom bóy *n.* 《英口語》(軍事目的などの)秘密研究員; 専門助言者, ブレーントラストの一員 (brain truster).

báck·ròpe *n.* 〘海事〙**1** バックロープ《dolphin striker の端を後方に船首まで張るロープ》. **2** =cat back.

báck ròw [-ròu | -rəu] *n.* 〘ラグビー〙バックロー《スクラムの第 3 列目を組む 2-3 名の選手》.

báck-ròw cénter *n.* 〘ラグビー〙バックローセンター《バックローの中心に位置する選手》.

báck rùn *n.* 〘化学〙逆流, バックラン《製造行程中材料物質の流れを逆にすること》.

báck·sàw *n.* つり掛けのこぎり, 背のこぎり.

báck·scàtter *n.* 〘物理〙(素粒子や放射線の)後方散乱《backscattering ともいう》.

báck scòre *n.* (カーリングの)バックスコア《フットスコアとスウィーピングスコアの中間の線; ⇨ curling 挿絵》.

báck·scràtcher *n.* (*also* **báck scràtcher**) **1** 孫の手《背中を搔く道具》. **2**《口語》(私利のため)お互いに便宜を図り合う人, 持ちつ持たれつでいく人. **3**《口語》おべっか使い.

báck scràtching 〘⇨ back[1] (n.): cf. 《諺》You scratch my back, and I'll scratch yours.〙 — *n.* 《口語》(私利のために)お互いに便宜を図り合うこと, ギブアンドテイク.

báck·séat *n.* **1** 後の座席, 後席. **2**《口語》低い[目立たない]地位. ★ 通例次の成句で: ***take a backseat to*** …に対して従属的になる, 卑下する, 一目置く.

bácksεat dríver *n.* 《口語》**1** (自動車の後ろの座席から出しゃばって)運転の指示などをする人. **2** (権限もないのに)余計な口出しをする人, 出しゃばり; 下の地位にいて上の人に命令する人. **bácksεat dríving** *n.*

báck·sèt 〘← BACK[1] (adj.)+SET (n.)〙 — *n.* **1** 後戻り, 逆行 (reverse). **2** 戻り水, 逆流 (countercurrent). **3**〘建築〙バックセット《錠やかん抜きの先立面から鍵穴の中心までの距離》.

back·sheesh [bǽkʃiːʃ, ⌐⌐] *n.* (*also* **back·shish** [~]) =baksheesh.

báck·sìde 〘(c1400): cf. Swed. *baksida*〙 *n.* **1** 後部; 裏側, 背面. **2** [しばしば *pl.*]《口語》尻, 臀部(でん).

báck·sìght *n.* **1**〘測量〙**a** 後視《トラバース測量・高低測量において, 後方の既知測点を視準すること》. **b** (測量ずみの地点を示す)旗, 標識. **2** (銃の)照門, 照尺 (cf. foresight 5): a notch of the ~ 照門.

báck slàng 〘⇨ back[1] (adv.)〙 *n.* 逆さ言葉, 逆読み俗語《man を nam, pig を gip という類; cf. ananym》.

báck·slàp 〘← *slap on the back* (⇨ back[1] (n.) 成句)〙 — *vt.* (親密・友情などを大げさに示して)ぽんと〈人〉の背中をたたく; 〈人〉に大げさに愛想よくする. — *vi.* ぽんと人の背中をたたく. — *n.* =backslapping.

báck·slàp·per *n.* (やたらに人の背中をたたいたりして)いやに愛想のよい人, にこぽん式の人. 「ん式.

báck·slàp·ping *n.* 背中をぽんとたたくこと; にこぽ

back·slide [⌐⌐, ⌐⌐] *vi.* (**-slid; -slid, -slid·den**) (道徳的・宗教的に)後戻りする, (再び)堕落する, (relapse); (信仰から)脱落する, 背教する. — *n.* 後戻り, 退歩, 堕落. **báck·slìd·ing** *n.*

báck·slìd·er *n.* (宗教上などの)堕落者, 背教者.

báck·spàce *vi.* バックスペースする《タイプライターのキャリッジを 1 スペース分後戻りさせる》. — *n.* =backspacer.

báckspace kèy *n.* =backspacer.

báck·spàc·er *n.* バックスペース用のキー.

báck·spìn *n.* (テニス・卓球・ゴルフ・バスケットボール・サッカーなどの球の)逆回転, バックスピン《球が落下すると逆にバウンド・転回または急停止する》.

báck·stàb 〘⇨ back[1] (n.)〙 *vt.* …の陰口をきく[たたく], 内緒で[知らぬうちに]攻撃する.

báck·stàb·ber *n.* 陰で人を攻撃する人, 不当な攻撃をする[陰口をたたく]人.

báck·stage 〘← BACK[1] (adj.)+STAGE (n.)〙 — [⌐⌐] *adv.* **1 a** 舞台の裏[陰]で[へ]; (特に)楽屋で[へ]: go ~ 〈観客などが〉楽屋を訪れる. **b** 舞台後方で[へ] (upstage). **2** 秘かに, こっそりと. — [⌐⌐] *attrib. adj.* **1** 舞台裏(で)の. **2** 芸能人の私生活に関する. **3** 〈活動など〉内密な, こっそり行なわれる;「黒幕」の. — [⌐⌐] *n.* 舞台裏; (特に)楽屋; 舞台後方.

báck·stàir *adj.* =backstairs.

back·stairs 〘⇨ back[1] (adj.)〙 — [⌐⌐] *n.* [単数または複数扱い] **1** (使用人の部屋に通じる)裏手階段. **2** 秘密の手段. — [⌐⌐] *adj.* **1** 裏手階段の. **2** 秘密の: a ~ intrigue 内証のたくらみ, 陰謀 / by ~ influence 秘密の[隠れた]勢力[手段]で. **3** 中傷的な, 下劣な.

báck·stày *n.* **1**〘機械〙(機械装置の)背控え, 後控え. **2** [しばしば *pl.*]〘海事〙後方支索, バックステー《檣(しょう)頭から斜め下後方の両舷側に張ったマストの支え綱》. **3**〘建築〙(塔・柱などの)支持用に張り渡した部材, 控え綱《ケーブルなど》. **4** 市革(しかわ)《靴の後部についているハート[短冊]状の革》. 「針で縫う.

báck·stìtch *n.* 返し針, 返し縫い. — *vt., vi.* 返し

báck·stòp 〘⇨ back[1] (adj.)〙 — *n.* **1** バックストップ: **a**《米俗》〘野球〙捕手の背後のバックネット[壁, 柵など]. **b**〘テニス〙ベースラインの背後の壁[金網など]. **c**〘射撃〙(弾丸が遠くへ飛ばないように)標的の背後の土塁. **2**《俗》**a**《米》〘野球〙捕手 (catcher). **b**《英》(クリケットの)捕手 (wicketkeeper). **3**〘機械〙(エレベーター・コンベヤーなどの逆行防止のための)安全装置. **4**《口語》(主義・方法などの)裏付け, 支え; 後援, 支持. — *vt.* **1** …のキャッチャーをする. **2** 支える; 〈他人を〉支持する, 支援する.

báck·stràp *n.* **1** バックストラップ《それを引っ張って靴をはくためにかかとにつけた革片》. **2**〘製本〙= backbone 4.

báck-stràpped *adj.* 〘海事〙(逆風や海流のために)航行が思うようにいかない, 進まない.

báck-strèet *adj.* 〈行動など〉こそこそ行なわれる, 人目を盗んだ.

báck stréet *n.* [通例 *pl.*] 裏通り, 裏町, 場末.

báck·strétch *n.* バックストレッチ《競技場の決勝点のある走路と反対側の直線コース; cf. homestretch 1》.

báck·strìp *n.* 〘製本〙=backbone 4.

báck·stròke 〘← BACK[1] (adv.)+STROKE[1] (n.)〙 — *n.* **1** 打返し, 反撃. **2**〘機械〙(ピストンなどの)退衝. **3**《米》(テニスなどの)バックハンドストローク. **4**〘水泳〙**a** 背泳, バックストローク. **b** [the ~] 背泳競技. — *vi.* 背泳をする. **báck·stròk·er** *n.*

báck·swèpt *adj.* **1** 斜め後方へ傾いた, 後方にたなびいた. **2**〘航空〙〈飛行機の翼が〉後退角のついた: a ~ wing 後退翼.

báck swìmmer *n.* 〘昆虫〙マツモムシ《腹を上にして泳ぐ半翅(し)目 Notonectidae 科の昆虫の総称》.

báck·swìng *n.* **1**〘球技〙バックスイング《クラブ・バット・ラケットを引いて打球に備える動作》. **2** (思想・風習などの)後戻り, 復古.

báck·swòrd *n.* **1** 片刃の剣. **2**《古》(フェンシング練習用の)木刀. **3** =backswordman.

báck·swòrd·man [-mən] *n.* (*pl.* **-men** [-mən, -mèn]) 木刀使い.

báck-tàlk *vi.* 口答えする; 生意気な返事をする.

báck tàlk 〘⇨ back[1] (adj.): cf. talk back〙 *n.* 《米口語》(目下の者の)口答え, 無礼な返答, 生意気な返事.

báck-titrátion *n.* 〘化学〙逆滴定, 残余滴定《過剰の試薬を加え, 他の標準液でその過剰量を滴定して求め, 最初の反応物質の量を求める方法》.

báck-to-báck *adj.* **1** 〈家・座席など〉背中合わせの: ~ houses. **2** 連続的な, 続けざまの.

báck·tràck 〘⇨ back[1] (adj.)〙 —《米》*vi.* **1** 同じ道を引き返す. **2** (事業などから)手を引く, 身を引く; 〔一度発表した意見・政策・計画などを〕撤回する, 取り消す〔*from, on*〕; 逆の政策をとる. — *vt.* …の跡をたどる, 追跡する; 調査する.

báck tràck 〘↑〙 *n.* 《米》(出発点へ帰る)帰り道, 戻り道: take the ~ 帰る, 退く.

báck·ùp 〘← *back up*: ⇨ back[1] (v.)〙 — *n.* **1 a** 支援, バックアップ. **b** 裏打ち, 裏張り. **2**《米》(下水・車などの流れの)停滞, たまり; あふれ: a ~ of cars 車の渋滞. **3 a** (ある人・物の)予備, 代替物: a ~ of troops. **b** (研究や開発で計画が挫折する場合に備えて並行して行なわれる)別計画, 別活動. **4** 〔政策などの〕後退, 撤回〔*on*〕. **5**〘ボウリング〙バックアップ, それ玉《ボウラーの利き腕の方向に大きく曲がるボール》. — *adj.* **1** 予備の, 副の: a ~ generator 予備の発電機 / a ~ pilot 副操縦士. **2** 伴奏をする: ~ musicians.

báckup lìght *n.* 《米》(自動車の)後退灯, バック(アップ)ライト《後部にあって変速ギヤをバックに入れた時に点灯して車の後退を表示する》.

báckup sìgnal *n.* 〘鉄道〙=dwarf signal.

báck·vèld 〘← BACK[1] (adj.)+VELD〙 *n.* 《アフリカ南部》未開で原始状態のままの奥地.

báck vówel *n.* 〘音声〙後舌母音《[u], [o], [ɔ], [a] など; cf. front vowel, central vowel》.

back·ward [bǽkwəd | -wəd] 〘adv.: (a1325) *bakward(es)*《頭音消失》← *abakward*: ⇨ aback, -ward. — adj.: (a1398) ← (adv.)〙 — *adv.* **1** 後方に; 後ろ向きに: fall ~ 仰向けに倒れる / lean ~ 後ろへもたれる / look ~ (over one's shoulder) (肩越しに)振り返って見る / walk ~ 後ろ向きに歩く / sit ~ on a horse 後ろ向きに馬に乗る. **2** 逆行して, 退歩して: the community going ~ 退歩[堕落]する社会. **3** 逆に, 反対方向に: count [read, flow, roll] ~ / say the alphabet ~ アルファベットを逆に言う / turn a handle ~ 取っ手を反対にまわす. **4** 以前[昔]にさかのぼって: look ~ over the good old days 懐しい昔を振り返る.

backward and forward (1) 行ったり来たり, 前後に, あちらこちらに; しどろもどろに. (2)《口語》完全に, 徹底的に. ***bend*** [***fall, lean***] ***over backward*** (行き過ぎを直すために)正反対の態度を取る, 前とは打って変わって…しようとする; 懸命の努力をする, 必死になって…しようとする 〈*to* do, (*in*) *do*ing〉: He *bent over* ~ (*in* trying) *to* help [please] her. (前とは違って)彼は彼女に力を貸そうと[彼女を喜ばそうと](して)一生懸命だった. ***know backward*** (***and forward***) 熟知[精通]している.

— *adj.* **1** 後方の, 後方への; もとに戻る, 逆行の; 逆行的な, 逆の: a ~ glance 振り返り / a ~ movement 後退, 後ずさり / a ~ journey 帰りの旅 / a ~ process 逆のやり方 / a ~ blessing 呪い. **2** しりごみしがちの, ためらいがちな (reluctant); 引っ込み思案な[の], 内気な (shy): a ~ suitor はにかみやの求婚者 / He is ~ in giving people his views. 人前で自分の意見を述べたがらない. **3** 発達の遅れている; 保守的な; 進歩の遅い, 覚えの悪い: a ~ country [nation] 後進国 (cf. DEVELOPING country) / a ~ attitude 保守的な態度 / a ~ child 知恵遅れの子 / ~ in one's studies 勉強が

遅れて / The state of society is still ~. 社会状態は未だに発達していない. **4** 時期[季節]遅れの: a ~ season 例年より遅い季節 / The crops are ~ this year. 今年は作が遅れている.
— *n.* 《詩》過去: in the dark ~ and abysm of time 遠い遠い昔に (Shak., *Tempest* 1. 2. 50).

back·ward·a·tion [bæ̀kwədéɪʃən | -wə-] 〚⇨ ↑, -ation〛 — *n.* 《英》〘証券〙(London 証券取引所の繰延べ取引における)売株の繰延べ料《売主から繰延べ取引の相手方に支払われる》; 繰延べ逆日歩.

báck·ward·ly 〚← BACKWARD (adj.)＋-LY[1]〛 *adv.* **1** 後方へ, 逆行して. **2** しりごみして, いやいやながら, しぶしぶ; ぐずぐずと, のろのろと. **3** 後に, 遅れて.

báck·ward·ness *n.* **1** 遅れがち, 進歩の遅いこと, 後進性, 遅鈍性. **2** 気遅れ性, しりごみがち; 気の進まないこと. **3** (季節などの)遅れ.

báck·wards [-wədz | -wədz] 〚ME〛 *adv.* ＝backward.

báck·wàsh *n.* **1** 一度岸に寄せて引き返す波. **2** (事件などの)余波, 波紋, 反響. **3** 〘海事〙 **a** オールなどで押返される水. **b** (船の推進器などによって生じる)後方への流れ, 渦流(かりゅう). **4** 〘航空〙バックウォッシュ, 後流《飛行機のプロペラの回転によって後方に流れる渦流》. — *vt.* 〈船・引潮などが〉…に影響を及ぼす[与える], あおりを食らわせる, 逆流を浴せる.

báck·wàter 〚ME: ⇨ back[1] (adv., adj.), water (n.)〛 — *n.* **1** せき返し水, 戻り水, 逆流; よどみ, 逆水; よどみのある入江, 潟(かた). **2** (知的)スランプ, (文化的)沈滞; 沈滞している環境[場所]: in an intellectual ~ 知的スランプの状態で / I live in a ~ in this small village. こんな小さな村の活気のない環境の中にくすぶっている. **3** 他から離れた所, 孤立した場所. **4** 〘地理〙自然的または人工的に川がせき止められて生じた水面; その水面に川が流入する部分. — *vi.* ＝ *back* WATER.

báck·wày *n.* 裏道, 裏に通じる道; 脇道.

báck·wìnd [-wìnd] 〘海事〙 *n.* 逆風《帆に反対側から当たる風》. — *vt.* **1** …に逆帆をうつ, 〈帆〉に逆風を当てる. **2** 〈他の帆船〉の風上に出て風をさえぎる.

báck·wóod *adj.* ＝backwoods.

back·woods [⌐⌐, ⌐⌐ | ⌐⌐] *n. pl.* **1** [しばしば単数扱い] (米国・カナダなどの)辺鄙な未開拓の森林地, 奥地. **2** 僻地. — *attrib. adj.* **1** 未開拓の, 森林地の; 僻地の. **2** うぶな, 無骨な (uncouth).

báckwoods·man [-mən] *n.* (*pl.* **-men** [-mən, -mèn]) **1** 辺鄙な未開拓地の住人[移住者]. **2** **a** 僻地の人, 田舎者. **b** めったに都会に出ない人, (礼儀作法を知らない)無骨者. **3** 《英》(かり出さなければ)めったに登院しない上院議員.

báck·yárd 〚《15C》〛 *n.* **1** 裏庭, 後庭《垣根越しに隣家と交際する場所になる; 英国では通例舗装してある》. **2** (親近感などから)行きやすい所, (自分の)縄張り; よく人の集まる場所, たまり場, 行きつけの場所.

ba·con [béɪkən] 〚《c1330》 *bacoun* ⊂ OF *bacon, bacun* ⊂ Frank. *báko* ham, flitch < Gmc **bakkon* (cf. **bakam* 'BACK[1]')〛 — *n.* ベーコン《豚の横腹や背の肉を干すか塩漬にしていぶしたもの; ⇨ pork 挿絵》: ~ and eggs＝eggs and ~ ベーコンエッグ《焼いた薄切りのベーコンを添えた目玉焼き》.
bring home the bacon 《口語》(1) ほしい物を手に入れる, 所期の目的を達する. (2) 生活に必要な金をかせぐ. ***save one's bacon*** 《俗》(1) 危いところを助かる, 危害を免れる. (2) 人に本望を遂げさせる. ***sell one's bacon*** 《俗》体[身]を売る.
— *vt.* 《米》〈豚肉などを〉ベーコンにする.

Ba·con [béɪkən], **Francis** *n.* (1561–1626) 英国の哲学者・政治家; 経験論の祖; *Essays* (1597, 1612, '25); *Novum Organum*「新機関」(1620); 称号 1st Baron Verulam, Viscount St. Albans.

Bacon, Nathaniel *n.* (1647–76) 英国生れの米国植民者; ベーコンの反乱 (Bacon's Rebellion) (1676) の首領.

Bacon, Roger *n.* (1210 (または '14)–94) 英国中世の神学者・自然科学者で科学的近世哲学の先駆者; Friar Bacon, 'the Admirable Doctor' と呼ばれた.

Ba·co·ni·an [beɪkóuniən, bə-, -njən | -njən, -nɪən] 〚← *Francis Bacon*＋-IAN〛 — *adj.* ベーコン (Francis Bacon) の; ベーコン学派の: the ~ method 〘論理〙ベーコン式帰納法. — *n.* **1** ベーコン哲学信奉者. **2** ベーコン(作者)説の支持者 (cf. Stratfordian 2).

Bacónian théory *n.* [the ~] ベーコン(作者)説《Shakespeare の作品は Francis Bacon の作だとする説; 18 世紀の中頃に始まったと言われる》.

bact. 《略》bacteria; bacterial; bacteriology; bacterium.

bac·te·re·mi·a [bæ̀ktəríːmiə | -mjə, -mɪə] 〚← NL ~ ← F *bactériémie*: ⇨ ↓, -hemia〛 — *n.* 〘病理〙菌血症《血液中に細菌が存在する病態》. **bac·te·re·mic** [bæ̀ktəríːmɪk] *adj.*

bac·te·ri- [bæktí(ə)rɪ | -tíərɪ] 〚← BACTERIUM〛「バクテリア (bacteria), 細菌の (bacterial)」の意の連結形. ★ bacterio-, bactero- ともなる.

bac·te·ri·a [bæktí(ə)riə | -tíərɪə] 〚← NL ~ (pl.) ← BACTERIUM〛 — *n. pl.* (*sing.* **-rium**) バクテリア, 細菌《分裂菌類の細菌の総称》. ★ 単数形を用いることは比較的まれ.

bac·te·ri·al [bæktí(ə)riəl | -tíərɪ-] *adj.* 細菌の, 細菌による: a ~ disease. **~·ly** *adv.*

bactérial blíght *n.* 〘植物病理〙(細菌の寄生による)植物病: **a** ＝halo blight. **b** ＝angular leaf spot.

bactérial cánker *n.* 〘植物病理〙バクテリアによる癌腫病, 潰瘍病, 胴枯れ病: **a** *Pseudomonas* 属の菌による核果の病気. **b** ＝tomato canker.

bactérial wílt *n.* 〘植物病理〙細菌性凋(ちょう)枯症, 青枯れ病, 立枯れ病.

bac·te·ri·cid·al [bæktì(ə)rəsáɪdl̩ | -tìərɪ-] *adj.* 殺菌(性)の, 殺菌力のある. **~·ly** *adv.*

bac·te·ri·cide [bæktí(ə)rəsàɪd | -tíərɪ-] 〚← BACTERI-＋-CIDE〛 *n.* 殺菌剤.

bac·ter·id [bǽktərɪd, -rəd | -rɪd] 〚← BACTERI-＋-ID[6]〛 *n.* 〘病理〙細菌性皮疹.

bac·te·ri·o- [bæktí(ə)rio(ʊ) | -tíərɪə(ʊ)] bacteri- の異形.

bactèrio·chlórophyll 〚← BACTERI-＋CHLOROPHYLL〛 *n.* 〘植物・生化学〙細菌性葉緑素《光合成細菌にある青色の葉緑素に似たピロール誘導体》.

bac·te·ri·o·cid·al [bæktì(ə)riəsáɪdl̩ | -tìərɪə-] *adj.* ＝bactericidal.

bac·te·ri·o·cin [bæktí(ə)riəsɪn, -sən | -tíərɪəsɪn] 〚← BACTERI-＋(COLI)CIN〛 *n.* 〘生物〙(バクテリアから生れる)抗生物質.

bac·te·ri·o·log·ic [bæktì(ə)riəlάdʒɪk | -tìərɪəlɔ́dʒ-] *adj.* ＝bacteriological.

bac·te·ri·o·log·i·cal [bæktì(ə)riəlάdʒɪkəl, -dʒə- | -tìərɪəlɔ́dʒɪ-] *adj.* **1** 細菌学(上)の, 細菌学的な. **2** (病気を蔓延させるため)細菌を使用する. **~·ly** *adv.*

bacteriológical wárfare *n.* 細菌戦(争) (cf. biological warfare).

bac·te·ri·ól·o·gist [-dʒɪst, -dʒəst | -dʒɪst] *n.* 細菌学者.

bac·te·ri·ol·o·gy [bæktì(ə)riάlədʒi | -tìərɪɔ́lədʒɪ] 〚← BACTERI-＋-O-＋-LOGY〛 *n.* **1** 細菌学. **2** 細菌の生態[生命現象].

bacteriolyses *n.* bacteriolysis の複数形.

bac·te·ri·o·ly·sin [bæktì(ə)riəláɪsn̩ | -tìərɪə(ʊ)láɪsɪn] 〚⇨ ↓, -in[1]〛 *n.* 〘免疫〙溶菌素.

bac·te·ri·ol·y·sis [bæktì(ə)riάləsɪs, -səs | -tìərɪɔ́ləsɪs, -lɪ-] 〚← BACTERI-＋-O-＋-LYSIS〛 *n.* (*pl.* **-y·ses** [-siːz]) 〘細菌〙溶菌(作用).

bac·te·ri·o·lyt·ic [bæktì(ə)riəlítɪk | -tìərɪəlít-] *adj.* 溶菌(作用)の, 溶菌力のある.

bac·te·ri·o·phage [bæktí(ə)riəfèɪdʒ, -fὰːʒ | -tíərɪə-] 〚⊂ F *bactériophage*: ⇨ bacteri-, -phage〛 — *n.* 〘医学〙バクテリオファージ, ファージ《細菌に寄生して溶菌を起こさせるウイルス》. **bac·te·ri·o·phag·ic** [bæktì(ə)riəfǽdʒɪk | -tìərɪə-] *adj.* **bac·te·ri·oph·a·gous** [bæktì(ə)riάfəgəs | -tìərɪɔ́f-] *adj.*

bac·te·ri·os·co·py [bæktì(ə)riάskəpi | -tìərɪɔ́skəpɪ] 〚← BACTERI-＋-O-＋-SCOPY〛 *n.* 細菌鏡検.

bac·te·ri·o·sta·sis [bæktì(ə)rio(ʊ)stéɪsɪs, -stǽs-, -riάstəsɪs, -səs | -tìərɪə(ʊ)stéɪsɪs] 〚← BACTERI-＋-O-＋-STASIS〛 — *n.* (*pl.* **-sta·ses** [-rio(ʊ)stéɪsiːz, -riάstəsiːz | -rɪə(ʊ)stéɪsiːz]) 〘細菌〙細菌発育阻止, 静菌(作用).

bac·te·ri·o·stat [bæktí(ə)rio(ʊ)stæ̀t | -tíərɪə(ʊ)-] 〚← BACTERI-＋-O-＋-STAT〛 *n.* 〘細菌〙静菌剤, 細菌発育阻止剤. **bac·te·ri·o·stat·ic** [bæktì(ə)rio(ʊ)stǽtɪk | -tìərɪə(ʊ)stǽt-] *adj.* **bac·tè·ri·o·stát·i·cal·ly** *adv.*

bactèrio·thérapy 〚← BACTERI-＋THERAPY〛 *n.* 〘医学〙細菌療法.

bac·te·ri·um [bæktí(ə)riəm | -tíərɪ-] 〚《1847–49》← NL ~ ← Gk *baktḗrion* small staff (dim.) ← *báktron* staff, stick: 18 世紀のドイツの博物学者 C. G. Ehrenberg の造語〛 — *n.* **1** bacteria の単数形. **2** 〘細菌〙[B-] バクテリア属《ある分類法による細菌類の一属》.

bac·te·ri·u·ri·a [bæktì(ə)ri(j)ú(ə)riə | -tìərɪ(j)ʊ́ərɪə] 〚← NL ~: ⇨ bacteri-, -uria〛 *n.* 〘病理〙細菌尿(症).

bac·ter·ize [bǽktəràɪz] *vt.* …に細菌を作用させる, 細菌の作用によって…の組織を変化させる. **bac·ter·i·za·tion** [bæ̀ktərɪzéɪʃən, -rə- | -raɪ-, -rɪ-] *n.*

bac·ter·o- [bǽktəro(ʊ) | -rə(ʊ)] bacteri- の異形.

bac·te·roid [bǽktərɔ̀ɪd] 〚← BACTERI-＋-OID〛 — *adj.* 細菌に類似した, 細菌状の. — *n.* **1** [*pl.*] 〘植物〙(豆科植物の根粒中にあり窒素固定をする状態の)根粒細菌, バクテロイド. **2** 〘動物〙(ある昆虫の菌腫(しゅ))細胞の)バクテリア体.

bac·ter·oi·dal [bæ̀ktərɔ́ɪdl̩] *adj.* ＝bacteroid.

bac·te·roi·des [bæ̀ktərɔ́ɪdiːz] 〚← NL ~: ⇨ bacterium, -oidea〛 — *n.* (*pl.* ~) 〘細菌〙バクテロイデス《消化管内に見られる *Bacteroides* 属グラム陰性の糸状嫌気性微生物》.

Bac·tri·a [bǽktriə | -trɪə] *n.* バクトリア《中央アジアの Oxus 川と Hindu Kush 山脈との間にあった古代ギリシャ人の建てた王国 (246–138 B.C.)》.

Bac·tri·an [bǽktriən | -trɪ-] 〚⊂ L *Bactriān-us* ⊂ Gk *Baktrianós* ← *Baktria* 《原義》the eastern province: ⇨ -an[1]〛 — *adj.* バクトリア (Bactria) の. — *n.* **1** バクトリア人. **2** バクトリア語.

Bac·tri·an·a [bæ̀ktriǽnə, -άːnə, -éɪnə | -trɪ-] *n.* ＝Bactria.

Báctrian cámel *n.* 〘動物〙フタコブラクダ (*Camelus bactrianus*) 《中央アジア産で背に二つのこぶがあり毛が密で長い; cf. dromedary》.

bacula *n.* baculum の複数形.

baculi *n.* baculus の複数形.

ba·cu·li·form [bǽkjʊləfɔ̀əm, bækjúːlə-, bə- | bǽkjʊlɪfɔ̀ːm, bækjúːlɪ-, bə-] 〚← L *baculum* (↓)＋-I-＋-FORM〛 — *adj.* 〘生物〙棒状の, 桿状(かんじょう)の (rod-shaped): ~ chromosomes 棒状染色体.

bac·u·line [bǽkjʊlàɪn, -lɪn, -lən | -làɪn, -lɪn] 〚← L *baculum* stick＋-INE[1]〛 *adj.* **1** 棒の, むちの. **2** むち打ち刑の.

bac·u·lite [bǽkjʊlàɪt] 〚← NL *baculites*: ⇨ ↓, -ite[1]〛 *n.* 〘古生物〙バキュリテス《白亜紀の *Baculites* 属のアンモナイト (ammonite)》.

bac·u·lum [bǽkjʊləm] 〚← NL ~ ← L ~ 'staff, stick'〛 *n.* (*pl.* **~s**, **-u·la** [-lə]) 〘動物〙陰茎骨.

bac·u·lus [bǽkjʊləs] 〚⊂ LL ~ 'rod': ⇨ bacillus〛 *n.* (*pl.* **-u·li** [-làɪ, -lìː]) **1** 権威の表象である杖(つえ), 権標. **2** 〘カトリック〙司教杖(じょう).

bad[1] [bǽd] 〚《1203》 *badde* wicked ← ? OE *bǣddel* hermaphrodite, effeminate person: OE *-l* の消失については ⇨ much〛 — *adj.* (**worse** [wə́ːs | wə́ːs]; **worst** [wə́ːst | wə́ːst]) **1** **a** 悪い, 不良の, 不とどきな, 不正な: ~ conduct 不品行 / a ~ life ふしだらな生活 / a ~ boy 悪童, 不良少年 (cf. bad boy) / a ~ girl 不良少女; おてんば娘 / a ~ man 悪人, 悪党 (cf. badman) / a ~ woman 素行の悪い女 / a ~ book 悪書 / ~ habits 悪癖, 悪習 / (a) ~ law 悪法 / a ~ name 悪評 / a ~ word 悪い言葉, 不敬[卑猥(わい)]な語 / ~ language 悪口, 毒舌 / a ~ conscience 良心のとがめ / in a ~ humor [temper] 機嫌を悪くして / call a person ~ names 人の悪口を言う / He isn't as ~ as he looks. 見かけほど悪い奴ではない / It is too ~ *of* you to desert me. 私を見捨てるとは君も随分ひどい. **b** [the ~; 名詞的に] 悪人たち. **2** 悪質な, 粗悪な, 劣等な (inferior); 偽造の (counterfeit): a ~ diamond 粗悪なダイアモンド / a ~ repair job ずさんな修理の仕方 / ~ food 栄養のない食物, 粗食 / a ~ coin 悪貨, にせ金 / turn up like a ~ penny ⇨ penny *n.* 成句. **3** **a** 〈味・香など〉悪い, いやな, 不快な (nasty); 〈気候・天候など〉きびしい, 荒れ模様の, 険悪な (inclement): a ~ smell [taste] 胸が悪くなる臭気[味] / sound [taste] ~ いやな音[味]がする / a ~ summer 暑さのきびしい夏 / The weather is too ~ (for you) to go for a walk. 天候が悪くて(あなたの)散歩には不向きです. **b** 〈容姿など〉美しくない, 魅力に乏しい (unattractive): a ~ figure 魅力に欠ける容姿 / She's by no means ~ to look at. 決して不美人ではない. **4** **a** 悪くなった, 腐敗した (rotten): a ~ egg 腐った卵 / a ~ tooth むし歯 / go ~ 〈食物が〉悪くなる, 腐る / This fish is ~. この魚は腐っている. **b** 荒れ果てた, 荒廃した (dilapidated): a house in a ~ state [condition] くずれかかった家. **5** 加減が悪い, 病気の (ill, sick); 怪我をした, 痛む (injured): a ~ constitution 病身 / a ~ leg 痛む脚 / be taken ~ 病気になる / look ~ 顔色が悪い / be ~ *with* fever 熱が出て加減が悪い / feel ~ *from* drinking too much 飲みすぎて気分が悪い / He is very ~ today. きょうは容態が大変悪い. **6** 有害な, よくない (injurious): a climate ~ *for* the health 健康に悪い気候 / Candy is ~ *for* your teeth. キャンデーは歯に悪い. **7** 〈本来悪い物事が〉(一層)ひどい, 激しい, 重い, 大変な (severe): a ~ accident [blunder] ひどい事故[失策] / a ~ cold [headache] ひどい風邪[激しい頭痛] / a ~ crime 悪質な犯罪; 大罪 / a ~ disease 悪性の病気; 重病. **8** **a** 不十分な, 役に立たない (inadequate); 不適当な, 不都合な (unsuited): a ~ plan 準備不足の企画 / ~ heating 不良暖房 / a ~ light 不十分な明り(あかり) / It's a very ~ line. 電話の通話状態がとても悪い / come at a ~ time 都合の悪い時に来る. **b** 割の合わない, もうからない (unprofitable): a ~ buy 買い損 / a ~ investment 無駄な投資. **9** 不愉快な, 不利な (unfavorable); あいにくの, 運の悪い (unfortunate): a ~ impression 不快な印象 / ~ news 悪いしらせ, 凶報 (cf. bad news) / a ~ crop 不作 / a ~ year 凶年, 不景気な年 / ~ times 不景気 / ⇨ bad time / a ~ business [job] 《口語》あいにくなこと / in ~ circumstances 悪い境遇に(陥って) / have ~ luck [success] 不運に遇う[失敗する] / have a ~ time (of it) ひどい目に遭う / It looks ~ for us. 形勢は我々に不利なようだ (⇨ *too* BAD (1)). **10** 誤っている, 不当な (incorrect); 効力のない (invalid); 〘競技〙反則の (foul), 得点に数えられない: (a) ~ shot 見当違い / a ~ claim 不当な要求 / ~ grammar 誤った[破格な]語法 / a ~ check 不渡り小切手 / a ~ debt 貸倒損失; 不良債権 / a ~ will 無効の遺言書 / a ~ tennis shot アウトになったテニスの打球[ショット]. **11** **a** へたな, まずい, ひどい (poor): a ~ driver [horseman] へたな運転手[騎手] / ~ fun まずい冗談 / speak ~ French ひどいフランス語を話す / He's ~ *at* figures [lying]. 計算が[うそをつくのが]へただ. **b** 〈好み・嗜好が〉芸術的センスのない, 趣味の悪い: have ~ taste in dress 着る物の趣味が悪い. **c** 《米俗・反語》すばらしい, 抜群の (excellent): He is a ~ man *on* trumpets. トランペットでは超一流だ. **12** [Predicative に用いて] 《口語》後悔して, 悲しんで (sorry): feel ~ *about* one's error [being late] あやまちを[遅れたのを]後悔する. ★ 一層くだけた言い方ではこの意味に badly (*adv.* 3) を用いる. **13** [Predicative に用いて] むずかしい, 困難な (difficult): I found Russian as ~ as I had feared. ロシヤ語を始めたら心配したとおりむずかしかった.
not* (*half*) *bad 《口語》(まんざら)悪くない, なかなかよい: That's *not* (*half*) ~. それはまんざら捨てたものではない. ★ (英国人の)控え目な表現の一つ. ***not so* [*too*] *bad*** 《口語》＝*not* (*half*) BAD. ***too bad*** 《口語》(1) あいにくで, 気の毒で (regrettable, a pity): That's *too* ~. それは残念, (お)気の毒だ / It's *too* ~ you having to stay at home. 君が留守番とはお気の毒さま. (2) ⇨ 1.
— *adv.* 《米口語》＝badly. ★ ただし, badly 2 の意味で用いるのは非標準的.

be bad off 経済的に困っている，暮らし向きが悪い.
— *n.* 悪いこと，悪；悪い状態；不運：go [turn] from ~ to worse 段々悪くなる / take the ~ with the good 幸運も不運も合わせ迎える，よい目にも悪い目にも会う.
be in bad 《口語》(1) きらわれている：He's *in* ~ *with* the boss. 上役の不興を買っている. (2) 困っている. *go to the bad* 破滅[零落]する，悲境に陥る；堕落する. *to the bad* 不足[欠損]で，赤字で，借金して：He is $200 *to the* ~. 200 ドルの借りになっている.
~·**ness** *n.*

bad² 〖OE *bæd*〗 *v.* 《古》 bid の過去形.
bád áctor *n.* 《米俗》手に負えないやつ[動物]，無法者；常習犯.
Bad·a·joz [bɑ̀ːdəhóus, -hóuz | bǽdəhɔ̀z; *Sp.* badaxóθ] *n.* バダホス《スペイン南西部の都市；11-13 世紀はムーア人王国の主要都市；人口 113,000》.
Ba·da·ri [bədáːri | -ri] *n.* **1** バダリ《中部エジプト Asyut の南，Nile 川東岸にある村；新石器後期(先王朝時代)の遺跡がある》. **2** バダリ文化《バダリを指標とする文化》.
Ba·da·ri·an [bəbáːriən | -rɪ-] 〖⇨ ↑, -an¹〗 *adj.* バダリ文化の.
bád bóy *n.* (道徳・芸術上の)時代の反逆児 (cf. bad 1 a).
bád blóod *n.* 悪感情，不和，敵意，憎しみ，憤り：make [breed] ~ *between* the brothers 兄弟同士を不和にさせる.
bád cónduct dischàrge *n.* 〖米軍事〗 **1** 懲戒除隊，非行除隊《不名誉除隊 (dishonorable discharge) よりも軽い罪による除隊；略 BCD》. **2** 懲戒除隊証明書.
bad·de·ley·ite [bǽd(ə)liàɪt, -dḷ- | -dɪlɪ-] 〖← *Joseph Baddeley* (19 世紀の英国人で，その発見者)＋-ITE¹〗 — *n.* 〖鉱物〗 バデレー石 (ZrO_2)《二酸化ジルコニウム；耐火物質用に使用される》.
bad·der·locks [bǽdəlɑ̀ks | -dəlɔ̀ks] 〖← ?〗 *n. pl.* 〖植物〗[単数扱い] (ヨーロッパで食用に供する)チガイソ科の海藻 (*Alaria esculenta*).
bad·die [bǽdi | -dɪ] 〖← BAD¹＋-IE〗 *n.* 《口語》(映画・テレビなどに出る)やくざ，悪役，不良の男[女]，悪人.
bád·dish [-dɪʃ] *adj.* やや悪い.
bad·dy [bǽdi | -dɪ] *n.* ＝baddie.
bade *v.* bid の過去形.
Ba·den [báːdn; *G.* báːdn̩] *n.* ＝Baden-Baden.
Ba·den-Ba·den [báːdn̩báːdn; *G.* báːdn̩báːdn̩] *n.* バーデンバーデン《西ドイツ南西部の都市；古代ローマ時代より温泉保養地；人口 45,000》.
Ba·den-Pow·ell [béɪdnpóuəl, bǽdnpáu- | béɪdnpóuəl, -póuɪl, -póuel, -páuəl], Lord **Robert Stephenson Smyth** *n.* (1857-1941) 英国の将軍；Boer War に活躍した後，1908 年に Boy Scouts を，1910 年に妹 Agnes とともに Girl Guides を創設；称号 1st Baron (Baden-Powell) of Gilwell [gílwel].
Ba·den-Würt·tem·berg [báːdn̩wə́ːtəmbə̀ːg, -wúəṭ-, -vɪ́əṭəmbɛ̀ək | -vɑ́ːtəmbɛ̀əg, -wɔ́ːtəmbɔ̀ːg; *G.* báːdn̩vʏ́rtəmbɛ̀rk] *n.* バーデンビュルテンベルク(州)《西ドイツ南西部の州；人口 8,895,000，面積 35,745 km^2，首都 Stuttgart》.
badge [bǽ(ː)dʒ] 〖《? *a*1400》 *bag(g)e* ◻ AF *bage* ← ?〗 — *n.* **1** 記章，肩章，バッジ：a ~ of rank (軍人の)階級章 / a good conduct ~ 善行章 / a school ~ 校章 / wear a ~ 記章を付ける. **2** しるし，表象 (symbol)：Chains are a ~ of slavery. **3** 〖紋章〗 バッジ《広い意味の紋章に含まれるが，旗印 (standard) に加えられる印として始まり，後に大紋章 (achievement) の下，あるいは上に加えられる場合もあった；イングランドのバラ，スコットランドのアザミはその例》. — *vt.* …に記章[肩章]を付け(て区別す)る.
BADGE [bǽ(ː)dʒ] 〖《頭字語》← *B(ase) A(ir) D(efense) G(round) E(nvironment)*〗 *n.* 〖軍事〗バッジ，半自動警戒管制組織《SAGE の小規模なもの》.
badg·er¹ [bǽdʒə | -dʒə(r)] 〖ME *bagger* ? ← *bagge* 'BAG¹'〗 *n.* 《英方言》(主に食料品の)行商人.
badg·er² [bǽdʒə | -dʒə(r)] 〖《1523》 *bageard* ← ? BADGE (アナグマの頭の白斑(はん)との連想)＋-ARD〗 — *n.* (*pl.* ~**s**, ~) **1 a** 〖動物〗 アナグマ《穴を掘って生息するイタチ科の動物で北米産のアメリカアナグマ (*Taxidea taxus*)，ヨーロッパ産のアナグマ (*Meles meles*) など》：draw a ~ アナグマを穴から追い出す；敵をおびき出す. **b** アナグマの毛皮. **2** アナグマの毛で造った毛鉤[絵筆]. **3** [B-] 《口語》米国 Wisconsin 州人. **4** 《豪》〖動物〗 **a** ＝wombat. **b** ＝bandicoot. — *vt.* **1** 〈アナグマを〉犬で攻める. **2** 〔質問などで〕いじめる (tease) 〔*with*〕；悩まして(ある行動・状態に)追いやる：~ a person *with* questions [requests] いろいろと質問[要求]をして人を苦しめる / He ~*ed* his father *into* buying [*to* buy] him a car. おやじさんにさんざん言ってとうとう車を買ってもらった / ~ a person *out of* his wits [senses] 人をいじめて[悩まして]戸惑わせる[正気を失わせる].

badger² 1 a
(*T. taxus*)

bádger bàiting [dràwing] 〖⇨ bait¹ (vt. 4)〗 *n.* アナグマ攻め[いじめ]《アナグマを樽や人工の穴に入れて犬をけしかけていじめた昔の遊び》.
bádger gàme 〖← BADGER² (v.)〗 *n.* 美人局(つつもたせ)《女をおとりに金をゆすり取ること》.
bádger-lègged [-lègd, -gɪd, -gəd | -lègd] 〖昔アナグマは脚の長さが不ぞろいだと考えられていたことから：⇨ -ed 2〗 *adj.* 脚の長さのちがう.
bádger plàne *n.* 〖木工〗際鉋(きわがんな)《鉋台の端まで刃の出る鉋で入隅(いりずみ)の部分を削るのに用いる》.
Bádger Státe *n.* [the ~] 米国 Wisconsin 州の俗称.
Ba·di·an [béɪdiən | -dɪ-] 〖略〗 *adj., n.* ＝Barbadian.
bad·i·nage [bæ̀dənáːʒ, -dn̩-, ⌐⌐⌐ | bǽdɪnàːʒ, ⌐⌐⌐; *F.* badinaːʒ] 〖《1658》 ◻ F ~ ← *badiner* to jest ← *badin* fool ＝Prov. *badin* ← *badar* to gape < VL **badāre* to gape：⇨ -age〗 — *n.* 軽い冗談，からかい (chaff). — *vt.* 軽い冗談でいじめる，からかう.
bád·lànds 〖↓：cf. F *mauvaises terres*〗 — *n. pl.* 《米》〖地理〗悪地，バッドランド《粘土や砂礫(されき)層の地域で雨水による侵食がはなはだしく，無数の雨裂 (gully) に刻まれた荒地》.
Bád Lànds *n. pl.* [the ~] 米国の South Dakota 州南西部および Nebraska 州北西部の悪地.
bad·ly [bǽdli | -lɪ] 〖《*c*1300》 *baddeli(che)*：⇨ bad¹, -ly¹〗 — *adv.* **1** 悪く，不正に；不完全に，不正確に；まずく，拙劣に；不都合に，不利に：act ~ 不心得をする，〈子供が〉やんちゃに振舞う / a house ~ built 立て付けの悪い家 / paint ~ へたな絵をかく / provide ~ for …に対する備えが不十分である / think ~ of …を快く思わない / The weather turned out ~ for the picnic. 遠足にはまずい天気になった. **2** ひどく，大いに (very much)：~ injured [wounded] 大けがをした / be ~ hungry ひどく空腹である / be ~ beaten in the match 試合で散々に負ける / be ~ in want [need] of …が無くて大変に困っている，…を大いに必要としている / I want money ~. 金がぜひ必要だ / Your hair ~ needs cutting. 絶対に床屋へ行かなければだめだ. **3** 《口語》悲しんで，残念に思って (regretfully)：feel ~ about…をすまないと[残念に]思う (cf. bad *adj.* 12 ★).
be badly off (1) ふところ具合が悪い，生活が苦しい. (2) 〔…が〕不足[欠乏]している〔*for*〕.
— *pred. adj.* 《英方言》病気である，気分が悪い.
bád·man [-mæ̀n] *n.* (*pl.* **-men** [-mèn]) 《米》(開拓時代の西部の)無法者，荒くれ者[男]，ガンマン.
bad·mash [bádmɑːʃ] 〖◻ Pers. *badma'āsh* immoral ← *bad* evil＋*ma'āsh* (style of) living〗 *n.* 《インド》悪漢，ごろつき (rascal).
bad·min·ton [bǽdmɪntn, -ṭən | -tən, -tn̩] 〖《1853》← *Badminton* (英国 Gloucestershire 州にある Duke of Beaufort の領地，ここで初めてこの競技が行なわれた)〗 — *n.* **1** バドミントン. **2** バドミントン《claret にソーダ水・砂糖を加えた夏の飲料》.
bád-mòuth [-màuθ, -màuð] *vt.* 《米口語》口汚く批評する，こっぴどくこきおろす，中傷する (slander).
bád móuth *n.* 《米口語》悪意に満ちた中傷[批評].
bád néws *n.* 《米》厄介な人[事]：He is ~. あいつはうるさいやつだ.
Ba·do·glio [bədóuljou | -dáuljəu; *It.* badɔ́ʎʎo], **Pietro** *n.* バドリオ《1871-1956；イタリアの元帥，首相 (1943-44)》.
bád shít *n.* 《卑》 **1** 危険人物；危険な仕事. **2** 不幸，不運.
bád-témpered *adj.* きげんの悪い，意地の悪い；気むずかしい.
bád tíme *n.* (無届外出・営倉入りなど)兵役期間に算入されない期間.
bád tríp *n.* 《俗》(麻薬などによる)恐ろしい経験[幻覚]；(一般に)いやな経験 (cf. trip¹ 10).
B.A.E. 《略》 Bachelor of Aeronautical Engineering; Bachelor of Agricultural Engineering; Bachelor of Architectural Engineering; Bachelor of Art Education; Bachelor of Arts in Education.
B.A.E.A. 《略》 British Actors' Equity Association 英国俳優組合.
B.A.Ed. 《略》 Bachelor of Arts in Education 教育学士.
Bae·da [bíːdə] *n.* ＝Saint BEDE.
Bae·de·ker [béɪdɪkə, -də- | -dɪkə(r), -de-; *G.* bɛ́ːdəkɐ] 〖↓〗 — *n.* **1** ベデカー(旅行案内書)《主としてヨーロッパの都市・国などの一連の旅行案内書；cf. Michelin》. **2** 案内書，便覧.
Bae·de·ker [béɪdɪkə, -də- | -dɪkə(r), -de-; *G.* bɛ́ːdəkɐ], **Karl** *n.* ベデカー《1801-59；ドイツの旅行案内出版者》.
Báedeker ráids 〖↑〗 *n. pl.* ベデカー空襲《1942 年に英国の名所旧蹟に対して行なわれたドイツの報復爆撃》.
B.Ae.E. 《略》 Bachelor of Aeronautical Engineering 航空工学士.
B.A.E.E. 《略》 Bachelor of Arts in Elementary Education 初等教育学士.
Baeke·land [béɪklænd; *Flem.* bákəlɑnt], **Leo Hendrik** *n.* ベークランド《1863-1944；ベルギー生まれの米国の化学者；Bakelite の発明者》.
ba·el [bél, béɪl, báɪl] 〖《1618》 ◻ Hindi *bel*＝Marathi *bail* ← Skt *bilva, vilva* bel tree〗 *n.* 〖植物〗 ベルノキ (*Aegle marmelos*)《インド・パキスタン原産のミカン科の低木；材は硬く，若い実から黄色染料を採り，熟した実を薬用とする》.
bae·tu·lus [béɪtjələs | -tju-] *n.* (*pl.* **-tu·li** [-lài]) ＝baetyl.
bae·tyl [bíːtl | -tɪl] 〖◻ L *baetul-us* ◻ Gk *baítulos*〗 *n.* (古代ギリシャ・ローマで，神から来たと考えられた)聖石《隕石など》.
bae·ty·lus [bíːtələs, -tḷ- | -tɪl-] *n.* (*pl.* **-ty·li** [-ṭəlàɪ, -ṭḷ- | -tɪlàɪ]) ＝baetyl.
Bae·yer [béɪə | béɪə(r; *G.* báɪɐ], **Adolf von** *n.* バイヤー《1835-1917；ドイツの有機化学者；indigo の合成に成功；Nobel 化学賞 (1905)》.
baff [bǽ(ː)f] 〖《擬音語》?：cf. 《スコット》 *baff* blow〗 〖ゴルフ〗 — *vt.* 〈球を〉バッフする《クラブのソールで地面を打って球を高く上げる》. — *n.* バッフ(の一打).
Baf·fin [bǽfɪn, -fən | -fɪn], **William** *n.* (1584?-1622) 北米の北極圏に属する部分を探検した英国の航海家；Baffin Bay, Baffin Island は彼の名にちなむ.
Báffin Báy *n.* バフィン湾《グリーンランドとカナダの北極圏内諸島との間の湾；北極海の一部》.
báff·ing spòon [bǽfɪŋ-] *n.* 〖ゴルフ〗＝baffy.
Báffin Ísland *n.* バフィン島《グリーンランドと Hudson 湾との間のカナダ領の島；長さ 1,500 km，面積 476,068 km^2》.
baf·fle [bǽfḷ] 〖《1548》《変形》? ← Sc. 《廃》 *bauchle* to disgrace：cf. OF *beffler* to ridicule / F *bafouer*〗 — *vt.* **1 a** 〈計画・努力などを〉挫折させる，くじく，破る：~ the enemy's plans / ~ description 名状し難い. **b** [通例 Passive で]〈人〉の努力[企て]を挫折させる；〔計画・企てなどを〕失敗させる〔*in*〕：be ~*d in* one's design 計画の裏をかかれる. **2** 〈人を〉はたと困らせる，あわてさせる (disconcert)；迷わせる (delude)：The question ~*d* me completely. その質問には全くまいった / He ~*d* his pursuer. 追跡者をまいた. **3** (防止装置によって)防止する. **4** 〈光・液体・音響など〉の流れを防止[調節]する. **5** 〖海事〗〈風・天候が〉〈船〉の前進を妨げる. — *vi.* もがく，いたずらにあせる，苦闘する，悩む：~ *with* the storm 〈船が〉あらしに会って木の葉のようにもまれる. — *n.* **1** 当惑；邪魔物. **2** 〖機械〗 (水流・気流・音響などの)防止[調節]装置；(流路の)そらせ板，邪魔(じゃま)板，バッフルプレート (baffle plate). **3** 〖電気〗 バッフル《スピーカーボックス用の低音用隔壁》.
báffle bòard *n.* 〖通信〗 (受話器の)バッフル板.
báffle·gàb 〖← BAFFLE＋GAB¹〗 *n.* (官吏が書いたり話したりする)くどくてわかりにくい言葉.
báf·fle·ment *n.* 失敗，挫折；失敗[挫折]させる[させられる]こと；困惑，混乱.
báffle plàte *n.* 〖機械〗＝baffle *n.* 2.
báf·fler [-flə, -flə | -flə(r, -flə(r] *n.* **1** 挫折させるもの；困らせる[迷わせる]もの. **2** 〖機械〗＝baffle *n.* 2.
báffle wàll *n.* (音の広がりを阻止する)バッフル壁.
báf·fling [-flɪŋ, -flɪŋ] *adj.* **1** くじく，頓挫(とんざ)させる，(人を)困惑させる (perplexing)：a ~ problem 面くらう[はたと困る]ような問題. **2** 〈人が〉測り難い，不可解な (inscrutable). ~·**ly** *adv.* ~·**ness** *n.*
báffling wínd *n.* 〖海事〗方向不定の風.
baff·y [bǽfi | -fɪ] 〖《1888》← BAFF＋-Y⁴〗 — *n.* 〖ゴルフ〗 バフィー《球を高く打ち上げるための，打球面が大きく傾斜した短い木製のクラブ；number four wood, baffy spoon ともいう》.
bag¹ [bǽ(ː)g] 〖《? *a*1200》 *bagge* ◻ ON *bagg-i* packet ← ?〗 — *n.* **1** (紙・布・革製の上部のあいた)袋：a carry ~ 買物用紙袋 / a paper ~ 紙袋 / ⇨ doggie bag. **2 a** 鞄(かばん). **b** ハンドバッグ (handbag). **c** 旅行鞄，スーツケース：pack one's ~*s* 出発の準備をする. **d** 弁護士の書類入れ鞄 (cf. green bag, blue bag). **e** 金入れ，財布 (moneybag). **f** ＝game bag. **g** ＝mailbag. **3 a** (動植物の)袋状のもの (sac)《蜜嚢・毒嚢など》. **b** (雌牛の)乳房. **c** [*pl.*] 《米俗》陰嚢(のう) (scrotum). **d** [*pl.*] 《英方言》胃袋 (belly). **4 a** (皮膚・布などの)たるみ；(目の下の)皮膚のたるみ：~*s* under the eyes. **b** [*pl.*] 《英口語》(だぶだぶの)ズボン：a pair of ~*s* / ⇨ Oxford bag 2. **5 a** 袋の中味，袋一杯 (bagful)：eat a ~ of peanuts. **b** [集合的] 袋の中の獲物；(特に，1 人 1 回[一定期間]の)獲物の量：a big [good] ~ 大猟 / make a good ~ たくさんの獲物をとる. **c** 《口語》(人・物の)集まり，群，団：⇨ mixed bag. **6** 《口語》 **a** (ある人の)興味のあること，得意，専門：My ~ is mountain climbing. 私の得意は登山だ. **b** 事態，問題. **c** [修飾語を伴って] 精神状態，気分：in an absent ~ ぼんやりとして. **7** 《口語》 **a** (人の)生き方. **b** 行動の仕方，言い方，スタイル；(ジャズ音楽などの)演奏スタイル. **8** [*pl.*] 《英口語》たくさん，多量 (*of*)：~*s of* water 多量の水 / There is ~*s of* time. 時間はたっぷりある. **9** 《米口語》邪魔になるもの，障害物 (hang-up). **10** 《米俗》麻薬の一服；それを入れた包み. **11** 《俗》 **a** 魅力のない[だらしない]女：an old ~. **b** 売春婦 **12** 〖野球〗塁，ベース (base). ★ 本塁だけは home plate という.
a bag of bones (骨と皮ばかりに)やせこけた人[動物]. *bag and baggage* 所持品[家財]を一切取りまとめて；何もかも全部，一切合財. *bear the bag* 財布を握る；金が自由になる. *empty the bag* (1) 袋をあける. (2) 話の種が尽きる，(すっかり語り尽くして)言うこと[議論]がなくなる. *get the bag* 《俗》お払い箱になる，首になる. *give a person the bag* 《俗》(1) 〈人を〉解雇する，首にする (dismiss). (2) (求婚に対して)〈人に〉ひじ鉄を食らわす. *give a person the bag to hold* 《口語》(困った時に)〈人を〉見捨てる；(見捨てて)責任を押し付ける. *have in the bottom of the bag* 最後の手段[奥の手]として持つ. *hold the bag* 《口語》(1) 責任をすっかり負わされる：be left *holding the* ~ 困った場合に全責任を負わされる. (2) 入用なものを手にしていない，無一物である. *in the bag* (1) 《口語》手中に

(はいって); 獲得[確保]されたも同然で, 確実で: get *in the* ～ 確保する; 完了する. (2)《俗》酔っぱらった (drunk). ***leave a person the bag to hold*** = *give a person the* BAG *to hold*. ***set one's bag for*** 《米口語》…に野心[色気]をもつ. ***the (whole) bag of tricks*** (1) あらゆる手段[術策]. (2) すべての付属[必要]物; あらゆること[もの], 全部.

bag of waters 〘解剖〙羊膜 (amnion).

— *v.* (**bagged; bag·ging**) — *vt.* **1** 袋に入れる 〈*up*〉: ～ *up* the rice. **2 a** 〈獲物などを〉捕える, 仕留める. **b** 〈敵機などを〉撃ち落とす, やっつける. **3** 手に入れる, 集める (collect): ～ anecdotes, subscriptions, etc. **4** 《口語》 **a** (悪気なく)だまって[こっそり]とる, もらっておく; 《婉曲》〈他人のものを〉失敬する: Who has ～*ged* my matches? **b** 〈席などを〉とる, 確保する. **5** ふくらませる (bulge). **6** 《英学生語》 **a** (最初に名乗りをあげたのだから権利があるとして)要求する: I'm going to ～ the best thing. 一番いいのはぼくのだ. **b** [～s (I)! として; 間投詞的に] (…は)もらった, おれが最初だ, おれがする: *Bags I* first drink. 一番に飲むのはおれだ. **7** [～ it [school] として]《米》〈学校を〉ずる休みする. — *vi.* **1** (袋のように)ふくらむ; 〈衣服が〉だぶだぶする: trousers that ～ (*out*) at the knees ひざがたるんだズボン. **2** 《英》〘海事〙 **a** 〈船が〉針路をはずれる. **b** 風下へ流される.

bag² [bǽ(ː)g] 〘← ?〙 *vt.* (**bagged; bag·ging**) 〈麦などを〉鎌で刈(って束にす)る.

ba·garre [bɑɡɑ́ə, bæ- | -ɡɑ́ː(r; *F.* baɡaːr] 〘□ F ～〙 *F. n.* 取っ組み合い, 乱闘 (scuffle).

ba·gasse [bəɡǽs] 〘□ F ～ □ Sp. *bagazo*〙 *n.* **1** バガス《さとうきびの搾(しぼ)り殻; 燃料・製紙材料・飼料用》. **2** バガス紙《バガスの繊維から作られた紙の一種》.

bagásse disèase *n.* 〘病理〙バガス病《バガスのほこりを吸うことから生じる真菌性の呼吸器疾患》.

bag·as·so·sis [bæ̀ɡəsóusɪs, -səs | -sóusɪs] 〘← NL ～: ⇨ bagasse, -osis〙 *n.* 〘病理〙= bagasse disease.

bag·a·telle [bæ̀ɡətél, ˌ-ˌ-ˊ | ˌ-ˌ-ˊ] 〘《1637》□ F ～ □ It. *bagatella* trifle (dim.) ← *baga, baca* berry〙 — *n.* **1** つまらない物, 些(さ)細なこと. **2 a** バガテル《盤上で行なう一種の玉突き》. **b** 〘遊戯〙= pinball 1. **3** 〘音楽〙バガテル《通例ピアノ用の軽い小曲》.

Bag·dad [bǽɡdæd | ˌ-ˊ, ˊ-ˌ] *n.* = Baghdad.

Bage·hot [bǽdʒət], **Walter** *n.* (1826–77) 英国の経済学者・ジャーナリスト・評論家; *The English Constitution* (1867), *Lombard Street* (1873).

ba·gel [béɪɡəl] 〘《1932》□ Yid. *beygel* □ G 《方言》 *Beugel, Bäugl* < MHG **böugel* (dim.) ← *bouc-, bougring*: cf. OE *bēag* 'BEE²'〙 — *n.* ベーゲル《イースト入りの生地をリング形にして, いったんゆでてからオーブンで焼き上げたパンの一種》.

bág-flòwer *n.* 〘植物〙アフリカ西部原産のクマツヅラ科クサギ属の低木 (*Clerodendron thomsoniae*).

bág fòx *n.* 袋狐《袋に入れて連れて来る狐; それを猟場で放って犬に追わせる》.

bag·ful [bǽɡfʊ̀l] *n.* (*pl.* ～**s, bags·ful**) **1** 袋一杯(の量): eat a ～ *of* peanuts. **2** かなりの[多くの]量[数]: ～*s* [a ～] *of* money [tricks] 多額の金[多くの術策].

bag·gage [bǽɡɪdʒ] 〘《?*c*1440》□ (O)F *bagage* ← *bagues* (pl.) bundles (□ ? ON *baggi*) ∥ ← *baguer* to tie up: ⇨ bag¹, -age〙 — *n.* **1** 《米・カナダ》 **a** 旅行手荷物, (旅客)手荷物《trunk, valise, satchel など》. ★《英》では通例 luggage; 《米・カナダ》でも baggage とともに luggage が用いられ, 特に列車・飛行機では luggage が普通; 一方《英》では baggage も用いられてきた: two pieces of ～ 手荷物 2 個 / the ～ allowance 手荷物重量制限 / a ～ check 手荷物チッキ. **b** = baggage car. **2** 移動可能な備品; (特に)軍用行李(こうり): heavy [light] ～ 大[小]行李 / ～ animals 軍用[探検隊用]行李を運ぶ牛馬. **3 a** 邪魔になる[余計な]もの. **b** (旧式の)考え方[慣習]. **4 a** やくざ女, あばずれ, 浮気女 (flirt); 《戯言》(生意気な)娘, 女, おてんば. **b** 〘《通俗語源》? ← F *bagasse* harlot □ Arab. *baghíy* ← *bágha* to desire adulteress, prostitute〙 売春婦 (prostitute). **c** 《軽蔑》(荷物になる厄介な)老婆.

bággage càr *n.* 《米・カナダ》(鉄道の)(手)荷物車両 (《英》luggage van).

bággage·màn [-mæ̀n, -mən] *n.* (*pl.* **-men** [-mɛ̀n, -mən]) 《米・カナダ》(鉄道・ホテルの)手荷物係員.

bággage·màster *n.* 《米・カナダ》 **1 a** (鉄道・船舶の)手荷物係. **b** (バス会社の)荷物苦情処理係. **2** 〘軍事〙行李(こうり)長.

bággage òffice *n.* 《米・カナダ》手荷物取扱所.

bággage ràck *n.* 《米・カナダ》(列車・バスの)網棚. ★今は luggage rack が普通.

bággage ròom *n.* 《米・カナダ》手荷物一時預り所.

bággage scàle *n.* 《米・カナダ》携帯用手荷物秤(ばかり).

bággage-smàsh·er *n.* 《米俗》= baggageman.

bággage tàg *n.* 《米・カナダ》手荷物のラベル.

bággage tràin *n.* 〘軍事〙大行李(こうり), 荷物段列《軍用荷物を運ぶ車の列》.

bagged [bǽ(ː)ɡd] *adj.* **1** ゆるく垂れ下がった, ぶくぶくの: ～ cheeks, eyes. **2** 《俗》酔っぱらった (drunk) (cf. *in the* BAG¹).

bag·ger [bǽɡə | -ɡə(r] *n.* **1 a** (たばこ・セメントなどの)袋詰め工. **b** 袋詰め機. **2** 《俗》[通例複合語の第 2 構成素として]〘野球〙…塁手; …塁打: a two-*bagger* 二塁打 (cf. bag¹ 12).

bag·gies [bǽɡiz | -ɡɪz] *n. pl.* = baggys.

bág·ging *n.* **1** 袋地, 袋布《麻・ズックなど》. **2** 袋詰め包装.

bag·gy [bǽɡi | -ɡɪ] *adj.* (**bag·gi·er, -gi·est; more ～, most ～**) 袋のような; だぶだぶした, ぶくぶくの; はなやかでゆったりした: ～ trousers, sleeves, etc. / trousers ～ at the knees ひざがたるんだズボン / the ～ skin under the eyes 目の下のたるんだ皮膚. **bág·gi·ly** [-ɡɪli, -ɡə- | -ɡɪlɪ] *adv.* **bág·gi·ness** *n.*

bag·gys [bǽɡiz | -ɡɪz] *n. pl.* バギー: **a** (運動用などの)ゆるやかな半ズボン (baggy shorts). **b** (サーファーなどがはく)ゆったりした水泳用パンツ (swim trunks) (cf. jams). **c** すそが非常に広いズボン.

bággy·wrìnkle *n.* 〘海事〙すり切れ防止に綱の回りに巻くヤーン (yarn).

Bagh·dad [bǽɡdæd | ˌ-ˊ, ˊ-ˌ] *n.* バグダード《イラクの首都; Tigris 川の中流に沿う; 人口 2,184,000》.

Ba·gir·mi [bɑɡíəmi | -ɡíəmɪ] *n.* (*pl.* ～, ～**s**) **1 a** [the ～(s)] バギルミ族《スーダンの Chad 湖南東岸地方に住む一種族》. **b** バギルミ族の人. **2** バギルミ語.

bág jòb *n.* 《米俗》スパイ行為の証拠を得るための不正な捜索.

bág·man [-mən] 〘ME 'pouch-maker; tax-collector': 1 の語義はサンプルを鞄に入れて持ちまわることから〙 *n.* (*pl.* **-men** [-mən]) **1** 《英》注文取り, 外交員, 出張販売人, 旅商人. **2** 《米俗》ゆすり屋の手先, 使い走りの暴力団員《幹部などの命令で不正に金をゆすったり配ったりする下っ端の男》. **3** 《俗》= bag fox. **4** 《豪》放浪者, 渡り者 (tramp).

ba·gnio [bǽnjou, bɑ́ːn- | bɑ́ːnjəʊ, -nɪəʊ] 〘《1599》□ It. *bagno* bath < L *balneum*〙 *n.* (*pl.* ～**s**) **1** 売春宿 (brothel). **2** 《廃》 **a** トルコ式浴場. **b** (トルコで奴隷を入れる)牢獄(ろうごく).

bág·pìpe 〘《*c*1350》: ⇨ bag¹, pipe〙 *n.* [しばしば *pl.*] バグパイプ, 風笛《スコットランド高地人などの用いる革袋製のかん高い音の楽器》: play the ～*s*.

bág·pìp·er 〘ME〙 *n.* バグパイプ吹奏者.

B.Agr. 《略》*L.* Baccalaureus Agricultūrae (= Bachelor of Agriculture).

bág-slèeve *n.* バッグスリーブ《14–15 世紀に流行した広い袖で袖口にギャザーを入れて絞ったもの》.

bág tàble *n.* 布製の袋を吊した小型裁縫[仕事]机 (⇨ sewing table 挿絵).

ba·guette [bæɡét] 〘□ F ～ 'wand, rod' □ It. *bacchetta* (dim.) ← *bacchio* < L *baculum* staff〙 — *n.* (*also* **ba·guet** [～]) **1** 小型で角形の宝石. **2** (フランスの)棒パン, バゲット. **3** 〘建築〙小さい半円形繰形, 玉ぶち.

ba·gui·o [bɑ̀ːɡióu, bɑɡjóu | bɑ̀ːɡɪə́ʊ, bɑɡjə́ʊ] 〘↓〙 *n.* (*pl.* ～**s**) バギオ《Baguio 付近を襲う台風》.

Ba·gui·o [bɑ̀ːɡióu, bɑɡjóu, bɑ́ːɡiòu | bɑ̀ːɡɪə́ʊ, bɑːɡjə́ʊ, bɑ́ːɡɪəʊ] *n.* バギオ《フィリピン Luzon 島西部の都市; 避暑地; 海抜 1,371 m; 人口 85,000》.

bág·wàsh *n.* 《英》 **1** (大きな汚れを落とす程度の)ざっとした洗濯, 下洗い; その洗濯屋. **2** (下洗い用の)洗濯物を入れる袋.

bág·wìg *n.* 袋かつら《後髪の垂れた部分を絹袋に包むようにしたかつら; 18 世紀ごろ英国で流行した》.

bág·wòman *n.* 《米俗》ゆすり屋の女手先.

bág·wòrm *n.* 〘昆虫〙ミノムシ《ミノガ科の幼虫; basketworm ともいう; cf. caseworm》.

bah [bɑ́ː, bǽː | bɑ́ː] 〘《1817》□ F ～〙 *int.* ばー《軽蔑を表わす》: *Bah!* Humbug! ふん, ばかな.

ba·ha·da [bəhɑ́ːdə] *n.* = bajada.

ba·ha·dur [bəhɔ́ːdə, -hɑ́ː- | -hɑ́ːdə(r] 〘《1776》□ Hindi *bahādur* hero, champion〙 — *n.* 《インド》閣下《しばしば高官などに対して公式文書などで尊称として用いる》: Brown Sahib *Bahadur* ブラウン閣下.

Ba·ha·i [bɑhɑ́ːi, bə-, -hɑ́ɪ | -hɑ́ːi, -hɑ́ɪ] 〘□ Pers. *bahā'i* 《原義》of glory ← *bahā* glory〙 (*also* **Ba·ha'·i** [～]) — *n.* **1** バハーイ教徒. **2** バハーイ教 (Bahaism). — *adj.* バハーイ教の; バハーイ教徒の.

Ba·ha·ism [bɑhɑ́ːɪzm, bə-, -hɑ́ɪzm] *n.* バハーイ教《1863 年 Baha Ullah が興した Babism の一派》.

Ba·ha·ist [bɑhɑ́ːɪst, bə-, -hɑ́ɪɪst, -əst | -hɑ́ːɪst, -hɑ́ɪɪst] *n.* バハーイ教徒. — *adj.* バハーイ教の; バハーイ教徒の.

Ba·ha·ite [bɑhɑ́ːaɪt, bə-] *n.* = Bahaist.

Ba·há·ma Íslands [bəhɑ́ːmə-, -héɪ- | -hɑ́ː-] *n. pl.* [the ～] バハマ諸島《西インド諸島 (West Indies) 中のもと英領の諸島》.

Ba·ha·man [bəhɑ́ːmən, -héɪ- | -hɑ́ː-] *n., adj.* = Bahamian.

Ba·ha·mas [bəhɑ́ːməz, -héɪ- | -hɑ́ː-] *n.* **1** [the ～; 複数扱い] = Bahama Islands. **2** [単数扱い] バハマ《Bahama Islands から成る共和国, 1973 年独立; 人口 220,000, 面積 13,935 km², 首都 Nassau; 公式名 the Commonwealth of Bahamas バハマ連邦》.

Ba·ha·mi·an [bəhéɪmiən, -hɑ́ːm- | -mjən, -mɪən] *adj.* バハマ(諸島)の; バハマ人の. — *n.* バハマ人.

Ba·há·sa Indonésia [bəhɑ́ːsə-] *n.* バハサインドネシア語《マライ語を基礎として作られたインドネシアの公用語》.

Ba·ha Ul·lah [bɑhɑ́ː-uːllɑ́ː] *n.* (*also* **Ba·ha·ul·lah** [～]) バッハーアッラー《1817–92; ペルシャの宗教指導者; Husayn Ali の別名; cf. Bahaism》.

Ba·hi·a [bəhíːə, bɑíːə | bəhíːə, -híə; *Braz.* baíɐ] *n.* バイア: **1** ブラジル東部の州; 人口 8,439,000, 面積 561,026 km², 首都 Salvador. **2** Salvador の旧名.

Ba·hi·a Blan·ca [bəhíːə-blǽŋkə, bɑːíːə-blɑ́ːŋ- | bəhíːə-blǽŋ-, -híə-, -blɑ́ːŋ-; *Sp.* baíaβláŋka] *n.* バイアブランカ《アルゼンチン東部の海港; 人口 183,000》.

Bahía gràss *n.* 〘植物〙メキシコ・西インド諸島原産のイネ科の草本 (*Paspalpum notatum*)《米国南部で牧草として栽培される》.

Bah·rain [bɑːréɪn] *n.* **1** バーレーン[バハレーン](島)《ペルシャ湾内の島; 人口 151,000; 面積 552 km²》. **2** バーレーン《Bahrain 島を主島とする諸島からなる独立国; もと英国保護下にあったが, 1971 年独立; 石油産出国; 人口 350,000, 面積 622 km², 首都 Manama; 公式名 the State of Bahrain バーレーン国》.

baht [bɑ́ːt] 〘□ Thai *bāt*〙 *n.* (*pl.* ～**s**, ～) **1** バーツ《タイの通貨単位; = 100 satang; 記号 Bht, B》. **2** 1 バーツ硬貨[紙幣].

Ba·hu·tu [bəhúːtuː] *n.* (*pl.* ～**s**, ～) **1 a** [the ～(s)] バフトゥ族《Burundi および Rwanda の農耕民》. **b** バフトゥ族の人. **2** バフトゥ語《バンツー語族に属する》.

ba·hu·vri·hi [bɑ̀ːhuːvríːhi | -hɪ] 〘□ Skt *bahuvrīhi* ← *bahu* much + *vrīhi* 'RICE'〙 — *n.* 〘サンスクリット文法・言語〙「多財釈(たざいしゃく)」, 異機能合成語, 記述複合語《第一要素は形容詞的に第二要素(通例名詞)を記述・修飾し, 全体として第二要素の表わす物をもつ人を意味する; 例: barefoot, graybeard, turnkey》.

bai [bɑ́ɪ] *n.* 黄砂《春や秋に中国北部などの黄土地帯から吹き上げられる黄色の砂塵; sand mist ともいう》.

B.A.I. 《略》*L.* Baccalaureus Artis Ingeniariae (= Bachelor of Engineering).

Ba·iae [bɑ́ɪiː] *n.* バイアエ《イタリア南西部 Naples 南西方の遺跡; Julius Caesar, Pompey, Nero などの別荘があった》.

Bai·an·ism [béɪənɪzm] 〘□ F *baïanisme*: ⇨ M. Baius, -ism〙 — *n.* 〘カトリック〙バーユス主義《神の恩恵に対し人間は無力だと教え異端とされた; 後のヤンセン主義 (Jansenism) の前身; cf. Molinism》.

bai·gnoire [beɪnwɑ́ə, ˌ-ˊ | béɪnwɑː(r, -wɔː(r; *F.* bɛɲwaːr] 〘《1873》□ F ～ 'bathtub' ← *baigner* to bathe〙 — *n.* (*pl.* ～**s** [～z; *F.* ～]) 〘劇場〙ベニョワール《一階の特別席; cf. stage box》.

Bai·kal [baɪkɔ́ːl, -kǽl | -kɑ́ːl; *Russ.* bajkál], **Lake** *n.* バイカル湖《ソ連邦東シベリア地方南部の世界最深の湖 (1,620 m); 面積 31,500 km²》.

bail¹ [béɪl] 〘《*a*1338》*bail(le)* □ OF *bail* custody ← *baillier* to deliver < L *bājulāre* to bear a burden ← *bājulus* carrier ← ?〙 — *n.* 〘法律〙 **1** 保釈: accept [allow] ～ = admit to ～ = take ～ (保釈金を取って)保釈を許す / refuse ～ 保釈を許さない. **2** 保釈(保証)金: give [offer] ～ 保釈金を納める / save [surrender to] one's ～ (保釈中の被告が)出廷する. **3** 保釈保証人《一人の場合もある》. **4** 保釈を許す法廷. **5** (海事事件における)差押解除; 差押解除金.

forfeit [《米》***jump, skip***] (***one's***) ***bail*** 保釈中失跡[逃亡]する. ***give*** [***take***] ***leg bail*** ⇨ leg bail 成句. ***go bail for*** (1) 〈拘留中の人〉の保釈保証人となる. (2) 〈人・物〉を請け合う. ***on bail*** 保釈金を出して: be out *on* ～ (保釈金を納めて)保釈出所する / be liberated *on* ～ 保釈金を納めて釈放される. ***put up*** [***put in, stand***] ***bail for*** = *go* BAIL *for*.

— *vt.* **1 a** 〈保証人が〉(保釈金を出して)〈拘留中の人を〉保釈してもらう 〈*out*〉. **b** 〈治安判事などが〉保釈する. **2** 〈品物を〉供託する, 委託する. **3** 〈人・会社・国などを〉(財政上などの困難から)救い出す 〈*out*〉: I hope someone will ～ me *out* (*of* my troubles). だれかが私を(窮境から)救ってくれればいいがと思う.

bail² [béɪl] 〘《*a*1325》*baille* □ OF ～ 'barrier' ← ? L *bājulus* (↑)〙 — *n.* **1** 〘クリケット〙ベイル《三柱門を形づくる横木; ⇨ wicket 挿絵》. **2** (中世の城館の)外壁; (外壁に囲まれた)庭. **3** 《英》(馬屋の)仕切りの横木[棒].

bail³ [béɪl] 〘《1336》*bail(l)e* □ (O)F *baille* bucket < VL **bājulam* = LL *bājulus* (↑)〙 — *n.* (船の)あかとり《たまり水をくみ出す器具》. — *vt.* **1** 〈あかを〉かい出す 〈*out*〉: ～ water *out* (*of* a boat) (船から)水をかい出す. **2** 〈船〉から水をかい出す 〈*out*〉: ～ *out* a boat 船中の水をかい出す. — *vi.* 船のたまり水をかい出す[すくい取る].

bail out (*vt.*) ⇨ *vt.* 1, 2. (*vi.*) (1) (緊急時の飛行機から)パラシュートで脱出する. (2)〘サーフィン〙(サーフボードから)離れる. (3)《俗》窮地を脱する, 責任を回避する; (責任逃れのために)手を引く.

bail⁴ [béɪl] 〘《1406》□ ? ON *beygl-a* ← *beygja* to bend〙 — *n.* **1** (鍋・湯沸かし・バケツなどを手でさげるための半円形の)つる. **2** 《豪》(乳をしぼる時雌牛の頭を押える)枠(わく). **3** = bail bar. — *vt.* **1** …につるを付ける. **2** 《豪》 **a** (乳をしぼるために)〈雌牛〉の頭を枠で押える 〈*up*〉. **b** 〈山賊などが〉〈人〉に手を上げさせる 〈*up*〉; 追いはぎする. **c** (話をするために)〈人を〉引き留める 〈*up*〉. **3** 《古》閉じこめる. — *vi.* 《豪》(山賊などに出会って)手を上げ(させられ)る 〈*up*〉; 抵抗せずに降参する.

bail·a·ble [béɪləbl] *adj.* 保釈できる: ～ offences 保釈の認められる犯罪.

Bai·lan [beɪlɑ́ːn] *n.* = Beilan.

báil bàr *n.* (タイプライター・印刷機などの)紙押え棒.

báil bònd *n.* 〘法律〙保釈証書.

Baile Átha Cliath [blɔ-ːklíː] 〘□ Gael. ～ 《原義》town of the ford of hurdles〙 *n.* Dublin のゲール語名.

bail·ee [beɪlíː] 〘← BAIL¹ + -EE¹〙 *n.* 〘法律〙受寄者 (cf. bailor).

báil·er¹ [-lə | -lə(r] 〚← BAIL²+-ER¹〛 n. 《クリケット》三柱門 (wicket) のベイル (bails) に当たる球.

báil·er² [-lə | -lə(r] 〚← BAIL³+-ER¹〛 n. **1** (船の)あかくみ《器具》. **2** (船の)たまり水をくみ出す人.

báil·er³ [-lə | -lə(r] n. 《法律》=bailor.

bai·ley [béɪli | -lɪ] 〚《a1325》 *bail(l)e, bail(l)y* □ OF *bail, baille* palisade, enclosure: cf. bail²〛 n. (中世の城館の)外壁(内の空間・庭): ⇨ Old Bailey.

Bai·ley [béɪli | -lɪ] 〚□ OF *Bailli* 《原義》 steward: ⇨ bailiff〛 n. 男性名《異形 Baillie, Baily》.

Bailey, Liberty Hyde n. (1858–1954) 米国の植物学者・園芸家.

Bailey, Nathan [Nathaniel] n. (?–1742) 英国の辞書編集者.

Bailey, Philip James n. (1816–1902) 英国の詩人 (cf. Spasmodic School).

Báiley brìdge 〚← *Sir Donald Colman Bailey* (1901–　: これを考案した英国の技師)〛 — n. 《軍事・土木》ベイリー式組立て橋《プレハブ鋼鉄パネルをボルトで締めて作る高速度建設用仮橋; 第二次大戦中よく用いられた》.

bai·lie [béɪli | -lɪ] 〚《1278》 □ OF *bailli, baillis* 'BAILIFF'〛 — n. **1** (スコットランドの)市参事会員《イングランドの alderman に当たる》. **2** 《古》(スコットランドの)荘園主席行政官. **3** 《方言》=bailiff.

bai·li·er·y [béɪlièri | -lɪərɪ] 〚《15C》〛 n. bailie の管轄[裁判]権.

bai·liff [béɪlɪf, -ləf | -lɪf] 〚《c1300》 *baillif* custodian, magistrate □ OF ~ (obl.) ← *baillis* (F *bailli*) < VL **bājulivum* ← L *bājulus*: cf. bail¹〛 — n. **1** (法の)執行吏《sheriff の下役で犯人逮捕・令状・刑の執行を司る役人》: ⇨ water bailiff. **2** 《英史》都市執政官, 市政官, 代官, 町役人《領主から都市の行政を委任された役人》; (城の)監守人. **3** 《英史》郡長, 郡宰《hundred の主席官吏》. **4** 《英》地主代理, 地主の執事, 《英》土地[農場]管理人, 荘園差配人: a ~ in husbandry (農場の)農事監督, 耕作監視員. **5** 《米》**a** 廷吏《法廷の雑務に従事する役人》. **b** 執行官代理. **~·ship** n.

bai·li·wick [béɪlɪwɪk, -lə- | -lɪ-] 〚《1431》 ← BAILI(E)+-WICK²〛 n. **1** bailiff または bailie の職[管区]. **2** (得意の)領域, 活動分野; 近辺, 周辺.

Bail·lie [béɪli | -lɪ] 〚⇨ Bailey〛 n. 男性名.

báil·ment n. 《法律》**1** 寄託, 委託: a contract of ~ 寄託契約. **2** 保釈; 保釈金.

bail·or [beɪlɔ́ə, –́ –̀, béɪlə | béɪlə(r] n. 《法律》寄託者 (cf. bailee).

báil·òut 〚← *bail out* (⇨ bail³ (v.) 成句)〛 — n. **1** (緊急時の飛行機からの)パラシュートによる降下[脱出]. **2** (特に, 経済援助による)緊急救済[救援]. — adj. 緊急事態対策の, 応急(処置)の: ~ measures for air pollution.

bails·man [béɪlzmən] n. (pl. **-men** [-mən]) 保釈保証人.

Báí·ly [béɪli | -lɪ] 〚⇨ Bailey〛 n. 男性名《異形 Bailey, Baillie, Bayley》.

Báily's béads [béɪliz- | -lɪz-] 〚← *Francis Baily* (1774–1844: 英国の天文学者)〛 — n. pl. 《天文》ベイリーの数珠(じゅず), ベイリービーズ《皆既日食の際, 月のふちに見える数珠状の光点》.

bain·ite [béɪnaɪt] 〚← *Edgar C. Bain* (1891–1971: 米国の冶金学者): ⇨ -ite¹〛 — n. 《冶金》ベイナイト《鋼の焼入れ, 焼戻し組織の一つ; セメンタイト (iron carbide) とフェライト (ferrite) の集合体; cf. martensite, sorbite, troostite²》.

bain-ma·rie [bɛ̃(m)mərí:, bæ̃m-, beɪméri | bɛ̃:(m)mərí:, bæ̃m-; F. bɛ̃mari] 〚《1822》 □ F ~ 《原義》 bath of Mary 《なぞり》← ML *balneum Mariae* 《なぞり》← Gk *káminos Mariās* furnace of Maria (i.e., *Miriam* 'sister of Moses'): 彼女が錬金術師であったとの伝説にちなむ〛 — n. (pl. **bains-ma·rie** [~]) **1 a** =water bath 1. **b** =double boiler. **2** =steam table 1.

Bai·ram [baɪrá:m, –́ –̀] 〚□ Turk. *bayram*〛 — n. 《イスラム教》バイラム祭《小バイラム祭 (Lesser Bairam) (Ramadan の直後) と大バイラム祭 (Greater Bairam) (小バイラム祭の 70 日後) の年 2 回行なわれる》.

Baird [bέəd | bέəd] 〚□ Ir.-Gael. *Bhaird* 《原義》 ballad singer〛 n. 男性名《異形 Bard》.

Báire cátegory thèorem [bέə- | bέə-] 〚← *René Baire* (1874–1932: フランスの数学者)〛 — n. 《数学》ベールのカテゴリー[類]定理《完備な距離空間は第 2 類であるという定理》.

bairn [bέən | bέən] 〚《1513–75》 Sc. ~ 《変形》← ME *barn(e)* child < OE *bearn* < Gmc **barnam* ← IE **bher-*: ⇨ bear²〛 n. 《スコット》小児, 子供.

bai·sakh [báɪsɑ:k] 〚□ Skt *Vaiśākha*〛 n. バイサーク, ヴァイシャーク(の月)《ヒンズー暦の月名の一つで, グレゴリオ暦の 4–5 月に当たる; cf. Hindu calendar》.

bait¹ [béɪt] 〚v.: 《?c1200》 □ ON *beit-a* to cause to bite ← *bīta* 'to BITE'. — n.: 《a1300》 □ ON *beit-a* (fem.)〛 — vt. **1** (鉤・わなに)えさをつける. **2** (えさでまたはだまして)おびきよせる; わなにかける; 誘惑する. **3** 〈土地〉に毒餌をまく. **4 a** (娯楽として)〈つないだ動物〉に犬をけしかけていじめる: ~ a badger [bear, etc.] with dogs. **b** 〈人を〉意地悪く苦しめる, (しつこく)なぶる, いじめる, からかう. **5** 《方言》(旅行中)〈馬など〉にまぐさを与える. — vi. 《古》**1** 〈馬などが〉えさを食べる. **2** 旅の中途で食事のために休む; 小休止する. — n. **1** 餌(え), えさ: a ~ in mousetraps / a live ~ 生餌(いきえ) / put a ~ *on* a hook [*in* a trap] 鉤[わな]にえさをつける / take the ~ えさを食う. **2** おびきよせるもの, 誘惑. **3** (殺鼠・殺虫などのためまく)毒餌. **4** 《方言》食物. **5** 《廃》(旅の中途の)休憩.

rise to the bait (1) 〈魚が〉(水面近くにきて)えさに食いつく. (2) 〈人が〉誘いに乗って引きつけられる[怒る]. ***swallow the bait*** (1) えさをのむ. (2) つり込まれる, わなにかかる.

bait² [béɪt] n. =bate² 2.

báit bùg n. 《動物》砂浜に穴を掘ってすむスナホリガニ科の甲殻類の総称《分類学上はヤドカリの仲間; *Emerita analoga, Hippa pacifica* など; 魚の餌用》.

báit·er [-tə | -tə(r] n. 動物に犬をけしかけて悩ます[いじめる]人.

báit·fish n. 釣り餌(え)に用いる魚.

Bai·us [béɪəs], **Michael** n. バーユス《1513–1589; ベルギーの神学者; cf. Baianism》.

bai·za [báɪzɑ:] 〚□ Arab. ~ □ Hindi *paisā*〛 n. (pl. **~s, ~**) **1** バイザ《オーマンの通貨単位; $=^1/_{1000}$ rial》. **2** 1 バイザ硬貨.

baize [béɪz] 〚《1578》 *bayes* □ F *baies* (pl.) ← *bai* reddish brown: cf. bay⁵〛 — n. **1** ベーズ《ナッピング仕上げ (napping) をした緑や赤の単色の紡毛織物; 現在は密度を粗にしてテーブル掛け・カーテンなどに使う》. **2** ベーズのテーブル掛け[カーテンなど].

Ba·ja Ca·li·for·nia [Am. Sp. báhakàlifórnja] n. バハカリフォルニア(半島)《Lower California のスペイン語名; cf. Alta California》.

ba·ja·da [bəhá:də] 〚□ Sp. ~ ← *bajar* to descend〛 — n. **1** 《米南西部》けわしく曲がったくだり道[小道]. **2** (山の麓から盆地へ広がる)沖積土の斜面[スロープ]. **3** 《米》《地理》乾燥地域で盆地の縁にできる扇状地.

Ba·jan [béɪdʒən] adj., n. =Barbadian.

Baj·er [báɪə | báɪə(r; Dan. báiʼər], **Fredrik** n. バイエル《1837–1922; デンマークの政治家・著作家; Nobel 平和賞 (1908)》.

baj·ra [bá:dʒrə, -rɑ:] 〚□ Hindi *bājrā, bājrī*〛 n. (*also* **baj·ri** [-ri:], **baj·ree** [-ri:]) 《インド》《植物》=pearl millet.

ba·ju [bá:dʒu:] 〚□ Malay ~〛 n. マライ人の着る短いゆったりしたジャケット.

Ba·jun [béɪdʒən] adj., n. =Barbadian.

bake [béɪk] 〚OE *bacan* ← Gmc **bak-* (G *backen*) < IE **bhē-* to warm: cf. bath¹〛 — v. (**~d**; **~d**, 《古》 **bak·en** [~ən]) — vt. **1 a** 〈パン・菓子などを〉(オーブンなどで)焼く: ~ an apple pie / ~ cakes (hard) ケーキを(固く)焼く. **b** 〈れんが・陶器などを〉(窯(かま)で)焼き乾かす, 焼き固める: ~ bricks, pottery, etc. **c** 〈太陽が〉〈地面を〉照らし固める: ~ the ground. **2 a** 〈太陽が〉〈皮膚などを〉焼く. **b** 〈太陽が〉〈果実を〉熟させる. **3** 《廃》固まりにする; (寒さで)固まらせる. **4** 《廃》(氷詰めのように)固める, 固くする. — vi. **1** パン[菓子など]を焼く. **2** 〈パンなどが〉焼ける; 〈れんが・道路などが〉焼けて固まる: These apples don't ~ *well*. このりんごはうまく焼けない. **3 a** 皮膚を焼く: ~ in the sun 日にあたって体を暖める[肌を焼く]. **b** 《口語》体が焼けるほど暑くなる. — n. **1 a** パン焼き; パンの焼き方. **b** (パンなどの)一焼き. **2** 《米》**a** 焼き料理. **b** 焼き料理パーティー; (特に) =clambake 1. **3** 《スコット》堅焼きビスケット.

báke àpple n. 《カナダ》《植物》=cloudberry.

baked adj. (かまど・オーブンなどで)焼いた (cf. half-baked): a ~ apple [potato] 焼きりんご[じゃがいも] / ~ beans ベークトビーンズ《《米》では煮た豆を塩づけ豚肉と調味料などを入れて焼いたもの, 《英》ではいんげん豆のトマト煮》.

báked Aláska, B- A- n. ベークトアラスカ《スポンジケーキの上にアイスクリームをのせ全体にメレンゲをかぶせてオーブンで焼き目をつけたデザート》.

báked méat n. =bakemeat.

báke·hòuse 〚ME〛 n. =bakery.

Ba·ke·lite [béɪkəlàɪt, béɪklaɪt | béɪkəlàɪt] 〚《1913》 □ G *Bakelit* ← *L. H. Baekeland*: ⇨ -ite¹〛 — n. 《商標》ベークライト《フォルムアルデヒドと石炭酸から成る人造樹脂》.

báke·mèat 〚ME〛 n. 《廃》焼いた料理, (特に)ミートパイ (meat pie).

baken 〚ME〛 v. 《古》 bake の過去分詞.

báke-òff n. (しろうとの)料理競技会, 料理コンクール.

bák·er 〚OE *bæcere*: ⇨ bake, -er¹〛 — n. **1** パン屋; パン・菓子類製造業者. **2** 《米》焼料理用器具, 携帯用オーブン. **3** 焼料理に適した物: good ~s 焼いておいしい物《肉・じゃがいもなど》. **4** 《釣》(サケ釣りに用いる)毛鉤(けばり)の一種. **5** 《鳥類》カマドドリ (*Furnarius rufus*)《かまど形の巣を作る南米産の鳴鳥; baker bird ともいう; cf. ovenbird 2》.

spell baker 〚古い綴り字教科書では *baker* が最初の二音節語だったことからか〛 難しいことをやりとげる, 困難な役目を果たす.

Bak·er [béɪkə | -kə(r], **George Pierce** n. (1866–1935) 米国の演劇指導者.

Baker, Ray Stan·nard [stǽnəd | -nəd] n. (1870–1946) 米国の著述家・ジャーナリスト; 筆名 David Grayson.

Baker, Sir Samuel White n. (1821–93) 英国のアフリカ探検家; Blue Nile を探検し (1860–62), Albert 湖を発見 (1864).

báker bìrd n. 《鳥類》=baker 5.

Báker Ísland n. ベイカー島《太平洋中部, 赤道付近にある米国領の小島; 環礁; 面積 2.6 km²》.

báker-knèed[-lègged] 〚パンこねの無理な姿勢が原因と考えられたため〛 adj. X 脚の.

Bá·ker-Nùnn càmera [béɪkənʌ́n- | -kə-] 〚← *J. G. Baker & Joseph Nunn* (1957 年に初めて用いられたこのカメラを考案した米国人)〛 — n. ベーカーナンカメラ《人工衛星・弾道弾の飛跡撮影に使われる大型シュミット望遠カメラ》.

báker's brèad n. (家で焼いた (home-baked) のに対して)パン屋の焼いたパン.

báker's dózen 〚もと行商人が 1 ダース分として 13 個のパンを卸してもらい, 1 個をもうけとしたことから; または斤量不足のための厳罰に対する用心から〛 — n. [a ~] **1** パン屋の 1 ダース, 13 個 (cf. devil's dozen). **2** 少しばかりの数.

Ba·kers·field [béɪkəzfì:ld | -kəz-] 〚← *Colonel Thomas Baker* (1810–72: この地域の地主)〛 n. 米国 California 州南部の都市; 人口 70,000.

báker's yèast n. (パン・菓子用の)イースト.

bak·er·y [béɪk(ə)ri | -kərɪ] 〚← BAKER+-ERY〛 n. **1** パン製造所, パン屋 (baker's shop). **2** 《米》パン・菓子[ケーキ]類販売店.

báke·shòp n. 《米》=bakery.

báke·stòne 〚ME〛 n. パンや菓子を焼くための平たい石または鉄板.

báke·wàre n. 耐熱陶器[ガラス]なべ.

bák·ing n. **1** パン焼き. **2** 一焼き(分の量) (batch). **3** [形容詞的に] 〈原料・道具など〉パン焼き用の: a ~ dish. — adj. 《口語》**1** 焼きつけるような: The weather was simply ~. まったく焼けつくような暑さだった. **2** [副詞的に] 焼けつくように: ~ hot 焼けるように暑い. **~·ly** adv.

báking pòwder n. ベーキングパウダー, ふくらし粉.

báking sòda n. 《化学》重曹(じゅうそう) ($NaHCO_3$) (sodium bicarbonate).

ba·kla·va [bá:kləvà:, –̀ –́] 〚□ Turk. ~〛 — n. (*also* **ba·kla·wa** [~]) バクラバ《トルコ・ギリシャなどで造る菓子; 薄い小麦粉の生地の間にナッツや香辛料をはさんで層にし, 焼いてシロップをかける》.

bak·sheesh [bǽkʃi:ʃ, –̀ –́] 〚《1755》 □ Pers. *bakhshish* ← *bakhshīdan* to give〛 — n. (*also* **bak·shish** [~]) (インド・トルコ・エジプトなどで)心付け, 祝儀, チップ; 賄賂(わいろ); 施し: give ~ to... に心付けをやる.

Bakst [bá:kst; Russ. bákst], **Léon Nikolaevich** n. バクスト《1866–1924; ロシヤの舞台装飾家・デザイナー・画家》.

Ba·ku [bɑ:kú:; Russ. bakú] n. バクー《ソ連邦 Azerbaijan 共和国の首都, カスピ海に臨む港で採油の中心地; 人口 1,465,000》.

Ba·ku·nin [bakú:nɪn, bɑ:-; Russ. bakúnjin], **Mikhail Aleksandrovich** n. バクーニン《1814–76; ロシヤの無政府主義者》.

bal [bǽ(ː)l] 〚略〛 n. 《口語》**1** =balmacaan. **2** =Balmoral 2.

BAL 《略》 British anti-lewisite (⇨ dimercaprol).

bal. 《略》 balance; balancing.

Ba·laam [béɪləm | -læm, -ləm] n. **1** バラム《メソポタミア生れの預言者; イスラエルの民をのろいに出かけたが, 自分のロバに戒められた; cf. *Num.* 22–24》. **2** 当てにならない預言者[味方]. **3** [b-] 《俗》(新聞記事などの)埋草: a *balaam* box [basket] 埋草投票箱.

bal·a·cla·va [bæ̀ləklá:və, -klǽvə | -klá:və] 〚⇨ Balaklava〛 n. バラクラバ帽《頭・首および肩をおおう野戦用または登山・スキー用の羊毛製の大型帽》.

Bal·a·cla·va [bæ̀ləklá:və] n. =Balaklava.

balaclàva hèlmet n. =balaclava.

bal·a·dine [bǽlədì:n, –̀ –́] 〚□ F *baladin* □ Prov. *baladin* ← *balar* to dance: ⇨ ballad〛 F. n. 《古》(特に, 大道芸人一座の)踊り子.

ba·lae·nid [bəlí:nɪd, -nəd | -nɪd] 〚↓〛 n. 《動物》セミクジラ科のクジラ.

Ba·lae·ni·dae [bəlí:nədì: | -nɪ-] 〚← NL ~ ← L *balaena* whale+-IDAE〛 n. pl. 《動物》セミクジラ科.

Bal·ae·nop·ter·i·dae [bæ̀lənɑptérədì: | -li:nɔptérɪ-] 〚← NL ~ ← *Balaenoptera* (属名) (← L *balaena* whale+-PTERA)+-IDAE〛 n. pl. 《動物》ナガスクジラ科.

Ba·la·ki·rev [bɑ:lɑ́:kɪref | bəlǽkɪrèv, -lá:k-; Russ. balákjirjif], **Mi·li** [mjíljij] **Alekseevich** n. バラキレフ《1837–1910; ロシヤの作曲家; 五人組 (the Five) の中心人物》.

Bal·a·kla·va [bæ̀ləklǽvə, -klá:və, bɑ̀:ləklá:və | bæ̀ləklá:və; Russ. bəlaklávə] n. バラクラーヴァ《ソ連邦 Ukraine 共和国南部, 黒海に臨む海港; クリミア戦争中 Tennyson の詩で有名な「軽騎兵の突撃 (Charge of the Light Brigade)」の行なわれた場所 (1854)》.

bal·a·lai·ka [bæ̀ləláɪkə; Russ. bəlalájkə] 〚《1788》 □ Russ. ~ ← ? Tatar〛 — n. バラライカ《ロシヤの 3 弦の撥弦楽器; 三角形の胴とギターに似た棹がある》.

balalaika

bal·an- [bǽlən] (母音の前に来る時の) balano- の異形.

bal·ance [bǽləns] 〚《?c1200》 □ (O)F ~ < VL **bilanciam* ← LL *bilanx* ← BI-¹+*lanx* plate, scale of weighing machine〛 — n. **1 a** 秤(はかり), 天秤(てんびん)《中央を支点 (pivot) とする棹(さお) (beam) を用いて両端に皿 (scale) を吊るし物体の重量を測る器機》: ⇨ chemical balance / be weighed in the ~ and found wanting 試された上で不十分[役に立たない]とされる, 鼎(かなえ)の軽重を問われる (cf. *Dan.* 5:27; wanting *adj.* 3). **b** 《廃》秤の皿 (scale): a pair of ~s. **2** (二つの力・傾向などの)平均, 釣合い(のとれた状態), 平衡, 均衡, バランス; 精神[情緒]の安定, 心の平衡, 平静: the ~ of mind / a man of ~ 落着きのある人 / recover [regain] one's ～ 平静さを取り戻す / keep [preserve] one's ～ 体の平衡[釣合い]を保つ; 心の平衡を保つ, 取り乱さない / lose one's ～ 体の平衡を失う[失って倒れる]; 心の平衡を失う, 取り乱す. **3 a** 釣合いをとるもの; 釣合いおもり, 分銅 (counterweight): act as a ～ *to* ...に対して釣合いをとる働きをする. **b** 均衡力. **4 a** はかりにかけること; 評価; 未決定の状態: form a ～ of a person's talent 人の才能を評価する. **b** [しばしば *pl.*] 決定する力, 決定権: hold the ～ (二大勢力の間に介在して)均衡を左右する, 決定力をもつ. **5** 優勢: The ～ of advantage is with him [on her side]. 勝味は彼に[彼女の側に]ある. **6 a** (勘定・計画などの)調整, 精算. **b** [the ～]《口語》残余, 残り (remainder): *the* ～ of one's dinner / You may keep the ～. お釣りは取っておきなさい[上げます]. **7** 《会計》帳尻の差額, 差引残高(額): the [one's] ～ at the bank 銀行預金残高 / the ～ due 不足額 / the ～ due from [to] ...へ貸し[より借り] / the ～ in hand 手許(もと)残高 / The ～ of the account is *against* [*for*] me. 差引勘定は私の借り[貸し]. **8 a** 《体操》平均運動. **b** 《ダンス》バランス《偶数拍子または 3/4 拍子に合わせて踊る均等歩の動作で, 前後左右への動きがある》. **9** 《美術》(線・色・形などの美的)調和, 配合, 釣合い: The picture is lacking in ～. その絵は調和に欠けている. **10** 《修辞》バランス, 対句法《修辞的効果を狙って語句・アイディアを並置すること; cf. balanced sentence》. **11** 《生理・生物》平衡: water [acid] ～ 水分[酸塩基]平衡. **12** 《時計》てんぷ《アンクルからの衝撃をうけて固有の周期で振動する時計調速機の主要部分で, てん輪(わ)・てん真・ひげなどからなる》. **13** 《銃砲》均衡点《ライフルの下側に支点を与えた場合, 前後の重さが釣り合う点》. **14** [the B-] **a** 《天文》てんびん(天秤)座 (⇨ Libra 1). **b** 《占星》天秤座, 天秤宮 (⇨ Libra 2).

in balance ＝*on* BALANCE. ***in* (*the*) *balance*** (1) ⇨ *n.* 1 a. (2) どちらとも決まらないで, 極めて不安のままに: hold *in the* ～ 未定のままにしておく / hang [tremble] *in the* ～ 不安定な状態にある, どっちつかずである. ***off* [*out of*] (*one's*) *balance*** 平衡[釣合い]を失って; 平静を失って: throw a person *off* (*his*) ～ 人に平衡[平静]を失わせる. ***on balance*** すべてを考慮[斟酌]して(みると), 結局. ***strike a balance*** (1) 貸借を差引する, 収支の差引勘定をする. (2) 公平な解決に達する, 均衡をはかる. ***tip the balance*** ＝*tip the scale*(*s*) (⇨ scale²).

balance of accounts 勘定残高《ある勘定の借方記入額合計から, 貸方記入額合計を差し引いた残高またはその逆の差引計算による残高》.
balance of clearing 交換尻.
balance of exchange 為替(かわせ)尻.
balance of nature 自然の平衡《生物間の生態[生物学的平衡]》.
balance of (international) payments 国際収支《一定期間中の国の対外経済取引の総体的収支表で, 貿易収支の他に貿易外収支を含む》.
balance of power (強国間の)勢力均衡.
balance of terror (強国間の)核兵器所有の均衡.
balance of trade 貿易収支: a favorable [an unfavorable] ～ *of trade* 輸出[輸入]超過.

— *vt.* **1 a** ...の平衡[釣合い]を保たせる, (倒れたりしないように)あやつる: ～ a pole, one's hands, etc. / ～ a plate on one's finger 指先で皿を落とさないようにバランスをとる / ～ oneself (倒れないように)体の釣合いをとる. **b** 〈食事・色などを〉バランスよく調整する. **2 a** 天秤にかけて見る, 量る. **b** 〈問題などを〉(心の中で)比べ考える, 〈二者を〉比較[対照]する: ～ the two proposals [plans]. **3 a** 釣り合わせる, 平均させる, ...の均衡を取る (counterbalance): ～ one thing *with* [*by, against*] another / be equally ～*d* 釣り合っている. **b** ...と釣り合う[等しい]; ...の埋め合わせをする, 償う: His generosity ～*s* her stinginess. 彼の気前のよさは彼女のけちの埋め合わせをする. **4** 《会計》清算する, 決算する, 差引する, ...の貸借を対照する: ～ one's accounts 諸口座を締め切る, 貸借を勘定する / ～ the books 帳簿を清算する[締める]. **5** 《ダンス》(交互に)〈相手〉に近づきまた離れる: ～ one's partner. **6** 《化学》化学方程式の両辺の各化合物の〈係数を〉バランスさせる. — *vi.* **1** (体などの)平衡を保つ, バランスをとる: ～ on one hand [foot]. **2** 〔...と〕釣り合う, 平均する, 均衡を保つ, 均衡が取れる〔*with*〕; 〈計算・帳尻が〉合う: These scales do not ～. この天秤はバランスがとれない / The debits and credits ～. 借方貸方の帳尻が合う, 収支平均する / The income should ～ *with* the expenditure. 収入は支出と釣り合うべきである. **3** 揺れる; 〔二者の間で〕ためらう, 躊躇(ちゅうちょ)する (hesitate) 〔*between*〕. **4** 《会計》清算する. **5** 《ダンス》前後左右にゆれるようにバランスステップする.

ba·lan·cé [bælɑ̃ː(n)séɪ, bɑ̀ː-, -lɔ̃ː(n)-, -lɑːn-, -lɔ(ː)n-; *F.* balɑ̃se] 《← F *pas balancé* 《原義》balanced step》 — *n.* 《バレエ》バランセ《一方の足で立ち膝を曲げながら体を振り動かすようにして軽やかに他方の足へ重心を移すステップ》.
bal·ance·a·ble [bǽlənsəbl] *adj.* 平衡[釣合い]を保たせることができる.
bálance bèam *n.* **1** (平衡おもりとして用いられる)平衡桿(かん). **2** 平均台の横木.
bálance còil *n.* 《電気》平衡コイル.
bál·anced *adj.* **1** 平均のとれた, 釣り合った: a ～ education [budget] 均衡のとれた教育[予算] / ⇨ balanced diet. **2** 《アメリカンフットボール》センターの両側に均等にプレーヤーを配置したフォーメーションの.
bálanced círcuit *n.* 《電気》平衡回路.
bálanced díet *n.* (あらゆる栄養物を適当量に混合した)均衡[調整]食.
bálanced fúnd *n.* 《金融》バランスファンド《株式のほか債券・優先株などを組入れてあるオープン投資信託の一種》.
bálanced líne *n.* 《電気》平衡線路.
bálanced lóad *n.* 《電気》平衡負荷.
bálanced módulator *n.* 《電気》平衡変調器.
bálanced rátion *n.* ＝balanced diet.
bálanced rúdder *n.* 《海事》平衡舵, 釣合い舵《水圧の中心部が舵の中心部にかかるようにして回転要力を最小限に押えるように設計された舵》.
bálanced séntence *n.* 《修辞》均衡文《2 またはそれ以上の並列する同じ構造型の節から成る文; 例: They have been educated to achieve success; few of them have been educated to exercise power》.
bálanced stép *n.* 《建築》割合段《まわり階段の扇形の踏み板の最も幅の狭い部分が, 直線階段の部分の踏み板の幅にそろえられているもの》.
bálanced tícket *n.* 《米政治》(政党の)公認候補者名簿.
bálanced válve *n.* 《機械》釣合い弁, 両座弁《弁棒に働く力を少なくするため, 弁体に作用する力が互いに打消すように 2 個の弁座をもたせた弁》.
bálance lúgsail *n.* 《海事》バランスラグスル《帆の一部が帆柱より前に出たその長いラグスル縦帆》.
bálance pìston *n.* 《機械》釣合いピストン《タービンなどでスラストを釣り合わせるために取り付ける》.
bál·anc·er 《(15C): ⇨ balance, -er¹》 — *n.* **1 a** 平衡[釣合い]を保つ人. **b** 軽業師 (acrobat). **2** 平衡器, 釣合い装置. **3** 清算人. **4** 《昆虫》平均棍(こん), 平均体《双翅類(カ・ハエ・ブヨなど)の後翅が棍棒状に退化したもので飛ぶ時に体の平均を保つ》.
bálance rùdder *n.* 《海事》＝balanced rudder.
bálance scrèw *n.* 《時計》ちらねじ《てん輪(わ)の外周にとりつけられた歩度調節ねじ; cf. split balance》.
bálance shèet *n.* 《会計》貸借対照表 (略 B/S).
bálance sprìng *n.* 《時計》ひげぜんまい, ひげ (⇨ hairspring).
bálance stàff *n.* 《時計》てん真《てん輪(わ)の軸》.
bálance wèight *n.* 釣合いおもり.
bálance whèel *n.* **1 a** 《時計》てん輪(わ)《てんぷの輪の部分; cf. balance *n.* 12》. **b** 《機械》釣合い輪. **2** 安定に役立つもの, 平衡を保つ力, 「おもり」.
Bal·an·chine [bæ̀ləntʃíːn, -tʃíːn], **George** *n.* バランチン《1904– ; ロシヤ生れの米国の舞踊家・振付師; 革新的バレエ運動を展開》.
bálancing bànd *n.* 《海事》吊り帯《錨を水平に吊る時に用いる重心点付近の鉄帯; ⇨ anchor 挿絵》.
bálancing capàcitor [condènser] *n.* 《電気》平衡コンデンサー《compensating capacitor, compensating condenser ともいう》.
bálancing sìde *n.* 《歯科》平衡側《咀嚼時, 食物を噛んでいない側の歯列; cf. working side》.
Ba·lan·i·dae [bəlǽnədìː | -nɪ-] 《← NL ～ ← *Balanus* (属名 ← Gk *bálanos* (↓))＋-IDAE》 *n. pl.* 《動物》フジツボ科.
bal·a·no- [bǽlənoʊ | -nə(ʊ)] 《← NL ～ ← Gk *bálanos* acorn: cf. gland》 — 次の意味を表わす連結形: **1** 「どんぐり (acorn)」. **2** 「陰茎亀頭 (glans penis)」. ★ 母音の前では通例 balan- になる.
bal·a·noid [bǽlənɔ̀ɪd] 《(1869) ⊏ Gk *balanoeid-ḗs* ← *bálanos* (↑): ⇨ -oid》 *n., adj.* 《動物》フジツボ (acorn barnacle) 形(の).
Bal·a·noph·o·ra·ce·ae [bæ̀lənɑ̀fəréɪsiìː | -nɔ̀f-] 《← NL ～ ← *Balanophora* (属名: ⇨ balano-, -phora)＋-ACEAE》 — *n. pl.* 《植物》ツチトリモチ科. **bàl·a·nòph·o·rá·ceous** [-ʃəs] *adj.*
Ba·lante [bəlɑ́ːnt] 《⊏ F ～》 *n.* (*pl.* ～, ～s) **1 a** [the ～(s)] バラント族《Senegal 地方の種族》. **b** バラント族の人. **2** バラント語.
ba·lao [bəláʊ] 《⊏ Sp. ～》 *n.* (*pl.* ～s) 《魚類》＝halfbeak.
Ba·la·ra·ma [bʌ̀lərɑ́ːmə] *n.* 《インド神話》バララーマ, 力(ちから)のラーマ《Krishna の兄で Vishnu の第八化身ともいわれ, 犂(すき)を手にしている; cf. Rama》.
bal·as [bǽləs, béɪl-] 《(1409) ⊏ (O)F *balais* ⊏ Arab. *bálkhaš* ← Pers. *Badhakhshān* (産地名)》 — *n.* 《鉱物》バラスルビー《貴尖(せん)晶石の一種で, ばら赤色またはオレンジ色の宝石; balas ruby ともいう》.
ba·la·ta [bǽlətə | -tə] 《⊏ Am.-Sp. ～》 — *n.* **1** バラタ《西インド諸島産の bully tree の乳液を乾し固めたもの; 主に機械用ベルトやゴルフ球の表皮に, また gutta-percha の代用品として電線被覆やチューインガム原料などに用いる》. **2** 《植物》バラタを産する各種の樹木, バラタノキ (bully tree).
Ba·la·ton [bǽlətən | -tɔn; *Hung.* bɔ́lɔtɔn], **Lake** *n.* バラトン湖《ハンガリー西部の中部ヨーロッパ最大の湖; 長さ 80 km; ドイツ語名 Plattensee [plátnzeː]》.
ba·laus·tine [bəlɔ́ːstɪn, -tən | -tɪn] 《← Gk *balaústion* flower of pomegranate tree: ⇨ -ine¹》 — *n.* **1** ザクロの花《干して収斂(しゅうれん)剤として用いる》. **2** ザクロの木 (pomegranate). — *adj.* ザクロの木[花]の.
Bal·bo [bɑ́ːlboʊ | -bəʊ; *It.* bálbo], **I·ta·lo** [íːtalo] *n.* バルボ《1896–1940; イタリアの飛行家・空軍元帥・政治家; Mussolini の腹心の一人》.
Bal·bo·a [bæ̀lbóʊə | -bóʊə; *Sp.* balbóa] 《↓》 — *n.* **1** バルボア《パナマ運河地帯太平洋側終端の海港; 人口 2,800》. **2** [b-] **a** バルボア《パナマの通貨単位; ＝100 centesimos; 記号 B/》. **b** 1 バルボア銀貨.
Bal·bo·a [bæ̀lbóʊə | -bóʊə; *Sp.* balbóa], **Vasco Núñez de** [núɲeθ de] *n.* バルボア《1475?–1517; スペインの探検家で, 太平洋の発見者 (1513)》.
bal·brig·gan [bælbrígən] 《(1859) ← *Balbriggan* (アイルランドの原産地名)》 — *n.* **1** バルブリガンメリヤス《さらさない綿メリヤスで, 下着や靴下を作る》; それに似た編み目のコットンニット. **2** [*pl.*] バルブリガンメリヤス製の衣類《長靴下・パジャマなど》.
Balch [bɔ́ːltʃ], **Emily Greene** *n.* (1867–1961) 米国の政治経済学者; Nobel 平和賞 (1946).
bál·co·nied *adj.* バルコニーを付けた, 露台のある.
bal·co·ny [bǽlkəni | -nɪ] 《(1618) ⊏ It. *balcone* ⊏ ? Gmc **balkon* 'beam, BALK'》 — *n.* **1** バルコニー, 露台, 張出し縁側. **2 a** 《劇場》《英》(2 階桟敷(さじき) (dress circle) 上の)階上席(の上 gallery); 《米》2 階桟敷(dress circle). **b** [集合的] (映画館などの)階上席. **3** 《海事》船尾[艦尾]の展望台.
bald [bɔ́ːld] 《(*c*1300) *balled*(*e*) < ? OE **bællede* ← **ball-* white patch ← IE **bhel-* to shine (Gk *phalós* white / Skt *bhālam* brightness, forehead): ⇨ -ed》 — *adj.* (～·**er**; ～·**est**) **1 a** 〈頭が〉はげた, 〈人が〉はげ頭の: a ～ head / get ～ 頭がはげる. **b** 〈木が〉葉のない, 〈山などが〉木のない, 裸の; 〈動物が〉頭部のはげた, 無毛の, 〈鳥が〉羽毛のない; 〈布が〉けばのない: a ～ mountain はげ山 / ～ as an egg [a billiard ball, a coot] つるつるにはげている. **c** 《口語》〈タイヤが〉踏み面の刻みがすり切れた. **2** 〈表現・陳述など〉飾りのない, むき出しの; 露骨な, ありのままの (bare); 〈文体など〉雅致のない, 単調な (monotonous): a ～ statement of fact むき出しの事実の陳述 / a ～ prose style 雅致のない散文体 / a ～ lie むき出しの[しらじらしい]うそ. **3** 〈馬など〉顔面の目・鼻孔周辺が白い (cf. bald-faced 1). **4** 《古》つまらない, ほとんど価値のない (trivial). — *vi.* はげる. **～·ness** *n.*
bal·dac·chi·no [bæ̀ldəkíːnoʊ, bɑ̀ː- | -nəʊ; *It.* baldakkíːno] *n.* (*pl.* ～s) ＝baldachin.
bal·da·chin [bɔ́ːldəkɪn, bǽl-, -kən | bɔ́ːldəkɪn] 《⊏ F *baldaquin* // It. *baldacchino* 《原義》silk from Baghdad ← *Baldacco* Baghdad》 — *n.* (*also* **bal·da·quin** [～]) **1** (主にカトリックで祭壇や貴人の席の上の)天蓋 (canopy) 《もとは Baghdad 産の錦(にしき)で作った; 通例, 円柱で支えられ, 金属製など》. **2** (宗教的行列で奉持される)天蓋. **3** 錦, 金襴(きんらん).
báld cóot *n.* 《英》 **1** 《鳥類》オオバン (⇨ coot 1). **2** はげ頭の人.
báld cýpress *n.* **1** 《植物》ラクウショウ(落羽松), ヌマスギ (*Taxodium distichum*) 《米国南部沼沢地産のスギ科の植物》. **2** ラクウショウ材.
báld éagle *n.* 《鳥類》ハクトウワシ (*Haliaeetus leucocephalus*) 《北米産; 米国の国章・貨幣模様に用いられている; white-headed eagle, American eagle ともいう》.

bald eagle

Bal·der [bɔ́ːldə | -də(r)] 《ON *Baldr* ← *baldor* bold, hero》 *n.* 《北欧神話》バルドル, バルデル《Odin と Frigg の息子, 美しく, 善良・温厚・賢明な神; ⇨ Hoder》.
bal·der·dash [bɔ́ːldədæ̀ʃ | -də-] 《(1596) ← ?: cf. Dan. *balder* noise, chatter》 — *n.* **1** たわごと (nonsense): absolute ～ 全くのたわごと. **2** 《廃》(ビールにミルクやぶどう酒を混ぜたりした)変な混合飲み物.
báld fàce *n.* 《米》 **1** 《鳥類》＝baldpate 2. **2** 《廃》粗悪なウイスキー.
báld-fáced *adj.* **1** 〈動物が〉顔面に白斑(はん)入りの: a ～ horse, stag, etc. **2** むきだしの (undisguised); あつかましい, 恥知らずの: a ～ lie しらじらしいうそ.
báld-fàced hórnet *n.* ＝white-faced hornet.
báld·hèad *n.* **1** はげ頭の人. **2** 白冠鳩《家鳩の一種》. **3** 《鳥類》＝baldpate 2.
báld-héad·ed *adj.* **1** 頭のはげた. **2** 《海事》〈スクーナーなど〉トップマストのない. — *adv.* 《口語》むきになって, がむしゃらに: go (into [at]) it ～ それにすべてをかけてやる / go ～ *for* [*at*] a thing [person] 物[人]をめがけてがむしゃらにぶっつかっていく / snatch a person ～ 人をきびしく非難する[叱る].
bal·di·coot [bɔ́ːldɪkùːt] *n.* ＝bald coot.
Bal·die [bɔ́ːldi | -dɪ] 《(dim.) ← ARCHIBALD¹》 *n.* 男性名.
báld·ing *adj.* (頭の)はげかかった: a ～ head, man.
báld·ish [-dɪʃ] *adj.* ややはげた, はげかかっている.
báld·ly *adv.* むきだしに, 露骨に: speak ～ / write rather ～ / to put it ～ 露骨に言えば.
báld·mòney 《ME *baldemoin*(*e*) ⊏ ML *baldimonia*》 *n.* 《植物》小さい黄花を開くセリ科の多年草 (*Meum athamanticum*) 《食用および薬用に英国で栽培》.
báld·pàte *n.* **1** ＝baldhead 1. **2** 《鳥類》アメリカヒドリ (*Anas americana*) 《北米北西部に繁殖するヒドリガモの一種; baldhead, American widgeon ともいう》. — *adj.* ＝bald-headed 1.
báld·pàted *adj.* ＝baldpate.
Bal·dr [bɔ́ːldə | -də(r)] *n.* 《北欧神話》＝Balder.
báld·rib *n.* 《英方言》豚の尻の近くの脂の少ない肉.
bal·dric [bɔ́ːldrɪk] 《(?*a*1300) *bauderik* ⊏ OF *baudrei* ⊏ ? Frank. **balti* ← L *balteus* 'BELT¹'》 *n.* 綬帯, 飾

帯《肩から斜めにかけ, 剣などを吊る皮帯》.

Bal·dric [bɔ́ːldrɪk] 〖⊏ OHG *Baldarich* ← *balda* 'BOLD'+*ricja* ruler〗 *n.* 男性名.

Bal·dur [bɔ́ːldə | -də(r)] *n.* 〖北欧神話〗 =Balder.

báld whéat *n.* 〖植物〗ボウズムギ《コムギの品種で, ノギのないもの》.

Bald·win[1] [bɔ́ːldwɪn, -wən | -wɪn] 〖← *Col. Loammi Baldwin* (1740–1807 : Massachusetts 州のりんご栽培家)〗 **—** *n.* 〖園芸〗赤竜《米国のリンゴの品種名; 紅色または紅黄色》.

Bald·win[2] [bɔ́ːldwɪn, -wən | -wɪn] 〖⊏ OHG *Baldavin* ← *balda* 'BOLD'+*vini* friend〗 *n.* 男性名.

Baldwin, James (**Arthur**) *n.* (1924–) 米国の黒人作家; *Another Country* (1962).

Baldwin, James Mark *n.* (1861–1934) 米国の心理学者.

Baldwin, Stanley *n.* (1867–1947) 英国保守党の政治家, 首相 (1923–24, 1924–29, 1935–37); 称号 1st Earl Baldwin of Bewdley [búːdli | -lɪ].

Baldwin I *n.* ボードゥアン一世《1058–1118; 十字軍戦士でエルサレム王国の初代国王(1100–18);Godefroy de Bouillon の兄》.

bald·y [bɔ́ːldi | -dɪ] 〖⇨ -y[2]〗 *n.* 《口語》はげ頭の人.

bale[1] [béɪl] 〖《1371》⊏ OF ~ (F *balle*) ⊏ OHG *balla* 'BALL[1]'〗 **—** *n.* **1** 梱(こり), 俵《船積のため圧縮して鉄たがをかけたりズックに包んだりして荷造りした商品; 品種によって重量が一定している》: a ~ of cotton 綿の梱《米国では約 500 lb.》/ She received letters by the ~. 大きい束で手紙を受け取った. **2** ウミガメの群れ. **—** *vt.* (梱・俵に)入れる, 荷造りする : a *baling* press 荷造り用プレス.

bale[2] [béɪl] 〖OE *b(e)alu* an evil < Gmc **balwam* ← IE **bheleu-* to harm〗 **—** *n.* 《古・詩》 **1** 害悪, 禍 (evil), 不幸 (misfortune); 危害 (injury). **2** 苦痛 (pain), 悲しみ (grief).

bale[3] [béɪl] *v.* =bail[3].

bale[4] [béɪl] *n.* =bail[4].

bale[5] [béɪl] 〖OE *bǣl* fire, pyre ← IE **bhel-* to shine : cog. ON *bāl*〗 *n.* 《古》大きなたき火; のろし.

Bâle [bɑ́ːl; *F.* bɑːl] *n.* バール《Basel のフランス語名》.

Bal·e·ár·ic Íslands [bæliǽrɪk- | -lɪ-] *n. pl.* [the ~] バレアレス諸島《地中海西部のスペイン東岸の諸島で, 一州 (Baleares [bæliǽriːz | -lɪ-]) を成す; Majorca, Minorca など 16 の島々を含む; 人口 559,000, 面積 5,014 km²; 首都 Palma》.

bále brèaker *n.* 〖紡織〗開俵機《固くなった綿塊などを解く機械》.

ba·leen [bəlíːn | bə-, bæ-] 〖《c1300》 *bale(i)ne* ⊏ OF *baleine* < L *balaena* whale ⊏ Gk *phállaina*〗 *n.* 〖動物〗鯨鬚(げいしゅ), くじらひげ (whalebone).

baléen whále *n.* 〖動物〗=whalebone whale.

bale·fire [béɪlfàɪə | -fàɪə(r)] 〖OE *bǣlfȳr* funeral fire : ⇨ bale[5], fire〗 **—** *n.* **1** (野天の)大たき火, かがり火; 合図のかがり火. **2** 《古》火葬用の薪[燃料].

bale·ful [béɪlfəl] 〖← BALE[2]+-FUL[1]〗 **—** *adj.* **1** 有害な, 悪意のある, 意地悪な (malignant); 不吉な (sinister): shoot a ~ glance at ...を悪意のある目でちらっと見る. **2** 《古》悲惨な (wretched), 不幸な (miserable). **~·ly** *adv.* **~·ness** *n.*

bále·gòods *n. pl.* 《英》梱包された商品.

bál·er [-lə | -lə(r)] *n.* 干し草・わらなどを梱包する機械.

bále slìng *n.* 〖海事〗ベールスリング《俵物 (bale) 荷役に用いる吊索》.

ba·les·tra [bəléstrə] 〖⊏ It. ~ 《原義》 crossbow〗 *n.* 〖フェンシング〗バレストラ《突きの攻撃の前に行なう跳躍》.

Bal·four [bǽlfə, -fɔə, -foə | bǽlfə(r, -fɔː(r, -fuə(r)], **Arthur James** *n.* (1848–1930) 英国の政治家・哲学者; 首相 (1902–05), 外相 (1916–19); 称号 1st Earl of Balfour; *Defence of Philosophic Doubt* (1879)).

Bálfour Declarátion *n.* [the ~] バルフォア宣言《Palestine にユダヤ人の a national home を樹立することを支持した英国政府 (外相 A. J. Balfour) の 1917 年 11 月 2 日の宣言; cf. Zionism》.

Ba·li [bɑ́ːli, bǽli | -lɪ] *n.* バリ島《インドネシア, Java 島東方の島; 人口 2,120,000, 面積 5,600 km²》.

bal·i·bun·tal [bælɪbʌ́ntl̩, -lə- | -lɪbʌ́ntl̩] 〖《短縮》← *Balinog buntal* ← *Balinog* (フィリピン諸島中の産地名); ⇨ buntal〗 **—** *n.* **1** (帽子用の)目の詰んだつやのある織維《シュロの葉から採れる》. **2** それで作った帽子.

Ba·li·nese [bɑ̀ːləníːz, bæ̀l-, -lɪ-, -níːs | -lɪníːz] 〖⊏ Du. *Balinees*: ⇨ Bali, -ese〗 **—** *adj.* バリ島 (Bali) の; バリ民族の; バリ語の : a ~ dancer. **—** *n.* (*pl.* ~) **1 a** [the ~] バリ民族. **b** バリ(島)人. **2** バリ語.

Ba·liol [béɪljəl, -liət | -ljət, -lɪət], **John de** *n.* (1249–1315) スコットランド王 (1292–96).

ba·lis·tid [bəlístɪd, -təd | -tɪd] 〖↓〗 *adj., n.* 〖魚類〗モンガラカワハギ科の(魚).

Ba·lis·ti·dae [bəlístədiː | -stɪ-] 〖← NL ~ ← *Balistes* (属名) (← L *ballista* 'BALLISTA')+-IDAE〗 *n. pl.* 〖魚類〗(フグ目)モンガラカワハギ科.

balk [bɔ́ːk | bɔ́ːk, bɔ́ːlk] 〖OE *balc(a)* ridge ⊏ ON *bálk-r* < Gmc **balkon* beam (G *Balken* beam) ← IE **bhelg-* plank, beam (? Gk *phálagx* 'PHALANX')〗 **—** *n.* **1** 障害, 妨害, 邪魔物 (hindrance): a ~ *to* one's plans 計画に対する妨害. **2** 失策, てぬかり (blunder): make a ~. **3** (境界などのための)すき残しの畝(うね), あぜ. **4** ボーク : **a** 〖スポーツ〗踏切り後の中止 (cf. balkline 1). **b** 〖野球〗走者が塁にあるときの投手の反則牽制行為; 全走者は各一個の進塁を許される. **5** 〖建築〗 柚角(ゆずみ), (丸み付きの)角材, 野角(のかく). **6** 〖玉突〗 **a** 玉突台のボーク《ボークライン (balkline) と真近のクッションとの間の部分》. **b** ボークラインでできた八つの区画の一つ.

in balk (1) 〖玉突〗 玉がボークの中に入りこんで. (2) 《口語》阻止されて.

— *vt.* **1** 〈人・行為〉の邪魔をする, 妨げる; 〈人・計画など〉の裏をかく; 〈人を〉失望させる; 〈期待などを〉くじく: ~ a person's plan = ~ a person *in* his plan 人の計画をくじく / be *~ed in* a jump 真際になってしくじる / be *~ed in* [*of*] one's purpose 目的がはずれる / ~ a person *of* his prey 人を妨害して獲物をとらせない. **2** 《文語》逸する, 逃がす (miss): ~ an opportunity. **3** 〈義務・話題を〉避ける. **—** *vi.* **1** 〈馬が〉急に止まって進まない (pull up). **2 a** 〈人が〉立ち止まる, 立往生する (stop): He *~ed in* his speech. 演説の最中に立往生した. **b** 〔…に〕ためらう, ひるむ, しりごみする (recoil) 〔*at*〕: ~ *at* the work. **3** 〖野球〗〈投手が〉ボークする. **~·er** *n.*

Bal·kan [bɔ́ːlkən | bɔ́ːl-, bɔ́l-] *adj.* バルカン半島の, バルカン半島諸国(民)の, バルカン山脈の. **—** *n.* [the ~s] =Balkan States.

Bal·kan·ize [bɔ́ːlkənàɪz | bɔ́ːl-, bɔ́l-] *vt.* (バルカン半島諸国のように)相敵視する小国に分裂させる. **Bal·kan·i·za·tion** [bɔ̀ːlkənɪzéɪʃən, -nə- | bɔ̀ːlkənaɪ-, -nɪ-] *n.*

Bálkan Móuntains *n. pl.* [the ~] バルカン山脈《ブルガリア西部から黒海にわたる; 最高峰は Botev Peak [bóʊtɛf-] (2,376 m)》.

Bálkan Península *n.* [the ~] バルカン半島《Danube 川・Sava 川南方の半島; アドリア海・イオニア海・地中海・エーゲ海・黒海に囲まれている》.

Bálkan Státes *n. pl.* [the ~] バルカン諸国《ユーゴスラビア・ルーマニア・ブルガリア・アルバニア・ギリシャおよびトルコの一部》.

Bálkan Wárs *n. pl.* [the ~] バルカン戦争《First Balkan War (1912–13) および Second Balkan War (1913)》.

Bal·khash [bætkǽʃ, bɑːlkɑ́ːʃ; *Russ.* balxáʃ], **Lake** *n.* バルハシ湖《ソ連邦アジア南西部, Kazakstan 共和国にある湖; 面積 17,000–22,000 km²》.

bálk·lìne *n.* ボークライン : **1** 〖スポーツ〗跳躍でボーク判定の踏切り線 (cf. balk 4 a). **2** 〖玉突〗 **a** ボークラインゲームでクッションに平行して引いた 4 本の線の一つ. **b** 英国式玉突台面の脚部第二星間を結ぶ線 (⇨ billiard table 挿絵). **c** ボークラインにより制限を課して行なう競技.

balk·y [bɔ́ːki | bɔ́ːkɪ, bɔ́ːlkɪ] *adj.* (**balk·i·er; -i·est**) **1** 〈馬など〉急に立ち止まる癖がある; 〈人など〉命令に従わない, 言うことを聞かない: a ~ horse, witness, etc. **2** 〖野球〗ボークを犯しそうな.

ball[1] [bɔ́ːl] 〖《?a1200》 *bal* ⊏ ON *bǫll-r* < Gmc **balluz* beam (OHG *balla*) ← IE **bhel-* to swell : cf. belly〗 **—** *n.* **1 a** 球形[状]のもの, 球, 玉 : a ~ of snow = a snow ~ 雪玉 / a ~ of string [wool] 糸[毛糸]の玉 / the ~ of the eye 眼球 / the three (golden) *~s* 質屋の看板 / the ~ of the thumb [great toe, foot] (手[足]の)親指のつけ根のふくらみ. **b** (球戯用の)ボール : throw a ~. **c** 弾丸, 砲丸, 弾《破裂しない実体弾で, 通例鉄のかたまり; 砲・機銃・ライフル・ピストル用; cf. shell 6》; [集合的] 普通弾, 実弾, (特に小火器用の)銃弾 : ⇨ cannonball / load a gun with a ~ / powder and ~ 弾薬. **d** 球状にまとめた食物《キャンデーやミンチにした魚や肉など》. **e** (獣医用の)大丸薬 (bolus). **2** 球戯, 球技; (特に)野球(baseball) : play *at* ~ ボール遊び[野球]をする. **3 a** (投げたり打ったりした)球 : a good [slow, difficult] ~ 好[緩, 難]球 / a low [high, curve] ~ 低い[高い, カーブの]球. **b** 〖野球〗ボール《ストライクにならない投球; ⇨ BASE[2] on balls; ↔ strike》. **c** 〖クリケット〗フェアーの投球 (cf. no ball). **4** (仕事の)権限, 監督, 責任ある地位: ⇨ *carry the* BALL. **5** 《俗》[修飾語を伴って] やつ, 男 : a lucky ~. **6** [*pl.*] 《卑》 **a** 睾(こう)丸, きんたま. **b** ばかげたこと, たわごと (nonsense); [不賛同・迷惑を表わして, 間投詞的に] ばかな, うるさい. **c** 勇気 (courage). **7** 〖印刷〗=ink ball. **8** 《まれ》〖天文〗天体; (特に)地球 (the earth): the earthy [terrestrial] ~ 地球 / ⇨ fireball.

ball and chain (1) (囚人の足にくくり付けた)鎖つきの鉄丸. (2) (強い)拘束, 束縛 (restraint). (3) 《俗》妻, 女房, 細君. ***a ball of fire*** (1) 火の玉. (2) 非常に精力[活動]的な人. ***carry the ball*** 《米口語》責任を引き受ける; 率先してやる, 中心的役割を果たす. ***catch the ball before the bound*** (バウンドしないうちに球を受けるように)早手まわしをする; 機先を制する. ***get the ball rolling*** = *start the* BALL *rolling*. ***have the ball at one's foot*** [***feet***] (足もとに球が転がっているように)今チャンスをつかみかけている, 幸先(さいさき)がいい, 成功の見通しがつく. ***have the ball before one*** 今正に好機に恵まれている. ***keep the ball rolling*** = ***keep up the ball*** 《口語》(座が白けないように)話などをうまく続けて行く; 中途でだれないようにする. ***knock the balls about*** (玉突・クローケーなどの)球を気まぐれに打つ, 球戯を気まぐれにやる. ***make a ball of*** 《俗》…を台無しにする (spoil). ***on the ball*** 《俗》 (1) 油断のない, 抜け目のない : get *on the* ~ 注意して[一所懸命]やる / have [keep] one's eye *on the* ~ 油断なく見張っている. (2) 有能な, 機敏な: be *on the* ~ / have something [a lot] *on the* ~ 能力[才能]がある. ***play ball*** (1) ボール遊びをする; 球戯を開始する: *Play* ~! 試合開始[再開]《審判員の掛ける言葉》. (2) 《口語》事を始める; 〔…に〕協力する 〔*with*〕. (3) 《米俗》〔…に対し〕正々堂々とやる 〔*with*〕. ***start*** [***set***] ***the ball rolling*** (率先して)事を始める, 皮切りをする, (話などの)口火を切る. ***take the ball before the bound*** = *catch the* BALL *before the bound*. ***take up the ball*** (談話などで)話題を受け取る《自分が引き取って話をつぐ》. ***The ball is in your court*** [***with you***]. さあ今度はあなたの番だ.

ball and tape clock 〖時計〗時刻が記入されたテープによって吊られた一種の falling-ball clock.

— *vt.* **1** 球にする; 巻いて[押し固めて]球にする: ~ cotton / ~ *up* the letter 手紙を丸める. **2** 〈蜂が〉〈女王蜂〉の回りにかたまる. **3** 《卑》…と性交する. **—** *vi.* 〈雪・雲・毛糸などが〉球[一団]になる, かたまる 〈*up*〉.

ball up (*vt.*) (1) ⇨ *vt.* 1. (2) [通例 p.p. 形で] 《俗》混乱させる, まごつかせる; 台なしにする: He got *~ed up* in his speech. 演説はしどろもどろだった. (*vi.*) (1) ⇨ *vi.* (2) 《俗》混乱する, まごつく; 台なしになる. ***balls up*** 《英俗》= BALL *up* (*vt.*) (2).

ball[2] [bɔ́ːl] 〖《1632–39》⊏ (O)F *bal* ← *baller* to dance < LL *ballāre* to dance ⊏ Gk *ballizein* ← *bállein* to throw〗 **—** *n.* **1** (正式の大)舞踏会 (cf. dance *n.* 2): a fancy [masked] ~ 仮装[仮面]舞踏会 / give a ~ 舞踏会を催す / lead the ~ 舞踏の先導となる. **2** 《俗》大いに楽しい時[時間]: have (oneself) a ~ とても楽しいひとときを過ごす, 陽気に浮かれ騒ぐ.

open the ball 舞踏の皮切りをやる; 真先に始める, (議論などで)攻勢に出る (lead off).

— *vi.* 《米俗》とても楽しい時を過ごす, 陽気に浮かれ騒ぐ.

Ball [bɔ́ːl], **John** *n.* (?–1381) 英国の聖職者; 1381 年の Wat Tyler の the Peasants' Revolt の思想的指導者; "When Adam delved and Eve span, who was then the gentleman?" の言葉は有名.

bal·lad [bǽləd] 〖《a1393》 *balade* ⊏ (O)F *ballade* ⊏ Prov. *balada* dancing song, dance ← *balar* to dance < LL *ballāre*: ⇨ ball[2]〗 **—** *n.* **1** バラッド《素朴な用語と短い連で書かれた民間伝承の物語詩; 英国のバラッドは 15 世紀に始まった》: ~ poetry バラッド形式で書かれた詩. **2** 〖音楽〗バラッド : **a** 16 世紀英国の叙事的な世俗歌曲. **b** 19 世紀英国上流階級で歌われた感傷的な歌曲. **c** (現在の)センチメンタルなラブソング. **bal·lad·ic** [bəlǽdɪk, bæ-] *adj.*

bal·lade [bəlɑ́ːd, bæ-, -lǽd | bælɑ́ːd; *F.* balad] 〖《c1386》⊏ (O)F ~ (↑): cf. It. *ballada*〗 **—** *n.* **1** 〖詩学〗バラード《通例 8 行または 10 行の連三つと 4 行の envoi とからなるフランス詩体; 各連と envoi とは皆同一の折返し句で終わる》. **2** 〖音楽〗バラード: **a** 14 世紀頃上記の詩につけられた音楽形式. **b** 19 世紀ロマン的な物語を歌った歌曲. **c** 19 世紀のピアノ小品.

bal·lad·eer [bæ̀lədíə | -díə(r)] *n.* バラッド詩人[作者]; 民謡歌手.

balláde róyal *n.* 〖詩学〗バラード ロイヤル体《各連が 8 行からなる rhyme royal 体のバラード》.

bal·lad·ier [bæ̀lədíə | -díə(r)] *n.* =balladeer.

bál·lad·ist [-dɪst, -dəst | -dɪst] *n.* バラッド作者[歌手].

bállad mèter *n.* 〖詩学〗バラッド律《通例弱強格 (iambic) の四歩格と三歩格とを交互にした 4 行からなり abab と押韻する》.

bállad·mònger *n.* **1** バラッド売り, バラッド作者. **2** へぼ詩人.

bállad òpera *n.* バラッドオペラ《18 世紀前半 *The Beggar's Opera* の上演を契機として英国に現われた庶民的な音楽劇; フランスの vaudeville, ドイツの singspiel に多少似ている》.

bal·lad·ry [bǽlədri | -rɪ] 〖← BALLAD+-RY〗 *n.* [集合的] バラッド形式で書かれた詩.

bállad stànza *n.* バラッド[民謡]連《バラッドに普通な弱強調の四行連; cf. ballad meter》.

báll-and-cláw fòot *n.* =claw-and-ball foot.

báll-and-sócket jòint *n.* **1** 〖機械〗玉継ぎ手. **2** 〖解剖〗球(窩(か))関節, 臼状関節.

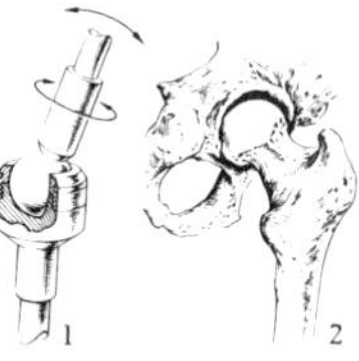

ball-and-socket joints

Bal·la·rat [bǽlərǽt, bǽlərǽt | ←ー́ー, ←ー́ー] *n.* オーストラリア南東部 Victoria 州の都市; かつて金鉱都市として栄えた; 人口 40,000.

bal·las [bǽləs] 〖⊏ Port. *balas* (pl.) ← *bala* 《原義》 ball bullet〗 *n.* バラス《試錐用・工業用のダイヤモンド》.

bal·last [bǽləst] 〖《1530》⊏ LG // Swed. ~ ← OSwed. *bar* mere, bare+*last* load : ⇨ bare[1], last[4]〗 **—** *n.* **1** 〖海事〗バラスト, 脚荷(あしに), 底荷《船に安定を与え, 喫水を大にするために船底に積む石・鉄・水など: cf. ballast tank》. **2** 〖航空〗バラスト《軽気球のゴンドラに積む砂袋・水》. **3** (鉄道軌道に敷いたりコンクリートに混ぜる)道床, バラス, 砂利(じゃり), 砕石. **4** (心などを)安定させるもの, 安定(力), 堅実味, 落着き: mental ~ 心の安定 / He lacks ~. 心に落着きがない. **5** 〖電気〗安定抵抗.

in ballast 〈船が〉底荷だけ積んで, 空荷で; 〈石など〉底荷として.

— *vt.* **1** 〈船など〉にバラストを積む: ～ a ship. **2** 〈道など〉にバラス[砂利]を敷く. **3** 〈心などを〉安定させる, 〈人を〉落ち着かせる.

bállast còil *n.* 〖電気〗安定コイル.

bál·last·ing *n.* **1** (船の)底荷材料. **2** 敷き砂利(じゃり).

bállast làmp *n.* 〖電気〗=ballast tube.

bállast lìne *n.* 〖海事〗バラストライン《脚荷(きゃくに)を積んだ時の喫水線》.

bállast pùmp *n.* 〖海事〗バラストポンプ《バラストタンクへの海水の出し入れに用いるポンプ》.

bállast tànk *n.* 〖海事〗バラストタンク《水バラスト専用のタンク》.

bállast tùbe *n.* 〖電気〗安定抵抗管.

bal·la·ta [bəlɑ́ːtə | -tə] 〖◻It. ～ ◻OProv. *balada*: ⇨ballad〗 *n.* 〖詩学・音楽〗バッラータ《14 世紀イタリアで愛好された詩と音楽の一形式》.

báll-béaring *adj.* 〖機械〗玉入りの, ボールベアリング利用の.

báll bèaring *n.* 〖機械〗 **1** ボールベアリング, 玉軸受け (cf. roller bearing). **2** (ボールベアリング用)球.

báll bòy *n.* ボールボーイ《野球・テニスで試合中ボール拾いをする男子》.

báll·càrrier *n.* 〖アメリカンフットボール〗ボールキャリアー《普通はボールをクォーターバックから受け取って走るバックスの選手をいう》.

báll càrtridge *n.* 普通弾, 実弾[包] (cf. blank cartridge).

báll clày *n.* 《米》〖窯業〗ボールクレー《可塑性に富んだ二次粘土で, 練ると球状にすることができる》.

báll clùb *n.* **1** 球技のプロチーム, (特に)プロ野球チーム. **2** 野球チームの後援クラブ[組織].

báll còck *n.* (水の流出を自動的に調節する)球栓, 浮玉弁, 浮球コック.

báll contròl *n.* ボールコントロール《アメリカンフットボール・バスケットボールなどで, ボールを長く維持し, 攻撃権を持続させる攻撃法》.

báll-drèss *n.* 《英》ボールドレス《舞踏会などの正式な場合に着用されるスーツ・ドレス》; 正装.

bal·le·ri·na [bæ̀ləríːnə] 〖《1792》◻It. ～ ← *ballare*: ⇨ballet〗 *n.* **1** バレリーナ, 女性バレエダンサー (ballet dancer). **2** =prima ballerina.

ballerína drèss *n.* バレリーナドレス《バレリーナが着用する衣装を真似たドレス》.

bal·let [bǽleɪ, ―́― | bǽleɪ, -lɪ; *F.* balɛ] 〖《1667》◻F ～ ◻It. *balletto* (dim.) ← *ballo* dance ← *ballare* to dance: cf. ball²〗 — *n.* (*pl.* ～s [～z; *F.* ～]) **1** **a** バレエ《音楽を伴う舞踏で, 劇場芸術の一形式》; バレエ曲. **b** [(the) ～] バレエ術; (芸術形式としての)バレエ. **2** [集合的] バレエダンサー, バレエ団. **3** バレエ用の楽譜[台本]. **4** (オペラの幕間の)バレエ.

ballet blánc [-blɑ́ː(ŋ), -blɑ́ːŋ, -blɔ́ː(ŋ), -blɔ́(ː)ŋ; *F.* -blɑ̃] 〖◻F ～ 《原義》 white ballet〗 — *n.* (*pl.* **ballets blancs** [～(z); *F.* ～]) バレエブラン《バレリーナが白いスカートをつけるバレエ》.

bal·let d'ac·tion [bǽleɪdæksjɔ́ː(n), -sjɔ́(ː)n, ―――́; *F.* balɛdaksjɔ̃] 〖◻F ～ 《原義》 ballet of action〗 — *F. n.* (*pl.* **bal·lets d'ac·tion** [-leɪ(z)-; *F.* ～]) バレエダクション《筋(すじ)のあるバレエで, 一般的には悲劇を主題にしている》.

bállet dàncer *n.* バレエダンサー.

bállet drèss *n.* =ballerina dress.

bal·let·ic [bæléṭɪk | -tɪk] *adj.* バレエの[のような, に関する, に適する]. **bal·lét·i·cal·ly** *adv.*

bal·let·o·mane [bæléṭəmèɪn, bə- | bǽlɪtə(ʊ)-, -le-] 〖◻F ～ ← It. *balletto* 'BALLET' + F *manie* mania〗 *n.* バレエに熱心な人, バレエ狂.

bal·let·o·ma·ni·a [bælèṭəméɪniə, bə- | bæ̀lətə(ʊ)-méɪnjə, -niə] 〖⇨↑, -mania〗 *n.* バレエに対する熱中, バレエ狂い.

bállet slìpper [shòe] *n.* **1** バレエシューズ《バレエダンサー用のかかとのない, つま先を補強した靴》. **2** バレエシューズに似た女性用の靴.

bállet skìrt *n.* バレエダンサーの短いスカート.

bállet sùite *n.* バレエ組曲.

báll fèrn *n.* 〖植物〗シノブ (*Davallia bullata*)《熱帯アジア産シノブ属のシダ; 観賞用に栽培》.

báll-fìring *n.* 実弾射撃.

báll-flòwer *n.* 〖建築〗ボールフラワー, 玉花飾り, 花球《13–14 世紀の英国の装飾式ゴシック建築の特色をなす装飾モチーフ》.

ball-flower

báll fòot *n.* ボールフット《17 世紀の英国やフランドルで多く用いられたボール型の家具の脚; cf. bun foot, melon foot》.

báll gàme *n.* 《米》 **1** 球技; (特に)野球, ソフトボール. **2** 《俗》 **a** 活動の舞台[中心]. **b** 事態, 状況.

báll gìrl *n.* ボールガール (cf. ball boy).

báll hàwk *n.* **1** (アメリカンフットボール・バスケットボールなどで)敵のボールを奪うのが上手な選手. **2** 〖野球〗捕球の巧みな外野手.

báll indicator *n.* 〖航空〗=bank indicator.

Bal·liol [béɪljəl, -liəl | -ljət, -lɪəl] *n.* Oxford 大学の最も古く有名な学寮 (college) の一つ; 創立 1269 年頃で, 創立にはスコットランドの Baliol 王家から財政援助がなされた.

bal·lism [bǽlɪzṃ] 〖← NL *ballismus* ← Gk *ballismós* dance ← *ballízein* to jump about: ⇨ball²〗 — *n.* 〖病理〗バリスム《手足の不随意運動の一種, 舞踏病その他で見られる》.

bal·lis·mus [bəlízməs] 〖↑〗 *n.* 〖病理〗=ballism.

bal·lis·ta [bəlístə, bæ-] 〖《1598》◻L ～ ← Gk *bállein* to throw: cf. ball²〗 *n.* (*pl.* **-lis·tae** [-tiː, -taɪ], ～s) 弩砲(どほう)《石や矢を発射する古代の攻城機》.

ballista

bal·lis·tic [bəlístɪk, bæ- | bə-] 〖⇨↑, -ic¹〗 — *adj.* **1** 弾道学の, 弾道の: a ～ curve 弾道曲線 / a ～ trajectory (ミサイルなどの)自由弾道《推進薬が尽きた後に, 重力および大気摩擦の影響下でたどる弾道》. **2** 〖電気〗衝動の, 弾動の. **bal·lís·ti·cal·ly** *adv.*

ballístic cámera *n.* (夜間に発射された弾道兵器追跡用の)弾道カメラ.

ballístic galvanómeter *n.* 〖電気〗衝撃検流計.

bal·lis·ti·cian [bæ̀lɪstíʃən, -ləs- | -lɪs-] 〖⇨ ballistics, -ician〗 *n.* 弾道学専門家.

ballístic míssile *n.* 弾道弾, 弾道ミサイル (cf. ICBM, IRBM, MRBM).

ballístic péndulum *n.* 〖物理〗弾道振子《弾丸など高速飛行物体の速度・運動量を測る装置; 砂を詰めた鉄箱の振子》.

bal·lis·tics [bəlístɪks, bæ- | bə-] 〖⇨ ballista, -ics〗 *n.* 〖軍事〗 **1** 弾道学: **a** 腔[砲]外弾道学 (exterior ballistics ともいう). **b** 腔[砲]内弾道学 (interior ballistics ともいう). **2** (銃砲または薬筒の)射撃特性.

ballístic wínd [-wɪ́nd] *n.* 弾道風, バリスティックウィンド《実際に変化する風が飛翔する弾丸の弾道に及ぼす影響の総量と等しくなるように計算された仮定の単一の風》.

bal·lis·tite [bǽlɪstàɪt, -lə- | -lɪ-] 〖《商標名》: ⇨ ballista, -ite¹〗 *n.* 混成無煙火薬《ニトログリセリンとニトロセルロースを基剤とする無煙火薬の一種》.

bal·lìs·to·cárdiogram [bəlìsto(ʊ)- | -tə(ʊ)-] 〖← BALLIST(IC) + -O- + CARDIOGRAM〗 *n.* 〖医学〗心弾動図, バリストカルジオグラム.

ballìsto·cárdiograph 〖⇨↑, graph〗 *n.* 〖医学〗心弾動計. **ballìsto·cardiográphic** *adj.* **ballìsto·cardiógraphy** *n.*

báll jòint *n.* =ball-and-socket joint.

báll lìghtning *n.* 〖気象〗球電光《雷雨の時など, たまに観測される光球; 空間をゆっくり浮遊して消える》.

báll mìll *n.* 〖機械〗ボールミル《鋼鉄のボールを粉砕媒体とした回転円筒粉砕機; cf. rod mill 2》.

bal·lock [bɑ́lək | bɔ́l-] 〖OE **balluc* (*bealluc*) (dim.) ← Gmc **ball-* 'BALL¹': ⇨ -ock: cf. bollix〗 *n.* [*pl.*] 《卑》=ball¹ 6 a, b.

bal·lon [bælɔ́ː(ŋ), -lɔ́(ː)ŋ; *F.* balɔ̃] 〖◻F ～ 'BALLOON'〗 *n.* 〖バレエ〗バロン《ダンサーが空中に留まって見えるような動きの力量感》.

bal·lon d'es·sai [bælɔ́ː(n)desér, -lɔ́(ː)n- | bǽlɔ̃ː(n)-deséɪ, -lɔ(ː)n-; *F.* balɔ̃desɛ] 〖◻F ～ 《原義》 balloon of assay〗 *F. n.* (*pl.* **bal·lons d'es·sai** [～]) =trial balloon.

bal·lo·net [bæ̀lənéɪ, ―――́; *F.* balonɛ] 〖◻F ～ (dim.) ← *ballon*: ⇨ balloon〗 *n.* 〖航空〗(観測気球・飛行船の浮力を調節するための)空気房, 補助気嚢, 小気嚢.

bal·lon·né [bæ̀lənéɪ; *F.* balɔne] 〖◻F ～ ← *ballon* (↑)〗 — *n.* (*pl.* ～s [～z; *F.* ～]) 〖バレエ〗バロネ《基礎技術の一つ; 第 5 ポジションから脚を 45 度に広げて跳躍すること》.

bal·lon·net [bæ̀lənéɪ, ―――́; *F.* balɔnɛ] *n.* 〖航空〗=ballonet.

bal·loon [bəlúːn] 〖《1580》◻F *ballon* ◻It. 《方言》 *ballone* (It. *pallone*) (aug.) ← *balla* ← Gmc: ⇨ ball¹, -oon〗 — *n.* **1** 気球, 軽気球, 風船: a captive ～ 係留気球 / a dirigible ～ 遊動[可導]気球, 飛行船 / an observation ～ (射弾)観測気球 / ⇨ trial balloon, pilot balloon. **2** (おもちゃの)風船(玉). **3** 〖口語〗吹出し《漫画中の人物の口から出た言葉を示す風船形の輪郭》. **4** =balloon glass. **5** 〖建築〗(円柱などの上の)玉飾り. **6** 〖化学〗風船形フラスコ.

like a lead balloon 少しの効果もなく, 全く無効で. ***(when) the balloon goes up*** 〖口語〗何かが起こる時, いよいよ戦争[騒ぎ, など]が始まる場合.

— *attrib.adj.* **1** (風船のように)膨らんだ: ～ sleeves. **2** 〖商業〗(分割払い・賦払い式貸付で)最終払い込み金がそれ迄のものよりずっと多額になる.

— *vi.* **1** **a** 気球に乗って昇る. **b** 〈クモの子が〉空中飛行をする《糸を長く空中に引き, その浮力で気流に乗って飛ぶ》. **2** 〈ボールなどが〉高くカーブを描いて飛ぶ. **3** (風船のように)ふくれる 〈*out, up*〉: Her apron ～*ed* with wind. 彼女のエプロンが風でふくれた. **4** 急増[急進]する, 〈物価などが〉急騰する 〈*out, up*〉. — *vt.* **1** ふくらませる. **2** 〈ボールなどを〉高く打ち[蹴り]上げる. **3** (普通以上に)大きくする, 増す, 〈値を〉上げる.

ballóon astrónomy *n.* 気球天文学《気球に望遠鏡を搭載し高空にあげて観測を行なう天文学の一手段》.

balloon barrage [―――́ | ―――́, ―――́] *n.* 〖軍事〗気球阻塞(そさい), 防空気球網《空襲を防ぐために陣地の周辺に設けた気球の列; cf. barrage balloon》.

bal·loon·er [bəlúːnə | -nə(r)] *n.* 〖海事〗=balloon sail.

ballóon·físh *n.* 〖魚類〗ハリセンボン科の魚類の総称.

ballóon·flòwer *n.* 〖植物〗キキョウ (*Platycodon grandiflorum*).

ballóon fràme *n.* 〖建築〗バルーンフレーム, バルーン構造《下階から屋根まで一体となった間柱に, 外壁・床材などを釘打ちした木構造; 19 世紀に米国で発達した; cf. platform frame》.

ballóon glàss [gòblet] *n.* (上が狭く西洋なし形の)ブランデーグラス (snifter).

bal·lóon·ing *n.* 〖航空〗バルーニング, (飛行機の着陸時の)浮上り《接地速度が大き過ぎたり, 引起こしが早過ぎたりした時に起こる》.

bal·lóon·ist [-nɪst, -nəst | -nɪst] *n.* 気球乗り, 気球操縦者[乗員].

ballóon jìb *n.* 〖海事〗バルーンジブ《風の弱い時 jib の代わりにヨットで用いる大形三角形の比較的薄い帆》.

ballóon sàil *n.* 〖海事〗バルーンスル《ヨットに用いる競走用または巡航用の各種の膨らみやすい薄手の帆の総称; balloon jib, spinnaker など》.

ballóon sèat *n.* =bell seat.

ballóon tìre *n.* (断面積の大きい)バルーンタイヤ《自動車などの低圧タイヤ; cf. doughnut tire》.

ballóon vìne *n.* 〖植物〗フウセンカズラ (*Cardiospermum halicacabum*)《大きな袋状の実のできる米国産ムクロジ科の蔓性植物; 観賞用に栽培》.

bal·lot¹ [bǽlət] 〖*n.*: 《1549》◻It. *ballotta* little ball (dim.) ← *balla*: ⇨ balloon. — v.: ◻It. *ballott-are* ← (n.)〗 — *n.* **1** **a** (特に秘密[無記名]投票に用いる)投票用紙, 投票札: cast [take] a ～ (*on* a question). **b** 《古》投票用小球. **2** [集合的] 投票総数: a large ～ 多数の投票. **3** **a** 投票(制), (特に)秘密[無記名]投票; 《米》大統領候補指名選挙: ⇨ secret ballot / take a ～ 投票を行なう / elect [vote] by ～. **b** [the ～] 投票権: gain [lose] *the* ～. **4** 候補者一覧表, 公認候補者名簿. **5** くじ引き(の制度・慣習). — *vi.* **1** (無記名)投票をする; 〔役員などを〕投票で選ぶ〔*for*〕: ～ *for* [*against*] a resolution 決議に賛成[反対]の投票をする. **2** 〔…を〕くじ引きできめる〔*for*〕: ～ *for* a place くじで場所を決める. — *vt.* **1** 〔…について〕〈人〉の投票を求める〔*on*〕. **2** (投票またはくじ引きで)選び出す.

bal·lot² [bǽlət] 〖◻F ～ (dim.) ← *balle* 'BALE¹'〗 *n.* 小梱(こり)《70–120 ポンドの重さのもの》.

bal·lo·tade [bæ̀lətéɪd, -tɑ́ːd] 〖◻F ～ ← *ballotter* to toss ← *ballote* small ball ◻It. *ballotta*: ⇨ ballot¹, -ade〗 — *n.* 〖馬術〗バロタード《跳躍の折に後脚の蹄鉄が見えるように後脚を曲げる跳躍法》.

bal·lot·age [bǽləṭɪdʒ | -tɪdʒ] 〖◻F *ballottage* ← *ballotter* to subject to a second ballot, toss (↑): ⇨ -age〗 *n.* (もとフランスでの)決選投票.

bállot bòx *n.* **1** 投票箱. **2** 無記名投票.

bál·lot·ing [-ṭɪŋ | -tɪŋ] *n.* 投票; 抽籤.

bállot pàper *n.* 投票用紙.

bal·lotte·ment [bəlɑ́tmənt, bæ- | -lɔ́t-; *F.* balɔtmɑ̃] 〖◻F ～ 《原義》 act of tossing ← *ballotter*: ⇨ ballotade, -ment〗 — *n.* 〖医学〗 **1** 浮球法《羊水中の胎児の頭などの浮球感を指で触知する診断法》. **2** 遊走腎(じん)・移動性腹腔腫瘍(しゅよう)・関節水腫などを調べる同様の方法. **3** 浮球感, 躍動感, バロットマン.

bal·lot·tine [bǽləṭiːn, ――́―; *F.* balɔtin] 〖← ? F *ballo(tté)* tossed about (↑) + (GALAN)TINE〗 — *n.* (*pl.* ～s [～z; *F.* ～]) バロティーヌ《ガランティーヌ (galantine) の一種; 獣肉・鳥肉・魚肉などの骨を抜き, そのままか詰めものをして巻いて形をととのえ, ゆで煮した料理; 温かくして出すことが多い》.

báll-pàrk *adj.* 《米》概算の; 大体正しい: a ～ figure.

báll pàrk *n.* 《米》(野球などの)球場 (stadium).

in [within] the ball park 《米俗》〈数量など〉概算で; ほぼ正しい.

báll-pèen hàmmer [-pìːn-] *n.* 丸頭ハンマー《下面が平らで上端 (peen) が球形の片手ハンマー》.

báll pèn *n.* =ball-point pen.

báll·plàyer *n.* **1** 野球をする人, (特に)プロ野球選手. **2** 球技をする人.

báll·pòint *adj.* ペン先が小さい鋼球の.

báll·pòint *n.* =ball-point pen.

báll-pòint pén *n.* ボールペン.

báll·próof *adj.* 弾丸の通らない, 防弾の: a ～ jacket 防弾チョッキ.

báll ràce *n.* 〖機械〗(玉・ころ軸受の環体)レース.

báll·ròom *n.* **1** (ホテルなどの)舞踏室, ダンス場. **2** =ballroom dance.

bállroom dànce *n.* 社交ダンス (social dance).

báll tùrret *n.* 〖航空〗(戦闘機などの)旋回砲塔[銃座].

bálls-ùp *n.* 《英俗》=ballup.

báll·ùp 〖← *ball up* (⇨ ball¹ (v.) 成句)〗 *n.* 《米俗》混乱, ろうばい, うろたえ; 失敗.

bal·lute [bəlúːt, bǽluːt] 〖《混成》← BALL(OON) + (PARA-CH)UTE〗 *n.* (安定・減速用の)小型補助パラシュート.

báll vàlve *n.* 〖機械〗玉弁《球を弁として使ったもの》.

bal·ly [bǽli | -lɪ] 〖《1885》《婉曲語》← BLOODY〗 — *adj., adv.* 《英俗》ひどい[ひどく], とんでもない[なく] (damned). ★ bloody の代用語として滑稽的にまたは強意的に用いる: Whose ～ fault is that? 一体全体どいつが悪いんだ.

Bal·ly [baːi; *F.* baji], **Charles** *n.* バイイ《1865–1947; スイスの言語学者; *Le langage et la vie*「言語活動と生活」(1926)》.

bal·ly·hack [bǽlihæ̀k | -lɪ-] 〖← ?: cf. bally, hack² 5〗 *n.* 《米俗》破滅, 地獄: Go to ～! 地獄へ行け.

bal·ly·hoo¹ [bǽlihùː | bæ̀lɪhúː] 〖《1901》← ?: 誤ってアイルランドの村の名 *Ballyhooly* と連想〗 — *n.* (*pl.* ～s) **1** 誇大[はでな]広告, 騒々しい空(から)宣伝. **2** 大ぼら; 大騒ぎ, 大わめき (clamor). — *vt.* …の空宣伝をする, 誇大[はでに]広告をする. **～·er** *n.*

bal·ly·hoo² [bǽlihùː | -lɪ-] 〖《通俗語源》← Am.-Sp. *balajú*〗 *n.* 〖魚類〗大西洋岸産のサヨリの一種 (*Hemiramphus braziliensis*).

bal·ly·rag [bǽliræ̀g | -lɪ-] *vt.* ＝bullyrag.

balm [bɑ́ːm, bɑ́ːlm | bɑ́ːm] 〘(?*a*1200) *baume* ◻ OF *ba(u)sme* < L *balsamum* 'BALSAM'〙 ── *n.* **1** 芳香性樹脂, 香油, 香膏(こう). **2** 芳香 (fragrance). **3 a** バル(サ)ム剤, 鎮痛剤. **b** 慰め: Your words will be ～ *to* her broken heart. 彼女の失意に対してあなた方の言葉は大きな慰めとなろう. **4** 〘植物〙コウスイ(香水)ハッカ《各種の芳香性植物の総称》; (特に)セイヨウヤマハッカ, メリッサ (*Melissa officinalis*) 《地中海地方に産するシソ科の植物》.

balm in Gilead (1) ＝BALM of Gilead (2). (2) 鎮痛剤; 慰安物, 慰め (cf. *Jer.* 8: 22).

balm of Gilead (1) 〘植物〙ギレアドバルサムノキ《カンラン科ミルラノキ属の常緑樹の総称》; (特に) *Commiphora opobalsam* と *C. opobalsamum*. (2) ギレアドバルサムノキから採るオレオ樹脂 (oleoresin) 《Mecca balsam ともいう》. (3) 〘植物〙北米産のポプラの一種 (*Populus gileadensis*); アメリカポプラ (balsam poplar).

balm of Mecca ＝BALM of Gilead (2).

bal·ma·caan [bæ̀lməkǽn, -kɑ́ːn | bæ̀lməkɑ́ːn] 〘← *Balmacaan* (スコットランドの地名)〙 ── *n.* バルマカーン《小さめの折り返り襟とラグラン (raglan) 袖の付いたゆったりした男子用オーバーコート》.

bal mas·qué [bɑ́ːlmæskéɪ, bǽl-; *F.* balmaske] 〘◻ F ～ 'masked ball'〙 *n.* (*pl.* **bals mas·qués** [～; *F.* ～]) 仮面舞踏会.

bálm crìcket 〘(1783) 《通俗語源》← *baum-cricket* 《部分訳》← G *Baumgrille* tree cricket〙 *n.* 〘昆虫〙セミ (cicada).

Bál·mer sèries [bɑ́ːlmə- | -mə-] 〘← *J. J. Balmer* (1825–98: スイスの物理学者)〙 *n.* 〘物理〙バルマー系列《水素の原子スペクトルの中の一群》.

bal·mo·ny [bǽlməni | -nɪ] 〘← ?〙 *n.* 〘植物〙＝turtlehead.

Bal·mor·al [bælmɔ́(ː)rəl, -mɑ́r- | -mɔ́r-] 〘↓〙 ── *n.* **1 a** 縞または柄物の毛織物で作ったペチコート《吊上げたスカートの下から見える》. **b** ペチコート用の織物. **2** [b-] 内羽根式の靴《腰革が舌革の上に重なっている靴; bal ともいう; cf. blucher》. **3** ふちなし帽《tam-o'-shanter に似て, スコットランドで用いる》. **4** ＝Balmoral Castle.

Balmóral Cástle *n.* バルモラル城《スコットランド北東部 Grampion 州の Dee 河畔の城; 1852 年以来英王室御用邸》.

Bal·mung [bɑ́ːlmʊŋ; G. bálmʊŋ] *n.* バルムンク《Nibelungenlied で Siegfried の剣》.

balm·y[1] [bɑ́ːmi, bɑ́ːlmi | bɑ́ːmɪ] 〘(?*c*1408) ← BALM ＋-Y[4]〙 ── *adj.* (**balm·i·er**; **-i·est**) **1** 芳香を放つ, 芳しい (fragrant): ～ leaves. **2** さわやかな, 穏やかな, やわらかな, 気持のいい; 慰めとなる (soothing): ～ breezes [weather] さわやかなそよ風[天気]. **3** 芳香油を産する. ── *n.* [the ～] 《英俗》眠り (sleep).

bálm·i·ly [-mɪli, -mə- | -mɪlɪ] *adv.* **bálm·i·ness** *n.*

balm·y[2] [bɑ́ːmi | -mɪ] 〘《変形》← BARMY〙 *adj.* 《英俗》＝barmy.

baln. cal. 《略》〘処方〙*L.* balneum calidum (＝warm bath).

bal·ne·al [bǽlniəl | -nɪ-] 〘← L *balneum* bath＋-AL[1]〙 *adj.* 浴場の, 入浴の; 湯治の.

bal·ne·ol·o·gy [bæ̀lniɑ́lədʒi | -niɔ́lədʒɪ] 〘← L *balne(um)* (↑)＋-O-＋-LOGY〙 *n.* 〘医学〙温泉学.

bàl·ne·ól·o·gist [-dʒɪst, -dʒəst | -ədʒɪst] *n.* 温泉学者.

bàl·ne·o·thérapy [bæ̀lnio(ʊ)- | -nɪə(ʊ)-] 〘← L *balneum* bath＋THERAPY〙 *n.* 〘医学〙温泉療法.

Ba·lo·chi [bəlóʊtʃi | -lə́ʊtʃɪ] *n.* (*pl.* ～, ～**s**) ＝Baluchi.

ba·lon [bælɔ̃́ː(ŋ), -lɔ́(ː)ŋ; *F.* balɔ̃] *n.* 〘バレエ〙＝ballon.

ba·lo·ney [bəlóʊni | -lə́ʊnɪ] 〘《転訛》? ← *bologna (sausage)*〙 *n.* **1** 《俗》(不同意を示して)ばかげたこと, たわごと; うそっぱち. **2** 《口語》＝bologna 1.

B.A.L.P.A., BALPA 《略》British Airline Pilots' Association 英国民間輸送機操縦士協会.

bal pa·ré [bɑ́ːlpæréɪ, bǽl-, -pɑː-; *F.* balpare] 〘◻ F ～ 'dressed ball'〙 *F. n.* 正装舞踏会.

bal·sa [bɔ́ːlsə, bɑ́ːl- | bɔ́ːl-, bɔ́l-] 〘◻ Sp. ～〙 ── *n.* **1 a** 〘植物〙バルサ (*Ochroma lagopus*) 《熱帯アメリカ産の樹木; 木材が極めて軽く強いので浮標や舟艇に用いられる; 西インド産の同属の近縁種 *O. pyramidale* も同名で用いられることがあるが品質は劣る》. **b** バルサ材 (balsa wood). **2 a** バルサ材製のいかだ[浮標]. **b** 救命いかだ.

bal·sam [bɔ́ːlsəm | bɔ́ːl-, bɔ́l-] 〘OE ～, *balzam(a)* ◻ L *balsam-um* balm ◻ Gk *bálsamon* balsam tree, resin of this tree ◻ Heb. *bāśām*: BALM と二重語〙 ── *n.* **1 a** バルサム《松脂油に富んだ液状樹脂で薬用・工業用》. **b** オレオ樹脂 (oleoresin). **2** (薬用・儀式用)芳香油, 香膏(こう). **3 a** 鎮痛剤. **b** 慰め, 慰藉(じゃ)物 (balm). **4 a** 〘化学〙＝Canada balsam. **b** ＝BALSAM of Peru. **c** ＝BALSAM of Tolu. **5** 〘植物〙バルサム樹《バルサムを分泌する各種の樹木の総称》: **a** ＝balsam fir. **b** ＝balsam poplar. **6** 〘植物〙＝garden balsam.

balsam of Mecca ＝BALM of Gilead (2).

balsam of Peru ペルーバルサム《熱帯アメリカ産マメ科の木 (*Myroxylon pereira*) から採る暗褐色で粘液性のバルサム》.

balsam of Tolu トルーバルサム《南米産マメ科の木 (*Myroxylon balsamum*) から採る褐色で可塑性の固体のバルサム》.

bálsam fír *n.* **1** 〘植物〙**a** バルサムモミ (*Abies balsamea*) 《北米産モミの一種でこの樹脂からカナダバルサムを造る; パルプ材・クリスマスツリーにも使用される》. **b** バルサムモミ材. **2** モミ属 (*Abies*) の各種の植物の総称.

bal·sam·ic [bɔːlsǽmɪk | bɔːl-, bæl-, bɔl-] *adj.* **1** バルサムの[を産する, を含む]. **2** バルサムのような, バルサム質の; 芳香性の; 鎮痛の. ── *n.* 鎮痛[鎮静]剤. **bal·sám·i·cal·ly** *adv.*

bal·sam·if·er·ous [bɔ̀ːlsəmíf(ə)rəs | bɔ̀ːl-, bæ̀l-, bɔ̀l-] 〘← BALSAM＋-I-＋-FEROUS〙 *adj.* バルサムを生じる.

Bal·sa·mi·na·ce·ae [bɔ̀ːlsəmənéɪsiiː, -sæm-] 〘← NL ～ ← *Balsamina* (属名: ⇨ balsamine)＋-ACEAE〙 *n. pl.* 〘植物〙(双子葉植物ムクロジ目)ツリフネソウ科.

bàl·sa·mi·ná·ceous [-ʃəs] *adj.*

bal·sa·mine [bɔ́ːlsəmìːn | bɔ́ːl-, bɔ́l-] 〘◻ F ～ ◻ Gk *balsaminē* ← *bálsamon* 'BALSAM'〙 *n.* 〘植物〙＝garden balsam.

bálsam péar *n.* 〘植物〙ツルレイシ, ニガウリ (*Momordica charantia*) 《熱帯アメリカ原産のウリ; 食用》.

bálsam póplar *n.* 〘植物〙アメリカポプラ (*Populus balsamifera*) 《北米産; 芽が芳香性の油でおおわれている; balsam, balm of Gilead, tacamahac ともいう》.

bálsam sprúce *n.* 〘植物〙バルサムスプルース (*Abies lasiocarpa*) 《北米産のモミの一種; 樹皮から樹脂を採る》.

bal·sam·y [bɔ́ːlsəmi | bɔ́ːlsəmɪ, bɔ́l-] *adj.* バルサムのような, 芳香のある.

Bal·sas [bɔ́ːlsəs, bɑ́ːl-; *Sp.* bálsas], **Río de las** *n.* [the ～] バルサス川《メキシコ南中央部から太平洋に注ぐ川 (771 km)》.

bálsa wòod *n.* バルサ材.

Balt [bɔ́ːlt | bɔ́ːlt, bɔ́lt] 〘← LL *Baltī* (pl.) the Balts ← ? Goth. (cf. *balthei* boldness)〙 ── *n.* **1** バルト人《リトアニア・ラトビア・エストニアのバルト諸国の(原)住民》. **2** バルト諸国生れ[居住]のドイツ人《特にドイツ語を用いる地主貴族階級》. **3** 《豪》中央ヨーロッパからの近来の移住民.

Balt. 《略》Baltic; Baltimore.

bal·te·us [bǽltiəs, bɔ́ːl- | -tɪəs] 〘◻ L ～ 'BELT[1]'〙 *n.* (*pl.* **-te·i** [-tiàɪ | -tɪ-]) (古代ローマの)剣帯.

Bal·thas·ar [bæ̀lθéɪzə, -θǽzə, bɔːl-, bɑ́ːlθəzɑ̀ə | bælθǽzə(r)] *n.* **1** 男性名《Balthazar の異形》. **2** ＝Balthazar 2, 4.

Bal·thaz·ar [bæ̀lθéɪzə, -θǽzə, bɔːl-, bɑ́ːlθəzɑ̀ə | bælθǽzə(r)] 〘◻ L ～ ◻ Gk *Baltásar* ◻ Heb. *Bēlṭᵉšaṣṣár* ◻ Akkad. *Balaṭ-šarri-uṣur* save the life of the king: cf. Belshazzar〙 ── *n.* **1** 男性名. **2** 〘中世キリスト教伝説〙バルタザール《東方の三博士 (Wise Men of the East) の一人》. **3** [bæ̀lθəzɑ́ə, ←−−, bæ̀lθéɪzə | bælθəzɑ́ː(r), ←−−] バルサザー《Shakespeare 作 *Merchant of Venice* 中の Portia の偽名》. **4** 〘← Belshazzar: このバビロン王が 1000 人のために酒宴を催したことから; cf. *Dan.* 5: 1〙 (ワイン用の)バルサザールびん《約 16 quarts 入り; 普通のびんの 16 本分》.

Bal·ti [bɑ́lti, bɔ́ː- | -tɪ] *n.* 〘言語〙バルティー語《北カシミール地方に話されるチベット語の一方言》.

Bal·tic [bɔ́ːltɪk | bɔ́ːlt-, bɔ́l-] 〘◻ ML *Baltic-us* (cf. L *balteus* 'BELT[1]'): ⇨ Balt, -ic[1]〙 ── *adj.* **1** バルト海(沿岸)の. **2** バルト諸国の. **3** バルト語派の. ── *n.* **1** バルト語派《印欧語族に属し, Latvian, Lithuanian, Old Prussian を含む》. **2** [the B-] ＝Baltic Sea. **3** 暗緑色.

Báltic Séa *n.* [the ～] バルト海《ヨーロッパ北部の北海に出口をもつ海》.

Báltic Státes *n. pl.* [the ～] バルト諸国《かつての Estonia, Latvia, Lithuania の 3 共和国, 時に Finland を加えることもある》.

Bal·ti·more[1] [bɔ́ːltəmɔ̀ə, -mɔ̀ə, -mə | bɔ́ːltɪmɔ̀ː(r), bɔ́l-] 〘← *Lord Baltimore*〙 ── *n.* 〘昆虫〙北米東部産タテハチョウ科カラフトヒョウモンモドキ属のチョウ (*Euphydryas phaëton*) 《幼虫はジャコウソウモドキ果 (turtlehead) を食べる》.

Bal·ti·more[2] [bɔ́ːltəmɔ̀ə, -mɔ̀ə, -mə | bɔ́ːltɪmɔ̀ː(r), bɔ́l-] 〘← *Lord Baltimore*〙 ── *n.* 米国 Maryland 州北部 Chesapeake 湾の入江に臨む海港で商工業都市, Johns Hopkins 大学がある; 人口 852,000.

Bal·ti·more [bɔ́ːltəmɔ̀ə, -mɔ̀ə, -mə | bɔ́ːltɪmɔ̀ː(r), bɔ́l-], **Lord** *n.* ⇨ George CALVERT.

Báltimore chóp 〘以前 Baltimore のチームがたくみにこのような打球を打ったことから〙 ── *n.* 《俗》〘野球〙ボルチモアチョップ《ホームベース近くで高くバウンドし, しばしば内野安打になる打球》.

Báltimore óriole 〘← *Lord Baltimore*: 雄鳥の色が Baltimore 家の紋章付きの外衣の色に似ていることから〙 ── *n.* 〘鳥類〙ボルチモアムクドリモドキ (*Icterus galbula*).

Bal·to-Sla·vic [bɔ̀ːltoʊslǽvɪk, -slɑ́ːv- | bɔ̀ːltə(ʊ)-, bɔ̀l-] 〘← *Balto-* (⇨ Baltic)＋SLAVIC〙 ── *n.* バルトスラブ語派《Baltic および Slavic 語派から成る印欧語族の一区分》. ── *adj.* バルトスラブ語派の.

Ba·lu·chi [bəlúːtʃi | -tʃɪ] 〘◻ Pers. *Balūch(ī)*〙 ── *n.* (*pl.* ～, ～**s**) **1 a** [the ～(s)] バルチ族《Baluchistan の遊牧民》. **b** バルチ族の人. **2** バルチ語《印欧語族のイラン語派 (Iranian) に属する》.

Ba·lu·chi·stan [bəlùːtʃɪstǽn, -tʃə-, -stɑ́ːn | bəlúːtʃɪstɑ̀ːn, -stæ̀n] *n.* バルチスタン《パキスタン西部の州; 首都 Quetta》.

bal·un [bǽlʌn] 〘← *bal(anced)*＋*un(balanced)*〙 *n.* 〘電気〙バラン, 平衡不平衡変成器《平衡インピーダンスと不平衡インピーダンスとを接続する同軸回路》.

bal·us·ter [bǽləstə | -tə(r)] 〘◻ F *balustre* ◻ It. *balaustro* ◻ L *balaustium* ◻ Gk *balaústion* flower of wild pomegranate: 形の類似から: cf. banister〙 ── *n.* 〘建築〙**1 a** 手摺子(てすりこ)《手摺または欄干を支える小柱; ⇨balustrade 挿絵》. **b** [*pl.*] ＝balustrade 1. **2** イオニア式柱頭の渦巻きの側面部.

bal·us·trade [bǽləstrèɪd, ←−− | ←−−] 〘◻ F ～ ◻ It. *balaustrata* ← *balaustro* (↑)〙 *n.* **1** (手摺子 (baluster) のついている)手摺, 欄干. **2** 低い柵(さく)[障壁]. **bál·us·tràd·ed** *adj.*

bál·us·tràd·ing *n.* 手摺部材[構成材].

balustrade 1
1 balustrade; 2 handrail; 3 baluster; 4 urn; 5 newel

Bal·zac [bɔ́ːlzæk, bǽl- | bǽl-; *F.* balzak], **Honoré de** *n.* バルザック《1799–1850; フランスの小説家; 連作 *La Comédie humaine*「人間喜劇」》.

bam[1] [bǽ(ː)m] 〘《略》? ← BAMBOOZLE〙 *vt.* (**bammed**; **bam·ming**) 《古》だます (deceive), かつぐ (hoax).

bam[2] [bǽ(ː)m] 〘擬音語〙 *n.* にぶい音. ── *vi.* (**bammed**; **bam·ming**) にぶい音を立てる.

Ba·ma·ko [bɑ̀ːməkóʊ | -kə́ʊ; *F.* bamako] *n.* バマコ《アフリカ西部マリ (Mali) 南西部 Niger 川に臨む港市で, 同国の首都; 人口 404,000》.

Bam·ba·ra [bæmbɑ́ːrə] *n.* (*pl.* ～, ～**s**) **1 a** [the ～(s)] バンバラ族《アフリカ Niger 河上流に住む種族》. **b** バンバラ族の人. **2** (バンバラ族の話す)Mande 語.

Bam·berg [bǽmbəːg, bɑ́ːmbɛək | bǽmbəːg, bɑ́ːmbɛək; G. bámbɛrk] *n.* バンベルク《西ドイツ中南部の都市; 人口 71,000》.

bam·bi·no [bæmbíːnoʊ, bɑːm- | -nəʊ] 〘◻ It. ～ 'baby' (dim.) ← *bambo* childish 《擬音語》〙 ── *n.* (*pl.* ～**s**, **-bi·ni** [-niː]; *1* では通例 **-bi·ni**) **1** 幼いキリストの像[絵]. **2** 子供, 赤ん坊.

bam·boo [bæmbúː] 〘(17C) 《逆成》← (1598) *bambus* ◻ Du. *bamboes*: cf. Malay *bambū*〙 ── *n.* (*pl.* ～**s**) **1 a** 〘植物〙タケ《イネ科の大型タケ類の総称》: a ～ sprout＝bamboo shoot. **b** 竹の棒, 竹ざお; 竹材. **2** 淡い黄色がかった渇色. ── *attrib. adj.* 竹(製)の: a ～ cane 竹のステッキ / ～ work 竹細工.

bambóo bòrer *n.* 〘昆虫〙チビタケナガシンクイ (*Dinoderus minutes*) 《竹や貯蔵穀類を食べる甲虫》.

bambóo cúrtain, B- C- *n.* [the ～] 竹のカーテン《1950–60 年代に中国が西欧諸国の外交・通商・文化などの接触に対して設けた思想・軍事・政治上の障壁; cf. iron curtain a》.

bambóo ràt *n.* 〘動物〙＝cane rat.

bambóo shòot *n.* [通例 *pl.*] 筍(たけのこ).

bambóo tùrning *n.* 竹型の繰形《家具の脚や枠材用に竹の節を使った細工》.

bambóo wàre *n.* バンブーウエア《J. Wedgwood が 1770 年に作った caneware の一種で, 竹に似た造りの薄黄[茶]色の炻器(せっき)》.

bam·boo·zle [bæmbúːzl] 〘(1703) ← ?〙 ── *vt.* 《口語》**1 a** 〈人を〉ごまかす. **b** …に一杯食わせて〔ある行動を〕させる〔*into*〕; だまして〔物を〕奪う〔*out of*〕: ～ a person *into* doing something [*out of* something] 人をだまして事をさせる[物を奪う]. **2** 困らせる, 迷わす (mystify). ── *vi.* ごまかす, だます. **～·ment** *n.*

bam·bóo·zler [-zlə, -zlə | -zlə(r), -zlə(r)] *n.*

ban[1] [bǽ(ː)n] 〘*v.*: OE *bannan* to summon < Gmc **bannan* (OHG *bannan* to banish) ← IE **bhā-* to speak (⇨ fame): ON *banna* to forbid, curse の影響をうけた. ── *n.*: ME *iban* < OE *ġebann* proclamation ∥ OF *ban* ◻ Frank. **ban* (G *Bann*)〙 ── *n.* **1** 公式の禁制, 禁止令, 法度(はっと)〔*on*〕: be under a ～ 禁制[法度]である / lift [remove] a ～ 解禁する / place [put]...under a ～ ＝place [put] a ～ *on* ...を禁止する / There is a ～ *on* smoking here. ここは禁煙になっている. **2** (世論などの)反対, 非難, 禁止 (prohibition)〔*on*〕: a ～ *on* alligator hunting ワニ狩りの禁止. **3** (封建時代の)家臣に対する召集令; 召集される全員. **4** のろい (curse). **5 a** 制令, 布告 (edict). **b** 《古》[*pl.*] ＝banns. **6** 〘宗教〙破門 (excommunication). ── *vt.* (**banned**; **ban·ning**) **1 a** (法的にまた社会的圧力で)禁制[禁止]する (prohibit): ～ a book, nuclear testing, etc. **b** 〈人〉に〔…することを〕禁止する〔*from*〕: ～ people *from* reading pornography. **2** 《古》のろう. ── *vi.* のろいの言葉を唱える.

ban[2] [bɑ́ːn] 〘◻ Serbo-Croat. *bān* lord〙 *n.* (昔のハンガリーの南境地方の)大守; (後に, Croatia および Slavonia の)都督.

ban[3] [bɑ́ːn] 〘◻ Rum. ～〙 *n.* (*pl.* **ba·ni** [bɑ́ːni | -nɪ]) **1** バーニ《ルーマニアの通貨単位; ＝$^1/_{100}$ leu》. **2** 1 バーニ硬貨.

Bá·nach spàce [bɑ́ːnɑːx-, -nɑːk-] 〘← *Stefan Banach* (1892–1945: ポーランドの数学者)〙 ── *n.* 〘数学〙バナッハ空間《ノルム (norm) の定義されている完備なベクトル空間》.

Ban·a·gher [bǽnəgə | -gə(r)] *n.* アイルランド Offaly 州の町. ***beat [bang] Banagher*** 《文語》すべてにまさる.

ba·nal [bənɑ́ːl, bæ-, -nǽl, béɪnl | bənɑ́ːl, bæ-, béɪnl] 〘(1753) ◻ F ～ ← OF *ban*: ⇨ ban[1], -al[1]: 封建時代の「賦役の」の意から compulsory (for all), common to all の意を経たもの〙 ── *adj.* 陳腐な, 平凡な (commonplace): a ～ remark. **～·ly** [bənɑ́ːlli, -nǽlli, bæ-, béɪnəli, -nḷi | bənɑ́ːlli, bæ-, béɪnəlɪ, -nḷi] *adv.*

ba·nal·i·ty [bənǽləṭi, beɪ-, bæ- | bənǽlɪti, bæ-, -lɪ-]

〘□F *banalité*: ⇨↑, -ity〙 *n.* 陳腐, 平凡; 陳腐[平凡]な言葉[考え].

ba·nal·ize [bənáːlaɪz, bæ-, -næl-, béɪnəlaɪz, -nḷ- | bənáːlaɪz, bæ-, béɪnəláɪz, -nḷ-] *vt.* 陳腐[平凡]なものにする.

ba·nan·a [bənǽnə | -náːnə] 〘《1597》□ Sp. & Port. ~ ← W-Afr. (cf. Wolof *banäna*): cf. plantain²〙 **—** *n.* **1 a** 〘植物〙バナナ《バショウ属 (*Musa*) の熱帯植物の総称》. **b** (生食用)バナナ (*Musa sapientum*) の果実 (cf. dwarf banana, plantain²): a hand of ~*s* (特に, 10-20 本からなる)バナナ一房. **2** バナナ色《灰色がかった黄色》. **3** 《米俗》(バーレスク (burlesque) などの)コメディアン: ⇨ top banana. **4** 《卑》**a** ペニス. **b** 性交.

banána bòat *n.* **1** バナナを運ぶ船. **2** 《英空軍俗》「航空母艦, 空母.

banána fìsh *n.* 〘魚類〙=bonefish.

Ba·nan·a·land [bənǽnəlænd | -náː-] *n.* 《豪口語》=「Queensland.

banána òil *n.* **1** 〘化学〙バナナ油: **a** =amyl acetate 1. **b** =isoamyl acetate. **2** 《俗》たわごと, でたらめ (nonsense).

banána quìt *n.* 〘鳥類〙ミツドリ《熱帯アメリカ産のホオジロ科ミツドリ属 (*Coereba*) の各種の小鳥の総称; 花の蜜を好む》.

banána repùblic *n.* バナナ共和国《国の経済が主に果物輸出・観光・外国資本の投資などに依存しているラテンアメリカの小国など》.

ba·nan·as [bənǽnəz | -náːnəz] *adj.* 《俗》気が狂った; 熱狂した: *Bananas!* 馬鹿馬鹿しい, そんなばかな (Nonsense!) / go ~ 気が狂う; 熱狂する.

banána sèat *n.* 〘自転車〙バナナシート《前が細く後部が上の方へ湾曲した自転車のサドル》.

banána shrùb *n.* 〘植物〙カラタネオガタマ (*Michelia fuscata*)《中国原産のモクレン科の常緑小高木; 花は芳香がある》.

banána spìder *n.* 〘動物〙**1** アシダカグモ, (俗に)バナナ蜘蛛 (*Heteropoda venatoria*)《バナナと共に温帯に移入する大きい黄色がかった熱帯産カニグモ (crab spider)》. **2** =tarantula.

banána splìt *n.* バナナスプリット《縦半分に切ったバナナの上にアイスクリーム・生クリーム・木の実などをのせたデザート》.

ban·at [bǽnɪt, -nət] 〘□ Serbo-Croat. *bānat* ← *bān* lord〙 *n.* (*also* **ban·ate** [~]) (昔の)都督管轄区 (ban² の治めた地域).

ba·nau·sic [bənɔ́ːsɪk, -zɪk] 〘□ Gk *banausik-ós* of mechanics ← *baûnos* forge¹〙 **—** *adj.* **1** 職業上の; 営利を目的とする, 実利的な. **2 a** 実用的な (practical). **b** 通俗的な, 平凡な.

Ban·bur·y [bǽnberi, -bəri, bǽm- | bǽnbərɪ, bǽm-] 〘OE *Banesberie*? 'BOROUGH of *Bana* (人名)'〙 *n.* イングランド Oxfordshire 州北部の都市; 人口 20,000.

Bánbury càke [bún] 〘↑〙 *n.* バンベリーケーキ《干しぶどう・果物の砂糖煮・香辛料などを混ぜ合わせて包んだ楕円形のパイ》.

banc [bǽŋk] 〘□ OF *banc*: ⇨ bank³〙 **—** *n.* 判事席. ★ 主に次の成句で: ***in banc*** (コモンロー上級裁判所で)全判事列席の上で(大法廷で): a sitting *in* ~ 《古》(コモンロー裁判所における)総員合議の審理.

ban·co¹ [bǽŋkou | -kəu] 〘□ It. ~ 《変形》← *banca* 'BANK², bench'〙 *n.* (土地の通貨に対し)銀行勘定貨幣, 本位貨幣.

ban·co² [bǽŋkou | -kəu] 〘□ F ~ □ It. *banco* 《転用》← *banco* (↑)〙 **—** *n.* 〘トランプ〙(baccarat や chemin de fer で)バンコ《子の一人が単独で親と同額を賭けること, またその宣言; 他の子の賭けは全部無効となる》.

ban·co³ [bǽŋkou | -kəu] *n.*, *vt.* =bunco.

ban·co⁴ [bǽŋkou | -kəu] *n.* =banc.

Ban·croft [bǽnkrɔ(ː)ft, bǽŋ-, -krɑft | -krɔft] 〘《原義》dweller at an enclosure where beans grew (⇨ bean, croft): もと地名〙 *n.* 男性名.

Bancroft, George *n.* (1800-91) 米国の歴史家・政治家: *A History of the United States* (1835-75).

band¹ [bǽ(ː)nd] 〘《1126》*bond* □ ON *band* tie < Gmc **bandam* (G *Band*) ← **bindan* 'to BIND': cf. bend¹·², bond¹: ME 末期に (O)F *bande* strip (□ Gmc **bendōn* ← **bindan*) の影響を受けた〙 **—** *n.* **1 a** 縛るもの, くくるもの. **b** ひも, なわ: a hay ~. **c** たが, 環, 帯金, 帯輪: an iron ~ 鉄のたが / a rubber ~ 輪ゴム / a ~ of iron (戸・箱などの補強に付けた)帯金 / a spring ~ 弾性帯金. **d** (鳥の脚につける)標識バンド, 脚輪. **2 a** 帯状のひも[布片], バンド, ベルト, 帯 (belt): wear a ~ of ribbon around one's head 頭にリボンを巻きつける. **b** 〘機械〙調帯, ベルト (belt). **c** (レコードの音を刻んだ)みぞの集まり, 1 帯, バンド《レコードで一曲納まっている部分; 特に, 音のない部分と区別していう》. **3 a** (法的・道徳的・精神的に)束縛するもの, きずな; 義務, 責務 (obligation): the ~*s* of matrimony. **b** 《古》約束; 保証. **4 a** カラー, 襟(えり). **b** [*pl.*] (大学教授の式服・弁護士服・聖職服などの襟の前に垂らした)2 本の白い布. **c** (17 世紀頃西ヨーロッパでひだ襟を取りつけた)スタンドカラー, 台襟. **5 a** (色などの)しま, すじ (stripe). **b** 帯状の部分[地域]: the wide ~ of woods 幅広い帯状の森林地域. **c** (変動の)範囲, 幅 (range). **6** 〘建築〙帯模様, 帯飾り; 帯状繰形. ★ 通例 fascia より幅が狭い. **7** 〘通信〙バンド, 周波(数)帯《周波数の範囲・幅》. **8** 〘電算機〙バンド, 帯域《磁気ドラムやディスクの補助記憶装置の一群の磁気トラック》. **9** 〘歯科〙帯環《歯にかぶせるために金合金などの薄板で作った環》: a ~ crown 帯環金属冠. **10** 〘解剖・動物〙帯. **11** 〘製本〙**a** 綴じ緒; バンド《綴じ緒を背に埋め込まないためにできた隆起》. **b** にせバンド《綴じ緒の隆起しない本の中身の背にボール紙を入れて作ったにせの隆起》.
— *vt.* **1** ひもで縛る[くくる]. **2 a** …にバンドを付ける. **b** 〈鳥〉に標識バンドをつける. **3** …にしま[すじ]をつける.

band² [bǽ(ː)nd] 〘《1490》□ (O)F *bande* troop □ Prov. & It. *banda* ← Gmc (Goth. *bandwa* sign: ⇨ banner)〙 **—** *n.* **1 a** 〔人の〕一団; (特に)〔武装者・盗賊・無法者などの〕一隊〔*of*〕: a ~ *of* robbers. **b** 《米》〔動物・鳥の〕群れ. **c** 〔物の〕集まり〔*of*〕: a ~ *of* thoughts. **d** 遊牧民族の一団. **2** 楽隊, バンド; (吹奏)楽団: a ~ concert 楽団演奏会 / ~ music 楽隊音楽 / a regimental ~ 連隊付き軍楽隊 / a street ~ 街頭音楽隊 / a military [naval] ~ 陸軍[海軍]軍楽隊 / a dance ~ ダンス音楽のバンド / a jazz ~ ジャズバンド.
beat the band 《口語》(これは)驚いた, すばらしい, ひどい: to *beat the* ~ (もの)すごく, ひどく, 一心に(など). ***then the band played*** それから大変なことになった. ***when the band begins to play*** 事が重大に[いよいよ面白く]なると.
— *vt.* **1** 団結させる: We ~*ed* ourselves against a common enemy. 団結して共同の敵にあたった. **2** (ある目的のために)集める, 呼び寄せる. **—** *vi.* 団結する〈*together*〉: The States ~*ed into* a union. 州は合併して連邦となった.

Band [báːnt; G. bánt] 〘□ G *Band*: ⇨ band¹〙 *G. n.* (*pl.* **Bän·de** [béndə; G. bɛ́ndə]) (書籍の)巻 (volume) (略 Bd., *pl.* Bde).

ban·dage [bǽndɪdʒ] 〘《1519》□ F ~ ← *bande*: ⇨ band¹, -age〙 **—** *n.* **1** 包帯, 巻布; 目隠しの布帯: apply a ~ *to*…に包帯をする / roll ~*s* 包帯巻きをする / have one's foot in ~*s* 足に包帯をしている. **2** 帯金類, はちまき鉄. **—** *vt.* 包帯する, …に包帯を当てる: ~ (*up*) a cut finger. **—** *vi.* 包帯をする.

bán·dag·er *n.* 包帯をしてやる人.

Band-Aid [bǽndéɪd] *n.* 〘商標〙バンドエイド《真中にガーゼのついた救急ばんそうこう》.

ban·dan·na [bændǽnə] 〘《1752》□? Port. *bandana* □ Hindi *bandhnū*「絞り染め」← *bandhnā* to tie ← Skt *badhnāti* he ties: ⇨ bind〙 **—** *n.* (*also* **ban·dan·a** [~]) **1** バンダナ(ハンカチ)《色彩のきれいなくくり染めの大型ハンカチ》. **2** バンダナに似せたハンカチ[スカーフ].

ban·dar [bʌ́ndə | -də(r] 〘□ Hindi *bandar* monkey ← Skt *vānara* forest〙 *n.* 〘動物〙=rhesus monkey.

Ban·da·ra·nai·ke [bùːndərənáɪkə | -kɪ], Mrs. **Si·ri·ma·vo** [sìːrɪmáːvou | -vəu] *n.* バンダラナイケ《1916- ; スリランカの女性政治家, 首相 (1960-65), 大統領 (1971-77)》.

ban·dar-log [bʌ́ndəlɔ̀(ː)g, -lɑ̀g | -dəlɔ̀g] 〘← Hindi *bandar* (⇨ bandar) + *log* people: R. Kipling 作 *The Jungle Book* (1894-95) に出てくるおしゃべりで気取り屋の猿の一族にちなむ〙 **—** *n.* (*pl.* ~, ~*s*) おしゃべり連中, 口さがない連中.

Ban·dar Se·ri Be·ga·wan [báːndəə-sèri-bəgáː-wən | -dɑː-sèrɪ-] *n.* バンダル セリ ベガワン《ブルネイ (Brunei) の首都・海港; 人口 37,000》.

Bán·da Séa [bǽndə-, báːn-] *n.* [the ~] バンダ海《Celebes 島と New Guinea 島との間, Molucca 諸島の南方 Timor 島の北方の海》.

b. & b. 《略》bed and board [breakfast].

bánd·bòx 〘⇨ band¹〙 **—** *n.* **1** (帽子・カラーなど小物を入れる円筒型の)紙箱, 薄板箱: (as) neat as a ~ (紙箱にたたんで入れておいた衣服のように)きちんとした / He looks as if he had just come out of a ~. ぱりっとした身なりをしている. **2** 《口語》(普通より)小型の(サイズの)もの, 狭い場所[建物など].

bánd bràke *n.* 〘機械〙帯ブレーキ.

bánd convèyor *n.* =conveyor belt.

bánd còurse *n.* 〘建築〙=belt course.

Bände *n.* Band の複数形.

ban·deau [bændóu, ←— | bǽndəu; *F.* bɑ̃do] 〘□F ~ (dim.) ← *bande*: ⇨ band¹〙 **—** *n.* (*pl.* **ban·deaux** [~z; *F.* ~]) バンドー: **a** 幅の狭いブラジャー. **b** 幅の狭いテープ[コード]《大抵は布地にくるんだ針金やバックラム (buckram) から成り, 主に帽子のサイズや高さを調整するのに用いる》. **c** ヘアバンド; 冠のような型の髪飾り.

band·ed¹ *adj.* **1** しま[すじ]のある. **2** 〘建築〙帯のある, 帯のついた.

bánded² *adj.* 団結した.

bánded ánteater *n.* 〘動物〙フクロアリクイ (*Myrmecobius fasciatus*)《オーストラリア産で, アリやシロアリを主食とする有袋類; numbat ともいう》.

banded anteater

bánded cólumn *n.* 〘建築〙バンド柱, リング柱《帯模様 (band) の施された柱》.

bánded máckerel [rúdderfish] *n.* 〘魚類〙西大西洋産のアジ科ブリ属の魚 (*Seriola zonata*).

bánded strúcture *n.* 〘地質〙縞状構造.

ban·de·let [bǽndəlét, bǽndəlɪt, -lət] 〘□F *bandelette* (dim.) ← *bande*: ⇨ band¹〙 *n.* 〘建築〙バンダリット《fillet と fascia の中間の幅の帯状繰形》.

bánd-elimination filter *n.* 〘電気〙帯域阻止濾波器[フィルター]《ある範囲の周波数成分以外を通過させる濾波器》.

ban·de·ri·lla [bæ̀ndəríːə, bɑ̀ːn-, -ríːljə; *Sp.* bàndeɾíʎa] 〘□ Sp. ~ (dim.) ← *bandera* 'BANNER'〙 **—** *n.* バンデリリャ《banderillero が使用する小さい飾りを付けた有刺投げ槍; これを牛の首・肩に刺し込み牛を興奮させる》.

ban·de·ril·le·ro [bæ̀ndərɪljɛ́(ə)rou, bɑ̀ːn-, -rijɛ́(ə)r- | bæ̀ndərɪljéərəu, bɑ̀ːn-; *Sp.* bànderiʎéro] 〘□ Sp. ~ ← *banderilla* (↑) + *-ero* -er¹〙 **—** *n.* (*pl.* ~*s*) バンデリリェロ《banderilla を用いる闘牛士; cf. matador 1》.

ban·de·role [bǽndəròul | -rəul] 〘□F *banderole* □ It. *banderuola* (dim.) ← *bandiera* 'BANNER'〙 **—** *n.* (*also* **ban·de·rol** [~]) **1 a** (騎士の槍先や帆柱の上に付ける先の分かれた長い)小旗[吹流し] (⇨ lance¹ 挿絵). **b** 弔旗《偉人の葬式の時や墓の上に掲げるもの》. **2** 銘を書いたリボン[巻物]. **3** 〘建築〙(ルネサンス建築によく見られる)銘を書いた帯飾, 銘帯.

ban·der·snatch [bǽndəsnætʃ | -də-] 〘《1871》← *Bandersnatch*: Lewis Carroll 作 *Through the Looking Glass* 中の奇怪な動物の名〙 **—** *n.* **1** 奇怪な人物, 異様な人, 規格はずれの人. **2** (他人に脅威・迷惑などを与えて)困り者と考えられる人物.

bánd fòrm *n.* 〘解剖〙棒状(核)球, 杆状核球《白血球の核の一形態》.

bandh·nu [bʌ́ndnuː] 〘□ Hindi *bandhunū*: ⇨ bandanna〙 **—** *n.* 《インド》〘染色〙くくり染め, 絞り染め (tie-dyeing).

B. & I. 《略》〘宝石〙brilliant and ivory.

ban·di·coot [bǽndɪkùːt] 〘《1789》□ Telugu *pandikokku* 《原義》pig rat〙 **—** *n.* 〘動物〙**1** オニネズミ《*Bandicota* 属と *Nesokia* 属の総称; 台湾・中国・インド・東南アジア・小アジア・アフリカ北部産の大型のネズミ》. **2** バンディクート科の有袋類の総称《オーストラリア・ニューギニア・タスマニア産; rabbit bandicoot など》.
(as) bald as a bandicoot すっかり禿げて.

ban·di·do [bændíːdou | -dəu; *Sp.* bandído] 〘□ Sp. ~ □ It. *bandito*: ⇨ bandit〙 *n.* (*pl.* ~*s*) 《米南西部》(主にメキシコ系の)無法者, 悪漢 (outlaw).

bánd·ing *n.* **1** 帯状の布片《テープ・組みひも・リボンなど》. **2** しま模様.

ban·dit [bǽndɪt, -dət | -dɪt] 〘《1590》□ It. *bandito* (p.p.) ← *bandire* to banish: cf. ban¹, band²〙 **—** *n.* (*pl.* ~*s*, **1** ではしばしば **-dit·ti** [bændíṭi | -tɪ, -tiː]) **1** 山賊, 追はぎ《特に地中海沿岸の山地に出没する盗賊団の一員》: mounted ~*s* 馬賊. **2** 強盗, ギャング (gangster) (cf. one-armed bandit): a set [gang] of ~*s*. **3** (相手の弱味につけ込んで法外な金を吹っかける)悪党, 悪人, ゆすり, たかり. **4** 《空軍俗》敵機.

ban·dit·ry [bǽndɪtri, -dət- | -dɪtrɪ] *n.* **1** 山賊行為, 強盗. **2** [集合的] 山賊, 強盗 (bandits).

banditti *n.* bandit の複数形.

Ban·djer·ma·sin [bɑ̀ːndʒəmáːsɪn | -dʒə-] *n.* (*also* **Ban·djar·ma·sin** [~]) =Banjermasin.

bánd·lèader *n.* バンド指揮者, バンドリーダー.

bánd·màster *n.* (楽隊の)楽長, バンドマスター《楽団の指揮者または首席演奏者》.

bánd·mòll 〘cf. gun moll〙 *n.* 《米》ロックバンドに群がる若い女性 (cf. groupie 1).

ban·do·bust [bʌ́ndəbʌ̀st] *n.* 《インド》=bundobust.

ban·dog [bǽndɔ(ː)g | -dɔ̀g] 〘← BAND¹+DOG〙 *n.* (番犬として, また猛犬のゆえに)鎖でつないだ犬《通例 mastiff あるいは bloodhound をいう》.

ban·do·lier [bæ̀ndəlíə | -d(ə)ʊlíə(r] 〘□F *bandoulière* □ Sp. *bandolera* ← *banda* sash ← Gmc: ⇨ banner〙 **—** *n.* (*also* **ban·do·leer** [~]) (弾薬筒を入れて肩から斜めに吊るす)弾薬帯, 負い皮.

ban·do·line [bǽndəlìːn, -lɪn, -lən, -dḷ- | -də(ʊ)liːn] 〘← BANDEAU + L *line(re)* to smear〙 *n.* バンドリン《頭髪・口ひげ用香油》.

ban·do·ni·on [bændóuniàn | -dəuniən] 〘□ G *Bandonion* ← *Heinrich Band* (19 世紀のドイツの音楽家. この考案者)+(*Harm*)*on*(*ika*) 'HARMONICA'+(*Akkord*)*ion* 'ACCORDION'〙 **—** *n.* (*also* **ban·do·ne·on** [~]) バンドネオン《低音や高音を出すための押しボタン付きのアコーディオンで, 主に南米で用いられる》.

ban·dore [bǽndɔə, -doə | bǽndɔː(r] 〘《1566》□ Sp. *bandurria* ∥ Port. *bandurra* □ LL *pandūrium* three-stringed lute □ Gk *pandoûra* 'PANDORA': cf. banjo〙 **—** *n.* (*also* **ban·do·ra** [bændɔ́ːrə, -dóːrə | -dɔ́ː-]) バンドゥーラ《lute または guitar に似た撥弦楽器で, ルネサンス期に用いられた》.

bánd-pàss filter *n.* 〘電気〙帯域濾波器[フィルター]《ある二つの周波数の間の電流を比較的容易に通過させ, それ以外のすべての周波数の電流を減衰させるもの》.

Bandr. 《略》〘陸・海軍〙Bandmaster.

bánd ràzor *n.* 帯かみそり《安全かみそりの一種》.

bánd-rejèction filter *n.* 〘電気〙=band-elimination filter.

ban·drol [bǽndroul | -drəul] *n.* =banderole.

B. & S., b. & s. 《略》《俗》brandy and soda.

bánd sàw *n.* 帯のこ(ぎり).

bánd shèll *n.* (音響効果のために後方に半円形の反響板を備えた)奏楽堂.

bánds·man [-mən] 〘← BAND²+-s²+-MAN〙 *n.* (*pl.* **-men** [-mən, -mèn]) (楽隊の)隊員, 楽団員, バンドマン; 軍楽生.

bánd spèctrum *n.* 〘物理〙帯(たい)スペクトル《線スペクトルが比較的狭い範囲に密集し, 帯状に見える分子スペクトル (molecular spectrum) で, 振動状態・回転状態の変化を伴う電子遷移によって生じる》.

bánd·stànd *n.* **1** (楽団の戸外演奏用の通例屋根のある)奏楽台, 野外音楽堂. **2** (ホール・レストランなどの)演奏台.

bánd stèel *n.* =hoop iron.

bánd-tàiled pígeon *n.* 〘鳥類〙北米西部産の尾に黒い縞のある野生バト (*Columba fasciata*).

Ban·dung [báːndʊŋ, bǽn-, bǽndʌŋ] *n.* バンドン《インドネシア Java 島西部にある都市; 人口 1,202,000》.

ban·du·ra [bændú(ə)rə | -dúərə; *Russ.* bandúrə] 〘□ Russ. ～ □ Pol. ～ □ It. *pandura*, *-dora* □ LL *pandūra*: ⇨ bandore〙 *n.* バンドゥーラ《ウクライナの撥弦民族楽器》.

ban·dur·ria [bændúrjə] 〘□ Sp. ～: ⇨ bandore〙 *n.* バンドゥリア《スペインのリュート族の撥弦楽器》.

B. and W., b. & w. 《略》 black and white.

bánd·wàgon *n.* **1** (パレードなどの先頭に立つ)楽隊車. **2** (政治運動・競争などで)優勢な側, 人気のある側; 時流に乗った社会[文化, 民族, 人種]運動.
climb on* [*hop on, jump on, get aboard*] *the bandwagon 優勢な党[側]へ乗り換える, 便乗する.

bánd whèel *n.* 〘機械〙 **1** =belt pulley. **2** 帯車《帯のこぎりをかけて回す車》.

bánd·width *n.* 〘電気〙帯域幅《通信などに使用する周波数の範囲; cf. channel¹ 6》.

ban·dy¹ [bǽndi | -dɪ] 〘□ Telugu *baṇḍi*〙 *n.* (インドで)去勢した牛に引かせる二輪馬車.

ban·dy² [bǽndi | -dɪ] 〘□ ? F *band-er* to bandy at tennis ← ? *bande* strip: ⇨ band¹〙 ― *vt.* **1** 〈テニスボールなどを〉打ち合う. **2** [通例 ～ *about* [*around*] として]〈うわさなどを〉(無責任に次々と)話しまわる, 言いふらす; ぺらぺらと論じる, いいかげんに扱う: ～ a rumor *about* うわさを言いふらす / have one's name *bandied about* (悪い意味で)名前を言いふらされる. **3** 〔人と〕〈打撃・お世辞などを〉やりとりする, 言い合いをする〔*with*〕: ～ blows *with* a person 人となぐり合いをする / ～ compliments *with* a person 人と挨拶をかわす / ～ words *with* a person 人と言い争う. **4** 《古》団結させる. ― *vi.* 《古》団結する (unite). ― *n.* **1** バンディー《ボールとラケットを用いるテニスに似た昔の遊び》. **2** 《英》フィールドホッケーに似た, またその古形とされる球技; それに用いるクラブ. ― *adj.* **1** 〈脚が〉外側に曲がっている. **2** =bandy-legged.

bándy·bàll *n.* **1** =bandy². **2** それに使うボール.

bándy-légged [-légd, -gɪd, -gəd] 〘← BANDY² (adj.)〙 *adj.* 〈人・動物など〉脚の曲がった, わに足の (cf. knock-kneed 1).

bane¹ [béɪn] 〘OE *bana* murderer < Gmc **banōn* ← IE **bhen-* to strike〙 ― *n.* **1** [the ～] 破滅のもと, 命取り; 害毒, 害悪, 禍: Drink has been *the* ～ *of* his life. 飲酒が彼の命取りとなった. **2 a** 《古》(死に至らしめる)毒. ★ 今は通例次のような複合語にだけ用いる: ⇨ baneberry, ratsbane. **b** 《廃》死の原因となるもの. **3** 《詩》死 (death); 破滅; 悲嘆 (woe). ― *vt.* 《廃》毒殺する.

bane² [béɪn] 〘ME 《北部方言》 *ban* < OE *bān* 'BONE¹'〙 *n.* 《スコット》=bone¹.

bane·ber·ry [béɪnbèri, -b(ə)ri | -b(ə)rɪ] 〘⇨ bane¹, berry〙 ― *n.* **1** 〘植物〙ルイヨウショウマ《キンポウゲ科ルイヨウショウマ属 (*Actaea*) の植物の総称; red baneberry, white baneberry など》. **2** ルイヨウショウマの実《有毒》.

bane·ful [béɪnfəl] 〘← bane¹〙 *adj.* **1** ひどく害毒を及ぼす(ような), 有害な, 悪い: ～ influence, superstitions, etc. **2** 《古》(死に至らしめるほど)有毒な (poisonous): ～ herbs. **～·ly** *adv.* **～·ness** *n.*

Banff [bǽmf | bǽmf, bǽnf] 〘ME *Banb, Banef* ← ? Ir. *banb* a sucking-pig〙 ― *n.* **1** スコットランド北東部の旧州, 1975 年以降 Grampian 州の一部となる; 面積 1,632 km², 首都 Banff. **2** Grampian 州北西部の港市で旧 Banff 州の首都; 人口 4,000. **3** カナダ Alberta 州南西部, Rocky 山脈中の Banff National Park (面積 6,640 km²) にある観光・保養地.

Banff·shire [bǽmfʃɪə, -ʃə | bǽmfʃə(r, bǽnf-, -ʃɪə(r] *n.* =Banff 1.

bang¹ [bǽŋ] 〘(?*c*1550)《擬音語》: cf. ON *banga* to hammer / LG *bangen* to strike〙 ― *vt.* **1** 強く音を立てて打つ, どん[ばたん]と打つ, 〈太鼓などを〉どんとたたく, 〈どらなどを〉ごーんと打つ; 〈大砲などを〉ずどんと撃つ; 激しく打ちつける, ぶつける; 〈戸などを〉ばたんと締める (slam): ～ a drum / ～ a door 戸をばたん[ぴしゃり]と締める / ～ a window *down* ぴしゃりと窓を閉ざす / ～ one's fist on the table こぶしでテーブルをどんと打つ / ～ oneself against a tree 木にどすんとぶつかる / ～ a heavy dictionary *back* on the shelf どすんと重い辞書を棚に戻す. **2** (打って)〈音を〉出す; (タイプで)〈記事などを〉打ち出す 〈*out*〉: ～ *out* a tune on the piano ピアノでじゃんじゃん曲を奏する / The clock ～*ed out* ten. 時計は 10 時を打った. **3** 《俗》〔頭に〕たたき込む〔*into*〕: ～ grammar *into* one's head 文法を頭にたたき込む. **4** 《古》〈人を〉ぴしぴし打つ, したたかなぐる (thrash). **5** 《方言》…にまさる, 勝つ (beat): ～ all the others. **6** 《卑》〈女〉と性交する. ― *vi.* **1** どんどんたたく, 激しく打つ: ～ *on* [*at*] the door. **2** ずどんと発砲する; 〈銃が〉ずどんと鳴る; 大きな音をたてる: They ～*ed away at* the lions. ライオンの群に向かってずどんずどんと打ちまくった / Stop ～*ing about* upstairs. 上で騒ぐのはやめなさい. **3** どしんとぶつかる〔*against, into*〕; 《口語》〔人と〕偶然に出会う〔*into*〕: ～ *against* a post. **4** 〈戸などが〉ばたんと締まる: The door ～*ed back* after him. 彼が出る[入る]と戸がばたんと元のように締まった. **5** (音を立てながら)突進する, 急いで行く 〈*along, down, on, out,* etc.〉: ～ *down* the stairs ばたばたと急いで階下へ降りる / She ～*ed off* angrily to her room. 怒ってさっさと自分の部屋へ行ってしまった. **6** あちこちぶらつく 〈*around, about*〉.
bang away (1) 〔…を〕攻めたてる〔*at*〕. (2) 〔仕事などに〕大いに励む, 〔…を〕熱心にやる〔*at, on*〕. (3) ⇨ *vi.* 2. (4) 《卑》何度もセックスをする. ***bang off*** (1) 〈銃を〉ずどんと発砲する. (2) (ピアノなどで)〈楽曲を〉ぼんぼん鳴らす. ***bang up*** (1) どんと打ちつける. (2) めちゃくちゃにする[こわす].
― *n.* **1** (大きな音を伴う)強打; 衝撃: get a ～ on the head 頭をがんと打たれる / give a drum a ～ 太鼓をどんと打つ. **2** どん[ずどん]という音, 轟音, 砲声: the ～ of a gun. **3** 《米俗》スリル, 興奮 (excitement): get a ～ out of ... で刺激を得る, …をひどく楽しむ. **4** 《口語》 **a** 激発的な動作, 急激な動き: in a ～ 急いで, 突然. **b** 元気, 気力, 活力, バイタリティー. **5** 《俗》麻薬の注射. **6** 《卑》性交.
the whole bang (***lot*** [***shoot***]) 《英俗》全部, 一切(合切).
with a bang (1) ばたんと; ずどんと. (2) 出し抜けに, ぱったりと. (3) 活発に, 威勢よく. (4) 上首尾に, うまく.
― *int.* どん, ずどん; ぴしゃり: *Bang!* went the gun. ずどんと一発鳴った.
― *adv.* **1 a** どんと, ずどんと; ぴしゃりと: go ～ どんと鳴る[破裂する]; 発砲する; ぴしゃりと閉じる. **b** 突然, 出し抜けに; 激しく. **2** 正に; ちょうど, まともに, もろに; 全く, すっかり: ～ up to…ちょうど…まで / fall ～ in the middle [on the head] 真ん中に[頭の真上に]落ちる / jump ～ out of a window 窓からぱっと飛び降りる.
bang off 《英俗》早速, すぐに. ***bang on*** 《俗》すばらしい, すてきな (excellent); どんぴしゃりの.

bang² [bǽŋ] 〘← BANGTAIL〙 ― *vt.* **1** 〈前髪を〉切下げにする: wear one's hair ～*ed* 前髪をおかっぱにしている. **2** 〈馬の尾などを〉切りつめる. ― *n.* [通例 *pl.*] (前髪の)切下げ, 切下げ[おかっぱにした]前髪.

bang³ [bǽŋ] *n.* =bhang.

bang·al·ay [bæŋǽli | -lɪ] 〘□ Austral. 《土語》 ～〙 *n.* 〘植物〙=bastard mahogany.

Ban·ga·lore [bǽŋgəlɔ̀ə, -lɔ̀ə, ⌐-⌐ | bæ̀ŋgəlɔ́ː(r] *n.* バンガロール《インド南部の都市; 人口 1,541,000》.

bangalore torpedo [⌐-⌐-⌐-, ⌐-⌐-⌐-] 〘↑〙 ― *n.* 〘軍事〙(バンガロ)破壊筒, 爆薬筒《爆薬を詰めた長い金属製の筒; 投げて鉄条網を破壊したり地雷原を爆破する》.

bán·ga·low pálm [bǽŋgəlòʊ- | -lə̀ʊ-] 〘*bangalow*: □ Austral. 《土語》 ～〙 ― *n.* 〘植物〙オーストラリア産の *Auchontophoenix* 属のヤシ《*A. alexandrae* と *A. cunninghamii* の 2 種で緑陰樹とする; 若芽は食用; 単に bangalow ともいう》.

báng·bàng 〘《加重》← BANG¹〙 *n.* 〘宇宙〙バングバング制御《不感帯をもつ三位置制御; bang-bang control ともいう》.

báng·bòard 〘← BANG¹+BOARD〙 ― *n.* **1** トウモロコシ取り入れ板《荷車の一方に取り付けられていて, トウモロコシの雌穂がこれに当たって車の中に落ちるようになった収穫用の幅広い板》. **2** (合板などで造った)テニスの壁打ち用の練習板.

bánged-úp 〘← *bang up* (⇨ bang¹ (v.) 成句)〙 *adj.* 《米口語》ひどい目に遭わされた, 小突きまわされた.

bang·er [bǽŋə | -ŋə(r] 〘← BANG¹+-ER¹〙 ― *n.* 《英》 **1** 《口語》かんしゃく玉, 爆竹. **2** 《俗》うるさいおんぼろ自動車. **3** 《俗》(激しい)接吻. **4** 《俗》ソーセージ (sausage): ～*s* and mash ソーセージとマッシュポテを合わせた料理.

Bang·i·a·ce·ae [bæ̀ŋiéɪsiìː | -ŋɪ-] 〘← NL ～ ← *Bangia* (属名: ← *Hoffman Bang* (19 世紀のデンマークの植物学者): ⇨ -ia¹)+-ACEAE〙 ― *n. pl.* 〘植物〙(ウシケノリ目)ウシケノリ科. **bàng·i·á·ceous** [-éɪʃəs] *adj.*

Bang·i·a·les [bæ̀ŋiéɪliːz | -ŋɪ-] 〘← NL ～ ← *Bangia* (↑)+-ALES〙 *n. pl.* 〘植物〙ウシケノリ目.

Bang·ka [bǽŋkə] *n.* バンカ(島)《Sumatra 島の東方にあるインドネシアの島, 世界的なスズの産地; 人口 304,000, 面積 11,910 km²》.

bang·kok [bǽŋkɑk, ⌐⌐ | bæ̀kɔ́k, ⌐⌐] 〘↓〙 *n.* **1** バンコク《シュロの葉から採れる軽くて光沢のない繊維》. **2** バンコクで造った帽子.

Bang·kok [bǽŋkɑk, ⌐⌐ | bæŋkɔ́k, ⌐⌐] *n.* バンコク《タイ南部 Chao Phraya 川に臨む主要港で, 同国の首都; 人口 4,300,000; タイ語名 Krung Thep》.

Ban·gla·desh [bɑ̀ːŋglədéʃ, bæ̀ŋ-, -déɪʃ | bæ̀ŋ-] *n.* (*also* **Ban·gla Desh** [～]) バングラデシュ《インドの東に接する共和国; もと East Pakistan としてパキスタンの一州であったが, 1972 年独立; 人口 80,560,000, 面積 142,776 km², 首都 Dacca; 公式名 the People's Republic of Bangladesh バングラデシュ人民共和国》.

ban·gle [bǽŋgl] 〘□ Hindi *baṅglī* colored-glass wrist ring〙 ― *n.* **1** (金属の輪で作った通例婦人用の)腕輪 (cf. bracelet 1); (同様な)足首飾り (anklet). **2** (腕輪・ネックレス・タンバリンなどに下げた)飾りの小円板.

ban·gled [bǽŋgld] *adj.* 飾り輪[腕輪]をつけた.

Ban·gor [bǽŋgə | -gə(r] *n.* **1** ウェールズ北西部 Gwynedd 州の港市; 大聖堂がある; 人口 15,000. **2** 北アイルランド Down 州, Belfast 近くの沿岸都市, 避暑地; 人口 36,000.

Báng's disèase [bǽŋz-] 〘← *B. L. F. Bang* (1848-1932: デンマークの獣医)〙 ― *n.* 〘獣医〙バング病《細菌による牛の伝染病; しばしば伝染性流産の原因となり, また人にも伝染する》.

báng·tàil 〘← *bang* (《鼻音化》? ← BAG²) + TAIL¹〙 ― *n.* **1** 《俗》競走馬, 競馬馬. **2** 野性の馬, (特に)尾の短い野性の馬. **3** 《豪》(総数を調べるため)尾の先端を切った牛: ～ muster 牛の総数点検.

Ban·gui [bɑːŋgíː, ⌐⌐, bɑ̃ː(ŋ)gíː, bɑːŋ- | bɑːŋ-, bɔ̃ː(ŋ)-, bɑ̃ː(ŋ)-, bɔ́ː(ŋ)-; *F.* bɑ̃gi] *n.* バンギ《中央アフリカ共和国(Central African Republic) の首都; 人口 299,000》.

báng-ùp 〘← BANG¹ (adv.)〙 *adj.* 《米口語》上等の, 一流の, 極上の (first-rate): a ～ job, hotel, etc.

Bang·we·u·lu [bæ̀ŋwiúːluː | -wɪ-], **Lake** *n.* バングウェウル湖《アフリカ Zambia 北東部にある浅い湖; 周囲の沼沢地を含め面積 9,840 km²》.

báng-zòne *n.* 《米》〘航空〙(飛行機の)衝撃波の影響を受ける地域.

bani *n.* ban³ の複数形.

ban·ian [bǽnjən | bǽnɪən, -njən, -nɪæn] *n.* =banyan.

ban·ish [bǽnɪʃ] 〘(*a*1376) □ OF *baniss-* (stem) ← *banir* (F *bannir*) to put under a ban, outlaw < VL **bannire* to ban □ Gmc **bannjan* ← **bann-*: ⇨ ban¹, -ish²〙 ― *vt.* **1** 〈人を〉(国事犯などとして)〔国などから〕追放する, 流刑に処する〔*from, out of*〕; [二重目的語を伴って]〈人を〉〈国など〉から放逐する: ～ a person *from* [*out of*] the country 人を国外に追放する / Napoleon was ～*ed to* St. Helena. ナポレオンはセントヘレナ島に流された / The king ～*ed* him (*from*) the kingdom [court]. 王は彼を王国[宮廷]から追放した. **2** 〈人を〉追い出す, 追い払う; 〈害虫などを〉駆除する; 〈恐怖心・心配などを〉払いのける: ～ a person *from* [*out of*] one's presence 人を面前から追いのける / ～ flies [mosquitoes] はえ[蚊]を駆除する / ～ one's thought [sorrow, fear, anxiety] 考え[悲しみ, 恐れ, 心配]を一掃する / ～ something *from* memory あることをすっかり忘れてしまう. **～·er** *n.*

bán·ish·ment 〘(1507)〙 *n.* **1** 追放, 流刑, 島流し(の身分). **2** 放逐, 駆逐.

ban·is·ter [bǽnɪstə, -nəs- | -nɪstə(r] 〘(1667)《変形》← BALUSTER〙 ― *n.* **1** [*pl.*; 単数または複数扱い] (特に屋内の)欄干, 手摺 (balustrade). **2** 《まれ》手摺子 (baluster).

bánister bàck *n.* バニスターバック《17 世紀に英米で用いられた小柱を縦に並べた椅子の背》.

Ban·jer·ma·sin [bɑ̀ːndʒəmɑ́ːsɪn | -dʒə-] *n.* (*also* **Ban·jar·ma·sin** [～]) バンジャルマシン《インドネシア Borneo 島南岸の海港; 人口 282,000》.

ban·jo [bǽndʒoʊ | bǽndʒəʊ, ⌐⌐] 〘(*c*1790): BANDORE の黒人の発音なまりから: cf. Bantu 《土語》 *mbanza*〙 ― *n.* (*pl.* **～s, ～es**) **1** バンジョー《もとアフリカ黒人の楽器; 通例 5-6 弦》. **2** 《豪》バンジョーの形をしたもの; フライパン, シャベル. ― *adj.* バンジョー型の: ⇨ banjo clock.

bánjo clòck *n.* 19 世紀初期の米国で用いられたバンジョーに似た形の柱時計.

banjo clock

bán·jo·ist [-ɪst, -əst | -ɪst] *n.* バンジョー奏者.

bánjo-ukuléle *n.* =banjulele.

Ban·jul [bændʒúːl] *n.* バンジュル《アフリカ西部 Gambia の海港で同国の首都; 人口 43,000; 旧名 Bathurst》.

ban·ju·le·le [bæ̀ndʒʊléɪli | -lɪ] 〘《混成》← BANJ(O)+(UK)ULELE〙 *n.* バンジュレレ《banjo と ukulele の中間楽器; banjo-ukulele ともいう》.

bank¹ [bǽŋk] 〘(?*c*1200) □ ? ON **bank-i* bank, ridge (cf. OIcel. *bakki*) < Gmc **baŋkon*: cf. bench〙 ― *n.* **1 a** (川・湖などの)土手, 堤: a ～ of earth 堤防. **b** (水流の)岸, 川岸; [*pl.*] 川の両岸, 川沿いの地: bring a boat to the ～ / the right [left] ～ of a river (川下に向かって)右[左]岸 / the ～*s* of the Thames テムズ河岸 / live on the ～*s* of a river 川沿いに住む / be out of its ～*s* 〈河水が〉氾濫する. **2 a** (小道や畠の境界線となる)土手, 土盛り: on the ～*s* of a lane. **b** (丘などの)斜面, 坂 (slope). **3** (土手のように)長く盛り上ったもの; 〔雪・雲・土などの〕堆積, 層〔*of*〕: a ～ *of* snow, leaves, etc. / a ～ *of* clouds 層雲, 雲の峰. **4** 堆(たい)《海底の小隆起》, 洲(す), 浅瀬 (shoal): a sand ～ 砂洲(す) / the ～*s* of Newfoundland ニューファウンドランドの洲《大漁場; cf. codbank》. **5 a** バンク《旋回するときの機体やカーブを切るときの車体がとる横傾斜》: the angle of ～ バンク角《飛行[走行]中の左右傾斜角度》. **b** (道路屈曲部に付けられた)傾斜のバンク. **6** 〘鉱山〙 **a** 炭柱の払面. **b** 鉱床のうち水準面より上にある部分. **c** 坑口付近: from ～ to ～ (坑夫が)入坑してから出るまで《坑内労働時間》. **7** 〘玉突〙クッション (cushion).
bank and turn indicator 〘航空〙=TURN and bank indicator.
― *vt.* **1** …に土手(のようなもの)を築く, 堤で囲む 〈*up*〉: ～ a river (*with* sand) 川に(砂で)堤防を築く. **2** (堤のように)堆(たい)積する, 積み上げる (pile) 〈*up*〉: ～ (*up*) the snow 雪を積み上げる / He ～*ed* leaves

against the wall. 塀に木の葉を寄せて積み上げた. **3** 〈火を〉いける,〈火〉の上に灰[薪炭(しん)など]を置く〈*up*〉: ~ (*up*) a fire (灰などを掛けて)火をいける, 埋(う)め火にする; (新たに燃料を盛り上げ)空気の流通を止めて火を長持ちするようにする. **4** 〈鉄道のレールを〉(カーブさせる時に)内側のレールよりも外側のレールを高くする; 〈曲がり道などを〉内側より外側を高くして作る. **5** 〈飛行機・車〉の機体[車体]を(飛行[走行]中)横に傾ける, バンクさせる. **6** 〖玉突〗〈手玉を〉的玉に当てる前にクッションに当てる; 〈的玉を〉クッションに当ててポケットに入れる. — *vi.* **1 a** 積み重なる, 〈雲などが〉峰をなす (rise) 〈*up*〉. **b** [~ up で]《英》集まる, 〈交通などが〉混雑する. **2 a** 機体[車体]をバンクさせる; 〈飛行機・車が〉(飛行[走行]中)横に傾く, バンクする. **b** 傾斜してカーブする. **3** 〖時計〗(レバーなどの動く範囲を)限定する.

bank[2] [bǽŋk] 〖《?*c*1475》□ OF *banque* ∥ It. *banca* bench, table ← Gmc *baŋk- (↑)〗 — *n.* **1 a** 銀行: ⇨ national bank, savings bank / a ~ of deposit 預金銀行. **b** [the B-] イングランド銀行 (Bank of England): (as) safe as *the Bank* 全く安全で. **2 a** [the ~] (賭場で)親元の用意した金, 胴元の持ち金. **b** (賭の)親元 (banker). **3 a** 貯蔵所, (組合などの)金庫: ⇨ blood bank, data bank, eye bank. **b** 貯金箱《普通豚の形をしているので, しばしば piggy bank という》.
break the bank (1) 親元をつぶす《賭に勝って親元の用意金を全部まき上げる》. (2)《古》破産する. ***in the bank*** (1) 銀行に預けて; 用意して. (2)《英》借金して (in debt).
Bank of England [the ―] イングランド銀行《英国の中央銀行 (central bank); 1694 年設立》.
bank of issue [circulation] 発券銀行《Bank of England, Federal Reserve Bank など》.
— *vt.* **1** 〈金を〉銀行に預ける. **2** 現金に換える (cash). **3** 〈血液・血漿(しょう)などを〉血液銀行に預ける. — *vi.* **1** 銀行業を営む. **2** 銀行に預金する; (銀行と)取引する 〔*at, with*〕: Where do you ~? 取引銀行はどこですか / ~ *at* [*with*] Barclay's バークレー銀行と取引する. **3** (賭博の)親元になる. **4** 《口語》〔…に〕頼る; 〔…を〕当てにする 〔*on, upon*〕: You can ~ *on* him *for* help [*to* help you]. 彼なら助けてくれるものと頼りにできる / Don't ~ *upon* any money from him. 彼から金が借りられるなんて当てにしてはだめだ.

bank[3] [bǽŋk] 〖《?*a*1200》□ (O)F *banc* bench ← Gmc *baŋk- (↑)〗 — *n.* **1 a** (物の)列. **b** (ピアノ・オルガン・タイプライターなどの)キーの列, 鍵座(けんざ). **c** (2 台以上のエレベーターの)一組. **2** (古代の galley 船などで上下に重なる)オールの列の層. **3 a** こぎ手座 (thwart)《こぎ手の腰掛け》. **b** [集合的] (こぎ手座につく)こぎ手. **4** 〖印刷〗 **a** 《英》(組版を指定通りにまとめ上げる作業に使う)まとめ台, (新聞の組版の)大組み台 (random). **b** (ゲラを収納しておく)ゲラ棚, ゲラ箪笥. **c** 《古》紙のせ台《印刷物[用紙]を置く台》. **5** 〖新聞〗そで見出し (deck)《数行続く見出しの一部, 特に副見出し》. **6** 〖電気〗バンク《同時に作動できるようスイッチまたは端子付で並べたもの》: a ~ of resistors 抵抗器バンク. — *vt.* 列に並べる.

Ban·ka [bǽŋkə] *n.* = Bangka.
bank·a·ble [bǽŋkəbl] 〖← BANK[2] (v.) + -ABLE〗 *adj.* **1** 銀行に担保にできる, 銀行で受け付けられる: ~ securities. **2** 割引のきく: a ~ bill. **3** 当てになる.
bánk accèptance *n.* 〖金融〗銀行引受手形 (cf. trade acceptance). 「定.
bánk accòunt *n.* **1** 銀行預金口座. **2** 銀行預金勘
bánk annùities *n. pl.* 〖証券〗永久公債《コンソル公債 (consols) の正式名》.
bánk bàlance *n.* 銀行(預金)残高.
bánk bìll *n.* 《米》銀行券 (bank note); 《英》銀行手形.
bánk·bòok *n.* 銀行通帳《passbook ともいう》.
bánk càrd *n.* 銀行の発行するクレジットカード.
bánk chèck *n.* (当座預金の預金者が振出す)銀行小
bánk clèrk *n.* 《英》銀行出納係 (teller). 」切手.
bánk crèdit *n.* 銀行信用(状), 保証貸付.
bánk depòsit *n.* 銀行預金.
bánk dìscount *n.* 銀行割引(料).
bánk dràft *n.* 銀行為替手形 (略 B/D, b/d).
bánked fíre *n.* 〖機械〗 = stock fire.
bánk·er[1] 〖《1534》□ (O)F *banquier* ← *banque*: ⇨ bank[2], -er[1]〗 — *n.* **1** 銀行家, 銀行業者: Let me be your ~. 金を御融通しましょう. **2** (賭博の)親元, 胴元, 元締め. **3** 〖トランプ〗 = BANKER and broker. **4** 《英》(football pool で, クーポンに記入したチームの勝敗の)予想適中率.
banker and broker 〖トランプ〗底札めくり《わが国で遊ぶ「銀行」とは違う胴元賭博の一種; 賭け手に一山のカードが伏せて配られ, その底札が胴元の山の底札より高位であれば勝つ》.
bánk·er[2] 〖← BANK[1] + -ER[1]〗 *n.* **1** (Newfoundland 漁場の)たら漁船[漁夫] (cf. bank[1] *n.* 4). **2** 《豪》堤いっぱいまで水かさが増して流れている川, 洪水すれすれの川.
bánk·er[3] 〖← BANK[3] + -ER[1]〗 *n.* (彫刻家・石工・煉瓦工の)仕事台, 細工台.
bank·er·ess [bǽŋkərɪs, -rəs | -rɪs, -rəs, -rès] *n.* 《戯言》女性銀行家, 銀行家夫人.
bánker's accèptance *n.* = bank acceptance.
Bánkers Associàtion *n.* 銀行協会; 銀行家集会所.
bánker's bánk *n.* 銀行の銀行, (市中銀行を統括する)中央銀行.

bánker's bìll *n.* 銀行手形《銀行が外国銀行へ振出」す手形》.
bánker's càrd *n.* = bank card.
bank·et [bæŋkét] 〖□ Afrik. ~ □ Du. 'sweetmeats' □ (O)F *banquet*: ⇨ banquet〗 *n.* 〖地質〗(Transvaal 州の金鉱地の)含金礫(れき)岩層.
bánk exàminer *n.* 銀行検査官.
bánk fìsh *n.* 〖魚類〗 = cod[1].
bánk hóliday *n.* **1 a** 《米》銀行休日《日曜日以外に年 4 回; しばしば法令によって定められる》. **b** (官命による)銀行休業《通貨の安定や銀行業務の改変のため》. **2** 《英》一般公休日 (cf. legal holiday). ★ 1871 年制定された公休日; 最初は銀行だけに実施されたためこの名があるが, 後に全国的な行事として銀行以外の商社・商店も休むようになった; イングランドおよびウェールズでは, New Year's Day (1975 年以降), Good Friday, Easter Monday, May Day (1978 年以降), the last Monday in May (以前は Whitmonday), the last Monday in August (以前は the first Monday in August), Christmas Day, Boxing Day の年 8 回; スコットランドでは New Year's Day, 2nd January, Good Friday, the first Mondays of May and August, Christmas Day; なおイングランドの bank holiday にはスコットランドでも官庁は休日; また北アイルランドではイングランドのすべての休日のほか, Saint Patrick's Day と 12th July が休日. 「clinometer).
bánk ìndicator *n.* 〖航空〗バンク計 (⇨ relative in-
bánk·ing[1] *n.* **1 a** 土手造り, 築堤. **b** (川・湖などの)岸, 堤防. **c** = bank[1] *n.* 5 b. **2** Newfoundland 近海漁業.
bánk·ing[2] *n.* 銀行業, 銀行経営, 銀行業務: ~ facilities 金融機関 / a ~ center 金融中心地 / ~ power (銀行の)貸出し能力.
bánking accòunt *n.* 《英》 = bank account.
bánking dòctrine *n.* 〖経済〗銀行主義《銀行券の発行は経済界の必要に応じてすべきで, 正貨準備にこだわる必要はないという主張; cf. currency doctrine》.
bánking gàme *n.* (トランプ・スポーツ・籤などで)胴元賭博《複数の参加者が一人の親・胴元・主催者を相手に賭を行なう方式の総称; 通例, 親に有利な条件が」与えられる》.
bánking hòuse *n.* 銀行.
bánking pìn *n.* 〖時計〗どてピン《アンクルの振幅を限定するためのピン》.
bánking prìnciple *n.* 〖経済〗 = banking doctrine.
bánk lètter *n.* 経済報告書, 経済時評《銀行が定期的に発行するもの》.
bánk lìne *n.* 〖釣〗海岸に取り付けた釣糸《漁夫が時時やってきて魚がかかっているかどうかを見る》.
bánk lòan *n.* 銀行貸付, 銀行貸付金.
bánk mànager *n.* 銀行の支店長.
bánk mòney *n.* 〖銀行〗銀行貨幣, 預金通貨《銀行が創造する預金通貨》.
bánk nìght *n.* 《口語》 **1** 懸賞付き夜間興業, 映画宝くじ《映画館主によって宝くじが行なわれ, あらかじめ登録してあった出席観客にはくじに当たった場合, 賞金が与えられる》. **2** 宝くじ興業の行なわれる夜.
bánk nòte *n.* 銀行券; 《英》イングランド銀行券.
bánk pàper *n.* **1** [集合的] 銀行券. **2** [集合的] 銀行が支払いを引き受ける手形類一切《銀行券・銀行手形・商業手形など》. **3** 商業用書簡紙などに用いられる薄くて強い紙《特上用紙に似ていてそれよりも軽い》.
bánk ràte *n.* 〖金融〗 **1** 公定歩合. **2** [B- R-] (イングランド銀行の)銀行割引歩合.
bánk rèference *n.* 銀行照会《銀行の信用証明のこ」と》.
bánk·ròbber *n.* 銀行強盗.
bánk·ròll 〖← BANK[2] + ROLL〗《米》*n.* 富の貯え; 手もと資金; 後援者, 出資者. — *vt.* 《口語》〈事業・計画など〉に(金銭上の)援助をする, 資金を出す.
bánkròll·er *n.* 後援者; 貸元.
bank·rupt [bǽŋkrʌpt, -rəpt] 〖《1533》《変形》← F *banqueroute* □ It. *banca rotta* broken bench (支払不能の金銭融通者の店台が破壊されたことにちなむ): 語尾は *rotta* の語源 L *ruptus* (cf. abrupt) の影響: ⇨ bank[2]〗 — *n.* **1** 〖法律〗破産の宣告を受けた人, 破産者. **2** 支払不能者. **3** ある性格に欠けた人: a moral ~ 道徳的破産者. — *adj.* **1** 破産した, 支払能力のない; 破産の: go ~ 破産する; 破滅する / ~ laws 破産法. **2** 行き詰まった, 破綻(たん)をきたした: a ~ monetary policy 行き詰まった金融政策. **3 a** 欠陥のある, 貧弱な, 枯渇した: be intellectually ~ 知性に全く欠けている. **b** 〔ある性質などを〕欠いている 〔*in, of*〕: be ~ *in* resources 資源に乏しい / be ~ *of* all tender feelings 全く情愛に欠けている. — *vt.* **1** 破産させる. **2 a** 破壊する, 疲弊[枯渇]させる. **b** 奪う.
bank·rupt·cy [bǽŋkrʌp(t)si, -rəp(t)- | -sɪ] 〖《1700》: ⇨ ↑, -cy〗 — *n.* **1** 破産(状態), 倒産: go into ~ 破産する / a trustee in ~ ⇨ trustee. **2** 〔性格・知力などの〕破綻, 〔名声などの〕失墜 〔*of*〕. 「物学者.
Banks [bǽŋks], Sir **Joseph** *n.* (1743–1820) 英国の博
bánk shòt 〖← BANK[1]〗 — *n.* バンクショット: **1** 〖バスケットボール〗ボールをバックボードにはね返らせてバスケットに入れる投球(法). **2** 〖玉突〗手玉または的玉をクッションに当てる突き.
banks·i·a [bǽŋksiə | -sjə, -sɪə] 〖← NL ← *Sir Joseph Banks*: ⇨ -ia[1]〗 — *n.* 〖植物〗バンクシャ《オーストラリア特産のヤマモガシ科 *Banksia* 属の各種の常緑低木; 円筒状に集まった美しい花が咲く》.
bánks·i·an róse, B- r- [bǽŋksiən- | -sjən-, -sɪən-] *n.* 〖植物〗 = banksia rose.

bánksia róse, B- r- *n.* 〖植物〗モッコウバラ (*Rosa banksiae*)《中国大陸南部原産のつる性常緑低木; 淡黄色または白色の花が咲く》.
bank·side [bǽŋksaɪd] *n.* **1** 川岸の斜面. **2** [the B-] London の Thames 川南岸に沿う昔の劇場地域; Globe Theatre もここにあった.
Bánks Ísland [bǽŋks-] *n.* バンクス島《カナダ北部, 北極海諸島西端の島; 面積 67,340 km^2》.
bánks·man [-mən] 〖← BANK[1]〗 *n.* (*pl.* **-men** [-mən, -mèn]) 〖鉱山〗坑外監督.
bánk stàtement *n.* **1** 銀行の定期的資産状況報告. **2** 銀行の預金者への月例勘定通知.
bánk swàllow 〖← BANK[1]〗 *n.* 〖鳥類〗ショウドウツバメ (*Riparia riparia*)《河岸のがけなどに穴を掘って巣を作る; 《英》では sand martin という》.
ban·lieue [bɑ̃:(n)ljɜ́:, bɑ:n- | bɔ̃:(n)-, bɑ̃:(n)-, bɔ(:)n-, bɑ:n-; *F.* bɑ̃ljø] 〖□ F ~ ← *ban* 'tribute, BAN[1]' + *lieue* 'LEAGUE[1]'〗 — *F. n.* (*pl.* ~**s** [~z; *F.* ~]) 郊外の住宅地.
ban·ner [bǽnə | -nə(r] 〖《?*a*1200》□ AF *banere* ∥ OF *baniere* (F *bannière*) < VL *bandāriam ← ML *bandum* standard ← Gmc (cf. Goth. *bandwa, bandwō* sign): ⇨ band[2]〗 — *n.* **1 a** (封建騎士や国王が部下を率いる時に用いた)旗, のぼり. **b** 国旗, 軍旗, 校旗(など) (cf. flag[3]): ⇨ Star-Spangled Banner. **c** (2 本柱に付けて行列の先頭にかつぐ)スローガンの旗. **d** (街路・建物の入口などに掲げる広告・宣伝用の)垂れ幕, 横幕. **2** 表象, 旗じるし (symbol): fight under the ~ of freedom 自由の旗じるしの下に[自由の旗をかざして]戦う / the ~ of revolt 反旗 / follow [join] the ~ of …の旗の下に参加する, …の大義を信奉する / unfurl one's ~ 旗幟を鮮明にする. **3** 〖紋章〗バナー《badge または紋章を配した四角の旗; 王, 公, 伯等によって大きさに差がある; cf. standard 10》. **4** 〖新聞〗第一面トップ横抜きの大見出し (screamer). **5** 〖植物〗蝶形花冠 (papilionaceous corolla) の旗弁.
carry the banner (1) 先頭に立つ. (2) 窮乏している. ***hold the banner*** 第一流の地位にある, 他よりぬき出ている.
— *attrib. adj.* 《米》優秀な, 一流の (first-rate), 目立った (conspicuous); ある政党の支持が目立つ: a ~ student / a ~ year for crops 豊年.
— *vt.* **1** …に旗を備える. **2 a** 目立たせる. **b** 〖新聞〗〈記事を〉大見出しで報道する. 「唱道者.
bánner bèarer 〖《15C》〗 *n.* 旗持ち; (主義などの)
bánner clòud *n.* 〖気象〗旗雲《孤立した峰の風下に旗のようにかかった雲》.
bán·nered *adj.* 旗を立てた, 旗を備えた.
ban·ner·et[1] [bǽnərɪt, -rət, bæ̀nərét, ⌐─⌐ | bǽnərɪt, bǽnərét, ⌐─⌐] 〖《*c*1300》□ (O)F *baneret* ← *baniere* 'BANNER' + *-et* '-ATE[1]'〗 — *n.* **1** 昔自分の旗の下に一隊の臣下を従えて出陣できた騎士. **2** バナレット勲位《baron の下, knight bachelor の上に位した今はない称号; knight banneret とも呼ばれ, knight bachelor の pennon と異なり banner の保持権を認められた》. **3** 《古》(スイスとイタリアの)役人, 官吏.
ban·ner·et[2] [bæ̀nərét, ⌐─⌐] 〖ME □ OF *baneret(t)e* (dim.) ← *baniere* (↑): ⇨ -et〗 *n.* (*also* **ban·ner·ette** [~]) 小旗 (small banner).
bánner hèad [hèadline] *n.* 〖新聞〗 = banner *n.* 4.
bánner·lìne 〖← BANNER + LINE[2]〗〖新聞〗 *n.* = banner *n.* 4. — *vt.* = banner *vt.* 2 b.
bánner·man [-mən] *n.* (*pl.* **-men** [-mən, -mèn]) = standard-bearer 1.
ban·ne·rol [bǽnəròʊl | -rɔ̀ʊl] *n.* (*also* **ban·ne·roll** [~]) = banderole. 「防火用ついたて.
bánner scrèen *n.* (炉の前に吊るす小さい旗形の)
ban·nis·ter [bǽnɪstə, -nəs- | -nɪstə(r] *n.* = banister.
ban·nock [bǽnək, -nɪk | -nək] 〖OE *bannuc* cake ← Celt. (Gael. *bonnach*): ⇨ -ock〗 — *n.* **1** オート麦または大麦で作るしばしばパン種の入っていないパン. **2** 《スコット・英方言》バノック《オート麦や大麦・小麦などの粉を使い, 干しぶどう・アーモンド・果物の砂糖煮などを加えた丸くて平たい菓子パン》.
Ban·nock·burn [bǽnəkbə̀:n, ⌐─⌐ | bǽnəkbɜ̀:n] 〖《原義》'rocky brook': ← Gael. *bannoc* rocky: ⇨ burn[1]〗 — *n.* スコットランド中部 Central 州南東部の村; Robert the Bruce の軍がイングランド軍を破りスコットランドの独立を確保した古戦場 (1314) が付近にある.
banns [bǽ(:)nz] 〖《*a*1333》*banes* ← *bane* 'proclamation, BAN[1]': cf. ML *banna*〗 — *n. pl.* [the ~, one's ~] 結婚予告《教会で結婚式を挙げる前に引続き 3 回日曜日に予告し異議の有無を尋ねる》: publish [《古》ask, call] *the* ~ 〈牧師が〉教会で結婚予告をして異議がないかと問う / forbid *the* ~ (発表された)結婚予告が無効であると異議を申し立てる / have *one's* ~ published 教会で結婚予告をしてもらう / put up *the* ~ 結婚予告を掲げる[公表する].
banque d'af·faires [bɑ́:(ŋ)k-dæféə, bɔ́:(ŋ)k-, bɑ́:ŋk-, bɔ́(:)ŋk-, -dɑ:- | -féə(r; *F.* bɑ̃kdafɛ:r] 〖□ F ~: ⇨ bank[2], affair〗 *F. n.* (フランスの)投資銀行.
ban·quet [bǽŋkwɪt, bǽn-, -kwət, -kwet | bǽŋkwɪt] 〖《?*a*1475》□ (O)F ~ □ It. *banchetto* (dim.) ← *banco* bench: ⇨ banco[1]〗 — *n.* **1** ごちそう, 豪勢な食事. **2** (通例スピーチや乾杯を伴う正式の)宴会: a wedding ~ 結婚披露宴 / give [hold] a ~ 宴会を催す / serve a ~ to …を供応する / It was a regular ~. (まるで公式

の宴会のような)すばらしいごちそうだった. **3** [The B-] ⇨ symposium 4. ── *vt.* 宴会を開いて〈人を〉もてなす. ── *vi.* 宴に列する, ごちそうにあずかる; ごちそうを食べる.

bán·quet·er [-tə | -tə(r] *n.* **1** 宴会に列する人, 宴会の客; 宴会好きな人. **2** 《廃》宴会の主人.

bánquet làmp *n.* 宴会用ランプ《背の高い精巧な卓上ランプ》.

bánquet ròom *n.* (ホテル・レストランなどの)宴会場.

ban·quette [bæŋkét, bæn- | bæŋ-] 〖⊏F ～ ⊏Prov. *banqueta* (dim.) ← *banc* bench ← Gmc : ⇨ bank[3], -ette〗 ── *n.* **1 a** (レストランなどのクッション付きの長い)窓下腰掛け (window seat). **b** (乗合馬車の)乗客用腰掛け. **c** 片側に彎曲したひじ掛け (roll-over arm) 付きのソファー. **2** 《米南部》(車道よりも高い)歩道. **3** (土堤を補強するための)築堤. **4** 〖築城〗胸壁 (parapet) の内側の射撃用足場 (⇨ bastion 挿絵).

Ban·quo [bǽŋkwoʊ, bǽn-, -koʊ | bǽŋkwəʊ] *n.* バンクォー《Shakespeare 作 *Macbeth* で暗殺されて, 幽霊となって Macbeth の前に現われる将軍》.

bans [bǽ(:)nz] *n. pl.* ＝banns.

ban·shee [bǽnʃi:, ─⸗ | ─⸗, ⸗─] 〖《1771》⊏ Ir. *beansidhe* ← *bean* woman＋*sidh* fairy〗 ── *n.* (*also* **ban·shie** [～]) 《アイル》バンシー《家に死人のある時, 恐ろしい泣声でそれを知らせるという女の妖精》.

bant [bǽnt] 〖《1865》《逆成》← BANTING〗 *vi.* バンティング療法 (Banting) をやる[とる].

ban·tam [bǽntəm | -təm] 〖《1749》〗 ── *n.* **1** [通例 B-] バンタム鶏, チャボ(矮鶏). **2** 小さくて気の荒い[威勢のいい]人. **3** ＝bantamweight. **4** ジープ(jeep). ── *adj.* **1** 小柄な, 小粒の; 小型で取扱いやすい. **2** 年少者の: a ～ team. **3** 生意気な (pert).

Ban·tam [bǽntəm | -təm] *n.* バンタム《インドネシア Java 島西部にあった東インド諸島における最初のオランダ植民地 (1596)》.

bántam·wèight *n.* (ボクシング・重量挙げ・レスリングの)バンタム級の選手 (⇨ weight 表).

ban·ter [bǽntə | -tə(r] 〖《1676》← ?: cf. bandy[2]〗 ── *n.* からかい, ひやかし, (悪気のない軽い)冗談. ── *vt.* **1** からかう, ひやかす (chaff); …に(罪のない)冗談を言う. **2** 《古》欺く (delude). **3** 《米南部・中部》〈人〉にいどむ, 挑戦する. ── *vi.* からかう, 冗談を言う.
～·er [-tərə | -tərə(r] *n.*

bán·ter·ing [-tərɪŋ, -trɪŋ | -tər-] *adj.* 冗談交りの, からかっている. **～·ly** *adv.*

bán-the-bómb *attrib. adj.* 核武装廃止を主張する.

Ban·thine [bǽnθi:n] 〖商標名〗 *n.* 〖商標〗バンサイン《迷走神経遮断剤 (methantheline bromide) の商品名》.

ban·ting [bǽntɪŋ | -tɪŋ] 〖⊏ Malay ～〗 *n.* (*pl.* **～s**, ～) 〖動物〗バンテン (*Bibos javanicus*) 《主に東南アジアの野生の牛》.

Ban·ting, b- [bǽntɪŋ | -tɪŋ] 〖《1864》← *William Banting* (1797–1878: 医師の指示でこの方法を実行した London の葬儀屋)〗 ── *n.* バンティング療法《澱粉・糖分などの減食により体量を減らす方法》.

Ban·ting [bǽntɪŋ | -tɪŋ], Sir **Frederick Grant** *n.* (1891–1941) カナダの医学者でインシュリンの発見者の一人; Nobel 医学生理学賞 (1923).

Ban·ting·ism, b- [bǽntɪŋɪzm | -tɪŋ-] *n.* ＝Banting.

Bán·ti's disèase [sỳndrome] [bǽntiz- | -tɪz-] 〖← *Guido Banti* (1852–1925: イタリアの医師)〗 *n.* 〖病理〗バンチ病[症候群], 肝臓脾性脾腫.

bant·ling [bǽntlɪŋ] 〖《1593》⊏ ? G *Bänkling* bastard, 《原義》child conceived on a bench ← *Bank* 'BENCH': ⇨ -ling[1]〗 *n.* 《古》子供; じゃり, がき, 小僧 (brat).

Ban·tu [bǽntu:, bá:n- | ─⸗] 〖《1862》⊏ Bantu *ba-ntu* mankind (pl.) ← (*a*)*ba* (pl. personal pref.)＋*-ntu* man〗 ── *n.* (*pl.* ～, **～s**) **1 a** [the ～(s)] バンツー系種族《南部および中央アフリカの黒人種族の総称》. **b** バンツー族の人. **2** バンツー語派. ── *adj.* バンツー系種族の; バンツー語派の.

Ban·tu·stan [bæ̀ntustǽn, bɑ̀:ntʊstɑ́:n] 〖← BANTU (↑)＋*-stan* (cf. Hindustan)〗 *n.* 南アフリカ共和国内の黒人の限定された自治区.

Ban·ville [bɑ̃:(m)ví:l, bɔ̃:(m)-, bɑ:m-, bɔ(:)m-; *F.* bɑ̃vil], **Théodore** (**Faul·lain** [folɛ̃]) **de** *n.* バンヴィル《(1823–91; フランスの詩人・劇作家》.

ban·yan [bǽnjən | bǽniən, -njən, -niæn] 〖⊏ Port. *banian* ⊏ Gujarati *vāṇiyo* man of trading caste ⊏ Skt *vāṇija* merchant〗 ── *n.* **1** インド商人[仲買人]《特殊なカースト (caste) に属し肉食をしない》. **2** 《インド人の着る》ゆるやかな長いシャツ[上衣]. **3** 〖この木の下でインド商人 (banyan) が小さな pagoda を建てた(または, その下で市を開いた)ことからか〗〖植物〗バンヤンノキ, ベンガルボダイジュ (*Ficus benghalensis*) 《インド産クワ科イチジク属の常緑高木; 枝から多数の気根を生じそれが根づいて一本の木で森のように大きくなる; ヒンズー教の聖木》.

bányan dày 〖banyan が肉食をしないのにちなむ〗 *n.* 〖海事〗バニアン日, 精進日《船員に対して一度も肉食品が支給されない日》.

bányan trèe *n.* 〖植物〗＝banyan 3.

ban·zai [bɑ:nzáɪ] 〖《1893》⊏ Jap. ⊏ Chin. *wan sui*〗 *int.* 万歳! ── *attrib. adj.* 向こう見ずな, 自殺的な: a ～ attack [charge] (万歳を唱えながら行なう)死の突撃.

ba·o·bab [béɪoʊbæb, béɪəbæb | béɪə(ʊ)bæb] 〖← ? Afr. 《土語》〗 ── *n.* 〖植物〗バオバブ (*Adansonia digitata*) 《アフリカのサバンナに生えるパンヤ科の巨木; 時には直径 8–9 m にも及ぶ; monkey bread と称するヒョウタン型の食用果実を生じる; 樹皮はタンニン原料》.

B.A.O.R. 《略》 British Army of the Rhine.

bap [bǽp] 〖← ?〗 *n.* 《スコット》朝食用のロールパン.

bap., bapt. 《略》 baptize; baptized.

Bap., Bapt. 《略》 Baptist.

baptise *v.* ＝baptize.

bap·ti·si·a [bæptíʒiə, -tí:ʒ-, -ʒə | -ʒɪə, -ʒə] 〖← NL ～ ← Gk *báptisis* dipping ← *báptein*: ⇨ baptize, -ia[2]〗 ── *n.* 〖植物〗ムラサキセンダイハギ《北米産マメ科ムラサキセンダイハギ属 (*Baptisia*) の多年草の総称; 黄・青または白色の花が咲き, 観賞用に栽培》.

bap·tism [bǽptɪzm] 〖《c1303》 *bapte(s)me* ⊏ OF *baptesme* (F *baptême*) ⊏ eccl.L *baptismus* ⊏ Gk *baptismós* dipping in water, *báptisma* baptism ← *baptízein* 'to BAPTIZE': ⇨ -ism〗 ── *n.* **1** 〖キリスト教〗洗礼(式), 浸礼, バプテスマ《浸水または灌水をし命名してキリスト教徒にするための教会の儀式》: ～ by immersion [affusion] 浸水[灌水]洗礼 / the clinic ～ 病床洗礼, 臨終の洗礼 / a name of ～＝baptismal name. **2** (洗礼(式)に似た)入会・命名などの儀式.

baptism 1
1 clergyman *or* priest; 2 font; 3 infant to be baptized

baptism for the dead 死者(の)洗礼, 死者のためのバプテスマ《バプテスマを受けないで死んだ人のために生者が代わって受ける儀式 (cf. *1 Cor.* 15: 29); 原始キリスト教会で行なわれたように現在でもモルモン教徒によって行なわれている》.

baptism of blood 血の洗礼, 殉教 (martyrdom) 《未受洗者が迫害を受けて死んだ時に, その流した血によって洗礼されて殉教者となること》.

baptism of fire (1) 火のバプテスマ, (聖霊による)霊的洗礼 (cf. *Acts* 2: 3–4; *Matt.* 3: 11). (2) 火の洗礼[火刑]による殉教 (martyrdom). (3) 砲火の洗礼《兵士が戦地で初めて浴びる砲火の経験》. (4) (忍耐力に対する)最初の厳しい試練.

bap·tis·mal [bæptízməl] *adj.* 洗礼の, 浸礼の: a ～ ceremony 洗礼式. **～·ly** *adv.*

baptísmal nàme *n.* 洗礼名, 受洗名, 霊名《姓 (family name) に対するもの; Christian name ともいう》.

baptísmal regenerátion *n.* 〖神学〗洗礼による再生[新生]《キリスト教の洗礼によって聖霊による再生がもたらされるとする教理》.

Bap·tist [bǽptɪst, -təst | -tɪst] 〖《?a1200》⊏ (O)F *baptiste* ⊏ eccl.L *baptista* ⊏ Gk *baptistḗs* one who baptizes ← *baptízein* 'to BAPTIZE': ⇨ -ist〗 ── *n.* **1** [b-] 洗礼を行なう人. **2** [the ～] 洗礼者ヨハネ (St. John the Baptist). **3 a** バプテスト, バプテスト派の人[信徒]《幼児洗礼を認めず, 成人して信仰告白をした人にのみ全身を浸す洗礼 (immersion) を行なうべきだと主張するカルヴァン派系の人》. **b** [the ～s] バプテスト派. ── *adj.* バプテストの, バプテスト派の教義に関する: the ～ Church.

Bap·tis·ta [bæptístə] 〖(fem.) ↓〗 *n.* 女性名.

Bap·tiste [bɑ:tí:st, bæ-; *F.* batist] 〖⊏F ～ 'BAPTIST'〗 *n.* 男性名.

bap·tis·ter·y [bǽptɪstri, -təs-, -təri | -tɪst(ə)rɪ] 〖《c1300》⊏ OF *baptisterie* ⊏ L *baptistērium* ⊏ Gk *baptistḗrion* bathing place ← *baptízein* 'to BAPTIZE'〗 ── *n.* **1** (教会の)洗礼室[場], 受洗所. **2** (バプテスト教会で)浸水による洗礼を行なうための水槽.

Bap·tis·tic [bæptístɪk] *adj.* 洗礼の; バプテスト派の(教義にそった).

bap·tist·ry [bǽptɪstri, -təs- | -tɪstrɪ] *n.* ＝baptistery.

Báptist's dày *n.* 〖キリスト教〗洗礼者ヨハネ[洗者聖ヨハネ]の祝日《6 月 24 日》.

bap·tize [bæptáɪz, ⸗─ | ─⸗] 〖《c1280》⊏ (O)F *baptiser* ⊏ eccl.L *baptizāre* ⊏ Gk *baptízein* to dip under, baptize ← *báptein* to dip: ⇨ -ize〗 ── *vt.* **1 a** …に洗礼[浸礼]を施す: Babies are christened; grown-up people are ～*d*. 幼児は洗礼名を受け, 成人は浸礼を受ける / be ～*d into* the church 洗礼を受けて教会にはいる. **b** [目的補語を伴って] 洗礼によって〈人を〉〈ある派の教徒〉と認める: He was ～*d* a Catholic. 洗礼を受けてカトリック教徒になった. **2** (精神的に)清める, 清めて入会させる[献納する]: be ～*d* by sorrow 悲しみに清められる. **3** [通例目的補語を伴って] 〈人を〉〈…と〉命名する (christen); 〈人〉に〈…と〉あだ名をつける (nickname): The boy was ～*d* (by the name of) John. 少年はジョンと命名された. **4** 開始する.
── *vi.* 洗礼を行なう.

ba·pu [bɑ́pu:, bá:-] 〖⊏ Hindi ～ ← Skt *papu* protector〗 *n.* 《ヒンズー教》神父.

bar[1] [bɑ́ə | bá:(r] 〖n.: ? lateOE *barre* ⊏ (O)F < VL **barram* a bar ← ?. ─ v.: 《c1280》 *barre(n)* ⊏ (O)F *barrer* ← *barre*〗 ── *n.* **1 a** (窓・戸などに縦または横に固定して打ち付けた木や金属の細長い)棒, 桟, 格子; (扉などの)かんぬき, 横木; (窓ガラスの)枠 (sash): ⇨ parallel bars / the ～*s* of a gate [fence, prison] 門扉[塀, 牢獄]の横[縦]の桟 / behind bolt and ～ 厳重に監禁されて / prison ～*s* 刑務所の窓格子 / ⇨ *behind* (*the*) BARS. **b** (道路の進行を止める)遮断棒, 柵 (cf. toll bar). **2 a** 長方形で固形の物, 棒型の物: a ～ of soap, candy, lead, etc. / a chocolate ～ 棒チョコ. **b** 棒状地金 (ingot): a ～ of gold＝a ～ gold 金の延べ棒. **c** かなてこ, バール (crowbar). **d** (電気ヒーターの)熱棒. **3 a** 〔進歩・行動などの〕障害, 障壁 (barrier) 〔*to*〕: a ～ *to* progress / let down the ～*s* 障壁を取り除く. **b** (河口・港口または沖合で航海の障害となる)砂洲 (sandbar). **4 a** 細長い線[帯]. **b** 〔光・色などの〕線条, 筋, 縞(しま) (stripe) 〔*of*〕: a ～ *of* light. **c** (軍人の)線章《細長い金属製の棒または縫い取りで, 兵種・一部将校の階級などを表わし, また勲功を示す栄誉記章にもなる》. **d** (馬の)くつわを連結する横棒. **5 a** (酒場・軽食堂などの)カウンター (counter). **b** (カウンターの前に腰を掛けて食べる)簡易食堂: a milk ～ ミルクスタンド / ⇨ coffee bar, snack bar. **c** バー, 酒場 (barroom). **d** (店での特定の品物の)売場: a hat [slipper] ～. **e** (飲食物を運ぶ)移動台[カウンター]《ワゴンなど》. **6** [the ～] **a** (法廷の)裁判官席・被告席・弁護士席と一般席との境の手摺(てすり). **b** 法廷; (特定の)裁判所組織: *the* ～ of the House (英議会の)下院の懲罰制裁所 / a prisoner at *the* ～ 刑事被告人 / be tried at *Bar* (刑事被告が)法廷に引き出されて審理される / a trial at ～ (上級裁判所で)判事の全員[定員数]列席の上での審理, 正式法廷での裁判; 《英》(高等法院の)王座部 (King's [Queen's] Bench Division) での審理. **c** 審判の場: *the* ～ of God 神の(最後の)審判 / *the* ～ of conscience [public opinion] 良心[世論]の制裁[裁断]. **7** [the ～, the B-] 弁護士界, (一裁判所所属の)弁護士団; 弁護士業: a ～ association 弁護士会 / be admitted to *the* ～ 《米》(裁判所所属の)弁護士として許される[資格を得る] / be at *the Bar* バリスターとなっている / be called to [before] *the Bar* 《英》バリスターの資格を得る, バリスターの免許を受ける, 《米》弁護士になる / a call to *the* ～ 《英》バリスター資格免許 / be called within *the* ～ 《英》勅選バリスターに任ぜられる (be appointed King's [Queen's] Counsel) / go to [join] *the Bar* バリスターになる / practice at *the* ～ バリスターを業とする / study [《英》read] *for the* ～ バリスターの勉強をする. **8** 〖英議会〗(議場内の入口近くに設けてある)仕切り[手摺]《議員以外の者が証言などのために喚問されたときここに立つ》. **9** 〖法律〗妨訴: a plea in ～ 妨訴抗弁. **10** 〖紋章〗バー《fess の約 1/3 幅の横帯; 盾の 1/5 幅という定義もあるが, 実際には様々に描かれている》: a ～ nebuly [wavy] 雲形[波形]のバー. **11** 〖音楽〗(楽譜の小節を分つ)縦線; 小節: a single [double] ～ 単[複]縦線 / play a few ～*s* 曲を 2–3 小節奏する. **12 a** ボタンホールの止め糸. **b** (刺繍やカットワークの)模様をつなぐかけ糸. **13** 〖バレエ〗バー《壁にそって設けた練習用の横棒》. **14** 〖活字〗横木《A や H の横線》; バー《ā, th の上付きや下付きの横棒, または縦棒 '|'》. **15** 〖歯科〗バー《義歯の主要部分を連結する金属製の装置》.

behind* (*the*) *bars 獄中に[で], 刑務所で: put a person *behind* ～*s* 刑務所に入れる. ***chin the bar*** 懸垂する. ***cross the bar*** 死ぬ (die). ***in bar of*** … 〖法律〗…を防止するために.

── *vt.* (**barred**; **bar·ring**) **1** 〈ドアなど〉にかんぬきをさす, とざす; …に格子をつける: ～ a door 戸締まりをする / a hotel ～*red to* Jews ユダヤ人にとざされているホテル / All exits are ～*red*. 出口は皆閉鎖されている / The windows are all ～*red up against* burglars. 窓はすべて泥棒よけに格子がはめられている. **2** (格子などを使って)閉じ込める (shut up): ～ a person in the cell 人を独房に閉じ込める. **3 a** 〈通行を〉妨げる, 〈道を〉ふさぐ: ～ the passage 通行を妨げる / ～ a road *to* traffic 道をふさいで交通を止める. **b** 防止する, 妨げる (hinder); …が〈ある行動をとるのを〉はばむ (prevent) 〔*from*〕: ～ the prospects of success 成功の望みをはばむ / Nothing ～*red* him *from going*. どう説いても彼の出立を思い止まらせることはできなかった. **c** 禁止する, 禁じる (prohibit): a convention ～*ring* the use of atomic bombs 原爆の使用を禁止する協定 / Smoking [Swimming is] ～*red* there. そこでは喫煙[水泳]が禁じられている. **4 a** 除外する (exclude) 〔*from*〕; 《古》[二重目的語を伴って] 〈人を〉…から締め出す: ～ a person *from* a club [competition] 人をクラブ[競技]から締め出す / I will ～ no honest man my house. 正直者が家[店]に来るのを拒むことはない (Shak., *2 Hen IV* 2. 4. 110). **b** 考慮外にする (cf. barring). **5** 《英俗》〈人・癖など〉に文句をつける, きらう. **6** [通例 p.p. 形で] …に〔…で〕縞[筋]を付ける 〔*with*〕: a sky ～*red with* black clouds 黒雲が縞のように出ている空. **7** 〖法律〗(妨訴抗弁など)異議を申し立てて〈手続きの進行を〉阻止する.

***bar in* [*out*]** 閉じ込める[締め出す]: He ～*red* himself *in*. 家に閉じこもって人に会わなかった.

── *prep.* …を除いて (except) (cf. barring): All over ～ the shouting. 勝負も決まった[(試合などの)山は過ぎた]. あとは歓声をあげるだけだ / ～ one 一つを除いて / ～ three [two, one] 〖競馬〗(賭け率を決めるときに, すでに名の出ている) 3 [2, 1] 頭の馬を除いて《★ 数字を省略して用いることもある》.

bar none 例外なく, 一つ残らず: the best student, ～ *none* (誰と比べても)例外なく最も優秀な学生.

bar[2] [bɑ́ə | bá:(r] 〖⊏Louisiana-F *boire*〗 *n.* 《米》蚊帳(かや).

bar[3] [bɑ́ə | bá:(r] 〖⊏ G ～ ⊏ Gk *báros* weight〗

— *n.* **1**〖物理〗バール《圧力の単位；＝1 dyne/cm^2》. **2**〖気象〗バール《気圧の単位；＝10^5 N/m^2 ＝ 10^6 dynes/cm^2; cf. centibar, decibar, millibar》.

bar[4] [báə | bá:(r] 〖□F ～ □Du. *baars*: cf. bass[1]〗 *n.* 〖魚類〗＝maigre[2].

BAR 《略》〖電算機〗base address register ベースアドレスレジスター《計算機において, アドレスの上位の所定数のビットを記憶するレジスター》; Browning automatic rifle.

bar. 《略》barleycorn; barometer; barometric; barrel; barrister.

Bar. 《略》〖音楽〗Baritone; Barrister; 〖聖書〗Baruch.

B.Ar. 《略》Bachelor of Architecture.

bar- [bær, ber | bær] (母音の前に来る時の) baro- の異形.

Ba·rab·bas [bəræ̀bəs] 〖□LL ～ □Gk *Barabbâs* □ Aram. *bar abbā* son of the master: ⇨Abba〗 — *n.* バラバ《群衆の要求によってピラト (Pilate) がイエスの代わりに放免した盗賊; cf. *Matt.* 27: 16–26》.

bar·ag·no·sis [bæ̀rægnóusɪs, -səs, ─ ─ ─ | bæ̀ræg-nə́usɪs, ─ ─ ─ ─] 〖← NL ～: ⇨ baro-, a-[7], -gnosis〗 *n.* 〖医学〗重量感覚喪失.

Bar·a·nof [bǽrənɔ̀(:)f, -nɑ̀f | -nɔ̀f] *n.* 米国 Alaska 州南東部 Alexander 諸島にある島; 面積 4,167 km^2.

Bá·rá·ny [bá:ra:njə; *Hung.* bá:ra:nj], **Robert** *n.* バーラーニ《1876–1936; オーストリアの医学者; Nobel 医学生理学賞 (1914)》.

ba·ra·sin·gha [bɑ̀:rəsíŋgə] 〖□ Hindi *bārahsiṅghā* 《原義》having twelve tines ← *bārah* twelve＋*sin* horn〗 *n.* 〖動物〗バラシンガジカ (⇨ swamp deer).

Ba·rat [bɑ:rá:, bæ-; *F.* bara], Saint **Ma·de·leine So·phie** [madlɛn sɔfi] *n.* バラ《1779–1865; カトリック女子修道会聖心会 (Society of the Sacred Heart) を創設したフランスの修道女》.

bar·a·the·a [bæ̀rəθí:ə] 〖← *Barathea* 《商標》〗 *n.* バラシーア服地《表面に粒々効果のある柔らかい感触を持った目の細かい織物》.

bar·a·thrum [bǽrəθrəm, bæræ̀θ-] 〖□L ～ □Gk *bárathron*〗 *n.* (*pl.* **-a·thra** [-rə]) 底なしのふち, 深淵.

barb[1] [báəb | bá:b] 〖《1305》*barbe* □(O)F < L *barbam* 'BEARD'〗 — *n.* **1 a** (矢じり・釣鉤(ᵗᵒᵍᵃ)などの)あご, かかり, かえり (⇨ fishhook 挿絵). **b** (有刺鉄線の)とげ, さかとげ: ⇨ barbed wire. **2** ほこさき, とげ(のある言葉); あら捜し的評言; 痛烈な批評. **3** (中世に用いられた)白布のおおい《現在は一部の修道女のみ使用》. **4**〖生物〗**a** ひげ状のもの. **b** ＝barbel 1. **5**〖鳥類〗羽枝 (⇨ feather 挿絵). **6**〖魚類〗コイ科 *Barbus* 属または *Puntius* 属の魚類の総称. **7** [*pl.*]〖獣医〗牛・馬の舌の下にある粘膜の乳嘴(ᶜʰᵘ)状突起《特に, 炊衝(ᵏᵒ)を起こした時のもの》. **8**〖紋章〗バーブ《バラの花弁の間に見える萼》. — *vt.* …にあご[かかり, さかとげ]を付ける: ～ a hook 釣鉤にあごを付ける.

barb[2] [báəb | bá:b] 〖□F *barbe* □It. *barbero* of Barbary: cf. Barbary, Berber〗 — *n.* **1** バーバリ馬《ムーア人が Barbary からスペインに持って来た種類》. **2** バーバリバト《短くて太いくちばしの伝書バトの一種》. **3** 《豪》黒色のケルピー犬 (kelpie).

Barb. 《略》Barbados; Barbara.

bar·ba [báəbə | bá:-] 〖← NL ～: ⇨ barb[1]〗 *n.* 〖医学〗**1** 須毛(ˢᵘ), (あご)ひげ. **2** 毛髪, 毛.

Bar·ba·di·an [bɑəbéɪdiən | bɑ:béjdjən, -dɪən] *adj.* バルバドスの; バルバドス人の. — *n.* バルバドス人.

Bar·ba·dos [bɑrbéɪdəs, -dəs | bɑ:béɪdəus, -dəz] *n.* バルバドス《西インド諸島東端の島で, 英連邦内の共和国; もと西インド諸島連邦 (Federation of the West Indies) の一員であったが, 1966 年独立; 人口 250,000, 面積 430 km^2, 首都 Bridgetown》.

Barbádos áloe *n.* 〖植物〗トウロカイ (*Aloe vera*)《アフリカ北部原産のユリ科のアロエの一種》.

Barbádos flówer fènce *n.* 〖植物〗＝PRIDE of Barbados.

Barbádos líly *n.* 〖植物〗キンサンジゴ (*Hippeastrum puniceum*)《熱帯アメリカ原産ヒガンバナ科の園芸種》.

Barbádos príde *n.* 〖植物〗**1** ＝PRIDE of Barbados. **2** ＝red sandalwood 2.

Barbádos ròyal pálm *n.* 〖植物〗セダカダイオウヤシ, カリブダイオウヤシ (*Roystonea oleracea*)《西インド諸島原産のダイオウヤシの一種; 心芽は食用》.

Bar·ba·ra[1] [báəb(ə)rə | bá:-] 〖□L ～ □Gk *Bárbaros* foreign: ⇨ barbarous〗 *n.* 女性名《愛称形 Bab, Babbie, Babs; 異形 Barbra》.

Bar·ba·ra[2], **b-** [báəb(ə)rə | bá:-] 〖□L ～ 'barbarous things': *barbara celarent*… で始まる三段論法の格および式の記憶に役立つ一種のラテン文戯詩(いわゆる格式覚え歌(mnemonic verses))の冒頭の語で, 三つの a を含み第一格第一式の特色を想起させるという理由で選ばれたもの〗 — *n.* 〖論理〗三段論法の第一格の第一式; 論理学的訓練.

bar·ba·ra·la·li·a [bɑ̀əbərəléɪliə, -ljə | bɑ̀:bərəléɪljə, -lɪə] 〖← NL ～ ← *barbara-* (← Gk *bárbaros* foreign) ＋-LALIA〗 — *n.* **1** 外国なまりの発音[抑揚]. **2**〖医学〗難語発音障害.

bar·bar·i·an [bɑəbέ(ə)riən | bɑ:bέərɪ-] 〖《?*a*1350》*barbarien(e)* □OF *barbarien* ← L *barbaria* foreign country ← *barbarus* 'BARBAROUS'〗 — *n.* **1** 野蛮人, 未開人. **2** 野蛮な人, 野卑な人, 野人; (Matthew Arnold のいわゆる)教養のない人, 俗物《教養を忘れてスポーツや快楽に浮身をやつす貴族》. **3** (特に, ルネサンス期のイタリアにおいて)イタリア生まれでない人. **4** 外国人, 異邦人. ★ もとは, 言語習慣などを異にする異邦人(foreigner)の意味で古代ギリシャ・ローマ人, ルネサンス時代のイタリア人, キリスト教国人などによって用いられた. — *adj.* **1** 未開[野蛮]人の; 未開[野蛮]な (uncivilized): ～ tribes 未開部族 / ～ customs 野蛮人の風習. **2** 教養の欠けた, 粗野な (uncultured): a ～ person 野蛮な人. **3** 外国の, 異邦の (cf. *n.* 4). **～·ism** [-nìzm] *n.*

bar·bar·ic [bɑəbǽrɪk, -bér- | bɑ:bǽr-] 〖《*c*1395》□(O)F *barbarique* // L *barbaric-us* foreign □ Gk *barbarikós* ← *bárbaros*: ⇨ barbarous, -ic[1]〗 — *adj.* **1** 野蛮人の(ような), 野蛮な, 原始的な, 未開の; 残忍な: ～ invaders / Their traits are ～ rather than Teutonic. 彼らの特性はチュートン民族的というよりは野蛮人風だ. **2** 〈文体・表現など〉洗練されていない, 荒けずりの: ～ splendor [ornaments]. **bar·bár·i·cal·ly** *adv.*

bar·ba·rism [báəbərɪzm | bá:-] 〖《*a*1447》□(O)F *barbarisme* □L *barbarismus* impropriety of speech □ Gk *barbarismós*: ⇨ barbarous, -ism〗 — *n.* **1** 野蛮, 未開(状態): a state of ～ / live in ～ 野蛮な生活をする. **2** 蛮行, 暴虐行為. **3 a** 野蛮な風習, 粗野なふるまい[言葉遣い]; 生硬な文体. **b** 外国語濫用, 誤用した語(句), 破格語法[構文]; 卑語.

bar·bar·i·ty [bɑəbǽrəṭi, -bér- | bɑ:bǽrətɪ, -rɪ-] 〖← L *barbarus* ＋-ITY: ⇨ barbarous〗 — *n.* **1** 残虐, 暴虐, 残酷. **2** 蛮行, 暴虐[残虐]行為. **3** (文体・趣味などの)粗野. **4** 野蛮, 未開(状態).

bar·ba·ri·za·tion [bɑ̀əbərɪzéɪʃən, -rə- | bɑ̀:bəraɪ-, -rɪ-] *n.* **1** 野蛮化. **2** (言葉・文体などの)不純化, 破格.

bar·ba·rize [báəbəràɪz | bá:-] 〖← BARBARISM ＋-IZE: cf. Gk *barbarízein*〗 — *vt.* **1** 野蛮化する, 蛮風にする. **2** 〈言葉・文体などを〉不純化する, 野卑にする. — *vi.* 野蛮になる.

Bar·ba·ros·sa [bɑ̀əbərɑ́sə | bɑ:bərɔ́sə] 〖□It. ～ ← *barba* 'BEARD' ＋ *rossa* red〗 *n.* バルバロッサ (⇨ Frederick Barbarossa).

bar·ba·rous [báəb(ə)rəs | bá:-] 〖《*c*1405》□ L *barbarus* □ Gk *bárbaros* foreign, 《原義》? stammering: ⇨ -ous〗 — *adj.* **1** 野蛮な, 未開の (uncivilized): ～ countries, peoples, etc. **2** 残忍な, 残酷な (cruel): ～ treatment, conduct, etc. / He is utterly ～. 奴は全く残忍だ. **3** 〈人・態度など〉粗野な, 教養に欠ける, 〈風習・趣味など〉蛮風な, 野卑な (unrefined); 〈言語が〉ラテン・ギリシャ以外の, 異国語の, 粗野な (crude); 〈音が〉不快な, 耳障りな: ～ habits / wild and ～ music 騒々しい耳障りな音楽. **～·ly** *adv.* **～·ness** *n.*

Bar·ba·ry [báəb(ə)ri | bá:bərɪ] 〖□L *barbaria*: ⇨ ↑, -ia[1]: cf. Berber〗 *n.* バーバリ(地方)《アフリカの北部, エジプトの西から大西洋岸に至る地域》.

Bárbary ápe *n.* 〖動物〗バーバリザル (*Macaca sylvana*) アフリカ北部および Gibraltar の山地や荒地にすむ尾なしザル》.

Bárbary Cóast *n.* [the ～] バーバリ海岸《Barbary 地方の地中海沿岸地方; 16–19 世紀にこの地方に海賊が栄えた》.

Bárbary shéep *n.* 〖動物〗＝aoudad.

Bárbary Státes *n.pl.* [the ～] バルバリ諸国; ベルベル人の国々《16–19 世紀 Morocco, Algiers, Tunis, (リビアの) Tripoli など北アフリカ諸国の総称》.

bar·bas·co [bɑəbǽskou | bɑ:bǽskəu] 〖□ Am.-Sp. ～ 《変形》? ← Sp. *verbasco, varbasco* mullein □L *verbascum*〗 — *n.* (*pl.* ～**s**) 〖植物〗アメリカインディアンによって魚を殺すのに使われた各種の植物; (特に)ムクロジ科の矢毒に用いる植物 (*Paullinia pinnata*).

bar·bate [báəbeɪt | bá:beɪt, -bɪt, -bət] 〖□ L *barbātus* bearded: ⇨ barb[1], -ate[2]〗 — *adj.* **1**〖動物〗ひげのある. **2**〖植物〗〈茎・葉など〉長い硬毛のある; 〈実など〉芒(ᵒⁿ)のある; ひげ状の房のある.

bárb bòlt *n.* 〖機械〗＝rag bolt.

barbe [báəb | bá:b] 〖ME: ⇨ barb[1]〗 *n.* ＝barb[1] 3.

bar·be·cue [báəbɪkjù:, -bə- | bá:bɪ-] 〖《1661》□ Am.-Sp. *barbacoa* □ Haitian *barbacòa* (西インド諸島で用いる魚肉や獣肉をあぶる木製架)〗 — *n.* **1** バーベキュー, 焼肉《牛・豚・鳥・魚などを丸ごとまたは切って直火(ᶜʰᵒ)で焼いたもの》. **2** (バーベキューが出る)野外の大パーティー; (戸外の)焼肉パーティー. **3 a** (豚・牛などの)焼き網, 鉄灸(ᵏʸᵘ), 丸焼き台. **b** 焼き網付きの携帯用野外炊事炉. **4** バーベキュー料理専門店. — *vt.* **1** 〈豚などを〉(火の上で)丸焼きにする; 〈牛肉や豚肉を〉あぶる. **2** 〈獣肉や魚肉を〉バーベキューソースで辛口に料理する. **bár·be·cù·er** *n.*

bárbecue pìt *n.* バーベキューピット《戸外でのバーベキュー用に火を起こすための穴》.

bárbecue sàuce *n.* バーベキューソース《トマト・玉葱・にんにくなどに調味料・香辛料を合わせて作る》.

barbed *adj.* **1** あごのある, かかり[さかとげ]を付けた: a ～ fishhook あごのある釣鉤. **2** 刺すような, 痛烈な (stinging): ～ words とげのある言葉 / ～ wit 鋭い才知. **3**〖紋章〗**a** 〈バラが〉花弁の色と異なるバーブ (barb) のある: a rose gules ～ vert 赤いバラで萼は緑. **b** 〈矢にが〉矢柄と違う色合いの矢じりのついた: an arrow argent ～ azure 青い矢じりのついた銀色の矢. **～·ness** *n.*

bárbed tríbutary *n.* (上流の方向に向かって逆向きに本流に合流する)支流.

bárbed wíre *n.* (鉄条網用の)有刺(鉄)線, 有刺鉄条, 鬼線: ～ entanglements 有刺鉄条網.

bar·bel [báəbəl | bá:-] 〖《*a*1450》□ OF ～ < LL *barbellum* (dim.) ← L *barbus* barbel ← *barba* 'BEARD'〗 — *n.* **1** (魚の)触鬚(ˢʰᵒ). **2**〖魚類〗**a** バーベル (*Barbus barbus*)《ヨーロッパ産の上あごに 4 本の触鬚のあるコイ科の魚; 形はニゴイに似る》. **b** *Barbus* 属の各種の魚類の総称.

bár·bèll 〖← BAR[1]＋(DUMB)BELL〗 *n.* バーベル《長い棒の両端に円盤の付いた重量挙げ用具》.

Bár Bèll *n.* 〖劇場〗《場内の酒場や休憩室の人に知らせる》休憩時間終りのベル.

bar·bel·late [báəbəlèɪt, bɑəbélɪt, -lət | bá:bəlèɪt] 〖← NL *barbella* (dim.) ← L *barbula* little beard (dim.) ← *barba* 'BEARD': ⇨ -ate[2]〗 — *adj.* 〖生物〗短い剛毛のある.

bar·be·que [báəbɪkjù:, -bə- | bá:bɪ-] *n.*, *vt.* ＝barbecue.

bar·ber [báəbə | bá:bə(r] 〖《?*a*1300》*barbour* □ AF *barber, barbour* // OF *barbeor* < ML *barbātōrem* ← L *barba* 'BEARD': ⇨ -er[1]〗 — *n.* **1** 理髪師, 床屋: a ～'s chair ＝barber chair / at the ～'s (shop)《英》理髪店[床屋]で. ★ ラテン語系形容詞: tonsorial. **2**〖気象〗＝frost smoke 1. — *vt.* **1** 〈理髪師が〉〈客〉の調髪をする, 顔・ひげをそる. **2** 〈芝生などを〉刈る. — *vi.* 理髪業を営む.

Bar·ber [báəbə | bá:bə(r], **Samuel** *n.* (1910–81) 米国の作曲家.

bárber chàir *n.* (伸縮調節可能な)床屋用椅子.

bárber còllege *n.* 《米》理容学校.

bárber pòle *n.* 床屋の看板柱,「アメンボ」《赤・白または赤・白・青のだんだら塗りにした(回転)棒; もと床屋が一種の外科医で, 放血手術の包帯を表象したものという; cf. barber-surgeon》.

bar·ber·ry [báəbèri, -b(ə)ri | bá:b(ə)rɪ] 〖《*a*1400》*barbere* □ OF *berberis* □ Arab. *barbārīs*: 現在の形は BERRY の影響〗 — *n.* **1**〖植物〗メギ《メギ科メギ属 (*Berberis*) の低木の総称》; (特に)ヒロハヘビノボラズ (*B. vulgaris*)《黄色の花とオレンジまたは赤色の実をつける》. **2** メギの実.

bárber's blóck *n.* かつら台, かつら掛け《木製》.

bárber·shòp *n.* 《米・カナダ》**1** 理髪店[室], 床屋《《英》barber's (shop)》. **2** 理髪業. — *adj.* 《米口語》〖音楽〗(無伴奏の)男声四部合唱の, 密集四声の: a ～ quartet.

bárbershop mùsic *n.* 床屋の音楽《16–18 世紀英国の理髪店では盛んに演奏されたが, この伝統は米国では 20 世紀まで続き, 特有の和声・服装・身振りを伴う男声合唱による演奏スタイルを指すようになった》.

bárber's ítch *n.* **1** 毛嚢炎, かみそりまけ. **2** (顔・首などひげのある部分の)たむし.

bárber's póle *n.* ＝barber pole.

bárber-súrgeon *n.* **1** 《廃》(昔の)理髪外科医《理髪師のほか外科医・歯科医を兼ねた》. **2** やぶ医者.

bar·ber·y [báəbəri | bá:bərɪ] *n.* ＝barberry.

bar·bet [báəbɪt, -bət | bá:-] 〖□F ～ (masc. dim.) ← *barbe* (↓)〗 — *n.* **1**〖鳥類〗**a** ゴシキドリ《熱帯地方産ゴシキドリ科の尾の短い美しい小鳥; くちばしのつけ根にひげ状の羽がある; cf. coppersmith 2》. **b** ＝puffbird. **2** バーベット《長毛のフランス原産の小型の犬種のイヌ; poodle の一種》.

bar·bette [bɑəbét | bɑ:-] 〖《1772》□ F ～ (fem. dim.) ← *barbe*: ⇨ barb[1], -ette〗 — *n.* **1**〖築城〗(胸壁越しに発砲できるように一段高く築いた)砲座. **2**〖海軍〗(軍艦の)露天砲塔《砲塔の下部の装甲円塔》.

bar·bi·can [báəbɪkən, -bə- | bá:bɪ-] 〖《*c*1250》□ OF *barbacane* □ ML *barbicana* □ ? Arab.-Pers. *bāb khāne* gate house // Pers. *bālā khāne* high house〗 — *n.* **1** (都市または砦の)外防備; バービカン, (特に)楼門, 橋楼, (城門・橋上の)物見やぐら, 城門塔. **2** 胸檣の銃眼.

bar·bi·cel [báəbəsèl | bá:bɪ-] 〖← NL *barbicella* (dim.) ← L *barba* 'BEARD'〗 *n.* 〖鳥類〗小羽枝(ˢʰᵒ) (barbule) の上の細毛.

bar·bier·ite [bɑəbí(ə)raɪt | bɑ:bíər-] 〖← *Philippe Barbier* (20 世紀初めのフランスの化学者)＋-ITE[1]〗 — *n.* 〖鉱物〗バービライト《$NaAlSi_3O_8$ なる組成を有する単斜晶系の長石》.

bár bìlliards *n.pl.* 《英》〖玉突〗バービリヤード《小さ目の台で行なうポケットゲームで時間制限がある》.

bár bìt *n.* 〖馬具〗(棒状の)銜(ᵏᵘ), 棒銜 (⇨ bit[1] 挿絵).

bar·bi·tal [báəbətɔ̀:l | bá:bɪtæ̀l] 〖← BARBIT(URIC)＋(VERON)AL〗 *n.* 《米》〖薬学〗バルビタール, ジエチルバルビタール酸 ($C_8H_{12}N_2O_3$)《鎮静剤・催眠剤》.

bárbital sódium *n.* 〖薬学〗バルビツルナトリウム ($C_8H_{11}N_2O_3Na$)《催眠剤》.

bar·bi·tone [báəbətòun | bá:bɪtəun] 〖← BARBIT(URIC)＋-ONE〗 *n.* 《英》〖薬学〗＝barbital.

bar·bit·u·rate [bɑəbítʃərət, -rɪt, -rèɪt, bɑ̀əbət(j)ú(ə)rət, -rɪt, -reɪt | bɑ:bítjurət, -rɪt, -rèɪt] 〖⇨ ↓, -ate[1]〗 *n.* **1**〖化学〗バルビツル酸塩[誘導体]. **2**〖薬学〗精神安定剤, 催眠剤.

bar·bi·tu·ric [bɑ̀əbət(j)ú(ə)rɪk | bɑ̀:bɪtjúər-, bɑ:bí-tjur-] 〖□F *barbiturique* ← G *Barbitur(säure)* ← BARBARA[1]＋UR(IC)＋*Säure* acid〗 — *adj.* 〖化学〗バルビツル酸の.

barbitúric ácid *n.* 〖化学〗バルビツル酸, マロニル尿素 ($C_4H_4N_2O_3$)《この化合物や誘導体は催眠剤》.

Bár·bi·zon schòol [báəbəzɑ̀n- | bá:bɪzɔ̀n-; *F.* barbizɔ̃-] *n.* [the ～]〖美術〗バルビゾン派《19 世紀中葉のフランス風景画家群; 主に Paris 近郊の村 Barbizon で制作に従事した Corot, Millet, Théodore Rousseau, Daubigny, Dupré などを含む》.

bárb·less *adj.* 〈矢じり・釣鉤など〉かかりのない, あごのない: a ～ hook かかりのないかぎ[釣鉤].

bar·bo·la [bɑəbóulə | bɑ:báu-] 〖← *Barbola* 《商標名》← F *barbotine* (粘土泥漿) ← *barboter* dabble〗 — *n.* バーボーラ細工 (barbola work)《押し絵, 張り絵》.

barbs [bɑ́ɚbz | bɑ́:bz] 〚《短縮》← *barbiturates*〛 *n. pl.* 《俗》鎮静剤.

bar·bu [bɑɚbú: | bɑ:-] 〚▭F ～ ▭LL *barbūtus*＝L *barbātus*: ⇨ barbate〛 *n.* 〘魚類〙米国大西洋岸にすむツバメコノシロ属の魚 (*Polydactylus virginicus*).

Bar·bu·da [bɑɚbú:də | bɑ:-] *n.* バルブダ(島)《西インド諸島, Leeward 諸島の英領の島; 面積 161 km^2》.

bar·bule [bɑ́ɚbju:l | bɑ́:-] 〚▭L *barbula* (dim.) ← *barba* 'BEARD'〛 *n.* **1** 小さいあご[さかとげ]. **2** (鳥の羽の)小羽枝(しょうし) (⇨ feather 挿絵).

Bar·busse [bɑɚb(j)ú:s | bɑ:-; *F.* barbys], **Henri** *n.* バルビュス《1874–1935; フランスの小説家; *Le Feu*「砲火」(1916)》.

bar·but [bɑ́ɚbət | bɑ́:-] 〚▭MF *barbute* ▭Prov. *barbuta*: cf. barbate〛 ── *n.* (*also* **bar·bute** [～]) 〘甲冑〙バルバット《頭をすっぽりと包み, 顔に T 字形の切れ目のある 15 世紀の鉄かぶと》.

barbut

bárb·wíre *n.* ＝barbed wire.

Bar·ca [bɑ́ɚkə | bɑ́:-] *n.* バルカ: **1** 古代カルタゴの政界に勢力のあった一家; Hamilcar, Hasdrubal, Hannibal はこれに属した. **2** キレナイカ (Cyrenaica) 地方にあった古代ギリシャの植民地. **Bár·can** [-kən] *adj.*.

bár càr *n.* 〘鉄道〙バーを備えた客車.

bar·ca·role [bɑ́ɚkəròʊl | bɑ́:kəràʊt, -rɔ̀t, ⏤⏤́] 〚《1779》▭F *barcarolle* ▭It. *barcaruola* boatsman's song ← *barca* boat: ⇨ bark[3]〛 *n.* (*also* **bar·ca·rolle** [～]) **1** バルカロール《Venice のゴンドラこぎの舟歌; それを模した音楽; Mendelssohn, Chopin の曲が有名》. **2** 舟歌.

Bar·ce·lo·na [bɑ̀ɚsəlóʊnə | bɑ̀:sɪláʊ-, -sə-; *Sp.* barθelóna] *n.* バルセロナ《スペイン北東部の地中海に臨む港市; 人口 1,750,000》.

Barcelóna nút *n.* バルセロナナッツ《食用ハシバミ (hazel nut) の実でスペインに産するものをいう》.

B.Arch. 《略》Bachelor of Architecture.

bar·chan [bɑɚkɑ́:n | bɑ:-; *Russ.* barxán] 〚▭Russ. *barkhan*〛 *n.* バルハン, 三日月砂丘《砂漠地帯や砂浜海岸にできる風上側に凸面を向けた三日月形の砂丘》.

bár chàrt *n.* ＝bar graph.

bár clàmp *n.* バークランプ (⇨ clamp[1] 挿絵).

Bar·clay [bɑ́ɚkli, -kleɪ | bɑ́:klɪ, -kleɪ] 〚《原義》'one who came from *Berkeley* (地名: 《原義》birch wood)〛 *n.* 男性名《異形 Berkeley》.

Bar·clay de Tol·ly [bɑ̀ɚkláɪjdə-tó(:)li | bɑ:kláɪ-də-tɔ́lɪ; *Russ.* barkláj-dji-tóljij], Prince **Mikhail** *n.* バルクライ デ トルイ《1761–1818; ロシヤの陸軍元帥; 1812 年の Napoleon 一世との戦いの総司令官》.

Bar Coch·ba [Coche·ba] [bɑ́ɚ-kó(:)kbɑ:, -kɔ́(:)x-, -vɑ:, -və | bɑ́:kɔ́k-, -kɔ́x-], **Simon** *n.* ＝Simon BAR KOKBA.

bár còde *n.* 〘電算機〙バーコード《縞模様のような棒状の記号群によって情報を表わす符号表記法; 店頭のレジスター等で商品を識別するのに用いる》.

bard[1] [bɑ́ɚd | bɑ́:d] 〚《15C》▭Gael. & Ir. *bárd* & Welsh *bardd* < OCelt. *bardos〛 ── *n.* **1** (古代ケルト族の)楽人, 吟唱詩人, 放浪楽人. **2** ウェールズ芸術祭 (eisteddfod) で認められた詩人. **3** 詩人 (poet).
Bard (of Avon) [the ―] エイボンの歌人《Shakespeare のこと》.

bard[2] [bɑ́ɚd | bɑ́:d] 〚《1480》▭(O)F *barde* ∥ Sp. & It. *barda* horse armor ▭Arab. *bárda'ah* packsaddle〛 ── *n.* **1** [通例 *pl.*] 馬よろい. **2** 豚の背脂の薄切り《肉などに巻き, 脂分を補って調理するためのもの》. ── *vt.* **1** 〈馬〉に馬よろいをつける. **2** 〈肉など〉に豚の背脂の薄切りを巻く.

Bard [bɑ́ɚd | bɑ́:d] 〚⇨ Baird〛 *n.* 男性名.

barde [bɑ́ɚd | bɑ́:d] *n., vt.* ＝bard[2].

Bar·deen [bɑɚdí:n | bɑ:-], **John** *n.* (1908–); 米国の物理学者; Nobel 物理学賞 (1956, 1972); cf. BCS theory》.

bard·ic [bɑ́ɚdɪk | bɑ́:d-] *adj.* 吟唱詩人 (bard) の: ～ poetry 吟唱詩歌.

bard·let [bɑ́ɚdlɪt, -lət | bɑ́:d-] *n.* ＝bardling.

bard·ling [bɑ́ɚdlɪŋ | bɑ́:d-] 〚← BARD[1]＋-LING[1]〛 *n.* 小詩人, へぼ詩人.

bard·ol·a·ter, B- [bɑɚdɑ́lət̬ɚ | bɑ:dɔ́lətə(r)] 〚← *Bard* (*of Avon*) (⇨ bard[1])＋(ID)OLATER〛 *n.* シェークスピア礼賛者[崇拝者].

bard·ol·a·try, B- [bɑɚdɑ́lətri | bɑ:dɔ́lətrɪ] 〚⇨ ↑, idolatry〛 *n.* シェークスピア (Bard of Avon) 崇拝.

Bar·dolf [bɑ́ɚdɑlf | bɑ́:dɔlf] 〚▭OHG *Berhtolf* ← *beraht* 'BRIGHT'＋*wolf* 'WOLF'〛 *n.* 男性名.

bard·y[1] [bɑ́ɚdi | bɑ́:dɪ] 〚← ? BARD[1]＋-Y[4]〛 *adj.* 《スコット》厚かましい, ずぶとい, 出しゃばりな.

bar·dy[2] [bɑ́ɚdi | bɑ́:dɪ] 〚← Austral. 《土語》〛 *n.* 《豪》〘昆虫〙オーストラリアに生息し木材を食害するウジの類の虫 (*Bardistcos cibaricus*) またはその幼虫《原住民は食用とする》.
Starve the bardies! 《豪俗》へえ, いやはや《驚き・嫌悪を表わす》.

bare[1] [béɚ | béə(r)] 〚OE *bær* < Gmc *bazaz (G *bar*) < IE *bhoso-s naked〛 ── *adj.* (**bar·er; -est**) **1 a** (毛髪・肉・樹木・樹皮など, 本来あるべき)おおい[保護物]のない, 露出した, 〈樹木が〉葉のない: a ～ head / one's ～ upper lip 口ひげのない鼻の下 / ～ branches 葉を落とした枝 / a ～ hillside 木の生えていない山腹 / lie on the ～ earth (何も敷かないで)地べたに寝る / pick a bone ～ 骨をつついて肉をきれいに取る. **b** 衣類をつけてない, 裸の, 裸体の (naked): be in one's ～ skin 真裸になっている / have one's head ～ 頭に何もかぶらないでいる / walk with ～ feet [with the feet ～, in one's ～ feet] 素足(すあし)で歩く. **c** 〈刀が〉鞘(さや)から抜いた, 抜身の: a ～ sword. **d** 〈布が〉すり切れた (threadbare). **e** 武器をもたない. ★ 通例次の句で: with ～ hands 素手(すで)で. **2 a** からの, がらんとした, 〈部屋が〉家具のない, 備えつけのない, 〈壁が〉飾りのない: ～ walls (額など掛かっていない)裸の壁 / a ～ treasury 空の金庫 / under [with] ～ poles ⇨ pole[1] *n.* 3 b / a ～ floor＝～ boards (敷物の敷いてない)むきだしの床(ゆか) / The room looked ～. 部屋はがらんとしていた. **b** 〔…が〕ない, なくて, からで (destitute) 〔*of*〕: trees ～ *of* leaves 葉の落ちた木 / The room is ～ *of* furniture. 部屋は家具もなくてからっぽだ / be ～ *of* cash [credit] 現金[信用]が全くない. **3** かろうじての, ようやくの; ただ…だけの, ほんのわずかな, かすかな: a ～ hundred pounds ようやく 100 ポンドだけ / by a ～ majority 過半数ぎりぎりで / earn a ～ living やっと生きていけるだけの金をかせぐ / ～ necessities of life やっと命をつなぐだけの必需品 / a ～ [the ～*st*] possibility わずかな可能性[見込み] / escape with ～ life 命からがら逃げる / I shudder at the ～ thought. ちょっと考えただけでもぞっとする. **4** あらわな, 赤裸々の: a ～ account 偽り隠さない話 / ～ facts ありのままの事実. **5** 《廃》つまらない (worthless).
lay bare (1) 裸にする, あらわにする (uncover): *lay* one's chest ～ 胸をはだける. (2) 打ち明ける; 漏らす, 口外する, 暴露する (reveal): *lay* one's heart [plans] ～ 意中[計画]を打ち明ける / The secrets were *laid* ～ by the investigation committee. その秘密は調査委員会によってあばかれた.
── *vt.* **1 a** 裸にする, むき出しにする: ～ one's head (敬意を表して)帽子をとる / ～ its teeth in a snarl 〈動物が〉歯をむき出してうなる. **b** 〈秘密などを〉打ち明ける, あばく: ～ one's heart [soul, thoughts] 心の中[思い]を打ち明ける. **2** 〈刀を〉抜く (unsheathe): ～ one's sword. **3** …から〔…を〕はぐ, 取り去る, 奪う (strip)〔*of*〕: ～ trees *of* their fruits 木から果実をもぎ取る. **～·ness** *n.*

bare[2] 〚ME〛 *v.* 《古》bear[2] の過去形.

báre·bàck *adj., adv.* **1** 〈馬が〉裸背の[で], 鞍なしの[で]: ride ～ 裸馬に乗る. **2** 《卑》〈男が〉避妊具を用いない(で).

báre·bàcked *adj., adv.* ＝bareback 1.

báre·bèlly *n.* 《豪》腹部に毛のない羊.

báre·bòat *adj.* 〘海運〙裸(はだか)用船の: a ～ charter 裸用船契約《用船主が船の運航費・修繕費・保険費・船員の給料などを全部負担する方式》.

báre·bònes *n. pl.* 骨子, 要点.

báre condúctor *n.* 〘電気〙裸導体, 裸線《表面が絶縁されていない導体・電線》.

báre cóntract *n.* 〘法律〙無約因契約《約因 (consideration) を欠くため無効の契約; cf. nudum pactum》.

báre·fáced *adj.* **1 a** 髭(ひげ)のない. **b** 面をつけていない, 素面(すめん)の. **2** むきだしの, あけっぴろげの; 卒直な: a ～ insult 公然たる侮辱. **3** 厚かましい, 鉄面皮な, ずうずうしい: ～ impudence 臆面もないずうずうしさ / a ～ lie しらじらしいうそ. **báre·fác·ed·ly** [-sɪdli, -səd-, -stli | -lɪ] *adv.* **báre·fác·ed·ness** [sɪd-, -səd-, -st-] *n.*

barefaced ténon *n.* 〘木工〙(胴付が一面しかない)平枘(ひらほぞ)の一種.

báre·físted *adj., adv.* 素手(すで)の[で].

báre·fòot 〚OE *bærfōt*: ⇨ bare[1], foot〛 ── *adj., adv.* **1** はだしの[で], 素足(すあし)の[で]: a ～ boy / be [walk, go] ～ 素足である[歩く, いる]. **2** 〈馬が〉蹄鉄を打っていない[打たずに]. **3** 〘木工〙〈柱など〉ほぞ継ぎなしで留めた[て].

báre·fóoted 〚《15C》〛 *adj., adv.* ＝barefoot.

ba·rege [bəréʒ; *F.* barɛ:ʒ] 〚▭F *barège* ← *Barèges* (フランス Hautes-Pyrénées の村)〛 ── *n.* (フランスのピレネー地方産の)バレージュ《婦人衣料用絹・毛または綿・毛の軽めの混紡織物》.

báre-hánded 〚ME〛 *adj., adv.* **1** 手をむきだしにした[して]. **2** 素手(すで)の[で], 道具[武器など]をもたない[もたずに].

báre·hèad 〚ME〛 *adj., adv.* ＝bareheaded.

báre·héaded *adj., adv.* 頭をむきだしにして(いる), 帽子なしの[で]: walk ～ in the sun 帽子もかぶらずに日向(ひなた)を歩く. **～·ness** *n.*

Ba·reil·ly [bəréɪli | -lɪ; *Hindi* bərylli] *n.* バレイリー《インド北部の都市; 人口 297,000》.

báre infínitive *n.* 〘文法〙原形不定詞《to のつかない不定詞》.

báre·knúckle *adj.* **1** (ボクシングで)グラブをつけない, 素手(すで)の. **2** 無鉄砲な, むちゃくちゃな; 情け容赦のない, 苛烈な: ～ politics / ～ criticism.
── *adv.* **1** グラブをつけず, 素手で. **2** むやみに, 無鉄砲に; 情け容赦なく: fight ～.

báre·knúckled *adj., adv.* ＝bareknuckle.

báre·lég·ged [-légɪd, -gəd, -gd] 〚ME〛 *adj.* 脚を露出した, 靴下をはかない.

Ba·re·li [bəréɪli | -lɪ; *Hindi* bərylli] *n.* ＝Bareilly.

bare·ly 〚OE *bærliċe*: ⇨ bare[1], -ly[1]〛 ── *adv.* **1** わずかに, かろうじて, やっと: She is ～ sixteen. やっと 16 歳 / He ～ escaped death. なんとか死を免れた / He has ～ enough money to live on. やっと暮らして行くだけの金しかない. **2** ほとんど…ない (scarcely): He had ～ arrived when it began to rain hard. 着いたかと思うと雨が激しく降り出した. **3** 赤裸々に, むきだしに: a question ～ put むきだしの質問. **4** 裸で. **5** 貧弱に, 乏しく: a ～ furnished room 家具の乏しい部屋. **6** 《古》ただ, 単に (merely).

Ba·rents Séa [bǽrənts, bɑ́:-; *Du.* bá:rənts] *n.* [the ～] バーレンツ海《ヨーロッパ北東部と Spitsbergen 諸島, Franz Josef Land, Novaya Zemlya との間の北極海の一部》.

bare·sark [bɛ́ɚsɑɚk | bɛ́əsɑ:k] 〚《なぞり》← ON *berserkr* 'BERSERK'〛 *n.* 〘北欧伝説〙＝berserker. ── *adv.* 武器を帯びずに, 武装しないで.

báre wíre *n.* 〘電気〙裸線.

barf [bɑ́ɚf | bɑ́:f] 〚擬音語〛 *vi.* 吐く (vomit).

bár·flỳ 〚← BAR[1]＋FLY[2]〛 *n.* 《口語》酒場を飲み歩く人, バーの常連.

bar·gain [bɑ́ɚgɪn, -gən | bɑ́:gɪn] 〚n.: 《*c*1333–52》▭OF *bargaigne* ← *bargaignier*. ── v.: 《(*c*1380)》▭OF *bargaign-ier* ▭? Gmc *borʒanjan ← IE *bhergh-: ⇨ bury〛 ── *n.* **1 a** (取引などの)契約, 約定; 売買契約, 取引, 手合わせ: a wet ～＝Dutch bargain / conclude [settle] a ～ 契約を結ぶ / make a ～ *with* …と契約[取決め]をする / strike a ～ 取引を決める, 「手を打つ」/ A ～'s a ～. 約束は約束《約束したことは守らなくてはならない》/ That's [It's] a ～. それで決まった, 約束しましたよ / The ～ is off and there is an end of it. 契約は破談になった, 今さらどうにもならない. **b** 協定 (agreement); (労働条件に関する)労使間の取り決め: They made a ～ *to* [*that* they would] cease fire. 停戦を協定した. **2 a** (結果から見て)有利な[不利な]取引[事態]; (安い[高い])買物: a good [great] ～ 安い[有利な]買物 / a bad [losing] ～ 高い[損な]買物 / She loves (to get) ～. 買物が好きだ. **b** 割安の買物, 格安物, 掘出し物, もうけ物; 見切り品: a chance ～ 出物 / buy a ～ 得な買物をする / pick up ～*s* (at a sale) (売出しで)格安品を掘り出す / It would be a ～ at such a price. そんな値段なら掘出し物だ.
(***at***) ***a bargain*** 《口語》安く: I got it *a* ～. 安く手に入れた. ***bear a bargain*** 値切る. ***drive a*** (***hard***) ***bargain*** (相手に譲らず)有利な条件で買う[売る], 〔…と〕有利な取引[取決め]をする〔*with*〕. ***into*** [《米》***in***] ***the bargain*** その上に, おまけに. ***make the best of a bad bargain*** 逆境に善処する. ***sell a bargain*** からかった返答をするために無邪気な問を出させるように仕向ける. ***strike a bargain*** 売買契約をする.
bargain and sale 〘法律〙土地売買契約および代金支払い.
── *attrib. adj.* 特売(品)の, 格安な, 掘出し物の: a ～ day 廉売日 / a ～ sale 廉売, バーゲンセール / a ～ price 見切り値段 / ⇨ bargain counter, bargain hunter.
── *vt.* **1 a** 約定[契約]する: ～ the price of oil down 石油価格の値下げを取り決める. **b** [*that*-clause を伴って]〈…するように〉交渉する, 〈…することを〉協定して決める: The workmen ～*ed that* they should not work on Saturdays. 労働者は土曜日は仕事を休めるよう交渉して決めた. **2** 〔…と〕交換する (barter)〔*for*〕: ～ a thing *for* another. **3** [通例 *that*-clause を伴って]〈…することを〉保証する, 請け合う (pledge): I ～ *that* he will come. 彼はきっと来ますよ. ── *vi.* **1 a** (売買・契約などについて)話し合う, 駆け引きをする: ～ *with* oil-producing nations *about* a price [*for* a constant supply of oil] 産油国と価格の件で[石油の安定供給について]交渉する. **b** 契約[約定]する: ～ *on* a five-year term 5 年間の条件で契約を結ぶ. **2** 値切る (haggle): ～ *away* しつこくいつまでも値切る / ～ *for* an article 品物を値切る. **3 a** [通例否定文または more than と共に]〔…を〕予期[予想]する〔*for*〕: I did not ～ *for* that. そんなつもりじゃなかった, それは全く予想外だった / That's *more than* I ～*ed for*. そこまでは私は予期していなかった《予想以上に悪い》. **b** 〔…を〕当てにする〔*on*〕: ～ *on* making a fortune 一財産築こうともくろむ.
bargain away (*vi.*) ⇨ *vi.* 2. (*vt.*) 〈土地などを〉安値で[損をして]手放す; (小さな利益に目がくらんで)〈権利・自由などを〉放棄する. ***bargain for*** (1) ⇨ *vt.* 2. (2) *vi.* 1 a, 3. (3) …を安く手に入れようとする.

bárgain-bàsement *adj.* 格安の; 〈物が〉下等の, 粗悪な: at ～ rates 格安の値段で.

bárgain básement *n.* (デパートの地階)特売場.

bárgain-còunter *adj.* ＝bargain-basement.

bárgain còunter *n.* 特価品売場の売り台.

bar·gain·ee [bɑ̀ɚgɪní:, -gə-, ⏤⏤́ | bɑ̀:gɪní:] *n.* 〘法律〙BARGAIN and sale における買主 (↔ bargainor).

bár·gain·er 〚《15C》〛 *n.* 売買の交渉者.

bárgain hùnter *n.* 掘出し物あさりをする人.

bár·gain·ing 〚ME〛 *n.* 取引, 交渉: ⇨ collective bargaining.

bárgaining ùnit *n.* 交渉単位[団体].

bar·gain·or [bɑ̀ɚgɪnɔ́ɚ, ⏤⏤́, bɑ́ɚgɪnɚ, -gən- | bɑ̀:gɪnɔ́:(r, bɑ́:gɪnə(r)] 〚← BARGAIN＋-OR[2]〛 *n.* 〘法律〙BARGAIN and sale における売主 (↔ bargainee).

barge [bɑ́ɚdʒ | bɑ́:dʒ] 〚《?*a*1300》▭(O)F ～ < ML *bāricam ← Gk *bâris* (Egyptian) boat〛 ── *n.* **1** (運河・河川・港内で通例他船に曳航されて荷物を運ぶ)平底の荷船, はしけ, 伝馬(てんま)船: a ship's ～ 艦船付属の運貨船[はしけ]. **2** 大型遊覧船; (特に, 儀式用に優美に艤装をこらした)御座船. **3** 〘海軍〙司令官艇, 将官

艇, 長官艇《艦船付属の司令官用舟艇》. **4** (shell よりも幅が広く重い)練習用ボート. **5** 《ニューイングランド》(駅からホテルなどに団体を運ぶ)大型乗合馬車. **6** 〖cf. bargee:「船頭の使うような乱暴な言葉」の意から〗《俗》議論, 討論. — *vt.* **1** はしけで運ぶ. **2** [~ one's way として]《口語》かき分けて進む: He ~*d his way through* the crowd. 群衆の中をかき分けかき分け進んだ. — *vi.* **1** はしけを利用して旅行する, はしけに便乗する. **2** のそのそ動く, のろのろ[のらりくらり]と進む〈*along*〉. **3** 《口語》どたばたと移動する; 乱暴に突進する[突き当たる]: ~ *about* [*around*] 乱暴に飛び回る / ~ *in* [*into* a room] 無作法に中へ[部屋へ]押し入る / ~ *against a* thing 物にぶつかる / ~ *into* a person 人にぶつかる; 人に偶然に出会う / You can't ~ *in on* a total stranger. 全然一面識もない人の所に押しかけるわけにはいかない. **4** 《口語》余計な口を出す: ~ *into* a conversation 強引に人の話に割り込む / Don't ~ *in* like that. そんなふうに横から口を出すもんじゃない.

bárge·bòard 〖← ? ME *berge* sloping roof ▭ OF *berge* slope〗 *n.* 〖建築〗破風(はふ)板 (⇨ gable 挿絵).

bárge còuple 〖↑〗 *n.* 〖建築〗枝外垂(えだそとだるき)《破風に一番近い垂で, 破風飾りの一部を構成する》.

bárge còurse 〖↑〗 *n.* 〖建築〗傍軒(そばのき), 螻羽(けらば)《切妻壁から突出した軒の部分》.

bar·gee [bɑədʒíː | bɑː-] 〖《1666》← BARG(E)+-EE¹〗 — *n.* 《英》= bargeman: a regular ~ まるで船頭みたいながさつもの / swear like a ~ 船頭みたいにすさまじい暴言を吐く, たんかを切る.

bárge·man [-mən | -mən, -mæ̀n] 〖ME〗 *n.* (*pl.* **-men** [-mən, -mèn]) 《米》 **1** barge の船頭[所有者, 管理者]. **2** barge の船員.

bárge màster *n.* barge の持主.

bár gémel *n.* (*pl.* **bars g-, bars gem·els**) 〖紋章〗⇨ gemel 3.

bárge pòle *n.* (barge に用いる)押し棒, 舟さお.
not touch with* (*the end of*) *a barge pole 《口語》(押し棒(の先)で触れるのも)まっぴらだ, 大きらいだ: I wouldn't *touch* him [it] *with a* ~. あいつなんか[そんなもの]大きらいだ.

bárge spìke *n.* 舟釘《木造船用平形の大釘》.

bárge stòne *n.* 〖建築〗破風笠(かさ)石.

bar·ghest [báəgəst, -gest | báː-gest] 〖← ? 《北部方言》 *bar(gh)* ridge (< OE *beorg* 'BARROW²')+*ghest* (= GHOST)〗 — *n.* 《北英・スコット》大犬の姿で現われて凶事を予告するという化物.

bár gìrl *n.* 《米》 **1** バーのホステス. **2** 酒場に出入りする売春婦.

bár gràph *n.* (数量の比較を示す)棒グラフ.

barh·al [báː(r)əl | bʌ́r-] *n.* 〖動物〗= bharal.

Bar·ham [bǽrəm, báːr-], **Richard Harris** *n.* (1788–1845) 英国の聖職者・ユーモア作家.

bár·hòp *vi.* 《米口語》(バーからバーへと)はしごする, はしご酒をして歩く (《英》pub-crawl).

Ba·ri [báːri | -rɪ; *It.* báːri] *n.* バリ《イタリア南東部の港市; 人口 385,000》.

bar·i·at·ri·cian [bæ̀riətríʃən, bèr- | bæ̀rɪ-] *n.* 肥満体治療法の専門家.

bar·i·at·rics [bæ̀riǽtrɪks, bèr- | bæ̀rɪ-] 〖← BARO-+-IATRICS〗 *n.* 肥満体治療法.

bar·ic¹ [bǽrɪk, bér-] 〖← BAR(IUM)+-IC¹〗 *adj.* バリウム(性)の; バリウムを含む.

bar·ic² [bǽrɪk, bér-] 〖← Gk *báros* weight+-IC¹〗 *adj.* 気圧の; 気圧計の.

ba·ril·la [bərílə, -ríːjə] 〖《1622》▭ Sp. ~ (dim.) ← *barra* < VL **barram* 'BAR¹'〗 — *n.* **1** 〖植物〗 **a** オカヒジキ (saltwort). **b** アルジェリア産のオカヒジキの類の植物 (*Halogeton souda*). **2** バリラ《barilla を焼いて作ったソーダ灰; cf. kelp》.

Bar·ing [bé(ə)rɪŋ | béər-], **Alexander** *n.* (1774–1848) 英国の政治家; 称号 1st Baron Ashburton.

Bar·ing-Gould [bé(ə)rɪŋgúːld | béər-], **Sa·bine** [séɪbɪn, -bən | -bɪn] *n.* (1834–1924) 英国の作家; *Mehalah* (小説, 1880), *Songs and Ballads of the West* (民謡集成, 1889–91).

bár ìron *n.* 棒鉄.

barit. 《略》baritone.

bar·ite [bǽraɪt, bér- | béər-] 〖← BARYTES: ⇨ ite¹〗 *n.* 〖鉱物〗バライト, 重晶石《斜方晶系結晶をなす硫酸バリウム ($BaSO_4$) の鉱石; 白ペンキの原料》.

bar·i·tone [bǽrətòun, bér- | bǽrɪtəun] 〖《1609》▭ It. *baritono* ▭ Gk *barútonos* ← *barús* heavy + *tónos* 'TONE'〗〖音楽〗 — *n.* **1** バリトン《男声中間音(域); tenor と bass の中間; ⇨ alto》. **2** バリトン歌手. **3** バリトン声部. **4** バリトン《althorn と tuba の中間の大きさの saxhorn》. **5** = viola bastarda. — *adj.* バリトンの; バリトン歌手の: a ~ voice. **bar·i·to·nal** [bæ̀rətóunḷ, bèr- | -təu-] *adj.*

bar·i·um [bé(ə)riəm, bǽr- | béərɪ-] 〖《1808》← NL ~: ⇨ baro-, -ium〗 *n.* 〖化学〗バリウム《金属元素の一つ; 記号 Ba, 原子番号 56, 原子量 137.33》.

barium 140 *n.* 〖化学〗バリウム 140《バリウムの放射性同位体, 半減期 12.8 日; トレーサーとして用いる》.

bárium brómate *n.* 〖化学〗臭素酸バリウム ($Ba(BrO_3)_2$).

bárium cárbonate *n.* 〖化学〗炭酸バリウム ($BaCO_3$)《陶磁器の釉(うわぐすり)・光学ガラスの原料》.

bárium chlóride *n.* 〖化学〗塩化バリウム ($BaCl_2$).

bárium chrómate *n.* 〖化学〗クロム酸バリウム ($BaCrO_4$).

bárium dióxide *n.* 〖化学〗= barium peroxide.

bárium hydróxide *n.* 〖化学〗水酸化バリウム ($Ba(OH)_2$).

bárium méal *n.* 〖医学〗バリウム粥(かゆ)《消化管のレントゲン検査のため造影剤として用いる硫酸バリウム (barium sulfate) 溶液》.

bárium nítrate *n.* 〖化学〗硝酸バリウム ($Ba(NO_3)_2$).

bárium óxide *n.* 〖化学〗酸化バリウム (BaO).

bárium peróxide *n.* 〖化学〗過酸化バリウム (BaO_2)《過酸化水素・花火製造用》.

bárium stéarate *n.* 〖化学〗ステアリン酸バリウム ($Ba(C_{18}H_{35}O_2)_2$).

〔(cf. barite, barium meal).〕

bárium súlfate *n.* 〖化学〗硫酸バリウム ($BaSO_4$)

bárium súlfide *n.* 〖化学〗硫化バリウム (BaS).

bárium thiosúlfate *n.* 〖化学〗チオ硫酸バリウム (BaS_2O_3).

bark¹ [báək | bɑ́ːk] 〖《*a*1325》▭ ON *bark-*, *börkr* (Dan. & Swed. *bark*): ? cog. OE *beorċ* birch〗 — *n.* **1** 木の皮, 樹皮. **2** キナ皮 (Peruvian bark). **3** タンバーク (tanbark). **4** 《方言・俗》皮膚 (skin).
with the bark on 《米口語》荒削りの, 粗野な: a man *with the* ~ *on*.
— *vt.* **1** …の樹皮をはぐ,〈木〉の皮をむく: ~ a tree. **2** 樹皮でおおう: ~ the roof. **3** (タンバークから採った)植物タンニンでなめす (tan). **4** …の皮膚を擦りむく: ~ one's shins, elbows, etc.
~·less *adj.*

bark² [báək | bɑ́ːk] 〖OE *beorcan* < Gmc **berkan* (音位転換) ← **brekan* 'to BREAK¹'〗 — *vi.* **1** 〈犬が〉ほえる; 〈狐・リスなどが〉ほえるような声を出す (cf. snarl, yelp, whine): ~ *at* a stranger / *Barking* dogs seldom bite. 《諺》ほえる犬はめったにかまない《口やかましい人は案外悪意がない》. **2** 〈人が〉ほえるように[がみがみ]言う; どなる〔*at*〕: ~ *at* a person. **3** 《米口語》(見世物などの入口で)はやし立てて客を呼ぶ, 大声で宣伝する. **4** 《口語》せきをする (cough). **5** 〈ピストル・大砲などが〉どんと鳴る. — *vt.* **1** 〈人が〉どなり声で言う,〈命令などを〉大声で発する〈*out*〉: ~ *out* an order / ~ one's opinion 大声で意見を述べ立てる / ⇨ *bark up the wrong* TREE. **2** 〈商品などを〉大声で宣伝する. — *n.* **1** (犬の)ほえる声; (狐・リスなどの)ほえるような声: Our dog's ~ is worse than his bite. うちの犬はよくほえるがめったにかみつかない / His ~ is worse than his bite. 口ほど悪い男ではない《上例の転用》. **2** 《口語》せき(の音) (cough). **3** どなり声, ぶっきらぼうな言い方[答]: in an angry ~ 怒ってほえるような調子で. **4** 銃[砲]声.
~·less *adj.*

bark³ [báək | bɑ́ːk] 〖《*c*1420》▭ (O)F *barque* ▭ ? It. *barca* < LL *barcam* small boat: ⇨ barge〗 — *n.* **1** バーク《3 本マストのうち前2本に横帆, 最後尾のマストに縦帆のある帆船》. **2** 小型の帆船. **3** 《詩》帆船, 舟 (craft).

bark³ 1

bark·an·tine [báəkəntìːn | bɑ́ː-] *n.* = barkentine.

bárk bèd *n.* タン皮 (tanbark) の殻を用いた温床.

bárk bèetle *n.* 〖昆虫〗キクイムシ《キクイムシ科の昆虫; 成虫と幼虫が針葉樹類の樹皮下に大害を与える》.

bárk-bòund *adj.* 〖園芸〗樹皮が堅くて成長が遅い.

bárk clòth *n.* 樹皮布《タッパ布 (tapa) など》.

bár kèel *n.* 〖海事〗方形キール, 方形竜骨《帆船・小型船・ボートなどの方形のキール; cf. plate keel》.

bár·kèep *n.* = barkeeper 1.

bár·kèep·er *n.* **1** 《米》バー[酒場]の主人; バーテン (bartender). ★ 英国では通例 barman という. **2** 《英》通行料徴収人 (cf. toll bar).

bark·en·tine [báəkəntìːn | bɑ́ː-] 〖《1693》← BARK³: brigantine にならった造語〗 — *n.* バーカン[ケン]ティーン《3本マストで前檣だけに横帆があり, 他の 2 本には縦帆のある帆船》.

bárk·er¹ 〖ME〗 — *n.* **1** よくほえる動物; どなり立てる人: Great ~*s* are no biters. 《諺》ほえる犬はかまない. **2** 《口語》 **a** (競売所・商店・劇場・見世物などの入口でどなり立てる)客引き, 呼び込み. **b** 観光案内人, ガイド. **3** 《俗》ピストル; 大砲 (cannon).

bárk·er² 〖ME〗 *n.* **1** (丸太や木材の)皮はぎ器, 皮むき機; 皮はぎ人. **2** (なめし皮法でタンニンをとるための)木の皮を用意する人.

Bárk·hau·sen effèct [báəkhauzṇ-, báəkau- | bɑ́ːk-; *G.* bárkhauzṇ-] 〖← *Heinrich Barkhausen* (1881–1956: ドイツの物理学者)〗 — *n.* 〖物理〗バルクハウゼン効果《磁性体にかける磁界を連続的に強めて行く時, その磁化が段階的に増す現象》.

Bárkhausen-Kúrz oscillátion [-kúəts- | -kúəts-; *G.* -kúrts-] 〖← *H. Barkhausen* (↑)+ *K. Kurz* (ドイツの物理学者)〗 — *n.* 〖電気〗BK 振動《三極管格子に正電圧を与え, 陽極を負にした時に起こる電子振動現象》.

bárk·ing 〖ME〗 *n.* **1** (犬・狐などの)ほえる声. **2** 《口語》激しいせき. **3** 《口語》どなり声.

Bar·king [báəkɪŋ | bɑ́ː-] 〖OE *Berecingas* ← '*Berica* (人名)': ⇨ -ing³〗 *n.* London 東部の自治区; 人口 155,000.

bárking déer *n.* 〖動物〗ホエジカ (⇨ muntjac).

bárking fróg *n.* 〖動物〗コヤスガエル (*Eleutherodactylus latrans*)《犬の吠えるような声で鳴く Texas 州産のユビナガガエルの一種》.

bárking ìron *n.* = bark spud.

bárking squírrel *n.* 〖動物〗= prairie dog.

Bar·kis [báəkɪs, -kəs | bɑ́ːkɪs] *n.* バーキス《Dickens 作の小説 *David Copperfield* 中で Peggotty の求婚者》.
Barkis is willin'. 〈男が〉結婚を望む[の意志がある]《Barkis から Peggotty への伝言から》; 結構だ.

Bark·la [báəklə | bɑ́ː-], **Charles Glov·er** [glʌ́və | -və(r)] *n.* (1877–1944) 英国の物理学者; Nobel 物理学賞 (1917).

Bark·ley [báəkli | bɑ́ːklɪ], **Alben William** *n.* (1877–1956) 米国の政治家, 副大統領 (1949–53).

Bar Kok·ba [bàə-kóː(ː)kbɑː, -kɔ́(ː)x-, -vɑː, -və | bɑ́ː-kɔ́k-, -kɔ́x-], **Simon** *n.* バルコクバ《?–135; ローマ帝国に対する反乱 (132–35) のユダヤ人指導者》.

bárk spùd *n.* (木材の)皮はぎ器.

bárk trèe *n.* 〖植物〗キナノキ (⇨ cinchona).

bark·y [báəki | bɑ́ːkɪ] *adj.* (**bark·i·er**; **-i·est**) 樹皮でおおわれた, 樹皮に似た.

bar·ley¹ [báəli | bɑ́ːlɪ] 〖OE *bærlic* of barley ← *bære*, *bere* barley ← Gmc **barz-* ← IE **bhares-* barley: ⇨ -ly²〗 — *n.* **1** 〖植物〗オオムギ (*Hordeum vulgare*). **2** (穀物としての)大麦《植物も実もいう》: ~ meal 大麦のあら粉 / a ~ field 大麦畑.

bar·ley² [báəli | bɑ́ːlɪ] 〖《通俗語源》? ← PARLEY〗 *n.* 《英》(子供の遊戯での)休戦, タイム (truce): cry ~ タイムをかける / have a ~ 《スコット》小休止する.

bárley·bràke *n.* = barleybreak.

bárley·brèak 〖《1557》← BARLEY¹+? BREAK¹〗 — *n.* 〖遊戯〗バーリブレイク《barley field または hell と呼ぶ一定地内に 2 人(しばしば男女一組)残り, ここに踏込もうとする者を捕える昔の英国の遊び》.

bárley-brèe *n.* (*also* **bárley-bròo**) 《スコット》 **1** ウイスキー (whiskey). **2** ビール (beer).

bárley bróth *n.* 《英方言》= barley-bree.

bárley·còrn 〖ME〗 *n.* **1** オオムギの粒: ⇨ John Barleycorn. **2** (昔単位として用いた)およそオオムギ粒の一つの長さ (= 1/3 inch).

Barleycorn, John *n.* ⇨ John Barleycorn.

bárley-mòw [-mòu | -mǝu] *n.* オオムギのいなむら.

bárley-sùgar 〖↓: その形がねじり棒状であることから〗《英俗》 *n.* 後から腕をひねること. — *vt.* 〈腕を〉ひねる.

bárley sùgar *n.* 大麦糖《昔大麦を煮た汁と砂糖を煮詰めて作ったあめ; 現在では大麦の汁の代りに水を用いる》.

〔め薬〕.

bárley wàter 〖ME〗 *n.* 大麦湯《特に子供の下痢止め薬》.

bár·low [báəlou | bɑ́ːləu] 〖← *Russell Barlow* (18 世紀の英国人でその製作者)〗 *n.* 《米》(1 枚刃の)大型ジャックナイフ《barlow knife ともいう》.

Bar·low [báəlou | bɑ́ːləu], **Joel** *n.* (1754–1812) 米国の詩人・外交官; *The Columbiad* (1807).

Bár·low's disèase [báəlouz- | bɑ́ːləuz-] 〖← *Sir Thomas Barlow* (1845–1945: 英国の小児科医)〗 *n.* 〖病理〗バロウ病, 小児壊血病.

barm [báəm | bɑ́ːm] 〖OE *beorma* yeast ← Gmc **bermōn-* (G *Bärme*) ← IE **bher-* 'to boil, BURN²'〗 *n.* 麦芽酒醸造中にできるあわ状のパン種, こうじ, 酵母.

bár màgnet *n.* 棒磁石.

bár·màid *n.* バー[酒場]のホステス, 女性のバーテン.

bár·man [-mən | -mən, -mæ̀n] *n.* (*pl.* **-men** [-mən, -mèn]) = bartender.

Bar·me·ci·dal [bɑ̀əməsáɪdḷ | bɑ̀ːmɪ-] 〖⇨ ↓, -al¹〗 *adj.* 〈宴会など〉見かけ倒しの, 豊かそうな幻想を与える; 偽りの, 架空の: a ~ feast = Barmecide feast.

Bar·me·cide [báəməsàɪd | bɑ́ːmɪ-] *n.* **1** バルマク家の人[王子]《「アラビア夜話」に出てくる並ぶものない権勢と富を有していた Bagdad の貴族; Schacabac という乞じきを供応に呼んだが, 次々に出る皿は皆からで, 手まねや身振りでもてなしたという》. **2** 見掛け倒しの饗応をする人, 空の恩恵を与える人. — *adj.* = Barmecidal: ⇨ Barmecide feast.

Bármecide féast *n.* 内容の貧弱な見掛け倒しの饗応.

bar mitz·vah, B- M- [bɑ̀ə-mítsvə, -vɑː | bɑ̀ː-] 〖▭ Mish.Heb. *bar miṣwāʰ* son of commandment〗 (*also* **bar miz·vah, B- M-** [~]) 〖ユダヤ教〗 — *n.* (*pl.* **~s, bar mitzvot, bar mitzvoth** [-vouθ, -vout, -vous | -vəuθ, -vəut, -vəus]) バルミツバー: **1** 13 歳に達した少年; 正式に成人として宗教上の責任と義務が生じる. **2** 少年を bar mitzvah として認める荘厳な祭式; 13 回目の誕生日の直後の安息日の朝会堂で行なわれる (cf. bath mitzvah). — *vt.* 〈13 歳の少年〉にバルミツバーを施す: be ~*ed*.

barm·y [báəmi | bɑ́ːmɪ] 〖《1535》〗 — *adj.* (**barm·i·er**; **-i·est**) **1** (発酵酒にできる)泡のような, 泡立った; 酵母質の, 発酵中の. **2** 《英俗》うわついた, 頭の変な, 左巻きの, 気違いじみた: go ~ 頭が変になる / be ~ on the crumpet 頭が変になっている / put on the ~ stick 気違いのふりをする.

barn¹ [báən | bɑ́ːn] 〖OE *bere(r)n* ← *bere* 'BARLEY¹'+*ærn* place, house (← Gmc **ras-*: cf. rest¹)〗 — *n.* **1** 納屋, 物置き《農家で干草・穀物などを入れる小屋; 《米》では, 今は通例一般の倉庫として農機具[車]をも入れ, かつ家畜小屋をも兼ねる》. **2** (納屋のような)が

らんとした(無装飾の)建物. 3 《米》(電車・トラックなどの)車庫 (carbarn).
between you and I and the barn 《米口語》ここだけの話だが《★ この場合 me とは言わない》. ***born in a barn*** 教養のない.
— *vt.* 〈穀物・干草などを〉納屋に貯蔵する, 蓄える.

barn² [báən | bá:n] 〚← *as big as a barn* (↑): 断面積が比較的大きいことから〛 *n.* 〘物理〙バーン《微視的粒子の衝突過程の断面積の単位; 10^{-24} cm²》.

Bar·na·bas [báənəbəs | bá:nəbəs, -bæ̀s] 〚▭ eccl.L ~ ▭ Gk *Barnábas* ← Aram. *bar* son + *nābhā* exhortation〛 — *n.* 1 男性名《愛称形 Barney》. 2 [(Saint) ~] 〘聖書〙バルナバ《使徒で Paul の友人; cf. *Acts* 4:36》.

Bar·na·by [báənəbi | bá:nəbɪ] 〚↑〛 *n.* 男性名.

Bárnaby bright [dày] *n.* 聖バルナバ祭(日)《6月11日; 一年中で一番日が長い》.

bar·na·cle¹ [báənɪkl̩, -nə- | bá:nə-] 〚《*c*1350》 *bernacle, bernak* ▭ OF *bernicle(s)* muzzle: ⇨ -le¹〛 — *n.* 1 [通例 *pl.*] a 鼻ばさみ《蹄鉄を付ける時などあばれる馬の鼻を抑える器具》. b 《廃》(鼻ばさみに似た)責め道具. 2 [*pl.*] 《英方言》眼鏡 (spectacles). 3 〘紋章〙バーナクル《鼻ばさみの図形; 開いた形 (extended) と閉じた形 (closed) の2種がある》.

barnacle¹ 3

bar·na·cle² [báənɪkl̩, -nə- | bá:-] 〚《*a*1217》 *bernak* ← ? Celt. (cf. Welsh *brenig* limpets / Breton *bernic* barnacle)〛 — *n.* 1 〘動物〙フジツボ・カメノテ・エボシガイなど岩・船底に付着する蔓(つる)脚亜綱の海産甲殻動物の総称 (cf. goose barnacle, acorn barnacle). 2 a (楽な仕事などに)かじりつく人; (人に)だにのように付きまとう人. b (過去に結びついて)進歩発展を妨げるもの, 旧弊, 旧習. 3 〘この名の貝から barnacle goose が生まれるという伝説にちなむ〙〘鳥類〙= barnacle goose. 「た].

bár·na·cled *adj.* barnacle の付着した[におおわれ

bárnacle góose *n.* 〘鳥類〙カオジロガン (*Branta leucopsis*)《北欧産; 単に barnacle ともいう》.

Bar·nard [báənəd | bá:nəd] 〚《変形》← BERNARD〛 *n.* 男性名. 「家.

Barnard, George Gray *n.* (1863–1938) 米国の彫刻

Bar·na·ul [bɑ̀ənəú:l | bɑ̀:-; *Russ.* bərnaúl] *n.* バルナウル《ソ連邦ロシヤ共和国中部, アルタイ地方 Ob 川上流の都市; 人口 522,000》.

bárn dànce *n.* バーンダンス: a 《米》20 世紀初めに米国で起こった社交的ダンスの一種; ポルカなどをもとにしたスクエアダンスの変形. b 《英》20 世紀初頭英国で発達した schottische に似た社交ダンス.

bárn dóor 〚ME〛 — *n.* 1 a 納屋の戸《収穫を積んだ荷車をそのまま馬が引いてはいれるほど大きい二枚開きの大扉》: (as) big as a ~ とても大きい. b はずれようのない大きな的: He can't hit a ~. 射撃がへたくそだ. 2 〘写真〙バンドア《映画・テレビなどの照明用光源に付属した二つ折り式不透明の遮光板で, 照射範囲を制限する》.

bárn-dóor fòwl *n.* = barnyard fowl.

bárn-dóor hànger *n.* 納屋の引き戸の吊り金具.

bárn-dóor skàte *n.* 〘魚類〙ガンギエイ属の魚の一種 (*Raja laevis*)《北米産で4フィート以上ある》.

Barnes [báənz | bá:nz], **Harry Elmer** *n.* (1889–1968) 米国の歴史学者・社会学者.

Barnes, Margaret (Ayer) *n.* (1886–1967) 米国の女流小説家・劇作家; *Years of Grace* (1930).

Barnes, William *n.* (1801–86) 英国の聖職者・詩人, Dorset 方言で詩を書いた; *Poems of Rural Life* (1844, '59, '63).

Bar·net [báənɪt, -nət | bá:-] 〚← OE *bærnet* place cleared by burning ← *bærnan* 'to BURN²'〛 *n.* London 北部の自治区; 人口 304,000.

Bar·nett [bɑənét, báənɪt, -nət | bá:nɪt, -nət] 〚(dim.) ← BARNARD〛 *n.* 男性名.

Bar·ne·veldt [bárnəvèlt | bá:-; *Du.* bárnəvɛ̀lt], **Jan van Ol·den** [ján van ɔ́ldən] *n.* バルネベルト《1547–1619; オランダの政治家・愛国者》.

bar·ney [báəni | bá:nɪ] 〚↓〛 *n.* 1 《英・豪》 a 騒がしい議論, 口げんか, 口論. b どんちゃん騒ぎ. 2 〘鉱山〙(鉱石を積んだ貨車を押し上げる)小型機関車.

Bar·ney [báəni | bá:nɪ] 〚(dim.) ← BARNABAS // BERNARD¹〛 *n.* 男性名.

bárn lòt *n.* 《米中部・南部》= barnyard.

bárn òwl *n.* 〘鳥類〙メンフクロウ (*Tyto alba*).

bárn ràising *n.* 《米》納屋新築の手伝いのための(隣近所の人々の)集まり (cf. bee¹ 4).

bárn sàsh *n.* 小型の窓枠[サッシ].

Barns·ley [báənzli | bá:nzlɪ] 〚OE *Berneslai* ← *Beorn* (人名): ⇨ lea¹〛 *n.* イングランド South Yorkshire 州北部の工業都市; 人口 223,000.

bárn·stòrm 〚← BARN¹ + STORM (v.): しばしば納屋が会場になったことから〛 — *vi.* 《口語》 1 a 〈俳優などが〉田舎[どさ]回りをする. b 〈プロのスポーツチームが〉(オフシーズン中に)模範試合をしながら地方を巡業する. c 《米》〈政治家が〉(選挙・広報活動のため)地方を遊説する. 2 《米・カナダ》〈パイロットが〉各地を旅して曲技飛行などのショーを行なう《第一次大戦後から 1930 年代まで流行》. — *vt.* 〈地方を〉遊説して回る, 興行[巡業]して回る. **~·er** *n.* **~·ing** *n.*

bárn swàllow *n.* 〘鳥類〙ツバメ (*Hirundo rustica*) 《家の軒下などに巣を作る欧米で最も普通の種類》.

Bar·num [báənəm | bá:-], **P(hineas) T(aylor)** *n.* (1810–91) 米国の興行師; サーカスを確立した (1871).

bárn·yàrd 〚ME〛 — *n.* 納屋の前庭, 農家の内庭. — *adj.* 1 納屋の前庭の(ような). 2 a 田舎風の; すれてない, 素朴な. b 下卑た, 卑俗な, 猥褻(わいせつ)な.

bárnyard fówl *n.* (庭先などで放し飼いにしている普通の)にわとり.

bárnyard gólf *n.* 《米口語》= horseshoe 3.

bárnyard gràss *n.* 〘植物〙イヌビエ (*Echinochloa crusgalli*)《イネ科の雑草》.

bar·o- [bǽrə(ʊ), bér- | bǽrə(ʊ)] 〚← Gk *báros* weight: cf. Gk *barús* heavy〛「重量; 圧力 (pressure)」の意の連結形: *barogram*. ★ 母音の前では通例 bar- になる.

bar·o·clin·i·ty [bæ̀rə(ʊ)klínəṭi, bèr-, -rə- | bæ̀rə(ʊ)klínətɪ, -nɪ-] 〚← BARO- + (IN)CLINE + -ITY〛 — *n.* 〘気象〙傾圧性《等圧面と等密度面が交差する流体の状態; cf. barotropy》.

bar·o·cy·clon·om·e·ter [bæ̀rə(ʊ)sàɪklə(ʊ)nάməṭə, bèr- | bæ̀rə(ʊ)sàɪklə(ʊ)nɔ́mɪtə(r, -mə-] 〚← BARO- + CYCLONE + -O- + -METER¹〛 — *n.* 〘気象〙熱帯低気圧計, 颶(ぐ)風計.

Ba·ro·da [bəróʊdə | -rə́ʊ-] *n.* バローダ《インド西部の都市; 人口 468,000; もと同名の藩王国の首都》.

bàro·dynámics 〚← BARO- + DYNAMICS〛 *n.* 重量力学《橋・ダムなど自重でくずれやすい重量建造物を研究する力学の一部門》. **bàro·dynámic** *adj.*

bar·o·gram [bǽrəgræ̀m, bér- | bǽrə(ʊ)-] *n.* 〘気象〙(自記気圧計で計った)気圧記録.

bar·o·graph [bǽrəgræ̀f, bér- | bǽrə(ʊ)grɑ̀:f, -græ̀f] 〚《1865》〛 *n.* 〘気象〙自記気圧計. **bar·o·graph·ic** [bæ̀rəgrǽfɪk, bèr- | bæ̀r-] *adj.*

Ba·ro·ja [bɑ:róʊhɑ: | -rə́ʊ-; *Sp.* baróxa], **Pí·o** [pío] *n.* バローハ《1872–1956; スペインの小説家》.

ba·rol·o·gy [bərάlədʒi | -rɔ́lədʒɪ] 〚← BARO- + -LOGY〛 *n.* 重量学, 重力学.

ba·rom·e·ter [bərάməṭə | -rɔ́mɪtə(r, -mə-] 〚《1665–66》← BARO- + -METER¹〛 — *n.* 1 晴雨計, 気圧計. 2 (変化する世論・動向などの)指標, バロメーター: a reliable ~ *of* political trends 政治的動向の信頼できる指標 / a ~ stock 〘証券〙指標株《市況を代表的に示す株式》.

bar·o·met·ric [bæ̀rəmétrɪk, bèr- | bæ̀rə(ʊ)-] *adj.* 晴雨計[気圧計]の[によって示された]; 気圧の: ~ maximum 高気圧 / ~ minimum 低気圧 / ⇨ barometric gradient, barometric pressure. **~·ly** *adv.*

bàr·o·mét·ri·cal [-métrɪkəl] *adj.* = barometric.

barométric érror *n.* 〘時計〙気圧誤差《大気密度の変動によって生じる時計の誤差》.

barométric grádient *n.* 〘気象〙気圧傾度.

barométric préssure *n.* 〘気象〙(水銀柱の高さで示された)大気圧.

ba·rom·e·try [bərάmətri | -rɔ́mɪtrɪ, -mə-] 〚← BAROMETER + -Y¹: ⇨ -metry〛 *n.* 気圧測定法.

bar·on [bǽrən, bér- | bǽr-] 〚《?*a*1200》 ▭ (O)F ~ (acc.) ← *ber* free man, warrior, baron < ML *barōnem* ← ? Gmc (cf. OHG *baro* (free)man, fighting man)〛 — *n.* 1 a 男爵. ★ 英国貴族の最下位; 呼掛けの敬称には, 姓と共に外国の男爵には Baron…, 英国の男爵の場合は Lord… という. b ヨーロッパ諸国の貴族《国によって位が異なる》: a German ~ ドイツ貴族. 2 〘英史〙 a (勲功によって領地を賜った)王の直臣(じきしん), (地方の)豪族. b (直接に議会への召集令状を受けた)大貴族, 上院議員. c (幾つかの都市の)自由民, 正市民, 市選出議員. 3 [通例修飾語を伴って] 大実業家, 豪商, …王 (cf. king 4 a, magnate 1); 大物, 有力者: a coal [an oil, a press] ~ 石炭[石油, 新聞]王. 4 《古》(財務裁判所の)裁判官: ~*s* of the Exchequer. 5 (背骨の所で切り離さない)両側の腰肉: a ~ of beef, lamb, hare, etc. 6 〘法律・紋章〙夫. ★ 通例 '~ and feme' (= husband and wife) の表現をとり, 夫婦の紋章を指す場合に用いる (cf. baron et femme).

Bar·on [bǽrən, bér- | bǽr-] 〚↑〛 *n.* 男性名.

bar·on·age [bǽrənɪdʒ, bér- | bǽr-] 〚《?*c*1225》 *barnage* ▭ OF: ⇨ baron, -age〛 — *n.* 1 [集合的] (全)男爵, 男爵階級 (the barons); 貴族階級. 2 貴族名簿, 華族名鑑. 3 男爵の身分[地位, 領地].

bar·on·ess [bǽrənɪs, bér-, -nəs | bǽrənɪs, -nəs, -nès] 〚《1435》 ▭ OF *bar(o)nesse*: ⇨ baron, -ess¹〛 — *n.* 1 男爵夫人[未亡人]. 2 女男爵. ★ 呼掛けの敬称には, 姓と共に外国人の場合は Baroness…, 英国の場合は Lady … という.

bar·on·et [bǽrənɪt, bér-, -nət, bæ̀rənét, bèr- | bǽrənɪt, -nət, -nèt] 〚《?*a*1400》← BARON + -ET〛 — *n.* 准男爵. ★ 英国世襲位階の最下級 baron の下で knight の上であるが, 貴族ではない; 1611 年に設けられた; 尊称としては姓名の前に Sir を付け, 終わりに Bart. と略書する (例: Sir Thomas Jackson, *Bart.*); なお呼掛けの敬称には knight と同じく Sir を用いて Sir Thomas といい, その夫人は通例 Lady Jackson のようにいうが, 法律上の書類などには正式に Dame Mary Jackson のように記す. — *vt.* 准男爵に叙する.

bar·on·et·age [bǽrənɪṭɪdʒ, bér-, -nəṭ-, bæ̀rənéṭ- | bǽrənɪt-, -nət-] 〚⇨ ↑, -age〛 — *n.* 1 [集合的] (全)准男爵 (the baronets). 2 准男爵名簿. 3 准男爵の身分[地位].

bar·on·et·cy [bǽrənɪtsi, bér-, -nət-, bæ̀rənét-, bèr- | bǽrənɪtsɪ, -nèt-] 〚⇨ -cy〛 *n.* 准男爵の位階[身分].

ba·ron et femme [bərάn-et-fém, bǽrən-, bér- | bərɔ́n-; *F.* barɔ̃efam, bɑ-] 〚▭ AF ~〛 *n.* 〘紋章〙夫婦 (baron and feme) (cf. baron 6).

báronet's bádge *n.* 〘紋章〙= ARMS of Ulster.

ba·rong [bərɔ́(:)ŋ, bɑ:-, -rάŋ | -rɔ́ŋ] 〚← Philippine《土語》: cf. parang〛 *n.* バーロング刀《フィリピンの Moro 族の用いる広幅の刀; みねは厚く刃は極めて薄い》.

ba·ro·ni·al [bəróʊniəl, -njəl | -rə́ʊnjəl, -nɪəl] 〚← BARONY + -AL¹〛 — *adj.* 1 男爵(階級, 領)の: ~ rank. 2 a 男爵にふさわしい, 華族風の. b 〈建物など〉堂々たる, 広大な, 豪壮な; 城館風の様式の: a ~ hall / the ~ style of architecture 豪華な建築.

ba·ronne [bərάn, bæ-, -rɔ́(:)n | -rɔ́n; *F.* barɔn, bɑ-] 〚▭ (O)F ~ (fem.) ← BARON〛 *F. n.* (フランスの)男爵夫人[未亡人]; 女男爵 (baroness).

bar·on·y [bǽrəni, bér- | bǽrənɪ] 〚《*c*1300》 *baronie* ▭ OF: ⇨ baron, -y¹〛 — *n.* 1 男爵領. 2 男爵の位階[身分]. 3 [修飾語を伴って] …王国: a cotton ~. 4 (アイルランドの)郡《イングランドの hundred に相当》. 5 (スコットランドの)広い自由保有地, 大荘園《平民の所有地の場合にも用いられた》.

ba·roque [bəróʊk, bæ-, -rάk | bərɔ́k, -rə́ʊk; *F.* barɔk] 〚《1765》 ▭ F ~ ▭ It. *barocco* ← ? *Federigo Barocci* (1528–1612: イタリアの画家, この様式の創始者). — adj. 3 b, n. 4: ▭ F ~ ▭ Port. *barroco* misshapen pearl ▭ Arab. *burāq* (pl.) pebbly ground〛 — *adj.* 1 [しばしば B-] 〘建築〙バロック式の誇張された装飾・曲線の使用を特徴とする《16 世紀イタリアに発達し 18 世紀まで続いた建築様式にいう》. ★ この語を rococo と同じ意味に用いる人もある. 2 〘音楽〙 a [時に B-] バロック時代の, バロック様式の《およそ 1600–1750 年を音楽史の一様式期としてとらえた名称にいう; ルネサンス期の音楽に比べ, 対称を強調した表現豊かな音楽で Bach や Handel でその頂点に達した》. b 〈オルガンが〉バッハ時代の特徴に従って作られた. 3 a 奇異な, 怪奇な (grotesque); 〈趣味など〉あくどくて粗野な, げてものの, グロな (bizarre); 〈文体など〉過度に装飾的な, 美辞麗句に満ちた (ornamented). b 〈真珠が〉(形が)不整の, ふぞろいの (irregular): a ~ pearl. — *n.* 1 [しばしば the B-] バロック建築様式. 2 [the ~] 怪奇趣味; 異様な装飾的文体. 3 〘音楽〙バロック音楽. 4 (形の)いびつな真珠. **~·ly** *adv.*

baróque órgan *n.* 〘音楽〙バロックオルガン《J. S. Bach の頃までのパイプオルガンを指す》; これに似せて作られたオルガン《近代オルガンとは反対に音が柔らかく混ざるように風圧を弱くしてある》.

bàro·recéptor 〚← BARO- + RECEPTOR〛 *n.* 〘解剖〙圧受容器《圧力を感じる神経装置》.

bar·o·scope [bǽrəskòʊp, bér- | bǽrəskə̀ʊp] 〚← BARO- + -SCOPE〛 *n.* 〘気象〙気圧計. **bar·o·scop·ic** [bæ̀rəskάpɪk, bèr- | bæ̀rəskɔ́p-] *adj.*

bàro·sinusítis *n.* 〘病理〙= aerosinusitis.

báro·swìtch *n.* 〘気象〙(大気圧によって作動する)ラジオゾンデ用スイッチ.

bàro·thérmogram *n.* 〘気象〙自記温圧図.

bàro·thérmograph 〚《混成》← BARO(GRAPH) + THERMOGRAPH〛 *n.* 〘気象〙自記温圧計《気温と気圧を記録する器械》. 「計図.

báro·thèrmo·hýgrogram *n.* 〘気象〙自記温湿圧

báro·thèrmo·hýgrograph 〚← BARO- + THERMO- + HYGROGRAPH〛 *n.* 〘気象〙自記温湿圧計《気温と気圧と湿度を記録する器械》.

bar·o·ti·tis [bæ̀rətáɪṭɪs, bèr-, -ṭəs | bæ̀rətáɪtɪs] 〚⇨ ↓, -itis〛 *n.* 〘病理〙気圧性中耳炎, 航空性中耳炎.

báro·tráuma 〚← NL ~: ⇨ baro-, trauma〛 *n.* (*pl.* ~·ta, ~s) 〘病理〙気圧性外傷; (特に)航空中耳炎.

bar·o·trop·ic [bæ̀rə(ʊ)trάpɪk, -rə- | -rə(ʊ)trɔ́p-] 〚← BARO- + -TROPIC〛 *adj.* 〘気象〙〈流体が〉順圧の.

ba·rot·ro·py [bərάtrəpi | -rɔ́trəpɪ] *n.* 〘気象〙順圧《等圧面と等密度面が一致する流体の状態; cf. baroclinity》.

Ba·rot·se·land [bərάtsilæ̀nd | -rɔ́tsɪ-] *n.* バロツェランド《Zambia 西部の旧州; 現在の Western Province》.

ba·rouche [bərú:ʃ, bæ-] 〚▭ G《方言》 *Barutsche* ▭ It. *baroccio* ▭ LL **birotium* two wheeled ← L *birotus*: ⇨ bi-¹, rota¹〛 — *n.* (昔の)バルーシュ型馬車《2人ずつ向かい合った座席のあるほろ付き4人乗りの四輪馬車; 御者席は車の前方にあり通例2頭立て》.

barouche

bár pìn *n.* 細長い飾りピン《ブローチの一種》.

bár pìlot *n.* 〘海事〙門洲(もんす)水先人《浅瀬を越えて港へ船を導く任務の水先案内人》.

bar·quan·tine [báəkəntì:n | bá:-] *n.* 〘海事〙= barkentine.

barque [báək | bá:k] *n.* = bark³.

bar·quen·tine [báəkəntì:n | bá:-] *n.* 〘海事〙= barkentine.

bar·quette [bɑəkét | bɑ:-] 〚← BARQUE + -ETTE〛 *n.* バルケット《舟形の小型パイ》.

Bar·qui·si·me·to [bɑ̀əkəsəméɪṭoʊ | bɑ̀:kɪsɪméɪtəʊ; *Sp.* bàrkisiméto] *n.* バルキシメト《ベネズエラ北西部の商業都市; 人口 430,000》.

Barr. 《略》Barrister.

bar·rack[1] [bǽrək, bér-, -rɪk | bǽr-] 〘《1686》□F *baraque* □It. *baracca* wooden hut or shed // Sp. *barraca* cabin, mud hut ← ? *barro* clay〙 ── *n.* **1** [通例 *pl.*; 単数または複数扱い] 兵営, 営舎. **2** [通例 *pl.*; 単数または複数扱い] バラック式建物, (大きくてがらんとした)大勢人の住む家, 仮小屋: a regular ~ of a place 全くバラック同然の家. **3** 《米北東部》(四本柱で仮設の屋根を支えた)干草おおい. ── *attrib. adj.* 兵営の, 兵舎の: a ~ life / a ~ room 兵舎の部屋 / a ~ yard 営庭. ── *vt.* 〈軍隊を〉兵舎に収容する. ── *vi.* 兵舎で暮らす.

bar·rack[2] [bǽrək, bér-, -rɪk | bǽr-] 〘《1890》← Austral.《土語》*borak* a banter〙《英・豪》── *vt.* 〈見物人が〉〈選手・チーム・演説者などを〉やじる (jeer); 声援する. ── *vi.* やじる〔*against*〕; 声援する〔*for*〕.

bar·rack·er *n.* 《英・豪》やじる人, やじ馬.

bárracks bàg *n.* 〘軍事〙衣嚢(のう)《衣服その他の支給装具を入れる個人用の布袋》.

bárracks làwyer *n.* 軍法・軍則・軍人の権利などの権威者と自認している軍人.

bárrack-squàre *n.* (兵営近くの)練兵場.

bar·ra·coon [bæ̀rəkúːn, ⏤⏤´] 〘□Sp. *barracón* (aug.) ← *barraca* 'BARRACK[1]'〙 *n.* (昔の)奴隷[囚人]仮収容所.

bar·ra·cou·ta [bæ̀rəkúːtə, bèr- | bæ̀rəkúːtə] 〘□Am.-Sp. ~ ← W-Ind.〙 ── *n.* (*pl.* ~, ~s) (*also* **bar·ra·cou·da** [-də]) **1** 〘魚類〙 **a** 南半球温帯部のクロタチカマス科の食用魚 (*Thyrsites atun*). **b** ＝barracuda. **2** 《ニュージーランド》(通例 2 ポンドの)長パン.

bar·ra·cu·da [bæ̀rəkúːdə, bèr- | bæ̀rəkjúː-, -kúː-] 〘□Am.-Sp. ~〙 ── *n.* (*pl.* ~, ~s) 〘魚類〙 **1** カマス属 (*Sphyraena*) の細長い海産魚の総称 (cf. great barracuda). **2** 東南アジア沖およびインド洋海域のサバ科の食用魚 (*Scomberomorus commersonii*).

bar·ra·cu·di·na [bæ̀rəkúːdənə, bèr-, -dṇə | bæ̀rəkjúːdɪnə, -kúː-] 〘□Am.-Sp. ~ ← BARRACUDA＋-*ina* '-INE[5]'〙 *n.* 〘魚類〙ハダカエソ《ハダカエソ科の魚類の総称》.

bar·rage[1] [báːrɪdʒ] 〘《1859》□F ~ ← *barrer* 'to BAR[1]': ⇨ -age〙 *n.* 〘土木〙(河流などの)せき止め工事; 堰(せき), ダム (dam).

bar·rage[2] [bərάːʒ, -rάːdʒ | bǽrɑːʒ, bærάːʒ, -rάːdʒ; *F.* baʀaːʒ] 〘□F (*tir de*) *barrage* barrier (fire): ↑〙 ── *n.* **1** 〘軍事〙弾幕砲火[射撃], 弾幕, つるべ打ち: a creeping ~＝rolling barrage / lift the ~ 弾幕の射程距離を長くする. **2** 〔打撃などの〕集中攻撃, 連発; 〔言葉・書き物の〕圧倒的多量〔*of*〕: a ~ *of* questions 矢継ぎ早の質問, 質問攻め. **3** (フェンシング・馬術などの)予選; 決勝競技. ── *vt.* **1** …に弾幕砲火を浴びせる. **2** 〈質問・要求などを〉〈人〉に連発する〔*with*〕.

barráge ballòon *n.* 〘軍事〙阻塞(そ)気球, 防空気球《空襲を防ぐために設ける網・索を支持するのに用いる; cf. balloon barrage》.

bar·ra·mun·da [bæ̀rəmʌ́ndə] 〘← Austral.《土語》〙 ── *n.* (*pl.* ~, ~s) 〘魚類〙 **1** バラムンダ (*Neoceratodus forsteri*)《オーストラリアの諸河川に産する肺魚; cf. ceratodus》. **2** オーストラリアに生息する骨舌目の淡水魚 (*Scleropages leichardti*).

bar·ra·mun·di [bæ̀rəmʌ́ndi | -dɪ] *n.* (*pl.* ~, ~s, ~es) 〘魚類〙＝barramunda.

bar·ran·ca [bərǽŋkə; *Sp.* barráŋka] 〘□Sp. ~〙 *n.* **1** 深い急な峡谷 (gorge). **2** 切り立った土手, 絶壁. **3** 〘地理〙火口瀬《火口やカルデラから流れ出す川》.

bar·ran·co [bərǽŋkou | -kəu] *n.* (*pl.* ~s) ＝barranca.

Bar·ran·quil·la [bæ̀rənkíː(l)jə; *Sp.* bàrraŋkíja] *n.* バランキヤ《コロンビア北部 Magdalena 川に臨む港市; 人口 691,000》.

bar·ra·tor [bǽrəṭə | -tə(r)] 〘《1389》*baratour* rioter □OF *barateor* swindler ← *barater* 'to deceive, BARTER': ⇨ -or[2]〙 ── *n.* (*also* **bar·ra·ter** [~]) 〘法律〙barratry の犯罪者.

bar·ra·trous [bǽrətrəs] *adj.* 〘法律〙訴訟教唆の; (判事の)収賄罪の; 船長[船員]の不法行為の. **~·ly** *adv.*

bar·ra·try [bǽrətri | -trɪ] 〘ME □OF *baraterie* ← *barate*: ⇨ barter, -ery〙 ── *n.* **1** 〘法律〙訴訟[争議]教唆罪. **2** 〘スコット古法〙(判事の)収賄罪. **3** (船主または荷主に対する)船長[船員]の不法行為. **4** 聖職[官職]の売買.

Bárr bòdy [bάːə- | bάː-] 〘← *Murray Llewellyn Barr* (1908– : カナダの解剖学者)〙 ── *n.* 〘生物〙バー小体, 性染色質体《性の決定を司る染色(質)体; sex chromatin body ともいう》.

barre [bάːə | bάː(r; *F.* baːʀ, bɑːʀ] 〘□F ~: ⇨ bar[1]〙 ｢*n.* 〘バレエ〙＝bar[1] 13.

bar·ré [bɑːréɪ; *F.* baʀe, ba-] 〘□F ~ (p.p.) ← *barrer* 'to BAR[1]'〙 ── *n.* **1** 厚段(あつだん)《横糸の密度が局部的に多い織りむら》. **2** バレ《織物・編物・染色などの過程で現われる欠点》.

barred 〘ME: ⇨ bar[1], -ed 1, 2〙 ── *adj.* **1** 横[縦]桟のある, 棒を打ち付けた: a ~ gate, window, etc. **2 a** かんぬきのある; 閉じ込めた, さえぎった. **b** 〈港が〉砂洲(す)のある. **3 a** 線[筋, 縞]のある (striped). **b** 〘鳥類〙羽に横縞がある.

bárred í [-áɪ] *n.* 〘音声〙横棒付き i《[ɨ] という記号; [ə] よりも舌の高い中舌の非円唇高母音を表わす》.

bárred ówl *n.* 〘鳥類〙アメリカフクロウ (*Strix varia*)《北米東部産》.

bárred spíral gálaxy *n.* 〘天文〙棒渦巻星雲.

barrel [bǽrəl, bér- | bǽr-] 〘《*c*1300》*barel* □(O)F *baril* ← ? *barre* 'BAR[1]'〙 ── *n.* **1** (胴の膨れた)樽 (cf. cask, tub 1): a beer ~. **2 a** 一樽; 樽一杯(分): a ~ *of* herrings ニシン一樽. **b** バレル《容量の単位; 石油では 158.98 リットル (42 米ガロン, 35 英ガロン), その他の液体では, 米国では 119.24 リットル (31.5 米ガロン), 英国では 163.67 リットル (36 英ガロン), 果物・野菜などでは 115.62 リットル (7,056 立方インチ, 105 乾量クォート)など品物により異なる: 略 bbl》. **c** [しばしば *pl.*]《口語》たくさん, どっさり (lot): ~*s* of money [jokes] / It was a ~ of fun. 実におもしろかった. **3 a** (物の)胴体. **b** 銃身, 砲身 (⇨ blunderbuss, rifle[1] 挿絵). **c** (機械の)円筒; (巻上げ機の)胴. **d** 〘海事〙車地(しゃち) (capstan) の胴部. **e** (ポンプの)筒. **f** (万年筆の)インク室. **g** 香箱《時計のぜんまい箱》. **4** (牛馬の)胴体 (trunk). **5** 《英俗》でぶ,「ビヤ樽」.

lock, stock, and barrel ⇨ lock[2] 成句. ***on the barrel*** ＝*on the* BARRELHEAD. ***over a barrel*** 〘溺れかけた人を樽の上に乗せて水を吐かせたことから〙《口語》窮地に陥って, お手上げの状態で: have a person *over a* ~ 〈人を〉(特に経済的に)こちらの言いなりにさせる, 思いのままに支配する. ***scrape* (*the bottom of*) *the barrel*** 《口語》(やむなく)残った[拙劣な]手[人]を使う.

── *v.* (**bar·reled, -relled; -rel·ing, -rel·ling**) ── *vt.* **1** 樽に入れる, 樽詰めにする. **2** 《米俗》**a** 〈荷物などを〉早く運ぶ. **b** 〈自動車などを〉高速度で走らせる, とばす. ── *vi.* 《米俗》〈乗物などが〉高速度で進む, 疾走する: The enemy airplane came ~*ing in*. 敵機が高速で進入してきた / The truck ~*ed down* the highway. トラックが大通りを疾駆して行った.

bárrel bòlt *n.* 〘建築〙上げ落としボルト《扉・開き窓などにつける戸締りのための上げ下ろし金具》.

bárrel-bùlk *n.* 5 立方フィートの容積(＝1/8 トン).

bárrel cáctus *n.* 〘植物〙樽形になるサボテン類の総称; (一般に)タマサボテン属 (*Echinocactus*) の植物.

bárrel chàir *n.* 樽形の(高い背もたれのある)安楽椅子.

bárrel-chést·ed *adj.* (身長に比べて)特に広く厚い胸をした.

bárrel cùff *n.* (通例ボタンでとめる)袖に縫い付けられた折返しのないカフス (cf. French cuff).

bárrel distòrtion *n.* (光学機械・テレビ受像機などの)樽形ひずみ (cf. pincushion distortion).

bárrel-dràin *n.* 〘建築〙筒形下水, 円筒型排水渠.

bár·reled 〘《15C》〙 ── *adj.* [通例複合語の第 2 構成素として] **1** (…の)銃身のある, 筒が…の: a double-*barreled* gun 二連銃 / a single-*barreled* gun 単身銃, 単銃. **2** 〈牛馬など〉胴まわりが…の: a well-*barreled* cow 胴まわりの大きい牝牛.

bar·rel·ful [bǽrəlfùl, bér- | bǽr-] 〘ME〙 *n.* (*pl.* ~s, **bar·rels·ful**) **1** 樽一杯(分); 1 バレル(の量)〔*of*〕. **2** たくさん, 大量 (lot): a ~ *of* fun [foreign words].

bárrel·hèad *n.* 樽の上部[下部]の板, 鏡板, 底板.

on the barrelhead 《米》即金で[の], 即座に[の]: pay (cash) *on the* ~ for a car 現金で車を買う.

bárrel·hòuse *n.* 《米》**1** 《俗》下等な飲屋[ナイトクラブ]. **2** 〘ジャズ〙バレルハウス《20 世紀初期に New Orleans の酒場ではやった騒々しく力強い旋律のジャズ》.

bárrel-hòuse *adj.* 《米》〈ジャズが〉力強い旋律の, 騒々しい.

bárrel kèy *n.* ＝pipe key.

bárrel òrgan *n.* **1** バレルオルガン《大道音楽師がハンドルを回して鳴らす小型の手回し風琴; street organ ともいう》. **2** バレルオルガン《18–19 世紀の教会で使用された同様な仕掛けで動く大型のオルガン》.

barrel organ 1

bárrel plàting *n.* 〘化学〙回転めっき《細かい穴のあいた円筒に品物を入れ, 槽中を回転させながらする電気めっき法》.

bárrel-ròll *vi.* 〘航空〙バレルロールする.

bárrel ròll *n.* 〘航空〙バレルロール《飛行機の曲技飛行の一種》.

bárrel ròof *n.* 〘建築〙**1** かまぼこ屋根. **2** ＝barrel vault.

bárrel shòp *n.* ＝barrelhouse.

bárrel vàult *n.* 〘建築〙円筒ヴォールト, かまぼこ型天井.

bar·ren [bǽrən, bér- | bǽr-] 〘《?*a*1200》*barain*(*e*) □AF *barai*(*g*)*ne*＝OF *barhaine* (F *bréhaigne*) ← ?: cf. Alb. *beronjë* sterile〙 ── *adj.* (**more ~, most ~; ~·er, ~·est**) **1 a** 〈女・動物の雌が〉子を産まない, 不妊の; まだ妊娠していない: a ~ woman / be ~ *of* children 子供がない. **b** 〈草木が〉実を結ばない (fruitless): a ~ flower めしべ[子房]のない花. **c** 〈土地が〉やせた, 作物のできない, 不毛の (unproductive): ~ land. **2** 〈計画・努力など〉実を結ばない, 結果を生じない, むだに終わった (empty): a ~ scheme / ~ endeavors. **3** 〔…に〕乏しい, 〔…を〕欠いた (devoid)〔*of*〕: be ~ *of* results [interest] 成果[興味]に乏しい. **4** 〈作品など〉内容の貧弱な, 中味のない (meager); つまらない (dull); だれた; 〈作家・知能など〉ぼんくらの, 無能な: a ~ writer. ── *n.* **1** 荒地, やせ地. **2** [*pl.*] 荒野, 不毛の地《北アメリカで, 樹木のまばらなゆるやかに起伏する砂地》. **~·ly** *adv.* **~·ness** *n.*

Bárren Gróunds [Lánds] *n. pl.* [the ~] カナダ北部, 特に Hudson 湾北西部周辺より Great Slave 湖・Great Bear 湖あたりまでのツンドラ地帯.

bárren·wòrt 〘これを食べると不妊症になると考えられていたことから〙 ── *n.* 〘植物〙発汗剤など薬用または観賞用に栽培されるメギ科イカリソウ属 (*Epimedium*) の植物の総称《日本産のバイカイカリソウ (*E. diphyllum*) など》.

bar·rer·a [bəréːrə, bɑː-; *Sp.* barréra] 〘□Sp. ~ ← *barra* 'BAR[1]'〙 *Sp. n.* **1** 闘牛場の赤い木壁. **2** 闘牛場の最前列の席.

Bar·rès [bæréːs, bə-; *F.* baʀɛs], **(Auguste) Maurice** *n.* バレス《1862–1923; フランスの政治家・評論家・小説家; *Les Déracinés*「根こぎにされた人びと」(1897)》.

bar·ret [bǽrɪt, -rət, bəréːt | bǽrɪt, -rət] 〘□F *barrette* cap □It. *berretta*: ⇨ biretta〙 *n.* **1** バレット帽《ベレー帽に似た中世風の小型の帽子》. **2** ＝biretta.

bar·re·tor [bǽrəṭə | -ritə(r, -rə-] *n.* ＝barrator.

bar·rette [bɑːrét, bə-; *F.* baʀɛt, ba-] 〘□F ~ (dim.) ← *barre* 'BAR[1]'〙 *n.* 《米》棒状のヘアクリップ, 髪留め.

bar·ret·ter [bəréṭə | -tə(r)] 〘《変形》← OF *bareteor* to exchanger: cf. barrator, barter〙 ── *n.* 〘電気〙バレッター《細い白金線の抵抗変化を利用する, マイクロ波電力測定用素子》.

bar·ri·cade [bǽrəkèɪd, bér-, ⏤⏤´ | bæ̀rɪkéɪd, -rə-] 〘*v.*: 《1592》□F *barricad-er* ← *barricade* ← *barrique* barrel (初めは土を入れた大樽でバリケードを作ったことから)□Sp. *barrica*: ⇨ -ade〙 ── *n.* **1** [通例 *pl.*] バリケード, 防柵, 防塞《敵をくい止めるため, 樽や車などで路上ににわか造りに組立てたもの》; 往来止め. **2** 妨害物, 障害, 障壁 (barrier). **3** [しばしば *pl.*] 論争[衝突]の場: on the ~*s* for…のための論争で. ── *vt.* **1 a** …にバリケードを築く〔*with*〕; 〈往来などを〉柵で止める[さえぎる]: ~ a passage *with* desks and chairs 机やいすで通路にバリケードを築く. **b** バリケードで(…の出入りを)防ぐ. **2** バリケードで守る; (バリケードなどを築いて)〔…に〕閉じ込める〔*in*〕: ~ oneself *in* [*in* one's room] バリケードを作って中[部屋]に閉じこもる. **bár·ri·càd·er** *n.*

bar·ri·ca·do [bæ̀rəkéɪdou, bèr- | bæ̀rɪkéɪdəu, -rə-] 〘□F *barricade* (↑)〙《古》*n.* (*pl.* ~**es**, ~**s**), *vt.* ＝barricade.

Bar·rie [bǽri, béri | bǽrɪ] 〘⇨ Barry〙 *n.* 男性名.

Barrie, Sir James M(atthew) *n.* (1860–1937) スコットランドの小説家・劇作家; *Peter Pan* (1904), *Dear Brutus* (悲喜劇, 1917).

bar·ri·er [bǽriə, bér- | bǽrɪə(r)] 〘《*c*1380》*barrere* □AF＝(O)F *barrière* obstacle < VL **barrāriam* ← **barra* 'BAR[1]': ⇨ -ier[1]〙 ── *n.* **1 a** (すべて人の通行・出入りを禁止する)障壁, 柵. **b** 税関の門; (駅の)改札口. **c** 境界線: a racial ~ 人種的境界線. **d** 《古》(国境の)砦, 防御柵. **2** [通例 *pl.*] **a** (中世の試合場の)矢来(やらい), 埒(らち) (palisade). **b** (矢来の中で行なわれる)試合: at ~*s* 試合中. **3** 難関, 障害, 障壁, 妨げ〔*to*〕: a mountain ~ 交通をさえぎる山岳 / a trade ~ 貿易の障害 / a language ~ 言葉の障壁 / a ~ *to* education [progress] 教育[進歩]をはばむ邪魔物 / eliminate sex ~*s* 男女差別を撤廃する / put a ~ *between* …の仲に水をさす. **4** 〘地理〙**a** 堡氷(ほひょう)《barrier ice が海中に連続し, 高原のように広がり, 垂直の崖(がけ)で終わっているもの》. **b** 沿岸洲(す), 堤洲《海岸線に平行して連続する長い砂洲; 陸地との間は潟や沼沢地になっている; barrier beach, barrier bar ともいう》. **5** 〘競馬〙(出発点の)バリヤー, 遮断網; バリヤー式発馬機. ── *vt.* **1** 柵で囲む, 閉鎖する, とざす〈*in*〉. **2** 遮断する〈*off*〉.

bárrier bèrg *n.* 〘地理〙バリアーバーグ《南極大陸の堡氷 (barrier) から分離した頂上の平らな大氷山》.

bárrier crèam *n.* (手の)荒れ止めクリーム.

bárrier ìce *n.* 〘地理〙バリアアイス《南極大陸の大陸氷河[氷床, 内陸氷]の縁の部分; cf. barrier 4 a》.

bárrier làyer *n.* 〘物理〙障壁, 堰層.

bárrier rèef *n.* 〘地理〙堡礁(ほしょう)《海岸線に平行し礁湖 (lagoon) の海面をはさんで発達するさんご礁; cf. fringing reef, atoll》: ⇨ Great Barrier Reef.

bar·ring [bάːrɪŋ, ⏤´] 〘《1481–90》← ME *barin*(*g*) (pres.p.) ← *barre* 'to BAR[1]': ⇨ -ing[2]〙 ── *prep.* …以外は, …を除いて (excepting); …がなければ: Nobody else, ~ the author, knew. 著者のほかはだれも知らなかった / *Barring* rain, we leave tonight. 雨さえ降らなければ今夜立ちます.

bàrring-óut 〘← *bar out* (*masters*) (⇨ bar[1] (v.) 成句)〙 *n.* (*pl.* **barrings-out**) 締め出し《抵抗のためまたは冗談で教室や校舎を締めて教師を入れないこと》.

bar·ri·o [bάːriòu | -riəu; *Sp.* bárrjo] 〘□Sp. ~〙 ── *n.* (*pl.* ~**s**) **1** (スペインまたはスペイン語圏における)都市の一区域, 区. **2** 《米》(米国の都市の)スペイン語を日常語とする人々の住む一画.

bar·ris·ter [bǽrɪstə, bér-, -rəs- | bǽrɪstə(r)] 〘《1532》*barrester* ← *barri*- (⇨ bar[1])＋-STER〙 ── *n.* **1** 〘英法〙バリスター《法廷で弁論をする資格がある; 正式には barrister-at-law という; cf. King's Counsel, attorney-at-law, solicitor 3》: ⇨ revising barrister. **2** 《米口語》弁護士 (lawyer).

bár·ròom *n.* (ホテルなどの)酒場, バー(のある室).

Bar·ros [bάːruːʃ; *Port.* báʀuʃ], **João de** [ʒwẽũ də] *n.* バロス《1496–1570; ポルトガルの歴史家; the Portuguese Livy と呼ばれる; *Ásia*「アジア記」(4 vols., 1552–53, 1563, 1615)》.

bar·row[1] [bǽrou, bér-, -rə | bǽrəu] 〘OE *bearwe* basket < Gmc **barwōn* ← **ber*- 'to BEAR[2]'〙 ── *n.* **1 a** 担架形の運搬器, 輦台(れんだい). **b** 1 輪の手押し車.

c《英》(果物行商人などの用いる) 2 輪の手押し車. **2** 手押し車 1 台分の荷物.

bar·row² [bǽrou, bér-, -rə | bǽrəu]〘OE *beorg* < Gmc **berʒaz* (G *Berg* hill) ← IE **bheregh-* high〙 ── *n.* **1**〘考古〙(土まんじゅう形の)塚, 古墳 (tumulus)《英国にある有史前の墓》. **2**《英》B-; イングランドの地名に用いられて〕丘, 山 (hill): Rain *Barrow*.

bar·row³ [bǽrou, bér-, -rə | bǽrəu]〘OE *bearg* < Gmc **barʒwaz* (G *Barg*) ← ? IE **bher-* to cut〙*n.*《英方言・米》去勢した雄豚.

Bar·row [bǽrou, bér- | bǽrəu]〘1: ME *Barrai* ← Gael. *barr* hill + ON *ey* island〙*n.* **1** =Barrow-in-Furness. **2** [the ~] アイルランド南東部の川 (190km).

Bar·row [bǽrou, bér- | bǽrəu]〘← *Sir John Barrow* (1764-1848: 英国の地理学者)〙, **Point** *n.* バロー岬《米国 Alaska 州最北端の岬》. 「人, 呼び売り人.

bárrow bòy *n.* (手押し車で野菜・果物を売る) 行商

bar·row·ful [bǽroufùl, bér-, -rə- | bǽrəu-] *n.* 手押し車一台分の荷物.

Bárrow-in-Fúrness *n.* イングランド北西部, Cumbria 州南部の海港で造船所がある; 人口 74,000.

bárrow·man [-mən, -mæ̀n] *n.* (*pl.* **-men** [-mən, -mèn]) =barrow boy.

bárrow pìt *n.*《米西部》道路わきのみぞ.

bar·ru·let [bǽrjulɪt, -rə-, -lət]〘(dim.) ← AF **barru-le* (dim.) ← F *barre* 'BAR¹': ⇨ -ule, -let〙── *n.*〘紋章〙バルレット《bar の約 $^1/_2$ 幅の横帯; $^1/_2$ は目安であって厳格に守られていない; 通例 7 本以上の横帯も barrulet と呼ぶ》. 「-y³〙*adj.*〘紋章〙=barry.

bar·ru·ly [bǽrjuli, -rə- | -lɪ]〘⇨ AF *barrulée*: ⇨ ↑,

bar·ry [bá:ri, bǽri | -rɪ]〘(1486) ⇨ F *barré* barred ← *barrer* 'to BAR¹'〙── *adj.*〘紋章〙〈盾が〉水平に 4 以上の偶数に等分割された《交互に 2 色—金属色 (metal) と原色 (color)—で彩色される; ⇨ heraldry 挿絵 E》.

Bar·ry [bǽri, béri | bǽrɪ]〘⇨ Ir. *Bearrach*《原義》spear〙*n.* 男性名. 「国国会議事堂の設計者.

Barry, Sir **Charles** *n.* (1795-1860) 英国の建築家; 英

bárry-bèndy *adj.*〘紋章〙〈盾が〉fess lines (横線) と bend lines (向かって左上からの斜線) で等分割された《bend sinister line (向かって右上からの斜線) の場合は barry-bendy sinister という》.

Bar·ry·more [bǽrɪmɔ̀ə, -mɔ̀ə | bǽrɪmɔ̀:(r)], **John** *n.* (1882-1942) 米国の俳優. 「の兄.

Barrymore, Lionel *n.* (1878-1954) 米国の俳優, John

bárry-nèbuly *adj.*〘紋章〙〈盾が〉水平に nebuly lines (雲形の線) で 4 以上に等分割された (cf. barry-wavy).

barry-píly *adj.*〘紋章〙〈盾が〉pile (楔) の形に横に等分割された.

bárry-wàvy *adj.*〘紋章〙〈盾が〉水平に波形の線で 4 以上に等分割された (⇨ heraldry 挿絵 E).

bár sínister *n.* **1**《俗用》〘紋章〙=bend sinister. **2** 嫡出でないこと. **3** (永久に消すことのできない) 汚名, 焼き印, 恥辱. 「スプーン》.

bár·spòon *n.* バースプーン《カクテル用の柄の長い

bár·stòol *n.* バー [酒場] のとまり木. 「名.

Bart [báət | bá:t]〘(dim.) ← BARTHOLOMEW〙*n.* 男性

Bart.《略》Baronet; Bartholomew.

bár tàck *n.*〘服飾〙かんぬき止め《ボタンホールなど力のかかる場所の補強のため糸を上下あるいは左右に数回渡したステッチ》. **bár-tàcked** *adj.*

bár·tènd〘《逆成》↓〙*vi.* (特に, 職業として) バーテンをする. 「人; バーテン.

bár·tènder〘← BAR¹ + TENDER²〙*n.* バー [酒場] の主

bar·ter [báəṭə | bá:tə(r)]〘(1440) ⇨ OF *barater* to cheat, exchange < ? VL **prattāre* ⇨ Gk *prāttein* to perform: cf. barrator〙── *vi.* 交易する, 物々交換をする (trade): ~ *with* Indians (*for* furs) インディアンと (毛皮を求めて) 交易する. ── *vt.* **1** (…と) 物々交換する (exchange) 〔*for*〕: ~ oil *for* machinery 石油を機械と交換する. **2** [しばしば ~ *away* として] 安値で売り渡す; (利益に目がくらんで) (…と引き換えに) 〈自由・地位などを〉売る 〔*for*〕: ~ *away* one's honor [freedom] *for* wealth 金と引き換えに名誉 [自由] を売る. ── *n.* **1 a** 現物交易, 物々交換: the ~ system〘経済〙交換貿易制, バーター方式. **b** 交換, やりとり (exchange). **2** 交易品: ~ *for* food 食料との交易品.

bár·ter·er *n.* 物々交換者, 交易者.

Barth [báəθ | bá:θ], **John** *n.* (1930-) 米国の小説家; *The End of the Road* (1958).

Barth [báət | bá:t; *G.* bárt], **Karl** *n.* バルト《1886-1968; スイスのプロテスタント神学者, 弁証法神学 (dialectical theology) の指導者; *Die kirchliche Dogmatik*「教会教義学」(1932-67)》.

Bar·thelme [báəθelm | bá:-], **Donald** *n.* (1931-) 米国の小説家; *Snow White* (1967).

Barth·i·an [báəṭiən | bá:tɪ-] *adj.* バルト (Karl Barth) 派 (の神学) の. ── *n.* バルト神学の支持者 [信奉者].

Bar·thol·di [baəθáldi, -tá:l-, -θɔ́(:)l-, -tɔ́(:)l- | ba:θɔ́ldɪ, -tɔ́l-; *F.* bartɔldi], **Frédéric Auguste** *n.* バルトルディ《1834-1904; フランスの彫刻家; New York 湾内の「自由の女神像 (Statue of Liberty)」の製作者》.

Bár·tho·lin's glánd [báəṭəlɪnz-, -lənz- -ṭl-, -θəl- | bá:təlɪnz-, -θəl-]〘← *Kaspar Bartholin* (1655-1738: デンマークの解剖学者)〙── *n.*〘解剖〙(女性外陰部の) バルトリン腺, 大前庭腺.

Bar·thol·o·mew [baəθáləmjù: | ba:θɔ́l-, bə-]〘⇨ OF *Barthelemieu* (F *Barthélemy*) < L *Bartholomaeus* ⇨ Gk *Bartholomaîos* ⇨ Aram. *bar Talmáy* son of Talmai〙── *n.* **1** 男性名《愛称形 Bart, Bartle, Bartlemy, Bartlet, Bartley, Bat》. **2** [(Saint) ~]〘聖書〙バルトロマイ, バルトロメオ《十二使徒の一人; 祝日 8 月 24 日; cf. *Matt.* 10: 3》.

Barthólomew Fáir *n.* バルトロマイ [バルトロメオ] 祭の市《8 月 24 日の聖バルトロマイ祭日 (St. Bartholomew's Day) の頃に昔は London の West Smithfield で (1133-1840), 後に Islington で (1840-55) 開かれた大定期市》.

Barthólomew·tìde *n.* =St. Bartholomew's Day.

Bar·ti·mae·us [bàəṭəmí:əs | bà:tɪmí:əs, -míəs]〘⇨ LL ~ ⇨ Gk *Bartimaios*《原義》son of Timæus ← Aram. *bar* son〙── *n.*〘聖書〙バルテマイ《エリコ (Jericho) でキリストに目をいやされた盲目のこじき; cf. *Mark* 10: 46-52》.

bar·ti·zan [báəṭəzn, bàəṭəzǽn, ⸗ー⸗ | bà:tɪzǽn]〘(1801)《変形》←《スコット》*bertisane* < ME *bretasce*: ⇨ brattice〙── *n.*〘築城〙(見張り・防禦あるいは屋上に旗などを立てるため設けた) 張出しやぐら.

bartizan

1 merlon; 2 loophole; 3 crenel; 4 machicolation

Bar·tle [báəṭl | bá:tl]〘(dim.) ← BARTHOLOMEW〙*n.* 男性名. ★ イングランド北部に多い.

Bar·tle·my [báəṭlmi | bá:tlmɪ]〘(dim.) ← BARTHOLOMEW〙*n.* 男性名.

Bart·let [báəṭlɪt, -lət | bá:t-]〘(dim.) ← BARTHOLOMEW〙*n.* 男性名《異形 Bartlett》.

Bárt·lett [báəṭlɪt, -lət | bá:t-]〘← *E. Bartlett* (米国の果実即商)〙*n.*〘園芸〙バートレット《英国で発見されたセイヨウナシの品種名; 日本の主要な栽培品種》.

Bart·lett [báəṭlɪt, -lət | bá:t-], **John** *n.* (1820-1905) 米国の出版業者・編集者; *Familiar Quotations* (1855).

Bart·ley [báəṭli | bá:tlɪ]〘(dim.) ← BARTHOLOMEW〙*n.* 男性名.

Bar·tók [báəṭak, -tɔ:k | bá:tɔk; *Hung.* bɔ́rto:k], **Bé·la** [bé:lɔ] *n.* バルトーク《1881-1945; ハンガリーの作曲家・民俗音楽研究家》.

Bar·to·lo·mé [bàəṭə(u)lo(u)méɪ | bà:tə(u)lə(u)-; *Sp.* bàrtolomé]〘⇨ Sp. ~: ⇨ Bartholomew〙*n.* 男性名.

Bar·to·lom·me·o [baətɔ̀(:)ləméɪou | ba:tɔ̀ləméɪəu; *It.* bàrtolomméo], **Fra** *n.* バルトロメオ《1475-1517; イタリア, フィレンツェの画家》.

bar·ton [báəṭn | bá:-]〘OE *beretūn* threshing floor, barn ← *bere* 'BARLEY¹' + *tūn* enclosure〙── *n.* **1**《英方言》(農家の) 内庭 (farmyard); (農家の) 付属建築物, 納屋. **2**《英方言》(荘園の) 直営地農園《貸付地と区別して領主が自己経営用に保持しているもの; cf. demesne 4》. **3**《古》脱穀場.

Bar·ton [báəṭn | bá:-], **Clara** *n.* (1821-1912) 1881 年に米国赤十字社を創設した米国婦人.

Barton, Derek Harold Richard *n.* (1918-) 英国の化学者; Nobel 化学賞 (1969).

Barton, Sir **Edmund** *n.* (1849-1920) オーストラリアの政治家; 初代首相 (1901-03).

bar·ton·el·lo·sis [bàəṭənelóusɪs, -tn-, -səs | bà:tənelə́usɪs, -tn-]〘← NL ~ ← *Bartonella* (← *A. L. Barton*: 20 世紀初頭に活躍したペルーの医師) (+ -ELLA) + -OSIS〙── *n.*〘病理〙バルトネラ症《主に Andes 山脈沿いの低地に見られるバルトネラ菌 (*Bartonella bacilliformis*) を病原体とする伝染病》.

bár tràcery *n.*〘建築〙バートレーサリー, 棒狭間 (ぼうざま)《ゴシック完成期の棒状の石材からなるトレーサリー》.

Bart's [báəts | bá:ts]〘短縮〙*n.*《口語》(ロンドンの) 聖バーソロミュー病院 (St. Bartholomew's Hospital).

Ba·ruch〘⇨ Heb. *bārūkh*《原義》blessed〙── *n.* **1** [bərú:k; *Du.* bá:ru:x] 男性名. **2** [bərú:k, bá:ru:k, bέ(ə)rək | bá:ruk, bέə-, -rək]〘聖書〙バルク《預言者 Jeremiah の友でその書記; 外典 (Apocrypha) 中の「バルク書」の著者と伝えられる; cf. *Jer.* 32: 13》.

Ba·ruch [bərú:k], **Bernard Man·nes** [mǽnəs] *n.* (1870-1965) 米国の政治家・財政家. 「の意の連結形.

bár·wàre *n.* バー [酒場] の設備品.

bar·y- [bǽri | -rɪ]〘← Gk *barús* heavy〙「重い (heavy)」

báry·cènter〘《部分訳》← G *Baryzentrum* ← BARY- + *zentrum* 'CENTER'〙*n.*〘物理・数学〙重心. **bàry·céntric** *adj.*

barycéntric coórdinate sỳstem *n.*〘数学〙重心座標系《*n* 次元ユークリッド空間の座標系の一つ; 各点に総和が 1 の (*n*+1) 個の数の組を対応させるもの》.

bar·y·on [bǽriàn | -rɪɔ̀n]〘← BARY- + -ON²〙── *n.*〘物理〙バリオン, 重粒子《核子および核子よりも重いスピン半奇数の素粒子で, 互いに強い相互作用をするものの総称; cf. antibaryon, hadron, lepton², meson², nucleon》. **bar·y·on·ic** [bæ̀riánɪk | -rɪɔ́n-] *adj.*

báryon nùmber *n.*〘物理〙バリオン数《系 (たとえば原子核) に含まれる重粒子の総数から反重粒子の総数を引いたもの; 厳密に保存される量と考えられる; cf. CONSERVATION of baryon number》.

bar·y·pho·ni·a [bæ̀rəfóuniə | -rɪfə́unjə, -nɪə]〘← BARY- + PHONE² + -IA¹〙*n.* 濁った声.

bar·y·sphere [bǽrɪsfìə, -rə- | -rɪsfìə(r)]〘← BARY- + -SPHERE〙── *n.* [the ~]〘地球物理〙重圏《岩石圏 (lithosphere) によって取り囲まれている地球の内部; 著しく比重の大きな物質から成る; cf. hydrosphere》.

ba·ry·ta [bəráɪṭə | -tə]〘(1809)《変形》← BARYTES〙*n.*〘化学〙**1** バリタ, 重土, 酸化バリウム (BaO); 水酸化バリウム ($Ba(OH)_2$). **2** バリウム (barium): carbonate of ~ 炭酸バリウム. **ba·ryt·ic** [bərítɪk | -tɪk] *adj.*

barýta pàper *n.*〘写真〙バライタ紙《硫酸バリウムを塗布した写真用原紙》. 「リウムの水溶液》.

barýta wàter *n.*〘化学〙バリタ水, 重土水《水酸化バ

bar·yte [bέ(ə)raɪt, bǽr- | bέə-] *n.*〘鉱物〙=barite.

ba·ry·tes [bəráɪti:z]〘(1789) ⇨ Gk *barútēs* weight ← *barús* heavy〙*n.*〘鉱物〙=barite.

ba·ry·to·cal·cite [bəràɪṭəkǽlsaɪt | -tə(u)-]〘← *baryto-* (《連結形》← BARYTA) + CALCITE〙*n.*〘鉱物〙バリトカルサイト, 重土方解石 ($BaCa(CO_3)_2$).

bar·y·tone¹ [bǽrətòun, bér- | bǽrɪtə̀un] *n.*, *adj.*〘音楽〙=baritone.

bar·y·tone² [bǽrətòun, bér- | bǽrɪtə̀un]〘(1828) ⇨ LL *barytonus* ⇨ Gk *barútonos*: ⇨ bary-, tone〙── *n.*, *adj.*〘ギリシャ文法〙(grave accent のある) 最後の音節にアクセント (符) がない (語). 「へ, 下部へ.

ba·sad [béɪsæd]〘← BASE² + -AD³〙*adv.* 基部へ, 土台

bas·al [béɪsəl, -sl, -zəl, -zl | -səl, -sl]〘(1828) ← BASE² + -AL¹〙── *adj.* **1** 基底の, 基部の: the ~ parts of a column 円柱の基部 / the ~ line 基線. **2** 基礎の; 基礎的な, 根本 [基本] 的な (fundamental); 初心者教授用の: ~ characteristics / a ~ condition 基本条件 / ~ readers 初級用リーダー. **3**〘解剖〙基底の. **4**〘生理〙基礎的な《空腹時に安静に寝ている場合を基礎として考えた》: ⇨ basal metabolic rate, basal metabolism. **5**〘医学〙基礎的な, 第一次の《補充麻酔の基礎となる最初の失神状態についていう》: ~ anesthesia [narcosis] 基礎麻酔 / a ~ anesthetic [narcotic] 基礎麻酔薬. **6**〘植物〙基部から生じる. **~·ly** *adv.*

básal bódy *n.*〘生物〙基底小体, 基粒, 生毛体《鞭毛や繊毛の基部にある色素によく染まる微小構造で, 中心粒に似た構造をしている》.

básal bódy tèmperature *n.*〘生理〙基礎体温《略 BBT》.

básal céll *n.*〘解剖〙基底細胞.

básal gánglia *n. pl.*〘解剖〙脳幹神経節, 基底核, 灰白核《大脳髄質の中にある神経核の集団で, 尾状核 (caudate nucleus)・レンズ核 (lenticular nucleus)・扁桃体 (amygdaloid body)・前障 (claustrum) の四つから成る》.

básal metabólic ráte *n.*〘生理〙基礎代謝率《適温空腹安静時における生体の酸素消費率; 略 BMR》.

básal metábolism *n.*〘生理〙基礎代謝《空腹安静時における必要最少限の新陳代謝》.

básal rídge *n.*〘歯科〙=cingulum 2.

ba·salt [bəsɔ́:lt, béɪsɔ:lt, bǽsɔ:lt | bǽsɔ:lt, bǽsɔlt, bəsɔ́:lt, bəsɔ́lt]〘(1601) *basaltes* ⇨ L *basaltes* dark, hard marble in Ethiopia ⇨ Gk *basanítēs* ← *básanos* touchstone〙── *n.* **1**〘岩石〙玄武岩. **2** (酸化鉄と酸化マンガンを加えて作った玄武岩様の光沢の鈍い) 黒色無釉炻器 (せっき)《英国の Josiah Wedgwood が 1768 年に創作した》.

ba·sal·tes [bəsɔ́:lti:z | -sɔ́:t-, -sɔ́l-]〘↑〙*n.* =basalt 2.

basált glàss *n.*〘岩石〙玄武岩質玻璃 (はり).

ba·sal·tic [bəsɔ́:ltɪk | -sɔ́:ltɪk, -sɔ́l-] *adj.*〘岩石〙玄武岩質 [性] の: ~ lava [plateau] 玄武岩質溶岩 [台地].

ba·sal·ti·form [bəsɔ́:ltəfɔ̀əm | -sɔ́:ltɪfɔ̀:m, -sɔ́l-]〘← BASALT + -I- + -FORM〙*adj.*〘岩石〙玄武岩状の, (六角) 柱状の.

basált·wàre *n.* =basalt 2.

bas·an [bǽzən, -zn]〘(1714) ⇨ F *basane* ⇨ Prov. *bazana* ⇨ Arab. *biṭāna*ʰ lining: cf. basil²〙*n.* (からまつ・オークの皮でなめした) 羊皮, バザン.

bas·a·nite [bǽsənàɪt, -zə-] *n.*〘岩石〙ベイサナイト《斜長石・輝石・橄欖石それにかすみ石または白榴石を含んだアルカリ玄武岩の一種, 試金石 (touchstone) として用いられることがある》.

bas bleu [bá:-blə́:, -blú:; *F.* bɑbløe]〘⇨ F ~ ← *bas* stocking + *bleu* blue: bluestocking のフランス語訳〙*F. n.* (*pl.* **~s** [~(z); *F.* ~]) =bluestocking.

bas·cule [bǽskju:l]〘(1678) ⇨ F ~ 'seesaw'〙*n.*〘土木〙跳 (は) ね上げ構造.

báscule bridge *n.* 跳開橋, 跳 (は) ね橋《London の Tower Bridge など》.

bascule bridge

base¹ [béɪs]〘(*c*1390) ⇨ (O)F *bas* low < LL *bassum* stumpy〙── *adj.* (**bas·er; -est**) **1** 〈人・行為など〉(心の) さもしい, (根性の) 卑しい, 見下げ果てた, 卑劣な (cowardly). **2 a** 質の劣った: a ~ substitute. **b** 〈金属などが〉比較的価値の低い, 劣位の, (inferior) (cf. precious 1 b, noble 5 a): ⇨ base metal. **c** 卑金属で作った [と合金した]; 悪質の, 偽造の: a ~ coin 粗悪貨幣. **3** 〈仕事など〉卑しい (者に適した). **4**〘古英法〙農奴的役務 (base service) を条件とした: a ~ estate [tenant] 同上の条件で土地を保有する権利 [借地人], 農奴役務保有権 [保有者]. **5**《まれ》〈言語が〉純正でない, 俗な (not classical): a ~ language / ~ Latin 平俗ラテン語. **6**《古》生まれの卑しい, 地位の卑しい, 卑しい仕事をする; 庶出の: a ~ peasant. **7**《廃》(音が) 太く低い, 低音の (bass): the ~ tones of a piano.

8 a 《古》低い, 高くない. b 《廃》(場所・位置が)低い.
── n. 《古》〘音楽〙=bass[3]. **～·ness** n.

base[2] [béɪs] 〘(a1300) ▭ (O)F ～ // L bas-is ▭ Gk básis step, pedestal ← IE *gwā- 'to go, COME': cf. basis〙 ── n. 1 a (物を支える)基底, 土台, 台, 基盤: the ～ of a pillar, building, etc. b 〘建築〙柱基, 柱礎《柱の下部で柱身より太くなった部分; ⇨ spandrel 挿絵》; (記念碑などの)基部, 台座. 2 a ふもと: at the ～ of a mountain. b (指などの)つけ根, 基部: the ～ of the thumb. 3 (塗装の)下塗り; (化粧などの)下地. 4 a (無形の物事の)基礎, 根拠, 根本(basis): the ～ of one's belief. b (政治などでの)支持基盤: a candidate with a ～ (of support) in the working class 労働階級に支持基盤をもつ候補. c (行動などの)基点, 出発点. 5 a 主成分, ベース, 基剤: paint with an oil ～ 油を主成分とするペンキ. b 〘写真〙=film base. 6 〘軍事〙 a 根拠地, (補給)基地: a ～ of operations 作戦基地, 策源地 / ⇨ air base, naval base. b =base unit. c =base line 8. 7 〘スポーツ〙出発点, (ホッケーなどの)決勝点[線]. 8 〘野球〙塁, ベース: ⇨ base umpire, first base, second base, third base / The ～s are loaded [full]. 満塁だ / a bases-loaded homer 満塁ホーマー. 9 〘化学〙 a 塩基: an organic ～ 有機塩基. b =Lewis base. 10 〘染色〙顕色剤《ジアゾ化しナフトール類と結合させ, 不溶性アゾ染料や顔料をつくる成分》. 11 〘数学〙基線, 基数; 基, 底, 基底 (cf. subbase 3); 底辺, 底面: the ～ of a cone, triangle, etc. / a ～ angle 底角. 12 〘生物〙基部. 13 〘言語〙 a 語基, 基体《文法的屈折部や接辞を除いた, 語の基底となる要素; 例えば unloveliness から un-, -ly, -ness を除いた love; cf. stem[1] 7》. b =root[1] 7 b. c =base component. 14 〘電気〙(電球・真空管などの)口金: an Edison [a swan] ～ ねじ[さし]込み口金. 15 〘電子工学〙トランジスター (transistor) のベース《三端子のうち通例制御信号を加える端子》. 16 〘測量〙基準線, 基線 (base line). 17 〘紋章〙(盾の)下部 (⇨ heraldry 挿絵 B). 18 〘証券〙(証券の)底値, 横ばい型の底値. 19 〘商業〙それに(利息などの)率を掛けたり引いたりする一定金額.
change one's base 《米口語》転進する, 退却する, 逃げる. ***in base*** 〘紋章〙盾の下部に. ***off (one's) base*** (1) 〘野球〙ベースを離れて. (2) 不意打ちに, 不意に: be caught *off* ～ 不意を打たれる. (3) 《米俗》正気の沙汰でなく, 気が狂って; 全く間違って. ***on base*** 〘野球〙出塁して《単に on とも略す》. ***reach [get to] first base*** ⇨ first base 成句.
base on balls 〘野球〙フォアボール(での出塁)《walk, pass ともいう》: an intentional ～ *on balls* 敬遠.
── *attrib. adj.* 1 基礎となる: a ～ color 基調色. 2 基本的な: a ～ right. 3 〘軍事〙基地となる.
── *vt.* 1 …の基底[土台]をなす: A marble pedestal ～*d* the statue. その彫像には大理石の台がついていた. 2 〔…に〕…の基礎を置く; 〈希望などを〉〔…に〕基づかせる; 〈議論など〉(の根拠)を〔事実など〕に置く (found) 〔*on, upon*〕: a theory ～*d on* experience 経験に基づいた学説 / ～ one's arguments *on* facts 事実を議論の基礎とする / ～ oneself on (議論などで)…に頼る, 立脚する / This film is ～*d upon* one of Shakespeare's plays. この映画はシェークスピアの芝居の一つを原作にしたものだ. 3 〔…に〕駐屯させる, 配備する; 〔…に〕…の本拠地を置く〔*at, on, in*〕. ── *vi.* 1 〔…に〕基づく〔*on, upon*〕. 2 〔…に〕基地を置く〔*on, upon*〕.

bàse·báll 〘(c1815)〙 ── n. 1 野球, ベースボール: a ～ fan [player, team] 野球のファン[選手, チーム] / a ～ game 野球試合 / a ～ park 野球場 / play ～ 野球をやる. 2 野球用ボール. 3 〘トランプ〙通例 7 枚の持札で行なう stud poker の一種《9 と 3 を wild card とし, 3 (=三振)と 4 (=四球)の札にそれぞれ罰と特典を与える方式のもの》. 「木(き).

bàse·bòard n. 《米》(室内の壁の基部に回した)幅

bàse·bórn 〘(1591) ← BASE[1]+BORN〙 adj. 1 生れ[素姓(すじょう)]の卑しい. 2 庶出の. 3 下品な, 卑しい.

bàse·bréd adj. 育ちの卑しい.

báse búllion n. 〘冶金〙粗銀地金, 含金銀粗鉛《銀または金と銀を含んだ粗鉛》.

báse búrner n. 《米》底だき自給ストーブ《石炭が燃えると新しい石炭が上部から補給されるもの》.

báse cìrcle n. 〘機械〙基礎円《インボリュート歯車で歯型としてのインボリュート曲線が作られる時, 基 「礎となる円》.

bàse·còat n. (ペンキなどの)下塗り.

báse compónent n. 〘言語〙(変形文法で)基底部門《言語の深層構造を生み出す規則と語彙目録 (lexicon) から成る部分》.

báse còurse n. 1 〘建築〙(石・煉瓦の)根積み《壁の最下層に土台として積まれる》. 2 〘土木〙(舗装の)基層. 3 〘海事〙直線コース.

bàse·cóurt n. 1 (城の外壁に隠れた)外庭; (農家の)裏庭. 2 〘英古法〙下級裁判所《荘園領主裁判所 (court baron) のような記録裁判所 (court of record) でない裁判所の総称》.

based adj. [しばしば複合語の第 2 構成素として] 1 基礎づけられた, 基礎が…の: a firmly ～ argument しっかりした根拠を踏まえた議論. 2 (…に)基地を有する, 本拠地[基盤]を置く: a land-*based* navy 陸上基地のある海軍 / a New York-*based* bank ニューヨークに本拠地のある銀行.

Bá·se·dow's disèase [bá:zədòuz-|-dəuz-; G. bá:zədo-] 〘← *Karl von Basedow* (1799-1854: ドイツの医師)〙 n. 〘病理〙バセドウ病 (⇨ exophthalmic goiter).

báse exchànge n. 1 〘物理化学〙=cation exchange. 2 〘土壌〙塩基交換. 3 〘米空軍〙販売部, 基地売店, 物品販売所 (略 BX).

báse fèe n. 〘英古法〙(条件付き)制限不動産権《一定の事実の発生・消滅を存続の条件とする単純封土権 (fee simple) のこと》.

báse gásoline n. 〘化学〙基油《オクタン価を高めアンチノック性を増すためにアンチノック剤を加える前のガソリン》.

báse·héart·ed adj. 心の卑しい, 根性の卑しい.

báse hít n. 〘野球〙塁打, 安打, ヒット.

báse hóspital n. 〘軍事〙基地[兵站(へいたん)]病院《野戦病院から後送される患者を収容する総合的な固定病院; cf. field hospital》.

Ba·sel [bá:zəl; G. bá:zl] n. バーゼル《スイス北西部, Rhine 河畔の都市; 人口 193,000; 旧名 Basle, フランス語名 Bâle》.

báse·less adj. 1 基部[底]のない. 2 基礎[根底, 根拠]のない, 理由のない: a ～ claim / ～ fears. **～·ly** adv. **～·ness** n.

báse·lével n. 〘地理〙侵食基準面《侵食作用のおよぶ下方限界面》: the ～ of erosion.

báse lìne n. 1 〘測量〙=base[2] 16. 2 〘野球〙ベースライン《塁と塁とを結ぶ線; 走者が進塁するときその中を走らなければならない 3 フィート幅の進路》. 3 〘テニス〙ベースライン《コートのバックライン》. 4 〘電子工学〙基線《走査点の流れによって陰極線管の表面に生じる線》. 5 〘造船〙基線《船舶の型寸法の基準になる線で平板竜骨に接する外板の内面最下部を通る水平線》. 6 〘活字〙並び線《欧文小文字 x, a などの下端に引いた仮想の水平線; 単に line ともいう》. 7 〘通信〙基線《ロランやデッカ航法方式における主局と従局を結ぶ線》. 8 〘軍事〙基線: a 射撃目標地域内の既知の地点と銃砲とを結ぶ線. b 射撃統制などにおいて, 二つの既知の地点を結び, その長さと方向が明確に知られている線.

báse·lìn·er n. 〘テニス〙ベースラインプレーヤー《ネットプレーよりグラウンドストロークを得意として, base line の近くで戦うプレーヤー》.

Bas·el·la·ce·ae [bæ̀səléɪsiì:, -zə-] 〘← NL ～ ← *Basella* (属名)(← ? Ind. 《土語》)+-ACEAE〙 n. pl. 〘植物〙ツルムラサキ科. **bàs·el·lá·ceous** [-ʃəs] adj.

báse lòad n. 〘電気〙ベース負荷, 基底負荷《大きさが変動する負荷のうち, 常時存在する一定量; 残りは変動負荷 (fluctuating load)》.

báse·ly adv. 1 卑しく, 下劣に, 卑劣に. 2 庶出として.

báse·man [-mən] n. (pl. **-men** [-mən, -mèn]) 〘通例序数を伴って〙〘野球〙塁手: the first ～ 一塁手.

báse màp n. 白図, 白地図.

base·ment [béɪsmənt] 〘(1730) ← ? BASE[2] (n.)+-MENT: cf. Du. 《廃》*basement* foundation〙 ── n. 1 (人の居住する)(半)地階, ベースメント; (半)地階の部屋 (cf. cellar): the 2nd [3rd] ～ 地下 2 [3] 階. 2 (構造物の)最下部. 3 a (円柱などの)基部. b (ルネサンス建築の)ベースメント《建物の構成上の基礎部; 土台部分を形づくる一階もしくは半地下階》. 4 《ニューイングランド》(学校の屋内にある)便所, 洗面所 (toilet). 5 〘地質〙=basement complex. **～·less** adj.

básement còmplex n. 〘地質〙基盤《火成岩・変成岩からなる先カンブリア時代の岩体など》.

básement mémbrane n. 〘解剖〙基底膜.

báse métal n. 1 卑金属, 賤金属《アルミニウム, マグネシウム, 亜鉛のように酸化・腐食されやすい金属; cf. precious metal, noble metal》. 2 (合金における)主要成分金属. 3 〘金属加工〙母材《溶接・溶断される金属材料》; メッキの台となる金属.

báse-mínded adj. 心の卑しい, さもしい, 卑劣な.

Ba·sen·ji, b- [bəséndʒi, -zén- | -dʒɪ] 〘▭ Afr. (Bantu) ～ 'bush thing'〙 ── n. バセンジー《アフリカ中部原産の小型の猟犬で, 耳は直立し, 尾は固く巻き, めったに吠えない犬種のイヌ》.

báse páir n. 〘生化学〙塩基対《核酸を構成する四つの有機塩基のうち対合し合うもの》.

báse páper n. 〘製紙〙=body paper.

báse páth n. 〘野球〙=base line 2.

báse páy n. 1 =basic wage 2. 2 〘軍事〙本俸, 俸給《軍人の身分・階級に応じて支給される給与; cf. basic pay》.

báse périod n. 〘経済〙基準時《物価・税・生産高などを測る際の基本にする時点》.

báse·plàte n. 1 〘機械〙底板, 床板(しょうばん), 基礎板. 2 〘建築〙ベースプレート, 底板, 底盤, 基板《鉄骨の柱脚部にあって柱脚をのせるプレート》. 3 〘歯科〙 a 基礎床《義歯を作るための予備床》. b 義歯床.

báse príce n. 〘経済〙1 基準価格《標準商品の価格》. 2 基礎値段[価格]《割引前または追加料金加算前の》.

báse ráte n. 基本給.

báse rùnner n. 〘野球〙ランナー, 走塁者, 走者.

báse·rùnning n. 〘野球〙ベースランニング, 走塁 「(法).

bases n. basis の複数形.

báse sálary n. =base pay.

báse stàtion n. 〘通信〙基地局.

báse stèaling n. 〘野球〙盗塁(法), スチール.

báse stòne n. 〘土木〙=footing stone.

báse úmpire n. 〘野球〙塁審.

báse ùnit n. 〘軍事〙(整列・移動または機動の軸とな 「る)基準部隊.

báse wáge n. =base pay.

bash [bǽ(:)ʃ] 〘(1641) 《混成》? ← B(ANG[1])+(SM)ASH[1]: cf. ON *basca to strike〙 ── *vt.* 《口語》1 強く[激しく]打つ, 打ちこわす (beat): ～ *up* a car 車を[ぶつけて]ぺしゃんこにする / ～ one's head *against* a tree 木に頭をがんとぶっつける / He was badly ～*ed about*. さんざんになぐられた[虐待された]. 2 [～ *in* として] たたいてへこませる[つぶす]: ～ *in* a hat.
── *vi.* 《口語》1 衝突する: The bike ～*ed into* the wall. バイクが塀に激突した. 2 《英》 a ぶつかる, 当たる〔*against*〕. b ぶんなぐる.
── n. 1 《口語》強打: give a person a ～ on the nose 人の鼻をぶんなぐる. 2 《俗》お祭り騒ぎ, にぎやかなお祭り[パーティー]; 底抜けに楽しい時. 3 《俗》試み (attempt): have [take] a ～ *at* …をやってみる.
on the bash 《俗》(1) 飲み騒ぎして: go *on the* ～ every Saturday 土曜日ごとに飲んで騒ぐ. (2) 《英》売 「春をして.
～·ing n.

Ba·shan [béɪʃən | -ʃæn] 〘▭ Heb. *bāšān* 《原義》fertile stoneless plain〙 ── n. 〘聖書〙バシャン《古代パレスチナ (Palestine) の Jordan 川東方の地味の肥えた地方; 王 Og [á(:)g | ɔ́g] によって治められていた王国で, Moses の軍により滅ぼされた (cf. *Num.* 21:33); 良い家畜を産するので有名 (cf. *Ps.* 22:12, *Amos* 4:1)》.

ba·shaw [bəʃɔ́:] 〘(1534) 《変形》← PASHA〙 n. 1 [しばしば B-] =pasha. 2 《口語》おえら方, 大立物 (bigwig); 横柄な[もったいぶる]役人.

bash·ful [bǽʃfəl] 〘(1548) ← 《廃》*bash* 《頭音消失》← ABASH)+-FUL[1]〙 ── adj. 1 恥ずかしがりの, (特に)〈子供が〉はにかみやの, 内気な, 遠慮がちな (shy): a ～ child. 2 〈言葉・態度など〉恥じらいを含んだ, 恥ずかしそうな: ～ looks. **～·ly** adv. **～·ness** n.

bash·i-ba·zouk [bæ̀ʃibəzú:k | -ʃɪ-] 〘(1855) ▭ Turk. *başi bozuk* irregular soldier, 《原義》one whose head is turned〙 ── n. 1 オスマン帝国の不正規兵《略奪と残忍さを恐れられた》. 2 (一般に)不正規兵.

bash·i·ba·zouk·er·y [bæ̀ʃibəzú:kəri | -ʃɪbəzú:kəri] n. 1 [集合的] オスマン帝国の不正規兵. 2 残忍な略奪行為, 蛮行.

Bá·shi Chánnel [bá:ʃi- | -ʃɪ-] n. [the ～] バシー海峡《台湾とフィリピンの Batan 諸島の間; 幅 148 km》.

Bash·kir [bæʃkíə, bɑ:ʃ- | -kíə(r] n. バシキール《ソ連邦ウラル山脈西側, ロシヤ共和国西部の自治共和国; 人口 3,833,000, 面積 143,600 km^2, 首都 Ufa; 公式名 the Bashkir Autonomous Soviet Socialist Republic バシキール自治ソビエト社会主義共和国》.

ba·si- [béɪsɪ, -sə | -sɪ] 〘← L *basis* step: ⇨ base[2]〙 ──「基部の (base)」の意の連結形: *basi*cranial 頭蓋(とうがい)基部の / *basi*rostral くちばしの基部の / *basi*hyal 舌骨 (hyoid bone) の基部の. ★ 時に baso- となる.

ba·si·al [béɪsiəl | -sjəl, -sɪəl] 〘⇨ ↑, -al[1]〙 adj. 〘人類学〙basion の[に関する].

ba·sic [béɪsɪk, -zɪk | -sɪk] 〘(1842) ← BASE[2]+-IC[1]〙 ── adj. 1 基礎の, 根底の, 根本[基本]的な: ～ principles / ～ raw materials 基本原料 / the ～ vocabulary of English 英語の基本語彙. 2 〘化学〙塩基性の: ～ salt 塩基性塩 / the ～ group 塩基性類 / a ～ oxide 塩基性酸化物. 3 〘冶金〙塩基性(製鋼)法の[による] (cf. acid 6): ⇨ basic steel. 4 〘地質〙(塩)基性の; ケイ酸含有量の少ない: a ～ rock (塩)基性岩 / ～ lava 塩基性溶岩. 5 〘軍事〙 a 基礎的な, 基本的な: ～ military training 第一期基礎訓練, 基本教練. b 最下級の, 初歩的業務に従事する: a ～ private (陸軍の)最下級の兵 / a ～ airman = an airman ～ 最下級の航空兵.
── n. 1 [通例 *pl.*] 基本原則, 根本原理; 基礎技術: the ～*s* of algebra. 2 〘軍事〙 a 基礎訓練, 基礎的軍事教練. b 最下級の陸軍兵士[航空兵]. 3 〘化学〙= basic slag. 「に, 元来.

bá·si·cal·ly adv. 基本的に(は), 本質的に(は), 根本的

Ba·sic [béɪsɪk] n. =Basic English.

BASIC, Basic [béɪsɪk, -zɪk | -sɪk] 〘《頭字語》← *B(eginners) A(ll-purpose) S(ymbolic) I(nstruction) C(ode)*〙 ── n. 〘電算機〙ベーシック《計算機との対話用に開発されたプログラム言語の一種で, 規格化された日常言語を使用する》.

básic Chrístian Commúnities n. pl. 基本的キリスト教共同体《伝統的な教区制が今日くずれかかっている時, 意識的な信者が新しいキリスト教的生活形態を求めて作るもの》.

básic cólor n. 〘化学〙=basic dye.

básic dichrómate n. 〘化学〙=bismuth chromate.

básic dréss n. ベーシックドレス《無地のプレーンなドレス; 着て行く場所に合わせてアクセサリーを替 「える》.

básic dýe n. 〘化学〙塩基性染料[色素].

Básic Énglish 〘《頭字語》← *B(ritish), A(merican), S(cientific), I(nternational), C(ommercial)*: 基礎語彙の意味で BASIC にもかけてある〙 ── n. ベーシックイングリッシュ《英国の心理学者 C. K. Ogden 主唱のもので英語の 850 語彙(ごい)を基本とする一種の国際補助語を意図したもの》.

básic índustry n. 基幹産業. 「基性度.

ba·sic·i·ty [beɪsísəṭi | -səti, -sɪ-] n. 〘化学〙塩基度, 塩

básic-líned adj. 〘冶金〙塩基性ライニングの《溶解炉の内張りがドロマイト・マグネサイトのような塩基性材料で張ってある》.

básic óxygen pròcess n. 〘冶金〙塩基性酸素(製鋼)法. 「む)基本給.

básic páy n. (軍人の本俸 (base pay) と勤続加俸を含

básic plúmage n. 〘鳥類〙基羽《年 1 回の完全な換羽によって得られる羽装; cf. alternate plumage, nuptial plumage, supplemental plumage》.

básic prócess *n.* 〖冶金〗塩基性(製鋼)法《炉の内張りに塩基性耐火材を用いた製鋼法; cf. acid process》.
básic ráte *n.* ＝base rate.
básic sálary *n.* ＝basic wage.
básic slág *n.* 〖化学〗塩基性スラグ《製鋼の副産物で石灰分の多いもの; 肥料やセメント混合材用》.
básic stéel *n.* 〖冶金〗塩基性鋼《塩基性法 (basic process) によって製造された鋼》.
básic substance wèight *n.* 〖製紙〗＝basis weight 1.
básic tráining *n.* 〖軍事〗(入隊直後の)基礎訓練(期間), 基礎教練.
básic wáge *n.* **1** 生活給《生活費を基準にした給与》. **2** (ボーナス・超勤手当などを除いた)基本給 (basic salary).
básic wèight *n.* 〖製紙〗＝basis weight 1.
básic wórking·dày *n.* 基本就労[勤務]時間.
ba·sid·i- [bəsídɪ, -də | -dɪ] (母音の前に来る時の) basidio- の異形.
basidia *n.* basidium の複数形.
ba·sid·i·al [bəsídiəl | -dɪ-] 〖← BASIDI(UM)＋-AL[1]〗 *adj.* 〖植物〗担子器の[に関する], 担子器をもつ.
ba·sid·i·o- [bəsídio(ʊ) | -dɪə(ʊ)] 〖← BASIDI(UM)＋-O-〗〖植物〗「担子器」の意の連結形. ★ 母音の前では通例 basidi- になる.
basídio·càrp 〖⇨ ↑, -carp〗 *n.* 〖植物〗担子菌果《担子菌類において担子器 (basidium) を生じる子実体》.
basídio·mýcete 〖↓〗 *n.* 〖植物〗担子菌《担子菌亜門の植物; cf. ascomycete》.
Basìdio·mycétes 〖← NL *Basidiomycēt-ēs*: ⇨ basidio-, -mycete〗 *n. pl.* 〖植物〗担子菌亜門. **basìd·io·mycétous** *adj.*
basídio·phòre 〖← BASIDIO-＋-PHORE〗 *n.* 〖植物〗担子柄, 担子基, 小柄, 担子梗《担子菌類の有性生殖器官》.
basídio·spòre 〖← BASIDIO-＋SPORE〗 *n.* 〖植物〗担子胞子《担子菌類の担子器に減数分裂の結果生じる胞子; cf. sporidium》. **basìdio·spórous** *adj.*
ba·sid·i·um [bəsídiəm | -dɪ-] 〖← NL ～: ⇨ basi-, -idium〗 — *n.* (*pl.* **-i·a** [-diə | -dɪə]) 〖植物〗担子器《担子菌類において, 担子胞子 (basidiospore) を生じる菌糸の末端の細胞》.
ba·si·fi·ca·tion [bèɪsəfɪkéɪʃən, -fə- | -sɪfɪ-] *n.* **1** 〖化学〗塩基化. **2** 〖地質〗基性岩化作用.
bàsi·fíxed *adj.* 〖植物〗底着の《基部または基部の近くで付着したものにいう; cf. versatile 5》: a ～ anther 底着葯《雄蕊の葯の基部に花糸が付いている》.
ba·si·fy [béɪsəfàɪ | -sɪ-] *vt.* 〖化学〗塩基性にする.
ba·sig·a·my [bəsígəmi | -mɪ] 〖← BASI-＋-GAMY〗 *n.* 〖植物〗基底受精.
bas·il[1] [bǽzəl, béɪs-, bǽs-, béɪz-, -zl̩, -sl̩ | bǽzl̩, -zɪl] 〖《*c*1450》□ OF *basile* □ ML *basilicum* □ Gk *basilikón* royal (plant): ⇨ basilic[1]: L *basilisca* (basilisk の毒気を消す効があると想像されていた草の名)との連想?〗 — *n.* 〖植物〗 **1** メボウキ《シソ科メボウキ属 (*Ocimum*) のハッカに似た植物の総称; 香味料・薬用にする; 特に *O. basilicum*》: ⇨ bush basil, sweet basil. **2** シソ科 *Pycnanthemum* 属の植物の総称.
bas·il[2] [bǽzəl, béɪs-, bǽs-, béɪz-, -zl̩, -sl̩ | bǽzl̩, -zɪl] 〖《転訛》← BASAN〗 *n.* ベズル《タンニンなめしの羊革; 製本用》.
Bas·il [bǽzəl, béɪs-, bǽs-, béɪz-, -zl̩, -sl̩ | bǽzl̩, -zɪl] 〖□ L *Basil-ius* □ Gk *Basíleios* royal: ⇨ basilica〗 *n.* 男性名《愛称形 Bas, Basie》.
Bas·il [bǽzəl, béɪs-, bǽs-, béɪz-, -zl̩, -sl̩ | bǽzl̩, -zɪl], Saint *n.* バシリウス《330?-379; Cappadocia の Caesarea の主教; 修道院制の設立につとめた; Gregory of Nyssa の兄; 通称 Basil the Great》.
Ba·si·lan [bɑːsíːlɑːn] *n.* バシラン: **1 a** フィリピンの Mindanao 島南西方の島群. **b** その主島《面積 1,326 km²》. **2** Basilian 島にある都市《人口 144,000》.
bas·i·lar [bǽzələ, bǽs-, béɪz-, béɪs- | -lə(r] 〖《1541》← NL *basilār-is* ← L *basis* 'BASIS'〗 *adj.* 〖生物・解剖〗基部[基底]の[にある]; (特に)頭蓋底の[にある].
básilar mémbrane *n.* 〖解剖〗(内耳の蝸牛管の)基底膜.
Ba·sil·i·an [bəzíliən, -síl- | -lɪən, -ljən] 〖キリスト教〗 *adj.* バシリウス(会)の. — *n.* バシリウス会士《4 世紀の Saint Basil によって設立された修道会員; バシリウス修道会の規則に従う修道士》.
ba·sil·ic[1] [bəsílɪk, -zíl- | -zíl-, -síl-] 〖□ (O)F *basilique* // □ L *basilicus* □ Gk *basilikós* royal: ⇨ basilica, -ic[1]〗 *adj.* 《古》王の, 王者の, 王らしい (royal).
ba·sil·ic[2] [bəsílɪk, -zíl- | -zíl-, -síl-] 〖□ F *basilique* □ L *basilica* (↓)〗 *adj.* ＝basilican.
ba·sil·i·ca [bəsílɪkə, -zíl-, -lə- | bəzílɪkə, -síl-] 〖《1541》□ L ～ □ Gk *basilikḗ* (*stoá*) royal (cloister) (fem.) ← *basilikós* ← *basileús* king〗 — *n.* **1** バシリカ会堂《大広場の近くにあって, 古代ローマ時代に裁判・集会などに用いた長方形の世俗用の公会堂》. **2** (バシリカ風建築の)初期キリスト教の教会堂. **3** 〖カトリック〗バシリカ聖堂《宗教的特権を与えられた七教会堂の一つ》: the *Basilica* of St. Peter's 聖ペトロのバシリカ聖堂《バチカンのサンピエトロ大聖堂のこと》.
ba·síl·i·cal [-lɪkəl, -lə- | -lɪ-] *adj.* ＝basilic[1].
ba·sil·i·can [bəsílɪkən, -zíl-, -lə- | -zílɪ-, -síl-] *adj.* バシリカ (basilica) の, バシリカ風建築の.
Ba·si·li·ca·ta [bəzìlɪkɑ́ːtə, -sìl-, -lə- | -lɪkɑ́ːtə; *It.* baziliká:ta] *n.* バジリカータ《イタリア南部 Taranto 湾沿岸の州; 人口 604,000, 面積 9,992 km²; 古名 Lucania》.
ba·síl·i·con óintment [bəsílɪkən-, -zíl-, -lə-, -kɑ̀n- | -zílɪkən-, -síl-, -kɔ̀n-] 〖← L *basilicum* □ Gk *basilikón* (*phármakon* plaster) (neut.) ← *basilikós* royal〗 — *n.* 〖薬学〗バシリコン膏《松脂 35% の軟膏; rosin cerate ともいう》.
basílic véin *n.* 〖解剖〗尺側皮静脈.
bas·i·lisk [bǽsəlìsk, bǽz- | bǽzɪl-, -zl̩-] 〖《*a*1400》□ L *basilisc-us* a kind of lizard □ Gk *basilískos* little king (dim.) ← *basileús* king〗 — *n.* **1** 〖ギリシャ・ローマ伝説〗バシリスク《アフリカの砂漠に住み, その呼気に触れたりにらまれたりした者はたちまち死ぬと言われた伝説上の爬虫動物; cf. cockatrice 1》. **2** 〖紋章〗バシリスク《wyvern に似た架空の生物で, 尾の先端に dragon の頭を付けている》. **3** 〖動物〗バシリスク《熱帯アメリカ産のバシリスク属 (*Basiliscus*) の各種の爬虫類の総称; 頭から背中まで直立した背びれがある; バシリスク (*B. basiliscus*), *B. mitrotu* など》. **4** 蛇砲(じゃほう)《中世の大型大砲》. — *adj.* バシリスクのような, (相手を)蛇ににらまれたようにする: a ～ glance, horror, etc.
Ba·sil·i·us [bəsíliəs, -zíl- | -zílɪ-, -síl-] *n.* バシリウス《Saint Basil のラテン語名》.
básil thýme *n.* 〖植物〗＝calamint.
ba·sin [béɪsn̩] 〖《?*c*1200》□ OF *bacin* (F *bassin*) < VL **bacchinum* ← ML *bacca* water vessel〗 — *n.* **1 a** たらい, 水盤, 洗面器, 水鉢 (bowl). **b** ベイスン《各種の食物を入れる円水盤形の容器》. **2** たらい一杯(の量): a ～ of water. **3 a** 水たまり, ため池 (pond): a collecting ～ 集水池 / a setting ～ 沈殿池. **b** 係船ドック《入口に水門があって内部の水位が常に満潮時同様に保てるような係船池》: ⇨ tidal basin. **c** 陸地に囲まれた港, 小内湾: a yacht ～ ヨット港, ヨットハーバー. **4** 〖地理〗 **a** 盆地; (水盤状の)くぼ地. **b** (川の)流域 (river basin): the Thames ～ テムズ川流域. **c** 海盆《海底の広い凹地; ocean basin ともいう》. **5** 〖地質〗堆積盆地. **6** 〖解剖〗骨盤. **7** 〖植物〗(リンゴ・ナシなどの果実の底の)くぼみ, へこみ. **～·al** [-sənl̩, -snl̩] *adj.* **～ed** *adj.*
bas·i·net [bæ̀sənét, ←−← | -sɪ-] 〖《?*a*1300》*bacinet* □ OF (dim.) ← *bacin* (↑): ⇨ -et〗 — *n.* 〖甲冑〗(14-15 世紀に用いられた)頂と面頰(めんぼお)の尖った鉄かぶと《この上に重い戦闘用かぶとをかぶることもある; ⇨ camail, mentonnière 挿絵》.
ba·sin·ful [béɪsnfʊ̀l] 〖《15C》〗 — *n.* **1** たらい[洗面器]一杯(分)〔*of*〕. **2** 《口語》(仕事・困難などの)たくさん〔*of*〕.
have a basinful (1) 《口語》手にあまるほど仕事(など)をかかえて(困って)いる. (2) 《俗》ひとつやってみる; 承知する.
básing pòint *n.* 〖経済〗基点《製品の実際の出荷地と関係なく運賃計算の基本となる地点》.
ba·si·on [béɪsiɑ̀n, -zi- | -sɪɔ̀n, -zɪ-] 〖← NL ～ ← Gk *básis* 'BASE[2]'〗 *n.* 〖人類学〗大後頭孔の前正中点.
ba·sip·e·tal [beɪsípətl̩, -zíp- | -sípɪtl] 〖← BASI-＋-*petal* (← L *petere* to go toward)〗 *adj.* 〖植物〗求基的な, 求底的の, 基部に向かう. **～·ly** *adv.*
ba·sip·o·dite [bəsípədàɪt] 〖← BASI-＋-POD[1]＋-ITE[1]〗 *n.* 〖動物〗基節《節足動物の関節肢の第 2 関節》.
ba·sis [béɪsɪs, -səs | -sɪs] 〖《1571》□ L ～: BASE[2] と二重語〗 — *n.* (*pl.* **ba·ses** [béɪsiːz]) **1** 基礎, 土台, 基底 (base); 根拠, 基本, 根本原理; 規準, 条件; (話し合いなどの)共通の基盤: *on* the ～ of ...を基礎として, ...の上に / *on* the war ～ 戦時体制で / *on* an equal ～ 対等で / *on* a national ～ 全国的規模で[に見て] / *on* a commission ～ 歩合制で / *on* a commercial ～ 商業ベースで / *on* a priority ～ 重点主義で[によって] / *on* individual ～ 個人[個別]的に / work *on* a twenty-four-hour ～ 24 時間営業をする / be *on* a first-name ～ 名で呼び合う[俺お前の]仲である / the ～ of [for] an argument 論拠 / the ～ of assessment 課税の基礎[基準] / the ～ schedule 〖商業〗ベーシス《先物取引において先物値段と現物値段との差》/ the physical ～ of life 生活(現象)の物理的基礎. **2** (調剤・混合物などの)主成分, 主薬. **3** 〖数学〗基底.
básis ràte *n.* 〖保険〗基本料率.
básis wèight *n.* 〖製紙〗 **1** (紙 1 連 (500 枚) の)連量《ポンドで表わす; basic weight, substance, substance number ともいう》. **2** 坪量《紙の一定面積比の重さ》.
bask [bǽ(ː)sk | bɑ́ːsk] 〖《*a*1393》*baske*(*n*) to wallow (in blood) □ ? ON **baða-sk* to bathe oneself ← *baða* to bathe＋-*sk* (← *sik* (reflexive pron.): cf. G *sich*)〗 — *vi.* **1** 〔日光・熱などに〕快く浴する[暖まる, 当たる], 日なたぼっこする〔*in, before*〕: ～ *in* the sun / ～ *before* the fire. **2** 〔恩恵などに〕浴する〔*in*〕: ～ *in* the love of one's family 家族の愛情につつまれる / ～ *in* the company of women 女性とのつき合いに恵まれる / ～ *in* the smiles of Fortune 幸運に恵まれる. — *vt.* 〔通例 ～ *oneself* で〕《古》(日光・熱に当てて)暖める.
Bas·ker·ville [bǽskəvɪ̀l | -kə-] 〖← *John Baskerville* (1706-75: 英国の印刷業者・活字鋳造家)〗 *n.* 〖活字〗バスカービル《1752 年 Baskerville が作った活字書体》.
bas·ket [bǽskɪt, -kət | bɑ́ːs-] 〖《?*a*1300》□ AF & OF *basket* ～: cf. OF *basche* basket〗 — *n.* **1** (竹・柳枝・藺(い)などを編んで作った)かご, バスケット; ざる (cf. clothes basket, wastebasket): a shopping ～. **2 a** かご形の容器: a fire ～ (かがり火の)火かご. **b** (軽気球・ロープウェー用)つりかご. **3** かご[ざる]一杯, 一かご分(の量) (basketful): a ～ *of* apples, eggs, etc. **4** [集合的] (タイプライターの)キーバー (key bars). **5** 《口語・婉曲》＝bastard 4. **6** 〖バスケットボール〗バスケット, ゴールの網; ゴール, 得点: make 22 ～*s* 22 ゴール入れる / shoot a ～ 《俗》得点をあげる.
be left in the basket (一番悪いりんごのように)最後まで残される; 売れ残りになる; 見離される.
— *vt.* かごに入れる; くずかごに入れる[捨てる].
～·like *adj.*
básket·bàll 〖《1892》〗 *n.* **1** 〖スポーツ〗バスケットボール, 籠球. **2** バスケットボール用ボール.

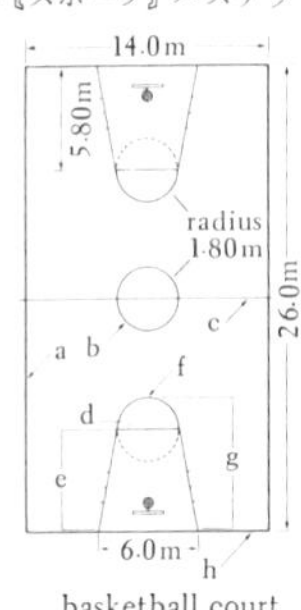

basketball court
a sideline; b center circle; c center line; d free throw line; e restricted area; f free throw circle; g free throw lane; h end line

básket càrriage *n.* 柳枝細工車体の馬車.
básket càse *n.* **1** 《俗》(手術などで)両手両脚を切断された人. 「だるま」. **2** 全く無力[無効]な人[もの].
básket chàir *n.* 柳枝製のひじかけ椅子.
básket clàuse *n.* 一般的[包括的]条項.
básket dìnner *n.* ＝basket lunch.
básket fèrn *n.* 〖植物〗 **1** ＝male fern 1. **2** タマシダ (*Nephrolepis pectinata*)《熱帯アメリカ産ウラボシ科の観葉植物》.
básket fìsh *n.* 〖動物〗テズルモズル《クモヒトデ類 *Astrophyton* 属の棘皮(きょくひ)動物の総称; 枝分かれしている腕の先で餌を捕える》.
básket flòwer *n.* 〖植物〗 **1** アザミヤグルマギク (*Centaurea americana*)《米国南西部産の紫色の頭状花をつけるキク科の一年草で, ヤグルマギクの一種》. **2** (ペルーからボリビアにかけて産する)ヒガンバナ科の球根植物 (*Hymenocallis calathina*).
bas·ket·ful [bǽskɪtfʊ̀l, -kət- | bɑ́ːs-] 〖ME〗 — *n.* (*pl.* **～s, baskets·ful**) **1** かご一杯分(の量): two ～*s of* oranges. **2** 相当な数; かなりの量: a ～ *of* shock 大変な衝撃.
básket-hàndle árch *n.* 〖建築〗バスケットアーチ, 三心アーチ, 三心拱(きょう), 三心迫持(せりもち).
básket hìlt *n.* (刀剣の)かご柄(つか)《手を保護するかご状のおおいのついた柄》. **básket-hílt·ed** *adj.*
básket lùnch *n.* 《米》(バスケットに入れた)弁当.
Básket Màker *n.* 〖考古〗 **1** バスケットメーカー文化《アナサジ (Anasazi) 文化の前期に発達した米国南西部のアメリカインディアンの文化》. **2** バスケットメーカー族(の人) (cf. Pueblo 2).
básket mèeting *n.* 《米》バスケット会《バスケットに各自食物を入れて持ち寄り, 終日を過す(特に, 宗教的な)集会》.
básket-of-góld *n.* 〖植物〗アリッサム (*Alyssum saxatile*)《ヨーロッパ産のアブラナ科の多年草で, 花壇の縁植えにする; gold dust ともいう》.
básket ósier *n.* 〖植物〗コリヤナギ (*Salix purpurea, S. viminalis* などヨーロッパ産のヤナギで, バスケットを編むのに用いる》.
básket pìcnic *n.* 《米》弁当 (basket lunch) を持って出かけるピクニック.
bas·ket·ry [bǽskɪtri, -kət- | bɑ́ːskɪtrɪ, -kət-] *n.* **1** かご細工法. **2** [集合的] かご細工品 (basketwork).
básket stàr *n.* 〖動物〗＝basket fish.
básket stìtch *n.* 〖服飾〗バスケットステッチ《連続的に重ねて刺したクロスステッチ》.
básket wèave *n.* ななこ織り, バスケットウィーブ《かごの目のように織った織物》.
básket wìllow *n.* 〖植物〗＝osier 1 a.
básket·wòod *n.* 〖植物〗バスケットノキ (*Serjania polyphylla*)《ムクロジ科の一種で西インド諸島産のつるになる低木; その茎をかご細工に使う》.
básket·wòrk *n.* [集合的] かご細工品 (wickerwork).
básket·wòrm *n.* 〖昆虫〗＝bagworm.
básking shàrk *n.* 〖魚類〗ウバザメ (*Cetorhinus maximus*)《水面近くで日光浴する習性のある大型のサメ; 歯がこまかいのでウバザメという》.
Basle [bɑ́ːl; *F.* bɑːl] *n.* バール《Basel の旧名》.
bas mitz·vah [bɑ́ːs-mítsvə, -vɑː] *n.* (*also* **bas miz·vah** [～]) 〖ユダヤ教〗＝bath mitzvah.
bas·net [bǽsnɪt, -nət, -net] *n.* 〖甲冑〗＝basinet.
ba·so- [béɪso(ʊ) | -sə(ʊ)] basi- の異形 (⇨ -i-).
bas·oid [béɪsɔɪd] 〖← BASI-＋-OID〗〖農業〗 *adj.* 〈土壌が〉バソイドの, 塩基性の (cf. acidoid). — *n.* バソイド《溶可電膠(こう)物質》.
Ba·som·ma·toph·o·ra [bəsɑ̀mətɑ́f(ə)rə | -sɔ̀mətɔ́f-] 〖← NL ～: ⇨ basi-, ommatophore, -phora〗 *n. pl.* 〖貝類〗基眼目《モノアラガイ・ヒラマキミズマイマイの類》.
ba·son[1] [béɪsn̩] *n.* ＝basin 1 a.
ba·son[2] [béɪsn̩] 〖《変形》? ← BASIN〗 *n.* (手製時代の)製帽用の型. — *vt.* (製帽型で)...の氈(せん)を固める.
ba·so·phil [béɪsəfɪ̀l, -zə- | -sə(ʊ)-] 〖← BASI-＋-PHILE〗 — *n.* (*also* **ba·so·phile** [-fàɪl]) **1** 〖生物〗好塩基性体《細胞・物質など》. **2** 〖解剖〗好塩基球《細胞質中に二裂の核と好塩基性顆粒をもつ白血球》. — *adj.* 〖生物〗＝basophilic.
ba·so·phil·ic [bèɪso(ʊ)fílɪk, -sə- | -sə(ʊ)-] *adj.* 〖生物・解剖〗好塩基性の, 塩基好性の, 塩基性の色素によく染まる (cf. acidophilic 2, eosinophilic).

Ba·sov [bɑ́:səf, -sɔ(:)f, -sɑf | -sɔf ; *Russ.* básəf], **Nikolai Gen·na·di·e·vich** [ginnjidjíjəvjitʃ] *n.* バソフ《1922–　; ソ連の物理学者; Nobel 物理学賞 (1964)》.

Basque [bǽ(:)sk | bǽsk, bɑ́:sk] 〖《1769》□ F ～ □ L *Vascō* 'inhabitant of *Vasconia* (Gascony のラテン語名)'〗 ── *n.* **1** バスク人《スペインの Pyrenees 山脈地方に住む一種族》. **2** バスク語《他言語との類縁関係はまだ十分明らかにされていない》. **3** [b-] **a** (バスク地方の衣装を真似た)体にぴったりしたボディス (bodice), 上衣. **b** (ボディスに続いた)短いスカート. **c** (男子ダブレット (doublet) に続いた)短いスカートのようなもの. ── *adj.* バスク人[語, 地方]の.

Básque Próvinces *n. pl.* [the ～] バスク地方《スペイン北部, Pyrenees 山脈西部のバスク人が多く住む地方; スペイン語名 Vascongadas [bàskogádas]》.

Básque shírt *n.* バスクシャツ《プルオーバーセーターに似た横縞のニットシャツ》.

Bas·ra [bɑ́:srə, bʌ́s-, bǽs-, bɑ́:z-, bʌ́z-, bǽz- | bǽz-, bʌ́z-, bǽs-] *n.* バスラ《イラク南東部 Shatt-al-Arab 川に臨む港市; 人口 334,000》.

bas-re·lief [bɑ̀:rılí:f, -rə-, ⁻⁻⁻ | bǽsrılì:f, bɑ́:(s)-, -rə-, ⁻⁻⁻] 〖《1667》□ F ～ 《なぞり》← It. *basso rilievo*: ⇨ basso-rilievo〗 ── *n.* 〖美術〗低浮彫り (⇨ low relief).

Bas-Rhin [bɑ́:rɛ̃:(ŋ), -rǽŋ ; *F.* bɑrɛ̃] *n.* バラン(県)《フランス北東部の西ドイツに接する県; 人口 862,000, 面積, 4,786 km², 首都 Strasbourg; ⇨ Alsace-Lorraine》.

bass[1] [bǽ(:)s] 〖《c1410》《変形》← IE **bhar* projection OE *bærs* < Gmc **barsaz* (G *Barsch* perch)〗 ── *n.* (*pl.* ～, ～·es) 〖魚類〗 **1 a** スズキ目スズキ科とサンフィッシュ科のうちブラックバス属 (*Micropterus*) の魚の総称《black bass, sea bass など》. **b** ＝perch² 1 a. **2** スズキ科の海産食用魚の総称《black seabass, striped bass など》.

bass[2] [bǽ(:)s] 〖《1691》《転訛》← BAST〗 *n.* **1** 〖植物〗＝basswood 1. **2** シナノキの内皮. **3 a** シュロ皮. **b** [*pl.*] シュロ製品《シュロむしろなど》.

bass[3] [béıs] 〖《a1500》*bas*《変形》← BASE¹: 今の形は It. *basso* 'BASSO' の影響〗〖音楽〗 ── *n.* **1** バス《男声最低音(域); ⇨ alto》. **2** バス歌手. **3** バス声部, 低声部; (和音の)最低音: figured [thorough] ～ 数字付[通奏]低音. **4** バス楽器《ある楽器属で最も低い音域をもつ楽器; bass clarinet など》. **5** 《口語》＝contrabass. ── *attrib. adj.* バスの, 低音の; バス歌手の: a ～ voice, part, singer, instrument, etc.

Bass [bǽ(:)s] 〖← *Messrs, Bass & Co.* (イングランド Burton-on-Trent にある英国の醸造会社の名)〗 *n.* バスビール: drink a ～ バスビールを1本飲む.

bas·sa·risk [bǽsərìsk] 〖《変形》← NL *Bassarisc-us* ← Gk *bassaris* fox＋NL *-iscus* (dim. suffix)〗 ── *n.* **1** 〖動物〗カコミスル (⇨ cacomistle 1). **2** カコミスル (cacomistle) の毛皮.

báss·bàr [béıs-] *n.* ベースバー, 力木(ちから)《バイオリンなどの胴の内部に縦に取り付けられた細長い木片》.

báss bròom [bǽs-] *n.* (piassava の繊維で作った)シュロぼうき.

báss clèf [béıs-] *n.* 〖音楽〗＝F clef. 「スドラム.

báss drúm [béıs-] *n.* (オーケストラ用の)大太鼓, バ

Basses-Alpes [bɑ́:szǽlp ; *F.* bɑszalp] *n.* バスザルプ(県)《Alpes-de-Haute Provence の旧名》.

Basses-Py·ré·nées [bɑ́:spì:reıméı ; *F.* bɑspirene] *n.* バスピレネ(県)《Pyrénées-Atlantiques の旧名》.

bas·set[1] [bǽsıt, -sət] 〖□ F *bassette* □ It. *bassetta* (dim.) ← *basso* low: ⇨ basso, -et〗 *n.* バセット《faro に似た賭博ゲームの一種で, 18 世紀に流行した》.

bas·set[2] [bǽsıt, -sət] 〖《1616》□ F ～ (dim.) ← *basse* (fem.) ← *bas* low: ⇨ base¹, -et〗 *n.* ＝basset hound.

bas·set[3] [bǽsıt, -sət] 〖□? F ～ 'something low' (↑)〗〖鉱山・地質〗 *n.* 露頭 (outcrop). ── *vi.* 《鉱脈が》露出する (crop out).

Basse·terre [bæstɛ́ə, bɑs- | -tɛ́ə(r)] *n.* バステール《西インド諸島の Leeward 諸島の St. Christopher 島の海港; 英国自治領の首都; 人口 13,000》.

Basse-Terre [bæstɛ́ə, bɑ:s- | -tɛ́ə(r)] *n.* バステル: **1** 西インド諸島中の Leeward 諸島の島; フランスの海外県 Guadeloupe の一部を成す. **2** 同島の港市; Guadeloupe 県の首都, 人口 5,800.

básset hòrn 〖《1835》□ G *Bassetthorn* 《部分訳》← F *cor de bassette* □ It. *corno di bassetto*: ⇨ basset¹〗 ── *n.* バセットホルン《18 世紀のクラリネット属の楽器; 音域はテノール クラリネットに相当》.

básset hòund *n.* バセットハウンド《フランス原産の肢の短い胴長の, 耳の長い狩猟犬種のイヌ》.

báss fíddle [béıs-] *n.* コントラバス《特に, ジャズオーケストラ用のもの》.

báss hórn [béıs-] *n.* **1** ＝tuba 1. **2** バスホルン《19 世紀前半に使用された管側孔金管楽器》.

bassi *n.* basso の複数形.

bassi buffi *n.* basso buffo の複数形.

bassi cantanti *n.* basso cantante の複数形.

bas·si·net [bæ̀sənét, ⁻⁻⁻ | bæ̀sınét] 〖《1578》□ F ～ (dim.) ← *bassin* 'BASIN': ⇨ -et〗 ── *n.* **1** (小児用の)ほろ付き揺りかご; 同上型うば車. **2** (育児施設の付いた)病院のベッド. **3** ＝basinet.

bassinet 1

bassi profundi *n.* basso profundo の複数形.

bassi-rilievi *n.* basso-rilievo の複数形.

bass·ist [béısıst, -səst | -sıst] *n.* **1** コントラバス奏者. **2** 低音歌手, バス歌手.

bas·so [bǽsou, bɑ́:s- | bǽsəu ; *It.* básso] 〖《1817》□ It. ～ '(deep) bass³' < LL *bassum* low: ⇨ base¹〗 ── *n.* (*pl.* ～s, *It.* **bas·si** [-si: ; *It.* -si]) **1** 〖音楽〗バス, 低音 (bass); 低音部 (bass part). **2** バス歌手.

básso búffo 〖□ It. ～ 'comic bass'〗 *It. n.* (*pl.* **bassi buffi**, ～s) (オペラの)喜劇役のバス歌手.

básso can·tán·te [-kəntǽnti, -kɑ:ntɑ́:nti, -teı | -kæntǽntı ; *It.* -kantánte] 〖□ It. ～《原義》singing bass〗 ── *It. n.* (*pl.* **bassi can·tan·ti** [-kəntǽnti:, -kɑ:ntɑ́:nti: | -kæntǽnti: ; *It.* -kantánti]) **1** 〖音楽〗(叙情的表現をする)バス声部の高音域. **2** バス声部の高音域を得意とするバス歌手.

básso contínuo 〖□ It. ～《原義》continuous bass〗 *n.* (*pl.* ～s) 〖音楽〗通奏低音 (⇨ continuo).

bas·soon [bəsú:n, bæ- | bəsú:n, bəzú:n] 〖《1727–51》□ F *basson* □ It. *bassone* ← *basso* 'BASSO': ⇨ -oon〗 ── *n.* **1** バスーン, ファゴット (fagott)《大型の低音木管楽器》. **2** バスーン[ファゴット]奏者. **3** (オルガンの)バスーン音栓.

bas·soon·ist [bəsú:nıst, bæ-, -nəst | bəsú:nıst, bəz-] *n.* バスーン[ファゴット]奏者.

básso ostináto 〖□ It. ～《原義》obstinate bass: ⇨ ostinato〗 *n.* (*pl.* ～s) 〖音楽〗＝ground bass.

básso pro·fún·do [-prəfʌ́ndou, -fún-, -fú:n- | -prəfʌ́ndəu ; *It.* -profúndo] 〖□ It. *basso profondo* 'deep BASSO'〗 ── *n.* (*pl.* ～s, **bassi pro·fun·di** [-prəfʌ́ndi:, -fún-, -fú:n- | -prəfʌ́n- ; *It.* -profúndi]) 〖音楽〗(荘重な表現をする)バス声部の低音域; そこを得意とするバス歌手. 「relief.

básso-relíevo 〖《変形》↓〗 *n.* (*pl.* ～s) 〖美術〗＝bas-

básso-rilíevo 〖□ It. *basso rilievo* low relief: ⇨ basso, rilievo〗 *It. n.* (*pl.* **bassi-rilievi**) 〖美術〗＝bas-relief.

báss rèflex [béıs-] *n.* (スピーカーの低音域の再生をよくするための)位相反転装置, バスレフ.

báss-relíef [bǽs-] *n.* 〖美術〗＝bas-relief.

báss stàff [béıs-] *n.* 〖音楽〗低音部譜表.

Báss Stráit [bǽs-] *n.* [the ～] バス海峡《オーストラリア大陸と Tasmania との間の海峡; 幅 130–240 km》.

báss túba [béıs-] *n.* バスチューバ《大型の最低音金管楽器》. 「contrabass.

báss víol [béıs-] *n.* 《米》 **1** ＝viola da gamba. **2** ＝

báss·wòod [bǽs-] 〖← BASS²＋WOOD〗 ── *n.* **1 a** 〖植物〗シナノキ《シナノキ属 (*Tilia*) の各種の植物の総称》; (特に)アメリカシナノキ (*T. americana*). **b** アメリカシナノキ材《excelsior の好材料》. **2 a** 〖植物〗ユリノキ (tulip tree). **b** ユリノキ材.

bast [bǽ(:)st] 〖OE *bæst* < Gmc **bastaz* ←?: cf. OHG & ON *bast*〗 ── *n.* **1** 〖植物〗靭皮(じんぴ)部 (phloem). **2** 靭皮繊維《ござ・かご・なわなどの材料; bast fiber ともいう》.

bas·ta [bǽstə, bɑ́:s- ; *It.* básta] 〖□ It. ～ 'it is enough'〗 ── *int.* 充分だ, よし (enough). ── *n.* 〖トランプ〗バスタ《ある種のカードゲームで, 3 番目に強い切札; ombre ではクラブのエース》.

bas·tard [bǽstəd | bɑ́:stəd, bǽs-] 〖《c1300》□ OF ～ (F *bâtard*) < ML *bastardum* ← *bastum* packsaddle＋*-ardus* '-ARD': cf. OF *fils de bast* illegitimate son《原義》son of a packsaddle (らば追いなどがこれを枕がわりにしたことから)〗 ── *n.* **1** 非嫡出子, 庶子, 私生子. **2** にせ物; 劣等品; 粗悪品. **3 a** (偶然の交配による品質のよくない)雑種 (hybrid). **b** 《アフリカ南部》(白人と黒人の)混血. **4** [時に a ～ of a ...として] 《俗》ひどい[いやな]やつ; かわいそうなやつ; 野郎, やつ (chap); 厄介な[いやな]もの: a ～ *of a* storm いやな嵐 / this ～ *of a* headache このうんざりする頭痛 / This question is really a ～. ★ 時に《口語》で親しみをもって呼掛けなどにも用いる: a lucky ～ 運のいいやつ. **5** ＝bastard culverin. ── *adj.* **1** 庶出の. **2** 雑種の. **3** 不純な, 偽りの: ～ charity 偽善 / speak ～ English でたらめな英語をしゃべる. **4** (形・大きさ・作りなど)普通でない, 標準的でない; 異形の, 異常な. ★ 通例専門用語として用いる: a ～ car / ～ quartz 結晶の異常な石英, 擬石英. **5** 類似の, 擬似の (sham). **6** 〖印刷〗《活字が》変格の《活字のボディーと字面の大きさが異なった状態》; 《込め物の大きさが》不規則な[の]: a ～ type 変格活字体.

bástard álkanet *n.* 〖植物〗＝corn gromwell.

bástard bóx *n.* 〖植物〗オーストラリアまたはニューカレドニア産のフトモモ科ユーカリ属 (*Eucalyptus*) とトベラモドキ属 (*Tristania*) の各種の高木で材質がきわめて堅いもの; (特に) *E. polyanthemos, T. suaveoleus, T. conferta* など.

bástard cánna *n.* 〖植物〗＝safflower 1.

bástard cút fìle *n.* 〖金属加工〗＝bastard file.

bástard cúlverin *n.* 小型カルバリン砲《蛇形の柄(え)のついた 16 世紀のカルバリン砲 (culverin) の小型のもので, 5–8 ポンドの砲弾を使用する; 単に bastard ともいう》.

bástard fìle *n.* 〖金属加工〗荒目のやすり.

bástard gúnter *n.* 〖海事〗＝jackass gunter.

bástard hártebeest *n.* 〖動物〗＝sassaby.

bástard índigo *n.* 〖植物〗 **1** ＝false indigo 2. **2** ナンバンクサフジ (*Tephrosia purpurea*)《東インド諸島産のマメ科の淡赤色の花が咲く多年草》. **3** マメ科ミヤコグサ属 (*Lotus*) の植物の総称.

bas·tard·i·za·tion [bæ̀stədızéıʃən, -də- | bɑ̀:stədaı-, bæ̀s-, -dı-] *n.* **1** 庶子であるとの認定, 庶出認定[判定]. **2** 粗悪化.

bas·tard·ize [bǽstədàız | bɑ́:stə-, bǽs-] 〖《1587》← BASTARD＋-IZE〗 ── *vt.* **1** ...に庶子の汚名を着せる; 《子供を》庶出と判定[認定]する. **2** 粗悪化する. ── *vi.* 粗悪になる.

bástard júte *n.* ＝kenaf 2.

bás·tard·ly *adj.* **1** 庶出の; 生れの卑しい (baseborn). **2** 偽りの, まがいの (counterfeit). **3** 《軽蔑》全く価値のない, つまらぬ, 取るに足らぬ.

bástard mahógany *n.* 〖植物〗オーストラリア産のユーカリの一種 (*Eucalyptus botryoides*)《フトモモ科の常緑高木で, 材は堅く船や車輪に用いる; bangalay, blue gam ともいう》.

bástard márjoram *n.* 〖植物〗＝pot marjoram.

bástard slíp *n.* 《英》 **1** (樹木の)吸枝 (sucker). **2** ＝bastard 1.

bástard spéedwell *n.* 〖植物〗(ヨーロッパ南東部原産の)ゴマノハグサ科クワガタソウ属の多年草 (*Veronica spuria*)《花は青色》.

bástard títle *n.* 〖製本〗＝half title 1.

bástard túrtle *n.* 〖動物〗＝ridley.

bástard wìng *n.* 〖鳥類〗(鳥の)小翼羽 (alula).

bas·tard·y [bǽstədi | bɑ́:stədı, bǽs-] 〖《a1338》□ AF & OF *bastardie*: ⇨ bastard, -y¹〗 *n.* **1** 庶出 (illegitimacy) (cf. legitimacy 2). **2** 庶子を産むこと.

bástardy órder *n.* 〖法律〗(推定上の父に対して発せられる)非嫡出子扶養命令.

baste[1] [béıst] 〖《?a1400》□ OF *bast-ir* (F *bâtir*) to build, baste □ Frank. **bastjan* (cf. OHG *besten* to sew with bast) ← Gmc **bastaz* 'BAST'〗 ── *vt.* 《服・布などを》仮縫する, ...にしつけをする (tack).

baste[2] [béıst] 〖《?a1475》←?: cf. OF *basser* to soak〗 *vt.* (肉をローストする時など, 乾燥を防ぎ風味をつけるため)《料理, (特に)肉》にバターや焼き汁を掛ける.

baste[3] [béıst] 〖《1533》《転用》↑: cf. ON *beysta* to beat〗 *vt.* **1** 激しく打つ, たたく (beat). **2** どなりつける, ののしる (abuse).

bást·er[1] 〖← BASTE¹〗 *n.* 仮縫いする人.

bást·er[2] 〖← BASTE²〗 ── *n.* **1** (肉をローストする時など)バターや焼き汁を掛ける人. **2** スポイト状の調理器具《肉をローストする時など, バターや焼き汁を掛けるために用いる》.

bást fìber *n.* ＝bast 2.

Bas·ti·a [bǽstiə, bɑ́:s- | -tıə ; *It.* bástja] *n.* バスチア《フランス Corsica 島北東岸の海港で, 同島の旧首都; 人口 51,000》.

bas·tide [bæstí:d] 〖□ OF ～ □ Prov. *bastida* (↓)〗 *F. n.* **1** (フランス南部の)田舎の小邸宅. **2** (フランス中世の)武装都市[村落].

bas·tille [bæstí:l ; *F.* bastij] 〖《?c1380》□ (O)F ～ 'fortress'《変形》← *bastide* □ Prov. *bastida* ← *bastir* to build: ⇨ baste¹〗 ── *n.* (*also* **bas·tile** [～ ; *F.* ～]) **1** (暴虐を思わせる)牢獄 (prison). **2** (中世の築城や城塞化された町の)防御塔; 小さな砦. ── *vt.* 《人を》投獄する.

Bas·tille [bæstí:l ; *F.* bastij] 〖↑〗 ── *n.* [the ～] バスティーユ牢獄《Paris にあった主に政治犯を収容する牢獄; 1789 年 7 月 14 日群衆によって襲撃・占拠されフランス革命の発端となった》.

Bastílle Dày *n.* [the ～] バスティーユ牢獄襲撃の日《Bastille 牢獄の襲撃・占拠を記念するフランス共和国の革命記念日; 7 月 14 日; cf. French Revolution, quatorze juillet》. 「tinado.

bas·ti·nade [bæ̀stənéıd, -nɑ́:d, ⁻⁻⁻] *n., vt.* ＝bas-

bas·ti·na·do [bæ̀stənéıdou, -nɑ́:d- | -tınéıdəu, -nɑ́:d-] 〖《1577》□ Sp. *bastonada* ← *bastón* stick < LL *bastum*: ⇨ baton, -ado: cf. F *bastonnade* a cudgeling〗 ── *n.* (*pl.* ～es) **1** 棍棒による殴打. **2** 足の裏を棍棒で打つ刑《昔トルコ・中国などで行なわれた刑罰》. **3** 棍棒. ── *vt.* 棍棒で打つ; ...の足の裏を棍棒で打つ.

bást·ing[1] 〖← BASTE¹＋-ING¹〗 *n.* **1** 仮縫い; しつけ縫い. **2** しつけの縫目; しつけ糸.

bást·ing[2] 〖← BASTE²＋-ING¹〗 *n.* (肉をローストする時など)バターや焼き汁を掛けること; そのバターや焼き汁.

bást·ing[3] 〖← BASTE³＋-ING¹〗 *n.* 激しく打つこと.

bas·tion [bǽstʃən, -tiən | -tıən, -tjən] 〖《1598》□ F ～《変形》← *bastillon* (dim.) ← *bastille* 'BASTILLE': ⇨ -on⁴〗 ── *n.* **1** 〖築城〗稜堡(りょうほ), バスティオン (fortification の突出部). **2 a** 要塞 (fortification). **b** 要塞地帯[陣地]. **3** 砦と見なされるもの[国家, 地域, 基地など]: a ～ of democracy.

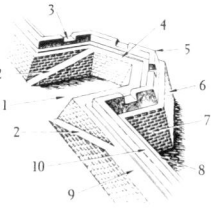

bastion
1 gorge; 2 ramp; 3 crenel; 4 banquette; 5 salient angle; 6 face; 7 flank; 8 curtain; 9 rampart; 10 parapet

bás·tioned *adj.* 稜堡(りょうほ)を設けた[備えた].

bas·to [bǽstou,

bá:s- | -təʊ] *n.* 〘トランプ〙＝basta.

bas·ton [bǽstən] 〘ME ▭ OF *baston* (F *bâton*): ⇨ baton〙 *n.* **1** 〘紋章〙＝cotise. **2** 〘建築〙(柱基 (base) の)半円形繰形 (torus).

bást ráy *n.* 〘植物〙＝phloem ray.

Ba·su·to [bəsú:toʊ | -təʊ] 〘▭ S.-Afr. ～〙 *n.* (*pl.* ～, ～**s**) **1** バスト《Basutoland の住民》. **2** バストの言語.

Ba·su·to·land [bəsú:təlæ̀nd, -to(ʊ)- | bəsú:təʊ-, -zú:-] *n.* バストランド《Lesotho の旧名》.

bat[1] [bǽt] 〘《c1575》《変形》← ME *bakke* ← ? Scand.: cf. MSwed. *nat bakka* night bat: 今の形は ML *b(l)atta*, cockroach, moth との連想のためか〙 ── *n.* **1** 〘動物〙コウモリ《哺乳動物翼手目の動物の総称; cf. vampire 5》: (as) blind as a ～ 盲同然で (cf. bat-blind) / the time when the ～*s* come out＝the *bat*-flying time 夕暮時. **2** こうもり爆弾《投下されると弾頭に着けたレーダーによって自動的に目標に誘導される爆弾》. **3** 〘夜出歩くところから〙《俗》**a** 売春婦. **b** 《軽蔑》不愉快な女, あま.

have* [*be*] *bats in the* [*one's*] *belfry 《俗》頭がどうかしている, 気が変だ (cf. batty 1). ***like a bat out of hell*** 《口語》まっしぐらに, 猛烈なスピードで.

bat[2] [bǽt] 〘OE *batt* club, stick ▭ ? Celt. *bat(a)* (cf. Ir. & Gael. *bat*) // ▭ (O)F *batte* ← *battre* 'to BATTER[1]'〙 ── *n.* **1 a** (野球の)バット, (クリケットの)打棒; (バドミントンやテニスの)ラケット: cross ～*s* with ... と試合する. **b** (バットやラケットで)打つこと, 打球; 打つ番: ⇨ *at* BAT. **2** (クリケット・野球の)打手, 打者 (batsman): a good [useful] ～ 好打手[者]. **3 a** 棍棒 (club). **b** 〘競馬〙騎手の鞭 (whip). **c** [通例 *pl.*] 〘航空〙(着陸する飛行機の誘導に用いる)バット (cf. batsman 2). **4** 《口語》きびしい打撃. **5** 一方の端を切り落とした煉瓦, 端物; (皿などを作る第一段階としての固まった粘土などの平たく丸い)かたまり: a ～ of clay. **6** (*also* **batt**) **a** [通例 *pl.*] (寝具などに入れる)中入れ綿. **b** フェルトを作るのに用いる長い打ち延べ綿[羊毛]繊維; 帽子を作るのに用いるフェルト (felt). **7** 《英口語》速度 (speed): go (*at*) full ～ 全速力で進む / go off *at* a rare [terrific] ～ 一目散に逃げ去る. **8** 《俗》ばか騒ぎ, どんちゃん騒ぎ (spree): go on a ～ どんちゃん騒ぎを始める. **9** 〘窯業〙**a** 焼成時に陶磁器を支持する平板[厚板, 棚]. **b** たたら《平皿をろくろ成形する前にたたら成形機で調整した大体の形の陶磁器坏土の円板》. **c** バット印刷 (bat printing) に用いるゼラチンやにかわの薄膜.

at bat 〘野球〙(1) 打席について (cf. *in the* FIELD (2)): the side *at* ～ (野球の)攻撃側. (2) ⇨ at bat. ***carry* [*take*] (*out*) *one's bat*** (1) 〘クリケット〙一回の終わりまでアウトにならないで残る. (2) 《口語》がんばり通す, ついに勝つ. ***go to bat for*** 《米口語》積極的に〈人〉を支持[援助, 弁護]する. ***off one's own bat*** 《英》(1) 〘クリケット〙自分の打球で(何点かを得る). (2) 自力で, 独力で; 自発的に. ***on one's own bat*** 自分の都合[勝手]で. ***(right* [*hot*]*) off* [*from*] *the bat*** 《米口語》即座に, すぐさま (immediately). ***with the bat*** 〘野球〙打席について, 打者として.

── *v.* (**bat·ted; bat·ting**) ── *vi.* **1** バットを使う, 打手[打者]となって打つ. **2** 《俗》あてもなく行く, ぶらぶらする 〈*around*〉. ── *vt.* **1** (棒などで)打つ; 〈議論などを〉打ち破る, つぶす 〈*down*〉. **2** 〘野球〙**a** 打つ, 打って〈走者を〉進ませる: ～ a runner *home* 打って走者を生還させる. **b** ...の打率をあげる: He ～*ted* 0.25 this season. 今シーズンは2割5分の打率をあげた. **3** 《米口語》いそいで作る; でっちあげる 〈*out*〉: ～ *out* a story on the typewriter 物語をタイプライターでたたき出す. **4** 《米俗》〈計画・主題などを〉(自由に, 長々と)論じる, 考察する 〈*around, back and forth*〉: ～ the problem *around* for hours 何時間もその問題をああでもないこうでもないと議論する. 「つける.

bat in 〘野球〙(打って)〈得点を〉かせぐ; 〈得点〉に結び

bat[3] [bǽt] 〘《1887》▭ Hindi *bāt* speech〙 ── *n.* **1** (インドの)口語, ヒンドスタニー語. **2** [the ～] 《英俗》(インドやその東方諸国など)外地の人が使う口語.

sling the bat (外地で)その国[土地]の言葉を使う.

bat[4] [bǽt] 〘《1615》《変形》← BATE[2]〙 *vt.* (**bat·ted; bat·ting**) 《口語》〈目・まぶたを〉まばたかせる (wink): ～ one's eyes まばたきをする, 〔...に〕ウィンクする 〔*at*〕.

***not bat an eye* [*eyelash, eyelid*]** 《口語》(1) まんじりともしない. (2) まゆ一つ動かさない, 驚きなどの感情を全然見せない.

bat[5] [bá:t] *n.* (*pl.* ～, ～**s**) ＝baht.

Bat [bǽt] 〘(dim.) ← BARTHOLOMEW〙 *n.* 男性名.

bat. 《略》battalion; battery; battle.

Bat. 《略》Batavia.

B.A.T. 《略》Bachelor of Arts in Teaching 教育学士.

Ba·táan Península [bətǽn-, -tá:n-] *n.* [the ～] バターン半島《フィリピン Luzon 島西部の半島; 第二次大戦の激戦地 (1942)》.

Ba·tak [bətá:k, bɑ:-] 〘▭ Malay ～〙 *n.* (*pl.* ～, ～**s**) **1 a** [the ～(s)] バタク族《Sumatra 島の高地地方に住む一種族》. **b** バタク族の人. **2** バタク語.

ba·ta·leur [bæ̀tələ́:, -tl̩-, ⌐⌐⌐ | bætələ́:(r, -tl̩-, ⌐⌐⌐] *n.* 〘鳥類〙＝bateleur.

bát-allòwance *n.* ＝bat money.

Ba·tan·gas [bətá:ŋgəs, -tǽŋ-] *n.* バタンガス《フィリピン Luzon 島南西部の海港; 人口 126,000》.

Ba·tán Íslands [bətá:n-, bɑ:-] *n. pl.* [the ～] バタン諸島《フィリピン諸島の北端; 面積 197 km²》.

bâ·tarde [bətɑ́:əd | -tɑ́:d; *F.* bɑtard] 〘▭ F ～ (fem.) ← *batard* 'BASTARD'〙 *n.* バタルド(書)体《17 世紀初めごろフランスで用いられた丸みのある手書き書体》.

ba·ta·ta [bətɑ́:tə | -tə] 〘▭ Sp. ～ ▭ Taino〙 *n.* サツマイモ (sweet potato).

Ba·ta·vi·a [bətéɪviə, -vjə | -vjə, -vɪə] *n.* バタビア《Djakarta の旧名, 旧オランダ領東インド (Netherlands East Indies) の首都》.

Ba·ta·vi·an[1] [bətéɪviən, -vjən | -vjən, -vɪən] *adj.* (旧オランダ領の)バタビア(人)の. ── *n.* バタビア人.

Ba·ta·vi·an[2] [bətéɪviən, -vjən | -vjən, -vɪən] 〘1: ← L *Batavi* (Betawe (Rhine 川と Waal 川の間にある島状地帯)に住んでいた古代民族)＋-AN[1]. 2: ← NL *Batavia* Holland＋-AN[1]〙 ── *n.* **1** バタビア人《北海沿岸低地帯 (Low Countries) に住んでいた古代人》. **2** オランダ人. ── *adj.* **1** (古代の)バタビア人の. **2** オランダ人の. 「(dull).

bát-blìnd *adj.* (コウモリのように)明き盲の, 愚鈍な

bát bòy *n.* 〘野球〙ボールボーイ《バットなどの備品の世話をする少年》.

batch[1] [bǽtʃ] 〘《15C》 *bach* < OE **bæcce* a baking ← *bacan* 'to BAKE': cf. OE *ġebæc* a baking〙 ── *n.* **1 a** (パン・陶器などの)一焼き分, 一かま分: a ～ of loaves, cakes, etc. **b** (材料・原料の)一度分(の分量); 一度に作られた分量: a ～ of concrete (工事で必要とされる)一回分のコンクリート. **2** ひとまとまり, 一組, 一群, 一団; 一束: a ～ of cigars, books, letters, orders, etc. / a ～ of men [workmen] 一団の人々[労働者] / in ～*es* 群れをなして. **3 a** 〘窯業〙バッチ《調合比率に合わせて作られた物質の混合物》: a ～ of china, pottery, etc. **b** 〘ガラス製造〙ガラス融解するつぼに入れるばかりになっているフリット. **4** 〘電算機〙バッチ《電子計算機で一度に処理するジョブの集まり; cf. remote batch》. ── *vt.* 〈一定数・量のものを〉区分してまとめる; 一度に作る; 〈一回に必要な原料を〉計り分ける. **～·er** *n.*

batch[2] [bǽtʃ] *v.* 《米》＝bach.

bátch mìxer *n.* 〘土木〙バッチミキサー《一回分の材料を投入し混合して排出してから次回の材料を投入するミキサー; cf. continuous mixer》.

bátch pròcessing *n.* 〘電算機〙一括処理, バッチ処理《計算機の仕事を要求のあるたびに実行するのではなく, 一定時間ごとにまとめて処理する方式》.

bátch prodùction *n.* バッチ生産《原料を容器内に入れて加工し, その容量単位で製品をつくるもので, 多種少量生産に適した生産方式; しばしば組別生産と同義に使われることもある》.

batch·y [bǽtʃi | -tʃɪ] 〘← ?: cf. batty〙 *adj.* (**batch·i·er; -i·est**) 《俗》＝batty 1.

bate[1] [béɪt] 〘《c1300》 *bate(n)* 《頭音消失》← *abate(n)* 'ABATE'〙 ── *vt.* **1** 弱める, 薄くする, 和らげる; 〈息を〉こらす (restrain): with ～*d* breath (不安・興奮などで)息をこらして, かたずを飲んで. **2** 減じる, 減らす (lessen); 値引きする (deduct): ～ one's demands / cannot ～ a penny 一文も引けない. **3** 《古》鈍くする (blunt). ── *vi.* 《廃・方言》弱まる, 和らぐ (diminish).

bate[2] [béɪt] 〘《c1330》▭ OF *batre* (F *battre*) 'to beat, BATTER[1]'〙 ── *n.* **1** 〘鷹狩〙(鷹の)ひどく怒った[恐れた]状態. **2** 《英俗》怒り, 立腹 (rage): in a ～ 怒って / get in a ～ 怒る. ── *vi.* 〈鷹が〉(怒って[恐れて])羽ばたきして逃げようとする.

bate[3] [béɪt] 〘← ? Scand.: cf. Swed. *beta* to macerate〙 ── *n.* ベーティング《裸皮の酵素処理(皮から不要蛋白質類を除く)により皮をきれいにする事》. ── *vt.* 〈皮を〉ベーティングする.

bát èar *n.* (犬の)こうもり耳《立ち耳で, 基部は幅広く, 先端では輪郭が丸みをおび, 開孔部がまっすぐ正面を向いているもの》. **bát-èared** *adj.*

ba·teau [bætóʊ, bə-, bǽtoʊ | bætə́ʊ, bə-, bǽtəʊ; *F.* bato] 〘《1759》▭ F ～ < OF *batel* < ML *batellum* (dim.) ← *bat(t)us* boat ← ? OE *bāt* 'BOAT': ⇨ -el[1]〙 ── *n.* (*pl.* **ba·teaux** [～(z); *F.* ～]) **1** (*also* **batteau**) (カナダ地方の)川舟《両端が細くとがっている長い平底舟》. **2** (舟橋の)浮舟 (cf. pontoon[1] 1 b).

batéau brìdge *n.* 舟橋《bateau を用いて作った橋》.

batéau néck [**néckline**] *n.* 〘服飾〙バトーネック

bateaux *n.* bateau の複数形. 」(boat neck).

ba·te·leur [bæ̀tələ́:, -tl̩-, ⌐⌐⌐ | bætələ́:(r, -tl̩-, ⌐⌐⌐; *F.* batlœ:r] 〘▭ F ～ < OF *bastelleur* juggler ← *bastel* puppet〙 ── *n.* 〘鳥類〙ダルマワシ (*Terathopius ecaudatus*) 《アフリカ産の尾の短いワシ; bateleur eagle ともいう》.

báte·ment lìght [béɪtmənt-] 〘《頭音消失》← ABATEMENT〙 *n.* 〘建築〙(尖頭アーチ形頂部を持つ垂直窓の上部に仕切られた)ゴシック建築の開口部[上窓].

Bates [béɪts], **H**(**erbert**) **E**(**rnest**) *n.* (1905-74) 英国の小説家; *The Darling Buds of May* (1958).

-ba·tes [⌐ bəti:z] 〘← NL ～ ← Gk *bátēs* one that treads ← *bainein* to go, walk〙「歩くもの (walker)」の意の名詞連結形.

Bátes·i·an mímicry [béɪtsiən- | -tsɪ-] 〘← *Henry W. Bates* (1825-92: 英国の博物学者)〙 ── *n.* 〘動物〙ベーツ擬態《他の動物の捕食の対象となるような味のよい動物が, 味の悪い動物の警戒色を模倣して捕食を免れる場合をいう》.

bát·fish *n.* 〘魚類〙翼状突起のある魚: **a** アカグツ科の魚類の総称《フウリュウウオ (*Malthopsis lutea*), アカグツ (*Halieutaea stellata*) など》. **b** セミホウボウ科の魚 (*Dactylopterus volitans*). **c** California 産マダラトビエイの一種 (*Aetobatis californicus*).

bát·fòwl 〘《15C》← BAT[2]＋FOWL (v.)〙 *vi.* (たいまつなどをともしてねぐらを襲って)棒で打って[網をかけて]鳥を捕える. **～·er** *n.* **～·ing** *n.*

Bat Godesberg *n.* ⇨ Godesberg.

bath[1] [bǽ(:)θ, bá:θ | bá:θ] 〘OE *bæþ* < Gmc **baþam* (Du. *bad* / G *Bad*) ← IE **bhē-* to warm: cf. bake〙 ── *n.* (*pl.* ～**s** [bǽ(:)ðz, bǽ(:)θs, bá:ðz, bá:θs | bá:ðz]) **1** 入浴, ゆあみ, 水あび (cf. bathe): a hot [cold] ～ 温[冷水]浴 / a mud ～ 泥ぶろ / a salt ～ 塩湯 / a hip ～ ＝sitz bath / a sea-water ～ 海水浴 / a succession ～ 冷温交代浴 / a sun ～ 日光浴 / ⇨ sand bath, shower bath, steam bath, Turkish bath, vapor bath / ⇨ ORDER of the Bath / take [《英》have] a ～ 入浴する / take the ～*s* (療養のために)鉱泉に浴する, 湯治する / give a ～ to ... を入浴させる. ★ ラテン語系形容詞: balneal. **2** 液体におおわれた状態, 汗[血など]にまみれること: in a ～ of sweat びっしょり汗をかいて / The country had a ～ of blood. その国には大殺戮があった (cf. blood bath). **3 a** 浴室, ふろ場 (bathroom): a private ～ 専用浴室. **b** 浴場, ふろ屋 (bathhouse): a public ～ 公衆浴場, ふろ屋. **c** (通例建物内の)水泳プール: an open-air ～ 野天プール. **d** [しばしば *pl.*] (昔ローマなどにあった)豪華な公衆浴場: the ～*s* of Caracalla カラカラ大浴場. **e** [*pl.*] 湯治場, 温泉 (cf. spa 1 b, watering place 1). **4 a** 入浴用の水[湯, 蒸気(など)]. **b** (物を浸すための)溶液, (フィルムの)現像液 (cf. fixer 2). **c** 温度調節用の媒体《水・空気・砂・油など》. **5 a** 浴槽, 湯船 (bathtub). **b** 溶液を入れる器; 電気めっき槽, 電解槽: a hypo ～ (写真種板の溶液のはいった)ハイポ皿[バット]. **c** 温度調節用の容器. **6** 物を浸して化学反応を与えること, ...浴: oil ～ 油浴. **7** 〘冶金〙溶融金属のたまり.

── 《英》*vt.* 〈赤ん坊・病人・動物などを〉ふろに入れる, 入浴させる, ...に湯を使わせる. ── *vi.* 入浴する.

bath[2] [bǽ(:)θ] 〘《1398》▭ Heb. ～〙 *n.* バス《古代イスラエルの液量の単位: 約 40 リットル》.

Bath [bǽ(:)θ | bá:θ] 〘OE *Baþum* ← *æt* (*þǣm*) *baþum* at the baths: ローマ時代の浴場にちなむ: cf. G *Baden*〙 ── *n.* イングランド Avon 州南東部にある都市; ローマ時代から有名な温泉地; 人口 85,000. 「CHO).

Go to Bath! こじきになれ; 出て行け (cf. go to JERI-

bath- [bæθ] (母音の前に来る時の) batho- の異形.

Bath. & Well. 《略》*ML.* Bathoniēnsis et Wellsoniēnsisque (＝of Bath and Wells) 《Bishop of Bath & Wells が署名に用いる; ⇨ Cantuar. 2》.

Báth brìck 〘← BATH (原産地)〙 *n.* バス砥(と)石.

Báth bùn 〘← BATH (原産地)〙 *n.* バスバン《丸くて小型の菓子パンの一種で, 砂糖漬けの果物や木の実を用い, 上に双目(ざらめ)糖をかける》.

Báth chàir, b- c- 〘Bath で初めて用いられたことから〙 *n.* (ほろ付きの病人用)車椅子.

Báth chàp *n.* バスチャップ《燻製にした豚の頬およ

báth cùbe *n.* ＝bath salts. 」び下顎部の肉》.

bathe [béɪð] 〘OE *baþian* < Gmc **baþōn* ← **baþam* 'BATH[1]'〙 ── *vt.* **1** 〔...に〕浸す (immerse) 〔*in*〕: ～ one's face [feet] *in* water / ～ one's hands *in* blood 手を血まみれにする《殺人のため》/ trees ～*d in* moonlight 月光を浴びた木立ち. **2** ふろに入れる; [～ *oneself* で] 入浴する: ～ a baby. **3** [しばしば Passive で] 〈光・暖気などが〉...に一杯に注ぐ[みなぎる]; 〈汗・涙などが〉おおう: be ～*d in* sweat 汗まみれになる / The sunlight ～*d* the lawn. 陽光が芝生一面にふりそそいでいた / His eyes were ～*d with* [*in*] tears. 目に涙があふれていた. **4** 〈波が〉〈岸などを〉洗う (wash): ～ the shores [the foot of a cliff]. **5** 〈目や患部を〉(布や海綿などで)洗う, うるおす: ～ a wound / ～ one's eyes *with* warm water 目を温湯で洗う. ── *vi.* **1** 入浴する; 日光浴をする. **2** 水に入る, 水を浴びる, (海)水浴をする: ～ *in* the sea 海で泳ぐ / go *bathing in* a river 川へ泳ぎに行く. **3** 〔水などに〕浸る, 〔日光などに〕浴する 〔*in*〕.

── *n.* 《英》(川や海での)水泳: go for a ～ (海)水浴に行く / have [take] a ～ (海)水浴をする.

bath·er [béɪðə | -ðə(r] *n.* **1** 《英》(川や海での)水浴者, 水泳者; 海水浴客. **2** (湯治場の)入湯[浴]者, 湯治客. **3** [通例 *pl.*] 《豪》水泳用パンツ, 水着.

báthe·a·ble [-ðəbl̩] *adj.* 水浴[入浴]に適する.

ba·thet·ic [bəθétɪk | bəθétɪk, bæ-] 〘《a1834》← BATHOS: PATHETIC との類推による〙 ── *adj.* 〘修辞〙漸降法 (bathos) の[的な]; 陳腐な (trite); 過度に哀れっぽい. **ba·thét·i·cal·ly** *adv.*

báth·hòuse *n.* **1** ふろ屋, 浴場. **2** 《米》(海水浴場などの)更衣所.

Ba·thil·da [bətíldə] 〘▭ OHG *Badu-hildi* 《原義》commanding battle-maiden〙 *n.* 女性名《異形 Batilda》.

Bath·i·nette [bæ̀θənét, -θɪ- | -θɪ-] 〘← BATH[1]: BASSINET との類推による〙 *n.* 〘商標〙バシネット《ゴム引きの布などで作った幼児用の携帯用湯船》.

bath·ing [béɪðɪŋ] 〘ME〙 *n.* **1** 水浴, 水あび; 入浴, 入湯. **2** [形容詞的に] 水浴用の: a ～ place 水泳場, 海

báthing bèach *n.* 海水浴場. 」水浴場.

báthing bèauty [**bèlle**] *n.* (特に海浜の, 美人コンテストに出場する)水着の美人.

báthing càp *n.* (婦人用のゴム製などの)海水帽.

báthing còstume *n.* 《英》海水着 (bathing suit).

báthing dràwers *n. pl.* 《英》水泳パンツ.

báthing drèss *n.* ＝bathing costume.
báthing gòwn *n.* ビーチガウン, 海浜着.
báthing hòuse [hùt] *n.* ＝bathhouse 2.
báthing machìne *n.* 《古》(海水浴場の車輪のついた)移動更衣小屋, 更衣車《海水浴者を乗せて水辺に引き出し, 海水浴者はその中で着替える》.
báthing sùit *n.* 水着, 海水着.
báthing-trùnks *n. pl.* 《英》(男子用)水泳パンツ, 水泳トランクス.

bathing machines

báth·kèep·er *n.* 《英》浴場主, ふろ屋.
báth màt *n.* 浴室用マット, バスマット.
bath mitz·vah, B- M- [bɑ́ːθ-mítsvə, bɑ́ːt-, bɑ́ːs-, -vɑː] 〘Mish. ⊏Heb. *bath miṣwā^h* daughter of commandment〙 ── *n.* 〘ユダヤ教〙バス ミツバー: **1** 約13歳に達した少女; 正式に成人として宗教上の責任と義務が生じる. **2** 少女を bath mitzvah として認める壮厳な儀式; 通例金曜日の晩に会堂で行なわれる (cf. bar mitzvah).
bath·o- [bǽθo(ʊ) | -θə(ʊ)] 〘← Gk *báthos* depth〙 ── 次の意味を表わす連結形 (cf. bathy-): **1**「深さ (depth), 深海」. **2**「下(向き)の (downward)」. ★ 母音の前では通例 bath- になる.
bath·o·lite [bǽθəlàɪt] 〘⇨↑, -lite〙 *n.* ＝batholith.
bath·o·lith [bǽθəlɪθ] *n.* 〘地質〙底盤《主に花崗岩からなる大形の深成岩体; bathylith ともいう》. **bath·o·lith·ic** [bæ̀θəlíθɪk] *adj.*
Báth Óliver 〘← *William Oliver* (1695–1764: これを考案したと言われる Bath の医師)〙 *n.* 甘味のないビスケット《以前は単に Oliver ともいった》.
ba·thom·e·ter [bəθɑ́mətə | -θɔ́mɪtə(r, -mə-] *n.* 〘海洋〙水深測定器.
Ba·tho·ni·an [bæθóuniən | bɑːθə́ʊnjən, -niən] 〘← *Bathonia* 《ラテン語形》← BATH: ⇨ -an¹: cf. Oxonian〙 ── *adj.* **1** (英国の) Bath 市(民)の. **2** 〘地質〙バス階の. ── *n.* **1** Bath の人[市民]. **2** 〘地質〙(中部ジュラ紀中世期の)バス階.
ba·thoph·i·lous [bəθɑ́fələs | -θɔ́fɪ-] 〘← BATHO-＋-PHILOUS〙 *adj.* 〘動物〙深海に住むのに適した.
bát·hòrse [bǽt-] 〘← 《廃》*bat* packsaddle (⊏(O)F *bât*)＋HORSE: cf. F *cheval de bât* packhorse: ⇨ bastard〙 ── *n.* 軍用駄馬, 荷馬《将校などの荷物[軍用行李(こうり)]を運ぶ; cf. batman》.
ba·thos [béɪθɑs, -θɔ(ː)s, -θous | -θɔs] 〘(1727) ⊏ Gk *báthos* depth ← *bathús* deep〙 ── *n.* **1** 〘修辞〙漸降法, 急落《漸次高まった崇高·荘重な文体から急に卑俗で滑稽な調子に転落する表現法で, anticlimax の極端なもの》. **2** (表現などの)異常な平凡さ, 陳腐さ (triteness). **3** 甘い[過度な]感傷, センチメンタリズム, 過度なペーソス (cf. pathos). **4** どん底 (nadir).
báth·ròbe *n.* 《米》バスローブ《入浴の前後に着る長いコートのようなガウンで, 吸湿性のある生地でつくられる; cf. dressing gown》.
báth·ròom *n.* **1** 浴室, ふろ場, 湯殿《浴槽またはシャワーがあり, 通例洗面所とトイレ付き》. **2** 《婉曲》化粧室, トイレ (toilet).
báth sàlts *n. pl.* バスソルト《ふろの水を軟化させたり香りをよくしたりするための薬剤》.
Bath·she·ba [bæθʃíːbə, bǽθʃə- | bǽθʃɪ-] 〘⊏ Heb. *Bathshébha'* 《原義》? daughter of the fullness [happiness]〙 ── *n.* **1** 女性名. **2** 〘聖書〙バテシバ《ヘテ人 (Hittite) Uriah の妻; David に愛され Solomon を生んだ; cf. 2 *Sam.* 11-12》.
báth spònge *n.* 浴用海綿.
Báth stòne 〘Bath 付近の魚卵状石灰岩層より切り出されるため〙 *n.* バス石《一種の石灰岩; 建築用淡黄色石材》.
báth tòwel *n.* バスタオル, 湯上がりタオル.
báth·tùb *n.* **1** 浴槽, 湯舟, バスタブ. **2** ＝sitzmark. **báth·tùb·fùl** [-fʊ̀l] *n.*
báthtub gín *n.* 《米》ジンに似せて造った自家製ジン, (特に, 禁酒法時代の)密造ジン.
Bath·urst [bǽθəːst, -θəst | -θəːst, -θəst] *n.* バサースト《Banjul の旧名》.
báth·wàter *n.* ふろ湯.
throw out the baby with the bathwater ⇨ baby 成句.
bath·y- [bǽθɪ, -θə | -θɪ] 〘← Gk *bathús* deep〙「深い; 深さ; 深海」,「体の内部」の意の連結形 (cf. batho-).
bath·y·al [bǽθiəl | -θɪəl] 〘⇨↑, -al¹〙 ── *adj.* 深い海の; (特に, 100 尋(ひろ)程の大陸棚 (continental shelf) から 1,000 尋程の深海地帯 (abyssal zone) の間の)半[漸]深海の: the ～ zone 半[漸]深海地帯.
ba·thyb·ic [bəθíbɪk] 〘← BATHY-＋BIO-＋-IC¹〙 *adj.* 深海性の, 深海に生息する: ～ plankton 深海性プランクトン.
bath·y·lith [bǽθəlɪθ | -θɪ-] *n.* 〘地質〙＝batholith.
Bath·y·mas·ter·i·dae [bæ̀θɪmæstérədìː, -θə- | -θɪməstérɪ-] 〘← NL ～ ← *Bathymaster* (属名: ← BATHY-＋*mastḗr* seeker)＋-IDAE〙 ── *n. pl.* 〘魚類〙(スズキ目)メダマウオ科.
ba·thym·e·ter [bəθímətə | -mɪtə(r, -mə-] 〘← BATHY-＋-METER¹〙 *n.* (海·湖などで用いる)音波測深器.
bath·y·met·ric [bæ̀θɪmétrɪk, -θə- | -θɪ-] *adj.* **1** 水深測量術の. **2** 等深線の: a ～ map 海底地形図.
bàth·y·mét·ri·cal *adj.* ＝bathymetric. **～·ly** *adv.*
ba·thym·e·try [bəθímətri | -mɪtrɪ, -mə-] 〘← BATHY-＋-METRY〙 *n.* **1** (海洋·湖水などの)水深測量術. **2** 水深測量術によって得られた資料.
bàthy·pelágic 〘← BATHY-＋PELAGIC〙 *adj.* 半[漸]深海の[に住む] (cf. bathyal).
bath·y·scaphe [bǽθɪskæ̀f, -θə-, -skèɪf | -θɪskæ̀f] 〘⊏ F ～ ← BATHY-＋Gk *skáphē* light boat〙 ── *n.* (*also* **bath·y·scaph** [-skæ̀f]) バチスカーフ《深海調査用の潜水艇の名; スイスの A. Piccard と息子の J. Piccard が考案し, 1948 年にテストした; cf. mesoscaphe》.
bath·y·sphere [bǽθɪsfɪə, -θə- | -θɪsfɪə(r] 〘← BATHY-＋-SPHERE〙 *n.* バチスフェア《深海調査用潜水球; cf. benthoscope》.
bàthy·thérmogram 〘← BATHY-＋THERMOGRAM〙 *n.* 〘海洋〙(海)水温測定器による記録.
bàthy·thérmograph 〘← BATHY-＋THERMOGRAPH〙 *n.* 〘海洋〙(海)水温測定器《水温を水深の関数として示す測定器; 略 BT》.
ba·tik [bətíːk, bǽtɪk, bɑ́ːt- | bǽtɪk] 〘(1880) ⊏ Jav. *'mbatik* 《原義》painted〙 ── *n.* **1** ろうけつ染め(法). **2** ろう染めの布. **3** ろう染めの模様. ── *adj.* **1** ろうけつ染めの. **2** 《俗用》風変わりな色模様の.
Ba·til·da [bətíldə] 〘⇨ Bathilda〙 *n.* 女性名.
bat·ing¹ [béɪtɪŋ | -tɪŋ] 〘(pres.p.) ← BATE¹〙 ── *prep.* 《古》…を除いて, …の外 (excepting): *Bating* this, I know nothing to his disadvantage. これ以外には彼の不利になることは何も知らない.
bát·ing² [-tɪŋ | -tɪŋ] 〘← BATE³〙 *n.* 〘皮革〙ベーティング《裸皮の酵素処理》.
Ba·tis·ta [bətíːstə; *Sp.* batísta], **Ful·gen·cio** [fulxénsjo] *n.* バチスタ《1901–73; キューバの軍人·政治家; 大統領 (1940–44, 52–58); 正式名 Fulgencio Batista y Zaldívar [saldíβar]》.
ba·tiste [bətíːst, bæ- | bæ-, bə-; *F.* batist] 〘(1697) ⊏ F ～ ← *Baptiste* (その最初の製造者と言われる 13 世紀フランス Cambrai (現在の Nord 県の都市)の織物業者)〙 ── *n.* バチスト《上質薄手の麻·綿·絹·毛·化繊などの布》. ── *adj.* バチストの.
Bat·ley [bǽtli | -lɪ] 〘OE *Bateleia* 《原義》'LEA¹ of *Bata* (人名)'〙 *n.* イングランド West Yorkshire 州の都市で Leeds の南西にある; 人口 42,000.
bát·man [-mən] 〘(1755) ← BAT(HORSE)＋MAN¹〙 *n.* (*pl.* **-men** [-mən]) (荷馬を扱う)馬丁 (cf. bathorse); 《英》〘軍事〙(将校の)従卒, 当番(兵) (orderly).
bat mitz·vah [bɑ́ːt-mítsvə, -vɑː] *n.* ＝bath mitzvah.
bát mòney 〘← 《廃》*bat* (cf. bathorse): cf. batta〙 *n.* 《英》(将校の)戦地手当 (field allowance) (cf. bat-pay).
batn. 《略》〘軍事〙battalion.
Ba·toi·de·i [bətɔ́ɪdiàɪ | -dɪ-] 〘← NL ～ ← *Batis* (属名: ← Gk *batís* flatfish, skate)＋-OIDEA〙 *n. pl.* 〘魚類〙エイ目.
ba·ton [bətɑ́n, bæ-, -tɔ́ː(ŋ), -tɔ́(ː)ŋ, bǽtn | bǽtən, -tn, -tən, -tɔ̃ː(ŋ), -tɔ(ː)ŋ; *F.* batɔ̃] 〘(1548) ⊏ F *bâton* stick, staff < OF *baston* < VL **bastō(n-)* ← LL *bastum* stick〙 ── *n.* (*pl.* **～s** [～z; *F.* ～]) **1** 司令杖, (元帥などの)官杖(かんじょう)《官位を示す staff》: a (Field-)Marshal's ～ 元帥の司令杖, 元帥杖 / have [carry] a Marshal's ～ in one's knapsack 〈人が〉将たる器量を有する. **2** (巡査のもつ)警棒 (truncheon): a ～ charge 警察の手入れ. **3 a** (バトンガール·楽隊指揮者のもつ)バトン. **b** 〘音楽〙指揮棒: wield a good ～ 〈指揮者が〉見事に指揮棒をふるう, 指揮振り鮮やかである / an orchestra under the ～ of …指揮の管弦楽団. **4** 長い棒状のパン. **5** 〘紋章〙バトン紋《cotise の両端が盾の縁から離れ短いもの; cotise couped ともいう; cf. baton sinister》. **6** 〘陸上競技〙(リレー用の)バトン. **7** 〘時計〙棒文字《文字盤に数字の代りに付ける棒状のマーク》. ── *vt.* 警棒でなぐる.

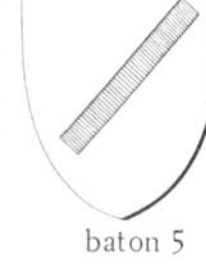
baton 5

batón gùn *n.* (暴動鎮圧用の)ゴム弾発射銃.
Bat·on Rouge [bǽtn-rúːʒ] 〘⊏ F ～ 《なぞり》← N-Am.-Ind. (Choctaw) *ítu-úma* red pole〙 ── *n.* 米国 Louisiana 州南東部, Mississippi 川に沿う同州の首都; 人口 166,000.
batón ròund *n* (baton gun 用の大きな硬質の)ゴム弾.
batón sínister *n.* 〘紋章〙バトンシニスター《baton の逆図形; イングランドでは庶子であることを示すマークとして使用されることが多い》.
batón twìrler *n.* バトントワラー《バトンをぐるぐる回しながら楽隊を指揮する; cf. drum majorette》.
bát-pày *n.* 〘英軍〙戦時増俸, 戦地手当 (cf. bat money).
bát prìnting *n.* 〘窯業〙バット印刷, ゼラチン転写《ゼラチンやにかわの塊を使って転写する陶磁器上絵付法》.
ba·trach- [bətréɪk] (母音の前に来る時の) batracho- の異形.
Ba·tra·chi·a [bətréɪkiə | -kjə, -kɪə] 〘(1847) ← NL ～ ← Gk *batrákheia* ← *bátrakhos* frog〙 *n. pl.* 〘動物〙**1** ＝Amphibia. **2** ＝Salientia.
ba·tra·chi·an [bətréɪkiən | -kjən, -kɪən] 〘(1834) ← NL ～: ⇨↑, -ian〙 〘動物〙 ── *adj.* 両生綱の (amphibian); カエル類の(特徴をもった). ── *n.* 両生動物; カエル類.
ba·tra·cho- [bətréɪko(ʊ) | -kə(ʊ)] 〘← NL ～ ← Gk *bátrakhos* frog〙〘動物〙「カエル (frog)」の意の連結形. ★ 母音の前では通例 batrach- となる.
Bat·ra·choi·di·dae [bæ̀trəkɔ́ɪdədìː | -dɪ-] 〘← NL ～ ← *Batrachoides* (属名: ⇨↑, -oides)＋-IDAE〙 *n. pl.* 〘魚類〙(バトラコイデス目)バトラコイデス科.
batràcho·tóxin 〘⇨↑, toxin〙 *n.* 〘生化学〙バトラコトキシン ($C_{24}H_{33}O_4N$)《南米産のカエルの皮膚から抽出されたステロイド系毒物》.
-bat·ra·chus [bǽtrəkəs] 〘← NL ～ ← Gk *bátrakhos*: ⇨ batracho-〙〘動物〙「両生綱の (batrachian)」の意の名詞連結形.
bats [bǽts] 〘《転訛》← BATTY〙 *adj.* 《俗》[Predicative に用いて] 狂気の, 気狂いの (insane); 奇矯な (⇨ bat¹ 成句): go ～ 気が狂う.
bats·man [bǽtsmən] 〘← BAT²＋-S²＋-MAN: cf. craftsman〙 ── *n.* (*pl.* **-men** [-mən]) **1** 〘野球·クリケット〙打者, 打手 (batter) (⇨ cricket² 挿絵): the ～'s box バッターボックス, 打席 / the ～'s line 打者線. **2** 〘航空〙**a** (着艦する飛行機に航空母艦の甲板から 2 本のバットで信号を送って誘導する)バット信号手. **b** (陸上で同じ方法で飛行機を誘導する)バット誘導手.
batt [bǽt] 〘《変形》← BAT²〙 *n.* ＝bat² 6.
batt. 《略》〘軍事〙battalion; battery.
bat·ta [bǽtə | -tə] 〘(1680) ⊏ Indo-Port. *bata* ＝Canarese *bhatta* rice: cf. bat money, bat-pay, salary〙 *n.* 《インド》(もと)インド駐留の英軍人の特別手当.
bat·tail·ous [bǽtələs, -tl- | -təl-, -tl-] 〘ME ⊏ OF *batailles*: ⇨ battle, -ous〙 *adj.* 《古》好戦的な (warlike).
bat·ta·lia [bətéɪljə, -tǽl-, -tɑ́ːl-] 〘⊏ It. *battaglia* (↓)〙 *n.* 《古》戦闘隊形, 陣形; 戦闘序列.
bat·tal·ion [bətǽljən] 〘(1589) ⊏ F *bataillon* ⊏ It. *battaglione* ← *battaglia* 'BATTLE¹': ⇨ -on⁴〙 ── *n.* **1** 〘軍事〙大隊 (略 bn., batn., batt.; ⇨ army 3). **2** 陣容を整えた軍隊. **3** [しばしば *pl.*] (同じ特徴·状態·目的などをもった)たくさんの人[物], 大勢, 大部隊: God is for the ～*s*.＝Providence is always on the side of the big [strongest] ～*s*. 《諺》神は常に大軍にくみす, 強い者にはかなわない / When sorrows come, they come not single spies, but in ～*s*. ⇨ sorrow 2.
bat·teau [bætóu, bə-, bǽtou | bǽtóu, bə-, bǽtəu; *F.* bato] *n.* (*pl.* **bat·teaux** [～(z); *F.* ～]) ＝bateau 1.
bat·tel [bǽtl | -tl] 〘(?c1400) ← ? 《廃》*battle* to feed ← 《廃·方言》*battle* (a) feeding ← **bat-* (cf. batten¹): ⇨ -le³〙 ── *vi.* (Oxford 大学で)校内の食堂を利用する. ── *n.* [通例 *pl.*] (Oxford 大学での)学費; 食費.
bat·te·ment [bætmɑ́ː(ŋ), -mɔ́ː(ŋ), -mɑ́ːŋ, bǽtmənt | bætmɑ́ː(ŋ), -mɔ́ː(ŋ), -mɑ́ːŋ, -mɔ́(ː)ŋ; *F.* batmɑ̃] 〘⊏ F ～ ← *battre* 'to BATTER¹'〙 ── *n.* 〘バレエ〙バットマン《第 5 ポジションから片脚を前[後, 横]に上げそれをもとに戻す動作》.
bat·ten¹ [bǽtn] 〘(1591) ⊏ ON *batn-a* to get better: *bat-* は OE *bet* 'BETTER¹' と同語源〙 ── *vi.* **1** (うまい物を)どっさり[がつがつ]食う (*on, upon*). **2** 肥える, 太る. **3** (他人(の努力·善意など)を食いものにして)懐[私腹]を肥やす, ぜいたくに暮らす (*on, upon*). ── *vt.* …にうまい物を食べさせる; 太らせる. **～·er** *n.*
bat·ten² [bǽtn] 〘(1831) ← F *battant* (pres.p.) ← *battre* 'to BATTER¹'〙 *n.* バッタン《手織で杼投(ひなげ)と筬打(おさうち)をする装置》.
bat·ten³ [bǽtn] 〘《変形》← BATON〙 ── *n.* **1** 床張り板《長さ 6 フィート以上, 幅 7 インチ, 厚さ 4 インチ以下の板》. **2** 野地板(のじいた); 目板(めいた), 小割り板; 帯材. **3** 〘海事〙当て木. **4** 〘造船〙バッテン《ゆるやかな曲線を描くのに用いる「しない定規」》. **5** 〘演劇〙バトン (《米》barrel) 《照明·垂れ幕などを吊るため天井のすのこ (gridiron) から下げる長い木または金属パイプ》. ── *vt.* **1** …に床板を張る; …に目板を取り付ける. **2** 〘海事〙…に当て木をする 〈*down*〉: ～ *down* the hatches (暴風雨·火災などの際に)艙(そう)口に当て木を付けて密閉する; 難局に備える. **3** 〘建築〙〈合成鉄柱などを〉帯板 (batten plate) で結合する. **4** 〘演劇〙〈照明·垂れ幕などを〉バトンから吊る. ── *vi.* (小割り板を張って)補強する 〈*down*〉.
bátten plàte *n.* 〘建築〙帯板, 綴板(つづりいた)《橋や建物の鉄骨造の組み合わせ部材を連結する帯状の鋼板》.
bat·ter¹ [bǽtə | -tə(r] 〘(c1330) *batere(n)* ⊏ AF *baterer* ← OF *batre* (F *battre*) < VL **battere* ＝L *battuere* to strike ← ? Celt. ── n.: (1381) *bature* ⊏ AF *batour* ＝OF *bature* beating, beaten metal ← *batre*〙 ── *vt.* **1** 続けざまに打つ, たたく, 乱打[連打]する: ～ a person *on* the head 人の頭を連打する. **2 a** 〈城壁などを〉(破城つち (battering ram) や大砲で)攻撃する 〈*down*〉. **b** 〈物を〉打ちこわす, たたきつぶす 〈*down*〉; …に大打撃を与える: ～ a door [wall] *down* / The heavy waves ～*ed* the ship *to* pieces. 激浪は船を打ち砕いた. **c** 〈人·理論などを〉激しく[繰り返し]攻撃する, こきおろす; 〈人を〉打ちのめして(ある状態に)陥れる (*into*): ～ a person *into* exhaustion 人をへとへとにする. **3** 打ちつぶす, へこませる (*in*): His face was ～*ed* almost to a pulp. 顔は打ちつぶされてほとんどぐにゃぐにゃになっていた. **4** 〈家具·服·機械·活字などを〉(乱暴に扱って)使いつぶす, 摩滅させる (wear): ～*ed* type 滅(へ)り字. **5** 《米俗》…にほどこしを乞う. ── *vi.* (戸などを)乱打する (*at, on*): ～ (*away*) *at* a door. ── *n.* **1 a** (活字面·版面の)摩滅, つぶれ. **b** (活字の摩滅などによる印刷紙面の)つぶれ. **2** 乱打(すること). **3 a** 〘料理〙(パンケーキ用などの, 小麦粉·牛乳·鶏卵などを混ぜた)たね, (揚げ物用の)ころも. **b** 《スコット》(小麦粉と水で作った)のり (paste).

bat·ter² [bǽṭɚ | -tə(r] 〘← BAT²＋-ER¹〙 ― *n.* 〖野球・クリケット〗バッター, 打者, 打手 (batsman): the ～'s box バッターボックス, 打席 / *Batter* up! バッターアップ!, プレーボール!

bat·ter³ [bǽṭɚ | -tə(r] 〘← ?: cf. batter¹〙 ― *n.* 〖建築〗縦勾配, 傾度, バタ《塔や壁の上部の厚さを減らして作る》. ― *vi.* 〈壁などが〉(基底から)後方へ傾斜する, 上方に縦勾配になっている. ― *vt.* 〈壁など〉にゆるい縦勾配をつける.

bat·ter⁴ [bǽṭɚ | -tə(r] 〘← ?: cf. bat² (n.) 8〙 *n.* 《英俗》どんちゃん騒ぎ (spree). ★ 通例次の成句で: ***on the batter*** どんちゃん騒ぎをして: go *on the* ～ どんちゃん騒ぎをする.

bátter bòard *n.* 〖建築〗水貫(みずぬき), 遣形(やりかた)貫《建造物基礎工事の際四隅に打った杭に水平に取り付けた貫; これに水糸を張って, 柱や壁の中心線, 建造物の輪郭線などの基準にする》.

bátter bràce *n.* 〖建築〗方杖(ほうづえ)《補強のためトラス (truss) 中に入れる短斜材; batter post ともいう》.

bátter brèad *n.* ＝spoon bread.

bátter·càke *n.* 《米南部・中部》＝griddle cake.

bát·tered 〘(p.p.) ← BATTER¹〙 *adj.* **1** 打ちたたかれて; 打ちつぶされた; 形のつぶれた, 使い古した: a ～ old hat. **2** (生活苦などで)疲れ果てた.

báttered chíld [báby] sỳndrome *n.* 〖病理〗幼児[乳児]受傷症候群《通例4歳以下の小児で, 事故と称して実は親などが加えた傷害によるもの》.

báttered wífe *n.* 〖法律〗(夫から)絶えず殴打・暴行を受けている妻 (cf. ASSAULT and battery).

bat·te·rie [bæ̀təríː, bǽṭəri, -tri | bæ̀tərí:, bǽtəri; *F.* batri] 〘□F ～: ⇨ battery〙 ― *n.* **1** 〖バレエ〗バテリー《跳躍している間に足やふくらはぎを打ちつけること》. **2** 〖音楽〗＝battery 10.

bát·ter·ing ràm [-tərɪŋ-, -tr- | -t(ə)r-] *n.* **1** 破城つち《昔城壁などを破るのに用いた攻撃用具》: a ～ assault 猛攻. **2** (消防士などが使う)戸[壁など]の打ちこわし用の金属棒.

battering ram 1

bátter pìle *n.* 〖土木〗斜杭(しゃくい)《斜めに打ち込んだ杭》.

bátter pòst *n.* 〖建築〗＝batter brace.

Bat·ter·sea [bǽṭəsi | bǽtəsɪ] 〘OE *Badricesea, Batriceség* 《原義》'island of *Beaduric* (人名)'〙 *n.* London の旧自治区で現在は Wandsworth の一部.

bat·ter·y [bǽṭəri, -tri | bǽtəri] 〘《1531》□(O)F *batterie*: ⇨ batter¹, -ery〙 ― *n.* **1 a** 打つこと, 強打. **b** 〖法律〗殴打 (⇨ ASSAULT and battery). **c** 《廃》砲撃 (bombardment). **2 a** (打ちのばして作られた)金属; 金属製容器. **b** (真鍮または銅製の)打出し細工品, (主に)台所用品. **3** 一組の器具[装置]: a cooking ～ / an optical ～ / a ～ of boilers 一組のボイラー. **4 a** 同種のものの一群; 一連の関係あるもの (set): a ～ of social problems. **b** (人・物の)圧倒するような[豪勢な]一群, 勢ぞろい (array): a ～ of cameramen and reporters 勢ぞろいしたカメラマンや記者. **5** 〖軍事〗**a** 砲兵中隊《砲兵以外の中隊は通例 company という; cf. company 5, troop 6 a》; 砲列, 砲兵陣地, 砲台; (艦上の)砲郭; 備砲: a starboard ～ / a six-inch ～ / an enfilade ～ 縦射砲台 / a cross ～ 十字射砲台 / a floating ～ 浮き砲台 / a masked ～ 覆面[遮蔽(しゃへい)]砲台. **b** (砲の)発射の用意のできた状態: ⇨ *in* BATTERY. **6** 〖電気〗電池《cell の集まったもの》: a gravity ～ 重力電池 / ⇨ dry battery, galvanic battery, primary battery, secondary battery, storage battery. **7** 〖野球〗バッテリー《投手と捕手》. **8** 〖心理〗バッテリー《行動のいろいろな側面を検査するための幾つかのテストの組み合わせ》: take a ～ (of tests) 総合テストを受ける. **9** 〖畜産〗バタリー《ニワトリやウサギを飼養するための多段式の一連のケージ; cf. free range》; [形容詞的に用いて] バタリー(方式)の[による]: ～ hens, eggs, etc. **10** (*also* **batterie**) 〖音楽〗**a** (オーケストラの)打楽器部. **b** バッテリー《弦をたたいて演奏するギター奏法の一種》.
change one's battery 攻撃の方向を変える, 手を変えて攻める. ***in battery*** 〈重砲が〉(発射の反動がおさまって次の)発射の用意が整った. ***recharge one's batteries*** (元気を回復するために)休息する. ***turn a person's battery against himself*** 相手の論点を捕えて逆襲する.

báttery chàrger *n.* 〖電気〗充電器.

báttery jàr *n.* 電槽《電池の電極や電解液を入れておくガラスの容器; 特に生物・化学の実験用のもの》.

Bát·ter·y Párk [bǽṭəri-, -tri- | bǽtəri-] *n.* バッテリー公園《米国 New York 市 Manhattan の南端 New York 湾頭にある公園; もと砲台 (battery) があった》.

bat·tik [bǽṭɪk | -tɪk] *n., adj.* ＝batik.

bát·ting [-tɪŋ | -tɪŋ] *n.* **1** (掛けぶとんなどの詰め物用に薄く押し重ねた)原綿[毛]. **2 a** 〖野球・クリケット〗打撃[球] (cf. fielding); バットの使用(能力). **b** [形容詞的に]打撃(用)の: ～ order 打順 / ⇨ batting average.

bátting àverage *n.* **1** 〖野球・クリケット〗打率 (cf. slugging average). **2** 《口語》(活動における)成功度, 達成記録.

bátting èye *n.* 〖野球〗(打者の)選球眼, バッティングアイ.

bat·tle¹ [bǽṭḷ | -tḷ] 〘《?c1225》*batail(le)* □(O)F *bataille* < VL **battālia* ＝LL *battuālia* fighting and fencing exercises ← L *battuere* 'to BATTER¹'〙 ― *n.* **1 a** (特に, 特定地域の大規模で長期的な)戦争, 戦い, 戦闘, 交戦, 会戦: an air ～ 空中戦 / a naval ～ 海戦 / a decisive ～ 決戦 / a close ～ 接戦 / a general's ～ (戦略によって決する)戦略戦 / a pitched ～ (両軍陣容を整えての)対陣, 正々堂々の戦い / a soldier's ～ (兵力によって決する)兵力戦 / the field of ～ 戦場 / ⇨ LINE² of battle / ⇨ ORDER of battle / accept ～ 応戦する / do ～ 《文語》戦う / fall in ～ 戦死する / fight a ～ 一戦を交える / fight one's ～ over again (昔の手柄話・経歴談などを繰り返して)いつしか往時の夢に耽る / give ～ to …に攻撃をしかける; …と交戦する / offer ～ 戦いをいどむ / join ～ 応戦する, 交戦する. **b** (二者の)一騎打ち: ⇨ TRIAL¹ by battle. **2** 闘争 (struggle); 競技 (contest): the ～ of life 生存の闘争 / a ～ of words 論戦 / a ～ *against* sin 罪悪との戦い / a ～ *for* a free press 出版の自由のための闘争 / a ～ of wits 機知くらべ. **3** [the ～] 勝ち戦, 勝利 (victory); 成功 (success): give [lose] *the* ～ 戦いに負ける / have [gain, win] *the* ～ 戦いに勝つ / *The* ～ is not always to the strong. 戦争(の勝利)はあながち強者のものとはきまらない (cf. *Eccl.* 9 : 11) / Youth is half *the* ～. 青春の鋭気は(それだけで既に)成功の半ば. **4** 《古》**a** 大軍勢. **b** ＝battalion.

Battle of Britain [the ―] イギリスの戦い《第二次大戦中の 1940 年秋に英国上空で行なわれた英空軍機 (Spitfire, Hurricane など)とドイツ空軍機 (Messerschmitt 109, Stuka など)による一連の大空中戦》.

Battle of the Bulge [the ―] (1) バルジの戦い《第二次大戦末期ベルギー・ルクセンブルク内に深くくい込んだドイツ軍の大反攻; 1944 年 12 月 16 日より 1945 年 1 月まで続いたが, 失敗に終わった》. (2) [b- of the b-] 《口語》(中年)女性のやせようとする必死の努力.

Battle of the Nations [the ―] 諸国民戦争《ナポレオン戦争中の 1813 年 10 月 16–19 日に行なわれた戦争; Battle of Leipzig ともいう》.

Battle of the Nile [the ―] ナイル海戦《1798 年 8 月 1 日 Nelson の率いる英国艦隊がフランス艦隊を Nile 河口に打ち破り, Napoleon をエジプトに孤立させた; わが国では普通アブキール (Abukir) 湾の戦いという》.

― *vi.* **1** 戦う (fight): ～ *with* [*against*] the opponents 敵と戦う. **2** 〔自由・大義などのために〕奮闘する (struggle) 〔*for*〕; 〔運命・困難・風雨・仕事などと〕戦う 〔*with, against*〕: ～ *for* freedom 自由のために戦う / We must ～ *on against* environmental pollution. 環境汚染に対する戦いの手を休めてはならない. ― *vt.* **1** 《米》…と戦う (fight). **2** 戦って得る: ～ one's way 戦い[努力して]進む; 戦って目的を達成する.

bat·tle² [bǽṭḷ | -tḷ] 〘ME □ OF *bataill-ier* to furnish with ramparts ← *bataille* (↑)〙 *vt.* 《古》胸壁で固める.

báttle arrày *n.* 戦闘隊形, 陣形, 陣立て, 陣容.

báttle-àx *n.* **1** (石器時代の)戦闘用石斧(せきふ), (ゲルマン人の)鉄製戦斧. **2** 《口語》手に負えない女, (気性の激しい)がみがみ女 (virago). ― *adj.* [Battle-Ax] 〖考古〗(戦斧の使用を特徴とする)北欧の新石器時代文化の, 戦斧文化の: the *Battle-Ax* culture 戦斧文化.

báttle bòwler *n.* 《軍俗》鉄かぶと (steel helmet).

báttle clàsp *n.* 〖軍事〗＝clasp 3 a.

Báttle Créek 〘測量技師達とこの土地のインディアンとの衝突があった (1824) ことにちなむ〙 *n.* 米国 Michigan 州南部の都市; 人口 39,000.

battle-axes 1

báttle crùiser *n.* 巡洋戦艦.

báttle crỳ *n.* **1** ときの声, 喊声(かんせい). **2** (主義・理想を表現する)標語, スローガン (slogan).

bát·tled 〘(p.p.) ← BATTLE²〙 *adj.* **1** 胸壁を設けた狭間(はざま)のある: a ～ tower. **2** 〖紋章〗＝embattled² 2.

bat·tle·dore [bǽṭḷdɔ̀ə, -dɔ̀ɚ | -tḷdɔ̀:] 〘《1440》*batildore* □ ? Prov. *batedor* beating instrument ← OF *batre* 'to BATTER¹': cf. bat² (v.), -le³〙 ― *n.* **1 a** バトルドア《板・ネットまたは革張りのラケット》. **b** 〖遊戯〗＝BATTLEDORE and shuttlecock. **2** (もと, 洗濯物などをたたいたり, パン焼きに用いた)へら. **3** (17–18 世紀に用いられた子供の学習用)文字板, 初級入門書.

battledore and shuttlecock 〖遊戯〗羽根つき《バトルドアと羽根 (shuttlecock) を用いて二人でする遊戯でバドミントンの前身》: play ～ *and shuttlecock*.
― *vt.* 投げ合う; 〈提案などを〉たらい回しにする.
― *vi.* 飛び回る, あちこちする; 〈意見などが〉ふらふらする.

báttle dànce *n.* ＝war dance.

báttle drèss *n.* 野戦服, 戦闘服, 戦闘用軍服.

báttle fatìgue *n.* 〖精神医学〗戦争神経症《combat fatigue ともいう》. **báttle-fatìgued** *adj.*

báttle·field *n.* **1** 戦場, 戦地, 戦陣: on the ～. **2** 闘争の場, 葛藤(かっとう)の場.

báttle·frònt *n.* 前線, 第一線; 戦闘正面.

báttle·gròund *n.* ＝battlefield.

báttle gròup *n.* 〖米軍事〗戦闘群, 戦闘団《通例 5 個中隊より成る歩兵または空挺部隊の戦術上の一単位; これが五つ集まって師団 (division) を構成する》.

báttle jàcket *n.* **1** バトルジャケット, 戦闘短上衣《袖口と胴廻りのしまる腰までの毛織りの軍人用上着; combat jacket ともいう》. **2** バトルジャケットに似たジャケット.

báttle lìne *n.* **1** 戦線, 前線. **2** ＝LINE² of battle (1).

bat·tle·ment [bǽṭḷmənt | -tḷ-] 〘《?c1380》*batilment* ← OF *bataillier* 'to BATTLE²'＋-MENT: cf. OF *bastillement* (cf. bastille)〙 ― *n.* [しばしば *pl.*] 〖築城〗**1** 狭間(はざま)胸壁, 銃眼付き胸壁《塔・城壁の上に設けられた parapet; 後に装飾用》. **2** 胸壁で囲まれた屋根.

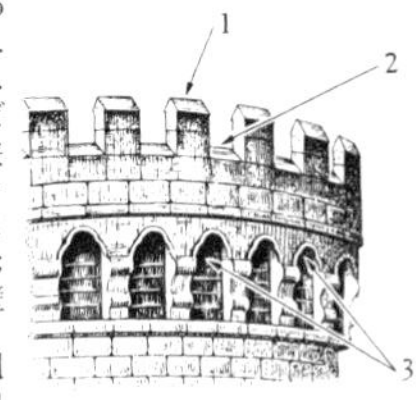

battlement
1 merlon; 2 crenel
3 machicolations

bat·tle·ment·ed [bǽṭḷmèntɪd, -təd | bǽtḷmènt-] *adj.* ＝battled 1.

báttle pàinter *n.* 戦争画家.

báttle pìece *n.* 戦争を扱った作品, 戦争もの《記録・絵画・詩・曲など》.

báttle·plàne *n.* 《古》戦闘機, 軍用機 (warplane).

bát·tler [-tlə, -ṭḷə | -tlə(r, -tḷə(r] 〘ME □ OF *batuilleor*: ⇨ battle¹, -er¹〙 *n.* **1** 戦士; (特に, 強敵を向こうに回しての)頑強な戦士. **2** 《豪》貧困者, 敗残者.

báttle róyal *n.* (*pl.* **battles r-, ～s**) **1 a** (多数参加する)大乱闘; (数羽の闘鶏の)激闘. **b** とことんまで戦うこと, 死闘. **2** 大論戦.

báttle-scàrred *adj.* **1** 戦傷を受けた, 戦争の傷跡のある; 歴戦を物語る. **2** 使い古した.

báttle·shìp 〘《1884》← *line-of-battle ship*〙 *n.* **1** 戦艦. **2** 《古》戦列艦 (⇨ SHIP of the line). **3** 《俗》大機関車.

bat·tle·some [bǽṭḷsəm | -tḷ-] 〘← BATTLE¹＋-SOME¹〙 *adj.* けんか好きの, 議論好きの.

báttle stàr *n.* 〖米軍〗**1** 青銅従軍星章《戦役記念リボン[章] (campaign ribbon) に戦闘参加ごとに 1 個ずつ加える》. **2** 銀色従軍星章《青銅従軍星章 5 個の代わりにつける》.

báttle stàtion *n.* 〖陸・海軍〗戦闘部署, 戦闘配置; 〖空軍〗即時待機.

báttle·wàgon *n.* 《俗》**1** 戦艦 (battleship). **2 a** 重爆撃機. **b** 重戦車; (無限軌道つきの)重車輛.

bat·tu [bæt(j)úː; *F.* baty] 〘□F ～ (p.p.) ← *battre* 'to BATTER¹'〙 *adj.* 〖バレエ〗バテュ《打ちつける技》.

bat·tue [bæt(j)úː; *F.* baty] 〘《1816》□F ～ 'a beating' (fem. p.p.) ← *battre* (↑)〙 ― *n.* (*pl.* **～s** [～z; *F.* ～]) 《英》**1** 〖狩猟〗**a** 獲物の狩り出し《林ややぶなどをたたいて獲物を追い出すこと》. **b** 狩り出し狩猟. **2** (大勢で)徹底的に捜すこと. **3** (無防備の群集などを)殺戮(さつりく)すること, 大量殺人.

bat·tu·ta [bətúːṭə | -tə; *It.* battúːta] 〘□It. ～ (fem. p.p.) ← *battere* < L *battuere* 'to BATTER¹'〙 *n.* 〖音楽〗**1** 拍《拍子の単位》. **2** 小節 (measure).

bat·ty [bǽṭi | -ti] 〘《1595》← BAT¹＋-Y⁴〙 *adj.* (**bat·ti·er; -ti·est**) **1** 《俗》気の変な, 気の狂った (crazy). **2** コウモリ (bat) の(ような).

Ba·tu Khan [báːtuːkáːn] *n.* バツカン, 抜都汗《1207–55; Genghis Khan の孫で Golden Horde の指揮官》.

Ba·tum [bətúːm | bɑː-] *n.* バツーム《Batumi の旧名》.

Ba·tu·mi [bətúːmi | -mɪ; *Russ.* batúmji] *n.* バツーミ《ソ連邦 Georgia 共和国, 黒海に臨む港市; 付近に保養地がある; 人口 118,000》.

ba·tu·que [bətúːkə] 〘□Port. ～ ← Afr. 《土語》〙 *n.* バツーカ《アフリカ起源のブラジルの求愛のダンス》.

bát·wing *adj.* コウモリの翼のような形をした: ～ sleeve バットウィングスリーブ《大きな袖ぐりから続いた袖で袖口が締まったもの》.

bát·wòman *n.* 《英》〖軍事〗女性の batman.

bau·bee [bɔ́ːbiː, ─́─ | ─́─] *n.* ＝bawbee.

bau·ble [bɔ́ːbḷ, bɑ́ː- | bɔ́ː-] 〘《c1330》*babel* □ OF *ba(u)bel* child's toy 《加重》? ← *bel* < L *bellum* pretty〙 ― *n.* **1** 安ぴか物, 安っぽい飾り (trinket). **2 a** 子供の玩具. **b** 子供だまし, つまらないもの[こと] (trifle). **c** 《廃》つまらぬ人. **3** 《古》道化師 (fool) の笏杖(しゃくじょう)《頭部にしばしば奇妙な彫りものがついたもの; 右の挿絵の他に ⇨ fool¹ 挿絵》: A fool should never hold a ～ in his hand. 《諺》ばか者は手に笏杖をもつべきではない《自分の馬鹿を宣伝すべきではない》.

bauble 3

Bau·cis [bɔ́ːsɪs, -səs | bɔ́ːsɪs] 〘□L ～ □ Gk *Baûkis*〙 *n.* 〖ギリシャ神話〗バウキス《フリギア (Phrygia) の貧しい老農婦; 夫 Philemon と共に変装した Zeus と Hermes を好遇したためその願いをかなえられた》.

baud [bɔ́ːd, bóud | bɔ́ːd] 〘← *J. M. E. Baudot* (1845–1903: フランスの技師)〙 *n.* **1** ボー《電信の通信速度を表わす単位; 毎秒の bit 数》. **2** 〖電算機〗ボー《データ通信の通信速度を表わす単位; 毎秒伝達されるシンボル数; 例えば 4 値信号を用いるときには 1 ボーは 2 毎秒ビットに対応する》.

bau·de·kin [bɔ́ːdɪkɪn] 〘《?a1300》*baudekin* precious silk stuff □ OF *baudequin* (F *baldaquin* 'BALDA-

CHIN ')〗 *n.* 華やかに刺繍した織物；金襴(きんらん)，錦.

Bau·de·laire [boudléə | bəudléə(r; *F.* bodlɛ:r], **Charles (Pierre)** *n.* ボードレール《1821–67；フランスの詩人・批評家；*Les Fleurs du Mal*「悪の華」(1857)》.

Bau·douin I [boudwɛ̃:(ŋ), -dwǽŋ | bəu-; *F.* bodwɛ̃] *n.* ボードワン一世《1930– ；ベルギー王 (1951–)》.

Baudouin de Courtenay *n.* ⇨ Courtenay.

bau·drons [bɔ́:drənz] 〖《15C》← ? Celt.〗 *n.* 《スコット》(小)猫.

Bau·haus [báuhàus; *G.* báuhàus] 〖▭G *Bauhaus*《原義》 architecture house ← *Bau* (← *bauen* to build)+*Haus* 'HOUSE'〗〖美術・建築〗 *n.* [the ~] **1** バウハウス《すべての芸術・科学・技術資源を活用する機能的・実験的建築を創造するため, Walter Gropius が 1919 年にドイツの Weimar に創立した建築デザイン学校；のち Dessau に移転》. **2** バウハウスの理念. ― *adj.* バウハウスの(建築・デザイン理念と関連のある).

baulk [bɔ́:k | bɔ́:k, bɔ́:lk] *n.*, *v.* ＝balk.

Baum [bɔ́:m], **L(yman) Frank** *n.* (1856–1919) 米国のジャーナリスト・劇作家・児童文学者；*The Wonderful Wizard of Oz* (1900).

Baum, Vic·ki [víki | -kɪ] *n.* (1888–1960) オーストリア生れの米国の女流小説家；*Grand Hotel* (1930).

Bau·mé [boumér, ∸ ∸ | bəuméɪ; *F.* bome] 〖← *Antoine Baumé* (1728–1804: フランスの化学者)〗 ― *adj.* 〖物理〗ボーメ(比重計)の《比重計またはその目盛(ボーメ度 (Baumé degree) を表わすもので，密度測定用；略 Be, Bé：⇨ Baumé scale)》.

Baumé scàle *n.* 〖物理〗ボーメスケール[目盛]《液体の比重を表わすのに用いる》.

báum màrten [báum-] 〖《部分訳》← G *Baummarder* ← *Baum* tree (⇨ beam)+*Marder* 'MARTEN'〗 *n.* ヨーロッパ産のテンの毛皮.

bau·son [bɔ́:sn] 〖《*a*1375》 *bausene* ← *bausand* (↓)：cf. badger[2]〗 *n.* 《古》アナグマ (badger).

bau·sond [bɔ́:sənd] 〖ME *bausand* ▭ OF *bausant* black and white spotted < VL **balteānum* striped ← L *balteus* 'BELT[1]'〗 ― *adj.* 《英方言》〈動物が〉顔または額の黒地に白い斑点[縞]のある.

Baut·zen [báutsən; *G.* báutsn̩] *n.* バウツェン《東ドイツ, Spree 河畔の都市；人口 44,000；Napoleon 一世がプロイセン軍とロシア軍とを破った地 (1813)》.

baux·ite [bɔ́:ksaɪt, bá:k-, -zaɪt | bɔ́:ksaɪt] 〖《1861》▭ F ～ ← *Les Baux* (フランスの地名)：⇨ -ite[1]〗 ― *n.* 〖鉱物〗ボーキサイト，水礬(ばん)土鉱《アルミニウムの原鉱；主要成分 $Al_2O_3 \cdot 2H_2O$》. **baux·it·ic** [bɔ:ksítɪk, bɑ:k- | bɔ:ksít-] *adj.*

Bav. 《略》Bavaria；Bavarian.

Ba·var·i·a [bəvέəriə | -vέəriə] *n.* バイエルン，ババリア《西ドイツ南部の州，旧王国；人口 10,480,000，面積 70,549 km²，首都 Munich：ドイツ語名 Bayern》.

Ba·var·i·an [bəvέ(ə)riən | -vέərɪ-] *adj.* **1** バイエルン[ババリア]地方(産)の：～ blue〖化学〗青色染料の一種. **2** バイエルン[ババリア]人の. ― *n.* **1** バイエルン[ババリア]人. **2** (高地ドイツ語の)バイエルン[ババリア]方言. **3** ＝Bavarian cream.

Bavárian créam *n.* ババロア《牛乳・砂糖・卵黄・ゼラチン・生クリームなどで作った冷たいデザート》.

bav·in [bǽvɪn, -vən | -vɪn] 〖《1528》← ? Celt.〗 *n.* 《英》しば(柴)の束 (faggot).

baw·bee [bɔ́:bi:, ∸∸ | ∸∸] 〖《1542》← (*Alexander Orrok, laird* (＝Lord) *of Sille*)*bawby* (16 世紀の英国の造幣局長)〗 ― *n.* 《スコット》 **1** ボウビー《スコットランドの古い貨幣；James 五世の時代から William 三世の時代まで；もとは英国の 3 halfpence，後には 6 pence の値》. **2** 半ペニー；小銭. **3** 無価値のもの，つまらぬもの，取るに足らぬもの.

baw·cock [bɔ́:kɑk | -kɔk] 〖《通俗語源》← F *beau coq* good fellow〗 *n.* 《古》良い仲間.

bawd [bɔ́:d] 〖《*a*1376》 *baude* ▭ OF *baud* bold, gay ← Gmc **bald-* 'BOLD'：cf. OHG *bald*〗 ― *n.* **1 a** 《文語》女郎屋[売春宿]の女将(おかみ). **b** 《まれ》売春婦. **2** 《廃》(悪い意味での)男女の仲介人，取り持ち.

bawd·ry [bɔ́:dri | -rɪ] 〖《*c*1395》：⇨ ↑, -ery〗 *n.* **1** 猥褻な言葉，猥談. **2** 《廃》 **a** 売春. **b** 姦淫，不義.

bawd·y [bɔ́:di | -dɪ] 〖《*c*1378》〗 ― *adj.* (**bawd·i·er**；**-i·est**) みだらな，猥褻な (obscene)；(騒々しく)下品な：a ～ talk, man, etc. ― *n.* ＝bawdry 1. **báwd·i·ly** [-dɪli, -dǝ-, -dɪ̩i | -dɪlɪ, -də-] *adv.* **báwd·i·ness** *n.*

báwdy·hòuse 〖《1552》〗 *n.* 女郎屋，売春宿(brothel).

bawl [bɔ́:l] 〖《1440》← ? ON *baula* to low《擬音語》：cf. ML *baulāre* to bark〗 ― *vi.* **1** (やかましく)叫ぶ，わめく，どなる：～ and squall わめき立てる，悪声を張り上げる / ～ *at* a person 人をどなりつける / ～ *for* help 大声で助けを求める / ～ *to* a person *across* the street 通りの向こうから人に向かってどなる. **2** 泣き叫ぶ；(苦しい声を絞って)うめく，うめくように話す，苦しそうに歌う. ― *vt.* **1 a** どなる，どなりちらす (shout)：～ the news 大声で知らせをふれる / ～ *out* a string of curses 次々にのろいの言葉をわめき立てる. **b** どなって…にする：～ oneself hoarse 大声を出して声をからす. **2** 〈物売りが〉〈売物を〉呼び売りする.

bawl out (1) ⇨ *vt.* 1 a. (2) 《口語》こっぴどくしかりつける，どなりつける.

― *n.* 叫び，わめき声；やかましい泣き声.

～·er *n.*

baw·ley [bɔ́:li | -lɪ] 〖← ?〗 ― *n.* 《英方言》(Essex および Kent の海岸，特に Gravesend から下流の Thames 川に特有の)えび取り用の 1 本マストの漁船 (bawley boat ともいう).

bawn[1] [bɔ́:n] 〖▭ Ir. *bán*〗 *adj.* 《アイル》白い，色白の (fair)：a colleen ～ ⇨ colleen 1.

bawn[2] [bɔ́:n] 〖《1537》▭ Ir. *babhún* < MIr. *bódhún* ← *bó* 'cow[1]'+*dún* 'fortress, TOWN'〗 ― *n.* **1** (アイルランドで)要塞で囲まれた土地；(特に)要塞で囲まれた城の外周部[外堡(ほう)]. **2** 家畜のおり[囲い].

b-àxis *n.* 〖結晶〗b 軸《結晶軸の左右軸；cf. a-axis, c-axis》.

Bax·ter [bǽkstə | -tə(r] 〖← OE *bæcestre* (fem.) ← *bæcere* 'BAKER'：⇨ -ster〗 *n.* 男性名《愛称形 Bax》.

Baxter, Richard *n.* (1615–91) 英国の Puritan 派の牧師・神学者.

bay[1] [béɪ] 〖《*c*1400》 *bai* ▭ (O)F *baie* ▭ (O)Sp. *bahia* < ML *baiam* ← ? L *Baiiae* (古代ローマの有名な海水浴場)：cf. OFris. *baga* curve, bay〗 ― *n.* **1 a** (通例 gulf より小さい)湾：Hudson *Bay* ハドソン湾 / the *Bay* of Biscay ビスケー湾. **b** (川の)湾曲部. **c** (川などから)区画された小水域. **2** (一部山に囲まれた)入り込んだ土地，山ふところ. **3** 《米》(一部森林に囲まれた)入り込んだ草原.

bay[2] [béɪ] 〖《?*c*1380》▭ (O)F *baie* an opening ← *bayer* to gape < ML *batāre* ← ?〗 ― *n.* **1 a** 〖建築〗ベイ，柱間(はしらま)，径間(けいかん)，格間(ごうま)《壁の支柱と支柱で区切られる規則的な四角な区画》. **b** (窓の)ベイ《縦仕切り (mullion) と縦仕切りの間》. **c** ＝bay window 1. **2 a** (構造物の)区画，仕切り部分. **b** (船の)中甲板の最前部《しばしば病室に用いる；cf. sick bay》. **c** (飛行機の機体内の)ベイ《特定の物を収めるために作った隔室》：⇨ bomb bay, engine bay. **d** (納屋の，干草などの)牛馬飼料置場. **e** 《英》〖鉄道〗(鉄道・バス発着所の)側線発着ホーム. **f** (駐車や荷積などのための)区画地：a parking [loading] ～. **3** (ラジオ・電話器などを乗せる)台. **4** 〖英軍〗塹壕(ざんごう)の横檣(しょう)間隔.

bay[3] [béɪ] 〖《?*c*1350》▭ OF *bai* ← *bayer* (↑) // 《頭音消失》← ME *abaie* ▭ OF *abai* (F *aboi*) ← *abaiier* (F *aboyer*)《擬音語》〗 ― *n.* **1** (猟犬などが獲物を追跡するときの長い)ほえ声；太くうなる声：the distant ～ of the hounds. **2 a** 追い詰められて(追手に歯向かって)いる状態，窮地：a stag *at* ～ 猟犬に追い詰められた雄鹿 / ⇨ *be at* BAY. **b** (敵・危険・病気などを)食い止めた[寄せつけない]状態：⇨ *keep at* BAY.

be at bay (1) 〈獲物が〉追い詰められて(歯向かって)いる. (2) 〈人が〉窮地にいる. ***bring*** [***drive***] ***to bay*** (1) 〈獲物を〉追い詰める. (2) 〈人を〉窮地に陥れる. ***come to bay*** ＝*turn to* BAY. ***have at bay*** ＝*hold at* BAY (1). ***hold at bay*** (1) 〈猟犬が〉〈獲物を〉追い詰めて逃さない. (2) ＝*keep at* BAY. ***keep at bay*** 寄せつけない，食い止める：*keep* an enemy [a disease] *at* ～ 敵[病気]を寄せつけない / *keep* fear *at* ～ 恐ろしくないふりをする. ***stand at bay*** ＝*be at* BAY. ***turn to bay*** 〈獲物が〉追い詰められて猛烈に歯向かう；(絶体絶命で)最後に踏み止まる.

― *vi.* **1** 〈猟犬などが〉(太い声で長く)ほえる (bark). **2** 〔…に〕どなる (*at*). ― *vt.* **1 a** 〈猟犬などが〉ほえて追跡する[取り囲む]；追い詰める. **b** 〈犬が〉…にほえつく. **2** 〈人が〉ほえるような声で示す[言う]：～ a defiance 大声で反抗する.

bay[4] [béɪ] 〖《1373》▭ (O)F *baie* < L *bācam*, *bacca* berry〗 ― *n.* **1** 〖植物〗 **a** ゲッケイジュ (*Laurus nobilis*) (bay tree, bay laurel ともいう). **b** ＝bayberry 3. **c** 《米》ゲッケイジュに似たタイサンボクの類の一種 (*Magnolia glauca*). **2** [しばしば *pl.*] **a** 月桂冠；(勝利者などに与えられる)栄誉の花輪. **b** 名声，声望.

bay[5] [béɪ] 〖《1341》▭ (O)F *bai* brown < L *badium* chestnut brown〗 *adj.* 〈馬など〉鹿毛(かげ)(色)の. ― *n.* **1** 鹿毛(色)，赤茶色. **2** 鹿毛(色の)馬.

ba·ya [báɪə, baɪjá:] 〖▭ Hindi *bayā*〗 *n.* 〖鳥類〗キムネコウヨウジャク (*Ploceus philippinus*)《南アジア産のハタオリドリの一種；baya weaver ともいう》.

ba·ya·dere [báɪədìə, -dὲə | báɪədɪə(r, -dὲə(r] 〖《1598》▭ F *bayadère* ▭ Port. *bailadeira* ballet dancer ← *bailar* to dance：cf. ball[2]〗 ― *n.* **1** (インド南部の)舞子，踊り子. **2** (色彩の対照鮮やかな)縞織物.

ba·ya·mo [bɑjá:mou | -məu] 〖← *Bayamo* (キューバ南東部の地名，その付近によく起こることから)〗 ― *n.* (*pl.* ～**s**) (キューバ南海岸などにみられる)雷を伴うスコール.

báy àntler 〖《通俗語源》← *bes antler* ← *bes-*, *bez-* secondary (⇨ bi-[1])+ANTLER〗 *n.* 〖動物〗(鹿の枝角(えだづの)の根本から) 2 番目の枝角.

Bay·ard [béɪəd | -əd] 〖《*a*1338》▭ OF *baiard*：⇨ bay[5], -ard〗 *n.* **1** 男性名. **2** (中世騎士物語中の)魔法の馬《Charlemagne がその 12 勇士 (paladins) の一人 Rinaldo に与えた魔力を有するといわれる鹿毛(かげ)の馬》. **3 a** 駒(こま)，馬《英雄風をまねた名》. **b** [b-] 《古》鹿毛の馬.

Ba·yard [béɪəd | béɪɑ:d; *F.* baja:r] *n.* **1 Pierre Terrail** [tεraj] ～ バヤール《1473?–1524；中世騎士の鑑(かがみ)とうたわれたフランスの騎士；通称 Seigneur de Bayard》. **2** (Bayard のような)英雄的なゆかしい紳士.

báya wèaver *n.* 〖鳥類〗＝baya.

bay·ber·ry [béɪbèri, -bəri | -b(ə)ri] 〖《*a*1400》← BAY[4]+BERRY〗 ― *n.* 〖植物〗 **1** 月桂樹の実. **2 a** ヤマモモ《ヤマモモ属 (*Myrica*) の木の総称；特に，北米東部産の *M. pensylvanica*；カロライナヤマモモ (*M. carolinensis*)，シロコヤマモモ (*M. cerifera*) など》. **b** ヤマモモの果実. **3** ベーラムノキ (*Pimenta acris*)《西インド諸島産；その葉で bay rum を作る》.

Báy Cíty *n.* 米国 Michigan 州東部，Saginaw 河口近くの港市；人口 48,000.

Bay·er [béɪə, báɪə | báɪə(r, béɪə(r; *G.* báɪɐ], **Friedrich** *n.* バイヤー《1825–80；ドイツの製薬業者；バイエル製薬会社を創立 (1880)》.

Bayer, Johann *n.* バイヤー《1572–1625；ドイツの天文学者；星座の星に光度によってギリシャ文字をあてる方式を考案》.

Bay·ern [G. báɪɐn] *n.* バイエルン《Bavaria のドイツ語名》.

Ba·yéux tápestry [beɪjú:, bɑ:- | baɪjɜ́:, baɪɜ́:; *F.* bajø] *n.* バイユー壁掛け《フランス北西部の町 Bayeux にある長さ約 70 m，幅約 50 cm の壁掛け；William 征服王の一生について絵巻物風の刺繍(58 場面)がある；その妃 Matilda の作と伝えられる》.

Bay·kal [baɪkɔ́:l, -kǽl | -kɑ́:l; *Russ.* bajkál], **Lake** *n.* ＝Baikal.

báy làurel 〖← BAY[4]〗 *n.* 〖植物〗ゲッケイジュ (⇨ bay[4] 1 a).

Bayle [béɪl; *F.* bɛl], **Pierre** *n.* ベール《1647–1706；フランスの哲学者・批評家》.

báy lèaf 〖← BAY[4]〗 *n.* 〖料理〗ベイリーフ，ローリエ《乾燥した月桂樹の葉；香辛料の一種》.

báy-lìne 〖← BAY[2]〗 *n.* 《英》〖鉄道〗引込線，退避線.

báy lỳnx 〖← BAY[5]〗 *n.* 〖動物〗アカオオヤマネコ，ボブキャット (*Lynx rufus*)《北米産のオオヤマネコ；カナダオオヤマネコに似るが，小型で肢が短く，耳の先端の毛も短い；bobcat, mountain cat ともいう》.

báy òil 〖← BAY[4]〗 *n.* 〖化学〗ベイ油，月桂樹油《bayberry の葉から採る揮発性油で，養毛剤；bay rum の原料》.

bay·o·net [béɪənɪt, -nət, -nèt, bèɪənét | béɪənɪt, béɪən-, -nət, -nèt] 〖《1692》▭ F *baïonnette* ← *Bayonne* (フランスのその最初の製作地)：⇨ -et〗 ― *n.* **1** 銃剣：a ～ charge 銃剣突撃 / ～ drill [fencing] 銃剣術 / fix [unfix] a ～ 銃剣を付ける[はずす] / Fix ～*s*! [号令] 着け剣，着剣 / ⇨ *at the* POINT *of the bayonet*. **2** [the ～ または *pl.*] 武力. **3** [*pl.*] 銃剣武装兵 (cf. saber 3)：2,000 ～*s* 歩兵 2,000 軍勢. **4** 〖機械〗差込みピン.

― *vt.* **1** 銃剣で突く[殺す]：～ a person *to* death. **2** …に銃剣で迫る；武力によって〔ある状態に〕陥れる〔*into*〕：～ people *into* submission 人民を武力[圧迫]によって屈従させる. ― *vi.* 銃剣を用いる.

báyonet bàse *n.* 《米》〖電気〗差込み口金.

báyonet càp *n.* 《英》〖電気〗差込み口金.

báyonet plùg *n.* 〖電気〗(押して回す)差込み，プラグ.

báyonet sòcket *n.* 〖電気〗差込みソケット.

Ba·yonne *n.* **1** [beɪ(j)óun | -(j)ə́un] 米国 New Jersey 州北東部の都市；人口 73,000. **2** [beɪjóun, bɑ:jɔ́(:)n | beɪjə́un, bɑ:jɔ́n; *F.* bajɔn] バヨンヌ《フランス南西部 Biscay 湾近くの海港；人口 46,000》.

bay·ou [báɪ(j)ou, -(j)u:, -(j)ə | -(j)əu, -(j)u:] 〖《1766》▭ Louisiana-F ～ ▭ Choctaw (Muskhogean) *bayuk* small stream〗 ― *n.* 《米南部》バイユー《大河の支流・湖からのよどんだ流れ・河口・入江》.

Báyou Stàte *n.* [the ～] 米国 Mississippi 州の俗称.

báy pòint *n.* 〖動物〗＝bay antler.

báy pòplar 〖← BAY[4]〗 *n.* **1** 〖植物〗アメリカヌマミズキ (tupelo gum). **2** アメリカヌマミズキの材.

Bay·reuth [baɪrɔ́ɪt, ∸∸ | ∸∸, ∸∸; *G.* baɪrɔ́ʏt] *n.* バイロイト《西ドイツ中南部，Bavaria 州北部の都市，Wagner festival で有名；人口 64,000》.

Báyreuth féstival *n.* ＝Wagner festival.

báy rúm 〖← BAY[4]〗 *n.* ベーラム《頭髪用香油；cf. bayberry 3, bay oil》.

báy-rúm trèe *n.* 〖植物〗ベーラムノキ (⇨ bayberry 3).

báy sàlt 〖← BAY[1]〗 *n.* 天日(てんぴ)塩，粗塩.

báy scàllop 〖← BAY[1]〗 *n.* 〖貝類〗米国東岸の内湾にすみ食用にするイタヤガイ類の一種 (*Argopecten irradians*).

báy sèal *n.* ＝Hudson seal.

Báy Stàte 〖もと Colony of Massachusetts Bay と呼ばれたことから〗 *n.* [the ～] 米国 Massachusetts 州の俗称.

Báy Stàter *n.* Massachusetts 州人.

báy trèe 〖← BAY[4]〗 ― *n.* 〖植物〗ゲッケイジュ (⇨ bay[4] 1 a)：flourishing like a [the] green ～ 大いに栄える[繁盛する]，世にはびこる (cf. *Psalms* (*Prayer Book*) 37 : 36, *Ps.* 37 : 35).

báy wíndow 〖← BAY[2]〗 ― *n.* **1** ベイウィンドウ，張出し窓《通例，地上一階から上まで建物が張り出して窓となるもの；cf. bow window 7, oriel window》. **2** 《俗》(太った人の)太鼓腹，(妊娠のための)突き出た腹.

báy·wòod *n.* ベイウッド《メキシコ Campeche 湾沿岸産のマホガニー材；家具用》.

ba·zaar [bəzɑ́ə | -zɑ́:(r] 〖《1599》▭ It. *bazarro* ▭ Pers. *bāzār* market〗 ― *n.* **1** (東洋諸国の)市場，バザール《露店や商店の続く街路で，屋根のあることもある》：in the ～ 市場に出ている，買える. **2 a** (バザールに似た)商品陳列場；(大商店の)特売場：a Christmas ～ クリスマス特売場. **b** デパート. **3** 慈善市，バザー：a charity ～ 慈善(小間物)市.

baz·an [bǽzən, -zn] *n.* ＝basan.

ba·zar [bəzɑ́ə | -zɑ́:(r] *n.* ＝bazaar.

ba·zoo [bəzú:] 〖← ?：cf. Du. *bazuin* trumpet〗 *n.* (*pl.* ～**s**) **1** ＝kazoo. **2** 《米俗》口 (mouth).

ba·zoo·ka [bəzú:kə] 〖《1943》← BAZOO+KA(ZOO) (cf. bashi-bazouk)：米国の喜劇役者 Bob Burns (1896–

1956) が使った楽器の名』 ── *n.* 〖軍事〗 **1** バズーカ(砲), 対戦車ロケット砲《初め米軍が使用した戦車攻撃用の携帯用歩兵兵器; rocket launcher ともいう》. **2** 〖空軍〗(戦闘機などの翼下に取り付けた対空[対地]の)ロケット弾発射機, ロケット射出装置.

bazóoka·màn [-mæ̀n] *n.* (*pl.* **-men** [-mèn]) バズーカ砲手.

bb 《略》 books.

BB [bíːbìː] *n.* (*also* **beebee**) **1** 0.18 インチの弾子(の大きさ)《散弾銃の薬莢に入れて発射する小さな鉛のばら弾》. **2** 0.175 インチの小弾丸(の大きさ)《滑腔の空気銃式 BB 銃に使う》.

BB 《記号》〖鉛筆〗 double black, 2B (cf. HH).

bb., BB. 《略》〖野球〗 base(s) on balls.

b.b. 《略》 ball bearing; bearer bonds; beer barrel; 〖海事〗 below bridges.

B.B. 《略》 Bachelor of Business; bail bond; balloon barrage; bankbook; basketball; bill book; 〖議会〗 Blue Book; B'nai B'rith; Boys' Brigade; branch bill; Bureau of the Budget; Burton and Bitter (Beer) (cf. Burton[2]).

B.B.A. 《略》 Bachelor of Business Administration 経営学士.

B̍ bàttery *n.* 〖電子工学〗 B 電池《真空管のプレート回路に用いる高圧電池; plate battery ともいう; cf. A battery, C battery》.

BBB 《略》 bed, breakfast and bath; Better Business Bureau.

BBB 《記号》〖鉛筆〗 treble black, 3 B (cf. HHH).

B.B.C., BBC 《略》 Baseball Club; British Broadcasting Corporation 英国放送協会.

B.B.E. 《略》 Bachelor of Business Education.

B̍B̍ gùn *n.* 〖銃砲〗 BB 銃《滑腔の空気銃》.

bbl. 《略》 barrel(s).

bbls. 《略》 barrels.

B-bop [bíːbɑ̀p | -bɔ̀p] *n.* 《米俗》〖ジャズ〗 =bebop.

BBT 《略》〖生理〗 basal body temperature.

b.c., B.C. [bíːsíː] 《略》 before Christ 西暦紀元前 (⇨ a.d.)

B.C. 《略》 *L.* Baccalauleus Chīrurgiae (=Bachelor of Surgery); Bachelor of Chemistry; Bachelor of Commerce; 〖軍事〗 bad character 性行不良; bank clearing; bankruptcy court; basketball club; 〖音楽〗 basso continuo; battery commander; battle cruiser; bicyle club; billiard club; bills for collection; bishop and confessor; board of control; boat club; boating club; bomber command; borough council; bowling club; bowls club; boxing club; boys' club; Bristol Channel; British Columbia; British Commonwealth; British Council; budgeted cost.

BCD 〖《頭字語》← *b*(*inary*)-*c*(*oded*) *d*(*ecimal*)〗 *n.* 〖電算機〗 二進化十進法《十進の一桁ごとに二進の四桁を割り当てる二進符号の一種; cf. EBCDIC》.

BCD 《略》〖米軍事〗 bad conduct discharge.

B.C.E. 《略》 Bachelor of Chemical Engineering; Bachelor of Civil Engineering; Bachelor of Christian Education; before the Common Era.

B̍C̍G vàccine 〖*BCG*: ← B(ACILLUS) C(ALMETTE)-G(UÉRIN)〗 ── *n.* 〖医学〗 ビーシージー [BCG] (ワクチン)《弱毒化したウシ結核菌であるカルメット・ゲラン菌からとったワクチン; 結核予防に使用, 癌治療への試みもある》.

B.Ch. 《略》 *L.* Baccalaureus Chīrurgiae (=Bachelor of Surgery); Bachelor of Chemistry.

BChE 《略》 Bachelor of Chemical Engineering 化学工学士.

B.Chir. 《略》 *L.* Baccalaureus Chīrurgiae (=Bachelor of Surgery).

B.C.L. 《略》 Bachelor of Canon Law; Bachelor of Civil Law.

bcn. 《略》 beacon.

BCOF 《略》 British Commonwealth Occupation Force.

B.Com. 《略》 Bachelor of Commerce.

B̍ còmplex *n.* 〖生化学〗 =vitamin B complex.

B.C.P.A. 《略》 British Commonwealth Pacific Airlines.

B.C.S. 《略》 Bachelor of Chemical [Commercial] Science; British Computer Society.

BCSE 《略》 Board of Civil Service Examiners.

B̍C̍ sóil *n.* 〖土壌〗 BC 土壌《侵食などの作用によって A 層位が失われ, B 層位と C 層位のみを含む土壌; cf. ABC soil》.

B̍C̍Ś thèory *n.* 〖物理〗 BCS 理論《J. Bardeen, L. N. Cooper, J. R. Schrieffer の 3 人が 1957 年に提唱した超伝導の理論》.

BD 《記号》 (Bahrain の通貨) dinar(s).

B/D, b/d 《略》〖金融〗 bank discount; bank draft bill discounted; 〖簿記〗 brought down 次期繰越し.

bd. 《略》 board; bold; bond; bound; boundary; broad; bundle.

Bd. 《略》 Band; Boulevard.

b.d. 《略》〖処方〗 *L.* bis die (=twice a day).

B.D. 《略》 Bachelor of Divinity; bank discount; barrels per day; battle dress; bill discounted; bishop and doctor; bomb disposal; boom defence.

B.D.A. 《略》 Bachelor of Domestic Arts; Bachelor of Dramatic Art.

Bde. 《略》 Bände; Brigade.

bdell- [del] (母音の前に来る時の) bdello- の異形.

-bdel·la [bdélə] 〖⇨ bdello-〗「ヒル (leech)」の意の名詞連結形.

Bdel·li·dae [délədìː | -lɪ-] 〖← NL ～ ← *Bdella* (属名: ← Gk *bdélla*: ⇨ bdello-)+-IDAE〗 *n. pl.* 〖動物〗 テングダニ科.

bdel·li·um [déliəm, -ljəm | -lɪəm, -ljəm] 〖《*a*1382》 *bdelyum* ▭ LL *bdellium* (cf. *Gen.* 2: 12, *Num.* 11: 7) ▭ LGk *bdéllion* ▭ Heb. *b^e^dhōlaḥ*〗 ── *n.* **1** ブデリウム: **a** アフリカ産のカンラン科ミルラノキ属 (*Commiphora*) の特に *C. africana* から採る芳香樹脂. **b** 同上の芳香のある草木. **2** 〖聖書〗 ブドラク《芳香樹脂・こはく・水晶・真珠など色々に解釈されている》.

bdel·lo- [délo(ʊ) | -lə(ʊ)] 〖← Gk *bdélla* leech〗「ヒル (leech)」の意の連結形. ★ 母音の前では通例 bdell- になる.

bdèllo·víbrio 〖⇨ ↑, vibrio〗 *n.* 〖細菌〗 デロビブリオ《デロビブリオ属 (*Bdellovibrio*) の微生物》.

bd. ft. 《略》 board foot [feet].

bdg. 《略》 binding 製本.

bdl., bdle. 《略》 bundle.

Bdr. 《略》 Bombardier; Brigadier.

bdrm 《略》 bedroom.

bds. 《略》〖製本〗 (bound in) boards (⇨ board *n.* 8 b); bundles.

B.D.S. 《略》 Bachelor of Dental Surgery.

B.D.S.T. 《略》 British Double Summer Time.

be[1] [bɪ, bi; bìː, bíː] 〖OE *bēon* to be < Gmc **biju* ← IE **bheu-* to become, grow (L *fui* I have been): cf. am, is, are (← IE **es-* to exist (L *esse* to be) & **er-* to set in motion); was, were (← IE **wes-* to remain)〗

── *v.* ★ 語形変化については項末の ★ を参照; 現在および過去形は通例 Anomalous finite で, 否定・疑問文でも *do-form* を用いない.

── *vi.* **1** 存在する, ある (exist); 生存する (live): God *is*. 神は存在する / What ever *is*, is right. 世にあるものはすべて正しい (Pope) / Troy *is* no more. トロイは今はない (Dryden) / To *be*, or not to *be*: that is the question. 生きるべきか死ぬべきか, それが問題だ (Shak., *Hamlet* 3. 1. 56) / I think, therefore I *am*. われ思う, 故にわれ在り (Descartes) / if need *be* 必要があるなら / How can such things *be*? どうしてそんなことがあり得るのか / Tyrants have *been* and *are*. 暴君はこれまでもいたし現在もいる. ★ 主語が不定の場合は there に伴う形式の方が普通: *There is* a book on the desk. デスクの上に本がある / *There is* a meaning in it. それには意味がある / *There is* no new thing [nothing new] under the sun. ⇨ *under the* SUN[1] (1) / *There are* women and women. 世の中にはいろいろな女性がいる.

2 [場所・時の副詞語句を伴って位置などを表わす] 〈…に〉ある, いる: Where *is* Rome?—It *is* in Italy. ローマはどこにあるか—イタリアにある / The key *is* in the lock. かぎは錠にさしてある / Your hat *is* here, on the table. あなたの帽子はここにテーブルの上にある / *be* off [away] 立ち去る / We *are* ten miles [an hour's drive, two hours] from the nearest station. 最寄りの駅まで 10 マイル[車で 1 時間, 2 時間]だ / My birthday *is* on Monday. 私の誕生日は月曜日に当たる / How long have you *been* here? ここへ来てどのくらいになりますか / My uncle had *been* at Oxford. おじはオックスフォードで学んでいた / You can *be* there in twenty minutes. 20 分でそこへ行けます.

3 生じる, 起こる (happen), 行なわれる: his wife that *is* [that *was*, that is to *be*] 彼の現在の[もとの, 未来の]妻 / my sister-in-law to *be* 私の義理の姉[妹]になる女性 / the to *be* Mrs. Berry 未来のベリー夫人 / The exam *was* last week. 試験は先週あった / When will the wedding *be*? 結婚式はいつ行なわれるのか / The meeting's already *been*. 《英》会は既に終わった.

4 そのままの状態である; 存続する (remain): Let him [it] *be*. 彼[それ]を放って[うっちゃって]おけ / It *was* [It *was*] a long while before I could rise. 長い間起き上がれなかった / You have *been* rather long about it. そのことで少々手間取りましたね / Go, but don't *be* long! 行きなさい, でも早くしてね.

5 [have been として] 行って来た; 行ったことがある; 来て行った: I *have* once *been* there. 一度そこへ行ったことがある / I *have been* to the United States three times. 3 度米国に行ったことがある / He *has been* to New York. ニューヨークに行って来た (cf. He has gone to New York.=He is now in New York *or* on his way there.) / *Have* you ever *been* to Nikko? 日光へ行ったことがあるか / I *had been* to see the play that night. その晩は芝居を見に行っていた / I *have* just *been* to the park. 公園へ行って来たところだ / *Has* the postman *been* yet? 郵便屋はもう来ましたか / *Has* anyone *been* in my absence? 留守中にだれか来ましたか.

6 [Copula として形容詞・名詞・代名詞・副詞または前置詞句などを伴って種々の関係・状態・性質などを表わす] 〈…で〉ある, (…のままで)いる; (変化して)〈…となる: He *is* dead. / Trees *are* green. / It *is* he. / He *is* well. / He *is* in good health. 彼は健康だ / How *are* you today? きょうはいかがですか / Where *are* you for today? きょうはどこへお出かけですか / I *am* against capital punishment. 死刑には反対だ / This letter *is* for you. この手紙はあなた宛のものです / She *is* out. 外出中だ / To live *is* to fight. 生きることは戦うことだ / My trouble *is* knowing what to do. 厄介なことは何をすべきか知ることだ / The trouble with you *is* that you're stupid. 君の困った点は間抜けだということだ / Rather cold today, *isn't* it? きょうは中々寒いですね / My son wants to *be* a painter. 息子は画家になりたがっています / Twice two *is* four. 二二が四 / He *is* from Hokkaido. 彼は北海道の出身だ / It *is* nothing to me. それは私にとっては何でもない / That will *be* the death of me. それは私の命取りとなるだろう / How much *is* this?—This one *is* ten pounds. これはいくらですか—これは 10 ポンドです / Olivier *is* Hamlet tonight. 今夜オリビエがハムレットをやる / I *am* twenty (years old). 私は 20 歳です / He lived to *be* seventy. 70 歳まで生きた / He's close, Tom *is* [*is* Tom]. 《口語》やっぱけちんぼだ, トムはな.

7 《古》(…の身に)起こる. ★ 今は次のような間投句にしか用いない: Woe *is* me! ああ悲しい / Success (*be*) *to* your efforts! 成功を祈る / Woe *be to* the transgressor! 違反者に災いあれ.

be that as it may それはともあれ. ***have been and*** (***gone and***) ***done*** 《口語》…しでかしてしまった《人がした行為に対する驚き, またはいらだちを表わす》: He *has been and* moved my papers. やつめ僕の書類を動かしおった / Whatever *have you been and gone and* done? 一体何てことをしでかしてしまったのか. ***let be*** ⇨ let[1] 成句. ***so be***=***be it that*** 《古》もし…ということなら: *be it* indeed *that* I have erred 私が本当に誤りを犯したのであれば.

── *auxil. v.* **1** [be+過去分詞で Passive を表わす]: A child *was run* over by a car. 子供が自動車にひかれた / Most magazines *are published* monthly. たいていの雑誌は月刊だ / Japanese *is spoken* here. 当地では日本語を話します.

2 《古》[変移動詞 (mutative verb) (come, go, grow, set など)の過去分詞を伴って Perfect を表わす]: He *is come*. 来ている / How he *is grown up*! まあ彼の大きくなったこと / The sun *is set*. 太陽は没した / Our guests *are gone*. お客は帰った / Babylon *is fallen* バビロンは滅んだ. ★ 今は完了形は have+過去分詞で統一されている. Winter *is gone*. / Everything *is changed*. / My poem *is finished*. の gone, changed, finished などは形容詞と見るべきであろう.

3 [be+現在分詞で Progressive を表わす]: As I write this, the train *is passing* through the mountains. 私が今これを書いている時汽車は山間を通過している / Life *is passing* away, and we *are doing* nothing. 人生は過ぎ去って行く, しかも我々は何もしていない / He *is being* kind. 親切に振舞っている / He *is being* a fool. ばかなことをしている / We *are getting* married this spring. 今春結婚することにしています《手はずを表わす》/ We stayed there while our house *was building*. 《まれ》家を建てている間そこに滞在した (★ 受動的な意味を表わす; 今は通例 was being built と受動進行形にする).

4 [be+to 不定詞で予定・命令・義務・運命・可能・目的などの意を表わす]: We *are to* meet at 5. 5 時に集合することになっている / There's *to* be all investigation. 調査が行なわれるはずだ / The troops *were to* cross the river. 軍隊は川を渡る予定であった / I *am to* inform you that …のむね御通知申し上げます / It *is to* be hoped that… どうか…でありたいものです / What *am* I *to* do? 私はどうしたらいいのか / You *are to* blame. 君が悪いのだ / *Is* this house *to* let? この家は貸家ですか / It must *be to* be depended upon. それは信頼しなければならない / You *are* not *to* do that. それをしてはいけない / He *was* never *to* see his home again. 彼は再び郷里に帰らぬ運命だった / No one *was to* be seen on the street. 通りにはだれ一人見えなかった / A knife *is to* cut with. ナイフは物を切るものです. ★ if-clause では必要条件を表わす: You must speak out if we *are to* remain friends. 友人同士でいたいならはっきり意見を言いたまえ.

5 [were+to 不定詞で強い仮定を表わす]: If I *were to* propose, would you accept? もしも私が提案するとしたら受け入れますか / *Were* he *to* ask me, it would be different. もしも彼が私に頼むのなら話は違ってくるだろう.

★ この動詞は人称および数により次のように変化する: (1) 直説法現在: I *am*; you *are* [thou *art*]; he [she, it] *is*; we [you, they] *are*.

(2) 直説法過去: I *was*; you *were* [thou *wast* or *wert*]; he [she, it] *was*; we [you, they] *were*.

(3) 仮定法現在: *be*; 過去: *were* (ただし thou *wert*): *Be* it so.=So *be* it.=Let it *be* so. しかあれかし; そうならそれでよし / if that *be* so もしそうなら / *be* it true or not 真偽いずれにせよ / I insist that he *be* allowed his freedom. 彼に自由が与えられることを主張する / If he *were* not ill, he would be sure to come. 病気でなかったらきっと来るだろう / Even if [though] he *were* here, I should say the same thing. たとえ彼がここにいても私は同じことを言うでしょう / It is high time she *were* going. 彼女ももいい加減に出かけていいころだ / Oh, that I *were* young again! ああ, もう一度若くなりたいものだ.

(4) 命令法: *be*: *Be* gone! 行ってしまえ, 去れ / *Be* patient. がまんなさい / *Be* seated. おかけなさい / Don't *be* idle. 怠けるな.

(5) 過去分詞: *been*: I have *been* ill for a week. / He had *been* studying in London.

(6) 現在分詞: *being*: The matter was *being* discussed. そのことが論じられていた / Dinner *being* over, they left the room. 晩餐がすむと彼らは部屋を去った.

(7) 動名詞: *being*: I don't like *being* asked to sing. 歌を所望されるのは好かない.

(8) 口語では次の縮約形を用いる: '*m*=am, '*s*=is, '*re*=are; *an't* [*ain't*]=am not (⇨ an't, ain't).

be² [bíː] *n.* ＝bee³.
Be《記号》《化学》beryllium.
Be, Bé《略》《物理》Baumé.
be- [bɪ, bə]〖OE *be-*, *bi-* ← *bi* 'at, near, BY¹': cog. G *be-* / Goth. *bi-*〗 **—** *pref.* **1**［強意的］他動詞に付いて「全部, 全く, すっかり, 過度に」などの意: *be*daub, *be*sprinkle, *be*smear, *be*smirch. **2** 自動詞に付いて他動詞を造る: *be*fall, *be*moan, *be*speak, *be*stride. **3** 形容詞・名詞に付いて「…にする, …と呼ぶ, …として待遇する」の意の他動詞を造る: *be*fool, *be*foul, *be*friend. **4** 名詞に付いて「…で囲む, …でおおう」などの意の他動詞を造る: *be*cloud, *be*fog. **5** -ed を語尾とする形容詞に付いて「…でおおわれた, (過度に)…の付いた」の意: *be*capped, *be*jeweled, *be*wigged.
B.E.《略》Bachelor of Education; Bachelor of Engineering; Bank of England; Board of Education; British Embassy; (Order of the) British Empire; Buddhist Era; Building Exhibition.
B.E., B/E, b.e.《略》bill of entry;《金融》bill of exchange.
Bea [bíː]〖(dim.) ← BEATRICE¹〗 *n.* 女性名.
B.E.A.《略》British East Africa; British Electricity Authority; British European Airways (Corporation) (⇨ BA).
beach [bíːtʃ]〖《*c*1535》← ?: cf. OE *bæće*, *beće* brook (cf. beck²)〗 **—** *n.* **1 a** (海・湖・川辺の砂・小石・岩のある)浜; 海辺, 磯, なぎさ, 湖岸, 川べり: a sandy ～ 砂浜 / a rocky ～ 磯 / a shingle ～ 砂利浜. **b** 海水浴場; 海浜地帯: at the ～. **2**《古》［集合的］(海浜の)砂, 砂利.
on the beach (1)《海事》〈水夫が〉上陸して; 陸上勤務で; 退職して. (2)〈水夫など〉(零落して)浜辺[波止場]をうろついて, 落ちぶれて (cf. beachcomber 2). (3) 失業して, 破産して, 困って; 一文なしになって. ***take the beach***《海事》上陸する.
— *attrib. adj.* 海辺の, 海辺で使用する: a ～ coat (水着の上に着る)海浜着, ビーチウェア.
— *vi.* 〈船が〉浜に乗り上げる. **—** *vt.* **1 a** 〈ボート・鯨などを〉浜に引き上げる, 浜に乗り上げる. **b** 〈嵐などが〉〈船を〉浜に打ち上げる[座礁させる]. **2** 〈人を〉役に立たなくする (disable).
béach àster *n.*《植物》＝seaside daisy.
béach bàll *n.* ビーチボール《海浜・プールなどで使う軽い大きなボール》.
béach bòat *n.* (小型の)ボート.
béach·bòy *n.* **1** 海浜の男性監視人; (特に)サーフィン・水泳などの男子指導員. **2** 海浜の遊び人.
béach brèak *n.* 海浜の近くで砕ける波.
béach bùggy *n.* (特大タイヤのついた)砂浜用自動車[バギー]《dune buggy ともいう》.
béach bùnny *n.* (サーフィン仲間に加わっているが実際にはやらずに)ビキニ姿で海浜を歩き回る女性.
beach·comb [bíːtʃkòum | -kəum]〖《逆成》↓〗 *vi.* (職がなくて)波止場で浮浪生活を送る.
beach·comb·er [bíːtʃkòumə | -kəumə(r]〖《1840》← BEACH＋COMBER¹〗 **—** *n.* **1** (沖から打ち寄せる)大波, 寄せ波. **2** 浜で(難破船などからの)物を拾う人; (特に, 南太平洋諸島の)波止場をうろつく浮浪白人, 波止場ごろ[ルンペン].
béach cràb *n.*《動物》イソガニ《なぎさにいるカニの総称》; (特に)熱帯アメリカ大西洋岸にいる普通のカニ (*Sesarma ricordi*).
béach drìfting *n.* 海浜漂流《波の作用により海浜に沿って沈積物が移動すること》.
beached *adj.* 浜に乗り[引き]上げた; 磯に打ち上げられた.
béach·er *n.* 長く大きな波, 大波.
béach flèa *n.*《動物》ハマトビムシ《ハマトビムシ科の砂浜にいる小型甲殻類; ノミのようにはねる; sand hopper, sand flea ともいう》.
béach·frònt *n.* 海辺, 海岸地帯. **—** *adj.* 海辺の, ごく海に近い.
béach gòldenrod *n.*《植物》＝seaside goldenrod.
béach gràss *n.*《植物》**1** 米国東部の海岸などの砂地に多いイネ科の雑草 (*Ammophila arenaria*)《その込み合った根茎はよく砂をおさえる》. **2** 米国南部海岸に生えるイネ科 *Panicum* 属の雑草 (*P. amarulum*).
béach·hèad *n.* **1**《軍事》海岸堡, 海岸橋頭堡(ほ), 浜頭堡(ほ), 上陸拠点《敵前上陸作戦を強行して最初に確保する拠点; cf. airhead 1, bridgehead 1》. **2** 出発点, 足がかり.
beach-la-mar [bìːtʃləmɑ́ə, ━━́ | bìːtʃləmɑ́ː(r, ━━́]〖《1911》《変形》← Port. *bicho do mar* 'BÊCHE-DE-MER'〗 **—** *n.* ［通例 Beach-la-Mar］《英》《言語》ビーチラマー《南西太平洋方面に行なわれるなまり英語; cf. pidgin English, Chinook Jargon》.
béach·màster *n.* 揚陸指揮隊長, ビーチマスター《上陸作戦において部隊を指揮する海岸将校》.
béach pèa *n.*《植物》ハマエンドウ (*Lathyrus maritimus*)《北半球温帯各地の海岸の砂浜に生え, 紫の花をつけるマメ科の多年草》.
béach plùm *n.*《植物》(北米北東海岸産の)低木のスモモ (*Prunus maritima*)《花は白く, 果実は径 2 cm ほどで紫色; 食用》; その実.
béach-rèscue *n.*《英》海岸で水泳者の救助に当たる人.
béach rìdge *n.* 浜堤《あらしで打ち上げられた海岸の砂[砂利]の隆起》.
béach·sìde *adj.* 海岸に位置する.
béach umbrèlla *n.* ビーチパラソル.
béach wàgon *n.* ＝station wagon.
béach·wèar *n.* ビーチウェア, 海浜着.
beach·y [bíːtʃi | -tʃɪ] *adj.* (**beach·i·er**; **-i·est**)《古》浜辺のような; 小石や砂の多い.
Béachy Héad *n.* イングランド南東部 East Sussex 州の岬; 高さ 180 m の白堊(あ)質の絶壁, 灯台がある.
bea·con [bíːkən]〖OE *bēac(e)n* sign, banner < (WGmc) **baukna* ← IE **bhā-* to shine〗 **—** *n.* **1** (通例, 丘・塔などで燃す信号用の)かがり火, のろし (signal fire). **2 a** 目じるし《遠方から見える小山・森など》; 標識塔. **b** 灯台 (lighthouse); 信号浮標 (signal buoy). **c**《英》(柱の先に付けた黄色の)歩行者用交通標識: a flashing ～ ⇨ Belisha beacon. **d** 航空[水路]標識, 無線標識, ラジオビーコン. **3**《英》望楼 (watchtower), 信号所 (singnal station). **4**《比喩》**a** 指針, 指標, 戒め〔*to*〕. **b** 知識[霊感]の泉. **5** [B-]《英》…山, …峰《高く顕著な外貌のもの》: Dunkery *Beacon*. **—** *vt.* **1** (標識の火[光]のように)照らす. **2** …に指針を与える, 導く. **3** …に標識を設ける. **—** *vi.* **1** (標識灯[光]のように)輝く (shine). **2** 指針[指標]となる.
bea·con·age [bíːkənɪdʒ] *n.*《海事》**1** 立標式. **2** 信号標維持費[料].
béacon bòat *n.* 小型の無人灯船.
béacon fìre *n.* 合図の火《かがり火・のろしなど》.
béacon lìght *n.* 標識の光《かがり火・灯台などの光》.
Beac·ons·field¹ [békənzfìːld]〖ME *Bekene(s)feld* 'open country or plain by the BEACON': ⇨ field〗 **—** *n.* イングランド Buckinghamshire 州南部の町; 人口 12,000.
Bea·cons·field² [bíːkənzfìːld], 1st Earl of *n.* Benjamin DISRAELI の称号.
bead [bíːd]〖OE *(ġe)bed* prayer ← Gmc **beð-* 'to BID¹'〗 **—** *n.* **1** (糸・針金などに通す石・ガラス・貝・金属などの)数珠(じゅ)玉, ビーズ: glass [pearl, coral] ～*s* / a string of ～*s*. **2** [*pl.*] **a** (玉をつないだ)首飾り (necklace). **b** 数珠, ロザリオ (rosary): tell [count, say, bid] one's ～*s* (数珠をつまぐって)祈りを唱える / ⇨ Baily's beads. **3 a** [*pl.*] ロザリオをつまぐっての祈り. **b** ［通例 *pl.*］《廃》祈り, 祈禱. **4 a** 数珠玉状のもの. **b** (玉のような)汗[血]; 露, 水玉, したたり: ～*s* of dew 露の玉 / ～*s* of sweat [perspiration] 玉なす汗. **c** (清涼飲料水の)泡, (清涼飲料水の上の)泡のかたまり. **5** (銃の)照星; ねらい: draw a ～ *on* [*upon*] …をねらう. **6** (空気タイヤの)耳, ビード《リムにはまるふち》. **7**《建築》玉ぶち《断面が円弧をなしている縁形; cf. baguette 3; ⇨ molding¹ 挿絵》. **8**《化学》ビード, 溶球《白金線の先に作った環にホウ砂やリン酸塩の粉末をつけて熱した時にできるガラス状の小球; 定性分析に利用する》. **9**《冶金》ビード《灰吹き法 (cupellation) の際に生じる金銀の小粒》. **10**《金属加工》ビード《溶接個所にできた溶着金属の細長い波形の帯; bead weld ともいう》. **11**《電気》ビード《高周波の漏洩を防止するもの》.
pray without one's beads 計算違いをする, 当てがはずれる.
bead and reel《木工》連珠紋《玉ぶちと円盤が交互に並んだ繰形》.

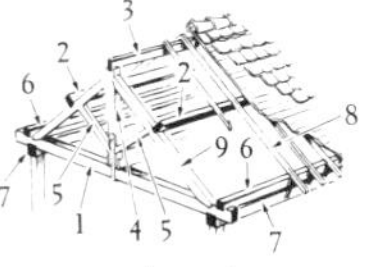
bead and reel

— *vt.* **1** 数珠玉で飾る[おおう], …に玉[露]を付ける: a face ～*ed with* sweat 玉の汗が吹き出ている顔. **2** 数珠のようにつなぐ, 数珠形にする. **—** *vi.* **1** 数珠玉になる. **2** 照準を合わせる, ねらいをつける.
～·lìke *adj.*
béad chàin *n.* (電気スタンドのソケット用などの)玉鎖.
béad cùrtain *n.* 玉すだれ.
béad·ed *adj.* **1** 数珠(じゅ)玉になった, 玉なす; 泡立った: ～ bubbles. **2** ビーズを付けた[で飾った]; 玉ぶちの: a ～ handbag. **3** 〈靴が〉玉ぶちをつけた.
bead·er [bíːdə | -də(r] *n.* **1**《機械》縁曲げ器. **2**《木工》＝beading plane.
béad·hòuse〖lateOE *bedhūs* chapel, 《原義》house of prayer〗 **—** *n.*《古》養育院, 養老院 (almshouse)《収容者はその設立者の祝福を祈ることを要求された; cf. beadsman 2》.
béad·ing〖⇨ -ing¹ 2〗 *n.* **1** ビーズ, ビーズ細工[飾り]. **2** (靴の)玉ぶち. **3** ＝bead *n.* 6. **4**《建築》玉ぶち; 玉ぶち装飾 (⇨ bead *n.* 7).
béading plàne *n.*《木工》材木に玉ぶちをつける面取鉋(かんな).
bea·dle [bíːdl]〖《14C》*bedel* ◁ OF (F *bedeau*) ← Gmc ∽ OE *bydel* messenger < Gmc **buðilaz* ← IE **bheudh-*: ⇨ bid¹: cf. bedel〗 **—** *n.* **1**《英》(教会・学寮・市職業組合などの)祭式[典礼]係; ＝bedel. **2**《英》(もと, 教会の雑務をした)教区[教会]吏員 (parish officer). **3**《スコット》(牧師に仕える)教会職員. **～·shìp** *n.*
Bea·dle [bíːdl], **George Wells** *n.* (1903–) 米国の遺伝学者; Nobel 医学生理学賞 (1958).
béa·dle·dom [-dəm] *n.* 小役人根性, 小役人のうるさいばか威張り.
béad plànt *n.*《植物》コケサンゴ (*Nertera depressa*)《南米・ニュージーランド産のアカネ科の匍匐性多年草; さんご色の美しい実をつける》.
béad·ròll〖← BEAD＋ROLL (n.)〗 *n.* **1** 名簿, 目録 (list); 連続, 一連 (series). **2** 数珠 (rosary). **3**《古》冥福(ふく)を祈るべき人々の名簿, 過去帳.
béad-rùby *n.*《植物》＝FALSE lily of the valley.
beads·man [bíːdzmən]〖《16C》← BEAD＋-S²＋-MAN ∽ ME *bed(e)man*: cf. almsman, craftsman, etc.〗 **—** *n.* (*pl.* **-men** [-mən]) **1**《古》他人の冥福(ふく)を祈る人. **2**《古》(施主の冥福を祈ることを要求されている)養育院の収容者 (cf. beadhouse). **3**《スコットランドの》公認こじき.
béads·wòman *n.*《古》女性の beadsman.
béad trèe *n.*《植物》**1** ＝chinaberry 2. **2** ＝necklace tree. **3** ＝red sandalwood 2.
béad wèld *n.*《金属加工》＝bead 10.
béad·wòrk *n.* **1** ビーズ細工[飾り]. **2**《建築》玉ぶち (⇨ bead 7).
bead·y [bíːdi | -dɪ] *adj.* (**bead·i·er**; **-i·est**) **1** ビーズのような: ～ eyes 小さくて光る丸い目. **2** ビーズで飾った; (玉をなして)泡立つ: ～ liquor.
bea·gle [bíːgl]〖《*a*1500》*begle* ◁ OF *begueule* wide throat: そのほえる太い声から〗 **—** *n.* **1** ビーグル《肢の短い耳の垂れた小型猟犬種のイヌ; 徒歩でする野うさぎ狩に使用される》. **2** (犯人などの)追跡者, スパイ, 探偵, 刑事, 巡査; 執達吏.
béa·gling [-glɪŋ, -glɪŋ] *n.* ビーグルを使用する野うさぎ狩.
beak¹ [bíːk]〖《*a*1250》*bek* ◁ (O)F *bec* < LL *beccum* beak ← Celt.〗 **—** *n.* **1 a** (肉食鳥の)くちばし (cf. bill² 1). **b** (スッポン・タコ・カモノハシなどのかぎ形の)くちばし. **c** (カマスなどの)長く突き出た口. **d**《昆虫》長い吻(ふん), 口先. **2 a** くちばし状のもの. **b** (人の)かぎ鼻. **c** (水差しなどの)のみ口, 口. **d** (レトルトの)細長い(曲がった)口. **e** (笛の)口. **f**《植物》くちばしのように細長く先の尖った果実; (特に)小麦の芒. **3** (昔の軍艦の)船嘴(し), 撃突艦首《敵艦を突き破るのに用いた尖った舳先(へさき); cf. ram 4》. **4**《建築》(蛇腹の端部で雨水が流れ出すように作られ, しばしばくちばし形をしている)突出部, 水吐け口, 水切り (⇨ molding¹ 挿絵). **5**《印刷》くちばし《h, i, k のステム (stem) の上部のセリフ (serif)》. **～·less** *adj.* **～·like** *adj.*
beak² [bíːk]〖《*a*1845》↑: もと盗賊用語〗 *n.* **1**《英俗》治安判事 (magistrate). **2**《英学生俗》(あるパブリックスクールの)先生, 教師 (schoolmaster).
beaked *adj.* **1** くちばしのある, くちばし状の. **2** かぎ鼻をした: a ～ nose. **3** (くちばしのように)突き出ている: a ～ promontory 突き出た岬. **4**《紋章》〈鳥が〉体の色と異なるくちばしをもつ: an eagle sable, ～ or くちばしが金色の黒い鷲.
béaked whàle *n.*《動物》アカボウクジラ《アカボウクジラ科の歯鯨の総称, 口はくちばし状に突き出ている; アカボウクジラ (*Ziphius cavirostris*), ツチクジラ (*Berardius bairdi*) など》.
bea·ker [bíːkə | -kə(r]〖《1348》*biker* ◁ ON *bikar-r* ◁ VL **bicārium* ◁ Gk *bikos* drinking-bowl: 現在の語形は BEAK¹ の影響による〗 **—** *n.* **1** (化学用の)ビーカー《口付きガラス器》; (同上に似た)プラスチック製コップ. **2** (取っ手のない)広口の大コップ《しばしば台付》. **3** 大コップ[ビーカー] 1 杯(分). **4**《考古》ビーカー《広口の背の高い土器; cf. Beaker folk》. **—** *adj.* [B-]《考古》ビーカー族 (Beaker folk) の.
Béaker fòlk, b- f- *n. pl.* [the ～]《考古》ビーカー族, 鐘形杯文化人《金石併用時代にヨーロッパにいた種族; 円い塚に死者と共に埋葬された広口ビーカー形土器がその文化 (Beaker culture) を代表する》.
béak·ing jòint *n.*《木工》芋(いも)継ぎ《接合部がつき合わせたように見える単純な木造継ぎ手の一方法》.
beak·y [bíːki | -kɪ] *adj.* (**beak·i·er**; **-i·est**) くちばし状[形]の; かぎ鼻の: a ～ nose.
bé-àll *n.* [the ～] ＝*the* BE-ALL *and end-all*.
the be-all and end-all すべて, 最高[究極]のもの; 肝心なこと〔*of*〕.
beam [bíːm]〖OE *bēam* tree, beam (of wood), column of light < (WGmc) **bauma* (Du. *boom* / G *Baum* tree) ← IE **bheu-* 'to BE, grow'〗 **—** *n.* **1 a** 梁(はり), けた, 横げた, 梁材; 角材. **b** (船の)梁(りょう)《両舷の相対する肋材を連結するとともに甲板を支えている船材》. **c** (はかりの)棹(さお); はかり: a ～ and scales はかり, 天秤(びん); ⇨ *kick the* BEAM. **d** (織機の前後の)糸巻き, 布巻き, 巻軸: ⇨ cloth beam, warp beam. **e** (すき (plough) の)柄. **f** (錨(いかり)の)幹 (shank). **g** (鹿の角の)本幹. **2 a** 光束, 光線: a ～ of light [heat] 一条の光線[熱線] / a ～ from a lamp / ⇨ sunbeam. **b** (希望などの)光, (顔・表情・微笑などの)輝き (gleam), 晴れやかさ, 笑顔: a ～ of hope 希望の光 / the ～*s* of a smile 晴々しい笑い / enjoy the ～*s* of a person's kindness 人の暖かい親切を受ける. **3 a** 最も広い部分; (動物の)胴幅. **b**《口語》(人間の)尻幅: a man broad in the ～ お尻の大きい人. **c**《海事》(船体の)最大幅, 船幅. **d**《航空》(水上機のフロート・飛行艇の艇体の)最大幅, ビーム. **4**《機械》(機関のピストンの運動をクランクシャフトに伝える)レバー (lever). **5**《通信》(拡声機・マイク・空中線などの)有効可聴範囲; (その最大効果を発揮する)最大有効角度. **6**《航空》**a** 信号電波, ビーム, 方向表示電波 (radio beam)《無線航路表示局 (radio range station) から送られる一定の電波; 夜間または悪天候の際など飛行機の操縦を容易にさせる》. **b** この信号電波によって指示される正確な航路: ⇨ *off the* BEAM (1), *on the* BEAM (1). **7**《電子工学》

beam 1

1 tie beam; 2 purlin; 3 ridge; 4 king post; 5 strut; 6 top plate; 7 wall plate; 8 common rafter; 9 principal rafter

ビーム《陰極から出た電子がある方向に集中して進行するもの》. **8**〘皮革〙かまぼこ(台)《腰高から下へ斜めに渡した中央部がかまぼこ状に高くなった木材の厚板で, 脱毛・裸皮・あか出し等に用いる》.
abaft* [*before*] *the beam〘海事〙(船の)正横(せいおう)後[前]に. ***a beam in one's* (*own*) *eye*(*s*)** 自分の目にある梁(はり), 自分では気付かない自己の大欠点 (cf. *Matt.* 7:3). ***fly the beam***〘航空〙信号電波に従って飛ぶ. ***get on the beam***《俗》〘ラジオ〙(1) マイクの最も明瞭に音がはいる側に立つ. (2) 放送される. ***kick the beam*** (1) (はかりの一方が軽くて)棹(さお)がはね上がる, (ある物より)ずっと軽い. (2) (他に比べて)取るに足りない. (3) 圧倒される, 負ける. ***off the beam*** (1)〘航空〙〈航空機が〉信号電波に示された航路をそれて. (2)《口語》間違って (wrong); 乱心して. ***on the beam*** (1)〘航空〙〈航空機が〉信号電波に示された航路(上)に; 軌道に乗って. (2)〘海事〙正横に (abeam). (3)《口語》正しい, 間違いない (right); 正気の (sane). ***ride the beam***〘航空〙=*fly the* BEAM. ***strike the beam*** =*kick the* BEAM. ***tip the beam at*** 目方が…ある.
— *vi.* **1 a**〈太陽などが〉光を発する[放つ], 輝く. **b**〈人・顔などが〉(微笑で)輝く, 晴れやかに見える; 〈人が〉晴れやかにほほえむ: ~ all over one's face / ~ *with* joy [pleasure] 満面に喜色を浮かべる / ~ *upon* [*at*] a person 人を見て晴れやかにほほえみかける / His face ~*ed*. にこにこ顔だった. **2**〘皮革〙あか出しをする《あか (scud) を除去する》. — *vt.* **1 a**〈光を〉発する. **b**〈愛情・嬉しさなどを〉発散する〈*forth, out*〉. **2** 梁で支える. **3**〘通信・ラジオ〙**a**〈信号電波を〉発する[送信する]. **b**〈番組・放送などを〉向ける, 送る, 放送する: programs ~*ed at* Africa [*to* women] アフリカ[婦人]向け放送番組 / ~ the news *from* Japan *to* South America 日本から南米に向けてニュースを放送する. 「tenna array).
béam antènna *n.*〘通信〙ビームアンテナ (⇨ an-
béam àrm *n.*〘造船〙ビームアーム《木船の艙口を補強するための二股材; fork beam ともいう》.
béam bràcket *n.*〘造船〙ビームブラケット, 梁肘板《ビームをフレームに取り付ける三角形の鋼板》.
béam brìck *n.*〘建築〙ビームブリック, 楣(まぐさ)れんが《コンクリート製の楣の表面に張る直角三角形の断面のある化粧れんが》.
béam cómpass *n.* ビーム[棹(さお)]コンパス《移動ソケットがついていて大きな円を描くのに用いる》.
béamed 〘《*a*1400》〙 *adj.* **1** 梁(はり)のある. **2** 光り輝く. **3**〘通信〙(ある地域に向かって)放送される[された]: a ~ program. **4**〘海事〙〈船が〉幅が…の.
béam-énds *n. pl.*〘海事〙(船の)梁端(りょうたん).
on her* [*their*] *beam-ends〘海事〙(甲板が直立するほど)〈船が〉真横に傾いて, 転覆しかかって. ***on one's* [*the*] *beam-ends***〘上の成句の転用〙《口語》(1) 抜き差しならないはめに陥って, 万策尽きて. (2)〈人・事業が〉金銭的に困って, 金詰まりで.
béam èngine *n.*〘機械〙ビーム機関《てんびん形の初期の蒸気機関》.
beam·er [bíːmə | -mə(r] *n.*〘機械〙経(たて)巻機, 下巻機《糸や布を巻取る機械》.
béam fìll *n.*〘建築〙=beamfilling.
béam·fìll·ing *n.*〘建築〙間積(桁(けた)同士の間の空所をれんが・石・セメントなどで満たすこと).
béam·ing *adj.* 光り輝いている (radiant), うるわしい, なごやかな (benign), 喜色に輝く, 晴れやかな (cheerful): a ~ face, smile, glance, etc. **~·ly** *adv.*
béaming machìne *n.*〘機械〙**1** 裸皮の毛根等のあか出しをする機械. **2** =beamer.
béam·ish [-mɪʃ] 〘← BEAM+-ISH[1]: Lewis Carroll の用語〙 *adj.* 希望に輝く; 晴れやかな. **~·ly** *adv.*
béam knèe *n.*〘造船〙**1** ビームニー《梁材をその両端で支える肘(ちゅう)材 (knee)》. **2** =beam arm.
béam·less *adj.* **1** 梁(はり)のない. **2** 光を放たない, 輝かない. 「圧延機」.
béam mìll *n.*〘金属加工〙ビーム圧延機《形鋼用の粗
béam-pówer tùbe *n.*〘電気〙=beam tube.
béam séa *n.* (船の舷側に打ち寄せる)横波.
béam sỳstem *n.*〘通信〙ビーム式《一定方向に特に強い電波を放射する空中線方式》.
béam tràwl *n.*〘漁業〙ビームトロール《支え棒をつけて網口を拡げておくトロール網; cf. otter trawl》.
béam tràwler *n.*〘漁業〙ビームトローラー《ビームトロールを備えた漁船》. 「真空管の一種」.
béam tùbe *n.*〘電気〙ビーム出力管《電力増幅用の
béam·width *n.*〘通信〙ビーム幅《電波・光などの広がりの角度》. 「く)横風.
béam wìnd [-wìnd] *n.*〘海事〙(船の竜骨に直角に吹
beam·y [bíːmi | -mɪ] 〘ME〙 — *adj.* (**beam·i·er**; **-i·est**) **1** 光線を発する, 輝かしい (radiant). **2**〈刀・槍(やり)が〉大きな, 巨大な (huge). **3**〘海事〙船幅の広い. **4**〘動物〙(雄鹿のような)枝角のある.
bean [bíːn] 〘OE *bēan* < Gmc **baunō* (G *Bohne*) < ? IE **bhabhā* broad bean (L *fava*). — v.: 《1910》← (n. 3)〙 — *n.* **1 a** 豆《主にソラマメ・インゲン・ササゲの類の実も植物をもいう》: a garden ~ =broad bean / soy ~*s* 大豆 / ⇨ BAKED beans, French bean, kidney bean / Every ~ has its black.《諺》人にはみな欠点がある. **b** 食用にする未熟な豆のさや. **2** 豆に似た果実[種子]: coffee ~*s*. **3 a** 豆状のもの. **b** 水鳥の上のくちばしの突起. **4**《俗》頭 (head): beat a person on the ~ 人の頭をなぐりつける. **5** [主に否定構文で]《俗》**a** つまらぬもの: not worth a ~ [a row of ~*s*] 何の値打ちもない. **b** 少額の金: They have never saved a ~. 一文も貯えたことがない. **c** [*pl.*]《米》少量, 少し: not care ~*s* 少しも気にかけない / not know ~*s* 全く知らない. **6**〘cf. F *bien* something good〙《口語》貨幣;《米俗》1ドル貨;《英俗》1ギニー貨. **7** [old ~ で; 親しい間での呼掛けとして]《英俗》やあ, 君 (cf. fruit 4). **8** [*pl.*]《俗》なぐること, 懲罰, 折檻(せっかん), 叱責. **9** [*pl.*; 間投詞的に]《俗》いやになっちゃうな, ひどいなあ《不満・嫌悪などを表わす》.
full of beans〘もと豆の飼をたっぷり与えられて元気一杯の馬について言ったもの〙(1)《口語》〈人が〉元気一杯で (cf. bean-fed): feel *full of* ~*s*. (2)《米俗》〈人が〉たわけ者で. ***get beans***《俗》しかられる; なぐられる, ひどい目にあわされる. ***give a person beans***《俗》〈人を〉罰する, ひどい目にあわせる, しかりつける. ***have too much beans***《口語》元気[活気]があり余る. ***know how many beans make five***〘昔子供が豆を使って数え方を覚えたことから; またはこれをひねった謎 How many blue beans make five white ones? (答えは Five—if peeled.) にかけたもの〙《米口語》物がわかっている, 抜かりがない. ***like beans***《口語》とても, ひどく. ***spill the beans***《口語》(1)〔…に〕(通例うっかり)秘密をもらす〔*to*〕. (2) 計画[配列]をくつがえす.
— *vt.*《米俗》〈飛んできた物が〉…の頭に当たる;〘野球〙〈ボールが〉〈打者〉の頭に当たる, 〈打者〉にビーンボールを投げる.
béan·bàg *n.* お手玉; お手玉遊び.
béan bàll 〘← BEAN (n. 4)〙 *n.*〘野球〙ビーンボール《打者の頭(の近く)を狙って投げられた球》.
béan càke *n.* 大豆かす.
béan càper *n.*〘植物〙地中海東部沿岸地方のハマビシ科の小木 (*Zygophyllum fabago*)《そのつぼみを酢づけにしてケーパー (capers) の代用に使う》.
béan cùrd [**chèese**] *n.* 豆腐.
bean·er·y [bíːnəri | -rɪ] 〘← BEAN+-ERY: 主に豆の料理を出すことから〙 *n.*《米口語》安料理店.
béan·fèast 〘《1805》: もとは豆とベーコン (beans and bacon) のごちそうが主であったことから〙 — *n.*《英》**1** (年に一度雇主が雇人に振舞う)宴会. **2**《口語》(食事の用意された)めでたい[楽しい]お祝い, お祭り.
béan-fèd *adj.*《口語》元気に満ちた (cf. beany[2]).
béan hùller *n.* =bean thresher.
bean·ie [bíːni | -nɪ] 〘← BEAN (n. 4)+-IE〙 *n.*《口語》ビーニー帽《婦人・学童・学生のかぶる頭にぴったりした丸い小型の帽子[キャップ]》.
béan jàm *n.* 餡(あん).
bean·o[1] [bíːnoʊ | -nəʊ] 〘《1888》《短縮》← BEANFEAST: ⇨ -o〙 *n.* (*pl.* ~**s**)《英俗》=beanfeast.
bean·o[2] [bíːnoʊ | -nəʊ] 〘《変形》← BINGO〙 *n.* (*pl.* ~**s**) =bingo.
béan pàste *n.* 味噌.
béan·pòd *n.* 豆のさや.
béan pòle *n.* **1** 豆の蔓の支柱. **2**《口語》丈の高いやせた人.
béan pòt *n.* 煮物用厚手なべ.
béan·shòot·er *n.*《米》=peashooter.
béan shòt *n.*〘冶金〙(溶けたままで水に入って粒状になった)精製銅. 「用になる」.
béan spròuts *n. pl.* (Du. 大豆か緑豆(りょくとう)の)もやし《食
béan·stàlk *n.* 豆の木の茎. 「いう」.
béan thrèsher *n.* (豆類の)脱粒機《bean huller とも
Béan Tòwn 〘← *Boston baked beans* (白いんげんを豚肉や糖蜜などと混ぜていためたもの; その罐詰は都会の独身者の安直な食物の代表)〙 — *n.* [the ~] 米国 Boston 市の俗称.
béan trèe *n.*〘植物〙**1** オーストラリア産マメ科の植物の一種 (*Castanospermum australe*)《街路樹として, また黒い豆を焙ったり粉にして食用とする; Moreton Bay chestnut ともいう》. **2** さや豆に似た実のなる落葉樹《キササゲ (catalpa), イナゴマメ (carob) など》. **3** =laburnum.
béan wèevil *n.*〘昆虫〙マメゾウムシ《鞘翅目マメゾウムシ科の甲虫の総称; 種々の豆類に食い入る大害虫が多い》; (特に)インゲンマメゾウムシ (*Acanthoscelides obtectus*).
bean·y[1] [bíːni | -nɪ] *n.* =beanie.
bean·y[2] [bíːni | -nɪ] 〘← BEAN+-Y[4]: cf. *full of beans*〙 *adj.* (**bean·i·er**; **-i·est**)《俗》元気な; 上機嫌な.
bear[1] [béə | béə(r] 〘OE *bera* < (WGmc) **bero*《原義》the brown animal (Du. *beer* / G *Bär*) ← IE **bher-* 'BROWN': cf. beaver[1]〙 — *n.* (*pl.* ~**s**, ~) **1**〘動物〙**a** クマ《クマ科の哺乳動物の総称》: ⇨ polar bear / Catch the ~ before you sell his skin.《諺》取らぬ狸(たぬき)の皮算用(をするな) / sell the skin before one has killed the ~ 取らぬ狸の皮算用をする. ★ ラテン語系形容詞: ursine. **b** 熊に似た動物: ⇨ ant bear. **c**《豪》コアラ (koala). **2** 熊のおもちゃ: ⇨ teddy bear. **3**《口語》無骨で粗暴な人, 無作法者, がさつ者: a regular ~ まるで熊みたいな男. **4**《口語》〔仕事などに〕能力[熱意, 興味など]を大いに示す人〔*for*〕: be a ~ *for* music 音楽が好きだ / He is a ~ *for* work. 彼は仕事の鬼だ. **5** [the B-]〘天文〙**a** おおぐま(大熊)座 (the Great Bear) (⇨ Ursa Major). **b** こぐま(小熊)座 (the Little Bear) (⇨ Ursa Minor). **6** [the B-] ロシヤ (Russia)《擬人法的な言い方》. **7**〘証券〙(相場の下落を予想しての)弱気の売方, 弱気筋 (↔ bull[1] 7). **8**《口語》〘トランプ〙(はったりをかけたりしない)地味なプレーヤー (↔ bull[1] 8).
(***as***) ***cross as a bear*** とても機嫌が悪い, ぷりぷりしている. ***be a bear for punishment*** 虐待に耐える; 悪条件に屈しない. ***like a bear with a sore head***《口語》=(*as*) *cross as a* BEAR. ***loaded for bear*** ⇨ loaded 成句. ***play the bear with***《口語》…を台無しにする. ***take the bear by the tooth*** むだな危険を冒す.
— *adj.*〘証券〙弱気の, 相場が低下傾向の: be on the ~ side 売方に立つ / a ~ market 弱気市場《弱気の売りが優勢な[相場が低下傾向の]市場》.
— *vt., vi.*〘証券〙(株式・市場などを)売りくずす[たたく].
bear[2] [béə | béə(r] 〘OE *beran* ← Gmc **ber-* (G *gebären* to bring forth) ← IE **bher-* to carry (L *ferre* to carry / Gk *phérein* / Skt *bharati* he bears)〙 — *v.* (**bore** [bɔ́ə, bóə | bɔ́ː(r], 《古》 **bare** [béə | béə(r]; **borne** [bɔ́ən, bóən | bɔ́ːn], **born** [bɔ́ən | bɔ́ːn]) ★ born の用法は ⇨ *vt.* 7 a. — *vt.* **1 a** 運ぶ, 持って行く (carry); 連れて行く (take), 案内する (lead): ~ a burden [heavy load] 重荷を(負って)運ぶ / Four captains *bore* Hamlet *to* the stage. 4人の隊長がハムレットを壇上に運んだ / We *bore* him *home* [*to* his quarters]. 彼をうちへ[宿舎へ]送って行った / The sound of a church bell came *borne* (*up*)*on* the wind. 教会の鐘の音が風に乗って聞こえてきた. **b** [通例 p.p. 形で] 輸送する (transport): ⇨ airborne / goods *borne* in ships 船で輸送されてきた物資. **c**〈賞などを〉獲得する (cf. BEAR *away* (*vt.*) (1)).
2 a〈武器・マーク・痕跡(こんせき)などを〉帯びる, 身に着ける (wear, carry); 〈日付・銘など〉の記載がある: ~ a sword 剣を帯びる / ~ arms 武器を執る, 武装する; 兵役に服する / ~ arms *against* …にそむく, 刃向う / a ship ~*ing* the American colors 米国国旗を掲げた船 / a bottle that ~*s* the label "poisonous"「有毒」のラベルが貼ってあるびん / ~ a coat of arms 紋章を帯びる / The bed *bore* traces of having been slept in. そのベッドにはだれか寝た形跡があった / This letter ~*s* a wrong address [(the) date of 1976]. この手紙には間違った宛名[1976年の日付]が書いてある. **b** [p.p. 形で]〔名簿に〕載せる, 登録する (enroll)〔*on*〕: regular members *borne on* the list 名簿に載っている正会員.
3 [しばしば二重目的語を伴って] (心に)もつ, 〈恨み・悪意などを〉抱く, 含む (entertain): *Bear* in mind what I say. 私の言うことを心に留めておきなさい / ~ a grudge *against* a person 人に恨みを含む / ~ ill will *toward* a person 人に悪感情をもつ / ~ a person hatred [love] 人に憎悪[愛情]を抱く.
4〈関係・比率などを〉有する, もつ (have); 〈名前・称号・名声・特徴などを〉もつ, 示す (show): the ratio which one thing ~*s to* another 甲の乙に対する比率 / ~ no relation *to* …に関係がない / ~ a resemblance *to* …に似た所がある / ~ the name of Thomas トマスという名がある / ~ a title 肩書を帯びる / ~ a reputation 名声を有する / ~ an evil look 凶悪な顔つきをしている.
5 伝える (convey), 広める (spread); 提供する, 与える (offer): ~ tales [gossip] うわさを広める / ~ good news 吉報をもたらす / ~ testimony (to) (…に)証言を与える, (…の)証人に立つ / ~ false witness (*against* a person) (人の不利になるように)虚偽の証言をする / ~ a hand 手を貸す, 手伝う / ~ a person company おつきあいに人と同座[同行]する.
6 a ある姿勢に〈身体などを〉保持する: ~ *oneself* [one's body] erectly 体を真直ぐにしている / ~ one's head high 頭を高くしている. **b** [~ *oneself* で]〈身を〉処する, 振舞う (behave): ~ *oneself* nobly [with grace] 雄々しく振舞う[威厳のある態度をとる] / ~ *oneself* like a gentleman 紳士らしく振舞う / He ~*s himself* well in spite of his misfortunes. 不幸にあってもくじけずにりっぱに身を処している.
7 a [しばしば二重目的語を伴って]〈子を〉産む (cf. beget 1): She has *borne* (him) five children. 彼女は(彼との間に)5人の子供を産んだ / She *bore* him a son. 彼の子をもうけた. ★ 特に, 受動態で「生まれた」の意味を表わす場合は, あとに by… が続く時を除き, 過去分詞として born を用いる (cf. born, borne): He was *born* in England in 1933. 1933年英国で生れた / He was *borne by* an American woman. 彼は米国婦人を母として生れた / They believed that Christ was *born* of a virgin. キリストの処女降誕を信じた. **b**〈花を〉つける, 〈実を〉結ぶ (produce); 〈利子を〉生む (yield); 〈賞賛を〉もたらす (invite): ~ fruit 実を結ぶ / Apple trees ~ blossoms in early spring. りんごは早春に花をつける / The bonds ~ 5% [a low rate of] interest. その債券には5分の[低率の]利子がつく / His new novel *bore* heavy praise. 彼の新しい小説は大変な賞賛を受けた. **c** [Passive で]〈新しい時代などが〉生れる; 〈人が〉〔…に〕生れつく〔*to*〕(cf. born): A new era was being *born*. 新しい時代が誕生しよう[始まろう]としていた / He is *born to* teaching. 先生になるように生れついている.
8〈重さ・物などを〉支える, 支持する, 載せている (support)〈*up*〉: an altar ~*ing* offerings 供え物を載せた祭壇 / beams that ~ (*up*) (the weight of) the roof 屋根(の重み)を支える梁(はり) / This ice won't ~ us. この氷では我々(皆)を支え切れまい.
9〈義務・責任・役割などを〉負う, 分担する (assume); 〈費用などを〉もつ, 支払う (defray): ~ a part (*in*) (…に)一役買う, 参加する / a responsibility too great for me to ~ 私には負いきれないほど重大な責任 / I will ~ the blame. その責めは私が負う / He *bore* the whole

cost by himself. 一人で一切の費用をもってくれた.
10 **a** [通例否定構文で; 名詞, 動名詞, to 不定詞または目的語+to 不定詞などを伴って]〈苦痛・不幸などに〉耐える, 我慢する (endure): ~ all hardships あらゆる困難に耐える / grin and ~ it 笑って耐える / This is more than I can possibly ~. これには私はとうてい耐えられない / There's *no ~ing* that fellow [this noise]. あの男[この騒がしさ]にはとても我慢がならない / He could*n't* ~ *to* be [~ be*ing*] ignored. 無視されるのが我慢ならなかった / I *can't* ~ her *to* be unhappy. 彼女を不幸にしておくには忍びない. **b** (苦苦しい気持で)耐える: I *bore* it hard [heavy] to be laughed at. 笑い者にされて癪にさわったが我慢した.
11 [しばしば do*ing* を伴って] **a**〈試験・検査・翻訳・反復などを〉受けるのに耐える[適する](stand): ~ the test 検査に合格する / a statement that will not ~ close examination 綿密に調べれば虚偽だとわかるような陳述 / an expression that does not ~ translation とても翻訳のできない表現 / His language doesn't ~ repeat*ing*. 彼の言葉は(実に下品で)繰返すに耐えない / The joke will ~ repeat*ing*. そのジョークは(傑作だから)繰返して使えそうだ / This cloth will ~ wash*ing*. この布地は洗濯がきく. **b**〈検査・監視などを〉必要とする, 要する (require): His answer will ~ examination. 彼の答は吟味が必要だ.
12〈理解・解釈などを〉可能にする, いれる: a word ~*ing* several meanings 幾つもの意味をもつ単語 / The accident ~*s* two explanations. その事故には二通りの説明が可能だ.
13 押す (press), 突く (thrust), 追う (drive): a boat *borne* down the rapids 急流を押し流されるボート / Crowds *bore* us *along*. 我々は群衆に押されて行った / The demonstrators were *borne back*(*ward*) by the police. デモ隊は警官隊に押し返された.
14 〘古〙〈権力・職権などを〉ふるう, 行使する (exercise): ~ sway (*over*) (...を)支配する / ~ rule (*in*) (...の)支配権を握る, (...を)統治する.
15 [*that*-clause を伴って]〘古〙〈...ということを〉趣旨とする, 意味する (purport).
— *vi.* **1** 持ちこたえる; 重さに耐える: Will the ice ~? その氷は乗っても大丈夫だろうか. **2** [...を]耐え忍ぶ, 我慢する (endure)〔*with*〕: ~ and forbear [fɔ́əbɛ̀ə | fɔ́ːbɛ̀ə(r] じっと我慢する / If you will ~ *with* me just a few minutes, ...ほんの暫くお待ち願えれば[私の言うことを聞いて下さるならば(など)] / There's no ~*ing with* them. 連中にはとても我慢がならない. **3** **a** [...に]重みがかかる, もたれかかる, [...を]押す〔*against, on*〕: an arch ~*ing against* piers せり持ち台に載っているアーチ / He *was* ~*ing* (*up*)*on* his crutches. 松葉杖にもたれかかっていた. **b** [...を]圧迫する, [...に]のしかかる (weigh)〔*on, upon*〕: The weight of taxation ~*s* hard [heavily] (*up*)*on* all the classes. 課税の重圧がすべての階層の人々の上に重くのしかかっている. **4** [...に]影響がある, 関係がある (relate)〔*on, upon*〕: documents ~*ing on* the subject その問題に関係のある書類 / His story doesn't ~ *upon* this question. 彼の話はこの問題と関係がない. **5** **a** (ある方向に)向かう, 進む: ~ (*to* the) right 右の方へ進む / The ship *bore south*. 船は南へ進路を向けた / The road ~*s east*. 道は東の方へ延びている. **b** (ある方位に)向いている, 位置する: bring guns to ~ (*up*)*on* the enemy's position 敵陣へ大砲の照準を合わせる / The bay *bore* due *north*. 湾は真北に位置していた. **6** **a** 実を結ぶ: This tree ~*s* well. この木にはよく実がなる. **b** 〘古〙子を産む.
be borne in on* [*upon*]** ...に確信される, ...にわかってくる: It *was borne in* (*up*)*on me* that ... 私は...と確信するに至った. ***bear away (*vt.*) (1) 持って[取って]行ってしまう: ~ *away* the prize=*bear away the* BELL[1]. (2) [Passive で] 駆り立てる: He *was borne away* by anger. 怒りに駆られた. (*vi.*) (1)〘海事〙(主に風下に)針路を少し曲げる. ***bear back*** (*vi.*) 退く (retreat). (*vt.*) 押し返す (⇨ *vt.* 13). ***bear down*** (*vt.*) (1)〈敵・反対などを〉圧服する, 圧倒する, 克服する (overcome); (議論などで)〈相手に〉打ち勝つ. (2)〈枝などを〉たわませる, 押し下げる. (*vi.*) (1) しっかりと頑張る, 大いに努力する. (2) (分娩時に)息む. (3)〘海事〙(特に追風を受けて)航海する; 〈船が〉互いに向かい合って来る. ***bear down on* [*upon*]** (1)〈敵などが〉...に急に襲いかかる; 〈群衆などが〉...にどっと押し寄せる; 〈船・車・人などが〉...にぐんぐん近づく, 向かってくる: A car *bore down upon* us. 一台の車が我々の方へどんどん迫ってきた. (2) ...に圧力をかける, もたれかかる (cf. *vi.* 3 a). (3)〈責任・税金などが〉...に重くのしかかる, ...を圧迫する (cf. *vi.* 3 b). (4) ...を強調する (emphasize): ~ *down on* economic causes 経済的な原因を強調する. (5) ...を叱る, 罰する: ~ *down* (hard) *on* criminals 罪人を(厳しく)処罰する. ***bear hard* [*heavy*]** (*vt.*) (1) ⇨ *vt.* 10 b. (2)〘廃〙〈人を〉いやに思う. (*vi.*) ⇨ *vi.* 3 b. ***bear in with*** 〘海事〙=BEAR *up for*. ***bear off*** (*vt.*) (1) =BEAR *away* (1). (2) 払いのける; (ぶつからないように)かわす: ~ *off* a boat. (*vi.*)〘海事〙(陸地・他船から)遠ざかる (steer away). ***bear out***〈人〉の意見などを支持する (support); 〈話・理論・仮説などを〉確認する, 裏書きする: He will ~ me *out* (that I stayed at home). 私が(ずっと家にいたと)いうことを支持してくれるだろう / Later research *bore out* his theory. その後の研究が彼の理論を実証した. ***bear up*** (*vt.*) (1) ⇨ *vt.* 8. (2) 支える, 励ます: ~ a person *up*. (*vi.*) (1) (失望しないで)頑張る, 耐える: ~ *up against* misfortune [*under* afflictions] 不幸に対して[苦難のもとで]へこたれない / ~ *up with* boredom 退屈を我慢する / *Bear up!* 頑張れ. (2)〘海事〙針路を風下に転じる, 風下に走る. ***bear up for*** 〘海事〙...に向けて進む. ***bear watching*** (1) 注目に価する, 将来性がある: This author ~*s watching*. (2) 警戒を要する, 油断がならない: That corner ~*s watching*. あの曲がり角は注意を要する[危険だ]. ***bring to bear on* [*upon*]** ⇨ bring 成句.
— *n.* 〘米学生俗〙難しい科目[問題]: That problem is a ~ (to solve). その問題(を解くの)は難しい.

bear·a·ble [bέ(ə)rəbl | bέər-] 〘(15C)〙 — *adj.* 耐えられる, 我慢できる, 〈寒暑など〉しのげる: The pain was rather ~. 痛みはなんとか我慢できた. **béar·a·bly** *adv.* **bèar·a·bíl·i·ty** [-rəbíləṭi | -lətɪ, -lɪ-] *n.*
béar·bàit·er *n.* 熊いじめをする人.
béar·bàit·ing 〘⇨ bear[1], bait[1] (vt.) 4 a〙 *n.* 熊いじめ〘16–17 世紀英国で流行した, つないだ熊に mastiff などの猛犬をけしかける遊び; ⇨ bear garden 1〙.
bear·ber·ry [bέəbèri, -b(ə)ri | bέəb(ə)rɪ] *n.* 〘植物〙 **1** クマコケモモ, ウワウルシ (*Arctostaphylos uva-ursi*) 〘北半球寒帯に生じる赤い実のなるツツジ科の常緑のつる植物; その葉はウワウルシ葉(ﾖｳ)といって薬用〙. **2** =possum haw 1. **3** =American cranberry. **4** = cascara buckthorn.
béar càt *n.* **1** **a** 〘動物〙=binturong. **b** =panda 1 a. **2** 〘米口語〙強い[勇猛な]人[動物など], 闘士.
beard [bíəd | bíəd] 〘OE ~ < (WGmc) *barða (Du. baard / G Bart) < IE *bhardhā (L barba) ← ? *bhar- bristle, point: cf. halberd〙 — *n.* **1** **a** あごひげ (cf. moustache, whisker): grow [wear] a ~ ひげをはやす[はやしている] / take a person by the ~ 人のひげをつかむ; 大胆に攻撃する (*1 Sam.* 17:35). **b** 〘米俗〙あごひげをはやしている人〘特に, 大学生・教授・知識人についていう〙. **2** (やぎ・犬などの)あごひげ (chin tuft). **3** (麦などの)のぎ (awn). **4** (矢じり・釣鉤・あみ針などの)あご, かかり, かえり (barb). **5** 〘活字〙 **a** 〘米〙=bevel 3; (時に) bevel と肩 (shoulder) を合わせた部分 (⇨ type 挿絵). **b** ひげ〘ローマン体の大文字 G などのステム (stem) の端にあるセリフ (serif)〙. **6** 〘動物〙カキのえら; 二枚貝の足糸; 鳥のくちばしのひげ状羽毛.
in spite of a person's beard 人の意に逆らって. ***laugh in one's beard*** ⇨ laugh 成句. ***singe the beard of the King of Spain*** 〘Sir Francis Drake が 1587 年 Cadiz 港で敵船1万トンを撃沈した時の言葉から〙スペインの海岸を荒らす. ***speak in one's beard*** つぶやく, もぐもぐ言う. ***to a person's beard*** 人の面前をはばからず.
— *vt.* **1** ...のひげをつかむ[引っ張る], ひげを抜く **2** ...に公然と反抗する (defy). **3** ...にひげを付ける.
~·lìke *adj.*
Beard [bíəd | bíəd], **Charles Austin** *n.* (1874–1948) 米国の歴史家.
Beard, Daniel Carter *n.* (1850–1941) 米国のボーイスカウトの創設者の一人; 通称 Dan Beard.
Beard, Mary R(it·ter) [ríṭə | -tə(r] *n.* (1876–1958) Charles Austin Beard の妻で歴史家; *The Rise of American Civilization* (夫と共著) (1927–42).
béard·ed 〘ME〙 *adj.* 〈人など〉ひげのある; 〈麦など〉のぎのある: a gray-*bearded* man.
béarded cóllie *n.* ビアデッドコリー〘顎ひげが長く垂れている大種のイヌ〙.
béarded dárnel *n.* 〘植物〙ドクムギ (*Lorlum temulentum*) 〘種子から麻酔薬が作られる; poison darnel ともいう〙.
béarded néedle *n.* =spring needle.
béarded tít *n.* 〘鳥類〙ヒゲガラ (*Panurus biarmicus*).
béarded vúlture *n.* 〘鳥類〙=lammergeier.
béard·fìsh *n.* 〘魚類〙太平洋と大西洋の深海にすむギンメダイ科の魚の総称〘下あごに一対のひげがある〙.
béard·ie [bíədi | bíədɪ] 〘← BEARD (n.)+-IE〙 *n.* **1** ひげの生えた犬. **2** 〘口語〙ひげを生やした人.
béard·ing 〘← BEARD (n.)+-ING[1]〙 *n.* 〘造船〙 **1** 船側の角度に合わせた肋材の傾斜. **2** 舵の前端部; これに対応する船尾材の後端部.
béarding line *n.* 〘造船〙ベアディングライン, 外板内面線〘木船で船首材・力材・キール・船尾材などのフレーム外面(すなわち外板内面)との交点を示す線〙.
béard·less 〘ME〙 *adj.* **1**〈人など〉ひげのない. **2** まだひげの生えない, 青二才の. **3**〈麦など〉のぎのない: ~ wheat. **~·ness** *n.*
béard néedle *n.* =spring needle.
Beards·ley [bíədzli | bíədzlɪ], **Aubrey Vincent** *n.* (1872–98) 英国の挿絵画家; *The Yellow Book* の美術主任; 世紀末の代表的画家; Oscar Wilde の *Salome* の挿絵などで有名.
béard·tòngue *n.* 〘植物〙イワブクロ〘ゴマノハグサ科イワブクロ属 (*Pentstemon*) の植物の総称〙.
beard·y [bíədi | bíədɪ] *n.* =beardie.
bear·er [bέ(ə)rə | bέərə(r] 〘ME〙 — *n.* **1** **a** 運ぶ者, 運搬人, ポーター: a ~ of burdens. **b** =pallbearer. **c** 駕籠(ｶｺﾞ)かき. **d** (インド人の)召使, ボーイ (house servant), 従者 (valet). **2** (小切手・手形の)持参人, (証明書などの)携帯者, (手紙の)使者: payable to ~ 持参人払い / the ~ of unhappy news いやな知らせを伝える人 / reply by ~ 持参人に返事を持たせてやる / the ~ of this letter この手紙を持ってあなたの所へ行く者. **3** [形容詞を伴って] 実のなる[花の咲く]草木 (cf. flowerer 1, fruiter 3, grower 1): a good ~ よく実る[花の咲く]草木. **4** [通例形容詞を伴って] 身分[職]を有する人: a flag ~ 旗手. **5** (家具の)引出しのレール〘bearing rail ともいう〙. **6** 〘印刷〙 **a** まくら, ベアラ〘印刷機の両端部に設けられ, 版盤で版面の高さに合わせてある棒〙. **b** まくら, ベアラ〘紙型取りで, 原版の空白部分に入れる活字と同じ高さの金具〙. **c** 版盤レール〘版盤を支える鉄製のレール〙. **7** 〘造船〙(ボイラー据付けその他の)受台. — *attrib. adj.* 持参人払いの; 無記名(式)の: a ~ check 持参人払い小切手 / ~ securities 持参人払い[無記名]債券.
béarer bònd *n.* 無記名債券 (cf. registered bond).
béarer còrps [còmpany] *n.* 〘英〙〘軍事〙衛生看護隊[中隊], 担架部隊[中隊].
béar gàrden *n.* **1** 熊園, 熊闘技場〘もと bearbaiting をやらせた場所〙. **2** 騒々しい場所: make a ~ of ... を混乱の巷(ﾁﾏﾀ)としてしまう.
béar gràss *n.* 〘植物〙ユリ科イトラン属 (*Yucca*) の数種の植物の総称; (特に)イトラン (*Y. filamentosa*).
béar hùg *n.* **1** 力強い抱擁. **2** 〘レスリング〙ベアハッグ〘前方から相手の体に両腕をまきつけ仰向けにフォールしようとする組み方〙.
bear·ing [bέ(ə)rɪŋ | bέər-] 〘ME: ⇨ bear[2], -ing[1]〙 — *n.* **1** (人の)ものごし, 態度; 振舞い, 挙動: a man of lofty [dignified] ~ 堂々たる[威厳のある]態度の人 / one's kindly ~ ものやさしい態度 / His ~ was admirable. 彼の態度はりっぱだった. **2** **a** 方角, 方位, 方面: ⇨ magnetic bearing, true bearing / take a (compass) ~ *on* a lighthouse 灯台の方向に針路をとる. **b** [*pl.*] (自分の置かれた他との)相対的位置, (自己の)立場の認識, 状勢の把握: get [take] one's ~*s* 物標の方位を測定する, 位置を確かめる; 自船の位置[状態]を確かめる / bring a person to his ~*s* 人に分をわきまえさせる, (自分の振舞いを)反省させる / lose one's ~*s* 方角がわからなくなる; 当惑する, 迷う / be out of one's ~*s* 自分の立場がわからない; 途方に暮れる. **3** **a** [他の物に対する]関係, 関連〔*on, upon*〕: It has no ~ *on* the question. その問題には無関係である / consider a matter in all its ~*s* あらゆる面から問題を考える. **b** (言葉などの)意味, 意義, 趣旨: What is the precise ~ of the word in this passage? この節のこの語の正確な意味は何か. **4** 忍耐, 我慢, 辛抱: His conduct is beyond [past] all ~. 彼の行為は全く我慢ができない. **5** 圧迫 (pressure), 押し (thrust). **6** **a** 結実, なり, 収穫 (crop): a tree past ~ 実がならなくなった木 / be in ~ 実を結んでいる. **b** (子を)産むこと, 出産: ⇨ child bearing. **7** 〘機械〙軸受け, ベアリング: ⇨ ball bearing. **8** 〘建築〙(構造物の)支点; 張り間, わたり間. **9** 〘紋章〙 **a** [*pl.*] 紋章〘通例 armorial bearings の形で使用される〙. **b** (盾に描かれる)紋章 (charge). **10** 〘通信〙方位〘特に, 電波到来の方位を指す〙: ~ resolution 方位分解能.
béaring blòck *n.* 〘土木〙ベアリングブロック〘木造トラス (truss) の格点などにおいて斜材などの圧縮力を他の部材に分布させるための部材〙.
béaring bràss *n.* 〘機械〙軸受けメタル〘真鍮または青銅製〙.
béaring pìle *n.* 〘土木〙支持杭〘地盤が軟弱な場合, 下層の硬質地盤まで打ち込んで荷重を支持し, 柱の役目をする〙.
béaring ràil *n.* =bearer 5.
béaring rèin *n.* =checkrein.
bear·ish [bέ(ə)rɪʃ | bέər-] *adj.* **1** 熊のような; がさつな, 粗暴な (rough): one's ~ bearing. **2** 〘証券〙弱気の, 相場が低下傾向の (↔ bullish). **3** 〘経済〙(先行き)悲観的な, 見通しが暗い. **~·ly** *adv.* **~·ness** *n.*
béar lèader 〘← BEAR[1]〙 *n.* **1** (見世物の)熊使い. **2** (金持の息子・貴公子などの見学旅行などに付添う)家庭教師, (付添い)お相手.
Bé·arn [beɪɑ́ən | -ɑ́ːn; F. bearn] *n.* ベアルン〘フランス南西部 Pyrenees 山脈中の地方〙.
Bé·ar·naise [bèɪɑənéɪz, bèɪə- | bèɪɑː-, bèɪə-; F. beaʀnɛːz] 〘□F ~ (fem.) ← *béarnais* of Béarn〙 — *n.* ベアルネーズソース〘hollandaise sauce に shallot, tarragon などの香草で風味をつけた温かいソース; Béarnaise sauce ともいう〙.
Béar Ríver [bέə- | bέə-] *n.* [the ~] ベア川〘米国 Utah, Wyoming, Idaho の3州を流れる川; Great Salt Lake に注ぐ (560 km)〙.
béar's-brèech *n.* 〘植物〙アカンサス〘イタリア原産キツネノマゴ科の大型多年草の *Acanthus mollis* とトゲハアザミ (*A. spinosus*); トゲハアザミの葉の模様がギリシャ建築に用いられた〙.
béar's-èar 〘← BEAR[1]: その葉の形から〙 *n.* 〘植物〙=auricula.
béar's-fòot *n.* 〘植物〙 **1** キダチクリスマスローズ (*Helleborus foetidus*) 〘キンポウゲ科クリスマスローズ属の植物〙. **2** 北米産キク科の多年草 (*Polymnia uvedalia*) 〘強い臭気があり, 花は黄色〙.
béar's grèase *n.* 熊の脂肪から精製した油〘主に髪油用〙.
béar·skìn *n.* **1** 熊の毛皮: a ~ cap. **2** **a** 熊の毛皮製品[服]. **b** (特に, 英国近衛(ｺﾉｴ)連隊の)黒毛皮製高帽. **3** (オーバーコート用の)粗い厚地のラシャ地.
béar's-pàw *n.* 〘貝類〙=horseshoe clam.
Béar Stàte *n.* [the ~] 米国 Arkansas 州の俗称.
béar·wòod *n.* 〘植物〙=cascara buckthorn.
beast [bíːst] 〘(?a1200) bēste □ OF beste (F bête) < VL *bestam=L bēstia beast, animal ← ? IE *dhewes- to breathe: cf. animal, deer〙 — *n.* **1** **a**

(植物と区別して)動物 (animal); (鳥・魚に対して)獣, 四足獣 (quadruped)《★ 以上の意味では animal の方が普通》: ~s and birds 獣類と鳥類, 鳥獣 / the ~ of the forest [jungle] 森林[ジャングル]に住む獣 / hunt wild ~s 野獣を狩る. **b** (人間に対して)獣, 畜生: man and ~ 人と畜 / make a ~ of oneself 野獣のようになる. **c** 家畜: (特に, 乗用・荷役用の)動物《馬・ろばなど》. **d** 《英》食用牛. **2 a** 獣的性向の人; (獣のような)ひどいやつ, 畜生, 人非人: a drunken ~ 飲んだくれ / Clumsy ~! (足を踏まれた時などに)気をつけろ / the ~ with two backs 性交中の男女. **b** 《口語》[通例 a ~ of a ... として] 獣のようないやな人[物], 不快なこと: *a* ~ *of a* man いやな男 / *a* (perfect) ~ *of a* day (全く)ひどい日. **3** [the ~] 獣性 (animal nature): *the* ~ in man 人間の獣性. **4** [the B-] 反キリスト, キリストの敵 (Antichrist) (cf. *Rev.* 13:18).
beast of burden [draft] 牽引家畜, 役畜《馬・らば・ろばなど》.
beast of chase (1) 猟獣. (2) (中世イングランドで)猟のために飼われていた動物《fallow deer, roe deer, fox, marten など》.
beast of prey 猛獣《lion, tiger など》.

béast èpic *n.* (動物が人間のように行動し話す)動物物語詩.

béast fàble *n.* (動物が人間のように行動し話す)動物寓話.

beast·ie [bíːsti | -tɪ] 〖《スコット》: ⇨ beast, -ie〗 *n.* 《文語》動物; (特に, かわいい)小動物.

beast·ings [bíːstɪŋz] 〖OE **bēsting, bȳsting* ← *bēost* beastings ← ?: ⇨ -ing³〗 *n. pl.* [単数扱い] (産後の雌牛の)初乳.

béast·ly 〖(?c1200): ⇨ beast, -ly²〗 — *adj.* (**beast·li·er; -li·est**) **1 a** 獣のような, 獣的な (bestial): ~ appetites 獣欲 / ~ pleasures 獣的快楽. **b** 残忍な; きたならしい, けがらわしい, みだらな (obscene): ~ habits / a ~ conversation. **2 a** ぞっとするほどいやな, 鼻持ちならない (disgusting). **b** 《口語》(軽い意味で)いまいましい, いやな, ひどい (nasty): a ~ headache ひどい頭痛 / ~ weather [food] いやな天候[食物] / ~ hours ひどい時刻《「朝っぱら」など》/ This bed is simply ~. このベッドは全くひどい. — *adv.* (**beast·li·er; -li·est**)《口語》[通例悪い意味で] ひどく, とても, いまいましいほど (exceedingly): ~ bad luck ひどい悪運 / a ~ rude fellow いまいましいほど無作法な奴 / rain ~ hard どしゃ降りに降る / be ~ drunk [wet] ぐでんぐでんに酔っている. **béast·li·ness** *n.*

beat¹ [bíːt] 〖v.: OE *bēatan* < Gmc **bautan* (ON *bauta*) ← IE **bhau-* to strike (L *confutāre* 'to CONFUTE'). — n.: (1615) ← (v.)〗 — *v.* (~; ~·**en** [bíːtn], ~) ★ p.p. 形 beat の用法 ⇨ *vt.* 12.
— *vt.* **1** [しばしば副詞・前置詞句・形容詞などを目的補語として] (続けざまに)打つ, たたく; 打って〈ある状態に〉至らせる; (罰として)むち打つ《★ 単発的に打つのは hit》: ~ a carpet (ほこりを出すために)じゅうたんをたたく (cf. *vt.* 3) / ~ a tree (果実を落とすために)木をたたく / ~ (*up*) a person 人を(さんざんに)打ちすえる / ~ flies *away* [*off*] はえをたたいて追う / ~ a snake *to* death へびを打ち殺す / ~ one's breast ⇨ breast 成句 / ~ a person *to* a jelly ⇨ jelly 成句 / He was ~*en* black and blue. あざだらけになるほど打たれた (cf. black-and-blue).
2 …に打ちつける, 打ち砕く: waves ~*ing* the shore 岸に打ち寄せる波 / a ship ~*en to* pieces in the storm あらしで微塵に打ち砕かれた船 / ~ one's head *against* a brick [stone] wall 不可能な事を試みる.
3 〔…の中へ〕打ち込む 〔*into*〕; 〔…から〕たたいて出す 〔*from, out of*〕: ~ stakes *into* the ground / ~ chalk dust *from* an eraser 黒板ふきの白墨の粉をたたいて出す (cf. *vt.* 1) / I can't ~ it *into* [*out of*] his head. 彼にその考えをわからせる[捨てさせる]ことができない.
4 a 〈金属を〉打ち延ばす: ~ *out* gold 金を打って延ばす / ~ iron flat [*into* thin plates] 鉄を打って平らにする[薄板に延ばす] / ~ one's swords *into* plowshares ⇨ sword 成句. **b** 〈考えなどを〉練り上げる: ~ an idea *into* a definite plan 思い付きを明確な計画にまとめ上げる.
5 a 《狩猟》〈やぶ・水面などを〉打ちあさる: ~ the thicket *for* hares うさぎを求めてやぶを打ちあさる. **b** 捜し回る: ~ the woods *for* [in search of] a lost child 迷子を捜して森の中を歩き回る.
6 a 〈道を〉踏み固める (tread) (cf. beaten 4); 〈道を〉歩いて行く: ~ a path [way] *through* the snow 雪の中を踏んで道を作る / ~ the pavements 舗道を歩いて行く. **b** [~ one's way として] 《米》(なんとか)進む, 前進する; (不正な手段で)旅をする: He ~ *his way* on the trains. 何回も汽車にただ乗りして旅行した. **c** [~ it として] 《口語》急いで行く; あわてて逃げる; 出ていく: You can ~ *it* if you don't like this place. ここがいやなら出て行っていいぜ (cf. 11 a).
7 〈鳥が〉〈翼を〉はばたく; 〈人が〉〈手を〉たたく, 〈足を〉どんどんさせる: ~ one's hands in time to the music 音楽に合わせて手をたたく.
8 a 〈太鼓などを〉打ち鳴らす; 〈曲などを〉太鼓で奏する; 〈合図などを〉太鼓でする: ~ a drum / ~ a military march ドラムで軍隊行進曲を奏する / ~ an alarm 太鼓で警報する / ~ a charge [parley] 《軍事》太鼓の合図で突撃を命じる[和平交渉の意を知らせる] / ~ a retreat ⇨ retreat 成句. **b** 〈太鼓が〉〈曲などを〉打ち鳴らす.
9 a (手・指揮棒・メトロノームなどで)〈拍子・リズムなどを〉取る: ~ time 《音楽》拍子を取る / ~ a steady rhythm 一定のリズムをとる. **b** 〈秒を〉刻む: A clock ~*s* seconds. 時計は秒を刻む.
10 (料理で)〈卵などを〉強くかきまぜる: ~ eggs / ~ cream 生クリームをかきまぜて泡立てる / ~ flour and eggs (*up*) *to* a paste 小麦粉と卵を(十分に)かきまぜて練り粉にする.
11 a 〈相手・敵などを〉打ち負かす (defeat); …にまさる (surpass): ~ the record 記録を破る / ~ the visiting team by a big score 遠征軍を大差で破る / ~ a person *at* chess [*in* an election] 人をチェス[選挙]で負かす / have a person ~ 《俗》人を負かす; 人を閉口させる / As a storyteller Maugham ~*s* all his contemporaries. 物語作家としては同時代の作家中でモームに並ぶものはない / That ~*s* everything I ever heard. そんな驚くべきことは聞いたことがない / Can you ~ it [that]? 《俗》(これ以上のことが考えられるか)全く驚いたね, こんなすばらしい[ひどい]ことってあるかい. **b** 〈暑さなど〉に打ち勝つ. **c** 〈危機などを〉切り抜ける (surmount).
12 《口語》**a** 閉口させる, 当惑させる (baffle): That ~*s* me. それには参った / It ~*s* me how he did it. 彼がそれをどうやってやったのかてんでわからない. **b** [通例 p.p. 形で] へとへとに疲れさせる (exhaust) (cf. *adj.* 1). **c** [通例 p.p. 形で] がっかりさせる (cf. beaten 2).
13 《米》**a** 《口語》ごまかす (cheat); 〈人を〉だまして〔…を〕奪う 〔*out of*〕: ~ creditors 債権者をごまかす / ~ a person *out of* his money 人をだまして金を奪う. **b** 《俗》〈告訴などを〉免れる: ⇨ *beat the* RAP¹.
14 a …に先んじる, …の先を越す (forestall): ~ a deadline 締切期限の寸前に出す / ~ a whistle 合図の笛より早くスタートする / ~ a traffic signal 信号が変わる寸前に向こう側に渡る / He ~ *me to* the lake. (競争して)彼は私より先に湖に着いた. **b** 《米》《新聞》〈他の新聞・記者などを〉出し抜く.
— *vi.* **1** (続けざまに)どんどん打つ: ~ *at* [*on*] the door. **2** 〈雨・風・波などが〉打ちつける, 激しく当たる (dash); 〈太陽が〉激しく照りつける (shine) 〈*down*〉: The rain ~ fiercely *against* the windows [*on* the roof]. 雨が激しく窓[屋根]を打った / The sun ~ *down* (*up*)*on* us. 太陽が頭上をかんかん照らしつけた. **3** 〈太鼓が〉どんどん鳴る; (合図のために)太鼓を打ち鳴らす. **4** 〈羽が〉ばたばたする. **5 a** 〈心臓・脈などが〉打つ, 拍動する, 鼓動する: His heart ~ fast *with* joy. うれしさに胸がどきどきした. **b** 〈時計が〉ちくたく音を出す. **6** 勝つ (win): Which team will ~? どのチームが勝つだろうか. **7** (料理で)〈生クリームなどが〉泡立つ, 混ざる: This cream doesn't ~ *well*. このクリームはうまく泡立たない. **8** 《狩猟》獲物を狩り立てる: ⇨ *beat about* [*around*] *the* BUSH¹. **9** 《海事》間切る《風または潮に逆らい Z 字形に進む; cf. tack¹ *vi.* 1》: The ship ~ *about* [*along* the coast]. 船はジグザグに[沿岸沿いに]間切って進んだ. **10** 《物理》うなりを生じる.
beat about (1) 〔口実・解決策・物などを〕見つけようとする, 捜し回る 〔*for*〕. (2) 《海事》⇨ *vi.* 9. ***beat all*** 《口語》おかしな[驚くべき]ことである. ***beat (all) hollow*** 《口語》(1) 〈人を〉完全に負かす; 〈人〉より断然すぐれる: ~ one's opponent *all hollow* 相手を散々な目に会わせる. (2) 〈物事が〉…を(完全に)圧倒する. ***beat (all) to sticks*** = BEAT (*all*) *hollow*. ***beat away*** (1) 打ち続ける. (2) ⇨ *vt.* 1. ***beat back*** 撃退する (repulse): ~ *back* inflation. ***beat down*** (*vt.*) (1) 打ち落とす; 打ち倒す; 打ち負かす. (2) 〈売手・値段を〉値切る (haggle): I ~ him [his price] *down to* five dollars. 彼に[彼の言い値を]5 ドルに値切ってやった. (*vi.*) ⇨ *vi.* 2. ***beat in*** (1) 打ち込む (drive in). (2) 打ちつぶす (crush): ~ the door *in*. ***beat into fits*** = BEAT (*all*) *hollow* (1). ***beat it up*** 《英俗》(1) わあわあ騒ぐ, 大騒ぎする. (2) (酒を飲んだりして)遊び回る, 「遊ぶ」. ***beat off*** (1) ⇨ *vt.* 1. (2) 〈攻撃などを〉撃退する (repel). ***beat out*** (1) 〈金属を〉打ち延ばす. (2) 〈道を〉踏んで作る. (3) 〈火を〉踏み消す. (4) 《米俗》〈競争相手を〉打ち負かす, やっつける. (5) 《米》〈人を〉へとへとにさせる (exhaust) (cf. *vt.* 12 b). (6) 〈リズム・曲などを〉たたいて出す; 〈ジャズを〉演奏する. (7) 《野球》〈ゴロを〉(一塁まで疾走して)内野安打にする. (8) 《木工》〈ほぞ穴などを〉あける. ***beat the air [wind]*** 空(くう)を打つ; むだなことをする (cf. *1 Cor.* 9:26). ***beat the daylights [devil, life, tar, etc.] out of a person*** 《俗》気を失うほど〈人〉をなぐりつける[おびえさせる] (cf. daylight 成句). ***beat a person to it*** 《口語》(1) (競走して)人より先に着く. (2) 〈人〉の機先を制する, 〈人を〉出し抜く. ***beat up*** (*vt.*) (1) 不意打ちする, 奇襲する: ~ *up* the quarters of …の住居をだしぬけに訪ねる. (2) (太鼓を鳴らして)召集する; 熱心に捜す: ~ *up* recruits 新兵を募集する. (3) 〈卵・生クリームなどを〉激しくかきまぜる, 泡立てる (cf. *vt.* 10): ~ *up* an egg with milk and brandy 卵にミルクとブランデーを入れてよくかきまぜる. (4) 散々になぐりつける; 〈人〉に乱暴する. (*vi.*) (1) 〔…の〕募集に奔走する 〔*for*〕. (2) 《米俗》〔人を〕散々になぐりつける 〔*on*〕. (3) 《海事》間切って進む. ***beat up and down*** 《狩猟》〈獲物が〉あちこち走り回る.
— *n.* **1** 打つこと (stroke, blow). **2** 打つ音; 太鼓による合図: the ~ of a drum / the ~ of the waves on the beach 浜を打つ波の音. **3 a** 心拍《心臓の拍動》, 鼓動, 脈拍. **b** (時計の)時を刻む音 (tick). **4 a** (巡査・番人などの)巡回区域 (cf. point duty): a policeman's ~ / be on one's [the] ~ 持ち場を巡回中である. **b** 記者の担当範囲, 持ち場. **c** (猟人が獲物をあさる)猟場, なわ張り. **d** 《豪》(羊飼い・牛飼いなどの)受持ち区域. **5** (Alabama, Mississippi 州で)郡の下の区分《supervisor district ともいう》. **6** 《米》**a** [the ~] 《口語》他に勝るもの: I've never seen [heard] *the* ~ *of* it. それ以上のものは見たこと[聞いたこと]がない. **b** 《新聞》(特種で他の新聞を)出し抜くこと; その特種 (cf. scoop 6). **7** 《米》なまけ者, のらくら者 (deadbeat). **8** 《音響》うなり《振動数の近い二つの音波の合成波》. **9** 《音楽》**a** 拍子, 手[足]拍子; 拍. **b** (ジャズ・ロックの)ビート, 強烈なリズム. **c** (指揮棒の)一振り(によって示されるテンポ). **10** 《詩学》(詩脚の)強音 (stress). **11** 《演劇》呼吸, 間(ま). **12** 《海事》**a** 間切り (cf. *vi.* 9). **b** 一間切りの距離.
get a beat on** a person* 《米俗》(不正な手段で)〈人〉を出し抜く. ***in beat (時計の)振り子が規則正しく動いて. ***in [off, out of] one's beat*** 自分の専門[専門外]で, 自分の畑で[畑ちがいで]. ***on [off] (the) beat*** (1) テンポが合って[を乱して], 規則的[不規則]に. (2) ⇨ 4 a. ***out of beat*** (時計の)振り子が不規則に動いて.
— 〖《略》← BEATEN〗 *adj.* 《口語》**1** 疲れ切った (exhausted): ⇨ dead beat. **2** = beaten 2.

beat² [bíːt] 〖《略》← BEAT GENERATION〗 *n., adj.* ビート族(の): ~ jargon ビート族用語.

be·a·ta [beɪɑ́ːtə | -tə] 〖◻ L *beāta* (fem.) ← *beātus* blessed: ⇨ beatific〗 *n.* (*pl.* **be·a·tae** [-teɪ], **~s**) 《カトリック》女性の beatus.

Be·a·ta [biéɪtə | bɪéɪtə] 〖↑〗 *n.* 女性名.

beatae *n.* beata の複数形.

beat·em·est [bíːtəmɪst, -məst | -tɪmɪst] 〖← *beat 'em* (= beat them) + -EST¹: 後には *beatingest* と考えられた〗 *adj.* (*also* **beat·'em·est** [~]) 《米方言》最優秀の.

beat·en [bíːtn] 〖OE *bēaten* (p.p.)〗 — *v.* beat の過去分詞. — *adj.* **1** 打たれた: a ~ dog 打たれた犬. **2** 打ち負かされた; 落胆した, 意気消沈した: a ~ enemy. **3** 打ち延ばした: ~ gold 金箔, 延べ金 / ~ silver 銀箔 / ~ work 打ち出し細工; 打ち物. **4 a** 踏みならされた: ⇨ beaten track [path]. **b** 〈表現など〉おなじみの, よく知られた. **5** (料理で)強くかきまぜた, 泡立てた: ~ cream / well-*beaten* eggs よく泡立てた卵. **6** 〈人が〉疲れ切った; 〈土壌が〉疲弊した; 〈本など〉ぼろぼろになった.

béaten próof *n.* 《印刷》(槌による)打ちゲラ《槌で組版上のならし木を打って作った校正刷》.

béaten tráck [páth] *n.* [the ~] 踏みならされた道; 尋常の方法, 世間の慣習, 常道: off *the* ~ 人のあまり行か[知ら]ない(所にある); 常道をはずれて, 慣習を破って; 異常な / follow *the* ~ (何の奇もない平凡な)常道をたどる.

béat·en-úp *adj.* 《口語》使い古した, おんぼろの, がたがたの: a ~ old car おんぼろのぽんこつ車.

béat·er [-tə | -tə(r)] 〖(15C)〗 — *n.* **1** 打つ人. **2** 《狩猟》(獲物を追い出す)勢子(せこ), 狩り立てる人. **3** 下宣伝員. **4 a** 打ちたたく器具; 打棒, 打器, …たたき: a carpet [rug] ~. **b** かきまぜ器, 攪拌(かくはん)器, 泡立て器; = eggbeater. **c** 《製紙》ビーター, 叩解(こうかい)機《製紙原料をたたいてときほぐす作用をする》. **d** 《紡織》ビーター《解繊作用をする高速回転体》.

béat frèquency *n.* 《電気》うなり周波数.

béat generàtion 〖(1952) ← BEAT¹ (adj.): cf. beat¹ n. 9 // BEAT(ITUDE): カナダ生れの米国の小説家 Jack Kerouac (1922–69) の小説 *On the Road* (1957) などにより流行語となった〗 — *n.* [the ~; 集合的] ビート族, ビートジェネレーション《第二次大戦後(特に 1950 年代後期), 冷戦下の米国社会に幻滅し, 因襲的な思想・文化・生活態度に反発し, 異様な服装をして気ままな放浪生活を送る若者; cf. beatnik, lost generation》.

beati *n.* beatus の複数形.

be·a·tif·ic [bìːətífɪk | bìːə-, bɪə-] 〖(1639) ◻ F *béatifique* // LL *beātific-us* ← *beātus* blessed: ⇨ beatitude, -fic〗 — *adj.* **1** 祝福を与える[至福をもたらす]力のある: ⇨ beatific vision. **2** 幸福に輝いている, 喜ばしそうな (blissful): a ~ smile.

bè·a·tíf·i·cal·ly *adv.* 幸福に輝いて, さも満足そうに.

be·at·i·fi·ca·tion [biæ̀təfɪkéɪʃən, -fə- | biːæ̀tɪfɪ-, bɪ-] 〖◻ (O)F *béatification* // LL *beātificātiō(n-)* ← *beātificātus* (p.p) ← *beātificāre* 'to BEATIFY'〗 — *n.* **1** 至福にあずかること, 受福. **2** 《カトリック》**a** 列福《死者を天福を受けた者の列に加えること》. **b** 列福式《死者を正式に福者の列に加える儀式; cf. canonization》.

beatífic vísion *n.* [the ~] **1** 《神学》至福直観《天使や聖徒が天国において天主を見ること》. **2** 神の栄光[天国]の示現.

be·at·i·fy [biǽtəfàɪ | biːǽtɪ-, bɪ-] 〖(1535) ◻ (O)F *béatifier* // LL *beātificāre* ← *beātus*: ⇨ beatific, -fy〗 — *vt.* **1** …に天福を受けさせる, 至福にあずからせる. **2** 《カトリック》〈教皇が〉〈死者〉に対し列福の宣言をする, …の列福式を行なう.

béat·ing [-tɪŋ | -tɪŋ] 〖ME: ⇨ beat¹, -ing¹〗 — *n.* **1** 打つこと: give a mat a good ~ マットをよくたたいてほこりを出す. **2** (罰として)打ちたたくこと, 懲らしめ: give a boy a good ~ 少年をひどく懲らしめる. **3 a** 打ち負かすこと; 敗北 (defeat): give the enemy a thorough ~ 敵を徹底的に打ち負かす / take [get] a good ～ 大敗を喫する. **b** 無情な扱い, ひどい目; 精神的・物質的な打撃: They took a ～ in the stock market. 株で痛手を受けた. **4** 羽打ち, 羽ばたき (flapping): the ～ of wings. **5** (心臓の)どきどき打つ音, 拍動, 鼓動, 動悸(き); 脈拍. **6** (金属を)打ち延ばすこと, 打ち出し. **7** 攪拌(かく), 泡立て. **8**《水泳》ばた足. **9**《海事》間切り, 縫航《風上への帆走; cf. tacking 2 b》. ***take some*** [***a lot of***] ***beating*** (1)〈人が〉打ち負かす[しのぐ]ことはなかなか難しい (cf. *n.* 3): That record will *take some* ～. あの記録はなかなか破れまい. (2)〈物が〉長持ちする.

béating rèed *n.* 打簧(こう)《木管楽器やオルガンのリード音栓のリード; 振動するとき歌口を叩いたり互い同士を打つ; cf. free reed》.

béating-úp *n.* **1** (げんこ・棒などで)さんざんに打つこと. **2**《紡織》おさ打ち《織機で横に入れた緯糸(よこ)を手前に打ちつけること》.

be·at·i·tude [biǽtətjùːd | biːǽtɪtjùːd, bɪ-] 〘《?*a*1425》▭(O)F *béatitude* // L *beātitūd-ō* happiness, blessedness ← *beātus* blessed (p.p.) ← *beāre* to bless, make happy: ⇨ -tude〙 ── *n.* **1** 天福, 至福, 至上の幸福. **2** [しばしば the Beatitudes] 真福八端, 八福《キリストが山上の垂訓 (the Sermon on the Mount) の中に説いた八つの幸福; Blessed are the poor…「幸福(さいわい)なるかな心の貧しき者」で始まる; cf. *Matt.* 5: 3–12》.

Bea·tle [bíːtḷ | -tl] 〘《逆成》↓〙 *adj.* ビートルズの, ビートルズスタイルの.

Bea·tles [bíːtḷz | -tlz] *n. pl.* [the ～] ビートルズ《英国 Liverpool 出身の 4 人のロックグループ; John Lennon, Paul McCartney, George Harrison, Ringo Starr が 1962 年に結成, 70 年解散》.

béat mùsic *n.* ビート音楽《強いリズム感をもつジャズ》.

beat·nik [bíːtnɪk] 〘《1958》← BEAT[1] (adj.) (cf. beat generation)＋-NIK (⇨ sputnik)〙 *n.* 《口語》ビート族 (beat generation) の人 (cf. hippie).

béat-óut *adj.* 《口語》疲れ切った, へとへとになった.

Be·a·trice[1] [bíːətrɪs, biǽt-, -trəs | bíətrɪs] 〘▭F *Béatrice* < L *Beātricem*, *Beātrix*《原義》she who makes happy ← *beātus*: ⇨ beatitude〙 ── *n.* 女性名《愛称形 Bea, Beatty, Trissy, Trix; 異形 Beatrix; ウェールズ語形 Bettrys》.

Be·a·trice[2] [bíːətrɪs, -trəs | bíətrɪs; *It.* bèatríːtʃe] *n.* ベアトリーチェ《Dante 作 *La Vita Nuova* および *La Divina Commedia* 中で Dante のこの世における愛人から発展した象徴的理想の女性》.

Be·a·trix [bíːətrɪks | bíə-] 〘⇨ Beatrice[1]〙 *n.* 女性名.

Beat·ty [bíːṭi | -tɪ], **David** *n.* (1871–1936) 英国の海軍提督・大将; 第一次大戦中 Heligoland (1914) および Jutland (1916) の海戦でドイツ艦隊と戦った; 称号 1st Earl of the North Sea and of Brooksby [brúksbi | -bɪ].

béat-úp *adj.* 《口語》使い古しの, おんぼろの (dilapidated); (長期使用または放置のため)だめになった: a ～ leather bag 使い古した[くたびれた]革のかばん.

be·a·tus [beɪáːṭəs | -təs] 〘▭L *beātus* blessed: ⇨ beatitude〙 *n.* (*pl.* **be·a·ti** [-tiː])《カトリック》福者《聖人に認定される前の人》.

beau [bóu | báu] 〘*n.*: 《(1687)》▭F ～ < L *bellum* lovely ← IE **deu-* to do, revere (L *bonus* 'BONUS'). — adj.: 《*c*1300》▭(O)F ～〙 ── *n.* (*pl.* ～**s**, ～**x** [～z]) **1** しゃれ男 (dandy). ★ もとは人の特性を表現する修飾語ないしニックネームとして用いられた. **2** 婦人の相手役[付添い]となる男 (lady's escort). **3** いい人, ボーイフレンド,「彼」(lover). ── *vt.* **1** 〈女〉の機嫌を取る, お相手をする. **2** 〈婦人〉に付き添う (escort). ── *F. adj.* 美しい (pretty), 良い (good): ⇨ beau geste, beau monde.

Beau Brum·mell [bóu-brʌ́məl | báu-] 〘George Bryan Brummell (1778–1840: 英国の George 四世のお気に入りで紳士服の流行をリードした)のあだ名〙 ── *n.* (*also* **Beau Brum·mel** [～]) **1** しゃれ者, 伊達者(だて) (dandy). **2** (鏡・引出し・燭台などを組み入れた 19 世紀前期の)男子用化粧テーブル[鏡台].

Beau·fort [bóufət | báufət, -fɔːt] 〘▭OF ～《原義》beautiful stronghold〙 *n.* 男性名.

Béau·fort scàle [bóufət- | báufət-, -fɔːt-] 〘← *Sir Francis Beaufort* (1774–1857: この表を考案した英国の提督)〙 ── *n.* [the ～] ビューフォート風力階級《風力を 0 から 12 までの 13 階級に分けて示した表; 元来海上用であるが, 気象通報などに用いられている; ⇨ wind scale》.

Béaufort Séa *n.* [the ～] ボーフォート海《Alaska の北東の海; 北極海の一部》.

beau geste [bóu-ʒést | báu-; *F.* boʒɛst] 〘▭F ～ 'beautiful gesture'〙 ── *F. n.* (*pl.* **beaux gestes** [～; *F.* ～], ～**s**) **1** うるわしい振舞い. **2** (見せかけの)親切, (うわべだけの)雅量.

beau greg·o·ry, B- G- [bóu-grégəri | báu-grégərɪ] 〘⇨ beau, Gregory〙 ── *n.* 《魚類》米国 Florida 州・西インド諸島沿岸に生息するクロスズメダイ属の魚 (*Eupomacentrus leucostictus*).

Beau·har·nais [bòuaːnéɪ | bàuɑː-; *F.* boarnɛ], **Eugénie-Hortense de** *n.* ⇨ Hortense[2].

Beauharnais, Joséphine de *n.* ⇨ Joséphine.

beau i·de·al [bóu-aɪdíːəl, -díːl, -díəl | báu-aɪdíəl, -díːəl, -díːl; *F.* boideal] 〘《1801》▭F *beau idéal* ideal beauty〙 ── *n.* **1** (*pl.* **beaus i-** [bóuz- | báuz-], **beaux i-** [bóu(z)- | báu(z)-; *F.* bozideal]) 美の極致, 理想美; 最高の典型, 優秀の極致. **2** (*pl.* ～**s**) (beautiful ideal と誤解せられて)最高の理想: He is my ～ of a scholar. 彼こそは私の理想にかなった学者だ.

Beau·jo·lais [bòuʒəléɪ | báuʒəlèɪ, -ʒɔ-; *F.* boʒɔlɛ] 〘《1863》▭F ～: その産地名から〙 ── *n.* (*pl.* ～**es** [～z; *F.* ～]) ボージョレ(ワイン)《フランス東部ブルゴーニュ (Burgundy) 南部 Beaujolais 地方産の赤ぶどう酒》.

Beau·mar·chais [bòumaəʃéɪ | bàumaː-; *F.* bomarʃɛ], **Pierre Augustin Ca·ron** [karɔ̃] **de** *n.* ボーマルシェ《1732–99; フランスの劇作家; *Le Barbier de Séville*「セビリヤの理髪師」(1775), *Le Mariage de Figaro*「フィガロの結婚」(1784)》.

Beau·mé [boʊméɪ, ⏤⏤ | bəuméɪ; *F.* bome] *adj.* 《物理》= Baumé.

beau monde [bóu-mɑ́nd, -mɔ́(ː)nd, -mɔ̃́ː(n)d | báu-mɔ̃́ː(n)d, -mɔ́(ː)nd; *F.* bomɔ̃ːd], **le** 〘▭F ～《原義》the beautiful world〙 *n.* (流行を左右する)上流社会.

Beau·mont[1] [bóumɑnt, ⏤⏤ | bə́umənt, -mɔnt] 〘▭F ～《原義》beautiful hill〙 *n.* 米国 Texas 州南東部の都市; 人口 114,000.

Beau·mont[2] [bóumɑnt, -mənt | báumənt, -mɔnt] 〘↑〙 *n.* 男性名.

Beaumont, Francis *n.* (1584–1616) 英国の劇作家, John Fletcher の協力者.

Beau Nash *n.* ⇨ Richard NASH.

Beaune [bóun | bə́un] 〘▭F ～: その産地名から〙 *n.* ボーヌ(ワイン)《フランス東部産の赤ぶどう酒》.

Beau·re·gard [bɔ́ːrəgɑ̀əd, bóʊr- | bɔ́ːrɪgɑ̀ːd; *F.* borgaːr], **P**(**ierre**) **G**(**ustave**) **T**(**ou·tant**) **de** [tutɑ̃ d] *n.* (1818–93) 南北戦争時の南軍の将軍.

beaut [bjúːt] 〘《略》← BEAUTY〙 *n.*, *adj.* 《米俗・豪俗》[しばしば皮肉] すてきな(もの), 美しい(人).

beau·te·ous [bjúːṭiəs, -tjəs | -tjəs, -tɪəs] 〘《*c*1400–25》← BEAUTY＋-OUS〙 *adj.* 《詩》美麗な, うるわしい, 美しい (beautiful). **～·ly** *adv.* **～·ness** *n.*

beau·ti·cian [bjuːtíʃən] 〘← BEAUTY＋-ICIAN: cf. mortician〙 *n.* 美容師; 美容院の経営者.

beau·ti·fi·ca·tion [bjùːṭəfɪkéɪʃən, -fə- | -təfɪ-, -tɪ-] *n.* 美しくすること, 美化.

béau·ti·fì·er *n.* 美しくするもの; (特に)化粧品.

beau·ti·ful [bjúːṭəfəl, -ṭɪ- | -tə-, -tɪ-] 〘《*c*1443》← BEAUTY＋-FUL[1]〙 ── *adj.* **1** 美しい, 美麗な, きれいな (cf. pretty): a ～ flower, picture, woman, voice, etc. / ～ *in* appearance 容姿が美しい. **2** うるわしい, すばらしい, すてきな: a ～ friendship / ～ music / ～ weather うららかな天気 / She makes ～ roast beef. 実においしいローストビーフを作る. **3** りっぱな, すぐれた, 見上げた: a ～ system 整然とした体系 / ～ patience あっぱれな忍耐 / ～ in mind 心が高潔な / His solution was ～. 彼の解決は実に見上げたものだった. **4** (手ぎわなどの)水ぎわ立った, 鮮かな, 見事な (excellent): ～ batting 鮮かなバッティング / do a ～ job of cleaning up a room 部屋をきれいにするという仕事を見事にする. ── *n.* [the ～] **1** 美 (beauty); 理想の美, 美中の美: have an eye for *the* ～ 審美眼がある. **2** [集合的; 複数扱い] 美しいもの; 美しい人々, 美女[佳人(かじん)]たち. **～·ness** *n.*

béautiful létters *n. pl.* 《米》= belles lettres.

béau·ti·ful·ly [-fəli | -lɪ] *adv.* **1** 美しく, きれいに: paint [write] ～. **2** 手ぎわよく, 鮮かに, 見事に: play ～ / The car ran ～. 車はすらすらと快く走った.

béautiful péople, B- P- *n.* 《口語》**1** 国際社交界の人々. **2** 現代的感覚の持主, いかす連中.

beau·ti·fy [bjúːṭəfàɪ, -ṭɪ- | -tə-, -tɪ-] 〘《1526》: ⇨ ↓, -fy〙 ── *vt.* 美しく[りっぱに]する, 美化する, …に美を添える: ～ life by art 芸術で人生を豊かにする. ── *vi.* 美しく[りっぱに]なる.

beau·ty [bjúːṭi | -tɪ] 〘《*a*1325》 *beaute* ▭ AF *beute* = OF *bealte* (F *beauté*) < VL **bellitātem* ← L *bellus* lovely: ⇨ beau, -ty[2]〙 ── *n.* **1** 美しさ, うるわしさ, 美, 美麗; 美貌: manly [womanly] ～ 男性[女性]美 / the ～ of a face [mother's love] 顔[母性愛]の美しさ / *Beauty* is but [only] skin-deep. 《諺》美貌はただ皮一重《有徳などの保証にはならない》/ A thing of ～ is a joy for ever. 美しきものはとこしえによろこびである (Keats, *Endymion*). **2** **a** 美点, よさ (charm); 長所, 利点 (advantage): one of her chief *beauties* 彼女の主な魅力の一つ / the *beauties* of nature 自然界のさまざまな美しい趣, 自然の美観 / The picture has a ～ all its own. その絵には独特の美しさがある / The ～ of this apparatus is its simplicity. この装置は簡単な所が長所だ / That's the ～ of it. そこがよいところ[面白い点]だ. **b** [*pl.*] (文学書の)絶妙なくだり: a collection of Shakespeare's *beauties* シェークスピア名文選[詞華集]. **3** [しばしば反語的] 美しい人, 美人, 麗人; 美しいもの, 見事なもの: a real ～ 本当の美人 / the ～ of the ball 舞踏会で随一の美人 / She's a regular ～, isn't she? いやはや大した美人じゃないか / Well, you are a ～! いやはや君はりっぱな男だよ / Isn't this apple a ～? なんとこのりんごの見事なこと / He has a ～ of a Winchester. すばらしいウィンチェスター銃をもっている / Here's a ～. これは見事だ / That mistake was a ～. あの間違いは傑作だった. **4** [the ～; 集合的] 美しい人たち: *the* wits and ～ of the town 都の才子佳人(かじん)たち.

béauty-bèrry *n.* 《植物》ムラサキシキブ《ムラサキシキブ属 (*Callicarpa*) の植物の総称; アメリカムラサキシキブ (French mulberry) やムラサキシキブ (Japanese beauty-berry) など》.

béauty bùsh *n.* 《植物》スイカズラ科の低木 (*Kolkwitzia amabilis*)《中国原産で観賞用に栽培される》.

béauty cóntest *n.* ビューティー[美人]コンテスト.

béauty cùlture *n.* 《米》美容術 (cosmetology).

béauty cùlturist [**dòctor, òperator**] *n.* 《米》美容師 (cosmetologist).

béauty pàrlor *n.* 美容院.

béauty quèen *n.* 美の女王《beauty contest の優勝「者」》.

béauty salòn [《米》**shòp**] *n.* = beauty parlor.

béauty slèep *n.* **1**《口語》夜半前の睡眠《寝入りばなで最も快く美容に役立つという》. **2** 臨時の睡眠.

béauty spècialist *n.* 《米》= beauty culturist.

béauty spòt *n.* **1** 付けぼくろ《顔色の美しさを引立たせるためにもと婦人がほおや額に付けた小黒片》. **2** ほくろ, あざ (mole). **3** 名所, 名勝地.

béauty trèatment *n.* 《英》= beauty culture.

béauty wàsh *n.* 化粧水, 美顔水.

Beau·vais [bouvéɪ | bəu-; *F.* bovɛ] *n.* ボーヴェ《フランス, Paris 北方の都市; 人口 50,000》.

Beauváis tàpestry 〘← *Beauvais* (フランスの産地名)〙 *n.* ボーヴェタペストリー《フランスの Beauvais で産するつづれ織り》.

Beau·voir [bouvwɑ́ə | bəuvwɑ́ː(r; *F.* bovwaːr], **Simone de** [simoːn də] *n.* ボーヴォワール《1908– ; フランスの実存主義の女流作家》.

beaux *n.* beau の複数形.

beaux arts [bòuzɑ́ə | bàuzɑ́ː(r; *F.* bozaːr] 〘▭F *beaux-arts* fine arts〙 *F. n. pl.* 美術 (fine arts).

Beaux Arts, b- a- [bòuzɑ́ə | bə́uzɑ́ː(r; *F.* bozaːr] *adj.* **1** (19 世紀後半にフランスで流行した)パリの美術学校 (École des Beaux Arts) 風の. **2**《建築》(建築学上の様式主義に縛られた)過度に形式主義の: a ～ design 形式主義に堕した設計.

beaux esprits *n.* bel esprit の複数形.

beaux gestes *n.* beau geste の複数形.

beaux ideal *n.* beau ideal 1 の複数形.

beaux yeux [bòuzjə́ː | bàu-; *F.* bozjø] 〘▭F ～ 'beautiful eyes'〙 ── *F. n. pl.* **1** 美しい目, 明眸(ぼう). **2** [しばしば皮肉] 美貌: I will do it for your ～. (美しい)あなたのためだからそうしましょう.

bea·ver[1] [bíːvə | -və(r] 〘OE *beofor* < Gmc **bebruz* (Du. *bever* / G *Biber*) < IE **bhibrús*, *bhebhrús* the brown animal ← **bher-* 'BROWN': cf. bear[1]〙 ── *n.* (*pl.* ～**s**, *1* では また ～) **1**《動物》**a** ビーバー《木をかじり倒して流れをせき止め巣を作る習性がある齧歯類の動物; ユーラシア産の *Castor fiber* とアメリカ産の *C. canadensis* の 2 種がある》: ～('s) fur ビーバーの毛皮 / work like a ～ (ビーバーのように)あくせく働く / (as) busy [industrious] as a ～《米口語》非常に忙しい / (as) mad as a ～《米口語》かんかんに怒った. **b** = mountain beaver. **2** ビーバーの毛皮: trimmed with ～. **3** ビーバークロス《ビーバーの毛皮に似せた毛または綿の有毛織物》. **4** **a** ビーバー帽《ビーバーの毛皮[ビーバークロス]製の帽子》. **b** シルクハット《もとビーバーの毛皮で作った》. **5**《米口語》がんばり屋, 努力家: a busy ～ / ⇨ eager beaver. **6**《俗》(濃い)あごひげ(の男). **7**《なぞり》← N-Am.-Ind. (Beaver) *Tsattine*《原義》dwellers among the beavers〙 [B-] **a** [the ～(s)] (カナダ西部の)ビーバー族. **b** ビーバー族の人. **c** ビーバー語. **8** [B-] 米国 Oregon 州 (Beaver State) の人のあだ名. ── *vi.* [～ away として]《英口語》〔…に取り組んで〕(ビーバーのように)懸命に[あくせく]働く〔*at*〕. **～·like** *adj.* **béa·ver·ish** [-vərɪʃ] *adj.*

beaver[1] 1 a
(*C. canadensis*)

bea·ver[2] [bíːvə | -və(r] 〘《*a*1420》 *bavier* ▭ OF *baviere*《原義》child's bib ← *bave* saliva〙 *n.* 《甲冑》(かぶとの)あご当て (⇨ visor 挿絵).

béaver bòard 〘← *Beaverboard* (商標名)〙 *n.* ビーバーボード《木繊維を固めて成形した軽くて硬い板で, 間仕切りなどに用いる》.

Bea·ver·brook [bíːvəbrùk | -və-], 1st Baron *n.* (1879–1964) カナダ生まれの英国の新聞発行者・政治家; 本名 William Maxwell Aitken.

béaver clòth *n.* = beaver[1] 3.

béaver hàt *n.* = beaver[1] 4 a.

béaver pòison *n.* 《米》《植物》ドクゼリ (water hemlock).

Béaver Státe *n.* [the ～] 米国 Oregon 州の俗称.

bea·ver·teen [bìːvətíːn, ⏤⏤⏤ | -və-] 〘← BEAVER[1] ＋-EEN[1]: cf. velveteen〙 *n.* ビーバーティン布《ビーバー毛皮まがいのビロード》.

be·bee·rine [bɪbí(ə)riːn, bə-, -rɪn, -rən | bɪbíəriːn, -rɪn] 〘⇨ ↓, -ine[3]〙 *n.* 《薬学》ビビーリン ($C_{36}H_{38}N_2O_6$) (bebeeru の皮から採るアルカロイド; 抗マラリア剤).

be·bee·ru [bɪbí(ə)ruː, bə-, bèbiərúː, ⏤⏤⏤⏤ | bɪbíəruː] 〘▭Sp. & Port. *bibirú* ← Carib.《土語》〙 ── *n.* 《植物》リョクシンボク (*Nectandra rodioei*)《熱帯アメリカ産クスノキ科の常緑高木; greenheart ともいう》.

Be·bel [béɪbəl; *G.* béːbəl], (**Ferdinand**) **August** *n.* ベーベル《1840–1913; ドイツの社会主義者・著述家》.

be·bop [bíːbɑp | -bɔp] 〘この音楽の特徴である断音楽句の擬音語〙 *n.* 〘ジャズ〙 ビーバップ《モダンジャズの最も初期の形式；⇨ bop[1]》.

bé·bòp·per *n.* ＝bopper 1.

bec. 《略》 because.

B.E.C. 《略》《米》 Bureau of Employees' Compensation; Business Education Council.

be·calm [bɪkáːm, bə-] 〘← BE-＋CALM〙 ― *vt.* **1** [通例 Passive で] 風がないで〈帆船を〉止める，進めなくする；〈帆走艇が〉(風上に出て)〈風下の艇〉の帆に当たる風を止めてしまう：The ship was ~*ed* for ten days. **2** 《古》 静める (calm).

became *v.* become の過去形.

be·cause [bɪkɔ̀ːz, bə-, -kʌ̀z, ― ́ | bɪkɔ̀z, bə-, bɪkɔ́z, bɪkɔ́z, bə-] 〘(*c*1375) *bicause* ← *bi* 'BY[1]'＋CAUSE: cf. OF *par cause de* by reason of〙 ― *conj.* **1** …だから，…なので；なぜならば…だから：We had a rest ~ we were tired. 疲れたので一休みした / He didn't come, ~ he was busy. 忙しいので来なかった (cf. 2) / He must have passed this way, ~ there is no other road. 彼はこの道を通ったに相違ない，なぜなら他には道がないから / Just ~ I say nothing(,) you mustn't suppose that I'm bored. 何も言わないからといって退屈してると思われては困る. **2** [not… ~ として] …だからといって(…ない)：You should *not* despise a man simply ~ he is uneducated. ただ教育が無いからといって人を軽蔑するものではない. **3** 《口語》[名詞節を導いて] …ということ (that)：The reason I do it is ~ I like it. それをする訳はそれが好きだからです / Just ~ you overslept is no reason why you should be late. ただ寝坊しましたというだけでは遅刻の理由にはならない.

all the more because …だからいよいよ[かえって].

none the less because …であるにかかわらず(やはり).

― *adv.* ★ 次の前置詞句を成して：***because of*** …のゆえに，のために：*Because of* lack of courage, he failed. 勇気が足りなかったので失敗した / The game was called ~ *of* rain. 試合は雨のため中止となった.

because that 《古》 …というわけで (because).

bec·ca·fi·co [bèkəfíːkou | -kəu] 〘(1621) □ It. ~ 'fig pecker' ← *beccare* to peck＋*fico* 'FIG[1]'〙 ― *n.* (*pl.* ~**s**, ~**es**) 〘鳥類〙 秋のころイチジクの木やぶどう園に来る小さな渡り鳥の総称；(特に) メジロムシクイ (*Sylvia hortensis*)《イタリアに生息するウグイスの一種》.

bé·cha·mel sàuce [béɪʃəmèl-, ― ― ́ ― | béʃəmèl-; *F.* beʃamɛl-] 〘□ F *sauce béchamelle* ← *Louis de Béchamel* (*d.* 1703: 初めてこのソースを考案した Louis 十四世の食事担当執事)〙 *n.* ベシャメルソース《小麦粉とバターの roux に牛乳を合わせて作った白いソース》.

be·chance [bɪtʃǽns, bə- | -tʃáːns] 〘← BE-＋CHANCE〙 *vi.* 《古》 起こる. ― *vt.* 《廃》 …に(偶然)起こる.

be·charm [bɪtʃáəm, bə- | -tʃáːm] *vt.* 《文語》 魅する，うっとりさせる (charm).

bêche-de-mer [bèɪʃdəméə | béɪʃdəmɛ̀ə(r; *F.* bɛʃdəmɛːr] 〘(1814) ← F ~《原義》spade of the sea《変形》← *biche de mer* □ Port. *bicho do mar* sea slug〙 ― *n.* (*pl.* ~, **bêches-de-mer** [bèɪʃdə-, bèɪʃɪzdə-, -ʃəz- | béɪʃdə-; *F.* ~]) **1** 海参(ｲﾘｺ)《ナマコを煮て干したもの；中華料理の材料に用いる》. **2** [通例 Bêche-de-Mer]〘言語〙＝beach-la-mar.

Bechu. 《略》 Bechuanaland.

Bech·u·a·na [bètʃuáːnə, betʃwáː- | bètʃuáː-, betʃwáː-] *n.* (*pl.* ~, ~**s**) **1** ベチュアナ人《アフリカ南部の Orange 川と Zambezi 川の間に住むバンツー人 (Bantu)》. **2** (ベチュアナランドの)バンツー語.

Bech·u·a·na·land [bètʃuáːnəlæ̀nd, betʃwáː- | betʃuáː-, betʃwáː-] *n.* ベチュアナランド (⇨ Botswana).

beck[1] [bék] 〘(*n.*: *a*1382; *v.*: *c*1385)《略》← BECKON〙 ― *n.* **1** [通例 one's ~] (意思表示・合図の)うなずき (nod)，手招き，身振り，手振り，表情(など)：nods and ~*s*. **2** 《スコット》 おじぎ (bow).

at a person's beck (and call) 人の意のままになって.

have a person at one's beck (and call) 〈人を〉思うままに[あごの先で]使う. ― *vi.* **1** 《古》 身振りで合図する (beckon). **2** 《スコット》 会釈する (bow).

― *vt.* 《古》〈人〉に合図する.

beck[2] [bék] 〘(*c*1340) □ ON *bekk-r* stream < Gmc **bakkiz*: cf. OE *beċe*〙 *n.* 《北英》 (川床が岩の)小川.

beck[3] [bék] 〘《逆成》← *beckiron*《通俗語源》←《古形》*bickern* □ F *bigorne* < L *bicorniam* two-horned ← BI-[1]＋*cornū* 'HORN'〙 〘金属加工〙 ― *n.* 鍛造用金敷(ｶﾅｼｷ)のくちばし. ― *vt.* 心金(ｼﾝｶﾞﾈ)[金敷]を用いて〈鋼片を〉まるめる.

Beck·en·ham [bék(ə)nəm] 〘OE *Biohhahema*《原義》'the village (⇨ home) of *Beohha*' (← ? *beorht* 'BRIGHT')〙 *n.* London 南東部にある住宅地区；現在は Bromley の一部.

beck·et [békɪt, -kət] 〘(1769) ← ?〙 *n.* **1** 索(ｻｸ)輪. **2** 〘海事〙(綱・円材などを結びつける)取手索(ﾄｯﾃｻｸ).

Beck·et [békɪt, -kət], Saint **Thomas à** *n.* (1118?–70) 英国 Canterbury の大司教；Henry 二世の教会政策に反対したため殺された.

bécket bènd *n.* 〘海事〙 ベケットベンド (⇨ sheet bend).

Beck·ett [békɪt, -kət], **Samuel** *n.* ベケット《1906– ；フランス在住のアイルランドの詩人・小説家・劇作家；Nobel 文学賞 (1969)；*En attendant Godot* (1952)「ゴドーを待ちながら」(英訳 *Waiting for Godot* (1954))》.

Beck·ford [békfəd | -fəd], **William** *n.* (1760–1844) 英国の著述家；*Vathek* (もとフランス語で書かれ (1782, 公刊 '87), 英訳 (1786)).

Béck·mann thermómeter [békmən-, -mɑːn- | bék-; *G.* békman] 〘← *Ernst O. Beckmann* (1853–1923: ドイツの化学者)〙 ― *n.* ベックマン温度計《精密な水銀温度計》.

beck·on [békən] 〘OE *bēcnan*, *bīecnan* to make signs < (WGmc) **bauknian* ← **baukna* 'BEACON'〙 ― *vt.* **1** (手まね・うなずき・身振りなどで)招く，さし招く；(手やあごで)…に合図する：~ a person *back* [*in*, *away*] 人に戻れ[入れ，立ち去れ]と合図する / He ~*ed* me *to* him [me *to* follow him]. 私に自分の方へ来るように[あとへついて来い]と合図した. **2** 誘う，招く (lure). ― *vi.* **1** (手まねなどで)招く，合図する：~ *to* a waitress ウエートレスを手招きする / ~ *to* [*for*] a person *to* come nearer 人にもっと近寄るように合図する. **2** 誘う，招く. ― *n.* うなずき；招き.

béckoning cràb *n.* 〘動物〙＝fiddler crab.

Beck·y [béki | -kɪ] 〘(dim.) ← REBECCA〙 *n.* 女性名.

be·cloud [bɪkláud, bə-] 〘← BE-＋CLOUD〙 ― *vt.* **1** 雲でおおう，曇らせる. **2** 〈目・心などを〉暗くする，おおう，曇らせる (overshadow). **3** 〈議論・人の頭などを〉混乱させる (confuse)：~ the argument.

be·come [bɪkʌ́m, bə-] 〘OE *becuman* to come about: ⇨ be-, come〙 ― *v.* (**be·came** [bɪkéɪm, bə-]; **-come**) ― *vi.* [名詞・形容詞(句)・p.p. 形を補語として] …になる：~ a doctor [an artist, king, President] 医者[芸術家, 王, 大統領]になる / ~ rich [poor, happy, melancholy] 金持[貧乏, 嬉しく, 憂鬱]になる / The custom has now ~ a rule. その慣習は今では規則になっている / The milk quickly *became* sour. その牛乳はすぐに酸っぱくなってしまった / The truth *became* known to us all. 真相が我々皆に知れ渡った / The whole world is rapidly *becoming* Americanized. 世界中が急速にアメリカ化されつつある. ― *vt.* **1** 〈服装などが〉…に似合う (suit)：This dress ~*s* you very well. このドレスはあなたによく似合う. **2** …にふさわしい，適する (befit)：Modesty ~*s* her. つつましさこそ彼女の人柄だ / It ill ~*s* you to complain. 不平を言うなんて君にも似合わない. ★ Passive には用いられない.

become of [疑問詞 what(ever) を主語として] …は(一体)〈どう〉なる：*What* has ~ *of* him? 彼はどうなったろう；《口語》 彼はどこへ行ったのだろう.

be·cóm·ing 〘*n.*: (15C) 'event'〙 ― *adj.* **1** 〈服装・色など〉似合う，映りのよい (attractive)：a ~ hat, dress, etc. / a hairdo ~ *to* you あなたに似合う髪型 / Green looks very ~ *to* you. グリーンが君によく似合う. **2** 〈行為など〉ふさわしい，似つかわしい，よろしきを得た (suitable, proper)：her ~ modesty 彼女にいかにもふさわしいつつましさ / conduct ~ *to* a gentleman 紳士にふさわしい行為 / It is not at all ~ *in* a lady to speak like that. そういう口のきき方は淑女にはまったく似つかわしくありません. ― *n.* **1** **a** 〘哲学〙 生成 (cf. being[1] 6)：being and ~ ⇨ being[1] 6. **b** 変化，転成 (change). **2** 《廃》 事のよろしきを得ること，適宜. **~·ly** *adv.* **~·ness** *n.*

Bec·que·rel [bekrél, bèkərél; *F.* bɛkrɛl], **Antoine Henri** *n.* ベクレル《1852–1908；フランスの物理学者，ベクレル線発見者；Nobel 物理学賞 (1903)》.

Becquerél ràys 〘↑〙 ― *n. pl.* 《古》〘物理〙 ベクレル線《Becquerel が 1896 年ウラン鉱から発見した放射性物質の放つ放射線；今日の α, β, γ の 3 放射線に相当する》.

bed [béd] 〘*n.*: OE *bed(d)* < Gmc **baðjam* (Du. *bed* / G *Bett*) ← IE **bhedh-* to dig (L *fodere* to dig: cf. fossil). ― *v.*: OE *beddian* ← (*n.*)〙 ― *n.* **1** ベッド，寝台 (bedstead)；(mattress, bedclothes など寝具を含めた)寝床：⇨ feather bed / a ~ of hay, straw, etc. / a ~ of sickness 病床 / get out of ~ 起きる / lie in ~ 臥(ﾌ)床する / be in ~ with influenza インフルエンザで寝ている / keep (to) [be confined to] one's ~ 病気で寝ている，床についている / leave one's ~ 床を離れる，床上げをする / put a baby to ~ 赤ん坊を寝かしつける[寝かせる] / sit on the ~ ベッドに腰かける / sit (up) in ~ 寝床で起き直る / wear a pair of socks to ~ ソックスをはいたまま床につく / take to one's ~ (病気で)床につく / He is too fond of his ~. 彼は中々床を出ない《怠け者だ》. **2** **a** 寝る所，休み場所. **b** 宿泊 (lodging)：get a ~ at a hotel ホテルに泊まる. **c** 《文語》 墓 (grave)：one's ~ of dust＝one's narrow [lowly] ~ 墓 / a ~ of honor 戦死者の墓. **3** **a** 結婚の床，結婚；夫婦関係. **b** 《口語》 性的関係，性交. **4** 就寝時間 (bedtime)：go out before ~. **5** (牛馬の)敷きわら (litter)；(動物の)ねぐら. **6** **a** 苗床，花壇，畑：a flower ~ / an onion ~ / a ~ of peas. **b** 苗床にできる植物. **7** **a** 川床，水底：the ~ of a river. **b** (かき (oyster) などの)養殖場：an oyster ~. **8** 地層，層 (stratum)：a ~ of clay, sandstone, etc. / a coal ~ 炭層. **9** **a** 道床，路盤《その上を舗装する》：a road ~ / the ~ of gravel. **b** 土台，下敷き. **c** (煉瓦・タイル・スレートなどを敷く)床. **d** 砲床；玉突き台の床. **10** 《英方言・米》(車の)ボディ. **11** 〘印刷〙 版盤.

a bed of roses [***down***, ***flowers***] 安楽な境涯[憩いの場，地位，身分など]：He did not repose on *a* ~ *of roses*. 彼は気楽な身ではなかった / The work is no ~ *of roses*. その仕事は決して楽ではない. ***a bed of thorns*** 辛い境地[思い]，「針のむしろ」. ***be brought to bed*** (***of***) 《文語》 お産をする：She *was brought to* ~ *of* a boy. 男児を出産した. ***bed and board*** (1) 宿泊と食事. (2) 夫婦が寝食を共にすること，同棲(ﾄﾞｳｾｲ)，(妻から見た)夫婦生活：She separated from her ~ *and board*. 夫と別居した (cf. a mensa et thoro (巻末)). ***bed and breakfast*** 《英》 宿泊と翌朝の食事《民宿などでの提供条件；略して b and b という》. ***die in*** (*one's*) ***bed*** 病床で死ぬ，(変死でなく)畳の上で死ぬ (cf. *die in a* DITCH, DIE[2] *in one's boots*). ***get out of bed*** (***on***) ***the wrong side***＝***get out*** [***up***] ***on the wrong side of the bed*** [通例過去または完了形で] (今日は)不機嫌だ，虫の居所が悪い. ***go to bed*** (1) 寝る. (2) 〔異性と〕寝る，同衾(ﾄﾞｳｷﾝ)する 〔*with*〕. (3) 〈新聞などが〉印刷に回される. (4) 《俗》〘トランプ〙〈人・カードが〉くさる《勝札を温存しすぎて使う機会を失う》. ***hop into bed*** (***with***) 《口語》(異性と)寝る. ***make one's bed*** (1) 床をとる. (2) 《口語》 自分から不幸を招く：As you *make* your ~, so you must lie upon it.＝One must lie on [in] the ~ one has *made*. 《諺》 自業(ｼﾞｺﾞｳ)自得；身から出た錆(ｻﾋﾞ). ***make the*** [***a***] ***bed*** (起床後の)寝床を整える，片付ける；床をとる. ***make up a bed*** (1) ＝*make a* BED. (2) 臨時の寝床を用意する. ***put to bed*** (1) 〈子供・病人などを〉寝かす (⇨ *n.* 1). (2) 〘印刷〙〈組版を〉版盤に固定する；〈新聞など〉の印刷の用意をする. (3) 印刷の直前まで編集し続ける；〈新聞など〉の最終版(の原稿)を作成する[印刷に回す]. ***put a person to bed with a shovel*** 《俗》〈人を〉葬る (bury).

― *v.* (**bed·ded**; **bed·ding**) ― *vt.* **1** …に寝床を与える. **2** **a** 寝かせる. **b** 〈男女を〉寝かせる；〈異性を〉寝床に連れていく；〈異性〉と寝る. **3** 〈牛馬〉に敷きわらを敷いてやる 〈*down*〉：He ~*ded* (*down*) his horse (*with* straw). (寝わらを敷いて)馬を寝かせた. **4** (花壇・床(ﾄｺ)に)植え付ける，定植する 〈*out*〉：~ *out* geraniums / ~ oysters (養殖場に)かきを入れる. **5** 〈石・煉瓦などを〉土台に据える，据え付ける，平らに置く，層に置く，積み重ねる：~ stones, bricks in mortar, etc. ― *vi.* **1** **a** 寝床につく，寝る：Early to ~ and early to rise, makes a man healthy, wealthy and wise. 《諺》 早寝早起きは人を健康に裕福に賢明にする. **b** 〔ホテルなどに〕宿泊する 〔*in*〕：~ *in* a hotel. **2** **a** 〔…と〕一緒に寝る[住む] 〔*with*〕. **b** 《口語》〔異性と〕寝る，同衾(ﾄﾞｳｷﾝ)する 〈*down*, *up*〉 / 〔*with*〕. **3** 〈物が〉〔…の上に〕のっかる，安定する，すわる 〔*on*〕；〔…に〕はまり込む，埋まる 〔*in*〕. **4** 〘地質〙 地層を成す.

bed down (*vi.*) (1) 床を整える，床をとる，〈牛などが〉寝床に就く. (2) ⇨ *vi.* 2 b. (*vt.*) (1) 〈旅行者・兵士などに〉寝床を与える. (2) 〈牛・馬などを〉寝わらを敷いて寝かす.

B.Ed. 《略》 Bachelor of Education.

be·dab·ble [bɪdǽbl̩, bə-] 〘← BE-＋DABBLE〙 *vt.* 〔水・血などを〕…にはねかける (splash)，(はねかけて)よごす (stain) 〔*with*〕.

be·dad [bɪdǽd, bə-] 〘(1710) ← *by dad*《変形》← *by Gad*: ⇨ begad, Gad[2]〙 *int.* 《アイル》 まあ，とんでもない，しまった，畜生 (begad).

be·dash [bɪdǽʃ, bə-] *vt.* **1** 一面にふりかける. **2** 打ちつける，打ちのめす. **3** 打ち砕く，抹殺する.

be·daub [bɪdɔ́ːb, bə-, -dáːb | -dɔ́ːb] 〘← BE-＋DAUB〙 ― *vt.* **1** こてこて塗る，塗りたくる[つける] (besmear)；はねかける (splash)：~ something *with* filth. **2** こてこてと[けばけばしく]飾り立てる.

Be·dáux sỳstem [bɪdóu-, bə- | -dáu-] 〘← *Charles Eugène Bedaux* (1887–1944: フランス生れの米国の産業能率技師)〙 ― *n.* [通例 the ~] (仕事の出来高に応じて割増しボーナスを支給する)ビドー給与制度.

be·daze [bɪdéɪz, bə-] *vt.* 茫然(ﾎﾞｳｾﾞﾝ)とさせる；途方に暮れさせる.

be·daz·zle [bɪdǽzl̩, bə-] *vt.* **1** …の目をくらませる，眩惑(ｹﾞﾝﾜｸ)させる；当惑[困惑]させる. **2** …に強烈な印象を与える，魅了する，悩殺する.

béd bòard 〘(15C)〙 *n.* ベッドボード《ベッドの床座のスプリングとマットレスの間に入れる薄い堅い板》.

béd bòlt *n.* (ベッドの側面でベッドボードやフットボードを締めつける)ボルト，ねじ釘.

béd·bùg *n.* 《米》〘昆虫〙 **1** トコジラミ，(俗に)南京虫 (*Cimex lectularius*)《寝台にたかる吸血性の半翅目の昆虫》. **2** トコジラミ属の吸血性の昆虫の総称.

béd chàir *n.* (病人のベッド用)補助椅子《chair bed ともいう》.

béd·chàmber 〘ME〙 *n.* 《文語》＝bedroom.

béd chèck *n.* 〘米軍〙 就寝点呼.

béd·clòthes *n. pl.* 寝具，夜具《mattress 以外の sheets, blankets および counterpane》.

béd·clòthing *n.* [集合的] ＝bedclothes.

béd·còver *n.* ベッドカバー，ベッドの上掛け，寝台かけ.

béd-cùrtain *n.* (旧式寝台の)寝台の天蓋(canopy)から垂れたカーテン (cf. four-poster 1).

bed·da·ble [bédəbl̩] *adj.* 性的魅力のある.

bed·der [bédə | -də(r] *n.* **1** 寝床[敷きわら]の敷き手. **2** 冷床で栽培される(花壇用の)草花. **3** 《英》 **a** 《大学口語》 寝室係小使. **b** 寝室.

béd·ding [-dɪŋ] 〘OE: ⇨ bed, -ing[1,3]〙 ― *n.* **1** 寝具類. **2** (牛馬の)敷きわら. **3** 〘建築〙 土台，底台，基床；(梁(ﾊﾘ)などを所定の位置に)水平に置く[取り付ける]こと；(仕上げ部分の下の)下地；(窓ガラス接合用の)敷きパテ. **4** 〘地質〙 成層. **5** [形容詞的に] 花壇用の：~ plants.

béd·ding plàne *n.* 〘地質〙成層面.

Bed·does [bédouz | -dəuz], **Thomas Lovell** *n.* (1803–49) 英国の詩人・劇作家; *Death's Jest-Book* (詩劇, 1850).

bed·dy-bye [bédibàɪ | -dɪ-] 〘← BED＋-Y²＋(BYE-)BYE¹: 小児語から〙 *n.* 《小児語・戯言》寝床 (bed); 就寝時間 (bedtime): *Beddy-byes!* 早く寝なさい.

Bede [bi:d] 〘OE *Bēda* ▭ ? Celt. *Bedaws* 《原義》 life: cf. OE *bēodan* to proclaim〙 *n.* 男性名.

Bede, Saint *n.* (673–735) 英国の聖職者・歴史家・神学者; *Ecclesiastical History of the English Nation* の著者; 通称 the Venerable Bede; Baeda ともいう.

be·deck [bɪdék, bə-] *vt.* きらびやかに飾る, 装飾する, 飾り立てる (deck out): ～ something *with* flowers, jewels, flags, etc.

bed·e·guar [bédɪgùɚ, -də- | -gɑ̀:(r] 〘《1578》 ▭ F *bédég(u)ar* ▭ Pers. *bād-āwar(d)* 《原義》 brought by the wind〙 **—** *n.* (*also* **bed·e·gar** [～]) (ばらにできる苔(こけ)に似た)虫こぶ, 虫癭(えい) (gall).

béde·hòuse [bí:d-] *n.* ＝beadhouse.

be·del [bɪdél, bə-, be- | bedél, bɪ-, bə-] 〘OE *bydel* herald ＜ Gmc **buðilaz*: ⇨ beadle〙 **—** *n.* (*also* **be·dell** [～]) (英国の大学で, 行列の先頭に立ち総長の権標 (mace) を奉持する)先導係 (mace-bearer) 《伝統的に Oxford では bedel, Cambridge では bedell を用いる》.

bedes·man [bí:dzmən] *n.* (*pl.* **-men** [-mən, -mèn]) ＝beadsman.

bédes·wòman *n.* ＝beadswoman.

be·dev·il [bɪdévəl, bə-] 〘《1768》 ← BE-＋DEVIL〙 **—** *vt.* (**-iled, -illed; -il·ing, -il·ling**) **1** 苦しめる, いじめる (torment); 絶えず悩ます, 困らせる (harass). **2** 〈人〉に悪魔を取りつかせる, 悪魔に魅入らせる. **3** 改悪する, 悪くする. **4** めちゃめちゃにする, 狂乱させる; 混乱させる: ～ the economy.

be·dév·il·ment *n.* **1** 悪魔に取りつかれる[せる]こと. **2** 狂乱(させること), 混乱; 苦悩.

be·dew [bɪd(j)ú:, bə- | -djú:] 〘《1340》 *bideue(n)*: ⇨ be-, dew〙 *vt.* …に露を宿す; 〔涙・汗などで〕濡らす 〔*with*〕: eyes ～*ed with* tears 涙の露を宿した目.

béd·fàst *adj.* (病気などで)寝たきりの (bedridden).

béd·fèllow 〘《15C》〙 **—** *n.* **1** 寝床を共にする人 (cf. bedmate). **2** 同僚, 仲間; (特に, 一時的な)協力者: an awkward ～ 性が合いにくい人 / a strange ～ (仕事や偶然の事情でつき合うだけの)気心の知れぬ仲間 / Misery acquaints a man with [Misfortune makes] strange ～*s*. 零落すれば変わった人間とも知合いになる (Shak., *Tempest* 2. 2. 41).

Bed·ford [bédfəd | -fəd] 〘OE *Bedanford* 《原義》 'FORD of *B(i)ēda* (人名)'〙 **—** *n.* **1** イングランド中部, Bedfordshire 州の首都; 人口 74,000. **2** ＝Bedfordshire.

Bed·ford [bédfəd | -fəd], **Duke of** *n.* (1389–1435) John of Lancaster の称号; Henry 四世の子, 甥 Henry 六世が未成年で即位したためその摂政となり (1422), Joan of Arc を魔女として焼殺させた (1431).

Bédford córd 〘? ← *Duke of Bedford* // (↑) ← *New Bedford* (米国 Massachusetts 州の地名)〙 **—** *n.* ベッドフォードコード, ラシャコール 《織物の経(たて)方向にもり上がったうねを作った緯糸(よこいと)二重織りの一種; 乗馬服などに用いられる》.

Bed·ford·shire [bédfədʃɪə, -ʃə | -fədʃə(r, -ʃɪə(r] 〘OE *Bedanfordscīr*: ⇨ Bedford, -shire〙 **—** *n.* **1** イングランド中部の内陸州; 人口 465,000, 面積 1,235 km², 首都 Bedford. **2** 《戯言》＝bed: go to ～ ねんねする / be for ～ ねんねしたい.

béd·fràme *n.* ベッドの枠組[枠台].

béd·gòwn *n.* **1** ＝nightgown. **2** 《英方言》(昔婦人が仕事をする時に着た)ゆるやかで短い上着.

bed·i·bye [bédibàɪ | -dɪ-] *n.* ＝beddy-bye.

be·dight [bɪdáɪt, bə-] 〘《*a*1400》 ← BE-＋DIGHT〙 *vt.* (～·**ed**, ～) [通例 p.p. 形で] 《古・詩》飾る (deck out) (cf. dight 2).

be·dim [bɪdím, bə-] 〘《1566》〙 **—** *vt.* (**be·dimmed; -dim·ming**) **1** 〈目などを〉曇らせる, かすませる: eyes ～*med with* tears. **2** 〈心・記憶などを〉ぼんやりさせる.

béd-ìn *n.* 寝込み抗議 (cf. sit-in 2, teach-in).

Bed·i·vere [bédəvɪə | -dɪvɪə(r], **Sir** *n.* 〘アーサー王伝説〙ベディビア《瀕死の Arthur 王を平底舟まで運んだ騎士; その舟で 3 人の王女が王を Avalon 島まで運んだ》.

be·di·zen [bɪdáɪzn, bə-, -dízn] 〘《1661》 ← BE-＋DIZEN〙 **—** *vt.* [しばしば ～ *oneself* または Passive で] 《古》(下品に)ごてごてと飾り立てる, けばけばしく飾る: ～ *oneself* [*be* ～*ed*] *with* jewels 宝石でけばけばしく身を飾る. **～·ment** *n.*

béd jàcket *n.* ベッドジャケット《婦人がベッドの上で坐っている時, 寝巻の上に着る短いゆったりした上衣》.

béd jòint *n.* 〘建築〙横目地《水平に通る目地》, アーチの放射状の目地.

béd·kèy *n.* 寝台用レンチ《台架の各部を締めたりゆるめたりするのに用いる》.

bed·lam [bédləm] 〘《1418》 ← ME *Bedlem* 《転用》: ⇨ Bethlehem〙 **—** *n.* **1 a** [B-] St. Mary of Bethlehem 精神病院の通称《同院は 1247 年 London 市内に修道院として建てられたが, 1547 年に精神病院となり, 1930 年 London 南部の Croydon 近郊に移された; cf. Abraham-man 1》. **b** 《古》精神病院. **2** 騒々しい所, 混乱の場面; 大混乱. **3** 《廃》狂人.

Tom* [*Jack*] *o' Bedlam 《古》(1) 狂人. (2) ベドラム帰り《物乞いを許された元ベドラム患者およびその詐称者》.

— *adj.* 気の狂った (mad), 精神病院向きの (lunatic).

bed·lam·ite [bédləmàɪt] *n.* [時に B-] 《古》狂人 (lunatic). **—** *adj.* 気が狂った, 狂気の.

béd lìnen *n.* シーツと枕カバー.

Béd·ling·ton térrier [bédlɪŋtən-] 〘《1867》 ← *Bedlington* (イングランド Northumberland 州の鉱山町の名, そこにあるハニス丘陵が原産地)〙 **—** *n.* ベドリントンテリア《耳が三角形で先が丸く頭が豊かな頂毛でおおわれた大種のイヌ; 単に Bedlington ともいう》.

béd lòad *n.* 〘土木〙河床土砂, 掃流土砂.

Béd·loe's Ísland [bédlouz- | -ləuz-] 〘この島の最初の所有者 *Isaac Bedloe* にちなむ〙 *n.* ベドローズ島 《米国 Liberty Island の旧名》.

béd·màker 〘《15C》〙 **—** *n.* **1 a** ベッドの用意をする人, 寝室係(メード). **b** (英国 Oxford, Cambridge 大学の)寝室係 (cf. *make the* BED). **2** ベッドメーカー, ベッド製造業者.

béd·màte *n.* 同衾者; (特に, 性の対象としての)相手, 「妻, 情婦; 夫.

béd mòlding *n.* 〘建築〙敷繰形(くりがた)《軒の突出部などの下に設ける繰形》.

Bed·ou·in [béduɪn, -duən, -dwɪn, -dən, -duìn | -duɪn] 〘《*c*1400》 ▭ OF *beduin* (F *bédouin*) ▭ Arab. *badawī* dweller in the desert ← *badw* desert〙 **—** *n.* (*pl.* ～, ～**s**) **1** ベドゥイン《アジアおよびアフリカの砂漠地方に遊牧生活を送るアラビア人》. **2** 遊牧民 (nomad), 放浪者 (wanderer). **—** *adj.* **1** ベドゥインの. **2** 遊牧民の, 放浪者の.

béd·pàn *n.* **1** (病人用の浅い)便器, おまる. **2** ＝「warming pan 1.

béd pìece *n.* 材木の下に置く枕木.

béd·plàte *n.* 〘機械〙ベッドプレート, 台板, 台.

béd·pòst *n.* **1** 寝台柱《ベッド四隅の柱》. **2** [通例 *pl.*] 《俗》〘ボウリング〙ベッドポスト《7 番と 10 番のピンが残っているスプリット》.

between you and me and the bedpost ⇨ between 成句. ***in the twinkling of a bedpost*** ⇨ twinkling 2 b.

béd·quìlt *n.* 刺し子の掛けぶとん.

be·drab·bled [bɪdrǽbld, bə-] 〘← 《15C》 *bedrabble*: ⇨ be-, drabble〙 *adj.* 雨水[泥水]によごれた.

be·drag·gle [bɪdrǽgl, bə-] *vt.* **1** 〈衣服などを〉びしょぬれにする. **2** [通例 p.p. 形で] 〈衣服などを〉引きずってよごす; 〈人を〉薄ぎたなくする: ～ one's skirt / She looked ～*d*. 薄ぎたないなりをしていた. **～d** *adj.*

béd·ràil *n.* 寝台の枠材.

be·drench [bɪdréntʃ, bə-] 〘《15C》〙 *vt.* ずぶぬれにする.

béd rèst *n.* **1** (結核患者などの)安静臥床. **2** (ベッドの)患者支え台.

béd·rìd 〘OE *bedreda, -rida* one bedridden ← *bedd* 'BED'＋*ridda* rider (← *rīdan* 'to RIDE')〙 *adj.* **1** 《詩・文語》＝bedridden 1. **2** 衰えた, よぼよぼの.

béd·rìdden 〘《*a*1376》: ⇨ ↑, -en³: p.p. 形との混同による: cf. hagridden〙 *adj.* **1** (病気・老齢で)寝たきりの (cf. walking 3). **2** 老朽化した, 使い古した.

béd·róck *n.* **1** 〘地質〙基岩, 床岩《土壌や岩などでおおわれた基盤岩》. **2 a** 最低点, 底: at ～. **b** (事物の)根底, 基礎; 基本的事実.

reach* [*come down to, get down to*] *bedrock (1) 真相を究める. (2) 《米俗》底をつく, 文(もん)無しになる.

— *attrib. adj.* **1** 基本的な, 主要な (fundamental). **2** 《米》底の, 最低の: the ～ price 底値.

béd·ròll *n.* (巻いた)携帯用寝具(類), 巻きぶとん (cf. blanket roll 1).

béd·ròom *n.* 寝室, 寝間 (sleeping room). **—** *attrib. adj.* **1** 寝室の; ベッドシーンの, 性的な: a ～ farce きわどい笑劇 / ～ eyes 色目, 秋波. **2** 《米》ベッドタウンの, (大都会の)近郊の, 通勤者の住む: a ～ town [community] ベッドタウン / ～ suburbs.

bédroom slìpper *n.* (かかとのない)室内用スリッパ (cf. house slipper).

Beds, Beds. 《略》Bedfordshire.

béd shèet 〘《15C》〙 *n.* 敷布, シーツ.

béd·sìde 〘ME〙 **—** *n.* 床(とこ)のかたわら; (特に, 病人の)枕もと: be at [by] a person's ～ 人の枕もとにかしずく / I sat [watched] by her ～. **—** *attrib. adj.* **1** 枕もとの; 臨床の, 看護の: a ～ diagnosis / ⇨ bedside manner. **2** 床のそばの[にある]: a ～ table, lamp, phone, etc. **3** 〈書物など〉寝床で読むのに適した, 軽くて肩の凝らない: ～ books, stories, etc.

bédside mánner *n.* (医師の)患者に接する物腰, 患者の扱い方: have a good ～ 患者の扱い方がうまい; 《皮肉》(迎合的で)相手をそらさない.

bédside téaching *n.* (医学生の)臨床教授.

béd·sít 〘《逆成》↓〙 《英俗》 *n.* ＝bed-sitter. **—** *vi.* bed-sitter に住む[寝起きする].

béd-sítter 〘《短縮》← *bed-sitting-room*: cf. -er¹〙 *n.* 《英口語》＝bed-sitting-room.

béd-sítting-ròom *n.* 《英》寝室居間兼用の部屋からなる一間のアパート.

béd sòcks *n. pl.* ベッドソックス《ベッドではいて寝る毛の短い靴下》.

bed·so·ni·a [bedsóuniə | -sə́unɪə, -njə] 〘← NL ～ ← *Sir Samuel P. Bedson* (*d.* 1969: 英国の細菌学者)＋-IA¹〙 **—** *n.* 〘細菌〙ベドソニア《おうむ病・トラコーマなどの病原となるウイルスの仲間》.

béd·sòre *n.* (病人の)床ずれ, 褥瘡(じょくそう).

béd·spàce *n.* (ホテル・病院・寮などの)ベッド数, ベッドの占めるスペース.

béd·sprèad 〘《1845》← BED＋SPREAD (n.) 4: cf. Du. *beddle-sprei*〙 *n.* (昼間掛けておく装飾のための)ベッドカバー, 寝台掛け; (寝台の)掛けぶとん.

béd·sprìng *n.* 寝台のばね.

bed·stead [bédstèd, -stɪd] 〘《15C》〙 *n.* (敷きぶとんを載せる)ベッドの台, 寝台の床架.

béd stòne *n.* **1** 大型礎石《地中梁の支持用の礎石》. **2** (挽臼(ひきうす)の)下臼.

béd·stràw 〘ME〙 *n.* **1** 床わら. **2** 〘植物〙アカネ科ヤエムグラ属 (*Galium*) の植物の総称《もと, その茎を干して床わらに用いた; cf. yellow bedstraw》.

béd tàble *n.* ベッドの側に置く小さなテーブル《食事・読書のため大きさの調節できるものもある》.

béd·tìck *n.* **1** ＝tick³ 1. **2** ＝ticking².

béd·tìcking *n.* ＝ticking².

béd·tìme 〘ME〙 *n.* 就寝[就床]時刻.

bédtime stòry *n.* **1** (子供にする)就寝時のおとぎ話. **2** おもしろいが疑わしい話[説明].

Bed·u·in [béduɪn, -duən, -dwɪn, -dwən, -duìn | -duɪn] *n.* (*pl.* ～, ～**s**), *adj.* ＝Bedouin.

béd wàgon *n.* (18 世紀に用いられた)火鉢を入れたやぐら《寝具を暖めるために用いられた》.

bed·ward [bédwəd | -wəd] 〘《15C》〙 *adv.* **1** 寝床の方へ. **2** 《廃》就寝時刻に近づいて.

bed·wards [bédwədz | -wədz] *adv.* ＝bedward.

béd wàrmer *n.* 《古》寝床保温器 (bedpan).

béd wètter *n.* 寝小便たれ.

béd-wètting *n.* おねしょ, 寝小便, 夜尿症 (enuresis).

bee¹ [bí:] 〘OE *bēo* ＜ Gmc **biōn* (G *Biene*) ← IE ? **bhei-* to quiver (L *fūcus* drone)〙 **—** *n.* **1** 〘昆虫〙 **a** ミツバチ (*Apis mellifera*) 《honeybee ともいう》: ⇨ queen bee, worker bee, bumblebee / a ～*'s* sting ミツバチの針[剣] / a swarm of ～*s* 一群のミツバチ, ミツバチひと巣 / swarm like ～*s* 雲集する / work like a ～ せっせと働く / (as) busy as a ～ 休む間もなく忙しい. **b** ハチ《膜翅類ミツバチ上科の体の比較的丸いハチの総称; cf. wasp 1》. **2** 勤勉な働き手, よく働く人. **3** 奇妙な考え (cf. *have a* BEE *in one's bonnet*). **4** 〘《cf. 《方言》*been* voluntary help ＜ ? OE *bēn* prayer〙 《米》(近所同士の仕事の)手伝いの集まり; (競技などの)集まり: ⇨ husking bee, knitting bee, quilting bee, raising bee, spelling bee, spinning bee.

have a bee in one's bonnet* [*head*]** (気が変になるほど)ある考えに凝っている, 〔…について〕奇妙な考え[計画]をもっている 〔*about*〕. ***put the bee on 《米口語》 (1) …を鎮圧する, 打ち負かす (beat). (2) …に金を貸せという, …から金をねだる. ***take up bees*** 《米》蜜蜂の巣をいぶし殺す: *take up* ～*s* to get honey.

～·like *adj.*

bee² [bí:] 〘OE *bēag, bēah* ring ＜ Gmc **baugaz* ← IE **bheug-*: ⇨ bow²〙 **—** *n.* **1** 〘海事〙ビー《第一斜檣の先端の両側に取り付けた木片で, 支索をこれの穴に通して固定する; bee block ともいう》. **2** 《廃》(金属製)腕輪, 指輪.

bee³ [bí:] *n.* b の文字.

B.E.E. 《略》Bachelor of Electrical Engineering.

Beeb [bí:b] *n.* [the ～] 《口語》英国放送協会 (B.B.C.).

bée bàlm *n.* 〘植物〙 **1** セイヨウヤマハッカ (lemon balm). **2** タイマツバナ (Oswego tea).

Bee·be [bí:bi | -bɪ], **(Charles) William** *n.* (1877–1962) 米国の博物学者・探検家・著述家.

bee·bee¹ [bí:bi:] *n.* 《インド》＝bibi.

bee·bee² [bí:bì:] *n.* ＝BB.

bée bèetle *n.* 〘昆虫〙ハチヤドリカッコウムシ (*Trichodes apiarius*) 《ミツバチの巣に寄生するヨーロッパ産の小甲虫》.

bée bìrd *n.* 〘鳥類〙ハチを好んで食う鳥の総称《タイランチョウ (kingbird) など》; (特に)ハチクイ (bee-eater).

bée blòck *n.* 〘海事〙＝bee² 1.

bée·brèad *n.* 〘昆虫〙ミツバチのパン《ミツバチが花から集めて来る花粉で造りその幼虫の食料とする》.

beech [bí:tʃ] 〘OE *bēċe* beech tree ＜ Gmc **bōkjōn* ＜ IE **bhāgo-s*: cf. book〙 *n.* (*pl.* ～·**es**, ～) **1** 〘植物〙ブナノキ《ブナ属 (*Fagus*) の木の総称》. **2** ブナ材.

Bee·cham [bí:tʃəm], **Sir Thomas** *n.* (1879–1961) 英国の指揮者.

Béecham Gròup 〘← *Thomas Beecham* (*d.*1907: その名を冠した丸薬を販売し, この企業グループの基礎を作った)〙 **—** *n.* [the ～] ビーチャム系[グループ] 《医薬品をはじめとする各種の消費者製品の分野で英国最大の企業グループ》.

béech·dròps *n.* (*pl.* ～) 〘植物〙 **1** ブナノキの根に生えるハマウツボ科の寄生植物 (*Epifagus virginiana*) 《cancer-root ともいう》. **2** ＝squawroot.

beech·en [bí:tʃən] 〘OE *bēċen*: ⇨ beech, -en²〙 *adj.* ブナの; ブナ材製の.

Bee·cher [bí:tʃə | -tʃə(r], **Henry Ward** *n.* (1813–87) 米国の牧師・奴隷解放論者; H. B. Stowe の弟.

Beecher, Lyman *n.* (1775–1863) 米国の牧師・神学者; H. W. Beecher と H. B. Stowe の父.

béech fèrn *n.* 〘植物〙シダ植物のミヤマワラビの類 (*Dryopteris phegopteris, D. hexagonoptera*) 《しばしばブナ材に生じる》.

béech màrten *n.* 〘動物〙ブナテン (⇨ stone marten 1).

béech màst *n.* [集合的] ブナノキの実《特に, 地上に落ちたもの; 豚のえさによく用いる》.

béech·nùt *n.* ブナノキの実《とげのある殻の中にはいっている三角の栗(くり)に似た実で食用になる》.

béech·wòod *n.* ブナノキ材.

beech·y [bíːtʃi | -tʃɪ] *adj.* ブナノキの.

bée cùlture *n.* 蜜蜂飼育, 養蜂(ようほう).

bée-èat·er *n.* 〘鳥類〙ハチクイ《旧世界熱帯地方に生息するハチクイ科の食虫鳥の総称; ハチ・アブなどを食べる; cf. bee bird》.

beef [bíːf] 〘《c1300》 *bēf, boef* ▭ ONF *boef, buef* (F *bœuf*) < L *bovem, bōs* ox < IE *$*g^w\bar{o}us$*: ⇨ cow¹〙 ── *n.* (*pl.* ~**s, beeves** [bíːvz], ~) **1** 牛肉, ビーフ: roast ~ ローストビーフ / cold ~ 冷肉 / corned ~ コーンビーフ. **2** (*pl.* **beeves,** 時に《米》~**s**) [通例 *pl.*] **a** 成長した牛; (特に)肉牛 (beef cattle). **b** (屠殺して下ろした)肉牛の胴体. **3** 《口語》**a** 筋肉 (muscle). **b** 筋力, 力; 努力 (effort): put too much ~ into a stroke 打球に力を入れ過ぎる / Put some ~ into it! 《英俗》一生懸命に働け. **4** 《口語》肉付き, 体重 (weight): ~ to the heels [knees] 太り過ぎて / put on ~ 肉がつく, 体重がふえる. **5** (*pl.* ~**s**) 《俗》不平 (complaint); 抗議 (protest); 告訴; 口論, 喧嘩 (quarrel): the ~ session (不平を訴えるための)苦情[抗議]集会. **6** 《卑》肥えてる人. ── *vi.* 《俗》不平を言う, ぶつぶつ言う (complain); 抗議する (protest) 〔*about*〕. ── *vt.* **1** 《米俗》**a** 〈牛を〉(食肉用に)太らす. **b** 〈牛を〉屠殺する. **2** 〈傷口〉に生肉を当てる. **3** 《俗》強化[増強]する (strengthen) 〈*up*〉: ~ *up* armaments, control, etc.

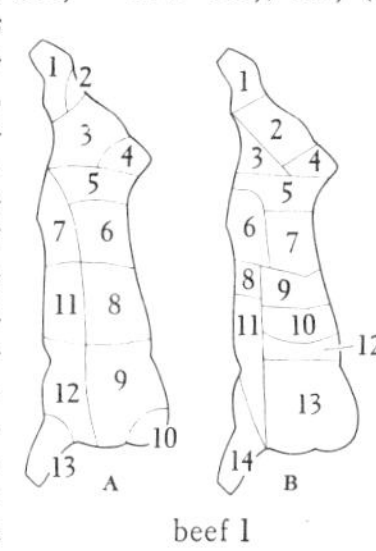

beef 1

A. American method of cutting beef: 1 hind shank; 2 heel of round; 3 round; 4 rump; 5 sirloin; 6 loin; 7 flank; 8 ribs; 9 chuck; 10 neck; 11 plate; 12 brisket; 13 foreshank

B. English method of cutting beef: 1 leg; 2 round; 3 thick flank; 4 aitchbone; 5 rump; 6 flank; 7 loin; 8 plate; 9 fore rib; 10 middle rib; 11 brisket; 12 steak meat; 13 clod; 14 shin

béef-bràined *adj.* 愚鈍な.

béef bóuillon *n.* 《米》=beef tea.

béef brèad *n.* (成長した牛・羊などの)膵臓(すいぞう) (pancreas)《食用》.

béef brèed *n.* 〘畜産〙(牛の)肉用種.

béef-bròth *n.* 肉汁.

beef·burg·er [bíːfbɜ̀ːgə | -bɜ̀ːgə(r] 〘← BEEF (n.)+(HAM)BURGER〙 *n.* =hamburger.

béef·càke 〘《戯言的造語》← BEEF (n.)+(CHEESE)CAKE〙 ── *n.* 《俗》**1** [集合的] 男性のヌード[肉体美]写真 (cf. cheesecake 2). **2** (頭脳に対して)筋肉[筋骨]たくましいからだつき.

béef càttle *n.* [集合的] 食肉用の牛, 肉牛 (cf. dairy cattle).

béef·èater 〘《1610》← BEEF+EATER〙 ── *n.* **1** [時に B-] **a** (英国王の)衛兵 (Yeoman of the Guard) の通称《今では全く儀式的な存在》. **b** (通称として)ロンドン塔 (Tower of London) の守衛. **2** 《俗》英国人, イギリス人. **3** 牛肉を食べる人; 栄養のいい人.

beef·er [bíːfə | -fə(r] *n.* 《米俗》**1** 不平家. **2** 告発者.

béef éxtract *n.* 牛肉[牛血]エキス《胃液の分泌を促すのに用いる》.

beef·ing [bíːfɪŋ] *n.* =biffin.

bée flỳ *n.* 〘昆虫〙ツリアブ《ツリアブ科の昆虫の総称》.

Béef Stàte *n.* [the ~] 米国 Nebraska 州の俗称.

béef·stèak 〘《1711》: cf. steak〙 *n.* **1** (ビフテキ用の)牛肉の厚い切身. **2** ビフテキ, ビーフステーキ.

béefsteak begónia *n.* 〘植物〙表面が濃緑色で裏面が紅色の肉厚の葉をもったベゴニアの一種 (*Begonia feastii*).

béefsteak fúngus *n.* 〘植物〙カンゾウタケ (*Fistulina hepatica*)《多孔菌類の一種; 広く分布し, 色・形・質が牛の肝臓に似て生食し得る》.

béefsteak gerànium *n.* 〘植物〙=beefsteak begonia.

béef Stró·ga·noff [-stróugənɔ̀(ː)f | -strɔ́gənɔ̀f; *Russ.* -strógənəf] 〘← *Count Paul Stroganoff* (19 世紀ロシヤの外交官)〙 ── *n.* ビーフ ストロガノフ《牛のヒレ肉の細切りと, 玉ねぎ, マッシュルームを炒めサワークリームソースを加えて仕上げた肉料理》.

béef tàpeworm *n.* 〘動物〙無鉤(むこう)条虫 (*Taeniarhynchus saginata*)《人間の小腸に寄生; 中間宿主はウシ》.

béef téa *n.* ビーフ ティー《赤身の牛肉を少量の水で煮出した滋養飲料; または beef extract に湯を加えてつくる》.

béef-wítted *adj.* ばかな, 愚かな (stupid).

béef·wòod *n.* 〘植物〙**1** =swamp oak. **2** =Australian honeysuckle.

beef·y [bíːfi | -fɪ] *adj.* (**beef·i·er**; **-i·est**) **1** 牛肉の(ような); 肉付きのいい (fleshy). **2** 〈人が〉肉づきのよい, ぶくぶく肥えた; 筋骨のたくましい (brawny): a ~ young man. **3** 重い (heavy); 鈍重な (stolid).
béef·i·ness *n.*

bée gùm *n.* 《米南部・中部》**1** うつろな内部にミツバチが巣を作るゴムの木. **2** ハチの巣.

bée·hìve 〘ME: ⇨ bee¹, hive (n.)〙 ── *n.* **1** ミツバチの巣箱[巣] (cf. honeycomb 1). **2** 人込みの場所. **3** ミツバチの巣箱のような形をしたもの《小屋・婦人の髪型など》. **4** =beehive oven. **5** 《英空軍俗》戦闘機に護衛された爆撃機隊. **6** 〘軍事〙指向性爆薬[炸薬], 成形爆薬, 円錐弾. ── *attrib. adj.* ミツバチの巣箱型の, 半円形の: ⇨ beehive oven.

béehive óven *n.* ビーハイブ炉《副産物を回収しない旧式のコークス炉》.

Béehive Státe 〘州の印章の模様から〙 *n.* [the ~] 米国 Utah 州の俗称.

bée·hòuse *n.* 養蜂(ようほう)所 (apiary).

bée·kèeper *n.* 養蜂家, ミツバチを飼う人.

bée·kèeping *n.* 養蜂, 蜜蜂飼養 (apiculture).

bée kìller *n.* 〘昆虫〙ムシヒキアブ《ハチを食べるといわれるムシヒキアブ科の昆虫の総称》.

bée·lìne 〘《1830》← BEE¹+LINE²: ミツバチは蜜を採って巣に帰るとき一直線に飛ぶと信じられたところから〙 ── *n.* 一直線の道, 最短コース: in a ~ 一直線に / make [take] a ~ for 《口語》…へ真直ぐに進む. ── 《米口語》*vi.* 一直線に進む, 最短コースを急いで行く. ── *vt.* [~ it として] =*vi.*

bée-lìner 〘《混成》← BEE(LINE)+LINER¹〙 *n.* 自動推進式のディーゼル式鉄道車両.

bée-lóud *adj.* ミツバチのぶんぶんうなっている.

Be·el·ze·bub [biélzəbʌ̀b, bíːl-, bél- | biːélzɪbʌ̀b, bɪ-] 〘OE *Belzebub* ▭ L *Beelzebūb* ▭ Gk *Beelzeboúb* ▭ Heb. *Ba'al zᵉbhúbh* 《原義》lord or Baal of the flies (ペリシテ人の神: cf. *2 Kings* 1:2)〙 ── *n.* **1** 〘聖書〙ベルゼブル, 魔王 (cf. *Matt.* 12:24). **2** 悪魔 (devil). **3** 堕天使の一人《Milton の *Paradise Lost* で Satan に次ぐ悪魔》.

bée-màrtin *n.* 〘鳥類〙=kingbird.

bée·màster *n.* =beekeeper.

bée·mìstress *n.* 女性の beemaster.

bée mòth *n.* 〘昆虫〙ハチミツガ (*Galleria mellonella*)《メイガ科の小型のガ; その幼虫はミツバチの巣を食べる; wax moth ともいう》.

been [bɪn, bən; bìn, bín | bɪn; bìːn, bíːn] *vi., auxil. v.* be の過去分詞.

béen-tò *n.* (アフリカなどで)英国へ行ってきた人, 英国で教育を受けた人.

bée òrchis [**òrchid**] *n.* 〘植物〙ランの一種 (*Ophrys apifera*)《ハチに似た形の花が咲く》.

beep¹ [bíːp] 〘擬音語?〙 ── *n.* **1** ぴーっという音《進行中の自動車・機関車などの発する信号・警笛またはラジオの時報などの音》. **2** 《米》〘通信〙通話中の人に会話が録音されている旨を知らせる信号《15 秒毎に出る》. ── *vi.* ぴーっという音を出す, 信号音を出す[発する]. ── *vt.* **1** 〈警笛などを〉鳴らす (sound). **2** (警笛などを鳴らして)〈警告などを〉知らせる 〈*out*〉.

beep² [bíːp] 〘← *b(aby)* (*j*)*eep*〙 *n.* 《米俗》小型ジープ.

béep·er 〘← BEEP¹ (v.)+-ER¹〙 ── *n.* **1** beep を発する装置[人]《ポケットベルなど》. **2** (電話回路に組み込んで)通話が録音されていることを定期的に知らせる装置. **3** 《口語》航空機の無線操縦用の信号発信装置.

bée plànt *n.* (ミツバチに花蜜を供給する)蜜源植物.

beer [bíə | bíə(r] 〘OE *bēor* < (WGmc) **beura-* (G *Bier*) ▭ LL *biber* ← L *bibere* to drink ← IE **pō(i)-* to drink: cf. beverage〙 ── *n.* **1** ビール, 麦酒《麦芽を発酵させホップ (hop) を入れて造るアルコール飲料; 生ビールを draft beer, 貯蔵ビールを lager (beer) という; cf. ale 1 a, porter³, stout 1》: black ~ 黒ビール《stout, porter など》/ ~ on draft=draft beer / double ~ 強ビール / Munich ~ 《ドイツ》のミュンヘンビール / ⇨ small beer. **2** [通例修飾語を伴って] (アルコール分のないまたは少ない)清涼飲料水: ⇨ birch beer, ginger beer, root beer. **3** ビール一本[一杯, 一缶]: Give me a ~. / Two ~*s*, please.
beer and skittles (飲んだり遊んだりして過ごす)のんきな生活 (easy living): Life is not all ~ *and skittles.* 《諺》人生はおもしろおかしいことばかりではない.
be in beer ビールに酔っている. ***on the beer*** 《英》酒を飲み続けて[回って].

beer·age [bí(ə)rɪdʒ | bíər-] 〘《混成》← BEER+(PEER)AGE〙 *n.* 《英俗》**1** [the ~; 集合的] **a** 醸造者. **b** [軽蔑的に] (特に, 醸造業で貴族になった)ビール貴族: the peerage and *the* ~. **2** 醸造業.

béer bàrrel *n.* ビール[ビヤ]樽.

Beer·bohm [bíəboum, -bəm | bíəbəum], Sir **Max** *n.* (1872–1956) 英国の諷刺画家・随筆家; 本名 Henry Maximilian Beerbohm.

béer bùst *n.* 《米俗》ビールパーティー.

béer èngine *n.* 《英》=beer pump.

béer gàrden *n.* (戸外の)ビヤガーデン.

béer hàll *n.* **1** ビヤホール. **2** 《アフリカ南部》白人でない人にカフィールビール (Kaffir beer) を売る会館.

béer hèart *n.* 〘病理〙ビール心(臓)《ビール愛飲者の心臓に見られる肥大・拡張》.

béer·hòuse *n.* 《英》ビール店《ビールだけの販売を許可されている店; cf. public house》.

Beer·naert [béənaət | béənaːt; *F.* bɛrnart], **Auguste M**(**arie**) **F**(**rançois**) *n.* ベールナルト《1829–1912; ベルギーの政治家; Nobel 平和賞 (1909)》.

béer-òff *n.* 《英俗》酒類販売免許.

béer pàrlor *n.* 《カナダ》(ホテルなどの)ビールパーラー.

béer·pùll *n.* **1** =beer pump. **2** beer pump のてこ.

béer pùmp *n.* ビールポンプ《酒場で地下室にある樽からビールを吸い揚げるポンプ》.

Beer·she·ba [bɪəʃíːbə, bɛə-, bə-, bíəʃə- | bɪəʃíːbə, bíəʃɪ-] 〘▭ Heb. *Bᵉ'ēr šébhaʻ* 《原義》? seven wells or well of fullness〙 ── *n.* ベールシェバ, 〘聖書〙ベエルシバ《イスラエル南部の都市で, 聖書ではパレスチナ (Palestine) 南端の町; 人口 85,000》: from Dan (even) to ~ ⇨ Dan¹ 成句.

beer·y [bí(ə)ri | bíəri] *adj.* (**beer·i·er**; **-i·est**) **1** ビール質の, ビールのような. **2** ビールに酔った, ビールでほろ酔い機嫌の. **3 a** ビールのにおいのする. **b** ビールで味付けをした[を混ぜた].

bée-skèp *n.* 《英》(わらで造った)ミツバチの巣 (cf. skep).

bée's knée *n.* **1** 《英》小さくてつまらないもの: not as big as a ~ 非常に小さい. **2** [the ~s] 《俗》飛び切り立派なもの.

beest·ings [bíːstɪŋz] 〘OE **bīesting* ← *bēost* beestings ← ?: cog. G *Biest*〙 *n. pl.* [単数扱い] =beastings.

bées·wàx *n.* 蜜蠟(みつろう)《ミツバチの巣を溶かして得た蠟物質; 木材のつや出し蠟の材料》. ── *vt.* …に蜜蠟を塗る, 蜜蠟で磨く.

bées·wìng 〘← *bee's wing*〙 ── *n.* **1** ビーズウィング《古いびん詰めのポートワイン (port) などにできる薄いふわふわした小片; cf. crust 3 e》. **2** 年数を経たぶどう酒, 年数もののワイン.

beet¹ [bíːt] 〘OE *bēte* ▭ L *bēta* ← ? Celt.: cog. G *Beete*〙 ── *n.* **1** ビート (*Beta vulgaris*)《アカザ科サトウダイコン属の植物; 栽培変種が多く, ザーサイフダンソウ (chard), サンゴジュナ (red beet) などを含む; cf. sugar beet》. **2** 《米》(特に, サラダ用)ビートの根 (《英》beetroot). **3** =beet greens. **~·lìke** *adj.*

beet² [bíːt] 〘OE *bētan* to amend < Gmc **bōtjan* ← **bōt-* ' BOOT¹ '〙 *vt.* 《英方言》〈火〉に燃料をくべる.

béet ármyworm *n.* 〘昆虫〙シロイチモンジヨトウ (*Laphygma exigua*) の幼虫《ビートなどの葉を食い荒らすイモムシ》.

béet grèens *n. pl.* beet の若葉でサラダ用.

Bee·tho·ven [béɪtouvən | béɪthəʊ-, -təʊ-; *G.* béːthoː-fən], **Ludwig van** [fan, van] *n.* ベートーベン《1770–1827; ドイツの作曲家》.

Bee·tho·ve·ni·an [bèɪtouvíːniən, -njən | -thəʊvíːnjən, -təʊ-, -niən] 〘⇨ -ian〙 *adj., n.* ベートーベンの(崇拝者).

bee·tle¹ [bíːtl̩ | -tl] 〘OE *bitela, bitula* beetle, 《原義》biter ← *bītan* 'to BITE': ⇨ -le¹〙 ── *n.* **1** 〘昆虫〙甲虫(こうちゅう)《鞘翅(しょうし)類 (Coleoptera) の昆虫の総称; cf. atlas beetle》: (as) blind as a ~ 目の見えない, ひどい近眼の / (as) deaf [dumb] as a ~ 全くのつんぼ[おし]で. **2** 《俗用》甲虫に似た昆虫の総称《ゴキブリなど》: ⇨ blackbeetle. **3** [しばしば B-] 《俗》かぶと虫《ドイツのフォルクスワーゲン社製の小型車の一種》. **4** 近眼の人. **5** 《さいころ遊び》かぶと虫の形を描いたり組み合わせていったりするゲーム. ── *vi.* **1** 《英口語》急ぐ (hurry), 逃げ出す, 立ち去る (depart) 〈*off, along, away*〉: *Beetle off!* さっさと失(う)せろ. **2** 《英空軍・口語》飛び立つ 〈*off*〉.

bee·tle² [bíːtl̩ | -tl] 〘OE *bētel, bietel* mallet < Gmc **bautilaz* ← **bautan* 'to BEAT¹': ⇨ -le¹〙 ── *n.* **1** 大づち, 掛矢, きね, (地面を固める)たこ. **2** 布打ちづち; じゃがいもつぶし, すりこぎ. ── *vt.* **1** (つちで)打つ, (たこで)打ち固める. **2** 〈布を〉打つ.

bee·tle³ [bíːtl̩ | -tl] 〘*adj.*: 《1532》《逆成》← BEETLE-BROWED. ── v.: 《1600》← (adj.)〙 ── *adj.* 〈眉・崖など〉突き出ている (overhanging); しかめ面の (lowering): ~ brows げじげじ眉. ── *vi.* **1** 〈眉・崖などが〉突き出る, 差しかかる (overhang). **2** 〔…の上へ〕差し迫る, おおいかぶさる, のしかかる 〔*over*〕.

béet lèafhopper *n.* 〘昆虫〙米国西部に広く分布するビートなどの病毒を媒介するヨコバイの一種 (*Circulifer tenellus*).

béetle-bràin *n.* =beetlehead.

béetle-bròwed 〘《a1376》 *bitel-brouwed* ← ? *bitel* biting (← OE *bītan* 'to BITE')+BROW+-ED: 後には BEETLE¹ と連想された〙 ── *adj.* **1** 眉毛の突き出た, 毛虫眉の. **2** しかめ顔の, むっつりした (sullen).

béetle-crùsher *n.* 《英》**1** 大きな足[靴]. **2** 《俗》歩兵.

béetle-èyed *adj.* よくよく目の見えない.

béetle·hèad *n.* ばか, のろま.

béetle·héaded *adj.* ばかな, のろまな (stupid).

béetle-squàsher *n.* =beetle-crusher.

bée·tling [-tlɪŋ, -tl- | -tl-, -tl-] *adj.* 突き出た, 差しかかった: ~ cliffs [brows] 突き出た絶壁[眉].

Bee·ton [bíːtn], Mrs. **Isabella Mary** *n.* (1836–65) 英国の料理雑誌および家事研究家.

béet·rádish *n.* 〘植物〙=red beet.

bée trèe *n.* 野生のミツバチが巣にする芯のうつろな木《シナノキ (basswood) など》.

béet·ròot *n.* 《英》=beet¹ 2.

béet sùgar *n.* 甜菜(てんさい)糖 (cf. sugar beet).

beeves *n.* beef の複数形.

bée wòlf *n.* 〘昆虫〙ハチヤドリカッコウムシ (bee beetle) の幼虫《時にミツバチの巣に寄生し, その幼虫を食べる》.

beez·er [bíːzə | -zə(r] 〘《混成》? ← BEAK¹+SNEEZER〙 *n.* 《俗》**1** 鼻 (nose). **2** 人 (person).

bef. 《略》before.

B.E.F., BEF 《略》British Expeditionary Force 英国海外派遣軍 (cf. C.E.F.).

be·fall [bɪfɔ́ːl, bə-] 〘OE *befeallan* ← BE-+*feallan* 'to FALL': cf. G *befallen*〙 ── v. (**be·fell** [-fél]; **-fall·en** [-fɔ́ːlən, -fɔ́ːln]) ── *vi.* **1** (通例)〈悪い事が〉起こる, 生じる (happen); 〔身に〕およぶ, 降りかかる 〔*to*〕: I fear some evil will ~. 何か禍が生じはしないかと心配だ /

A misfortune *befell to* him. 災難が彼の身に降りかかった. **2**《古》〔…に〕属する, 〔…の〕所有に帰する〔*to*〕. ── *vt.* (通例)〈悪い事が〉…に降りかかる: What *befell* him? 彼の身に何が起こったか. ★ Passive には用いられない.

be·fit [bɪfít, bə-] 〘《*c*1460》: ⇨ be-, fit¹ (v.)〙 ── *vt.* (**be·fit·ted**; **-fit·ting**)〈物・事が〉…に適する (suit); 似合う, ふさわしい (become). ★ 三人称でのみ用いられ, Passive にはならない: wear clothes that ~ the occasion 場所柄をわきまえた服装を着用する / The presents were lavish, as ~*ted* the doner. 贈り主にふさわしく贈り物が山ほど届いた / It ill ~*s* him to do …するのは彼に適当でない[似合わない].

be·fit·ting [-tɪŋ | -tɪŋ] *adj.* 適当な, 相応した, ふさわしい (suitable): modesty ~ *to* youth 青年にふさわしい謙遜. **~·ly** *adv.*

be·flag [bɪflǽg, bə-] *vt.* (**-flagged**; **-flag·ging**) (たくさんの)旗でおおう[飾る].

be·fog [bɪfɔ́(ː)g, bə-, -fáɡ | -fɔ́g] *vt.* (**be·fogged**; **-fog·ging**) **1** 濃霧でおおう. **2 a**〈人を〉困らせる, 当惑させる, 途方に暮れさせる (bewilder): The wine ~*ged* his senses. 酒で正体を失った. **b**〈説明・問題点などを〉ぼかす, 曖昧にする.

be·fool [bɪfúːl, bə-] *vt.* **1** たぶらかす, だます (deceive). **2**《古》ばか者扱いする[呼ばわりする].

be·fore 〘OE *beforan* (adv., prep.) (cog. G *bevor*) ← Gmc **bi-* ' BY¹ ' + **forana* from the front (⇨ fore¹)〙 ── [bɪfɔ̀ə, bə-, -fɔ̀ə, ─´ | bɪfɔ́ː(r, bə-, ─´] *prep.* **1** [位置・場所] **a** …の先に(立って) (ahead of), …の前に (in front of); …の面前[眼前]に: walk ~ a person 人の前方を歩いて行く / appear ~ an audience 聴衆の前に姿を現わす / He was brought ~ the magistrate. 治安判事の前に引き出された. **b** …の前に示されて[用意されて]; …の前途に, …を待って: a bill coming up ~ the Senate 上院まで回ってきた法案 / The hardest task is ~ us. 最も困難な仕事が眼前に横たわっている / I will lay [put] the whole matter ~ you. そのことをすっかり申し上げます / His whole life is ~ him. 彼の生涯はこれからだ / The Christmas holidays were ~ them. クリスマスの休暇が彼らを待っていた. **2** [時] **a** …よりも前に (earlier than) (↔ after): ~ his arrival 彼の到着前に / ~ three days 3日とたたぬうちに / ~ time 定刻前に / ~ long 間もなく, 遠からず, ほどなく / ~ now [then] 今[その時]までに / return ~ dark 暗くならないうちに戻る / He arrived there ~ me [five o'clock]. 私よりも先に[5時前に]そこへ着いた / He did not get home ~ ten o'clock. 10時まで帰らなかった. **b**〈何時〉(…分)前 (to): Our time now is five minutes ~ six o'clock. 時刻はただ今6時5分前です. **3** [順序・階級] …より先に, …に先んじて: put quality ~ quantity 量よりも質を重んじる / Your turn ~ mine. 私の前にあなたの番だ / He is ~ the others in his class. クラスで首席だ. **4** [優先・選択] …よりはむしろ (rather than): They would choose freedom ~ fame 名声よりも自由をとる / die ~ yielding 屈服よりも死を選ぶ / I would do anything ~ that. 何でもするがそれだけはいやだ. **5** …に直面して, …にぶつかって: bow ~ authority 権威の前に屈する / The demonstrators did not recoil ~ the police. デモ隊は警官隊の勢いにもひるまなかった. **6** …に照らして, …に従って (in respect to): a crime ~ the law 法律上の犯罪 / man and wife ~ God 神前に誓った夫婦 / ⇨ *before* GOD! **7** …を考慮に入れないで, 〈税〉を払う前に[の] (↔ after): the price ~ tax 税込値段.

── [─´] *adv.* **1** [位置・場所] 前に, 前方に, 先に(立って) (ahead); 前面に: this chapter and the one ~ この章と前の章 / run on ~ 先に立って走って行く / ~ and behind 前と後ろに. **2** [時] さきに, 以前に; その時までに (cf. ago *adj.*): long ~ 久しい以前に, とっくの昔に / three months ~ (その時から)3か月前に / as ~ 従前通り / at no time ~ or after あとにも先にも(…ない) / (the) day [night] ~ 前日[夜] / I have been there ~. 以前そこへ行ったことがある (⇨ *have been* THERE *before*) / I had heard this ~. それまでにこの事は聞いたことがあった. **3** (定められた時刻より)早く, 前に (earlier): begin at noon, not ~ ちょうど正午に始める / I'll call you up a few days ~. 2, 3日前にお電話します.

look before and after (1) 前後を見る. (2) あとさきを考える (cf. Shak., *Hamlet* 4. 4. 37).

── [─´, ─´] *conj.* **1**〈…する〉に先立って, 〈…する〉よりも前に, …しないうちに (earlier than): I could reply 返事をするひまもなく / ~ you know where you are すぐに, あっという間に / Please drop me a line ~ you come. お出かけの前にご一報下さい / She arrived ~ I (had) expected. 予期していたよりも[意外に]早く到着した / I had not waited long ~ he came. 待つほどもなく彼がやって来た / It will be long ~ we meet again. 今度お会いするのはずっと先のことでしょう, いつまたお目にかかれるやら / It will not be long ~ we meet again. 間もなくまたお会いできるでしょう / Take it down ~ you forget. 忘れないうちに書き留めておきなさい. **2** …するよりはむしろ (rather than): I would die ~ I steal. 盗みをするくらいなら死ぬ, 死んでも盗みなどはしない.

befóre·hànd 〘《?*a*1200》 *biforen hond* ← *before* (*the*) *hand*: cf. AF *avant main* / L *prae manibus*〙 ── *adv.*, *pred. adj.* **1 a** (決められた時よりも)前に: be ~ *with* the rent 家賃を期日前にきちんと払う. **b** 前もって, あらかじめ, かねて, 事前に; 手まわしよく: get everything ready ~ 前もってすべて用意する / Please let me know ~. 事前に知らせて下さい. **2** (経済的に)余裕がある, 十分(以上)にもっている; (金が)余分にある: have nothing ~ 余分の蓄え[金]がない. **3** 早計で (hasty): You are rather ~ in your suspicions. 君は気をまわし過ぎる.

be beforehand with …に前もって備える, …の先を越す (cf. 1): *be* ~ *with* one's packing 荷造りを早くやっておく / *be* ~ *with* the world《古》現金をもっている, 手もとに余裕がある / *be* ~ *with* one's enemy 敵の機先を制する.

befóre-hànd·ed·ness *n.*

befóre-mèntioned *adj.* 前述の.

befóre·tàx *adj.* 税込みの: a ~ income.

befóre·tìme 〘ME *before tyme*: ⇨ BEFORE, TIME〙 *adv.*《古》昔, 以前は (formerly).

be·foul [bɪfáʊl, bə-] 〘ME *befoulen*《変形》← OE *befȳlan*: ⇨ be-, foul〙 ── *vt.*《文語》**1** よごす, けがす (soil). **2** …の悪口を言う, けなす (slander). **3** …の恥となる, はずかしめる (disgrace).

be·friend [bɪfrénd, bə-] *vt.* (友人として)助ける, …に理解を示す, …の味方となる.

be·fud·dle [bɪfʌ́dl, bə-] *vt.* **1** ぐでんぐでんに酔わせる: be ~*d with* drink. **2** (まくし立てて)まごつかせる, どぎまぎさせる. **~·ment** *n.*

be·furred [bɪfə́ːd, bə- | -fɔ́ːd] 〘← BE- + FUR + -ED〙 *adj.* 毛皮の飾りを付けた: a ~ gown.

beg¹ [bég] 〘《?*a*1200》 *begge*(*n*) (i) ▭ AF *begg-er* ← OF *begard* begger ▭ MDu. *beggart* mendicant (cf. Beghard, Beguine); (ii) ← ? OE *bedecian* ← Gmc **beð-* ' to BID¹ '〙 ── *v.* (**begged**; **beg·ging**) ── *vt.* **1 a**〈金銭・食物などを〉〈人に〉請い求める〔*from*, *of*〕 (cf. *vt.* 2 a): ~ one's bread 食を請う, 乞食をする / ~ one's life *from* the king 王に命ごいをする / ~ money *of* charitable people 慈悲深い人々から金の施しを請う. **b** [~ one's way として] 道々乞食をして行く, 乞食をしながら道中する. **2 a**〔人に〕〈許し・恩恵などを〉請う, 頼む, 懇願する〔*of*〕; 〔人に〕〔物・事を〕求める, 頼む〔*for*〕: ⇨ *I beg your* PARDON / I ~ leave to disagree. 失礼ながら承知しかねます / I ~ a favor *of* you. = I have a favor to ~ *of* you. お願いがあります / *Begging* my best remembrances to …《古》…にも宜しくお伝え下さい《私信の結び文句》/ ~ a person *for* alms 人に施しを請う / He ~*ged* his wife *for* a divorce. 妻に離婚してくれと頼んだ. **b** [目的語 +*to* do または *that*-clause を伴って]〈…するように〉頼む, 請う (entreat): He ~*ged* me not *to* leave him alone. 私に一人にしないでくれと頼んだ (cf. *vi.* 2) / I ~ *that* he (will) be allowed. 彼が許してもらえるように私からもお願いします《★ *that*-clause で仮定法を用いるのは《米》》. **c** [不定詞を伴って]〈…させて下さいと〉頼む; (失礼ですが)…いたします《丁寧に意図を知らせる言い方》: The child ~*ged to* sit up late. (= The child ~*ged that* he might sit up late.) 子供は遅くまで起きていさせて下さいと頼んだ / I ~ *to* be excused. (せっかくだが)御免こうむりたい / I ~ *to* differ on that point. 失礼ですがその点では意見が違います / We ~ *to* hand you a check for …《古》…の小切手お送り申し上げます《商用文》. **3 a** (根拠・理由などなしに)当然のことと思う, もちろんのことと考える: ⇨ *beg the* QUESTION. **b**〈問題点などを〉避ける, …に答えない (evade): ~ the point in dispute 論点を巧みに避ける. ── *vi.* **1 a** 施しを請う, 乞食をする: ~ from door to door 門付(かど)けする / ~ *from* passers-by 通りすがりの人に物を請う / ⇨ *go* BEGging. **b**〔物・事を〕請う, 頼む〔*for*〕: ~ *for* food [money] 食物[金銭]を請う / ~ *for* help [mercy] 援助[慈悲]を請う. **2**〔…に〕熱心に頼む, 懇願する (entreat)〔*of*〕: I ~ *of* you not *to* run any risk. お願いだから危険なことはしないで下さい《★ of を用いない言い方 (cf. *vt.* 2 b) よりも形式ばっている》/ She ~*ged for* me *to* stay. 私に居てくれと一生懸命に頼んだ《★ for を用いるのは《米》》. **3**〈犬が〉(後足で立って)ちんちんをする; [命令形で] ちんちん. **4**《トランプ》(all fours で)「ベッグ」する《一番手 (the eldest hand) に許された切札変更要請権で, 親は子に1点ずつ与えて変更を拒否するか, またはさらに札を3枚ずつ配って新たなスーツ (suit) の切札をめくる; cf. stand *vi.* 14》.

beg off (*vi.*) (義務・約束などを)言い訳して断る[免除してもらう]: We had to ~ *off* (the invitation to the party). (パーティーへの招待を)言い訳して断わらなければならなかった. (*vt.*) (懇願して)〈人を〉〔義務などから〕免除してもらうようにする; もらい下げる〔*from*〕.

go begging (1) 物もらい[乞食]をして歩く. (2)〈品物・役職などが〉引受人[買手]がない.

beg² [bég; *Russ.* bjék] 〘▭ Russ. ~: ⇨ bey〙 *n.* (中央アジア・トルコなどの)長官《しばしば称号として用いられる》.

beg. 《略》begin; beginning.

be·gad [bɪgǽd, bə-] 〘《転訛》← *by God*〙 *int.*《口語》まあ, とんでもない, しまった, ええ畜生《軽いののしりを表わす; cf Gad²》.

began 〘OE〙 *v.* begin の過去形.

begat 〘lateOE *begæt*〙 *v.*《古》beget の過去形.

be·gats [bɪgǽts, bə-] 〘⇨↑, -s¹: 聖書で系図を表わす記事の中に begat が頻出するところから〙 *n. pl.*《米俗》**1** (旧約聖書中の)家系図, 系図表. **2** 子孫, 子, 子女.

be·gem [bɪdʒém, bə-] *vt.* (**be·gemmed**; **-gem·ming**) …に宝石をちりばめる, 宝石で飾る.

be·get [bɪgét, bə-] 〘《?*a*1200》 ME *begete*(*n*) ∽ OE *beġietan*: ⇨ be-, get¹〙 ── *vt.* (**be·got** [bɪgɑ́t | -gɔ́t], 《古》**-gat** [-gǽt]; **-got·ten** [-gɑ́tn | -gɔ́tn], **-got** [-gɑ́t | -gɔ́t]; **-get·ting**) **1**〈子を〉もうける (generate). ★ 父親に, またまれには両親にも用いるが女親には用いない (cf. bear² *vt.* 7 a): He *begot* three sons and two daughters. **2**《文語》生じさせる, (結果として)招く (produce): Money ~*s* money. 金は金を生む / Poverty ~*s* crime. 貧困は罪悪の母 / Fear is often *begotton of* guilt. 恐怖心は往々罪の意識から生じる.

be·gét·ter [-tə | -tə(r] 〘《15C》〙 *n.* 産む人, (特に)父親; 事を起こす人.

beg·gar [bégə | -gə(r] 〘《?*c*1225》 *begger*(*e*), *beggar*(*e*) ▭ ? OF *begard*: ⇨ beg¹, -er¹〙 ── *n.* **1** 乞食, 物もらい (cf. mendicant); 寄付集めの人: a good ~ もらい上手, 金集めのうまい人; 食べ物ねだり(など)の上手なペット / die a ~ (乞食の身でみじめに)のたれ死にする / A ~'s purse is always empty.《諺》乞食の財布はいつもからっぽ / *Beggars* must not [cannot] be choosers.《諺》物もらいにえり好みは禁物 / Set a ~ on horseback, and he'll ride a gallop [to the devil].《諺》乞食を馬に乗せたらどこまでも馬を飛ばす《にわか大尽は有頂天になり間もなく身を滅ぼす》/ Once a ~, always a ~. ⇨ once *conj.* **2** 一文なし, 貧乏人. **3** [修飾語を伴って] **a**《口語》[多く親しみ・戯れの意で用いて] 人, やつ (fellow): a good-natured little ~ いい男 / nice little ~*s* かわいらしいやつら《子供や動物の子などにいう》/ Poor ~! かわいそうに / You little ~! こいつめ. **b**《英口語》とても上手な[熱心な]人: a ~ *for* work 仕事熱心な人 / a ~ *to* argue 議論の上手な人. ── *vt.* **1** [しばしば ~ oneself で] 貧乏にする (impoverish): ~ *oneself* by speculation 投機で素寒貧になる. **2** 貧弱にする, 顔色なからしめる; 〈物が〉〈表現・比較などを〉不可能にする: ~ (all) description 表現のしようがない, 筆舌に尽くし難い (cf. Shak., *Antony* 2. 2. 203).

I'll be beggared if…《俗》もし…なら乞食になってもいい《誓ってそんなことはない》.

bég·gar·dom [-dəm] 〘← BEGGAR + -DOM〙 *n.* 乞食仲間[社会].

béggar-lìce *n.* (*pl.* ~)《植物》= beggar's-lice.

bég·gar·ly *adj.* **1** 乞食のような, 無一物の. **2** わずかな, けちな; (知的に)貧弱な: a ~ salary わずかな給料 / a ~ amount of learning 乏しい[わずかな]学識. **3** 卑しい, さもしい. ── *adv.*《古》卑劣な態度で.

bég·gar·li·ness *n.*

béggar-my-néighbor 〘cf. beggar (v.)〙 ── *n.*《トランプ》素寒貧《相手の札を一枚残らず取ることが目的の単純な遊び; 比喩的に政策などに関しても用いる》. ── *adj.* 他人の損失によって利益を得る.

béggar's-lìce *n.* (*pl.* ~)《植物》着物に付着する実を生じる植物の総称《イノコズチ, ヤブジラミなど *Lappula* 属, ヌスビトハギ属 (*Desmodium*) やヤエムグラ属 (*Galium*) の植物》; その実[種子].

Béggar's Ópera, The *n.* 乞食オペラ《John Gay の諷刺的なせりふにドイツ生れの John Pepusch (1667–1752) が作曲・編曲を添えた ballad opera; 1728 年初演》.

béggar's-tìcks *n.* (*pl.* ~)《植物》= beggar-ticks.

béggar-thy-néighbor *n.*, *adj.*《トランプ》= beggar-my-neighbor.

béggar-tìcks *n.* (*pl.* ~)《植物》**1 a** アメリカセンダングサ (*Bidens frondosa*)《とげで着物に付着する実をつけるキク科の植物》. **b** アメリカセンダングサの実[種子]. **2** = beggar's-lice. **3 a** キンミズヒキ《キンミズヒキ属 (*Agrimonia*) の植物の総称; キンミズヒキ (*A. pilosa*) など》. **b** キンミズヒキの実[種子].

béggar·wèed *n.*《植物》**1** マメ科ヌスビトハギ属 (*Desmodium*) の植物の総称《アメリカハギ (*D. canadense*), マイハギ (telegraph plant), ヌスビトハギ (*D. podocarpum*) など》. **2**《英》やせ地に生える各種の植物の総称《knotweed, spurry, dodder など》.

beg·gar·y [bégəri | -rɪ] 〘《*c*1378》 *beggerie*: ⇨ beggar, -y¹, -ery〙 ── *n.* **1** 乞食の身分; ひどい貧乏, 赤貧 (penury): be reduced to ~ ひどく貧乏になる. **2** [集合的] 乞食社会, 貧民階級. **3** 物ごい, 乞食をすること; 卑しさ, さもしさ; 全くみすぼらしい様子[外観].

bég·ging *n.* **1** 物ごい, 乞食生活: live by ~ 乞食をして暮らす. **2** [形容詞的に] 物ごいの: a ~ letter 無心の手紙.

go a-begging《古》= *go* BEGging.

Beg·hard [bég(h)ɑəd, bégəd | -g(h)ɑːd, -gəd] 〘《1656》 ▭ ML *Beghard-us* ▭ OF *Bégard* ← *Beguina*: ⇨ Beguine, -ard〙 ── *n.* ベギン会修道士《13 世紀にフランドルに起こった半俗半僧の修道士で女子のベギン (Beguine) 会の方式によって生活した》.

be·gin [bɪgín, bə-] 〘OE *beginnan* < (WGmc) **bi-ȝinnan* to begin ← **bi-* ' BE- ' + **ȝinnan* to start (←?: cf. gin³)〙 ── *v.* (**be·gan** [bɪgǽn]; **be·gun** [-gʌ́n]; **be·gin·ning**) ── *vt.* **1** 始める, …に着手する (commence); [*to* do, *doing* を伴って] …しだす (start): ~ one's work 仕事を始める / ~ (*to* study) Russian ロシヤ語の勉強を始める / ~ (*writing*) a letter 手紙を書き始める / ~ school 学校に通い始める / ~ life = 《文語》~ the world 世の中に出る / ~ one's career as a nurse 看護婦として人生を振り出す / He *began* his speech by saying that …と言って演説を始めた / Well *begun* is half done.《諺》初めがよいのは半分成就した

のも同じ,「始め半分」/ The snow *began to* melt. 雪が溶け始めた / I am ~*ning to* see what he means. 彼の意図がわかり始めてきた / They *began* watch*ing* television. テレビを見始めた. ★ 動作の開始点に重点を置く場合は begin *to* do, 開始された動作の継続に重点を置く場合は begin do*ing* を用いることが多い. **2 a** 起こす, 創設する (originate): ~ a dynasty 王朝を建てる[の始祖となる] / ~ a reform movement 改革運動を起こす. **b** …の始めに来る, 最初の部分をなす: A ~*s* the alphabet. アルファベットは A から始まる. **3** 《口語》[*to* do を伴い否定構文で] まるで…しそうで(ない): You can't ~ *to* imagine how glad I am to see you. 君に会えてどんなに嬉しいか想像もつくまい / It doesn't ~ *to* meet the specifications. 明細書にてんで合いそうもない. — *vi.* **1** 始まる; 起こる; 発生する: School ~*s at* nine o'clock [*on* Monday, *in* April]. 学校は9時に[月曜から, 4月から]始まる / Education ~*s with* a man's birth. 教育は人の出生と共に始まる / His name *began with* a C. 彼の名前はCで始まっていた / Charity ~*s at* home. ⇨ charity 1 / When did life on this earth ~? 地球の生物はいつ発生したのか. **2** 始める, 開始する, 着手する (start): ~ again 初めからやり直す / ~ *at* the beginning 最初からやる / ~ *at* the wrong end 第一歩を誤まる / Today we ~ *at* page 10, line 5. 今日は10ページの5行目からです / ~ *on* another bottle もう1本開ける / He *began on* a new book. 新しい本に取りかかった《読み[書き]始めた》/ *Begin with* No. 1. 《口語》まず自分から始めよ. **3** 談話を始める, 言い出す: He *began* by praising us, saying …. 彼はまず…と言って我々をほめた.

to begin with [独立副詞句] そもそも, まず第一に, 何はさておき (in the first place).

be·gín·ner 〖ME〗 — *n.* **1** 初学者, 初心者; (特に)未熟者: a mere ~ 全くの初心者 / a ~*'s* dictionary 初学者向きの辞書 / That's not bad for a ~. 初心者としては悪くはない[いい方だ] / *Beginners* are invariably lucky. (勝負事では)初心者は運がいいのが常だ. **2** 〔会などの〕創立者, 創始者, 開祖 〔*of*〕.

beginner's lúck *n.* [the ~] 初心者の幸運《賭事・狩猟などずぶのしろうとに幸運が多いという》.

be·gín·ning 〖ME〗 — *n.* **1** 初め, 端緒 (start): at the (very) ~ 最初に, まっ先に / at the ~ of this month 今月の初めに / from ~ to end 初めから終わりまで, 終始 / from the ~ 最初から / in the ~ 物の初めに, まず初めに / make a ~ 端緒を開く, 始める, 着手する / since the ~ of things 世の初めから. **2** 始まり, 発端; 起源, 起こり (origin): the ~ of a book [play] 本[芝居]の初めの部分, (特に)最初の3分の1の部分《middle, end に対していう》/ the ~ and the end 発端と結末, 全部 / the ~ of the end 最後の結果[大団円]を予示する最初のきざし,「桐一葉」/ Humility is the ~ of wisdom. 謙譲は分別の始まり / Everything has a ~. 《諺》物事には皆初めがある,「始めよりの和尚なし」/ Nobody knows what the ~ of their quarrel was. 彼らの仲たがいの原因が何であるかだれも知らない. **3 a** [しばしば *pl.*; 単数扱い] 初期, 初め[幼少]のころ: the ~*s* of English literature 英文学の揺籃(ﾗﾝ)期 / rise from humble ~*s* 卑賤から身を起こす. **b** 初期[未発達]の段階にあるもの: The sewage system is still a ~. 下水道の設備はいまだ緒に着いたばかりだ. — *attrib. adj.* **1** 始まったばかりの, 初期の (incipient). **2** 最初の, 導入の. **3** 《米》〈学科・本など〉基礎的な, 初心者向けの; 〈学習者・職業人など〉初心の: a ~ dictionary 初級者用辞書 / a ~ carpenter 新米大工.

beginning rhýme *n.* 《詩学》 **1** 詩行の初めの押韻. **2** =alliteration.

be·gird [bɪɡə́ːd, bə- | -ɡə́ːd] 〖OE *begyrdan*: ⇨ be-, gird[1]〗 — *vt.* (**be·girt** [-ɡə́ːt | -ɡə́ːt], ~**·ed**; **-girt**) [通例 p.p. 形で] 《文語》 帯で巻く; 囲む, 取り巻く: a castle *begirt with* a moat 堀をめぐらした城.

be·glam·our [bɪɡlǽmə, bə- | -mə(r)] *vt.* …に魅力を添える.

be·gone [bɪɡɔ́(ː)n, bə-, -ɡɑ́n | -ɡɔ́n] 〖《*c*1370》← *be* ((imper.) ← *ben* 'to BE[1]') + GONE[1]: cf. beware〗 — *vi.* [命令形または不定詞形で] 《文語》 去る (go away): *Begone!* 行ってしまえ, 失(ｳ)せろ / Tell him to ~ at once. すぐ立ち去れと言え.

be·go·nia [bɪɡóunjə, bə-, -niə | -ɡə́unjə, -nɪə] 〖《1751》← *Michel Bégon* (1638–1710: フランスの植物学の奨励者): ⇨ -ia[1]〗 — *n.* 《植物》 ベゴニア, シュウカイドウ《ベゴニア属 (*Begonia*) の熱帯植物の総称; 観賞用に植えるものが多い》.

Be·go·ni·a·ce·ae [bɪɡòuniéɪsiːː, bə- | -ɡə̀unɪ-] 〖← NL ~: ⇨ ↑, -aceae〗 — *n. pl.* 《植物》《双子葉植物ナデシコ目》シュウカイドウ科. **be·gò·ni·á·ceous** [-ʃəs] *adj.*

be·gor·ra [bɪɡɔ́(ː)rə, bə-, -ɡɑ́rə | -ɡɔ́rə] 〖《転訛》← *By God*〗 *int.* (*also* **be·gor·rah** [~], **be·gor·ry** [-ri | -rɪ]) 《アイル》実に, いやはや《軽いののしりを表わす》.

begot *v.* beget の過去形・過去分詞.

begotten *v.* beget の過去分詞.

be·grime [bɪɡráɪm, bə-] *vt.* **1** [通例 p.p. 形で] 〔煙・すす・石炭・ほこりで〕よごす 〔*with*〕: a ~*d* street 薄ぎたない街路 / buildings ~*d with* soot すすまみれで薄ぎたなくなった建物. **2** 〈名声などを〉汚す (sully).

be·grudge [bɪɡrʌ́dʒ, bə-] 〖ME *bigrucchen* ← BE- + *grucchen* 'to GRUDGE'〗 — *vt.* **1 a** [しばしば二重目的語を伴って] 〈物を〉いやいや出す, しぶしぶ与える; いやいやながめる[認める]《★ grudge より意味が強い》: ~ every minute taken from one's study 勉強の時間を1分でもさかれるのをいやがる / He ~*s* his wife money to buy clothes. 着物を買う金も細君に快く与えない. **b** 〈…することを〉いやがる 〈*doing, to* do〉: No one ~*s* help*ing* [*to* help] her. 彼女を助けるのをいやがる者は一人もいない. **2** [しばしば二重目的語を伴って] 〈人の物を〉そねむ, ねたむ (envy): They ~*d* (him) his good fortune. 彼の幸運をねたんだ. **be·grúdg·er** *n.*

be·grúdg·ing·ly *adv.* しぶしぶ, いやいやながら.

be·guile [bɪɡáɪl, bə-] 〖《?*c*1225》*bigilen* ← BE- + *gilen* to deceive (⇨ guile)〗 — *vt.* **1** 〈人を〉だます; だまして〔ある行動を〕とらせる 〔*into*〕; 欺いて〔…を〕奪う 〔(*out*) *of*〕: The serpent ~*d* me and I did eat. 蛇我を誘惑(ｲｻﾞﾅ)して我食(ｸﾗ)えり (*Gen.* 3 : 13) / ~ a person *into* parting with his money 人をだまして金を手放させる / ~ a person (*out*) *of* his money 人をだまして金を巻き上げる. **2** 〔…で〕喜ばせる, 楽しませる (amuse) 〔*with*〕: ~ boys *with* stories 少年たちに話を聞かせて喜ばせる. **3** 〈暇・退屈・労苦などを〉〔…で〕まぎらす, しのぐ 〔*with*〕; 〈物事が〉忘れさせる: ~ a journey *with* talk [*by* reading a book] 話をして[本を読んで]旅のうさを晴らす / ~ sorrow *with* music 音楽を聞いて悲しみをまぎらす / The book ~*d* the tedious hours. その本で退屈な時間を忘れた. — *vi.* 手練手管でたぶらかす.

be·guíl·er [-lə | -lə(r)] 〖ME〗 *n.* **1** だます人 (deceiver). **2** 退屈しのぎとなるもの: This book is a good ~. これは退屈しのぎによい本だ.

be·guíle·ment *n.* **1** だますこと (deception). **2** 退屈しのぎ, 気晴らし (diversion).

be·guíl·ing [-lɪŋ] *adj.* 退屈しのぎの, 気晴らしの. ~**·ly** *adv.*

Bé·guin [béɡɪn; *F.* begɛ̃] *n.* =Beghard.

beg·ui·nage [béɪɡɪnàːʒ, béɡ-, ‿ ‿ ⌐; *F.* beɡinaːʒ] *n.* ベギン (Beguine) 会修道院.

be·guine [bɪɡíːn, bə-, beɪ-] 〖《1935》□ F《方言》*béguine* dance ← *béguin* flirtation ←? OF *Beguine* (↓)〗 — *n.* [通例 the ~] **1** ビギン《ルンバに似た西インド諸島 Martinique 島などで行なわれるダンス》. **2** ビギン風の米国の社交ダンス. **3** そのダンス曲.

Beg·uine [béɡiːn, béɡ-, ‿ ⌐; *F.* beɡin] 〖《?*a*1400》*Bigin(e)* □ (O)F *béguine* ←? *Lambert le Bègue* (Lambert the Stammerer の意) (1170年その修道会の創設者) // ? (fem.) ← OF *beguin* monk, friar《変形》← *begard* 'BEGGAR'〗 — *n.* ベギン会修道女《12世紀にベルギーの Liège に起こった修道会の会員で, 俗人の権利を保有しながら修道女の生活をした半俗修道女; しばしば異端の疑いをかけられ, 軽蔑的に用いられた; cf. Beghard》.

be·gum [béɪɡəm, bíː- | béɪ-] 〖《1634》□ Hindi *begam* □ Turk. *bigam* (fem.) ← *big* lord〗 — *n.* 《インド》(イスラム教徒の)王妃, 王女; (イスラム教徒の)貴婦人《主に未亡人》.

begun *v.* begin の過去分詞.

beh. 《略》 beheaded.

be·half [bɪhǽf, bə-, -háːf | -háːf] 〖《*c*1303》*bihalve* ← *bi halve* on (one's) side: ⇨ by[1], half: ME *bi halve him* concerning his part の *bi halve* が *on his halve* on his part と混同され, *on his bihalve* のように用いられて名詞となったもの〗 — *n.* (*pl.* **be·halves** [-hǽvz, -hɑ́ːvz | -hɑ́ːvz]) **1** 利益 (interest); 支持 (support). **2** 《古》点, 面 (respect): in [on] this [that] ~ これ[それ]については, この[その]点で. ★ 主に次の成句で: ***in behalf of*** = ***in*** *a person's* ***behalf*** 《米》 (1) …のために: plead in ~ of a cause 主義のために弁じる / I speak this *in your* ~. 君のためにこう言うのだ. (2) =*on* BEHALF *of* (1). ***on behalf of*** = ***on*** *a person's* ***behalf*** (1) …に代わって, …を代表して: *on* ~ *of* the company 一同に代わって, 一同を代表して / I thank you *on his* ~. 彼になり代わってお礼を申し上げます. (2) =*in* BEHALF *of* (1).

Be·han [bíːən], **Brendan** (**Francis**) *n.* (1923–64) アイルランドの劇作家.

be·have [bɪhéɪv, bə-] 〖《*c*1410》*behave(n)*: ⇨ be-, have[1]: cf. G *sich behaben*〗 — *vi.* **1 a** [副詞語句を伴って] 〈ある仕方で〉振舞う, 身を処する: ~ well, [badly, shamefully] 立派に[だらしなく, はしたなく]振舞う / He doesn't know how to ~. 行儀作法を知らない / You must ~ respectfully to [toward] your elders. 年長者に対しては丁重でなければならない / Why do you ~ like that? どうしてそんな振舞いをするのか. **b** 〈子供・若者などが〉行儀よくする, 正しい振舞いをする (cf. *vt.* 2): Did the children ~ today? 今日は子供たちは行儀がよかったか. **2** [副詞語句を伴って] **a** 〈機械などが〉動く, 運転する (work): The car ~*d* well [badly] in its test run. 車は試運転では調子がよかった[よくなかった]. **b** 〈物体・物質が〉(ある条件や環境のもとで)反応を示す, 作用する (react): How does water ~ under heat? 水は熱せられるとどう反応するか. — *vt.* [~ *oneself* で] **1** [副詞語句を伴って] 〈ある仕方で〉振舞う: He ~*d himself* well [like a gentleman]. 立派に[紳士らしく]振舞った. **2** 〈子供などが〉行儀よくする (cf. *vi.* 1 b): *Behave yourself!* お行儀をよくしなさい. **be·háv·er** *n.*

-be·háved *adj.* [複合語の第2構成素として] (…に)振舞う, 行儀が…である: well-[ill-, badly-]*behaved* 行儀のよい[悪い].

be·hav·ior, 《英》 **be·hav·iour** [bɪhéɪvjə, bə- | -héɪvjə(r)] 〖《?*a*1425》*behavour, behaver* ← *behaven* 'to BEHAVE': 語尾は《廃》*havour, haviour* (← F *avoir* possessions: 不定詞の名詞化)を have の派生語と誤解してこれにならったもの〗 — *n.* **1 a** 行動, 行為 (conduct); 行儀, 行状, 品行 (manners); 振舞い, 態度 (deportment): his ~ at the party パーティーでの彼の振舞い. **b** 《心理》(心理学の研究対象として)生物の行動; (生物の)習性. **2 a** (機械などの)働き, 調子. **b** (特定の状態における物体・物質の示す)性質, 作用, 反応: the ~ of tin under heat 熱を受けた場合のスズの性質[反応].

be of good behavior 《法律》善行をしている, 失行がない. ***during good behavior*** 罪過ない限り. ***on*** [***upon***] *one's* ***good*** [***best***] ***behavior*** 謹慎中で; (行状監視中に)努めて神妙にして, 行儀をよくして. ***put*** *a person* ***on his good*** [***best***] ***behavior*** 人に謹慎を命じる; 人に努めて行儀をよくするように勧める.

be·hav·ior·al [bɪhéɪvjərəl, bə-] *adj.* 行動に関する, 行動の.

behávioral scíence *n.* 行動科学《心理学・社会学・文化人類学などで人間行動を観察して類型を求め, その社会的行動を方式化しようとする学問の分野》.

behávioral scíentist *n.* 行動科学者.

be·háv·ior·ìsm [-vjərɪzm] 〖《1913》〗 — *n.* 《心理》 **1** 行動主義《客観的に観察し得る行動のみを研究対象とする心理学説で J. B. Watson の主唱したもの; 米国心理学の主流をなし, 古典的行動主義といわれる; 後, その修正として新行動主義が生れる; cf. introspectionism, mentalism 1》. **2** 行動主義的研究.

be·háv·ior·ist [-vjərɪst, -rəst | -rɪst] *n.* 行動主義心理学者. — *adj.* =behavioristic.「的な.

be·hav·ior·is·tic [bɪhèɪvjərístɪk, bə-] *adj.* 行動主義

be·hav·ior·is·tics [bɪhèɪvjərístɪks, bə-] 〖《1953》: ⇨ -ics〗 — *n.* 行動学《生物と人間の行動を生物学・心理学・文化人類学・社会学などの諸分野の協力によって総合的に研究する学際研究》.

behávior pàttern *n.* 《社会学》行動様式《個人または集団が一定の状況のもとで常にまたは反復的にとる(他の行動の仕方と相関的な)行動の仕方[型, 様式]》.

behávior thèrapy *n.* 《精神医学》行動療法《新しい行動様式の訓練による精神療法》.

behaviour *n.* =behavior.

be·head [bɪhéd, bə-] 〖OE *behēafdian* ← BE- + *hēafdian* to behead (← *hēafod* 'HEAD')〗 — *vt.* **1** …の首を切る, 打首にする. **2** 《地質》〈川を〉斬首する, 首なし川にする.

beheld *v.* behold の過去形・過去分詞.

be·he·moth [bɪhíːməθ, bə-, bíːəmɔ̀(ː)θ | bɪhíːmɔθ, bíːhɪmɔ̀uθ] 〖《*a*1382》□ L ~ □ Heb. *bᵉhēmōth* (pl.) ← *bᵉhēmāʰ* beast〗 — *n.* **1** [しばしば B-] 《聖書》牛のように草を食いそのあばら骨は鉄の棒のようだという巨獣《河馬またはわにのことかという; cf. *Job* 40 : 15–24》. **2 a** [通例 a ~ of a… の形で] 非常に大きい[力のある]もの, 巨大なもの: *a* ~ *of a* book 厖(ﾎﾞｳ)大な書物. **b** グロテスクなもの. **be·he·móth·ic** [bìːəmáθɪk | -hɪmə́uθ-, -mɔ́θ-] *adj.*

be·hen·ic [bɪhénɪk, bə-] 〖← *behen* (《変形》← BEN[3]) + -IC[1]〗 *adj.* 《化学》ベヘン酸の《docosanoic ともいう》.

behénic ácid *n.* 《化学》ベヘン酸 ($CH_3(CH_2)_{20}COOH$)《白色蠟(ﾛｳ)状の固体; 種子油の中などに存在する; docosanoic acid ともいう》.

be·hest [bɪhést, bə-] 〖《?*a*1200》*bihest* ← OE *behǣs* vow < Gmc **bixaissi* ← **bixaitan* ← **bi-* 'BE-' + **xaitan* to bid, call: cf. height〗 — *n.* 《詩・文語》 **1** 命令, 指令: at a person's ~ 人の命令で. **2** 熱烈な要望: *at the* ~ *of* the family 一族の切なる願いで.

be·hind 〖OE *bi-, behindan* ← *bi* 'BY[1]' + *hindan* (← *hind-* 'HIND[3]': cog. G *hinten*)〗 — [bɪháɪnd, bə-] *adv.* **1** [位置・場所] 後ろに, 後に; 後ろを; 背後に: stay [remain] ~ 後に残る / lag ~ ぐずぐずして遅れる / look ~ あとを見る; 回顧する / He glanced ~. ちらりと後ろを見た / Go ~ and look for it. 後ろへ行って捜してみなさい. **2** 《古》現われていない, 残っている (unrealized): There is stronger evidence ~. もっと有力な証拠が残っている / The most comical scene is yet ~. 最も滑稽な場面はまだこれからだ. **3** [時間] (定刻に)遅れて, 遅すぎて (too late): He came ten minutes ~. 10分遅れて来た / The train was five minutes ~. 列車は5分遅れた. **4** 〔仕事・進歩などが〕遅れて; (支払い期限に)遅れて, 〔家賃などが〕滞って 〔*in, with*〕; 〈時計など〉遅れて (slow): be ~ *in* [*with*] one's work 仕事が遅れる / be ~ *in* [*with*] one's rent 家賃が滞っている / We are far ~ *in* our preparations. 準備が非常に遅れている / I shall not be ~ *in* doing so. 私はそうすることにおいて人後に落ちない / If Winter comes, can Spring be far ~? 冬来たりなば春遠からじ (Shelley) / a special class for children who are ~ 遅進児のための特別学級 / The clock runs [is] ~. 時計が遅れている. **5** 過去に, 過ぎて: My grief lies onward and my joy ~. 私の悲しみは未来にあり私の喜びは過去にある (Shak., *Sonnets* 50). **6 a** 舞台裏で [へ, を]: I am going to take a peep ~. 舞台裏をちょっとのぞいてみようと思う. **b** 背後に, 隠れた所に: Is there anything ~? 何か背後にいわくがあるのか. **7** 向こうに, かなたに (beyond): The stream has the mountains ~. その川の向こうには山がある.

come behind あとからついて行く. ***come from behind*** 《米俗》(レースなどで)逆転勝ちする. ***put behind*** 〈いやな事などを〉忘れる(⇨behind *prep.* 成句).

— [ˌ—ˊ; —ˊ] *prep.* **1** [場所] **a** …の後に, …の陰に: ~ the house, door, etc. / ~ the guns [the front, the lines] 銃後において, 銃後の / from ~ the door 戸の後ろから / get ~ a tree [the curtain] 木[カーテン]の陰に隠れる / She looked ~ her. 後ろを振り向いた. **b** (ドア・木戸などを通って)〈自分〉の後で: He closed the gate ~ him. 木戸を通った後締めた / I bolted the door ~ me. ドアを通った後かんぬきで締めた. **2** [時間] **a** [通例 leave, remain, stay と共に]〈人〉が去った[死んだ]後に: He *left* his stick ~ him. ステッキを忘れて行った / He *left* five children ~ him. 5人の子供を残して死んだ / He *left* nothing ~ him. 遺産皆無だった / She *stayed* ~ me for a few days. 私が去ってからも 2, 3 日滞在した. **b** 〈人〉の過去に: We have a long history ~ us. 我々は過去に長い歴史をもっている. **c** 〈人〉にとって過ぎて[終わって]: His apprenticeship was ~ him. 彼の徒弟時代は終わっていた / All his difficulties are now ~ him. 彼の苦労は今やすべて過去のものとなった. **3** …の後を追って (following): She followed close ~ him. 彼のすぐ後をつけて行った. **4** 〈時刻・定刻〉より遅れて (later than); 〈時代〉に遅れて: The train is ~ its time. 列車は定刻より遅れた[延着した] / ~ schedule 定刻[予定]に遅れて / I was ten minutes ~ time. 10分遅刻した / He arrived one hour ~ me. 私よりも1時間遅れてやって来た. **5 a** …に遅れをとって, …より劣って: He is ~ other boys of his age. 彼は同年輩の他の少年より遅れて[劣って]いる / Our success was much ~ what I had hoped. 我々の成功は私がかねて希望していたよりもずっと下回っていた / They were ten years ~ their neighbors in knowledge. 彼らは知識にかけて隣国人よりも10年は劣っていた / Here we are far ~ Tokyo. ここは東京よりもずっと遅れている. **b** 《野球》…に追い込まれて《ピッチャーがストライクよりもボールを多く投げて; バッターがボールよりも多くのストライクを取られて; cf. *in the* HOLE (2)》: The pitcher was ~ the batter. ピッチャーはバッターに追い込まれていた. **6** …を後援して, を支持して (supporting): His father is ~ him in this venture. この冒険事業には彼の父の支援がある / He has the president ~ him. 彼には社長の支持がある / They are fully ~ his policy. 彼の政策を完全に支持している. **7** …の背後に, …(の陰)に隠れて: There seems to be something ~ his action. 彼の行為の陰には何かあるらしい / What is ~ all this? この件の背後には一体何が隠されているのか. **8** …の向こう側に, のかなたに (beyond): The sun has sunk ~ the mountains.

put behind one 〈ある事を〉もはや考慮しない; 忘れる: I *put* the plan entirely ~ me. その計画のことはもう全然考慮しなかった / He *put* unpleasant memories ~ him. 不愉快な思い出を忘れた.

— [ˌ—ˊ] *adj.* 後ろの; かなたの: the person ~ 後ろの人 / the Alps and the plains ~ アルプス山脈とかなたの平原.

— [ˌ—ˊ] *n.* **1** 後ろ, (上衣などの)背中 (back side). **2** 《口語》尻 (buttocks): kick a person's ~ 人の尻をける / fall on one's ~ 尻もちをつく. **3** 《オーストラリアンフットボール》1キックによる1点.

be·hínd·hànd 《1530》← BEHIND+HAND: cf. beforehand》 **—** *adv., pred. adj.* **1** 遅れて, 遅い (late). **2** 〈人が〉進歩が遅い, 〔学問・思想などに〕遅れて (backward) 〔*in*〕: be [get] ~ *in* study [one's ideas] 勉強[思想]が遅れている[遅れる]. **3** 〔仕事・家賃などが〕滞って (in arrears) 〔*in, with*〕; 〔暮らし向きなどが〕差しつかえて 〔*in*〕: be ~ *in* one's work [*with* the rent] / be ~ *in* one's circumstances 暮らし向きが悪い.

behínd-the-scénes *adj.* 舞台裏の, 黒幕の; 秘密の, 裏面の (cf. *behind the* SCENES): ~ maneuvers 裏面工作.

Be·his·tun [bèɪhɪstúːn] *n.* ベヒストゥン (⇨Bisitun).

Behn [béɪn, bén], **Aph·ra** [ǽfrə] *n.* (1640–89) 英国の女流劇作家・小説家; *The Rover* (戯曲, 1677–81), *Oroonoko* (小説, 1688).

be·hold [bɪhóʊld, bə- | -háʊld] 〘OE *bihealdan*, *-haldan* to keep, behave (oneself), observe (laws), look at: ⇨ be-, hold¹〙《文語》 **—** *v.* (**be·held** [-héld]; **-held,** 《古》 **-hold·en** [-hóʊldən, -dn | -háʊl-]) **—** *vt.* 見る, ながめる (see); 注目[凝視]する (gaze): I never *beheld* a sight more beautiful. これ以上に美しい光景は見たことがない. **—** *vi.* [命令形で] 見よ (Look!): Lo and ~! こはそもいかに. **~·er** *n.*

be·hold·en [bɪhóʊldən, bə-, -hóʊldn | -háʊl-] 〘(?c1390) *biholde(n)* (p.p.) ← *biholden* 'to BEHOLD'〙 **—** *pred. adj.* 《文語》お陰をこうむって, 恩義を受けて: I am ~ *to* you *for* your kindness. 御親切ありがとう存じます.

be·hoof [bɪhúːf, bə-] 〘OE *behōf* utility < (WGmc) **bihōf* that which binds (G *Behuf*) ← **bi-* 'BE- 1'+ **χof-* (← IE **kap-* to grasp: ⇨ have¹)〙 **—** *n.* (*pl.* **be·hooves** [-húːvz]) 《文語》利益 (advantage). ★ 主に次の成句で: ***to* [*for, on, in*] *a person's* (*own*) *behoof*** 人のために: *For whose* ~ is this done? これはだれのためにしたのか.

be·hoove [bɪhúːv, bə-] 〘OE *behōfian* to need ← *behōf* (↑)〙 (*also* **be·hove** [bɪhóʊv, bə- | -háʊv]) **—** [通例 it を主語として] *vt.* 《文語》 **1** …にとって義務である; …にふさわしい: *It* ~*s* public officials *to* do their duty. 公務員はその職分を尽さなければならない / *It* ill ~*s* you *to* complain. 不平を言うなんて君らしくもない. **2** …にとってやりがいがある: *It* would ~ you *to* be nicer to them. 彼らによくしてやることは君にとってもしがいのあることだろう. **—** *vi.* 《まれ》必要[適当, 当然]である.

Beh·ring [béːrɪŋ | béər-; *G.* béːrɪŋ], **Emil** (**Adolf**) **von** *n.* ベーリング《1854–1917; ドイツの細菌学者; ノーベル医学生理学賞 (1901)》.

Beh·ring [bí(ə)rɪŋ, bé(ə)r- | bér-, bíər-, béər-; *Dan.* béːriŋ], **Vitus** *n.* =Vitus BERING.

Behr·man [béəmən | béə-], **S**(**amuel**) **N**(**athaniel**) *n.* (1893–1973) 米国の劇作家; *The Second Man* (喜劇, 1927).

Bei·da [béɪdə] *n.* ベイダ《Libya 北東部にある都市で法律上の首都; 現在建設中 (cf. Tripoli 2, Benghazi); 人口 59,000》.

beige [béɪʒ | béɪʒ, béɪdʒ; *F.* bɛːʒ] 〘(1858) ◻ F ~ < OF *bege* ← ?: cf. It. *bigio*〙 **—** *n.* **1** (染色も漂白もしない)生地のままの毛織物. **2** (羊毛の地色の)薄いとび色, ベージュ色. **—** *adj.* 薄いとび色の, ベージュの.

bei·gel [béɪgəl] *n.* =bagel.

bei·gy [béɪʒi | -ʒɪ] *adj.* =beige.

Bei·lan [beɪláːn] *n.* [the ~] ベイラーン《シリアの都市 Aleppo 北西方の山道; 小アジアとシリアとの間の昔の関門; Bailan, Beilan [Bailan] Pass ともいう》.

bé-ìn 〘(1967) ← BE¹+-IN²〙 *n.* (公園などでの)ヒッピーの集会.

bé·ing¹ 〘(?a1300): ⇨ be, -ing¹〙 **—** *n.* **1** 現存, 存在, 実在 (existence): actual ~ 実在 / a material ~ 物的存在(物) / All things in their ~ are good for something. 《諺》存在しているものは皆何かの役に立つ,「鼠の尾まで錐の鞘」. **2** 生存, 生命 (life), 人生: the aim of our ~ 人生の目的 / be thrilled to the very roots of one's ~ 腹の底までぞくぞくする, 全身の血がわく / throw one's whole ~ into love 恋に命を賭ける / In him we live, and move, and have our ~. 我らは神の中(ﾅｶ)に生き, 動きまた在(ｱ)るなり (*Acts* 17: 28). **3** 生き物; 人間: an angelic ~ 天使 / inanimate ~*s* 無生物 / a well-dressed ~ 立派な身なりをした人 / He is one of history's most enigmatic ~*s*. 歴史上最も謎を秘めた人物の一人だ. **4** 本質, 本性 (nature, essence): examine the very ~ of literature 文学の本質を探る. **5** [B-] 神, 上帝 (God, Deity): the Supreme [Infinite] *Being* 絶対[無限]者《神のこと》. **6** 《哲学・心理》存在 (cf. becoming 1 a): absolute ~ 絶対存在 / ~ and becoming 存在と生成.

bring* [*call*] *into being 産み出す, 生ぜしめる: God *called* the heaven and earth *into* ~. 神は天地を生ぜしめた. ***come into being*** 生まれ出る, 生じる, 出現する. ***in being*** 現存の (existing); 生存している (alive): a fleet *in* ~ ⇨ fleet¹ 1.

bé·ing² 〘(14C) *beinge* (pres.p.) ∽ OE *bēande*: ⇨ -ing²〙 **—** *adj.* 現在の (present). ★ 次の成句で: ⇨ *for the* TIME *being*. **—** *conj.* [しばしば ~ as, ~ that として]《方言》…なので, …だから (because): *Being* (*as* [*that*]) it's late, let's go home. もう遅いから帰ろう.

béing-for-itsélf 〘《なぞり》← G *Für-sich-Sein*〙 *n.* 《哲学》向自存在《特に, ヘーゲル哲学の用語; being-for-self ともいう》.

béing-in-itsélf 〘《なぞり》← G *An-sich-Sein*〙 *n.* 《哲学》即自存在《特に, ヘーゲル哲学の用語; being-in-self ともいう》.

béing-itsélf *n.* 《哲学》存在自体《無限定的な純粋の「存在」.

bé·ing·ness 〘(1662)〙 *n.* 《哲学》存在, 実在(性), 有, 本質《あらゆる事物について語られる最広義の存在; 超越的または内実的な実在》.

béing-wìth *n.* 《哲学》共(同)存在《社会の一員として他人と共にある人間の存在》.

Bei·ra [béɪrə | báɪərə; *Port.* béjrɐ] *n.* ベイラ《アフリカ南東部 Mozambique の海港; 人口 114,000》.

Bei·rut [beɪrúːt] *n.* ベイルート《レバノンの首都で, 海港; 人口 475,000》.

Be·ja [béɪdʒə] *n.* (*pl.* ~, ~**s**) **1 a** [the ~(s)] ベジャ族《Nile 川と紅海の間に住む遊牧民族》. **b** ベジャ族の人. **2** ベジャ語.

be·ja·bers [bɪdʒéɪbəz, bə-, -dʒéb- | -bəz] 〘《転訛》← *by Jesus*〙 *int.* (*also* **be·jab·bers** [~]) 《アイル》=bejesus.

be·jan [bíːdʒən] 〘(1642) ◻ F *béjaune* < OF *becjaune* yellow beak: もとパリ大学での呼称で「嘴(ｸﾁﾊﾞｼ)の黄色いひよこ」の意〙 *n.* (スコットランドの大学の)一年生.

be·jau·na [bɪdʒɔ́ːnə] *n.* 女性の bejan.

bej·el [bédʒəl] 〘◻ Arab. 《口語》*bájla*ʰ〙 *n.* 《病理》中東に見られる非性病性の梅毒.

be·je·sus [bɪdʒíːzəs, bə-, -zəz] 〘《変形》← *by Jesus*〙 **—** *int.* イエスにかけて, きっと (by Jesus). **—** *n.* ★ 次の成句で: ***beat the bejesus out of*** …をこっぴどく打つ[なぐる].

be·jew·el [bɪdʒúːəl, bə-, -dʒúəl, -dʒúːl] *vt.* (**be·jew·eled, -elled; -el·ing, -el·ling**) …に宝石をちりばめる, 宝石で飾る: a ~*ed* woman / The sky is ~*ed with* stars. 空は星をちりばめたようだ.

Be·ke·sy [béɪkeɪʃi | -ʃɪ; *Hung.* béːkeːʃ], **Georg von** *n.* ベケシー《1899–1972; ハンガリー生まれの米国の物理学者・生理学者; Nobel 医学生理学賞 (1961)》.

bel¹ [bél] 〘◻ Hindi ~ 'fruit of the bel' ← Skt *bilva* bel tree〙 *n.* 《植物》=bael.

bel² [bél] 〘← A. G. *Bell*〙 *n.* 《電気》ベル《電力や音の減衰や利得を示す単位; =10 decibels; 記号 B, 古くは b》.

Bel¹ [béɪl, bél] 〘◻ L *Bēl-us* ◻ Gk *Bēlos* ◻ Akkad. *Bēlu* 《原義》owner, lord: ⇨ Baal〙 **—** *n.* ベル《バビロニアおよびアッシリアの大地の神; Bel and the Dragon は外典 (Apocrypha) の一書》.

Bel² [bél] 〘(dim.) ← ARABEL // BELINDA // ISABEL〙 *n.* 女性名.

be·la·bor, 《英》 **belabour** [bɪléɪbə, bə- | -bə(r)] 〘(1596)〙 **—** *vt.* **1** 《まれ》ひどく打つ, なぐりつける (beat). **2** やっつける (attack). **3** 〈論点などを〉(不必要に)長々と論じる, 詳説する.

be·lah [bíːlə | -lɑː] 〘← Austral. 《土語》〙 **—** *n.* 《植物》 **1** グラウカモクマオウ (*Casuarina glauca*) 《オーストラリア原産; 木材用》. **2** オーストラリア Queensland 産マメ科アカシア属の高木 (*Acacia excelsa*).

be·lar [bíːlə | -lə(r)] *n.* 《植物》=belah.

Be·las·co [bɪlǽskoʊ, bə- | -kəʊ], **David** *n.* (1853–1931) 米国の劇場支配人・劇作家; *Madame Butterfly* (John Luther Long と合作) (1900).

be·lat·ed [bɪléɪtɪd, bə-, -ṭəd | -tɪd, -təd] 〘(1618) ← 《廃》*belate* to retard (⇨ be-, late)+-ED〙 **—** *adj.* **1** 遅れた, 遅くなった; 期限を越えた, 時期を逸した: a ~ report, letter, dinner, etc. / ~ efforts 手遅れ. **2** 時代遅れの, すたれた (outdated): Such a view is ~. そんな考えは時代遅れだ. **3** 《古》夜にはいって暗くなった, 行き暮れた (benighted): a ~ traveler 行き暮れた旅人. **~·ly** *adv.* **~·ness** *n.*

Bel·a·trix [bəléɪtrɪks, be- | bélətrɪks, beléɪtrɪks, bə-] *n.* 《天文》=Bellatrix.

be·laud [bɪlɔ́ːd, bə-] *vt.* (冷やかし・皮肉を含めて)激賞する: be ~*ed* to the skies ほめそやされる.

be·lay [bɪléɪ, bə-] 〘OE *belecgan* to lay round: ⇨ be-, lay¹〙 **—** *vt.* **1** 《海事》〈綱を〉S字[8字]形に巻きつける; (索留め (cleat) などに巻きつけて)留める. **2** 《登山》 **a** 〈人を〉確保する (cf. *n.*). **b** 〈ザイルを〉確保する, セットする: ~ a rope *round* [*to*] a rock. **3** 《海事》〈命令などを〉取消す. **—** *vi.* 《海事》 **1** ロープを巻き留める. **2** 《口語》[主に命令文で]やめる (stop): *Belay* (there)! やめろ (Stop!), (もう)たくさんだ (Enough!). **—** *n.* 《登山》 **1 a** 確保, ビレイ《ザイルでつないだ仲間が墜落するのをザイルで食い止めること》. **b** 確保技術. **2** 確保支点《岩の突起・立木など》. **~·er** *n.*

beláying pìn *n.* 《海事》ビレーピン, 索留め栓(ｾﾝ)《これに索具を S字[8字]形に巻きつけて留める長さ 30cm くらいの木または金属棒》.

belaying pins

bel can·to [bél-káːnṭoʊ | -təʊ; *It.* belkánto] 〘◻ It. ~ 《原義》fine song〙 **—** *n.* 《音楽》(オペラの)ベルカント唱法《旋律や音自体の美しさを表現することに重点が置かれた歌唱法》.

belch [béltʃ] 〘(c1350) *belche(n)*, *belke(n)* < ? OE **belćan* to utter: cf. OE *bealcan* to emit〙 **—** *vi.* **1** おくびを出す, げっぷをする. **2** 〈火山・砲などが〉炎[煙など]を吐き出す. **3** 〈悪口・のろいなどが〉飛び出す: Insults ~*ed* out of him. 侮辱の言葉が彼の口から矢継ぎ早に吐き出された. **—** *vt.* **1** 〈火山・砲などが〉〈炎・煙を〉吐き出す, 噴出する (emit): The volcano ~*ed forth* [*out, up*] flame and smoke. **2** 〈悪口・のろいなどを〉言う, 吐く 〈*forth*〉. **—** *n.* **1** おくび, げっぷ. **2** 火煙[ガスなど]の噴出, 噴火. **3** 悪口[のろいなど]の噴出. **4** 《俗》品質の悪いビール.

bel·cher [béltʃə | -tʃə(r), béltʃ-] 〘(1812) ← *James Belcher* (1781–1811: それを初めて用いたといわれる英国のボクサー)〙 **—** *n.* **1** ベルチャースカーフ《紺地に白い大きな斑点のあるネッカチーフ》. **2** まだら染めのネッカチーフ.

bel·dam [béldəm] 〘(1440) *beldam(e)* grandmother ← *bele* (◻ OF *bel(e)* fair)+*dam(e)* lady: 皮肉的用法: ⇨ belle, dame〙 **—** *n.* (*also* **bel·dame** [béldəm, -dèɪm | -dəm]) **1** 老婆; (特に)醜い老婆, 悪婆 (hag); 口やかましい老婆, がみがみ女. **2** 《廃・古》祖母.

be·lea·guer [bɪlíːgə, bə- | -gə(r)] 〘(1589) ◻ Du. *be-leger-en* to camp round ← *be-* about+*leger* camp: ⇨ be-, leaguer²〙 **—** *vt.* **1** 〈軍隊が〉攻囲する, 包囲する: ~ a town, garrison, etc. **2** 取り巻く, …に付きまとう, 悩ます: be ~*ed with* [*by*] annoyances 色々いやな思いをさせられる. **~·er** [-g(ə)rə | -gərə(r)] *n.* **~·ment** *n.*

be·léa·guered *adj.* **1** 包囲された. **2** 取り巻かれた, 悩まされた.

Be·lém [bəlém; *Braz.* belẽj] *n.* ベレン《ブラジル北部の Pará 川に沿う港市; 人口 772,000; Pará ともいう》.

bel·em·nite [béləmnàɪt] 〘(1646) ← NL *belemnītēs* ← Gk *bélemnon* dart: ⇨ -ite¹〙 **—** *n.* 《古生物》矢石《イカに類する古生物の化石; cf. thunderstone》. **bel·em·nit·ic** [bèləmnítɪk | -tɪk] *adj.*

bel es·prit [bèlɛspríː, -les- | -les-; *F.* bɛlɛspʀi] 〘◻ F ~ 《原義》fine wit〙 **—** *F. n.* (*pl.* **beaux es·prits**

[bòuzesprí:, -zəs- | bàuzes-; *F.* bozɛspri]) **1** 才人, 才子. **2** 才気, 軽妙 (wit).

bel é·tage [béleɪtá:ʒ; *F.* bɛleta:ʒ] 〘□F ~《原義》fine story〙 *F. n.* 最良の階, 二階.

Belf. 《略》Belfast.

Bel·fa·gor [bélfəgɔ̀ə, -feɪ- | -gɔ:(r] *n.* =Belphegor.

Bel·fast [bélfæst, ─⌐, bélfəst | bélfa:st, ─⌐] *n.* 北アイルランドの首都, Antrim 州にあり North Channel に臨む海港·工業都市; 人口 361,000.

Bel·fort [belfɔ́ə | belfɔ́:(r; *F.* bɛlfɔ:r, (原地では) befɔ:r] *n.* ベルフォール《フランス東部の城市, Territoire de Belfort 県の首都; Vosges 山脈と Jura 山脈との間の山道にある要害地; 人口 56,000》.

Belfort, Ter·ri·toire de [*F.* teritwa:r də] *n.* ベルフォール(県)《フランス東部のスイスに接する県; 人口 124,000, 面積 609 km², 首都 Belfort》.

bel·fried [bélfrid | -frɪd] *adj.* 鐘楼のある.

bel·fry [bélfri | -frɪ] 〘《?a1300》 *berfrei* □OF *berfrei, berfroi* (F *beffroi*) watchtower □Frank. **berȝfriðuz* ← **berȝan* to protect+**friþuz* peace〙 **—** *n.* **1** 鐘楼《主に教会堂の一部をなすものをいう; cf. bell tower, campanile》. **2 a** (教会堂の)鐘を設置する所. **b** 鐘支えの枠組. **3** 《俗》頭, こうべ (head); 頭脳, 思考力, 才能 (mental capacity).

have* [*be*] *bats in the* [*one's*] *belfry ⇨ bat¹ 成句.

Belg. 《略》Belgian; Belgic; Belgium.

bel·ga [bélgə] 〘《1926》□L ~ (fem.) ← *Belgus* Belgian (money)〙 **—** *n.* **1** ベルガ《ベルギーで 1926 年から 1946 年まで外国為替用に用いられた通貨単位》. **2** 1 ベルガ貨(=5 ベルギーフラン).

Bel·gae [béldʒi:, bélgaɪ] 〘□L ~ □Gaul. ~《原義》the angry ones〙 **—** *n. pl.* ベルガエ族《Caesar 時代北フランス·ベルギー地方に住んでいた種族; 近代ベルギー人の祖といわれる》.

Bel Geddes *n.* ⇨ Geddes.

Bel·gian [béldʒən] *adj.* ベルギーの; ベルギー人の. **—** *n.* **1** ベルギー人. **2** (ベルギー原産の)強く大きな荷車用の駄馬(ᵈᵃ), 引き馬.

Bélgian Cóngo *n.* [the ~] ベルギー領コンゴ《アフリカ中部の旧ベルギー領植民地; 独立して the Democratic Republic of the Congo, 1971 年から the Republic of Zaire となる》.

Bélgian háre *n.* ベルギーウサギ《ベルギー原産の赤褐色の大きい食肉品種の飼いウサギ》.

Bélgian Ma·li·nóis [-mæl̩ənwá: | -lɪ-; *F.* -malinwa] *n.* ベルジャンマリノワ《ベルギー原産の短毛で, Belgian sheepdog に近似したがっしりした体軀(ᵗᶦ)の作業犬種のイヌ》.

Bélgian shéepdog *n.* ベルジャンシープドッグ《黒く長い被毛のベルギー原産の犬種のイヌ; 英国ケンネルクラブでは Belgian shepherd dog または Groenendael ともいう》.

Bélgian shépherd dòg *n.* =Belgian sheepdog.

Bélgian Ter·vú·ren [-tə:vjú(ə)rən, -tɛə- | -tə:-vjúər-, -tɛə-] 〘← *Tervuren* (ベルギーの Brabant にある地名)〙 **—** *n.* ベルジャンタービュレン《ベルギー原産の比較的長毛で, Belgian sheepdog に近似した作業犬種のイヌ》.

Bel·gic [béldʒɪk] 〘□L *Belgic-us* ← *Belgae* 'BELGAE'〙 *adj.* **1** ベルガエ族 (Belgae) の. **2** =Belgian.

Bel·gique [*F.* bɛlʒik] *n.* ベルジーク《Belgium のフランス語名》.

Bel·gium [béldʒəm] 〘□L ~ ← BELGAE〙 **—** *n.* ベルギー《西ヨーロッパの王国; 人口 9,830,000, 面積 30,514 km², 首都 Brussels; 公式名 the Kingdom of Belgium ベルギー王国》.

Bel·go- [bélgo(ʊ) | -gə(ʊ)] 〘← BELG(IUM)+-O-〙「ベルギーの; ベルギーと…との (of Belgium and …)」の意の連結形.

Bel·go·rod-Dnes·trov·ski [bélgərὰddnestrɔ́(:)fski, -trɔ́(:)v- | -trɔ́fskɪ, -trɔ́v-; *Russ.* bjélgərətdnjistrófskjij] *n.* ベルゴロドドニエストロフスキー《ソ連邦 Ukraine 共和国, 黒海沿岸 Dniester 河口にある港市; 人口 30,000; 旧名 Akkerman》.

Bel·grade [bélgreɪd, -grɑ:d, -græd, ─⌐ | belgréɪd] *n.* ベオグラード《ユーゴスラビア東部 Danube 河畔にある同国の首都, もと Serbia 国の首都; 人口 742,000; セルビア語名 Beograd》.

Bel·gra·vi·a [belgréɪviə, -vjə | -vjə, -vɪə] 〘《1848》← *Belgrave* (*Square*) (19 世紀 London の上流住宅地区)+-IA¹〙 **—** *n.* **1** London の West End の Hyde Park に続く貴族的な住宅地区; 中心に Belgrave Square [bélgreɪv-] がある. **2** 上流住宅地区; 代表的上流社会.

Bel·gra·vi·an [belgréɪviən, -vjən | -vjən, -vɪən] *adj.* **1** Belgravia の. **2** 貴族的な, 上流社会的な (fashionable). **—** *n.* Belgravia の住民; 上流社会の人.

Be·li·al [bí:liəl, bí:ljəl | -ljəl, -lɪəl] 〘《?c1200》□Heb. *Bᵉlīyá'al* worthlessness ← *bᵉlī* without+*yá'al* usefulness〙 **—** *n.* **1** 〘聖書〙邪悪 (wickedness), 破壊 (destruction): sons [men] of ~ 極道者, 無頼の徒 (cf. *1 Sam.* 1:16; 2:12). **2** 〘聖書〙ベリアル, 悪魔, サタン (the Devil) (cf. *2 Cor.* 6:15). **3** (Milton の *Paradise Lost* で)堕天使の一人.

be·lie [bɪláɪ, bə-] 〘OE *belēogan* to deceive: ⇨ be-, lie¹〙 **—** *vt.* (**be·lied; -ly·ing**) **1** 〈物·事が〉正しく伝えない; …と著しい対照をなす: The report ~*s* him. 彼はうわさのような人物ではない / The young face ~*d* the shock of gray hair above it. 顔は童顔なのに髪はグレーだった. **2** …の偽りであることを示す, 偽る: Her frightened eyes ~*d* the smile on her lips. おびえたような眼付きで口元の微笑が本物でないことがわかった / His appearance does not ~ his character. 彼の容貌はそのまま彼の人格を表わしている. **3** 〈約束·希望などを〉裏切る, …に反する, そむく: His acts ~ his words. 彼は言行が一致しない / Summer ~*s* its name. 夏とは(いうが)名ばかり. **4** 《古》…についてうそを言う, 中傷する (slander). **be·lí·er** *n.*

be·lief [bɪlí:f, bə-] 〘lateOE *bileafe* ← BE- (BELIEVE との類推による添加)+*leafa* (< OE *ġelēafa* belief, faith): 今の形は *grieve — grief, prove — proof* との類推から〙 **—** *n.* **1** (事実·陳述などを)信じること: beyond ~ 信じ難い / easy [hard] of ~ 《文語》容易に信じられる[信じがたい] / a person light of ~ 軽々しく信じる人, 軽信家 / statements unworthy of ~ 信じる価値のない説 / one's ~ *in* ghosts 幽霊の存在を信じること. **2** 信念; 所信, 確信 (conviction), 意見 (opinion): one's religious [democratic] ~*s* 宗教心[民主主義の信念] / In spite of their statement, he remained of the same ~. 彼らの説明でも彼の確信は変わらなかった / in the ~ *that* …と信じて / My ~ is [It is my ~] *that* …私の信じる所は…, 私は…であることを信じる. **3** 信用, 信頼 (trust): a child's ~ *in* his parents 親に対する子供の信頼 / I have great [much] ~ *in* hard work [marrying young]. 勤勉[早婚]の効能を大いに信用している. **4** 信仰, 信心 (faith); 宗教: the Christian ~ キリスト教 / ~ *in* Christianity キリスト教を信仰すること. **5** 〘キリスト教〙 **a** 信条 (creed): the ~(*s*) of the Christian Church キリスト教会の信条. **b** 《古》[the B-] 使徒信条, 使徒信経 (the Apostles' Creed).

to the best of my belief ⇨ best *n.* 成句.

be·liev·a·ble [bɪlí:vəbl̩, bə-] 〘ME: ⇨↓, -able〙 **—** *adj.* 信じられる, 信用できる (credible). **~·ness** *n.* **be·liev·a·bíl·i·ty** [-vəbíləṭi | -lətɪ, -lɪ-] *n.* **be·liev·a·bly** *adv.*

be·lieve [bɪlí:v, bə-] 〘lateOE *belȳfan* ← BE- 1+*lȳfan* to allow, believe ∽ OE *ġelēfan* < Gmc **ȝalaubjan* to hold dear ← **ȝa-* 'Y-'+**laub-* 'dear, LIEF'〙 **—** *vt.* **1** [しばしば *that*-clause, *wh*-clause を伴って] 信じる, 本当と思う: I ~ you. 君(の言葉)を信じる, そうですとも, ごもっともです / I ~ his story. 彼の話を本当だと思う / I ~ *what* he says [*that* he means well]. 彼の言うこと[彼に悪意のないこと]を信じる / There is every reason to ~ *that* …と信ずべき理由が大いにある / Nobody will ~ *how* difficult this task was. この仕事がどんなに困難だったかだれも信じはすまい / This is not to be ~*d*. これは信じられない / I wouldn't ~ it of him. 彼にそんなことができるなんて信じられない / *Believe* me. 《口語》本当ですよ, 全くそうなんです, 本当に (★ 強調する時には *Believe* you me. ともいう) / *Believe* it or not. 《口語》本当とは思えないかもしれないが, 実際(こんな事がある, など) / Would you ~ it? 《口語》信じられますか(でも本当なんです). **2** [*that*-clause, 目的語+補語, 目的語+*to* be [do] を伴って] 〈…と〉考える, 思う (think): I ~ him (*to* be) honest. 彼を正直だと思う (★ I ~ (*that*) he is honest. のほうが口語的) / It is ~*d to* be a mistake. それは間違いだと考えられている / I ~ she has done it [her to have done it]. それは彼女のしたことだと思う / He has, I ~, a son. 彼には確か息子が 1 人いるはずだ / Will it rain tomorrow?—I ~ *so* [*not*]. あすは雨だろうか—まずそうだと思う[まあ降らないだろう].

— *vi.* **1 a** 信じる: I quite ~. 絶対に信じている《それに間違いない》/ You'd better ~. 《口語》(信じられないかもしれないが)実際の話. **b** 〔…の〕存在を信じる; 〈言葉·約束などを〉信じる; 〔…の〕価値を信じる, 〔…を〕よいと思う 〔*in*〕: ~ *in* witches [flying saucers, an afterlife] 魔女[空飛ぶ円盤, 来世]の存在を信じる / He ~*s* strongly *in* early rising [female emancipation]. 早起き[女性解放]はよいことだと堅く信じている. **2** 〔…を〕信頼する, 信仰する 〔*in*, 《古》*on*〕: I ~. 私は信仰をもっている《キリスト教徒だ》/ I ~ *in* you. 君の人格[力量]を信頼する / ~ *in* God [a religion] 神[宗教]を信じる. **3** 考える, 思う (think): ~ in accordance with one's father 父親と同じような考え方をする / I won't ~ meanly of you. 君を軽蔑などしない.

believe one's ears* [*eyes*]** [通例否定構文で] 自分の耳[目]を信じる: At first he could *not* ~ *his ears*. 初めのうち自分の耳が信じられなかった. ***make believe ⇨ make¹ *v.* 成句.

be·liév·er 〘《15C》〙 **—** *n.* 信じる人; 信仰を有する人, 信徒; 〔…の価値を〕信じる人〔*in*〕: a ~ *of* gossip うわさ話を信じる人 / a ~ *in* Christianity キリスト教信者 / He is a great ~ *in* vegetarianism. 熱心な菜食主義の信奉者だ.

be·liev·ing 〘ME〙 *n.* 信じること: Seeing is ~. 《諺》「百聞は一見にしかず」. **—** *adj.* 信仰を有する: a ~ Christian 信仰の厚いキリスト教徒. **~·ly** *adv.*

be·like [bɪláɪk, bə-] 〘《a1533》← ? *be-* 'BY¹'+LIKE¹〙 *adv.* 《古》多分(そうだろう), 恐らく (probably).

Be·lin·da [bəlíndə, bɪ-, be-] 〘□OHG *Betlindis* ← *bet* (← ?)+*lindi* snake〙 *n.* 女性名《愛称形 Bel, Bell, Linda》.

Be·lin·ski [bɪlínski, bə- | -skɪ; *Russ.* bjiljínskjij], **Vis·sa·ri·on** [vjissərjión] **Grigorievich** *n.* ベリンスキー《1811–48; ロシヤの文芸評論家》.

Bel·i·sar·i·us [bèləsɛ́(ə)riəs | -lɪsɛ́ərɪ-] *n.* ベリサリオス《505?–565; 東ローマ帝国の武将》.

Be·lí·sha béacon [bɪlí:ʃə-, bə-] 〘← *Leslie Hore-Belisha* (1893–1957: 英国の運輸相 (1931–37))〙 **—** *n.* (英国の都市に見られる)ベリーシャ交通標識《頂上に黄色の球を付けた立標で歩行者に横断個所を示す; 単に Belisha または flashing beacon ともいう》.

be·lite [bí:laɪt] 〘□Swed. *belit* ← *be* 'B'+-*lit* '-LITE'〙 **—** *n.* 〘化学〙ベリット《ポートランドセメントを構成する第二の主要な水硬性成分; $2CaO·SiO_2$ を主成分とする; cf. alite, celite》.

Be·li·tong [bɪlí:tɔ(:)ŋ, bə- | -tɔŋ] *n.* =Billiton.

be·lit·tle [bɪlíṭl̩, bə- | -tl̩] 〘《1782》〙 **—** *vt.* **1 a** 軽視する, 見くびる, 蔑(ˢᵃᵍᵉ)む, けなす (depreciate): ~ the danger, a person's scholarship, etc. / He ~*s* everything I do. 私のすることをことごとくけなす. **b** [~ *oneself* で] 卑下する. **2** 小さくする, 小さく見せる. **~·ment** *n.* **be·lít·tler** [-tlə, -ṭlə | -tlə(r, -tl-]

be·live [bɪláɪv, bə-] 〘ME *bilife, biliue* ← *bi life* by life, with liveliness: ⇨ by, life〙 *adv.* 《スコット》 **1** すばやく; すぐ. **2** 間もなく, やがて.

Be·lize [belí:z | be-, bə-] *n.* ベリーズ: **1** 中央アメリカ北東端の英国統治地域(内政自治権は与えられている); ただしグアテマラも領有を主張している; 人口 140,000, 面積 22,963km², 首都 Belmopan; 旧名 British Honduras (1973 年改称). **2** Belize の港市, 旧 British Honduras の首都; 人口 40,000; Belize City ともいう.

bell¹ [bél] 〘OE *belle* ← Gmc **bell-* (Du. *bel*) < IE **bhel-* to cry out: cf. bell², bellow〙 **—** *n.* **1 a** 鐘, 釣鐘《通例中空で口広の逆カップ型の金属製のもので, 中空に吊した舌 (clapper) または鎚 (hammer) によって音を発する》: the ringing of ~*s* 鳴鐘法 / The ~*s* rang (out) a merry peal. ⇨ peal¹ *n.* 1 a. **b** (玄関などにある, 押して鳴らす)ベル, 鈴; 〘ボクシング〙ゴング: an electric ~ 電気ベル, 電鈴 / ⇨ call bell / answer the ~ 来客の取次をする / There's the ~! ベルが鳴っている, 来客だ; 〘ボクシング〙ゴングが鳴った. **2** 鐘の音: a marriage ~ (教会の)結婚式の鐘 / ⇨ passing bell / a peal of ~*s* (教会の)鐘の音. **3 a** 鐘状のもの. **b** 鐘状ガラス. **c** 鐘状花: In a cowslip's ~ I lie. カウスリップの花の中に寝る (Shak., *Tempest* 5. 1. 89). **d** 〘動物〙(クラゲの)かさ (umbrella). **e** じょうごの大きい方の口. **f** (管·パイプ·管楽器などの)広く開いている方の端. **g** [*pl.*] =bell-bottoms. **4 a** [通例 *pl.*] =chime¹ 1 c. **b** =glockenspiel. **5 a** [通例 *pl.*] 〘海事〙時鐘. ★ 艦船上で 30 分ごとに打ち鳴らす鐘; 点打と時間は下記の通り.

点打	時間		
1	12:30	4:30	8:30
2	1:00	5:00	9:00
3	1:30	5:30	9:30
4	2:00	6:00	10:00
5	2:30	6:30	10:30
6	3:00	7:00	11:00
7	3:30	7:30	11:30
8	4:00	8:00	12:00

なお当直時間は 8 点鐘から 8 点鐘までの 4 時間, ただし折半直 (dogwatch) は 2 時間: Leave the ship at four ~*s*. 4 点鐘 (2 時·6 時·10 時に鳴らす鐘) で下船して下さい. **b** (大型船上の, 機関室への)信号. **6** 〘建築〙(コリント式·コンポジット式の)柱頭の葉飾りを取り去った本体《鐘をさかさまにした形をしているため》.

(as) clear as a bell 〈声·音が〉よく澄んだ[通る]; 〈水·酒など〉澄みきった; 〈物事が〉全く明白な, よくわかる. ***(as) sound as a bell*** 至って元気で; 〈機械など〉とてもよい調子で. ***bear the bell*** 一位である, 首位を占める. ***bear* [*carry*] *away the bell*** 賞品[勝利]を得る. ★ 上の二つの成句はしばしば混同して用いられる. ***be saved by the bell*** (1) 〘ボクシング〙(回の終わりの)ゴングで救われる. (2) 《口語》気まずいところをやっと[土壇場で]免れる. ***curse by bell, book, and candle*** 〘カトリック〙鐘書燭(ˢʰᵒᵘˢʰᵒᵏᵘ)破門式 (excommunication) によって破門する. ★ カトリック教会でこの式を行なう時は, まず鐘を鳴らして列席者の注意を引き, 破門文を読み上げた後, その書を閉じて燭(ˢʰᵒᵏᵘ)を消し, 教会から破門するのを例とした. ***ring a bell*** (1) 鐘を鳴らす. (2) 《口語》ある事を思い出させる, 思い出を誘う, ぴんとくる: That word did not *ring a* ~ in his mind. その言葉を聞いても何も思い当たらなかった. ***ring one's own bell*** 自分で自分をほめる, 自画自賛する. ***ring the bell*** 〘射的場で的に当たると鐘が鳴ることから〙《口語》(1) うまくいく, 成功する. (2) 心に訴える, ぴんと来る. ***ring the bells backward*** 〘もと組鐘 (chime) を逆の順序に低音から鳴らしたことから〙(火事などで)危急を告げる, 警報する. ***with bells on*** [通例未来形の動詞と共に用いて] 《口語》熱心に; 喜び勇んで: I'll be there *with* ~*s on*. 喜んで出かけます.

bells of Ireland 〘植物〙=Molucca balm.

— *vt.* **1** …に鈴[ベル]を付ける: ⇨ *bell the* CAT. **2** 鐘形に広げる 〈*out*〉. **—** *vi.* **1 a** 〈電車などが〉鐘を鳴らす. **b** 鐘のような音を出す. **2 a** 鐘のような形になる 〈*out*〉. **b** 〘植物〙〈植物が〉鐘状花冠を生じる; 〈ホップが〉種皮が鐘状になる.

bell² [bél] 〘OE *bellan* ← Gmc **bell-* (↑) (G *bellen* to bark): cf. bellow〙 *n.* (発情期の)雄鹿の鳴声. **—** *vi.* 〈雄鹿などが〉鳴く; ほえる (bellow).

Bell [béł] 〖(dim.) ← ISABEL〗 *n.* 女性名.

Bell, Ac·ton [ǽktən] *n.* Anne BRONTË の筆名.

Bell, Alexander Graham *n.* (1847-1922) スコットランド生れの米国の科学者; 電話の発明者.

Bell, Alexander Melville *n.* (1819-1905) スコットランド生れの米国の音声学者・教育家; A. G. Bell の父; *Visible Speech* (1867).

Bell, (Arthur) Clive (Howard) *n.* (1881-1964) 英国の美術・文芸批評家.

Bell, Currer *n.* Charlotte BRONTË の筆名.

Bell, Ellis *n.* Emily BRONTË の筆名.

Bel·la [bélə] 〖(dim.) ← ISABELLA²〗 *n.* 女性名 (cf. Belle).

bel·la·don·na [bèlədɑ́nə | -dɔ́nə] 〖《1597》 ← NL ~ ← It. *bella donna* 《原義》 beautiful lady ← *bella* ((fem.) ← *bello* beautiful < L *bellum*)+*donna* lady: イタリアでそれが化粧品の原料として用いられていたところから〗 — *n.* **1** 〘植物〙 **a** ベラドンナ, セイヨウハシリドコロ (*Atropa belladonna*) 《ナス科の有毒植物; 根と葉にアトロピン (atropine) その他のアルカロイドを含み, 薬用; deadly nightshade, dwale ともいう》. **b** =belladonna lily. **2** 〘薬剤〙 ベラドンナ製剤.

béIladonna lìly *n.* 〘植物〙 =amaryllis 1.

Bel·la·my [béləmi | -mɪ], **Edward** *n.* (1850-98) 米国の小説家・社会改良家; *Looking Backward* (1888).

béll-and-spígot jòint *n.* 〘機械〙 =socket-and-spigot joint.

béll animálcule *n.* 〘動物〙 ツリガネムシ 《繊毛虫亜門ツリガネムシ属 (*Vorticella*) の虫の総称》.

bel·lar·mine [bèləmíːn, -lɑə-, ←←, béləmɪn, -mən | bèləmíːn, -lɑː-, ←←] 〖← *Roberto Cardinal Bellarmino* (1542-1621: イタリアの聖職者): もとはオランダのプロテスタント教徒が, 彼を風刺するために考案したもの〗 — *n.* ベラルミン 《ひげの顔の飾りのついた胴のふくらんだ首の細い大型のジョッキ; 16-17 世紀に多くの家庭で使われた; graybeard, longbeard ともいう》.

Bel·la·trix [bəléɪtrɪks, be- | bélətrɪks, bəléɪtrɪks, bə-] 〖□ L *bellātrix* (fem.) ← *bellātor* warrior〗 *n.* 〘天文〙 ベラトリックス 《オリオン座 γ 星, 1.6 等星》.

Bellay, Joachim du *n.* ⇨ du Bellay.

béll bèaker *n.* 〘考古〙 広口ビーカー, 鐘形杯 (⇨ Beaker folk).

béll·bìrd *n.* 〘鳥類〙 スズドリ 《その鳴声が鐘のような南半球の各種の鳥の総称》: **a** スズドリ (*Procnias nivea*) 《南米産カザリドリ科の鳥; 額に肉質突起がある》. **b** スズミツスイ (*Manorina melanophrys*) 《オーストラリア産》. **c** ニュージーランド産ミツスイ科の鳥 (*Anthornis melanura*).

béll bòok 〖⇨ bell¹ (n.)〗 *n.* 〘海事〙 ベルブック 《機関使用状況記録簿》.

béll-bóttom *adj.* 〈ズボンが〉裾が開いた, らっぱズボンの: ~ trousers. **~ed** *adj.*

béll-bóttoms *n. pl.* [単数扱い] ベルボトム 《裾がベル型に広がっているズボン[パンタロン]; 水兵などが着用する》.

béll·bòy *n.* 《米》 (ホテル・クラブなどの)ベルボーイ 《呼び鈴に応じて客の用を足す使用人》.

béll brònze *n.* 〘冶金〙 =bell metal.

béll bùoy *n.* 〘海事〙 ベルブイ, 打鐘浮標 《波動によって自然に音を出し霧の中でも浅瀬や暗礁の存在を船舶に知らせる》.

bell buoy

béll bùtton *n.* **1** (ベルを鳴らす)押しボタン (push button). **2** (衣服につける)鐘型のボタン.

béll càptain *n.* 《米》 (ホテル・クラブなどの)ボーイ長 (cf. bellboy).

béll cènter pùnch *n.* 〘機械〙 わん形ポンチ.

béll còt [còte] *n.* 鐘被(ᵍᵃ)い 《壁の外側や屋根の上に張り出し鐘を支えるための小さな鐘楼》.

béll crànk 〖← *bell wire*: その腕の部分にこれが用いられているところから〗 *n.* 〘機械〙 ベルクランク 《曲がったてこ》.

belle [béł; *F.* bɛl] 〖《1622》 □ F ~ (fem.) ← *bel, beau* beautiful: ⇨ beau〗 — *n.* **1** 美女, 佳人. **2** [the ~] (パーティーなどの)随一の美人: *the* ~ of society 社交界の花 / *the* ~ of the ball 舞踏会の女王.

Belle [béł] 〖(dim.) ← ISABELLA²〗 *n.* 女性名.

belle am·ie [bélæmíː; *F.* bɛlami] 〖□ F ~ 'fair (woman- or girl-)friend'〗 *F. n.* 女友だち, 愛人.

Bel·léau Wóod [belóu-, ←←| belə́u-, ←←; *F.* bɛlo-] *n.* ベローの森 《フランス北部 Château-Thierry の北西方にある森林; 第一次大戦の戦跡》.

belled *adj.* 〘紋章〙 〈鷹が〉足に(体と異なる色の)鈴を付けた.

belle dame [béłdǽm, -dɑ́ːm; *F.* bɛldam] 〖□ F ~ 'fair lady': ⇨ belle, dame〗 — *F. n.* (*pl.* **belles dames** [~]) 美人: *La Belle Dame sans Merci* 「つれなきたおやめ」 《Keats のバラッドの題名》.

Bel·leek [bəlíːk] 〖← *Belleek* (北アイルランドのその生産地)〗 — *n.* ベリーク 《1857 年北アイルランドで生産された薄手玉虫色の表面が特長の磁器; Belleek china [ware] ともいう》.

belle é·poque [béł-eɪpɔ́(ː)k | -pɔ́k; *F.* bɛlepɔk] 〖□ F ~ 'fine era': ⇨ belle, epoch〗 — *n.* [la [lɑː; *F.* la] ~] 美しき優雅な時代, ベルエポック 《普仏戦争 (1871) から第一次大戦前 (1914) のパリの社交界の生活に特徴づけられる》. — *adj.* 〈文学・美術・工芸など〉ベルエポックを代表する[的な].

Bélle Ísle [béł-], **the Strait of** *n.* ベルアイル海峡 《カナダの Labrador と Newfoundland 島との間の海峡; 幅 16-27 km》.

belle laide [béłléɪd, -léd; *F.* bɛllɛd] 〖□ F ~ 'attractively ugly woman'〗 *F. n.* (*pl.* **belles laides** [~; *F.* ~]) =jolie laide.

Bel·ler·o·phon [bəlérəfən, -fɑ̀n | bəlérəfən, bɪ-] 〖□ L *Bellerophōn* □ Gk *Bellerophṓn* 《原義》 murderer of a demon called *Bellerus*〗 — *n.* 〘ギリシャ神話〙 ベレロフォン 《天馬 Pegasus に乗って怪物 Chimera を殺した Corinth の勇士》.

belles dames *n.* belle dame の複数形.

belles laides *n.* belle laide の複数形.

belles let·tres [bèłlétr(ə) | -létr, -létə(r; *F.* bɛllɛtr] 〖《1710》 □ F ~ 《原義》 fine letters: ⇨ belle, letter²〗 — *n. pl.* [通例単数扱い] **1** (詩・小説・戯曲などの)純文学; (特に, 随筆・批評などの)散文学. **2** 純文学研究, 文芸学.

bel·let·rist [bèłlétrɪst, -rəst | -rɪst] *n.* belles lettres の研究者[学者].

bel·le·tris·tic [bèlətrístɪk] *adj.* 純文学的な; 散文学的な.

béll·flòwer *n.* 〘植物〙 **1** ホタルブクロ 《キキョウ科ホタルブクロ属 (*Campanula*) の植物の総称》. **2** = Chinese bellflower.

béll fòunder *n.* 鐘鋳造師.

béll fòunding *n.* 鐘鋳造(法).

béll fòundry *n.* 鐘鋳造所.

béll gàble *n.* (教会堂の)鐘尖塔, 破風(ᶠᵘ)鐘楼.

béll glàss *n.* =bell jar.

béll hànger *n.* 鐘師 《鐘を吊ったり修理したりする職人》.

béll-hànger's bìt *n.* 〘木工〙 方立(ᵖᵒᵘ)などに小さな穴をあけるためのらせん錐(ᵏⁱ).

béll hèather *n.* 〘植物〙 **1** ヨーロッパの荒地に生えるツツジ科エリカ属 (*Erica*) のヒースの類の植物 (*E. tetralix* または *E. cinerea*; hearth bell, heather bell ともいう》. **2** 北米産ツツジ科イワヒゲ属の植物 (*Cassiope mertensiana*).

béll·hòp 〖《略》 ← *bell-hopper* ← BELL¹+HOPPER¹〗 *n.* 《米》 **1** =bellboy (cf. carhop). **2** 銀行の使い走り.

bel·li·cism [béləsɪzm | -lɪ-] 〖← L *bellic(us)* of war+-ISM: PACIFISM にならった造語〗 *n.* =belligerence 1.

bel·li·cose [bélɪkòus, -lə- | -lɪkə̀us] 〖《?a1425》 □ L *bellicōs-us* warlike ← *bellum* war: ⇨ -ose¹〗 — *adj.* 好戦的な, 戦争[喧嘩]好きな, 闘争を好む. **~·ly** *adv.* **~·ness** *n.*

bel·li·cos·i·ty [bèlɪkɑ́səṭi, -lə- | -lɪkɔ́sɪti, -sɪ-] *n.* 好戦的なこと, 好戦性, 闘争気質 (pugnacity).

bél·lied 〖《15C》 *balyd*: ⇨ belly (n., v.), -ed〗 — *adj.* **1** 膨らみのある, 膨れた: a ~ sail 風に膨らんだ帆. **2** [しばしば複合語の第 2 構成素として] (…のような)腹をした, 腹が…の: pot-*bellied* 太鼓腹の / empty-*bellied* すきっ腹の / a man ~ like a barrel ビヤ樽のような腹をした男.

bel·lig·er·ence [bəlídʒ(ə)rəns | bɪ-, be-, bə-] *n.* **1** 好戦性, 闘争的性格[態度]. **2** 交戦, 戦争 (warfare).

bel·lig·er·en·cy [bəlídʒ(ə)rənsi | bɪlídʒ(ə)rənsɪ, be-, bə-] *n.* **1** 交戦状態; 交戦国であること, 交戦国という法的地位. **2** =belligerence 1.

bel·lig·er·ent [bəlídʒ(ə)rənt | bɪ-, be-, bə-] 〖《1577》 □ L *belligerant-em* (pres.p.) ← *belligerāre* to wage war ← *bellum* war+*gerere* to carry on: cf. gerent〗 — *adj.* **1 a** 交戦中の: ~ powers 交戦国. **b** 交戦国の: ~ rights 交戦権. **2** 好戦的な, 戦闘[闘争]的な; 今にも戦いそうな, 喧嘩腰の: a ~ man, voice, mood, etc. — *n.* 交戦国 《交戦中の一国》; 交戦中の団体[人]. **~·ly** *adv.*

Bél·lings·hau·sen Séa [bélɪŋzhàuzn̩-] *n.* [the ~] ベリングスハウゼン海 《南極大陸の南極半島西方の海; 太平洋の一部》.

Bel·li·ni [bəlíːni | bɪlíːnɪ, be-; *It.* bellíːni], **Gen·ti·le** [dʒentíːle] *n.* ベリーニ 《1429?-1507; イタリアのベネチアの画家; Jacopo の子》.

Bellini, Giovanni *n.* ベリーニ 《1430?-1516; Gentile の弟, イタリアのベネチアの画家》.

Bellini, Ja·co·po [jáːkopo] *n.* ベリーニ 《1400?-?70; イタリアのベネチアの画家》.

Bellini, Vin·cen·zo [vintʃéntso] *n.* ベリーニ 《1801-35; イタリアの歌劇作曲家; *Norma* (1821)》.

béll jàr *n.* ベルジャー, ガラス鐘 《釣鐘状のガラス器具で, 物体の覆い・ガス貯留・中を真空にしての実験などに用いる》.

béll-lìke *adj.* **1** 鐘状の. **2** 鐘の音に似た.

béll-ly·ra [bélláɪrə | -láɪərə] *n.* ベルリラ 《ポータブルな竪琴型の枠にはめ込んだ鉄琴; 特に, 行進する軍楽隊に使用される》.

béll lỳre *n.* =bell-lyra.

béll·man [-mən, -mæ̀n] 〖ME *bel(le)man* ← BELL¹+-MAN〗 — *n.* (*pl.* **-men** [-mən, -mèn]) **1 a** 鐘を鳴らす人. **b** ベルを鳴らし触れ回る人. **c** 町の触れ役 (town crier); (昔の)夜回り人 (watchman). **2** 潜水夫の助手. **3** 《米》 =bellboy.

béll mètal *n.* 〘冶金〙 ベルメタル, 鐘青銅 《銅 3, スズ 1 の割合で作られる合金; bell bronze ともいう》: a ~ ore 黄錫(ˢᵉᵏⁱ)鉱.

béll-móuthed *adj.* 〈容器など〉鐘形[朝顔形]の口をした.

Bel·loc [bélɑk, -ək | -lɔk], **Hil·aire** [hɪ́lɛə· | -lɛə(r] *n.* (1870-1953) フランス生れでカトリック系の英国の随筆家・詩人・歴史家; *The Path to Rome* (1902), *Hills and the Sea* (1906); 本名 Joseph Hilary (Pierre) Belloc.

Bel·lo·na [bəlóunə, be- | -lə́u-] 〖《1606》 □ L *Bellōna* ← *bellum* war〗 — *n.* **1** 〘ローマ神話〙 ベロナ 《戦争の女神; Mars の妻とも妹ともいわれる》. **2** (ベロナのような)堂々たる体をした元気のいい女性.

bel·low [bélou, -lə | -ləu] 〖《c1300》 *belwe(n)* < ? OE **belgan* ← Gmc **bell-* < IE **bhel-*: ⇨ bell¹·²: cf. OE *bylgan* to anger〗 — *vi.* **1** 〈牛が〉大声で鳴く. **2** 〈人が〉(牛のように)ほえる, どなる (roar); (苦痛のあまり)わめく 〈*out*〉: ~ *at* one's servant 使用人をどやしつける. **3** 〈大砲・雷などが〉とどろく (thunder); 〈風が〉うなる 〈*out*〉. — *vt.* 〈命令などを〉どなって言う (bawl) 〈*out*〉: ~ *out* an order. — *n.* 牛の鳴声; 人のどなり声; (風の)うなり声; (大砲・雷などの)とどろき: give a ~ of anger 怒声を発する. **~·er** *n.*

Bel·low [bélou | -ləu], **Saul** *n.* (1915-) カナダ生れの米国の小説家; Nobel 文学賞 (1976); *The Adventures of Augie March* (1953), *Herzog* (1964).

bel·lows [bélo(u)z, -ləz | -lə(u)z] 〖《?a1200》 *belwes, belows* ← *belu* < ? OE *belga* (pl.) ← *bel(i)ġ, bæl(i)ġ* bag 《略》 ← *blæst-bel(i)ġ* blowing-bag: ⇨ blast, belly〗 — *n. pl.* [単数または複数扱い] **1** ふいご: A pair of ~ is out of order. ふいごが 1 つ故障している 《★ A ~ is... というのはまれ》. ★ 両手で使うのは通例 a pair of bellows, かじ屋などで据え付けたのは (the) bellows という. **2 a** (写真器や引伸し機の)蛇腹(ᵈᵃ). **b** (足踏みオルガンの)送風機, 風袋. **3** 《文語》 肺 (lungs): have ~ to mend (特に)〈馬が〉息切れする.

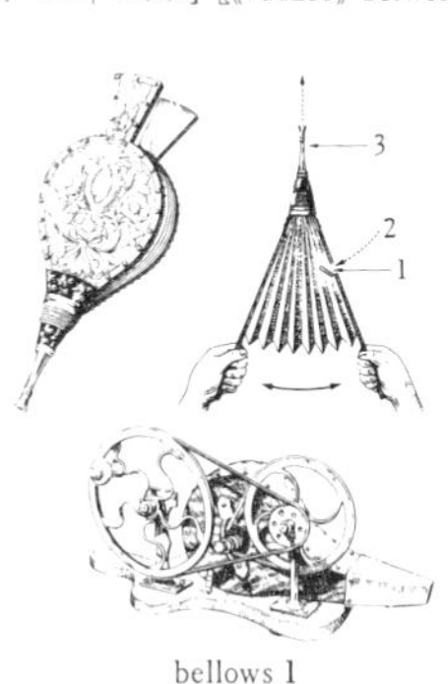

bellows 1
1 valve; 2 entrance for air; 3 nozzle

béllows fish *n.* 〘魚類〙 熱帯・温帯産のサギフエ科の魚類の総称 《管状の吻(ᶠᵘⁿ)と偏平な体をもつ; サギフエ (*Macrorhamphosus scolopax*) など; snipefish, trumpet fish ともいう》.

béll pèpper *n.* 〘植物〙 シシトウガラシ (sweet pepper).

béll·pùll *n.* 鐘[ベル]の引き綱[引きひも].

béll pùnch *n.* (昔車掌が用いた)箱形切符穴明け器 《横穴に切符を入れて上部のボタンを押すと切符に穴があき, 使用の度にベルが鳴る》.

béll pùsh *n.* (ベルの)押ボタン.

béll rìnger 〖《15C》〗 *n.* **1** (教会の)鐘を鳴らす人, 鳴鐘係. **2** 大当たりすること, 大成功するもの.

béll rìnging *n.* **1** (教会の鐘の)鳴鐘法[術]. **2** 鳴鐘職.

Béll Róck *n.* [the ~] =Inchcape Rock.

béll sèat *n.* (18 世紀初期の英国の椅子についている)鐘形の座部 《balloon seat ともいう》.

béll-shàped *adj.* 鐘形の, ベル形の.

Béll's pálsy 〖← *Sir Charles Bell* (1774-1842: スコットランド生れの英国の生理学者)〗 *n.* 〘病理〙 顔面神経麻痺, ベル麻痺.

béll tènt *n.* 鐘形[円錐形]テント.

béll tòwer *n.* 鐘楼, 鐘塔 《特に, 教会堂と別建築のものをいう; cf. belfry 1, campanile》.

béll tràp *n.* 〘建築〙 ベルトラップ, 椀トラップ 《ベル形の金物を用いた防臭弁; 床排水などに用いられた》.

bel·lum [béləm] 〖← ? Pers. *balam*〗 *n.* ベラム(船) 《ペルシャ湾で使う 8 人乗り位の舟》.

béll·wèther 〖《15C》〗 *n.* **1** 鈴付き羊 《首に鈴を付けて羊の群を導く去勢雄羊》. **2** 指導者.

béll whìstle *n.* (蒸気または空気を釣鐘状の鋳物に噴出させる)ベルホイッスル, 鐘形汽笛.

béll-wìre *n.* (bellpull をベルにつないで)ベルを鳴らす引き針金.

béll wìre *n.* 〘電気〙 ベル線 《呼び鈴の回路などに用いるパラフィン加工綿巻電線》.

béll·wòrt *n.* 〘植物〙 釣鐘状の花をつける植物の総称: **a** =Chinese bellflower. **b** ユリ科 *Uvularia* 属の植物の総称 《チゴユリやホウチャクソウに似た黄色の花をつける》.

bel·ly [béli | -lɪ] 〖OE *bel(i)ġ, bæl(i)ġ* leatherbag, bellows ← *belg* bag < Gmc **balʒiz* ← IE **bhelgh-* to swell ← **bhel-* to blow, swell: cf. bull¹〗 — *n.* **1 a** (人・動物・魚の)腹, 腹部 (abdomen): a pot ~ 太鼓腹, ほてい腹 / lie on one's ~ 腹ばいになる / fire in one's ~ 野心, 熱意; 霊感. **b** 胃 (stomach): an empty ~ 空腹. **c** 《古》 子宮 (womb). **d** [*pl.*] 《豪》 (羊の)腹毛. **2** 食欲, 口腹の欲, 大食; 強欲 (greed): The ~ has no ears. 《諺》 ひもじい時には道理も聞こえぬ,

「衣食足りて礼節を知る」. **3 a** (物の)内部の空洞, 内部: the ～ of a ship 船倉. **b** (飛行機の)胴体の下部 (cf. bellyhold, belly-land). **c** (バイオリン・樽・びんなどの)膨らんだ部分, 胴. **d** (風で膨らんだ帆の)膨らみ. **4** 〘解剖〙 筋腹《筋肉の膨らんだ部分; cf. digastric》. **5** 〘活字〙 腹《front ともいう; ⇨ type 挿絵》.

— *vi.* **1** 膨らむ 〈*out*〉: The sails *bellied out* in the strong breeze. 帆は強い風をはらんで膨らんだ. **2** 匍匐(ほ)する. **3** 腹を前に出して歩く. — *vt.* 膨らます 〈*out*〉. ***belly in*** 〘航空〙 =belly-land.

bélly·àche *n.* **1** 腹痛 (colic). **2** 《俗》 不満, 泣きごと. — *vi.* 《俗》 しきりに不平[泣きごと]を言う. **bélly·àch·er** *n.* **bélly·àch·ing** *n.*

bélly·bànd *n.* **1** (主に荷鞍をつけた馬の)腹帯 (⇨ harness 挿絵). **2** 〘海事〙 **a** ベリーバンド《帆の reef band の下の左右にわたる補強布》. **b** =reef band.

bélly·bòard *n.* (通例3フィート以下の腹這いになって乗る小型の)波乗り板, サーフボード (surfboard).

bélly bùst [**bùster**] *n., adv., vi.* =belly flop.

bélly bùtton *n.* 《口語》 へそ (navel).

bélly dànce *n.* ベリーダンス《腹と腰を挑発的にくねらせて踊る中近東などの女性の舞踊; danse du ventre ともいう》. — *vi.* ベリーダンスを踊る. **bélly dàncer** *n.*

bélly flòp 《口語》 *n.* **1** (水泳で)腹打(ﾊﾗｳ)ち飛込み. **2** (橇(そり)などで)腹這いになって滑降すること. **3** (兵士が)敵の砲火を避けるため急に体を伏せること. — *adv.* 腹を打つ形で; うつ伏せになって (prone): dive ～. — *vi.* belly flop を行なう.

bélly flòpper *n.* =belly flop.

bel·ly·ful [bélifùl | -lɪ-] *n.* **1** 腹一杯. **2** 《俗》 いやになるほどの量, しこたま: have a ～ *of* advice さんざん忠告される.

bélly-gòd 〘《原義》 one who makes his belly his god: ⇨ belly, God: cf. *Philip.* 3: 19〙 *n.* 《古》 大食家.

bélly-gùn *n.* (隠しやすく, 至近距離で用いる)銃身のきわめて短い拳銃.

bélly-hèlve *n.* 《英》 〘金属加工〙 =helve hammer.

bélly-hòld *n.* 〘航空〙 (旅客機の胴体の客室の下にある)荷物室.

bélly-lànd 〘航空〙 *vi.* 〈飛行機が〉(脚の故障などで)胴体着陸する. — *vt.* 〈飛行機を〉胴体着陸させる.

bélly lànding *n.* 〘航空〙 胴体着陸: make a ～.

bélly-làugh *vi.* 《口語》 大笑いする.

bélly làugh *n.* 《口語》 **1** 腹をかかえて笑うこと, 抱腹絶倒, 大笑. **2** (劇のせりふなどで)大笑させるもの; 大笑の種.

bélly ròll *n.* 〘陸上競技〙 ベリーロール (⇨ straddle 6).

bélly whòp *n., adv., vi.* =belly flop.

Bél·mont Stákes [bélmɑnt- | -mɔnt-] *n.* [the ～] 〘競馬〙 ベルモントステークス《明け4歳馬による米国三冠レースの一つ; 距離 $1^1/_2$ マイル (約2400メートル); 1867年創設; cf. classic races 2, triple crown 3》.

Bel·mo·pan [bèlmo(ʊ)pǽn | -mə(ʊ)-] *n.* ベルモパン《Belize 1 の首都; 人口 4,000》.

Be·lo Ho·ri·zon·te [béɪlouhɔ̀(ː)rəzɑ́nti, bél-, -hɑ̀r- | bèləʊhɔ̀rɪzɔ́ntɪ; *Braz.* bélorizõ̃tʃi] *n.* ベロリゾンテ《ブラジル南東部の都市; Minas Gerais 州の首都; 人口 1,558,000》.

be·loid [bíːlɔɪd] 〘← Gk *bélos* arrow+-OID〙 *adj.* 矢のような形をした.

be·long [bɪlɔ́(ː)ŋ, bə-, -lɑ́ŋ | -lɔ́ŋ] 〘《1340》 *belonge(n)* ← BE- 1+*longen* to belong (← OE *ġelang* belonging to): cf. along〙 — *vi.* **1 a** (所有物として)〔…に〕属する, 〔…の〕ものである 〔*to*〕: This book ～*s to* me. この本は私のです / You ～ *to* me. 君はぼくのもの. **b** (本来の性質・権限・付随物などとして)〔…に〕伴う, 付属する, ふさわしい〔*to*〕: Geniality ～*s to* her personality. 愛想のよさは彼女の人柄に備わったものだ / It ～*s to* me to decide. 決定をくだすのは私の権限だ / That stopper ～*s to* this bottle. その栓はこのびんのです / That opinion of yours doesn't ～ *to* this discussion. 君のその意見はこの議論とは関係がない. **2** (分類上)属する: ～ here この項目に属する / things that ～ together 同類である物 / He ～*s* among such writers as ...のような作家群に属する / The tiger ～*s to* the cat family. トラはネコ科に属する / a philosopher who ～*s with* Kant カントと同系の哲学者 / *Under* what category does this book ～? この本はどの部類にはいるのか. **3 a** (一員として)〔…に〕所属する, 〔…の〕一員である〔*to*〕: He ～*s to* our club. 当クラブの会員です. **b** 当然(あるグループ・階級などに)属する: He ～*s in* teaching [a bank]. 生粋の教師[銀行マン]だ / Do you think you ～ here *among* us? お前はおれたちの仲間だと思っているのか. **4 a** 〈物・人が〉(ある[いる]べき場所に)ある, いる; ある[いる]べきである: The plates ～ *on* the shelf. The pan ～*s under* the sink. 皿は棚に, なべは流しの下に納める / Cheese ～*s with* salad. チーズはサラダによく合う / The book is not where it ～*s*. その本は所定の場所にない / Children ～ *in* bed after dinner. 子供は夕食がすんだら寝るもの / He doesn't ～ here. 彼はここでは場違いだ. **b** 〔人・物にとって〕適当である, 利益になる〔*in, to*〕: A telephone ～*s in* every home. 各家庭に電話があるのが好ましい. **5** 〔ある土地の〕者である, 〔…に〕住む〔*to*〕: He ～*s to* [《米》 *in*] Chicago. シカゴの人です / Do you ～ here? この土地の方ですか. **6** 〈人が〉(周囲と)調和する, 社交性がある: She is smart and jolly, but she just doesn't ～. 気がきいて快活ではあるがどこか皆となじまない所がある. **7** 《俗》 〔…の〕持ち主である〔*to*〕: Who ～*s to* this book? この本はだれのだい. **8** [*to* do を伴って] 《米南部・中部》 〈…する〉ことになっている, …すべきである: They ～ *to* come at six o'clock. 6時に来ることになっている.

be·lóng·ing 〘《1604》〙 — *n.* **1** [*pl.*] 付属物, 従属物; 属性. **2** [通例 *pl.*] **a** 家財. **b** 所持品. **3** [*pl.*] 《口語》 家族, 親類. **4** 親密な関係; (特に, グループなどへの)帰属: a sense [feeling] of ～ 親和感, 帰属意識.

be·lóng·ing·ness *n.* 〘心理〙 所属(性).

Be·lo·rus·sia [bèlo(ʊ)rʌ́ʃə | -lə(ʊ)-] *n.* ベロルシア, 白ロシヤ: **1** ソ連邦西部, ポーランドと境を接するソ連邦構成共和国の一つ; 人口 9,500,000, 面積 207,600 km², 首都 Minsk; 公式名 the Belorussian Soviet Socialist Republic. **2** 帝政ロシヤ時代のヨーロッパロシヤの西部地方. 《White Russia ともいう》

Be·lo·rus·sian [bèlo(ʊ)rʌ́ʃən | -lə(ʊ)-] 〘← Russ. *Belorussija* Belorussia (← *byelo-* white+RUSSIA)+-AN[1]〙 — *n.* **1** ベロルシア人, 白ロシヤ人 《White Russian ともいう》. **2** ベロルシア語, 白ロシヤ語 《ベロルシアの公用語; 東スラブ語の一方言》. — *adj.* **1** ベロルシアの, 白ロシヤの. **2** ベロルシア人[語]の, 白ロシヤ人[語]の.

bel·o·stom·a·tid [bèləstɑ́mətɪd, -təd | -stɔ́mətɪd] 〘↓〙 〘昆虫〙 — *adj.* タガメ[コオイムシ](科)の. — *n.* タガメ, コオイムシ 《タガメ[コオイムシ]科の昆虫の総称》.

Bel·o·sto·mat·i·dae [bèlɑsto(ʊ)mǽtədìː | -stə(ʊ)-mǽtɪ-] 〘← NL ～ ← *Belostomat-, Belostoma* (← Gk *bélos* dart+*stóma* mouth)+-IDAE〙 — *n. pl.* 〘昆虫〙 (半翅目)タガメ科, コオイムシ科.

Bel·o·stom·i·dae [bèləstɑ́mədìː | -stɔ́mɪ-] *n. pl.* 〘昆虫〙 =Belostomatidae.

be·lote [bəlɑ́t | -lɔ́t; *F.* bəlɔt] 〘□ F ～ ← *F. Belot* (このトランプ遊びを完成させた20世紀のフランス人)〙 — *n.* (*also* **be·lotte** [～]) 〘トランプ〙 ブロット 《klaberjass に似たゲームでフランスで流行》.

be·love [bɪlʌ́v, bə-] 〘《?a1200》 *biluve(n)*: ⇨ be- 1, love (v.)〙 *vt.* [Passive にのみ用いて] 愛する, かわいがる: He *is* ～*d by* [*of*] all. 皆に愛されている.

be·lov·ed 〘《c1370》 *biloved* (p.p.) ← *biluven* (↑)〙 — [bɪlʌ́vɪd, bə-, -vəd, -vd] *adj.* ★ [-lʌ́vd] となるのは, 通例 dearly 以外の副詞に修飾された場合; [-lʌ́vɪd, -vəd, -vd] となるのは dearly に修飾されるか, 何も副詞が付かない場合. **1** 最愛の, かわいい, いとしい (dear): one's ～ son. **2** 愛用の, 大切な: one's ～ pipe. — [-lʌ́vɪd, -vəd] *n.* **1** [通例 one's ～ として; 夫・妻・恋人などへの呼掛けに用いて] 最愛の人; (特に)恋人 (sweetheart): *my* ～ あなた, おまえ. **2** [呼掛けに用いて] (特に, 宗教用語で)親愛な人達.

be·lóv·ed discíple [-vɪd-, -vəd-, -vd-] *n.* [the ～] 使徒 St. John の異名 (cf. *John* 13: 23, etc.).

be·lóv·ed physícian [-vɪd-, -vəd-, -vd-] *n.* [the ～] 使徒 St. Luke の異名 (cf. *Col.* 4: 14).

be·low 〘《?c1380》 *bilooghe* ← *bi* 'BY[1]'+*loȝ, lou* 'LOW[1] (adj.)'〙 — [bɪlóu, bə- | bɪləʊ, bə-] *adv.* **1** 下に[へ], 下方で: look ～ 下の方を見る / look over the plains ～ 眼下の平野を見はるかす / He jumped into the flood ～. 下の流れに飛び込んだ. **2 a** [しばしば here ～ として] 《古・詩》 この世に (on earth): The merry stream floweth for all ～. その楽しい川はこの世のすべての人々のために流れる / Man wants but little here ～. 人はこの世では多くを望まない. **b** 地下[水面下]に; 地獄で (in hell): the fiends ～ 地獄の鬼ども / the place ～ 地獄 / Traitors gnash their teeth ～. 反逆者らは地獄で歯ぎしりしている. **3 a** 階下に (downstairs): There's someone ～ wants to see you. 階下にだれか面会人が来ています. **b** 〘海事〙 下の船室[船倉]に: go ～ (当直がすんで)船室へ降りて行く. **4** 零下…, 氷点下…: It [The temperature] was twenty ～ this morning. 今朝は零下20度だった. **5** 下位に(ある), 下級の: in the court ～ 下級の裁判所で. **6** (同じページの)下の方に, 下部に, 下段に; (本・論文の)後段で[に] (cf. above 5): See the table ～. 下段の表参照 / See ～. 下記参照 / It will be dealt with ～. それは後段で論じる. **7** 下流に, 川下に (downstream): He expected a British fleet from ～. 川下からイギリス艦隊が来ることを期待していた. **8** 〘劇場〙 舞台前方へ[に] (downstage) (cf. above 8). **9** 〘動物〙 下部に, 腹部に (cf. above 7). **10** 〘音楽〙 低い音で.

Below there! おーい, 下の者《物を落とす場合などの注意》. ***from below*** (1) 下から (⇨ *adv.* 7; cf. *from* ABOVE). (2) 下の階級から.

— [― ˊ, ― ˊ] *prep.* **1** …より下に; …よりも深く: ～ one's eyes 眼下に / ～ stairs=belowstairs / ～ the knee ひざから下に / ～ the moon 月下に / ～ (the) sea level 海面以下 / The sun has sunk ～ the horizon. 太陽は地平線下に没した / 3 feet ～ the surface of the ground 地下3フィートに / He had a scar just ～ his left eye. 左目の真下に傷跡があった. **2** …より下流に; 〈斜面など〉の下手(しも)に: ～ the bridge 橋の下手に / stations ～ this ここから下手の停車場. **3** …の真下に《★ 厳密には under, beneath を用いる》: from all that dwell ～ the skies 天の下に住むすべての人々から / Books lay on and ～ the table. 書物がテーブルの上下にあった. **4 a** (量・程度が)…未満で: persons (the age of) ～ fifty 50歳未満の人々 / The thermometer stood ～ 29. 寒暖計は29度以下に下がった / ～ the average [standard] 平均[標準]以下で / The temperature was 6 (degrees) ～ zero [freezing-point]. 気温は氷点下6度だった / sell ～ cost 原価以下で売る / ～ the mark ⇨ mark[1] *n.* 5 / *below* PAR[1]. **b** (階級・身分など)…よりも下で: next ～ a colonel 大佐の次位 / He was far ～ them *in* station. 彼は身分がはるかに低かった / No woman dresses ～ herself. 身分以下の身なりをする女性はいない / The man is sunk ～ a beast. その男は畜生以下に成り下がっている. **c** (品質・能力など)…よりも劣って: He is ～ me in the class. クラスの成績では私よりも下だ / He is ～ them *in* intelligence [character]. 知能[品性]が彼らよりも劣っている. **5** …に値しない, …にふさわしくない 《★ この意味では beneath の方が普通》: Such things are ～ attention. そういう事は注目するに値しない / ～ contempt 軽蔑にも値しない / It is far ～ me to be an informer. 密告者になるなんて私には全くふさわしくない. **6** …よりも南で.

— *n.* 下段の記事[文章]: The ～ is from Keats. 下に掲げるものはキーツからの引用である.

— *adj.* (同じページの)下段の, 下記の; 後述の: the ～ list 下段の表.

belów·stáirs *adv.* =downstairs 1. — *attrib. adj.* (もと)召使部屋の, 台所の.

Bel Pa·e·se [bélpɑːéɪzə, -zi | -zɪ; *It.* bèlpaéːze] 〘《商標名》 ← It. *bel paese* beautiful country〙 — *n.* 〘商標〙 ベルパエーゼ 《イタリア産の口当たりの柔らかなクリーム状チーズの商品名》.

Bel·phe·gor [bélfɪɡɔ̀ə, -fə- | -ɡɔ̀ː(r)] 〘□ Gk *Beelphegōr* □ Heb. *Ba'al pᵉ'ōr* Baal worshiped at Mt. Peor: cf. *Num.* 25: 3, *Hos.* 9: 10〙 — *n.* **1** 〘聖書〙 ベルフェゴール《モアブ人 (Moabites) の神; ラテン伝説では地獄より人間界に派遣された悪魔》. **2 a** 人間嫌い. **b** 好色な男.

Bel·sen [béltsən, -zn; G. bɛ́lzn] *n.* ベルゼン《西ドイツ北東部の村; 第二次大戦中ナチの強制収容所があった; 公式名 Bergen-Belsen》.

Bel·shaz·zar [belʃǽzə | -zə(r)] 〘□ Heb. *Bēlšaṣṣár* □ Akkad. *Bēl-šarra-uṣur* 《原義》 'may BEL[1] protect the king': cf. Balthazar〙 — *n.* **1** 男性名. **2** 〘聖書〙 ベルシャザル《Nebuchadnezzar の子で Babylon 最後の王; その食堂の壁に運命を示す文字が現われたという; cf. *Dan.* 5: 5; ⇨ the WRITING[1] *on the wall*》.

belt[1] [bélt] 〘OE ～ ＜ Gmc **baltjaz, *baltjōn* □ L *balteum, balteus* girdle ←? Etruscan: cf. baldric〙 — *n.* **1 a** (腰のまわりまたは肩から斜めにかける)帯, 革帯, バンド, ベルト: a lady's ～ / a champion ～ / a leather ～ 革帯 / a sword ～ 剣帯 / ⇨ belt leather, black belt[2] / loose one's ～ (満腹などで)ベルトをゆるめる. **b** 座席ベルト (seat belt). **c** (伯爵またはナイトの)礼帯. **d** =cartridge belt. **2 a** ベルト状のもの. **b** (ある特色によって他と区別される)地方, 地帯 (cf. zone 1): a forest ～ 森林地帯 / a green ～ (都市周辺の)緑地帯 / ⇨ commuter belt, Corn Belt, cotton belt. **c** (帯状の)筋; しま. **3** 海峡, 水道 (strait): ⇨ Great Belt, Little Belt. **4** (都市近郊を取り巻く)環状道路, 鉄道(路線). **5** 積み石(塀)の水平帯状の層: ⇨ belt course. **6** 〘機械〙 ベルト: an endless ～ / a driving ～ 伝動ベルト. **7** 〘海軍〙 (軍艦の)装甲帯. **8** 《まれ》〘天文〙 雲状帯. **9** 〘軍事〙 (防御用障害物の)線: a mine ～ 地雷線.

hit [***strike***] ***below the belt*** 〘ボクシング〙 (1) (…の)ベルトより下を打つ《反則》. (2) 《口語》 (…に)フェアでない[卑劣な]振舞いをする. ***hold the belt*** 〘ボクシング〙 〔…の〕選手権を保持する〔*for*〕. ***tighten*** [***pull in***] ***one's belt*** (1) 《戯言》 ベルトをきつくして空腹を紛らす[我慢する]; 食事を抜く. (2) 支出を切り詰める, 窮乏を我慢する, 耐乏生活をする. ***under one's*** [***the***] ***belt*** 《口語》 (1) 胃袋に収めて. (2) 過去に経験して. (3) 所有して, 自分のものにして: get trigonometry *under one's* ～ 三角法をものにする. ***wear a belt and braces*** (ベルトを締めズボン吊りをして)念には念を入れる, 石橋をたたいて渡る.

— *vt.* **1** …にベルト[帯]を締める, ベルトで締める 〈*up*〉; …にベルト[帯]を付ける; …に礼帯を付ける 〈*on*〉: ～ one's trousers / a dress ～*ed* at the waist. **2** 〈剣・水筒などを〉(ベルトで)腰に付ける, 吊る 〈*on*〉: ～ *on* a sword. **3** …に(帯状の)筋を付ける. **4 a** (革帯で)打つ (strap). **b** 《口語》 ひっぱたく, ぶんなぐる 〈*out*〉. **5 a** (円形で)取り囲む, …に輪をつける〔*with*〕. **b** 《米》〘林業〙 …の樹皮を輪形にはぐ. **6** 《口語》 〈歌を〉大声で歌う, 元気に[力強く]歌う[演奏する] 〈*out*〉.

— *vi.* 《俗》 急ぐ, 疾走する: ～ *in* 駆け込む / ～ *along* (the road) (道路を)疾走する.

belt up (1) 《口語》 座席ベルトを締める. (2) 《英俗》 [通例命令形で] 黙れ (shut up).

belt[2] [bélt] 〘← BELT[1] (vt. 4)〙 — *n.* **1** 《口語》 (強い)打撃, 衝撃: give a ～. **2** 《俗》 (酒の)がぶ飲み: a ～ of whiskey. **3** 《俗》 (強い)感動. — *vt.* 《俗》 がぶがぶ飲む 〈*down*〉: ～ the bottle 酒をがぶ飲みする.

Bel·tane [béltein, -tɪn] 〘《1424》 □ Gael. *bealltainn* the first day of May, 《原義》 blazing fire: cf. balefire〙 — *n.* ベルテーン祭《昔のケルト族の祭日で, スコットランドやアイルランドで May Day にかがり火をたき踊りを踊ったり, 火の間に家畜を通らせたりした》.

bélt convèyor *n.* ベルトコンベヤ (conveyor belt).

bélt còurse *n.* 〘建築〙 (建物の外壁の)蛇腹層, 胴蛇

腹, 帯《外壁面を水平に区切る通常は平滑な帯; string-course, band course ともいう》.
bélt·ed [-tɪd, -ṭəd | -tɪd, -təd] 〚(15C)〛 — *adj.* **1** ベルト[バンド]を付けた. **2** 礼帯を着けた: a ~ earl, knight, etc. **3** 筋[しま]のある. **4** 装甲を施した: a ~ cruiser ⇨ cruiser 2 a.
bélted-bìas tíre *n.* 〘自動車〙ベルテッドバイアスタイヤ《タイヤを構成するコードを円周方向に対し斜めに配列し, さらにその上に円周方向のベルトを取り付けたタイヤ; cf. radial-ply tire》.
bélted kíngfisher *n.* 〘鳥類〙アメリカカワセミ (*Ceryle alcyon*)《北米産で白い胸に栗色の帯がある》.
bélted sándfish *n.* 〘魚類〙大西洋西部暖海産のスズキ科の魚 (*Serranellus subligarius*).
bélt híghway *n.* 《米》(都市周辺の)環状道路 (《英》ring road).
bélt·ing [-tɪŋ | -tɪŋ] *n.* **1** [集合的]ベルト類, 帯類. **2** ベルトの材料, 帯布. **3** 〘機械〙ベルト; ベルト装置; ベルト用革《belting leather ともいう》. **4** (皮帯などで)たたくこと, 打擲(ちょうちゃく).
bélt lèather *n.* ベルト革《ベルト (waist belt) 用の革》.
bélt·less *adj.* belt[1] のない.
bélt·lìne *n.* **1** 流れ作業 (production line). **2** (婦人服の)ウエストライン, 胴まわり (waistline).
bélt lìne *n.* 《米》(交通機関の主に都市周辺の)環状線.
bélt·man [-mən, -mæ̀n] *n.* (*pl.* **-men** [-mən, -mèn]) 機械ベルトの検査・維持責任者.
bélt pùlley *n.* 〘機械〙ベルト車《ベルトをかけて動力を伝える滑車》.
bélt pùnch *n.* 〘機械〙ベルトパンチ《革などの穴あけ用パンチ》.
bélt sànder *n.* 〘機械〙帯つや出し盤.
bélt sàw *n.* =band saw.
bélt shifter *n.* 〘機械〙ベルト寄せ.
Bélts·ville Smáll Whíte [béltsvɪl-, -vəl- | -vɪl-] 〚← *Beltsville* (Maryland 州の地名)〛 — *n.* 〘牧畜〙ベルツビルスモールホワイト《米国のベルツビル研究所で作出された白色小型の七面鳥》.
bélt tìghtening *n.* 緊縮[冗費節約](政策), 耐乏(生活).
bélt·wày *n.* =belt highway.
Be·lu·chis·tan [bəlù:tʃɪstǽn, -tʃə-, -stɑ́:n | bəlù:tʃɪstɑ̀:n, be-, bɪ-, -stǽn] *n.* =Baluchistan.
be·lu·ga [bəlú:gə] 〚(1591) ☐ Russ. *byeluga* white whale ← *byely* white〛 — *n.* **1** 〚☐ Russ. *byelukha* ← *byely*〛〘動物〙シロイルカ (*Delphinapterus leucas*)《北極海に住み体長 4-5 m; 4-5 歳のものは体色純白で, その皮は porpoise hide と呼ばれ, 靴などに利用される; white whale, white fish ともいう》. **2** 〘魚類〙オオチョウザメ (*Huso huso*)《カスピ海・黒海およびそれに注ぐ川に住む大型のチョウザメの一種; その浮袋からにべ(isinglass)を作り, 卵はキャビアにする》.
bel·ve·dere [bélvədìə, ⌣⌣⌣ | bélvɪdìə(r, ⌣⌣⌣] 〚(1596) ☐ It. ~《原義》fine outlook ← *bel, bello* beautiful+*vedere* sight〛 — *n.* **1 a** (周囲の景色を見るための)見晴らし台, 展望台, 望楼. **b** (庭園などの高所に設けた)見晴らしのよい東屋(あずまや). **2** [the B-] ベルベデーレ《ローマの Vatican 宮殿内の絵画館》.
Be·ly [béɪli | -lɪ; *Russ.* bjélij], **Andrei** *n.* ベールイ《1880-1934; ロシアの象徴派詩人・小説家; 本名 Boris Nikolaevich Bugaev》.
belying *v.* belie の現在分詞.
B.E.M. 《略》Bachelor of Engineering of Mines; British Empire Medal; bug-eyed monster.
be·ma [bí:mə] 〚(1683) ☐ Gk *bêma* step, platform: cf. base[2]〛 — *n.* (*pl.* ~·**ta** [~ṭə | ~tə], ~**s**) **1** (古代ギリシャ・ローマの, 演説用の)演壇 (platform). **2 a** (初期キリスト教・近代ギリシャ正教教会堂の)内陣 (chancel), ベマ. **b** (キリスト教会堂の)内陣. **3** 〘ユダヤ教〙=almemar.
be·maul [bɪmɔ́:l, bə-] *vt.* ひどい目に会わす, 手ひどく扱う.
be·mazed [bɪméɪzd, bə-] 〚ME *bimased* (p.p.) ← *bemasen*: ⇨ be- 1, maze〛 *adj.* 《古》茫然とした (dazed).
Bem·ba [bémbə] *n.* (*pl.* ~, ~**s**) **1 a** [the ~(s)] ベンバ族《Rhodesia 北部のバンツー語を話す農耕民族》. **b** ベンバ族の人. **2** ベンバ語《バンツー語の一種》.
Bem·berg [bémbə:g | -bə:g; G. bέmbɛrk] 〚← *Bemberg (silk)*: ドイツの製造会社名より〛 *n.* 〘商標〙ベンベルグ《銅アンモニア法による人絹の商品名》.
be·mean [bɪmí:n, bə-] 〚(1651) ← BE-+MEAN[2]〛 *vt.* =demean[1].
be·med·aled [bɪmédḷd, bə-] *adj.* 勲章[メダル]を(特に, 数多く)飾りつけた.
be·mire [bɪmáɪə, bə- | -máɪə(r] *vt.* **1** 泥でよごす, 泥まみれにする. **2** 泥の中を引きずる; 泥に埋める: be ~*d* 泥[ぬかるみ]にはまる.
be·moan [bɪmóun, bə- | -mə́un] 〚(16C) ← BE-+MOAN ∽ ME *bemene(n)* < OE *bemǣnan*〛 — *vt.* **1 a** 悲しむ (lament): ~ one's wasted youth 無為に過ごした青春を悔いる. **b** [~ oneself で] 嘆く. **2** 《古》哀れむ, 悼む (pity). — *vi.* 悲しむ, 嘆く.
be·mock [bɪmɑ́k, bə-, -mɔ́(:)k | -mɔ́k] *vt.* 《古》あざける.
be·muse [bɪmjú:z, bə-] 〚(1735)〛 *vt.* **1** まごつかせる. **2** ぼんやりさせる, 物思いに耽らせる. ~·**ment** *n.*
be·músed *adj.* **1** (特に, 酒・阿片などで)ぼうっとなって, もうろうとして. **2** ぼんやりして, 気をとられていて. **be·mús·ed·ly** [-zɪdli, -zəd- | -lɪ] *adv.*
ben[1] [bén] 〚adv.: (c1375)《変形》← ME *binne* < OE *binnan* within ← BE-+*innan* within, in: ⇨ in〛《スコット》— *n.* (通例, 二間の田舎家(cottage)の)奥の間, 居間《今一つの部屋は but》: ⇨ a BUT[2] and ben.
— *adv., adj.* (家の)奥に[の] (inside): Come ~. 奥[居間]へおはいり / ⇨ BUT[2] and ben.
far ben (1) (一番)奥の間に. (2) (人と)ごく親しくして: be *far* ~ *with* a person.
— *prep.* 〈家〉の奥に (within).
ben[2] [bén] 〚(1788) ☐ Gael. *beann*: cf. Ir. *beann*〛 *n.* 《スコット・アイル》(山の)峰 (peak), 山. ★ 主に山名と共に用いる: *Ben* Nevis, *Ben* Lomond, etc.
ben[3] [bén] 〚(?a1425) ☐ Arab. *bān*〛 — *n.* **1** 〘植物〙ワサビノキ (*Moringa oleifera*)《アラビア・インドなどに産するワサビノキ科の高木; その有翼の種子から採る油を ben oil または oil of ben といい, 香料・時計用油として用いる; horseradish tree ともいう》. **2** ワサビノキの種子.
ben[4] [bén] 〚☐ Heb. *ben* the son of: cf. Arab. *ibn*〛 — *n.* [しばしば B-; 通例ヘブライ人・アラビア人の名前に用いて] 息子: Moses ~ Maimon メモンの息子モーセ.
Ben [bén] 〚(dim.) ← BENJAMIN // BENEDICT〛 *n.* 男性名.
Ben, Anthony Wedgwood *n.* (1925-) 英国の労働党の政治家.
Ben. 《略》Benjamin.
ben·act·y·zine [bɪnǽktəzì:n, bə- | -tɪ-] 〚恣意的造語?〛 *n.* 〘薬学〙ベナクチジン《抗コリン作動薬(副交感神経遮断剤)の一種》.
Ben·a·dryl [bénədrəl, -drɪl, -drɪ̀l | -drɪl] *n.* 〘商標〙ベナドリル《抗ヒスタミン剤 diphenhydramine の商品名; hay fever の薬》.
be·name [bɪnéɪm, bə-] 〚OE *benemnan*: ⇨ be-, name〛 — *vt.* (~**d**; ~**d**, **be·nempt** [-ném(p)t], **-nempt·ed** [-ném(p)tɪd, -təd]) 《古》…に名をつける; 呼ぶ (call).
Be·na·res [bənɑ́:rəs, -ri:z | bɪnɑ́:rɪz, be-, bə-] *n.* ベナレス《Varanasi の旧名》.
Be·na·ven·te y Mar·tí·nez [bènəvénṭi-i:-mɑə-tí:nəθ, -nəs | -tɪ-i:-mɑ:tí:neθ; *Sp.* bènaβénteimartíneθ], **Ja·cin·to** [xaθínto] *n.* ベナベンテ《1866-1954; スペインの劇作家; Nobel 文学賞 (1922); 単に Benavente ともいう》.
Ben Bel·la [ben-bélɑ:, -lə], **Ahmed** *n.* ベンベラ《1916- ; アルジェリアの政治家; 初代首相(1962-65), 大統領 (1963-65)》.
Ben·bow [bénbou | -bəu], **John** *n.* (1653-1702) 英国の海将.
Bénce-Jónes prótein [bénsdʒóunz- | -dʒə́unz-] 〚← *Henry Bence-Jones* (1813-73: 英国の医師・化学者)〛 — *n.* 〘生化学〙ベンスジョンズ蛋白質《抗体蛋白質の分解物; 脊髄病などの時, 尿に多量に出る》.
bench [béntʃ] 〚n.: OE *benc* < Gmc *baŋkiz* (G *Bank* / Icel. *bekkr*) ← IE *bheg- to break: ⇨ bank[1,2]. — v.: (c1385) *benche(n)* ← (n.)〛 — *n.* **1 a** ベンチ, 長腰掛け《通例 2 人以上坐れる木製の長椅子; 背のあるものとないものがある》: sit on a ~. **b** (船の)こぎ手座 (thwart). **c** coach の御者台. **2** [the ~] **a** (法廷の)裁判官[判事]席 (judge's seat). **b** [集合的] 裁判官(団); 裁判官職: the opinion of *the* full ~ 全列席判事の意見 / ~ and bar 裁判官と弁護士, 在朝在野の法曹 / retire from *the* ~ 裁判官を退職する. **c** 裁判所: ⇨ King's [Queen's] Bench. **3 a** 役人の席, 役人の職. **b** [集合的] 役人. **4** (英国議会の)議員席; [集合的] 議員席につく人たち: the ministerial ~*es* 政府委員席 / the bishops' ~ (上院の)主教の議員席; 議員席の主教たち / ⇨ back bench, front bench, cross-bench, Treasury Bench. **5** (ベンチに似た)長い台, 仕事台, 作業台, 細工台 (workbench): a carpenter's [shoemaker's] ~ / work *at* a ~. **6 a** (畜犬展覧[品評]会での)陳列台. **b** 畜犬展覧[品評]会 (dog show). **7** 〘地質〙(湖や川の岸に沿う長くて狭い)段丘 (terrace). **8** 〘園芸〙ベンチ《温室内で鉢植え植物を置いたりするための固定台》. **9** 〘鉱山〙階段《露天掘などで鉱石を採掘するために作る》. **10** 《米》〘スポーツ〙 **a** ベンチ《チームのメンバーが着席する施設》. **b** [集合的] 控えの選手.
be* [*sit*] *on the bench (1) 判事席についている, 審理する. (2) 《米》〈競技者が〉ベンチにいる, 出場待機中である. (3) =*warm the* BENCH. ***be raised* [*elevated*] *to the bench*** (1) 判事に昇任する. (2) 《英》主教に昇任する. ***ride the bench*** =*be on the* BENCH (2). ***warm the bench*** 《米》〈競技者が〉ベンチを暖めている, 試合を離れている (cf. bench warmer).
— *vt.* **1** …にベンチを備える. **2** 判事[名誉職など]の席につかせる. **3** (展覧会で)〈犬などを〉出陳する. **4** 《米》〘スポーツ〙〈競技者を〉試合から退かす, 試合に出さない, 出場メンバーからはずす. **5** 〘園芸〙〈植物を〉温室内のベンチ上に置いた土や苗床に植える. **6** 〘鉱山〙〈鉱山などを〉段切りする, …の採掘面を階段状に切り取る. — *vi.* (自然の作用で)段丘を成す. ~·**less** *adj.*
bénch·bòard *n.* 〘機械〙机盤.
bénch dòg *n.* 犬の展覧[品評]会の出品犬.
bénch·er 〚(c1450) ← BENCH (n.): ⇨ -er[1]〛 — *n.* **1 a** (判事など)ベンチに腰掛けて仕事をする人. **b** (英国)法学院 (the Inns of Court) の幹部の一員. **c** 《英》国会議員 (cf. backbencher, front bencher, crossbencher). **2** (ボートの)漕ぎ手. **3** 《まれ》バー[酒場]に入りびたりの者.
bénch hòok *n.* 〘木工〙(材料が後にずれないように)作業台につけられた木片 (cf. bench stop).
bénch·ing ìron *n.* 〘測量〙(仮設の)基標.
bénch jòckey *n.* 《米俗》〘野球〙ベンチからさかんに敵軍野手をやじるプレーヤー, やじ将軍.
bénch làthe *n.* 〘機械〙卓上旋盤.
Bench·ley [béntʃli | -tʃlɪ], **Robert (Charles)** *n.* (1889-1945) 米国のユーモア作家.
bénch-máde *adj.* 〈靴など〉(職人の仕事台の上で)一個一個作られた, 手製の (hand-made); (特別)あつらえの (custom-made).
bénch·man [-mən] *n.* (*pl.* **-men** [-mən]) 作業台で仕事をする人; (特に)ラジオ[テレビ]修理工, 靴修理工.
bénch màrk 〚← BENCH+MARK[1] (n.)〛 — *n.* **1** 〘測量〙水準点, ベンチマーク, 水準基標《高低測量の標高の基準となる印; 略 B.M.》. **2** (価値判断などの)基準, 尺度.
bénch scrèw *n.* 〘木工〙(万力のあごなどを操作するための)ねじ.
bénch sèat *n.* (自動車などの)ベンチシート (cf. bucket seat).
bénch shòw 《米》*n.* (賞を競う)犬がベンチの上につながれるドッグショー (cf. field trial 1).
bénch stòp *n.* 〘木工〙ベンチストップ, 台留め《材料のずれを止めるための装置; cf. bench hook》.
bénch tàble *n.* 〘建築〙ベンチテーブル《壁・柱回りに取付けた石の腰掛》.
bénch wàrmer *n.* 《米》〘スポーツ〙(めったに試合に出ることのない)補欠選手, 控えの選手, ベンチウォーマー (cf. *be on the* BENCH).
bénch wàrrant *n.* 〘法律〙(治安判事の発するものに対して)判事または裁判所の発する逮捕状[勾引状] (cf. justice's warrant).
bénch·wòrk *n.* 作業台を用いてする仕事, 台仕事.
bend[1] [bénd] 〚OE *bend* band, ribbon < Gmc *bandjō ← *band- (↓): ⇨ band[1]〛 — *n.* **1** 〘紋章〙斜帯《盾の右上部(向かって左上部)から左下部へ向かう盾の約 1/3 幅の帯; cf. bend sinister; ⇨ heraldry 挿絵 C》. **2** ベンド《獣皮の肩部と腹部を除いた部分の半裁; cf. butt[3] 5》: ~ leather ベンド革《ベンドをなめして革にしたもの; 靴底などに用いる》.
in bend 〘紋章〙斜めに, 斜帯の方向に (bendwise).
party per bend 〘紋章〙〈盾が〉斜めに二分された (⇨ heraldry 挿絵 E).
bend[2] [bénd] 〚OE *bendan* to bind, fetter, bend (a bow) < Gmc *bandjan ← *band- 'BAND[1]'〛 — *v.* (**bent** [bént], 《古》~·**ed**) — *vt.* **1 a** (ある特定点に力をかけて)〈真直ぐな物を〉曲げる (curve); 〈頭部・顔を〉下に向ける, うつむける; 〈写真・封筒などを〉折り曲げる (fold): ~ an elbow, a stick, a bar of iron, etc. / ~ the knee 膝をかがめる, 膝を曲げておじぎ[礼拝]する / ~ the neck 首を下げる; 屈服する / ~ one's brows 眉をひそめる / ~ one's head *over* a book うつむいて本を読む / ~ a piece of wire *into* a ring 針金を曲げて輪にする / ~ the end of a pipe *up* [*down, back*] パイプの端を折り上げる[下げる, 返す] / ~ a crooked spoon straight 曲がったさじをまっすぐに延ばす / ~ oneself double 体をくの字に折り曲げる / be *bent* (*down*) *with* age 年のせいで腰が曲がっている / Take care not to ~ the photos. 写真を折らないように注意して下さい / The point of this pen is *bent over*. このペンの先は折れ曲がっている. **b** 〈弓などを〉引く (draw): ~ a bow. **2 a** 〈人を〉屈服させる, 〈意志などを〉曲げる, 従わせる: ~ a person *to* one's will 人を意のままに従わせる, 屈従させる / ~ the hearer's attitudes *to* those of a speaker 聞き手の態度を無理に話し手の態度に同調させる. **b** 《口語》〈規則などを〉(都合のよいように)曲げる (cf. *vt.* 5): ~ a rule. **3 a** 〈目・歩み・心などを〉向ける (direct): ~ one's steps homeward(s) [from the path] 家路につく[道を離れる] / ~ one's thoughts back toward(s) one's school days 学生時代に思いを馳せる / All eyes were *bent on* me. 全部の目が私に注がれ(ていた). **b** 〈心・努力などを〉傾ける, 傾注する: ~ one's mind *to* a task 仕事に専念する / ~ all one's energies *to* do …するために全力を傾注する / ~ one*self to* …に熱中する, 精を出す. **4** [Passive で] (慎重な考慮の上で)決心する (determine) (cf. bent[1] *adj.* 2 a): *be bent on* mischief いたずらを企んでいる / He *is bent on* becoming an engineer. 技術者になる決意をしている. **5** 《俗》悪用する; 盗む; 〈試合など〉にわざと負ける (cf. *vt.* 2 b). **6** 《古》緊張させる ⟨*up*⟩. **7** 〘海事〙〈帆・ロープなどを〉結び付ける (fasten): ~ the cable (*to* the ring of an anchor) いかり綱を(いかりの環に)結び付ける / ~ a sail *to* its yard 帆を帆桁に結び付ける. — *vi.* **1 a** 曲がる, たわむ, しなう (curve); 〈頭部・顔が〉下に向く: Better ~ than break. 《諺》折れるよりはたわむがまさる,「柳に雪折れなし」. **b** 写真[封筒など]を折り曲げる (fold): Please don't ~. 折らないで下さい《封筒などの上書き》. **2** 上半身を曲げる, かがむ (stoop): ~ down かがむ / ~ forward 前方へ体をかがめる / ~ over (one's desk) (机の上に)かがみこむ. **3** (…に)屈服する, 従う (yield) ⟨*before, to*⟩: ~ *before* the enemy 敵に屈する / ~ *to* a person's will 人の意に従う. **4 a** 〈道・川などが〉(…の方向へ)向かう (turn): The road ~*s* south [*to* the left] there. 道路はそこから南[左]へ曲がっている. **b** 《古》〈人が〉(…の方向へ)歩みを向ける. **5** 精力を向ける, 努力を傾注する: ~ *to* the oars 懸命に漕ぐ / ~ *to* one's work 仕事に精を出す.
bend over backward ⇨ backward 成句. ***catch a person bending*** 《口語》人に不意打ちを食わせる, 人の虚をつく.

— n. 1 曲げること, かがめること: a ～ of the body 体をかがめること, おじぎ. 2 曲がり, 屈曲, 湾曲; (川・湖・海岸・道路などの)湾曲部: a sharp ～ in the road 道路の急カーブ. 3 〖機械〗ベンド, 曲管《比較的半径の大きい湾曲部を持つ管継手》; [通例 *pl.*] 〖造船〗(木造船の)外部腰板 (wales). 4 [the ～s; 単数または複数扱い] 〖病理〗 a 《口語》潜函病, ケーソン病 (caisson disease). b 《口語》航空塞栓(せん)症. 5 〖海事〗(ロープを他の物に結び付けた時にできる)結び目; 結索法 (cf. hitch[1] n. 6).
above one's bend 《米》力が及ばない. ***around*** [《英》***round***] ***the bend*** 《口語》気が触れて, 気が違って: That really drives me *round the* ～. あれには全く頭に来る. ***go on the*** [***a***] ***bend***=***have a bend*** 飲んで騒ぐ (cf. bender 5). ***on the bend*** 《俗》不正手段で.

bénd·a·ble [-dəbl] *adj.* 曲げられる.

ben·day [béndéɪ] 〖← *Ben(jamin) Day* (↓)〗〖写真製版〗 *adj.* [しばしば B-] ベンデイ法の. — *vt.* ベンデイ法で製版する.

Bén Dáy pròcess [béndéɪ-] 〖← *Benjamin Day* (1838–1916: 米国 New York の印刷業者でその発案者)〗 — *n.* [the ～]《米》〖写真製版〗ベンデイ(製版)法《ゼラチン膜を使って印刷版に陰影・濃淡などをつける技術》.

bénd·ed *v.* 《古》 bend[2] の過去形・過去分詞. — *adj.* 曲げられた: with ～ bow 《詩》弓を引き絞って / on ～ knee(s) (嘆願する時など)膝を屈して[折って].

ben·dee [béndi | -dɪ] *adj.* 〖紋章〗=bendy 2.

bénd·er 〖《15C》← BEND[2]+-ER[1]〗 — *n.* 1 曲げるもの[道具, 機械, 人]; 曲がるもの. 2 《俗》足 (leg), 膝 (knee). 3 《俗》〖野球〗カーブ (curve). 4 《英俗》旧 6 ペンス銀貨 (sixpence). 5 《俗》飲み騒ぎ (spree): go on a ～ 飲み騒ぎをする. 6 《英方言》すてきなもの[こと], 逸物: It was a ～ of a day. とてもすばらしい日だった.

Bénder Gestált tèst [béndə- | -də-] 〖← *Lauretta Bender* (1898–　: 米国の精神医学者): ⇨ Gestalt〗 — *n.* 〖心理〗ベンダーゲシュタルトテスト, 視覚・運動ゲシュタルトテスト《知能や性格の障害の分析を調査するテスト》.

Ben·di·go [béndɪgòu, -də- | -dɪgəu] *n.* オーストラリア南東部, Victoria 州の金鉱都市; 人口 33,000.

bénding mòment *n.* 〖物理〗曲げモーメント.

bend·let [béndlɪt, -lət] 〖← ME *bendel* (□OF (dim.) ← *bende, bande*: ⇨ bandeau)+-ET〗 *n.* 〖紋章〗ベンドレット《bend の $1/2$–$1/3$ 幅の斜帯》.

béndlet sínister *n.* 〖紋章〗ベンドレットシニスター《bendlet の逆の斜帯; 庶子のマークとして使用されることもある》.

bénd sínister *n.* 〖紋章〗ベンドシニスター《斜帯 (bend) の逆の斜帯; 盾の向かって右上 (sinister chief) から左下 (dexter base) へ向かう盾の約 $1/3$ 幅の斜めの帯》.

bénd·wàys *adj.* 〖紋章〗=bendwise.

bénd·wise *adj.* 〖紋章〗斜帯 (bend) の方向に, 斜帯の形のように.

bend·y [béndi | béndɪ] 〖《15C》〗 — *adj.* 1 《口語》曲げ[曲がり]やすい (flexible). 2 〖紋章〗〈盾が〉左上 (dexter chief) から右下 (sinister base) へかけて偶数に等分割された (⇨ heraldry 挿絵 E).

béndy trèe *n.* 〖植物〗=portia tree.

bene [bíːn] 〖OE *bēn* < Gmc **bōniz* (ON *bœn*): cf. boon[1]〗 *n.* 《古》(特に, 神への) 祈り (prayer).

ben·e- [bénə | -nɪ] 〖□L ～ *bene* well〗「よい」の意の連結形: *bene*diction.

be·neaped [bɪníːpt, bə-] *adj.* 〖海事〗=neaped.

be·neath 〖OE *bi-, beneoþan* ← *bi-* 'BY[1]'+*niþan* below, down (← Gmc **niþ-* down ← IE **en* down): cf. nether〗 — [bɪníːθ, bə-] *adv.* 1 下に, 低く (below), 下の方に: the valley lying ～ 下の方に横たわる谷 / I heard the sea roar ～. 下の方に海のとどろきが聞こえた. 2 a 《廃・古》この世で (below): our world ～ この世. b 地下に; 地獄で (in hell): the dreadful abyss ～ 地下の恐ろしい深淵. 3 真下に (underneath): the sky above and the earth ～ 頭上の空と足下の地. 4 《古》(身分・品質など)劣って: That next is disdained by him ～. その次の者は下の者にあなどられる.
— [ˌ-ˊ, -ˊ-] *prep.* ★ below または under と同義の古風なまたは文語的な語であるが, 6a の最後にある marry ～ one の形と 7 の意味では今も普通に用いられる. 1 a …の真下に[を] (underneath): They could not sleep ～ the same roof. 一つ屋根の下に眠ることはできなかった / children playing ～ the window 窓の下で遊んでいる子供たち / We sauntered home ～ a half moon. 半月の下をぶらぶらと帰宅した. b 〈壁・崖など〉のふもとに: a cottage ～ a hill 丘のふもとの田舎家. 2 …のすぐ下に, の下側に接触して: He lay with his hand ～ his head. 手枕をして横になっていた / The tall grass rustled ～ my feet. 丈高い草が足に踏みしだかれてかさこそいった. 3 〈表面〉の下に《★ 今は under の方が普通》: The musician's art lies ～ the surface. その音楽家の技は表面から見えない所に隠されている. 4 …よりも低く: The sun sank ～ the horizon. 太陽は地平線下に沈んだ. 5 〈重み・支配・圧迫〉の下になって, …を受けて (under): peoples ～ the Roman rule ローマ治下の諸民族 / Our country sinks ～ the yoke. 我が国はそのくびきのもとにおしひしがれている / He staggered ～ the blow. その打撃を受けてよろめいた. 6 a (身分・地位が)…より下の, より低い, …の目下の《★ 今は below の方が普通》: A captain is ～ a major. 大尉は少佐の下だ / She is far ～ him *in* intelligence [character]. 彼女は知能[品性]が彼よりはるかに劣っている / marry ～ one 自分より身分の低い人と結婚する (cf. *prep.* ★). b (品質が)…よりも劣って《★ この意味では below の方が普通》: The copies always fall ～ the original. コピーは常にオリジナルに及ばない. 7 …に値しない, …に似つかわしくない, …の品位にかかわる: It is ～ criticism [notice]. それは批評[注目]する価値がない / It is ～ your dignity to do such a thing. そんな事をすると君の沽券(こけん)にかかわる / The attack is ～ contempt. そんな攻撃は卑しむにも足りない / Such conduct is ～ you. そんな行為は君に似つかわしくない / No woman ought to think it ～ her to be an economist. 女性は節約したりすれば沽券(こけん)にかかわるなどと考えるべきではない.

Ben·e·di·ci·te [bènədísəṭi, -tiː, -díkətèɪ, -díːtʃətèɪ, bèɪneɪdíːtʃitèɪ | bènɪdáɪsɪtɪ, -nedíːtʃɪtɪ, -tʃə-] 〖《?a1200》□L ～ 'bless ye' (imper.pl.) ← *benedicere*: ⇨ benediction〗 — *n.* 1 [the ～] 〖キリスト教〗ベネディシテ, 万物の頌(しょう)《O all ye works of the Lord, bless ye the Lord... で始まっている賛歌の名; ウルガタ聖書の *Daniel* 3 にある *Benedicite omnia opera* の最初の語を採ったもの》. 2 ベネディシテの歌詞をもつ音楽. 3 [b-] 祝福の祈り(の言葉). — *int.* [b-] 《古》 1 君に幸(さち)あれ (Bless you). 2 これは驚いた (Good gracious); ばかな《驚き・抗議・反対などを表わす》.

Ben·e·dick [bénədɪk | -nɪ-, -nə-] *n.* 1 ベネディック《Shakespeare 作の喜劇 *Much Ado About Nothing* 中の人物; Beatrice という女と久しく恋の意地を張り合った後ついに結婚する》. 2 [b-] =benedict.

ben·e·dict [bénədɪkt | -nɪ-, -nə-] 〖《1821》《変形》← *Benedick*〗 *n.* 新婚の男子《特に, 長く独身で通しながら結婚した者》.

Ben·e·dict [bénədɪkt | -nɪ-, -nə-, bénɪt] 〖□L *Benedict-us*: ⇨ Benedictus〗 *n.* 男性名.

Benedict, Ruth (**Fulton**) *n.* (1887–1948) 米国の女性人類学者; *Patterns of Culture* (1934), *The Chrysanthemum and the Sword*「菊と刀」(1946).

Ben·e·dict [bénədɪkt | -nɪ-, -nə-], **Saint** *n.* ベネディクト(ス)《480?–?543; イタリアの修道士; ベネディクト(修道)会 (Order of St. Benedict) を創始 (529 年ごろ); 正式名 Benedict of Nursia》.

Benedict XIV *n.* ベネディクトス[ベネディクト]十四世《1675–1758; イタリアの聖職者; 教皇 (1740–58), 美術・考古学・学術の奨励者; 本名 Prospero Lambertine [prɔ́spero làmbertíːni]》.

Benedict XV *n.* ベネディクトス[ベネディクト]十五世《1854–1922; イタリアの聖職者; 教皇 (1914–22); 第一次大戦の終結に尽力した; 本名 Giacomo della Chiesa [kjɛ́ːza]》.

Ben·e·dic·ta [bènədíktə | -nɪ-, -nə-] 〖(fem.) ← BENEDICT〗 *n.* 女性名.

Bénedict Árnold 〖米国独立戦争で英軍側に走った, G. Washington の部下の名〗 *n.* 《米》裏切り者.

Bénedict Bí·scop [-bíʃəp | -ʃɔp], **Saint** 〖cf. OE *bisċop* 'BISHOP'〗 — *n.* (628?–689 (または 690)) 英国のベネディクト会修道士; 多くの苦難を経てローマ文化を英国に導入した.

Ben·e·dic·tine [bènədíktɪn, -tən, -tiːn | bènɪdíktɪn, -nə-, -tàɪn] 〖《1602》□F *bénédictin* // ← NL *benedictin-us* ← L *Benedictus* Saint Benedict: ⇨ -ine[1]〗 — *n.* 1 〖カトリック〗ベネディクト会(修道)士《黒衣をまとっているので Black Monk ともいう》. 2 [(英) -tiːn] 〖《1882》: もとベネディクト会士が造り出したことにちなむ〗ベネディクチン《甘味・芳香の強いリキュール》. — *adj.* ベネディクト会(士)の.

Benedíctine Rúle *n.* ベネディクト会会則《St. Benedict の制定したもので, 各修院では修道士の選挙した院長の下に自治制が許される; なお祈禱以外の時間は沈黙と有用な仕事に従事することを規定する》.

ben·e·dic·tion [bènədíkʃən | -nɪ-, -nə-] 〖《?a1400》□(O)F *bénédiction* < L *benedictiō(n-)* a blessing ← *benedictus* (p.p.) ← *benedicere* to bless ← BENE-+*dicere* to say (⇨ diction): cf. benison〗 — *n.* 1 祝福 (blessing) (↔ malediction). 2 (礼拝式の終わりに牧師が行なう)祝禱; (食前・食後の)謝恩の祈り: give the ～ 祝禱を捧げる (cf. say (a) grace ⇨ grace 7). 3 〖カトリック〗 a 聖別式《聖堂・祭服・鐘などを神聖な用に捧げる時の式》. b (聖体)降福式. 4 天福, 恩寵.

ben·e·dic·tion·al [bènədíkʃənḷ, -ʃnəl | -nɪ-, -nə-] *adj.* =benedictory. — *n.* 祝禱書.

ben·e·dic·tive [bènədíktɪv | -nɪ-, -nə-] *adj.* 〖文法〗〈動詞が〉願望の.

Bénedict of Núr·si·a [-nə́ːʃiə, -ʃə | -nə́ːsjə, -sɪə] *n.* ヌルシアのベネディクト (⇨ Saint BENEDICT).

ben·e·dic·to·ry [bènədíkt(ə)ri | -nɪdíkt(ə)rɪ, -nə-] *adj.* 1 祝福の; 祝禱の; 謝恩の祈りの. 2 [B-] 聖体降福式の.

Bénedict's tést 〖← *Stanley R. Benedict* (1884–1936: 米国の生化学者)〗 *n.* 〖生化学〗ベネディクト試験《尿中の糖の検出に用いる》.

Ben·e·dic·tus [bènədíktəs | -nɪdíktəs, -nedíktus] 〖《1552》□L ～ 'blessed' (⇨ benediction): その賛美歌の冒頭の語〗 — *n.* 〖キリスト教〗 1 ベネディクトゥス《*Benedictus qui venit in nomine Domini. Hosanna in excelsis.* (=Blessed is He that cometh in the name of the Lord; Hosanna in the highest.) (*Matt.* 21:9) という Sanctus の次に歌われる短い賛歌; その音楽》. 2 ザカリヤの頌(しょう)《*Benedictus Dominus Deus Israel* (=Blessed be the Lord God of Israel) (*Luke* 1:68) で始まる賛歌; その音楽》.

ben·e·fac·tion [bénəfǽkʃən, ˌ-ˌ-ˊ- | bènɪfǽkʃən, -nə-, ˌ-ˌ-ˊ-] 〖《a1662》□LL *benefactiō(n-)* ← *benefacere* to do well ← BENE-+*facere* to do: ⇨ fact, -tion〗 — *n.* 1 善行, 慈善(行為), 喜捨 (↔ malefaction). 2 施し物, 寄付(金); 援助 (help).

ben·e·fac·tor [bénəfæ̀ktə, ˌ-ˌ-ˊ- | bénɪfæ̀ktə(r, -nə-, ˌ-ˌ-ˊ-] 〖《1451》□LL ～ ← BENE-+L *factor* doer, maker (← *facere* (↑))〗 — *n.* 恩恵を施す人; (特に, 養育院・学校・慈善事業などの)後援者 (patron), 基金寄贈者 (donor): a ～ *to* the society / an anonymous ～ 匿名の篤志家 / pious ～s 奇特な寄進者たち.

ben·e·fac·to·ry [bènəfǽktəri | -nɪfǽktərɪ, -nə-] *adj.* =beneficial.

ben·e·fac·tress [bénəfæ̀ktrɪs, -trəs, ˌ-ˌ-ˊ- | -nɪ-, -nə-] 〖《15C》(fem.) ← BENEFACTOR〗 *n.* 恩恵を施す婦人, 奇特な婦人.

be·nef·ic [bɪnéfɪk, bə- | bɪ-] 〖□L *benefic-us* ← *benefacere*: cf. benefaction〗 *adj.* 良い影響を及ぼす; 恩恵を施す, 慈悲深い (beneficent).

ben·e·fice [bénəfɪs, -fəs | -nɪfɪs, -nə-] 〖《c1300》□OF ～ (F *bénéfice*) □L *beneficium* grant of an estate, well-doing ← *beneficus* (↑)〗 — *n.* 1 a 〖キリスト教〗聖職禄[給], ベネフィキウム《聖職者の生活維持のための教会財産または収入》. b 〖英国国教会〗(牧師, 特に vicar または rector の収入である)聖職禄, 僧職給 (church living). 2 禄[聖職禄]付き聖職. 3 封土 (fief). — *vt.* 〈聖職者〉に聖職禄を与える.

bén·e·ficed *adj.* 聖職禄を受ける, 禄付きの.

be·nef·i·cence [bɪnéfəsns, bə-, -səns | -néfɪsns, -səns] 〖《c1454》□(O)F *bénéficence* // L *beneficentia* active kindness ← *beneficus*: ⇨ benefic, -ence〗 — *n.* 1 善行 (↔ maleficence). 2 恩恵, 慈善 (charity); 施し物 (gift).

be·nef·i·cent [bɪnéfɪsn̩t, bə-, -sənt | -fɪ-] 〖《1616》□L *beneficent-em* (pres.p.) ← *benefacere* to do good (⇨ benefaction) // ← BENEFIC(ENCE)+-ENT〗 — *adj.* (↔ maleficent): 1 〈人が〉恩恵を施す, 慈善心に富む, 奇特な; 〔…に〕慈悲深い〔*to*〕: be ～ *to* the poor 貧乏人に慈悲深い / exert a ～ influence on …に恩沢を及ぼす. 2 〈物・事が〉有益な; 〔…の〕ためになる〔*to*〕: ～ birds, bacteria, knowledge, etc. **～·ly** *adv.*

ben·e·fi·cial [bènəfíʃəl | -nɪ-, -nə-] 〖《1464》□LL *beneficiālis* ← *beneficium*: ⇨ benefice, -al[1]〗 — *adj.* 1 有益な, 益がある; 〔…の〕ためになる (cf. injurious) 〔*to*〕: ～ birds [insects] 益鳥[虫] / have a ～ effect on …に有利な効果をもたらす / Sunshine is ～ *to* the health. 日光は健康のためによい. 2 俸給を伴う: a ～ post. 3 〖法律〗(信託・財産などの)利益を受けるべき. **～·ly** *adv.* **～·ness** *n.*

ben·e·fi·ci·ar·y [bènəfíʃièri, -ʃəri | -nɪfíʃəri, -nə-, -ʃɪə-] 〖《1611》□L *beneficiārius* ← *beneficium*: ⇨ benefice, -ary〗 — *n.* 1 利益を受ける人, 恩恵を受ける人: the *beneficiaries* of a new expressway 新高速道路の恩恵を受ける人たち. 2 (封建時代の)受封者, 家臣, 封臣. 3 聖職禄 (benefice) 受領者. 4 〖法律〗信託受益者; 為替手形などを振り出すための信用状の名宛人; (年金・保険金・遺産などの)受取人.
— *adj.* 聖職禄を受ける.

ben·e·fi·ci·ate [bènəfíʃièɪt | -nɪfíʃɪ-, -nə-] 〖← Sp. *beneficiar* to benefit from a mine+-ATE[3]〗 — *vt.* 〖鉱山〗選鉱して〈鉱石〉の品位を上げる. **ben·e·fi·ci·a·tion** [bènəfìʃiéɪʃən | -nɪfìʃɪ-, -nə-] *n.*

ben·e·fit [bénəfɪt | -nɪ-, -nə-] 〖《?c1350》*benfet* (*ben-* が後にラテン語化されて *bene-* となった) □AF *benfet* =(O)F *bienfait* < L *benefactum* (neut. p.p.) ← *benefacere* to do good: ⇨ fact〗 — *n.* 1 a ため, 利益: a public ～ 公益 / be of ～ to …のためになる / for your special ～ 特に君のために / the ～s of education [sunshine and fresh air]. b 援助 (help). ★ 通例次の句で用いる: *without* ～ *of* …の助けもなく. 2 (失業保険・健康保険などのような各種の社会保障制度による)給付, 手当《金銭・現物またはサービス》: a medical ～ 医療給付 / a maternity ～ (国民保険の)出産手当 / unemployment ～ 失業手当 / be in [out of] ～ 給付[手当]がもらえる[もらえない]. 3 寄付興行, 慈善興行《一座の特定の俳優または競技会の特定の選手などのため, または慈善的な目的の募金などのために行なうもの》: a ～ *for* old actors / a ～ performance 慈善興行 / a ～ match 寄付競技会, 慈善試合 / a ～ night 寄付興行の夕べ. 4 《口語》もうかる仕事, 大層ありがたいこと; 《反語》えらい目 (fine time): I had no end of a ～ getting things straight. 取片付けでひどい目にあった. 5 《古》 a 恩典, 恩恵 (benefaction): confer a ～ upon …に恩恵[恩典]を与える. b 教会の(結婚)承認: ⇨ BENEFIT of clergy. 6 《廃》自然の利点[長所].
for a person's benefit=***for the benefit of*** …のために; 《反語》…の懲らしめに, …に当てつけて: *for the* ～ *of* society 社会のために; 《反語》見せしめに. ***get the benefit of*** …を利用する.

benefit of clergy 〖《なぞり》← ML *beneficium cler-*

icale〗 (1) 聖職の(裁判)特権[特典]《聖職者が罪を犯した時, 通常の裁判所でなく教会裁判所の審判を受ける特権; 後に初犯では死刑を科せられない特権となり, また聖職者に限らず読書力ある者にもこの特権が及ぼされた (cf. neck verse); 英国では 1827 年に, 米国では 1790 年に廃止された》. (2) 教会の儀式[承認]; (特に)結婚に関する教会の承認と儀式: be married without ~ *of clergy*《戯言》教会の儀式によらずに結婚する.

benefit of the doubt [the —]〘法律〙(有罪の認定に当たって, 過誤の可能性・証拠の価値について)疑いあれば被告人に与えられる有利な解釈: give a person *the* ~ *of the doubt* 疑わしい点は被告人に有利に解釈してやる, 人を善意に解釈してやる.

— *vt.* …のためになる, …に益する, 利する: be ~*ed* in every way 種々の点で利益を得ている. — *vi.* 〔…から〕利益を得る, 得をする〔*from, by*〕: ~ *from* [*by*] the labors of others 他人の働きから利益を得る.

bén·e·fit·er [-ṭə | -tə(r)] *n.*

bénefit associàtion *n.* =benefit society.

bénefit clùb *n.* =benefit society.

bénefit socìety *n.* (病気・老年などの際の金銭扶助をはかるための)共済組合.

Ben·e·lux [bénəlʌ̀ks, -nḷ- | -nɪlʌ̀ks, -nə-] 〘頭字語〙 ← *Be*(*lgium*) + *Ne*(*therlands*) + *Lux*(*emburg*)〗 — *n.* **1** ベネルクス三国《ベルギー, オランダ, ルクセンブルグ三国の総称》. **2** ベネルクス三国間の関税協定《1948 年発効》.

Bénelux Económic Únion *n.* [the ~] ベネルクス経済同盟《1960 年発効; cf. European Economic Community》.

benempt *vt.* 《古》 bename の過去分詞.

benempted *vt.* 《古》 =bename の過去分詞.

Be·neš [bénεʃ; *Czech* bénεʃ], **Eduard** [éduart] *n.* ベネシュ《1884–1948; チェコスロバキアの愛国者・政治家; 大統領 (1935–38, '46–48)》.

Be·nét [bɪnéɪ, bə- | be-], **Stephen Vincent** *n.* (1898–1943) 米国の詩人・小説家; *John Brown's Body* (1928).

Benét, William Rose *n.* (1886–1950) S. V. Benét の兄で, 詩人・編集者.

Be·ne·ven·to [bènəvéntou | bènəvéntəu; *It.* benevénto] *n.* ベネベント《イタリア南部の都市; ローマ皇帝 Trajan が勝利記念に建てた Arch of Trajan (114 年) がある; 人口 61,000》.

be·nev·o·lence [bɪnévələns, bə-] 〘《?*c*1400》 ▭ OF *benivolence* (F *bénévolence*) ∥ L *benevolentia* good will: ⇨ ↓, -ence〗 — *n.* **1** 情深さ, 慈悲心 (↔ malevolence); 博愛, 仁愛: a man of great ~ of character 仁者. **2** 善行; 慈善, 喜捨. **3** 徳税, 上納金《昔英国王が献金を名目に人民から取り立てた強制的御用金》.

be·nev·o·lent [bɪnévələnt, bə-] 〘《*c*1443》 ▭ OF *benivolent* ∥ L *benevolent-em* well-wishing ← BENE- + *volens* willing ((pres.p.) ← *velle* to wish: ⇨ will²): ⇨ -ent〗 — *adj.* **1** 慈悲深い, 博愛の, 仁慈の (↔ malevolent): a ~ donor. **2** 慈善のための, 博愛的な: a ~ society 済生会, 救済会. **3** 善意の, 好意的な: ~ neutrality 好意的中立 / his ~ smile 彼の善意のこもった微笑. **~·ly** *adv.* **~·ness** *n.*

Beng. 《略》 Bengal; Bengali.

Ben·gal [beŋgɔ́ːl, beŋ-, -gáːl, béŋgəl, béŋ- | beŋgɔ́ːl, ben-, ⌐⌐] *n.* **1** ベンガル《もと英領インド北東部の州; 今は Bangla Desh となった East Bengal とインド共和国に属する West Bengal に分かれていた; 面積 200,574 km²》. **2 a** ベンガル産の生糸. **b** ベンガル織《縞模様を捺染(なせん)した綿または絹織物》. **c** それに類似の織物.

Bengal, the Bay of *n.* ベンガル湾《インドとビルマの間のインド洋の一部》.

Ben·gal·ee [beŋgɔ́ːli, beŋ-, -gáː- | beŋgɔ́ːlɪ, ben-] *adj.*, *n.* (*pl.* ~, ~s) =Bengali.

Ben·ga·lese [bèŋgəlíːz, bèŋ-, -líːs | bèŋgəlíːz, bèn-] *adj.* ベンガル (Bengal) の; ベンガル人の. — *n.* (*pl.* ~) ベンガル人.

Béngal fìre *n.* =Bengal light.

Ben·gal·i [beŋgɔ́ːli, beŋ-, -gáː- | beŋgɔ́ːlɪ, ben-] 〘▭ Hindi *Bengālī* ← *Bengāl* 'BENGAL'〗 — *adj.* ベンガル (Bengal) の; ベンガル人[語]の. — *n.* (*pl.* ~, ~s) **1** ベンガル人. **2** バングラデシュ人. **3** ベンガル語《印欧語族のインド語派に属する》.

ben·ga·line [béŋgəliːn, béŋ-, ⌐⌐⌐ | béŋgəliːn, ⌐⌐⌐] 〘▭ F ~: ⇨ Bengal, -ine³〗 — *n.* ベンガリーン, ベンガル織り《絹・レーヨンなどと羊毛または綿糸とのあぜ織の布》.

Béngal líght *n.* **1** ベンガル花火《鮮やかで持続性のある青色花火; 信号に用いたり舞台で用いたりする》. **2** 美しい彩色花火.

Béngal mónkey *n.* 〘動物〙ベンガルザル (⇨ rhesus monkey).

Béngal quínce *n.* 〘植物〙 =bael.

Béngal róse *n.* 〘園芸〙 =China rose 2.

Béngal tíger *n.* 〘動物〙ベンガルトラ (*Panthera tigris tigris*)《毛の短い種類》.

Ben·gha·zi [beŋgáːzi, -gǽzi | beŋgáːzɪ, ben-] *n.* (*also* **Ben·ga·si** [~]) ベンガジ《Libya 北東部にある海港で, 同国の冬の首都 (cf. Tripoli 2, Beida); 人口 283,000》.

B. Engr. 《略》 Bachelor of Engineering.

B. Eng. S. 《略》 Bachelor of Engineering Science.

Ben-Gu·rion [bèŋgurjɔ́ːn, beŋgú(ə)riən | beŋgúərɪən], **David** *n.* ベングリオン《1886–1973; イスラエルの政治家; 首相 (1948–53, '55–63)》.

Be·ni [béni | -nɪ; *Sp.* béni] *n.* [the ~] ベニー(川)《南米ボリビア西部から北東方に流れ Madeira 川に注ぐ (1,600 km)》.

be·night·ed [bɪnáɪṭɪd, bə-, -ṭəd | -tɪd, -təd] 〘《*a*1415》 (p.p.) ← 《15C》 *binighten* to overtake by night: ⇨ be-, night〗 — *adj.* **1** 〈旅人など〉行き暮れた, 夜にはいった: a ~ traveler 行き暮れた旅人. **2** 未開の, 文化の遅れた; 無学文盲の: the poor ~ heathen 哀れな未開の異教徒. **~·ly** *adv.* **~·ness** *n.*

be·nign [bɪnáɪn, bə-] 〘《?*a*1325》 *benigne* ▭ (O)F *bénigne* (fem.) < L *benignum, benignus* (nom. masc.) kindly ← BENE- + *genus* birth (⇨ genus)〗 — *adj.* **1 a** 〈人・性格など〉恵み深い, 優しい, 親切な: a ~ person, appearance, character, etc. / a ~ smile 優しい微笑 / a ~ rule 仁政. **b** (目下の人などに対して)寛容な, 寛大な (tolerant). **2** 〈運命など〉吉運の, 幸先(さいさき)のよい: a ~ sign 幸先のよい兆候. **3** 〈気候・土地・影響など〉良好な, 実りのよい, 温和な (mild): a ~ climate 温和な気候. **4** 〘病理〙〈病気など〉良性の (↔ malign): a ~ tumor [disease] 良性腫瘍[疾患]. **~·ly** *adv.* **~·ness** *n.*

be·nig·nan·cy [bɪnígnənsi, bə- | -sɪ] *n.* **1** 仁慈, 恵み深さ, 温情. **2** (気候などの)温和, 温暖. **3** 〘病理〙良性.

be·nig·nant [bɪnígnənt, bə-] 〘《*a*1782》 ← BENIGN + -ANT: MALIGNANT との類推による造語〗 — *adj.* **1** 〈人・態度など〉(特に, 目下の者に)優しい, 慈悲深い, 恵み深い (gracious): a ~ smile 優しい微笑 / a ~ sovereign 仁慈深い国王. **2** 〈物事が〉ためになる, 有益な (beneficial). **3** 〘病理〙〈病気など〉良性の (benign) (↔ malignant). **~·ly** *adv.*

be·nig·ni·ty [bɪnígnəṭi, bə- | -nəti, -nɪ-] 〘《*c*1380》 *benignitee* ▭ (O)F *bénignité* ∥ L *benignitāt-em* ← *benignus* 'BENIGN': ⇨ -ity〗 — *n.* **1** (心情・性質などの)優しさ, 温良, 仁慈, 仁愛. **2** 《古》恩恵, 親切な行為. **3** (気候などの)温暖, 温和: the ~ of the season.

Be·ni Ha·san [béni-háːsaːn | -nɪ-] *n.* ベニハサン《エジプト中部, Asyut の北方で Nile 河畔にある村; 古代エジプトの岩窟墳墓の所在地》.

Be·nin [bɪnín, bə-, -níːn, bénɪn, -nən | benín, bɪ-, bə-; *F.* benɛ̃] *n.* **1** ベニン《14–17 世紀に栄えたアフリカ西部の旧王国, 現在は Nigeria 南部の一地方; 面積 22,344 km²》. **2** [the ~] ビニ族《青銅や象牙の彫刻・工芸品で有名なクワ諸語を話す部族》. **3** [the ~] ベニン(川)《Nigeria 南部の川; the Bight of Benin に注ぐ》. **4** ベニン《アフリカ西部 Guinea 湾に臨む共和国; もと French West Africa の一部であったが, フランス共同体 (French Community) 内の共和国を経て, 1960 年ダオメー共和国 (the Republic of Dahomey) として独立, 1975 年改称; 人口 3,290,000, 面積 112,639 km², 首都 Porto Novo; 公式名 the People's Republic of Benin ベニン人民共和国》.

Benin, the Bight of *n.* ベニン湾《Guinea 湾北部の湾》.

ben·i·son [bénəsn̩, -zn̩ | -nɪzn̩, -sn̩] 〘《*a*1300》 *benisoun* ▭ OF *beneiçun, beneison* < L *benedictiō(n-)*: ⇨ benediction〗 *n.* 《古》祝福 (blessing) (↔ malison); 祝福の祈り (benediction).

Be·ni·ta [bɪníːṭə, bə- | -tə; *Sp.* beníta] 〘▭ Sp.-Am. ~ 'BENEDICTA'〗 *n.* 女性名.

Be·ni·to [beníːṭou | -təu; *It.* beníːto, *Sp.* beníto] 〘▭ Sp. ~ 'BENEDICT'〗 *n.* 男性名.

be·ni·to·ite [bənìːṭouàɪt | -təu-] 〘← *San Benito* (米国 California 州の地名: ↑) + -ite¹〗 *n.* 〘鉱物〙ベニトアイト ($BaTiSi_3O_9$).

ben·ja·min [béndʒ(ə)mɪn, -mən] 〘《1580》〘転訛〙 ← *benjoin* 《古形》← BENZOIN〗 *n.* =benzoin.

Ben·ja·min [béndʒ(ə)mɪn, -mən; *F.* bɛ̃ʒamɛ̃] 〘▭ Heb. *Binyāmīn* 《原義》 son of the right hand (=? good fortune)〗 — *n.* **1** 男性名《愛称形 Ben, Benny, Benjy》. **2** 〘聖書〙 **a** ベニヤミン《Jacob の 12 番目の末子で Joseph の弟, 母は Rachel; cf. *Gen.* 35: 18, 42: 4》. **b** ベニヤミン族《ベニヤミンを祖とするイスラエル十二支族の一つ》. **3** 末子; 愛児.

Ben·ja·min [bénjaːmiːn; *G.* bénjamiːn], **Walter** *n.* ベンヤミーン《1892–1940; ドイツの批評家》.

bénjamin bùsh *n.* 〘植物〙 =spicebush.

Bénjamin-Cónstant *n.* =Jean Joseph Benjamin CONSTANT.

Bénjamin's méss [**pórtion**] *n.* 〘聖書〙大きい分け前 (cf. *Gen.* 43: 34).

bénjamin trèe *n.* 〘植物〙 **1** アンソクコウノキ (*Styrax benzoin*)《熱帯アジア産のエゴノキの類の木で, その樹液から安息香 (benzoin) を採る》. **2** インド産クワ科イチジク属の観賞用植物の一種 (*Ficus benjamina*).

Ben·jy [béndʒi | -dʒɪ] 〘(dim.) ← BENJAMIN〗 *n.* 男性名.

Ben Lo·mond [ben-lóumənd | -ləu-] *n.* スコットランド中部, Loch Lomond の東方にある山 (900 m).

Benn [bén; *G.* bɛ́n], **Gottfried** *n.* ベン《1886–1956; ドイツの詩人; *Fragmente*「断篇集」(詩集, 1951)》.

ben·ne [béni | -nɪ] 〘▭ Afrik. *bene*〗 *n.* 〘植物〙ゴマ (sesame): oil of ~ =~ oil ごま油.

ben·net [bénɪt, -nət] 〘《*c*1440》 (*herbe*) *benet* ▭ OF *herbe beneite* 《なぞり》← ML *herba benedicta* blessed herb: 魔除けに用いられたことから〗 — *n.* 〘植物〙 **1** =herb bennet. **2** アメリカ産のバラ科ダイコンソウ属の草本 (*Geum virginianum* または *G. canadense*). **3** ヒナギク (daisy). **4** =bent² 1 b.

Ben·net [bénɪt, -nət] 〘《変形》← BENEDICT〗 *n.* 男性名.

Ben·nett¹ [bénɪt, -nət] 〘《変形》← BENEDICT〗 *n.* 男性名.

Ben·nett² [bénɪt, -nət] 〘← *John C. Bennett* (南アフリカ共和国 Pretoria でこれを発見した人)〗 — *n.* 〘天文〙ベンネット彗星(すいせい)《1969 年に発見; 太陽より 10 倍も大きい水素雲に囲まれているという; Bennett's Comet ともいう》.

Bennett, (Enoch) Arnold *n.* (1867–1931) 英国の小説家; *The Old Wives' Tale* (1908), *Clayhanger* (1910).

Ben Nev·is [bèn-névɪs, -vəs | -vɪs] *n.* スコットランド中西部, Highland 州南部, Grampian Hills 西部にある山, Great Britain 島の最高峰 (1,343 m).

ben·ni [béni | -nɪ] *n.* 〘植物〙 =benne.

bénni·sèed *n.* ごまの実.

ben·ny¹ [béni | -nɪ] 〘← BEN(ZEDRINE) + -Y²〗 *n.* 《俗》アンフェタミン (amphetamine), (特に) Benzedrine の錠剤.

ben·ny² [béni | -nɪ] 〘《短縮》← *Benjamin* a form of overcoat for men (仕立屋の名に由来): ⇨ -y²〗 — *n.* 《米俗》 **1** つばが広くて山 (crown) の低い麦わら帽子. **2** (19 世紀に用いられた男子用の体にぴったりした) オーバーコート.

Ben·ny [béni | -nɪ] 〘(dim.) ← BENJAMIN〗 *n.* 男性名.

Be·no·ni [bənóunaɪ | benə́unɪ] *n.* ベノニ《南アフリカ共和国の Johannesburg 近くの工業都市; 大規模な金鉱山がある; 人口 170,000》.

Bén·rath line [bénraːt-] 〘《なぞり》← G *Benrather Linie* ← *Benrath* (Cologne 北西部の小さな町の名): この付近で HG *machen* to make と LG *maken* を隔てる等語線がライン川を横断していることから〗 — *n.* [the ~] ベンラート線〘ゲルマン語第二子音推移 (p, t, k > pf または f, z または s, ch) の存否を分かつ等語線; ほぼ Aachen, Düsseldorf から Frankfurt an der Oder の間を横切っている〙.

Ben·son [bénsn̩] 〘← BEN + -SON〗 *n.* 男性名.

Benson, Arthur Christopher *n.* (1862–1925) 英国の英文学者・著述家.

Benson, Stella *n.* (1892–1933) 英国の女流小説家.

bent¹ [bént] 〘adj.: 《1330》 (p.p.) ← BEND². — n.: 《*a*1426》 ← BEND²: *extend*—*extent* などとの類推による〗 — v. bend² の過去形・過去分詞. — *adj.* **1** 曲がった, 曲げられた, 湾曲した (curved): a ~ stick, bow, head, etc. / ~ money ⇨ money 1. **2 a** 〔…しようと〕決心して (determined) 〔*on, upon*〕 (cf. bend² *vt.* 4): They seem ~ *on* robbery. 連中は強盗を企んでいるようだ. **b** 〔…に〕熱中して〔*on, upon*〕: a scholar ~ *on* his studies 研究に没頭している学者. **3** 《俗》 **a** 〈人が〉不正直な, 不正な; 頭の変な (crazy); (特に)同性愛の. **b** 〈車など〉盗まれた (stolen). **c** 故障した. **d** 無一文同然の. **e** 《米》酔っ払った.

— *n.* **1** (心の)傾向, 性向, 性癖 (tendency); 適性: follow one's ~ 自分の気の向くままにする / have a natural ~ *for* study 生れつき学問に向いている / a young man with a literary ~ 文学(好きな)青年. **2** 耐え得る力. ★ 主に次の句で: ⇨ *to the* TOP¹ *of one's bent*. **3 a** 《古》湾曲, 屈曲. **b** 《廃》湾曲したもの; 湾曲部. **4** 〘土木〙橋脚; 構脚, 脚柱; ラーメン (< G *Rahmen*)《脚柱と梁(はり)とを剛結した構造》.

bent² [bént] 〘《?*c*1350》 *bent*(*e*) ← OE *beonet-*《原義》? stiff grass < (WGmc) **binut-* (G *Binse* rush) ← ?〗 — *n.* **1 a** 〘植物〙コヌカグサ, ヌカボ《イネ科コヌカグサ属 (*Agrostis*) やそれに類似のイネ科の雑草の総称; bent grass ともいう》. **b** コヌカグサなどの(枯れた)茎. **2** 〘植物〙各種のイネ科・カヤツリグサ科の雑草. **3 a** 荒れ地, 荒れ野 (moor). **b** 《古》山腹 (hillside).

bént gràss *n.* 〘植物〙 =bent² 1a.

ben·thal [bénθəl] *adj.* 〘生物〙 =benthonic.

Ben·tham [bénθəm, -təm | -təm, -θəm], **Jeremy** *n.* (1748–1832) 英国の法律家・哲学者; 功利主義を説いた; *Defence of Usury* (1787), *An Introduction to the Principles of Morals and Legislation* (1789).

Bén·tham·ìsm [-mìzm] *n.* ベンサム説[主義], 功利主義《最大多数の最大幸福 (the greatest happiness of the greatest number) を中心思想とする哲学・倫理・政治・経済学説; utilitarianism ともいう》.

Ben·tham·ite [bénθəmàɪt, -təm- | -təm-, -θəm-] *n.* ベンサム(学)派の人, 功利主義者.

ben·thic [bénθɪk] *adj.* 〘生物〙 **1** =benthonic. **2** 深海の[に住む].

ben·thon·ic [benθɑ́nɪk | -θɔ́n-] 〘⇨ ↓, -ic¹〗 *adj.* 〘生物〙水底に住む.

ben·thos [bénθɑs | -θɔs] 〘《1891》 ← NL ~ ← Gk *bénthos* depth of the sea〗 — *n.* **1** (深)海の底. **2** 〘集合的〙〘生物〙《水底に群生する》底生生物, ベントス (cf. plankton, nekton).

ben·tho·scope [bénθəskòup | -skəup] 〘← BENTHO(S) + -SCOPE〗 *n.* ベンソスコープ《海底調査用鋼球; cf. bathysphere》.

Bent·ley [béntli | -tlɪ], **Eric** (**Russell**) *n.* (1916–) 英国生れの米国の演劇批評家.

Bentley, Richard *n.* (1662–1742) 英国の古典学者・批評家.

ben·ton·ite [bénṭənàɪt, -tn̩- | -tə-, -tn̩-] 〘← *Fort Benton* (米国 Montana 州の町, 発見地): ⇨ -ite¹〗 — *n.* 〘岩石〙ベントナイト《モンモリロナイト (montmorillonite) を主成分とする粘土》. **ben·ton·it·ic** [bènṭənítɪk, -tn̩- | -tənít-, -tn̩-] *adj.*

ben tro·va·to [bèn-trouvá:ṭou | -trəuvá:təu; *It.* bèn-trová:to] 〖□ It. ～《原義》well found〗 — *adj.* 〈逸話など〉じょうずに作った, 巧みな, もっともらしい (plausible) (⇨ se non è vero, è ben trovato (巻末)).

bént stóne *n.* 〖時計〗＝exit pallet.

bént·wòod *adj.* 木を(切らないで)曲げて作った, 曲げ木製の: ～ furniture 曲げ木家具. — *n.* (蒸気で柔くしていろいろな形に曲げた家具木工用の)曲げ木.

Be·nue [béɪnweɪ] *n.* [the ～] ベヌエ(川)《アフリカ西部の Cameroon から西流し Nigeria の Niger 川に注ぐ支流 (1,400 km)》.

be·numb [bɪnʌ́m, bə-] 〖OE *benumen* (p.p.) ← *beniman* to deprive of ← BE-＋*niman* to take (cf. nimble): -*b* は DUMB からの類推〗 — *vt.* **1** 〈人・体などを〉無感覚にする, 凍えさせる: be ～*ed with* [*by*] cold 寒さのために凍えて[かじかんで]いる. **2** 〈精神・心などを〉麻痺させる (paralyze).

be·númbed *adj.* 感覚を失った, かじかんだ, 凍えた; (恐怖などで)ふぬけのようになった.

Benz [bénts; *G.* bɛ́nts], **Karl** *n.* ベンツ《1844–1929; ドイツの発動機製作技師; 彼が設立した Karl Benz 社は後に Daimler 社と合併し, Daimler-Benz 社となる (1926)》.

benz- [benz] (母音の前に来る時の) benzo- の異形.

ben·zal [bénzæl] 〖← BENZO-＋-AL[3]〗 *n.* 〖化学〗ベンザル (C_6H_5CH)《benzaldehyde から導かれる 2 価の基; benzylidene ともいう》.

bènzal·ácetone *n.* 〖化学〗＝benzylidene acetone.

bénzal chlóride *n.* 〖化学〗塩化ベンザル ($C_6H_5CHCl_2$)《無色の油状液体; 染料製造に用いる; benzylidene chloride ともいう》.

benz·al·de·hyde [benzǽldəhàɪd | -dɪ-] 〖□ G *Benzaldehyd*: ⇨ benzo-, aldehyde〗 — *n.* 〖化学〗ベンズアルデヒド (C_6H_5CHO)《苦扁桃油の主成分で, 芳香を有する無色の液体; 香料・染料製造に用いる》.

ben·zal·kó·ni·um chlóride [bènzælkóuniəm- | -kə́unɪ-] 〖← BENZO-＋ALK(YL)＋(AMM)ONIUM〗 — *n.* 〖化学〗塩化ベンザルコニウム ($[C_6H_5CH_2N(CH_3)R]Cl$)《陽イオン活性剤の一種, 水溶性固体; 主に防腐剤や消毒剤に使う》.

benz·am·ide [benzǽmaɪd, -mɪd, -məd, bénzəmàɪd | benzǽmaɪd, -mɪd, bénzəmàɪd] 〖□ G *Benzamid*: ⇨ benzo-, amide〗 — *n.* 〖化学〗ベンズアミド ($C_6H_5CONH_2$)《無色の結晶; 塩化ベンゾイルとアンモニアから造る》.

Ben·za·mine [bénzəmì:n] *n.* 〖商標〗ベンザミン《局部麻酔薬 eucaine の商品名》.

benz·an·i·lide [benzǽnəlɪd, -ləd, -làɪd, -nḷ- | -nɪlɪd, -làɪd] *n.* 〖化学〗ベンズアニリド ($C_6H_5CONHC_6H_5$)《白色の結晶; 染料製造に用いる》.

benz·an·thra·cene [benzǽnθrəsì:n] 〖← BENZO-＋ANTHRACENE〗 *n.* 〖化学〗ベンゾアントラセン ($C_{18}H_{12}$)《葉状晶; コールタール中に少量含まれる》.

benz·an·throne [benzǽnθroun | -θrəun] *n.* 〖化学〗ベンゾアントロン ($C_{17}H_{10}O$)《淡黄色の結晶; 青色・黒色染料製造中間体として重要》.

Bén·ze·drex Inhàler [bénzɪdrèks-, -zə- | -zɪ-] *n.* 〖商標〗ベンゼドレックス吸入器《鼻カタル・枯草熱などの治療に用いる鼻からの吸入器》.

Ben·ze·drine [bénzədrì:n | -drì:n, -drɪn] 〖← BENZO-＋(EPH)EDRINE〗 *n.* 〖商標〗ベンゼドリン《覚醒剤アンフェタミン (amphetamine) の商品名》.

ben·zene [bénzi:n, ―́] 〖《1835》← BENZO-＋-ENE〗 — *n.* 〖化学〗ベンゼン (C_6H_6)《石油・コールタールからとる無色の液体; 合成樹脂製造など重要な合成化学原料; cf. benzol, benzine》.

bénzene·azobénzene *n.* 〖化学〗＝azobenzene.

bénzene·carboxýlic ácid *n.* 〖化学〗＝benzoic acid.

bénzene hexachlóride *n.* 〖化学〗ベンゼンヘキサクロリド ($C_6H_6Cl_6$)《数種の立体異性体があり, その中の γ 体が殺虫作用をもつ; 略 B.H.C.》.

bénzene ring [**núcleus**] *n.* 〖化学〗ベンゼン環[核], ベンゾール環[核].

bènzene·sulfónic ácid *n.* 〖化学〗ベンゼンスルホン酸 ($C_6H_5SO_3H$)《無色の結晶; 有機合成に用いる》.

ben·ze·noid [bénzɪnɔ̀ɪd, -zə- | -zɪ-] 〖← BENZENE＋-OID〗 *adj.* 〖化学〗ベンゼンに似た, ベンゼン列の.

ben·ze·thó·ni·um chlóride [bènzəθóuniəm- | -zɪθə́unɪəm-] 〖*benzethonium*: ← BENZ(YL)＋(M)ETH(YL)＋(AMM)ONIUM〗 — *n.* 〖化学〗塩化ベンゼトニウム ($(C_{27}H_{42}O_2N)Cl \cdot H_2O$)《無色の結晶で陽イオン活性剤の一種; 殺菌, 消毒薬》.

ben·zi·dine [bénzədì:n, -dɪn, -dən | -zɪdì:n, -dɪn] 〖□ G *Benzidin* ← *Benzin* (⇨ benzine)＋-*idin* '-IDINE'〗 — *n.* 〖化学〗ベンジジン ($NH_2C_6H_4C_6H_4NH_2$)《灰色のうろこ状または結晶性粉末の塩基性化合物で, 染料の原料や試薬に用いる》.

bénzidine reàction *n.* 〖生化学〗ベンジジン反応《ペルオキシダーゼを検出する反応》.

benz·im·id·az·ole [benzìmədǽzoul, bènzɪmídəzòul, -zəm- | benzìmɪdǽzəut, bènzɪmídəzə̀ut] 〖← BENZO-＋IMIDAZOLE〗 — *n.* 〖化学〗ベンゾイミダゾール ($C_7H_6N_2$)《無色の塩基性結晶》.

ben·zine [bénzi:n, ―́] 〖□ G *Benzin*: ⇨ benzene, -ine[3]〗 — *n.* **1** 《俗用》＝benzene. **2** 〖化学〗ベンジン《石油を分留したときに得られる揮発性・引火性液体の総称; 自動車燃料, 清浄用; benzene と区別して benzoline ともいう》: ⇨ petroleum benzine.

ben·zo- [bénzo(ʊ) | -zə(ʊ)] 〖← BENZO(IC)〗 — 〖化学〗次の意味を表わす連結形: **1** 「ベンゼン (benzene) または安息香酸に関する」: *benzo*phenone. **2** 「ベンゼン環 (benzene ring) を含む」: *benzo*pyrone. ★ 母音の前では通例 benz- になる.

ben·zo·ate [bénzouèɪt | -zəu-] *n.* 〖化学〗安息香酸塩[エステル].

benzoate of soda 〖化学〗＝sodium benzoate.

ben·zo·caine [bénzo(ʊ)kèɪn | -zə(ʊ)-] 〖← BENZO-＋(CO)CAINE〗 *n.* 〖薬学〗ベンゾカイン ($C_9H_{11}NO_2$)《局所麻酔剤; ethyl aminobenzoate ともいう》.

ben·zo·fu·ran [bènzo(ʊ)fjʊ́(ə)ræn, -fjurǽn | -zə(ʊ)fjʊ́əræn, -fjʊ(ə)rǽn] 〖← BENZO-＋FURAN〗 *n.* 〖化学〗ベンゾフラン (⇨ coumarone).

ben·zo·ic [benzóuɪk | benzə́uɪk, ―́―] 〖《1791》← BENZO(IN)＋-IC[1]〗 *adj.* 〖化学〗安息香性の.

benzóic ácid *n.* 〖化学〗安息香酸 (C_6H_5COOH).

benzóic áldehyde *n.* 〖化学〗＝benzaldehyde.

ben·zo·in [bénzouɪn, -zouən, -zouì:n, -zɔɪn | -zəuɪn] 〖《1558》*benjoin* □ F □ Sp. *benjuí* // Port. *beijoim* □ Arab. *lubān-jāwī* Java frankincense: Arab. *lubān-* の *lu-* は冠詞と誤解されて消失〗 — *n.* **1** 〖化学〗安息香《熱帯アジア産のアンソクコウノキ (benjamin tree) から採る一種のバルサム樹脂で, 薬品および香水に用いる; gum benjamin, gum benzoin ともいう》. **2** 〖植物〗クスノキ科クロモジ属 (*Lindera*) の植物の総称《ニオイベンゾイン (spicebush) およびその他類似の芳香性のある植物を含む》. **3** 〖化学〗ベンゾイン ($C_6H_5COCHOHC_6H_5$)《水溶性の白色粉末; 分析用試薬に使う》.

ben·zol [bénzo(:)l, -zoul | -zɔl] 〖《1838》□ G ～: ⇨ benzo-, -ol[2]〗 — *n.* (*also* **ben·zole** [-zòul | -zə̀ul]) 《商用語》ベンゾール《benzene に同じ; 工業用粗製品をいうことがある》.

ben·zo·line [bénzəlì:n | -zə(ʊ)-] 〖《1874》← BENZOL＋-INE[3]〗 *n.* 〖化学〗＝benzine 2.

bènzo·nítrile 〖□ G *Benzonitril*: ⇨ benzo-, nitrile〗 — *n.* 〖化学〗ベンゾニトリル (C_6H_5CN)《無色透明で扁桃油のような香気がある油状物質; 合成樹脂の溶剤; cyanobenzene, phenyl cyanide ともいう》.

ben·zo·phe·none [bènzo(ʊ)fɪnóun, -fə-, -fí:noun | -zə(ʊ)fɪnə́un, -fí:nəun] 〖← BENZO-＋PHENO-＋-ONE〗 — *n.* 〖化学〗ベンゾフェノン ($C_6H_5COC_6H_5$)《芳香無色の結晶体; diphenyl ketone ともいう》.

bènzo·púrpurine, B- *n.* 〖化学〗ベンゾプルプリン《ジアゾ赤色直接染料》.

bènzo·pýrene 〖← BENZO-＋PYRO-＋-ENE〗 *n.* 〖化学〗ベンゾピレン ($C_{20}H_{12}$)《コールタール中に含まれる発癌作用をもつ黄色結晶》.

bènzo·quinóne *n.* 〖化学〗ベンゾキノン ($C_6H_4O_2$)《代表的キノンで o-, p- 異性体がある結晶; 重合抑制剤として用いる》.

bènzo·trichlóride *n.* 〖化学〗ベンゾトリクロリド ($C_6H_5CCl_3$)《無色の液体で染料製造に用いる》.

ben·zox·y- [benzɑ́ksə | -zɔ́ksɪ] 〖← BENZO-＋OXY-[1]〗 〖化学〗「ベンゾイルオキシ (C_6H_5COO-) を含む」の意の連結形.

ben·zo·yl [bénzouɪl, -zouəl | -zəuɪl] 〖□ G ～: ⇨ benzo-, -yl〗 *n.* 〖化学〗ベンゾイル (C_6H_5CO-)《安息香酸 (benzoic acid) より誘導される 1 価の基》.

ben·zo·yl·ate [bénzouɪlèɪt, -zouə- | bénzəuɪlèɪt] *vt.* 〖化学〗ベンゾイル化する. **ben·zo·yl·a·tion** [bènzouɪléɪʃən, -zouə- | -zəuɪ-] *n.*

bénzoyl chlóride *n.* 〖化学〗塩化ベンゾイル (C_6H_5COCl)《刺激臭のある無色の液体; 有機合成に用いる》.

bènzoyl·glýcine *n.* 〖化学〗ベンゾイルグリシン (⇨ hippuric acid).

bénzoyl gròup *n.* 〖化学〗＝benzoyl.

bénzoyl peróxide *n.* 〖化学〗過酸化ベンゾイル ($(C_6H_5CO)_2O_2$)《無色の結晶で; ビニール単量体の遊離基重合触媒; 小麦粉・油脂などの漂白に用いる》.

bénzoyl rádical *n.* 〖化学〗＝benzoyl.

ben·zyl [bénzi:l, -zɪl | -zɪl] 〖← BENZO-＋-YL〗 *n.* 〖化学〗ベンジル ($C_6H_5CH_2$)《ベンジルアルコールから導かれる 1 価の基》. **ben·zyl·ic** [benzílɪk] *adj.*

bénzyl ácetate *n.* 〖化学〗酢酸ベンジル ($CH_3COOCH_2C_6H_5$)《無色の液体; 香料製造に用いる》.

bénzyl álcohol *n.* 〖化学〗ベンジルアルコール ($C_6H_5CH_2OH$)《無色で弱い芳香を帯びた水溶性の液体; 主に香料に使う》.

bénzyl bénzoate *n.* 〖化学〗安息香酸ベンジル ($C_6H_5COOCH_2C_6H_5$)《月下香油・ペルーバルサム油に含まれる無色油状の液体; 鎮痙剤, 疥癬(かいせん)治療剤》.

bénzyl bútyrate *n.* 〖化学〗酪酸ベンジル ($C_3H_7COOCH_2C_6H_5$)《果実臭のある液体; 可塑剤》.

bénzyl céllulose *n.* 〖化学〗ベンジルセルロース《塗料に用いる》.

bénzyl chlóride *n.* 〖化学〗塩化ベンジル ($C_6H_5CH_2Cl$)《刺激臭のある無色の液体》.

bénzyl dichlóride *n.* 〖化学〗＝benzal chloride.

bénzyl flúoride *n.* 〖化学〗フッ化ベンジル ($C_6H_5CH_2F$)《無色の液体; 有機合成に用いる》.

ben·zyl·i·dene [benzílɪdì:n, -lə- | -zílɪ-] 〖← BENZYL＋-IDENE〗 *n.* 〖化学〗ベンジリデン (⇨ benzal).

benzýlidene ácetone *n.* 〖化学〗ベンジリデンアセトン ($C_6H_5CH{=}CHCOCH_3$)《無色の結晶; 香料に用いる; methyl styryl ketone ともいう》.

benzýlidene chlóride *n.* 〖化学〗塩化ベンジリデン (⇨ benzal chloride).

bénzyl isoámyl éther *n.* 〖化学〗＝isoamyl benzyl ether.

bénzyl·penicíllin *n.* 〖薬学〗ベンジルペニシリン ($C_{16}H_{18}N_2O_4S$)《天然産ペニシリン誘導体の一つ; 《米》penicillin G, 《英》penicillin II ともいう》.

bénzyl thiocýanate *n.* 〖化学〗チオシアン酸ベンジル ($C_6H_5CH_2CNS$)《無色の結晶; 殺虫剤》.

Be·o·grad [*Serbo.* bɛ́ɔgrad] *n.* ベオグラード《Belgrade のセルビア語名》.

Be·o·wulf [béɪəwʊ̀lf | béɪə(ʊ)-] 〖OE *Bēowulf* 《原義》? bear, honey-robber ← *bēo* 'BEE[1]'＋*wulf* 'WOLF, foe'〗 — *n.* **1** 「ベーオウルフ」《8 世紀前半に作られた古英語最大の叙事詩》. **2** ベーオウルフ (*Beowulf* の主人公; 怪物 Grendel を退治する).

be·paint [bɪpéɪnt, bə-] *vt.* 《古》 **1** …に絵の具[ペンキ, 塗料]をごてごて塗る. **2** …に着色する, 染める.

be·plas·ter [bɪplǽstə, bə- | -plá:stə(r)] *vt.* …に漆食(しっくい)を塗りつける; …に厚く[一面に]塗る; 〔おしろいなどを〕…に塗りたくる〔*with*〕.

be·pow·der [bɪpáudə, bə- | -də(r)] *vt.* …に粉をまきかける; …におしろいを厚く塗る.

be·praise [bɪpréɪz, bə-] *vt.* ほめちぎる.

be·queath [bɪkwí:θ, bə-, -kwí:ð | bɪkwí:ð, bə-, -kwí:θ] 〖OE *becweþan* ← BE-＋*cweþan* to say (cf. quoth)〗 — *vt.* **1** 〖法律〗〈動産を〉遺言で譲る, 遺贈する: give and ～ 遺産として与える《遺言書の法律用語》/ ～ a person one's property＝～ one's property *to* a person 人に財産を遺贈する. ★ bequeath は厳密には動産の遺贈に用い, 不動産には devise を用いる. **2** 〈名・作品・範例などを〉〔後世の人に〕伝える, 残す (transmit) 〔*to*〕: Our age ～*s* its civilization *to* the next. 我々の文明は次の時代へ継承される. **3** 《廃》託する, 委託する (entrust). **～·al** [～əl] *n.*

be·queath·ment *n.* 遺贈; 遺贈物.

be·quest [bɪkwést, bə-] 〖《*a*1338》*biqueste* ← *biquethen* 'to BEQUEATH' ∽ (*c*1300) *biquide* ← OE *be-* 'BE-'＋*cwide* a saying: -*est* は QUEST との混同?〗 — *n.* **1** (動産の)遺贈: get it by ～ / a charitable ～ 慈善事業への遺贈. **2** 遺贈物, 遺産 (legacy): leave a ～ 遺産を遺(のこ)す. **3** 伝わった物, 遺風, 形見(かたみ).

Bé·ran·ger [bèɪrɑ̃:(n)ʒéɪ, -rɔ̃:(n)-, -rɑ:n-, -rɔ(:)n-; *F.* berɑ̃ʒe], **Pierre Jean de** *n.* ベランジェ《1780–1857; フランスの歌謡詩人》.

be·rate [bɪréɪt, bə-] 〖《1548》← BE-＋RATE[2]〗 *vt.* 〔…の理由で〕〈人を〉しかりつける, …に小言を言う〔*for*〕.

Ber·ber [bə́:bə | bə́:bə(r)] 〖《1842》□ Arab. *bárbar* ← *bárbara* to babble〗 — *n.* **1** ベルベル人《Tripoli 以西の北アフリカ山地に住む地中海岸民族; 人種的にはコーカソイド (Caucasoid)》. **2** ベルベル語(群)《ハムセム語族》. — *adj.* ベルベル人の; ベルベル語の.

Ber·ber·a [bə́:b(ə)rə | bə́:-] *n.* ベルベラ《アフリカ東部 Somalia の Aden 湾に臨む海港; 人口 19,000》.

Ber·ber·i·da·ce·ae [bə̀:bərədéɪsiì: | bə̀:bərɪ-] 〖← NL ～ ← *Berberid-, Berberis*＋-ACEAE〗 — *n. pl.* 〖植物〗(双子葉植物キンポウゲ目)メギ科. **bèr·ber·i·dá·ceous** [-ʃəs] *adj.*

ber·ber·ine [bə́:bəri:n, -rɪn, -rən | bə́:bəri:n, -rɪn] 〖← NL *berberina* ← *Berberis* (↑)＋-INE[3]〗 — *n.* 〖化学〗ベルベリン ($C_{20}H_{19}O_5N$)《barberry などの植物の根からとる苦味のある黄色結晶性アルカロイド; 健胃剤・強壮剤; かつて黄色天然染料としてヨーロッパで広く用いられた》.

ber·ber·is [bə́:bərɪs, -rəs | bə́:bərɪs] 〖← NL ～ (属名) 《変形》← ML *barbaris* 'BARBERRY'〗 *n.* 〖植物〗 **1** [B-] メギ属《メギ科の一属》. **2** ＝barberry 1.

ber·ber·ry [bə́:bèri, -b(ə)ri | bə́:bərɪ] *n.* 〖植物〗＝barberry.

ber·ceau [bɛəsóu | bɛəsə́u; *F.* bɛrso] 〖□ F ～ 《原義》cradle〗 *n.* (木陰の)園亭 (arbor); (樹木でおおわれた)木陰道.

ber·ceuse [bɛəsə́:z, -sú:z | bɛəsə́:z; *F.* bɛrsø:z] 〖□ F ～ ← *bercer* to lull, rock〗 — *n.* (*pl.* **～s** [～(ɪz), ～əz; *F.* ～]) 〖音楽〗 **1** 子守歌 (lullaby). **2** ベルスーズ《静かな声楽または器楽曲》.

Berch·tes·ga·den [bɛ́əktəsgɑ̀:dn | bɛ́əktəs-; *G.* bɛ̀rçtəsgá:dn] *n.* ベルヒテスガーデン《西ドイツ南東部 Bavaria 州の保養地; Hitler の山荘があった所; 人口 4,300》.

Ber·cy [bɛəsí: | bɛə-; *F.* bɛrsi] 〖← F ～ (Paris にある地区の名)〗 — *n.* ベルシー(ソース)《魚か肉のだし汁とエシャロット (eschalot)・パセリ・白ブドウ酒で作るソース; Bercy sauce ともいう》.

Ber·dya·ev [bədjá:jəf, bədʒá:- | bɛədjá:ev, -jef; *Russ.* bʲirdʲájʲif], **Nikolai** (**Aleksandrovich**) *n.* ベルジャーエフ《1874–1948; ロシヤの神秘主義的哲学者; 1922 年亡命して Berlin, Paris に住む; *Slavery and Freedom* (1940)》.

bere [bɪə | bɪə(r)] 〖OE *bere*〗 *n.* 《英》＝six-rowed barley (cf. bigg[2]).

be·reave [bɪrí:v, bə-] 〖OE *berēafian* < Gmc **biraubōjan*: ⇨ be-, reave[1]〗 — *vt.* (**～d, be·reft** [bɪréft, bə-]; **～d, be·reft,** 《古》 **be·reav·en** [-rí:vən]) 《文語》 **1** [過去形・過去分詞には通例 bereft を用いて]〈人〉に〔望み・喜び・理性などを〕失わさせる〔*of*〕(cf. bereft): Indignation *bereft* me *of* speech. 腹が立って物が言えなかった / He is *bereft of* all hope. あらゆる望みを失った / Are you *bereft of* reason? 気でも狂ったのか. **2** [過去形・過去分詞には通例 bereaved を用いて]〈死・

事故などが〈人〉から〔肉親などを〕奪う (deprive) 〔of〕 (cf. bereaved) : The war ~d them of their only son. その戦争で彼らは一人息子を亡くした. **3** 《廃》強奪する (take away). **be·réav·er** *n.*

be·réaved 〘ME〙 — *adj.* **1** 親しい人に死なれた[先立たれた], あとに寂しく取り残された (cf. bereave 2) : the ~ family 遺族 / the ~ parents 子供に先立たれた両親 / feel ~ after the death of ...を亡くして寂しく取り残された感情を味わう. **2** [the ~ ; 名詞的に; 単数または複数扱い] 近親を失った人[人々], あとに残された人[人々], 遺族.

be·réave·ment *n.* (愛児・愛妻などに)先立たれること, 死別, 不幸 : a sad ~ 不幸 / express one's sympathy with a man in his ~ 人の不幸に弔辞を述べる.

bereaven *v.* 《古》 bereave の過去分詞.

be·reft [bɪréft, bə-] *v.* bereave の過去形・過去分詞. — *adj.* **1 a** 〔…を〕失って, 奪われて 〔of〕 (cf. bereave 1) : a man ~ of poise [senses] 落ち着き[正気]を失った人 / be utterly ~ 何もかも[生活の望みを]全く失っている. **b** 〔…が〕不足している, 欠けている 〔of〕 : a book ~ of an index 索引のない本. **2** = bereaved 1.

Ber·e·ni·ce [bèrənáisi | -rɪnáisi:, -sɪ] 〘□ L *Berenīcē* □ G *Berenikhē* 《変形》 ← Gk *Pherenikē* 《原義》 bringer of victory〙 — *n.* 女性名 《愛称形 Bernie ; 異形 Bernice》. ★ ユダヤ人に多い.

Bereníce's Háir *n.* [the ~] 〘天文〙 かみのけ(髪)座 (⇨ Coma Berenices).

Ber·en·son [bérənsn], **Bernard** *n.* (1865-1959) 米国の美術批評家; *The Italian Painters of the Renaissance* (1932).

be·ret [bəréɪ, be- | bérei, bérɪ, bérɪt ; *F.* bɛrɛ] 〘《1850》□ F *béret* : cf. biretta〙 — *n.* (*pl.* ~s [~z | béreɪz, bérɪz, bérɪts ; *F.* ~]) **1** ベレー帽《元来バスク人の農夫のかぶるつばなしの丸型の帽子》. **2** 〘英軍〙 (ベレー帽型の)軍帽.

Be·re·zi·na [bərézənə, -réz-, -zṇə | berézɪ-, -réz- ; *Russ.* bjirjizjiná] *n.* [the ~] ベレジナ(川)《ソ連邦 Belorussia 共和国中央部を南東に流れ, Dnieper 川に注ぐ川 (613 km) ; 敗退中の Napoleon 軍が大損害を受けて渡河した (1812)》.

berg[1] [bə́:g | bɔ́:g] 〘《略》 ← ICEBERG〙 *n.* 氷山.

berg[2] [béək | béək ; *Afrik.* bérk] 〘□ Afrik. ~ □ Du. *bergh*, *berch* : cf. barrow[2]〙 *n.* 《アフリカ南部》 山 (mountain).

Berg [béəg | béəg ; *G.* bérk], **Alban** *n.* ベルク 《1885-1935 ; オーストリアの作曲家》.

ber·ga·masque [bə́:gəmæ̀sk | bɔ́:-] 〘□ It. *Bergamasco* of Bergamo〙 *n.* ベルガマスク 《tarantella に似たダンス》.

Ber·ga·ma [bəgá:mə | bə-] *n.* ベルガマ 《トルコ西部の都市 ; 人口 27,000 ; ⇨ Pergamum》.

Ber·ga·mo [béəgəmòu | béəgəmə̀u ; *It.* bérgamo] *n.* ベルガモ 《イタリア北部, Lombardy 州の都市 ; 人口 128,000》.

ber·ga·mot[1] [bə́:gəmɑ̀t, -mət | bɔ́:gəmɔ̀t, -mət] 〘《1696》 ← *Bergamo* (イタリアの原産地)〙 — *n.* **1** 〘植物〙 ベルガモット (*Citrus bergamia*) 《南欧に産するシトロン (citron) に似た柑橘類で, その果皮から芳香のある精油を製する ; bergamot orange ともいう》. **2** 〘化学〙 = bergamot oil. **3** 〘植物〙 (ベルガモット油に似た精油を出す)シソ科ヤグルマハッカ属 (*Monarda*) の植物 《ヤグルマハッカ (*M. fistulosa*) など》.

ber·ga·mot[2] [bə́:gəmɑ̀t, -mət | bɔ́:gəmɔ̀t, -mət] 〘《1616》 □ F *bergamotte* □ It. *bergamotta* □ Turk. *begarmūdi* 《原義》 bey's pear〙 — *F. n.* 〘園芸〙 (フランスで)主に丸形のセイヨウナシ.

bérgamot mìnt *n.* 〘植物〙 ベルガモットハッカ (*Mentha citrata*) 《地中海地方産のハッカ属の一種》.

bérgamot òil *n.* 〘化学〙 ベルガモット油 《ベルガモットの果皮から製する黄緑色油 ; 香料》.

Ber·gen [bə́:gən, béə- | bɔ́:-, béə- ; *Norw.* bǽrgən] *n.* ベルゲン 《ノルウェー南西部大西洋岸の海港 ; 人口 214,000》.

Bér·gen-Bélsen [béəgən- | béə- ; *G.* bérgən-] *n.* ベルゲンベルゼン 《Belsen の公式名》.

ber·ge·ni·a [bədʒí:niə, -njə | bə:dʒí:njə, -nɪə] 〘← NL ~ ← *K. A. von Bergen* (1704-60 : ドイツの医師・植物学者)+-IA[1]〙 — *n.* 〘植物〙 ヒマラヤユキノシタ (*Bergenia stracheyi*) 《ヒマラヤ原産ユキノシタ科 *Bergenia* 属の多年草 ; 厚い大きな葉をもちピンクの花をつける ; 観賞用に栽培》.

Bergerac *n.* ⇨ Cyrano de Bergerac.

ber·gère [beəʒéə | beəʒéə(r ; *F.* bɛrʒɛ:r] 〘□ F ~ 《原義》 shepherdess〙 — *n.* ベルジェール 《18 世紀のフランスに現われ西欧諸国で流行した, 大きくゆったりとした張り包みの肘かけ椅子》.

Bér·ger rhýthm [bə́:gə-, béə- | bɔ́:gə-, béə- ; *G.* bérgɐ-] 〘← *Hans Berger* (1884-1944 : ドイツの神経科医)〙 — *n.* 〘生理〙 アルファリズム, α リズム, ベルガー律動[リズム].

Ber·gi·us [béəgiəs | béəgɪ- ; *G.* bérgius], **Friedrich** *n.* ベルギウス 《1884-1949 ; ドイツの化学者 ; Nobel 化学賞 (1931)》.

Berg·man [bə́:gmən | bɔ́:g- ; *Swed.* bærjman], **Ingmar** [íŋmar] *n.* ベルイマン (1918-) 《スウェーデンの映画監督》.

Berg·mehl [bə́:gmèɪl | bɔ́:g-, *G.* bérkmè:l] 〘□ G ~ ← *Berg* 'mountain, BARROW[2]' + *Mehl* 'MEAL[2]'〙 — *n.* 〘地質〙 灰白色の粉状沈積物 《滴虫類の殻で形成されたもの ; 研摩・吸収用》.

berg·schrund [béəkʃrʊ̀nt | béək- ; *G.* bérkʃrʊnt] 〘□ G ~ 'mountain crevice'〙 — *n.* 〘地理・登山〙 ベルクシュルント 《氷河の上端(カール壁との境の部分)にある深い割れ目》.

Berg·son [béəgsn | béəg- ; *F.* bɛrksɔn], **Henri (Louis)** *n.* ベルグソン 《1859-1941 ; フランスの哲学者, 創造的進化を唱道した ; Nobel 文学賞 (1927) ; *Le Rire*「笑い」(1900), *L'évolution créatrice*「創造的進化」(1907)》.

Berg·so·ni·an [bɛəgsóuniən, -njən | bɛəgsə́unjən, -nɪən] *adj.* ベルグソン (Bergson) の ; ベルグソン哲学の. — *n.* ベルグソン派の学徒[信奉者].

Bérg·son·ìsm [-sənìzm] *n.* 〘哲学〙 ベルグソン哲学 《進化論の影響のもとに, あらゆる現象や営為を創造的進化 (creative evolution) によって解明しようとする立場 ; cf. élan vital, vitalism 2 b》.

bérg wìnd 〘⇨ berg[2]〙 *n.* 《アフリカ南部》 山風 《Cape Province や Natal の海岸地帯に吹く山からの暑い乾いた風》.

berg·y [bə́:gi | bɔ́:gi] *adj.* 氷山[大氷塊]の多い.

ber·gylt [béəgəlt | béə-] 〘□ Swed. & Norw. *berggylta* ← *berg* rock + *gylta* a sow : cf. barrow[2]〙 *n.* 〘魚類〙 北大西洋産のメバル属の一種 (*Sebastes viviparus*).

be·rhyme [bɪráɪm, bə-] 〘← BE- + RHYME〙 *vt.* 《古》 詩歌の主題にする ; 詩歌で諷刺する[たたえる].

Ber·i·a [bériə | -rɪə ; *Russ.* bjérjijə], **La·vren·ti** [lavrjéntjij] **Pavlovich** *n.* ベリヤ 《1899-1953 ; ソ連の政治家 ; 反逆罪で処刑》.

be·rib·boned [bɪríbənd, bə-] *adj.* リボンで飾った.

ber·i·ber·i [bèribéri | -rɪbérɪ] 〘《1703》 □ Singhalese ~ 《強意的加重》 ← *beri* weakness〙 *n.* 〘病理〙 脚気(かっけ).

be·rime [bɪráɪm, bə-] *vt.* 《古》 = berhyme.

Be·ring [bí(ə)rɪŋ, bé(ə)r- | bér-, bíər-, béər- ; *Dan.* bé:rɪŋ], **Vi·tus** [ví:tus] *n.* ベーリング 《1681-1741 ; デンマークの航海者 ; ロシヤの Peter 大帝の命を受け北太平洋を探検 ; ベーリング海峡を発見してユーラシアとアメリカが別々の大陸であることを実証》.

Béring Séa 〘↑〙 *n.* [the ~] ベーリング海 《Aleutian 列島の北方, 北太平洋の一部》.

Béring stándard tìme *n.* = Bering time.

Béring Stráit *n.* [the ~] ベーリング海峡 《米国 Alaska 半島とソ連邦アジアとの間, Bering 海と北極海とを結ぶ海峡 ; 幅35-86 km》.

Béring tìme *n.* ベーリング(標準)時 《米国の標準時の一つで, 西経 165° を基準とする ; GMT より 11 時間遅い ; ⇨ standard time 1 ★》.

Be·rith, b- [bəríθ, bríθ] 〘《略》 ← BERITH MILAH〙 *n.* (*also* **Be·rit** [bərít, brít]) 〘ユダヤ教〙 **1** = Berith Milah. **2** ユダヤ人が生後 8 日の男子に行なう割礼の儀式.

Beríth Mi·láh, b- m- [-mí:la:, -mi:lá:] 〘□ Heb. *b[e]rīth milā[h]* covenant of the circumcision〙 — *n.* 〘ユダヤ教〙 割礼に関する神と Abraham との契約 (cf. *Gen.* 17 : 10-14).

berk [bə́:k | bɔ́:k] 〘《略》 ← *Berkeley* [*Berkshire*] *Hunt* 《押韻俗語》 ← CUNT〙 *n.* 《英俗》 ばか, あほう (fool).

Berke·le·ian [bɑ́əkliən, bə́:k-, bəəklí:ən, bə:k- | bɑ:klí:ən, -liən] *adj.* バークリ (Berkeley) の ; バークリ哲学説の. — *n.* バークリ哲学説の学徒[信奉者].

Bérke·le·ian·ìsm [-nìzm] *n.* バークリ哲学(説).

Berke·ley [bə́:kli | bɔ́:klɪ] 〘← *George Berkeley* : 'Westward the course of empire takes its way' の詩行の作者に敬意を表したもの〙 — *n.* 米国 California 州西部の住宅・工業都市 ; California 大学所在地 ; 人口 116,700.

Berke·ley [bɑ́əkli, bə́:k- | bɑ́:klɪ], **George** *n.* (1685-1753) アイルランドの司教で哲学者 ; Locke, Hume の中間に位するイギリス古典経験論の代表者の一人 ; *A Treatise concerning the Principles of Human Knowledge* (1710).

berke·li·um [bə́:kliəm, bə:kí:l- | bɔ́:klɪ-] 〘← NL ~ ← *Berkeley* (米国 California 大学 Berkley 分校でこの元素の分離に最初に成功したことから) : ⇨ -ium〙 — *n.* 〘化学〙 バークリウム 《超ウラン元素の一つ ; 記号 Bk, 原子番号 97》.

Berks, Berks. [bɑ́əks, bə́:ks | bɑ́:ks] 《略》 Berkshire (州).

Berk·shire [bɑ́əkʃɪə, bə́:k-, -ʃə | bɑ́:kʃə(r, -ʃɪə(r] 〘OE *Bearrucscīr* ← *Bearruc* ← Celt. **barro-* top, summit : cf. Welsh *bar* : ⇨ -shire〙 — *n.* **1** イングランド南部の州 ; 1974 年より北西部は Oxfordshire の一部となる ; 人口 658,000, 面積 1,256 km², 首都 Reading. **2** バークシャー 《Berkshire 州原産の足・顔面・尾に白い斑点がある一品種の黒豚》.

Bérkshire Hílls *n. pl.* [the ~] 米国 Massachusetts 州西部の丘陵地帯で保養地 ; the Berkshires ともいう.

ber·ley [bə́:li | bɔ́:lɪ] 〘← ?〙 *n.* 《豪》 **1** = ground bait. **2** 《俗》 ばかなこと, たわごと (nonsense).

ber·lin [bə(:)lín | bɔ:-] 〘《1694》 □ F *berline* ← *Berlin* (↓) : 同地で最初に用いられたのにちなむ〙 — *n.* **1** ベルリン型馬車 《二人乗り四輪箱馬車 ; 英国とフランスでは 18 世紀ごろ流行した》. **2** ベルリン型自動車 《運転手席の後に窓付きのガラス仕切のあるもの》. **3** [時に B-] = Berlin wool : a ~ warehouse 毛糸販売店.

Ber·lin [bə(:)lín | bɔ:- ; *G.* bɛrlí:n] *n.* ベルリン 《ドイツ北東部 Spree 河畔の都市 ; 第二次大戦以前の全ドイツの首都であったが, 今は West Berlin と East Berlin とに分かれている》.

berlín blàck, B- b- 〘↑〙 *n.* ベルリン黒ワニス 《ストーブなどに塗る黒エナメルの一種》.

berlín blúe, B- b- *n.* 〘化学〙 ベルリン青, 紺青(こんじょう) (⇨ Prussian blue 1).

ber·line [bə(:)lín, -lí:n, bɛəlí:n | bɔ:lín, bɛə-, -lí:n] 〘□ F ~ ← *Berlin* : cf. berlin〙 *n.* = berlin 1, 2.

Ber·lín·er 〘← BERLIN + -ER[1]〙 *n.* ベルリン人.

Ber·lín·er En·sém·ble [bɛəlí:nə- | bɛəlí:nə(r)- ; *G.* bɛrlí:nɐ-] *n.* [the ~] ベルリーナーアンサンブル 《東ドイツの劇団 ; Brecht によって創設され, その未亡人 Helene Weigel [váɪgəl ; *G.* váɪgəl] を後継者として活動中》.

Berlín glóves *n. pl.* 毛糸編みの手袋.

Berlín wóol *n.* (編物・刺繡用の)上等細毛糸.

Ber·li·oz [béəliòuz | béəliə̀uz, bɔ́:- ; *F.* bɛrljo:z], **(Louis) Hector** *n.* ベルリオーズ 《1803-69 ; フランスの作曲家》.

berm [bə́:m | bɔ́:m] 〘《1729》 □ F *berme* □ Du. *berm* : cf. ON *barmr* brim〙 — *n.* **1 a** 道路沿いの細道[芝地]. **b** 《米》 舗装されていない路縁[路肩]. **2** 〘築城〙 堡塁(ほうるい)の崖道, (parapet と ditch との間の)平らな地. **3** 〘土木〙 犬走り, 小段.

Berm. 《略》 Bermuda.

berme [bə́:m | bɔ́:m] *n.* = berm.

Ber·me·jo [bəméɪhou, bɛə- | bɛəméɪhəu ; *Am. Sp.* berméxo] *n.* [the ~] ベルメホ(川) 《アルゼンチン北部に発し南東に流れ, パラグアイ国境で Paraguay 川に注ぐ川 (1,600 km)》.

Ber·mond·sey [bə́:mən(d)zi | bɔ́:mən(d)zɪ] 〘OE *Bermundesye* 'ISLAND *of Beornmund* (人名)'〙 *n.* ロンドンの旧自治区 ; 現在は Southwark の一部.

Ber·mu·da [bə(:)mjú:də | bə(:)-] *n.* **1** バーミューダ 《北大西洋の, 米国 North Carolina 州の東方 930 km の位置にある諸島 (the Bermudas, the Bermuda Islands) よりなる英国植民地 ; 保養地 ; 人口 53,000, 面積 53 km², 首都 Hamilton》. **2** [*pl.*] = Bermuda shorts.

Bermúda cóllar *n.* バーミューダカラー 《婦人服・ブラウスの細くて先の尖ったカラー》.

Bermúda cútter *n.* 〘海事〙 バーミューダ型カッター 《Marconi rig を装備したカッター》.

Bermúda gráss *n.* 〘植物〙 ギョウギシバ (*Cynodon dactylon*) 《ヨーロッパ南部原産イネ科の植物 ; 芝生や牧草地用に米国南部やインドで栽培される ; devil grass ともいう》.

Bermúda hígh *n.* 〘気象〙 バーミューダ高気圧 《Bermuda 諸島近くに夏期に発達する亜熱帯高気圧》.

Bermúda líly *n.* 〘植物〙 テッポウユリ (trumpet lily) の一園芸品種 《イースターの飾り花用に Easter lily として売られる》.

Bermúda ónion *n.* 〘植物〙 バーミューダタマネギ 《イタリアまたは Canary 諸島原産で, 米国 Texas 州南部に栽培されるタマネギ》.

Bermúda palmétto *n.* 〘植物〙 ブラックバーンサバル (*Sabal blackburniana*) 《西インド諸島原産の円形の葉と黒色の実をつけるヤシ》.

Bermúda ríg *n.* 〘海事〙 = Marconi rig.

Bermúda shórts *n. pl.* バーミューダショーツ 《膝丈のズボン ; 1950 年代に Bermuda 島で流行したもので, 男女ともに用いる ; Bermudas ともいう》.

Ber·mu·di·an [bəmjú:diən | bə(:)mjú:djən, -dɪən] *adj.* バーミューダ (Bermuda) の ; バーミューダ人の. — *n.* バーミューダ人.

Bermúdian máinsail *n.* 〘海事〙 バーミューダ型メンスル 《主としてヨットにおいて, 主帆の形が先細の流線型になっている》.

Bern[1] [bə́:n, béən | bɔ́:n, béən ; *G.* bɛrn] *n.* **1** ベルン 《スイス西部にある同国の首都 ; 国際著作権協会 (International Copyright Union) の本部がある ; 人口 180,000》. **2** ベルン(州) 《スイス中西部の州 ; 人口 916,000, 面積 6,047 km², 首都 Bern》.

Bern[2] [bə́:n | bɔ́:n] 〘□ OHG *Berin* 《原義》 bear : cf. Bernard〙 *n.* 男性名.

Ber·na·dette [bə̀:nədét | bɔ̀:-] 〘□ F ~ (fem.) ← BERNARD〙 *n.* 女性名.

Ber·na·dine [bə́:nədì:n | bɔ́:-] 〘《変形》 ← BERNAR-DINE〙 *n.* 女性名.

Ber·na·dotte [bə́:nədɑ̀t | bɔ̀:nədɔ́t ; *F.* bɛrnadɔt], **Jean Baptiste Jules** *n.* ベルナドッテ 《1763-1844 ; Napoleon の部下のフランスの元帥, 後に Charles XIV John としてスウェーデン・ノルウェー王 (1818-44), 現スウェーデン王室の祖》.

Ber·na·nos [bɛ̀ənənóu(:)s | bɛ̀ənənɔ́s ; *F.* bɛrnano:s, -nɔs], **Georges** *n.* ベルナノス 《1888-1948 ; フランスのカトリック小説家 ; *Le Journal d'un curé de campagne*「田舎司祭の日記」(1936)》.

Ber·nard [bə́:nəd, bə:nɑ́əd | bɔ́:nəd ; *F.* bɛrna:r] 〘□ F ~ □ G *Bernhard* 《原義》 bold as a bear : cf. Bern[2]〙 *n.* 男性名 《愛称形 Bernie ; 異形 Barnard》.

Ber·nard [bɛənɑ́ə | bɛənɑ́:(r ; *F.* bɛrna:r], **Claude** *n.* ベルナール 《1813-78 ; フランスの生理学者》.

Ber·nar·dine[1] [bə́:nədì:n, -nə- | bɔ́:nə-] 〘□ F ~ (fem.) ← BERNARD〙 *n.* 女性名.

Ber·nard·ine[2] [bə́:nədì:n, -nə- | bɔ́:nə-] *adj.* **1** クレルヴォーのベルナール (St. Bernard of Clairvaux) の. **2** (St. Bernard of Clairvaux によって設立された)シトー会の. — *n.* シトー会修道士 (Cistercian).

Ber·nar·do [bɛənɑ́ədou | bɛənɑ́:dəu ; *Sp., It.* bernárdo] 〘□ Sp. ~ 'BERNARD'〙 *n.* 男性名.

Bernard of Clair·vaux [-klɛəvóu | -klɛəvə́u ; *F.* -klɛrvo], **Saint** *n.* クレルヴォーのベルナール[ベルナルドゥス] 《1091-1153 ; フランスの聖職者・神秘思想

家; Clairvaux のシトー会修道院の設立者; Doctors of the Church の一人; the Mellifluous Doctor とも the Thaumaturgus [θɔ̀:mətə́:gəs | -tɔ́:-] of the West とも呼ばれる; 祝日 8 月 20 日》.

Bernárd of Clú·ny [-klú:ni, -klu:ní: | -klú:nɪ, -ní: ; *F.* -klyni] *n.* クリューニーのベルナール[ベルナルドゥス]《1140 年ごろのフランスのベネディクト会修道士; Bernard of Morlaix [-mɔəlέɪ | -mɔ:- ; *F.* -mɔrlɛ] とも いう》.

Bernard of Menthon [-mɑ̃:(n)tɔ́:(ŋ), -mɔ̃:(n)-, -mɑ:ntɔ́(:)ŋ, -mɔ(:)n- ; *F.* -mɑ̃tɔ̃], **Saint** *n.* マントンのベルナール[ベルナルドゥス]《923-1008; フランスの聖職者; 登山家の守護聖人》.

Berne [bə́:n, bέən | bə́:n, bέən ; *F.* bɛrn] *n.* ベルヌ《Bern¹ のフランス語名》.

Ber·nese [bə:ní:z, bεə-, -ní:s | bə:ní:z] *adj.* ベルン(Bern) の; ベルン人の. ― *n.* (*pl.* ~) ベルン人.

Bérnese Álps *n. pl.* [the ~] ベルン アルプス (⇨ Oberland).

Bérnese móuntain dòg *n.* バーニーズ マウンテンドッグ《スイス原産の長毛の大型種のイヌ》.

Bérnese Óberland *n.* [the ~] ベルナーオーバーラント (⇨ Oberland).

Bern·hard [bə́:nhɑəd, ―⌐| bə́:nhɑ:d, ―⌐; *G.* bέrnhart, *Swed.* bǽ:rnhard] 〖⊏G ~ : ⇨ Bernard〗 *n.* 男性名.

Bern·hardt [bə́:nhɑət, bέən- | bə́:nhɑ:t, bέən- ; *F.* bɛrna:r], **Sarah** *n.* ベルナール《1844-1923; フランスの女優; 本名 Rosine [rozin] Bernard》.

Ber·nice [bə:ní:s, bə́:nɪs, -nəs | bə́:nɪs] 〖《変形》← BERENICE〗 *n.* **1** 女性名. **2** 男性名.

ber·ni·cle [bə́:nɪkḷ, -nə- | bə́:nɪ-] *n.* 〖鳥類〗 =barnacle goose.

Ber·nie [bə́:ni | bə́:nɪ] 〖1 : (dim.) ← BERNARD. 2 : (dim.) ← BERNICE〗 *n.* **1** 男性名. **2** 女性名.

Ber·ni·na [bə(:)ní:nə | bə(:)- ; *It.* berní:na] *n.* ベルニナ山塊《スイス・イタリア国境にある Rhaetian Alps の一部; 最高峰 Piz [píts] Bernina (4,049 m)》.

Ber·ni·ni [bə(:)ní:ni | bə(:)ní:nɪ ; *It.* berní:ni], **Giovanni Lorenzo** *n.* ベルニーニ《1598-1680; イタリアのバロック建築家・彫刻家・画家》.

Ber·noul·li [bə(:)nú:li | bə(:)nú:lɪ ; *G.* bɛrnúli:, *F.* bɛrnuji] (*also* **Ber·nouil·li** [~]), **Daniel** *n.* ベルヌーイ《1700-82; スイスの数学者・理論物理学者; Johann の子》.

Bernoulli, Jakob *or* **Jacques** *n.* ベルヌーイ《1654-1705; スイスの数学者; Johann の兄》.

Bernoulli, Johann *or* **Jean** *n.* ベルヌーイ《1667-1748; スイスの数学者; Jakob の弟》.

Bernóulli distribùtion 〖← *Jakob Bernoulli*〗 *n.* 〖統計〗 =binomial distribution.

Bernóulli equàtion 〖← *Johann Bernoulli*〗 *n.* 〖数学〗 ベルヌーイの微分方程式.

Bernóulli's théorem *n.* **1** 〖← *Jakob Bernoulli*〗〖統計〗 ベルヌーイの定理《試験回数が増えれば増えるほど, 事象の起こる相対頻度がその事象の起こる確率に近いことがますます確かになるという定理; law of large numbers, law of averages ともいう》. **2** 〖← *Daniel Bernoulli*〗〖物理〗 ベルヌーイの定理《流体運動に関するエネルギー保存法則の一つ》.

Bernóulli trìals 〖← *Jakob Bernoulli*〗 ― *n. pl.* 〖数学〗 ベルヌーイ試行列《期待する結果が一定した確率で現われる実験の繰り返し; 例えば硬貨を投げて表が出ることを期待するとか, サイコロを投げて 1 の目が出ることを期待するとかいうような試行の列》.

Bern·stein [bέənstaɪn, bə́:n- | bέən-, bə́:n- ; *G.* bέrnʃtaɪn], **Eduard** *n.* ベルンシュタイン《1850-1932; ドイツの社会主義者; 修正社会主義を唱えた》.

Bern·stein [bə́:nstaɪn, -sti:n | bə́:n-], **Leonard** *n.* (1918-) 米国の指揮者・作曲家.

Bérnstein's théorem [bέənstaɪnz-, bə́:n- | bέən-, bə́:n- ; *G.* bέrnʃtaɪn-] *n.* 〖数学〗 ベルンシュタインの定理 (⇨ Schröder-Bernstein theorem).

ber·ret·ta [bərέṭə | -tə] *n.* 〖カトリック〗 =biretta.

Ber·ri [béri | -rɪ ; *F.* bɛri] *n.* =Berry.

bér·ried *adj.* **1** ベリー (berry) が実っている; ベリーの生じる. **2** ベリー状の (baccate). **3** 〈エビなど〉卵を持っている.

ber·ry [béri | -rɪ] 〖OE *beri(g)e* ← Gmc **basj-, *bazj-* 《原義》 ? bright-colored fruit (G *Beere*) ← IE **bhā-* to shine (Gk *phainein* to bring to light, show)〗 ― *n.* **1 a** ベリー, 液果, 漿果(しょうか)《果肉が柔らかくて汁が多く, 種子は果肉の中に埋まっている種類の果実; すぐり・いちごなど; bacca ともいう; cf. fruit 1 a, nut 1》. ★ ラテン語系形容詞: baccate. **b** (核 (stone) のない果肉の柔らかい) 食用小果実《ベリーより広範囲のもの; バナナ・トマト・ぶどうなど》. **c** 《英方言》 = gooseberry. **2** (ある種の植物の) 乾燥した種子; (小麦の) 粒 (grain): the coffee ~ コーヒーの種子 / the ~ of grain 穀物の粒. **3** (魚・エビの) 卵の粒: a lobster in ~ 卵を持っているエビ. **4 a** 《米俗》 ドル (dollar). **b** 《英俗》 ポンド (pound). ― *vi.* **1** 〈木が〉ベリー[液果]を結ぶ. **2** ベリーを採る[摘む] (gather berries): go ~*ing* (野生の) ベリー[いちご]を採りに行く.
~·less *adj.* **~·like** *adj.*

Ber·ry [béri | -rɪ ; *F.* bɛri] *n.* ベリ《フランス中央部の旧州 (1789 年まで); 首都 Bourges》.

bérry àlder *n.* 〖植物〗 =alder buckthorn.

bérry còne *n.* 〖植物〗 鱗片(りんぺん)が漿質(しょうしつ)になり互いに癒合(ゆごう)している毬果(きゅうか)《ネズ・イブキなどの果実》.

Ber·ry·man [bérimən | -rɪ-], **John** *n.* (1914-72) 米国の詩人・批評家; *Homage to Mistress Bradstreet* (1956).

bérry pèpper *n.* 〖植物〗 =bird pepper.

ber·sa·glie·re [bὲəsəljέ(ə)ri, -reɪ | bὲəsɑ:lιέəri:, -rɪ ; *It.* bèrsaʎʎέ:re] 〖⊏It. ~ 'sharpshooters' ← *bersaglio* mark〗 ― *n.* (*pl.* **-e·ri** [-ri: ; *It.* -ri]) (イタリア軍の) 狙撃(そげき)隊員.

ber·seem [bə(:)sí:m | bə(:)-] 〖⊏Arab. *birsīm* ⊏ Copt. *bersim*〗 ― *n.* 〖植物〗 エジプトクローバー (*Trifolium alexandrinum*)《Nile 川流域や米国南西部に産するマメ科のクローバーの一種; 多汁で家畜の飼料となる; Egyptian clover ともいう》.

ber·serk [bəsə́:k, bə-, -zə́:k, bə́:sə:k | bə(:)sə́:k, bə́:sə:k] 〖《1851》⊏Icel. ~ (acc.) ← *berserkr* (↓)〗 ― *adj.* 狂暴な, たけり狂った: go ~ 狂暴になる, 怒り狂う. ― *adv.* 狂暴に. ― *n.* =berserker.

ber·serk·er [bəsə́:kə, bə-, -zə́:-, bə́:sə:- | bə(:)sə́:kə(r, bə́:sə:-] 〖《1822》⊏Icel. *berserkr* wild warrior, 《原義》 bear-skin ← *bern-, björn* 'BEAR¹' + *serkr* 'SARK'〗 ― *n.* **1** 〖北欧伝説〗 狂戦士《一たび戦場にでれば狼のようにほえ, 熊のようになり, 狂暴の限りを尽くし, その驚くべき力にはいかなる武器も役に立たなかったという》. **2** 狂暴な人. ― *adj.* =berserk: ~ rage [fury] 激怒, 狂暴.

Bert [bə́:t | bə́:t] 〖1 : (dim.) ← ALBERT, HERBERT, BERTRAM, etc. 2 : (dim.) ← BERTHA〗 *n.* **1** 男性名. **2** 女性名.

Ber·ta [bə́:ṭə | bə́:tə] 〖⊏It. ~ : ⇨ Bertha〗 *n.* 女性名.

berth [bə́:θ | bə́:θ] 〖《1622》← ? BEAR² + -TH²: cf. birth〗 ― *n.* (*pl.* **~s** [~s | ~s, bə́:ðz]) **1 a** 〖海事〗 余地, 操船余地, バース《航行中保安のために他の船舶や陸岸などとの間に残す余地: cf. sea room 1》; 停泊余積《停泊中揺れ回っても他に接触しないだけの余地》. **b** 安全のためにとられる距離: give a wide ~ to ...に対し十分に距離を置く, ...に余り近寄らない / give a person a wide ~ = keep a wide ~ of a person 人を敬遠する. **2 a** 〖海事〗 (船の) 停泊位置, 錨(びょう)地: ⇨ foul berth / a ship on the ~ (積込み[積み降ろし]のために適当な停泊位置に停泊している船) / take up a ~ 停泊位置につく. **b** (自動車などの) 停車位置, 駐車位置: a truck-loading ~ トラックに積込みのための適当な停車位置. **3** 〖海事〗 **a** 《古》 高級船員室《数名が共に食事をとり起居する船室》. **b** 高級船員の地位[階級]. **4** (船・列車・旅客機などの) 寝だな, 寝台, 段ベッド: a ~ list 寝台割当表. **5** 宿 (lodging): have a comfortable ~. **6** 地位, 職, 口 (job): find a snug ~ 楽な仕事を見つける.
― *vt.* **1 a** 〈船を〉(錨地や桟橋などに) 停泊させる, 〈船〉に適当な停泊位置を与える: ~ a ship. **b** 〈バス・列車・飛行機などを〉駐車位置に停車させる. **2** 〈乗客などに〉寝台[寝室]をあてがう. ― *vi.* 停泊する.

ber·tha [bə́:θə | bə́:-] 〖《1842》⊏F *berthe* ← *Berthe* (?-783: 貞淑で名高い Charlemagne 王の母の名)〗 ― *n.* **1** (婦人用の) 短いショルダーケープ. **2** (ドレスやブラウスの) 肩をおおう円形の大きい襟.

Ber·tha [bə́:θə | bə́:-] 〖⊏OHG *Berahta* 《原義》 the bright one〗 *n.* **1** [*G.* bέrta] 女性名《愛称形 Berta, Bertie》. **2** =Big Bertha.

berth·age [bə́:θɪdʒ | bə́:θ-] *n.* **1** 停泊設備; (特に, 積荷のための) 余地, 係船区域. **2** 停泊税[料].

berthe [bə́:t | bə́:t ; *F.* bɛrt] *n.* =bertha.

Ber·the·lot [bὲəṭəlóu | bὲətəlóu ; *F.* bɛrtəlo], **Pierre Eugène Mar·ce·lin** [marsəlɛ̃] *n.* ベルテロ《1827-1907; フランスの化学者・政治家; 熱化学の開拓者》.

bérth·ing *n.* **1** 〖海事〗 (船の) 停泊(錨地), 係船位置. **2** 寝台設備. **3** 木船の舷側厚板 (sheer strake) の上の外板. **4** 船側や隔壁における垂直に張った板.

Ber·tie [bə́:ṭi | bə́:tɪ] 〖1 : (dim.) ← BERTHA. 2 : (dim.) ← BERTRAM, ALBERT, HERBERT, etc.〗 *n.* **1** 女性名. **2** 男性名.

Bér·til·lon sỳstem [bə́:ṭəlɑ̀n-, -ṭḷ- | bə́:təlɔn-, -tḷ- ; *F.* bɛrtijɔ̃-] 〖← *Alphonse Bertillon* (1853-1914: 考案者であるフランスの刑事・人類学者)〗 ― *n.* [the ~] ベルティヨン式人体識別法《体型測定・人体特徴などによって個人を識別する方法》.

Ber·told [bə́:toʊld | bə́:təʊld ; *G.* bέrtɔlt] 〖⊏OHG *Bereht-wald* 《原義》 brilliant ruler〗 *n.* 男性名.

Ber·tram [bə́:trəm | bə́:-] 〖⊏OHG *Berahth-raben* 《原義》 bright raven〗 *n.* 男性名《愛称形 Bert, Bertie》.

Ber·trand [bə́:trənd | bə́:- ; *F.* bɛrtrɑ̃] 〖⊏F ~ 《変形》 ← BERTRAM〗 *n.* 男性名《愛称形 Bert, Bertie》.

be·ruf·fled [bɪrʌ́fḷd, bə-] *adj.* ひだべり[飾り]のある.

Berw. 《略》 Berwick (州); Berwickshire (州).

Ber·wick [bérɪk] 〖OE *Berewic* 《原義》 corn farm: ⇨ bere, -wick¹〗 *n.* **1** =Berwickshire. **2** =Berwick-upon-Tweed.

Ber·wick·shire [bérɪkʃɪə, -ʃə | -ʃə(r, -ʃɪə(r] *n.* スコットランド南東部の旧州, 1975 年以降は Borders 州の一部となる; 面積 1,184 km², 首都 Duns [dʌ́nz].

Bérwick-upòn-Twéed *n.* イングランド北部, Northumberland 州の港市, スコットランドとの境に近く Tweed 河口にあり北海に臨む; 人口 26,000.

Be·ryc·i·dae [bərísədì: | berísɪ-] 〖← NL ~ ← *Beryc-, Beryx* (属名) + -IDAE〗 *n. pl.* 〖魚類〗 キンメダイ科.

ber·yl [bérəl, -rɪl] 〖《*a*1300》⊏OF *beril* (F *béryl*) < L *bēryllum* ⊏ Gk *bērullos* ⊏ ? Prakrit *vēruliya* ← *Vēlūr* (南インドの町の名; 現在では *Bēlūr* と呼ばれる): cf. G *Brille* spectacles (眼鏡がはじめ beryl から作られたことによる)〗 ― *n.* **1** 〖鉱物〗 緑柱石 ($Be_3Al_2Si_6O_{18}$)《エメラルドなど》. **2** 薄青色, 海緑色 (sea green).

Beryl [bérəl, -rɪl] 〖↑〗 *n.* 女性名.

ber·yl·ine [bérəlàɪn, -lì:n | -rɪ-] *adj.* 緑柱石に似た; 薄青色の.

be·ryl·li·um [bəríliəm | beríljəm, bə-, -liəm] 〖← BERYL + -IUM〗 ― *n.* 〖化学〗 ベリリウム《金属元素の一つ; 記号 Be, 原子番号 4, 原子量 9.01218; 古くは glucinium ともいわれた》.

be·ryl·lo·nite [bərílənàɪt] 〖← BERYLL(IUM) + NL *-on* (← ? Gk *-on* (adj. suf.)) + -ITE¹〗 ― *n.* 〖鉱物〗 ベリロナイト ($NaBePO_4$)《無色・白色または淡黄色斜方晶系の鉱物》.

Ber·ze·li·us [bə(:)zí:liəs, -zéɪ- | bə(:)zí:liəs, -zéɪ- ; *Swed.* bærsé:lius], **Baron Jöns** [jœ́ns] **Jakob** *n.* ベルセーリウス《1779-1848; スウェーデンの化学者; 多くの元素の原子量を決定, 化学記号を考案》.

Bes [bés] 〖⊏L *Bēsā* ⊏ Gk *Bēsā* ⊏ Egypt. *Bēs, Bēses*〗 *n.* 〖エジプト神話〗 ベース《快楽の神で魔法よけの神》.

bes·a·gue [bésəgjù:] 〖⊏OF *besague* (F *besaiguë*) double ax or bill ← *bes* twice〗 *n.* 〖甲冑〗 (小円盤形の) 脇の下当て (⇨ half-armor 挿絵).

Be·san·çon [bəzǽnsən, -zɑ̃:(n)sɔ́:(ŋ), -zɔ̃:(n)-, -zɑ:n-, -zɔ(:)n-, -sɔ́(:)ŋ ; *F.* bəzɑ̃sɔ̃] *n.* ブザンソン《フランスの東部 Doubs 川に沿う都市, Doubs 県の首都; 人口 124,000; ローマ時代の遺跡がある》.

bes·ant [béznt, bɪzǽnt, bə- | bézənt, -zṇt] *n.* =bezant.

Bes·ant [bésənt, -zənt, -snt, -zṇt | bés-, béz-], **Annie (Wood)** *n.* (1847-1933) 英国の女性神知学者 (theosophist); インドの国民主義運動を指導, インド国民会議議長 (1917).

Be·sant [bɪzǽnt, bə-], **Sir Walter** *n.* (1836-1901) 英国の小説家; *All Sorts and Conditions of Men* (1882).

bés ántler [bés-, béɪs-] *n.* 〖動物〗 =bay antler.

be·screen [bɪskrí:n, bə-] *vt.* 《古》 screen で隠す[おおう]; おおい隠す (shelter, conceal).

be·seech [bɪsí:tʃ, bə-] 〖OE *besēcan* : ⇨ be-, seek〗 ― *vt.* (**be·sought** [bɪsɔ́:t, bə-], **~ed**) **1** 〈人〉に〔慈悲・許可などを〕嘆願する〔*for*〕; 〈人〉に〈...するように〉懇願[嘆願]する 〈*to do, that*〉: I ~ you to listen. お願いですからよく聞いて下さい / He *besought* the judge *for* mercy. 裁判官に慈悲を嘆願した / He *besought* (them) *that* he might be taken with them. 一緒に連れて行ってくれと懇願した / Speak the truth, I ~ you. 本当のことを言って下さい, 後生だから. **2** 請う, 求める: ~ an interview 熱心に会見を求める / ~ a favor *of* a person 人に嘆願する / I ~ your favor. ひとえにお願い申し上げます. ― *vi.* 嘆願[懇願]する, 切に願う. **~·er** *n.*

be·séech·ing *adj.* 懇願の, 嘆願するような: a ~ look, voice, etc. **~·ly** *adv.* **~·ness** *n.*

be·seem [bɪsí:m, bə-] 〖《?*c*1200》 *beseme(n)* : ⇨ be-, seem〗 《古》 ― *vt.* [it を主語として] ...に似合う, ふさわしい (befit): *It* ill ~*s* [*It* does not ~] you to leave him without help. 彼を見殺しにするとは君にも似合わない. ― *vi.* **1** ...らしい (seem). **2** 正当である, ふさわしい.

be·séem·ing *adj.* 《古》 似合わしい, ふさわしい.
~·ly *adv.* **~·ness** *n.*

be·set [bɪsét, bə-] 〖OE *besettan* to set on : ⇨ be-, set〗 ― *vt.* (~ ; **be·set·ting**) **1 a** 押し寄せる, 襲う (assail): The settlers were often ~ by Indians. 開拓者たちはしばしばインディアンに襲われた. **b** 包囲する, 取り囲む (besiege): ~ a castle with a strong army 強力な軍勢で城を包囲する. **c** 〈道路などを〉ふさぐ, 封鎖する (blockade): The police ~ every road to the town. 警察は町に通じるすべての道路を封鎖した. **2 a** 〈山・森などが〉取り囲む (surround): a village ~ *with* mountains 山に囲まれた村. **b** 〖海事〗 〈氷原が〉〈船を〉操縦できないほどに包囲する[閉じこめる]. **3 a** 〈盗賊などが〉(出没して) 〈人を〉悩ます (waylay): a road ~ *with* bandits 山賊が待ち伏せている道. **b** 〈困難・誘惑などが〉...につきまとう, 悩ます (harass): a man ~ by entreaties [doubts, fears] 嘆願[疑惑, 恐怖の念]に悩まされる人 / the sin which doth so easily ~ us 人がややもすれば陥りやすい罪 (*Heb.* 12:1; cf. besetting) / The economy was ~ by 20% inflation. 経済は 20% のインフレに悩まされた / The matter is ~ *with* difficulties. その問題にはいろいろ面倒なことがつきまとっている. **4** [通例 p.p. 形で] 〔美しい物・目立つ物で〕飾る, ちりばめる (stud) 〔*with*〕: a bracelet ~ *with* diamonds ダイヤをちりばめた腕輪.

be·sét·ment *n.* **1** 包囲. **2** 悩み(の種), ままならぬこと; 陥りやすい罪[過失など].

be·sét·ting [-ṭɪŋ | -tɪŋ] *adj.* 絶えずつきまとう[悩ます]: a ~ idea 頭から離れない考え / our ~ sins 我々がえてして陥りやすい罪悪 (cf. beset vt. 3 b).

be·shrew [bɪʃrú:, bə-] 〖《?*c*1280》 *beschrewe(n)* ← BE- + *schrewen* to curse (cf. shrewd)〗 ― *vt.* 《古》 のろう (curse). ★ 命令形で軽いののしりの言葉としてのみ用いる: *Beshrew* me! いまいましい / *Beshrew* him [it]! いまいましいやつめ[こった].

be·side 〖《?*a*1200》 *bi-side(n), biside(s)* ← OE *be sīdan* ((dat.) ← *side* 'SIDE') by the side of : ⇨ be-〗 ― [bɪ-

sàɪd, bə-, —⁻] *prep.* **1** …のそばに[で, を]; …の近くに (near): There was an old mill ~ the river. 川のそばに古い水車小屋があった / He sat ~ me. 彼は私の横に坐った / The boy walked ~ her. 少年は彼女と並んで歩いた. **2** …のそばに置いて見ると, …と比べては; …と同等に, 並んで: *Beside* Latin, English is analytic. ラテン語に比較すると英語は分析的だ / *Beside* yours, my share seems small. 君の分と比べると僕の分は少なく見える / John seems dull ~ Mary. ジョンもメアリーに比べると鈍才に見える. **3** 〈的などを〉はずれて; 〈計画・目的・本題〉からはずれて: ~ the mark 的をそれて, 見当違いで / What he said was ~ the point. 彼が言ったことは要点をはずれていた / ~ the question 本題からはずれて / This discussion is ~ the matter in hand. この議論は当面の問題からそれている. **4** …のほかに, …に加えて《★ besides の方が普通》: There will be five, ~ him, for dinner. 食事には彼のほかに5人出る. **5** …以外には (other than): No one ~ him can understand her misery. 彼以外のだれにも彼女の不幸はわからない.
beside oneself ⇨ oneself 成句.
— [—⁻] *adv.* 《古》 **1** そばに, かたわらに. **2** その上に, つけ加えて, おまけに (besides): *Beside*, he was a shrewd philosopher. その上彼は俊敏な哲学者であった.

be·sides 〖(?*a*1200) *bisides*: ⇨ beside, -s² 1〗 **—** [bɪsáɪdz, bə-] *adv.* **1** なお(また), それに (moreover): It is rather too late to go out; ~, I am tired. 外出するにはちょっと遅すぎるし, それに疲れてもいる / The bill cannot be paid as yet, (and) ~ the work is not completed. 勘定の支払いはまだできかねます, それに仕事も完成していませんし. **2** その上, そのほかに: He gave me books and many pictures ~. 本とそのほかにたくさんの絵をくれた. **3** その他には(は), 別に (otherwise): He knows all about jazz, but very little ~. ジャズのことなら何でも知っているが, その他にはほとんど何も知らない.
— [⁻—, —⁻] *prep.* **1** …のほかに, …のみならず: There was another visitor ~ me. 私のほかにもう一人訪問者があった / *Besides* being a businessman, Carpenter was a musician. カーペンターは実業家である上に音楽家でもあった. **2** [否定構文で] …のほかは, …を除いては (except): He has *nothing* ~ his salary. 月給以外には何の収入もない / Have you *nothing* to tell us ~ what we have already heard? 今までに聞いたこと以外に話すべきことは何もないのか.

be·siege [bɪsíːdʒ, bə-] 〖(*c*1300) *besege(n)*: ⇨ be-, siege〗 **—** *vt.* **1 a** (軍勢をもって)囲む, 包囲する, 攻囲する: ~ a town, castle, etc. / the ~*d* 籠城軍 (cf. besieger). **b** 〈群衆などが〉取り巻く, …に押し寄せる, 殺到する (crowd around): be ~*d by* reporters [*with* visitors] 新聞記者に取り囲まれる[客に詰めかけられる]. **2 a** 〔嘆願・質問・招待状などで〕〈人を〉攻める, 悩ます 〔*with*〕: be ~*d with* invitations [requests, inquiries] 招待[依頼, 問い合わせ]で攻めたてられる. **b** 〔意見などを〕〈人〉にうるさく求める (importune) 〔*for*〕: ~ a person *for* an opinion しつこく意見を求めて人を困らせる. **c** 〈疑惑・恐怖・心細さなどが〉襲う, 悩ます (beset). **~·ment** *n.*

be·síeg·er *n.* **1** 包囲者, 攻城兵. **2** [*pl.*] 攻囲軍, 寄せ手: the ~*s* and the besieged 攻囲軍と籠城軍.

be·slav·er [bɪslǽvə, bə- | -və(r] *vt.* ＝beslobber.

be·slob·ber [bɪslɑ́bə, bə- | -slɔ́bə(r] 〖ME: ⇨ be-, slobber〗 **—** *vt.* **1** …によだれを垂らしかける, よだれだらけにする. **2** 〈人〉にだらだらお世辞をならべる: be ~*ed with* compliments やたらにほめられる.

be·slub·ber [bɪslʌ́bə, bə-|-bə(r] 〖ME: ⇨ be-, slubber²〗 *vt.* ＝besmear 1.

be·smear [bɪsmíə, bə-|-smíə(r] 〖OE *besmerian*: ⇨ be-, smear〗 **—** *vt.* **1** 〔油・糊などを〕…に一面に塗りつける; 〔…で〕よごす 〔*with*〕: ~ faces *with* war paint 〈アメリカインディアンが〉顔に出陣の絵の具を塗る / be ~*ed with* blood [mud] 血まみれ[泥だらけ]になっている. **2** 〈名声などを〉けがす, …に泥を塗る (sully): ~ a person's reputation.

be·smirch [bɪsmə́ːtʃ, bə- | -smə́ːtʃ] 〖(1600) ← BE- + SMIRCH〗 **—** *vt.* **1** よごす, きたなくする (soil). **2** 〈名誉・人格などを〉けがす, …に泥を塗る (stain): ~ one's reputation, ideal, etc. **~·er** *n.*

be·som [bíːzəm, bíz-, bís-, bʌ́z- | bíːz-, bíz-] 〖OE *bes(e)ma* broom < (WGmc) **besmo* (G *Besen*) ← ?〗 **—** *n.* **1** ほうき (broom); (特に)(小枝を束ねて柄をつけた)枝ぼうき, 庭[竹]ぼうき. **2** 《スコット》《軽蔑的に》女 (woman); (特に)あばずれ女 (jade). **3** 《植物》 **a** エニシダ (⇨ broom 2). **b** 《英方言》ヒース (heath).
jump the besom＝*jump the* BROOMSTICK.
— *vt.* 枝[竹]ぼうきで掃く, 掃除する (sweep).

be·sot [bɪsɑ́t, bə- | -sɔ́t] *vt.* (**be·sot·ted; be·sot·ting**) **1** 酔わせる; (酔わせて)たわいなくさせる. **2** 夢中にさせる (infatuate). **3** …の頭を狂わせる, ぼうっと[うっとり]させる.

be·sót·ted [-tɪd, -ṭəd | -tɪd, -təd] *adj.* **1** 酔って[た]; たわいなくなった: a ~*ted* drunkard. **2** 夢中になった, 迷った; ぼうっとなった: ~ *with* [*about*] a barmaid バーの女にうつつを抜かした. **~·ly** *adv.* **~·ness** *n.*

besought *v.* beseech の過去形・過去分詞.

bespake *v.* 《古》 bespeak の過去形.

be·span·gle [bɪspǽŋgḷ, bə-] *vt.* 〔ぴかぴかする物を〕…にちりばめる 〔*with*〕; ぴかぴか[きらきら]させる[飾る]: The sky is ~*d with* stars. 空には星が一面に輝いている.

be·spat·ter [bɪspǽṭə, bə- | -tə(r] *vt.* **1** 〔泥水などを〕…にはね散らす, はねかける 〔*with*〕: The trousers were ~*ed with* mud. ズボンには泥がはね上がっていた. **2** 〔悪口・批判などを〕…に浴びせかける 〔*with*〕; 〈人を〉中傷する (slander).

be·speak [bɪspíːk, bə-] 〖OE *besprecan*: ⇨ be-, speak〗 **—** *v.* (**be·spoke** [-spóuk | -spə́uk], 《古》 **be·spake** [-spéɪk]; **be·spo·ken** [-spóukən | -spə́u-], 《古》 **be·spoke**) **—** *vt.* **1 a** 前もって求める: ~ a calm hearing 前もって静聴を求める / ~ the reader's patience 前もって読者の忍耐を願っておく. **b** 頼む, 求める (request): ~ a favor お願いする. **2** 前もって約束する, 予約する, 予約注文する, あつらえる (order): ~ a seat for a new play 新しい劇を見るため座席を予約する / ~ boots 靴の注文をする. **3 a** 〈事・物が〉予示する, …の前兆を示す (foretell). **b** 〈事・物が〉示す (indicate), …の証拠となる: A neat desk ~*s* care. 整頓された机で注意深いことがわかる. **4** 《詩》 …に話しかける (address). **—** *vi.* 《古》話す (speak).

be·speck·le [bɪspékḷ, bə-] *vt.* …に斑点をつける.

be·spec·ta·cled [bɪspéktəkḷd, bə-] *adj.* めがねを掛けた: a ~ gentleman.

be·spice [bɪspáɪs, bə-] *vt.* …に香料で味をつける.

be·spoke [bɪspóuk, bə- | -spə́uk] *v.* bespeak の過去形・《古》過去分詞. **—** *adj.* **1** 《英》 **a** 〈衣服・靴など〉注文品の, あつらえの (custom-made) (cf. ready-made): ~ tailoring あつらえ仕立て / ~ clothes [boots] あつらえ服[靴]. **b** 〈洋服屋・靴屋など〉予約注文品を作る[売る]: a ~ shoemaker [tailor] 注文品専門の靴屋[洋服屋]. **2** 《方言》予約した; (特に)婚約している.

be·spo·ken [bɪspóukən, bə-|-spə́u-] 〖《15C》〗 *v.* bespeak の過去分詞. **—** *adj.* ＝bespoke.

be·spot [bɪspɑ́t, bə- | -spɔ́t] 〖ME: ⇨ be-, spot〗 *vt.* (**be·spot·ted; be·spot·ting**) 《古》 …に斑点をつける; …に点で印をつける.

be·spread [bɪspréd, bə-] 〖ME: ⇨ be-, spread〗 *vt.* (~) 《古》一面に広げる, おおう.

be·sprent [bɪsprént, bə-] 〖(*c*1370) *bespreynt* (p.p.) ← ME *besprenge(n)* < OE *besprengan* to besprinkle ← BE- + *sprengan* ((caus.) ← *springan* 'to SPRING')〗 **—** *adj.* 《詩・古》まき散らされた (strewn) 〔*with*〕.

be·sprin·kle [bɪspríŋkḷ, bə-] 〖(*c*1450) *bisprenglen(n)* (freq.) ← *besprenge(n)* (↑): ⇨ sprinkle〗 **—** *vt.* 〔水・粉・調味料などを〕…にまく, ふりかける (strew) 〔*with*〕: The flowers were ~*d with* morning dew. 草花には朝露がおりていた.

Bess [bés] 〖(dim.) ← ELIZABETH²〗 *n.* 女性名.

Bes·sa·ra·bi·a [bèsəréɪbiə | bèsəréɪbjə, -bɪə] *n.* ベッサラビア《ソ連邦南西部の地方; もとルーマニアの一州で, 現在は大部分 Moldavia 共和国に属する》.

Bes·sa·ra·bi·an [bèsəréɪbiən | -réɪbjən, -bɪən] *adj.* ベッサラビア (Bessarabia) の; ベッサラビア人の. **—** *n.* ベッサラビア人.

Bés·sel fùnction [bésəl-, -sḷ-] 〖← *Friedrich W. Bessel* (1784–1846: ドイツの天文学者)〗 *n.* 《数学》ベッセル関数《微分方程式から得られる特殊関数の一種》.

Bes·se·mer [bésəmə | -sɪmə(r, -sə-], Sir Henry *n.* (1813–98) 英国の技術者; ベッセマー製鋼法の発明者.

Béssemer convérter 〖← *Sir Henry Bessemer*〗 *n.* 《冶金》ベッセマー転炉. 「セマー製鋼法.

Béssemer pròcess 〖↑〗 *n.* [the ~] 《冶金》ベッ

Béssemer stéel 〖↑〗 *n.* 《冶金》ベッセマー鋼.

Bes·sie [bési | -sɪ] 〖(dim.) ← ELIZABETH²: ⇨ -ie〗 *n.* 女性名. 「女性名.

Bes·sy [bésɪ | -sɪ] 〖(dim.) ← ELIZABETH²: ⇨ -y²〗 *n.*

best [bést] 〖OE ～《短縮》← *betst, betest* < Gmc **batistaz* (superl.) ← **bat-* < IE **bhād-* good: GOOD とは別語源: cf. better, boot¹〗 **—** *adj.* [good, well² の最上級] **1** 一番よい, 最もよい, 最上の, 最良[最善]の; 最も好ましい, 最も有益な; 最も上手な: the ~ way 最善の方法; 一番の近道 / the ~ buy 一番得な買物, 最高の掘り出し物 / ⇨ best room, best seller / the ~ abilities [talents] 最も才能のすぐれた人々 / the ~ families [people] (土地の)有力者たち / one's ~ days 全盛時代 / one's ~ friend 第一の親友 / ⇨ best fellow, best girl, best man / the ~ man *for* the job その仕事に対する随一の適任者 / the ~ thing to do [you can do] 最良策 / the ~ film I have ever seen 今まで見たうちで最良の映画 / Tom is the ~ student in the class [《口語》*of* the two]. クラスではトムが一番[2人ではトムのほうが]優秀な学生だ / What is the ~ (thing) to do? どうしたら一番いいだろう / I think it ~ to start at once. すぐ出発するのが最善と思う / Love is ~. 愛は至上である / The view is ~ in spring. そのながめは春が一番よい. **2** 最も多い, 最大の (most, largest): the ~ part of a day [the vacation, the way, one's savings] 一日[休暇, 道のり, 貯金]の大部分[大半]. **3** [反語的に] 極めてひどい, 徹底した: the ~ liar この上ない大うそつき / You must give him the ~ thrashing. 徹底的に[十分に]打ち懲らさなければだめだ. 「成句.
***put* [*set*] *one's best foot forward* [*foremost*]** ⇨ foot
— *adv.* [well² の最上級] **1** 一番よく, 最もよく[上手に]; 最も有利に: the *best*-dressed woman 一番着こなし上手な[最も洗練された服を着た]婦人 / my *best*-loved friend 私の最愛の友 / a man ~ suited for the work その仕事に最適の人 / I like this (the) ~. これが一番好きだ / I can work ~ after a good night's sleep. 一晩ぐっすり寝たあとが一番よく働ける / ⇨ KNOW *best* / That is ~ refused. それは断わるのが一番いい. **2** 一番, 最も (most): the *best*-pleasing girl 一番愛嬌のいい娘 / the ~ hated man 一番のきらわれ者 / the *best*-abused statesman 一番悪評の高い[高かった]政治家 / the *best*-discussed book of the year その年に最も論議を呼んだ書物.
as best one can* [*may*]** できるだけ, 精一杯. ***best of all 何よりも(よいことに), 第一に. ***had best do*** ⇨ had¹ 成句.
— *n.* **1** [the ~] 最上, 最善, 至上: *the* next [second] ~ 次善(のもの) / *The* ~ is the enemy of the good. 《諺》最上は上の敵《余り標準が高いとかえって成功を妨げる》. **2** [the ~] **a** 一番よいもの[こと, 部分]; 勝利 (victory): *the* ~ of the joke その冗談の一番おもしろいところ / *the* ~ of five sets (テニスなどの) 5 セットマッチ / *the* ~ of three games 三回勝負《二回勝てば勝ち》/ get *the* ~ out of… 〈人・物〉を最大限に活用する / bring out *the* ~ in a person 人の一番よい所を引き出す / have *the* ~ of care 申し分のない世話を受ける / Hope for *the* ~. またよいこともあろう《悲観するな》/ *The* ~ of it [the matter] is that… 一番いいのは…である《★《口語》では, しばしば接続詞を省いて *The* ~ of it is, …のようにもいう》/ That is *the* ~ *of* being honest. それが正直であることの強みだ / The brandy was *of the* ~. そのブランデーは最高のブランデーだった. **b** 最上の人(々)[物]. ★ 複数の意味で複数扱いが普通: *the* ~ of wives 模範的な細君 / one of *the* ~ 《口語》いいやつ / We are *the* ~ of friends. 親友同士だ. **3** [one's ~] 晴れ着: in *one's* (Sunday) ~ 晴れ着を着て. **4** [one's ~, the ~] 最善の努力: do [try] *one's* ~ ＝do *the* ~ one can 全力を尽くす / do *one's* level ~ 《口語》最善を尽くす / That's *the* ~ I can do for you. それが君に対して私がしてやれる精一杯のところだ. **5** [the ~, one's ~] 最良の状態: ⇨ *at its* [*one's*] BEST / in *the* ~ of health [temper] 最上の健康[ご機嫌]で / look *one's* ~ (健康・外見など)一番よく[魅力的に]見える. **6** [通例 one's ~] 《米口語》くれぐれもよろしくとの挨拶 (best wishes): send (*one's*) ~ くれぐれもよろしくと言う.
(*all*) *for the best* (1) 最も良いように[良かれと思って]: I did it (*all*) *for the* ~. それが一番よいと思って私はした / *All* (is) *for the* ~. 何事も天の配剤だ《「神様のなさることに悪い事はない」というあきらめの言葉》. (2) 結局一番うまくいって: It's *all for the* ~. それがかえってよい結果になるのだ. ***All the best!*** (1) [人と別れる時]では御機嫌よう. (2) [乾杯する時]では御盛運を願って. ***at best*** 〖ME *at(t)e beste* ← *at þe beste* at the best〗 一番よいところで; いくらよく見ても, 精々; とどのつまり; 最高の値段で. ★ at the best は《古》. ただし強調形は at the very best. ***at its* [*one's*] *best*** 最も良い状態に; 〈花など〉見ごろ[満開]で; 〈芸術など〉盛りを極めて, 全盛で: bookbinding *at its* ~ 最高の製本 / She was *at her* ~ on that day. あの日が彼女の最上の出来だった. ***(even) at the best of times*** 最も順調な[恵まれた]時でさえ. ***get* [*have*] *the best of*** 〈議論・競技など〉に勝つ, まさる; 〈人〉を出し抜く; 〈取引〉を最もうまくやる; 〈病気が〉〈人〉を参らせる: get *the* ~ *of* it 議論などに勝つ; 取引などをうまくやる. ***give best*** (1) 〈相手〉の勝ちを認める, 〈人〉にかぶとを脱ぐ: I *give* you ~. (2) 〈物事を〉あきらめる, よす: He *gave it* ~. ***make the best of*** (1) …をできるだけ損のないようにする, がまんする: *make the* ~ *of* a bad business [bargain, job] ＝*make the* ~ *of* it [things, the matter] 困った事情をせいぜいよくしようとする; (失望しないで)逆境に善処する. (2) 最も有効に利用[活用]する. ***make* [*get*] *the best of both worlds*** 世俗的利害と精神的利害の一致を図る; (利害の異なった)二方面でうまくやる[辻褄(つじつま)を合わせる]. ***make the best of one's way*** 《英》できるだけ速く行く, 急行する, 道を急ぐ. ***of the best*** (1) ⇨ *n.* 2 b. (2) 《口語》[数詞に伴って] (金額が)…ドル[ポンド]: five hundred *of the* ~ 500 ドル[ポンド]. (3) [特に six of the ~ の形で] 《口語》厳しいむち打ち(の罰). ***to the best of*** …の限り(では): *to the* ~ *of* one's ability [power] できる限り, 力の及ぶ限り / *to the* ~ *of* my belief [knowledge, recollection] 私の信じる[知っている, 記憶にある]限りでは. ***with the best* (*of them*)** だれにも劣らずに.
— *vt.* **1** …に打ち勝つ, 負かす (defeat): ~ a person *at* tennis. **2** 〈人を〉出し抜く (outwit).

be·stárred *adj.* 星で飾られた, 星でおおわれた.

bést báll *n.* 《ゴルフ》＝best-ball match.

bést-báll fòursome *n.* 《ゴルフ》ベストボールフォーサム《2人が組になって4人で行ない, 各ホールで各組の競技者の良い方のスコアをその組のスコアとする競技; four-ball ともいう》.

bést-báll màtch *n.* 《ゴルフ》ベストボールマッチ《1人が2人以上の組に対し各ホールで相手の競技者の最良のスコアと勝敗を争う競技》.

bést bów·er [-báuə | -báuə(r] *n.* 《海事》 **1** (船の)予備アンカー《船首のアンカーと同じ大きさで通常重さがそれより15%ぐらい重い》. **2** 右舷大錨 (cf. small bower).

be·stead [bɪstéd, bə-] 〖《c1303》 *bistad* ← BE-+-*stad* (□ON *stadd-r* (p.p.) ← *steðja* to place)〗《古》 ── *vt.* (~·ed; ~·ed, ~) 助ける, 援助する (help); …に役立つ, …の用が足りる (serve). ── *adj.* (*also* **be·sted** [~]) [hard, ill, sore などの副詞を伴って]〈…の〉境遇[立場]にある (situated): be *hard* [*ill*] ~ 苦しい境遇に[ひどい目に会って]いる / be *well* ~ よい境遇にある.

bést-éfforts *adj.* 〘証券〙(証券の募集・売出しにおいて)中間業者が, 売りさばきに努力するが, 売れ残りの危険を負担しないという方式の.

bést énd *n.* (羊・子牛の)首肉の肋骨付きの部分 (⇨ mutton[1], veal 挿絵): ~ of neck.

be·ster [bɪstə́:, bə-|-stə́:(r] 〖← BE(LUGA)+STER(LET)〗 ── *n.* 〘魚類〙オオチョウザメ (beluga) とコチョウザメ (sterlet) との雑種《上流に遡(さかのぼ)らず飼育場所で産卵できるようソ連で開発された雑種のチョウザメ》.

bést féllow *n.* 《口語》(女の子の)男友達, 恋人.

bést gírl *n.* 《口語》恋人 (sweetheart).

bes·tial [béstʃəl, bíːs-|béstjəl, -tɪəl] 〖《c1385》□(O)F ~ □L *bēstiālis*: ⇨ beast, -al[1]〗 ── *adj.* **1** 獣類の. **2 a** 畜生のような, 非人間的な, 野蛮な, 残忍な: ~ behavior. **b** 獣性の; 獣欲的な; 野卑な, 下品な. ── *n.* 《スコット》家畜, 牛 (cattle). **~·ly** *adv.*

bes·ti·al·i·ty [bèstʃiǽləti, -tʃǽl-|bèstiǽlətɪ, -lɪ-] 〖《c1385》 *bestialite* □(O)F *bestialité*: ⇨↑, -ity〗 ── *n.* **1 a** 獣性. **b** 獣欲; 獣行, 獣心. **2** 〘法律〙獣姦《コモンローでは自然に対する罪 (crime against nature) とされ重罪》.

bes·tial·ize [béstʃəlàɪz, bíːs-|béstɪəl-, -tjəl-] *vt.* **1** 獣(の姿)にする. **2** 獣性化する, 畜生道に堕す.

bes·ti·ar·y [béstʃièri, -sti-|béstɪərɪ, -tjə-] 〖《1625》□ML *bēstiāri-um*: ⇨ beast, -ary〗 ── *n.* **1** 動物寓話集《中世ヨーロッパの, 動物をモデルにして人間を風刺した物語詩》. **2** (中世の城などにおける象徴的意味をもった)動物の彫刻[絵画].

be·stir [bɪstə́:, bə-|-stə́:(r] 〖《?a1300》: ⇨ be-, stir[1]〗 *vt.* (**be·stirred; be·stir·ring**) [~ oneself で] 心身を奮い起こす, 奮起する, 努力する.

bést mán 〖《1814》〗 *n.* (結婚式の)花婿付添人 (cf. groomsman, bridesmaid): He was ~ at the wedding. 彼は結婚式で新郎に付添った.

be·stow [bɪstóu, bə-|-stə́u] 〖《a1333》: ⇨ be-, stow[1]〗 ── *vt.* **1** 〔人に〕〈名誉・称号などを〉贈与する, 贈る, 授ける (grant) 〔*on, upon*〕: ~ an honor [a title] *on* a person 人に名誉[称号]を与える / I thank you for the favors you have ~*ed upon* me. お世話になりまして厚くお礼申し上げます. **2** 〔…に〕用いる, 費す, 利用する; 〈時間などを〉〔…に〕捧げる 〔*on, upon*〕: ~ one's spare time *on* study 余暇を研究に捧げる. **3** 《古》**a** 置く, しまっておく: I don't know where to ~ all these things. これらの物を皆どこへ置いてよいかわからない. **b** 宿泊させる, 泊める (lodge). **4** 《廃》嫁にやる, 縁付ける (marry off). **~·ment** *n.*

be·stow·al [bɪstóuəl, bə-|-stə́u-] 〖《1773》: ⇨↑, -al[2]〗 *n.* **1 a** 贈与, 授与. **b** 贈り物. **2** 《古》(しまって)置くこと, 配置; 貯蔵.

be·strad·dle [bɪstrǽdḷ, bə-] *vt.* …にまたがる.

be·strew [bɪstrúː, bə-] 〖OE *bestrēowian*: ⇨ be-, strew〗 ── *vt.* (~**ed**; ~**ed, be·strewn** [-strúːn]) **1 a** 〈床の上や地面など〉に〔…を〕散布する, まき散らす 〔*with*〕: ~ the floor *with* papers 床に紙をまき散らす. **b** 〈物を〉まき散らす. **2** 〈物が〉…にたくさん散らばる: Leaves ~*ed* the street. 枯葉が街路に散らばっていた.

be·stride [bɪstráɪd, bə-] 〖OE *bestrīdan*: ⇨ be-, stride〗 ── *vt.* (**be·strode** [-stróud|-strə́ud], **be·strid** [-stríd]; **be·strid·den** [-strídn̩], **be·strid, be·strode**) **1 a** 〈馬・椅子などに〉またがる, 馬乗りになる: ~ a horse, chair, etc. **b** またいで立つ, …に立ちはだかる. **c** 〈虹・橋などが〉…にかかる. **2** 支配する, 牛耳る (dominate). **3** 《古》〈溝などを〉またぎ越す, またぐ.

bést ròom *n.* 《米》(家具など整えた)応接間 (parlor).

be·strow [bɪstróu, bə-|-strə́u] *vt.* (~**ed**; ~**ed, be·strown** [-stróun|-strə́un]) 《古》=bestrew.

bést séller 〖《1889》〗 ── *n.* **1 a** (ある期間に)最もよく売れた本[レコード], ベストセラー: one of the ~*s* of the month. **b** 特によく売れる製品[商品]. **2** ベストセラーの著者.

bést·séller·dom [-dəm] 〖⇨↑, -dom〗 *n.* **1** ベストセラー級[の部類]. **2** [集合的] 最もよく売れる書物[レコード].

bést-sélling *adj.* 〈本・レコード・作家など〉ベストセラーの: one of the ~ authors.

be·stud [bɪstʌ́d, bə-] *vt.* (**be·stud·ded; be·stud·ding**) **1** …に一面に鋲(びょう)で止める. **2** …にちりばめる, 散在させる (dot).

bet [bét] 〖n.: 《1592》《頭音省略》← ? ABET. ── v.: 《1598》← (n.)〗 ── *n.* **1** 賭 (wager): an even ~ 五分五分の賭 / accept [take up] a ~ 賭に応じる / win [lose] a ~ 賭に勝つ[負ける] / lay a ~ *on* …に賭ける / make a ~ *with* …と賭をする / hedge [cover] one's ~*s* (予想される二つ以上の結果にかけて)賭けの損失を防ぐ / I will lay you a ~. 君と賭をしよう / He made a ~ *that* he would win. 彼は勝つといって賭をした. **2** 賭けた金[物]: a heavy [paltry] ~ 大きな[小さな]賭. **3** [修飾語を伴って] **a** 賭の対象: That horse is a good [poor] ~. あの馬に賭けると勝つぞ[危ないぞ]. **b** (公算を考えて)選んだ手段[方法, 道, 人]: a poor ~ for the post 地位に不適当な人 / Your best ~ is to turn them away. 最良の策は連中を追い払うことだ. **4** 《口語》意見 (opinion): My ~ is (*that*)… きっと…だ.

── *v.* (~, **bet·ted; bet·ting**) ★ 過去形・過去分詞で, bet は特定の金額を賭ける場合, betted は一般的陳述に用いることが多い. ── *vt.* **1 a** 〈金などを〉〔…に〕賭ける 〔*on, against*〕: ~ ten dollars *on* [*against*] the favorite 人気馬に[人気馬以外の馬に] 10 ドル賭ける. **b** 〈人〉と〔…で〕賭をする (wager) 〔*on, upon*〕: ~ a person *on* a game 試合で人と賭をする. **c** [二重目的語を伴って]〈人〉と[に対して](ある事で)〈金などを〉賭ける: I'll ~ you £5 [what you like]. 君に5ポンド[何でもお望みの物を]賭けてもいい / I'll ~ you $1,000 to $200. 君の200 ドルに僕は1,000 ドル賭けよう. **2** [*that*-clause を伴って]〈…であると〉賭ける, (賭けて)主張する; [(二重)目的語+*that*-clause を伴って]〈…であると〉〈人〉に断言する; 〈…であると〉〈金などを〉賭ける: ~ two to one *that*… 2 対 1 で…であると賭ける / I'll ~ (you) *that*… (君に)賭けてもいい, …に違いない (cf. I BET (*you*)) / He ~ me (a beer) *that* she would come. きっと彼女は来ると私に(ビールを賭けて)断言した / I ~ you a pound (*that*) he has forgotten it. 彼が忘れていなかったら1ポンドやる, 彼は忘れたに違いない. ★ *vt.* で次の種々の構文が可能である: He ~ (me) five dollars (on the outcome of the race). / He ~ (me) (five dollars) that he would win. ── *vi.* 賭事をする, 賭ける: ~ *on* the home team 地元チームに賭ける / ~ *against* the field ⇨ field *n.* 11 c / ~ *with* a person 人と賭をする / I'll ~ *against* your winning. 君が勝ったら金を出すよ.

bet one's boots [***bottom dollar, shirt***] (1) 最後の有り金[持ち物]まで賭ける. (2) (…は)きっと大丈夫だ[間違いない]〔*on*〕〈*that*〉: You may ~ *your boots on* that. そのことは絶対に間違いない. ***bet one's life*** = BET *one's boots* (2). ***I bet*** (***you***) 《口語》確かに, 大丈夫 (cf. *vt.* 2); その通り; 《戯言》[疑いを示して]怪しいもんだ: *I* ~ you like it. もちろん君の気に入るよ / *Bet you* I will. 大丈夫やるとも. ★ しばしば bet you は訛って [bétʃə] と発音され, betcha, betcher とも綴られる: Your tea's cold, *I betcha*. お茶冷めちゃったでしょう, きっと. ***You bet*** (***you***) 《口語》きっと, もちろん (⇨ I BET (*you*) ★): *You* ~? きっとかね / *You* ~ *you* we had a good time. まったく愉快だったよ / Are you coming?―*You* ~ (I am). 来るかねーもちろんさ.

bet. 《略》between.

be·ta [béɪtə, bíː-|bíːtə] 〖《a1325》□Gk *bêta*: cf. Heb. *bēth*: ⇨ B, b〗 ── *n.* **1** ベータ《ギリシャ語アルファベット 24 字中の第 2 字; *B, β* (ローマ字の B, b に当たる); ⇨ alphabet 表》. **2** 二番目, 第二位のもの, 第二級 (cf. alpha, gamma): ~ plus [minus] 《英》(学業成績が)良の上[下], B+[B−]. **3** [通例 B-; 星座名の属格を伴って] 〘天文〙ベータ (β) 星《多くは星座中で第二に光輝の大なるもの》. **4** 〘化学〙[形容詞的に] ベータの, β-, 第二の (⇨ alpha[1] 5): ⇨ *beta*-eucaine / *beta*-naphthol. **5** 〘物理〙 **a** =beta particle. **b** =beta ray 2.

Be·ta·caine [béɪtəkèɪn, bíː-|bíːtə-] 〖← BETA+(EU)-CAINE〗 *n.* 〘商標〙ベタカイン《局部麻酔薬 eucaine の商品名》.

béta cèllulose *n.* 〘化学〙ベータセルロース《セルロース試料中で 17.5% 水酸化ナトリウム液に溶ける部分のうち, 酸性にすると沈澱する部分; cf. alpha cellulose, gamma cellulose》.

Béta Cen·táu·ri [-sentɔ́ːraɪ] 〖*Centauri*: □L *Centauri* (gen.) ← *Centaurus*: ⇨ centaur〗 *n.* 〘天文〙ベータケンタウリ《ケンタウルス座の β 星, 0.9 等星》.

Béta Crú·cis [-krúːsɪs, -səs|-sɪs] 〖*Crucis*: □L *Crucis* (gen.) ← *Crux* 'CROSS[1], CRUX'〗 *n.* 〘天文〙南十字座の β 星《1.3 等星; cf. Acrux》.

béta decày *n.* 〘物理〙ベータ崩壊《ベータ線を放出する原子核や素粒子の崩壊; 通例 β-decay と書く》.

béta-eucàine 〖⇨ beta, eucaine: cf. Betacaine〗 *n.* 〘化学〙ベータオイカイン ($C_{15}H_{21}NO_2$) (⇨ eucaine).

bet·a·fite [bétəfàɪt|-tə-] 〖□F ~ ← *Betafo* (Madagascar にある地名): ⇨ -ite[1]〗 ── *n.* 〘鉱物〙ベタファイト《ウラニウム・ニオビウム・チタニウムを含む含水チタン酸塩》.

béta fùnction *n.* 〘数学〙ベータ関数《積分から得られる特殊関数の一種》.

béta glòbulin *n.* 〘生化学〙ベーターグロブリン《血漿蛋白の一種; グロブリンで電気泳動での移動度が中間のもの》.

be·ta·ine [bíːtəìːn|-tə-] 〖← L *bēta* 'BEET[1]'+-INE[3]〗 ── *n.* 〘化学〙ベタイン ($(CH_3)_3N^+CCH_2COO^-$)《砂糖大根・綿の種子・麦の芽などに見出される甘味の結晶性アルカロイド; 広義にはアミノ酸の N-トリアルキル誘導体をいう; lycine, oxyneurine, trimethylglycine ともいう》.

béta ìron *n.* 〘化学〙ベータ鉄《768–910°C の間で安定していて, 非強磁性の鉄の変態の一つ; cf. alpha iron》.

be·take [bɪtéɪk, bə-] 〖《?a1200》 *betake(n)* to entrust: ⇨ be-, take〗 ── *vt.* (**be·took** [-túk]; **be·tak·en** [-téɪkən]) [~ oneself で] **1** 《文語》〔…へ〕おもむく, 行く (go) 〔*to*〕. **2** 《古》〈ある手段・行動・行為に〉訴える, たよる, 取りかかる (resort); …に専念する 〔*to*〕: ~ *oneself to* flight [one's heels] 逃げ(去)る / ~ *oneself to* one's studies 勉強に励む.

béta mòvement *n.* 〘心理〙ベータ運動現象《静止対象を運動しているように見る仮現運動の一種; cf. alpha movement》.

bèta-náphthol *n.* 〘化学〙ベータナフトール ($C_{10}H_8O$)《無色の結晶; 防腐剤・染料製造の原料》.

béta-oxidátion *n.* 〘生物〙ベータ酸化《動物組織の脂肪酸が酸化される時の一形式》.

béta pàrticle *n.* 〘物理〙ベータ粒子《原子核のベータ崩壊の時, 飛び出してくる荷電粒子のことで, 本体は電子; 通例 β-particle と書く; 記号 β, e; cf. alpha particle》.

béta radiàtion *n.* 〘物理〙ベータ放射線《通例 β-radiation と書く; ⇨ beta ray》.

béta rày *n.* 〘物理〙ベータ線《原子核のベータ崩壊の時放出されるので, この名がついた; ベータ粒子すなわち電子から成る; 通例 β-ray と書く; beta radiation ともいう》.

béta-recèptor *n.* 〘解剖〙ベータ [β] 受容体.

béta rhỳthm *n.* 〘生理〙ベータリズム《alpha rhythm よりも小さな毎秒 10 以上の頻度の脳波のリズム; cf. brain wave》.

béta-stánnic ácid *n.* 〘化学〙β-スズ酸 (⇨ stannic acid).

béta tèst *n.* 〘心理〙ベータ(式)検査, B 式知能検査, 非言語式知能検査《文字の代わりに絵や符号を用いた, 言語による指示をしない知能検査; 第一次大戦中に外人兵士や無教育な兵士に対し米陸軍が行なったもの; 読み書きのできる兵士には alpha test を行なった》.

be·ta·tron [béɪtətrɑ̀n, bíː-|bíːtətrɔ̀n] 〖← *beta* (*ray*)+-TRON〗 ── *n.* 〘物理〙ベータトロン, 電磁誘導加速器《電磁誘導による電子の加速装置; induction accelerator ともいう》.

béta wàve *n.* 〘生理〙(脳波の)ベータ [β] 波.

bet·cha [bétʃə] ⇨ *I* BET (*you*).

bet·cher [bétʃə|-tʃə(r] ⇨ *I* BET (*you*).

be·tel [bíːtḷ|-təl, -tḷ] 〖《1553》□Port. ~ □Malayalam *veṭṭila* ← *veru ila* simple or mere leaf〗 ── *n.* 〘植物〙 **1** キンマ (*Piper betle*)《熱帯アジア産コショウ科の植物; その葉にビンロウジ (betel nut) と少量のサンゴの焼灰を包んだもの (pan) を東インド・台湾の原住民は常習的にかむ》. **2** =betel palm.

Be·tel·geuse [béṭḷdʒùːs, bíːṭḷ-|bìːtḷʒɔ́ːz, bètḷ-, bétḷdʒùːz; *F.* bɛtɛlʒøːz] 〖□F *Bételgeuse* □? Arab. *bīt-l-jauzā'* shoulder of the giant〗 ── *n.* (*also* **Be·tel·geux** [~]) 〘天文〙ベテルギウス《オリオン座の α 星で, 赤色の巨星; 光度 0.5–1.2 等の長周期変光星》.

bétel nùt *n.* ビンロウジ《ビンロウ (betel palm) の種子; 駆虫剤・瞳孔収縮剤として用いる; 東インド地方では betel の葉に包んでかむ; areca nut ともいう》.

bétel pàlm *n.* 〘植物〙ビンロウ, ビンロウジュ (*Areca catechu*)《熱帯アジア産ヤシ科の植物で, その実がビンロウジ (betel nut); betel nut palm ともいう》.

bête noire [bét-nwɑ́ə, béɪt-|béɪt-nwɑ́ː(r, bét-; *F.* bɛtnwaːr] 〖《1850》□F ~ 《原義》wild boar or wolf ← *bête* beast+*noire* black〗 ── *n.* (*pl.* **bêtes noires** [~(z)|~z; *F.* ~]) 特にいやなもの, 大嫌いなもの[人] (bugbear); 嫌悪の対象.

beth [béɪθ, béɪt, béɪs] 〖□Heb. *bēth* 《原義》house: ⇨ B, b〗 *n.* ベース《ヘブライ語アルファベット 22 字中の第 2 字: ב (ローマ字の B に当たる); ⇨ alphabet 表》.

Beth [béθ] 〖(dim.) ← ELIZABETH[2]〗 *n.* 女性名.

Beth·a·ny [béθəni|-nɪ] 〖□LL *Bethania* □Gk *Bēthanía* □Heb. *bēth tᵉ'ēnīm* 《原義》house of figs〗 ── *n.* 〘聖書〙ベタニヤ《Palestine の村; Jerusalem に近く, Mount of Olives のふもとにある; cf. *Matt.* 21:17, *John* 11:1》.

Beth Din, b- d- [béɪθ-dín, béɪt-, béɪs-, -díːn] 〖□Mish.Heb. *bēth dīn* 《原義》house of judgment〗 ── *n.* **1** (数名の判事からなる古代ユダヤの)法廷. **2** ラビ(ユダヤの律法博士)と助手からなる裁判所.

Be·the [béɪtə|-tə; *G.* béːtə], **Hans Albrecht** *n.* ベーテ《1906– ; ドイツ生まれの米国の物理学者; Nobel 物理学賞 (1967)》.

beth·el [béθəl] 〖《a1617》□Heb. *bēth'ēl* house of God〗 ── *n.* **1** 〘聖書〙ベテル《神の家》; 聖地, 霊場 (hallowed spot) (cf. *Gen.* 28:19). **2** [Little Bethel で; 通例軽蔑的に] 《英》非国教徒の礼拝所[堂]. **3** 《米》(海員たちのための)水上[海岸]教会[礼拝所].

Beth·el [béθəl, beθél] *n.* ベセル《Palestine 中部の古都; 現在はヨルダンの村; cf. *Gen.* 28:19》.

Be·thes·da [bɪθézdə, bə-|be-, bɪ-, bə-] 〖□Gk *Bēthesdá* □Aram. *bēth ḥesdā* house of mercy〗 ── *n.* **1** 〘聖書〙ベテスダ《Jerusalem の霊泉; cf. *John* 5:2–4》. **2 a** [b-] 礼拝所 (chapel). **b** =bethel 2.

Beth Hil·lel [béɪθ-hiːléɪl, béɪt-, béɪs-] 〖□Mish. Heb. *bēth hillēl* 《原義》house of Hillel〗 ── *n.* 紀元前 1 世紀に Jerusalem にユダヤの宗教上の指導者 Hillel によって建てられたユダヤ哲学と聖書解釈学の学校; 福祉と人間性を結びつけてユダヤ律法を解釈するのが特徴 (cf. Beth Shammai).

be·think [bɪθíŋk, bə-] 〖OE *biþencan* ← BE-+*þencan* 'to THINK'〗 ── *v.* (**be·thought** [-θɔ́ːt]) ── *vt.* [通例 ~ oneself で] 《文語》 **1** よく考えてみる, 熟考する: *Bethink yourself* [《古》you] *of* what you are. 自分の身分を考えてみよ. **2** 思いつく, 思い出す (recall): I *bethought myself of* a good plan. 名案を思いついた / I *bethought myself* [《古》me] *that* …だと思い出した. **3** 決心する, 心に決める: ~ *oneself of* going

行くことに決める. ― *vi.*《古》考える, 熟考する.

Beth·le·hem [béθlɪhèm, -lə-, béθliəm, -lihəm | béθlɪhèm, -lɪəm, -ljəm] 〘⊏LL ～ ⊏Gk *Bēthléem* ⊏Heb. *Bēth léḥem*《原義》house of bread〙 ― *n.* **1** ベツレヘム《Palestine の中部, Jerusalem に近い町, イエスと David の誕生地; 現在はヨルダン国内; 人口 16,000》. **2** 米国 Pennsylvania 州東部の都市; 人口 73,000.

Béthlehem ságe *n.*《植物》ヨーロッパ原産の白または赤紫の鐘型の花が咲くムラサキ科ヒメムラサキ属の一年草 (*Pulmonaria saccharata*).

Beth·mann-Holl·weg [béɪtmənhɔ́(ː)lvɛɪg, -mɑːn- | -hɔ́lvɛɪg; G. béːtmanhɔ́lveːk], **Theobald von** *n.* ベートマンホルヴェーク《1856-1921; ドイツの政治家, 首相 (1909-17)》.

Béth·nal Gréen [béθnəl-, -nl-] 〘*Bethnal*: ← ME *Blithehale* ← BLITHE+OE *healh* corner〙 *n.* ロンドンの旧自治区《現在は Tower Hamlets の一部》.

bethought *v.* bethink の過去形・過去分詞.

Beth·sa·i·da [beθséɪdə, -séɪə- | -séɪdə, -sáɪdə] *n.*〘聖書〙ベツサイダ《Palestine の古都; Galilee 海の北岸に近い; cf. *Luke* 9:10》.

Beth Sham·mai [béɪθ-ʃɑːmáɪ, béɪt-, béɪs-] 〘⊏ Mish.Heb. *bēth šámmai*《原義》house of Shammai〙 ― *n.* 紀元前1世紀に Shammai により建てられたユダヤ哲学と聖書解釈学の学校; ユダヤ律法を文献により解釈しようとした (cf. Beth Hillel).

beth·y·lid [béθəlɪd, -ləd | -θɪlɪd] 〘↓〙《昆虫》*adj.* アリガタバチ(科)の. ― *n.* アリガタバチ《アリガタバチ科の昆虫の総称》.

Be·thyl·i·dae [bəθíːlədiː | -lɪ-] 〘← NL ～ ← *Bethylus* (属名: ← Gk *bēthulos* a kind of bird)+-IDAE〙 *n. pl.*《昆虫》(膜翅目)アリガタバチ科.

be·tide [bɪtáɪd, bə-] 〘(?*c*1150) *betide(n)* ← BE-+OE *tīdan* to happen (⇨ tide¹)〙《文語》 ― *vi.* 起こる, 生じる (happen): whate'er (may) ～ 何事が起ころうとも. ― *vt.* …の身に起こる (befall): Woe ～ him! 彼に禍あれ, (そんなことをするとは)彼は無事ではすまぬぞ. ★ 通例原形不定詞と仮定法現在形だけに用いる.

be·times [bɪtáɪmz, bə-] 〘(?*c*1300) ← *betime* 'BY¹ (the proper) TIME'+-S² 1〙 ― *adv.* **1**《文語》(ちょうど)いい時分に (in good time), 遅くならないうちに, 早く (early): rise ～ 朝早く起きる. **2**《古》すぐに, 間もなく, やがて (soon). **3**《方言》時折 (occasionally).

bê·tise [beɪtíːz; *F.* betiːz] 〘⊏ F ～ ← *bête* beast〙 *n.* (*pl.* ～**s** [～, ～ɪz, ～əz; *F.* ～]) **1** 愚鈍. **2** 愚かな[時機を失した]行為[言葉]; つまらぬもの[こと] (trifle).

Bet·je·man [bétʃəmən, -tjə-], Sir **John** *n.* (1906-) 英国の詩人; 桂冠詩人 (1972-); *New Bats in Old Belfries* (1944); *Summoned by Bells* (1960).

be·to·ken [bɪtóukən, bə- | -táu-] 〘OE *betācnian ← BE-+OE *tācnian* to signify: cf. G *bezeichnen*: ⇨ token〙 ― *vt.* **1** あらかじめ示す, …の前兆である (portend): A dark cloud often ～*s* a storm. 黒雲はしばしばあらしの前兆となる. **2** 表示する, 示す (show): the looks ～*ing* rage 怒りを示す顔つき.

bet·o·ny [bétəni, -tni | -tənɪ] 〘(*a*1325) *betein(e)* ⊏ (O)F *bétoine* < VL *betoniam=L *betonica*〙 *n.*《植物》カッコウソウ (*Stachys officinalis*)《地中海地方産のシソ科の植物で紫の花が咲く; もとは医薬品・染料用》.

betook *v.*《文語》betake の過去形.

be·tray [bɪtréɪ, bə-] 〘(?*c*1225) *bitraie(n)* ← BE-+ME *traien* (⊏ OF *trai-r* to betray < L *tradere* to give over, hand over): ⇨ treason, tradition〙 ― *vt.* **1** 〈自国・味方などを〉〈敵に〉売る〔*to*〕, (敵の手に)渡す〔*into*〕: ～ one's country (*to* an enemy) 自国を(敵に)売る / ～ a person *into* the enemy's hands 人を敵の手に渡す. **2 a** 〈信頼・人などを〉裏切る; 〈約束などに〉そむく; 〈女を〉誘惑したうえで捨てる, 欺く (deceive): ～ a person's trust 人の信頼を裏切る / My legs ～*ed* me. 私は転んだ. **b** 〈人を〉だまして…させる〔*into*〕: He was ～*ed into* folly. だまされてばかなことをした. **c** 裏切って〈秘密などを〉漏らす, 密告する (disclose): ～ a secret, one's hiding-place, etc. **3 a** 〈物・事・人が〉〈感情・無知・弱点などを〉うっかり表わす[示す]: Confusion ～*ed* his lie [guilt]. うろたえたので彼のうそ[罪]がばれた / He ～*ed* nervousness by stammering. どもって神経質になっているところを見せてしまった. **b** [しばしば目的語+補語を伴って] 〈物・事・人が〉表わす, 示す (show): a building which ～*s* great antiquity 非常な古さが見える建物 / His accent ～*s* him (*to be*) a Londoner. 彼のなまりでロンドン子だと知れる. **4 a** 〈人〉の本性[本心]を露呈する: Her smile ～*ed* her. 微笑に彼女の本当の気持が出てしまった. **b** [～ *oneself* で] うっかり自分の本性[秘密]を暴露する. ― *vi.* 〈人が〉不実[不正]であるとわかる (prove false).

be·tray·al [bɪtréɪəl, bə-] 〘(1816): ⇨ ↑, -al²〙 ― *n.* **1** 背信(の行為), 裏切り: the ～ of Christ by Judas ユダがキリストを裏切ったこと. **2** 内通, 内応, 密告: the ～ of a secret. **3** 露見; 露見, 暴露: Her conduct was a ～ of her ignorance. その行為は彼女の無知の現われであった.

be·tráy·er *n.* **1** 売国奴 (traitor). **2** 裏切り者, 背信者, 内通者, 密告者. **3** 誘惑者 (seducer).

B.E.T.R.O.《略》British Export Trade Research Organization.

be·troth [bɪtróuð, bə-, -trɔ́(ː)θ, -trɑ́θ, -tróuθ, -trɔ́(ː)ð, -trɑ́ð | -tráuð, -tráuθ] 〘(*c*1303) *betreuþ(i)e(n)*: ⇨ be-, troth〙 ― *vt.* **1**《文語》**a** [通例 p.p. 形で] 婚約させる (affiance)〔*to*〕: be [become] ～*ed to* …と婚約がある[婚約する], …のいいなずけである[になる] / The couple was ～*ed*. あの二人は婚約している. **b** [～ *oneself* で]〈特に, 女性が〉(…と)婚約する〔*to*〕. **2**《古》(…に)嫁にやると約束する〔*to*〕: He ～*ed* his daughter *to* my son. 私の息子に娘をくれると約束をした.

be·troth·al [bɪtróuðəl, bə-, -trɔ́(ː)θ-, -trɑ́θ-, -tróuθ-, -trɔ́(ː)ð-, -trɑ́ð- | -tráuð-, bə-] 〘(1844): ⇨ ↑, -al²〙 ― *n.*《文語》婚約, 婚約式 (espousal): enter into ～ 婚約を結ぶ / the ～ party 婚約披露宴 / the feast of ～ 婚約の宴.

be·trothed [bɪtróuðd, bə-, -trɔ́(ː)θt, -trɑ́θt, -tróuθt, -trɔ́(ː)ðd, -trɑ́ðd | -tráuðd, -tráuθt] *adj.* いいなずけの, 婚約した: the ～ pair 婚約の二人. ― *n.* 婚約者, いいなずけ (cf. fiancé, fiancée): my ～ 私のいいなずけ / the ～ 婚約者たち, 婚約中の二人.

be·tróth·ment *n.* =betrothal.

Bet·sy [bétsi | -sɪ] 〘(dim.) ← ELIZABETH²〙 *n.* **1** 女性名. **2**《俗・方言》鉄砲 (gun), ピストル (pistol).

bet·ta [bét̬ə | -tə] 〘← NL ～〙 ― *n.*《魚類》東南アジア産のキノボリウオ科 *Betta* 属の熱帯淡水魚の総称; (特に)ベタ (*Betta splendens*)《色が美しくひれの長いタイ国産のいわゆるシャムトウギョ; Siamese fighting fish ともいう》.

bet·ter¹ [bét̬ə | -tə(r)] 〘adj.: OE *betera* < Gmc *batizon (G *besser*) ← *bat-: ⇨ best. ― adv.: (?*a*1160) ← (adj.) ∽ OE *bet* < Gmc *batiz〙 (↔ worse) ― *adj.* **1** [good の比較級] 更に[一層]よい, (…より)よい[有益な, 上手な], (二者の中で)すぐれて(いる): a ～ position 一層よい地位 / one's ～ feelings 人間の高尚な性情, 本来の良心 / the ～ land [world] あの世 / ⇨ better half / against one's ～ judgment よくないとは思いながら / ～ than nothing ないよりまし; 一層悪くならないのが仕合わせ / ⇨ *have seen better* DAYS / He is a ～ man [player] than I am. 私よりもりっぱな人物[上手]だ / It is ～ to suffer than to lie. うそをつくより我慢した方がよい / That's ～. その方がよい / It's ～ you don't ask. 尋ねない方がよい / Nothing could be ～.=It couldn't be ～. それが一番だ / So much the ～! それはますます結構 / *Better* late than never.《諺》遅まきでも全然しないよりはまし / The ～ the day, the ～ the deed. 日がよければすることもますますよいはず《安息日を守らないことをとがめられて言い返す言葉にもなる》. **2** [well² の比較級] 〈病人など〉よい方で, 快方に向かって (cf. ill): feel ～ 気分が前よりよい / get ～ 病気がよくなる / He is ～, but not well yet. よい方だがまだ全快とまではいかない / I'm quite ～ now. もうすっかりよくなりました. **3** [the ～ part として] 一層多い, 半分以上の: *the* ～ *part* of one's lifetime [pay] 一生[給料]の大部分 / *the* ～ *part* of an hour あらかた一時間.

be the better for …のためにそれだけ有利だ, …に[で]かえってよい: I *am* none *the* ～ *for* it. それで少しも利するところはない. ***little better than*** = *no* BETTER *than*. ***no better than*** …と同様に悪い; …も同然, …に過ぎない: He is *no* ～ *than* a thief. 泥棒も同然だ. ***no better than one should*** [***ought to***] ***be*** 不道徳な,〈特に, 女性が〉身持ちのよくない, いかがわしい. ***not better than*** …よりもよくない, 精々…に過ぎない.

― *adv.* [well² の比較級] **1** もっとよく, 更によく[上手に]: do ～〈生徒などが〉一層よくやる / behave ～ 一層行儀がよい / He speaks English ～ than I. 彼は私より英語がうまい. **2 a** 一層大いに, もっと (more): I like this ～. この方が好きだ《★ like, hate は more より better の方が好まれる》/ He is ～ known abroad than at home. 自国より外国でもっと有名だ / She is ～ loved than ever. ますます愛されている. **b** 一層有益に: They are ～ avoided. あんな連中とは付き合わない方がいい. **c** [通例 than を伴って] 〈…より〉多く: ～ *than* an hour 1時間以上 / It is ～ *than* a mile to the village. その村までは1マイル以上ある. **3** [had better の had を略して]《口語》=HAD¹ *better do*.

(***all***) ***the better for*** …のためにそれだけよく[多く]: I like him (*all*) *the* ～ *for* it. それだからこそ一層彼が好きだ. ***better off*** ⇨ off *adv.* 12. ***go one better*** ⇨ go¹ 成句. ***had better do*** ⇨ had¹ 成句. ***know better*** (***than***…) ⇨ know¹ 成句. ***know no better*** ⇨ know¹ 成句. ***think better of*** ⇨ think 成句. ***would better do***《米》=HAD¹ *better do*.

― *n.* **1** もっとよいもの, よりよいこと: a change for the ～ (病気・事態などの)好転, 改善; (人の)栄転 / for want of a ～ それ以上の物がないので / expect ～ もっとよいことを期待する. **2** [通例 one's ～ として] 一層すぐれた人: *one's* ～ 自分よりすぐれた人 / *one's* (elders and) ～*s* 目上の人々, 長上, 先輩《★ この意味では通例 *pl.* で用いる》.

for better (***or***) ***for worse*** = ***for better or worse*** 〘*Prayer Book* の聖婚式宣誓の文句から〙 幸いにも災(わざわ)いにも, いかなる運命になろうと(行末永く); 功罪はいずれにせよ. ***get*** [***have***] ***the better of*** …に勝つ; …の上手(うわて)に出る (cf. *get* [*have*] *the* WORST *of it*): *have the* ～ *of* an argument 議論に勝つ / Fears *got the* ～ *of* her. 彼女は不安の念を抑えることができなかった.

― *vt.* **1 a** …に改良を加える, 改善する (improve); 向上させる: ～ working conditions 労働条件を改善する / ～ the public 一般大衆を向上させる. **b** [～ *oneself* で] 出世する, もっとよい地位を得る; 向上する, 独学する. **c** 一層完全にする. **2** …にまさる, しのぐ (excel): ～ one's previous record 前の記録を更新する / We can never ～ that. あれ以上のものは望めない. **3**〘トランプ〙〈賭金を〉さらに多くする. ― *vi.* 一層よくなる, 改良[改善]される.

bet·ter² [bét̬ə | -tə(r)] *n.* =bettor.

Bétter Búsiness Bùreau *n.* (米・カナダなどの)取引改善協会《商業道徳の水準を向上させるために結成された各地の実業家の任意団体; 消費者からの不正取引に関する苦情を受理・調査する; 略 BBB》.

bétter hálf 〘《原義》one's more than half〙 ― *n.* (*pl.* **better halves**) [one's ～ として]《口語》**1**《戯言》つれあい (spouse), (特に)うちのかみさん (wife). ★ 古くは夫や親友にも用いた. **2**《米》恋人, ボーイ[ガール]フレンド.

bét·ter·ment 〘(1598) ← BETTER¹ (v.): ⇨ -ment〙 ― *n.* **1 a** 改良, 改善 (improvement): things that need ～ 改善を必要とする事柄. **b** (地位の)向上, 出世. **2**《米》**a** [通例 *pl.*]〘法律〙(不動産の)改良, 改善行為《単なる手入れや修繕によるものではなく, 価値を増すような改善》. **b** (改良によって生じる不動産の)値上がり.

bétterment tàx *n.*〘税法〙(不動産)改良税《政府が公共施設改善のための財源として課税するもの》.

bétter·mòst 〘← BETTER¹+-MOST: UPPERMOST, UTTERMOST, etc. からの類推〙 *adj.*《方言》**1** 最上の (best); (一層)すぐれた (superior). **2** 大半の (greater).

bétter-óff *adj.* [well-off の比較級] (一層)暮らし向きのよい, (より)裕福な: the ～ people / the ～ 富裕階級. ― *n.* (一層)暮らし向きのよい[裕福な]人.

bétter-to-dó *adj.* [well-to-do の比較級] (一層)裕福な, (より)恵まれた: ～ workmen / the ～ 富裕階級.

Bet·ter·ton [bét̬ətn | -tə-], **Thomas** *n.* (1635?-1710) 英国の俳優.

Bet·ti·na [betíːnə] 〘⊏ It. ～ (dim.) ← ELIZABETH²〙 *n.* 女性名.

bét·ting [-t̬ɪŋ | -tɪŋ] *n.* 賭, 賭事: The ～ is three to one. 賭は3対1だ.

bétting-bòok *n.* 賭金帳.

bétting-màn *n.* 賭博師.

bétting òffice [(英) **shòp**] *n.* (競馬・ドッグレースなどの)賭屋.

bét·tor [-t̬ə | -tə(r)] *n.* 賭をする人.

Bet·trys [bétrɪs, -rəs | -rɪs] 〘⊏ Welsh ～: ⇨ Beatrice¹〙 *n.* 女性名.

Bet·ty [béti | -tɪ] 〘(dim.) ← ELIZABETH²〙 *n.* 女性名.

Bet·u·la·ce·ae [betʃuléɪsiiː | -tju-] 〘← NL ～ ← L *betula* birch: ⇨ -aceae〙 *n. pl.*〘植物〙(双子葉植物ブナ目)カバノキ科. **bèt·u·lá·ceous** [-ʃəs] *adj.*

be·tween [bɪtwíːn, bə-, ―́] 〘prep.: OE *betwēonum* ← be- 'BY¹'+*twēonum* ((dat.pl.) ← *twēon (cog. Goth. *tweihnai*) two each, in pairs: cf. twain). ― adv.: (?*a*1200) ← (prep.)〙 ― *prep.* **1** [位置] …の中間に, の間に[の, で, を]: the railroad ～ Tokyo and Osaka 東京大阪間の鉄道 / walk ～ two hedgerows 生垣の間を通る / The river runs ～ the two countries. その川は両国の間を流れる / He stretched a rope ～ the two rafters. 二つのたる木の間にロープを張った. **2** [期間] …の間に: ～ youth and middle age 青年期と中年期の間 / The event took place ～ 12 and 1 o'clock. 事件は12時と1時の間に起こった / *Between* bites of food, they talked over the matter. 食事しながらその件を相談した. **3** [数量・程度・性質など] …の中間で[の], …の両方の性質をかねて[た]: ～ five and six miles from the city その市から5マイルないし6マイル / He is now ～ forty and fifty. 彼の年はいま40から50の間だ / The parcel weighs ～ eight and ten pounds. その小包は8ポンドから10ポンドの目方がある / a color ～ blue and green 青と緑との中間色 / something ～ a chair and a sofa 椅子ともソファーともつかないもの / make a sound ～ a cough and a sob 咳ともすすり泣きともつかぬ音を出す. **4** [関係・交渉] 〈二者または三者以上〉の間で(の), …だけの(間で). ★ between は二者間の意に用いるのが普通で, 三者以上に用いる時も二者ずつに分離して考える (cf. among): a treaty ～ three powers 三国間の条約 / the understanding ～ us 我々相互間の了解 / There are no quarrels ～ gentlemen. 紳士同士の間には喧嘩はない / Settle it ～ you. 君たちの間で(相談して)解決せよ / Let us keep this strictly ～ ourselves. これはここだけのことにしておこう. **5** [相違・比較・選択・分配] …の間の[に], …のいずれかに[を]: the difference ～ good and evil 善と悪との相違 / make no distinction ～ them 甲乙の区別をつけない《同じように遇する》/ choose ～ life and death [two courses] 生死[二つの道]のいずれかを選ぶ / decide ～ this and that 甲と乙のいずれかに決める / judge rightly ～ truth and error 真偽を正しく判断する / There is nothing to choose ～ the two. 両者間には選ぶところがない《似たり寄ったり》/ The choice lies ～ the three candidates. 三人の候補者のいずれかを選ばなければならない / The money was divided equally ～ the crew. 金は乗組員一同の間に平等に分けられた. **6** [共有・協力] …の間で, …で協力して: own land ～ them 二人で土地を所有する / They killed six deer ～ them. 二人がかりで鹿を6頭殺した.

7 [~ …and …として] [原因] …やら…やらで[のために]: *Between* ill health *and* worries he could not do much. 病気やら心配やらで大した仕事はできなかった / *Between* cooking, cleaning, washing, *and* writing, she was very busy. 料理・掃除・洗濯・書き物などで非常に多忙だった. **8** 〘紋章〙…の真中に, …に取り囲まれて: a chevron ~ three stars.
between ourselves 私たちだけの間のこととして, ここだけのこととして, 内密に: *Between ourselves*, he won't live long. ここだけの話だが彼の寿命は長くはないよ / This matter is ~ *ourselves*. この問題は内々だ. ***between times*** [***whiles***] 合い間合い間に, 時たま. ***between you and me*** (***and the post*** [***gatepost, bedpost***]) = BETWEEN *ourselves*. ***come*** [***stand***] ***between*** (1) …の間に入る; 仲裁する: She *came* ~ the two fighters. 喧嘩している二人の間をとりなした. (2) …の仲を裂く: Let nothing *come* ~ us. 何物にも私たちの仲を裂かれないようにしよう. ***go between*** …の中にはいる, 仲裁する, 仲介[媒介]する (cf. go-between). ***in between*** ⇨ in *adv.* 成句.
— [—´] *adv.* **1** [位置] (二つの)間に; 間を隔てて: fall ~ 間に落ちる / A man rushed ~. 一人の男が勢いよく間に割り込んで来た. **2** [期間] その合間に (in the interval): He attended two meetings and had lunch ~. 二つの会合に出席しその間に昼食を食べた. ***far between*** = FEW¹ *and far between*. ***in between*** ⇨ in *adv.* 成句.
betwéen·bràin *n.* 〘解剖〙 = diencephalon.
between decks [—´—, —´—´] 〘海事〙 *adv.* 甲板と甲板の間に, 上下の甲板の間で. — [—´—´] *n.* 甲板間の場所[空間], 中艙(ちゅうそう).
betwéen·màid *n.* 《英》 中働き(女中) (tweeny).
be·twéen·ness *n.* 中間(にあること).
betwéen sèason *n.* 端境(はざかい)期.
betwéen·times *adv.* = betweenwhiles.
betwéen·whiles *adv.* 合い間に, 時折 (at intervals).
be·twixt [*prep.* bɪtwɪkst, bə-, —´; *adv.* —´] 〘OE *betwēox* between ← Gmc **bi* 'BY¹' + **twisk-* (← **twā* 'TWO' + *-*isk-* '-ISH¹'): -*t* は 16 C 以降の添え字: cf. against〙 — *prep., adv.* 《古・詩・方言》 = between.
betwixt and between 《口語》 中間の位置で, どっちつかずで; 良くも悪くもない, 中くらいで: The color of his tie was ~ *and between*, neither blue nor green. ネクタイの色は中間色で青でもなく緑でもなかった / Socially, we are just ~ *and between*. 社会的に言えば, 我々はちょうど中くらいだ.
Beu·lah¹ [bjúːlə] 〘⊏ Heb. *bᵉʿūlāʰ* married woman〙 — *n.* **1 a** ベウラ(の地)《イスラエルの地で「配偶ある者」を意味し, イスラエルの輝かしい未来を象徴する語; cf. *Isa.* 62:4》. **b** (人生晩年の)安息の地《Bunyan, *Pilgrim's Progress* から; Land of Beulah ともいう》. **2** = bethel 2.
Beu·lah² [bjúːlə] 〘↑〙 *n.* 女性名.
beur·ré [bəːréɪ | bjʊ́əri; *F.* bœre] 〘《1741》⊏ F ~ 'buttered, buttery' ← *beurre* < L *būtyrum* 'BUTTER¹'〙 — *F. n.* 〘園芸〙 (フランスで)特に果肉の柔らかいセイヨウナシ.
beurre ma·nié [bə́ː-mɑːnjéɪ | bə́ː-; *F.* bœːrmanje] 〘⊏ F ~ 'kneaded butter'〙 *n.* ブールマニエ《バターと小麦粉を練り合わせたもの; ソースなどのつなぎ》.
beurre noir [bə́ː-nwɑ́ə | bə́ː-nwɑ́ː(r; *F.* bœːrnwaːr] 〘⊏ F ~ 'black butter'〙 — *n.* (*pl.* **beurres noirs** [~]) 焦がしバター《焦げ茶色になるまで熱したバターに, 酢・パセリなどを加えたソースの一種》.
BeV, Bev. 《記号》《米》〘物理〙 billion electron volts.
Bev·a·lac [bévəlæ̀k] 〘← BEVA(TRON) + L(IN)AC〙 — *n.* 〘物理〙 ベバラック《重イオン線形加速器 (linac) で加速したイオンを Bevatron で更にエネルギーを高くできるようにした加速装置》.
Bev·an [bévən] 〘⊏ Welsh *ab-evan* son of the well-born or youthful one〙 *n.* 男性名.
Bevan, A·neu·rin [ənáɪrən | ənáɪ(ə)r-] *n.* (1897–1960) 英国の政治家; 労働党左派の指導者.
Bev·a·tron [bévətrɑ̀n | -trɒ̀n] 〘← BEV + -*a*- (添え字) + -TRON〙 — *n.* 〘物理〙 ベバトロン《陽子を 62 億電子ボルトに加速する高エネルギーシンクロトロン; California 大学 Lawrence Berkeley 研究所にある; その後重イオン加速器に改造され, Bevalac と呼ばれている》.
bev·el [bévəl] 〘《1562》⊏ OF **bevel* (F *biveau*) ← *baïf* gaping ← *baer* to gape: cf. bay²〙 — *n.* **1 a** 斜角; 傾斜; 斜面. **b** (刃物の)斜面, 斜端《注射針の切り口》. **c** (宝石の)面取りされた面 (bezel). **2** 角度定規. **3** 〘活字〙 (活字の字面 (face) と肩 (shoulder) との間の)斜面, ひげ《beard, neck ともいう; ⇨ type 挿絵》. **4** 〘紋章〙 楔形の鋭角をもつ線. — *adj.* 斜角の, 斜めの: a ~ edge はす縁. — *v.* (**bev·eled, -elled; -el·ing, -el·ling**) — *vt.* …に斜角を付ける, 面取りする, 斜めに切る, はすにする. — *vi.* 傾く, 傾斜する.

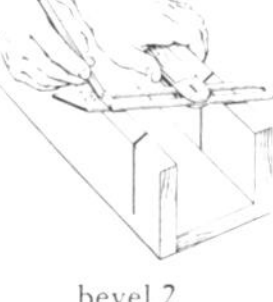
bevel 2

bével èdge *n.* はすぶち.
bével gèar *n.* 〘機械〙 傘(かさ)歯車.
bével jòint *n.* 〘建築〙 そぎ接ぎ.
bev·elled [bévəld] *adj.* 〘紋章〙 楔形の鋭角をもった.
bével protràctor *n.* 〘機械〙 角度定規.
bével sìding *n.* 〘木工〙 なんきん下見《板を横方向に打ち, 上段の板を下段の板の上端に重ね合わせながら貼る外壁》.
bével squàre *n.* = bevel 2.
bével whèel *n.* 〘機械〙 **1** = bevel gear. **2** 斜輪.
be·ver [bíːvə | -və(r] *n.* 〘甲冑〙 = beaver².
bev·er·age [bév(ə)rɪdʒ | -və-] 〘《c1300》⊏ OF *bevrage* (F *breuvage*) a drink < VL **biberāticum* ← L *bibere* to drink: ⇨ -age〙 — *n.* (水以外の)飲物, 飲料《牛乳・茶・ビール・ワインなど》: intoxicating ~s アルコール飲料 / cooling ~s 清涼飲料.
Bev·er·idge [bév(ə)rɪdʒ | -və-], **Sir William Henry** *n.* (1879–1963) 英国の経済学者, 社会保障制度や完全雇用制度の首唱者.
Bev·er·ley¹ [bévəli | -vəlɪ] 〘OE *Bevreli, Beoferlic* ← ? BEAVER¹ + OE **leċċ* stream (cf. OE *leccan* to wet)〙 — *n.* イングランド Humberside 州の Hull 川近くの都市; そこにある Beverley Minster は壮大華麗なゴシック建築で有名; 人口 107,000.
Bev·er·ley² [bévəli | -vəlɪ] 〘↑〙 *n.* **1** 男性名. **2** 女性名.
Béverly Hills 〘← BEVERLEY¹〙 *n.* 米国 California 州 Los Angeles 市の Hollywood 西方にある都市で高級住宅地, 映画人の邸宅が多い; 人口 34,000.
bev·il [bévɪl, -vəl | -vɪl] *n., adj., v.* = bevel.
bév·illed *adj.* 〘紋章〙 = bevelled.
Bev·in [bévɪn, -vən | -vɪn], **Ernest** *n.* (1884–1951) 英国労働党の指導者; 労働相 (1940–45), 外相 (1945–51).
Bévin Bòy, B- b- 〘← *Ernest Bevin* (↑)〙 *n.* ベビンボーイ《第二次大戦中の英国で, 徴兵の代りにくじ引きによって炭坑に動員された青年の俗称》.
Be·vis [bíːvɪs, bév-, -vəs | -vɪs] 〘⊏ F *Beuves* 《原義》 fair view〙 *n.* 男性名.
be·vor [bíːvə | -və(r] *n.* 〘甲冑〙 = beaver².
bev·y [bévi | -vɪ] 〘《c1425》 *bevey* ← ?: cf. AF *bevée* flock of larks or quails〙 — *n.* **1** (小鹿・小鳥などの大きな)群れ (cf. flock¹ 1 a): a ~ *of* quails. **2** 《口語》 (物の)集まり; (女性の)一団 (group): a ~ *of* fair women 美女の一団 / a ~ *of* balloons たくさんの風船.
be·wail [bɪwéɪl, bə-] 〘《?a1300》: ⇨ be-, wail〙 *vt.* 嘆く, 嘆き悲しむ: ~ a loss, one's hard fate, etc. — *vi.* 悲嘆に暮れる. **~·ment** *n.*
be·ware [bɪwéə, bə- | -wéə(r, bə-] 〘《14C》 *be(n) war*: ⇨ be¹, ware²: cf. begone〙 ★ 通例命令形と不定詞で用いられる. — *vi.* (…に)気をつける, 用心する 〔*of*〕; 〈…しないように〉気をつける 〈*of doing*〉: *Beware of* pickpockets! すりに御用心 / Tell him to ~ *of* the dog. その犬に気をつけるように彼に言って下さい / We must ~ *of* committing the same fallacy in the comparison of languages. 言語の比較の際に同じ誤りを犯さないように気をつけなければならない. — *vt.* …に気をつける, 用心する 〈*that, how, what*〉: *Beware* the avalanche! なだれに注意 / *Beware* the ides of March ⇨ ides / *Beware that* you do *not* miss the train. 汽車に遅れないように注意しなさい / *Beware lest* you (should) fall into this mistake again. 二度とこんな間違いをしないように気をつけなさい / We must ~ *what* we say [*how* we speak]. 発言[口のきき方]には注意しなければならない.
be·whisk·ered [bɪ(h)wɪ́skəd, bə- | -kəd] 〘⇨ be-, whiskered〙 *adj.* **1** ほおひげのある. **2** 〈しゃれ・表現など〉陳腐な, 古臭い, 使い古しの (trite): a ~ joke.
Bew·ick [bjúːɪk | bjúːɪk, bjʊ́ɪk], **Thomas** *n.* (1753–1828) 英国の木版画家.
be·wigged [bɪwɪ́gd, bə-] 〘(p.p.) ← *bewig*: ⇨ be-, wig〙 *adj.* かつらをかぶった; 官僚的な, 形式主義の.
be·wil·der [bɪwɪ́ldə, bə- | -də(r] 〘《1684》〙 — *vt.* **1** …に方向を失わせる: be ~*ed* by the maze of streets 迷路のような道に迷う. **2** はたと困らせる, 途方に暮れさせる (perplex), 当惑させる (confuse): ~ a person *with* questions 人を質問攻めにして困らせる.
be·wil·dered *adj.* 困惑した, 途方に暮れた; あっけに取られた: a ~ look. **~·ly** *adv.* **~·ness** *n.*
be·wil·der·ing [-d(ə)rɪŋ] *adj.* 困惑させる, まごつかせる: the ~ traffic of a big city. **~·ly** *adv.*
be·wil·der·ment *n.* **1** 当惑, 困惑(状態): in ~ 当惑して. **2** 紛糾, 混乱(状態).
be·witch [bɪwɪ́tʃ, bə-] 〘《?a1200》: ⇨ be-, witch (v.)〙 — *vt.* **1** …に魔術をかける, 魔力にかける, (魔法で)たぶらかす: be ~*ed* by a fox. 狐に化かされる. **2** 魅する, うっとりさせる (enchant); 魅惑して〔ある行動を〕とらせる 〔*into*〕: She ~*ed* him *into* marrying her. 彼は彼女の魅力[色香]に負けて結婚した.
be·witched 〘ME〙 *adj.* 魔力にかけられた; 魅惑されている, うっとりとさせられて: water ~ 《英》 ごく薄い茶; 水割りの酒.
be·witch·er·y [bɪwɪ́tʃ(ə)ri, bə- | -rɪ] *n.* 惑わし, 魅惑.
be·witch·ing *adj.* 人を魅するような, 人の魂を奪う, うっとりとさせる: ~ grace. **~·ly** *adv.*
be·witch·ment *n.* **1** 魅惑, 魅力; 魅了された状態, 恍惚(こうこつ). **2** 呪文(じゅもん), まじない (spell).
be·wray [bɪréɪ, bə-] 〘《?c1225》 *biwreie(n)* to disclose ← BE- 1 + OE *wrēgan* to accuse (< Gmc **wrōʒjan* ← ?)〙 — *vt.* 《古》 〈秘密などを〉(思わず)漏らす, 表わす, 暴露する (betray).
Bex·hill [bèkshɪ́l] 〘《15C》 *Byxhell* 《HILL との連想による変形》 ← ME *Bixle* < OE *Bexlēa* ← *byxe* (⇨ box¹) + *lēah* 'wood, LEA¹'〙 — *n.* イングランド南部, East Sussex 州のイギリス海峡に臨む都市; 海岸保養地; 人口 33,000.
Bex·ley [béksli | -slɪ] 〘OE *Byxlēa* (↑)〙 *n.* London 東部の自治区; 人口 217,000.
bey [béɪ] 〘《1599》⊏ Turk. ~ 'lord, prince': cf. beg²〙 — *n.* **1** (オスマン帝国時代の)地方長官, 都督 (governor): the Bey of Tunis チュニジアの支配者. **2** [通例 B-] ベイ《もと, オスマン帝国・エジプトの高位の人の敬称として名の後に付けた; 1934 年廃止》: Ismet Bey.
bey·lic [béɪlɪk] 〘⊏ Turk. *beylik* ← *bey* (↑) + -*lik* (抽象名詞語尾)〙 *n.* (オスマン帝国時代の)地方長官[都督]管区.
Bey·og·lu [bèɪə(g)lúː] *n.* ベヨルー《トルコの首都 Istanbul の外人居留地区; 人口 49,000; 旧名 Pera》.
be·yond 〘OE *beġeondan* over there, beyond ← *be-* 'BY¹' + *ġeondan* (< Gmc **jandana* ← **jand-* 'YOND')〙 — [biɑ̀nd, bɪjɑ̀nd, —´ | bɪjɒ̀nd, biɒ̀nd, —´] *prep.* **1** [位置] …の向こうに[で, へ], のかなたに, …を越えて (past): ~ a bridge 橋の向こうに / ~ the grave [tomb] あの世に / ~ the horizon 地平線のかなたに / from ~ the sea(s) 海外から / He had long lived ~ seas. 長いこと海外に住んでいた / He could not pass a step ~ the self-drawn circle. 自分で描いた輪の外へ一歩も踏み出すことができなかった. **2** 〈時刻〉よりも過ぎて (past): ~ the usual hour いつもの時を過ぎて / They stayed ~ the time limit. 時限後まで滞在した / We arrived there an hour ~ the time. 定刻よりも一時間遅れてそこに着いた. **3 a** …(の範囲・限度)を越えて, …(の力・理解など)の及ばない所に: ~ all things 何よりも先に / ~ all medical aid 医療の施しようのない / ~ possibility 不可能で / That's (going) ~ a joke. そいつは冗談がきついぞ / That is ~ his intelligence. それは彼にはとてもわからない / Why he should take a fancy to that girl is ~ me. なぜ彼があんな娘を好くのか私にはわからない. **b** …の余地がない: ⇨ *beyond* DOUBT / His conduct has been ~ reproach [criticism]. 彼の振舞いは非難[批評]の余地のないものだった. **4** [数量] …よりも多く, …以上に (more than): live ~ one's income 収入以上の生活をする / He married again when he was ~ sixty. 60 歳を過ぎてから再婚した. **5** [質・程度] …よりもまさって (surpassing): He is wise ~ all others. 他のだれよりも賢い / He went far ~ me *in* researches. 研究の点ではるかに私を上回った. **6 a** …以外に (besides): *Beyond* his duties as a clergyman, he wrote several novels. 牧師としての務めのほかに小説を数冊書いた. **b** [否定構文で] …以外は (except): I know nothing about it ~ what I have read in the newspaper. 新聞で読んだこと以外それについては何も知らない.
go beyond …を越える, しのぐ, …にまさる (exceed): *go* ~ one's orders 受けた命令以上のことをする. ***go beyond oneself*** (1) 我を忘れる: He *went* ~ *himself* with rage. 激怒のあまり我を忘れた. (2) 平生より上出来である.
— [—´] *adv.* **1** かなたに, (はるか)向こうに (farther away): *Beyond* was a large plain. かなたには大平原があった / the life ~ あの世. **2** ほかに, さらに (besides): He knows nothing ~. そのほかには何も知らない. **3** それ以上: The meeting lasts until three o'clock and seldom goes ~. 会は 3 時まで続くがそれ以上に及ぶことはめったにない.
— [—´] *n.* **1** [通例 the ~] 遠い所, かなた: ⇨ *the* BACK¹ *of beyond*. **2** [the ~] あの世, 来世: go to *the* (great) ~.
Bey·routh [beɪrúːt] *n.* = Beirut.
bez·ant [béznt, bɪzǽnt, bə- | bézənt, -znt] 〘《c1200》⊏ OF *besant* < L *Bȳzantium* (*nummum*) (coin of) Byzantium〙 — *n.* **1** ベザント金[銀]貨《初め Constantine 大帝が造り, 引き続き Byzantium の諸帝が発行した金貨または銀貨; 金貨 (⇨ solidus 1) は後代にも西欧諸国で用いられ, 英国で 10–20 shillings ぐらいの価となった; 銀貨は 1–2 shillings ぐらいの価であった》. **2** 〘紋章〙 金色の小円 (cf. roundel 7). **3** 〘建築〙 (一列にならべる)球形飾り, ベザント.
béz àntler [béz-, béɪz-] 〘*bez*: ⊏ OF *bes* twice: cf. bi-¹〙 *n.* 〘動物〙 = bay antler.
be·zazz [bɪzǽz, bə-] *n., adj.* = pizazza.
be·zel [bíːzəl, bézl | bézl] 〘《1611》⊏ OF **besel* (F *biseau*): cf. F *biais* 'BIAS'〙 — *n.* **1** (鑿(のみ)などの)刃の斜面, 刃かど. **2 a** (カットされた宝石の)小面, 斜面 (⇨ brilliant cut 挿絵). **b** 斜面溝《指輪の宝石のはまる所・自動車のヘッドライトのレンズのはまる溝ぶちなど》. **c** (時計の)硝子ぶち《ガラスをケースにはめこむための輪[枠]》. — *vt.* (**~ed, be·zelled; ~·ing, -zel·ling**) …に bezel をつける.
Bé·ziers [beɪzjéɪ; *F.* bezje] *n.* ベジエ《フランス南部の都市; 人口 83,000》.
bez·il [bíːzɪl, bézl | bézl] *n.* = bezel.
be·zique [bəzíːk, bɪ- | bɪ-, be-, bə-] 〘《1861》⊏ F *bésique* ← ?〙 — *n.* 〘トランプ〙 ベジーク: **a** pinochle の前身; 2–6 を除く 32 枚のカード 2 組を用い, 二人が 8 枚の手札で行なう. **b** (このゲームの役の一つとして)スペードの女王とダイヤのジャックの組合せ.
be·zoar [bíːzɔə, -zoə | -zɔː(r] 〘《c1477》⊏ (O)F *bézoard* ⊏ Sp. *bezoar* ⊏ Arab. *bāzahr* ⊏ Pers. *pādzahr* ← *pād* expelling + *zahr* poison: 解毒剤の名〙 — *n.* **1** 糞石(ふんせき), 胃石, ベゾアール《ヤギ・カモシカ・ウシなどの腸にある結石; 昔解毒剤として重用された; bezoar stone ともいう》. **2** 《廃》 解毒剤.

be·zo·ni·an [bɪzóuniən, bə-, -njən | -zə́unjən, -nɪən] 〘(1592) ← It. *bisogni* (pl.) soldiers in need of money (← *bisogno* need)+-AN[1]〙 ― *n.* 《古》けちな野郎；無頼漢 (scoundrel).
B/F, b/f 《略》〘簿記〙brought forward (前より)繰越.
bf., b.f. 《略》〘活字〙bold-face；〘法律〙brief.
b.f. 《略》bankruptcy fee；base frequency；board foot；bona fide.
b.f., B.F. 《略》《俗》bloody fool：He is a *b.f.* あいつは大ばかだ.
B.F. 《略》Bachelor of Forestry；Banque de France (＝Bank of France)；Belgian franc(s)；British funds.
B.F.A. 《略》Bachelor of Fine Arts.
B.F.B.S. 《略》British and Foreign Bible Society 英国海外聖書協会.
b.f.m. 《略》〘フリーメーソン〙before full moon 満月の前に (cf. b.n.m.).
B.F.N. 《略》British Forces Network.
B.F.O. 《略》〘電子工学〙beat-frequency oscillator.
b/g 《略》bonded goods.
bg. 《略》background；bag(s)；beige；being.
B.G. 《略》Birmingham gauge；blood group；Brigadier General.
B. Gen. 《略》Brigadier General.
B-girl 〘← *b(ar) girl*〙 *n.* バーガール, ホステス《客に金を使わせ売上げの歩合をもらうバー[酒場]の女給》.
bgs. 《略》bags.
B/H, B.H. 《略》bill of health.
B.H. 《略》base hospital；Brinell hardness；British Honduras.
Bha·don [bɑ́ːdoun | -dəun] 〘□ Hindi *Bhādon* ← Skt *Bhādra(pada)* ← *Bhadrapadā* having better feet ← *bhadra* fortunate＋*pada* step, foot〙 ― *n.* 〘ヒンズー教〙バードン(の月)《ヒンズー暦の月名の一つで, グレゴリオ暦の 8 月-9 月に当たる；cf. Hindu calendar》.
Bha·ga·vad-Gi·ta [bʌ́gəvədgíːtɑː] 〘□ Skt *Bhagavad-gītā* Song of the Blessed One, Krishna or Vishnu〙 ― *n.* [the ～] バガヴァドギーター, 聖婆伽梵(ぎ)歌《古代インドの叙事詩 Mahabharata の中に見える Krishna と Arjuna との哲学的な会話体の歌で, 義務の遂行と神の恩寵を説いたものでヒンズー教徒の座右の聖典》.
bha·jan [bʌ́dʒən] 〘□ Hindi ～ ← Skt *bhajana*〙 *n.* 〘ヒンズー教〙讃美歌, 讃歌.
bhak·ta [bʌ́ktə] 〘□ Skt ～ 'devoted'〙 *n.* 〘ヒンズー教〙bhakti を実行する人, 帰依者, 信者.
bhak·ti [bʌ́kti | -tɪ] 〘□ Skt ～ 'share, devotion'〙 ― *n.* 〘ヒンズー教〙 **1** (人格神に近づく手段としての)神に対する献身的愛, 無私の帰依(き)[信心]. **2** [B-] 人格神崇拝を中心とした宗教運動.
bhákti-màrga 〘□ Skt *bhakti-mārga*：⇨ ↑, marga〙 *n.* 〘ヒンズー教〙信愛の道 (⇨ marga).
B'ham 《略》Birmingham (州).
bhang [bǽŋ] 〘(1598) □ Hindi *bhaṅg* □ Skt *bhaṅgā* hemp〙 ― *n.* **1** 〘植物〙インドタイマ (Indian hemp). **2** バング《インドタイマの葉と小枝を乾燥したもの；喫煙および麻酔剤に用いる；cf. marihuana, hashish》.
bhan·gi [bʌ́ŋgi | -gɪ] 〘□ Hindi *bhaṅgī* one addicted to bhang (↑)〙 *n.* ヒンズー教の不可触賤民(せん)《インドの最下層階級の人》.
bhar·al [bʌ́rəl | bʌ́r-] 〘□ Hindi ～〙 ― *n.* 〘動物〙バーラル (*Pseudois nahoor*)《Himalaya, Tibet などの高山地帯に住む野生ヒツジ；角は長く, 外上方にのび, 先端は後方に向かう》.
Bha·rat [bʌ́rʌt] 〘□ Hindi *Bhārat* ← Skt *Bhārata* (インドの伝説上の王の名)〙 *n.* バーラト《Republic of India のヒンディー語名》.
Bhau·na·gar [baunάgə | -gə(r] *n.* (*also* **Bhav·na·gar** [～]) バウナガル《インド西部の海港；人口 227,000》.
BHC 《略》〘化学〙benzene hexachloride.
B-H cùrve *n.* 〘磁気〙B-H 曲線《磁性体の磁束密度 B と加えた磁界の強さ H との関係を示す曲線；その磁性体のヒステリシス (hysteresis) も示される》.
bhd. 《略》beachhead；billhead；bulkhead.
B.H.E. 《略》Bureau of Higher Education.
bhees·ty [bíːsti | -stɪ] 〘(1781) □ Hindi *bhistī* □ Pers. *bihishtī* one from paradise ← *bihisht* paradise〙 *n.* (*also* **bhees·tie, bhis·ti** [～]) (インドの)飲用水運搬人.
B.H.L. 《略》Bachelor of Hebrew Letters [Literature].
Bhn, B.H.N. 《略》Brinell hardness number.
Bhoj·pu·ri [bóudʒpùri, bάːdʒ-, -pəri | báudʒpùərɪ, bάːdʒ-, -pərɪ] 〘□ Hindi *Bhojpurī* ← *Bhojpur* (Bihar 州にある村の名)〙 ― *n.* ボジュプリー語《インド Bihar 州西部と Uttar Pradesh 州の東部 Chota Nagpur 南部高原で話される Bihari 語の一方言》.
bhoo·sa [búːsə, -sɑː] 〘□ Hindi *bhus, bhūsā*〙 *n.* 《インド》麦打場のわらくず《まぐさにする》.
Bho·pal [boupάːl | bəu-] *n.* ボーパル《インド中部 Madhya Pradesh 州の首都；人口 303,000》.
B-horizon *n.* 〘土壌〙B 層位《A 層位の下の層位で, A 層からの何らかの影響を受けている部位；A 層から溶脱した粘土・有機物・鉄などが集積していることが多い；褐色・黄褐色・赤褐色；cf. ABC soil》.
b'hoy [bɔ́ɪ] 〘《変形》← BOY[2]：アイルランド発音を模したもの〙 *n.* 《俗》乱暴者, 無法者, あばれんぼう.
bhp 《略》bishop.
bhp, b.h.p., BHP, B.H.P. 《略》brake horsepower.
Bht 《記号》〘貨幣〙baht(s).
BHT 《略》butylated hydroxytoluene.
Bhu·ba·nes·war [bùbənéɪʃwə | -wə(r] *n.* ブバネシュワル《インド Orissa 州の首都；ヒンズー教の寺院で有名；人口 106,000》.
bhun·gi [bʌ́ŋgi | -gɪ] *n.* ＝bhangi.
Bhu·tan [buːtǽn, -tάːn] *n.* ブータン《インドの北東方 Himalaya 山脈中にある独立国；人口 1,035,000, 面積 47,000 km², 首都 Thimbu；公式名 the Kingdom of Bhutan ブータン王国》.
Bhu·tan·ese [bùːtəníːz, -níːs | bùːtəníːz] *n.* (*pl.* ～) **1** ブータン人. **2** ブータン語《チベット語の一種》. ― *adj.* **1** ブータン(人)の. **2** ブータン語の.
Bhut·to [búːtou | -təu], **Zul·fi·kar A·li** [zúlfəkɑ̀ə ɑ́ːli | -fɪkɑ̀ː(r ɑ́ːlɪ] *n.* ブット《1928-79；パキスタンの政治家；大統領 (1971-77)》.
Bhu·va·nesh·war [bùvənéɪʃwə | -wə(r] *n.* ＝Bhubaneswar.
bi [báɪ] *adj., n.* 《俗》＝bisexual 2.
Bi 《記号》〘化学〙bismuth.
B.I. 《略》background information；Bahama Islands；Balearic Islands；base ignition；British India；Burmuda Islands；bodily injury；bulk issue.
bi-[1] [baɪ, bàɪ] 〘ME □ L *bi-* ← *bis* twice, again：cf. duo, two, twi-〙 ― *pref* ★しばしば母音の前では bin-, bis-, c, s の前では bis- となることがある：*bi*nocular, *bis*axillary；*bis*cuit, *bis*sextile. **1** 「(…が)二つある, 双…, 複…」の意：*bi*axial, *bi*valve, *bi*plane. **2** 〘化学〙「…の 2 倍を有する, 重…」の意：*bi*carbonate, *bi*chromate, *bi*phenyl. ★この場合 bi- の代りに di- が用いられることが多いが, 酸性塩の時は常に bi-：*bi*sulfate. **3** 「二つに, 等分に, 両様に；両側に」；〘生物〙「同様に繰返して」の意：*bi*sect, *bi*convex, *bi*pinnate. **4** 「2 期間の；2 期 1 回の, 隔期の」の意：*bi*ennial, *bi*weekly, *bi*monthly. **5** 「1 期 2 回の」の意：*bi*annual, *bi*weekly, *bi*monthly. ★この場合 biweekly, bimonthly のように 4 の意と紛らわしいので semi- を用いた方が明示的である.
bi-[2] [baɪ] (母音の前に来る時の) bio- の異形.
B.I.A. 《略》Bachelor of Industrial Arts；Braille Institute of America；Bureau of Indian Affairs.
-bia -bium の複数形.
bi·a·ce·tyl [bàɪəsíːtl̩, bàɪǽsətl̩, -tìːl | bàɪǽsɪtɪl] *n.* 〘化学〙ビアセチル ($(CH_3CO)_2$)《黄色の液体で, マーガリンの香料として用いられる；diacetyl, dimethyldiketone, dimethylglyoxal ともいう》.
Bi·a·fra [biǽfrə, baɪ-, -ɑ́ːf- | bɪ-, baɪ-] *n.* ビアフラ《Nigeria 東部の地方で, もと州；1967-70 年にわたって同地方の Ibo 族が独立を宣言し, ビアフラ共和国 (Republic of Biafra) を樹立して内戦を起こしたが, 失敗に終わった》.
Biafra, the Bight of *n.* ビアフラ湾《アフリカ中部西岸 Guinea 湾内の湾》.
Bi·a·fran [biǽfrən, baɪ-, -ɑ́ːf- | bɪ-, baɪ-] 〘⇨ -an[1]〙 *adj., n.* ビアフラ(共和国)人(の).
bi·al·y [biǽli | bɪǽlɪ] 〘《短縮》← Yid. *bialestoker* ← *Białystok* (↓：原産地名)〙 ― *n.* (*pl.* ～s, ～) 《米》ビアリ巻きパン《刻み玉ねぎが載せてある平たい朝食用ロールパン》.
Biał·ys·tok [biάːlɪstɔ̀(ː)k | biάːlɪstɔ̀k；*Pol.* bjaˈlɪstɔk] *n.* ビヤリストク《ポーランド東部の都市；人口 199,000；ロシヤ語名 Byelostock》.
Bi·an·ca [biǽŋkə | bɪ-] 〘□ It. ～ (fem.) ← *bianco* white：cf. Blanche〙 *n.* 女性名.
bi·an·gu·lar [bàɪǽŋgjulə | -lə(r] *adj.* 二つの角(ｶ)がある.
bi·a·nis·i·dine [bàɪənísədìːn, -dɪn, -dən | -sɪdìːn, -dɪn] 〘← BI-[1]＋ANIS-＋-IDINE〙 ― *n.* 〘化学〙ビアニシジン ($(H_2NC_6H_3(CH_3O))_2$)《ニトロアニソールを還元し, ベンジジン転位で得られる白色の結晶；直接染料の原料；dianisidine ともいう》.
bi·an·nu·al [bàɪǽnjuəl, -njʊl | -njuəl, -njʊl] 〘(1877)：⇨ bi-[1]〙 ― *adj.* **1** 年 2 回の, 半年ごとの (⇨ bi-[1] 5 ★). **2** 2 年ごとの, 1 年おきの (biennial). ― *n.* **2** 年 1 回の刊行物, 隔年刊. **～·ly** *adv.*
bi·an·nu·late [bàɪǽnjulət, -lɪt, -lèɪt] *adj.* 〘動物〙二つの(色などの)環をもった.
Biar·ritz [bìːərɪ́ts, ← ← | bɪərɪ́ts, ← ←；*F.* bjarits] *n.* ビアリッツ《フランス南西部 Biscay 湾に臨む町, 海水浴場；人口 27,000》.
bi·ar·tic·u·late [bàɪɑətíkjulət, -lɪt | -ɑː-] *adj.* 〘生物〙二つの関節をもった, 二節からなる.
bi·as [báɪəs] 〘(1530) □ (O)F *biais* oblique □ ? Prov. ＜? VL *(e)bigassium □ Gk *epikársios* athwart, oblique〙 ― *n.* **1 a** (心の)傾向, 性癖 (propensity) 〔*toward, to*〕：be under [have] a ～ *toward* …の傾向がある, …に偏している. **b** 偏執, 偏見, 先入主 (prejudice) 〔*for, against*〕：a religious ～ 宗教的偏見 / a ～ *against* [*in favor of*] the French フランス人に対する反感[好意] / be free from ～ 偏見にとらわれない / without ～ and without favor 偏見もひいきもせず, 公平無私に. **2** (織物, 織物の裁ち目・縫目の)バイアス, 斜線：cut cloth on the ～ 生地をバイアスに裁つ. **3** 〘ローンボウリング〙 **a** (球(bowl)が偏って転がるようにした)形のゆがみ, 一方の側につけた重み, 片重(かた)り. **b** 球の偏って転がる傾向[転がす力]. **c** (形のゆがみのために生じる球の転がる)偏った進路. **4** 〘電気〙バイアス, 偏倚(い)《トランジスターなどをある作動状態におくための直流電圧または直流電流》. **5** 〘統計〙偏り (⇨ biased 2). **6** 〘社会学〙偏り, ゆがみ《社会調査や世論調査において, 調査結果をゆがめるような主体の側の言語・心理・技術的な偏り》. ― *adj.* **1** 〈織物・織物の裁ち目・縫い目など〉バイアスの, 斜めの, はすの：a ～ band. **2** 〘電気〙バイアスの：a ～ joint. ― *adv.* 筋違いに, 斜めに, はすに (obliquely). ― *vt.* (**bi·ased, bi·assed；bi·as·ing, bi·as·sing；bi·as·es, bi·as·ses**) **1** 一方に片寄らせる；…に(不当な)偏見をもたせる, 偏頗(ぱ)にする：be ～*ed against* [*in favor of*] a person 人に不利な[有利な]偏見を抱いている. **2** 〘電気〙〈真空管の格子・トランジスターのベースなど〉にバイアスをかける. **～·ness** *n.*

bias 2

Bi·as [báɪəs] *n.* ビアス《紀元前 6 世紀頃のギリシャ七賢人の一人；cf. Seven Sages》.
bías-bèlted tíre *n.* 〘自動車〙＝belted-bias tire.
bías binding *n.* ＝bias tape.
bí·ased *adj.* (*also* **bí·assed**) **1** 傾きのある, 偏見のある：a ～ view 偏見. **2** 〘統計〙偏りのある《ある値を推定するための変量の平均値が当該の値と一致しない》. **～·ly** *adv.*
bías tàpe *n.* バイアステープ.
bi·ath·lete [baɪǽθliːt] 〘《混成》← BIATHL(ON)＋(ATHL)ETE〙 *n.* 〘スキー〙バイアスロン競技者.
bi·ath·lon [baɪǽθlən, -lɑn | -lɔn] 〘← BI-[1]＋Gk *âthlon* contest：cf. decathlon〙 *n.* 〘スキー〙バイアスロン《クロスカントリーと射撃の複合競技》.
bi·aur·al [bàɪɔ́ːrəl] *adj.* 両方の耳の, 双耳の (binaural).
bi·au·ric·u·lar [bàɪɔːríkjulə | -lə(r] *adj.* 〘解剖〙両耳の, 両耳殻の；両心耳の.
bi·au·ric·u·late [bàɪɔːríkjulət, -lɪt, -lèɪt] *adj.* 〘生物〙両耳がある；二つの心房[心耳]のある.
bi·ax·i·al [bàɪǽksiəl | -sjəl] *adj.* 軸が二つある：a ～ crystal 二軸(性)結晶. **～·ly** *adv.*
bib[1] [bíb] 〘(1580) ← ? BIB[2]〙 ― *n.* **1 a** よだれ掛け. **b** (前掛けなどの)胸部, 胸当て. **c** 〘フェンシング〙マスク当て；のど当て. **2** ＝bibcock. **3** 〘魚類〙＝pout[2] 1.
in one's best bib and tucker 《口語》晴れ着を着て, 一張羅(ら)で.
bib[2] [bíb] 〘(?c1380) *bibbe(n)* □ ? L *bib-ere* to drink (cf. bibulous) // 《擬音語》〙 ― *v.* (**bibbed；bib·bing**) 《古》 ― *vt.* 〈強い酒を〉(常習的に)飲む, ちびちび飲む (tipple). ― *vi.* 酒を飲む. **～·bing** *n.*
bib., Bib. 《略》Bible；biblical.
bi·bas·ic [bàɪbéɪsɪk] *adj.* 〘化学〙二塩基性の (dibasic).
bibb[1] [bíb] 〘《変形》← BIB[1]：位置が幼児のよだれかけと似ているところから〙 ― *n.* 〘海事〙ビブ《マストを継ぎ足す時に, 下部マストの檣頭(しょうとう)縦材 (trestle-trees) を支えるために下部マストの檣肩(しょう)(hound)にボルトで締められている支え板》.
bibb[2] [bíb] *n.* ＝bibcock.
bíb·ber 〘← BIB[2]〙 *n.* 飲酒家, 大酒飲み《しばしば wine*bibber* として用いる》. **bib·ber·y** [bíbəri | -rɪ] *n.*
bib·ble [bíbl̩] 〘(freq.) ← BIB[2]〙 *v.* 《方言》＝bib[2].
Bíbb lèttuce 〘← *Jack Bibb* (1789-1884：米国 Kentucky 州の園芸家)〙 *n.* 〘植物〙ビッブレタス《小さく結球し, 葉は濃い緑で柔らかいレタス》.
Bib·by, b- [bíbi | -bɪ] 〘← *Bibby Line, Ltd.* (イギリス・インド航路でそれを最初に採用した船会社)〙 *n.* 〘海事〙(通路の上にある)客室.
bíb·còck 〘← BIB[1]＋COCK[1]〙 *n.* (水道の)蛇口《一般に見られる口が下向きのもの》.
bi·be·lot [bíblou, bíbəlòu | bíbləu；*F.* biblo] 〘(1873) □ F ～ ＜ OF *beubelot* 《加重》← *bel* 'BELLE'：cf. bauble〙 *n.* (*pl.* ～s [～z；*F.* ～]) **1** 小骨董品 (trinket). **2** 特装豆本.
bi·bi [bíːbiː] 〘□ Hindi *bībī* □ Pers. 'lady, lawful wife'〙 *n.* 《インド》淑女 (lady)《もとは多くヨーロッパ人に対する敬称；cf. memsahib》.
bib·i·on·id [bíbiənɪd, -nəd | -bɪənɪd] 〘↓〙 〘昆虫〙 *adj.* ケバエ(科)の. ― *n.* ケバエ《ケバエ科の昆虫の総称》.
Bib·i·on·i·dae [bìbiάnədìː | -ɔ́nɪ-] 〘← NL ～ ← *Bibio(n-)* (属名：← L *bibio* small insect found in wine)＋-IDAE〙 *n. pl.* 〘昆虫〙(双翅目)ケバエ科.
bi-bi·va·lent [bàɪbaɪvéɪlənt] *adj.* 〘化学〙双二価の《二価の陽イオンと二価の陰イオンに解離する電解質についていう》.
Bibl., bibl. 《略》biblical；bibliographical；bibliography.
Bi·ble [báɪbl̩] 〘(a1325) □ (O)F ～ □ eccl.L *biblia* □ Gk (*tà*) *biblía* (the) books (pl.) ← *biblíon* little book, scroll (dim.) ← *bíblos* papyrus, book ← *Búblos* (ギリシャがエジプトのパピルスを輸入した Phoenicia の港町)〙 ― *n.* **1** [the ～] (キリスト教の)バイブル, 聖書《the Old Testament (旧約)と the New Testament (新約)を含む；ユダヤ教では旧約だけを指す；cf. scripture 1》. ★1 冊の聖書を指すときは a ～ という：*an* old ～ 一冊の古い聖書. **2** [しばしば b-] (キリスト教以外の宗教の)聖典. **3** [b-] (宗教と関係のない事柄について聖書のような)権威ある典籍. **4** 《廃》本(book). **5 a** 小型の甲板みがき石. **b** 〘動物〙＝omasum.
kiss the Bible ⇨ kiss 成句. ***live one's Bible*** 聖書の教えを実行する.
Bíble Bèlt *n.* [the ～] バイブルベルト, 聖書地帯《米国, 特に南部で根本主義 (fundamentalism) が支配的で牧師が勢力をもっている地域；広義では熱心な根本主義の特色を示している地域を指す》.

Bíble Chrístians *n. pl.* バイブル クリスチャン派, 聖書主義派: **a** 19 世紀にあった英国のメソジスト派の一派. **b** 米国にある一教派.

Bíble clàss, b- c- *n.* バイブルクラス, 聖書研究会.

Bíble clèrk *n.* 聖書朗読生《Oxford 大学の幾つかのカレッジで, 礼拝堂で聖書朗読の義務をもつ特待生》.

Bíble òath *n.* 聖書によってする(ような)厳粛な誓言.

Bíble pàper *n.* 聖書紙, バイブルペーパー (⇨ India paper 1).

Bíble-pòund·ing *adj.* =Bible-punching.

Bíble pùncher *n.* 《俗》熱烈な福音(主義)伝道者.

Bíble-pùnch·ing *adj.* 《俗》熱烈に聖書を説く[信奉する].

Bíble rèader *n.* 聖書朗読者《雇われて各戸に聖書を読み聞かせて巡回する人》.

Bíble schòol *n.* 聖書学校《教会の日曜学校や夏期学校などの聖書勉強会から高度な聖書研究の機関まで, その種類は様々ある》.

Bíble Socìety, b- s- *n.* (聖書の普及を目的とする)聖書(出版)協会.

Bíble tèxt *n.* 《活字》=great primer.

Bíble-thùmping *adj.* 《俗》=Bible-punching.

Bi·bli·a Pau·pe·rum, B- p- [bíbliə̀ːpáupərùm, -liə-, -pɔ́ːpərəm | -lɪɑː-, -lɪə-] 〘← NL ~ 'Bible for the poor'〙 — *n.* ビブリアパウペルム, 貧者の聖書《キリストの生涯の事跡をこれを予表する旧約聖書の記事と組み合わせ, 詞書と絵で説明した中世の聖書物語; 未熟な説教師の教本として用いられ, 14 世紀以後の写本・最古の木版本などに見られる》.

bib·lic- [bíblɪk, -lək | -lɪk] (母音の前に来る時の) biblico- の異形.

Bib·li·cal, b- [bíblɪkəl, -lə- | -lɪ-] 〘← 《廃》*biblic* (⊏ ML *biblic-us* ← *biblia* 'BIBLE': ⇨ -ic[1])+-AL[1]〙 — *adj.* 聖書の[にある, から出た, に関する], 聖書の教えの; 聖書風の: a ~ name 聖書にある人名 / ~ expression 聖書の文句 / ~ language 聖書の言語 / ~ scholars 聖書学者 / ~ literature 聖書文学 / ~ style (欽定訳)聖書風の(壮厳な)文体. **~·ly** *adv.*

Bíblical Hébrew *n.* 聖書ヘブライ語《the Old Testament 原典に用いられたヘブライ語; cf. Hebrew 2 a》.

Bíblical Látin *n.* 聖書ラテン語《聖書の翻訳に用いられたラテン語で中世の初期に西部ヨーロッパに広まった》.

Bíb·li·cìsm, b- [-sìzm] *n.* **1** (聖書の字句を文字通りに解釈する)聖書厳守主義. **2** 聖書主義《聖書のみが信仰の基準であることを主張する神学的諸立場》.

Bíb·li·cist, b- [-sɪst, -səst | -sɪst] *n.* **1** 聖書厳守主義者; 根本主義者 (fundamentalist). **2** 聖書学者.

bib·li·co- [bíblɪko(ʊ), -lə- | -lɪkə(ʊ)] 〘← 《廃》*biblic* 'BIBLICAL'〙 [しばしば B-]「聖書 (Bible)」の意の連結形. ★ 母音の前に来る時は通例 biblic- になる.

bib·li·o- [bíbliə, -lio(ʊ) | -lɪə(ʊ)] 〘⊏ L ~ ← Gk *biblíon* little book: ⇨ Bible〙「書籍 (book), (時に)聖書 (Bible)」の意の連結形: *biblio*phile, *biblio*latry.

bib·li·o·clast [bíbliəklæ̀st, -lio(ʊ)- | -lɪə(ʊ)-] *n.* 書籍破壊(主義)者.

bíblio·film *n.* 図書複写フィルム《図書館などで貴重なまたはよく用いられる文献を撮影するのに用いる; cf. microfilm》.

bibliog. 《略》bibliographer; bibliographical; bibliography.

bìblio·génesis *n.* =bibliogony.

bib·li·og·o·ny [bìbliɑ́gəni | -lɪɔ́gənɪ] *n.* 造本(術), 造本・出版(術)《bibliogenesis ともいう》.

bib·li·o·graph [bíbliəgræ̀f, -lio(ʊ)- | -lɪə(ʊ)grɑ̀ːf, -græ̀f] 〘《逆成》← BIBLIOGRAPHER, BIBLIOGRAPHY〙 *vt.* 〈書物〉に書誌をつける; …の書誌を作る.

bib·li·og·ra·pher [bìbliɑ́grəfə | -lɪɔ́grəfə(r)] 〘《1656》← F *bibliographe* bibliographer+-ER[1]〙 — *n.* **1** 書誌学者, 図書学者. **2** 書誌[書目]編纂者[作成者], 書籍解題者.

bib·li·o·graph·ic [bìbliəgrǽfɪk, -lio(ʊ)- | -lɪə(ʊ)-] 〘⊏ F *bibliographique*: ⇨ -ic[1]〙 *adj.* 書誌(学)の; 書籍解題の; 図書目録の. **bìb·li·o·gráph·i·cal** *adj.* **bìb·li·o·gráph·i·cal·ly** *adv.*

bib·li·og·ra·phy [bìbliɑ́grəfi | -lɪɔ́grəfɪ] 〘《1678》⊏ F *bibliographie* ∥ ← NL *bibliographia* ← Gk *bibliographía*: ⇨ biblio-, -graphy〙 — *n.* **1** 書誌学《文献の歴史・形態・著者などについて研究する学問》. **2** (特定の主題・著者に関する)書誌, 書目: a ~ of linguistics 言語学書誌 / Tennyson ~ テニソン書誌 / a select ~ 選択書誌. **3** 引用文献, 参考書目[文献, 図書]. **4** 本の科学, 図書学 (bibliology).

bib·li·o·klept [bíbliəklèpt, -lio(ʊ)- | -lɪə(ʊ)-] 〘⇨ biblio-, klepto-〙 *n.* 本を万引きする人, 書籍泥棒.

bìblio·klèpto·mánia *n.* 盗書癖.

bib·li·ol·a·ter [bìbliɑ́ləṭə | -lɪɔ́lətə(r)] 〘← BIBLIO-+-LATER: cf. idolatry〙 *n.* (狂信的)聖書[書籍]崇拝者.

bib·li·ol·a·trous [bìbliɑ́lətrəs | -lɪɔ́l-] *adj.* 聖書[書籍]狂信的な.

bib·li·ol·a·try [bìbliɑ́lətri | -lɪɔ́lətrɪ] 〘⇨ bibliolater, -latry〙 *n.* **1** 聖書崇拝, 聖書狂信《聖書の字句に対する極端な尊重》. **2** 書籍崇拝.

bib·li·ol·o·gy [bìbliɑ́lədʒi | -lɪɔ́lədʒɪ] 〘← BIBLIO-+-LOGY〙 — *n.* **1 a** (きわめて広い意味の)本の科学, 図書学. **b** 書誌学 (bibliography). **2** [しばしば B-] 《まれ》聖書学, 聖書(文学)研究.

bib·li·o·man·cy [bíbliəmæ̀nsi, -lio(ʊ)- | -lɪə(ʊ)mæ̀nsɪ] 〘← BIBLIO-+-MANCY〙 *n.* 聖書[書籍]占い《聖書[書籍]を開いて出た所の文句によって吉凶を判断する》.

bib·li·o·mane [bíbliəmèɪn, -lio(ʊ)- | -lɪə(ʊ)-] 〘⊏ F ~ 《逆成》← *bibliomanie* (↓)〙 *n.* =bibliomaniac.

bib·li·o·ma·ni·a [bìbliəméɪniə, -lio(ʊ)-, -njə | bìblɪə(ʊ)méɪnjə, -nɪə] 〘《1809》《変形》← F *bibliomanie*: ⇨ biblio-, -mania〙 — *n.* 書(物)狂, 書痴, ビブリオマニア, 集書狂, 蔵書癖.

bib·li·o·ma·ni·ac [bìbliəméɪniæ̀k, -lio(ʊ)- | -lɪə(ʊ)méɪnɪæ̀k] 〘⇨ ↑, -ac〙 — *adj.* 書(物)狂の, 書痴の, 集書狂の, 蔵書癖の. — *n.* 書(物)狂の人, 書痴の人, 蔵書癖の人, 猟書家 (cf. bibliophile).

bib·li·o·ma·ni·a·cal [bìbliəmənáɪəkəl, -lio(ʊ)- | -lɪə(ʊ)-] *adj.* =bibliomaniac.

bib·li·o·peg·ic [bìbliəpédʒɪk, -píːdʒ- | -lɪə-] 〘⇨ ↓, -ic[1]〙 *adj.* 製本術の. **bìb·li·o·pég·i·cal·ly** *adv.*

bib·li·op·e·gist [bìbliɑ́pɪdʒɪst, -pə-, -dʒəst | -lɪɔ́pɪdʒɪst] 〘⊏ ? F 《廃》*bibliopégiste*: ⇨ ↓, -ist〙 — *n.* 製本術者. **bib·li·op·e·gis·tic** [bìbliəpɪdʒístɪk, -lio(ʊ)- | -lɪə(ʊ)pɪ-] *adj.*

bib·li·op·e·gy [bìbliɑ́pɪdʒi, -pə- | -lɪɔ́pɪdʒɪ] 〘← BIBLIO-+Gk *-pēgia* (← *pēgnúnai* to fasten)〙 *n.* 製本術, 装丁術 (bookbinding).

bib·li·o·phage [bíbliəfèɪdʒ, -lio(ʊ)- | -blɪə(ʊ)-] *n.* (本を食う)シミ, 本虫 (bookworm). **bib·li·oph·a·gous** [bìbliɑ́fəgəs | -lɪɔ́f-] *adj.*

bib·li·o·phil [bíbliəfɪ̀l, -lio(ʊ)- | -lɪə(ʊ)-, -ljə-] *n.* =bibliophile.

bib·li·o·phile [bíbliəfàɪl, -lio(ʊ)- | -lɪə(ʊ)-, -ljə-] 〘⊏ F ~: ⇨ biblio-, -phile〙 — *n.* 書籍[珍書]愛好家, 愛書家, 蔵書家《bibliophilist ともいう》. **bib·li·o·phil·ic** [bìbliəfílɪk | -lɪə(ʊ)-, -ljə-] *adj.*

bib·li·oph·i·lism [bìbliɑ́fəlìzm | -lɪɔ́fɪ-] *n.* 書籍愛好; 蔵書道楽, 蔵書癖.

bib·li·óph·i·list [-lɪst, -ləst | -lɪst] *n.* =bibliophile.

bib·li·oph·i·lis·tic [bìbliɑ̀fəlístɪk | -lɪɔfɪ-] *adj.* 愛書家の.

bib·li·oph·i·ly [bìbliɑ́fəli | -lɪɔ́fɪlɪ] *n.* =bibliophilism.

bib·li·o·phobe [bíbliəfòʊb, -lio(ʊ)- | -lɪə(ʊ)fəʊb, -ljə-] *adj., n.* (極端な)書籍嫌いの(人), 書籍アレルギーの(人).

bib·li·o·pho·bi·a [bìbliəfóʊbiə, -lio(ʊ)- | -lɪə(ʊ)fəʊbjə, -bɪə] 〘← BIBLIO-+-PHOBIA〙 *n.* (極端な)書籍嫌い, 書籍アレルギー.

bib·li·o·pole [bíbliəpòʊl, -lio(ʊ)- | -lɪə(ʊ)pəʊl] 〘⊏ L *bibliopōla* ⊏ Gk *bibliopṓlēs* ← BIBLIO-+*pṓlēs* seller〙 — *n.* 図書販売者, (特に)古[珍]書籍商; 書店, (特に)古書[珍書]店. **bib·li·o·pol·ic** [bìbliəpóʊlɪk, -lio(ʊ)-, -pɑ́l- | -lɪəpə́ʊ-, -lɪə(ʊ)-, -pɔ́l-] *adj.*

bib·li·óp·o·list [-lɪst, -ləst | -lɪst] *n.* =bibliopole.

bib·li·op·o·ly [bìbliɑ́pəli | -lɪɔ́pəlɪ] *n.* (特に, 古書・珍書の)書籍販売.

bib·li·o·the·ca [bìbliəθíːkə, -lio(ʊ)- | -lɪə(ʊ)-] 〘⊏ L ~ 'collection of books, (ML) Bible' ⊏ Gk *bibliothḗkē* book-case, library ← *biblíon* book+*thḗkē* repository〙 — *n.* (*pl.* **~s, -the·cae** [-kiː, -siː, -kaɪ, -saɪ]) **1** 図書館, 文庫; コレクション, 集書. **2** 目録, (書店の)在庫目録[リスト]. **3** 《古》聖書. **bìb·li·o·thé·cal** [-kəl] *adj.*

bìblio·thérapy *n.* 《精神医学》読書療法.

bib·li·ot·ics [bìbliɑ́tɪks | -lɪɔ́t-] 〘← BIBLIO-+-*t*- (添え字)+-ICS: Persifor Frazer (1844–1909: 米国の科学者)の造語〙 — *n.* 筆跡鑑定学. **bib·li·ot·ic** [bìbliɑ́tɪk | -lɪɔ́t-] *adj.* **bib·li·o·tist** [bíbliəṭɪst, -lio(ʊ)-, -ṭəst | -lɪə(ʊ)tɪst] *n.*

Bi·blist, b- *n.* **1** [báɪblɪst, -bl-, -əst | -ɪst] 聖書信仰者《聖書を唯一の信仰基準とする人》. **2** [bíblɪst, -ləst | -lɪst] 聖書学者.

Bib. Sac. 《略》*L.* Biblia Sacra 聖書 (Holy Bible).

bib·u·lous [bíbjʊləs] 〘《1675》← L *bibul(us)* given to drinking (← *bibere* to drink)+-OUS〙 *adj.* **1 a** 飲酒に耽る, 酒好きの. **b** 酒[飲酒]の. **2** 水分[湿気]を吸収しやすい, 吸水[吸湿]性の. **~·ly** *adv.* **~·ness** *n.*

bi·cam·er·al [bàɪkǽm(ə)rəl] 〘《a1832》← BI-[1]+LL *camera* chamber+-AL[1]〙 — *adj.* **1** 《政治》〈議会・立法機関など〉上下両院をもつ, 二院制の. **2** 《生物》〈動植物体など〉二室から成る.

bì·cám·er·al·ìsm [-lìzm] *n.* 《政治》二院制. **bì·cám·er·al·ist** [-lɪst, -ləst | -lɪst] *n.*

bi·cap·su·lar [bàɪkǽpsələ, -sjʊ- | -sjʊlə(r)] *adj.* 《生物》二つの[二室に分かれた] capsule を有する, 二蒴(さく)状の, 二房[室]の蒴の.

bi·carb [baɪkɑ́əb | -kɑ́ːb] *n.* 《口語》=sodium bicarbonate.

bicarb. 《略》bicarbonate; bicarbonate of soda.

bi·car·bon·ate [bàɪkɑ́əbənèɪt, -nət, -nɪt | -kɑ́ːbənət, -bn-, -nɪt, -bənèɪt] *n.* 《化学》**1** 重炭酸塩. **2** 《俗用》=sodium bicarbonate.

bicarbonate of soda 《俗用》=sodium bicarbonate.

bice [báɪs] 〘《a1338》*bis* dark-colored ⊏ (O)F *bis* ← ?〙 *n.* **1** 青または緑の絵具. **2** (鈍い)緑青色, (鈍い)黄緑色.

bíce blúe *n.* 《顔料》=azurite blue.

bíce gréen *n.* =malachite green 1.

bi·cen·ten·a·ry [bàɪsenténəri, baɪsénṭənèri, -ntn- | bàɪsentíːnərɪ, -tén-, baɪséntɪnərɪ] 〘《1862》〙 *adj., n.* 《英》=bicentennial.

bi·cen·ten·ni·al [bàɪsenténiəl, -njəl | -njəl, -nɪəl] 〘《1883》: ⇨ bi-[1], centennial〙 — *adj.* **1** 二百年記念日の, 二百年祭の. **2** 二百年間継続の: a ~ period 二百年にわたる期間. **3** 二百年ごとの, 二百年に一回の. — *n.* 二百年記念日; 二百年祭: celebrate the U.S. ~ 米国建国二百年を祝う. **~·ly** *adv.*

bi·cen·tric [bàɪséntrɪk] *adj.* 《生物》**1** 〈分類単位が〉二つの進化源をもった, 二起源性の. **2** 〈動植物の分布など〉中心が二つある, 二(分布)中心の. **bi·cen·tric·i·ty** [bàɪsentrísəṭi | -sətɪ, -sə-] *n.*

bi·ceph·a·lous [bàɪséfələs | -séf-, -kéf-] *adj.* 《生物》頭が二つある, 両頭の (two-headed).

bi·ceps [báɪseps] 〘《1634》⊏ L ~ 'two-headed' ← BI-[1]+*caput* 'HEAD'〙 — *n.* (*pl.* **~, -ceps·es** [~ɪz, ~əz]) ★ biceps は厳密には単数であるが, 一般には通例複数扱いになる: When he bends his arm the ~ *are* round and hard. **1** 《解剖》二頭筋《上腕二頭筋と大腿二頭筋がある; cf. triceps》: ~ of the arm=biceps brachii. **2** (腕の)筋力; 筋骨のたくましいこと.

bíceps brá·chi·i [-bréɪkiàɪ | -kɪɪ] 〘⊏ L ~: ⇨ ↑, brachio-〙 *L. n.* 《解剖》上腕二頭筋《力こぶのできる筋肉》.

bíceps fé·mo·ris [-fémərɪs, -rəs | -rɪs] 〘← NL ~ 'biceps of femur'〙 *L. n.* 《解剖》大腿二頭筋.

bi·chlo·ride [bàɪklɔ́ːraɪd, -klóːr-, -rɪd, -rəd | -klɔ́ːraɪd] *n.* 《化学》**1** 二塩化物 (dichloride). **2** =mercury chloride 2.

bi·chro·mate [bàɪkróʊmeɪt, -mət, -mɪt | -krə́ʊmət, -mɪt, -meɪt] *n.* 《商用語》《化学》重クロム酸塩, 二クロム酸塩 (dichromate); (特に)=potassium chromate. **bì·chró·màt·ed** [-mèɪṭɪd, -ṭəd | -tɪd, -təd] *adj.*

bichrómate céll *n.* 重クロム酸電池《重クロム酸を電解質とした亜鉛炭素電池; 起電力約 2 V》.

bi·chrome [báɪkroʊm | -krəʊm] *adj.* 二色の.

bi·cip·i·tal [baɪsípɪṭḷ, -pə- | -pɪtḷ] 〘← NL *bicipit-, biceps* (⇨ biceps)+-AL[1]〙 — *adj.* **1** 《植物》二頭の, 一端が二つに分裂する. **2** 《解剖》**a** 〈筋肉が〉二頭の. **b** 二頭筋の.

bick·er [bíkə | -kə(r)] 〘《?c1300》*biker(en)* ← ?: ⇨ -er[4]: cf. MLG *bicken* to prick, thrust / Fris. *bikkern* to hack〙 — *vi.* **1 a** (つまらない事で)口論する, 口喧嘩する〔*about, over*〕. **b** 《古》戦う (fight). **2 a** 〈雨などが〉ぱらぱら降る (patter). **b** 〈小川などが〉さらさら流れる (babble). **3 a** 〈電光が〉きらめく (glitter). **b** 〈灯火などが〉ゆらゆらする (flicker). **4** 《スコット》さっさと動く, 突進する, 急ぐ (hurry). — *n.* **1** (絶え間ない)口論, 口喧嘩 (squabble). **2** (雨の)ぱらぱらいう音, (水の)さらさらいう音. **~·er** *n.* **~·ing** *n.* **~·ment** *n.*

Bi·col [biːkóʊl | -kə́ʊl] *n.* (*pl.* **~, ~s**) =Bikol.

bi·col·lat·er·al [bàɪkəlǽṭ(ə)rəl | -kɔl-, -kəl-] *adj.* 《植物》〈維管束が〉複並立の, 両側立の《木質部の内面と外面が師部におおわれていることにいう》: ~ bundles 複並立[両側立]維管束.

bi·col·or [báɪkʌ̀lə | -lə(r)] 〘⊏ L ~ ∥ F *bicolore*: ⇨ bi-[1], color〙 *n., adj.* 二色(の): a ~ flower 二色花.

bi·col·ored [bàɪkʌ́ləd | -ləd] *adj.* =bicolor.

bícolor lespédeza *n.* 《植物》ヤマハギ (*Lespedeza bicolor*)《東アジア北部に野生するマメ科のハギで, 野鳥の食飼となりまた土砂止めに植えられる》.

bi·com·pact [bàɪkəmpǽkt] *adj.* 《数学》コンパクトの.

bi·con·cave [bàɪkɑnkéɪv, ∸∸∸ | bàɪkɔ́nkeɪv, -kɔ́ŋ-, ∸∸∸] *adj.* 〈レンズなど〉両凹(おう)の: a ~ lens. **bi·con·cav·i·ty** [bàɪkɑnkǽvəṭi | -kɔnkǽvətɪ, -vɪ-] *n.*

bi·con·di·tion·al [bàɪkəndíʃənəl, -ʃnəl] *n.* **1** 二通りの(裏の)意味. **2** 《論理》双条件《任意の二命題 A, B の「同値 (equivalence)」に対する別名; 同値では A, B が共にそれぞれ他と論理的条件関係にあるため》.

bi·cone [báɪkoʊn | -kəʊn] *n.* 二円錐のような物(体).

bi·con·i·cal [bàɪkɑ́nɪkəl, -nə- | -kɔ́nɪ-] *adj.* 二円錐の, 双円錐の.

bicónical anténna *n.* 《通信》双円錐空中線.

bi·con·vex [bàɪkɑnvéks, -kən-, bàɪkɑ́nveks | bàɪkɔ́nveks, bàɪkɔnvéks, -kən-] *adj.* 〈レンズなど〉両凸(とつ)の: a ~ lens. **bi·con·vex·i·ty** [bàɪkənvéksəṭi, -kɑn- | -kɔnvéksətɪ, -kən-, -sɪ-] *n.*

bi·corn [báɪkɔən | -kɔːn] 〘⊏ L *bicorn-is* two-horned ← BI-[1]+*cornis* (← *cornu* 'HORN')〙 — *adj.* **1** 《生物》二つの角をもつ, 双角の. ★《動物》では牛・羊のように左右一対の角のことではなく, 二角犀(さい)のように前後に 2 本の角のあるものをいう. **2** とさかに似た, 三日月形の. — *n.* =bicorne.

bi·corne [báɪkɔən | -kɔːn] 〘⊏ OF ~ < L *bicornis* (↑)〙 *n.* **1** 二角獣. **2** 二角帽 (⇨ cocked hat 1).

bi·cor·nu·ate [bàɪkɔ́ənuèɪt, -nuɪt, -nuət | -kɔ́ːnjʊ-] *adj.* =bicorn.

bi·cor·po·ral [bàɪkɔ́əp(ə)rəl | -kɔ́ː-] *adj.* 〈黄道十二宮の一つが〉二つの体をもっている, 両体の.

bi·cor·po·ra·ted [bàɪkɔ́əpərèɪṭɪd, -ṭəd | -kɔ́ːpərèɪt-] 〘⇨ bi-[1], corporate〙 *adj.* 《紋章》頭が一つで体が二つの (cf. tricorporated).

bi·cor·po·re·al [bàɪkɔəpɔ́ːriəl, -póːr- | -kɔːpɔ́ːrɪ-] *adj.* =bicorporal.

bi·cron [báɪkrɑn, bíkrɑn | báɪkrɔn] 〘《混成》← BI(LLION)+(MI)CRON〙 *n.* ビクロン《10 億分の 1 m; 記号 μμ; cf. micron 1》.

bi·cru·ral [bàɪkrú(ə)rəl | -krúər-] *adj.* 二脚の.

bi·cul·tur·al [bàɪkʌ́ltʃ(ə)rəl] *adj.* 〈国など〉二文化併用の: the ~ tradition of Canada カナダの(フランス文化とアングロサクソン文化の)二文化併用の伝統. **bì·cúl·tur·al·ìsm** [-lìzm] *n.*

bi·cur·sal [bàɪkə́ːsəl, -sḷ | -kə́ː-] 〘← BI-[1]+L *cursus* 'COURSE[1]'+-AL[1]〙 *adj.* 《数学》〈曲線が〉(双曲線のように) 2 つの枝から成る (cf. unicursal).

bi·cus·pid [bàikʌ́spɪd, -pəd | baɪkʌ́spɪd, bɪ-] 〖← NL *bicuspid-, bicuspis* ← BI-[1]+L *cuspid-, cuspis* point〗 ── *adj.* **1** 〘歯科〙〈歯など〉二尖(せん)頭のある, 二咬頭の. **2** 〘解剖〙〈心臓など〉二尖弁(の(ある), 僧帽弁の[を有する]. ── *n.* **1** 〘歯科〙小臼歯(きゅうし)(双頭歯または前臼歯). **2** 〘解剖〙二尖弁, 僧帽弁.

bi·cus·pi·date [bàikʌ́spədèɪt | -pɪ-] *adj.* ＝bicuspid.

bicúspid válve *n.* 〘解剖〙＝mitral valve.

bi·cy·cle [báɪsɪkḷ, -sàɪ-, -sɪ-, -sə- | -sɪ-, -sə-] 〖《1868》□F ～ ← BI-[1]+Gk *kúklos* circle, wheel : ⇨ cycle〗 ── *n.* **1** 自転車 : a ～ ride 自転車乗り / a racing ～ 競争用自転車 / go by [on a] ～ 自転車に乗って行く / ride (on) a ～ 自転車に乗る. **2** 〘トランプ〙 (lowball で)最強の手《最も点の低い手》. ── *vi.* 自転車に乗る[で行く]. ★ cycle が普通.

bícycle-chàin *n.* 自転車のチェーン.

bícycle-clìp *n.* 自転車乗り用クリップ《ズボンの脚部を足首のところで固定するクリップ》.

bícycle-pùmp *n.* 自転車用ポータブルポンプ.

bí·cy·cler [-klə, -klə̀ | -klə(r, -klə(r] *n.* ＝bicyclist.

bícycle ràce [**ràcing**] *n.* 自転車競走, 競輪.

bi·cy·clic [baɪsáɪklɪk, -sík-] *adj.* **1** 二つの円から成る, 二つの円をもつ. **2** 〘植物〙〈花の雄蕊など〉二つの輪生体を成している. **3** 〘化学〙〈化合物など〉二環式の, 双環式の.

bi·cý·cli·cal *adj.* ＝bicyclic.

bí·cỳ·clist [-klɪst, -kləst | -klɪst] *n.* 自転車乗り, 自転車乗用者; (特に)競輪選手 (cf. cyclist) : a professional ～ 職業自転車乗り, 競輪選手 / be a good [bad] ～ 自転車に乗るのが上手[下手]だ.

bid[1] [bíd] 〖《混成》← OE *biddan* to beg, pray (< Gmc **biðjan* (G *bitten*) ← **beð-* ← ? IE **bhedh-* to bend) +OE *bēodan* to offer, command (< Gmc **biudan* (Du. *bieden* / G *bieten*) ← IE **bheudh-* to be aware) : 語義と活用形に上記2種の動詞が混用されている〗 ── *v.* (*vt. 1, 2, 5, 6* では **bade** [bǽ(ː)d | bǽ(ː)d, béɪd], 《古》 **bad** [bǽ(ː)d], *vt. 3, 4, vi.* では ～ ; *vt. 1, 2, 5, 6* では **bid·den** [bídṇ], ～, *vt. 3, 4, vi.* では ～ ; **bid·ding**) ── *vt.* **1 a** [しばしば目的語＋原形不定詞を伴って] 《文語》〈人〉に〈…するように〉命じる, 言いつける (order) : He *bade* me sit down. 私にすわれと言った. ★ Active では原形不定詞, Passive では不定詞に *to* が添えられるのが通例 : He was ～*den to* go. 行くように命じられた / Do as you are ～(*den*). 命じられた通りにせよ. **b** 《古》〈人〉に嘆願する, 懇願する. **2** [しばしば間接目的語を伴って] (〈人〉に)〈挨拶などを〉述べる (express) : ～ a person welcome [farewell] 人に歓迎の挨拶を述べる[別れを告げる] / ～ good night *to* one's parents 両親にお休みなさいと言う. **3 a** (競売・入札で)〈物に〉〈ある金額の値を〉付ける, 入れる, 〈幾ら〉にせる (offer) 〔*for, on*〕 : ～ a good price *for* …によい値を付ける / He ～ $1,000 and got the picture. 1,000 ドルにせってその絵を手に入れた. **b** [二重目的語を伴って]〈人〉に対して〈ある金額の値を〉付ける : I'll ～ you £50. 50 ポンド出そう / How much am I *bid for* this painting? 人はこの絵に幾らの値を付けてくれるだろうか. **4 a** 招く, 招待する (invite) (⇨ bidden, unbidden 2) 〔*to*〕 : be ～*den to* a feast 宴会に招かれる. **b** 《米口語》〈組織などが〉(会員として)…の参加を求める, 勧誘する. **5** 《廃》発表する, 宣言する : ～ the banns 教会で結婚を予告する / ⇨ *bid* DEFIANCE *to*. **6** 〘トランプ〙ビッドする《特定の組(trick)数または点数を取ると宣言すること; 特に, ブリッジで味方の望む切札のスーツ (suit) とそれによって規定数 (6) より余分に勝ちとる組数とを宣言すること》 : ～ (two) hearts (ツー)ハートをビッドする《ハートを切札にして(規定数より2組余分にすなわち8組)とると宣言する》. ── *vi.* **1** 〔物に〕値を付ける 〔*for, on*〕; 〔…に〕入札する 〔*on*〕 : ～ at auction せり売りで値を付ける / ～ *against* a person 人とせり合う, 競争入札する / ～ *for* a contract 契約に入札する / ～ *on* a new airport 新空港の建設に入札する. **2** 〔…を得ようと〕努める, 手を尽くす 〔*for*〕 : ～ *for* popular support 民衆の支持を得ようと努める.

bid fair to do ⇨ fair[2] *adv.* 成句. ***bid in*** 〈持ち主が〉せりに割り込む《最高値をさらにせり上げるため》; 〈持ち主が〉自分にせり落とす. ***bid off*** (競売で)せり落とす; (競売で)処分する. ***bid up*** (1) (競売で)…の値をせり上げる. (2) 〘商業〙〈価格を〉吊り上げる.

── *n.* **1 a** 値を付けること, 入札; 付け値, 指し値 : a ～ of $10 *for* the painting / call for ～*s* (*for*…) (…の)入札を募る. **b** 競売[入札]に付される物. **c** 入札の機会[順番] : The ～ is *with* you. 君が入札[せる]番だ. **2** 〔名声・地位・同情などを得ようとする〕企て (attempt), 努力 (effort) 〔*for*〕/〈*to* do〉: a ～ *for* the Presidency 大統領になろうという企て / a ～ *to* restore peace 平和回復の努力. **3** 《米口語》(入会などの)勧誘, 案内 (invitation) : a ～ *to* join a club 入部の勧誘. **4** 〘トランプ〙 **a** ビッド, せり《特に, ブリッジで何組取ると宣言すること; 一番多くの組数を宣言した者が切札決定権を得る》. **b** 特定のビッド, せり高; せり申し出の番 : a three-diamond ～ (contract bridge で)スリーダイヤモンドのビッド (cf. *vt.* 6) / It's your ～. 君がせり申し出をする番だ.

make a bid for (1) …に入札する. (2) 〈人気など〉を得ようと努力する. 「去分詞.

bid[2] 〖《17C》《尾音消失》← BIDDEN〗 *v.* 《古》bide の過

B.I.D. 《略》Bachelor of Industrial Design; 〘処方〙L. bis in die (＝twice a day).

bi·dar·ka [baɪdάːkə | -dάː-] 〖□ Russ. *baidarka* (dim.) ← *baidara* canoe, coracle〗 ── *n.* (*also* **bi·dar·kee** [-kiː]) バイダルカ《アラスカエスキモーの1-2人用の皮張りボート; kayak ともいう》.

Bi·dault [biːdóu | -dáu; *F.* bido], **Georges** *n.* ビドー《1899– ; フランスの政治家; 第二次大戦中の抵抗運動の指導者; 首相 (1946, '49–50)》.

bid·da·ble [bídəbḷ] *adj.* **1** 〈人が〉言いなりになる, 柔順な. **2** 〘トランプ〙(ブリッジで)ビッド可能な : a ～ suit ビッドできるスーツ《ビッドできる最低条件を備えたスーツ; 通常, 絵札つきで4枚以上の揃い》. **～·ness** *n.* **bìd·da·bíl·i·ty** [-bíləṭi | -lɪtɪ, -lɪ-] *n.* **bíd·da·bly** *adv.*

bid·den [bídṇ] 〖ME (RIDDEN と類推) ∽ OE *beden* (p.p.) ← *biddan* 'to BID[1]'〗 *v.* bid[1] の過去分詞. ── *adj.* 《古》招かれた (cf. unbidden) : a ～ guest.

bíd·der 〖ME : ⇨ bid[1], -er[1] : cf. OE *biddere* petitioner ← *biddan*〗 ── *n.* **1** (競売・トランプなどで)せり手, 入札者 : the highest ～ 最高入札者; (物事を)一番高く買ってくれる人. **2** 命令者. **3** 招待をする人.

bíd·ding 〖ME : ⇨ bid[1], -ing[1]〗 ── *n.* **1** (競売・トランプなどでの)せり, 入札. **2** 言いつけ, 命令 (command) : at the ～ of …の命のままに / do a person's ～ 人の言いつけ通りにする. **3** 勧誘; 招待; 召喚.

at a person's bidding (1) 人の命に従って. (2) 人から招待[召喚]されて.

bídding pràyer 〖《17C》: 《原義》praying of the prayers, i.e., saying of prayers〗 ── *n.* **1** (英国国教会で特殊な目的に会衆の参加を求める)説教前の祈り. **2** (英国国教会で宗教改革前まで行なわれた)祈り《祈りの対象となる人の名前がリストに載っていた》.

Bid·dle [bídḷ], **John** *n.* (1615–62) 英国の神学者; 英国におけるユニテリアン派教義の創始者.

bid·dy[1] [bídi | -dɪ] 〖《1601》← ? BIDDY // 《擬音語》〗 *n.* 《英方言・米》 **1** 鶏. ★ しばしば鶏を呼ぶ時に用いる. **2** ひな (chicken); めんどり (hen).

bid·dy[2] [bídi | -dɪ] 〖↓〗 *n.* **1** 女中, (特に)初老の下女, 洗濯女. **2** 《俗》 **a** [軽蔑的に] 女; (特に, 口うるさい)初老の女. **b** 女教師.

Bid·dy [bídi | -dɪ] 〖(dim.) ← BRIDGET〗 *n.* 女性名.

Bíddy Básketball 〖*Biddy* : 《転訛》← BITTY〗 *n.* 子供バスケットボール《ボールもコートも小さくバスケットの高さも低い》.

bid·dy-bid·dy [bídibìdi | -dɪbɪdɪ] 〖□ Maori *piripiri* : ⇨ piripiri〗 *n.* 《ニュージーランド》〘植物〙 ＝ piripiri; そのいが (bur).

bide [báɪd] 〖OE *bīdan* to await < Gmc **bīðan* (MDu. *bīden* / ON *bīða*) ← IE **bheidh-* to persuade (L *fīdere* to trust) : cf. faith〗 ── *v.* (**bid·ed, bode** [bóud | báud]; **bid·ed,** 《古》 **bid** [bíd]) ── *vt.* **1** 待つ (await). ★ 過去形は bided; 通例次の句で : ～ one's time よい時機[時節]を待つ. **2** [通例否定文で] 《方言》…に堪える (endure). **3** 《古》…に出会う, 出くわす (encounter). ── *vi.* 《文語》 **1** (ある状態を)続ける, 持続する : ～ still じっとしている / let the matter ～ 事態をそのままにしておく. **2** [時の副詞を伴って] 待つ (wait) : *Bide* a bit. ちょっと待ってくれ. **3** 住む (dwell), とどまる (sojourn).

bide by 《古》＝ABIDE *by*.

bíd·er *n.*

bi·dent [báɪdṇt] 〖□ L *bident-, bidens* two-pronged ← BI-[1]+*dent-, dēns* 'TOOTH'〗 *n.* 両尖(せん)器.

bi·den·tate [baɪdénteɪt] 〖⇨ bi-[1], -dentate〗 *adj.* **1** 歯が二つある (two-toothed). **2** 〘化学〙二座(配位)の.

bi·den·tic·u·late [bàɪdentíkjʊlèɪt, -lət, -lɪt] *adj.* 〘動物〙二つの小歯状突起のある.

bi·det [bɪdéɪ, bə-, -dét | bíːdeɪ; *F.* bidɛ] 〖□ F ～ 《原義》small horse ← ? OF *bider* to trot〗 ── *n.* (*pl.* ～**s** [-déɪz, -déts | -deɪz; *F.* ～]) **1** ビデ《主に女性性器や肛門の洗浄を目的とする容器; 水洗式で作りつけのものが多い》. **2** (陸軍で荷役・連絡用の)小型の馬.

bi·di·a·lec·tal [bàɪdàɪəléktḷ] *adj.* 二方言を使用する. **～·ism** [-ṭəlɪzm, -ṭḷ- | -təl-, -tḷ-] *n.*

bi·di·rec·tion·al [bàɪdɪrékʃənḷ, -də-, -daɪ-, -ʃnəl] *adj.* **1** 〈半導体素子など〉両方向に導通可能な. **2** 〈通信線など〉(送信と受信との)両方向兼用の.

bi·don [biːdɔ̃ː(ŋ), -dɔ́(ː)ŋ; *F.* bidɔ̃] 〖□ F ～〗 *n.* 液体を入れる容器; コップ; びん; 石油かん, ドラムかん (oil drum).

bi·don·ville [biːdɔ̃ː(n)víːl, -dɔ(ː)n-; *F.* bidɔ̃vil] 〖□ F ～ ← *bidon* (↑)+*ville* town〗 ── *n.* (フランスなどの都市郊外のドラムかんなどで作った)安普請居留地, バラック部落.

bid·ri [bídri | -rɪ] 〖□ Hindi *bidrī* ← *Bidar* (インドの町の名)〗 *n.* (もとインドで用いられた象眼細工用)スズ合金; それを用いた細工品 (bidri ware ともいう).

B.I.E. 《略》Bachelor of Industrial Engineering.

Bie·der·mei·er [bíːdəmàɪə | -dəmàɪə(r; *G.* bíːdɐmaɪɐ] 〖← *Gottlieb Biedermeier* : ドイツの A. Kussmaul (1822–1902), L. Eichrodt (1827–92) らが凡俗なブルジョワに対する諷刺をこめて, 自分たちの作品をこの仮空の詩人名のもとに発表した〗 ── *adj.* **1** 〈家具が〉ビーダーマイヤー様式の《19世紀前半にドイツ・オーストリアで流行したぼってりした趣味にいう》. **2** [軽蔑的に] **a** (芸術的・知的・社会的に見て)因襲的な, 月並みの, 独創性のない (conventional). **b** 俗物の (philistine).

Biedermeier chairs and ottoman

Biel [bíːl; *G.* biːl], **the Lake of** *n.* ビール湖《スイス北西部の湖; 先史時代の湖上住居の跡がある; 面積 39 km²; フランス語名 le lac de Bienne》.

bield [bíːld] 〖OE *b(i)eldu* < Gmc **balþjōn* ← **balþaz* 'BOLD'〗《スコット》 *n.* 隠れ場, 避難所 (shelter). ── *vt.* …に隠れ場[避難所]を与える (shelter).

Bie·le·feld [bíːləfèlt; *G.* bíːləfɛlt] *n.* ビーレフェルト《西ドイツ North Rhine-Westphalia 州の都市; 人口 170,000》.

Bi·e·lo·rus·sian [bièlo(u)rʌ́ʃən, bjèl- | bɪèlə(u)-, bjèl-] *n., adj.* ＝Belorussian.

bien en·ten·du [bjɛ̃ː(ŋ)-ɑ̃ː(n)tɑ̃ː(n)d(j)úː, -ɔ̃ː(n)tɔ̃ː(n)-, bjæ̃ŋ-ɑːntɑː(n)-, -ɔ(ː)ntɔ(ː)n- | -djúː; *F.* bjɛ̃nɑ̃tɑ̃dy] 〖□ F ～ 'well understood'〗 ── *F. adv.* 当然, もちろん (of course).

Bienne [bjén; *F.* bjɛn], **le lac de** *n.* ビエンヌ湖《Biel 湖のフランス語名》.

biennia *n.* biennium の複数形.

bi·en·ni·al [baɪéniəl, -njəl | -nɪəl, -njəl] 〖《1621》← L *biennium* period of two years (← BI-[1]+*annus* year)+-AL[1]〗 ── *adj.* **1** 2年ごとの, 1年おきの (cf. biannual, triennial) : a ～ election 2年ごとの選挙 / ～ games 2年ごとの競技. **2 a** 2年間継続の. **b** 〘植物〙二年生の, 越年生の : a ～ fruit 二年生果実《2年目に熟する果実》/ a ～ plant 二年生植物. ── *n.* **1** 〘植物〙二年生植物《2年目に開花結実して枯死する; cf. perennial 3》. **2** 2年ごとの行事《試験・展覧会など》; ビエンナーレ(美術展). **～·ly** *adv.*

bi·en·ni·um [baɪéniəm | -énɪ-] 〖□ L ～ (↑)〗 *n.* (*pl.* ～**s, -ni·a** [-niə | -nɪə]) 2年間.

bien·ve·nue [bjɛ̃ː(ŋ)v(ə)n(j)úː, bjæ̃ŋ- | -njúː; *F.* bjɛ̃v(ə)ny] 〖□ F ～ ← *bien* well+*venue* coming〗 *F. adj.* 歓迎される (welcome). ── *n.* 歓迎.

Bien·ville [biénvɪl, -vəl, bjɛ̃ː(ŋ)víːl, bjæŋ- | bjɛ̃ː(ŋ)víːl, bjæŋ-; *F.* bjɛ̃vil], Sieur **de** *n.* ビアンビル《1680–1768; フランスの Louisiana 植民地総督; New Orleans の建設者; 本名 Jean Baptiste Le Moyne [ʒɑ̃ batist lə mwan]》.

bier [bíə | bíə(r] 〖OE *bēr, bǣr* < (WGmc) **bērō* (G *Bahre*) ← **beran* 'to BEAR[2]'〗 ── *n.* **1** 棺台, 棺架; (棺架に安置した)棺 : weep round a person's ～ 棺架を取り囲んで泣き悲しむ, 人の死を悼む. **2** 《古》運搬用具, 担架.

Bierce [bíəs | bíəs], **Ambrose** (**Gwinnett**) [gwɪnét, gwə- | gwɪ-] *n.* (1842–?1914) 米国の新聞記者・短編小説家; *In the Midst of Life* (*Tales of Soldiers and Civilians*) (1892), *The Cynic's Word Book* (*The Devil's Dictionary*) (1906).

bier·stu·be [bíəstuːbə, -ʃtuː- | bíə-; *G.* bíːɐʃtùːbə] 〖□ G *Bierstube* ← *Bier* 'BEER'+*Stube* room (cf. stove[1])〗 ── *n.* (*pl.* ～**s, -stu·ben** [-bɪn, -bən; *G.* -bən]) ビールを出すドイツ(式)の居酒屋, ビヤホール.

biest·ings [bíːstɪŋz] *n. pl.* ＝beastings.

bi·fa·cial [baɪféɪʃəl] *adj.* **1 a** 二面のある. **b** 両面が同じの. **2** 〘植物〙〈葉など〉違う両面のある.

bi·far·i·ous [baɪfɛ́(ə)riəs | -fɛ́ərɪ-] 〖← L *bifarius* twofold+-OUS〗 ── *adj.* **1** 〘植物〙〈葉の面など〉直立した二列をなす. **2** 《古》二つの意味にとれる, 曖昧な (ambiguous).

bi·fer [báɪfə | -fə(r] 〖□ L ～ : ⇨ bi-[1], -fer〗 *n.* 2年ごとに開花[結実]する植物.

biff [bíf] 〖《1888》: 擬音語?〗《俗》 ── *n.* 強打, ぶんなぐること (whack, smack); ぽかり, ぴしゃり《物を打った時の音》 : give a ～ *in* the jaw [eye] あご[目]をぴしゃりと打つ. ── *vt.* ぶつ, ぶんなぐる (punch) : ～ a person *on* the nose.

bif·fin [bífɪn, -fən | -fɪn] 〖《1794》《変形》← *beefing* : ⇨ beef, -ing[3] : 深紅色であることから〗 ── *n.* **1** 〘園芸〙(イングランド Norfolk 州産の)暗赤色の料理用リンゴ. **2** 《英》ケーキなどに平たくして入れた焼きりんご.

bi·fid [báɪfɪd, -fəd | -fɪd] 〖《1661》□ L *bifid-us* split in two parts : ⇨ bi-[1], -fid〗 *adj.* 〘植物〙二裂の; 二またの. **～·ly** *adv.* **bi·fid·i·ty** [baɪfídəṭi | -dətɪ, -dɪ-] *n.*

bi·fi·lar [baɪfáɪlə | -lə(r] 〖← BI-[1]＋FIL(UM)＋-AR[1]〗 ── *adj.* **1** 2本糸[線]の : ～ suspension 〘物理・電気〙二本吊り. **2** 2本の糸[線]で取り付けた, 二本巻きの : ～ winding 〘電気〙(無誘導抵抗を作るための)二本巻き. **～·ly** *adv.*

bi·flag·el·late [baɪflǽdʒəlɪt, -lət, -lèɪt | -dʒe-, -dʒɪ-, -dʒə-] *adj.* 〘動物〙2本の鞭毛(べんもう)をもった.

bi·flex [báɪfleks] 〖← BI-[1]+*-flex* (← L *flexus*) : ⇨ flex〗 *adj.* 2個所で曲がっている.

bi·flo·rate [baɪflɔ́ːreɪt, -flóːr-, -rət, -rɪt | -flɔ́ːr-] 〖← BI-[1]+L *flōr-, flōs* 'FLOWER'+-ATE[2]〗 *adj.* 二花を有する.

bi·flu·or·ide [baɪflú(ə)raɪd, -flɔ́ːr-, -flóːr-, -rɪd, -rəd | -flúəràɪd, -flɔ́ːr-] *n.* 〘化学〙酸性フッ化物, 重フッ化物.

bi·fo·cal [baɪfóukəl | -fə́u-] *adj.* **1** 二つの焦点のある. **2** 〈眼鏡のレンズが〉二焦点の, バイフォーカルの《焦点距離の異なる二部分から成る》; cf. trifocal) : a ～ lens. ── *n.* **1** 二焦点レンズ. **2** [*pl.*] 二焦点眼鏡, バイフォーカル.

bí·fold dóor [báɪfòuld- | -fàuld-] *n.* 折りたたみ戸.
bi·fo·li·ate [bàɪfóuliət, -lɪɪt, -lièɪt | -fəulɪ-] *adj.* 〘植物〙 **1** 二葉の, 二出葉の. **2** =bifoliolate.
bi·fo·li·o·late [bàɪfóuliəlèɪt | -lɪə-] 〘⇨bi-¹, foliolate〙 *adj.* 〘植物〙〈複葉が〉二つの小葉 (leaflets) をもった, 二小葉の.
bi·fo·rate [bàɪfɔ́ːreɪt, -fɔ́ːr-, -rət, -rɪt | -ɔ́ː-] 〘← BI-¹+L *forāt(us)* perforated〙 *adj.* 〘生物〙二つの細穴[毛穴, 気孔, 孔線]のある.

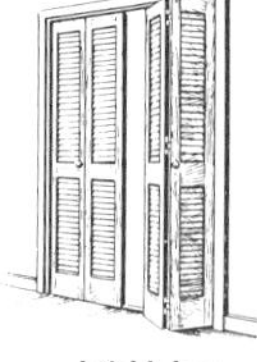
bifold door

bi·forked [bàɪfɔ́əkt | -fɔ́ːkt] *adj.* 二またを成す, 二つの枝に分かれる, 二つの山頂に分岐する.
bi·form [báɪfɔəm | -fɔːm] 〘▭L *biform-is*: ⇨ bi-¹, -form〙 *adj.* (centaur, mermaid のように) 二つの性質[形態]を合わせもった.
Bi·frost [bíːfrɑst, -frɔ(ː)st | -frɔst] 〘▭ON *Bifrǫst* 《原義》 the tremulous way ← *bifask* to tremble+*rǫst* distance〙 ── *n.* 〘北欧神話〙ビフレスト《Asgard から Midgard にかけられた虹の橋》.
bi·fu·el [bàɪfjúːəl, -fjúəl, -fjúːl | -fjúəl, -fjúɪl, -fjúːəl, -fjúːl] *adj.* 二重燃料の: ~ propulsion.
bi·func·tion·al [bàɪfʌ́ŋ(k)ʃənl, -ʃnəl] *adj.* 〘化学〙二機能性の.
bi·fur·cate 〘(1615) ▭ML *bifurcāt-us* ← L *bifurcus* two-forked ← BI-¹+*furca* 'FORK': ⇨ -ate³〙 ── [báɪfə(ː)kèɪt, baɪfə́ːkeɪt | báɪfə(ː)kèɪt] *v.* ── *vi.* 〈川・道・木の枝などが〉二またに分かれる; 〔…に〕分岐する〔*into*〕. ── *vt.* 二またに分ける. ── [bàɪfə́ːkət, -kɪt, -keɪt, báɪfə(ː)kèɪt, -kət, -kɪt | báɪfə(ː)kèɪt] *adj.* 〘解剖〙分岐[分枝]した, 二またの. **~·ly** *adv.*
bi·fur·cat·ed [báɪfə(ː)kèɪṭɪd, baɪfə́ːkeɪ-, -ṭəd | báɪfə(ː)kèɪtɪd, -təd] *adj.* 〘解剖〙=bifurcate.
bi·fur·ca·tion [bàɪfə(ː)kéɪʃən | -fə(ː)-] 〘▭F ~: ⇨ bifurcate, -ation〙 ── *n.* **1** 二またになっていること, 分枝, 分岐. **2** (器官・導管などの)分岐部[点], 分枝部[点]. **3** (二つに分岐した一方の)分枝. **4** 〘歯科〙歯根分岐(部)《歯の根が 2 根に分岐すること, あるいは分岐部》.
big¹ [bíg] 〘(c1300) *big(ge)* strong, full-grown ← ? ON: cf. Norw. 《方言》 *bugge* strong man〙 ── *adj.* (**big·ger**; **big·gest**) **1** (形状・数量的に)大きい (large); 大規模な: a ~ book, city, fleet, river, ship, etc. / a ~ boy 大きな男の子 (cf. 2 a) / a ~ coat 《スコット》オーバー, 外套(がいとう) / a ~ fortune 巨額の財産 / a ~ man 大男 (cf. 5 a) / a ~ majority 大差 / ~ pay 高給 / a ~ voice 大声 / ⇨ big business, big game, big money, big science, big toe / Art with a ~ A 本格的な芸術 / have a ~ breakfast 朝食を沢山食べる. **2 a** 大きくなった, 成長した (grown-up): You're a ~ boy [girl] now. 随分大きくなったね; もう大きいんだから《我慢しなさいなど》(cf. 1). **b** 年上の (elder): ⇨ big brother, big sister. **3** (出産間近で)腹が大きくなって (pregnant); (特に)〈動物が〉はらんで: ~ *with* child [young] 妊娠して[はらんで]腹が大きい. **4** 〔涙・怒りなどで〕いっぱいの; 〔運命・出来事などで〕満ちて (filled) 〔*with*〕: eyes ~ *with* tears / a year ~ *with* events 多事の年 / be ~ *with* fate 運命をはらんでいる / His heart is ~ *with* grief. 心は悲しみに満ちている. **5** 《口語》 **a** 重要な; 有力な, 偉い (important, great); 目立った: a ~ event, issue, responsibility, etc. / the ~ moment of one's life 生涯の重大な時機 / a ~ man in industry 産業界の大物 / do ~ things 大きなことをする / have ~ ideas 大きなことを考える, 野心的である (cf. big idea). **b** 偉そうな, もったいぶる (pompous), 傲慢な (arrogant); 自慢する: a ~ talker ほらふき / ~ words 大言壮語 / ⇨ big talk / feel ~ 自分を偉そうに思う / do the ~ 《口語》偉そうにする (cf. do¹ *vt.* 10). **c** 《米》〈歌手など〉人気のある, 有名な. **6** 《口語》心の大きい, 寛大な (generous): a ~ heart 大きい心, 寛大(さ) (cf. bighearted) / do the ~ thing 寛大な処置をとる / That's ~ *of* you. [しばしば反語的] それはご寛大なこと, これはご親切さま. **7** 《口語》〈風・あらしなど〉強い, 激しい (violent): a ~ earthquake, wind, storm, etc. **8** [一種の強意語として Attributive に用いて] 《口語》大変な, 非常な, 著しい: a ~ baby ひどくおとなげない人, 大きな赤ん坊 / a ~ eater 大食漢 / a ~ liar 大うそつき / the ~*gest* rascal この上もない大悪党 / in a ~ hurry 大急ぎで / He's the ~*gest* fool of the lot. 中で一番のばか者だ.
big on 《口語》…に夢中で, …が大好きで. ***in a big way*** ⇨ way¹ 成句. ***too big for one's boots*** [***breeches***, 《米》 ***pants***] 《口語》(柄にもなく)偉がって, うぬぼれて: get [grow] *too* ~ *for one's* boots うぬぼれる.
── *adv.* **1** 《口語》たくさんに, 十分に (largely): eat ~ / pay ~. **2** 《口語》大きく, 偉そうに (boastfully); 印象的に, 派手に: act ~ 大きな態度をする / talk ~ 大ぶろしきを広げる; 偉そうな口をきく / think ~ 大きなことを考える, 野心的な考え方をする / win ~ 派手な勝ち方をする. **3** 《俗》首尾よく, うまく行って (successfully): go [come] (over) ~ 首尾よくいく, 成功する. **4** [形容詞を修飾して] 《方言》非常に, 大変 (very): ~ lazy, rich, etc.
── *n.* 《口語》重要人物, 大物; 大企業, 大手.
── *vt.* (**bigged**; **big·ging**) 《米中部》妊娠させる.
~·ness *n.*

big² [bíg] 〘ME *bigge(n)* to dwell, build ▭ ON *byggja* ← IE **bheu-* 'to BE¹'〙 *vt.* (**bigged**; **big·ging**) 《英方言》建てる, 建造する.
bi·ga [bíːgɑː, báɪ-, -gə] 〘▭L ~ ← BI-¹+*-ga* (← *jugum* 'YOKE¹')〙 ── *n.* (*pl.* **bi·gae** [bíːgaɪ, -giː, -dʒiː, báɪdʒiː]) ビーガー《古代地中海沿岸諸国で用いられた二頭立て二輪の戦車》.
big·a·mist [bígəmɪst, -məst | -mɪst] *n.* 重婚者.
big·a·mous [bígəməs] *adj.* 重婚の; 重婚罪の: a ~ marriage. **~·ly** *adv.*
big·a·my [bígəmi | -mɪ] 〘(a1325) *bigamie* ▭ (O)F ← *bigame* twice-married ▭ LL *bigamus*: ⇨ bi-¹ -gamy〙 ── *n.* **1** 〘法律〙重婚(罪) (cf. digamy, monogamy). **2** 〘教会〙二重結婚; 結婚戒律違反《婚姻に関する教会法に違反すること; これを犯せば信徒も聖職者もいろいろの特権を失う》.
Bíg Ápple, b- a- *n.* [the ~] ニューヨーク市(の俗称).
big·ar·reau, B- [bígəròu, ⸗⸗⸗ | bígərəu, ⸗⸗⸗; *F.* bigaro] 〘▭F ~ ← *bigarré* variegated: そのまだら色にちなむ〙 ── *n.* 〘園芸〙ビガロー群のオウトウ《甘果オウトウ (sweet cherry) の品種群の一つ; 心臓形で肉が堅く甘い; bigarreau cherry ともいう; cf. duke 3》.
bíg·àss 〘← BIG¹+ASS²〙 *adj.* (*also* **bíg-àss**) 《卑》 **1** 大きい. **2** とてつもない.
bíg bánd *n.* 大編成ジャズ[ダンス]バンド.
bíg báng *n.* [the ~] 〘天文〙(宇宙起源としての)ビッグバン, 大爆発 (⇨ big bang theory).
bíg bánger *n.* ビッグバン説を支持する人.
bíg báng thèory *n.* 〘天文〙ビッグバン説[理論]《100 億から 150 億年前に起こった巨大な爆発によって宇宙が生成されたという説; cf. steady state theory》.
bíg béat, B- B- *n.* 《米俗》=rock 'n' roll.
Bíg Bén 〘← *Sir Benjamin Hall* (1802-67: 工事責任者)〙 ── *n.* **1** ビッグベン《英国国会議事堂の Clock Tower の大時鐘; 直径 9 フィート, 重量 $13^1/_2$ トン; 1856 年鋳造》. **2** ビッグベン塔; (特に)ビッグベンの時計.
Bíg Bénd Nátional Párk *n.* ビッグベンド国立公園《米国 Texas 州南西部にあり, 山と砂漠の景色で有名, 1944 年指定; 面積 2,866 km²》.
Bíg Bénd Státe 〘⇨ Tennessee〙 *n.* [the ~] 米国 Tennessee 州の俗称.
Bíg Bértha 〘《なぞり》← G *dicke Bertha* 《原義》 fat Bertha ← *Frau Bertha Krupp von Bohlen und Halbach* (1886-1957: 第一次大戦当時ドイツ軍の大砲の大部分を製造していた Krupp 製鉄所の女社長)〙 ── *n.* 《口語》 **1** ビッグバーサ, 42 センチ砲《第一次大戦に用いられたドイツの巨砲》. **2** 太った女.
Bíg Bóard, b- b- *n.* [the ~] 《米口語》 New York 証券取引所の俗称.
bíg-bóned *adj.* 骨太の, 骨格のしっかりした.
bíg-bóre *adj.* 《米》〈火器が〉大口径の (cf. small-bore 1).
bíg bóy *n.* [しばしば皮肉な呼掛け] 《口語》=bigwig.
bíg bróther *n.* **1** 兄, 兄貴. **2** [しばしば B- B-] 男性の非行少年指導員 (cf. big sister). **3** [G. Orwell, *1984* から] [しばしば B- B-] **a** (個人に不当な権力を行使して統御しようとする)独裁主義の国家[組織]. **b** (国家・組織の)独裁的な指導者.
bíg búd *n.* 〘植物病理〙虫こぶ.
bíg bùg *n.* 《俗》=bigwig.
bíg búsiness *n.* **1** [集合的; しばしば軽蔑的に] 財閥, 独占資本; 大企業: a ~ man 大資本家; 大企業の経営者. **2** 大きな公共施設.
bíg casíno *n.* 〘トランプ〙ビッグカジノ《カジノでダイヤの 10; それを取った人に 2 点加算される》.
bíg chéese [**chíef**] *n.* 《俗》=bigwig.
bíg-còne píne *n.* 〘植物〙=Coulter pine.
Bíg Dáddy *n.* 親分, おやじ《がっちりとしたいかにも頼りになりそうな親分タイプの人》.
Bíg Díomede *n.* ⇨ Diomede Islands.
Bíg Dípper *n.* **1** [the ~] 《米》〘天文〙北斗七星 (⇨ dipper 4 a). **2** [b- d-] 《英》ジェットコースター.
bíg dóg *n.* **1** 《まれ》番犬 (watch dog). **2** 《米俗》大物, 有力者.
bi·gem·i·nal [bàɪdʒémɪnl, -mə- | -mɪ-] 〘← LL *bigeminus* ← BI-¹+L *geminus* twofold〙 *adj.* 〘解剖・医学〙 **1** 対の, 双胎[双生]の. **2** 〈脈が〉二段[二連]の.
bi·gem·i·ny [bàɪdʒéməni | -mɪnɪ] 〘⇨↑, -y¹〙 *n.* 〘解剖・医学〙二段脈, 二連脈.
bíg ènd *n.* 〘機械〙ビッグエンド, 大端部《エンジンの連接棒のクランク側の端部; この端は他端より大きくなっている》.
Bíg-énd·i·an [-éndiən | -dɪən, -djən] *n.* 大端派の人 (⇨ Little-endian 1).
bi·ge·ner·ic [bàɪdʒənérɪk] 〘← L *bigener* hybrid (← BI-¹+*gener-*, *genus* kind, race)+-IC¹〙 *adj.* 二種類の.
bíg·èye *n.* 〘魚類〙キントキダイ属の目の大きい魚 (*Priacanthus cruentatus* または *P. arenatus*) 《太平洋西インド諸島などの暖海にすむ銀赤色の食用魚》.
bíg-èyed scád *n.* 〘魚類〙目が大きくて突出た熱帯地方産のアジ科の食用魚 (*Selar crumenophthalmus*) 《bigeye scad, goggler, goggle-eye ともいう》.
Bíg Fíve *n.* [the ~] **1** (第一次大戦中および同講和会議当時の)五大国《英・米・フランス・イタリア・日本》. **2** (第二次大戦後の国連における)五大国《米・英・ソ連・中国・フランス》. **3** 傑出した五者, 五巨頭《人・会社・国など》.
Bíg Fóur *n.* [the ~] **1** (第二次大戦後の国連における欧米の)四大国《米・英・フランス・ソ連》. **2** 傑出した四者, 四巨頭《人・会社・国など》.

bigg¹ [bíg] *vt.* =big².
bigg² [bíg] 〘(15C) *big* ▭ ON *bygg* barley: cf. OE *bēow*〙 *n.* 《英》〘植物〙=four-rowed barley (cf. bere).
bíg gáme *n.* **1** [集合的] **a** (猟の対象としての)大きな獲物, 大猟獣《象・ライオンなど》: ~ hunting 猛獣狩 / a ~ hunter 猛獣狩をする人. **b** (釣の対象としての)大きな魚《マカジキ・マグロなど》. **2** (獲得に危険を伴う)大物, 大目的.
big·ge·ty [bígəṭi, -gə- | -tɪ] 〘← ? BIG¹ (adj.)+-Y⁴: cf. uppity〙 *adj.* 《米南部・中部》 **1** うぬぼれの強い (conceited). **2** 傲慢な (impudent).
big·gie [bígi | -gɪ] 〘← BIG¹ (adj.): ⇨ -ie, -y²〙 *n.* 《米口語》 **1** 大きい[でかい]人. **2** お偉方, 大物, ボス, 有力者 (bigwig).
big·gin [bígɪn, -gən | -gɪn] 〘▭F *béguin* cap worn by Beguines〙 ── *n.* 《英方言》 **1** ビギン(帽)《あごの下で結ぶ形で頭にぴったりした婦人・子供用のキャップ》. **2** ナイトキャップ (nightcap).
big·ging [bígɪn, -gən | -gɪn] 〘ME ~: ⇨ big², -ing¹〙 *n.* (*also* **big·gin** [~]) 《英方言》建物; 家.
bíg·gish [-gɪʃ] *adj.* やや[比較的]大きい.
big·gi·ty [bígɪṭi, -gə- | -tɪ] *adj.* 《米南部・中部》=biggety.
bíg gún *n.* 《俗》 **1 a** 大物, 名士, 重要人物, 顔役 (bigwig). **b** 重要事, 重要な要素. **2** 〘サーフィン〙=gun 10.
big·gy [bígi | -gɪ] *n.* =biggie.
bíg·hèad *n.* **1** 〘獣医〙頭がはれあがる羊の病気《悪性水腫菌によって起こり, 主に子羊がかかり, 多くは致死的な経過をとる》. **2** 《口語》うぬぼれ[自負心](の強い人).
bíg-héaded *adj.* **1** 大頭の. **2** 《口語》うぬぼれ[自負心]の強い.
bíg·héarted *adj.* 寛大な, 親切な (generous). **~·ly** *adv.* **~·ness** *n.*
bíg·hòrn *n.* (*pl.* ~, ~**s**) 〘動物〙ビッグホーン, オオツノヒツジ (*Ovis canadensis*) 《Rocky 山脈にすむ大角をもつ野生の羊; Rocky Mountain sheep, mountain sheep ともいう》.
Bíg·hòrn *n.* [the ~] 米国 Wyoming 州中部に源を発する川; Montana 州南部で Yellowstone 川に注ぐ (740 km).
Bíg Hòrn Móuntains *n. pl.* [the ~] ビッグホーン山脈《米国 Wyoming 州北部の山脈, Rocky 山脈の一部》.

bighorn

bíg hòuse, B- H- *n.* **1** [the ~] (村一番の)豪家, 大地主の邸宅. **2** [the ~] 《俗》刑務所. **3** 《米南部・中部》(家の)応接間, 居間.
bight [báɪt] 〘OE *byht* bend < Gmc **buχtiz* ← IE **bheug-* to swell: cf. bow²〙 ── *n.* **1 a** たるんだ綱の中ほどの部分《end に対していう》. **b** 綱の輪(の部分). **2 a** 海岸や川の彎曲部 (curve). **b** そのような彎曲部内の水域; 湾 (bay): ⇨ Bight of BENIN. ── *vt.* **1** 〈綱を〉輪にする[して締める]. **2** 綱の輪でしめる.
bíg idéa *n.* 《口語》[通例, 反語的] (大した)計画, もくろみ, 意図 (cf. big¹ *adj.* 5 a): What's the ~? 計画は何だね《どんなばかな事を計画しているのか》.
bi·git [bídʒɪt, -dʒət | -dʒɪt] 〘《短縮》← *b(inary d)igit*〙 *n.* 〘数学〙=binary digit 1.
bíg láurel *n.* 〘植物〙 **1** =evergreen magnolia 1. **2** 北米東部産の淡紅[白]色の花の咲くシャクナゲ属の一種 (*Rhododendron maxima*) 《great laurel, great rosebay ともいう; 米国 West Virginia 州の州花》.
bíg-léague *adj.* 《米口語》(ある分野で)最高の, 最もレベルの高い.
bíg léague, B- L- *n.* 《米口語》 **1** =major league. **2** 同種のものの中で最もレベルの高いもの.
bíg-léaguer *n.* 《米口語》 **1** 〘野球〙メージャーリーグ (Major League) の選手, 大リーガー; 熟練したプレーヤー. **2** (ある企業・職業などの)トップの人.
bíg líe 〘cf. G *grosse Lüge*〙 ── *n.* [the ~] **1** (いつかは信じるようにするために絶えず繰り返して行なう)事実の途方もない偽り, 大うそ. **2** (事実の途方もない偽りを利用して行なう)宣伝手法.
bíg·ly 〘ME〙 *adv.* **1** 大規模に, 包括的に. **2** 《古》偉そうに, 傲慢に.
bíg mán *n.* 《米俗》キャンパスの花形[人気者] (cf. big¹ *adj.* 5 a, BMOC).
bíg móney *n.* 《口語》 **1** 大金. **2** 高給, 大利益.
bíg·mòuth *n.* **1** 〘魚類〙大きな口の魚の総称: **a** オオクチバス (largemouth bass). **b** =warmouth. **c** =squawfish. **2** 《俗》大声でしゃべりまくる人, 大言壮語する人. **bíg·móuthed** [-máuðd, -máuθt] *adj.*
bigmouth búffalo *n.* 〘魚類〙北米の大河・入江などにすむサッカー科の魚 (*Ictiobus cyprinellus*) 《体長 1 m 近くのものもある; bigmouth buffalo fish ともいう》.
bigmouth shíner *n.* 〘魚類〙北米産コイ科の淡水魚 (*Notropis dorsalis*).
bíg-náme *adj.* 《口語》 **1** 〈人・物が〉有名な (famous); 一流の: a ~ professor / a ~ university 有名大学. **2** 有名人の, 有名人から成る: a ~ board of education 有名人から成る教育委員会.
bíg náme *n.* 《口語》有名人, 大物(グループ), 一流役者[出演者].
bíg nóise *n.* **1** 大騒音. **2** 《俗》=bigwig.

big·no·ni·a [bɪgnóunɪə|-nóunjə, -nɪə]〘← NL ～ ← *J. P. Bignon* (1662–1743 : Louis 十五世の司書官) : ⇨ -ia¹〙 ── *n.* 〘植物〙ノウゼンカズラ科ツリガネカズラ属 (*Bignonia*) やノウゼンカズラ属 (*Campsis*) の観賞植物の総称《ツリガネカズラ (*B. capreolate*) など》.

Big·no·ni·a·ce·ae [bɪgnòuniéɪsiì:|-nàunɪ-]〘← NL ～ : ⇨↑, -aceae〙 *n. pl.* 〘植物〙ノウゼンカズラ科. **big·nò·ni·á·ceous** [-ʃəs] *adj.*

big·ot [bígət]〘《1598》□(O)F ～ □? ME *bigod* by God〙 *n.* 偏狭な信者 ; 頑固な迷信家 ; (凝り固まった)偏屈者, 一刻者.

bíg·ot·ed [-tɪd, -təd|-tɪd, -təd] *adj.* 凝り固まった, 頑固一点張りの, 偏屈な : be ～ *in* [*to*] one's opinions / He is ～ *to* ancient customs. 旧慣を墨守している. **～·ly** *adv.*

bi·got·ry [bígətri|-rɪ] *n.* 頑固な信仰, 偏狭な信念 ; 偏執, 偏屈(な言行) (cf. tolerance 1).

bíg pícture *n.* 《口語》(映画上映番組の中で)主映画.

bíg pòt *n.* 《俗》=bigwig.

bíg ságebrush *n.* 〘植物〙=sagebrush.

bíg scíence *n.* 巨大科学, ビッグサイエンス《大規模な資本投資を必要とする科学的研究・調査》.

bíg shòt *n.* 《俗》=bigwig.

bíg síster *n.* **1** 姉. **2** 女性の非行少女指導員 (cf. big brother). **3** (大学新入女子学生の相談役をする)上級女子学生.

Bíg Smóke *n.* **1** [b- s-]《豪》大きな町 (town), 都市 (city). **2** [the ～]《英俗》ロンドン (London).

bíg stíck〘← *speak softly and carry a big stick* (Theodore Roosevelt の言った言葉)〙 ── *n.* **1** [通例 the ～] (政治的または経済的・軍事的な)圧力 ; 勢力の誇示, 脅威 (cf. stick¹ 2 c) : a ～ policy. **2** 《俗》長ばしご ; (特に) =aerial ladder.

bíg tálk *n.* 《口語》**1** 大ぶろしき, ほら. **2** 大切な会議, 重要会談.

Bíg Thrée *n.* [the ～] **1** 三大国《米・ソ連・中国(もとは英)》. **2** 傑出した三者, 三巨頭《人・会社・国など》.

bíg-tícket *adj.* 《米》高い定価札のついた, 高価な.

bíg-tíme *adj.* 《俗》最高の, 一流の (top-notch) (cf. small-time) : a ～ performer, singer, theater, etc.

bíg tìme *n.* **1** 《俗》愉快な時 : I had a ～ there. そこでは愉快だった. **2** [the ～]《米俗》入場料が高く 1 日 2 回の興業だけでもうかる寄席[演芸] (cf. small time 1). **3** [the ～]《俗》(収入・品位から見ての)最高水準, トップクラス : be in *the* ～ トップクラスにいる.

bíg-tìmer *n.* 《俗》最高の人物 (top-ranker) ; =bigwig.

bíg tóe *n.* 足の親指 (cf. great toe).

bíg tòp *n.* 《口語》**1** (サーカスの)大テント (main tent). **2** [the ～] サーカス.

bíg trèe *n.* 〘植物〙=giant sequoia.

bi·gua·nide [baɪgwá:naɪd, -nɪd, -nəd|-naɪd, -nɪd]〘← BI-¹+GUAN(IDINE)+-IDE²〙 *n.* 〘化学〙ビグアニド, ジグアニド (NH[C(=NH)NH$_2$]$_2$)《無色の結晶》.

bíg whéel *n.* **1** =Ferris wheel. **2** 《米俗》=bigwig.

bíg·wìg *n.* 《口語》お偉方, 実力者, 大物, 名士 ; (特に, 官界の)大立物.

Bi·har [bɪhá:ə|-há:(r ; *Hindi* byhar] *n.* ビハール《インド北東部の州 ; 人口 56,333,000, 面積 174,038 km², 首都 Patna》.

Bi·ha·ri [bɪhá:ri|-rɪ]〘□ Hindi *bihārī*〙 *n.* (*pl.* ～, ～s) **1** (インド北東部の)ビハール (Bihar) 人. **2** ビハール語《ビハール人の話す Hindi 語の方言群》.

bi·jec·tion [bàɪdʒékʃən]〘← BI-¹+(PRO)JECTION〙 *n.* 〘数学〙全単射 (全射 (surjection) でかつ単射 (injection) であるような写像).

bi·jou [bí:ʒu:, ─́ ─|─́ ─ ; *F.* biʒu]〘□ F ～ □ Breton *bizou* ring ← *biz* finger : cf. Welsh *bys*〙 ── *n.* (*pl.* **bi·joux** [～z ; *F.* ～]) **1** 宝玉, 珠玉 (gem) ; 玉飾り, 装飾物. **2** 小さくて優美な(細工)物. ── *adj.* (特に)〈建物が〉小さくて優美な, 珠玉のような : a ～ residence [villa] こぢんまりした優雅な邸宅[住宅].

bi·jou·te·rie [bɪʒú:təri:|-tərɪ ; *F.* biʒutri]〘□ F ～ : ⇨↑, -ery〙 *n.* **1** [集合的]宝石類, 珠玉 (jewelry) ; 装飾品, 飾りつけ. **2** =bon mot.

bijoux *n.* bijou の複数形.

bi·ju·gate [báɪdʒugèɪt, bàɪdʒú:gət, -gɪt, -geɪt] *adj.* 〘植物〙〈羽状複葉が〉二対ある, 二対の小葉を有する.

bi·ju·gous [báɪdʒugəs|bàɪdʒú:-] *adj.* 〘植物〙=bijugate.

Bi·ka·ner [bìkənɛ́ə, bì:-, -nɪ́ə|-nɛ́ə(r, -nɪ́ə(r] *n.* ビカネル《インド北西部 Rajasthan [rá:dʒəstà:n] 州の都市 ; じゅうたん・毛布の特産地 ; 人口 189,000》.

bike¹ [báɪk]〘ME ←? ON *bȳ* bee〙 *n.* 《スコット》**1** (野生の)蜂の巣. **2** 人の群れ, 群集.

bike² [báɪk]〘《1882》《短縮》← BICYCLE〙《口語》── *n.* 自転車 ; オートバイ. ── *vi.* 自転車[オートバイ]に乗っていく. ── *vt.* [～ it として] 自転車[オートバイ]に乗っていく.

bík·er *n.* 《米》単車 (motorcycle) に乗る人, (特に, 単車協会[連盟]に加入している)オートバイ乗り.

bíke·wày *n.* 《米》自転車専用路.

Bi·ki·ni [bəkí:ni|bɪkí:nɪ] *n.* **1** ビキニ環礁《北太平洋 Marshall 諸島中の環礁 ; 米国の信託統治領 ; 1946 年以来原水爆の実験が行なわれた》. **2**〘□ F ～ : 当初の '衝撃的効果' を Bikini の原水爆実験になぞらえたもの〙[b-] **a** ビキニ《露出部の多いツーピースの婦人用水着》. **b** ビキニ型パンティー. **bi·kí·nied** *adj.*

Bi·kol [bi:kóul|-kául]〘□ Bikol & Tagalog ～〙 *n.* (*pl.* ～, ～s) **1 a** ビコール族《南東 Luzon 島および付近のビサヤ諸島に住むキリスト教化したマライ人》. **b** ビコール族の人. **2** ビコール語《ビコール族の話す Malayo-Polynesian 語》. **3** ビコール地方.

bi·la·bi·al [bàɪléɪbiəl|-bjəl, -bɪəl]〘⇨ bi-¹〙〘音声〙 *adj.* 両唇(音)の. ── *n.* 両唇音《上下の唇で調音される音 ; [p], [b], [m] など》.

bi·la·bi·ate [bàɪléɪbiət, -bɪɪt, -bièɪt|-bɪət, -bɪɪt, -bɪèɪt] *adj.* 〘植物〙〈花冠が〉両唇(しん)形の : a ～ corolla 両唇形花冠.

bil·an·der [bíləndə, báɪ-|-də(r]〘□ Du. *bijlander* ← *bij* 'BY¹'+*land* 'LAND¹'+-*er* '-ER¹'〙 ── *n.* 〘海事〙ビランダー(船)《オランダ沿岸または内陸用の二本マストの小型商船》.

bi·lat·er·al [bàɪlǽtərəl, -trəl|-lǽt(ə)r-] *adj.* **1** 両側のある (two-sided). **2** 〘生物〙(左右)両側性の : ⇨ bilateral symmetry. **3** 〘政治〙両党の, 両派の ; 〘法律〙双方の, 互恵的な, 双務的な (cf. unilateral) : a ～ contract 双務契約. **4** 〘人類学・社会学〙父母両系の, 両親から遺伝した, 複系の (cf. unilateral). **5** 〘教育〙〈中等学校・教育制度が〉(普通科・技術科などの)二つの課程から成る. **6** 〘解剖・病理〙両側(性)の, 両側に見られる. ── *n.* 対立する二つの側だけの会議[討議], 両者会談. **～·ly** *adv.* **～·ness** *n.*

biláteral anténna *n.* 〘通信〙双向空中線《前後 2 方向に放射する空中線》.

bì·lát·er·al·ìsm [-lɪzm] *n.* **1** 〘生物〙左右相称. **2** 〘法律〙双務(契約)制[主義].

biláteral nétwork *n.* 〘電気〙両方向性回路網.

biláteral sýmmetry *n.* 〘生物〙(身体の)左右相称 (cf. radial symmetry).

Bi·la·te·ri·a [bàɪlətí(ə)riə|-tíərɪə]〘← NL ～ ← BI-¹+L *later-*, *latus* side+-IA²〙 *n. pl.* 〘動物〙左右相称動物類.

bi·lay·er [báɪlèɪə, -lɛ̀ə|-lèɪə(r, -lɛ̀ə(r] *n.* 〘生化学〙二重膜《原形質膜などのように分子層が二重になっている膜》.

Bil·ba·o [bɪlbá:ou, -báu, -béɪou|-bá:əu, -béɪəu ; *Sp.* bilbáo] *n.* **1** ビルバオ《スペイン北部の商工業都市で, Biscay 湾に近い海港 ; 人口 472,000》. **2** 《米》=Bilbao glass.

Bilbáo glàss *n.* 《米》ビルバオ鏡《元来スペインより輸入された, 18 世紀後期の大理石製の額が付いた精巧な壁鏡》.

bil·ber·ry [bílbèri, -b(ə)ri|-b(ə)rɪ]〘← *bil-* (?← Scand.)+BERRY : cf. Dan. *bøllebær* ← *bølle* bilberry +*bær* berry〙 ── *n.* **1** 〘植物〙コケモモ《コケモモ属 (*Vaccinium*) の植物の総称 ; whortleberry, blueberry など ; cf. cranberry》. **2** コケモモの実.

bil·bo¹ [bílbou|-bəu]〘← *Bilboa* (Bilbao の古形 ; その製造地)〙 *n.* (*pl.* **～es, ～s**) 《古》(スペインの)ビルボー剣《精巧に鍛えた剣》.

bil·bo² [bílbou|-bəu]〘←《古形》*bilbowe* ←? *Bilboa* (↑)〙 ── *n.* (*pl.* **～es**) [通例 *pl.*] ビルボー型足かせ《鉄棒を通した足かせで昔船中で捕虜や罪人などに対して用いた》.

bilbo²

bil·boa [bílbou|-bəu] *n.* =bilbo¹.

bil·bo·quet [bìlbəkét]〘□ F ～ < OF *billeboquet* ← *bille* ball+*bouquer* to thruct (← *bouc* male goad ← Celt.)〙 *n.* 剣玉(けんだま)遊び (cf. CUP and ball) : play ～.

Bil·dungs·ro·man [bíldùŋsro(u)mà:n|-rə(u)- ; *G.* bíldʊŋsromà:n]〘□ G ～ ← *Bildung* education, culture+*Roman* novel〙 ── *n.* (*pl.* **-ro·ma·ne** [-mà:nə ; *G.* -mà:nə], **～s**) ビルドゥングスロマン《主人公の精神的・情緒的成長を扱った教養小説》.

bile [báɪl]〘□ F ～ □ L *bīlis* gall, bile〙 ── *n.* **1** 〘生理〙胆汁 (cf. yellow bile) : derangement of the ～ 不機嫌. **2** 癇癪, 不機嫌 (ill humor) : stir [rouse] a person's ～ 人を怒らせる. 「の一つ》.

bíle ácid *n.* 〘生化学〙胆汁酸《動物胆汁の主要成分

bi·lec·tion [baɪlékʃən] *n.* 〘建築〙=bolection.

bíle dùct *n.* 〘解剖・動物〙胆管.

bíle sàlt *n.* **1** 〘生化学〙胆汁酸 (bile acid) の塩. **2** 〘薬学〙胆汁酸塩《羊の胆汁から製し, 強肝剤または緩下剤として用いる》.

bíle·stòne *n.* 〘病理〙胆石 (gallstone).

bí-lével [báɪ-] *adj.* **1** 〈貨物・乗客を乗せる〉スペースが二層[階]になった. **2** 〘建築〙(一階が半地下になり)上下二階に分かれた. ── *n.* 一階が半地下になった二階建ての家.

bilge [bíldʒ]〘《c1500》《変形》←? BULGE〙 ── *n.* **1** (樽などの)腹, 胴 (belly), ふくれ. **2 a** =bilge water 1. **b** 《俗》くだらない話[考え] (rubbish). **3** 〘海事〙**a** (船底の)ビルジ, 彎曲部. **b** 船底のあか溝 (bilge well ともいう). ── *vi.* **1** 〘海事〙〈船が〉(岩に当たったりなどして)船底に穴があく. **2** 《俗》くだらぬことを話す. ── *vt.* 〘海事〙〈岩などが〉〈船〉の底に穴をあける.

bílge blòck *n.* 〘造船〙腹盤木(ばんぎ)《進水台などで船体が倒れないように船底両側彎曲部 (bilge) 付近にあてる大型の角材》.

bílge·bòard *n.* 〘海事〙ビルジボード《船底内部両側の汚水溝にかぶせる覆板》.

bílge kèel *n.* 〘海事〙ビルジキール, 彎曲部竜骨《船の横揺れを水の抵抗で抑制するために船底の両側に縦行させた翼状突出材 ; bilge piece ともいう》.

bílge kèelson *n.* 〘海事〙ビルジキールソン《ビルジ付近に配置される内竜骨》.

bílge pìece *n.* 〘海事〙=bilge keel.

bílge-pùmp *n.* 〘海事〙ビルジポンプ《船底にたまる汚水をかい出すポンプ》.

bílge ràil *n.* 〘海事〙ビルジレール《救命ボートの彎曲部に取り付けた横木で, 転覆した時つかまるためのもの》. 「板》.

bílge stràke *n.* 〘海事〙ビルジ外板《船底彎曲部の外

bílge wàter *n.* **1** 〘海事〙船底にたまる汚水, あか, ビルジ, 淦水(かんすい). **2** 《俗》=bilge 2 b.

bílge wàys *n. pl.* [時に単数扱い]〘造船〙進水台, (船の)すべり台.

bílge wèll *n.* 船底のあか溝, 船の汚水溝.

bilg·y [bíldʒi|-dʒɪ] *adj.* (**bilg·i·er, -i·est ; more ～, most ～**) 〘海事〙ビルジ臭い, 船底汚水の臭いのある.

bil·har·zi·a [bɪlhá: əziə, -tsiə|-há:zɪə, -tsɪə]〘← NL ～ ← *Theodor M. Bilharz* (1825–62 : ドイツの寄生虫学者, その発見者) : ⇨ -ia¹〙 ── *n.* **1** 〘動物〙ビルハルツ住血吸虫《水浴中または飲用水から人体の血液および膀胱(ぼうこう)にはいるビルハルツ属 (*Bilharzia*) の寄生虫の総称 ; ビルハルツ住血吸虫 (*B. haematobia*) は Nile 河畔, Madagascar 島などの住民に寄生する ; cf. schistosome》. **2** 〘病理〙=bilharziasis. **bil·hár·zi·al** [-ziəl, -tsiəl|-zɪəl, -tsɪəl] *adj.*

bil·har·zi·a·sis [bɪlhɑ:əzáɪəsɪs, -tsáɪə-, -səs|-hɑ:záɪəsɪs, -tsáɪə-]〘← NL ～ : ⇨↑, -asis, -osis〙 ── *n.* (*also* **bil·har·zi·o·sis** [bɪlhɑ̀:əzióusɪs, -tsi-, -səs|-hɑ̀:zɪə́usɪs, -tsɪ-]) 〘病理〙ビルハルツ住血吸虫症《bilharzia, schistosomiasis ともいう》.

bil·i- [bílə|-lɪ]〘← L *bilis* bile〙「胆汁, 胆汁から抽出した」の意の連結形.

bil·i·ar·y [bílièri, -ljəri|bíljərɪ, -lɪərɪ]〘□ F *biliaire* : ⇨↑, -ary〙 ── *adj.* **1** 〘生理〙胆汁[胆管]の ; 胆汁を運ぶ : ～ ducts 胆管. **2** 《古》〘病理〙=bilious : ～ colic 胆仙痛, 胆道痛.

bíliary cálculus *n.* 〘病理〙=gallstone 1.

bi·lin·e·ar [baɪlíniə|-nɪə(r, -njə(r] *adj.* **1** 二本の線の. **2** 〘数学〙双一次の : ～ coordinates 双一次座標.

bilínear fórm *n.* 〘数学〙双一次形式.

bi·lin·e·ate [bàɪlínièɪt, -niət, -niɪt|-nɪèɪt, -nɪət, -nɪɪt]〘⇨ bi-¹〙 *adj.* 〘動物〙二本の線がついた.

bi·lin·gual [bàɪlíŋgwəl, -gjuəl|-gwəl]〘《1847》← L *bilinguis* (← BI-¹+*lingua* 'TONGUE')+-AL¹〙 ── *adj.* **1** 二国語[言語]を(自由に)話す : a ～ person. **2** 〈書物・辞典など〉二国語で記述された ; 二言語(併用)の : a ～ dictionary 二国語辞典, 対訳辞典. ── *n.* 二国語[言語]を話す人. **bi·lin·gual·i·ty** [bàɪlɪŋgwǽləti|-ləti, -lɪtɪ] *n.* **～·ly** *adv.*

bì·lín·gual·ìsm [-lɪzm] *n.* (常に)二国語[言語]を話すこと, 二国語[言語]併用(能力).

bi·lin·guist [bàɪlíŋgwɪst, -gwəst|-gwɪst] *n.* 二国語[言語]に通じた人.

bil·ious [bíljəs|bíljəs, -lɪəs]〘□ F *bilieux* □ L *biliōsus* : ⇨ bile, -ous〙 ── *adj.* **1** 〘生理・病理〙胆汁 (bile) の, 胆汁性の. **2** 〘病理〙〈病気など〉胆汁分泌過多の ; 胆汁症の, 胆汁異常になりやすい : a ～ patient 胆汁症患者 / a ～ complaint 胆汁症. **3** 胆汁症にかかったような(顔をしている). **4** 〈人が〉胆汁質の ; 気難しい, 怒りっぽい (peevish) : with a ～ eye 不機嫌な目付きで / one's ～ view of the world 気難しい世界観. **5** 全く不快な, いやな. **～·ly** *adv.*

bíl·ious·ness *n.* 《古》胆汁症, 胆汁異常 ; 短気, 気難しさ : have an attack of ～ 胆汁症にかかっている ; 癇癪を起こす.

bil·i·ru·bin [bìlərú:bɪn, bàɪl-, -bən, ─ ─ ─́ ─|bìlɪrú:bɪn, ─ ─ ─́ ─]〘← BILI-+L *ruber* 'RED¹'+-IN¹〙 ── *n.* 〘生化学〙ビリルビン ($C_{33}H_{36}N_4O_6$)《黄褐色の結晶で, 主に胆汁中に含まれる》.

bi·lit·er·al [bàɪlítərəl, -lítrəl|-lít(ə)rəl] *adj.* **1** 〈碑文など〉2 種の書体[アルファベット]で書かれた. **2** 2 字の, 2 字からなる. **3** 〘言語〙(セム語族の言語で)〈語根が〉2 子音の. ── *n.* 2 字からなる語.

-bil·i·ty [bíləti|-lɪtɪ] *suf.* =-ability, -ibility.

bil·i·ver·din [bìləvə́:dɪn, bàɪl-, -dən|-və́:dɪn]〘□ Swed. ～ : ⇨ bili-, verdure, -in¹〙 ── *n.* 〘生化学〙ビリベルジン ($C_{33}H_{34}N_4O_6$)《緑色の結晶で, ビリルビン (bilirubin) の酸化によって生じる胆汁色素 ; 糞を黒化させるもの》.

bilk [bílk]〘《変形》←? BALK : もと cribbage の用語〙 ── *vt.* **1** 〈勘定・借金などを〉踏み倒す ; …の勘定[借金]を踏み倒して逃げる : ～ one's bill / ～ a creditor 貸し手の借金を踏み倒す (cf. 3) / ～ a cabman 馬車代を踏み倒して逃げる / ～ a tavern 居酒屋で飲み逃げする. **2** ぺてんにかける, かたる (cheat) ; ごまかして〔…を〕巻き上げる (defraud)〔*of, out of*〕: ～ a tax office (*out*) *of* $10,000 税務署をだまして 1 万ドル脱税する. **3** …からなんとかして逃げる, なんとか脱する (elude) ; 〈問題などを〉避ける (avoid) : ～ a creditor 債権者をまく (cf. 1) / ～ one's pursuer 追手から逃れる. **4** 〈努力・希望などを〉阻む, くじく, 挫折(ざせつ)させる. ── *n.* **1** 一杯食わすこと, ごまかし. **2** =bilker.

bílk·er *n.* 小詐欺漢, (勘定踏倒し・食逃げなどの)かたり常習者.

bill¹ [bíl]〘OE *bil* sword < (WGmc) **bilja* (G *Bille*) ← IE **bhei(ə)-* to strike〙 ── *n.* **1** (中世歩兵の用いた)長柄(ながえ)の矛(ほこ) (cf. halberd). **2** なたがま (billhook). ── *vt.* たたき切る, 伐(き)る.

bill² [bíl] 〖OE *bile*: bill¹ と同根か〗 ── *n.* **1** (猛鳥のかぎ形の beak と区別して, ハトや水鳥などの細長くて平たい)くちばし. **2 a** くちばし型のもの. **b** はさみの刃. **c** 《米口語》(帽子の)まびさし. **3** (細長い)みさき (promontory). ★ 主に地名に用いる: Portland *Bill* (イングランド南部の)ポートランド岬. **4** 〘海事〙(錨の爪 (anchor fluke) の)先端 (⇨ anchor 挿絵). **5** 《米口語》(人間の)鼻. ── *vi.* **1** 〈ハトなどが〉くちばしを軽くつつき合う: ～ and coo くちばしをつつき合いながらくうくう鳴く. **2** [通例 ～ and coo として] (ハトのように)〈恋人同士が〉キスしたり愛撫したりしながら甘い言葉を交わす. ── *vt.* 〈昆虫などを〉くちばしでついばむ[つかまえる].

bill³ [bíl] 〖《c1370》□ AF *bille* ∥ Anglo-L *billa* 《変形》← ML *bulla* 'seal, BULL²'〗 ── *n.* **1** 勘定書き, 請求書, 付け (★《米》では check の方が普通); 請求(総)額: a doctor's ～ 医療費 / a grocer's ～ / a hotel ～ / a gas ～ ガス(料金)の請求書 / collect a ～ 集金をする / pay a ～ 勘定を払う / a ～ collector 集金人, 掛取り / ⇨ *foot the* BILL / *Bill*, please. 勘定をして下さい / Put it *on* my ～, please. 付けにしといて下さい. **2 a** 手形, 為替手形: a discounted ～ 割引手形 / a dishonored ～ 不渡手形 / a ～ for acceptance 引受請求手形 / a ～ in sets＝a set of ～*s* 組手形 / a ～ receivable 受取手形 / a ～ payable 支払手形(略 B/P, B.P., b.p.) / a ～ (payable) to bearer 持参人払手形 / accept a ～ 手形(の支払)を引き受ける / draw a ～ on ...あてに手形を振り出す[組む] / a long [short] (-dated) ～ 長[短]期手形 / honor [dishonor] a ～ 手形を支払う[の支払を拒絶する] / negotiate a ～ (at a [the] rate of...) (...の割合で)手形を買取る / take up a ～ 手形を引取る[支払う]. **b** 《廃》約束手形. **3 a** 《米》紙幣, 札 (bank note): a ten-dollar ～. **b** 《米俗》100 ドル(札). **4 a** 目録, リスト, 表, 明細書: a ～ of expenditures 支出明細書. **b** (乗組員などの)職務表. **5 a** (催し物などを知らせる)広告札, ビラ, ポスター (placard, poster): post (up) a ～ ビラを張る / Post [Stick] No *Bills*. [掲示] 張り紙無用. **b** (芝居・映画・音楽会などの)番組(表), プログラム (program); 演芸, 出し物 (entertainment): a theater ～ 劇場のプログラム / ⇨ double bill / ⇨ *fill the* BILL / offer a good ～ いい番組を提供する / He was once on the ～ with me. 彼は私と同じ出し物に出たことがあった. **6** (税関の)申告書: a ～ of clearance 出港証明書 / a ～ of entry 通関申告書, 船舶入港届け (略 B.E., B/E, b.e.). **7** 〘法律〙 **a** (起)訴状, 調書: ⇨ true bill / ignore the ～ 〈大陪審が〉起訴状を否認する《証拠不十分と認めて不起訴と決定する》. **b** 章典《人権に関する法律上の宣言》. **8** 〘議会〙議案, 法案《通過したものは act》: introduce [bring in] a ～ 議案を提出する / lay a ～ before Parliament [Congress, the Diet] 議案を上程する / pass a ～ 議案を通過させる / reject [throw out] a ～ 議案を否決する. **9** 《廃》**a** 文書. **b** 覚書. **c** 手紙.

fill the bill 〖《演劇俗語》: cf. 5 b〗《口語》〈人・物が〉要件を満たす, 十分に役立つ, 間に合う. ***foot the bill*** (1) 責任を引き受ける. (2) 費用を支払う[受け持つ] 〔*for*〕 (cf. foot *vi.* 3 b). ***sell** a person **a bill of goods*** 《米口語》〈人〉に好ましくないものをつかませる, だます (swindle). ***top*** [***head***] ***the bill*** 《口語》(重要視されて)表の最初に名が出ている.

bill at sight 一覧(為替)手形: a ～ *at* 10 days' *sight* 一覧後 10 日払手形.

bill of attainder 〘法律〙私権剥奪法《大逆罪その他の重罪犯人に対し裁判によらないで刑罰を科しその私権を剥奪する立法府の立法行為》.

bill of costs 〘法律〙訴訟費用明細[計算]書.

bill of credit 信用状 (letter of credit).

bill of debt 約束手形 (promissory note); 債務証書.

bill of exchange (外国貿易用)為替手形《略 B.E., B/E, b.e.》.

bill of fare (1) 献立表, メニュー. (2) 番組(表), 目録.

bill of health (1) 〘海事〙(船員・船客)健康証書《出港当時船員および貨物が出港地の流行病に感染した疑いがないことを領事または官憲が証明する文書; 略 B/H, B.H.》: ⇨CLEAN BILL of health, FOUL bill of health. (2) 状況報告: give a clean ～ *of health* to 〈問題のあるもの〉に大丈夫だという太鼓判を押す.

bill of lading 〘貿易〙(1) 船荷証券《今は船荷とは限らないので「運送証券」とすべきと言う人もある; order bill of lading (指図人式船荷証券), straight bill of lading(記名式船荷証券), clean bill of lading (完全船荷証券, 無故障船荷証券)などがある; 略 B/L, b.l.》. (2) 《米》(鉄道・通運会社などの)貨物引換証 (《英》consignment note).

bill of material 〘会計〙材料仕様書.

bill of mortality 〘英史〙(ロンドンとその近辺の)定期刊行の死亡者統計表.

bill of parcels 小荷物売渡し証, 貨物証券, 売渡品目録.

bill of particulars 〘法律〙(訴訟上の)請求明細書: (1) (民事では)原告[被告]から訴え[反訴]の理由を詳細に記した正式書面. (2) (刑事では)検察側の作成する起訴事実を詳細に被告人に通告する書面.

bill of privilege 〘法律〙特権訴状《通常の令状によって逮捕されない特権のある裁判所の官吏を訴える場合の特別の訴えの方式》.

bill of quantities 《英》建築積算書.

bill of rights (1) 人民の基本的人権に関する宣言. (2) [the B- of R-] 《英》権利章典《権利の宣言 (Declaration of Rights) を確認した 1689 年制定の法律》. (3) [the B- of R-] 《米》権利章典《連邦政府が人民の基本的人権を保障するため 1791 年合衆国憲法に付加された最初の 10 か条の修正 (Amendments)》.

bill of sale 〘商業〙売渡し証書, 担保承諾書《期限までに金を返せない時は担保を引き渡すという証書》.

bill of sight 〘税関〙仮陸揚げ申告書.

bill of sufferance 〘税関〙沿海船用品免税証.

bill on demand 参着払い手形.

bill to order 指図人払手形.

── *vt.* **1** 〈品物〉の代価を勘定書に記入する, ...の請求書を作成する, 〈品物などを〉付けにする (cf. 3): Please ～ the purchases *to* my father's account. 買物は父の付けにして下さい. **2** 目録に記入する, 表にする (list): ～ goods 商品目録を作る. **3** 〈人〉に勘定書で請求する, 勘定書を送る; 〈人〉の付けにする (cf. 1): The store will ～ you *for* the table. 店から君にテーブルの勘定書をよこすだろう / *Bill* me *for* it, please. それは私のつけにしておいて下さい. **4 a** ビラ[張り札]で広告する; 〔...として〕ビラに張り出す〔*as*〕: ～ a circus ビラでサーカスの広告をする / ～ a book *as* a 'report' 本をルポルタージュとして広告する. **b** [目的語＋*to* do を伴って] 〈...が〉〈...する〉と番組に発表する: He is ～*ed to* appear in the part of Hamlet. 彼はハムレット役で出演するとビラに書いてある[番組に出ている]. **c** ...の上演[出演]を取り決める, 番組に組む: The theater ～*ed* the play for three weeks. 劇場はその芝居を 3 週間上演することに決めた. **d** ...にビラを張る, 張り札をする: ～ the town 町中にビラを張る. **5 a** 〈貨物を〉貨物送り状に記載する, ...の運送を託する. **b** 〈乗客〉の名を乗客名簿に記入する (book).

Bill [bíl] 〖(dim.) ← WILLIAM〗 *n.* 男性名《愛称形 Billie, Billy》.

bil·la·bong [bíləbɔ̀(ː)ŋ, -bɑ̀ŋ | -bɔ̀ŋ] 〖□ Austral. 《土語》*Billibang* (川の名) ← *billa* river＋*bang*? dead〗 ── *n.* 《豪》**1** 分流《ある川から分かれて出る川で, 時には本流に再び合することもある; cf. anabranch》. **2** 雨期だけ水がたまる小川の底; 干上がった河床. **3** 淀(よど)み.

bíll·bòard¹ 〖⇨ bill³〗 ── *n.* **1** (通例屋外にある)掲示板, 広告板 (《英》hoarding) (cf. notice-board). **2** 〘ラジオ・テレビ〙ビルボード《視聴者のための番組開始時の出演者・内容などの紹介》.

bíll·bòard² 〖⇨ bill²〗 ── *n.* 〘海事〙**1** 錨床(びょうしょう), 錨座《船首楼甲板上に錨(いかり)を引き上げて置く座; 現今の新しい船にはない; anchor bed ともいう》. **2** 錨ずれ《錨による損傷を防ぐため, 船首舷(げん)側の一部に当てた板》.

bill bròker *n.* 《英》手形売買の仲介商, 手形ブローカー.

bíll·bùg 〖← BILL²: その長い鼻にちなむ〗 *n.* 〘昆虫〙ゾウムシ《コクゾウ (rice weevil) などオサゾウムシ類の昆虫の総称; 幼虫は草や作物の根に害を与える》.

bill dìscounter *n.* (為替)手形割引業者.

billed 〘ME〙 *adj.* [通例複合語の第 2 構成素として] (...の)くちばしのある: a broad-*billed* bird.

bíll·er [-lə | -lə(r)] 〖⇨ bill³〗 *n.* **1** 紙幣を作る人, 勘定書作製人. **2** 紙幣[勘定書]作製機.

bil·let¹ [bílɪt, -lət] 〖《?*a*1425》□ AF *billette* ∥ Anglo-L *billetta* (dim.) ← *billa* 'BILL³'〗 ── *n.* **1** 〘軍事〙**a** (民家または非軍事的公共建物に対して発行する部隊の)舎営命令, 軍人宿舎割当命令. **b** (民家または非軍事的公共建物内の)舎営, 宿営, 軍人宿舎 (quarters): an officers' ～ 士官宿舎 / be in ～*s* 〈軍人が〉舎営についている. **2** (船員に割り当てられた)寝台, 寝室, ハンモックつり場所[寝所]; 船内勤務の割当て. **3** 仕事, 職, 地位 (position): a good ～ 給与のよい職業 / have a ～ at ...に勤め口をもっている. **4** 指定場所, 行き先 (destination): Every bullet has its ～. 《諺》弾丸(たま)に当たるも当たらぬもみな運命. **5** 《古》短い手紙, 短信 (note). ── *vt.* **1** 〘軍事〙**a** 〔...に〕〈兵士〉の宿舎を指定する, 配宿をする, 宿舎割をする, 宿営させる〔*in, at, on, upon, with*〕: ～ soldiers *on* a town [*upon* a householder] 町[家主]に対して軍人の宿舎を割り当てる. **b** 〈家主など〉に舎営命令を渡す. **2** 〈人〉に宿を提供する. ── *vi.* 舎営する, 宿営する; 宿舎をとる, 宿泊する.

bil·let² [bílɪt, -lət] 〖《1437》□ (O)F *billete* (dim.) ← *bille* log □ ML *billa, billus* branch, trunk ← ? Celt. (cf. Ir. *bile* sacred or large tree): ⇨ -et〗 ── *n.* **1** (太い)棒切れ, (特に)たきぎ. **2 a** (馬具の)皮ひも《尾錠 (buckle) で腹帯につながる》. **b** (尾錠金に通した)皮ひもの先端をさし込む輪. **3** (コンクリート上の足場として働く)鉄板. **4** 〘冶金〙ビレット, 鋼片. **5** 〘建築〙(ノルマン式建築の)切り棒状飾り縁. **6** [通例 *pl.*] 〘紋章〙ビレット《小さい縦の長方形; ⇨ heraldry 挿絵 D》.

bil·let-doux [bíleɪdúː | -leɪ-, -lɪ-; *F.* bijɛdu] 〖《1673》□ F ～ 'sweet note'〗 *n.* (*pl.* **bil·lets-** [～z; *F.* ～]) 《戯言》恋文, ラブレター.

bíllet·hèad 〖⇨ billet²〗 *n.* 〘海事〙渦形装飾船首.

bil·let·y [bílṭi, -lə- | -tɪ] 〖□ F *billeté*: ⇨ billet², -y⁴〗 *adj.* 〘紋章〙ビレット (billets) をちりばめた.

bíll·fish 〖← BILL²: cf. billbug〗 *n.* くちばしの長い魚の総称 (saury, gar, needlefish, spearfish など).

bíll·fòld 〖《略》← *billfolder*: ⇨ bill³, folder〗 *n.* 《米》(通例革製の二つ折りの)札入れ (wallet) (cf. notecase).

bíll·hèad 〖⇨ bill³〗 *n.* **1** 請求書の頭部に印刷した店名・所在町名など. **2** (店名などを頭部に印刷した)請求書[明細書]用紙.

bíll·hòok 〖⇨ bill¹〗 *n.* (木の枝を払うための)なたがま.

billhooks

bil·liard [bíljəd | -ljəd, -lɪəd] 〖《逆成》← BILLIARDS〗 ── *attrib. adj.* 玉突きの, 玉突きに用いる: a ～ cue 玉突きのキュー / a ～ player 玉突きをする人, 撞球(どうきゅう)家. ── *n.* 《米口語》〘玉突〙＝carom 1 (cf. pool² 2).

billiard bàll *n.* 玉突きの球, ビリヤードボール.

billiard grèen *n.* 濃い黄緑色.

billiard hàll *n.* ＝billiard room.

bíl·liard·ist [-dɪst, -dəst | -dɪst] *n.* 玉突きをする人, 撞球家.

billiard màrker *n.* 玉突き[ビリヤード]のゲーム取り(の人).

billiard ròom [**pàrlor**] *n.* 玉突き室, ビリヤードルーム (cf. poolroom 1).

bil·liards [bíljədz | -ljədz, -lɪədz] 〖《1591》□ F *billard* billiards, billiard cue ← *bille*: ⇨ billet², -ard〗 ── *n. pl.* [通例単数扱い] 玉突き, ビリヤード: play (at) ～ 玉突きをする, 玉を突く / have a game at ～ 玉突きを(1 回)する.

billiard salòon *n.* ＝billiard room.

billiard tàble *n.* 玉突き台, ビリヤードテーブル (cf. pool table).

bil·lie [bíli | -lɪ] 〖← ? BILLIE, BILLY〗 ── *n.* 《スコット》**1** 仲間, 相手, 友だち (companion). **2** 兄弟 (brother).

Bil·lie [bíli | -lɪ] 〖(dim.) ← BILL〗 *n.* 男性名.

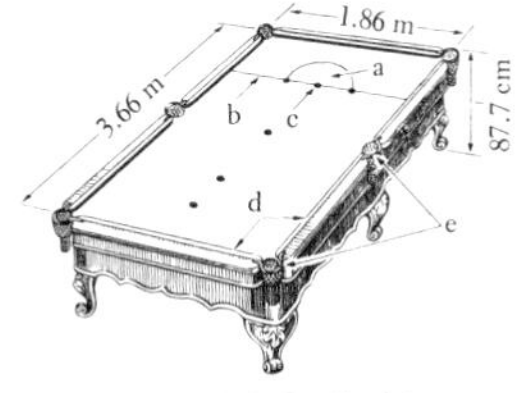

English billiard table
a D; b balk line; c center spot of D; d cushions; e pockets

Bil·li·ken, b- [bílɪkən, -lə- | -lɪ-] 〖← ? BILLY＋-*ken* (⇨ -kin)〗 ── *n.* ビリケン《坐って微笑をたたえた福の神の像; マスコットとして珍重される》.

bíll·ing [-lɪŋ] 〖⇨ bill³〗 ── *n.* **1** (ビラやポスターに載せられる役者の)番付けの順位: get top ～ ビラで首位に書き上げられる. **2** 興行広告, 掲示広告《演目・配役・時間・場所などを載せるもの》. **3** (広告会社などの一定期間内の)総広告量; 取扱い高. **4** 請求書作製[発送].

Bil·lings [bílɪŋz], **Josh** *n.* Henry Wheeler SHAW の筆名.

bil·lings·gate [bílɪŋzgèɪt, -gɪt | bílɪŋzgɪt, -gèɪt] 〖《1676》← *Billingsgate* (人名に由来する London の古門のそばの魚市場の名): そこで使われる乱暴な言葉にちなむ〗 ── *n.* 野卑な言葉, 悪口(雑言), 悪態.

bil·lion [bíljən] 〖《1690》□ F ～ ← BI-¹＋(MI)LLION: cf. trillion, quadrillion〗 ── *n.* (*pl.* ～, ～*s*) **1** 《米》十億, 10^9; 《英》一兆, 10^{12} (⇨ million 表). ★《英》でも, 今は米用法の十億に用いられる. **2** 非常に大きな数. ── *adj.* billion の.

bil·lion·aire [bɪ̀ljənéə | -ljənéə(r, -lɪə-] 〖← BILLION＋(MILLION)AIRE〗 *n.* 《米》億万長者 (cf. millionaire).

billion eléctron vòlt *n.* 《米》〘物理〙十億電子ボルト《記号 BeV, Bev; 工学では正式な単位としては GeV を用いる》.

bil·lionth [bíljənθ | -ljənθ, -lɪənθ] 〖⇨ -th¹〗 ── *adj.* **1** 《米》第十億の; 《英》第一兆の. **2** 《米》十億分の一の; 《英》一兆分の一の: a ～ part. ── *n.* **1** [the ～] 《米》第十億番目; 《英》第一兆, 一兆番目. **2** 《米》十億分の一; 《英》一兆分の一. ★ *adj.*, *n.* 1, 2 とも《英》でも, 今は米用法が用いられる.

Bil·li·ton [bɪlíːtɑn, bə- | -tɔn] *n.* ビリトン(島)《Borneo 島南西方にあるインドネシアの島; 人口 129,000, 面積 4,833 km²; Belitong ともいう》.

bil·lon [bílən] 〖《1727》□ (O)F ～ 'bronze or copper money, 《原義》ingot' ← *bille*: ⇨ billet²〗 ── *n.* **1** 銀[金]の貨幣用合金《小銭用の等級の低い合金で, 通例銀と銅を成分とし, 表面に銀メッキをしただけのもある》. **2** (そのような合金から造った)貨幣.

bil·low [bílou | -ləu] 〖《1552》□ ON *bylgja* billow < Gmc **bulgjan* ← IE **bhelgh-* to swell〗 ── *n.* **1 a** (大海の)大波, 巨浪 (cf. breaker¹, surf). **b** [the ～(s)] 《詩》海 (sea). **2** 大波のように起伏するもの; 大量の渦巻くもの: ～*s* of smoke 渦巻く煙. ── *vi.* **1** 大波が起伏する, 渦巻く: a ～*ing* sea. **2** (大波のように)押し寄せる, 膨れる, 膨張する 〈*out*〉. ── *vt.* 膨らませる, 逆巻かせる, 渦巻かせる.

bil·low·y [bíloui | -ləuɪ] *adj.* (-low·i·er; -i·est) **1** 大波の打つ, 巨浪の: the ～ deep 波打つ海原. **2** 大波[巨浪]のような, 渦巻く, 山なす: ～ flames 渦巻く火炎.

bíll·pòst·er 〖⇨ bill³〗 *n.* **1** (広告の)ビラ張り人. **2** (広告の)ビラ, ポスター (poster). **bíll·pòst·ing** *n.*

bíll·stìck·er *n.* ＝billposter 1.

bil·ly¹ [bíli | -lɪ] 〖《逆成》? ← BILLYCAN〗 *n.* 《豪》(森林居住者たちの用いる)ブリキ製の湯沸かし: boil the ～ 茶を入れる[沸かす].

bil·ly[2] [bíli|-lɪ] 〚← ? BILLY〛 n. **1 a** 短い棍棒 (cudgel). **b** 《米口語》(巡査の)警棒. **2** 《口語》=billy goat. **3** 《英》紡毛用粗紡機.
bil·ly[3] [bíli|-lɪ] n. 《スコット》=billie.
Bil·ly [bíli|-lɪ] 〚(dim.)← BILL〛 n. **1** 男性名. **2** 女性名.
bílly·bòy 〚? ← BILLY+BOY〛 — n. 《英口語》ビリーボイ(船)《河川・沿岸用の船首の切り立ったケッチ (ketch) 型またはスループ (sloop) 型帆装のリーボード (lee board) 付平底帆船》.
bílly·càn 〚← Austral. 《土語》*billa* water+CAN[1]〛 n. =billy[1].
bílly clùb 〚⇨ billy[2]〛 n. 重い棍棒; (警官の)警棒.
bílly·còck 〚(1862) ← ? *William Coke* (Thomas William Coke, Earl of Leicester の甥; この型の帽子を最初にかぶったといわれる)〛 — n. 《英古》山高帽《低い円形クラウンのフェルト帽一般を指す; billycock hat ともいう; cf. bowler[2], derby hat》.
bílly gòat 〚← BILLY: cf. nanny〛 n. 《口語》[特に, 小児語として] 雄やぎ (male goat) (cf. nanny goat).
bil·ly-oh [bíliòu|-lɪəu] 〚← ? BILLY (婉曲的に devil の意)+OH〛 — n. (*also* **billy-o** [~]) ★ 次の成句で: ***like billy-oh*** 《英口語》激しく, 猛烈に; 大量に: It was raining *like* ~. 雨が土砂降りだった.
Bílly the Kíd n. (1859–81) 米国の半ば伝説化された西部の無法者で銀行破り; 本名 William H. Bonney [bάni|bɔ́ni].
bi·lo·bate [bàɪlóubeɪt|-lə́u-] 〚⇨ bi-[1]〛 adj. 《植物》〈葉が〉二裂の, 二裂片のある: a ~ leaf (イチョウなどの)二裂葉.
bi·lo·bat·ed [bàɪlóubeɪtɪd, -t̬əd|-lə́ubeɪt-] adj. 《植物》=bilobate.
bi·lobed [báɪlòubd|-ləubd] adj. 《植物》=bilobate.
bi·lo·ca·tion [bàɪlo(u)kéɪʃən|-lə(u)-] n. 同時に2個所に存在する状態[能力].
bi·loc·u·lar [bàɪlάkjulə|-lɔ́kjulə(r)] adj. 《生物》〈心臓など〉二室に分かれた, 二室の, 二房の.
bi·loc·u·late [bàɪlάkjulət, -lɪt, -lèɪt|-lɔ́k-] adj. 《生物》=bilocular.
Bi·lox·i[1] [bɪlάksi, bə-, -lʌ́k-|-lɔ́ksɪ, -lɔ́k-] n. 米国 Mississippi 州南東部のメキシコ湾に臨む都市; 人口 49,000.
Bi·lox·i[2] [bɪlάksi, bə-, -lʌ́k-|-lɔ́ksɪ, -lɔ́k-] n. (*pl.* ~, ~s) **1 a** [the ~(s)] ビラックシー族《Mississippi 下流に住む Sioux 族の一種族》. **b** ビラックシー族の人. **2** ビラックシー語《今日は死語》.
bil·sted [bílstɛd] 〚← ?〛 n. 《植物》=sweet gum 1.
bil·tong [bíltɔ(ː)ŋ, -tɑŋ|bíltɒŋ] 〚(1815) ▭ Afrik. ~ ← *bil* rump+*tong* tongue (その原料及び形から)〛 n. 《アフリカ南部》細く切って干した肉.
bim [bím] 〚← ?〛 n. 《米俗》女 (woman); (特に)身持の悪い女, 売春婦.
Bim [bím] 〚← ?〛 n. 《口語》(西インド諸島) Barbados 島人《愛称》.
B.I.M. 《略》British Institute of Management イギリス経営管理協会.
bi·mac·u·late [bàɪmǽkjulət, -lɪt] adj. 《動物》二つの斑点をもった.
bi·mah [bíːmə; *Russ.* bjímə] 〚▭ Yid. *bime* ▭ Russ. *bima, bema*: ⇨ bema〛 n. 《ユダヤ教》=almemar.
Bim·a·na [bímənə, baɪméɪ-] 〚← NL ~ ← F *bimane* (↓)〛 n. pl. 《動物》二手類《四肢のうち前肢が手の用をする動物, すなわち人類》.
bim·a·nal [bímənl̩, bàɪméɪ-] 〚← F *bimane* (↓): ⇨ -al[1]〛 adj. 《動物》手が二つある, 二手類の.
bi·mane [báɪmeɪn] 〚▭ F ~ ← BI-[1]+-*mane* (< L *manus* hand): ⇨ manual〛 adj., n. 《動物》二手類 (Bimana) の(動物).
bim·a·nous [bímənəs, bàɪméɪ-] adj. 《動物》=bimanal.
bi·man·u·al [bàɪmǽnjuəl, -njul|-njuəl, -njul] adj. 両手でする, 両手を必要とする; 《医学》両手を使う, 双合[双手]の. **~·ly** adv.
bim·ba·shi [bɪmbάːʃi|-ʃɪ] 〚▭ Turk. ~ ← *bin* thousand+*bas* head: 原義は「千卒長」〛 n. (トルコの)陸軍少佐, 海軍指揮官.
bim·bo [bímbou|-bəu] 〚▭ It. ~ 'child, baby': cf. bambino〛 n. (*pl.* ~s, ~es) 《俗》[軽蔑的に] **1** 人, やつ (fellow). **2** =bim.
bi·mes·ter [bàɪméstə, ⁻⁻⁻|-tə(r)] 〚▭ L *bimestr-is* of two months ← BI-[1]+*mensis* month: cf. semester〛 n. 2か月間.
bi·mes·tri·al [bàɪméstriəl|-trɪəl] 〚← L *bimestris* (↑)+-AL[1]〛 adj. **1** 2か月ごとの (bimonthly). **2** 2か月継続の.
bi·met·al [báɪmɛ̀tl̩|-tl] 〚← BI-[1]+METAL〛 — n. 《機械》バイメタル《膨張率の異なる2種の金属薄板を張合わせたもので, 温度の変化による彎曲の相違を温度計・温度調節装置などに利用する》. — adj. =bimetallic.
bi·me·tal·lic [bàɪmətǽlɪk, -mɪ-|-mɪ-, -me-, -mə-] adj. **1** 2種の金属から成る, バイメタルの. **2** 〚▭ F *bimétallique*〛複本位制の (cf. monometallic). **3** 《印刷》バイメタル(平版)の: ⇨ bimetallic plate. — n. 《機械》=bimetal.
bimetállic pláte n. 《印刷》バイメタル(平板)《2異種金属を重ね, その親水性, 親油性を利用した多層平板》.
bimetállic stríp n. 《電気》バイメタル板(bimetal).
bi·met·al·lism [bàɪmét̬əlɪzm̩, -tl̩-|-təlɪzm̩, -tl̩-] 〚(1876) ▭ F *bimétallisme*: ⇨ ↑, -ism〛 — n. 《経済》複本位制[主義] (cf. monometallism).
bi·mét·al·list [-t̬əlɪst, -ləst, -tl̩-|-təlɪst, -tl̩-] 〚▭ ? F *bimétalliste*: ⇨ ↑, -ist〛 n. 複本位制主義者[論者].
bi·mèt·al·lís·tic [-t̬əlístɪk, -tl̩-|-təl-, -tl̩-] adj.
bi·mil·le·nar·y [bàɪmílənèri, -mɪlénəri, -mə-|bàɪmílənərɪ] 〚⇨ bi-[1], millenary〛 n. 二千年の期間; 第二千年記念(祭). — adj. 二千年(記念)の.
bi·mil·len·i·al [bàɪmɪléniəl, -mə-|-mɪlénjəl, -nɪəl] 〚⇨ ↓, millenial〛 n. =bimillenary.
bi·mil·len·ni·um [bàɪmɪléniəm, -mə-|-mɪlénjəm, -nɪəm] 〚← NL ~: ⇨ bi-[1], millenium〛 n. =bimillenary.
bi·mod·al [bàɪmóudl̩|-mə́u-] adj. 《統計》〈分布など〉二つのモード (mode) のある. **bi·mo·dal·i·ty** [bàɪmo(u)dǽləti|-mə(u)dǽlətɪ, -lɪ-] n.
bi·mod·ule [bàɪmάdʒuːl|-mɔ́djuːl] n. 《数学》両側加群《その要素の左側からも右側からも係数をかけることができるような加群》.
bi·mo·lec·u·lar [bàɪməlékjulə|-mə(u)lékjulə(r, -mɔ-] adj. 《化学》2分子の, 2個の分子を含む. **~·ly** adv.
bi·month·ly [bàɪmʌ́nθli|-lɪ] adj. **1** 2か月に1回の, 2か月ごとの, 隔月の. **2** 月2回の, 半月ごとの (⇨ bi-[1] 5 ★). — adv. **1** 2か月に1度, 2か月ごとに. **2** 月に2回, 半月ごとに (semimonthly). — n. 隔月刊誌[紙, 出版物], バイマンスリー.
bi·morph [báɪmɔ̀əf|-mɔ̀ːf] n. 《電子工学》バイモルフ《振動を電気信号に変換する素子でロッシェル塩 (Rochelle salt) などの結晶を2枚重ねて作ったもの》.
bi·mor·phe·mic [bàɪmɔəfíːmɪk|-mɔː-] adj. 《言語》〈語が〉二つの形態素から成る《cars (car+-s), miner (mine+-er) のような語などについていう》.
bi·mo·tor [báɪmòut̬ə|-məutə(r)] n. 《航空》双発機.
bi·mo·tored [baɪmóut̬əd|-mə́utəd] adj. 《航空》双発の.
bin [bín] 〚OE *binn(e)* manger ← ? Celt. (cf. Welsh *ben* cart) // ML *benna* (F *banne* / G *Benne* body of a cart)〛 — n. **1 a** (木製または鉄製でふた付きの)大箱, 大入れ物《穀物・石炭・ごみなどを入れるもの; cf. dustbin, coalbin》. **b** (煉瓦・石などで仕切って作った)穀物[石炭, ごみ]置場. **c** (地下室内の仕切りをした)ぶどう酒貯蔵棚. **2** 《英》(ホップを摘み入れる)ズック袋. **3** 《豪》羊毛入れ. **4** [the ~] =loony bin. — vt. (**binned**; **bin·ning**) 箱[入れ物]に入れる; (特に)〈びん詰めのぶどう酒を〉貯蔵棚に置く.
bin- [bàɪn] 〚cf. L *bīnī* two apiece〛 pref. (母音の前に来る時の) bi-[1] の異形: *bin*oxide.
bi·na [bíːnə] 〚(変形) ← VINA[1]〛 n. =vina[1].
bi·nal [báɪnl̩] 〚▭ ML *bīnāl-is* ← L *bīnī* (↓): ⇨ -al[1]〛 adj. 二倍の, 二重の (double).
bi·na·ry [báɪnəri|-rɪ] 〚(*a*1464) ▭ LL *bīnāri-us* consisting of two ← *bīnī* two apiece: ⇨ -ary〛 — adj. **1** 二つを含む, 二元の; 双体の, 二連の. **2** (諾否の一方を選ぶような)二者択一(性)の. **3 a** 《化学》〈化合物など〉二成分から成る. **b** 《冶金》〈合金が〉二成分から成る. **4** 《数学》**a** 二進法の; 二進記数法の. **b** 二変数の. **5** 《音楽》**a** 二部形式の. **b** 偶数[2]拍子の. **6** 《言語》二項から成る. — n. **1** 二元体, 二連体. **2** 《天文》=binary star. **3** 《数学》=binary number.
bínary céll n. 《電算機》二値素子《二つの安定状態をもち, 最小単位の情報を保持できる素子》.
bínary círcuit n. 《電子工学》二進回路.
bínary códe n. 《電算機》二進符号《二進法 (binary notation) を用いた符号》.
bínary cómpound n. 《化学》二元化合物《二元素[成分]から成る化合物》.
bínary dígit n. **1** 《数学》二進法に用いる数字, 二進数字《一般に0と1; bigit, binit ともいう》. **2** 《電算機》=bit[5] 1.
bínary físsion n. 《生物》二分裂《1個の母体が新しいほぼ相等の2個の娘個体に分かれる現象; cf. multiple fission》.
bínary fórm n. 《音楽》(楽曲構成の)二部形式.
bínary méasure n. 《音楽》二拍子系拍子《強拍と弱拍が交互に現われる $^{2}/_{2}$, $^{2}/_{4}$, $^{4}/_{4}$ などの拍子》.
bínary nómenclature n. 《生物》二命名法.
bínary notátion n. 《電算機》二進法《2を基数とする数の表記法》.
bínary númber n. 《数学》二進数《二進法で表わされた数》.
bínary opposítion n. 《音声》二項対立《無声対有声のように, 一項が他項にはない音声的特徴をもつか, compactness (集約性) 対 diffuseness (拡散性) のように, 両極的対立をなす関係》.
bínary scále n. 《数学》二進法.
bínary stár n. 《天文》連星(系)《共通の重心のまわりを公転する2星; cf. visual binary, spectroscopic binary, eclipsing variable, double star 2》.
bínary sỳstem n. **1** 《天文》連星系《dyadic system ともいう》. **2** 《物理・化学》二成分系, 二元系《dyadic system ともいう》.
bínary thèory n. 《化学》二元説《化合物が正反対の成分の結びつきでできるという説; dualism, dualistic theory ともいう; cf. unitary theory》.
bi·nate [báɪneɪt] 〚← NL *bīnāt-us* ← L *bīnī*: ⇨ binal, -ate[2]〛 adj. 《植物》〈葉が〉一対の, 対生の, 双生の, 双出の: ~ leaves 双生葉. **~·ly** adv.
bi·na·tion·al [bàɪnǽʃənl̩, -ʃnəl] adj. 二つの国民の[に属する], 二つの国籍[民族]からなる[を含む]: a ~ school 二国籍学校 / an Arab-Jewish ~ state アラブ人とユダヤ人の二民族国家.
bin·au·ral [bàɪnɔ́ːrəl, bɪn-] 〚← BI-[1]+AURAL[1]〛 — adj. **1** 両方の耳の, 両耳を使う, 両耳用の: a ~ stethoscope 双耳聴診器. **2** 〈レコード・ラジオ放送など〉バイノーラル方式の, 双聴覚の (cf. monaural, stereophonic): a ~ broadcast. **~·ly** adv.
bind [báɪnd] 〚OE *bindan* to bind < Gmc **bindan* (G *binden*) ← IE **bhendh-* to bind〛 — v. (**bound** [báund]; **bound**, 《古》**bound·en** [báundən], 《古》**bound·ed**) — vt. **1** (綱・ひもなどで)縛る, くくる, 結びつける, 束ねる, 留める, つなぐ (tie): ~ a person's legs 人の脚を縛る / ~ sheaves 穀物を束ねる / ~ a person *down* [*up*] 人を(ひもで)縛りあげる / ~ one's hair *up* 頭髪を束ねる / ~ things fast [loose, together] 物をきつく[ゆるく, 一緒に]くくる / ~ something *on with* rope ロープで物を縛りつける / ~ old letters *into* a bundle 古い手紙を束にする / ~ a prisoner *to* a tree 捕虜を木に縛りつける / ~ a person *with* chains [*in* irons] 人を鎖[枷(かせ)]で縛りつける / be *bound* hand and foot 手足をくくられる; (手も足も出ないように)束縛される / be *bound* by a spell 呪文(じゅもん)に縛られる (cf. spell bound). **2 a** 〔…に〕〈帯・バンドなどを〉巻き付ける (encircle) 〔*about, round, on*〕: ~ a belt *about* [*round*] one's waist 腰の回りに帯[バンド]を巻く. **b** 〔リボン・ハンカチなどで〕巻く, くるむ (swathe) 〔*with, in*〕: ~ (*up*) a package *with* tape [a ribbon] 包みをテープ[リボン]でくくる / have one's head *bound up in* a large handkerchief 頭を大きなハンカチでくるむ. **c** [しばしば ~ *up* として] 〈傷口など〉に包帯する; 〈傷口を〉〔包帯などで〕巻く 〔*with*〕: ~ *up* a wound (*with* a bandage). **3 a** [しばしば Passive で] 〈人〉に〈…する〉義務を負わせる (oblige) 〈*to do*〉; 〈人を〉〈ある場所・状態に〉束縛する, 拘束する (restrain) 〔*in, to*〕 (cf. BIND *over*, bound[4] adj. 2): The court *bound* him *to* pay the debt. 裁判所は彼に借金の支払を命じた / All *are bound to* obey the laws. 万人は法律を守る義務がある / *be bound* by duty 義務に束縛される / *be bound* by affection 愛情にほだされる / *be bound in* gratitude 恩義にからまれる / be in duty [honor] *bound to* do …すべき義務[義理]がある / ~ a person *to* secrecy 人に秘密を誓わせる / His business kept him *bound to* London. 商用でロンドンに足止めになった. **b** [~ *oneself* で] 束縛される, 拘束される; 誓う, 請け合う: ~ *oneself by* an agreement [*in* marriage] 協約に縛られる[結婚して身を固める] / He *bound himself to* pay the money. 金を払うと固く約束した. **4** 〈契約・取引などを〉確約する, 結ぶ (ratify): ~ a contract / ~ a bargain *with* earnest money 手付け金を打って契約を結ぶ. **5** (契約をして)年季奉公に入れる (indenture): ~ a boy *as* an apprentice 少年を徒弟として年季奉公に出す / be *bound out to* a carpenter 大工へ奉公に出される / be *bound* apprentice (*over*) *to* a tailor 洋服屋へ徒弟に出される. **6** (愛情・義務などで)結びつける, 団結させる: We are *bound to* each other by a close friendship. 互いに堅い友情で結ばれている (cf. 3 a) / Sharing a favorite story ~s the family *together*. 皆が同じ物語が好きだと家族がまとまる. **7** 〈衣服・じゅうたんなど〉に(保護・補強・装飾の目的で)縁取りをする, 縁を付ける; 〈靴〉の縁取りをする; 〔…で〕…の縁[へり]を飾る[保護する] 〔*with*〕: ~ (the edge of) a carpet (ほぐれないように)じゅうたんのへりをまつる / ~ the cuffs *with* leather 袖口のへりを皮で縁取りする. **8** 〈本・原稿などを〉とじる, 製本する, 〈本を〉装丁する: ~ a book *in* cloth [leather] 本を布[革]で装丁する / ~ *up* two books *into* one 2巻の本を1巻に製本し直す. **9** 〈両端などを〉結び合わせる, 止める (connect): ~ the ends of a scarf. **10 a** 〈氷雪などが〉閉ざす, 固まらせる: Frost ~s the earth. 霜が土地を氷結させる. **b** 〔セメントなどで〕固める 〔*with*〕: ~ gravel *together with* cement セメントで砂利を固める. **c** (料理で)…を混ぜて…にねばり気を与える, 〈材料を〉つなぐ, 固める, 塊にする 〔*with*〕. **11** 〈食物・薬が〉〈腸を〉秘結させる (cf. binding adj. 3): ~ the bowels 便秘させる. **12** 〈衣服などが〉〈人を〉締め付ける: This coat ~s me. この上衣は窮屈だ. **13** 《英俗》退屈させる (bore): ~ a person stiff 人をうんざりするほど退屈させる.
— vi. **1** 縛る, 束ねる. **2** 〈約束などが〉拘束力がある: an agreement that ~s 拘束力のある協定. **3** 〈土砂・雲などが〉結合する, 固まる (cohere). **4** 〈車輪・ドリルなどが〉(粘着して)動かなくなる; 〈ドアなどが〉(さびついて)開かなくなる. **5** 製本される: The new impression is ~*ing*. 新刷は今製本中です. **6** 〈衣服などが〉きつい, 窮屈である, きちきちになる. **7** 《英俗》やたらに不平[苦情]を言う. **8** 《鷹狩》〈鷹が〉空中で獲物をしっかりと捕える.
bind down (1) ⇨ vt. 1. (2) [しばしば Passive で] 束縛する, 制限する. ***bind off*** (1) (編物で縁を作るために)〈編目を〉抜かす. (2) 縛って〈血行などを〉止める. ***bind a person over*** (1) 《法律》〔…に〕(出頭するよう)〈人〉に法的義務を負わせる 〔*to*〕/〈*to do*〉: He was *bound over to* (appear in) the Court of Justice. 法廷に出頭するよう固く申し渡された. (2) 《法律》〈人〉に(一定期間)治安を乱さぬ[行動を慎む]よう法によって誓約させる: The accused was *bound over* (*to* keep the peace) *for* three months. (法廷で)被告人は3か月の謹慎を誓約させられた. (3) ⇨ vt. 5. ***I'll be bound.*** 《口語》請け合うよ, きっとだ: They will do it, *I'll be bound*. 彼らはそれをするだろう, 僕が請け合う.

— *n.* **1** 縛る[くくる]物, ひも, 糸, 綱. **2** 縛ること[個所]; 束縛状態. **3** =bine. **4** [しばしば a bit of a ~ として]《英俗》いやなこと[もの](nuisance), 退屈な物[仕事, 人]. **5**《スコット》(飲酒の)限界: I'm at my ~. もうこれ以上は飲めん. **6**〘鷹狩〙鷹が獲物をしっかり捕えること. **7**〘地質〙(炭層間の)硬化粘土. **8**〘音楽〙結合線, 帯線(tie)《同じ高さの2個以上の音符を結ぶ弧線; 一つの音として演奏される》. **9**〘チェス〙相手の動きを封じる駒の位置.
in a bind《米俗》困って, 難渋して.

bínd·er〘(*c*1300): ⇨↑, -er[1]〙— *n.* **1 a** 縛る[くくる]人. **b** 製本屋[職人, 師, 工](bookbinder). **2 a** 縛る[くくる]もの; 糸, ひも《fillet, cord, rope など》. **b** 包帯. **c** 帯封. **d** バインダー, とじ込表紙. **e** 葉巻の中身をくるむたばこの葉. **f**〘医学〙バンド《胸部・腹部などのバンド, 例えば妊婦の腹帯など》. **3 a** (刈取機の)結束部, (麦を刈り取って束にするまでの操作をする)刈取結束機, バインダー. **b** (ミシンの)へり取器. **4 a** (料理の)つなぎ《小麦粉・片栗粉・卵など》. **b**〘木工〙接合材, つなぎ材. **c**〘造船〙(溶接棒・被覆などの)固着剤. **d**〘建築〙小梁(ξ). **e**〘石工〙つなぎ, 接合; 控え石. **f**〘冶金〙(石・砂利などを固める)膠結(ξ)剤, 結合剤《タール・セメントなど》. **5**《方言・ニュージーランド口語》十分な食事. **6**《英俗》(閉店後の)最後の一杯. **7**《英俗》うんざりさせる人[もの, こと]. **8** [*pl.*]《俗》ブレーキ(brakes): hit *the* ~*s* ブレーキを掛ける. **9**〘法律〙不動産購入のための手付金(受領書). **10**〘保険〙仮引受証. **11**〘絵画〙展色剤.

bínder còurse *n.*〘土木〙(舗装の)結合層.
bínder's bòard *n.* 製本用板紙.
bínder's clòth *n.* =book cloth.
bínder's tìtle *n.* 製本者[師]書名[標題]《再製本で, 製本師によって図書の平や背に示された書名; cf. cover title》.
bind·er·y [báɪnd(ə)ri | -rɪ]〘◻ Du. *binderij*: ⇨ binder, -ery〙*n.* 製本所, 製本室.
bind·heim·ite [bínthaɪmàɪt]〘◻ G *Bindheimit* ← *J. J. Bindheim* (1750–1825: ドイツの化学者): ⇨ -ite[1]〙*n.*〘鉱物〙含水安鉛鉱 ($Pb_2Sb_2O_6(O, OH, H_2O)$)《鉛の含水アンチモニー酸塩》.
bínd·ing〘ME〙— *adj.* **1** 拘束力のある, 義務的な(obligatory): a ~ agreement 履行すべき協定 / the regulation ~ (*up*)*on* everybody 全員に拘束力のある規則 / A promise given under force is not ~. 強制による約束には拘束力がない. **2** 縛る, くくる, 結束用の; 接合する, つなぎの: ~ arrangements 結束装置 / ~ material 結合剤, 膠結(ξ)剤. **3** 〈食物・薬が〉便秘させる. **4**《英俗》退屈な, 厄介な(tedious); 不平ばかり言う. — *n.* **1 a** 縛ること, 緊縛. **b** 縛る物, 束ねる物. **2** 製本, 装丁, とじ, (本の)表装: library ~ 図書館用製本 / a book *in* leather ~ 革装の本 / ⇨ quarter [half, full] binding. **3** (衣類・じゅうたん・毛布などの)縁[へり]取り材料. **4** (料理の)つなぎ(binder). **5**〘スキー〙ビンディング《スキー靴をスキーに固定する留具一式》. **~·ly** *adv.* **~·ness** *n.*
bínding ènergy *n.*〘物理・化学〙結合エネルギー《分子・原子・原子核などをその構成要素に分割するのに必要な最小のエネルギー》.
bínding pòst *n.* ルーズリーフ式ノートの紙葉をとめる爪.
bínding ràfter *n.*〘建築〙棰(ξ)繋ぎ《棰同士を繋ぐための材》.
bínding stràke *n.*〘造船〙**1** 平張り《木造船の舷側厚板のすぐ下に張る厚板》. **2** 特に厚い外板. **3** ハッチの側に張る厚い甲板《bolt strake ともいう》.
bin·dle [bíndl̩]〘(変形) ← ? BUNDLE〙— *n.*《米俗》**1** 衣類などを入れた包み, (特に, 浮浪者の持って歩く)携帯用寝具(bedroll). **2**《俗》(モルヒネ・コカインなどの)一包(package).
bíndle stìff [màn] *n.*《米俗》(bindle を持って歩く)移動労務者[浮浪者].
bínd·wèed *n.*〘植物〙ヒルガオ《ヒルガオ科サンシキヒルガオ属 (*Convolvulus*) の植物の総称; セイヨウヒルガオ (*C. arvensis*) など; convolvulus ともいう》.
bínd·wòod *n.*《スコット・北英》〘植物〙=ivy 1 a.
bine [báɪn]〘(変形) ← BIND〙*n.* **1** (植物の)つる; (特に)ホップのつる: ~ and vine. **2**〘植物〙**a** =bindweed. **b** =woodbine 1.
Bi·net [biːnéɪ, bɪ-; *F.* binɛ], **Alfred** *n.* ビネー《(1857–1911; フランスの心理学者; ビネー式知能検査法の考案者)》.
Binét-Si·món tèst [scàle] [-sɪmɔ́ː(ŋ)- | -mɔ́(ː)ŋ-; *F.* -simɔ̃-]〘← *A. Binet* (↑) & *Théodore Simon* (1873–1961: フランスの心理学者)〙*n.* [the ~]〘心理〙ビネー(シモン)式知能検査《児童などの知能検査法の一種; Binet('s) test [scale] ともいう》.
binge [bíndʒ]〘←《方言》~ 'to soak (a wooden vessel)'〙*n.*《口語》**1 a** どんちゃん騒ぎ, 酒宴. **b** 過度の熱中, 大騒ぎ. **2** パーティー(party).
bin·gee [bíndʒi | -dʒɪ] *n.* =bingy.
Bing·en [bíŋən; *G.* bíŋən] *n.* ビンゲン《西ドイツ Rhineland-Palatinate 州の Rhine 河畔の観光商業都市; この辺に有名なラインの渦巻きがある; 人口 25,000》.
bin·gey [bíndʒi | -dʒɪ] *n.* =bingy.
Bing·ham·ton [bíŋəmtən]〘← *William Bingham* (1752–1804: 町の発展に尽力したこの地方の大地主)〙— *n.* 米国 New York 州中南部の Susquehanna 河畔の都市; 人口 61,000.
bin·gle[1] [bíŋgl̩]〘(変形)? ← SINGLE〙*n.*《俗》〘野球〙安打.
bin·gle[2] [bíŋgl̩]〘(混成) ← B(OB)[1]+(SH)INGLE[1]〙*n.* (bob と shingle との中間の)刈上げ断髪.
bin·go [bíŋgoʊ | -gəʊ]〘(1927): 擬音語?〙— *n.* (*pl.* ~s) [時に B-] ビンゴ《lotto の一種; 5×5 の 25 枠に 1 から 75 の数字が記されている; ⇨ lotto; cf. jackpot 1 a》. — *int.* わあーい, 当たり《思いがけない喜びなどを示す歓声》.
bin·gy [bíndʒi | -dʒɪ]〘← Austral.《土語》〙*n.*《豪俗》胃 (stomach), 腹 (belly).
Bi·ni [bíːniː, bə- | bɪ-]〘⇨ Benin〙*n.* (*pl.* ~, ~s) = Edo.
bi·nit [báɪnɪt, -nət | -nɪt]〘(短縮)〙*n.*〘数学〙=binary digit 1.
bin·na·cle [bínəkl̩]〘(変形) ← (15 C) *bitakil* ◻ OSp. *bitácora* ∥ Port. *bitacola* ◻ L *habitāculum* habitation ← *habitāre* to inhabit: ⇨ habit[1]〙— *n.*〘海事〙羅針儀箱, コンパス架台《磁気コンパスとそれを照らすランプなどを入れた架台で, 舵輪の前にある》.
bin·o·cle[1] [bínəkl̩ | bínɔkl̩, báɪn-, -nə-]〘◻ F ~ ← L *oculus* eye: ⇨ bin-〙*n.* =binocular.
bi·nocle[2] [báɪnʌkl̩]〘← BI-[1]+(PI)NOCHLE〙*n.*《古》〘トランプ〙バイナクル《2人で遊ぶピノクルの古い名称》.
bi·nocs [bənɑ́ks | bɪnɔ́ks]〘(短縮) ← BINOCULAR〙*n.* *pl.* 双眼鏡.
bi·noc·u·lar〘(1713)〙— [baɪnɑ́kjulə, bɪ-, bə- | baɪnɔ́kjulə(r, bɪ-] *adj.* 両眼用の: a ~ telescope [microscope] 双眼望遠鏡[顕微鏡] / ~ vision 双眼視. — [bɪnɑ́kjulə, bə-, baɪ- | bɪnɔ́kjulə(r, baɪ-] *n.* [しばしば *pl.* で単数または複数扱い] 双眼鏡, 双眼望遠鏡; 双眼顕微鏡《prism binoculars ともいう》: a 5-power ~ 倍率 5 倍の双眼鏡 / a pair of ~s 双眼鏡 1 個. **bi·noc·u·lar·i·ty** [baɪnɑ̀kjulǽrəṭi, bɪ-, bə- | baɪnɔ̀kjulǽrətɪ, bɪ-, -rɪ-] *n.* **~·ly** *adv.*
binócular fúsion *n.*〘眼科〙=fusion 5.
bi·no·men [baɪnóumən | -náumen]〘← NL ~ ← BI-[1]+L *nōmen* 'NAME'〙— *n.* (*pl.* **bi·nom·i·na** [-nɑ́mənə | -nɔ́mɪ-])〘生物〙(種(species)を指す)二名式名称, 二連名.
bi·no·mi·al [baɪnóumiəl | -náumjəl, -mɪəl]〘← ML *binōmius* having two names (← L *binōminis*: ⇨ bi-[1], nomen)+-AL[1]〙— *adj.* **1**〘数学〙二項の, 二項式の. **2**〘生物〙二名法の《動植物の学名で, 属名と種名の二つの名称から成る; cf. monomial, trinomial》. — *n.* **1**〘数学〙二項式. **2**〘生物〙二名法. **3**〘言語〙同じ形態類の 2 語から成る表現《good and bad, great or small, heaven and earth, man and woman など》. **~·ly** *adv.*
binómial coeffícient *n.*〘数学〙二項係数.
binómial distribútion *n.*〘統計〙二項分布《確率分布(probability distribution)の一類型; 独立の試行を何回か繰り返した時の, ある事象が起こる回数の確率分布; Bernoulli distribution ともいう》.
binómial equátion *n.*〘数学〙二項方程式.
binómial expánsion *n.*〘数学〙二項展開.
binómial nómenclature *n.*〘生物〙二名法《生物の各種がそれの属している属(genus)の名と種(species)の名とで示される方式; 例: *Panthera leo* (ライオン) / *Felis catus* (ネコ)》.
binómial séries *n.*〘数学〙二項級数.
binómial théorem *n.*〘数学〙二項定理《$(a+b)^n$ という形の式の展開を与える定理》.
binomina *n.* binomen の複数形.
bi·nom·i·nal [baɪnɑ́mənl̩ | -nɔ́mɪ-] *adj.* =binomial.
binóminal sýstem *n.*〘生物〙=binomial nomenclature.
bi·nor·mal [báɪnɔ̀əməl | -nɔ̀ː-] *n.*〘数学〙従法線, 陪法線《曲線上の一点で接触する平面に垂直でかつその点を通る直線》.
bin·ox·a·late [baɪnɑ́ksəlèɪt, bɪn-, bən- | bàɪnɔ́k-, bɪn-]〘⇨ bi-[1]〙*n.*〘化学〙重蓚酸(ξ)塩, 酸性蓚酸塩.
bin·ox·ide [bàɪnɑ́ksaɪd, bɪn-, -sɪd, -səd | bàɪnɔ́ksaɪd, bɪn-]〘← BIN-+OXIDE〙*n.*〘化学〙=dioxide.
bint [bínt]〘◻ Arab. ~ 'daughter'〙*n.*《英口語》[通例軽蔑的に] 娘; 女 (woman); ガールフレンド.
bin·tu·rong [bɪntúːrɔ(ː)ŋ | -túərɔŋ]〘◻ Malay ~〙— *n.*〘動物〙ビントロング, クマネコ, クマジャコウネコ (*Arctictis binturong*)《アジア南東部産で樹上にすみ, 長い尾はわずかに巻きつくことができる; bear cat ともいう; cf. civet cat 1》.
bi·nu·cle·ar [bàɪn(j)úːkliə | -njúːklɪə(r, -kljə(r] *adj.* 〈細胞など〉核を二つ持つ.
bi·nu·cle·ate [bàɪn(j)úːkliət, -kliɪt, -klièɪt | -njúːklɪət, -klɪɪt, -klɪèɪt] *adj.* =binuclear.
bi·nu·cle·at·ed [bàɪn(j)úːklièɪṭɪd, -ṭəd | -njúːklɪèɪt-] *adj.* =binuclear.
Bin·yon [bínjən], **(Robert) Laurence** *n.* (1869–1943) 英国の詩人・美術史家; 大英博物館東洋部長 (1913–32); 1929 年来日; *Lyric Poems* (1894), *Landscape in English Art and Poetry* (1930).
bi·o [báɪoʊ | -əʊ]〘(略)〙*n.* (*pl.* ~s)《口語》=biography.
bi·o- [báɪo(ʊ), báɪə | báɪə(ʊ)]〘← Gk *bíos* life〙「生命(life), 生物(living things)」の意の連結形: *bio*logy. ★ (1) 母音の前では通例 bi- になる. (2) 古くは主として自然科学で用いられたが, 今日では用法が拡大され一般化し, 社会的な文脈でも使用される.
bìo·acóustics *n.* 生物音響学.
bi·o·as·say [bàɪo(ʊ)ǽseɪ, ⸗–⸗́ | bàɪə(ʊ)əséɪ, -ǽseɪ]〘← *bio*(*logical*) *assay*〙〘生物〙*n.* 生物検定, 生物学的定量, バイオアッセイ. — *vt.* 生物検定にかける.
bìo·astronáutics〘⇨ bio-〙*n.* 宇宙生理学《宇宙旅行の際に生物がうける影響を研究する学問》. **bìo·astronáutical** *adj.*
bìo·bibliógraphy *n.*〘図書館〙伝記付き書誌.
Bí·o-Bí·o [bíːoubíːou | -əubíːəʊ; *Sp.* bíobío] *n.* [the ~] ビオビオ(川)《チリ中部の川; Andes 山脈に発し Concepción で太平洋に注ぐ (390 km)》.
bìo·cátalyst *n.*〘生化学〙生(体)触媒《酵素のこと》. **bìo·catalýtic** *adj.*
bi·oc·el·late [bàɪo(ʊ)séleɪt, -lɪt, -lət, baɪɑ́səleɪt, -lɪt, -lət | bàɪə(ʊ)séleɪt, -lɪt, -lət, baɪɔ́sɪleɪt, -lɪt, -lət]〘← BI-[1]+OCELLATE〙— *adj.* **1**〘動物〙(特徴として) 2 個の小眼(複眼でなく単眼)をもつ. **2**〘植物〙2 個の小眼点をもつ.
bìo·cenólogy〘← BIO-+COENO-+-LOGY〙*n.* 生物群集学《生物群集の生態学》.
bi·o·ce·no·sis [bàɪo(ʊ)sɪnóusɪs, bàɪə-, -sə-, -səs | bàɪə(ʊ)siːnáusɪs]〘← NL ~ ← BIO-+Gk *koinōsis* sharing: ⇨ coeno-〙— *n.* (*pl.* **-no·ses** [-siːz])〘生物〙生物共同体《ある地域の動物・植物・微生物など, 互いに関連をもって生活する生物の総称》; 生物群集.
bi·o·ce·not·ic [bàɪo(ʊ)sɪnɑ́ṭɪk, -sə- | -ə(ʊ)siːnɔ́t-]〘⇨ ↑, -otic[1]〙*adj.*〘生物〙生物共同体の, 生物群集の.
bìo·céntric *adj.* 生命中心の, 生命を中心的事実とする.
bìo·chémic *adj.* =biochemical.
bìo·chémical〘⇨ bio-: cf. G *biochemisch*〙*adj.* 生化学の; 生化学的な, 生物体の化学反応に関する[で作られる]. — *n.* 生化学物質. **~·ly** *adv.*
biochémical óxygen demànd *n.* 生化学的酸素要求量《水質の汚濁度を知る一つの指標; biological oxygen demand ともいう; 略 B.O.D.》.
bìo·chémist *n.* 生化学者.
bìo·chémistry〘⇨ bio-: cf. G *Biochemie*〙*n.* 生化学, 生物化学 (cf. biophysics).
bi·o·ci·dal [bàɪəsáɪdl̩ | bàɪə(ʊ)-] *adj.* 生物を殺す性質のある.
bi·o·cide [báɪəsàɪd | báɪə(ʊ)-]〘← BIO-+-CIDE〙*n.* **1** 生物の殺傷 (cf. ecocide). **2** 生物(体)を殺す物質 (pesticide)《殺虫剤・除草剤など》.
bìo·cléan〘← BIO-+CLEAN〙*adj.* (バクテリアなどの)有害な生物が(ほとんど)ついていない.
bìo·climátic *adj.* 生物と気候との関係の[に関する]; 生物気候学の.
bìo·climatólogy *n.* **1** 生物気候学, 生気候学《気候・風土の生物に及ぼす影響の研究; 特に, 気象病と季節病とを合わせて医学に関係した分野をいう》. **2** 生物と気候との相互関係.
bi·o·coe·no·sis [bàɪo(ʊ)sɪnóusɪs, bàɪə-, -sə-, -səs | bàɪə(ʊ)siːnáusɪs] *n.* (*pl.* **-no·ses** [-siːz])〘生物〙=biocenosis.
「〘生物〙=biocenotic.
bi·o·coe·not·ic [bàɪo(ʊ)sɪnɑ́ṭɪk, -sə- | -ə(ʊ)siːnɔ́t-] *adj.*
bìo·cólloid *n.*〘生化学〙生体コロイド.
bìo·degrádable〘← BIO-+DEGRAD(E)+-ABLE〙— *adj.* 生物分解性のある《合成洗剤などが細菌の作用によって分解され, 無害な物質になりうる》: ~ wastes. **bìo·degràdabílity** *n.*
bìo·degradátion *n.*〘生化学〙生物による分解.
bìo·degráde *vi.* (細菌の作用により)生物分解を起こす.
bìo·dynámic *adj.* 生物動力学の[的な].
bìo·dynámics *n.* 生物動力学《生物の活発な生命現象を扱う学問; cf. biostatics》.
bìo·ecólogist *n.* 生物生態学者.
bìo·ecólogy *n.* 生物生態学《動植物と環境との相互関係および相互作用を扱う》. **bìo·ecológic** *adj.* **bìo·ecológical** *adj.* **bìo·ecológically** *adv.*
bìo·eléctric *adj.* 生体電気の, 動植物の電気現象に関する.
bìo·eléctrical *adj.* =bioelectric.
bìo·electrícity *n.* 生物[生体]電気.
bío·elèctro·génesis〘← BIO-+ELECTRO-+-GENESIS〙*n.* 生体による電気発生.
bìo·electrónics *n.* 生体電子工学.
bìo·enginéer *n.* 生物工学の専門家.
bìo·enginéering *n.* 生物工学《工学の生物学・医学的応用分野; biomedical engeneering ともいう》.
bìo·environméntal *adj.* 生物の環境に関する.
bìo·éthics *n.* (臓器移植等に関連する)生命倫理(学).
bìo·féedback *n.*〘医学〙生物フィードバック《生体がある特定の精神・身体状態を維持できるようにするため, 視聴覚その他の刺激を与えること》.
bio·fla·vo·noid [bàɪo(ʊ)fléɪvənɔ̀ɪd, -flǽv- | bàɪə(ʊ)-]〘← BIO-+FLAVONOID〙— *n.*〘生化学〙生(体)フラボン類《自然にある(生体内)フラボンやクマリン誘導体, citrin, rutin, esculin など; vitamin P ともいう》.
bío·fòg〘← BIO-+FOG[1]〙*n.* 人・動物が冷たい空気の中で息を吐く時に生じる蒸気に似た霧.
bi·og [baɪɑ́g | -ɔ́g]〘(略)〙*n.*《口語》=biography.
biog.《略》biographer; biographical; biography.
bi·o·gen [báɪədʒən]〘◻ G *Biogen*: ⇨ bio-, -gen〙*n.*〘生物・生化学〙活素, ビオゲン《細胞を構成する仮想的蛋白質分子で, 生命現象の基と考えられたもの》.
bìo·génesis〘← BIO-+-GENESIS〙— *n.*〘生物〙**1** 生物発生; 生物発生説, 続生説《生物は生物からのみ発生するという説; cf. abiogenesis, germ theory 1》. **2** =biosynthesis. **bìo·genétic** *adj.* **bìo·genétically** *adv.*
bi·o·gen·ic [bàɪo(ʊ)dʒénɪk, bàɪə- | bàɪə(ʊ)-] *adj.* **1** (発酵のように)生物の活動の結果として生じる. **2** (食物・水・睡眠などのように)生きるに必要な, 生存に不可欠な.

bi·og·e·nous [baɪɑ́dʒənəs | -ɔ́dʒɪ-] *adj.* **1** 生物に起源する. **2** =biogenic.
bi·og·e·ny [baɪɑ́dʒəni | -ɔ́dʒɪni] 〖← BIO-+-GENY〗 *n.* =biogenesis.
bío·gèo·ce·nóse [-sɪnóuz, -sə-, -nóus | -si:nóuz, -nɔ́us] 〖⇨ Russ. *biogeotsenoz* (↓)〗 *n.* 〖生態〗 =ecosystem.
bío·gèo·ce·nó·sis [-sɪnóusɪs, -sə-, -səs | -si:nóusɪs] 〖← NL ～: ⇨ bio-, geo-, coeno-, -sis〗 *n.* (*pl.* **-no·ses** [-si:z]) 〖生態〗 =ecosystem.
bío·gèo·chémical cýcle *n.* 生物地球化学的循環.
bío·gèo·chémistry 〖← BIO-+GEOCHEMISTRY〗 — *n.* 生物地球化学《地球の化学的組成や元素の分布および移動などを生物の生理・生態との関係において研究する》.
bío·gèo·coe·nó·sis [-sɪnóusɪs, -sə-, -səs | -si:nóusɪs] 〖⇨ biocenosis, geo-〗 — *n.* (*pl.* **-no·ses** [-si:z]) 〖生態〗 =ecosystem. **bío·gèo·coe·nót·ic** [-sɪnɑ́tɪk, -sə- | -si:nɔ́t-] *adj.*
bìo·geógraphy 〖← BIO-+GEOGRAPHY〗 *n.* 〖生態〗 生物地理学《生物の地理的分布を研究する》. **bìo·geográphic** *adj.* **bìo·geográphical** *adj.*
bi·og·ra·phee [baɪɑ̀grəfí:, biɑ̀g- | baɪɔ̀g-, bɪɔ̀g-] 〖← BIOGRAPH(Y)+-EE[1]〗 *n.* 伝記を書かれる人, 伝記にされた人物.
bi·og·ra·pher [baɪɑ́grəfə, bi- | baɪɔ́grəfə(r, bɪ-] 〖(1715) ← BIOGRAPH(Y)+-ER[1]〗 *n.* 伝記作家, 伝記の著者.
bi·o·graph·ic [bàɪəgrǽfɪk | bàɪə(ʊ)-, bìə(ʊ)-] *adj.* =biographical.
bi·o·graph·i·cal [bàɪəgrǽfɪkəl, -fə- | bàɪə(ʊ)grǽfɪ-] *adj.* 伝記の; 伝記体の, 列伝体の: a ～ dictionary 人名辞典 / a ～ sketch 略伝. **～·ly** *adv.*
bi·og·ra·phize [baɪɑ́grəfàɪz, bi- | baɪɔ́g-, bɪ-] *vt., vi.* (…の)伝記を書く.
bi·og·ra·phy [baɪɑ́grəfi, bi- | baɪɔ́grəfi, bɪ-] 〖(1661) ⇨ F *biographie* ⇨ LGk *biographía*: ⇨ bio-, -graphy〗 — *n.* **1 a** 伝記, 一代記. **b** (動物などの)生活史. **c** (建物・貨幣などの)来歴, 歴史. **2** 伝記文学. — *vt.* …の伝記を書く.
bìo·házard *n.* 生物学的危険物質《人やその生活環境に害を与える生物学的物質》.
bioi *n.* bios の複数形.
bìo·instrumentátion *n.* (宇宙飛行士などの生理上のデータを記録し送信する)生物計器; その使用.
biol. 《略》 biological; biologist; biology.
bi·o·log·ic [bàɪəlɑ́dʒɪk | bàɪə(ʊ)lɔ́dʒ-] *adj., n.* =biological.
bi·o·log·i·cal [bàɪəlɑ́dʒɪkəl, -dʒə- | bàɪə(ʊ)lɔ́dʒɪ-] *adj.* **1** 生物学上の, 生物学的な; 生態学の: ～ chemistry =biochemistry. **2** 応用生物学に用いる[で作った]: a ～ preparation 応用生物学的製剤. — *n.* 〖生物・薬学〗 生化学的薬剤《血清・ワクチンなど》. **～·ly** *adv.*
biológical ássay *n.* 〖生物〗 =bioassay.
biológical clóck *n.* 生物時計《有機体の周期的な活動を支配する生物学的な仕組み; cf. body clock》.
biológical contról *n.* 〖生物〗 生物的防除《天敵を利用して害虫[害獣]を退治すること》.
biológical engineéring *n.* 生物工学 (bionics) (略 BE).
biológical envíronment *n.* 〖社会学〗 生物学的環境《人間の生活に影響を与える野生の動植物などの生物学的因子》.
biológical magnificátion *n.* 〖生物〗 生物的濃縮《食物連鎖の過程において体内で分解しにくい物質が濃縮されて残ること; cf. biological purification》.
biológical óxygen demánd *n.* 生物学的酸素要求量 (⇨ biochemical oxygen demand).
biológical purificátion *n.* 〖生物〗 自浄作用.
biológical ráce *n.* 〖生物〗 生態品種《形態的に同一種と認められるものの中で, 生態的に異なる品種》.
biológical sociólogy *n.* =biosociology.
biológical spécies *n.* 〖生物〗 生物学的種.
biológical wárfare *n.* 生物戦(争), 細菌戦《微生物を用いて人畜を殺害する戦争行為; 米国では薬品を用いて植物を枯死させる場合もいう》.
biológic hálf-life *n.* (生理的排出などによる放射能の)生物学的半減期.
bi·ól·o·gìsm [-dʒɪzm] 〖⇨ biology, -ism〗 — *n.* 生物学主義《生物の様式や生体の機構に関する概念が人間経験の全部門に適用できるとする》. **bi·ol·o·gís·tic** [baɪɑ̀lədʒístɪk | -ɔ̀l-] *adj.*
bi·ól·o·gist [-dʒɪst, -dʒəst | -dʒɪst] 〖⇨ ↓, -ist〗 *n.* 生物学者, 生物研究家.
bi·ol·o·gy [baɪɑ́lədʒi | -ɔ́lədʒɪ] 〖(1813) ⇨ F *biologie* // G *Biologie*: ⇨ bio-, -logy〗 — *n.* **1** 生物学. **2** (一地域の)動物・植物相. **3** (ある生物の)生活史, 生活現象. **4** 生物学の論文.
bìo·luminéscence *n.* **1** (ホタル・キノコ・深海魚などの)生物発光. **2** 生物発光の光. **bìo·luminés·cent** *adj.*
bi·ol·y·sis [baɪɑ́ləsɪs, -səs | -ɔ́lɪsɪs, -lə-] 〖← NL ～: ⇨ bio-, -lysis〗 *n.* 〖生物〗 生物分解, 死 (death).
bi·o·lyt·ic [bàɪəlítɪk | -tɪk] *adj.* 〖生物〗 死の.
bìo·màss 〖← BIO-+MASS[1]〗 *n.* **1** 〖生物〗 生物(体)量《ある地域内の生物の現存量》. **2** バイオマス《エネルギー源としての生物資源》.
bìo·matérial *n.* 〖医学・歯科〗 生体組織に触れる部位の補綴(ほてつ)に用いる(のに適する)物質.
bìo·mathematícian *n.* 生物数学者《コンピューターなどを使って生物の機能や特徴を数学的に解析する専門家》.
bìo·mathemátics *n.* 生物数学《生物に数学を応用する学問》.
bi·ome [báɪoum | -əum] 〖← BIO-+-OME〗 *n.* 〖生態〗 バイオーム, 生物群系《動物と植物を総合した生物群集の生態学的一形態》.
bìo·mechánics 〖← BIO-+MECHANICS〗 — *n.* 生物的(特に筋肉の)活動の力学的基礎; 生体力学《生体の活動の力学的基礎を扱う生物学の一分野》. **bìo·me·chánical** *adj.*
bìo·médical *adj.* 生物医学の[に関する]; 生物医学的な: ～ engineering=bioengineering.
bìo·médicine *n.* 生物医学《特に, 宇宙旅行で人が環境の変化にどの程度耐え得るかを生物学的・医学的に研究する分野》.
bío·mèteorólogy 〖← BIO-+METEOROLOGY〗 *n.* 〖生物〗 生物環境学, 生気象学《生物と気象の関係を扱う》.
bi·om·e·ter [baɪɑ́mətə | -ɔ́mɪtə(r, -mə-] 〖← BIO-+-METER[1]〗 — *n.* バイオメーター, 生物計: **a** 生物の種類・密度・反応などを通して, 生物の分布や行動を測定すること. **b** その指標とする生物.
bi·o·met·ric [bàɪo(ʊ)métrɪk | bàɪə(ʊ)-] *adj.* 生物測定(学[法])の. **bì·o·mét·ri·cal·ly** *adv.*
bì·o·mét·ri·cal [-trɪkəl, -trə- | -trɪ-] *adj.* =biometric.
bi·o·me·tri·cian [bàɪo(ʊ)mətríʃən, -mɪ-, -mə- | bàɪə(ʊ)me-, -mɪ-, -mə-] *n.* 生物測定学者, 生物統計学者.
bi·o·met·rics [bàɪo(ʊ)métrɪks | bàɪə(ʊ)-] 〖⇨ ↓, -ics〗 *n.* 生物測定学, 生物統計学 (biometry ともいう).
bi·om·e·try [baɪɑ́mətri | -ɔ́mɪtrɪ, -mə-] 〖← BIO-+-METRY〗 *n.* =biometrics.
bío·mòrph 〖← BIO-+-MORPH〗 *n.* ビオモルフ《生物体を表現した装飾的形態》. **bìo·mór·phic** [-fɪk] *adj.*
bi·o·mor·phism [bàɪo(ʊ)mɔ́əfɪzm | -ə(ʊ)mɔ́:-] 〖← BIO-+-MORPHISM〗 — *n.* 生物形態観, ビオモルフィズム《特に, 原始・抽象美術で特定の生体を描写していないのに見る人にそのイメージを起こさせること》.
Bi·on [báɪɑn, -ən | -ɔn, -ən] *n.* ビオーン《紀元前 100 年ごろのギリシャの田園詩人; *Epitaphios Adonidos*「アドニス哀歌」(17 の断片が現存)》.
bi·on·ic [baɪɑ́nɪk | -ɔ́n-] 〖← BIO-+(ELECTRO)NIC〗 *adj.* **1** 生物工学(的)の. **2 a** (SF で)〈身体(の部位)が〉(電子工学的な機械をはめ込んで)機能を強化された. **b** 超人的な力[能力]をもつ. **bi·ón·i·cal·ly** *adv.*
bi·on·ics [baɪɑ́nɪks | -ɔ́n-] 〖← BIO-+(ELECTRO)NICS〗 *n.* 生物工学, バイオニクス《生物の機能を調べ, それを工学に取り入れることを目的とする学問; cf. cybernetics》. **bi·on·i·cist** [baɪɑ́nəsɪst, -səst | -ɔ́nɪsɪst] *n.*
bi·o·nom·ic [bàɪo(ʊ)nɑ́mɪk | bàɪə(ʊ)nɔ́m-] 〖⇨ F *bionomique*: ⇨ bionomy, -ic[1]〗 *adj.* 生態学的な. **bì·o·nóm·i·cal·ly** *adv.*
bì·o·nóm·i·cal [-mɪkəl, -mə- | -mɪ-] *adj.* =bionomic.
bi·o·nom·ics [bàɪo(ʊ)nɑ́mɪks | bàɪə(ʊ)nɔ́m-] 〖⇨ bionomic, -ics〗 *n.* 生活史学, 生態学 (ecology).
bi·ón·o·mist [-mɪst, -məst | -mɪst] *n.* 生態学者 (ecologist).
bi·on·o·my [baɪɑ́nəmi | -ɔ́nəmɪ] 〖← BIO-+(ECO)NOMY〗 *n.* **1** =physiology. **2** =ecology.
-bi·ont [báɪɑnt | -ɔnt] 〖⇨ G ～ (変形) ← Gk *biount-*, *biôn* (pres.p.) ← *bioûn* to live〗 「(ある特殊な)生き方をする生物」の意の名詞連結形: haplo*biont*.
bìo·orgánic *adj.* 生物学的に有意義な物質の[に関する].
bi·oph·i·lous [baɪɑ́fələs | -ɔ́fɪ-] 〖← BIO-+-PHILOUS〗 *adj.* 〖植物〗 寄生体の (parasitic).
bi·o·phore [báɪəfɔ̀ə, -fòə | báɪə(ʊ)fɔ̀:(r] 〖⇨ G *Biophor*: ⇨ bio-, -phore〗 *n.* 〖生物〗 ビオフォア《生命の担い手として仮定された粒子》.
bìo·phýsical *adj.* 生物物理学の[に関する]; 生物物理学的な.
bìo·phýsics 〖← BIO-+PHYSICS〗 *n.* 生物物理学《物理学的な方法を用いて研究される生物学の一分野; cf. biochemistry》. **bìo·phýsicist** *n.*
bío·plàsm *n.* 〖生物〗 生命物質, ビオプラスマ.
bìo·pólymer *n.* 〖生化学〗 生物高分子物質《蛋白質などの生体内にある重合体物質》.
bi·op·sy [báɪɑpsi, báɪəp- | báɪɔpsɪ, báɪəp-] 〖← BIO-+-OPSY: cf. F *biopsie*〗 — *n.* 〖医学〗 (実験・診断などのための)生検(法), バイオプシー (cf. needle biopsy); 生体組織の一部切除.
bìo·psýchic *adj.* 〖心理〗 生物現象と心理現象が関係し合う.
bío·rhỳthm *n.* 〖生理〗 生体[生物]リズム, バイオリズム《有機体の活動における周期的変化; cf. circadian rhythm》.
biorhythm úpset *n.* 〖生理〗 生体リズムの乱れ《体内時計 (body clock) が狂うこと》.
bi·os [báɪɑs | -ɔs] 〖⇨ F ～ ⇨ Gk *bios* life〗 *n.* (*pl.* **bi·oi** [-ɔɪ], **～·es**) 〖生化学〗 ビオス《イースト菌に含まれる動物生育因子; inositol と biotin の複合体》.
bìo·sátellite *n.* 生物衛星《宇宙空間において生物が受ける影響を調査するため, 動植物を乗せるように設計された人工衛星》.
bìo·science 〖← BIO-+SCIENCE〗 — *n.* 〖生物〗 生物科学, バイオサイエンス《大気圏外の生物学的現象を取扱う科学の一分野》. **bìo·scientífic** *adj.* **bìo·scíentist** *n.*
bi·o·scope [báɪəskòup | -skə̀up] 〖(1812) ← BIO-+-SCOPE: TELESCOPE にならった造語〗 — *n.* **1 a** (今世紀初めごろに使われた初期の)映画映写機. **b** 《アフリカ南部》 映画. **2** 《英》 映画館.
bi·os·co·py [baɪɑ́skəpi | -ɔ́skəpɪ] 〖← BIO-+-SCOPY〗 *n.* 〖医学〗 生死鑑定, 生活反応検査.
bìo·sénsor 〖← BIO-+SENSOR〗 *n.* 〖電子工学〗 バイオセンサー《熱などの物理的刺激に敏感で宇宙航空士などの生活状況についての情報を得る検知器》.
-bi·o·sis [baɪóusɪs, bi-, -səs | baɪə́usɪs, bɪ-] 〖← NL ～ ← Gk *bíōsis*: ⇨ bio-, -osis〗 — (*pl.* **-bi·o·ses** [-si:z]) 「(特定の)生き方, 生活様式 (mode of life)」の意の名詞連結形: sym*biosis*.
bìo·sócial *adj.* 生物社会的な, 生物と社会の相互作用に関する.
bìo·sociológical *adj.* =biosocial.
bìo·sociólogy *n.* 生物(学的)社会学《生物社会の科学; biological sociology ともいう》.
bio·speleólogy 〖⇨ F *biospéléologie*: ⇨ bio-, speleology〗 *n.* 洞穴生物学《洞穴にすむ生物の生物学的研究》.
bío·sphère 〖⇨ G *Biosphäre*: ⇨ bio-, sphere〗 *n.* **1** 生物圏, 生活圏《地球上で生物が生活している[生活可能な]地域の全体》. **2** 生活圏の全生物及びその環境.
bìo·státic *adj.* 生体の構造と機能との間の静的な関係に関する[を扱う], 生体静力学的な.
bìo·státical *adj.* =biostatic.
bìo·státics 〖← BIO-+STATICS〗 *n.* 生物静力学《生物の構造を機能との関連で研究する生物学の一分野; cf. biodynamics》.
bìo·statístics *n.* 生物統計学《生物学, 特に変異に関する統計的研究》.
bìo·sýnthesis 〖← NL ～: ⇨ bio-, synthesis〗 *n.* 生合成, 生体内化学的物質合成. **bìo·synthétic** *adj.* **bìo·synthétically** *adv.*
bìo·systemátic *adj.* 種分類学の.
bìo·systemátics *n.* =biosystematy.
bi·o·sys·tem·a·ty [bàɪo(ʊ)sɪstéməti, -səs- | -ə(ʊ)sɪs-témətɪ] 〖← BIO-+Gk *sústēmat-*, *sústēma* 'SYSTEM'+-Y[1]〗 — *n.* 種分類学, 生分類学《交雑による雑種が稔性をもつか否かで, 種を分類する考え方に立つ分類学》. **bìo·sýstematist** *n.*
bi·o·ta [baɪóutə, báɪətə | baɪə́utə] 〖← NL ～ ← Gk *biotḗ* way of life ← *bios* life〗 *n.* 〖生態〗 生物相《ある地域に産する生物の種類全部》.
bìo·téchnics *n.* **1** 人間の必要や目的に応じて生物を管理適応させること. **2** 生物工芸学《意匠や工学の問題に自然の形態を適用すること》.
bìo·technólogy 〖← BIO-+TECHNOLOGY〗 *n.* 生物工学《人間と機械の関係に関する研究》. **bìo·tech·nológical** *adj.*
bìo·telémetry *n.* バイオテレメトリー《動物に小型通信機をつけ発信される電波で動物の行動を探る; ecotelemetry ともいう》. **bìo·telemétric** *adj.*
bìo·thérapy 〖← BIO-+THERAPY〗 *n.* 生物学的療法《生菌・動物体の産出物などを用いる療法》.
bi·ot·ic [baɪɑ́tɪk, bi- | baɪɔ́t-, bɪ-] 〖⇨ Gk *biōtik-ós* ← *bios* life: ⇨ -ic[1]〗 *adj.* **1** 生命の[に関する]. **2** 生物の; 生体の活動に起因する.
-bi·ot·ic [baɪɑ́tɪk, bi- | baɪɔ́t-, bɪ-] 〖← NL *-bioticus* ← Gk *biōtikós* (↑)〗 — 次の意味を表わす形容詞連結形: **1** 「生命に関係のある」: anti*biotic*. **2** 「(ある)生き方をする」: aero*biotic*.
bi·ót·i·cal [-tɪkəl, -tə- | -tɪ-] *adj.* =biotic.
biótic poténtial *n.* 〖生物〗 生物繁栄能力, 増殖ポテンシャル.
bi·o·tin [báɪətɪn, -tn | báɪə(ʊ)tɪn] 〖⇨ G *Biotin* ← Gk *biot-*, *bios* life+-IN[1]〗 — *n.* 〖生化学〗 ビオチン ($C_{10}H_{16}N_2O_3S$)《ビタミン B 複合体の一つ; 結晶体の酸でビタミン H; coenzyme R ともいう; cf. avidin, bios》.
bi·o·tite [báɪətàɪt] 〖⇨ G *Biotit* ← *Jean B. Biot* (1774-1862: フランスの物理学者): ⇨ -ite[1]〗 — *n.* 〖鉱物〗 黒雲母 ($K_2(Mg, Fe, Al)_6(Si, Al)_8O_{20}(OH)_4$). **bi·o·tit·ic** [bàɪətítɪk | -tɪk] *adj.*
bi·o·tope [báɪətòup | -tə̀up] 〖⇨ G *Biotop* ← BIO-+Gk *tópos* place: ⇨ topic〗 *n.* 〖生物〗 ビオトープ, 小生活圏《生活圏の地域的な基本単位》.
bi·o·tron [báɪətrɑ̀n | -trɔ̀n] 〖← BIO-+-TRON〗 *n.* バイオトロン《ある種の環境的要素が生体に及ぼす影響を研究するための気候調節装置》.
Bíot-Sa·vàrt làw [bí:ousəvɑ́ə-, bjóu- | bí:əusævɑ́:-, bjə́u-; *F.* bjosava:r-] 〖← *Jean B. Biot* (⇨ biotite)+*Félix Savart* (1791-1841: フランスの物理学者)〗 — *n.* 〖電磁気〗 ビオ サバールの法則《電流の作る磁界を表わす法則》.
bi·o·type [báɪətàɪp] 〖← BIO-+TYPE: cf. G *Biotypus*〗 — *n.* 〖生物〗 **1** 生物型《同一種であるが異なる地方に住むために形態が異なるもの》. **2** 共通の生物型をもつ個体群. **bi·o·typ·ic** [bàɪətípɪk] *adj.*
bìo·typólogy 〖⇨ biotype, -logy〗 *n.* 〖生物〗 生物類型学《生物型 (biotype) の研究》.
bi·ov·u·lar [baɪɑ́vjulə, -óuv- | -ɔ́vjulə(r] *adj.* 〖医学〗 二卵生の; 二卵生双生児 (fraternal twins) (に特有)の (cf. monovular).
bi·pack [báɪpæ̀k] 〖← BI-[1]+PACK[1]〗 — *n.* 〖写真〗 バイパック《感色性の異なる二種のフィルムの膜面と膜面とを重ね合わせたカラーフィルム; 一回の露光により二色分解をなし, この陰画からカラー写真などを製作する: cf. tripack》.
bì·paréntal *adj.* 両親の, 両親から引き出された. **～·ly** *adv.*
bi·pa·ri·e·tal [bàɪpəráɪətl | -ráɪɪtl] *adj.* 〖解剖〗 二頭頂骨の, 二頭頂隆起の: the ～ diameter 大横径.
bip·a·rous [bípərəs] 〖← BI-[1]+-PAROUS〗 *adj.* **1** 〖動物〗 1 回に 2 子を産む. **2** 〖植物〗 2 個を有する, 二枝[二軸]を生じる, 二生の.
bi·par·ti·san [bàɪpɑ́ətɪzn, -tə-, -sn | bàɪpɑ̀:tɪzǽn, ～～-

ーーˊ] *adj.* 2党[派]を代表する，2党[派]の(成員から成る)；二大政党提携の，超党派的な：～ diplomacy 超党派的外交. **～·ìsm** [-nìzm] *n.*

Bipártisan Fóreign pólicy *n.* 超党派外交政策《特に，1942-50年頃にかけて米国大統領 F. D. Roosevelt と共和党上院議員 A. H. Vandenberg が共同してとった対外政策をいう》. 「協定締結.

bipártisan·shìp *n.* 超党派的提携関係；(特に)政策

bi·par·tite [bàɪpɑ́ətaɪt | bàɪpɑ́ːtaɪt, ーˊーー] 〖□ L *bipartīt-us* (p.p.) ← *bipartīre* to divide into two ← BI-¹ + *partīre* to divide (← *pars* 'share, PART')〗 ── *adj.* **1 a** 二つの部分の[から成る]. **b** 〘法律〙〈契約書など〉2通作成された (cf. tripartite 3)：a ～ contract 2通作った契約書. **2** 両者が分けもつ，協同の (joint)：a ～ pact 相互協定. **3** 〘植物〙〈葉が〉二深裂の (cf. tripartite 4)：a ～ leaf 二裂葉. **～·ly** *adv.*

bi·par·ti·tion [bàɪpɑətíʃən, -pə- | -pɑː-, -pə-] 〖← L *bipartītus* (↑)+-ION〗 *n.* **1** 2通作製. **2** 〘植物〙二深裂.

bi·par·ti·zan [bàɪpɑ́əṭɪzn, -ṭə-, -sn | bàɪpɑ̀ːtɪzǽn, ーーーˊ] *adj.* ＝bipartisan.

bi·par·ty [báɪpɑ̀əṭi | -pɑ̀ːtɪ] *adj.* 2党[派]からなる.

bi·pec·ti·nate [bàɪpéktənèɪt | -tɪ-] 〖⇨ bi-¹〗 *adj.* 〘動物〙〈ある種のガの触角が〉櫛の歯状の縁をした.

bi·ped [báɪped] 〖(1646) □ L *biped-, bipēs* ← BI-¹ + *ped-, pēs* 'FOOT'〗 ── *adj.* 2足の (two-footed). ── *n.* **1** 二足動物《人・鳥など》：a feathered ～ 鳥. **2** 《四足動物の》一対の二本足. 「**2** 二足動物の.

bi·pe·dal [bàɪpédḷ, -píːdḷ | báɪpedḷ] *adj.* **1** ＝biped.

bi·pet·al·ous [bàɪpéṭələs, -ṭḷ- | -təl-, -tḷ-] *adj.* 〘植物〙二つの花弁をもつ.

bi·phen·yl [bàɪfénḷ, -fíːn- | -nɪl] *n.* 〘化学〙ビフェニル ($C_6H_5C_6H_5$)《二つのフェニル基から成る白色の結晶化合物；diphenyl ともいう》.

bi·pin·nar·i·a [bàɪpɪnέ(ə)riə, -pə- | -pɪnέəriə] 〖← NL ← BI-¹+L *pinna* feather+-ARIA¹：⇨ pinna〗 *n.* ビピンナリア《ヒトデ類の浮遊性幼生》.

bi·pin·nate [bàɪpíneɪt, -nət, -nɪt] *adj.* 〘植物〙二回羽状の，再羽状裂の：a ～ compound leaf 二回羽状複葉. **～·ly** *adv.*

bi·plane [báɪplèɪn] 〖(1874) ← BI-¹+PLANE²〗 *n.* 〘航空〙複葉(飛行)機 (cf. monoplane).

bi·pod [báɪpɑd | -pɔd] 〖← BI-¹+-POD¹：cf. tripod〗 *n.* (自動小銃などを載せる)二脚架.

bi·po·lar [bàɪpóulə | -pə́ulə(r)] 〖⇨ bi-¹〗 ── *adj.* **1** (陰・陽，正・負)二極ある，二極式の：a ～ dynamo. **2** (北・南)両極地の[にある]. **3** 相反する二つの面[考え，性質など]をもった：～ world (自由・共産の)両極世界. **4** 〘動物〙双極性の《神経細胞が突起を2本もっている》. **5** 〘電子工学〙バイポーラの《P型N型の両半導体を用いたことにいう》：a ～ transistor バイポーラトランジスター《一種類の半導体を用いた MOS トランジスターに対する語》.

bi·po·lar·i·ty [bàɪpo(u)lǽrəṭi, -pə-, -lέr- | -pə(u)lǽrəti, -rɪ-] *n.* 二極性.

bi·po·lar·ize [bàɪpóuləràɪz | -pə́u-] *vt.* …に二極性を与える. **bi·po·lar·i·za·tion** [bàɪpòulərɪzéɪʃən, -rə- | -pə̀ulərаɪ-, -rɪ-] *n.*

bi·prism [báɪprɪzm] *n.* 〘物理〙複プリズム《180°に近い頂角をもつプリズム；Fresnel biprism ともいう》.

bi·pro·pel·lant [bàɪprəpélənt] *n.* 〘宇宙〙二液性推進薬《液状酸化剤と液体燃料との二液よりなる推薬；cf. monopropellant》.

bi·quad·rate [bàɪkwɑ́dreɪt, -rət, -rɪt | -kwɔ́d-] *n.* 〘数学〙四乗したもの，四乗冪(べき)，四累乗.

bi·quad·rat·ic [bàɪkwɑdrǽṭɪk | -kwɔdrǽt-, -kwəd-] 〘数学〙*adj.* 四次[四乗冪(べき)]の：a ～ root 四乗根. ── *n.* **1** 四乗冪. **2** 四次方程式.

biquadrátic equátion *n.* 〘数学〙四次方程式《quartic equation ともいう》.

bi·quar·ter·ly [bàɪkwɔ́əṭəli | -kwɔ́ːtəli] *adj.* 4か月に2回ごと[発行]の.

bi·qui·na·ry [bàɪkwáɪnəri, -kwín- | -rɪ] *n.* 〘数学〙二五(ご)進法の《一定の規約に従って二進法と五進法を混用していることにいう》.

bi·ra·cial [bàɪréɪʃəl] *adj.* 二つの人種(特に，白人と黒人)から成る，二人種[民族]の. **～·ìsm** [-lìzm] *n.*

bi·ra·di·al [bàɪréɪdiəl, -dɪəl, -djəl] *adj.* 〘生物〙二放射相称の，二輻(ふく)相称の《左右相称であって左右の両半部はそれぞれ放射状の排列をしたことにいう》：～ symmetry 二放射相称，二輻(ふく)相称. 「遊離基.

bi·rad·i·cal [bàɪrǽdɪkəl, -də- | -dɪ-] *n.* 〘化学〙二端

bi·ra·mose [bàɪréɪmous, ーーˊ | -réɪməus, ーーˊ] *adj.* ＝biramous.

bi·ra·mous [bàɪréɪməs] 〖← BI-¹+RAMOUS〗 *adj.* 二つに分岐している，二枝形の，二またより成る.

birch [bə́ːtʃ | bə́ːtʃ] 〖OE *bi(e)rce* < Gmc **berkjōn* (G *Birke*) ← IE **bherəg-* 'to shine；BRIGHT'〗 ── *n.* **1 a** 〘植物〙カンバ《カバノキ科シラカンバ属 (*Betula*) の各種の植物の総称；paper birch，オウシュウシラカバ (white birch)，キハダカンバ (yellow birch) など》. **b** カンバ材《birch wood ともいう》. **2** カンバの枝むち《昔，カンバの枝を束ねて作り，学童などの体罰に使った；birch rod ともいう》. ── *adj.* カンバの，カンバの木製の (birchen)：a ～ board [wood] カンバの木の板[森]. ── *vt.* カンバの枝むち (birch rod) で打つ.

bírch·bàrk *n.* **1** アメリカシラカンバ (*Betula papyrifera*) の皮《カヌーなどを作るのに用いる》. **2** 《米》アメリカシラカンバで作ったカヌー.

bírch bèer *n.* 《米》バーチビヤ《カンバの皮のエキスを含み炭酸を加えるか発酵させて作る清涼飲料；cf. beer 2》.

birch·en [bə́ːtʃən | bə́ːtʃ-] 〖(15C)：⇨ -en²〗 *adj.* カンバ (birch) の；カンバの木でできた：～ forests.

Birch·er [bə́ːtʃə | bə́ːtʃə(r)] 〖← *John Birch Society*：1958年 R. Welch, Jr. により設立された米国の極右団体，1945年中国共産党員に殺された米空軍将校 John Birch にちなむ〗 ── *n.* ジョンバーチ協会の会員[支持者]，極右反共主義者.

Birch·ism [bə́ːtʃɪzm | bə́ːtʃ-] 〖⇨ Bircher, -ism〗 *n.* (米国の)極右反共主義，超保守主義，バーチ主義. **Bírch·ist** [-tʃɪst, -tʃəst | -tʃɪst] *n.*

Birch·ite [bə́ːtʃaɪt | bə́ːtʃ-] *n.* ＝Bircher.

bírch ròd *n.* ＝birch 2.

bírch·wòod *n.* ＝birch 1 b.

bird [bə́ːd | bə́ːd] 〖(15C)《音位転換》← ME *brid* < OE *brid(d)* young bird ← ?〗 ── *n.* **1** 鳥：flying ～s / Bird Week 愛鳥週間 / eat like a ～ 極めて小食である / sing [work] like a ～ 陽気に[いそいそと]歌う[働く] / a flock [flight] of ～s 一群の[飛んで行く]鳥 / (as) free as a ～ (空飛ぶ)鳥のように自由で / Every ～ likes its own nest the best. 《諺》どの鳥でも自分の巣を最も好む (cf.「住めば都」) / The ～ is [has] flown. 相手は逃げてしまった《捕えようとしていた人または捕まっていた人[囚人]が逃げた》/ kill two ～s with one stone 一石二鳥を獲る，一挙両得する. **2 a** 狩猟鳥 (game bird)；(特に)イワシャコ (partridge). **b** (トラップ射撃の標的にする)土ばと (clay pigeon). **3** [修飾語を伴って] **a** [通例戯言的にまたはいくぶんもったいぶって用いて]《口語》人，やつ (fellow)：a gay [lively] ～ 陽気なやつ / a queer ～ 妙なやつ / a jail ～ 囚人 / ⇨ early bird, old bird / A little ～ told me. 《口語》そのことはいい人から聞いた (cf. *Eccles.* 10:20). **b** [しばしば反語的に]《米俗》とても利口な人：a perfect ～ 申し分ない人. **c** 《米俗》変人，奇人. **d** 《米俗》熱狂者，(…の)ファン，…狂 (enthusiast)：a ～ about music 音楽狂. **4** 〖cf. ME *birde* 'BURD'〗《英俗》娘，(特に)魅力的な女(の子) (cf. dolly bird)：a bonny ～ 美しい娘 / my ～ かわいい子. **5** 《俗》**a** 飛行機；誘導弾，ロケット，ミサイル. **b** 人工衛星 (satellite)；宇宙船 (spacecraft). **6** (バドミントンの)羽根 (shuttlecock). **7** 《英俗》禁固刑の判決；刑期；刑務所：do ～ 刑に服す / in ～ 禁固刑に処せられて，投獄されて. **8** [the ～] **a** 《俗》(観客・聴衆の立てる)あざけりの声，やじ：give a person *the* ～ 人にやじを浴びせる；人にひじ鉄を食わす；人を首にする / get *the* (big) ～ やじられる，やじり倒される；ひじ鉄を食う；首になる. **b** 《米卑》中指を立てほかの4本の指を曲げた手を外側に向けるしぐさ《Fuck you. の意の卑猥な軽蔑を表わす》.

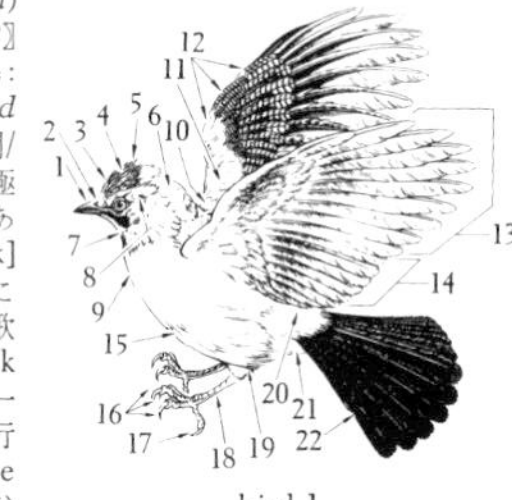

bird 1

1 bill；2 nostril；3 forehead；4 crown；5 crest；6 nape；7 throat；8 ear region；9 breast；10 back；11 scapulars；12 wing coverts；13 primaries；14 secondaries；15 abdomen；16 front toes；17 hind toe；18 tarsus；19 tibia；20 upper tail coverts；21 under tail coverts；22 tail feathers *or* rectrices

a bird in the bush 予想の利益，不確実なもの. ***a bird in the hand*** 現実の利益，確実なもの. ★上の成句と共に次の諺に由来する：*A* ～ *in the hand* is worth two *in the bush.* 《諺》捕えている一羽の鳥はまだやぶの中にいる二羽の価値がある，「あすの百よりきょうの五十」. ***a bird of one's own mind [brain]*** 自分自身の考え. ***birds of a feather*** 同じ羽毛の鳥；(一般に悪い意味で)同類の人，同じ穴のむじな：*Birds of a feather* flock together. 《諺》同じ羽毛の鳥はおのずから一所に集まる，「類は友を呼ぶ」. ***like a bird*** (1) 容易に，ためらわずに. (2) (進む時など)勢いよく，さっと. ***make a (dead) bird of*** 《豪》…を確保する. ***(strictly) for the birds*** 《口語》つまらない，軽蔑すべき，価値のない (worthless)：That movie is *for the* ～*s.* あの映画はつまらんよ. ***the birds and the bees*** 《口語》(子供に説明するような)性教育の基礎的な事柄 (cf. *a* FACT *of life* (2)). ***the bird in one's bosom*** 良心；内心.

Bird of Freedom [時に b- of f-；the —] 自由の鳥《米国国章のハクトウワシ (bald eagle) を指す》.

bird of ill omen (1) 不吉な鳥. (2) 不吉なことを言う人. 「

bird of Jove [the —] ユーピテルの鳥《ワシ》.

bird of Juno [the —] ユーノーの鳥《クジャク》.

bird of Minerva [the —] ミネルヴァの鳥《フクロウ》.

bird of night [the —] 夜の鳥《フクロウ》.

bird of paradise 〖この鳥が美しい羽をもち，また脚がなく絶えず空を飛んでいるという伝説から〗 (1) 〘鳥類〙フウチョウ，(俗に)極楽鳥《ニューギニア・インドネシアに生息するフウチョウ科の鳥の総称；オオフウチョウ (*Paradisaea apoda*)，ベニフウチョウ (*P. rubra*)，コフウチョウ (*P. minor*) など40数種いる》. (2) [the B- of P-] 〘天文〙ふうちょう(風鳥)座 (⇨ Apus).

bird of passage (1) 渡り鳥，候鳥. (2) 《口語》渡り者，旅がらす，風来坊.

bird of peace [the —] 平和の鳥《ハト》.

bird of prey (タカ・ワシ・フクロウなどのような)猛禽.

bird of Washington [the —] ＝American eagle.

bird of wonder [the —] 不思議な鳥，不死鳥 (phoenix)《Arabian bird ともいう》.

── *vi.* 鳥を撃つ，鳥を捕える；野鳥を観察する.

bírd·bànd·ing 〖⇨ band¹〗 *n.* 鳥類標識法の一種《鳥類の移動状況調査のため脚に標識となるバンド(脚環)をつけて放つ》.

bírd·bàth *n.* (小鳥用)水盤，つくばい《小鳥が水浴したり水を飲んだりするため庭などに設ける水盤》.

bírd·bràin *n.* 《口語》うすのろ，ばか；そわそわした人 (scatterbrain). **～ed** *adj.*

bírd·càge 〖(15C)〗 *n.* **1** 鳥かご (cf. aviary). **2** 鳥かごのようなもの[に似たもの]. **3 a** 《英俗》捕虜収容所. **b** 《米俗》独房 (prison cell).

bírdcage clòck *n.* 〘時計〙＝lantern clock.

bírd·càll *n.* **1** 鳥の(仲間を呼ぶ)声. **2** 鳥のまね声. **3** (鳥寄せの)鳥笛，呼び子.

bírd·càtcher *n.* 捕鳥者[器].

bírd chèrry *n.* 〘植物〙＝European bird cherry.

bírd còlonel 〖記章のワシにちなんで〗 *n.* 《米軍俗》(中佐 (lieutenant colonel) と区別して)大佐 (cf. chicken colonel).

bírd·dòg 〖↓〗《米口語》*vi.* 鳥猟犬をつとめる；厳重に監視する. ── *vt.* 捜し出す；…のあとをつけて探偵する，くまなく捜索する；綿密に調べる.

bírd dòg *n.* 《米》**1** 鳥猟犬. **2** 《口語》**a** 捜(し出)す人. **b** 勧誘員 (canvasser). **c** タレントスカウト，(特に，選手の)スカウト. **d** 情報の聞き込み人. **e** 他人のデートの相手 (date) を横取りする人.

bírd-dògging *n.* 《米口語》**1** 厳重に監視すること；あとをつけて探偵すること. **2** (パーティーなどで)他人のデートの相手の横取り.

bírd·er 〖(15C)〗 *n.* **1** 鳥類捕獲人. **2** 野鳥観察者.

bírd·èye 〖その花の中心が目に似ているところから〗 *n.* 〘植物〙北米産のトウダイグサ科の多年草 (*Caperonia castanaefolia*)《Mexican weed ともいう》.

bírd-éyed *adj.* **1 a** 鳥のような目をもった. **b** 鳥目模様のある. **2** 〈馬が〉驚きやすい.

bírd-fàncier *n.* **1** 愛鳥家. **2** (鳥の飼育・売買などをする)鳥屋.

bírd-fòot *n.* (*pl.* ～s) 〘植物〙＝bird's-foot.

bírd gràss *n.* 〘植物〙**1** ＝knotgrass 1. **2** オオスズメノカタビラ，コイチゴツナギ (*Poa trivialis*)《北米の温帯地方で芝生を作るために植えるイネ科の植物；rough bluegrass ともいう》.

bírd·hòuse *n.* **1** (家の形をした)巣箱. **2** (小鳥を見せる)鳥の家，小鳥小屋.

bird·ie [bə́ːdi | bə́ːdɪ] 〖← BIRD+-IE〗 ── *n.* **1** 《小児語》小鳥さん (little bird)，鳥さん (bird)：Watch the ～! 小鳥さんを見て(はい，こちらを見て)《写真を撮る時の言葉》. **2** 〘ゴルフ〙バーディー《パー (par) より1打少なく打ってホールに入れること；cf. eagle 6》. ── *vt.* 〘ゴルフ〙〈ホールを〉バーディーであがる.

Bird·ie [bə́ːdi | bə́ːdɪ] 〖↑〗 *n.* **1** 男性名. **2** 女性名.

bírdie·bàck *n.* ＝birdyback.

bírd·lìke *adj.* 小鳥のような；〈動きなど〉(小鳥のように)すばやい，軽快な；〈つくりなど〉かよわい，もろい.

bírd·lìme 〖(*a*1425)〗 *n.* **1** 鳥もち. **2** 陥れるもの. ── *vt.* 鳥もちで捕える；…に鳥もちを塗る.

bírd lòuse *n.* 〘昆虫〙ハジラミ《鳥に寄生する食毛目 (Mallophaga) の昆虫の総称》.

bírd·man [*1* -mən, -mæ̀n；*2* -mən | -mæ̀n, -mən] *n.* (*pl.* **-men** [-mən, -mèn | -mèn, -mən]) **1 a** 鳥類研究者[学者] (ornithologist). **b** 鳥を捕る人 (fowler). **c** 剝製(はくせい)師. **d** 鳥を飼う人，鳥の世話をする人. **2** 《口語》鳥人，飛行家 (aviator).

bírd-nèst *n.* 〘海事〙＝crow's nest 1.

bírd-of-páradise *n.* (*pl.* **birds-**) 〘植物〙ゴクラクチョウカ，ゴクラクバナ，ストレリッチア (*Strelitzia reginae*)《アフリカ南部原産のバショウ科の多年草；観賞用に温室で栽培，その花は鳥の飛ぶ姿に似ている》.

bírd-of-páradise bùsh *n.* 〘植物〙ジリエホウオウボク，ホウオウボクモドキ (*Poinciana gilliesii*)《南米産マメ科の小高木；大型の黄色い蝶形花が咲く》.

bírd-of-páradise flòwer *n.* 〘植物〙＝bird-of-paradise.

bírd pèpper *n.* 〘植物〙野性のトウガラシ《トウガラシ (*Capsium frutescens*)，キダチトウガラシ (*C. frutescens* subsp. *baccatum*) などの原種とされる；cf. red pepper》.

bírd sánctuary *n.* (自然環境における)野鳥の聖域《保護・禁猟区域》.

bírd's bèak *n.* 〘建築〙鳥嘴(ちょうし)《鳥の頭や嘴(くちばし)を彫った繰形》.

bírd·sèed *n.* (飼鳥に与える)つぶえ.

bírd's-èye *adj.* **1 a** 鳥瞰(ちょうかん)的な：a ～ photograph 鳥瞰写真 / ⇨ bird's-eye view. **b** 概観的な. **2** 鳥目模様の，鳥目模様の斑点(はんてん)のある：～ silk, handkerchiefs, etc. **3** サトウカエデ材 (bird's-eye maple) で作った. ── *n.* **1** 〘植物〙鮮やかな色の小さい花を付ける植物の総称《セイヨウユキワリソウ (bird's-eye primrose)，《英》カラフトヒヨクソウ (germander speedwell), アキザキフクジュソウ (pheasant's-eye), ミヤコグサ (bird's-foot trefoil), ヒメフウロ (herb Robert) など》. **2 a** 織物の地の上に鳥目模様の斑点のある織柄. **b** 鳥目模様の織物.

bírd's-eye máple *n.* **1** サトウカエデ材《波状の木目に暗黒色の円形の斑点のあるサトウカエデ (sugar maple) の木材》. **2** 《米俗》《特に性的魅力のある白人と黒人との》混血少女.

bírd's-eye prímrose *n.* 〘植物〙 セイヨウユキワリソウ (*Primula farinosa*)《高山性のサクラソウの一種》.

bírd's-eye víew *n.* 鳥瞰(ちょうかん)図, 全景; 概観, 大要: a ~ of the city その都市の鳥瞰図[全景] / a ~ of modern history 近代史の概観.

bírd's-fòot *n.* (*pl.* ~s) 〘植物〙 鳥の足に似た形の葉や果実をもつ植物の総称; (特に)鳥の爪状のさやをつけるマメ科ツノウマゴヤシ属 (*Ornithopus*) の牧草《bird-foot ともいう》.

bírd's-foot férn *n.* 〘植物〙 **1** 熱帯アメリカ産のシダ (*Adiantopsis radiata*). **2** 北米太平洋海岸産イヌウラジロシダ属のシダ (*Pellaea mucronata*) (cf. rock brake).

bírd's-foot tréfoil *n.* 〘植物〙 **1** マメ科ミヤコグサ属の植物の総称; (特に)ミヤコグサ (*Lotus corniculatus*)《今は米国では家畜の飼料などとして広く栽培される》. **2** ミヤコグサに似た植物の総称.

bírd's-foot víolet *n.* 〘植物〙 中心部に目のような黄色の斑点のある大きな淡青の花をつけるスミレの一種 (*Viola pedata*)《米国 Wisconsin 州の州花》.

bírd shòt *n.* 鳥猟に用いる小散弾. 「スキー.

bírd·skì·ing *n.* (翼をつけて)空中に浮き上がる水上

bírd's-mòuth *n.* 〘建築〙 切り欠き《たるき下端の軒桁(のきげた)のための欠込(かきこ)み》.

bírd's-nèst 〘↓〙 *vi.* 鳥の巣捜しをする《鳥の巣を捜して卵・ひなを取ること》: go ~*ing* 鳥の巣捜しに行く. **~·er** *n.*

bírd's nèst *n.* **1** 鳥の巣. **2** (料理用の)燕窩(えんか), 燕巣(えんそう) (edible bird's nest). **3** 《俗》(釣糸の)もつれ. **4** 〘植物〙 鳥の巣に似た形の植物の総称; (特に)野生のニンジン (⇨ wild carrot). **5** 〘海事〙 = crow's nest 1.

bírd's-nèst férn *n.* 〘植物〙 シマオオタニワタリ (*Asplenium nidus*)《東南アジアからオーストラリアにかけて産する着生シダで観葉植物》. 「類.

bírd's-nest fúngus *n.* 〘植物〙 チャダイゴケ科の菌

bírd's-nest órchid [órchis] *n.* 〘植物〙 サカネラン (*Neottia nidusavis*).

bírd strìke *n.* 航空機の鳥(の群)との衝突.

bírd tàble *n.* (鳥の)えさ台.

bírd-vòiced trée fròg *n.* 〘動物〙 米国南部産のアマガエル科の鳥のような鳴き声を出すカエルの一種 (*Hyla avivoca*). 「野鳥観察会.

bírd wàlk *n.* (野鳥の生態を観察する)探鳥行; (特に)

bírd-wàtch 〘《逆成》↓〙 *vi.* 探鳥する, (特に, 趣味として)野鳥の生態を観察・研究する. **~·ing** *n.*

bírd wàtcher *n.* 野鳥観察者, 野鳥生態研究家.

Bírd Wèek *n.* 野鳥愛護週間.

bírd-wítted 〘《1605》〙 *adj.* うわついた (flighty).

bírd·wòman *n.* 《口語》女性飛行家 (aviatress).

bird·y [bə́ːdi | bə́ːdɪ] 〘⇨ -y[4]〙 *adj.* (**more ~, most ~; bird·i·er, -i·est**) **1** 鳥のような. **2** 〈土地が〉鳥の多い, (特に)猟鳥のたくさんいる. **3** 〈猟犬が〉鳥捜しのうまい.

bírdy·bàck 〘← BIRD+(PIGG)YBACK〙 *n.* バーディーバック方式の輸送《航空機による貨物トレーラーでの物資輸送; cf. fishyback, piggyback》.

bi·rec·tan·gu·lar [bàɪrektǽŋgjulə | -lə(r)] *adj.* 〘数学〙 二つの直角をもった.

bi·re·frin·gence [bàɪrɪfríndʒəns, -rə-] *n.* 〘光学〙 複屈折(⇨ double refraction). **bì·re·frín·gent** [-dʒənt] *adj.*

bi·reme [báɪriːm | báɪ(ə)r-] 〘《1600》□ L *birēm-is* ← BI-[1]+*rēmus* oar〙 *n.* (古代ギリシャ・ローマの)二段オールのガレー船 (galley) (cf. trireme).

bi·ret·ta [bɪrétə, bə- | bɪrétə] 〘《1598》□ It. *berretta* □ LL *birrettum* ← *birrus* cap of silk or wool〙 *n.* 〘カトリック〙 ビレッタ《聖職者の用いる四角形の帽子; pope は白, cardinal は緋色, bishop は紫, その他は黒と, 位階によって色が違う; cf. galero, zucchetto》.

biretta

birk[1] [bə́ːk | bə́ːk] *n.* 《スコット》 = birch 1.

birk[2] [bə́ːk | bə́ːk] *n.* = berk.

birk·en [bə́ːkən | bə́ːk-] *adj.* 《スコット》 = birchen.

Bir·ken·head [bə́ːkənhèd | bə́ːkənhèd, (現地では) ⏑⏑⏑] 〘early ME *Birkened* 《原義》 headland overgrown with birch: ⇨ birchen, head〙 *n.* イングランド北西部, Merseyside 州の海港, Liverpool の対岸で Mersey 川に臨む; 人口 138,000.

Bir·ken·head [bə́ːkənhèd | bə́ː-], 1st Earl of *n.* (1872–1930) 英国の法律家・大法官; 本名 Frederick Edwin Smith.

bir·kie [bíəki, bə́ː- | bíəkɪ, bə́ː-] 〘← ? : cf. ON *berkia* 'to BARK[2], boast'〙 *n.* 《スコット》 **1** 陽気で断定的な人, でしゃばり. **2** 男, やつ (fellow).

birl[1] [bə́ːl | bə́ːl] 〘《混成》? ← BIRR[1]+WHIRL〙 — *vt.* **1** 回転させる; 〈浮いている丸太を〉(その上に乗って)ぐるぐる回転させる. **2** 〈硬貨を〉回す. — *vi.* **1** くるくる回転しながら進む. **2** (丸太回し競争で)丸太回しをする (cf. birling). **~·er** *n.*

birl[2] [bə́ːl, bíəl | bə́ːl, bíəl] 〘OE *byrelian*: cf. OE *byrele* cup bearer〙 — *v.* (*also* **birle** [~]) 《スコット・廃》 — *vt.* 〈酒を〉つぐ; 〈人〉に酒を強いる. — *vi.* 一緒に酒を飲む, 飲み騒ぐ.

bírl·ing [-lɪŋ] 〘⇨ birl[1]〙 *n.* = logrolling 2.

Bir·ming·ham 〘OE *Bermingehām* 《原義》 'village of the people of *Beornmund* (人名)': ⇨ -ing[3], home: cf. Brummagem〙 — *n.* **1** [bə́ːmɪŋəm | bə́ː-] イングランド中部 West Midlands 州の都市; London に次ぐ大都市で同国最大の工業中心地; 人口 1,059,000. **2** [bə́ːmɪŋhæ̀m | bə́ː-] 米国 Alabama 州中部の工業都市; 人口 301,000.

Bír·nam Wóod [bə́ːnəm- | bə́ː-] *n.* バーナムの森《Shakespeare 作の *Macbeth* に出る森の名》.

Bi·ro [báɪrou | báɪ(ə)rəu] 〘← *László Biró* (これを考案したハンガリーのジャーナリスト)〙 — *n.* (*pl.* ~s) 〘商標〙 バイロウ《ボールペン (ball-point pen) の商品名》; 《英》 ボールペン. — *vt.* [b-] 《英》 ボールペンで書く.

Bir·o·bi·dzhan [bɪ̀ro(ʊ)bɪdʒáːn, -dʒǽn | -rə(ʊ)-; *Russ.* bjɪrəbjɪdʒán] *n.* (*also* **Bir·o·bi·jan** [~]) ビロビジャン: **1** ソ連邦ロシヤ共和国のシベリア東部にあるユダヤ人自治州 (Jewish Autonomous Oblast) の通称. **2** Amur 川に臨む同州の首都; 人口 67,000.

bi·ro·ta [bɪróʊtə, bə- | bɪrə́ʊtə] 〘□ L ~ (名詞用法) ← *birotus* two-wheeled ← *rota* wheel: ⇨ bi-[1]〙 *n.* ビロタ《通例 3 頭のらばが引く古代ローマの二輪馬車》.

birr[1] [bə́ː, bíə | bə́ː(r, bíə(r)] 〘ME *bir(r)* □ ON *byrr* favoring wind: cf. OE *byre* strong wind. — n. 3, vi.: 《擬音語》?〙 — *n.* **1 a** 力; (特に)風の力. **b** 攻撃の勢い; 突撃. **c** 推進力 (impetus). **d** 精力, 元気 (vigor). **2** (紡ぎ車などの)びゅーという回転音 (whirring sound). — *vi.* 《スコット》 びゅーという音を出しながら動く; びゅーという音を出す.

birr[2] [bíə | bíə(r)] 〘□ Ethiop.〙 *n.* ビル《エチオピアの通貨単位; = 100 cents》.

Bir·rell [bírəl], **Augustine** *n.* (1850–1933) 英国の政治家・随筆家・評伝家; *Obiter Dicta* (1884, '87, 1924).

bir·rus [bírəs] 〘□ LL ~: ⇨ biretta〙 *n.* (*pl.* **bir·ri** [-riː, -raɪ]) ビルス《古代ローマ人や中世の下層階級の人々が用いた, 通例フード付きのケープ[外衣]》.

birse [bíəs, bə́ːs | bíəs, bə́ːs] 〘OE *byrst* 'BRISTLE'〙 *n.* 《スコット》 **1** 剛毛 (bristle); 剛毛の束, あごひげや身体の短い毛. **2** [the ~] 怒り: set up *the* ~ 怒る.

birth [bə́ːθ | bə́ːθ] 〘《?a1200》 *birth(e)* □ ON *byrð* < Gmc **ʒaburþiz* (Goth. *gabaurþs*: cf. OE *ġebyrd* birth) ← **ʒa-* 'Y-'+**bur-*, **ber-* 'to BEAR[2]': ⇨ -th[2]〙 — *n.* **1 a** 出生, 誕生: ⇨ new birth / the happy ~ of a son / the date [day] of one's ~ 生年月日 / at ~ 生れた時に[は] / a ~ unto righteousness 正道への生れ変わり. **b** 出産, 分娩(ぶんべん): She had a difficult [an easy] ~ *with* her first child. 第 1 子は難産[安産]だった / She had two *at* a ~. 双子を産んだ. **2** 生れ, 氏, 素姓(すじょう), 家系 (lineage); (よい)家柄, 門地: a man of American ~ 米国生れの男 / ⇨ *by* BIRTH (1) / He behaved as became his ~. 自分の生れにふさわしい振舞いをした / a man of noble [high] ~ 高貴な家柄の人 / a man of good [humble, mean] ~ 生れのよい[卑しい]人 / a man of ~ and breeding 氏もあり育ちもよい人, 生れもよく教育もある人 / a man without ~ 家柄のない人 / *Birth* is much, but breeding is more. 《諺》「氏より育ち」 / A woman of no ~ may marry into the purple. ⇨ purple 3 b. **3** 生れながらの才能, 天性, 天稟(てんぴん). ⇨ *by* BIRTH (2). **4** (事物の)起源, 出現 (origin): the ~ of a republic. **5** 《古》 生れたもの, 子供, (動物の)子; 所産, 結果 (offspring): a monstrous ~ 奇形児.

by birth (1) 生れは: be German [English] *by* ~ 生れはドイツ人[英国人]だ. (2) 生れながらの: a musician *by* ~ 生れながらの音楽家 / a foe *by* ~ to …に対し生れながらの敵. ***give birth to*** (1) 〈子〉を産む, 分娩する (bear). (2) 〈事が〉…を生み出す, …の原因となる, …を発足させる.

— *vt.* **1** 《方言》 生む, 出産する. **2** 《米》 〈事が〉…を生み出す, 誕生させる (produce). — *vi.* 《方言》 子を産む. 「相当する》.

birth certìficate *n.* 出生証明書《日本の戸籍抄本に

birth contròl 〘《1914》〙 *n.* 産児制限, 受胎調節; 避妊 (cf. planned parenthood).

bírth-contròl pìll *n.* (婦人用)経口避妊薬《単に the pill, the Pill ともいう》.

bírth·dàte *n.* (人の)生年月日; (会などの)誕生した日.

birth·day [-dèɪ, -di | -dèɪ, -dɪ] 〘《c1384》: cf. OE *ġebyrddæġ*〙 — *n.* **1** 誕生日《誕生した日またはその記念日》; 誕生日のお祝い: celebrate [keep, observe] one's ~ 誕生日を祝う / a ~ present [gift] 誕生祝いの贈物 / a ~ party バースデーパーティー, 誕生会 / Happy ~ (*to* you)! お誕生日おめでとう. **2** (物の)起源日, 初めの日. **3** 創立記念日のお祝い[お祭り].

birthday bòok *n.* 誕生日覚え帳《親類や友人の名を誕生日の項に書き入れておく》. 「キ.

birthday càke *n.* バースデーケーキ, 誕生日のケー

birthday hónours *n. pl.* 《英》 国王誕生日に行なわれる叙爵・叙勲 (cf. New-Year honours, honours list).

bírthday sùit *n.* **1** (英国で)国王誕生日に着る式服. **2** 《戯言》 生れながらの着物, 素肌, 裸 (nakedness). ★ 通例次の句で: in one's ~ 裸で.

bírth·màrk *n.* **1** (生れつきの)あざ, 母斑(ぼはん) (nevus). **2** 特徴, 特質. — *vt.* [通例 Passive で] …にあざをつける.

bírth·nìght *n.* 誕生(記念)日の夜; (特に, もと君主の出生のための)誕生祝賀.

bírth pàng *n.* **1** [通例 *pl.*] (出産の折の)陣痛. **2** [*pl.*] (大きな社会的変化に伴う)混乱と苦しみ, 生みの苦しみ.

birth pill *n.* 経口避妊薬, ピル.

bírth·plàce *n.* (人の)出生地; (物事の)発祥地, 源.

bírth·ràte *n.* (人口に対する)出生率《通例千分比で示される》.

bírth·rìght 〘《1535》: Tyndale の造語〙 — *n.* **1** 生れながらにもっている権利, 生得権《憲法の保障する財産権や市民的自由など》. **2** 長子の家督相続権: sell one's ~ for a mess of pottage 一わんの羹(あつもの)のために家督権を売る《一時的利得を得るために永久的利益を売る; cf. *Gen.* 25: 29–34》.

bírth·ròot *n.* 〘植物〙 ユリ科エンレイソウ属 (*Trillium*) の植物の総称; (特に) *T. erectum* 《その根は安産の薬として用いられた》.

bírth·stòne *n.* 誕生石.

月にちなんだ宝石

1 月	garnet	7 月	ruby
2 月	amethyst	8 月	sardonyx
3 月	bloodstone	9 月	sapphire
4 月	diamond	10 月	opal
5 月	emerald	11 月	topaz
6 月	pearl	12 月	turquoise

★ 20 世紀からは, 3 月に aquamarine, 6 月に alexandrite, moonstone, 8 月に peridot, 10 月に tourmaline, 12 月に zircon も用いられるようになった.

曜日にちなんだ宝石

日曜日	topaz and diamond
月曜日	pearl and (rock) crystal
火曜日	ruby and emerald
水曜日	amethyst and lodestone
木曜日	sapphire and carnelian
金曜日	emerald and cat's-eye
土曜日	turquoise and diamond

bírth·stòol *n.* (以前用いられた)分娩用の腰掛け.

birth tràuma *n.* 〘心理〙 出産外傷《出産は新生児にとっては深刻な心理ショックの体験であり, 不安の源泉になるという精神分析の概念》.

bírth·wòrt *n.* 〘植物〙 **1** ウマノスズクサ属 (*Aristolochia*) の植物の総称; (特に) *A. clematitis* 《ヨーロッパ原産の植物で安産の薬と言われる》. **2** = birthroot.

bis [bís] 〘□ F & It. ~ □ L ~ 'twice, again': cf. bi-[1]〙 — *adv.* **1** 二度, 二回 (twice) 《ある数字・言葉などがある場所に二度現われて来ることを示す》. **2** 〘音楽〙 繰り返して (again) 《楽譜の指示またはアンコールの要求として; cf. encore》.

bis. 《略》 bissextile.

B.I.S. 《略》 Bank for International Settlements 国際決済銀行; British Information Services 英国情報部.

bis- [bɪs] *pref.* (c, s および母音の前に来る時の) bi-[1] の異形: *bis*alternate, *bis*sextile.

Bi·sa·yan [bɪsáɪ(j)ən, bə-] 〘← Bisayan *Bisayâ*+-AN[1]〙 — *n.* (*pl.* ~, ~s) **1 a** [the ~(s)] ビサヤ族《フィリピン原住民中最も人口の多いマライ人種に属する一種族》. **b** ビサヤ族の人. **2** ビサヤ語. — *adj.* ビサヤ族[語]の.

Bi·sa·yas [*Sp.* bisájas] *n.* ビサヤ諸島《Visayan Islands のスペイン語名》.

Bis·cay [bískeɪ, -ki | -keɪ, -kɪ], **the Bay of** *n.* ビスケー湾《フランス西部とスペイン北部との間の大西洋の一部をなす大湾; 波が荒いことで知られている》.

bis·cuit [bískɪt] 〘《16C》□ F *biscuit* ∽ 《a1338》 *bisquite* □ OF *bescuit* < ML **biscoctum* twice baked ← *bis* twice+*coctus* ((p.p.) ← *coquere* 'to COOK')〙 — *n.* (*pl.* ~s, ~) **1 a** 《英》 ビスケット《cracker, cookie の総称》. **b** = dog biscuit. **2** 《米》 = scone 2. **3** ビスケット色, 薄茶色, きつね色 (light brown). **4** 締焼き陶磁器類《焼成されているが釉(うわぐすり)のかかっていない陶磁器; biscuit ware, bisque ともいう》. **5 a** レコードにプレスされる前のプラスチック塊《preform ともいう》. **b** 《俗》 レコード.

take the biscuit ⇨ take *v.* 成句.

— *adj.* ビスケット色をした.

bíscuit-fìred *adj.* 〈陶磁器が〉締焼きされた《bisque-fired ともいう》.

biscuit wàre *n.* = biscuit 4.

bise [bíːz] 〘ME □ OF □ Frank. *bisa* (G *Bise*)〙 *n.* 寒風; (特に, スイスや南フランス地方に吹く)乾燥した冷い北または北東の風.

bi·sect [báɪsekt, ⏑⏑ | ⏑⏑] 〘《1646》 ← BI-[1]+-SECT〙 — *vt.* **1** 折半する, 両断する, 二分する. **2** 〘数学〙 二等分する. **3** [通例 p.p. 形で] 〘郵趣〙 〈切手を〉半分に切る: the ~*ed* copy of a stamp 切手の半片, バイセクト. — *vi.* 〈道路などが〉二つに分れる; 交差する. — [⏑⏑] *n.* **1** 〘郵趣〙 バイセクト《切手不足その他緊急のとき切手を切って(通例 1/2)使われたもの; 半分ならもとの額面の 1/2 にみなされる使い方が普通》. **2** 〘植物〙 バイセクト《地上, 地下にわたり層別に植物を調査して図表を作ること》.

bi·sec·tion [báɪsèkʃən, ⏑⏑⏑ | ⏑⏑⏑] *n.* 折半, 両断, 二分; 二等分(法). **~·al** [-ʃənḷ, -ʃnəl] *adj.* **~·al·ly** *adv.*

bi·sec·tor [báɪsèktə, ―⌐―| baɪséktə(r] *n.* 〘数学〙(線分・立体などの)二等分線[面].

bi·sec·trix [baɪséktrɪks] 〘← BISEC(TOR)＋-TRIX〙 ― *n.* (*pl.* **bi·sec·tri·ces** [bàɪsektráɪsiːz]) **1** 〘結晶〙二等分線《二軸(性)結晶の二本の光軸の間の角を二等分する線》: ⇨ acute bisectrix, obtuse bisectrix. **2** 〘数学〙＝bisector.

bi·seg·ment [bàɪségmənt] *n.* (線分を)二等分した線分.

bi·sel·li·um [baɪsíliəm|-lɪ-] 〘□L ～← BI-[1]＋*sellium* (← *sella* seat)〙 *n.* (*pl.* **-li·a** [-liə|-lɪə]) (古代ローマの)2人用の名誉席.

bi·se·ri·al [bàɪsí(ə)riəl | -síərɪ-] *adj.* 二系列相関の.

bi·ser·rate [bàɪséreɪt, -rət, -rɪt] *adj.* **1** 〘植物〙二重鋸歯状の. **2** 〘昆虫〙〈触角が〉両側に鋸歯を有する.

bi·sex·u·al [bàɪsékʃuəl, -ʃəl | -sjuəl, -sjʊl, -ʃuəl, -ʃʊl] 〘← BI-[1]＋SEXUAL〙 ― *adj.* **1** 〘生物〙両性の, 両性的な; 雌雄両性器官を備えている (cf. unisexual 1): a ～ flower 〘植物〙両性花. **2** 〘精神分析〙 **a** 両性素質の《人間の本性として両性の素質をもつことにいう》. **b** 両性交の《両性に性欲を感じる, または両性の心性をもつことにいう》. ― *n.* **1** 〘生物〙両性体. **2** 〘精神分析〙両性に性欲を感じる人, 両性感応者. **～·ly** *adv.*

bi·sex·u·al·i·ty [bàɪsèkʃuǽləti | -sjuǽlətɪ, -ʃʊ-, -lɪ-] *n.* 〘精神分析〙両性素質; 両性交.

bish [bíʃ] 〘← ?〙 *n.* 《俗》誤り, へま (mistake).

bish·op [bíʃəp] 〘OE *bisċop* □ VL **biscop-us*＝eccl. L *episcopus* □ Gk *episkopos* overseer ← *epí* upon＋*skopós* watcher (cf. scope[1])〙 ― *n.* **1** (プロテスタント・モルモン教の)監督; (英国国教会・聖公会・東方正教会などの)主教; (カトリックの)司教: the *Bishop* of London ロンドン主教《St. Paul's に主教座を有し London を管轄する; cf. SEE[1] of London》. **2** ＝suffragan bishop 2. **3** 精神上の監督者, 監視者. **4** 〘チェス〙ビショップ《bishop の帽子形で将棋の角に相当する駒; ⇨ chess[1] 挿絵》. **5** ビショップ《ポートワインをベースにオレンジ・チョウジ・砂糖を加えて暖めた飲物》. **6** 〘鳥類〙アフリカ産のキンランチョウ類の鳥の総称《雄は緋[黄]と黒の美しい色をしている》. ― *vt.* **1** bishop に任命する. **2** 《英方言》〈ミルクなどを〉(料理中に)焦げつかせる.

Bish·op [bíʃəp], Sir **Henry** (**Rowley**) *n.* (1786–1855) 英国の作曲家; *Home, Sweet Home* (1823).

Bíshop Áuk·land [-ɔ́ːklənd] 〘lateOE *Alclit* 《原義》'the rock on the CLYDE[1]': 今の形は ON *aukland* additional land との連想, *Bishop* は Durham 主教館の所在地であるのによる〙 ― *n.* イングランド Durham 州中部の都市; 人口 34,000; Durham の南西 16 km.

bíshop bìrd *n.* 〘鳥類〙＝bishop 6.

bíshop in pár·ti·bus in·fi·dé·li·um [-ɪn-páətəbəs-ɪ̀nfədéɪliəm|-púːtɪbəs-ɪnfɪdíːlɪəm] 〘← ML (*episcopus* bishop) *in partibus infidēlium* in infidel parts〙 ― *n.* 〘カトリック〙＝titular bishop.

bish·op·ric [bíʃəprɪk, -rɪk] 〘OE *bisċopriċe* ← *bisċop* 'BISHOP'＋*riċe* realm〙 ― *n.* **1** bishop の職. **2** 主教管区; 司教[主教, 監督]区 (diocese). **3** bishop の邸宅. **4** 〘モルモン教〙監督会《監督と2人の副監督から成るワード部 (ward) の管理機関》.

Bíshops' Bíble *n.* [the ～] 主教[監督]聖書《Great Bible の改訂版; Matthew Parker の下に bishops が翻訳に当たり 1568 年出版; Authorized Version の底本となった》.

bíshop's-càp 〘種子のさやの形から〙 *n.* (*pl.* **bishops'-caps**) 〘植物〙 **1** チャルメルソウ (⇨ miterwort 1). **2** ＝star cactus.

bíshop's cóurt *n.* **1** 〘カトリック〙司教区裁判所. **2** 〘プロテスタント〙宗務局. **3** 〘東方正教会〙主教区裁判所.

bíshop sléeve *n.* (手首の所が)たっぷりと広い袖《ギャザーを寄せて絞ったものとフレアーのものがある》.

bíshop's léngth *n.* カンバス[画布]の大きさで 58×94 インチ大: half ～ 56×44 インチ.

Bíshop's ríng [bíʃəps-] 〘← *Sereno E. Bishop* (1827–1909: ハワイの宣教師; 火山爆発におけるこの現象を初めて解明した)〙 ― *n.* ビショップ氏環《火山の爆発・原爆実験などによるちりのため太陽の周辺に現われる赤褐色の光環》.

bíshop súffragan *n.* ＝suffragan bishop.

bis hor. 《略》〘処方〙 *L.* bis horis (＝every two hours).

bis·hy·drox·y·cou·ma·rin [bíshaɪdrɑ̀ksɪk(j)ùːmərɪn, -sə-, -rən, -riːn | -drɔ̀ksɪkúːmərɪn] 〘← BI-[1]＋HYDROXY-＋COUMARIN〙 ― *n.* 〘薬学〙ビスヒドロキシクマリン (⇨ dicoumarin).

bis in d. 《略》〘処方〙 *L.* bis in dies (＝twice a day).

bis in 7 d. 《略》〘処方〙 *L.* bis in septem dies (＝twice in seven days).

Bi·si·tun [bìːsɪtúːn] *n.* ビシトゥン《イラン西部の村; ペルシャ語・エラム語・バビロニア語を楔形文字で刻した断崖の所在地; 旧名 Behistun》.

bisk [bísk] *n.* ＝bisque[3].

Bis·kra [bískrə, -krɑː] *n.* ビスクラ《Algeria 北東部, Sahara 砂漠中のオアシスの町; 人口 60,000》.

Bis·ley [bízli | -lɪ] 〘英国 Surrey 州の村名〙 *n.* 英国 Surrey 州 Bisley にある National Rifle Association の射的場; そこで行なわれる射的競技会.

Bis·marck [bízmaək | -maːk] 〘↓: 多くのドイツ人が鉄道債券を所有したことに敬意を表しての命名〙 ― *n.* 米国 North Dakota 州の首都; Mississippi 河畔にある; 人口 39,000.

Bis·marck [bízmaək | bízmaːk; *G.* bísmark], Prince **Otto Edward Leopold von** *n.* ビスマルク《1815–98; プロイセン・ドイツの政治家, プロイセン首相 (1862–90), ドイツ帝国の初代宰相 (1871–90); その強硬政策のために鉄血宰相 (Iron Chancellor) と呼ばれた, 正式の姓は Bismarck-Schönhausen [-ʃøːnháuzn̩]; cf. BLOOD and iron》.

Bísmarck Archipélago *n.* [the ～] ビスマルク諸島《New Guinea 島北東方の諸島で Admiralty Islands, New Britain, New Ireland およびその隣接諸島を含む; もとオーストラリアの国連信託統治下にあったが現在は Papua New Guinea の一部; 人口 213,000, 面積 49,658 km[2]》.

bísmarck brówn, B- B- 〘《部分訳》← G *Bismarckbraun*: ⇨ O.E.L. von BISMARCK〙 ― *n.* 〘化学〙ビスマルクブラウン《アゾ染料に属する塩基性染料; 毛・絹・ジュート・革などを褐色に染める》.

Bísmarck hérring 〘《部分訳》← G *Bismarckhering*: ⇨ O.E.L. von BISMARCK〙 ― *n.* ビスマルクヘリング《酢・ぶどう酒・香辛料などに漬け, 冷やして生の玉葱・レモンなどを添えて出したニシンの切身》.

Bis·marck·i·an [bɪzmáəkiən | -máːkɪ-] 〘← *O.E.L. von* BISMARCK: ⇨ -ian〙 *adj.* ビスマルクの; ビスマルク的な, ビスマルクのように攻撃的な.

bis·mil·lah [bɪsmílə] 〘□ Arab. *bi-smi-llāh* in the name of God〙 *int.* 神かけて《イスラム教徒の誓言》.

bis·mut- [bízmət, bís- | bíz-] (母音の前に来る時の) bismuto- の異形.

bis·muth [bízməθ, bís- | bíz-] 〘《1668》← NL *bisemutum* ← G *Wismut* ← ? *Wiesen* (ドイツの Erzgebrige 山脈中の川の名) // *Wiese* meadow＋*muten* to claim〙 ― *n.* 〘化学〙ビスマス, 蒼鉛(そうえん)《金属元素の一つ; 記号 Bi, 原子番号 83, 原子量 208.9804》 **bis·muth·al** [bízməθəl, bís- | bíz-] *adj.*

bísmuth chrómate *n.* 〘化学〙クロム酸ビスマス ($Bi_2O_3 \cdot 2CrO_3$)《橙色無定形の粉末; 顔料とする》.

bis·muth·ic [bɪzmʌ́θɪk, bɪs-, -mjúː-, -ðɪk | bɪzmʌ́θɪk, -mjúːθ-] *adj.* 〘化学〙ビスマス[蒼鉛(そうえん)]の, ビスマスを含んだ《特に, 5 価の化合物について用いる》.

bis·muth·ine [bízməθiːn, bís-, -ðiːn, -θɪn, -θən, -ðɪn, -ðən | bízməθiːn, -θɪn] 〘□F ～: ⇨ bismuth, -ine[3]〙 ― *n.* **1** 〘化学〙ビスムチン (BiR_3)《ビスマスとアルキル基 (R) との化合物》. **2** ＝bismuthinite.

bis·muth·in·ite [bízməθɪnàɪt, bís-, -θə-, bɪzmʌ́θə- | bɪzmʌ́θɪ-] 〘⇨ ↑, -ite[1]〙 *n.* 〘鉱物〙輝ビスマス鉱, 硫蒼鉛(そうえん)鉱 (Bi_2S_3).

bis·muth·ous [bízməθəs, bís- | bíz-] *adj.* 〘化学〙第一蒼鉛(そうえん)の.

bísmuth óxide *n.* 〘化学〙酸化ビスマス[蒼鉛(そうえん)]《普通は三酸化ビスマス (Bi_2O_3) を指す》.

bísmuth oxychlóride *n.* 〘化学〙オキシ塩化ビスマス, 塩化ビスムチル (BiOCl).

bísmuth subcárbonate *n.* 〘化学〙次炭酸ビスマス.

bísmuth subnítrate *n.* 〘化学〙次硝酸ビスマス.

bis·muth·yl [bízməθìl] *n.* 〘化学〙ビスムチル (BiO で表される 1 価の基).

bis·mut·ite [bízmətàɪt] 〘□G *Bismutit*: ⇨ ↓, -ite[1]〙 *n.* 〘鉱物〙泡蒼鉛(そうえん) ($(BiO)_2CO_3$)《白色または黄色の塩基性炭酸蒼鉛》.

bis·mu·to- [bízmətə(ʊ), bís- | bízmətə(ʊ)] 〘← NL *bisemutum* 'BISMUTH'〙「ビスマス (bismuth)」の意の連結形. ★ 母音の前では通例 bismut- になる.

bis·na·ga [bɪsnáːgə] 〘□ Sp. *biznaga* 《変形》: *biznaga* parsnip の影響?〙 ← *vitznauac* □ Nahuatl *huitznahuac* surrounded by thorns〙 ― *n.* 〘植物〙米国南西部産のフェロカクタス属 (*Ferocactus*)・タマサボテン属 (*Echinocactus*) など強刺類のサボテンの総称; (特に) *F. peninsulae* 《California 半島産》.

bi·so·ci·a·tion [bàɪsoʊsiéɪʃən, -soʊʃi-|-səʊsɪ-, -səʊʃɪ-] 〘← BI-[1]＋(AS)SOCIATION〙 ― *n.* 〘文学・美術〙異縁連想《一つの観念または物体が, 普通は関係がないと思われている二つの場に, 同時に連想されること》.

bi·son [báɪsn̩, -zn̩ | -sn̩] 〘《1611》□ F ～ ∽ ME *biso(u)nt* □ L *bisont-*, *bison* □ Gmc **wisand-*, **wisund-* European bison (OE *wesend* / OHG *wisant*)〙 ― *n.* (*pl.* ～) 〘動物〙バイソン《偶蹄類ウシ科バイソン属 (*Bison*) の動物の総称; アメリカバイソン (American bison), ヨーロッパバイソン (wisent) の 2 種がある; 体の前半に長毛が生え, 肩が盛り上がり, 後半が低い》. ★ 《米》ではその俗称として buffalo が用いられる.

American bison
(*B. bison*)

bi·son·tine [báɪsn̩tàɪn, -zn̩- | -sn̩-] *adj.* バイソンの[に関する].

bi·sphe·noid [baɪsfíːnɔɪd] *n.* 〘結晶〙＝disphenoid.

bisque[1] [bísk] 〘《1656》□ F ～ ← ?〙 ― *n.* **1** ビスク《テニスやゴルフなどで弱者に与えられる 1 点または 1 ストロークのハンディキャップなど》. **2** 〘クローケー〙1 回余分に打球の順番が追加して与えられる権利.

bisque[2] [bísk] 〘《短縮》← BISCUIT〙 *n.* **1** ＝biscuit 4. **2** かば色.

bisque[3] [bísk] 〘《1647》□ F ～ 'crayfish soup' ← ?〙 ― *n.* **1** ビスク《主に海老・蟹などの甲殻類を用いた濃いスープ》. **2** 砕いたマコロン (macaroon) や木の実を入れたアイスクリーム.

bísque-fìred *adj.* ＝biscuit-fired.

Bis·sau [bɪsáʊ(n), -sáʊn; *Port.* bisẽ́ŭ] *n.* ビサウ《アフリカ西部 Guinea-Bissau の首都・海港; 人口 63,000》.

bis·sex·tile [baɪsékstɪl, bɪ-, bə-, -təl | bɪsékstaɪl] 〘《1581》□ LL *bi(s)sextilis* (*annus*) '(year) of the BISSEXTUS': ⇨ -ile[1]〙 ― *adj.* 閏(うるう)年の: a ～ day 閏日《2 月 29 日》/ a ～ year 閏年. ― *n.* (ユリウス暦またはグレゴリオ暦の) 閏年 (leap year).

bis·sex·tus [baɪsékstəs, bɪ-, bə- | bɪ-] 〘□ LL *bissextus* (*diēs*) intercalary (day) ← BI-[1]＋*sextus* the sixth: ユリウス暦では閏年に 3 月 1 日の 6 日前の日, つまり 2 月 24 日を繰り返したことから〙 ― *n.* 2 月 29 日; 閏(うるう)日.

bis·so·na·ta [bɪ̀sənáːtə, -néɪ- | -tə] 〘← ?〙 *n.* ビソナタ《目のあらい僧服用手織り黒生地》.

bi·sta·ble [báɪstèɪbl̩] 〘⇨ bi-[1], stable[1]〙 *adj.* 〘電子工学〙〈バルブ・トランジスターの回路など〉双安定の, 安定状態が二つある (cf. astable 2, monostable).

bi·state [báɪstèɪt] *adj.* 《米》両州の, 二つの州に関係のある: a ～ agency.

bis·ter [bístə | -tə(r] 〘《1727–51》□ *bistre* ← ?〙 ― *n.* **1** ビスタ《褐色の顔料; 水彩・ペン画・油絵の下絵などに用いる》. **2** ビスタ色《黄色がかった褐色から暗褐色までの色》.

bís·tered *adj.* **1** ビスタで着色した, ビスター色の. **2** 黒ずんだ, 浅黒い (swarthy).

bis·tort [bístɔət | -tɔːt] 〘□ F *bistorte* // ML *bistorta* twice twisted ← BI-[1]＋L *tortus* (p.p.) ← *torquēre* to twist〙 ― *n.* 〘植物〙タデ属 (*Polygonum*) の植物数種の総称; (特に) イブキトラノオ (*P. bistorta*), または *P. bistordoides* 《その根は収斂(しゅうれん)剤に用いる》.

bis·tou·ry [bístəri | bístʊrɪ, -tə-] 〘《1784》□ F *bistouri* ← *bistorie* dagger〙 *n.* 柳葉刀《外科用の細長いメス》.

bis·tre [bístə | -tə(r] *n.* ＝bister.

bis·tro [bíːstroʊ, bís- | bíːstrəʊ; *F.* bistro] 〘□ F ～: もとパリの俗語〙 ― *n.* (*pl.* ～**s**) **1** (小さなまたは目立たないヨーロッパの) 酒場, レストラン. **2 a** (小さなしばしば本道から離れた) 居酒屋, バー, 飲み屋: a ～ crawler はしごをする人. **b** ナイトクラブ. **bis·tro·ic** [biːstróʊɪk, bɪs- | biːstráʊ-] *adj.*

bi·sul·cate [bàɪsʌ́lkeɪt] *adj.* **1** 溝が二つある, 二重溝の. **2** 〘動物〙ひずめが割れた, 〈ひずめが〉二裂の, 双蹄(てい)の (cloven-footed), 分趾蹄の.

bi·sul·fate [bàɪsʌ́lfeɪt | -feɪt, -fət, -fɪt] *n.* 〘化学〙硫酸水素塩, (俗称) 重硫酸塩.

bi·sul·fide [bàɪsʌ́lfaɪd] *n.* 〘化学〙二硫化物 (disulfide) 《慣用的には carbon bisulfide を意味することが多い》.

bi·sul·fite [bàɪsʌ́lfaɪt] *n.* 〘化学〙重亜硫酸塩.

bi·sul·phate [bàɪsʌ́lfeɪt | -feɪt, -fət, -fɪt] *n.* 〘化学〙＝bisulfate.

bi·sym·met·ric [bàɪsɪmétrɪk, -sə- | -sɪ-] *adj.* 〘植物〙＝bisymmetrical.

bi·sym·met·ri·cal [bàɪsɪmétrɪkəl, -sə-, -rə- | -sɪmétrɪ-] *adj.* 〘植物〙互いに直角をなす二つの相称[対称]面をもつ. **～·ly** *adv.*

bi·sym·me·try [bàɪsímətri | -mɪtrɪ, -mə-] *n.* 〘植物〙バイシンメトリー《互いに直角をなす二つの相称[対称]面をもつこと; cf. symmetry 3》.

bit[1] [bít] 〘OE *bite* action of biting, bite < Gmc **bitiz* (G *Biss*) ← **bītan* 'to BITE'〙 ― *n.* **1 a** (道具類の) 刺したり切ったりする先端; (錐の) 穂先 (⇨ BRACE and bit 挿絵); (はんだ)こての先, (かんなの) 刃; おのの刃. **b** [*pl.*] (やっとこなどの) はさむ部分. **2** (鍵の先の切込みのある) かかり. **3** パイプ[葉巻]の口にくわえる部分. **4** 〘馬具〙銜(はみ)《馬の口にかませ, その両端の環 (rings) に手綱 (reins) をつける馬勒(ろく) (bridle) の一部分; ⇨ harness 挿絵》: take the ～ 〈馬が〉(口を開いて) 銜を受ける. **5** 拘束物, 抑制するもの. ***chafe at the bit*** 遅くていらいらする, 早く進もうとする. ***champ* (*at*) *the bit*** (1) 〈馬が〉(何度も) 銜(はみ)をかむ. (2) いら立つ, いらいらする. ***draw bit*** ⇨ draw 成句. ***off the bit*** 手綱をゆるめて, 馬をゆっくり歩かせて. ***on the bit*** 手綱を引き締めて, 馬を急がせて; 〈馬が〉騎手の手の内にある. ***take* [*get*] *the bit between* [*in*] *the* [*one's*] *teeth*** (1) 〈馬が〉銜を歯でくわえて制御を拒む, あばれる. (2) 〈人が〉手におえない, 反抗する; 我を通す. ***up to the bit*** 手綱の許す限り全速力で.
― *vt.* (**bit·ted; bit·ting**) **1** 〈馬〉に (くつわの) 銜(はみ)をふくませる. **2** 〈馬を〉銜にならす. **3** 抑制する, 拘束する (restrain): *Bit* a young man and ride him on the curb. 《諺》若者を御するには手綱を締めてかかれ《抑制を忘れるな》. **4** 〈鍵〉にかかりをつける.

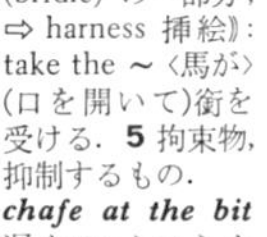

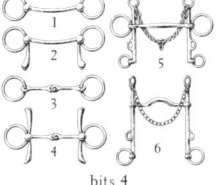

bits 4

1 bar bit; 2 bar bit (half-cheek); 3 (jointed) snaffle bit; 4 (jointed) snaffle bit (full-cheek); 5 Pelham; 6 curb bit

bit[2] [bít] 〘OE *bita* morsel, 《原義》portion bitten off < Gmc **biton* (G *Bissen*) ← **bit-*, **bītan* (↑)〙 ― *n.*

1 a 小部分, 小片, 細片, 破片 (small piece): a ~ of paper 一片の紙 / a ~ of chalk (小さな)チョーク 1 本 / a few ~s of wood 二, 三本の木切れ / ~s of glass ガラスの破片 / come [go] *to* ~s 粉々になる, ばらばらになる; 散々に粉砕される / pull [tear] a thing (all) *to* ~s 物をばらばらに壊す[ずたずたに引き裂く]. **b** わずか, 少しばかり (small quantity): a ~ of land 少しばかりの土地 / a ~ of humor いささかのユーモア / a little ~ of hope ほんのわずかな希望 / learn a ~ of Russian [反語的にも]ロシヤ語を少々かじる (cf. *a* BIT *of a*... (3)) / do a ~ at a time 一時に少しずつする / He has not a ~ of common sense. 常識が少しもない (cf. *not a* BIT). **c** [助数詞的に]《口語》1 個, 一つ (piece): a ~ of advice [news] 一つの忠告[ニュース] / a ~ of (good) luck 一つの幸運, いささか幸運な出来事 / a nice ~ of information ちょっと耳よりな話. **d** [a ~ として; 副詞的に]《口語》少しだけ, ちょっと, やや (a little): *a* ~ difficult 少し難しい / *a* ~ too large ちょっと大きすぎる / My cold is *a* ~ better. 風邪の具合はややいい / We were *a* ~ bored. ちょっと退屈した. **2 a** 少量の食物 (morsel); (特に)おいしい物少少: dainty ~s うまい物, 美味 / eat (*up*) every ~ 残さず全部平らげる. **b** [通例 *pl.*] 食べ物の残り (leavings). **3 a** わずかの時間, しばらく(の間) (short time): after a ~ しばらくして / for a ~ ちょっとの間 / in a ~ すぐに / Wait a ~. ちょっと待ってて. **b** ちょっとの距離 (short distance): Move up a ~, please. すみませんがちょっと詰めて下さい. **4 a** (文学作品中の)一節, 挿話(そうわ) (incident). **b** [通例 *pl.*] (大衆雑誌の)豆記事 (tidbit). **c** 小景, (風景画の)小品. **5**《口語》**a** (劇や映画の中の)場面, シーン; (ナイトクラブなどで上演する)お定まりの寸劇 (sketch). **b** (劇や映画の)端役《ちょっとした台詞(せりふ)が喋(しゃべ)れる; cf. walk-on》: play ~s いろいろな端役に出る. **6 a** [*pl.*]《米俗》$12\frac{1}{2}$ セント《★ 2 の倍数に伴ってのみ用いられる》: two [four] ~s 25 [50] セント(貨). **b**《英》(小さい)銀貨, 銅貨: a sixpenny ~ (昔の) 6 ペンス銀貨. **c** スペイン語系アメリカの 1 レアル (real) 貨《アメリカ領西インドおよびその近隣諸島を含めて米国に以前流通したコインの俗称; 1 ビットは $12\frac{1}{2}$ セント; 8 レアル銀貨を $\frac{1}{2}$ ないし $\frac{1}{4}$ に中心から切った「切銀」に加刻印した》. **d** [a ~ として]《俗》(少しの)金: have *a* ~ on a race 競馬に金を(少し)賭ける. **7** [修飾語を伴って]《米口語》**a** 型にはまったやり方, お定まり(の手順): the (whole) progressive ~ お決まりの進歩派ぶり / the whole ~ お決まりのこと[もの]全部 / do the critic ~ 例によって批評家ぶる. **b** お決まりの恰好(かっこう)[風体(ふうてい)]: the bouffant ~ いつものだぶだぶのスタイル. **8**〖《略》← *a bit of muslin* [*fluff*, etc.]〗《俗》(若い)女, あま (cf. piece 11): a saucy ~ 生意気なあま. **9**《俗》懲役刑; 刑期. **10**《スコット》**a** 場所, 地点. **b** ちょうどよい[きわどい]時.

a bit much《口語》〈物事が〉ひどすぎて, あんまりな. ***a bit of a...***《口語》(1) (ほんの)小さな, ちっぽけな (small); ちょっとした: *a* ~ *of a* cold [headache] 風邪[頭痛]ぎみ / *a* ~ *of an* argument ちょっとした言葉のやり取り. (2) 幾分..., やや... (rather): *a* ~ *of a* coward ちょっと臆病な方. (3) [反語的に] 相当な, たいした..., 大変な...: That was *a* ~ *of a* job. かなりな仕事だった. ***a bit of blood***《口語》勇み立った馬; 純血種の馬, サラブレッド. ***a good bit***《口語》(1) かなりの間, 相当長い間 (cf. *n.* 3 a). (2) [副詞的に]ずっと, かなり: He's *a good* ~ older than I. 私よりだいぶ年上だ. ***a little bit***《口語》わずかに, やや, 少し. ***a (little) bit of all right***《英口語》とてもいい[立派な]もの, すばらしいもの《人・物・事》; (特に)とてもいい女. ***a nice bit (of...)***《口語》かなりたくさん(の...) (cf. *n.* 1 c): have *a nice* ~ *of* money 金がたんまりある. ***bit by bit*** 少しずつ, 次第に, 徐々に. ***bits and pieces [bats, bobs]***《口語》半端, 残り物; 小物類; 身の回り品, 持物; あれこれの家事[雑用]. ***bits of*** みすぼらしい, ちっぽけな: ~*s of* children. ***by bits*** = BIT *by bit*: bite *by* small ~*s* 少しずつかじる. ***do one's bit*** 自分の役割を果たす[本分を尽くす]; 応分の寄付[奉仕]をする. ***every bit***《口語》どの点から見ても, 全く: He is *every* ~ a scholar. どこからどこまで学者だ / This is *every* ~ *as* good *as* that. これは全くあれと同じくらいよい. ***give a person a bit of one's mind*** ⇨ mind 成句. ***not a bit***《口語》少しも...でない (not at all): She is *not a* ~ better. (具合は)ちっとも良くない / I *don't* care *a* ~. ちっともかまいません / I'm *not the least* ~ angry. 全然怒ってなんかいない《★ not a bit を強調した言い方》/ *Not a* ~ *of* it. [相手の言葉または前言を強く否定して]それどころか(その反対); [礼を言われて]どうしまして《★ not at all より丁寧さが欠ける言い方》. ***quite a bit***《口語》(1) かなりたくさん〔*of*〕: *quite a* ~ *of* money [time]. (2) [副詞的に]かなり, 相当に: travel *quite a* ~. ***take a bit of doing***《口語》(...するのは)なかなか骨が折れる: It will *take a* ~ *of doing*. それはなかなか手間がかかるだろう / His name *takes a* ~ *of remembering*. 彼の名はなかなか覚えにくい.

bit[3] [bít]〖《転用》↑〗*adj.*《スコット》小さい: a ~ laddie 小さい男の子.

bit[4] *v.* bite の過去形・過去分詞.

bit[5] [bít]〖《略》← *b*(*inary dig*)*it*〗― *n.* **1**〖電算機〗ビット《情報伝達の最小単位; 二進数の 0 か 1, 二者択一問題に対するイエスかノーに対応する情報量; cf. kilobit, gigabit, megabit, terabit》. **2**〖電子工学〗ビット信号《ビット情報に対応する電気パルス・磁化状態など》: a ~ error ビット誤り / ~ synchronization ビット同期.

bi·tar·trate [bàɪtɑ́ːətreɪt | -tɑ́ː-] *n.*〖化学〗酸性酒石酸塩, 重酒石酸塩.

bít·bràce〖⇨ bit[1]〗*n.* =brace 6.

bitch [bítʃ]〖OE *bicce* ←?: cf. ON *bikkja*〗― *n.* **1** 雌犬; (オオカミ・キツネなどの)雌 (cf. dog): a ~ fox [wolf] 雌ギツネ[オオカミ]. **2 a** [軽蔑的に]女 (woman), (特に)みだらな女, 売女(ばいた): ⇨ SON[1] of a bitch. **b** 意地の悪い女; 不実な女. **3** (アラスカ・カナダで用いられる)旧式のランプ. **4**《口語》小言, 不平 (complaint). **5**《俗》いやなこと, 不快なこと, 難しいこと, 厄介なもの: This job is a ~. この仕事はうんざりする. ― *vi.* **1** 意地悪をする. **2**《口語》不平を言う (complain). ― *vt.* **1** ...に意地悪をする. **2**〖《変形》← BOTCH[1]〗《俗》台なしにする, しくじる (spoil) 〈*up*〉. **3**《口語》...の不平を言う. **4**《俗》だます, ペテンにかける (cheat).

bitch·er·y [bítʃ(ə)ri | -rɪ] *n.* **1** 雌犬のようなふるまい, みだらな女[意地悪女]のような行為. **2** 意地悪, 悪意 (malice); 報復, 復讐.

bitch gòddess *n.* [女神を擬人化して]《俗》物質的[世俗的]成功, 出世.

bitch·y [bítʃi | -tʃɪ] *adj.* (**bitch·i·er**; **-i·est**) **1** 雌犬のような, みだらな, 肉感的な; 意地悪な, 怒りっぽい. **2** 〈雄犬が〉雌のような, 雌に似た (effeminate). **bítch·i·ly** [-tʃɪli, -tʃə- | -lɪ] *adv.* **bítch·i·ness** *n.*

bite [báɪt]〖OE *bītan* < Gmc *bītan (G *beissen*) ← IE *bheid- to split (L *findere* to cleave)〗― *v.* (**bit** [bít]; **bit·ten** [bítn̩], **bit**) ― *vt.* **1 a** (歯またはあごなどで)かむ, かみつく, 食いつく; かみ切る 〈*off*〉: ~ the bread パンをかじる / ~ a bait 〈魚が〉餌(え)に食いつく / ⇨ *bite one's* LIP(s), *bite one's* NAILS / ~ (*off* a piece of) an apple りんごをかじ(り取)る / ~ a rope *through* 縄をかみ切る / ~ a thread *in* two 糸を 2 本にかみ切る / ~ a person *in* the leg [*on* the arm] 〈犬などが〉人の足[腕]にかみつく. **b** 〈蛇などが〉かむ. **c** 〈蚊・のみなどが〉刺す, 食う (sting): be *bitten* by a flea, mosquito, etc. **2 a** 〈寒さなどが〉...にしみる (penetrate); 〈霜などが〉傷(いた)める (injure): a cold wind that ~*s* the cheeks ほおを切るような寒風 / The frost *bit* my ears. 耳が凍傷にかかった (cf. frostbitten). **b** 〈こしょうなどが〉刺激する (burn): Pepper ~*s* the tongue. こしょうはなめると舌がひりひりする. **c** 〈酸などが〉〈金属を〉腐食する (corrode);〖エッチング〗〈銅板を〉酸で腐食させる (cf. BITE *in*). **3 a** 〈刃物などが〉...に切り込む: The sword *bit* him to the bone. 刀が骨まで達した. **b** 〈歯車・車輪などが〉...とかみあう. **c** 〈ねじが〉...にきく. **d** 〈やすり・のこぎりなどが〉...にかかる. **e** 〈万力などが〉締めつける. **f** 〈錨(いかり)・手錠などが〉...に食い込む. **g** 〈シャベルなどが〉すくい取る. **4** [Passive で] 熱中させる, 夢中にさせる: He *was* completely *bitten by* a lust for power [*with* the photo mania]. 権力欲の鬼[写真気違い]になっていた. **5** [通例 Passive で] だます (take in): I *got* badly *bitten* in the project. その計画でまんまと一杯食わされた / Once *bit*(*ten*), twice shy. ⇨ once *adv.* 2 / The biter (is) *bit*(*ten*). ⇨ biter *n.* 2. **6**《口語》煩わす, 悩ます (worry); 興奮させる (excite): What's *biting* you? 何を心配[興奮]してるんだい. **7**《豪俗》〔金などを〕...にねだる, ...から借りる〔*for*〕.
― *vi.* **1 a** かむ, かみつく, 食いつく (snap): a dog that ~*s* 人にかみつく犬 / The fish *bit at* the bait. 魚は餌(え)に食いついてきた / He *bit into* a large muffin. 大きなマフィンにぱくついた. **b** 〈蚊・のみなどが〉刺す, 食う. **2 a** 〈こしょうなどが〉ひりひり刺激する: This mustard doesn't ~ much. このからしは余りきかない. **b** 〈酸などが〉腐食する: Acids ~ *into* metals. 酸は金属を腐食する. **3 a** 〈刀・やすり・のこぎりなどが〉切れる: This saw ~*s* well. こののこはよく引ける. **b** 〈歯車などが〉かみあう. **c** 〈ねじ・ブレーキなどが〉きく; 〈錨などが〉かかる. **d** 〈車輪などが〉(しっかり)接地する, かむ (grip): The wheels have *bitten into* the snow. 車輪は雪道をしっかりかんだ. **4 a** 〈魚が〉餌(え)につく, 当たる, 食う: The fish just aren't *biting* today. 今日は魚は全く当たりがない[食って来ない]. **b** 〈人が〉申し出に飛びつく, その手に乗る, うまくだまされる: I offered it, but he would not ~. その話を持ち込んだが彼は飛びついて来ようとしなかった. **5** 〈人に〉食ってかかる, 当たり散らす, がみがみ言う (carp)〔*at*〕: They are always *biting at* each other. いつも悪態をつきあっている. **6** 〈風刺・後悔の念などが〉〔...を〕刺す〔*into*〕; 〈政策などが〉(一部の人に)効果をもつ[示す], こたえる. **7** (なぞなぞ・質問などで)負けを認める: I'll ~, what is it? こりゃ参った, 一体何なんだい.

bite back (1) かみつき返す. (2) 〈出かかった言葉などを〉(唇をぐっとかんで)危うく抑える; 〈あくびを〉かみ殺す. ***bite in***〖エッチング〗〈図案などを〉酸で銅板に腐食させる. ***bite a person's nose off*** =*bite a person's* HEAD *off*. ***bite off*** (1) ⇨ *vt.* 1 a. (2) ラジオ番組から〈音楽などを〉はずす[取る]; 〈番組を〉短くする. ***bite off more than one can chew*** 柄にもない[手に余るような]仕事をやろうとする. ***bite on*** ...をしっかりととらえる; ...をよく考える, ...に取組む: something to ~ *on* 取るべき[理解すべき]もの / There is plenty to ~ *on* in his criticism. 彼の批評には取るべき点が多くある. ***bite the dust [ground]*** (1) 地上に打ち倒(さ)れる; (倒れて)死ぬ, 負傷する; 殺される; (特に)戦死する. (2) 落馬する. (3) 屈辱を受ける. (4) 大敗する, 一敗地にまみれる; 失敗する.
― *n.* **1** かむこと, 食いつくこと: eat it up at one ~ それを一口で食べてしまう / ⇨ His BARK[2] is worse than his ~. **2 a** かみ傷, 刺傷; 凍傷 (frostbite): a dog's [mosquito's] ~. **b** (酸類の)腐食. **c** (傷などの)激しい痛み: the ~ of a wound. **3 a** (りんごなどの)一かじり, (食物の)一口, 少量: a ~ of bread 一口のパン / take a ~ out of an apple りんごを一口かじる / I haven't had a ~ all day. 一日中物を一口も食べていない. **b** 軽食 (snack), (即席の)食事: have a ~ at a clubhouse クラブハウスで軽く食事をする. **4 a** (寒さなどの)肌を刺す冷たさ; (食物などの)からみ, 刺激性 (pungency): the keen ~ of the wind / whisky with a ~ in it 舌にぴりっとくるウイスキー. **b** (文体・警句・冗談などの)刺すような力, 痛切な味い (point): The ~ of his joke was sharp. 彼のジョークの味は痛烈だった. **5 a** (魚が)餌(え)につくこと, 食い, 当たり: without getting a single ~ 一度も当りがなくて. **b** 申し出に飛びつく[誘惑に乗る, うまく引っかかる]こと. **6 a** かみ合い, 食い込み, かかり, つかみ: a screw with a good ~ かみ合いのよいねじ. **b** チャック (chuck) の歯のギザギザ, ヤスリのギザギザ. **7**《口語》(全体から)差引かれる分[額] (cut): a tax ~ from one's paycheck 給料から税金として引かれる分. **8**《古》詐欺, ぺてん; ぺてん師. **9**〖歯科〗咬合(こうごう), かみ合わせ (occlusion). **10** 釣鉤の先から彎曲部までの長さ (⇨ fishhook 挿絵).

(*a*) ***bite and*** (*a*) ***sup*** ちょっとした飲食物: without ~ *and sup* 飲まず食わずで. ***make two bites at a cherry*** ぐずぐずする, つまらないことにこだわる. ***put the bite on***《米俗》...から金を借りる; ...に借金を頼む; ...から金をゆする.

bít·er [-tə | -tə(r)]〖ME〗― *n.* **1 a** かむ人[もの]. **b** かみつく犬, 食いつく獣: The dog was a terrible ~. すごく人にかみつく犬だった / Great barkers are no ~*s*. ⇨ barker[1] 1. **c** すぐ餌(え)につく魚. **2**《廃》だます人, ぺてん師 (sharper). ★ 今は次の句にだけ用いられる: The ~ (is) bit(ten). かたりがかたられる《だまそうとしてかえって一杯食わされる》,「人をのろわば穴二つ」(cf. bite *vt.* 5).

bíte·wìng *n.*〖歯科〗(同時に上下歯冠を示す)咬翼 X 線フィルム.

bit gàuge *n.*〖木工〗ビットゲージ《予定の深さに到達すると錐(きり)の先が止まる装置》.

bi·the·ism [báɪθiːɪzm, ⌐⌐⌐⌐] *n.* (善神と悪神などの)二つの神の存在を信じること.

Bi·thyn·i·a [bɪθíniə, bə- | bɪθínɪə, baɪ-, -njə] *n.* ビチュニア《小アジア北西部にあった古代の王国》.

bít·ing [-tɪŋ | -tɪŋ]〖ME〗― *adj.* **1** かむ, かみつく, 食いつく. **2 a** 〈寒風など〉肌を刺すような, 厳しい (nipping): a ~ frost, hail, wind, etc. **b** [副詞的に] 身を切るように: a ~ cold day 厳寒の日. **3 a** 〈食物など〉ひりひりする, 刺激性の (pungent); 腐食性の (caustic). **b** 〈皮肉など〉鋭い (sharp), 痛烈な, 骨を刺すような (cutting): a ~ sarcasm, irony, jest, remark, etc. / have a ~ tongue 辛辣(しんらつ)な皮肉を言う. **~·ly** *adv.* **~·ness** *n.*

bíting hóusefly *n.*〖昆虫〗サシバエ (⇨ stable fly).

bíting mídge *n.*〖昆虫〗ヌカカ《人の血を吸うヌカカ科の小昆虫の総称; punkie ともいう; cf. gnat 1》.

Bi·to·la [bíːtəljàː, -tl̩- | -tɔ̀l-] *n.* ビトラ《ユーゴスラビア南端の都市; 人口 66,000; セルボクロアチア語名 Bitolj [bítɔlj], トルコ語名 Monastir》.

bi·ton·al [bàɪtóunl̩ | -tóu-] *adj.*〖音楽〗複調性の, 二つの調による.

bi·to·nal·i·ty [bàɪto(u)nǽləti | -tə(u)nǽlətɪ, -lɪ-] *n.*〖音楽〗複調性.

bít pàrt *n.* =bit[2] 5 b.

bít plàyer *n.* 端役を演ずる役者, 二流役者, エキストラ (cf. bit[2] 5 b).

bít ròle *n.* =bit[2] 5 b.

bít·stòck〖⇨ bit[1]〗*n.* (まわし錐の)まわし柄 (brace).

bít stòp *n.*〖木工〗=bit gauge.

bit·sy [bítsi | -sɪ]〖? ← *bits* (pl.) ← BIT[2] // 《変形》← BITTY〗*adj.*《英口語・米方言》ちっちゃな.

bitt [bít]〖← ? LG (LG & Du. *beting*): cf. ON *biti* beam〗〖海事〗― *n.* **1** 係柱(けいちゅう)《甲板のふちに立てた 1 本または 2 本の鉄または木の太く短く強い柱; いかり綱やもやい綱を巻きつけて留める》. **2** =bollard 1. ― *vt.* 〈綱・錨索などを〉係柱に巻きつける: ⇨ ROUSE[1] *and bitt*.

Bit·ta·ci·dae [bɪtǽsədìː, bə- | bɪtǽsɪ-]〖← NL ~ ← *Bittacus* (属名: ← Gk *bittakós*, *psittakós* parrot) + -IDAE〗*n. pl.*〖昆虫〗(長翅目)ガガンボモドキ科.

bitten *v.* bite の過去分詞.

bit·ter [bítə | -tə(r)]〖adj.: OE *biter* ← ? Gmc *bit-, *bītan 'to BITE'. ― adv.: OE *bitere*. ― vt.: OE *biterian* ← (adj.)〗― *adj.* (**~·er**, **~·est**; **more ~, most ~**) **1 a** 苦い: a ~ taste 苦い味 / (as) ~ as aloes [wormwood] (アロエ[ニガヨモギ]のように)ひどく苦い / This medicine tastes ~. この薬は苦い / ⇨ *swallow a bitter* PILL[1]. **b** 〈ビールが〉苦味の強い (↔ mild). **2** 痛烈な, 辛辣(しんらつ)な (harsh): a ~ complaint 手厳しい苦情 / ~ criticism 酷評 / ~ irony 痛烈な皮肉 / with a ~ tongue 毒舌をもって[た]. **3** むごい, 無情な (relentless): the ~ truth 冷酷な真実. **4** つらい, 苦痛な, 悲痛な (distressing): a ~ disappointment 苦い失望 / ~ discipline 厳しい訓練 / ~ grief 悲痛 / a ~ sorrow つらい悲しみ / ~ tears 悲痛の涙 / know from ~ experience 苦い経験から習ぶ.

5 〈寒さ・風など〉身を切るような, 刺すように寒い (piercing): a ~ wind, winter, etc. / ~ weather 骨身を刺すように寒い天気. 6 a (相手に)激しい敵意を示す, 恨みを抱く, 憎い: a ~ enemy / a ~ quarrel 激しい争い. b 苦々しい(気持ちの), (ひどく)不機嫌な; 世をすねた; つらく当たる, 邪険な (harsh) 〔*against, to*〕; 〔ある事を〕根にもっている, 怒っている (resentful) 〔*about*〕: Why is he so ~? なぜあんなに苦虫をかみつぶしたような顔をしているのか / He was ~ *against* her. 彼女につらく当たった / He is ~ *about* the loss. その損失を腹にすえかねている.
to the bitter end ⇨ bitter end².
— *adv.* 1 身を切るように (bitterly). ★ 特に次の句で: ~ cold (cf. Shak., *Hamlet* 1. 1. 8). 2 《英方言》ひどく, 大いに, 非常に.
— *n.* 1 苦味; 苦いもの: take the ~ with the sweet 人世の苦も楽も甘受する / taste the sweets and ~s of life 人生の甘苦をなめる (cf. sweet 3). 2 《英》ビター (bitter beer) (一杯): a pint [glass] of ~. 3 [*pl.*] ビターズ, 苦味酒《苦味のある草や根・実などを浸して味をつけたアルコール飲料で, 食欲増進剤・強壮剤・カクテルの味付けなどに用いられる》: gin and ~s 《米》= pink gin / ⇨ angostura bitters. 4 [*pl.*] 〘薬学〙 a 苦味チンキ《リンドウ・クァシア (quassia) などで苦味をつけたアルコール性の水薬で健胃剤》. b 苦味薬《キニーネ・リンドウ・クァシアなど》.
— *vt.* 苦くする, …に苦味を付ける.

bítter álmond *n.* 〘植物〙ビターアーモンド, 苦扁桃 (*Prunus communis* var. *amara*)《仁の苦いアーモンドで食用にはならない; 薬油を採る; cf. sweet almond》; ビターアーモンドの仁.
bítter álmond òil *n.* 〘化学〙 1 =almond oil 2. 2 =benzaldehyde.
bítter ápple *n.* =colocynth 1 b.
bítter·bàrk *n.* 〘植物〙北米南部産のアカネ科の植物 (*Pinckneya pubens*) の樹皮《マラリアの特効薬にされた; Georgia bark ともいう》.
bítter béer *n.* 《英》ビター(ビール)《ホップで強い苦味をつけた生ビール; 単に bitter ともいう》.
bítter·brùsh *n.* 〘植物〙(北米西部の乾燥した地帯に産する)枝の多い銀白色のバラ科の低木 (*Purshia tridentata*)《三つの鋸歯(きょし)状の葉と黄色の5弁花をつける》.
bítter cassáva *n.* 〘植物〙ニガカッサバ《根から tapioca を作る; ⇨ cassava 1》.
bítter crèss *n.* 〘植物〙アブラナ科タネツケバナ属の総称; (特に)ヨーロッパ産のタガラシ (*Cardamine hirsuta*), 米国産の *C. bulbosa*.
bítter dógbane *n.* 〘植物〙北米産のキョウチクトウ科の植物 (*Apocynum androsaemifolium*)《根が苦く, 薬用; spreading dogbane ともいう》.
bítter ènd¹ 〘← *bitter* (⇨ bitt, -er¹)〙 *n.* 〘海事〙 1 (係柱 (bitt) に巻き取った綱の)末端部分. 2 錨鋼の船内の係柱に留めてある部分より内側の部分.
bítter énd² 〘← *bitter end¹* // ← BITTER (adj.)〙 — *n.* [the ~] 最後; 死. ★ 次の句で用いる: to [until] *the* ~ (不快なこと・困難などにかかわらず)最後の最後まで, とことんまで; 死ぬまで.
bítter-énd·er 〘↑〙 *n.* 《口語》あくまで屈しない人, 最後まで主張を曲げない人.
bítter-énd·ism [-éndɪzm̩] *n.* 《口語》最後まで主張を曲げない(強硬な)態度.
bítter hérb *n.* 1 〘植物〙シマセンブリ (*Erythraea centaurium*)《地中海地方原産のリンドウ科の一, 二年草で, 全草が苦く, 花のついた草を乾して胃腸薬とする》. 2 〘植物〙 =turtlehead. 3 苦菜(にがな)《ユダヤ人が Seder の祝に Exodus 以前の苦難を記念して食べる西洋わさびを主にしたサラダ; cf. *Exod.* 12: 8》.
bít·ter·ish [-t̬ərɪʃ | -tə-] *adj.* ほろ苦い, ちょっと苦味のある.
bítter láke *n.* (普通の塩水湖にみられる)硫酸塩およびアルカリ性炭酸塩を含んだ湖.
Bítter Lákes *n. pl.* [the ~] ビター湖《エジプト北東部にあり, Suez 運河の一部をなす二つの湖》.
bítter lémon *n.* ビターレモン《レモンジュースと炭酸キニーネ水とで作られる飲み物; カクテル用》.
bit·ter·ling [bít̬əlɪŋ | -tə-] 〘□ G *Bitterling* ← *bitter* (< OHG *bittar* 'BITTER')+-LING¹〙 *n.* 〘魚類〙 1 ヨーロッパタナゴ (*Rhodeus sericeus*)《コイ科の淡水魚で, ヨーロッパからアジア北部にかけて広く分布; 苦味がある》. 2 コイ科タナゴ亜科の魚類の総称.
bítterling tèst *n.* 〘医学〙バラタナゴ妊娠試験(法)《雌の日本産バラタナゴ (Japanese bitterling) を入れた水の中に妊婦の尿を入れ, 魚の産卵管が著しく膨出すれば陽性》.
bít·ter·ly 〘OE *biterlīce*: ⇨ bitter, -ly¹〙 — *adv.* 1 苦く. 2 激しく, ひどく; 痛烈に, 厳しく, つらく, 敵意に満ちて, 残酷に: cry [weep] ~ さめざめと泣く, 悲痛の涙を流す / regret ~ 痛恨する / speak ~ 苦々しげに言う, 毒々しい口をきく / be ~ disappointed ひどく[痛く]がっかりする. 3 身を切るように: ~ cold.
bit·tern¹ [bít̬ən | -tə(ː)n] 〘《?a1300》 *bito(u)r* □ OF *butor* < VL **būtitaurum* ← L *būtio* bittern+*taurus* ox: -*n* は *hern* 'HERON' の影響か〙 — *n.* (*pl.* ~**s**, ~) 〘鳥類〙サンカノゴイ《アシの生えた沼地にすむサンカノゴイ属 (*Botaurus*) のサギの総称; 米国産の *B. lentiginosus* (American bittern). サンカノゴイ (*B. stellaris*) (European bittern) など》.

bit·tern² [bít̬ən | -tə(ː)n] 〘《変形》? ← 《方言》 *bittering* ← BITTER+-ING³〙 *n.* 〘化学〙にがり.
bít·ter·ness 〘OE *biternes*: ⇨ bitter, -ness〙 — *n.* 1 苦さ, 苦味. 2 激しさ, 苦しさ, つらさ, 悲痛; 苦々しさ, 痛恨; 恨み, 敵意; 辛辣(しんらつ)さ, 皮肉; 邪険: speak [answer] with ~ 苦々しげに語る[答える] / nurture a deep ~ toward … に対し深く恨みを抱く.
bítter·nùt *n.* 〘植物〙クルミ科ヒッコリー属の薄殻の苦い小さな実を結ぶペカンの一種 (*Carya cordiformis*)《材は硬く緻密(ちみつ)で, 有用性が高い》.
bitter órange *n.* 〘植物〙 =sour orange.
bitter prìnciple *n.* 〘植物〙苦味質《植物体の中にある苦味成分; 主に精油成分》.
bítter·ròot *n.* 〘植物〙 1 北米太平洋岸に生じピンクの美しい花が咲くスベリヒユ科の多年草の一種 (*Lewisia rediviva*)《根は苦くインディアンが薬用に用いた; 米国 Montana 州の州花》. 2 =dogbane.
Bít·ter·root Ránge [bít̬ərùːt-, -rʊ̀t- | -tərùːt-] *n.* [the ~] ビタールート山脈《Rocky 山脈中の一支脈で Idaho 州と Montana 州との境界をなす》.
bitter rót *n.* 〘植物病理〙リンゴの炭疽(たんそ)病《リンゴの炭疽病菌 (*Glomerella cingulata*) によるリンゴ・ブドウなどの果実の病気; ripe rot ともいう》.
bítter·swèet 〘ME〙 — *adj.* 1 a 苦くて甘味のある, にが甘い, ほろ苦い. b 楽しくもあり苦しくもある. 2 《米》〈チョコレートなど〉砂糖をほとんど加えていない: ~ chocolate. — *n.* 1 a (舌に)苦味の残る甘味, 苦い後味のする甘味, ほろ苦い味. b 苦しみのまじった喜び[楽しみ]: the ~s of daily life 日々の生活で経験する苦しくもまた楽しい事. 2 〘植物〙 a ヒヨドリジョウゴの類の蔓性の毒草 (*Solanum dulcamara*)《北半球に広く分布し, ドルカマリンを含んでいて薬用にする; woody nightshade ともいう》. b ニシキギ科ツルウメモドキの類の蔓植物 (*Celastrus scandens*). **~·ly** *adv.* **~·ness** *n.*
bítter·wèed *n.* 〘植物〙苦味を含んだ雑草の総称《ブタクサ (ragweed)・ヒメムカシヨモギ (horseweed)・ダンゴギク (sneezeweed) など》.
bit·tock [bít̬ək | -tək] 〘← BIT²+-OCK〙 *n.* 《スコット》僅か (a little bit).
bit·ty [bít̬i | -tɪ] 〘← BIT²+-Y⁴〙 *adj.* (more ~, most ~; **bit·ti·er, -ti·est**) 1 断片的な (scrappy). 2 《米方言》 =bitsy (cf. itty-bitty): a little ~ girl. **bít·ti·ness** *n.*
bit·u·men [bɪt(j)úːmɪn, bə-, baɪ-, -mən, -men | bítjumɪn, -mèn, -mən, bɪtjúːmɪn, -mən, -men] 〘《a1464》 □ L *bitūmin-*, *bitūmen* ← Celt. (Welsh *bedw* birch)〙 — *n.* 1 〘地質〙ビチューメン, 瀝青(れきせい)《naphtha, petroleum, asphalt などを含む》. 2 a 画面上塗液《アスファルトと乾性油とを混ぜて作る》. b 《豪》アスファルト道路. 3 ビチューム色《暗褐色》.
bi·tu·mi·nif·er·ous [bɪt(j)ùːmənɪ́f(ə)rəs, bə-, baɪ- | bɪtjùː-] 〘⇨ ↑, -ferous〙 *adj.* 瀝青(れきせい)を産する.
bi·tu·mi·nize [bɪt(j)úːmənàɪz, bə-, baɪ-, -mɪ- | bɪtjúːmɪ-] *vt.* 瀝青(れきせい)化する; 瀝青で処理する; …にアスファルトを混ぜる. **bi·tu·mi·ni·za·tion** [bɪt(j)ùːmənɪzéɪʃən, bə-, baɪ-, -mɪ-, -nə- | bɪtjùːmɪnaɪ-, -nɪ-] *n.*
bi·tu·mi·noid [bɪt(j)úːmənɔ̀ɪd, bə-, baɪ- | bɪtjúːmɪ-] 〘← L *bitumin-* 'BITUMEN': ⇨ -oid〙 *adj.* 瀝青のような.
bi·tu·mi·nous [bɪt(j)úːmənəs, bə-, baɪ-, -mɪ- | bɪtjúːmɪ-] 〘□ F *bitumineux* // L *bituminōsus*: ⇨ bitumen, -ous〙 — *adj.* 1 a 瀝青(れきせい)の; 瀝青質の. b 瀝青を含む. 2 瀝青炭の[に関する].
bitúminous cóal *n.* 瀝青(れきせい)炭, 軟炭 (soft coal)《燃える時に猛烈に煙が出る》.
-bi·um [biəm | bɪ-] 〘← NL ~ (neut.) ← *-bius*〙 (*pl.* **-bi·a** [biə | bɪə]) 〘生物〙「(ある)生態をもつ生体[群]」の意の名詞連結形.
bi·u·ret [bàɪjʊrét | -ju(ə)r-] 〘← BI-¹+-URET〙 *n.* 〘化学〙ビウレット ($NH_2CONHCONH_2$)《尿素を加熱して製する白色の結晶; allophanamide ともいう》.
biurét reàction *n.* 〘化学〙ビウレット反応《アルカリ性にした蛋白質溶液に硫酸銅溶液を加えると液が赤紫色になる反応》.
-bi·us [biəs | bɪ-] 〘← NL ~ 'having certain mode of life' ← Gk *bíos* life〙 〘動物〙「(ある)生態をもつもの」の意の名詞連結形.
bi·va·lence [bàɪvéɪləns | báɪvèɪləns, ⌐⌐⌐] 〘《なぞり》← G *Zweiwertigkeit*〙 *n.* 〘化学〙二原子価, 二価を有すること.
bi·va·len·cy [bàɪvéɪlənsi | báɪvèɪlənsɪ, ⌐⌐⌐⌐] *n.* 〘化学〙 =bivalence.
bi·va·lent [bàɪvéɪlənt | báɪvèɪlənt, ⌐⌐⌐] 〘《なぞり》← G *zweiwertig*〙 — *adj.* 1 〘化学〙二価の (divalent). 2 〘生物〙二価(染色体)の, 双価の: a ~ chromosome 二価染色体. — *n.* 二価染色体.
bi·valve [báɪvælv] 〘《1661》〙 — *n.* 〘貝類〙二枚貝《ハマグリ・カキなど》. — *adj.* 1 〘貝類〙二枚貝の, 貝殻が二枚ある (cf. univalve). 2 〘植物〙〈果皮が〉両弁の, 二弁のある.
bi·válved *adj.* =bivalve.
Bi·val·vi·a [bàɪvǽlviə | -vɪə] 〘← NL ~: ⇨ bivalve, -ia²〙 *n. pl.* 〘貝類〙二枚貝綱.
bi·val·vu·lar [bàɪvǽlvjʊlə | -lə(r)] *adj.* =bivalve.
bi·vane [báɪvèɪn] *n.* 両面風見《風の縦横両方向の変化を指示するもの》.

bi·var·i·ate [bàɪvέ(ə)riət, -riɪt, -rièɪt | -vέəriət, -riɪt, -rièɪt] *adj.* 〘数学・統計〙二変数[量]の: a ~ correlation 二変数[量]相関.
bi·vol·tine [bàɪvóʊtiːn, -tn̩ | -vɔ́ʊltiːn, -tɪn] 〘□ F *bivoltin* ← bi-¹+It. *volta* time+-INE¹〙 *adj.* 〘生態〙〈昆虫, (特に)カイコが〉二化生の.
biv·ou·ac [bívwæk, bívuæ̀k | bívuæ̀k, -vwæk] 〘《1706》 □ F ~, 《古形》 *bivac* □ ? Swiss-G *Beiwacht* 《原義》 extra watch: ⇨ by¹, watch〙 — *n.* 1 露営, 宿営, 野営, ビバーク. 2 露営[宿営]地. — *vi.* (**-ou·acked; -ou·ack·ing; -ou·acks, ~s**) 露営[宿営]する; 野宿する, ビバークする.
bívouac shèet *n.* 〘登山〙ビバーク用テント (⇨ Zdarsky tent).
biv·vy [bívi | -vɪ] 〘《短縮》← BIVOUAC〙 *n.* (*also* **biv·y** [~]) 《俗》仮の避難所[宿所]; 小さなテント.
bi·week·ly [bàɪwíːkli | -lɪ] *adj.* 1 〈刊行物が〉隔週の, 一週おきの (fortnightly). 2 週2回の (⇨ bi-¹ 5 ★). — *adv.* 1 隔週に. 2 週2回. — *n.* 1 隔週刊, 隔週出版物, 隔週刊誌. 2 週2回の刊行物, セミウィークリー (semiweekly).
Bix·a·ce·ae [bɪkséɪsiìː] 〘← NL ~ ← *Bixa* (属名: ← Am.-Sp. *bija, bixa* ← Taino *bixa*)+-ACEAE〙 *n. pl.* 〘植物〙ベニノキ科. **bix·á·ceous** [-ʃəs] *adj.*
bi·year·ly [bàɪjíəli | -jɜ́ːlɪ, -jíə-] *adj., adv.* 1 2年に1回(の), 1年おき(に). 2 年に2回(の).
biz [bíz] 〘《短縮》〙 *n.* 《俗》=business: a ~ confab 商談 / Good ~! でかした.
bi·zarre [bɪzɑ́ə, bə- | bɪzɑ́ː(r; *F.* bizaːr] 〘《a1648》 □ F ~ 《原義》 handsome, brave □ Sp. & Port. *bizarro* □ Basque *bizarra* beard〙 — *adj.* 奇妙な, 異様な; 奇怪な, 怪奇な (fantastic); 一風変わった, 風変わりな (eccentric). — *n.* 〘植物〙風変わりな線模様のある花. **~·ly** *adv.* **~·ness** *n.*
bi·zar·re·rie [bɪzɑ̀ːrəríː, bə- | bɪzɑ́ːrərɪ; *F.* bizarəri] 〘□ F ~: ⇨ ↑, -ery〙 *n.* (*pl.* ~**s** [~z; *F.* ~]) 異様, 怪奇; 異様[奇怪]なもの.
bi·zazz [bɪzǽz, bə- | bɪ-] *n., adj.* =pizzazz.
Bi·zer·te [bɪzɚ́ːt̬i, bə-, bɪzέət | bɪzɜ́ːtɪ, -zέət; *F.* bizɛrt] *n.* ビゼルト《Tunisia 最北部の海港; 人口 52,000》.
Bi·zet [biːzéɪ | ⌐⌐; *F.* bizɛ], **Georges** *n.* ビゼー《1838–75; フランスの作曲家; *Carmen* (歌劇, 1875), *L'Arlésienne*「アルルの女」(組曲, 1872)》.
bi·zon·al [bàɪzóʊnl̩ | -zə́ʊ-] *adj.* 1 二国共同統治地区の[に共通な]. 2 [B-] 西ドイツの米英占領地区の[に共通な].
bi·zone [báɪzòʊn | -zə̀ʊn] 〘《逆成》↑?〙 *n.* 1 二国共同統治地区, (特に)二強国によって統治される地区. 2 [しばしば B-] =Bizonia.
Bi·zo·ni·a [baɪzóʊniə, bɪ- | -zə́ʊnjə, -nɪə] 〘⇨ ↑, -ia¹〙 *n.* (第二次大戦後の)西ドイツの米英二国占領地区《1947年1月に経済的に統合された》.
biz·zazz [bɪzǽz, bə- | bɪ-] *n., adj.* =pizzazz.
Björn·son [bjɚ́ːnsən, -sn̩ | bjɜ́ːn-; *Norw.* bjøːrnsɔn], **Björn·stjer·ne** [bjø̀ːrnstjɛ̀rnə] *n.* ビョルンソン《1832–1910; ノルウェーの小説家・劇作家・詩人; Nobel 文学賞 (1903); *En Fallit*「破産」(戯曲, 1875), *Arne* (小説, 1858)》.
bk 《略》backwardation; balk; bank; bark; barrack; black; block; book; break; brook.
Bk 《記号》〘化学〙berkelium.
BK. 《略》〘野球〙balk(s).
bkcy. 《略》bankruptcy.
bkg. 《略》banking; booking; bookkeeping; breakage.
bkgd. 《略》background.
bklr. 《略》〘活字〙black letter.
bklt. 《略》booklet.
B-K oscillàtion *n.* 〘電気〙=Barkhausen-Kurz oscillation.
bkpt. 《略》bankrupt.
bks. 《略》barracks; books.
bkt. 《略》basket(s); bracket.
bkts. 《略》baskets.
B/L, b.l. 《略》〘貿易〙bill of lading.
bl. 《略》bale(s); barrel(s); black; block; blue.
B.L. 《略》Bachelor of Law; Bachelor of Letters; Bachelor of Literature; barrister-at-law; base line; bats left; bill lodged; bill of lading; black letter; boatswain lieutenant; breaking load; breath-length; breech-loader; breech-loading.
blaa [blɑ́ː] *n.* =blah.
blab [blǽ(ː)b] 〘《?c1400》 *blabbe* (n.) 《擬音語》?: cf. blabber¹ / ON *blabbra* to babble〙 — *v.* (**blabbed; blab·bing**) — *vi.* くだらないおしゃべりをする, 秘密などを漏らしてしまう. — *vt.* 〈秘密などを〉べらべらしゃべってしまう 〈*out*〉. — *n.* 1 くだらぬおしゃべり. 2 =blabber². **blab·by** [blǽbi | -bɪ] *adj.*
blab·ber¹ [blǽbə | -bə(r)] 〘ME *blaberen* to speak indistinctly 《擬音語》?〙 *vi.* =blab. — *vt.* 軽率に言う 〈*out*〉. — *n.* つまらない話.
bláb·ber² [-bə | -bə(r)] 〘ME〙 *n.* =blabbermouth.
blábber·mòuth 〘⇨ ↑, mouth〙 *n.* 《口語》おしゃべりする人; (余計なことを)ぺらぺらしゃべる人.
black [blǽk] 〘adj.: OE *blæc* < Gmc **blakaz* (OS *blac* ink / OHG *blah-, blach-*) ← IE **bhleg-* ← **bhel-* to shine, flash, burn: cf. blue. — n., v.: 《13C》 ← (adj.)〙 — *adj.* (~·**er**; ~·**est**) 1 黒い, 黒色の: (as) ~ as ebony, coal, ink, night, soot, etc. 真っ黒で. 2 〈手・布切れなど〉(ほこりや泥で)よごれた, 真っ黒な (dirty): After the game their uniforms were ~. 試合

のあとでユニホームは真っ黒になっていた. **3 a** 〈空・雲・深い水など〉黒ずんだ, どす黒い: ～ darkness 真っ暗闇 / a ～ night 闇夜. **b** 〈コーヒーが〉牛乳[クリーム, (時に)砂糖]を入れない (cf. white 16, café noir): ～ coffee / drink one's coffee ～ コーヒーをブラックで飲む. **4 a** 黒衣の, 黒装束の: a ～ monk, knight, etc. **b** 黒衣をまとう集団の, ファシストの: ⇨ Black shirt. **5 a** 髪の毛の黒い; 皮膚の黒い, 薄黒い (dark-skinned). **b** 黒人の, 黒人に関する. ★「黒人の」の意では本来皮膚の色を直接に表現し軽蔑の含みを伴うので Negro や colored を用いたが, 最近では黒人はこの語の方を好んで用いる傾向がある (cf. Negro ★): ～ races 黒色人種 / ～ literature 黒人文学 / ⇨ black belt[1] 1, black man. **c** (19 世紀の奴隷制度問題に関連して)黒人支持の: a ～ abolitionist. **6 a** 〈前途・思いなど〉暗然たる, 光明のない, 暗澹たる (gloomy): a ～ future 暗い将来 / ～ despair 暗澹たる絶望 / Things look ～ against him. 彼にとって形勢が険悪だ. **b** 災いを及ぼす, 不吉な (sinister): ～ words 不吉な言葉 / a ～ augury 凶兆 / ⇨ Black Friday 2. **c** 〈ユーモアなど〉悲劇的なことや不条理な現実をコミックに描き出す: ⇨ black comedy, black humor. **d** 悪魔[魔法]に関連する: ⇨ black art, black magic. **7** 〈表情など〉すごい, むっとした, 険悪な (sullen): ～ looks 険悪な顔つき / ～ in the face (窒息・怒り・努力などのため)顔を紫色にして, 血相を変えて / look ～ at [upon] a person 不機嫌な[むっとした]顔で人を見る / He looks as ～ as thunder. 雷様のようにこわい顔をしている. **8 a** 腹黒い, 大それた, 凶悪な, 極悪の (wicked): ～ cruelty ものすごい残虐 / a ～ heart, soul, etc. 腹黒(い人) / ～ ingratitude よくよくの恩知らず / crimes of the ～*est* dye 最も凶悪な犯罪 / ⇨ PAINT *black*. **b** 故意の, たくらんだ: a ～ lie 悪意のある[たちの悪い]うそ (cf. white lie ⇨ white 14). **c** よくない, 非難される, 不名誉な: a ～ shame いまわしい恥辱 / ⇨ black mark. **9** 《米口語》生粋の, 全くの (out-and-out): a ～ villain 札つきの悪人. **10** 闇(値)の, 闇値で売買[取引]する: ～ rice 闇米 / a ～ rent 闇の家賃 / ⇨ black market, black marketeer. **11** 〘《略》← BLACKLEG〙《英》スト破り (blackleg) によって行なわれる; (ストライキ中に)組合の禁じている, 〈仕事など〉行なってはならない, 〈荷など〉扱ってはならない, ボイコットすべきである (cf. *vt.* 3): declare a cargo ～. **12** 〘地図で黒の印をつけられるところから〙(地図などで)廃墟[旧跡]となっている. **13** 〈鋼鉄が〉溶鉄炉の中にあって完成していない, 粗鋼の. **14** 〘軍事〙(特別戦時情報機関の行なう)裏面工作の (cf. white 18). **15** 〘印刷〙＝bold-faced 2.

go black 〈光景などが〉意識から消える. ***not so black as one is painted*** ⇨ PAINT *black*.

— *n.* **1** 黒, 黒色: *Black is* beautiful. 黒こそ美しきもの《黒人の皮膚の色に対する劣等感からの解放と人種的意識に目覚めさせる黒人指導者たちの合言葉》. **2** 黒絵具, 黒インキ, 黒色染料, 墨. **3 a** 黒衣, 喪服; 黒装束: be in ～ 黒衣[喪服]を着ている / wear ～ 黒衣をまとう, 喪服を着る. **b** [通例 *pl.*] (裁判官など公式の場で着用する)黒服; (教会や葬式に用いる)黒い垂れ幕. **4** 黒人 (cf. *adj.* 5 b, *n.* 1); オーストラリア原住民 (aborigine) (cf. red[1] 4). **5** 黒色の動物《馬・牛など》. **6 a** 黒い部分; 黒色斑点, 黒いしみ, すすの付いた跡[よごれ]. **b** [通例 *pl.*] 油煙: ⇨ lampblack 1. **7** [the ～] (商売の)黒字 (cf. red[1] 7): be in (*the*) ～ 〈商売が〉黒字で, もうかっている / get into *the* ～ 黒字になる. **8 a** (チェス・チェッカーなどの)濃色(通例黒色)の駒(をもった競技者). **b** (snooker などの)黒い玉. **c** (ルーレットなどの)黒. **9** (麦・かぶらなどの)黒穂病菌, 黒菌. **10** 真っ暗闇, 暗黒. **11** 〘印刷〙＝boldface.

black or white 白か黒か; 中間はない, 第三の道はない, はっきりしている. ***get a black*** 《英軍俗》大みそをつける, 黒星を取る. ***put up a black*** 《英》とんでもない誤りを犯す, 軽はずみなことをする. ***prove that black is white＝talk black into white*** 黒を白と言いくるめる. ***swear black is white*** 黒を白と言ってはばからない.

black and tan (1) [しばしば B- and T-] 黒人擁護運動党員《政治における白人と黒人の比例代表制を主張して対黒人協力を唱えた米国南部の共和党の一派; cf. lily-white》. (2) 〘カーキ服に黒色の帽子を着けていたことから〙[B- and T-] 1919–21 年にアイルランドに派遣されて反乱鎮圧に当たった約 6,000 名の英国警備隊(の一員). (3) 毛色が黒と褐色の犬.

black and white (1) (黒インクのみで描いた)ペン画, 墨絵; 〘印刷〙線画《白黒だけで濃淡のない絵》. (2) (白紙に黒インキでの)印刷(物), 筆写, 書き物 (cf. black-and-white): put down in ～ *and white* 白紙に書きつける / have it down in ～ *and white* それを書きもの[印刷]にして置く. (3) 白黒テレビの画像; 白黒写真.

— *vt.* **1 a** 黒くする; よごす (soil). **b** なぐって〈目〉の回りに黒あざをつける: ～ a person's eye. **2** (靴墨で)みがく; 〈ストーブなど〉に黒みがきをかける: ～ boots 靴を磨く. **3** 《英》(非労働組合員を雇うことに反対して, またはストライキ中の労働者に同情の意を示して)ボイコットする; 〈貨物などを〉扱うべきでないと言う (cf. *adj.* 11). **4** ＝blacken *vt.* 2. **5** 〘映画・演劇〙(黒人役を演ずるため)〈顔を〉黒くメーキャップする 〈*up*〉 (cf. blackface 1). — *vi.* **1** 黒くなる; 〈空が〉暗くなる 〈*over*〉. **2** 《英》ボイコットする. **3** 〘映画・演劇〙顔を黒くメーキャップする 〈*up*〉.

black down 〘海事〙〈索具〉にタールを塗って黒くする.

black out (*vt.*) (1) 〈記事の一部などを〉黒インキで塗りつぶす. (2) 真っ暗にする: A sudden storm ～*ed out* the town. 突然のあらしで町は真っ暗になった. (3) (空襲に備えて)〈明りを〉消す; (明りが漏れないように)〈家・窓などを〉暗くする, 灯火管制する. (4) 同じ波長を使って〈ラジオ送信を〉妨害する, 妨信する (jam). (5) (戦争中など)〈ニュース〉の報道管制を実施する; …のテレビ放送を禁じる. (6) 〈人〉の意識を(一時的に)失わせる. (7) 〈事件など〉の記憶を失う, …のことをすっかり忘れる: He ～*ed out* his university. 大学時代のことをすっかり忘れた. (*vi.*) (1) (空襲に備えて)明りを消す; 灯火管制をする. (2) 舞台を真っ暗にする; 〈明りが〉消える, 〈場面などが〉暗くなる. (3) 〈送信などが〉妨害される. (4) (一時的に)意識を失う. (5) 〘航空医学〙(急激な横転や急降下から抜け出る時に, 下向きの加速度が増し脳が貧血して瞬時)暗黒視になる, 視覚[意識]を失う (cf. blackout 3 a, RED[1] *out* (1)).

bláck acácia *n.* 〘植物〙＝locust 3 a.

bláck·àcre *n.* 〘法律〙(whiteacre と区別して)ある仮定の土地《以前法律書に例示として用いられた任意名》.

bláck álder *n.* 〘植物〙 **1** 北米産モチノキの類の低木 (*Ilex verticillata*)《winterberry ともいう》. **2** ヨーロッパ産のハンノキの一種 (*Alnus glutinosa*).

black·a·moor [blǽkəmùə, -mɔ̀ə, -mòə | -mùə(r, -mɔ̀ː(r] 〘《1547》《変形》← 《古形》*black More* (← MOOR): *-a-* の起源は不明 (cf. black-a-vised)〙 — *n.* [軽蔑的に] **1** 《文語》黒人, (特に)アフリカ黒人 (Negro). **2** 色の黒い人.

bláck-and-blúe *adj.* (打たれて)青黒くなった, 打撲傷を受けた: beat a person ～ 人を青黒いあざのできるほどぶんなぐる.

bláck-and-tán *adj.* **1** 黒と褐色のぶちの. **2** [しばしば Black-and-Tan] (米国の政治における)黒人と白人の比例代表制を主張する (lily-white). **3** 〈バーなど〉黒人・白人の両方が行く. — *n.* **1** 黒人・白人の両方が行くナイトクラブ. **2** ＝BLACK and tan (1).

bláck-and-tán cóonhound *n.* ブラックアンドタンクーンハウンド《毛色が黒と褐色の, あらいぐま狩り用に訓練された大種のイヌ》.

bláck-and-whíte *adj.* **1** 黒と白との. **2** 書き物にした, 印刷(物)にした. **3 a** 単色印刷の, 一色刷りの, 黒白の; 黒白描き[ペン画]の. **b** 〘テレビ・写真〙白黒の (monochrome). **4** 〈判断など〉白か黒かと割り切った, 善と悪[右と左]を截然と区別する: a ～ judgment.

bláck ántimony *n.* 〘化学〙 **1** 黒色アンチモン《アンチモン同素体の一つ》. **2** 黒色三硫化アンチモン (Sb_2S_3)《医薬などに用いるため, 特に黒色粉末としたもの; 輝安鉱と同一成分》.

bláck·àrm *n.* 〘植物病理〙角斑病《茎や枝に黒く細長い病斑が認められる綿の胴枯れ病》.

bláck árt 〘《c1590》《なぞり》? ← LG *swarte Kunst* // G *schwarze Kunst*: cf. necromancy〙 — *n.* [the ～] (悪い目的に用いる)魔法, 魔術, 妖術, 黒魔術; (奇術で)読心術.

black-a-vised [blǽkəvàɪst, -vàɪzd, -vìːst] 〘← BLACK ＋F *à vis* as to face ＋-ED〙 *adj.* 色の黒い, 顔色の黒い.

bláck-bácked gúll *n.* 〘鳥類〙背と翼の表が黒い白カモメの類の総称《オオカモメ (*Larus marinus*), ヒメセグロカモメ (*L. fuscus*) など》.

bláck·bàck flóunder *n.* 〘魚類〙＝winter flounder.

bláck·bàll 〘《1770》〙 — *vt.* **1** (投票で投票箱に)黒球を投じて…の参加[加入]を拒む, 黒球を投じて…に反対する. **2** 社会的に排斥する, のけ者にする. — *n.* (投票で反対を意味する)黒球; 反対投票.

bláck·bàll·er *n.* 反対投票者.

bláck bambóo *n.* 〘植物〙クロチク (*Phyllostachys nigra*)《マダケの変種で, 茎が黒紫色》.

bláck-bànded súnfish *n.* 〘魚類〙北米産クロマス科の魚の一種 (*Mesogonistius chaetodon*).

bláck báss *n.* 〘魚類〙ブラックバス《北米原産サンフィッシュ科 *Micropterus* 属の魚の総称; 釣の対象魚; オオクチバス (largemouth (black) bass) など》.

bláck béan *n.* 〘植物〙 **1** ＝Moreton Bay chestnut 1; その種子[木材]. **2** ＝hyacinth bean. **3** インゲン属 (*Phaseolus*) の仲間数種の黒いマメ《南米で食用にする》.

bláck bèar *n.* 〘動物〙 **1** アメリカクロクマ (*Ursus* [*Euarctos*] *americanus*). **2** ヒマラヤグマ (*Selenarctos* [*Ursus*] *thibetanus*).

Bláck·bèard *n.* 黒鬚《北大西洋を荒した英国の海賊 Edward Teach (? –1718) のあだ名》.

bláck béast 〘《なぞり》← F *bête noire*〙 *n.* ＝bête noire.

bláck·bèetle *n.* 《英》〘昆虫〙＝oriental cockroach.

bláck-bèllied plóver *n.* 〘鳥類〙ダイゼン (*Squatarola squatarola*)《冬期は背の羽毛が灰色になる大型のチドリ; gray plover ともいう》.

bláck·bèlly rósefish *n.* 〘魚類〙ユメカサゴ (*Helicolenus dactylopterus*)《大西洋産》.

bláck bélt[1] *n.* [the ～] 《米》 **1** (黒人が群居している都市の)黒人地帯《New York の Harlem など》. **2** (米国 Alabama, Mississippi 両州の)黒土帯, 沃土地帯《綿花栽培地域》.

bláck bélt[2] 〘《なぞり》← Jap. 黒帯〙 *n.* (柔道・空手の)黒帯; 有段者.

bláck·bèr·ry [-bèri, -b(ə)ri | -b(ə)rɪ] 〘OE *blaceberian* (pl.)〙 — *n.* **1** 〘植物〙クロイチゴ《バラ科キイチゴ属 (*Rubus*) の植物の総称》; (特に) セイヨウヤブイチゴ (bramble)《甘酸っぱい黒色の実を多産する》. **2** クロイチゴの実: (as) plentiful as *blackberries* うんざりするほどたくさんある, 数限りない (Shak., *1 Hen. IV* 2. 4. 267). — *vi.* [通例 ～*ing* 形で] (野生の)クロイチゴ狩りをする: go ～*ing* クロイチゴを摘みに行く.

blackberry (*Rubus* sp.)

bláckberry lìly *n.* 〘植物〙ヒオウギ (*Belamcanda chinensis*)《アヤメ科の多年草, 観賞用; leopard flower ともいう》.

bláck bíle 〘《なぞり》← L *atra bilis* 《なぞり》? ← Gk *mélaina kholḗ*〙 — *n.* 〘古生理〙黒胆汁《腎臓・脾臓から分泌する憂鬱な気分の原因となすものと信じられた体液; ⇨ humor 5》.

bláck-bìlled cúckoo *n.* 〘鳥類〙クロハシカッコウ (*Coccyzus erythrophthalmus*)《北米産の目の回りが赤く, くちばしが黒いカッコウ》.

bláck-billed mágpie *n.* 〘鳥類〙カササギ (*Pica pica*)《ユーラシア大陸および北米産》.

bláck bíndweed *n.* 〘植物〙 **1** ソバカズラ (*Polygonum convolvulus*)《ヨーロッパ原産タデ科の蔓性雑草》. **2** ＝black bryony.

bláck·bìrd 〘ME〙 — *n.* **1** 〘鳥類〙雄鳥が真っ黒なクロドリの総称: **a** クロウタドリ (*Turdus merula*)《ヨーロッパ産のくちばしと目のふちの黄色いツグミ科の鳴鳥》. **b** 米国産ムクドリモドキ科の鳥の総称《ハゴロモガラス (redwing blackbird) など》. **2** (特に, オーストラリアの)奴隷として誘拐されたカナカ (Kanaka) 人. — *vi.* [通例 ～*ing* 形で] (特に, オーストラリアの)奴隷にするためカナカ人を誘拐する(のを業とする). — *vt.* 〈カナカ人を〉誘拐する.

bláck·bìrd·er *n.* **1** カナカ人を誘拐して奴隷とする(のを業とする)人. **2** それに用いられる船.

bláck blízzard *n.* (米国の乾燥地帯の)ダストストーム, 土砂あらし.

bláck·bòard *n.* 黒板.

bláckboard júngle 〘← *The Blackboard Jungle*: 米国の作家 Evan Hunter (1926–) の New York の実業学校の非行少年を扱った小説 (1954) (1955 年映画化)〙 — *n.* **1** 紛争[不穏]状態の続いている学校, 暴力教室. **2** 学校の紛争[不穏]状態.

bláck·bòdy *n.* 〘物理〙黒体《すべての波長の電磁波を完全に吸収する理想的物体》.

bláckbody radiátion *n.* 〘物理〙黒体放射《一定の温度の黒体から放出される熱放射; Planckian radiation ともいう》.

bláck bòok 〘← BLACK (adj.) 8 c〙 — *n.* **1** 要注意人物[前科者]名簿帳, えんま帳《blacklist を書き込んだ帳面》: ⇨ little black book. **2** [B- B-] 黒書《米国連邦捜査局 (FBI) 発行のソ連スパイ活動調書》.

be in a person's black books 人のご機嫌を損じて[不興を招いて]いる.

bláck bóttom *n.* 《米》 **1 a** 黒色土壌の低地帯. **b** (南部の町で)黒人の住む低地帯, 黒人街. **2** [しばしば B- B-] ブラックボトム《1926–28 年に流行したロッキングステップで踊る黒人の尻振りダンス》. — *vi.* ブラックボトムを踊る.

bláck bóurse 〘⇨ bourse〙 *n.* 闇相場.

bláck bóx *n.* **1 a** ブラックボックス《航空機などに搭載した, 独立して取り付け・取り外し可能な電子回路装置》. **b** フライトレコーダー (flight recorder). **2** 〘システム工学〙ブラックボックス《入力・出力の関係のみを問題にしその構成を特定しない系の要素》.

bláck·bòy *n.* 《豪》 **1** ＝blackfellow. **2** 〘植物〙＝grass tree 1.

bláck bránt *n.* 〘鳥類〙コクガン (*Branta bernicla*).

bláck bréad *n.* 黒パン《主にライ麦パン》.

bláck-brówed *adj.* **1** まゆ毛の濃い. **2** 陰気な[こわい]顔をした (gloomy).

bláck brýony *n.* 〘植物〙ヨーロッパ産のヤマノイモ科の蔓草 (*Tamus communis*)《若芽を食用にする; black bindweed ともいう》.

bláck búck *n.* 〘動物〙ブラックバック, インドレイヨウ (*Antilope cervicapra*)《インド産の中型のレイヨウで, 体色が黒っぽく角は長くねじれる》.

bláck búffalo *n.* 〘魚類〙北米の南部 Mississippi 川流域に生息するサッカー科の食用魚 (*Ictiobus niger*)《rooter ともいう》.

Black·burn [blǽkbəːn, -bən | -bəːn] 〘OE *Blacheburne*: ⇨ black, burn[1]〙 *n.* イングランド Lancashire 州中部の綿織物業工都市; 人口 102,000.

Blackburn, Mount *n.* ブラックバーン山《アラスカ南東部, Wrangell 山脈中の高峰 (4,996 m)》.

black·burn·i·an, B- [blækbə́ːniən | -bə́ːniən, -njən] 〘← *Mrs. Hugh Blackburn* (18 世紀の英国婦人): ⇨ -ian〙 — *n.* 〘鳥類〙北米産アメリカムシクイの一種 (*Dendroicafuscu*)《雄は頭部からのどにかけて橙と黒色; blackburnian warbler ともいう》.

bláck bútter *n.* ＝beurre noir.

bláck cálla *n.* 〘植物〙ブラックカラー (*Arum palae-*

stinum)《イスラエル・ヨルダン産のサトイモ科の多年生観賞植物; カラーに似るが, 黒褐色の苞をつける》.
Bláck Cányon *n.* [the ~] 米国 Arizona 州と Nevada 州の間の Colorado 川の峡谷; Hoover Dam の所在地.
bláck·càp *n.* 〘鳥類〙 **1** 頭部の黒い鳴鳥の総称: **a** ズグロムシクイ (*Sylvia atricapilla*). **b** =chickadee. **2** 〘植物〙 **a** 《米》クロミキイチゴ (⇨ black raspberry). **b** スッポンタケ (*Phallus impudicus*)《スッポンタケ科のキノコ; 黒い帽子状の傘がある》.
bláck cáp *n.* (死刑宣告や儀式の際, 英国高等裁判所の判事のかぶった)黒ビロード帽子.
bláck cápitalism *n.* 《米》黒人資本主義《黒人企業家による私的企業の所有と経営》.
bláck-cápped *adj.* 〘鳥類〙〈鳥が〉黒い頭頂の.
bláck-càpped chíckadee *n.* 〘鳥類〙 アメリカコガラ (*Parus atricapillus*)《頭頂と喉が黒い北米北部および東部産のシジュウカラ科の小鳥; cf. willow tit》.
bláck cárpet bèetle *n.* 〘昆虫〙 ヒメカツオブシムシ (*Attagenus piceus*).
bláck cáttle *n.* 肉牛, 乳用牛《スコットランドおよびウェールズ種の肉牛; 色は黒とは限らない》.
Bláck Cayúga 〘← *Cayuga*: 米国 New York 州の郡および湖の名〙 *n.* 〘鳥類〙 =Cayuga duck.
bláck cháff *n.* 〘植物病理〙 (麦の)褐条病《*Xanthomonas translucens undulosa* 細菌による麦の病気; もみがらに黒い縞が出る》.
Bláck Chámber 〘《なぞり》← F *chambre noire*〙 *n.* ブラックチェンバー《政府の暗号の仕事, 特に暗号解読に従事している部局》.
bláck chóler *n.* 〘古生理〙 =black bile.
bláck cóal *n.* 黒炭, 瀝青(れきせい)炭 (bituminous coal).
bláck·còat *n.* **1** [しばしば軽蔑的に] (黒衣をまとう)聖職者, 牧師 (cf. Black Friar, Black Monk). **2** 《英》 =blackcoat worker.
bláck-cóated *adj.* **1** 黒服を着た. **2** 《英》(筋肉労働に従事しない)月給取りの (white-collar): a ~ worker.
bláckcoat wórker *n.* 《英》(黒っぽい服を着る)月給取り《農民・労働者に対し会社員・公務員など》.
bláck·còck 〘《15C》〙 *n.* 〘鳥類〙 クロライチョウ (black grouse); (特に)クロライチョウの雄 (cf. gray hen).
bláck códe, B- C- 〘← *Black Code*《なぞり》← F *Code Noir*〙 *n.* (米国で, 南北戦争直後の南部諸州で黒人の権利を制限するために作った)黒人抑制法.
bláck cóhosh 〘← *cohosh* ← N-Am.-Ind. (Algonquian)〙 *n.* 〘植物〙 米国東部産キンポウゲ科サラシナショウマ属の植物 (*Cimicifuga racemosa*)《薬用》.
bláck cómedy *n.* ブラックコメディ《ブラックユーモア (black humor) を用いる喜劇》.
bláck cópper *n.* 〘冶金〙 粗銅《銅の溶錬炉で直接還元されてできた粗銅》.
bláck cósmos *n.* 〘植物〙 メキシコ産の暗紫紅色の花が咲くコスモスの類の多年草 (*Cosmos atrosanguineus*).
Bláck Còuntry *n.* [the ~] イングランド中部の Birmingham を中心とする大工業地帯.
bláck cráppie *n.* 〘魚類〙 米国東部産のクラッピー (crappie) の一種 (*Pomoxis nigromaculatus*)《食用, また釣の対象となる》. ⌐crop).
bláck cróp *n.* (麦作に対して)豆類作 (cf. white
bláck cúrrant *n.* 〘植物〙 クロフサスグリ (*Ribes nigrum*)《黒く甘い食用になる実をつけるユキノシタ科の低木》.
Bláck Cúrrent *n.* [the ~] =Black Stream.
bláck·dàmp *n.* 〘鉱山〙 (炭坑内の非爆発性)窒息ガス (chokedamp) (cf. firedamp 1).
Bláck Déath, b- d- 〘《1823》《なぞり》← G *der schwarze Tod*〙 *n.* [the ~] (14世紀にアジア・ヨーロッパに大流行した)黒死病, ペスト (cf. plague 1 b).
bláck díamond *n.* 〘鉱物〙 **1 a** 黒ダイヤ (⇨ carbonado[1]). **b** [*pl.*]《戯言》石炭. **2** 黒褐色の赤鉄鉱.
bláck disèase *n.* 〘獣医〙 *Clostridium novyi* または *C. oedematiens* によって起こる悪性水腫の一種《特に, 肝蛭症に二次感染した場合の伝染性壊死性肝炎》.
bláck dóg *n.* [the ~]《口語》憂鬱症, 気鬱 (melancholy): be under *the* ~ ふさいで[すねて]いる.
bláck dráft *n.* 〘薬学〙 複方センナ《センナ葉 (senna)・マンナ (manna)・瀉利(しゃり)塩などの混合浸剤; 緩下剤》.
bláck dróp *n.* 〘天文〙 黒滴《水星・金星が太陽面経過に際し, 太陽縁に内接した瞬間に見える黒水滴状の外観》.
bláck dúck *n.* 〘鳥類〙 羽毛の黒い各種のカモの総称《アメリカガモ (*Anas rubripes*), クビワキンクロ (ring-necked duck), キンクロハジロ (tufted duck), クロガモ (black scoter) など》.
bláck éarth *n.* 〘土壌〙 =chernozem.
black·en [blǽkən] 〘《?c1200》 *blakne(n)*: ⇨ black, -en[1]〙 — *vt.* **1 a** 黒くする; 暗くする (darken): ~ one's face. **b** 黒く塗って消す〈*out*〉. **2** 〈人格・評判などを〉汚す (defame), 悪く言う: ~ a person's character. — *vi.* 黒くなる; 暗くなる. **~·er** *n.*
Bláck Énglish *n.* (米国の)黒人英語《黒人の用いる米語の一方言; Afro-Americanese ともいう》.
bláck·en·ing [-k(ə)nɪŋ] 〘ME〙 *n.* =blacking.
bláck·er 〘ME〙 *n.* **1** 黒くする人, 革を黒く染める職人. **2** 靴墨を塗る人, 靴磨き (bootblack).

Black·ett [blǽkɪt, -kət], **P**(atrick) **M**(aynard) **S**(tuart) *n.* (1897–1974) 英国の物理学者; Nobel 物理賞 (1948); 宇宙線・素粒子・大陸移動説等で有名.
bláck éye *n.* **1** (打たれてできた)目のまわりの黒あざ: give a person a ~ 人をなぐって目のまわりにあざをつくらせる. **2** 《口語》 **a** 敗北, 挫折. **b** 恥, 不名誉 (discredit): give a ~ to the cause of peace 平和運動の信用を落とす. **3** 虹彩(こうさい)の真っ黒な眼.
bláck-èyed *adj.* **1** 目の黒い. **2** 目のまわりが黒あざになった.
bláck-eyed péa *n.* 〘植物〙 =cowpea 2.
bláck-eyed Súsan *n.* 〘植物〙 **1 a** 北米中・東部産キク科オオハンゴンソウ属の二年草 (*Rudbeckia hirta*)《米国 Maryland 州の州花; yellow daisy ともいう》. **b** 米国南部産アラゲハンゴンソウ (*R. serotina*). **2** ヤハズカズラ《南米産キツネノゴマ科の蔓草; 観賞用》.
bláck·èye péa *n.* 〘植物〙 =black-eyed pea.
bláck·fàce *n.* **1 a** (コメディアンなどの)黒人の扮装[メーキャップ]: in ~. **b** 黒人に扮(ふん)した俳優; (特に)ミンストレルショーの芸人[コメディアン] (minstrel): a ~ (minstrel) show=minstrel show. **2** [B-] ブラックフェイス《スコットランド原産で毛が粗く顔の黒い, 山地で飼育される一品種の肉用緬羊》. **3** 〘印刷〙 (活字の)ブラックフェース (boldface).
bláck-fáced *adj.* **1** 顔の黒い; 陰気な顔をした. **2** 〘印刷〙〈活字が〉ブラックフェースの (bold-faced).
Bláckfeet *n.* Blackfoot の複数形.
bláck·fèllow *n.* オーストラリア原住民.
bláckfellow's bréad *n.* 〘植物〙 オーストラリア産サルノコシカケ科の大型菌核 (*Polyporus mylittae*)《原住民は食用にする》.
bláck féver *n.* 〘医学〙 黒熱病 (kala azar).
bláck-figure *adj.* (ギリシャ古物で) 黒絵の《画像を黒く表わした陶器の装飾についていう; cf. red-figure》.
bláck-fígured *adj.* =black-figure.
bláck·fìn *n.* 〘魚類〙 (北米五大湖産)サケ科コレゴナス属の一種 (*Coregonus nigripinnis*)《食用魚として珍重される; blackfin cisco ともいう》.
bláck·fìre *n.* 〘植物病理〙 角点病菌 (*Pseudomonas angulata*) によるタバコの病気《葉に黒い斑点ができる》.
bláck·fìsh *n.* **1** 〘魚類〙 各種の黒色の魚類の総称: **a** 産卵後のサケ. **b** クロメダイ (*Centrolophus niger*)《ヨーロッパの大西洋岸に生息するクロメダイ科の魚》. **c** =tautog. **d** 米国 Alaska 州やソ連シベリア地方にいるマッドシノー科[ウシズラ科]の小さな淡水魚 (*Dallia pectoralis*)《Alaska blackfish ともいう》. **2** 〘動物〙 ゴンドウクジラ《ゴンドウクジラ属 (*Globicephala*) のイルカに似た黒いクジラの総称》; (特に)シオゴトウ (*G. scammoni*).
bláck-flág *vt.* 〈自動車レースで運転者〉にただちにピットに入るよう黒旗を振って合図する.
bláck flág *n.* **1** [the ~] 海賊旗《通例黒地に白く頭蓋骨とその下にX字形に組合わせた2本の人骨を染め抜いた旗; cf. Jolly Roger, SKULL[1] and crossbones》. **2** [the ~] (死刑執行の終わった合図の)黒旗. **3** 黒旗, 黒地の旗.
bláck flỳ *n.* 〘昆虫〙 **1** ブユ, (俗に)ブヨ, ブト《ブユ科 *Simulium* 属の黒色または暗褐色の昆虫の総称; 刺されるとひどく痛がゆい; ウマブユ (*S. equinum*), *S. meridionale* など; buffalo gnat ともいう; cf. gnat 1》. **2** 柑橘類に大害を与える黒色の小昆虫の総称《ミカンノトゲコナジラミ (*Aleurocanthus spiniferus*) など》.
Bláck·fòot 〘《なぞり》← Blackfoot *Siksika*〙 — *n.* (*pl.* **-feet**, ~) **1 a** [the Blackfeet, the ~] ブラックフット族《北米インディアンの一部族で, Algonquian 族の一つ; 彼等のモカシン (moccasin) が黒く染めてあったためにこう呼ばれたという》. **b** ブラックフット族の人. **2** ブラックフット語《カナダの Saskatchewan 州, Alberta 州, 米国の Montana 州などの Algonquian 語》. — *adj.* ブラックフット族[語]の.
bláck-fòoted álbatross *n.* 〘鳥類〙 クロアシアホウドリ (*Diamedea nigripes*)《足・脚は黒く, くちばしも黒ずんで全体が黒みがかっている太平洋産海鳥》.
bláck-footed férret *n.* 〘動物〙 クロアシイタチ (*Mustela nigripes*)《米国の草原にすむイタチの一種》.
Bláck Fórest *n.* [the ~] 西ドイツ南西部の森林地帯 (ドイツ語名 Schwarzwald).
bláck fóx *n.* **1 a** 〘動物〙 黒ギツネ《アカギツネ (red fox) の一色相で尾端の白色部をのぞき, 全身黒色》. **b** 黒ギツネの毛皮《稀少性により珍重されたこともある》. **2** =silver fox.
bláck-frámed *adj.* 黒枠つきの, 黒ぶちの.
Bláck Franciscan 〘他のフランシスコ会士の修道服が褐色なのに対して黒衣を着用したことから〙 — *n.* 黒衣のフランシスコ会修道士《フランシスコ会の三つの独立組織の一つ; cf. capuchin 1》.
Bláck Frìar 〘《15C》: 着用した黒衣にちなむ〙 — *n.* 〘カトリック〙 **1** ドミニコ会(修道)士 (⇨ Dominican Order; cf. Black Monk, blackcoat 1). **2** [the ~s] ドミニコ修道会.
Bláck Fríday *n.* **1** 〘この日聖職者は黒衣を着ることから〙 =Good Friday. **2** 不吉の金曜日《金曜日はキリストの処刑の日で, 不吉なことが多いといわれる》: **a** (英国では特に) 1745年12月6日 (Young Pretender が Derby に到着したという知らせが London にもたらされた), 1866年5月17日 (金融大恐慌が始まった), 1921年4月15日 (ゼネストが取り消された; 英国労働運動にとっての Black Friday) などの金曜日. **b** (米国では特に) 1869年9月24日 (金融恐慌が始まった)の金曜日.
bláck fróst *n.* 霜を生じない(植物凍結害を起こすほどの)凍寒《水蒸気が少ないため霜を生じないで植物の葉・芽などが凍結し組織が破壊されて黒くなる; cf. white frost, hoarfrost》.
bláck gàme *n.* 〘鳥類〙 =black grouse.
bláck gáng 〘いつも煤で黒くなっていることから〙 *n.* 〘海事〙 火夫, 機関員.
bláck góld *n.* 《米口語》 石油 (oil).
bláck gróuse *n.* 〘鳥類〙 クロライチョウ (*Lyrurus tetrix*)《アジア西部・ヨーロッパ産の大型のライチョウ; cf. blackcock, gray hen》.
black·guard [blǽgəd, -gaəd, blǽkgaəd | blǽgɑːd] 〘《1532》← BLACK+GUARD〙 — *n.* **1** [軽蔑的に] げす, 下郎; ならずもの, ごろつき, 悪漢 (scoundrel); 口ぎたない人. **2** [集合的]《廃》(貴族の家などの)炊事場下男. — *vt.* ...にげす口をきく, 悪態をつく (revile), 下郎呼ばわりする. — *vi.* げすのような振舞いをする. — *adj.* =blackguardly.
bláck·guard·ism [-dìzm] *n.* 無頼漢の所為, 悪党ぶり; (特に)下品な言葉使い, 悪口雑言 (ruffianism).
bláck·guard·ly *adj.* ならずものの; (特に)〈言葉が〉下品な, 口ぎたない. — *adv.* ごろつきのように.
bláck gúm *n.* 〘植物〙 ヌマミズキ《北米産オオギリ科の植物の総称; ヌマミズキ (cotton gum), ツーペロ (tupelo gum) など》.
Bláck Hánd 〘《なぞり》← It. *Mano Nera* & Sp. *Mano Negra*: 強迫状に黒い手のしるしを使ったことから〙 — *n.* **1** [the ~] (シシリー島出身の米国人の)秘密犯罪結社《20世紀初頭に New York で暗躍した》. **2** [the ~] セルビアの国家主義結社《1914年に解散》. **3** 秘密犯罪結社. **Bláck Hánd·er** *n.*
bláck háw *n.* 〘植物〙 **1** 北米産スイカズラ科ガマズミ属の植物 (*Viburnum prunifolium*)《sweet haw, stagbush ともいう》. **2** =sheepberry 1.
Bláck Hàwk *n.* (1767–1838) アメリカインディアン Sauk 族の酋長.
bláck·hèad *n.* **1** (上部が黒い)にきび (comedo). **2** 《方言》〘鳥類〙 頭の黒い鳥の総称; (特に)スズガモ (scaup duck). **3** 〘獣医〙 黒頭病《原虫 (*Histomonas meleagridis*) によって起こる鳥類(特に七面鳥)の伝染病; 主に腸や肝臓が冒される》. ⌐*ridibundus*).
bláck-hèaded gúll *n.* 〘鳥類〙 ユリカモメ (*Larus*
bláckhead Pérsian, B- P- *n.* ブラックヘッドペルシャン《アフリカの一品種の羊; 頭と首が黒く体は白い; cf. dorper》.
bláck·hèart *n.* **1** 〘園芸〙 ブラックハート《果肉と皮が黒ずんでいるハート群のオウトウ (heart cherry)》. **2** 〘植物〙 =whortleberry 1. **3** 〘植物病理〙 心(しん)が黒くなるジャガイモなどの病気. ⌐**~·ly** *adv.*
bláck-héarted *adj.* 腹黒い, 悪意のある, 邪悪な
Bláck Hílls 〘《なぞり》← Sioux: その頂上付近が松の木でおおわれているところから〙 — *n. pl.* [the ~] 米国 South Dakota 州西部および Wyoming 州北東部の山岳群; 最高峰 Harney Peak (2,207 m).
bláck hóle *n.* 〘天文〙 ブラックホール《ある質量以上の恒星が, その進化の最終段階で爆発し, その残りが著しく収縮し, その結果超高密度・超強重力をもち, 自己の光さえ外界に出せないような天体; collapsar ともいう; cf. ergosphere, Schwartzschild radius, white hole 2》.
Bláck Hóle *n.* **1** [the ~] ブラックホール《インド Calcutta の約6m四方の小獄房; 1756年6月20日の夜, 146人の英国人捕虜がこの中に閉じ込められて, 大部分が窒息死をとげ, 翌朝になって生残っていた者はわずか23人だけだったという; cf. Siraj-ud-daula》. **2** [b- h-] 獄舎, 監禁所; (特に, 軍隊の)営倉.
bláck hórehound *n.* 〘植物〙 ヨーロッパの荒地に普通の悪臭のあるシソ科の植物 (*Ballota nigra*).
bláck húckleberry *n.* 〘植物〙 コケモモに似た北米東部産ツツジ科の小さな低木 (*Gayleussacia baccata*)《黒い実は甘く食用》.
bláck húmor *n.* ブラックユーモア《現代社会の非情・残酷・不条理を表現するため, 病的またはグロテスクな状況を導入して醸し出すユーモア》. **~·ist** *n.*
bláck íce *n.* (道路[地表]の色と変わらなく見える)黒い氷《車の運転に危険》. ⌐動物(鳥など).
black·ie [blǽki | -kɪ] 〘⇨ -ie, -y[2]〙 *n.* 黒ん坊; 黒い
bláck·ing *n.* **1 a** 黒くするもの. **b** (ストーブなどに塗る)黒色塗料. **2** (黒い)靴墨. ★ 今は shoe polish のほうが普通.
bláck·ish [-kɪʃ] 〘《15C》〙 *adj.* やや黒い, 黒みを帯びている, 黒みがかった. **~·ly** *adv.*
bláck ívory *n.* **1** [集合的] アフリカで売買されていた黒人奴隷. **2** =ivory black.
bláck·jàck *n.* **1** 《米口語》 黒皮で包んだ短い棍棒《頭部には重い金属を入れ柄はしなやかなもの》. **2** (もと外側にコールタールを塗った革製の)ビールジョッキ (jug) (cf. jack[2] 1). **3** (海賊船の)黒旗, 海賊旗. **4** 〘植物〙 米国東部に産する樹皮の黒いカシの一種 (*Quercus marilandica*)《jack oak ともいう; cf. bluejack》. **5** 〘鉱物〙 閃(せん)亜鉛鉱《sphalerite の英国鉱山家による通称》. **6** 《米》〘トランプ〙 **a** =twenty-one 1. **b** =natural *n.* 6 a. **c** ブラックジャック《特に一般家庭で行なわれる twenty-one で, 誰でも親になれる方式のもの》.

― *vt.* **1** 小棍棒でなぐる. **2** 脅迫する, 強制する.
bláck kíte *n.* 〘鳥類〙トビ (*Milvus migrans*)《アジア・ヨーロッパ・アフリカに多くすみ, 死肉を食う》.
bláck knót *n.* 〘植物病理〙黒こぶ病《西洋スモモ・サクランボの木に生じる菌 (*Dibotryon morbosa*) による病気》.
bláck lády *n.* 〘トランプ〙 **1** スペードのクイーン. **2** ブラックレディー《ハートゲーム (hearts) の一種で, マイナスカードとしてスペードの Q (−13 点)が加わるもの》.
bláck lánd *n.* **1** (米国 Texas 州の広い地域に見られるねばねばした)黒色土壌. **2** [*pl.*] 黒色土壌地帯.
bláck lárch *n.* 〘植物〙＝tamarack 1 a.
bláck·léad [-léd] 〘↓〙 *vt.* …に黒鉛[石墨]を塗る.
bláck léad [-léd] *n.* 黒鉛, 石墨 (⇨ graphite).
bláck·lèg 〘(*a*1722) ← BLACK＋LEG〙 ― *n.* **1** (トランプ・競馬などの)職業的詐欺師, いかさま渡世のやから (swindler). **2** 《英》 **a** 労働組合に反対する労働者, 労働組合(の政策)に反対してその切り崩しをする労働者. **b** スト破り. **3** 〘獣医〙黒脚症, 気腫疽(ㇱ)《気腫疽菌 (*Clostridium feseri*) によって起こる牛・羊の伝染病で, 肩端・あご下・首側その他体表の一部が腫(ハ)れることが多い; black quarter, quarter evil, symptomatic anthrax ともいう》. **4** 〘植物病理〙 **a** 黒脚病べト病《糸状菌 (*Phoma lingam*) によって起こるキャベツなどの病気; 根に黒い斑点を生じる》. **b** 空胴病《*Erwinia atroseptica* 菌によって起こるジャガイモの病気; 茎の基部に黒い斑点を生じる》. ― *v.* (**black-legged**; **-leg·ging**) ― *vi.* 《英》スト破りをやる. ― *vt.* 《英》 **1** 〈ストライキ中の労働者〉の肩代わりをする. **2** 〈ストライキ組合を〉支持しない, …に力を貸さない. **3** 〈人・主義などを〉裏切る, 欺く, 惑わす.
bláck lémur *n.* 〘動物〙クロキツネザル (⇨ macaco 1).
bláck léopard *n.* 〘動物〙黒ヒョウ.
bláck-létter *attrib. adj.* ブラックレター (black letter) の; ブラックレター印刷の (cf. red-letter 1).
bláck létter *n.* 〘活字〙ブラックレター, ドイツ字体《初期活版印刷時代にヨーロッパで多く使われた活字書体; ドイツで近年まで亀の子文字[ひげ文字]で (Fraktur) の名で使われていた活字書体はその一変種; 英国では今日まれに装飾的に用いる; Old English, また《英》では Gothic ともいう》.
bláck-lètter dáy *n.* 不幸な日, 厄日 (cf. red-letter day).
bláck lével *n.* 〘電子工学〙黒レベル《テレビなどの送像される画像の真黒な部分に相当する映像信号の電位》.
bláck líght *n.* 黒光, ブラックライト《紫外線や赤外線の不可視光線; 通例, 紫外線をいう》.
bláck·light tráp *n.* 黒光昆虫捕獲器《黒光を利用して昆虫を集めて捕える器具》.
bláck líp *n.* 〘貝類〙クロチョウガイ (*Pinctada margaritifera*).
bláck líquor *n.* 黒液《パルプをアルカリ法で製造する際にできる黒色の廃液》.
bláck·lìst 〘← BLACK (adj.) 8 c〙 *n.* **1** 要注意人物名簿, ブラックリスト, 黒表 (cf. black book 1): be *on* the ～. **2** (戦時輸出入禁止品目の記入してある)禁止品目表. **3** 〘商業〙(破産人・支払不能者など取引に危険な人の名を記載してある)黒表. **4** 〘労働〙(組合その他の活動を理由に雇用を拒否すべきものとして経営者間で回覧される)要注意人物名簿. ― *vt.* …の名をブラックリスト[黒表]に載せる. **～·er** *n.*
bláck lócust *n.* 〘植物〙ニセアカシア (*Robinia pseudoacacia*)《北米東部原産マメ科の高木; フジに似た白い花を房状につける; 街路樹や護岸等に植える; false acacia ともいう》.
bláck lúng *n.* 〘病理〙鉱山病《鉱夫などが絶えず炭粉を吸込んで起こす塵肺症の一種; cf. brown lung disease》.
bláck·ly *adv.* 黒く, 暗く, 暗黒に; 陰鬱に, 暗澹と; 怒って; ものすごく, 邪悪に, 脅迫的に.
bláck mágic *n.* (悪霊・悪魔などの助けをかりて悪事を行なう)魔術, 黒魔術, 妖術, 呪術 (cf. white magic, natural magic).
bláck·màil 〘(1552) ← BLACK＋《廃》*mail* rent, tribute (< OE *māl*＝ON *māl* agreement)〙 ― *n.* **1 a** 恐喝(取財), ゆすり: levy ～ on a person 人をゆする. **b** ゆすられた[強要された]金品. **2** (16 世紀から 17 世紀の初期にわたって英国北部・スコットランド南部で保護を名目に)山賊が良民に強要した金品. ― *vt.* **1** 〈人を〉ゆする, 〈人を〉おどして〔金を〕しぼり取る〔*for*〕: ～ a person *for* huge sums 人をゆすって大金を取ろうとする. **2** おどして〔あることを〕させる[言わせる]〔*into*〕: He ～*ed* me *into* giving money [information]. 私をゆすって金をしぼり取った[情報をむりやり喋らせた]. **～·er** *n.*
bláck màn *n.* **1** 黒人 (Negro). **2** 《口語・方言》悪魔 (evil spirit); (子供をおどすための)お化け (bogy).
bláck máple *n.* **1** 〘植物〙クロカエデ (*Acer nigrum*)《北米産のサトウカエデの一種, 樹皮が黒く葉も濃緑色》. **2** クロカエデ材.
bláck márgate *n.* 〘魚類〙＝pompon[2].
Bláck Ma·rí·a [-məráɪə] *n.* 《口語》囚人護送車 (《米》patrol wagon).
bláck márk *n.* (行状・履歴などの)罰点, 黒星.
bláck-márket *vi.* 闇(取引)をする. ― *vt.* 闇市場で売る.
bláck márket *n.* 闇取引; 闇市場.
bláck-marketéer *vi.* 闇取引をする.
bláck marketéer [**márketer**] *n.* 闇商人, 闇屋.
bláck márketing *n.* 闇取引(をすること).
bláck márlin *n.* 〘魚類〙クロカジキ (*Makaira mazara*)《マカジキ科の魚》.

black marlin

Bláck Máss, b- m- *n.* **1** 《口語》黒衣のミサ《司祭が黒衣を着る死者のためのミサ》. **2** [B- M-] 黒ミサ, 悪魔のミサ(の戯文)《特に, 19 世紀末の悪魔崇拝者がミサを茶化して行なったという; cf. Satanism 1》.
bláck médic *n.* 〘植物〙コメツブウマゴヤシ (*Medicago lupulina*)《ヨーロッパ原産のマメ科の牧草》.
bláck móld *n.* 〘植物〙クロカビ《食物等に生じる黒色のカビ》; (特に, パンに生じる)クロカビ (*Rhizopus nigricans*).
bláck móllie [**mollienísia**] *n.* 〘魚類〙スフェノップス (*Poecilia sphenops*)《小型の観賞用熱帯魚》.
Bláck Mónday *n.* **1** 《古》＝Easter Monday. **2** 《英学生俗》(休暇明け直後の)登校日 (cf. blue Monday, Saint Monday).
bláck móney *n.* 《米俗》黒い金(ｶﾈ)《出所が不明朗なため税申告しない所得》.
Bláck Mónk, b- m- 〘ME〙 *n.* (黒衣の)ベネディクト会(修道)士 (Benedictine) (cf. Black Friar, black-coat 1).
Black·more [blǽkmɔə, -mɔə | -mɔː(r)], **Richard Dodd·ridge** [dɑ́drɪdʒ | dɔ́d-] *n.* (1825–1900) 英国の小説家; *Lorna Doone* (1869).
Bláck Móuntains *n. pl.* [the ～] ブラック山脈《米国 North Carolina 州西部の山脈, アパラチア山脈 (Appalachian) の一部; 最高峰 Mt. Mitchell (2,037 m)》.
Black·mur [blǽkmə | -mɔr], **R**(**ichard**) **P**(**almer**) *n.* (1904–65) 米国の詩人・批評家; *Language as Gesture* (1952).
Bláck Muséum *n.* [the ～] (ロンドン警視庁に保管されている)犯罪関係陳列品.
Bláck Múslim *n.* ブラックマスリム団員《黒人国家の建設を主張する米国の戦闘的な黒人イスラム教徒の団体の一員; Wallace Farad [fǽrəd] によって 1931 年創設; 単に Muslim ともいう》.
bláck mústard *n.* 〘植物〙クロガラシ (*Brassica nigra*)《ヨーロッパ原産のカラシナの仲間で北米でも栽培; 西洋芥子(ｶﾗｼ) (mustard) の原料: cf. leaf mustard》.
Bláck Nátionalism *n.* 《米》黒人国家主義.
Bláck Nátionalist *n.* 《米》黒人国家主義者《白人から独立して黒人だけの政府の樹立を唱える戦闘的な一派の黒人》.
bláck·ness 〘ME: ⇨ black, -ness〙 ― *n.* **1** 黒さ, 黒; 暗黒: the ～ of the night. **2** 険悪; 陰鬱. **3** 凶悪, 腹黒さ, 陰険 (wickedness): the ～ of men's heart. **4 a** 黒人であること. **b** ＝negritude 1, 2. **5** ＝black humor.
bláck níghtshade *n.* 〘植物〙イヌホウズキ (*Solanum nigrum*)《ナス科の有毒植物》.
bláck óak *n.* 〘植物〙黒ずんだ樹皮と葉を有する北米産のカシ類の総称 (*Quercus velutina* など); その材.
bláck óil *n.* 黒色の油の総称; (特に)潤滑油.
bláck ópal *n.* ブラックオパール, 黒蛋白石.
bláck·òut 〘(1913) ← *black out* (⇨ black (v.) 成句)〙 ― *n.* **1 a** (空襲などに備えての)灯火管制; 消灯 (cf. dimout, brownout 1): ～ curtains 灯火管制用暗幕. **b** (ある地域の)停電. **2** 〘演劇〙 **a** 舞台暗転. **b** 暗転で終わる小喜劇, 寸劇《blackout skit ともいう》. **3 a** 〘航空医学〙ブラックアウト, 黒くらみ《急降下などの際, 操縦士の陥る一時的視覚[意識]喪失; cf. grayout》. **b** 記憶喪失, 忘却; 抹殺, 削除. **c** (一時的な)機能停止: an intellectual ～. **4** (戦時などの)ニュースの公表禁止措置, 報道管制: a news ～＝a ～ of news. **5** 〘ラジオ・テレビ〙放送中に急に電波が切れて音や画面が消えること (cf. dead spot 2).
bláckout skit *n.* 〘演劇〙＝blackout 2 b.
bláck óx *n.* 〘民間伝承〙黒牛《Pluto など地獄の神々に捧げられたことから, 不幸・老齢などの象徴》: have the ～ tread on one's foot 苦労をする; 年を取る / The ～ has trod on his foot. 《諺》不幸が訪れた; 老いの身となった.
Bláck Pánther 〘(1965)〙 *n.* 黒豹党員, ブラックパンサー《米国の戦闘的な黒人団体の一員; 単に Panther ともいう; 略 BP》.
Bláck Pánther Pàrty *n.* 黒豹党《黒人解放のため 1966 年米国 California 州で組織された急進的団体》.
Bláck Páper 〘cf. White Paper〙 *n.* 《英》黒書《現存の政治・慣習・制度を批判する権威ある文書》.
bláck pártridge *n.* 〘鳥類〙クビワシャコ (*Francolinus francolinus*)《中国南部に生息するキジ科シャコ属の鳥; francolin》.
bláck pàtch *n.* 〘植物病理〙黒斑病《正体不明の菌によって起こるアカツメクサの病気》.
bláck pépper *n.* **1** 〘植物〙コショウ (*Piper nigrum*). **2** 黒こしょう《未熟のコショウの実を乾燥させ殻ごと乾燥させたもの; その粉末; 単に pepper ともいう: cf. white pepper》.
bláck pít *n.* 〘植物病理〙黒あばた病《*Erwinia citrimaculans* 菌によるレモンの皮の黒斑病》.
Bláck Plágue *n.* [the ～] ＝Great Plague.
bláck plàte *n.* 〘金属加工〙黒板(ｸﾛｲﾀ), ブラックシート《冷間圧延したままの板; メッキ板を区別する時に用いる; black sheet ともいう》.
bláck pòint *n.* 〘植物病理〙(麦その他の穀類の)黒星病.
bláck·pòll *n.* 〘鳥類〙＝black-poll warbler.
bláck-pòll wárbler *n.* 〘鳥類〙ズグロアメリカムシクイ (*Dendroica striata*)《北米産のアメリカムシクイ科の鳥の一種; 羽が生えそろうと雄の頭の先が黒くなる; 単に blackpoll ともいう》.
Black·pool [blǽkpuːl] 〘泥炭質の POOL[1] があったことから〙 *n.* イングランド北西部 Lancashire 州の海港で海岸保養地; 人口 150,000.
Bláck Pópe 〘その修道会士が黒い僧服を着用したこと及び法王 Pius 九世当時のその総会長の誇った権勢から〙 *n.* イエズス会の総会長の俗称.
bláck póplar *n.* 〘植物〙 **1** クロポプラ, クロヤマナラシ (*Populus nigra*)《ヨーロッパ産のポプラの一種》. **2** 北米産ポプラの一種 (*Populus heterophylla*); その材.
bláck pówder *n.* 黒色火薬《硝石・硫黄・木炭で作った火薬》.
bláck pówer, B- P- 〘(1966)〙 *n.* ブラックパワー《米国の戦闘的な黒人市民権運動により 1966 年主張されたスローガン; 政治的・経済的権力を獲得するため黒人有権者のブロック投票や独立の政党結成などを唱えた; cf. Brown Power, Red Power, flower power》.
Bláck Prínce 〘俗にその着用した黒いよろいからとされる〙 ― *n.* [the ～] 黒太子《英国王 Edward 三世の王子 Edward (1330–76) の通称; 父王に従って百年戦争で活躍し, Crécy の戦いに勝利を収めた》.
bláck púdding *n.* 《英》黒プディング (blood sausage).
bláck quárter *n.* 〘獣医〙＝blackleg 3.
bláck rácer *n.* 〘動物〙クロナメラ (*Coluber constrictor constrictor*)《米国東部産の無毒ヘビ》.
Bláck Rádio *n.* 偽装謀略放送《心理戦で相手側から放送されたかのように偽って行なうラジオ放送》.
bláck ráspberry *n.* 〘植物〙クロミキイチゴ (*Rubus occidentalis*)《北米産の黒い実のなるキイチゴ; 食用になる; blackcap ともいう》.
bláck rát *n.* 〘動物〙クマネズミ (*Rattus rattus*)《アジア南部原産のイエネズミの一種; ドブネズミより尾および耳が長い》.
bláck rént *n.* 〘法律〙黒地代《穀物・家畜・下級の金属貨幣(銀の白に対して黒と呼ばれた)などによって支払われた地代; cf. white rent》.
bláck rhinóceros *n.* 〘動物〙クロサイ (*Diceros bicornis*)《アフリカに生息するクロサイ属の二本の角のある動物》.
bláck ríng *n.* 〘植物病理〙黒輪病《ウイルスによるキャベツ・トマトの病気で, 葉に黒い輪ができる》.
Bláck Ród 〘(1632): その官杖が黒いことから〙 ― *n.* **1** (英国の)黒杖官内官, 黒杖式部官《gentleman usher の最高位で, 黒杖を手にする; Gentleman Usher of the Black Rod の略》. **2** 黒杖官《英国上院の守衛長で, 黒杖を手に議長を先導する; cf. SERGEANT at arms》.
bláck rót *n.* 〘植物病理〙黒腐病, 腐敗病 (*Pseudomonas campestris* 菌などによって野菜や果実にできる病気).
bláck rúff *n.* 〘魚類〙＝blackfish 1 b.
bláck rúst *n.* 〘植物病理〙黒さび[しぶ]病《麦類黒銹病菌 (*Puccinia graminis*) によって麦などにできる病気; cf. blight 1》.
bláck ságe *n.* 〘植物〙米国 California 産シソ科の多年草 (*Audibertia stachyoides*)《香気がある》.
bláck sálsify *n.* 〘植物〙＝scorzonera.
bláck sánd *n.* 〘地質〙黒砂《特にオーストラリア・ニュージーランドの砂金または砂白金を含む砂》.
Bláck Sásh *n.* 《南アフリカ》女性人種隔離反対組織.
bláck scóter *n.* 〘鳥類〙クロガモ (*Melanitta nigra*).
Bláck Séa *n.* [the ～] 黒海《ヨーロッパ東南部の海; ソ連・トルコ・ルーマニア・ブルガリアに囲まれ, Bosporus 海峡によって Marmara 海とつながる; 面積 423,000 km², 最深部 2,200 m; 古名 Pontus Euxinus》.
bláck séa bàss [-bæs] *n.* 〘魚類〙 **1** 米国大西洋沿岸に生息するスズキ科の食用魚 (*Centropristes striatus*)《sea bass ともいう》. **2** ＝giant bass.
bláck selénium *n.* 〘化学〙黒色セレン《セレンの同素体の一つで, 黒色で無定形な粉末》.
bláck shánk *n.* 〘植物病理〙タバコ疫病《タバコ疫病菌 *Phytophthora parasitica nicotianae* によるタバコの病気》.
bláck shéep *n.* **1** (白色種の羊の中に現われる)黒羊. **2** (家族や団体の面目をつぶすような)変わり種, もて余し者, 厄介者: There is a ～ in every flock. 《諺》どこにも厄介者はいるもの.
bláck shéet *n.* 〘金属加工〙＝black plate.
Bláck·shìrt 〘《なぞり》← It. *camicia nera*〙 ― *n.* **1** 黒シャツ隊員《イタリアのファシスト党員 (Fascist) や Hitler の親衛隊員など; cf. Brownshirt》. **2** (制服に黒シャツを用いる)ファッショ団体の人.
bláck skímmer *n.* 〘鳥類〙クロアジサシモドキ (*Rhynchops nigra*)《北米東海岸に広く分布する黒と白のアジサシの一種》.
bláck slóe *n.* 〘植物〙＝blackthorn 1.
bláck·smìth 〘(1474) *blak(e)smyth*: ⇨ black, smith: 黒色の鉄を扱うことにちなむ (cf. whitesmith)〙 ― *n.* **1** 鍛冶屋, 鍛造工 (cf. whitesmith). **2** 蹄鉄工, 装蹄師, 馬蹄工 (farrier). **3** 〘魚類〙米国太平洋沿岸に生息するスズメダイ科の食用魚 (*Chromis punctipinnis*).

bláck·smìth·ing *n.* 鍛冶屋業[職].
blácksmith shòp *n.* 《米》鍛冶屋の仕事場, 鍛造工場.
blácksmith's shòp *n.* 《英》=blacksmith shop.
blácksmith wélding *n.* 〘金属加工〙鍛接 (hammer welding).
bláck·snàke *n.* 《米》革を編んで先が葉の形になった大むち《blacksnake whip ともいう》.
bláck snàke *n.* 〘動物〙黒ヘビの総称; (特に)北米産無毒のクロナメラ (*Coluber constrictor*).
bláck snákeroot *n.* 〘植物〙**1** 北米産キンポウゲ科サラシナショウマ属の背の高い多年草 (*Cimicifuga racemosa*). **2** 北米産ユリ科の多年草 (*Zigadenus densus*). **3** セリ科 *Sanicula* 属の植物の総称.
bláck snápper *n.* 〘魚類〙黒い色をした海魚の総称 (schoolmaster など).
bláck spíritual *n.* 黒人霊歌.
bláck spót *n.* **1** 〘植物病理〙黒点病の総称《バクテリアや真菌植物が原因で葉などに黒い斑点ができる》. **2** 物騒な場所; (特に, 道路の)危険個所.
bláck sprúce *n.* 〘植物〙**1 a** クロトウヒ (*Picea mariana*)《北米産エゾマツの一種》. **b** クロトウヒ材. **2** =Douglas fir.
bláck squáll *n.* 〘気象〙黒雲疾風(はやて), ブラックスコール《黒雲を伴うスコール; cf. white squall》.
bláck squírrel *n.* 〘動物〙キツネリス《北米産の大型のリス fox squirrel の体色が黒色のもの》.
bláck stém *n.* 〘植物病理〙茎が黒くなる植物の病気: **a** 豆類黒斑病菌 *Ascochyta imperfecta* によるアルファルファの病気. **b** 甘藍根朽病菌 *Phoma lingam* によるキャベツやカリフラワーの病気.
Black·stone [blǽkstoun | -stən], Sir **William** *n.* (1723–80) 英国の判事・法律学者; *Commentaries on the Laws of England* (1765–69).
Bláck Stóne *n.* [the ~]〘イスラム教〙黒い聖石《Kaaba 神殿の壁にはめ込まれているイスラム教徒の巡礼者が口づけする聖なる石》.
bláck stórk *n.* 〘鳥類〙ナベコウ (*Ciconia nigra*)《羽毛は黒く光沢を帯び, 腹部だけ白い; cf. white stork》.
bláck·stràp *n.* **1** ブラックストラップ《糖蜜とラムの混合酒》. **2** 地中海産の普通の赤ぶどう酒. **3** 廃糖蜜《粗糖製造の最終の段階で残った糖蜜; 主に家畜の飼料の混合物や工業用アルコールの原料に用いる; blackstrap molasses ともいう》.
Bláck Stréam *n.* [the ~] 黒潮, 日本海流《Black Current, Japan Current ともいう》.
bláck stúdies *n. pl.* (米国)黒人研究《黒人の文化や歴史などの研究; Afro-American studies ともいう》.
bláck súcker *n.* 〘魚類〙=hog sucker.
bláck súmac *n.* 〘植物〙=dwarf sumac.
bláck swán *n.* 〘鳥類〙コクチョウ (*Cygnus atratus*)《オーストラリア産; 毛は黒いが翼の先が白くてくちばしが赤い》.
bláck·tàil *n.* 〘動物〙=black-tailed deer.
bláck-tàiled déer *n.* 〘動物〙オグロジカ (*Odocoileus columbianus*)《北米太平洋沿岸地方産》.
bláck téa *n.* 紅茶《単に tea ともいう; cf. green tea》.
bláck theólogy *n.* 黒人の(ための)神学《黒人解放を徹底させようとする神学》.
bláck·thòrn 〘ME *blakthorn*: ⇨ black, thorn〙 **—** *n.* **1** 〘植物〙ヨーロッパ産サクラ属のリンボクの一種 (*Prunus spinosa*)《その実は sloe; black sloe ともいう》. **2** リンボクのステッキ[棒]. **3** 〘植物〙北米産のサンザシの一種 (*Crataegus tomentosa*). **4** 〘植物〙=pear haw.
blácktorn wínter *n.* 《英》リンボクの花の咲く春の寒気の頃.
bláck-tíe *adj.* (タキシードに)黒の蝶ネクタイをした; 略式夜会服の着用を必要とする: a ~ party.
bláck tíe *n.* **1** (男子の略式夜会服と共に着用する)黒の蝶ネクタイ (cf. white tie). **2** (男子の)略式夜会服《タキシードに黒の蝶ネクタイ》.
bláck·tòngue *n.* 〘獣医〙黒舌症《舌に黒色の潰瘍を生じる犬の病気; 人のペラグラ (pellagra) に当たる》.
bláck·tòp 《米》*n.* **1** (道路などの舗装に使う)瀝青(れきせい)質物質《通例アスファルト》. **2** それで舗装された路面. **—** *adj.* 〈道路など〉瀝青質物質で舗装された. **—** *vt.* (**black·topped**; **-top·ping**) 瀝青質物質で舗装する.
bláck·tràcker *n.* 《豪》犯人・迷子捜索に警察が使う原住民.
bláck túrnstone *n.* 〘鳥類〙クロキョウジョシギ (*Arenaria melanocephala*)《北米太平洋沿岸に生息するキョウジョシギの一種》.
bláck vélvet *n.* **1** ブラックベルベット《シャンパンとスタウトを半々に入れたカクテル; cf. velvet 6》. **2** [しばしば集合的]《豪口語》肌の黒い原住民の娘[女].
Bláck Vólta *n.* [the ~] ⇨ Volta.
bláck vómit *n.* **1** 〘病理〙黒色吐物 (cf. coffee-ground vomit). **2** 黒い吐き物を吐くこと.
bláck vúlture *n.* 〘鳥類〙**1** クロコンドル (*Coragyps atratus*)《新世界産》. **2** クロハゲワシ (*Aegypius monachus*)《旧世界産》.
Bláck·wall hìtch [blǽkwɔːl-] 〘← *Blackwall* (London 東部にある造船所の名)〙 **—** *n.* ブラックウォール結索《綱をかぎ (hook) に掛けて引っ張ると締まり, ゆるめると解けるようになった結び目》.
bláck wálnut *n.* **1** 〘植物〙クログルミ (*Juglans nigra*)《北米東部産》. **2** クログルミの実[材].
bláck·wàsh 〘cf. whitewash (v.) 2〙 *vt.* 暴露する, 明るみに出す.
Bláck Wátch 〘その軍服の紺と暗緑色の黒っぽいタータンにちなむ〙 *n.* [the ~] Royal Highlanders の俗称.
bláck·wàter féver *n.* 〘病理〙黒水熱《熱帯熱マラリアで尿が黒くなる; 単に blackwater ともいう》.
bláck wáttle *n.* 〘植物〙オーストラリア産のアカシアの類の高木数種の総称; (特に) *Acasia mollissima* 《樹皮は黒褐色; cf. green wattle, silver wattle》.
bláck·wèed *n.* 〘植物〙ブタクサ (ragweed).
Bláck·wells Ísland [blǽkwelz-, -wəlz- | -wəlz-, -welz-] *n.* ブラックウェルズ島《Welfare Island の旧名》.
bláck whále *n.* 〘動物〙=sperm whale.
bláck wídow *n.* 〘動物〙クロゴケグモ(黒後家蜘蛛) (*Latrodectus mactans*)《熱帯アメリカ産の猛毒をもつ黒いクモ》.
Black·wood [blǽkwud] *n.* 〘トランプ〙=Blackwood convention.
Bláckwood convéntion 〘← *Easley F. Blackwood* (これを考案した米国人)〙 **—** *n.* 〘トランプ〙(ブリッジで)ビッド上の定まりごとの一つ《スラム (slam) ビッドを試みる際, それに先立って, 4 あるいは 5 のノートランプ (no-trump) をビッドしてパートナーにエースあるいはキングの数を答えさせる取り決め》.
black·y [blǽki | -kɪ] *n.* =blackie.
blad·der [blǽdə | -də(r)] 〘OE *blæddre, blǣdre* < Gmc **blǣdrōn* ← IE **bhel-* 'to BLOW[1]': cf. blast〙 **—** *n.* **1** 〘解剖・動物〙**a** 袋状組織: the urinary ~ 膀胱(ぼうこう) / the gall ~ 胆嚢(のう). **b** [the ~] 膀胱 (urinary bladder). ★ ラテン語系形容詞: vesical. **2** 〘病理〙水ぶくれ, 火ぶくれ, 水疱 (blister) **3** 〘植物〙(海草などの)気胞, 浮嚢. **4** 〘動物〙浮袋 (air bladder). **5** (各種の)袋; (フットボール用の)空気袋; (水泳の)浮袋: a ~ of lard ラード袋; 《俗》太っちょ (fat person). **6** 膨らんだもの; (茶番などで, 相手役をなぐるのに使う)棍棒状に膨らました袋. **7** 《俗》もったいぶったうぬぼれ屋.
prick a* [*the*] *bladder ⇨ prick *v.* 成句.
~·like *adj.*
bládder càmpion *n.* 〘植物〙ナデシコ科マンテマ属 (*Silene*) の植物の総称; (特に)シラタマソウ (*S. latifolia, S. cucubalus*).
bládder kélp *n.* 〘植物〙ホンダワラなど気胞のある海藻の総称.
bládder két·mi·a [-kétmiə | -mɪə] 〘← NL *ketmia*〙 *n.* 〘植物〙ギンセンカ (*Hibiscus trionum*)《アオイ科のハイビスカスの一種; 観賞用》.
bládder·nòse *n.* 〘動物〙ズキンアザラシ (*Cystophora cristata*)《北半球産, 雄の成獣にはおどかすとき膨らます鼻袋がある; hooded seal, hood ともいう》.
bládder·nùt *n.* 〘植物〙**1** ミツバウツギ《ミツバウツギ属 (*Staphylea*) の植物の総称》; (特に)北米産の *S. pinnata*. **2** ミツバウツギの膀胱(ぼうこう)状の蒴(さく).
bládder·pòd *n.* 〘植物〙**1** ロベリアソウ (Indian tobacco). **2** 膨らんだ莢(さや)をつける植物の総称《地中海地方産の黄色い花が咲く多年草 (*Vesicaria utriculata*) など》.
bládder snàil *n.* 〘貝類〙サカマキガイ (*Physa acuta*) やヒダリマキガイ (*P. fontinalis*) などヨーロッパ原産の淡水貝の総称《日本に広くすみ, 汚水域に多い》.
bládder wòrm *n.* **1** 嚢(のう)虫《サナダムシの嚢状の幼虫》. **2** 〘病理〙膀胱(ぼうこう)を冒す寄生虫.
bládder·wòrt *n.* 〘植物〙タヌキモ《淡水中に生える食虫植物で, タヌキモ属 (*Utricularia*) の植物の総称》.
bládder wràck *n.* 〘植物〙ヒバマタ科の海藻 (*Fucus vesiculosus*)《ケルプ灰を作るのに, また肥料として用いる》.
blad·der·y [blǽdəri | -rɪ] *adj.* 気胞のある; (膀胱(ぼうこう)状に)膨らんだ.
blade [bléɪd] 〘OE *blæd* leaf < Gmc **blaðam* (G *Blatt*) ← IE **bhel-* to bloom: cf. blow[2]〙 **—** *n.* **1 a** (草, 特にイネ科植物の)葉 (leaf): a ~ of grass. **b** (葉柄に対して)葉身, 葉片. **2 a** (小刀・刀などの)刃, 刀身; [the ~] 刀. **b** 安全かみそりの刃. **c** アイススケートの刃, ブレード. **3 a** (オール・櫂(かい)の)水かき. **b** (プロペラ・スクリュー・タービンなどの)羽根. **c** (器具・道具などの)平たい部分, ブレード: the ~*s* of a fan / the ~ of a shovel. **4** (舌・骨の)扁平部分, 扁平な骨, 肩甲骨 (shoulder blade). **5 a** 威勢のいい男, 抜け目のない男, 切れ者: a knowing ~ 抜け目のない人. **b** 剣士 (swordman). **c** アイススケートの走者. **d** 女 (woman). **6** 《豪》羊毛刈り用手ばさみ. **7** 〘音声〙舌端《舌尖 (point) の直後および周囲の舌の縁》.
in the blade 葉が出たばかりで, (まだ穂の出ない)葉のうちに.
— *adj.* 〘音声〙〈子音が〉舌端(音)の.
— *vt.* **1** …に blade をつける. **2** (ブレードを備えたブルドーザーなどで)〈砂利などを〉地均(なら)しする. **3** 《スコット》〈野菜など〉の葉を摘む. **—** *vi.* **1** 〈植物が〉芽を出す. **2** (ブルドーザーなどで)地均しする.
bláde àngle *n.* 〘航空〙(プロペラの)羽根(取付)角.
bláde·bòne *n.* 肩甲骨 (shoulder blade).
blád·ed *adj.* [通例複合語の第 2 構成素として] (…の)刃のある, (…の)羽根のある: a two-*bladed* razor / a four-*bladed* screw.
bláde fàce *n.* 〘航空・海事〙=driving face.
bláde hàrrow *n.* =acme harrow.
bláde sèction *n.* 〘航空〙(プロペラ)羽根断面.
bláde·smìth *n.* 刀鍛冶; 刃物師.
blae [bléɪ] 〘(?*a*1200) *blo*, 《北部方言》*bla* ⊏ ON *blā-r* blackish blue: cf. blue〙 **—** *adj.* 《スコット》**1** 〈皮膚が〉(打身などで)鉛色の (livid), 青味を帯びた黒[灰]色の. **2** 荒涼とした, 寂しい. **3** 〈天候が〉日の射さない (sunless); 薄暗い.
blae·ber·ry [bléɪbèri, -b(ə)ri | -b(ə)rɪ] 〘(*a*1400) *bloberi*: ⇨ ↑, berry〙 *n.* 《英》〘植物〙=bilberry.
Bla·go·vesh·chensk [blɑ̀ːgəvéʃtʃensk, -tʃənsk; *Russ.* bləgavjéʃtʃinsk] *n.* ブラゴベシチェンスク《ソ連邦ロシヤ共和国, シベリヤ南東部の Amur 川に沿う都市; 人口 128,000》.
blague [blɑ́ːg; *F.* blag] 〘(1837) ⊏ F ~ ← ? LG (cf. Du. *balg* animal's skin)〙 *n.* (*pl.* **~s** [~z; *F.* ~]) 冗談, だぼら; ごまかし (hoax).
bla·gueur [blɑːgə́ː | -gɔ́ː(r; *F.* blagœːr] *n.* ほら吹き.
blah [blɑ́ː] 〘(1918): 《擬音語》〙 **—** *n.* 《俗》**1** たわごと (nonsense), はったり: *Blah!* ばかばかしい, くだらない. **2** 〘cf. blues, blasé〙 [the ~s] 《米俗》不機嫌, 不満感; 憂鬱. **—** *adj.* 《米俗》つまらない, おもしろくない.
blah-blah [blɑ́ːblɑ́ː] *n.* 《俗》=blah.
blain [bléɪn] 〘OE *blegen* < Gmc **blezen* ← IE **bhlei-* 'to blow, swell' ← **bhel-* 'to BLOW[1]'〙 *n.* 〘動物病理〙(動物の)膿疱; (馬の)舌疽(ぜっそ).
Blaine [bléɪn] 〘← Ir. Gael. *blian* thin one〙 *n.* 男性名.
Blaine, James G(il·les·pie) [gɪléspi | -pɪ] *n.* (1830–93) 米国の政治家.
Blair [bléə | bléə(r] 〘← Ir. Gael. *blar* from the plain〙 *n.* 男性名.
Bláir Hòuse [bléə- | bléə-] *n.* ブレアハウス《White House 近くにある米大統領迎賓館》.
Blaise [bléɪz; *F.* blɛːz] 〘⊏ F *Blase* ← ? L *Blaesus* (ローマの家名)〙《原義》stammering〙 *n.* 男性名《異形 Blase, Blaze》.
Blake [bléɪk] 〘← OE *blāc* fairhaired and fair complexioned (cf. bleak[2]) / OE *blæc* 'dark, BLACK'〙 *n.* 男性名.
Blake, Nicholas *n.* C. Day Lewis の推理小説家としての筆名.
Blake, Robert *n.* (1599–1657) 英国の海将; 第一次蘭英戦争 (1st Dutch War) に活躍.
Blake, William *n.* (1757–1827) 英国の詩人・画家; *Songs of Innocence* (1789), *Songs of Experience* (1794), *Jerusalem* (1820).
blám·a·ble [bléɪməbl] 〘ME〙 *adj.* 非難すべき, とがのある (culpable). **~·ness** *n.* **blám·a·bly** *adv.*
blame [bléɪm] 〘*v.*: (?*a*1200) ⊏ OF *bla(s)m-er* (F *blâmer*) < VL **blastēmāre* = eccl.L *blasphēmāre* 'to BLASPHEME'. — *n.*: (?*c*1200) ⊏ OF *bla(s)me* (F *blâme*) ← *blamer*〙 **—** *vt.* **1** とがめる, 非難する, しかる, …に小言を言う (censure): ~ a person for his negligence 人の怠慢を責める / I don't ~ you *for* doing that. 君がそうしたからといって悪いとは言わない / have only oneself to ~ 責めを負うのは自分しかない, 悪いのは当の本人ばかり / Bad workmen ~ their tools. 《諺》へたな職人は道具に難癖をつける, 「へたの道具調べ」. **2 a** 〔罪過を〕…の責任にする, …に負わせる 〔*for*〕: ~ the weather *for* a poor crop 不作を天候のせいにする / Nobody can ~ you *for* the failure. だれもその失策を君の責任にすることはできない. **b** 《口語》〈罪過(の責任)を〉(…に)帰する, (…の)せいにする 〔*on, on to*〕: ~ a fault *on* (*to*) a person 過失を人のせいにする / We cannot ~ the accident *upon* the weather. 事故を天候のせいにすることはできない. **3** [命令文で]《米俗・方言》のろう《軽いののしりを表わす; damn の婉曲語》: *Blame* it! くそいまいましい / *Blame* this fly! いまいましいこのハエめ / *Blame* me if I do [don't].=(I'm) ~*d* if I do [don't]. する[しないでおく]ものか.
be to blame 責めを負うべきである; 〈人・物事が〉悪い 〔*for*〕: Who *is to* ~ *for* the disaster? その災難はだれの罪か / Garlic *was to* ~ *for* my sickness. 気分が悪くなったのはにんにくのせいだ.
— *n.* **1** 非難, とがめ (censure): incur great ~ *for* …のために大きな非難を招く / Much was said *in* ~ *of* him. 彼は随分非難された. **2 a** 〔失態の〕責任 (responsibility) 〔*for*〕: bear [take] the ~ *for* …の責めを負う / lay [put, cast] the ~ (*for* …) *on* a person 人に(…の)責めを負わせる, 人に(…の)罪を着せる / lay the ~ at another's door 罪を他人に負わせる / Where does the ~ lie *for* the defeat? 敗北の責任はどこにあるのか / It is small ~ *to* you that the plan has miscarried. 計画が失敗したのは君の責任ではない. **b** 《古》過ち, 罪.
— *adj.*, *adv.* 《米俗・方言》=blamed.
blám·er *n.*
blame·a·ble [bléɪməbl] *adj.* =blamable.
blamed 《米俗・方言》*adj.* いまいましい, けしからん, いやな. ★ damned の婉曲語: a ~ fool 大ばか野郎 / This ~ window won't open. このいまいましい窓め, 開きゃしねえ. **—** *adv.* いまいましいほど, いやに, ひどく: ~ hot どうにもこうにも暑い.
blame·ful [bléɪmfəl] 〘ME〙 *adj.* **1** 非難さるべき, 過失のある, 不都合な (blameworthy). **2** 《古》非難する, 批判的な (faultfinding). **~·ly** *adv.* **~·ness** *n.*
bláme·less 〘ME〙 **—** *adj.* 非難するところのない, 何の罪[とが]もない, やましくない: lead a ~ life 清廉潔白な生活を送る / I am ~ in this matter. この件ではやましいところはない. **~·ly** *adv.* **~·ness** *n.*
bláme·wòrthy 〘ME〙 *adj.* 責められるべき, 不都合な,

非難すべき, とがむべき. **bláme·wòrth·i·ness** *n.*
Blanc [blɑ́ː(ŋ), blɔ́ː(ŋ), blɑ́ːŋ, blɔ́(ː)ŋ; *F.* blɑ̃], **(Jean Joseph Charles) Louis** *n.* ブラン《1811–82; スペイン生れのフランスの社会主義者》.
Blanc, Mont *n.* ⇨ Mont Blanc.
Blan·ca [blǽŋkə] 〘⇨ Blanche〙 *n.* 女性名.
Blán·ca Péak [blǽŋkə-] 〘← *Blanca* ⊏ Sp. *blanca* white (with snow)〙 *n.* ブランカ山《米国 Colorado 州南部の山; Sangre de Cristo 山脈の最高峰 (4,364 m)》.
blanc fixe [blɑ̃ŋk-fíːks, blɑ́ː(ŋ)-fíːks, blɔ́ː(ŋ)-, blɑ́ːŋ-blɔ́(ː)ŋ-; *F.* blɑ̃fiks] 〘⊏ F ~《原義》fixed white: ⇨ blank, fix〙 — *n.* 〘化学〙人造硫酸バリウム《白色顔料などに使う》.
blanch [blǽntʃ | blɑ́ːntʃ] 〘(*a*1398) *blaunche*(*n*) ⊏ (O)F *blanch-ir* ← *blanc* 'white, BLANK'〙 — *vt.* **1 a** 色抜きして白くする, 白くさらす, 漂白する (bleach). **b** 〈銀を〉(酸で)磨く; 〈鉄など〉にスズメッキをする. **c** 〘農業〙(日光をさえぎって)〈ミツバ・ネギなどの植物を〉軟白する: ~ celery, lettuce, etc. **2** (熱湯につけ次に冷水に入れて)〈果実など〉の甘皮を取る, あくを抜く, 湯がく; (ゆでたあとで冷水に)さらす, 霜降りする: ~ almonds, macaroni, etc. **3** 〈年齢が〉〈髪を〉白くする; 〈病気・恐怖などが〉〈顔を〉青白くする: Fear ~*ed* her face. 恐怖で顔面蒼白になった. **4** よく見せかける, …の外見をとりつくろう 〈*over*〉. — *vi.* **1** 白くなる. **2** 〈人が〉〔心配・寒さなどで〕青白く[真青に]なる〔*with*〕: ~ *with* shame, fear, etc. **~·er** *n.*
Blanche [blǽntʃ | blɑ́ːntʃ] 〘⊏ F ~ ← *blanche* (fem.) ← *blanc* (↓)〙 *n.* 女性名《異形 Bianca, Blanca, Blanch》.
blanc·mange [bləmɑ́ːndʒ, -mɑ́ː(n)ʒ, -mɔ́ː(n)ʒ, -mɑ́ːnʒ, -mɔ́(ː)nʒ] 〘(*c*1378) *blan(k)manger* ⊏ (O)F *blancmanger* white food ← *blanc* 'white, BLANK' + *manger* food, to eat〙 — *n.* ブラマンジェ《コーンスターチ・牛乳・砂糖などで作った冷たいデザート》.
Blan·co [blǽŋkou | -kəu] 〘軍事〙 *n.* (特に英国陸軍で, ベルトまたは他の装具に塗る)白色塗料. — *vt.* 白色塗料を塗る.
bland [blǽ(ː)nd] 〘(1596) ⊏ L *bland-us* smooth-tongued〙 — *adj.* (~·er, ~·est; more ~, most ~) **1** 〈人・行動・態度など〉物柔らかな, 柔和な, 温和な, 人当たりのよい (agreeable), 快い (pleasant): a ~ smile / a sweetly ~ voice さわやかな声. **2 a** 〈気候など〉温和な (mild), 快い (balmy): a ~ breeze. **b** 〈たばこ・食物など〉口当たりのいい, やわらかい, 甘口の (mild): ~ sauce 甘口のソース. **3** 魅力のない, 気の抜けた, おもしろくない, 退屈な (dull): a ~ movie. **4** 平然とした, 無関心な: make a ~ confession of guilt 平然と罪の告白をする. **~·ly** *adv.* **~·ness** *n.*
Blánd-Ál·li·son Àct [blǽnd-ǽləsn̩- | -ǽlɪ-] 〘← *R.P. Bland* (1835–99: 米国の下院議員), *W.B. Allison* (1829–1908: 米国の上院議員)〙 — *n.* (米国の)ブランドアリスン法《政府が銀を毎月購入して法定通貨としての銀貨も鋳造すべきとして議会に上程, 1878 年に可決された法案》.
blan·dish [blǽndɪʃ] 〘(*c*1300) *blaundishe*(*n*) ⊏ OF *blandiss-*, *blandir* < L *blandīrī* to flatter ← *blandus*: ⇨ bland, -ish[2]〙 — *vt.* …に甘言を使う, こびへつらう. — *vi.* お世辞を使う, こびる. **~·er** *n.*
blán·dish·ment *n.* **1** こび, へつらい (flattery). **2** [通例 *pl.*] 甘言, 手管.
blank [blǽŋk] 〘(*a*1338) ⊏ (O)F *blanc* white < VL **blancum* ⊏ Gmc **blaŋkaz* white, shining (G *blank* bright, shining) ← IE **bhel-* to shine〙 — *adj.* (~·er, ~·est; more ~, most ~) **1 a** 白紙の; 〈用紙など〉書入れのない, 空白の: a ~ space [page, sheet of paper] 空白[白紙ページ, 白紙] (cf. sheet[1] 4 a) / a ~ ballot 白地投票紙 / a ~ map 白地図 / a ~ form 書込用紙 / ⇨ blankbook. **b** 〘商業〙〈手形など〉白地式の, 無記名の: ⇨ blank check, blank endorsement. **2** 〈場所など〉からの, がらんとした (empty), 何もない, 空虚な (void): the ~ spaces between houses 家と家の間の空地 / a ~ desert 空漠な砂漠. **3 a** 〈壁など〉装飾がない; あるべきものを欠いた: a ~ wall (入口も窓も装飾もない)のっぺりした壁 / a ~ window [arch] めくら窓[アーチ]《窓[アーチ]の形をした外壁》/ a ~ piece of film 何も写っていないフィルム / My memory is perfectly ~ on the subject. その問題については私の記憶は全くからっぽだ. **b** 〈鍵が〉刻みのない: a ~ key (未完成で)刻みのない鍵. **4** 〈生活など〉空虚な, からっぽの; 空漠とした, 無味乾燥な, 何事もない; 成果のない, むなしい: a ~ existence [day] 空虚な生活[一日] / ~ efforts むなしい努力. **5 a** 〈顔など〉ぼんやりした, ぽかんとした (vacant); 生気[表情]のない; 〔表情などの〕ない〔*of*〕: a ~ face 無表情な顔 / a ~ expression 生気のない表情 / a ~ look ぽかんとした顔つき / look ~ ぽかんとしている / a face ~ *of* all expression 全く表情のない顔. **b** 当惑して物が言えない, 黙りこんだ (speechless): He was ~ *with* amazement. 彼は驚きのあまり物が言えなかった. **6** 全くの, 純然たる (sheer): in ~ amazement 全く仰天して / a look of ~ stupidity 全く間の抜けた表情 / a ~ denial 完全な否認. **7 a** [日付・場所などの明示を避けて] 某…, ○○: the ~ place 某所 / the ~ regiment ○○連隊. **b** 《俗》いまいましい, ばかばかしい: You ~ idiot! 大ばか者め. ★ 婉曲的な言葉で, しばしば '—' と記すこともある. この場合 blank, blankety, blanked, 《英俗》blanky などと読み, '— —' は blank blank, blankety blank(ety) などと読む (cf. *n.* 4 b). **8** 《古》無色の; 白い (white); 青白い (pale).
— *n.* **1 a** 白紙. **b** (書込書式の)空欄, (未記入の)申込用紙, 白地書式: an application ~ (未記入の)申込用紙 / a telegraph ~ (電報)発信紙, 頼信紙. **c** (本の)白ページ, 白紙紙葉. **2** 空所, あき, 余白, 余地: leave ~*s* 余白を残す / a ~ in the forest 林間の空地. **3 a** 空虚, 空白 (emptiness): a ~ in one's memory 記憶の中の空白 / My mind was a complete ~. 私の心は全くのからっぽであった[何も思い出せなかった] / Her son's death has made a great ~ in her life. 息子が死んで彼女の生活にぽっかり穴があいた. **b** (実質を伴わない)形, 無: amount to ~ 皆無になる. **c** 空包 (blank cartridge). **d** 空(から)くじ: draw a ~ 空くじを引く. **4 a** 空白を示すダッシュ《明示しない名称などの代わりに用いる》: Mr. — — = Mr. *Blank Blank* 何某氏. **b** 〘冒瀆語・誓言・禁忌語などの代わりに記される '—' を blank と読むことから〙《俗》冒瀆語などの代用語, 伏せ字 (cf. blankety-blank *n.*): He's an incorrigible ~. 奴は直しようのない ×× (ばか)だ. ★ しばしば '—' と記されることもある: Let 'em go to — ! ×× (地獄)へ落ちてしまえ. **5** (貨幣・鍵などの)未完成品, 半加工品: ~*s* for coins 貨幣刻印を押す前の金属片 / a belt ~ バックルなどを付ける前のベルト. **6** 標的の白色部[中心部]; 標的, 目的 (target). **7** 《古》〘詩学〙= blank verse. **8** 〘英議会〙議案中のイタリックで示した個所《未決の部分》. **9** 〘ドミノ〙ブランク《どちらかまたは両方が白の牌》. **10** 《米口語》〘野球〙ゼロ, 零点.
draw a blank (1) ⇨ 3 d. (2) 《口語》(求めていたものが)手にはいらない, 失敗する (fail); (あることが)思い出せない, 度忘れする (cf. DRAW *blank*). ***in blank*** 白地のままで: make out a check *in* ~ 白地式小切手を発行する.
— *vt.* **1** 空(から)にする, 空白にする. **2** 削除する, 消す〈*out*〉: ~ a line. **3** 〈語間・行間を〉広げる, あける〈*out*〉. **4 a** (略した語・文の代わりに)ダッシュ(記号)で示す (cf. *n.* 4 a). **b** 《俗》のろう《damn の婉曲語; cf. *n.* 4 b》: *Blank* him! 畜生め / *Blank* it! くそいまいましい / I'm ~*ed* if I tell a lie. 金輪際うそなんかつくものか. **5** 《米口語》〈相手方〉に得点を与えない, 〈相手チームを〉零敗させる. **6** 〘機械〙(抜き型で鉄板などから)打ち抜く〈*out*〉. **7** 〘電子工学〙(有害な信号などが目につかないように)消す. — *vi.* **1** 〈音楽などが〉次第に消えてゆく (fade)〈*out*〉. **2** 〈人が〉意識を失う, 〈頭が〉ぼんやりする〈*out*〉.
~·ness *n.*
blánk·bòok *n.* 《米》白紙[未記入]帳簿.
blánk cártridge *n.* (実弾の入っていない)空包《単に blank ともいう; cf. ball cartridge》.
blánk chéck *n.* **1** (金額未記入の)白地式小切手. **2** 自由行動(権) (free hand); 白紙委任 (carte blanche): give a person a ~ いくらでも人に支払を引受ける; 人に自由行動を許す.
blánk endórsement *n.* 白地裏書, 無記名式裏書.
blanked *adj.* 《俗》= blank 7 b.
blan·ket [blǽŋkɪt, -kət] 〘(*c*1300) ⊏ OF *blancquet* white woolen stuff for garments (dim.) ← *blanc* white: ⇨ blank, -et〙 — *n.* **1 a** 毛布, ブランケット: ⇨ wet blanket / toss a person in a ~ 人を(いじめるために)毛布に載せて投げ上げる[胴上げする]. **b** (馬などの)おおい. **c** 《米・カナダ》アメリカインディアンの上衣. **d** 断熱用巻き布[物]. **2 a** 一面におおうもの: a ~ of snow [mist] 一面の雪[霧]. **b** (広い地域に落とされる)多量の爆弾: ⇨ blanket bombing. **3** 〘印刷〙 **a** ゴムブランケット, ブランケット《オフセット印刷機で, 版面から紙面に印刷する時に転写の仲介をするゴム布》. **b** ゴム胴《オフセット印刷機の胴の一つで, 表面にゴムブランケットが巻きつけられている》. **4** 〘原子力〙ブランケット《原子炉の炉心のまわりに置かれた燃料親物質の層》.
born on the wrong side of the blanket ⇨ side 成句.
— *attrib. adj.* 全体に共通の, 包括的な, 総括的な: a ~ ban 全面禁止 / a ~ bill [clause] 包括的議案[条項] / a ~ price 共通価格 / ~ insurance 包括保険 / a ~ visa (寄港地で税関の発行する)包括査証 / a ~ arrest 一斉検挙.
— *vt.* **1 a** 毛布でおおう. **b** (毛布でおおうように)一面におおう: the ground ~*ed with* snow 一面に雪でおおわれた地面 / the poverty and misery that ~*s* half the world's inhabitants 全人類の半数をおおう不幸な貧困. **2 a** 〈火などを〉(毛布状のものをおおって)消す: bags of sand to ~ the flame 炎を消すための砂袋. **b** 〈事件などを〉もみ消す, ぼやかす. **c** 〈電波などを〉妨害する〈*out*〉: ~ a radio signal by powerful interference 無線信号を強力な妨害で消してしまう. **3 a** 《米》〈運賃・法などが〉…にも一様に適用される: legislation ~*ing* subversive acts 破壊行為全般にも適用される法令 / The fare increase ~*s* the subways. 運賃の値上げには地下鉄も含まれる. **b** 一括する, 含ませる〔*in, into*〕: be ~*ed into* the group. **4** 《古》〈新入生などを〉(いじめるために)毛布に載せて胴上げする. **5** 〘海事〙〈帆船が〉〈他の帆船〉の風上に出て風をさえぎる.
~·like *adj.*
blánket àrea *n.* 〘ラジオ・テレビ〙ブランケットエリア《放送局周辺でその局の電波が強く他局の受信が妨害される地域》.
blánket bómbing *n.* = carpet bombing.
blánket chèst *n.* 《米》毛布箱《毛布・寝具などを入れる底の深い上げぶた付きの箱形の入れ物; 底部に引出しを備える場合もある》.
blánket·flòwer *n.* 〘植物〙テンニンギク《テンニンギク属 (*Gaillardia*) の植物の総称》; その花 (cf. Indian blanket 2).
blánket Índian *n.* (毛布を着て)種族の風習や習慣を守っているアメリカインディアン; 文明の影響を受けていないアメリカインディアン.
blán·ket·ing [-ṭɪŋ | -tɪŋ] *n.* **1** 毛布 (用生地). **2** 〘通信〙掩蔽(えんぺい)《強力な電波による受信妨害》.
blánket mórtgage *n.* 《米》浮動担保, 企業担保《社債を担保するために企業の現在および将来の一切の財産を包括的に担保の目的とする制度; 《英》では floating charge ともいう》.
blánket pólicy *n.* 〘保険〙(二つ以上の建物や動産を一括して担保する)包括保険証券[契約].
blánket ràte mèthod *n.* 〘会計〙総括配賦法.
blánket ròll *n.* **1** 〘軍事〙巻き毛布《肩に掛けて携帯するために毛布・防水布などを巻いて輪にしたもの; cf. bedroll》. **2** ブランケットロール《水平軸だけに回転するようにさいころを投げるクラップス (craps) でのいんちき》.
blánket shèet *n.* 《米》大型新聞紙《tabloid 版の新聞紙のサイズと区別して大型のもの》.
blánket-stìtch *vt., vi.* 〘服飾〙ブランケットステッチでかがる[縫う].
blánket stìtch *n.* 〘服飾〙ブランケット ステッチ《カットワーク・ボタン穴・縁飾り仕上げなどに使う基本的なかがり方・縫い方; buttonhole stitch よりも目の広いもの》.
blan·ket·y[1] [blǽŋkɪṭi, -kə- | -tɪ] *adj.* 毛布のような.
blan·ke·ty[2] [blǽŋkɪṭi, -kə- | -tɪ] 〘↓〙 *adj.* 《俗》= blank 7 b.
blánkety-blánk 〘(加重) ← BLANK〙《俗》 *adj.* = blank *adj.* 7 b. — *adv.* べらぼうに. — *n.* ばか(野郎) (fool) (cf. blank *n.* 4 b).
blánk·ing *n.* 〘電子工学〙帰線消去《ブラウン管の電子ビーム掃引の帰りに不必要な線が画面に現われないように不動作状態にすること》.
blánk·ly *adv.* **1** ぼんやり[ぽかんと]して (vacantly). **2** むきだしに(言う), きっぱり(述べるなど)(flatly)(cf. point-blank 2). **3** 全く, 純然と (totally).
blánk tést *n.* 〘化学〙空試験, 盲験《分析の際に試薬などから混入する不純物などによる誤差を除くために, 試料を加えないで実際の分析操作と全く同一条件で試みること》.
blánk vérse *n.* 〘詩学〙(通例 5 脚弱強調の)無韻詩, ブランク ヴァース《英詩では 16 世紀半に Surrey により初めて用いられたが, その後最も一般的な詩型として劇詩・叙事詩・物語詩に用いられている; cf. RHYMED verse, pentameter》.
blánk wáll *n.* **1** ⇨ blank *adj.* 3 a. **2** 行き止まり, 障害: run into [come up against] a ~ 行き詰まる.
blank·y [blǽŋki | -kɪ] 〘← BLANK + -Y[4]〙 *adj.* **1** 《口語》空白が多い. **2** 《英俗》= blank 7 b.
blan·quette [blɑ̃ː(ŋ)két, blɔ̃ː(ŋ)-, blɑːŋ-, blɔ(ː)ŋ-; *F.* blɑ̃kɛt] 〘⊏ F ~: cf. blanket〙 *n.* ブランケット《子牛・鶏・子羊などの肉を白いソースで煮込んだ料理》.
blan·qui·llo [blɑːŋkíː(j)ou | -(j)əu; *Am. Sp.* blaŋkíjo] 〘⊏ Sp. ~ (dim.) ← *blanco* 'white, BLANK'〙 *n.* 〘魚類〙アマダイ科の食用魚《tilefish など》.
blare [bléə | bléə(r)] 〘(*c*1390) *blere*(*n*) ⊏ MDu. *bler-en*《擬音語》?〙 — *vi.* **1** 〈らっぱ・ラジオなどが〉鳴り響く〈*out*〉. **2** 〈光が〉まばゆく輝く. **3** 《方言》〈牛が〉(長く声を引っ張って)鳴く. — *vt.* **1 a** 高々と[うるさく]鳴らす. **b** 大声で[荒々しく]言う〈*out*〉. **2** まばゆく照らす. **3** はでに書き立てる. — *n.* **1** (らっぱ・ラジオなどの)高く鳴る音, 耳ざわりな響き. **2** まばゆい光彩. **3** はでな誇示, けばけばしさ.
blar·ney [blɑ́əni | blɑ́ːni] 〘(1819): ↓〙 *n.* お世辞, おべっか. — *vi.* おべっかを使う. — *vt.* 〈人〉にお世辞を言う; 甘言で口説く, 口車に乗せる.
Blárney stòne *n.* [the ~] ブラーニー石《アイルランド Cork 近くの Blarney Castle 城内にある石; これに接吻するとお世辞がうまくなるとの言伝えがある》.
Blas·co I·bá·ñez [blɑ́ːskou-iːbɑ́ːnjeɪθ, -njeɪs | -skəu-; *Sp.* bláskoiβáɲeθ], **Vicente** *n.* ブラスコ イバニェス《1867–1928; スペインの小説家; *Los cuatro jinetes del Apocalipsis* (英訳 *The Four Horsemen of the Apocalypse*) (1916)》.
Blase [bléɪz] 〘⇨ Blaise〙 *n.* 男性名.
bla·sé [blɑːzéɪ, blæ-, ∸∸ | blɑ́ːzeɪ; *F.* blɑze] 〘(1819) F ~ (p.p.) ← *blaser* to pall ⊏ Prov. *blazir* ← ?〙 — *adj.* **1** 飽満した; 歓楽に飽きた; 冷笑的な; 厭世(えんせい)的な. **2** 世慣れた, 物事をわきまえた.
blas·pheme [blæsfíːm, ∸∸ | blæsfíːm, blɑːs-] 〘(1340) *blasfeme*(*n*) ⊏ OF *blasfem-er* < LL *blasphēmāre* ⊏ Gk *blasphēmeîn* to speak profanely ← *blásphēmos* evil-speaking ← *phánai* to speak (cf. fame): BLAME と二重語〙 — *vi.* (神または神聖なものについて)不敬の言葉を吐く, 罰当たりの口をきく: ~ *against* God 神を冒瀆(ぼうとく)する. — *vt.* **1** 〈神や神聖なものを〉冒瀆する: ~ the name of God みだりに神の名を言う. **2** 〈人〉の悪口を言う, 悪く言う; …に悪態をつく (abuse). **blas·phém·er** *n.*
blas·phe·mous [blǽsfəməs | blǽsfɪməs, blɑ́ːs-, -fəm-] 〘(*a*1415) *blasfemous* ⊏ LL *blasphēm-us* ⊏ Gk

blásphēmos (↑): ⇨ -ous》 — *adj.* 〈人・言葉・絵など〉神をないがしろにする(ような), 不敬な, 冒瀆(ぼうとく)的な (profane); 悪口を言う. **~·ly** *adv.* **~·ness** *n.*

blas·phe·my [blǽsfəmi | blǽsfɪmɪ, blɑ́ːs-, -fə-] 《(?a1200) *blasfemie* ▭ OF *blasfemie* // LL *blasphēmia* ▭ Gk *blasphēmia* slander: ⇨ blaspheme, -y¹》 — *n.* **1** 冒瀆(ぼうとく), 瀆神(とくしん) (profanity): ~ against God 神に対する冒瀆(ぼうとく). **2** 悪口雑言(ぞうごん), 悪態; 罰当たりの言葉, 不謹慎な行為. **3** 〖ユダヤ教〗神の名をのろい汚すこと; 禁じられた四字の神の名 (Tetragrammaton) を口にすること. **4** 〖神学〗神の善性を侮辱する行為《大罪とみなされる》.

blast [blǽ(ː)st | blɑ́ːst] 《n.: OE *blǣst* blow < Gmc **blǣstaz* ← IE **bhel-* 'to BLOW¹'. — v.: (c1300) ← (n.)》 — *n.* **1 a** 一陣の風, 突風: a ~ of wind. **b** 突風の影響, 突風に伴うもの. **2 a** (ロ・ふいご・溶鉱炉などの)送風, 衝風, 強い一吹き: the ~ of a furnace. **b** (らっぱ・笛などの)一吹き, 吹奏: sound [blow] a ~. **c** (せき・深呼吸などの)吐く息. **d** (笑いなどの)突発 (outburst): a ~ of laughter どっという笑い. **3 a** (らっぱ・笛の)音: blow a ~ on a horn. **b** (車の)警笛; (船の)警笛. **4 a** 爆破. **b** (爆破に用いる)発破(はっぱ), (一回分の)発破薬. **c** 爆破の影響, 爆風. **5 a** (毒気・悪評などの)ほとばしり. **b** 《口語》激しい叱責,「雷」. **6** (機関車などの煙突の通気をよくするために送る)排気噴射. **7 a** (植物を枯らす)毒気; (植物の)胴枯れ病, 葉枯れ病. **b** 害毒, 災い. **8** 活動, 作用 (activity): ⇨ *full* BLAST (2). **9** 《俗》すごく楽しい時; (特に, 乱痴気騒ぎの)パーティー: have a ~. **10** 〖野球〗**a** (ライナー性の)痛打, 強打. **b** ホームラン (home run).

at a blast 一吹きに. (***at*** [***in***]) ***full blast*** (1) 〈衝風炉が〉盛んに吹いて. (2) 《口語》盛んに活動して, 全力をあげて; 全速力で: run *full* ~ 全力で走る. ***be in*** [***out of***] ***blast*** 〈溶鉱炉が〉吹いて[送風が止って]いる.

— *vt.* **1 a** 〈らっぱ・ふいごなどを〉吹く (blow). **b** 〈高い音などを〉(突風のように)出す 〈*out*〉: The radio ~*ed out* the top five hits. ラジオはヒットソングの上位5曲を流した. **2 a** 〈岩石などに〉発破(はっぱ)をかける, 爆発させる (blow up). **b** 爆発させて取り除く 〈*away*〉. **c** (発破をかけて)作る[切り開く] 〈*out*〉: ~ a tunnel. **d** 〈爆発が〉吹き飛ばす 〈*off*〉. **3 a** (風の作用で)害する. **b** 〈霜などが〉枯らす, 害する (wither). **4 a** 〈名誉などを〉損う, 〈計画などを〉くじく, 台なしにする (ruin): ~ one's character, honor, career, happiness, hopes, etc. **b** 〈事が…の偽りであることを示す, 信用を傷つける. **5** [前に (May) God を略した婉曲なのろいの文で]呪う, ののしる (cf. blasted 3 a): *Blast* it! こん畜生; えいくそ / *Blast* you! この野郎, くたばっちめえ. **6** 《口語》激しく攻撃する; 痛烈にこきおろす. **7** 《俗》〈人を〉撃つ, 射殺する (shoot) 〈*down*〉: Don't move or I'll ~ your head *off*. 動くと頭を撃ち抜くぞ. **8** 〈ロケットなどを〉発射する, 打ち上げる (cf. BLAST *off* (vi.)). **9** 《米》〖野球〗〈ボールを〉強打する: ~ a homer over a fence 柵越えにホームランをかっ飛ばす. — *vi.* **1** 大きな音[声]を出す. **2** 爆発させる; 爆破作業をする. **3** 《口語》〔…を〕激しく攻撃する 〈*away*〉 〔*at*〕. **4** 《俗》撃つ (shoot). **5** しなびる, 枯れる, だめになる. **6** 《俗》マリファナを吸う. **7** 〖ゴルフ〗(サンドトラップ (sand trap) に入った)ボールを強く打ち出す 〈*out*〉. **8** 〖電子工学〗ブラストする《過大入力により音のひずみが起こる》.

blast off (*vt.*) (1) ⇨ *vt.* 2 d. (2) ⇨ *vt.* 7. (*vi.*) (1) 〈ロケットなどが〉発進する, 離昇する; 打ち上げられる, 発射される (cf. blast-off). (2) 〈宇宙飛行士が〉宇宙へ飛び立つ.

blast- [blæst] (母音の前に来る時の) blasto- の異形.

-blast [←(−)blæst] 《← NL *-blastus* ← Gk *blastós* bud》〖生物〗「胚 (embryo), 芽 (sprout, germ)」などの意の名詞連結形 (cf. blasto-): ecto*blast*.

blást·ed *adj.* **1** しなびた, 枯れた (blighted), 霜害を受けている: a ~ woodland, heath, etc. **2** 爆発[雷, 突風など]にやられた: a ~ tree, etc. **3 a** 呪われた, ひどい《しばしば damned の婉曲語》: a ~ nuisance いまいましい厄介物. **b** [副詞的に] ひどく: I'm ~ hungry. 腹がぺこぺこだ.

blas·te·ma [blæstíːmə] 《← NL ~ ← Gk *blástēma* ← *blastós* sprout: cf. -eme》 — *n.* (*pl.* **~s**, **~·ta** [~tə | ~tə]) 〖生物〗芽体, 芽株. **blas·té·mal** [-məl] *adj.* **blas·te·mat·ic** [blæstɪmǽtɪk, -təm- | -tɪk] *adj.* **blas·te·mic** [blæstíːmɪk, -tém-] *adj.*

blást·er *n.* **1** 発破(はっぱ)工. **2** 〖ゴルフ〗ブラスター《ヘッド上部が大きく底部がまるいクラブ》.

blást fùrnace *n.* 〖冶金〗溶鉱炉, 高炉 (cf. shaft furnace).

blást fùrnace slág *n.* (銑鉄(せんてつ)製造の際できる)高炉滓(さい), 高炉スラッグ.

blást hèater *n.* 〖機械〗送風加熱器.

-blas·tic [blǽstɪk] 《← -BLAST+-IC¹》〖生物〗「…な胚の, …な芽の」の意の形容詞連結形: hetero*blastic* / mono*blastic*.

blas·tie [blǽsti | -tɪ] 《← ? BLAST (vt. 3 b, 5)+-IE》 *n.* 《スコット》一寸法師, 小びと (dwarf).

blást·ing 《← BLAST (v.)+-ING¹》 *n.* **1** 爆破, 発破(はっぱ). **2** (霜・毒気などが草木を)枯らすこと, 残害, 毒気.

blásting càp *n.* (爆破用)雷管.

blásting fùse *n.* 〖鉱山〗(爆薬などに点火するための)導火線.

blásting gèlatin *n.* 〖化学〗ブラスチング[爆発性]ゼラチン, 松ダイナマイト《現用ダイナマイト中, ニトログリセリン含有量の最も多い (93%) 強力な膠質ダイナマイトの一種; cf. gelatin dynamite》.

blásting pòwder *n.* (爆破用)黒色火薬.

blást làmp *n.* =blowtorch.

blást màin *n.* 〖機械〗送風主管.

blást·ment *n.* **1** =blasting. **2** 害毒 (blast, blight).

blas·to- [blǽstoʊ | -tə(ʊ)] 《← Gk *blastós* bud》〖生物〗「胚(はい) (embryo), 芽 (sprout, germ)」の意の連結形: *blasto*cyst.

blas·to·coel [blǽstəsiːl | -tə(ʊ)-] 《⇨ ↑, -coele》 — *n.* (*also* **blas·to·coele** [~], **blas·to·cele** [~]) 〖生物〗割腔, 卵割腔, 分割腔, 胞胚腔(ほうはいこう)《多細胞動物の発生初期に胞胚内に生じる腔所; cleavage cavity, segmentation cavity ともいう》. **blas·to·coel·ic** [blæstəsíːlɪk | -tə(ʊ)-] *adj.*

blásto·cỳst *n.* 〖生物〗**1** 胚盤胞(はいばんほう). **2** =germinal vesicle.

blásto·dèrm 《← BLASTO-+-DERM》 *n.* 〖生物〗胚盤葉, 胞胚(はい)壁. **blàsto·dérmic** *adj.* **blàsto·dermátic** *adj.*

blastodérmic vésicle *n.* 〖生物〗=blastocyst 1.

blas·to·disc [blǽstədɪsk | -tə(ʊ)-] *n.* (*also* **blas·to·disk** [~]) 〖生物〗胚盤《鳥類・爬虫類・軟骨魚類などの卵で, 原形質が多く, 卵黄の少ない部域; 後に胚の形成にあずかる; germinal disc ともいう》: ⇨ egg¹ 挿絵.

blást·òff *n.* (ロケットまたは誘導ミサイルの)発進, 離昇; 発射, 打ち上げ (cf. BLAST *off* (vi.)).

blàsto·génesis *n.* **1** 〖植物〗出芽増殖《胞子によらず出芽 (budding) による増殖》. **2** 〖生物〗遺伝質発生《遺伝質は生殖質によって遺伝するという学説; cf. pangenesis》. **3** 〖生物〗胞胚(はい)形成. **blàsto·genétic** *adj.*

blas·toid [blǽstɔɪd] 《↓》 *adj.*, *n.* 〖動物〗海蕾(うみつぼみ)綱の(棘皮動物, 化石).

Blas·toi·de·a [blæstɔ́ɪdiə | -dɪə] 《← BLASTO-+-OIDEA》 *n. pl.* 〖動物〗海蕾(うみつぼみ)綱.

blas·to·ma [blæstóʊmə | -tóʊ-] *n.* (*pl.* **~s**, **~·ta** [~tə | ~tə]) 〖病理〗芽(細胞)腫, 芽球腫.

blas·to·mere [blǽstəmɪə | -tə(ʊ)mɪə(r)] *n.* 〖生物〗割球, 卵割球. **blas·to·mer·ic** [blæstəmí(ə)rɪk, -mér- | -tə(ʊ)mɪər-, -mér-] *adj.*

blas·to·my·cete [blæstəmáɪsiːt, ←−−− | -tə(ʊ)-] *n.* 〖植物〗不完全酵母菌綱の酵母菌《出芽により無性的にのみ増殖する酵母; 体の一部は菌糸状をなすことがある》.

Blas·to·my·ce·tes [blæstəmaɪsíːtiːz | -tə(ʊ)-] 《← BLASTO-+GK *múkētes* ((pl.) ← *múkēs* fungus): ⇨ -mycete》 *n. pl.* 〖植物〗不完全酵母菌綱.

blas·to·my·co·sis [blæstəmaɪkóʊsɪs, -səs | -tə(ʊ)maɪkóʊsɪs] 《⇨ ↑, -osis》 — *n.* 〖病理〗ブラストミセス症, 分芽菌症. **blas·to·my·cot·ic** [blæstəmaɪkɑ́tɪk | -kɔ́t-] *adj.*

blas·to·pore [blǽstəpɔ̀ə, -pɔ̀ə | -tə(ʊ)pɔ̀ː(r)] *n.* 〖生物〗原口. **blas·to·po·ral** [blæstəpɔ́ːrəl, -pɔ́ːr- | -tə(ʊ)pɔ́ːr-] *adj.* **blas·to·por·ic** [blæstəpɔ́ːrɪk, -pɔ́ːr- | -tə(ʊ)pɔ́ːr-] *adj.*

blas·to·sphere [blǽstəsfɪə | -tə(ʊ)sfɪə(r)] *n.* 〖生物〗**1** =blastula. **2** =blastocyst 1. **blas·to·spher·ic** [blæstəsférɪk, -sfí(ə)r- | -tə(ʊ)sfér-] *adj.*

blas·to·style [blǽstəstàɪl | -tə(ʊ)-] *n.* 〖動物〗子茎《クラゲの生殖管中央の棒状の部分》.

blást pipe *n.* 〖機械〗送風管.

blas·tu·la [blǽstʃʊlə | -tjʊ-] 《← NL ~ (dim.) ← Gk *blastós* bud》 — *n.* (*pl.* **~s**, **-tu·lae** [-liː]) 〖生物〗胞胚(はい) (cf. gastrula). **blás·tu·lar** [-lə | -lə(r)] *adj.* **blas·tu·la·tion** [blæstʃʊléɪʃən | -tjʊ-] *n.*

blást wàve *n.* 爆風(の波).

blat [blǽt] 《(変形) ← BLEAT》 — *v.* (**blat·ted**; **blat·ting**) — *vi.* **1** 〈羊・子牛が〉鳴く (bleat). **2** 《米口語》〈人が〉騒々しく[衝動的に]しゃべる. — *vt.* 《米口語》 **1** ぺちゃくちゃ述べ立てる (blab) 〈*out*〉. **2** 〈かん高い音を〉出す. — *n.* **1** 羊[子牛]の(ような)鳴声. **2** 騒々しい音.

bla·tan·cy [bléɪtnsi, -tən- | -tnsɪ, -tən-] *n.* **1** 騒々しさ; あくどさ, ずうずうしさ. **2** 下品などなり声; あくどいもの, ずうずうしいこと.

bla·tant [bléɪtnt, -tənt | -tnt, -tənt] 《(1596) ← *Blatant Beast* (E. Spenser, *Faerie Queene*, V, 12 : 37 に出てくる百の舌と一本の毒牙を持つ怪物) ← *blatant* 《変形》← 《スコット》*blatand* (pres.p.) ← *blate* 'BLEAT' // ← L *blaterāre* to babble: E. Spenser の造語》 — *adj.* **1** いやに騒々しい, やかましくどなる, 〈声が〉下品に高い: a ~ manner of speaking 下品に騒々しいものの言い方. **2** はなはだしい, あくどい, 出過ぎた, ずうずうしい (obtrusive); けばけばしい (showy); 見えすいた (obvious): ~ fraud ずうずうしい詐欺 / a ~ lie 見えすいたうそ. **3** 《詩》〈やぎなど〉めーと鳴く (bleating): ~ herds. **~·ly** *adv.*

blate [bléɪt] 《cf. OE *blāt* pale》 *adj.* 《スコット》 **1** 臆病な, 恥ずかしがり屋の (bashful). **2** 遅い, 鈍い (dull).

blath·er [blǽðə | -ðə(r)] 《(15C) ▭ ON *blaðra* to talk nonsense ← *blaðr* nonsense》 — *n.* **1** たわごと, 空談. **2** 騒ぎ, 騒動 (ado). — *vi.* ぺちゃくちゃしゃべる, (くだらないことを)べらべらしゃべり散らす, 管(くだ)を巻く 〔*about*〕. **~·er** *n.*

blath·er·skite [blǽðəskàɪt | -ðə-] 《(1848–60) 《変形》← 《古》*bletherskate* ← BLATHER+? SKATE²: cf. skate³: スコットランド古謡 *Maggie Lauder* に出る》 — *n.* **1** おしゃべりの人, ほら吹き. **2** たわごと.

Blat·tar·i·a [blətέ(ə)riə | -tέərɪə] 《← NL ~ ← *Blatta* (属名: ← L *blatta* cockroach)+-ARIA》 *n. pl.* 〖昆虫〗ゴキブリ目.

Blat·tar·i·ae [blətέ(ə)riiː | -tέər-] *n. pl.* 〖昆虫〗=Blattaria.

blat·ter [blǽtə | -tə(r)] 《▭ L *blaterāre* to talk idly: cf. blatant》 — *vi.* **1** 《米方言》早口でうるさくしゃべる, うるさく早口をたたく (prattle). **2** 《スコット》ぱたぱたたたく.

blat·tid [blǽtɪd, -təd | -tɪd] 《↓》〖昆虫〗 *adj.* ゴキブリ(科)の. — *n.* ゴキブリ《ゴキブリ科の昆虫の総称》.

Blat·ti·dae [blǽtədiː | -tɪ-] 《← NL ~ ← *Blatta* (属名: ← L *blatta* cockroach)+-IDAE》 *n. pl.* 〖昆虫〗ゴキブリ科.

blau·bok [bláʊbʌ̀k | -bɔ̀k] 《▭ Afrik. (古形) *blauwbok* blue buck ← Du. *blaauwbok* ← *blaauw* 'BLUE'+*bok* 'goat, BUCK'》 — *n.* (*pl.* ~, **~s**) 〖動物〗ブローボック (*Hippotragus leucophaeus*)《1800 年以後絶滅したアフリカ南部産の小レイヨウ》.

Blau·e Rei·ter [bláʊə-ráɪtə | -tə(r); G. bláʊə-ráɪtɐ] 《▭ G ~ 'blue riders'》, **Der** *n.* 「青騎士」派《Brücke 派に続くドイツ表現主義の芸術運動 (1911–14); Kandinsky と Marc によって結成され, のち Klee も参加; Blue Rider ともいう》.

Bla·vat·sky [bləvǽtski, -vɑ́ːt- | -skɪ; *Russ.* blavátskʲij], **Elena Pe·trov·na** [pʲitróvnə] *n.* ブラヴァツキー (1831–91; ロシヤの女性神秘学者; *Isis Unveiled* (1877); 通称 Madame Blavatsky).

blaw [blɔ́ː] *n.*, *v.* (**~ed**; **blawn** [blɔ́ːn]) 《スコット》=blow¹.

blaze¹ [bléɪz] 《n.: OE *blæse*, *blase* torch, fire < Gmc **blasōn* (MHG *blas* torch) ← IE **bhel-* to shine (⇨ bald). — v.: (?a1200) *blase(n)* ← (n.)》 — *n.* **1** (明るく燃え上る比較的大きい)炎, 火炎: The house was soon *in a* ~. 家はたちまち火炎に包まれた / The fire sprang *into a* ~. 火はぱっと燃え上った. **2** 明るくきらめく光, 光輝; 燃えるような色彩, 強い輝き: the ~ *of* noon 白昼の輝き / a ~ *of* jewels 宝石の輝き / The poppies made a ~ *of* color in the garden. けしの花は庭で燃え立つような色で咲いていた / the ~ *of* fame 嚇々たる名声 / the ~ *of* publicity ぱっと広がった名声. **3** 〔感情などの〕かっと燃え立つこと, 激発 (outburst) 〔*of*〕: in a ~ *of* anger かっと腹を立てて / in a ~ *of* passion [temper] 烈火のように怒って. **4** 《俗》 **a** [*pl.*] 地獄《hell, devil などの婉曲語》: Go to ~*s*! この罰当たりめ, 畜生, くたばっちめえ / (as) drunk as ~*s* べろんべろんに酔っ払って. **b** [the (blue) ~s; 疑問詞の強意語として] 一体全体: What [Who] *the (blue)* ~*s* do you mean? 一体全体何[だれ]のことだ (cf. deuce² 3 c, dickens, devil 7 b, hell 5 b). **c** [Old Blazes] 《古》悪魔 (Satan).

like blazes 《俗》激しく, 猛烈に: They ran away *like* ~*s*. 脱兎(だっと)のごとく逃げ去った.

— *vi.* **1** 〈火が〉明るく燃える, 炎を上げる (glare). **2** 赤々と輝く, きらめく (gleam): Lights were *blazing* in every window. どの窓も灯火がこうこうと輝いていた / The room ~*d with* flowers. 部屋は花で燃え立つようだった / The sun ~*d down on* us. 太陽がぎらぎらと頭上を照りつけた. **3** 〈人・目などが〉〔怒りなどで〕燃える, かっとなる 〔*with*〕: He ~*d with* fury. 激怒した. **4** 《詩》異彩を放つ. — *vt.* **1** はっきりと示す, 鮮やかに表わす. **2** 《まれ》 **a** 燃やす, 焼く. **b** 輝かす, 光らせる.

blaze away (1) (銃などを)ぽんぽん[続けざまに]発射する: ~ *away at* a rabbit. (2) (仕事を)どんどんやる, 猛烈に働く: *Blaze away*! それやれ, どんどんやれ / ~ *away at* one's work 仕事をばりばりやる. (3) 早口に[興奮して]話す, 盛んに議論する, まくし立てる: ~ *away about* ideals 理想について熱心に議論する. ***blaze out*** (1) ぱっと燃える, 炎を上げる; ぱっと輝く[きらめく]. (2) 激怒する, かっとなる. (3) 〈興奮などが〉収まる. ***blaze up*** (1) ぱっと燃え上がる[上がらせる]. (2) 〈人・感情が〉燃え上がる.

blaze² [bléɪz] 《(c1380) *blase(n)* ▭ MLG & MDu. *blāzen* to blow < Gmc **blǣsan* (G *blasen* / ON *blása* to blow) ← IE **bhel-* 'to BLOW¹': cf. blazon》 — *vt.* **1** [しばしば Passive で] 〈ニュースなどを〉(目立つ形で)広く知らせる, 触れ広める, 〈ゴシップなどを〉言い触らす 〈*abroad*, *forth*, *about*〉: ~ the news *abroad* ニュースを報ずる. **2** 《廃》(らっぱなどを)吹き出す.

blaze³ [bléɪz] 《(1639) ▭ ? ON *blesi* white star on a horse's forehead ← Gmc **blas-* shining, white ← IE **bhel-*: ⇨ blaze¹》 — *n.* **1** (牛馬の顔面の)白ぶち, 流れ星,「ほし」, 大流星鼻梁大白; 頭髪の白[灰色]の筋. **2** (切り倒す木・道標・境界などの目印に)樹皮をはぎ取ってつけた白いあと, 木印(きじるし). — *vt.* **1** 〈樹木〉の皮をはいで白い目印をつける, 木印をつける: ~ a tree. **2** 樹木に白いあとをつけて〈道を〉示す.

blaze a trail [***way***, ***path***] (1) (森林などで)木印をつける; あとの人のために道を開く. (2) 〔…の〕先達となる, 〔…に〕先鞭をつける 〔*in*〕.

Blaze [bléɪz] 《⇨ Blaise》 *n.* 男性名.

blaz·er¹ [bléɪzə | -zə(r)] 《(a1635) 'anything which blazes or shines' ← BLAZE¹ (v.)+-ER¹: もと鮮やかな縦縞柄で作ったことから》 — *n.* **1** ブレザー(コート)《テーラーカラーとパッチポケットがついているスポーツジャケット; 運動選手・学生を初め一般に着用される》. **2** 《米》注意を引く人[もの]. **3** 《米・カナダ》(野外などで用いる)小さな料理器具.

bláz·er² 《(c1450): ⇨ blaze²》 *n.* 《廃》言い触らす[触れ回る]人.

bláz·er[3] 〘← BLAZE[3] (v.)＋-ER[1]〙 *n.* (道しるべのために樹皮をはいで)白い目印をつけておく人.

bláz·ing *adj.* **1 a** 〈火・建物など〉赤々と燃え(てい)る；〈太陽が〉ぎらぎらと照りつける. **b** [副詞的] 焼けるように：a ～ hot day. **2** きらきら輝く, 派手な色彩の：～ eyes / ～ harness 燦然(さん)と輝く馬具 / a ～ waistcoat 派手なチョッキ. **3** 明白な, 紛れもない：a ～ lie, indiscretion, etc. **4** 〘狩猟〙〈狐の遺臭が〉強烈な (cf. cold 6 b, burning 4)：a ～ scent. **～·ly** *adv.*

blázing stár *n.* **1** 《古》彗星 (comet)；衆目を集める人[もの], 賞賛の的となる人[もの]. **2** 〘植物〙はでな花の房をつける植物の総称《ユリ科の *Chamaelirium luteum* やソクシンラン (colicroot), キク科の *Lacinaria squarrosa* やリアトリス (button snakeroot) など》.

bla·zon [bléɪzn] 〘《1278》*blasoun* shield, coat of arms ▭(O)F *blason*〙 — *n.* **1** [《英》ではまた blǽzn] 紋章図説明. **2** (美点・功名・手柄などの)記述, 解説; (特に)見せびらかし, 宣揚, 誇示. — *vt.* **1** [《英》ではまた blǽzn] …に紋章図説明を加える. **2 a** 〈紋章などを〉色彩で描く；きらびやかに描く. **b** (言葉で)巧みに描く[描写する]. **c** 飾る, …に光彩を添える：a room ～*ed with* flowers 花で飾られた部屋. **3** 見せびらかす, 誇示する (display). **4** 〘BLAZE[2] との混同による〙言い触らす, 言い広める, 公表する：～ an event *abroad* [*forth, out*] 事件を世間に触れ知らせる. **～·ing** *n.*

blá·zon·er [-znə, -zṇə | -zṇə(r, -zn-] *n.* 紋章(解説)に通じた人, 紋章専門家.

blá·zon·ment *n.* **1** 紋章記述. **2** 公表.

bla·zon·ry [bléɪzṇri | -rɪ] *n.* **1** [《英》ではまた blǽzṇ-] 紋章記述. **2 a** 美しい色どり；巧みな描写. **b** 盛観, 美観：the ～ of the heavens 大空の美観.

bld. 《略》blond ; blood ; bold ; boldface.

bldg. 《略》building.

Bldg. E. 《略》Building Engineer.

bldr. 《略》builder.

-ble [bl̩] *suf.* -able, -ible の異形：dissolu**ble**.

bleach [bliːtʃ] 〘OE *blǣcan* to make pale < Gmc **blaikjan* ← **blaik-* shining, white, pale ← IE **bhel-* to shine：cf. bald〙 — *vt.* **1** (日光・漂白剤などで)漂白する, 白くする. **2** 《古》(恐怖などで)青白くさせる. **3** 〘写真〙〈ネガ・プリント・像などを〉ブリーチする, 漂白する《銀画像を酸化して消失させる》. — *vi.* **1** (晒(さら)されて)白くなる：the bones ～*ing* on the battlefield 戦場で白く晒されている骨. **2** 〈顔色が〉蒼白になる. — *n.* **1** 漂白剤, ブリーチ. **2** 漂白度. **3** 漂白, 漂白法. **4** 〘写真〙漂白液《銀画像を酸化して消失させる液, または色素画像を消失させる液》.
～·a·ble [-tʃəbl] *adj.*

bleached 〘ME〙 *adj.* 漂白された；(風雨に晒されて)白くなった：～ cotton 晒し木綿 / ～ bones 野晒しの白骨 / a ～ skull されこうべ, 野晒し.

bléach·er 〘ME〙 — *n.* **1 a** 漂白者, 漂布業者. **b** 漂布器《大おけ・タンクなど》. **c** 漂白剤. **2** 〘日に晒されて色がさめていることから〙 **a** [通例 *pl.*；単数または複数扱い] 無蓋観覧席, 野外席, 青空スタンド. **b** [*pl.*] 無蓋観覧席の観客[見物人]たち.

bleach·er·ite [bliːtʃəràɪt] 〘⇨ ↑, -ite[1]〙 *n.* 《米》無蓋観覧席[外野席]の観客[見物人].

bleach·er·y [blíːtʃ(ə)ri | -tʃəri] 〘← BLEACH＋-ERY〙「漂白工場.

bléach·ing *n.* **1** 漂白(法). **2** [形容詞的に] 漂白の(ための)：a ～ agent 漂白剤.

bléaching pòwder *n.* 晒し粉. 《chlorinated lime ともいう》.

bleak[1] [bliːk] 〘《c1450》▭? ON *bleik-ja* ← *bleikr* (↓)〙 — *n.* (*pl.* ～**s**, ～) 〘魚類〙ヨーロッパ産コイ科の銀色の淡水魚 (*Alburnus alburnus*)《うろこの光る成分が模造真珠の原料となる》.

bleak[2] [bliːk] 〘《c1300》*bleik, bleke* ▭ON *bleik-r* pale ← Gmc **blaik-* (OE *blāc* pale)：cf. bleach〙 — *adj.* (～**er**；～**est**) **1** 〈場所・地域など〉木の生えていない, 吹きさらしの：a ～ hillside 吹きさらしの山腹. **2** 〈天候・風など〉寒い, 身を刺すような：a ～ wind 寒風. **3** 〈景色など〉寒々とした, 荒涼たる, 寂しい (dreary)：a ～ view 荒涼たる眺め. **4** 〈環境・見込みなど〉厳しい, わびしい, 陰気な (cheerless)；飾ったところのない, 簡素な (austere)：a ～ outlook わびしい見通し / a ～ apartment わびしいアパートの部屋. **5** 〈人・教養など〉温かみに欠ける, 冷たい. **～·ish** [～ɪʃ] *adj.* **～·ly** *adv.* **～·ness** *n.*

blear [blɪə | blɪə(r] 〘v.：《?a1325》*blere(n)* ▭? LG *bler* blear. — adj.：《c1385》*bleri* ← (v.)〙 — *adj.* **1** 〈目が〉(涙などで)かすんだ, (炎症などで)ただれた：a ～ eye. **2** 《まれ》かすかな, ぼうっとした (dim). — *n.* かすみ, もうろう. — *vt.* **1** 〈目を〉かすませる. **2** 〈表面を〉曇らせる；〈輪郭を〉ぼんやりさせる (blur). **3** 《古》〈目を〉欺く (deceive). ★ 通例次の句で：～ the eyes of …の目を欺く. — *vi.* ぼんやりと眺める.

bleared *adj.* かすんだ, ぼんやりした.

bléar-éyed 〘ME〙 *adj.* **1** 目の曇った, 目のかすんだ (dim-sighted). **2** 物わかりの悪い, 鈍い (dull).

blear·y [blí(ə)ri | blíəri] 〘《c1385》← BLEAR (adj.)＋-Y[4]〙 — *adj.* (**more** ～, **most** ～；**blear·i·er, -i·est**) **1** 〈目が〉(疲れ・眠気などで)かすんだ, ぼうっとした；〈眺めなど〉ぼんやりした. **2** 疲れ切った (worn-out).
bléar·i·ly [-rəli, -rɪ- | -lɪ] *adv.* **bléar·i·ness** *n.*

bléary-éyed *adj.* ＝blear-eyed.

bleat [bliːt] 〘OE *blǣtan* ← Gmc **blē-t-* ← IE **bhlē-* to howl《擬音語》?〙 — *vi.* **1 a** 〈羊・やぎ・子牛が〉(震え声で)めーと鳴く. **b** 〈動物・人が〉羊のような鳴き声を出す；くんくんいう (whimper). **2 a** 弱々しい声で話す, 愚痴る. **b** べらべらしゃべる. — *vt.* 羊のような声で言う；べちゃくちゃと[愚痴っぽく]言う (prate) 〈*out*〉：～ a complaint めそめそと不平を言う. — *n.* **1** 羊などの(ような)鳴き声. **2 a** (めそめそした)泣き言. **b** ばかげたおしゃべり, たわごと (blather).

bléat·er [-tə | -tə(r] *n.* めーと鳴く羊[やぎ, 子牛].

bleb [bléb] 〘《1607》《変形》← BLOB〙 *n.* **1** (小さな)水ぶくれ, 水疱. **2** (水・ガラス中の)泡, 気泡 (bubble).

bleb·by [blébi | -bɪ] *adj.*

bleed [bliːd] 〘OE *blēdan* (v.) < Gmc **blōdjan* ← **blōdam* 'BLOOD'〙 — *v.* (**bled** [bléd], 《廃》～**·ed**) — *vi.* **1 a** 〈人・動物・体・傷などが〉血が出る, 出血する：He was ～*ing at* [*from*] the nose.＝His nose was ～*ing.* 彼は鼻血を出していた / ～ to death 出血して死ぬ. **b** (戦争などで)血を流す, 傷つく；死ぬ：～ *for* one's country [a righteous cause] 国[正義]のために血を流す. **2 a** 〈ガス・液体などが〉流れ出る；〈液汁などが〉しみ出る. **b** 〈植物が〉樹液を出す：A vine ～*s* when it is cut. 蔓は切ると樹液を出す. **c** 〈染料・顔料などが〉にじみ出る, にじむ (run). **3** 〈心が〉ひどく痛む；〈人が〉血の出る思いをする, ひどく心を痛める：My heart ～*s at* the sight.＝The sight makes my heart ～. その光景に私の心は痛む / My heart ～*s for* you. 《皮肉》それはお気の毒さま / They *bled for* their dead heroes. 彼らは死んだ英雄たちのために悲痛な涙を流した. **4** 《口語》(ゆすられたり吹っ掛けられたりして)法外な金を絞り取られる[払わされる]：～ *for* a shabby hotel room うす汚ない部屋に法外なホテル代を支払わされる. **5** 〘製本〙〈本が〉(印刷されている部分まで)裁ち切られる. **6** 〘印刷〙〈挿絵などが〉(ページから)はみ出す, (裁ち切りのために)はみ出して印刷される 〈*on, off*〉. — *vt.* **1** (昔の外科手術で)〈患者など〉の血を取る, 放血[瀉血]する：～ a patient. **2** …から[血・樹液を]出す, 流出させる 〔*of*〕. **3 a** …から[空気などを]排出させる〔*of*〕：～ a tire *of* excess air タイヤから余分の空気を取り除く. **b** 〈液体・気体を〉(バルブなどを通して)流れ出させる, 漏らす. **4** 《口語》…から金を絞る；…から[ある額を]絞り取る〔*for*〕：They *bled* him (*for* $10,000). 連中は彼から(1万ドルの)金をゆすり取った. **5** 〘製本〙〈本・挿絵などを〉裁ち切る. **6** 〘印刷〙〈挿絵などを〉(ページからはみ出させる.
bleed white ⇨ white *adj.* 成句.
— *n.* **1** 〘製本〙**a** 裁ち切り《挿絵などが紙面いっぱいになるように仕上げ裁ちすること》. **b** (印刷してある部分まで裁ち込んだ)裁ち切りページ. **2** 〘印刷〙**a** (ページのへりまではみ出した)裁ち切り挿絵；そのような挿絵のあるページ. **b** ブリード, 泣き出し《印刷インクの顔料が溶けてにじみ出ること》.

bléed·er 〘《15C》〙 — *n.* **1** 出血性の人, 出血性素因者, 血友病(患)者 (hemophiliac). **2** (患者から)血を取る人；放血医 (phlebotomist). **3 a** 《米口語》人の金を絞り取る人, ゆすり. **b** 《俗》寄生虫, 居候 (parasite), ごろつき, ならず者 (rascal). **c** [しばしば修飾語を伴って；軽蔑または親愛をこめて] 悪者, ばか者, いたずら者；《英俗》(特に, 不愉快な)やつ：a poor [little] ～ 哀れな[かわいい]やつ / You robbing ～! この盗人(ぬす)野郎め. **d** [a ～ of a... として] 《英俗》ひどいやな：a ～ *of a* snowstorm 全くいやな吹雪. **4** 〘電気〙ブリーダー抵抗器, 電圧分割器《電圧調整のために使う抵抗器》. **5** 〘機械〙抽気口, 通気口《抽気のための穴》. **6** 《俗》〘野球〙当たりそこねの内野安打.

bléeder túrbine *n.* 〘機械〙抽気タービン.

bléed·ing 〘ME *bledinge*：⇨ bleed, -ing[1]〙 — *n.* **1** 出血：～ to death 出血死. **2** (昔の外科手術での)放血 (bloodletting). **3** 〘機械〙抽気《蒸気を膨張の中途から抽出すること》. **4** 〘土木〙ブリージング, 浮き水, 浸出《コンクリート打込み後に水が分離して上部へ湧き出ること》. **5** 〘染色〙ブリージング《染色された色がにじみ出すこと》. — *adj.* **1** 出血する：a ～ wound. **2** 苦しい, つらい感情を伴った, 同情を誘うような. **3** 《英俗》ひどい, とてつもない《bloody の婉曲語》：a ～ error, idiot, etc.

bléeding héart *n.* **1** 〘植物〙ケシ科コマクサ属 (*Dicentra*) の植物の総称；(特に)ケマンソウ (*D. spectabilis*)《北米産で観賞用》. **2** 《口語》(社会問題などで)弱い立場の人(たち)にやたらと同情[関心]を示す人.

bleep [bliːp] 〘擬音語〙 *n., vi.* ＝blip.

blel·lum [bléləm] 〘《混成》← Sc. *ble(ber)* to babble＋(SKE)LLUM〙 *n.* 《スコット》怠惰で話し好きな人.

blem·ish [blémɪʃ] 〘v.：《?a1350》*blemisshe(n)* ▭OF *blemiss-* ← *ble(s)mir* to make pale ← ? Gmc (G *blass* pale). — n.：《1526》← (v.)〙 — *n.* きず (flaw), 欠点 (defect)；汚点 (taint)：without ～ 完全な[に] / lead a life pure from any ～ 少しの汚れもない清らかな生活を送る. — *vt.* 〈美・完全さなどを〉傷つける, 損う, 害する；(道徳的に)汚す (tarnish)：～ beauty, a person's character, etc. / ～ one's fair fame 美名を汚す.

blench[1] [bléntʃ] 〘OE *blenċan* to deceive < Gmc **blaŋkjan* to cause to blink ← IE **bhel-* to shine：⇨ bald〙 — *vi.* 〈人が〉ひるむ, たじろぐ, あとずさりする 〔*from*〕. — *vt.* **1** 《古》避ける, よける (avoid). **2** 《廃》挫折させる, …の裏をかく.

blench[2] [bléntʃ] 〘《変形》← BLANCH〙 *vt.* 白くする；真っ青にする[なる]. — *vi.* 白くなる；真っ青になる.

blend [blénd] 〘《a1325》*blende(n)* ▭ON *blend-* (stem) ← *blanda* to mix < Gmc **blandan* (OE *blandan*) ← IE **bhel-* to shine (⇨ bald)：cf. blind〙 — *v.* (～**·ed**, 《文語》**blent** [blént]) — *vt.* **1** 〈異なった物を〉混ぜ合わせ(て調和のとれたものを作)る, 混合する, 混ぜる (mix)：～ a brown paint *with* a red paint 褐色の絵具に赤い絵具を混ぜる / The diverse elements in his character were strangely ～*ed.* 彼の性格には様々の要素が不思議に混じり合っていた. **2** (種類や品質の異なった物を混合して)〈茶・たばこ・酒などを〉調製する：'How to *Blend* Coffee'「コーヒーのブレンド法」《本の題名》/ Our teas are carefully ～*ed.* 当店の紅茶は吟味して調製されております. **3** 〈毛皮〉の毛先を染料で染めて黒くする. — *vi.* **1 a** 混じり合う；〈色などが〉(境界がわからないほどに)溶け合う：Sea and sky seemed to ～.＝The sky seemed to ～ *with* the sea. 海と空とが一体のように見えた / The colors ～*ed into* one. 色が一つに融合した / Oil and water will not ～. 油と水とは混ざらない. **b** 〈言語などが〉混交[混成]する. **2** 〔…と〕調和する〔*with*〕：That hat does not ～ *with* your shoes. その帽子は靴とは合わないね.
blend in 混ざる[ぜる], 混合する；調和する[させる]：～ *in* a new building *with* its surroundings 新しい建物(のデザイン)を環境に調和させる.
— *n.* **1** (色・音・感情などの)混じり合い, 混合：a ～ of pity and terror / the ～ of sky blue *into* sea blue 空の青と海の青の融合. **2 a** (種類の違った茶・たばこ・酒などの)混合品, ブレンド, 混合種：a new ～ of coffee / tea of our own ～ 当店自慢のブレンド紅茶 / This coffee is a ～ of Java and Jamaica. このコーヒーはジャワとジャマイカのブレンドです. **b** 混紡：a ～ of 80% nylon and 20% cotton ナイロン 80%, 綿 20% の混紡. **3** 〘言語〙混成語《例：*flush* ← *fla*sh＋*gush* or *blush* / *smog* ← *smo*ke＋*fog* / *brunch* ← *br*eakfast＋*lunch*；blend-word, portmanteau word ともいう；cf. hybrid 4；⇨ blending 2》.

Blen·da [bléndə] 〘← Swed. *blenden* to dazzle：cf. Blanche〙 *n.* 女性名.

blende [blénd] 〘《1683》▭ G *Blende* ← *blenden* to blind, deceive：「光の強い」の意, または「鉛の鉱石に似て非なる」の意〙 — *n.* 〘鉱物〙閃(せん)亜鉛鉱 (sphalerite)；硫化亜鉛 (zinc sulphide).

blénd·ed *adj.* 〈茶・たばこ・酒など〉混合した, ブレンドした；〈織物が〉混紡の：～ coffee / ～ fabric 混紡.

blénded whiskey *n.* ブレンドウイスキー《2 種以上の原酒を混ぜて造る；cf. straight whiskey》.

blénd·er 〘← BLEND＋-ER[1]〙 *n.* **1** 混合する人. **2 a** 混合する機械. **b** 《米》(果物・野菜用などの)ミキサー (《英》liquidizer).

blénd·ing *n.* **1 a** 混合, 融合, 配合, 調合(法). **b** 混合物, 融合物. **2** 〘言語〙(語・句・文の)混成, 混交 (contamination)《例えば god-bye が good night などと混じて good-bye となり, these things と this kind of things が混じて these kind of things を生じ, no sooner …than と hardly…when が混じて no sooner…when または hardly…than が生じ, I am friendly with him. と He and I are friends. が混じて I am friends with him. が生じるなど；cf. hybridism 2, portmanteau word》.

blénding inhéritance *n.* 〘生物〙融合遺伝《両親の形質が混じって子に現われる遺伝；これは現在否定されている》.

blénd-wòrd *n.* 〘言語〙＝blend 3.

Blen·heim[1] [blénɪm, -nəm] *n.* ブリントハイム《西ドイツ南西部 Bavaria 州 Danube 河畔の村；英将 Duke of Marlborough がフランス軍に大勝した地 (1704)；ドイツ語名 Blindheim [blíntham]》.

Blen·heim[2] [blénɪm, -nəm] 〘《1851》← *Blenheim Palace* (Oxfordshire 州の Woodstock にある Duke of Marlborough の邸宅の名)：↑〙 — *n.* ブレニム《短い鼻と赤い斑点のある白い毛のスパニエル；Blenheim spaniel ともいう》.

Blénheim Órange *n.* 〘園芸〙ブレンハイムオレンジ《英国のリンゴ品種の名；黄色で赤いすじが入る》.

Blen·ni·i·dae [blenáɪədìː | -náɪɪ-] 〘← NL ～ ← L *blennius* 'BLENNY'＋-IDAE〙 *n. pl.* 〘魚類〙(スズキ目)イソギンポ科.

blen·ni·oid [bléniɔ̀ɪd | -nɪ-] 〘⇨ ↓, -oid〙 *adj.* 〘魚類〙「ギンポ亜目の.

blen·ny [bléni | -nɪ] 〘《1774》▭ L *blenni-us* ▭ Gk *blénnos* name of a fish ← *blénna* slime〙 *n.* (*pl.* **blennies**, ～) 〘魚類〙イソギンポ科の魚数種の総称.

blent *v.* 《文語》blend の過去形・過去分詞. 「異形.

bleph·ar- [bléfər] (母音の前に来る時の) blepharo- の

bleph·a·ri·tis [blèfəráɪtɪs, -təs | -tɪs] 〘⇨ ↓, -itis〙 *n.* (*pl.* **-a·rit·i·des** [-rítədìːz | -tɪ-]) 〘病理〙眼瞼(けん)炎.

bleph·a·ro- [bléfəro(ʊ) | -rə(ʊ)] 〘← NL ～ ← Gk *blépharon* eyelid〙「まぶた (eyelid)；まつげ, 細毛, 繊毛 (cilium)」の意の連結形. ★ 母音の前では通例 blephar- になる.

bleph·a·ro·plast [bléfəro(ʊ)plæ̀st | -rə(ʊ)-] *n.* 〘生物〙「生毛体, 毛基体.

bleph·a·ro·spasm [bléfəro(ʊ)spæ̀zm | -rə(ʊ)-] 〘← NL *blepharospasm-us*：⇨ blepharo-, spasm〙 *n.* 〘医学〙眼瞼痙攣(けいれん).

Blé·riot [blériòʊ | blérɪəʊ, blíər-; *F.* blerjo], **Louis** *n.* ブレリオ《1872–1936；フランスの飛行機技師・飛行家；自ら設計した単葉機で初めてイギリス海峡を横断 (1909)》.

bles·bok [blésbɑ̀k | -bɔ̀k] 〘《1824》▭ Afrik. ～ ← Du. *bles* 'BLAZE[3]'＋*bok* 'gout, BUCK'〙 — *n.* (*pl.* ～, ～**s**) 〘動物〙ブレスボック (*Damaliscus dorcas* subsp. *phillipsi*)《アフリカ南部産のレイヨウで, bontebok の亜種；bontebok に似るが, 目の間に茶色の帯がある》.

bles·buck [blésbʌ̀k] *n.* (*pl.* ～**s**, ～) 〘動物〙＝blesbok.

bless [blés] 〘OE *blēdsian, blētsian* to consecrate (with the blood of sacrifice) < Gmc **blōðisōjan* ← **blōðam* 'BLOOD'〙 — *vt.* (~ed [~t], blest [blést]) **1 a** (宗教的儀式を行なって)清める, 聖別する (consecrate): ~ the elements at Holy Communion 聖餐式でパンとぶどう酒を清める. **b** 神聖にする, 神聖であると宣する. **2 a** …の上に十字を切る: ~ a child 十字を切って子供を祝福する. **b** [~ *oneself* で] (額から胸にかけて十字を切って)自らを祝福する, 自分の幸福を喜ぶ, まあよかったと思う; (God bless me! などと言って)驚く, 腹を立てる, 悔やむ (cf. 6 b). **3** 〘《なぞり》← L *benedicere*: cf. benediction〙 …への神の恵みを祈る, …のために祈る, 祝福する: At the close of the service the priest ~*ed* the people. 礼拝式の終わりに司祭は会衆の上に神の加護を祈った / *Bless* them that curse you. 汝らを責むる者のために祈れ (*Matt.* 5:44). **4 a** 〈神を〉あがめる (praise), 賛美する (glorify): *Bless* the Lord, O my soul. わが霊魂(たま)よエホバをほめまつれ (*Ps.* 103:1). **b** 〈運勢の星・幸運・人など〉に感謝する: ~ one's stars (よい星の下に生れたと)天佑(てんゆう)を感謝する / ~ one's luck 身の幸運を感謝する / ~ a person *for* his kindness 人の親切を心から感謝する / Let me ~ my prudence. 《戯言》 われながら思慮深かったわい. **c** 《反語》 ののしる (curse): How I ~*ed* him *for* disturbing my sleep! 眠りを妨げたので彼を(心の中で)のろってやった. **5** [しばしば Passive で] **a** [BLISS との連想による] 〈神が〉…に至福を授ける, 恵みを垂れる, 祝福する (cf. curse); (天恵として)…に〔…を〕恵む, 授ける (favor) 〔*with*〕: God ~ you! あなたの上に神のみ恵みがあらんことを (cf. *vt.* 6) / God ~*ed* him *with* good health [a daughter]. 神は彼に健康を恵んだ[一人の娘を授けた] / Our country is not ~*ed with* natural resources. わが国は天然資源に恵まれていない / He is ~*ed with* eloquence [a pleasing disposition]. 彼は雄弁に恵まれている[人好きのする性質をもっている] / I am ~*ed with* a poor digestion. 《反語》 胃が弱くて往生しています. **b** 〔…を授けて〕〈人を〉幸せにする 〔*in*〕: He is greatly ~*ed in* his children [marriage]. 彼はよい子供に恵まれて[よい結婚をして]大いに幸せだ. **6** 《口語》 **a** [感嘆の表現を成して (cf. *vt.* 7)]: (God) ~ me! = (Lord) ~ my soul! = *Bless* my heart! = *Bless* your heart alive! = Well, I'm ~*ed* [*blest*]! おやおや, しまった, これはこれは, とんでもない《驚き・立腹・喜びなどを表わす》/ (God) ~ you! おやまあ; まあかわいそうに; (人の好意に対し)どうもありがとう; (くしゃみをした人に)お大事に《くしゃみは不吉なものとされていたことから; cf. gesundheit》; (人と別れる時に)ごきげんよう (cf. *vt.* 5 a) / ⇨ *God bless the* MARK¹! **b** [反語的にののしりの表現として] ★ 通例主語は一人称, 動詞は現在または未来時制: (*I'm*) ~*ed* [*blest*] if I know. (そんなこと)私が知るものか / *I'll be* ~*ed* if I don't agree! 絶対に同意するよ. **7** [しばしば ~ *oneself* で] 《古》〈通例, 神が〉〔…から〕守る (protect) 〔*from*〕: God ~ me *from* all evils! 神よ諸々(もろもろ)の悪より我を守らせ給(たま)え(★ この表現から現在の *vt.* 6 a の表現法が発達した) / He ~*ed himself from* the creditors. やっと借金取りの手から逃(のが)れた.

bless·ed [blésɪd, -səd] 〘OE (*ġe*)*blētsod*, (*ġe*)*blēdsed* (p.p.) ← *blētsian* (↑)〙 — *adj.* **1** 清められた, 神聖な, 聖なる (holy): the ~ angels 聖なる天使たち / the ~ (ones) 天上の諸聖人 / the ~ land 天国 / my father of ~ memory 今は亡(な)き我が父. **2** 祝福を受けた, 恵まれた, 幸福な, 幸運な (blissful, fortunate): ~ ignorance 幸福(しあわせ)なる無知, 「知らぬが仏」/ the ~ 天国にいる祝福された人たち[福者たち] / the land of the ~ 楽土, 天国 / the Islands of the Blessed ⇨ island 成句 / *Blessed* are the poor in spirit. ⇨ poor 1 b / It is more ~ to give than to receive. 与うるは受くるよりも幸福(さいわい)なり (*Acts* 20:35). **3** ありがたい, 楽しい, 喜ばしい (joyful): a ~ event 《戯言》おめでた, 出産; 生れたばかりの赤ん坊 / those ~ days 楽しかりしあの頃. **4** [しばしば単なる強意語として] 《反語》 呪われた, 罰当たりの, 忌むべき, いまいましい (cursed): every ~ cent 一文残らず, 持ち[有り]金全部 / the whole ~ lot 全部そっくり / Not a ~ soul turned up. ただの一人も来なかった / What a ~ nuisance! なんてうるせえんだ, 本当に厄介な奴だ(など). **5** [B-] 〘カトリック〙 (尊称として)福者… (cf. beatify 2): *Blessed* Pius X 福者ピオ十世.
— *n.* (*pl.* ~, ~s) 〘カトリック〙 列福の宣言を受けた人, 福者.
~·**ly** *adv.*

bléss·ed·ness 〘ME〙 — *n.* 神のみ恵みの深いこと; 幸福の身, 幸運, 多幸, よろこび (felicity): single ~ 《戯言》(気楽な)独身生活 (Shak., *Mids N D* 1.1.78) / enjoy perpetual ~ 永遠の幸福を受ける.

Bléss·ed Sácrament *n.* [the ~] **1** 聖餐式. **2** 聖体 (⇨ sacrament 2).

bléss·ed Sáints *n. pl.* [the ~] 天上の諸聖人; 極楽往生を遂げた人々, 死者たち.

bléss·ed thístle *n.* 〘植物〙 **1** サントリソウ (*Cnicus benedictus*)《地中海地方から小アジア原産のアザミに似たキク科一年草; 中世には重要な薬用植物とされた》. **2** オオアザミ (milk thistle).

Bléss·ed Trínity *n.* [the ~] 〘聖〙 三位一体 (⇨ Trinity 1).

Bléss·ed Vírgin *n.* [the ~] 聖母マリア, 処女マリア (Virgin Mary).

bléss·ed wórd *n.* (長い綴りで何となく)ありがたい[神秘的な]言葉 (cf. mesopotamia 3); (スローガンなどの曖昧で)仰々しい[大げさな]言葉.

bléss·ing 〘OE *blēdsung, blētsung*: ⇨ bless, -ing¹〙 — *n.* **1 a** 祝福 (benediction) (cf. curse); (牧師が唱える)祝禱, 祝福の言葉: give the ~ 〈牧師が〉祝福をする. **b** (食前・食後の)感謝の祈り: ask a ~ 食前[食後]の祈りをする. **2** (神・自然から)授かる幸福, 恩恵, 天恵, たまもの; 幸せ, ありがたいこと[もの]: an unappropriated ~ 《戯言》未婚の女 / by [with] the ~ of God 神のみ恵みにより / invoke a ~ upon a person 人に恵みを授けたまえと祈る / appreciate the ~*s* of civilization 文明の恩恵に感謝する / What a ~! 何とありがたいことか / It is a ~ that you were not there. 君があそこにいなかったのは天佑だ. **3** 《米》 認可, 承認, 賛成 (approval): the president's ~. **4** 《米中部》 叱責(しっせき), 小言 (rebuke): give [get] a real ~ (out) うんとしかる[しかられる]. **5** 《古・反語》 ののしり (curse).
a blessing in disguise ⇨ *in* DISGUISE.

blest [blést] *v.* bless の過去形・過去分詞. — *adj.* 《詩》 = blessed.

bleth·er [bléðə | -ðə(r)] *v., n.* = blather.

bleth·er·skate [bléðəskèɪt | -ðə-] *n.* = blatherskite.

blew 〘OE *blēow*〙 *v.* blow¹, blow² の過去形.

blew·its [blúːɪts, -əts | -ɪts] 〘《変形》← ? BLUE〙 *n.* 〘植物〙 食用にするハラタケの一種 (*Tricholoma personatum*).

blg. 《略》 building.

Bli·da [blíːdə; *F.* blida] *n.* ブリダ《アフリカ北部 Algeria 北部の都市; 人口 86,000》.

Bligh [bláɪ], **William** *n.* (1754–1817) 英国の海軍士官; 反乱事件 (1789) で有名な Bounty 号の艦長.

blight [bláɪt] 〘《1611》← ?: cf. bleach〙 — *n.* **1 a** 〘植物病理〙 胴枯れ病, 虫害《菌や虫により植物の葉などが急激に冒される致命的な種々の病気の総称; cf. mildew 1, black rust》. **b** 胴枯れ病[虫害]を起こす菌; (特に)害虫. **2** (士気・希望などを)くじくもの, (希望などに投げる)暗い影: His death was the ~ *upon* our work. 彼が死んだので我々の仕事はすっかりだめになった / The misfortune cast a ~ *over* [came like a ~ *to*] the family. その不幸は一家に暗い影を投じた. **3 a** 破壊[阻害]するもの, 損なうもの: Slums are a ~ *on* a city. スラム街は都市の美観を損なう / This marriage was a ~ in her happiness. この結婚で彼女の幸福も台なしになった. **b** 損なわれた状態, (都市などの老朽化して)汚くて見苦しくなった状態. **4** 《英》〘昆虫〙 アブラムシ (aphid); (特に) = woolly apple aphid. — *vt.* **1** 〈植物を〉害する, 枯らす (wither). **2** 〈希望・前途・楽しみなどを〉妨げる, くじく, 損なう (ruin). — *vi.* 枯れる, しおれる.

blíght·ed [-tɪd, -təd | -tɪd, -təd] *adj.* **1** 病害を受けた, 胴枯れした: a ~ tree. **2** 損なわれた, くじかれた, 傷つけられた: a ~ prospect 暗い前途. **3** 汚くて見苦しくなった: a ~ area (都市の)老朽地域. **4** 《俗》 = blasted 3 a.

blíght·er [-tə | -tə(r)] 〘《1822》← BLIGHT + -ER¹〙 — *n.* **1** 害を与える人[もの]. **2** 《英俗》 **a** 下等な男, ひどいやつ. **b** [修飾語を伴って]男, やつ (fellow): a poor ~ 哀れなやつ / You lucky ~! この幸せ者め.

blíght·ing [-tɪŋ | -tɪŋ] *adj.* **1** 胴枯れ病を起こす. **2** 士気[希望]をくじくような. ~·**ly** *adv.*

bligh·ty [bláɪti | -ti] 〘《1915》 ▭ Hindi *bilāyatī, wilāyatī* foreign, (esp.) European ▭ Arab. *wilāyaʰ* province〙 《英軍俗》 — *n.* **1** [しばしば B-] 母国, 英本国 (England)《もと外地勤務の兵士が用いた》: go back to ~. **2** 兵士を帰国させる負傷[休暇]: get one's ~ (負傷して)本国に送還される. — *attrib. adj.* 本国帰還の[を必要とする]: accept ~ leave 賜暇帰国の許可を受ける / a ~ one 本国送還を必要とする程度の負傷.

bli·mey [bláɪmi | -mi] 〘《1889》《転訛》← (*God*) *blind me*〙 *int.* 《英俗》 しまった, 畜生, ひゃあ, とんでもない《主にロンドン子が用いる軽いののしりの表現》.

blimp [blímp] 〘《1916》《擬音的造語》: cf. limp²〙 — *n.* **1 a** 軟式小型飛行船. **b** 《口語》 飛行船 (dirigible). **2** 《米俗》 太っちょ. **3** [B-] 《英口語》 = Colonel Blimp. **4** 〘映画〙 (カメラの音がマイクにはいるのを防ぐための)防音カバー.

blimp·ish [blímpɪʃ] *adj.* 《口語》 Colonel Blimp のような; 太って頑固な, 手ごわそうな, 手ごわい. ~·**ly** *adv.* ~·**ness** *n.*

bli·my [bláɪmi | -mi] *int.* = blimey.

blin [blín; *Russ.* bljín] 〘▭Russ. ~ 'pancake'〙 *n.* (*pl.* **bli·ni, bli·ny** [blɪníː, blə-, blíni | blɪníː, blíni; *Russ.* bljiní], ~s) = blintze.

blind [bláɪnd] 〘*adj.*: OE ~ < Gmc **blindaz* (G *blind*) 《原義》 dazzling ← IE **bhel-* to shine (cf. blend). — *v.*: 《c1225》 *blinde(n)* ∽ OE *blendan* < Gmc **blandjan* (G *blenden*)〙 — *adj.* (~·**er**, ~·**est**; **more** ~, **most** ~) **1 a** 盲目の, 目の不自由な: (as) ~ as a bat [beetle, mole, stone] 全然目が見えない / ~ in [《文語》 of] an eye 片方の目が不自由で / go [become] ~ 失明する / eyes ~ *with* tears 涙で曇って見えない目 / (There's) none so ~ as those who won't see. 《諺》 見ようとしない者ほど盲目なものはない, 「心ここにあらざれば見えども見えず」. **b** [the ~; 名詞的に; 複数扱い] 目の不自由な人たち: In the kingdom of *the* ~, the one-eyed is king. 《諺》 盲人の国では片目は王様, 「鳥なき里のこうもり」/ *the* ~ leading *the* ~ 盲人の手引きをする盲人《共にどぶに落ちるので危険至極; cf. *Matt.* 15:14》. **2** 盲人の(ための), 盲人用の: ~ education 盲人教育 / a ~ home = a home for the ~ 盲人ホーム. **3** 〔欠点・美点・利害などを〕見る目がない, 気がつかない 〔*to*〕: be ~ *to* one's own interests [the beauties of nature] 自己の利害[自然の美]に対して盲目である / be ~ *to* a person's faults 人の欠点がわからない / be ~ *to* all arguments いくら理屈を述べてもわからない. **4 a** (理性によらず)盲目的な, めくら滅法の, 見境のない: a ~ guess 当てずっぽう / a ~ chance 全くの偶然 / ~ forces 盲目的に働く力 / ~ obedience 盲従 / with ~ fury 猛烈に怒って / in one's ~ hurry やたらに急いだため, あわてた拍子に / be ~ *with* anger [love] 怒って前後の見境もつかない[恋に目がくらんでいる] / Love is ~. 《諺》 恋は盲目. **b** 〈行為など〉(予備知識もなく)無計画な, 行き当たりばったりの: a ~ trip / a ~ purchase めくら買い, 衝動買い. **c** 〘トランプ〙 手の内を見ないでなされた: a ~ lead 当てずっぽうに行なう打出し. **5 a** 意識のない: a ~ stupor 全くの人事不省. **b** 〘《略》 ← *blind drunk*〙 《俗》 泥酔した, 前後不覚の: ~ to the world 酔っ払って前後不覚になって. **6 a** わかりにくい, 理解できない: a ~ passage in a book 書中の難解な個所. **b** 〈字が〉判読しにくい; (特に)〈郵便物が〉宛名がわからない: ~ writing 判読しにくい書き物 / ⇨ blind letter. **7 a** 〈道路・交差点など〉(ドライバーなどに)見通しがきかない, 盲点となる: a ~ corner, turning, etc. **b** 〈物が〉隠れた, 表面に見えないように造られた: ⇨ blind ditch, blind stitch. **8 a** 〈塀など〉出口のない, 窓のない (blank): a ~ door (開閉できない)形だけの戸 / a ~ arcade = arcature 2 / a ~ window [arch, wall] = a blank window [arch, wall] ⇨ blank 3 a. **b** 〈垣根など〉向こうが見えない, 密生した: a ~ hedge ぎっしりつまった生垣(いけがき). **9 a** 〈通りなど〉一方がふさがっている, 行止まりの: ⇨ blind alley. **b** 〈リベット・締め[留め]具が〉奥で広がって抜けないように造られた, はめ込むと抜くことができない: a ~ fastener. **10** [not a ~ (bit of) … で] 《口語》 …など一つも(ない) (a single): be *not a* ~ *bit of* use 全然役に立たない / There's *not a* ~ thing you can do. 君のできることなど一つもありやしない. **11 a** 光彩のない; 磨いてない. **b** 《古》 暗い (dark). **c** 《廃》 明かりのついていない; 明かりを隠した: a ~ candle. **12** 〘園芸〙 花が咲かない: a ~ bud 花が咲かない芽, 盲芽 / a ~ bulb (花が咲かず)葉だけ出る球根. **13** 〘航空〙 無視界の, 計器のみによる: ⇨ blind flight [flying], blind landing. **14** 〘製本〙 〈タイトル・デザインなど〉(本の背や表紙に)空(から)押しされた, 空押しの. **15** 〘料理〙 〈パイ皮が〉詰め物なしで焼かれた.
(as) blind as a bat* [*beetle, mole, stone*]** (1) ⇨ *adj.* 1 a. (2) 先が見えない; 物事がわからない, 判断力がない. ***go blind (1) ⇨ *adj.* 1 a. (2) 〘トランプ〙 (ポーカーで)見ず転でいく《札を配る前に賭けの金を出す; cf. *n.* 7》.
— *adv.* **1** 盲目的に. **2 a** ひどく; 向こう見ずに. **b** 《口語》 意識を失うほど: be ~ drunk ぐでんぐでんに酔っている (cf. *n.* 4). **3** 予備知識なしに, 無計画に: buy a thing ~ めくら買いをする. **4** 〘航空〙 無視界で, 計器のみによって (cf. contact *adv.*): fly ~ 計器[無視界]飛行をする.
go it blind* = *go blind on it めくらめっぽうにやる, あと先の考えもなくやる.
— *vt.* **1** 盲目にする, …の視力を奪う; 一時的に…の目を見えなくする: The sunlight ~*ed* him [his eyes]. 日の光に目がくらんだ. **2 a** 暗くする (darken); …の光輝を奪う (outshine): trees ~*ing* a room 部屋を暗くする木立. **b** (おおい)隠す (conceal): The cloud ~*ed* the moon *from* my view. 雲が出て月が見えなくなった. **3 a** …の目をくらませる, 分別[判断]を失わせる, 盲目的にする; 惑わす: Love ~*ed* her. 恋のため彼女は分別を失った / His prejudice ~*ed* him *to* the facts. 偏見にとらわれて彼はその事実を見落とした. **b** [~ *oneself* で] 〔…に〕目をつぶる, 〔…を〕見て見ないふりをする 〔*to*〕. **4** (隙間をふさぐために)〈新しい舗装道路〉の表面に砂や砂利をまく: ~ a road. **5** 《卑》 呪う: (God) ~ me! 畜生, しまった, ひゃー (cf. blimey). **6** 〘製本〙 〈本の表紙など〉に空押しする, 〈タイトル・デザインなどを〉空押しする 〈*in*〉. — *vi.* 《英俗》 (自動車を)向こう見ずに飛ばす.
— *n.* **1 a** おおい隠す物. **b** ブラインド, 日おおい, すだれ, 日おおい板, よろい戸 (《米》 shade): ⇨ Venetian blinds / draw [pull down] the ~(*s*) 窓のブラインドを締める[下ろす]. **c** 馬の目隠し皮 (blinker). **d** 《英》 (店の窓などの外につける)日除け (awning). **2** 《米》 (狩猟のための)隠れ場所 (《英》 hide). **3 a** 人の目をくらますもの; ごまかし, 策略, 口実 (pretext): It is only a ~ *for* drug traffic. それはただ彼の麻薬密売の隠れみのに過ぎない. **b** おとり, 身代わり (decoy). **4** 〘← *adj.* 5 b〙 《口語》 (ぐでんぐでんに酔っ払う)酒宴. **5** 〘軍事〙 = blindage. **6** 《米》〘鉄道〙 = blind baggage car. **7** 〘トランプ〙 **a** (ポーカーで)見ず転で出す賭けの金 (cf. ante 1, *go* BLIND ⇨ *adj.* 成句); それを出す人. **b** = widow 3. **8** 〘製本〙 (筋車 (fillet) などを使った手動による)空押し (blind tooling). **9** 〘自動車〙 ブラインド《過冷を防ぐためにラジエーターの前につけるおおい》.

blind advertísement *n.* 《米》(広告主の名を出さない)匿名広告《blind ad ともいう》.

blind·age [bláɪndɪdʒ] 〖□F ~ ← *blinder* to screen □ G *blenden* to blind : ⇨ -age〗 ― *n.* 〖軍事〗 **1** (前進陣地などの塹壕(ざんごう)内での)防弾壁; 盲障, 遮壕(しゃごう). **2** (しばしば寝台やその他の設備のある大きな深い)地下壕, 掩蔽部.

blind álley *n.* **1** 袋小路, 行き止まり. **2** 行き詰まり, 見込みのない局面[職業など].

blind área *n.* 〖建築〗 ＝dry area.

blind bággage *n.* 《米》〖鉄道〗 ＝blind baggage car.

blind bággage càr *n.* 《米》〖鉄道〗 機関車のすぐ後に連結する手荷物車《前方に抜ける通路[ドア]がない》.

blind blócking *n.* 〖製本〗 ＝blind 8.

blind bómbing *n.* 〖軍事〗 (目に見えない目標に対する)盲(目)爆撃, 無差別爆撃.

blind cóal *n.* 無煙炭 (anthracite).

blind dáte *n.* 《口語》 **1** めくらデート《第三者の紹介による面識のない男女のデート; cf. date² 6 a》: meet a person on a ~. **2** めくらデートをする人(の一方).

blind dítch *n.* めくら水路《石をゆる詰めにした水路》.

blind dóor *n.* **1** ドアの型に造った壁の凹み. **2** 鎧戸(よろいど).

blind éel *n.* 〖動物〗 ＝amphiuma.

blind·er *n.* **1 a** 目をくらます人[もの]. **b** 《英口語》(目をくらますような)見事な[困難な]こと; (特に, ラグビー・クリケットの)超美技. **2** [通例 *pl.*] 《米》〖馬具〗 ＝blinker 2 a. **3** [*pl.*] 視覚[識別]を妨げるもの, 判断の邪魔になるもの. **4** 《英俗》(ぐでんぐでんに酔っ払う)酒宴. ★ 主に次の句で: go [be] on a ~ 飲み騒ぐ.

blind·fish *n.* 〖魚類〗 **1** 北米・南米・アフリカなどの洞窟中にすむ眼が著しく退化した魚類の総称《特に米国 Kentucky 州の Mammoth Cave の水中にすむアンブリオプシス科の魚 (*Amblyopsis spelaea*) は有名》. **2** 眼が退化した深海魚の総称.

blind flíght [**flýing**] *n.* 〖航空〗 ＝instrument flight.

blind·fòld 〖《16C》《変形》← ME *blindfelle(n)* to strike blind < OE *ġeblindfellian* (⇨ blind, fell⁴): *blindfelled* (p.p.) が FOLD¹ と混同されたもの〗 ― *vt.* **1** …に目隠しする, 〈目を〉おおい隠す. **2** …の目をくらます; 迷わせる, 欺く. ― *n.* **1** 目隠し布. **2** 目をくらませるもの, 人を欺く手段. ― *adj.* **1 a** 目隠しされた; 隠目しでする: ~ chess めくらチェス《対局者が盤面を見ずに対戦する》. **2** 目をくらまされた; めくら滅法の, 向こう見ずの (rash): a ~ fury むかっ腹. ― *adv.* **1** 目隠しされて[して]: know one's way ~ 目隠ししたままでも道がわかる(くらいよく知っている). **2** めくら滅法に, 向こう見ずに (recklessly): act ~ めくら滅法に行動する.

blind·fòld·ed *adj.* **1** 目隠しした. **2** 目をくらまされた, 迷わされた. **~·ly** *adv.* **~·ness** *n.*

blind gód *n.* 盲目の神《Eros または Cupid のこと》.

blind gút *n.* 盲腸 (cecum).

blind héader *n.* 〖石工〗 **1** 内壁に小口(こぐち)だけ見せた煉瓦積み. **2** 半ます煉瓦《小口だけを見せる長さが半分の煉瓦》. 「broker の別名種」.

blind hóokey *n.* 〖トランプ〗 底札めくり《banker and

blind·ing 〖ME〗 ― *adj.* **1** 目をくらます(ような); 判断力を失わせる(ほどの): a ~ snowstorm 目も開けていられないほどの猛吹雪 / ~ tears 目を曇らせる涙 / ~ passions 分別を失わせるような激情. **2** 《俗》いまいましい (blasted). ― *n.* (隙間をふさぐために)新しい舗装道路の表面に砂や砂利をまくこと; その砂や砂利. **~·ly** *adv.* 「landing).

blind lánding *n.* 〖航空〗 盲目着陸 (⇨ instrument

blind létter *n.* 宛名不明の手紙《宛名が不正確・不完全かまたは判読できない手紙》.

blind·ly 〖OE〗 *adv.* **1** 盲目的に, 手探りで; わけもわからずに, 向こう見ずに, むやみに. **2** 行き止まりで, 袋小路になって.

blind·man [-mən] *n.* (*pl.* **-men** [-mən, -mèn]) 《英》 ＝blind-reader.

blind·man's búff [bláɪn(d)mænz-] 〖《1590》← *buff* 《略》← BUFFET¹〗 *n.* (目隠しした子がほかの子を捕まえて名を当てる)目隠し遊び, 鬼ごっこ.

blindman's hóliday *n.* 《古》夕暮, たそがれ時.

blind·ness [-(d)-] 〖OE〗 *n.* **1** 盲目, 失明, 視覚消失(症): ⇨ color blindness, night blindness. **2** 無知; めくら滅法, 向こう見ず, 無鉄砲, 無分別.

blind pig *n.* ＝blind tiger.

blind póol *n.* 〖経営〗 委任企業連合《数社で企業連合を組織し, その運営を特定の人に無条件で委ね, 他は単にその利益配分を受けるだけのもの》.

blind-rèader 〖⇨ blind letter〗 *n.* 《英》(郵便局の)宛名判読係.

blind sálamander *n.* 〖動物〗 メクラサンショウウオ《北米の洞窟や深い井戸にすむ盲目のアメリカサンショウウオ科のサンショウウオ類》.

blind séed *n.* 〖植物病理〗 種子退化病《牧草のライグラスに菌核病菌科の *Phialea temulenta* が寄生して起こす病気; 種子が軟化萎縮して消失する》.

blind shéll *n.* **1** 不発弾. **2** 〖貝類〗 ミジンギリギリツツガイ科の貝類の総称.

blind shútter *n.* 〖写真〗 膜式シャッター《スプリング仕掛けで, 開口部を有する黒膜がレンズの前をすみやかに通過するもの; cf. focal-plane shutter》.

blind síde *n.* **1 a** (片目の人の)見えない片方の目. **b** 見えない側, 無防備の側, 弱点. **2** 〖ラグビー〗 ブラインドサイド《スクラムの位置から見てタッチラインまでの競技場の余地の狭い方》.

blind snàke *n.* 〖動物〗 **1** メクラヘビ《熱帯地方に生息するメクラヘビ科のヘビ; worm snake ともいう》. **2** ホソメクラヘビ (slender blind snake).

blind spòt *n.* **1** 〖解剖〗 (目の網膜の)盲点 (⇨ eye 挿絵). **2** 盲点, 見落としている点; よく理解の及ばない領域. **3** 〖通信〗 盲点, (テレビ・ラジオの)難視聴地域《受信状態の悪い地域; cf. dead spot 1》. **4** 〖劇場〗 見え[聞こえ]にくい個所.

blind stággers *n. pl.* [単数または複数扱い] **1** 〖獣医〗 ＝stagger 4 a. **2 a** よろめきを伴うめまい. **b** 泥酔.

blind-stàmp *vt.* 〖製本〗 空押しする.

blind-stàmped *adj.* 〖製本〗 空押しをした.

blind stàmping *n.* 〖製本〗 空押し《本の表紙の刻印に色を使わない方法》.

blind·stìtch *vt.* …に奥まつりをする. 「まつり方」.

blind stìtch *n.* 奥まつり《表も裏も糸目が見えない

blind·stòry *n.* 盲階(もうかい)《窓なしの階》; 教会堂の明り取り窓の層 (clerestory) の下の窓のない階層 (cf. triforium). 「pig.

blind tíger *n.* 《米俗》酒類密売所, もぐり酒場 (blind-

blind-tòol *vt.* 〖製本〗 (筋車などを使って, 手で)空押しする (cf. blind-stamp). 「手動の)空押し.

blind tòoling *n.* 〖製本〗 筋車 (fillet) などを用いた

blind·wòrm 〖《15C》: その目が小さいことから〗 ― *n.* 〖動物〗 **1** アシナシトカゲ (*Anguis fragilis*) (ヨーロッパ産; slowworm ともいう). **2** ヌメアシナシイモリ (*Icthyophis glutinosus*)《マライ諸島産の無足両生類; 雌は卵を体に巻いて保護する》.

blini *n.* blin の複数形.

blink [blíŋk] 〖《*c*1303》 *blinke(n)*, *blenken* 《変形》← ME *blenche(h)* 'BLENCH¹': cf. Du. & G *blinken* to shine, glance〗 ― *vi.* **1** まばたきする, 目をしばたたく, 目をぱちくりさせる: The sudden light made him ~. 急に光を当てられて彼は目をぱちくりさせた. **2 a** 〔…を〕まばたきして見る, 目を細くして見る〔*at*〕: ~ *at* a burning fire 赤々と燃える火を目を細くして見る. **b** 〔…を〕驚きの目で見る, 〔…に〕びっくり仰天する〔*at*〕: ~ *at* the unexpected turn of affairs 思いがけない事の成り行きに驚く. **3** 〔…を〕見て見ぬふりをする, 見のがす, 黙認する〔*at*〕: ~ *at* another's fault 人の誤ちを大目に見る. ★ この意味では wink (at) のほうが普通. **4** 〈灯火・星などが〉ぴかぴか光る, 明滅する; ぼんやり光る. **5** 《俗》ちらと見る (glance).

― *vt.* **1 a** 〈目を〉しばたたく, まばたきさせる, まぶしがらせる: ~ one's sleepy eyes 眠い目をしばたたく / do not ~ an eye *at* …に対してまゆ一つ動かさない《一向に驚かない》/ The sun ~*ed* her eyes. 陽の光で彼女はまぶしがった. **b** (まばたきして)〈涙・異物・眠気などを〉取り除く: ~ *away* [*back*] one's tears まばたきして涙を隠す. **2** [しばしば否定文に用いて] 〈事実を〉(あえて)直視しない, 無視する (ignore): We *cannot* ~ [There is no ~*ing*] the fact that …という事実に目をつぶるわけにはいかない. **3** 〈光を〉明滅させる. **4** 《スコット・アイル》…に魔法をかける.

― *n.* **1** またたき, まばたき (blinking); 一瞬時: in a ~ 瞬時に. **2** (光などの)またたき, きらめき, ちらつき (gleam): a ~ of light きらめく光. **3** 《スコット》ちらと見ること, 一目 (glance). **4** 〖気象〗 **a** 雪原[氷原]に太陽光線が反射して地平線付近の空が白みがかって見えること (cf. iceblink). **b** 海が氷結していないため反射光線がなく地平線付近の空が黒く見えること (cf. water sky).

on the blink 《俗》〈機械・胃の具合など〉調子が狂って; 〈店など〉左前で; 〈人が〉調子がよくない.

blink·ard [blíŋkəd | -kəd] 〖⇨↑, -ard〗 *n.* 《古》 **1** 常に目をしばたたく人, 目を細くして見る人. **2** 物わかりの悪い人, 愚鈍な人.

blínk·er 〖《1636》〗 ― *n.* **1** まばたきする人; 《古》色目を使う女. **2** [通例 *pl.*] **a** 〖馬具〗 ブリンカー, 目隠し革, 遮眼帯; (競馬馬用の)遮眼革付頭巾《blinker hood ともいう》: be [run] in ~*s* (目隠し革をかけた馬のように)周囲の形勢がわからずにいる[走る]. **b** ちりよけめがね (goggles). **c** ＝blinder 3. **3** 《俗》目. **4 a** 《米》(鉄道信号などの)点滅光; 点滅信号灯《blinker light ともいう》. **b** (自動車の)方向指示灯 (《英》 winker). ― *vt.* **1** …に目隠し革をかける. **2** …の視野を狭くする, …の目をくらます.

blinkers 2 a

blink·ered *adj.* **1** 〈馬が〉目隠し革をかけた. **2** 〈人が〉(目隠し皮をかけた馬のように)視野の狭い.

blink·ing *adj.* **1** またたきする, またたく; ちらちらする, 明滅する. **2** 見て見ぬふりをする, 黙認する. **3** 《英俗》いまいましい, 全くの: a ~ fool 大ばかもの / a ~ nuisance まったくもって厄介なこと. ― *adv.* 《英俗》＝bloody. **~·ly** *adv.*

blin·tze [blíntsə] 〖□ Yid. *blintse* □ Russ. *blinets* (dim.) ← *blin* pancake〗 *n.* (*also* **blintz** [blínts]) ブリンツ《チーズや果物などを巻き込んだ薄焼きパンケーキ》.

bliny *n.* blin の複数形.

blip [blíp] 〖擬音語?〗 ― *n.* **1** 〖通信〗 (スクリーン上の)ブリップ《物体の位置を示す信号映像[輝点]》. **2** 短いぱりぱり[かりかり, ぱちん]という音; (テレビで不穏当な言葉などをビデオテープから消した結果生じる)音声の中断. ― *v.* (**blipped**; **blip·ping**) ― *vt.* **1** ぽんとたたく, 打つ. **2** 〈不穏当な言葉などを〉ビデオテープから消す. ― *vi.* ぱりぱり[かりかり, ぱちん]という.

bliss [blís] 〖OE *bliss*, *bliþs* < Gmc **bliþsjō* ← **bliþiz* 'BLITHE'〗 ― *n.* **1** 天上の喜び, (聖人の受ける)天の幸い; 天上, 天国 (paradise). **2 a** 無上の喜び, この上ない楽しさ: Ignorance is ~. ⇨ ignorance 1. **b** 満足, 幸福 (happiness): domestic ~ 家庭の幸福. **3** 《古》喜びを与えるもの, 幸福をもたらす原因.

Bliss [blís] 〖↑〗 *n.* **1** 女性名. **2** 男性名.

bliss·ful [blísfəl] 〖《?*a*1200》〗 ― *adj.* **1** 幸福[喜び]に満ちた, この上もなく幸せな[うれしい]: a ~ bride [couple]. **2** (現実に気づかないで)満足している: ~ ignorance 知らぬが仏で. **~·ly** [-fəli | -lɪ] *adv.* **~·ness** *n.*

blíss·less *adj.* 天福を受けていない; 不幸せな.

blis·ter [blístə | -tə(r)] 〖《*a*1325》□ OF *blestre* clod, boil ← ? Gmc // □ MDu. *bluyster* swelling, blister ← IE **bhlei-* to blow, swell: cf. ON *blāstr* a swelling〗 ― *n.* **1** (皮膚の)水ぶくれ, 火ぶくれ, まめ, 水疱(すいほう): get ~*s* on one's hand 手にまめができる. **2 a** (ペンキ・ニスなどの塗装面の)あぶく. **b** あぶく, 泡, 気泡《グラスなどに生ずる》. **c** (アルコール水準器中の)動く泡. **3** 《俗》[軽蔑的に] やつ, (特に)いやなやつ. **4** 《英俗》呼び出し, 召集状 (summons). **5** 〖写真〗 かえるはだ《感光画膜上に時々現われる水ぶくれ》; (写真のネガなどにできる)あわ. **6** 〖医学〗 発疱(はっぽう)剤《blister plaster など》. **7** 〖植物病理〗 マツノコブ病菌 (*Cronartium quercuum*) により枝がこぶ状に膨れたり, 菌 (*Taphrina bullata*) によりナシの葉に不正形の腫物ができる等の病変. **8** 〖航空〗 ブリスター《飛行機の胴体の外側へ張り出した部分; 通例砲座となる; cf. bulge 6》. **9** 《口語》〖海事〗 ＝bulge 5 b. **10** 〖通信〗 ブリスター, レードーム (radome)《レーダーアンテナの電波を透過するドーム状の覆い》.

― *vt.* **1 a** …に水[火]ぶくれを生じさせる. **b** 〈日光などが〉〈ペンキ〉にあぶくをつくる. **2** (皮膚がはれるほど)激しく打つ. **3 a** (皮肉・毒舌などで)〈人を〉傷つける, …に毒づく, くさらせる. **b** 《俗》呪う: *Blister* 'im! 畜生め. ― *vi.* **1** 水[火]ぶくれを生じさせる. **2** 水[火]ぶくれになる.

blíster bèetle *n.* 〖昆虫〗 ツチハンミョウ《ツチハンミョウ科の甲虫の総称; ヨーロッパミドリゲンセイ (Spanish fly) など; 乾燥させ粉末にして皮膚に発疱剤として用いる》.

blíster còpper *n.* 〖冶金〗 粗銅《鈹(かわ) (matte) を製錬したもの, 純度 98.5-99.5%》.

blíster flỳ *n.* 〖昆虫〗 ＝blister beetle.

blíster gàs *n.* 〖軍事〗 発疱[糜爛(びらん)]性ガス《人体の組織を焼けただらせまた火ぶくれを生じさせる毒ガス》.

blís·ter·ing [-tərɪŋ, -trɪŋ | -t(ə)r-] *adj.* **1** 水疱[火ぶくれ]を生じさせる(ような): a ~ sun 灼熱の太陽. **2 a** 〈批評など〉痛烈な, 辛辣な: a ~ tongue 毒舌. **b** 激烈な, 激しい: a ~ assault. **c** 〈速度など〉猛烈に速い: at a ~ speed 猛烈なスピードで. **3** 〈問題が〉緊急を要する, 即刻解決しなければならない. **4** 《俗》いまいましい, ひどい (blamed). ― *adv.* 猛烈に, ひどく. **~·ly** *adv.*

blíster pàck *n.* ＝bubble pack.

blíster plàster *n.* 〖医学〗 発疱膏(はっぽうこう) (cf. blister 6).

blíster rùst *n.* 〖植物病理〗 サビ病菌の一種のマツノコブ病菌 (*Cronartium quercuum*) によるマツのこぶ病.

blíster stèel *n.* 〖冶金〗 浸炭鋼, 炭滲(たんしん)鋼.

blis·ter·y [blíst(ə)ri | -təri] *adj.* 水疱のある, 火ぶくれだらけの. 「Letters [Literature]).

B.Lit. 《略》 *L.* Baccalaureus Litterarum (＝Bachelor of

blithe [bláɪθ, bláɪð | bláɪð] 〖OE *bliþe* happy, merry < Gmc **bliþiz* 《原義》 mild, gentle ← ?: cf. bliss〗 ― *adj.* (**blith·er**, **-est**) **1** 《詩》愉快な, 楽しそうな, 快活な, 陽気な (gay): ~ Spirit (Shelley, *To a Skylark*). **2** 軽率な, 考えのない, 不注意な (heedless). **~·ly** *adv.* **~·ness** *n.*

Blithe [bláɪθ, bláɪð | bláɪð] 〖⇨ Blythe〗 *n.* 女性名.

blith·er [blíðə | -ðə(r)] 〖《1866》《変形》← BLETHER, BLATHER〗 《口語》 ― *vi.* たわいもないことをぺちゃくちゃしゃべる. ― *n.* たわいもないこと, くだらないこと.

blith·er·ing [-ð(ə)rɪŋ] *adj.* 《口語》 **1** たわいもないことをしゃべる. **2** 途方もない; 見下げ果てた: a ~ idiot 底ぬけのどあほう.

blithe·some [bláɪθsəm, bláɪð- | bláɪð-] *adj.* 《文語》楽しそうな, 快活な, 陽気な (merry). **~·ly** *adv.* **~·ness** *n.* 「of Letters [Literature]).

B.Litt. 《略》 *L.* Baccalaureus Litterarum (＝Bachelor

blitz [blíts] 〖《1939》《略》← BLITZKRIEG〗 ― *n.* **1** 〖軍事〗 **a** ＝blitzkrieg 1. **b** 電撃的襲撃, 急襲; (特に)電撃的空襲, 猛爆. **2** 速くて激しい攻撃[攻勢]: an advertising ~ 電撃的な宣伝活動. **3** 〖アメリカンフットボール〗 ブリッツ《クォーター[パッサー]にラッシュしてつぶすこと; red dog ともいう》.

― *attrib. adj.* 電撃的な: ~ tactics 電撃作戦 / a ~ sale (客を殺到させるような)廉価販売.

― *vt.* **1** [通例 p.p. 形で] **a** 〈地区・都市などを〉(電撃的に)襲う, 急襲する; (電撃的に)空襲[猛爆]する: ~*ed* areas, cities, etc. **b** (抜き打ち的に)やっつける. **2** 〘アメリカンフットボール〙 **a** ボールを投げる瞬間〈パッサーを〉タックルする. **b** 〈防御ラインの直後に控えている選手など〉に電撃攻撃をかける. ― *vi.* 〘アメリカンフットボール〙ボールを投げる瞬間パッサーをタックルする. **～·er** *n.*

blitz·krieg [blítskrìːg; G. blítskrìːk] 〚((1939)) ▭ G *Blitzkrieg* ← *Blitz* (↓)＋*Krieg* war〛 ― *n.* **1** 〘軍事〙電撃戦; (特に)電撃的集中攻撃《空軍の大編隊と地上機械化部隊との緊密な協力により敵空軍基地・軍需工場・通信交通網・産業地帯などを電撃的に破壊する奇襲攻撃; 1939年秋ナチの指揮するドイツ軍がポーランド軍に対して初めてこの作戦を用いた; cf. sitzkrieg》. **2** 電撃的襲撃[攻勢]. ― *attrib. adj.* 電撃的な. ― *vt.* (電撃的に)急襲[猛攻]する.

bliz·zard [blízəd | -zəd] 〚((1829)) ← (方言) *bliz* violent blow (cf. G *Blitz* lightning)＋-ARD〛 ― *n.* **1** ブリザード, 大吹雪, 暴風雪. **2 a** 大吹雪に似た現象. **b** (物事の)突発; 殺到: the ～ of mail on New Year's Day. **3** 《古》一斉射撃. **bliz·zard·y** [blízədi | -zədɪ] *adj.*

blk. 《略》 black; blank; block; bulk.

B.LL. 《略》 *L.* Baccalaureus Legum (＝Bachelor of Laws).

bloak [blóuk | bláuk] *n.* ＝bloke.

bloat[1] [blóut | bláut] 〚((c1300)) *blot* puffy ▭ ON *blaut-r* soaked, soft ← IE **bhleu-* to swell〛 ― *adj.* ＝bloated 1. ― *vt.* **1** 〈食物が〉〈人(の腸)〉にガスを起こさせる. **2** 膨れ上がらせる (inflate). **3** 〈人を〉うぬぼれさせる: ～ *up* a person *with* praise 人をほめて慢心させる. ― *vi.* 膨れ上がる; 慢心する. ― *n.* **1** ふくれ. **2** 膨れる[膨れさせる]人[もの]. **3** 《米俗》うぬぼれた人, 傲慢な人; 卑劣なやつ. **4** 《俗》飲んだくれ, 大酒飲み (drunkard). **5** 〘獣医〙鼓脹症《青草などを食い過ぎて第一胃にガスがたまる消化不良の一種で牛や羊に多発する》.

bloat[2] [blóut | bláut] 〚((1611)) ← *blaot* 《廃》 soft with moisture〛 *vt.* 〈ニシンなどを〉(軽く塩をして)燻製にする: ～*ed* herring.

blóat·ed [-tɪd, -təd | -tɪd, -təd] 〚((1664))〛 ― *adj.* **1** 太り過ぎた, むくんだ: a ～ body, face, etc. / a dog ～ *with* overeating 食い過ぎて太りすぎた犬. **2** 膨れ上がった: a ～ budget. **3** (うぬぼれ・富などで)慢心した, 威張った (puffed-up): a ～ profiteer 高慢ちきな不当利得者 / be ～ *with* pride 慢心しきっている.

blóat·er[1] [-tə | -tə(r)] 〚((1832)) ← BLOAT[2] (v.)＋-ER[1]〛 *n.* ブローター《丸ごと軽く塩をして燻製にしたにしん[さば]; cf. kipper[1] 2》.

bloa·ter[2] [blóutə | bláutə(r)] 〚← BLOAT[1] (v.)＋-ER[1]〛 *n.* 〘魚類〙北米五大湖に産するサケ科の魚 (*Coregonus hoyi*) (cf. cisco).

blob [blɑ́(ː)b | blɔ́b] 〚((1429)) 《擬音語》?: cf. bleb〛 ― *n.* **1 a** (どろどろした液の小さな)粒, しずく: a ～ of jelly. **b** (色のついた)しみ, 小斑点. **c** ぼんやりした(特に大きな)形のもの. **2** (吹奏楽器の)調子はずれの[まちがった]音. **3** 《英口語》〘クリケット〙 **a** (打者の)零点 (zero). **b** へま, しくじり. ― *vt.* しみをつける (blot). **blóbb·ed** *adj.*

bloc [blɑ́k | blɔ́k] 〚▭ F ～ 'BLOCK'〛 ― *n.* **1** (政治・経済上の特殊利益助長の目的で提携した国家・団体などの)団, 圏, ブロック: the farmers' ～ 農民ブロック / the dollar ～ ドルブロック. **2** 《米》(諸党派の)議員連合《ある特別な利益のために所属の政党を超越して提携し投票する議員連》: the Farm ～ in Congress 議会の農業地区選出議員連合,「米(こめ)議員」. ― *attrib. adj.* ブロックの: ～ economy ブロック経済.

Bloch [blɑ́k | blɔ́k; *G.* blɔ́x], **Ernest** *n.* ブロッホ《(1880–1959; スイス生れの米国の作曲家》.

Bloch, Felix *n.* ブロッホ《(1905– ; スイス生れの米国の物理学者; Nobel 物理学賞 (1952)》.

Bloch, Konrad *n.* ブロッホ《(1912– ; ドイツ生れの米国の生化学者; Nobel 医学生理学賞 (1964)》.

block [blɑ́k | blɔ́k] 〚((1323)) *blok(ke)* ▭ (O)F *bloc* ▭ (M)Du. *blok* ←?: cog. G *Block*〛 ― *n.* **1 a** (通例平らな面をもった大きい木・石などの)固まり, ブロック; 〘建築〙組積ユニット: a ～ of ice 氷の固まり / a ～ of wood (所定の目的に合わせて作った)木切 / a ～ of stone (石切場で採れたままの)荒材. **b** (おもちゃの)積み木 (building block, 《英》 brick): play with ～*s* 積み木で遊ぶ. **c** (セメントなどで作った建築用の)ブロック: concrete ～*s* コンクリートブロック.

2 a (物を切ったり裁せたりする)台木, 台盤. **b** まな板, 肉切り台. **c** まき割り台. **d** 乗馬台. **e** せり売台; せり (auction): on the ～ 《米》せり売り台で, せり売りに出されて / go on the ～ 《米》競売になる / go [come, be brought] to the ～ 〈物が〉競売に付される. **f** (斬られる, 首を裁せる)断頭台: die on the ～ 断頭台の露と消える, 斬首(ざんしゅ)にあう. **g** 造船台. **h** (靴磨きの)足台. **i** かつら(wig)をのせる台: ⇨ barber's block.

3 (木または金属のケースに入れた)滑車(cf. pulley): a single [double] ～ 単[複]滑車.

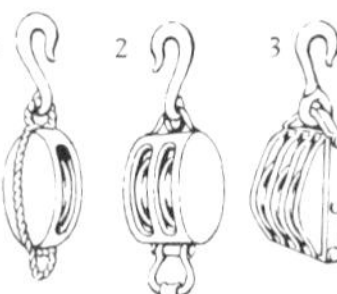

block 3
1 single block; 2 double block; 3 triple block

4 a 帽子型(hat-block)《帽子の形を作るための型》. **b** 型 (style): a hat of the newest ～ 最新型の帽子.

5 a 木片にたとえられるもの《人または体の一部など》. **b** 《俗》(人の)頭, 首 (head): knock a person's ～ off 人の頭をなぐる. **c** でくのぼう, 鈍物, のろま (blockhead). **d** 冷酷な人.

6 a 《米》(都市の碁盤目形の)一仕切り, 一区画, 街区; そういう一区画の一辺(の距離), 一丁: an office ～ / a store occupying an entire ～ 一街区を全部占めている商店 / Walk one ～ east. 東の方へ1丁歩いて行きなさい / two ～*s* away 2丁先に / I live on this ～. この街区の通りに住んでいる. **b** 《英》(多くの住居・商店などに仕切られた)一棟(むね)のビルディング: ～ dwellers / a ～ of flats 一棟のアパート (cf. apartment house). **c** 《豪》(政府が初期の移民に提供した)土地一区画; 広大な土地. **d** 《豪口語》[通例 the ～] (都市の)遊歩道路, 繁華街, 目抜きの大通り: do *the* ～ 遊歩道を散歩する, 繁華街をぶらつく. **e** ＝bloc.

7 a (書簡紙のように一方をのりづけにした)用紙の一とじ, はぎ取り帳 (pad). **b** (色々な物の)一組, 一まとめ: a ～ of tickets 一つづりの切符 / a ～ of seats in a theater 劇場の座席の1ブロック / ⇨ *in the* BLOCK. **c** (有価証券の)取引単位: a ～ of shares (単一取引で一括して売られる)大量(の株など). **d** 〘郵趣〙ブロック《縦と横が共に2枚以上つながっている切手の状態》.

8 a 障害(物), 邪魔物 (obstruction). **b** (水道管などの中に)詰まった物. **c** 〘機械〙(シリンダー)ブロック《cylinder block ともいう》.

9 《口語》〘英議会〙(議案に対する)反対声明 (cf. *vt.* 4).

10 a 〘鉄道〙閉塞(へいそく)《ある区間に一列車または一車両がはいっている間は他の列車または車両がはいらないようにすること》: ⇨ block system. **b** 閉塞状態; 閉塞物《混雑して動けない諸車など》: a traffic ～ 交通麻痺 / a ～ on a railroad 鉄道不通.

11 a 〘病理〙(神経・体の部分などの)ブロック, 遮断: ⇨ nerve block, heart block. **b** 〘精神医学〙思考途絶, 阻害: have a mental ～ *about* driving (事故などにあってから)運転がうまくできない.

12 〘スポーツ〙ブロック《相手の行動妨害》.

13 〘地質〙(断層間の)地塊: the ～ movement 地塊運動.

14 a 〘競技〙(競走の)スターティングブロック. **b** 〘クリケット〙ブロック《打手がバットを休めている または球を打ち止める場所, 打球点》.

15 〘印刷〙 **a** 版 (plate), 版木, 印材; 版台《鉛版などを活字と同じ高さに据え付けるための台》. **b** ブロック, 文字ベタ, 埋め込み《字下りなしに行頭・行末をそろえて組んだ2行ないしそれ以上の行》.

16 〘製本〙(表紙に型押しするための)金版(きんばん).

17 〘電算機〙ブロック《ソフトウェア・ハードウェアなどの一まとまりの部分からなる全体の構成要素》.

18 〘ガラス製造〙 **a** りん《吹きざおの先につけた融解ガラスに形をつけるための木または金属のコップ状器具》. **b** カッターの頭; カッター; ブロック.

19 〘鷹狩〙低い止まり木.

a chip of* [*off*] *the old block ⇨ chip[1] 成句. ***cut blocks with a razor*** (かみそりで丸太を切るように)荒仕事に利器を使う, もったいないことをする, 英才をくだらないことに使う. ***in the block*** 一まとめにして, 全体として, 総括的に (cf. en bloc). ***lose* [*do* (*in*)] *one's block*** 《豪》興奮する, 怒る. ***off one's block*** 《俗》怒って; 気が変になって (insane).

block and tackle [fall(s)] 複滑車, 絞轆(こうろく)《滑車とそれに通した綱を含んだ巻き上げ装置》.

― *attrib. adj.* **1** 引っくるめた; 大量に一括して扱われる: a ～ sum / a ～ grant 包括的補助金 / ⇨ block booking. **2** (圧縮するなどして)塊状にした: ～ coal [salt]. **3** ブロックレターの, 木版字体の. **4** (主に商用文で)行頭をそろえた, 左ぎめの: the ～ style [form] (手紙の行頭をそろえて書く)ブロック式, 左ぎめ式.

― *vt.* **1 a** ブロックにする. **b** …にブロックをはめる. **c** 台で支える 〈*up*〉. **2 a** 〈帽子・洋服など〉の型取りをする (shape): ～ a hat, sweater, etc. **b** …の図取りをする 〈*in*〉; 〈計画など〉の概略を立てる (sketch) 〈*out, in*〉: ～ *in* human figures (絵に)人物を配置してみる / ～ *out* a plan of action 行動計画のおおよそを決める. **3 a** 〈通路・管などを〉ふさぐ(obstruct) 〈*up*〉: The roads were ～*ed with* crowds of people. 道という道は群衆のためにふさがれた / (Road) *Blocked!* [掲示]通行止め / The pipe [My nose] is ～*ed up*. パイプ[鼻]が詰まってしまった. **b** …の進行[行動, 遂行など]を妨げる, 邪魔する (check): the high building ～*ing* the sun 日照を妨げる高いビル / What ～*s* the plan? 計画の邪魔をするものは何か / The fire engines were ～*ed* by traffic congestion. 消防自動車は交通が渋滞して動きがとれなかった. **c** 視界から見えなくする. **d** 《古》＝blockade 1. **4** 《口語》〘英議会〙(特に, 反対予告を出して)〈議案〉の通過を妨害する (cf. *n.* 9). **5 a** 〘スポーツ〙(体で)〈相手またはその動きを〉妨害する. **b** 〘クリケット〙〈球を〉(三柱門 (wicket) の直前で)バットに当てて打ち止める. **c** 〘アメリカンフットボール〙〈相手〉に手を使わず, 体で当たりボールキャリアーを進める. **d** 〘ボクシング〙〈相手のパンチを〉手でよける. ★ 通例反則にならない場合をいう. **6** 〘医学〙(麻酔などによって)〈神経刺激の伝達や疼痛などを〉遮断する, ブロックする. **7** [主に p.p. 形で] 〘金融〙〈通貨などを〉封鎖する (cf. freeze *vt.* 8): ～*ed* currency 封鎖貨幣. **8** 〘製本〙 **a** 〈本の表紙〉に型押しする. **b** (熱などで)〈紙を〉粘着[接着]させる. **9** 〘印刷〙〈2行以上の行を〉文字ベタで組む[にする], 埋め込みで組む[にする]. **10** 〘演劇〙(舞台での)〈(俳優の)配置・動きなどを〉演出する; (背景・道具などの位置を決めて)〈舞台・場面を〉演出する 〈*out*〉: ～ (*out*) the moves [stage]. **11** 〘鉄道〙〈列車を〉閉塞(へいそく)(方)式で運行させる (cf. block system).

― *vi.* **1** (各種のスポーツで)相手を妨害する(ように行動する). **2** 神経障害にかかる[を示す].

block in (1) 建築用ブロックで囲む. (2) 閉じ込める. (3) 〈窓・戸口などを〉ふさぐ. (4) ⇨ *vt.* 2 b. ***block off*** (1) 〈道路・交通などを〉ふさぐ, 遮断する. (2) 《米口語》止める, やめさせる (stop). ***block out*** (1) 〈光などを〉閉め出す. (2) 〈景色などを〉見えなくする. (3) 〈地域を〉街区に分ける. (4) ⇨ *vt.* 2 b. (5) ⇨ *vt.* 10. (6) 〘写真・印刷〙〈(ネガなどの)一部を〉(写ったり印刷されたりしないように)不透明な塗料などでおおう.

block·ade [blɑkéɪd | blɔ-, blə-] 〚*n.*: ((1693)) ← BLOCK (v.)＋-ADE: BARRICADE からの類推. ― v.: ((c1680)) ← (n.)〛 ― *n.* **1** (港・海岸などの武力による)封鎖, 閉塞(へいそく); (警察の非常線などによる)道路封鎖; 通信[経済]封鎖: break [enforce] a ～ 封鎖を破って入港する[を強行する] / lift [raise] the ～ 封鎖を解く / run the ～ (こっそり)封鎖線をくぐって出入りする (cf. blockade-runner) / ⇨ paper blockade. **2** 《米》(進行・交通などの)妨害, 交通遮断; 雪などに閉じこめられること: the ～ of traffic by snow 雪による交通遮断. **3** 〘生理〙(生理的機能の)遮断.

― *vt.* **1** 封鎖する, 閉塞する, 閉鎖する: ～ a port, harbor, etc. / a ～*d* port 封鎖された港 / a *blockading* expedition 閉塞隊. **2** 《米》 **a** 〈道路・鉄道などを〉遮断する, 妨害する. **b** 〈通行・視界などを〉遮(さえぎ)る.

block·ád·er *n.* 封鎖者, 閉塞(へいそく)者; 閉塞船(blockship).

blockáde-rùnner *n.* 封鎖 (blockade) を破る[破ろうと企てる]船[人], 密航船[者], 封鎖破り. **block·áde-rùnning** *n.*

block·age [blɑ́kɪdʒ | blɔ́k-] *n.* **1** 妨害, 阻害. **2** 〘心理〙阻止現象《本人の気づかない心理的要因による行為・思考・知覚の一時的な中絶》.

blóck bàll *n.* 〘野球〙ブロックボール《試合中に競技者以外の人が摑んだり投げたり触れたりした障害球》.

blóck·bòard *n.* 〘建築〙積層材心合板《心材に木目が横方向の集成材を用いた合板》.

blóck bòok *n.* 〘製本〙木版本, 整版本.

blóck bóoking *n.* ブロックブッキング《映画の会社系統別による一括配給契約》.

blóck bràke *n.* 〘機械〙ブロックブレーキ《木片・金属片を車輪に押しつけて制動する摩擦ブレーキ》.

blóck·bùst *vt.* 《米口語》〈白人の家屋所有者〉に blockbusting を行なう.

block·bust·er [blɑ́kbʌ̀stə | blɔ́kbʌ̀stə(r)] *n.* 《口語》 **1** (一街区を全滅させるような, 航空機から投下する数トンの)大型高性能爆弾, 超大型爆弾. **2** 強い影響力を与える人[もの], 感銘深い人[もの]: The novel was a real ～. その小説は実に感銘深かった. **3** 《米》blockbusting をする投機家.

block·bust·ing [blɑ́kbʌ̀stɪŋ | blɔ́k-] *n.* 《米口語》ブロックバスティング《近所に黒人などの少数民族がはいって来たと言い触らして白人に不安の種をまいて家屋を安値で売らせること》.

blóck càpital *n.* ブロックキャピタル《筆記体に対して, 活字体の大文字》: in ～*s*.

blóck chàin *n.* 〘機械〙ブロックチェーン, ブロック鎖《2枚の板の間にブロックをはさみ, これらをピンで連結して作った鎖》.

blóck clùb *n.* 《米》(住民が組織する)地区自警団.

blóck coeffìcient *n.* 〘造船〙方形係数《船の排水容積と水面下の容積を包む直方体の容積との比; 船がやせ型か肥満型かを示す係数》.

blóck cùtter *n.* 版木屋, 木版師.

blóck dìagram *n.* **1** 〘地質〙ブロックダイヤグラム《地殻を直方体に切り, 斜上方より見た状態を平面的に図示したもの》. **2** (ラジオ受信機などの)構成図.

blóck·er *n.* **1 a** 型を作り出す工具; (特に)鍛造型板. **b** (台木の上で)型を作る人. **2** 《英俗》山高帽 (bowler hat). **3** 〘アメリカンフットボール〙(ボールキャリアーを進めるために)相手に体当たりする者. **4** 〘生理〙遮断薬[因子].

blóck·hèad *n.* でくのぼう, のろま, ばかもの.

blóck hèater *n.* ＝storage heater.

blóck·hòuse 〚((1512)) ▭ (M)Du. *blokhuis* 《原義》 house blocking a passage: ⇨ block, house〛 ― *n.* **1** 角材で建てられた家, ブロックハウス. **2** 〘軍事〙 **a** (昔の丸太造りで四面から射撃できるように二階に張り出した)防塞(ぼうさい). **b** (鉄やコンクリートで造り, 大砲などを備えた)小要塞, トーチカ. **3** (ロケット発射基地にある高熱・突風・放射能の危険から守る)堅固な鉄筋コンクリートの建物[ドーム].

blockhouse 2 a

blóck·ing *n.* **1** 〘木工〙飼物(かいもの)《部材同士を結合したり, 部材間の隙間を埋めるために挿入される木片》. **2** 〘心理〙ブロッキング, 阻止現象 (blockage). **3** 〘演劇〙(舞台での)俳優の位置・動きなどの演出; (背景・道具・照明などの位置を決める)舞台[場面]演出. **4** 〘鉄道〙閉塞(へいそく)方式による信号.

blócking capàcitor *n.* 〘電気〙阻止蓄電器[コンデンサー]《直流分電流を流さないようにする目的で回路に入れるコンデンサー》.
blócking condènser *n.* 〘電気〙＝blocking capacitor.
blócking làyer *n.* 〘物理〙＝barrier layer.
blócking òscillator *n.* 〘電気〙間欠発振器.
blóck·ish [-kɪʃ] *adj.* **1** 木塊のような. **2** 愚鈍(ぐどん)な (stupid). **～·ly** *adv.* **～·ness** *n.*
Blóck Ísland [blɑ́k- | blɔ́k-] 〘← *Adriaen Block* (17世紀のオランダの探検家)〙 ── *n.* ブロック島《米国 Rhode Island 州の島, Judith [dʒúːdɪθ, -dəθ | -dɪθ] 岬南方 14 km; 避暑地》.
blóck làva *n.* 〘地質〙塊状溶岩.
blóck lètter *n.* **1** 〘印刷〙ブロックレター, 木版字(体)《ひげ飾りのない文字》. **2** 《英》(筆記体に対し)活字体《通例大文字》.
blóck lìne *n.* 数個の滑車を通る綱[鎖].
blóck mást *n.* 〘海事〙(低い)滑車付きマスト《マストの先端に滑車がついていて, これで大三角帆 (lateen sail) の帆桁を上げられるようになっている》.
blóck mòdel *n.* 〘海事〙ブロックモデル《船体模型の一種》.
blóck mòuntain *n.* 〘地質〙地塊山地.
blóck pàrty *n.* 《米》ブロックパーティー《交通を遮断した街路などで街区 (block) の住民が催す野外パーティー; 時には慈善・宗教的機関に寄付を募る》.
blóck plàn *n.* **1** 略図. **2** 〘製図〙ブロックプラン《建物の立地条件・配置を示すための単純化された建物の平面図》.
blóck plàne *n.* 木口用かんな《板の端を横に削るための小鉋(こがんな); ⇨ plane³ 挿絵》.
blóck pòlymer *n.* 〘化学〙ブロックポリマー《2種の低重合体が結合してできた高分子物質》.
blóck prìnt *n.* 〘印刷〙(木版画・木版本などの)ブロックプリント, 木版印刷物. ── *vt.* **1** 〈本などを〉木版刷にする, 木版で刷る. **2** ブロックレターで書く.
blóck prìnting *n.* 木版印刷(術), 木版刷; 版木捺染(なっせん)(法).
blóck relèase *n.* (英国やヨーロッパで)より高度な研究に就かせるため職員の職務を一時免除する制度.
blóck sèction *n.* 〘鉄道〙閉塞(へいそく)区間《一列車だけの通過に限定する区間; cf. block system》.
blóck·shìp *n.* (川や航路を使用不能にするため沈める)閉塞船.
blóck sìgnal *n.* 〘鉄道〙閉塞(へいそく)信号機.
blóck stàtion *n.* 〘鉄道〙閉塞(へいそく)信号場.
blóck sỳstem *n.* 〘鉄道〙閉塞(へいそく)(方)式《衝突回避のため一区間に一列車だけ通す方法; cf. block section, staff system》.
blóck tín *n.* スズ地金.
blóck vóte *n.* 〘政治〙ブロック投票《大会などで, 代議員の投票がその代表する人々の数に応じた影響力をもつ投票方法》.
block·y [blɑ́ki | blɔ́ki] *adj.* (**block·i·er**; **-i·est**) **1** ずんぐりした, どっしりした, がっちりした. **2 a** かたまりから成る. **b** 〘写真〙塊斑点の濃淡のある.
blóc vóte *n.* 〘政治〙＝block vote.
blodge [blɑ́(ː)dʒ | blɔ́dʒ] 〘cf. blotch, splodge〙 *n.* ＝splotch.
Blod·wen [blɑ́dwen | blɔ́d-] 〘□ Welsh ～ ← *blodyn* flower＋(*g*)*wen* white〙 *n.* 女性名. ★ ウェールズに多い.
Bloem·fon·tein [blúːmfɑntèɪn | -fɔn-, -fɔn-] *n.* ブルームフォンテイン《南アフリカ共和国中部の都市で, 最高裁判所があり同国の司法上の首都; Orange Free State の首都; 人口 149,000》.
Blois [blwɑ́ː; *F.* blwa] *n.* ブロワ《フランス中部, Loire 河畔の都市, Loire-et-Cher 県の首都; 古城がある; 人口 45,000》.
Blok [blɔ́(ː)k, blɑ́k | blɔ́k; *Russ.* blók], **Aleksandr Aleksandrovich** *n.* ブローク《1880-1921; ロシアの象徴派詩人; *The Unknown Woman* (1906)》.
bloke [blóʊk | bláʊk] 〘(1851) ← ? Shelta〙 ── *n.* 《英》**1** 《口語》やつ, 男 (guy); やぼったい男, のろま: an old ～ 老いぼれ. ★ 目上の人に用いる時はなれなれしい気持で, 自分自身に用いる時はやや[わざと]自嘲をこめて用いる. **2** [the ～] 《海軍俗》(自分の乗っている軍艦の)艦長, 「うちのおやじ」.
blond [blɑ́(ː)nd | blɔ́nd] 〘(1481) □ (O)F *blond*, (fem.) *blonde* < ML *blondum* yellow ← Gmc **blend-*, **bland-* to shine ← IE **bhel-* to shine (⇨ bald): cf. OE *blonden-feax* grey-haired〙 (*also* **blonde** [～]) ── *adj.* **1** 〈毛髪が〉薄いとび色の, 金髪の; 〈皮膚が〉色白で血色のいい; 〈人が〉白肌で金髪碧眼の, 金髪の, ブロンドの (cf. brunet 2, dark 2, fair² 2): a ～ girl. ★ 元来 blonde は文法上女性の形容詞, blond は男性の形容詞; 今では blond を男女に用いてよいが, 《英》では一般に blonde を用いることが多い. **2** 〈家具の木材が〉(漂白した)明るい色調の. ── *n.* **1** ブロンドの人. **2** ブロンド色. **3** ＝blonde lace. **～·ish** *adj.* **～·ness** *n.*
blónde làce *n.* ブロンドレース《もとは生糸の色であったが, 今は多く白または黒く染めたフランス製絹レース》.
blon·die [blɑ́ndi | blɔ́ndi] 〘← BLOND (n.)＋-IE〙 *n.* 《口語》金髪の女.
blon·dine [blɑndíːn | blɔn-] 〘← BLOND (adj.)＋-INE³〙 *n.* 《米》**1** 髪をブロンド色に漂白すること. **2** 髪をブロンド色に漂白した女.
blood [blʌ́d] 〘OE *blōd* < Gmc **blōđam* (G *Blut*) ← ? IE **bhel-* 'to BLOW², BLOOM¹'〙 ── *n.* **1 a** 血, 血液: the circulation of the ～ 血液の循環. ★ ギリシャ語系形容詞: haemal. **b** (下等動物の)体液. **c** (植物の)樹液; (果物などの血のような)赤い汁 (cf. blood orange). **2** (活素としての)血; 活素; 生命: give one's ～ for one's country 祖国のために命を捧げる. **3** (体中にみなぎる感情の媒体としての)血, 血潮, 血気, 激情 (passion); 気質 (temperament): a man of hot ～ 熱情の人 / make a person's ～ boil [run cold] 血を沸き立たせる[ぞっとさせる] / ⇨ *in cold* BLOOD / freeze [chill] a person's ～ ぞっとさせる / get [have] a person's ～ up 人を激昂させる / His ～ was up. 激怒した, 喧嘩腰だった; (仕事などに)闘志満々だった / The scene made my ～ turn. その光景を見て私の血は沸き返った / ⇨ bad blood. **4 a** (家系などの特徴を示すものとしての)血, 血筋, 血統 (lineage), 血縁: be related [joined] by ～ 血族関係がある / ties of ～ 血縁 / a man of noble [royal] ～ 貴[王]族 / fresh [new] ～ (古い血統などに取り入れられた)新しい血 (cf. 5 a) / ⇨ full blood, half blood, whole blood / Madness runs in the ～. 気違いは血統 / He has courage in his ～. ＝Courage is in his ～. 勇気は親譲り / *Blood* is thicker than water. 《諺》血は水よりも濃い《他人より血族の者に一層情が湧く》/ *Blood* will tell. 血は争えないものだ. **b** 生れ (birth); よい血筋, 門閥; [the ～] 皇族, 王家 (blood royal): a prince [princess] of *the* ～ 王子[王女], 親王[内親王]. **c** 純血, 良血: a bit of ～ 純血種(の馬), サラブレッド / ⇨ blood horse. **5 a** [通例修飾語を伴って; 集合的] 人々, (特に)若者たち: ⇨ young blood / fresh [new] ～ 新進気鋭の人々 (cf. 4 a). **b** 血気盛んな人, 威勢のいい男; (特に)粋な若者, だて者, 道楽者 (dandy): a (dashing) young ～ 威勢のいい若者. **6** (流す)血, 流血 (bloodshed); 殺人(の罪) (murder); 犠牲: a man of ～ 冷血漢; 人殺し / hands stained with ～ 血に汚れた手, 殺人犯 / deeds of ～ 殺人行為 / to the last drop of one's ～ 自分に血の通っている間は, あくまで. **7** 〘《略》← *blood-and-thunder story*〙 [通例 *pl.*] 《英》扇情的な三文小説. **8** [B-] Blackfoot Indians の支族の人.
corrupt in blood (反逆罪・重罪のために)血統の汚れた (⇨ CORRUPTION of blood). ***curdle the [a person's] blood*** ぞっとさせる, 肝を冷えさせる. ***draw blood*** (1) 血を流させる; 血を取る. (2) 人の感情を傷つける, 怒らせる. ***draw first blood*** (1) 〘ボクシング〙(相手に)最初に血を出させる. (2) 〘スポーツ〙先制点を挙げる. (3) (相手に対して)まず優位を占める. ***get blood from [out of] a stone*** 無情な人間から哀れみを得る, 欲張りに金を出させる《不可能なこと; cf. stone 1 a》. ***God's blood!*** 《古》畜生, あっ, しまった. 全く, まあ (cf. 'sblood). ***have a person's blood on one's head [hands]*** 人の死[不幸]に責任がある (cf. *Josh.* 2:19). ***in blood*** 《廃》〈動物が〉活力[元気, 生気]のある. ***in cold [cool] blood*** 冷酷に, 冷然として, 平気で (cf. cold-blooded): murder a person *in cold* ～. ***in hot [warm] blood*** いきり立って, かっとして. ***let blood*** 〘医学〙(1) 放血[瀉血(しゃけつ)]する, 刺胳(しらく)する (bleed) (cf. bloodletting). (2) 《古》〈人〉の血を採る: He was *let* ～. 彼は血を採られた. ***out for a person's blood*** 人をやっつけようと狙って. ***out of blood*** 《廃》〈動物が〉生気[元気]なく. ***restore a person in blood*** (本人または祖先が喪失した)称号[継承権など]を回復させる. ***suck the blood of*** (1) 〈人〉の血[生気]を吸い取る. (2) 〈人〉から金を絞り上げる. ***sweat blood*** (1) 血の汗を流す[流して働く], 大変な苦労をする. (2) ひどく心配する, やきもきする. ***taste blood*** (1) 〈猟犬・野獣などが〉血の味を覚える. (2) 〈人が〉(何か楽しいことを)初めて経験する, 味をしめる.
blood and iron 〘《なぞり》← G *Blut und Eisen*〙 鉄血政策《プロイセンの首相 Bismarck が 1862 年に行なった演説の中の言葉; 強硬な武力政策のこと; blood and iron policy ともいう》.
blood and soil 〘《なぞり》← G *Blut und Boden*〙 血と土地《ナチスの人種主義的な農業政策・植民政策のスローガン; 例えば 1933 年の世襲農地法にみられる》.
blood and thunder (三文小説や大衆劇などにあるような)メロドラマや流血ざた.
── *vt.* **1 a** 〈猟犬〉に初めて血を味わわせる (cf. flesh *vt.* 1 a). **b** 〈兵を〉流血[戦闘]に慣らす. **c** 〈人〉に新しい体験をさせる, 手ほどきをする. **d** 〈新しい武器を〉戦場で用いる, ためしに使う. **2** 《英》〘狩猟〙〈初めて狐狩りをする人〉に血塗式を行なう (cf. blooding 1 b). **3** 《古》〘医学〙放血する. **4** 《古》血で汚す.
blóod albùmin *n.* 〘生化学〙血清アルブミン《血清蛋白の一種; 電気泳動での移動度が最も高い》.
blóod àlley *n.* 赤い縞のある上等のビー玉.
blóod-and-thúnder *adj.* 〈劇・小説など〉暴力や流血ざたの; 扇情的な, 低俗な (sensational) (cf. BLOOD and thunder): ～ stories, books, etc.
blóod bànk *n.* **1** 血液銀行《輸血用血液貯蔵供給機関》. **2** (血液銀行の)貯蔵血液.
blóod bàth *n.* 血の粛清, 大量殺戮 (massacre) (cf. bath¹ 2).
blóod bróther *n.* **1** 血のつながった[血を分けた]兄弟. **2** (血を混ぜ合ったりなどして誓い合った)兄弟, 兄弟分, 血盟者. **3** 切っても切れないもの, 強く結びついているもの. **4** 《米俗》仲間の黒人. **～·hòod** *n.*
blóod cèll [còrpuscle] *n.* 血球: red [white] ～*s* 赤[白]血球.
blóod còunt *n.* **1** (血液一定量中の白・赤血球の)血球計算[算定], 血算. **2** (血液一定量中の)血球数.
blóod·cùrdler *n.* 血も凍る[ぞっとさせる]ような話[記事, 本など].
blóod·cùrdling *adj.* 血も凍るような, ぞっとさせる(ような): a ～ experience. **～·ly** *adv.*
blóod dònor *n.* (輸血用血液の)供血者.
blóod·ed 〘ME〙 ── *adj.* **1** 〈馬・家畜など〉純血種の, 良血統の: a ～ horse 純血種の馬, 良血馬. **2** [複合語の第2構成素として] (…の)血をもっている: warm-*blooded* animals 温血動物.
blóod fèud *n.* 血讐(けっしゅう)《殺人のために生じた2族間の復讐; cf. blood revenge, vendetta》.
blóod·fìn *n.* 〘魚類〙南米原産のカラシン科の銀色の体に赤いひれをもつ小魚の一種 (*Aphyocharax rubripinnis*)《観賞魚》.
blóod·flòwer *n.* 〘植物〙**1** トウワタ (*Asclepias curassavica*)《熱帯地方産の橙緋色の花が咲く多年草》. **2** アフリカ南部原産ヒガンバナ科の園芸植物 (*Haemanthus katherinae*).
blóod flùke *n.* 〘動物〙住血吸虫 (⇨ schistosome).
blóod gìll [-gɪl] *n.* 〘動物〙血液鰓(えら)《水生昆虫の呼吸補助器官とみなされるもの》.
blóod glùe *n.* 血液糊(のり)《家畜類の血液中のアルブミンの接着性を利用した糊; 合板製造に用いられた》.
blóod gròup *n.* 血液型《blood type ともいう》.
blóod gròuping *n.* 血液型判定[検査].
blóod·guìlt *n.* (戦争などに際しての)殺人の罪, 流血の罪.
blóod·guìlty *adj.* 人を殺した, 人殺しの罪のある, 殺人犯の. **blóod·guìltiness** *n.*
blóod hèat *n.* 血温《健康な人間の平温はセ氏約 37 度, カ氏約 98 度; 日本人は約 36.5 度》.
blóod hòrse *n.* **1** 純血種の馬. **2** サラブレッド, 良血馬.
blóod·hòund 〘ME〙 ── *n.* **1** ブラッドハウンド《もと猟獣の跡をつけるのに用いた英国産の大型犬種のイヌ; cf. sleuthhound》. **2** 《口語》巧妙な追跡者, 刑事, 「いぬ」.
blóod·i·ly [-dɪli, -dəli, -dḷi | -dɪli] *adv.* **1** 血を流して, 血まみれに. **2** 残虐に.
blóod·i·ness *n.* **1** 流血の惨状, 血まみれ. **2** 残虐, 悲惨.
blóod·ing *n.* **1 a** 〘狩猟〙猟犬に初めて血を味わわせること. **b** 《英》〘狐狩〙血塗式《初めて狐狩をする人が最初に殺された狐の血を塗りつけられる略式の儀式》. **2** 《口語》若者に初めて大胆な仕事をさせること.
blóod ìsland *n.* 〘動物〙血島(けっとう)《脊椎動物の発生において赤芽細胞およびそれに関係する血管を形成する細胞集団》.
blóod·less 〘ME〙 ── *adj.* **1 a** 血のない, 無血の. **b** 血の気のない, 青ざめた (pale): ～ lips, cheeks, etc. **2 a** 血を流さない: ～ surgery 無血手術. **b** 血を見ない, 流血の惨事のない: a ～ victory [revolution] 無血勝利[革命] / the *Bloodless* Revolution＝the English Revolution. **3** 熱情[元気, 生気]のない, 活気の乏しい (spiritless): a ～ young man / a ～ character. **4** 血も涙もない, 冷血の, 冷ややかな, 非情な (inhuman): a ～ heart / ～ charity 情のこもらない[機械的にする]慈善. **～·ly** *adv.* **～·ness** *n.*
blóod·lètting 〘ME: ⇨ let¹〙 *n.* **1** 〘外科〙瀉血(しゃけつ), 放血 (phlebotomy). **2** (戦闘・ボクシングなどでの)流血. **3** (人や資源の)消耗.
blóod lèvel *n.* 〘医学〙血中濃度.
blóod·lìne *n.* 血統, 家系; (特に, 家畜の)直系.
blóod·lùst *n.* 流血[殺戮]への欲望.
blóod màrk *n.* 血の跡, 血痕.
blóod·mo·bìle [-mo(ʊ)biːl, -mə- | -mə(ʊ)-] 〘← BLOOD＋(AUTO)MOBILE〙 ── *n.* 《米》**1** 移動採血車[血液銀行]《献血者から血液を採る器具を装備した自動車》. **2** 緊急輸血用の血液を運ぶ自動車[飛行機など].
blóod mòney *n.* **1 a** 他人の幸福[名声など]と引き換えに得られた金. **b** 死罪犯引渡し報償金《死刑となる罪人を官憲に引き渡した時受ける金》. **2 a** 殺人償金《近親を殺された人が殺人者またはその家族から代償として受ける慰謝料》. **b** 殺人謝礼金《殺人を依頼された人が受け取る金》.
blóod òrange *n.* 〘園芸〙ブラッドオレンジ, チミカン (*Citrus cinensis* for. *sanguinea*)《アマダイダイ (sweet orange) の品種群の一つ; 果面や果肉にアントシアニン色素による赤色が生じる; 地中海沿岸に多く栽培される》.
blóod pìcture *n.* 〘医学〙血液像, ヘモグラム (hemogram).
blóod plàsma *n.* 血漿(けっしょう) (cf. blood serum).
blóod plàtelet *n.* 〘解剖〙血小板《thrombocyte, 単に platelet ともいう》.
blóod pòisoning [pòison] *n.* 〘病理〙**1** 敗血症 (septicemia). **2** 毒血症 (toxemia).
blóod prèssure *n.* 〘医学〙血圧: ⇨ high blood pressure, low blood pressure.
blóod pùdding *n.* ＝blood sausage.
blóod pùrge *n.* 血の粛清《ナチスドイツで行なわれたような, 政党または政府による反対派の殺害》.
blóod·réd 〘OE *blōdrēad*〙 *adj.* **1** 血のように赤い. **2** 血染めの.
blóod réd *n.* 血赤色.
blóod relàtion *n.* 血族の者.
blóod relàtionship *n.* 血縁 (consanguinity).
blóod rélative *n.* ＝blood relation.
blóod revènge *n.* 血族による復讐[仇討ち] (cf. blood feud).
blóod·ròot *n.* 〘植物〙**1 a** 北米原産の赤根のケシ科サンギナリア属の植物 (*Sanguinaria canadensis*). **b** サンギナリア属の植物の総称《赤い根茎は乾燥して薬用とする》. **2** 《英》＝tormentil.

blóod róyal *n.* [the ～] 皇族 (royal family).
blóod sàusage *n.* ブラッドソーセージ《豚の血とスエット (suet) などでつくった黒ずんだソーセージ》.
blóod sèrum *n.* 血清《血漿からフィブリン (fibrin) を除いたもの；単に serum ともいう》.
blóod·shèd 〖ME〗 *n.* 流血；流血の惨事, 殺害, 惨殺, 虐殺：revenge for ～ 仇討ち.
blóod·shèdding 〖ME〗 *n.* ＝bloodshed
blóod·shòt 〖《*a*1618》《略》← 《方言》 *bloodshotten*: ⇨ blood, shotten, shot³〗 ── *adj.* **1** 〈目が〉充血している, 血走った, 血まなこの：one's ～ eyes / see things ～ 〈目が〉殺気を帯びて[殺気立って]いる. **2** 興奮した, 激しい (tense).
blóod spàvin *n.* 〖獣医〗 飛節内腫《飛節内面の骨瘤で慢性成形飛節炎ともいう；主に馬に発生するがまれに牛にもみられる》.
blóod spòrt *n.* 流血を伴うスポーツ《狩猟・闘牛などを》.
blóod·stàin *n.* 血の跡, 血痕.
blóod·stàined *adj.* **1** 〈物が〉血痕のついた, 血まみれの, 血染めの. **2** 〈人が〉人殺しをした, 殺人犯の.
blóod·stòck *n.* [集合的] (特に, 競馬用の)サラブレッド, 純血種の馬 (thoroughbred horses).
blóod·stòne *n.* 〖鉱物〗 **1** 血玉髄, 血石 (heliotrope) 《緑石英または緑玉髄に赤い斑のはいった準宝石；⇨ birthstone》. **2** ＝hematite.
blóod·strèam 〖ME〗 *n.* **1** (体内の)血流. **2** (血流のような)重要な役割を演じる物；(活力の)主流, 本流.
blóod·sùcker 〖ME〗 *n.* **1** 吸血動物；(特に)ヒル (leech). **2** (人の物を絞り取る)強欲非道な人, 吸血鬼 (extortioner). **3** 食客, 居候 (sponger). **blóod·sùcking** *adj.*
blóod sùgar *n.* **1 a** 血糖《血液中のブドウ糖》. **b** 血糖の量[濃度]. **2** 血糖量の測定.
blóod-tèst *vt.* …に血液検査を施す.
blóod tèst *n.* 血液検査.
blóod·thìrsty *adj.* 血に飢えている, 血[殺生]を好む, 殺気立った, 殺伐な (murderous), 残虐な (ferocious). **blóod·thìrstily** *adv.* **blóod·thìrstiness** *n.*
blóod transfùsion *n.* 輸血(法)《単に transfusion ともいう》.
blóod-tỳpe *vt.* 〈人〉の血液型を判定する.
blóod tỳpe *n.* ＝blood group.
blóod vèngeance *n.* ＝blood revenge.
blóod vèssel *n.* 血管：burst a ～ (興奮したりして)血管を破裂させる；《米口語》非常に興奮する.
blóod·wàgon *n.* 《英空軍俗》傷病者輸送機.
blóod·wàrm *adj.* 血温の[に暖められた], なま暖かい (lukewarm).
blóod·wòrm *n.* **1** (魚釣用)ミミズ. **2** 〖昆虫〗 アカボウフラ, アカムシ《双翅(そう)目ユスリカ (midge) の赤い幼虫》.
blóod·wòrt 〖ME〗 *n.* 〖植物〗 **1** 根に赤い汁液をもつ熱帯性の Haemodoraceae 科の植物の総称. **2** 根や葉が赤い植物の総称《ギシギシ (dock), bloodroot など》.
blood·y [blʌ́di | -dɪ] 〖OE *blōdig*: ⇨ blood, -y⁴〗 ── *adj.* (**blood·i·er**; **-i·est**) **1 a** 血の[から成る, を含む]：⇨ bloody sweat. **b** 血のような, 血液性の；血の色の. **2 a** 出血している (bleeding), 血(液)の混ざった：a ～ nose / ～ sputum [stool] 血痰(たん)[便]. **b** 血に汚れた, 血まみれの：a ～ sword. **3 a** 血なまぐさい, 血を流す, 流血を伴う, 血みどろの：a ～ battle [fight]. **b** 流血を暗示する；殺伐な, 残虐な, むごたらしい (cruel)：a ～ sight むごたらしい光景 / a ～ deed 残虐行為 / a ～ soldier 残虐な兵隊 / ～ work 虐殺. **4 a** 《英卑》ひどい, 忌わしい (damned)《★ しばしば単なる強意語として用いられる, またはばかってしばしば b—(d)y と伏せ字にする；cf. bally, blooming 3》：a ～ shame 赤っ恥 / a ～ liar 大うそつき / a ～ genius ど偉い天才 / not a ～ one ただの一つも…ない / Mind your own ～ business! てめえの頭のはえでも追え / What ～ good will thinking do? 考えてどうなるというのか. **b** 《英俗》よくない, 不愉快な, いやな (objectionable). ── *n.* 《英俗》不愉快な[いやな]やつ. ── *adv.* 《英卑》ひどく, べらぼうに (cf. *adj.* 4a ★)：～ awful [cold] とてもひどい[寒い] / be ～ drunk ぐでんぐでんに酔っている / Not ～ likely! そんなことは断じて(し)ない, 心配ご無用 (Shaw, *Pygmalion*). ── *vt.* **1** …から血を流す；血で汚す；血まみれにする：Their noses were *bloodied* in their fight. 喧嘩で彼らの鼻は血で汚れていた. **2** 真っ赤に紅葉させる.
blóody bárk *n.* 〖植物〗 オーストラリア原産マメ科の紫色の花が咲く蔓植物 (*Lonchocarpus blackii*).
blóody·bónes *n. pl.* [単数または複数扱い] 《古》妖怪, お化け (specter). ★ 次の句で：RAWHEAD *and bloodybones.*
blóody fíngers *n.* (*pl.* ～) 〖植物〗 ＝foxglove.
blóody flúx *n.* 《古》赤痢 (dysentery).
Blóody Máry *n.* **1** 血のメアリー《Mary 一世のあだ名；新教徒を迫害したため》. **2** 〖← ? 1: 赤い色から〗 [しばしば b- m-] ブラディメリー《ウオツカとトマトジュースで作ったカクテル》.
blóody-mínded *adj.* **1** 殺伐な, 残忍な (bloodthirsty). **2** 《英口語》邪魔だてする, つむじ曲がりの (pig-headed). **～·ness** *n.*
blóody shírt *n.* [the ～] 《米》 **1** (復讐を象徴する)血染めのシャツ. **2** 敵意をあおるもの：wave the ～ 〖米政治〗党派的な敵愾(がい)心をあおる.
Blóody Súnday *n.* 血の日曜日《1905 年 1 月 9 日；この日 St. Petersburg で労働者が政治犯の釈放などを要求して請願運動に立ちあがったが, これに軍隊が発砲して多数の死傷者を出し, ロシヤ第一次革命の発端となった；⇨ Russian Revolution》.
blóody swèat *n.* ＝hematidrosis.
bloo·ey [blúːi | blúːɪ] 〖← ?〗 *adj.* (*also* **bloo·ie** [～]) 《米俗》うまく働かない, 混乱している：go ～ 狂う, 故障する, 調子が悪くなる.
bloom¹ [blúːm] 〖《?*c*1200》 *blom(e)* ⊏ ON *blōm* flower, *blōm-i* prosperity, (pl.) flowers < Gmc **blōmon*, **blōmōn* ← IE **bhel-* to thrive, bloom: cf. blossom, bloom², blow²〗 ── *n.* **1 a** (観賞用植物の)花 (cf. flower 1, blossom 1 a)：small pretty ～*s*. **b** [集合的] (一植物または一シーズンの)花 (flowers)：the spring ～ / The orange has an excellent ～. りっぱな花をつけている. **c** 開花状態[期], 花盛り：come into ～ 咲き出す / be in [out of] ～ 咲いて[散って]いる / The roses are in full ～. ばらは満開[盛り]. **2** [the ～] (健康・美などの)真っ盛り (prime), 最盛期：in *the* ～ of youth 若い盛りに[で]. **3 a** (若さや健康を示すほおの)ばら色, 輝き, 健康色, (健康的な)つや：There was fresh ～ on her cheek(s). 彼女のほおは新鮮な健康色に輝いていた / take the ～ off …の美観[清新の趣]を殺(そ)ぐ, …をつまらぬものにする. **b** (織物などの)光沢, 輝き：silk with a fine ～. **c** 表面の艶(つや), 光沢. **4 a** (新鋳貨幣の)粉状の表面. **b** (ぶどうなどの果実やカーネーションなどの葉の表面に生じる)白い蠟(ろう)状の粉[被覆]. **c** (ワニスなどを塗った表面の)曇り《chill ともいう》. **5** (湖・海などでの)プランクトンの異常発生《赤潮の原因となる》. **6** (ぶどう酒の独特な)香り, 芳香, ブーケ (bouquet). **7** 〖鉱物〗華(か)《亜鉛・コバルトなどを含む鉱物の表面をおおって二次的にできる鉱物》：cobalt ～ コバルト華. **8** 〖テレビ〗(被写体からの強い反射による)輝き.
── *vi.* **1** 花が咲く, 開花する (blossom)：These plants ～ in summer. これらの植物は夏花をつける. **2** 〈物事が〉(活動力の)真っ盛りである, 栄える, 時めく (flourish). **3 a** 〈人が〉(花のように)美しくなる, きれいである, 健康そうである：～ *with* health. 〈女性が〉健康な色つやをしている. **b** 〈ほおなどが〉赤らむ, 健康色に輝く. **4 a** はなやかに輝く, 赤く輝く, 照り映える. **b** 思いがけなく[驚くほどの量で]現われる. **5** 〈河・海などが〉(プランクトンが異常発生して)茶色に[赤く]なる. ── *vt.* **1 a** …に色つやを与える, はなやかにする. **b** 栄えさせる, 繁栄させる. **2** 〈光沢のあるものを〉曇らせる. **3** 《廃》開花させる, 〈花を〉咲かせる. **4** 《英》〖光学〗〈レンズを〉ブルーミングする (⇨ blooming *n.*).
bloom² [blúːm] 〖OE *blōma* lump of metal ← ? Gmc **blō-* (↑)〗 〖冶金〗 *n.* ブルーム, 塊鉄, 鋼片. ── *vt.* 〈攪錬(かくれん)した鉄を〉ブルームにする (⇨ puddling 3).
bloom·a·ry [blúːməri | -rɪ] *n.* ＝bloomery.
blóom·er¹ 〖← BLOOM¹ (v.)＋-ER¹〗 ── *n.* **1** 花が咲く〈植物〉：an early ～ 早咲きの花. **2 a** 若い盛りの人. **b** 技術・能力などを十分発揮する(若)人. **3** 〖《短縮》← *blooming error*〗《英俗》ばからしい誤り, しくじり, 大失策, どじ (《米俗》boner)：make [pull] a ～ どじを踏む, しくじる.
bloo·mer² [blúːmə | -mə(r)] 〖《1851》← *Mrs. Amelia Jenks Bloomer* (1818-94: ブルーマー服を考案した米国の女権拡張主義者)〗 ── *n.* **1** ブルーマー服《短いスカートの下に, 足首にギャザーを寄せてたっぷりしたズボンをはき, 上衣とつばの広い帽子を組み合わせた婦人服》：a ～ girl (1910 年ごろの)ブルーマー服を着用した勇ましい魅力的な女の子. **2** [*pl.*] **a** ブルーマー《婦人がスポーツに用いたズボンの一種；ひざの上または下にゴムを入れて絞ったもの》. **b** (同様の型の)パンツ《主に女児用下着》.

bloomer² 1

bloom·er·y [blúːməri | -rɪ] 〖← BLOOM²＋-ERY〗 *n.* 分塊炉, 分塊工場.
Bloom·field [blúːmfiːld], **Leonard** *n.* (1887-1949) 米国の言語学者；*Language* (1933).
Bloom·field·i·an [bluːmfíːldiən | -dɪ-] *adj.* ブルームフィールド学派の, 構造言語学的な. ── *n.* ブルームフィールド学派の言語学者.
blóom·ing 〖ME〗 ── *adj.* **1** 花の咲いた, 花盛りの (flowering). **2 a** 若い盛りの, 花のような：She looks ～. 花のようにきれいだ. **b** 栄えている, 隆盛の (flourishing)：a ～ business. **3** 〖《婉曲的変形》? ← BLOODY〗《英俗》いまいましい, 途方もない, 全くの《★ しばしば単なる強意語として用いられる；この用法のため英国では a ～ girl [youth] のような言い方はすたれて来た》：a ～ busyboy 仕様のないおせっかい / a ～ idiot この上なしのまぬけ / every ～ person 猫も杓子(しゃくし)も. ── *adv.* 《英俗》＝bloody. ── *n.* 〖光学〗ブルーミング：**a** ガラス・レンズの表面が変質し, 屈折率の小さい薄膜が生じて干渉効果により光の反射率が減少する現象. **b** レンズ表面にレンズ材質より屈折率の小さい物質(主に金属フッ化物)を適当な厚さに真空蒸着する処理；干渉効果により反射率を減少させる. **～·ly** *adv.* **～·ness** *n.*
blóoming mìll *n.* 〖冶金〗分塊圧延機；分塊圧延工場.
blóoming òil *n.* 紙やすり用の油.
Bloom·ing·ton [blúːmɪŋtən] 〖⇨ blooming, -ton〗 ── *n.* 米国 Indiana 州南部の都市；Indiana 大学所在地；人口 42,000.
blóom·less *adj.* 花のない, 花をつけない.
Blooms·bu·ri·an [bluːmzbjú(ə)riən | -bjúərɪ-] *n.* Bloomsbury の住人；(特に) Bloomsbury Group の人.
Blooms·bu·ry [blúːmzb(ə)ri | -rɪ] 〖ME *Blemondisberi* ← *Blemund* (家族名)＋*-bury* manor house (⇨ borough)〗 ── *n.* **1** London 中央部の一地区《British Museum, London 大学などがあり, 昔は上流住宅地；cf. Bloomsbury Group》. **2** ＝Broomsbury Group. ── *adj.* **1** ブルームズベリグループの. **2** ブルームズベリグループを模倣した；知的な, 知識人ぶる.
Blóomsbury Gròup *n.* [the ～] ブルームズベリグループ《20 世紀前半ロンドンで重きを成した Virginia Woolf, L. Strachey, E. M. Forster, J. M. Keynes などを含む芸術家・インテリ・文学者の一派；多くは Bloomsbury に住んだ》.
bloom·y [blúːmi | -mɪ] *adj.* (**more ～, most ～; bloom·i·er, -i·est**) **1** 花でおおわれた, 満開の. **2** 〈果実など〉粉を吹いている. **3** 《古》はつらつとした青春の美にあふれた.
bloop¹ [blúːp] 〖擬音語〗 ── *n.* **1** 不快な雑音；(特に, 光束が音の再生装置を通過する際, フィルムの重ね継ぎや重さの違いなどによって生ずる)ひゅーひゅーという音. **2** (フィルムの重ね継ぎをする際に継いだ部分に当てる)雑音防止用マスク. ── *vi.* 《口語》〈受信機が〉ひゅーひゅーいう (howl). ── *vt.* …の雑音を止める. **～·ing** *n.*
bloop² [blúːp] 〖← ? BLOOP¹〗 《米》〖野球〗 *vt.* 内野をやっと越す〈フライを〉あげる. ── *adj.* 〈ボールが〉内野をやっと越すフライの.
blóop·er 〖← BLOOP¹＋-ER¹〗 ── *n.* 《口語》 **1** 不快な雑音；(特に, 受信アンテナから輻射を起こして付近の受信機に生じる)ひゅーひゅーいう音. **2** 《米》大きな間違い (blunder)；(特に, 公けまたは政治的に困る)大失策：make [pull] a ～. **3** 〖野球〗 **a** 逆回転をつけた高い山なりの投球《looper ともいう》. **b** テキサスヒット《内野をやっと越すゆるいフライ；Texas leaguer ともいう》.
blos·som [blɑ́səm | blɔ́s-] 〖n.: OE *blōstm*, *blōs(t)ma* ← Gmc **blōs-* ← **blō-*: ⇨ bloom¹·². ── v.: OE *blōstmian* ← (n.)〗 ── *n.* **1 a** (特に, 果樹の)花 (cf. flower 1, bloom¹ 1 a)：cherry ～*s*. **b** [集合的] (一本の木についた)全部の花：a shower of ～ 花吹雪. **c** 開花状態[期], 花盛り：come into ～ 花が咲き出す / be in ～ 花が咲いている / The apple trees are now in full ～. りんごの木は花盛りだ. **2** 少壮(期), (発展の)初期. ── *vi.* **1 a** 〈植物が〉花を開く. **b** 〈場所が〉花で一杯になる. **c** 〈パラシュート・傘などが〉開く 〈*out*〉. **2** 栄える, 発展する；発達して〔…と〕なる 〈*out*〉 〔*into*〕：His genius ～*ed* early. 彼の天才は若い時に開花した / The village ～*ed* (*out*) *into* a town. その村は発展して町になった / He will ～ *out as* [*into*] a statesman. やがて立派な政治家になるだろう. **3** 一変する；快活になる 〈*out*〉：She ～*ed out* in a new dress. 新しいドレスを着て晴れ晴れとした姿になって(現われ)た.
Blos·som [blɑ́səm | blɔ́s-] 〖↑〗 *n.* 女性名.
blóssom bùd *n.* 〖植物〗花芽；(特に, 果樹の)花芽 (flower bud) (cf. leaf bud, fruit bud, mixed bud).
blos·som·y [blɑ́səmi | blɔ́səmɪ] 〖《*c*1380》 *blosmy*: ⇨ blossom, -y⁴〗 *adj.* 花の多い, 花でおおわれた, 花盛りの；花のような.
blot¹ [blɑ́t | blɔ́t] 〖《1373》← ? ON (cf. Icel. *blettr* stain) // ⊏ OF *blotte* clod ⊏ ? Gmc〗 ── *n.* **1** (紙の上のインキなどの)汚れ, しみ (stain)：an ink ～. **2 a** 美観などを損なうもの：a ～ *on* the landscape 風景の目ざわり；目ざわりなもの[人]. **b** (人格・名声などの)きず, 汚点；汚辱, 汚名：a ～ *on* one's character 人格の汚点. **3** 《古》(文字などの)なすり消し, 塗抹(まつ), 抹消 (erasure).
a* (*dark*) *blot on* [*in*] *the escutcheon (1) 家門の名折れ. (2) 名折れ, 汚名.
── *v.* (**blot·ted**; **blot·ting**) ── *vt.* **1** …にしみをつける, (インキ・墨などで)汚す (stain)：～ paper [one's desk] / ⇨ *blot one's* COPYBOOK. **2 a** (吸取紙などで)吸い取って〈書き物を〉乾かす (cf. blotting paper)；〈インクなどを〉吸いとる, 〈汚れを〉ぬぐい取る (remove) 〈*up*〉：～ one's letter (インクを吸い取るため)手紙に吸取紙を当てる / ～ (*up*) the ink / ～ *up* the gravy on the floor 床にこぼれた肉汁をふき取る. **b** 〈名前・思い出などを〉抹殺する：memories ～*ted* from one's mind 心からすっかり忘れられた思い出. **3** 《廃》 **a** 〈人格・名声・美しさなどを〉傷つける, 害する (impair)；汚す (disgrace). **b** 中傷する, 誹謗(ひぼう)する. **4** 《廃》〈紙などに〉書き散らす；ぬたくる (daub). ── *vi.* 〈インキ・紙などが〉にじむ；〈ペンが〉紙をにじませる：This paper ～*s* easily. この紙はにじみやすい.
blot out (1) 〈文字などを〉(なすり)消す (erase). (2) 〈景色などを〉見えなくする, おおい隠す (conceal)：The smog ～*ted out* the sun. スモッグで太陽が見えなくなった. (3) 〈都市などを〉すっかり破壊する (destroy). (4) 〈敵などを〉皆殺しにする. (5) 〈思い出などを〉完全にぬぐいさる. (6) 〈罪過を〉帳消しにする：This good deed ～*ted out* all his sins. この立派な行為で彼の罪はすべて消滅した.
blot² [blɑ́t | blɔ́t] 〖《1598》⊏ ? Du. *bloot* naked〗 *n.* **1** (backgammon で)危険にさらされているこま. **2** 《古》(暴露された)弱点.

hit a blot (1) (backgammon で) point に一つだけ残されたこまを捕える. (2) 弱点を突く.

blotch [blátʃ | blɔ́tʃ] 〖《1604》《混成》? ← BLOT¹ + BOTCH¹〗 **—** *n.* **1** (皮膚の)できもの, 腫物. **2 a** (インキなどの)大きなしみ, 汚れ (stain). **b** きず, 汚点 (blemish). **—** *vt.* [通例 p.p. 形で] **1** できものだらけにする. **2** 汚す, しみだらけにする (blot). **—** *adj.* 〖紡織〗ブロッチ捺染の: ⇨ blotch printing.

blótched *adj.* しみのついた.

blótch prìnting *n.* 〖紡織〗ブロッチ捺染《織物[生地]捺染の一種》.

blotch·y [blátʃi | blɔ́tʃi] *adj.* (blotch·i·er; -i·est) **1** できもののある. **2** しみだらけの. **blótch·i·ly** [-tʃɪli, -tʃə- | -tʃɪli] *adv.*

blót·less *adj.* **1** 汚れ[しみ]のない. **2** きず[汚点]のない.

blot·ter [blátə | blɔ́tə(r)] *n.* **1** (特に, 台の上に取り付けた)吸取紙; 吸取紙ばさみ. **2** 《米》**a** (本台帳に載せるまでの)控え帳, 取引控え帳. **b** (警察の)逮捕記録簿《police blotter ともいう》. **3** 《俗》酔っ払い (drunk). **4** 〖機械〗ブロッタ《研削砥石などを軸にとりつける際に, 締付けナットにより過大な力がかかることを防ぐため, 中間にはさむフェルトなど圧縮され易い物質の円板》.

blot·tesque [blatésk | blɔt-] 〖← BLOT¹ + -ESQUE: cf. grotesque〗 *adj.* 〖絵画〗絵具をどっぷりつけて塗った, 絵具のにじみを活用した. 「づり.

blót·ting bòok [-tɪŋ- | -tɪŋ] *n.* 吸取紙帳, 吸取紙つ

blótting pàd *n.* (すみがゴムのり付けされたりしていて, 必要に応じて切り放せる)吸取紙綴り.

blótting pàper *n.* 吸取紙 (cf. blotter 1).

blot·to [blátou | blɔ́təu] 〖← ? BLOT¹ (v.)〗 *adj.* 《俗》 **1** へべれけに酔った. **2** 混乱した, 意識のない.

blouse [bláus, bláuz | bláuz] 〖《1828》□ F ~ 'workman's smock' □ ? Prov. (*lano*) *blouso* short (wool)〗 **—** *n.* **1** (婦人や子供の着る)ブラウス《ゆるいシャツ形の上衣》. **2** (礼装および通常軍装の)上衣. **3** 仕事着, 労働服《英国の労働者, フランス・ロシヤの農夫や画工などの用いる, ひざまでのたっぷりしたスモック》. **—** *vi.* **1** 〈織物・衣服が〉ブラウジングする《ブラウスにバンドを締めたようにゆったりと膨らむ》. **2** 垂れ下がる (droop). **—** *vt.* 〈衣服の身頃などを〉(ブラウスのように)たっぷりさせる.

blous·on [bláusɑn, blú:zan | bláuzɔn] 〖□ F ~ *blouse* (↑)〗 **—** *n.* (婦人用)ブルゾン《裾に紐やベルトが付いてやや膨らみのある上衣》. **—** *adj.* ブルゾン(スタイル)の: a ~ dress. 「blowzy.

blous·y [bláusi, -zi | -zi] *adj.* (blous·i·er; -i·est) =

blow¹ [blóu | bláu] 〖OE *blāwan* to blow ← Gmc *blēw-* (G *blähen* to blow up, swell) ← IE *bhel- to blow, swell (L *flāre* 'to blow, INFLATE'): cf. blast〗 **—** *v.* (**blew** [blú:]; **blown** [blóun | bláun], *vt.* 14 では ~ed) **—** *vi.* **1** [しばしば it を主語として] 〈風が〉吹く: The wind is ~*ing* gently. 風がそよそよ吹いている / *It* is ~*ing* hard. 風がひどく吹いている / There was a strong wind ~*ing from* the west. 西から強い風が吹いていた / The wind is ~*ing* north. 風は北へ吹いている / *It* is ~*ing up* for rain. この風では雨になりそうだ / *It* is ~*ing* a gale. 疾風が吹いている / ⇨ BLOW *great guns.* **2 a** (風に)吹かれて飛ぶ[散る], はためく: The papers *blew off* (the desk). 書類が(机から)吹き飛んだ / The dust *blew in through* the cracks. 砂ぼこりがすき間から舞い込んだ / The flags *blew* in the wind. 旗は風にはためいた. **b** [形容詞または過去分詞を補語として] 風に吹かれて〈ある状態〉になる: The door has ~*n* open [shut]. 戸が風に吹かれて開いた[締まった]. **3 a** 息を吹く; 〔…に〕息を吹きかける 〔*on*〕: ~ *on* a trumpet トランペットを吹く / ~ *on* the hands (暖めるために)手にはーはー息を吹きかける / Don't ~ *on* your soup [tea]. スープ[紅茶]を吹いて冷ましてはいけない《西洋では不作法とされる》. **b** 〈扇風機が〉風を出す; 〈ふいごなどが〉風を吹く. **c** 〈天然ガス・石油が〉吹き出す. **d** 〈鯨などが〉潮を吹く. **4** はーはーあえぐ (pant): puff and ~ ふうふうう[あえぐ] / ~ short 〈馬が〉息切れしてあえぐ / This slope makes me ~. この坂には息が切れる. **5 a** 〈汽車・汽船などが〉汽笛[警笛]を鳴らす (whistle): ~ *for* the crossing 〈列車が〉踏切で警笛を鳴らす. **b** 〈角笛・オルガン・笛・らっぱなどが〉鳴る: The siren ~*s* at noon. サイレンが正午に鳴る. **c** 〈馬などが〉鼻を鳴らす (snort). **d** 《口語》ジャズを演奏する. **6 a** 《米口語・豪口語》自慢する (boast): Don't ~ *about* it. そんなに自慢ばかりするな. **b** 《口語》腹を立てる; どなりつける (fulminate): ~ *at* a person 人を叱りつける. **7 a** 爆発する: The chemical plant has ~*n up.* 化学工場が爆発した. **b** 〈タイヤが〉パンクする. **c** 〈缶詰の缶が〉膨れる, 破裂する. **d** 〈ヒューズが〉飛ぶ; 〈電球・真空管が〉切れる. **e** 〈チーズなどが〉(異常発酵のため)膨れる. **8** 〈馬・ラバなどが〉息を入れるために止まる[休む]: let a horse ~ 馬に一息入れさせる. **9** 《口語》〔町などに〕ひょっこりやって来る; 〔部屋などに〕どやどやと入って来る 〔*into*〕 (cf. BLOW *in* (2)): ~ *into* town [a room]. **10** 《俗》急に立ち去る, そそくさと逃げる. **11** [命令形で] 《俗》いまいましい (cf. *vt.* 14). **12** 《廃》〈はえが〉卵を産む.

— *vt.* **1 a** 吹き動かす[飛ばす], …に吹きつける: The wind *blew* the leaves *in.* 風で木の葉が舞い込んで来た / I had my hat ~*n off.* 帽子を吹き飛ばされた / ~ the dust *off* (a book) ふっと(本の)ほこりを吹き払う / The strong wind almost *blew* me *over.* 強風にあぶなく吹き倒されそうになった / The boat was ~*n* ashore [*off* its course]. 船は風に吹かれて浜へ乗り上げた[針路をはずれた] / What good wind ~*s* you here? 《口語》どういう風の吹きまわしでやって来たんだい. **b** 〈風が〉(吹いて)…に〈利益(など)を〉もたらす: It is an ill wind that ~*s* nobody (any) good. ⇨ wind¹ 1. **2 a** 〈笛・らっぱなどを〉吹く, 吹奏する; 〔らっぱなどで〕〈音・曲などを〉吹く, 〈汽笛・警笛などを〉鳴らす 〔*on, with*〕: ~ a horn 〈狩人が〉角笛を吹く; 〈ドライバーが〉警笛を鳴らす / The train whistle *blew* three blasts. 列車が汽笛を3回鳴らした. **b** 〈攻撃・退却などの〉合図を吹く: ~ an assault [a retreat]. **c** 〈猟犬〉に角笛で合図する. **d** 《俗》〈楽器〉でジャズを演奏する; 〈ジャズを〉演奏する. **3 a** 〈扇風機が〉〈風を〉出す, 送る; 〈ふいごが〉〈空気を〉送り出す; 〈人が〉〈息を〉吹きかける, 〈キスを〉投げる: ~ (him) a kiss (彼に)投げキスをする / The fan was ~*ing* a cool air. 扇風機が涼しい風を吹き送っていた. **b** 〈火を〉ふうふう吹く; 〈ふいご〉に送風する; 〈たばこの煙を〉ふかす; …に息を吹く: ~ the bellows ふいごを吹く / ~ (*up*) the fire (ふいごなどで)火を吹いて(よく)起こす / ~ smoke over one's pipe パイプをくゆらせる / ~ one's curry and rice カレーライスを吹いて冷ます / He *blew* it dry. 吹いて乾かした. **4 a** 吹いて出す: ~ an egg (殻に二つ穴をあけて)卵を吹いて中味を出す. **b** 〈鼻を〉かむ: ~ one's nose (into [on] one's handkerchief) (ハンカチで)鼻をかむ. **5** 吹いて膨らませる, 吹いて造る: ~ (*up*) a balloon 風船を膨らませる / ~ bubbles しゃぼん玉を吹く / ~ glass ガラスを吹く (cf. glassblower) / ~ a smoke ring たばこの煙で輪を造る / The wind has ~*n* hollows on the hillside. 風で山腹に風穴(ふうけつ)ができている. **6 a** 言い触らす: ~ a rumor *about* [*abroad*] うわさを広める. **b** 《俗》〈人を〉密告する; 〈秘密などを〉明かす: ⇨ *blow the* GAFF³. **7 a** 爆破する; 〈ふた・栓などを〉破裂させる; 〈タイヤを〉パンクさせる; 〈ヒューズを〉飛ばす: ~ a safe 爆破して金庫に穴を開ける / ~ *in* the entrance 入口を爆破する / ~ (*up*) a railroad *with* dynamite ダイナマイトで鉄道を爆破する / be ~*n to* atoms [bits] 粉砕される / be ~*n* to blazes [glory] 《口語》爆発で死ぬ / ~ a person from (the mouth of) a gun 〈人を〉砲口に縛りつけて銃殺する《反逆者などに対して行なった昔の即決裁判法》. **b** 爆破して[撃って]〈穴を〉開ける: I'll ~ a hole through you. 土手っ腹に風穴(かざあな)を開けるぞ. **8** 〈ボールを〉力一杯[猛スピードで]投げる. **9 a** 〈馬などを〉息切れさせる: The horse is badly ~*n.* 馬はひどく息切れしている. **b** 〈馬など〉に一息入れさせる 〈*out*〉. **10** 〈はえが〉…に卵を産みつける: ~ fruit. **11** 《俗》**a** 〈金を〉惜しげなく使う, 濫費する (squander): ~ 10 dollars at cards / ~ one's pay *on* the horses 競馬に給料をはたく. **b** …に〔…を〕派手におごってやる 〔*to*〕: I'll ~ you [myself] *to* champagne. シャンパンをおごってやろう[でも奮発するか]. **12** 《俗》〈好機・計画などを〉だめにする, 台なしにする: ~ a chance, project, etc. **13** 《俗》…から急に立ち去る, そそくさと逃げる. **14** [p.p. は ~ed] 《俗》ののしる (curse, damn)《驚き・苛立ち・怒りなどを表わす》: *Blow* the expense! 費用なんか構うもんか《どんどん使え》/ *Blow* it! = *Blow* me tight! これは驚きだ, ばかばかしい, どうにでもなれ / I'm ~*ed* if… = I'll be ~*ed* if … だったら首をやる, 断じて…はしない / Well, I'm ~*ed*! いやはやこれは驚きだ. **15** 《卑》…に fellatio をする. **16** 《廃》ほめちぎる, 慢心させる (puff up).

blow about 吹き散らす[散る], 〈髪などを〉吹き乱す. ***blow apart*** 《米俗》(ばらばらになるほど)打ちのめす. ***blow away*** 吹き払う[散らす], 吹き飛ばす[飛ぶ]. ***blow back*** 〈ガスなどが〉逆に吹き出す. ***blow down*** 吹き倒す; 吹き落とす; 〈ボイラー(の蒸気)を〉排出する. ***blow great guns*** (***and small arms***) [通例 it を主語として] 風が吹きすさぶ, すさまじく吹く. ***blow high, blow low*** 《米》どんなことがあっても, 何事があろう[起ころう]とも. ***blow hot and cold*** ⇨ hot *adj.* 成句. ***blow in*** (*vi.*) (1) 〈油田が〉石油・ガスを噴出する. (2) 《口語》ひょっこりやって来る[現われる, 立ち寄る] (cf. *vi.* 9). (*vt.*) (1) ⇨ *vt.* 1. (2) 〈溶鉱炉を〉(送風して)運転させる (cf. BLOW *out vt.* (3)). ***blow off*** (*vi.*) (1) ⇨ *vi.* 2 a. (2) 〈エンジンなどが〉蒸気を放出する: The engine is ~*ing off.* 機関車が蒸気を吹き出している. (3) 《俗》不平を言う (complain): ~ *off about* one's boss 上役のことをこぼす. (4) 《俗》卒直に言う. (*vt.*) (1) ⇨ *vt.* 1. (2) 〈ボイラー〉から水[湯]を抜く; 〈蒸気・水などを〉放出する, 吹き出す: ~ *off* a boiler 水[湯]を抜いてボイラーを空にする / ~ *off* steam ⇨ steam *n.* 成句. (3) 《口語》〈余分な精力を〉発散させる, 〈怒りを〉爆発させる, しゃべりまくって〈鬱憤を〉晴らす. ***blow out*** (*vt.*) (1) 〈明りを〉吹き消す: ~ *out* a candle. (2) [通例 ~ *itself* で] 〈風・吹雪・ハリケーンなどが〉吹き尽くす, 吹き止む: The gale *blew itself out.* 風は(吹くだけ吹いて)吹きやんだ. (3) 〈溶鉱炉を〉(送風を止めて)休止させる (cf. BLOW *in vt.* (2)). (4) 膨らませる: ~ *out* one's cheeks. (5) 〈たばこの煙などを〉吹いて出す: ~ the smoke *out* through one's nostrils 鼻から煙を出す. (6) (送風して)〈パイプなどを〉掃除する; (送風して)〈中の物・詰まった物を〉押し出す: ~ the dirt *out* (*of* a pipe) (パイプから)ごみを吹き出す. (7) 爆発させる; 〈タイヤなどを〉パンクさせる; 〈ヒューズなどを〉飛ばす; 〈アークなどを〉消す, 〈電球などを〉切らす; 〈栓・バルブ・パッキングなどを〉破裂させる. (8) 〈頭を〉撃ち抜く: ~ one's brains *out* 頭を撃ち抜いて自殺する. (9) ⇨ *vt.* 9 b. (*vi.*) (1) 〈明りが〉ふっと[急に]消える. (2) 〈油田・ガス田が〉押え切れないほど石油[ガス]を噴出する. (3) 〈カーテンなどが〉(風で)膨らむ. (4) 爆発する; 〈タイヤなどが〉パンクする; 〈ヒューズなどが〉飛ぶ; 〈アークなどが〉消える; 〈電球などが〉切れる; 〈栓・バルブ・パッキングなどが〉破裂する. ***blow over*** (*vt.*) 吹き倒す (cf. *vt.* 1). (*vi.*) (1) 〈雨雲などが〉消散する; 〈暴風などが〉吹きやむ, 静まる. (2) 〈危機・不幸・風説などが〉無事に去る, 立ち消えになる, 忘れられる. ***blow one's own horn*** [***trumpet***] ほらを吹く, 自分のことを吹聴する, 手前みそを並べる, 自画自賛する. ***blow the coals*** [***fire***] 《古》争いを扇動する. ***blow one's top*** [***stack,*** 《米》***lid***] 《俗》(1) (我を忘れて)かっとなる, かんしゃくを起こす. (2) 気が狂う. ***blow up*** (*vt.*) (1) 爆破する (cf. *vt.* 7 a): ~ *up* a bridge. (2) 〈名声・信用などを〉失わす; 〈…の正当[真実, 重要]性を〉損なう: The case was ~*n up* by the facts. その件は事実の提示によって信憑(しんぴょう)性が減じた. (3) 《口語》うんとしかる, しかりとばす: ~ him *up for* it そのことで彼の油をしぼる. (4) (空気を入れて)〈風船・タイヤなどを〉膨らませる (inflate) (cf. *vt.* 5): ~ *up* a tire. (5) 〈人を〉慢心[うぬぼれ]させる: be ~*n up with* pride 得意満面である. (6) 〈才能・評判・事件・話などを〉誇張する (exaggerate), 〈製品などを〉誇大に宣伝する (tout): ~ *up* an incident out of all proportion ささいな出来事を針小棒大に言う. (7) [it を主語として] 〈あらしなどを〉起こす: *It* may ~ *up* a storm. 暴風になりそうだ. (8) 《口語》〈写真・ネガなどを〉引き伸ばす (enlarge), 〈画面サイズを〉拡大する. (9) 《古》〈不和・憎しみ・怒りなどを〉起こさせる (arouse). (*vi.*) (1) 炸裂(さくれつ)する, 破裂する, 爆発する (explode) (cf. *vi.* 7 a); 〈町などが〉(爆発で)破壊される. (2) 〈名声・経歴などが〉台無しになる; 〈企て・事が〉だめになる (collapse); 〈人が〉(緊張して)失敗する (fail): ~ *up* in one's lines 〈俳優が〉台詞(せりふ)を間違える (cf. *blow one's* LINES) / His scheme for a big party *blew up* in his face. 大パーティーを開く計画が見事に失敗して面目が丸つぶれになった. (3) 《口語》腹を立てる, かんしゃくを起こす: ~ *up at* him. (4) 〈風船・タイヤなどが〉膨らむ (swell). (5) 〈事態が〉(異常なまでに)発展する. (6) [しばしば it を主語として] 〈暴風などが〉起こる, 吹き募る (cf. *vi.* 1): A storm *blew up.* / *It* began to ~ *up* cold. 風がだんだん冷たくなってきた. (7) 〈議論・悶着・紛争・危機などが〉突然(不気味に)起こる: Trouble *blew up* over nothing. なんでもないことでごたごたが起こった. (8) 〖数学〗〈関数が〉無限大になる. ***blow upon*** (1) 〈文章などを〉古臭くする, つまらなくする. (2) 〈名誉・信用などを〉けがす, 傷つける. (3) …を密告する, 裏切る: if you ~ *upon* me もし俺を密告したら.

— *n.* **1** 一吹き, 一陣の風; (特に)暴風, 強風, ハリケーン. **2 a** (息の)一吹き: with a ~ ふっと息を吹きかけて. **b** (楽器などの)吹奏: give a ~ *on* a whistle ホイッスルを鳴らす / have a ~ *at* a trumpet トランペットを吹く. **c** 鼻をかむこと: Give your nose a good ~. 鼻をよくかみなさい. **3** (鯨の)潮吹き. **4 a** 《米口語》自慢, ほら (boast). **b** 《米俗》ほら吹き (boaster). **5 a** 《口語》しばらくの休息, 小休止. **b** 馬の一休み. **6** (蒸気機関車のバルブ・シリンダーなどからの)蒸気の漏れ. **7** 《俗》どんちゃん騒ぎ, にぎやかなパーティー (blowout). **8** 〖化学〗(水性ガス製造工程中の)送風, ブロー. **9** 〖冶金〗(溶鉱炉への)送風; 送風の時間; その間に精錬される鋼鉄の量.

have [***go for***] ***a blow*** 《口語》新鮮な空気を吸いに外に出る, 散歩をする.

blow² [blóu | bláu] 〖OE *blōwan* to blossom ← Gmc *blō-w-* (G *blühen* to bloom) ← IE *bhel- to bloom, thrive (L *flōrēre* to bloom): cf. bloom¹〗 **—** *v.* (**blew** [blú:]; **blown** [blóun | bláun]) **—** *vi.* 《文語》花が咲く, 開花する (blossom). **—** *vt.* 《古》…に花を咲かせる. **—** *n.* **1 a** 開花: make a fine ~ 美事な花を咲かせる. **b** 開花状態 (bloom). ★ 主に次の句で: in (full) ~ 満開で. **2** [集合的] 花 (blossoms). **3** 真っ盛り (bloom).

blow³ [blóu | bláu] 〖《a1460》《北部方言》*blou* ← ?: cf. (M)Du. *blouwen* / G *bläuen* to beat〗 **—** *n.* **1** (こぶし・平手・棒などでの)強打, 打撲, 殴打 (knock): ~ after [upon] ~ 連打 / a ~ with the hand 平手[こぶし]の一打ち / a ~ from a sword 刀の一打ち / be at ~*s* なぐり合い[格闘]している / deal a ~ between the eyes 眉間(みけん)に一撃を加える / deal a person's authority a ~ 人の権威に鉄槌を下す / exchange ~*s* (with…) (…と)なぐり合いをする / give a ~ to …に一撃を加える, 打撃を与える / strike a ~ (at…) (…に)一撃を加える / strike the first ~ 先に手を出す, 先手を打つ / come [fall] to ~*s* (over) (…のことで)なぐり合いになる, 喧嘩を始める / The first ~ is half the battle. 《諺》最初の一撃で勝負は半ば決まる,「先手は万手, 先んずれば人を制す」. **2** 大きな(通例突然の)不幸 (misfortune), 精神的打撃; 災難 (disaster): a ~ from heaven 青天の霹靂(へきれき) / a ~ *to* one's hopes / Losing you is a great ~ *to* me. あなたを失うことは私には大きな打撃である / What a ~! 何たる災難.

3 力強い[突然の]行為[努力], 突撃：⇨ *at one* BLOW. **4** 《米俗》〖野球〗安打.
at one* [*a* (*single*)] *blow 一撃の下に；一挙に, たちまち. ***get a blow in*** 《口語》(1) うまく一撃を加える. (2) (議論などで)痛い所を突く. ***strike a blow for* [*against*]** …に加勢[反抗]する：*strike a* ～ *for* peace 平和のために尽力する. ***with one* [*a single*] *blow*** = *at one* BLOW. ***without striking a blow*** 労せずして.

blów·bàll 〖⇨ blow[1]〗 *n.* 〖植物〗 **1** 絮球(じょきゅう)《タンポポなどの絮(じょ)のついた頭》. **2** 絮球をつける植物.

blów-bỳ *n.* **1** (内燃機関の)ブローバイ, 噴きもれ《燃焼ガスがピストンとシリンダーのすき間等を通って流出する現象》. **2** このようなブローバイを(内燃機関の)クランク室にとりつけシリンダーに戻す装置.

blów-by-blów 〖⇨ blow[3]〗 *adj.* **1** (ボクシング選手の一挙一動を説明した)非常に詳細な. **2** きわめて詳細な：a ～ account of the debate. ── *n.* きわめて詳細な説明.

blów·càse 〖⇨ blow[1]〗 *n.* 〖化学〗ブローケース (⇨ acid egg).

blów còck *n.* (ボイラーの)排気コック.

blów·er 〖OE *blāwere*：⇨ blow[1]〗 ── *n.* **1 a** 吹く人. **b** ガラス吹き手 (glass blower). **c** (溶鉱炉などの)現場主任. **2 a** 吹くもの. **b** 送風機, 送風装置. **c** 《俗》(内燃機関の)過給機. **3** 《口語》ほら吹き. **4 a** 《俗》=speaking tube. **b** 《英口語》電話. **5** 〖魚類〗=blowfish.

blów·fish *n.* 〖魚類〗体を膨らます魚 (puffer)《フグなど》.

blów·flỳ *n.* 〖昆虫〗クロバエ科とニクバエ科のハエの総称《クロバエ・ギンバエ・ニクバエ・シマバエなど衛生害虫を多く含む；cf. fly[2] 1》；(特に)ホホアカクロバエ (*Calliphora vicina*).

blówfly strìke *n.* 〖獣医〗ハエが羊の毛の中に産卵しその子虫が羊を侵す病気.

blów gàs *n.* 〖化学〗ブローガス, 排出ガス《水性ガス発生炉において送風期に発生するガス》.

blów·gùn *n.* **1** 吹矢筒 (blowpipe). **2** 噴霧器.

blów·hàrd 〖← BLOW[1]+HARD (adv.)〗 *n.*, *adj.* 《口語》ほら吹き(の).

blów·hòle *n.* **1** (鯨などの)噴気孔 (spiracle). **2** (地下室などの)空気穴, 通風孔. **3** (鯨・アザラシなどが呼吸に来る)氷の中の穴. **4** 〖冶金〗ブローホール《金属が凝固する際, 溶けていたガスが放出されてできる小さい穴》. **5** (潮が吹上げる)海岸の岩の割れ目.

blów·ing 〖OE：⇨ blow[1], -ing[1]〗 ── *n.* **1** (空気や蒸気の)噴出する音. **2** 吹込成形《溶けたガラス・プラスチックなどを型の内側に圧縮空気で押しつけて中空の容器を作ること；blow molding ともいう》. **3** 《米口語・豪口語》自慢(話).

blowing àgent *n.* 〖化学〗膨張剤, 発泡剤.

blowing ìron *n.* (ガラス器製造に用いる)吹きざお (blowpipe).

blów·iron *n.* =blowing iron.

blów·làmp *n.* =blowtorch.

blów·mo·bìle [-mo(ʊ)bìːl, -mə-|-mə(ʊ)-] 〖← BLOW[1]+(SNOW)MOBILE〗 *n.* 《米》(飛行機用プロペラで駆動する)雪上用自動橇(そり).

blów mòld *n.* 胴型, 吹き型《ガラス種子(たね)を型に入れて成形する時に用いる型》.

blów mòlding *n.* =blowing 2.

blown[1] [blóʊn|bləʊn] 〖OE *blāwen*〗 ── *v.* blow[1] の過去分詞. ── *adj.* **1 a** 膨れた (inflated). **b** 〖獣医〗〈動物が〉胃がガスで膨れた, 鼓脹症の. **c** 〈缶詰めの缶など〉(中味が傷んで)膨れた, 型がくずれた. **2** 風に吹かれた[吹き送られてきた]：～ clouds 風に動く雲 / ～ dust 吹きたまった砂ぼこり. **3** 息切れした；疲れ(切っ)た (exhausted). **4** 吹いて造った：～ glass 吹製ガラス器. **5** 〈食物が〉傷んだ, 腐敗した (spoiled). **6** ハエが卵を産みつけた (flyblown). **7** 爆発で吹っ飛んだ：a ～ chemical plant. **8** 誇張された (exaggerated)：～ nonsense.

blown[2] [blóʊn|bləʊn] 〖OE *blōwen*〗 ── *v.* blow[2] の過去分詞. ── *adj.* **1** 〈花が〉開いた, 咲いた (open). **2** 〈場所・植物が〉花でおおわれた, 花盛りの (flowery)：full*blown* roses 満開のバラ.

blown fláp *n.* 〖航空〗吹出しフラップ.

blówn-in-the-bóttle 〖⇨ blow[2]〗 *adj.* 本物の, 疑う余地のない, 確かな (genuine).

blówn-mólded *adj.* 〈ガラス製品が〉吹製の, 吹いて作られた.

blówn óil *n.* 吹込油, 吹入油《空気を吹込んで酸化を起こさせ粘稠(ねんちゅう)にした油で, ペンキ・ワニスなどの乾性油として用いる；oxidized oil ともいう》.

blówn-úp *adj.* **1** 爆破された, 壊された. **2** 〈写真など〉引き伸ばされた. **3** 慢心した, 威張った.

blów·òff *n.* **1** (蒸気・水などの)吹出し, 噴出. **2** 噴出装置, 吹出し管：a ～ cock [valve] 吹出しコック[弁]. **3** 頂点, 絶頂 (climax). **4** 《俗》ほら吹き (braggart).

blów·òut *n.* **1** (タイヤなどの)破裂, パンク (rupture)；破裂孔. **2** (空気・蒸気などの)噴出. **3 a** (ヒューズの)飛ぶこと, 溶解(状態). **b** (溶鉱炉の)吹止め. **4** 《口語》(どんちゃん騒ぎの)大饗宴(きょうえん), 大ごちそう. **5** (風で砂の間に出来る)くぼみ, 穴. **6** 《米》(自然の圧力のために油井に起こる制御不能の)油[ガス]の噴出[漏れ, あふれ]. **7** 《英方言・米》喧嘩 (quarrel). **8** 〖航空〗=flameout.

blów·pìpe *n.* **1** (化学分析などに用いる)吹管(すいかん), トーチ：～ analysis 吹管分析. **2** (ガラス器製造に用いる)吹きざお. **3** (アメリカインディアンなどの)吹矢筒 (blowgun). **4** =blowtorch. **5** 〖医学〗吹管.

blows·y [bláʊzi|-zɪ] *adj.* =blowzy.

blów·tòrch *n.* (鉛管工の用いる)小型発炎装置, ブローランプ, トーチランプ (blowlamp, blast lamp).

blów·tùbe *n.* **1** 吹矢筒 (blowgun). **2** (ガラス器製造に用いる)吹きざお (blowpipe).

blów·ùp *n.* **1** 爆発, 爆破 (explosion). **2** 《口語》むかっ腹, 激怒. **3** 《口語》**a** (写真の)引伸し (enlargement)；引伸し写真. **b** 〖映画〗画面サイズの拡大《16 mm 映画を 35 mm 映画にする》.

blow·y [blóʊi|bləʊɪ] 〖⇨ blow[1] (n.), -y[4]〗 *adj.* (**blow·i·er**; **-i·est**) **1** 風の強い, 風の吹く (windy). **2** 風力で飛びやすい, 風の影響を受けやすい.

blowzed [bláʊzd] *adj.* =blowzy.

blowz·y [bláʊzi|-zɪ] 〖《c1770》← *blowze* 《方言》beggar's wench (← ?)+-Y[4]〗 ── *adj.* (**blowz·i·er**; **-i·est**) **1** 〈人, (特に)女が〉(下品な)赤ら顔の, 太って血色のよい；だらしのない. **2 a** 〈部屋など〉だらしのない, ほったらかしにした. **b** 〈頭髪が〉ぼうぼうとした. **3** 〈計画・作品など〉周到な配慮に欠けた, 荒削りの.

bls. 《略》bales；barrels.

B.L.S. 《略》Bachelor of Liberal Studies；Bachelor of Library Science；Bureau of Labor Statistics (米国の)労働統計局.

BLT 《略》bacon, lettuce, and tomato sandwich.

blub [blʌ́b] 〖《1866》《略》↓〗 《口語》*vi.* (**blubbed**; **blub·bing**) おいおい泣く. ── *n.* おいおい泣くこと.

blub·ber[1] [blʌ́bə|-bə(r)] 〖《c1400》 *blober, bluber* (n.) & *blubre(n)* (v.)：擬音語? (cf. LG *blubbern* to bubble)〗 ── *n.* 泣くこと (weeping)；泣き声：be in a ～ しくしく[おいおい]泣いている. ── *vi.* 〈子供が〉(顔をゆがめて)おいおい泣く. ── *vt.* **1** 泣きながら言う (sob) 〈*out*〉. **2** 〈顔などを〉泣きよごす, 泣きはらす. ── *adj.* 泣きはらした, 泣きぬれた. **～·er** *n.*

blub·ber[2] [blʌ́bə|-bə(r)] 〖《1667》《変形》← ME *blaber* (*-lipped*) thick(-lipped)：↑ と連想〗 *adj.* 〈唇・頬(ほお)など〉厚ぼったい, 突き出た (protruding).

blub·ber[3] [blʌ́bə|-bə(r)] 〖《1664》：cf. blubber[1,2]〗 *n.* **1** (鯨などの)脂皮, 脂肪, あぶら身. **2** (人体などの)過剰な脂肪.

blúbber·hèad 〖← blubber[2]〗 *n.* 《俗》ばか者 (blockhead).

blúb·ber·ing [-b(ə)rɪŋ] *adj.* おいおい泣いている. ── *n.* おいおい泣くこと. **～·ly** *adv.*

blub·ber·y [blʌ́b(ə)ri|-rɪ] 〖⇨ blubber[1,2,3]〗 *adj.* **1** (鯨などの)脂肪の(多い)；脂肪に似た. **2** 〈人が〉太った (fat). **3** =blubber[2].

blu·cher [blúːtʃə, blúːkə|blúːtʃə(r)] 〖↓〗 ── *n.* 外羽根式の靴, ブルーチャー《舌革と爪革とが一枚革になって腰革が爪革に重なっている靴；cf. Balmoral 2》.

blucher

Blü·cher [blúːkə|blúːkə(r), blúːtʃə(r); *G.* blýçɐ], **Geb·hard Le·be·recht** [gépʰart léːbərɛ̀çt] **von** *n.* ブリュヒャー《1742–1819；プロイセンの陸軍元帥；Waterloo の戦いで Wellington 指揮下の英軍を助けて連合軍の勝利を決定的にした》.

bludge [blʌ́dʒ] 〖《逆成》← BLUDGER：cf. bludgeon〗 ── *n.* 《豪俗》簡単な仕事, 楽な仕事；ぶらぶらしている期間. ── *vi.* **1** 《俗》売春を斡旋する. **2** 《豪俗》責任を回避する, のがれる；(仕事を)ずるける, ぶらぶらする. ── *vt.* 《豪俗》…に乗じる, 利用する；…につけこむ, だます.

bludg·eon [blʌ́dʒən] 〖《1730》《変形》← ? MF *bougeon* (dim.) ← *bouge* club〗 ── *n.* **1 a** (先に重みを付けた)短い棍棒. **b** 攻撃[おどし]に使われるもの. **2** (言葉による)攻撃, 批判. ── *vt.* **1** 棍棒で(激しく)打つ, 打ち倒す；おどす, やり込める：～ a person to death. **2** 〈人〉に強制的に〔ある行動を〕とらせる〔*into*〕：～ a person *into* doing something.

bludg·eon·eer [blʌ̀dʒəníə|-níə(r)] *n.* =bludgeoner.

blúdg·eon·er *n.* 棍棒で打つ人.

blúdg·er 〖《短縮》← *bludgeoner*〗 ── *n.* **1** 《俗》=bludgeoner. **2** 《俗》売春の手引をする男, 売春婦のひも (pimp). **3** 《豪俗》居候, 食客, 腰ぎんちゃく (parasite)；のらくら者 (loafer).

blue [blúː] 〖《1203》 *bleu* ▭(O)F *bleu* < VL **blāvum* ▭Gmc **blǣwaz* (G *blau* / OE *blǣhǣwen* blue) ← IE **bhel-* to shine, burn：cf. black〗 ── *adj.* (**blu·er**, **blu·est**; **more** ～, **most** ～) **1** 青い；藍(あい)色の, 紺色の, 空色の：the ～ sea [ocean, sky] / a ～ flame [dress] / a ～ bag ⇨ bag[1] 1 / ⇨ blue pencil / (as) ～ as a sapphire / When the candle burns ～, the devil is in the room. 《諺》蠟燭(ろうそく)が青く燃えるときは悪魔が部屋にいる. **2 a** 〈皮膚が〉(寒さ・打身・恐怖などで)青白い, 土気色になって：～ *from* [*with*] cold / ⇨ BLUE *in the face*. **b** 青みがかった, 薄青く染まった：～ milk. **c** 〈動物の毛皮が〉青みがかった灰色の, 青灰色の：⇨ blue point. **3 a** 陰気な, 憂鬱な, ふさいでいる；〈事態が〉望みのない：a ～ day 憂鬱な日 / a ～ look-out 悲観的な見通し, 暗澹(あんたん)とした前途 / ⇨ blue Monday / feel ～ 気がふさぐ / look ～ ふさいでいる；気分が悪そうだ；〈形勢が〉悪い. **b** 《米俗》酒に酔った. **4** 〖強意語に用いて〗極度の (extreme)：a ～ fear [funk] 《口語》極度の恐怖. **5** 青衣の, 青組の：a ～ young girl / the ～ team. **6** 固苦しい, 厳格な (puritanical)：a ～ student 固苦しい学生 / ⇨ blue law. **7** 〖売春婦が青色の服を着ていたことから?〗 **a** 《口語》猥褻(わいせつ)な, 下品な (obscene)：～ jokes きわどい冗談 / ⇨ blue film / talk ～ stories 猥談をする. **b** 不敬な, 冒瀆的な：～ language / ⇨ *make* [*turn*] *the air* BLUE. **8** 〖通例軽蔑的に〗《古》〈女性が〉学問のある, インテリの (cf. bluestocking). **9** 《米》(南北戦争の)北軍の (cf. *n.* 4 b). **10** 《英》保守党に属する, 保守党の (Tory). **11** 〖音楽〗〈歌が〉ブルース調の (cf. blues 2)：a ～ song.
blue in the face (顔が青くなるほど)疲労[緊張, 激怒]して, 疲労[緊張, 激怒]でへとへとになって：till one is ～ *in the face*. ***by all that's blue*** 《口語》断然, 確かに. ***cry* [*scream, shout*] *blue murder*** ⇨ murder 成句. ***like blue murder*** ⇨ murder 成句. ***make* [*turn*] *the air blue*** 《米口語》さんざん悪態をつく, ひどくののしる. ***once in a blue moon*** ⇨ moon 成句. ***till all is blue*** 〖《原義》船が港を出て青い海に消えるまで〗徹底的に, とことんまで：drink [fight] *till all is* ～.
── *n.* **1** 青, 藍, 紺：pale ～ 薄青 / dark ～ (Oxford 大学及び Harrow School, またはその選手を表わす)暗青色, 紺色 / light ～ (Cambridge 大学及び Eton College, またはその選手を表わす)淡青色, 浅葱(あさぎ)色. **2 a** 青色絵具, 藍色染料；(洗濯の仕上げなどに用いる)青み(付け) (bluing). **b** 青色の生地. **c** 青色の服《警官・病院の傷病兵など》：be dressed in ～ 青い服を着ている. **d** ブルーリボン, 最優秀[最高名誉]賞 (blue ribbon). **3** [the ～] **a** 青海. **b** 青空. **c** 遥(はる)かかなた, 遠く離れた土地：disappear into *the* ～ 雲隠れする. **d** (特に, 第二次大戦時の北アフリカの)砂漠. **4 a** (党派色としての)青；(英国)保守党員 (Tory). **b** 《米》(南北戦争当時の)北軍の紺服；(その紺服を着た)北軍(の兵士) (cf. blue-belly 2)：(the) ～ and (the) gray (南北戦争の)北軍と南軍. **5 a** (Oxford, Cambridge 両大学で対抗競技に出場した選手に与えられる)青章：win [get] one's ～ (対校試合出場)選手になる. **b** 青章を付けた対校試合出場選手. **6** [the B-] 〖英史〗(17 世紀に英国の艦隊が Blue, Red, White に分かれていた時の)青色艦隊 (Blue Squadron). **7** [the Blues] =blues 4. **8** =bluestocking. **9** [*pl.*] ⇨ blues. **10** =blue cheese. **11** 《豪俗》 **a** 呼び出し (summons). **b** 喧嘩, 口論 (quarrel). **c** 失錯, へま (blunder). **12** 〖昆虫〗シジミチョウ《シジミチョウ科に属する青い羽のチョウの総称》. **13** 《米》〖トランプ〗=blue chip 1.
(*like*) *a bolt from* [*out of*] *the blue* ⇨ bolt[1] 成句. ***out of the blue*** だしぬけに, 思いがけなく (unexpectedly) (cf. *a* BOLT[1] *out of the blue*). ***the men* [*gentlemen, boys*] *in blue*** (1) 警官. (2) 水兵. (3) (南北戦争当時の)北軍.
── *v.* (～**·ing, blu·ing**). ── *vt.* **1** 青色にする[染める]；〈洗濯物〉に青みを付ける. **2** 《英俗》〈金銭を〉濫費する, ばか使いする (squander). ── *vi.* 青色になる.
～·ness *n.*

blúe alért *n.* 青(防空)警報, 警戒警報第二段階《敵機または暴風の接近に対するもの；黄警報に次ぐもので, 敵機に対しては完全灯火管制が実施される；cf. alert 1》, (同警報の)発令；合図.

blúe asbéstos *n.* 〖鉱物〗青石綿 (crocidolite).

blúe áshes *n. pl.* 〖通例単数扱い〗〖顔料〗=azurite blue.

blúe báby *n.* 〖医学〗(先天的心臓疾患による)青色児 (cf. cyanosis).

blúe·back sálmon *n.* 〖魚類〗ベニマス (sockeye).

blúe bág *n.* 《英》(青い織物で作ったバリスター (barrister) が用いる)書類かばん.

blúe·bèard 〖その花の形から〗 ── *n.* 〖植物〗 **1** ダンギク, ランギク (*Caryopteris incana*)《アジア原産の秋に青い花が咲く多年草；blue spirea ともいう》. **2** 青い萼筒が美しいサルビアの一種 (*Salvia horminum*).

Blúe·bèard 〖《なぞり》← F *Barbe-bleue*〗 ── *n.* **1** 青髯(ひげ)《ヨーロッパ各地に昔から伝わる物語の主人公のあだ名で, フランスの Perrault 作, *Contes du Temps* (1697) では, 6 度も妻を迎えては次々と殺しその死体を密室に隠しておいたが, 7 度目の妻にそれを発見され, 彼女の兄弟たちに殺された；cf. Fatima[3]》. **2** 結婚しては次々と妻を殺す無情・残忍な男.

blúe·bèll *n.* 〖植物〗つり鐘形の青い花をつける種々の植物の総称：**1** キキョウ科ホタルブクロ属 (*Campanula*) の草本の総称；(特に)=harebell 1《bluebells-of-Scotland, Scottish bluebell ともいう》. **2 a** =wood hyacinth《English bluebell ともいう》. **b** =grape hyacinth. **3** (ニュージーランド産の)ヒナギキョウ (*Wahlenbergia gracilis*).

blúe-bèlly *n.* **1** ヤンキー (Yankee). **2** 紺服を着た兵士 (cf. blue *n.* 4 b, blues 4).

blúe bélt 〖《なぞり》← Jap.〗 *n.* (柔道・空手の)青帯(の人).

blue·ber·ry [blúːbèri, -b(ə)ri|-b(ə)rɪ, -bèrɪ] *n.* **1** 〖植物〗ブルーベリー《コケモモ属 (*Vaccinium*) の各種の低木または高木の総称；クロマメノキ (*V. myrtillus*) など》. **2** ブルーベリーの実《藍色または藍黒色で, 食用；小さな種子がある；cf. huckleberry》.

blúeberry róot *n.* 〖植物〗=blue cohosh.

blúe bíce *n.* 〖顔料〗=azurite blue.

blúe·bìll *n.* 《米》〖鳥類〗アメリカ産の嘴(くちばし)の青いカモの総称《スズカモ (scaup duck)・ヒドリガモ (widgeon)・アカオタテガモ (ruddy duck) など》.

blúe·bìrd *n.* 〖鳥類〗 **1** ブルーバード《米国産ツグミ亜科 *Sialia* 属の青い羽の鳴鳥の総称；cf. mountain bluebird》；(特に)米国産 *S. sialis*. **2** =fairy bluebird.

Blúe Bírd *n.* **1** [The ～]「青い鳥」《幸福の追求を象徴した Maeterlinck の妖精劇 (1909)》. **2** [the ～] 幸福のシンボル. **3** [the ～s]《米》ブルーバード《Camp Fire Girls の 7-9 歳の少女たちの下部組織》.

blúe-bláck *adj.* 暗青色の, 濃い藍(あい)色の.

blúe bláck *n.* **1** 暗青色, 濃い藍(あい)色. **2** 暗青色染料[顔料].

blue blood 〖《なぞり》← Sp. *sangre azul*: もとスペインで, 皮膚の黒いムーア人の血の混じらない意から〗 **—** *n.* **1** [⁓⁓] 貴族の生れ, 名門の出 (noble birth). **2** [⁓⁓] [the ～]《口語》貴族 (aristocrat).

blúe-blóoded *adj.* 貴族出の, 名門から出た.

blúe·blòssom *n.*〖植物〗米国西部産のクロウメモドキ科ソリチャ属の棘のある常緑低木の一種 (*Ceanothus thyrsiflorus*)《blue brush ともいう》.

blúe·bònnet *n.* **1 a** ブルーボンネット(帽)《tam-o'-shanter に似た大きな円形の平らな縁無し帽; もとスコットランドで用いられ, ブルーのウール地製》. **b** ブルーボンネット(帽)をかぶった人; (特に)スコットランド人 (Scot). **2**〖植物〗**a**《スコット》ヤグルマギク (cornflower). **b** マメ科ハウチワマメ属 (*Lupinus*) の数種の植物の総称; (特に) *L. subcarnosus*《米国 Texas 州の州花》.

blúe bòok *n.* **1** [しばしば B- B-] 青書《政府発行の(詳細な)報告書; cf. white book》. **2**《米口語》紳士録. **3**《米》**a** (大学の記述式試験答案用)青表紙の白紙帳. **b** 大学の試験.

blúe·bòttle *n.* **1**〖植物〗**a** ヤグルマギク (⇨ cornflower 1 b). **b** ホタルブクロ属 (*Campanula*) およびツルボ属 (*Scilla*) など青い花の咲く各種の植物. **2**〖昆虫〗＝bluebottle fly. **3**《英》紺色制服の人; (特に)警察官.

blúebottle flý *n.*〖昆虫〗キンバエ《双翅目クロバエ科 *Calliphora* 属のハエの総称; オオクロバエ (*C. vomitoria*) など多くの種類があり腐敗物・屍体などに集まる》.

blúe-brìck univérsity *n.*《英口語》伝統と名声に輝く大学, 特に, Cambridge 大学 と Oxford 大学 (cf. redbrick university, civic university).

blúe brùsh *n.*〖植物〗＝blueblossom.

blúe·càp *n.* ＝bluebonnet 1 b.

blúe càt *n.*〖魚類〗北米 Mississippi 川に生息するヘラナマズ科の淡水魚 (*Ictalurus furcatus*)《大型で体重 100 ポンドを越えるものがある》.

blúe chèese 〖《なぞり》← F *fromage bleu*〗 *n.* ブルーチーズ《牛乳から造る青かびの縞入りのチーズ》.

blúe-chìp *adj.* **1**〖証券〗〈株式が〉優良な, 確実な (cf. gilt-edged 2). **2**《口語》すぐれた, 価値ある, 一流の, 卓抜な: a ～ business.

blúe chíp *n.* **1**〖トランプ〗(ポーカーで)青チップ, 10 点得 (cf. chip[1] 4 a). **2**〖証券〗優良株. **3**《口語》**a** いつもうまくいく仕事[もうかる企業]. **b** 目立って価値のある財産.

blúe·còat *n.* **1** 紺色制服の人 (cf. blue *n.* 4 b, blues 4): **a** 英国では昔の公費による被救助者や陸海軍の兵士など. **b** 米国では, 19 世紀の陸軍兵士, 特に南北戦争時代の北軍の兵士. **2**《米》巡査.

blúecoat bóy [**gírl**] *n.* (英国の)慈善学校の生徒, (特に) London の Bluecoat School すなわち Christ's Hospital 校の男子[女子]生徒.

blúe·cóat·ed *adj.* 紺色制服を着た.

blúecoat schóol *n.* **1** 慈善学校. **2** [B- S-] ＝ Christ's Hospital.

blúe cóhosh *n.*〖植物〗ルイヨウボタン (*Caulophyllum thalictroides*)《米国東部およびアジア産メギ科の青色の大きな実を結ぶ多年草; 根を薬用にする; blueberry root, papooseroot, squawroot ともいう》.

blúe-cóllar 〖仕事着用の青色のシャツから〗 *adj.* ブルーカラーの, 現場労働者[工員, 鉱夫など]の; 筋肉労働者の (cf. white-collar): ～ jobs.

blúe-cóllar wórker *n.* ブルーカラー(労働者), 筋肉労働者 (cf. WHITE-COLLAR worker); 現場労働者《炭坑・建設・港湾・工場などの筋肉労働者》.

blúe cómb 〖とさかの色があせることから〗 **—** *n.*〖獣医〗紫藍(しらん)病《とさかのチアノーゼ・産卵低下・食欲欠乏・下痢を特徴とする鶏・七面鳥などの病気; *Reovirus orbivirus* によるウイルス説が有力; blue comb disease ともいう》.

blúe córal *n.*〖動物〗アオサンゴ (*Heliopora coerulea*)《インド洋・南太平洋に分布するアオサンゴ属の青い骨格のサンゴ》.

blúe cráb *n.*〖動物〗北米大西洋やメキシコ湾沿岸産のガザミに似たワタリガニ科の大きなカニ (*Callinectes sapidus*)《脱皮直後の甲羅の軟らかなものを soft-shell crab といい, 食用とする》.

blúe cráne *n.*《口語》〖鳥類〗＝great blue heron.

Blúe Cróss *n.*《米》ブルークロス《営利を目的としない団体健康保険組合で, 主に被傭(よう)者とその扶養家族を対象とし加入者に対して入院費の全額または大部分を負担する; cf. Blue Shield》.

blúe cúrls *n.* (*pl.* ～)〖植物〗**1** 青色(時に桃色・白色)の花をつけるシソ科の *Trichostema* 属の植物の総称《特に, 米国東部の *T. dichotomum*, California 州産の *T. laceolatum* など》. **2** ＝self-heal.

blúe dáhlia *n.* (青いダリアのように)不可能なもの, 得られないもの, 極めて珍しいもの.

blúe dáisy *n.*〖植物〗ルリヒナギク (*Felicia amelloides*)《アフリカ南部原産のキクの一種; 観賞用》.

blúe dévils *n. pl.* [単数扱い] **1** 気のふさぎ, 憂鬱《憂鬱症にかかると青い魔物が見えるという》. **2**〖病理〗振戦譫妄(せんもう)(症) (delirium tremens). **3** [B- D-] フランス陸軍の山岳[山地]部隊 (Chasseurs Alpins) のあだ名 (cf. chasseur 1).

blúe dógwood *n.*〖植物〗北米東部の白い花と青い実をつけるミズキ属の低木 (*Cornus alternifolia*)《材は工芸用; pagoda dogwood ともいう》.

blúe énsign *n.*〖英海軍〗(青地の)予備艦旗, 海軍予備隊旗.

blúe-éyed *adj.* **1** 目の青い, 青い目の; 金髪の (fair-haired). **2**《口語》あどけない(顔をした); (特に)お気に入りの (cf. white-headed 3): a ～ boy.

blúe-èyed bábies *n.* (*pl.* ～)〖植物〗＝bluets.

blúe-eyed gráss *n.*〖植物〗ニワゼキショウ《アヤメ科ニワゼキショウ属 (*Sisyrinchium*) の植物の総称; 花は小さく青い》.

blúe-eyed Máry *n.*〖植物〗＝Chinese houses.

blúe fálse índigo *n.*〖植物〗ムラサキセンダイハギ (*Baptisia australis*)《米国東部産マメ科の多年草》.

blúe fílm *n.* ポルノ映画, ブルーフィルム.

blúe·fìn *n.*〖魚類〗**1** 北米 Superior 湖の深い所に生息するサケ科コレゴナス属の淡水魚 (*Coregonus nigripinnis cyanopterus*). **2** クロマグロ, ホンマグロ (*Thunnus thynnus*)《温帯および熱帯の海に広く分布し, 日本近海に来遊するマグロ類中では最も多い; 体長 3 m になる; bluefin tuna ともいう》.

blúe·fìsh *n.*〖魚類〗**1** 米国大西洋岸産のムツの類の食用魚 (*Pomatomus saltatrix*). **2** 青い色の魚の総称《blues ともいう》.

blúe flág *n.*〖植物〗北米産アヤメの一種 (*Iris versicolor*)《poison flag, blue lily ともいう》.

blúe flówer 〖《なぞり》← G *blaue Blume*: Novalis の詩的小説 *Heinrich von Ofterdingen* (1802) 中の詩に出てくる象徴〗 **—** *n.* [the ～] 青い花《特に, 19 世紀ドイツロマン主義の漠とした神秘的な憧憬の象徴》.

blúe fóx *n.*〖動物〗青ギツネ《ホッキョクギツネ (arctic fox) の青色型; 毛皮として珍重される》.

blúe gám *n.*〖植物〗＝bastard mahogany.

blúe·gill [-gìl] *n.*〖魚類〗ブルーギル (*Lepomis macrochirus*)《北米東南部原産サンフィッシュ科の淡水魚; 鰓蓋(えらぶた)の後縁に青く光る斑点がある; 食用となる; bluegill sunfish, bluemouth sunfish ともいう》.

blúe góose *n.*〖鳥類〗アオハクガン (*Anser caerulescens*)《北米産の頭部の辺りが白く全体が青灰色をした野性のガン》.

blúe gráma *n.*〖植物〗米国西部・南西部産イネ科の牧草に用いられる草 (*Bouteloua gracilis*).

blúe·gràss 〖茎の青みがかった緑色から〗 **—** *n.*《米》**1**〖植物〗イチゴツナギ《イチゴツナギ属 (*Poa*) の草の総称; 特に, 牧草としてすぐれている; ナガハグサ (Kentucky bluegrass)・コイチゴツナギ (wire grass) など》. **2** 〖← *the Blue Grass Boys* (演奏グループの名) ← *Bluegrass State* (Kentucky 州の俗称)〗ブルーグラス《米国南部から発生したギター・バンジョー・フィドルなどで演奏されるテンポの早いカントリー音楽; cf. country-and-western》. **3** [the B-] ＝Bluegrass Region.

Blúegrass Règion [**Cóuntry**] *n.* [the ～] (bluegrass の繁茂する)米国 Kentucky 州中部地方.

Blúegrass Státe *n.* [the ～] 米国 Kentucky 州の俗称.

blúe-grày gnátcatcher *n.*〖鳥類〗米国東部産の昆虫を食う小形の鳥 (*Polioptila caerulea*).

blúe-gréen *n.*, *adj.* 青緑色(の).

blúe-grèen álga *n.*〖植物〗藍藻(らんそう)門の藻の総称.

blúe grósbeak *n.*〖鳥類〗ルリイカル (*Guiraca caerulea*)《雄は濃い青色で, 翼に栗色の 2 本の縞がある米国産の鳴鳥》.

blúe gróund *n.*〖岩石〗＝kimberlite.

blúe gróuse *n.*〖鳥類〗北米西部産の灰色でまだらの *Dendragapus* 属のライチョウの総称; (特に)アオライチョウ (dusky grouse).

blúe gúm *n.*〖植物〗オーストラリア産フトモモ科ユーカリ属 (*Eucalyptus*) の芳香性の植物の総称; (特に)ユーカリノキ (*E. globulus*)《現在米国 California 州で栽培されている; cf. eucalyptus》.

blúe háwk *n.*〖鳥類〗＝hen harrier.

blúe·héarts *n.* (*pl.* ～)〖植物〗北米産ゴマノハグサ科の紫色の花をつける多年草 (*Buchnera americana*).

blúe héat *n.*〖冶金〗青熱《鉄鋼を熱し表面に青色酸化皮膜を生じる温度, 約 250°C; cf. temper color》.

blúe hélmet 〖青色のヘルメットをかぶっていることから〗 *n.* (国連の)国際休戦監視部隊の一員.

Blúe Hèn's Chíckens 〖← *blue hen* (よい闘鶏を生むと信じられためんどり): 米国独立戦争時の Delaware の連隊のあだ名から ?〗 **—** *n. pl.* 米国 Delaware 州人のあだ名《単に Blue Hen ともいう; cf. Blue Hen State》.

Blúe Hèn Státe *n.* [the ～] 米国 Delaware 州の俗称.

blúe héron *n.*〖鳥類〗青みがかったまたは青みがかった灰色のサギ (heron) の総称 (cf. great blue heron, little blue heron).

blúe húckleberry *n.*〖植物〗＝dangleberry.

blue·ing [blúːɪŋ | blúːɪŋ, blúɪŋ] *n.* ＝bluing.

blue·ish [blúːɪʃ | blúːɪʃ, blúɪʃ] *adj.* ＝bluish.

blúe·jàck *n.*〖植物〗米国南部産のカシ(の木) (*Quercus incana*)《turkey oak ともいう; cf. blackjack 4》.

blúe·jàcket *n.* (特に, 海兵隊員と区別して)水兵.

blúe jásmine *n.*〖植物〗ブルージャスミン (*Clematis crispa*)《米国南部産の青紫色の花が咲くキンポウゲ科テッセンの一種》.

blúe jáy *n.*〖鳥類〗アオカケス (*Cyanocitta cristata*)《米国東部およびカナダ産》.

blúe jéans *n. pl.* ブルージーンズ, ジーパン《一般に青色のデニム (denim) で作られる作業ズボンやオーバーオール》.

blúe jóhn 〖← BLUE＋JOHN[1] (人名)〗 *n.*〖鉱物〗むらさきほたる石《英国 Derbyshire 州産で, 各種の装飾品などを作るのに用いる》.

blúe kíte *n.*〖鳥類〗＝hen harrier.

blúe láw *n.*《米》**1** 厳格な法律《18 世紀米国の New England で採用されたと言われる極めて厳格な清教主義の法典に由来する法律; cf. blue *adj.* 6》. **2** 日曜日に仕事・取引・娯楽などを禁じる法律 (cf. Sunday Observance Act 1780).

blúe líght *n.* **1** (信号用)青花火. **2**〖米国連邦党員が裏切って青い灯火で英国側に合図をしたという噂から〗[軽蔑的に] 米国連邦党 (the Federalist party) で 1812 年の戦争に激しく反対した派の一員.

blúe líly *n.*〖植物〗＝blue flag.

blúe líly-túrf *n.*〖植物〗ヤブラン (*Liriope muscari*)《淡紫色の花が咲くユリ科の多年草》.

blúe líne *n.*〖アイスホッケー〗ブルーライン《リンクを三等分する青色の区分線; zone line ともいう》.

blúe líps *n.* (*pl.* ～)〖植物〗＝Chinese houses.

Blúe Líz *n.*《米俗》護送車, (警察の)巡察車 (cf. Black Maria).

blúe lobélia *n.*〖植物〗＝great lobelia.

blúe márlin *n.*〖魚類〗ニシクロカジキ (*Makaira nigricans*)《大西洋の暖海に広く分布する大型のマカジキ》.

blúe máss *n.*〖薬学〗**1** 青塊, 水銀錬剤《水銀をグリセリンや蜂蜜などで練ったもの; mercury mass, mass of mercury ともいう》. **2** ＝blue pill 1 a.

blúe mélilot *n.*〖植物〗レイリョウコウ (*Trigonella coerulea*)《地中海地方産のマメ科の一年草; 白地に青の線条のある花が咲き, これからとれる香料はチーズやパンなどに加える》.

blúe métal *n.* (道路のマカダム舗装用の)bluestone の砕石.

blúe móld *n.* **1**〖植物〗アオカビ《パン・果物などに生じる淡青色から緑色の *Penicillium* 属のカビの総称; cf. green mold》. **2**〖植物病理〗*Peronospora tabacina* 菌によって生ずるタバコの苗木の病気《葉の裏側に黄色がかった斑点や青みがかった灰色のかびができる》.

blúe Mónday 〖cf. G *der blaue Montag* / Du. *blauwe maandag*〗 *n.*《米口語》(休日あけの)憂鬱な月曜日 (cf. Black Monday).

Blúe Móuntain *n.* ブルーマウンテン《ジャマイカコーヒーの一種; Blue Mountain coffee ともいう》.

Blúe Móuntains *n. pl.* [the ～] ブルー山脈《米国 Oregon 州北東部から Washington 州南東部に広がる山岳地帯; 最高峰 Rock Creek Butte (2,773 m)》.

blúe·mòuth súnfish *n.*〖魚類〗＝bluegill.

blúe múd *n.* 海の沈殿物, 沈泥《有機物と鉄硫化物のために青みを帯びている》.

blúe mússel *n.*〖貝類〗ムラサキガイ, ムールガイ (*Mytilus edulis*)《ヨーロッパ原産で世界の暖海に広がる》.

Blúe Níle *n.* [the ～] 青ナイル (⇨ Nile 1).

blúe nórther 〖この風が吹く時の雲の色から〗 *n.* 寒い北風《米国 Kansas, Oklahoma, Texas 地方に吹く》.

blúe·nòse 〖1: ← BLUE (adj.) 6. — 2: Nova Scotia 州の寒冷な気候にちなむ ?〗 **—** *n.*《米口語》**1** (度を越した)清教徒的な人. **2** [しばしば B-] カナダ沿海州の住人のあだ名; (特に) Nova Scotia 州の住民のあだ名. **3**《俗》〖海事〗Nova Scotia 州の帆船(の船員).

blúe nóte 〖← BLUE (adj.) 11〗 *n.*〖ジャズ〗ブルーノーツ《ブルース特有の旋法で, ハ長調でいえば半音下げられた第 3 度 ($E^♭$) または第 7 度 ($B^♭$) を指す》.

blúe óintment *n.* 水銀軟膏《毛じらみの駆除薬》.

blúe palmétto *n.*〖植物〗ハリヤシ (*Rhapidophyllum hystri*)《北米南部原産ヤシ科の蔓植物; ヤマアラシのような刺がある》.

blúe páper *n.* 青写真用感光紙.

blúe-péncil *vt.* **1** (編集などの時, 訂正・削除のために)青を入れる (cf. red-pencil). **2**〈検閲官が〉〈原稿などを〉削除する, 検閲する. **～·ler** *n.*

blúe péncil *n.* (編集者が訂正・削除などに用いる)青鉛筆.

blúe péter, B- P- 〖← ? *blue repeater* (英国の信号旗の一種) // PETER (人名)〗 **—** *n.* [the ～]〖海事〗出帆旗《国際信号旗の P; 青地の真中に白の方形のある旗; この旗の意味は「本船まさに出港せんとす, 総員帰船せよ」》.

blue peter

blúe phlóx *n.*〖植物〗＝wild blue phlox.

blúe píke *n.*〖魚類〗**1** ブルーパイク (*Stizostedion vitreum glaucum*)《北米五大湖産の魚; pike perch の一種; cf. walleye 5》. **2** ＝muskellunge.

blúe píll *n.* **1**〖薬学〗**a** 青汞(こう)[水銀]丸薬《下剤など; mercury mass ともいう》. **b** ＝blue mass 1. **2**《米俗》銃弾, 弾丸 (bullet).

blúe pláte *n.*《米》**1** (仕切りつきの)ランチ皿《もとは青い模様がついていた》. **2** (メインコースが)ラン

チ皿に盛られた肉と野菜から成る定食料理《メニューでは一項目になっている》.

blúe-plàte spécial *n.* 《米》安い定食料理《もとは仕切りのある青い皿に載せた》.

blúe·pòint 〖← *Blue Point* (Long Island の岬の名): その沖が特産地〗 *n.* 《米》〖貝類〗牡蠣(㊉)の一種.

blúe pòint *n.* 〖動物〗青みを帯びた体で四肢・耳・尾などの先端が濃い青灰色のシャムネコ.

blúe póinter *n.* 〖魚類〗 **1** 《豪》(大物として漁夫が狙う)アオザメ (bonito shark). **2** ホオジロザメ (great white shark)《大きくて獰猛な人食い鮫》.

blúe pówder *n.* 〖冶金〗ブルーパウダー《亜鉛と酸化亜鉛からなる粉末; 亜鉛を作る時の副産物》.

blúe·prìnt *n.* **1** 青写真 (cyanotype), (建築・機械の)設計図. **2** (詳細な)計画, ブループリント: a ~ *for* victory. — *vt.* **1** 青写真にとる. **2** (綿密に)計画する (plan). **~·er** *n.*

blúe·prìnt·ing *n.* 青写真(法).

blúe rácer *n.* 〖動物〗ブルーレーサー (*Coluber constrictor flaviventris*)《米国中部産の黒ヘビ》.

blúe-ríbbon *adj.* すぐれた, 一流の, より抜きの, 精選された (first-rate): a ~ salmon.

blúe ríbbon *n.* **1** ガーター勲章 (the Garter) の絹の青リボン (cf. red ribbon 1); ガーター勲爵士. **2** (品評会などでの)最高の名誉[賞], ブルーリボン賞. **3** 青リボン記章《禁酒会員章》. **4** [the B- R-]〖海事〗ブルーリボン《北大西洋を最も早い平均時速で横断した船がマストに掲げて記録を誇る青色長大のリボン》.

blúe-ribbon júry *n.* 《米》〖法律〗特別陪審 (special jury)《重大刑事事件に召集される陪審で, 特に学識経験者の中から選ぶ》.

Blúe Ríder *n.* [the ~] = Blaue Reiter.

Blúe Rídge Móuntains *n. pl.* [the ~] ブルーリッジ山脈《米国 Virginia 州の北端から南西に走り Georgia 州の北部に至るアパラチア山脈の一支脈; 単に Blue Ridge ともいう》.

blúe-róan *adj., n.* 黒に白の混じったあしげの(馬, 犬など).

blúe róck *n.* 〖鳥類〗= rock pigeon.

blúe róckfish *n.* 〖魚類〗北米太平洋沿岸に生息するカサゴ類の食用魚 (*Sebastodes mystinus*).

blúe ród *n.* 《英》聖ミカエル・聖ジョージ勲位 (Order of St. Michael and St. George) の公務員.

blúe rúnner *n.* 〖魚類〗西大西洋の暖海に生息するアジ科カイワリ属の食用魚 (*Caranx fusus*).

blues [blúːz] 〖(pl.) ← BLUE: cf. blue devils〗 — *n. pl.* **1** [the ~; 時に単数扱い]《口語》気のふさぎ, 憂鬱症: a fit of *the* ~ / be in *the* ~ 元気がない / have [get] *the* ~ 気がふさぐ, 気分がすぐれない. **2** [単数または複数扱い]〖音楽〗ブルース《米国黒人の歌で blue notes をもつ独特の音楽; ジャズに決定的な影響を与えた; cf. blue *adj.* 11》: a ~ singer / sing a ~ / ⇨ RHYTHM and blues. **3** (米国海軍の)青の制服. **4** 〖制服の色から〗[the B-] 英国近衛(㊉)騎兵隊 (Royal Horse Guards) の通称名. **5** [単数扱い]〖魚類〗= bluefish 2.

sing the blues 《米俗》ふさいでいる, 元気がない.

blúe ságe *n.* 〖植物〗= sagebrush.

blúe shárk *n.* 〖魚類〗ヨシキリザメ (*Prionace glauca*)《全長 6 m 位に達し人を襲う狂暴なサメ》.

Blúe Shíeld *n.* 《米》ブルー シールド《営利を目的としない医療保険組合の呼称; cf. Blue Cross》.

blúe shírt *n.* (あるグループ・党などに忠誠を誓うしるしとして)青服を着ている人; (特に, 専門の)消防夫.

blúe shórtness *n.* 〖金属加工〗青熱脆性(㊉), 青熱脆(㊉)さ《鋼が 200–300°C で硬く, 脆くなること》.

blúe-ský 〖空には何もないことから〗 — *adj.* 《口語》 **1** 〈有価証券など〉価値のない (worthless); 不安定な, 保証のない. **2** 足が地についていない, 空想的な (fanciful), 非実際的な (impractical): a ~ idea.

blúe ský *n.* **1** 青空. **2** 《口語》いんちき証券.

blúe-ský làw 〖《1912》: 当時の法律家がこのような不良業者を「青空を資本化する (capitalize the blue skies)」と弾劾したことから〗 *n.* 《口語》〖法律〗青空法《不正証券販売取締法; いんちき会社に大衆が投資することのないように保護するための米国の法律》.

blúes·man [-mən] *n.* (*pl.* **-men** [-mən, mèn]) ブルース(音楽)歌手[奏者].

blúe spiréa *n.* 〖植物〗= bluebeard 1.

blúe sprúce *n.* 〖植物〗= Colorado spruce.

blúe stéllar óbject *n.* 〖天文〗青色天体《ほとんど電波を出さない青色の天体》.

blúe·stèm *n.* **1** 〖植物〗ヒメアブラススキ (*Andropogon furcatus*)《米国西部産のイネ科のススキに似た丈の高い草》. **2** 〖植物病理〗カビの一種 *Verticillium alboatrum* が寄生しその葉が青黒変し萎縮するイチゴ類の病気.

blúe·stòcking 〖← *Bluestocking Society* (18 世紀中ごろの London の社交婦人を中心とした文芸談話会): 男性会員の Benjamin Stillingfleet (1702–71) などが黒絹の代わりに青色の毛の靴下をはいたことから〗 — *n.* [通例軽蔑的] 文学趣味[学問好き]の女, インテリ女, 才女. **~·ism** [-ɪzm] *n.*

blúe·stòne *n.* **1** 〖化学〗硫酸銅, 胆礬(㊉) (copper sulfate). **2** 〖岩石〗 **a** (建築用)青石. **b** 《米》(青みがかった建築用)粘土質砂岩. **c** 《豪》(建築用・工業用)玄武石 (basalt).

blúe stréak *n.* **1** 《米口語》電光, 電光のように速いもの[人]: like a ~ 電光石火のように. **2** 果てしのない言葉の流れ: talk a ~ 果てしなくしゃべる.

blúe súccory *n.* 〖植物〗ルリニガナ (*Catananche coerulea*)《地中海地方原産の青色の頭状花をつけるキクの一種》.

Blúe Súnday làw *n.* 《まれ》= blue law 2.

blues·y [blúːzi | -zɪ] *adj.* ブルース(音楽)的な[調の].

blu·et [blúːɪt, -ət | blúːɪt, blúɪt, -ət] 〖□ F *bleuet*, ~: ⇨ blue, -et〗 — *n.* 〖植物〗 **1** 青い花の咲く種々の植物の総称; 《英方言》ヤグルマギク (cornflower). **2** [*pl.*] ⇨ bluets.

blúe·thròat *n.* 〖鳥類〗オガワコマドリ (*Erithacus svecicus*)《のどの青いツグミ亜科の鳴鳥》.

blúe·tick *n.* ブルーティック《アライグマや狐狩に用いられる足の速い米国産の猟犬》.

blúe tit *n.* 〖鳥類〗アオガラ (*Parus caeruleus*)《アジア・ヨーロッパ産のシジュウカラ属の小鳥》.

blúe·tòngue 〖《なぞり》← Afrik. *bloutong*〗 *n.* 〖獣医〗青舌病《アフリカ南部の家畜(羊・牛など)の病気で, ウイルスによって口・舌の充血と浮腫(㊉)が起こる》.

blú·ets *n.* (*pl.* ~) 〖植物〗トキワナズナ (*Houstonia caerulea*)《北米産のアカネ科トキワナズナ属の植物; innocence, Quaker-ladies ともいう》.

blúe vérditer *n.* **1** 〖鉱物〗= azurite. **2** 〖化学〗岩紺青(㊉), 藍緑青(㊉)《炭酸銅を含む水酸化銅より成る青色顔料》.

blúe vérvain *n.* 〖植物〗米国東部産クマツヅラ属の青い花が咲く多年草 (*Verbena hastata*).

blúe-vín·ney [-víni | -nɪ] 〖← ? *blue veiny*: 青いかびの縞がついている〗 *n.* (*also* **blue-vin·ny** [~]) (英国 Dorsetshire 州原産の)ブルーチーズ.

blúe vítriol *n.* 〖化学〗胆礬(㊉), 硫酸銅の五水和物 ($CuSO_4 \cdot 5H_2O$) の慣用名《正式名 copper sulfate; cf. chalcanthite》.

blúe wáter *n.* [the ~] 青海原 (open sea).

blúe·wèed *n.* 〖植物〗 **1** ヨーロッパ産ムラサキ科シャゼンムラサキ属の美しい青い花をつける二年草 (*Echium vulgare*)《薬用; viper's bugloss ともいう》. **2** = chicory 1. **3** 米国西南部産の青緑または灰緑色の葉をつける多年生植物 (*Helianthus ciliaris*).

blúe whále *n.* 〖動物〗シロナガスクジラ (⇨ sulphur-bottom).

blúe-wìnged téal *n.* 〖鳥類〗ミカヅキシマアジ (*Anas discors*)《北米産の小ガモ; cf. teal 1》.

blúe·wòod *n.* 〖植物〗米国 Texas 州西部やメキシコ北部に産するクロウメモドキ科の刺(㊉)のある低木 (*Condalia obovata*).

blúe wóod àster *n.* 〖植物〗北米産の青い花が咲くキク科シオン属の多年草 (*Aster cordifolius*).

blue·y [blúːi | blúːɪ, blúɪ] 〖⇨ blue, -y²〗 — *n.* 《豪》 **1** 〖もと青い毛布で包んだことから〗(放浪者 (swagman) などの)手回り品の包み: ⇨ HUMP (*one's* [*the*]) *bluey*. **2** 布地の粗い外被. **3** 《口語》(青色の)呼び出し状 (summons). **4** オーストラリア産の牛追いの青い犬. **5** 〖動物〗オーストラリア産の青いトカゲ (lizard) の総称.

bluff¹ [blʌ́f] 〖《1627》□ ? Du. *blaf* 《廃》flat〗 — *adj.* (~·er; ~·est) **1 a** 〈海岸など〉絶壁の, 断崖の, 切り立った. **b** 〈船首部が〉広くずんぐりしている. **2 a** 〈人・態度が〉粗野な, 不作法な (rough); 無愛想な, むっつりとした (surly). **b** 率直な, 飾り気のない (frank). — *n.* **1 a** 断崖, 切り立った岬 (cliff). **b** 船首の膨らんでいる部分. **2** 《米北部》大草原の木立ち, 林, やぶ, 茂み (grove). **~·ly** *adv.* **~·ness** *n.*

bluff² [blʌ́f] 〖《1674–91》□ ? Du. *bluff-en* to boast, brag〗 — *vt.* **1 a** おどして〔ある行動を〕やめさせる〔*out of*〕: ~ a person *out of* participating 人をおどして手を引かせる. **b** だまして〔ある行動を〕取らせる〔*into*〕: I was ~*ed into* supposing he is honest. 私はだまされて彼が正直者だと思い込んだ. **c** [~ one's way で] だまして逃(㊉)れる: He ~*ed his way out* (*of* the tight corner). うまくたぶらかして(危ない所を)乗り切った. **2** …のふりをする (feign): ~ indifference. **3** 〖トランプ〗(ポーカーで)思い切って高く賭(㊉)けて[はったりをかけて]〈相手を〉下ろす 〈*out*〉. — *vi.* はったりをかける; 空威張りする.

bluff it out 《口語》うまくごまかして窮地を脱する.

— *n.* **1** 空威張り, 虚勢, こけおどし, はったり: run a ~ *on*… 《米》…にはったりをかける. **2** 《米》= bluffer. **3** 〖トランプ〗(ポーカーで)はったり.

call the [*a person's*] ***bluff*** (1) 手を開かせて化の皮をはがす. (2) 《口語》(相手が空威張りと見て)やれるものならやってみろと挑戦する[開き直る].

blúff·er 〖↑〗 *n.* 虚勢を張る人, はったりをかける人.

bluff·y [blʌ́fi | -fɪ] 〖⇨ bluff¹〗 *adj.* (**more ~, most ~; bluff·i·er, -i·est**) 絶壁のある, 険しい (steep).

blu·ing [blúːɪŋ | blúːɪŋ, blúɪŋ] *n.* (黄ばんだ洗濯物を白く見せるための)青み, 青み付け.

blu·ish [blúːɪʃ | blúːɪʃ, blúɪʃ] 〖ME〗 *adj.* 青みを帯びた, 薄青い: ~ green. **~·ness** *n.*

Blum [blúːm; *F.* blum], **Léon** *n.* ブルム《1872–1950; フランスの政治家・批評家; 人民戦線内閣の首相 (1936–37, '38, '46–47); *Stendhal et le Beylisme*「スタンダールとベーリスム」(1914, '30)》.

Blun·den [blʌ́ndən], **Edmund Charles** *n.* (1896–1974) 英国の詩人・批評家; 東京帝国大学教師 (1924–27); 文化使節として来日 (1948–50); *Undertones of War* (1928), *Collected Poems* (1930).

blun·der [blʌ́ndə | -də(r)] 〖《a1349》*blondere(n)* □ ? ON *blunda* to shut the eyes〗 — *vi.* **1** へまをやる, 失敗をやる: ~ *in* answering へまな返事をする / He has ~*ed* again. またへまをやった. **2** まごまごする, まごまごして歩く; まごついてぶつかる[つまづく]: ~ *about* in the dark 暗闇でまごまごする / ~ *against* a person まごついて人と鉢合わせする / ~ *into* a wrong room うっかり違う部屋に入ってしまう. **3** 〔…を〕ひょっこり見つける〔*on, upon*〕: ~ *on* [*upon*] a clue / ~ *on* [*upon*] a solution 思いがけず手掛りをつかむ. — *vt.* **1** 〈仕事などを〉やり損なう: ~ a business 商売をとちる. **2** 考えなしにしゃべる; へまな言い方で言う 〈*out*〉: ~ *out* a secret うっかり秘密をしゃべる / ~ *out* an apology しどろもどろに弁解する. **3** へまなことをして失う, うっかりむだにしてしまう 〈*away*〉: ~ *away* one's chances うかうかして好機を逸する. — *n.* (非難すべき)ばかげた誤り, 手ぬかり, しくじり (mistake): minor ~*s* in a translation 訳文中の小さな誤り / make [commit] a colossal [fateful] ~ とてつもない[致命的な]間違いをやる. **~·ful** [blʌ́ndəfəl | -də-] *adj.*

blun·der·buss [blʌ́ndəbʌ̀s | -də-] 〖《1654》□ Du. 《廃》*donderbus* ← *donder* 'THUNDER' + *bus* gun, 《原義》box: 通俗語源で blunder と連想〗 — *n.* **1** 《古》らっぱ銃《17–18 世紀ごろの銃口がらっぱ状に開いて発射弾を分散させる筒先の太い銃》. **2** へまをやる人.

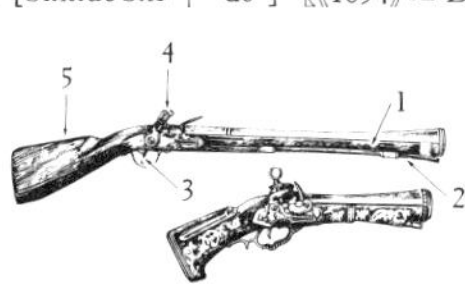

blunderbusses
1 barrel; 2 ramrod; 3 trigger; 4 flintlock; 5 butt

blún·der·er [-d(ə)rə | -dərə(r)] 〖《15C》〗 *n.* ばかな間違い[へま]をやる人, そこつ者.

blún·der·ing [-d(ə)rɪŋ] *adj.* へまな, まごまごする, まごつき屋の. **~·ly** *adv.*

blunge [blʌ́ndʒ] 〖《混成》? ← BLEND + PLUNGE〗 *vt.* 〈粘土など〉に水を混ぜて泥漿(㊉)にする; 〈窯業原料を〉水中で撹拌して懸濁させる.

blúng·er *n.* ブランジャー《粘土や他の原料を混合して泥漿(㊉)を作るための機械》.

blunt [blʌ́nt] 〖《?c1200》← ?: cf. ON *blundr* dozing, *blunda* (⇨ blunder)〗 — *adj.* (~·er; ~·est) **1** 〈刃・先・角度が〉鈍い; 〈刃物・鉛筆など〉刃[先]のない, なまくらの (dull): a ~ point, knife, pencil, etc. / a ~ instrument 鈍器. **2** 〈理解・感情など〉鈍感な, 神経の鈍い, うとい (dull). **3** 〈人・態度・言葉など〉ぶっきらぼうな, 率直な (abrupt); きっぱりとした; 〈事実など〉ありのままの: a ~ reply 木で鼻をくくったような返事 / The ~ fact is that… あからさまな事実として…. **4** 《古》無骨な, 粗野な (rude). — *n.* **1** 太くて短いもの; 短い太矢; 太く短い葉巻き(のようなもの). **2** 《古俗》現なま (cash). — *vt.* **1** 〈刃・先などを〉鈍くする, 鈍らせる (dull): ~ (the edge of) a knife / Time ~*s* the edge of sorrow. 時がたてば悲しみも薄らぐ. **2** 〈感覚・頭脳など〉の働きを鈍くする, 勘を鈍らせる (deaden). **3** …の効果をなくする, 効き目をなくする (weaken): ~ an attack. — *vi.* 〈刃・先などが〉鈍くなる. **~·ly** *adv.* **~·ness** *n.*

blúnt file *n.* 〖機械〗ずんどうやすり《断面の大きさが根本から先まで同一のやすり》.

blur [blɜ́ː | blɜ́ː(r)] 〖《1548》← ?: cf. blear〗 — *n.* **1 a** にじんだ跡, にじみ; よごれ, しみ, 汚点 (blot). **b** 道徳的欠点, 汚名. **2 a** ぼうっと見えるもの; かすんだ状態, くもり: become a ~ *to* one's memory 〈事件などが〉記憶のかなたにかすむ / The page was simply a ~ *to* her sleepy eyes. 紙面は彼女の眠い目にはただぼうっとかすんで見えた. **b** 〖写真〗ぶれ, ぼけ, 不鮮明(な所). **3** (不明確な)ぶーんという音 (hum): a ~ of human voices ぼんやり聞こえる人声. — *vt.* (**blurred; blur·ring**) **1 a** 〈書き物などを〉よごす, にじませる: ~ a page *with* ink ページをインクでよごす / The printing is somewhat ~*red*. 印刷がちょっとぼやけている. **b** 〈名声などを〉汚す, 傷つける. **2 a** 〈光景などを〉ぼんやりとさせる: Haze ~*red* the horizon. もやで地平線がぼんやりした. **b** 〖写真〗ぶれさせる, ぼけさせる. **3 a** 〈目を〉曇らせる, おぼろにかすませる (dim): Tears ~*red* her eyes. 涙で目がかすんだ. **b** 〈感覚などを〉鈍らせる, 〈知覚を〉失わせる; 〈人を〉ぼうっとさせる: ~ a person's senses / He was ~*red* by a hard blow. 激しくなぐられて気が遠くなった. — *vi.* **1** よごす, よごれをつける. **2 a** ぼんやりする. **b** 〖写真〗ぶれる, ぼける. **3** 〈目が〉かすむ.

blur out ぼんやりさせる, おぼろにする; (記憶から)消す.

blurb [blɜ́ːb | blɜ́ːb] 〖《1914》← *Miss Blinda Blurb* (米国のユーモア作家 Gelett Burgess (1866–1951) が 1907 年自著のカバーに描いたグラマー美人につけた名)〗 — *n.* (新刊書などのカバー (jacket) に刷込む)誇大広告, 推薦文; 宣伝文句: a TV ~ テレビの(誇大)広告. — *vt.* 〔…であると〕誇大に宣伝する〔*as*〕: The book is ~*ed as* the best of the year. その本は本年度の最高傑作であると大げさに広告されている. — *vi.* 自賛的[宣伝的]な調子で話す.

blúr círcle *n.* 〖光学〗= CIRCLE of confusion.

blurred *adj.* **1** (インクなどで)よごれた, にじんだ.

2 ぼやけた；ぼんやりとかすんだ (dimmed)：a ～ snapshot. **blur·red·ly** [blə́ː(r)ɪdli, -(r)əd- | blə́ː-rɪdlɪ, -rəd-] *adv.*

blur·ry [blə́ː(r)i | blə́ːrɪ] *adj.* ＝blurred. **blur·ri·ly** [blə́ː(r)əli | blə́ːrəlɪ, -rɪlɪ] *adv.* **blúr·ri·ness** *n.*

blurt [bləːt | bləːt] 〖《1573》：擬音語 ?〗 ── *vt.* **1** 出し抜けに言い出す；考えなしにしゃべる，口をすべらせて言う 〈*out*〉：～ *out* a secret / ～ *out* a confused statement 出し抜けに訳の分らないことを口走る. ── *n.* 出し抜けに言うこと，考えなしにしゃべること. **～·er** [-tə | -tə(r)] *n.*

blush [blʌ́ʃ] 〖OE *blyscan* to glow red ← Gmc **blisk-* ← IE **bhel-* to shine：⇨ blue〗 ── *vi.* **1** (恥ずかしさ・困惑のために)顔を赤らめる，赤面する：～ *at* one's words 失言で赤面する / ～ *for* shame 恥ずかしくて赤面する / ～ *with* [*for*] joy 喜びで紅潮する / ～ to the roots of one's hair 耳の付根まで真赤になる / ～ up to the temples [ears] 耳まで真っ赤になる. **2 a** 恥じる，恥じ入る：I ～ *for* you. 君には恥ずかしくなるよ. **b** [補語を伴って] 恥ずかしくて…になる：～ crimson [pink, red, scarlet] 恥ずかしくて真赤になる. **c** [*to* do を伴って] 〈…して〉恥ずかしい，恥じ入る：I ～ *to* own that… 恥ずかしながら実は… / I ～ *to* think of such conduct. かような行為は思っても恥ずかしい. **3 a** 〈つぼみ・花などが〉赤らむ. **b** 〈空・場所などが〉ばら色になる：a garden ～*ing with* roses バラが咲いて赤く染った庭園. **4** 〈ニス・ラッカーなどの塗面が〉(湿気のために)曇る，濁る，かぶる，さえない色になる. ── *vt.* **1** 赤くする；赤く染める (redden). **2** 《古》 赤面して示す：～ one's mistake. ── *n.* **1** (恥ずかしさ・困惑のために)顔を赤らめること，赤面：put a person to the ～ 人を赤面させる，人の面目を失わせる / Spare my ～*es*. そうおだてくれるな. **2** (ばらなどの)赤らみ；(ほおなどの)紅潮；(光線・空などの)紅(ﾍﾞﾆ) (flush). **3** ちらっと見ること，一目 (glance). ★ 今は次の句にのみ用いる：at [on] (the) first ～ 《文語》 一見して，一見したところでは. **4** (ニス・ラッカーなどの)塗面のかぶり.

blúsh·er *n.* **1** (恥ずかしさ・困惑のために)顔をすぐ赤くする人，恥ずかしがり[はにかみ]屋. **2** 頬(ﾎｵ)紅. **3** 〖植物〗 ガンタケ，イロガワリテングダケ (*Amanita rubescens*) (blushing mushroom ともいう).

blush·ful [blʌ́ʃfəl] *adj.* **1** 赤面する，はにかむ，恥ずかしがる；赤面させる，恥ずかしがらせる. **2** 赤い，赤らんだ. **～·ly** *adv.* **～·ness** *n.*

blúsh·ing *adj.* **1** 赤らんでいる：～ roses. **2** 顔を赤らめる，はにかむ：a ～ bride. **～·ly** *adv.*

blúshing múshroom *n.* 〖植物〗 ＝blusher 3.

blúsh·less *adj.* 恥知らずの，鉄面皮の.

blus·ter [blʌ́stə | -tə(r)] 〖ME *blustre(n)* (擬音語) ?：cf. ON *blāstr* a blowing / LG *blüstern* to flutter〗 ── *vi.* **1 a** 〈風などが〉吹きまくる，吹きすさぶ. **b** 〈波などが〉立ち騒ぐ，たけり狂う (rage). **2** 〈人が〉(大声で)威張り散らす，どなりつける，おどかす (hector) 〔*at*〕. ── *vt.* **1** どなる，どなって言う 〈*out*〉：～ *out* threats おどし文句をどなる / ～ *out* orders どなって命令を発する. **2** おどして[どなって]〈ある状態に〉陥らせる 〔*into*〕：～ a person *into* obedience どなって人を従わせる / ～ oneself *into* anger かっと怒る. **3** [～ one's way で] ものすごい勢いで進む：A typhoon ～*ed its way* across the city. 台風が猛烈な勢いで市を吹き抜けた. ── *n.* **1** 吹きすさぶ風，(波の)騒ぎ，騒々しさ. **2** どなりつけ，こけおどし；空威張り.

blús·ter·er [-t(ə)rə | -tərə(r)] *n.* 大声で叫ぶ人，どなりつける人，威張り散らす人.

blús·ter·ing [-t(ə)rɪŋ] *adj.* **1** 吹きすさぶ，荒狂う. **2** どなりちらす；空威張りの. **～·ly** *adv.*

blus·ter·ous [blʌ́st(ə)rəs] *adj.* ＝blustering. **～·ly** *adv.*

blus·ter·y [blʌ́st(ə)ri | -rɪ] *adj.* ＝blustering.

Blvd., blvd. 《略》 Boulevard；boulevard.

-bly [bli | -blɪ] *suf.* -ble に終わる形容詞に対応する副詞を造る：dissolu*bly*.

Blythe [bláɪð] 〖← OE *blīþe* 'BLITHE'〗 *n.* 女性名.

B/M 《略》〖会計〗 bill of material.

bm. 《略》 beam.

b.m. 《略》 *L.* bene merenti (＝to the well-deserving)；black mare；board measure；bowel movement.

B.M. 《略》 *L.* Baccalaureus Medicinae (＝Bachelor of Medicine)；*L.* Baccalaureus Musicae (＝Bachelor of Music)；bandmaster；basal metabolism；*L.* Beātae Memoriae (＝of blessed memory)；〖議会〗 before midnight；〖測量〗 bench mark；bending moment；binding margin；bishop and martyr；Brigade Major；British Monomark；British Museum；Bronze Medalist；Bureau of Mines 鉱山局.

B.M.A. 《略》 British Manufacturers' Association；British Medical Association.

B.M.E. 《略》 Bachelor of Mechanical Engineering；Bachelor of Mining Engineering；Bachelor of Music Education.

BMEWS [bíːmjùːz] 《略》〖米軍〗 Ballistic Missile Early Warning System 弾道ミサイル早期警戒[警報]組織.

B.M.J. 《略》 British Medical Journal.

BMOC 《略》《米俗》 big man on campus.

BMR 《略》〖生理〗 basal metabolic rate.

B.M.S. 《略》 Bachelor of Marine Science.

B.M.T. 《略》 Bachelor of Medical Technology；basic military training；basic motion time 基礎動作時間；British Mean Time.

B.Mus. 《略》 *L.* Baccalaureus Musicae (＝Bachelor of Music).

B.M.V. 《略》 *L.* Beāta Maria Virgō 童貞聖マリア (Blessed Mary the Virgin).

Bn., bn. 《略》 battalion；Baron；beacon；been；born.

B.N. 《略》 Bachelor of Nursing；bank note；Bureau of Narcotics.

B.N.A. 《略》 *L.* Basle Nomina Anatomica バーゼル解剖学名 (Basle anatomical nomenclature) (1895 年；臨床方面では今日でも広く用いられている)；British North America.

B'nai B'rith [bənéɪ-bríθ] 〖⊏ ModHeb. *bne vrit* < Heb. *bᵉnē bᵉrīth* sons of the covenant〗 *n.* ユダヤ男子の共済組合.

B.N.C. 《略》 Brasenose College, Oxford.

BNDD 《略》 Bureau of Narcotics and Dangerous Drugs 麻薬危険薬局.

B.N.F. British National Formulary.

BNL 《略》 Brookhaven National Laboratoy ブルックヘブン国立研究所 (米国 New York 州にある国立研究所).

b.n.m. 《略》〖フリーメーソン〗 before new moon 新月の前に (cf. b.f.m.).

Bnss. 《略》 Baroness.

B.N.S. 《略》〖海事〗 Bachelor of Naval Sciences 商船学士.

bo¹ [bóu | bə́u] 〖《*c*1430》 (擬音語)：cf. boo¹〗 *int., n.* ＝boo¹.

bo² [bóu | bə́u] 〖《略》 ← ? HOBO〗 *n.* (*pl.* **～es**) 《米俗》 浮浪人 (tramp).

bo³ [bóu | bə́u] 〖← ?：cf. boy, bozo, hobo〗 *n.* (*pl.* **～s**) 《米俗》[親しい呼掛け] (おい)相棒，兄弟 (mate).

b/o 〖会計〗 brought over 繰越し.

b.o. 《略》 back order；〖鉄道俗〗 bad order 破損車；black-out；box office；branch office；〖海運〗 broker's order 船舶仲立人指図(ｻｼｽﾞ)書. 〖口語〗 body odor.

B.O. 《略》 Bachelor of Oratory；Board of Ordnance；

bo·a [bóuə | bə́uə, bɔ́ː] 〖《*a*1398》 ⊏ L ～ 'large serpent' ← ?〗 ── *n.* **1** 〖動物〗 **a** ボア (ニシキヘビ科ボア属 (*Boa*) のヘビの総称；エメラルドボア (*B. canina*)，キノボリボア (*B. hartulana*) などを含む). **b** 獲物を巻き殺す大型のヘビ (ボア (boa constrictor)，アナコンダ (anaconda)，ニシキヘビ (python) など；cf. constrictor 1 c). **2** ボア (羽毛や毛皮または tulle レースなどで作った柔らかい襟巻き).

boa 2

Bo·ab·dil [bòuəbdíːl | bə̀u-；*Sp.* bòaβðíl] *n.* ボアブデール (?–?1533；1492 年 Granada がキリスト教勢力の手に落ちた時のナスル朝最後の君主 (1482–92), Mohammed XI として統治；アラビア語名 Abū 'Abd Allāh；あだ名 El Chico).

B.O.A.C. 《略》 British Overseas Airways Corporation 英国海外航空公社 (⇨ BA).

bóa constrictor *n.* 〖動物〗 **1** ボア (*Constrictor constrictor*) (熱帯アメリカ産の大ヘビで獲物を締め殺してから食う習性がある). **2** ニシキヘビに似た大ヘビ (南米産アナコンダ (anaconda) など).

Bo·ad·i·ce·a [bòuædɪsíːə, -də- | bə̀uədɪsíə] *n.* ＝Boudicca.

Bo·a·ner·ges [bòuənə́ːdʒiːz | bə̀uənə́ː-] 〖ME ⊏ LL ～ ⊏ Gk *Boanergés* ← ? Heb. *bᵉnē rěgheš* sons of thunder〗 ── *n. pl.* **1** [複数扱い] 〖聖書〗 ボアネルゲ (雷の子ら；キリストがゼベダイ (Zebedee) の二子ヤコブ (James) とヨハネ (John) に与えた名；cf. *Mark* 3：17). **2** [単数扱い] 大音声の熱弁家，熱弁説教師.

boar [bɔ́ə, bɔ́ə | bɔ́ː(r)] 〖OE *bār* < (WGmc) **bairaz* (G 《方言》 *Bär*) ← ?〗 ── *n.* (*pl.* **～s, ～**) **1 a** (去勢しない)雄豚. **b** テンジクネズミ (guinea pig) などの雄. **2 a** 〖動物〗 イノシシ (*Sus scrofa*) (wild boar ともいう)：a ～'s head イノシシの頭 (めでたい時のごちそう；パブ (pub) の名前によくある). **b** イノシシの肉.

board [bɔ́əd, bɔ́əd | bɔ́ːd] 〖OE *bord* plank < Gmc **borðam* (G *Bort* board / ON *borð*) & **borðaz* (Du. *boord* border / ON *borð*) ← IE **bheredh-* to cut：⇨ bore²〗 ── *n.* **1** (薄く細長くひきわった)板 (専門的には厚さ 2 インチ以下で幅が 4–12 インチのもの；⇨ lumber¹ 挿絵)：a floor ～ 床板 / a ～ fence 板塀(ｲﾀﾍﾞｲ). **2 a** (通例長方形の)平板. **b** 掲示板，ボード；《米》 証券の相場を示す掲示板：a bulletin [notice] ～ 掲示板 / ⇨ blackboard. **c** 《口語》 配電盤. **d** 台板；棚(ﾀﾅ)：an ironing ～ アイロン台 / a diving ～ 飛び込み台 / ⇨ sideboard. **e** ＝surfboard. **f** 〖バスケットボール〗 ＝backboard 3. **3 a** [しばしば複合語の第 2 構成素として] (遊戯の)盤：⇨ chessboard, checkerboard. **b** 〖トランプ〗 (duplicate bridge で) ボード (4 人に配られた一勝負分の手をそのまま収めて，順送りに次のテーブルへ回して行くのに使う板状の容器)；ボードに収められた手，それによる勝負，その結果[得点]. **4 a** 食卓 (table)：a groaning ～ ごちそう山盛りの食卓 / sit at the ～ 食卓につく / I dined at his hospitable ～. 彼の所で大変ごちそうになった. **b** 食事，賄い：⇨ BED *and board* / ～ and lodging 賄い付き下宿 / full ～ (食事が)三食つき / get a room and ～ for 7 dollars a week (ホテルに) 1 週間 7 ドルで食事付きの部屋をとる / give good ～ 賄いがいい. **5 a** 会議の卓 (council table)；会議 (council). **b** 評議員会，重役会，委員会，試験[面接]委員会；[集合的] 評議員，役員，試験[面接]委員：a ～ of directors 役員会，理事会，取締役会，重役会 / a ～ of estimate (New York 市などの)予算委員会 / on an advisory ～ 諮問委員会で / a ～ of examiners [elections] 《米》 試験[選挙管理]委員会. **c** (官庁の)庁，院，局，部，委員会. **d** 《米》 (仲買人・保険業者などの)協会 (league). **e** [しばしば *pl.*] 試験委員会の試験：pass one's ～*s*. **6** 《米》 証券取引所：⇨ Big Board. **7** [the ～s] **a** 舞台 (stage)；俳優業：go on *the* ～*s* (俳優になって)舞台にのぼる / walk *the* ～*s*＝TREAD *the boards*. **b** 〖アイスホッケー〗 ボード (リンクの周囲の板の囲い). **c** 木製の競技コース. **8 a** 板紙，ボール紙 (紙質が堅く，こしのある厚めの紙の総称). **b** 製本用板紙，板紙 (図書の表紙に用いる板紙)：cloth ～*s* クロース装 / bound in ～*s* 厚表紙の. **9** 《豪》 羊の毛を刈り取るための小屋，小屋内の羊毛刈取り所；刈ろうとされている羊；羊の毛を刈り取る人. **10** 《廃》 縁 (edge)，境界 (border). **11** 〖海事〗 **a** 舷(ｹﾞﾝ)側，舷；船内 (cf. aboard 2, overboard 1)：over (the) ～ 舷側を越えて海中へ. **b** 同一の間開きで帆走した区間 (tack). **c** 針路より横にはずれた方向. **12** 〖鉄道〗 信号標識.

above board 公明(正大)に[な] (cf. aboveboard)：open and above ～ 正直で率直な. ***across the board*** (cf. across-the-board) (1) 全面的に[な]，一律で[の]. (2) 《米》〖競馬〗 〈賭が〉1 着・2 着・3 着の全部にわたって. ***board and*** [***on, by***] ***board*** 《古》〖海事〗 〈両船が〉(互いに近く)相並んで. ***by the board*** 舷(ｹﾞﾝ)外に，舷側を越えて，船から海中へ. ***come on board*** 帰船[帰艦]する. ***fall on board of*** (1) 〖海事〗 〈他船〉と衝突する；(海戦などで)〈ある船〉とからみ合う. (2) 〈人など〉を攻撃する. ***go by the board*** (1) 〈マストなどが〉折れて船外に落ちる. (2) 失われる，見捨てられる，忘れられる. (3) 〈計画などが〉全く失敗する. ***hold the boards*** 〈劇が〉引き続き上演される (hold the stage). ***lay a ship on board*** (切込み戦の目的で他船に)船を横付けにする. ***make a board*** 〖海事〗 帆船が風上へ切り上げて航走する. ***make a good board*** 〖海事〗 (いっぱい開きの)船が風上に順調に進む. ***make a half board*** 〖海事〗 半ば停止状態になるまで船首を風上に向けて進み始める. ***make short boards*** 〖海事〗 しばしば間切る. ***on board*** (1) 船上に，船内に；(飛行)機上に；車中に：go [get] *on* ～ 船[列車，飛行機]に乗る / have *on* ～ 〈船が〉積んでいる / take *on* ～ 積み込む，乗船させる. (2) [群前置詞として] 〈船〉の中へ[に]；〈列車・バス〉の中へ：*on* ～ a ship [train] 乗船[乗車]して / get *on* ～ a car [plane] 車[飛行機]に乗る. (3) 《俗》〖野球〗 出塁して (on base). (4) 《俗》 〈酒が〉飲みほされて. ***on the boards*** (1) 取り上げられて，討議[設計]されて. (2) 俳優となって (cf. *n.* 7 a). ***on even board with*** (1) …と舷を並べて，…に横付けして. (2) …と同等の条件で；…にぴたりと，…と仲よく. ***run on board of*** ＝*fall on* BOARD *of*. ***sweep the board*** ⇨ sweep 成句.

Board of Admiralty [the ─] (英国の)海軍本部委員会 (⇨ LORD (Commissioner) of Admiralty).

board of commissioners (米国の多くの州に設けてある通例 3–7 人から成る)郡行政委員会.

Board of Commissioner of the Treasury [the ─] (英国の)国家財政委員会 (⇨ Treasury Board).

board of education (略 B. of E.) (1) 《米》 教育委員会. (2) [the B- of E-] 《英》 教育院 (文部省の前身；1944–64 年は Ministry of Education, 1964 年以後は Department of Education and Science という)：the President of *the Board of Education* 教育院総裁 (現在の文部大臣に相当する).

Board of Guardians [the ─] 《英》 (救貧法 (poor laws) による)救貧委員会 (主に教区単位に設置されていたが，救貧法の廃止に伴って 1930 年廃止).

board of health (州や都市の)衛生局，衛生課 (略 B. of H.).

Board of Inland Revenue [the ～] (英国の)内国税収入局.

Board of Review [the ─] (映画などの)検閲局.

board of trade (1) 《米》 (地方)実業家連盟，商業会議所 (cf. CHAMBER of commerce). (2) [the B- of T-] (英国の)商務省 (略 B. of T.；1970 年に Department of Trade and Industry (通商産業省)に吸収)：the Secretary of State for Trade and Industry and President of *the Board of Trade* 通商産業大臣. (3) (穀物・コーヒーなどの)商品取引.

Board of Trade unit [the ─] 《英》〖電気〗 ＝kilowatt-hour (略 B.T.U.)

── *vt.* **1** …に板を張る；板でふさぐ[囲う] 〈*up*〉：～ the floor / ～ *up* a shop [window] 店[窓]に板を打ちつけて閉鎖する. **2 a** 〈人〉に食事を賄う，賄い付きで下宿させる：～ a student *for* £5 a week 週 5 ポンドで学生の食事を賄う[学生を下宿させる]. **b** 〈馬・犬を〉餌つきで預る. **c** (他家などに)預ける，下宿させる：～ one's son in town. **3** 〈船・飛行機・列車・車〉に乗り込む，乗る：～ a bus, plane, ship, train, etc. **4** [通例 Passive で] 〈候補者を〉選考委員会に呼び出す：I am to *be* ～*ed* today. 私は今日面接を受けることになっている. **5 a** 《古》 (攻撃または乗船のために)〈船〉の舷側に迫る；〈船〉に乗り移る. **b** 《廃》 …に(近づいて)言葉をかける. **6** 〖アイスホッケー〗 〈相手を〉ボードチェック (board check) する. ── *vi.* **1** 下宿する，寄宿する；食事を取る：～ *at* a hotel 食事はホテルでする / ～ *at* one's uncle's [*with* a certain family] おじのもとに[ある家に]下宿する. **2** 〈船が〉(風に向かって)ジグザグ形に進む, 間切る (tack). **3** 〖アイスホッケー〗ボードチェック (board check) する.
board out (1) 〈子供を〉他家へ寄食させる, 寄宿舎(など)に預ける (cf. *vt.* 2 c). (2) よそで食事をとる; (軍隊などで)〈病人〉に外食を許す. ***board round*** [***around***] 《米》〈田舎の先生などが〉次々に生徒の家庭に下宿して回る.

bóard-and-bátten *n.* 〖木工〗 目板羽目(㍊) 《板 (board) を張り, その継ぎ目に外側から目板 (batten) を打つ板壁》.

bóard chèck *n.* 〖アイスホッケー〗ボードチェック 《相手の選手をボード (board) に衝突させるようなボディーチェック (body check) による反則》.

bóard·er *n.* **1 a** (賄い付きの)下宿人. **b** (通学生に対して)寄宿生, 寮生 (cf. day boy 1). **2** (攻撃のため)敵船に乗移る兵. **3** 預け馬 (cf. board *vt.* 2 b).

bóard fòot *n.* ボードフット《12×12×1 インチ板の体積; 米国での板材測定の単位; 略 bd. ft.; cf. cord 3》.

bóard gàme *n.* 盤上でする遊び[ゲーム]《チェッカーやチェス》.

bóard·ing 〖《15C》〗 *n.* **1 a** 板張り, 板囲い. **b** [集合的] 板 (boards). **2** (船・汽車・飛行機・バスなどに)乗ること, 乗船, 乗車, 搭乗. **3** (賄い付き)下宿, 寄宿.

bóarding brìdge *n.* (航空機などの)搭乗橋.

bóarding càrd *n.* (航空機に乗る前に渡される)搭乗券. 「舎.

bóarding·hòuse *n.* (通例賄い付きの)下宿屋; 寄宿

bóarding jòist *n.* 裸根太(㍊)《床板を釘付けするための根太》.

bóarding òfficer *n.* 船内臨検士官[税関吏]; 訪問吏《入港する軍艦を訪問して必要な情報を提供する士官》.

bóarding-óut *n.* **1** 外食すること. **2** 《英》(孤児や捨児を孤児院に収容しないで)他家へ預けること: the ~ system 里子制度 (cf. placing-out). 「場.

bóarding ràmp *n.* 乗客や貨物を積込むための駐機

bóarding schòol *n.* 全寮制[寄宿]学校 (cf. day school).

bóarding stàble *n.* 《米》貸うまや (livery stable).

bóard·lìke *adj.* 板のような; 硬直した.

bóard·man [-mən, -mæ̀n] *n.* (*pl.* **-men** [-mən, -mèn]) **1 a** 板[盤]を使って仕事をする人. **b** 〖映画〗照明用の配電盤係. **c** サンドイッチマン. **2** 《米》証券取引所の社員. **3** 委員, 重役, 評議員. 「格.

bóardman·shìp *n.* 委員[重役, 評議員]の職[任務, 資

bóard méasure *n.* ボードフット (board foot) を単位とする木材の体積測定法 (略 b.m.).

bóard·ròom *n.* **1** (重役・理事の)会議室. **2** 《米》(証券業者の店にある)顧客接待室《相場を表示する掲示板がある》; 証券取引所の売買立会場.

bóard rúle *n.* 容積定規(㍊)《棒に目盛がしてあって, 板の容積を測定するのに用いる》.

bóard schòol *n.* (もと英国の学務委員会 (school board) の管理した)公立小学校《1902 年委員会が廃止され county council school と改称》.

bóard sìde *n.* 材木の幅の広い面.

bóards·man·shìp *n.* =boardmanship.

bóard wáges *n. pl.* **1** (住込使用人への報酬の一部としての)食事付き宿泊. **2** (通勤の使用人などに給与する)食事[食事宿泊]手当, 食費.

bóard·wàlk *n.* 《米》 **1** 板張りの歩道. **2** (通例板張りの歩道で出来た)海岸などの遊歩道 (promenade).

bóar·fìsh *n.* 〖魚類〗イノシシのように口の部分の突き出た魚の総称; (特に) ヨーロッパ産ヒシダイ科の魚 (*Capros aper*). 「Dane など》.

bóar·hòund *n.* もと猪狩りに用いた猟犬《Great

boar·ish [bɔ́ːrɪʃ, bɔ́ːr- | bɔ́ːr-] *adj.* 雄豚[猪]の(ような); 残忍な (cruel); 肉欲的な (sensual). **~·ly** *adv.* **~·ness** *n.*

bóar's hèad *n.* 〖紋章〗猪の頭《イングランド, スコットランドを通じて紋章図形に多く見られる; 両者に図形的な相異がある》.

boart [bɔ́ət, bóət | bɔ́ːt] *n.* =bort.

Bo·as [bóuæz | báuæz, -əz], **Franz** *n.* ボアズ《1858–1942; ドイツ生れの米国人類学者》.

boast[1] [bóust | báust] 〖*n.*: 《1265》□ AF *bost.* — *v.*: 《?*c*1350》*boste(n)*□? AF **bost-er* (*v.*) ← ?〗 — *n.* **1** 誇り, ほら, 自慢 (brag): an idle ~ から自慢 / make a ~ of ...を誇る. **2** 誇り[得意]とする事[物], 自慢の種: It is their ~ that ...というのが彼らの自慢だ / This rose is his ~. このバラは彼の自慢のものです. — *vi.* **1** 自慢する, 誇る: without wishing to ~ 自慢したいわけではないが / ~ *of* [*about*] one's talent 才能を鼻にかける / He ~*ed of* [*about*] having passed the examination. その試験に合格したことを自慢した / The newspaper ~*s of* the largest circulation in the nation. その新聞は全国一の発行部数を誇っている / That's nothing to ~ *of*. 別に自慢するほどのことではない / He often ~*s to* us *about* his rich uncle. 彼は我にもよく金持ちのおじさんの自慢話をする. **2** 《古》大いに喜ぶ (exult). — *vt.* **1 a** [しばしば *that*-clause を伴って] 自慢する: ~ one's skill 腕前を誇る / He ~*s that* he can ride. 馬に乗れるのが大得意だ. **b** [~ one*self* で] 自慢げに公言する: He ~*s himself* (to be) the best tennis player. テニスが一番うまいと鼻高々だ. **2** 誇りとしてもつ, 誇りとする; 《戯言》もつ (have): Many Cambridge colleges ~ [can ~] beautiful gardens. ケンブリッジの学寮には(自慢の[誇るに足る])美しい庭園のあるものが多い / His room ~*ed* only a wobbly chair. 彼の部屋にはぐらぐらの椅子が一つあるだけだった.
be boasted of as ...として自慢される: The Victorian Age *is* often ~*ed of as* an age of progress. ビクトリア朝時代はしばしば進歩の時代として誇られる.

boast[2] [bóust | báust] 〖← ?〗 *vt.* 〖石工・彫刻〗〈石などを〉(荒削り用のみで)荒削り[荒彫り]する.

bóast·er[1] 〖ME〗 *n.* 自慢家, ほら吹き (braggart).

bóast·er[2] *n.* 荒削り用のみ (drove chisel).

boast·ful [bóustfəl | báust-] 〖ME〗 — *adj.* 高慢な; 大げさな; ほらを吹く; 〔...を〕自慢する〔*of, about*〕: be ~ *of* [*about*] ...を自慢する[威張る] **~·ly** *adv.* **~·ness** *n.*

bóast·ing[1] 〖ME〗 *n.* 自慢(すること), 誇示, 高慢. — *adj.* 自慢する. **~·ly** *adv.*

bóast·ing[2] *n.* 〖石工・彫刻〗荒彫り.

boat [bóut | báut] 〖OE *bāt* small open vessel < Gmc **bait-*《原義》? dugout canoe or split planking (ON *beit*) ← ? IE **bheid-* to split: ⇨ bite〗 — *n.* **1** 小舟, ボート, モーターボート, ヨット, 帆船, 漁船; (汽船や軍艦が積載した)汽艇 (ship's boat): win by a ~'s length 一艇身の差で勝つ. **2 a** 《口語》船 (ship), 汽船 (steamship) 《★ 特に陸の者が用いる言葉》: go by ~ [in a ~] 船で行く / take a ~ (for) (...行きに)乗船する. **b** [しばしば複合語の第 2 構成素として] 船: ⇨ ferryboat, houseboat, lifeboat, motorboat, rowboat, sailboat, steamboat. **c** 潜水艦 (submarine). **3 a** (ソース・カレーなどを入れる)舟形容器: ⇨ gravy boat, sauceboat. **b** 〖教会〗香炉, 香入れ (censer).
(***all***) ***in the same boat*** (好ましくない)境遇[運命, 危険など]を共にして, みんな同じ苦しい立場に (cf. *in the same* BOX[2]). ***burn*** *one's* ***boats*** (***behind*** *one*) ⇨ burn[2] 成句. ***have an oar in every man's boat*** ⇨ oar 成句. ***miss the boat*** ⇨ miss[2] 成句. ***push the boat out*** 《英口語》〔...のために〕奮発して楽しむ[祝う]〔*for*〕. ***rock the boat*** 《口語》(1) 動揺[波瀾(㍊)]を起こす, 波風を立てる. (2) 現体制に挑戦する. ***row in one*** [***the same***] ***boat*** 同じ事業に従事する, 同じ運命[境遇]にある, 主義[党]を同じくする〔*with*〕. ***take to the boats*** (1) (沈む本船から)ボートに乗り移る. (2) 着手していることからあわてて手を引く.
— *vi.* ボートに乗って遊ぶ, ボートを漕ぐ (cf. boating): ~ down the river ボートで川を下る / go ~*ing* ボート漕ぎに行く, 船遊びに行く. — *vt.* **1** 船で運ぶ. **2 a** 船の中に置く: *Boat* the oars! [号令]かい収め. **b** 〈釣った魚を〉船にたぐる[引き上げる]. **3** [~ it として] 船で行く, ボートを漕ぐ.

boat·a·ble [bóuṭəbl | báut-] *adj.* 〈川など〉舟でさかのぼることができる, 航行できる; 舟で運べる.

boat·age [bóuṭɪdʒ | báut-] *n.* **1** 舟賃, はしけ料. **2** (船に搭載されている)ボート全部の(人員の)総収容能力. **3** 舟による輸送[運搬].

bóat·bìll *n.* 〖鳥類〗 **1** ヒロハシサギ (*Cochlearius cochlearius*)《中南米産の嘴(㍊)が小舟を逆さにしたような形のヒロハシサギ科の鳥》. **2** =broadbill 1.

bóat·bùg *n.* 〖昆虫〗 **1** ミズムシ《ミズムシ科の水生昆虫の総称》. **2** =back swimmer.

bóat·bùilder *n.* (boat を造る)船大工.

bóat dèck *n.* 〖海事〗ボート甲板《救命ボートを搭載した最上層の甲板》.

bóat drill *n.* 〖海事〗(乗員・船客の避難に備えて船上で行なう)救命ボート訓練.

boa·tel [boutél | bəu-] 〖《混成》← BOAT+(HOT)EL〗 *n.* **1** ボーテル《ボート所有者や船客用の水際のボートホテル; cf. aquatel》. **2** ホテルの設備のある船.

bóat·er [-ṭə | -tə(r)] 〖← BOAT (*v.*)+-ER[1]〗 — *n.* **1** 船遊びをする人. **2** 〖初め船遊びなどでかぶったことから〗《英》ボーター(帽): **a** まっすぐなひさしにリボンのついた紳士用麦わら帽子. **b** それに似た婦人帽.

bóat fàll *n.* [*pl.*] 〖海事〗ボートフォール《ダビット (davits) からのボートの上げ下ろしに用いるロープ》.

bóat flỳ *n.* 〖昆虫〗 =boatbug.

boat·ful [bóutfʊ̀l | báut-] *n.* 小舟一杯分の数[量].

bóat·hòok *n.* つめ[かぎ]ざお《桟橋や他船にボートを引き寄せたり離したりする時に用いる先端にフックの付いた細長い棒》.

bóat·hòuse *n.* ボートハウス: **a** ボートやその付属品を入れておく倉庫. **b** ボート所有者や同好の人が社交またはクラブ用に用いる舟小屋.

bóat·ing [-ṭɪŋ | -tɪŋ] *n.* **1** 小舟に乗って行くこと, ボート漕ぎ, 船遊び: be fond of ~. **2** [形容詞的に] ボート漕ぎ(用)の, 船遊びの: ~ fun 船遊びの楽しみ / a ~ man ボート選手 / a ~ party 船遊びの一行.

boa·tique [boutíːk | bəu-] 〖《混成》← BOAT+(BOUT)-IQUE〗 *n.* 船上デパート, 商品見本船. 「*of* corn.

bóat·lòad *n.* 舟一杯分の船荷; (一舟の)積載量: a ~

bóat·man [-mən, -mæ̀n | -mən] 〖《1374》〗 *n.* (*pl.* **-men** [-mən, -mèn | -mən]) **1** ボートの漕ぎ手. **2** 船頭, 船子. **3** 貸しボート屋の主人.

bóatman·shìp *n.* 船を漕ぐ腕前, 漕艇(㍊)術.

bóat nèck *n.* ボートネック《横に広くくられ, ゆるやかな曲線をもつ浅い舟底型のネックライン; bateau neck [neckline] ともいう》.

bóat pèople 〖《1977》〗 *n.* ボートピープル《東南アジア, 特に南ヴェトナムから小船で脱出する漂流難民》.

bóat ràce *n.* 《英》 **1 a** (1 日一組だけ行なわれる)ボートレース; (特に, シェル (shell)・ヨット・モーターボートなどによる)ボート競漕. **b** [*pl.*] ボート競漕会 (regatta). **2** [the B- R-] (Thames 河上の) Oxford, Cambridge 大学対抗ボートレース《London の春の年中行事の一つ》.

bóats·man [-mən] 〖cf. craftsman〗 *n.* (*pl.* **-men** [-mən]) =boatman. **~·shìp** *n.*

bóat spìke *n.* =barge spike.

boat·swain [bóusn, bóutswèɪn | báusn, báutswèɪn] 〖lateOE *bātswegen* boatman: ⇨ boat, swain〗 — *n.* (商船の)甲板長; (軍艦の)掌帆(兵曹)長《艦上の准士官で, 甲板作業に従事する水兵を指揮監督する》: a chief ~ 〖米海軍〗掌帆長《特務士官》/ a commissioned ~ 〖英海軍〗掌帆長《特務士官》.

bóatswain bìrd *n.* 〖鳥類〗 =tropic bird.

bóatswain's càll *n.* =boatswain's pipe.

bóatswain's chàir *n.* ボースンチェア《船やビルの外側に上からロープで吊した作業用の腰掛板》.

bóatswain's màte *n.* 〖海事〗(商船の)甲板次長; 〖米海軍〗(軍艦の)掌帆兵曹《下士官で, 掌帆長 (boatswain) を補佐する》.

bóatswain's pìpe *n.* ボースン呼笛《甲板長が合図する時に用いる調子の高い呼笛》.

bóat·tàil *n.* 〖宇宙〗(ミサイルの)ボートテール《空気抵抗を減少させるために後端部を絞ってある形》.

bóat-tàiled gràckle *n.* 〖鳥類〗オナガクロムクドリモドキ (*Cassidix mexicanus*)《米国南部から南米北部に生息する大きなムクドリ》.

bóat tràin *n.* (船便と接続する)臨港列車.

bóat trùck *n.* 〖劇場〗引枠 (⇨ scenery wagon).

boat·y [bóuṭi | báutɪ] 〖⇨ -y[4]〗 *adj.* 《口語》ボート好きの, 漕艇(㍊)に凝った.

bóat·yàrd *n.* (小型船やヨットなどの)造船[修理]所.

Bo·az [bóuæz | báu-] 〖□ Heb. *bō'az*《原義》? liveliness, strength〗 *n.* 〖聖書〗ボアズ《ルツ (Ruth) の夫; cf. *Ruth* 4:13》.

bob[1] [bá(ː)b | bɔ́b] 〖《?*c*1390》*bobbe* bunch, cluster ← ? Celt. (Ir.-Gael. *baban* tuft)〗 — *n.* **1** (振子・首飾り・はかり・下げ振り測鉛線・凧の尾などの)おもり, 玉. **2 a** (下部をカールにした婦人や子供の)ショートヘアー; ショートカット; 結び髪; 巻毛 (curl): wear one's hair in a ~ 髪をショートカットにしている. **b** = bob wig. **c** (犬・馬の)切り尾 (docked tail). **3** = cherry-bob. **4** 小さな取るに足らぬもの (trifle). **5 a** 《方言》ふさ, 束 (bunch). **b** 《スコット》小さな花束. **6** 〖詩学〗ボッブ詩行《stanza の終わりに置く折返し (refrain) で通例 2 音節の短行》: ~ (and) wheel stanza (中世英詩に多く用いられた)ボッブ ホイール連《bob とそれに続く通例 4 行の付属部 wheel からなり, wheel の末行は bob の行と押韻する》. **7** 〖釣〗 **a** うき (float). **b** じゅずご, すずこ餌《虫やぼろを糸の先にくくり付けたものでウナギなどを釣るえさ》.
— *v.* (**bobbed**; **bob·bing**) — *vt.* **1** 〈馬や犬の毛・尻尾などを〉切る: ~ *off* a dog's tail. **2** 〈髪を〉ショートヘアーにする: have [wear] one's hair ~*bed* 髪をショートカットにしてもらう[している]. — *vi.* 〖釣〗じゅずごで魚[ウナギ]を釣る.

bob[2] [bá(ː)b | bɔ́b] 〖《*c*1390》*bobben* ← ?〗 — *n.* **1** ひょいと上下に動くこと, ぐいと引くこと[動作] (jerk): a ~ of the head 頭をひょいと動かすこと. **2** (ひょいと頭をかがめる)お辞儀 (curtsy). **3** 《スコット》ダンス.
on the bob 《米口語》ひょこひょこ動き回って.
— *v.* (**bobbed**; **bob·bing**) — *vi.* **1** 急に上下に(ひょいひょい)動く[振れる, はねる]. **2** ひょいと頭を下げる, お辞儀する: ~ *at* [*to*] a person. **3** 〈逃亡者・いやな奴などが〉(また)ひょっこり現われる; 〈問題などが〉ひょいと出される〈*up*〉: He ~*bed up* in London. ひょっこり(また)ロンドンに姿を現わした / That question often ~*s up*. その質問はよく出される. **4 a** ぴょこぴょこ動く, あちこち歩き回る〈*around*〉: ~ *around* town 町をあちこち歩き回る. **b** さっと(急に)動く: come ~*bing into* a room 部屋に飛び込んで来る. **5** (ハロウィーンやクリスマスでの子供の遊戯で)〔(糸につるしたり水に浮かべたりした)果物などを〕口にくわえようとする〔*for*〕: ~ *for* an apple, a cherry, etc. — *vt.* **1** ぐいと引く, ひょいひょい動かす: ~ the head (*up* and *down*) 頭を(上下に)ひょいと動かす. **2** ひょいと動かして示す: ~ a greeting 頭をひょいと動かして挨拶する / ~ a curtsy ひょいとひざを曲げてお辞儀する.
bob on 《俗》いらいらしながら〈不愉快な事を〉待つ. ***bob up*** (1) ⇨ *vi.* 3. (2) ひょいと現われる[浮いて来る]. (3) 〈人が〉ひょいと立ち上がる: ~ *up* again (like a cork) 〈失敗したり弱っていた人などが〉元気よく立ち上がる, 勢いを盛り返す.

bob[3] [bá(ː)b | bɔ́b] 〖《1812》← ? BOB〗 *n.* (*pl.* ~) 《英俗》(旧貨幣制度で)シリング (shilling)《現在の 5 ペンス》; (現在の貨幣制度で) 5 ペンス: ten ~.

bob[4] [bá(ː)b | bɔ́b] 〖← ME *bobbe(n)* (↓)〗 — *n.* **1** 《古》ノック, 軽打 (tap). **2** 〖鳴鐘法〗一組の鐘の順を変えて幾つかを鳴らす法, 変打法: ~ minor [major] 六鐘[八鐘]変打法 / ~ royal [maximus] 十鐘[十二鐘]変打法. **3** (堅いフェルトまたは皮製の)つやだし車. — *vt.* (**bobbed**; **bob·bing**) **1** ノックする, 軽く打つ (tap). **2** つやだし車でみがく.

bob[5] [bá(ː)b | bɔ́b] 〖ME *bobbe(n)* to strike, fool □ OF *bob-er* to mock ← *bobe* deceit ← ?〗《廃》 — *vt., vi.* (**bobbed**; **bob·bing**) **1** あざける, ばかにする. **2** だます, 欺く, 欺いて取る. — *n.* あざけり; いたずら.

bob[6] [bá(ː)b | bɔ́b] n. 《英口語》=bobby.

bob[7] [bá(ː)b | bɔ́b] 〖《逆成》← BOBSLED〗 ― n. **1** = bobsled. **2** =bob skate. ― v. (**bobbed**; **bob·bing**) ― vt. 〈材木などを〉ボッブスレーで運ぶ. ― vi. **1** ボッブスレーで遊ぶ. **2** ボッブスレーで材木(など)を運ぶ.

Bob [bá(ː)b | bɔ́b] 〖(dim.) ← ROBERT〗 n. 男性名.
Bob's your uncle 〖「ボブおじさんがついているぞ」という意の強意陳述から〗 [通例 if, when などに導かれる節を伴って]《英俗》(…しても[しておれば]あとは)大丈夫だ: *If* he remembers your name, *～'s your uncle.* 彼が君の名前を覚えていてくれればあとは大丈夫だ.

Bob·a·dil [bábədìl | bɔ́b-] 〖Ben Jonson 作 *Every Man in His Humour* 中の人物〗 n. (ボバディル (Bobadil) のような)ほら吹き, (特に)臆病なほら吹き.

Bo·ba·dil·la [bòubədíː(l)jə | bàu-; *Sp.* bòβaðíʎa], **Francisco de** n. ボバディーヤ 《?-1502; スペインの西インド諸島総督; Columbus を捕縛してスペインに送還した (1500)》.

bób àpple n. 水に浮かべたリンゴを口でくわえて取る遊戯 (cf. bob[2] *vi.* 5): enjoy ～.

bóbbed 〖⇨ bob[1]〗 adj. **1** 〈馬・犬の尾など〉切り尾の, 断ち切った: a ～ tail. **2** 〈婦人・頭髪など〉ショートヘアーの, ショートカットにした: ～ hair / a ～ girl.

bób·ber[1] 〖← BOB[1,2]〗 n. **1** bob するもの[人]. **2** 〘釣〙 **a** うき (float). **b** =bobfly.

bob·ber[2] [bábə | bɔ́bə(r] 〖← BOB[7]〗 n. bobsled に乗る人, bobsled の競争選手.

bob·ber·y [báb(ə)ri | bɔ́bəri] 〖《1816》◻ Anglo-Ind. ～ ◻ Hindi *bāp-rē* 《原義》O father!〗 ― n. 大騒ぎ: raise a ～ 大騒ぎを引き起こす. ― adj. 〈猟犬が〉寄せ集めの: a ～ pack (インドでジャッカル (jackal) などを狩るときの)寄せ集めの騒々しい猟犬群.

Bob·bie [bábi | bɔ́bi] 〖1: (dim.) ← ROBERT. 2: (dim.) ← ROBERTA〗 n. **1** 男性名. **2** 女性名.

bob·bin [bábɪn, -bən | bɔ́bɪn] 〖《1530》◻ F *bobine* ← ?〗 ― n. **1 a** (紡績機械・ミシンなどに用いる筒形の)糸巻き, ボビン. **b** 〘電気〙(コイルを巻く)巻き枠, ボビン. **2** (古風な戸の掛け金をあげる時に引くひもの先についている)木製の玉. **3** (もと婦人服仕立屋がパイピング (piping) に用いた)細い組みひも.

bob·bi·net [bàbɪnét, -bə-, ⌐⌐⌐ | bɔ̀bɪnét] 〖← BOBBIN+NET[1]〗 ― n. ボビネット《六角形の網目をもった木綿または絹の機械織りレース; ドレス・カーテンなどに用いる》.

bób·bing 〖← BOB[2]〗 n. 〘レーダー〙ボッビング《レーダー反射波が不規則に受信されること》.

bóbbin làce n. ボビンレース《needlepoint lace と異なり針の代わりにボビンを使うレースで, クッションの台に下絵を取付けピンを打ちながらボビンを使用して糸をかけてゆくもの》.

bob·bish [bábɪʃ | bɔ́b-] 〖《1819》← BOB[2] (v.)+-ISH[1]〗 adj. 《英俗》元気がいい, 活発な (hearty); 上機嫌の.

bob·ble [bábl̩ | bɔ́bl̩] 〖(freq.) ← BOB[2]〗 vi. **1** (上下に)ひょいひょい動く. **2** 《米口語》 **a** へまをやる. **b** 〘野球〙ハンブルする. ― vt. 《米口語》〘野球〙〈ボールを〉ハンブルする (fumble). ― n. **1** ひょいひょいと動く[揺れる, はねる]こと. **2** 《米口語》 **a** へま, 失策 (blunder). **b** 〘野球〙ハンブル. **3** (テーブル掛けなどの飾りに用いる)球状の房.

bob·by [bábi | bɔ́bi] 〖《1844》*Bobby* (dim.) ← *Robert Peel*: ⇨ Bob, peeler[1]〗 n. **1** 《英口語》巡査 (policeman). **2** =bobby calf.

Bob·by [bábi | bɔ́bi] 〖1: (dim.) ← ROBERT. 2: (dim.) ← ROBERTA〗 n. **1** 男性名. **2** 女性名.

bóbby càlf n. 《英・豪》生後すぐに屠殺される子牛.

bóbby-dàzzler 〖cf. bobby-soxer〗 n. 《英》目を見はらせるような[すばらしい]もの[人]; きらびやかな衣裳をつけた人.

bóbby pìn 〖《1936》← ? BOB[1]〗 n. 《米》ボビーピン (《英》hairgrip) 《特に, ショートヘア用のヘアピン》.

bóbby sòck 〖《1943》← ? BOB[1]〗 n. (*pl.* **～s, bobby sox** [-sɑ̀ks | -sɔ̀ks]) [通例 *pl.*] 《口語》(少女がはく足首までの)ソックス (anklet).

bóbby-sòx·er [-sɑ̀ksə | -sɔ̀ksə(r] 〖《1944》: ⇨ ↑, -er[1]〗 ― n. (*also* **bóbby-sòcker**) 《口語》[通例軽蔑的] bobby socks をはく年ごろ(十代)の少女《映画スター・歌手などにあこがれる娘》.

bób·càt 〖← BOB[1]+CAT: その短い尾にちなむ〗 n. (*pl.* **～s, ～**) 〘動物〙ボブキャット, アカオオヤマネコ (⇨ bay lynx).

bób chèrry n. 水に浮かべたさくらんぼを口でくわえて取る遊戯 (cf. bob[2] *vi.* 5): play ～.

bo·beche [bo(ʊ)béʃ, -béɪʃ | bə(ʊ)-] 〖◻ F *bobèche* ← ?〗 n. (流れた蠟がたまるように燭台のソケットに取り付けられた)受皿, 蠟燭差し.

Bob·ette [bəbét | bɔ-] 〖(fem.) ← BOB〗 n. 女性名.

bób·flỳ 〖⇨ bob[1]〗 n. 〘釣〙枝鉤にして付けた毛鉤, ドロッパーフライ.

bob·let [báblɪt, -lət | bɔ́b-] 〖⇨ bob[7]〗 n. 2人用のボブスレー.

bob·o·link [bábəlɪŋk | bɔ́bə(ʊ)-] 〖《1796》← *Bob (o') Lincoln* (鳥の鳴き声の擬音語): cf. cuckoo〗 n. 〘鳥類〙コメクイドリ (*Dolichonyx oryzivorus*) 《北米産のムクドリモドキ科の鳴鳥; ricebird, reedbird, ortolan ともいう》.

bób skàte 〖⇨ bob[7]〗 n. ボブスケート《2 個の平行したすべり金の付いたスケート》.

bób·slèd 〖← BOB[1]+SLED〗 ― n. **1** ボブスレー《長い乗り座の前後に2対のすべり (runners) を付けた, かじ付きのそり; 材木運搬などにも用いるが, 主に坂道をすべり下りる遊びや競技に使う》. **2 a** 二連ぞり, 継ぎぞり《以前の, 二つのそり (sleds) を前後につなぎ合わせたもの》. **b** 二連ぞりのうちの一つのそり. ― vi. (**-sled·ded**; **-sled·ding**) ボブスレーに乗る.

bób·slèdder n. **bób·slèdding** n.

bób·slèigh n., v. =bobsled.

bób·stày 〖← ? BOB[2]+STAY[2]〗 n. 〘海事〙ボブステー, 斜檣(しゃしょう)控え《船首材の水切りから第一斜檣の先端に至る綱または鎖; ⇨ bowsprit 挿絵》.

bób·tàil 〖《1544》← BOB[1]+TAIL[1]〗 ― adj. **1** 生れつき尾のない, 非常に短い切り尾の. **2 a** 端を短く切り詰めた. **b** 短縮した (shortened). **3** 〘トランプ〙 **a** (ポーカーで)両面待ちの《ある数字のカードが前か後かに1枚入れば straight ができる状態; cf. inside straight》. **b** 一枚待ちの《同種札があと1枚入れば flush ができる状態》. ― n. **1 a** (馬・犬の)切り尾; 切り尾の馬[犬]. **b** =old English sheepdog. **2** 短くした[切り詰めた]もの. **3** 《まれ》やくざ者 (cur): ⇨ RAGTAG *and bobtail*. **4** 《米俗》兵役からの免職《bobtail discharge ともいう》. ― vt. **1** …の尾を短く切る (dock). **2** 切り詰める.

bób·tàiled adj. =bobtail.

bób vèal 〖←《方言》*bob* young calf〗 n. 《米》生後すぐ屠殺したまたは胎児の子牛の肉.

bób·white 〖擬音語〗 n. 〘鳥類〙コリンウズラ (*Colinus virginianus*) 《北米産コリンウズラ属のウズラ; 猟鳥; quail, partridge ともいう》.

bób wíg 〖⇨ bob[1]〗 n. (英国の宮廷で用いられる)うしろに結髪が付いていて短く刈り込んだかつら (⇨ wig 挿絵).

bób-wíre 〖《通俗語源: BOB[1] と連想》← *barbed wire*〗 n. 《米口語》有刺鉄線 (barbed wire).

bo·cac·cio [bo(ʊ)káːtʃou, bə-| bɔkáːtʃìəu, bə-, -kǽtʃ-] 〖◻ Am.-Sp. ～ ← Sp. *bocacha* big mouth ← *boca* month < L *buccam* cheek: *G. Boccaccio* にかけた造語か〗 ― n. (*pl.* **～s**) 〘魚類〙米国太平洋岸に多いカサゴ類の食用魚 (*Sebastodes paucispinis*) (cf. rock fish).

bo·cage [boukáːʒ | bəu-; *F.* bɔkaːʒ] 〖◻ F ～ < OF *boscage*: ⇨ boscage〗 n. 〘美術〙(陶磁器類の装飾に用いる)森林[田園]風景画.

Boc·cac·ci·o [bo(ʊ)káːtʃiòu, -tʃou | bɔkáːtʃìəu, bə-, -kǽtʃ-; *It.*bokkáttʃo], **Giovanni** n. ボッカッチオ 《1313-75; イタリアの作家・詩人; *Il Decamerone* (英訳 *The Decameron*) (1353)》.

boc·ce [bátʃi | bɔ́tʃɪ; *It.* bɔ́ttʃe] n. =boccie.

Boc·che·ri·ni [bɑ̀kəríːni | bɔ̀kəríːnɪ; *It.* bokkeríːni], **Luigi** n. ボッケリーニ《1743-1805; イタリアの作曲家・チェロ奏者》.

boc·cie [bátʃi | bɔ́tʃɪ] 〖◻ It. *bocce* (pl.) ← *boccia* ball〗 n. (*also* **boc·ci** [～]) ボッチ《イタリアのローンボウリング (lawn bowling) の一種》.

Boche, B- [bá(ː)ʃ, bɔ́(ː)ʃ, bóuʃ | bɔ́ʃ] 〖《1914》◻ F ～ 《俗》bad lot, German ← ? (*tête de*) *boche* blockhead = *caboche* head: cf. cabbage[1]〗 ― n. (*pl.* **～s, ～**), *adj.* 《俗・軽蔑》(特に, 第一次大戦で)ドイツ兵(の); ドイツ人(の).

Bo·chum [bóukəm | báu-; *G.* bóːxum] n. ボフム《西ドイツ North Rhine-Westphalia 州, Ruhr 河畔の工業都市; 人口 347,000》.

bóck [bák | bɔ́k] 〖《1856》◻ G *Bock* 《略》← *Bockbier* ← *Eimbockbier* 'beer of *Eimbock* (ドイツの原産地名) (=*Einbecker Bier*)'〗 ― n. **1** ボック(ビール)《ドイツ産の強い黒ビール; 通例初春に販売されるために秋に醸造し冬に熟成させる; bock beer ともいう》. **2** 一杯のビール.

bock·ey [báki | bɔ́kɪ] 〖◻ Du. *bakje* (dim.) ← *bak* trough, tray〗 n. 《米方言》ひょうたん (gourd) で作った器.

bock·ing [bákɪŋ | bɔ́k-] 〖《1759》← *Bocking* (英国 Essex 州の村で, その有名な産地)〗 n. (床張り用などの)粗織りラシャ.

Böck·lin [bʌ́klɪn, bɛ́k-, -lən | bʌ́klɪn; *G.* bœ́kliːn], **Arnold** n. ベクリン《1827-1901; 幻想的な画風で知られるスイスの画家》.

bo·cor [bo(ʊ)kɔ́ə | bə(ʊ)kɔ́ː] 〖◻ Haitian Creole ～〗 n. 《米》ブーズー教 (voodooism) の魔術師.

bod [bá(ː)d | bɔ́d] 〖← ? BODY〗 n. 《英俗》人, 仲間.

BOD, B.O.D. 《略》biochemical oxygen demand; biological oxygen demand.

bo·da·cious [bo(ʊ)déɪʃəs | bə(ʊ)-] 〖《混成》← BO(LD) +(AU)DACIOUS〗 adj. 《米南部・中部》 **1** 完全な, 全くの. **2** 顕著な, 著しい. **～·ly** adv.

bod·dhi·satt·va [bòudɪsʌ́twə, -də- | bɔ̀udɪ-] n. 〘仏教〙=bodhisattva.

bode[1] [bóud | bə́ud] 〖OE *bodian* to announce, foretell ← *boda* messenger < Gmc **buðon* ← IE **bheudh*- to be aware: ⇨ bid[1]〗 ― vt. **1** [しばしば二重目的語を伴って]〈物・事が〉…の前兆となる[を示す]: The crow's cry *～s* rain. からすが鳴くのは雨の前兆だ《俗説》/ This *～s* you no good. これでは君にろくなことはあるまい. **2** 《古》予言する (predict). ― vi. [～ well [ill] として]〈物・事が〉吉兆[凶兆]を示す: That *～s well* [*ill*] *for* you. それは君にとって良い[良くない]徴候だ.

bode[2] [OE *bād*] v. bide の過去形.

bode·ful [bóudfəl | bə́ud-] 〖←《廃》*bode* omen < OE (*ġe*)*bod* < Gmc **ʒaboðom* ← IE **bheudh*-(↑): ⇨ -ful[1]〗 adj. 前兆を示している; 凶兆である, 不吉の.

bo·de·ga [bo(ʊ)déɪgə, -díː- | bə(ʊ)dí:-; *Sp.* bodéga] 〖《1876》◻ Sp. ～ < L *apothēcam* storehouse ◻ Gk *apothḗkē* store: cf. apothecary〗 ― n. (*pl.* **～s** [～z; *Sp.* ～s]) **1** 小さな食料品雑貨店. ★特に, スペイン語を話す米国人の間でいう. **2** 食料品雑貨店兼ぶどう酒店; ぶどう酒店 (wineshop). **3 a** (地下の)ぶどう酒貯蔵室. **b** (地上の)ぶどう酒倉庫.

bóde·ment 〖← BODE[1]+-MENT〗 n. 前兆, 兆候; 予言.

Bo·den See [*G.* bóːdn̩-zèː] n. (*also* **Bo·den·see** [～]) ボーデン湖 (Constance 湖のドイツ語名).

Bó·de's làw [bóudəz- | báu-; *G.* bóːdəs-] 〖← *Johann Ehlert Bode* (1747-1826: ドイツの天文学者)〗 ― n. 〘天文〙ボーデの法則《水星と海王星を除く惑星の太陽からの距離が一つの級数で近似的に表わせるという経験法則》.

bodge [bá(ː)dʒ | bɔ́dʒ] 〖変形〗 n., vt., vi. =botch[1].

bodg·er [bádʒə | bɔ́dʒə(r] 〖← ? *bodge* (↑)〗 adj. 《豪俗》下等な, 無価値の.

bodg·ie [bádʒi | bɔ́dʒɪ] 〖← ? BODGER+-IE〗 n. 《豪》十代の男の子; 非行少年.

bo·dhi [bóudi | báudɪ] 〖◻ Skt ～ 'perfect knowledge' ← *bodhati* he wakes〗 n. 〘仏教〙菩提(ぼだい), 悟りの境地.

Bo·dhi·dhar·ma [bòudɪdə́ːmə, -də- | bàudɪdáː-] n. 菩提達磨(だるま) 《?-?530; インドの仏教哲学者, 中国禅宗の始祖; 通称達磨大師》.

Bo·dhi·satt·va, b- [bòudɪsʌ́twə, -də- | bɔ̀udɪ-] 〖◻ Skt ～ ← *bodhi* perfect knowledge+*sattva* being, essence: ⇨ Buddha, sattva〗 n. 〘仏教〙菩薩(ぼさつ).

bod·ice [bádɪs, -dəs | bɔ́dɪs] 〖《1566-67》《変形》← *bodies* (pl.) ← BODY (3 c)〗 ― n. **1** ボディス: **a** 婦人服前後身ごろ (cf. waist 3 a); その部分に付ける婦人下着. **b** 胴にぴったり合わせバストからウエストにかけて幅広のレース編みで作ったもの. **2** 《古》鯨骨で支えるコルセットに似た下着 (stays).

bodice 1 b

bód·ied adj. [通例複合語の第 2 構成素として] **1** 体[胴体, 肉体]のある; 体が…の: strong-*bodied* 頑健な体をした / an able-*bodied* man 強壮な人; 熟練家. **2** 実体のある; 〈酒など〉こくのある: ⇨ full-*bodied*.

bód·i·less 〖ME: ⇨ body, -less〗 adj. **1** 体[胴体]のない. **2** 実体のない, 無形の.

bód·i·ly [-d(ə)li, -dɪli, -dl̩i | -dəli, -dɪlɪ, -dl̩ɪ] 〖ME: ⇨ body, -ly[2]〗 ― adj. **1** 身体[肉体]上の; (精神的に対して)肉体的の (cf. ghostly, mental[1], spiritual): ～ comfort, suffering, weakness, etc. / ～ exercise 身体の運動, 体操 / ～ fear 身体に危害が及ぶかもしれないという恐れ / ～ punishment 体刑. **2** 具体[有形]の (corporeal). ― adv. **1** 肉体の形で; 有形[具体]的に; 自身で (in person). **2** そっくりそのまま, まるごと: carry a house ～ 家をそっくり運ぶ.

bód·ing 〖OE *bodung* ← *bodian* 'to BODE[1]'〗 ― adj. 前兆の[となる]; 悪い前兆の, 気味の悪い, 不吉な (ominous): ～ care 何となく凶事のありそうな不安の念. ― n. 前兆 (omen); (特に)凶兆. **～·ly** adv.

bod·kin [bádkɪn, -kən | bɔ́dkɪn] 〖《?c1300》*boidekin* dagger ← ? Celt.: cf. Welsh *bidog* dagger〗 ― n. **1** ひも通し針《レースやリボンを通すための針》. **2** (裁縫・手芸用の)目打ち, 千枚通し. **3** (短剣のような形の)飾りのついたヘアピン. **4** 《英古》二人の間に押し込められた人: sit [ride] ～ (左右から押して来る)二人の間にはさまって坐る[乗って行く]. **5** 《廃》短剣 (stiletto). **6** 〘印刷〙(組版の活字を押し上げたりするのに使う)錐, 千枚通し.

Bod·lei·an [bádliən | bɔ́dlɪən] adj. **1** Sir Thomas Bodley の. **2** Bodleian Library の. ― [bɑdlíːən | bɔdlíːən, -lɪən] n. [the ～] =Bodleian Library.

Bodléian Líbrary n. [the ～] ボドレイ図書館《17 世紀に Sir Thomas Bodley の再興した Oxford 大学の世界屈指の大図書館; 単に the Bodleian, 《口語》the Bodley ともいう》.

Bod·ley [bádli | bɔ́dlɪ] n. [the ～] 《口語》=Bodleian.

Bod·ley [bádli | bɔ́dlɪ], Sir **Thomas** n. (1545-1613) 英国の外交官で学者; Oxford 大学の荒廃した図書館の再建に尽くした (cf. Bodleian Library).

Bo·do [bóudou | báudəu] n. (*pl.* **～, ～s**) **1 a** [the ～(s)] ボド族《インドの Assam 州, Brahmaputra 川北岸に住む一種族》. **b** ボド族の人. **2** ボド語《チベットビルマ語系に属する》.

Bo·do·ni [bədóuni, -dáni | -dəúnɪ] 〖← *Giambattista Bodoni* (1740-1813: イタリアの印刷業者)〗 ― n. 〘印刷〙ボドニ《モダンフェースの活字書体の一つで, Bodoni が意匠した》; ボドニ版[本].

bod·y [bádi | bɔ́dɪ] [n.: OE *bodiġ* 《原義》cask ← Gmc **bot*- container (OHG *potah*) ← ?. ― v.: 《c1449》← (n.)] ― n. **1 a** (人間・動物の)体, 身体, 肉体: the human ～ 人体 / the strength of ～ 体力 / bend the ～ 身をかがめる / absent in ～, but present in spirit 身はあらざれど霊はあり (*1 Cor.* 5:3) / while we are yet in the ～ まだこの世に生きている間に / cover [protect] a person with one's ～ 身をもって人をかばう[守る] / the whole ～ 全身; 全体, 総体 / ⇨ *an* HEIR *of the* [*a person's*] *body*. ★ラテン語系形容詞: corporeal. **b** 死体, 死骸 (corpse): *Bodies* were dug out. 死体が発掘された. **c** 〘法律〙人, 身柄(がら).

2 a 《口語》人 (person): a decent honest ～ 正しい正直な人 / a good sort of ～ 好人物 / a poor ～ 貧しい人. **b** 《米俗》性的魅力のある[スタイルのよい]女性.

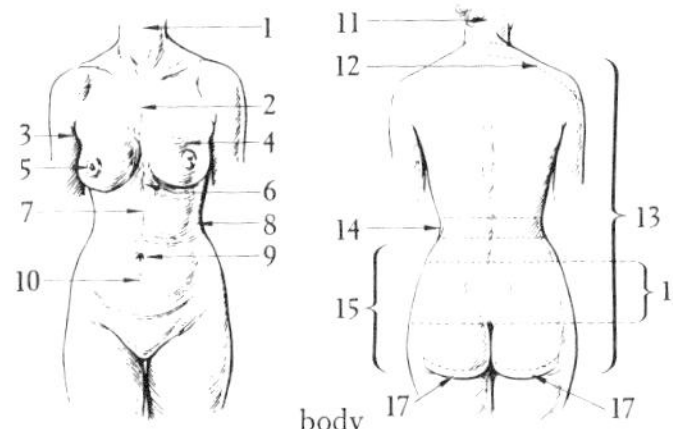

body

1 throat; 2 chest; 3 armpit; 4 breast; 5 nipple; 6 pit; 7 stomach; 8 flank; 9 navel; 10 abdomen; 11 neck; 12 shoulder; 13 back; 14 waist; 15 loins; 16 hip; 17 buttocks

3 a (人間・動物の手・足・首を除いた)胴体 (trunk): wounded in the ～. **b** 木の幹. **c** (衣類の)胴部; ボディス (bodice). **4 a** (物の付加的な部分に対し)主要部. **b** (車・船・飛行機の)本体, 胴体, ボディー: the ～ of a ship 船体 / the ～ of an airplane 機体 / the ～ of a car 車体. **c** (建築物の)主要部分; (教会の)内陣 (nave). **d** (円柱の)柱身. **e** (弾丸・砲弾の)弾体. **f** (手紙・演説などの前置や結尾の挨拶などを除いた)本文; (法律の)主文. **g** (楽器の)共鳴部. **5** [通例 a ～ of の形で] **a** かたまり (mass): *a* large ～ *of* water 大水域《海・湖など》. **b** 一団, 群, 大勢, 多数: *a* large ～ *of* children 大勢の子供の一隊 / large *bodies of* the unemployed 失業者の大群 / *a* ～ *of* facts [evidence] 一団の事実[証拠] / *a* ～ *of* laws 法典. **6 a** (軍隊などの)本隊, 主力; (団体などの, 大多数, 大部分: the main ～ 本隊, 主力 / the ～ of a population 人口の大部分. **b** 組織体, 法人団体(corporation): a learned ～ 学会 / an advisory ～ 顧問団 / a diplomatic ～ 外交団 / a governing ～ 行政[管理]機関, (団体の)本部, 幹部 / a legislative ～ 立法部, 議会. **7 a** (油・グリースなどの)粘性 (viscosity). **b** (作品・芸術品・音色などの)こく, 実質 (substance), 密度 (density): a novel with little ～ 内容のない小説. **c** (ぶどう酒などの)こく《密度のある濃い味わい》; wine of good ～ こくのあるぶどう酒. **8** 〘物理〙物体, …体; 天体: a solid ～ 固体 / a gaseous ～ 気体 / a liquid ～ 液体 / an elastic ～ 弾性体 / a heavenly ～ 天体. **9** 〘数学〙立体: a regular ～ 正面体. **10** [the ～ (of Christ)] 〘神学〙 **a** (キリストの体を代表する)聖餐のパン; 〘カトリック〙聖体. **b** (キリストをその頭と考えて)教会. **11** 〘窯業〙 **a** 素地土(きじ)《陶磁器や耐火物が成型できるように調整された原料の混練物》. **b** 素地《釉部分と区別して, 陶磁器の内側の部分》. **12** 〘印刷〙(活字の)ボディー, 軸《shank, stem ともいう; ⇨ type 挿絵》.
body and breeches 《米口語》全く, すっかり, ぞっこん (wholly). ***body and soul*** (1) 肉体と精神: give ～ *and soul* to the work その仕事に心身をゆだねる[打ち込む] / keep ～ *and soul* together ようやく生きている. (2) [同格語句として, または副詞的に] 身も心も, 全身全霊を打ち込んで; すっかり: work ～ *and soul*. (3) 《米俗》[one's ～ and soul として] 恋人 (lover). ***furl in a body*** ⇨ furl 成句. ***in a body*** 一団となって, 一同そろって: act *in a* ～ 一体となって行動する. ***in body*** 自身で, 親しく (personally). ***in body and mind*** 身心ともに. ***over*** one's ***dead body*** ⇨ dead *adj.* 成句.
— *attrib. adj.* **1** 身体[肉体]上の (bodily). **2** (本・手紙・演説・法文・論文などの)本文の, 主文に関する.
— *vt.* **1** …に体を与える. **2** 体現する, 《観念を》具現する (embody); 象(かたど)る, 表象する (typify) ⟨*forth*⟩. **3** 《油》の粘性を高める.

bódy blòw *n.* **1** 〘ボクシング〙ボディーブロー《首下から腰までに入る強打》. **2** 大きな挫折, 大敗北.

bódy brùsh *n.* ボディーブラシ, 毛ブラシ《馬などの手入れに用いる硬いブラシ》.

bódy-bùild *n.* (特徴のある)体格, 体質.

bódy-bùilder *n.* **1 a** ボディービルをする人[用具]. **b** 滋養食. **2** 車体製作者.

bódy-bùilding *n.* ボディービル.

bódy bùrden *n.* (放射性物質・公害物質などが吸収されて)体内にしょい込んだ分(ぶん).

bódy càvity *n.* 〘解剖・動物〙体腔(こう).

bódy-céntered *adj.* 〘結晶〙体心の《単位胞の各頂点のほかに中心にも格子点のある結晶空間格子にいう; cf. face-centered》.

bódy chèck 〘アイスホッケー〙 *n.* ボディーチェック《体による相手選手の阻止; cf. check 13》. — *vt.* 体で《相手選手を》阻止する. — *vi.* ボディーチェックする.

bódy clòck *n.* (生物の)体内時計《肉体的・精神的機能を日常の生活に合わせて調節すると考えられる体の仕組み; cf. biological clock, circadian rhythm》.

bódy clòthes *n. pl.* 着物, (特に)下着 (underclothes).

bódy còlor *n.* **1** (宝石など光を吸収する物質の)実体色 (cf. surface color). **2 a** (絵具・ペンキに不透明さを与える)濃厚顔料. **b** ペンキの不透明な(下)塗り. **3** (装飾の色と区別して, 家などの)本体の色.

bódy córporate *n.* (*pl.* **bodies c-**) 〘法律〙法人.

bódy cóunt *n.* **1 a** 〘軍事〙敵の戦死者の数[合計], 敵の死者の勘定 (cf. kill rate). **b** (事故などによる)死者の合計. **2** 人数.

bódy Ènglish, b- e- 〘cf. English (n.) 3〙 *n.* 《米口語》〘スポーツ〙ボディーイングリッシュ《球を打ったり投げたりしたあとで, 狙った目的個所に向かって体を曲げる本能的しぐさ》.

bódy flùid *n.* 〘生理〙体液.

bódy fòunder *n.* 〘獣医〙＝founder³

bódy·guàrd 〘《1735》《なぞり》← F *garde du corps*〙 — *n.* **1** [集合的] 護衛隊, 親衛隊; (警官隊などの)護衛 (escort), お付きの人(々) (retinue). **2** 護衛兵, 護衛者, ボディーガード, 用心棒.

bódy hèat *n.* ＝animal heat.

bódy ìmage *n.* 〘心理〙自分の身体の全部あるいは一部分についてもつ心像.

bódy lánguage *n.* 〘言語〙ボディーランゲージ《身振り・手振りなどによる伝達》.

bódy-lìne bòwling *n.* 〘クリケット〙(おどかすための)打者めがけての投球《単に body-line ともいう》.

bódy lòuse *n.* 〘昆虫〙キモノジラミ (*Pediculus humanus humanus*)《ヒトジラミのうち衣服につき人体から吸血するもの》.

bódy mechànics *n.* (女性のための)組織的体操《特に均斉・持久力・身のこなしを発達させるために考案されたもの》.

bódy mìke *n.* 《米》体につけるマイク《通例首の回りにつける》.

bódy òdor *n.* 体臭; (特に)わきが《俗に B.O. と略す》.

bódy pàint *n.* 体に塗る化粧品.

bódy pàper *n.* 〘製紙〙厚紙《コーティングなどの加工を施す前の紙の総称; base paper, body stock, raw stock ともいう》.

bódy pèw *n.* (家族などが坐る)教会団体席.

bódy pìgment *n.* 塗料の基礎顔料.

bódy plàn *n.* 〘造船〙正面線図, 横断線図《一定の間隔に分けた各船体横断面の輪郭を首尾方向に投影させた曲線図; cf. half-breadth plan, sheer plan》.

bódy pólitic *n.* (*pl.* **bodies p-**) **1** 政治的統一体[団体], 国家 (State). **2** 〘古〙法人 (corporation).

bódy pòst *n.* 〘造船〙＝sternpost.

bódy reléase *n.* 〘写真〙カメラの本体にあるレリーズ《body shutter release ともいう》.

bódy sèrvant *n.* 従者 (valet).

bódy shìrt *n.* ボディーシャツ《股下に止め具のついた体にぴったりしたブラウス・シャツなど》.

bódy shòp *n.* 車体工場《車体を製作・修理する》.

bódy shútter relèase *n.* 〘写真〙＝body release.

bódy sìze *n.* 〘活字〙深さ (point size) (⇨ type 挿絵).

bódy slàm *n.* 〘レスリング〙ボディースラム《相手を持ち上げて仰向けにマット上に投げつけること》.

bódy snàtcher *n.* 死体泥棒《昔, 墓をあばいて死体を盗みそれを解剖者に売った者》「盗むこと」.

bódy snàtching *n.* 死体窃盗《墓をあばいて死体を

bódy stàlk *n.* 〘解剖・動物〙腹茎, 腹柄.

bódy stòck *n.* 〘製紙〙＝body paper.

bódy stòcking *n.* ボディーストッキング《胸頃から足先までつながっている身体にぴったりした下着》.

bódy·sùit *n.* ボディースーツ (body shirt).

bódy·sùrf *vi.* (サーフボードを用いないで)胸と腹で波に乗る. **～·er** *n.*

bódy tràck *n.* 〘鉄道〙操車用線路, 並列線, 群線.

bódy tỳpe *n.* 〘活字〙(著書・論文・新聞などの)本文活字, ボディータイプ (cf. display type). 「なワニス」.

bódy vàrnish *n.* ボディーワニス《上塗り用の上等

bódy wàll *n.* 〘解剖・動物〙体壁《体腔 (body cavity) を包む外胚葉・中胚葉から成る表層》.

bódy wàve *n.* 〘地震〙実体波《地球内部を通り抜ける地震波; cf. surface wave》. 「理.

bódy·wòrk *n.* **1** 車体. **2 a** 車体製造. **b** 車体修

Boeh·me [bǿːmə, béɪ- | bɜ́ː-; *G.* bǿːmə], **Jakob** *n.* ＝Böhme.

boehm·ite [béɪmaɪt, bóʊm- | bɜ́ːm-] 〘⇨ G *Böhmit* ← *J. Böhm* (現代ドイツの鉱物学者): ⇨ -ite¹〙 — *n.* 〘鉱物〙ベーマイト《アルミニウムの水酸化物で斜方晶系に属する鉱物 (AlO(OH)); ボーキサイトの主成分》.

Boe·o·ti·a [bióʊʃiə, -ʃə | bɪáʊʃɪə, -ʃə] 〘⇨ Gk *Boiōtía*〙 — *n.* ボイオティア《ギリシャ中部 Athens 北西方の一地方; 前 6 世紀ごろボイオティアの都市国家 Thebes を盟主とする同盟 (the Boeotian League) が成立》.

Boe·o·tian [bióʊʃiən, -ʃən | bɪáʊʃɪən, -ʃən] 〘《1598》← L *Bœōtia* ⇨ Gk *Boiōtía* (↑): ⇨ -ian〙 — *adj.* **1** (古代ギリシャの)ボイオティアの; ボイオティア人の. **2** のろまな, 愚かな (dull). — *n.* **1** ボイオティア人. **2** 古代ギリシャのボイオティア方言. **3 a** 文学芸術に無理解な人. **b** [しばしば b-] 愚鈍な人.

Boeótian Léague *n.* [the ～] ボイオティア同盟《前 6 世紀ごろ Thebes を盟主として成立したが, ペルシャ戦争 (480–479 B.C.) の時, Thebes がペルシャを支援したため, 同盟の指導権を失った》.

Boer [bɔ́ə, bóə | bɔ́ʊə(r), bɔ́ː(r), búə(r)] 〘《1824》⇨ Du. ～ 'peasant': cf. boor〙 — *n.* ブール[ボーア]人《オランダ系の南アフリカ移住者(の子孫); 今は通例 Afrikaner という》. — *adj.* ブール[ボーア]人の.

Bóer Wár *n.* [the ～] ブール[ボーア]戦争《英国とトランスバール (Transvaal) 及びオレンジ自由国 (Orange Free State) との戦争 (1899–1902); South African War ともいう》.

Bo·e·thi·us [boʊíːθiəs | bəʊíːθjəs, -θɪəs], **A·ni·ci·us Man·li·us Sev·e·ri·nus** [ənɪ́ʃɪəs mǽnlɪəs sèvəráɪnəs | -mǽnlɪəs] *n.* ボエチウス《480?–?524; ローマの哲学者・政治家; その著 *De Consolatione Philosophiae* (英訳 *The Consolation of Philosophy*) はその一部が英国の King Alfred によって訳された》.

boeuf bour·gui·gnon [bɜ́ːf·bʊ̀əgiːnjɔ́ː(ŋ), -njɔ́ː(ŋ) | -bʊ̀ə-; *F.* bœfburgiɲɔ̃] 〘⇨ F ～ 'beef of Burgundy'〙 — *F. n.* ブッフブルギニョン《角切りの牛肉・玉葱・マッシュルームなどを赤ぶどう酒で煮込んだ料理》.

B. of E. 《略》Bank of England; Board of Education.

boff [bɑ́(ː)f | bɔ́f] 〘← ? *b(ox) off(ice)*: cf. buffoon〙 — 《米俗》 *n.* **1** 大笑い, 爆笑: get the ～ 人を笑わせる; 聴衆に受ける. **2 a** 大受けの芝居[映画など], 大当たり. **b** 爆笑を狙ったせりふ[ギャグ]. **3** 一撃, パンチ. — *vt., vi.* (…を)ひっぱたく; ひどい目にあわせる.

bof·fin [bɑ́fɪn | bɔ́f-] 〘← ?〙 *n.* 《英俗》(軍事産業・航空産業の)科学研究員, 専門技術者.

bof·fo [bɑ́foʊ | bɔ́fəʊ] 〘← BOFF＋-O〙 *adj.* 《米俗》大受けの, 大当たりの. — *n.* (*pl.* ～**s**) 《俗》＝boff.

bof·fo·la [bɑfóʊlə, bə- | bɔfə́ʊ-, bə-] 〘← BOFF: cf. -ole²〙 *n.* 《俗》＝boff.

B. of H. 《略》Band of Hope Union; Board of Health.

Bó·fors gùn [bóʊfəəz-, -fəəs- | -fəz-] 〘← *Bofors* (Sweden の Örebro にあった軍需工場)〙 — *n.* 〘軍事〙ボフォール高射砲《二連発式自動高射砲; 口径 40 mm, 発射能力一分間 120 回; 単に Bofors ともいう》.

B. of T. 《略》Board of Trade.

bog [bɑ́(ː)g, bɔ́(ː)g | bɔ́g] 〘《1327》⇨ Gael. & Ir. *bogach* ← *bog* soft〙 — *n.* **1** 沼地, 湿地 (swamp), 泥沼 (quagmire); 湿原. **2** 《英俗》屋外便所, 便所. — *v.* (**bogged; bog·ging**) — *vi.* 泥沼に沈む; 《事態・人などが》動きが取れなくなる ⟨*down*⟩: The car ～*ged down* in the mud. 車は泥にはまって動けなくなった. — *vt.* [通例 p.p. 形で] 泥沼に沈める; 妨げる, 遅滞させる (impede) ⟨*down*⟩: He *got* ～*ged down in* [*by*] difficulties. 窮地に陥って動きが取れなくなった / The negotiations have *been* ～*ged down over* that issue. 交渉はその問題で停滞したままになっている.
bog up 《俗》《物事を》混乱させる, だいなしにする.

bóg ásphodel *n.* 〘植物〙キンコウカ《ユリ科キンコウカ属 (*Narthecium*) の植物の総称; 花は小さいが黄色で美しい; (特に)ヨーロッパ産 *N. ossifragum*, 米国産 *N. americanum* の 2 種がある》.

bóg·bèan *n.* 〘植物〙ミツガシワ (⇨ buckbean).

bog·ber·ry [bɑ́gbèri, bɔ́(ː)g-, -b(ə)ri | bɔ́gb(ə)rɪ] *n.* 《英》〘植物〙ツルコケモモ (cranberry).

bóg bútter *n.* 《まれ》〘地質〙ボッグ バター《アイルランドの泥炭地に産するバター状の鉱脂》.

bo·gey¹ [bóʊgi | bə́ʊgɪ] 〘《1836–46》《変形》← BOGLE. 3: 《1892》← *Colonel Bogey* (各ホールをパーでラウンドする仮想のパートナー: 当時流行した K. J. Alford 作曲の軍歌の題名から)《変形》← ? (n.) 1〙 — *n.* **1** [《米》ではまた búgi, bóʊgi] お化け, 悪鬼 (goblin); [Old B-] 悪魔. **2** [《米》búgi, bóʊgi, búːgi] (人につきまとう)こわい[いやな]もの; (いわれのない)恐怖の原因. **3** 〘ゴルフ〙ボギー: **a** 《米》一つのホールのパー (par) より一つ多い打数: a double ～ ダブルボギー《パーより二つ多い打数》. **b** 《英》平均的プレーヤーに要求される基準打数《通例 par よりも多い》. **4** (競技で目標とされる)演技の標準数値. **5** 《軍俗》国籍不明の飛行機, ボギー (cf. skunk 5). **6** 《小児語》鼻くそ. — *vt.* 〘ゴルフ〙⟨ホールを⟩ボギーで上がる.

bo·gey² [bóʊgi | bə́ʊgɪ] 〘← Austral. 《土語》〙《豪俗》 *n.* 海水浴; 入浴. — *vi.* 海水浴[入浴]する.

bo·gey³ [bóʊgi | bə́ʊgɪ] *n.* ＝bogie¹.

bog·ey·man [búgimæ̀n, bóʊgi-, búːgi- | bə́ʊgɪ-] *n.* (*pl.* **-men** [-mèn]) **1** (子供をおどかすために使った)怪物, 妖怪, お化け. **2** 恐ろしい人[もの].

bog·gard [bɑ́gəd | bɔ́gəd] 〘《古形》*buggard* ← BUG¹ (n.) 9＋-ARD〙 *n.* (*also* **bog·gart** [-gət | -gət]) 《英方言》 **1** お化け (bogey). **2** かかし (scarecrow).

bog·gle¹ [bɑ́gl | bɔ́gl] *n.* 《英方言》＝bogle.

bog·gle² [bɑ́gl | bɔ́gl] 〘《1598》《変形》← BOGLE: 《原義》to see a bogle?〙 — *vi.* **1** ぎょっとする, (驚いて)飛びのく 〔*at, over*〕: The mind ～*s* (*at* the idea). (とてつもなくて)とてもまともに考えられない. **2 a** ⟨人が⟩ためらう; 異議を唱える (demur) 〔*at, about*〕. **b** 逃げ口上を使う, とぼける, ごまかす (equivocate) 〔*at, about*〕. **3** 不手際をする, へまをする (bungle). — *vt.* **1 a** おどろかす, びっくりさせる (startle): ～ the mind ⟨物事が⟩まともに考えられないほどとてつもない (cf. mind-boggling). **b** 《英方言》当惑させる, 面くらわせる (embarrass). **2** ⟨物事を⟩不手際にやる. — *n.* **1** 驚いて飛び立つこと. **2** ためらい, しりごみ, 躊躇(ちゅうちょ). **3** 《口語》しくじり, 失敗, 不細工 (botch).

bog·gy [bɑ́gi, bɔ́(ː)gi | bɔ́gɪ] 〘← BOG (n.)＋-Y⁴〙 *adj.* (**bog·gi·er; -gi·est**) 沼地の, 泥地の, 泥の深い (swampy); 沼沢の多い. **bóg·gi·ness** *n.*

bo·gie¹ [bóʊgi | bə́ʊgɪ] 〘《c1817》← ?〙 *n.* **1** 《英》低い丈夫な荷車. **2** 《英》〘鉄道〙ボギー, 転向台車; ボギー車. **3** (戦車の)無限軌道内輪, ボギー車輪. **4** 六輪トラックの 4 個の駆動後輪.

bo·gie² [bóʊgi | bə́ʊgɪ] *n., vt.* ＝bogey¹.

bógie èngine *n.* 〘鉄道〙ボギー(転向)式機関車.

bóg ìron óre *n.* 〘鉱物〙沼鉄鉱《沼沢地に産する多孔質の褐鉄鉱; 単に bog iron ともいう》.

bo·gle [bóugḷ | bɔ́ugḷ] 〘《c1505》《スコット・北部方言》 *bogil(l)*《変形》← BUG¹ (n.) 9〙 *n.*《英方言》 **1** お化け, 幽霊 (goblin); こわいもの (bugbear). **2** かかし.
bóg mòss *n.* 〘植物〙 ミズゴケ《ミズゴケ属 (*Sphagnum*) のコケの総称》. 「ワ (⇨ buckbean).
bóg mỳrtle *n.* 〘植物〙 **1** ＝sweet gale. **2** ミツガシ
Bog·nor Re·gis [bágnə-ríːdʒɪs | bɔ́gnə-] 〘← *Bognor* < OE *Bucganora* ← *Bucge* (女性名) + *ōra* shore〙 ― *n.* イングランド West Sussex 州南部, イギリス海峡に臨む保養地; 人口 35,000.
bóg òak *n.* 埋れ木となったカシの材 (cf. bogwood).
Bo·go·mil [bágəmɪ̀l | bɔ́g-; *Russ.* bəgamʲíl] 〘▭ Russ. ～ ← *Bogomilŭ*: cf. Russ. *Bog* God & *milost'* grace〙 ― *n.* **1** ボゴミール《10 世紀ブルガリアの異端的聖職者》. **2** (*also* **Bo·go·mile** [-màɪl]) [*pl.*] ボゴミール教徒, ボゴミール派《10–11 世紀にブルガリアに起こったキリスト教の二元論的分派で, 父なる神が悪魔 (Satan) とキリストとを生んだと説く》.
bó·gong móth [bóugɔ(ː)ŋ-, -gɑŋ- | bɔ́ugɔŋ-] 〘← *Mount Bogong* (オーストラリア Victoria 州第一の高山)〙 ― *n.* 《豪》〘昆虫〙 オーストラリア産ヤガ科のガ (*Agrotis infusa*)《練り粉にして原住民の食用となる》.
Bo·gor [bóugɔə | bɔ́ugɔː(r] *n.* ボゴール《インドネシア Java 島西部の都市; もとオランダ領東インド総督府の夏期所在地; 有名な植物園がある; 人口 196,000; オランダ語旧名 Buitenzorg》.
Bo·go·tá [bòugətɔ́ː, -tɑ́ː | bɔ̀gə(ʊ)tɑ́ː, bɔ̀ug-; *Sp.* bòɣotá] *n.* ボゴタ《南米コロンビア中部にある同国の首都; 人口 2,837,000》.
bóg ròsemary *n.* 〘植物〙 ヒメシャクナゲ《ヒメシャクナゲ属 (*Andromeda*) の低木の総称》; (特に)ヒメシャクナゲ (*A. polifolia*)《moorwort ともいう》.
bóg spàvin *n.* 〘獣医〙 (馬の)飛節軟腫.
bóg stràwberry *n.* 〘植物〙 ＝marsh cinquefoil.
bóg·tròtter *n.* **1** 沼沢地方の住人. **2** [軽蔑的に] アイルランド人.
bóg-ùp *n.* 《俗》 混乱(状態): make a ～ of ...をめちゃくちゃ[台なし]にしてしまう.
bo·gus [bóugəs | bɔ́u-] 〘《1827》 ← ? BOGLE: もと俗語で「にせ金作りの装置」が原義〙 ― *adj.* にせの, いんちきの (spurious): ～ money にせ金 / a ～ concern いんちき会社, 幽霊会社.
bóg violet *n.* 〘植物〙 ムシトリスミレ (*Pinguicula vulgaris*) (cf. butterwort).
bóg·wòod *n.* (泥炭地の)埋れ木《材は黒褐色で, 光沢があり装飾に用いる》.
bo·gy¹ [bóugi | bɔ́ugɪ] *n.* ＝bogey¹.
bo·gy² [bóugi | bɔ́ugɪ] *n.* ＝bogie¹.
bo·gy·man [bóugimæ̀n, búg-, búːg- | bɔ́ugɪ-] *n.* (*pl.* **-men** [-mèn]) ＝boogeyman.
boh [bóu | bɔ́u] *int.*, *n.* ＝boo¹. 「の親玉.
Boh [bóu | bɔ́u] 〘▭ Burmese *bō*〙 *n.* 《インド》 匪(ʰ)賊
Bo·hea, b- [bo(u)híː | bə(u)-] 〘《1701》 ▭ Chin. 《方言》 *Bu-i*＝*Wu-i*「武夷」(産地である山の名)〙 *n.* ボヒー茶《中国産の烏竜(ʷ)茶の一種》.
Bo·he·mi·a [bo(u)híːmiə, -mjə | bə(u)híːmjə, -mɪə] *n.* **1** ボヘミア《チェコスロバキア西部の地方, もとはオーストリア領; チェコ語名 Čechy》. **2** (自由奔放な) ボヘミアンの住む地区; ボヘミア的[自由奔放]な社交界.
Bo·he·mi·an [bo(u)híːmiən, -mjən | bə(u)híːmjən, -mɪən] 〘《1579》 ← BOHEMIA＋-an¹: cf. F *Bohémien* gipsy ← Celt. *Boii* (ケルトの部族名)〙 ― *adj.* **1 a** ボヘミア (Bohemia) の; ボヘミア人の; ボヘミア[チェコ]語の. **b** ボヘミア製の. **2 a** (ジプシーのように) 放浪的な (vagabond). **b** (ボヘミア人のように)伝統にとらわれない, 自由奔放な: a ～ life (習俗を無視した)自由奔放な生活. ― *n.* **1** ボヘミア人. **2** ボヘミア語, チェコ語. **3** [しばしば b-] ボヘミアン, 自由奔放な生活をする文人[芸術家]. **4** 〘ジプシーが Bohemia からきたと想像されたことから〙 ＝Gipsy¹.
Bohémian Bréthren *n. pl.* [the ～] ボヘミア兄弟団《John Huss の流れをくむフス派 (Hussite) の一派; 1722 年にモラヴィア教会 (Moravian Church) として再組織された》.
Bohémian Fórest *n.* [the ～] ボヘミア森《チェコスロバキア南西部とドイツ南東部との間の国境上の森林におおわれた山脈; 最高峰 Mt. Arber [árbɐ] (1,457 m); ドイツ語名 Böhmer Wald [bǿːmɐ-vàlt]》.
Bohémian gláss *n.* ボヘミアンガラス《チェコスロバキア製ガラスの一般名で, 特にテーブルウェアと化学容器に用いる》.
Bo·hé·mi·an·ism [-nìzm] *n.* (伝統習俗にとらわれない)奔放主義, 放浪的[浪人]気質.
Bohémian rúby 〘《なぞり》 ← G *böhmischer Rubin*〙 *n.* 〘鉱物〙 ボヘミアルビー《紅水晶のこと; 宝石》.
Böh·me [bǿːmə, béɪ- | bɜ́ː-; *G.* bǿːmə] (*also* **Böhm** [bǿːm, béɪm | bɜ́ːm; *G* bǿːm]), **Jakob** *n.* ベーメ《1575–1624; ドイツの神秘(主義的)思想家》.
Bohn [bóun | bɔ́un], **Henry George** *n.* (1796–1884) 英国の出版業者; *Antiquarian Library* を出版 (1847).
Bo·hol [bo(u)hɔ́(ː)l | bə(u)hɔ́l] *n.* ボホル(島)《フィリピン諸島中央部の島; 人口 684,000, 面積 3,864 km²》.
Bohr [bɔ́ə, bóə | bɔ́ː(r; *Dan.* boːʼr], **Niels (Henrik David)** *n.* ボーア《1885–1962; デンマークの物理学者; 原子論を提唱, 量子力学, 原子核物理学の建設に大きな貢献をした; Nobel 物理学賞 (1922)》.
Bóhr àtom 〘↑〙 *n.* 〘物理〙 ボーア原子《N. Bohr の提唱した原子構造論における原子(の模型)》.
Bóhr mágneton 〘↑〙 *n.* 〘物理〙 ボーア磁子《磁気モーメントを表わす量子力学的単位; electronic Bohr magneton ともいう》. 「造論》.
Bóhr thèory *n.* 〘物理〙 ボーア説《N. Bohr の原子構
bo·hunk [bóuhʌŋk | bɔ́u-] 〘《1903》 ← ? Bo(HEMIAN) ＋HUNG(ARIAN): cf. hunky²〙 ― *n.* 《米俗》 **1** [しばしば軽蔑的に] ヨーロッパ東部または南東部出身の不熟練移民労働者《特に, チェコ人・ハンガリー人・スロバキア人・クロアチア人など》. **2 a** ごろつき, あばれ者. **b** やつ, 人 (fellow).
Bo·iar·do [bɔɪɑ́ədou, boujɑ́ə- | bɔɪɑ́ːdəu, bəujɑ́ː-; *It.* bojárdo], **Matteo Maria** *n.* ボヤルド《1441?–94; イタリアの詩人; *Orlando Innamorato*「恋するオルランド」(未完)》.
bo·id [bóuɪd, -əd | bə́uɪd] 〘↓〙 *n.* 〘動物〙 ボア科のヘビの総称.
Bo·i·dae [bóuədiː | bə́uɪ-] 〘← NL ～: ⇨ boa, -idae〙 *n. pl.* 〘動物〙 ボア科.
Boi·el·dieu [bɔ̀ɪeldjə́ː, -djúː; *F.* bɔjɛldjø], **François Adrien** *n.* ボイエルデュー《1775–1834; フランスの作曲家》.
boil¹ [bɔ́ɪl] 〘OE *bȳl(e)* (今の形は ↓ の影響) < (WGmc) **būlja* (G *Beule*) ← IE **beu-* to swell〙 *n.* 〘病理〙 ねぶと, おでき (furuncle).
boil² [bɔ́ɪl] 〘《c1300》 *boille(n)* ▭ AF *boill-er*＝OF *boillir* (F *bouillir*) < L *bullīre* ← *bulla* a bubble ← IE **beu-* (↑): cf. ebullition〙 ― *vi.* **1 a** 〈液体が〉沸騰する; 〈やかんなど容器が〉沸騰点に達する, 沸く: ～ fast, gently, slowly, etc. / ⇨ *keep the* POT *boiling* / A watched pot never ～*s*. ⇨ pot *n.* 1 a / Water ～*s* at 100°C. 水はセ氏 100 度で沸騰する / She carelessly let the kettle ～ dry. うっかりやかんを空焚(ᵈ)きしてしまった. **b** 〈食物が〉煮える, ゆだる: The meat is ～*ing*. 肉が煮えている. **2 a** 〈海・波などが〉(沸き立つように)荒れ狂う: the ～*ing* sea 沸き立つような海. **b** 〈ごみ・煙などが〉(沸き上がるように)舞い上がる 〈*up*〉. **c** 〈湯・水などが〉沸き出る, 噴出する. **3** 〈血・感情が〉煮え返る; 〈人が〉激昂(ᵏ)する 〈*over*〉: That makes my blood ～. それには血が煮えくり返る / He was ～*ing (over) with* rage. 怒りで胸の中が煮えたぎる思いだった. **4 a** 猛然と突進する: He ～*ed through* the door. 猛然と戸口から出て行った[入って来た]. **b** 〈魚が〉(えさを求めて)水面にさっと浮かび出て来る. ― *vt.* **1 a** 〈液体を〉沸かす; 〈容器を〉沸騰させる; 〈衣類などを〉煮沸する: ～ water 湯を沸かす / ～ clothes 衣類を煮沸(消毒)する / ～ the billy ⇨ billy¹ / ⇨ *boil the* POT. **b** [しばしば間接目的語または目的補語を伴って] 〈食物を〉煮る, ゆでる: ～ fish [vegetables] 魚[野菜]を煮る / She ～*ed* me an egg. 卵をゆでてくれた / I like my eggs ～*ed* hard [soft]. 卵は固くゆでたのが[半熟なのが]好きだ. **2** 〈石鹸などを〉煮て作る; 〈砂糖・塩などを〉〔…から〕煮詰めてとる 〔*out of*〕: ～ salt *out of* the sea water 海水を煮詰めて塩をとる.
boil away 沸騰して蒸発する[させる]; 沸騰し続ける. ***boil down*** (*vt.*) (1) 煮詰める. (2) 要約する (abridge): ～ *down* a report (*to* three hundred words) 報告を(300 字に)要約して縮める. (*vi.*) (1) 煮詰まる. (2) 要約される: It all ～*s down to* this. せんじ詰めると次のようになる. (3) 〔…に〕等しい, 〔…も〕同然である (amount) 〔*to*〕: His answer ～*s down to* a refusal. 彼の答は詰まるところ拒絶も同然だ. ***boil off*** (1) 沸騰してはずす: The kettle's ～*ing* its head *off*. やかんの湯が沸き立ってふたが取れそうだ. (2) 煮て〈絹を〉練る; 煮て〈のりなどを〉除く. ***boil out***＝BOIL *off*. ***boil over*** (1) 〈液体・煮物・容器が〉煮えこぼれる. (2) ⇨ *vi.* 3. (3) 〈事態・争いなどが〉危急を告げる; 爆発して〔ある状態に〕陥る 〔*in, into*〕: The quarrel ～*ed over in* an exchange of blows. 口論が高じてなぐり合いになった. ***boil up*** (1) 煮え立つ; 煮立てて作る. (2) 〈溶岩・噴煙などが〉噴出する (cf. *vi.* 2 b). (3) 《口語》〈論議・紛争・危機などが〉起こ(りかけてい)る. (4) 《米・豪口語》 衣類を煮沸(消毒)[洗濯]する. (5) 《カナダ・豪》 お茶を入れる[立てる] (make tea).
― *n.* **1** 沸騰(点); 煮沸: be *on* [*at*] the ～ 沸騰している / bring [come] to the ～ 沸騰させる[し出す] / give a ～ 煮る, ゆでる. **2 a** (早瀬などの)うず, 泡立つ水. **b** (えさをやる時などに魚が作る水面の)うず, 波紋. 「約, 圧縮.
bóil·dòwn 〘← *boil down* (⇨ boil² (v.) 成句)〙 *n.* 要
Boi·leau-Des·pré·aux [bwɑ́ːloudèɪpreióu | -ləu-dèɪpreɪə́u; *F.* bwalodepreo], **Nicolas** *n.* ボワロデプレオ《1636–1711; フランスの批評家・詩人; *L'Art poétique* (英訳 *Art of Poetry*) (1674); 単に Boileau ともいう》.
boiled 〘《15C》〙 ― *adj.* **1** 煮た, ゆでた; 煮沸した: ～ rice 飯 / ～ water さ湯 / ～ clothes 煮沸(消毒)した衣類 / soft-*boiled* eggs 半熟の卵. **2** 《俗》 (ぐでんぐでんに)酔った: be ～ to the ears (耳まで)すっかり酔っている / ⇨ *like* [*as*] *a boiled* OWL.
bóiled dínner *n.* 野菜を添えた塩漬け肉の料理《肉はゆで煮し,じゃがいも・キャベツ・かぶ・にんじんなどは別にゆがいて添え, マスタードなどで食べる; New England boiled dinner ともいう》.
bóiled-òff sílk *n.* 練り絹《練った絹》.
bóiled óil *n.* ボイル油《煮沸して乾性を増した油》.
bóiled shírt *n.* 《米》 (胸部を固くのりづけした)いか胸の礼装用白ワイシャツ: (as) stiff as a ～ 四角ばって.
bóiled swéets *n. pl.* 《英》 ＝hard candy.
bóil·er [-lə | -lə(r] *n.* **1** 煮沸係《人》. **2 a** 煮沸器, 湯わかし, かま, なべ(など). **b** 《英》 洗濯物煮沸用金属桶. **c** 《英》 (ストーブに付属した)湯わかし. **3** ボイラー, 汽罐(ᵏᵃⁿ): ⇨ watertube boiler. **4** 煮物に適する食物: These vegetables are good ～*s*. この野菜は煮物によい. **5** (白波の立つ)暗礁.
bóiler còmpound *n.* 清罐(ᵏᵃⁿ)剤, ボイラー清浄剤.
bóiler dèck *n.* 《米》 ボイラーデッキ《汽船でボイラー[汽罐(ᵏᵃⁿ)]のすぐ上の甲板》.
bóiler hórsepower *n.* 〘機械〙 ボイラー馬力《ボイラーの蒸発能力を表わす単位で, 相当蒸発量 15.65 kg/h を 1 ボイラー馬力という》.
bóiler insùrance *n.* 〘保険〙 汽罐(ᵏᵃⁿ)[ボイラー]保険 (cf. engineering insurance).
bóiler·màker *n.* **1** 製罐(ᵏᵃⁿ)工, ボイラー製造人《ボイラーその他の重金属製品の製造・修理に従事する作業員》. **2** 《米口語》 ビール割りウイスキー, ビールをチェーサー (chaser) に飲むウイスキー.
bóiler plàte *n.* **1** ボイラー板《ボイラーなど用の厚さ 1/4–1/2 インチの圧延鋼板》. **2** 〘週刊新聞に用いる紙型から〙《米口語》 共通[配給, 型通り]の記事.
bóiler ròom *n.* **1** ボイラー室, 汽罐室. **2** 《俗》 (電話による)もぐり証券ブローカーの事務室.
bóiler scàle *n.* (ボイラーの中にできる)湯あか.
bóiler shòp *n.* ボイラー(製造[修理])工場.
bóiler sùit *n.* 《英》 ＝coverall.
bóiler tùbe *n.* 〘機械〙 ボイラー管.
bóil·ing [-lɪŋ] 〘ME: ⇨ boil², -ing¹〙 ― *n.* 沸騰, 煮沸; 煮方: cook by ～ / a skillful ～ 上手な煮方.
the whole boiling 《俗》 全員, 全部, 全体: sell *the whole* ～ 一切合財(ᵍᵃˢˢᵃⁱ)を売り払う.
― *adj.* **1** 煮え[沸き]立っている: ～ water 沸き立つ湯, 煮え湯, 熱湯. **2** 沸き返るように荒れ狂う: ～ waves [waters] 沸き立つ波浪. **3** ゆだるように暑い: a ～ sun かんかん照りの太陽[日射し]. **4** 〈人が〉煮えくり返るほど怒って: ～ *with* indignation 怒り心頭に発して(いる). **5** [副詞的に] 《口語》 猛烈に (very): ～ drunk ぐでんぐでんに酔った / ～ hot とてつもなく暑い / ～ mad かんかんに怒った.
bóiling pòint *n.* [the ～] **1** 〘物理〙 沸騰点, 沸点《水の場合は 1 気圧の下で 100°C; cf. freezing point, melting point》. **2 a** 激怒; 興奮: at *the* ～ ひどく腹を立てて. **b** 決断の時, 重大な転機.
bóiling stòne *n.* 沸騰石, 沸石《沸騰する液体の突沸 (bumping) を防ぐために入れる陶器などの小片》.
bóiling wáter reàctor *n.* 〘原子力〙 沸騰水型原子炉《冷却・減速材に水を用い, 炉心で水を沸騰させる型の原子炉; 略 B.W.R.》.
bóil·òff *n.* **1 a** (液体酸素などの)蒸発. **b** 《俗》〘宇宙〙 沸騰点を越えたためにロケットから酸化剤や燃料が蒸発して漏れること. **2** (絹などの)精練工程.
bóil·òver *n.* **1** 煮えこぼれ; 煮こぼし. **2** 《豪》 (競馬などでの)意外な結果.
bóil-ùp *n.* **1** (衣類の)洗濯, 煮沸(消毒). **2** 《カナダ・豪》 **a** お茶を入れること. **b** 《豪俗》 口論, 喧嘩 (row).
bois brû·lé [bwɑ́ː-bruːléɪ; *F.* bwabʀyle] 〘▭ Canad.-F ～《原義》 burnt wood〙 ― *n.* (*pl.* ～**s** [～(z); *F.* ～]) 《カナダ》 インディアンと(特に, フランス系の)白人との混血カナダ人.
bois d'arc [bóu-dɑ̀ək | bə́u-dɑ̀ːk] 〘▭ F ～ 'wood of bow'〙 *n.* (*pl.* ～**s** [～], ～) 〘植物〙 ＝Osage orange.
Bois de Bou·logne [bwɑ́ː-də-buːlóun, -lɔ́ɪn | -bʊlɔ́ɪn, -bə-, -lɔ́un; *F.* bwadbulɔɲ] 〘▭ F ～ 'Wood of Boulogne(-sur-Seine)'〙 ― *n.* [the ～] ブローニュの森《フランス Paris 西方郊外, Seine 川の北岸にある大公園; もと森林地; 単に the Bois ともいう》.
bois de rose [bwɑ́ː-də-róuz | -rə́uz; *F.* bwadʀoːz] 〘▭ F ～《原義》 rose wood〙 ― *n.* (*pl.* ～**s** [～ɪz, ～əz; *F.* ～], ～) **1** 南米 Guiana 産のクスノキ科の樹木 *Aniba panurensis* などの黄色の木材. **2** 赤黄色.
bóis de róse òil *n.* 〘化学〙 ボアドローズ油《クス科に属する木材の水蒸気蒸留で得られる無色から黄色の精油; バラ・ラベンダー様の香気をもち, 香料として重要; rosewood oil ともいう》.
bois de vache [bwɑ́ː-də-væ̀ʃ | -vɑ́ːʃ] 〘▭ Canad.-F ～《原義》 cow's wood〙 *n.* (18–19 世紀にカナダ人や米国の毛皮捕獲者が燃料用とした)野牛の乾燥ふん.
Boi·se [bɔ́ɪsi, -zi | -sɪ, -zɪ] 〘← F *boisé* wooded〙 *n.* 米国 Idaho 州南西部の都市で同州の首都, 昔の Oregon Trail の交易地の跡に建設された; 人口 75,000.
Bois-le-Duc [*F.* bwaldyk] *n.* ボワルデュック《's Hertogenbosch のフランス語名》.
bois·ter·ous [bɔ́ɪst(ə)rəs] 〘《c1400》 *boistreous* rough (混成)? ← ME *boistous* (▭ OF *boisteus* limping, rough) + *boistres* (《変形》 ← *boistous*)〙 ― *adj.* **1** 〈風・海・天候など〉荒れ狂う, 大荒れの (violent): a ～ wind, sea, etc. **2 a** 〈行為・言葉・人など〉荒々しい, 乱暴な. **b** (陽気に)騒々しい, ばか騒ぎする: ～ laughter. **3 a** 《廃》 あらい, 激しい, 獰猛な; 強靭(ᵏʸᵒᵘʲⁱⁿ)な. **b** かさばった, ばかに大きい. **～·ly** *adv.* **～·ness** *n.*
boîte [bwɑ́ːt; *F.* bwat] 〘▭ F ～ 'box'〙 *n.* ナイトクラブ (nightclub) 《boîte de nuit [-də-nwíː; *F.* -dənɥi] ともいう》.
Bo·i·to [bɔ́ːɪtou | -təu; *It.* bɔ́ito], **Ar·ri·go** [arríːgo] *n.* ボイートウ《1842–1918; イタリアのオペラ作曲家》.
Bo·jar·do [bɔɪɑ́ədou, boujɑ́ə- | bɔɪɑ́ːdəu, bəujɑ́ː-; *It.* bojárdo] *n.* ＝Boiardo.

Boj·er [bɔ́ɪə | bɔ́ɪə(r; *Norw.* bɔ́iər], **Johan** *n.* ボイエル《1872-1959; ノルウェーの小説家》.

Bok [bák | bɔ́k], **Edward William** *n.* (1863-1930) オランダ生まれの米国の雑誌編集者・著述家・慈善家; 30年間 *The Ladies' Home Journal* を編集し, 近代的雑誌編集上に多くの新方面を開拓した; *The Americanization of Edward Bok* (1920).

Bo·kha·ra [boʊkáːrə, -kǽrə, -háːrə, -hǽrə | bə(ʊ)káːrə] *n.* = Bukhara.

Bok·mål [búkmɔːl, bóʊk- | búk-, báʊk-; *Norw.* búːkmoːl] 〘◻ Norw. ～ ← *bok* 'BOOK'+*mål* language: cf. mail³〙 ── *n.* 〖言語〗ブークモール《2 種類あるノルウェーの公用語のうち古い方; Oslo を中心に発達した都市語に基づく; Riksmål ともいう; cf. Nynorsk》.

bo·ko [bóʊkoʊ | báʊkəʊ] 〘← ?〙 *n.* (*pl.* ～**s**) 《英俗》鼻 ⌊(nose).

bol. 《略》bolus.

bo·la [bóʊlə | báʊ-] 〘《1843》◻ Sp. *bola* ball < L *bullam* bubble, round object〙 *n.* ボーラ《端に 2 つ以上の鉄または石の重りの付いた投げ縄; 動物の脚に投げつけてからませて捕える》.

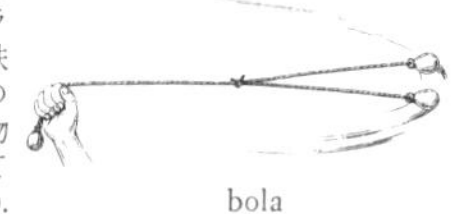
bola

Bo·lán Páss [boʊláːn- | bəʊ-] *n.* [the ～] ボラン峠《パキスタン Baluchistan 地方北東部の山道, 長さ 97 km》.

bo·lar [bóʊlə | báʊlə(r] 〘← BOLE²+-AR¹〙 *adj.* 〖地質〗膠灰(こう)粘土の.

bo·las [bóʊləs, -laːs | báʊləs] 〘◻ Sp. ～ (pl.) ← *bola*: ⇨ bola〙 *n.* (*pl.* ～, ～·**es**) = bola.

bóla tìe *n.* = bolo tie.

bold [bóʊld | báʊld] 〘OE *b(e)ald* < Gmc **balþaz* (G *bald* soon) < IE **bholtos* ← **bhel-* to blow, swell: ⇨ ball¹〙 ── *adj.* (～·**er**; ～·**est**; **more** ～, **most** ～) **1 a** 〈人・態度など〉大胆な, 勇猛な, 胆力のすわった (intrepid): a ～ explorer 恐れを知らぬ探検家 / a ～ bad man 胆力のすわった悪人 (cf. Shak., *Hen VIII* 2. 2. 44) / (as) ～ as a lion (ライオンのように)とても大胆な / ⇨ *put a bold* FACE *on* / present a ～ front on ⇨ front *n.* 6 / make ～ [make *so* ～ *as*] *to do* 大胆にも…する, はばからずに…する / If I may be *so* ～ *as to* put forward my opinion あえて[失礼ながら]意見を述べさせて頂けるなら / The gang has become ～*er in* their crime. そのギャング団はしだいに不敵な犯行を重ねるようになってきた / *It was* ～ *of* you *to* contradict your boss. 上役に反対するとは君も豪胆だ. **b** 〈事が〉勇気を必要とする; 大胆であることを示す: a ～ exploration 命知らずの探検 / a ～ plan 大胆な計画 / a ～ opinion 思い切った意見. **2** ずぶとい, ずうずうしい, 厚かましい, 出しゃばりの (forward): a ～ hussy あばずれ女 / (as) ～ as brass 鉄面皮な, 実にしゃあしゃあと / make ～ *with* …を勝手に使う《★ この意味では make free with のほうが普通》. **3** 慣習に捕われない, 型にはまらない, 自由な, 奔放な, 大胆な (daring): a ～ design 自由奔放なデザイン / a ～ philosopher 枠にはまらない哲学者. **4 a** 〈輪郭など〉きわ立った, 目立つ; 〈線・文字など〉肉太の: the ～ outline of a mountain くっきりした山の輪郭 / in ～ relief くっきりと浮き上って / ～ lines 目立って太い線 / ～ handwriting 肉太の書体 / in ～ strokes 筆太に. **b** 〖印刷〗= bold-faced 2. **5** 〈想像力・筆勢・描写など〉力強い, 豪放な, 奔放な: ～ imagination 奔放な想像力 / a ～ description 力強い描写 / write a ～ hand 豪放な字を書く / wield a ～ brush 豪快な絵を描く. **6** そばだつ, 険しい (steep): a ～ cliff [promontory] 切り立った絶壁[岬] / a ～ coast [shore] 〖海事〗断崖になった海岸《船が接岸できる》. **7 a** 〈風・炎など〉激しい, 猛烈な. **b** 〈酒が〉匂いの強い, 頭にくる. **c** 〈穀物が〉実った. **d** 〈体が〉丸々と太った. **8** 《廃》自信のある, 確信に満ちた (confident). **9** 〖海事〗船が接岸[航行]できる深さがある: ～ waters 接岸[航行]可能水域. ── *n.* 〖印刷〗= boldface.

bóld·fàce 〖印刷〗 *n.* ボールドフェース《肉太の活字書体; ボールドフェース印刷; fullface ともいう; cf. lightface, weight 11》. ── *vt.* 〈原稿〉にボールドフェースで組むように指示する.

bóld-fàced *adj.* **1** 厚かましい, ずうずうしい. **2** 〖印刷〗〈活字が〉ボールドフェースの; 〈文字・語など〉肉太の, ボールドフェース組みの (cf. lightfaced).

bóld·ly 〘OE *b(e)aldlīce*: ⇨ bold, -ly¹〙 ── *adv.* **1** 大胆に, 思い切って; 図太くも, 厚かましく: act ～. **2** きわ立って, くっきりと: stand out ～ from a background 背景からくっきりときわ立って見える.

bóld·ness 〘ME: ⇨ bold, -ness〙 ── *n.* **1** 大胆さ, 押しの強さ, 図太さ: with great ～ 大胆至極に, なんとも厚かましく / He had *the* ～ *to* ask for more money. 厚かましくももっと金をくれと言った. **2** (筆勢などの)力, 豪放, 奔放. **3** 目だつ[きわ立つ]こと. **4** 切り立っていること.

bol·do [báldoʊ | bɔ́ldəʊ] 〘◻ Am.-Sp. ～ ◻ Araucanian *boldu*〙 ── *n.* (*pl.* ～**s**) 〖植物〗ボルドー (*Peumus boldus*) 《チリ原産モニミア科の常緑小高木; 葉は薬用, 実は食用になる》.

bole¹ [bóʊl | báʊl] 〘《?c1300》◻ ON *bol-r, bul-r* trunk of a tree〙 ── *n.* **1** (木の)幹, 樹身 (trunk) 《特に, 商品として売れる部分をいう》. **2** 《まれ》円筒形のもの: ～*s* of stone.

bole² [bóʊl | báʊl] 〘《a1300》◻ OF ～ ◻ LL *bōlus* lump, clod: cf. bolus〙 *n.* 〖地質〗膠灰(こう)粘土.

bo·lec·tion [bo(ʊ)lékʃən | bə(ʊ)-] 〘《1708》← ?〙 *n.* 〖建築〗(羽目板の継ぎ目や框(かまち)の周囲を覆う)浮き出し(繰形) (bolection molding ともいう).

bo·le·ro [bəlé(ə)roʊ, bo(ʊ)- | bəléərəʊ, bɔ-, -líər-] 〘《1787》◻ Sp. ～ ← ? *bola* ball: cf. bola〙 ── *n.* (*pl.* ～**s**) **1** ボレロ《通例 ³/₄ 拍子のスペイン舞踊》; ボレロの音楽. **2** 《英》bɔ́lərəʊ] ボレロ: **a** スペインの男性が着用するウエスト丈の短いジャケット. **b** 婦人がブラウスなどの上に着る短いジャケット[上衣].

bolero 2 b

bo·le·tus [bo(ʊ)líːtəs, bə- | bə(ʊ)líːt-] 〘《1601》◻ L ～ ◻ Gk *bōlítēs* mushroom, fungus ← *bôlos* 'BOLUS'〙 ── *n.* (*pl.* ～·**es**, **-le·ti** [-taɪ]) 〖植物〗イグチタケ《イグチ属 (*Boletus*) のキノコの総称》.

Bol·eyn [bulín, búlɪn, -lən | bulín, bulíːn, búlɪn], **Anne** *n.* (1507-36) 英国王 Henry 八世の第二王妃, Elizabeth 一世の母; 第一王妃 Catherine of Aragon の侍女をしている時に王の目にとまり, 王と彼女との結婚問題がこじれて Reformation を引き起こしたが, のち不貞の罪で断頭台で処刑された.

Bol·gai [bóʊljaɪ, bɔ́ː- | báʊ-, bɔ́ː-; *Hung.* bóːjɔi], **János** *n.* ボヤイ《1802-60; ハンガリーの数学者; ロバチェフスキーの幾何学 (Lobachevski's geometry) の建設者の一人》.

bo·lide [bóʊlaɪd, -lɪd, -ləd | báʊlaɪd, -lɪd] 〘《1852》◻ F ～ ◻ L *bolid-, bolis* large meteor ◻ Gk *bolís* missile ← *bállein* to throw〙 ── *n.* 〖天文〗火球《光度の強い流星で時に爆発し, あるいは隕石となって地上に落ちるものもある; fireball ともいう》.

Bol·ing·broke [bálɪŋbrʊ̀k | bɔ́l-], 1st Viscount *n.* (1678-1751) 英国の政治家・文筆家, Queen Anne の宰相; Henry St. John [síndʒən] の称号.

bol·i·var [bəlíːvaə, bálɪvə, -lə- | bɔlíːvaː(r; *Sp.* bolíβar] 〘◻ Am.-Sp. *bolívar* ← *Simón Bolívar*〙 ── *n.* (*pl.* ～**s**, **bo·li·va·res** [bəlíːvərèɪs, -vaːr- | bɔlíːvə-; *Sp.* bòliβáres]) **1** ボリバル《ベネズエラの通貨単位; = 100 centimos または 100 centavos; 記号 B》. **2** 1 ボリバル銀貨.

Bo·lí·var [bəlíːvaə, báləvə, -lɪ- | bɔlíːvaː(r; *Sp.* bolíβar], **Si·món** [simón] *n.* ボリーバル《1783-1830; ベネズエラ生れの政治家・将軍; 南米植民地をスペインの支配から脱せしめコロンビア (1819) とボリビア (1825) の二共和国を創設した; 栄誉称号 the Liber- ⌊ator》.

bolivares *n.* bolivar の複数形.

bo·liv·i·a [bəlíviə, bo(ʊ)- | bəlíviə, bə-, -vjə] 〘↓: Bolivia 産のアルパカ毛を用いていることから〙 *n.* ボリビア《一種の柔らかい毛織布》.

Bo·liv·i·a [bəlíviə, bo(ʊ)- | bəlíviə, bɔ-, -vjə; *Sp.* bolíβja] 〘← *Simón Bolívar*+-IA¹〙 ── *n.* ボリビア《南米中部の共和国; 人口 6,110,000, 面積 1,098,581 km², 法律上の首都は Sucre, 政庁所在地は La Paz; 公式名 the Republic of Bolivia ボリビア共和国》.

Bo·liv·i·an [bəlíviən, bo(ʊ)- | bəlíviən, bɔ-, -vjən] 〘⇨ ↑, -an¹〙 *adj.* ボリビア(人)の. ── *n.* ボリビア人.

bo·li·vi·a·no [bo(ʊ)lìviáːnoʊ, bə- | bə(ʊ)lìviáːnəʊ; *Sp.* bòliβjáno] 〘◻ Am.-Sp. ～ ← BOLIVIA+-*ano* '-AN¹'〙 ── *n.* (*pl.* ～**s** [～z; *Sp.* ～s]) **a** ボリビアノ《ボリビアの旧通貨単位; = 100 centavos; 1868 年に発行の旧ボリビアノ金貨は半エスクド (escudo) に相当; 1965 年以後 peso boliviano に変更; 記号 B》. **b** 1 ボリビアノ貨幣[紙幣].

bol·ix [bálɪks, -ləks | bɔ́lɪks] *vt., n.* = bollix.

boll [bóʊl | báʊl, bɔ́l] 〘OE *bolla* 'BOWL¹'〙 ── *n.* **1** (綿・亜麻などの円形の)さや (pod). **2** ボール《スコットランド・イングランド北部で用いられる容積単位 (= 2-6 bushels); スコットランドでは重量単位 (= 140 pounds) としても用いられる》.

Böll [bɔ́l; *G.* bœl], **Heinrich** *n.* ベル《1917- ; ドイツの小説家; Nobel 文学賞 (1972); *Billard um halb zehn*「九時半の玉突き」(1959)》.

bol·lard [bálə̀d | bɔ́ləd, -laːd] 〘《1307-08》← ? BOLE¹: cf. -ard〙 ── *n.* 〖海事〗 **1** 係柱, 係船柱, ボラード《波止場・桟橋などに立てた1本または 2 本の鉄または木の太く短く強い柱; もやい綱を巻きつけて留める》. **2** = bitt 1. ⌈= knighthead.

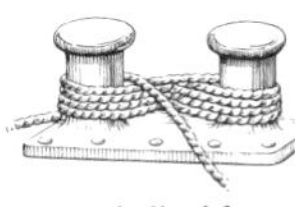
bollard 1

bóllard tìmber *n.* 〖海事〗

bol·lix [bálɪks, -ləks | bɔ́lɪks] 〘《転訛》← *bollocks, ballocks* testicles (pl.) ← *bollock, ballock* < OE *bealluc*: ⇨ ball¹〙 ── 《俗》*vt.* **1** 混乱させる, 台なしにする 〈*up*〉. **2** やり損なう, 仕損じる, …に失敗する 〈*up*〉. ── *n.* **1** 混乱; ごった混ぜ. **2** [複数扱い] 《米卑》= bollock² 2. ⌈block.

bol·lock¹ [bálək | bɔ́l-] 〖短縮〗 *n.* 〖海事〗= bullock

bol·lock² [bálək | bɔ́l-] 〘《変形》← BALLOCK〙 《英卑》 *n.* [*pl.*] 睾丸, きんたま. ── *int.* ばかな (nonsense).

bóll wèevil *n.* 〖昆虫〗ワタミハナゾウムシ (*Anthonomus grandis*) 《中米原産の鞘翅目ゾウムシ科の小甲虫; 綿の種子に食い入る害虫; cotton-boll weevil ともいう》.

bóll·wòrm *n.* 〖昆虫〗 **1** 鱗翅目ヤガ科オオタバコガ (*Heliothis armigera*) の幼虫《綿のさやを食べる害虫; corn earworm ともいう》. **2** = pink bollworm.

bo·lo¹ [bóʊloʊ | báʊləʊ] 〘◻ Sp. ～ ← 《土語》〙 ── *n.* (*pl.* ～**s**) ボロ《フィリピンでジャングルの枝や蔓(つる)を伐採するのに使う重い片刃の大型ナイフ》.

bolo¹

bo·lo² [bóʊloʊ | báʊləʊ] 〘← *Paul Bolo* (第一次大戦中にドイツのためにスパイ活動をしたフランス人の名; 1918 年に銃殺刑に処された)〙 《米軍俗》 ── *n.* (*pl.* ～**s**) **1** 射撃術の最低基準に達しない兵士. **2** へなちょこ[うすのろ]兵士. ── *vi.* 射撃術の最低基準に達しない.

bo·lo³ [bóʊloʊ | báʊləʊ] 〘cf. bolo¹〙 *n.* 《米》〖ボクシング〗アッパーカット《bolo punch ともいう》.

bo·lo·gna [bəlóʊni, -njə, -nə | -láʊnjə] 〘《略》← *Bologna sausage*〙 ── *n.* 《米》 **1** ボローニャソーセージ《子牛肉・豚肉などで作った大型のソーセージ; bologna sausage ともいう》. **2** 《俗》= baloney 1.

Bo·lo·gna [bəlóʊnjə | bəláʊ-; *It.* bolóɲɲa] *n.* ボローニャ《イタリア北部の都市; 古く文教の中心地; 人口 486,000》.

Bo·lo·gnese [bòʊlən(j)íːz, -n(j)íːs, bəlóʊniːz, -niːs | bɔ̀ləníːz] 〘◻ It. ～ ← *Bologna*: ⇨ -ese〙 ── *adj.* **1** ボローニャ (Bologna) の, ボローニャ人の. **2** 〖美術〗(16世紀後半に発達した)ボローニャ画派 (Bolognese school) (風)の. ── *n.* (*pl.* ～) **1** ボローニャ人. **2** [the ～] ボローニャ地方.

bo·lo·graph [bóʊləgræ̀f | báʊləgrɑ̀ːf, -græf] 〘← Gk *bolḗ* (↓)+-o-+-GRAPH〙 ── *n.* 〖物理〗ボロメーター (bolometer) により得られる記録. **bo·lo·graph·ic** [bòʊləgrǽfɪk | bɔ̀ʊlə-] *adj.*

bo·lom·e·ter [bo(ʊ)lámətə, bə- | bə(ʊ)lɔ́mɪtə(r, -mə-] 〘← Gk *bolḗ* stroke, blow, ray (← *bállein* to throw)+-o-+-METER¹〙 ── *n.* 〖物理〗ボロメーター《微少輻射エネルギー測定用の抵抗温度計》. **bo·lo·met·ric** [bòʊləmétrɪk | bɔ̀ʊ-] *adj.* **bò·lo·mét·ri·cal·ly** *adv.*

bo·lo·ney [bəlóʊni | -láʊni] 〘《変形》← BOLOGNA〙 *n.* 《俗》= baloney.

bólo pùnch *n.* 〖ボクシング〗= bolo³.

bólo tìe 〘《変形》← *bola tie*: ⇨ bola〙 *n.* ボロタイ《すべり金のついたひも状のネクタイ》.

Bol·she·vik [bóʊlʃəvìk, bɔ́(ː)l-, bál-, -ʃɪ-, -vìːk | bɔ́lʃɪvìk, -ʃə-, -ʃe-; *Russ.* bəljʃɨvjík] 〘《1917》◻ Russ. *bol'shevik* ← *bol'she* more (comp.) ← *bol'shoĭ* great, big〙 ── *n.* (*pl.* ～**s**, **Bol·she·vi·ki** [bòʊlʃəvíki, bɔ̀(ː)l-, bɑ̀l-, -ʃɪ-, -víːki | bɔ̀lʃɪvíːkɪ, -ʃə-, -ʃe-; *Russ.* baljʃɨvjikí]) **1 a** ボルシェビキ《ロシヤ社会民主労働党中の多数派 (Bolsheviki) の人; ↔ Menshevik》. **b** [the Bolsheviki] ボルシェビキ《多数派, 過激派; ロシヤ社会民主労働党の急進派で 1917 年の革命を経て Comintern すなわち第三インターナショナル (the Third International) を組織し, 1918 年以来 the Communist Party (共産党)と称した; cf. Menshevik 2》. **2** (1917 年の革命以後の)ロシヤ共産党員. **3** (ソ連邦外の)共産党員. **4** [時に b-] 過激主義者. ── *adj.* ボルシェビキの, 多数派の; [時に b-] 過激派[主義]の: go ～ 赤化[過激化]する.

Bol·she·vism [bóʊlʃəvìzm, bɔ́(ː)l-, bál-, -ʃɪ- | bɔ́lʃɪ-, -ʃə-, -ʃe-] *n.* **1** ボルシェビキ (Bolsheviki) の主張[主義] (cf. Marxism-Leninism, Menshevism). **2** [時に b-] 過激主義, 過激思想.

Ból·she·vist [-vɪst, -vəst | -vɪst] *n.* **1** ロシヤ社会民主党多数[過激]派党員 (Bolshevik). **2** [時に b-] 過激主義者. ── *adj.* = Bolshevistic.

Bol·she·vis·tic, b- [bòʊlʃəvístɪk, bɔ̀(ː)l-, bɑ̀l-, -ʃɪ- | bɔ̀lʃɪ-, -ʃə-, -ʃe-] *adj.* 過激主義(者)の.

Bol·she·vize, b- [bóʊlʃəvàɪz, bɔ́(ː)l-, bál-, -ʃɪ- | bɔ́lʃɪ-, -ʃə-, -ʃe-] *vt.* 過激主義化する, 〈国を〉赤化する. ── *vi.* 過激な行動をする. **Bol·she·vi·za·tion** [bòʊlʃəvɪzéɪʃən, bɔ̀(ː)l-, bɑ̀l-, -ʃɪ-, -və- | bɔ̀lʃɪvaɪ-, -ʃə-, -ʃe-, -vɪ-] *n.*

Bol·shie [bóʊlʃi, bɔ́(ː)l-, bál- | bɔ́lʃɪ] (*also* **Bol·shy** [～]) 《俗》 ── *n.* = Bolshevik 4. ── *adj.* **1** [時に b-] = Bolshevistic. **2** [通例 b-] 左翼の; 頑強に反抗する.

bol·son [boʊlsóʊn | baʊlsáʊn; *Sp.* bolsón] 〘◻ Sp. ～ (aug.) ← *bolsa* < L *bursam* 'PURSE'〙 ── *n.* (*pl.* ～**s**, **bol·so·nes** [-sóʊnes | -sáʊ-; *Sp.* bolsónes]) 〖地理〗乾燥盆地, (大規模な)風食盆地, (米国南部やメキシコの)ボルソン《その底部は砂漠になっており, 通例プラーヤ (playa) がある》.

bol·ster [bóʊlstə | báʊlstə(r] 〘OE ～ < Gmc **bolstraz* (G *Polster*) ← IE **bhelgh-* to swell: cf. belly〙 ── *n.* **1** 長枕《通例, 枕か敷布の下に置く》. **2 a** (枕のように柔らかく)重さを支える[摩損を防ぐ]もの; 枕, 当て物, 受け. **b** (車両の)受け台. **3 a** 柄の近くのナイフの刃の部分; (ポケットナイフの)柄の金属製の端. **b** (煉瓦切断に用いる, 特に刃先の広い)たがね. **4** 〖石工〗仮枠支持材《仮枠の肋材をつなぐ材木》.

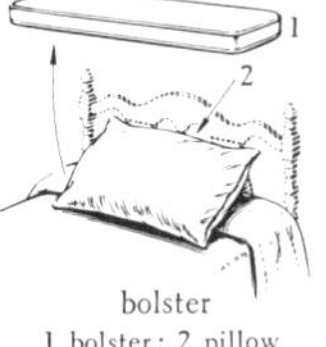

bolster
1 bolster; 2 pillow

5 〘建築〙肘(ひじ)木《柱と梁の間に置かれる短い水平材》. 6 〘海事〙当て木, 当て枕《リギンの上端をマストへ留めるなどの時, 摩擦を防ぐために当てる当て木》.
— *vt.* 1 〈病人などを〉枕で支える, …に枕を当てる 〈*up*〉. 2 a 補強する; 拡大する, 増進する. b 〈学説・運動などを〉支持する, 支援する (support), 〈名声・信望などを〉支える (prop), 〈迷信・偏見などを〉助長する 〈*up*〉: ~ *up* a despotism 独裁政治に肩入れする / ~ *up* a theory *with* one's authority 学説を自己の権威で支える. c 〈勇気・元気などを〉つける, 〈人を〉元気づける 〈*up*〉: ~ *up* a person / ~ *up* one's spirits 元気をつける.
~·er [-st(ə)rə | -stərə(r] *n.*

bólster plàte *n.* ボルスタープレート《鉄道客車に用いるボギー台車と車体とを連結する梁(はり)》.

bolt[1] [bóʊlt | bə́ʊlt] 〘OE ~ 'arrow' ← ? Gmc *bult- (G *Bolzen*) ← IE **bheld-* to knock, strike〙 — *n.* 1 a (crossbow または catapult で射る)太矢 (cf. flight arrow): ⇨*shoot one's* BOLT. b 電光, 稲妻, 雷 (thunderbolt): ⇨*like a* BOLT *from* [*out of*] *the blue.* 2 (水などの)噴出, 射出: a ~ of water 水の噴射. 3 a かけ出し; 脱走, 逃亡, 高飛び: do a ~ =make a ~ for it《口語》すばやく逃げ出す, 逃亡する. b (会合からの)抜け出し. c《米》脱党. 4 a (戸・門などの戸締りに使う)かんぬき栓, さし錠, さし金. b (錠前の鍵で飛び出したり引っ込んだりする)舌. 5 ボルト, 締め[ねじ]釘(くぎ)《一方をナットで締めて二つの物を連結するねじ付の棒; cf. nut 3》. 6 a (壁紙の)一巻き《通例 16 yds.》. b (織物の)一反, 一巻き《通例 40 yds.》: several ~*s* of cloth. 7 (銃の)遊底《後装銃[砲]の銃尾[砲尾]を閉じ, 薬室に銃弾[砲弾]を装填(そうてん)する滑走棒; cf. bolt-action; ⇨ rifle[1] 挿絵》. 8 a 後に小さく切られる材木. b 短く切られた丸太の一切れ[一片]. 9 [通例 *pl.*]《廃》鎖, 枷(かせ) (shackles). 10 〘製本〙袋小口, ボルト《本・雑誌の折丁の小口が袋状のもの》.

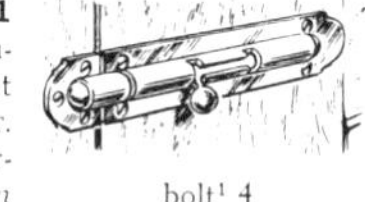

bolt[1] 4

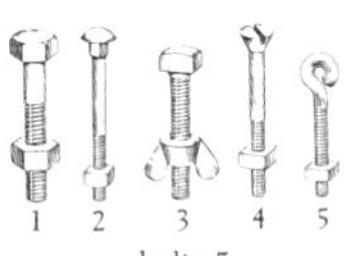

bolts 5
1 machine bolt *and* hexagon nut; 2 carriage bolt *and* square nut; 3 tap bolt *and* wing nut; 4 stove bolt; 5 eye bolt

(like) a bolt from* [*out of*] *the blue 青天の霹靂(へきれき)(のように) (cf. *out of a clear* SKY): His failure was *a* ~ *from the blue* for me. よもや彼が失敗するとは私は思わなかった. ***shoot one's bolt*** 太矢を射放つ; 努力する, 力を出し尽くす: I've *shot my* ~.=*My* ~ *is shot.* 矢は放ってしまった《出来ることをすべてやった, もう力がでない, 今さら手は引けない》/ A fool's ~ *is* soon *shot.* ⇨fool[1] 1 a.
— *vi.* 1 a (驚いたり怒ったりして)突然体を動かす: ~ *up* [*upright*] in bed (ぎょっとして)ベッドの中で起き上がる. b 急に飛び出す[駆け出す]; 〈馬が〉あばれて駆け出す, 逃走する: ~ *away* [*off*] 飛んで逃げ去る / ~ *into* [*out of*] a room 部屋に駆け込む[から飛び出す]. c 〈狐などが〉穴から逃げる. 2 a 〈人が〉逃亡する, 出奔する, 駆け落ちする: ~ with the master's money 主人の金を持ち逃げする. b《米》脱退する, 脱党する (break away). 3 大急ぎで食べる[飲む], 鵜飲みにする. 4 〈ドアなどが〉ボルトで締まる. 5 〈野菜などが〉抽薹(ちゅうだい)する《早熟の種[早咲きの花]を作る》. — *vt.* 1 〈ドアなど〉にさし錠をさして締める: ~ the door (*up*) / ~ a person *in* [*out*] (戸にさし錠をさして)人を閉じこめる[締め出す]. 2 ボルトで止める: ~ a handle *on* 取っ手をボルトで固定する. 3《米》うっかり[軽はずみに]しゃべる, 口走る 〈*out*〉. 4 〈飲食物を〉鵜飲みにする, 大急ぎで食べる[飲む] 〈*down*〉: ~ *down* a sandwich, one's breakfast, a cup of tea, etc. 5《米》脱退する; 〈党〉の支持を拒む: ~ one's party. 6 〈壁紙・織物などを〉巻く, (巻いて)反物にする, 一巻きにする. 7《古》〈矢などを〉射る, 放つ (discharge). 8 〘狐狩〙〈犬が〉狐などを穴[隠れ場]から外へ出す, 追い出す.
— *adv.* 1 [通例 ~ upright として] まっすぐに (very straight). 2《古》出し抜けに, 迅速に (suddenly).

bolt[2] [bóʊlt | bə́ʊlt] 〘(?*c*1200) *bulte(n)* ▭ OF *bulet-er* (F *bluter*) ← ? Gmc (cf. MHG *biuteln* to sift / MDu. *biutelen*)〙 — *vt.* 1 (ふるいで)〈粉などを〉ふるい分ける (sift): ⇨*bolt to the* BRAN. 2《古》吟味する, 精査する (investigate).

bólt-àction *adj.* 〈銃など〉手で操作する遊底 (bolt) を備えた, ボルトアクションの (cf. automatic): a ~ rifle ボルトアクションライフル.

bólt àction *n.* 手で操作する遊底 (bolt) を備えた銃《bolt-action gun ともいう; cf. automatic rifle》.

bol·tel [bóʊltəl | bə́ʊl-] 〘(1434) *boutel* ← ? BOLT[1]+-EL[1]〙 — *n.* 〘建築〙 1 饅頭繰形《普通 $^3/_4$ 円の断面をもつ飾りのない凸面の繰形》. 2 簇柱(ぞくちゅう)[束ね柱]の柱身の一つ.

bólt·er[1] [-tə | -tə(r] 〘← BOLT[1] (v.)〙 *n.* 1 逸走する馬. 2 a 脱走者. b《米》(反対党の候補者・政策を支持する)脱党者, 党議不服者.

bólt·er[2] [-tə | -tə(r] 〘ME *bulter*: ⇨ bolt[2], -er[1]〙 *n.* ふるい (sieve); ふるい分け機械.

bólt hàndle *n.* (小銃の)槓桿(こうかん) (⇨ rifle[1] 挿絵).

bólt hèad 〘(15C)〙 *n.* 1 ボルト頭, ボルト頭部. 2 〘化学〙(昔用いた首の長い卵形の)フラスコ (matrass).

bólt-hòle *n.* 1 (狐などの)逃込み穴, 抜け穴, 抜け道, 逃げ道. 2 安全な隠れ場所, (現実からの)逃避所.

bólt·ing clòth [-tɪŋ | -tɪŋ] *n.* 〘紡織〙篩絹(ふるいぎぬ)《均一な目を作った織物[生地]; 製粉その他に使う》.

Bol·ton [bóʊltən, -tn | bə́ʊltn, -tən] 〘OE *Bōþltūn* ← *bōþl, bold* house: ⇨ -ton〙 — *n.* イングランド北西部 Greater Manchester 州の都市; 綿紡績業の中心地; 人口 264,000.

bólt-òn *adj.* 〈機器など〉ボルト止めの.

bol·to·ni·a [boʊltóʊniə | bəʊltə́ʊniə, -njə] 〘← NL ~ ← *James Bolton* (*d.* 1795: 英国の植物学者): ⇨ -ia[1]〙 *n.* 〘植物〙アメリカギク《キク科アメリカギク属 (*Boltonia*) の植物の総称; アメリカギク (*B. asteroides*) など》.

bólt-óperated *adj.* 〈火器が〉遊底で操作される.

bólt·ròpe *n.* 1 〘海事〙(帆の)縁索(ふちづな), ボルトロープ《帆の縁を丈夫にするために付ける索》. 2 上質のロープ, 強いロープ.

bólt stràke *n.* 〘造船〙=binding strake 3.

Bóltz·mann's cònstant [bóʊltsmənz-, -mɑːnz- | bə́ʊlts-; G. bɔ́ltsman-] 〘← *Ludwig Boltzmann* (1844–1906: オーストリアの物理学者)〙 — *n.* 〘物理〙ボルツマン定数《1.380622×10^{-23}JK^{-1}》.

bo·lus [bóʊləs | bə́ʊ-] 〘(1603) ▭ LL *bōlus* ▭ Gk *bôlos* lump〙 — *n.* 1 a (牛馬などに飲ませる)大粒の丸薬 (ball). b 薬物の全量を一度に投与すること (略 bol.). 2 (かみくだかれた食物のような)円い小塊. 3 〘地質〙膠灰(こうかい)粘土 (bole).

Bol·zá·no-Wéier·strass thèorem [boʊltsɑ́ːnoʊ-, -tsɑ́ː- | bəʊltsɑ́ːnəʊ-, -tsɑ́ː-; G. bɔltsáːno-] 〘← *Bernhard Bolzano* (1781–1848: オーストリアの数学者・神学者)+*Karl Theodor Weierstrass*〙 — *n.* [the ~] 〘数学〙ボルツァーノワイエルシュトラースの定理《有界な無限閉集合は少なくとも一つ集積点をもつという定理》.

bo·ma [bóʊmə | bə́ʊ-] 〘▭ Swahili ~〙 *n.* 《アフリカ東部》 1 a 防壁. b 猟師の隠れ場所. 2 a (警察・軍隊の)哨(しょう)所. b 治安判事事務所.

bomb [bɑ́(ː)m | bɔ́m] 〘(1588) ▭ F *bombe* ▭ It. *bomba* ← L *bombus* loud noise ▭ Gk *bómbos* booming《擬音語》〙 — *n.* 1 a 爆弾, 投下爆弾; 砲弾: an incendiary ~ 焼夷(しょうい)弾 / a dynamite ~ (発破用の)ダイナマイト弾 / a flying ~ 飛行爆弾 / drop a ~ 爆弾を落とす; 度肝を抜く / ⇨ aerial bomb, atomic bomb, hydrogen bomb. b [the ~, the B-; 集合的] (政治的に見た)原子[水素]爆弾, 核兵器. 2 a (消火液・殺虫剤などの)高圧噴霧容器: ⇨ aerosol bomb. b (高圧ガスを入れた)ボンベ. c (放射性物質の)運搬[貯蔵]用鉛容器: ⇨ cobalt-60 bomb. 3 a (爆弾のような)驚くべき出来事, (特に)不愉快な大事件 (cf. bombshell 1). b《米口語》(特に演劇・演技などの)大失敗 (fiasco);《英口語》大成功. 4《俗》多額の金, 一財産 (fortune): spend [cost] a ~ 大金を使う[がかかる]. 5《豪俗》おんぼろ車 (old car). 6《俗》麻薬たばこ. 7 〘地質〙火山弾《火口から放出された丸みを帯びた溶岩塊》. 8 〘ジャズ〙ドラマーが叩く突然のアクセント. 9《米俗》a 〘アメリカンフットボール〙高く長いパス. b 〘野球〙長打, ホームラン; 三振, ストライクアウト. c 〘バスケットボール〙ロングシュート.
go like a bomb《英口語》(1) 〈車が〉猛スピードで進む. (2) 大いに成功する (cf. *n.* 3 b).
— *vt.* 1 爆撃する, …に爆弾を投下する (bombard): ~ a fortress, city, etc. 2 〈相手を〉完敗させる, 決定的に打ち負かす. 3《米》〘野球〙〈ボールを〉長打する.
— *vi.* 1 a 爆弾を投下する; 爆弾を爆発させる. b [~ one's way として] 爆撃しながら前進する. 2《俗》惨(みじ)めに失敗する (fail); (特に)〈演劇などが〉全然受けない 〈*out*〉: She ~*ed* in the movies. 映画界に入ったが成功しなかった.
bomb out (*vt.*) (1) 〈工業地帯・都市などを〉(操業[居住]不能にするほど)徹底的に爆撃する, 猛爆する. (2) 空襲で〈家族などを〉追い出す, 焼け出させる (cf. bombed-out). (*vi.*) ⇨ *vi.* 2. ***bomb up*** 〈飛行機〉に爆弾を積み込む; 〈飛行機が〉爆弾を積む.

Bom·ba·ca·ce·ae [bɑ̀mbəkéɪsiiː | bɔ̀m-] 〘← NL ~: ⇨ bombax, -aceae〙 *n. pl.* 〘植物〙パンヤ科. **bòm·ba·cá·ceous** [-ʃəs] *adj.*

bom·bard 〘(*a*1393) ▭ (O)F *bombarde* cannon ← L *bombus* loud noise: ⇨ bomb, -ard〙 — [bɑmbɑ́əd, bʌm-, bəm- | bɔmbɑ́ːd, bəm-] *vt.* 1 砲撃する; 爆撃する. 2 〈人〉に〔花束などを〕投げつける, 〔不平などを〕浴びせる; 〈人を〉〔質問・請願などで〕攻める 〔*with*〕: ~ a person *with* questions 人を質問攻めにする. 3 〘物理〙〈原子などを〉粒子などで衝撃する. 4 〘電気〙射突する. — [bɑ́mbaəd | bɔ́mbɑːd] *n.* 1 射石砲《中世の大砲で石製の弾丸を打ち出した》. 2《廃》(英国 18 世紀の)皮製水差し[大コップ]. 3《廃》=bomb ketch.

bom·bárd·er *n.* 1 (昔の射石砲の)砲手. 2 =bombardier.

bom·bar·dier [bɑ̀mbədíə(r, -bə-, ⏑⏑⏑ | bɔ̀mbədíə(r bʌm-, -bɑː-] 〘(1560) ▭ F ~: ⇨ bombard, -ier[1]〙 — *n.* 1《米》(爆撃機の)爆撃手. 2 (英国の)砲兵下士官. 3《古》砲兵, 砲手.

bombardíer béetle *n.* 〘昆虫〙(俗に)へっぴり虫《ホソクビゴミムシ属 (*Brachinus*) やミイデラゴミムシ属 (*Pherosophus*) など, 敵に襲われると腹端から破裂音と共に分泌物を出すゴミムシ類の総称》.

bom·bárd·ment 〘(1702)〙 *n.* 1 砲撃; 爆撃. 2 〘物理〙衝撃, ボンバード. 3 〘電気〙射突.

bom·bar·don [bɑ́mbədòʊn, bɑmbɑ́ədən | bɔmbɑ́ːdn] 〘▭ It. *bombardone* (加重) ← *bombardo*: ⇨ bombard〙 — *n.* 〘音楽〙 1 ボンバルドン《テューバ (tuba) に似た大型の低音金管楽器》. 2 (オルガンの)ボンバルドン音栓.

bom·ba·sine [bɑ̀mbəzíːn, -síːn, ⏑⏑⏑ | bɔ́mbəsìːn, -zìːn, ⏑⏑⏑] *n.* =bombazine.

bom·bast [bɑ́mbæst | bɔ́m-] 〘(1568) *bombace* ▭ OF < LL *bombācem*, *bombax* cotton =L *bombyx* silkworm, silk ▭ Gk *bómbux*: *-t* は添音 (cf. against)〙 — *n.* 1 大げさ[誇大]な言葉, 大言壮語. 2《廃》(パット (pad) 用の柔らかい)詰め綿, 入れ綿. — *adj.*《古》=bombastic. ~·**er** *n.*

bom·bas·tic [bɑmbǽstɪk | bɔm-] 〘(1704)〙 *adj.* 〈言葉など〉大げさな, 誇大な; 〈人が〉(よく)大言壮語する. **bom·bás·ti·cal·ly** *adv.*

bom·bax [bɑ́mbæks | bɔ́m-] 〘ME ▭ ML ~: ⇨ bombast〙 — *n.* 〘植物〙キワタ《パンヤ科キワタ属 (*Bombax*) の高木または低木の総称; インド原産キワタ (*B. malabaricum*) など; 種子に生える綿毛を kapok という; cf. ceiba》.

bómbax cótton [**flóss**] *n.* (bombax から採れる)木わた.

Bom·bay [bɑmbéɪ, ⏑⏑ | bɔmbéɪ, ⏑⏑] *n.* 1 ボンベイ《インド Maharashtra 州の首都, 同名の島上にあってアラビア海に臨む貿易港, インド共和国最大の商工業中心地; 人口 5,971,000》. 2 ボンベイ(州)《インド西部の旧州, もとインド三大管区の一つ; 今は Gujarat, Maharashtra の 2 州に分かれている》.

Bómbay dúck *n.* 1 〘魚類〙テナガミズテング (⇨ bummalo). 2 〘インド〙ボンベーダック《テナガミズテングの塩した干肉; インドカレーの添物とされる》.

bom·ba·zine [bɑ̀mbəzíːn, ⏑⏑⏑ | bɔ́mbəzìːn, ⏑⏑⏑] 〘(1555) ▭ F *bombasin* ▭ L *bombacinum* = *bombȳcinum* silk fabric ← *bombyx*: ⇨ bombast〙 — *n.* ボンバジーン《経糸(たていと)に絹, 緯糸(よこいと)にウーステッドを用いた一種の綾織; 黒く染めたものをもと喪服に用いた; bombasine, bombazeen ともいう》.

bómb bày *n.* 爆弾倉《爆撃機などの胴体内部の爆弾積載用の隔室; cf. bay[2] 2 c》.

bómb dispòsal *n.* 不発弾(の)処理《取り除いて安全化すること》: a ~ unit 不発弾処理部隊.

bombe [bɑ́(ː)m, bɑ́(ː)mb, bɔ́ː(ː)mb, bɔ́(ː)mb | bɔ́ː(ː)mb, bɔ́(ː)mb; F. bɔ̃ːb] 〘▭ F ~ 'BOMB'〙 — F. *n.* (*pl.* ~**s** [~z; F. ~]) ボンブ《砲弾状の型にアイスクリーム生地を詰めて冷やし固めた氷菓》.

bom·bé [bɑmbéɪ, bɔ̃ː(m)-, bɔ(ː)m- | bɔ̃ː(m)-, bɔ(ː)m-; F. bɔ̃be] 〘▭ F ~ 'rounded like a bomb' (p.p.) ← *bomber* to swell out〙 — *adj.* 〈家具が〉前面や側面が丸く張り出している (cf. swell front): a ~ desk.

bómbed *adj.*《俗》(アルコールまたは薬(やく)で)酔った.

bómbed-óut *adj.* 〈工業地帯・都市など〉(操業[居住]不能になるほど)徹底的に爆撃された, 猛爆された; 空襲で追い[焼け]出された (cf. BOMB *out*): ~ families.

bómb·er [-mə | -mə(r] *n.* 1 爆撃機: ⇨ heavy bomber. 2 a 爆弾投下者, 爆撃手, 擲弾(てきだん)手. b 爆破犯人. 3《俗》a マリファナ, 麻薬たばこ. b =barbiturate 2.

bómb-hàppy *adj.*《口語》弾丸衝撃にかかっている (shell-shocked).

bom·bic [bɑ́mbɪk | bɔ́m-] 〘← L *bombyx* silk(-worm) ▭ Gk *bómbux*: ⇨ -ic[1]〙 *adj.* かいこ (silkworm) の.

bom·bi·late [bɑ́mbəlèɪt | bɔ́mbɪ-] 〘← ML *bombilāt-us* (p.p.) ← *bombilāre* =L *bombitāre* to buzz ← *bombus*: ⇨ bomb〙 *vi.* =bombinate.

bom·bi·nate [bɑ́mbənèɪt | bɔ́mbɪ-] 〘(1880) ← L *bombināt-us* ← *bombināre*=*bombilāre* (↑)〙 — *vi.* 〈蜂・蠅などが〉ぶんぶんいう. **bom·bi·na·tion** [bɑ̀mbənéɪʃən | bɔ̀mbɪ-] *n.*

bómb·ing [-mɪŋ] *n.* 爆弾投下, 爆撃: a ~ plane 爆撃機 / ⇨ dive bombing.

bómbing rùn *n.* 〘軍事〙=bomb run.

bómb kètch *n.* (18 世紀以前の)臼砲を積んだ攻撃用の 2 本マストのケッチ型帆船.

bomb·let [bɑ́mlɪt, -lət | bɔ́m-] *n.* 小型爆弾.

bómb lòad *n.* 〘軍事〙(一機に積み込む)爆弾搭載量.

bom·bo·ra [bɑmbɔ́ːrə, -bóːrə | bɔmbɔ́ːrə] 〘▭ (土語) ~〙 *n.*《豪》危険なさんご暗礁.

bómb·próof *adj.* 1 防弾の, 耐弾の, 耐爆の: a ~ shelter 防弾装置を施した避難所, 防空壕. 2《米》戦争の危険に身をさらしていない. — *n.* 1 (防弾装置を施した)防空壕. 2 戦争の危険に身をさらすのを避ける人. — *vt.* 防弾にする.

bómb ràck *n.* (飛行機の)爆弾懸吊架.

bómb rùn *n.* 〘軍事〙爆撃航程《爆撃機が目標を視認または電子機器によって確認してから爆弾を投下するまでの間の飛行経路で, この間は普通定常状態で飛ぶ; bombing run ともいう》.

bómb·shèll *n.* 1 爆弾, 砲弾 (shell): drop a ~ 爆弾を投下する; 爆弾宣言をする (cf. bomb *n.* 3 a) / like a ~ 爆弾のように, 爆弾的に, 突発的に, 突然. 2 あっと驚くような行為[出来事]; 突発事件. 3 センセーションを起こす人: a blond ~ 金髪の肉体美人.
explode a bombshell 爆弾宣言をする.

bómb shèlter *n.* 空襲[爆撃]避難所, 防空壕.

bómb·sìght *n.* (飛行機の)爆撃照準器.

bómb·sìte *n.* 空爆によって破壊された跡[残骸].

bom·by·cid [bάmbəsɪd, -səd, -sìd | bɔ́mbɪsɪd] 〖↓〗 *adj.*, *n.* 〘昆虫〙カイコガ科の(ガ).
Bom·byc·i·dae [bɑmbísədìː | bɔmbísɪ-] 〖← NL ～ ← L *bombyx* silkworm (⇨ bombast)＋-IDAE〗 *n. pl.* 〘昆虫〙(双翅目)カイコガ科.
Bom·by·li·i·dae [bὰmbəláɪədìː | bɔ̀mbɪláɪɪ-] 〖← NL ～ ← L *bombylius* (▭ Gk *bombuliós* a bumblebee)＋-IDAE〗 *n. pl.* 〘昆虫〙(双翅目)ツリアブ科.
bo·moh [bóumou | báuməu] 〖▭ Malayan ～〗 *n.* (マライの)まじない師 (medicine man).
Bo·mu [bóumuː] *n.* [the ～] ムボム川《アフリカ大陸中央部, 中央アフリカと旧ベルギー領コンゴとの国境をなす川, 下流は Ubangi 川となる; Mbomu ともいう》.
bon [bɔ́ː(ŋ), bɔ́(ː)ŋ; *F.* bɔ̃] 〖▭ F ～ 'good': ⇨ boon²〗 *F. adj.* よい: ⇨ bon ami, bon jour, bon mot, bon vivant, bon voyage.
Bon¹ [bɔ́(ː)n | bɔ́n] 〖▭ Jap.〗 *n.* 盆《Feast of Lanterns ともいう》.
Bon² [bɔ́(ː)n | bɔ́n] 〖▭ Tibetan *bön*〗 *n.* ボン教《仏教伝来以前のチベットの物活論的宗教》.
bo·na·ci [bòunəsíː | bàu-] 〖▭ Am.-Sp. *bonasí*〗 *n.* 〘魚類〙大西洋の暖海にすむスズキ科の大型食用魚の一種 (*Mycteroperca bonaci*).
Bo·na De·a [bóunə-díːə | bàu-] 〖▭ L ～ 《原義》good goddess〗 *n.* 〘ローマ神話〙ボナ デア《古代ローマの貞節と受胎の女神; Faunus の娘, 姉妹または妻とされるところから Fauna とも呼ばれる》.
bo·na fi·de [bóunə-fáɪdi, bάnə-, -fáɪdə, -fáɪd | bàunə-fáɪdɪ] 〖adv.: (1542-43) ▭ L *bona fidē* in good faith (abl.) ← *bona fidēs* (↓). —adj.: (1788)〗: cf. bonus, faith〗 — *adv.* 誠意[善意]をもって; 真実に (cf. mala fide). — *adj.* **1** 善意の[による], 誠実な (sincere): a ～ offer (欺罔(ぎもう)の意思のない)真正の申込み. **2** 真正な, 本物の (genuine): a ～ Rubens.
bo·na fi·des [bóunə-fáɪdiːz, bάnə-, -fíːdeɪs | bàunə-fáɪdiːz, -dɪz] 〖▭ L *bona fidēs* good faith〗 *L. n.* 善意, 正直, 誠意 (cf. mala fides).
bon a·mi [bɔ̀(ː)næmíː; *F.* bɔnami] 〖▭ F ～ 'good (man-)friend, lover'〗 — *F. n.* (*pl.* **bons amis** [bɔ̀(ː)(n)zæmíː, bɔ́(ː)n-; *F.* bɔ̃zami]) よい友だち《男》; ボーイフレンド, 恋人 (lover) (cf. bonne amie).
bo·nan·za [bənǽnzə, bo(u)- | bə(u)-] 〖(1844) ▭ Sp. ～ 'good luck, prosperity' < VL **bonacia* (L *bonus* good の影響による変形) ← L *malacia* calm at sea ▭ Gk *malakíā* softness ← *malakós* soft〗 — *n.* **1** 〘鉱山〙富鉱帯. **2** (富鉱帯を掘り当てたような)大当たり, 幸運, (農事の)当たり年; 大もうけ(のもと): strike a ～ 大当たりをとる / a business ～ 事業の大当たり. **3** 多大: win a ～ *of* support 多大な支持を得る.
in bonanza (1) 〈鉱山が〉(富鉱帯で)大当たりをして. (2) 大当たりで, うけに入って.
— *adj.* 大成功の; 大当たりの: a ～ year 当たり年.
bonánza fàrm *n.* 《米》(もと西部などで)大収益をあげる(大)農場. **～·er** *n.*
Bo·na·parte [bóunəpὰːt | báunəpὰːt; *F.* bɔnapart], **Charles Louis Napoléon** *n.* ⇨ Napoleon III.
Bonaparte, Jérôme *n.* ボナパルト《1784-1860; Westphalia 王 (1807-13), Napoleon 一世の弟》.
Bonaparte, Joseph *n.* (1768-1844) Naples 王およびスペイン王 (1808-13), Napoleon 一世の兄.
Bonaparte, Louis *n.* (1778-1846) オランダ王 (1806-10), Napoleon 一世の弟, Napoleon 三世の父.
Bonaparte, Lucien *n.* (1775-1840) Canino [kaníːno] 公, Napoleon 一世の弟.
Bonaparte, Napoléon *n.* **1** ⇨ Napoleon I. **2** ⇨ Napoleon II.
Bó·na·pàrt·ism [-tɪzm] 〖▭ F *bonapartisme* ← *Napoléon Bonaparte* & *Charles Louis Napoléon Bonaparte*: ⇨ -ism〗 — *n.* **1** ボナパルティズム《ボナパルト家の政治方式; 特に Napoleon 三世の軍事専制的な政治方式》. **2** 均衡する階級間の対立を利用する独裁的政治方式.
Bó·na·pàrt·ist [-tɪst, -təst | -tɪst] 〖▭ F *bonapartiste*: ⇨ ↑, -ist〗 *n.*, *adj.* ナポレオンの政策支持者(の).
bon ap·pé·tit [bɔ̀(ː)næpeɪtíː; *F.* bɔnapeti] 〖▭ F ～ '(I wish you) a good appetite'〗 *F. int.* うんと召し上がれ.
Bon·ar [bάnə | bɔ́nə(r)] 〖← OF *bonaire* kind〗 *n.* 男性名.
Bo·na·ven·tu·ra [bὰnəvent(j)ú(ə)rə | bɔ̀nəventjúərə; *It.* bònaventúːra] (*also* **Bon·a·ven·ture** [bὰnəvéntʃə | bɔ̀nəvéntʃə(r)]), Saint *n.* ボナベンツーラ《1221-74; イタリアのスコラ哲学者; 通称 the Seraphic Doctor; 本名 Giovanni di Fidanza [fidántsa]》.
bon·a·ven·ture [bὰnəvéntʃə, ⌐–⌐– | bɔ̀nəvéntʃə(r), ⌐–⌐–] 〖▭ It. *buonaventura* good luck ← *buona* good＋*ventura* luck: cf. adventure〗 — *n.* 〘海事〙前から3番目に普通あるミズンマストのさらに後方に昔設置したマスト; それに張られる大三角帆.
bon·bon [bάnbὰn | bɔ́nbɔ̀n, bɔ́m-, bɔ́(ː)mbɔ̀(ː)ŋ, bɔ́ː(m)bɔ̀ː(ŋ); *F.* bɔ̃bɔ̃] 〖(1796) ▭ F ～ (加重) ← BON〗 — *n.* (*pl.* **～s** [～z; *F.* ～]) ボンボン: **a** 果物の砂糖漬け, 木の実などを, フォンダン (fondant) やチョコレートでくるんだキャンデーの一種. **b** (広義には)糖菓, キャンデー.
bon·bon·nière [bὰnbəníə, bɔ̀ː(m)bənjέə, bɔ̀(ː)m- | bɔ̀nbɔnjέə(r; *F.* bɔ̃bɔnjɛːr] 〖▭ F ～ 'candy holder': ↑〗 — *n.* (*pl.* **～s** [～z; *F.* ～]) **1** ボンボン入れ[皿]. **2** 菓子屋.
bonce [bάns | bɔ́ns] 〖← ?〗 *n.* 《英》 **1** 大型のおはじき石 (marble); それを用いてする子供の遊戯. **2** 《俗》頭 (head).
bond¹ [bά(ː)nd | bɔ́nd] 〖(1126): ⇨ band¹〗 — *n.* **1 a** 縛るもの, 結ぶもの, つなぐもの《ひも・縄・帯・バンドなど》. **b** [通例 *pl.*] かせ (fetters); 拘束, 束縛, 義理: in ～*s* 縛られて, 禁錮(きんこ)されて / the ～*s* of destiny 運命のきずな / break the ～*s* of convention 因襲の束縛を破る. **2** 結束; (愛情・興味などの)きずな, ちぎり, 縁 (tie): a ～ of union 団結 / a spiritual ～ 精神的結束 / the ～(*s*) of affection 愛情のきずな / the ～ of brotherhood [fellowship, wedlock] 兄弟[友, 結婚]のちぎり. **3** 約定, 契約, 盟約 (covenant): break [sever] a ～ 契約を破棄する / enter into a ～ *with* ... と契約を結ぶ. **4 a** (債務)証書, 証文, 契約書: His word is as good as his ～. 彼の約束は証文も同じ《絶対確かだ》. **b** 公債証書, 債券, 社債: a consolidated [war] ～ 整理[戦時]公債 / a national ～ 国債 / ⇨ public bond, treasury bond / call a ～ 公債償還の通告をする. **c** ＝bond paper. **5 a** 保証[保釈]金: be released on $10,000 ～ 1万ドルの保釈金で釈放される. **b** 保証人 (surety): be ～ *for* a person＝go a person's ～ 人の保証に立つ. **6 a** 接着するもの, 接着剤《にかわ・はんだ・ボンドなど》. **b** 〘建築・石工〙つなぎ, 接合材, 粘結剤 (binder); (石・煉瓦などの)積み方, つなぎ方.

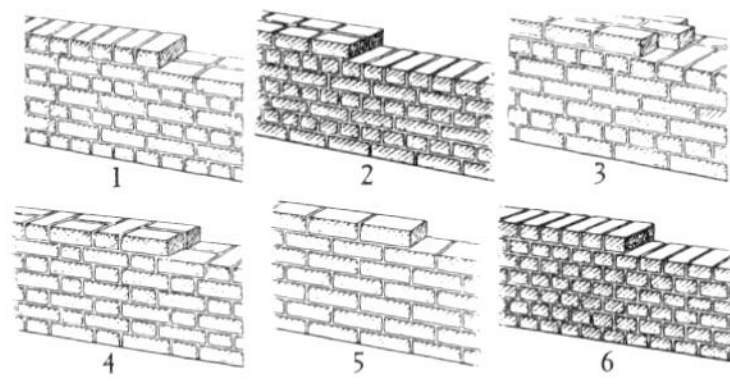

bond¹ 6 b
1 English bond; 2 English cross bond; 3 American bond; 4 Flemish bond; 5 stretcher bond; 6 header bond

7 《米》〘保険〙ボンド, 保証《使用人などに入れさせる債務保証契約》. **8 a** 〘税関〙保税倉庫留置: in [out of] ～ 保税倉庫にはいって[から出して] / take out of ～ 〈商品を〉保税倉庫から出す. **b** 《米》＝bonded whiskey. **9** 〘化学〙 **a** 結合: ⇨ double bond, triple bond. **b** 価標《原子価の表記としての線 (line) または点 (dot)》. **10** 〘電気〙《電気抵抗を少なくするため鉄道レールなどの継ぎ目に設ける》接続, 導体, (レール)ボンド.
bottled in bond 《米》〈ウイスキーが〉無課税のまま4年間以上保税倉庫に貯蔵された後, 政府の監督下に標準強度でびん詰めにされた (cf. bonded whiskey).
give bond (*to do*...) (...するという)保証を与える, 誓約する.
— *vt.* **1** 結ぶ; 接着する. **2** 〈煉瓦・石などを〉組積みする, つなぐ. **3** 〈輸入品を〉保税倉庫に預ける. **4 a** 担保に入れる, 抵当に置く (mortgage). **b** 債券を発行して...の支払を保証する, 〈借入金を〉債券に振り替える. **5** 《米》 **a** 〈使用人など〉に対して保証する[保証金を積む]. **b** 〈使用人などを〉保証契約に入れさせる (cf. *n.* 7). **6** 〘化学〙(化合物中で)〈原子を〉結合する. **7** 〘電気〙〈鉄道レールなど〉に接続導体をとりつける.
— *vi.* 接着する 〈*together*〉; つながる.
～·a·ble [～əbl] *adj.*
bond² [bά(ː)nd | bɔ́nd] 〖OE *bonda* householder ▭ ON *bóndi* dweller, householder, servant: cf. husband〗 《廃》 *adj.* 奴隷の; とらわれの. — *n.* 奴隷, 農奴.
bond·age [bάndɪdʒ | bɔ́nd-] 〖(*c*1303) ▭ ML *bondagium* ← ME *bonde* serf: ⇨ bond², -age〗 — *n.* **1** 隷農[農奴]の境遇, 賤役(せんえき) (serfdom). **2 a** (行動の自由の)束縛, 屈従 (subjugation). **b** とらわれの身, 奴隷の身分: be kept in ～ とらわれの身[奴隷]となっている / go into ～ 身を売る. **c** 〔情欲などに〕とらわれること, 〔...の〕奴隷であること 〔*to, of*〕: the ～ *of* vice, sin, etc. / a man in ～ *to* alcohol アルコールにとりつかれた男. **3** 〘古英法〙隷農[農奴]的土地保有(権).
bónd còurse *n.* 〘石工〙(組積(そせき)造の)結合層, 組積層.
bónd discount *n.* 〘簿記〙社債発行差金.
bónd·ed *adj.* **1** 公債[債券]によって保証された; 担保付きの, 保証付きの: ⇨ bonded debt. **2** 《米》〈使用人などが〉保証がついている (cf. bond¹ *n.* 7, *vt.* 5). **3** 保税倉庫留置の; 保税品の: ～ goods [merchandise] 保税貨物. **4** ひもなどで結んだ; 接着剤で張り合わせた.
bónded débt *n.* 〘会計〙(社債・長期借入金などの)固定負債《funded debt ともいう》.
bónded wárehouse [《英》 **stóre**] *n.* 保税倉庫.
bónded whískey *n.* 《米》倉庫留めウイスキー《びん詰め前に4年以上政府の監督下で保税倉庫で熟成されたストレートウイスキー》.
bónd·er *n.* **1** bond する人[もの]. **2** 〘石工〙＝bondstone.
bond·er·ize [bάndəràɪz | bɔ́n-] 〖(逆成) ← *Bonderized* (商標)〗 — *vt.* 〘金属加工〙〈鋼鉄〉にボンデライト処理をする《耐食性を良くするため, 金属表面にリン酸塩皮膜を付ける表面処理方法をする》.
Bond·field [bάndfiːld | bɔ́nd-], **Margaret Grace** *n.* (1873-1953) 英国の社会運動家; 下院議員, 英国最初の婦人大臣として労働大臣 (1929-31).
bónd hèader *n.* 〘石工〙＝bondstone.
bónd·hòlder *n.* 債券[公債]所有人.
bónd·hòlding *n.*, *adj.* 債券[公債]所持(の).
bónd·ing *n.* 〘電気〙結合, 接合, 接続.
bónding sỳstem *n.* 〘航空〙アース装置《機体構造の各部を導電性の接地片で連結して電位差が生じないようにすること; 火災防止のために行なう》.
bónd ìssue còst *n.* 〘簿記〙社債発行費.
bónd·màid *n.* **1** 女の奴隷. **2** 無給の女中.
bónd·man [-mən] 〖ME〗 *n.* (*pl.* **-men** [-mən, -mèn]) **1** (男の)奴隷. **2** 無給の下男. **3** 〘古英法〙隷農, 農奴 (serf).
bónd pàper *n.* ボンド紙《債券などに用いられる特別上等用紙》.
bónd páyable a/c [-əkáunt, -æk- | -ək-] *n.* 〘簿記〙社債勘定.
bónd sèrvant *n.* 奴隷 (slave).
bónd·slàve *n.* 奴隷.
bónds·man¹ [-mən] 〖ME: ⇨ bond², -s², man¹: cf. craftsman, etc.〗 *n.* (*pl.* **-men** [-mən, -mèn]) ＝bondman.
bónds·man² [-mən] 〖← BOND¹＋-S²＋MAN¹〗 *n.* (*pl.* **-men** [-mən, -mèn]) 《米》〘法律〙(捺印金銭債務証書の)保証人 (surety).
bónd·stòne *n.* 〘石工〙控え石, つなぎ石《石積みの壁の強度を増すため石の最長の辺を壁の厚さの方向に置いたもの》.
Bónd Strèet *n.* ボンド街《London にある高級商店街》.
bónds·wòman¹ *n.* 〖⇨ bondsman¹〗 ＝bondwoman.
bónds·wòman² *n.* 《米》〘法律〙女性保証人 (cf. bondsman²).
bon·duc [bάndʌk | bɔ́n-] 〖(1696) ▭ F ～ ▭ Arab. *búnduq* hazelnut ▭ Pers. *bundūq*〗 — *n.* 〘植物〙 **1** 熱帯産マメ科ジャケツイバラ属の木 (*Caesalpinia bonducella*)《マメで首飾りなど装飾品を作る; Molucca bean ともいう》. **2** ＝Kentucky coffee tree.
bónd·wòman 〖ME〗 *n.* 女奴隷 (female slave).
bone¹ [bóun | báun] 〖OE *bān* bone < Gmc **bainam* (G *Bein* leg) ← ?〗 — *n.* **1 a** [集合的にも用いて] 骨: dry ～*s* 枯たる骨; (精神によって息吹きが与えられる)ありのままの事実 (cf. *Ezek.* 37: 4) / large of ～ 骨太の / a horse with plenty of ～ 骨格のよい馬 / (as) dry as a ～ (骨のように)かさかさに乾燥した (cf. bone-dry) / Hard words break no ～*s*. 《諺》言葉がきついだけなら怪我(けが)はない. **b** 骨質: made of ～ 骨で作った, 骨製の. ★ ラテン語系形容詞: osseous; ギリシャ語系形容詞: osteal. **2** [*pl.*] **a** 骨格 (skeleton); 身体 (body): one's ～*s* 自分の身体 / one's old ～*s* 老骨, 老軀(ろうく) / keep one's ～*s* green 若さを保つ / ⇨ *feel* [*know*] *in one's* BONES, (*live to*) *make old* BONES, *a* BAG¹ *of bones*, SKIN *and bone(s)*. **b** 遺骸, 死骸, しかばね (corpse): His ～*s* were laid *in* Westminster. 遺骸はウェストミンスターに葬られた. **3** [*pl.*] 骨格に当たるもの; 主要部, (小説・劇などの)骨組: present the bare ～*s* of an argument 議論の要点だけを述べる. **4 a** 骨に類するもの. **b** 象牙(ぞうげ) (ivory). **c** 鯨のひげ (whalebone). **d** (コルセット・ペチコートなどの)骨. **e** コルセット (stay). **f** (傘の)骨. **5 a** 肉のついた骨: throw a ～ to a dog 犬に骨を投げ与える / boiled ～*s* of chicken 煮た鶏の骨. **b** なだめる[機嫌をとる]ために与えるもの. **6 a** 骨で作ったもの, 骨製品. **b** [*pl.*] 《口語》(骨・象牙などで作った)さい, さいころ (dice): roll the ～*s* (クラップス (craps) で)さいころを転がす, さいころを振る. **c** 《俗》ドミノ牌 (domino). **d** [*pl.*] (カスタネット (castanets) に類する)骨または木製の拍子木 (clappers). **e** [*pl.*] ボーンズ《黒人の打楽器》. **7** [*pl.*; 単数扱い; しばしば B-] minstrel show の端にいてボーンズ (bones) を鳴らす座員《Mr. Bones ともいう; cf. tambo》. **8** 《米俗》ドル (dollar). **9** [*pl.*] 《口語》医者. **10** ＝bone white. **11** 《豪》呪いの骨《原住民が病気や死をもたらすための呪文を唱えるときに用いる》: point the ～ (at) (人に)骨を向けて呪う. **12** 《卑》(勃起した)ペニス.
a bone of contention 争いのもと, 不和の種, 争点.
be bone of one's bone わが骨の骨である; 同族である; 密接な間柄にある (*Gen.* 2: 23) (cf. be flesh of one's flesh ⇨ flesh 1). ***bred in the bone*** ⇨ breed 成句. ***carry*** [***have***] ***a bone in her teeth*** [***mouth***] 〘海事〙〈船が〉へさきに白波を立てて進む. ***cast*** (***in***) ***a bone between*** ...の間に不和を起こさせる. ***feel*** [***know***] ***in one's bones*** 直観する, 直覚する; (直観的に)確信する 〈*that*〉. ***have a bone in one's leg*** [***throat***] 足[のど]に骨を立てている《行けない[言えない]時の言い訳》. ***have a bone to pick with*** ...に苦情[不平, 文句]を言うことがある. ***in the bone*** ＝*to the* BONE (1). (***live to***) ***make old bones*** [通例否定構文で] 長生きする. ***make no bones about*** [***of, to do***] 〈いやなことを〉文句を言わずにやる, ...(すること)にこだわらない, 躊躇(ちゅうちょ)しない; 〈普通の人がためらうことを〉平気でやる, 正々堂々とやる. ***near*** [***close to***] ***the bone*** (1) けちで; 過酷で. (2) 金がなくて困って, 一文なしで: live very *near the* ～. (3) 〈話など〉下品で, きわどい (indecent). ***No bones broken!*** 大したことはないよ, 大丈夫だ: No ～*s broken*, I hope. お怪我はありませんね. ***to the bone*** (1) 骨髄までも: chilled [frozen] *to the* ～ 骨の髄まで冷え切って / penetrate *to the* ～ (骨に達するまで)ぐさりと刺す. (2) 最低限度まで; 完全に: cut *to the* ～ 《費用などを》ぎりぎりに切り詰める / wear oneself *to the* ～ (働

き過ぎたりして)消耗する, 疲れきる[果てる]. ***without more bones*** それ以上こだわら[ためらわ]ずに. ***work** one's **fingers** [**oneself**] **to the bone*** 身を粉にして[骨身を惜しまず]働く.

— *vt.* **1** 〈鶏・魚など〉の骨を抜く[取る]: ~ a fish, chicken, etc. **2** 〈胸衣・傘など〉に骨[鯨のひげ]を入れる: ~ a corset コルセットに鯨のひげを入れて張らせる. **3** (肥料として)…に骨粉をまく[入れる]. **4** 《俗》盗む (steal). **5** 〘測量〙視準する《片目で見通す》.
— *vi.* 《俗》 **1** がつがつ勉強する, 詰め込む (cram) 〈*up*〉: ~ *up on* a subject 学科を詰め込む / ~ *up for* an exam 試験のためにがり勉する / ~ *through* college 猛烈に[こつこつ]勉強して大学を出る. **2** 腕をみがき直す, 記憶を新たにする 〈*up*〉: ~ *up on* the guitar (公演のために)ギターを練習する / ~ *up on* one's French フランス語にみがきをかける.
— 〘cf. bone-dry〙 *adv.* 全く, 完全に (completely): ~ tired [lazy, hungry] ひどく疲れて[無精で, 空腹で].

bone² [bóun | bə́un] *n.* =trombone.

Bône [bóun | bə́un; *F.* bo:n] *n.* ボーヌ《Annaba の旧名》.

bóne·àche 〘ME〙 *n.* 骨痛.

bóne àsh *n.* 骨灰, 骨土《リンおよび窒素肥料・宝石みがき・灰皿 (cupel) に用いる; 合成品もある》.

bóne bèd *n.* 〘地質〙骨片に富む地層.

bóne blàck *n.* 骨炭《骨を蒸焼にしたもので脱色剤・顔料に用いる》.

bóne·brèaker *n.* 〘鳥類〙フルマカモメ・ハゲワシ・ミサゴなどの大形の肉食および魚食の鳥の総称.

bóne chàr *n.* =bone black.

bóne chìna *n.* ボーンチャイナ, 骨灰磁器《骨灰を入れて作った透光性磁器》.

bóne condùction *n.* 〘生理〙骨導, 骨伝導《音波の頭蓋骨経由による内耳への伝導作用; cf. air conduction》.

boned 〘ME (*i*)*boned*: ⇨ bone¹, -ed 2〙 — *adj.* **1** 骨を抜き取った: a ~ fish. **2** 鯨のひげなどを入れた: a ~ corset. **3** 骨粉の肥料を施した: ~ land. **4** [複合語の第2構成素として] 骨が…の: strong-*boned* 骨が頑丈な / a big-*boned* person 骨太の人.

bóne-drý *adj.* **1** (骨のように)からからに乾燥した (cf. (as) dry as a BONE¹). **2** 《米口語》絶対禁酒の (teetotal); 酒を出さない: The party was ~. **3** 〘窯業〙〈粘土・素地土が〉十分に乾燥した.

bóne dùst *n.* =bone meal.

bóne èarth *n.* =bone ash.

bóne fàt *n.* 〘化学〙骨脂《動物の骨髄から得る脂肪; 蠟燭(ろう)・安石鹸・潤滑油などに用いる》.

bóne·fìsh *n.* 《米》〘魚類〙暖海産のソトイワシ科のうろこが銀色の食用魚の総称; (特に)ソトイワシ (*Albula vulpes*)《重さ 10 ポンドに達するものもある; banana fish ともいう》.

bóne·hèad *n.* 《俗》ばか者, 間抜け (blockhead): a ~ play 〘野球〙ボーンヘッド, まずいプレー.

bóne·héaded *adj.* 《俗》間抜けの, あほうの.

bóne·less 〘OE *bānlēas*: ⇨ bone¹, -less〙 *adj.* **1** 骨のない, 骨なしの; 骨を抜いた. **2** 力強さに欠ける, 〈文章など〉締りのない.

bóne manùre *n.* 骨粉肥料.

bóne màrrow *n.* 骨髄: to the ~ 骨の髄まで.

bóne mèal *n.* 骨粉《肥料または家畜の飼料》.

bóne òil *n.* 〘化学〙骨油《骨脂 (bone fat) から液状油だけを分離したもの; 洗羊液 (sheep dip) として用いる; animal oil, Dippel's oil ともいう》.

bón·er 〘← BONE¹+-ER¹〙 — *n.* **1** (衣服の)骨張り工. **2** (缶詰めやソーセージなどにしか使えない)劣等食肉動物. **3** 《米俗》 **a** ばかげた誤り, 大失策, どじ: pull a ~ へまをやる, どじを踏む. **b** (学生の)珍答案 (cf. howler 3). **c** 〘野球〙ボーンヘッド, まずいプレー (bonehead play).

bóne-sèeking *adj.* 〘医学〙〈放射性物質など〉向骨性の, 骨親和性の《体内で骨に蓄積することにいう》.

bóne·sèt *n.* 〘植物〙北米産のヒヨドリバナ属 (*Eupatorium*) の数種の植物の総称《フジバカマ (*E. perfoliatum*) など; 以前薬草として用いられた; agueweed, thoroughwort ともいう》.

bóne·sètter 〘《15C》: ⇨ bone¹, setter〙 *n.* (通例無資格の)接骨医.

bóne·sètting *n.* 骨接, 接骨(術).

bóne·shàker *n.* 《俗》がたがたの[旧式な]乗物《ゴムタイヤなしの自転車・馬車・自動車など》.

bóne spàvin *n.* 〘獣医〙=spavin.

bóne tùrquoise *n.* 〘地質〙骨トルコ石 (⇨ odontolite).

bóne whìte *n.* 骨白色.

bon·ey [bóuni | bə́uni] *adj.* (**bon·i·er**; **-i·est**) =bony.

Bo·ney [bóuni | bə́uni] 〘← *Bonaparte*: ⇨ -y²〙 *n.* 《古》Napoleon の軽蔑的呼称.

bóne·yàrd *n.* **1** (動物の)骨捨て場; 廃馬の捨て場. **2 a** 《口語》廃棄処分とすべき船・飛行機・自動車などの置場[捨場]. **b** 《俗》墓場 (cemetery). **3** 〘ドミノ〙山牌(やま), 積札《各競技者が牌を取ってから残っている牌; stock ともいう》.

bon·fire [bánfàɪə | bɔ́nfàɪə(r] 〘《*a*1415》: ⇨ bone¹, fire: cf. F *feu d'os*〙 — *n.* **1** (宗教的祭事・祝典・合図などのために野天でたく)大かがり火: *Bonfire* Night 《英》11 月 5 日 (cf. guy² 1 a). **2** たき火, ごみ焼き(など): build a ~ at a picnic 遠足でたき火をする / make a ~ of rubbish ごみを焼き捨てる. **3** 《米俗》たばこ, (特に)たばこの吸殻.

bong [báŋ, bɔ́(:)ŋ | bɔ́ŋ] 〘擬音語〙《米》*n.* ごーん, ぼーん《鐘やどらの音》. — *vi.* ごーん[ぼーん]と鳴る. — *vt.* ごーん[ぼーん]と鳴らす.

bon·go¹ [báŋgou, bɔ́(:)ŋ- | bɔ́ŋgəu] 〘□ Afr. (土語) ~〙 — *n.* (*pl.* ~, ~**s**) 〘動物〙ボンゴ (*Boocercus euryce-rus*)《アフリカ産の大型レイヨウ; 赤味がかった栗色に白い縞がある》.

bon·go² [báŋgou, bɔ́(:)ŋ- | bɔ́ŋgəu] 〘□ Am.-Sp. *bongó* ← ?〙 — *n.* (*pl.* ~**s**, ~**es**) ボンゴ《ラテンアメリカ音楽に用いる小型のドラム; 2 個を連結して膝にはさみ指で叩く; bongo drum ともいう》. **bón·go·ist** [-gouɪst, -əst | -gəuɪst] *n.*

bon·grace [búŋgreɪs | bɔ́n-] 〘□ F *bonnegrace*: ⇨ bon, grace〙 *n.* 《古》ボングレイス(帽)《ひさし付きの帽子 (hat) またはボンネット》.

Bon·heur [bɑnɔ́(:) | bɔnɔ́:(r; *F.* bɔnœ:r], **Rosa** *n.* ボヌール《1822–99; フランスの女流動物画家; 正式名 Marie Rosalie Bonheur》.

bon·heur du jour [bɑnɔ́:-d(j)u:-ʒúə | bɔnɔ́:-dju:-ʒúə(r; *F.* bɔnœrdyʒu:r] 〘□ F ~ 《原義》happiness of the day: 当時(18–19 世紀)フランスで大流行したことから〙 — *n.* (*pl.* **bon·heurs du jour** [~]) (上に飾り棚を取り付けた貴婦人用の)小机, 物書き用テーブル.

bon·ho·mie [bɑ̀nəmìː, ⌐–⌐ | bɔ́nɔmi:, -nə-, -mɪ; *F.* bɔnɔmi] 〘《1803》□ F ~ 'good nature' ← *bon homme* good-natured man ← BON+*homme* man: ⇨ -ie, -y²〙 *n.* 人のよさ, 親しみ深い[愛想のよい]態度, 温容.

bon·ho·mous [bánəməs | bɔ́n-] 〘⇨ ↑, -ous〙 *adj.* 人のよい, 気だてのよい, 心の穏やかな.

bon·i·face [bánəfɪs, -fəs, -fèɪs | bɔ́nɪfèɪs] 〘← *Boniface* (George Farquhar 作の *The Beaux' Stratagem* (1707) 中の好人物で陽気な宿屋の亭主の名)〙 — *n.* [時に B-] (好人物で陽気な)ホテル[ナイトクラブ, 食堂]の主人.

Bon·i·face [bánəfɪs, -fəs, -fèɪs | bɔ́nɪfèɪs] 〘□ L *Bonifācius, Bonifātius* ← *bonifātus* lucky, fortunate ← BONUS+*fātum* 'FATE'〙 *n.* 男性名.

Boniface, Saint *n.* ボニファティウス, ボニファス《680?–754; ドイツで伝導した英国の聖職者,「ドイツ人の使徒」(The Apostle of Germany) と呼ばれる; 祝日 6 月 5 日; 本名 Wynfrith [wínfrɪθ, -frəθ | -friθ]》.

Boniface VIII *n.* ボニファティウス[ボニファチオ]八世《1235?–1303; イタリアの宣教師; 教皇 (1294–1303); 本名 Benedetto Caetani [bènedétto kaetá:ni]》.

bón·ing *n.* [集合的] (コルセットなどの)衣類に入れて張らせる骨《鯨骨やはがねなど》.

bóning knife 魚や鶏肉などの骨を抜くための短く幅の狭い先の尖ったナイフ.

Bó·nin Íslands [bóunɪn-, -nən- | bə́unɪn-] 〘*bonin*: 《転訛》← ? Jap. 無人(ぶにん)〙 *n. pl.* [the ~] 小笠原諸島の英語名.

bon·ism [bánɪzm | bɔ́n-] 〘← L *bon*(*us*) good+-ISM〙 *n.* 《古》(現世を善と見る)善世説 (cf. malism).

bo·ni·ta [bəníːṭə, bo(u)- | bə(u)níːtə] *n.* (*pl.* ~**s**, ~) 〘魚類〙=bonito.

Bo·ni·ta [bəníːṭə, bo(u)- | bə(u)níːtə] 〘← L *bonitās* goodness ← *bonus* (↓)〙 *n.* 女性名.

bo·ni·to [bəníːṭou, bo(u)- | bə(u)níːtəu] 〘《1599》□ Sp. ~ 《原義》the fine one ← L *bonus* good〙 — *n.* (*pl.* ~**s**, ~) 〘魚類〙 **1** カツオ (*Katsuwonus pelamis*)《oceanic bonito ともいう; cf. victorfish》: a dried ~ かつおぶし. **2** ハガツオ《ハガツオ属 (*Sarda*) の魚類の総称; Atlantic bonito など》.

boníto shàrk *n.* 〘魚類〙アオザメ (*Isurus glaucus*)《日本中部以南, 太平洋などに生息する; 全長 5 m に達し, 人間も襲う》.

bon jour [bɔ̃:(n)ʒúə, bɔ̀(:)n- | -ʒúə(r; *F.* bɔ̃ʒu:r] 〘□ F ~ '(I wish you a) good day'〙 *F. int.* 今日は (Good day!), おはよう (Good morning!).

bon·kers [báŋkəz | bɔ́ŋkəz] 〘← ?〙 *adj.* 《英俗》気の狂った, いかれた; 夢中で (crazy): go ~ over …に夢中になる.

bon mar·ché [bɔ̀:(m)mɑəʃéɪ, bɔ̀(:)m- | -mɑ:-; *F.* bɔ̃marʃe] 〘□ F ~ 《原義》good market〙 *F. n.* (*pl.* **bons mar·chés** [~]) 格安物, 掘出し物 (bargain).

bon mot [bɔ̀:(m)móu, bɔ́(:)m- | -mə́u; *F.* bɔ̃mo] 〘□ F ~ 'good word'〙 *n.* (*pl.* **bons mots** [~(z); *F.* ~], ~**s**) うまい[気のきいた]言葉[冗談], 名言, 名文句.

Bonn [bán, bɔ́(:)n | bɔ́n; *G.* bɔn] *n.* ボン《西ドイツ Rhine 河畔の都市で, 同国の首都; 人口 285,000》.

Bon·nard [bɔ(:)náə, bɑ- | bɔná:(r; *F.* bɔna:r], **Pierre** *n.* ボナール《1867–1947; フランスの画家; 温和な都会的描写を特色とする》.

Bon·naz, b- [bənǽz] 〘← *J. Bonnaz* (19 世紀フランスの発明家)〙 *n.* ミシン刺繡.

bonne [bɔ́(:)n, bán | bɔ́n; *F.* bɔn] 〘《1529》□ F ~ (fem.) ← BON〙 *F. n.* (*pl.* ~**s** [~z; *F.* ~]) フランス人のお手伝い.

bonne a·mie [bɔ́(:)næmíː; *F.* bɔnami] 〘□ F ~ (fem.) ← BON AMI〙 — *F. n.* (*pl.* **bonnes a·mies** [bɔ́nzæmíː; *F.* bɔn-zami]) よい友(女); ガールフレンド, 恋人.

bonne bouche [bɔ́(:)n-búːʃ, bán- | bɔ́(:)n-; *F.* bɔnbuʃ] 〘□ F ~ 《原義》good mouth(ful)〙 — *n.* (*pl.* **bonnes bouches** [~; *F.* ~], ~**s**) **1** 美味 (titbit), (特に食事の最後の)珍味《茶菓・果物など》. **2** (最後の予期しない)楽しみ, (思わぬ)喜び (treat).

bonne femme [bɔ́(:)n-fǽm, -fáːm | bɔ́n-; *F.* bɔnfam] 〘□ F (*à la*) *bonne femme* in the manner of a good housewife〙 — *adj.* [名詞の後に置いて] 家庭料理風に料理した: Dover sole ~.

bonne foi [bɔ́(:)m-fwáː; *F.* bɔnfwa] 〘□ F ~ 'good faith'〙 *n.* 信義, 誠実 (sincerity).

bonne for·tune [bɔ́(:)m-fɔət(j)úːn | -fɔːtjúːn; *F.* bɔnfɔrtyn] 〘□ F ~ 《原義》good fortune〙 *n.* (*pl.* **bonnes fortunes**) **1** 幸運, たなぼた. **2** [*pl.*] (女性からの)色よい返事, (男の自慢の種となる)婦人からの贈物; 密通.

bonne nuit [bɔ́(:)n-nwíː; *F.* bɔnnyi] 〘□ F ~ '(I wish you a) good night'〙 *F. int.* おやすみなさい.

bon·ner [bánə | bɔ́nə(r] 〘← BON(FIRE)+-ER¹〙 *n.* 《英学生語》=bonfire.

bon·net [bánɪt, -nət | bɔ́n-] 〘《16C》□ F ~ ∽ 《*c*1399》 *bonet* □ OF < ML *bonitum* 《頭音消失》← *abonnis* cap ← ? Gmc〙

bonnet 1 a

— *n.* **1 a** ボンネット《つばのあるものもないものもあり, 前額を出して後頭部へかぶり, ひもをあごの下で結ぶ婦人・子供用帽子》. **b** 《スコット》(男子用のウール地の縫い目のない)ふちなし帽子 (Scotch cap). **c** (羽で飾ったアメリカインディアンの)戦闘帽. **2 a** (取りはずしのできる各種機械部分の)おおい. **b** (通風をよくするための炉の上部に設けた)ひさし. **c** (煙突の)集風器, 煙突帽 (cowl). **d** (バルブ・消火栓・通風管などの)おおい[カバー]. **e** (機関車煙筒の)火の粉止め (spark arrester). **f** 《英》(自動車の前方機関部の)おおい, ボンネット (《米》hood). **3** 《英俗》(博奕・競売場などの)共謀者, ぐる, さくら, おとり (decoy). **4** 〘海事〙(より多く風をはらむように帆の下部に取り付けた)縦帆の付加部. ***have a bee in** one's **bonnet*** ⇨ bee¹ 成句.
— *vt.* **1** 〈人〉に帽子[おおい]をかぶせる. **2** 〈人〉の帽子をつぶして目に押しかぶせる. — *vi.* 脱帽して敬意を表わす.

bónnet gòurd *n.* =dishcloth gourd.

bónnet·hèad *n.* 〘魚類〙暖海にすむシュモクザメの一種 (*Sphyrna tiburo*)《bonnethead shark, bonnet shark, shovelhead ともいう》.

bonne·tière [bɔ(:)ntjέə | bɔntjέə(r; *F* bɔntjɛːr] 〘□ F ~ 《原義》hosier〙 — *n.* (*pl.* ~**s** [~z; *F* ~]) ボンティエール《18 世紀フランスの Normandy および Brittany 地方特有の丈が高く狭い衣装だんす; ボンネットを入れるだけの奥行があった》.

bónnet làird *n.* (スコットランドの)小地主《大地主の hat に対して bonnet をかぶる》.

bónnet màcaque *n.* 〘動物〙=bonnet monkey.

bónnet mònkey *n.* 〘動物〙インド・セイロンなどに生息するマカック属の頭に房状の毛のあるサル (*Macaca radiata*).

bon·net rouge [bɔ(:)néɪ-rúːʒ; *F.* bɔnɛruːʒ] 〘□ F ~ 《原義》red cap〙 — *n.* (*pl.* **bon·nets rouges** [~; *F.* ~], ~**s**) **1** (フランス革命当時過激派のかぶった)赤い自由帽. **2** 《まれ》過激派共和党員, 革命党員; 過激主義者 (radical).

bónnet shàrk *n.* 〘魚類〙=bonnethead.

bónnet tòp *n.* ボンネットトップ《17 世紀後期から 18 世紀初期の衣装だんすなどの中断アーチ状の頂上, 破風; ⇨ highboy 挿絵》.

bon·nie [báni | bɔ́nɪ] *adj.* (**bon·ni·er**; **-ni·est**) 《スコット・北英方言》=bonny.

Bon·nie [báni | bɔ́nɪ] 〘↓〙 *n.* 女性名《異形 Bonny》.

bon·ny [báni | bɔ́nɪ] 〘《*a*1529》 *boni* ← (O)F *bon* good: ⇨ -y²〙 — *adj.* (**bon·ni·er**; **-ni·est**) **1** 《スコット・北英方言》 **a** 〈人が〉きれいな, (健康的で溌剌としていて)魅力的な, 感じがいい: a ~ lass. **b** 〈場所が〉(静かで田園的で)気持がいい, 穏やかな. **2 a** 《英》健康な; ふくよかな, 太った. **b** 《古》愉快な, 陽気な. **3** [時に反語的に] 《英》すてきな, すばらしい. **bón·ni·ly** [-nɪli, -nə-, -nḷi | -nɪlɪ, -nə-, -nḷɪ] *adv.* **bón·ni·ness** *n.*

Bon·ny [báni | bɔ́nɪ] 〘《変形》← BONNIE〙 *n.* 女性名.

bon·ny·clab·ber [bánɪklæ̀bə | bɔ́nɪklæ̀bə(r] 〘《1631》□ Ir. *bainne clabair* ← *bainne* milk+*clabair* thick sour milk (← *claba* thick)〙 — *n.* 《米北部・中部》酸敗して凝固した牛乳.

Bon·pa [bounpáː, -pɔ́: | bəun-] 〘□ Tibetan ~: ⇨ Bon²〙 *n.* ボン教の信者.

bon·sai [bounsáɪ, bɑn-, ⌐–⌐ | bɔ́nsaɪ, bə́un-] 〘□ Jap.〙 *n.* (*pl.* ~) 盆栽.

bon soir [bɔ̃:(n)-swáə, bɔ́(:)n- | -swáː(r; *F.* bɔ̃swa:r] 〘□ F ~ '(I wish you a) good evening'〙 *F. int.* 今晩は; おやすみなさい.

bon·spiel [bánspiːl | bɔ́n-] 〘《*c*1565》← ? LG: cf. Du. *bondspel*〙 — *n.* 《スコット》(通例クラブ間の)カーリング (curling) の試合[トーナメント].

bon·te·bok [bánṭɪbɑ̀k, -ṭə- | bɔ́ntɪbɔ̀k] 〘□ Afrik. ~ 'pied buck'〙 — *n.* (*also* **bon·te·buck** [-bʌ̀k]) (*pl.* ~, ~**s**) 〘動物〙ボンテボック (*Damaliscus dorcas*)《アフリカ南部産の大型レイヨウ; 体の色は赤栗色で顔と尻の部分が白い》.

bontebok

bon ton [bɔ̃ː(n)tɔ̃ː(ŋ), bɔ́(ː)ntɔ́(ː)ŋ, bántán | bɔ̃ː(n)tɔ̃ː(ŋ), bɔ́(ː)ntɔ́(ː)ŋ; *F.* bɔ̃tɔ̃] 〖□F ～《原義》good tone〗 ― *n.* (*pl.* ～**s**) **1** 上品で洗練されていること; よいしつけ, 行儀のよさ. **2** 上流社会.

bo·nus [bóunəs | bə́u-] 〖《1773》□L ～'good'〗 ― *n.* **1** 特別サービス, おまけ; 予期しない贈物. **2 a** ボーナス, 賞与; 慰労金. **b** 《米》復員軍人支給金: a soldier's ～. **c** (野球選手などの契約サインに対する)俸給割増金, 契約金: a ～ baby (大リーグで)契約金をもらって勧誘される新人選手, 期待のルーキー. **3 a** (株などの)特別配当金, 割増金. **b** 助成金, 奨励金, 報償物資. **c** (貸付けなどに対する)謝礼金, 割戻し金. **d** 《英》〖保険〗利益配当金(《米》dividend). **4** 〖証券〗 **a** 《米》ボーナス株 (bonus stock). **b** 《英》準備金の資本組入れによる株式の無償交付発行. **5** 〖トランプ〗(ブリッジで)ボーナス, 報償点《特定の手段または成果に対して与えられる余分の点; cf. premium 8》.

bónus dívidend *n.* 特別配当.

bónus gòods *n. pl.* 報奨物資.

bónus ìssue *n.* 《英》〖証券〗無償新株.

bónus plàn *n.* ＝bonus wage system.

bónus stòck *n.* 《米》〖証券〗ボーナス株《会社に助力した者に報償として与えられる株式; また, 優先株や社債の購入者に与えられることもある》.

bónus wáge sỳstem *n.* 報奨賃金支払い制度《一定の標準量を超える仕事を達成した労働者に奨励的な特別賃金を支払う制度》.

bon vi·vant [bán-viːváːnt, bɔ̃ː(ŋ)-viːvɑ̃ː(ŋ), bɔ́(ː)ŋ-, -vɑ́(ː)ŋ | bɔ̃ː(ŋ)-viːvɑ̃ː(ŋ), -vɔ̃ː(ŋ), bɔ́(ː)ŋ-viːváːŋ, -vɔ́(ː)ŋ; *F.* bɔ̃vivɑ̃] 〖□F ～《原義》good liver ← *bon* good＋*vivant* ((pres.p.) ← *vivre* to live)〗 ― *n.* (*pl.* **bons vivants** [～], ～**s** [～]) 美食家, 食通 (gourmet).

bon vi·veur [bán-viːvə́ː, bɔ̃ː(ŋ)-, bɔ́(ː)ŋ- | bɔ̃ː(ŋ)-viː-və́ː(r, bɔ́(ː)ŋ-; *F.* bɔ̃vivœːr] 〖□F ～'good liver'〗 *n.* ぜいたくな暮らしをする人, 遊び人.

bon vo·yage [bán-vwaɪáːʒ, bóun-, bɔ́(ː)ŋ-vwaɪjáːʒ, bɔ́(ː)ŋ- | bɔ̃ː(ŋ)-, bɔ́(ː)ŋ-; *F.* bɔ̃vwajaːʒ] 〖□F ～'good journey': cf. voyage〗 ― *n.* つつがない[楽しい]旅: wish a person ～. ― *int.* 道中御無事に, ではごきげんよう《長途の旅の幸(さち)を祈る言葉[別れの挨拶]》.

bon·y [bóuni | bə́uni] 〖《a1398》: ⇨ bone¹, -y⁴〗 ― *adj.* (**bon·i·er; -i·est**) **1 a** 骨の[から成る, で作られた]. **b** 骨質の; 骨のような, (骨のように)堅い: a ～ growth 骨質の生長物. **2** 骨の多い: a ～ piece of fish. **3** 骨のがっちりした (big-boned): a ～ horse, arm, etc. / a tall ～ man. **4** 骨ばった; やせこけた (thin): a ～ face. **5** 《米》〈石炭が〉粘板岩または泥板岩を多量に含む. **bón·i·ness** *n.*

bóny físh *n.* 《米》〖魚類〗＝teleost.

bóny lábyrinth *n.* 〖解剖・動物〗骨(性)迷路《内耳の骨性部分; 膜迷路 (membranous labyrinth) を含む》.

bóny·tàil *n.* 〖魚類〗米国 California, Nevada, Utah 3州の川のみにすむコイ科の小魚 (*Gila elegans*).

bonze [bá(ː)nz | bɔ́nz] 〖《1588》□F ～ // Port. *bonzo* □? Jap. *bonsō* (梵僧(ぼんそう)) □ OChin. *bon-sêng*〗 *n.* 仏教の僧 (Buddhist priest).

bon·zer [bánzə | bɔ́nzə(r] 〖《変形》? ← BONANZA〗 *adj.* 《豪俗》りっぱな, すてきな, 一級の (excellent).

boo¹ [búː] 〖《1801》《擬音語》: 牛の鳴き声から〗 ― *int.* ぶー《おどし・不可・軽蔑を表わす》. ― *n.* (*pl.* ～**s**) ぶーという発声: before you can say ～ あっという間に / ⇨ *can't say boo to a* GOOSE. ― *vi.* 「ぶー」という. ― *vt.* 〈演説者・発表者などを〉「ぶー」といってあざける, けなす, やじる: ～ a speaker *off* a platform 講演者をやじって演壇から退場させる.

boo² [búː] 〖←?〗 *n.* 《米俗》マリファナ (marijuana).

boo-ay [búːaɪ] 〖←? *Puhoi* (ニュージーランドの地名)〗 *n.* 《ニュージーランド口語》へんぴな農村地帯. ***up the boo-ay*** 全く迷って, 全然まちがって.

boob¹ [búːb] 〖《略》← BOOBY¹〗《俗》 ― *n.* **1** ばか, 間抜け (dunce); 野暮な人, 俗物 (boor). **2** 誤り, へま, 大きなまちがい (blunder). ― *vi.* へま[大失敗]をする. ― *vt.* ばかにする; だます, かつぐ (dupe).

boob² [búːb] 〖《略》〗 *n.* 《俗》＝booby².

boo·boi·sie [bùːbwɑːzíː] 〖← BOOB¹＋(BOURGE)OISIE〗 *n.* [the ～; 集合的]《米俗》間抜けぞろい, 馬鹿者族.

boo-boo [búːbùː] 〖《加重》← BOOB¹: cf. boohoo〗 ― *n.* (*pl.* ～**s**) **1** 《俗》ばかげた誤り, とんでもない間違い (blunder): pull a ～ へまをやらかす. **2** 《方言・幼児語》軽傷, かすり傷.

bóo·book òwl [búːbʊk-, -buːk-] *n.* 《豪》〖鳥類〗ニュージーランドアオバズク (*Ninox novae-seelandiae boobook*)《ニュージーランドに生息するフクロウ科アオバズク属の鳥; 単に boobook ともいう》.

bóob tùbe 〖← BOOB¹: テレビ好きは愚か者との考えから〗 *n.* [the ～]《米俗》テレビ (television).

boo·by¹ [búːbi | -bɪ] 〖《1599-1603》《変形》← Sp. *bobo* fool < L *balbum* a stuttering〗 ― *n.* **1** 間抜け, のろま, ばか (dunce), 無骨者. **2** びり[最下位]の競技者. **3** 〖鳥類〗 **a** カツオドリ《熱帯の海にすむカツオドリ属 (*Sula*) の鳥の総称》. **b** アメリカのカモ数種の総称; (特に)アカオタテガモ (ruddy duck).

boob·y² [búbi, búːbi | búːbɪ] 〖《変形》← BUBBY²〗 *n.* 《卑》乳房, おっぱい (breast).

bóo·by gànnet [búːbi- | -bɪ-] *n.* 〖鳥類〗＝booby¹ 3 a.

bóo·by hàtch [búːbi- | -bɪ-] 〖← BOOBY¹ 3 a＋HATCH¹: 船上でカツオドリが好んで休息するところから〗 ― *n.* **1** 〖海事〗 **a** (木製の)えぼし形艙口おおい. **b** 上甲板から下甲板へ通じる小さな昇降口. **2** 《米俗》精神病院. **3** 《米俗》刑務所 (jail); 艦内営倉 (brig).

bóo·by·ish [búːbiɪʃ] *adj.* 少し間抜け[のろま]な.

bóo·by prìze [búːbi- | -bɪ-] *n.* **1** びり[最下位]賞, ブービー賞《競争でびりの者に冗談半分に与える》. ★日本でいうブービー賞は最下位から2番目. **2** 著しい欠点の自認.

bóo·by-tràp [búːbi- | -bɪ-] *vt.* …に間抜け落し[思いがけないわな, 仕掛け爆弾など]を仕掛ける.

bóo·by tràp [búːbi- | -bɪ-] *n.* **1** 間抜け落し[だまし]《半開きのドアの上に物を載せて置き開ける人の頭上に落ちる仕掛けや通路に物を置いてつまずかせるなどのいたずら》. **2** 仕掛け爆弾[地雷], 偽装爆発物[爆弾].

boo·dle [búːdl] 〖《1625》□ Du. *boedel* the whole of one's possessions: cf. caboodle〗《米俗》 ― *n.* **1** [軽蔑的に] 全体, 一団, 一群 (lot): the whole (kit and) ～ 全部 (cf. caboodle). **2 a** にせ金; 賄賂 (bribe); 不正利得. **b** たくさんの物, (特に)大金. **c** 盗品; 分捕品 (booty). **3** 〖トランプ〗＝Michigan 2. ― *vi.* 収賄する.

bóodle càrd *n.* 〖トランプ〗ブードル《Michigan などのゲームで, チップを賭けるために場に表向きに並べておく余分なカード》.

bóo·dler [-dlə, -dlə | -dlə(r, -dlə(r] *n.* 《米俗》収賄者.

boo·ga·loo [bùːgəlúː] 〖←?: cf. gallop, boogie-woogie〗《米》 ― *n.* 〖ダンス〗ブーガルー《二拍子のリズムにのって, 小刻みにすり足で左右に旋回したり肩や腰を回転させながら踊るダンス》. ― *vi.* ブーガルーを踊る.

boog·er [búgə | -gə(r] 〖《変形》← 《方言》*boggart* specter, hobgoblin: cf. boggard〗 *n.* ＝boogeyman.

bóoger·màn [-mæ̀n, mən] *n.* (*pl.* **-men** [-mèn, -mən]) ＝boogeyman.

boo·gey·man [búgimæ̀n, búː-, bóu-, -mən | búgɪ-, búː-, bə́u-] 〖《変形》← *bogyman*: ⇨ bogy¹〗 ― *n.* (*pl.* **-men** [-mèn, -mən]) 《方言》お化け, 怪物; こわいおじさん (bogeyman)《子供をおどす時に用いる語》: Be good or the ～ will get you. おとなしくしないとこわいおじさんに連れて行かれますよ.

boog·ie [búgi, búː- | búːgɪ] 〖《変形》←? BOGY¹〗 *n.* **1** 《米俗》[軽蔑的に] 黒んぼ, ニグロ, 黒人. **2** ＝boogie-woogie. **3** 《卑》梅毒.

boog·ie-woog·ie [búgiwúgi, búːgiwúːgi | búːgɪ-wùːgɪ, ⌐–⌐–] 〖《1928》←? BOOGIE: 押韻加重〗 ― *n.* 〖音楽〗ブギウギ《ピアノによるブルース (blues) の演奏スタイルの一つ; 左手にベース リズム, 右手で旋律を繰り返し変奏する; 1930年代に流行し, big band 用にも編曲された》.

booh [búː] *int.*, *n.* ＝boo¹.

boo·hoo [bùːhúː, ⌐⌐] 〖《1837》《擬音語》: cf. boo¹〗 *vi.* 泣きわめく (weep noisily). ― *n.* (*pl.* ～**s**) 大声で泣くこと.

book [bʊ́k] 〖OE *bōc*, (pl.) *bēc* book, documents < Gmc **bōks*《原義》beech staff on which runes are carved (G *Buch*), (pl.) **bōkiz* ← IE* *bhāgo-s* 'BEECH': 複数形 *bēc* は **beech* (cf. beech) となるはずであるが, -(e)s 複数形との類推により ME *bokes* > *books* となった〗 ― *n.* **1 a** 本, 書物, 書籍, 図書, 単行本; 著書, 著作, 著述; 記録: the ～ of the hour 今評判の本 / the *Book of Books*＝the Good *Book*＝God's ～ 聖書 / be with ～ 著述中である / ⇨ open book, sealed book. **b** 《口語》雑誌 (magazine). **c** 《比喩》教訓[知識]の源泉, 書, 本: the ～ of nature 自然という書物. **2** [the B-] 聖書 (the Bible): swear on *the Book* 聖書に手を置いて誓う. **3** 巻, 編《1冊で1巻の場合が多いが1冊がいくつかの books に分かれている場合もある》: *Book* I 第一巻[編] / *Paradise Lost* consists of twelve ～*s*. 「失楽園」は全巻12編から成っている. **4 a** (歌劇の楽譜と区別して)歌詞, 台本 (libretto). **b** (芝居の)台本 (text): ⇨ BOOK of (the) words. **c** (楽団・演奏家の)レパートリー, 演奏曲目. **5 a** 帳面, 帳: ⇨ bankbook, notebook. **b** [*pl.*] 帳簿, 会計帳簿 (accounting books): examine the ～*s* 帳簿を検査する / keep ～*s* 帳簿をつける (cf. bookkeeping) / The ～*s* show a slight loss [profit]. 帳簿面ではいくらかの損失[利益]になっている. **6 a** [*pl.*] 名簿, 名列 (list): ⇨ *on the* BOOKS / take a person's name off the ～*s* 人を除名する. **b** [the ～] 電話帳: His name is not in *the* ～. 彼の名は電話帳に出ていない. **7** (切符・小切手・マッチなどの)本に似た綴じ込み: a ～ of stamps＝a stamp ～ 切手の綴り / a ～ of tickets＝a ticket ～ 綴り込み回数券. **8** [the ～] 基準, 規則: by [according to] *the* ～ 規則によれば. **9** [the ～] (被告人に対する)全罪状: throw *the* ～ at 〈被告人〉に全罪状を告発する; 最大限の罰を与える; …を厳しく罰する[しかる] / get [do] *the* ～《米俗》最大限の罰を受ける. **10** (たばこの葉などの)一束. **11** 《俗》著作屋, 編集屋; 書籍製造人. **12** 〖スポーツ〗相手チームに関する資料[情報]. **13** 〖競馬〗 **a** 賭帳. **b** 《米口語》賭屋 (bookmaker); 賭業 (bookmaking). **14** 〖トランプ〗 **a** (ホイスト・ブリッジで)獲得規定トリック (trick) 数《6組; それを越えた分から得点の対象となる》. **b** (ブリッジで)ブック《あと1組取れば相手のコントラクト (contract) が破れるという状態》.

according to my book 私の考えでは (cf. *n.* 8). ***at one's books*** 勉強している. ***bring to book*** (1) 〈人を〉責める, …に弁明を求める; 罰する, …に報いを受けさせる. (2) 〈問題などを〉調査する. ***by (the) book*** 典拠があって[のままを]; 正式に (formally); 正確に; 切り口上で: speak [talk] *by the* ～ 典拠によって[正確に]物を言う. ***close*** [***shut***] ***the books*** (1) (決算をするために)帳簿を締め切る. (2) 取引を中止する. (3) 〔募集などを〕締め切る, 終わらせる 〔*on*〕. ***come to the book***《口語》陪審員を勤める前に宣誓する. ***hit the*** [*one's*] ***books*** 猛烈に勉強する. ***hold book*** (芝居の)プロンプター (prompter) をする. ***in a person's bad*** [***black***] ***books*** 人に嫌われて, 不興を買って (cf. black book 1). ***in a person's book***《口語》…の判断[意見]では. ★ in my book で用いることが多い. ***in book form*** 本の形で, 出版されて. ***in a person's*** (***good***) ***books*** 人の気に入られて. ***in the book***(***s***)《口語》知られている, 記録されている, 存在する: know every trick *in the* ～ ありとあらゆる策略を心得ている. ***kiss the book*** ⇨ kiss 成句. ***like a book*** (1) 正確に, 詳しく; 几帳面に, 注意深く (carefully): read *like a* ～ 正確に読む / speak [talk] *like a* ～ 詳しく[正確に]話す; 改まった口調[切り口上]で話す; 物知り顔に話す. (2) 十分に, すっかり, 徹底的に (thoroughly): read a person *like a* ～ 人の動機などをすっかり読み取る. (3) 躊躇(ちゅうちょ)せずに, ためらわずに. ***make book***《米俗》＝《英》***make a book*** (1) 〔…に〕賭ける (wager) 〔*on*〕. (2) 胴元になる. ***not in the book*** 許可されていない, 禁じられた (disallowed). ***off the book*** 本を見ないで, そらで. ***one for the book***(***s***)《米口語》特筆すべき行為[出来事]; 注目に価する演技[演奏など]; 驚くべき[予期しない]こと. ***on the books*** 記録[名簿]に載って, 会員名簿に載って, 会員で. ***open the books for*** …の申込みを受け付ける. ***suit one's book*** 意にかなう, 希望に添う《book は賭帳の意》. ***take a leaf out of a person's book*** ⇨ leaf 成句. ***without*** (***one's***) ***book*** 暗記で; 出典がなく, 典拠なしで: speak *without one's* ～ 暗記で[典拠なしで]物を言う.

book of account 〖会計〗勘定帳簿.

Book of Common Prayer [the ―] (英国国教会または同系統教会の)祈禱書《教会の儀式の文句や聖書からの抜粋を収めた書で, 1549年に Cranmer が出版, その後度々改訂された; 通例 the Prayer Book という》.

book of fate [the ―] 「運命の書」《人の未来が記されているという書》.

Book of Hours [the ～] 〖カトリック〗聖務日課(祈禱)書.

Book of Kells [the ―] ケルズ写本《800年ごろ作られたラテン語福音書などのアイルランド様式彩飾写本》.

book of life [the ―] 生命(いのち)の書(ふみ)《神に救われて天国にはいる人々の記録; *Rev.* 3:5》: His name is written in *the* ～ *of life.* 彼の名は生命の書に記されている《死んでから天国へ行く運命になっている》.

Book of Mormon [the ―] モルモン経(きょう)《金板に記されたアメリカにいた古代人の記録を4世紀の預言者 Mormon が抄録したもの; Joseph Smith によって翻訳され, 1830年に出版された》.

Book of Odes [the ―] 「詩経」《孔子が編んだと伝えられる古代中国民謡・古謡集; 「五経」の一つ》.

book of original [**originating, prime**] **entry** 〖簿記〗原始簿, 第一次記入簿.

book of reference ＝reference book 1.

Book of the Dead 〖《なぞり》← G *Totenbuch*〗 [the ―] 死者の書《古代エジプト人がパピルスに書いて, 死者に副葬した葬礼呪文文書》.

book of the [**a**] **film** 映画(の台本)を本にした書物; 映画の原作となった書物.

book of the month 月間最優秀書.

book of (the) words (1) (歌劇・芝居の)台本 (cf. *n.* 4). (2) 書かれた[印刷された]一連の規則.

― *attrib. adj.* **1** 本[書籍]の[に関する]. **2** 本から得た, (特に)机上の: ～ farming (cf. book farmer) / a ～ knowledge of the moon 本から得た月の知識. **3** 形式張った, 堅苦しい. **4** 帳簿上の; 会計簿上の.

― *vt.* **1 a** 書物[名簿]に載せる, 記入する, 記帳する, 登録する (record): ～ (*down*) a new order 新しい注文を記帳する. **b** 〈人を〉〔…のかどで〕警察の記録に記入する 〔*for*〕: He was ～*ed for* the illegal possession of firearms. 彼は銃砲不法所持のかどで警察の記録に載せられた. **2** 《英》 **a** 〈乗車券・乗船券・航空券などを〉買う: ～ a ticket *through to* Rome ローマまでの通し切符を買う / ～ one's passage *to* London ロンドンまでの乗船[航空]券を買う. **b** [～ one*self*で] 乗車券などを買う: I ～*ed myself at* Victoria Station *for* Paris. ビクトリア駅でパリまでの切符を買った. **3** 《英》 **a** 〈室・座席・切符などを〉取って置く, 予約する: ～ a seat, ticket, etc. / ～ a room *for* a person *at* the Savoy Hotel サボイホテルに部屋を予約してやる. **b** 〈座席などの予約者〉の名を記入する; …に切符[予約券]を発行する: You are ～*ed for* the third of March [*on* Flight 44, *to* sail on Tuesday]. ご予約は3月3日[44便, 火曜の出港]になっております. **c** [Passive で] 〈ホテル・劇場・汽船などが〉予約で満席になっている, 〈人が〉(約束に追われて)全然暇がない 〈*up*〉: The performance *is* ～*ed up.* その公演は満員になりました / The flight *was* ～*ed* solid. その飛行機は予約で満席だった / Sorry, but we *are* fully ～*ed up.* すみません, 前売券は全部売切れました[部屋は全部予約済みになっております(など)]《★この言い方は《米》でも普通》/ I *am* ～*ed up for* the whole week. 1週間全部ふさがっている. **4 a** 〈芸能人・劇団・楽団・講演者など〉の公演[講演]を予定[契約]する: The company is ～*ed for* a month *at* the Old Vic. その劇団はオールド ビック座で1か月公演することになっている. **b** 予定する (schedule): ~ a meeting / ~ a person *for* dinner 人を晩餐に(客として)予定する. **c** 〈荷物〉の運送を託す: The baggage is *~ed for* New York. 手荷物はニューヨークまでの託送になっている. **5** 胴元として〈賭金を〉受取る. **— *vi.*** **1** 座席[部屋, 切符など]を予約する: ~ through a travel agent 旅行業者を通じて予約する. **2** 《英》切符を買う 〈*up*〉: ~ *through to* Istanbul イスタンブールまでの通し切符を買う / ~ (*up*) *for* an opera オペラの切符を買う.
book in 《英》 (*vt.*) (1) (ホテルなどで)宿泊簿に〈到着客〉の名前を記帳する. (2)〔ホテルに〕...の予約をとる〔*at*〕: He was *~ed in* for two days *at* Savoy Hotel. サボイホテルに2泊の予定で彼の予約がとってあった. (*vi.*) (1) (ホテルなどに着いて)〈客が〉宿泊簿に記帳する. (2) (会社などで)出勤簿に記名して出社する. ***book off*** (会社などで)出勤簿に記名して退社する. ***book out*** 《英》 (1) 〈ホテル客などが〉勘定を払って出る. (2) =BOOK *off*.
~·ful [-fʊ̀l] *n.* **~·less** *adj.* **~·lìke** *adj.*

book·a·ble [búkəbḷ] *adj.* 《英》予約できる: All seats ~. 全席予約制.

bóok accòunt *n.* **1** 〖会計〗交互計算勘定《同一の取引先に対する債権・債務を相殺する勘定; open account, current account ともいう》. **2** 〖銀行〗当座勘定 (current account).

bóok àgent *n.* 《米》書籍外交員, 本屋のセールスマン.

bóok·bìnder 〚ME〛 *n.* 製本屋, 製本師, 製本工.

bóok·bìndery *n.* 製本所.

bóok·bìnding *n.* 製本, (書籍)装丁; 製本術[業].

bóok bùrning *n.* 焚(ふん)書《言論弾圧の手段として著作物などを焚(や)いたりすること》.

bóok càrd *n.* 〖図書館〗ブックカード《図書館で館外貸出資料に代わって保管しておく記録カード》.

bóok·càse *n.* **1** 本箱, 書棚, 書架. **2** 本の外箱 (slipcase).

bóok clòth *n.* 製本用クロス.

bóok clùb *n.* **1 a** 読書会, 読書サークル; 書籍共同購読会. **b** 愛書家クラブ, 図書愛好会《《英》では book society ともいう》. **2** ブッククラブ《会員に一定期間ごとに, 選定した新刊図書を市価より安く配布する組織》.

bóok còde *n.* 本や辞書のページと行で符合させる形式の暗号.

bóok concèrn *n.* 《米》図書関連企業[会社]《図書の印刷・出版関係の会社》.

bóok còver *n.* (本の)表紙 (cf. jacket 4).

bóok crèdit *n.* 〖会計〗帳簿上の貸勘定, 売掛金.

bóok dèbt *n.* 〖会計〗帳簿上の借勘定, 買掛金.

booked 〚ME〛 **—** *adj.* **1** 記帳された, 記入された. **2 a** 契約された. **b** 《英》〈切符が〉予約された, 売られた. **3** 予定に組まれた: ~ trains 定時の列車 / He is *~ed for* the doctor. お医者さんに予約してある.

bóoked-úp *adj.* 《英》全部予約済みの, 前売完切れの.

bóok·ènd *n.* [通例 *pl.*] ブックエンド.

bóok·fàir *n.* 図書(見本)市.

bóok fàrmer *n.* 農学書などの指示に従って農作する人.

bóok gill [-gìl] *n.* 〖動物〗書鰓(しょさい)《本に似たカブトガニのえら; 幾枚からもできているところから》.

bóok hand *n.* 写字生書体《印刷が一般化されなかった頃, 原稿を転写して公に保管しておくために用いられた書体》.

bóok·hòlder *n.* **1** 本を支えるもの, 書見台 (bookrest). **2** 《英》(芝居の)プロンプター (prompter).

bóok hùnter *n.* 本を漁る人, 猟書家.

book·ie [búki | -kɪ] 〚《1885》: ⇨ -ie〛 *n.* 《口語》〖競馬〗=bookmaker 2.

bóok·ing *n.* **1** 帳簿記入, 記帳登録. **2** 座席[部屋, 切符など]の予約 (reservation): a theater ~ 劇場の予約 / block [capacity] ~ 団体[貸切]予約 / *Booking* begins tomorrow. 予約受付は明日より. **3** (俳優の)出演契約: have *~s for* several performances 幾つもの公演に出演する契約をしている.

bóoking clèrk *n.* 《英》 **1** 切符発売係, 出札係. **2** (ホテルなどの)客室予約係.

bóoking hàll *n.* 《英》(駅の)出札所のあるホール[部屋].

bóoking òffice *n.* 《英》 **1** (駅の)出札所, 切符発売所. **2** プレーガイド.

bóok·ish [-kɪʃ] *adj.* **1** 書物(上)の[に関する]; 読書の: ~ interests 読書趣味. **2** 本好きの, 書物[学問]に凝った: a ~ person 学究的な人. **3** 書籍口調の, 文語的な, 堅苦しい (formal); 衒(げん)学的な, 学者臭い (pedantic): a ~ speech / ~ English 堅苦しい英語. **4** (実生活から得た知識でなく)書物の上の, 実際的でない, 机上の: a ~ way of thinking (現実に即しない)机上の考え方. **~·ly** *adv.* **~·ness** *n.*

bóok jàcket *n.* (本の)カバー[ジャケット] (⇨ jacket 4 a).

bóok·kèeper *n.* 簿記係, 帳簿係: a *~'s* desk 簿記机.

bóok·kèeping *n.* 簿記 (cf. book 5 b): ~ by single entry=single-entry ~ 単式簿記 / ~ by double entry =double-entry ~ 複式簿記.

bóok làbel *n.* (bookplate より小型で簡略な)蔵書票.

bóok·lànd 〚OE *bōcland*〛 **—** *n.* (英国の)勅許保有地《7–8世紀頃から現れた勅許 (charter) によって地代を納めて所有した土地; 相続が認められ, 封土の起源の一つになったが, ノルマン征服後消滅した; cf. folkland》.

bóok-lèarn·ed [-lə̀:nɪd, -nəd | -lə̀:n-] 〚《15C》〛 *adj.* (実際的経験からではなく)書物で学んだ.

bóok lèarning *n.* **1** 書物からの知識; (実際的経験に対する)机上の学問. **2** 正規の教育, 学校教育.

book·let [búklɪt, -lət] 〚《1859》: ⇨ -let〛 *n.* **1** (通例紙表紙の)小冊子, パンフレット (pamphlet). **2** =stamp booklet.

bóoklet pàne *n.* 〖郵趣〗=pane 5 b.

bóok·lìft *n.* 〖図書館〗ブックリフト《図書運搬用の小型エレベーター》.

bóok lìst *n.* 書籍一覧表《体系的なものの場合が多い》.

bóok·lòre 〚OE *bōclār*: ⇨ book, lore[1]〛 *n.* =book learning.

bóok lòuse *n.* 〖昆虫〗コナムシ, コナチャタテムシ, カツブシチャタテ (*Liposcelis divinatorius*)《嚙虫目コナチャタテ科の昆虫; 古書・標本などに害を与える》.

bóok·lòver *n.* 本好き, 愛書家 (bibliophile).

bóok lùng *n.* 〖動物〗書肺《クモ・サソリ類の呼吸器; 書物のページのような多数の葉片から成っている》.

bóok·màker 〚《15C》〛 **—** *n.* **1 a** (物としての)図書製作[製造]者, 本作り屋《印刷者・製本師など》. **b** 本作り屋, 編集屋《もっぱら他人の著作から本を編集する人》. **2** 〖競馬〗ブックメーカー, 私設馬券営業者, 賭屋, 賭元 (bookie) (cf. handbook 3 a).

bóok·màking 〚《15C》〛 *n.* **1 a** (物としての)図書制作, 本作り(業). **b** (軽蔑的な意味の)本作り, 図書作り. **2** 〖競馬〗ブックメーキング, 私設馬券屋, 賭業.

bóok·man [-mən, -mæ̀n | -mən] 〚ME〛 *n.* (*pl.* **-men** [-mən, -mèn | -mən]) **1** 読書人, 文人; 学者 (scholar). **2** 《口語》本屋, 本のセールスマン.

bóok·màrk *n.* (本の)しおり.

bóok màrk *n.* 〖図書館〗図書記号 (book number).

bóok·màrker *n.* =bookmark.

bóok-màtch 〚木目の対称の様が本の見開きに類似しているところから〛 *vt.* 〖木工〗〈合板〉の木目を対称にする, 木目が対称になるようにはぐ.

bóok màtch *n.* マッチブック (matchbook) のマッチ.

bóok·mo·bìle [-mo(ʊ)bì:l, -mə- | -mə(ʊ)-] 〚← BOOK +(AUTO)MOBILE〛 *n.* 《米》ブックモビル, 移動図書館, 自動車図書館.

bóok mùslin *n.* **1** (製本用)モスリン. **2** (もと婦人服に用いた)薄地白モスリン.

bóok nòtice *n.* (新聞・雑誌の)新刊書籍案内[批評].

bóok nùmber *n.* 図書記号, 図書番号《図書館で同一分類の本を書架に並べるために付ける固有の番号》.

bóok pàge *n.* **1** 本のページ. **2** (新聞・雑誌などの)書評の載っているページ, 書評欄.

bóok·plàte *n.* **1** 蔵書票《所有者の氏名・紋章・標語などを図案の中に配した小票で, 表(おもて)見返しの内側に張り付ける; ex libris ともいう; cf. book label》. **2** ブックプレート《蔵書票を印刷するための版面》.

bóok pòst *n.* 《英》書籍郵便《特別料金で書籍を送る郵便制度; 今はこの名は廃止されたが, 制度そのものは printed paper post の中に存続している》.

bóok·ràck *n.* **1** 書架, 本立て. **2** 書見台.

bóok ràte *n.* 《米》書籍郵便料金.

bóok·rèst *n.* 書見台, 本台.

bóok review *n.* **1** 書評. **2** (新聞・雑誌などの)書評欄; 書評誌.

bóok reviewer *n.* 書評家.

bóok reviewing *n.* 書評.

bóok scòrpion *n.* 〖動物〗カニムシ類の総称《体長 2–5 mm で大きな鋏をもつ; 落葉や石の下, 樹皮の下, 鳥の巣などにすみ小昆虫などを食べる; pseudoscorpion ともいう》.

bóok·sèller 〚《15C》〛 *n.* 書籍販売人, 本屋; 書籍店主: a *~'s* 《英》本屋, 書店.

bóok·sèlling *n.* 書籍販売, 書籍商[業].

bóok·shèlf *n.* 本棚, 書棚.

bóok·shòp *n.* 書店, 本屋 (bookstore).

bóok·slìde *n.* 《英》(自在)書架.

bóok socìety *n.* 《英》=book club 1 b.

bóok·stàck *n.* (図書館の)書架.

bóok·stàll *n.* **1** (戸外の)本の屋台店, 書籍売店. **2** 《英》(駅などの)新聞雑誌類売店 (newsstand).

bóok·stànd *n.* **1** =bookrack. **2** =bookstall 1.

bóok·stòre *n.* 《米》書店, 本屋.

bóok suppòrt *n.* =bookend.

book·sy [búksi | -sɪ] 〚← *books* (pl.)+-Y[4]〛 *adj.* 《口語》わざと知的ぶる, 教養あるように見せかける.

bóok tòken *n* 《英》ブックトークン《全国共通図書券》.

bóok tròugh *n.* V 型陳列台《V 型の書籍展示棚》.

bóok trùck *n.* **1** ブックトラック《図書館内で書籍の移動に使う2段か3段の棚になっている小型運搬車》. **2** =bookmobile.

bóok vàlue *n.* 〖会計〗帳簿価格, 簿価 (略 b.v.) (cf. market price): **a** 企業の株式の金額をその企業の帳簿の金額から計算した価格. **b** 会社資産の帳簿上に記載された純額. **c** 株の価値[価格].

bóok wàgon *n.* =bookmobile.

bóok-wìng *n.* 《英》〖劇場〗二枚立の張り物《びょうぶのように開閉できる》.

bóok wòrd *n.* (発音などよくわからない)書物から学んだ語.

bóok·wòrk *n.* **1** (学校の教科として実験・実習に対して)書籍[教科書]による研究 (cf. practical work). **2 a** 学業 (schoolwork). **b** =paper work. **3** 〖印刷〗(新聞・雑誌または端物印刷と区別して)書籍印刷 (cf. job work 2).

bóok·wòrm *n.* **1** 〖昆虫〗シミ, 本虫《書物を食う昆虫; フルホンシバンムシ (*Gastrallus immarginatus*) など》. **2** 本好き, 愛書家, 読書狂, 勉強家,「本の虫」.

bóok wràpper *n.* =jacket 4 a.

Boole [bú:l], **George** *n.* (1815–64) 英国の数学者・論理学者.

Bool·e·an [bú:liən | -lɪən, -ljən] 〚← G. *Boole* (↑): ⇨ -an[1]〛 **—** *adj.* ブールの数学[論理]体系に関する, ブール代数的な: a ~ expression 〖数学〗ブール式[表現] / a ~ function 〖数学〗ブール関数.

Bóolean álgebra *n.* 〖論理・数学〗ブール代数《集合算を抽象化してえられる代数系》.

Bóolean ríng *n.* 〖数学〗ブール環《どの要素 x も $xx=x$ を満たす単位元をもつ環; cf. sigma-ring》.

Bóole's inequálity *n.* 〖数学〗ブールの不等式《幾つかの事象の少なくとも一つが起こる確率は, 各事象が起こる確率の総和を超えないという定理》.

Bool·i·an [bú:liən | -lɪən] *adj.* =Boolean.

boom[1] [bú:m] 〚n.: 《c1645》 ▭ Du. ~ 'tree, pole, BEAM'. — v.: 《1627》▭ Du. *bom-en* ← (n.)〛 **—** *n.* **1** 〖海事〗ブーム《帆のすそを張る円材》: ⇨ jib-boom. **2** 〖航空〗 **a** 張り出し支柱, ブーム《飛行機の水平尾翼を胴体に固定し支える; tail boom ともいう》. **b** (自由に伸縮する)空中給油用パイプ (cf. probe[2] 7, drogue 4 b). **c** =chord 5. **3 a** (板材の流出を防ぐための)流木止め; それで封じ込まれた材木. **b** (川の流れを遅くするためまたは流木を一定の方向に誘導するように設けられた)防材. **c** (船の航行を遮断するための川や港口に置く)防材. **4** 〖機械〗ブーム《デリックの主柱の根部から突出した棒; ⇨derrick 挿絵》. **5** 〖ラジオ・テレビ・映画〗マイク[カメラ]ブーム《マイク・カメラの自在吊下げ装置; 通例車輪がついている》.

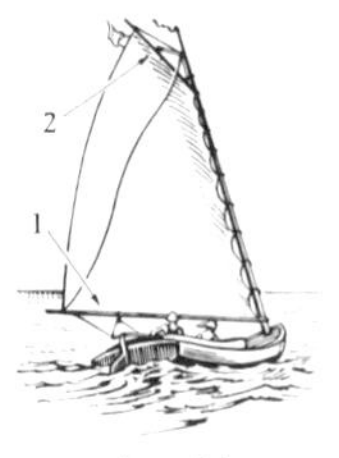

boom[1] 1
1 boom; 2 gaff

lower the boom 《口語》〔...を〕非難する, 罰する, 厳しく取り締まる, 締める〔*on*〕: They *lowered the* ~ *on* congressional junketing. 国会議員の公費旅行を厳しく非難した.
— *vt.* **1** ブームで〈帆(のすそ)を〉張る 〈*off, out*〉. **2** 〈川などに流木止め[防材]を置く; 流木止めを置いて〈材木を〉封じ込める. **3** (デリックなどで)吊り上げる, 運ぶ, 操縦する; 処理する.

boom[2] [bú:m] 〚《a1376》 *bombe(n)* to hum 《擬音語》〛 **—** *n.* **1 a** どーんと鳴る音, とどろき《遠雷の音・砲声・波の音・太鼓の音など》: the ~ of the drums, guns, waves, etc. **b** (サギ類の)鳴き声; (蜜蜂や甲虫の)ぶーんというなり (droning). **2 a** (価格の)急騰: a ~ *in* real estate 不動産価格の急騰. **b** (新興都市などの)急発展; (商売などの)にわか景気, 好況, ブーム (cf. slump 2): a wartime ~ 戦時景気 / a building [land, tourist] ~ 建築[土地, 観光]ブーム / create [stir] a ~ ブームを起こす / ~ and [or] bust=boom-and-bust. **c** (候補者などの)大人気. **d** (新製品などの)盛んな広告[宣伝].
— *attrib. adj.* 《口語》急騰した, 急激に発展した, にわか景気のついた: ~ prices 急騰した物価 / ⇨ boom town.
— *vi.* **1 a** 〈大砲・雷などが〉とどろく; 大砲・雷のような音を出す, どーんと鳴る. **b** 〈波が〉どどーっと響く. **c** 〈鳥などが〉ぶーんとうつろな声を発する[鳴く]. **d** 〈蜂・甲虫などが〉ぶんぶんうなる. **2 a** ぶーんとうなりを立てて突進する. **b** 〈人が〉ぶらぶらさまよう. **3** 〈川が〉急に増水する. **4 a** 〈商売が〉急に景気づく: Every market is *~ing*. どの市場も大変な景気だ. **b** 〈都市が〉急に発展する. **c** 〈人・物が〉人気が湧く: His books are *~ing* now. 彼の本が今ブームになっている / She is just *~ing* as a singer. 歌手として目下売出し中だ. **— *vt.*** **1 a** ごーんと鳴って報じる 〈*out*〉: The Big Ben *~ed out* three. ビッグベンが鳴って3時を報じた. **b** 太く響く声で述べる, 朗々と唱える 〈*out*〉: ~ *out* a poem 詩を朗誦する. **2 a** 〈新製品などを〉(広告などで)景気づける, ...の人気をあおる: ~ a new article. **b** 〈主義・主張などを〉はでに宣伝する; 〈候補者を〉かつぐ: He was *~ed for* senator. 彼は上院議員にかつぎ上げられた.

bóom-and-búst *n.* 《口語》(不景気の後の)にわか景気とこれに続く不景気(の一時期), 一時的活況 《boom and bust, boom or bust ともいう》.

bóom càrpet *n.* 〖航空〗ブームカーペット, 航空機騒音地帯《飛行機が超音速で飛ぶ時の衝撃波の影響を受ける地域》.

bóom cìty *n.* =boom town.

boom·er [bú:mə | -mə(r] 〚← BOOM[2]〛 **—** *n.* **1** 《米口語》景気をあおる人. **2** 《米口語》 **a** 新興の土地などに押しかける人. **b** 渡り労働者. **3** 大波. **4** (オーストラリア産)オオカンガルー (giant kangaroo) の雄. **5** =mountain beaver. **6** 《豪俗》とてつもなく大きなもの, 並外れたもの.

boo·mer·ang [bú:məræ̀ŋ] 〚《1827》 ← Austral. 《土語》〛 **—** *n.* **1** ブーメラン《オーストラリア原住民の用いる飛道具; 木片を少し曲げたものでこれを巧みに投げると曲線を描いて飛行した末に投げた人の所に戻って来る》. **2** 発言者にそのまま帰ってくる議論・悪口・攻撃など; やぶへび. **3** 〚cf. boom[1] (n.) 5〛〖劇場〗 **a** (高さを自由に変えられる)舞台背景画を描く人

のための移動台. **b** (高さが自由になる)舞台照明器具を支える移動台[腕木]. ― *vi.* **1** ブーメランを投げる. **2** 投げた人のところへ戻る; 〈計画・策略などが〉〔当人にとって〕やぶへびになる, 身から出た錆になる 〈*off, on*〉 / 〔*on, against*〕.

Bóomer Státe *n.* [the ~] 米国 Oklahoma 州の俗称.

bóom·ing *adj.* (~·er; ~·est) **1 a** どーん[ぶーん]と鳴る[響く]. **b** 〈声が〉朗々とした. **2** 大人気の, にわか景気の, 急発展の, 暴騰する: ~ prices 暴騰する物価 / ~ business にわか景気 / a ~ tourist resort ブームにわく観光地.

boom·kin [búːmkɪn, -kən | -kɪn] *n.* 〘海事〙 = bumpkin².

boom·let [búːmlɪt, -lət] 〘← BOOM² + -LET〙 *n.* (株式市場の)小活況.

bóom shòt *n.* 〘映画・テレビ〙 ブームショット《行動半径の大きいカメラブームを用いカメラを床全体に操作して写す場面》.

boom·slang [búːmslɑ̀ːŋ, -slæ̀ŋ] 〘▭ Afrik. ~ ← *boom* tree + *slang* snake: ⇨ boom¹, sling¹〙 ― *n.* (*pl.* **-slang·e** [~ə], **~s**) 〘アフリカ南部〙〘動物〙 ブームスラン (*Dispholidus typus*)《アフリカ南部に生息する 2 m 位あるヘビ》.

boom·ster [búːmstə | -tə(r)] 〘← BOOM² + -STER〙 *n.* 《米口語》 景気をあおる人 (boomer).

bóom tòwn *n.* (金(きん)や石油などの発見でにわかに発展した)新興都市.

boom·y [búːmi | -mi] 〘← BOOM² (n.) + -Y⁴〙 *adj.* **1** 〈商売など〉にわか景気の, ブーム的な. **2** 〘音響〙 低音が過度な.

boon¹ [búːn] 〘? OE *bōne* ▭ ON *bōn*: cf. bene〙 ― *n.* **1** 賜物, 恩沢, 恩恵, 利益 (benefit): prove a great ~ *to* mankind 人類にとって大恩恵となる. **2** 《古》 頼み, 願いごと (request): ask a ~ of a person 人に頼みごとをする.

boon² [búːn] 〘(*c*1380) *bon* ▭ OF < L *bonum* good〙 ― *adj.* **1** 人のいい, 愉快な, おもしろい. ★ 今は次の句で: a ~ companion 愉快な遊び[飲み]友だち. **2** 《古》 〈自然など〉優しい (benign), 恵み深い (bounteous).

boon³ [búːn] 〘ME *bune* < ? OE *bune* reed, drinking cup: cf. bun¹〙 *n.* ブーン《繊維を採った後の大麻・亜麻の木質部》.

boon·docks [búːndɑks | -dɔks] 〘▭ Tagalog *bundok* mountain〙 ― *n. pl.* [通例 the ~] 《米口語》 **1** ジャングル, 森, 沼地. **2** 山の多い奥地 (backwoods); へんぴな田舎, 僻地: out in *the* ~. 片田舎で.

boon·dog·gle [búːndɑ̀(ː)gl, -dʌ̀gl | -dɔ̀gl] 〘(1935): 米国 New York 州の少年団長 Robert H. Link の造語〙 《米》 ― *n.* **1** (ボーイスカウトが首や帽子の回りに付ける)革の編みひも. **2** (帯・ナイフのさや・おのの柄など主に革や木で作った)手細工品. **3** 《口語》 役にも立たない[むだな]仕事, くだらないこと; 浪費. ― *vi.* **1** 手細工品作りをする. **2** 《口語》 くだらない仕事をする, むだなことに金と暇を費やす. **bóon·dòg·gler** [-glə, -glə | -glə(r, -glə(r] *n.*

Boone [búːn], **Daniel** *n.* (1734–1820) 米国の辺境開拓者; 特に, Kentucky 開拓で知られる.

boong [búːŋ] 〘← Austral. 《土語》〙 *n.* 《豪俗》 [軽蔑的に] **1** オーストラリア[ニューギニア]の原住民. **2** 有色人, 黒人.

boon·ga·ry [búːŋgəri | -rɪ] 〘▭ Austral. 《土語》 *bangaray*〙 ― *n.* 〘動物〙 カオグロキノボリカンガルー (*Dendrolagus lumholtzi*)《オーストラリア Queensland 州の森林にすむカンガルーの一種; cf. tree kangaroo》.

boongary

boon·ies [búːniz | -nɪz] 〘《短縮》 ← BOONDOCKS: ⇨ -ie〙 ― *n. pl.* [the ~] 《米口語》 = boondocks 2.

boor [búə | búə(r] 〘(1551) ▭ Du. *boer* peasant // LG *būr* peasant: cf. OE *gebūr* peasant, dweller: cf. Boer, neighbor〙 ― *n.* **1 a** 小百姓 (peasant). **b** (オランダ・ドイツ・ロシヤなどの)小作農民 (peasant). **2 a** (粗野な)田舎者 (rustic). **b** 無教育で下品な男, やぼな男. **3** [B-] ボーア人 (Boer).

boor·ish [bú(ə)rɪʃ | búər-, bɔ́ːr-] *adj.* **1** 百姓らしい, 田舎者特有の: ~ coarseness, simplicity, etc. **2** 粗野な, 無作法な, がさつな, やぼな (rustic): ~ manners, taste, etc. **~·ly** *adv.* **~·ness** *n.*

boost [búːst] 〘(1815) 《混成》? ← BOOM² + HOIST¹〙 ― *vt.* **1** 《口語》 後ろ[下]から上へ押す, 〈木登りする人などを〉押し上げる: ~ a person *over* a fence 人を押し上げて塀を越させる. **2** 《口語》 宣伝する, 広告する; 〈候補者などを〉後押し[尻押し]する, 後援する: ~ the new fashions 新しい流行の宣伝をする / ~ a person *for* the presidency 人を大統領候補にかつぎあげる / ~ a person *into* a good position 人を推奨していい地位に就かせる. **3** 《口語》 〈生産量などを〉増加する, 増強する; 〈値段などを〉吊り上げる; 〈士気などを〉高める: ~ car production 車を増産する / ~ prices / ~ morale. **4** 《俗》 盗む, (特に)万引きする (shoplift). **5 a** 〘電気〙 〈回路・電池など〉の電圧を高める, 昇圧する. **b** 〘電子工学〙 増幅する (amplify). **c** 〈流体〉の圧力を高める. ― *n.* 《口語》 **1** 押し上げ, 後押し, 尻押し. **2 a** 宣伝, 広告; 尻押し, 後援: give a person a ~ 人を尻押し[後援]する. **b** 助け[元気づけ]になるもの[行為]. **3** (生産量などの)増加, 増強; (値段の)吊り上げ: a fare ~ (電車・バスなどの)料金値上げ / a ~ *in* pay 給料のアップ.

bóost·er *n.* **1** 《口語》 尻押しする人; 後援者. **2** 《俗》 泥棒 (thief), (特に)万引き (shoplifter). **3** 〘電気〙 昇圧機, ブースター. **4** 〘電子工学〙 増幅器, ブースター. **5** 〘鉄道〙 補助機関車. **6** 〘機械〙 (真空[輸送]パイプなどに挿入される)補助ポンプ. **7** 〘宇宙〙 ブースター《補助推進ロケット》. **8** 〘医学〙 **a** (薬の)効能促進剤, ブースター; (特に, 免疫剤の)二度目の予防注射, 補助注射, ブースター注射, 追加抗原刺激. **b** 共力薬 (synergist). **9** 〘軍事〙 (火薬の爆発を確実にするための, 高能性の)補助装薬.

bóoster dòse [**injèction**] *n.* 〘医学〙 = booster 8 a.

bóost·er·ìsm [-tərɪzm] *n.* 《米》 都市[観光地]振興主義, 推賞宣伝.

bóoster ròcket *n.* 〘宇宙〙 ブースターロケット《飛行体を加速して離昇を助けるロケットで, その推力がなくなった時に切離されることが多い》.

bóoster shòt *n.* 〘医学〙 = booster 8 a.

bóost·ing chàrge *n.* 〘電気〙 (蓄電池の)急速充電.

boot¹ [búːt] 〘OE *bōt* remedy < Gmc **bōtō* (G *Busse*) ← IE **bhād-* good: cf. better, best〙 ― *n.* **1** 救助, 救済; 救済してくれる人[物]. **2** 《廃》 利益 (advantage) (cf. bootless): It is no ~. 何の役にも立たない. ***to boot*** その上に, おまけに (besides).
― *vi.* 《古》 [it を主語として] 利する, 役立つ: *It ~s* not to complain. 不平を言ってもしようがない.
― *vt.* 《廃》 役立つ: What *~s it* to cry? 泣き叫んで何になるか.

boot² [búːt] 〘BOOTY との連想による BOOT¹ の特別用法〙 *n.* 《古》 戦利品, 分捕品, 略奪物 (booty).

boot³ [búːt] 〘(*c*1300) *bote* ▭ OF (F *botte*) ← ? Gmc〙 ― *n.* **1** [通例 *pl.*] **a** (足首から膝までのいろいろの長さの革またはゴム製の)長靴, ブーツ; ゴム長(靴): a pair of *~s* / elastic-side *~s* 深ゴム靴 / high *~s* 長靴; ゴムの長靴 / jack [Wellington] *~s* 大長靴 / ⇨ hip boot, riding boot / pull on [off] one's *~s* 靴をはく[脱ぐ] / stand…feet in one's *~s* 靴をはいたままで身長…フィートある. **b** 《英》 (足首の上までくる)深靴; ゴムのオーバーシューズ. **c** [~s] ⇨ boots. **2** 靴形刑具《昔スコットランドなどで用いた鉄靴; これを罪人にはかせて足と脚がつぶれるまで締めつけた拷問器具》. **3 a** (脚・脚様の物を包み保護する)おおい. **b** (馬の脚・ひづめをおおう)馬靴. **c** (鶏などの)脛(すね)と足指に生えた羽毛. **d** (リードオルガンの)舌 (reed) が入っている箱. **e** 自動車タイヤの厚い保護内張り. **f** (乗物の)運転手防護カバー. **4 a** (昔の乗合馬車の)荷物入れ《元来は御者台》. **b** 《英》 (自動車後部の)荷物入れ, トランク (《米》 trunk). **c** (コンバーチブル型の自動車の)折り畳み屋根が収まる部分; そのカバー. **5** 長靴型の(革製の)ジョッキ. **6 a** (靴をはいた足で)けること, けり (kick): get a ~ けとばされる / give a person a ~ 人をけとばす. **b** [the ~] 《俗》 解雇 (dismissal): get *the* ~ 首になる / give a person *the* ~ 人を首にする. **c** 《口語》 喜び, (特に, 一時の)楽しみ, 大変なおもしろさ (thrill): get a ~ out of a party パーティーで大いに楽しむ. **7 a** 《米俗》 (海軍・海兵隊・沿岸警備隊の)新兵, 初年兵. **b** 新兵訓練課程: ⇨ boot camp. **8** 〘航空〙 (航空機の主翼または尾翼の表面の除氷のためにつける)ゴム気嚢[管] (cf. deicer). **9** 《米口語》〘野球〙 ファンブル (fumble). **10** 《英》〘劇場〙 せり上げ (slote).
bet one's boots ⇨ bet 成句. ***boots and all*** 《豪口語》 一意専心に. ***die in one's boots*** [***with one's boots on***] ⇨ die² 成句. ***have one's heart in one's boots*** ⇨ heart 成句. ***lick a person's boots*** ⇨ lick 成句. ***like old boots*** 《俗》 ひどく, 激しく, 全く. ***put the boot in*** = ***put*** [***sink***] ***in the boot*** 《口語》 (1) ひどくける. (2) (阻止するために)思い切った行動をとる. ***the boot on the wrong*** [***other***] ***leg*** [***foot***] はき違え; お門違い, 見当違い: get [put] *the ~ on the wrong leg* はき違える; おかど違いをする / *The ~ is on the other leg.* 全く見当違いだ, 事実はまるで反対だ, 責任は向こうにある. ***too big for one's boots*** ⇨ big¹ 成句. ***wipe one's boots on*** …にこの上ない侮辱を加える.
boot(s) and saddle(s) 〘《変形》 ? ← F *boute-selle!* 《原義》 put saddle!〙 (騎兵の乗馬訓練[整列]の)召集らっぱ.
― *vt.* **1 a** …に靴[ブーツ]をはかせる (cf. booted 1). **b** [~ it として] 歩く. **2 a** (靴ばきのままで)ける, けとばす (kick): ~ a person *out* 人を戸外へけとばす. **b** 《俗》 追い出す, 放逐する; 解雇する (dismiss) 〈*out*〉: be *~ed out* (*of* office [school]) (職[学校]から)追い出される. **3** 靴(形刑具)で拷問する. **4** 《米口語》〘野球〙 〈ゴロを〉つかみそこなう, ファンブルする, 失策する: ~ a ball. **5** 〘アメリカンフットボール〙 (強く)キックする (kick). ― *vi.* 靴[ブーツ]をはく.

bóot·blàck *n.* = shoeblack.

bóot càmp *n.* 《米口語》 (海軍・海兵隊・沿岸警備隊の)新兵訓練所[キャンプ] (cf. boot³ *n.* 7).

bóot·ed [-tɪd, -təd | -tɪd, -təd] *adj.* **1** 靴をはいた: ~ and spurred 長靴をはき拍車を付けて《乗馬の用意を整えて》. **2** 〘鳥類〙 (脛骨に)羽毛のはえた.

boo·tee 〘← BOOT³ + -EE²〙 ― *n.* [通例 *pl.*] **1** [buːtíː | búːtiː, ─́─́] ブーティー《婦人・子供用の, 特にくるぶしまでの, 短いブーツ》. **2** [búːṭi | búːtiː, ─́─́] ブーティー, 毛糸靴《毛糸編みの幼児靴》.

bóot·er [-ṭə | -tə(r)] *n.* 靴でける人; (特に)サッカー選手.

boot·er·y [búːṭəri | -təri] *n.* 《米》 靴屋, 靴店.

Bo·ö·tes [bouóutiːz | bəʊə́ʊ-] 〘▭ L *Boōtes* ▭ Gk *boṓtēs* ox-driver ← *boûs* ox〙 ― *n.* 〘天文〙 うしかい(牛飼い)座《一等星 Arcturus を含む北天の星座; the Herdsman ともいう》.

bóot-fàced 〘← ? *have a sea boot face* 《俗》 look gloomy〙 *adj.* 《口語》 厳しい表情の (grim-faced), 悲しい顔付きをした (sad-faced); 無表情な.

booth [búːθ | búːð] 〘(*c*1145–61) *bōth* ▭ ON **bōð* ← *boa* to dwell (cf. bower¹): cog. G *Bude*〙 ― *n.* (*pl.* **~s** [búːðz, búːθs | búːðz]) **1 a** 仮小屋, 小屋掛け, 差掛け小屋. **b** (選挙の時の)仮設投票所. **2** (市場・祭礼などの)売店, 露天, 屋台店, ブース; 模擬店. **3 a** 仕切り席; (レストラン・喫茶店などの)ボックス(席). **b** 電話ボックス (telephone booth). **c** (語学練習室の)ブース. **d** 投票用紙記入所 (polling booth). **4** (周囲から仕事の邪魔をされないように)囲いをした場所; (特に)放送室, 撮影室, 映写室(など).

booth 2

Booth [búːθ | búːð], **Bal·ling·ton** [bǽlɪŋtən] *n.* (1859–1940) William Booth の子; 父と意見が合わず VOLUNTEERS of America を創始 (1896).

Booth, Edwin Thomas *n.* (1833–93) 英国人の俳優 Junius Brutus Booth (1796–1852) を父とする米国の俳優, J. W. Booth の弟.

Booth, Evangeline Cory *n.* (1865–1950) William Booth の娘, 救世軍大将.

Booth, John Wilkes *n.* (1838–65) 米国の俳優, E. T. Booth の兄で Abraham Lincoln の暗殺者.

Booth, William *n.* (1829–1912) 英国の宣教師, 救世軍 (Salvation Army) 大将で, その創設者 (1865); 通称 General Booth.

Booth, William Bram·well [brǽmwəl, -wel] *n.* (1856–1929) 救世軍大将, William Booth の長男で, その後継者.

Boo·thi·a [búːθiə | -θɪə], **the Gulf of** *n.* ブーシア湾《カナダ北部, Boothia 半島と Baffin 島との間の湾》.

Bóothia Península 〘← *Sir Felix Booth* (1831 年の北磁極発見隊の後援者): ⇨ -ia¹〙 ― *n.* [the ~] ブーシア半島《カナダ北部の北極圏内の半島; 北米大陸の最北端で, もと北磁極の所在地; 単に Boothia ともいう》.

bóot hìll 〘長靴を着けたまま死んだ者が多いと考えられたため〙 *n.* 《米西部》 ブーツヒル《銃の撃ち合いで殺された者たちが埋葬される墓地》.

bóot hòok *n.* ブーツフック《柄をつけた L 字型のかぎ; これを乗馬用長靴のつまみ革に通して引っぱってはく》.

boo·tie *n.* = bootee.

bóot·jàck *n.* **1** (長靴用)靴脱ぎ器《靴のかかとがはまる V 字形の切り込みがある》. **2** (家具などに付けた V 字形の)靴脱ぎ用切り込み[刻み目].

bootjack 1

bóot·làce *n.* 長靴用靴ひも; 《英》 靴ひも (shoelace).

bóotlace wòrm *n.* 〘動物〙 ヨーロッパ沿岸産の紐形動物門の黒褐色のヒモムシの一種 (*Lineus longissimus*)《体長が 13 m 以上にもなる》.

bóot làst *n.* ブーツ用靴型.

Boo·tle [búːtl | -tl] 〘OE *Boltelai* ← *bōtl* dwelling〙 ― *n.* イングランド西部 Merseyside 州の港市; Liverpool に隣接し Mersey 河口に臨む; 人口 75,000.

bóot·lèg 〘n. 1 が原義: 他は密造酒を bootleg に隠したことから〙 ― *n.* **1** (長靴の)すねの部分. **2** 《俗》 **a** (禁酒時代の)密造酒, 密売酒, 密輸入酒. **b** 禁制品 (illicit goods). **3** 〘アメリカンフットボール〙 = bootleg play. ― *attrib. adj.* **1** 《俗》 **a** 密造された, 密売される, 密輸入された; 密造[密売, 密輸入]の. **b** 不法の, 無許可の; 秘密の (clandestine). **2** 〘アメリカンフットボール〙 ブートレッグプレー (bootleg play) の.
― *v.* (**boot·legged**; **-leg·ging**) ― *vt.* 《俗》 **1** 〈酒を〉密造[密売, 密輸]する. **2** 不法に製造[売買]する.
― *vi.* **1** 《俗》 酒類などを密売[密造]する. **2** 〘アメリカンフットボール〙 ブートレッグプレーをする.

bóot·lèg·ger 〘(1890)〙 *n.* 《俗》 (禁酒法時代の)酒類秘密取引者, 酒類密売[密輸, 密造]者.

bóot·lèg·ging *n.* 《俗》 酒類密売[密輸, 密造].

bóotleg plày *n.* 〘アメリカンフットボール〙 ブートレッグプレー《quarterback が味方にボールを渡すふりをしてそのままボールを背後に隠し持って走るプレー》.

bóot·less 〘OE *bōtlēas*: ⇨ boot¹, -less〙 *adj.* 《文語》 無益な, むだな (useless): a ~ effort むだ骨. **~·ly** *adv.* **~·ness** *n.*

bóot·lìck 〘← *lick a person's boots* (⇨ lick (v.) 成句)〙 *vt., vi.* へつらう, おもねる (toady). ― *n.* 《米》 = bootlicker. **~·ing** *n., adj.*

bóot·lìcker *n.* おべっか使い, 追従(ついしょう)者 (toady).
bóot·màker *n.* 靴屋, 靴製造人.
boots [búːts] 〖(pl.) ← BOOT³〗 *n. pl.* [単数扱い]《英》(旅館の)靴磨き《客の靴を磨いたりその他雑用をする使用人》.
bóot·stràp *n.* **1** (編上げ靴の)つまみ革. **2**〖電算機〗ブートストラップ《プログラムを読みこむためのプログラム; その先頭では後の部分を読みこむためのプログラムが書かれている》. **3**〖電子工学〗ブートストラップ回路《直線掃引用定電流充電回路》.
pull* [*lift, raise*] *oneself* (*up*) *by one's* (*own*) *bootstraps 《口語》(困難な情況の中を)自力で進む[向上する].
— *attrib. adj.* **1** 独立独行の, 独力の. **2**〖電算機〗ブートストラップ的な《プログラムそのものにそのプログラムの実行を促進する機能をもつ》: a ~ operation.
— *vt.* [~ one*self* で] 自分の努力で〔…に〕達する〔*into*〕; 独力で〔…から〕脱する〔*out of*〕.
bóot tàg *n.* 《英》(編上げ靴の)つまみ革 (bootstrap).
bóot tòp *n.* **1 a** 長靴の上部[上端]. **b** (もと, 長靴の上部につけた)レースのひだ飾り (ruffle). **2**〖海事〗 =boot topping 2.
bóot tòpping *n.*〖海事〗**1** 水線部《満載喫水線と軽荷喫水線との間の船体外面》. **2** 水線塗料《船体の腐食や貝殻・海草などの付着を防ぐために水線部に塗る塗料; boot top ともいう》.
bóot trèe *n.* **1** 靴保存型, 靴型《靴の型がくずれないように靴の中へ入れる》. **2** =bootjack 1.
boo·ty [búːṭi | -ti] 〖《*c*1450》 *bottyne* ▭ (O)F *butin* ▭ MLG *būte* exchange, distribution ← ?: 今の形は BOOT¹ の影響〗 — *n.* **1 a** 略奪品, 強奪品; 獲物. **b** (国際法で, 陸上の)分捕品, 戦利品 (plunder) (cf. prize³). **2** (事業などの)利得, もうけ (profit), 賞金.
play booty 仲間とぐるになって悪事を働く.
booze [búːz] 〖《?*a*1325》 *bouse*(*n*) ▭ MDu. *būse-n* to drink (to excess)〗《口語》 — *vi.* 大酒を飲む. — *n.* **1** 酒宴, 飲み騒ぎ: have a ~. **2** 酒, (特に)強い酒: a bottle of ~ / go on [hit] the ~ 酒を飲む / on the ~ (よく)大酒を飲んで.
bóoz·er *n.* **1**《口語》大酒飲み. **2**《英俗》飲み屋 (pub).
booz·er·oo [bùːzərúː] 〖← BOOZE+-EROO〗 *n.* 《ニュージーランド俗》飲めや歌えの乱痴気騒ぎ.
bóoze-ùp *n.* 《英俗》どんちゃん騒ぎ.
booz·y [búːzi | -zi] 〖← BOOZE+-Y⁴〗 *adj.* (**booz·i·er, -i·est; more ~, most ~**) 《口語》 **1** 大酒飲みの. **2** 酔っ払った. **bóoz·i·ly** [-zɪli, -zə- | -lɪ] *adv.*
bop¹ [báp | bɔ́p] 〖《略》← BEBOP〗 — *n.* 《俗》〖ジャズ〗バップ《1940 年代初期に New York 市で発達したジャズ音楽; それ以前の Dixieland jazz に飽き足らない人人が始めたモダンジャズのごく初期の形; 律動的な和音の複雑さと斬新さ・旋律線のぼかしなどが特徴; bebop ともいう》.
bop² [báp | bɔ́p] 〖《変形》← BOB⁵〗 — *v.* (**bopped; bop·ping**) 《俗》 — *vt.* (こぶしや棍棒で)打つ, たたく, なぐる (strike). — *vi.* 《米》戦う, 打ち合う (fight). — *n.* こぶし[棍棒]で打つこと, 殴打 (blow).
bo·peep [bóupìːp | bəu-] 〖《1528》← BO¹+PEEP¹〗 — *n.* 《英》「いないいないばあ」(peekaboo)《隠れていて Bo! と言って急に顔を出し幼児をあやす》: play ~「いないいないばあ」をする; 〈政治家などが〉変幻自在の行動をする, 正体をつかませない.
Bopp [báp | bɔ́p; *G.* bɔ́p], **Franz** [frɑ́nts] *n.* ボップ《1791–1867; ドイツの言語学者; 比較言語学の創始者》.
bop·per [bápə | bɔ́pə(r] 〖《略》← BEBOPPER〗 — *n.* **1 a** バップ (bop) 奏者[歌手], バップを得意とする音楽家. **b** バップのファン《bebopper, boppist, bopster ともいう》. **2**《俗》=teenybopper.
bóp·pist [-pɪst, -pəst | -pɪst] *n.* =bopper 1.
bop·ster [bápstə | bɔ́pstə(r] *n.* =bopper 1.
bo·pyr·id [bo(ʊ)pírɪd, -rəd | bə(ʊ)pírɪd] 〖↓〗 *n.*〖動物〗エビヤドリムシ科の動物《エビやカニの鰓腔(さいこう)に寄生する》.
Bo·pyr·i·dae [bo(ʊ)pírədìː | bə(ʊ)pírɪ-] 〖← NL ~ ← *Bopyrus* (人名)+-IDAE〗 *n. pl.*〖動物〗エビヤドリムシ科.
BOQ 《略》《米軍》bachelor officers' quarters.
bor [bɔ́ə | bɔ́ː(r] 〖《変形》? ← BOOR〗 *n.* [通例呼び掛けに用いて]《英方言》隣人 (neighbor), 友だち (friend).
bor. 《略》boron; borough.
bor- [bɔːr, boːr | bɔːr] (母音の前に来る時の) boro- の異形.
bo·ra¹ [bɔ́ːrə, bóːrə | bɔ́ːrə] 〖▭ It.《方言》~ < L *boream, boreās* 'north wind, BOREAS'〗 *n.* (アドリア海北岸の)北または北東の乾燥した冷たい季節風.
bo·ra² [bɔ́ːrə, bóːrə | bɔ́ːrə] 〖▭ Austral.《土語》*bōr, būr* circle〗 *n.* 《豪》オーストラリア原住民の男子の成人式.
bo·ra·ces *n.* borax¹ の複数形.
bo·rac·ic [bəræ̀sɪk, bɔː-, boː- | bə-, bɔ-] *adj.*〖化学〗 =boric.
borácic ácid *n.* 《俗用》=boric acid.
bo·ra·cite [bɔ́ːrəsàɪt, bóːr- | bɔ́ːr-] 〖▭ G *Borazit*: ⇨ borax¹, -ite¹〗 *n.*〖鉱物〗方ホウ鉱, 方ホウ石 ($Mg_3B_7O_{13}Cl$).
bor·age [bɔ́(ː)rɪdʒ, bɑ́r- | bɔ́r-] 〖《*a*1300》 ▭ OF *bourage* (F *bourrache*) ▭ ML *bor*(*r*)*āgō* ▭ ? Arab. *abū 'áraq* 《原義》father of sweat〗 — *n.*〖植物〗ルリヂサ (*Borago officinalis*)《ヨーロッパ産ムラサキ科の植物; 蜜源植物であり, また混合飲料 claret cup の香味料やサラダなどに用いる》.

Bo·rag·i·na·ce·ae [bəræ̀dʒənéɪsiìː | -dʒɪ-] 〖← NL ~ ← *Borāgin-, Borāgō* (属名: ⇨ borage)+-ACEAE〗 — *n. pl.*〖植物〗ムラサキ科. **bo·rag·i·ná·ceous** [-ʃəs] *adj.*
bor·ak [bɔ́ræk, bóːr- | bɔ́ːr-] 〖← Austral.《土語》〗 *n.* 《豪俗》冷やかしの言葉, 嘲笑. ★ 通例次の句で: poke (the) ~ at ...をからかう.
bor·al [bɔ́ːræl, bóːr-, -rəl | bɔ́ːr-] 〖← BORO-+AL(UMINUM)〗 *n.*〖化学〗ボーラル《炭化ホウ素とアルミニウムをサンドイッチ状に合わせアルミニウムで被覆したもので, 中性子の遮蔽(しゃへい)材として用いる》.
bo·rane [bɔ́ːreɪn, bóːr- | bɔ́ːr-] 〖← BORO-+-ANE²〗 *n.*〖化学〗ボラン《水素化ホウ素の総称》.
bo·rate [bɔ́ːreɪt, bóːr-, -rət, -rɪt | bɔ́ːr-] 〖← BORO-+-ATE¹〗 *n.*〖化学〗ホウ酸塩. — [-reɪt] *vt.* ホウ酸塩[ホウ酸, ホウ砂]で処理する.
bó·rat·ed [-ṭɪd, -ṭəd | -tɪd, -təd] *adj.* ホウ砂 (borax) [ホウ酸塩 (borate)] を混ぜた.
bo·rax¹ [bɔ́ːræks, bóːr-, -rəks | bɔ́ːræks] 〖《16C》 ▭ ML ~ ▭ Arab. *báwraq* ▭ Pers. *būrah* ∽ 《1387–95》 *boras* ▭ OF〗 — *n.* (*pl.* **~·es, bo·ra·ces** [-rəsìːz]) 〖化学〗ホウ砂 ($Na_2B_4O_7 \cdot 10H_2O$).
bo·rax² [bɔ́ːræks, bóːr-, -rəks | bɔ́ːræks] 〖ホウ酸石鹸業者が安家具を景品としてつけたことから〗《俗》 — *n.* 安ピカ商品; (特に)見かけ倒しの安物家具. — *adj.* **1** 〈家具など〉安物の. **2** 安物家具の.
bo·rax³ [bɔ́ːræks, bóːr- | bɔ́ːr-] *n.* =borak.
bórax béad *n.*〖化学〗ホウ砂球 (⇨ bead 8).
bórax béad tèst *n.*〖化学〗ホウ砂球試験 (⇨ bead 8).
bórax pentahýdrate *n.*〖化学〗ホウ砂の五水和物 ($Na_2B_4O_7 \cdot 5H_2O$)《除草剤》.
bo·ra·zon [bɔ́ːrəzɑ̀n, bóːr- | bɔ́ːrəzɔ̀n] 〖← BORO-+AZO-+-ON¹〗 — *n.*〖化学〗ボラゾン《ダイアモンドより硬く耐熱性のよい立方晶系閃亜鉛鉱型構造の窒化ホウ素》.
bor·bo·ryg·mus [bɔ̀əbərígməs | bɔ̀ː-] 〖← NL ~ ← Gk *borborugmós* ← *borborúzein* to rumble《擬音語》〗 — *n.* (*pl.* **-ryg·mi** [-maɪ]) 〖生理〗腹鳴《腸管内のガスが移動する時に発する音》.
bord [bɔ́əd | bɔ́ːd] 〖《変形》← BOARD: 石炭の搬出を容易にするため坑道の道床に板を敷いたことから〗 — *n.* 《英》〖鉱山〗房, 室 (stall, room)《鉱柱 (pillar) の間に切り開かれた採掘場》.
bórd-and-píllar *adj.* 《英》〖鉱山〗柱房法の (⇨room-and-pillar).
Bor·deaux [bɔədóu | bɔːdə́u; *F.* bɔrdo] *n.* (*pl.* ~) **1** ボルドー《フランス南西部の海港で Gironde 県の首都, Garonne 川に臨む有名なぶどう酒産地の中心; 人口 261,000》. **2** ボルドー(ワイン)《フランス Bordeaux 地方産の白赤両種のぶどう酒; 赤の方は特に claret という; 白の方は甘口には Sauterne, 辛口には Graves がある》. **3**〖園芸〗=Bordeaux mixture.
Bordéaux mìxture, b- m- 〖《なぞり》← F *bouillie bordelaise*〗 *n.*〖園芸〗ボルドー液《石灰乳に硫酸銅を加えた農薬》.
bor·del [bɔ́ədl̩ | bɔ́ː-] 〖ME *bordel* ▭ OF ~ (dim.) ← *borde* cottage ▭ Frank. **borda* ← **bord*: ⇨ border〗 *n.* 売春宿 (brothel).
Bor·de·laise [bɔ̀ədəléɪz, -dl̩- | bɔ̀ːdəl-, -dl̩-; *F.* bɔrdəlɛːz] 〖▭ F ~ (fem.) ← *bordelais* of Bordeaux〗 — *n.* ボルドレーズ(ソース)《Bordeaux 産ぶどう酒で風味をつけたブラウンソース; Bordelaise sauce ともいう》.
bor·del·lo [bɔədélou | bɔːdéləu] 〖▭ It. ~ ▭ OF *bordel*: ⇨ bordel〗 *n.* (*pl.* **~s**) 売春宿 (brothel).
bor·der [bɔ́ədə | bɔ́ːdə(r] 〖《?*c*1350》 *bordure* ▭ (O)F ← *border* to border ← *bord* edge ▭ Frank. **bord* < Gmc **borðaz* 'BOARD': ⇨ -ure: BORDURE と二重語〗 — *n.* **1 a** へり, 縁, 端: the ~ of a field, forest, river, lake, etc. **b** (印刷面の周囲を囲む)飾り縁, 輪郭罫, 花形線; (黒枠などの)枠. **2 a** 境, 境界 (boundary); 国境 (frontier); 《米》辺境; [*pl.*] 国境地帯: a ~ army 国境警備軍 / the Swiss-Italian ~ スイスとイタリアの国境 / over the ~ 国境を越えて / on the ~s of ...の境界[国境]に近く, ...に隣接して / within [out of] ~s 国境[領域]内[外]に. **b** [the ~] (特に, Rio Grande 川沿いの)米国とメキシコとの国境. **c** [the B-; しばしば *pl.*] イングランドとスコットランドとの国境地方 (cf. march² 1 b, Borders). **d** [the ~] 北アイルランドとアイルランド共和国との国境. **e** =border line. **3** (婦人服・じゅうたん・家具などの装飾的な)へり取り, 飾り縁; (かごの上部の)へり, 縁: decorate the neck with a lace ~ えりにレースのへり飾りを付ける. **4** (庭園・芝生・歩道などの)縁取り花壇: a garden with a ~ of pretty flowers きれいな花[花壇]で縁取った庭園. **5**〖劇場〗**a** [通例 *pl.*] ボーダー, 一文字《舞台天井の照明・大道具の上部などを隠すための短いカーテン》. **b** =borderlight.
on the border of (1) ...の辺(境)に (cf. *n.* 2 a). (2) ...のきわに, ほとんど...しようとして.
— *vt.* **1** ...に隣接する; ...の境[境界]をなす, 境界をつける (bound): a road ~*ing* the river 川に沿った道 / The school ~*s* the park on the north. 学校は北側で公園に接している / The lawn was ~*ed by* [*with*] trees. 芝生のへりには木が植えてあった. **2** ...に〔縁(飾り)を〕付ける〔*with*〕: ~ a handkerchief *with* lace ハンカチにレースの縁取りをする. — *vi.* **1** 〔...に〕接する〔*on, upon*〕: Our garden ~*s on* the lake. うちの庭は湖に接している. **2** 〔...に〕近似する (verge) 〔*on, upon*〕: ~ *on* the miraculous ほとんど奇跡といってよい / a state ~*ing on* hysteria ヒステリーに近い状態 / His confidence ~*s upon* brashness. 彼の自信は厚かましさに近い.
bor·de·reau [bɔ̀ədəróu | bɔ̀ːdərə́u; *F.* bɔrdəro] 〖▭ F ~ ← *bord* (↑)〗 *F. n.* (*pl.* **-de·reaux** [~(z); *F.* ~]) (勘定などの)明細書, (記録の)目録 (memorandum).
bór·dered *adj.* **1** 縁取った; (特に)〈葉が〉(形・色などで)きわ立った縁をしてる. **2**〖紋章〗=fimbriated 2.
bórdered pít *n.*〖植物〗有縁膜孔, 重縁膜孔, 有縁孔紋《入口より奥が広く円錐形の内腔を有し, 表面から見ると二重の輪郭をなすような膜孔; cf. simple pit》.
bór·der·er [-dərə | -dərə(r] 〖《1494》: ⇨ border, -er¹〗 — *n.* **1** 国境地方の住人; 辺境地の住人; (特に)イングランドとスコットランド国境地方の住人. **2** 縁取りをする人. **3**《古》近くに住んでいる人, 隣人.
bór·der·ing [-d(ə)rɪŋ] *n.* **1** 縁取り(材料). **2**〖造園〗(芝生や花壇のへりなどを区切る)縁取り (edging).
bórder·lànd *n.* **1 a** 国境地方, 境界地. **b** 紛争地. **c** 奥地, 僻地. **2** [the ~] どっちつかずの境界線[領域]: *the* ~ of consciousness 意識の周辺, 夢うつつの境 / *the* ~ *between* science and philosophy 科学と哲学との境界領域. — *attrib. adj.* =borderline.
bórder·less *adj.* **1** へり[縁]のない. **2** 境界のない. **3** 縁飾りのない.
bórder·light *n.*〖劇場〗ボーダーライト《舞台上方に樋(とい)形に電球を並べ, 舞台照明の主体になるもの》.
bórder·lìne *attrib. adj.* **1** 〈場所が〉国境線上にある, 国境近くの. **2 a** 〈問題など〉境界線上の, どっちつかずの, 議論の余地のある (debatable); 標準的とは言えない: ⇨ borderline case. **b** 〈言葉など〉きわどい, 卑猥に近い; 狂気に近い: a ~ joke きわどい冗談.
bórder lìne *n.* 境界線, 国境線 (boundary line).
bórderline càse *n.* **1** どっちつかずの場合[事件]. **2**〖心理〗境界線的ケース《例えば精神薄弱児と正常児の中間のケース》.
bórder·lìn·er *n.* =borderline case.
bórder pèn *n.* 縁飾り用絵筆[ペン].
bórder plànt *n.*〖造園〗縁に植える植物.
bórder rìder [**prìcker**] *n.* 《英》(もと)イングランドとスコットランド国境地方に出没した馬賊 (cf. moss-trooper).
Bor·ders [bɔ́ədəz | bɔ́ːdəz] *n. pl.* [the ~] スコットランド南東部の州; 1975 年新設; 旧 Berwickshire, Roxburgh, Selkirk, Peebles 諸州から成り, イングランドの Northumberland 州に接する; 面積 4,660 km^2, 人口 100,000; 首都 Newtown St. Boswells.
bórder sèrvice *n.* 国境警備勤務.
Bórder Stàtes *n. pl.* [the ~] **1**〖米史〗境界州《南部の奴隷制度採用諸州のうち, 北部の自由州に接し, 脱退よりは妥協に傾いていた Delaware, Maryland, Virginia, Kentucky, Missouri 諸州; 以上の外 North Carolina, West Virginia, Tennessee, Arkansas を含めることもある》. **2**《米》カナダに接している諸州《Montana, North Dakota など》. **3** (フィンランド・ポーランド・エストニア・ラトビア・リトアニアなどのように)強国に接している国; (特に)二強国間にはさまれた小国.
Bórder térrier, B- T- *n.* ボーダーテリア《英国 Cheviot Hills の両側の地方原産の小型の犬種のイヌ》.
Bor·det [bɔədéɪ | bɔː-; *F.* bɔrdɛ], **Jules** (**Jean Baptiste Vincent**) *n.* ボルデ《1870–1961; ベルギーの細菌学者; Nobel 医学生理学賞 (1919)》.
bor·dure [bɔ́ədʒə, -djə | bɔ́ːdjʊə(r, -djə(r; *F.* bɔrdyːr] 〖《?*c*1350》 ▭ OF ~: BORDER と二重語〗 — *n.*〖紋章〗盾の周囲を一定の幅で縁取りした図形《紋章作図に多用される図形の一つで, 次男あるいは三男が父の紋章を bordure で囲み, cadency mark とするなど用途が広い; ⇨ heraldry 挿絵 D》.
bór·dured *adj.*〖紋章〗=fimbriated 2.
bore¹ *v.* bear² の過去形.
bore² [bɔ́ə, bóə | bɔ́ː(r] 〖OE *borian* to pierce < Gmc **borōn* (G *bohren*) ← **boraz* ← IE **bher-* to cut (L *forāre* to pierce)〗 — *vt.* **1** (錐(きり)などで)〈穴を〉あける; ...に穴をうがつ: ~ a hole *in* [*into, through*] a board 板に穴をあける / ~ a plank [wall] 板[壁]に穴をあける. **2 a** 〈井戸・トンネルなどを〉くり抜く, 掘り抜く: ~ a tunnel *through* a mountain 山にトンネルを掘り抜く. **b**〖機械〗〈穴を〉中ぐりする. **3 a**〖競馬〗〈馬が〉(鼻先を突き出して)〈他の馬を〉押しのける, はじく, 押圧する. **b** [~ one's way として] くぐり抜けて[じりじりと押しのけて]進む: Moles ~ *their ways* under our garden. もぐらがうちの庭に穴を掘って回る. — *vi.* **1** (錐などで)穴をあける: ~ *into* a tree 木に穴をあける / ~ *for* water [oil, coal] 水[石油, 石炭]を試掘する. **2 a** 穴があく[があけられる]: This wood ~*s* easily. この木は簡単に穴があけられる. **b**〖機械〗中ぐりする. **3** 穴のあくほど見つめる: ~ *into* a person's face 人の顔を穴のあくほど見つめる. **4** 骨折って[押し分けて]行く, じりじり進む: ~ *in* くぐり抜けて中へ入る / ~ *through* the crowd 人込みの中を押し分けて行く. **5**〖競馬〗〈馬が〉鼻先を突き出す, 〈馬首が〉突き出る, 斜行する: ~ *in* [*out*] 内側[外側]に斜行する.
bore from within (1) (目的を達成するために)人にうまく取り入る. (2) (組合などを)内部から切り崩す.
— *n.* **1** 錐で作った穴; 丸く掘った穴; 試掘孔. **2** (パイプ・チューブなどの)穴; 銃腔, 砲腔, 腔中《銃身・砲身の内部; ⇨ cannon 挿絵》. **3** 穴の大きさ; 口径

(caliber); (シリンダーの)内径, ボア. **4** (錐などのような)穴あけ器, 穿孔(せんこう)機.

bore³ [bɔ́ə, bóə | bɔ́:(r] 〖《1768》← ?〗 ― *vt.* うんざりさせる, 退屈させる, 弱らせる (weary): be ~*d to* death [tears] ほとほと退屈する / ~ a person *by* [*with*] one's rigmarole くだらない長話をして人をうんざりさせる. ― *n.* うんざりさせる人[事], 鼻につく事; 退屈な仕事: He is a dreadful ~. 彼にはほとほとうんざりだ / The movie was a perfect ~. 映画は全く退屈だった.

bore⁴ [bɔ́ə, bóə | bɔ́:(r] 〖《?a1300》□ ON *bāra* wave, 《原義》that which is borne: cf. bear²〗 ― *n.* 〖海洋〗海嘯(かいしょう), 潮津波, ボア, 段波《浅い所で高潮が衝突する時, または三角口状に開いた河口に高潮が押し寄せた時に見られる高い波で, 中国の銭塘(せんとう)江, 南米の Amazon 川, 北米の Fundy 湾などで著しい; 英国では Severn, Trent, Humber 川などに見られ, eagre と呼ばれる》.

bo·re·al [bɔ́:riəl, bó:r- | bɔ́:rɪ-] 〖《c1450》□ (O)F *boréal* ∥ LL *boreāl-is* of north wind ← L *boreās* north wind: ⇨ Boreas〗 ― *adj.* **1** 北の, 北方の (northern). **2** 北風の. **3** ボレアス (Boreas) の. **4** 〖生態〗〈動植物が〉亜寒帯の, 北方針葉樹林帯の: the *Boreal* Zone 北帯.

borealis ⇨ aurora borealis, Corona Borealis.

Bo·re·as [bɔ́:riəs, bó:r-, -riæ̀(:)s | bɔ́riæ̀s, bɔ́:r-] 〖《c1380》□ L *Boreās* □ Gk *boréās* north wind〗 *n.* **1** 〖ギリシャ神話〗ボレアス《北風の神》. **2** 《詩》北風, 朔風(さくふう).

bore·cole [bɔ́əkoʊl, bóə- | bɔ́:kəʊl] 〖《1712》□ Du. *boerenkool* ← *boer* 'BOOR'+*kool* cole〗 *n.* 〖植物〗ケール, ハゴロモカンラン (kale).

bored *adj.* うんざり[退屈]した: a ~ expression.

bóre·dom [-dəm] 〖← BORE³ (n.)+-DOM〗 *n.* **1** 倦怠, 退屈: relieve ~ 退屈を紛らす. **2** 退屈な事柄.

bóre·hòle *n.* 〖鉱山〗試錐孔《ボーリングした穴》; (特に)鑿井(さくせい), 井戸 (well).

bor·er [bɔ́:rə, bó:rə | bɔ́:rə(r] 〖ME: ⇨ bore², -er¹〗 ― *n.* **1** 穴をあける人. **2** 穴あけ器, 錐(きり), たがね. **3** 〖昆虫〗穿孔(せんこう)虫《幼虫が草木の皮・茎・幹・根などに穴をあけて害を与える昆虫の総称》. **4** 〖貝類〗**a** フナクイムシ (shipworm). **b** 石灰岩に穴をあける二枚貝軟体動物の総称 (*Saxicava* 属, *Lithophaga* 属など). **c** =drill¹ 5 a. **5** 〖魚類〗他の魚に穴をあけて肉を食う魚の総称《hagfish など》. **6** 〖動物〗海中の木材に穴をあける小型甲殻類キクイムシ科 *Limnoria* 属の動物の総称. **7** 〖競馬〗鼻先を突き出す馬, 他の馬を押しのける馬, 斜行する馬.

bóre·sìght *vt.* **1** 〈銃・砲〉の銃腔[砲腔]視線検査をする, 照準規正をする, 腔中検査をする《銃腔[砲腔]軸と銃[砲]の照準線とを平行にする[一点に集める]》. **2** 銃腔[砲腔]軸を通して〈標的〉に狙いをつける; 〈標的を〉正確に狙う. ― *n.* 銃腔[砲腔]視線検査具, 照準規正器, 腔中検査具《銃腔[砲腔]に取りつけて銃腔[砲腔]軸を照準点に合わせるための器具》.

bore·some [bɔ́əsəm, bóə- | bɔ́:-] *adj.* 退屈な, おもしろくない, うんざりな (dull). **~·ly** *adv.*

Bor·ges [bɔ́əheɪs | bɔ́:-; *Sp.* bórxes], **Jor·ge** [xórxe] **Luis** *n.* ボルヘス《1899–　; アルゼンチンの詩人・小説家・批評家; *Historia universal de la infamia*「悪党列伝」(短篇集, 1935)》.

Bor·ghe·se [bɔəgéɪzeɪ | bɔ:-; *It.* borgé:ze] *n.* ボルゲーゼ《イタリア Siena 出身の名家; 16–19 世紀初めにかけ政界・社交界などに重きをなした》.

Borg·hild [bɔ́əghɪld] 〖□ ON *Borghild-r*〗 *n.* 〖北欧伝説〗ボルグヒルド《*Volsunga Saga* で Sigmund の最初の妻; Sinfiotli を毒殺して弟の仇討をした》.

Bor·gia [bɔ́ədʒɑ:, -dʒə, -ʒə | bɔ́:dʒjə, -dʒɪə, -dʒə; *It.* bɔ́rdʒa], **Ce·sa·re** [tʃé:zare] *n.* ボルジア《1476–1507; イタリアの枢機卿・軍人・政治家; 教皇 Alexander VI の息子; 権謀術数で有名, Machiavelli の *The Prince* のモデル》.

Borgia, Lu·cre·zia [lukré:tsja] *n.* ボルジア《1480–1519; Cesare の妹, 学芸の擁護者》.

Bor·gias [bɔ́ədʒɑ:z, -dʒəz, -ʒəz | bɔ́:dʒjəz, -dʒɪəz, -dʒəz] *n. pl.* [the ~] ボルジア家《スペイン出身のイタリアの家系; 15–16 世紀に権勢を振るった; スペイン語形 Borjas [bórxas]》.

Bor·glum [bɔ́əgləm | bɔ́:-], **Gut·zon** [gʌ́tsn̩] *n.* (1867–1941) 米国の彫刻家・画家; Rushmore 山に巨大な彫像を作った; 本名 John Gutzon de la Mothe Borglum [-déləmʌ̀t- | -mɒ̀t-].

bo·ric [bɔ́:rɪk, bó:r- | bɔ́:r-, bɔ́r-] 〖□ F *borique* ← BO-RO-+-*ique* '-IC¹'〗 *adj.* 〖化学〗ホウ素 (boron) の; ホウ素を含む. ★ 特に酸素との化合物について用いる.

bóric ácid *n.* 〖化学〗ホウ酸《通例, オルトホウ酸 (H_3BO_3) を指すが, メタホウ酸 (HBO_2), 四ホウ酸 ($H_2B_4O_7$) を含めた一般名の場合もある》.

bóric óintment *n.* 〖薬剤〗ホウ酸軟膏(なんこう).

bo·ride [bɔ́:raɪd, bó:r- | bɔ́:r-] 〖← BORO-+-IDE²〗 *n.* 〖化学〗ホウ化物.

bor·ing¹ [bɔ́:rɪŋ, bó:r- | bɔ́:r-] *adj.* 退屈な, うんざりする (tedious): a ~ teacher, story, etc. **~·ly** *adv.* **~·ness** *n.*

bor·ing² [bɔ́:rɪŋ, bó:r- | bɔ́:r-] 〖ME: ⇨ bore², -ing¹〗 ― *n.* **1** 穴ぐり, 中ぐり; 穿孔(作業); 〖採鉱〗ボーリング: a ~ *for* oil 石油の試掘. **2 a** (錐(きり)・ボーリングなどであけた)穴. **b** (パイプ・チューブなどの)穴. **3** [通例 *pl.*] 錐[もみ]くず, 中ぐりくず. **4** 〖地質〗= boring core. **5** [形容詞的に] 穴あけ[ボーリング]用の.

bóring bàr *n.* 〖機械〗中ぐり棒.

bóring bìt *n.* 〖機械〗中ぐりビット.

bóring còre *n.* 〖地質〗(ボーリングによって掘り採られた)円筒形の地質の試料《単に boring ともいう》.

bóring machìne *n.* 〖機械〗中ぐり盤, ボーリング機械.

bóring mìll *n.* 〖機械〗中ぐり機.

bóring tòol *n.* 〖機械〗穿孔(せんこう)器, 中ぐりバイト.

Bor·is [bɔ́:rɪs, bó:r-, -rəs | bɔ́rɪs; *Russ.* barjís] 〖□ Russ. ~ 《原義》fight〗 *n.* 男性名.

Bor·is III [bɔ́:rɪs, bó:r-, -rəs | bɔ́rɪs; *Bulg.* borís, bóris] *n.* ボリス三世《1894–1943; ブルガリア皇帝 (1918–43)》.

Bor·laug [bɔ́əlɔ:g | bɔ́:-], **Norman Ernest** *n.* (1914–　) 米国の農学者; 小麦の改良で知られる; Nobel 平和賞 (1970).

born [bɔ́ən | bɔ́:n] 〖OE (*ġe*)*boren* (p.p.)〗 ― *v.* bear² の過去分詞 (cf. bear² *vt.* 7 a ★): He was ~ and bred in London. ロンドンで生れてロンドンで育った (cf. BORN *and bred* ⇨ *adj.* 成句) / be ~ *of* [*to, into*] a rich family 金持の家に生れる / be ~ *of* poor parents 貧しい両親のもとに生れる / be ~ poor 貧乏に生れる / be ~ *to* sorrows 悲運に生れつく / be ~ *to* be hanged やがては絞首台で死ぬ運命を背負って生れる / He was ~ a poet. 詩人に生れついた / A baby girl was ~ *to* them. 女の子が彼らの間に生れた / Confidence is ~ *of* knowledge. 知識があれば自信が生れる.

be born again 生れ変わる, 更生する. ***born of woman*** = ***of woman born*** ⇨ woman 成句.

― *adj.* **1** 生れながらの, 先天的な, 天性の; 全くの (utter): a ~ fool [liar] 生れながらの大ばか者[うそつき] / one's ~ grace 生得の気品 / He was a ~ poet [a poet ~]. 生れながらの詩人だった / ⇨ *to the* MANNER¹ *born.* **2** [複合語の第 2 構成素として] (…に[で])生れた, (…の)身分として生れた, …生れの: an American-*born* lady 米国生れの婦人 / an eldest-*born* child 長子 / a nobly-*born* man 高い身分に生れた人 / poor-*born* children 貧乏に生れた子供たち / a recently-*born* idea 近ごろ生れ出た思想 / a country-*born* lad 田舎生れの若者.

born and bred = ***bred and born*** [名詞の後に置いて] 生粋の: He is a Cockney ~ *and bred.* 生え抜き[生粋]のロンドン子だ. ***born yesterday*** ⇨ yesterday 成句. ***in all one's born days*** 《口語》生れてから今まで, 生涯にいまだかつて.

Born [bɔ́ən | bɔ́:n; *G.* bɔ́rn], **Max** *n.* ボルン《1882–1970; ドイツ生れの英国の理論物理学者; Nobel 物理学賞 (1954)》.

bor·nane [bɔ́əneɪn | bɔ́:-] 〖← BORN(EOL)+-ANE²〗 *n.* 〖化学〗ボルナン (⇨ camphane).

borne 〖⇨ born〗 *v.* bear² の過去分詞. ★「生む」という意味の場合の用法については ⇨ bear² *vt.* 7 a ★.

bor·né [bɔənéɪ | bɔ:-; *F.* bɔʀne] 〖□ F ~ (p.p.) ← *borner* to limit: cf. bound¹〗 *adj.* 視野の狭い, 偏狭な.

Bor·ne·an [bɔ́əniən | bɔ́:nɪ-] *adj.* ボルネオ (Borneo) の; ボルネオ人の. ― *n.* ボルネオ人.

Bor·ne·o [bɔ́əniòʊ | bɔ́:nɪəʊ] *n.* ボルネオ(島)《Malay 諸島中にある世界第三の大島; 南部の Kalimantan はインドネシア, 北部の Sabah, Sarawak はマレーシアに属し, 北部の Brunei は英連邦内自治領; 面積 755,000 km²》.

Bórneo cámphor *n.* 〖化学〗ボルネオ樟脳《Malay 諸島などのリュウノウ (*Dryobalanops aromatica*) から採る樟脳に似た芳香物質; Malay camphor, Sumatra camphor ともいう; cf. borneol》.

bor·ne·ol [bɔ́əniɔ̀(:)l, -òʊl | bɔ́:nɪɒ̀l] 〖← *Borneo* (*camphor*)+-OL¹〗 *n.* 〖化学〗ボルネオール, 竜脳 ($C_{10}H_{17}OH$)《精油の中に発見され, 特に香料として用いられる; bornyl alcohol, camphol ともいう; cf. Borneo camphor》.

Born·holm [bɔ́ənhoʊ(l)m | bɔ́:nhəʊ(l)m; *Dan.* bɔrnhɔ́l'm] *n.* ボルンホルム(島)《スウェーデン南方のバルト海中のデンマーク領の島; 人口 48,000, 面積 588 km²》.

born·ite [bɔ́ənaɪt | bɔ́:-] 〖□ G *Bornit* ← *Dr. Ignatius von Born* (1742–91: オーストリアの鉱物学者): ⇨ -ite¹〗 *n.* 〖鉱物〗斑(はん)銅鉱 (Cu_5FeS_4).

Bor·nu [bɔ́ənú: | bɔ:-] *n.* ボルヌ《アフリカ中西部の旧イスラム教王国 (11–19 世紀), Chad 湖の南と西にわたる地方で, 現在その大部分はナイジェリアの一州; 優良な馬の産地》.

bór·nyl ácetate [bɔ́ənɪl-, -nl̩- | bɔ́:nɪl-] 〖*bornyl*: ← BORN(EOL)+-YL〗 ― *n.* 〖化学〗酢酸ボルニル ($C_{10}H_{17}OCOCH_3$)《無色の液体; 樟脳様の香気があり, 香料として用いる》.

bórnyl álcohol *n.* 〖化学〗=borneol.

bo·ro- [bɔ́:ro(ʊ), bó:r- | bɔ́:rə(ʊ)] 〖← BORON〗「ホウ素 (boron)」の意の連結形: *borosilicate.* ★ 母音の前では通例 bor- になる.

Bo·ro·din [bɔ̀(:)rədí:n, bɑ̀r- | bɔ̀r-; *Russ.* bəradjín], **Aleksandr** (**Por·fi·re·vich** [parfjírjivjitʃ]) *n.* ボロディン《1833–87; ロシャの作曲家; *Prince Igor* (歌劇), *In the Steppes of Central Asia* (交響詩, 1880)》.

Borodin, Mikhail Mar·ko·vich [márkəvjitʃ] *n.* ボロディン《1884–1953; ソ連の外交官, 中国国民党の政治顧問 (1923–27)》.

Bo·ro·di·no [bɔ̀(:)rədí:noʊ, bɑ̀r- | bɔ̀rədí:nəʊ; *Russ.* bərədjinó] *n.* ボロディノ《ソ連邦ロシヤ共和国, Moscow の西方 124 km にある村; この地の戦闘で Napoleon 一世はロシヤの Kutuzov を破り, Moscow への入洛を容易にした (1812)》.

bòro·fluóric ácid *n.* 〖化学〗=fluoboric acid.

bòro·flúoride *n.* 〖化学〗=fluoborate.

bòro·glýceride *n.* 〖化学〗ホウ酸グリセリン.

bòro·hýdride *n.* 〖化学〗ホウ水素化物 (BH_4^- を含む化合物).

bo·ron [bɔ́:rɑn, bó:r- | bɔ́:rɒn, -rən] 〖← BOR(AX¹)+-ON¹〗 *n.* 〖化学〗ホウ素《非金属元素の一つ; 記号 B, 原子番号 5, 原子量 10.81》.

bóron cárbide *n.* 〖化学・鉱物〗炭化ホウ素 (B_4C)《黒い結晶状の非常に堅い固体で化学的にも安定; 研摩剤などに用いる》.

bóron hýdride *n.* 〖化学〗水素化ホウ素《ボリン (BH_3), ジボラン (B_2H_6), テトラボラン (B_4O_{10}) などの総称》.

bo·ro·nia [bəróʊniə | -rə́ʊnɪə, -njə] 〖← *Francesco Borone* (1769–94: イタリアの植物学者): ⇨ -ia¹〗 ― *n.* 〖植物〗ボローニア《オーストラリア産ミカン科ボローニア属 (*Boronia*) の香り高い花をつける常緑低木; 観賞用》.

bo·ron·ic [bɔ:rɑ́nɪk, bo:r-, bə- | bɔ:rɔ́n-] *n.* 〖化学〗ホウ素の.

bòro·sílicate *n.* 〖化学〗ホウケイ酸塩[エステル].

borosílicate gláss *n.* ホウケイ酸ガラス《ホウ酸とケイ酸を主成分とするガラスで, 理化学用・電気用・耐熱ガラス器の製造に用いる》.

bòro·silícic ácid 〖← BORO-+SILICO-+-IC¹〗 *n.* 〖化学〗ホウケイ酸類.

bor·ough [bə́:(r)oʊ, -rə | bʌ́rə] 〖OE *burg, burh* fortified place < Gmc **burʒs* (Du. *burg* / G *Burg*) ← IE **bheregh-* high: ⇨ force¹〗 ― *n.* **1 a** (英国の)自治都市, 特権都市 (municipal borough)《勅許状によって自治の特権を与えられた都市で, 格式は city に次ぐ; ほぼ米国の city に当たる》: a ~ council (自治都市の)市会. **b** (英国の)選挙区としての市, 都市選挙区 (parliamentary borough): buy [own] a ~ 《古》選挙区を買収[所有]する (cf. pocket borough, rotten borough). **c** (Greater London の)自治区. **2 a** (米国の Connecticut, Pennsylvania, New Jersey, Minnesota 州の)自治町村. **b** (New York 市の)行政区《Manhattan, the Bronx, Brooklyn, Queens, Richmond の五区があり, 各区の区長を president という》. **c** (Alaska 州の)郡 (county). **3** (中世の城塞に囲まれた)城市《特別の義務と権限をもち, のちに自治都市に発展する》.

bórough-Énglish 〖《1327》《部分訳》← AF (*tenure en*) *Burgh Engloys* (tenure in an) English borough〗 ― *n.* 〖英法〗(もと, 幾つかの自治都市で行なわれた)末男子[女子]相続制[習慣法] (cf. ultimogeniture).

bórough·mòngering *n.* 〖英古〗選挙区売買《金銭による都市選挙区議席の取引き》.

bor·rel·i·a [bərélia, -rí:l- | bərélɪə, -rí:l-] 〖← NL ~ ← *Amédée Borrel* (1867–1936: フランスの細菌学者)+-IA¹〗 ― *n.* 〖細菌〗ボレリア菌《*Borrelia* 属の螺旋状の微生物; 回帰熱の病原体となる》.

Bor·ro·mi·ni [bɔ̀(:)ro(ʊ)mí:ni, bɑ̀r- | bɔ̀rə(ʊ)mí:ni; *It.* bòrromí:ni], **Francesco** *n.* ボルロミーニ《1599–1667; イタリアのバロック建築家》.

borrow [bɑ́roʊ, bɔ́(:)r- | bɔ́rəʊ] 〖OE *borgian* < Gmc **borʒēn* ← IE **bhergh-* to hide: ⇨ bury〗 ― *vt.* **1** 〈金・本など移動可能なものを〉(返すことの了解で一時的に)借りる, 借用する, 借り受ける (cf. lend¹ 1): ~ money at high interest [on credit] 高利[信用]で金を借りる / ~ a thing *from* [*of*] a person 人から物を借りる《★ 前置詞は from のほうが普通》/ The reference books are ~*ed* for one week. 参考書の借出しは 1 週間. **2** 〈他人の文句・思想, 他国の風習などを〉無断で借りる, 取り入れる: They ~*ed* his theory. 彼の理論を採用した / Rome ~*ed* many ideas *from* Greece. ローマはギリシャから多くの思想を摂取した. **3** 〖言語〗〔他の言語から〕借用[借入]する〔*from*〕(cf. loanword): The word *influenza* was ~*ed from* Italian. 「influenza (インフルエンザ)」という語はイタリア語から借入されたものだ. **4** 〖数学〗(引算で)一けた上から借りる[降ろす]. **5** 〖土木〗土取場 (borrow pit) から〈土を〉取る. **6** 《方言》貸す, 貸与する (lend). ― *vi.* **1** 借りる, 借金する (cf. lend): ~ *from* a bank 銀行から金を借りる / He neither lends nor ~*s.* 人に貸しもしなければ人から借りもしない / *Borrowing* makes sorrowing. 《諺》借金は苦労のもと. **2** 〖ゴルフ〗(グリーンの傾斜・起伏などを計算に入れて)カップの右または左に向けてパットする.

Bor·row [bɑ́roʊ, bɔ́(:)r- | bɔ́rəʊ], **George** *n.* (1803–81) 英国の作家・Romany 語と文学の研究家・旅行家; *The Bible in Spain* (1843), *Lavengro* (1851), *The Romany Rye* (1857).

bór·rowed 〖《15C》〗 *adj.* **1** 借りた, 借用の. **2** 他から取った[取り入れた].

bórrowed líght *n.* **1** 間接に受けた光, 間接光. **2** 内窓《間接光を入れる窓》.

bórrowed plúmes [**plúmage**] 〖Aesop 物語中のクジャクの羽根をつけた小ガラス (jackdaw) の話から〗 ― *n.* 借り着, 借り物, 他人に借りた知識[信望, 手柄など]: in ~ 借り着で, 借り物で; 他人の信望[手柄]を我が物顔に, 受け売りの知識で.

bórrowed tíme *n.* 思いがけなく延長された時間; 限られた時間. ★ 主に次の句で: live on ~ (死んだはずのところを)命拾いして生きのびている.

bórrowed wórd n. 〘言語〙 =loanword.

bór·row·er 〘《15C》〙 n. 借りる人, 借り手, 借用人: Neither a ~ nor a lender be. 借り手にも貸し手にもなるな (Shak., *Hamlet* 1. 3. 75).

bórrower's càrd n. 〘図書館〙 =library card.

bór·row·ing 〘ME: ⇨ borrow, -ing¹〙 — n. **1** 借用; 借入; 借金: *Borrowing* dulls the edge of husbandry. 借金は倹約の刃を鈍くする《借金をすると倹約するのがばからしくなる; Shak., *Hamlet* 1. 3. 77》. **2** **a** 借用したもの. **b** 〘言語〙 借用; 借用語(句).

bórrow pìt n. 〘土木〙 土取場《埋立てや盛土などのため土を取る場所》.

Bors [bɔ́əs, bɔ́əz | bɔ́:s, bɔ́:z], Sir n. 〘アーサー王伝説〙 ボース《円卓の騎士; Lancelot の親族で, Holy Grail を見ることを許される 3 人の騎士の一人; Sir Bors de Ganis ともいう》.

borsch [bɔ́əʃ | bɔ́:ʃ; *Russ.* bórʃʲʃʲ] 〘⇐ Russ. *borshch* 《原義》 cow parsnip〙 — n. ボルシチ《赤いビートを用いたロシヤ式シチュー; サワークリーム (sour cream) を加えて熱いまま, または冷やして供する》.

bórsch cìrcuit 〘⇨ ↑, circuit (n.) 4 a〙 — n. [the ~] ボルシチサーキット《米国 New York 州の Catskill 山脈にあるユダヤ人避暑地のリゾートホテルと連携する劇場とナイトクラブの系列》.

borscht [bɔ́əʃt | bɔ́:ʃt] n. =borsch.

bórscht cìrcuit n. [the ~] =borsch circuit.

borsht [bɔ́əʃt | bɔ́:ʃt] n. =borsch.

bor·stal, B- [bɔ́əstl | bɔ́:-] 〘← BORSTAL SYSTEM〙 n. (英国の)非行少年再教育施設 (borstal institution) (cf. Borstal system).

Bór·stal Assocìation n. [the ~] (英国の)ボースタル協会《borstal 後の非行少年の監視指導をする》.

bórstal institùtion, B- i- n. =borstal.

Bórstal sỳstem 〘← *Borstal Prison* (英国 Kent 州 Rochester 市近傍の Borstal 村にある刑務所, 1902 年にこの方法が初めて実施された所)〙 — n. [the ~] (英国の)ボースタル式非行少年再教育制度《21 歳以下 15 歳までの少年犯罪者を Borstal Association の統轄する特別の施設 (borstal) に収容し, その後も極めて組織的な監督指導を与える》.

bort [bɔ́ət | bɔ́:t] 〘⇐ ? Du. *boort* ⇐ OF *bo(u)rt* bastard〙 — n. **1** **a** (産業用の)粗悪ダイヤモンド《表面が荒く放射状または複雑な結晶形をしている》. **b** [集合的に] (玉を削るのに用いる)ダイヤくず. **2** 〘鉱物〙 =carbonado¹.

bortsch [bɔ́əʃ | bɔ́:ʃ] n. =borsch.

bortz [bɔ́əts | bɔ́:ts] n. =bort 1.

bor·zoi, B- [bɔ́əzɔɪ, ─ ́ | bɔ́:zɔɪ; *Russ.* barzój] 〘《1892》⇐ Russ. *borzyi* 《原義》 swift〙 — n. ボルゾイ《ロシヤ産の狼狩り用の大型犬種のイヌ; Russian wolfhound ともいう》.

Bo·san·quet [bóuznkèt, -kɪt | bə́ʊ-], **Bernard** n. (1848–1923) 英国のヘーゲル派の哲学者.

bos·cage [báskɪdʒ | bɔ́s-] 〘ME *boskage* ⇐ OF ~ (F *bocage*) ← *bosc* thicket ← ? Gmc: ⇨ -age: cf. bosk〙 n. 森, やぶ (thicket); 森林風景.

Bos·caw·en [bɑskóuən, -ɪn | bɔskɔ́ʊ-], **Edward** n. (1711–61) 英国の海将; 通称 Old Dreadnought.

bosch [bá(:)ʃ, bɔ́(:)ʃ | bɔ́ʃ] 〘⇐ Afrik. ~ 'wood'〙 n. 《アフリカ南部》 叢林(ﾌﾞｯｼｭ) (bush).

Bosch [bá(:)ʃ, bɔ́(:)ʃ | bɔ́ʃ; *Du.* bɔ́s], **Hi·e·ro·ny·mus** [hìːəróːniːmœs] n. ボス, ボッシュ《1450?–1516; オランダの画家; 本名 Hieronymus van A(e)ken [áːkə]》.

Bosch [bá(:)ʃ, bɔ́(:)ʃ | bɔ́ʃ; *Sp.* bóʃ], **Juan** n. ボシュ《1909– ; ドミニカ共和国の作家・政治家; 大統領 (1963)》.

Bosch [bá(:)ʃ, bɔ́(:)ʃ | bɔ́ʃ; *G.* bɔ́ʃ], **Karl** n. ボッシュ《1874–1940; ドイツの化学者; アンモニア合成の工業化に成功; Nobel 化学賞 (1931)》.

bosch·bok [báʃbɑ̀k | bɔ́ʃbɔ̀k] 〘⇐ Afrik. 《廃》 ~ ← *bosch* wood (⇨ bush¹)+*bok* 'BUCK¹'〙 n. (*pl.* ~, ~s) 〘動物〙 =bushbuck.

Bosche [bá(:)ʃ, bɔ́(:)ʃ] n. (*pl.* ~s, ~) =Boche.

bosch·vark [báʃvɑək, bás- | bɔ́ʃvɑ:k] 〘⇐ Afrik. 《廃》 ~ 'wood pig': cf. boschbok, aardvark〙 n. 〘動物〙 カワイノシシ (⇨ bushpig).

Bose [bóus, bɔ́(:)s | bə́ʊs], Sir **Ja·ga·dis Chan·dra** [dʒəgədíːs tʃándrə] n. ボース《1858–1937; インドの物理学者・植物生理学者; Bose Research Institute の創設者》.

Bose, Sub·has Chan·dra [ʃubáːʃ tʃándrə] n. ボース《1897–1945; インド独立運動の指導者; 台北で飛行機事故のため死亡》.

Bóse-Éinstein stàtìstics 〘← *S. N. Bose* (1894–1974: インドの物理学者)+*Albert Einstein*〙 — n. 〘物理〙 ボース アインシュタイン統計《整数 (0, 1, 2...) のスピンをもつ粒子の従う統計; 同一粒子が同じ (量子力学的)状態に何個でも存在しうる; cf. boson, Fermi-Dirac statistics, quantum statistics》.

Bóse stàtìstics n. 〘物理〙 =Bose-Einstein statistics.

bo·sey [bóuzi | bə́ʊzi] n. 《豪》〘クリケット〙 =bosie.

bosh¹ [bá(:)ʃ | bɔ́ʃ] 〘《1850》⇐ Turk. ~ 'empty'〙 〘口語〙 — n. たわごと, ナンセンス; ばか話: talk ~ ばかばかしい[くだらない]ことをしゃべる. — *int.* ばかばかしい, ばかな, ばか言え (Humbug!).

bosh² [bá(:)ʃ | bɔ́ʃ] 〘⇐ ? G 《方言》 *Bosch* grass-covered slope〙 n. 〘冶金〙 溶鉱炉のシャフト (shaft) の下方傾斜部, 朝顔.

bosh·boch [báʃbɑ̀k | bɔ́ʃbɔ̀k] n. 〘動物〙 =bushbuck.

bo·sie [bóuzi | bə́ʊzi] 〘← *Bosi* (dim.) ← *B. J. T. Bosanquet* (*d.*1936: 英国のクリケット選手)〙 n. 《豪》〘クリケット〙 =googly¹.

bosk [bá(:)sk | bɔ́sk] 〘ME *bosk, busk* 《変形》 ← BUSH¹〙 n. 《古・詩》 小さな森, 茂み (cf. bosque).

bos·kage [báskɪdʒ | bɔ́s-] n. =boscage.

bos·ket [báskɪt, -kət | bɔ́s-] 〘⇐ F *bosquet* ⇐ It. *boschetto* (dim.) ← *bosco* wood: ⇨ bush¹〙 n. 《古》 低木の茂み, やぶ.

Bós·kop mán [ràce] [báskɑp- | bɔ́skɔp-] 〘← *Boskop* (南アフリカ共和国 Transvaal 州の村で, その人骨が発掘された所)〙 — n. 〘人類学・考古〙 ボスコップ人《アフリカ南部の中石器時代の人間; 現代ブシュマンおよびホッテントットの祖先と考えられている; cf. Rhodesian man》.

bos·kop·oid [báskəpɔ̀ɪd, -kə- | bɔ́skə-, -kə-] 〘← Bos-KOP (MAN)+-OID〙 adj. Boskop man の[に似た].

bosk·y [báski | bɔ́ski] 〘《1593》← BOSK+-Y⁴: cf. boscage〙 — adj. (**bosk·i·er, -i·est; more ~, most ~**) 《文語》 **1** 〈土地が〉樹木の茂った; やぶのある. **2** 森のような, 陰のある[多い].

bo's'n [bóusn | bə́ʊ-] n. (*also* **bos'n** [~]) =boatswain.

Bos·ni·a [bázniə | bɔ́zniə, -njə] n. ボスニア《ヨーロッパ南部, ユーゴスラビアの一地方; 旧トルコ領 (1463–1878), オーストリアハンガリー帝国領 (1878–1918), 今は Bosnia and Herzegovina の一部》.

Bósnia and Herzegovína n. ボスニア ヘルツェゴビナ《ヨーロッパ南部, ユーゴスラビア連邦の一共和国; 人口 4,021,000, 面積 51,129 km², 首都 Sarajevo》.

Bos·ni·an [bázniən | bɔ́zniən, -njən] adj. ボスニア(人・語)の. — n. ボスニア人; ボスニア語.

bos·om [búzəm, búːz- | búz-] 〘OE *bōsm* < (WGmc) **bōsm-* (G *Busen*) ← ? IE **beu-* to swell〙 — n. **1** **a** 胸 (breast); 胸と両腕で囲まれた空間, 胸元: press a person to one's ~ 人を胸に抱き締める / put a baby to the ~ 赤ん坊に乳を飲ませる. **b** [通例 *pl.*] 《米》 [婉曲的に] (女性の)乳房 (breasts). **2** **a** (衣類の)胸部. **b** 《米》 シャツの胸 (shirt front). **c** 衣服の胸部の内側, ふところ: put a letter into one's ~ 手紙を懐に入れる. **3** **a** (心情・愛情の中心としての)胸, 胸中(の思い) (heart): the wife of one's ~ 《古》 最愛の妻, 愛妻 / keep in one's ~ 胸に秘めておく / speak one's ~ 胸中を語る / come home to one's ~ 胸にこたえる / take a person [woman] to one's ~ 人を腹心の友にする[女をめとる]. **b** 奥まった所, 内部, (山の)ふところ (interior): in the ~ of the earth 地球の内部に / in the ~ of a mountain 山奥に. **c** 愛情[保護]のある所, 身内同士, 内輪 (inner circle): in the ~ of one's family 家族の愛情に囲まれて, 一家団欒(ﾗﾝ)で / in the ~ of the Church 教会に守られて. **4** (大海・湖・川・土地などの)表面: on the ~ of the ocean 大海に浮かんで. **5** 〘造船〙 =root¹ 13.

in Abraham's bosom ⇨ Abraham's bosom 成句.

— *attrib. adj.* **1** 胸の, 胸部の. **2** 親しい, 愛する, 胸に秘めた: one's ~ friend 親友 / a ~ secret 大事な秘密 / a ~ sin 秘めた罪. 「隠す.

— *vt.* **1** 胸に抱き締める, 抱擁する. **2** 胸に秘める,

bósom bàr n. 〘造船〙 覆山形材《山形材の継手部を覆う形に用いる短い山形材》.

bós·omed adj. **1** 胸に秘めた. **2** [通例複合語の第 2 構成素として] (…の)胸(部)の: large-*bosomed*.

bósom plàte n. 〘造船〙 胸材継ぎ手《二つの山形材を継ぐ時, その内側に当てる短い山形材》.

bos·om·y [búzəmi, búːz- | búz-] 〘← BOSOM+-Y⁴〙 — adj. **1** 〈丘など〉上[外]に膨れた. **2** **a** 〈女性が〉胸の豊かな (cf. busty). **b** 〈写真・本のカバーなど〉胸の豊かな女性を写した[載せた].

bos·on [bóusɑn | bə́ʊsɔn] 〘← *S. N. Bose* (1894–1974: インドの物理学者): ⇨ -on²〙 — n. 〘物理〙 ボソン, ボース粒子《光子・パイ中間子・アルファ粒子のようにボース アインシュタイン統計に従う, スピンが整数の粒子》.

Bos·pho·rus [básf(ə)rəs | bɔ́sf(ə)-, bɔ́sp(ə)-] n. = Bosporus.

Bos·po·ran [básp(ə)rən | bɔ́sp-] 〘⇨ Bosporus, -an¹〙 adj. ボスポラス海峡 (Bosporus) の.

Bos·po·ran·ic [bɑ̀spərǽnɪk | bɔ̀s-] adj. =Bosporan.

Bos·po·ri·an [bɑspɔ́ːriən, -pó:r- | bɔspɔ́:rɪ-] adj. = Bosporan.

Bos·po·rus [básp(ə)rəs | bɔ́s-] 〘⇐ L ~ ⇐ Gk *Bósporos* 《通俗語源》 ← *boós* of an ox+*póros* ford〙 — n. [the ~] ボスポラス海峡《黒海と Marmara 海とを結ぶ海峡でアジアとヨーロッパの境; 長さ 30 km》.

bos·que [bá(:)sk | bɔ́sk] 〘⇐ Sp. ~: cf. bush¹〙 n. 《米南西部》 =bosk.

bos·quet [báskɪt, -kət | bɔ́s-] n. =bosket.

boss¹ [bɔ́(:)s, bá(:)s | bɔ́s] 〘《1806》⇐ Du. *baas* master ← ?〙 — n. **1** 《口語》 (直属の)上司; (労働者の)親方, ボス, かしら; 社長, 所長, 学長, 監督, 主任(など): a ~ over [of] the board 《豪》 羊毛刈取り所の監督. **2** 《口語》 ボス的役割をする人, 支配者: She is the ~ in the house. 彼女は家の実権を握っている. **3** 《米》 (政界などの)首領, 親玉, 大立物: a political [labor] ~ 政界[労働界]の大立物. — *attrib. adj.* **1** 《口語》 ボスである, 首領である (chief): a ~ printer 印刷所主任. **2** 〘もと黒人英語〙《米俗》 一流の, すてきな (first-rate): a ~ cook, shoemaker, etc. — *vt.* 《口語》 **1** …の親方[ボス]になる; (親玉となって)指揮[監督]する (control): ~ the crew 乗組員の長である / ⇨ *boss the* SHOW. **2** [~ it として] ボスとなる, 親分風を吹かす. — *vi.* 《口語》 **1** ボスとなる. **2** 威張り散らす, えらそうにする.

***boss a person about* [*around*]** 人をこき使う.

boss² [bá(:)s, bɔ́(:)s | bɔ́s] 〘cf. boss-eyed〙《英俗》 — n. 見当違い, やり損ない, へま (bungle): make a ~ of …をやり損なう / ⇨ boss shot. — *vt.* しくじる, 当て損なう, やり損なう (miss).

boss³ [bá(:)s, bɔ́(:)s | bɔ́s] 〘《*a*1325》 *bos* ⇐ OF *boce* (F *bosse*) protuberance < VL **bokja*, **botja* (It. *bozza* a swelling): cf. botch²〙 — n. **1** **a** (象牙・金属などの平らな面に彫った, または打ち出した装飾的な)突起, いぼ, 飾り鋲. **b** (盾の)心, 盾心《盾の中央につけた金属製の鉢》. **2** 〘建築〙 **a** (教会などの天井のリブ (rib) の交差点に付ける)盛上げ装飾, 浮き上げ彫り《上の挿絵の他に ⇨ Gothic 挿絵》. **b** 荒削りをしてあとで彫刻するためにはめ込まれた石. **3** 〘製本〙 (保護と装飾をかねて本の表紙の角などに付ける) 飾り金具, 飾り鋲, 浮出し飾り. **4** 〘生物〙 突起. **5** 〘地質〙 岩株《比較的小形の深成岩体》. **6** 〘機械〙 ボス《ハンドル・車輪などで軸のはまる穴の縁の肉厚になっている補強部》. **7** 〘海事〙 **a** ボス, 軸孔《推進器軸が船外に出るところ》. **b** ボス《推進器翼の基部》. — *vt.* **1** [通例 p.p. 形で] 浮上げ彫りで装飾する, …にいぼ飾りをつける; 飾り金具で飾る. **2** =emboss¹.

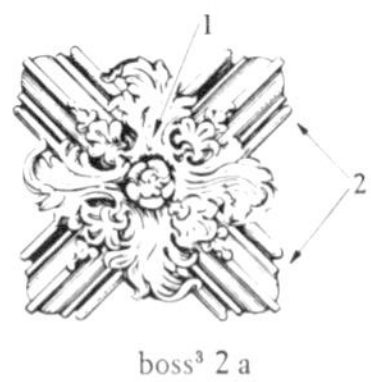

1
2
boss³ 2 a
1 boss; 2 ribs

boss⁴ [bɔ́(:)s, bá(:)s | bɔ́s] 〘⇐ ? MDu. *bosse* (Du. *bus*) 'BOX²'〙 n. (れんがを積み作業の時, 吊るして用いる木製の)モルタル入れ.

boss⁵ [bɔ́(:)s, bá(:)s | bɔ́s] 〘← 《方言》 *buss* half-grown calf ← ?: cf. L *bōs* ox, cow〙 n. 《米口語》 [主に呼掛けに用いて] 牛 (cow).

boss⁶ [bá(:)s, bɔ́(:)s | bɔ́s] 〘← ?: cf. boss³·⁴〙 adj. 《スコット》 うつろな (hollow), からっぽの (empty).

boss·age [básɪdʒ | bɔ́s-] 〘⇐ F ~: ⇨ boss³, -age〙 n. 〘石工〙 積彫石, 切出し野面《あとで彫刻して仕上げるため, 粗く突出して積まれる石》.

bos·sa no·va [bɔ́(:)sə-nóuvə, básə- | bɔ́sə-nə́ʊ-; *Braz.* bɔ̀sanɔ́va] 〘⇐ Port. ~ ← *bossa* tendency+*nova* ((fem. sing.) ← *novo* new)〙 — n. **1** 〘音楽〙 ボサノバ《ブラジルの民俗音楽サンバにジャズが影響を与えてできた音楽》. **2** ボサノバの踊り.

bóss-còcky 〘← BOSS¹+COCKY²〙 n. 《豪俗》 **1** 労働者を雇い自分も働く農場主. **2** 権力のある人.

bóss·dom [-dəm] 〘← BOSS¹+-DOM〙 n. **1** 政界のボス[首領]であること. **2** ボスの政治[影響]力; ボスによる政治支配.

bossed adj. =embossed.

bóss-eỳed 〘← ? boss³: cf. 《廃》 *boss-backed* humpbacked〙 adj. 《英俗・方言》 **1** 片目の. **2** やぶにらみの. **3** 一方にかたよった.

bóss·ism [-ɪzm] n. 《米》 親分制度, ボス的支配; ボスの政党操縦, ボス政治.

bóss màn n. =boss¹ 3.

bóss plàte n. 〘造船〙 ボス外板《推進器の軸孔 (boss) の回りに付いている外板》.

bóss shòt 〘cf. boss²〙 n. 《英方言・俗》 射損じ (bad shot); やり損ない, し損じ: make [have] a ~ at …を射[やり]損なう.

Bos·suet [bɔ(:)swéɪ | bɔs-; *F.* bɔsɥɛ], **Jacques Bénigne** [beniɲ] n. ボシュエ《1627–1704; フランスの聖職者・雄弁家, Meaux [mo] の司教 (1681–1704); 諸名家哀悼の説教 *Oraisons funèbres* で著名》.

boss·y¹ [bɔ́(:)si, bási | bɔ́si] 〘← BOSS¹+-Y⁴〙 adj. (**boss·i·er, -i·est; more ~, most ~**) 《口語》 ボスらしい; 親分風を吹かせる, 威張り散らす. **bóss·i·ness** n.

boss·y² [bási, bɔ́(:)si | bɔ́si] 〘← BOSS³+-Y⁴〙 adj. (**boss·i·er, -i·est; more ~, most ~**) **1** =bossed. **2** **a** 膨らんだ, 丸くなった. **b** 〈大が〉肩肉の発達した.

boss·y³ [bɔ́(:)si, bási | bɔ́si] 〘← BOSS⁵+-Y²〙 n. 《米口語》 [主に愛称] 牛 (cow), 小牛 (calf).

Bos·ton¹ [bɔ́(:)stən, bástn | bɔ́s-] 〘OE *Botuluestan* 《原義》 'stone of *Botwulf* (7 世紀半ごろ East Anglia に修道院を建立した聖者)': 英本土の地名に因んで命名された〙 — n. 米国 Massachusetts 州の首都, New England 最大の都市で, 主要貿易港; 1630 年清教徒により建設された米国最古の文化都市で今でも文化中心地; 人口 637,000 (郊外を含めて 3,554,000); 俗称 the Puritan City, the Bean Town.

Bos·ton² [bɔ́(:)stən, bástn | bɔ́s-] 〘1: 《1879》 ← *Boston dip* (*waltz*). 2: 《1800》 ⇐ F ~ ← BOSTON¹〙 — n. **1** ボストンワルツ《米国に起源をもつ社交ダンスのスローワルツ》. **2** 〘トランプ〙 ボストン《2 組のカードを用い, 4 人でする whist の変種》.

Bóston árm n. 〘医学〙 米国 Boston で開発された義手.

Bóston bàg n. ボストンバッグ.

Bóston Bày n. ボストン湾《Boston 港を含む Massachusetts 湾の一部》.

Bóston brówn brèad n. =brown bread 2.

Bóston búll n. =Boston terrier.

Bóston búll térrier *n.* =Boston terrier.

Bóston bútt *n.* (豚の)肩肉 (⇨ pork 挿絵).

Bóston Cómmon *n.* [(the) ～] 米国 Boston の中心にある公園; 昔の共有地.

Bóston créam píe *n.*《米》ボストンクリームパイ《クリームかカスタードを詰めた二枚重ねのスポンジケーキ; 上部に糖衣をかける》.

Bos·to·nese [bɔ̀(ː)stəníːz, bɑ̀s-, -níːs | bɔ̀stəníːz] *n.* **1** [集合的] ボストン人. **2** ボストン人の言語[習慣].

Bóston férn *n.*〘園芸〙ボストンタマシダ (*Nephrolepis exaltata* var. *bostoniensis*)《米国でできたタマシダの園芸変種; 下垂性の葉は大型, 暗緑色で長さ 1 m 位になる》.

Bos·to·ni·an [bɔ(ː)stóuniən, bɑs-, -njən | bɔstə́unjən, -niən] *adj.* ボストン(市民)の. ── *n.* ボストン市民.

Bóston ívy *n.*〘植物〙ツタ (*Parthenocissus tricuspidata*)《Japanese ivy ともいう》.

Bóston Mássacre *n.* [the ～]〘米史〙ボストン虐殺《1770 年 3 月 5 日に起こった Boston 市民の暴動で, 英国兵が民衆に発砲した事件》.

Bóston rócker *n.* ボストン型ロッキングチェア《Windsor chair の変形で, 彎曲した座板がある》.

Bóston Téa Pàrty *n.* [the ～]〘米史〙ボストンティーパーティー《英国政府の茶に対する課税に反対して, 同地の市民が 1773 年 12 月 16 日インディアンの姿で湾内停泊中の英船に乗り込み, 船内の茶を海に投げ捨てた事件》.

Bóston térrier *n.* ボストンテリア《英国のブルドッグと英国の白いテリアとにより米国で作られた白の模様のあるまだら, または黒に白の模様のある小型犬種のイヌ; Boston bull (terrier) ともいう》.

bos·try·chid [bɑ́strɪkɪd, -rə-, -kəd | bɔ́strɪkɪd]〘↓〙〘昆虫〙*n.* ナガシンクイムシ《ナガシンクイムシ科の甲虫の総称》. ── *adj.* ナガシンクイムシ(科)の.

Bos·trych·i·dae [bɑstríkədìː | bɔstríkɪ-]〘← NL ← *Bostrychus* (属名: ← Gk *bóstrukhos* curl)+-IDAE〙*n. pl.*〘昆虫〙(鞘翅目) ナガシンクイムシ科.

bo·sun [bóusn̩ | bə́u-] *n.* (*also* **bo'·sun** [～]) =boatswain.

Bos·well [bɑ́zwel, -wəl | bɔ́z-]〘↓〙*n.* (自分の崇拝する同時代の有名な人物の伝記を書くために一身を捧げるボズウェル流の)忠実な伝記作家.

Bos·well [bɑ́zwel, -wəl | bɔ́z-], **James** *n.* (1740–95) スコットランドの法律家, 英国の文豪 Samuel Johnson の崇拝者・伝記作者; *Life of Samuel Johnson* (1791).

Bos·well·i·an [bɑzwélian | bɔzwélɪ-] *adj.* ボズウェル (Boswell) らしい, ボズウェル流の. ── *n.* ボズウェルの研究[崇拝]者.

bos·well·ize, B- [bɑ́zwəlàɪz | bɔ́z-] *vi., vt.* ボズウェル (Boswell) 流に書く, 細大もらさずに叙述する.

Bós·worth Fíeld [bɑ́zwə(ː)θ- | bɔ́zwə(ː)θ-]〘← *Bosworth* ← OE *Boseworde*《原義》'homestead of *Bōsa* (人名)'〙── *n.* イングランド中部, Leicestershire 州の Leicester 西方にある古戦場; 1485 年にこの地で Richard 三世は後の Henry 七世 (Tudor 王家の祖) と対戦して敗北し, Wars of the Roses が終わった.

bot[1] [bɑ́t | bɔ́t]〘《*a*1475》← ? LDu. (cf. Du. *bot*)〙── *n.* **1**〘昆虫〙ウマバエ (botfly) の幼虫, タケノコムシ《特に, 馬の胃に寄生する; cf. bots 1》. **2**《豪俗》居候, 食客 (sponger).

bot[2] [bɑ́t | bɔ́t]〘《略》← BOTTOM〙*n.*《英口語》お尻.

BoT, B.o.T., BOT《略》《英》Board of Trade.

bot.《略》botanical; botanist; botany; bottle; bottom; bought.

botan.《略》botanical.

bo·tan·ic [bətǽnɪk, bo(ʊ)-, bɑ- | bə-, bɔ-]〘《1656》□ F *botanique* < LL *botanicus* □ Gk *botanikós* ← *botánē* herb: ⇨ -ic[1]〙*adj., n.* =botanical.

bo·tan·i·cal [bətǽnɪkəl, bo(ʊ)-, bɑ-, -nə- | bətǽnɪ-, bɔ-]〘《1658》: ⇨↑, -al[1]〙── *adj.* **1 a** 植物の[に関する]. **b** 植物学の[に関する], 植物学上の. **2** 植物から採った: ～ drugs 植物性薬品. **3** (園芸種でなく)野性種の (species) (cf. horticultural): a ～ lily. ── *n.*〘薬学〙植物性薬品《草根木皮の類》. **～·ly** *adv.*

botánical gárden *n.* 植物園.

bot·a·nist [bɑ́tənɪst, -nɪst, -nəst, -tn̩- | bɔ́tənɪst, -tn̩-]〘《1682》□ F *botaniste*: ⇨ botanic, -ist〙*n.* 植物学者, 植物研究者.

bot·a·nize [bɑ́tənàɪz, -tn̩- | bɔ́tən-, -tn̩-]〘《1767》← NL *botanizāre* □ Gk *botanizein* to gather plants〙── *vi.* (植物学の研究のために)植物を採集する; 植物の実地研究をする. ── *vt.* 植物学的に踏査する. **bót·a·nìz·er** *n.*

bot·a·ny[1] [bɑ́təni, -tni, -tni | bɔ́tənɪ, -tn̩ɪ]〘《1696》← BOTANIC: -y は ASTRONOMY などとの類推による〙── *n.* **1** 植物学: geographical ～=phytogeography / morphological ～ 植物形態学 / special ～ 植物学各論 / structural ～ 植物組織学 / systematic ～ 植物分類学. **2 a** (一地方の)植物(全体): the ～ of North America 北米の植物. **b** 植物の生態: the ～ of deciduous trees 落葉樹の生態. **3 a** 植物学の論文[研究]. **b** 植物学の特定の体系[組織].

bot·a·ny[2] [bɑ́təni, -tni, -tni | bɔ́tənɪ, -tnɪ]〘← *Botany Bay*〙*n.* ボタニーウール《もと Botany Bay 産のオーストラリア産極上羊毛》.

Bótany Báy〘発見当時 (1770) 多種類の植物が採取されたことから: Captain Cook の命名〙── *n.* **1** ボタニー湾《オーストラリア南東部 New South Wales 沿いの湾; 1770 年 Captain Cook が発見; 沿岸は一時英国の犯罪者植民地; cf. Port Jackson》. **2**《古》犯罪人隔離[収容]所.

Bótany wóol, b- w- *n.* =botany[2].

Bótany yárn *n.* オーストラリア産極上梳毛(そ)糸.

bo·tar·go [bətɑ́ːgou | -tɑ́ːgəu]〘《1598》□ It. ～ □ MArab. *buṭárka* salted fish roe〙*n.* ボラ・マグロの卵を塩漬け・乾燥させたもの; からすみ.

botch[1] [bɑ́tʃ | bɔ́tʃ]〘v.:《*a*1382》*boche(n)* □ ? MDu. *botsen* to patch. ── n.:《1606》← (v.)〙── *n.* **1** 見苦しい継ぎはぎ, みっともない継ぎ当て; 欠点, きず (defect). **2 a** 不手際[へた]な仕事[細工] (bungle): make a ～ of …をやりそこなう. **b** (乱雑な)寄せ集め (hodgepodge). ── *vt.* **1** へたに繕う, 見苦しく修繕する. **2** やり損なう, 台なしにする (spoil) ⟨*up*⟩: ～ *up* everything, a plan, a job, etc. **3** なんとか寄せ集めて作る: ～ data *together* to produce a report 資料を寄せ集めて報告書をでっち上げる. ── *vi.* 見苦しい継ぎはぎをする; やり損なう.

botch[2] [bɑ́tʃ | bɔ́tʃ]〘《*c*1330》*bocche* hump, ulcer □ ONF *boche*《異形》← OF *boce* 'BOSS[3]'〙── *n.*《廃・英方言》**1** (炎症のため)熱をもったはれもの, おでき (boil), 潰瘍 (ulcer). **2** 発疹(はっしん), 吹き出物.

bótch·er *n.* へたな職人.

botch·er·y [bɑ́tʃ(ə)ri | bɔ́tʃ(ə)rɪ] *n.* **1** 不手際, 不細工; でき損ない. **2** 見苦しい継ぎはぎ, へたな修繕.

bótch·wòrk *n.* 不細工[ぞんざい]な仕事[作品].

botch·y[1] [bɑ́tʃi | bɔ́tʃɪ]〘← BOTCH[1]+-Y[4]〙*adj.* (**botch·i·er, -i·est; more ～, most ～**) 不手際な, へたな, やり損なった.

botch·y[2] [bɑ́tʃi | bɔ́tʃɪ]〘《1398》: ⇨ botch[2], -y[4]〙*adj.* (**botch·i·er, -i·est; more ～, most ～**)《廃・英方言》できものだらけの.

bo·tel [bo(ʊ)tél | bə(ʊ)-]〘《混成》← BO(AT)+(MO)TEL〙*n.* =boatel.

bót·flỳ〘← BOT[1]+FLY[2]〙*n.*〘昆虫〙ウマバエ (*Gasterophilus intestinalis*)《ウマバエ科の昆虫》; (しばしば)幼虫が人畜の体に寄生するヒツジバエ (*Oestrus ovis*), ウシバエ (*Hypoderma bovis*) (など) (cf. horse botfly, human botfly).

both [bóuθ | bə́uθ]〘《*a*1126》*bāþe, bōþe* □ ON *bāð-ir* ← Gmc **bō-, bā-* (G *beide*) ← IE **ambhi* both (L *ambō* / Gk *amphō*): *-th* は起源的に定冠詞〙── *adj.* 二つ共の, 双方の, 両方の, 両…: ～ his parents 彼の両親とも / ⇨ *have it both* WAYS / *Both* (the) brothers are doctors. 兄弟は二人とも医者だ (★ *Both* of the brothers …のほうが口語的; ⇨ *pron.*) / You can do it ～ ways. それは二様にやれる / It was the happiest time of ～ their lives. 彼ら二人の生涯で最も楽しい時であった / I do not want ～ books. 本は両方はいらない《ほしいのは一冊だけ》. ★ patients of *both* sexes は誤用, …of *either* sex「男性と女性の患者」が正しい. ── *pron.* **1** 両方(とも), 二つながら, 両者: *Both* are absent. 両方とも欠席です / I like *both* of them. その二つとも好きだ / *Both* of the brothers are honest. 兄弟は二人とも正直者だ (★ 形式ばった言い方では *Both* brothers …のほうが好まれる) / We ～ went. 私たちは二人とも行った / They are ～ present. 彼らは二人とも出席している / They were ladies ～. 二人とも淑女でした / They are not ～ dead. 二人とも死んでいるのではない《死んでいるのは一人だけ》. **2** [the ～ of… として]《米》=both of…《非標準的な言い方》: *the* ～ *of us* 私たち二人とも.
── *conj.* [相関的に ～ …and… として] …も…も(二つながら), いずれも; …のみならずまた (cf. neither…nor…): *Both* brother *and* sister are teachers. 兄も妹も先生をしている / He is ～ a scholar *and* (a) poet. 学者であると同時に詩人でもある / It is ～ good *and* cheap. それは良くてまた安い / He worked ～ by day *and* by night. 昼夜を分かたず働いた / She could ～ sing *and* dance. 歌も踊りもどちらもできた. ★ (1) まれに *both* God *and* man *and* beast のように二つ以上のものを並べる場合もある. この場合は both を省くのが普通. (2) It is good for him *and* me *both*. のように both を後置するのは正しくない.

Bo·tha [bóutɑː, -tə | bə́utə], **Louis** *n.* ボータ《1862–1919; 南ア連邦の将軍・政治家; 初代首相 (1910–19)》.

Bo·the [bóutə | bə́utə; G bóːtə], **Wal·ther** [vɑ́ltɐ] *n.* ボーテ《1891–1957; ドイツの物理学者; Nobel 物理学賞 (1954)》.

both·er [bɑ́ðə | bɔ́ðə(r)]〘《1718》*bodder* □ ? Ir. *buaidhrim* I bother // ← ? Ir.《変形》← POTHER〙── *vt.* **1** …に面倒をかける, うるさがらせる, いやがらせる, 悩ます (worry): ～ one's head [brains] (*about*…) (…のことで)頭を悩ます, くよくよする / Don't ～ yourself *about* me. 私のことはお構いなく / ～ a person *for* money 人にうるさく金を貸せという / ～ a person *with* trifles つまらないことで人に迷惑を掛ける / He has been ～*ed with* a persistent cold. しつこい風邪で悩んでいる / I'm sorry to ～ you, but… ご面倒ですが… / She ～*s* her husband *to* buy her a fur overcoat. 夫に毛皮のオーバーを買ってくれといってせがむ / I can't be ～*ed seeing* ([*to* see] anyone) now. 今はだれに会うのもご免だ《あとにしてもらいたい》/ My stomach ～*s* me. 胃(の調子)が悪い. **2** 困らせる, 狼狽させる (bewilder): That doesn't ～ me, it's quite simple. 平気だよ, わけないことさ. **3**《英口語》[軽いののしりに用いて] 呪う (confound) (cf. *int.*): Oh, ～ it! ちえっ, うるさい; いまいましい; いやになっちまう / *Bother* you! うるさいったら / *Bother* the flies! このはえめ. ── *vi.* **1** 苦にする, 思い悩む, くよくよする, 心配する: Don't ～ *about* it. そんなことは心配するな / I haven't time to ～ *with* such things. そんな事にかまけている暇なんかない / Please don't ～. I can do it myself. どうぞお構いなく自分でできますから. **2** [否定構文で; *doing* または *to* do を伴って] わざわざ…する: Don't ～ waiting for me. 待っていてくれなくてもいいよ / He didn't ～ *to* reply. 答えようともしなかった / Don't ～ *to* knock. ノックは無用.
── *n.* **1 a** 厄介, 面倒 (worry); 面倒な事態: put a person to ～ 人に厄介[手数]をかける / He doesn't want to go to all that ～. そんな面倒なことはしたがらない / I had much ～ (in) finding his house. 彼の家を捜すのにずいぶん苦労した / He's in a spot of ～ *about* it.《英口語》そのことで少々厄介なことになっている. **b** 悩みの種; 厄介な物[事], 迷惑な人: What a ～! なんて面倒なんだ / I find this work a great ～. この仕事は中々面倒くさい / He is quite a ～ *to* me. 私にはまったくもって厄介な奴だ. **2 a** 騒ぎ (fuss); いざこざ (dispute): have a ～ *with* a person *about* a thing ある事で人といざこざを起こしている / What is all this ～ *about*? この騒ぎは一体どうしたのだ. **b** =bovver.
── *int.*《英口語》[軽いののしりとして] うるさい, いまいましい (cf. botheration): Oh, ～! ああうるさい.

both·er·a·tion [bɑ̀ðəréɪʃən | bɔ̀ðə-]〘《1797》: ⇨↑, -ation〙《口語》── *n.* **1** 煩わしさ (annoyance), じれったいこと (vexation). **2** 煩わしい事. ── *int.* [軽いののしりに用いて] うるさい, いまいましい (cf. bother): Oh, ～! ちえっ, いまいましい.

both·er·some [bɑ́ðəsəm | bɔ́ðə-] *adj.* 煩わしい, 厄介な, うるさい (troublesome).

bóth-hánded *adj.* 両手ききの, 両手を使う.

Both·i·dae [bɑ́θədìː | bɔ́θɪ-]〘← NL ～ ← *Bothus* (属名)+-IDAE〙*n. pl.*〘魚類〙(カレイ目)ヒラメ科.

both·ie [bɑ́θi, bóu- | bɔ́θɪ] *n.* =bothy.

Both·ni·a [bɑ́θniə | bɔ́θnɪə, -njə], **the Gulf of** *n.* ボスニア湾《バルト海北部, スウェーデンとフィンランドとの間の湾; 冬期結氷する; 長さ 725 km》.

Both·ni·an [bɑ́θniən | bɔ́θnɪən, -njən] *adj.* ボスニア湾地方[付近]の, ボスニア(湾地方)の住民の[特有の]. ── *n.* ボスニア(湾地方)の住民.

Both·nic [bɑ́θnɪk | bɔ́θ-] *adj.* =Bothnian.

bothr- [bɑθr | bɔθr] (母音の前に来る時の) bothro- の異形.

both·ri- [bɑ́θri | bɔ́θrɪ] (母音の前に来る時の) bothrio- の異形.

bothria *n.* bothrium の複数形.

bo·thrid·i·um [bo(ʊ)θrídiəm | bə(ʊ)θrídɪ-]〘← NL ～: ⇨ bothro-, -idium〙── *n.* (*pl.* **-i·a** [-diə | -dɪə], **～s**)〘動物〙吸葉《条虫類の頭節から出ている葉状・耳状などの筋肉の突起で, 固着器官の一つ》.

both·ri·o- [bɑ́θrio(ʊ) | bɔ́θrɪə(ʊ)]〘← NL ～ ← BOTHRIUM〙〘動物〙「吸溝, 吸窩 (bothrium)」の意の連結形. ★ 母音の前では通例 bothri- になる.

both·ri·um [bɑ́θriəm | bɔ́θrɪ-]〘← NL ～ ← Gk *bóthrion* (dim.) ← *bóthros* pit, trench〙── *n.* (*pl.* **-ri·a** [-riə | -rɪə], **～s**)〘動物〙吸溝, 吸窩《条虫類の頭節にある溝状の構造で, 固着器官の一つ》.

both·ro- [bɑ́θro(ʊ) | bɔ́θrə(ʊ)]〘← NL ～ ← BOTHRIUM〙「吸溝, 吸窩 (bothrium)」の意の連結形. ★ 母音の前では通例 bothr- になる.

bóth-síded *adj.* 両面のある; 両方にきく: a ～ policy 両面政策.

Both·well [bɑ́θwəl, bɑ́ð-, -wel | bɔ́θ-, bɔ́ð-], 4th Earl of *n.* (1536?–78) スコットランドの貴族で女王 Mary Stuart の三人目の夫; Darnley を殺害したといわれる; 本名 James Hepburn.

both·y [bɑ́θi, bóu- | bɔ́θɪ]〘《1771》← ? BOOTH〙*n.*《スコット》小屋; (農夫・狩猟者などを泊める)合宿所.

bot·o·née [bɑ̀tənéɪ, ⌐⌐⌐, -tn̩- | bɔ̀tənéɪ]〘□ OF *botoné* (F *boutonné*) covered with buds: cf. button〙── *adj.* (*also* **bot·on·née** [～], **bot·on·ny** [bɑ́təni, -tni | bɔ́tənɪ], **bot·o·ny** [bɑ́təni, -tni | bɔ́tənɪ])〘紋章〙⟨十字架が⟩三葉[クローバー]状の, こぶ付きの (⇨cross 挿絵).

bó trèe [bóu- | bə́u-]〘《1861》《部分訳》← Singhalese *bogaha* ← *bo* (cf. Skt *bodhi* enlightenment (菩提): ⇨ Buddha)+*gaha* tree〙── *n.*〘植物〙インドボダイジュ, テンジクボダイジュ (*Ficus religiosa*)《釈迦(しゃか)がこの木の下で成道したというので, 神聖視されている; peepul, pipal ともいう》.

bot·ry·oid [bɑ́triɔ̀ɪd | bɔ́trɪ-] *adj.* =botryoidal.

bot·ry·oi·dal [bɑ̀triɔ́ɪdl̩ | bɔ̀trɪ-]〘← Gk *botruoeidḗs* ← *bótrus* cluster of grapes: ⇨ -al[1]〙*adj.* ⟨鉱物・植物の部分が⟩ぶどうの房状の.

bot·ry·o·my·co·sis [bɑ̀trio(ʊ)maɪkóusɪs, -səs | bɔ̀trɪə(ʊ)maɪkə́usɪs]〘← NL ～ ← Gk *bótrus* (↑)+MYCOSIS〙── *n.*〘獣医〙ぶどう状菌腫《去勢手術の際, 輸精管の化膿によって生じる馬の病気》. **bot·ry·o·my·cot·ic** [bɑ̀trio(ʊ)maɪkɑ́tɪk | bɔ̀trɪə(ʊ)maɪkɔ́t-] *adj.*

bot·ry·ose [bɑ́triòus | bɔ́trɪə̀us]〘← Gk *bótrus* (↓)+-OSE[1]〙*adj.* **1** =botryoidal. **2**〘植物〙総状花序の.

bo·try·tis [bo(ʊ)tráɪtɪs, -təs | bə(ʊ)tráɪtɪs]〘← NL ～《変形》← Gk *bótrus* cluster of grapes〙── *n.*〘細菌〙ボトリチス《糸状菌類ハイイロカビ属 (*Botrytis*) の微生物; ぶどうの房状の分生胞子をもち, ボトリチス病 (Botrytis disease) の原因になる》.

Botrýtis disèase *n.*〘植物病理〙ボトリチス病《ハイイロカビ属 (*Botrytis*) の菌類による植物の腐敗病》.

bots [báts | bɔ́ts] 〖(pl.) ← BOT[1]〗 ― *n. pl.* [the ～; 時に単数扱い] **1** 〘獣医〙ウマバエ幼虫症, ボッツ症《ウマバエの幼虫 (bot) が牛や馬の胃に寄生して起こる病気》. **2** 《方言》腹痛 (colic).

Bot·sa·res [bátsəriːs | bɔ́t-], **Mar·kos** [máəkə(ː)s | máːkɔs] *n.* =Marco BOZZARIS.

Bot·swa·na [bɑtswáːnə | bɔ-, bə-] *n.* ボツワナ《アフリカ南部にある英連邦内の共和国; もと英国保護領で Bechuanaland といったが, 1966 年独立; 人口 710,000, 面積 569,580 km², 首都 Gaborone; 公式名 the Republic of Botswana ボツワナ共和国》.

bott[1] [bát | bɔ́t] *n.* =bot[1].

bott[2] [bát | bɔ́t] *n.* =bot[2].

bott[3] [bát | bɔ́t] 〖《変形》← ? BAT[2]〗 *n.* キューポラ[溶銑炉]を閉めるための栓[取っ手, にぎり].

bot·te·ga [bo(u)téɪgə, -gɑː | bə(u)-; *It.* bottéːga] 〖▭ It. ～ 'small shop, studio' < L *apothēcam* repository: cf. apothecary〗 ― *n.* (*pl.* **～s, -te·ghe** [-gi, -geɪ | -gɪ, -geɪ; *It.* -ge]) 工房, ボッテーガ《助手・門人も制作に参加する大美術家の仕事場》.

Bot·ti·cel·li [bɑ̀ṭɪtʃéli | bɔ̀tɪtʃéli; *It.* bottitʃélli], **Sandro** *n.* ボッティチェルリ《1444?–1510; イタリアルネサンスの代表的画家; 傑作は *Primavera* や *The Birth of Venus* など; もと Alessandro di Mariano dei Filipepi [dei filipéːpi]》.

bot·tine [bɑtíːn, bɑ- | bɔ-] 〖▭ F ～: ⇨ boot[3], -ine[5]〗 *n.* [通例 *pl.*] 婦人用の軽い長靴.

bot·tle[1] [bɑ́ṭl | bɔ́tl] 〖《1346》*botel* ▭ OF *botele* (F *bouteille*) < ML *butticulam* flask (dim.) ← LL *buttis* cask: ⇨ butt[4]〗 ― *n.* **1 a** びん《通例ガラス・プラスチック製の口細の液体容器で, 上に栓または蓋があり, 取っ手のないもの; cf. jar[2], jug[1]》: an ink ～ インクびん / a nursing ～ 哺乳びん / wine in ～ and in barrel びん詰めと樽入りのぶどう酒 / buy [sell] wine by the ～ ぶどう酒をびんで買う[売る]. **b** 《古》(水・酒などを入れる口の締まる)革袋: a goatskin ～. **c** 哺乳びん. **2** 一びん(の量), (びん)一本, ボトル《約 1 quart 入り; cf. magnum 1》: drink a whole ～ ボトルを一本飲む. **3** [通例 the ～] **a** 酒 (liquor); 飲酒: be fond of *the* ～ 酒が好きだ / talk merrily over a [*the*] ～ 酒を飲みながら陽気に話す / drown one's reason in *the* ～ 酒におぼれて理性を失う / take to *the* ～ 酒をたしなむ / be on *the* ～ 酒におぼれる. **b** (哺乳びんで与える)育児用ミルク: bring up a child on *the* ～ 子供をミルクで育てる (cf. bottle-fed). **4 a** (ガス)ボンベ. **b** 湯たんぽ (hot-water bottle). **c** 《英口語》熱電子管 (thermionic tube). **5** 《英海軍俗》譴責(けん), 訓戒 (reprimand).
crack a bottle びんをあける; 酒を飲む. ***hit the bottle*** 《俗》(1) 大酒を飲む. (2) 酔っ払う. ***no bottle*** 《俗》役に立たない, 無用な[に].
― *vt.* **1 a** 〈酒類を〉びんに詰める, びん詰めにする: ～ milk. **b** 《英》〈果実などを〉ジャムにしてびんに詰めて保存する: ～ fruit. **2** 《英俗》〈犯人などを〉捕える (nab). **3** 《英海軍俗》譴責(けん)する, 訓戒する (admonish). ― *vi.* 《英俗》金を集める.
bottle off 〈酒を〉樽からびんに詰め変える. ***bottle up*** (1) びんに密封する. (2) 〈感情などを〉抑える (restrain). (3) 〈物事を〉隠蔽する (conceal). (4) 〈敵軍などを〉閉じ込める; 〈交通などを〉封鎖する.

bot·tle[2] [bɑ́ṭl | bɔ́tl] 〖《1327》*botel* ▭ OF (dim.) ← *botte* bundle ▭ MLG & MDu. *bote* bundle of flax ← Gmc **but-* ← IE **bhau-* to strike〗 ― *n.* 《英方言》(乾草・わらの)束 (bundle).
look for a needle in a bottle of hay 《古》=*look for a* NEEDLE *in a haystack.*

bóttle bàby *n.* 人工栄養児.

bóttle blónd *n.* 《米俗》髪を金髪に染めている人.

bóttle·brùsh *n.* **1** びんを洗うブラシ, びん掃除ばけ. **2** 〘植物〙 **a** オーストラリア産テンニンカ科ブラシノキ属 (*Callistemon*) の植物の総称《ハナマキ・ブラシノキ・マキバブラシノキなどがあり, 枝に密に咲く花のおしべがびん洗いのブラシに似る》. **b** ハングシア (Australian honeysuckle).

bóttle càp *n.* (コルクが裏についた, びんの)王冠 (crown).

bóttle clùb *n.* 《米口語》ボトルクラブ《自分の酒を預けておき, 閉店時間後に行く会員制クラブ》.

bót·tled *adj.* **1** びん詰めの, びん入りの (cf. draft): ～ beer [wine] / ⇨ *bottled in* BOND[1]. **2** 閉じ込められた, 抑圧された, 鬱積した (pent-up). **3** 《俗》酔っ払った.

bóttled gás *n.* **1** (持ち運びできる容器にはいった)圧縮ガス, ボンベ入りガス《プロパンガスなど》. **2** = liquefied petroleum gas.

bóttle-fèd *adj.* ミルクで育てた, 人工栄養の (cf. breast-fed).

bóttle-fèed *vt.* 〈赤ん坊などを〉ミルク[人工栄養]で育てる (cf. breast-feed).

bóttle-fèed·ing *n.* ミルク[人工栄養]による育児.

bóttle fèrn *n.* 〘植物〙ナヨシダ (fragile fern).

bot·tle·ful [bɑ́ṭlfʊl | bɔ́tl-] *n.* びん一杯(の量).

bóttle gèntian *n.* 〘植物〙=closed gentian.

bóttle glàss *n.* びんガラス《暗緑色の安物のガラス》.

bóttle gòurd *n.* 〘植物〙ヒョウタン (*Lagenaria siceraria*).

bóttle gréen *n.* 暗緑色 (deep green).

bóttle·hòlder *n.* **1** びんを支える装置[台]. **2** 《口語》 **a** (ボクサーの)付添人, セコンド. **b** 助勢者, 後援者.

bóttle ìmp *n.* **1** びんの中に閉じ込められた伝説の小鬼. **2** (水を入れた細いびんの中で浮いたり沈んだりする)もぐり人形, 浮沈子 (Cartesian devil).

bóttle jàck *n.* 〘機械〙とっくりジャッキ《外形がとっくりに似ているねじジャッキ》.

bóttle·nèck *n.* **1 a** 狭い入口, 狭い通路. **b** 狭い道. **c** 交通麻痺の個所. **2** (事の進行を阻む)隘路(あい); (生産・事業などの)障害, ネック: an industrial ～ 生産の隘路 / An oil shortage is a ～. 石油不足が隘路だ. **3** ボトルネック《金属棒またはびんの首で弦をこすり, グリッサンドの効果を出すギター奏法》. ― *attrib. adj.* **1** 〈通りなど〉狭い (narrow). **2** 進行を妨害するような. ― *vt.* …の進行を妨げる. ― *vi.* **1** 隘路[障害]となる. **2** 進行が妨げられる. **3** 狭くなる.

bóttle-nòse *n.* 〘動物〙=bottle-nosed dolphin.

bóttle nòse *n.* とくり鼻; (大酒飲みの)大きい赤鼻 (cf. grog blossom).

bóttle-nósed *adj.* 〈人が〉とくり鼻の; (大酒飲みなどで)鼻が赤らんで膨れた.

bóttle-nòsed dólphin [**pórpoise**] *n.* 〘動物〙バンドウイルカ《バンドウイルカ属 (*Tursiops*) のイルカの総称》; (特に)タイセイヨウバンドウイルカ (*T. truncatus*)《しばしば水族館などに飼われ曲芸をする; bottle-nose (dolphin) ともいう》.

bóttle-nosed whále *n.* **1** 〘動物〙 **a** オオギハクジラ (beaked whale)・ゴンドウクジラ (blackfish) など小型なクジラの総称. **b** キタトックリクジラ (*Hyperoodon ampullatus*)《口先が細く頭が丸い中型のクジラ》. **2** 〘鳥類〙=black-bellied plover.

bot·tle-o [bɑ́ṭlòu | bɔ́tlòu] 〖← BOTTLE[1]+-O〗 *n.* (*pl.* **～s**) (*also* **bot·tle-oh** [～]) 《豪口語》あきびん回収人.

bóttle òpener *n.* (ビールびんなどの)栓抜き.

bóttle pàrty *n.* **1** (各自が持参する)酒持寄りパーティー. **2** =bottle club.

bót·tler[1] [-tlə, -ṭlə | -tlə(r, -tl-] *n.* (酒類などを)びんに詰める人[機械, 会社].

bot·tler[2] [bɑ́tlə | bɔ́tlə(r)] 〖← BOTTLE[1] (n.) 3+-ER[1] // 《転訛》← BONZER〗 *n., adj.* 《豪俗》すばらしい(人・もの).

bóttle trèe *n.* 〘植物〙=cream-of-tartar tree.

bóttle tùrning *n.* ボトルターニング《17 世紀後期の椅子やテーブルの脚に見られるびん型; オランダに由来する》.

bóttle-wàsher *n.* **1** びん洗い人[機械]. **2** 《英口語》下まわりの小者, 下働き人 (factotum).

bót·tling [-tlɪŋ, -ṭl- | -tl-, -tl-] *n.* (飲料などを)びん詰めにすること.

bot·tom [bɑ́ṭəm | bɔ́t-] 〖OE *botm* < Gmc **buþm-*, **buþn-* (G *Boden* ground / ON *botn* bottom (of the sea, a ship)) ← IE **bhudh-* bottom, base (L *fundus* 'FUND')〗 ― *n.* **1 a** 底, 底部, 底面 (underside): the ～ of a cup, bucket, etc. / a false ～ 上げ底, 偽底; (物を隠す)二重底. **b** (椅子の)座部 (seat): This chair needs a new ～. この椅子は座部を張り変えなければならない. **c** 《口語》お尻, 臀部(でん) (buttocks): fall on one's ～ 尻もちをつく. **2 a** (上部・頂部に対して)下[最低]の部分. **b** (山の)ふもと, (階段の)下: at the ～ of the hill [the stairs] 山のふもと[階段の下]に. **c** (木の)根元: the ～ of a tree. **d** (靴の)底 (↔ uppers). **e** (食卓などの)末席 (↔ top): sit at the ～ of the table 食卓の末席にすわる. **f** (地位・身分の)最下層; 最下位, びり (↔ top); どん底: start life at the ～ 人生をどん底から始める / fall to the ～ of misery 不幸のどん底に落ちる / be at the ～ of Fortune's wheel 不運のどん底に落ちている. **3** (井戸・水などの)底; 水底, 海底, 川底: at the ～ of the sea, lake, river, etc. / go (down) to the ～ (of the sea) 海底に沈む / ⇨ *send to the* BOTTOM, SMELL *the bottom.* **4** 《英》(道・入江・湾・庭などの)奥; (街路の)行詰まり (end): the ～ of the street 通りの端 / at the ～ of the garden 庭の奥[隅]に. **5 a** 根底, 土台, 基礎 (foundation); 真相 (reality): ⇨ *get to the* BOTTOM *of.* **b** 心底; 奥底: from the ～ of one's heart 衷心から / at the ～ of one's heart 心の奥底で, 内心は. **6** (奥に潜む)底力; (特に, 馬・犬の)耐久力, 根気: a horse of good ～ 耐久力の強い馬. **7** [通例 *pl.*] **a** ボトム《スカート・ズボンなど下半身につける衣服》. **b** (ツーピースになった服の)下半分; (特に)パジャマのズボン. **8** [通例 *pl.*] 〘地理〙(川沿いの)低地, くぼ地 (bottom land), 流域, 谷 (valley). **9 a** 〘海事〙(水線下の)船殻, 船底. **b** 〘海運〙船腹; 船舶 (ship); (特に)貨物船: in foreign ～*s* 外国船で / the scarcity of Japanese ～*s* 日本の船腹不足. **10** [通例 *pl.*] (石油を精製する際など蒸溜器に残った)かす, おり (lees). **11** 〘野球〙 **a** (回の)裏 (↔ top). **b** [集合的] 下位打順《7, 8, 9 番》; 下位打者. **12** 〘染色〙(染色する前に施す)下染め, 基礎彩色 (bottoming). **13 a** 〘印刷〙=tail 15 a. **b** 〘製本〙=foot 13. **14** 〘トランプ〙 **a** (ブリッジ競技会などでの)最低得点, どんじり. **b** 底札《積み札の一番下のカード》.
at* (*the*) *bottom (1) 根本は; 心底は, 本当は (really): a good man *at* ～ 根はよい人間. (2) どん底に; 奥に潜んで. ***at the bottom of*** (1) ⇨ 2 b. (2) ⇨ 2 e. (3) ⇨ 2 f. (4) ⇨ 3. (5) ⇨ 4. (6) …の原因で: be *at the* ～ *of* the affair 事件の底に潜んでいる, 事件の主因である. ***Bottoms up!*** 《口語》乾杯, ぐっと飲み干せ (No heeltaps!): *Bottoms up,* gentlemen. 皆さん, 乾杯を. ***bottom up*** [***upward***] 底を上に向けて, さかさまに. ***from the bottom up*** 始めから(やり直して), 完全に. ***get to the bottom of*** …の意味[理由]を探り当てる, 真相を究明する; …を解く, 解決する (solve). ***go to the bottom*** (1) 沈む, 海のもくずとなる. (2) 探究する. ***hit bottom*** =*touch* BOTTOM (2), (3). ***hold bottom*** 〘海事〙〈錨が〉錨地に固定する. ***knock the bottom out of*** 〈議論・証拠・計画など〉を根底からくつがえす, 無効[無益]にする. ***on her own bottom*** 〘海事〙〈交易船・漁船が〉負債のない. ***reach the bottom*** 〘商業〙底入れする. ***scrape the bottom of the barrel*** ⇨ barrel 成句. ***send to the bottom*** 〈船などを〉沈める. ***stand on one's own bottom*** 独立[自営]する. ***The bottom falls*** [***drops***] ***out of*** …(の基盤)が崩れる; …が不幸[不愉快]なものになる: *The* ～ *fell out of* the wheat market. 小麦相場が値くずれした[下がった]. ***the bottom of the heap*** ⇨ heap 成句. ***to the bottom*** (1) 底まで: drain the cup *to the* ～ グラスを飲み干す. (2) 根底まで, 徹底的に: *to the* ～ of one's heart 心の底まで, 真に / sift *to the* ～ 徹底的に調べる. ***touch bottom*** (1) 〈足が〉底につく. (2) (不幸・貧困の)どん底に落ちる. (3) 〈物価が〉底をつく: Prices have *touched* ～. (4) 〈疑いなどが〉動かぬ事実に落ち着く. (5) 〘海事〙〈船が〉触礁する, 海底で船底をこする.
― *attrib. adj.* **1** 底の[にある]; 最下の, 最低の (lowest): the ～ rock 底岩 / a ～ shelf, row, etc. / a ～ line 一番下の行[線] (cf. bottom line) / the ～ stair 階段の最下段 / the ～ rung ⇨ rung[1] 2 / ～ prices 底値, 最低値段 / ⇨ bottom dollar. **2** 根本的な (fundamental): the ～ cause 根本原因 / the ～ facts 《米》根本的事実. **3** 水底に住む: a ～ fish.
― *vt.* **1** …に底を付ける, 座部を付ける: ～ a chair, saucepan, shoe, etc. **2** 〈動機・計画・議論など〉の根底を探る, 真相を究める (fathom): ～ a mystery, a person's plans, etc. **3** 〈理論・議論などを〉(…に)基づかせる (base) (*on, upon*): ～ one's arguments *on* facts 議論を事実に基づかせる / His theory is ～*ed upon* mere assumptions. 彼の理論は単なる仮説を根拠とするにすぎない. **4** 〈潜水艦を〉海底につける. ― *vi.* **1** 基づく, 根拠を置く (*on, upon*). **2** 底に突き当たる, 海底に達する.
bottom out (1) 〈相場などが〉底をつく, 底値に達する. (2) 〈物価などが〉安定する (level off).
～ed *adj.* **～·er** *n.*

Bot·tom [bɑ́ṭəm | bɔ́t-] *n.* ボトム《Shakespeare 作 *Midsummer Night's Dream* 中の人物; Athens の織屋で滑稽祖放な言行で有名》.

bóttom bòard *n.* **1** ミツバチの巣箱の底[床]. **2** [*pl.*] (ボートの)敷板.

bóttom dèaler *n.* 〘トランプ〙下抜き師《一組のカード (deck) を上から配ると見せかけて底から配るいかさま師》.

bóttom dòg *n.* =underdog.

bóttom dóllar *n.* [one's ～] 《口語》最後の 1 ドル; 有りったけの金: ⇨ BET *one's bottom dollar.*

bóttom dràwer 〖最下段の引き出しを結婚用に使ったことから〗 *n.* 《英》=hope chest.

bóttom géar *n.* 《英》(自動車などの)最低速ギヤ, ローギヤ (low gear) (↔ top gear).

bóttom gràss *n.* くぼ地や低地に生えるイネ科の草.

bóttom hèat *n.* 〘園芸〙ボトムヒート《根付きなどの促進のため, 温室・温床などの下部に設けた人工熱源》.

bót·tom·ing *n.* **1** 靴の底付け(作業). **2** (道路舗装の)路盤用材《砂利・砕石など》. **3** 〘染色〙下染め.

bóttom·lànd *n.* 《米》低地, (特に)川沿いの低地.

bóttom·less 〖ME *botmeless*〗 ― *adj.* **1** 底のない; 〈椅子が〉座部の付かない: a ～ chair, kettle, etc. **2** 底なしの, 非常に深い; 測り知れない, 際限のない: a ～ abyss, depth, etc. / the ～ pit 地獄 (*Rev.* 9:1) / ～ ignorance 底の知れない無知 / a ～ mystery 測り知れない不思議. **3** 根拠のない: ～ arguments. **4 a** ヌードの: a ～ dancer. **b** ヌードを出し物にする: a ～ bar, nightclub, etc. **～·ly** *adv.* **～·ness** *n.*

Bot·tom·ley [bɑ́ṭəmli | bɔ́təmli], **Gordon** *n.* (1874–1948) 英国の詩人・劇作家.

bóttom lìne *n.* [通例 *pl.*] 《米》 **1** (決算書の)最後の行; 決算の数字[結果]. **2** 最終結果[決定](など); 重大局面. **3** 要点, 核心; 主要な長所. **bóttom-lìne** *adj.*

bóttom·mòst *adj.* **1 a** 一番下の[奥まった]. **b** どん底の, 最低の. **c** 最も深い. **2** 最も基本的な.

bóttom róund *n.* (牛の)もも肉 (round) の外側の部分 (cf. top round).

bot·tom·ry [bɑ́ṭəmri | bɔ́təmri] 〖《1622》▭ Du. *bodemerij* ← *bodem* bottom, ship: ⇨ -ry〗 ― *n.* 〘海商〙船舶抵当貸借, 冒険貸借《船主が船を抵当に入れて航海資金を借りること; 船が沈没すれば返金を免れる; cf. respondentia》. ― *vt.* 〈船を〉冒険貸借によって抵当に入れる (pledge).

bóttom sáwyer *n.* 下びき人《上下二人で大のこぎりで材木をひく場合木びき穴 (sawpit) の中でひく人; pit sawyer ともいう; ↔ top sawyer》.

bóttom yèast *n.* 〘醸造〙下層酵母, 下面酵母, 底面酵母《ぶどう酒やラガービール (lager) の醸造の際に沈殿する酵母; sediment yeast ともいう》.

bot·u·li·nus [bɑ̀tʃuláɪnəs | bɔ̀tjʊ-] 〖← NL ～ ← L *botulus* sausage: ⇨ -ine[1]〗 *n.* 〘細菌〙ボツリヌス菌 (*Clostudium botulinus*)《腸詰中毒の毒素原》.

bot·u·lism [bɑ́tʃulɪzm | bɔ́tjʊ-] 〖《1887》▭ G *Botulism-us* ← L *botulus* (↑): ⇨ -ism〗 *n.* 〘病理〙ボツリスム, ボツリヌス中毒, 腸詰中毒.

bou-bou [búːbuː] 〖← Afr. 《土語》〗 *n.* ブーブー《マリ・セネガルなどアフリカ諸国で着る長いガウン》.

bouche [búːʃ] 〖《15C》□(O)F ~ 《原義》mouth < L *buccam* cheek: cf. buccal〗 ― *n.* 〘甲冑〙ブーシュ《中世の盾の縁につけた刻み目あるいは丸い穴, そこから剣や槍を突き出す》.

bou·chée [buːʃéɪ; *F.* buʃe] 〖□F ~ 《原義》mouthful ← *bouche* (↑)〗 ― *n.* ブーシェ: **a** 一口大のパイに肉や魚のクリーム煮を詰めた料理. **b** ジャムなどを詰めた小型のパイ菓子. **c** チョコレートでくるんだ一口菓子.

Bou·cher [buːʃéɪ; *F.* buʃe], **François** *n.* ブーシェ《1703-70; フランスロココの代表的画家》.

Bouches-du-Rhône [búːʃ-djuː-róʊn | -ráʊn; *F.* buʃdyroːn] *n.* ブーシュ デュ ローヌ(県)《フランス南部の地中海に臨む県; 人口 1,539,000, 面積 5,248 km^2, 首都 Marseilles》.

bou·chon [buːʃɑ́n, -ʃɔ̃ː(ŋ), -ʃɔ́(ː)ŋ | -ʃɔ̃ː(ŋ), -ʃɔ́(ː)ŋ; *F.* buʃɔ̃] 〖□(O)F ~ ← *bouche* sheaf〗 ― *n.* **1** 〘時計〙穴金, ブション, ブッシュ (bush)《地板の枘穴(ほぞ)に詰められる金属製の短い管または栓》. **2** 〘軍事〙(手榴弾など擲弾(てき)類の)プラグ信管組部品.

Bou·ci·cault [búːsɪkòʊ | -kòʊ], **Di·on** [dáɪən, -ən | dáɪən] *n.* (1822?-90) 米国で活躍したアイルランドの劇作家・俳優.

bou·clé [buːkléɪ; *F.* bukle] 〖□F ~ 'buckled'〗 ― *adj.* わなより糸[ふし毛糸]を用いて織った. ― *n.* **1** わなより糸, ふし毛糸《この糸で織ったり編んだりしたものには ざらざらの面が生じる》. **2** わなより糸を使った織物, ふし織.

Bou·dic·ca [buːdíkə | baʊ-, buː-] *n.* ブーディカ《?-A.D. 62; Briton 人の一部族 Iceni の女王; ローマ人の横暴を憤りローマ総督 (governor) に反旗を翻えして London に攻め入り, 焼土と化したが (61 年), 総督軍に敗れ, 捕えられて服毒自殺した; 後代の文芸作品の主題となった; Boadicea ともいう》.

bou·din [buːdǽn, -dɛ̃ː(ŋ), -dæŋ; *F.* budɛ̃] 〖□F ~ 'black pudding, sausage'〗 ― *F. n.* (*pl.* ~**s** [~z; *F.* ~]) **1** ブラッドソーセージ (blood sausage). **2** 調味した挽き肉をソーセージの形にまとめた料理.

bou·doir [búːdwɑə, búd-, -dwɔə, -⏤ | búːdwɑː(r, -wɔː(r; *F.* budwaːr] 〖《1781》□F ~ ← *bouder* to pout, sulk 《擬音語》〗 ― *n.* (*pl.* ~**s** [~z; *F.* ~]) (上流)婦人の居間[私室, 寝室] (cf. bower[1] 2).

bouf·fan·cy [búːfənsi | -sɪ] 〖⇨↓, -cy〗 *n.* スカートや袖にふっくらした感じを出すこと.

bouf·fant [buːfɑ́ːnt, -fɑ̃ː(ŋ), -fɑ́ːŋ, ⏤⏤ | búːfɑ̃ː(ŋ), -fɔ̃ː(ŋ), -fɑ́ːŋ, -fɔ́(ː)ŋ; *F.* bufɑ̃] 〖□F ~ (pres.p.) ← *bouffer* to swell〗 ― *adj.* 〈髪など〉ふっくらした; 〈袖・ベルト付スカートが〉たっぷりふくらんだ: a ~ skirt.

bouffe [búːf; *F.* buf] 〖□F ~ 'buffoon' □It. *buffa* (fem.) ← *buffo* comic 《逆成》← *buffone* clown〗 *n.* (*pl.* ~**s** [~s; *F.* ~]) 滑稽喜歌劇 (opéra bouffe).

bou·gain·vil·laea [bùːgənvíljə, bòʊg-, bʊ̀g-, -víː-l(j)ə | bùːgənvílɪə, -geɪn-, -ljə] *n.* 〘植物〙=bougainvillea.

Bou·gain·ville [búːgənvɪl, bóʊg-, búg- | búː-; *F.* bugɛvil] 〖↓〗 *n.* ブーゲンビル(島)《南太平洋 Solomon 諸島中の最大島; ⇨ Solomon Islands》.

Bou·gain·ville [búːgənvɪl, -gɛ̃(ː)nvìːl, -gæn- | búː-gənvɪl; *F.* bugɛ̃vil], **Louis Antoine de** *n.* ブーゲンビル《1729-1811; フランスの航海者, フランス最初の世界周航者 (1766-69)》.

bou·gain·vil·lea [bùːgənvíljə, bòʊg-, bʊ̀g, -víːl(j)ə | bùːgənvílɪə, -geɪn-, -ljə] 〖《1866》← NL ~: ⇨↑, -a[1]〗 ― *n.* 〘植物〙ブーゲンビリア《南米産オシロイバナ科イカダカズラ属 (*Bougainvillaea*) の植物の総称; 美しい赤やオレンジ色の大花苞(ほう)がある》.

bou·get [búːdʒɪt, -dʒət] 〖□(O)F *bougette*: ⇨ budget〗 *n.* 〘紋章〙=water bouget 2.

bough [báʊ] 〖OE *bōg, bōh* shoulder, bough < Gmc **bōʒus* (LG *boog*) < IE **bhāghú-s* elbow: cf. bow[3]〗 ― *n.* **1** (木の)大枝 (cf. branch, spray[1], twig[1]). **2** 《古》絞首台 (gallows). ~**less** *adj.*

boughed 〖ME〗 *adj.* 大枝のある[ついた].

bóugh·pòt *n.* **1** (大型)花びん (vase). **2** 《英方言》花束 (bouquet).

bought [bɔ́ːt] 〖OE (*ge*)*boht*〗 *v.* buy の過去形・過去分詞. ― *adj.* (手製でなく)店で買った, 既製の.

bought·en [bɔ́ːtn] 〖⇨↑, -en[3]〗 *adj.* 《方言》=bought.

bou·gie [búːʒi, -dʒi | búːʒiː; *F.* buʒi] 〖《1754-64》□F ~ 《原義》wax candle ← *Bugie* (Algeria の町, ここから初めてヨーロッパに wax 製の蠟燭(ろう)が輸出された)〗 ― *n.* **1** 蠟燭. **2** 〘医学〙**a** ブジー, 消息子《計測・拡張などの目的で尿道などの管状部に挿入する棒状ないし管状の器具》. **b** 座薬 (suppository).

Bou·gue·reau [bùːgəróʊ | -ráʊ; *F.* bugro], **A·dolphe Wil·liam** [adɔlf wiljam] *n.* ブグロ《1825-1905; フランスの画家; 甘美な神話画で有名》.

bouil·la·baisse [bùːjəbéɪs | búːjəbès, -bèɪs, ⏤⏤⏤; *F.* bujabɛːs] 〖《1855》□F ~ □Prov. *bouiabaisso* 《原義》boils and settles〗 ― *n.* ブイヤベース《数種の魚肉・貝類を用い, にんにく・サフランで風味をつけた煮込み料理; フランス南部, 特に Marseilles の名物料理》.

bouil·li [buːjíː | búː(l)jíː; *F.* buji] 〖《1664》□F ~ ← (p.p.) ← *bouillir* (↓)〗 *n.* ゆで肉《特に, bouillon を作ったあとの肉》.

bouil·lon [búːjɑn, bújɑn, -jən | búːjɔ̃ː(ŋ), -jɔ(ː)ŋ; *F.* bujɔ̃] 〖《1656》□F ~ 'strong broth' ← *bouillir* 'to BOIL[2]'〗 ― *n.* (*pl.* ~**s** [~z; *F.* ~]) **1 a** ブイヨン《牛肉でとっただし汁》. **b** ブイヨンスープ《ブイヨンをもとにして作った澄ましスープ》. **2** 〘生化学〙肉汁, ブイヨン《獣・魚肉の浸出物で, 細菌などの培養液を作るのに用いる》.

bóuillon cùbe *n.* 固形ブイヨン.

bóuillon cùp *n.* (取っ手のあるやや小型の)ブイヨンスープ用カップ (cf. soup cup).

bóuillon spòon *n.* ブイヨンスプーン《スープスプーンよりもやや小さく, 先端のすくう部分が丸い》.

bouil·lótte làmp [buːjɑ́t- | -jɔ́t-; *F.* bujɔt-] 〖↓〗 *n.* (ブロンズまたは真鍮の縁に 2-4 本の蠟燭立てを備えた 18 世紀フランスの)ゲーム用テーブルランプ.

bouillótte tàble 〖*bouillotte*: □F ~ 'an old French card game' ← *bouillir* 'to BOIL[2]'〗 *n.* 18 世紀のフランスで流行した小型のゲーム用丸テーブル.

boul. 《略》boulevard.

Bou·lan·ger [bùːlɑ̃ː(n)ʒéɪ, -lɔ̃ː(n)-, -lɑːn-, -lɔ(ː)n-; *F.* bulɑ̃ʒe], **Geoges Ernest Jean Marie** *n.* ブーランジェ《1837-91; フランスの将軍・政治家》.

bou·lan·ger·ite [buːlǽndʒəràɪt] 〖□G *Boulangerit* ← *C. L. Boulanger* (1810-49: フランスの鉱山技師): ⇨ -ite[1]〗 *n.* 〘鉱物〙ブーランジェ鉱 ($Pb_5Sb_4S_{11}$).

boul·der [bóʊldə | bə́ʊldə(r] 〖《1617》《略》← (*c*1300) *bulderston* roaring stone ← ON: cf. Swed. 《方言》*bullersten* rumbling stone〗 ― *n.* **1** (風雨などで削られて丸くなった)丸石, 玉石(たま): a ~ pavement [wall] 丸石舗道[壁]. **2** 〘地質〙巨礫(れき)《径 250 mm 以上のもの; cf. cobble[1] 3, pebble 1 b, granule 5》. ~**ed** *adj.*

Boul·der [bóʊldə | bə́ʊldə(r] 〖↑: この付近の川に大石が多いことから〗 *n.* 米国 Colorado 州北部の都市, 宇宙研究所がある; 人口 67,000.

Bóulder Cányon *n.* [the ~] 米国 Colorado 川の Hoover Dam の上流にあって, Arizona, Nevada 両州の境界をなしている; 現在 Mead 湖となっている.

bóulder clày *n.* 〘地質〙氷成粘土.

Bóulder Dám *n.* [the ~] ボールダーダム《Hoover Dam の旧名》.

boulder-drift *n.* 〘地質〙氷河堆積物.

bóul·der·ing [-d(ə)rɪŋ] *n.* 丸石でできた舗装路.

bóulder ráspberry *n.* 〘植物〙米国 Rocky 山脈に自生するキイチゴ属の暗紫色の実がなる低木 (*Rubus deliciosus*).

boul·der·y [bóʊld(ə)ri | bə́ʊld(ə)ri] *adj.* 丸石[玉石(たま)]の(ある).

boule[1] [búːl] 〖□F ~ 《原義》ball: ⇨ bowl[2]〗 *n.* 〘遊戯〙**1** [*pl.*] ローンボーリング (bowls) に似たフランスの球戯. **2** ルーレットに似た賭博ゲーム.

boule[2] [b(j)úːl | búːl] *n.* =boulle.

boule[3] [búːl; *F.* bul] 〖□F ~ 《原義》ball: ⇨ bowl[2]〗 ― *n.* (*pl.* ~**s** [~z; *F.* ~]) 〘鉱物〙ブール《ベルヌイ炉 (Verneuil furnace) で人工的に作られるルビー・サファイアなどの西洋なし形の原石; 宝石に用いる》.

Bou·le [búːli, buːléɪ | búːlɪ, buːléɪ] 〖□Gk *boulḗ* senate〗 *n.* **1** (ギリシャの)議会, 下院. **2** [しばしば b-] (古代ギリシャの)立法会議.

bou·le·vard [búləvɑ̀əd, búːlə- | búːlvɑː(r, -vɑːd, búːlɪvɑ̀ːd, -lə-, -vɑ̀ː(r; *F.* bulvaːr] 〖《1772》□F ~ □G *Bollwerk* 'BULWARK'〗 ― *n.* **1** (都市内外の)広い並木街路[遊歩道] **2** 《米》大通り.

bou·le·var·dier [bʊlvaədjéɪ, bùːl-, -díə | buːlvɑ́ːdièɪ; *F.* bulvardje] 〖□F ~: ⇨↑, -ier[1]〗 ― *n.* (*pl.* ~**s** [~z; *F.* ~]) Paris の boulevard のカフェーなどをぶらつく人; 遊び人 (man-about-town).

boule·verse·ment [bùːlvɛəsmɑ́ː(ŋ), -mɔ̃ː(ŋ), -mɑ́ːŋ, -mɔ́(ː)ŋ | -vɛəs-; *F.* bulvɛrsəmɑ̃] 〖□F ~ ← *bouleverser* overturn ← *boule* ball (⇨ bowl[2]) + *verser* to overturn〗 ― *F. n.* (*pl.* ~**s** [~z; *F.* ~]) **1** 転覆 (reversal). **2** 混乱 (confusion).

Bou·lez [buːléz; *F.* bule], **Pierre** *n.* ブーレ, ブーレーズ《1925-　; フランスの作曲家・指揮者》.

-bou·li·a [búːliə | -lɪə, -ljə] =-bulia.

-bou·lic [búːlɪk] =-bulic.

boulle [b(j)úːl | búːl] 〖《1823》← *André-Charles Boulle* (1642-1732: Louis 十四世時代のフランスの家具師)〗 ― *n.* **1** ブール象眼《家具にはめこまれる鼈甲(べっこう)・青貝・真鍮・金銀などの象眼細工》. **2** ブール象眼を施した家具. ― *attrib. adj.* ブール象眼の[を施した].

Bou·logne [buːlóʊn, -lɔ́ɪn | bʊlɔ́ɪn, bə-, -láʊn; *F.* bulɔɲ] *n.* ブローニュ《フランス北部イギリス海峡に臨む港市; 人口 51,000; 別名 Boulogne-sur-Mer [bulɔɲsyrmɛːr]》.

Boulógne Bil·lan·cóurt [-bɪ̀jɑ̃ː(ŋ)kʊ́ə, -jɔ̃ː(ŋ)-, -jɑːŋ-, -jɔ(ː)ŋ-, -kʊ́ə(r; *F.* bulɔɲbijɑ̃kuːr] *n.* ブーローニュ ビヤンクール《フランス北部 Seine 河畔の Paris に近い工業・住宅都市; 人口 109,000; 別名 Boulogne-sur-Seine [bulɔɲsyrsɛn]》.

boult [bóʊlt | bə́ʊlt] *v.* 《廃》=bolt[2].

boul·ter [bóʊltə | bə́ʊltə(r] 〖← ?〗 *n.* はえなわ《多くの釣鉤を付けた強く長い底釣用釣糸》.

Boul·war·ism [búːlwərɪzm] 〖← *Lemuel Boulware* (1950 年代に米国 General Electric 社の労働関係担当主任を勤めた): ⇨ -ism〗 ― *n.* 〘労働〙ブルワリズム《組合要求に対して会社側が独自の調査研究に基づいて最終回答し, 反証的な情報が提出されぬ限り変更しない, という会社側が一方的にリードする団体交渉の一方式》.

bounce[1] [báʊns] 〖《?*a*1200》*bonche(n)* to thump ← ? LG: cf. Du. *bonzen* to thwack〗 ― *vi.* **1** 〈ボールなどが〉はね返る; はずむ, バウンドする (rebound): ~ *back* はね返る / ~ *off* the sidewalk [*out of* one's glove] 歩道からはね返る[はね返ってグローブから飛び出す]. **2 a** 〈人などが〉はね上がる, 飛び上がる (jump) 〈*up*〉; 飛びのく 〈*off*〉: ~ *out of* one's chair 椅子から飛びのく. **b** はね回る, 飛びはねるようにして歩く〈*about*〉; はずみながら進む[転がる, 走る]: The bus ~*d along* the country road. バスは田舎の道をがたごとと走って行った. **3** 荒々しく出る[行く] 〈*out*〉; あわただしく来る[飛び込む] 〈*in*〉: ~ *into* [*out of*] a room 部屋へ飛び込む[から飛び出す]. **4** 《俗》〈小切手などが〉不払いになって戻って来る. **5** 《英》大ぼらを吹く, 威張り散らす (bluster). **6** 《廃》大きい音を立てる; 強く打つ. **7** 〘野球〙内野ゴロを打つ. ― *vt.* **1** はねさせる, はずませる: ~ a ball ボールをバウンドさせる; まりつきをする / ~ a baby (*up* and *down*) on one's knee(s) ひざの上で子供を(ぴょんぴょん)はねさせる. **2** 《英口語》**a** どなりつける, しかりつける (scold): be ~*d for* one's carelessness 不注意で大目玉を食う. **b** 〈人を〉おどして無理やりに〔ある行動を〕とらせる〔*into*〕; 〈人〉から〔物を〕おどし取る〔*out of*〕: ~ a person *into* doing something 人をおどしてあることをさせる / ~ a person *out of* something おどして人からある物を巻き上げる. **3** 《俗》**a** 追い出す (eject): ~ troublemakers *out of* a hall うるさい連中を会場からほうり出す. **b** 首にする (dismiss). **4** 《廃》打つ; ぶつける.

bounce back (1) ⇨ *vi.* 1. (2) (敗北・病気・打撃などから)すぐ立ち直る; 〈景気・株価などが〉持ち直す.

― *n.* **1** はずみ, はね返り, バウンド (bound); はね返る力, 弾力: catch the ball on the first ~ ワンバウンドでボールを取る / The ball has lost its ~. ボールがはずまなくなった. **2 a** はね上がり, 飛上がり (spring): give a (high) ~ 〈ボールが〉(高く)はね上がる / rise with a ~ はね起きる. **b** 〘航空〙(飛行機の着陸時の)はね上がり. **3** 《口語》活気, 生き生きとしていること; 回復力, 気力 (verve): full of ~ 活気に溢れて / He has plenty of ~. ずいぶん活発である. **4** 《英》ほら, 空威張り, こけおどし: on the ~ 空威張りして. **5** [the ~] 《米俗》追い出すこと; 解雇 (dismissal): give [get] *the* ~ 首にする[なる]. **6** 《口語》(ジャズなどの)浮き浮きするようなリズム. **7** 《廃》強打.

― *adv.* 一飛びで, ぽんと; いきなり: come ~ against …にいきなりぶつかる.

bounce[2] [báʊns] 〖↑ の転用か〗 *n.* 〘魚類〙大西洋産トラザメ科のサメの一種 (*Scyliorhinus stellaris*).

bounce·a·ble [báʊnsəbl] *adj.* 《英》いやに威張る, 喧嘩好きな.

bóunc·er *n.* **1** はね飛ぶ人[もの]: a good ~ よくはずむもの. **2** (その種類の中で)とても大きな人[もの], どえらいもの: That child is a ~. どえらい大きな子だ. **3** 《英口語》大ぼら, 大うそ; ほら吹き, うそつき (liar). **4** 《俗》(旅館・劇場・料理店などの)用心棒. **5** 〘野球〙内野ゴロ. **6** 〘クリケット〙=bumper[1] 6.

bóunc·ing *adj.* **1** よくはずむ[バウンドする]; はね飛ぶ. **2** 見るからに元気のいい; たくましい, 活発な: a ~ girl おてんば娘 / a ~ baby 元気な赤ん坊 / a ~ disposition 快活な性質. **3** 巨大な; 巨額の, 法外な: a ~ sum 巨大な金額 / a ~ lie 大うそ. ~**·ly** *adv.*

bóuncing Bét [**Béss**] *n.* 〘植物〙シャボンソウ (*Saponaria officinalis*)《ヨーロッパ産ナデシコ科の多年草; 米国でも広く栽培され, ピンクまたは白色の花をつけ, 葉は洗剤に用いられる; soapwort ともいう》.

bounc·y [báʊnsi | -sɪ] *adj.* (**bounc·i·er**; **-i·est**) **1** はずむ, 飛び上がるような; 活気のある. **2** 〈椅子など〉弾力ある, 軽快な. **bóunc·i·ly** [-sɪli, -sə- | -lɪ] *adv.*

bound[1] [báʊnd] 〖《?*a*1300》□AF *bounde* = OF *bunne, bonde* (F *borne*) limit < ML *bodinam* ← ? Celt.: cf. bourn[2]〗 ― *n.* **1 a** [通例 *pl.*] (内側から見た)境界線, 境界. **b** [*pl.*] 境界線付近[境界線内]の領土: metes and ~*s* ⇨ mete[1]. **2** [通例 *pl.*] 限界, 際限, 範囲, 領域 (limits): an ambition without ~*s* 際限のない野心 / a realm beyond the ~*s* of human knowledge 人知で計り[知り]得ない世界 / break ~*s* 範囲[常軌]を逸脱する / go outside [beyond] the ~ of decency 礼儀の埒(らち)を越える, 非礼[不謹慎]にわたる / keep within ~*s* 制限内に留まる, 度を越さない / speak within ~*s* 控え目に話す / put [set] ~*s* to …に制限を置く, 限界を設ける, …を制限する / His ambition knows no ~*s*. 彼の野心には限りがない. **3** [*pl.*] 《英》(人の)立入り許可区域[外出区域]の限界 (limits): ⇨ *out of* BOUNDS (2). **4** 〘数学〙(上または下の)界: ⇨ greatest lower bound, least upper bound, lower bound, upper bound.

beat the bounds 〖キリスト昇天祭 (Ascension Day) に教区の子供たちが行列を作って柳の枝で教区の境界を打って歩いた故事から〗 (1) 〘英国国教会〙教区の境界を検分する. (2) 慎重に調査して確かめる. ***out of all bounds*** 法外な[に], 過度な[に]. ***out of bounds*** (1) 〘スポーツ〙定められた競技区域を越えて《バスケット・バレーボールではボールがコート外に出ること, ゴルフではコース外のプレー禁止地域についていう; 略 O.B.》. (2) 《英》立ち入り禁止(区域)の (《米》off limits) 〔*to*〕.

― *vt.* **1 a** …の境界となる: mountains ~*ing* a country 国の境界をなす山脈. **b** [主に Passive で] …に境界をつける: England *is* ~*ed* on the north *by* Scotland. イングランドは北はスコットランドと境を接している. **2** 制限する: ~ one's desires by reason

理性によって欲望を押さえる. **3** 《米》〈生徒などが〉〈国・州など〉の境界の名を言う[挙げる]: ~ one's state. **—** *vi.* 《古》〔…に〕境している, 境を接する〔*on, with*〕. **~·er** *n.*

bound² [báund] 〖《1586》□ F *bond-ir* to leap, 《原義》 to echo < VL **bombitīre* = LL *bombitāre* to hum ← L *bombus* deep hollow sound: cf. bomb〗 **—** *vi.* **1** はね飛ぶ, ぴょいぴょい飛んで行く; 飛び上がる (leap); 〈波・胸などが〉躍る: ~ *about* はね回る / ~ *away* (at full speed) (全速力で)飛び去る / ~ *upon* the prey 〈ライオンなどが〉獲物に飛びかかる / ~ *into* fame 一躍有名になる / My heart ~*ed with* expectation. 私の胸は期待にはずんだ. **2** 〈ボールなどが〉はずむ, はね返る, バウンドする (bounce): The ball ~*ed back* from the fence. **—** *vt.* 〈ボールなどを〉はずませる, はね返らせる, バウンドさせる.
— *n.* **1** はね飛び, はね上がり (leap): a ~ forward 躍進 / at a (single) ~ = with one ~ ただ一飛びで, 一躍して / by leaps and ~*s* ⇨ leap 成句 / run up the stairs in two or three ~*s* 階段を 2, 3段 ずつ一飛びで駆け上がる / the ~ of the heart 《詩》 心の躍動. **2** (ボールの)はずみ, はね返り, バウンド: strike a ball on the ~ ボールがはずんだところを打つ / catch a ball on the first ~ ワンバウンドでボールを取る.

bound³ [báund] 〖《?c1200》 *boun* ready □ ON *būinn* (p.p.) ← *būa* to get ready (cf. busk²): *-d* は BOUND⁴ との連想〗 **—** *adj.* **1** 〈船・列車・飛行機など〉〔…へ〕出発し(ようとし)ている, …行きで[の]; 〈人が〉〔…へ〕行くところで, 〔…へ行く〕途上にある〔*for, to*〕: This ship is ~ *for* New York. この船はニューヨーク行きです / a ship ~ *for* a voyage 航海の途に上るばかりの船 / a train ~ *from* London *to* Paris ロンドン発パリ行きの列車 / homeward ~ 本国向けで[の], 帰航中で[の] (cf. homeward-bound) / outward ~ 外国行きで[の] (cf. outward-bound) / We are ~ *for* the movies. 我々は映画に行くところです / They were ~ *on* a journey. 彼らは旅行の途にあった / college-*bound* 大学進学を目指す. **2** 《古》 用意[準備]ができて (ready).

bound⁴ [báund] 〖《c1360》《尾音添失》← BOUNDEN〗 **—** *v.* bind の過去形・過去分詞. **—** *adj.* **1 a** 縛られた: a ~ prisoner. **b** 束縛を受けた, 拘束された: ~ by convention 因襲に捕われた. **c** (年季奉公の)契約をしてある, 年季奉公に出ている (apprenticed): a ~ boy [girl] 年季奉公の少年[少女]. **2** [Predicative に用いて] **a** 〈…する〉義務がある (obliged) 〈*to do*〉: feel in honor ~ *to* do 義理にも…せざるを得ないと思う. **b** 確かに〈…する〉はずで (certain) 〈*to do*〉: He is ~ *to* win [succeed, fail]. 必ず勝つ[成功する, 失敗する] / It is ~ *to* happen. それはきっと起こる. **3** 《口語》 必ず〈…する〉決心で (determined): a team ~ *on* winning 必勝を誓ったチーム / He is ~ *to* go. 彼は行く決心である. **4** 装丁した, 製本した, 綴(と)じた; 〔…で〕覆われた, …表紙の, …装の〔*in*〕: a ~ volume 合綴(ごう)本, 綴じ付け本, 装丁本 / ~ *in* cloth [morocco] 布綴じ[モロッコ皮装]の / ⇨ quarter-[half-, full-, whole-]bound. **5** [複合語の第 2 構成素として] (…に)拘束された[て], 閉ざされた, 支配された: snow-*bound* 雪に閉ざされた / The lake was ice-*bound*. 湖には一面に氷が張り詰めていた / duty-*bound* 義務がある / the time-*bound* world 時間の支配する世界. **6** 便秘している (constipated). **7** 《数学》〈ベクトルが〉大きさと方向とともに始点も定まっている (cf. free 20): a ~ vector 束縛ベクトル. **8** 《物理・化学》結合した, 化合した (cf. free 16 a): ~ water 結合水. **9** 《言語》 拘束形の (cf. free 18): ⇨ bound form. **10** 《論理》 束縛の, 束縛された《式中の変項[数]が量化詞により量的限定を受けている場合をいう; cf. free 22, closed 12》: a ~ variable 束縛変項[数].
bound up in (1) …に夢中で, 余念がない: He *is bound up in* his new book. 新しい本の執筆に没頭している. (2) …と離れられない, …に深入りして. ***bound up with*** …と利害を同じくして; …と切っても切れない関係で: The present *is bound up with* the past. 現在は過去と密接に結ばれている. ***I'll be bound.*** ⇨ bind *v.* 成句.

bound·a·ry [báund(ə)ri | -rɪ] 〖《1626》←《方言》 *bounder*: ⇨ bound¹ (v.), -er¹: LIMITARY にならった変形〗 **—** *n.* **1 a** 境界, 界; 境界線: the ~ of an estate [a parish] 地所[教区]の境界 / draw a (strict) ~ (厳重な)境界を画する. **b** 《豪》 羊・牛の牧畜場の境界. **2** 限界, 分野 (limit): the ~ of human knowledge 人知の限界. **3** 《クリケット》(球場の)境界線; 境界線に達する打撃《地面に付かない (no bound) で越えれば 6 点, 地面に付いて達すれば 4 点》. **4** 《数学》 **a** 境界《位相空間の部分集合の境界点全体から成る集合》. **b** 境界《複体の鎖から作られる一次元低い鎖》. **c** 境界輪体《複体の鎖で, 他の鎖の境界になっているもの》.

bóundary condìtion *n.* **1** 《物理》 境界条件《ある空間で生起する現象を論じるときに, その空間の境界で与えられている条件》. **2** 《数学》 境界条件《微分方程式の解が境界で満たすべき条件》.

bóundary làyer *n.* 《物理》 境界[限界]層《(空気のような)流体が(飛行機のような)物体の回りを流れる時できる物体表面の渦(うず)の薄層; friction layer ともいう》.

bóundary làyer contròl *n.* 《物理》 境界層制御《流れの剝離を防ぎ, または流体の摩擦抵抗を低減するために境界層の流れを制御すること》. 「界灯.

bóundary lìght *n.* (飛行場の離着陸区域を示す)境

bóundary lìne *n.* **1** 境界線. **2** 《紋章》 = partition line.

bóundary rìder *n.* 《豪》 (柵の修理などのための)牧場巡視人.

bóundary vàlue pròblem *n.* 《数学》 境界値問題《微分方程式で与えられた境界条件を満たす解を求める問題》.

bóund bàse *n.* 《言語》 = bound root.

bóund chàrge *n.* 《電気》 束縛電荷, 拘束電荷.

bóund·ed¹ *adj.* **1** 限界のある, 制限された. **2** 《数学》 **a** 〈関数・数列が〉有界の《関数の値や数列の項の絶対値が一定数を超えない》. **b** 〈関数の変動 (variation) が〉有界の《関数の変動が無限大でない》: a function of ~ variation 有界変動関数.

bounded² *v.* 《古》 bind の過去分詞.

bóunded nóun *n.* 《文法》 有限名詞《常に冠詞や制限的修飾語句を必要とする名詞; 例えば英語の単数形の可算名詞》.

bound·en [báundən] 〖OE *bunden* (p.p.): cf. bound⁴〗 **—** *v.* 《古》 bind の過去分詞. **—** *adj.* **1** 《文語》 義務的な, 本務的な (obligatory): one's ~ duty (必ずしなければならない)本務, 義務. **2** 《古》 恩義を受けて (obliged): I am ~ *to* him *for* my success. 私の成功は彼のおかげである.

bóund·er 〖← BOUND²+-ER¹〗 *n.* **1** 《英口語》 [しばしば軽蔑的に] 騒々しい野卑な男, 無作法者 (cad), (下等な)成り上がり. **2** 《野球》 バウンドの大きいゴロ.

bóund·er·ish [-dərɪʃ] *adj.* 無作法者らしい[のような]. **~·ly** *adv.* **~·ness** *n.*

bóund fóot *n.* (昔の中国の婦人の)纏足(てん).

bóund fórm *n.* 《言語》 拘束形式《独立できず常に他の語の一部として用いられる形; 例: look*ed* の -ed, *un*kind の un- など; cf. free form 1》.

bóund·less *adj.* 限りのない, 果てしのない; 無限の: the ~ ocean 果てしのない大海 / ~ energy 無限の精力. **~·ly** *adv.* **~·ness** *n.*

bóund mórpheme *n.* 《言語》 拘束形態素《独立できず常に他の一部として用いられる形態素; 接辞 (affix), 拘束語根 (bound root) など》.

bóund róot *n.* 《言語》 拘束語根《語根でありながら独立して用いられないもの: *receive* の -ceive, ad*mit* の -mit など; bound base ともいう》.

bóund váriable *n.* 《論理》 束縛変項《不定の対象を指示する自由変項 *x, y, z*, …等が, 「すべての」や「存在する」を意味する全称および存在量化詞で束縛され, 指示範囲が限定されたもの; 例えば「すべての *x* は自然数である」「*x* を満足させる値が存在する」のような場合の *x*; cf. free variable》.

bóund wáter *n.* 《生物》 結合水《細胞内で蛋白質などに強く結合している水》.

boun·te·ous [báuntiəs | -tɪəs, -tjəs] 〖《16C》← BOUNT(Y)+-EOUS ∞ 《c1385》 *bountevous* ← OF *bontif* benevolent ← *bonté*〗 **—** *adj.* 《文語・詩》 **1** 〈人・性質など〉慈悲深い, 気前のよい, 物惜しみしない (beneficent): a man of ~ nature 気前のよい性質の人. **2** 〈物が〉たっぷりとある, 豊富な (plentiful): a ~ harvest 豊かな収穫. **~·ly** *adv.* **~·ness** *n.*

bóun·tied *adj.* (政府の)補助金のついた; 報奨金の与えられる.

boun·ti·ful [báuntɪfəl, -tə- | -tɪ-] *adj.* **1** 〈人が〉惜しみなく与える, 気前のいい (generous): a ~ giver 気前のいい人 / ⇨ Lady Bountiful. **2** 〈物が〉たくさんある, 豊富な, たっぷりの (abundant): a ~ supply of food 食料の十分な供給. **~·ly** *adv.* **~·ness** *n.*

boun·ty [báunti | -tɪ] 〖《c1275》 *bounte* □ (O)F *bonté* < L *bonitātem* goodness ← *bonus* good: ⇨ boon², -ty²〗 **—** *n.* **1** 惜しみなく与える心, 恵み深さ, 博愛 (generosity): the overflowing ~ of Nature 自然の惜しみなき恩恵. **2** 寛大に与えられた物, 恵まれた物, 賜物, 賜金: The hospital is supported by the ~ of one man. 病院は一個人の篤志によって維持されている / live on the ~ of …の補助を受けて生活する / ⇨ King's bounty, Queen Anne's Bounty. **3 a** (害獣退治・犯人逮捕などに対する)報奨金, 賞金 (gratuity). **b** (入隊勧誘の)特別手当. **c** (産業などに対する政府の)補助金, 奨励金, 助成金 (subsidy): the ~ *on* exports 輸出補助金 / the ~ *for* manufacture 生産奨励金. **4** 産出, (特に)作物の収穫 (yield). **~·less** *adj.*

bóunty hùnter *n.* 賞金目当てに犯人や害獣などを追いかける人 (cf. bounty 3 a).

bóunty jùmper *n.* 米国南北戦争当時入隊奨励金をもらうと間もなく脱走した兵士.

Bou·pho·ni·a [buːfóuniə | -fə́unɪə, -njə] 〖□ Gk *bouphonia* ← *boubhónos* ox-sacrificing〗 *n.* [しばしば複数扱い] = Dipolia.

bou·quet [boukéɪ, buː- | bukéɪ, buː-, ⌐⌐, bəukéɪ; *F.* bukɛ] 〖《1716-18》□ F ~ 'bunch, clump of trees' ← ONF *bosquet* little wood (OF *boschet*) (dim.) ← OF *bosc* wood < L *buxum* wood, bush: cf. boscage, bosket, bush¹〗 **—** *n.* **1** 花束 (nosegay). **2** 打ち上げられた花火の大きな群. **3** お世辞, ほめ言葉 (compliment): throw ~*s at* …をほめる, …にお世辞を言う. **4 a** (ぶどう酒・ブランデーなどの独特な)芳香, 香り, ブーケ (cf. aroma 1 b). **b** (演奏・演技・作品などの)特別にすぐれた性質, 芸術的香り.

bouquet gar·ní [-gɑəníː | -gɑː-; *F.* -garni] 〖□ F ~ 'garnished bouquet'〗 **—** *n.* (*pl.* **bouquets garnis** [~]) ブーケガルニ《パセリ・タイム・ベイリーフなどの香草を束ねたものでスープやシチューの香り付けに用いる》.

bou·que·tin [búːkətɪn, -tən | -tɪn; *F.* buktɛ̃] 〖□ F ~ □ G *Steinbock* 《原義》 stone-he-goat: cf. buck¹〗 *n.* 《英》《動物》 = ibex.

bouquét lárkspur *n.* 《植物》 = Siberian larkspur.

Bour·ba·ki [bùəbɑːkíː | bùə-; *F.* burbaki], **Nicholas** *n.* ブルバキ《フランスの数学者集団の筆名; 1935 年以降数学全部門を体系的に整理したシリーズを出版》. 「bon whiskey.

bour·bon [bə́ːbən | bə́ːbən, búə-, -bən] *n.* = bour-

Bour·bon¹ [búəbən, bə́ə-, bóə- | búəbən, -bɔn; *F.* burbɔ̃] *n.* 《園芸》 = Bourbon rose.

Bour·bon² [búəbən, bə́ə-, bóə- | búəbən, -bɔn; *F.* burbɔ̃] *n.* **1** [the ~s] ブルボン家《フランス王朝 (1589-1793, 1814-30) の名; その傍系であるスペインなどの王家》. **2** ブルボン家の人. **3** 《米》 頑固な保守主義者, (特に)南部民主党の極端な反動主義者.

Bourbon, Duc Charles de *n.* ブルボン《1490-1527; フランスの将軍》.

Bóur·bon biscuit [búəbən-, bə́ə-, bóə- | búəbən-, -bɔn-] *n.* ブルボンビスケット《中にチョコレートクリームの入ったビスケット》.

Bóur·bon·ism, b- [-nɪzm] *n.* **1** ブルボン王朝的政治組織の支持. **2** 《米》 (政治上の)極端な保守主義.

Bóur·bon·ist [-nɪst, -nəst | -nɪst] *n.* 《まれ》 **1** ブルボン王朝的政治組織の支持者. **2** = Bourbon² 3.

Bóur·bon ròse [búəbən-, bə́ə-, bóə- | búəbən-, -bɔn-] 〖*Bourbon*: ← *île Bourbon* (現在 Réunion と呼ばれるインド洋 Madagascar 島東方に位置する仏領の小島; この品種の原産地)〗 *n.* 《園芸》 ブルボン系バラ《チャイナ系およびダマスク系バラの自然雑種に由来し, 四季咲; 単に Bourbon ともいう》.

bóur·bon whìskey [bə́ːbən- | bə́ːbən-, búə-, -bɔn-] 〖*bourbon*: ← *Bourbon* (米国 Kentucky 州の郡で, このウイスキーの発祥地)〗 **—** *n.* バーボンウイスキー《51% 以上のトウモロコシとライ麦に大麦の麦芽を原料に発酵させ, パテントスチル (patent still) で蒸留して造る米国産のウイスキー; 単に bourbon ともいう; cf. Scotch whisky》.

Bour·delle [buədél | buə-; *F.* burdɛl], **Émile** *n.* ブールデル《1861-1929; フランスの彫刻家; Rodin の協力者》.

bour·don [búədn̩, bə́ə-, bóə-, bə́ː- | búədn̩, bɔ́ː-] 〖《?c1300》□ (O)F ~ 'bagpipe drone' < LL *burdōnem* drone 《擬音語》?〗 **—** *n.* **1** (長く持続するうなるような)低音 (drone). **2** (bagpipe や hurdy-gurdy などの)最低音管[弦]; (パイプオルガンの)ブルドン音栓.

Bóur·don gàuge [búədɔ̃ː(ŋ)-, -dɔ(ː)ŋ- | búə-; *F.* burdɔ̃-] 〖← *Eugène Bourdon* (1808-84: フランスの水力工学者)〗 **—** *n.* 《化学》 ブルドンゲージ, ブルドン圧力計《ブルドン管を用いた二次圧力計》.

Bóurdon tùbe 〖↑〗 **—** *n.* 《化学》 ブルドン管《弾力のある薄い金属で造った扁平断面円弧状の中空管; 管内の圧力増加に伴って断面が円形に近づき, まっすぐになろうとするので, 圧力計に利用される》.

bourg [búəg, búə | búəg; *F.* búːr] 〖《?c1450》□ (O)F ~ < LL *burgum* ← Gmc: cf. borough〗 *n.* **1** 都市, 町. **2** 城下町. **3** (フランスの)市(いち)を開く町.

bour·geois [búəʒwɑː, ⌐⌐ | búəʒwɑː; *F.* burʒwa] 〖《(adj.: 1564-65; n.: *a*1674)》□ (O)F ~ ← OF *burgeis* (n.): ⇨ burgess〗 **—** *n.* (*pl.* ~) **1 a** 中産階級の市民. **b** (地主・農民・俸給生活者に対し, 町の)実業家, 商人 (shopkeeper). **2** 有産者, ブルジョア《資本主義社会の支配階級の構成員; cf. proletarian》. **3** 《軽蔑》 **a** (共産[社会]主義者のいう)資本家, プロレタリアの搾取者. **b** (体裁にこだわる無教養で俗物の)中産階級の人, (上品優雅な所がない)物質本位の無教養者 (Philistine). **4** [《英》 bəːdʒɔ́ɪs] 〖活字の大きさが中位なのにちなむ; 一説ではフランスの活字製造者の名から〗《活字》 ブルジョア《活字の大きさの古い呼称; 9 アメリカンポイント相当; cf. type 10 ★》. **—** *adj.* **1** ブルジョアの, 中産階級の. **2** 《軽蔑》 **a** 資本主義の, 共産主義的でない. **b** 中産市民的な, ブルジョア根性の, 無教養で俗物の, 凡庸で事なかれ主義の (Philistine). **3** 〈フランス産ワインが〉最上の次の品質の.

Bour·geois [buəʒwɑ́ː, ⌐⌐ | buəʒwɑ́ː; *F.* burʒwa], **Léon Victor Auguste** *n.* ブルジョア《1851-1925; フランスの政治家; 首相 (1895-96), 社会連帯主義 (solidarism) を提唱し, 国際連盟設立に尽力; Nobel 平和賞 (1920)》.

bour·geoise [búəʒwɑːz, buəʒwɑ́ːz | búəʒwɑːz; *F.* burʒwaːz] 〖□ F ~ (fem.) ← BOURGEOIS〗 *n.* **1** 中産階級の女性. **2** = bourgeois.

bour·geoi·sie [bùəʒwɑːzíː, ⌐⌐⌐ | bùəʒwɑːzíː, -ʒwə-; *F.* burʒwazi] 〖《1707》□ F ~: ⇨ bourgeois〗 **—** *n.* (*pl.* ~) **1 a** (フランスの, 昔の富裕)市民階級. **b** 中産者層. **2** (労働者・勤労階級に対立する)ブルジョア階級, 資本家[有産]階級 (cf. proletariat).

bour·geoi·si·fi·ca·tion [buəʒwɑːzəfɪkéɪʃən, -fə- | buəʒwɑːzɪfɪ-] 〖⇨ -fication〗 *n.* 中産階級化すること.

bour·geói·si·fied *adj.* 中産階級化した.

bour·geoi·si·fy [buəʒwɑ́ːzəfàɪ | buəʒwɑ́ːzɪ-] 〖← BOURGEOIS+-I-+-FY〗 *vt.* 中産階級化する.

bour·geon [bə́ːdʒən | bə́ː-] *n., v.* = burgeon.

Bourges [búəʒ | búəʒ; *F.* burʒ] *n.* ブールジュ《フランス中部の都市; 人口 74,000》.

Bour·get [buəʒéɪ | buə-; *F.* burʒɛ], **(Charles Jo-**

seph) **Paul** *n.* ブールジェ《1852-1935；フランスの小説家・批評家；*Le Disciple*「弟子」(1889)》.

Bour·gogne [buəgɔ́(ː)n | buəgɔ́n; *F.* burgɔɲ] *n.* ブルゴーニュ《Burgundy¹ のフランス語名》.

Bour·gui·ba [buəgíːbə | buə-; *F.* burgiba], **Habib (ben A·li)** [hæbíb ben ɑ́ːli | -lɪ] *n.* ブルギバ《1903- ；チュニジアの政治家；独立運動の指導者で，初代首相 (1956-57)，大統領 (1957-)》.

Bour·gui·gnónne sàuce [bùəgiːnjɔ́(ː)n-, -nɑ́n- | bùəgiːnɔ́n-; *F.* burgiɲɔn-] 〚*Bourguignonne*: ▭F ~ (fem.) of Burgundy〛 *n.* ＝Burgundy² 2.

Bourke-White [bə́ːk(h)wáɪt | bɔ́ːk-], **Margaret** *n.* (1906-71) 米国の女流写真家；Erskine Caldwell 夫人.

Bour·land [búələnd | búə-], **D. David, Jr.** *n.* (1929-) 米国の意味論学者 (cf. E-prime).

bourn¹ [bɔ́ən, bóən, búən | búən, bɔ́ːn] 〚ME《変形》← BURN¹〛 *n.* (*also* **bourne** [~]) 細流，小川 (brook).

bourn² [bɔ́ən, bóən, búən | búən, bɔ́ːn] 〚《1523》▭(O)F *borne* limit, bound: ⇨ bound¹〛 ── *n.* (*also* **bourne** [~]) **1** 《古》限界，境界：the undiscover'd country from whose ~ no traveller returns その国境よりだれ一人旅人が戻って来ぬ未知の国(Shak., *Hamlet* 3. 1. 79-80). **2** 《古》目的(地)，到達点.

Bourne [bɔ́ən, bóən, búən | búən, bɔ́ːn], **Randolph (Sil·li·man)** [sílɪmən, -lə- | -lɪ] *n.* (1886-1918) 米国の評論家；*Youth and Life* (1913).

Bourne·mouth [bɔ́ənməθ, bóən-, búən- | bɔ́ːn-, búən-] 〚ME (*la*) *Bournemowþe* 'the MOUTH of the BURN¹'〛 ── *n.* イングランド南部 Dorset 州の都市；イギリス海峡に面する保養地；人口 145,000.

bour·non·ite [bɔ́ənənàɪt, bóə-, búə- | bɔ́ː-] 〚← *Count J. L. de Bournon* (1751-1825：その発見者であるフランスの鉱物学者)＋-ITE¹〛 ── *n.* 〘鉱物〙車骨鉱 ($PbCuSbS_3$)《斜方晶系，アンチモン・鉛・銅の鉱石》.

bour·rée [buréɪ, bùreɪ; *F.* bure] 〚▭F ~ ← *bourrer* to beat〛 ── *n.* (*pl.* ~**s** [~z; *F.* ~]) **1 a** ブーレ《17 世紀フランスに起こった 2 拍子で上拍をもつ速い踊り》. **b** ブーレの音楽. **2** 〘バレエ〙パドブーレ (pas de bourrée).

bourse [búəs | búəs; *F.* burs] 〚《1845》▭F ~ 'purse, exchange' < LL *bursam*: cf. bursa〛 ── *n.* **1** (証券や商品の)取引所；[B-] (ヨーロッパ，特に Paris の)証券取引所：on the ~ 取引所で. **2** 古銭[切手]の販売.

bóur·trèe [búə- | búə-] 〚《15C》? ← ME *bour* 'BOWER¹' //《スコット》*bour, boor* arbor〛 ── *n.* 《英》〘植物〙セイヨウニワトコ (*Sambucus nigra*)《ヨーロッパ・アジア産；昔は染料や民間薬として珍重された；European elder とも，またその白い花の強い臭気のため stinking elder ともいう》.

bouse¹ [búːz, báuz] *n. v.* 《古》＝booze.

bouse² [báuz] 〚← ?〛 *vt., vi.* [通例 taut と共に用いて]〘海事〙テークル (tackle) で引張る；引きあげてピンと張って留める.

bou·stro·phe·don [bùːstrəfíːdɑn, -dn | bàustrəfíːdən, -dn] 〚《1783》← Gk *boustrophēdón* (adv.) ← *boûs* ox (⇨ cow¹)＋*-strophēdón* (← *stréphein* to turn)：牛が畑を耕す時の歩き方にちなむ〛 ── *n., adj.* 犂耕(りこう)体(書式)(の)《一行を右から書けば次行は左から右にという風に交互に逆の方向に書いて行く古代の書式》.

bou·sou·ki [buzúːki | -kɪ] *n.* (*pl.* **-ki·a** [-kiə | -kɪə], ~**s**) ＝bouzouki.

bout [báut] 〚《*a*1541》《変形》←《廃》*bought* bend ▭? LG *bucht* bight：'*bout* (← ABOUT) と連想〛 ── *n.* **1** (始めと終わりがはっきりしている，活動などの)一続き(の間)，一回，ひとしきり…すること，一仕事 (spell)：a ~ of fighting, drinking, etc. / a ~ of work 一仕事 / ⇨ drinking bout / She's just had a ~ of dish washing. 皿洗いの仕事を済ませたところだ. **2** (病気の)発している間，発作 (fit)：have [recover from] a long ~ of illness 長患いをする[が直る] / He had frequent ~*s* of coughing. しばしばせきの発作が起こった. **3** (ボクシングなどの)一勝負，一試合：a boxing ~ ＝a ~ *at* boxing ボクシングの試合 / win the first ~ 第一戦に勝つ / have a ~ *with* the gloves ボクシングを一番やる / a ~ *with* the enemy 敵との一会戦. **4** 《英方言》(畑を)往復すること，行き来すること《草刈り，刈り入れなど》. ***this*** [***that***] ***bout*** 《古》今度[その時]は.

bou·tell [bóutḷ | báutḷ] *n.* 〘建築〙＝boltel.

bou·tique [buːtíːk; *F.* butik] 〚▭F ~ ▭ OProv. *botica* ▭ Gk *apothḗkē* warehouse: cf. apothecary, bottega〛 ── *n.* ブティック《婦人用の流行の既製服・アクセサリーなどを売る小さな洋品店・デパートなどの売場》.

bou·ti·quier [bùːtɪkjéɪ | -tɪ-; *F.* butikje] 〚▭F ~: ⇨ ↑, -ier²〛 *n.* ブティックの経営者.

bou·ton·niere [bùːtəníə, -n(j)ɛ́ə, -tn-, ─ ─ ─ | bùːtɔnjɛ́ə(r; *F.* butɔnjɛːr] 〚▭F *boutonnière* buttonhole〛 *n.* (*pl.* ~**s** [~z; *F.* ~]) ボタン穴のさし花.

bouts-ri·més [buːriːméɪ(z); *F.* burime] 〚《1711》▭F ~ 'rhymed endings'〛 ── *n. pl.* 〘詩学〙 **1** 題韻，題韻詩《与えられた韻に合わせて作った詩》. **2** (題韻として与えられた)押韻語(の表).

bou·var·di·a [buːvɑ́ədiə | -vɑ́ːdɪə] 〚← NL ~ ← *Charles Bouvard* (*d.*1658 のフランスの医者): ⇨ -ia¹〛 ── *n.* 〘植物〙熱帯アメリカ産アカネ科ブバルディア属 (*Bouvardia*) の植物の総称；(特に)園芸種として栽培される赤や白の花の数種.

Bou·vier des Flan·dres [buːvjéɪ-deɪ-flɑ́ː(n)dr(ə), -flɔ́ː(n)-, -flɑ́ːn-, -flɔ́(ː)n-; *F.* buvjedeflɑ̃ːdr] 〚▭F ~ 'cowherd of Flanders'〛 ── *n.* (*pl.* **Bouviers des F-** [~]) ブービエ デ フランドル《ベルギー原産の大型作業犬種のイヌ》.

bou·zou·ki [buzúːki | -kɪ] 〚▭ NGk *mpouzoúki* ← Turk. *büyük* large〛 ── *n.* (*pl.* **-ki·a** [-kiə | -kɪə], ~**s**) ブズーキ《マンドリンに似たギリシャの弦楽器；民族舞踊・歌の伴奏に用いられる》.

bo·va·rism [bóuvərɪzm | báu-] 〚▭F *bovarysme* ← *Madame Bovary* (Flaubert 作の同名の小説の主人公)〛 *n.* 自己過大評価，うぬぼれ.

bó·va·rist [-rɪst, -rəst | -rɪst] 〚⇨ ↑, -ist〛 *n.* 自己を過大評価する人，うぬぼれ屋. **bo·va·ris·tic** [bòuvərístɪk | bàu-] *adj.*

bo·vate [bóuveɪt | báu-] 〚▭ ML *bovāta* ← L *bov-*, *bōs* ox: ⇨ -ate¹〛 ── *n.* ボヴェート《英国の昔の地積の単位；hide ないし ploughland の ¹/₈ で，10-18 acres に相当；oxgang ともいう》.

Bo·vet [bouvéɪ | bau-; *F.* bɔve, *It.* bové:], **Daniel** *n.* ボベ《1907- ；スイス生まれのイタリアの薬理学者；Nobel 医学生理学賞 (1957)》.

bo·vi- [bóuvə | báuvɪ] 〚▭L ~, *bōs* ox: ⇨ cow¹〛「牛」の意の連結形.

bo·vid [bóuvɪd, -vəd | báuvɪd] 〚↓〛 *adj., n.* 〘動物〙ウシ科の(動物).

Bo·vi·dae [bóuvədìː | báuvɪ-] 〚← NL ~: ⇨ bovi-, -idae〛 *n. pl.* 〘動物〙ウシ科.

bo·vine [bóuvaɪn, -viːn | báuvaɪn] 〚《1817》▭ LL *bovīn-us* ← BOVI-: ⇨ -ine¹〛 ── *adj.* **1** 〘動物〙ウシ属 (*Bos*) の；牛のような. **2** のろのろした，鈍重な (stolid). ── *n.* 〘動物〙ウシ属またはそれに近いウシ科の動物. **~·ly** *adv.* **bo·vin·i·ty** [bo(u)vínəti | bə(u)vínətɪ, -nɪ-] *n.*

bóvine trichomoníasis *n.* 〘獣医〙＝trichomoniasis b.

Bov·ril [bɑ́vrɪl, -rəl | bɔ́v-] 〚← L *bōs* ox〛 *n.* **1** 〘商標〙ボブリル《牛肉エキス (beef essence) の商品名》. **2** [しばしば b-]《英戯言》売春宿 (brothel).

bov·ri·lize [bɑ́vrəlàɪz | bɔ́vrə-, -rɪ-] 〚⇨ ↑, -ize〛 *vt.* 《英》圧縮する，要約する (condense).

bov·ver [bɑ́və | bɔ́və(r] 〚《変形》← ? BOTHER (n.)〛《英俗》*n.* (非行少年・ちんぴらなどの)街頭での争い[けんか]. ── *vi.* 街頭でけんかする.

bóvver bòot *n.* 《英俗》(けんかの時に有利なように非行少年・ちんぴらなどがはく)底にびょうを打ちつま先にはがねをつけた靴.

bow¹ [bóu | bóu] 〚OE *boga* < Gmc **buʒon* (G *Bogen*) ← **beuʒan* (↓)〛 ── *n.* **1 a** 弓：a ~ and arrow 弓矢 / bend [draw] a ~ 弓を引く / string a ~ 弓に弦を張る. **b** [時に集合的] 弓の射手，弓術家. **2** (バイオリンなどの)弓 (⇨ violin 挿絵)；弓の一引き：draw a good ~ 弓をうまく使う. **3 a** 弓形のもの. **b** 弓状(部)，彎曲(部). **c** 〘馬具〙＝saddlebow. **d** 虹(にじ) (rainbow). **e** 《方言》牛の軛(くびき)の下部の U 字状部(oxbow). **f** 《米》(眼鏡の)縁，枠，フレーム (frame). **4** (リボンなどの)蝶結び，蝶形リボン；蝶ネクタイ (bow tie)：a ~ of ribbon 蝶形リボン / a double ~ もろわな結び / a single ~ 片わな結び. **5** ＝bow window 1. **6 a** (やかん・桶などの)つる，(はさみなどの)半円形の柄. **b** 鍵のにぎりの部分. **c** (時計の)鎖などをはめこむ枠. **7** 〘建築〙(半径の大きい曲線を描くのに用いる弓形に曲げておける)弓定規. **8** 〘紡績〙弧形度《布目曲りの度合》.

2 1 3 4 9 8 5 7 6

bow¹ 1 a
1 tip; 2 nock; 3 upper limb; 4 sight; 5 grip; 6 lower limb; 7 string; 8 serving; 9 nocking point

draw [***bend***] ***the*** [***a***] ***long bow*** 大ぼらを吹く，大げさに言う. ***have two strings*** [***another string***] ***to one's bow*** ⇨ string 成句.
── *attrib. adj.* 弓のように曲がった，弓なりの.
── *vt.* **1** 弓のように[弓状に]曲げる (curve). **2** 〈弦楽器を〉弓で弾く. ── *vi.* **1** 弓なりに曲がる. **2** 弦楽器を弓で弾く.

bow² [báu] 〚OE *būgan* to bend < Gmc **beuʒan* (G *biegen*) ← IE **bheug-* to swell, bend (L *fugere* to flee / Gk *pheúgein*)〛 ── *vi.* **1** (挨拶・敬意・服従・礼拝などのために)腰をかがめる，頭を下げる，お辞儀する，会釈する 〈*down*〉：⇨ bowing acquaintance / ~ *back to* a person 人に返礼する / ~ *down* low 深く頭を下げる / ~ *down before* an idol 偶像にぬかずく[を崇拝する]. **2** かぶとを脱ぐ，屈服する (submit)：~ *to* the inevitable 避けられない運命に屈服する / ~ *to* nobody in …の点では誰にも負けない / I ~ *to* your decision. 御決定に潔く服します / We shall not ~ *down to* this disgrace. こんな恥辱を受けて黙ってはいられない. **3** 《古》かがむ，曲がる，たわむ (bend).
── *vt.* **1** (挨拶・敬意・服従・礼拝などのために)〈膝・腰を〉かがめる，〈頭・首を〉下げる，垂れる (bend)：~ one's head in prayer 頭を垂れて祈る / ~ the knee *to* [*before*] … ⇨ knee 成句 / ~ the neck *to* a tyrant 暴君に屈する. **2 a** 〈謝意・同意などを〉お辞儀をして[うなずいて]示す：~ one's assent 頭を下げて同意の意を示す / ~ one's thanks *to* a person 人にお辞儀をして謝意を表する. **b** 会釈して案内する：~ a guest *in* [*out*] 会釈して客を迎え入れる[送り出す] / We were ~*ed into* [*out of*] the room. 会釈して部屋に案内された[部屋から送り出された]. **c** [~ oneself で]〈家臣・召使などが〉お辞儀をして出る[引き下がる]〈*out*〉. **3 a** [しばしば Passive で]〈重荷などが〉(…の体を)曲げる，たわませる；…の気力をくじく〈*down*〉：He *is* ~*ed with* age. 老齢のために腰が曲がっている / She *was* ~*ed* (*down*) *with* [*by*] care. 気苦労でめいっていた. **b** (屈して)〈意志などを〉曲げる，従わせる. **4** 曲げる，ゆがめる (curve)：~*ed* money ⇨ money 1 / The wind has ~*ed* the trees along the shore. 風が海岸の樹木をたわめている.

bow and scrape (1) お辞儀をしながら片足を後に引く，丁寧にお辞儀[会釈]をする. (2) (目上の人に)ぺこぺこする. ***bow out*** (1) ⇨ *vt.* 2 b, c. (2) (一礼して)退場する. (3) (正式に)引退[辞任]する. (4) (競技などで)退場[棄権]する.

── *n.* お辞儀，会釈，挨拶：a deep [slight] ~ 丁寧なお辞儀[簡単な会釈] / a ~ and a scrape お辞儀しながら片足を後へ引く会釈 / make a ~ お辞儀をする，会釈する / return a ~ 会釈を返す，答礼する.

make one's bow (1) 入場する. (2) お目見えする，デビューする，〈本などが〉初めて世に出る. (3) 〈政治家・俳優などが〉引退する (retire). ***take a bow*** 紹介[喝采]に対し答礼する(ために前に進み出る[立ち上る]).

bow³ [báu] 〚《1342》*boue* ▭? LG *boog*: cf. Dan. *boug* / bough〛 ── *n.* 〘海事〙 **1** [しばしば *pl.*] 船首部，船首，艦首，へさき，おもて；(飛行艇の)艇首 (↔ stern). **2** ＝bow oar.

bow(s) on 〈船が〉船首を(目的物に)向けて，まっしぐらに. ***bows under*** 〈船が〉船首[へさき]に波をかぶって，思うように進まないで；〈人が〉面くらって. ***on the bow*** 〈物標など〉船の前方に《船首より左右それぞれ 45 度以内に》：*on the* starboard [port] ~ 右[左]前方に.

bów·àrm [bóu- | báu-] *n.* **1** 弓手(ゆんで)《右ききの人の場合は左腕》. **2** 楽器の弓を持つ手 (cf. bow hand).

bów·bàck [bóu- | báu-] *adj.* せむしの.

Bów béllś [bóu- | báu-] 〚← *Bow Church* (Cheapside にある St. Mary-le-Bow 教会の別称)〛 ── *n. pl.* (London の中心にある) Bow Church の鐘《この鐘の聞こえる所で生まれた者が生粋のロンドン子(Cockney)とされた》：born within (the) sound of ~ ロンドンの旧市内 (the City) で生まれた，生粋のロンドン子で.

bów chàser [báu-] *n.* (軍艦の)船首砲，追撃砲 (cf. chaser¹ 2, stern chaser).

bów còmpass [bóu- | báu-] *n.* 〘製図〙スプリングコンパス，ばねコンパス，小円規.

Bów·den càble [**wìre**] [bóudn-, báu- | bóu-, báu-] 〚← *E. M. Bowden* (19 世紀英国の発明家)〛 *n.* (hand brake などの)ボーデン索《可撓(かとう)管の中に索を通し押し引きに使用する》.

Bow·ditch [báudɪtʃ], **Nathaniel** *n.* (1773-1838) 米国の数学者・天文学者・航海家.

bów divider [bóu- | báu-] *n.* 〘製図〙ばねディバイダー.

Bowd·ler [báudlə, báud- | báudlə(r], **Thomas** *n.* (1754-1825) スコットランドの医師；Shakespeare の原作から道徳上いかがわしいと思われるところを遠慮なく削除訂正して *The Family Shakespeare* (10 vols, 1818) を出版した (cf. bowdlerism, bowdlerize).

bówd·ler·ism [-lərɪzm] 〚↑〛 *n.* バウドラー流の削除訂正《書物の中の不穏当[野卑]と思われる個所を Bowdler 流にむやみに削除訂正すること》.

bowd·ler·ize [báudləràɪz, báud- | báud-] 〚《1838》: ⇨ ↑, -ize〛 ── *vt.* …の著作物の不穏当[野卑]と思われる個所を削除訂正する；…の文句を勝手に削除改訂する. **bówd·ler·ìz·er** *n.* **bowd·ler·i·za·tion** [bàudlərɪzéɪʃən, -rə- | bàudlərai-, -rɪ-] *n.*

bów drìll [bóu- | báu-] *n.* 弓ぎり《一種の舞いぎり》.

bowed¹ [bóud | bóud] 〚《15C》〛 *adj.* 弓のように曲がった，弓形の (curved).

bowed² [báud] 〚《14C》〛 ── *adj.* **1** (重みなどで)曲がった：~ shoulders. **2** 〈頭・首など〉下げた，垂れた：with a ~ head 頭(こうべ)を垂れて. **~·ness** *n.*

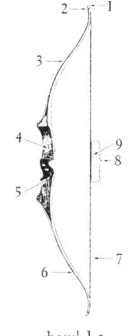

bow drill

bow·el [báuəl, báutl | báuəl, -el, báutl] 〚《?*a*1300》*bouel* ▭ OF *bo(u)el* bowel (F *boyau*) < L *botellum* (dim.) ← *botulus* sausage〛 ── *n.* **1** [医学用語を除いて通例 *pl.*] 腸《全体》，はらわた：the large [small] ~ 大[小]腸 / bind the ~*s* 下痢をとめる / loosen [move] the ~*s* 通じをつける / have loose ~*s* 下痢する《★ 今は have diarrhea というほうが普通》/ My ~*s* do not move. 通じがない / My ~*s* are open. 通じがある. **2** [*pl.*] (大地の)内部；(特に)深い[遠い]部分：deep in the ~*s* of the earth 地中深く. **3** [*pl.*]《古》同情・あわれみ・勇気の宿る場所，情け，勇気：the ~*s* of mercy [compassion] 慈悲[同情]心 / He has no ~*s*. 情けを知らない.
── *vt.* (**bow·eled, bow·elled; -el·ing, -el·ling**) …のはらわたを取る. **~·less** *adj.*

bówel mòvement [**mòtion**] *n.* **1** 便通《★ 婉曲に BM と略す》；排便 (defecation). **2** 排泄物，糞便 (excrement).

Bow·en [bóuən | báuɪn], **Elizabeth** (**Dorothea**

Cole) *n.* (1899–1973) アイルランド生まれの英国の女流小説家; *The Death of the Heart* (1938), *The Heat of the Day* (1949).

bow·en·ite [bóuənàit | báuɪ-] 〘← *G. T. Bowen* (19世紀の米国の鉱物学者)＋-ITE¹〙 *n.* 〘岩石〙ボーエン岩《半透明の蛇紋岩の一種》.

Bów·en's disèase [bóuənz- | báuɪnz-] 〘← *John T. Bowen* (1857–1940: 米国の皮膚病学者)〙 ── *n.* 〘病理〙ボーエン病《皮膚および粘膜にできる扁平上皮癌・前癌性皮膚炎》.

bow·er¹ [báuə | báuə(r] 〘OE *būr* chamber, woman's quarters, cottage < Gmc **būraz, *būram* (G *Bauer* birdcage) ← **bu-* to dwell: ⇨ build〙 ── *n.* **1** 木陰の休息所 (arbor), 木陰, あずまや, 亭(ちん) (summer-house). **2** 《文語》(中世の邸宅・城の)婦人の私室, 深窓; 閨房(けいぼう) (boudoir). **3** 《詩》すみか (abode); (うるさい世間から逃れた)田舎家, 隠れ家 (retreat). ── *vt.* こんもりとおおう, 木陰に隠す (embower).

bow·er² [báuə | báuə(r] 〘(1652): ⇨ bow³〙 ── *n.* 〘海事〙 **1** 主錨(しゅびょう)《船首両舷にあって, 錨泊に常用する大錨; bower anchor ともいう》: ⇨ best bower, small bower. **2** ＝bower-cable.

bow·er³ [báuə | báuə(r] 〘(1830) □ G *Bauer* peasant: ⇨boor〙 ── *n.* 〘トランプ〙(euchre で, 切札およびそれと同色の)ジャック. ★ 切札のジャックを right bower といい, それと同色の他のジャックを left bower という; またジョーカー (joker) はしばしば best bower と呼ばれる.

bow·er⁴ [báuə | báuə(r] 〘(16C): ⇨ bow²〙 *n.* 腰をかがめる人, 頭を下げる人, お辞儀[会釈]する人; 屈服者.

bow·er⁵ [bóuə | bə́uə(r] 〘ME〙 *n.* (楽器の)弓を使う人, (バイオリンなどの)奏者.

bów·er ànchor [báuə- | báuə-] *n.* 〘海事〙＝bower².

bów·er·bìrd [báuə- | báuə-] 〘← BOWER¹(n.) 2: 雄が雌をひきつけるためにきれいな巣を作ることから〙 ── *n.* 〘鳥類〙ニワシドリ《ニューギニア・オーストラリアに分布するニワシドリ科の鳥の総称》.

bów·er·càble [báuə- | báuə-] *n.* 〘海事〙(主錨(しゅびょう)の)錨鎖, 錨索 (chain cable).

bów·er·màiden [báuə- | báuə-] 〘ME〙 *n.* 《古》侍女, 腰元 (lady's maid).

bów·er plànt [báuə- | báuə-] *n.* 〘植物〙ソケイノウゼン, ナンテンソケイ (*Pandorea jasminoides*)《オーストラリア産ノウゼンカズラ科のつる性常緑低木, 白色で喉部が淡紅色の花が咲き, 鉢植にする》.

bow·er·y¹ [báuəri | -rɪ] 〘← BOWER¹＋-Y⁴〙 *adj.* **1** 木陰の(休み場の)多い, 木陰のある, 木の葉の茂った (shady). **2** あずまやのある. ── *n.* ＝bower¹ 1.

bow·er·y² [báu(ə)ri | bə́uəri] 〘(1650) □ Du. *bouwerij* farm ← *bouwen* to cultivate〙 ── *n.* **1** (昔 New York, アフリカ南部などにあった)オランダ移民農場. **2** 《米》 **a** [the B-] バワリー通り[街]《New York 市の大通りおよびその周辺地域; もと安飲食店・安興行場・安旅館などがあった》. **b** 安酒場や浮浪者の多い通り[地域].

bów·fìn [bóu- | bə́u-] 〘← BOW¹＋FIN¹〙 *n.* 〘魚類〙北米産淡水魚の一種 (*Amia calva*)《原始的な硬骨魚類の一つとされている》.

bów·frònt [bóu- | bə́u-] *adj.* **1** 〈戸棚など〉(水平方向に)弓状に張出した. **2** 〘建築〙〈家が〉弓型張出し窓のある.

bów frònt [bóu- | bə́u-] *n.* ＝swell front.

bów·gràce [báu-] 〘(混成)? ← BOW³＋(廃) (bon)grace broad-brimmed hat, sunshade (□ F *bonnegrace*: ⇨ bon, grace)〙 ── *n.* 〘海事〙船首防氷物《流氷による破損を避けるため船首につける古ロープなどで作った枕状の緩衝物》.

bów hànd [bóu- | bə́u-] *n.* **1** 弓手(ゆんで)《右ききの人の場合は左手; cf. sword-hand》. ★ 主に次の句で: on the ～ 的をはずれて. **2** 楽器の弓を持つ手 (cf. bow-arm).

bów·hèad [bóu- | bə́u-] 〘← BOW¹＋HEAD〙 *n.* 〘動物〙＝Greenland whale.

bów·ie knìfe [búːi-, bóui- | bə́uɪ-] 〘← *Colonel James Bowie* (1796–1836: このナイフを考案した米国の開拓者)〙 ── *n.* ボーイーナイフ《米国で作られるさや付きの片刃猟刀; 単に bowie ともいう》.

bowie knife

Bówie Stàte *n.* [the ～] 米国 Arkansas 州の俗称.

bow·ing [bóuɪŋ | bə́u-] *n.* 〘音楽〙(楽器の)弓を使うこと, 運弓法, ボーイング; (弓を用いての)楽句の演奏法[指示記号].

bów·ing acquàintance [báuɪŋ-] *n.* **1** 会釈をかわす程度の面識(の人); have a ～ *with* ...とはちょっとした知り合いである. **2** ちょっとした[皮相な]知識.

bów instrument [bóu- | bə́u-] *n.* 《英》(バイオリンなどのように)弓を用いる擦弦楽器.

bów·knòt [bóu- | bə́u-] 〘← BOW¹＋KNOT¹〙 *n.* 引き解き結び, 蝶結び, リボン結び.

bowl¹ [bóut | bə́ut] 〘OE *bolla* ← Gmc **bul-* (Du. *bol*) ← IE **bhel-* to swell, blow: ⇨ball¹, bull¹〙 ── *n.* **1 a** どんぶり, 深い鉢, 碗, ボール《通例 basin より深く, cup より大きい円型の中空の容器》: a rice ～ 御飯茶碗 / ⇨ punch bowl 1, salad bowl, sugar bowl. **b** (鉢・碗の)一杯, (鉢・碗の)内容物, 中味: a ～ of rice 飯一杯. **2** [the ～] **a** 《古》飲器, 大杯 (goblet): *the* flowing ～ あふれる大杯. **b** 《文語》酒; 飲酒, 酒宴: *the* cheerful ～ 陽気な酒宴 / over *the* ～ 酒を飲みながら. **3 a** (ボール状に)丸くくぼんだ部分. **b** (パイプの)火皿. **c** (はかりの)皿. **d** (さじの)くぼみ (hollow). **e** (水洗便所の)容器, 盤. **4 a** (鉢状の)土地のくぼみ, くぼんだ地域. **b** (くぼんだ土地を利用した)円形劇場 (amphitheater): The Hollywood *Bowl*. **5 a** (鉢形にくぼんだ)競技場, (特に)野外円形競技場, スタジアム: ⇨ Orange Bowl, Rose Bowl. **b** 《米》(特別招待チームによる)シーズン後のアメリカンフットボール試合《bowl game ともいう》. **6** 〘活字〙球《B, Q などの文字の丸みの部分》. **～·like** *adj.*

bowl² [bóut | bə́ut] 〘(?a1400) *boule* ball □ (O)F < L *bullam* bubble: cf. bull²〙 ── *n.* **1** (lawn bowling に用いる)偏重の木球; (skittles などで用いる)木球, 玉. **2** [*pl.*; 単数扱い] **a** ＝lawn bowling. **b** 《英》＝skittle 1. **c** ＝ninepin 2. **d** 《米》＝tenpin 1. **e** 《スコット》ビー玉遊び (marbles). **3** (球戯での)投球. **4** 〘機械〙ころ, 転子. ── *vi.* **1** bowling [skittles] をする: go ～*ing*. **2** (球のころがるように)するするとすべって行く, 〈馬車などが〉滑らかに走る 〈*along*〉: The car ～*ed along* (the road). 車は(道を)すべるように走って行った / He ～*ed up* in his new car. 新車に乗ってするするとやって来た. **3** 〘クリケット〙投球する. ── *vt.* **1** 〈球を〉ころがす. **2 a** ...に打ち当たる, ひっくり返す: He was ～*ed over*. ひっくり返された[返った] / The force of the wind almost ～*ed* him *off* his feet. 風の強さに足をとられそうになった. **b** 《口語》〈人を〉狼狽させる, びっくりさせる (upset): I was completely ～*ed over* by the news. その知らせで気が転倒してしまった. **3** 〘ボウリング〙〈ゲームなどを〉成しとげる; 〈点数・得点を〉得る, 挙げる. **4** 〘クリケット〙 **a** 〈ボールを〉投げる《野球と違って, ひじの屈伸を使わずに腕を伸ばしたまま投げる》. **b** (ボールを三柱門 (wicket) に当ててベイル (bail(s)) を落として)〈打者を〉アウトにする 〈*out*〉: be ～*ed out* for a duck 得点なしでアウトになる.

bowl down (1) 〘クリケット〙ボールを〈三柱門〉に当ててベイルを落とす. (2) 《英俗》打ち倒す, やっつける. ***bowl off*** 〘クリケット〙〈三柱門のベイルを〉打ち落とす. ***bowl out*** (1) ⇨ *vt.* 4 b. (2) 《英俗》＝BOWL *down* (2).

bowl·der [bóuldə | bə́uldə(r] *n.*, *v.* ＝boulder.

bów·lèg [bóu- | bə́u-] 〘⇨ bow²〙 *n.* [通例 *pl.*] 〘病理〙(両膝が離れる)内反膝, O 脚; わに足, がにまた足.

bów·lég·ged [-légɪd, -gəd, -gd | -légd, -légɪd, -gəd] *adj.* 〘病理〙内反膝の; わに足の.

bowl·er¹ [bóulə | bə́ulə(r] 〘← BOWL²＋-ER¹〙 *n.* **1** 〘ボウリング〙球をころがす人, ボウラー. **2** 〘クリケット〙投球者, 投手 (⇨ cricket² 挿絵): a fast ～ 速球投手.

bowl·er² [bóulə | bə́ulə(r] 〘(1861) ← *John Bowler* (1850 年ごろこの帽子を作った London の帽子屋)〙 ── *n.* 《英》山高帽子 (billycock, 《米》derby (hat))《兵役と区別して市民生活の象徴と思われている》.

bowler²

bówler-hát *vt.* (-hat·ted; -hat·ting) 《英俗》除隊させる.

bówler hát *n.* ＝bowler².

get one's bowler hat 《英俗》除隊になる.

Bowles [bóutz | bə́utz], **Paul** (**Frederic**) *n.* (1910–) 米国の小説家・作曲家; *The Sheltering Sky* (1949).

bowl·ful [bóutfùt | bə́ut-] *n.* (*pl.* ～**s**, **bowls·ful**) どんぶり[鉢, 碗]の一杯, 大杯一杯 〔*of*〕: a ～ *of* water, wine, etc.

bów·like *adj.* 弓のような, 弓状の.

bow·line [bóulɪn, -lən, -làɪn | bə́ulɪn] 〘(1295) □ MLG *bōline*: ⇨ bow³, line²〙 ── *n.* 〘海事〙 **1** はらみ綱, ボウライン《詰め開きの時, 帆の風上側のへりを引っ張って風をはらむように帆を開くための綱》. **2** もやい結び, ボウライン《綱の結び方の一種》.

on a bowline (帆を)詰め開きにして. ***on an easy bowline*** 帆に十分風をはらむ程度の詰め開きにして.

bów lìne [báu-] *n.* 〘海事〙 **1** バウライン《船体中心線に平行な垂直面で等分に切断した船体前半部の横断図面; cf. buttock line》. **2** (岸壁へ係船する際)船首から斜前方へ出す係船索.

bówline knòt *n.* 〘海事〙＝bowline 2.

bowl·ing [bóulɪŋ | bə́ul-] 〘(15C)〙 ── *n.* **1 a** (bowls, tenpins など)球をころがしてする球戯, ボウリング (cf. lawn bowling). **b** その競技. **2** 〘クリケット〙投球(法), 投球振り.

bówling àlley *n.* **1** (ボウリング場の木製の細長い)レーン, アレー. **2** [しばしば *pl.*] (skittles, ninepins, tenpins などの)ボウリング場, 球戯場.

bówling anàlysis *n.* 〘クリケット〙投手の記録《オーバー・点を与えないオーバー (maiden over) の数, 相手に与えた点数, 奪った三柱門 (wicket) の数など》.

bówling àverage *n.* 〘クリケット〙投手が打者側に与えた点数[ラン]をその投手が直接または間接にアウトにした打者の数で割った値.

bówling crèase *n.* 〘クリケット〙投手線 (⇨cricket² 挿絵).

bówling grèen *n.* lawn bowling の球戯場.

Bówl·ing Gréen [bóulɪŋ- | bə́u-] *n.* 米国 Kentucky 州南部の都市; 人口 37,000.

bów·man¹ [bóumən | bə́u-] 〘ME: ⇨ bow¹〙 *n.* (*pl.* **-men** [-mən, -mèn]) **1** 弓の射手, 弓術家 (archer). **2** (中世の戦争で)弓をもった兵.

bów·man² [báumən] 〘← BOW³＋-MAN〙 *n.* (*pl.* **-men** [-mən, -mèn]) (ボートの)艇首のこぎ手, おもて手(しゅ), バウ.

Bów·man's cápsule [bóumənz- | bə́u-] 〘← *Sir William Bowman* (1816–92: 英国の医師)〙 *n.* 〘解剖〙ボーマン嚢(のう), 糸球体嚢《腎臓の糸球体を包む袋》.

bów·man's rôot [bóumənz- | bə́u-] 〘(通俗語源) ← *beaumont root* ← *Beaumont* (人名)〙 *n.* 〘植物〙 **1** ＝Culver's root. **2** ＝flowering spurge. **3** ＝Indian physic 1.

bów-nècked [bóu- | bə́u-] *adj.* 《英》蝶ネクタイをした.

bów nèt [bóu- | bə́u-] *n.* **1** (エビを捕る)細枝編みのかご. **2** (鳥を捕る)弓状の木にとりつけた網[ネット].

bów òar [báu-] *n.* (ボートの)艇首; 艇首のこぎ手.

bów pèn [bóu- | bə́u-] *n.* からす口用スプリングコンパス.

bów pèncil [bóu- | bə́u-] *n.* 鉛筆用スプリングコンパス.

Bow·ra [báurə | báu(ə)rə], Sir (**Cecil**) **Maurice** *n.* (1898–1971) 英国の古典文学者; *From Virgil to Milton* (1945), *The Romantic Imagination* (1950).

bów rùdder [báu-] *n.* [通例 *pl.*] 〘海事〙(潜水艦・海底電線敷設船などの)船首舵.

bów sàw [bóu- | bə́u-] *n.* 弓のこぎり.

bowse¹ [báuz, búːz] *n.*, *v.* 《古》＝booze¹.

bowse² [báuz] *v.* 〘海事〙＝bouse².

bows·er [báuzə, -sə | -zə(r, -sə(r] 〘cf. Bowser boat〙 ── *n.* **1** 《豪》石油ポンプ, (特に)ガソリンスタンドのガソリン補給ポンプ. **2** (飛行場で航空機の給油に用いられる)軽タンク車, 給油車.

Bóws·er bòat [báuzə-, -sə- | -zə-, -sə-] 〘商標〙 *n.* バウザーボート《水上飛行機に燃料を補給するためのタンクを備えた小型船》.

bów shòck [báu-] *n.* バウショック, 先端衝撃波《超音速で飛ぶロケットや飛行機の機首や翼の前縁に生じる衝撃波》.

bów·shòt [bóu- | bə́u-] 〘ME〙 *n.* (弓の)射程, 矢の届く距離, 矢ごろ《約 300 メートル》: within (a) ～ of the school 学校から近い所に.

bow·sprit [báusprɪt, bóu- | bə́u-] 〘(1296) *bousprete* □ (M)LG *bōgsprēt* // MDu. *boechspriet*: ⇨ bow³, sprit〙 ── *n.* 〘海事〙バウスプリット, やりだし, 第一斜檣《前檣の支索の根本を結びつける, 帆船の船首から斜めに突き出たマストのような円材》.

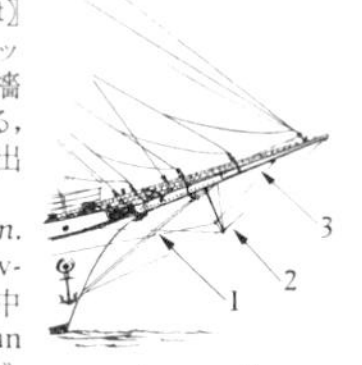

bowsprit
1 bobstay; 2 dolphin striker; 3 bowsprit

Bów Strèet [bóu- | bə́u-] *n.* **1** ボウ通り《London の Covent Garden に近い街路; 中央警察裁判所 (metropolitan magistrates' court) がある》. **2** ロンドン中央警察裁判所の通称.

Bów Strèet rúnner [**óf·ficer**] *n.* (1749 年から 1829 年にかけての London の警察裁判所所属の)逮捕係, 警吏《今日の刑事巡査の前身で, 総数 8 名; 小説家 Henry Fielding が, 治安判事として Bow Street に事務所を開き, 彼らを養成したのに始まる; cf. robin redbreast 2》.

bów·strìng [bóu- | bə́u-] 〘ME: ⇨ bow¹〙 ── *n.* **1** 弓のつる: (as) taut as a ～ 弓のつるのように張りつめて. **2** 弦楽器の弓の毛. **3** (トルコなどの)絞首用綱. ── *vt.* (**～ed**, **bow·strung**) 絞殺する.

bówstring hèmp *n.* **1** 〘植物〙チトセラン《アジア・アフリカの熱帯地方産ユリ科チトセラン属 (*Sansevieria*) の植物の総称; 葉から強い繊維を採る; 観賞用にも栽培される》. **2** チトセランの葉から採る繊維.

bow·tel [bóutl̩ | bə́utl̩] *n.* (*also* **bow·tell** [～]) 〘建築〙＝boltel.

bów thrùster [báu-] *n.* 〘海事〙(舵の欠点を補って船首を回頭するための)船首の横方向プロペラ.

bów tìe [bóu- | bə́u-] *n.* **1** 蝶ネクタイ. **2** 《まれ》(蝶ネクタイの形をした)ロールパン.

bów wàve [báu-] *n.* **1** 〘海事〙船首波. **2** 〘物理〙＝shock wave 1.

bów wìndow [bóu- | bə́u-] *n.* **1** (通例弓形の)張出し窓, 出窓 (cf. bay window 1). **2** 《英口語》太鼓腹.

bów-wìndowed [bóu- | bə́u-] *adj.* **1** (弓形)張出し窓の付いた[ある]. **2** 《英口語》太鼓腹の.

bow·wow 〘(1576): 擬音語〙 ── [báuwáu] *int.* やーいやーい《やじの声》. ── [⌐ ⌐] *n.* **1** わんわん《犬のほえ声》. **2** 《小児語》わんわん (dog). **3** わめきたてる騒ぎ; かみつくような態度, 傲慢, ひとりよがり (arrogance). **4** [*pl.*] 《口語・戯言》破滅, 没落 (ruin): go to the ～s 落ちぶれる. ── [⌐ ⌐] *vi.* わんわんほえる.

bówwow thèory *n.* [the ～] 〘言語〙わんわん言語起源説《人間の言語は擬音から発達したという言語起源説; cf. dingdong theory, pooh-pooh theory》.

bow·yang [bóujæŋ | bə́u-] 〘(転訛) ← (方言) *bowy-yanks* leather leggings〙 ── *n.* [通例 *pl.*] 《豪口語》(ズボンの折り返しを引きずらないようにするために)ひざの下で留めるようにした結びひも.

bow·yer [bóujə | bə́ujə(r] 〘ME: ⇨ bow¹, -yer〙 *n.* **1** 弓師, 弓屋. **2** 《詩》射手, 弓術家 (archer).

box[1] [báks | bɔ́ks] 〖OE *box* ▭ L *bux-us* ▭ Gk *púxos* boxtree ← ?〗 ── *n.* 〘植物〙 **1** ツゲ《ツゲ属 (*Buxus*) の常緑樹の総称》; (特に)クサツゲ (*B. sempervirens*) 《boxtree ともいう》: a ～ hedge. **2** 《豪》(ツゲに似た)ユーカリ属 (*Eucalyptus*), *Tristania* 属, *Murraya* 属などの植物の総称.

box[2] [báks | bɔ́ks] 〖OE *box* box tree, receptacle made of boxwood ▭ LL *bux-is*＝L *pyxis* ▭ Gk *puxís* ← *púxos* (↑)〗 ── *n.* **1** 箱《通例ふた (lid) つきの長方形または円筒形の非液体物を入れる容器》: a lunch ～ 弁当箱 / a little ～ of a place 箱のようにちっぽけな所《家または部屋》/ ⇨ hatbox, matchbox, toolbox. **2** 一箱(の分量) (boxful): a ～ of matches [chocolates] マッチ[チョコレート]一箱 / three ～*es* of pencils 鉛筆 3 箱 / buy oranges by the ～ オレンジを箱で買う. **3** 《英》箱に入れた贈物; 贈物 (gift): ⇨ Christmas-box. **4 a** 《英》箱型のもの; 収納箱. **b** 《英》旅行用トランク (trunk): live out of a ～ ⇨ live[1] 成句. **c** 《英》(寄宿学校の生徒が)遊び道具などを入れて行く箱 (playbox). **d** 《口語》＝icebox. **e** 《俗》棺 (coffin). **f** 《俗》ギター, バンジョー, バイオリン. **g** 《口語》蓄音機, ラジオ受信機. **h** 《英口語》[the ～] テレビ(受像機) (cf. tube 11): appear on *the* ～ テレビに出る / turn on [off] *the* ～ テレビをつける[切る]. **5** [the ～] **a** 銭箱の中の金. **c** 《英》資金 (fund); (助け合い)友愛協会の基金. **6 a** 箱枠になっているもの, フレーム (frame). **b** 砂箱. **c** (馬車の)御者台 (box seat)《その下が箱になっている》. **d** (荷車の板で囲われた)荷を載せる部分. **7 a** (劇場などの)仕切り席, ボックス席, 特等席, さじき, ます (cf. box seat 2): a royal ～. **b** (食堂・喫茶店などの)ボックス席. **c** (法廷の)陪審席 (jury box); 証人席 (witness box). **d** ＝box stall. **8 a** 郵便受け; 《米》箱形ポスト; 私書箱 (post-office box). **b** (新聞社にある, 広告に対する)返信受入れ箱: Write *Box* 4158 for details. 詳細は(新聞社気付)ボックス番号 4158 宛にお問合わせ下さい. **c** (機械などの)箱形部分. **d** (上げ下げ窓の)分銅箱 (box frame). **e** 〘印刷〙(活字ケースの)仕切り小間, ボックス《活字盤の一仕切り》. **9 a** 番小屋, 詰所 (sentry box); 信号所 (signal box); 交番. **b** 《英》(銃猟者などの)小屋, 狩小屋 (cf. shooting box, hunting box). **c** ＝sinkbox. **d** 《英》公衆電話ボックス (telephone box). **e** 告解室 (confessional). **10** 苦しい立場, 苦境 (fix): ⇨ *in a* (*tight*) BOX. **11** 《卑》女性の外陰部[性器] (vulva). **12 a** 〘野球〙バッターボックス, 打者席; 投手[捕手, コーチ]の立つ場所: knock out of the ～ ⇨ KNOCK *out* (7). **b** (アイスホッケーなどの)ペナルティーボックス (penalty box). **13** 〘農業〙(樹液を採るために幹につけた)凹み. **14** 〘印刷〙 **a** 囲み記事[物], はこもの, コラム, ボックス《雑誌などで線や花形字などに囲まれた部分に書かれている文》. **b** (囲み記事のまわりの)囲み罫, 囲み線. **15** 〘皮革〙 **a** ボックス《揉みによる銀面に四角な模様をもつ革》. **b** ＝box calf. **16** 〘トランプ〙札箱 (faro で)《1 組のトランプを入れておき, そこから 1 枚 1 枚出して配るための箱; dealing box ともいう》. **17 a** 〘英空軍〙密集隊形で飛ぶ飛行機群. **b** 〘英陸軍〙堅固な陣地に囲まれた地域[地帯]. **18** 〘クリケット〙下腹部を保護する打者選手がつける軽い防御物.

in a* (*tight*) *box 《口語》全く困って, 動きがとれないで, 途方に暮れて. ***in the same box*** 《口語》同じ(困った)状態[立場]にいる (cf. (*all*) *in the same* BOAT). ***in the wrong box*** 《口語》所を間違えて; 困った事をしでかして. (***one***) ***out of the box*** 《豪口語》すばらしい人[もの].

box and needle 〘海事〙羅針儀 (compass).

── *vt.* **1 a** 箱に入れる, 箱詰めにする; (狭い所に)詰め込む, 閉じ込める 〈*in, up*〉: ～ toys / ～ *up* a person in a small room. **b** 〈庭・敵などを〉囲む, 取り囲む 〈*in, up, out*〉. **2 a** …に箱を取り付ける. **b** 箱の形にする. **3** 《英》…にクリスマスの贈り物 (Christmas box) を与える. **4** (樹液を採るために)〈木〉に凹みをつける. **5** 〈馬を〉うまやの仕切りの中に入れる. **6 a** (容器などで)〈ペンキ・ワニスなどを〉(一方から他方, 他方から一方へと移しながら)混合する. **b** 《豪》〈別にしておくべき羊を〉混ぜる 〈*up*〉. **c** 混同する, まちがえる, いっしょくたにする, 混乱におとし入れる 〈*up*〉. **7** 〈あらし〉の周囲を(観測のために)箱型に飛び回る. **8** 〘建築〙(間柱(まばしら)を板で覆うなど)木摺(きずり)[板張り]などで囲む[はめ込む] 〈*out, up*〉. **9** 〘英・スコット法〙〈書類を〉裁判所に提出する. **10** 〘海事〙＝boxhaul.

box about 〘海事〙しばしば方向を変えて航行する. ***box in*** (1) ⇨ *vt.* 1. (2) 〈他の走者〉の進路をふさぐ. ***box off*** (1) 仕切る. (2) (分けて)別々のところに入れる. (3) 〘海事〙下手(しもて)小回しをする (boxhaul).

box[3] [báks | bɔ́ks] 〖《?c1300》《転用》← ? BOX[2] (n.) 3〗 ── *n.* (平手やこぶしの)一撃, (耳またはほおの上の)張り手 (slap): give a person a ～ on the ear(s) 横っ面を張る[なぐる]. ── *vi.* ボクシングをする. ── *vt.* **1** 〈人〉とボクシングをする, こぶしで打ち合う (spar): ～ it *out* 《まれ》勝負のつくまでボクシングをする[なぐり合う] (cf. FIGHT *out* (1)). **2** 〈人の耳を〉平手[こぶし]で打つ: ～ the ears 横っ面を張る[なぐる].

box clever 《英俗》頭を使う, 抜目なく振舞う. ***box on*** 《英口語》戦い[争い]続ける; 熱心にやり続ける.

Box and Cox [báksənkáks, -sn- | bɔ́ksənkɔ́ks, -sŋ-] 〖お互いに知らずに同じ部屋を借りた, 昼夜交互に勤務する Box と Cox という二人の男を扱った J. M. Morton 作の一幕の喜劇 (1847) から〗 ── *n.* 二人交代で一人前の役[仕事]をする人たち; 同時に同一場所に居合わせることのない二人. ── *adv., adj.* 代わる代わるの[に], すれ違いの[に]. ── *vi.* 《英口語》二人交代でする.

bóx·bàll *n.* ボックスボール《地面にコートを書いて 2 人でボールを打ち合うピンポン式のゲーム》.

bóx barràge *n.* 〘軍事〙(敵の脱出・増援を防ぐため敵陣の三方を包囲するような)阻止(弾幕)射撃; 対空交叉射撃[十字砲火].

bóx bèam *n.* 〘機械〙＝box girder.

bóx bèd *n.* **1** 箱寝台《周囲を箱形に囲った寝台》. **2** (壁などに)折りたたむことができる寝台, 箱寝台.

box·ber·ry [báksbèri, -b(ə)ri | bɔ́ksb(ə)ri] *n.* 〘植物〙 **1** ＝wintergreen 1. **2** ＝partridgeberry 1.

bóx·bòard *n.* (ボール箱の材料となる)固いボール紙.

bóx càlf *n.* 〘皮革〙ボックスカーフ《揉みによる銀面に四角な模様をもつクロームなめしの高級子牛革》.

bóx cámera *n.* ボックスカメラ《機構の簡単な箱型カメラ》.

bóx·càr *n.* **1** 《米》〘鉄道〙有蓋貨車 (《英》box wagon, goods wagon). **2** [*pl.*; 単数扱い] (クラップス (craps) で 1 回目の振りで) 2 個とも 6 のさいの目が出ること《負けになる》; そのさいの目.

bóx clòth *n.* 黄茶色厚地メルトンラシャ《box coat 1 の生地》.

bóx còat *n.* **1** 〖cf. box[2] (n.) 6 c〗(御者の着る)厚ラシャ外套. **2** 〖箱のような感じがあることにちなむ〗ボックスコート《丈は普通のコートより短く肩がやや角型のゆったりしたもの》.

bóx còrnice *n.* 〘木工〙断面が箱型の蛇腹.

bóx còupling *n.* 〘機械〙筒形継手《円筒形の部品をかぶせ, 打込みキーを用いる軸継手の一種》.

bóx cùlvert *n.* 〘土木〙ボックスカルバート, 函渠(かんきょ)《断面が箱形をした暗渠》.

bóx dràin *n.* 箱形下水溝[排水溝].

bóx èlder *n.* 〘植物〙ネグンドカエデ, トネリコバノカエデ (*Acer negundo*)《北米産カエデの一種; 生長が早いので木陰樹として植えられる》.

box·en [báksn̩ | bɔ́ks-] 〖← BOX[1]＋-EN[2]〗 *adj.* 《古》ツゲ材の.

bóx·er[1] 〖← BOX[3]＋-ER[1]〗 *n.* ボクサー, 拳闘選手.

box·er[2] [báksə | bɔ́ksə(r] 〖← ? BOX[2]＋-ER[1]〗 *n.* 《豪》山高帽 (derby hat).

box·er[3], **B-** [báksə | bɔ́ksə(r] 〖▭ G *Boxer* ▭ E BOXER[1]: その闘争癖にちなむ〗 *n.* ボクサー《ドイツでブルドッグとテリアの系統から作出した犬種のイヌ》.

box·er[4] [báksə | bɔ́ksə(r] *n.* **1** 箱を作る人; 箱詰め人. **2** 箱作り[詰め]機械.

Box·er [báksə | bɔ́ksə(r] 〖この団員は「義和拳」という拳法を行なったので Boxer となぞったもの〗 ── *n.* **1** [the ～s] 義和団 (Yi Ho Tuan)《日清戦争後中国に起こった排外結社》: the ～ Rebellion 義和団の乱, 北清事変 (1900). **2** 義和団員.

bóxer shòrts *n. pl.* ボクサーパンツ《ウエストバンドのついたゆったりとした男子用パンツ; 初めボクサーが着用したショートパンツ》.

bóx·fìsh *n.* 〘魚類〙ハコフグ《熱帯海洋産の色鮮やかな小型のハコフグ科の総称; trunkfish ともいう》.

bóx fràme *n.* **1** (上げ下げ窓の分銅が上下する)分銅箱 (window box). **2** 〘建築〙壁式構造《壁体や床が平面全体として荷重を支える構造》.

box·ful [báksfùl | bɔ́ks-] *n.* 箱一杯: a ～ of books.

bóx gìrder *n.* 〘機械〙箱形げた《鋼板を溶接して断面を箱形に作ったはり》.

bóx·hàul 〖← BOX[2] (v.)＋HAUL〗 *vt.* 〘海事〙〈横帆船 (square-rigger) を〉下手(しもて)小回しにする《船首を風下に落してその場で回頭する》.

bóx·hèad *n.* 〘印刷〙(罫線で囲まれた)囲み見出し.

bóx·hòlder *n.* **1** (劇場・オペラハウス・競馬場などに)ます席をもっている人. **2** 私書箱を借りている人. **3** (個人の)郵便受けをもっている人.

bóx hùckleberry *n.* 〘植物〙米国南東部産のツツジ科の白色または淡紅色の花が咲く常緑低木 (*Gaylussacia brachycera*).

bóx·ing[1] 〖《15C》← BOX[2] (v.)〗 *n.* **1** 箱荷造り, 箱詰め(作業). **2** 箱材料, 製函材. **3** (箱状の)おおい, 外わく; 戸袋. **4** 《英》Christmas box を与えること.

bóx·ing[2] 〖《1711》← BOX[3] (v.)〗 *n.* ボクシング, 拳闘 (⇨ weight 表): a ～ match ボクシングの試合 / a ～ ring ボクシングのリング.

Bóxing Dày 〖⇨ boxing[1] 4〗 ── *n.* (英国と旧英国領の一部における)クリスマスの贈物日《クリスマスの翌日; この日に郵便配達夫や使用人などに祝儀のクリスマスの贈り物 (Christmas-box) を与える; その日が日曜に当たるときその翌日になる》.

bóxing glòve *n.* ボクシンググラブ, 拳闘用グラブ.

bóx ìron *n.* 箱型アイロン《胴の中に焼き鉄を入れる; cf. sadiron》.

bóx júnction *n.* **1** 〘電気〙接続箱《ケーブルの継手を納める鋳鉄などの非磁性材料でできた箱》. **2** 《英》ボックスジャンクション《交差路で黄色の格子縞に塗られた区画で, ここでは車を止めてはいけない》.

bóx kèel *n.* 〘海事〙ボックスキール《中に脚荷を入れる箱形の竜骨》.

bóx·kèeper *n.* (劇場の)特等仕切り席[ボックス席]係.

bóx kìte *n.* **1** 箱だこ《箱型の紙だこ; よく気象上の実験・観測などに用いられた》. **2** (初期の)箱だこ式複葉機《box-kite aeroplane ともいう》.

bóx lèvel *n.* 〘土木〙円形水準器, 丸形水準器《上部が球形ガラスの円筒形水準器; circular level ともいう》.

bóx·lìke *adj.* 箱(の形)に似た.

bóx lòbby *n.* ボックス席付属廊下.

bóx lùnch *n.* 《米》(仕出し屋などで作るサンドイッチ・果物などを箱に入れた)箱弁当.

bóx nàil *n.* (箱を作るときに用いる)くぎ, びょう (⇨ nail 挿絵).

bóx nùmber *n.* **1** (郵便の)私書箱番号. **2** (新聞社の)広告返信受入れ箱番号《新聞広告に対する返信の宛先に使われる番号で広告中に示される; cf. box[2] 8 b》.

bóx nùt *n.* 〘機械〙袋ナット《一端の閉じている帽子型ナット; cap nut ともいう》.

bóx-òffice 〖↓〗 *adj.* 〈興行物など〉大人気を呼ぶような; 俗受けのする: a ～ comedy / a ～ hit [success] / ～ takings＝box office 2 / ～ value 《米》興行価値.

bóx òffice 〖← BOX[2] (n.) 7 a〗 ── *n.* **1** (劇場などの)切符売場. **2** (興行物の)上がり, 切符売上げ (receipts). **3** 《口語》(芝居などの)大当たり興行, 客を引きつける力のある芸人[もの]; 人気を高めるもの: The play will be good ～. その芝居は当たるだろう.

bóx pèw *n.* (背の高い仕切りで)箱形に囲まれた教会座席.

bóx plàit [**plèat**] *n.* ボックスプリーツ, 箱ひだ《2 本のひだの折山がつき合うように折られたひだの一種》. **～·ed** *adj.*

bóx·ròom *n.* 《英》(家の中の)トランク・スーツケースなどの保管室[小部屋], 納戸(なんど).

bóx scéne *n.* 《英》〘劇場〙＝box set.

bóx scòre 〖新聞の特定のわく (cf. box[2] (n.) 14 a) に掲載されていることから〗 ── *n.* **1** 〘野球・バスケットボール〙ボックススコア《試合に出た両チームの全選手名とポジションおよび各選手の打撃および守備ぶりを略語を用いて示した表; cf. line score》. **2** 概要 (summary).

bóx séat *n.* **1** (馬車の)御者台 (cf. box[2] 6 c). **2 a** (劇場・競技場の)さじき (box) の席[腰掛]. **b** 眺めるのに有利な位置.

bóx sét *n.* 〘劇場〙一部屋の三面の壁と天井を表現する舞台 (《英》box scene).

bóx sìll *n.* 〘建築〙(普通の土台に対して)箱土台.

bóx sócial *n.* 《米》(教会などで婦人の作った box lunch をせり売りする)資金調達パーティ.

bóx spànner *n.* 〘機械〙＝box wrench.

bóx sprìng *n.* ボックススプリング《寝台用の螺旋状スプリング》. **bóx-sprìng** *adj.*

bóx stàir *n.* 〘建築〙(両側に側桁(がわげた) (close string) のついている)屋内階段.

bóx stàll *n.* (家畜が自由に動き回れるようにしたうまやや牛舎の)大きな四角の仕切り.

bóx stàple *n.* (門柱・戸柱の)かんぬきの受け穴[口].

bóx strètcher *n.* ボックスストレッチャー《椅子などの脚に使われる箱型の貫(ぬき)》.

bóx sùpper *n.* ＝box social.

bóx·thòrn 〖⇨ box[1]〗 *n.* 〘植物〙＝matrimony vine.

bóx·tòp *n.* 箱のふた; (食料品の)包装用の箱に貼られる証票.

bóx tòrtoise *n.* 〘動物〙＝box turtle.

bóx·trèe *n.* 〘植物〙＝box[1] 1.

bóx tùrtle *n.* 〘動物〙ハコガメ《陸上に生息するカメ類のうち, 甲に蝶番(ちょうつがい)をもち, 前後の開口部を閉じられるカメの総称》.

bóx·ùp 〖⇨ box[2] (vt.) 6 b〗 *n.* **1** 《豪》いろいろな羊の群のまざり合い. **2** 混乱 (confusion).

bóx wàgon *n.* 《英》〘鉄道〙＝boxcar 1.

bóx wàllah 〖▭ Hindi *bakswālā*: ⇨ box[2], wallah〗 *n.* 《インド》 **1** 《口語》(原住民の)行商人 (peddlar) (cf. wallah). **2** 《俗》白人の商人.

bóx·wòod *n.* **1** ツゲ材. **2** 〘植物〙ツゲ (box).

bóx wrènch *n.* 〘機械〙ボックスレンチ, 箱スパナー (box spanner) (⇨ wrench 挿絵).

box·y [báksi | bɔ́ksi] *adj.* (**box·i·er, -i·est; more ～, most ～**) **1** [通例軽蔑的に] 〈自動車・建物など〉(形が)箱のような; 箱に似た. **2** 〈上着など〉ボックス型でだぶだぶした. **3** 〈再生音など〉(音質に)丸みがない, うつろな. **box·i·ness** *n.*

boy [bɔ́ɪ] 〖《?c1225》*boie* 《原義》male servant, slave 《頭音消失》? ← AF **abuié*, **embuié* (p.p.) ← OF *embuier* to fetter < L **imboiāre* ← *im-* '-IN-[1]'＋*boiae* (pl.) fetters (▭ Gk *boeíai* (*dorai*) ox (hides) ← *boûs* ox): cf. MDu. *boye* (< *bode* messenger) / OE *Bōia* (男子名)〗 ── *n.* **1 a** 男の子, 男児 (↔ girl); (おとなに対して, 成熟しきっていない)少年, 若者, 青年 (youth) (cf. man[1] 5 b)《通例 17–18 歳までをいう》: *Boys* will be ～*s*. 《諺》男の子はやっぱり男の子だ《男の子のいたずらは仕方がない》/ It's mere ～*'s* play. それは全くたやすい, 朝飯前だ (cf. child's play). **b** 《口語》大人の男: a nice old ～ 愉快な男, いいやつ / quite a ～ 立派な男 / That's the ～. それでこそ男だ《激励・賞賛の言葉》/ ⇨ old boy. **c** [the ～s として] (一家の)男[息子]たち; 男仲間, 同僚, (友愛会 (fraternity) などの)会員, (泥棒・詐欺師などの)仲間 (cf. girl 1 e); 《口語》(政治家の)追随者たち, 取巻き連中: *the* ～*s* uptown 親分たち / *the* ～*s* at the office 会社の連中 / jobs for *the* ～*s* ⇨ job[1] 成句. **d** 男生徒, 男子学生: the head ～ of the school 全校第一の男子生徒 / a college ～ (男の)大学生. **e** [年齢に関係なく親しい人に対する呼掛けにも用いて] 君, あなた; やつ, 連中: Come here, my ～! おい[ねえ]君, ここへおいで《犬にも用いる》. **f** [形容詞的に] 男の子の, 少年の, 若者の: a ～

child 男の子 / a ～ lover [husband] 年若い恋人[夫]. **2** [しばしば one's ～ として年齢に関係なく]《口語》 **a** 息子 (son): my ～. **b** いい人, 恋人 (beau). **3 a** (若い)給仕, ボーイ (page): a messenger ～ 使い走りの小僧 / ⇨ office boy / a ～ in buttons ⇨ button 成句. **b**《米俗》(年齢に関係なく外で働く)召使; (特に)ポーター, エレベーターボーイ. **c** [しばしば軽蔑的に](東洋などで)小使, ボーイ (cf. garçon). **d**《米軽蔑》黒人の男. **4** [*pl.*] 軍人: ～*s* in blue (南北戦争での)北軍の兵士. **5**《米》ある土地生れの人: He's a local ～. 土地の人間だ. **6**〖遊興の時若い従者 (boy) に冷やしたぶどう酒を持ち歩かせたことから〗[the ～]《古俗》シャンペン(酒)(champagne). **7**〖海軍〗少年水兵, 見習水兵.

— *int.* [しばしば oh を伴って]《口語》やあ, しめしめ; 本当に; 無論; おや, へえー《歓喜・驚きを表わす》: (*Oh*) ～! 本当に, 無論; わあ, すごい.

bóy-and-gírl *adj.* 〈恋など〉少年と少女の, 幼い (juvenile) (cf. boy-meets-girl).

bo·yar [boujáə, bɔ́ɪə | bəujá:(r, bɔ́ɪə(r] 〖《1591》□ Russ. *boyarin* lord〗 — *n.* (*also* **bo·yard** [boujáəd, bɔ́ɪəd | bəujá:d, bɔ́ɪəd]) **1** (皇族に次ぐ位と特権を有していたロシヤの)大貴族《Peter 大帝の改革によって廃止された》. **2** (1945 年農地改革前のルーマニアの)特権地主階級の者.

Boyce [bɔ́ɪs] 〖← OF *bois* forest〗 *n.* 男性名.

boy·cott [bɔ́ɪkɑt | -kɔt, -kət] 〖《1880》← *Captain Boycott* (1832-97: Norfolk 生れの退役軍人; アイルランド州で土地差配人をつとめたが, 1880 年夏のアイルランド土地同盟の際初めてこの合法戦術によって苦しめられた)〗 — *vt.* **1** 〈個人・商会・国・会などを〉ボイコットする, 同盟排斥する, …に対し不買同盟を結ぶ: ～ a shop 商店から共同して買わない / ～ a landowner 地主を同盟排斥する / ～ the Security Council 安全保障理事会をボイコットする. **2** 〈商品などを〉(共同して)買わ[売ら]ない, 使用しない: ～ the firm's products その会社の製品をボイコットする. — *n.* ボイコット, 不買同盟, 共同排斥 (cf. buyers' strike): a trade [commercial] ～ 不買同盟 / a consumers' ～ 消費者不買同盟 / declare a ～ *of* [*against*] a shop 商店に対しボイコットを宣言する / put under a ～ ボイコットする. **～·er** [-tə | -tə(r] *n.* **～·ing** [-tɪŋ | -tɪŋ] *n.*

bóy-crázy *adj.* 〈女の子が〉男の子とつき合いたがる, 男の子に夢中な.

Boyd [bɔ́ɪd] 〖□ Ir.-Gael. *buidhe* yellow〗 *n.* 男性名. ★ブロンドの子によくつけられる.

Boyd Orr [bɔ́ɪd-ɔ́ə, -óə | -ɔ́:(r], **John** *n.* (1880-1971) スコットランドの農学者・栄養学者; Nobel 平和賞 (1949); 称号 1st Baron Boyd Orr.

Boy·er [bɔ́ɪə | bɔ́ɪə(r; *F.* bwaje], **Charles** *n.* ボワイエ《1899-1978; フランス生れの米国の映画俳優》.

bóy frìend *n.* (*also* **bóy·frìend**) **1** ボーイフレンド, (特定の)男性の恋人 (cf. girl friend). **2** (男性のつき合う)男友だち. **3** (情事の)相手の男性, 愛人.

Boyg [bɔ́ɪg] 〖□ Norw. *bøig* bugbear〗 *n.* (絶望・一般の無関心・無知など)目に見えぬ敵[障害, 問題].

bóy·hòod *n.* **1** 少年時代, 少年期《puberty に達するまで; cf. manhood 2》. **2** [集合的] 少年たち, 少年社会.

bóy·ish [-ɪɪʃ] *adj.* **1** 少年らしい, 若々しく快活な; 子供じみた, 幼稚な, おとなげない. **2** 〈女性が〉男の子みたいな. **～·ly** *adv.* **～·ness** *n.*

boy·la [bɔ́ɪlə] 〖← Austral.《土語》〗 *n.*《豪》祈禱師, 妖術師, 魔術師 (sorcerer).

Boyle [bɔ́ɪl], **Kay** *n.* (1903-　) 米国の女流小説家・詩人; *Plagued by the Nightingale* (1931).

Boyle, Robert *n.* (1627-91) 英国の化学者・物理学者, ボイルの法則 (Boyle's law) の発見者.

Bóyle's láw *n.*〖物理化学〗ボイルの法則《一定温度では気体の圧力と体積とは互いに逆比例するという法則; Boyle が 1660 年に実験的に発見したもの》.

bóy-mèets-gírl *adj.* 〈物語など〉月並な (cf. boy-and-girl).

Boyne [bɔ́ɪn] 〖□ Gael. *bo fhionn* white cow〗 *n.* [the ～] ボイン(川)《アイルランド東部の川 (110 km), この付近で William 三世が James 二世を破った (1690)》.

boy·o [bɔ́ɪou | -əu] 〖← BOY + -O〗 *n.* (*pl.* **～s**)《アイル》少年, 若者, 青年 (boy).

Bóy's Báseball *n.* [the ～]《米》ボーイズベースボール《13-14 歳の少年野球連盟; 旧称 Pony League; cf. Little League》.

bóy scòut *n.* **1** Boy Scouts の団員《11-14[15] 歳; 米国のボーイスカウトは初級 (tenderfoot), 2 級 (second class), 1 級 (first class), star scout, life scout, eagle scout と進級する》. **2** [the Boy Scouts; 単数または複数扱い] ボーイスカウト団《善良な市民を育成する目的で英国では 1908 年, 米国では 1910 年に創設; cf. girl scout 2, girl guide 2》. **3** 奉仕員.

Boy·sen·ber·ry [bɔ́ɪzṇbèri, -sṇ-, -b(ə)ri | -b(ə)rɪ] 〖← *Rudolph Boysen* (この新種を作り出した米国人)〗 *n.*〖園芸〗ボイゼンベリー《blackberry の品種名》.

bóy's lóve *n.*《英》〖植物〗= southernwood.

Bóys Tówn *n.* 少年の町《1917 年 Father Flanagan が少年孤児などを収容・教育するために, 米国 Nebraska 州 Omaha 市の西 18 km の地に設立した施設; 1936 年に地方自治体の村として認められ, 少年の中から村長が選ばれるなどして自治が行なわれている》.

Boz [bɑ́:(z | bɔ́z] *n.* Charles Dickens の初期の筆名.

Boz·caa·da [bòuzdʒɑ:dɑ́: | bɔ̀uz-] *n.* ボズジャーダ《Tenedos のトルコ語名》.

bo·zo [bóuzou | bə́uzəu] 〖← ? Sp. ～ 'down growing on a youth's cheeks'〗 *n.* (*pl.* **～s**)《米俗》やつ, 男.

Boz·zar·is [bɑ́tsəri:s, -rɪs, -rəs, bouzǽrɪs, -zɑ́:r-, -rəs | bɔ́tsərì:s, -rɪs, bəuzǽrɪs, -zɑ́:r-], **Marco** *n.* ボザリス《1788?-1823; ギリシャの愛国者, 独立戦争の英雄; ギリシャ語名 Markos Botzaris [márkɔs bótsaris]》.

boz·zet·to [bɑtsétou, -zét- | -təu; *It.* bottsétto] 〖□ It. ～ (dim.) ← *bozzo* rough stone《変形》← *bozza* swelling〗 — *It. n.* (*pl.* **boz·zet·ti** [-ti:; *It.* -ti])〖彫刻〗大作のための試作的小品.

Bp, Bp.《略》Bishop.

BP《略》Black Panther.

b/p《略》bill of parcels; blueprint.

B/P, B.P. b.p.《略》〖金融〗bill payable 支払手形 (cf. B/R);〖金融〗bill of parcels 積荷明細書.

bp.《略》baptized; birthplace; bishop.

b.p.《略》below proof 標準強度以下; boiling point; *L.* bonum pūblicum (= public good).

B.P.《略》Bachelor of Pharmacy; Bachelor of Philosophy; back projection; before the present;〖医学〗blood pressure; British Patent; British Petroleum; British Pharmacopoeia 英国薬局方; British Public.

B.P.C.《略》British Pharmaceutical Codex.

B.Pd.《略》*L.* Baccalaureus Paedagogiae (= Bachelor of Pedagogy).

b.p.d.《略》barrels per day.

B.Pe.《略》*L.* Baccalaureus Paedagogiae (= Bachelor of Pedagogy).

B.P.E.《略》Bachelor of Petroleum Engineering;《米》Bachelor of Physical Education.

B.Ph.《略》Bachelor of Philosophy.

B.P.H.《略》Bachelor of Public Health.

B.Pharm.《略》Bachelor of Pharmacy.

B.Phil.《略》*L.* Baccalaureus Philosophiae (= Bachelor of Philosophy).

bpi《略》〖電算機〗bits per inch, bytes per inch.

bpl., b.pl.《略》birthplace.

BPO《略》British Post Office.

B.P.O.E., BPOE《略》Benevolent and Protective Order of Elks エルクス共済組合《米国で 1867 年創立された俳優・文人の団体; 今は社交慈善団体》.

B pòwer supplỳ *n.*〖電子工学〗B 電源《真空管の陽極電源; B supply ともいう; cf. A power supply, C power supply》.

b.pt.《略》〖物理〗boiling point.

B.P.W.《略》Board of Public Works; Business and Professional Women's Clubs.

B.Q.《略》*L.* Bene quiescat (= May he [she] rest in peace.).

Br《記号》〖化学〗bromine.

Br, Br.《略》〖キリスト教〗Brother.

B/R, b.r.《略》Bill of Rights;〖金融〗bill receivable 受取手形 (cf. B/P);〖金融〗bank rate.

br.《略》bearing;〖軍事〗bombardier; branch; brand; brass; bridge; brief;〖海事〗brig; bronze; brother; brown; buglar.

Br.《略》Britain; British.

b.r.《略》〖経済〗bank rate; block release;〖原子力〗breeder reactor.

B.R.《略》*L.* Bancus Rēgīnae (= Queen's Bench); *L.* Bancus Rēgis (= King's Bench); bats right; bedroom; British Rail《もと British Railways》.

bra [brɑ́:]〖短縮〗*n.*《口語》ブラ (brassière).

Bra·ban·çonne [brӕbɑ̃:(n)sɔ́(:)n, -bɔ̃:(n)-, -bɑ:n-, -bɔ(:)n- | -sɔ́n; *F.* brabɑ̃sɔn], **La** [lɑ:; *F.* la] *n.* ラ ブラバンソン《ベルギーの国歌; François van Campenhout (1779-1848) 作曲 (1830)》.

Bra·bant [brəbǽnt, -bɑ́:nt | -bǽnt; *F.* brabɑ̃, *Du.* brá:bɑnt] *n.* **1** ブラバント《ヨーロッパ西部の旧公国; 今は南部はベルギー領, 北部はオランダ領》. **2** ブラバン(州)《ベルギー中部の州; 人口 2,178,000, 面積 3,284 km², 首都 Brussels》.

brab·ble [brǽbḷ] 〖《?c1500》□ ? Du. *brabbel-en* to stammer〗 *vi.* (つまらないことで)騒がしく口論する. — *n.* 騒がしい口論.

brac·cate [brǽkeɪt] 〖□ L *brāc(c)āt-us* wearing breeches ← *brac(c)ae* trousers: ⇨ -ate²〗 *adj.*〖鳥類〗全部が羽毛でおおわれた脚をした.

brace [bréɪs] 〖*v.*: 《?c1350》□ OF *brac-ier* to embrace ← *brace* (n.). — n.: 《1313-14》'strap, armor for the arms' □ OF *brace* (F *brasse*) < L *brāc(c)hia* (pl.) ← *brac(c)hium* arm □ Gk *brakhīōn*〗 — *vt.* **1 a** ぐっと締める, ぴんと張る, 引き締める; 〈弓〉に弦を張る; 〈太鼓〉の皮を締める. **b** 〈足などを〉ふんばる; 〈神経などを〉緊張させる (string): ～ one's feet *against* the crowd 群衆に押されないように体に力を入れてふんばる / ～ one's energies 気を引き締める, 奮起する, 元気を出す. **c** [～ oneself で]〈身・気を〉引き締める, 元気を出す〈*up*〉: ～ *oneself up for* a task 緊張して仕事にかかる. **d** 〈空気・気候・酒などが〉元気づける〈*up*〉: A shower will ～ you *up*. シャワーを浴びればしゃんとなるよ. **2 a** …に支柱をする, 支える; ズボンつりでささえる〈*up*〉: ～ a shed *with* timbers 小屋を柱で支える. **b** 補強する (reinforce). **c**〖建築〗…に筋違(ちが)を入れる. **3** 中括弧で括る; 結合する, つなぐ. **4 a** (質問や要求などをもって)〈人を〉待ち構える. **b** 質問攻めにする. **5**《古》ぎゅっと締めくくる, しばる (bind). **6**〖海事〗転桁索(てんこうさく)で〈帆を〉回す〈*about, around*〉.

— *vi.* **1** 緊張する, 元気を出す; 酒で元気をつける; 元気をつけるために一杯やる〈*up*〉: They ～*ed up for* the bad news. 気を引きしめて悪い知らせを聞いた. **2**《口語》〖軍事〗(直立不動の)気をつけの姿勢をする.

brace in〖海事〗(横帆において風上の帆綱 (brace) を引いて)〈帆桁(ほげた)を〉もっと横方向へ回す.

— *n.* **1 a** 物を締め合わせるもの. **b** 締め金, 留め金 (clasp), かすがい (clamp). **c** (太鼓を締める)革ひも, しめ糸. **2** [単数または複数扱い] (犬・うさぎ・猟鳥の)つがい (pair); (ピストルの)一対; (悪人の)二人組: a ～ of ducks / several ～ of partridges 数つがいのシャコ. **3**《英》**a** [*pl.*] ズボンつり (《米》suspenders): a pair of ～*s* ズボンつり一組 / trousers and ～*s* ズボンつりのついたズボン. **b** (馬車の車体をばねにつるす)つり革. **4 a** (倒れないようにする)斜柱 (stay), しんばり, 突張り, 支柱. **b**〖建築〗方杖(ほうづえ) (angle brace); 筋違(ちが) (strut); 火打(ひうち). **5 a** 手首[前腕]の保護帯; (特に)腕甲 (bracer). **b**《廃》(手の)よろい (armor). **6** (錐(きり)などの)曲げ柄, ブレース: ⇨ BRACE and bit. **7 a** 張り, 緊張力 (tension). **b** 志気を高めるもの. **8** ブレース, こうもり, 中括弧 ({, }, ⏜) (cf. bracket 3). **9**〖音楽〗ブレース《二つ以上の同時に演奏される五線譜をつなぐ連結括弧》. **10**〖海事〗転桁索(てんこうさく) (帆桁(ほげた)を回す綱), 帆綱: ⇨ SQUARE *by the lifts and braces.* **11**〖医学〗(整形外科用の)支持器; [しばしば *pl.*]〖歯科〗歯列矯正器. **12**《口語》〖軍事〗(直立不動の)気をつけの姿勢.

splice the main brace ⇨ main brace. ***take a brace***《米口語》元気を出す, 気を取り直す, 立ち直る (brace up).

brace and bit 繰り子錐(きり), クランクボール《曲がり柄付ドリル》.

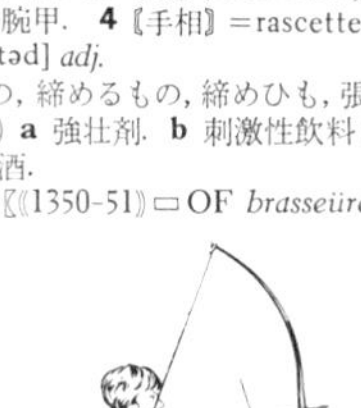

brace and bit
1 brace; 2 bit; 3 chuck

bráced árch *n.*〖土木〗ブレーストアーチ《骨組がトラスから成る》.

bráced fráme *n.*〖建築〗筋違(ちが)入り構造.

bráce gàme *n.*〖トランプ〗**1** (faro 賭博で)いかさま, いんちき《親と得点記録係との間の不正な取り決め》. **2**《米俗》いかさま賭博.

bráce jàck *n.*〖劇場〗(舞台装置を後ろから支える)かなしぎ《単に jack ともいう》.

brace·let [bréɪslɪt, -lət] 〖《1437》□ (O)F ～ (dim.) ← *bracel* armlet < LL *bracchiāle* (neut. adj.) thing for the arm: ⇨ brace, -let〗 — *n.* **1** 腕輪, ブレスレット《手首または腕にはめる; cf. bangle 1》. **2** [*pl.*]《戯言・口語》手かせ, 手錠 (hand cuffs). **3** 弓籠手(ゆごて); (よろいの)腕甲. **4**〖手相〗= rascette. **～·ed** [-tɪd, -təd | -tɪd, -təd] *adj.*

brác·er¹ *n.* **1** 支えるもの, 締めるもの, 締めひも, 張り綱, 帯 (band). **2**《口語》**a** 強壮剤. **b** 刺激性飲料; (特に)アルコール性飲料, 酒.

bra·cer² [bréɪsə | -sə(r] 〖《1350-51》□ OF *brasseüre* (F *brassard*) ← *bras* arm < L *brac(c)hium*: ⇨ brace, -ure〗 — *n.* (フェンシングなどで用いる)籠手(こて); (アーチェリーで用いる)腕甲.

bracer²

bra·ce·ro [brəsɛ́(ə)rou | -sɛ́ərəu; *Sp.* braséro] 〖□ Sp. ～ 'laborer' ← *brazo* arm < L *brac(c)hium* (↑)〗 — *n.* (*pl.* **～s** [～z; *Sp.* ～s]) (米国に季節労働者として入国する)メキシコ人労務者 (cf. wetback).

bráce ròot *n.*〖植物〗= prop root.

bráce tàble *n.*〖木工〗筋違(ちが)早見表《二等辺三角形の斜辺の長さを見る計算表; 筋違の長さを出すため》.

brach [brǽtʃ] 〖《?c1390》《逆成》← OF *braches* (pl.) ← *brachet* (dim.) ← *brac* □ OHG *brakko* scenting hound: cf. L *fragrāre*: ⇨ fragrant〗 — *n.*《古》猟犬の雌 (bitch hound).

brach·i- [brǽki, bréɪki | -kɪ] (母音の前に来る時の) brachio- の異形.

brachia *n.* brachium の複数形.

brach·i·al [brǽkiəl, bréɪk- | bréɪkjəl, -kɪəl] 〖□ L *brachiāl-is*: ⇨ bracelet, -al¹〗〖動物・解剖〗*adj.* **1** 腕の, 上腕の. **2** 腕に似た. — *n.* 腕の部分, 上腕.

bráchial ártery *n.*〖解剖〗上腕動脈.

brach·i·al·gi·a [brӕkiǽldʒɪə, -dʒə, brèɪk- | -dʒɪə, -dʒə] 〖← L *brac(c)hium* arm (⇨ brace) + -ALGIA〗 *n.*〖病理〗上腕神経痛.

brach·i·ate [brǽkièɪt, bréɪk-, -kiət, -kiɪt | -kiət, -kɪɪt, -kièɪt] 〖□ L *brachiat-us* ← *brac(c)hium* (↑): ⇨ -ate²〗 — *adj.* **1**〖植物〗交互対枝に側方に枝を拡げた. **2**〖動物〗腕のある, 上腕のある. — *vi.*〖動物〗〈猿が〉腕足運動で[交互に腕[足]を動かして]進む.

brach·i·a·tion [brӕkiéɪʃən, brèɪk- | -kɪ-] *n.*〖動物〗腕足運動.

brách·i·à·tor [-tə | -tə(r] *n.* (テナガザルのように)手足を使って進む動物.

bra·chif·er·ous [brəkɪ́f(ə)rəs, breɪk-] *adj.*〖動物〗腕のある, 有手の.

brach·i·o- [brǽkiou, bréɪk- | brǽkɪə(u), bréɪk-] 〖← NL ～ ← L *brac(c)hium* & Gk *brakhīōn* arm〗 —「腕」

の意の連結形: *brachio*pod. ★ 母音の前では通例 brachi- になる.

brach·i·o·lar·i·a [brækio(ʊ)lέ(ə)riə, brèɪk- | -kɪə(ʊ)-lέərɪə, bræk-] 〖← NL ~ ← *brachiola* (← BRACHIO- + -*ola* (fem. suf.)) + -ARIA[1]〗 ― *n.* (*pl.* -i·ae [-riìː]) 〖動物〗ブラキオラリア《ある種のヒトデで, ビピンナリア (bipinnaria) 幼生の後期に現われる幼生》.

brach·i·o·pod [brǽkiəpɑ̀d, bréɪk- | -kɪəpɔ̀d] 〖↓〗〖動物〗 ― *n.* 腕足綱の動物《生きている化石 (living fossil) といわれるシャミセンガイ属 (*Lingnla*) の貝やホウズキチョウチン (lamp shell) など》. ― *adj.* = brachiopodous.

Brach·i·op·o·da [brækiɑ́pədə, brèɪk- | -kɪɔ́p-] 〖← BRACHIO- + -PODA〗 *n. pl.* 〖動物〗腕足綱.

brach·i·op·o·dous [brækiɑ́pədəs | -kɪɔ́p-] *adj.* 〖動物〗腕足綱の.

brach·i·o·sau·rus [brækio(ʊ)sɔ́ːrəs, brèɪk- | -kɪə(ʊ)-] 〖← NL ~ : ⇨ brachio-, -saurus〗 ― *n.* 〖古生物〗ブラキオサウラス《ジュラ紀後期の竜脚亜目 *Brachiosaurus* 属の草食恐竜の総称; 前肢が後肢より長く, 水底を歩行し頭部を水上に表わす; 体長約 34 m, 体重 78 トン》.

bra·chis·to·chrone [brækístəkròʊn, brə- | -krəʊn] 〖□ F ~ ← Gk *brákhistos* shortest + *khrónos* time〗 ― *n.* 〖数学〗最短降下線, 最速降下線《物体が摩擦も抵抗もなく重力によって 1 点から他の 1 点へ滑り落ちる時, 時間が最短になるような曲線; サイクロイドになる》.

brach·i·um [brǽkiəm, bréɪk- | -kɪəm, -kjəm] 〖□ L *brac(c)hium* arm : ⇨ brace〗 ― *n.* (*pl.* -i·a [-kiə | -kɪə, -kjə]) 〖解剖・動物〗 **1 a** 上腕, 上膊(はく). **b** (鳥の翼など)上肢に当たるもの. **2** 腕に似た部分.

brach·y- [brǽkɪ, -kə | -kɪ] 〖← Gk *brakhús* short〗「短い; 短くて幅の広い」の意の連結形: *brachy*cephalous, *brachy*urous.

brach·y·ce·phal·ic [brækɪsəfǽlɪk, -kə- | -kɪkef-, -kɪkɪf-, -kɪsef-, -kɪsɪf-] 〖← BRACHY- + -CEPHALIC〗 ― *adj.* 〖人類学〗短頭の《頭示数が 81.0–85.4 である; cf. dolichocephalic, mesocephalic》. ★ brachycephalic は生体の場合に用い, 骨の場合には brachycranic を用いる.

brach·y·ceph·a·li·za·tion [brækɪsèfəlɪzéɪʃən, -lə- | -kèfəlaɪ-, -sèf-, -lɪ-] *n.* 〖人類学〗短頭化傾向.

brach·y·ceph·a·lous [brækɪséfələs, -kə- | -kɪkéf-, -séf-] *adj.* 〖人類学〗= brachycephalic.

brach·y·ceph·a·ly [brækɪséfəli, -kə- | -kɪkéf-, -séf-] *n.* **1** 〖人類学〗短頭. **2** 〖病理〗短頭症.

bra·chyc·er·ous [brækísərəs, brə-] 〖← BRACHY- + -CERA + -OUS〗 *adj.* 〖昆虫〗触角の短い, 短角の.

bràchy·cránial *adj.* 〖人類学〗= brachycranic.

brach·y·cra·nic [brækɪkréɪnɪk, -kə- | -kɪ-] 〖← BRACHY- + CRANIO- + -IC[1]〗 ― *adj.* 〖人類学〗短頭蓋(がい)の《頭蓋数が 80.0–84.9 である; cf. dolichocranic》. ★ ⇨ brachycephalic.

brach·y·cra·ny [brækɪkrèɪni, -kə- | -kɪkrèɪnɪ] *n.* 〖人類学〗短頭蓋(がい).

brach·y·dac·ty·lia [brækɪdæktíljə, -kə-, -liə | -kɪ-dæktíljə, -lɪə] *n.* 〖病理〗= brachydactyly.

brach·y·dac·ty·ly [brækɪdǽktəli, -kə- | -kɪdǽktɪlɪ] 〖← BRACHY- + DACTYL- + -Y[1]〗 *n.* 〖病理〗短指[趾]症.
bràchy·dáctylous *adj.*

brach·y·dome [brǽkɪdòʊm, -kə- | -kɪdəʊm] *n.* 〖結晶〗短軸庇面(ひめん)《短軸に平行な庇面; cf. clinodome, macrodome, orthodome》.

bra·chyl·o·gy [brækílədʒi, brə- | -dʒɪ] 〖□ Gk *brakhulogia* brevity in speech : ⇨ brachy-, -logy〗 ― *n.* 〖文法〗簡約法, (特に)要語省略《構文上の語句の省略; 例: This is as good or better than that. (この場合の as good は as good as とあるべきもの) / The tower stands west of the city. (これは to the west の省略)》.

bra·chyp·ter·ous [brækíptərəs, brə-] 〖← BRACHY- + -PTEROUS〗 *adj.* 〖鳥類〗短翼の.

bràchy·scle·re·id [-sklí(ə)riɪd, -riəd | -sklíərɪɪd] 〖← BRACHY- + SCLERE(NCHYMA) + -ID[3]〗 ― *n.* 〖植物〗石細胞《髄・皮部などに存在する球状多面体の厚膜細胞; stone cell ともいう》.

brach·y·sto·ma·tous [brækɪstóʊmətəs, -kə-, -stɑ́m- | -kɪstəʊmətəs, -stɔ́m-] 〖← BRACHY- + STOMATO- + -OUS〗 *adj.* 〖昆虫〗口先[口吻]の短い.

Brach·y·u·ra [brækijʊ́(ə)rə | -kɪjʊ́ərə] 〖← NL ~ ← BRACHY- + -*ura* tailed (⇨ uro-[2], -a[2])〗 *n. pl.* 〖動物〗短尾亜目《カニ類》.

brach·y·u·ral [bækijʊ́(ə)rəl | -kɪjʊ́ər-] *adj.* 〖動物〗短尾亜目の.

brach·y·u·ran [brækijʊ́(ə)rən | -kɪjʊ́ər-] 〖動物〗 *adj.* 短尾亜目の. ― *n.* 短尾亜目の動物《カニ類》.

brach·y·u·rous [brækijʊ́(ə)rəs | -kɪjʊ́ər-] *adj.* 〖動物〗(カニのように)短尾の (cf. macrurous).

brác·ing *adj.* 〈空気・風・気候など〉元気づける, 体を引きしめるような, 気持をさわやかにする (invigorating): a ~ air, breeze, wind, climate, etc. ― *n.* **1 a** 筋違(すじかい)(brace), 引張り控え. **b** [集合的] 支柱. **c** [形容詞的に] 張り[支柱]用の: a ~ cable 〖航空〗張り綱 / a ~ strut 〖航空〗支柱 / a ~ wire 〖航空〗張り線. **2** 元気づけ, 刺激: He needs ~. 彼には元気をつけてやる必要がある. **~·ly** *adv.* **~·ness** *n.*

brack·en [brǽkən] 〖(?a1300) *brake(n)* fern □ ? ON **brakni* : cf. brake[2]〗 *n.* **1** 〖植物〗ワラビ (*Pteridium aquilinum*). **2** シダのやぶ[茂み].

brack·et [brǽkɪt, -kət] 〖(1580) *bragget* □ F *braguette* (dim.) ← *brague* a kind of mortise □ Prov. *braga* < L *brācam, brācae* (pl.) breeches □ Gaul. **brāka* : ⇨ -et〗 ― *n.* **1** (腕木で支えた)張出し棚(だな), 張出しランプ受け, 張出しガス灯[電灯]. **2** (棚や軒などを支える)腕木, 持送り, ブラケット. **3 a** ブラケット, 角括弧, 大括弧 ([,]). **b** 山パーレン, 山形 (〈, 〉)《angle bracket, broken bracket, pointed bracket ともいう》. **c** パーレン, 括弧 ((,))《parenthesis, round bracket ともいう》. **d** ブレース, 中括弧 ({, })《brace ともいう》. ★ いずれの場合も単数では括弧の組の一方をさすので, 複数形で用いることが多い. **4 a** (表の中で)同一の括弧の中にはいる部分. **b** 同類として区分されるグループ[人々]: the upper age ~ 高齢者層 / the 8 to 15 age ~ 8 歳から 15 歳のグループ. **c** (課税所得額による)階層区分, …層: the high [low] income ~ 高[低]額所得者階層. **5** 〖海事〗 **a** 肘材, 肘板, 腕木. **b** 梁受《直角に交わる鉄骨をつなぎ合わせるためにその内角に当てる三角形, または斜めに当てる鉄板》. **6** [*pl.*] 〖数学〗 **a** 括弧. **b** 〖俗用〗括線 (vinculum). **7** 〖活字〗(セリフ (serif) の) 支え《セリフと幹縦線 (stem) との間の曲線部分》. **8** 〖植物〗サルノコシカケ《木の幹や木材に bracket fungus によって生ずる棚状の笠; conk ともいう》. **9** 〖スケート〗= bracket turn. **10** 〖砲術〗夾叉(きょうさ), 夾叉距離《目標に命中させるための手段として, まず目標の前後または左右に試射した時の弾着相互間の距離》.

bracket 2

― *vt.* **1** …に持送り[腕木, 棚受けなど]を付ける. **2** (角)括弧でくくる, (角)括弧に入れる. **3 a** 〈同類・同等者の名前など〉を一括する, 同類として分類する[扱う]: ~ A *with* B A を B の同類として分類する / The two names are ~*ed* (*together*) *for* the first prize. 1 等入選者として二人の名が一緒にあげられている. **b** (挿入句的な[疑わしい]ものとして)括弧に入れて扱う; 考慮から除く, 無視する 〈*off*〉. **4** 〈見積り・範囲などの〉限界[幅]を確定する. **5** 〖砲術〗夾叉(きょうさ)(射撃)する (straddle): ~ a target 目標を夾叉する.

bráck·et·ed [-ṭɪd, -ṭəd | -tɪd, -təd] *adj.* **1** 括弧に入れた. **2** ひとまとめにした. **3** 〖活字〗(セリフ (serif) が) 支え付きの.

brácket fòot *n.* (18 世紀の英国や米国で流行した, 「家具の)持送り式の脚.

brácket fùngus *n.* 〖植物〗木の枝や幹から棚状に成長する多肉質の担子菌《サルノコシカケ類が多い》.

bráck·et·ing [-ṭɪŋ | -tɪŋ] *n.* [集合的] 〖建築〗腕木, 持送り, ブラケット.

brácketing adjùstment *n.* 〖軍事〗夾叉(きょうさ)法: **1** 野砲の射撃を修正して目標に命中させるため, 遠近左右の弾着を試み, 次第にその距離を縮めることによって射撃諸元を決定する方法. **2** 飛行機が S 字旋回して正しくコースにのること.

brácket sàw *n.* 〖木工〗回し挽(び)き.

Bráck·ett sèries [brǽkɪt-, -kət-] 〖← *P. M. S. Brackett* (1897–1974: 英国の物理学者)〗 *n.* 〖物理〗ブラケット系列《水素原子スペクトルの一つの系列》.

brácket tùrn *n.* 〖スケート〗ブラケットターン《スクールフィギュアの図形の一つ; 中括弧形 ({) の旋回》.

brack·ish [brǽkɪʃ] 〖(1538) ← (廃) *brack* salty (□ Du. *brak* briny) + -ISH[1]〗 ― *adj.* **1** 〈水が〉ちょっと塩気のある, (海水より塩からくないが)塩気があって飲めない: ~ water (半)塩水. **2 a** まずい (unpalatable). **b** いやな, 不愉快な (distasteful). **~·ness** *n.*

brac·o·nid [brǽkənɪd, -nəd | -nɪd] 〖↓〗〖昆虫〗 *n.* コマユバチ《コマユバチ科のハチの総称》. ― *adj.* コマユバチ(科)の.

Bra·con·i·dae [brəkɑ́nədìː | -kɔ́nɪ-] 〖← NL ~ ← *Bracon* (属名: ← Gk *brakhús* short) + -IDAE〗 *n. pl.* 〖昆虫〗(膜翅目)コマユバチ科.

bract [brǽkt] 〖(1770) □ L *bract-ea* thin metal plate〗 *n.* 〖植物〗苞葉. **~·ed** *adj.*

brac·te·al [brǽktiəl | -tɪ-] 〖← L *bractea* (↑) + -AL[1]〗 *adj.* 〖植物〗苞葉の.

brac·te·ate [brǽktiət, -tiɪt, -tièɪt | -tɪət, -tɪɪt, -tɪèɪt] 〖□ L *bracteāt-us* covered with thin plates : ⇨ bract, -ate[2]〗 ― *adj.* 〖植物〗苞葉のある. ― *n.* 〖造幣〗(薄い)片面鋳造の銀貨《浮彫りの極印で打刻し, その片面に極印どおりのデザインを透刻したもの; 12 世紀の初めドイツに始まり, 14 世紀後半まで行なわれた》.

brac·te·o·late [bræktíːələt, -lɪt, -lèɪt, brǽktiəlèɪt | brǽktɪələt, -lɪt, -lèɪt] 〖← NL *bracteolāt-us* ← L *bracteola* (↓) : ⇨ -ate[2]〗 *adj.* 〖植物〗小苞葉のある.

brac·te·ole [brǽktiòʊl | -tɪəʊl] 〖□ L *bracteola* small bract (dim.) ← *bractea* : ⇨ bract〗 *n.* 〖植物〗小苞葉.

brac·te·ose [brǽktiòʊs | -tɪəʊs] 〖← NL *bractea* (⇨ bract) + -OSE[1]〗 *adj.* 〖植物〗苞葉のある.

bract·let [brǽktlɪt, -lət] *n.* 〖植物〗= bracteole.

bráct-scàle *n.* 〖植物〗包鱗(ほうりん)《ハマアカザの一種の鱗片状の小葉》.

brad [brǽ(ː)d] 〖(?c1200) *brod* sprout, spike □ ON *brodd-r* spike : cog. OE *brord* point〗 ― *n.* (頭がないかまたは小さい)坊主釘, 貝折れ釘.

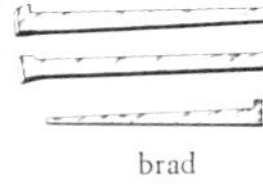
brad

― *vt.* (**brad·ded**; **brad·ding**) 貝折れ釘でとめる.

Brad [brǽ(ː)d] 〖(dim.) ← BRADFORD[2], BRADLEY // BRADY〗 *n.* 男性名.

brád·àwl *n.* 〖木工〗(先が平のみの形の)小ぎり《brad を打ち込むための穴をあける》.

Brad·bur·y [brǽdberi, -b(ə)ri | -b(ə)rɪ] 〖(1917): 大蔵大臣 *Sir John S. Bradbury* (1872–1950) の署名のあるところから〗 *n.* 〖英古〗1 ポンド紙幣.

Brad·bur·y [brǽdberi, -b(ə)ri | -b(ə)rɪ], **Ray** (**Douglas**) *n.* (1920–) 米国の SF 作家; *Fahrenheit 451* (1953).

Brad·dock [brǽdək], **Edward** *n.* (1695–1755) 英国の将軍, 米国駐留軍司令官になり, フランス・インディアン連合軍と戦って戦死.

Brad·ford[1] [brǽdfəd | -fəd] 〖OE *Brādeforde* : ⇨ broad, ford〗 *n.* イングランド北部 West Yorkshire 州の都市; 毛織物の産地; 人口 459,000.

Brad·ford[2] [brǽdfəd | -fəd] 〖↑〗 *n.* 男性名.

Bradford, William *n.* (1590–1657) Pilgrim Fathers の一人で Plymouth 植民地の第二代の総督.

Brádford sỳstem 〖← BRADFORD[1]〗 *n.* 〖紡織〗ブラッドフォードシステム《梳毛糸用の長い繊維を扱う紡績法》.

Brad·laugh [brǽdlɔː], **Charles** *n.* (1833–91) 英国の自由思想家 (freethinker)・社会・政治改良家.

Brad·ley [brǽdli | -lɪ] 〖OE *brādlēah* broad meadow : ⇨ broad, lea[1]〗 *n.* 男性名.

Bradley, A(**ndrew**) **C**(**ecil**) *n.* (1851–1935) 英国の文芸批評家・Oxford の詩学教授; *Shakespearean Tragedy* (1904).

Bradley, Francis Herbert *n.* (1846–1924) 英国の哲学者; A. C. Bradley の兄; *Appearance and Reality* (1893).

Bradley, Henry *n.* (1845–1923) 英国の英語学者・辞書編集者; *New English Dictionary* 編者の一人; *The Making of English* (1904).

Bradley, James *n.* (1693–1762) 英国の天文学者; 光行差・地軸の章動を発見.

Bradley, Omar Nelson *n.* (1893–1981) 米国の将軍; 統合参謀本部議長 (1949–1953).

bra·doon [brədúːn] *n.* = bridoon.

Brad·shaw [brǽdʃɔː] 〖(1847) ← *George Bradshaw* (1801–53: 1839 年初めてこれを発行した印刷者)〗 ― *n.* 全英鉄道時刻表《Bradshaw's Railway Guide (1836–1961) の略称; 1839 年以来定期的に発行されたが 1961 年廃刊; cf. ABC 3》.

brad·sot [brǽdsət] *n.* 〖獣医〗= braxy.

Brad·street [brǽdstriːt], **Anne** *n.* (1612?–72) イギリス生れの米国の詩人; *The Tenth Muse* (1650); 旧姓 Dudley.

brad·y- [brǽdɪ, -də | -dɪ] 〖← Gk *bradús* slow〗「遅い, 緩慢な (slow); 短い (short)」の意の連結形: *brady*cardia, *brady*pepsia.

Bra·dy [bréɪdi | -dɪ] 〖□ Ir.-Gael. *bradach* spirited one // OE *brād-īġ* 'BROAD ISLAND'〗 *n.* 男性名.

Brady, Mathew B. *n.* (1823?–96) 米国の写真家; 南北戦争の写真で有名.

bràdy·auxésis *n.* 〖生物〗劣成長《全体に比べて部分の成長が遅いこと; cf. tachyauxesis》.

bràdy·cárdia 〖← BRADY- + Gk *kardía* heart〗 *n.* 〖病理〗徐脈 (cf. trachycardia).

bràdy·kínin *n.* 〖生化学〗ブラディキニン《ポリペプチドの一種で, 血圧降下・平滑筋収縮などの作用を示す; cf. neurokinin》.

brad·y·la·li·a [brædɪléɪliə, -də- | -dɪléɪljə, -lɪə] 〖← BRADY- + -LALIA〗 *n.* 〖病理〗言語緩慢, 遅語(症).

brad·y·pod [brǽdɪpɑ̀d, -də- | -dɪpɔ̀d] 〖↓〗 *n.* 〖動物〗ナマケモノ科の貧歯獣.

Brad·y·pod·i·dae [brædɪpɑ́dədìː, -də- | -dɪpɔ́dɪ-] 〖← NL ~ : ⇨ brady-, -pod[1], -idae〗 *n.pl.* 〖動物〗ナマケモノ科.

bra·dyp·o·doid [brədípədɔ̀ɪd, bræ-] *adj.* 〖動物〗ナマケモノ科の.

brády·sèism *n.* 〖地球物理〗緩慢地動《緩慢な地殻の上昇・下降》.

brad·y·tel·y [brǽdɪtèli, -də- | -dɪtèlɪ] 〖← BRADY- + -*tely* (《変形》← Gk *telós* end)〗 *n.* 〖生物〗緩進化 (cf. tachytely). **brad·y·tel·ic** [brædɪtélɪk, -də-|-dɪ-] *adj.*

brae [bréɪ] 〖(a1250) *bro* □ ON *brā* brow, river bank : cog. OE *brǣw* brow〗 ― *n.* 〖スコット〗 **1** (丘の)中腹, 山腹 (hillside); (丘の)斜面 (slope), (川の)堤の斜面, 土手 (bank). **2** [しばしば *pl.*] 丘陵地帯.

brag [brǽ(ː)g] 〖adj. : (c1325) ← ? Celt. ― v. : (c1378) *bragge(n)* ← (adj.) : cf. OF *braguer* to flaunt〗 ― *v.* (**bragged**; **brag·ging**) ― *vi.* 自慢する, 自慢して言う, 誇る 〔*of, about*〕: ~ *of* one's success 成功を自慢する / He ~*ged of* what he had done. 自分のやったことを自慢した / He is always ~*ging about* his family. いつも家族の自慢をしている. ― *vt.* …と言って自慢する; …と大げさに言う, 言いたてる; 〈新聞などが〉書き立てる 〈*that*〉: He ~*ged that* he had a rich uncle. 金持のおじがあると自慢した.

be nothing to brag about 《口語》あまりよくない, 大したことはない.

― *n.* **1** 自慢, ほら, 誇り (boast); 《口語》自慢話, 自慢の物: a foolish ~ / make ~ of …を自慢する. **2** 自慢する人, ほら吹き (boaster). **3** 〖トランプ〗ブラッグ《ポーカーに似た古い遊び》.

― *adj.* (**brag·ger**; **-gest**) **1** 〖米〗すばらしい (first-rate) : a ~ crop すばらしい収穫. **2** 《古》 **a** 自慢する, ほらを吹く. **b** 元気のいい.

Bra·gan·za [brəgǽnzə] *n.* (*also* **Bra·gan·ça** [brəgǽnsə; *Port.* brɐgɐ̃́sɐ]) ブラガンサ(家)《ポルトガルの王家 (1640–1910) と傍系のブラジルの王家(1822–89) の名》.

Bra·ge [brɑ́ːgə] *n.* 〘北欧神話〙 =Bragi.

Bragg [brǽ(ː)g], **Brax·ton** [brǽkstən] *n.* (1817–76) 米国南北戦争における南部連邦側の将軍.

Bragg, Sir **William Henry** *n.* (1862–1942) 英国の物理学者; Sir Lawrence Bragg の父; Nobel 物理学賞 (1915).

Bragg, Sir (**William**) **Lawrence** *n.* (1890–1971) 英国の物理学者; Sir William Henry Bragg の子; Nobel 物理学賞 (1915) (⇨ Bragg's law).

brag·ga·do·ci·o [brægədóuʃiòu, -ʃou, -siòu | -dóuʧiəu] 〘《1594》← *Braggadochio* (E. Spenser 作 *Faerie Queene* に出てくる自慢屋の名) ← BRAGGART＋It. *-occio* (aug. suf.)〙 — *n.* (*pl.* ~**s**) **1** から自慢, ほら, 大ぼら, だぼら. **2 a** 自慢屋, ほら吹き(の人). **b** うぬぼれ, 生意気.

brag·gart [brǽgət | -gət, -gɑːt] 〘《*a*1577》▭ F 《廃》 *bragard* boastful ← *braguer* to boast: cf. brag〙 *n.* 自慢屋, ほら吹き. — *adj.* 自慢する, ほらを吹く.

brág·gart·ism [-tìzm] *n.* 自慢, 大ぼら, 豪語.

brág·ger 〘ME〙 — *n.* **1** 自慢屋, ほら吹き. **2** 〘トランプ〙 **a** (brag で)クラブのジャックまたはダイヤの 9《ペアーを作る際の万能札 (wild card) となる》. **b** (brag で)最初に賭ける人.

Brágg's láw 〘← *Sir W. H. Bragg & Sir W. L. Bragg*〙 *n.* 〘物理・結晶〙ブラッグの法則《X 線結晶学の基本的法則》.

brag·gy [brǽgi | -gɪ] *adj.* 高慢な, うぬぼれた.

Bra·gi [brɑ́ːgi | -gɪ] 〘▭ ON ~〙 *n.* 〘北欧神話〙ブラギ《詩の神で, Odin の子》.

Bra·he [brɑ́ː, brɑ́ːhi, -hə | brɑ́ːə, brɑ́ːhə, brɑ́ːɪ, brɑ́ːhɪ; *Dan.* brɑ́ːə], **Ty·cho** [týgo] *n.* ブラーエ《1546–1601; デンマークの天文学者》.

Brah·ma¹ [brɑ́ːmə] 〘《1785》▭ Skt *brahman* (neut.) worship & *Brahmā* (masc.) the chief god of Hindu religion ← ? *bṛhant-* high〙 — *n.* 〘バラモン教〙 **1** ブラフマン, 梵(ぼん)《ウパニシャッド哲学で, 世界の根本原理の意》. **2** ブラフマー, 梵天《ブラフマンを神格化したもの; ヒンズー教ではヴィシュヌ神 (Vishnu), シヴァ神 (Siva) とともに三大神の一つとされ, 創造を司る; cf. Trimurti》.

Brahma¹ 2

Brah·ma² [bréɪmə, brɑ́ːmə, brǽmə | brɑ́ːmə] 〘← *Brahmaputra*: この川の沿岸に原産地があったことから〙 — *n.* ブラマ《インド原産で脚にも羽毛があり翼や尾が短い一品種の大型の肉用ニワトリ》.

Brah·ma³ [bréɪmə, brɑ́ːmə, brǽmə | brɑ́ːmə] *n.* = Brahman 2.

brah·ma·char·ya [brɑ̀ːmətʃɑ́ːrjə] 〘▭ Skt *brahmacārya*〙 *n.* 〘ヒンズー教〙学生期《アーシュラマ (ashrama) の第一期; 梵行期とも訳される》; 独身学生期(の修業者).

Brah·man¹ [brɑ́ːmən] 〘《?*a*1300》 *Bragman* ▭ LL *Brachmān-ae* ▭ Skt *Brāhmaṇa* 《原義》 having to do with prayer ← *brahman* prayer: ⇨ Brahma¹〙 — *n.* (*pl.* ~**s**) **1** ブラーマン, バラモン(婆羅門)《インドの最高位のカースト, およびそれに属する人(司祭者, 僧侶); Brahmin ともいう; cf. caste 1》. **2** 〘バラモン教〙=Brahma¹ 1.

Brah·man² [bréɪmən, brɑ́ːm-, brǽm- | brɑ́ːm-] 〘↑〙 *n.* ブラマ《米国南部産の一品種のウシ; インドのコブウシ (zebu) を品種改良したもの》.

Brah·ma·na [brɑ́ːmənə] 〘▭ Skt *brāhmaṇa*: ⇨ Brahman¹〙 *n.* 〘バラモン教〙「ブラーフマナ(梵書)」(⇨ Veda).

Brah·ma·ni [brɑ́ːməni | -nɪ] 〘▭ Skt *brāhmaṇī*〙 *n.* (*also* **Brah·ma·nee** [~]) バラモンの婦人.

Brah·man·ic [brɑːmǽnɪk] *adj.* バラモンの.

Brah·mán·i·cal [-nɪkəl, -nə- | -nɪ-] *adj.* =Brahmanic.

Bráh·man·ìsm [-nìzm] *n.* バラモン教《古代インドの経典ベーダ (the Vedas) を中心とする正統派ヒンズー教徒の宗教的・社会的組織》.

Bráh·man·ist [-nɪst, -nəst | -nɪst] *n.* バラモン教徒「[僧].

Brah·ma·ny [brɑ́ːməni | -nɪ] *adj.* バラモンの.

Bráhmany búll *n.* (インドの)聖牛《背にこぶのある白牛で, 殺すことを禁じられている》. 「*n.* =Brahma².

Brah·ma·poo·tra [brɑ̀ːməpúːtrə, -pjúː- | -púː-] 〘↓〙

Brah·ma·pu·tra [brɑ̀ːməpúːtrə, -pjúː- | -púː-; *Hindi* brəhməpʊtra] *n.* **1** [the ~] ブラフマプトラ(川)《Tibet 南西部に発しインド北東部を流れる川; Bangladesh で Ganges 川に合流して, Bengal 湾に注ぐ (2,900 km)》. **2** =Brahma².

Bráhma Vihára *n.* 〘仏教〙僧院, 寺院.

Brah·mi [brɑ́ːmi | -mɪ] 〘▭ Skt *brāhmī*〙 *n.* ブラーフミー文字, 梵字(ぼんじ)《セム系と推定される古代インドのアルファベット》.

Brah·min¹ [brɑ́ːmɪn, -mən | -mɪn] 〘《転訛》← BRAHMAN¹〙 — *n.* (*pl.* ~, ~**s**) **1** =Brahman¹. **2** 《米》[通例軽蔑的に] 教養の高い[学問のある]人; (特に, New England の名門出身の保守的なまたは排他的で高慢な)知識人, インテリ[知的]貴族: Boston ~*s*. **Brah·min·ic** [brɑːmɪ́nɪk] *adj.* **Brah·mín·i·cal** *adj.*

Brah·min² [brɑ́ːmɪn, -mən | -mɪn] 〘《変形》← BRAHMAN²〙 *n.* =Brahman².

Bráh·min·ìsm [-nìzm] *n.* **1** =Brahmanism. **2** 《米》[通例軽蔑的に] 知識人的精神[態度, 習慣など].

Bráh·min·ist [-nɪst, -nəst | -nɪst] *n.* =Brahmanist.

Bráh·mi·ny kíte [brɑ́ːmɪni-, -mə- | -mɪnɪ-] 〘*Brahminy*: ← BRAHMIN¹〙 — *n.* 〘鳥類〙シロガシラトビ (*Haliastur indus*)《インドから Solomon 諸島にかけて分布するトビの一種; 頭部と胸は白色; ヒンズー人(インド人)が神聖な鳥と考えている》.

Brahms [brɑ́ːmz; *G.* brɑ́ːms], **Johannes** *n.* ブラームス《1833–97; ドイツの作曲家》.

braid [bréɪd] 〘OE *breġdan* to twist, plait < Gmc **breʒðan* ← ? IE **bherək-* to shine, glitter (Gk *phorkós* white)〙 — *n.* **1 a** ブレード, 組みひも, 平ひも, 打ちひも, さなだひも《服飾やレース模様などに多く使用される》: an elastic ~ ゴム入り平ひも / a straw ~ 麦わらさなだ. **b** (階級を示すために制服などにつける)モール: a gold ~ 金モール. **c** [集合的]《俗》海軍の高級将校 (cf. brass 6, BRASS and braid). **2** 編んだ髪, 編んだお下げ髪: a ~ of hair 長く編んだ髪 / wear one's hair in ~*s* 髪をお下げに編んでいる. **3** (服飾用または髪の毛を結わえる)ひも, リボン(など). — *vt.* **1 a** 〈ひも・髪・麦わらなどを〉編む (plait); 〈髪を〉結わえる, お下げ髪にする: ~ one's hair 髪を編む. **b** 〈ロープ・じゅうたんなどを〉編んでつくる: ~ a mat むしろを編む. **2** 組みひも[モール]で飾る[ふち取る]. **3** まぜる, 交える: ~ fact *with* fiction. 事実に虚構を加える.

bráid·ed *adj.* **1** 組み製の, 編んだ: ~ hair 編んだ髪 / a ~ cord (丸形の組みひも / a ~ wire 《電気》編組(へんそ)線. **2** 〈川が〉(流路が)網状に交錯する, 網状流の.

bráid·er 〘ME〙 *n.* 編む[組む]人[物]; 組みひも機.

bráid·ing 〘《15C》〙 *n.* **1** [集合的]組みひも, 打ちひも. **2** モール刺繍: gold ~ 金モール刺繍. **3** 〘電気〙編組(へんそ)《柔らかい導線を作るため, 細い銅線などを袋編みにすること》.

Braid·ism [bréɪdɪzm] 〘← *James Braid* (1795–1860: 初めて催眠術を学術的に説明したスコットランド生れの英国の医師)〙 — *n.* 《まれ》ブレイド氏催眠術原理; 催眠術 (hypnotism).

brail [bréɪl] 〘《?*a*1400》▭ OF *brai(e)l* < ML *brācāle* belt ← *brāca*: ⇨ bracket〙 — *n.* **1** 〘海事〙絞り索(さく). **2** [通例 *pl.*] 〘鷹狩〙(鷹の翼を縛る)柔らかい革ひも. **3** 〘漁業〙まき網から魚を船に取り込むすくい網. — *vt.* **1** 〘海事〙絞り索で〈縦帆を〉絞る 〈*up*〉. **2** 〈鷹の翼を〉革ひもで縛る. **3** 〈魚などを〉網から船倉へ運ぶ[移す].

brails 1

Brǎ·i·la [brəíːlə; *Rum.* brəíla] *n.* ブライラ《ルーマニア東部, Danube 川に臨む都市で, 同国第 2 の港; 人口 195,000》.

Braille, b- [bréɪl] 〘《1871》← *Louis Braille* (1809–52: その考案者であるフランス人)〙 — *n.* (盲人用の)ブライユ式点字法, (ブライユ)点字: *Braille* music 点字楽譜. — *vt.* ブライユ点字で書く[印刷する].

bráille slàte [**tàblet**] *n.* =slate¹ 3 b.

Bráille·writer *n.* (ブライユ式)点字ライター, 点字タイプライター.

brain [bréɪn] 〘OE *bræġen* < Gmc **braʒnam* (Du. *brein*) ← IE **mregh-m(n)o-* brain (Gk *brégma* the front part of the head)〙 — *n.* **1** 〘解剖〙 **a** [時に *pl.*] 脳, 脳髄 (encephalon); (特に)大脳: water on the ~*s* 脳水腫 / blow one's ~*s* out 頭を射抜く / dash [knock] out a person's ~*s* 脳天を打ち砕く. **b** (無脊椎動物の)脳に相当する神経中枢. **2** [しばしば *pl.*] (知的活動の中心としての)頭, 脳, 頭脳; 知力, 理解力 (intellect): a clear [muddled] ~ 明晰な[濁った]頭脳 / a powerful [weak] ~ 知力のたくましい[弱い]頭脳 / have good ~*s* [a fine ~] いい頭をしている, 頭がいい / have no ~*s* 頭[知恵]がない / have plenty of ~*s* 頭がいい / overtax one's ~ 頭を使い過ぎる / read a person's ~ 人の考えを読みとる / tax one's ~*s* 頭を悩ます / use one's ~*(s)* 頭を働かす / The news made his ~ reel. そのニュースは彼をびっくりさせた. **3** 《口語》 **a** すぐれた頭脳の持主, 秀才. **b** [通例 the ~s] (集団活動の)組織者, 知的指導者, 最高立案者 (chief controller), ブレーン: call in *the* best ~*s* 広く人材を集める / He was *the* ~*s* of the group. そのグループの指導者だった. **4** (ミサイルなどの)頭脳部門, (電子計算機などの)中枢部: an electronic ~.

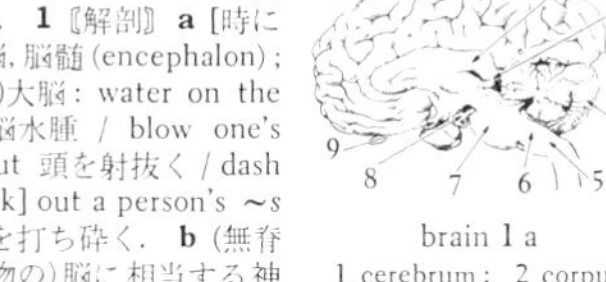

brain 1 a

1 cerebrum; 2 corpus callosum; 3 pineal body; 4 cerebellum; 5 spinal cord; 6 medulla oblongata; 7 pons; 8 oculomotor nerve; 9 pituitary body

beat** one's **brains** (**out**)* 脳みそ[知恵]を絞る, 一生懸命に考える; 一生懸命にやる, 全力を尽くす 〔*about, for*〕/ 〈*to* do〉. ***cudgel** one's **brain(s) 脳みそ[知恵]を絞る, 一生懸命に考える; 一生懸命にやる, 全力を尽くす 〔*about, for*〕/ 〈*to* do〉 (cf. Shak., *Hamlet* 5. 1. 63). ***have** one's **brains on ice*** 《俗》冷静にしている. ***have** [**have got**] **on the brain*** 《口語》…のことがいつも頭から離れない, …に取りつかれている. ***pick** [**suck**] **a** person's **brains*** 人の知恵を借りる. ***rack** [**puzzel**] one's **brains*** = *cudgel one's* BRAIN(s). ***turn** a person's **brain*** = *turn a person's* HEAD.

— *vt.* **1** …の脳を打ち砕く; 脳みそをたたきつぶして殺す. **2** …の頭をぶんなぐる.

bráin·càse *n.* =brainpan.

bráin cèll *n.* 〘解剖〙脳細胞.

bráin·child *n.* 《口語》頭脳の所産, 考え, 計画; 創作品, 発明品. 「*lina*).

bráin còral *n.* 〘動物〙ノウサンゴ (*Platygyra lamel-*

bráin dèath *n.* 〘病理〙脳死 (cerebral death).

bráin-dràin 《口語》 *vt.* 〈優秀な学者・技術者を〉海外へ流出させる. — *vi.* 〈優秀な学者・技術者が〉海外へ流出する.

bráin dràin *n.* 《口語》(優秀な学者・技術者の)海外への流出, 頭脳流出: the ~ of the British scientists *to* the United States.

bráin dràiner *n.* 《口語》海外へ流出した優秀な学者[技術者],「流出頭脳」.

Braine [bréɪn], **John** *n.* (1922–) 英国の小説家; *Room at the Top* (1957).

brained *adj.* [通例複合語の第 2 構成素として] (…の)頭脳をした: big-*brained*.

bráin fàg *n.* 〘病理〙精神疲労 (mental exhaustion).

bráin fèver *n.* 〘病理〙脳(脊髄)炎.

bráin-fèver bìrd *n.* 〘鳥類〙インドに生息するホトトギス科カッコウ属の鳥 (*Cuculus varius*)《不快な声でよく鳴く》.

brain·ish [bréɪnɪʃ] 〘← BRAIN＋-ISH¹〙 *adj.* 《スコット》〈気質・言動など〉性急な, 衝動的な (impetuous).

bráin·less 〘《15C》〙 *adj.* 知恵の足りない, 愚かな (stupid). **~·ly** *adv.* **~·ness** *n.*

bráin·pàn *n.* 《口語》頭蓋(ずがい) (skull).

bráin·pìck·er *n.* brain-picking をする人.

bráin-pìck·ing *n.* 他人の知恵を借りること.

bráin·pòwer *n.* **1** 脳力, 知力. **2** [集合的] 知識人たち, 頭脳のすぐれた人々, 頭脳集団, 参謀団.

bráin sànd *n.* 〘病理〙脳砂 (cf. sand 9).

bráin·sìck 〘《15C》〙 *adj.* 《米》頭が変になっている, 気がふれている (crazy). **~·ly** *adv.* **~·ness** *n.*

bráin stèaler *n.* 《米俗》(他人の文章などを)無断で使用する人 (plagiarist).

bráin stèm *n.* 〘解剖〙脳幹.

bráin·stòrm *n.* **1** (激情による突然の)精神錯乱. **2** 《米口語》突然のすばらしい思いつき, 霊感, インスピレーション; 突拍子もない考え (brain wave). **3** 《米》ブレーンストーム《会議などで各人が自由にアイデアを出し合って問題を解決すること》. — *vi.* 《米》(会議で)ブレーンストーミングをする. **~·er** *n.*

bráin·stòrm·ing *n.* 《米》ブレーンストーミング《ブレーンストーム方式で進めていく会議のやり方》.

bráins trùst *n.* 《英》 **1** [B- T-] (聴取者からの質問に即座に答える BBC 番組の)専門家解答者グループ《有名人がはいっており, 1960 年代の初め頃までは好評であったが, 現在はこの番組はない》. **2** =brain trust 2.

bráins trùster *n.* =brain truster.

bráin sùrgery *n.* 脳外科.

bráin tàblet *n.* 《米西部俗》巻きたばこ (cigarette).

bráin·tèaser *n.* 解くのに頭を絞らなくてはならないもの, 難問, 難題; パズル.

bráin-trùst *vt.* 《米》…の専門顧問をつとめる.

bráin trùst 〘《1910》: はじめ *Newsweek* 誌で用いられ一般化した〙 — *n.* 《米》 **1** [B- T-] 頭脳委員会, ブレーントラスト《米国の大統領 F. D. Roosevelt が 1933 年政権をとった際, 要職につけて政治・経済に関する意見を随時聞けるように諮(はか)った学者・専門家グループ》. **2** 専門委員会[顧問団].

bráin trùster *n.* 《米》頭脳委員会の一員.

bráin twìster *n.* =brainteaser.

bráin·wàsh 〘《1955》《逆成》↓〙 *vt.* 洗脳する; 洗脳[説得]して〈ある行動を〉とらせる 〔*into*〕. — *n.* 洗脳 (brainwashing). **~·er** *n.*

bráin·wàshing 〘《1950》《なぞり》← Chin. *hsi nao* (洗脳)〙 — *n.* **1** 洗脳《短期間に旧思想を追放して思想の転向を強制すること; 特に, 共産圏において採用された意識改造の心理学的技法; cf. menticide》. **2** (宣伝・売り込みなどによる)説得: ~ by TV commercials テレビ・コマーシャルによる洗脳.

bráin wàve *n.* **1** [*pl.*] 〘生理〙脳波 (electroencephalogram); 脳波電流. **2** 《口語》突然のすばらしい思いつき, 霊感.

bráin wòrk *n.* **1** 頭脳を使う仕事, 頭のいる仕事, 精神労働. **2** 頭脳の働き.

bráin·wòrker *n.* 頭脳[精神]労働者.

brain·y [bréɪni | -nɪ] 〘《15C》〙 *adj.* (**brain·i·er**; **-i·est**) 《口語》頭のいい, 聡明な. **bráin·i·ness** *n.*

braird [bréəd | bréəd] 〘《15C》← ? OE *brerd* edge, border: cf. brad〙 《英》 *n.* 芽ばえ, 新芽 (fresh shoot). — *vi.* 芽が萌(も)え出る, 新芽が出る (sprout).

braise [bréɪz] 〘《1797》▭ F *brais-er* to stew ← *braise*

glowing charcoal ← Gmc: cf. brazil〙 ── *vt.* 〈肉・野菜を〉(油で軽くいため液体を少量加え密閉したなべに入れて)弱火で煮込む; 蒸し煮にする.

brake¹ [bréɪk] 〘《a1325》《短縮》← BRACKEN〙 *n.* 〘植物〙 大きなシダ類の総称; (特に)ワラビ (*Pteridium aquilinum*) (bracken).

brake² [bréɪk] 〘OE **bracu* (cf. *fearnbraca* beds of fern)《原義》brokenwood: cf. break¹〙 *n.* やぶ, (低木などの)茂み (thicket).

brake³ [bréɪk] 〘《c1350》⊏ MLG *brake* ∥ MDu. *braeke* (Du. *braak*) flax-brake ← *breken* 'to BREAK¹'〙 ── *n.* **1** 麻打ち機. **2** 柳の皮をはぎとる(はさみに似た)道具. **3** (パン屋の)原料こね機. **4** 砕土機 (brake harrow). ── *vt.* 〈麻などを〉(麻打ち機で)砕く, 砕いて繊維を取る.

brake⁴ [bréɪk] 〘《1772–82》《転用》? ↑〙 ── *n.* **1** [しばしば *pl.*] ブレーキ, 制動機, 制動装置; 輪止め: apply [put on] the ~(*s*) ブレーキを掛ける / take off the ~(*s*) ブレーキを放す[ゆるめる] / jam on the ~*s* ⇨ JAM¹ *on.* **2** 進行[活動]の妨げとなるもの, ブレーキとなるもの: put the [a] ~ *on* an inflationary tendency インフレ傾向にブレーキをかける / The snow acted as a ~ *upon* their march. 雪のため彼らの行進が遅れた. **3** (機械を作動させる)取っ手; (ポンプなどの)長い取っ手. **4** =brakeman 2. **5** (rack に類する昔の)拷問道具の一種. ── *vt.* **1 a** …にブレーキ[制動]を掛ける, …のブレーキを操作する: ~ a car. **b** 〈物事〉に歯止め[ブレーキ]を掛ける, 阻止する (curb). **2** …にブレーキ[制動装置]を装備する. ── *vi.* **1** 〈人が〉ブレーキをかける; 〈車などが〉ブレーキで止まる[速度が落ちる]: ~ hard 急ブレーキをかける. **2** 巻き上げエンジンを操作する.

brake⁵ [bréɪk] 〘OE *bræc*〙 *v.* 《古》 break¹ の過去形 (cf. broke).

brake⁶ [bréɪk] *n.* =break².

brake·age [bréɪkɪdʒ] 〘← BRAKE⁴+-AGE〙 *n.* **1** 制動作用; 制動能力. **2** [集合的] 制動装置.

bráke bànd *n.* 〘機械〙 ブレーキ帯, 制動帯.

bráke bèam *n.* 〘機械〙 ブレーキ梁(はり).

bráke blòck *n.* 〘機械〙 ブレーキ片.

bráke cỳlinder *n.* 〘機械〙 ブレーキシリンダー《空気[油圧]ブレーキのブレーキ片に制動力を与えるための空気[油液]シリンダー》.

bráke drùm *n.* 〘機械〙 ブレーキドラム, ブレーキ胴《ブレーキ装置の圧力が直接かかる金属製の円筒》.

bráke flùid *n.* ブレーキ液《油圧ブレーキのブレーキ力の伝達媒体に用いられる油液》.

bráke gèar *n.* (自動車・列車などの)制動装置.

bráke hàndle *n.* (ブレーキを操作する)ブレーキハンドル.

bráke hàrrow *n.* =brake³ 4

bráke hórsepower *n.* 〘機械〙 ブレーキ馬力《摩擦検力器で測定した純馬力; 略 bhp, b.h.p.》.

bráke·less *adj.* ブレーキのない.

bráke·lìght *n.* (自動車の)ブレーキ灯《ブレーキをかけた時に点灯する赤色のテールランプ》.

bráke lìning *n.* 〘機械〙 ブレーキライニング, ブレーキ裏張り《ブレーキに摩擦を生じさせるために石綿などで作る》.

bráke·man [-mən] *n.* (*pl.* **-men** [-mən, -mèn]) 《米》 **1** (列車の)制動手, ブレーキ係; (客車の)車掌助手. **2** (ボブスレーの最後尾に乗る)ブレーキ係.

bráke pìpe *n.* 〘鉄道〙 ブレーキ管, 制動管《列車を貫通して通っている空気ブレーキ用の主管; train line, trainpipe ともいう》.

brák·er¹ 〘← BRAKE⁴+-ER¹〙 *n.* 〘造船〙 覆面 (mask).

brák·er² 〘← BRAKE³+-ER¹〙 *n.* =brake³ 1.

bráke shòe *n.* 〘機械〙 ブレーキ片, 制動沓(くつ).

brákes·man [-mən] 〘← BRAKE⁴+-S²+MAN¹〙 *n.* (*pl.* **-men** [-mən, -mèn]) 《英》 **1** 〘鉱山〙 (立坑坑口での)ウインチ操作係. **2** =brakeman.

bráke sprìng *n.* 〘時計〙 (ぜんまいの末端に取り付けられた)スリッピングアタッチメント《巻き過ぎるとそれが香箱の内周に沿って滑り, ぜんまいを破損から防ぐ; safety spring, slip spring, sliding attachment ともいう》.

bráke vàn *n.* 《英》〘鉄道〙 緩急車, 制動車《ブレーキを操作する装置のある車両》.

bráke whèel *n.* 制動機縦輪.

bra·kie [bréɪki | -kɪ] *n.* 《米俗》 =brakeman.

brak·y [bréɪki | -kɪ] 〘1: ← BRAKE¹. 2: ← BRAKE²〙 *adj.* (**brak·i·er**; **-i·est**) **1** 羊歯(しだ)の多い. **2** 茂みの多い.

brá·less *adj.* ブラジャーをつけない, ノーブラの.

Bram [brǽ(ː)m] 〘⊏ Du. ~ ← ABRAHAM〙 *n.* 男性名. ★ オランダ移民が米国にもたらした.

Bra·ma [brɑ́ːmə] *n.* (*also* **Bram** [brɑ́ːm]) =Brahma¹.

Brám·ah lóck [brǽmə-, brɑ́ː- | brɑ́ː-] 〘《1836》← *Joseph Bramah* (1749–1814: その発明者である英国人)〙 ── *n.* ブラマ錠《鍵の前後方向の運動によって作動する》.

Bra·man·te [brəmɑ́ːnti, -teɪ | -tɪ, -teɪ; *It.* bramánte], **Do·na·to (d'A·gno·lo)** [donáːto dáɲɲolo] *n.* ブラマンテ《1444–1514; イタリアルネサンスの建築家; Michelangelo の競争相手として有名》.

bram·ble [brǽmbl] 〘OE *brǣmbel, brǣmel* ← *brōm* 'BROOM': ⇨ -le¹〙 ── *n.* 〘植物〙 **1** バラ科キイチゴ属 (*Rubus*) の植物の総称; (特に)《英》クロイチゴ (blackberry): ~ jelly. **2** イバラ, 野バラ (wild rose). ── *vi.* 《英》クロイチゴ摘みをする.

bram·bling [brǽmblɪŋ] 〘← ? BRAMBLE + -ING³ 2〙 ── *n.* 〘鳥類〙 アトリ (*Fringilla montifringilla*)《ヨーロッパ・アジア産のスズメ科のズアオアトリ (chaffinch) に近い小鳥; mountain finch ともいう; ⇨ finch》.

bram·bly [brǽmbli | -li] *adj.* (**bram·bli·er**; **-bli·est**) **1** イバラのおい茂った; イバラのような. **2** とげの多い (thorny).

Bram·i·dae [brǽmədìː | -mɪ-] 〘← NL ~ ← *Brama* (属名)+-IDAE〙 *n. pl.* 〘魚類〙 (スズキ目)シマガツオ科.

Bra·min [brɑ́ːmɪn, -mən | -mɪn] *n.* =Brahmin¹.

Bram·ley [brǽmli | -lɪ] 〘← *M. Bramley* (19 世紀の英国の肉屋): その庭で初めてこのリンゴが育ったといわれる〙 ── *n.* 〘園芸〙 ブラムリー《英国のリンゴの品種名; 緑色; Bramley('s) seedling ともいう》.

Brámp·ton stóck [brǽm(p)tən-] 〘← *Brompton* (ロンドン郊外の地名)〙 ── *n.* 〘園芸〙 ブランプトンストック (*Matthiola incana* var. *autumnalis*)《アラセイトウ (stock gillyflower) の園芸品種》.

bran [brǽ(ː)n] 〘《a1325》⊏ OF *bran, bren* ← ? Celt.〙 ── *n.* ぬか, ふすま; もみがら.

bolt to the bran こまかに吟味する, 十分に詮索する.

Bran [brǽ(ː)n] 〘← Ir. *bran* raven〙 ── *n.* **1** 男性名. ★ ウェールズおよびスコットランドの高地に多い. **2** 〘ケルト伝説〙 ブラン《ウェールズの神話的英雄で, 海神 Lir の息子といわれる》.

branch [brǽntʃ | brɑ́ːntʃ] 〘《c1300》⊏ (O)F *branche* < LL *brancam* paw ← ?〙 ── *n.* **1** 枝 (cf. bough, twig¹, sprig, shoot¹; stock², trunk): The highest ~ is not the safest roost. 《諺》一番高い枝が一番安全なとまり木ではない, 「喬木(きょうぼく)風強し, 高木は風にねたまれる」. **2 a** 枝に分れたもの, 分枝 (offshoot): the ~*es* of an antler 鹿の角の枝. **b** わき道; 支線 (branch line). **c** 支流; 《米南部・中部》小流, 細流. **d** (山の)支脈, 支系. **3 a** 分家 (branch family). **b** 支店, 分店, 出店; 分館; 支部, 支局, 出張所 (branch office). **4** 部門, 分課, 分科 (subdivision): a ~ of learning [knowledge] 学問の一部門 / a ~ of legislature 立法府の一部門 / a ~ of study 一学科. **5** (消防士の使う)ホースの口. **6** 〘言語〙 (言語分類の)語派 (group). **7** 〘電算機〙 分岐《計算機のプログラムの流れを変更すること》. **8** 〘海事〙 限定水域パイロット[水先案内人]免許証[許可証]. **9** 〘数学〙 枝(えだ), 分枝《たとえば双曲線のように, 曲線が幾つかの部分に分離しているとき, そのおのおのの部分》.

root and branch ⇨ root¹ *n.* 成句.

── *vi.* **1** 〈木が〉枝を出す, 枝を広げる, 枝に分かれる 〈*forth, out*〉. **2** 〈川・道・尾根などが〉分岐する (fork) 〈*off, away*〉; 分岐して〔…に〕なる 〔*into*〕: a lane that ~*es off from* the main road 本道から分岐した小道. **3** 〔…から〕自然に生じる 〔*from*〕. **4** 〘電算機〙 分岐する (⇨ jump *vi.* 10). ── *vt.* **1** 〔枝・部門などに〕分ける 〔*into*〕. **2** …に花や枝葉の模様を刺繍する.

branch off (1) ⇨ *vi.* 2. (2) 〈人・心・車などが〉(…から)わき道に入る, わきにそれる. ***branch out*** (1) ⇨ *vi.* 1. (2) 〈人・会社が〉事業を拡張する; 〈事業などが〉拡大される; 非常に活発になる: ~ *out into* textiles 繊維の方面にも商売の手を広げる. (3) 〈話が〉枝葉にはいる, 多岐にわたる.

~·less *adj.* **~·lìke** *adj.*

bránch circuit *n.* 〘電気〙 分岐回路.

bránch cùt *n.* 〘数学〙 分岐線法《複素多価関数を一価関数にして考察する方法》.

branched *adj.* 枝のある; 分岐した.

bránched cháin *n.* 〘化学〙 枝分れ鎖《枝分れした炭素鎖; cf. straight chain》.

bránch gàp *n.* 〘植物〙 枝隙(しげき)《茎から枝に行く維管束が分かれたあとにできる空隙》.

bran·chi- [brǽŋki | -kɪ] (母音の前に来る時の) branchio- の異形.

bran·chi·a [brǽŋkiə | -kɪə] 〘⊏ L ~ (sing.) ⊏ Gk *brágkhia*: ⇨ branchio-〙 *n.* (*pl.* **-chi·ae** [-kiìː]) 〘動物〙 鰓(えら) (gill).

bran·chi·al [brǽŋkiəl | -kɪ-] *adj.* 鰓(えら)の(ような).

bránchial árch *n.* 〘動物〙 鰓弓(さいきゅう), 鰓弧, 鰓弓(えらゆみ)《脊椎動物の個体発生で, 尾芽期あるいはそれに相当する頃, 咽頭に現れる鰓孔(さいこう)の間にある軟骨; gill arch ともいう》.

bránchial cléft *n.* 〘動物〙 鰓孔(さいこう), 鰓裂, 鰓(えら)穴《gill slit ともいう》.

bránchial gróove *n.* 〘生物〙 鰓溝(さいこう).

bránchial héart *n.* 〘動物〙 鰓(えら)心臓《イカ・タコなど頭足類の鰓の基部にある膨大部で, 鰓の中に静脈血を送り込む》.

bran·chi·ate [brǽŋkiət, -kiɪt, -kièɪt | -kièɪt, -kɪət, -kɪɪt] *adj.* 鰓(えら)のある.

bran·chif·er·ous [bræŋkíf(ə)rəs] *adj.* 鰓(えら)を生じる, 鰓のある.

bran·chi·form [brǽŋkəfɔ̀ːm | -kɪfɔ̀ːm] *adj.* 鰓(えら)状の.

bránch·ing *n.* 分岐, 分枝. ── *adj.* 枝を出した, 分岐した.

bránching fàctor *n.* 〘生化学〙 分枝因子《多糖類の分枝(1-6 結合)をする酵素を含むもの》.

branch·i·o- [brǽŋkiou | -kɪə(ʊ)] 〘← L *branchiae* gills ⊏ Gk *brágkhia*: cf. Gk *brógkhos* tracheal artery〙 ──「鰓(えら) (gill)」の意の連結形. ★ 母音の前では通例 branchi- になる.

bran·chi·op·neu·stic [brӕŋkiɑpn(j)úːstɪk, -kiəp- | -kɪɔpnjúːs-] *adj.* 〘昆虫〙 〈水生昆虫の幼生が〉鰓(えら)呼吸の.

bran·chi·o·pod [brǽŋkiəpɑ̀d | -kɪəpɔ̀d] 〘《1826》← BRANCHIO-+-POD¹〙 〘動物〙 *n.* 鰓脚(さいきゃく)亜綱の下等甲殻類. ── *adj.* =branchiopodous.

Bran·chi·op·o·da [brӕŋkiɑ́pədə | -kɪɔ́p-] 〘← NL ~: ⇨ branchio-, -poda〙 *n. pl.* 〘動物〙 鰓脚(さいきゃく)亜綱.

bran·chi·op·o·dan [brӕŋkiɑ́pədən | -kɪɔ́p-] *adj.* 〘動物〙 =branchiopodous.

bran·chi·op·o·dous [brӕŋkiɑ́pədəs | -kɪɔ́p-] *adj.* 〘動物〙 鰓脚(さいきゃく)亜綱の.

bran·chi·os·te·gal [brӕŋkiɑ́stɪgəl, -tə- | -kɪɔ́stɪ-] 〘← BRANCHIO-+STEGO-+-AL¹〙 〘魚類〙 ── *n.* 鰓皮幅(さいひふく)《硬骨魚の鰓蓋(えらぶた)に続く膜に並ぶ骨; branchiostegal ray ともいう》. ── *adj.* 鰓皮幅の[に関する].

Bran·chi·o·steg·i·dae [brӕŋkio(ʊ)stédʒədìː | -kɪə(ʊ)stédʒɪ-] 〘← NL ~ ← *Branchiostegus* (属名: ⇨ branchio-, stego-)+-IDAE〙 ── *n. pl.* 〘魚類〙 (スズキ目)アマダイ科.

bran·chi·os·te·gous [brӕŋkiɑ́stəgəs | -kɪɔ́stɪ-] *adj.* 〘魚類〙 **1** =branchiostegal. **2** 鰓蓋(えらぶた)のある.

Bran·chi·u·ra [brӕŋkijúː(ə)rə | -kɪjúərə] 〘← NL ~: ⇨ branchio-, -ure〙 *n. pl.* 〘動物〙 鰓尾(さいび)目《魚類に一時的に寄生する下等甲殻類》.

branch·let [brǽntʃlɪt, -lət | brɑ́ːntʃ-] 〘《15C》〙 *n.* (末端につく)小枝.

bránch lìne *n.* 〘鉄道〙 支線, (分)岐線 (cf. main line 1).

bránch òffice *n.* =branch 3 b (cf. head office).

bránch pòint *n.* **1** 〘電気〙 分岐点, 引出し点. **2** 〘数学〙 分岐点《曲線が分岐する点, リーマン面が分岐する点》.

bránch tràce *n.* 〘植物〙 枝跡《茎から分かれて枝にはいる維管束; cf. leaf trace》.

bránch wàter *n.* 《米》 **1** 小川(など)の水, (川からの)引き水. **2** (ウイスキーなどを割る)普通の水, プレーンウォーター.

branch·y [brǽntʃi | brɑ́ːntʃi] 〘ME〙 *adj.* (**branch·i·er**; **-i·est**) 枝の多い; 枝になった; 枝におおわれた: a ~ bower 枝がからみ合ってできた木陰の休み場.

Bran·cu·şi [brɑːŋkúːsi | -si; *Rum.* brəŋkúʃj], **Con·stan·tin** [konstantín] *n.* ブランクーシ《1876–1957; ルーマニアの抽象彫刻家》.

brand [brǽ(ː)nd] 〘OE ~ 'fire, 《詩》 sword' < Gmc **brandaz* (G *Brand* / ON *brandr* flame, swordblade) ← **bran-, *bren-* 'to BURN²'〙 ── *n.* **1** 燃え木, 燃えさし; 燃え火. **2** (昔罪人に押した)焼印, 焼鉄の跡; 烙印(らくいん), 汚名 (stigma): the ~ of villainy 罪人の極印(ごくいん) / the ~ of Cain カインの烙印《殺人の罪; cf. *Gen.* 4:15》/ the ~ of poverty 貧乏の烙印. **3 a** (品質・内容・製造所・所有者などを示すために家畜・商品などに付けた)焼印, 焼判. **b** 《米》 同じ焼印をつけた[同じ農場の]家畜群. **4 a** 銘柄, ブランド; 商標, …印(じるし); (商標付きの)品質, 品種 (kind): the Boyd ~ ボイド印《ボイド社の製品またはボイドという名の付いた製品》/ cigars of the best ~*s* 最上等の(各種の)葉巻 / a famous ~ of wine 有名なブランドのぶどう酒. **b** (特別な)種類 (variety): a ~ of nonsense 一種特有のたわごと. **5** 焼印を押す道具, 焼きごて. **6** 《古・詩》 たいまつ (torch). **7** 《詩・古》 **a** 刀の刃. **b** 刀, 剣 (sword). **8** 〘植物病理〙 (葉を焼いたような症状を起こさせる)さび病菌.

a brand (***plucked*** [***saved, snatched***]) ***from the burning*** [***the fire***] 危いところを救われた人[物]; 改宗者 (cf. *Zech.* 3:2).

── *vt.* **1 a** 〈家畜・罪人〉に焼印を押す: ~ a criminal / ~ cattle. **b** …に商標を付ける. **2** [目的補語を伴って]〈人などを〉…ときめつける; …に(…の)極印を押す〔*as*〕: They have ~*ed* him (*as*) an impostor. 彼に詐欺師の極印を押した. **3** …に〔汚名を〕きせる, 〔汚名で〕汚す (stigmatize)〔*with*〕: ~ one's name *with* infamy 醜行で名を汚す. **4** 〈いやな経験が〉〈心〉に痕跡を残す; 〔記憶に〕〈事実・出来事などを〉焼きつける, 〔心に〕刻みつける (impress)〔*on, upon*〕: The war has ~*ed* an unforgettable lesson *on* [*upon*] our minds. 戦争は我々の心に忘れることのできない教訓を焼きつけた.

Brand [brǽ(ː)nd] 〘← ON *brand-r* 'sword, BRAND'〙 *n.* 男性名.

bránd blòtter *n.* 《米俗》 (焼印を消して家畜を盗む)家畜泥棒.

Bran·deis [brǽndaɪs, -daɪz], **Louis Dembitz** [démbɪts] *n.* (1856–1941) 米国の弁護士・裁判官; 最高裁判事 (1916–39).

Bran·den·burg [brǽndənbə̀ːg | -bə̀ːg; *G.* brándn̩bʊrk] *n.* **1** ブランデンブルク(州)《もとプロイセンの一地方で, 東ドイツ北部の州; 1952 年から Potsdam, Cottbus, Frankfurt の地方に分割された; 面積 26,940 km², 首都 Potsdam》. **2** ブランデンブルク《同州の Havel 河畔の都市; 人口 94,000; Brandenburg an der Havel [an dɐ háːfəl] ともいう》.

Brándenburg gàte 〘《部分訳》← G *Brandenburger Tor*〙 *n.* [the ~] ブランデンブルク門《東西 Berlin の境界にある凱旋門》.

bránd·er *n.* 焼印を押す人; 焼印押し器.

Bran·des [brɑ́ːndəs; *Dan.* brándəs], **Georg Morris** [mɔ́ris] *n.* ブランデス《1842–1927; デンマークの文芸批評家; *Main Currents of Nineteenth Century Literature* (1872–90); 旧姓 Cohen》.

brán·died *adj.* ブランデーに浸した[を入れた, で風味を付けた]: ~ cherries ブランデーに漬けたさくらんぼ.

bránd·ing ìron *n.* 焼金, 焼きごて.

bránd iron 〖OE *brand-īren*〗 *n.* **1** ＝branding iron. **2**〘方言〙鉄灸(ぐし) (gridiron); (炉の)薪のせ台 (andiron); 五徳(ごとく) (trivet).

bran·dish [brǽndɪʃ] 〖(*c*1340) *braundische(n)* ▭ (O)F *brandiss-* (stem) ← *brandir* to wave a sword ← *brand* sword ▭ ? Gmc **brandaz* ' BRAND ' : ⇨ -ish²〗 ── *vt.* **1**〈刀剣・棍棒・むちなどを〉打ち振る, 振り回す,〈槍(やり)を〉しごく, ふるう (flourish). **2** 見せびらかす. ── *n.* (刀剣・むちなどを)振り回すこと. **~·er** *n.*

brand·ling [brǽndlɪŋ] 〖← BRAND＋-LING¹: 真赤な縞(しま)にちなむ〗 ── *n.* **1**〘動物〙シマミミズ (*Eisenia foetida*)《堆肥の中にいる; 釣餌に用いる》. **2**〘魚類〙サケの稚魚 (parr).

bránd-náme *adj.* (有名な)商標名のついた, (名の通った)メーカーの: a ~ item メーカー品.

bránd nàme *n.* 商標名 (trade name); 有名な商標名.

brand-new [brǽn(d)n(j)úː | -njúː] 〖(*c*1570)《原義》as if fresh from the furnace〗 *adj.* 真新しい; (最近)手に入れた[出来た]ばかりの.

Bran·don [brǽndən] 〖← OE *brōm-dūn*《原義》broom hill: ⇨ broom, down¹: 地名に由来する家族名から〗 *n.* 男性名.

bran·dreth [brǽndrɪθ, -drəθ] 〖(1360) ▭ ON *brandreið* fire-grate ← *brandr* ' BRAND ' + *reið* wagon (← *rīða* ' to RIDE '): cf. OE *brandrād*〗 ── *n.* (*also* **bran·drith** [-drɪθ, -drəθ | -drɪθ]) 五徳(ごとく) (iron trivet); (樽や乾草などをかける)三脚うま; 井戸の周囲の柵(さく).

Brandt [bráːnt, brǽnt; *G.* bránt], **Wil·ly** [víli] *n.* ブラント《1913–　; 西ドイツの政治家, 西ベルリン市長 (1957–66)・首相 (1969–74); Nobel 平和賞 (1971); 本名 Karl Herbert Frahm [fráːm]》.

bran·dy [brǽndi | -dɪ] 〖(1657)《略》←《古》*brandy-wine* ▭ Du. *brandewijn* burnt wine ← *branden* ' to BURN², distill ' + *wijn* ' WINE '〗 ── *n.* **1**《ぶどう酒・果実酒を蒸留した酒; ぶどう酒から造った上等のブランデーとして cognac, armagnac, 果実酒から造ったものとして calvados, kirsch, quetsch, slivovitz などがある》. **2** ブランデー一杯: (a) ~ and water 水で割ったブランデー(一杯). ── *vt.* **1** …にブランデーを混ぜる[で香味を付ける]; ブランデーに漬ける. **2**〈人〉にブランデーを与える[出す]; ブランデーで元気づける. 「割ったブランデー」.

brándy-and-sóda *n.* ブランデーソーダ《炭酸水で

brándy·bàll *n.*《英》ブランデーボンボン《ブランデーで香り付けしたキャンディ》.

brándy mìnt *n.*〘植物〙＝peppermint 1.

brándy snàp *n.* ブランデースナップ《ブランデーの香味を付けたしょうが入りクッキー》.

Bran·dy·wine [brǽndiwàɪn | -dɪ-] 〖初期の開拓者 *Andrew Braindwine* にちなむ ?〗 ── *n.* [the ~] 米国 Pennsylvania 州南東部及び Delaware 州北部の小川; G. Washington の米軍が Howe 将軍の率いる英軍に破れた (1777).

branks [brǽŋks] 〖(1595)《変形》← ? *bernaks* (pl.) ← ME *bernak* bridle ▭ OF *bernac*: ⇨ barnacle¹〗 ── *n. pl.* (昔, 英国で口やかましい女に罰として顔にかぶせたさるぐつわ付きで鉄製の)くつわ《(scold's) bridle ともいう》.

branks

brank·ur·sine [brӕŋkə́ːsɪn | -kɔ́ːsɪn] *n.*〘植物〙＝bear's-breech.

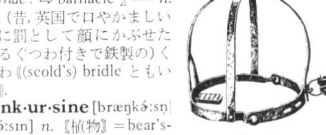

bran·le [brǽnl, bráːnl; *F.* brɑ̃ːl] 〖▭ F ~ ← *branler* to shake ← *brandir* ' to BRANDISH '〗 ── *n.* **1** ブランル《16–17 世紀フランスの宮廷舞踊; 歌を伴う活発な輪舞》. **2** ブランル舞曲.

bran-new [brǽnn(j)úː | -njúː] *adj.* ＝brand-new.

bran·ni·gan [brǽnɪgən, -nə- | -nɪ-] 〖← ? *Brannigan* (人名)《原義》descendant of a raven ← OIr. *bran* raven: cf. Bran〗 ── *n.*《米俗》**1** 酒盛, ばか[浮かれ]騒ぎ (drinking spree): on a ~. **2** 意見の相違; 荒々しい口論 (brawl).

bran·ny [brǽni | -nɪ] 〖(15C)〗 *adj.* (**bran·ni·er; -ni·est**) ぬか[ふすま]のような, ぬか[ふすま]のはいった.

brán píe 〖cf. bran〗 *n.* (宝捜しの)福おけ《ふすまをおけに盛ってその中に景品を隠して置き, 子供につかみ取りさせるもの; cf. grab bag 1》.

Bran·stock [bráːnstɑ̀k | -stɔ̀k] 〖← ON *brandr* sword + *stokkr* ' STOCK² '〗 *n.*〘北欧伝説〙(*Volsunga Saga* で) Volsung の家のオークの木《旅人に化けた Odin がその木に剣 Gram を突き刺すが, それを Sigmund だけが抜き取ることができる》.

brant [brǽnt] 〖(《変形》← BRAND: そのこげたような色から ?〗 *n.* (*pl.* **~, ~s**)《米》〘鳥類〙コクガン (*Branta bernicla*)《日本にも渡って来る》.

Brant [bráːnt], **Joseph** *n.* (1742–1807) 米国独立戦争の時英軍に加担して米植民軍と戦った Mohawk インディアンの酋長; Mohawk 語名 Thayendanegea [θəjèndənéɪdʒiə | -dʒɪə].

bránt góose 〖cf. G *Brandgans*〗 *n.*〘鳥類〙＝brant.

Bran·ting [brǽntɪŋ | -tɪŋ; *Swed.* brántiŋ], **Karl Hjalmar** [jálmar] *n.* ブランチング《1860–1925; スウェーデンの政治家, 首相; Nobel 平和賞 (1921)》.

Bran·wen [brǽnwen] 〖▭ Welsh ~《原義》beautiful raven: cf. Bran〗 *n.* 男性名.

brán túb *n.*《英》＝bran pie.

Braque [brǽk, bráːk | bráːk, brǽk; *F.* brak], **Georges** *n.* ブラック《1881–1963; フランスの画家, Picasso と共に立体派の先駆者》.

brash¹ [brǽʃ] 〖(*c*1400) ▭ ? (O)F *brèche* breach: cf. OE *broc*〗 ── *n.* **1 a** (岩石の)破片. **b** (風や海流で海岸に寄せられた)砕氷《brash ice ともいう》. **c** (植木の手入れなどで出る)枝くず. **2**《英方言》おくび (eructation). **3**《方言》にわか雨 (shower). **4**《スコット・英方言》**a** 強襲, 攻撃. **b** (病気の)発作.

brash² [brǽʃ] 〖(1566)《混成》? ← BREAK¹ + RASH²〗 ── *adj.* (**~·er; ~·est**) **1**《口語》性急な, 軽率な; 怒りっぽい. **2 a** 傲慢な, 横柄な, 生意気な (saucy). **b** 押しの強い, 断定的な (assertive). **3** 〖← BRASH¹〗〈木材が〉折れやすい, もろい (brittle): ~ wood. **4** あらい, がさつな (rough); 鈍感な, 感受性の鈍い (insensitive); へまな, 機転のきかない (tactless). **5**〈音など〉不快な, 耳ざわりな. **6**《米》活発な, 敏活な. **7** けばけばしい (flashy). **~·ly** *adv.* **~·ness** *n.*

brash·y¹ [brǽʃi | -ʃɪ] 〖← BRASH² + -Y⁴〗 *adj.* (**brash·i·er; -i·est**) もろい, 折れやすい (brash).

brash·y² [brǽʃi | -ʃɪ] 〖← BRASH¹ 3 + -Y⁴〗 *adj.* (**brash·i·er; -i·est**)《スコット》にわか雨の多い (showery).

bra·sier [bréɪʒə, -ziə | bréɪzjə(r, -ziə(r, -ʒɪə(r, -ʒə(r] *n.* ＝brazier¹·².

bra·sil [brəzíl] *n.* ＝brazil.

Bra·sil [*Braz.* brazíl] *n.* Brazil のポルトガル語名.

bra·sil·e·in [brəzíliɪn, -liən | -lɪɪn] *n.*〘化学〙＝brazilein.

Bra·sí·lia [brəzíljə, -zíːl- | -zíl-; *Braz.* brazílja] *n.* ブラジリア《ブラジル中東部にある同国の首都; 1960 年に Rio de Janeiro より遷都; 人口 764,000》.

bras·i·lin [brǽzəlɪn, -lən | brǽzəlɪn, brəzíl-] *n.*〘化学〙＝brazilin. 「スリップ」.

brá·slip 〖← BRA + SLIP¹〗 *n.*《米俗》ブラジャー付き

Bra·șov [brɑːʃɔ́(ː)v | -ʃɔ́v; *Rum.* braʃóv] *n.* ブラショフ《ルーマニア中部の都市; 人口 258,000; 旧名 Stalin (1950–60), ドイツ語名 Kronstadt》.

brass [brǽs | bráːs] 〖OE *bræs* ← ? Sem. (cf. L *ferrum* iron): cf. OFris. *bres* copper / MLG *bras* metal〗 ── *n.* **1** 真鍮, 黄銅(おうどう)《銅と亜鉛との合金; 昔は銅とスズ・亜鉛またはその他の卑金属との合金の総称》: (as) bold as ~ とても厚かましい[く], 実にずうずうしい[く]; とても大胆な[に], いやに自信満々で[と]. **2 a** [通例 *pl.*] 真鍮製飾り, 真鍮製品《戸のノブ・燭台・装飾馬具 (horse brass) など》. **b** [しばしば *pl.*] (中世の英国・フランス・ドイツなどで, 死者の肖像・紋章などを刻み教会の壁や敷石にはめ込んだ)真鍮[ラッテン] (latten)]記念牌(はい), ブラース (monumental brass): ⇨ brass rubbing. **3** [集合的] **a** 金管楽器, ブラス《trumpet や horn の類》. **b** [the ~*es*] (管弦楽団の)金管楽器部 (cf. reed¹ 5 c, wind¹ 13). **4** [集合的にも用いて] (発砲ずみの)空の薬莢. **5**《口語》鉄面皮, ずうずうしさ (impudence) (cf. *n.* 1, brassy *adj.* 5): have the ~ to do ずうずうしくも…する. **6** [the ~; 集合的]《口語》将校, (特に, 陸軍・空軍の)高級将校(連) (cf. braid 1 c); 高級官僚, 高官; (会社などの)トップ, (財界の)大物 (brass hats): *the medical* ~ 医学界の大家連 / *the* top [big] ~ トップクラスの高級将校[官僚]. **7** 真鍮色, 黄銅色. **8**《俗》**a**《米古・英》金 (money); 現金 (cash): plenty of ~. **b**《英》売春婦. **9**〘機械〙軸受金. **10**〘製本〙金版(かなはん)《製本で箔押しに使う凸版》.

a sounding brass or a tinkling cymbal ほら吹き (braggart) (cf. *1 Cor.* 13. 1). ***double in brass***《米俗》(1)〈楽士が〉本職とするもの以外に他の(金管)楽器を奏することができる (cf. double *vi.* 4b). (2) 本職[専門]のかたわら他の仕事をする, 兼任する; 兼用される: The teacher *doubled in* ~ *as* librarian. その先生は司書を兼任した.

brass and braid《米俗》[集合的](陸海空軍の)将校; (特に)高級将校(連) (cf. 6).

── *adj.* **1** 真鍮(製)の; 真鍮色の: a ~ bar [pipe] 真鍮棒[管] / a ~ farthing びた一文 (⇨ farthing 2) / a ~ foil 真鍮箔 / a ~ plate 真鍮板, 真鍮標札[表札] / a ~ sheet 真鍮薄板 / a ~ wire 真鍮線. **2 a** 金管楽器の. **b** 響き渡る (resonant).

── *vt.* **1** …に真鍮をきせる. **2**《英俗》〈金を〉支払う (pay) 〈*up*〉. ── *vi.*《英俗》金を支払う 〈*up*〉.

brassed off ＝browned-off.

bras·sage [brǽsɪdʒ, bræsáːʒ | brǽsɪdʒ; *F.* brasaːʒ] 〖(1806) ▭ F ~ ← *brasser* to stir (welded metal) ← L *bracē* white corn ← Celt.〗 ── *n.* 貨幣の含有金属の原価と額面の差額《昔はこれを造幣官が収受した》.

bras·sard [brəsáəd, brǽsɑəd | brǽsɑːd, ─ ⌐] 〖(1830) ▭ F ~ ← *bras* arm: ⇨ -ard〗 ── *n.* (*also* **bras·sart** [brəsáət, brǽsɑət | brǽsɑːt, ─ ⌐]) **1** (憲兵・審判員などが左腕に巻く)腕章. **2**〘甲冑〙腕甲(わんこう)《腕を保護するよろいの一部》. 「り成る」.

bráss bánd *n.* ブラスバンド《金管楽器と打楽器よ

bráss·bòund *adj.* **1**〈トランク・たんすなど〉真鍮・ブロンズなどで補強した[飾った], たわまなくした枠[補強材]のついた: a ~ trunk. **2 a** 因習的な, 頑固な, 妥協しない, 硬直した; 厳格な, 融通のきかない (inflexible): a ~ set of rules. **b** 出しゃばりの, 厚かましい, 生意気な (brazen): a man of ~ nerve.

bráss·bóund·er 〖制服の金色のへり取 (binding) にちなむ〗 *n.*《英海俗》海軍少尉候補生 (midshipman); 商船実習生 (cadet).

bráss-cóllar *adj.*《米》いつも(ある政党)の公認候補者全部に投票する.

bras·se·rie [bræ̀səríː | brǽsərɪ; *F.* brasri] 〖(1864) ▭ F ~ ' brewery ': ⇨ brassage, -ery〗 *n.* (*pl.* **~s** [~z; *F.* ~]) (通例食事もできる)ビール店, ビヤホール.

brass·ey [brǽsi | bráːsɪ] *n.*〘ゴルフ〙＝brassie.

bráss hát 〖帽子の金モールから; cf. tin hat〗 *n.* **1**《俗》「金ぴか帽」,「べた金」, 高級将校, 将官, 将星. **2** 高級官僚, 高官; (会社などの)トップ, (財界の)大物.

bras·si·ca [brǽsɪkə, -sə- | -sɪ-] 〖← NL ~ ← L ~ ' cabbage '〗 ── *n.*〘植物〙**1** [B-] アブラナ属《アブラナ科の一属》. **2** アブラナ属の植物の総称《カブ (turnip), ハクサイ (Chinese cabbage) など》.

Bras·si·ca·ce·ae [bræ̀səkéɪsiː | brӕsɪ-] 〖← NL ~: ⇨ ↑, -aceae〗 *n. pl.*〘植物〙アブラナ科. **bràs·si·cá·ceous** [-ʃəs] *adj.*

brass·ie [brǽsi | bráːsɪ] 〖← BRASS + -IE〗 *n.*〘ゴルフ〙ブラッシー《真鍮板を底にかぶせたクラブの一つ; number two wood ともいう》.

bras·sière [brəzíə | brǽsɪə(r, -sjə(r, -zɪə(r, -zjə(r] 〖(1911) ▭ F ~ ' little camisole ' ← *bras* arm < L *brachium*: ⇨ brace〗 *n.* (下着・水着などの)ブラジャー.

bráss·i·ly [-sɪli, -sə- | -lɪ] *adv.* **1** 真鍮のように. **2** 厚かましくも, 鉄面皮にも.

bras·sin [brǽsɪn, -sən | -sɪn] 〖← NL *Brassica* (⇨ brassica) + -IN¹: アブラナの花粉から抽出されたのにちなむ〗 ── *n.*〘植物〙ブラシン《植物細胞の分裂・伸長・拡大を促進する植物ホルモンの一種》. 「ましさ」.

bráss·i·ness *n.* **1** 真鍮質; 真鍮色. **2** 鉄面皮, 厚か

bráss ìnstrument *n.* **1** 金管楽器《ホルン・トランペットなど》. **2** [the ~s] **a** 金管楽器類. **b** (オーケストラの)金管楽器部.

bráss knúckles *n. pl.* [単数または複数扱い]《米》＝knuckle-duster.

bráss-mónkey *adj.*《英俗》ひどく寒い: ~ weather.

bráss pláte *n.* 真鍮製の標札[看板]. 「ぎれ, ウエス」.

bráss rágs *n. pl.*《英》(船で使う)真鍮みがきのぼろ

part brass rags 〖親しい仲の水兵たちは真鍮みがきのぼろぎれを共用することから〗《英俗》〈親友同士が〉仲たがいする; (…と)絶交する, けんかする 〈*with*〉.

bráss-rùbbing *n.* 墓像を拓本に取ること, 墓像の拓本 (cf. brass 2 b).

bráss tácks *n. pl.*《口語》肝心の要点, 核心, (直接関係のある)実際問題. ★ 主に次の成句で:

get* [*come*] *down to brass tacks (枝葉末節なことはやめて)要点を語る, 当面の問題を取り上げる.

bráss-vísaged *adj.* 面の皮の厚い, 鉄面皮の.

bráss·wàre *n.* 真鍮製器具.

bráss·wínd [-wínd] *adj.* 金管楽器の.

bráss wínd [-wínd] *n.* **1 a** 金管楽器 (cf. wind instrument). **b** [集合的]金管楽器類. **2** [the ~s] (オーケストラの)金管楽器部 (the brasses).

brass·y [brǽsi | bráːsɪ] 〖← BRASS + -Y⁴〗 ── *adj.* (**brass·i·er; -i·est**) **1** 真鍮製の; 真鍮でおおった. **2** 真鍮質[性]の. **3** 真鍮色の. **4**〈趣味など〉真鍮を連想させるような)安っぽい, 俗悪で低級な, 低劣な; 見掛け倒しの, 虚飾的な (pretentious). **5** 厚かましい, 鉄面皮の (brazen) (cf. brass *n.* 4). **6 a** (真鍮をたたいたような)いやな金属音の. **b** 騒々しい, やかましい (noisy). ── *n.*〘ゴルフ〙＝brassie.

brat¹ [brǽt] 〖(*c*1505) ? ↓: cf. girl〗 *n.* [通例軽蔑的に] ちび, 小僧, がき.

brat² [brǽt] 〖OE *batt* cloak ▭ OIr. *bratt* (Gael. *brat* cloak, rag)〗 ── *n.* **1**《英方言》**a** 衣服 (clothing). **b** 目のあらい外衣. **c** 仕事着. **2**《スコット》(煮た牛乳やかゆなどの上にできる)薄皮 (scum).

bra·ti·na [brətíːnə; *Russ.* bratjínə] 〖▭ Russ. ~ ← *brat* brother〗 *n.* (酒宴で睦(むつ)みの杯として用いられた)古代ロシヤの大酒杯.

Bra·ti·sla·va [brӕtəsláːvə, brɑ̀ː- | brӕtɪs-; *Czech* brátjislava] *n.* ブラチスラバ《チェコスロバキア南部, Danube 川に沿う都市, ハンガリーの旧首都 (1541–1784); 人口 346,000》.

Brat·tain [brǽtn], **Walter Houser** *n.* (1902–　) 米国の物理学者; Nobel 物理学賞 (1956).

brat·tice [brǽtɪs, -təs, -tɪʃ | -tɪs] 〖(*c*1300) *bretage* parapet ▭ AF *breteske* ＝OF *bretesche* (F *bretèche*) ▭ ML (*turris*) *brittisca* British (tower) ▭ ? OE *brittisc* ' BRITISH, i.e. foreign ': cf. G *Brettboard*〗 ── *n.* **1 a** (通気のため坑道に設ける)仕切り. **b** (機械類を囲む)板張り. **2** 木造胸墻(きょうしょう)《中世の城館に設けられた木造の一時的防御塔や胸壁》. **3** (鉱山の仕切りに使われる)麻布, 黄麻布. ── *vt.* …に仕切り[張出し]を作る 〈*up*〉.

brát·tish [-tɪʃ | -tɪʃ] *adj.* ちびの, がきのような.

brat·tish·ing [brǽtɪʃɪŋ, -təʃ- | -tɪʃ-] 〖《転訛》← *bratticing*: ⇨ brottice〗 *n.*〘建築〙《ゴシック様式の間仕切りやパラペットの頂部にある装飾的な)透かし彫り.

brat·tle [brǽtl | -tl] 〖擬音語〗 *n., vi.* がたがた[がちゃがちゃ, がらがら, ばたばた]する音(を出す).

brat·ty [brǽti | -tɪ] *adj.* (**brat·ti·er; -ti·est**) ＝brattish. **brát·ti·ness** *n.*

brat·wurst [brǽtwəːst, -wʊəst | bráːtwəːst, -wʊəst; *G.* bráːtvʊrst] 〖▭ G ~ ← *braten* to roast + *Wurst* sausage〗 ── *n.* ブラートヴルスト《生のポークソーセージ; ゆがくか炒めて食べる》.

Brau·haus [bráuhàus] 〖▭ G *Bräuhaus* ← *Bräu* beer, brewery + *Haus* ' HOUSE '〗 ── *G. n.* (*pl.* **-häu·ser**

[-hɔ̀ɪzə | -zə(r; *G.* -hɔ̀ʏzʁ)] 居酒屋 (tavern); (ビール)醸造所 (brewery).

Braun [bráʊn; *G.* bráʊn], **Karl Ferdinand** *n.* ブラウン《1850–1918; ドイツの物理学者, 初めて陰極線管を作った; 無線電信の発明に貢献; Nobel 物理学賞 (1909); cf. Braun tube》.

Braun, Wern·her [vέrnhεr] **von** *n.* ブラウン《1912–77; ドイツ生れの米国の航空工学者; 第二次大戦中に V-2 号を製造し, 戦後は渡米してロケット・人工衛星の研究・開発にあたった》.

braun·ite [bráʊnaɪt] 〖← *A. E. Braun* (1809–56: ドイツの考古学者・医師): ⇨ -ite¹〗 *n.* 〖鉱物〗ブラウン鉱, 褐マンガン鉱 ((Mn·Si)$_2$O$_3$).

Braun·schweig [*G.* bráʊnʃvaɪk] *n.* ブラウンシュワイク《Brunswick のドイツ語名》.

braun·schwei·ger [bráʊnʃwàɪgə, -ʃvàɪ-, -swàɪ- | -gə(r; *G.* bráʊnʃvàɪgɐ] 〖□G *Braunschweiger* (*Wurst*) Brunswick (sausage)〗 ── *n.* ブラウンシュワイクソーセージ《燻製のレバーソーセージ》.

Bráun tùbe 〖← *K. F. Braun* (考案者)〗 *n.* 〖電子工学〗ブラウン管 (⇨ cathode-ray tube).

Brau·ti·gan [brɔ́ːṭɪgən, -ṭə- | -tɪ-], **Richard** *n.* (1935–) 米国の小説家; *Trout Fishing in America* (1967).

bra·va [bráːvaː, ─ ─́ | brɑːváː, ─ ─́; *It.* bráːva] 〖□It ～ (fem.) ← *bravo* 'BRAVO²'〗 *int.* ブラーボー《女性に対して用いる称賛の言葉》.

bra·va·do [brəváːdoʊ | -dəʊ] 〖□Sp. *bravada* □It. *bravata* ← *bravo* 'BRAVE'〗 ── *n.* (*pl.* ～**es**, ～**s**) 虚勢,強がり, (向こう見ずの)勇み肌, から威張り: with ～ 虚勢を張って. ── *vi.* 虚勢を張る.

Brá·vais láttice [brǽveɪ-, brəvéɪ, bræ-; *F.* bravɛ-] 〖← *Auguste Bravais* (1811–63: これを発見したフランスの物理学者)〗 ── *n.* 〖結晶・物理化学〗ブラベ格子《1850 年に A. Bravais によって提出された 14 種の空間格子 (space lattice) の総称》.

brave [bréɪv] 〖《1485》□F ～ □It. *bravo* brave, bold, fine < ? VL **brabum*＝L *barbarus* 'BARBAROUS'〗 ── *adj.* (**brav·er**; **brav·est**) **1** 勇敢な, 勇ましい, 雄々しい; 勇壮活発な, りりしい: a ～ man, deed, etc. / (as) ～ as a lion (ライオンのように)雄々しい / It is ～ of you to run such a risk. そんな危険を冒すなんて君も勇気があるね. **2** 《文語》華やかな, はでな, すばらしく見事な: a ～ show 華麗な外観 / a ～ start 華やかな門出 / in one's ～ dress 大胆な衣服を着て. **3** 《文語》すぐれた, 立派な (excellent): O ～ new world おおすばらしき新世界 (Shak., *Tempest* 5. 1. 183). ── *n.* **1** 武勇の士, 勇士 (warrior): None but the ～ deserves the fair. ⇨ none¹ *pron.* 1. **2** (勇敢な)アメリカインディアンの戦士. **3** 《古》暴漢 (bully); 刺客 (assassin). **4** 《古》強がり, 虚勢, から威張り (bravado). ── *vt.* **1** 〈困難など〉に勇敢に当たる, 立ち向かう (encounter), 〈危険や死を〉物ともしない: ～ one's misfortunes [adversary] 不幸[敵]と勇敢に戦う / ～ the inhospitable desert 苛酷な砂漠を物ともせずに進む / ～ danger [death] 危険[死]を冒す / ～ it *out* 敢然と[平気で]押し通す. **2** 《廃》〈衣装などを〉華やかにする, 飾り立てる (adorn). ── *vi.* 《古》自慢する (boast), 虚勢を張る (bluff). **bráv·er** *n.* ～**·ness** *n.*

bráve·ly *adv.* **1** 勇敢に, 勇ましく, 雄々しく. **2** 《文語》華やかに (gaily), 立派に, 景気よく.

bráve néw wórld 〖A. Huxley 作の風刺小説 (1932) の題名から: ⇨ brave adj. 3〗 ── *n.* **1** 見事な新世界 (cf. Shak., *Tempest* 5. 1. 183) **2** 《皮肉》(特に第二次世界大戦後の)福祉社会.

brav·er·y [bréɪv(ə)ri | -ri] 〖《1548》□F *braverie*: ⇨ brave, -ery〗 *n.* **1** 勇気, 勇敢, 雄々しさ, 勇壮. **2** 華美, 華麗, 立派; 華やか[はで]な色; 美装, 美服 (finery).

bráve wést wìnds *n. pl.* 〖海事〗南半球の海洋で南緯 40–50 度の間で吹く強い西または北西の風.

bravi¹ *n.* bravo¹ の複数形.

bravi² [bráːviː | ─ ─́, ─ ─́; *It* bráːvi] 〖□It. ～ (pl.) ← *bravo* 'BRAVO²'〗 *int.* ブラーボー《団体に対して用いる称賛の言葉》. ── *n.* bravo² の複数形.

bra·vo¹ [bráːvoʊ | -vəʊ; *It.* bráːvo] 〖《1597》□It. ～: ⇨ brave〗 *n.* (*pl.* ～**s**, ～**es**, **bra·vi** [-viː; *It.* -vi]) 壮士, 凶漢, 暴漢 (desperado), 刺客 (assassin).

bra·vo² [bráːvoʊ, ─ ─́ | brɑːvə́ʊ, ─ ─́; *It.* bráːvo] 〖《1761》□It. ～ 'fine, splendid': ⇨ brave〗 ── *int.* ブラーボー, うまいぞ, でかした《称賛の言葉》. ★ イタリア語法として *bravo* は男性に, 女性形の *brava* は女性に, 複数形 *bravi* は団体に対して用いることがある. ── *n.* (*pl.* ～**s**, **bra·vi** [bráːviː, ─ ─́ | ─ ─́, ─ ─́; *It.* bráːvi]) 喝采(㋕)の叫び. ── *vt.* 〈人〉に「でかした, うまいぞ」と叫ぶ, 「ブラーボー」と喝采する; …に喝采する.

bra·vu·ra [brəv(j)ú(ə)rə, -v(j)úːrə, brɑː- | brəv(j)ʊ́ərə; *It.* bravúːra] 〖《1788》□It. ～ 'spirit, bravery': ⇨ ↑, -ure〗 ── *n.* (*pl.* ～**s**, **-vu·re** [-reɪ; *It.* -re]) **1** 〖音楽〗はつらつとした華やかな演奏. **2** 華麗な楽節[楽曲]. **3** 大胆[華麗]な妙技. ── *adj.* 〖音楽〗〈声楽曲など〉華麗な.

braw [brɔ́ː, bráː] 〖《1563》《変形》← BRAVE〗 ── *adj.* (～**·er**; ～**·est**) 《スコット》 **1** 美装した; 立派な, きれいな. **2** よい, 魅力的な. ── *adv.* 非常に (very). ～**·ly** *adv.*

brawl¹ [brɔ́ːl] 〖《*c*1378》*braule*(*n*) □ MLG *brall-en* 《擬音語》〗 ── *n.* **1** 荒々しい口論, 争論, 騒々しいけんか (squabble), (街上の)けんか騒ぎ. **2** 騒々しい音, 騒音, 喧噪(㋘) (clamor). **3** 《俗》 **a** (ダンス)パーティー. **b** 飲み会, 酒宴. ── *vi.* **1** (やかましく・荒々しく)口論する, けんかする; どなり立てる, 騒ぎ立てる. **2** 〈激流などが〉ごうごうと流れる. ── *vt.* 〈命令などを〉大きな(しゃがれ)声でがなり立てる 〈*out*〉. ～**·er** [-lə | -lə(r] *n.*

brawl² [brɔ́ːl] 〖← ? F *branle* 'BRANLE'〗 *n.* ＝branle.

bráwl·ing [-lɪŋ] 〖ME〗 *n.* 騒々しい口論, けんか騒ぎ. ── *adj.* **1** 騒々しくけんか好きな. **2** 〈激流・ハリケーンなど〉ごうごうと流れる[吹き荒れる]. **3** とても活発な. ～**·ly** *adv.*

braw·ly [brɔ́ːli | -lɪ] *adj.* (**brawl·i·er**; **-i·est**) **1** ＝brawling 1. **2** けんか騒ぎ[争論]が(よく)起こる.

brawn [brɔ́ːn] 〖《1290》□ AF *braun* pig meat, muscle ＝OF *braon* piece of flesh ← Gmc (cf. G *Braten* roast meat)〗 ── *n.* **1** (腕または脚の)たくましい筋肉. **2** 筋力, 腕力, 体力: The work requires brain as well as ～. その仕事には体力だけでなく頭も必要だ. **3 a** 《英》雄豚の肉. **b** ＝headcheese.

bráwn dràin 〖cf. brain drain〗 *n.* (労働者・運動競技者などの)海外流出.

brawn·y [brɔ́ːni | -nɪ] 〖ME: ⇨ brawn, -y⁴〗 ── *adj.* (**brawn·i·er**; **-i·est**) **1** 筋骨たくましい, 屈強の: one's ～ arms. **2** 〈皮膚など〉硬くなった (callous). **bráwn·i·ly** [-nəli, -nḷi | -nɪlɪ, -nəli, -nḷi] *adv.* **bráwn·i·ness** *n.*

brax·y [brǽksi | -sɪ] 〖← ? OE *brǣcsēoc* epileptic, lunatic ← *brǣc* catarrh＋*sēoc* 'SICK¹': もと形容詞の名詞用法 ?〗 ── *n.* 〖獣医〗(悪性水腫菌によって起こる)悪性水腫の一種《主に羊に発した場合にいう》.

bray¹ [bréɪ] 〖《?*a*1300》*brai*(*t*) □ OF *brait* ← *braire* to cry out, bray < VL **bragere* to whinny ← Celt.〗 ── *n.* **1** ロバなどの叫び声. **2** (ロバの叫び声のような, 往来などの)騒々しい耳ざわりな音. ── *vi.* **1** 〈ロバなどが〉鳴く. **2** やかましい声で叫ぶ[わめく]. ── *vt.* 〈楽団などが〉耳ざわりに演奏する; 〈人が〉やかましい声でがなり立てる 〈*out*〉.

bray² [bréɪ] 〖《*a*1382》*braie*(*n*) □ AF *brai-er* ＝OF *breier* (F *broyer*) to crush □ Gmc **brekan* 'to BREAK¹'〗 ── *vt.* **1 a** (臼で)こまかくする, すりつぶす, つき砕く (pound). **b** 〈悲しみなどが〉〈人を〉消耗させる. **2** 〖印刷〗〈インクを〉(まんべんなく)薄くのばす.

Bray [bréɪ] 〖OE *Brai* ← *brēg* brow (of a hill)〗 *n.* イングランド南部, Berkshire 州の村 (⇨ VICAR of Bray).

bráy·er¹ *n.* ロバのような声を出すもの, ロバ (ass).

bráy·er² *n.* 〖印刷〗(校正刷をとるための)手刷りローラー, インクローラー.

bra·yer·a [brəjérə, bréɪərə] 〖← NL ～ ← *Brayer* (19 世紀フランスの医師)〗 ── *n.* 〖薬学〗ブラエラ《エチオピア産のバラ科の樹木 *Hagenia abyssinica* の花を乾燥させたもの; 駆虫剤》.

Bráy·ton cýcle [bréɪtn-] 〖← *Brayton* (19 世紀米国の発明家)〗 *n.* 〖機械〗ブレイトンサイクル《2 組の断熱変化と等圧変化から構成される熱サイクル》.

Braz. 《略》Brazil; Brazilian.

bra·za [bráːθaː, -saː; *Sp.* bráθa, *Am. Sp.* brása] 〖□ Sp. ～ ← *brazo* arm < L *brā*(*c*)*chium*: ⇨ brace〗 ── *n.* (*pl.* ～**s** [～z; *Sp.* ～s]) ブラサ《スペイン語圏内の長さの単位; 両腕を広げた長さ; スペインでは 5.48 ft. (1.67 m), アルゼンチンでは 5.68 ft. (1.73 m)》.

braze¹ [bréɪz] 〖← BRASS: cf. glass—glaze〗 *vt.* **1** 真鍮で造る. **2** …に真鍮をかぶせる, 真鍮で飾る. **3** 《古》(真鍮のように)堅くする.

braze² [bréɪz] 〖《1581》□ F *bras-er* to solder ← OF *brese*: ⇨ brazil〗 ── *vt.* 鑞(㋺)付けする, 鑞接する (solder)《2 金属片を熱して真鍮鑞または銀鑞で接ぐ》. ── *n.* 鑞付け個所. **bráz·er** *n.*

bra·zen [bréɪzn] 〖OE *brǣsen*: ⇨ brass, -en²〗 ── *adj.* **1** 真鍮製の: a ～ image of Buddha 真鍮製の仏像, 金仏. **2** (磨いた)真鍮色の. **3** 〈音・声が〉(真鍮を打ったような)いやな金属音の, やかましい: a ～ voice ががんがんいう声. **4** 鉄面皮な, 厚かましい, ずうずうしい (impudent) (cf. brass *n.* 5): ～ effrontery.

brazen law of wages [the ─] 〖経済〗賃金鉄則 (⇨ IRON law of wages).

── *vt.* **1** 〈事態〉に大胆[冷静]に対処する. **2 a** 〈非難など〉にずうずうしく対決する 〈*out, through*〉: ～ *out* a situation, an accusation, a scandal, etc. / ～ one's way *out* 大胆に振舞って窮境を脱する. **b** [～ it *out* として] ずうずうしく[鉄面皮で]押し通す, どこまでもしらを切る.

～**·ly** *adv.* ～**·ness** *n.*

brázen áge *n.* [the ～] ＝Bronze Age 2.

brázen-fàced *adv.* 鉄面皮な, 厚かましい, ずうずうしい (impudent): ～ assertions. **brázen-fàc·ed·ly** [-sɪdli, -səd-, -stli | -lɪ] *adv.*

bra·zier¹ [bréɪʒə, -ziə | bréɪzjə(r, -zɪə(r, -ʒɪə(r, -ʒə(r] 〖《1307》: ⇨ brass, -ier〗 *n.* 真鍮細工師.

bra·zier² [bréɪʒə, -ziə | bréɪzjə(r, -zɪə(r, -ʒɪə(r, -ʒə(r] 〖《1690》□ F ～, *brasier* ← *braise*: ⇨ brazil〗 ── *n.* **1** (かご状の鉄のわくの中で木炭[石炭]を燃やす)火ばち. **2** (簡単な焼き網のついた)こんろ.

bra·zier·y [bréɪʒ(ə)ri, -ʒiəri | -zjərɪ, -zɪə-, -ʒɪə-, -ʒə-] *n.* 真鍮細工; 真鍮細工場.

bra·zil [brəzíl] 〖《*c*1325》*brasile* □ OF *bresil* red-dye wood ← *brese* (F *braise*) live coals ← ? Gmc: cf. braise: その色にちなむ〗 ── *n.* **1** ブラジルスオウ (*Caesalpinia echinata*) 材《赤色の染料を採る; ブラジルの国名はこの木材にちなむ; brazilwood ともいう》. **2** (ブラジルスオウ材から採った)赤色染料. **3** スオウ (*Caesalpinia sappan*) 材《東インド原産の材質の堅い染料材》: (as) hard as ～ 非常にかたい. **4** ＝Brazil nut 2.

Bra·zil [brəzíl] 〖□ Sp. *Brasil* 《略》← *tierra de brasil* brazilwood land: ⇨ ↑〗 ── *n.* **1** ブラジル《南米の共和国; 人口 112,240,000, 面積 8,511,965 km², 首都 Brasília; 公式名 the Federative Republic of Brazil ブラジル連邦共和国; ポルトガル語名 Brasil》. **2** [*pl.*] ブラジルコーヒー《全世界の供給の半分以上を占める》.

Brazil. 《略》Brazilian.

bra·zil·e·in [brəzíliɪn, -liən | -lɪɪn] 〖← BRAZIL(IN)＋*-ein* (《変形》← -IN¹)〗 ── *n.* 〖化学〗ブラジレイン ($C_{16}H_{12}O_5$)《brazilin を酸化して得られる, 水に不溶性の赤い結晶状の固体; 主に染料用》.

Bra·zil·ian [brəzíljən | -ljən, -lɪən] *adj.* **1** ブラジル(人)の. **2** 〖生物〗ブラジル亜区の. ── *n.* **1** ブラジル人. **2** ＝Brazilian Portuguese.

Brazílian émerald *n.* 〖鉱物〗透明で緑白の電気石《本物のエメラルドではない》.

Brazílian guáva *n.* 〖植物〗ブラジルバンジロウ (*Psidium guineense*)《南米産のフトモモ科の高木, バンジロウ (guava) に似た実をつける果樹》.

bra·zil·ian·ite [brəzíljənàɪt] 〖← *Brazilian*＋-ITE¹: ブラジルで発見されたことにちなむ〗 ── *n.* 〖鉱物〗ブラジリアナイト ($NaAl_3(PO_4)_2(OH)_4$)《ナトリウムとアルミニウムの塩基性燐酸塩鉱物》.

Brazílian mórning glòry *n.* 〖植物〗ブラジルアサガオ (*Ipomoea setosa*)《ブラジル産ヒルガオ科の多年生つる植物; 淡紅色の花が咲き, つるは固い紫色の毛でおおわれる》.

Brazílian péridot *n.* 〖鉱物〗黄緑色の橄欖(㋕)石《宝石に用いる》.

Brazílian Portuguése *n.* ブラジルポルトガル語《ブラジルで用いられるポルトガル語》.

Brazílian rósewood *n.* 〖植物〗ブラジルシタン (*Dalbergia nigra*)《ブラジル産マメ科の高木; 材に黒縞がある; caviuna wood, palisander ともいう》.

Brazílian rúby *n.* 〖鉱物〗ばら色のスピネル[尖晶石]《本物のルビーではない》.

Brazílian sápphire *n.* 〖鉱物〗青色の電気石《本物のサファイアではない》.

braz·i·lin [brǽzəlɪn, -lən, brəzíl- | -lɪn] 〖← BRAZIL＋-IN¹: cf. F *brésiline*〗 ── *n.* 〖化学〗ブラジリン ($C_{16}H_{14}O_5$)《スオウからとった無色の結晶; アルカリ性溶液は赤色染料及び指示薬として用いられる》.

bra·zil·ite [brəzílaɪt] 〖← BRAZIL＋-ITE¹: ブラジルで発見されたのにちなむ〗 *n.* 〖鉱物〗＝baddeleyite.

Brazíl nùt *n.* **1** 〖植物〗ブラジルナット (*Bertholletia excelsa*)《南米産のサガリバナ科の高木; Brazil-nut tree ともいう》. **2** ブラジルナット(の実)《木質の堅い殻の中にある種皮が暗褐色で果肉の白い卵形の実; 食用になる; cream nut ともいう》.

brazíl·wòod *n.* ＝brazil 1.

bráz·ing *n.* 〖金属加工〗 **1** 鑞(㋺)付け《低融点の金属・合金を溶かして二つ以上の金属・合金を接合する方法》. **2** ＝soldering.

brázing mètal *n.* [the ～] 〖金属加工〗金属鑞(㋺)《鑞付けに用いる低融点の金属で, 真鍮鑞, 銀鑞, 鉄鑞, はんだなどがある》.

Braz·za·ville [brǽzəvɪl, bráːzəvìːl; *F.* brazavil] 〖← *Pierre Brazza* (1852–1905: フランスの探検家): ⇨ vill〗 ── *n.* ブラザヴィル《コンゴ人民共和国 (the People's Republic of the Congo) 南部の Congo 川に沿う港市で, 同国の首都; 人口 175,000》.

B.R.C.S. 《略》British Red Cross Society.

B.R.E. 《略》Bachelor of Religious Education.

breach [bríːtʃ] 〖《1208》*breche* □ (O)F *brèche* □ Gmc **brecho* ∽ ME *briche* < OE **bryce*: cf. OE *brecan* 'to BREAK¹'〗 ── *n.* **1 a** (法律・慣例・道徳・約束などを)破ること, 違反, 不履行, 違犯, 侵害, 侵犯 (violation): a ～ of the law 法律違反, 違法 / a ～ of duty 背任, 職務怠慢 / a ～ of etiquette 非礼, 無作法 / a ～ of privacy プライバシーの侵害 / a custom more honour'd in the ～ than in the observance 守るよりは破った方がましな習慣 (Shak., *Hamlet* 1. 4. 15–6). **b** 《口語》＝BREACH of promise. **2 a** 仲違い, 絶交 (rupture): a ～ *between* the two countries 二国間の不和 / heal the ～ 仲直りさせる. **b** 中断, 中絶; ひび, 割れ目. **c** 大きな違い, 開き (difference). **3** (城壁・堤防・防御線などの)破れ口, 突破口; 破損した場所[個所]: make a ～ in the wall 壁に穴をあける. **4** (鯨が)水面上に飛び上がること. **5** 《古》砕け波, 寄せ波 (surf): a clean ～ (船の)甲板にある物を全部さらってゆく波 / a clear ～ 甲板を飛び越える波. **6** 《廃》裂傷, きず (wound).

fill the breach ＝*step into the* BREACH. ***stand in the breach*** (1) (城壁の突破口に立つように)攻撃の矢面に立つ; 進んで難局を背負って立つ. (2) 緊急時に居ない[行動できない]人の代わりをする. ***step*** [***throw oneself***] ***into the breach*** 直ちに困っている(人の)所に赴き援助する[代役を勤める].

breach of close 〖法律〗(土地への)不法立入り.

breach of confidence 秘密をもらすこと.

breach of contract 契約違反, 違約.

breach of faith 背信, 裏切り.

breach of prison 〖法律〗＝prison breach.

breach of privilege 特権濫用《国会議員の特権を濫用すること》.
breach of promise 〘法律〙違約; (特に)婚約不履行[破棄]: a ～ *of promise* case 婚約不履行事件.
breach of the peace 〘法律〙治安妨害《暴動・騒乱》.
breach of trust (1) 〘法律〙(受託者の)信託義務違反. (2)《口語》背信, 背任.
— *vt.* **1** 〈城壁・防御線などを〉破る, 突破する. **2** …に破れ目[穴]を作る. **3** 〈約束・法律などを〉破る, …に違反する. **—** *vi.* 〈鯨が〉水面上におどり出る.

bread [bréd] 〘OE *brēad* morsel (of food), bread < Gmc **brauđam* (cooked) food, (leavened) bread (Du. *brood* / G *Brot*) ← ? IE **bh(e)reu-* to boil, bubble (L *fervēre* to boil): cf. barm, breath, brew, burn[2]〙 **—** *n.* **1 a** パン (cf. roll B 11 a, loaf[1] 1): a slice of ～ パン一切れ / ⇨ white bread, black bread, brown bread. **b** 聖餐[聖体]のパン: ～ and wine 聖餐のパンとぶどう酒; 聖餐式, 聖体拝領. **c** パンに似た物《beebread など》. **2 a** (日常の)主食物, 糧(かて): one's daily ～ 日日のパン[糧] (cf. *Matt.* 6:11) / ～ and water パンと水だけの(粗末な)食事 / beg one's ～ 食を乞う, 乞食をする. **b** 生計 (livelihood): make one's ～ 生計を立てる / earn [gain] one's ～ (by the sweat of one's brow [face]) (額に汗して)パンを得る, (労働で)生計を立てる (cf. *Gen.* 3:19) / be out of ～《古》食に離れている, 仕事にあぶれる. **3**《俗》金 (money).
bread and butter (1) [単数扱い] バターを塗ったパン (cf. bread and scrape *n.* 3). (2)《口語》生計(の資) (livelihood); 収入を得るためのきまりきった仕事 (cf. bread-and-butter 1): quarrel with one's ～ *and butter* (腹立ちまぎれに)自分の職を捨てる, 生計の道を絶つような振舞いをする. (3) ＝BREAD-AND-BUTTER letter. ***bread and cheese*** チーズ付きのパン; 至極簡単な食事, 粗食; 生活の途. ***bread and circuses*** 〘《なぞり》← L *pānis et circēnsēs*: Juvenal, *Satires* X. 79-80 の中の語句から〙 パンとサーカス《食物と娯楽; 大衆の心を支配する手段》. ***bread and milk*** (暖めた)牛乳に浸したパン. ***bread and point*** ⇨ point 成句. ***bread and salt*** (歓待の象徴としての)パンと塩. ***bread and scrape*** ⇨ scrape *n.* 3. ***bread and wine*** ⇨ *n.* 1 b. ***bread buttered on both sides*** (1) 両面にバターを付けたパン. (2) いかにも気楽な身の上, 安楽な境遇. ***break bread*** (1) 聖餐式に連なる, パンをさく (*Acts* 20:7). (2) 〔人と〕食事を共にする, 〔人に〕ごちそうになる 〔*with*〕: I have never *broken* ～ *with* them. あの人たちと会食した[にごちそうになった]ことはない. ***cast*** [***throw***] ***one's bread upon the waters*** 報酬をあてにしないでよいことをする, 陰徳を施す (cf. *Eccl.* 11:1). ***eat the bread of affliction*** [***humiliation, sorrow***] 苦しい[屈辱の, 悲しい]生活をする (cf. *Deut.* 16:3; *Ps.* 127:2). ***eat the bread of idleness*** ＝***eat the idle bread*** のらくら遊んで暮らす, 徒食する (cf. *Prov.* 31:27). ***in bad bread***《英方言・米》(1) 困窮して. (2) 〔人の〕不興をかって 〔*with*〕. ***in good bread***《英方言・米》よい暮らしをして, 立派な地位にあって. ***know*** (***on***) ***which side one's bread is buttered*** 自分の利害関係にさとい. ***take the bread out of a person's mouth*** (1) (競争などによって)人から生計の道を奪う. (2) 人が正に楽しもうとしているものを奪う. ***the bread of life*** 命の糧(かて), 精神的な糧 (cf. *John* 6:35).
— *vt.* **1** …にパン粉を付ける. **2** 〈人〉にパンを与える.

bréad-and-bútter *attrib. adj.* 《口語》**1 a** 生計の[に関する]; 〈仕事など〉生計[生活]のための; もうけ主義の: a ～ issue [question] (国民の生活上の問題. **b** 〈教育など〉実際的な; 世俗的な. **c** 〈人・物事が〉(収入源として)当てになる, 確実な. **2** 〈手紙が〉歓待の礼に出される: a ～ letter [note] ごちそうの礼状《《英》Collins》. **3**《英》食い気盛りの; まだ子供っぽい: a ～ miss まだ食い気一方の小娘[女生徒].
bréad-and-bútter plàte *n.* (直径 14-5 センチの)パン皿 (butter plate).
bréad·bàsket *n.* **1** パンかご. **2**《俗》胃袋 (stomach). **3** 穀倉(地帯). **4**《俗》(中にいくつかの小型爆弾を含む)大型爆弾.
bréad-bìn *n.* 《英》＝breadbox.
bréad·bòard *n.* **1** パンこね台; パン切り台. **2** 〘電気〙(実験用の)電気[電子]回路盤《通例, 携帯可能で, 回路の変更が容易に出来る》. **—** *vt.* …の実験用電気[電子]回路盤を作る.
bréad·bòard·ing *n.* 〘電気〙回路盤上の実験.
bréad·bòx *n.* パン類貯蔵箱.
bréad còrn *n.* パン用穀物《麦類・とうもろこしなど》.
bréad-crùmb *vt.* …にパン粉を付ける.
bréad crùmb *n.* **1** パンの柔らかい部分 (cf. crust 1). **2** [通例 *pl.*] パンくず, パン粉.
bréad·frùit *n.* **1** 〘植物〙パンノキ (*Artocarpus communis*) 《Malaya 原産クワ科の果樹; breadfruit tree ともいう》. **2** パンノキの果実《澱粉質で焼いて主食とする》.
bréad knìfe *n.* (ぎざぎざの歯のある)パン切りナイフ.
bréad·less 〘ME〙 *adj.* パンのない; 食物のない.
bréad·line *n.* 《米》パン[食料]の施しを受ける窮民[失業者]の列: on the ～ 生活扶助を受けて; 最低生活水準で, やっと食えるだけの.
bréad mòld *n.* 〘植物〙パンカビ (*Rhizopus stolonifer*)《パンにできるかび》.
bréad·nùt *n.* Jamaica, Mexico 産クワ科の植物 *Brosimum alicastrum* の実《あぶって粉にしてパンを作る; ramon ともいう》.
bréad rìot *n.* パン騒動《食料不足の時にパンを求めて起こる騒動》.
bréad·ròot *n.* 北米南東部産マメ科オランダビユ属の植物 (*Psoralea esculenta*) の根《澱粉を含み, 食用となる》.
bréad sàuce *n.* ブレッドソース《牛乳・バター・香辛料などにパン粉を加えて作った濃いソース》.
bréad·stìck *n.* 細い棒状のかりかりのパン.
bréad·stùff *n.* [通例 *pl.*] **1** パンの原料《粉末状, あら挽き, 粒状の穀類》. **2** (色々な種類・形の)パン.

breadth [brédθ, brétθ] 〘《1523》←《廃》*brede* (< OE *brǣdu* < Gmc **braidjōn* ← **braid-* 'BROAD') ＋-TH[2]: LENGTH との類推による〙 **—** *n.* **1** 横幅, 幅 (width) (cf. length): ten feet in ～ 幅は 10 フィート / miss by a hair's ～ きわどい[間一髪の]所でそれる[はずれる]. **2** (織物などの)一定の幅, 一幅: three ～*s* of cloth ラシャ三幅, 三幅のラシャ. **3 a** (土地・水面などの)広がり, 広さ (extent). **b** (見識などの)広さ, (度量などの)大きさ (largeness); ゆとり, 寛容 (generosity) (cf. broad-minded): a ～ of view [understanding] 見解[理解]の広さ, 広い見解[理解] / a ～ of mind 心のゆとり[大きさ] / a ～ of sympathy 同情の広さ. **4** 〘芸術〙(不要な細部を略すことによって得られる)雄大な感じ. **5** 〘論理〙外延 (denotation).
bréadth extréme *n.* (*pl.* **breadths e-**) 〘造船〙(船の)最大幅員, 全幅.
bréadth mòlded *n.* (*pl.* **breadths m-**) 〘海事〙＝molded breadth.
bréadth·wàys *adv.* 横に.
bréadth·wìse *adv.* ＝breadthways.
bréad trèe *n.* 〘植物〙＝breadfruit 1.
bréad·wìnner *n.* **1** (生計を支える)一家のかせぎ手. **2** 生計をかせぐ手段[技術], 家業 (means of livelihood). **bréad·winning** *n.*

break[1] [bréɪk] 〘OE *brecan* < Gmc **brekan* (Du. *breken* / G *brechen*) ← IE **bhreg-* to break (L *frangere* to break)〙 **—** *v.* (**broke** [bróʊk | bráʊk], 《古》**brake** [bréɪk]; **bro·ken** [bróʊkən | bráʊ-], 《古》**broke**)
— *vt.* **1 a** (激しく打ったり力を加えたりして, 二つ以上の部分または細片に)こわす, 割る, 砕く (smash): ～ a cup *in* two [*in* pieces] 茶椀を二つに[こなごなに]割る / ⇨ *break the* ICE. **b** (荒っぽく)引きちぎる, 引き裂く; 折る: ～ a branch *from* [*off*] a tree 木から枝を折り取る / ～ the handle *off* 柄をもぎ取る / ～ a stick 棒を折る / ～ one's pencil 鉛筆(の芯)を折る / ⇨ *break* BREAD. **c** (粉々にしたりして)役に立たなくする, こわす: ～ a clock (落としたりして)時計をこわす / ～ a window 窓をこわす / ～ a lock [door, case, safe] 錠[戸, 箱, 金庫]を破壊する. **d** 〈骨を〉折る; 〈体の一部〉の骨を折る: ～ a bone / ～ one's leg / ⇨ *break a* LEG, *break a person's* BACK[1] / ⇨ *break one's* NECK[1], *break the* NECK[1] *of*. **e** …の関節をはずす, 脱臼する (dislocate). **f** 〈皮膚を〉切る, 傷つける; 〈体の一部〉の皮膚を切る[傷つける]: ～ the skin 皮膚を傷つける / ～ a person's head 人の頭をけがさせる. **g** 〈岩などが〉〈波を〉砕く (shatter). **h** 〈血管を〉破裂させる: ～ an artery. **i** 〈土地〉の表面を切って掘りおこす, 〈土地を〉耕す: ～ the soil / ⇨ *break* GROUND[1].
2 a 押し[こじ]あける; 〈穴・通り道などを〉切り開く: ～ a package (open) 包をあける / ～ a hole in a wall 壁に穴をあける / ～ a way [path] 道を切り開く / ～ a passage through the crowd 人込みの中を通り抜ける / The chicken ～*s* its way out of the egg. ひよこは卵を割って出てくる. **b** 無理に押し通る: ～ the fence. **c** 〈束縛などを〉破って出る, 脱する; 〈隠れ場・やぶなどから飛び出す: ～ prison [jail] 脱獄する / ～ cover [covert] やぶ[潜伏所]から飛び出す / ⇨ *break* SHIP. **d** 〘法律〙…に押し入る, 不法侵入する. ★〘法律〙以外は《古》: ～ a house 家宅へ侵入する (cf. housebreaking).
3 a 〈足並・列などを〉乱す: ～ step 歩調を乱す / ～ the enemy's line 敵の戦線を破る[乱す]. **b** 〈平和・沈黙・単調・気分・魔力などを〉破る, 乱す (interrupt): ～ the peace 平和[治安]を乱す / ～ the monotony 単調を破る / ～ (a) silence 沈黙を破る / ～ gloom 憂鬱な気分を散じる / ～ one's rest [sleep] 休息[眠り]を妨げる / a voice *broken* with sobs. **c** 〈行き詰まりなどを〉打破する, 終わらせる 〈*off, up*〉: ～ a deadlock [tie].
4 a 〈記録などを〉破る (exceed): ～ the record for the high jump 高跳びの記録を破る. **b** …の記録を上回る: ～ 90 in golf ゴルフで 90 を切る.
5 a 中絶[中断, 遮断(しゃだん)]する, 切る (discontinue): ～ diplomatic relations with …と外交関係を絶つ / ～ one's journey 旅行を中断する, 途中下車する / ～ the thread of an argument 議論の筋[脈絡]を切る[絶つ] / The railroad communication is *broken*. 鉄道が不通になった. **b** 〘電気〙〈回路・電流を〉絶つ[遮断する]: ～ an electric current 電流を絶つ (cf. circuit breaker).
6 a 〈習慣などを〉やめる, 断つ (discontinue) 〈*off*〉: ～ *off* one's habit. **b** 〈人〉に〔癖などを〕やめさせる 〔*of*〕: ～ a person *of* a habit 人の癖を直す[矯正する] / He *broke* himself *of* smoking. 彼はたばこをやめた. **c** (途中を飛ばして)別のページに続ける.
7 a 〈敵を〉打ち破る (destroy) 〈*down*〉: ～ the enemy. **b** 〈人〉の気力[健康, 体力]を消耗させる[そぐ] 〈*down, up*〉; 〈気力を〉くじく 〈*down*〉: ～ a person's spirit 人の気力をくじく / He was *broken up* by his wife's death. 妻の死で気落ちしてしまった / ⇨ *break a person's* HEART.
8 a 〈一組の器物・本などを〉分ける, ばら(ばら)にする, ばらにして売る: ～ a set. **b** 〈貨幣を〉くずす (change): ～ a 5-dollar bill 5 ドル札をくずす. **c** (小単位に)分割する (divide) 〈*up, down*〉.
9 a 〈法律・規則・契約・誓い・慣習などを〉破る, 犯す (violate): ～ a law 法律を破る / ～ one's promise [word] 約束を破る / ～ faith *with* …に対して信義を破る, …を裏切る / ～ the Sabbath 安息日のおきてを破る. **b** 〈遺言を〉(法的に)無効にする. **c** 〈ストライキを〉破る: ～ a strike スト破りをする, 出し抜いて就業する.
10 a 〈人・人の生涯を〉破滅させる (ruin): ～ one's career / be completely *broken* by the failure その失敗で全く破滅する. **b** 破産させる (bankrupt): ⇨ *break the* BANK[2]. **c** 解職する (dismiss): ～ an officer 将校を解任する[兵卒に引き下げる].
11 〈魚などが〉(水面上に)飛び上がる, 浮上する: ～ cloud 〈飛行機が〉雲間から出現する, 雲間を通過する / ⇨ *break* WATER.
12 〈証言など〉の虚偽[欺瞞(ぎまん)]性を明らかにする (disprove) 〈*down*〉: ～ an alibi アリバイをくずす.
13 〈株式・相場などを〉急落させる.
14 〈風力・落下・打撃などの力を〉はばむ, 弱める (cf. windbreak): There was nothing to ～ the force of wind. 風力をさえぎるものは何もなかった / The bushes *broke* his fall. (落ちる時)やぶがあったので落ち方がひどくなかった.
15 a 〈動物を〉馴らす, おとなしくする (train) (⇨ BREAK *in* (*vt.*) (1)): ～ a horse to harness [the rein] 馬を馬具[手綱]にならす. **b** 慣れさせる (accustom).
16 a 〈心・悪い知らせなどを〉打ち明ける; 〈秘密などを〉洩らす, ほのめかす; 口に出して言う; 〘新聞〙〈ニュース・話などを〉発表する, 公にする: ～ one's mind 心を打ち明ける / ～ the news gently to a person (びっくりさせないように)そっと人に伝える / ～ a secret [sigh] 秘密[ため息]をもらす. **b** 〈冗談を〉言う (crack): ～ a joke 冗談を言う.
17 a 〈事件・問題などを〉解決する (solve): ～ a criminal case. **b** 〈暗号などを〉解読する, 解く (decipher) 〈*down*〉: ～ a code.
18 a 〈鎖などを〉ゆるめる (loosen). **b** 〈テントを〉取りはずす, こわす (cf. strike *vt.* 15 c): ～ camp 野営を片付けて去る.
19 〈社会運動・活動計画・宣伝活動などを〉(鳴物入りではでに)開始する, 始める: ～ a sales campaign.
20 (弾丸をこめるため)〈猟銃・空気銃などを〉二つに折る: ～ a shotgun.
21 a 〘球技〙〈投球を〉カーブさせる; (ラケットを使う競技で)〈相手のサービスを〉破る: ～ (a person's) service サービスを破る. **b** 〘クリケット〙〈打者が〉〈三柱門〉のベイル (bail(s)) を(誤って)落とす (cf. HIT *wicket*): ～ the wicket. **c** 〘クリケット〙＝turn 7 c.
22 〘ボクシング〙…にブレークを命じる, クリンチをやめさせる.
23 〘玉突〙〈ラック (rack) した玉を〉初キューで突く.
24 〘音声〙〈母音〉の割れ (breaking) を起こす, 割る.
25 〘海事〙〈帆・旗などを〉(たたんだまま揚げて)上でぱっと広げる.
26 〘化学〙軟化させる: ～ water 硬水を軟化させる.
— *vi.* **1 a** こわれる, 割れる, 砕ける: ～ *in* fragments 粉々に割れる / things that ～ easily こわれやすい物 / The ice will ～. その氷は割れる, 乗ったらもつまい. **b** 破れる (burst); 〈腫れ物が〉つぶれる: The balloon *broke* soon. 風船はすぐ破れた. **c** ちぎれる, (ぷつりと)切れる, (ぽっきり)折れる (split): ～ short ぽっきり折れる / The rope [line] has *broken*. なわ[線]が切れた. **d** 〈波が〉砕ける: the waves ～*ing* on the rocks 岩に砕ける波.
2 a 押し進む, 押し通る; 貫く (penetrate): ～ *through* the crowd 群衆の中を押し進む. **b** 〔束縛などから〕破って出る, 脱出する, 逃れる 〔*from, out of*〕: ～ *out of* jail 脱獄する / ～ free [loose] (*from*) (…から)逃れる, 逃げ出す, 脱出する. **c** 〔…に向かって〕突進する (dash) 〔*for*〕: ～ *for* the goal.
3 a 〈嵐・笑い声・事件などが〉突然起こる, 発生する, 〈怒りが〉発する 〈*out, forth*〉: A gasp *broke* from him. 彼は突然あえぐようにして言った / A charming smile *broke over* her face. にっこりと魅力のある笑顔になった / Laughter *broke out* among the students. 学生の間で笑い声が起こった / A fire *broke out* in my neighborhood. 近所で火事があった. **b** [通例副詞(句)を伴って]《口語》〈物事が〉起こる: Things were ～*ing* badly. 事態は不調だった. **c** 突然見えて来る[現われる]: ～ *upon* the scene その場に突然現われる / The scene *broke on* his sight. 突然その光景が見えて来た. **d** 〈日が〉明るくなる, 夜明けになる (dawn): The day is beginning to ～. 夜が明け始めた (cf. daybreak). **e** 〈芽・つぼみが〉芽ぐむ, ほころびる 〈*forth, out*〉: The buds are ～*ing forth* in pink. つぼみが薄桃色にほころびかけている.
4 急に〔…の状態に〕なる 〈*out*〉 〔*into*〕: ～ *into* a run どっと駆け出す / ～ (*out*) *into* a loud laugh どっと笑い出す / ～ *into* tears [weeping] わっと泣き出す / His face *broke into* a smile. にっこりと笑顔になった.
5 a 〈隊・列・陣形などが〉乱れる, くずれる, 算を乱す:

The enemy *broke* before them. 敵軍は彼らの勢いに抗し得ないでくずれた. **b** 〈体質・健康などが〉衰える, 弱る, 〈気力などが〉くじける: His health *broke.* 健康が衰えた. **c** 〈心臓が〉破裂するほどの思いをする: My heart is ready to ~. 断腸の思いだ.
6 a こわれる, 故障する, 動かなくなる: The radio *broke.* ラジオが故障した. **b** 〈商人などが〉破産する; 〈信用・名誉などが〉落ちる: The bank *broke.* 銀行がつぶれた.
7 a 〈雲・霧・闇などが〉切れる, 散る, 消散する (disperse); 〈霜が〉解ける (dissolve). **b** 〈続いた天候が〉(急に)変わる, 一変する (change): The fine (spell of) weather *broke.* 好天気がくずれた / The drought began to ~. 日照り続きの天気が変わり始めた. **c** 《米中部》終わる.
8 a とぎれる, 中断する: The line ~*s* at the fifth generation. 血統は5代目で断絶している / We *broke* for tea. 仕事を中断してお茶にした. **b** 〔…と〕関係を断つ, 絶交する〔*with*〕; 〈夫婦が〉別れる〈*off, up*〉: ~ *with* one's family 家族と縁を切る. **c** 〔…の〕邪魔をする, 〔話などを〕さえぎる〔*into*〕: ~ *into* the conversation 会話の中に入りこむ / ~ *into* a person's leisure 人のくつろいでいるところを邪魔をする. **d** 〔別のページに〕続ける, 飛ぶ〔*to*〕: The story ~*s to* page 20. 物語は20ページに飛ぶ. **e** 切り離される. **f** 〖電気〗〈回路が〉絶たれる.
9 a 〈子供の声が〉変わる (crack, change): His voice began to ~. 声変わりし始めた. **b** 〈声などが〉途切れる, 変わる, 涙声になる. **c** 〖音楽〗〈声・吹奏楽器が〉声域[音域]が変わる.
10 a 分類[分析]される〈*up, down*〉: This problem ~*s up into* three parts. この問題は3つの部分に分類できる. **b** 折りたためる, 二つに折れる. **c** 〈クリームなどが〉分離する.
11 a 〈魚・鯨などが〉水面上に飛び上がる: 〈潜水艦が〉水面に浮上する. **b** 水面から出る: The atoll ~*s* at low tide. その環礁は引き潮の時水面に現われる.
12 〈株式・相場などが〉急落する.
13 a 〈話などが〉急に広まる, 広く知られる; 〖新聞〗〈ニュースが〉突然報道される. **b** 《廃》〈人に〉伝える, しゃべる (speak)〔*with, to*〕: ~ *with* thee of Arthur's death お前にアーサーの死を伝える.
14 a 〖野球〗〈ボールが〉曲がる, カーブする. **b** 〖クリケット〗〈投球されたボールが〉地面に接した後方向を変える.
15 〖ボクシング〗〈ボクサーが〉クリンチを解く, 分かれる〈*away*〉: *Break.* ブレーク《レフェリーの命令》.
16 〖音声〗〈母音が〉割れ (breaking) を起こす, 割れる, 分裂する.
17 〖生物〗変種を生じる.
18 〖玉突〗初キューを突く.
19 〖競馬〗 **a** 起点[出発点]を出る, 飛び出す. **b** (配当金計算で)端数を切捨てる.
break away (*vi.*) (1) 〔…から〕(突然)離れる, 逸走[脱走]する, 逃げる (escape)〔*from*〕: ~*away from* the past 過去から逃れる[との関係を断つ]. (2) 〔主義などから〕はずれる, 離脱する〔*from*〕. (3) 〔習慣などを〕急によす〔*from*〕. (4) 〈雲などが〉四散[消散]する. (5) 晴れ上がる (clear up). (6) (競走で)合図のないうちに飛び出す[スタートを切る], フライングする. (7) ⇨ *vi.* 15. (*vt.*) 取りこわす. ***break back*** (1) 元の状態に(急に)戻る. (2) 急に逆方向に走る. (3) 〖クリケット〗〈ボールが〉(打者の外側から)曲がって飛び込む. ***break down*** (*vt.*) (1) 〈壁・戸などを〉破壊する, 取りこわす; 押し[たたき]つぶす. (2) ⇨ *vt.* 7. (3) ⇨ *vt.* 8 c. (4) ⇨ *vt.* 12. (5) 〔…に〕分解する, 分析する (analyze); 〔…に〕分類する (classify); 〔…に〕分解[分類]される〔*into*〕. (*vi.*) (1) 倒れる (collapse), くずれる (give way). (2) こわれる, 故障する. (3) 〈計画・交渉などが〉(途中で)つぶれる, だめになる, あとが続かなくなる. (4) (悲嘆の余り)泣きくずれる; 失意する. (5) 〈健康・力などが〉衰える, 弱る; 〈人が〉(過労などで)倒れる, 参ってしまう. (6) 停電する. (7) ⇨ *vi.* 10 a. ***break even*** 《口語》 (1) (商売・賭け事などで)損得なしに[五分五分に]なる. (2) (勝負などで)引き分けになる. ***break one's head against*** = ***break one's teeth on*** …の難関にぶつかる, 壁にぶつかる. ***break in*** (*vt.*) (1) 〈馬・機械などを〉ならす; 〈靴を〉はきならす; 〈たばこのパイプを〉使いならす. (2) 〈子供を〉仕込む, しつける (train)〔*to*〕. (3) 〈戸を〉こわして押し入る: The police *broke in* the door. 警官たちは戸をこわして中に入った. (*vi.*) (1) 押し入る, 侵入する. (2) 〔…に〕割り込む, 差出口する, 〔…を〕邪魔する; 〔…に〕(突然)現われる〔*on, upon*〕: Adversity *broke in upon* him. 不幸が突然彼の前に現われた / His voice *broke in upon* my thoughts. 彼の声が考えごとをしている私のところへ突然入ってきた. (3) 活動[勤め]を始める; 経験を積む, 慣れる: I'm ~*ing in* as assistant editor. 編集助手として経験を積んでいる. ***break into*** (1) ⇨ *vi.* 4. (2) ⇨ *vi.* 8 c. (3) …に出し抜けにはいる; …に押し入る, 侵入する, 踏み込む, 乱入する. (4) 《口語》〈職業・活動など〉につく, 進出する: He *broke into* the movies. 映画界にはいった. ***break it down*** 《豪口語》(好ましくないことを)やめる, よす (stop it): *Break it down!* ***break loose*** ⇨ loose *adj.* 成句. ***break off*** (*vt.*) (1) ⇨ *vt.* 3 c. (2) ⇨ *vt.* 6 a. (*vi.*) 急にやめる, 中止する. ***break open*** (1) ⇨ *vt.* 2 a. (2) 《米》持ち出す, 出してくる (bring forward). ***break out*** (*vi.*) (1) ⇨ *vi.* 3 a. (2) ⇨ *vi.* 3 e. (3) 抜け出る, 脱出する. (4) 〈吹出物が〉急に出る, 発疹(はっしん)する; 〈人・皮膚などが〉〔吹出物・汗などで〕おおわれる〔*in, into*〕: ~ *out in* a heat rash [a sweat] あせもが一杯できる[ぐっしょり汗をかく]. (5) ⇨ *vi.* 4. (6) [現在分詞を伴って]急に…し出す: ~ *out* crying [laughing] 急に泣き[笑い]出す. (7) 不意に叫び出す: ~ *out with* oaths at …をののしり出す. (*vt.*) (1) 使うために〈銃・テントなどを〉出す[用意する]. (2) 〈揚げた旗を〉広げる (release): ~ *out* a flag. (3) 《米口語》〈容器など〉から中味を取り出す; 〈品物を〉取り出す; 〈飲食物〉の用意をする (prepare): ~ *out* a whiskey bottle ウイスキー一本を取り出す / ~ *out* coffee コーヒーの準備をする. (4) 〖海事〗〈船艙(せんそう)〉から積荷を出す: ~ *out* the hold 船艙を開いて荷揚げに着手する, 揚げ荷役を始める. (5) 〖海事〗起き錨にする《錨をあげる時, 錨鎖を巻きあげて錨を海底から離す》. ***break over*** 〖電気〗ブレークオーバーする《半導体がある電圧をこえると急に導通状態となる》. ***break sheer*** ⇨ sheer[2] *n.* 3. ***break short*** 中断する. ***break up*** (*vt.*) (1) ⇨ *vt.* 3 c. (2) ⇨ *vt.* 7 b. (3) ⇨ *vt.* 8 c. (4) 〈船などを〉解体する, ばらばらにする. (5) 〈会合などを〉解散する, 終らせる; 〈会話などを〉中止する, 中断する: ~*up* a meeting. (6) 〈病気を〉直す (cure). (*vi.*) (1) 〈会合などが〉解散する; 《英》〈学校が〉休暇になる; 〈群衆などが〉分かれる (disperse). (2) 〈霜が〉解ける. (3) 〈天候が〉変わる. (4) (肉体的に)参ってしまう. (5) ⇨ *vi.* 8 b. (6) ⇨ *vi.* 10 a. (7) 〖ラグビー〗スクラムを解く. ***make or break*** ⇨ make[1] *v.* 成句.
— *n.* **1 a** 破壊, 破損, 破れ. **b** 大樽 (hogshead) に穴をあけること. **2** こわれ目, 裂け目, 切れ目 (rent): a ~ in the gas pipe ガス管の割れ目 / a ~ in the clouds 雲の切れ目. **3 a** (連続したものの)中断; 途切れ (pause): a ~ in conversation / a ~ in the rainy season 雨期[つゆ時]の晴れ間 / without a ~ 切れ目なしに, 続けて. **b** (仕事などの中間の)休憩, 小憩 (brief rest) (cf. coffee break, tea break); (授業間の)休憩[遊び]時間: a ~ for tea. **c** 〖ラジオ・テレビ〗(局名明示などのための)番組の短い中断: ⇨ station break. **4 a** (交際・友情などの)断絶 (rupture): a ~ between two families. **b** 〖電気〗切り, 断線, (回路の)遮断(しゃだん). **5 a** 脱走 (escape); 突進〔*for*〕: a ~ *for* freedom 自由を求めての脱走 / make a ~ 逃げ出す / a jail ~ 脱獄. **b** 〖法律〗不法侵入. **6 a** 開始, 始まり; 夜明け (dawn): at ~ of day 夜明けに. **b** 〖競馬〗出発, スタート. **7 a** 折れ目; 変わり目, 分岐点: a ~ *in* one's life 人生の変わり目. **b** (方向の)急転回; (馬の歩調などの)急変. **c** (証券価格の)急激な下落. **8** 《口語》機会(チャンス); 運; (特に)幸運: an even [a fair] ~ 五分五分[かなり]の見込み / a bad ~ 運の悪さ, 不運 / get a (good [lucky]) ~ = get the ~*s* 幸運に恵まれる, (運が)つく. **9 a** 《口語》(社交上の)失態, 失錯, へま, 失言 (slip): He made a (bad) ~. 失態を演じた, へまをやった. **b** 神経衰弱, ノイローゼ (breakdown). **10 a** (テニス・クリケット・野球などの)カーブ, 曲球. **b** (テニスなどで)サービスブレーク《相手のサービスを破ること》. **c** 〖クリケット〗投げられたボールが地面に接してから方向を変えること》. **11 a** 〖ボクシング・レスリング〗(試合中に組合った選手に対してレフェリーが発する)「ブレーク」の命令. **b** 〖ボウリング〗ブレーク《ストライクやスペアの続いた後のオープンフレーム》. **12** 〖造船〗船楼端《船首楼の後端, 船尾楼の前端および船橋楼の前後端》. **13** 〖音楽〗 **a** (声域の)変わり目, (音の)変換点. **b** 思春期の声変わり. **c** (ジャズ音楽における)即興風のカデンツァ. **14** 〖生物〗突然変異 (sport). **15** 〖新聞〗スペースの都合で通例最下欄で他へ移すため記事が中断される所. **16** 〖玉突〗 **a** 突き始め, 初キュー. **b** 連続の得点: make a ~ of 80 連続80点を得る. **17** 〖釣〗(魚の跳躍のための水面の)波紋. **18** 〖詩学〗(行中または行末の)休止 (pause, caesura). **19** 〖印刷〗 **a** 句切り, 段落. **b** [*pl.*] 省略符(号) (⇨ suspension periods). **c** = break line. **d** (活字鋳造の際にできる)ぜい片. **20** 〖鉱業〗断層 (fault).
give a person a break 人に(もう)一度やらせてみる; 人を大目に見る; 人に手を貸す, 助け船を出す.

break[2] [bréɪk] 〖《1831》《転用》? ← 《廃》*break* cage, framework ←?: cf. break[1] (*vt.*) 15 a〗 — *n.* (*also* **brake**) **1** 幼馬調教車《御者台があって車体のない車》. **2** 四輪の大型遊覧馬車. **3** 《英》= station wagon.

break·a·ble [bréɪkəbl] *adj.* こわすことができる; こわれやすい, くずれやすい, もろい. — *n. pl.* 破損しやすい品物, 割れ物. **bréak·a·bly** *adv.* **~·ness** *n.*

break·age [bréɪkɪdʒ] *n.* **1** こわすこと; 破損, こわれ. **2 a** [通例 *pl.*] 破損物[品]. **b** 破損個所[部分]. **3** 〖商業〗破損高; 破損見越し高; 破損賠償高: allow for ~ 破損を見越して差引く. **4** 〖海事〗 **a** 荷隙(にすき)《船艙(せんそう)内の積荷余地》. **b** 積荷破損. **5** 〖競馬〗(配当金計算における)端数切捨て; 端数切捨金, (これによる主催者側の)利益金.

bréak·awày 〖← *break away* (⇨ break[1] (v.) 成句)〗 — *n.* **1** 分離, 切断. **2 a** (仲間からの)離脱; (主義などからの)転向; (伝統からの)逸脱, 遊離: make a ~ *from* …. **b** 逸走, 脱走, 解放. **3** 《豪》 **a** (家畜の群れなどが)先を争って走り出すこと. **b** 群から離れた動物. **4** 《米》(劇場などで, けんかの場面などに使う)簡単にこわれる[破れる]小道具[家具](など) (cf. *adj.* 2). **5** 《米》〖スポーツ〗早過ぎるスタート, フライング. **6** 〖ボクシング〗(インファイト後の)ブレーク. **7** 〖ラグビー〗(ボールを持ってする敵のゴールへの)突進. **8** 〖航空〗(流れの)剝離: a ~ of flow. — *attrib. adj.* **1** 〈団体などの一部が〉分離する, 脱退した: a ~ fraction 分派. **2** 《米》〈舞台装置・小道具など〉こわれる[破れる]ようにして[作って]ある (cf. *n.* 4): a ~ chair, dress, etc.

bréak·bòne fèver *n.* 〖病理〗デング熱 (⇨ dengue).

bréak-bùlk *adj.* 小口分けした《船艙(せんそう)内全部のまたはコンテナ内全部の一まとめの荷物を分けて小口に別々のものとした; cf. *break* BULK[1]》.

bréak cròp *n.* 〖農業〗区切り作物《連続して栽培されている穀物に区切りをつける作物》.

bréak·dòwn 〖← *break down* (⇨ break[1] (v.) 成句)〗 — *n.* **1** (機械・列車などの)破損, 故障; 破壊; (事業などの)崩壊, 倒産 (downfall); (交渉などの)決裂, 分裂: a ~ of negotiations. **2** (過労などで)倒れる[参る]こと (collapse), (肉体的・精神的)虚脱, 衰弱: ⇨ nervous breakdown. **3 a** 分類 (classification). **b** 内訳; (わかりやすくした)説明. **4** 《米》(騒々しく動きの激しい)民俗舞踊. **5** 〖化学〗分解(作用) (decomposition); 分析 (analysis): a ~ product. **6** 〖電気〗絶縁破壊.

bréakdown gàng *n.* 《英》〖鉄道〗救難[応急]作業隊 (《米》wrecking crew).

bréakdown lìghts *n. pl.* 〖海事〗= not-under-command lights.

bréakdown vàn *n.* 応急作業車, 救難車.

bréakdown vòltage *n.* 〖電気〗破壊電圧《絶縁物に電圧を加えて絶縁が破壊された時の電圧》.

bréak·er[1] 〖? late OE: ⇨ break[1], -er[1]〗 — *n.* **1** こわす[破る]人, 破砕者: a ~ of promise. **2 a** 破砕機, 破岩機, 破炭機. **b** 〖電気〗= circuit breaker. **c** 〖紡織〗亜麻(あま)・大麻・黄麻の木質部を破砕する機械, 砕茎機. **d** (開墾地用の)すき. **3** (海岸や暗礁などに当たって砕ける大きな)砕け波, 波浪, 白波. **4** (動物を仕込む)調練者: a horse ~ 馬の調練師. **5** 〖自動車〗ブレーカー《タイヤのカーカス (carcass) の上に付けて外部からの衝撃を緩和する補強帯》.
Breakers ahead! (1) 〖海事〗本船の針路上に波浪が見えます《暗礁を暗示するような特殊な波が見えた時の合図》. (2) 前途に危険がある.

break·er[2] [bréɪkə | -kə(r)] 〖《1833》《転訛》← Sp. *bareca* 《変形》← *barrica* cask〗 *n.* 〖海事〗(小舟に乗せる飲料水用の小さな)水樽.

bréak-éven 〖会計〗 *adj.* 生産費と売上額が同額の; 損得なしの, とんとんの: a ~ rent. — *n.* = break-even point.

bréak-éven chàrt *n.* 〖会計〗損益分岐図表.

bréak-éven pòint *n.* 〖会計〗損益分岐点《収益が費用と同額となり損得なしになる点》.

break·fast [brékfəst] 〖《1463》← ME *to breken faste* to put an end to fasting: ⇨ break[1], fast[1]〗 — *n.* **1** 朝食: at ~ 朝食の時に; 朝食を食べて / have [take] ~ at seven 7時に朝飯を食べる. **2 a** (時間に関係なく)その日最初の食事; (時間に関係なく朝食のような簡単な)食事. **b** = wedding breakfast. — *vi.* 朝飯を食べる: ~ *on* …で朝食をすます. — *vt.* 〈人に〉朝食を供する. **~·less** *adj.* **~·er** *n.*

bréakfast cèreal *n.* = breakfast food (cf. cereal 3).

bréakfast cùp *n.* モーニングカップ《朝食用の大型コーヒー[紅茶]茶碗》.

bréakfast fòod *n.* 朝食用のインスタント食品《オートミール・コーンフレークスなどの加工食料品》.

bréak·frònt *adj.* 〈たんす・本箱など〉中央部が前に張り出している. — *n.* 左右の面より中央部が前に張り出したたんす[本箱など].

breakfront

bréak-ìn *n.* **1** 押し入り, 割り込み; (家への)侵入. **2** 試行, 試演, 試運転, 使いならし.

bréak·ing *n.* **1** 破壊: a ~ test 〖機械〗破壊試験. **2** 〖電気〗断線. **3** 〖《なぞり》← G *Brechung*〗〖音声〗割れ, 分裂《単母音の二重母音化; 次にくる子音の影響を受けて単母音が half > healf, were > weore のように二重母音に変じることで, 古英語に多い; cf. broken vowel》.

breaking and entering 〖法律〗= housebreaking 1.

bréaking lòad *n.* 〖機械〗破壊荷重, 破断荷重《物体が外力によって破壊される時の荷重》.

bréaking pòint *n.* **1** 〖機械〗破壊点《膨張・圧力への抵抗の限界点》. **2** 持ちこたえられる[忍耐できる]限度.

bréaking strèngth [strèss] *n.* 〖機械〗破壊強さ, 破壊応力《物体が外力によって破壊される時の応力》.

bréak lìne *n.* 〖印刷〗(段落の最後の行がごく短かい)行末あきの行, ブレークライン.

bréak·nèck *adj.* (首の骨を折りそうな)危険極まる; 猛スピードの; 非常に急な: a ~ speed, climb, etc.

bréak·òut *n.* **1** 囲みを破って出ること, 包囲突破 (cf. breakthrough 1). **2** 発疹, 吹出物. **3** 井戸掘削道具を分離すること[取りはずすこと].

bréak·òver *n.* **1** (新聞・雑誌掲載の記事で)他のページに続く部分 (cf. jump *n.* 9). **2** 〖電気〗ブレークオーバー《半導体がある電圧をこえると急に導通状態となること》.

bréak·pòint *n.* **1** (ある経過の中での)中断点. **2** 〖テニス〗ブレークポイント《相手のサービスをブレークしうる状態; ブレークポイントによる得点》.

bréak·thròugh *n.* **1 a** (妨害・難関などの)突破. **b** 〖軍事〗(敵陣地の)完全突破, 大規模な突破; 突破口の

形成 (cf. breakout 1). **2** 《米》(物価・評価などの)急騰: a ~ in steel prices. **3** (科学などの)顕著な進歩, 大躍進: make a ~ in ...に大きな前進を見せる.

bréak·ùp *n.* **1** 解体, 破裂 (disruption); 破壊, 崩壊, 壊滅 (destruction): the ~ of marriage 結婚解消. **2** 分割, 分散 (division). **3 a** (学期末休暇にはいる時の)解散. **b** 散会 (dispersal). **4** (夫婦・友人などの)別離; 仲たがい, 絶交, 絶縁. **5** (カナダ・アラスカなどで)早春に川や港の氷が溶けること; 氷が溶けて船舶の航行が可能になった日.

bréak·wàter *n.* 防波堤, 波よけ.

bréak·wìnd [-wìnd] *n.* 《英》防風林, 防風設備 (windbreak).

bream[1] [bríːm] 〘《c1387–95》 *breme* ☐ OF *bre(s)me* (F *brème*) ← Gmc: cf. G *Brassen*〙 — *n.* (*pl.* ~, ~**s**) 〘魚類〙 **1** ブリーム (*Abramis brama*) 《ヨーロッパ産の扁平なコイ科ブリーム属の淡水魚; うろこは光によって変化し, 模造真珠の塗料になる》. **2** タイ科のタイに似た海魚の総称 (cf. sea bream). **3** =bluegill.

bream[2] [bríːm] 〘《1626》 ← ? Du. *brem* broom, furze〙 *vt.* 〈船の底〉の付着物を(焼いて)かき取る.

breast [brést] 〘OE *brēost* < Gmc **breustam* 《原義》 swelling (G *Brust*) ← IE **bhreu-s-* to swell (OIr. *brū* abdomen, womb, bosom)〙 — *n.* **1 a** 乳房(の一方), 乳: give the ~ to a child 子供に乳を与える / Her ~ dried. 乳が出なくなった / a child *at* the ~ 乳飲み子 / rear a child *at* the ~ 子供を母乳で育てる / past the ~ 乳離れして / take [suck] the ~ 〈赤ん坊が〉乳を飲む[しゃぶる]. **b** はぐくむもの, 育成の元[母胎]. **2 a** 胸部, 胸 (chest): clap a person to one's ~ 人を抱きしめる / plunge a knife into a person's ~ ナイフを人の胸部に突き刺す. **b** (衣類の)胸部: the ~ of a coat. **c** (鳥・子羊・子牛などの骨つきの)胸の部分, 胸肉 (⇨ mutton[1], lamb, veal 挿絵). **3** 胸のうち, 胸中, 心情, 思い (heart): a troubled ~ 騒ぐ胸の中, 思い悩む心 / have a feeling heart in one's ~ 胸に優しい心をもつ. **4 a** 胸状部. **b** (山・丘の)中腹: the ~ of a hill 丘腹. **c** (手すりなどの)けた腹. **d** (器物の)側面. **5** 〘鉱山〙 **a** あご面. **b** 採掘場, 切場(きりば) (⇨ room 7). **6** 〘冶金〙湯だまり.

beat one's breast (胸をたたいて)怒り[悲しみなど]を大げさに外に表わす[示す]. ***make a clean breast of*** 〈秘密・罪など〉を残らず打ち明ける, 洗いざらい白状する. ***take to one's breast*** 〈孤児などを〉引き取る[受ける], 世話する.

— *vt.* **1** ...に胸を突き出す[向ける]; 胸に受ける; ...に(向かって)突き進む: ~ the waves 波をついて進む / The racer ~*ed* the tape. 競走者はテープを切った[ゴールにはいった]. **2** ...に雄々しく対抗する[立ち向かう], 物ともしない: ~ the storm of popular anger 民衆の怒りの矢面に雄々しく立ち向かう / ~ it *out* どこまでも抵抗する[押し通す]. **3** 《英》(ぐんぐん)〈坂を〉登る (climb). **4** ...と並んで行く. — *vi.* **1** 突き進む. **2** (人に話しかけるために)近づく.

breast in 〘海事〙(船首からボースンチェアなどを外舷に下した時船側から離れるのでこれを)縛って船側へ引きよせる. ***breast off*** 〘海事〙 (1) 岸壁と平行に離して船を係留する. (2) 〈船が〉岸壁と平行のまま離れる.

bréast·bànd 〘《15C》〙 — *n.* **1** 〘馬具〙胸帯 (breast collar). **2** 〘海事〙胸部ささえ帯《船側から体を乗り出して水深を測定する水夫が落ち込まぬように胸のあたりをささえている帯》.

bréast·bèam *n.* **1** 〘海事〙船楼端ビーム. **2** 〘紡織〙ブレストビーム《織機の最前部のはり》.

bréast-bèating *n.* (怒り・悲しみなどを)大げさに外に表わす[示す]こと.

bréast·bòne 〘OE *brēostbān*: ⇨ breast, bone[1]〙 *n.* 〘解剖・動物〙胸骨 (sternum).

bréast còllar *n.* 〘馬具〙胸帯.

bréast-déep *adj., adv.* 胸まで深い[深く], 胸まで届く.

bréast drìll *n.* 胸当て錐(きり)《胸当てに胸を当てて力を加えながらもむドリル》.

bréast·ed *adj.* [通例複合語の第2構成素として] (...の)胸をした: red-*breasted* / wide-*breasted*.

Breas·ted [bréstɪd, -təd], **James Henry** *n.* (1865–1935) 米国の考古学者・エジプト学者.

bréast-fèd *adj.* 母乳で育てた (cf. bottle-fed): a ~ baby 母乳で育てた赤ん坊.

bréast-fèed *vt.* (-fed) 〈赤ん坊を〉母乳で育てる (cf. bottle-feed).

bréast-fèed·ing *n.* 母乳を与えること; 母乳栄養.

bréast hàrness *n.* 〘馬具〙鞅(むながい), 胸当て《首輪なしで胸帯 (breastband) でつないだ馬具》.

bréast-hígh 〘《15C》〙 *adj., adv.* 胸の高さまで(達する).

bréast-hìgh scént *n.* 〘狩猟〙猟犬が頭をあげて走るほど強い獣の遺臭.

bréast·hòok *n.* 〘海事〙 **1** ブレストフック, 船首肘板(ちゅうばん)《船首補強のための水平におくV形のブラケット》. **2** 船尾肘板《crutch ともいう》.

bréast·ing *n.* ブレスティング《靴のかかとの土踏まずに続く側面をおおう皮; ⇨ shoe 挿絵》.

bréast-knòt *n.* ブレストノット《えりに付けるちょう結びの優雅なボウ (bow) で, 大抵華やかな色彩のリボンを用いる; 18 世紀ごろ盛んに用いられ, 当時はドレスの胸に付けた》.

bréast-lìne *n.* 〘海事〙ブレストライン, 正横方向係索《船首尾線とほぼ直角に張られる係船索》.

bréast mìlk *n.* 母乳.

bréast·pìn *n.* **1** 《米》(婦人用の)胸の飾りピン, ブローチ (brooch). **2** ネクタイピン (tiepin).

bréast·plàte 〘《1358》〙 — *n.* **1 a** 〘甲冑〙胸甲, 胸当て (⇨ armor 挿絵). **b** 〘馬具〙=breast harness. **2** (亀の)胸板, 腹甲, 羽目板. **3** (ユダヤ高僧が胸に下げる宝石で飾った四角な)胸当て. **4** 《米》(アメリカインディアンなどが装飾として胸につける金属製の)胸飾り. **5** 棺の銘板.

bréast·plòw *n.* (耕作用の)胸当てプラウ.

bréast pòcket *n.* 胸部のポケット.

bréast pùmp *n.* (乳の張る人が用いるらっぱ状の)搾乳器.

bréast·ràil *n.* **1** 〘海事〙船楼端手すり《船首楼や船尾[後甲板]の手すり》. **2** バルコニー[らんかん]の手すり.

bréast ròll *n.* 〘紡織〙=breastbeam 2.

bréast·stròke *n.* 〘水泳〙ブレスト, 平泳ぎ. **bréast·stròk·er** *n.*

breast·sum·mer [brés(t)sʌ̀mə, brésəmə | brésəmə(r)] 〘《1611》 ← BREAST+SUMMER[2]〙 *n.* 〘建築〙大まぐさ.

bréast wàll *n.* 胸壁 (cf. retaining wall).

bréast·wèed 〘乳房の炎症の治療に用いられるところから〙 *n.* 〘植物〙=lizard's-tail.

bréast whèel *n.* 前掛水車 (cf. OVERSHOT wheel).

bréast·wòod *n.* (柵(さく)に仕立てた果樹の主枝から生じる)分れ枝.

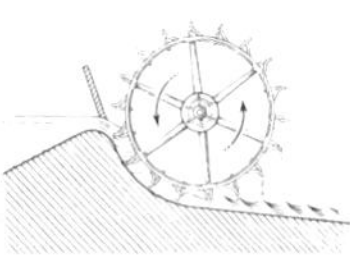
breast wheel

bréast·wòrk *n.* **1** 〘軍事〙胸墻(きょう), 胸壁, 胸土《土・石・土嚢(どのう)を盛り[積み]上げた仮設の防御壁》. **2** 〘海事〙=breastrail 1.

breastwork 1

breath [bréθ] 〘OE *brǣþ* odor, exhalation < Gmc **brǣþaz* warm air, steam (G *Brodem* exhalation) ← IE **bh(e)reu-*: ⇨ bread〙 — *n.* **1 a** 息, 気息, 呼吸 (respiration): fetch one's ~ 息を吹き返す / get one's ~ 楽に息ができるようになる / give up [yield] one's ~ 呼吸をやめる, 死ぬ / have bad [foul] ~ 息がくさい, 口臭がある / He has a smell of garlic on his ~. 彼の息ににんにくのにおいがする / have short ~=be short of ~ 息切れがする / lose one's ~ 息を切らす / ⇨ *draw* BREATH, *take* BREATH, *out of* BREATH / pant for ~ 息切れしてあえぐ / recover [regain] ~ 呼吸を回復する / with bated ~ (恐怖・期待などで)息を殺して. **b** (寒い朝など白く見える)いき, 呼気. **c** 生命(力), 活力 (vitality): as long as I have ~=while there is ~ in me 命のある限り. **2 a** 一息; 一息の間, しばらくの間, 瞬間 (instant): ⇨ *at a* BREATH. **b** 一息入れる時間, 休息 (respite). **3** (風の)そよぎ: a ~ of fresh air さわやかな微風 / There is not a ~ of air. そよとの風もない. **4** [通例否定構文で] 微(かす)かな音[声], ささやき (whisper); ささいな言葉; ささいな事 (trifle): There is *no* ~ of scandal [*not* a ~ of suspicion]. 醜聞は全然聞かない[疑惑の「ぎ」の字もない]. **5 a** ほのかな香り (whiff): the sweet ~ of lilies ほのかなユリの香気. **b** 微かなしるし[兆候]: a ~ of spring 春の息吹き. **6** 《廃》煙 (smoke); 蒸気 (vapor). **7** 〘音声〙(母音や子音に伴う)息(いき), 無声《声帯が離れているため声を伴わない状態; cf. voice 9》.

above one's breath 声を出して. ***at a breath*** 一息に, 一気に. ***below one's breath*** =*under one's* BREATH. ***be mentioned in the same breath*** [通例否定構文で] 〔...と〕比べられる, 匹敵できる 〔*with*〕: It *is not to be mentioned in the same* ~ *with* this. これとは比べものにならないほど劣る, これとは同日の談ではない. ***catch one's breath*** (1) 息を殺す, かたずを飲む. (2) 一息入れる, 一休みする. (3) あえぐ, 息を切らす (pant). ***draw breath*** 息をする[吸う, つく]; 一息入れる: *draw* (one's) ~ 息をする; 生きている / *draw* a long ~ ため息をつく / *draw* a deep ~ of clean air きれいな空気を胸一杯に吸う / *draw* one's first ~=first *draw* ~ 初めて呼吸をする《この世に生れ出る》/ *draw* one's last [dying] ~ 息を引き取る, 死ぬ. ***gasp for breath*** (1) 息苦しくてあえぐ. (2) あまりのことにびっくりする. ***gather breath*** (ようやく)息をつく, 息を入れる. ***have no breath left*** (運動の後などで)息が苦しい. ***hold*** [***keep***] ***one's breath*** (恐怖などで)一瞬息を止める, 息を殺す; 息を凝らす, かたずを飲む. ***in a breath*** =*at a* BREATH. ***in one breath*** (1) =*at a* BREATH. (2) =*in the same* BREATH. ***in the same breath*** 一斉に, 同時に, 直ちに, 矢継ぎ早に: He says yes and no *in the same* ~. うんと言ったかと思うとすぐいやと言う / ⇨ *be mentioned in the same* BREATH. ***keep one's breath to cool one's porridge*** (余計なことを言わずに)黙っている, 話を控える. ***knock the breath out of*** 〈人〉をあっと驚かせる. ***out of breath*** 息を切らして, 息切れして: get *out of* ~ 息が切れる / put a person *out of* ~ 人を息切れさせる / run oneself *out of* ~ 走って息を切らす. ***save*** [***spare***] ***one's breath*** (言ってもむだなので)黙っている. ***spend one's breath*** =WASTE *one's breath*. ***take breath*** 息をする[つく]; 一息入れる (pause): *take* a long [deep] ~ 深く[ほっと]息をつく; 深呼吸する. ***take a person's breath*** (***away***) (驚き喜びなどで)人を物も言えないほど唖然と[びっくり]させる, あっと言わせる (cf. breath-taking 2 b): The sight *took my* ~ away. その光景にはっと息を飲んだ. ***the breath of life*** [***one's nostrils***] 貴重なもの, 必要欠くべからざるもの (cf. *Gen* 2:7; 7:22). ***to the last breath*** 息を引き取るまで, 死ぬまで. ***under one's breath*** ひそひそと, 声をひそめて: speak *under one's* ~ 声をひそめて[ひそひそと, 小声で]話す. ***with one's*** [***the***] ***last breath*** (1) 息を引き取るときに, 臨終に. (2) 最後まで, 飽くまで.

breath·a·ble [bríːðəbl] *adj.* **1** 呼吸に適している. **2** 空気を通す. **~·ness** *n.* **brèath·a·bíl·i·ty** [-ðəbíləṭi | -lɪti, -lɪ-] *n.*

breath·a·lyse [bréθəlàɪz] 〘《逆成》← BREATHALYZER〙 《英》 — *vt.* 〈自動車運転者〉に(通例, 酒気検知器で)呼気検査をする《breath-test ともいう》. — *vi.* 呼気検査を受ける.

Bréath·a·lỳs·er *n.* =Breathalyzer.

Breath·a·lyz·er [bréθəlàɪzə | -zə(r)] 〘← BREATH+(AN)ALYZE+-ER[1]〙 — *n.* 《英》〘商標〙ブレサライザー《酒気検知器; 自動車運転者の呼気中のアルコール濃度を検出する; cf. drunkometer》.

breathe [bríːð] 〘《?a1200》 *brethe(n)*: ⇨ breath, -en[1]〙 — *vi.* **1 a** 息をする, 呼吸する (respire): ~ hard [heavily] 息づかいがあらい / ~ *in* 息を吸い込む / ~ *out* 息を吐き出す / ~ *on* the lenses レンズに息をふきかける. **b** 生きている (live): all that ~s 生きとし生けるもの / He is still *breathing*. まだ生きている[息がある]. **c** 活力をもち続ける. **2** 一息つく, 休息する (rest): Let's ~ for a moment. ちょっと一息つこうじゃないか. **3** 〈精神などが〉息づく, 発現する: the spirit that ~s through his work 彼の作品に息づいている精神. **4** 〈ぶどう酒・生地・花などが〉新しい空気に当てられる. **5 a** 〈風が〉かすかに吹く, そよぐ. **b** 〈香りなどが〉漂う. **6** 言葉を発する. **7** 〈内燃機関が〉空気を消費する. **8** 《廃》発散する; においを出す (smell). — *vt.* **1** 呼吸する, 吸う: ~ foul [fresh] air よごれた[新鮮な]空気を呼吸する / ~ (*in*) the scent of flowers 花の香りを胸一杯に吸い込む / ~ one's last (breath) 息を引き取る, 死ぬ (cf. last[1] *n.* 2). **2** 〈空気などを〉吐き出す, 〈香りなどを〉発散する (exhale) 〈*out*〉: monsters that ~ (*out*) fire 火を吐く怪物 / He ~*d out* whiskey fumes (in my face). (私の顔に)ウイスキー臭い息を吹き掛けた / The flowers were *breathing forth* fragrance. 花が芳香を放っていた. **3** 〈生命などを〉〔...に〕吹き込む (infuse) 〔*in, into*〕: ~ new life *into* a person [conversation] 人に新しい活力を蘇(よみがえ)らせる[座談に新しい活気を与える]. **4 a** ...に息をつがせる, 休ませる: ~ a horse. **b** [~ one*self* または Passive で] 一息入れる, 休む: Now you *are* sufficiently ~*d*, aren't you? さあもう十分に休んだだろう. **5 a** 運動させる (exercise): ~ a dog 犬を運動させる. **b** 息切れさせる, 疲れさせる (exhaust): I was so ~*d* that I could hardly walk. 疲れてしまって歩けないほどだった. **6 a** 小声で言う, ささやく (whisper); 〈言葉を〉漏らす; 〈溜息などを〉つく: ~ a prayer 小声で祈りの言葉を唱える / ~ words of love 愛の言葉をささやく / You mustn't ~ a word [syllable] *about* [*of*] it. そのことについては一言も漏らしてはならない / She ~*d* a word against him. 一言彼に対する不平を漏らした / We all ~*d* a sigh of relief. みんなほっと安堵の息をついた. **b** 激しく言う (cry out): ~ *out* [*forth*] threats おどし文句をがなり立てる. **c** 〈精神などを〉表わす, 示す (show): Her manners ~ innocence. 彼女の態度にあどけないところがある.

As I live and breathe (...)***!*** 《口語》全く驚いたことに(...). ***breathe again*** [***easily, freely***] (緊張・心配・危険などがなくなって)ほっと(安心)する, 生返った思いをする. ***breathe in*** (*vt.*) (1) ⇨ *vt.* 1. (2) 〈相手の言葉を〉よく注意して[興味をもって]聞く. (*vi.*) ⇨ *vi.* 1 a. ***breathe of*** 《古・詩》...の香りがする: The wind ~*d of* spring. 風は春の香を漂わせていた. ***breathe*** (***up***)***on*** (1) ...に息を吹き掛ける. (2) 〈名声・名誉など〉を汚す (tarnish).

breathed [bréθt | bréθt, bríːðd] 〘ME〙 — *adj.* **1** [複合語の第2構成素として] (...の)息をしている: long-*breathed* 息が長く続く, 長広舌をふるう. **2** 〘音声〙無声(音)の, 息(いき)の (voiceless).

breath·er [bríːðə | -ðə(r)] 〘ME〙 — *n.* **1 a** 呼吸する人[動物]; 生息者, 生きもの: a heavy [mouth] ~ 荒い息づかいの[口で息をする]人. **b** 息を吹き込む人. **2** 《口語》息切れさせるもの; (息切れするような)激しい運動. **3** 《口語》息をつくだけの間, 一息, 一休み (pause): have [take] a ~ 一休みする, 一息つく. **4** (気密機械のおおいの)息抜き(管)《内・外の気圧を等しくするために設ける; breather pipe ともいう》. **5** (呼吸が困難な状態の者への)空気[酸素]供給装置.

bréath gròup *n.* 〘音声〙呼気段落《一息に発声する音群; cf. sense group》.

bréather pìpe *n.* =breather 4.

breath·ing [bríːðɪŋ] 〘ME〙 — *n.* **1 a** 呼吸, 息づかい (respiration): deep ~ 深い息づかい, 深呼吸. **b** [形容詞的に] 呼吸する(ための), 呼吸の: ~ exercise (体操の)呼吸運動. **2 a** 一呼吸(の間), 瞬間: in a ~ 一瞬の間に. **b** 息をつくこと, 休息, 休止 (pause): get a minute's ~ 一分の休息を得る. **3** =breather 2. **4** (空気・香気などの)浮動, 微動, ただよい; 微風. **5**

口に出すこと,(秘密などを)漏らすこと: give ~ to ... を口に出す, 言う. **6** (霊気などを)吹き込むこと; 霊感 (inspiration). **7** 熱望 (aspiration) 〔*after*〕; 願望 (longing) 〔*for*〕. **8** 〖ギリシャ語文法〗気息音 ([h]); (その有無を示す)気音符《語頭母音に気息音がある場合の rough breathing (ʽ) と, ない場合の smooth breathing (ʼ) の二つがある》.

— *adj.* **1** 呼吸している. **2** 〈絵画・彫像など〉息づくような; 生きているような, 躍如たる (lifelike).

bréathing capàcity *n.* 肺活量 (vital capacity).

bréathing hòle *n.* **1** (檣などの)息抜き穴, 空気穴 **2** (昆虫などの)呼吸孔, (鯨などの)噴水孔 (spiracle).

bréathing màrk *n.* 〖音楽〗呼吸記号《楽譜上で歌手・管楽器奏者が呼吸する個所を示す記号, ʼ または ∨ など》.

bréathing plàce *n.* **1** (唱歌や朗読の)息つぎ場所; (詩の)中間休止 (caesura). **2** (空気のよい)保養地.

bréathing pòre *n.* 〖生物〗気孔 (stoma).

bréathing spàce *n.* **1** 息つく場所, 憩いの場. **2** =breathing time. 「える暇.

bréathing tìme [spèll] *n.* 息つく暇, 休息時間; 考

bréath·less 〖ME〗 — *adj.* **1** 息切れした; あえいでいる: laugh oneself ~ 笑いすぎて呼吸が苦しくなる. **2** 息切れさせる, 息もつけない(ほどの): at a ~ speed 息もつかせぬ速力で / in ~ haste 大急ぎで. **3** 息もつかない, 息を殺した, かたずをのんだ; ~ listeners 息を殺して聞き入っている人々 / ~ anxiety 息もつけない不安[心配] / with ~ interest (どうなるかと)はらはらして, 一心不乱に / hold a person ~ 人にかたずをのませる / be ~ *with* expectation かたずを飲んで待ちもうける. **4** そよとの風もない, (蒸し暑く)むっとする: a ~ day. **5** 息をしていない, 息の絶えた; 死んだ (dead): a ~ corpse. **~·ly** *adv.* **~·ness** *n.*

bréath·tàking *adj.* **1** 息もつけないほどの: a ~ pain. **2 a** はらはらさせる, スリルに満ちた: a ~ car race はらはらするような自動車レース. **b** あっと言わせる(ような) (astonishing): a ~ beauty あっと驚くような美人. **~·ly** *adv.*

bréath·tèst *vt.* =breathalyse.

bréath tèst *n.* 《英》(飲酒の有無を調べる)呼気検査.

brec·ci·a [brétʃiə, brétʃə, bréʃ- | -tʃə, -ʃə] 〖(1774) ▭ It. ~ 'gravel of broken walls' ← Gmc (OHG *brecha* ← *brechan* 'to BREAK¹')〗 — *n.* 〖地質〗角礫(かくれき)岩, 角銮岩 (cf. microbreccia).

brec·ci·ate [brétʃièɪt, -ʃi- | -tʃɪ-, -ʃɪ-] 〖⇨↑, -ate³〗 *vt.* **1** 〈岩を〉砕く. **2** ...に角礫(かくれき)岩を形成させる, 角礫岩化する.

brec·ci·ation [brètʃiéɪʃən, -ʃi- | -tʃɪ-, -ʃɪ-] *n.* 〖地質〗角礫(かくれき)化作用.

Brecht [brékt; G. brέçt], **Ber·tolt** [bέrtɔlt] *n.* ブレヒト《1898–1956; ドイツの劇作家・詩人; *Die Dreigros chenoper* (1928; 英訳 *The Threepenny Opera,* 1933), *Mutter Courage und ihre Kinder*「肝っ玉母さんと子供達」(1941)》.

Brecht·i·an [bréktiən | -tɪ-] *adj.* ブレヒト (Brecht) (流)の. — *n.* ブレヒト信奉者.

Breck. 《略》Brecknockshire.

Breck·in·ridge [brékɪnrɪdʒ, -kən- | -kɪn-], **John Cabell** *n.* (1821–75) 米国の副大統領 (1857–61), 南北戦争の際の南部連邦の将軍・陸軍大臣.

Breck·nock [bréknɑk, -nək | -nɔk, -nək] *n.* =Brecon.

Breck·nock·shire [bréknɑkʃiə, -nək-, -ʃə | -nɔkʃə(r, -nək-, -ʃɪə(r] 〖← Welsh *Brychan* (5 世紀ごろのケルト族の王の名)+-*iog* (領地名語尾): ⇨ -shire〗 — *n.* =Breconshire.

Brec·on [brékən] *n.* **1** =Breconshire. **2** ウェールズ Powys 州の都市, 旧 Breconshire 州の首都; 人口 6,000.

Brécon Béa·cons Nátional Párk [-bíːkənz-] *n.* ブレコンビーコンズ国立公園《ウェールズ Powys 州南部に Gwent 州・Mid Glamorgan 州・Dyfed 州の一部を加えた海抜 900 m 位の地域, 1957 年指定; 面積 1,340 km²》.

Brec·on·shire [brékənʃiə, -ʃə | -ʃə(r, -ʃɪə(r] 〖← *Brecon* ▭ Welsh *Brychan*: ⇨ Brecknockshire〗 — *n.* ウェールズ南部の旧州; 面積 1,344 km², 首都 Brecon; Brecknockshire ともいった; 1974 年に Powys, Gwent, Mid Glamorgan 州の一部となった.

bred [bréd] 〖OE *brēdde* (pret.) & (*ġe*)*brēd*(*d*) (p.p.)〗 — *v.* breed の過去形・過去分詞. — *adj.* [複合語の第 2 構成素として] 育ちが...である: ill-*bred* 育ち[しつけ]の悪い / city-*bred* 都会育ちの / pure*bred* 純血種の.

bréd-in-the-bóne *adj.* 持って生れた, 生れつきの.

Bre·da [breɪdάː; *Du.* bredáː, brə-] *n.* ブレダ《オランダ南部の都市; 人口 76,000》.

brede [bríːd] *n.* 《古》=braid.

bréd óut *adj.* **1** 退化した. **2** 〖動物〗(交雑により, 劣性遺伝子がホモ (homogygous) になり)退化した.

bree [bríː] 〖OE *briw* pottage < Gmc **briwaz* (Du. *brij* / G *Brei*)〗 *n.* 《スコット》(物を煮た)煮汁, スープ (broth).

breech 〖OE *brēc* (pl.) ← *brōc* < Gmc **brōks* (G 《廃》*Bruch*): cf. L *brācae* (pl.) breeches ← Celt.〗 — [bríːtʃ] *n.* **1** (人体の)しり, 臀部(でんぶ) (buttocks), 尾部. ★ 産科以外では《古》. **2 a** (銃砲の)砲尾, 銃尾, 尾筒部 (⇨ cannon 挿絵); 閉鎖機《装塡後の火砲の砲身の後端を閉鎖する装置》. **b** 滑車の底部. **3** [*pl.*] ⇨ breeches. **4** 〖海事〗ブリーチ《肘 (knee) の外側の部分; cf. throat 5》. — *vt.* **1** [bríːtʃ] 〈銃砲〉に銃尾[砲尾]を付ける. **2** [brítʃ] 《古・方言》〈男の子〉に半ズボン (breeches) をはかせる. **3** [brítʃ, bríːtʃ] 《古》...のしりをむちで打つ.

bréech bìrth *n.* 逆産, 逆子.

bréech·blòck *n.* (砲の)閉鎖機本体, 尾栓《閉鎖機 (breech) の主要部で, 砲尾を閉鎖する開閉装置》; (銃の閉鎖機の)螺体(らたい).

bréech·clòth *n.* =breechclout.

bréech·clòut *n.* 腰布 (loincloth).

bréech delìvery *n.* 〖医学〗骨盤位[臀位]分娩.

breeched *adj.* **1** [bríːtʃt] 砲尾[銃尾]の付いた. **2** [brítʃt] 《古・方言》半ズボン (breeches) をはいた.

breech·es [brítʃɪz, -tʃəz] 〖ME〗 — *n. pl.* **1** (膝上までの長さの)ズボン, 半ズボン (cf. knee breeches, riding breeches): a pair of ~ 半ズボン 1 着. **2** 《口語》ズボン (trousers).

too big for one's breeches ⇨ big¹ 成句. ***wear the breeches*** ⇨ wear¹ 成句.

Bréeches Bíble *n.* [the ~] Geneva Bible の俗称《*Gen.* 3:7 でアダムとイブがいちじくの葉で作った breeches (A. V. では apron) で前をかくしたとあることから》.

bréeches bùoy [bríːtʃɪz-, brítʃ-, -tʃəz-] *n.* 〖海事〗(ズック製)ズボン型救命浮具《救助船と遭難船の間に張った綱に掛けて人を空中輸送して救助するためのもの》.

breeches buoy

bréeches pàrt *n.* 〖演劇〗女優の演じる男役.

bréeches pìpe *n.* 二叉管.

breech·ing [bríːtʃɪŋ, brítʃ- | brítʃ-] *n.* **1** (馬の)しり帯 (⇨ harness 挿絵). **2** (ボイラーと煙突とを結ぶ)煙管. **3** 羊・野羊・犬の臀部(でんぶ)や後脚に生えた短い剛毛. **4** 《廃》しりのむち打ち. **5** 〖海軍〗駐退索《もと, 砲尾の環に通して砲身を舷側(げんそく)につなぎ発砲の際砲の後退を防ぐのに用いた》.

breech·less 〖ME〗 *adj.* **1** [bríːtʃlɪs, -ləs] 後身[銃尾]のない. **2** [brítʃ-] **a** 半ズボン (breeches) をはいていない. **b** 〈男の子が〉まだ半(ズ)ズボンをはかない.

bréech·lòader *n.* 後装銃[砲], 元込め銃[砲]《銃[砲]身の後部から弾薬を装填する式のもの; cf. muzzle-loader》.

bréech-lòading *adj.* 〈銃砲が〉後装(式)の, 元込めの (cf. muzzle-loading): a ~ gun 後装銃[砲].

breed [bríːd] 〖OE *brēdan* to cherish < (WGmc) **brōdjan* (G *brüten*) ← **brōd-* 'BROOD'〗 — *v.* (**bred** [bréd]) — *vt.* **1** 〈動物が〉〈子を〉生む; 〈鳥が〉〈卵を〉かえす. **2 a** 〈牛・羊などを〉繁殖させる (propagate), 飼育する (raise): ~ horses, cattle, dogs, etc. **b** 〈牛・馬などを〉〔...と〕掛け合わせる, 交配させる (mate) 〔*to, with*〕. **c** 妊娠させる. **d** 〖園芸〗〈新品種を〉作り出す; 〖牧畜〗〈品種を〉改良する. **3 a** [しばしば目的補語, 目的語+*to* do を伴って]〈人を〉養育する (bring up), 教育する (train): be *bred in* luxury 贅沢に育つ / be *bred for* the church 牧師に(なるように)育てられる / children *bred on* comics 漫画を見て育った子供たち / He was *bred* (*up*) *to* the law. 法律を仕込まれた / He was *bred* (*to be*) a gentleman. 紳士になるように教育を受けた. **b** 〈行儀などを〉〔子供などに〕教え込む (inculcate) 〔*into*〕: ~ good manners *into* one's children 子供たちに行儀作法を仕込む. **4** 〈好ましくない物事を〉(引き)起こす, 生じる (produce): Speeding ~*s* accidents. スピードを出しすぎると事故を生む / Poverty ~*s* strife. 《諺》貧困は争いのもと,「夫婦げんかも無いから起こる」. **5** 〈土地などが〉生み出す, ...の発生源となる: Swamps ~ mosquitoes. 沼地は蚊の繁殖所となる / Northern countries ~ a race of strong men. 北国からは強健な種族が出る. **6** 〖原子力〗(増殖炉で)〈分裂性物質を〉増殖する (⇨ breeding 5).

— *vi.* **1 a** 〈動物が〉子を生む, 繁殖する. Most birds ~ in the spring. 鳥は大ていは春にひなをかえす[繁殖する] / ~ like rabbits 《軽蔑》〈人が〉やたらと子を生む. **b** 〈好ましくない物事が〉生じる: Crime ~*s* in slums. 犯罪は貧民街で生れる. **2** 〔...の〕種を取る〔*from*〕: ~ *from* a mare of good stock 良馬の種を取る. **3** 妊娠している, 子を宿している.

born and bred = ***bred and born*** ⇨ born *adj.* 成句. ***bred in the bone*** 〈性質が〉根深く植えつけられて, 親譲りの (cf. bred-in-the-bone): What is *bred in the bone* will never come out of the flesh. 《諺》生来の性分は抜けないものである, 天性は抜き難し. ***breed in*** (***and in***) 同種繁殖する; 常に近親と結婚する. ***breed out*** 品種改良によって〈特定の性質を〉除去する. ***breed out and out*** 異種繁殖する; 常に近親以外と結婚する. ***breed true to type*** 〈雑種が〉類型に固定する《常に同一特質の子を生む》. ***breed up*** 育てる, 養育する, 教育する, 養成する (cf. *vt.* 3 a).

— *n.* **1** 〖生物〗種属, 種, 血統 (stock); 品種: a ~ of dog 犬種《犬の品種》/ a new ~ of sheep 羊の新種 / shepherds of the best ~ 最良種のシェパード / this happy ~ of men この幸福な種族《英国人のこと; Shak., *Richard II* 2. 1. 45》. **2** 種類 (kind): men of the same ~. **3** 《米西部》混血児 (half-breed).

bréed·er *n.* **1** 繁殖する動物: a slow [rapid] ~ 繁殖の遅い[速い]動物. **2** 繁殖のために飼育している動物[栽培している植物], 種畜. **3 a** 繁殖者, 家畜の飼育者: a dog *breeder* / a horse *breeder.* **b** 張本人, 発起人. **4** 〖原子力〗=breeder reactor.

bréeder reàctor *n.* 〖原子力〗増殖(型原子)炉《連鎖反応に消費される以上に核分裂物質を造り出す炉》.

bréed·ing 〖ME〗 — *n.* **1** (種の)繁殖, 生殖: ~ in the line 同種異系の繁殖 / the season of ~ = the ~ season 繁殖期. **2** 飼育, 育成, 保育; 育種; 品種改良: a ~ pond 養魚池 / the ~ of horses and cattle. **3** 《文語》養育, 育て方 (nurture), しつけ, 訓育, 教育 (training): receive one's ~ *for* the army 軍隊教育を受ける. **4** 育ち, 教養, りっぱな行儀作法: a man of fine ~ 育ちのいい人, りっぱな教養のある人 / a sign of ~ よい育ちの証拠. **5** 〖原子力〗増殖(作用)《連鎖反応に用いられる元素が消費される量以上に核燃料物質を作り出す作用; cf. breeder reactor》.

bréeding gròund *n.* **1** 繁殖地. **2** (悪・病気・思想などの)温床, 培養地.

bréeding paràlysis *n.* 〖獣医〗=dourine.

bréeding plùmage *n.* 〖鳥類〗=nuptial plumage.

bréeding ràtio *n.* 〖原子力〗増殖比《増殖炉で新しく生み出された燃料の消費された燃料に対する比》.

Bréed's Hìll [bríːdz-] *n.* ⇨ Bunker Hill.

breeks [bríːks, bríks] *n. pl.* 《スコット》=breeches.

breen [bríːn] 〖《混成》← BR(OWN)+(GR)EEN〗 *n., adj.* 褐色がかった緑(の). — *adv.* 褐色がかった緑に.

breeze¹ [bríːz] 〖(1565–89) ▭ OSp. & Port. *briza* northeast wind ← ?〗 — *n.* **1 a** 微風, そよ風: There was not much of a ~. そよとの風もなかった. **b** 海陸風《昼は海から夜は陸から吹く風》. **c** 〖気象・海事〗軟風 (gentle wind)《風速毎秒 1.6–13.8 m の風; ⇨ wind scale》. **2 a** 《英口語》騒ぎ, けんか,「波風」, ごたごた (row): kick up a ~ 騒ぎ[波風]を起こす. **b** 《口語》風聞, うわさ (whisper). **3** 《俗》容易にできること[仕事], 朝飯前のこと (cinch): like a ~ たやすく / The test was a ~. 試験はたやすかった / That problem was a ~ *for* him (to solve). 彼にはその問題(を解くの)は朝飯前だった.

bat* [*shoot*] *the breeze 《米俗》(1) おしゃべりする, だべる, 油を売る (chat). (2) ばか話をする; 大言壮語する. ***have* [*get*] *the breeze up*** = *have* [*get*] *the* WIND¹ *up.* ***hit* [*split, take*] *the breeze*** 《俗》立ち去る (depart). ***in a breeze*** 《俗》容易に (easily): The horse won *in a* ~. 馬は楽勝した. ***put the breeze up*** = *put the* WIND¹ *up.*

— *vi.* **1** [通例 it を主語として] そよそよ吹く; 吹き始める; 風が勢いづく: ~ *up* 〈風が〉吹き始める, 強くなる. **2** 《口語》**a** 元気よく[楽々と, 意気揚々と]進む 〈*along*〉; 威勢よく入って来る 〈*in*〉; つかつかと近寄る 〈*up*〉: They ~*d into* [*out of*] the room. 部屋へどやどやと入って来た[からどっと出て行った]. **b** 〔...に〕ざっと目を通す; 〔...を〕難なくやってのける 〔*through*〕: ~ *through* a book, task, etc. **c** さっさと去る 〈*out, off*〉. — *vt.* 〈馬を〉元気よく速く陽気に進ませる.

breeze in 《口語》(1) ⇨ *vi.* 2 a. (2) 楽勝する.

~·like *adj.*

breeze² [bríːz] 〖(1726) ▭ F *braise* cinders, live coals: cf. braise, brazier²〗 *n.* 《英》**1** 石炭クズ, 粉炭; 粉コークス. **2** 燃え殻, 灰.

breeze³ [bríːz] 〖OE *briosa* gadfly ← ?〗 *n.* 〖昆虫〗ウシアブ (gadfly): have a ~ in one's breech じっとしていられずにはね回る.

bréeze-blòck 〖← BREEZE²〗 *n.* 《英》〖建築〗=cinder block.

bréeze cóncrete *n.* (石炭殻またはコークス灰を骨材としている)軽量コンクリート.

bréeze·less *adj.* 風のない, 静かな (calm).

bréeze·wày 〖← BREEZE¹+WAY¹〗 *n.* (屋根と柱だけの)渡り廊下; (特に, 家と車庫の間の)屋根付き通路.

breez·y [bríːzi | -zi] *adj.* (**breez·i·er; -i·est**) **1** 〈天候が〉微風のある, 風のそよぐ; 〈場所が〉風のそよ吹く, 風通しのいい: a ~ spot, place, terrace, etc. **2 a** 〈人・態度など〉元気のいい, 快活な, 陽気な, はしゃいだ (cheerful). **b** 無造作な, どこ吹く風の. **bré·ez·i·ly** [-zɪli, -zə- | -lɪ] *adv.* **bréez·i·ness** *n.*

Bre·genz [bréɪgents; G. bré:gɛnts] *n.* ブレーゲンツ《オーストリア西端部, Constance 湖畔の観光都市; 人口 23,000》.

breg·ma [brégmə] 〖▭ Gk *brégma* front part of the head: ⇨ brain〗 — *n.* (*pl.* **~·ta** [~tə | ~tə]) 〖人類学・解剖〗ブレグマ《冠状縫合と矢状縫合との交差点》.

breg·mat·ic [bregmǽtɪk | -tɪk] *adj.*

Bre·guét háirspring [brəgéɪ-; F. brəgɛ] 〖← *A. L. Bréguet* (1747–1823: フランスの時計製作者)〗 — *n.* 〖時計〗ブルゲーひげぜんまい《ひげぜんまいの外端を折り曲げて先端の保持位置をぜんまいの中心に近づけ, てんぷの振幅変動による周期誤差を少くするように工夫したもの》.

bre·hon, B- [bríːhən | -hɔn] 〖(*a*1581) ▭ Ir. *breathamh* < OIr. *brithem* judge〗 — *n.* (古代アイルランドの)裁判官《裁きはするがその決定を強制する権限はもたない; しばしば世襲であった》.

brei [bráɪ] 〖▭ G ~ 'pap': cf. bree〗 *n.* 〖細菌・生理〗ブライ《組織を懸濁液状にしたもの; 生理学実験用, またウイルスの培養基用》.

brek·ker [brékə | -kə(r] 〖← BREAK(FAST)＋-ER[1]〗 *n.* 《英大学俗》朝食.

bre·loque [brəlóuk | -lɔ́uk ; *F.* brəlɔk] 〖▭F ～《擬音語》〗 *n.* (時計の鎖やリボンなどに付ける)小飾物 (trinket)《印章・磁石など》.

Bre·men [brémən, bréɪ- | bréɪ- ; *G.* bré:mən] *n.* **1** ブレーメン(州)《西ドイツ北部の州; 人口 600,000, 面積 404 km²》. **2** ブレーメン《同州の首都, Weser 川に臨む貿易港で商業都市, ハンザ同盟の有力都市; 現在でもハンザ都市と称する; 人口 578,000》.

Brémen gréen *n.* ＝malachite green 2.

Bre·mer·ha·ven [bréməhà:vən | -mə- ; *G.* brè:mɐhá:fən] *n.* ブレーマーハーフェン《西ドイツ北部 Weser 河口にある海港; 人口 142,000》.

brems·strah·lung [brémʃtrà:ləŋ | -luŋ ; *G.* brɛ́mʃtrà:luŋ] 〖▭G ～ 'braking radiation' ← *Bremse* brake ＋*Strahlung* radiation〗 ── *n.* 〘物理〙制動放射, 制動輻射《原子核による強い電場の中を荷電粒子が通過する時に, 大きな加速度を受けてその運動エネルギーの一部を輻射の形で放出するもの》.

brem·sung [brémzuŋ ; *G.* brɛ́mzuŋ] 〖▭G ～ ← *bremsen* to decelerate ← *Bremse* (↑) : ⇨ -ing[1]〗 *n.* 〘物理〙(制動輻射 (bremsstrahlung) を出す) 制動. 「女性名.

Bren·da [bréndə] 〖(fem.) ← BRAND, BRENDAN〗 *n.*

Bren·dan [bréndən] 〖▭ Ir. *Brenainn* ← ? OIr. *brēn* stinking＋*find* hair〗 *n.* 男性名. ★ アイルランドに多い.

Bren [brén] 〖← *Br(no)* (これが初めて製造されたチェコスロバキアの市)＋*En(field)* (組立てが完成された英国の町)〗 ── *n.* 〘軍事〙ブレン機関銃《空気冷却式の軽機関銃の一種; 小銃のように肩に構えて射ち, ガスの力で操作する; Bren gun ともいう》: a ～ (gun) carrier ブレン式機関銃搭載の偵察用装甲自動車.

Bren·nan [brénən], **William J(oseph), Jr.** *n.* (1906–) 米国の弁護士・裁判官, 最高裁判事(1956–).

Brén·ner Páss [brénə- | -nə-] *n.* [the ～] ブレンナー峠《イタリア・オーストリア国境にある Alps で最も低い山道で, 古来交通の要路; 高さ 1,371 m》.

brent [brént] *n.* 〘鳥類〙＝brant.

Brent[1] [brént] 〖OE *Brægente* ▭ Celt. **Brigantia* the high or holy〗 *n.* London 西部の自治区; 人口 279,000.

Brent[2] [brént] 〖← OE *brant* steep〗 *n.* 男性名.

Bren·ta·no [brentá:nou | -nəu ; *G.* brentá:no], **Clemens** *n.* ブレンターノ《1778–1842; ドイツの詩人・小説家・劇作家》.

Brentano, Franz *n.* ブレンターノ《1838–1917; ドイツの哲学者・心理学者; Clemens Brentano の甥; *Psychologie vom empirischen Standpunkt*「経験的観点からの心理学」(1874)》.

Brentano, Ludvig Joseph *n.* ブレンターノ《1844–1931; ドイツの経済学者・社会政策学者・平和主義者; Franz Brentano の弟; 通称 Lujo Brentano [lú:jo]》.

Brent·ford [bréntfəd | -fəd] 〖OE *Breguntford* : ⇨ Brent[1], ford〗 ── *n.* (London Boroughs の一つの) Hounslow の一地区; 1016 年に Edmond Ironside が Canute の the Danes を打ち破った古戦場であり, また清教徒革命初期の 1642 年 11 月 Rupert (Prince) が議会軍を破った古戦場.

Bren·ti·dae [bréntədi: | -tɪ-] 〖← NL ～ ← *Brentus* (属名)＋-IDAE〗 *n. pl.* 〘昆虫〙(鞘翅目)ミツギリゾウムシ科.

brer [brə̀:, brɛ̀ə: | brə̀:(r, brɛ̀ə(r] 〘短縮〙 *n.* 《米南部》＝brother《*Uncle Remus* などの黒人動物寓話に用いられる》: *Brer* Fox きつねどん.

Bre·scia [bréʃə, bréɪʃə ; *It.* bré:ʃa] *n.* ブレーシャ《イタリア北部 Lombardy 地方の Alps 山麓にある都市; 人口 216,000》.

Bres·lau [bréslau | bréz- ; *G.* bréslau] *n.* ブレスラウ《Wrocław のドイツ語名》.

Brest[1] [brést ; *F.* brɛst] *n.* ブレスト《フランス北西部の大西洋に臨む海港; 海軍基地がある; 人口 164,000》.

Brest[2] [brést ; *Russ.* brjést] *n.* ブレスト《ソ連邦ベロルシア共和国南西部の Bug 川に臨む都市; 旧ポーランド領, ブレストリトフスク条約 (Treaty of Brest Litovsk) 締結地 (1918); 人口 167,000; 旧名 Brest Litovsk; ポーランド語名 Brześć nad Bugiem [bʒɛ́ɕtɕ nad búgjɛm]》.

Brest Litovsk [brést-lɪtɔ́(:)fsk | -tɔ́fsk ; *Russ.* brjést-ljitófsk] *n.* ブレストリトフスク《Brest[2] の旧名》: ⇨ TREATY of Brest Litovsk.

bres·sum·mer [brésəmə | brésəmə(r] *n.* 〘建築〙＝breastsummer. 「フランス語名」.

Bre·tagne [*F.* brətaɲ] *n.* ブルターニュ《Brittany の

bre·telle [brətél ; *F.* brətɛl] 〖▭F ～ ▭ OHG *brittil* 'rein, BRIDLE'〗 ── *n.* 肩吊り《サスペンダーのような肩吊りで, ヨーロッパの民族衣装ではよく刺繍が施されている》.

bre·tes·sé [brètəséɪ | -tə- ; *F.* brətɛse] 〖▭F ～ ← OF *bretesche* 'BRATTICE'〗 *adj.* 〘紋章〙〈fess が〉上下が凹凸になった (cf. embattled[2] 2).

brethren 〖ME ← *brether* (pl.)＋-EN[4]〗 ── *n.* **1** brother の特殊複数形 (⇨ brother 3). **2** [B-]《キリスト教》兄弟団《主としてドイツの Pietism に由来する諸教派; 特にダンカー派 (Dunkers) をいう》.

Bret·on [brétn, -tən | -tn, -tən] 〖ME ▭ (O)F ～ : ⇨ Briton〗 ── *n.* **1** ブルターニュ (Brittany) 人. **2** ブルターニュ語《ケルト語派》. **3** [時に b-] ブレトン《ブルターニュの民族衣装がかぶっていた, つばが上にそっている婦人用の帽子》. ── *adj.* **1** ブルターニュ(人)の. **2** ブルターニュ語の.

Bre·ton [brətɔ̃:(ŋ), -tɔ̃(:)ŋ ; *F.* brətɔ̃], **André** *n.* ブルトン《1896–1966; フランスの詩人・小説家・美術批評家; シュールレアリズム (surrealism) の創始者》.

Breton, Jules Adolphe *n.* ブルトン《1827–1906; フランスの風俗画家》.

Brett [brét] 〖▭ Celt. ～ 'BRITON'〗 *n.* 男性名.

Bret·ta [brétə | -tə] 〖(fem.) ← BRETT〗 *n.* 女性名.

Brét·ton Wóods Cònference [brétn-wúdz-, -tən- | -tn-, -tən-] *n.* [the ～] ブレトンウッズ会議《1944 年 7 月米国 New Hampshire 州の Bretton Woods で, 連合国 44 カ国が参加して開かれた国際通貨金融政策会議; 国際通貨基金 (IMF) と国際復興開発銀行 (IBRD) の設立を決定した; この協定を Bretton Woods Agreement という》.

Bret·wal·da [brétwɔ:ldə, ⌣⌣⌣ | bretwɔ́:ldə, -wɔ́l-, ⌣⌣⌣] 〖OE ～ ← *Brettas* (⇨ British)＋*wealdan* to rule (cf. wield)〗 ── *n.* 〘英史〙ブリトン王《アングロサクソン時代初期の英国王の名称; 普通は Etherbert ら 7 人の王について用いられたとされる》.

Breu·er [brɔ́ɪə | -ə(r ; *G.* brɔ́ʏɐ], **Josef** *n.* ブロイヤー《1842–1925; オーストリアの医師・精神分析学者》.

Breu·ghel [brú:gəl, brɔ́ɪ-, brɔ́:- | brɔ́ɪ-, brɔ́:-, brú:- ; *Du.* bró:xəl] *n.* ＝Brueghel.

Breuil [brə́:i | brɔ́:ɪ ; *F.* brœj], **Henri-Édouard-Prosper** *n.* ブルイユ《1877–1961; フランスの考古学者; Altamira 洞窟の調査を初め, ヨーロッパ・アフリカ・中国の旧石器時代の研究で有名; 通称 Abbé Breuil》.

brev. 《略》〘軍事〙brevet; *F.* breveté (＝patent); brevetted; *It.* brevetto (＝patent); brevier.

bre·va [bréɪvɑ: ; *It.* brɛ́:va] 〖▭ It. ～ : cf. breeze[1]〗 *n.* イタリアの Como 湖に日中吹き上げてくる谷風.

breve [brí:v, brév | brí:v] 〖(*a*1460) ▭ ML *brev-is* short : ⇨ brief〗 ── *n.* **1** 〘音楽〙＝brevis. **2** 〘音声〙短音記号 (˘)《英語では ă, ĕ, ĭ, ŏ, ŭ のように母音字の上に置いてそれぞれ短母音の [æ], [e], [ɪ], [ɑ | ɔ], [ʌ] を示す; cf. macron, short *adj.* 10》. **3** 〘詩学〙(母音または音節の上につける)弱[短]音節記号 (⌣, ×). **4 a** 〘法律〙令状 (writ). **b** 《古》勅令, 勅旨 (royal mandate); **c** 《古》＝brief *n.* 1.

bre·vet [brɪvét, brə- | brévɪt, -vət] 〖(*a*1376) ▭ (O)F ～ (dim.) ← *bref* official document : ⇨ brief, -et〗 ── *n.* 君主[政府]から与えられる特権を授ける文書; (特に, 軍人の)名誉進級[昇進](辞令)《英軍では補職を伴うが, 米軍では職務は前官の時のまま; cf. brigadier》: a ～ colonel 名誉進級の大佐 / a ～ rank 名誉階級. ── *vt.* (**-vet·ted, ～·ed; -vet·ting, ～·ing**) 名誉進級[昇進]させる.

bre·vet·cy [brɪvétsi, brə- | brévɪtsɪ, -vət-] 〖⇨ ↑, -cy〗 *n.* 名誉昇進の位階; 名誉階級.

brev·i- [brévɪ, -və | -vɪ] 〖← L *brevis* short : ⇨ brief〗「短い (short)」の意の連結形: *brevi*foliate.

bre·via·ry [brí:v(j)əri, -vièri | brí:vɪərɪ, -vjə-] 〖(*c*1400) ▭ L *breviāri-um* summary ← *brevis* (↑) : ⇨ -ary〗 ── *n.* **1** 〘カトリック〙聖務日課書; 日読祈禱書. **2** (カトリック教会以外の教会で使う)日読祈禱書. **3** 要約, 抄, 抄本.

brev·i·cip·i·tid [brèvɪsípətɪd, -və-, -təd | -vɪsípɪtɪd] 〖↓〗 *n.* 〘動物〙ジムグリガエル科のカエル.

Brev·i·ci·pit·i·dae [brèvɪsɪpítədi:, -və-, -sə- | -vɪsɪpítɪ-] 〖← NL ～ ← *Brevicipit-, Breviceps* (属名 : ← BREVI-＋L *caput* 'HEAD')＋-IDAE〗 ── *n. pl.* 〘動物〙ジムグリガエル科.

bre·vier [brəvíə | brəvíə(r, brɪ-] 〖(1598) ▭ Du. ～ ▭ L *breviārium* 'BREVIARY' : もと breviary の印刷にこの活字を用いたことによる〗 ── *n.* 〘活字〙ブレビア《活字の大きさの古い呼称; 8 アメリカンポイント相当; ⇨ type 10 ★》.

brev·i·ros·trate [brèvɪrɑ́streɪt, -və- | -rɔ́s-] 〖← BREVI-＋ROSTRATE〗 *adj.* 〘鳥類〙くちばしの短い.

bre·vis [brévɪs, brév-, -vəs | -vɪs] 〖▭ ML ～ : ⇨ breve〗 *n.* 〘音楽〙ブレーヴィス《中世・ルネサンス期定量記譜法の音符または休符の一種; 今は通例用いない; breve ともいう》.

brev·i·ty [brévəti | -vətɪ, -vɪ-] 〖(1509) ▭ AF *breveté* ＝(O)F *brièveté* ← *bref* : ⇨ brief, -ity〗 ── *n.* **1** 短時, (期間の)短さ: the ～ of human life つかの間の人生. **2** (表現の)簡潔, 簡約: epigrammatic [laconic] ～ 警句的[寸鉄的]簡潔 / for ～ 簡潔のために, 略して / *Brevity* is the soul of wit. 簡潔は分別[機知]の精髄, 言は簡を尊ぶ (Shak., *Hamlet* 2. 2. 90).

brew [brú:] 〖OE *brēowan* < Gmc **breu(w)an* (G *brauen*) ← IE **bh(e)reu-* to boil, burn (L *fervēre* be boiling / Gk *br(o)ũtos* beer) : cf. bread〗 ── *vt.* **1** 〈ビールなどを〉醸造する (cf. distill 2). ★ この語は主にモルト・ホップの発酵をもとに作るビールやエールに用いる: ～ beer (*from* barley). **2** 〈お茶・コーヒーなどを〉入れる (make). **3 a** 〈悪事・謀反などを〉企てる, たくらむ (contrive): ～ mischief 悪事をもくろむ. **b** 〈混乱・波乱などを〉起こす (bring about). ── *vi.* **1 a** (ビールなどの)醸造をする: You must drink as you have ～*ed.*《諺》自分のした事の報いは自分に返る,「自業自得」. **b** 〈ビールが〉醸造され(てい)る: Beer is ～*ing.* **2** 〈お茶などが〉はいる, 用意される. **3** [通例進行形で] **a** 〈よくない事が〉計画される, 熟してくる: There is trouble ～*ing.* ごたごたが起ころうとしている. **b** 〈暴風などが〉来そうである, 催す (threaten): A storm *is* ～*ing.* 嵐が起こりかけている.

brew up 《英口語》(戸外の作業中などに)お茶[コーヒー]を入れる (cf. brew-up).

── *n.* **1 a** (ビールなどの)醸造(法). **b** ビール(一杯). **c** (一回の)醸造高. **d** (ビールの)品質, 造り: a good ～. **2 a** お茶[コーヒー](一杯): the first [a poor] ～ of tea お茶の出花[まずいお茶]. **b** お茶などの量. **3 a** 混合飲料(など) (concoction). **b** 奇妙な[得体の知れない]混合物: ⇨ witches' brew. **4** (悪計・嵐などの)醸成: with storm in ～ 嵐が起こりそうで[な].

brew·age [brú:ɪdʒ | brú:ɪdʒ, brúɪdʒ] *n.* (モルト・ホップによる)醸造酒, ビール.

brew·er [brú:ə, brúə | brú:ə(r, brúə(r] 〖ME〗 *n.* **1** (ビール)醸造者, 醸造業者. **2** コーヒ[茶など]を入れる道具[容器].

Bréwer bláckbird [brú:ə-, brúə- | brú:ə-, brúə-] 〖← *Thomas M. Brewer* (1814–80: 米国の鳥類学者)〗 ── *n.* 〘鳥類〙クロムクドリモドキ (*Euphagus cyanocephalus*)《北米西部産ムクドリモドキ科の鳥; Brewer's blackbird ともいう》. 「勃起不能.

bréwer's dróop *n.* 《英戯言》酒の飲みすぎによる

bréwer's gráins *n. pl.* ビールかす《豚の飼料》.

Bréwer's móle 〖⇨ Brewer blackbird〗 *n.* 〘動物〙＝hairytail mole.

bréwers' yéast *n.* ビール酵母《しばしば医薬・食料用》; (特に)醸造用の酵母菌 (*Saccharomyces cerevisiae*)

brew·er·y [brú:əri, brú(ə)ri, brú:ri | brú:ərɪ, brúər-] 〖(1658) ▭ Du. *brouwerij*〗 *n.* ビール醸造所.

bréw·hòuse 〖(1378–79)〗 *n.* ＝brewery.

brew·ing [brú:ɪŋ | brú:ɪŋ, brúɪŋ] 〖ME〗 *n.* **1 a** (ビール)醸造. **b** (一回の)醸造量[高]. **2 a** (悪計などの)きざし, 醸成. **b** 〘海事〙嵐の前ぶれ, 黒雲 (black clouds).

brew·is [brú:z, brú:ɪs, brú:əs | brú:ɪs] 〖(*c*1300) *broues* ▭ OF *broez* (pl.) ← *broet* ← OHG *brod-* 'BROTH'＋-ET〗 *n.* 《方言》**1** 肉汁. **2** 肉汁に浸したパン.

brew·ster [brú:stə | -stə(r] 〖(*?a*1325) : ⇨ brew, -ster〗 *n.* 《英方言》＝brewer[1].

Brew·ster [brú:stə | -stə(r], **William** *n.* (1567–1644) 英国生まれの植民者, Plymouth 植民地における Pilgrims の指導者.

Bréwster àngle 〖← *Sir David Brewster* (1781–1868: スコットランドの物理学者)〗 ── *n.* 〘光学〙ブルースターの角[偏光角]《物質に自然光を入射した時, 反射光あるいは透過光の偏光度が最大になる入射角; Brewster's angle, polarizing angle ともいう; cf. Brewster's law》.

Bréwster Sèssions *n. pl.* 《英》(治安判事による)酒類取扱い免許証発行の特別開廷期 (2 月 1 日—14 日).

Bréwster's láw 〖⇨ Brewster angle〗 ── *n.* 〘光学〙ブルースターの法則《屈折率の異なる透明な 2 媒質の境界面に光が入射する時, 屈折率で定まる特定の入射角で入射面に平行な電気ベクトルをもつ光の反射率が零になる現象; cf. Brewster angle》.

bréw-ùp *n.* 《英口語》お茶[コーヒー]を入れること; そのための小休止 (cf. BREW *up*): have a ～ お茶を入れる.

Brezh·nev [bréʒnev ; *Russ.* brjéʒnjif], **Leonid Ilich** *n.* ブレジネフ《1906– ; ソ連の政治家, 共産党書記長 (1964–), 最高会議幹部会議長(国家元首) (1977–)》.

Brezhnév Dóctrine *n.* [the ～] ブレジネフドクトリン《共産主義の防衛のためソ連は他の共産主義国家の出来事に干渉する権利をもつと主張する; 1968 年チェコスロバキア事件以後主張された》.

Bri·an [bráɪən] 〖← Ir. **bre* hill // *brigh* strength〗 *n.* 男性名. ★ アイルランドに多い.

Bri·an Bo·ru [bráɪən-bərú:, -bɔ:r-, -bo:r- | -bər-, -bɔr-] *n.* (926–1014) アイルランド王 (1002–14); Dane 人と戦って勝利を収めたが, 最後は暗殺され, 後世民族的英雄と仰がれた; アイルランド語名 Brian Boramha [Boraimhe] [bəróu, -rú: | -rə́u, -rú:].

Bri·and [briɑ́:(ŋ), -ɔ́:(ŋ), -ɑ́:ŋ, -ɔ́(:)ŋ | brɪ- ; *F.* briɑ̃], **A·ris·tide** [aristid] *n.* ブリアン《1862–1932; フランスの政治家. 首相となること 11 回; Nobel 平和賞 (1926); ⇨ Kellogg》.

bri·ar[1] [bráɪə | bráɪə(r] *n.* ＝brier[1].

bri·ar[2] [bráɪə | bráɪə(r] 〖⇨ brier[2]〗 *n.* **1** 〘植物〙＝brier[2] 1. **2** ブライヤの(根で作った)パイプ《briar pipe ともいう》.

bri·ard [briɑ́ə(d) | brɪɑ́:(r, -ɑ́:d ; *F.* bria:r] 〖▭F ～ ← *Brie* (フランス北東部の地名)＋-ARD〗 ── *n.* ブリアード《フランス原産の大種のイヌ; 元来牧羊犬として飼育された》.

Bri·ar·e·an [braɪɛ́(ə)riən | -ɛ́ərɪ-] 〖⇨ ↓, -an[1]〗 *adj.* 巨人ブリアレオス (Briareus) の(ように手や頭の多い).

Bri·ar·e·us [braɪɛ́(ə)riəs | -ɛ́ərɪ-] 〖▭ L ～ ▭ Gk *Briáreōs* ← *briarós* strong〗 *n.* 〘ギリシャ神話〙ブリアレオス《手が 100, 頭が 50 あったという巨人の一人》.

bríar·ròot *n.* ＝brierroot.

bríar·wòod *n.* ＝brierroot.

bri·ar·y [bráɪəri | -ərɪ] *adj.* ＝briery.

brib·a·ble [bráɪbəbl] *adj.* 賄賂(ワイロ)のきく, 買収できる. **brìb·a·bíl·i·ty** [-bəbíləti | -lətɪ, -lɪ-] *n.*

bribe [bráɪb] 〖(*c*1390) ▭ OF *brib-er, brimber* to beg ← *bribe* large lump of bread (given to a beggar), alms ← ?〗 ── *n.* **1** 賄賂(ワイロ): take [accept] a ～ 賄賂を取る, 収賄する / give [offer] a ～ 賄賂を贈る, 贈賄する. **2** (あることを行なわせるための)誘惑物, おとり, えさ. ── *vt.* **1** 買収する, 抱き込む: 賄賂で…させる

〈to do〉/〔into〕: ~ a person *to* do something 人に賄賂を使ってあることをさせる / ~ a person *into* silence 賄賂で人に口止めする. **2** [~ *oneself* または ~ one's way として] 賄賂を使って(目的に)進む: ~ *one's way* onto the committee 買収して委員になる.
— *vi.* 賄賂を使う[贈る], 贈賄する.
bribe·a·ble [bráɪbəbl] *adj.* =bribable.
brib·ee [braɪbíː] *n.* 収賄者.
bríb·er 〖(c1378) □ AF *bribour*〗 *n.* 贈賄者.
brib·er·y [bráɪb(ə)ri|-bəri] 〖(a1387) □ OF *briberie*: ⇨ bribe, -ery〗 **—** *n.* 賄賂(わいろ)の授受, 汚職, 贈[収]賄, 賄賂による買収: a ~ case 贈[収]賄事件 / commit a ~ 贈[収]賄する.
bric-a-brac [bríkəbræ̀k] 〖(1840) □ F *bric-à-brac* ← *à bric et à brac* by hook or by crook〗 **—** *n.* [集合的] (こまごました装飾的な)古物, (たいして価値のない)装飾的骨董品: bits of ~.
Brice [bráɪs] 〖← Celt.: cf. Welsh *brys* quick one〗 *n.* 男性名.
brick [brík] 〖(1416–17) *brike* □ MDu. *bricke* ← ?: cf. (O)F *brique* broken piece〗 **—** *n.* **1** (集合的にまたは一個の)れんが; (コンクリート製など他の材料による)れんが状ブロック: a fire ~ 耐火れんが / a dressed ~ 化粧れんが / ⇨ Flemish brick / (as) dry [hard] as a ~ まるでかわき切った[固い] / bake [burn, make] ~*s* れんがを焼く / lay ~*s* れんがを積む. **2 a** れんが状のかたまり《brick cheese, brick tea など》: a ~ of ice cream, bread. **b** 《英》(おもちゃの)積み木 (block): a box of ~*s* 積み木一箱. **3** れんがを造る材料. **4** (壁などの厚さを測る単位として)れんがの大きさ《米国では通例 2¼×3¾×8 インチ》. **5** 《口語》(頼りがいのある)いい人, 気前のよい人: He's a regular ~. 実にいい男だ. **6** =brick red.

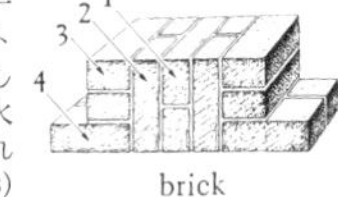

brick
1 rowlock; 2 soldier; 3 header; 4 stretcher

drop a brick 《口語》まずい事を言う, しくじる. *have* [*wear*] *a brick in one's hat* 《俗》酔っぱらっている. *hit the bricks* 《俗》ストライキをする. *like a brick* =*like bricks* 《口語》(1) 快く, 気持よく, 活発に, 早速. (2) =*like a hundred of* BRICKS. *like a cat on hot bricks* ⇨ cat 成句. *like a hundred* [*thousand, ton, load*] *of bricks* 《口語》猛烈な勢いで, 猛烈に (vigorously): come down on a person *like a hundred of* ~*s* 人を激しく叱る. *make bricks without straw* [*clay*] 必要な材料[資金]なしでものを作る; 不可能なことを試みる (cf. *Exod.* 5:7).
— *attrib. adj.* **1** れんがの; れんが製[造り]の: ~ pavement れんが舗装 / ⇨ brick wall. **2** =brick-red.
— *vt.* **1 a** ...にれんがを敷く, れんがでおおう〈*over*〉: ~ *over* a well 井戸をれんがでおおう. **b** れんがでふさぐ[囲う]〈*up, in*〉: ~ *in* a garden 庭をれんがで囲う / ~ *up* a window 窓をれんがでふさぐ. **c** れんがで建てる. **2** ...にれんが造りの外観を与える.
bríck·bàt 〖cf. bat² (n. 5)〗 **—** *n.* **1 a** れんがの破片. **b** (飛び道具としての)れんがのつぶて. **2** 《口語》にくまれ口, 痛い批評: throw a ~ at a person 人に鋭い批評を浴びせる.
brick chéese *n.* (米国産の半硬質の)れんが形チーズ.
brick cláy *n.* れんが粘土《建築用のれんがを造るのに用いる》.
bríck·fìeld *n.* 《英》=brickyard.
bríck·fìeld·er *n.* 《豪》南オーストラリアで内陸から吹いてくる熱い乾いた北風 (cf. buster 4).
bríck·ie [bríki|-ki] 〖⇨ -ie〗 *n.* 《英口語》=bricklayer.
bríck·kìln *n.* れんがの焼きがま.
bríck·làyer *n.* れんが職人, れんが工.
bríck·làying *n.* **1** れんが積み. **2** れんが職[業].
brick·le [bríkl] 〖(?a1200) *brokel* < OE *-brucol* (cf. *onbrucol* rugged / *scipbrucol* causing shipwreck) ← *brecan* 'to BREAK¹'〗 *adj.* 《古·方言》もろい, こわれやすい (brittle).
bríck·màker *n.* れんが製造人.
bríck·màking *n.* れんが製造.
bríck·màson *n.* =bricklayer.
brick nòg [nògging] *n.* 木骨れんが積み.
bríck-réd *adj.* 赤れんが色の.
brick réd *n.* 赤れんが色.
brick tèa *n.* 磚茶(たんちゃ)《紅茶または緑茶のくずを蒸してれんがのように圧搾したもの; シベリア·モンゴル·チベット地方で用いる》.
brick wáll *n.* **1** れんが壁[塀]. **2** 越えられない障壁[障害]: see through a ~ ⇨ wall 成句.
bríck·wòrk *n.* れんが積み(工事), れんが造りの家.
brick·y¹ [bríki|-kɪ] *adj.* (**more** ~, **most** ~; **brick·i·er, -i·est**) **1** れんがで造った. **2** れんがのような.
brick·y² [bríki|-kɪ] 〖⇨ -y²〗 *n.* =brickie.
bríck·yàrd *n.* れんが製造場, れんが工場.
bri·cole [brɪkóʊl|bríkəl] 〖(1525) □ F ~ □ Prov. *bricola* catapult ← ? Gmc〗 **—** *n.* **1 a** (コートテニスで)球の間接打ち. **b** 間接攻撃, 不意打ち. **2** 《玉突》ワンクッション取り.
brid·al [bráɪdl] 〖OE *brȳdealu* bride ale ← *brȳd* 'BRIDE¹' + *ealo* 'ALE (feast)': adj. は -AL¹ との連想による〗 **—** *n.* **1** 婚礼, 結婚式. **2** 《古》結婚の祝宴.
— *adj.* **1** 花嫁の, 新婦の: a ~ wreath, veil, etc. / a ~ shower 《米》花嫁へのお祝品贈呈パーティー. **2** 婚礼の, 新婚の: the ~ bells, banquet, bed, chorus, etc. / a ~ march 結婚行進曲. **~·ly** *adv.*
brídal súite *n.* (ホテルの)新婚カップル用の部屋.
Bri·dal·veil [bráɪdlvèɪl] 〖滝を veil に見立てたもの〗 *n.* [the ~] 米国 California 州の Yosemite 国立公園にある滝; 高さ 189 m.
brídal wrèath *n.* 〖植物〗 **1** シジミバナ (*Spiraea prunifolia*) 《バラ科シモツケ属の低木》. **2** フランコア (⇨ maiden's-wreath). **3** 西インド諸島産クマツヅラ科ヤモメカズラ属のつる草の一種 (*Petrea kohautiana*).
bride¹ [bráɪd] 〖OE *brȳd* < Gmc **brūðiz* (G *Braut*) ← ?〗 **—** *n.* **1** 花嫁, 新婦 (cf. bridegroom): the ~ elect ⇨ elect *adj.* 2 / lead one's ~ to the altar 〈男が〉結婚する / Happy is the ~ on whom the sun shines. 《諺》婚礼に日の照る花嫁は幸先(さいさき)がよい. **2** 《英俗》少女, 女; (特に)ガールフレンド.
bride² [bráɪd] 〖ME □ (O)F ~ 'bridle, string tie' ← Gmc: cf. bridle〗 **—** *n.* **1** (刺繍や編み物で作る)輪[棒型, 結び目]. **2** レースのデザインをつなぐ細い縦や横の糸. **3** (ボンネットの)飾りあごひも.
Bride [bráɪd] 〖《短縮》← BRIDGET〗 *n.* 女性名. ★ スコットランドに多い.
Bride, Saint *n.* ⇨ Saint BRIGID.
bríde·càke *n.* =wedding cake.
bríde·chàmber *n.* 《古》結婚の床のある部屋.
bride·groom [bráɪdgrùːm, -grʊ̀m | -grʊ̀m, -grùːm] 〖(1526) ← BRIDE¹ + GROOM ∽ OE *brȳdguma* ← *brȳd* 'BRIDE¹' + *guma* man (← IE **(dh)ghomon-*: ⇨ human)〗 **—** *n.* 花婿, 新郎 (cf. bride¹ 1).
bríde·prìce *n.* 婚資《文明の影響が加わる以前の社会で, 花婿またはその家族から花嫁の家族に贈られる金または品物; 結納(ゆいのう)に当たる》.
brídes·màid 〖(1794) ← BRIDE¹ + -S² + MAID ∽ 《廃》*bridemaid*〗 **—** *n.* 新婦[花嫁]の付添人《若い未婚の女性; cf. best man, groomsman, MAID of honor (1), MATRON of honor》: She was ~ at my wedding. 彼女は私の結婚式で付き添いを勤めた.
brídes·man [-mən] *n.* (*pl.* **-men** [-mən, -mèn]) = best man.
bride·well [bráɪdwel, -wəl | -wəl, -wel] 〖(1552) ← *Bridewell* (St. Bride's Well の近くにあったもと London の懲治監: 昔の仮宮殿のあと)〗 **—** *n.* 《古》懲治監, 留置場, 刑務所.
bridge¹ [brídʒ] 〖OE *brycg* < Gmc **bruȝjō* (G *Brücke*) ← IE **bhrū-* beam, log-road〗 **—** *n.* **1** 橋; 陸橋: ⇨ floating bridge, bascule bridge, suspension bridge / build a ~ *across* [*over*] a river 川に橋をかける / Much water has run [flowed] under the ~. (あの時以来)いろいろな事が起こった / Don't cross the [a] ~ until you come [get] to it. 《諺》取越苦労をするな. **2 a** 橋状の物. **b** 鼻柱, 鼻梁(びりょう); 骨橋. **c** (眼鏡の)ブリッジ, 橋梁部《鼻柱に当る部分》. **d** (弦楽器の弦を支える)こま (⇨ violin 挿絵). **e** (玉突き用の)キュー架, (指で作る)ブリッジ. **3** 関係[接触, 移行]に役立つもの; 橋渡し, なかだち, 仲介物: serve as a ~ *between* ...の橋渡しとなる. **4** (艦船の)船橋, 艦橋, ブリッジ《船長·艦長の指揮する場所》. **5** 〖鉄道〗鉄道信号(装置架線)橋《線路をまたいだ橋で, その上に信号機が建てられている》. **6** 〖電気〗ブリッジ, 電橋, 橋絡《bridge circuit ともいう》: an A.C. ~ 交流ブリッジ / ⇨ Wheatstone bridge, Schering bridge. **7** 〖歯科〗ブリッジ, 架工義歯. **8** 〖ラジオ·テレビ〗(番組二つの場面の)橋渡しをする音楽[効果音など]. **9** 〖音楽〗ブリッジ, 経過部《二つのテーマを橋渡しする部分; 通例ポピュラーソングのリフレインの部分は 32 小節で A-B-A-B であり B の部分の 8 小節を指す; release ともいう》. **10** 〖劇場〗 **a** (背景などを描くためまたは照明の仕込みに用いる)上げ下げできる吊り橋, ブリッジ. **b** 《英》せり(出し). **11** 〖演劇·文学〗ブリッジ《劇·文学作品で重要な場面間のわたり; つなぎとなる部分》. **12** 〖レスリング〗ブリッジ. **13** 〖建築〗ブリッジ《建築現場で落下物から下の交通を守るために設けられるひさし状のおおい》. **14** 〖冶金〗ブリッジ, 仕切り壁. **15** 〖化学〗ブリッジ《炭化水素や金属錯塩などで, 橋形に結合する原子または基》.
a bridge of asses = pons asinorum. *a bridge of boats* 舟橋(ふなはし). *a bridge of gold* (敗軍の)容易な退却路[逃げ道]; 困難からの容易な切抜け道, 難局打開策 (golden bridge). *burn one's bridges* (*behind* one) ⇨ burn² 成句.
Bridge of Sighs [the ~] 溜息橋, 嘆きの橋: (1) Venice にある橋; 囚人が総督 (doge) の法廷からこの橋を渡って刑務所へ引かれて行った; これにちなんで New York 市の Tombs 刑務所に通じる橋など諸国諸所に同名の橋がある. (2) 《古》(London の) Waterloo Bridge の異名《もとこの橋から投身する者が多かったことから》. (3) (Cambridge 大学の) St. John's Bridge の異名.
— *vt.* **1** 〈川など〉に橋をかける, 架橋する; 橋をかけて〈道を〉造る: ~ (*over*) a river. **2** 〈空間·間隙を〉埋める, 〈離れたものを〉つなぐ, 仲直りさせる〈*over*〉: ~ a gap ⇨ gap *n.* 2. **3 a** 〈困難を〉(一時でも)切り抜け(させ)る〈*over*〉: ~ *over* (a person's) difficulties. **b** 〈人〉に(困難を)切り抜けさせる〈*over*〉: ~ a person over (for a while). **4** 〖電気〗橋絡する. **—** *vi.* 〖レスリング〗ブリッジをする.
~·less *adj.*
bridge² [brídʒ] 〖(1886) *biritch* ← ? Russ. *birich* herald: 現在の語形は↑の影響〗 **—** *n.* 〖トランプ〗ブリッジ《4 人がテーブルを囲み, 向かい合った者同士がペアーを組んで遊ぶゲーム; 各自 13 枚の手札を 1 枚ずつ場に出し, 獲得するトリック (trick) の数を競う; せり (bid) で切札を決めることと, プレー中一人が必ずダミー (dummy) として手札を卓上に開くことが特徴; cf. auction bridge, contract bridge》: play ~.
bridge·a·ble [brídʒəbl] *adj.* 架橋できる.
brídge·bòard *n.* 《米》〖建築〗側桁(がわげた), 簓(ささら)桁《階段板を受けるために段形に刻んだ桁》.
brídge·bùilder *n.* 調停者, 橋渡し人《敵対する人·組織などの間の意見の食い違いの解決に努力する人》.
brídge cìrcuit *n.* 〖電気〗=bridge¹ 6.
brídge cràne *n.* 〖機械〗橋形クレーン.
brídged bónd *n.* 〖化学〗橋かけ結合《例えば 2 本の鎖状炭素結合などを橋をかける形で結び付けるもの》.
brídge dèck *n.* 〖海事〗船橋楼甲板.
brídge·hèad 〖《なぞり》← F *tête de pont* head of bridge〗 **—** *n.* **1** 〖軍事〗橋頭堡(きょうとうほ): **a** 渡河作戦で上陸部隊の第一波が設けた対岸の陣地で, 味方の渡河の掩護や, 以後の作戦を推進するための基地となる; 同様の目的で海岸などに設けたもの (cf. airhead 1, beachhead 1). **b** 橋の末端を掩護する敵の防御陣地. **c** (敵地に設けた)前進基地. **2** 橋の末端付近.
brídge hòuse 〖ME〗 *n.* 〖海事〗船橋甲板室, 船橋楼《頂部が船橋になっている甲板上の構造物》.
brídge làmp *n.* (調節できる腕木のついた)床上ランプ.
brídge pàssage *n.* 〖演劇·文学〗=bridge¹ 11.
brídge pìece *n.* 〖海事〗(船尾骨材の)頂材, アーチ《船尾材が複雑な形に構成されている上部の水平部分》.
Bridge·port [brídʒpɔət, -pɔːt|-pɔːt] 〖∽ *Newfield*: 近くにはじめてはね橋ができたのにちなんで改称〗 **—** *n.* 米国 Connecticut 州南西部, Long Island Sound に臨む海港で工業都市; 人口 143,000.
brídge rèctifier *n.* 〖電気〗ブリッジ整流器.
brídge ròll *n.* 《英》柔かい小形のロールパン.
Bridg·es [brídʒɪz, -dʒəz], **Harry** *n.* (1901–) オーストラリア生れの米国の労働運動指導者.
Bridges, Robert (Seymour) *n.* (1844–1930) 英国の桂冠詩人 (1913–30); *Shorter Poems* (1873–93), *The Testament of Beauty* (1929).
Brídges Créek *n.* 米国 Virginia 州東部 Potomac 川に臨む土地; George Washington の出生地, 1923 年国有記念物に指定; 今は Wakefield と呼ぶ.
brídge sèat *n.* 〖土木〗橋座《橋桁の支承面》.
brídge sìgn *n.* 〖海事〗船橋位置の印《船が岸壁に係留される時, 船橋の位置すべき場所を示す印》.
Bridg·et [brídʒɪt, -dʒət] 〖□ F *Brigette* □ L *Brigitta* □ OIr. *Brigit* (Ir. *Brighid*) 《原義》strong, lofty〗 *n.* 女性名《愛称形 Biddy, Bridie; 異形 Bride, Brigid, Brigit》.
Bridget, Saint *n.* ⇨ Saint BRIGID.
brídge tàble *n.* =card table.
brídge tòwer *n.* 橋塔.
Bridge·town [brídʒtàʊn] *n.* ブリッジタウン《バルバドス (Barbados) の海港で同国の首都; 人口 8,800》.
brídge tràin *n.* 〖軍事〗架橋段列, 架橋縦列; 架橋材料中隊《架橋作業によって第一線部隊を支援する; cf. train 12 b》.
brídge wàrd *n.* 橋番.
brídge whìst *n.* 〖トランプ〗ブリッジホイスト《whist から auction bridge に移る過渡期のゲーム; 19 世紀末に流行した》.
brídge·wòrk *n.* **1** 架橋工事. **2** 〖歯科〗架工義歯, ブリッジ技工.
brídg·ing *n.* **1** 架橋. **2** 〖建築〗 **a** 振れ止め《梁(はり)や根太を固定させる材木》. **b** (溝などの板の膨らみ出すのを防ぐ)突張り (strut). **3** 〖電気〗橋絡.
Bridg·man [brídʒmən], **Percy Williams** *n.* (1882–1961) 米国の物理学者; Nobel 物理学賞 (1946).
Brid·ie [bráɪdi|-dɪ] 〖(dim.) ← BRIDGET〗 *n.* 女性名.
bri·dle [bráɪdl] 〖OE *bridel*, **brigdel* < (WGmc) **breȝdil-* ← IE **bherək-* to glitter: cf. braid, -le¹〗 **—** *n.* **1** 馬勒(ばろく), 頭絡(とうらく)《馬具の一部で, 頭に着けるおもがい·くつわ·手綱(たづな)の総称; cf. harness 1》. **2 a** 拘束物, 抑制, 束縛; (...の)ブレーキとなるもの〔*to*〕: put a ~ *on* the tongue 口止めをする. **b** =branks. **3** 〖機械〗添え金, (機械の 2 部分を接合したり, それらの運動を抑制するための)添え物. **4** 〖時計〗(ぜんまいの外端を香箱 (barrel) の壁に取り付けるための)添え板. **5** 〖海事〗係留索《船を係留浮標につなぐ時に用いる短い太綱》; 短小索《大綱を他物に取り付けるのに用いる》. **6** 〖解剖〗繋帯(けいたい); 小帯 (frenum). **7** 〖電気〗縁つなぎ: ⇨ bridle ring.

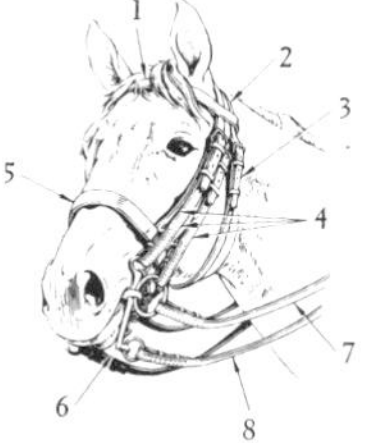

bridle 1
1 browband; 2 headstall or headpiece; 3 throatlatch; 4 cheek straps; 5 noseband; 6 Pelham; 7 snaffle rein; 8 curb rein

give a horse the bridle 馬の手綱をゆるめる, 馬を自由に活動させる. *go well up to one's bridle* 〈馬が〉手綱に慣れ命令によく従って進む. *lay the bridle on a horse's neck* = *give a horse the* BRIDLE.
— *vt.* **1** ...に馬勒[頭絡]をつける. **2** 〈情欲·欲望·野心などを〉抑制する, 制御する; 〈言葉などを〉慎しむ: ~ one's passions, desires, ambitions, etc. / *Bridle* your tongue. 言葉を慎しみなさい.

— vi. 1 〈馬が〉(手綱を引き締められた時のように)あごを引いて頭を立てる. 2 〈特に, 女が〉(憤り・誇り・抗議などを表わすために, あごを引いて頭をもたげて)つんとする, そり返る 〈up〉: ~ up with anger むっとしてそり返る / She ~d up at his words. 彼の言葉につんとした.
~·less adj.

brídle brìdge n. 馬橋《馬は通れるが車は通れない狭い橋》.
brídle hànd n. 手綱を取る手《左手》.
brídle jòint n. 〘木工〙 嚙み合せ留め《斜めに交わる材を継ぐ時に用いる仕口(しぐち)の一種》.
brídle pàth n. 乗馬道《馬の通る道で馬車や荷車は通れない》.
brí·dler [-dlə, -lə | -dlə(r, -lə(r] n. 拘束[制御, 抑制]するもの.
brídle rèin 〘(15C)〙 n. 〘馬具〙 手綱(たづな), 勒索(ろくさく).
brídle ring n. 〘電気〙 縁つなぎリング.
brídle ròad [**tràil, wày**] n. =bridle path.
brídle·wise adj. 《米》〈馬が〉頭絡に慣れて反応の早い, 慣らされた, 御しやすい.
Brid·ling·ton [brídlɪŋtən] 〘OE *Bretlinton* ← *Beorhtel* (人名)+-ING[3]+-TON〙 n. イングランド東部, Humberside 州の都市で, 北海に臨む海港; 人口 27,000.
bri·doon [brɪdúːn, brə- | brɪ-] 〘(1753) □ F *bridon* ← *bride* 'BRIDE[2]': ⇨ -oon〙 n. (軍馬の)軽勒(けいろく), 小勒(しょうろく)《通例普通の馬勒 (bridle) に添えて用いる》.
Brie [bríː] 〘← *Brie* (フランスの原産地名)〙 n. ブリー(チーズ)《Camembert に似た柔らかい白色のチーズ; Brie cheese ともいう》.
brief [bríːf] 〘adj.: (c1275) *bref* □ (O)F *br(i)ef* < L *brevem*, *brevis* short ← IE **mreghu-* short: cf. merry: cf. brevity. — n.: (a1325) *bref* □ AF = OF *brief* < LL *breve* summary (neut.) ← L *brevis*〙 — adj. (~·er; ~·est) 1 短時間の, 暫時の; 短命の (short-lived): a ~ life はかない[束の間の]人生 / ~ hopes (やがて砕ける)はかない希望. 2 a 手短かな, 簡単な, 簡潔な (concise): a ~ report 短い報告 / to be ~ 簡単に言えば, 要するに. b そっけない, ぶっきらぼうな (abrupt): a ~ welcome そっけない歓迎.
— adv. 《廃》 手短かに, 簡潔に (briefly).
— vt. 1 要約する; …の抜粋[要領書]を作る. 2 …に前もって手短かに情報を与える, 要点をかいつまんで話す[告げる]: He ~ed me on it. それについて私にざっと話してくれた. 3 〘軍事〙 …に要旨を説明する, (最後の)要領教示をする, 概況説明をする (cf. briefing 2, debrief). 4 《英》〘法律〙〈バリスター (barrister)〉に(事件の要領書を渡して)事件の内容を教える; 〈バリスター〉に(訴訟事件を)依頼する, 雇っておく.
— n. 1 (ローマ教皇の)小勅書, 教書, 親書, 書簡 (breve)《教皇の認印 (signet ring) を押したもの, bull ほど重要性をもたない》. 2 a 要領書; (要領だけをまとめた)報告書. b 〘法律〙 =BRIEF of title. c (権限・任務などを規定する)指示(内容), 訓令: My ~ is to find out who did this. 私の務めは誰がこれをしたか見つけることである. d (新聞などの)短い記事. 3 [通例 pl.] ブリーフ《男子または女子用の短いパンツ》. 4 〘法律〙 a 訴訟事件摘要書, 準備書面《米国では弁護士が法廷に提出する弁論の要旨; 英国ではソリシター (solicitor) が調整してバリスター (barrister) に提供するもので, バリスターはそれによって法廷で弁護する》. b 訴訟事件: take a ~ 〈バリスターが〉訴訟事件を引き受ける / have plenty of ~s 〈バリスターが〉依頼を受けた事件が多い (cf. briefless) / ⇨ watching brief. 5 《英》〘劇場〙 無料入場券 (pass).
hold a brief for (1) …のために訴訟事件の弁護依頼を受けている. (2) [通例否定構文で] …を弁護する(義務がある), 支持する: *hold no* ~ *for* …を支持するつもりがない. ***in brief*** 手短かに(言えば), 要するに (cf. F *en bref*). ***make brief of*** …をさっさと片付ける.
brief of title 〘法律〙 財産贈与や譲渡に関する書類の要領書.
~·er n. ~·ness n.
bríef bàg n. 1 ブリーフバッグ《短い旅行用の書類と衣類入れのブリーフケース》. 2 《英》 バリスター (barrister) の折りかばん《赤または青で準備書面 (brief) を入れるのに用いる》.
bríef·càse 〘(1926) ← BRIEF (n.)+CASE[2]〙 n. (書類を入れる革製などの)折りかばん, 書類かばん.
bríef·ing n. 1 (記者・高官などに対する)事実関係の説明, 注意; 説明内容; 説明会: at a ~ 説明会で / give the President a ~ on …に関して大統領に説明する. 2 〘軍事〙 要旨説明, 要領教示, 概況説明, ブリーフィング《ある作戦行動開始前に簡潔に状況説明または任務内容指令を与えること》.
bríef·less 〘cf. brief (n.)〙 adj. 〈バリスターが〉(ソリシター (solicitor) からの)訴訟書類の来ない; 訴訟依頼人のない: a ~ barrister はやらないバリスター.
bríef·ly 〘(15C)〙 adv. 1 手短かに(言えば), 簡潔に (concisely): to put it ~ 簡単に言えば. 2 短時間, しばらくの間, 一時的に.
Bri·enz [briénts | brɪ-; G. bríːɛnts], **Lake** n. ブリエンツ湖《スイス Bern 州南東部の湖; 面積 30 km^2》.
bri·er[1] [bráɪə | bráɪə(r] 〘OE *brēr* ← ?〙 — n. 1 イバラ, 野バラ; イバラなど棘(とげ)のある植物のやぶ (cf. sweetbrier): ~s and brambles イバラのやぶ. 2 (棘だらけの)イバラの枝.
bri·er[2] [bráɪə | bráɪə(r] 〘(1868) *bruyer* □ (O)F *bruyère* heath, broom < VL **brūcaria* ← LL *brūcus* heath plant ← Celt.〙 — n. 1 〘植物〙 ブライヤ (*Erica arborea*)《地中海地方に産するツツジ科の植物; その根はパイプを作るのに最適といわれる; tree heath ともいう; cf. briar[2], brierroot》. 2 =briar[2] 2.
brí·er·ròot n. 1 a ブライヤ (brier) の根《パイプの材料となる》. b (その他の)パイプ材. 2 ブライヤ製パイプ.
bríer róse n. 〘植物〙 =dog rose.
bríer·wòod n. =brierroot.
bri·er·y [bráɪəri | -rɪ] 〘ME〙 adj. イバラ[野バラ]の茂った.
brig[1] [bríg] 〘(1720) 《略》 ← BRIGANTINE[1]〙 n. ブリッグ《前後2本のマストに数枚の横帆を備え, 後檣の下部に縦帆を付加した帆装船; cf. brigantine 1》.
brig[2] [bríg] 〘← ?〙 n. 1 〘米海軍〙 (艦船内の)監禁室. 2 《俗》 刑務所 (prison).
brig[3] [bríg] n., v. (**brigged**; **brig·ging**) 《スコット》 =bridge[1].
Brig. 《略》 Brigade; Brigadier.
bri·gade [brɪgéɪd, brə- | brɪ-] 〘(1637) □ (O)F ~ □ It. *brigata* troop ← *brigare* to fight ← *briga* strife ← ? Celt. (cf. OIr. *brīg* strength, virtue): ⇨ -ade〙 — n. 1 a 〘軍事〙 旅団 (⇨ army 3): a mixed ~ 混成旅団. b (軍隊式に編成した)団体, 組, 隊. c =bucket brigade. d =fire brigade. 2 (初期北米の毛皮交易で, trapper のために編成された)物資輸送隊. — vt. 旅団に編成する; 組に編成する.
brigáde májor n. 〘英陸軍〙 旅団副官《通例少佐》.
brig·a·dier [brìgədíə, ‐‐ˊ | brìgədíə(r, ‐‐ˊ] 〘(1678) □ F ~: ⇨ brigade, -ier[2]〙 — n. 1 〘英陸軍〙 准将, 代将, 旅団長《少将 (major general) と大佐 (colonel) の中間の位で, 旅団長に任命された者のその任期中の階位; 少将待遇; cf. brevet》. ★ もと brigadier general といったが, 第一次大戦後 colonel commandant と改称し, その後さらに brigadier と改めた. 2 《口語》〘米陸軍・空軍・海兵隊〙 =brigadier general. 3 救世軍の士官《少佐と中佐の間の階級》.
brigadier géneral n. 1 〘米陸軍・空軍・海兵隊〙 准将, 代将《少将 (major general) と大佐 (colonel) との中間の階位; cf. brigadier; 略 Brig. Gen.》. 2 〘英陸軍〙 brigadier の旧称.
brig·and [brígənd] 〘(a1387) *brigaunt* light-armed soldier □ (O)F *brigand* □ It. *brigante* ← *brigare* to fight: ⇨ brigade〙 — n. 略奪団員, 略奪者; 山賊 (bandit): a band of mounted ~s 馬賊の一隊.
brig·and·age [brígəndɪdʒ] n. 山賊行為; 略奪, 強奪.
brig·an·dine [brígəndìːn | -dàɪn, -dìːn] 〘(1459) ~ □ OF ~ (F *brigantin*): ⇨ brigantine[1]〙 n. 〘甲冑〙 (裏面に小札を鋲留めした)布製の胴甲.
brig·and·ish [-dɪʃ] adj. 山賊のような.
brig·and·ism [-dɪzm] n. =brigandage.
brig·an·tine[1] [brígəntìːn | -tàɪn, -tìːn] 〘(1403) □ (O)F *brigantin* □ It. *brigantino* 《原義》 fighting or piratical vessel: ⇨ brigand, -ine[4]〙 — n. ブリガンティーン《前檣(ぜんしょう)には数枚の横帆を, 後檣には上下2枚の縦帆を備えた2檣帆船; cf. brig[1]》.

brigantine[1]

brigantine[2] n. 〘甲冑〙 =brigandine.
Brig. Gen. 《略》 Brigadier General.
Briggs [brígz], **Henry** n. (1556-1630) 英国の数学者; 常用対数表を作成.
bright [bráɪt] 〘adj.: OE *bryht*, *beorht* bright < Gmc **berχtaz* ← IE **bherəg-* to shine; bright, white (Welsh *berth* beautiful / Skt *bhrājate* it shines). — adv.: OE *beorhte* ← (adj.)〙 — adj. (~·er; ~·est) 1 (きらりと)光る; (ぱっと)明るい; (きらきら)輝く (shining): ~ coins, diamonds, silver, stars / a ~ fire, flash, light, sun, sword / (as) ~ as a button [new pin, sixpence] ぴかぴかの / The garden is ~ *with* sunshine. 庭には明るく日光が降り注いでいる. 2 a 〈天気・大気・日など〉うららかな, 晴朗な: rainy weather with ~ intervals 時々晴れ間が覗く雨模様の天気 / The day was ~ and clear. その日は明るく晴れていた. b 〈目元が〉ぱっちりとした; 〈顔が〉(希望・喜びなどに)輝いた, 晴れやかな 〈*with*〉: ~ eyes / a ~ face / a ~ smile 晴れやかな微笑. 3 a 〈液体など〉澄んだ, 透明な (clear): ~ water / a ~ wine. b (色の)冴(さ)えた, 鮮やかな, 鮮明な (brilliant): a ~ red 鮮紅色 / ~ colors 鮮やかな色彩 / ~ flowers 色の鮮やかな花 / ~ beauty 目もさめるような美しさ. c 〈音色が〉澄んだ, 冴えた, 鋭い (sharp). 4 (態度が)朗らかな; (性質など)晴々とした, 快活な; 元気な (vivacious): ~ and happy children 元気で楽しそうな子供たち / Everybody was ~ and gay at the party. パーティーではみんなが明るく快活だった. 5 a 〈子供など〉利口な, 利発な (intelligent): ~ and clever 極めて利発な / the ~*est* boy in the class クラスで一番できる子. b 〈言葉・考えなど〉気のきいた, うまい (witty): a ~ idea うまい考え / ~ comments 気のきいた評言. 6 a 〈将来・事態など〉明るい, 好都合の, 有望な, 前兆のよい (favorable): ~ prospects 明るい前途 / look on [at] the ~ side (of things) 物事の明るい面を見る, 物事を楽観する. b はえある, 光栄ある (glorious): a ~ reputation 輝かしい名声 / a ~ period 輝かしい時代. 7 〈船の見張りなど〉油断のない (alert): keep a ~ lookout 油断なく目を配る.
bright in the eye 《口語》 ほろ酔いかげんで. ***on the bright side of*** (1) ⇨ adj. 6 a. (2) =*on the right* SIDE *of* (1).
— adv. (~·er; ~·est) =brightly. ★ 主に次の言い方で: The moon shone ~. 月が明るく輝いていた. ***bright and early*** (十分余裕をみて)朝早く: That morning we got up ~ *and early* to go fishing. その朝は釣りに行くために大分早めに起きた.
— n. 1 [pl.] 《米》 a (自動車の)前照灯, 前灯, ヘッドライト (headlight) (cf. parking light). b =high beam; high beam の前照灯 (cf. dimmer 2 b). 2 (直接煙に当てず)熱風で乾燥させた淡色のパイプたばこ. 3 先端の剛毛が短く四角になった画筆. 4 《廃》 輝き, 光明, 光輝 (splendor).
Bright [bráɪt], **John** n. (1811-89) 英国の雄弁家・自由主義的政治家, Richard Cobden と共に Manchester school の指導者として Anti-Corn-Law-League を率い, 1846 年目的を達成した.
bríght cóal n. 〘地質〙 輝炭《黒色で光沢が強く灰分の少ない石炭; cf. splint coal》.
bright·en [bráɪtn] 〘OE (ge)*bierhtan*: ⇨ bright, -en[1]〙 — vt. 1 a 光らせる, 輝かす, 磨く. b …に光輝[光栄]を添える. 2 a 〈気分を〉晴れやかに[朗らかに]する. b 〈座を〉楽しくする. c 〈前途などを〉明るくする: ~ (*up*) one's prospects 前途を明るくする. — vi. 1 〈月などが〉輝いて来る, 〈空・天気などが〉明るくなる 〈*up*〉. 2 a 〈顔などが〉晴れる, 〈人が〉元気を出す 〈*up*〉: His face ~*ed up*. 彼の顔は晴々となった / *Brighten up!* 元気を出せ. b 〈座が〉陽気になる 〈*up*〉: The party ~*ed up* when she arrived. 彼女が到着するや一座はぱっと華やいだ. c 〈将来・展望などが〉明るく[有望に]なる. ~·**er** [-tnə, -tnə | -tnə(r, -tn-] n.
bright-éyed adj. 〈若者など〉目元の涼しい, 純情そうな.
bright-fáced adj. 利口そうな顔をした.
bright-field adj. 〈顕微鏡など〉明視野の (cf. dark-field).
bright field n. (顕微鏡の)明視野.
bright·ish [-tɪʃ | -tɪʃ] adj. やや明るい.
bright-light district n. =bright lights.
bright lights n. pl. (都市の)歓楽地[街].
bright-line spéctrum n. 〘物理〙 輝線スペクトル《発光線スペクトル》.
bright·ly 〘OE *beorhtlīce*: ⇨ bright, -ly[1]〙 — adv. 1 輝いて, 光って, 光輝を放って; 明るく, 明らかに, あかあかと: The sun is shining ~. 太陽はきらきらと輝いている. 2 鮮やかに, りっぱに (splendidly). 3 利口に, 賢く.
bright·ness 〘OE *beorhtnes*: ⇨ bright, -ness〙 — n. 1 輝くさま, 輝き, 明るさ; 光明, 光彩, 光輝 (luster). 2 鮮明, 鮮やかさ; 清澄. 3 明敏, 利発. 4 快活, 陽気. 5 〘天文〙 (天体の)輝度, 明るさ. 6 〘光学〙 a 明るさ《肉眼による明暗の感覚》. b (光源の)輝度 (luminance). 7 〘心理〙 明るさ(の視覚).
Brigh·ton [bráɪtn] 〘OE *Bristelmestūne* 《原義》 'village of *Beorhthelm* (人名: ⇨ bright, helm[2])': ⇨ -ton〙 n. 1 イングランド南東部, East Sussex 州の都市; イギリス海峡に臨む英国最大の海水浴場; 人口 157,000. 2 オーストラリア南東部の Melbourne に近い都市; 人口 40,000.
Bright's diséase [bráɪts-] 〘← *Richard Bright* (1789-1858: 英国の内科医)〙 n. 〘病理〙 ブライト病《蛋白尿を伴う腎疾患の旧称; ほぼ現在の腎炎に当たる》.
bright stóck n. 〘化学〙 ブライトストック《高粘度の潤滑油》.
bright wóol n. Mississippi 川以東産の羊毛 (cf. territory wool).
bright·wòrk n. 1 (機械や船の磨かれて)光る金具[部分]. 2 〘海事〙 (ペンキを塗らずに磨いて)ワニス仕上げをしてある木造部分《手すりなど》.
Brig·id [brídʒɪd, -dʒəd, bríːɪd, bríːəd | brídʒɪd] 〘《変形》 ← BRIDGET〙 n. 女性名.
Brigid, Saint n. ブリジッド (453?-?523; アイルランドの女子修道院[会]長; アイルランドの守護聖人で, the Mary of the Gael といわれる; Saint Bride, Saint Bridget ともいう).
Brig·it [brídʒɪt, -dʒət | -dʒɪt] 〘《変形》 ← BRIDGET〙 n. 1 女性名. 2 〘アイルランド神話〙 ブリジット《火・知恵・農業などの女神》.
brig-rigged adj. 〘海事〙 ブリッグ式帆装の.
brig·sàil [-sèɪl, (海) -sl] n. 〘海事〙 ブリッグスル《ブリッグ型またはスノー型帆船のメインマストに張るガフスル》.
brill [bríl] 〘(15C) □ ? Corn. *brilli* (pl.) mackerel〙 n. (pl. ~, ~s) 〘魚類〙 ヨーロッパ産ヒラメ類の食用魚の一種 (*Scophthalmus rhombus*).
Brill [bríl], **A(braham) A(rden)** n. (1874-1948) オーストリア生れの米国の精神分析学者.
bril·lan·te [brɪlɑ́ːnti, brə- | brɪlɑ́ːntɪ; It. brillánte] 〘□ It. ~ 'BRILLIANT'〙 adj. 〘音楽〙 華やかな, 輝かしい.
bril·liance [bríljəns] 〘← BRILLI(ANT) + -ANCE〙 — n. 1 輝き, 光輝, 光明, 光彩, 光沢 (luster); (色の)鮮明, 明るさ (brightness): shine out with great ~ 燦然(さんぜん)と輝く. 2 縦横の才気, 天才的な輝き, 非常な明敏さ: a linguist of great ~ すばらしくすぐれた言語学者. 3 《俗用》〘光学〙 明るさ, 輝度 (luminance).
bril·lian·cy [bríljənsi | -sɪ] n. =brilliance.
bril·liant [bríljənt] 〘(1681) □ F *brillant* (pres.p.) ← *briller* to shine □ It. *brillare* ← ? *brillo* < L *bēryllum* 'BERYL': ⇨ -ant〙 — adj. 1 〈宝石・日光など〉(きらきらと)光る, ぴかぴか光る, 光り輝く, 目もあやな, 光

沢のある (very bright): ～ jewels, sunshine, etc. **2** **a** 華麗な, 立派な, 華々しい, あっぱれな, 見事な (splendid): a ～ achievement すばらしい偉業 / a ～ record あっぱれな記録. **b** 目ざましい, 異彩を放つ, 才気縦横の: ～ talents / a ～ idea / a ～ mind 天才的な頭脳(の人) / a ～ talker 才気縦横の話し手 / He is ～ *at* anything. 彼はどんなことにもすばらしい才がある. **3** ＝brilliant-cut. ― *n.* **1** ブリリアントカットの宝石《特に, ダイヤモンド》. **2** 〘活字〙ブリリアント《活字の大きさの古い呼称; $3^{1}/_{2}$ アメリカンポイント相当; ⇨ type 10 ★》. **～·ness** *n.*

brílliant-cùt *adj.* 〈宝石が〉ブリリアントカットの.

brílliant cùt *n.* 〘宝石〙ブリリアントカット《ダイアモンドなどがきらきらと光輝を放つように多角に仕上げる磨き方; 通例 56 面体》.

brílliant gréen, B- G- *n.* 〘化学〙ブリリアントグリーン《塩基性トリフェニルメタン緑色染料》.

bril·lian·tine [bríljəntìːn | ⏤⏤] 〘□F ～: ⇨ brilliant, -ine³〙 ― *n.* **1** ブリリヤンティン《頭髪用つや出し水油》. **2** 《米》ブリリヤンティン布《アルパカに似て光沢があるが, さらに上質の毛織物》.

brilliant cut
1 table; 2 star facet; 3 bezel facet; 4 upper-girdle facet; 5 bezel; 6 girdle; 7 pavilion; 8 lower-girdle facet; 9 pavilion facet; 10 culet

bríl·liant·ly 〘《1813》〙 *adv.* **1** きらきらと, あかあかと, さんさんと, 光り輝いて. **2** 水ぎわ立って, 鮮やかに, 見事に.

brílliant shápe *n.* 〘宝石〙ブリリアント型の宝石琢磨形状.

Bril·louin zóne [brìːjuwǽ(ŋ)-, -wǽŋ-; *F.* brijwɛ̃-] 〘← *Léon Brillouin* (1889-1969: フランスの物理学者)〙 ― *n.* 〘物理〙ブリュアン帯, ブリルアンゾーン《金属内電子の運動量空間において, 電子のもつエネルギーが不連続な面で分けられた領域のこと》.

Bríll's disèase [bríls-] 〘← *N. E. Brill* (1859-1925: 米国の医師)〙 *n.* 〘病理〙ブリル病《発疹チフスの再発型; 前の感染の時ほど激烈でない》.

brim¹ [brím] 〘《?*a*1200》 *brimme* ← Gmc **berm*- raised border ← IE **bherem*- point; to project: cf. OE *brim* sea / ON *brim* surf〙 ― *n.* **1** (コップ・皿・盆などくぼみのある器物の内側の)ふち: full to the ～ ふち一杯に(あふれるばかり) / fill a vessel up to the ～ ふちまでなみなみと満たす. **2** (帽子の)つば, ふち (rim). **3** 《古》川ぶち, 水ぎわ, 岸 (shore): the ～ of a river, lake, etc. ― *v.* (**brimmed**; **brim·ming**) ― *vi.* **1** **a** 〈容器などが〉ふちまで一杯である[になる]; あふれ出る 〈*over*〉. **b** 〔自信・活気・涙などで〕あふれそうになる 〔*with*〕: He was ～*ming over with* health and spirits. 元気ではち切れそうだった. **2** 〔…に〕一杯になる 〔*in*〕: Tears ～*med in* her eyes. 彼女の両眼に涙が一杯にあふれていた. ― *vt.* …にあふれるばかり注ぐ: ～ a glass (*with* wine).

brim² [brím] *n.* 《米南部・豪》＝bream¹.

brim·ful [brímfúl, ⏤⏤] 〘《1530》: ⇨ brim¹, -ful〙 ― *adj.* ふちまで一杯の; 〔…で〕あふれるばかりの 〔*of*, *with*〕: a ～ cup 満杯 / her ～ eyes 涙で一杯になった両眼 / a glass ～ *of* wine ぶどう酒をなみなみと注いだコップ / The book is ～ *of* interest. その本は興味津々(しんしん)だ. **～·ness** *n.*

brím·ful·ly [-fəli, -fùli | -li] *adv.* ふち一杯に, あふれるほど, なみなみと.

brím·less *adj.* ふちのない; 〈帽子が〉つばのない.

brimmed *adj.* [しばしば複合語の第 2 構成素として] (…の)ふち[つば]のある: a broad-*brimmed* hat.

brím·mer *n.* なみなみと注いだコップ[杯]; 満杯.

brím·ming *adj.* あふれるばかりの: a ～ cup of tea / a ～ stream 満々と水をたたえた流れ / her eyes ～ *with* tears 涙を一杯に浮かべた彼女の眼 / a ～ future 洋々たる前途. **～·ly** *adv.*

brim·stone [brímstòun | -stən] 〘lateOE *brin stān* ← *brinnen* 'to BURN²' + *stān* 'STONE'〙 ― *n.* **1** **a** 土硫黄(どいおう)《天然産の硫黄鉱石》. **b** 《古》硫黄 (sulfur). **2** 地獄の火, 業火 (hellfire): ⇨ FIRE *and brimstone*. **3** 《古》がみがみ女 (virago). **4** 〘昆虫〙 **a** ヤマキチョウ (*Gonepteryx rhamni*)《シロチョウ科の黄色のチョウ; 日本からヨーロッパまで分布する; brimstone butterfly ともいう》. **b** ＝brimstone moth.

brímstone móth *n.* 〘昆虫〙緑がかった黄色のガ (*Rumia crataegata*).

brim·ston·y [brímstòuni | -stəni] 〘ME〙 *adj.* **1** 硫黄(質)の; 硫黄色の, 硫黄臭い. **2** 悪魔的な.

brind·ed [bríndɪd, -dəd] 〘《15C》 *brende(d)* ← ? ON: cf. brand〙 *adj.* 《古》＝brindled.

Brin·di·si [bríndɪzi, -də-, -ziː; *It.* bríndizi] *n.* ブリンディジ《イタリア南東部アドリア海に臨む港市; 古代ローマ時代には重要な軍港; 人口 84,000; ラテン語古名 Brundisium》.

brin·dle [bríndl̩] 〘《1676》《変形》← BRINDED〙 *n.* **1** まだら色, ぶち, とらふ. **2** ぶち[まだら色]の動物《特に, 犬》. ― *adj.* ＝brindled.

brin·dled 〘《1678》《変形》← BRINDED〙 *adj.* 〈動物が〉(茶色は灰色の地に)しま[ぶち]のある, とら毛の: a ～ cat.

bríndled gnú *n.* 〘動物〙シロヒゲヌー (*Connochaetes taurinus*)《アフリカに生息するウシ科ヌー属の動物; ⇨ gnu 挿絵》.

brine [bráɪn] 〘OE *brīne* salt liquor ← ?〙 ― *n.* **1** **a** 塩水 (salt water); 漬物用塩水. **b** 〘化学〙ブライン, 塩性溶液. **2** [the ～] 《詩》海水 (sea water), 海 (the sea): *the* foaming ～ 荒海. **3** 《廃》涙 (tears). ― *vt.* 塩水につける[浸す]. **brín·er** *n.*

Bri·néll hárdness [brɪnél-; *Swed.* brinél-] 〘← *J. A. Brinell* (1849-1925: スウェーデンの技師)〙 ― *n.* 〘冶金〙ブリネル(金属)硬度《金属の硬度を表示する方式; cf. Rockwell hardness, Vickers hardness test》.

Brinéll machìne *n.* 〘冶金〙ブリネル金属硬度測定器.

Brinéll nùmber *n.* 〘冶金〙ブリネル(金属)硬度数.

bríne pàn *n.* 塩がま; (塩田の)製塩坑.

bríne pìt *n.* 塩坑; 塩水井戸, 塩水泉.

bríne pùmp *n.* 〘機械〙ブラインポンプ《冷凍装置のブラインを冷却して循環させるためのポンプ》.

bríne shrímp *n.* 〘動物〙ブラインシュリンプ (*Artemia salina*)《塩水湖や沼にすむ小型の甲殻類 (branchiopod) で, 熱帯魚などのえさにする》.

bring [bríŋ] 〘OE *bringan* < Gmc **breŋgan* (Du. *brengen* / G *bringen*) ← IE **bher*- 'to carry, BEAR²' + **enek*- to reach (cf. enough)〙 ― *vt.* (**brought** [brɔ́ːt]) **1** **a** [しばしば二重目的語または目的語＋前置詞付きの句・副詞を伴って]〈物を〉持って来る, 〈人・犬などを〉連れて来る, 伴って来る (cf. take 14, fetch¹ 1); (相手のところへ)持って[連れて, 伴って]行く: I have *brought* (you) some flowers. (君に)花を持って来たよ / *Bring* one *for* me. 私にも一つ持って来てくれ / *Bring* it (*to*) me. それを私の所へ持って来てくれ / He *brought* her *back* [*along to* the party]. 彼女を連れて帰って来た[パーティーに連れて来た] / *Bring* him *in* [*here, home*] *with* you. 一緒に中[ここ, 家]へ連れて来なさい / Pilate *brought* Jesus *out before* the people. ピラトはイエスを民衆の前へ連れ出した / The Thursday *brought* us another letter from our client. 木曜日には依頼人からまた手紙が来た. **b** [目的語＋副詞・前置詞付きの句を伴って]〈人を〉〈ある場所〉へ導く (cf. 2 b): This road will ～ you *there*. この道を行くとそこへ行けるでしょう / A few minutes' walk *brought* me *to* the place. 数分歩くとその場所へ出た. **c** 《方言》〈人を〉送り届ける (escort): May I ～ you *home*? お宅まで送って行きましょうか.

2 **a** [しばしば二重目的語または目的語＋副詞・前置詞付きの句を伴って] 来させる, もたらす, 招来する; 〈群衆などを〉引き寄せる (attract): Winter ～*s* snow. 冬になると雪が降る / His efforts *brought* him good luck. 努力の結果運が開けた / What has *brought* you *here*? 君は何の用事があってここへ来たのか / The brandy *brought* a little color *back into* his face. ブランデーを飲んだので彼の顔に少し赤味が戻った / You have *brought* it *on* yourself. それは君が自分で招いたのだ / The pain *brought* tears *to* his eyes. 痛くて涙が出た / The screams *brought* a crowd. 金切り声に群衆が集まった. **b** [目的語＋前置詞付きの句を伴って] 〈人・物事を〉〈ある状態などに〉もって来る, 至らせる (cf. 1 b): ～ a matter *to* a close [an end] 事を終わらせる / ～ one's car *to* a stop 車を止める / be *brought to* a queer pass 変なこと[破目]になる / ～ a person *to* his senses 人を正気[本心]に立ち返らせる / ～ a person *to* himself 人を(はっと)我に返らせる / ～ … *into* being [play] …を産み出す[活動させる] / This will ～ you *to* grief [*into* debt]. この事のために君は憂き目を見る[借金にはまり込む]だろう / He *brought* them safely *out of* danger. 一同を無事に危険な状態から救い出した.

3 **a** [目的語＋*doing* を伴って]〈人〉に〈…するように〉仕向ける (force): A telegram *brought* him hurrying home. 電報が来て彼は急いで帰国した. **b** [目的語＋*to do* を伴って; しばしば ～ *oneself* で]〈人を〉〈…する〉気にさせる (induce): I wish I could ～ you *to* see my point. 私が主張する点をわかってもらえたらいいのだが / I cannot ～ *myself to* speak about it. どうもそのことは話す気になれない.

4 〈訴訟などを〉提起する, 起こす (start); 〈議論・議案などを〉持ち出す (adduce); 〈証拠を〉提示する (advance): ～ an action [an accusation, a charge] *against* a person 人を訴える / ～ a dispute *before* a court 争い事を裁判所に提訴する.

5 [時に間接目的語を伴って]〈物事が〉〈収入・利益などを〉もたらす (fetch); 〈ある値〉に売れる (sell for): My car *brought* a good price. うちの車はよい値に売れた / How much did your crop ～ last year? 去年の収穫でいくらの収益をあげましたか.

― *vi.* 《米中部》産出する (yield).

bring about (1) 生じさせる, 引き起こす; なし遂げる (accomplish): ～ *about* a war / ～ *about* a great advance in knowledge 大いに知識の進歩をもたらす. (2) 〘海事〙…の向きを変える (reverse): ～ the ship *about* 船の向きを変える.

bring along (1) 連れて[持って]来る (cf. *vt.* 1 a). (2) 〈生徒などを〉教育[訓練]する; 〈作物などを〉発育[生長]させる.

bring around (1) 連れて訪れる[来る]. (2) 説得する, 納得させる (persuade); 〔自説などに〕引き入れる (convert) 〔*to*〕: ～ a person *around to* one's way of thinking 人を自分の考え方に同調させる. (3) 〈話・論議を〉転換させる (divert): ～ the conversation *around* (*to* one's favorite subject) 話を(自分の好きな話題に)転じる. (4) 〈人を〉正気づかせる; 〈人〉の病気を回復させる; 〈人〉の機嫌を直す. (5) ＝BRING *about* (2).

bring away 〈思い出・印象などを〉持って帰る.

bring back (1) 連れて帰る (cf. *vt.* 1 a); 呼び戻(もど)す. (2) 〈借りた物を〉返す, 戻す: Don't forget to ～ it *back*. 忘れずに返してくれよ. (3) 買って[入手して]帰る: Will you please ～ me *back* some ink? (ついでに)インクを買って来てくれませんか. (4) 〈物事が〉思い起こさせる: That ～*s* the whole story *back to* me. それで話が全部思い出せる. (5) 回復させる: ～ a person *back to* health [life] 人の健康を回復させる[人を生き返らせる]. (6) 〈制度などを〉元へ戻す (restore): ～ *back* conscription [draft] 徴兵制度を復活させる.

bring down (1) 〈荷物などを〉降ろす; 〈敵機などを〉撃墜する; 〈鳥を〉射落とす; 〈獲物を〉仕留める; 〈人・政府などを〉倒す, 亡ぼす, 破滅させる. (2) 〈熱・失業率・物価などを〉下げる; 〈人〉に〔…まで〕値段を負けさせる 〔*to*〕. (3) 〈記録などを〉〔…まで〕もって来る, 続ける 〔*to*〕: ～ a record *down to* modern times 記録を現代の所まで載せる. (4) 〈げんこつなどを〉振り降ろす; 〈災い・罰などを〉〔人の身の上に〕下す, もたらす 〔*on*〕: ～ *down* one's fist *on* the table げんこつでテーブルをどんとたたく / ～ *down* ruin *on* a person 人に破滅をもたらす / ～ *down* a person's wrath *on* one's head 人の怒りを招く. (5) 〘数学〙〈数を〉下ろす. (6) 〘簿記〙〈計数を〉繰り越す. (7) 《俗》〈人〉の高慢の鼻をくじく (deflate); …の元気をなくさせる, 意気消沈させる (depress). (8) 〘ラグビー〙〈相手〉にタックルする; 〘サッカー〙タックルして[反則で]〈相手を〉倒す.

bring down the house ⇨ house 成句.

bring a person down to earth ⇨ earth 成句.

bring forth (1) 〈芽などを〉出す, 〈果実を〉結ぶ, 〈作物を〉産する; 〈子を〉生む: April showers ～ *forth* May flower. 《諺》卯月(うづき)の驟雨(しゅうう)は皐月(さつき)花を咲かせる. (2) 《文語・戯言》〈案・論などを〉提出する; 〈証拠などを〉引合いに出す: ～ it *forth* for a person's consideration それに人の考慮を促す. (3) 〈抗議などを〉招く (cause).

bring forward (1) 〈案・論などを〉持ち出す, 提出する; 〈証拠などを〉引合いに出す (adduce): ～ *forward* an issue at a meeting ある件を会で議題とする. (2) 〈会など(の日取り)を〉繰り上げる; 〈時計などを〉進める: ～ a party *forward* from…to… パーティーを…から…へ繰り上げる. (3) 〘簿記〙〈計数を〉(次葉[次期]へ)繰り越す. (4) 〈秘書などが〉〈手紙・文書などを〉ある(将来の)時点で処理するために持ち出す(ように記録する)《略 B/F, b/f》.

bring home ⇨ home *adv.* 成句.

bring in (1) 〈物を〉持ち込む (cf. *vt.* 1 a); 〈収穫・作物を〉取り入れる; 〈風習・品物などを〉紹介[移入, 輸入]する (introduce); 〈話題を〉持ち出す; 〈助力・助成を〉(外部から)受ける. (2) 〈人が〉〈給与を〉稼ぐ (earn); [しばしば間接目的語を伴って] 〈職業・投資・不動産などが〉〈利益・収入などを〉生じる, もたらす (yield): His job ～*s* (him) *in* a big salary. 彼の仕事は給料がいい. (3) (共同者・顧問などとして)仲間に加える, 雇う (admit); 〔計画・交渉・提案などに〕参加させる 〔*on*〕: ～ *in* an expert to advise on …について助言を得るために専門家を加える / ～ *in* inhabitants *on* a development plan 開発計画に住民を参加させる. (4) 〈訴訟・議案などを〉提出する; 〈陪審員が〉〈人〉の評決を答申する (report): ～ *in* a bill [verdict] / ～ a person *in* guilty [not guilty] 人に有罪[無罪]の評決を下す. (5) 《米》〈油井を〉掘り当てる, 〈油井〉から盛んに湧出させる. (6) 《英》〈警官が〉警察へ連行する, 逮捕する. (7) 〘野球〙〈走者を〉(安打を放って)本塁へ生還させる. (8) 〘トランプ〙(ブリッジで)〈スーツ (suit) を〉走らせる《エスタブリッシュ (establish) した長いスーツを活用していくつもトリック (trick) を稼ぐ》.

bring low ⇨ low¹ *adj.* 成句.

bring off (1) (難破船などから)救い出す (rescue): ～ *off* the crew [passengers] 乗組員[乗客]を救出する. (2) (期待に反して)見事にやってのける[成就する] (achieve): ～ *off* a success [an agreement] 成功を収める[協定を成立させる] / He *brought* it *off*. 見事にそれをやりおおせた.

bring on (1) 持って来る: ～ *on* a dessert. (2) 〈病気などを〉起こす, 招く (cause); 〈戦争などを〉引き起こす: Reading in a poor light ～*s on* a headache. 薄暗い所で読書をすると頭痛が起こる. (3) (舞台に引き出して)紹介する (introduce): ～ *on* a guest speaker. (4) ＝BRING *along* (2). (5) 〈人を〉〔学科などで〕上達させる 〔*in*〕.

bring out (1) 持ち出す, 連れ出す (cf. *vt.* 1 a). (2) 〈俳優・歌手などを〉世に出す; 〈娘を〉社交界に出す; 〈書籍・雑誌を〉出版する (publish); 〈劇を〉上演する (produce); 〈新製品を〉市場へ出す (introduce). (3) 〈色彩・美しさ・細部などを〉際立たせる; 〈意味・真相・欠点などを〉明らかにする; 〈性質・才能などを〉引き出す; 〈天分を〉発揮させる; 〈花を〉開かせる: Adversity *brought out* the best [worst] in him. 災難に会って彼の一番良い[悪い]面が出た. (4) 〈言葉を〉口に出す, 言う. (5) 〈はにかみ屋を〉はにかまないようにさせる, 〈客などを〉打ち解けさせる. (6) 〈労働者〉にストライキをさせる. (7) 〈人・肌・顔など〉に〔湿疹などを〕生じさせる 〔*in*〕: Heat ～*s* him *out in* a rash. 暑くなるとあせもができる.

bring over (1) 連れて[持って]来る: It was *brought over from* China. それは中国から伝来した. (2) …の意見を変えさせる, 味方に引き入れる, 〔別の考えなどに〕改めさせる (convert) 〔*to*〕: ～ a person *over to* one's opinion [side] 人を自分の意見に同調させる[自分の側に引き入れる]. (3) 引き渡す: ～ it *over to* the other side.
bring round ＝BRING *around*.
bring through (1) 〈病人〉に(病気を)切り抜けさせる, 助ける: ～ a patient *through* (a serious illness). (2) …に(困難・危機・戦争などを)切り抜けさせる: Cool heads *brought* us *through* (the crisis). 冷静な頭があったから(危機を)乗り切れたのだ.
bring to [to は *adv.*] (*vt.*) (1) 正気づかせる: ～ a person *to*. (2) 〘海事〙(帆と舵により風上に向け)〈船を〉止める, 停船させる. (*vi.*) 〘海事〙〈船が〉止まる, 投錨(ﾋﾞｮｳ)する, 停泊する.
bring to bear on [*upon*] (1) …に〈砲火などを〉向ける (cf. bear[2] *vi.* 5 b); …に〈圧力などを〉加える. (2) …に〈精力などを〉集中する: ～ all one's energies *to bear on* its accomplishment その完成に全力を集中する.
bring to book ⇨ book *n.* 成句.
bring together (1) 集める, 召集する. (2) 〈男女を〉(結び)合わせる; 和解させる.
bring to pass ⇨ pass[1] *n.* 成句.
bring under (1) 鎮圧[抑制]する (subdue): ～ rioters [a rebellion] *under* 暴徒[反乱]を鎮圧する. (2) …(の部類)に入れる.
bring up (*vt.*) (1) 〔ある標準まで〕引き上げる, 向上させる 〔*to*〕: ～ *up to* the standard. (2) 育てる, しつける: ～ *up* one's children strictly *to* be honest 子供を厳しく正直な人間になるように育てる / He is well [badly] *brought up*. 彼は育ちがよい[悪い] / He was *brought up on* Mother Goose. マザーグースの童謡を聞いて育った. (3) 〈問題・議案などを〉持ち出す (introduce); 〈証拠・昔のことなどを〉(…に不利なものとして)持ち出す, 挙げる: ～ a subject *up* / ～ *up* evidence *against* a person 人に不利な証拠を示す (cf. BRING *up against* (1)). (4) 《口語》急に止まらせる: ～ *up* a car with a jerk 車をがたんと急停車させる / The noise *brought* him *up* (short [sharp(ly)]). 物音を耳にして彼は(思わず)足を止めた. (5) 《口語》吐く, 戻す (vomit). (6) 〈人を〉告発する; 《英口語》〔…のことで〕厳しくしかる 〔*for*〕: be *brought up* on a charge of …のかどで訴えられる. (7) 〘軍事〙〈兵力・物資などを〉前線へ送り込む. (*vi.*) 不意に止まる; 〘海事〙〈船が〉急に止まる, 投錨して急に止まる: ～ *up* at a port.
bring up against (1) [しばしば Passive で] 〈物事が〉〈人を〉〈困難・強敵など〉に直面させる: He *was brought up against* an obstacle. 思わぬ障害にぶつかった. (2) ⇨ BRING *up* (3).
bring up the rear ⇨ rear[2] 成句.
bring-and-búy *adj.* 〈バザーなど〉いらないものを持って来て欲しいものを買う式の.
bríng·dòwn 〚← *bring down* (⇨ bring 成句)〛 *n.* がっかりさせるもの, 意気消沈[失望落胆]させること.
bríng·er 〚ME〛 *n.* 持って来る人, 持参人, もたらす人.
bríng·ing-úp *n.* (子供の)教育, しつけ, 養育.
brín·ish [-nɪʃ] 〚《1580》← BRIN(E)＋-ISH[1]〛 *adj.* 塩味を帯びた, しょっぱい.
brin·jal [brínʤɔːl, -ʤɑːl] 〚⇨ Port. *bringella* ⇨ Arab. *bādhinjān* ← Pers.〛 *n.* 《インド・アフリカ》ナスの実 (eggplant).
brink [bríŋk] 〚《?c1225》⇨ ON **brenkōn* ← ?: cf. Dan. & MLG *brink* edge〛 ── *n.* **1 a** (絶壁・崖などの危険な)ふち, 崖っぷち (cf. brim[1], border): the ～ of a cliff 崖っぷち. **b** 川岸, 水辺 (margin): the ～ of a river. **2** 間際, 瀬戸際 (verge): at the ～ of tears 今にも泣きだしそうで / on the ～ of eternity [death, the grave] 死の瀬戸際に臨んで / be on the ～ of destruction [ruin] 破滅に瀕している / be on [at] the ～ of war 開戦寸前の状態である / be on the ～ of doing 今にも…しようとしている / stand shivering on the ～ いざという際になって震えて[決心がつきかねて]いる.
brink·man·ship [bríŋkmənʃɪp] 〚← BRINK＋(STATES)MANSHIP: 米国国務長官 J. F. Dulles の 1956 年 *Life* 誌でのインタビューから生れた言葉〛 ── *n.* 《口語》(危険状態を極限まで押進める)瀬戸際政策.
brinks·man·ship [bríŋksmənʃɪp] *n.* ＝brinkmanship.
brin·y [bráɪni | -ni] 〚← BRIN(E)＋-Y[4]〛 ── *adj.* (**brin·i·er**; **-i·est**) **1** 塩水の, 塩水質の; 海水の: the ～ deep 海. **2** 塩からい: a ～ taste. ── *n.* [the ～] 《口語・戯言》海水; 海: take a dip in *the* ～ ちょっと一浴び海水浴をする. **brín·i·ness** *n.*
bri·o [bríːou | bríːəu; *It.* bríːo] 〚《1855》⇨ It. ～ ⇨ Prov. *briu* ⇨ Celt. **brigos* vigor〛 *n.* (*pl.* ～**s**) 充満, 生気, 活気 (vivacity).
bri·oche [bríouʃ, -ɔ́(ː)ʃ | bríːɔʃ, ⌐⌐, bríɔʃ, -əuʃ; *F.* bʀiɔʃ] 〚⇨ F ～ ← *broyer* to knead〛 *n.* ブリオッシュ《卵とバターをたっぷり入れた甘くて軽いパンの一種》.
bri·o·lette [briːəlét, ⌐⌐⌐ | ⌐⌐⌐; *F.* bʀiɔlɛt] 〚⇨ F ～ ← *brillant* 'BRILLIANT'〛 *n.* 〘宝石〙ブリオレット型のダイヤモンド《全表面が三角形から成る》.
bri·o·ny [bráɪəni | -nɪ] *n.* ＝bryony.
bri·quette [brɪkét] 〚⇨ F ～ ← *brique* 'BRICK'＋-ETTE〛 ── *n.* **1** 煉炭; たどん: a charcoal ～. **2** (型に入れて作った)ブロック, 大きな固まり. ── *vt.* 〈粉炭などを〉型に入れて大きな固まりにする.
bri·sa [bríːsə; *Sp.* brísa] 〚⇨ Sp. ～, *briza*: ⇨ breeze[1]〛 *Sp. n.* **1** (カリブ海および南米北東岸で)(北)東の貿易風. **2** (フィリピンで)北東のモンスーン.
bri·sance [brɪzɑ́ːns, brə-, -zɑ́ː(n)s | brɪzɑ́ː(n)s, -zɔ́ː(n)s, -zɑ́ːns, -zɔ́(ː)ns; *F.* bʀizɑ̃ːs] 〚⇨ F ～ ← *brisant* (pres.p.) ← *briser*: ⇨ brisé〛 ── *n.* (高性能火薬の)爆発力.
bri·sant [brɪzɑ́ːnt, brə-, -zɑ́ː(ŋ) | brɪzɑ́ː(ŋ), -zɔ́ː(ŋ), -zɑ́ːŋ, -zɔ́(ː)ŋ; *F.* bʀizɑ̃] *adj.*
Bris·bane [brízbən, -beɪn, (現地では) -bən] *n.* オーストラリア東部の海港, Queensland 州の首都; 人口 713,000.
Bris·bane [brízbeɪn, -bən], **Arthur** *n.* (1864–1936) 米国のジャーナリスト.
bri·sé [briːzéɪ; *F.* bʀize] 〚⇨ F ～ (p.p.) ← *briser* to break ＜ OF *brisier* ← Celt.〛 ── *n.* (*pl.* ～**s** [～z; *F.* ～]) 〘バレエ〙ブリゼ《片足で跳び上がり両脚を空中で打ち両足で降りるステップ》.
brise-bise [bríːzbìːz] 〚⇨ F ～ 《原義》wind breaker ← *briser* (↑)＋*bise* north wind〛 *n.* (窓の下半分をおおう)半窓掛け.
Bri·se·is [braɪsíːɪs, -əs | -ɪs] 〚⇨ L ～ ⇨ Gk *Brisēís*〛 ── *n.* (*Iliad* で) ブリーセーイス《ギリシャ軍に捕えられた美しい処女; 初め Achilles に与えられたが, あとで大将 Agamemnon に奪われ, それがこの二大勇士の不和のもとになり, Troy 戦争の戦局を左右した》.
brise-so·leil [bríːzso(u)léɪ | -sə(u)-; *F.* bʀizsɔlɛj] 〚⇨ F ～ ← BRISE(-BISE)＋*soleil* sun〛 ── *n.* 〘建築〙ブリーズソレイユ《日除けのために窓の外部に水平あるいは垂直に板状の部材を取り付けたもの》.
Bri·sing·a·men [briːsíŋəmèn, brìːsiŋgɑ́ːmen] 〚⇨ ON *Brisinga men* 'neckring of Brisingar (首飾りを作った小人たち)'〛 ── *n.* 〘北欧伝説〙ブリージンガメン《Freya がしていた魔法の首飾り》.
brisk [brísk] 〚《1590》《変形》← ? F *brusque* 'BRUSQUE'〛 ── *adj.* (～·**er**; ～·**est**) **1 a** 〈人・態度など〉きびきびした, はきはきした, 活発な, 元気のいい (lively): a ～ old man 元気のいい老人 / at a ～ pace きびきびした足取りで / (as) ～ as a bee 蜜蜂のように活発な. **b** 〈商売が〉繁盛している: Trade is ～. 商売が繁盛している. **2** 〈日・空気など〉すがすがしい, せいせいする, 心地よい; 〈風が〉(被害を与えない程度に)強い: a ～ day (身の引きしまるような)気持ちのいい日 / ～ weather (小気味のいい)爽快な天気 / a ～ wind (害を与えないほどの)強い風. **3 a** 〈飲料が〉盛んに泡立つ, 発泡性の (sparkling); 気の抜けていない: ～ cider [beer] 泡立つりんご酒[ビール]. **b** 風味のよい, ぴりっとした: a ～ taste / a ～ tea よい風味の紅茶. **4** (口調など)鋭い, 辛辣(ｼﾝﾗﾂ)な (sharp). **5** 《廃》こぎれいな, しゃれた (smart). ── *vt.* 活発にする, 〈歩調などを〉早める, (盛んに)活躍させる, 引き立たせる 〈*up*〉. ── *vi.* 活発になる, 活気づく, 勇み立つ 〈*up*〉. **～·ness** *n.*
bris·ket [brískɪt, -kət] 〚《1338》*brusket* ⇨ AF **brusket* ＝OF *bruschet* (F *bréchet*) ⇨ ? ON *brjósk* (Norw. & Dan. *brusk* gristle): ⇨ -et〛 ── *n.* **1 a** (動物の)胸部. **b** (牛の)胸部の肉, ブリスケ (⇨ beef 挿絵). **2** 《英方言》(人間の)胸 (chest).
brísk·ly *adv.* 活発に, きびきびと, 元気よく: walk ～ along.
bris·ling [brízlɪŋ, brís-] 〚⇨ Norw. 《方言》～ ← LG *bretling* 《原義》the broad one〛 *n.* 〘魚類〙北欧産のイワシに似た小さなニシン (*Sprattus sprattus*).
bris·tle [brísl] 〚《?a1300》*bristel* ← OE *byrst* bristle ← Gmc **brusti-* ← IE **bhar-* projection, bristle, point: ⇨ -le[1]〛 ── *n.* **1 a** (動物の)剛毛, 荒毛; (特に, 豚の首と背の)針毛《ブラシ製造に用いる》: swine ～s 豚毛 / set up one's [a person's] ～s 毛を逆立てて怒る[怒らせる]; 激怒する[させる], 気色ばむ[ませる]. **b** (人の)短く刈込んだあごひげ. **c** (植物の)剛毛. **2** (ブラシなどに用いる)豚毛の代用品《針金など》. ── *vi.* **1** 〈剛毛・毛髪が〉直立する, 逆立つ 〈*up*〉: My hair ～*d* at that scream. その叫び声を聞いて総毛立った. **2 a** 〈動物が〉毛を逆立てる, 毛を逆立てて怒る 〈*up*〉: The hog ～*d up*. 豚は(怒って)毛を逆立てた. **b** 〈人が〉奮然として怒る, 気色ばむ 〈*up*〉: He ～*d up in* anger. ＝He ～*d with* anger. 怒って喧嘩腰になった. **3 a** 〈場所などが〉〔建物などで〕一杯である, 充満している 〔*with*〕: a harbor *bristling with* masts マストが林立している港 / The town of Oxford ～*s with* spires. オックスフォードの町には尖塔が一杯立っている. **b** 〈事業・書物・演説などが〉〔障害・誤植・引用句などで〕充満する 〔*with*〕: Her talk ～*s with* imagery. 彼女の話は文彩が豊かである. ── *vt.* **1** …に剛毛[針毛]を付ける[植える]. **2** 〈毛・羽毛・とさかなどを〉逆立てる 〈*up*〉. **3** 〈勇気などを〉奮い起こす, かき立てる (ruffle) 〈*up*〉.
brístle·cone fír *n.* 〘植物〙＝Santa Lucia fir.
brístle·cone píne *n.* 〘植物〙北米西部の亜高山帯に生えるマツの一種 (*Pinus aristata*).
brís·tled 〚ME〛 *adj.* **1** 剛毛[針毛]のある[多い]. **2** 〈毛・羽毛など〉逆立っている, 直立している.
brístle·mòuth *n.* (*pl.* ～, ～**s**) 〘魚類〙ヨコエソ科の小型深海魚の総称《鋭く細い歯がある》.
brístle·tàil 〚尾の形から〛 *n.* **1** 〘昆虫〙シミ《本や引出しのすみなどにいる総尾目の昆虫の総称》. **2** 〘鳥類〙＝ruddy duck.
brístle-thighed cúrlew *n.* 〘鳥類〙ハリモモチュウシャクシギ (*Numenius tahitiensis*) 《Alaska 西部で繁殖し Polynesia で冬を過ごす大型のシギ》.
brístle wòrm *n.* 〘動物〙＝chaetopod.
bris·tling [brísliŋ, -tl̩ɪŋ] *n.* 〘魚類〙＝brisling.
bris·tly [brísli, -tli | -lɪ, -tlɪ] 〚《15C》〛 ── *adj.* **1** 剛毛質の; 剛毛のような; 剛毛の多い. **2** 剛毛のように密生している. **3** 〈動物が〉毛を逆立てて怒りやすい; 〈人が〉怒りっぽくて扱いにくい.
brístly lócust *n.* 〘植物〙ハナエンジュ (*Robinia hispida*) 《北米東部産マメ科ニセアカシアの一種; rose locust ともいう》.
brístly sarsaparílla *n.* 〘植物〙トゲサルサ (*Aralia hispida*) 《アメリカ産の黒い実のなるウコギ科タラノキ属の多年草》.
bris·tol [brístl] 〚← BRISTOL 1〛 *n.* ブリストル(紙)《名刺・カード用などの上質厚紙》.
Bris·tol [brístl] 〚OE *Brycgstōw* 《原義》bridge-site: ⇨ bridge[1], stow[1]〛 ── *n.* **1** イングランド南西部 Avon 州, Avon 河口に近い商工業都市・重要な貿易港で同州の首都; 人口 410,000. **2** 米国 Pennsylvania 州東南部にあって Delaware 川に臨む町, Philadelphiaの郊外; 人口 59,000. **3** 米国 Connecticut 州中部の都市, かつて時計製造で知られた; 人口 56,000.
Brístol Báy *n.* ブリストル湾《米国 Alaska 州南西部, Alaska 半島北方の Bering 海の入江》.
Brístol bòard *n.* ＝bristol.
Brístol-brìck *n.* ブリストルれんが《ケイ酸質のれんがで, 刃物を研ぐのに用いる》.
Brístol Chánnel *n.* [the ～] ブリストル海峡《ウェールズ南部とイングランド南西部との間の大西洋の入江, 長さ 136 km》.
Brístol Créam *n.* 〘商標〙ブリストルクリーム《英国 Bristol の Harvey 社製の甘口シェリー酒》.
Brístol-díamond *n.* 〘鉱物〙ブリストルダイヤモンド《イングランド Bristol 付近産の水晶》.
Brístol fàshion 〚昔イングランド Bristol 港の設備がよく整っていたことから〛 *adj.* [しばしば shipshape and ～ として] きちんとして, よく整頓して: It was all *shipshape and* ～.
Brístol Mílk *n.* 〘商標〙ブリストルミルク《英国 Bristol の Harvey 社製の甘口シェリー酒》.
bris·tols [brístlz] 〚《略》← *Bristol Cities*: titties (⇨ titty[2]) の押韻俗語〛 *n. pl.* 《英俗》おっぱい, 「ボイン」(breasts).
Bris·tow [brístou | -təu] 〚ME *Bristo(u)* ← OE *Brycgstow* 'BRISTOL'〛 *n.* 男性名.
bri·sure [briːzúə | -z(j)úə(r; *F.* bʀizyːʀ] 〚⇨ F ～ 'crack' ← OF *brisier* to break〛 *n.* 〘紋章〙＝difference 8.
brit [brít] 〚← Corn. *brȳthel* mackerel, 《原義》speckled〛 *n.* **1** クジラのえさになる小動物. **2** 小イワシ, 小ニシン.
Brit[1] [bəríθ, bríθ] *n.* 〘ユダヤ教〙＝Berith.
Brit[2] [brít] 〚《略》← BRITISH〛 *n.* 《口語》英国人.
Brit. 《略》Britain; Britannia; *L.* Britannica (＝of Britain); British; Briton.
Brit·ain [brítn, -tən | -tn, -tən] 〚《a1200》*Britaine* ⇨ OF *Bretaigne* (F *Bretagne*) ＜ L *Brit(t)ānniam* (↓)〛 *n.* **1** ＝Great Britain. **2** ＝Britannia[1] 1.
Bri·tan·nia[1] [brɪtǽnjə, brə-, -niə | brɪtǽnjə, -nɪə] 〚OE *Bryttania* ⇨ L *Brittānia* ← *Brit(t)anni* Britons ← *Britto* 'BRITON': cf. Gk *Brettania*〛 ── *n.* **1** ブリタニア《古代ローマの属州であった Great Britain 島(特に, その南部地方)のローマ名》. **2** ＝British Empire. **3** 《文語》＝Great Britain. **4** 《詩》ブリタニア《Great Britain または British Empire を象徴する女性擬人的名称で, その冑(ｶﾌﾞﾄ)・盾・三叉のほこを帯びた像は貨幣面などに用いられる》. **5** [b-] 〘冶金〙＝britannia metal.
Bri·tan·nia[2] [brɪtǽnjə, brə-, -niə | brɪtǽnjə, -nɪə] 〚↑〛 *n.* 女性名.
británnia mètal *n.* 〘冶金〙ブリタニアメタル《スズ・アンチモニー・銅および少量の亜鉛からなる銀に似た合金; 単に britannia ともいう》.
Británnia sílver *n.* 〘冶金〙純度約 96 % の銀.
Bri·tan·nic [brɪtǽnɪk, brə- | brɪ-] 〚⇨ L *Britannicus*: ⇨ Britannia[1], -ic[1]〛 ── *adj.* **1** ブリテンの, 英国の (British). ★ 主に次の句で: His [Her] ～ Majesty 英国国王[女王]陛下 (略 H.B.M.). **2** ＝Brythonic. ── *n.* ＝Brythonic.
Brítanny spániel *n.* ブリタニースパニエル《フランスでスパニエルとポインターの異種交配によって作出された銃猟犬種のイヌ》.
britch·es [brítʃɪz, -tʃəz] *n. pl.* 《口語》＝breeches.
Brith [bəríθ, bríθ] *n.* 〘ユダヤ教〙＝Berith.
Brith Mi·lah [bríθ-miːlɑ́ː, brís-, -míːlə] 〚⇨ Heb. *b[e]rith milāh* covenant of the circumcision〛 *n.* (ユダヤ人の)割礼式 (cf. Berith Milah).
Brit·i·cism [brítəsɪzm | -tɪ-] *n.* 《米》英本国特有の語[語句, 表現], 英国語法《elevator に対する lift など; cf. Americanism 1》.
Brit·ish [brítɪʃ | -tɪʃ] 〚OE *Brittisc* ← *Bret* 'a BRITON' (pl. *Brettas*) ← Celt.: ⇨ -ish[1]〛 ── *adj.* **1 a** [通例政治的意味で用いて] ブリテンの, 英国の; 英国人の, 英国英語の. ★ 一般には English の方が多く用いられる: a ～ subject 英国民. **b** 《米》イングランドの. **2** ブリトン族 (the Britons) の. ── *n.* **1** [the ～; 集合的]英国人, 英国民 (the British people). **2** 古代ブリトン[ウェールズ]語《アングロ・サクソン民族の侵入以前ブリテン島南部で用いられていたケルト語》. **3** ＝British English. **～·ness** *n.*

Brítish Acádemy n. [the ～] 英国学士院《人文科学の研究・発達を目的として 1893 年に創立された；略 B.A.》.

Brítish América n. ＝British North America.

Brítish an·ti-léw·is·ite [-æ̀ntaɪlúːəsàɪt, -tɪ- | -tɪ-lúːɪ-, -ljúːɪ-] n. 〘化学〙＝dimercaprol.

Brítish Assocìation n. [the ～] 英国学術協会《科学の進歩・発達を目的とする学会；1831 年創立；正式名 the British Association for the Advancement of Science》.

Brítish Cameróons n. ⇨ Cameroons 1.

Brítish Colúmbia n. カナダ太平洋岸の州；人口 2,185,000, 面積 948,596 km², 首都 Victoria；略 B.C.

Brítish Cómmonwealth of Nátions 〘《1919》: J.C. Smuts の造語〙 ── n. [the ～] 英連邦, イギリス連邦《19 世紀後半以降の自治領 (dominion) の成立や植民地独立運動の激化に伴い, 第一次大戦以後 British Empire に代わって用いられるようになり, 1926 年の帝国会議で正式に定められた；the British Commonwealth ともいう；⇨ COMMONWEALTH of Nations》.

Brítish Cóuncil n. [the ～] ブリティッシュカウンシル《1934 年設立の英国文化の海外紹介・英語の普及などを目的とする機関》.

Brítish dóllar n. 英国ドル《もと英国の領土で用いられた通貨》.

Brítish Èast África n. 英領東アフリカ《アフリカ東部の旧英国保護領；Kenya, Tanganyika, Uganda, Zanzibar の総称；今は独立して Kenya, Tanzania, Uganda となる》.

Brítish Émpire n. [the ～] 大英帝国《大植民地国家であった頃の英国の俗称；第一次大戦後は British Commonwealth of Nations の同意語として使われたが, 現在ではほとんど廃語》: ⇨ ORDER of the British Empire.

Brítish Énglish n. 英国英語, イギリス英語《イギリス諸島 (the British Isles), 特に Great Britain 島で用いられる英語；cf. American English》.

Brít·ish·er 〘← BRITISH＋-ER¹: FOREIGNER からの類推で造られた米語？〙 n. 《米》(イギリス諸島 (British Isles) に住む)英国人.

Brítish Expedítionary Fórce n. [the ～] 英国海外派遣軍《元来 1906 年に編成され, 1914 年 8 月 Gen. French の指揮下にフランスに送られた正規軍; 1940 年, 第二次大戦時にもフランスに送られ, Dunkirk で敗れたが, 後半期には活躍した；略 B.E.F.》.

Brítish gállon n. 《英》＝imperial gallon.

Brítish Guiána n. 英領ギアナ《南米北東部の旧英国直轄植民地；今は独立して Guyana となる》.

Brítish gúm n. 〘化学〙＝dextrin.

Brítish Hondúras n. 英領ホンジュラス (⇨Belize).

Brítish Índia n. 英領インド《現在の India, Pakistan, Bangladesh；略 B.I.》.

Brítish Ísles n. pl. [the ～] イギリス諸島《Great Britain, Ireland, Isle of Man, Channel Islands および隣接する島々》.

Brit·ish·ism [brítɪʃìzm, -tə- | -tɪ-] n. ＝Briticism.

Brítish Ísrael n., adj. ＝Anglo-Israelite.

Brítish-Ísraelite n., adj. ＝Anglo-Israelite.

Brítish Légion n. [the ～] 英国在郷軍人会《第一次・第二次大戦およびその後の戦争の出征軍人の保護援助を目的とする；1921 年結成；cf. American Legion》.

Brítish Líbrary n. [the ～] 英国図書館《British Museum の図書館部門など, 合計四つの組織体が合併し, 1973 年に発足した英国の国立図書館；参考部 (Reference Division) などの部門からなり, British Museum の図書館資料は同部が引継いだ》.

Brítish Maláya n. 英領マラヤ《以前英国勢力下にあった Malay 半島・Malay 諸島の総括的名称》.

Brítish Muséum n. [the ～] 大英博物館《London にある英国最大の博物館；創立 1753 年；その図書館部門は米国の the Library of Congress と共に世界的に有名であったが, 1973 年に図書館部門は分離し, British Library となる》.

Brítish Nátional Fórmulary n. ⇨ National Formulary.

Brítish Nèw Guínea n. 英領ニューギニア《Papua New Guinea 南部の旧名》.

Brítish Nòrth América n. 英領北アメリカ《カナダ自治領と Newfoundland (今はカナダの一州)の旧名》.

Brítish Nòrth Bórneo n. 英領北ボルネオ《Borneo 島北部の旧英国直轄植民地；今は独立して Malaysia の一州 Sabah となる》.

Brítish Sólomon Íslands n. pl. [the ～] ⇨ Solomon Islands.

Brítish Somáliland n. 英領ソマリランド《アフリカ東部の Aden 湾に臨む旧英国保護領；今はソマリア (Somalia) の一部》.

Brítish Stándards Màrk n. 英国規格マーク《BS Mark ともいう；⇨ Kitemark》.

Brítish Stándard Time n. 英国標準時《Greenwich Time より 1 時間早く西ヨーロッパ標準時と一致する；1968 年 2 月より実施；1971 年 10 月 GMT に復帰；略 B.S.T.；⇨ standard time 1》.

Brítish thérmal ùnit n. 英国熱量単位《1 ポンドの水をカ氏 1 度だけ暖めるのに要する熱量；略 B.T.U., Btu., B.t.u.；cf. therm》.

Brítish Tógoland n. ⇨ Togoland.

Brítish Vírgin Íslands n. pl. [the ～] 英領バージン諸島《Virgin Islands 中の東部を占める部分；人口 8,700, 面積 154 km², 首都 Road Town》.

Brítish wárm n. 《英》(英国陸軍将校の着る厚地でダブルの)軍用短外套《第一次大戦で英国将校が初めて用いた》.

Brítish Wèst África n. 英領西アフリカ《Nigeria, Sierra Leone, Gambia を含む一帯の地方の旧名》.

Brítish Wèst Índies n. pl. [the ～] 英領西インド諸島《Bahama 諸島, Jamaica, Barbados, Trinidad, Tobago, Leeward および Windward 諸島；大部分は 1958 年 Federation of West Indies (西インド諸島連邦)として独立し, のちに Jamaica, Trinidad and Tobago, Barbados, Bahama はそれぞれ単一の共和国となる》.

Brit. Mus. 《略》British Museum.

Brit·o- [bríto(ʊ) | -tə(ʊ)] 〘← L *Brito* (↓)〙「ブリテン人と…の (of the Britons and…)；英国と…の (British and…)」の意の連結形: *Brito*-Japanese 英国と日本との, 英国の.

Brit·on [brítn̩, -tən | -tn̩, -tən] 〘《?a1200》 *Britoun* ⊏ (O)F *Breton* ⊏ L *Brittōnem*, (nom.) *Britto*, *Brito* ⊏ Celt. **Britto*〙 ── n. **1** (古代の)ブリトン人《ローマの侵入当時, Great Britain 島の南部に住んでいたケルト人》. **2** 《文語》大ブリテン人, 英国人 (Englishman): ⇨ North Briton.

brits·ka [brítskə] 〘《1832》⊏ Pol. *bryczka* (dim.) ← *bryka* freight wagon: cf. barouche〙 n. ブリツカ馬車《昔のロシヤ式四輪ほろ馬車》.

britt [brít] n. ＝brit. 「Britains).

Britt. 《略》〘造幣〙 L. Brit(t)anniārum (＝of all the

Brit·ta·ny [brítəni, -tṇi | -tənɪ, -tnɪ] n. ブルターニュ《イギリス海峡と Biscay 湾との間のフランス北西部の半島, 旧公国；フランス語名 Bretagne》.

Bríttany spániel n. ブリタニー スパニエル《フランス原産の猟犬種のイヌ；スパニエルとポインターにより計画作出された》.

Brit·ten [brítn̩, -tən | -tn̩, -tən], **(Edward) Benjamin** n. (1913–76) 英国の作曲家; *Peter Grimes* (1945), *War Requiem* (1962)；称号 Baron Britten.

brit·tle [brítḷ | -tl] 〘《?a1325》 *brotel* ← Gmc **breutan* (OE *ġebrot* fragment & *brēotan* to break) ← IE **bhreu-* to cut: ⇨ -le²〙 ── adj. **1 a** (堅いが弾力性がないために)壊れ[砕け]やすい, もろい (fragile): ～ clay, glass, etc. / (as) ～ as an eggshell 非常にもろい. **b** 〈金属・合金が〉展性[延性]が非常に低い. **2** こわれ[破壊され]やすい；移ろいやすい, はかない (transitory)；不確実な, 当てにならない: a ～ promise 当てにならない約束 / ～ honor はかない名誉. **3** 扱いにくい, 傷つきやすい, 過敏な (sensitive): a ～ personality. **4** 情味のない, 冷たい (cold): a ～ laugh. **5** 〈音など〉鋭い, 金属的な (sharp). **6** 《俗》〘野球〙〈選手が〉故障を起こしがちの. ── n. 糖菓の一種《砂糖を煮溶かして, キャラメル状にし, ナッツを加えて平たく固めたもの》: almond [peanut] ～. ── vi. 壊れやすくなる, 崩れる. **～·ly** [brítḷli, -tli | -tḷlɪ, -tlɪ] adv. **～·ness** n.

bríttle·bùsh n. 〘植物〙米国南西部および隣接するメキシコの砂漠地方に生えるキク科 *Encelia* 属の植物の総称；(特に) *E. farinosa* 《小型のヒマワリに似た黄花をつける》.

bríttle férn n. 〘植物〙＝fragile fern.

bríttle stár n. 〘動物〙クモヒトデ《蛇尾綱に属する棘皮(きょくひ)動物の総称》.

Brit·ton [brítn̩, -tən | -tn̩, -tən], **Nathaniel Lord** n. (1859–1934) 米国の植物学者.

Brit·ton·ic [brɪtánɪk | -tɔ́n-] adj. ＝Brythonic.

Britt. Reg. 《略》〘造幣〙 L. Brit(t)anniārum Rēgīna (＝Queen of Britain).

britz·ka [brítskə; *Pol.* brítʃa] n. (*also* **britzs·ka** [～]) ＝britska.

Brix [bríks] adj. ブリックス比重計の. ── n. ＝Brix scale.

Bríx scàle 〘← A. F. W. *Brix* (1798–1890: ドイツの発明家)〙 n. ブリックス比重計《ある温度下である容量の溶液中にある砂糖の密度を測る液体比重計》.

brize [bríːz] n. ＝breeze³.

brl. 《略》barrel.

Br·no [bə́ːnou, -nɔː | bə́ːnəu, brənə́u; *Czech* brnɔ] n. ブルノ《チェコスロバキア中部の都市, 旧 Moravia 州の首都；人口 362,000；ドイツ語名 Brünn》.

bro., Bro. 《略》brother(s).

broach¹ [bróutʃ | bráutʃ] 〘n.: 《?a1200》⊏(O)F *broche* < VL **broccam* spike ← L *brocc(h)us* having prominent teeth. ── v.: 《a1376》⊏ (O)F *broch-(i)er* ← *broche*: cf. brooch〙 ── n. **1 a** 先の尖ったもの[道具, 部分など]. **b** 焼串, 金串. **c** (燭台の蠟燭(ろうそく)をさす)釘. **d** (錠前の中の)かぎ受け棒. **2** 〘建築〙(四角い塔の上に設けられる八角錐の尖塔 (spire) の四隅の部分を覆う)ピラミッド形の半分の形: ⇨ broach spire. **3 a** ブローチ《穴ぐりに使用する工具》. **b** (樽の)穴あけ錐(きり). **4** ＝brooch. **5** 〘石工〙(一列に間隔を密にドリルで穴をあけて)石材を切断すること. ── vt. **1 a** (穴ぐり器で)〈穴を〉仕上げる. **b** 〈樽などの口をあける；口をあけてくみ出す: ～ a barrel of cider / ～ cider. **2** 〈控えていた話題などを〉切り出す, 持ち出す；〈新説などを〉提唱する, 発議する (moot): ～ a subject *with* [*to*] a person 人に問題を持ち出す. **3** 《廃》刺す, 突き刺す (stab). ── vi. 〈鯨などが〉水面に躍り出る, 〈潜水艦などが〉浮上する.

broach² [bróutʃ | bráutʃ] 〘《転用》? ↑〙 ── 〘海事〙 vi. 〈船が〉急に方向を転じ風波を横から受けるようになる 〈*to*〉: ～ *to* in the rough sea. ── vt. 〈船を〉急に方向を転じさせ風波を横から受けるようにする.

bróach·er n. 口を切る人, 発議者, 提唱者.

bróach·ing machìne n. 〘機械〙ブローチ盤《ブローチで穴を仕上げる機械》.

bróach spìre n. 〘建築〙broach¹ 2 をもった尖塔.

broad [brɔ́ːd] 〘OE *brād* < Gmc **braiðaz* (G *breit*) ← ?: cf. breadth〙 ── adj. (～·er; ～·est) **1 a** 幅の広い, 広い (↔ narrow): ～ shoulders 広い肩幅 / a ～ river [street] 広い川[街路] / He is ～ *in* the shoulder [*of* chest]. 肩幅[胸幅]が広い. **b** 幅が…の: The road is five meters ～. 道路は幅 5 メーターである. **2 a** 〈場所など〉広々とした, 広大な (extensive): ～ lands 広大な土地 / a ～ expanse of water 一面の水. **b** 〈心・教養・思想・見解など〉広い, とらわれない, 寛容な (liberal)；包容力の大きい, 範囲の広い (comprehensive): a ～ mind 広大な心 / ～ views 広い見解 / ～ culture 広い教養 / a man of ～ outlook [experience] 視野[経験]の広い人 / get ～ support 広範囲の支持を得る. **3** 大まかな, 大ざっぱな；適用範囲の広い, 一般的な, 広い (general): a ～ outline 大体の輪郭, 大要 / in a ～ way 大体において, 大まかに言えば / in the ～*est* sense 最も広い意味において / a ～ rule 一般的規準. **4 a** 〈光など〉広く注がれた, いっぱいにあふれた, くまない: ～ daylight 真っ昼間, 白昼. **b** 〈事実など〉明白な, 紛(まぎ)う方なき (manifest): a ～ distinction 明白な区別 / ～ facts 明白な事実. **5** 〈言語が〉著しくきわだった, 国なまり丸出しの (countrified): a ～ dialect [accent] 丸出しの方言[なまり] / ⇨ broad Scotch. **6 a** 下卑た, みだらな (coarse): a ～ joke [story] みだらな冗談[話]. **b** 《廃》〈態度・行為など〉あけすけの, 露骨な, 無遠慮な (outspoken): ～ words 露骨な言葉 / a ～ stare [grin] 不遠慮な凝視[大きく歯を見せた笑い]. **7** 〘音声〙 **a** 〈a の文字が〉[ɑː] で発音される《特に, *ask*, *plant* などにおいて [æ] と [ɑː] と 2 通りの発音がある場合に言う；cf. flat¹ 13》. **b** 〈音声表記が〉簡略の《音素の別しか示さない；cf. narrow 7 a》/ (a) ～ transcription 簡略表記(法). **8** 〘図書館〙〈分類法が〉粗略な (cf. close³ B 6). **9** [しばしば B-] 〘英国国教会〙広教会派的な, 自由な《儀式や教理の細かい点に気を使わない》: ⇨ Broad Church. **10** 〘造幣〙〈硬貨が〉径が大きく薄い. **11** 〘海事〙〈帆船の針路が〉舷側[ほぼ横正面]から風を受ける. **12** 〘紡織〙 **a** 〈織物が〉広幅の《30 インチより幅広の》. **b** 〈羊毛が〉繊維がまっすぐで弾力がない. **13** 〘証券〙〈株式・債券市場が〉底が深い. **14** 〘保険〙複数の危険を担保する.

as broad as (it is) long*＝*as long as (it is) broad 五十歩百歩で, どちらにしても同じことで.

── n. **1** (手・足・背中などの)広い部分, 足の裏, たなごころ: the ～ of the back 背中. **2** [通例 (the) Broads] 《英》(英国南東部 Norfolk 地方で川が広くなってできた)湖, 沼: *the* (Norfolk, Suffolk) *Broads* (イングランド南部の)湖沼地方《互いに連絡した大小 40–50 の湖沼から成り, 釣・鳥の観察・ヨット遊びなどの行楽地》. **3** [pl.] 《俗》トランプ札 (playing cards). **4** 《転訛》? ← BAWD〙《米俗》[軽蔑的に] **a** 女 (woman). **b** 身持ちの悪い女, 売春婦. **5** ＝broadpiece.

── adv. **1** 十分に, 広く (broadly). ★ 今は主に次の句で: ～ off / ～ awake すっかり目を覚して[ぱっちり目を開けて]いる. **2** なまって: speak ～ 田舎言葉丸出しで話す.

～·ness n.

bróad árrow 〘ME〙 n. **1** 太やじりのついた矢. **2** 太やじり印《英国で軍需品・官有物に付ける印；もと囚人服にもついていた》. **3** 〘紋章〙やじり (cf. pheon 1).

broad arrows 2

bróad·àx 〘ME〙 n. (*also* **bróad·àxe**) **1** まさかり. **2** (中世の)戦闘用大おの.

bróad·bànd adj. 〘電子工学〙広(周波数)帯域の: a ～ radio antenna.

bróad bèan n. **1** ソラマメやカラスノエンドウの種子 (fava bean, horsebean ともいう). **2** 〘植物〙 **a** ソラマメ (*Vicia faba*)《マメ科ソラマメ属の植物；ヨーロッパで食用・家畜の飼料用に広く栽培される》. **b** カラスノエンドウ (*Vicia sativa*)《common vetch ともいう》.

bróad·bìll n. **1** 〘鳥類〙ヒロハシ《ヒロハシ科の小鳥の総称；スズガモ (scaup duck), ハシビロガモ (shoveler), ヘラサギ (spoonbill) など；boatbill ともいう》. **2** 〘魚類〙メカジキ (swordfish).

bróad-bìlled róller n. 〘鳥類〙ブッポウソウ (*Eurystomus orientalis*)《日本・中国からスリランカ・オーストラリアにかけて生息するブッポウソウ科の鳥；dollar bird ともいう》.

bróad·brìm n. **1** (クエーカー教徒などのかぶる)つば広帽子. **2** [B-] 《米口語》クエーカー教徒 (Quaker).

bróad-brímmed adj. 広ぶちの, つば広の: a ～ hat つば広帽子. 「brow).

bróad·bròw n. 《口語》興味[趣味]の広い人 (cf. high-

bróad·càst 〘《1767》← BROAD (adv.)＋CAST (p.p.)〙 ── vt. (～, ～·ed) **1** (ラジオ・テレビで)〈ニュース・音楽などを〉放送する: ～ the news, a concert, etc.

2 〈種子などを〉方々にばらまく, まき散らす. 3 吹聴する: ～ gossip 世間話を触れ回る. 4 《口語》〈次の攻撃などを〉うっかり敵などにもらす. — *vi.* 1 (ラジオ・テレビで)放送する; 放送番組に出る[で話す]: ～ *over* the radio. 2 方々にばらまく; 吹聴する. — *attrib. adj.* 1 〈番組など〉(ラジオ・テレビで)放送される[された]; (テレビ・ラジオ)放送の: today's ～ programs 本日の放送番組 / ～ time 放送時間. 2 〈種子など〉方々にばらまかれた, 散布された: a ～ sowing of seed 種子のばらまき. 3 (あらゆる方面に)広まっている: ～ discontent 一般に広がっている不平. — *adv.* 1 (ラジオ・テレビなど)広範囲の地域に達するように. 2 方々に散らばるように, ばらまきにして: scatter ～ 広くまき散らす / sow ～ ばらまきにする / seed sown ～ ばらまきにした種子. — *n.* 1 (ラジオ・テレビの)放送; 放送番組; (一区切りの)放送時間. 2 (種子の)ばらまき.

bróad·càst·er *n.* 1 (ラジオ・テレビの)放送者[会社]; 放送機器. 2 (種子の)ばらまき器, (ばらまき式)種まき器.

bróad·càst·ing *n.* 1 (ラジオ・テレビの)放送: radio [television] ～ ラジオ[テレビ]放送 / a ～ station 放送局. 2 (仕事・職業・事業としての)ラジオ・テレビ: work in ～ 放送[ラジオ, テレビ]の仕事をする.

Bróad Chúrch *n.* 〘英国国教会〙[the ～] 広教会派, ブロードチャーチ《19 世紀後半に起こった英国国教会内の自由主義的な一派; cf. High Church》.

Bróad Chúrchman *n.* 〘英国国教会〙広教会派の人.

bróad·clòth 〘《c1412》〙 — *n.* 1 広幅生地[織物]. 2 《英》(ローラーに掛けてつや出しした)上質黒ラシャ《主に男子用服地で幅 137 または 226 cm》. 3 ブロード: cotton [rayon] ～ 綿[人絹]ブロード《ポプリンまがいの広幅ワイシャツ・ドレス地》.

broad·en [brɔ́ːdn] *vt.* [比喩的にも用いて] 広くする, 広げる (widen): ～ a street / Travel ～*s* the mind. 旅は心[視野]を広める. — *vi.* 広くなる, 広がる 〈*out*〉: The stream ～*s* (*out*) *into* a river here. 流れはここで広くなって川になる.

bróad-gáuge *adj.* 1 《口語》心の広い (liberal). 2 〘鉄道〙広軌の: a ～ railroad.

bróad gáuge *n.* 〘鉄道〙広軌 (cf. gauge 6).

bróad-gáuged *adj.* 〘鉄道〙=broad-gauge 2.

bróad gláss *n.* 窓ガラス (window glass).

bróad hátchet *n.* 幅広の刃の手斧(ちょうな) (⇨ hatchet 挿絵).

bróad·hèad *n.* 太やじり(のついた矢).

bróad·hòrn 〘船首の屋根の上に大きな櫂を 2 本置いた形から〙 *n.* 《米》川舟 (ark)《昔米国で市場へ出す産物運搬用として使われた》.

bróad irrigátion *n.* 下水を土壌の浄化作用により処分する灌漑法.

bróad·ish [-dɪʃ] *adj.* やや広い.

bróad júmp 《米》 *n.* 〘陸上競技〙幅跳び(競技) (《英》long jump)《standing broad jump, running broad jump など》. — *vi.* 幅跳びをする.

bróad júmp·er *n.* 《米》幅跳びをする人, 幅跳び選手.

bróad·lèaf *n.* (*pl.* **-leaves**) 1 (葉巻用の)広葉たばこ. 2 《ニュージーランド》広葉樹.

bróad-léafed *adj.* =broad-leaved.

bróad-léaved *adj.* 1 〘植物〙広葉の. 2 〘林業〙〈木が〉落葉性だが堅材の.

bróad-lèaved máple *n.* 〘植物〙ヒロハノカエデ (⇨ paperbark maple).

bróad·lòom *adj.* 〈じゅうたんが〉広幅の(機で織られた); 一色で幅広に織った. — *n.* =broadloom carpet.

bróadloom cárpet *n.* 広幅じゅうたん《縫い合わせる必要のないように幅広に織ったもの》.

bróad·ly 〘《1580》〙 — *adv.* 1 幅広く; 広範囲に, あまねく. 2 明白に. 3 a 露骨に, 無遠慮に, 大っぴらに. b 下品に. 4 大まかに, 概括的に言えば: ～ speaking 大ざっぱに言えば, 概して. 5 地方なまりのある発音で, 方言で.

bróad-mínded *adj.* 1 (宗教・政治などについて)心の広い, 偏見のない. 2 度量の大きい, 寛大な (liberal). **～·ly** *adv.* **～·ness** *n.*

Broad·moor [brɔ́ːdmʊə, -mɔə, -moə | -mʊə(r, -mɔː(r] *n.* イングランド南部, Berkshire 州にある精神病院《もと精神異常の犯罪者を収容した》.

bróad·piece *n.* ブロード金貨《James 一世, Charles 一世および共和制時代に槌で打って作った 20 シリング金貨》.

bróad Scótch *n.* スコットランド低地方の方言.

bróad séal *n.* 国璽(じ)《政府の官印》.

bróad·shèet *n.* 1 《米古・英》片面刷りの大判紙《ポスターなど》. 2 =broadside 4 c.

bróad·side 〘《1575》〙 — *n.* 1 〘海事〙舷側(げん), 船舷(げん), 船の横正面《船の水面上左または右の側面》. 2 a [集合的] 〘海軍〙片舷(げん)全体砲, 舷側砲《昔の軍艦で左舷または右舷に出ている砲の全部》. b 〘海軍〙片舷斉発(はつ), 舷側砲の一斉射撃《片舷砲全部の同時発射》. c 《口語》悪口の一斉射撃, 激しい非難. 3 (家などの)広い側面[表面]. 4 a =broadsheet 1. b (郵送用などの)二つ折りの印刷物; 《古》片面刷りの印刷物. c (16-17 世紀英国の)通俗的物語詩歌《時の事件や人物などをテーマにした俗謡を片面刷りの大判紙に印刷して路傍で歌い売ったもの》. 5 〘映画・テレビ〙(セット全体を照明する)大型のフラッドライト (floodlight).

***broadside on* [*to*]** 〘海事〙舷側を…にまともに向けて, 船を横に向けて (cf. END[1] *on*).

— *attrib. adj.* 舷側に向けられた[置かれた]: a ～ attack / a ～ fire 片舷[舷側]砲火.

— *adv.* 1 〈船が〉(ある方向に)舷側を(まともに)向けて〔*to*〕. 2 広い方の側を〔…に〕向けて〔*to*〕. 3 〈車などが〉側面に: A dump truck rammed my car ～. ダンプカーが私の車のどてっぱらに突込んできた. 4 一斉に; 見境いなく, 無差別に (at random).

— *vi.* 1 〈船が〉舷側の方向へ移動する. 2 舷側一斉射撃をする.

bróadside bállad *n.* =broadside *n.* 4 c.

bróad sílk *n.* (リボンなどの細幅物に対して)広幅絹.

bróad-spéctrum *adj.* 〘薬学〙広範スペクトル性の 広吸収帯の《広範囲の微生物に対して抗生効果のある, 幅広い効能のある》.

bróad·swòrd *n.* 広刃の刀, 段平(だんびら).

bróad·tàil *n.* 1 a 〘動物〙カラクル (karakul). b =fat-tailed sheep. 2 ブロードテール《カラクル (karakul) の子または早産児[胎児]の毛皮; 波紋絹に似たのっぺりした波状の毛皮》.

bróad túning *n.* 〘ラジオ・テレビ〙鈍同調 (flat tuning).

bróad·wày *adv.* =broadwise. — *n.* 幅広い道, 大通り.

Broad·way [brɔ́ːdweɪ] *n.* 1 ブロードウェイ(通り)《New York 市 Manhattan の南端から発し, New York 州の首都 Albany に至る約 150 マイルに及ぶ大通り》. 2 (特に New York 市 Times Square 付近の商業劇場[演劇]の中心地としての)ブロードウェイ(街)《俗に the Great White Way ともいう; cf. off-Broadway》: go to ～ (地方回りから)檜(ひのき)舞台に上がる. — *attrib. adj.* 1 a 〈劇など〉ブロードウェイ向きの; ブロードウェイ上演の. b ブロードウェイで活躍[活動]する: ～ stars. c ブロードウェイによく行く: a ～ goer. 2 けばけばしい, はでな.

Broad·way·ite [brɔ́ːdweɪàɪt] *n.* Broadway で活躍[活動]している人.

bróad·wàys *adv.* =broadwise.

bróad·wìfe 〘← (A)BROAD＋WIFE〙 *n.* (*pl.* **-wives**) 《米》(夫が別の主人に所有されていた)女奴隷.

bróad·wìse *adv.* 横に, 側面を向けて. — *adj.* 横なりの.

bróad-wìnged háwk *n.* 〘鳥類〙ハネビロノスリ (*Buteo platypterus*)《背部が暗褐色で, 胸・腹部は白と茶の縞になっている米国に普通のノスリ》.

Brob·ding·nag [brɑ́bdɪŋnæ̀g | brɔ́b-] 〘《1727》: Swift の造語〙 — *n.* ブロブディンナグ《Swift 作の *Gulliver's Travels* 第 2 部の巨人国の名称; 誤って Brobdignag [brɑ́bdɪgnæ̀g | brɔ́b-] ともいう; cf. Lilliput 1》.

Brob·ding·nag·i·an [brɑ̀bdɪŋnǽgiən | brɔ̀bdɪŋnǽg-iən] 〘《1728》: ⇨ ↑, -ian〙 *adj.* 巨人国式の, 巨大な (gigantic). — *n.* 1 巨人国の住民. 2 巨大な男.

bro·cade [bro(ʊ)kéɪd | brə(ʊ)kéɪd] 〘《1563-99》◻ Sp. *brocado* ◻ It. *broccato* ← *brocco* twisted thread ← L *brocc(h)us* : ⇨ broach[1], -ade〙 — *n.* 錦(にしき), 金襴(きんらん); 紋織り《綾地[朱子地]に種々の絵ぬきで多彩な模様を浮織させた紋織物》: gold [silver] ～ 金[銀]襴. — *vt.* 1 紋織りにする. 2 金銀糸で飾る.

bro·cád·ed *adj.* 1 錦(にしき)織の, 錦模様の; 紋織の. 2 金襴(きんらん)の衣装をまとった; 豪華な装いをした.

Bró·ca's convolútion [gýrus, área] [bróʊkəz- | bráʊ-; *F.* brɔka-] 〘《なぞり》← F *circonvolution de Broca* ← *Pierre Paul Broca* (1824-80: フランスの解剖学者)〙 — *n.* 〘解剖〙(大脳の)ブロカ回[島, 領]《ブロカ中枢 (Broca's center) すなわち運動性言語中枢がある》.

broc·a·telle [brɑ̀kətél | brɔ̀k-] 〘《1669》◻ F ～ ◻ It. *broccatello* (dim.) ← *broccato* : ⇨ brocade〙 — *n.* (*also* **broc·a·tel**) 1 浮織錦(にしき), 浮織紋朱子(しゅす). 2 (イタリア・スペイン産などの)色紋入り大理石.

broc·co·li [brɑ́kəli, -kli | brɔ́kəlɪ] 〘《1699》◻ It. ～ (pl.) ← *broccolo* sprout ← *brocco* : ⇨ brocade〙 — *n.* 〘園芸〙1 ブロッコリー, メハナヤサイ, ミドリハナヤサイ (*Brassica oleracea* var. *italica*)《緑色の蕾と花弁は食用; sprouting broccoli, Italian broccoli ともいう》. 2 コダチハナヤサイ (*Brassica oleracea* var. *botrytis*)《ハナヤサイの晩生種; cf. cauliflower》.

broch [brɑ́x, brǽx, brɑ́k | brɔ́x, brɔ́k] 〘《1654》《変形》← BURGH〙 — *n.* 〘考古〙ブロッホ《Orkney, Shetland 諸島やその隣接するスコットランド本土に残存する紀元前 3-2 世紀の円形の石造建築; 二重の防御壁に囲まれ, 砦の役目を果たした》.

Broch [brɑ́k | brɔ́k; *G.* brɔ́x], **Hermann** *n.* ブロッホ《1886-1951; オーストリアの小説家; *Der Tod des Vergil*「ウェルギリウスの死」(1945)》.

bro·chant·ite [bro(ʊ)ʃɑ́ːntaɪt | brə(ʊ)-] 〘← *A. J. F. M. Brochant de Villiers* (1773-1840: フランスの鉱物学者)＋-ITE[1]〙 — *n.* 〘鉱物〙水胆礬(すいたんばん), ブロシャン銅鉱 ($Cu_4SO_4(OH)_6$)《斜方晶系エメラルド色の鋼鉱》.

broche [brɔ́(ː)ʃ | brɔ́ʃ, bróʊʃ; *F.* brɔʃ] 〘◻ F ～ 'BROACH[1]'〙 *n.* (*pl.* **broch·es** [-ʃɪz, -ʃəz; *F.* ～]) = brochette: ⇨ à la broche.

bro·ché [bro(ʊ)ʃéɪ | brə(ʊ)-; *F.* brɔʃe] 〘◻ F ～ (p.p.) ← *brocher* to brocade, sew ← *broche* (↓)〙 — *adj.* 縫取り紋織の, 錦(にしき)織の. — *n.* (絹または交織の)紋織, 錦織.

bro·chette [bro(ʊ)ʃét | brə(ʊ)-; *F.* brɔʃɛt] 〘◻ F ～ (dim.) ← *broche* spit: ⇨ broach[1]〙 — *n.* (*pl.* **～s** [～s; *F.* ～]) 1 小串(ぐし), 焼き串 (skewer, spit): en ～ 小串に刺して / ⇨ à la brochette. 2 小串で焼く物[肉].

bro·chure [bro(ʊ)ʃʊ́ə | bróʊʃə(r, -ʃʊə(r, brɔʃʊ́ə(r, brə-; *F.* brɔʃyːr] 〘◻ F ～ ← *brocher* to sew (a book): ⇨ broché〙 — *n.* (*pl.* **～s** [～z; *F.* ～]) パンフレット, 小冊子 (pamphlet); 仮とじ本; そのような形で出版された論文.

brock [brɑ́k | brɔ́k] 〘OE *broc* badger ← Celt. (Ir. & Gael. *broc*)〙 — *n.* 1 〘動物〙アナグマ (badger)《しばしば stinking brock として用いる》. 2 《英方言》〘軽蔑的に〙(鼻もちならぬ)やつ, 卑劣漢 (cf. skunk 3).

brock·age [brɑ́kɪdʒ | brɔ́k-] 〘← 《方言》*brock* broken piece (＜ ME *brok* ＜ OE (*ge*)*broc* affliction, disease, fragment)＋-AGE〙 *n.* (硬貨鋳造中にできた)欠陥硬貨.

Brock·en [brɑ́kən | brɔ́k-; *G.* brɔ́kən] *n.* [the ～] ブロッケン《東ドイツ西部の山, Harz 山脈中の最高峰 (1,142 m); ⇨ Walpurgis night》.

Brócken spécter [bów] [-bóʊ | -báʊ] 〘初めドイツの Brocken 山上で観測・報告されたことから〙 — *n.* 〘気象〙ブロッケン怪物, ブロッケンの妖怪, 御来迎《山頂の霧や雲に映る観察者自身の巨大な影; 時に頭部を中心に虹のような光輪が見られる》.

brock·et [brɑ́kɪt, -kət | brɔ́k-] 〘《c1410》◻ AF **broquet* ← *broque* tine of an antler《異形》← OF *broche*: ⇨ broach[1], -et〙 — *n.* 1 〘動物〙マザマジカ《熱帯アメリカ産の沼辺にすむマザマジカ属 (*Mazama*) の小鹿の総称; 角は短かく, 枝がない》. 2 2 歳の雄鹿《角は 1 本角で, 枝分かれしていない; cf. pricket 2》.

Brock·ton [brɑ́ktən | brɔ́k-] 〘← *Sir Isaac Brock* (1769-1812: 英国の将軍, カナダ副総督)＋-TON: もとカナダの地名〙 — *n.* 米国 Massachusetts 州東部, Boston 市の近くの都市; 人口 89,000.

broc·o·li [brɑ́kəli, -kli | brɔ́kəlɪ] *n.* 〘園芸〙=broccoli.

Bro·cót escápement [brəkóʊ-, bróʊkoʊ- | brə(ʊ)-kə́ʊ-, bráʊkəʊ-; *F.* brɔko-] 〘← *Achille Brocot* (1817-78: フランスの時計師)〙 — *n.* 〘時計〙ブロコ脱進機《ピンレバー脱進機の一種で, 昔大型時計に使われた》.

Brocót suspénsion 〘↑〙 *n.* 〘時計〙(長さ調節のできる)振りざおばね.

bro·der·er [bróʊdərə | bráʊdərə(r] *n.* 1 《古》=embroiderer. 2 [通例 B-] (London の livery company) 縫取り師同業組合員.

bro·de·rie an·glaise [broʊdríː-ɑː(ŋ)gléɪz, ɔː(ŋ)-, -ɑːŋ-, -ɔ(ː)ŋ- | bráʊdəri-; *F.* brɔdriɑ̃glɛːz] 〘◻ F ～ 'English embroidery'〙 — *n.* 1 イギリス刺繍《目打ちやはさみで穴をあけ, そこをかがって模様を作って行く刺繍の一種》. 2 イギリス刺繍をした織物.

bro·die [bróʊdi | bráʊdɪ] 〘← *Steve Brodie* (19 世紀末 Brooklyn Bridge から East River に飛び込んだと自称した新聞売りの少年)〙 — *n.* 《米俗》1 (高所から)飛び降り自殺, (特に, 橋からの)投身自殺: do a ～. 2 大失敗[失策] (flop): pull a ～ 大へまをやる.

Bro·die [bróʊdi | bráʊdɪ] 〘← Ir.-Gael. *broth* ditch〙 *n.* 男性名.

bro·gan [bróʊgən, -gæn, bro(ʊ)gǽn | bráʊgən] 〘◻ Ir. ～ (dim.) ← *brōg* 'BROGUE[2]'〙 — *n.* ブローガン(シューズ)《足首までの高さの粗革製の労働靴; brogan shoe ともいう》.

brog·ger·ite [brɑ́gəràɪt] 〘← *W. C. Brögger* (1851-1940: これを発見したノルウェーの鉱物学者): ⇨ -ite[1]〙 *n.* 〘鉱物〙ブレッガー石《閃ウラン鉱の一種》.

Bro·glie [brɔ́ɪ; *F.* brɔj], **Achille Charles Lé·once** [leɔ̃s] **Victor de** *n.* ドブロイ《1785-1870; Napoleon 一世下のフランスの政治家; 称号 3rd Duc de Broglie》.

Broglie, Maurice de *n.* ドブロイ《1875-1960; フランスの物理学者; Louis Victor de Broglie の兄; 称号 6th Duc de Broglie》.

Broglie, Louis Victor de *n.* ドブロイ《1892-　; フランスの物理学者; 粒子が波動の性質をもつことを予言した; Nobel 物理学賞 (1929); 称号 Prince [のちに 7th Duc] de Broglie》.

brogue[1] [bróʊg | bráʊg] 〘《1689》《転用》? ← BROGUE[2]: cf. He has a brogue on his tongue.(「舌の上に重い靴をのせたみたい」の意から) // ← Ir.-Gael. *barrog* grip〙 — *n.* 1 [the ～] (英語を発音する場合の)アイルランドなまり. 2 丸出しの方言[なまり].

brogue[2] [bróʊg | bráʊg] 〘《1586》◻ Gael. & Ir. *brōg* shoe ◻ ON *brōk* leg covering: cf. breech〙 — *n.* 1 [通例 *pl.*] ブローグ(シューズ): a もとアイルランド人やスコットランド高地人がはいた粗革製の頑丈な靴. b 鋲を打った重い靴. c 爪先や腰革に穴飾りの付いた短靴. 2 [*pl.*] 《廃》ずぼん.

brogue[3] [bróʊg | bráʊg] 〘← ?〙 *n.* 《スコット》いたずら, 悪ふざけ.

broi·der [brɔ́ɪdə | -də(r] 〘ME: 《変形》← OF *bro(u)der, brosder* to stitch ← Gmc (cf. OE *brord* point)〙 *vt.* 《古》=embroider.

broi·der·y [brɔ́ɪd(ə)ri | -rɪ] *n.* 《古》=embroidery.

broil[1] [brɔ́ɪl] 〘《1402》◻ AF *broill-er* =(O)F *brouiller* to mix, confuse ← ? OF *bro(u)* broth ◻ Gmc **broþam* 'BROTH': cf. brewis〙 — *n.* 闘争, 大喧嘩; 騒動 (tumult). — *vi.* 喧嘩する, 口論する (brawl).

broil[2] [brɔ́ɪl] 〘《c1350》◻ OF *broill-er*, *bruiller* (F *brûler*) to burn ＜ VL **brustulāre* ← ? Gmc **brun-*, **bren-* 'to BURN[2]'＋L *ūstulāre* to scorch〙 — *vt.* 1 〈肉など〉をあぶり焼きにする, あぶる (grill): ～*ed* chicken. 2 〈太陽が〉…に照りつける, 〈炎熱が〉…に(焼けつくように)暑く感じさせる (scorch). — *vi.* 1 〈肉が〉焼ける, あぶれる. 2 〈人が〉(焼けつくように)暑く感じる:

We ~*ed* in the hot sun. 暑い日差しに焼けるようだった. **3** かんかんに怒る, やきもきする, もどかしさでかっかする, いらいらする. ― *n.* **1** (肉を)あぶり焼く[あぶる]こと (broiling). **2** あぶり焼きにしたもの, 焼肉. **3** 炎熱.

bróil·er[1] [-lə | -lə(r)] 〚← BROIL[1]＋-ER[1]〛 *n.* 喧嘩好き, 大騒ぎを起こす人.

bróil·er[2] [-lə | -lə(r)] 〚ME *broilour*: ⇨ broil[2], -er[1]〛 ― *n.* **1** (肉を)あぶる人, 焼き手. **2** 肉をあぶり焼くための器具《grill, gridiron, grate など》. **3** ブロイラー《焼肉用の若鶏; cf. fryer 3》. **4** 《口語》酷暑[炎天]の日 (scorcher).

bróiler hòuse *n.* ブロイラー用の鶏舎.

bróil·ing [-lɪŋ] *adj.* **1** **a** (暑さが)焼けつくような: a ~ day / ~ weather / The sun was simply ~. 太陽はまさに焼けつくようだった. **b** [副詞的に] 焼けつくように: It's ~ hot. 焼けつくような暑さだ. **2** 〈肉が〉焼ける, 焼かれる.

bróil·ing·ly *adv.* 焼けつくように.

bro·kage [bróukɪdʒ | bróu-] 〚ME ◻ AF *brocage*: ⇨ broker, -age〛 *n.* 《古》＝brokerage.

broke [bróuk | bróuk] 〚ME *brok*: p.p. との類推形〛 ― *v.* break[1] の過去形・《古》過去分詞 (cf. brake[5]). ― *adj.* **1** [Predicative に用いて]《俗》文無しで, 破産して (bankrupt): go ~ 文無しになる, 破産する / be clean [dead, flat] ~ 無一文である / ⇨ stone-[stony-] broke. **2** 《方言》＝broken.

go for broke 《米俗》不確実な事業に賭ける; 文無しになるまでやる, 全力を出しきる, 死ぬ気でがんばり通す.

― *n.* **1** 〘製紙〙(製紙工程で出る販売に適さなくなった)損紙《再抄紙用》. **2** [*pl.*] (羊の首や腹部から刈り取った)粗悪毛.

bro·ken [bróukən | bróu-] 〚OE *brocen* (p.p.)〛 ― *v.* break[1] の過去分詞. ― *adj.* **1** 粉々に壊れた, 砕けた: a ~ cup 割れた茶碗 / ~ coal 割りぐり炭 / ~ tea 粉茶. **2** **a** 折れた; 〈手足など〉(骨が)折れた (fractured): a ~ leg 折れた脚 / die of a ~ neck 首の骨を折って死ぬ / ⇨ broken reed. **b** (皮膚を)いためた, 怪我をした: a ~ head (なぐられて)怪我をした頭. **c** 〈機械が〉故障した: a ~ clock. **d** 《廃》〈布など〉破れた, 裂けた. **3** **a** 切れ切れの, 断続的な: a ~ sleep 途切れがちな睡眠 / ~ service 中断している[途中で切れている]勤務(年限) / ~ time (中断されて)つぶれた就業時間 (cf. 8). **b** 〈土地など〉起伏のある, でこぼこの (uneven): ~ ground [country] でこぼこの土地[地方] / a ~ surface でこぼこのある表面. **c** 〈天候など〉定まらない, 不安定な: ~ water (浅瀬などに)立ち騒ぐ波, 徒波(あだなみ) / ~ weather 定まらない[不順な]天候. **4** **a** 〈道が〉急に曲がる, ジグザグの: a ~ course ジグザグ道[コース]. **b** 〈光が〉(プリズムなどで)屈折された: a ~ ray 屈折光線. **5** 〈約束・誓いなど〉破られた, 破棄された (violated): a ~ promise [vow]. **6** **a** 破産した (bankrupt): a ~ bank / ~ fortunes 破産. **b** つぶれた; 〈家庭が〉崩壊した, 欠損のある: a ~ marriage 破れた結婚(生活) / a ~ family 離散した家族 / ⇨ broken home. **c** 《口語》格下げになった, 降職させられた. **d** (病気・老齢・悲嘆などのために)衰弱した; 落胆した, (気持が)打ちひしがれた, くじけた: a ~ man / a ~ spirit くじけた気力 / ⇨ broken heart 1 / He is ~ *in* health. 健康がすぐれない. **e** 《スコット》無法者の, ならずもの. **7** **a** 途切れ途切れ言う, 支離滅裂な: utter a few ~ words 途切れ途切れに二言三言いう. **b** (特に, 外国人が)不完全にしゃべる[書く], 文法に反した, ブロークンな: ~ English 怪しげな[でたらめな]英語. **8** **a** 半端な, はしたの, 端数の (fractional): a ~ set 半端な一組 / ~ sizes 不揃いのサイズ / ~ money 小銭, はした金 / a ~ number 端数, 分数 / ~ time 半端な時間, 余暇 (cf. 3a). **b** 《古》食べ[飲み]残しの: ~ meat [bread, victuals] 食べ残しの肉[パン, 食物], 残飯 / ~ beer 飲み残しのビール. **c** 〘製紙・印刷〙〈紙の束が〉不完全な《500 ないし 1,000 枚以下の》: a ~ ream (紙の) 1 連弱. **9** 〈馬など〉馴らされた (trained): a well-*broken* horse よく調教された馬 / ~ *to* the saddle 鞍によく馴れた / ⇨ housebroken. **10** 〘植物病理〙〈花が〉ウイルスに冒されて不規則な形をした. **11** 〘音声〙〈母音が〉割れた: ⇨ broken vowel. **~·ly** *adv.* **~·ness** *n.*

bróken brácket *n.* 山形 (⇨ bracket 3 b).

bróken chórd *n.* 〘音楽〙分散和音《和音を構成する音が同時ではなく別々に鳴らされるもの; cf. arpeggio》.

bróken clóuds *n. pl.* 〘気象〙曇りがち, 断続雲《空に雲が $^{5}/_{10}$ から $^{9}/_{10}$ あるとき; 記号 ◐》.

bróken cólor *n.* 〘絵画〙(絵の具の小点で画面をつくる)点描画法.

bróken cóuplet *n.* 〘詩学〙＝open couplet.

bróken-dówn *adj.* **1** たたき壊された, 打ち砕かれた, 崩れ落ちた. **2** **a** 〈人・動物など〉健康をそこねた, 衰弱した; (力・気力など)衰えた, くじけた. **b** 〈馬が〉疲れて[弱って]動けない. **3** 〈機械など〉故障した, 動かない; 壊れた: a ~ car / ~ furniture.

bróken fíeld *n.* 〘アメリカンフットボール〙ブロークンフィールド《守備側のスクリメージラインの後方にバックスプレーヤーが飛び飛びに守っていること》. **bróken-field** *adj.*

bróken héart *n.* **1** 失意, 失恋: die *of* ~ 悲嘆のあまり[失恋で]死ぬ. **2** 〘病理〙心臓破裂.

bróken-héarted *adj.* (悲嘆・絶望のため)心を打ち砕かれた, 失恋の, 悲嘆に暮れた, 断腸の思いの (cf. heartbroken).

Bróken Híll *n.* オーストラリア南東部, New South Wales 州の都市; 鉱山業の中心地; 人口 28,000.

bróken hóme *n.* 〘社会学〙欠損家族《死亡・別居などによって両親または片親の欠けた家族》.

bróken líne *n.* **1** 破線 (---) (cf. dotted line 1). **2** 〘数学〙折れ線, 屈曲線. **3** (道路の)車線境界線《車線と車線との間の破線》.

bróken lót *n.* 《米口語》〘証券〙端株(はかぶ)《標準的な取引単位に満たない量 (100 株未満)の株式》.

bróken réed *n.* 折れた葦(あし)《いざという時頼りにならない人・物; cf. *Matt.* 12:20, *Isa.* 36:6, 42:3, 2 *Kings* 18:21》.

bróken stówage *n.* 〘海事〙ブロークンストウェージ《貨物間・貨物と甲板裏の間などに隙間の生じる積み方》.

bróken vówel *n.* 〘音声〙割れた[分裂した]母音 (cf. breaking 3).

bróken wínd [-wínd] *n.* 〘獣医〙息痨(そくろう), (馬の)喘息(ぜんそく), 肺気腫(しゅ) (heaves).

bróken-wínded [-wíndɪd, -dəd] *adj.* 〘獣医〙息痨(そくろう)の, (馬などが過労のためまたは病気のため)息切れしている, 呼吸のせわしい; 喘息(ぜんそく)の.

bro·ker [bróukə | bróukə(r)] 〚(1355) *brokour* ◻ AF *brocour* broacher of casks, retailer of wine ← ? ONF *broceor* to broach＝OF *brochier* 'to BROACH[1]'〛 ― *n.* **1** 証券ブローカー《他人の委託により手数料を受けて証券売買の代行または仲立を行なう者》: a street [curbstone] ~ 《米》場外ブローカー / a ~ house 証券ブローカー業務を行なう商社. **2** **a** 仲介商, 仲立人, 周旋屋 (middleman). **b** (結婚の)仲介者, 仲人《marriage broker ともいう》. **3** 《英》**a** 古物商; 質屋 (pawnbroker). **b** (差押え物件の)評価販売人. **~·ship** *n.*

bro·ker·age [bróuk(ə)rɪdʒ | bróukər-] 〚(15C): ⇨ ↑, -age〛 ― *n.* **1** 仲介業, 仲立業, 周旋業, 証券ブローカー業務: a ~ house 証券ブローカー業務を行なう商社. **2** 仲介手数料, 仲立料, 口銭, 周旋料, 証券ブローカー手数料.

bróker's lòan *n.* (銀行の証券[株式]仲買人への)貸付金.

brok·ing [bróukɪŋ | bróuk-] 〚← 《廃》*broke* to act as broker or go-between 《逆成》← BROKER〛 *n.* 仲介業, 仲買業: a ~ business 仲介業.

brol·ga [brálgə | brɔ́l-] 〚← Austral. 《土語》〛 *n.* 〘鳥類〙ゴウシュウヅル (*Grus rubicunda*)《オーストラリアに生息するツルの一種; つがいでいることが多い》.

brol·ly [bráli | brɔ́li] 〚(1874) 《短縮》← UMBRELLA〛 *n.* **1** 《英口語》こうもり傘. **2** 《英俗》パラシュート, 落下傘 (parachute).

brom- [broum | brəum] (母音の前に来る時の) bromo- の異形.

bro·mal [bróumæl | bróu-] 〚← BROMO-＋AL(COHOL)〛 ― *n.* 〘化学・薬学〙ブロマール (CBr_3CHO)《アルコールに臭素を作用して得る無色の油状液; 鎮痛剤・催眠剤として用いられた》.

bro·mate 〚← BROMO-＋-ATE[1,3]〛 [bróumeɪt | bróumeɪt, -mət, -mɪt] 〘化学〙 *n.* 臭素酸塩. ― [bróumeɪt | bróu-] *vt.* ＝brominate.

Brom·berg [brámbəːg | brɔ́mbəːg; *G.* brɔ́mbɛrk] *n.* ブロンベルク (Bydgoszcz のドイツ語名).

brome [bróum | bróum] *n.* 〘植物〙＝bromegrass.

bróme·gràss 〚← L *bromus* ◻ (Gk *brómos* a kind of oats)＋GRASS〛 ― *n.* 〘植物〙イネ科スズメノチャヒキ属 (*Bromus*) の植物の総称《牧草や乾草に用いる; 単に brome ともいう》; (特に)コスズメノチャヒキ (*B. inermis*).

bro·me·lia [bro(u)míːljə, -liə | brə(u)míːljə, -lɪə] 〚← NL ~ (↓)〛 *n.* ＝bromeliad.

Bro·me·li·a·ce·ae [bro(u)mìːliéɪsiìː | brə(u)mìːlɪ-] 〚← NL ~ ← *Bromelia* (属名: ← *O. Bromelius* (1639–1705: スウェーデンの植物学者＋-IA[2])＋-ACEAE〛 ― *n. pl.* 〘植物〙パイナップル科. **bro·mè·li·á·ceous** [-ʃəs] *adj.*

bro·me·li·ad [bro(u)míːliæd | brə(u)míːlɪ-] 〚← NL *bromelia* (↑)＋-AD[1]〛 ― *n.* パイナップル科の植物の総称《通例堅い葉と穂状の花序が美しい, 熱帯アメリカ産の観賞植物; パイナップル, サルオガセモドキ (Florida moss) など》.

bro·me·lin [bróumələn, -lən, bro(u)míː- | bróumɪlɪn] 〚← NL *bromelia* (⇨ Bromeliaceae)＋-IN[1]〛 ― *n.* 〘生化学〙ブロメリン《パイナップル果汁に含まれるプロティナーゼ (proteinase)》.

brom·e·o·sin [bro(u)míːəsɪn, -sən | brə(u)míːəsɪn] 〚← BROMO-＋EOSIN〛 *n.* 〘化学〙ブロムエオシン (⇨ eosin 1).

Brom·field [brámfiːld | brɔ́m-], **Louis** *n.* (1896–1956) 米国の小説家; *Early Autumn* (1926), *The Rains Came* (1937).

brom·hi·dro·sis [bròum(h)ɪdróusɪs, -mə-, -səs | brəum(h)ɪdróusɪs] *n.* 〘病理〙＝bromidrosis.

bro·mic [bróumɪk | bróu-] 〚← BROMINE＋-IC[1]〛 *adj.* 〘化学〙臭素を含む, 臭素酸の.

brómic ácid *n.* 〘化学〙臭素酸 ($HBrO_3$).

bro·mide [bróumaɪd | bróu-] 〚← BROMO-＋-IDE: 2 は bromide の鎮静剤としての効能にちなむ〛 ― *n.* **1** **a** 〘化学〙臭化物; (特に)臭化カリ《写真用・神経鎮静剤用》: ⇨ potassium bromide, silver bromide. **b** 〘薬学〙(鎮静剤としての)臭化カリ一服. **2** 《俗》**a** 陳腐平凡な話, 月並な考え (platitude). **b** 陳腐で頭の古い人間, 平凡で退屈な人.

brómide pàper *n.* 〘写真〙ブロマイド(印画)紙, 臭素紙《主として臭化銀を用いた高感度印画紙》.

bro·mid·ic [broumídɪk | brəu-] *adj.* 《俗》月並な, 平凡な, 古臭い (trite).

bro·mi·dro·sis [bròumɪdróusɪs, -mə-, -səs | brəumɪdróusɪs] 〚← BROMO-＋(H)IDROSIS〛 *n.* 〘病理〙臭汗症.

bro·mi·nate [bróumɪnèɪt, -mə- | bróumɪ-] 〚← BROMINE＋-ATE[3]〛 ― *vt.* 〘化学〙臭素で処理する, 臭素と化合させる. **bro·mi·na·tion** [bròumɪnéɪʃən, -mə- | brəumɪ-] *n.*

bro·mine [bróumiːn, -mɪn, -mən | bróumiːn, -mɪn] 〚(1827) ← Gk *brômos* stink＋-INE[3]〛 ― *n.* 〘化学〙臭素, ブロム《ハロゲン元素の一つ; 記号 Br, 原子番号 35, 原子量 79.904》.

brómine pentaflúoride *n.* 〘化学〙五フッ化臭素 (BrF_5)《極めて反応性に富む無色の液体》.

brómine wàter *n.* 〘化学〙臭素水. 「[ブロム]中毒.

bro·mism [bróumɪzm | bróu-] *n.* 〘病理〙(慢性)臭素

bro·mize [bróumaɪz | bróu-] *vt.* 〈写真乾板を〉臭素[臭化物]で処理する.

Brom·ley [brámli, brʌ́m- | brɔ́mlɪ, brʌ́m-] 〚OE *Brōmlēah* 《原義》LEA[1] where BROOMS grew〛 *n.* London 南東部の自治区; 人口 306,000. 「男性名.

Brom·ley [brámli, brʌ́m- | brɔ́mlɪ, brʌ́m-] 〚↑〛 *n.*

bro·mo [bróumou | bróuməu] 〚↓〛 *n.* 〘薬学〙ブロモ《頭痛薬・鎮静剤》.

bro·mo- [bróumo(u) | bróumə(u)] 〚← BROMINE〛 〘化学〙「臭素 [ブロム] (bromine) を含む」の意の連結形: *bromo*methane (＝methyl bromide). ★ 母音の前では通例 brom- になる.

bro·mo·form [bróumo(u)fɔ̀əm | bróumə(u)fɔ̀ːm] 〚← BROMO-＋(CHLORO)FORM〛 ― *n.* 〘化学〙ブロモホルム ($CHBr_3$)《クロロホルムに似た臭いがある無色の重い液体; 鉱物分析・有機合成中間体製造などに用いる》.

bro·moil [bróumɔɪl | bróu-] 〚← BROMO-＋OIL〛 *n.* 〘写真〙ブロモイル《bromoil process で作った印画》.

brómoil pròcess *n.* 〘写真〙ブロモイル法《通常の銀写真画の銀を油絵の具に変える印画法》.

bro·mom·e·try [broumámətri | brəumɔ́mɪtrɪ, -mə-] 〚← BROMO-＋-METRY〛 *n.* 〘化学〙臭素滴定《臭素酸カリウム溶液を用いる滴定法》.

bròmo·phénol blúe *n.* 〘化学〙ブロモフェノールブルー ($C_{19}H_{10}Br_4O_5S$)《酸塩基指示薬》.

Bró·mo Séltzer [bróumo(u)- | bróumə(u)-] 〚← BROM(IDE)＋-O＋SELTZER〛 *n.* 〘商標〙ブロモセルツァー《頭痛薬 bromo の商品名》.

bròmo·úracil 〚← BROMO-＋URACIL〛 *n.* 〘生化学〙臭化ウラシル《核酸生成の際のチミンの代謝阻害をする物質》.

bro·my·rite [bróuməràɪt | bróumɪ-] 〚← BROMO-＋(ARG)YRO-＋-ITE[1]〛 *n.* 〘鉱物〙臭銀鉱.

bronc [bráŋk | brɔ́ŋk] *n.* 《米口語》＝bronco.

bronch- [braŋk, brank | brɔŋk] (母音の前に来る時の) broncho- の異形.

bronchi *n.* bronchus の複数形.

bron·chi- [bráŋki, brán- | brɔ́ŋki-] (母音の前に来る時の) bronchio- の異形.

bronchia *n.* bronchium の複数形.

bron·chi·al [bráŋkiəl | brɔ́ŋkjəl, -kɪəl] *adj.* 〘解剖〙気管支の: ~ asthma 気管支喘息. **~·ly** *adv.*

brónchial pneumónia *n.* 〘病理〙＝bronchopneumonia.

brónchial túbe *n.* [通例 *pl.*] 〘解剖〙気管支.

bron·chi·ec·ta·sis [bràŋkiéktəsɪs, bràn-, -səs | brɔ̀ŋkɪéktəsɪs] 〚← NL ~ ← BRONCHIO-＋Gk *éktasis* extension〛 *n.* 〘病理〙気管支拡張症.

bron·chi·o- [bráŋkio(u), brán- | brɔ́ŋkɪə(u)] 〚⇨ bronchium〛 〘解剖〙「気管支 (bronchia)」の意の連結形. ★ 母音の前では通例 bronchi- になる.

bron·chi·ole [bráŋkiòul, brán- | brɔ́ŋkɪəul] 〚← BRONCHIO-＋-OLE[2]〛 ― *n.* 〘解剖〙細気管支. **bron·chi·o·lar** [bràŋkióulə, bràn-, brankáɪələ, braŋ- | brɔ̀ŋkɪə́ulə(r), brɔ̀n-, brɔŋkáɪələ(r), brɔn-] *adj.*

bron·chit·ic [brankítɪk, braŋ- | brɔŋkít-, brɔn-] 〘病理〙*adj.* 気管支炎性の. ― *n.* 気管支炎患者.

bron·chi·tis [brankáɪtɪs, braŋ-, -təs | brɔŋkáɪtɪs, brɔn-] 〚← NL ~: ⇨ bronchio-, -itis[1]〛 *n.* (*pl.* **bron·chit·i·des** [-kítədìːz | -tɪ-]) 〘病理〙気管支炎.

bronchítis kèttle *n.* 〘医学〙気管支炎やかん《室内の空気湿度を高めるために用いられた》.

bron·chi·um [bráŋkiəm, brán- | brɔ́ŋkɪ-] 〚◻ LL ~ ◻ Gk *brógkhion* ← brógkhos 'BRONCHUS'〛 *n.* (*pl.* **-chi·a** [-kiə | -kɪə]) 〘解剖〙気管支《bronchus の分枝》.

bron·cho [bráŋkou, brán- | brɔ́ŋkəu] *n.* (*pl.* ~s) ＝bronco.

bron·cho- [bráŋko(u), brán- | brɔ́ŋkə(u)] 〚⇨ bronchus〛 〘解剖〙「気管支の (bronchial)」の意の連結形. ★ 母音の前では通例 bronch- になる.

bróncho·bùster *n.* ＝broncobuster.

bron·cho·cele [bráŋko(u)sìːl, brán-, -kə- | brɔ́ŋkə(u)-] 〚← BRONCHO-＋-CELE〛 *n.* 〘病理〙**1** 甲状腺腫 (goiter). **2** 気管支肥大(症).

bròncho·génic 〚← BRONCHO-＋-GENIC〛 *adj.* 〘生理・病理〙気管支原性の.

bron·chog·ra·phy [brankágrəfi, braŋ- | brɔŋkɔ́grəfɪ] 〚← BRONCHO- + -GRAPHY〛 *n.* 〘医学〙気管支造影(法). **bròncho·gráphic** *adj.*

bròncho·pneumónia *n.* 〘病理〙気管支肺炎《bronchial pneumonia, lobular pneumonia ともいう; cf. lobar pneumonia》.

bron·cho·scope [bráŋkəskòup, brán- | brɔ́ŋkəskə̀up] 〚← BRONCHO- + -SCOPE〛 *n.* 〘医学〙気管支鏡. — *vt.* 気管支鏡で検査する. **bron·cho·scop·ic** [bràŋkəskápɪk, bràn- | brɔ̀ŋkəskɔ́p-] *adj.* **bròn·cho·scóp·i·cal·ly** *adv.*

bron·chos·co·py [braŋkáskəpi, bran- | brɔŋkɔ́skəpɪ, brɔn-] 〚⇨↑, -scopy〛 *n.* 〘医学〙気管支鏡(検査)法. **bron·chós·co·pist** [-pɪst, -pəst | -pɪst] *n.*

broncho·spàsm *n.* 〘病理〙気管支痙攣(けいれん).

bron·chot·o·my [braŋkátəmi, bran- | brɔŋkɔ́təmɪ, brɔn-] 〚← BRONCHO- + -TOMY〛 *n.* 〘医学〙気管切開(術).

bron·chus [bráŋkəs | brɔ́ŋ-] 〚(1706) ▭ LL ~ ← Gk *brógkhos* windpipe〛 *n.* (*pl.* **bron·chi** [bránkaɪ, bráŋ-, -ki: | brɔ́ŋkaɪ]) 〘解剖〙気管支.

bron·co [bráŋkou, brán- | brɔ́ŋkəu] 〚(?1850) ▭ Sp. ~ 'rough, wild'〛 *n.* (*pl.* ~**s**) ブロンコ《北米西部平原産の小型の再野生馬; cf. mustang 1》.

brónco·bùster *n.* 《米口語》ブロンコ (bronco) を馴らすカウボーイ.

Bron·son [bránsn | brɔ́n-] 〚← OE *Brontiston* 《原義》village of *Brant* (人名: cf. Brent²): ⇨ -s² 3, -ton〛 *n.* 男性名.

bront- [brant | brɔnt] (母音の前に来る時の) bronto- の異形.

Bron·të [bránti | brɔ́ntɪ, -teɪ], **Anne** *n.* (1820–49) 英国の女流小説家; *Agnes Grey* (1847); 筆名 Acton Bell.

Brontë, Charlotte *n.* (1816–55) 英国の小説家, Anne の姉; *Jane Eyre* (1847); 筆名 Currer Bell.

Brontë, Emily (**Jane**) *n.* (1818–48) 英国の小説家・詩人, Charlotte の妹; *Wuthering Heights* (1847); 筆名 Ellis Bell.

bron·to- [brántə(ʊ) | brɔ́ntə(ʊ)] 〚← Gk *brontḗ* thunder〛「雷 (thunder)」の意の連結形. ★ 母音の前では通例 bront- になる.

bron·to·saur [brántəsɔ̀ə | brɔ́ntəsɔ̀:(r)] 〚← BRONTO- + -SAUR〛 — *n.* 〘古生物〙雷竜《アメリカのジュラ紀の *Apatosaurus* 属の恐竜の一種; 体長 20 m; thunder lizard ともいう》.

bron·to·sau·rus [brɑ̀ntəsɔ́:rəs | brɔ̀ntə-] 〚← BRONTO- + -SAURUS〛 *n.* 〘古生物〙= brontosaur.

Bron·to·the·ri·i·dae [bràntо(ʊ)θəráɪədì: | brɔ̀ntə(ʊ)θəráɪɪ-] 〚← NL ~ ← *Brontotherium* (属名: ⇨↑, -therium) + -IDAE〛 — *n. pl.* 〘古生物〙ブロントテリウム科.

Bron·wen [bránwen | brɔ́n-] 〚← OWelsh *brongwen* white-breasted〛 *n.* 女性名. ★ ウェールズに多い.

Bronx [bráŋks | brɔ́ŋks] 〚← *the Broncks*: 17 世紀の開拓者 *Jonas Bronck* にちなむ〛 — *n.* **1** [The ~, the ~] New York 市の北部の区; 主に住宅地区; 人口 1,472,000, 面積 106 km². **2** 《米》ブロンクス《ジン・ベルモット・オレンジジュースを混ぜたカクテルの一種》.

Brónx chéer 〚← *The Bronx* (この土地にある the National Theater の観衆が始めた) // ← Sp. *brazo* or 《方言》*branca* shout of approval〛 — *n.* 《米俗》舌を両唇にはさんで震動させる野卑なあざけり[やじ] (raspberry).

bronze [brá(:)nz | brɔ́nz] 〚(*a*1721) ▭ F ~ ▭ It. *bronzo, bronzino* ▭ ? Pers. *birinj, pirinj* copper〛 — *n.* **1** 〘冶金〙 **a** ブロンズ, 青銅, 唐金《銅とスズの合金》. **b** 銅と各種の金属との合金: aluminum ~ アルミ青銅 / manganese ~ マンガン青銅 / ⇨ silicon bronze. **2 a** 青銅製品《銅像・メダルなど》. **b** (ローマ帝国時代の)銅硬貨. **3** 黄色がかった褐色, ブロンズ色. — *attrib. adj.* **1** 青銅(製)の; 青銅器の: a ~ bar 青銅棒 / a ~ statue 銅像 / ~ ware 青銅器. **2** ブロンズ色の. — *vt.* **1 a** ブロンズ色にする, …に青銅光沢をつける; 〈表面を〉青銅まがいにする. **b** 〈日光が〉〈皮膚を〉褐色[ブロンズ色]にする (tan) (cf. bronzed). **2** 《古》〈人を〉無情[鉄面皮]にする. — *vi.* **1** ブロンズ色になる, 青銅光沢がつく. **2** 〈皮膚が〉日に焼ける, 褐色になる. **brónz·er** *n.*

Brónze Àge *n.* [the ~] **1** 〘考古〙青銅器時代《およそ 2500 B.C. のヨーロッパおよびそれより少し早いころの西アジア・エジプトに始まる青銅製の利器・道具の使用を特色とする時代; Stone Age の後, Iron Age の前》. **2** [時に b- a-] 〘ギリシャ神話〙青銅時代《人代の第 3 期で, 戦争や暴力の時代; golden age と silver age に続く; brazen age ともいう》.

bronzed *adj.* **1** 青銅風にした; ブロンズ色の. **2** (日に焼けて)褐色の (tanned): ~ cheeks.

brónzed gráckle *n.* 〘鳥類〙オオクロムクドリモドキ (purple grackle) の一亜種 (*Quiscalus quiscula* var. *versicolor*)《羽毛が青銅色のムクドリモドキ科の鳥》.

brónze diabétes *n.* 〘病理〙青銅色糖尿病 (⇨ hemochromatosis).

brónze médal *n.* (青)銅メダル《通例 3 等賞》.

brónze pòwder *n.* 〘化学〙ブロンズ粉《銅・アルミニウムなどの粉末で顔料に用いる》.

brónze·smith *n.* 青銅細工師.

Brónze Stár Médal *n.* 〘米陸軍〙青銅星章, ブロンズスター(勲章)《空中戦闘以外の作戦行動における功績に対して授けられる; 単に Bronze Star ともいう》.

brónze yéllow *n.* 黄色がかったブロンズ色.

brónz·ing *n.* 〘染色〙かぶり《染料などが上付きして色のさえない状態》.

brónzing flùid [**lìquid**] *n.* 〘化学〙ブロンズ液《青銅粉末, 特にアルミニウム青銅粉末を酒精ワニスなどの溶剤に溶かしたもの》.

bronz·ite [bránzaɪt | brɔ́n-] 〚▭ G *Bronzit*: ⇨ bronze, -ite¹〛 *n.* 〘鉱物〙古銅輝石.

bronz·y [bránzi | brɔ́nzɪ] *adj.* (**bronz·i·er**; **-i·est**) **1** 青銅質の[のような]; 青銅まがいの. **2** ブロンズ色の.

broo [brú:] 〚(?*a*1350) *bro* ▭ OF *bro, breu* broth: cf. brewis〛 *n.* (*pl.* ~**s**) 《スコット》肉汁, 汁.

brooch [bróutʃ, brú:tʃ | bráutʃ] 〚(?*a*1200) ▭ (O)F *broche*: ⇨ broach¹〛 *n.* **1** ブローチ, 飾り留針. **2** (スコットランドの軍人の)えり下飾り (⇨ kilt 挿絵). — *vt.* …にブローチをつける.

brood [brú:d] 〚OE *brōd* ← Gmc **brōd-* 《原義》act of warming (G *Brut*) ← IE **bh(e)reu-* to boil (⇨ brew): cf. breed〛 — *n.* **1** [集合的] **a** 一かえりのひなどり; (動物の)一腹の子 (cf. litter 2): a ~ of chickens 一かえりのひな. **b** [通例軽蔑・戯言的に] (一家の)子供たち (offspring): a widow with a ~ of daughters ぞろぞろとたくさんの娘をかかえた後家さん. **c** 蜂の幼虫. **2 a** 種族, 種類, 品種 (breed). **b** [通例軽蔑的に] 群(ぐ), たくさん (swarm).

sit on brood 《古》巣ごもる; 沈思[黙考]する (ponder).

— *attrib. adj.* 増殖のために飼ってある, 卵をかかえる: a ~ hen 抱きどり, 巣どり.

— *vi.* **1** 〈鳥が〉卵を抱く, 巣につく; ひなを抱く. **2** 〈雲・夕闇・静寂などが〉そっと下りる, 立ちこめる (hang low); 〈悩みなどが〉覆いかかる 〔*on, over*〕. **3** 〈人が〉熟考する; (ふさいで[不機嫌に])じっと考え込む, 気にやむ 〔*on, over, about*〕: ~ *over* one's misfortunes. — *vt.* **1** 〈卵・ひななどを〉かかえる, 抱く (incubate); 孵化する. **2** 〈物事を〉じっと考え込む; 〈考えなどを〉心に抱く.

bróod bùd *n.* 〘植物〙 **1** = bulbil. **2** 粉芽 (⇨ soredium).

bróod·er *n.* **1** (ひな・子豚などの)保育箱, 人工孵化(ふ)器. **2** 卵を抱いているめんどり. **3** 思案する人, 黙考者.

bróod·ing *adj.* **1** 卵を抱いている, 巣についている. **2** 思案する, 考え込む. **~·ly** *adv.*

bróod·màre *n.* 子を生ませるために飼う牝馬.

brood·y [brú:di | -dɪ] *adj.* (**brood·i·er**; **-i·est**) **1** 〈鳥が〉巣につきたがる: a ~ hen. **2** 〈人が〉考え込む; むっとした (moody). **3** 《古》繁殖性の, 多産の. **bróod·i·ness** *n.*

brook¹ [brúk] 〚OE *brūcan* to make use of, enjoy < Gmc **brūkan* (G *brauchen* to use) ← IE **bhrug-* to enjoy (L *frui*)〛 — *vt.* **1** [通例, 否定・疑問・条件文で] 《文語》許す, 我慢する, 耐える (endure): It ~*s no* delay. それは少しの猶予も許さない / A great man *cannot* ~ a rival. 両雄は並び立たない. **2** 《古》用いる, 利用する. **~·a·ble** [-kəbl] *adj.*

brook² [brúk] 〚OE *brōc* stream < ? (WGmc) **broka* (G *Bruch* marsh) ← ?: cf. break¹〛 *n.* 小川 (small stream), 谷川. **~·less** *adj.* **~·like** *adj.*

Brook [brúk], **Peter** (**Paul Stephen**) *n.* (1925–) 英国の演出家; *King Lear* (1962) など.

Brooke [brúk], **Rupert** (**Chaw·ner** [tʃɔ́:nə | -nə(r)]) *n.* (1887–1915) 英国の詩人; *Collected Poems* (1918).

Brooke, Sir James *n.* (1803–68) 英国の軍人, Sarawak の土侯 (raja).

Brooke, Stop·ford A(**ugustus**) [stápfəd | stɔ́pfəd] *n.* (1832–1916) アイルランド生れの英国の牧師・英文学者; *History of Early English Literature* (1892).

Bróok Fárm *n.* ブルック農場《米国 Massachusetts 州東部の町 (現在は Boston 市の一部) West Roxbury [ráksberi, -b(ə)ri | rɔ́ksb(ə)rɪ] における超絶主義者 (transcendentalist) の共産主義的実験農場 (1841–47); George Ripley が指導者で C. A. Dana, Nathaniel Hawthorne なども参加したが, 不成功に終わった》.

brook·ie [brúki | -kɪ] *n.* 〘魚類〙= brook trout 1.

brook·ite [brúkaɪt] 〚← *H. J. Brooke* (1771–1857: 英国の鉱物学者): ⇨ -ite¹〛 *n.* 〘鉱物〙板(ばん)チタン石 (TiO_2).

brook·let [brúklɪt, -lət] 〚← BROOK² + -LET〛 *n.* 小さい流れ, 小川.

brook·lime [brúklaɪm] 〚(1551) 《変形》← 《廃》*brooklem, brok(e)-lemke* ← BROOK² + *lem(e)ke* speedwell (< OE *hleomoce*)〛 — *n.* 〘植物〙ゴマノハグサ科クワガタソウ属 (*Veronica*) の(半)水生植物数種の総称《*V. beccabunga* やエゾノカワヂシャ (*V. americana*) など》.

Brook·line [brúklaɪn] 〚← BROOK² + LINE²: この土地の境界を 2 つの小川が流れていたことから〛 — *n.* 米国 Massachusetts 州東部, Boston 市の近くの都市; J. F. Kennedy の生地; 人口 59,000.

Brook·lyn¹ [brúklɪn, -lən | -lɪn] 〚← Du. *Bruijkleen Colonie*: オランダの Utrecht 近くの村の名から〛 — *n.* New York 市の一区で Long Island の西部; 人口 2,603,000, 面積 185 km².

Brook·lyn² [brúklɪn, -lən | -lɪn] 〚↑: Brooklyn が East River をはさんで Manhattan 島の対岸にあることから〛 — *n.* 〘ボウリング〙ブルックリン《利き腕と反対側から headpin にボールを当てる当て方》.

Bróoklyn Brídge *n.* [the ~] New York 市 East River にかかり Manhattan と Brooklyn の両区を結ぶ吊り橋; 1869–84 年建造; 長さ 486 m.

Brook·lyn·ese [brùklɪní:z, -lə-, -ní:s, ⌐⌐⌐ | brùklɪní:z, ⌐⌐⌐] *n.* (New York 市の) Brooklyn (区)の住民のなまり[話し言葉]《bird の母音に [əɪ] を用い, bottle における [t] の代わりに声門閉鎖音の [ʔ] を用いたり, [θ], [ð] の代わりに [t], [d] を用いたりするなど》.

Brook·lyn·ite [brúklɪnàɪt, -lə- | -lɪ-] 〚⇨ -ite¹〛 *n.* (New York 市の) Brooklyn (区)の住民.

Brooks [brúks] 〚ME: 《原義》descendant of a dweller at the brook: ⇨ brook², -s² 3〛 *n.* 男性名.

Brooks, Cleanth [klɪ́ænθ], **Jr.** *n.* (1906–) 米国の 'New Criticism' 派の批評家; *The Well-Wrought Urn* (1947).

Brooks, Phillips *n.* (1835–93) 米国聖公会の主教で有名な説教者.

Brooks, Van Wyck [væn wáɪk] *n.* (1886–1963) 米国の批評家; *America's Coming-of-Age* (1915); *Makers and Finders* (5 vols., 1936–52).

Bróoks Bróthers *n.* ブルックスブラザーズ《米国 New York 市の Madison Avenue にある主に男性用の服専門店; 150 年以上の歴史をもつ》.

Bróoks Ránge *n.* [the ~] ブルックス山脈《米国 Alaska 州北部の山脈, 最高峰 3,304 m, Yukon 川と北極海との間の分水嶺(れい)》.

bróok tròut *n.* 〘魚類〙 **1** カワマス, ブルックトラウト (*Salvelinus fontinalis*)《北米東部原産の背部に虫食い状の斑紋のあるサケ科イワナ属の淡水魚; speckled trout, squaretail, brookie ともいう》. **2** 河川型の brown trout.

bróok·wèed *n.* 〘植物〙湿地帯に生えるサクラソウ科ヤチハコベ属 (*Samolus*) の植物《ヨーロッパ産 *S. valerandi* や米国産の *S. floribundus* など》.

broom [brú:m, brúm] 〚OE *brōm* broom plant ← Gmc **brēma-* prickly shrubs (G *Brombeere* hip²) ← IE **bherem-* point; to project: cf. bramble, brim¹〛 — *n.* **1** ほうき, 草ぼうき, 枝ぼうき: a man with the ~ ほうきをもった男; 改革者 / a new ~ 新しいほうき; 大いに旧弊一掃に努める新任者 (★ 次の諺から: A new ~ sweeps clean. 新任者は仕事振りがよい[旧弊の一掃に熱心だ]; cf. 「今参り二十日」). **2** 〘植物〙エニシダ《マメ科のエニシダ属 (*Cytisus*)・ヒトツバエニシダ属 (*Genista*) などの低木の総称; 枝は細長く, 葉は小さく, 黄色い花が咲く; besom ともいう》. **3** 〘染色〙= dyer's broom.

mops and brooms ⇨ mop¹ 成句.

— *vt.* **1** ほうきで掃く, 掃除する (sweep). **2** 〈コンクリートの表面などを〉ほうきで仕上げをする. **3** 〈杭・釘などの〉の頭をたたいてつぶす. **4** (機械で)〈丸木などの〉の端をすり切らす, 裂く.

bróom·bàll *n.* 〘スポーツ〙ブルームボール《スケートをはかずにほうきとサッカーボールで行なうアイスホッケーの変種》. **~·er** *n.*

bróom·còrn *n.* 〘植物〙ブルームコーン, ホウキモロコシ (*Sorghum vulgare* var. *technicum*)《モロコシ (common sorghum) の変種で, その穂をほうきにする》.

bróom cỳpress *n.* 〘植物〙ホウキギ (*Kochia scoparia*)《秋に燃えるように紅葉する; burning bush ともいう》.

bróom pìne *n.* 〘植物〙= longleaf pine.

bróom·ràpe 〚《なぞり》← ML *rapum genistae* broom tuber〛 〘植物〙 — *n.* **1** ハマウツボ科の寄生植物の総称《*Aphyllon fasciculatum, A. uniforum* など》. **2** ギンリョウソウモドキ (⇨ Indian pipe). — *adj.* ハマウツボ科の.

bróom·stick *n.* ほうきの柄. ★ 魔女 (witch) はこれにまたがって空を飛ぶといわれた.

marry over [***jump***] ***the broomstick*** 〚cf. 《スコット》*broomstick* prostitute / F *rôtir le balai* to lead a dissolute life, 《原義》to roast the broomstick〛 (ほうきの柄を飛び越えることによって)結婚式のまねごとをする, 手軽に結婚する; 結婚式を挙げずに同棲する, 内縁関係を結ぶ.

broom·y [brú:mi, brúmi | -mɪ] *adj.* (**broom·i·er**; **-i·est**) エニシダ (broom) のおい茂る.

Bros., bros. [brʌ́ðəz | -ðəz] 《略》Brothers, brothers: Jones *Bros.* & Co. ジョーンズ兄弟商会. ★ 滑稽に [brá(:)s, brá(:)z, brɔ́(:)s, brɔ́(:)z | brɔ́s, brɔ́z] と発音されることもある.

brose [bróuz | bráuz] 〚(1657) 《スコット》~ < ME *broys* ▭ OF *broez*: ⇨ brewis〛 — *n.* 《スコット》オートミールがゆ《オートミールに熱湯か熱い牛乳や肉汁などをかけて作る即席のかゆ》: water ~ 湯かけオートミールがゆ / ⇨ Athole brose.

bros·y [bróuzi | bráuzɪ] *adj.* 《スコット》オートミールがゆを食べた[で汚れた].

broth [brɔ́(:)θ, brá(:)θ | brɔ́θ] 〚OE *broþ* < Gmc **broþam* (OHG *brod*) ← IE **bh(e)reu-* to boil: cf. brew, brewis〛 — *n.* (*pl.* ~**s** [brɔ́:θs, brá(:)θs, brɔ́(:)ðz, brá(:)ðz | brɔ́θs]) **1** (肉・魚・野菜などを水から煮た)だし汁: Too many cooks spoil the ~. ⇨ cook *n.* 1. **2** (だし汁をベースに米・大麦・野菜などを加えて作った)澄んだスープ. **3** 〘生物〙(細菌の)流体培養基.

a broth of a boy 《アイル》元気な少年, 快男児.

broth·el [bráθəl, brɔ́(:)θ- | brɔ́θ-] 〚(*a*1376) 'worthless person, prostitute' ← OE *broþen* ruined (p.p.) ← *brēoþan* to destroy, go to ruin < ? Gmc **briuþan* to be broken up ← IE **bhreu-* to cut (cf. brittle): 今の意味は brothel-house から〛 — *n.* **1** 売春宿, 女郎屋 (bawdy house). **2** 《廃》売春婦.

bróthel-crèepers *n. pl.* 《英口語》底に厚いクレープゴムを貼った男性用靴.

broth·er [brʌ́ðə | -ðə(r] 〖OE *brōþor* < Gmc **brōþar* (G *Bruder*) ← IE **bhrāter-* brother (L *frāter* (cf. fraternal) / Gk *phrā́tēr*): ⇨ brethren〗 ── *n.* (*pl.* **~s,** 3 では通例 **breth·ren** [bréð(ə)rɪn, -rən, -ðən | -rɪn, -rən]) 1 兄または弟, 兄弟 (cf. sister); (俗に)異父[母]兄[弟], 義兄[弟] (brother-in-law): ~*s* and sisters / my elder [younger] ~ 私の兄[弟] / one's big [little] ~ 兄[弟] / the youngest ~ 末弟 / a full [whole] ~ 同父母兄弟 / a half ~ 異父[母]兄[弟] (cf. brother-german) / the ~*s* Grimm グリム兄弟 / ~*s* uterine=UTERINE brothers. ★「…兄弟商会」の場合には Bros. と略す: Smith *Bros.* & Co. スミス兄弟商会. 2 a 男の親戚の人《おじ, おい, いとこなど; cf. kinsman》. b [しばしば男女の区別なく用いて] 兄弟のような人, 兄弟分, 親友 (close friend). c 同市民, 同国人 (fellow countryman), 人間同士 (fellowman): a man and a ~ 対等の人間《特に, 黒人奴隷についていった句》. d 仲間, 同僚; 同じ境遇にある人 (fellowman) (cf. knight *n.* 7): a ~ of the angle 釣り仲間 / a ~ of the brush 画家; ペンキ屋 / a ~ of the quill 著述家 / a ~ of the whip 御者 / a ~ in misfortune 不幸を共にする人. 3 (*pl.* 通例 **brethren**) a [しばしば固有名詞とともに用いて] 同信の友, 同一教会員, 信者仲間, 同一教団員; (プロテスタントの福音教会派の)牧師: *Brother* Thomas / *brethren* in Christ キリスト教の信者仲間. b 同一組合員, 同業者(など); 《米》(男子大学生)友愛会会員: professional *brethren* (医師・弁護士などの)同業者 / a band of ~*s* (利害関係を共にする)一団体 / a ~ doctor 同業の医師 / ~ officers 同僚将校 / ⇨ Elder Brother, Elder Brethren. 4 a [しばしば名前を知らない男性に対するくだけた呼び掛けに用いて] 《俗》仲間; やつ (fellow): Don't do it, ~. おい君それをやっちゃいかん. b 《米黒人方言》黒人の仲間; 黒人. 5 〖カトリック〗 a 聖職につかない修道僧, 平修士 (cf. sister 5 a): ⇨ lay brother. b [B-] (特に, 教育・医療事業に従事する)単式誓願修道会 (congregation) の僧: ⇨ Christian Brothers.

Brethren of the Free Spirit [the ─] 自由心霊派《主として 13 世紀以降の中世ヨーロッパの種々な形態の熱狂的神秘主義的セクトの呼称; 教会的権威からの独立や霊の自由を主張した》.

Brothers of the Christian Schools [the ─] 〖カトリック〗 ⇨ Christian Brothers.

Brothers [Brethren] of the Common Life [the ─] 共住生活兄弟会《1380 年ごろ Gerhard Groot によってオランダで創設された聖職者と信徒の修道団体; 1700 年ごろまで続いた》. 「と呼ぶ.

── *vt.* 兄弟として扱う, …と兄弟付合いをする, 兄弟

── *int.* 《俗》ひどい《失望・不快・嫌悪・驚きを表わす》: Oh, ~! おおすごい, わあ驚いた. ★ Oh, sister! とは言わない.

bróther-gérman 〖(1340) 《部分訳》← (O)F *frère germain*: ⇨ ↑, german〗 *n.* (*pl.* **brothers-**) 同父母兄弟.

bróther·hòod 〖(1389) 《変形》← ME *brotherhede* 《変形》← OE *brōþorrǣden* ← BROTHER+*rǣden* condition (⇨ kindred): ⇨ -hood〗 *n.* 1 a 兄弟であること; 兄弟の間柄, 兄弟の縁. b 兄弟に似た間柄[よしみ], 友好 (fellowship): universal ~ 四海同胞(関係). c (人はみな)同胞愛をもつべきだとする信念. 2 a (共同の目的で団結した)同業組合 (association); 友愛団体 (fraternity). b 宗教団体 (order): a monastic ~. c 《米》(特に, 鉄道員の)労働組合 (labor union). 3 [the ~; 集合的] 団体[組合]員, 労組: *the* legal ~ 弁護士[法曹]団. 「友; (特に)戦友.

bróther-in-árms *n.* (*pl.* **brothers-**) 親しい仲間, 親

bróther-in-làw 〖(?*a*1300): ⇨ -in-law〗 ── *n.* (*pl.* **brothers-**) 義理の兄弟, 義兄[弟] (cf. sister-in-law): a 配偶者の兄弟, 「小じゅうと」. b 姉妹の夫. c 配偶者の姉妹の夫.

Bróther Jónathan 〖← JONATHAN[1]: 英国からの米国入植者に旧約聖書起源の名をもっている者が多かったことから?〗 ── *n.* 《英》[集合的] 米国民; [愛称として](典型的な)米国人. ★ 今は Uncle Sam の方が普通; cf. John Bull.

bróther·less 〖(15C)〗 *adj.* 兄弟のない.

bróth·er·ly 〖OE *brōþorlic*〗 ── *adj.* 1 兄弟の, 兄弟らしい (fraternal): ~ affection 兄弟愛. 2 兄弟同様の, 愛情のこもった, 親身の: ~ kindness / in a most ~ manner とても親身に. ── *adv.* 兄弟のように, 兄弟らしく; 親密に, 親身に. **bróth·er·li·ness** *n.*

brot·u·la [brɑ́tʃʊlə | brɔ́tjʊ-] 〖← NL ~ ← Am.-Sp. *brótula* 《原義》little bud〗 *n.* 〖魚類〗(スズキ目)イタチウオ科の魚の総称.

Bro·tu·li·dae [bro(ʊ)t(j)ú:lədì: | brə(ʊ)tjú:lɪ-] 〖← NL ~: ⇨ ↑, -idae〗 *n. pl.* 〖魚類〗イタチウオ科.

brough·am [brú:əm, brú:m, bróʊəm | brú:əm, brú:əm] 〖(1851) ← *Lord Brougham* (1778-1868: この型の馬車を最初に用いたスコットランド出身の政治家・法律家)〗 ── *n.* 1 ブルーム型馬車《1 頭立の 2 人または 4 人乗り四輪箱馬車; 御者台は外にあって屋根がない》. 2 (初期の)ブルーム型自動車《運転台が外にあって運転台には屋根のない箱型自動車》. 3 (特に電気で走る)クーペ型自動車. 「の過去形・過去分詞.

brought 〖OE *brohte* (pret.) & *broht* (p.p.)〗 *vt.* bring

brou·ha·ha [bru:(h)ɑ́:hɑ:, ⌐–⌐ | ⌐–⌐] 〖□F ~ ← ? Heb. *bārūkh habbā'* blessed be he who enters (*Ps.* 118:26): synagogue でしばしば用いられたため〗 ── *n.* 《英》 1 騒々しさ; 騒ぎ, 騒動; いざこざ, 事件. 2 (法外な)評判, 大騒ぎ, 熱狂 (sensation): the ~ *over* his new novel 新作の小説に対する大評判.

Broun [brú:n], **(Matthew) Heywood (Campbell)** *n.* (1888-1939) 米国のジャーナリスト・作家; 米国新聞組合の初代会長.

Bróu·wer fíxed-póint thèorem [bráʊə- | bráʊə-; *Du.* bóuwər-] 〖← *L. E. J. Brouwer* (1881-1966: オランダの数学者・哲学者)〗 ── *n.* 〖数学〗ブロウワーの不動点定理《円板をそれ自身にうつす連続写像には少くとも一つの不動点があるという定理》.

brow [bráʊ] 〖OE *brū* < Gmc **brūs* (ON *brūn*) ← IE **bhru-* eyebrow (Gk *ophrûs*)〗 ── *n.* 1 a [通例 *pl.*] 眉, 眉毛 (eyebrows): knit [bend] one's ~*s* 眉をひそめる, 額にしわを寄せる, 顔をしかめる / raise one's ~*s* (驚き・疑い・非難などを表わして)眉をあげる / in the sweat of one's ~ 額に汗して (⇨ bread *n.* 2 b). b 〖解剖〗眉の隆起部. 2 a 前額, 額 (forehead). b 《口語》知的水準 (cf. highbrow). 3 a (額のように突き出した)崖, 崖はな, 崖っぷち; 山の端(は), 坂の頂上: the ~ of a cliff / a house on the ~ of a hill 山の端に立つ家. b 《英方言》急(な)坂, 急な丘. 4 顔, 表情: a worried ~. 5 a 舷窓のひさし. b (船から波止場などに掛けた)道板, 歩み板 (gangplank). 6 〖鉱山〗立坑の最上部.

brów àntler *n.* 雄鹿の角の第一の枝.

brów·bànd *n.* 〖馬具〗額革《頭絡の一部で, 頬革と項革の接合部を結ぶ: ⇨ bridle 挿絵》.

brów·bèat 〖(1581)〗 ── *vt.* (~; **-beat·en**) 1 こわい顔をして[威圧的な言葉で]きめつける, おどしつける (bully). 2 a 威圧して〔あることを〕させる〔*into*〕: ~ a person *into* accepting a proposal 人に威圧的に提案を承諾させる. b 威圧して〔あることを〕やめさせる〔*out of*〕. **~·er** *n.*

Brow·der [bráʊdə | -də(r], **Earl (Russell)** *n.* (1891-1973) 米国共産党党首.

browed 〖(15C)〗 *adj.* [通例, 複合語の第 2 構成素として](…の)額のある: black-*browed*.

brown [bráʊn] 〖OE *brūn* < Gmc **brūnaz* (G *braun*) ← IE **bher-* bright, brown (Skt *babhrūs* reddish-brown): cf. bear[1]〗 ── *adj.* (**~·er; ~·est**) 1 a 褐色の, 茶色の, とび色の, きつね色の: done ~ こんがり焼けて. b 〈動物が〉褐色の(毛[羽]をした). c 〈人・人種が〉褐色の皮膚をもつ, 皮膚が茶色の: a ~ race 褐色人種. d 日焼けした: How ~ you are! 2 《詩・文語》 a 薄暗い, 黒ずんだ (dark). b 陰気な (gloomy). c 一途な (serious). 3 〈リンネル・綿布・紙など〉さらさない, 漂白していない. 4 〖ナチの突撃隊員の制服の色から: cf. Brown Shirt〗 [B-] (ドイツの)ナチ(ズム)の (Nazi).

do brown 《英俗》 (1) =*vt.* 1 b. (2) =*do up* BROWN (1).

do up brown (1) 《米俗・英古俗》〈物事を〉完全[徹底的]にやる. (2) 《俗》〈人を〉まんまとだます.

── *n.* 1 褐色, 茶色, とび色, きつね色: dark ~ 暗褐色, こげ茶 / red ~ 赤褐色, 栗色 / yellowish ~ 黄褐色. 2 褐色の絵の具, 褐色の染料. 3 a 褐色の物. b (snooker などの)褐色の玉. c 褐色のチョウ[毛鉤]. d 褐色の着物. e 褐色肌[体色]の人[動物]: 白人と黒人の混血児 (mulatto). 4 《英俗》銅貨 (copper coin). 5 [the ~] 《英》飛んでいる猟鳥の群: fire into *the* ~ (of them) 鳥の群の中へ発砲する; 群衆に無差別に発砲する, 盲撃ちする. 6 黒鹿毛(くろかげ)《馬の毛色の一つ; 全身がほぼ黒い毛並なので, 暗鹿毛 (dark bay) や青毛 (black) と区別しにくいが, 口や鼻の周囲, ひばら, 四肢の内側に薄い茶褐色部分がある》. 7 a =brown ale. b =brown sherry. 8 《卑》男色; 獣姦 (sodomy): do a ~.

── *vt.* 1 a 褐色にする; くすんだ色にする, 黒ずませる. b (料理で)きつね色にする[焼く, あぶる, フライにする, ソテーにする, いためる], こんがりと焼く: ~ bits of meat in oil 肉片を油でこんがりと焼く. 2 《英》〈鳥の群・群衆〉に無差別に発砲する, 乱射する.

── *vi.* 褐色になる; (日に焼けて)黒くなる.

brown off [通例 Passive で] 《英俗》うんざり[くさくさ, いらいら]させる (*with*) (cf. browned-off).

brown out 《米》 (1) 警戒灯火管制をする (cf. brownout, BLACK *out* (*vi.*) (1), (*vt.*) (3)). (2) 〈電力不足などが〉電灯を薄暗くする, 電灯節約をさせる.

~·ness *n.*

Brown [bráʊn] 〖OE 《原義》brown-haired[-skinned]: ↑〗 ── *n.* (英国に普通の)家族名; 男性名: astonish the ~*s* 偏見のある隣人にショックを与える / ~, Jones, and Robinson ありふれた人たち《英国中流階級の人々; cf. TOM, *Dick, and Harry*》.

Brown, Charles Brock·den [brɑ́kdən | brɔ́k-] *n.* (1771-1810) 文学を職業にした最初の米国小説家; *Wieland* (1798).

Brown, John *n.* (1800-1859) 米国の急進的奴隷廃止論者; Harpers Ferry の兵器廠を襲ったが, 捕えられて絞首刑になった; Old Brown of Osawatomie [òusəwɑ́:təmi, ɑ̀s- | ə̀usəwɔ́təmi, ɔ̀s-] ともいう.

Brown, Robert *n.* (1773-1858) 英国の植物学者.

Brown, Thomas *n.* (1778-1820) スコットランドの哲学者.

brówn ále *n.* 《英》濃い茶色のビール《パブ (pub) の普通の飲みもの》. 「植物綱の海藻.

brówn álga *n.* 〖植物〗(冷たい海に生える)褐藻(かっそう)

brówn-bág 《米口語》 *vt.* 1 (茶色の紙袋に入れて)〈弁当を〉持参する. 2 (酒類禁制のクラブやレストランに)〈酒類を〉持ち込む. ── *vi.* 1 茶色の紙袋に入れて弁当を持参する. 2 (酒類禁制のクラブやレストランに)酒類を持ち込む. **brówn bàg·ger** *n.* **brówn bàg·ging** *n.* 「弁当.

brówn bág *n.* 《米口語》(茶色の紙袋などに入れた)

brówn béar *n.* 〖動物〗ヒグマ (*Ursus arctos*) 《アラスカ・北ユーラシアに生息するクマ》.

brówn bélt 〖《なぞり》← Jap.〗 *n.* (柔道・空手の)茶帯(の人) 《black belt の次位》. 「bent.

brówn bént 〖その花穂の色から〗 *n.* 〖植物〗=dog

Brówn Berèts 〖GREEN BERETS (*n.*) 2 からの類推〗 *n.* 1 (米国に政治力や経済的機会を求める)メキシコ系米人協会. 2 その会員のかぶるベレー帽.

brówn Béss 〖← BROWN+BESS: その銃床の色にちなむ〗 *n.* 火打ち石銃《18 世紀に英国兵が用いた》.

brówn Bétty, b- b- *n.* りんごのプディング《りんごとパン粉・赤砂糖・バター・香料などで作る》.

brówn bréad *n.* ブラウンパン: 1 主にふすまを取らない麦粉で作ったもの (cf. black bread). 2 とうもろこし粉とライ麦の粉を原料とし糖蜜で味をつけた茶褐色の蒸しパンの一種.

brówn búllhead *n.* 〖魚類〗ブラウンブルヘッド (*Ictalurus nebulosus*) 《北米東部産ナマズ目イクタルルス科の暗褐色の淡水魚の一種》.

brówn cánker *n.* 〖植物病理〗(バラの)腐乱病, 枝枯病《縁に紫色の病巣ができる》.

brówn cóal *n.* 〖地質〗褐炭 (lignite).

brówn cóat *n.* 〖建築〗中塗り《左官工事などで下塗りと仕上塗りとの中間》.

Browne [bráʊn], **Charles Far·rar** [fǽrə | -rə(r] *n.* (1834-67) 米国のユーモア作家; *Artemus Ward: His Book* (1862); 筆名 Artemus Ward [ɑ́ətəməs wɔ́əd | ɑ́:tɪməs wɔ́:d].

Browne, Robert *n.* (1550?-1633) 英国清教徒の説教者・分離主義者 (separatist); 会衆派(教会)の思想上の祖 (cf. Brownism[1]).

Browne, Sir Thomas *n.* (1605-82) 英国の医師・文章家; *Religio Medici*「一医家の宗教」(1643), *Hydriotaphia, or Urn-Burial*「壺葬論」(1658).

Browne, William *n.* (1591-?1643) 英国の田園詩人; *Britannia's Pastorals* (1 巻 1613; 2 巻 1616; 3 巻 1852).

Brówne chárging sỳstem 〖← *Nina E. Browne* (米国の司書; 1895 年にこの方法を提案)〗 ── *n.* [the ~] 〖図書館〗ブラウン式貸出法《図書館資料の貸出方法の一つ; ブックカードと袋状の貸出券を図書館が保管しておく; cf. Newark charging system》.

brówned-óff 〖← *brown off* (⇨ brown (v.) 成句)〗 *adj.* 《英俗》うんざり[くさくさ, いらいら]した.

~·ness *n.*

brówn-èyed Súsan *n.* 〖植物〗キク科オオハンゴンソウ属 (*Rudbeckia*) の植物の総称; (特に)北米東部産の *R. hirta*. 「ある)脂肪組織.

brówn fát *n.* 〖生理〗(肩甲骨の間や首の回りなどに

brówn fórest sòil *n.* 〖土壌〗褐色森林土壌.

brówn Géorge *n.* (陶器製で)茶色の大型水差し.

brówn héart *n.* 〖植物病理〗褐色芯枯れ病.

brówn hématite *n.* 〖鉱物〗=limonite.

Brówn·i·an móvement [mótion] [bráʊniən- | -nɪən-, -njən-] 〖← *Robert Brown* (1827 年頃にこの現象を発見)〗 ── *n.* [the ~] 〖物理〗ブラウン運動《液体[気体]中で固体微粒子がする急速な不規則運動》.

brown·ie [bráʊni | -nɪ] 〖(1513) ← BROWN+-IE〗 ── *n.* 1 〖スコット伝説〗ブラウニー《夜間に現われてひそかに掃除・打穀など農家の仕事をしてくれると伝えられた茶色の小妖精; cf. fairy 1》. 2 〖その制服の色から〗[通例 B-] ブラウニー: a 《英》Girl Guides の幼少団員 ($7\frac{1}{2}$-11 歳; cf. guide 5 b, wolf cub 2). b 《米》Girl Scouts の幼少団員 (7-9 歳). 3 a 《米》(木の実の入った小形で平たく四角い)チョコレートケーキ. b 《豪》(赤砂糖を入れた)干ぶどう入りパン. 4 《口語》〖魚類〗=brown trout.

Brown·ie [bráʊni | -nɪ] *n.* 〖商標〗ブローニー《米国 Eastman Kodak 社製の廉価カメラ》.

Brównie pòint 〖← BROWNIE 2 b: Girl Scouts の幼少団員の評価法にちなむ〗 *n.* 《米》(上役の機嫌を取って得た(と思われる))甘い勤務評定.

Brównie scóut *n.* =brownie 2.

brówn·ing *n.* 1 褐変. 2 褐色着色, (壁の)褐色下塗り. 3 褐色着色料《色や味をつけるのに用いる焼砂糖など》.

Brow·ning [bráʊnɪŋ] 〖(1905) ← *John M. Browning* (1855-1926: 米国の発明家)〗 *n.* 〖商標〗ブローニング《Browning 社製の自動ピストルの総称》.

Brow·ning [bráʊnɪŋ], **Elizabeth Bar·rett** [bǽrɪt, -rət] *n.* (1806-61) 英国の女流詩人, R. Browning の妻; *Aurora Leigh* (1857).

Browning, Robert *n.* (1812-89) 英国 Victoria 朝の代表的詩人の一人, E. B. Browning の夫; *Men and Women* (1855); *The Ring and the Book* (1868-69).

Brówning automátic rífle *n.* ブローニング自動小銃[ライフル銃]《口径 0.30 インチ; 略 BAR》.

Brówning machíne gùn *n.* ブローニング機関銃《第二次大戦および朝鮮戦争で用いられた口径 0.30-0.50 インチの空冷[水冷]式機関銃》. 「色がかった.

brówn·ish [-nɪʃ] 〖(15C)〗 *adj.* やや褐色を帯びた, 茶

Brówn·ism[1] [-nɪzm] 〖(1617)〗 ── *n.* 〖キリスト教〗ブラウン主義《英国清教徒の説教者 Robert Browne

の唱えた主義で, 教会とはキリストにおいて結ばれた個々の会衆 (congregation) であって, キリストのみが教会の首であるとする; cf. congregationalism 2》.
Brown·ism² [bráunɪzm] *n.* =Brunonism.
Brown·ist¹ [-nɪst, -nəst | -nɪst] 〘《1583》〙 *n.* **1** ブラウン主義(Brownism)者. **2** [*pl.*] 会衆派《のちに congregationalist と呼ばれる》.
Brówn·ist² [-nɪst, -nəst | -nɪst] *n.* =Brunonian.
brówn jób 〘その制服の色から〙 *n.* 《英軍俗》 **1** (陸軍の)兵士. **2** [the ~; 集合的]陸軍 (the Army).
brówn lúng disèase *n.* 《病理》褐肺病《紡績工場で働く人が冒される病気; cf. black lung》.
brown·mil·ler·ite [bráunmɪlərὰɪt] 〘◻ G *Brownmillerit* ← *L. T. Brownmiller* (1905– : 米国の化学者): ⇨ -ite¹〙 —— *n.* 《鉱物》ブラウンミレライト ($2CaO\cdot(Al, Fe)_2O_5$)《セメントの重要成分; 自然界にも稀に産する》.
brówn·nòse 〘尻の穴に鼻を突っ込むのをいとわないほどにおべっかを使うの意から〙《米俗》 —— *vi., vt.* (人の)機嫌をとる, (人に)こびへつらう. —— *n.* へつらい者, おべっか使い (toady).
brówn·nòs·er *n.* =brownnose.
brówn·òut *n.* 《米》 **1** (空襲)警戒灯火管制 (cf. blackout 1). **2 a** (節電のための都市の広告などの)電灯節約; 節電. **b** (節電などのための)電圧低下(期間).
brown ówl *n.* **1** 黄褐色のフクロウ. **2** 《英》ガールガイド団 (Girl Guides) の Brownie グループの世話をする成人リーダー.
brówn páper *n.* (包装用の)褐色紙.
brówn pátch *n.* 《植物病理》*Pellicularia filamentosa* 菌によって起こる芝生などの病気.
brówn pélican *n.* 《鳥類》カッショクペリカン (*Pelicanus occidentalis*)《熱帯アメリカの太西洋岸のカリブ海に生息する》.
brówn pówder *n.* 褐色火薬.
Brówn Pówer *n.* ブラウンパワー《メキシコ系米国人が Black Power, Red Power をまねてつくったスローガン》.
brówn·prìnt *n.* 《写真》ブラウンプリント《感光性鉄塩と銀塩を使用して褐色像を得る初期の写真印画法》.
brówn rát *n.* 《動物》ドブネズミ, シチロウネズミ (*Rattus norvegicus*)《アジア中央部原産, 現在では世界中に分布する家鼠の一種; Norway rat ともいう》.
brówn récluse spíder 〘← *recluse* ← ? NL *reclusa* ← LL *reclūsus* shut up: 暗い隅に潜んでいることから〙 —— *n.* 《動物》イトグモ類のクモの総称; (特に)頭胸部にバイオリン型の模様をもつ毒グモ (*Loxosceles reclusa*).
brówn ríce *n.* 玄米.
brówn rót *n.* 《植物病理》褐色菌核病: **a** 菌核病菌属 (*Sclerotinia*) の菌によりリンゴ・モモ・ミザクラなどが冒される病気. **b** 不完全糸状菌の *Stysanus stemonitis* によるジャガイモの病気.
brówn sàuce *n.* ブラウンソース《炒めた香味野菜・茶色のルー (roux)・牛肉のだし汁で作る基本ソースの一つ; espagnole (sauce) ともいう》.
brówn shérry *n.* 《英》甘口のシェリー.
Brówn·shìrt, b- 〘《なぞり》← G *Braunhemd*: その制服の色から〙 *n.* Hitler の突撃隊 (Sturmabteilung) の隊員; 茶シャツ党員 (Nazi) (cf. Blackshirt).
brówn spót *n.* 《植物病理》褐斑病《トウモロコシの斑点病菌 (*Physoderma zeae-maydis*) によるトウモロコシの病気; 葉と茎が冒される》.
brówn stém rôt *n.* 《植物病理》不完全糸状菌 *Cephalosporium gregatum* による大豆の葉の病気.
brówn·stòne 《米》 *n.* **1** 褐色砂岩《建築材料として広く用いる》. **2** 褐色砂岩を正面に用いた家《都市で今世紀の初めごろ米国東部の裕福な人たちが住んだ; brownstone front ともいう》. —— *attrib. adj.* 《古》富裕階級の[に属する]: a ~ district.
brówn stúdy 〘← BROWN (adj.) 2 b〙 *n.* (ぼんやり)思い耽ること: be in a ~ (ぼんやり)考え込んで[物思いに耽って]いる.
brówn súgar *n.* 赤砂糖.
Brówn Swíss *n.* ブラウンスイス《スイス原産の乳肉役兼用の牛の一品種; 米国では乳用種に改良》.
brówn-tàil móth *n.* 《昆虫》ヨーロッパ原産ドクガ科の白いガの一種 (*Nygmia phaesorrhoea*)《有毒でその幼虫は樹木に大害を与える; browntail ともいう》.
brówn thrásher *n.* 《鳥類》チャイロツグミモドキ (*Toxostoma rufum*)《モノマネドリ (mocking bird) に似た米国東部産ツグミモドキ属の鳴鳥》.
brówn tróut *n.* 《魚類》ブラウントラウト (*Salmo trutta*)《ヨーロッパ原産の体側に朱赤色の斑点のあるサケ科ニジマス属の淡水魚》.
brówn·wàre *n.* **1** 素地に着色剤を加えて褐色にした陶磁器. **2** 褐色釉をかけた陶磁器. **3** 着色物質の多い原料を用いて造られた褐色の炻器(せっき).
brow·ny [bráuni | -nɪ] *adj.* (**brow·ni·er; -ni·est**) =brownish.
brows·a·bil·i·ty [bràuzəbíləṭi | -lətɪ, -lɪ-] 〘← BROWSE (v.) 3 + -ABLE + -ITY〙 —— *n.* 《電算機》(情報検索システムなどの)一覧可能性《情報検索システムで, その内容の概略を一度に知ることができること》.
browse [bráuz] 〘v.: 《1440》 ◻ OF **brous-er* ← *brouz* (pl.) ← *broust* young sprout, young shoot ← Gmc: cf. OS *brustian* to sprout〙 —— *n.* **1** (牛・鹿などの食物としての)若葉, 若枝, 新芽. **2** 若葉などを食べること: be at ~ 若葉を食べている / cattle at ~ 若葉を食べている(放牧の)牛. **3** 本の拾い読み, ざっと目を通すこと: at first ~ 最初ざっと目を通しただけでは. —— *vi.* **1** 〈牛・鹿などが〉〔若葉などを〕食う (feed) 〔*on*〕: ~ *on* the leaves and shoots. **2** (牧場などで)草を食う (graze). **3** 〈人が〉(本などを)漫然と[気ままに]読む, (書店などで)あちこち本を拾い[立ち]読みする: ~ *in* the pages of a book 本をあちこち拾い読みする / ~ *through* [*among*] books (書斎などで)本を拾い読みする / ~ *around* the second-hand bookshops 古本屋を見て回る. **4** (店などで)漫然と商品を見る[調べる], 冷やかす. —— *vt.* **1** 〈若芽などを〉食う, かじり[食い]とる (crop); 〈牧場などの草を〉自由に食べる (graze): ~ leaves *away* [*off*]. **2** 〈牛を〉放牧する, …に(自由に)食べさせる (feed): ~ cattle *on* twigs 牛に小枝を食わせる. **3** 〈…を求めて〉〈書棚などを〉あさる; 〈本などを〉拾い読みする 〔*for*〕: ~ the shelves *for* some novels.
brows·er *n.* **1** 若葉を食う牛[鹿]. **2** 拾い読みする人.
brows·ing ròom *n.* 《図書館》ブラウジングルーム, 自由閲覧室[読書室].
Broz [bróuz | bráuz; *Serbo-Croat.* brɔ̂:z], **Jo·sip** [jɔ́sip] *n.* ブローズ《Tito の本名》.
brt. for. 《略》《簿記》brought forward 繰越.
Bru·beck [brú:bek], **David Warren** *n.* (1920–) 米国のジャズピアニスト・作曲家・指揮者; 愛称 Dave.
Bruce [brú:s] 〘← *de Bruce* 《原義》? muddy heath: 地名に由来するノルマンの家族名〙 *n.* 男性名. ★ スコットランドに多い.
Bruce, James *n.* (1811–63) 英国の政治家・外交官; アロー戦争時に特派使節として清朝との間に天津条約 (1858), 北京条約 (1860) を締結; 称号 8th Earl of Elgin.
Bruce, Robert (the) *n.* =Robert I 1.
bru·cel·la [bru:sélə] 〘← NL ~ ← *Sir David Bruce* (1855–1931: スコットランドの細菌学者): ⇨ -ella〙 —— *n.* (*pl.* **-cel·lae** [-li:], **~s**) 《細菌》ブルセラ菌(*Brucella* 属の好気性菌; cf. brucellosis).
bru·cel·lo·sis [brù:səlóusɪs, -səs | -lóusɪs] 〘⇨ ↑, -osis〙 —— *n.* (*pl.* **-lo·ses** [-si:z]) **1** 《病理》ブルセラ症《ブルセラ菌 (brucella) の感染による熱病の一種; Malta fever, undulant fever ともいう》. **2** 《獣医》ブルセラ病 (⇨ contagious abortion).
Bruch [brúk; *G.* brúx], **Max** *n.* ブルッフ《1838–1920; ドイツの作曲家》.
bru·chid [brú:kɪd, -kəd | -kɪd] 〘↓〙 《昆虫》 *n.* マメゾウムシ《マメゾウムシ科の甲虫の総称》. —— *adj.* マメゾウムシ(科)の.
Bru·chi·dae [brú:kədì: | -kɪ-] 〘← NL ~ ← *Bruchus* (属名: L *bruchus* wingless locust ◻ Gk *broûkos*) + -IDAE〙 *n. pl.* 《昆虫》(鞘翅目)マメゾウムシ科.
bruc·ine [brú:si:n, -sɪn, -sən | -si:n, -sɪn] 〘◻ ? F ~ ← NL *Brucea* (ブルシンがあると誤解された低木の属名) ← *James Bruce* (1730–94: スコットランドのアフリカ探検家): ⇨ -ine³〙 —— *n.* 《薬学・化学》ブルシン ($C_{23}H_{26}N_2O_4$)《マチン (nux vomica) から採る有毒のアルカロイド; その作用はストリキニーネに似ているが, それほど強くない》.
bruc·ite [brú:saɪt] 〘← *Archibald Bruce* (1777–1818: 米国の鉱物学者): ⇨ -ite¹〙 *n.* 《鉱物》水滑石, ブルーサイト ($Mg(OH)_2$).
Brü·cke [brúkə, bríkə; *G.* brʏ́kə], **Die** 〘◻ G ~ 'the bridge'〙 —— *G. n.* ディブリュッケ, 「橋」派《1905 年 Dresden で結成されたドイツ表現主義画家のグループ; cf. Blaue Reiter》.
Bruck·ner [brúknə | -nə(r; *G.* brúknɐ], **Anton** *n.* ブルックナー《1824–96; オーストリアの作曲家》.
Brue·ghel [brú:gəl, brɔ́ɪ-, brə́:- | brɔ́ɪ-, brə́:-, brú:-; *Du.* brǿ:xəl] (*also* **Brue·gel** [~]), **Pieter** *n.* ブリューゲル《1525?–69; フランドルの風俗・風景画家; 大ピーターまたは大ブリューゲルと呼ばれた; 小ピーターまたは小ブリューゲルと呼ばれたその子 Pieter (1564–1637) およびビロードのブリューゲルと呼ばれた Jan (1568–1625) も画家》.
Bruges [brú:dʒ; *F.* bry:ʒ] *n.* ブリュージ《Brugge のフランス語名》.
Brug·ge [brúgə, brʌ́gə; *Du.* brʏ́ɣə] *n.* ブリュッヘ《ベルギー北西部の都市; 海港 Zeebrugge と運河で連結されている; 人口 120,000; フランス語名 Bruges》.
Brug·mann [brúkmɑ:n; *G.* brú:kman], **Karl** *n.* ブルークマン《1849–1919; ドイツのギリシャ語学者で neogrammarian (青年文法家) の中心になり, 印欧語の比較研究の基礎を築いた》.
Bru·in [brú:ɪn, brú:ən | brú:ɪn, brúɪn] 〘《1481》 ◻ (M) Du. ~ 'BROWN'〙 —— *n.* **1** ブルーイン, 熊君, 熊公《*Reynard the Fox* などの中世動物寓話[寓意詩]に出てくる熊の名》. **2** [b-] 熊, 赤熊 (bear).
bruise [brú:z] 〘《?a1200》 *brise(n)* 《混成》← OE *brȳsan* to crush (< Gmc **brūsjan* ← IE **bhreus-* to break) + OF *br(u)isier* (F *briser*) to break (← ?)〙 —— *n.* **1** 打撲傷, 打身; 傷跡 (cf. cut 1 a): a ~ *on* the arm. **2 a** (植物・果物などの)つぶれ, 傷, あたり. **b** (金属・木材などに打ってできた)へこみ (dint). **c** (表面の)すり傷, かき傷. **3** (心の)傷. —— *vt.* **1** (皮膚を破らないで)〈体の組織を〉傷つける, (あざができるほど)打つ, …に打傷をつける (contuse): ~ a person's arm. **2** 〈植物・果物など〉に傷をつける; 〈金属・木材を〉(打って)へこませる (dint), つぶす (batter): ~*d* fruit. **3** 〈感情などを〉傷つける: ~ a friend's feelings 友人の感情を害する. **4** 〈薬・食物を〉(乳鉢・乳棒などで)すりつぶす, つぶす, つき砕く (pound). **5** 《古》不具にする (disable). —— *vi.* **1** あざ[傷跡]がつく: A peach ~*s* easily. **2** (感情的に)傷つく. **3** 傷をつける.
bruise along 《英俗》(狩猟で)むやみに乗り回す.
brúis·er *n.* **1** 《俗》(プロ)ボクサー (boxer). **2** 《口語》(ボクサーのように)筋骨たくましい人.
bruit [brú:t] 〘《c1400》 ◻ (O)F ~ ← *bruire* to make a noise < VL **brūgere* ← L *rugire* to roar: cf. bray¹〙 —— *n.* **1** 《古》 **a** 風説; (特に, よい)評判. **b** 騒ぎ (noise). **2** 《医学》聴診器に聞える異常音. —— *vt.* [通例 Passive で] 《文語》言い触らす, 〈うわさを〉伝える (spread) 〈*abroad, about*〉: The report *was* ~*ed about* [*abroad*]. その評判はあたりに広まった.
Brum [brʌ́m] *n.* 《英口語》=Birmingham 1.
Bru·maire [bru:méə | -méə(r; *F.* brymɛ:r] 〘◻ F ~ ← *brume* 'BRUME': cf. -ary〙 *n.* 霧月《フランス革命暦の第 2 月; ⇨ Revolutionary calendar》.
bru·mal [brú:məl] 〘◻ L *brūmāl-is* ← *brūma* winter: ⇨ brume, -al¹〙 *adj.* 《詩・古》冬の[に起こる, のような].
brum·by [brʌ́mbi | -bɪ] 〘← ?〙 *n.* (*also* **brum·bie** [~]) 《豪》荒馬, (乗り馴らされていない)野馬.
brume [brú:m] 〘◻ F ~ 'fog' ◻ Prov. *bruma* < L *brūmam* shortest day (in the winter), winter ← *brevis* short: ⇨ brief〙 *n.* 《詩》霧, もや (mist).
brum·ma·gem [brʌ́mədʒəm] 〘《1637》《転訛》← BIRMINGHAM: 昔, にせ金や安ぴか物が作られたことから〙 —— *n.* **1** [B-; 時に軽蔑的に] 《方言》(イングランドの) Birmingham の俗称. **2** (イングランドの)バーミンガム製品: まがい物, 安ぴか物, 偽造貨幣, にせ金. —— *adj.* 安ぴかの, 見かけ倒しの, 安っぽい; にせの, まがいの (counterfeit).
Brummell *n.* ⇨ Beau Brummell.
Brum·mie [brʌ́mi | -mɪ] 〘(dim.) ← BRUMMAGEM〙 *n.* 《英口語》(イングランドの) Birmingham 人.
bru·mous [brú:məs] 〘← BRUME + -OUS〙 *adj.* 霧の深い (foggy); 冬の, 冬のような (wintry).
brunch [brʌ́ntʃ] 〘《1896》← BR(EAKFAST) + (L)UNCH〙 《口語》 —— *n.* 朝食兼昼食, (昼食兼用の)遅い朝食, ブランチ. ★ 米国では通例週末にしばしば社交的な催しとして行なわれる. —— *vi.* 朝食兼昼食をする.
brúnch còat *n.* (婦人の)短い部屋着, 家庭着.
Brun·dage [brʌ́ndɪdʒ], **Avery** *n.* (1887–1975) 米国の建築[ホテル]業者; 国際オリンピック委員会 (IOC) 会長 (1952–72).
Brun·dis·i·um [brʌndíziəm | -zɪəm, -zjəm] *n.* ブルンディシウム《Brindisi のラテン語の古名》.
Bru·nei [brú:naɪ, -neɪ | -naɪ] *n.* ブルネイ《Borneo 島北西部の英国保護領; 人口 136,000, 面積 5,765 km^2, 首都 Bandar Seri Begawan》.
Bru·nel·la [bru:nélə] 〘← OF *brunelle* brown-haired one〙 *n.* 女性名.
Bru·nel·les·chi [brù:nəléski, -nl̩- | -kɪ; *It.* brùnelléski], **Filippo** *n.* ブルネルレスキ《1377?–1446; イタリアの Florence のルネサンス建築家》.
bru·net [bru:nét | bru:-, brʊ-] 〘◻ F ~ (dim.) ← *brun* 'BROWN'〙 —— *n.* ブルネット[黒みがかった皮膚・目・髪]の男子. —— *adj.* **1** 〈皮膚・目・頭髪が〉黒みがかった (dark), 褐色の (brown). **2** 〈人が〉ブルネットの (cf. blond 1, fair² 2, dark 2). ★ brunette は女性をさすこともあるが, 日常語としては dark が用いられる.
Brune·tière [brù:nətjéə | -tjéə(r; *F.* bryntjɛ:r], **Ferdinand** *n.* ブリュンヌティエール《1849–1906; フランスの文学史家・批評家》.
bru·nette [bru:nét | bru:-, brʊ-; *F.* brynɛt] 〘《1712》 ◻ F ~ (fem.) ← BRUNET: ⇨ -ette〙 —— *n.* ブルネットの[色の浅黒い]婦人[少女]《厳密には黄褐色または小麦色の皮膚と褐色または黒色の頭髪と目を有する女性》. —— *adj.* =brunet.
brung [brʌ́ŋ] *v.* bring の過去形《非標準的な形》.
Brun·hild [brú:nhɪlt; *G.* brú:nhɪlt] 〘◻ G ~ 《原義》fighter in armor ← OHG *brunna* armor + *hilti* fight: cf. ON *Brynhildr*〙 —— *n.* **1** 《ニーベルンゲン物語》ブルンヒルト《アイスランドの伝説的女王; Gunther 王の妻で, 北欧伝説の Brynhild と同一視される; cf. Siegfried》. **2** 《北欧伝説》=Brynhild.
Brun·hil·da [brʊnhíldə] 〘↑〙 *n.* 女性名.
Brun·hil·de [brʊnhíldə] 〘◻ G ~ (fem.) ← BRUNHILD〙 *n.* 《ニーベルンゲン物語》=Brunhild 1.
bru·ni·zem [brú:nəzèm | -nɪ-] 〘← *bruni-* (← F *brun* 'BROWN') + Russ. (*cherno*)*zem* (black) earth〙 *n.* (米国 Iowa 州一帯に広がる大草原の)黒褐色土.
Brünn [*G.* brʏ́n] *n.* ブリュン《Brno のドイツ語名》.
Brun·ner [brúnə | -nə(r; *G.* brúnɐ], **Emil** *n.* ブルンナー《1889–1966; スイスのプロテスタント神学者, 弁証法神学 (dialectical theology) の指導者; *The Theology of Crisis* (1929), *Dogmatik*「教義学」(1960)》.
Brünn·hil·de [brʊnhíldə, ←–; *G.* brʏnhíldə] *n.* **1** ブリュンヒルデ《Wagner の楽劇 *Ring of the Nibelung* の女主人公; Valkyrie の一人; cf. Siegfried》. **2** 《ニーベルンゲン物語》=Brunhild 1.
Bru·no [brú:nou | -nəu; *It.* brú:no, *G.* brú:no] 〘◻ It. & G ~ ← OHG *brun* 'BROWN'〙 *n.* 男性名.
Bruno, Saint *n.* ブルーノ《1030?–1101; ドイツのカトリックの聖職者; Bruno of Cologne; カルトジオ修道会 (the Carthusians) の創設者》.
Bruno, Giordano *n.* ブルーノ《1548–1600; イタリアの哲学者, 聖職者; 異端者として焚刑に処された》.
Bru·no·ni·an [bru:nóuniən, -njən | -nə́unjən, -nɪən] 〘← NL *Bruno* (Brown のラテン語形) + -IAN〙 *adj., n.* ブラウン医学説 (Brunonism) の(支持者).
Bru·no·nism [brú:nounìzm | -nəu-] *n.* ブラウン医

学説《スコットランド人 John Brown (1735-88) がすべての病気は外的刺激の過不足によると説いた古い医学説; Brownism ともいう》.

Bruns·wick [brʌ́nzwɪk] 〖□ LG *Brunswik* ← *Brūn* 'BRUNO' (その創設者の名)＋*wik* 'WICK³'〗 ― *n.* ブラウンシュワイク《ドイツ語名 Braunschweig》: **1** ドイツ中部の旧州; 現在は西ドイツの Lower Saxony 州の一部. **2** 西ドイツ Lower Saxony 州の都市; もと同州の首都; 人口 268,000.

brúnswick blàck, B- b- 〖《なぞり》← G *Braunschweiger Schwarz*〗 *n.* 黒ワニスの一種.

brúnswick grèen, B- g- 〖《なぞり》← G *Braunschweiger Grün*〗 *n.* ＝chrome green.

Brúnswick lìne *n.* [the ～] ブランズウィック系, ハノーバー王家 (House of Hanover)《英国 George 一世以来の王統》.

Brúnswick stèw 〖米国 Virginia 州の *Brunswick* にちなむ〗 ― *n.* 《米南部》ブランズウィックシチュー《本来はりす・兎の肉と野菜を用いたシチュー; 鶏肉を用いることもある》.

brunt [brʌ́nt] 〖《?c1380》← ?: cf. ON *bruna* to rush〗 ― *n.* **1** (攻撃の)ほこ先, 主力: bear the ～ of an attack [danger, criticism] 攻撃[危険, 非難]の矢面に立つ. **2** 《廃》猛攻撃; 突発.

Bru·sa [bruːsáː, brúːsə] *n.* ブルーサ《Bursa の旧名》.

brush¹ [brʌ́ʃ] 〖*n.*: 《a1378》□ (O)F *brosse* scrub, bushes < VL **brusciam* ← ? L *bruscum* excrescence on the maple. ― 5, 6: ← 《?a1400》*brushe(n)* to rush □ OF *bross-er* to go through a brushwood ← *brosse*〗 ― *n.* **1 a** はけ, ブラシ: a floor ～ 床ブラシ / ⇨ clothes-brush, scrub brush, shaving brush. **b** 毛筆, 画筆: be worthy of an artist's ～ 絵に描きたいほど[絵のように]美しい. **c** (ドラムやシンバルをこする)ブラシ. **2 a** ブラシ[はけ]をかけること: with a ～ ―はけで / give one's clothes a good ～ 服に十分にブラシをかける / give it another ～ もう一度みがきをかける, 一層念入りにやる. **b** [the [one's] ～] 画法, 画風, 画道 (cf. pen¹ 2): *the* ～ of Turner ターナーの画法 / a picture from *the* same ～ 同じ画家の絵 / a brother of *the* ～ 画筆の友, 画家. **3 a** (狐・りすなどの)房々した尾《狩猟家がトロフィーとして保存する》. **b** (帽子の)羽根[房]飾り. **4 a** すれ合い, かすり (light touch): get a ～ *from* the wheel 車輪に触れる / I felt a ～ *against* my leg when the cat went by. 猫が通りすぎるとき脚に触れるのを感じた / ⇨ brush burn. **b** 小ぜり合い, 小衝突 (skirmish); ちょっとしたいざこざ, 小論議: have a ～ *with* the enemy [law] 敵と小ぜり合いを演じる[いささか法律に触れる]. **5** 《米・方言》疾走, 疾駆; 激しい競走; スピード競技. **6** 《米俗》＝brush-off. **7** 〖電気〗 **a** (モーターなどの)ブラシ: a carbon ～ 炭素ブラシ. **b** ＝brush discharge.
at a brush 一払いで; 一挙に. ***at* [*after*] *the first brush*** 最初の出会いで[の後で].
― *attrib. adj.* ブラシのような: a ～ moustache.
― *vt.* **1 a** …にブラシをかける, ブラシでみがく: ～ one's clothes, hair, teeth, ètc. / ～ a floor clean 床をブラシできれいにみがく. **b** 〈ペンキなどを〉ブラシで塗る. **c** (ブラシなどで)…に(…を)塗る 〔*with*〕: The boughs were ～*ed with* crimson. どの枝もはけで掃いたように一面に赤く色づいていた. **2 a** (ブラシなどで)軽く払いのける: ～ *away* tears with one's sleeve 袖で涙を払う / ～ *back* one's unruly hair 乱れた髪をブラシでなでつける / ～ the dust *off* (shelves) (棚から)ほこりを払いのける / ～ the snowflakes *from* one's coat 上着の雪を払い落とす / ～ *out* a seat 坐席のほこりを払いのける. **b** 無造作にはねつける 〈*aside, away*〉: ～ *aside* objections [criticism] 反対[批判]を無視する / We can't ～ it *away* like this! (その問題は)こんな風に簡単には扱えない. **3 a** かする, …とすれ[触れ]合う: They ～*ed* each other in passing. 通りすがりにかすかに触れ合った. **b** [～ one's way として] (すれ合いながら)押し進む. ― *vi.* **1 a** かする, すれ合う: The branches ～*ed against* the window. 枝が窓にすれ合っていた. **b** かすって[すれすれに, 触れて](さっと)通る: ～ (*up*) *against* a person 人にぶつかるようにしてすれ違う / He ～*ed by* [*past*] me. そばをかすするようにしてさっと通り過ぎた. **2** 〈馬が〉(走る時)足をすり合わせて傷つく.
brush down (1) …のほこりをブラシで払い落とす: ～ *down* one's coat. (2) 《口語》〈子供・生徒などを〉しかる, 叱責する. ***brush off*** (1) ⇨ *vt.* 2 a. (2) 〈忠告・提案などを〉軽視[無視]する (reject); 〈人を〉(そっけなく)はねつける, 無視する; 首にする (cf. brush-off): She ～*ed* him *off* at the dance. ダンスパーティーで彼女は彼に目もくれなかった. ***brush over*** …に軽く塗る; 軽く扱う, …にちょっと触れる: ～ *over* a door ドアにさっとペンキを塗る. ***brush up*** (1) …に(ブラシで)みがきをかける (cf. brushup): ～ *up* a house 家をみがいてきれいにする / ～ oneself *up* きちんと身づくろいをする. (2) …の勉強をやり直す, …の技術[知識]にみがきをかける (polish up): ～ *up* one's English [Shakespeare] (忘れかけた)英語[シェイクスピア]を改めてやり直す. ***brush up against*** (1) …に軽く接触する (cf. *vi.* 1 a). (2) 〈困難など〉に遭遇する. ***brush up on*** …の記憶をよみがえらせる, …をやり直してみがきをかける: ～ *up* a bit *on* one's chess [French] (暫くやらなかった)チェスの腕[フランス語の勉強]をちょっとみがき[やり]直す.

brush² [brʌ́ʃ] 〖《a1338》*brushe* □ OF *broche, brosse* (↑)〗 ― *n.* **1** しば, そだ (brushwood). **2 a** やぶ, 雑木林. **b** やぶでおおわれた地域; [the ～] 《米》未開拓地 (backwoods). **c** 《豪》茂ったやぶ; 密林.

brush³ [brʌ́ʃ] 〖← ?〗 *n.* (*pl.* ～**s**, ～) 《豪俗》[しばしば軽蔑的に] **1** 女の子, 若い女. **2** [the ～; 集合的] 女ども (women).

brush·a·bil·i·ty [brʌ̀ʃəbíləti | -ləti, -lɪ-] *n.* ブラシのかけやすさ.

brúsh·bàck *n.* 〖野球〗打者をのけぞらせるために近くに投げる速球.

brúsh bòrder *n.* 〖解剖〗刷子縁.

brúsh bùrn *n.* 擦傷《ロープなどの急激な摩擦によ る傷》.

brúsh cùt *n.* (頭髪の)短い刈り方.

brush discharge [⸗ ⸗, ⸗ ⸗] *n.* 〖電気〗ブラシ放電《コロナ放電 (corona) の一種》.

brushed *adj.* 〈織物・革が〉けば仕上げをした.

brushed alúminium *n.* 〖金属加工〗つや消しアルミニウム.

brúsh-fìre *adj.* 小規模な, 局地の: a ～ war.

brúsh fìre *n.* **1** (森林の火事と区別しての)やぶ[雑木林]の火事. **2** (突然起こる)小規模な戦闘.

brúsh fòoted bútterfly *n.* 〖昆虫〗ヒョウモンチョウ科・ジャノメチョウ科など前肢が退化してブラシ状になっているチョウの総称.

brúsh hàrrow *n.* 丈夫な木の枝で作った覆土用のまぐわ.

brúsh hòok *n.* やぶ刈りがま (bush hook).

brúsh·ing *adj.* **1** かする, かすって通る. **2** 突進する, 速い (brisk): a ～ gallop 疾駆. ― 〖《15C》〗 *n.* **1** ブラシ[はけ]をかけること. **2** [*pl.*] 掃き集めた[落とした]物.

brúsh·lànd *n.* 《米》やぶでおおわれた地域.

brúsh·less *adj.* **1** ブラシのない. **2** 〈シェービングクリームが〉ブラシの要らない.

brúsh-òff *n.* [しばしば the ～] そっけない拒絶[解雇]: give an applicant *the* ～ 申込者をけんもほろろに拒絶する.

brúsh ràbbit *n.* 〖動物〗シバウサギ (*Sylvilagus bachmani*)《アメリカの西海岸に生息する小型のウサギ; 体長 30-38 cm, 体色は茶色で, 尾の下は白色》.

brúsh tùrkey *n.* 〖鳥類〗ツカツクリ (megapode); (特に)ヤブツカツクリ (*Alectura lathami*)《オーストラリア産ヤブツカツクリ属の, 全体がほとんど黒色で裸出した赤い皮膚の頭部をもつ大型の鳥; 森林の奥に塚[巣]を造る》.

brúsh·ùp *n.* **1** みがき; 身づくろい: have a wash and ～ (運動の後などで)体を洗って身づくろいする. **2** (忘れかけた学科・学問などの)再勉強, 復習; (鈍った技術・腕などの)みがき直し, さび落し: a ～ *on* French / a special ～ course 特別復習コース.

brúsh whèel *n.* ブラシ車《掃除またはみがくためのもの》.

brúsh·wòod *n.* **1** 折った小枝, しば, そだ. **2** 低木の茂み, 茂ったやぶ.

brúsh·wòrk *n.* **1** 絵画 (painting). **2** 筆扱い, 筆致, ブラシワーク; 画法, 画風: Renoir's ～.

brush·y¹ [brʌ́ʃi | -ʃɪ] 〖← BRUSH¹＋-Y⁴〗 *adj.* (**brush·i·er; -i·est**) はけのような, もじゃもじゃの, 毛深い (bushy): a ～ tail 房々した尾.

brush·y² [brʌ́ʃi | -ʃɪ] 〖← BRUSH²＋-Y⁴〗 *adj.* (**brush·i·er; -i·est**) やぶの多い, やぶの茂った.

brusk [brʌ́sk | brúsk, brúːsk, brʌ́sk] *adj.* (～·**er**; ～·**est**) ＝brusque.

brusque [brʌ́sk | brúsk, brúːsk, brʌ́sk; *F.* brysk] 〖《1601》□ F ～ □ It. *brusco* rude, sharp < VL **bruscum* 《混成》← L *ruscum* butcher's broom＋VL **brūcus* heather〗 ― *adj.* (**brusqu·er; -est**) 〈言葉・態度など〉ぶっきらぼう[無愛想]な, そっけない, 木で鼻をくくったような, 荒っぽい (blunt): a ～ manner [welcome] そっけない態度[迎え方]. **～·ly** *adv.* **～·ness** *n.*

brus·que·rie [brʌ̀skəríː, ⸗ ⸗ ⸗ | brúːskəriː, brʊ́s-, brʌ́s-, ⸗ ⸗ ⸗; *F.* bryskəri] 〖□ F ～: ⇨ ↑, -ery〗 *n.* そっけなさ, ぞんざい, 無愛想.

brus·sels [brʌ́səlz, -slz] *n.* [時に B-] 《英口語》＝Brussels sprout 2.

Brus·sels [brʌ́səlz, -slz] *n.* ブリュッセル《ベルギー中部にある同国の首都; EC 本部がある; 人口 1,072,000 (郊外を含む); フランス語名 Bruxelles》.

Brússels cárpet *n.* ブリュッセルじゅうたん.

Brússels classificátion *n.* 〖図書館〗ブリュッセル分類法 (⇨ Universal Decimal Classification).

Brússels gríffon *n.* ブラッセルグリフォン《ベルギーで作出された鼻が上向きになっている犬種のイヌ; 単に griffon ともいう》.

Brússels láce *n.* ブリュッセルレース《機械編みのネットの上に別に作ったデザインをアップリケするレース》.

Brússels spróut [brʌ́səl(z)-, -sl̩(z)-] *n.* (*also* **Brússel spróut** [-səl-, -sl̩-]) [通例 *pl.*] **1** 〖植物〗メキャベツ, コモチカンラン (*Brassica okracea* var. *gemmifera*). **2** 芽キャベツ《メキャベツの直立した茎にたくさんつく球状の芽体; 食用に供する》.

brut [brúːt; *F.* bryt] 〖□ F ～ 'raw' □ L *brūtus*: ⇨ brute¹〗 *F. adj.* 〈シャンペンが〉最も辛口の, ブリュトの《糖量 1.5 % 以下のものにいう》.

Brut [brúːt] 〖《?a1300》□ MWelsh *brut* (Welsh *brud* chronicle) // □ ML *Brut-us* (Aeneas の曾孫)〗 ― *n.* **1** 英国の建国者といわれる伝説上の人物. **2** Brut の物語から始まる英国中世の伝説的年代記の総称.

bru·tal [brúːtl̩ | -tl] 〖《1459》□ LL *brūtāl-is*: ⇨ brute¹, -al¹〗 ― *adj.* **1 a** 残酷な, 野蛮な (cruel); 野卑な, 粗暴な (coarse); むちゃな, 不合理な (irrational): ～ treatment 残忍な取扱い. **b** 〈言葉など〉荒々しい, 直進的な, 激しい **c** 〈気候など〉堪えられないほど厳しい, とてもいやな. **d** 〈真理・事実など〉(不快なことに)正しい, 紛れもない, 厳しい: the ～ truth. **2** 《古》(人間に対して)獣の; 獣的な, 獣のような, 獣性の, 畜生のような; ～ nature 獣性. **～·ly** *adv.*

brú·tal·ìsm [-təlìzm, -tl̩- | -təl-, -tl̩-] *n.* **1** 獣性, 残忍. **2** 〖建築〗ブルータリズム《1950 年代に英国に起きた大胆卒直な表現を主張する建築運動》.

brú·tal·ist [-təlɪst, -ləst, -tl̩- | -lɪst, -tl̩-] 〖建築〗 *n., adj.* ブルータリズムの(建築家).

bru·tal·i·ty [bruːtǽləti | bruːtǽlɪti, brʊ-, -lɪ-] 〖《1549》〗 *n.* **1** 野蛮, 残忍, 無慈悲; 獣性. **2** 蛮行, 残虐行為.

bru·tal·ize [brúːtəlàɪz, -tl̩- | -təl-, -tl̩-] 〖《a1704》〗 ― *vt.* **1 a** 残忍[無情]にする. **b** 獣的にする, …に人間性を失わせる (dehumanize). **2** …に残忍な取扱い[仕打ち]をする. ― *vi.* 獣的になる. **bru·tal·i·za·tion** [brùːtəlɪzéɪʃən, -lə-, -tl̩- | -təlaɪ-, -lɪ-, -tl̩-] *n.*

brute¹ [brúːt] 〖《a1425》□ OF *brut(e)* □ L *brūtus* heavy, stupid〗 ― *n.* **1 a** (人間と区別して)動物, 獣 (beast), 畜生 (cf. Christian¹ 3). **b** [the ～s] 獣類, 畜生. **2 a** 獣[畜生]のような人; 無情[冷酷]な人, 人でなし; 粗野な人: a heartless ～ 人非人 / He is a ～ *to* his servants. 使用人には鬼のような主人だ / that ～ of a husband あの人でなしの亭主. **b** 《口語》いやな人, 嫌われ者. **c** [呼び掛け] 《口語》畜生: You too, you ～! おまえもか, こん畜生《Et tu, Brute に掛けたもの; ⇨ Marcus Junius BRUTUS》. **3** [the ～] (人間の中にひそむ)獣性; 獣欲 (lust). ― *attrib. adj.* **1** 理性のない, 動物的な: a ～ beast 理性のない獣 / the ～ creation 獣類, 畜生 / a ～ impulse 動物的衝動. **2** 無感覚の, 無生物の, 盲目的な (blind); 理性[知力]の及んでいない: ～ matter 無生物 / the ～ powers of nature 盲目的な自然力. **3 a** 狂暴な, 野蛮な (brutal): ～ courage 蛮勇 / ～ force 暴力, 腕力. **b** 粗野な, 獣的な, 肉欲的な (carnal). **4** 生(き)のままの, 未加工の: the ～ fact (まだ説明などのつかない)生の事実. **～·ly** *adv.* **～·ness** *n.* **～·hòod** *n.*

brute² [brúːt] 〖《逆成》← BRUTING〗 *vt.* 〖宝石〗〈ダイヤモンドを〉他のダイヤモンド(のかけら)ですり磨いて形を整える, ブルーティングする.

bru·ti·fy [brúːtəfàɪ | -tɪ-] *v.* ＝brutalize.

brút·ing [-tɪŋ | -tɪŋ] 〖《変形》← F *brutage* ← *brut* (⇨ brute¹): ⇨ -age〗 *n.* 〖宝石〗ブルーティング《ダイヤモンドを他のダイヤモンドで磨いて形を整えること》.

brút·ish [-tɪʃ | -tɪʃ] 〖《1494》← BRUTE¹＋-ISH¹〗 ― *adj.* **1** 動物[獣類]の; けだもののような. **2** 野蛮な; 獣的な; 粗野な (gross). **3** 鈍感な. **4** 残酷な. **～·ly** *adv.* **～·ness** *n.*

Brut·ti·um [brʌ́tiəm | -tɪ-] 〖□ L ～〗 *n.* ブルッティウム《Calabria 1 の古代名》.

bru·tum ful·men [brúːtəm-fʌ́lmən, -fʊ́l- | -təm-] 〖□ L *brūtum fulmen* senseless thunderbolt〗 *L. n.* こけおどし (empty threat).

Bru·tus [brúːtəs | -təs] 〖← *Brutus wig*: M. J. Brutus にちなんでフランス人が呼んだことから〗 ― *n.* 《英》ブルータス《後ろはぎざぎざで前は額にかぶさったかつら; フランス革命時代に流行した》.

Bru·tus [brúːtəs | -təs], **Marcus Junius** *n.* ブルートゥス, ブルータス《85?-42 B.C.; ローマの政治家・軍人で Julius Caesar 暗殺に加わった》. ★ 有名な Et tu, Brute (＝And thou too, Brutus) の Brute は Brutus の呼格.

Brux·elles [*F.* brysɛl] *n.* ブリュッセル《Brussels のフランス語名》.

brux·ism [brʌ́ksɪzm̩] 〖← Gk *brúkhein* to gnash the teeth＋-ISM〗 *n.* 〖医学〗(睡眠中または緊張した時の)歯ぎしり, ブラッキシズム.

bry- [braɪ] (母音の前に来る時の) bryo- の異形.

Bry·a·ce·ae [braɪéɪsiiː] 〖← NL ～ ← *Bryum* (属名: 《変形》← BRYO-)＋-ACEAE〗 *n. pl.* 〖植物〗(ホンマゴケ目)カサゴケ科. **bry·á·ceous** [-ʃəs] *adj.*

Bry·an [bráɪən] 〖《変形》← BRIAN〗 *n.* 男性名.

Bryan, William Jen·nings [dʒénɪŋz] *n.* (1860-1925) 米国の政治家.

Bry·ansk [briáːnsk | brɪ-; *Russ.* brjánsk] *n.* ブリャンスク《ソ連邦ロシヤ共和国南西部の都市, Moscow と Kiev との間の鉄道の結節点; 人口 385,000》.

Bry·ant [bráɪənt] 〖《変形》← BRIAN〗 *n.* 男性名.

Bryant, William Cullen *n.* (1794-1878) 米国の詩人・ジャーナリスト; *Thanatopsis* (執筆 1811, 出版 1817).

Bryce [bráɪs] 〖《変形》← BRICE〗 *n.* 男性名.

Bryce, James *n.* (1838-1922) アイルランド生れの英国の歴史家・政治家・外交官; *The Holy Roman Empire* (1864), *The American Commonwealth* (1888); 称号 Viscount Bryce.

Brýce Cányon Nátional Párk *n.* ブライスキャニオン国立公園《米国 Utah 州南西部の国立公園; 侵食による奇岩怪石に富む, 1928 年指定; 面積 146 km²》.

Bryn·hild [brɪ́nhɪld] 〖⇨ Brunhild〗 ― *n.* 〖北欧伝説〗ブリュンヒルド《*Volsunga Saga* で戦いの乙女 (Valkyries) の一人; Sigurd と婚約するが, 彼は Grimhild に忘れ薬を飲まされてそれを忘れ, 彼女は Gunnar と結婚させられる; Gunnar に Sigurd を殺害させるが, 彼女も Sigurd を載せた燃え立つ積み薪の中に入って死ぬ; *Nibelungenlied* の Brunhild と同一視される》.

bry·o- [bráɪo(ʊ), bráɪə | bráɪə(ʊ)] 〚← *bryon* moss ▭ Gk *brúon*〛「苔(こけ) (moss)」の意の連結形. ★ 母音の前では通例 bry- になる. 「苔(たい)学の.

bry·o·log·i·cal [bràɪəlɑ́dʒɪkəl, -dʒə- | -lɔ́dʒɪ-] *adj.* 蘚
bry·ól·o·gist [-dʒɪst, -dʒəst | -dʒɪst] *n.* 蘚苔(たい)学者.
bry·ol·o·gy [braɪɑ́lədʒi | -ɔ́lədʒi] 〚(1863) ← BRYO-+-LOGY〛 *n.* 蘚苔(たい)学.

bry·o·ny [bráɪəni | -nɪ] 〚(1552) ▭ L *bryonia* ▭ Gk *bruōnía* ← *brúein* to swell〛 ── *n.* **1** 〘植物〙ブリオニア《ヨーロッパに産するウリ科の蔓植物》; (特に)シロブリオニア (*Bryonia alba*), ブリオニア (*B. dioica*) 《white bryony ともいう》. **2** [しばしば *pl.*] ブリオニアの干した根《下剤に用いる》.

Bry·oph·y·ta [braɪɑ́fəṭə | -ɔ́fɪtə] 〚← NL ~ ← BRYO-+-*phyta* ((pl.) ← Gk *phúton* plant)〛 *n. pl.* 〘植物〙蘚苔(たい)門.

bry·o·phyte [bráɪəfàɪt] 〚↑〛 *n.* 〘植物〙蘚苔門の植物 《liverwort, moss など》. **bry·o·phyt·ic** [bràɪəfíṭɪk | -tɪk] *adj.*

Bry·op·si·da·ce·ae [braɪɑ̀psədéɪsiː | -ɔ̀psɪ-] 〚← NL ~ ← *Bryopsis* (属名: ← BRYO-+-OPSIS)+-ACEAE〛 *n. pl.* 〘植物〙(クダモ目)ハネモ科.

Bry·o·zo·a [bràɪəzóʊə | -zə́ʊə] 〚← NL ~: ⇨ bryo-, -zoa〛 *n. pl.* 〘動物〙(触手動物門)コケムシ綱.

bry·o·zo·an [bràɪəzóʊən | -zə́ʊ-] *adj., n.* コケムシ綱の(動物).

Bryth·on [bríθɑn, -θən | -θən] 〚(1884) ▭ Welsh ~ ← Celt. **Britto* 'BRITON'〛 ── *n.* **1** ブリソン人《昔 Great Britain 島南西部の Wales や Cornwall などに住んだケルト族で, Briton 人の一派に属する人》. **2** ケルト系のブリトン語を話す人.

Bry·thon·ic [brɪθɑ́nɪk | -θɔ́n-] *adj.* ブリソン人の; ブリトン語群の. ── *n.* ブリトン語(群)《ケルト語派 (Celtic) の一分派で, Welsh, Cornish, Breton を含む; cf. Goidelic》.

brz. 《略》bronze.

B$ 《記号》〘貨幣〙Bahama dollar(s).

B/s 《略》bags; bales.

B/S., B.S., b.s. 《略》〘会計〙balance sheet; 〘商業〙bill of sale 売上証, つけ.

b.s. 《略》back stage.

B.S. 《略》*L.* Baccalaureus Scientiae (=Bachelor of Science); Bachelor of Surgery; British Standard(s).

B.S.A. 《略》Bachelor of Science in Agriculture; Bachelor of Scientific Agriculture; Bibliographical Society of America アメリカ書誌学会; Birmingham Small Arms (Company); Boy Scouts of America; British South Africa.

B.S.A.A. 《略》Bachelor of Science in Applied Arts; 〘航空〙British South American Airways.

B.S.A.E. 《略》Bachelor of Science in Aeronautical Engineering; Bachelor of Science in Agricultural Engineering; Bachelor of Science in Architectural Engineering.

B.S.Ag. 《略》Bachelor of Science in Agriculture.

B.S.Arch. 《略》Bachelor of Science in Architecture.

B.S.B. 《略》Bachelor of Science in Business.

B.Sc. 《略》*L.* Baccalaureus Scientiae (=Bachelor of Science).

B.S.Ch. 《略》Bachelor of Science in Chemistry.

B-scòpe *n.* 〘電気〙B スコープ, B 表示《レーダーの表示方法の一種で, 横軸に方位, 縦軸に距離をとったもの; cf. H-scope》.

B.S.E. 《略》Bachelor of Science in Education.

B.S.Ec. 《略》Bachelor of Science in Economics.

B.S.Econ. 《略》Bachelor of Science in Economics.

B.S.Ed. 《略》Bachelor of Science in Education.

B.S.E.E. 《略》Bachelor of Science in Elementary Education.

B.S.For. 《略》Bachelor of Science in Forestry.

B.S.F.S. 《略》Bachelor of Science in Foreign Service.

B.S.G.D.G., b.s.g.d.g. 《略》〘商業〙*F.* Breveté sans garantie du gouvernement 仮特許 (Patented without government guarantee).

bsh. 《略》bushel(s).

B.S.I. 《略》British Standards Institution 英国規格協会.

bskt. 《略》basket.

B.S.L. 《略》Bachelor of Sacred Literature; Bachelor of Science in Languages; Bachelor of Science in Law; Bachelor of Science in Linguistics; Blue Star Line 《船会社》; boatswain sublieutenant; Botanical Society of London ロンドン植物学会.

B.S.M. 《略》Battery Sergeant-Major; branch sales manager; Bronze Star Medal.

BS Màrk *n.* =British Standards Mark.

B.S.N. 《略》Bachelor of Science in Nursing.

B.S.S. 《略》British Standards Sizes; British Standards Specification.

B-stàge résin *n.* 〘化学〙B 樹脂 (⇨ resitol).

B.S.T. 《略》British Standard Time; British Summer Time.

B sùpply *n.* 〘電子工学〙=B power supply.

BT 《略》〘海洋〙bathythermograph; 〘海運〙berth terms 定期航路条件《定期航路における荷役賃その他についての用船契約の条件》.

bt. 《略》baronet; beat; boat; bolt; bought; brevet.

Bt. 《略》Baronet; Benefit; Brevet.

B.T. 《略》*L.* Baccalaureus Theologiae (=Bachelor of Theology).

B.Th. 《略》*L.* Baccalaureus Theologiae (=Bachelor of Theology).

B.th.u. 《略》British thermal unit(s).

btl. 《略》bottle.

b.t.m. 《略》bottom《婉曲》臀部(でん).

btn. 《略》baton; button.

btry. 《略》battery.

B.T.U., Btu., B.t.u. 《略》British thermal unit(s).

bu. 《略》base unit; bureau; buried (at) …に埋葬; bushel(s).

Bu. 《略》Bureau.

B.U.A. 《略》〘航空〙British United Airways.

bub[1] [bʌ́b] 〚《短縮》← BUBBY[1]: cf. sis〛 *n.* [主に少年・若者に対する呼掛けに用いて]《米口語》あんちゃん, 若いの, おい. ★ 相手に対して優越感を含意する.

bub[2] [bʌ́b] *n.* [通例 *pl.*] =bubby[2].

bu·bal [bjúːbəl] *n.* 〘動物〙=bubalis.

bubales *n.* bubalis の複数形.

bu·ba·line [bjúːbəlàɪn, -lɪn, -lən | -làɪn, -lɪn] 〚⇨↓, -ine[1]〛 *adj.* 〘動物〙キタハーテビースト (bubalis) の(ような).

bu·ba·lis [bjúːbəlɪs, -ləs | -lɪs] 〚ME ▭ L *būbalus* ▭ Gk *boúbalos* (アフリカ産の ntelope)〛 ── *n.* (*pl.* **bu·ba·les** [-lìːz]) 〘動物〙キタハーテビースト (*Alcelaphus buselaphus*)《アフリカ北部産の大きなレイヨウの一種》.

bub·ble [bʌ́bl] 〚(*c*1325) *bobel* 《擬音語》: cf. Du. *bobbel* bladder, bubble: cf. burble〛 ── *n.* **1 a** (液体中の)泡, あぶく: soap ~s. **b** (ガラスなどの中の)泡. **c** 泡立ち, 気泡. **d** (空気中の)シャボン玉: blow (soap) ~s シャボン玉を吹く; 空論にふける / prick a [the] ~ ⇨ prick v. 成句. **e** 《スコット》鼻汁,「鼻からちょうちん」. **2 a** 泡みたいな(実体・確実性のない)もの, 泡沫(ほう): a ~ company 泡沫会社. **b** 詐欺, いんちき (fraud): The ~ has burst. 詐欺がばれた《ばけの皮がはげた》/ ⇨ South Sea Bubble. **3 a** 半球状または半円筒状の物. **b** =bubble car. **c** 《米口語》自動車 (motorcar). **d** 〘航空〙=bubble canopy. **4 a** (水などの)ぶくぶく煮えたぎること; at the ~. **b** ぶくぶく《泡立ちの音》. **5** 〘電子工学〙泡磁区 (magnetic bubble): a ~ memory バブルメモリー《泡磁区を用いた記憶装置》.

bubble and squeak 〚この料理を作る時に出る音から〛《英》バブルンドスクィーク《じゃがいもやキャベツなどの野菜を肉とともに炒めた料理; 今日では肉を入れないことが多い》.

── *vi.* **1** 泡立つ, 泡になって出る ⟨*out, up*⟩; 沸騰する (effervesce). **2** ぶくぶく音を立てる; ⟨泉などが⟩湧く; ⟨水などが⟩さらさら流れる (gurgle). **3** ⟨喜びなどに⟩満ちあふれる, からから笑う, 興奮する 〔*with*〕: ~ *with* laughter 笑いさざめく[はしゃぐ]. **4** 快活に話す, 生き生きと動く. ── *vt.* **1** 泡立たせる. **2** ⟨言葉を⟩興奮して発する. **3** ⟨赤ん坊⟩におくび[げっぷ]を出させる. **4** 《古》欺く, だます (cheat) 〔*into*〕.

bubble over (1) 泡立ちあふれる, 沸きこぼれる. (2) ⟨興奮・喜びなどが⟩沸き立つ. (3) ⟨人が⟩⟨喜び・怒り・興奮などで⟩あふれんばかりである, からから笑う, 興奮する 〔*with*〕: ~ *over with* joy [fun] 喜んで[愉快に]笑いさざめく.

búbble bàth *n.* **1** (表面に泡を立たせる溶剤などを入れる)泡風呂. **2** 泡立て溶剤[結晶体, 粉末].

búbble cànopy *n.* 〘航空〙(飛行機の)水滴型風防 (cf. canopy 4).

búbble càp *n.* 〘化学〙バブルキャップ, 泡鐘《精留塔において蒸気を泡状に分散させるために用いる鐘形の帽子》.

búbble càr *n.* 《英》ドーム型の透明な屋根をした小型自動車《単に bubble ともいう; cf. bubbletop 2》.

búbble chàmber *n.* 〘物理〙泡箱(ほう)《液体中の泡の生成によって荷電粒子の飛跡を観測する装置; 米国の物理学者 D. A. Glaser の発明; cf. cloud chamber》.

búbble dànce *n.* 《米》バブルダンス《風船を裸体につけて踊る煽情的な独舞; cf. fan dance》.

búbble dàncer *n.* 《米》(キャバレーなどの)バブルダンサー (cf. fan dancer).

búbble gùm *n.* **1** 風船ガム. **2** 〘音楽〙バブルガム《ローティーンにうける単調な歌詞のロック》.

búbble nèst *n.* (ある種の魚が作る)泡《その中に産卵する》.

búb·bler [-blə, -blə | -blə(r, -blə(r] *n.* **1** 〘魚類〙=freshwater drum. **2** 飲用噴水 (drinking fountain). **3** 〘化学〙バブラー《液体中を細かい気泡として気体を通過させる装置》.

búbble pàck *n.* (中の物が透けて見える)プラスチックの包み, パック (blister pack).

búbble shèll *n.* 〘貝類〙**1** ナツメガイ《ナツメガイ属 (*Bulla*) の貝類の総称; ナツメガイ (*B. vernicosa*) など》. **2** 薄い殻をもった巻貝の総称.

búbble·tòp *n.* **1** ドーム型の透明なこうもり傘. **2** それに似た自動車の屋根《特に, 防弾装置を施しパレードなどで高官の乗る車に用いる》.

búbble tòwer *n.* 〘化学〙精留塔《蒸留釜に付属して精留 (rectification) を行なわせる塔状の装置》.

búbble tùbe *n.* 気泡管《気泡と液体を入れたガラス管の水準器》. 「~·ly *adv.*

búb·bling [-blɪŋ, -bl-] *adj.* (ぶくぶくと)泡立つ, 沸く.

búb·bly [-bli, -bli | -blɪ, -blɪ] *adj.* (**bub·bli·er**; **-bli·est**) **1** 泡の多い, 泡だらけの; 泡立つ. **2** 泡に似た, 泡状の. **3** ⟨人が⟩陽気にはしゃぐ, 元気のいい.
── *n.* 《俗》シャンペン: a bottle of (the) ~.

búbbly-jóck [-dʒɑ̀k | -dʒɔ̀k] 〚← BUBBLY+JOCK[2]〛 *n.* 《スコット》雄の七面鳥 (turkey cock).

bub·by[1] [bʌ́bi | -bɪ] 〚《変形》← BROTHER〛 *n.* [主に親愛をこめた呼掛けに用いて]《米口語》兄弟, 相棒.

bub·by[2] [bʌ́bi, búbi | -bɪ] 〚← ? *bub*: 赤ん坊の叫び, また乳を吸うときの音からか: ⇨ -y[2]: cf. G 《方言》*Bübbi* teat〛 ── *n.* 《卑》(女の)乳房,「ボイン」(breast) 《特に, 豊満なものについていう》.

Bu·ber [búːbə | -bə(r; G. búːbɐ], **Martin** *n.* ブーバー (1878–1965; オーストリア生れのイスラエルの哲学者・神学者; *Ich und Du*「我と汝」(1923)).

bu·bing·a [buːbíŋ(g)ə] 〚← Bantu〛 ── *n.* **1** 〘植物〙熱帯西アフリカ産のマメ科の高木の総称; (特に) *Didelotia africana*. **2** (それから得られる)堅くて赤色を帯びた家具用材.

bu·bo [b(j)úːboʊ | bjúːbəʊ] 〚(*a*1398) ▭ ML *būbō(n-)* ▭ Gk *boubṓn* groin〛 *n.* (*pl.* ~**es**) 〘病理〙横痃(げん), 横根(ね), 便毒.

Bu·bo·na [bjuːbóʊnə | -bə́ʊ-] 〚▭ L *Būbōna* ← *bōs* ox〛 *n.* ブーボーナ《古代ローマの女神; 牛の守護神》.

bu·bon·ic [b(j)uːbɑ́nɪk | bjuːbɔ́nɪk, bjʊ-] 〚← ML -*būbō(n-)* 'BUBO'+-IC[1]〛 *adj.* 〘病理〙横痃(げん)の[を伴う]. 「通のペスト」.

bubónic plágue *n.* 〘病理〙(鼠径(けい))腺ペスト《普

bu·bon·o·cele [b(j)uːbɑ́nəsiːl | bjuːbɔ́n-, bjʊ-] 〚← ML *būbōn-* (⇨ bubo)+-o-+-CELE[1]〛 *n.* 〘病理〙鼠径(けい)ヘルニヤ.

bu·bu [búːbuː] *n.* =bou-bou.

Bu·ca·ra·man·ga [bùːkərəmɑ́ːŋgə; *Sp.* bukaramáŋga] *n.* ブカラマンガ《南米コロンビア共和国中北部の都市; 人口 325,000》.

buc·cal [bʌ́kəl] 〚(1605) ← L *bucca* cheek, mouth cavity ← ? IE **beu-* to swell (cf. boil[1,2]): ⇨ -al[1]〛 ── *adj.* **1** 〘解剖〙頰(ほお)の; 頰(ほお)側の; 口の: the ~ cavity 口腔. **2** 〘歯科〙頰面の (cf. lingual 1 b).

buc·ca·neer [bʌ̀kəníə, ←―― | bʌ̀kəníə(r] 〚(1661) ▭ F *boucanier* 《原義》hunter of wild oxen ← *boucan* frame for smoking and roasting meat〛 ── *n.* **1 a** 17–18 世紀に西インド諸島のスペイン領沿岸を荒らした海賊. **b** 海賊 (pirate). **2** (政界・実業界の)山師, いんちき師 (adventurer). ── *vi.* 海賊を働く. **~·ish** [bʌ̀kəní(ə)rɪʃ | -níər-] *adj.*

buc·ci·na·tor [bʌ́ksənèɪṭə | -sɪnèɪtə(r] 〚(1671) ▭ L ~ 'trumpeter' ← *buccināre* to blow the trumpet ← *bucca* cheek: ⇨ buccal〛 ── *n.* 〘解剖〙頰筋(きょうきん)《頰の筋肉》. **buc·ci·na·to·ry** [bʌ́ksənətɔ̀ːri, -tɔ̀ːri, -nèɪtəri | -sɪnèɪtəri] *adj.*

Buc·cin·i·dae [bʌksínədìː | -nɪ-] 〚← NL ~ ← L *buc(c)inum* trumpet+-IDAE〛 *n. pl.* 〘貝類〙エゾバイ科.

buc·co- [bʌ́ko(ʊ) | -kə(ʊ)] 〚← L *bucca*: ⇨ buccal〛「頰(ほお)と…との」の意の連結形. 「頰舌(ぜつ)(側)の.

bùcco·lingual *adj.* 〘解剖〙頰(ほお)と舌の[に関する];

Buc·con·i·dae [bʌkɑ́nədìː | -kɔ́nɪ-] 〚← NL ~ ← *Bucco* (属名: ← L *bucco* babbler ← *bucca* cheek)+-IDAE〛 ── *n. pl.* 〘鳥類〙オオガシラ科, アメリカゴシキドリ科.

Bu·cel·las [b(j)uːséləs] 〚▭ Port. ~ (ポルトガルの Lisbon 近辺の原産地)〛 *n.* ブセラス(ワイン)《ポルトガル産の白ぶどう酒》.

bu·cen·taur[1] [bjuːséntɔə | bjuːséntɔː(r, bjʊ-] 〚← Gk *boûs* ox+*kéntauros* 'CENTAUR'〛 *n.* 半身は雄牛で半身は人間の姿をした怪物 (cf. centaur 1).

bu·cen·taur[2] [bjuːséntɔə | bjuːséntɔː(r, bjʊ-] 〚(1612) ▭ F *bucentaure* (↑ との連想による変形) ← It. *bucentoro* ← 《方言》**bucio int'oro* barge in gold〛 ── *n.* ベニス総督 (doge) 公式座乗船 (state barge)《毎年昇天祭の日に, この船に乗って指輪を海中に投じて Venice とアドリア海との結婚の儀式 (marriage of the Adriatic) を行なった》.

Bu·ceph·a·lus [bjuːséfələs | bjuː-, bjʊ-] 〚▭ Gk *bou-képhalos* ← *boûs* ox+*kephalḗ* head〛 ── *n.* **1** ブーケファロス《Alexander 大王の軍馬の名》. **2** [b-] (*pl.* ~**·es**, **-a·li** [-làɪ]) 《古》[しばしば皮肉に] 勇ましい馬, 駿馬(しゅんめ); 乗用馬.

Buch·an [bʌ́kən, -xən], **Sir John** *n.* (1875–1940) 英国の小説家・政治家; カナダ総督 (1935–40); *The Thirty-Nine Steps* (小説, 1915), *Montrose* (伝記, 1913, '28); 称号 1st Baron Tweedsmuir.

Bu·chan·an [bjuːkǽnən, bə- | bjuː-, bjʊ-], **James** *n.* (1791–1868) 米国の政治家; 第 15 代大統領 (1857–61).

Buchanan, Robert (**Williams**) *n.* (1841–1901) スコットランド生れの詩人・小説家; P.R.B の論敵.

Bu·cha·rest [b(j)úːkərèst, ←――|――, ――] *n.* ブカレスト, ブクレシュティ《ルーマニア南部にある同国の首都; 人口 1,808,000; ルーマニア語名 Bucureşti》.

Buch·en·wald [búːkənwɔ̀ːld, -vɑ̀ːlt; G. búːxənvàlt] *n.* ブーヘンヴァルト《東ドイツ Thuringia 州中部 Weimar 近くの村; 虐待暴行で有名なナチの強制収容所があった》.

buch·ite [búːkaɪt] 〚▭ G *Buchit* ← *Baron Christian L. von Bach* (1774–1853: ドイツの鉱物学者): ⇨ -ite[1]〛 *n.* 〘岩石〙ブッカイト《高熱変成岩の一種》.

Buch·man [búkmən, bʌ́k-], **Frank** (**Nathan Daniel**) *n.* (1878–1961) 米国のプロテスタント牧師; Oxford Group movement の提唱者.

Búch·man·ism [-nɪzm] *n.* ブックマン運動[主義]《F. Buchman が創始した宗教運動で, 初代教会のような純粋な信仰を主張する; この運動は英国では Oxford Group movement, 米国では Moral Re-Armament [M.R.A.] movement となった》.

Buch·man·ite [búkmənàɪt, bʌ́k-] *n., adj.* ブックマン主義者(の).

Buch·ner [búknə, búːk-|-nə(r; G. búːxnɐ], **Eduard** *n.* ブーフナー《1860–1917; ドイツの化学者; Nobel 化学賞 (1907)》.

Büch·ner [búknə, bú(j)úːk-|-nə;r; G. býːçnɐ], **Georg** *n.* ビューヒナー《1813–37; ドイツの詩人・劇作家》.

Büch·ner funnel [búknə-ˊ-ˋ-, b(j)úːk-|-nə-; G. býːçnɐ-] 〚← *Enrst Büchner* (19 世紀ドイツの化学者)〛 ― *n.* 〘化学〙ビューヒナー漏斗《小穴の多数あいた濾過(ろか)板を中に入れた磁製の漏斗で, 濾紙を敷いて吸引濾過する》.

buck[1] [bʌ́k] 〚ME *bukke* 《混成》← OE *bucc* male deer (< Gmc **bukkaz* (G *Bock*))+OE *bucca* he-goat (< Gmc **bukkon*): いずれも IE **bhūgo-s* male animal にさかのぼる〛 ― *n.* (*pl.* **~s**; *1* では **~s, ~**) **1 a** 雄鹿 (stag) (cf. deer, hind[1]). **b** (トナカイ・レイヨウ・ウサギ・ヒツジ・ヤギ・ネズミなどの)雄 (↔ doe). **c** 《米》雄羊 (ram). **d** [しばしば複合語の第 2 構成素として] アフリカ南部産のレイヨウ (antelope): ⇨ bushbuck, springbuck. **2 a** 男: Old ~! おい君. **b** 《米俗》[しばしば軽蔑的に] 男のインディアン[黒人]. **c** 《まれ》粋なしゃれ男, 威勢のいいだて者 (dandy). **3 a** バックスキン《鹿類の皮からつくったスエード革》. **b** バックスキン製品. **4** 〚《略》← ? BUCKSKIN: アメリカインディアンとの交換の単位として用いられたことから〛《米俗・豪俗》ドル (dollar): ⇨ fast buck / in the ~*s* 資金がある. **5** 〚《略》← SAWBUCK〛 **a** 支える物. **b** (のこぎりの)引台, 木びき台. **c** (体操用の)跳馬. **d** 仕切り[隔壁]用の戸の木の枠組. ― *attrib. adj.* **1 a** 雄の: a ~ rabbit [shad] 雄のうさぎ[にしん]. **b** 《米俗》〈インディアン・黒人などが〉男の (male): a ~ Indian, Negro, nigger, etc. / ⇨ buck party. **2** 《米俗》最下級の: ⇨ buck private, buck sergeant. ― *vt.* 〈木などを〉のこぎりでひく, ひき割る.

buck[2] [bʌ́k] 〚《1350》: BUCK[1] の特別用法〛 *vi.* **1** 〈馬・ろばが〉(急に背を曲げて)はね上がる; はねて乗手や積荷を振り落とそうとする 〈*off*〉. **2** 《口語》 **a** 〈山羊などが〉(頭を下げて)突く, (…に)頭[角]で突きを入れる (butt) 〔*at, against*〕. **b** 頑固に抵抗する, 強く反対する; (…に)挑む, 挑戦する〔*at, against*〕: ~ *at* improvements 改善に反対する / ~ *against* fate 運命に挑む. **3** 《米口語》〈車が〉急に[がくんと]動く; 〈エンジンなどが〉がくがく動く. **4** 《米俗》〔昇進・有利な地位などを〕得ようとして躍起になる〔*for*〕. ― *vt.* **1 a** 〈馬などが〉〈乗手などを〉振り落とそうとする 〈*off*〉 (cf. buckjump): ~ *off* a person 〈馬が〉人をはね落とす. **b** (機械装置などで)〈重い物などを〉動かす, 積む. **c** (他の人へ)渡す, 回す〔*to, on to*〕. **2** 《米》 **a** 《古》〈山羊などが〉(頭を下げて)突く (butt). **b** 《口語》…に頑固に抵抗する, 強く反対する: ~ the system 体制に強く反対する. **c** (ラグビー・アメリカンフットボールなどで頭を下げて)〈敵陣〉に突入する; 〈障害物などを〉ものともせずに突き進む. **3** …に対して一か八かやってみる; 〈金を〉賭ける. **4** 〈リベット・鋲を〉打つ時に工具を当てがって支える 〈*up*〉.

buck up 《口語》(*vt.*) (1) 励ます, 元気づける (cf. bucked *adj.* 1). (2) 改善する; 活発にする, 景気づける: ~ one's ideas *up* もっと利口になる[抜け目なくする]. (3) 《米》スマートにする, 着飾らせる (dress up). (4) ⇨ *vt.* 4. (*vi.*) (1) 元気を出す (cheer up); 気力を回復する. (2) [命令形で] しっかりしろ, ぐずぐずするな.

― *n.* **1** (馬などが乗手などを落とそうとして背を曲げ前足を立て頭を下げて急にはね上がること; はね上がる力. **2** 《豪俗》試み, 企て: give it a ~=have a ~ *at* it やってみる, ためす.

~·er *n.*

buck[3] [bʌ́k] 〚□ Hindi *bak*〛《英俗》 *n.* 話, おしゃべり (talk); (特に)自慢, ほら. ― *vi.* しゃべる (chat); (特に)自慢する〔*about*〕.

buck[4] [bʌ́k] 〚← 《廃》 *bouk* belly < OE *būc* pitcher: ⇨ bucket〛 *n.* 《英方言》(荷車・荷馬車の)車体 (cf. buckboard).

buck[5] [bʌ́k] 〚← ?〛 *n.* 《英》ウナギを取るかご, 筌(うけ).

buck[6] [bʌ́k] 〚《略》? ← BUCKHORN: ポーカーで鹿の角の柄の付いたナイフを次の親の前においたことから〛 ― *n.* **1** 〘トランプ〙(ポーカーで)次の親 (dealer) を示す印の小片. **2** [the ~]《口語》責任: The ~ stops here. (当てがわれた仕事の)責任は自分で果たす[他へ回さない]《Truman 大統領のモットーから》.

pass the buck 《口語》(…に)責任[罪]を転嫁する〔*to*〕 (cf. buck passer, buck-passing).

buck[7] [bʌ́k] 〚← ?〛 *adv.* 《米中部・南部》全く, すっかり (stark). ★ 通例次の句で: ~ naked 丸裸の.

Buck [bʌ́k], **Pearl** *n.* (1892–1973) 米国の女流小説家; Nobel 文学賞 (1938); *The Good Earth* (1931); 旧姓 Sydenstricker [sáɪdnstrɪkə|-kə(r].

buck. 《略》buckram.

búck-and-wíng *n.* 《米》(黒人の)複雑な早いタップダンス《buck dance ともいう》.

buck·a·roo [bʌ̀kərúː, ˊ-ˋ] 〚《通俗語源》← Sp. *vaquero* ← *vaca* cow < L *vaccam*〛 *n.* (*pl.* **~s**) 《米西部》カウボーイ, 牛飼い (cowboy).

buck·ay·ro [bəkɛ́(ə)rou|-kέərəu] *n.* (*pl.* **~s**) =buckaroo.

búck bàsket 〚← 《方言》 *buck* clothes washed together ← ME *bouken* to soak in lye (cog. MHG *buchen*)〛 *n.* =clothesbasket.

búck·bèan 〚《なぞり》← Du. *boksboon* goat's bean〛 ― *n.* 〘植物〙ミツガシワ (*Menyanthes trifoliata*)《水辺に生えるリンドウ科の植物; bogbean, bog myrtle, marsh trefoil ともいう》.

búck·bòard 〚← BUCK[4]+BOARD (n.)〛 *n.* 《米》弾力性のある板を車体にした長い四輪馬車.

buckboard

búck·brùsh 〚← BUCK[1]〛 ― *n.* 〘植物〙ヒツジ・シカなどが食べる北米産の植物の総称: **a** クロウメモドキ科ソリチャ属 (*Ceanothus*) の数種の植物の総称 (*C. sanguineus* (northern buckbush), *C. cuneatus* (common buckbush) など). **b** =buttonbush.

búck càrt *n.* 二輪荷馬車.

búck dànce *n.* =buck-and-wing.

bucked *adj.* 《英》 **1** 《口語》元気づけられて, 大得意な (elated): He was very ~ *by* [*about*] his success. 成功に大いに気をよくした. **2** 《俗》疲れた, くたびれた.

buck·een [bʌkíːn] 〚《1793》← BUCK[1] (n.) 2 c + *-een* (dim. suf.)〛 *n.* 《アイル》どことなく見すぼらしいだて男, 金持ちや貴族の恰好をしたがる貧乏青年.

búck·er 〚← BUCK[2]〛 ― *n.* **1** (乗手を振り落とす癖のある)はね馬. **2** 《俗》昇進・有利な地位などを得ようとして躍起になる人 (cf. buck[2] *vi.* 4). **3** 《米俗》= buckaroo.

buck·e·roo [bʌ̀kərúː, ˊ-ˋ] *n.* (*pl.* **~s**) =buckaroo.

buck·et [bʌ́kɪt, -kət] 〚《1248》 *boket* □ AF *buket* pail, tub ← ? OE *būc* belly, pitcher ← Gmc **bheu-* (G *Bauch* belly) ← IE **beu-* to swell (cf. buccal): ⇨ -et〛 ― *n.* **1** バケツ, 手おけ (pail); つるべ: a drop in the ~ バケツの中の一滴 (cf.「大海の一滴」) / a fire ~ 消火用バケツ. **2** バケツ一杯(の量) (bucketful); (予期しないほどの)多量: a ~ of water バケツ一杯の水 / by the ~ バケツで量るほど / drink a ~ 大酒を飲む / The rain came down in ~*s*. 大雨が降った. **c** [*pl.*; 副詞的に] 多量に: rain ~*s* 大雨が降る. **3 a** バケツに似た物. **b** (水車の)水受け. **c** (浚渫(しゅんせつ)機などの)汲子(くみこ), バケット. **d** (ポンプの)汲子, くみつぼ. **e** バケットコンベヤーの容器, バケット. **f** (タービンの)軸車の羽根. **4** むち差し, (騎銃の)銃床受け, (槍(やり)の)石突受け, 受筒(うけづつ), 義足受け (leather socket)《いずれも革製》. **5** =bucket seat. **6** 《俗》尻 (buttocks). **7** 〘ボウリング〙バケット《2, 4, 5, 8 ピンか 3, 5, 6, 9 ピンが残ること》.

give the bucket 《俗》お払い箱にする, 解雇する. ***kick the bucket*** 〚← *bucket* '屠殺した豚などを吊しておく梁' □ OF *buquet* balance〛《俗》死ぬ, 往生する.

― *vt.* **1** 〈水を〉バケツでくむ[運ぶ, 注ぐ]〈*up, out*〉. **2 a** 《英口語》〈馬を〉乱暴に駆けさせる. **b** 〈車などを〉乱暴に[急いで]運転する. **3** 《米俗》だます (cheat); 〈客の注文を〉呑む, もぐりで引き受ける. ― *vi.* **1** バケツを使う. **2 a** 《英口語》馬を乱暴に飛ばす, むちゃに駆けさせる. **b** 〈車などが〉早く進む, がくがく走る. **3** 《英》〘ボートレース〙あわてて急ピッチで漕ぐ. **4** 《米俗》もぐり仲買をやる, 呑み屋をやる (cf. bucket shop). **5** [時に it を主語にして]〈雨が〉どしゃぶりに降る 〈*down*〉.

búcket brigàde *n.* **1** (消火のための)バケツリレーの隊列. **2** (非常事態に)助け合う人たちの列.

búcket convèyor *n.* 〘機械〙バケットコンベヤー, バケット運搬機《コンベヤー用ローラーチェーンにバケットを取付けたもの》.

búcket drèdge [**drèdger**] *n.* バケット浚渫(しゅんせつ)機.

buck·et·eer [bʌ̀kɪtíə, -kə-, ˊ-ˋ|bʌ̀kɪtíə(r, -kə-] *n.* =bucketer.

búcket èlevator *n.* 〘機械〙バケットエレベーター《環状の鎖にバケットを取付け上下の車輪の間を運転し, 鉱石等を運搬する機械》.

búck·et·er [-tə|-tə(r] 〚← *bucket* (*shop*)+-EER〛 *n.* 空(くう)相場師, もぐり仲買人.

buck·et·ful [bʌ́kɪtfùl, -kət-] *n.* (*pl.* **~s, buck·ets·ful**) バケツ一杯(の量): a ~ of water.

búck·et·ing [-tɪŋ|-tɪŋ] *n.* (証券・商品などの取引における)呑み行為《ブローカーが顧客から取引所での売買の委託注文を受け, それを執行しないのに執行したことにして, 事実上顧客を相手に投機すること》.

búcket pùmp *n.* 〘機械〙バケット[汲上げ]ポンプ.

búcket sèat *n.* バケットシート《自動車や飛行機のしばしば前へ折畳みのできる丸みをもたせた背のある 1 人用シート[座席]; 単に bucket ともいう》.

búcket shòp 〚少量の酒の売買にバケツ・水差しなどが使用されたことから 2 の語義が生じ, そこで小規模な投機的取引が行なわれていたことから 1 の語義が生じた〛 ― *n.* **1** (証券・商品などの取引における)呑み屋《呑み行為 (bucketing) を行なう仲買店》. **2** 《米俗》下等な酒場, 飲屋.

búck·èye 〚← BUCK[1]+EYE: 種子の形から〛 ― *n.* **1** 〘植物〙トチノキ: **a** トチノキ属の植物 (*Aesculus glabra*)《Ohio 州の州木; Ohio buckeye ともいう》. **b** =horse chestnut c. **2** トチノキの実. **3** [B-]《口語》米国 Ohio 州人の俗称. **4 a** (売るためだけの)芸術的価値の低い作品, 安っぽい絵. **b** デザインの貧弱なはでな広告. **5** 〘昆虫〙アメリカタテハモドキ (*Precis lavinia*)《褐色の羽に赤い眼点のあるタテハモドキの類のチョウ》. ― *adj.* 《米》〈色など〉はでな, 通俗的な; 〈音など〉大きな, 騒々しい, がむしゃらの (slapdash).

Búckeye Stàte *n.* [the ~] 米国 Ohio 州の俗称.

búck fèver *n.* 《米口語》 **1** (獲物が近づいて来た時に)猟の初心者が感じる興奮. **2** 新しい経験の前に感じる興奮[緊張] (cf. stage fright).

búck gràss 〚← BUCK[1]〛 *n.* 〘植物〙ヒカゲノカズラ (⇨ lycopodium 1).

búck·hòrn 〚《15C》〛 ― *n.* **1** 鹿の角《ナイフの柄などの材料》. **2** 〘植物〙葉が鹿の角に似た数種の植物の総称《ヘラオオバコ (*Plantago lanceolata*), ヤマドリゼンマイ (cinnamon fern), ヒカゲノカズラ (buck grass) など》.

búck·hòund 〚《15C》〛 *n.* 雄鹿狩用の猟犬.

Búck Hóuse *n.* 《戯言》=Buckingham Palace.

Buck·ing·ham [bʌ́kɪŋəm, -kɪŋhæ̀m|-kɪŋəm] *n.* = Buckinghamshire.

Buck·ing·ham [bʌ́kɪŋəm, -kɪŋhæ̀m|-kɪŋəm], 1st **Duke of** *n.* (1592–1628) 英国の廷臣・政治家; James 一世の側近として権力をふるったが, 後暗殺された; 本名 George Villiers.

Buckingham, 2nd **Duke of** *n.* (1628–87) 英国の廷臣・政治家・作家; 1st Duke of Buckingham の子, Charles 二世に仕え, Cabal の一員になった; 本名 George Villiers; *The Rehearsal* (上演 1671).

Búckingham Pálace *n.* バッキンガム宮殿《London の St. James's Park の西端にある英国王の宮殿; 1703 年 John Sheffield (1st Duke of Buckingham and Normanby) (1648–1721) が建て, 1761 年 George 三世が購入して宮殿にした; 戯言的に Buck House ともいう》.

Buck·ing·ham·shire [bʌ́kɪŋəmʃɪə, -kɪŋhæ̀m, -ʃə|-kɪŋəmʃə(r, -ʃɪə(r] 〚OE *Buccingaham*(*m*) ← *Bucca* (人名: cf. buck[1], home): ⇨ -shire〛 ― *n.* イングランド中南部, Thames 川北岸に位置する内陸州; 人口 477,000, 面積 1,878 km², 首都 Aylesbury.

búck·ish [-kɪʃ] 〚《15C》〛 *adj.* **1** 雄鹿のような, 元気いっぱいの; 性急な, 衝動的な. **2** だて者の, しゃれる, めかした. **~·ly** *adv.* **~·ness** *n.*

búck·jùmp 《豪》 *n.* (馬などの乗手を振り落とそうとする)はね上がり (⇨ buck[2] 1). ― *vi.* =buck[2] *vi.* 1. ― *vt.* =buck[2] *vt.* 1 a.

búck·jùmp·er *n.* 《豪》はね馬 (bucker).

búck knèe 〚← BUCK[2]〛 *n.* [通例 *pl.*]〘獣医〙(馬などの)内側に曲がっているひざ (calf knee).

buck·le [bʌ́kl̩] 〚《?c1300》 *bokel* □ (O)F *boucle* buckle, boss of a shield < L *bucculam* cheek strap (dim.) ← *bucca* cheek, mouth: ⇨ buccal〛 ― *n.* **1** (バンド・ベルトなどの)バックル, 尾錠. **2** バックル《ドレスや婦人靴などに付ける装飾的な締め金》. **3** (板金・のこぎりなどの)ゆがみ, ねじれ (bulge). **4** 《古》巻き縮れ(の毛). ― *vt.* **1** バックルで留める[締める]〈*on, up*〉: ~ (*up*) one's belt / ~ *on* the armor よろいを着ける. **2** (熱や圧力を加えて)曲げる, ねじる, 縮ませる (curl); つぶす. **3** [~ *oneself* で] (行動の)用意をする, (仕事に)身を入れる〔*to*〕: ~ *oneself to* …に奮励して当たる. ― *vi.* **1** 〈靴・バンドなどが〉バックルで締まる; 〈剣などが〉バックルで留まる 〈*on*〉. **2** 〈物が〉曲がる, ゆがむ, 縮れる 〈*up*〉. **3** つぶれる, くずれる 〈*up*〉. **4** (仕事などに)本気で取りかかる, 身を入れる 〈*down*〉〔*to*〕: ~ *down to* work [writing a book] 身を入れて仕事[本の執筆]を始める. **5** 〈人が〉屈従する, 譲歩する, 応じる 〈*under*〉. **6** 《廃》つかみ合う, 争う (contend) 〔*with*〕.

Buck·le [bʌ́kl̩], **Henry Thomas** *n.* (1821–62) 英国の歴史家; *The History of Civilization in England* (1857–61).

búck·led *adj.* バックル (buckle) の付いた[付きの].

búckled pláte *n.* 〘土木〙=buckle plate.

búckle plàte *n.* 〘土木〙バックルプレート, 凹鈑《橋床に用いる中央がくぼんだ鋼板》.

buck·ler [bʌ́klə|-lə(r] 〚《?a1300》 □ OF *bocler* (F *bouclier*) shield: ⇨ buckle, -er[1] 2〛 ― *n.* **1** (左手にもつ小型の)円盾(たて). **2** 防護物 (protector); 防護 (protection). **3** (船の)錨鎖孔(びょうさこう)のふた (hawseblock). **4** 〘植物〙=shield fern.

take up the bucklers 盾をとって試合に(名乗って)出る; 戦う.

― *vt.* …の盾となる; 防護する (defend).

búckler fèrn *n.* 〘植物〙=shield fern.

Buck·ley [bʌ́kli|-lɪ] 〚← OE *buccleāh* buck-deer meadow: ⇨ buck[1], lea[1]〛 *n.* 男性名.

Buck·ley's [bʌ́kliz-|-lɪz] *n.* =Buckley's chance [hope].

Búckley's chànce [**hòpe**] 〚← ?: 一説では 1803 年に脱獄し, 32 年間オーストラリア原住民の間で生活していた Buckley という男の名から〛 ― *n.* 《豪口語》ほとんど望みがないこと, 絶望.

búck·ling[1] [-klɪŋ, -kl-] *n.* 〘力学〙座屈《棒の軸方向に力を加えた時, 力と直角方向に湾曲し遂には破壊する現象》.

buck·ling[2] [bʌ́klɪŋ] 〚□ G *Bückling* bloater □ MDu. *buckinc* ← *bok* he-goat: その強いにおいから〛 *n.* 燻製(くんせい)ニシン.

búck mòth *n.* 〘昆虫〙ヤママユガ科のガの一種 (*Hemileuca maia*).

buck·o [bʌ́kou|-kəu] 〚⇨ buck[1], -o〛 ― *n.* (*pl.* **~es**) **1** 《海事俗》いばりちらす奴[高級船員]. **2** 《アイル》[主に親しい間での呼掛けに用いて] 若者, 男, 仲間. ― *adj.* 《海事俗》いばりちらす.

búck pàrty 〚⇨ buck[1] (adj.)〛 *n.* 《米俗》男だけの

パーティー (stag party) (cf. bull dance).

búck pàsser 〖← *pass the buck* (⇨ buck⁶ 成句)〗 *n.* 《口語》(いつも)責任転嫁をする人[やつ].

búck-pàssing *n.* 《口語》責任転嫁.

búck prívate 〖⇨ buck¹ (adj.)〗 ― *n.* 《米俗》 **1** 最下級兵, 二等兵《private のすぐ下の階級で正式名は private (recruit)》, 初年兵, 新兵. **2** (米空軍の一人乗り)小型ヘリコプター.

buck·ra [bʌ́krə] 〖□ Surinam *bakra* master: cf. Efik *mbakara* master〗《米南部》 *n.* **1** [通例軽蔑的に] 白人《黒人が用いる》. **2** 主人, だんな (boss).

buck·ram [bʌ́krəm] 〖《1222》 *bokeram* □ AF *bukeram* = OF *boquerant* (F *bougran*) □ OProv. *bocaran* ← *Bukhara* (布の輸出されたトルキスタンの地名)〗 ― *n.* **1** バックラム《のり・にかわなどで固めた亜麻布; 洋服の襟芯や製本などに用いる; cf. stiffener 2 b》. **2** 《古》几帳面, 固苦しさ, 極端な厳格.

men in buckram* = *buckram men 〖Shak., *1 Henry IV* 2. 4. 213 で Falstaff が架空の *men in buckram* に襲われたと言ったことから〗 空想上の[架空の]人物.

― *adj.* **1** バックラム製の. **2 a** 見かけ倒しの. **b** 《古》固苦しい.

― *vt.* **1** バックラムで強化する. **2** 《古》…に見かけ倒しの威容を与える.

búck rárebit 〖← BUCK¹〗 *n.* 《英》落とし卵を上にのせたチーズトースト (cf. Welsh rabbit).

Bucks. 《略》 Buckinghamshire.

búck sàil 〖《部分訳》← Afrik. *bokseil* ← *bok* beam of a wagon + *seil* sail〗 *n.* 《アフリカ》カンバス《特に, buckwagon を覆うのに使う》.

búck·sàw 〖← BUCK¹ (n.) 5〗 *n.* (両手でひく)大枠鋸.

búck sérgeant 〖⇨ buck¹ (adj.)〗 *n.* 《米俗》(最下級の)軍曹, 三等軍曹.

buck·shee [bʌkʃíː, ―́―] 〖《1916》《転訛》← BAKSHEESH〗《英俗》 ― *adj., adv.* ただの[で], 無料の[で] (gratis); 特別の (extra): a ~ ration 特別給食. ― *n.* **1** 特別手当; (特に)特別給食. **2** 意外なもうけ物.

búck·shòt *n.* (*pl.* ~, ~s) 鹿玉《狩猟用の大粒の散弾》.

búck·skìn 〖ME〗 ― *n.* **1 a** (黄色の柔らかな)鹿皮, バックスキン (cf. doeskin). **b** 羊の丈夫な黄色のもみ皮. **2 a** [*pl.*] 鹿皮の半ズボン. **b** [通例 *pl.*] 鹿皮の靴. **3 a** [B-] (鹿皮の服を着ていた)独立戦争当時の米国兵の俗称 (cf. Yankee). **b** [しばしば B-] 鹿皮の服を着た(特に, 米国の奥地の)人. **4** 《米》鹿皮色の馬, 河原毛[薄茶色]の馬. **5 a** = buckskin cloth. **b** 表がなめらかで裏にけばの付いたのり付けした綿布.

― *adj.* **1** 鹿皮の. **2** 鹿皮色の, 黄色がかった.

búckskin clòth *n.* 皮まがいの織物.

búck slìp 〖← ? BUCK⁶〗 *n.* (確認・認可も同じ紙を使用する)簡易文書[メモ].

búck·tàil *n.* 〖釣〗 鹿の尾の毛で作った毛鉤.

búck·thòrn 〖《1578》《なぞり》← NL *cervi spina* stag's thorn〗 ― *n.* 〖植物〗 **1** クロウメモドキ《クロウメモドキ属 (*Rhamnus*) の各種の植物の総称; common buckthorn など; 昔はその実を下剤として用いたり, その皮 (buckthorn bark) を薬品として用いた; cf. cascara buckthorn》. **2** 米国南部産のアカテツ科 *Bumelia* 属の低木または高木《false buckthorn ともいう》.

búck·tóoth 〖← BUCK¹〗 *n.* (特に, 上前歯の)そっ歯, 出っ歯.

búck-tóothed *adj.* そっ歯の(ある).

búck·wàgon 〖《部分訳》← Afrik. *bokwa* (⇨ buck sail) + *wa* wagon〗 *n.* **1** = buckboard. **2** (南アフリカで)車の上に張出す枠をつけた大きな頑丈な荷馬車.

búck·whèat 〖《1548》《部分訳》← Du. *boekweit* buckwheat, 《原義》 beech wheat (実の形から) ← *boek* 'BEECH' + *weit* 'WHEAT'〗 ― *n.* **1** 〖植物〗 ソバ (*Fagopyrum esculentum*)《ヨーロッパでは家畜の飼料として用いられるが, 米国では粉にして種々の食品, 特に軽食の cereal にも用いられる; cf. noodle²》. **2 a** ソバの実. **b** そば粉. **3** = buckwheat cake.

búckwheat càke *n.* 《米》そば粉のパンケーキ.

búckwheat flòur *n.* = buckwheat 2 b.

bu·col·ic [bjuːkɑ́lɪk | bjuːkɔ́l-, bjʊ-] 〖《1531》 □ L *būcolic-us* □ Gk *boukolikós* pastoral ← *boukólos* herdsman ← *boûs* ox: ⇨ cow¹, -ic¹〗 ― *adj.* **1** 牧羊者の, 羊飼いの; 牧羊生活の, 牧歌的な (pastoral). **2** 田園生活の, 田舎風の, ひなびた (rural). ― *n.* **1** 〖cf. L *Būcolica*〗 [通例 *pl.*] 牧歌, 田園詩 (eclogue): the *Bucolics*「牧歌」《10 編からなる, 古代ローマの詩人 Virgil の作; *Eclogues* ともいう》. **2** 《古》牧羊者 (shepherd); 田舎の人 (rustic). **~·ly** *adv.*

bu·cól·i·cal [-lɪkəl, -lə- | -lɪ-] *adj.* = bucolic. **~·ly** *adv.*

Bu·co·vi·na [bùːkəvíːnə; *Rum.* bukovína] *n.* = Bukovina.

bu·cra·ni·um [bjuːkréɪniəm | -niəm, -njəm] 〖□ L *būcrānium* □ Gk *boukrānion* ← *boûs* ox + *krānion* 'CRANIUM'〗 ― *n.* (*pl.* **-ni·a** [-niə | -nɪə, -njə]) ブクラニア《古典主義建築のフリーズ (frieze) にしばしば施される牛の頭蓋骨の装飾》.

Bu·cu·reş·ti [*Rum.* bukuréʃtj] *n.* ブクレシュティ《Bucharest のルーマニア語名》.

bud¹ [bʌ́d] 〖《a1398》 *budde* ← ? OF *boter* to push forth ← Gmc ← IE **beu-* to swell: cf. boil¹·²〗 ― *n.* **1 a** (植物の)芽: ⇨ blossom bud, flower bud, leaf bud, mixed bud / an accessory [axillary] ~ 副[腋(えき)]芽 / a lateral [terminal] ~ 側[頂]芽 / put forth [shoot out, send out] the ~ 芽を出す. **b** [しばしば複合語の第 2 構成素として](花の)つぼみ; ほころびかけた花: ⇨ rosebud / bursting ~s ほころびようとしているつぼみ. **2 a** 子供, 娘. **b** 《米》社交界に出たての娘 (debutante). **c** 未成物, 未熟物. **3** つぼみの状態, 未発達の段階. **4** 〖動物〗 芽体 (gemma). **5** 〖解剖〗 芽状突起, (特に)乳頭 (nipple): a tactile ~ 触覚乳頭 / ⇨ gustatory bud.

in bud 芽ぐんで, 芽を出して, 出芽して, つぼみをもって(いる): The trees are *in* ~. 木々は芽ぐんでいる.

in the bud 未熟の, 未成の: a scientist *in the* ~ 科学者の卵. ***nip in the bud*** (1) 〈植物を〉つぼみのうちに摘む; 二葉のうちに摘む. (2) 〈陰謀などを〉未然に防ぐ, つぼみのうちに摘み取る: The scheme had been *nipped in the* ~. その計画は出鼻をくじかれた.

― *v.* (**bud·ded**; **bud·ding**) ― *vi.* **1** 芽を出す, つぼみを持つ, 出芽する 〈*out*〉. **2** 伸び始める, 発達し出す (cf. budding): ~ *into* womanhood 〈少女が〉成熟した女になりかける[始める]. **3** 発達の初期にある. **4** 〖動物〗 芽体を出す. ― *vt.* **1** 発芽させる, …に芽[つぼみ]をもたせる, 芽ぐませる 〈*out*〉. **2** 芽から〈葉を〉出す. **3** 〖園芸〗 芽接(めつ)ぎする, 〈芽を〉接ぐ (cf. graft¹ 1): ~ a rose.

bud off (1) 〖動物〗 芽体となって〔母体から〕分離する 〔*from*〕. (2) 〔…から分離して〕新組織[団体]を作る 〔*from*〕.

bud² [bʌ́d] 〖《略》← BUDDY〗 *n.* [しばしば親しい呼び掛けに用いて]《米口語》兄弟 (brother), 仲間 (mate).

Bu·da·pest [búːdəpèst, bjúːd-, búd- | bjùːdəpést, bùː-; *Hung.* búdɒpɛ̀ʃt] *n.* ブダペスト《ハンガリーの首都; Danube 川に沿う西岸の Buda [búdɒ] と東岸の Pest 両市の併合によって生れた (1872); 人口 2,090,-000》.

Budd [bʌ́d] 〖← OE *boda* herald, angel ∥ (dim.) ← RICHARD¹〗 *n.* 男性名《愛称形 Buddie, Buddy; 異形 Bud [~]》.

búd·ded *adj.* **1** 芽ぐんだ, 出芽した; つぼみをもった, 芽ぐんでいる. **2** 芽接(めつ)ぎした.

búd·der *n.* 〖園芸〗 芽接(めつ)ぎする人.

Bud·dha [búːdə, búdə | búdə; *Hindi* bʊddha] 〖《1681》 □ Skt *buddha* wise, enlightened (p.p.) ← *bodhati* he awakes〗 ― *n.* 〖仏教〗 **1 a** 釈迦牟尼(しゃかむに) (Sakyamuni) の尊称, 釈尊 (⇨ Gautama). **b** 仏陀(ぶっだ), 仏, 覚者. **2** 仏陀像.

Búddha·hòod *n.* 〖仏教〗 仏陀(ぶっだ)[覚者]の状態, 悟りの境地.

Búddha's-hánd *n.* 〖植物〗 ブシュカン(仏手柑), オオマルブシュカン《インド・ヒマラヤ地方原産のミカンの類で, シトロン (*Citrus medica*) の変種とされる; 果実の先が十数個に裂けて指を束ねたようになっているので, fingered citron ともいわれる》.

Buddh Ga·ya [búd-gəjáː] *n.* ブダガヤ(仏陀伽耶)《インド北東部の Bihar 州中部, Gaya の南方にある村で, 悉達多(しったるた)が悟りを開いた所; 聖地》.

bud·dhi [búːdi, búdi | búdi] 〖□ Skt ~ 'understanding' ← *bodhati*: ⇨ Buddha〗 *n.* 〖ヒンズー教・仏教〗 覚, 霊的覚醒; 統覚器官.

Bud·dhism [búːdɪzm, búd- | búd-] 〖《1801》〗 *n.* 仏陀の教え, 仏教, 仏法, 仏道.

Búd·dhist [-dɪst, -dəst | -dɪst] *n.* 仏教家, 仏教徒, 仏教信者. ― *adj.* 仏陀の; 仏教の; 仏教徒の: a ~ temple 寺.

Búddhist Cróss *n.* [the ~] 卍(まんじ), 鉤(かぎ)十字.

Bud·dhis·tic [buːdístɪk, bʊd- | bʊd-] *adj.* = Buddhist. **Bud·dhís·ti·cal** *adj.* **Bud·dhís·ti·cal·ly** *adv.*

Bud·dhol·o·gy [buːdɑ́lədʒi, bʊ- | bʊdɔ́lədʒɪ] 〖← BUDDHA + -O- + -LOGY〗 *n.* 〖仏教〗 仏教哲学.

Bud·die [bʌ́di | -dɪ] 〖(dim.) ← BUDD〗 *n.* 男性名.

búd·ding 〖*n.*: ME〗 *adj.* **1** 出芽しつつある; 発育期の: ~ hedges [roses] 芽を出しかけた生垣[バラ] / a ~ beauty うら若い美少女, つぼみ. **2** 現われ出した, 新進の: a ~ lawyer [poet] 今売出し中の弁護士[少壮詩人]. ― *n.* **1** 〖植物〗 出芽; 出芽法, 芽生法《無性生殖の一種》. **2** 〖園芸〗 芽接(めつ)ぎ (cf. grafting 1).

bud·dle [bʌ́dḷ, bʌ́dl] 〖← ?〗〖採鉱〗 *n.* 洗鉱槽(そう); (鉱石の)淘汰盤(とうたばん). ― *vt.* 洗鉱槽で洗う.

bud·dle·ia [bʌ́dliə, bʌdlíːə | bʌ́dlɪə] 〖← NL ~ ← *Adam Buddle* (*d.*1715: 英国の植物学者): ⇨ -ia¹〗 ― *n.* 〖植物〗 フジウツギ《フジウツギ属 (*Buddleia*) の植物の総称; butterfly bush ともいう》.

bud·dy [bʌ́di | -dɪ] 〖《変形》← BROTHER〗《口語》 ― *n.* **1 a** 仲間, 相棒 (mate): a war ~ 戦友. ★ 今は少し小都会的で古風な感じがする. **b** 二人組制 (buddy system) の相棒. **2** [男子や少年に対する呼び掛けに用いて]君, おい, 若いの. ★ 親愛をこめて用いる場合もあるが, それより脅迫として用いられることが多い. ― *vi.* 親しくなる 〈*up*〉: ~ *up with* a person 人と親しくなる.

Bud·dy [bʌ́di | -dɪ] 〖(dim.) ← BUDD〗 *n.* 男性名.

búddy-búddy 〖⇨ buddy〗 *adj.* 《米俗》親しい, 仲のよい, なれなれしい, 人づきあいのよい.

búddy sỳstem *n.* 二人組制《軍隊や子供の野外活動・レクリエーションなどで事故防止や助け合いのための二人一組方式》.

Bu·dën·ny [buːdjɔ́(ː)ni, -déni | -djɔ́nɪ, -dénɪ; *Russ.* budjónnij], **Se·mën** [sjimjón] **Mikhailovich** *n.* ブジョンヌイ《1883–1973; ソ連の軍人, 元帥 (1935)》.

budge¹ [bʌ́dʒ] 〖《1590》 □ (O)F *boug-er* to move < VL **bullicāre* ← L *bullīre* 'to BOIL²'〗 ― [通例否定・疑問・条件文で] *vi.* **1** (ちょっと)動く, 身動きする: If you dare ~, you are a dead man. ちょっとでも動こうものなら命はないぞ. **2** 自分の意見[立場]を変える; 屈服する (yield). ― *vt.* **1** (ちょっと)動かす: I cannot ~ it. ちっとも動かせない. **2** …に意見[立場, 決心など]を変えさせる, 考え直させる. **búdg·er** *n.*

budge² [bʌ́dʒ] 〖《1303》 *bouge* □ ? AF *bogé* = OF *bougé*: ⇨ bulge〗 ― *n.* (通例小羊の)毛皮《防寒服の裏地などにする》. ― *adj.* **1** budge 製の. **2** 《古》もったいぶった, 大げさな (pompous).

budg·er·ee [bʌ́dʒəriː, ―́―́] 〖□ Austral. 《土語》 *boodgeri* good〗 *adj.* 《豪口語》すばらしい, すぐれた.

budg·er·i·gar [bʌ́dʒ(ə)riːgɑ̀ə, bʌ̀dʒəríːgɑː | bʌ́dʒ(ə)rɪgɑ̀ː(r)] 〖□ Austral. 《土語》 ~ 'good cockatoo' (↑)〗 ― *n.* (*also* **budg·er·ee·gah** [-gɑ̀ː, -gɑː | -gɑ̀ː]) 〖鳥類〗 セキセイインコ (*Melopsittacus undulatus*)《オーストラリア産; cf. grass parrakeet》.

budg·et [bʌ́dʒɪt, -dʒət] 〖《?a1425》 □ OF *bougette* (dim.) ← *bouge* leather bag < L *bulgam*: ⇨ bulge, -et〗 ― *n.* **1 a** (国家などの)予算案; 予算(額): open [introduce] the ~ (政府の)予算案を議会に提出する. **b** (家庭などの)予算(額), 運営費; 家計, 生活費: a minimum monthly ~ *for* a family of five 5 人家族にとって 1 か月の最少限の生活費 / make a ~ *for* … の予算をたてる. **2** 限られた蓄え[供給]: a ~ of money [one's good will]. **3** 《方言・文語》(物の)集り, 集合 (collection), 一束 (bundle): a ~ of letters 手紙一束 / a ~ of news 一束の報道[ニュース]. ★ 以上の最後の例の意味から新聞名に用いられる: the Literary *Budget*. **4** 《方言》小袋, 財布.

on a budget 限られた予算で[の]: travelers *on a* ~ = budget travelers.

― *attrib. adj.* 限られた予算の人に適した, 安い; 限られた予算しかない[で生活する], つつましい: a ~ dress, traveler, etc.

― *vi.* 〔時期・事業の〕予算を立てる[組む] 〔*for*〕: ~ *for* the coming year 来年の予算を立てる. ― *vt.* **1** 〈資金・時間などを〉割り当てる, …の使い方の予定を立てる. **2** …の資金を予算に計上する: ~ a new car. **3** …に予算内で行動させる: ~*ed* shoppers.

budg·et·ar·y [bʌ́dʒɪtèri, -dʒə- | -tərɪ] *adj.* 予算(上)の[に関する].

bud·ge·teer [bʌ̀dʒɪtíə, -dʒə- | -tíə(r)] *n.* **1** 予算委員, 予算編成者. **2** 予算に縛られている人.

búdg·et·er [-tə | -tə(r)] *n.* = budgeteer.

búdget plàn *n.* = installment plan.

bud·gie [bʌ́dʒi | -dʒɪ] 〖《短縮》← BUDGERIGAR〗 *n.* 《口語》〖鳥類〗 = budgerigar.

bud·let [bʌ́dlɪt, -lət] 〖⇨ bud¹, -let〗 *n.* 幼芽, 小芽, 小つぼみ; 副芽.

bud·mash [bʌ́dmɑ̀ːʃ] *n.* = badmash.

búd mutàtion *n.* 〖園芸〗 芽条突然変異, 枝変わり.

búd scàle *n.* 〖植物〗 (芽・つぼみを保護する)芽鱗(がりん), 苞(ほう) (scale).

búd spòrt *n.* 〖園芸〗 枝変わり, 芽条変異.

búd stìck *n.* 〖園芸〗 芽接(めつ)ぎ用若枝.

búd variàtion *n.* 〖園芸〗 枝変わり.

Bu·ell [bjúːəl], **Don Carlos** *n.* (1818–98) 米国の軍人; 南北戦争当時の北軍の将軍.

Bue·na [bjúːnə] 〖□ Sp. ~ 《原義》 good, fair〗 *n.* 女性名.

bue·nas no·ches [bwéɪnəs-nóutʃəs | -nɔ́u-; *Sp.* bwénasnótʃes] 〖□ Sp. ~ 'good night'〗 *Sp. int.* おやすみなさい.

bue·nas tar·des [bwéɪnəs-tɑ́ədes | -tɑ́ː-; *Sp.* bwénastárdes] 〖□ Sp. ~ 'good afternoon'〗 *Sp. int.* 今日は.

Bue·na·ven·tu·ra [bwènəbent(j)ú(ə)rə, bwèɪ- | -tjúərə; *Sp.* bwènabentúra] *n.* ブエナベンチュラ《コロンビア西部, 太平洋岸の港市; 人口 109,000》.

Bue·na Vis·ta [bwéɪnɑː-víːstɑː; *Sp.* bwénabísta] 〖□ Sp. ~ 《原義》 good view〗 ― *n.* ブエナビスタ《メキシコ北部 Saltillo 近くの村; 米メキシコ戦争の古戦場 (1847)》.

bue·no [bwéɪnou | -nəu-; *Sp.* bwéno] 〖□ Sp. ~ 'good'〗 *Sp. int.* 結構 (good), よろしい, 承知した (all right).

Bue·nos Ai·res [bwéɪnəsé(ə)riːz, bóunəs-, -áɪr-, -rɪz | bwénəsáɪ(ə)rɪz, búɪn-, báuɪn-, bóun-, -záɪ(ə)r-, -zéər-, -rɪz; *Sp.* bwénosáires] 〖□ Sp. ~ 《原義》 good airs〗 ― *n.* **1** ブエノスアイレス《アルゼンチンの首都・海港, Río de la Plata 川に臨む; 人口 2,982,000》. **2** ブエノスアイレス(州)《アルゼンチン東部の州; 人口 8,775,000, 面積 310,102 km², 首都 La Plata》.

Buénos Áires, Lake *n.* ブエノスアイレス湖《チリ南東部とアルゼンチン南西部にまたがる湖; 面積 2,240 km²》.

bue·nos di·as [bwéɪnə(ː)s-díːɑːs | -nɒs-; *Sp.* bwénosdías] 〖□ Sp. ~ 'good day'〗 *Sp. int.* 今日は; お早よう (good morning).

buff¹ [bʌ́f] 〖《1552》 ← ? F *buffle* buffalo □ It. *buffalo*: ⇨ buffalo〗 ― *n.* **1** (野牛・牛・鹿などの皮を精製した)淡黄色のもみ革 (buff leather); 銀面 (grain) をビロード状にした油鞣(あぶらなめし)の牛革. **2** (印画紙の色の)淡黄色; 鈍い黄赤色, バフ. **3 a** 皮服, (皮の)軍服 (buff-coat)《17 世紀に英国の軍人の着た, もみ革製の半袖の上衣》. **b** 《そのえり章とそで章の色から》[the Buffs]《英》旧歩兵第三連隊. **4** 《口語》(人間の)素肌(すはだ): be stripped to the ~ 真裸になる《通例腰まで》/ (all) in

the ~ 素肌で, 丸裸で. **5** (研摩用の)とぎ棒 (⇨ buff stick); とぎ車 (⇨ buff wheel). **6** 〖1920 年ごろの New York 市民間消防員の皮の制服から〗《米口語》 **a** 火事場(見物)のマニヤ. **b** ファン, …狂, …通: a baseball ~. **7** 《口語》水牛, 野牛 (buffalo).
— *adj.* **1** もみ革で作った. **2** 淡黄色の.
— *vt.* **1 a** 〈金属を〉もみ革でみがく, 革砥(ᵏᵃʷᵃᵗᵒ)でとぐ 〈*up*〉. **b** 〈爪・靴・床などを〉みがく (polish) 〈*up*〉. **2** 〈革〉の銀面をサンドペーパー・軽石などですり落とす; 〖製靴〗起毛する《靴の甲革の表面を軽く毛羽立てる》. **3** 鈍い黄赤色に染める.
búff·a·ble [-fəbl] *adj.*

buff[2] [bʌ́f] 〖ME *buffe(n)* to stutter《擬音語》?: cf. OF *bofer, bufer*〗 *vt.* …の衝撃を緩和する, 打力を弱める. — *vi.* 緩衝器として役立つ; 衝撃を和らげる.

buff[3] [bʌ́f] 〖《?*c*1425》《逆成》← BUFFET[1]〗 — *n.* 《方言》殴打 (blow), 平手打ち (slap): a ~ on the head / ⇨ blindman's buff. — *vt.* 《スコット》打つ (blow). — *adj.* 《古》断固とした, 毅然たる. ★ 主に次の句で: stand ~ 毅然たる態度をとる, ひるまない.

buf·fa [búːfə, -fɑː; *It.* búffa] 〖⊏ It. ~: ⇨ buffo〗 *n.* (*pl.* **buf·fe** [-feɪ; *It.* -fe]) **1** (オペラの)喜劇役の女性歌手. **2** = opera buffa.

buf·fa·lo [bʌ́fəlòu | -lə̀u] 〖《1588》⊏ Port. 《廃》 *bufalo* < LL *būfalum* = L *būbalus* ⊏ Gk *boúbalos* antelope, buffalo ← ? *boûs* ox〗 — *n.* (*pl.* ~, ~**es**, ~**s**) **1** 《動物》 **a** スイギュウ (water buffalo). **b** アフリカスイギュウ (Cape buffalo). **c** 《俗用》アメリカバイソン (American bison). **d** = anoa. **2** = buffalo robe. **3** 〖魚類〗 = buffalofish. **4** 《軍俗》水陸両用タンク (amphibious tank). **5** (タップダンスの)ダブルステップ. **6** [B-] 《英》 Royal Antediluvian Order of Buffaloes (1822 年に創設された社交慈善組織)の会員.
— *vt.* 《米俗》 **1** 困らせる, 面食らわせる, ごまかす (baffle). **2** (虚勢を張って)おどす (overawe); おどして…させる 〔*into*〕.

Buf·fa·lo [bʌ́fəlòu | -lə̀u] 〖← *Buffalo Creek*: 原住民のインディアンの名, または F *beau fleuve* beautiful river の転訛〗 *n.* 米国 New York 州西部の都市, Erie 湖畔にある; 人口 408,000.

búffalo bèrry *n.* **1** 〖植物〗米国およびカナダ産グミ科の植物 (*Shepherdia argentea* または *S. canadensis*; soapberry ともいう). **2** その赤い食べられる果実.

Búffalo Bíll *n.* William Frederick CODY のあだ名.

búffalo bìrd *n.* 〖鳥類〗 **1** = oxpecker. **2** = cowbird.

búffalo bùg *n.* 〖昆虫〗 = carpet beetle.

búffalo bùr *n.* 〖植物〗 = sandbur 1.

búffalo cárpet bèetle *n.* 〖昆虫〗 = carpet beetle.

búffalo chìps *n. pl.* (燃料としての)野牛の糞.

búffalo cùrrant 〖野牛の多い地域に産することから〗 *n.* 〖植物〗米国西部産の黄色い花と黒い実をつけるスグリの一種 (*Ribes odoratum*)《果実は食用》.

búffalo dànce *n.* 《米》野牛踊り《もと Plains Indians の野牛狩に出かける前の儀式的な踊り》.

búffalo·fish *n.* 〖魚類〗米国 Mississippi 川上流に産するサッカー科イクチオブス属 (*Ictiobus*) の魚の総称 (bigmouth buffalo, black buffalo, smallmouth buffalo の 3 種が知られている; いずれも重要な食用魚).

búffalo gnàt *n.* 〖昆虫〗 = black fly 1.

búffalo gràss *n.* 〖植物〗 **1** 米国中部平原に生えるイネ科の牧草の一種 (*Buchloë dactyloides*). **2** = grama. **3** 《豪》 = Saint Augustine grass.

Búffalo Índian *n.* = Plains Indian.

búffalo mòth *n.* 〖昆虫〗毛織物を食害する昆虫 (carpet beetle) の幼虫の総称.

búffalo ròbe *n.* 《米》アメリカバイソンの毛皮のひざ掛け.

búff·còat *n.* **1 a** = buff[1] 3 a. **b** 《古》軍人, 兵隊 (soldier). **2** 〖生理〗 = buffy coat.

buffe[1] [bʌ́f] 〖《変形》《廃》 *buffie* ← It. *buffa* blowhole of a helmet + -IE〗 *n.* 〖甲冑〗バフ《顔面の下部およびのどを防護する burgonet の面頬(ᵐᵉⁿᵖᵒᵒ); ⇨ half-armor 挿絵》.

buffe[2] 〖⊏ It. ~〗 *n.* buffa の複数形.

búffed léather *n.* 銀面をサンドペーパーですり落とした革.

buff·er[1] [bʌ́fə | -fə(r)] 〖《1835》← ? BUFF[2] + -ER[1]〗 — *n.* **1 a** 緩衝装置. **b** 《英》 = bumper[1] 2 b. **2 a** 緩和[緩衝]物. **b** = buffer state. **3 a** (いざというときの)準備金, 留保金. **b** (他人のために)盾となる人. **4** 〖化学〗 **a** 緩衝剤. **b** = buffer solution. **5** 〖生態〗緩衝動物《ある種の動物を常食とする肉食動物がそれ以外に例外的に, 摂食する他種の動物; これにより常食とされる動物の被害が緩衝される》. **6** 〖電子工学〗緩衝[バッファ]回路《連続する二つの回路間の主として出力側から入力側への干渉を阻止するために挿入する回路(素子)》. **7** 〖電算機〗バッファ記憶装置《情報が異なった装置間で転送される時, 一時的にデータを記憶する中間装置; buffer memory ともいう》.
— *vt.* **1** 〈衝撃などを〉和らげる, 緩衝する, …の害を減らす, 緩和する. **2** (衝撃などから)保護する, かばう, かくまう. **3** 〖化学〗緩衝剤で処理する; 〈アスピリン〉に制酸剤を調合する.

buff·er[2] [bʌ́fə | -fə(r)] 〖《1854》← BUFF[1]〗 — *n.* **1 a** (つや出し研摩用の)バフ盤; とぎ棒 (⇨ buff stick), バフ車 (⇨ buff wheel). **b** (マニキュア用の)爪みがき. **2** とぎ師, バフ[みがき]工.

buff·er[3] [bʌ́fə | -fə(r)] 〖《1749》《転用》← ? ME *buffere* stammerer ← *buffen* to stammer《擬音語》〗 — *n.* 《英俗》 **1 a** 無能な男. **b** [しばしば old ~ として] やつ (fellow): an *old* ~ 老いぼれ, じいさん. **2** 《英海軍俗》掌帆次長 (chief boatswain's mate).

búffer àmplifier *n.* 〖電子工学〗緩衝増幅器《出力回路の影響が入力回路へ及ぶのを防ぐために使用される増幅器》.

búffer mèmory *n.* 〖電算機〗緩衝記憶装置, バッファメモリー (⇨ buffer[1] 7).

búffer solùtion *n.* 〖化学〗緩衝液, 緩衝溶液, 緩衝混合液《緩衝作用をもつ溶液で, 通例弱酸とその塩, または弱塩基とその塩との混合溶液》.

búffer stàte *n.* 緩衝国《二大国の間に介在して衝突を緩和する役目をする中立国》.

búffer stòck *n.* 〖経済〗緩衝在庫《価格の安定を計るため国際協定により買付けまたは放出される物資》.

búffer stòp *n.* 《英》〖鉄道〗車止め.

búffer zòne *n.* 緩衝地帯.

buf·fet[1] [bʌ́fɪt, -fət] 〖《?*a*1200》⊏ OF ~ (dim.) ← *bufe* blow《擬音語》〗 — *n.* **1** (手やこぶしによる連続的な)打撃, 殴打, 平手打ち (slap). **2** (風波・運命などによる連続的な)虐待, もまれること: the ~*s* of fate 打ち続く不幸, 辛酸 / the world's ~*s* 世間にもまれる苦しみ. **3** 〖航空〗バフェット, バフェティング《上流に起こる流れの剥離が原因の航空機の機体に起こる強い震動》.
— *vt.* **1** (手やこぶしで続けざまに)打つ (beat). **2** 〈波・運命・世間が〉〈人・船などを〉続けざまに痛めつける; 左右に打ちつける, もむ 〈*about*〉: be ~*ed about* (運命などに)もてあそばれる. **3 a** 〈人が〉〈波・運命などと〉戦う. **b** [~ one's way として] 戦いながら進む: ~ *one's way through* the waves 波をかき分けて進む.
— *vi.* **1** (…と)(手やこぶしで)戦う (contend) 〔*with*〕. **2** 奮闘して進む 〈*along*〉. **3** 〈飛行機が〉震動する.

buf·fet[2] [bʌféɪ, buː-, búːfeɪ | búfeɪ, búːf-; *F.* byfɛ] 〖《1718》⊏ F ~ 《原義》chair, table < OF *bufet* stool ← ?〗 — *n.* **1 a** (パーティーや食堂の)軽食用テーブル[カウンター]. **b** (テーブルやカウンターの上の)軽食, スナック《客は(立ったまま)自由に取って食べる》. **c** セルフサービス式(の食事), 立食 (buffet meal). **2 a** セルフサービスの食堂[レストラン]. **b** 《英》(列車と駅構内などのカウンター式)軽食堂, ビュッフェ, スナックバー. **c** = buffet car. **3** [《英》 bʌ́fɪt, -fət] (食堂の)食器棚 (sideboard). — *attrib. adj.* 〈食事・食堂・パーティーなど〉セルフサービス[ビュッフェ]式の, 立食(式)の: a ~ lunch(eon), party, supper.

buffet car [―⊥―|⊥――] *n.* 《英》〖鉄道〗簡易食堂車, ビュッフェカー.

búf·fet·ing [-tɪŋ | -tɪŋ] *n.* **1** 打つこと; (続けざまの)打撃. **2** 〖航空〗 = buffet[1] *n.* 3.

buffi *n.* buffo の複数形.

búff·ing whèel *n.* = buff wheel.

buf·fle·head [bʌ́flhèd] 〖←《廃》 *buffle* (⊏ F *buffle*: ⇨ buffalo) + HEAD〗 — *n.* **1** 〖鳥類〗ヒメハジロ (*Bucephala albeola*)《北米産; 雄には柔らかい冠毛があり, 頭を非常に大きく見せる》. **2** 《方言》ばか者, あほう.

buf·fo [búːfou | búfəu; *It.* búffo] 〖《1764》⊏ It. ~ 'ridiculous' ← *buffare*: ⇨ buffoon〗 — *It. n.* (*pl.* ~**s**, **buf·fi** [-fiː; *It.* -fi]) (イタリア歌劇の)道化役者; (特に) 喜歌劇歌手[俳優]《通例バス歌手》. — *adj.* **1** 滑稽な. **2** 喜劇的な; 喜歌劇の.

Buf·fon [bʌfɔ̃ː(ŋ), bjuː-, -fɔ́(ː)ŋ; *F.* byfɔ̃], Comte **Georges Louis Lec·lerc** [ləklɛːr] **de** *n.* ビュフォン (1707-88; フランスの博物学者; 「文は人なり」('Style is the man himself.') と言ったことで有名).

Buffón's néedle pròblem 〖↑〗 — *n.* 〖数学〗ビュフォンの針の問題《一定の間隔で平行線を引いた紙の上に一定の長さの針を投げた時, それが平行線の一つに交わる確率を求める問題》.

buf·foon [bʌfúːn, bə- | bə-, bʌ-] 〖《1549》⊏ F *bouffon* ⊏ It. *buffone* jester ← *buffare* to blow, puff: 頬を膨らませておどけたしぐさをすることから: 《擬音語》: ⇨ -oon〗 — *n.* **1** 道化 (clown); おどけ者: play the ~ 滑稽を演じる, おどける. **2** 粗野[無教養]な人. — *vi.* おどける. — *vt.* 茶化す, あざ笑う.

buf·foon·er·y [bʌfúːn(ə)ri, bə- | bəfúːnəri, bʌ-] *n.* 道化, おどけ; 低級でやぼな行動.

buf·fóon·ish [-nɪʃ] *adj.* 道化の, おどけた.

búff stìck *n.* (四角な棒になめし革を張った研摩用の)とぎ棒.

búff tòp *n.* 〖宝石〗バフトップ《頂部を丸く下部を切子面にするカットの型》.

búff whèel *n.* とぎ車, バフ車《革を張った車で金属研摩用》.

buff·y [bʌ́fi | -fɪ] *adj.* (**more** ~, **most** ~; **buff·i·er, -i·est**) **1** もみ革 (buff) のような. **2** 淡黄色の. **3** 《俗》酔っ払った (intoxicated).

búffy còat *n.* 〖生理〗軟膜, バッフィコート《血液を放置した時, 沈降した赤血球層の表面にできる白血球・血小板の薄い膜》.

bu·fo·nid [bjúːfənɪd, -nəd | -nɪd] 〖↓〗 *n.* 〖動物〗ヒキガエル科のカエル.

Bu·fon·i·dae [bjuːfɑ́nədiː | -fɔ́nɪ-] 〖← NL ~ ← *Bufo(n-)* (属名: ← L *būfō* toad) + -IDAE〗 *n. pl.* 〖動物〗ヒキガエル科.

bu·fo·ten·ine [bjùːfəténiːn, -nɪn, -nən | -niːn, -nɪn] 〖← L *būfō* (↑) + *-ten-* (語義不明) + -INE[3]〗 — *n.* 〖生化学・薬学〗ブフォテニン ($C_{12}H_{16}N_2O$)《ヒキガエルの皮脂から誘導される有毒アルカロイド; 血圧上昇作用がある》.

bug[1] [bʌ́g] 〖《*c*1395》 *bugge* scarecrow ⊏ ? Welsh *bwg(an)* ghost, hobgoblin: cf. OE (*scëarn-*)*budda* dung-beetle〗 — *n.* **1 a** 〖昆虫〗半翅目, 特に異翅亜目の昆虫の総称 (assassin bug, chinch bug, wheel bug など). **b** 《米》昆虫, 虫《クモやダニなど, はう虫を含む》. **c** トコジラミ, ナンキンムシ (bedbug). **d** アタマジラミ (head louse). **e** ゴキブリ (cockroach). **2** 《米俗》小型自動車. **3** [しばしば *pl.*] 《口語》(機械の)故障, (計画などの思いがけない)欠陥 (defect): a ~ in a television set. **4** 《俗》 **a** (一時的に)夢中になること; 道楽 (hobby): a boy bitten by the photography ~ 写真熱にとりつかれた少年. **b** [修飾語を伴って] 熱狂家 (enthusiast): a golf [movie] ~ ゴルフ[映画]狂. **5 a** 《古》偉ぶる人, 傲慢な人. **b** 社会的地位の高い人: a big ~ 大物, 高官. **c** [修飾語を伴って] 《英学生俗》男子生徒: a day ~ 通学男生徒. **6 a** 《口語》隠し[盗聴用]マイク. **b** 《米俗》非常警報装置, 防犯ベル. **7** 《口語》 **a** (病気を起こす)微生物, 病原菌 (germ); それによって生ずる病気. **b** [*pl.*] 細菌学; 生物学. **8 a** 星印 (*) (asterisk). **b** 〖競馬予定表に星印で示されることから〗〖競馬〗見習騎手に与えられる 5 ポンド減量. **9** 《廃》お化け, 幽霊 (bogey). **10** 〖通信〗高速の電鍵(ᵈᵉⁿᵏᵉⁿ). **11** 《俗》〖トランプ〗(ポーカーで)ジョーカー (joker)《ace としてまたは straight や flush を作る際の鬼札 (wild card) として使う時に限る》. **12** 《俗》〖印刷〗ユニオンショップマーク《ユニオンショップで製造されたことを示すラベル》. **13** 〖釣〗大きな昆虫に似た擬似餌.
go* [*be*] *bugs 《米俗》気が狂う[狂っている].
— *v.* (**bugged**; **bug·ging**) — *vt.* **1** 〈植物など〉から虫を除く, 除虫する. **2 a** 《口語》…に隠し[盗聴]マイクを備える; …を隠し[盗聴]マイクで盗聴する. **b** 《米俗》盗難警報器[防犯ベル]を備える. **3** 《米俗》 **a** …に腹を立てさせる, いら立たせる. **b** 当惑させる, まごつかせる, 悩ます. — *vi.* (植物から)虫を除く, 除虫する.
bug off 《米俗》(人の邪魔をしないで)立ち去る, 行ってしまう. ***bug out*** 《米俗》急いで逃げる; 退却する (cf. bugout).

bug[2] [bʌ́g] 〖《変形》← ? BULGE: ↑ と連想〗 — *v.* (**bugged**; **bug·ging**) — *vt.* 〔驚きなどで〕〈目を〉見張る, 大きく開く 〔*with*〕. — *vi.* 〈目が〉(驚きなどで)大きく開く, きょろんとする 〈*out*〉.

Bug [búːg, bʌ́g; *Pol., Russ.* búk] *n.* [the ~] ブーク(川): **1** ポーランド東部とソ連邦西部との境界をなす川; 北西に流れて Vistula 川に合流 (831 km); Western Bug ともいう. **2** ソ連邦 Ukraine 共和国南西部の川; 南東に流れて Dnieper 河口に注ぐ (806 km); Southern Bug ともいう.

bug·a·boo [bʌ́gəbùː] 〖《1740》← BUG[1] + *-a-* (無意味な連結辞) + BOO[1]: cf. blackamoor〗 — *n.* (*pl.* ~**s**) **1** お化け, 化け物 (bogey). **2** (根拠のない)心配の種; (おどしなどに用いる)迷信; 恐ろしい[いやな]もの.

Bu·ga·ev [buːgɑ́ːef, -ev; *Russ.* bugájif], **Boris Nikolaevich** *n.* ⇨ Andrei BELY.

búg·bàne *n.* 〖植物〗キンポウゲ科サラシナショウマ属 (*Cimicifuga*) の植物の総称; (特に) *C. foetida* 《その花は昆虫を寄せ付けないという; cf. black cohosh》.

búg·bèar 〖《1580》← BUG[1] + BEAR[1]〗 — *n.* **1** (悪い子などを食べてしまうという)化け物, お化け. **2** (いわれのない)恐怖(のもと), 怖いもの: the ~ of war 戦争の恐れ[恐威].

búg·èye *n.* バグアイ《米国 Chesapeake 湾でカキ漁に用いた三角帆つきの平底の小舟》.

búg-éyed *adj.* **1** 出目の (pop-eyed): a ~ monster. **2** 《俗》(驚いて)目を丸くした[むいた].

bug·ger [bʌ́gə, búgə | bʌ́gə(r)] 〖《1340》 *bougre* ⊏ MDu. *bugger* ⊏ (O)F *bougre* < ML *Bulgarum* a Bulgarian, a heretic, sodomite: 11 世紀ブルガリアで種々の異端の教が行なわれていたので恐ろしい罪悪は何でも彼らのせいにされたという〗 — *n.* **1 a** 男色者 (sodomite). **b** 〖法律〗獣姦(ʲᵘᵘᵏᵃⁿ)者. **2** 《卑》 **a** 下等な男, 見下げ果てたやつ. **b** [しばしば愛情をこめて] やつ (fellow); 子供, がき (kid). **3 a** 《英卑》とても厄介[いや]なもの. **b** = damn 2.
bugger all = bugger-all.
— *vt.* 《卑》 **1** …と男色を行なう. **2** [命令形で間投詞的にののしりに用いて]: *Bugger* it! くそ, 畜生 (cf. damn 4 b). **3** 《英》だめにする: That ~*ed* it all. それですっかりおじゃんになった. **4** 《英》[Passive で] へとへとに疲れさせる (exhaust): I'm ~*ed*. へとへとだ. — *vi.* 《英卑》 **1** 男色を行なう. **2** = damn *vi.* 2.
bugger about* [*around*]** 《英卑》 (1) ぶらぶら[ぼやぼや]する. (2) (…をいじる, (…と)ふざける 〔*with*〕. (3) (…で)悩ます 〔*with*〕. (4) 〈人を〉ばかにする. ***bugger off 《英卑》(立ち)去る, ずらかる: *Bugger off!* ***bugger up*** 《英卑》〈物事を〉へたにやる, しくじる; だめにする. ***I'll be buggered!*** 《英卑》こいつは驚いた; しまった. ***I'll be buggered if*** 《英卑》絶対に…しない[でない]: *I'll be* ~*ed if* I go. だれが行くものか.

búgger-àll *n.* 《英卑》皆無 (nothing): get ~ 何も得られない.

bug·ger·y [bʌ́gəri, bʌ́g- | bʌ́gərɪ] 〖《*a*1338》⊏ MDu. *buggerie*: ⇨ bugger, -ery〗 *n.* **1 a** 《卑》男色. **b** 〖法律〗 = sodomy. **2** 《英卑》 = hell.

Búg·gins's túrn [bʌ́gɪnzɪz-, -zəz-] 〖← *Buggins* (漠然と不特定の人を表わす)〗 *n.* 《英》業績よりも年功などによる(順ぐり)昇進[任命](制), 年功序列制.

bug·gy¹ [bʌ́gi | -gɪ] *adj.* (**bug·gi·er**; **-gi·est**) **1 a** 《米》虫がついている, 虫の湧いた. **b** 南京虫がついている[の湧いた]. **2** 《米俗》**a** 気が触れた; 夢中で (crazy). **b** ばかな, 間抜けた.

bug·gy² [bʌ́gi | -gɪ] 〖《1773》← ?〗 ― *n.* **1** 通例1頭立ての軽装馬車《英国・インドでは2輪, 米国では4輪》. **2 a** =beach buggy. **b** =baby buggy. **c** 《俗》自動車, ぽんこつ. **3** (炭鉱内の)石炭運搬車. **4** 《米俗》(貨物列車最後尾の)乗務員車 (caboose); (時に)展望車.

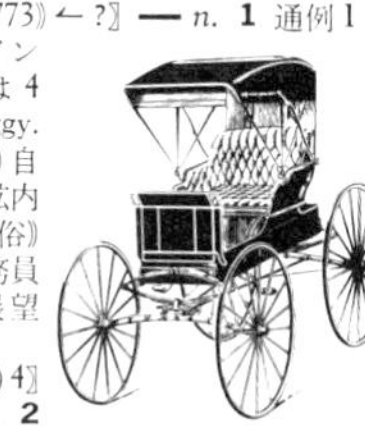
buggy² 1

búg·hòuse 〖⇨ bug¹ (n.) 4〗 ― *n.* 《俗》 **1** 精神病院. **2** 《軽蔑》映画館, 劇場 (theater). ― *adj.* 《米俗》気が触れた (crazy); ばかげた: a ~ fable ばかげた話[こと].

Búghouse Squáre [bʌ́ghaʊs-] *n.* 《米》(New York の Union Square, Los Angeles の Pershing Square などのように)大都市で政治・宗教などについて通行人に演説する公園[街路の四つ角].

búg·hùnter *n.* 《口語》昆虫採集家, 昆虫学者 (entomologist).

búg·hùnting *n.* 《口語》昆虫採集.

búg jùice *n.* 《俗》安ウイスキー, 安リキュール.

bu·gle¹ [bjúːgl̩] 〖《a1300》□ OF ~ < LL *bugulam* (植物の一種)〗 *n.* 〖植物〗シソ科キランソウ属 (*Ajuga*) の植物の総称; (特に) *A. reptans* 《bugleweed ともいう》.

bu·gle² [bjúːgl̩] 〖《1579》← ? BUGLE³〗 ― *n.* [通例 *pl.*] ガラス[プラスチック]の管状ビーズ《婦人服の装飾などに用いる》. ― *attrib. adj.* **1** 管状ビーズのような. **2** 管状ビーズで飾った. **bú·gled** *adj.*

bu·gle³ [bjúːgl̩] 〖《?a1300》□ OF ~ 'horn, buffalo' < L *būculum* (dim.) ← *bōs* ox: cf. OF *bugler* to low, blow the horn〗 ― *n.* **1** (軍隊の)らっぱ: blow [sound] a ~ らっぱを吹く. **2** (狩用の)角笛. **3** ビューグル《ピストンの装置のあるらっぱ; 吹奏楽隊で使用するが, 管弦楽では余り用いない》. ― *vi.* **1** らっぱを吹く. **2** 〈大鹿などが〉(発情期に特有の)長い鳴き声を出す, さかり声を発する. ― *vt.* らっぱを吹いて鳴らす[呼ぶ, 集める].

búgle càll *n.* 召集らっぱ(の合図), 号音.

búgle hòrn *n.* 角笛; らっぱ (bugle).

bú·gler [-glə | -lə(r] 〖← BUGLE³+-ER¹〗 *n.* らっぱ手, らっぱ吹き.

bu·glet [bjúːglɪt, -glət] 〖← BUGLE³+-ET〗 *n.* 小らっぱ《自転車用など》.

búgle·wèed 〖← BUGLE¹〗 *n.* 〖植物〗**1** シソ科シロネ属 (*Lycopus*) の植物の総称; (特に) *L. virginicus* 《麻酔性・収斂(しゅうれん)性の薬草》. **2** =bugle¹.

bu·gloss [bjúːglɑs, -glɔ(ː)s | -glɒs] 〖《a1400》□ (O)F *buglosse* ∥ L *būglōss-us* □ Gk *boúglōssos* ox-tongued ← *boûs* ox+*glôssa* tongue〗 ― *n.* **1** 〖植物〗ムラサキ科のウシノシタグサの一種 (*Anchusa officinalis*) 《薬草; alkanet ともいう》. **2** ムラサキ科エキウム属 (*Echium*) の植物の総称: a viper's ~ =blueweed 1.

búg·òut 〖← *bug out* (⇨ bug¹ (v.) 成句)〗 *n.* **1** 《軍俗》戦線離脱(者), 敵前逃亡(兵), 逃亡(兵). **2** 《俗》仕事をずるける[さぼる]人.

búg·sèed *n.* 〖植物〗カワラヒジキ (*Corispermum hyssopifolium*) 《アカザ科の一年生草本》; カワラヒジキ属 (*Corispermum*) の植物の総称.

bug·shah [búːgʃə] *n.* (*pl.* ~, ~**s**) =buqsha.

buhl [b(j)úːl | búːl] *n.* =boulle.

búhl·wòrk *n.* =boulle.

buhr [bɜ́ː | bə́ː(r] 〖《変形》← BURR¹〗 *n.* **1** =buhrstone. **2** (銅版彫刻などの)あらい削りぶち, ぎざぎざ.

búhr·stòne *n.* **1** 〖鉱物〗(石臼(いしうす)に用いる)ケイ石. **2** ケイ石の臼石 (millstone).

Bu·ick [bjúːɪk | bjúːɪk, bjʊ́ɪk] 〖← *David D. Buick* (1855–1929: 米国の自動車製作者)〗 *n.* 〖商標〗ビュイック《米国製自動車》.

build [bíld] 〖OE *byldan* ← *bold* a building (異形) ← *botl* < Gmc **buþlam* ← **bu-* to dwell ← IE **bheu-* 'to BE¹'〗 ― *v.* (**built** [bílt], 《古》 ~·**ed**) ― *vt.* **1 a** 建てる, 建築する (erect); 築造する, 建造する, 建設する (construct): ~ a bridge, church, city, road, railroad, tower, ship, vehicle, etc. / ~ a dam *across* a river 川にダムを築く / ~ a safe *into* a wall 壁に金庫を作りつける / ~ a factory (*up*)*on* a firm foundation 頑丈な基礎の上に工場を建てる / ~ a new wing (*on*)*to* a villa 別荘に新しい棟を増築する / The school is *built of* brick. その学校はれんが造りである (cf. *vt.* 3 a) / He *built* a new house *for* them.=He *built* them a new house. 彼らに新しい家を建ててやった. **b** 〈機械・エンジンなどを〉組み立てる (construct); 〈鳥が〉〈巣を〉造る; 〈火を〉起こす (make); 〈衣服を〉仕立てる (tailor); 〈料理を〉作る (cook up); 〈書物などを〉著わす (produce): ~ a nest *out of* twigs 〈鳥が〉小枝を集めて巣を造る. **c** 《方言》〈巻きたばこを〉巻く (roll). **2 a** 〈国家・社会などを〉建設する, 築く (found); 〈富・名声・事業などを〉築き上げる 〈*up*〉; 〈親善・理解などを〉もたらす, 高める (develop): ~ (*up*) a fortune [reputation] 財産[名声]を築く / ~ one's character 品性を陶冶(とうや)する / ~ a society without poverty 貧困のない社会を築く / ~ oneself an alibi 自分にアリバイを作る. **b** 〈希望・議論・判断などを〉〔…に〕基づかせる (base) 〔*on, upon*〕: ~ one's hopes *on* promises 約束を当てにして希望を抱く / ~ an argument *upon* facts 事実の上に議論を組み立てる. **3 a** 〈材料・素材を〉〔完成品に〕組み立てる, 仕上げる (form) 〔*into*〕: ~ stones *into* a bridge 石を積み上げて橋を作る (cf. *vt.* 1 a) / ~ arguments *into* a new theory 議論を積み重ねて新しい理論を生み出す / ~ *up* a girl *into* a leading actress 少女を大女優に育て上げる / Better to ~ boys than to mend men. 大人を矯正(きょうせい)するよりは少年の人格形成を《少年の非行防止の標語》. **b** 〔…に〕〈条項・但し書きなどを〉付記する〔*into*〕: ~ a clause *into* the contract 契約(書)に一項を加える. **4** [Passive で] 〈体・性質などが〉できている: He is heavily [slimly] *built*. 体ががっちり[ほっそり]できている / I'm not *built* that way. 《口語》自分はそんな風にはできていない[そんな人間ではない]. **5** 増やす, 大きくする; 〈…の地位を〉高める (cf. BUILD *up* (*vt.*) (3), (5)). **6 a** 〖トランプ〗数・印などに従って〈同位札や続き番号札の揃い (set) を〉作る; (特に, casino でその合計が手札の1枚の数字と同じになるように)〈場札の2枚を〉組合せて取る. **b** 文字を組み合わせて〈単語を〉作る.

― *vi.* **1 a** 建築[建造]する: 家を建てる; 〈鳥が〉巣を造る; 建築[建設]業に従事する: ~ *in* wood. **b** [通例進行形で] 建築[建造]される: The ship *is* ~*ing*. 《まれ》船は建造中だ (cf. be¹ *auxil. v.* 3). **2** 〔…をもとに〕計画[体系など]を作り上げる〔*on, upon*〕: The team is ~*ing on* previous records. そのチームは前の記録を参考にして作戦を練っている. **3** 〔…を〕頼りにする, 〔…に〕頼る (rely) 〔*on, upon*〕: ~ *on* a person's promise 人の約束を当てにする / I'll ~ *on* your supporting me. 君の支援を頼りにしてるよ. **4** 〈物事が〉強度[興味]を増す; 〈風が〉強くなる; 〈行列が〉できてくる; 〈試合・物語などが〉盛り上がる: Loyalty *built* in that time. その間に忠誠心が培われた / The story ~*s up to* a moving climax. その物語は感動的なクライマックスに向かって次第に盛り上がっていく.

build in (1) 〈用材を〉組み入れる, さし込む. (2) 〈家具などを〉作りつけにする (cf. built-in). (3) 〈土地を〉(家・壁などで)建て込める, 囲い込む: The fields are now entirely *built in*. その原っぱは今ではすっかり家が建て込んでいる. ***build over*** [通例 Passive で] 〈場所を〉(家などで)建て込ませる. ***build round*** 建物で囲む. ***build up*** (*vt.*) (1) 〈入口・窓などを〉(建物で)ふさぐ; [通例 Passive で] 〈場所を〉建て込ませる: an area that *is built up* 建て込んだ区域. (2) 〈破損した家などを〉建て直す, 改築[改造]する (rebuild): ~ *up* a broken wall. (3) 〈人・国などの〉評判を高める, 名声を築く; 〈富・名声・人格・事業などを〉築き上げる, 確立する (establish): ~ *up* a firm from scratch 零から立派な会社を作り上げる. (4) 〈健康・体力などを〉増進する (improve); (…の体格・筋肉などを)強くする (strengthen); 〈チームなど〉の士気を高める: We must ~ ourselves *up* for the winter. 冬に備えて体を鍛えなければならない. (5) 〈預金・資金などを〉徐々に増やす (accumulate): ~ *up* a bank account by saving regularly 定期的に貯金して銀行預金を増やす. (6) 〈緊張・抵抗などを〉強める; 〈電圧を〉上げる; 〈音量を〉増す: ~ *up* resistance to the Establishment 既成体制に対して反対を強める. (7) 《口語》〈新製品・新人などを〉(大げさに)宣伝する, 売込む (advertise); 〈人を〉ほめそやす: Don't ~ me *up* too much. あまりおだてないでくれよ. (8) 〖軍事〗〈作戦に必要な兵力を〉集める, 集結する. (*vi.*) (1) 徐々に形成される; 〈雲が〉出てくる. (2) 〈交通が〉渋滞してくる; 〈行列などが〉(邪魔になるほど)長くなる. (3) 〈物語などが〉盛り上がる (cf. *vi.* 4). (4) 〈圧力・緊張・抵抗などが〉強まる; 〈電圧が〉上がる; 〈音量が〉増す. (5) 蓄積する, たまる (accumulate): His books *built up into* a fine library. 彼の書物は積もり積もって立派な文庫になった. (6) 〖軍事〗〈兵力が〉結集してくる.

― *n.* **1 a** 造り, 構造 (make): vessels of the same ~ 同じ構造の船. **b** 体格 (physique): a person of sturdy ~ がっちりした体格の人 / They are of about the same ~. 彼らは体格がほとんど同じだ. **2** (興味の)盛り上げ, 盛り上がり: give ~ to … を盛り上げる. **3** 〖石工〗縦目地(めじ), 縦目地方向の石材の長さ.

build·a·ble [bíldəbl̩] *adj.* 建築可能な.

build·ed *v.* 《古》 build の過去形・過去分詞.

búild·er 〖ME〗 ― *n.* **1** 建築者; 建築業者; 建造者, 建設者: an Empire ~ 大帝国の建設者《大英帝国の建設に貢献した軍人・政治家・植民者・貿易業者など》 / ⇨ master builder. **2** [しばしば複合語の第2構成素として] 増大[増進]させるもの: a health ~ 保健剤, 健康増進剤[法]. **3** 石鹸混和剤, ビルダー《洗浄効果を増すために石鹸・洗剤に添加するリン酸ナトリウム・硫酸ナトリウム・脂肪酸アミドなど》.

búilder's knòt *n.* 〖海事〗=clove hitch.

búilder's rísk insùrance *n.* 〖海上保険〗建造保険.

búild·ing 〖《c1300》〗 ― *n.* **1 a** 建築物, 建物, 建造物, 家屋, ビル(ディング): a public ~ 公共建築 / the main ~ 主建築物, 母屋(おもや) (cf. annex). **b** 〖法律〗(別個の住居としての)家屋の一部 (apartment). **2** 建築(術, 業), 建造(方法), 造営, 普請: ~ materials 建築材料[資材] / a ~ contractor 建築請負人[施工業者] / the art of ~ 建築術 / in course of ~ 建築[造]中の[で].

building and loan association =SAVINGS and loan association.

búilding àrea *n.* 建築面積, 建坪.

búilding bèrth *n.* 〖造船〗=building slip.

búilding blòck *n.* **1** 建築用ブロック. **2** (おもちゃの)積み木 (cf. block 1 b).

búilding còde *n.* 建築法規.

búilding lèase *n.* 建設用地の賃貸借; その期間《通常 99 年》.

búilding lìne *n.* 〖建築〗建築線《街路に面して建物をそれ以上前に出してはならない線》.

búilding lòt *n.* 《米》分譲地《subdivision の1区画》.

búilding pàper *n.* 〖建築〗防水紙《壁・屋根・床などの中に用いる防水用の紙》.

búilding sìte *n.* 建築敷地 (lot); (工事をしている)現場 (field).

búilding slìp *n.* 〖造船〗船台《その上で船を建造するための傾斜台; building berth ともいう》.

búilding society *n.* 《英》建築組合, 住宅組合《《米》の SAVINGS and loan association に相当》.

búilding tràdes *n. pl.* 建設業, 建設諸職《大工職・れんが職・鉛管職など建設関係の各種の職業を含む》.

búild-òn *adj.* 〈建物・机など〉組み足し式の《既存のものに新しい部分をいくらでも継ぎ足していける方式のものにいう》.

búild·ùp *n.* **1** (体力などの)増強, 強化. **2** (原料などの)蓄積, 積み重ね. **3** (目標達成のための用意周到な)準備, 予備工作. **4** (新人・製品などの売り出し前の)宣伝, (大げさな)前宣伝, 売り込み, 景気づけ. **5** (劇の内容を盛りあげる)筋; (小説や演説などでクライマックスに達するための)展開. **6** 圧力[潜在力]強化. **7** 励まし, 激励: He needed a ~. 励ましが必要だった. **8** 〖軍事〗(兵力)増強, (所定の)編成装備の充足, (兵力・資材の)集積, 集結.

built [bílt] *v.* build の過去形・過去分詞. ― *adj.* **1** 組合わせ造りの; 組立ての: a ~ mast 組立て帆柱《数材から成る帆柱》. **2** [通例複合語の第2構成素として] (…で)造られた, (…に)造られた: a British-*built* steamer 英国製の汽船 / a well-*built* house よくできた家.

búilt-ín *adj.* **1** 〈書棚など〉作り付けの (cf. BUILD *in* (2)): ~ furniture. **2** 〈性質など〉本来的[本質的]に備わった (inherent), 生来の; 〈偏見など〉根深い: her ~ dislike of serpents. ― *n.* 《米・カナダ》作り付けの家具[器具, 装置].

búilt-in nózzle *n.* 〖宇宙〗埋込み型ノズル.

búilt-in stábilizer *n.* 〖財政〗自動安定装置《景気の変動効果を和らげる財政の仕組み》.

búilt-úp *adj.* **1** 組立てた, 組立ての: a ~ gun, girder, etc. **2** 〈区域など〉建て込んだ (cf. BUILD *up* (*vt.*) (1)): a ~ area. **3** 〈靴など〉(かかとを)高く[厚く]した: ~ shoes.

búilt-up mást *n.* 〖海事〗=made mast.

buird·ly [bʊ́ədli | bʊ́ədlɪ] 〖《変形》← ? BURLY〗 *adj.* 《スコット》がっちりした, 頑健な (well-built).

Buis·son [bwiːsɔ́ː(ŋ), -sɔ́(ː)ŋ; *F.* bɥisɔ̃], **Ferdinand Edouard** *n.* ビュイソン《1841–1932; フランスの教育家; Nobel 平和賞 (1927)》.

Bui·ten·zorg [báɪtn̩zɔəg | -zɔːg; *Du.* bœitənzɔrx] *n.* ボイテンゾルク《Bogor のオランダ語旧名》.

Bu·jum·bu·ra [bùːdʒəmbú(ə)rə | -búərə] *n.* ブジュンブラ《アフリカ中部, Burundi の Tanganyika 湖北西岸の都市で, 同国の首都; 人口 58,000; 旧名 Usumbura [uːsəmbú(ə)rə | -zəmbúərə]》.

Bú·ka Ísland [búːkə-] *n.* ブカ島《南太平洋 Solomon 諸島北端の島で, Bougainville 島の北にある; Papua New Guinea 領; 人口 34,000, 面積 490 km²》.

bukh [bʊ́k] *n.*, *vi.* =buck³.

Bu·kha·ra [buːkáːrə, -kǽrə, -háːrə, -hǽrə | -káːrə; *Russ.* buxará] 〖□ Turk. *Buchara* ← Skt *vihāra* Buddhist temple〗 ― *n.* ブハラ: **1** ソ連邦 Uzbekistan 共和国の一地方《もとこの地に一ブハラ汗国があった》. **2** Uzbekistan 共和国ブハラ州の首都; 人口 147,000. **3** (ブハラ(地方)で作られる)敷物 (rug), カーペット《Bukhara rug ともいう》.

Bu·kha·rin [buːkáːrɪn, -háːr-, -rən | -káːrɪn; *Russ.* buxárʲin], **Nikolai Ivanovich** *n.* ブハーリン《1888–1938; ソ連の政治家; Lenin 没後の共産党の理論的指導者; 1938 年 Stalin に反対したため処刑された》.

Bu·ko·vi·na [bùːkəvíːnə; *Rum.* bukovina] *n.* ブコビナ《ルーマニア北東部およびソ連邦 Ukraine 共和国南西部にまたがる地方; もとオーストリア領》.

bul. 《略》bulletin.

Bu·la·wa·yo [bùːləwéɪoʊ, -wáɪ- | -əʊ] *n.* ブラワヨ《Rhodesia 南西部の都市; 人口 70,000》.

bulb [bʌ́lb] 〖《?1440》□ L *bulb-us* □ Gk *bolbós* onion〗 ― *n.* **1 a** 〖植物〗(ユリ・タマネギ・チューリップなどの)鱗茎 (cf. corm, tuber¹, rhizome): a lily ~ ゆり根. **b** 《俗用》球根. **c** 球根植物. **2 a** 球根状の物, 球状部. **b** (電灯・温度計などの)球; 白熱電球; 真空管 (electron tube): an electric ~ 電球 / the ~ of a thermometer 寒暖計の水銀[アルコール]球 / the ~ of a hair 毛根 / the ~ of the urethra 尿道球. **3** 〖解剖〗**a** 眼球《the bulb of the eye ともいう》. **b** 延髄《the bulb of the spinal cord [brain] ともいう》. **c** 十二指腸球(部) (duodenal bulb). **4** 〖海事〗船底先端の球形の膨らみ. **5** 〖建築〗球山形鋼[材]の先端の丸い突起. **6** 〖もとシャッターの調整のため空気入りバルブを使ったことから〗〖写真〗バルブ《シャッターボタンを押している間だけシャッターが開き, 放すと閉じるカメラの機構; 略 B》. ― *vi.* **1** 鱗茎[球根]をなす. **2** 鱗茎[球根]状に膨らむ: ~ *up* 〈キャベツなどが〉結球する.

bulb- [bʌlb] (母音の前に来る時の) bulbo- の異形.
bul·ba·ceous [bʌlbéɪʃəs] *adj.* =bulbous.
búlb àngle *n.* 〖金属加工〗リブ付山形鋼[材]《断面の末端が球状にふくらんだ L 形の鋼[材]》.
bulb·ar [bʌ́lbə, -bɑə | -bə(r, -bɑː(r] *adj.* **1** 鱗茎[球根]の; 球状の; 球性の. **2** 〖解剖〗延髄の.
búlb bàr *n.* しゃくし形棒《一端が膨らんだ鉄または鋼鉄の棒》.
bulbed *adj.* 球根状の (bulbous).
bul·bel [bʌ́lbəl, -bel] *n.* 〖植物〗=bulbil.
bulb·if·er·ous [bʌlbíf(ə)rəs] *adj.* 鱗茎[球根]を生じる.
bulb·i·form [bʌ́lbəfɔ̀ːm | -bɪfɔ̀ːm] *adj.* 球根状の.
bul·bil [bʌ́lbɪl, -bəl | -bɪl] 〚← NL *bulbill-us* (dim.) ← L *bulbus* 'BULB'〛 *n.* 〖植物〗むかご, 鱗芽, 球芽《ヤマノイモやユリなどの葉腋(ようえき)にある無性芽; これで繁殖する》.
búlb kèel *n.* 〖海事〗球状竜骨.
bulb·let [bʌ́lblɪt, -lət] *n.* 〖植物〗=bulbil.
bul·bo- [bʌ́lbo(ʊ) | -bə(ʊ)] 〚← L *bulbus*: ⇨ bulb〛「鱗茎, 球形物; 球[延髄]と…との」の意の連結形.
bùlbo·uréthral *adj.* 〖解剖・動物〗尿道球部の.
bulbouréthral glánd *n.* 〖解剖〗=Cowper's gland.
bul·bous [bʌ́lbəs] 〚《1578》□ L *bulbōs-us*: ⇨ bulb, -ous〛 ── *adj.* **1** 鱗茎[球根]のある; 球根から生じる: a ~ plant 鱗茎[球根]植物. **2** 球根状の: a ~ nose だんごばな. **~·ly** *adv.*
búlbous bów [-báʊ] *n.* 〖海事〗球状船首.
búlbous búttercup [crówfoot] *n.* 〖植物〗セイヨウキンポウゲ (*Ranunculus bulbosus*)《北米産のキンポウゲで, 根は球根, 花は黄色》.
búlb plàte *n.* 球板《一方の端を厚くした金属板》.
bul·bul [bʊ́lbʊl] 〚《1784》□ Pers. ~ □ Arab. ~: 《擬音語》〛 ── *n.* **1** 〖鳥類〗**a** (ペルシャの詩に多く出てくる)美しい鳴鳥《東方の nightingale と言われる》. **b** ヒヨドリ《アジア・アフリカ産のヒヨドリ科の鳴鳥の総称; コノハドリ属 (*Chloropsis*) の鳥など》. **2** 美しい声の歌い手, 美しい詩を書く人.
Bul·finch [bʊ́lfɪntʃ], **Charles** *n.* (1763–1844) 米国の建築家.
Bulfinch, Thomas *n.* (1796–1867) 米国の著述家; 神話・伝説などの読物で有名 C. Bulfinch の子; *The Age of Fable* (1855).
Bulg. (略) Bulgaria; Bulgarian.
Bul·ga·nin [bʊlgǽnɪn, -gɑ́ːn-, -nən | -gɑ́ːnɪn; *Russ.* bulgánjin], **Nikolai Aleksandrovich** *n.* ブルガーニン《1895–1975; ソ連の元帥・政治家; 首相 (1955–58)》.
Bul·gar [bʌ́lgə, bʊ́l- | bʌ́lgɑː(r] *n., adj.* =Bulgarian.
Bul·gar·i·a [bʌlgɛ́(ə)riə, bʊl- | bʌlgɛ́əriə] 〚□ ML ~ ← *Bulgari* Bulgarians, 《原義》men from the *Bolg* (=Volga): 6 世紀頃まで Volga 河流域に住んでいたことから〛 ── *n.* ブルガリア《ヨーロッパ南東部の共和国; 人口 8,800,000, 面積 110,912 km², 首都 Sofia; 公式名 the People's Republic of Bulgaria ブルガリア人民共和国》.
Bul·gar·i·an [bʌlgɛ́(ə)riən, bʊl- | bʌlgɛ́ərɪ-] 〚《1555》〛 *adj.* ブルガリアの, ブルガリア人[語]の. ── *n.* **1** ブルガリア人. **2** ブルガリア語《南スラブ語の一方言》: ⇨ Old Bulgarian.
bulge [bʌldʒ] 〚《?c1200》□ OF *boulge*, (O)F *bouge* < L *bulgam* bag ← Celt.: cf. bilge〛 ── *n.* **1 a** (樽などの)胴 (bilge). **b** (外側の)膨らみ, 出っぱり. **2 a** (水中の魚の摂餌行動によってできる)小さなうねり, 波紋. **b** 《口語》(価格などの)膨脹, 小競(こぜ)り上がり. **c** 《口語》(数・量などの)一時的増加; [the ~] 《英》(第一次および第二次大戦後の出生率上昇による)学童数の急増. **3** [the ~] 《口語》利点, 優位 (advantage); 《米口語》利益の幅, 利ざや. ★ 主に次の句で: get [have] *the* ~ on …にまさる, …より優勢である, …を負かす. **4** 〖軍事〗(戦線・陣地の)突角[突出]部, 膨張部 (salient): ⇨ BATTLE of the Bulge. **5** 〖海事〗**a** 《まれ》(船底の)彎曲部 (bilge). **b** バルジ《軍艦の外側の魚雷防御用の膨れた部分; blister ともいう》. **6** 〖航空〗バルジ《高翼の飛行機で主脚の収納などのために設ける胴体からの張り出し; cf. blister 8》.
── *vi.* **1 a** 膨れ出る 〈*out*〉; 〔…で〕充満している 〔*with*〕: *bulging* eyes 出目 / His pocket ~*d with* an apple. 彼のポケットはりんごで膨れていた. **b** 〈構造物が〉(圧されて)外側へ曲がる. **2** 《米口語》あわただしく走り出る, 飛び込む 〔*in, into*〕. **3** 《古》〖海事〗=bilge *vi.* 1. ── *vt.* 〔…で〕膨らます 〔*with*〕.
bulg·er [bʌ́ldʒə | -dʒə(r] *n.* 〖ゴルフ〗バルジャー《打球面が凸面の木製のクラブ; 今はあまり用いられない》.
bul·gur [bʊlgʊ́ə | -gúə(r] 〚□ Turk. ~〛 *n.* 叩きつぶしていった小麦《トルコ地方の常食になる》.
bulg·y [bʌ́ldʒi | -dʒɪ] *adj.* (**bulg·i·er; -i·est**) 膨らんだ; 張り出した. **búlg·i·ness** *n.*
-bu·li·a [bjúːliə | -lɪə, -ljə] 〚← NL ~ ← Gk *-boulia* ← *boulḗ* will + -IA¹〛「(…のような)意志 (will)」の意の名詞連結形.
-bu·lic [bjúːlɪk] 〚⇨ ↑, -ic¹〛「(…のような)意志の」の意の形容詞連結形.
bu·lim·i·a [bjuːlímiə | -mɪə] 〚← NL ~ ← Gk *boulimía* excessive hunger ← *boûs* ox + *limós* hunger〛 ── *n.* **1** 〖病理〗病的飢餓, 大食(症)《精神障害の際に多く見られる》. **2** 渇望, 欲望 (voracity).
bu·lim·ic [bjuːlímɪk] *adj.* 大食症の; がつがつした (voracious).
bu·li·my [bjúːləmi | -lɪmɪ] 〚《17C》← NL *bulimia* (⇨ bulimia) ∽ 《a1398》*bolisme* □ OF ∥ ML *bolismus* ← L *būlīmus* □ Gk *boulimós* = *boulimía*〛 ── *n.* =bulimia.

bulk¹ [bʌlk] 〚《a1350》□ ON *búlk-i* cargo〛 ── *n.* **1** 大きさ (size), 容積 (volume), かさ (mass); (特に)大きいこと, 巨大さ, かさばっていること: a ship of great ~ 大きな船 / a price for the ~ 総括値段 / The sheer ~ of man! 何とその男のでっかいこと / It is of vast ~. すばらしく大きい / It is of no great ~. そう大きくはない. **2** [the ~ of として] 大部分, 大半: *The* ~ *of* the work is finished. 仕事は大半は終わっている. ★ しばしば「大きい」の意味の形容詞を伴う: *the* great ~ *of* the export 輸出品の大部分. **3** 〚《変形》← ? 《廃》*bouk* < OE *būc* belly〛大きい[かさばった]もの, 巨大な体[形, 人, 動物]: lower one's ~ into a chair 巨体を椅子に沈める. **4 a** (生物の)体, 身体 (body). **b** 本体, 車体. **5** =bulkage. **6** 《古》力 (power). **7** 〖製本〗束(つか)《本の中身の厚さ》. **8** 〖製紙〗**a** 嵩(かさ)《一定の圧力下での一定枚紙の紙の厚さ》. **b** 嵩, 嵩の厚味《紙 1 枚の, 重さに対する厚さ》. **9** 〖海事〗**a** ばら積み貨物 (bulk cargo). **b** 《古》(船の)積荷.
break bulk 〖海事〗積荷を動かす[降ろし始める]; 一まとめの荷を分けて降ろす, 部分荷揚げする (cf. break-bulk). ***by bulk*** (はかりを用いないで)積荷のままで; 目分量で. ***in bulk*** (1) 〈穀類など〉(包装・荷造りしないまま)ばらで; 〈貨物が〉ばら荷の: grain *in* ~ ばら積みの穀物 / load *in* ~ (貨物を)ばらで積み込む. (2) 大口に, 大量に: sell *in* ~ (船荷を船倉に積み込んだまま)まとめて売る; (大口に)卸し売りにする.
── *attrib. adj.* **1** 荷造りしていない, ばら荷の: ~ cargoes. **2** 大口の, 大量の; 全部の (total): ⇨ bulk buying.
── *vi.* **1** 塊りになる. **2** [補語を伴って] **a** かさむ, かさ張る (swell) 〈*up*〉: ~ large [small] かさ張る[小さくなる]. **b** 大きく見える; 重大になる 〈*up*〉; 幅がきく: ~ large in one's eyes 大きく[重要に]見える / The weather ~*s* (*up*) large in our plan. 我々の計画では天候が重大問題だ. **3** 〈紙・厚紙などが〉…の嵩(かさ)がある[になる], …の厚さがある[になる]. ── *vt.* **1 a** かさばらせる 〈*out*〉. **b** 〈本・織糸などを〉大きく[厚く]見せる 〈*out*〉. **2 a** 塊りにする. **b** 〈魚・たばこなどを〉山と積む 〈*down*〉. **3 a** 集める (gather), 〈2 個以上の積送り品を〉一つにまとめる. **b** 混ぜる (mix). **4** 〈船荷〉の容積を評価する[確かめる] 〈*down*〉.
bulk² [bʌlk] 〚《1586》□ ? ON *bálk-r* partition, low wall〛 *n.* 《古》〖建築〗建築の張出し部分, (商店の前の)張出し売場, 張出し台 (stall).
bulk·age [bʌ́lkɪdʒ] 〚← BULK¹+-AGE〛 *n.* 食物中の消化しにくい繊維質《腸に吸収されないまま残っていて腸の蠕動(ぜんどう)運動を助ける; cf. bulk cathartic》.
búlk búying *n.* (一人のバイヤーによる)生産全量買占め.
búlk cathártic *n.* 膨張性便通薬[下剤].
búlk·hèad 〚《1626》← BULK²+HEAD〛 ── *n.* **1 a** (船内を仕切る)隔壁. **b** (航空機・列車内における同様の)隔壁. **c** (自動車の機関と車室を仕切る)隔壁. **d** 〖鉱山〗(坑内の)隔壁, 遮断壁. **e** 〖土木〗隔壁(工作物). **2** 〖建築〗**a** 《英》bulk² をおおう屋根; =bulk². **b** 《米》(地下室へ通じる)階段のはね上げ戸. **c** 《米》屋上出入口《階段の頭やその他の口をおおう張出し屋根》.
── *vt.* 隔壁で仕切る 〈*off*〉.
búlkhead dèck *n.* 〖海事〗隔壁甲板《すべての水密隔壁が達している最上甲板》.
búlk màil *n.* 〖郵便〗局払い割引郵便《多数の同一印刷物を各宛先に安く郵送する郵便》.
búlk mòdulus *n.* 〖物理〗体積弾性率, 体積弾性係数.
búlk púrchasing *n.* =bulk buying.
búlk prodúction *n.* 《米》大量生産.
bulk·y [bʌ́lki | -kɪ] 〚《c1450》← BULK¹+-Y⁴〛 ── *adj.* (**bulk·i·er; -i·est**) **1 a** かさのある, 大きい: a ~ book 分厚い本. **b** 重さの割りに大きな, かさばった: a ~ knit sweater ニットのバルキーセーター. **c** 〈体が〉肥満した. **2** (大き過ぎて)もて余すような, 扱いにくい (unwieldy). **búlk·i·ly** [-kɪli, -kə- | -lɪ] *adv.* **búlk·i·ness** *n.*
bull¹ [bʊ́l] 〚OE *bula* □ ON *boli* < Gmc **bullōn* (Du. *bul*) ← IE **bhel-* to swell (L *follis* a pair of bellows / Gk *phallós* 'PHALLUS'): cf. bowl¹〛 ── *n.* **1 a** (去勢してない成熟した)雄牛 (cf. bullock, ox 1)《★ ラテン語系形容詞: taurine》: a ~ of a man 雄牛のような男. **b** (スイギュウ・ヤギュウなどのウシ属またはゾウ・クジラ・アザラシ・セイウチ・ワニ・オオジカなどの成熟した)雄 (cf. cow¹ 2 a): a whale ~=a ~ whale 雄クジラ. **2 a** (頑丈な体格・大きさ・ほえ声などの点で)雄牛のような人[もの]. **b** ゾウ (elephant). **3** 《米俗》機関車. **4** 《米俗》警官, 刑事, でか. **5** 〖略〗**a** =bull's-eye 1, 2, 7, 8. **b** =bulldog. **c** =bulldike. **6** [the B-] **a** 〖天文〗おうし(牡牛)座 (⇨ Taurus 1). **b** 〖占星〗牡牛座, 金牛宮 (⇨ Taurus 2 a). **7** 〖証券〗(相場の上昇を予想しての)強気の買方, 強気筋 (↔ bear). **8** 《口語》〖トランプ〗(向こう見ずな賭やビッドをする)強気のプレイヤー (↔ bear).
a bull in a china shop (瀬戸物店で暴れる牛のように)なんでもぶちこわしをやる人, 他人に迷惑をかける乱暴で無器用な人. ***a bull of Bashan*** 丈夫で血色のいい男. ***like a bull at a (five-barred) gate*** 《口語》猛烈に. ***milk the bull*** ⇨ milk *v.* 成句. ***take the bull by the horns*** (雄牛の角をむずと捕まえるように)勇敢に難局に当たる (cf. *have a* WOLF *by the ears*).
bull of the bog 〖鳥類〗=bittern¹.
── *attrib. adj.* **1** 雄の (male): a ~ whale, elephant, moose, etc. / a ~ calf 雄の子牛; のろま, ばか者. **2** 雄牛の[に関する]; 雄牛のような, 大きい: a ~ head, neck, voice, etc. **3** 〖証券〗強気の, 相場が上昇傾向の (cf. bullish): a ~ market 強気市場.
── *vi.* **1 a** 押し進む, 突進する (push ahead). **b** 乱暴に振舞う. **2 a** 〖証券〗(高値を見込んで)買いあおる. **b** 〈株式・相場などが〉上向く, 吊り上がる. **3** 《俗》〈雌牛が〉発情している, さかる. ── *vt.* **1** 〈人を〉乱暴に扱う, …に乱暴を加える. **2** 《米》**a** 〈案・要求などを〉ごり押しする 〔*through*〕. **b** [~ one's way として]押し進む: ~ *one's way* through a crowd 人中を押し進む. **c** 《俗》〈人〉におどし[はったり]をかける (bluff). **3** 〖証券〗…の値を吊り上げようとする. **4** 〖海事〗〈船が〉〈浮標〉にぶつかる.
bull² [bʊ́l] 〚《c1300》□ (O)F *bulle* □ L *bulla* boss or knob (of wax, etc.), bubble, (ML) seal: cf. bowl²〛 ── *n.* **1 a** (神聖ローマ皇帝などの)勅書 (edict) (cf. Golden Bull). **b** (権威的な)断言, 言明 (dictum). **2** 〖カトリック〗**a** (ローマ教皇の)大勅書, 教書《教皇印 (bulla) が押してある公式のもの; cf. brief 1》. **b** =bulla 1.
bull³ [bʊ́l] 〚《1630》← ? ME *boule* lie □ OF *boule* < L *bullam* bubble (↑)〛 ── *n.* 前後の意味の滑稽な矛盾, とんちんかんでおかしい話. ★ アイルランド人はしばしば矛盾した滑稽を平気で言うというので, そういう表現を特に Irish bull ともいう《例: It is impossible that I should have been in two places at once, unless I were a bird. まさか同時に 2 個所に居たなんてことがあるもんか, 鳥じゃあるまいし; cf. Goldwynism, malapropism》.
bull⁴ [bʊ́l] 〚《略》? ← BULLSHIT〛 ── *n.* **1** 《俗》うそっぱち, ほら; たわごと (nonsense): shoot [throw] the ~ ほらを吹く; むだ口をきく. **2** 《俗》型にはまった(下らない)仕事[儀礼]; 厳し過ぎる軍紀[規律]. **3** 《米》大失策. ── *vi.* 《俗》**1** ほらを吹く, よたを飛ばす. **2** まごまごする. ── *vt.* 《俗》(ほらを吹いて)〈人を〉煙(けむ)に巻く.
bull⁵ [bʊ́l] 〚← ? 《廃》*bull* bubble □ (O)F *bulle* < L *bullam*〛 *n.* 空になった酒樽に水を注いで造った飲物.
bull⁶ [bʊ́l] 〚← ?〛 *n.* 〖遊戯〗デッキ輪投げ (⇨ deck QUOITS) に似たゲーム《数字を記した傾斜した板にお手玉状のものを投げる》.
Bull [bʊl], **John** *n.* **1** ⇨ John Bull. **2** (1562?–1628) 英国の鍵盤楽器奏者・作曲家.
bul·la [bʊ́lə] 〚□ L ~ 'bubble': cf. bull²〛 ── *n.* (*pl.* **bul·lae** [-liː, -laɪ]) **1** 〖カトリック〗ローマ教皇印. **2** 〖病理〗ブラ, 気腫性[肺胞内]嚢胞(のうほう); 気泡; 水疱(すいほう) (vesicle). **3** 〖動物〗骨胞, 胞器《動物体の骨に見られる水泡状の突起》. **4 a** (古代ローマ人が首から下げた金属または革製の)魔よけ入れの丸い小箱. **b** (古代ローマの服装・建築に用いられた)丸い装身具[装飾品].
bul·lace [bʊ́lɪs, -ləs] 〚《a1325》*bolas* □ (O)F *beloce* sloe ← Celt.〛 ── *n.* **1** 〖園芸〗**a** [the Bullaces] ビュレース群《欧亜系スモモの一種 インシチチア スモモ (*Prunus insititia*) に属する園芸品種群の一つ; ダムソン群に類似; cf. damson 2 b》. **b** [B-] ビュレース《欧亜系スモモの品種 Damson の異名》; その実. **2 a** 〖植物〗=balata 2. **b** =muscadine 1《bullace grape ともいう》.
bullae *n.* bulla の複数形.
búll ànt *n.* 〖昆虫〗=bulldog ant.
búll-at-a-gáte *adj.* 直接的な[真向からの]攻撃をする.
bul·late [bʊ́leɪt] 〚《1819》□ L *bullāt-us* having bubbles: ⇨ bulla, -ate²〛 ── *adj.* **1** 〖解剖・生物〗ブラ (bulla) のある, 嚢胞(のうほう)のある, 水疱(すいほう)様の突起のある, 水疱様に突起した[膨れた]. **2** 〖植物〗しわのある.
búll·bàiting *n.* 牛攻め, 牛いじめ《犬をけしかけて雄牛をいじめる見世物; 英国で昔行なわれた娯楽; cf. badger baiting》.
búll·bàt 〚《飛んでいる時の鳴声から》〛 *n.* 《米方言》〖鳥類〗=nighthawk 1 a.
búll blòck *n.* 〖金属加工〗ブルブロック《針金を細くするために, 穴のあいた型 (die) を通して針金を引き抜きながらドラムに巻き取る機械》.
búll·bòat *n.* 《米》牛皮舟, 皮舟《木製の枠(わく)に野牛またはワピチ (wapiti) の皮を張ったもので, もと Plains Indians が使用した》.
búll·brier *n.* 〖植物〗北米産のユリ科サルトリイバラ属の植物 (*Smilax rotundifolia*).
búll chàin *n.* 〖林業〗(材木を製材所へ引っ張って行くために使われるかぎのついた)重い鎖 (cf. jack ladder 2 a).
búll·dàgger 〚《変形》← ? BULLDIKE〛 *n.* 《米俗》(同性愛で)男役をする女 (butch).
búll dànce *n.* 《米俗》男だけの舞踏会 (cf. buck party).
búll·díke 〚← ?〛 *n.* 《米俗》(女性間の同性愛で骨太で男のような)男役をする女《単に bull, dike ともいう》.
búll·dòg 〚《c1500》← BULL¹+DOG: もと bullbaiting 用に特に育てられた〛 ── *n.* **1** ブルドッグ《英国原産の犬種のイヌ》. **2** (勇猛で粘り強い)ブルドッグみたいな人, 頑固一点張りの人. **3** 《英》(Oxford, Cambridge 大学の)学生監付きの巡視《学生の監督に当たる》. **4 a** ずんぐりしたピストル《特に, 口径が大きく銃身の短いもの》. **b** 太くて短いパイプ (bulldog pipe). **5** 〖冶金〗(パドル炉 (puddle furnace) からの)からみ, スラッグ. **6 a** =bulldog clip. **b** =bulldog edition. **7** 〖昆虫〗=bulldog ant. ── *attrib. adj.* ブルドッグの(ような), 勇猛で粘り強い: ~ tenacity ブルドッグのような粘り強さ / the ~ breed ブルドッグ型の人種《英国人の異称》. ── *vt.* (**-dogged; -dog·ging**) **1 a** 《米》(ブルドッグのように)攻撃する. **b** 《米西部》

〈特に, 鹿や子牛を〉角を捕まえて倒す. **2**《米俗》(誇張やうそで)売り込む. **～·ger** *n.*

búlldog ànt *n.*《豪》【昆虫】ハリアリ亜科 *Myrmecia* 属の強力な針をもつ大型のアリの総称.

búlldog clìp *n.* 強力な紙ばさみ.

búlldog edítion *n.*《米》(新聞の)早朝版《通例前夜に発行される》.

bull·doze [búldòuz | -dəuz] 〘《1876》《原義》to give a dose of the whip fit for a bull ← ? *bull* (*whip*) + *doze* (《変形》← DOSE)〙 ― *vt.* **1** 〈土地を〉ブルドーザーでならす; 〈水などを〉ブルドーザーで取り除く. **2 a** 〈案などを〉強引に押し通す. **b** [～ one's way として] 無理やりに通る, 押し通る〔*through*〕. **3**《口語》おどしつける, 脅迫する (intimidate): ～ a person *into* buying something 人をおどして物を買わせる. ― *vi.* **1** ブルドーザーを使用する. **2**《口語》脅迫する (bully).

búll·dòz·er 〘《1876》: ⇨ ↑, -er¹〙 ― *n.* **1 a** ブルドーザー. **b** ブルドーザー前部にあるブレード. **2**《口語》**a** 威嚇者. **b** 威嚇用具《ピストルなど》. **c** (ブルドーザーのような)強引なもの[考え, やり方など].

búll·dỳke *n.* =bulldike.

bul·ler [búlə | -lə(r)] 〘← BULL(DOG)+-ER¹〙 *n.*《英口語》=bulldog 3.

Bul·ler [búlə | -lə(r)], Sir **Red·vers** [rédvəz | -vəz] **Henry** *n.* (1839–1908) 英国の将軍; Boer War で英国総司令官に任ぜられたが, 作戦の失敗から解任された.

bul·let [búlɪt, -lət] 〘《1557》□ F *boulette* (dim.) ← *boule* ball < L *bullam* knob: ⇨ bulla, -et〙 ― *n.* **1 a** (拳銃・銃などの)弾丸, 銃弾, 小銃弾, 弾(たま) (⇨ cartridge 挿絵): take a ～ in the shoulder 肩に弾丸を食らう / Every ～ has its billet. ⇨ billet¹ 4. **b** 弾薬筒, 薬包 (cartridge). **2 a** 弾丸状のもの, (形・威力が)弾丸に似たもの. **b** 小球. **c** (釣の)重り (plumb). **d** 非常に速い正確な投球. **e** [*pl.*]《俗》豆 (beans), えんどう (peas). **3**《英口語》首(になること) (sack). **4**《トランプ》《米俗》エース(の札). **5**《米政治》全部同一政党の候補者に投ぜられた連記投票. **6**【印刷】(広告などで注意を引くためにつける)黒丸.

bite (*on*) *the bullet* 〘戦場で手術する間, 麻酔薬がないため弾丸を噛んで苦痛をこらえたことから〙(苦しい・いやな時に)ひるまない, 毅然としている.

― *vi.* 速く動く[進む].

búllet·hèad *n.* **1** (弾丸型の)丸い頭(の人). **2**《口語》頑固者, つむじ曲がり. **búllet-héaded** *adj.*

bul·le·tin [búlətn, -tən | -lɪtɪn, -lə-] 〘《1651》□ F ～ □ It. *bulletino* (dim.) ← *bulletta* (dim.) ← *bulla* edict: ⇨ bull²〙 ― *n.* **1 a** 告示, 掲示; 報告, 公報. **b** (学会の)定期報告, 会報, 紀要. **c** (会社などの)社報. **2** (医師が発表する著名な患者の)病状報告, 容体書. **3 a** (新聞・ラジオ・テレビの)ニュース速報, 臨時ニュース (cf. flash 4 a, news bulletin). **b** 戦況報告. ― *vt.* (告示・報告・会報で)知らせる.

búlletin bòard *n.*《米》(学校などの)掲示板 (《英》notice-board).

búllet·próof *adj.* **1** 弾丸の通らない, 防弾の. **2** 変更[修正]を許さない, すきのない. ― *vt.* 弾丸の通らないようにする, 防弾にする, …に防弾装置を施す.

búllet tràin *n.* 弾丸列車.

búllet trèe *n.*【植物】バラタノキ (bully tree).

búllet·wòod 〘《通俗語源》← Am.-Sp. BALATA〙 *n.* **1** バラタノキ材. **2**【植物】バラタノキ (bully tree).

búll fìddle *n.*《米口語》コントラバス (contrabass).

búll fìd·dler *n.*《米口語》コントラバス奏者.

búll·fìght *n.* (スペイン・ラテンアメリカなどで行なわれる)闘牛(技) (cf. bullring 1).

búll·fìghter *n.* 闘牛士; (特に) =torero.

búll·fìghting *n.* 闘牛 (bullfight).

búll·fìnch¹ 〘《1570》← BULL¹+FINCH: 首が太いことから?〙 ― *n.*【鳥類】**1** ヨーロッパウソ (*Pyrrhula pyrrhula*)《かごに飼う鳥として珍重され, いろいろな鳴き声をまねる鳴鳥》. **2** ヨーロッパウソに似た小鳥の総称.

búll·finch² [búlfɪntʃ] 〘《1832》《転訛》← ? *bullfence*〙 *n.* (騎馬の狩猟隊が乗り越せない)高い生垣《側に溝がある》.

búll flòat *n.* (道路の舗装コンクリートなどの)仕上げをする機械.

búll·fròg 〘体が大きいこととその鳴き声から〙 *n.*【動物】カエル (frog); (特に) ウシガエル, (俗に)食用ガエル (*Rana catesbeiana*).

búll gèar *n.*【機械】=bull wheel.

búll gùn *n.* 標的用重速ライフル銃, (重い銃身の)標的射撃用[射撃練習用]ライフル銃.

búll·hèad *n.* **1**【魚類】頭の大きい魚類の総称: **a** =cabezone. **b** 北米産ナマズ目イクタルルス科イクタルルス属 (*Ictalurus*) の数種の魚の総称. **2** 頑固な人, つむじ曲がり; ばか者. **3**〘貨幣に刻まれた buffalo の像から〙《米古》5 セント貨.

búll·héaded *adj.* 頑固な, 強情な, がむしゃらの; 愚かな (stupid). **～·ly** *adv.* **～·ness** *n.*

búll hèader *n.*【建築】隅丸れんが.

búll·hòrn *n.*《米》(アンプとマイクロホンを内臓した)携帯用拡声器, メガホン (《英》loud-hailer); (軍艦の)拡声器.

Bul·li [búlaɪ] 〘オーストラリア Sydney 付近の地名から〙 *n.*《豪》クリケットのピッチ (pitch) などに用いる土の一種.

Bul·li·dae [búlədìː | -lɪ-] 〘← NL ～: ⇨ bulla, -idae〙 *n. pl.*【貝類】ナツメガイ科.

bul·lion [búljən | -lɪən, -ljən] 〘《1335》《原義》molten metal □ AF ～ 'mint' = (O)F *bouillon* a boiling ← *bouillir* to boil < L *bullīre*: OF *billon* debased metal との混同も考えられる〙 ― *n.* **1 a** 金[銀]塊; (金・銀の)延べ棒, インゴット, 「なまこ」: gold [silver] ～ 金[銀]塊. **b** 金属の塊. **2** 金銀糸などで作ったレースやコード; それで作ったブレードやフリンジ《僧服や軍服の飾りに使われた》. ― *adj.* 純金[銀](製)の.

búl·lion·ìsm [-nɪzm] *n.* 重金[硬貨]主義《一国の富は金銀量に依存するとの思想》.

búl·lion·ist [-nɪst, -nəst | -nɪst] *n.* 重金主義者, 金銀通貨論者.

búllion pòint *n.*【経済】=gold point 1.

búll·ish [-lɪʃ] *adj.* **1** 雄牛のような. **2** 頑固な, 強情な (obstinate); 愚かな (stupid). **3 a**【証券】強気の, 相場が上昇傾向の (↔ bearish): a ～ factor 強気材料 / a ～ market 強気の買いが優勢な[相場が上昇傾向の]市場, 強気市場. **b** 楽観的な (optimistic). **～·ly** *adv.* **～·ness** *n.*

búll mástiff *n.* ブルマスティフ《もと猟場の番犬として mastiff と bulldog を交配して作出された英国産の作業大種のイヌ》.

Búll Móose 〘Theodore Roosevelt が「オオジカ (bull moose) のように元気だ」と言ったところから革新党のシンボルになった〙 ― *n.* Theodore Roosevelt が 1912 年組織した革新党 (Bull Moose Party) の党員; 革新党びいきの人.

Búll Móos·er [-múːsə | -sə(r)] *n.* =Bull Moose.

búll·nèck *n.* **1** ずんぐりした首, 猪首(いくび). **2** 牛の首の皮. **3**【鳥類】アメリカ産ノガモの総称《オオホシハジロ (canvasback), アカオタテガモ (ruddy duck), クビワキンクロ (ring-necked duck) など》.

búll·nécked *adj.* (雄牛のように)首のずんぐりした, 猪首(いくび)の (thick-necked).

búll·nòse *n.* **1** 平削り器《かんなの一種》. **2**《古》【獣医】豚の鼻曲り《豚の鼻の慢性の病気で鼻の形態の変わったもの》. **3**【建築】=bull's-nose. ― *attrib. adj.*【建築】=bull-nosed.

búll-nòsed *adj.*【建築】端[先端]が丸くなった: a ～ brick 隅丸れんが.

búll-nosed bów [-báu] *n.*【海事】球状船首.

búllnose tóol *n.*【機械】大荒削りバイト.

bul·lock [búlək] 〘OE *bulluc* young calf (dim.) ← *bula* 'BULL¹': ⇨ -ock〙 ― *n.* **1** (4 歳以下の)若い雄牛. **2** 去勢牛 (cf. bull¹ 1, ox 1, steer²). ― *vi.*《豪》(雄牛のように)猛烈に働く. ― *vt.* [～ one's way として] 猛烈な勢いで進む.

búllock blòck *n.*【海事】ボロック《大型帆船のトップスルの帆桁(ほげた) (topsail yard) の中央に取付けられた topsail tie (topsail yard の重量をその中央で支える鎖) の通るマスト側の滑車》.

búllock-càrt *n.* 去勢牛の引く荷車, 荷牛車.

Búl·lock óriole [búlək-] 〘← *William Bullock* (19 世紀初頭の英国の博物学者)〙 ― *n.*【鳥類】北米西部産の黒と黄のアメリカムクドリ属の鳴鳥 (*Icterus bullockii*).

búllock's-hèart *n.*【植物】ギュウシンリ (⇨ custard apple 1 a).

Búllock's óriole *n.*【鳥類】=Bullock oriole.

bul·lock·y [búləki | -kɪ] *adj.* 去勢牛に似た. ― *n.*《豪》**1** (荷車を引く一連 (team) の)去勢牛を追う人; 牛追い (cowboy). **2** (牛追いの使うような)乱暴な言葉.

bul·lous [búləs] 〘← BULLA+-OUS〙 *adj.*【病理】水疱[嚢胞]性の.

búll·pèn *n.*《米》**1** 牛の囲い場. **2**《口語》(犯人または容疑者を入れる)留置場. **3**《口語》(木材切出し場などの)宿泊所, 飯場. **4**【野球】**a** ブルペン《試合中に救援投手がウォームアップをする場所》. **b** [集合的] 救援投手, リリーフピッチャー.

búll pìne *n.*《米》【植物】=ponderosa pine.

búll pòint *n.*《英口語》(アド)バンテージ (advantage), 得点, 利点.

búll·pòut *n.* (*pl.* ～, ～s)【魚類】米国産ナマズ目イクタルルス科の魚 (bullhead); (特に) =brown bullhead.

búll·pùp *n.* ブルパップ銃《銃身が銃床の後部にあり尾筒の末端が床尾踵に近接しているライフル銃》.

búll·rìng *n.* **1** 闘牛場 (cf. bullfight). **2**《俗》練兵場.

búll·ròarer *n.* うなり板《板にひもを通したもので, 振り回すと牛のうなり声に似た音を生じる; 特に, オーストラリアなどの原住民が宗教儀式に用い, また英国の田舎では子供のおもちゃとして用いる》.

búll ròpe *n.*【海事】ブルロープ《一つ目滑車 (bull's-eye) を通る強索》.

Búll Rún *n.* [the ～] 米国 Virginia 州北東部の川; 南北戦争当時の北軍敗北の戦跡 (1861, 1862).

bull·rush [búlrʌʃ] *n.* =bulrush.

búll sèssion 〘← BULL⁴〙 *n.*《米口語》少人数の(特に男子による)ざっくばらんな話し合い[討議]; 雑談.

búll's-èye 〘cf. F *œil de bœuf* eye of bull〙 ― *n.* **1** 的(まと)の中心点《通例金色》; 金星, 金的: hit the [make a] ～ 的の中心を射る[に当たる]《比喩的にも用いる》. **2 a** 的の中心を射た矢[弾丸], 正中; 命中, 的中. **b**《口語》的を射た発言[行為]; 急所, 要点 (crux). **3 a** 半球レンズ, 目玉レンズ. **b** (半球レンズ付きの)手さげランプ, 目玉ランプ. **4** (舷側・屋階・壁などの明り取りまたは換気のための)円窓のガラス. **5** (丸い硬い糖菓の)鉄砲玉, あめ玉. **6**【海事】一つ目環《滑車》. **7**【ガラス製造】クラウン法ガラス円板. **8**【軍事】**a** (標的中央の)黒点, 中心円. **b** (工場地帯・敵陣などの)爆撃目標. **9**【気象】《古》**a** 台風の目. **b** 台風[嵐]の前兆の飛雲. **c** (南アフリカ共和国沖合での)突風, はやて, スコール《bull's-eye squall ともいう》.

búll shàrk *n.*【魚類】西大西洋の暖海にすむメジロザメ属のサメ (*Carcharhinus leucas*).

búll·shìt 〘← BULL¹+SHIT〙《卑》― *n.* たわごと, うそ, でたらめ, いんちき (humbug): a ～ artist いんちき芸術家. ― *vt., vi.* (～; -shit·ting) (…に)うそをつく, たわごとを言う. ― *int.* ばかな, うそをつけ《不信・不同意を表わす; cf. horseshit》.

búll snàke *n.*【動物】ブルスネーク (*Pituophis melanoleucus*)《米国東部産の獲物を締めつけて殺す白黒まだらの体長 1 m 位になる大蛇; 野ネズミ・リスなどの天敵; gopher snake ともいう》.

búll's-nòse *n.*【建築】丸みをつけた壁などの出隅(ですみ).

búll·térrier 〘← BULL(DOG)+TERRIER¹〙 ― *n.* ブルテリア《ブルドッグと白のイングリッシュテリアなどとの, また後にはスパニッシュポインターとの交配により作出した大種のイヌ》.

búll thìstle *n.*【植物】**1** ヨーロッパ産アザミの一種 (*Cirsium lanceolatum*)《米国でも雑草として広く生え, ピンクや紫色の頭状花をつけ, 葉にはとげがある》. **2** 北米産のアザミの一種 (*C. vulgare*).

búll tòngue *n.*《米》(綿花栽培に用いる)重いすき《bull-tongue plow ともいう》.

búll tróut *n.*【魚類】**1**《英》=sea trout; (特に)大きく成長し年数を経た sea trout. **2**《カナダ》オショロコマ (Dolly Varden).

búll·whàck 〘《逆成》↓〙《米西部》*n.* (柄の短い頑丈な長い)牛追いむち. ― *vt., vi.* 牛追いむちで(牛を)追う.

búll·whàcker *n.*《米西部》**1** (西部開拓時代の)牛車[大型荷馬車]の馭者. **2** =bullwhack.

búll whèel *n.*【機械】(機械の中で最も大きく強い)主要推進ギア[車輪]《bull gear ともいう》.

búll·whìp《米》*n.* (牛を追うための)生皮製の長いむち. ― *vt.* 長いむちで打つ.

bul·ly¹ [búli | -lɪ] 〘《1538》《変形》? ← (M)Du. *boele* lover, brother: cf. G *Buhle* lover: 今の意味は BULL¹ の影響〙 ― *n.* **1** 威張り散らす人, 暴漢, ごろつき; (学校の)暴れ者, 弱い者いじめ, がき大将: play [act] the ～ 弱い者いじめをする, 威張り散らす. **2 a** 用心棒. **b**《古》売春婦を取り持つ男, 売春宿の主人, 「ぽん引き」. **3**《英方言》仲間, 同僚. **4**《古》**a** 恋人, 愛人, いい人. **b** お人好し, いいやつ. ― *vt.* **1** …に対して弱い者いじめをする, 〈弱者を〉いじめる. **2 a** おどして[いじめて]〔…を〕させる〔*into*〕: ～ a person *into* doing something 人をおどしてあることをやらせる / ～ the press *into* quiescence 新聞をおどして沈黙させる. **b** おどして[いじめて]〔…を〕止めさせる〔*out of*〕: ～ a person *out of* doing something 人をおどしてあることを止めさせる. ― *vi.* 弱い者いじめをする, 威張り散らす. ― *adj.*《口語》**1** りっぱな, すてきな, すばらしい (splendid): a ～ idea. **2 a** 〈人が〉威勢のいい (dashing), 快活な (jovial). **b** [(my) ～ boy として; 親しみをこめた呼掛けに用いて]おい君. ― *int.*《口語》うまい, 見事, すてき (well done)《満足・喜び・祝意を表わす》: *Bully* for you [us]! うまいぞ, すてきだ, でかした.

bul·ly² [búli | -lɪ] 〘《1883》□ ? F (*bœuf*) *bouilli* boiled (beef) (p.p.) ← *bouillir* to boil: ⇨ bullion〙 *n.* =bully beef.

bul·ly³ [búli | -lɪ] 〘← ?〙【ホッケー】― *n.* ブリー, 試合開始《ストライキングサークル内で防御側に反則のあった時などにボールをインプレイする方法; 《英》では bully-off ともいう》. ― *vi.* ゲームを開始する 〈*off*〉.

búlly bèef *n.* 缶詰[塩漬け]牛肉, コンビーフ.

búlly·bòy *n.* (特に, 政党の機関などと関係をもった)暴力団員, 政治ごろ.

búlly-òff *n.*《英》【ホッケー】=bully³.

bul·ly·rag [búliræ̀g | -lɪ-] 〘《1807》← BULLY¹+RAG²〙 *vt.*《口語》**1** おどす (intimidate). **2** いじめる, どなりつける; 悩ます.

búlly trèe 〘← *bully*《変形》← BALATA〙 ― *n.*【植物】バラタノキ (*Manilkala bidentata*)《熱帯アメリカ産のアカテツ科の植物で, バラタゴムを採る; bullet tree ともいう; cf. balata》.

buln-buln [búlnbùln] 〘擬音語〙 *n.*《豪》【鳥類】=lyrebird.

Bü·low [bjúːlou | -ləu; G. bý:lo], Prince **Bernhard von** *n.* ビューロー《1849–1929; ドイツの宰相 (1900–09)》.

bul·rush [búlrʌʃ] 〘《?a1425》← *bull* large (⇨ bull¹ adj. 2: cf. bullfrog)+RUSH¹〙 ― *n.* **1**【植物】**a** 水辺や沼に生えるホタルイ属 (*Scirpus*) の植物の総称; 《英》(特に) *S. lacustris.* **b**《英》ガマ属 (*Typha*) の植物 (*T. latifolia* または *T. angustifolia*). **c** 米国に産するイグサ属の植物 (*Juncus effusus*)《むしろ・椅子の座などの材料》. **2**【聖書】紙草, あし《実際はパピルス (papyrus); cf. *Exod.* 2:3, *Isa.* 18:2》.

seek a knot in a bulrush = seek a knot in a RUSH¹.

búlrush míllet *n.*【植物】アジアや中東に広く生育するイネ科チカラシバ属のヒエの一種 (*Pennisetum typhoideum*).

bul·ter [bʌ́ltə | -tə(r)] *n.* =boulter.

Bult·mann [búltmaːn; G. búltman], **Rudolf** (**Karl**) *n.* ブルトマン《1884–1976; ドイツのプロテスタント神学者; 新約聖書の非神話化による実存論的解釈を提唱》.

bul·wark [bʊ́lwək, -wɑːk, -wɔək, bʌ́lwək, -wɑːk | bʊ́lwək, -wɑːk] 〘(?c1416) *bulwerk* ▭ ? MDu. *bolwerk*: cf. G *Bollwerk*《原義》bole (=tree trunk) work: ⇨ bole¹, work〙 ― *n.* **1 a** 土塁, 砦, 堡塁(ほうるい). **b** 防波堤 (breakwater). **2** (国・主義などの)防護物, 防壁 (protection); 防護者 (protector): the ~ *of* the throne 王室の藩屏(はんぺい) / the ~*s of* the State 国家の干城(かんじょう) / a ~ *of* public liberty 社会的自由の守り / Law is the ~ *of* civilization. 法律は文明の擁護者. **3** [通例 *pl.*]〘海事〙ブルワーク, 舷牆(げんしょう), 手すり板《上甲板の舷側に続く波よけ用の低い壁》. ― *vt.* **1** …に塁壁をめぐらす, 砦で固める. **2** 防御[擁護]する, 防備する (protect).

bulwark 3

búlwark plàting *n.*〘海事〙ブルワーク板《上甲板の縁にある手すり板》.
Bulwer-Lytton *n.* ⇨ Lytton.
bum¹ [bʌ́m] 〘(a1387) *bom* ← ? *botem* 'BOTTOM': cf. bump¹ / Du.《俗》*boem* (← *bodem* bottom)〙 *n.*《英》**1**《俗》尻 (buttocks). **2** =bumbailiff.
bum² [bʌ́m] 〘(1863)《逆成》← BUMMER¹〙 ― *v.* (**bummed; bum·ming**)《米口語》― *vi.* **1** (働ける身でありながら)何もしないで施しを乞う, のらくら寄食する. **2** のらくら暮らす, ぶらぶら(放浪)する, 浮浪生活をする (loaf) ⟨*around, about*⟩. ― *vt.* **1 a** ⟨(返さないでよいような)物を⟩借りる, もらう, たかる (cadge): ~ a ride ただで乗せてもらう / Can I ~ a cigarette (*off* you)? たばこを1本もらえるかい / He ~*med* a light *from* [*off*] me. 私から火を借りた. **b** ⟨人⟩に⟨物を⟩(貸して)くれと言う (beg) 〔*for*〕: He ~*med* me *for* tissue paper. 私にティッシュペーパーをくれと言った. **2** ⟨列車など⟩に切符なしに乗る, 無賃乗車する: ~ a train. **3** [~ one's way として] ヒッチハイクをする.
bum along《俗》(通例, 車で)(道路などを)一定した調子で進む.
― *n.* **1**《米口語》怠け者, のらくら男 (idler); ルンペン, 浮浪人 (loafer) (cf. hobo 1, tramp 1): a ~ on the plush 金持の怠け者. **2**《口語》**a** (家庭や仕事を顧みず)スポーツ(など)に凝る人: a golf ~. **b** 無能な人, (特に)無能選手. **3**《米口語》飲み騒ぎ, 放蕩 (debauch). ***give* [*get*] *the bum's rush*** ⇨ bum's rush 2. ***on a bum***《米口語》飲み騒ぎして. ***on the bum***《米口語》(1) ⟨人が⟩浮浪して, のらくらして: go *on the* ~ 浮浪[寄食]生活をする, 世間の厄介者となる. (2) ⟨機械など⟩故障して; 具合が悪くて, 乱れて.
― *adj.* (**bum·mer; bum·mest**)《俗》**1** 安っぽい, つまらない, 値打ちのない, 粗悪な (inferior). **2** とてもいやな (disagreeable). **3** (怪我などで)使えなくなった, 不具の (disabled): a ~ leg. **4** 偽りの, まぎらわしい (false).
bum³ [bʌ́m] 〘(擬音語): cf. bumble²〙 *vi.* (**bummed; bum·ming**)《英方言》⟨蜂などが⟩ぶんぶんうなる (drone).
búm·báiliff 〘(1601) ← BUM¹+BAILIFF: 債務者の尻につきまとうところから〙 *n.*《英・軽蔑》執達吏, 執行吏 (bailiff).
bum·ber·shoot [bʌ́mbəʃùːt | -bə-] 〘← *bumber* (← UMBRELLA)+-*shoot* (← PARACHUTE)〙 *n.*《米口語》= umbrella.
bum·ble¹ [bʌ́mbl̩] 〘(混成)? ← BUNGLE+STUMBLE〙 ― *vi.* **1** へまをやる, 失敗する, でたらめなやり方をする (blunder). **2** つまずく, よろめく (stumble). **3** もぐもぐ言う, とりとめなく話す ⟨*on*⟩. ― *vt.* やり損なう (botch). ― *n.* 大しくじり, 大失敗 (blunder).
búm·bler [-blə, -bl̩ə | -blə(r, -bl̩ə(r] *n.*
bum·ble² [bʌ́mbl̩] 〘ME *bomble(n)* (freq.) ← *bombe(n)* to boom, buzz《擬音語》〙 *vi.* **1** ⟨蜂などが⟩ぶんぶんいう (buzz). **2** 低い音を立てる (rumble).
bum·ble³ [bʌ́mbl̩] 〘Dickens 作の小説 *Oliver Twist* の中に出て来る威張った教区吏員の名から〙 *n.*《英》もったいぶる小役人; (特に)教区吏員 (beadle).
búmble·bèe 〘(1530) ← BUMBLE²+BEE¹〙 ― *n.*〘昆虫〙マルハナバチ《マルハナバチ属 (*Bombus*) のハチの総称; 羽音が大きい》.

bumblebee (*B. lapidarius*)

búmblebee·fish *n.*〘魚類〙バンブルビーフィッシュ (*Brachygobius doriae*)《マラヤ地方産の小形の美しいハゼ科の一種; 観賞用になる》.
búm·ble·dom [-dəm] 〘(1856) ← BUMBLE³+-DOM〙 ― *n.* **1** 小役人社会. **2** (小役人らしい)尊大振り, うるさい小役人根性.
búmble·fòot *n.* 趾瘤(しりゅう)病《鶏の足の裏がはれる病気》.
búmble·pùppy 〘(1801) ← BUMBLE¹+PUPPY〙 ― *n.* **1**〘トランプ〙へぼホイスト《ルールもろくに知らないでする下手な whist》. **2** ボールを棒に吊してラケットで打ち合う遊戯《ボールを吊したひもを棒に全部巻きつけるのが目的》; その棒.
búm·bling¹ [-blɪŋ, -bl̩-] *adj.* **1 a** ⟨人が⟩へまをやる, 無器用な. **b** ⟨弁士が⟩(どもったりつまったりして)効果が上がらない, ぱっとしない. **2** ⟨政策など⟩非能率的な, 効果のない, でたらめな, 間違いだらけの. ― *n.* (間の抜けたぶざまな)間違い, しくじり, 失敗. **~·ly** *adv.*
búm·bling² [-blɪŋ, -bl̩-] *adj.* いやにもったいぶる, 威張りちらす.
bum·bo [bʌ́mboʊ | -bəʊ] 〘(1748) ▭ ? It. *bombo* drink《小児語》〙 *n.* (*pl.* **~s**) 冷たいラム[ジン]パンチ《ラム(酒)またはジンに水・香料・甘味などを加えたもの》.
búm·bòat 〘(1671) ← Du. *bom* box for fish in a boat, fishing boat+BOAT〙 *n.*〘海事〙用達し舟, 物売り船《停泊中の船に飲食物や雑貨類を売って回る小舟》.
búmboat·man [-mən] *n.* (*pl.* **-men** [-mən, -mèn]) bumboat の船頭.
bumf [bʌ́mf] 〘(1889) ←《廃》*bum-fodder* ← BUM¹〙 ― *n.*《英俗》**1** トイレットペーパー. **2** [集合的; 通例軽蔑的に] (退屈な)書類, 役所の書類.
bum·fuz·zle [bʌmfʌ́zl̩] 〘《変形》←《方言》*dumfoozle*《変形》← ? DUMFOUND〙 *vt.*《米方言》…の心を混乱させる, まごつかせる, 途方に暮れさせる.
bum·kin [bʌ́mkɪn, -kən | -kɪn] *n.*〘海事〙= bumpkin².
bum·ma·lo [bʌ́məlòʊ | -lə̀ʊ] 〘(1673)《転訛》← Marathi *bombil(a)*〙 ― *n.* (*pl.* **~s, ~**) (*also* **bum·ma·low** [~])〘魚類〙テナガミズテング (*Harpodon nehereus*)《インド近海産ハダカイワシ目ミズテング科のトカゲに似た頭をもつ魚; その干した肉は薬味をつけてカレー料理に用いる; Bombay duck ともいう》.
bum·ma·ree [bʌ̀məríː, ←―⌐] 〘(1786) ▭ ? F *bonne marée* good sea fish: 呼び声から〙 ― *n.*《英》**1** (もと London の) Billingsgate 魚市場の仲買人. **2** (もと London の) Smithfield 肉市場の認定かつぎ人夫.
bum·mer¹ [bʌ́mə | -mə(r] 〘(1855)《転訛》← ? G *Bummler* tramp ← *bummeln* to loaf about〙 *n.*《米俗》怠け者, のらくら者 (loafer).
bum·mer² [bʌ́mə | -mə(r] 〘← BUM² (adj.)+-ER¹〙 ― *n.*《米俗》**1** 品質の悪い麻薬による幻覚的経験, (特に) LSD による恐ろしい経験 (bad trip). **2** いやな出来事; 失望させるもの (disappointment).
bump¹ [bʌ́mp] 〘(1566)《擬音語》: cf. bounce¹, chump¹〙 ― *n.* **1** 突き当てること, 衝撃, 衝突; ばたん, どすん《衝撃・衝突の音》: with a ~ どんと, どしんと. **2 a** 打ちばれ, こぶ (swelling). **b** (胸の)隆起. **c** (道路などの)一部隆起. **3 a** (頭蓋の)突起, 頭相《骨相学上ある種の才能を示すという》: feel a person's ~*s* 人の頭相をさわってみる; 人の才能を打診する. **b** 才能, 能力, 感覚, 勘: one's ~ of locality 場所に対する感覚, 土地鑑, 方角の勘. **4**《俗》バンプ《腹や腰を急に前に突き出す挑発的な踊り方: cf. grind 5》: ~*s* and grinds ストリップダンサーの腰を突き出したり回したりする動作. **5**《俗》**a** (地位・身分などの)昇進, 昇格; 昇給, 賃上げ. **b** 降等, 降職 (demotion). **6**〘ボートレース〙追突(しての勝利)《後艇の艇首が前方の相手艇尾を突くこと; cf. bumping race》. **7 a**〘航空〙突風, バンプ; 突風による機体の動揺. **b** エアポケット (air-pocket). **c** [通例 *pl.*]《俗》航空機の乱暴な着陸.
like a bump on a log《米口語》ばかに押し黙った[て], はっきり物が言えない[で].
― *adv.* ばたんと, どんと: come [go] ~ against the post どんと柱に突き当たる / It came ~ on the floor. 床の上にどしんと落ちた.
― *vt.* **1 a** 〔…に〕どんと打ち当てる[突き当てる], どんとぶつける; 打ちつけて怪我する 〔*against, on*〕: ~ one's head *against* a wall 頭を壁にどしんとぶつける. **b** …にぶつかる: The car ~*ed* the light pole. 車はその電柱にぶつかった. **c** ぶつかって落とす ⟨*off*⟩: ~ a vase *off* (the table). **2**《米》**a** ぶつかってほうり出す: The passengers were ~*ed out of* their seats by the derailment. 脱線で乗客たちは座席からほうり出された. **b** (地位を利用して)⟨地位・職などから⟩⟨人を⟩押しのける, ⟨人⟩に取って代わる (displace) 〔*from*〕. **c** (地位を利用したり, 緊急の必要のために) ⟨人⟩から飛行機の座席を奪う: I was ~*ed from* the flight. その便からはずされた. **d** 解雇する. **e** (投票で)否決する. **3**《口語》⟨物価・賃金・賭け金などを⟩吊り上げる ⟨*up*⟩. **4** ⟨板金など⟩に(凸凹をなくするために)圧力を加える, 押しつける. **5**〘ボートレース〙⟨前のボート⟩に追突する. **6**〘クリケット〙⟨球を⟩急に高く飛び上がるように投げる. ― *vi.* **1 a** ⟨壁・障害などに⟩ぶつかる (collide) 〔*against, into, on*〕: ~ *against* a wall 壁に突き当たる / ~ *against* each other 衝突する / ~ *into* a man 人に突き当たる. **b** ばたん[どしん]と落ちる ⟨*down*⟩. **2 a** ⟨航空機が⟩(突風によって)動揺する. **b** ⟨車が⟩がたがた揺れて通る: ~ *along* (the road) (道を)がたがた通る. **3** ⟨液体が⟩激しく[急に]沸騰する. **4**《俗》腹[尻]を急に前に突き出して挑発的に踊る. **5**〘クリケット〙⟨投げた球が⟩急に高く飛び上がる.
bump into (1) ⇨ *vi.* 1 a. (2)《口語》思いがけずに⟨人⟩と会う, …にばったり出会う: I ~*ed into* an old friend. 旧友にばったり会った. ***bump off*** (1) ⇨ *vt.* 1 c. (2)《俗》やっつけてしまう, 殺す, ばらす (murder) (cf. bump-off).
bump² [bʌ́mp] 〘擬音語〙 *n.* サンカノゴイ (bittern) の鳴き声. ― *vi.* ⟨サンカノゴイが⟩鳴く.
búmp bàll *n.*〘クリケット〙打者席近くの地面に強く当たってはね上がった小飛球.
búmp·er¹ *n.* **1** 突き当たる人[もの]. **2 a** (自動車などの)緩衝器, バンパー. **b**《米》(列車の)緩衝器 (《英》buffer). **c**〘鉄道〙=bumping post. **3** れんがを手でこねてつくる人. **4**〘鋳造〙砂つき機《砂を一定の形に打固める機械》. **5**《英口語》=bumping race. **6**〘クリケット〙急に高く飛び上がるように投げた球.
bum·per² [bʌ́mpə | -pə(r] 〘(1676) ← BUMP¹《廃》to bulge+-ER¹〙 ― *n.* **1** (乾杯の時などに)一杯についだ杯, 満杯. **2 a**《口語》並はずれて大きい[豊富な, 見事な]もの; 豊作, 豊漁. **b**《米俗》(興行の)札止め, 大入り満員. **3**〘魚類〙米国南部・西インド諸島産のアジ科の魚の一種 (*Chloroscombrus chrysurus*). **4**〘トランプ〙(whist で獲得可能な)最高点《8点》. ― *adj.*《口語》非常に大きな; 非常に見事な[豊富な]: a ~ year [crop, harvest] 豊年[作]. ― *vt.* **1** ⟨酒などを⟩なみなみと注ぐ. **2** (乾杯で)⟨満たした杯を⟩飲みほす. ― *vi.* 乾杯する.
bum·per³ [bʌ́mpə | -pə(r] 〘← BU(TT)³+(STU)MP+-ER¹〙 *n.*《豪俗》巻きたばこの吸い残り.
búmper càr *n.* バンパーカー《遊園地での乗物遊び用の小さな電気自動車; 一定の囲い枠内で運転し, しばしば他の車とぶつけ合って遊ぶ; cf. Dodg'em》.
búmper guàrd *n.*《米》バンパーガード (《英》overrider)《自動車の衝突時に, バンパーが噛み合うのを防ぐためのバンパー上の付加物》.
búmper·sticker *n.* (自動車の)バンパーに貼りつけた(宣伝・広告用)ステッカー.
búmper-to-búmper *adj., adv.* ⟨車が⟩じゅずつなぎの[で], 渋滞して(いる): a ~ traffic ぎっしり詰まった車の列.
bumph [bʌ́mf] *n.* =bumf.
búmping pòst *n.*〘鉄道〙(軌道終点の)車止め.
búmping ràce *n.* (Oxford, Cambridge などの大学の)バンピング[追突]レース《狭い川で各ボートが別々に出発し, 一定の距離を過ぎてから先のボートに艇首を追突させて勝つボートレース》.
bump·kin¹ [bʌ́m(p)kɪn, -kən | -kɪn] 〘(1570) ▭ Du. *bommekijn* little barrel: ⇨ -kin〙 *n.* 野暮な田舎者. **~·ish** *adj.* **~·ly** *adj.*
bump·kin² [bʌ́m(p)kɪn, -kən | -kɪn] 〘(1632) ▭ Du. *boomken* little tree (dim.) ← *boom* 'BOOM¹': ⇨ -kin〙 ― *n.*〘海事〙帆すそを張り出す棒《帆のすそを張り出すために船内から突き出した短円材》; 索具用張出し棒.
búmp-òff *n.*《俗》殺人, 殺し (cf. BUMP¹ *off*).
búmp sùpper *n.*《英》(Oxford, Cambridge 大学で) バンピングレース (bumping race) の祝勝晩餐会.
bump·tious [bʌ́m(p)ʃəs] 〘(1803) ← BUMP¹+-TIOUS: FACETIOUS にならった造語〙 ― *adj.* 傲慢な, 威張った (arrogant), 生意気な; 出しゃばる (self-assertive). **~·ly** *adv.* **~·ness** *n.*
bump·y [bʌ́mpi | -pɪ] ― *adj.* (**bump·i·er; -i·est**) **1** ⟨地面など⟩でこぼこの(ある): a ~ road (車をがたつかせるような)でこぼこの道路. **2 a** ⟨車・進行など⟩がたぴし揺れる (jolting): a ~ ride がたぴしの乗物旅行. **b** ⟨音楽・詩など⟩調子が一様でない: ~ dance music. **3** ⟨人生など⟩困難が往々生じる, 浮き沈みのある. **4**〘航空〙突風の多い, 悪気流のある. **búmp·i·ly** [-pɪli, -pə- | -ɪli] *adv.* **búmp·i·ness** *n.*
búm ràp *n.*《米俗》いわれのない有罪判決, 冤罪(えんざい), ぬれぎぬ, (たくらまれた)虚構の罪.
búm's rúsh 〘⇨ bum²〙 *n.* [the ~]《米俗》**1** 強制追立て, 放逐. **2** 突然の解雇[免職]: give a person *the* ~ 人を突然[無理に]追放[解雇]する / get *the* ~ 突然[無理に]追放[解雇]される.
búm stéer *n.*《米俗》(わざと誤り伝えた)情報, 虚報, デマ.
búm·sùcker *n.*《米俗》おべっか使い.
búm·sùcking *n.*《米俗》おべっかを使うこと.
bun¹ [bʌ́n] 〘(1371) *bunne* ▭ ? OF **bugne* (F《方言》*bugne*) boil, fritter〙 ― *n.* **1** バン《菓子パンの一種; 通例甘味を加え, 香辛料や干しぶどうなどを入れる》: ⇨ hot cross bun. **2** (女性が頭の後ろに結う)束髪: wear one's hair *in a* ~ 髪を束髪に結っている.
a bun in the oven《俗》お腹の中の子供: have *a* ~ *in the oven* ⟨女が⟩お腹が大きい. ***do one's bun***《ニュージーランド俗》かんしゃくを起こす, かっとなる. ***take the bun*** ⇨ take 成句.
bun² [bʌ́n] 〘(c1538) ▭ ? Sc.-Gael. ~ 'root, stump'〙 *n.*《方言》**1** ウサギ[リス]の尾. **2** リス, ウサギ (cf. bunny 1).
bun³ [bʌ́n] 〘←《スコット》*bung*《略》← *bung-full* filled to the bung〙 *n.*《米俗》酔い, 酩酊(めいてい).
have* [*get, tie*] *a bun on《俗》酔っ払う.
Bu·na [b(j)úːnə | búː-; G. búːna] 〘▭ G ~ ← BU(TADIENE)+NA(TRIUM)〙 *n.*〘商標〙ブナ《ブタジエン (butadiene) を重合して作る各種合成ゴムの商品名》.
Bun·bur·y [bʌ́nbəri | -rɪ] 〘O. Wilde 作の喜劇 *The Importance of Being Earnest* (1895) に使われる架空の人物の名から〙 ― *n.* どこかを訪ねたり責任逃がれをするための架空の(人物に会うという)口実. ― *vi.* (架空の口実で)楽しげに[見物に]出かける.
bunce [bʌ́ns] 〘← ? BONUS〙 *n.*《英俗》予期していなかった利益, 思わぬもうけもの; 僥倖(ぎょうこう).
bunch [bʌ́ntʃ] 〘(c1350) *bonche* ▭ ? Walloon *bouge* ▭ Flem. *boudje* (dim.) ← *boud* bundle〙 ― *n.* **1 a** (果物などの)房 (cluster): a ~ of grapes, bananas, currants, etc. / Grapes grow in ~*es*. ぶどうは房になってできる. **b** (花・鍵・書類などの)束 (lot); (同一物から成る)群れ (group): a ~ of flowers, feathers, keys, etc. / a big ~ of automobiles / a ~ of cattle, horses, etc. / a ~ of orders 一連の命令 / a ~ of papers 一束の書類. **c**《口語》(人の)集まり, 群れ, 仲間; 一味 (gang): a ~

of boys, teachers, etc. **2** 《廃》こぶ, 隆起 (lump): a ～ on the face 顔のこぶ.
the best* [*pick*] *of the bunch えり抜き[ピカ一]の人[物]: She is *the best of the* ～. 群中随一.
— *vt.* **1 a** 束ねる, (集めて)束にする. **b** 〈家畜などを〉一団に集める. **2** 〈服・スカートなど〉にひだ[プリーツ]をつける[寄せる]. **3** 〈女性〉に花束を贈る. **4** 〖野球〗〈安打を〉集中する: ～ hits. — *vi.* **1** 一団になる 〈*up*〉. **2** こぶになる.

búnch·ber·ry [-bèri, -b(ə)ri | -b(ə)ri] *n.* **1** 〖植物〗ゴゼンタチバナ (*Cornus canadensis*) 《北半球の高山植物で, 鮮紅色の実が束になってつく》. **2** ゴゼンタチバナの実.

Bunche [bʌ́ntʃ], **Ralph Johnson** *n.* (1904–71) 米国の黒人政治学者; 国連事務次長 (1967–71); Nobel 平和賞 (1950).

bunch·er [bʌ́ntʃə | -tʃə(r)] *n.* **1** 葉巻きを巻く人[機械]. **2** 〖電子工学〗集群電極, 集群器《クライストロン (klystron) 中の共鳴腔; これで電子波を集群する》.

búncher rèsonator *n.* 〖電子工学〗密度変調共振器 (⇨ klystron).

búnch èvergreen *n.* 〖植物〗マンネンスギ (⇨ lycopodium 1).

búnch·flòwer *n.* 〖植物〗アメリカシライトソウ (*Melanthium virginicum*) 《米国東部産ユリ科の白花が穂状につく多年草》.

búnch·gràss *n.* 〖植物〗バンチグラス《葉が房状にかたまって生えるイネ科の草の総称》; (特に) *Andropogon scoparius* 《北米産のウシクワ属の牧草》.

bunch·ing *n.* 〖電子工学〗集群《一様な流れを濃淡のはっきりした流れに変えること》.

búnch lìght *n.* (照明の)束光.

bunch·y [bʌ́ntʃi | -tʃɪ] 〖《*a*1398》← BUNCH＋-Y^4〗 *adj.* (**bunch·i·er**; **-i·est**) **1** 房のある, 房状の, 束になった. **2** こぶ状の. **búnch·i·ly** [-tʃɪli, -tʃə- | -lɪ] *adv.* **búnch·i·ness** *n.*

bun·co [bʌ́ŋkou | -kəu] 〖《1872》□ Sp. *banca* bench, bank in gambling □ It. *banca* 'BANK^2'〗《米口語》 — *n.* (*pl.* ～**s**) **1** (不案内の者をだまして金を巻き上げる)詐欺, ぺてん. **2** とうしろ(藤四郎)だまし《トランプなどで相手の無知や未熟に乗じて金を巻き上げること, またそのゲーム》: a ～ man いかさま勝負師. — *vt.* 詐欺にかける, だます, かもにする (swindle).

bun·combe [bʌ́ŋkəm] *n.* ＝bunkum.

búnco stèerer *n.* 《米口語》いかさま師; (特に)そのさくら.

bund [bʌ́nd] 〖□ Hindi *band* ← Pers.〗 — *n.* **1** (インドなどの海岸や河岸の)築堤 (embankment); 堤防 (dike); 埠頭, 岸壁 (quay). **2** (中国・日本・韓国・タイなどの港市の)海岸通り, 沿岸道路, バンド. — *vt.* (インドなどで)…に堤防を築く (embank).

Bund 〖□ G ～ 'federation'〗 — *n.* (*pl.* ～**s**, **Bün·de** [býndə; G. býndə]) **1** [búnd, bʌ́nd, búnt; G. búnt] ブント, 親独協会《1936 年米国でドイツ系米人の間に組織された親ナチ党団体 German-American Bund の略称》. **2** [bʌ́nd] [b-] 同盟, 連盟 (alliance); (特に)政治団体. **～·ist** [-dɪst, -dəst | -dɪst] *n.*

Bun·del·khand [bʌ́ndḷkànd, -xànd] *n.* バンデルカンド《インド中部の地方; Madhya Pradesh 州の一部》.

bun·der [bʌ́ndə | -də(r)] 〖□ Hindi *bandar* ← Pers.〗 *n.* (インドなどの)岸壁; 荷揚場; 港.

búnder bòat *n.* (インドなどの)港内[沿岸]勤務船.

Bun·des·rat [búndəsrɑ̀ːt; G. búndəsràːt] 〖□ G ～ ← *Bundes* ((gen.) ← BUND)＋*Rat, Rath* council〗 — *n.* (*also* **Bun·des·rath** [～]) [the ～] **1** ブンデスラート《旧ドイツ帝国および西ドイツの連邦参議院(上院; cf. Bundestag)》. **2** オーストリアの上院. **3** スイスの連邦会議, 内閣.

Bun·des·tag [búndəstɑ̀ːg, -tɑ̀ːk; G. búndəstàːk] 〖□ G ～ ← *Bundes* (↑)＋*Tag* legislative assembly (cf. *tagen* to hold an assembly)〗 — *n.* [the ～] 西ドイツの下院 (Lower House) (cf. Bundesrat).

bun·dle [bʌ́ndḷ] 〖《*c*1331》□ MDu. *bondel*: cog. G *Bündel*: cf. OE *byndele* a binding together: ⇨ bind〗 — *n.* **1** (くくった物の)束; 巻いた物, (多くの物をまとめた)包み (package): a ～ of clothes, rags, etc. / a ～ of hay, sticks, straw, etc. / a ～ of letters, books, etc. / a blanket made into a ～ 巻いた毛布. **2** [通例軽蔑的に] (さまざまな物の)塊り, 組, 一団 (group, lot): a ～ of follies さまざまなばかげたこと / the worst scoundrel in the ～ 一味のうち最大の悪党. **3** 《俗》 **a** 大金. **b** 太った女. **4** 〖植物・解剖〗束; (心臓の刺激伝導系の)脚. ★ ラテン語系形容詞: fascicular. **5** 〖言語〗等語線 (isoglosses) の束 (cf. Benrath line). **6** 〖紡織〗バンドル《反物の単位》.
a bundle of nerves 非常に神経質な人, 神経の塊り. ***drop** one's **bundle*** 《豪俗》希望を失う, 屈服する, 手を上げる. ***go* [*do*] *a* [*the*] *bundle on*** 《俗》…に大金を賭ける; …が大好きだ: I *go a* ～ *on* you [tea].
bundle of His [-hɪs] 〖《なぞり》← G *Hissches Bündel* ← *Wilhelm His* (1863–1934: ドイツの解剖学者)〗〖解剖〗(心臓の)ヒス束.
bundle of isoglosses 〖言語〗＝bundle 5.
— *vt.* **1** 束にする, 束ねる, くくる; 包みにする, 包む 〈*up*〉. **2** ごっちゃに投げ込む, ほうり込む, ほうり出す (throw) 〈*in, away*〉: ～ clothes *into* a drawer 衣服をまるめて引出しにほうり込む. **3** さっさと行かせる, 追い出す 〈*off, out, away*〉; さっさと送り込む 〔*into*〕: She ～*d* her son *off to* school. 彼女は息子をさっさと学校へ送り出した / ～ a person *into* a car 人をさっさと車に乗り込ませる. — *vi.* **1** 荷物をまとめる; さっさと支度する. **2** さっさと行く, さっさと出て行く 〈*off, out, away*〉; さっさと入る 〔*into*〕: ～ *into* a car さっさと車に乗り込む. **3** 〈婚約中の男女が〉着衣のまま同じ床に寝る (cf. bundling).
bundle up (*vt.*) (1) ⇨ *vt.* 1. (2) 暖かく着物にくるむ: ～ *oneself up in* a blanket 毛布に暖かくくるまる. (*vi.*) 暖かく着物にくるまる.

bun·dler [-dlə, -dḷə | -dlə(r, -dḷə(r] *n.*

búndle shèath *n.* 〖植物〗維管束鞘(しょう).

bún·dling [-dlɪŋ, -dḷ-] *n.* (Wales や New England で)婚約中の男女が着衣のまま同じ寝床に寝た昔の習慣 (cf. bundle *vi.* 3).

bun·do·bust [bʌ́ndəbʌ̀st] 〖□ Hindi *band-o-bast* 《原義》tying and binding ← Pers.〗 — *n.* 《インド》(細目の)準備, 取決め (arrangement): make a good ～ 十分準備を調える.

bún-fìght 〖⇨ bun^1〗 *n.* 《英俗》お茶の会 (tea party).

bún fòot *n.* バンフット《扁平なボールのような型をした家具の脚; cf. melon foot, ball foot》.

bung^1 [bʌ́ŋ] 〖《1440》□ MDu. *bonghe* ← ? L *puncta* hole (p.p.) ← *pungere* to prick, punch〗 — *n.* **1 a** (bunghole の)栓, 樽口 (stopper). **b** ＝bunghole. **2** 酒類醸造家; 居酒屋の主人. **3** (屠殺獣の)盲腸[肛門]. — *vt.* **1** …に栓をする[さし込む], 〈穴を〉ぴったりふさぐ (stop) 〈*up*〉. **2** 《英俗》〈石などを〉投げつける (hurl); 投げ入れる[込む] 〈*in*〉. **3** 《俗》 **a** やっつける, 打ちのめす. **b** [しばしば Passive で] (傷つけて)はれ上がらせる 〈*up, down*〉: His eyes *were* ～*ed up*. 目がはれ上がっていた.
bung off 《学生語》逃げ出す (bunk). ***bung up*** (1) ⇨ *vt.* 1. (2) ⇨ *vt.* 3 b. (3) [しばしば Passive で] 大破させる, …に損傷を与える (damage).

bung^2 [bʌ́ŋ] 〖← Austral. 《土語》〗 *adj.* 《豪俗》死んで; 破産して; だめになって. ★ 通例次の句で: go ～ 死ぬ; 破産する; だめになる.

bung^3 [bʌ́ŋ] 〖← ?〗 *n.* 《英俗》うそ, 偽り (lie). ★ 次の句で: tell a ～.

bung·a·loid [bʌ́ŋgəlɔ̀ɪd] 〖⇨ ↓, -oid〗 *adj.* 《軽蔑》〈建物が〉バンガロー式住宅の; 〈街区が〉バンガロー式住宅の目立つ.

bun·ga·low [bʌ́ŋgəlòu | -lə̀u] 〖《1676》□ Gujarati *bangalo* □ Hindi *baṅglā* belonging to Bengal〗 — *n.* **1** バンガロー《インドなどに見られる広いベランダをめぐらせた草ぶきまたはかわらぶきの簡単な木造平屋の建物》. **2** バンガロー式住宅《屋根の傾斜のゆるい一階または一階半建ての建築で, 通例一方にベランダが付いている》.

bungalow 2

Bun·gay [bʌ́ŋgi | -gɪ] 〖← *Bungay* (イングランド Suffolk 州の地名) < OE *Buninga-eġ* ← *Buna* (人名): ⇨ -ing^3, island: この地の旧領主 Bigods 家の名を By God などと連想したため?〗 — *n.* 《英古・方言》地獄 (hell): Go to ～ (with you)! くたばってしまえ.

bun·gee [bʌndʒíː, ⸗⸗] 〖← ?〗 — *n.* 〖航空〗バンジー: **a** 航空機の操縦系統に使用されるばねの一種で, 操縦感覚の改良に使われる. **b** 艦載機の繋止に使用される緩衝ゴムひも.

bung-ho [bʌ̀ŋhóu | -hə́u] *int.* さよなら; 乾杯《別れや乾杯の時の言葉》.

búng·hòle *n.* **1** (樽の)口, 注ぎ口. **2** 《卑》＝anus.

bun·gle [bʌ́ŋgḷ] 〖《1530》← ? Scand.: cf. Swed. 《方言》*bangla*〗 — *vt.* へたにやる, しくじる, やり損なう: ～ a job. — *vi.* へまをやる (botch). — *n.* へま, しくじり, やり損ない, 失錯, 不手ぎわ: make a ～ of …をめちゃくちゃにする, だめにする.

bún·gler [-glə, -gḷə | -glə(r, -gḷə(r] *n.* へまをやる人, へまな職人, 不器用者.

bun·gle·some [bʌ́ŋgḷsəm] *adj.* 《米》へまな, 厄介な.

bún·gling [-glɪŋ, -gḷ-] *n.* へま[拙劣]な細工, 失策. *adj.* へまな, 不細工な, 無器用な. **～·ly** *adv.*

bun·gy [bʌ́ŋgi | -gɪ] 〖□ Hindi *bhaṅgī*〗 *n.* 《インド》(特に Bombay の)掃除人夫 (sweeper).

Bu·nin [búːnɪn; *Russ.* búnʲin], **Ivan Alekseevich** *n.* ブーニン《1870–1953; 晩年をフランスで暮らしたロシヤの詩人・小説家; Nobel 文学賞 (1933); *The Village* (1910)》.

bun·ion [bʌ́njən] 〖《*a*1718》□ ? OF *buigne* (F *bigne*) a swelling on the head ← ? Gmc (cf. MHG *bunge* lump)〗 — *n.* 〖病理〗バニオン, 腱膜瘤, 母滑液嚢腫(しゅ), 底豆《足, 特に親指の内側の腫大症; 母趾球の滑液包の腫脹》: a ～ plaster 底豆用膏薬.

bunk^1 [bʌ́ŋk] 〖《1770》《略》← BUNKER^1〗 — *n.* **1 a** (船・列車・宿舎などの)壁に作りつけの寝台, 寝棚 (berth). **b** 《口語》寝台; (特に)狭い簡易寝台. **2** 《米》(トラックなどに渡した)横木. — *vi.* 《口語》 **1** (船などの)寝台[寝棚]に寝る; 寝る: ～ on the floor 床の上にごろ寝する. **2** 泊まる: ～ *with* an uncle for the night おじの所で一泊する. — *vt.* 〈人〉に寝る場所を与える.

bunk^2 [bʌ́ŋk] 〖《*c*1870》? ← BUNK^1〗《英俗》 — *n.* 逃亡 (flight): do a ～ 逐電する, ずらかる. — *vi.* 逃げ出す (make off): ～ across the sea 海を渡って逃げる. — *vt.* **1** 退学させる, 放校にする. **2** [～ it として] 逃げ出す.

bunk^3 [bʌ́ŋk] 〖《1900》《略》← BUNKUM〗《俗》 — *n.* ばかばかしいでたらめ, たわごと, だぼら (humbug): History is ～. 歴史はでたらめ《Henry Ford の有名な放言》. — *vt.* …にでたらめを言う, だます (fool).

búnk bèd *n.* (取りはずしのできるはしご付きの)二段ベッド.

búnk càr *n.* 〖鉄道〗＝camp car.

bun·ker [bʌ́ŋkə | -kə(r)] 〖《*a*1758》《変形》← 《スコット》*bonker* 《変形》← BANKER^3〗 — *n.* **1 a** (固定した)大箱, 石炭などを入れる)大容器; 石炭箱; 燃料庫: ⇨ coal-bunker / ～ capacity 燃料庫容量. **b** [*pl.*] ＝bunker coal. **2 a** 砂穴. **b** 〖ゴルフ〗バンカー《ゴルフコースの障害として設けられた砂・盛土などの区域; cf. sand trap 2》. **c** 障害物 (obstacle). **3** 〖軍事〗掩蓋(えんがい)陣地《人員・火器などを防護する半地下式の鉄筋コンクリート製構築物で, 銃眼つき》; 掩蔽壕(えんぺいごう)《丸太または土嚢(どのう)で補強したもの》. — *vt.* **1** 〈船〉に自船用の燃料を積み込む; 燃料庫に〈石炭・石油を〉積み入れる; 〈ばら荷などを〉(船から)倉庫に運び込む. **2** [通例 Passive で] **a** 〖ゴルフ〗〈ボールを〉バンカーに打ち込む; [Passive で] 〈人が〉ボールをバンカーに打ち込んで(困って)いる: *be* badly ～*ed* 〈プレーヤーが〉バンカーに打ち込んで困っている. **b** 《口語》窮地に陥らせる, 難局に巻き込む.

búnker còal *n.* (運炭船の)自船用炭.

búnker fùel *n.* バンカー油《船用ボイラーの燃料油》.

Bún·ker Hìll [bʌ́ŋkə- | -kə-] *n.* 米国 Massachusetts 州 Charlestown にある丘; 独立戦争における最初の大戦闘が隣接の Breed's Hill で行なわれた (1775).

búnker òil *n.* ＝bunker fuel.

búnk·hòuse *n.* 《米》(鉱夫・木こりなどの)小屋, 合宿所; 建設宿舎, 飯場(はんば).

bunk·ie [bʌ́ŋki | -kɪ] *n.* 《俗》＝bunkmate.

búnk·màte *n.* 《米》(兵舎の)宿泊室を共にする人; 隣りの寝棚の人.

bun·ko [bʌ́ŋkou | -kəu] *n.* (*pl.* ～**s**), *vt.* ＝bunco.

bun·kum [bʌ́ŋkəm] 〖《1828》← *Buncombe* (米国 North Carolina 州の地名): 同地方選出代議士 Felix Walker が第 16 国会 (1819–21) で選挙区民の人気つなぎのため無用の演説 (a speech for Buncombe) をしたことから〗 — *n.* **1** (選挙区の人を喜ばせるような)人気取り演説: pass a measure for ～ おみやげ案を通過させる, 選挙民を喜ばす. **2** 《口語》場当たりの話 (claptrap); くだらない[ふまじめな]話, たわいないこと (humbug): talk ～.

búnk-ùp *n.* 《英口語》持ち[押し]上げること: give a person a ～ 人を(後ろから)持ち上げてやる.

bunn [bʌ́n] *n.* ＝bun^1.

bun·nia [bʌ́njə] 〖□ Hindi *baniyā*: cf. banyan〗 *n.* (インドの)商人 (banyan).

bun·ny [bʌ́ni | -nɪ] 〖《1606》← BUN^2＋-Y^2〗 — *n.* **1 a** 《小児語》うさぎ, うさちゃん (rabbit). **b** 《口語》うさぎの毛皮: wear ～. **2** 〖米国のナイトクラブ Playboy Club のホステス達がうさぎの耳と尾をつけた水着に似せた制服を着ていたことから〗バニーガール (bunny girl) 《豊かな肉体をうさぎに似せた水着に包んでいるウエートレス》. **3** 《俗》 **a** かわいらしい女の子, かわいこちゃん. **b** (シーズンの時だけ)行楽地などをうろつく女の子: a beach ～. **4** 《卑》(レスビアンのための)売春婦; (ホモのための)男娼(だんしょう).

Bun·ny [bʌ́ni | -nɪ] 〖1: ← ?. 2: (dim.) ← BERNICE〗 *n.* **1** 男性名. **2** 女性名.

búnny gìrl *n.* ＝bunny 2.

búnny hùg *n.* バニーハッグ《20 世紀初頭米国に流行したラッグタイム曲に合わせてしっかり抱き合って踊る社交ダンス》.

bu·no·dont [bjúːnədɑ̀nt | -dɔ̀nt] 〖← Gk *bounós* mound＋-ODONT〗 *adj.* 丘状歯の《ブタ・カバなどの実っていない臼歯についていう; cf. lophodont》.

Bun·ra·ku, b- [bunrɑ́ːkuː] 〖《1920》□ Jap.〗 *n.* 文楽.

Bun·sen [búnzn, bʌ́nsn; G. búnzn], **Robert Wilhelm** *n.* ブンゼン《1811–99; ドイツの化学者, ブンゼン灯 (Bunsen burner) の発明者》.

Búnsen báttery [bʌ́nsn-] 〖↑〗 *n.* ブンゼン電池 (Bunsen's battery ともいう).

Búnsen búrner [**lámp**] [bʌ́nsn-] *n.* ブンゼンバーナー《化学実験などに用いるバーナー》.

bunt^1 [bʌ́nt] 〖《*c*1582》□ ? LG *Bunt* bundle: cf. Swed. *bunt* bundle〗 — *n.* **1** (きんちゃく網[旋網]の)袋網部, 魚捕(うおどり)部; これに似た物. **2** 〖海事〗帆腹《横帆の風をはらんで膨らむ部分; 帆桁にたたみ納めた帆の場合は中央部のやや膨らんだ部分》.
furl in a bunt ⇨ furl 成句.

bunt^2 [bʌ́nt] 〖← ?〗 *n.* 〖植物病理〗(小麦の)黒穂病 (smut).

bunt^3 [bʌ́nt] 〖《1767》《鼻音化変形》← BUTT^4〗 — *vt.* **1** 〈やぎ・子牛が〉頭[角]で突く, 押す (butt). **2** 〖野球〗〈ボールを〉バントする. — *vi.* **1** 〈やぎ・子牛が〉頭[角]で突く. **2** 〖野球〗バントする: ～ foul バントしてファウルになる. **3** 〖航空〗バントをする. — *n.* **1** 頭や角の突撃, 頭(ず)突き, 頭(ず)押し. **2** 〖野球〗バント; バントしたボール. **3** 〖航空〗バント《曲技飛行の一種; 逆宙返り 180°, 続いて 180° 横転を行なう》. **～·er** [-tə | -tə(r)] *n.*

bun·tal [bʌntɑ́ːl, bʌ́ntḷ | bʌntɑ́ːl, bʌ́ntḷ] 〖《1910》□ Tagalog *buntál*〗 *n.* フィリピンのタリポットヤシ (talipot) の葉から採れる繊維《帽子などを造る材料》.

bun·ting^1 [bʌ́ntɪŋ | -tɪŋ] 〖《?*a*1300》*b(o)unting* ← ?: cf. robin^1〗 — *n.* 〖鳥類〗ホオジロ科ホオジロ属 (*Emberiza*), ルリノジコ属 (*Passerina*), ユキホオジロ

属 (*Plectrophenax*) などの小鳥の総称.
bun·ting[2] [bʌ́ntɪŋ | -tɪŋ] 〚(1742) ← ? 《方言》*bunt* < ME *bonten* to sift // ⊏ G *bunt* parti-colored〛 — *n.* **1** 旗・幔幕用布地, 旗布. **2** [集合的] **a** (祝祭日などに街路・建物・船舶などを飾る)垂れ布[紙]. **b** (国旗の色を配した)旗類, 幔幕.
bun·ting[3] [bʌ́ntɪŋ | -tɪŋ] 〚《転用》? ← BUNTING[2] // BUNNY〛 — *n.* 《米》 **1** (幼児用のフードのついた外出用の)おくるみ. **2** 幼児用の衣類に用いる起毛した柔らかい布地.
bunt·line [bʌ́ntlàɪn, -lɪn, -lən | -làɪn] 〚← BUNT[1]〛 — *n.* 《海事》バントライン, 絞帆索《横帆のすそに取り付けた綱で, これを上に引いて帆すそを吊り上げて帆桁の上に畳む》.
bun·ton [bʌ́ntn] 〚《変形》← 《方言》*bunting* piece of squared timber ← *bunt* (← BUTT[3]) + -ING[1] 2〛 *n.* 《鉱山》= divider 5.
Bun·ty [bʌ́nti | -ti] 〚← *bunty* bumpy, short and stout: 子羊のペット名か〛 *n.* 男性名.
bun·ya bun·ya [bʌ́njəbʌ́njə] 〚⊏ Austral. 《土語》〛 — *n.* 《植物》ヒロハノナンヨウスギ (*Araucaria bidwillii*) 《オーストラリア原産の常緑針葉樹; 球果は大きくその種子を原住民は主食にする; 単に bunya ともいう》.
Bun·yan [bʌ́njən], **John** *n.* (1628–88) 英国の説教師・作家; *The Pilgrim's Progress* (1678).
Bunyan, Paul *n.* ⇨ Paul Bunyan.
Bun·yan·esque [bʌ̀njənésk] 〚⇨ -esque〛 — *adj.* **1** John Bunyan 作の寓意物語的な. **2 a** Paul Bunyan の物語に出てくるような. **b** 〈人・仕事など〉途方もなく大きい.
búnya pìne *n.* 《植物》= bunya bunya.
bun·yip [bʌ́njɪp] 〚⊏ Austral. 《土語》〛 *n.* **1** オーストラリア奥地の沼沢に住むといわれる怪物. **2** 《古》ぺてん師, 詐欺師 (impostor).
buo·na not·te [bwóunɑ:-nɑ́teɪ, -nɔ́(:)t- | bwɔ́unɑ:-nɔ́t-; *It.* bwɔ:nanɔ́tte] 〚⊏ It. ~ 'good night'〛 *It. int.* お休みなさい.
Buo·na·par·te [*It.* bwònapárte] *n.* Bonaparte のイタリア語名.
Buo·nar·ro·ti [*It.* bwònarró:ti] *n.* ⇨ Michelangelo.
buo·na se·ra [bwóunɑ:-seɪrɑ́: | bwɔ́u-; *It.* bwɔ:nasé:ra] 〚⊏ It. ~ 'good evening'〛 *It. int.* 今晩は; さようなら.
buon gior·no [bwóun-dʒɔ́ənou | bwɔ́un-dʒɔ́:nəu; *It.* bwɔ:ndʒórno] 〚⊏ It. ~ 'good day'〛 *It. int.* お早よう; 今日は; さようなら.
bu·oy [bú:i, búɪ, bɔ́ɪ | bɔ́ɪ] 〚(1296) *boi(e)* ⊏ MDu. *boeie* buoy ⊏ OF *boie* < L *boiam* fetter, (pl.) *boiae* ⊏ Gk *boeiai* (*dorai*) straps of ox-leather ← *boûs* ox〛 — *n.* 《海事》 **1** 浮標, ブイ《時に灯・笛・鐘などが付いている》: ⇨ anchor buoy, mooring buoy. **2** 救命ブイ (life buoy). — *vt.* **1** (ブイを付けて)浮かす, 浮かべておく 〈*up*〉. **2** …に浮標を付ける, 設標する; 〈岩・水路などを〉浮標で(その位置を)示す[仕切る] 〈*out, off*〉: ~ an anchor / ~ *off* a channel. **3** (精神的に)支持する; 激励する; (…の沈んだ心を)浮き立たせる 〈*up*〉: We were ~*ed up by* [*with*] good news. 吉報でとても元気づけられた[浮き立った]. — *vi.* 浮く, 浮かぶ, 浮き上がる 〈*up*〉.
bu·oy·age [bú:ɪɪdʒ, búɪ-, bɔ́ɪɪdʒ | bɔ́ɪɪdʒ] *n.* 《海事》 **1** 浮標設置, 設標. **2** [集合的] 浮標 (buoys). **3** 浮標式《浮標に関する規定・統制》. **4** 係船浮標使用料.
buoy·ance [bɔ́ɪəns, bú:jəns | bɔ́ɪəns] *n.* 《文語・詩》= buoyancy.
buoy·an·cy [bɔ́ɪənsi, bú:jən- | bɔ́ɪənsi] 〚(1713) ← BUOYANT + -CY〛 — *n.* **1** 浮力; 《静水力学》浮力; 《航空》静浮力: ⇨ CENTER of buoyancy. **2** (流体の)浮揚性[力]《物を浮かせる力》: a ~ chamber (魚雷の)浮室. **3** (気質などの)軽快, 楽天性; (打撃を受けても)すぐ起き上がる気力, 元気の回復力, 弾力性. **4** 《商業》(相場・価格などが)高水準を維持していること, 騰貴[上昇]傾向.
búoyancy tànk *n.* 《海事》浮力タンク《救命艇などの内部につけて, 浸水しても沈まないような浮力をもたせる水密容器》.
buoy·ant [bɔ́ɪənt, bú:jənt | bɔ́ɪənt] 〚(1578) ⊏ OF ~ // Sp. *boyante* ← *boyar* to float ← *boya* ⊏ OF *boie* 'BUOY': ⇨ -ant〛 — *adj.* **1** 〈気体・液体など〉浮揚性の; 〈物体など〉浮力のある; 浮きやすい, 浮かんでいる: a ~ mine 浮遊機雷. **2** 弾力(性)のある (elastic); 軽快な, 快活な (cheerful), 楽天的な (hopeful). **3** 〈相場・価格が〉騰貴[上昇]傾向にある. **~·ly** *adv.* **~·ness** *n.*
búoyant fòrce *n.* 《物理》浮力.
búoy bòat *n.* (捕鯨で)捕えた鯨を引く船.
Bu·pho·ni·a [bju:fóuniə | -fə́unɪə, -njə] 〚⊏ Gk *bouphonia* ← *boûs* ox〛 *n.* [時に複数扱い] = Dipolia.
bu·pres·tid [bju:préstɪd, -təd | -tɪd] 〚↓〛 《昆虫》 *n.* タマムシ《タマムシ科の甲虫の総称》. — *adj.* タマムシ(科)の.
Bu·pres·ti·dae [bju:préstədì: | -tɪ-] 〚← NL ~ ← *Buprestis* (属名: ← L *būprestis* ⊏ Gk *boúprēstis* ox-burner) + -IDAE〛 *n. pl.* 《昆虫》(鞘翅目)タマムシ科.
buq·sha [búkʃə] 〚⊏ Arab. *búqša*〛 *n.* (*pl.* ~, ~**s**) ブクシャ《イエメンアラブ共和国の通貨単位; = $^1/_{40}$ rial》.
bur[1] [bə́: | bə́:(r] 〚(?a1300) *burre* ← ON: cf. Dan. *burre*〛 — *n.* **1** (クリ・ゴボウなどの実にある)いが: stick like a ~ くっついたら容易に離れない. **2** いがのある実をつける雑草. **3** 《歯科》バー《歯の穴を掘るのに用いる縦みぞ付きポイント》. **4** = burr[1]. — *vt.* (**burred; bur·ring**) **1** …のいがを除く. **2** = burr[1] *vt.* 1.
bur[2] [bə́: | bə́:(r] *n.* = burr[2].
bur. 《略》bureau; buried.
Bur. 《略》Bureau; Burma; Burmese.
bu·ran [bu:rɑ́:n; *Russ.* burán] 〚⊏ Russ. ~ ← Turk.〛 — *n.* (シベリアなどの草原地方の)暴風《冬は猛吹雪と寒気, 夏は砂あらしを伴う》; それに似た猛吹雪[砂あらし].
Bur·bage [bə́:bɪdʒ | bə́:-], **Richard** *n.* (1567?–1619) 英国の俳優, Shakespeare の同僚.
Bur·bank [bə́:bæŋk | bə́:-] 〚← *Dr. D. Burbank* (この都市計画立案者の一人)〛 *n.* 米国 California 州南部, Los Angeles 郊外の都市; 人口 88,000.
Bur·bank [bə́:bæŋk | bə́:-], **Luther** *n.* (1849–1926) 米国の植物改良家.
Bur·ber·ry [bə́:bəri, -beri | bə́:bərɪ] 〚(1903) ← *Burberrys* (その製造元の英国の会社名)〛 — *n.* 《商標》バーバリ《レーンコートやオーバーコートなどに用いる毛織物の商品名》.
bur·ble [bə́:bl | bə́:-] 〚(*c*1303) *burble*(*n*) 《擬音語》: cf. bubble, gurgle〛 — *vi.* **1** 〈川などが〉ぶくぶくいう, さらさらと音を立てて流れる (bubble). **2** 〈人が〉(興奮して)ぺちゃくちゃしゃべる 〈*on, away*〉; ぶつぶついう; くつくつ笑う: ~ *with* rage, mirth, etc. **3** 《航空》〈気流が〉(乱流・渦流となって)剥離する. — *vt.* ぺちゃくちゃと言う, まくし立てる 〈*away, on*〉. — *n.* **1** ぶくぶくいう音. **2** ぶつぶついうこと; くつくつ笑うこと. **3** 《航空》流れの剥離 (cf. separation 7). **búr·bler** [-blə, -blə | -blə(r, -bl-] *n.* **búr·bly** [-bli | -blɪ] *adj.*
búrble pòint *n.* 《航空》剥離迎角 (cf. burble *n.* 3).
búrbling pòint *n.* 《航空》= burble point.
bur·bot [bə́:bət | bə́:-] 〚(1314–15) ⊏ (O)F *bourbotte* ← *bourbe* mud ← Gaul. **borva-* ← IE **bh(e)reu-* to boil〛 — *n.* (*pl.* ~, ~**s**) 《魚類》カワメンタイ (*Lota lota*) 《アジアとヨーロッパの北部に分布するタラ科の淡水魚; あごの下にひげが一本ある》.
Burck·hardt [bə́:khɑət | bə́:khɑ:t; *G.* búrkhart], **Jakob** *n.* ブルクハルト《1818–97; スイスの美術史家・文化史家; *Die Kultur der Renaissance in Italien*「イタリアルネサンスの文化」(1860)》.
búr clòver *n.* 《植物》ウマゴヤシ《とげのある莢果を生じるマメ科ウマゴヤシ属 (*Medicago*) の数種の植物の総称》; (特に)ウマゴヤシ (*M. denticulata*).
burd [bə́:d | bə́:d] 〚(?*a*1200) *birde* lady, maiden 《音位転換》← OE *brȳd* 'BRIDE[1]': cf. OE *byrde* well-born〛 *n.* 《スコット》淑女 (lady); 少女, 乙女.
bur·den[1] [bə́:dn | bə́:-] 〚(12C) *birden* 《変形》← OE *byrþen* load < (WGmc) **burþinnia* ← IE **bher-* 'to BEAR[2]': ⇨ -en[6]〛 — *n.* **1** 荷; (特に)重い荷物. **2** (義務・責任などの)重荷, (課税などの)負担 (obligation); (重荷となって)苦しめるもの, 心配, 苦しみ; 難渋: a ~ of responsibilities / a ~ of grief, sorrow, sin, etc. / He is a ~ *to* [*on*] his family. 彼は家族の厄介者[重荷]だ. **3 a** 荷物を運ぶこと: a ship [vessel] of ~ 荷船; 商船 / ⇨ BEAST of burden. **b** (船の)積荷の重量; 積載量[力] (tonnage): a ship of a hundred tons ~ 100 トン積みの船. **4** 《会計》製造間接費 (overhead), 総間接費《素価 (prime costs) に負担させる製造間接費・販売費および一般管理費》. **5** 《鉱山》**a** = overburden 2. **b** 被覆岩《有用鉱物の上を覆っている無価値の岩石や土砂; 発破で吹き飛ばす》.
the burden and heat of the day 一日の労苦と暑さ; 辛い仕事 (cf. *Matt.* 20:12; in the heat of the day ⇨ heat *n.* 1 a): bear [stand] *the ~ and heat of the day* 辛い仕事に耐える[を全部(引き受けて)やる].
burden of proof 〚《なぞり》← L *onus probandī*〛 [the —] 《法律》挙証責任, 立証責任: *The ~ of proof* rests with [is upon] him.
— *vt.* **1** [しばしば Passive または ~ *oneself* で] …に(荷を)負わせる; …に(重荷となるものを)負わせる[負担させる] 〔*with*〕: ~ an animal *with* a load 動物に荷を負わせる / ~ people *with* heavy taxes 人に重税を課する / He ~*ed himself with* a heavy bag. 重い袋をかかえていた / He *was ~ed with* debt. 彼は借金を背負っていた. **2** 〔心配などで〕悩ます, 苦しめる 〔*with*〕: ~ a person *with* a long account 長話で人を悩ます.
bur·den[2] [bə́:dn | bə́:-] 〚(1593) 《変形》← BOURDON: ↑ と連想された〛 — *n.* **1** (歌の)折返し句, 畳句, リフレーン; (踊りの)はやし歌, 連れ歌の句: like the ~ of a song 繰り返し繰り返し. **2** [the ~] (反復して説かれる)要旨, 主旨; テーマ: *the* ~ of one's plea 申し立ての要旨. **3** 《古》(音楽の)伴奏(部).
búr·dened *adj.* 《海事》〈船舶が〉避航義務のある, 先行権のある他船に水路を譲らねばならない (cf. privileged 3).
bur·den·some [bə́:dnsəm | bə́:-] 〚(1578) ← BURDEN[1] + -SOME[1]〛 — *adj.* 運びにくい: (耐え難い)負担となる, 重苦しい, わずらわしい, 厄介な: a ~ task. **~·ly** *adv.* **~·ness** *n.*
bur·dock [bə́:dɑk | bə́:dɔk] 〚(1597) ← BUR[1] + DOCK[1]〛 — *n.* 《植物》 **1** ゴボウ《ゴボウ属 (*Arctium*) の各種の植物の総称; その実にはいが (bur) があって, 衣服にくっつく; 英米では食用にしない》; (特に)ゴボウ (*A. lappa*). **2** = cocklebur 1.
bu·reau [bjú(ə)rou, bjúr- | bjúərəu, ‒́‒] 〚(1720) ⊏ F ~ 'desk, office' < OF *burel* cloth-covered table, 《原義》coarse woolen cloth ← ? *buire* dark-brown < VL **būrium* dark red ← L *burrus* fiery red ⊏ Gk *purrhós* red ← *pūr* fire〛 — *n.* (*pl.* ~**s**, **bu·reaux** [~z]) **1** 《英》**a** (引き出し付きの)書き物机, 事務机. **b** (下部は引き出し, 上部は開くと机に変わる)蓋付き事務机. **2** 《米》(通例, 鏡付きの寝室用)たんす (cf. CHEST of drawers, dresser[1] 1). **3 a** 《米》行政単位の一つ; (特に, 行政組織の)局《英国の department に当たる》: ⇨ Weather Bureau. **b** (関係資料や情報を集収・提供するための)事務[編集]局; 事務室[所]: an employment ~ 職業紹介所 / a ~ of information = information bureau / the Universities *Bureau* 《英》大学連盟事務局 / the Japan Travel *Bureau* 日本交通公社.

bureau 1 b

Bureau of Customs [the —] (米国財務省の)関税局.
Bureau of the Census [the —] (米国商務省の)国勢調査局《10 年ごとに米国の人口調査を行なう》.
Bureau of the Mint [the —] (米国財務省の)造幣局.
Bureau of the Printing [the —] (米国財務省の)印刷局.
National Bureau of Standards [the —] (米国商務省の)標準局《度量衡・材料の強度・成分の含有量などの検定を行なう》.
bu·reauc·ra·cy [bjuərɑ́krəsi, bjʊ(ə)r- | bjʊ(ə)rɔ́krəsɪ, -róuk-] 〚(1818) ⊏ F *bureaucratie*: ⇨ ↑, -cracy〛 — *n.* **1 a** 官僚政治. **b** 官僚主義; 官僚的形式主義. **2 a** [the ~] 官僚社会. **b** [集合的] 官僚; (会社などの組織で)官僚的な人達.
bu·reau·crat [bjú(ə)rəkræ̀t, -ro(u)- | bjúərə-] 〚(1842) ⊏ F *bureaucrate*: ⇨ bureau, -crat〛 — *n.* **1** 官吏, 役人《特に, 理知的判断ができないで, いたずらに官僚式に事務を執る人》. **2** 官僚主義の人, 官僚政治家. ★《米》ではこの語は特別の場合を除いて常に軽蔑的に用いられる.
bu·reau·crat·ic [bjʊ̀(ə)rəkrǽtɪk | bjʊ̀ərə(ʊ)krǽt-] 〚⊏ F *bureaucratique*: ⇨ ↑, -ic[1]〛 *adj.* 官僚的な, 官僚気質の; (官僚的)形式主義の, お役所的な.
bù·reau·crát·i·cal·ly *adv.*
bu·reau·crat·ism [bjʊ́(ə)rəkrætɪzm, bjʊ(ə)rɑ́krətɪzm | bjʊ́ərəkrætɪzm, bjʊrɔ́krətɪzm, -róuk-] *n.* 官僚主義[制度].
bu·reauc·ra·tize [bjʊ(ə)rɑ́krətàɪz | -rɔ́k-] 〚⇨ -ize〛 — *vt.* 官僚的にする, 官僚化する. — *vi.* 官僚的になる. **bu·reau·cra·ti·za·tion** [bjʊ(ə)rɑ̀krətɪzéɪʃən, -tə- | -rɔ̀krətaɪ-, -tɪ-] *n.*
Búreau Véritas *n.* = veritas 2.
bureaux *n.* bureau の複数形.
bu·re·lage [bù(ə)rəlɑ́:ʒ | bùər-; *F.* byrla:ʒ] 〚⊏ F ~ ← *burèle* barrulet 《逆成》← *burelé*: ⇨ ↓, -age〛 — *n.* 《郵趣》(変造や偽造を防ぐため郵便切手の地紋模様または裏側の模様となる線[点]から成る)網模様.
bu·re·lé [bù(ə)rəléɪ | bùər-; *F.* byrle] 〚⊏ F ~ (↓)〛 *adj.* 網模様 (burelage) のある: ~ paper.
bu·rel·ly [b(j)ú(ə)rəli | b(j)úərəlɪ] 〚⊏ OF *burelé* ← *burel*: ⇨ bureau〛 *adj.* (*also* **bu·re·ly** [~]) 《紋章》= barry.
bu·rette [bjʊ(ə)rét; *F.* byrɛt] 〚⊏ F ~ (dim.) ← *buire* bottle, vase〛 — *n.* (*also* **bu·ret** [~]) ビュレット《化学実験用の精密な度盛付きガラス管; 下部に滴下のための小口と活栓とがあり, 液体の体積を測る》.
burg [bə́:g | bə́:g] 〚(1753) ⊏ ML *burg-us* // G *Burg*: cf. borough〛 *n.* **1** (昔の)城市 (fortified town). **2** 《米口語》都市 (city), 町 (town).
-burg [bə̀:g | bə̀:g] 〚⇨ burgh, borough〛 [地名の第 2 構成素として]「市, 町」の意を表わす名詞連結形: Parkersburg, Johannesburg.
bur·gage [bə́:gɪdʒ | bə́:g-] 〚(*a*1376) ⊏ ML *burgāgium* township ← *burgus* 'BOROUGH': ⇨ -age〛 — *n.* **1** 《古》《英法》(一定の賃料を払って国王[領主]から許された)自治邑土地保有態様《例えば borough-English のような特殊の慣習法が適用された; cf. socage》. **2** 《古》《スコット法》(警邏 (watching and warding) 奉仕の代償として与えられた)国王直轄自治邑土地保有態様 (cf. feu).
Bur·gas [buəgɑ́:s | buə-; *Bulg.* burgás] *n.* ブルガス《ブルガリア東南部の海港; 黒海のブルガス湾 (Gulf of Burgas) に臨む; 人口 137,000》.
bur·gee [bə:dʒí:, ‒́‒ | bə́:dʒi:] 〚(1848) ⊏ F 《方言》*bourgeais* owner of a vessel: cf. burgess〛 — *n.* 《海事》(ヨットなどの)長い三角形または先が燕尾形になった旗.
Bur·gen·land [bə́:gənlæ̀nd, búəgənlɑ̀:nt | bə́:gənlæ̀nd, búəgənlɑ̀:nt; *G.* búrgənlànt] *n.* ブルゲンラント(州)《ハンガリーに隣接するオーストリア南東部の州; 人口 27,300, 面積 3,965 km^2 首都 Eisenstadt [áɪznʃtàt]》.
bur·geon [bə́:dʒən | bə́:-] 〚(?*a*1300) *burjoun* ⊏ OF *burjon* (F *bourgeon*) ← LL *burra* wool〛 — *n.* 芽 (bud), 新芽 (shoot). — *vi.* **1** 芽を出す, 芽ぐむ, もえ出る. **2** 伸びてゆく, 急に成長[発展]する: ~ *into*

substantial warfare 実質的戦争に発展する. — *vt.* 《まれ》〈芽などを〉出す (sprout).

búr·geon·ing *adj.* 伸びてゆく, 急に発展する: the ~ suburbs / his ~ talent 彼の伸びゆく才能.

burg·er [bə́ːgə | bə́ːgə(r)] 〘← HAMBURGER[1]〙 — *n.* **1** 《米口語》 =hamburger. **2** [通例複合語の第 2 構成素として] **a** ロールパンの中に(…を)(焼い[揚げ]て)入れたサンドイッチ: cheese*burger*, egg*burger*, pork*burger*, steak*burger*. **b** パンの上に(…を)載せたサンドイッチ: pizza*burger*.

Bur·ger [bə́ːgə | bə́ːgə(r)], **Warren E(arl)** *n.* (1907–) 米国の法律学者; 最高裁判所長官 (1969–).

bur·gess [bə́ːdʒɪs, -dʒəs | bə́ːdʒɪs, -dʒəs] 〘(?*a*1200) *burgeis* bourgeois ◻ OF < VL **burgensis* citizen ← LL *burgus* fortified place: cf. bourg, bourgeois〙 — *n.* **1** 《まれ》(自治都市 (borough) の)市民, 自由民, 公民 (citizen). **2** (英国の昔の自治市または大学選出の)代議士. **3** (米国の独立戦争前の) Virginia や Maryland の植民地議会 (House of Burgesses) 議員 (cf. delegate 2).

Bur·gess [bə́ːdʒɪs, -dʒəs | bə́ːdʒɪs, -dʒes] 〘↑〙 *n.* 男性名.

Burgess, Anthony *n.* (1917–) 英国の小説家; *A Clockwork Orange* (1962).

Burgess, Thornton Waldo *n.* (1874–1965) 米国の児童文学者.

burgh [bə́ːrou, bə́ːrə, bə́ːg | bə́ːg, bʌ́rə] 〘OE *burg* fortified place, castle: BOROUGH のスコットランド語形〙 — *n.* **1** 都市, 町; (特に, スコットランドの)自治都市(勅許状により特権を与えられた都市). **2** 《古》自治都市 (borough). **~·al** [bə́ːgəl | bə́ːgəl] *adj.*

-burgh [bəːrə, b(ə)rə, bəːg | b(ə)rə, bəːg] -burg の異形: Edin*burgh*, Pitts*burgh*.

bur·gher [bə́ːgə | bə́ːgə(r)] 〘(1568) ◻ Du. ~ // G *Bürger*: cf. borough〙 — *n.* **1** 公民, 市民 (citizen); (今は主に)中産階級の市民. **2** [通例 B-] **a** 《南アフリカ》ボーア人共和国の市民. **b** スリランカ (Sri Lanka) のオランダ[ポルトガル]系人植者の子孫.

Burgh·ley [bə́ːli | bə́ːlɪ], 1st Baron *n.* (1520–98) 英国の政治家, Elizabeth 一世に 40 年間仕え, 中道政策を堅持して近代英国の基礎を築かせた最大の功臣; 本名 William Cecil.

bur·glar [bə́ːglə | bə́ːglə(r)] 〘(1541) ◻ AF *burgler* = Anglo-L *burglātor* 《変形》? ← ML *burgātor* town thief ← LL *burgus*: ⇨ burgess〙 — *n.* 住居侵入者, 押込み, 強盗 (cf. burglary, housebreaker 1).

búrglar alàrm *n.* 盗難警報器, 防犯ベル.

bur·glar·i·ous [bəglέ(ə)riəs | bəːglέərɪ-] 〘(1769) ← BURGLARY + -OUS〙 — *adj.* **1** 住居侵入(犯)の[のような]: a ~ entry 住居侵入. **2** 住居侵入(犯)の目的に適した. **~·ly** *adv.*

bur·glar·ize [bə́ːgləràɪz | bə́ː-] 〘(1871)〙 *vt., vi.* 《米口語》 =burgle.

búrglar·pròof *adj.* 盗難よけの: a ~ door, lock, etc.

bur·gla·ry [bə́ːgləri | bə́ːglərɪ] 〘(1532–33) ◻ AF *burglarie*: ⇨ burglar, -y[1]〙 — *n.* (窃盗・傷害・強姦などを目的とする)住居侵入(罪), 押込み, 強盗(行為)(《英法》では以前は「夜間」の行為に用いた; cf. housebreaking 1): commit ~ 住居侵入をする.

búrglary insùrance *n.* 盗難保険.

bur·gle [bə́ːgl̩ | bə́ː-] 〘(1872) 《逆成》 ← BURGLAR〙 《口語》 — *vt.* 〈家・人などに〉住居侵入を働く; 〈他人の家〉に押し入って強奪する (rifle): ~ a house 家に押し入る / ~ a safe 金庫を破る / I've been ~*d*. 住居に侵入された. — *vi.* 住居侵入を働く.

bur·go·mas·ter [bə́ːgəmæ̀stə | bə́ːgə(ʊ)mɑ̀ːstə(r)] 〘(1592) 《部分訳》 ← Du. *burgemeester* ← *burg* town + *meester* master〙 — *n.* (オランダ・ドイツ・オーストリア・ベルギー Flanders 地方の)市長(英国の mayor に当たる).

bur·go·net [bə́ːgənət, -nɪt, bə̀ːgənét | bə́ːgənèt] 〘(1563–87) ◻ OF *bourguignotte* ← *Bourgogne* Burgundy: ⇨ -et〙 — *n.* (16–17 世紀ごろの)軽装かぶと(通例, 面頬(ほお) (buffe) が付いている; ⇨ half-armor 挿絵).

bur·goo [bə́ːguː, ―⌣ | bə́ːguː, ―⌣] 〘(1743) ◻ ? Arab. & Turk. *búrghul* ◻ Pers. *bulgūr* bruised food〙 — *n.* (*pl.* **~s**) **1** 《海事俗》(船乗りの食べる)オートミール (porridge). **2** 堅パンと糖蜜を一緒に調理したもの. **3** 《米方言》 **a** 肉や野菜・香辛料などで作った濃いスープ. **b** このスープが出されるピクニック[野外パーティー].

Bur·gos [búəgous | búəgəus; *Sp.* búrɣos] *n.* ブルゴス(スペイン北部の都市; 有名な大寺院がある; 人口 120,000).

Bur·goyne [bə́ːgɔɪn, ―⌣ | bə́ːgɔɪn, ―⌣], **John** *n.* (1722–92) 米国独立戦争における英国の将軍; Saratoga の戦いで独立軍に降伏した.

búr gràss *n.* 《植物》 =sandbur 2.

bur·grave [bə́ːgreɪv | bə́ː-] 〘◻ G *Burggraf*: ⇨ borough, Graf〙 — *n.* [しばしば B-] **1** (12–13 世紀ドイツの)神聖ローマ帝国下の都市の裁判権をもつ軍事長官. **2** (ドイツの昔の)城市やその近隣の世襲による支配.

Bur·gun·di·an [bə(ː)gʌ́ndiən | bə(ː)gʌ́ndɪən, -djən] *adj.* ブルゴーニュ (Burgundy) の, ブルゴーニュ人の. — *n.* **1** ブルグント族(5 世紀にゴール地方に侵入して王国を築いたゲルマン部族). **2** ブルゴーニュ人.

Bur·gun·dy[1] [bə́ːgəndi | bə́ːgəndɪ] 〘◻ ML *Burgundia* ← LL *Burgundiōnēs* 《原義》 highlanders〙 — *n.* ブルゴーニュ(フランス東部の地方; 昔は王国・公国; フランス語名 Bourgogne).

Bur·gun·dy[2], **b-** [bə́ːgəndi | bə́ːgəndɪ] 〘(1672): ↑〙 — *n.* **1 a** ブルゴーニュ(ワイン)(フランス Burgundy 地方産のテーブルワイン (table wine) として飲用される赤白両種のぶどう酒で, Bordeaux より香味・こくとも強い). **b** ブルゴーニュワインに類似した赤ぶどう酒. **2** ブルゴーニュソース (Burgundy sauce)(赤ぶどう酒とエスパニオールソースとを混ぜて作る). **3** ブルゴーニュワインの赤色, 赤茶褐色; 暗紅色. — *adj.* 赤茶褐色の: ~ brick walls.

burh·el [bə́ːrəl | bʌ́r-] 〘◻ Hindi *bharal*〙 *n.* 《動物》 =bharal.

Bu·rhin·i·dae [bjurínədiː | -nɪ-] 〘← NL ~ *Burhinus* (属名: ← Gk *boûs* cow) + -IDAE〙 *n. pl.* 《鳥類》イシチドリ科.

bur·i·al [bériəl | bérɪ-] 〘(16C) ← BURY + -AL[2] (cf. funeral) ∞ ME *buriel* 《逆成》 ← OE *byrgels* burying place ← Gmc **burʒ-* (⇨ bury) + *-*ils*, *-*isli* (⇨ -le[1])〙 — *n.* **1** 埋葬(式) (cf. funeral): ~ at sea [on shore] 水[陸]葬 / buried with the ~ of an ass 《聖書》「ろばを埋めるがごとく埋められん」, 埋葬でなく屑山に捨てられる (*Jer.* 22.19). **2** 墓地, 墓.

búrial càse *n.* 《米》(埋葬用の)棺(金属または木製で, 通例装飾を施し裏をつけた長四角形の箱; cf. casket 2).

búrial gròund *n.* 墓地, 埋葬地.

búrial mòund *n.* 塚(つか); 埋葬塚.

búrial plàce *n.* =burial ground.

búrial sèrvice *n.* 埋葬式; (特に, 英国国教会の祈禱書中に定められている)埋葬式(祈禱)文.

búrial society *n.* 死亡[埋葬]保険組合(葬式費用の給付を目的とした保険組合).

Bu·riat [bʊrjɑ́ːt, -riɑ́ːt | bʊ̀(ə)rjɑ́ːt, -rɪɑ́ːt; *Russ.* burját] *n.* (*pl.* **~, ~s**) =Buryat.

Bú·ri·dan's áss [bjʊ́(ə)rədnz-, -dənz- | bjʊ́ərɪ-] 〘← *Jean Buridan* (この説を述べたと誤り伝えられた 14 世紀フランスの哲学者)〙 — *n.* ビュリダンのろば(一頭のろばから等距離の所に等質等量の乾草を置けば, ろばはどちらを先に食べようかと迷い続け, ついに餓死するに至るという詭(き)弁的な論理で 14 世紀の学徒間で大いに議論された).

búr·i·er 〘OE *byrgere*: ⇨ bury, -er[1]〙 *n.* 埋葬者.

bu·rin [bjʊ́(ə)rɪn, bə́ːr-, -rən | bjʊ́ərɪn] 〘(1662) ◻ F ~ (=It. *burino*) ← Gmc: cf. bore[2]〙 — *n.* **1 a** (銅版彫刻用)彫刻刀, ビュラン (graver) (cf. dry point 1). **b** 《まれ》(大理石彫刻用の)たがね. **2** (西ヨーロッパの旧石器時代およびシベリアの中石器時代の遺跡に主として見られる)たがねのような先端をもった石器, 彫刻刀形石器.

burins 1 a

bú·rin·ist [-rɪnɪst, -nəst | -nɪst] *n.* (銅版)彫刻師.

burk [bə́ːk | bə́ːk] *n.* =berk.

bur·ka[1] [bə́ːkə | bə́ː-] 〘◻ Hindi *burqaʼ* ◻ Arab. *búrquʼ*〙 *n.* (イスラム教徒の婦人が顔をおおう)頭巾(ずきん).

bur·ka[2] [búəkə | búə-; *Russ.* búrkə] 〘◻ Russ. ~ ← *buryi* dark brown〙 *n.* (ロシヤ人が着る)フェルト製の外套[マント].

burke[1] [bə́ːk | bə́ːk] 〘(1829) ← *William Burke* (1792–1829: 死体を解剖用に売るために多くの人を窒息死させたアイルランド人, Edinburgh で絞首刑)〙 — *vt.* **1** (解剖用に売るため死体をいためないように)〈人を〉扼殺[絞殺]する. **2** 〈議案・調査などを〉握りつぶす, うやむやに葬る, 〈風説などを〉もみ消す (suppress).

burke[2] [bə́ːk | bə́ːk] *n.* 《俗》 =berk.

Burke [bə́ːk | bə́ːk] *n.* 《口語》バーク貴族年鑑(アイルランドの系図学者 John Burke (1787–1848) が 1826 年に創刊した; Burke's Peerage ともいう; cf. Debrett).

Burke [bə́ːk | bə́ːk], **Edmund** *n.* (1729–97) アイルランド生まれの英国の政治家・雄弁家・著述家; *Thoughts on the Causes of the Present Discontents* (1770), *Reflections on the Revolution in France* (1790).

Burke, Kenneth (**Duva**) *n.* (1897–) 米国の批評家; *A Grammar of Motives* (1945).

Burke, Martha Jane *n.* ⇨ Calamity Jane.

Búr·kitt's lymphóma [bə́ːkɪts-, -kəts- | bə́ːkɪts-] 〘← *Dennis Burkitt* (この病気を 1957 年に確認した英国の医師)〙 — *n.* 《病理》バーキットリンパ腫(アフリカ中部の子供に多い悪性リンパ腫).

burl[1] [bə́ːl | bə́ːl] 〘(1440) ◻ OF *bourle* flock of wool < LL *burram* wool〙 — *n.* **1** (糸・毛布などの)節玉. **2** (樹木の)節こぶ(大きなものは薄く切って化粧板にする; cf. burlwood veneer). — *vt.* 〈毛布などの〉節玉[織むら]を取って仕上げる. **~·er** [-lə | -lə(r)] *n.*

burl[2] [bə́ːl | bə́ːl] 〘← ?: cf. birl[1]〙 *n.* 《俗》試み, テスト. ★ 主に次の句で: give it a ~ やってみる.

Burl [bə́ːl | bə́ːl] 〘ME *Byrle* ← OE *byrele* cup-bearer, steward ← *beran* 'to BEAR[2]'〙 *n.* 男性名.

bur·la·de·ro [bùələdé(ə)rou, bə̀ːlə- | bùələdéərəu, bə̀ːlə-; *Sp.* bùrlaðéro] 〘◻ Sp. ~ ← *burlar* to make fun of ← *burla* joke ← ?〙 *n.* (*pl.* **~s**) ブルラデロ(闘牛士が危険になったとき避難できるように闘牛場の塀に沿って設けられた木の楯形の保護物).

bur·lap [bə́ːlæp | bə́ː-] 〘《古形》 *borelap* ← ? ME *burel* coarse cloth (◻ OF: ⇨ bureau) + LAP[1]〙 — *n.* **1** 黄麻布, バーラップ (gunny)(袋・包装用のあらい平織りの黄麻・大麻などの麻布). **2** この布に似た軽い布(室内装飾や衣料に用いられる).

burled *adj.* 〈毛布など〉節玉のついた; 〈樹木など〉こぶのある.

Bur·leigh [bə́ːli | bə́ːlɪ] 〘《変形》 ← BURLEY〙 *n.* 男性名.

Burleigh, 1st Baron *n.* =1st Baron BURGHLEY.

bur·lesque [bəlésk, bəː- | bəː-] 〘(1656) ◻ F ~ ◻ It. *burlesco* ← *burla* mockery ← ?: cf. -esque〙 — *adj.* **1** 滑稽に作り替えた, 戯作的な, バーレスク風の: a ~ acting 道化所作. **2** 《古》ふざけた, おどけの. — *n.* **1** 《文学・芸術》バーレスク(真面目な事件や作品を戯画化した滑稽な作品). **2** (人の言動などの)滑稽な物まね[所作]. **3** 《米》 **a** バーレスク(滑稽な寸劇・漫才・歌・マーダンスからなる黒人楽団ショーの終わりの部分). **b** (しばしばストリップショーを呼び物にする)バラエティー. — *vt.* ばかばかしく滑稽に演じる[作り替える], 茶番化する, 茶化す, 戯画化する: ~ a person's way of talking 人の話し振りを滑稽にまねる. — *vi.* 戯画化する, 茶化す. **~·ly** *adv.* **bur·lésqu·er** *n.*

bur·let·ta [bɜəléṭə, bəː- | bəːlétə; *It.* burlétta] 〘◻ It. ~ (dim.) ← *burla* fun (↑)〙 — *n.* 《演劇》 **1** (小規模の)喜歌劇. **2** (18 世紀後半英国で盛んだった, 全部歌から成る)喜歌劇.

bur·ley[1], **B-** [bə́ːli | bə́ːlɪ] 〘← ? *Burley* (栽培者の名)〙 — *n.* バーレー(薄葉たばこの一種; 赤白の 2 種類あり, 米国 Kentucky 州や Ohio 州南部などで栽培され, 主として巻きたばこに用いられるが, かみたばこ・パイプ用の混合たばこの原料ともなる).

bur·ley[2] [bə́ːli | bə́ːlɪ] 〘← BURL(ESQUE) + -EY〙 *n.* 《米口語》 =burlesque 3.

Bur·ley [bə́ːli | bə́ːlɪ] 〘OE *burg(e)lēah* 'LEA[1] by a BURG': 地名に由来する〙 *n.* 男性名.

Bur·lin·game [bə́ːlɪŋgèɪm, -lən-, -lɪŋ- | bə́ːlɪn-, -lɪŋ-], **Anson** *n.* (1820–70) 米国の外交官.

Bur·ling·ton [bə́ːlɪŋtən | bə́ː-] *n.* **1** 米国 Vermont 州 Champlain 湖畔の港市; 人口 39,000. **2** カナダ Ontario 州南東部の都市; 人口 87,000.

Búrlington Hóuse *n.* London の Piccadilly 通りにある建物; 新旧 2 館あり旧館は王立美術院 (Royal Academy of Arts), 新館は各種の学会 (British Academy, British Association, Royal Society (1967 年まで), Geological Society, Chemical Society, Linnean Society) の本部.

búrl·wòod venéer 〘cf. burl[1]〙 *n.* 樹木のふしこぶ (burl) を薄く切って作った化粧板.

bur·ly [bə́ːli | bə́ːlɪ] 〘(*a*1250) *borlich* < ? OE *būrlić* handsome, fit for the bower ← *būr* 'BOWER[1]': ⇨ -ly[1]〙 — *adj.* (**bur·li·er, -li·est; more ~, most ~**) **1** 体の大きな, たくましい, 頑丈な (sturdy): a ~ bodyguard. **2** 単刀直入の; ぶっきらぼうな (bluff). — *n.* 《米俗》頑丈な体格の人; (特に)浮浪人. **búr·li·ly** [-lɪli, -lə- | -lɪ] *adv.* **búr·li·ness** *n.*

Bur·ma [bə́ːmə | bə́ː-] *n.* ビルマ(アジア南東部 Bengal 湾に臨む共和国; 人口 31,510,000, 面積 678,034 km², 首都 Rangoon; 公式名 the Socialist Republic of the Union of Burma ビルマ連邦社会主義共和国).

Bur·man [bə́ːmən | bə́ː-] *n.* (*pl.* **~s**) ビルマ人; (特に)モンゴル系ビルマ人. — *adj.* =Burmese.

Bur·man·ni·a·ce·ae [bəːmæ̀niéɪsiː | bəːmæ̀nɪ-] 〘← NL ~ ← *Burmannia* (属名: ← *Johannes Burmann* (1706–1779: オランダの植物学者) + -IA[1]) + -ACEAE〙 — *n. pl.* 《植物》(単子葉植物ラン目)ヒナノシャクジョウ科. **bur·màn·ni·á·ceous** [-ʃəs] *adj.*

búr márigold *n.* 《植物》タウコギ, センダングサ(キク科タウコギ属 (*Bidens*) の植物の総称; キンバイタウコギ (*B. aurea*) など; cf. sticktight).

Búrma Róad *n.* [the ~] ビルマルート(ビルマの Lashio から中国雲南省昆明 (Kunming) に至る第二次大戦の戦略的道路; 後に重慶まで伸びた).

Bur·mese [bəːmíːz, -míːs | bəːmíːz] 〘⇨ -ese〙 *adj.* ビルマの; ビルマ人[語]の. — *n.* (*pl.* ~) **1** ビルマ人. **2** ビルマ語. **3** =Burmese cat.

Búrmese cát *n.* ビルマネコ(シャムネコに似ているが, 色はさらに濃く目はオレンジ色; シャムネコとペルシャネコの雑種との説がある).

Búrmese jáde *n.* 《鉱物》硬玉, ひすい(宝石に用いる).

burn[1] [bə́ːn | bə́ːn] 〘OE *burne*, *burna* (G *Born*) 《音位転換》 ← Gmc **brunnon*, **brunnaz* (G *Brunnen* spring) ← IE **bh(e)reu-* (↓)〙 — *n.* 《北英・スコット》小川 (brook) (cf. bourn[1]).

burn[2] [bə́ːn | bə́ːn] 〘OE *birnan* (vi.) 《音位転換》 ← Gmc **brennan*) & *bærnan* (vt.) 《音位転換》 ← Gmc **brannjan*) ← IE **bh(e)reu-*, **bher-* to boil: ⇨ bread: 今の発音は vi. から, 弱変化は vt. から; つづりは中西部方言形か ME *burnen* to burnish の影響〙 — *v.* (**~ed, burnt** [bə́ːnt | bə́ːnt]) ★ 《米》では burned, 《英》では burnt を多く用いる傾向がある. — *vi.* **1** [しばしば形容詞を補語として] **a** 〈火・燃料・物などが〉燃える, 焼ける: ~ inwardly くすぶる / ~ bright(ly) 赤々と燃える / ~ blue [red, white] 青い[赤い, 白い]火を発して燃える / ~ with flame 炎を上げて燃える / Damp wood will not ~. 湿った木は中々燃えない / The fire has ~*ed* low. 火力が衰えてきた. **b** 〈暖炉・ストーブなどが〉燃える: The stove is ~*ing* bright(ly). ストーブ(に火)が赤々と燃えている. **2 a** [しばしば形容詞を補語として] 〈肉・パンなどが〉焦げる, 焦げつく: ~ brown 茶色に焦げる / ~ dry 〈煮物

などが〉焦げつく / The bacon has ~*ed* (black). ベーコンが(真黒に)焦げてしまった / There's a smell of ~*ing*. 焦げ臭いぞ；きな臭いよ (cf. *vi.*1 a). **b** 〈肌・人が〉日に焼ける：She [Her skin] ~*s* easily. 彼女[彼女の肌]はすぐ日焼けする. **c** 〈道路・地面などが〉(日に照らされて)熱い, 焼ける：The sands ~*ed* under the summer sun. 砂浜は夏の日射しを受けて焼けつくように熱かった. **3 a** 〈灯火が〉輝く, 照る：The lights ~*ed* (bright) all night. 明かりは一晩中(明々と)ついていた. **b** 〈窓などが〉(日に)映(は)える：windows ~*ing* in the rising sun 朝日を受けて明るく輝く窓. **c** 〈草花が〉燃えるように咲く. **4 a** 〈顔・頭などが〉燃えるように感じる[熱い]；ほてる, かっとなる；〈傷口が〉熱くうずく：~ *with* fever 〈頭が〉熱があって燃えるように熱い / I [My cheeks] ~*ed with* shame. 恥ずかしくてほおがほてった / The [My] ears ~. 耳がほてる；「くしゃみが出る」《どこかでうわさされているらしい》. **b** 〈人が〉〔愛憎・怒り・焦燥の念などに〕燃える〔*with*〕：~ *with* love 恋の炎を燃やす / ~ *with* passion 怒ってかっとなる / She is ~*ing with* curiosity. 好奇心に燃えている. **c** しきりに〔…を〕求める〔*for*〕；しきりに…したがる (yearn) 〈*to do*〉：He was ~*ing to* tell the truth. 本当のことが言いたくてむずむずしていた. **d** 〈愛憎・怒り・情熱などが〉燃える：Anger ~*ed* within him. 腹の中が怒りで煮えくり返った. **5** 焼けるような感じを与える；〈飲食物・薬品などが〉ひりひり[ぴりぴり]する：The iodine ~*ed* so. ヨードチンキのしみたことといったら. **6** 〈言葉・印象・光景などが〉〔心・記憶などに〕焼きつく〔*into*〕：His words ~*ed into* my heart. 彼の言葉が私の心に焼きついた. **7** かんかんに怒る；まったくうんざりする：His remark made her ~. 彼の言葉を聞いて彼女はひどく怒った[実に愛想が尽きた]. **8 a** 焼き殺される；(特に)火刑に処される《★ この意味では *vt.* 用法の方が普通》. **b** 《米俗》電気椅子で処刑される. **9** 〘遊戯〙(鬼が, 隠した物または当て物の答に近づいた時に)今一息だ,「火がついた」,「くさいぞ」：Now you're ~*ing*! さあ, お蔵に火がついたぞ. **10** 〘化学〙燃焼する；〈酸が〉〔金属を〕腐食する〔*into*〕. **11** 〘原子物理〙〈核物質が〉分裂[融合]する. **12** 〘宇宙〙〈宇宙船のエンジンが〉燃焼して推力を出す.

— *vt.* **1 a** 燃やす, 焼く, たく：~ rubbish がらくたを焼く / We shall ~ oil this winter. 今年の冬は石油をたこう / This stove ~*s* gas. このストーブはガスを燃料とする / This engine ~*s* much gasoline. このエンジンはガソリンを多く食う / The house was ~*ed to* ashes [the ground]. その家は全焼した. **b** 〈蠟燭(ろうそく)・ランプなどを〉ともす. **c** 〈香を〉たく. **2** [しばしば形容詞を目的補語として] **a** 焼き焦がす (scorch)：~ the carpet (たばこを落としたりして) じゅうたんを焦がす / ~ a toast black [*to* a crisp] トーストを真っ黒[かりかり]に焦がす / This soup is ~*ed*. このスープは焦げ臭い. **b** 〈日光が〉日焼けさせる (sunburn)；〈草木を〉しなびさす；〈地面を〉干上がらす：The grass has been ~*ed* brown by the sun. 草は日光で褐色に焼けている. **3 a** [しばしば ~ *oneself* または Passive で] (火で)やけどさせる (cf. scald[1] 1 a)：~ one's hand on an iron アイロンで手をやけどする / get ~*ed* on the leg 足にやけどする / He ~*ed himself* badly. 大やけどをした. **b** 〘外科〙焼灼(しょうしゃく)する (cauterize). **4 a** 〈焼印・銘などを〉〔…に〕焼き付ける (brand)〔*into, on*〕；〈穴を〉焼き抜く：~ a hole in one's coat 上衣に焼け穴をこしらえる / ⇨ *burn a* HOLE *in one's pocket*. **b** 〈思い出・信念などを〉〔心・記憶・人などに〕焼き付ける〔*in, into*〕：He had it ~*ed in* his mind. それを肝に銘じておいた. **c** [~ one's way として] 〈言葉などが〉〔心などに〕焼きつく〔*into*〕. **5 a** (れんが・炭などを作るために)〈粘土・木などを〉焼く, 焼き固める〔*into*〕：~ wood *into* charcoal 木を焼いて炭を造る. **b** 〈れんが・炭・陶器・石灰などを〉焼いて造る, 焼く：~ charcoal 炭を焼く. **6 a** 焼き殺す；(特に)火刑に処する：~ a person to death 人を焼き殺す[火刑に処する] / be ~*ed* alive [at the stake] 火あぶりにされる. **b** 《米俗》電気椅子で処刑する (electrocute). **7** 〈飲食物・薬品などが〉…に焼けるような感じを与える, ぴりつかせる：Mustard ~*s* the tongue. からしは舌をひりひりさせる. **8** 〈精力などを〉むだに使う, 浪費する (squander). **9** [しばしば Passive で]《口語》(まんまと)だます, (うまく)かつぐ (cheat)：~ a person *for* his money 人をだまして金を巻き上げる / He *was* ~*ed over* the deal. その取引でまんまと一杯食わされた. **10** 〘化学〙燃焼させる. **11** 〘冶金〙炎で酸化させる；焼き継ぎする. **12** 〘生理〙〈体内の脂肪などを〉エネルギーに変換する. **13** 〘原子力〙〈ウランなどの〉核エネルギーを利用する (cf. burnup 2)；〈核燃料を〉燃焼[核分裂]させる. **14** 〘宇宙〙〈宇宙船のエンジンを〉燃焼させる. **15** 《俗》〘トランプ〙(底札を見られない用心に)〈カードを〉1 枚表向きにして底 (bottum) にまわす.

burn away (*vi.*) (1) 燃え続ける；燃えてしまう. (2) 〈もやなどが〉消散する. (*vt.*) 焼き払う, 焼き落とす. ***burn*** *one's* ***boats*** [***bridges, ships***] (***behind*** one) 背水の陣を敷く, 捨身でかかる. ***burn down*** (*vt.*) すっかり燃やしてしまう：The whole village was ~*ed down*. 村は火災で全滅した. (*vi.*) (1) 全焼する. (2) 〈火力が〉衰える, 下火になる (burn low). ***burn in*** (1) 〈印象などを〉焼きつける (cf. *vt.* 4 b)：~ it *in on* one's brain それを脳裏に焼きつける. (2) 〘写真〙〈印画の一部を〉焼き込む (cf. dodge *vt.* 4). ***burn off*** (*vt.*) (1) (開墾などのため)〈切り株・土地などを〉焼き払う. (2) 熱して〈ペンキ・ニスなどを〉除く. (3) 〈日光が〉〈雲・霧などを〉消散させる. (*vi.*) (1) 焼き尽きる. (2) [しばしば it を主語として]〈雲[霧]など〉が晴れあがる. ***burn out*** (*vt.*) (1) 〈建物などを〉焼き尽くす；燃え切らす：The fire ~*ed* itself *out*. 火事[火]は燃え尽きた. (2) [通例 Passive で] 焼け出す：He *was* ~*ed out* (*of* house and home). (家を)焼け出された. (3) [時に ~ *oneself out* として] (過労や不節制で)精力を使い果たす, へばる, あごを出す：I fear that he will ~ *himself out*. 彼は働き過ぎて体をこわしはしまいかと心配だ. (4) 〘機械・電気〙〈モーター・コイル・ヒューズなどを〉焼き切る. (*vi.*) (1) 燃え切る. (2) 〈熱意などが〉燃え尽きる, 冷(さ)める；〈怒りなどが〉収まる. (3) 〈土壌などが〉瘠(や)せる. (4) 〘機械・電気〙〈モーターなどが〉焼き切れる, 〈電球などが〉切れる. (5) 〘宇宙〙〈ロケットが〉推進剤を燃やし尽くす. ***burn the earth*** [***wind***] 《米俗》全速力で行く[走る]. ***burn the midnight oil*** ⇨ oil 成句. ***burn up*** (*vt.*) (1) 焼き尽くす[払う]：~ *up* trash [papers] くず[書類]を焼却する (2) 《米口語》〈人を〉怒らせる, いらいらさせる；しかりつける (scold)：His rudeness ~*ed* them *up*. 彼の無礼な態度に皆がじりじりした[怒った]. (3) 《口語》〈車などが〉〈道路を〉全速力でぶっ飛ばす：~ *up* the road [miles]. (4) 《口語》〈ガソリンなどを〉消費する. (*vi.*) (1) ぱっと燃え上がる. (2) 燃え尽きる：His house ~*ed up* last night. 彼の家は昨夜焼失した. (3) 《米口語》〈人が〉かっと怒る, ひどくいらいらする. (4) ぶっ飛ばす. ***have*** *something* ***to burn*** (焼いて捨てたいくらい)たくさん[あり余るほど]もっている：*have* money *to* ~ 掃いて捨てるほど金をもっている / He *has* time *to* ~. 時間があり余っている.

— *n.* **1 a** やけど《火・熱・薬品・電気・放射能などによるもの》：a ~ on one's hand 手のやけど. ★ やけどは程度によって次の 3 段階に分類される：first-degree burn (第一度熱傷), second-degree burn (第二度熱傷), third-degree burn (第三度熱傷). **b** 日焼け (sunburn). **c** 焼けるような[ひりひりする]感じ. **2** 焼焦がし, 焼跡：a ~ on one's dress 服の焼焦がし. **3** 《米・豪》**a** (耕作・開拓のための)土地・森林の焼却. **b** 土地[森林]を焼却して作った畑地[開拓地]. **4** (れんが・陶器などの)製造, 焼成. **5** [slow ~ として]《口語》込み上げる怒り[いらいら]：do a *slow* ~ 徐々に激しい怒りを示す / A *slow* ~ began inside me. だんだん腹が立って[いらいらして]きた. **6** 《俗》(巻き)たばこ：have a ~ (巻き)たばこを吸う. **7** 《俗》自動車レース. **8** 〘宇宙〙ロケットエンジンが燃焼噴射すること.

burn·a·ble [bə́ːnəbl | bə́ːn-] *adj.* 燃えやすい, 燃焼性の. — *n.* 可燃物《がらくた・ごみなどの廃物》.

búrnable póison *n.* 〘原子力〙可燃毒(物質).

búrn ártist *n.* 《米俗》にせの[品質のよくない]麻薬を売る人.

búrned cláy *n.* 煅焼(たんしょう)粘土《粘土・れんが土などあるいはそれらで造られた器物を 700°C 以上で焼いたもの》.

búrned-óut *adj.* **1** 焼き尽した；焼け出された. **2** 〈モーター・電球など〉焼き切れた. **3** 〈熱意など〉燃え尽きた；〈人が〉精力など使い果たした, 疲れ切った. **4** 〘写真〙〈ネガ・印画など〉露出過度の, 露出過度でディテールのなくなった.

Burne-Jones [bə́ːndʒóunz | bə́ːndʒə́unz], Sir **Edward** (**Coley**) *n.* (1833–98) 英国の画家, ラファエル前派 (Pre-Raphaelite) の一人.

búrn·er 〘ME〙 — *n.* **1** [修飾語を伴って] 焼く人：a brick ~ れんが製造人 / a charcoal ~ 炭焼(人). **2** 燃焼器；焼却炉；(石油ランプ・ガス灯の)火口, バーナー：⇨ gas burner.

bur·net [bə́ːnɪt, -nət, bəːnét, ㅡㅡ, bənét | bə́ːnɪt, -nət] 〘(*a*1325) ▭ OF *burnete, brunete* (dim.) ← *brun* brown：⇨ brunet〙 — *n.* **1** 〘植物〙ワレモコウ《バラ科ワレモコウ属 (*Sanguisorba*) の植物の総称；サラダバーネット (salad burnet) など》. **2** 〘昆虫〙= burnet moth.

Bur·net [bənét, bə́ːnɪt, -nət | bə́ːnɪt, -nət], Sir (**Frank**) **Mac·far·lane** [məkfáələn | -fáː-] *n.* (1899–) オーストラリアの免疫学者；Nobel 医学生理学賞 (1960).

búrnet mòth *n.* 〘昆虫〙ムツモンベニモンマダラ (*Zygaena filipendula*)《マダラガ科のガ；驚くと体節から有毒な液を出す》.

búrnet ròse *n.* 〘植物〙= Scotch rose.

Bur·nett [bə(ː)nét, bə́ːnɪt, -nət | bə(ː)nét, bə́ːnɪt, -nət], **Frances** (**Eliza**) **Hodgson** *n.* (1849–1924) 英国生れの米国の女流小説家；*Little Lord Fauntleroy* (1886).

Bur·ney [bə́ːni | bə́ːni], **Fanny** *or* **Frances** *n.* (1752–1840) 英国の女流小説家・日記作家；*Evelina* (1778), *Cecilia* (1782)；別名 Madame d'Arblay.

Búrnham scàle [bə́ːnəm | bə́ː-] 〘← *H. L. W. Levy-Lawson, 1st Viscount Burnham* (1862–1933：この俸給表の採用を勧告した委員会の長)〙 — *n.* 《英》バーナム給与表《公費補助を受けている大学以外の教育機関の教師用の全国的俸給表；1924 年に始まる》.

búrn·ing 〘ME〙 — *adj.* **1** 燃えて[焼けて]いる, 燃焼中の. **2 a** 燃える[焼ける]ような, 非常に熱い：a ~ fever 燃えるような高熱 / a ~ sensation (舌・のどなどの)焼けるような感じ. **b** [副詞的に] 焼けるように：be ~ hot 焼けるように熱い. **3** (色彩・光など) 非常に明るい, 鮮やかな. **4** 〈熱・感情など〉激烈な, 強烈な (intense)；熱意に燃える：a ~ thirst 激しいかわき / ~ wrath 激怒 / ~ zeal 燃えるような熱心さ / a ~ scent 〘狩猟〙強烈な遺臭 (cf. blazing 4). **5** 〈問題など〉白熱している, 重大な (important), 焦眉の (urgent)：a ~ question 盛んに論議されている問題, やかましい問題 / a ~ issue 焦眉の問題. **6** 〈不愉快なこと・恥辱など〉目立つ, 不面目な, 言語道断な (scandalous)：a ~ disgrace [shame] 不面目な醜態[恥辱].

— *n.* **1** 燃焼. **2** 火あぶり(の刑). **3 a** 〘窯業〙〈れんが・陶器などの〉製造, 焼成. **b** 〘化学〙燃焼, 焼成, 焼け. **4** 《廃》炎症；(特に)性病. **~·ly** *adv.*

búrning búsh 〘cf. *Exod.* 3:2〙 *n.* 〘植物〙 **1** = wahoo[1] 1. **2** = fraxinella. **3** = broom cypress.

búrning ghàt *n.* ヒンズー教徒が死体を焼く川端の階段 (ghat) 上の平地.

búrning glàss *n.* 天日採りレンズ《凸(とつ)レンズ》.

búrning-ín *n.* 〘写真〙焼き込み (cf. BURN[2] *in* (2)).

búrning móuntain *n.* 火山 (volcano).

búrning òil *n.* 燃料油；(特に) = kerosene.

búrning pòint *n.* [the ~] 〘化学〙= fire point.

bur·nish [bə́ːnɪʃ | bə́ː-] 〘(*c*1330) *burnische*(*n*) ▭ OF *burniss-* (stem) ← *burnir* to make brown ← *brun* brown：⇨ brunet, -ish[2]〙 — *vt.* **1** 〈金属などを〉みがく, とぐ (polish)；…のつやを出す；ぴかぴかにする. **2** 〘印刷〙〈網版に〉つやべらがけをする《網点の頂を押しつぶして調子を濃くする》. **3** 〘歯科〙圧接研磨する. — *vi.* **1** ぴかぴかになる, 光沢が出る. **2** みがきがきく：This metal ~*es* well. この金属はみがけばよく光る. — *n.* つや, 光沢, 光り (polish).

búr·nished *adj.* みがいた；ぴかぴか光る, 光沢のある：a ~ mirror, shield, etc.

búrnished góld *n.* **1** 光沢のある金色《暗いオレンジがかった黄色から強い黄色がかった褐色までの色》. **2** 〘顔料〙金とスズの懸濁液《ガラス・陶磁器を赤色に着色するために用いられる；白金や銀を混ぜて種々色を変える》.

búr·nish·er 〘ME〙 *n.* **1** みがく人. **2** みがくもの, (象牙・鋼鉄などで造った歯科用などの)みがき器, バーニッシャー.

Burn·ley [bə́ːnli | bə́ːnlɪ] 〘ME *Burnlaia*《原義》lea on the river *Brun* (← *brūn* 'BROWN')：⇨ lea[1]〙 — *n.* イングランド Lancashire 州東部の都市；鉄工業, 綿織物業地；人口 93,000.

bur·nous [bə(ː)núːs, bə́ːnuːs | bəːnúːs] 〘(1695) ▭ F ~ ▭ Arab. *búrnus* ▭ Gk *bírros*〙 — *n.* (*also* **burnoose** [bə(ː)núːs, bə́ːnuːs | bəːnúːz]) **1** (1 枚のウール地から成る)フード付きマント型外衣《アラビア人・ムーア人などが防砂・防熱のために用いる》. **2** それに似た婦人用コート.

burnous 1

búrn·òut *n.* **1** 強力な火, 破壊力の大きな火事. **2** 使い尽くすこと, 枯渇. **3** 〘宇宙〙(ロケットエンジンの)燃焼終了. **4** 〘電気〙焼損《過電流による温度上昇のために電気器具が焼損じること》.

Burns [bə́ːnz | bə́ːnz], **Robert** *n.* (1759–96) スコットランドの国民詩人で, ほとんどの詩を方言を用いて作った；*Poems Chiefly in the Scottish Dialect* (1786).

Burn·side [bə́ːnsaɪd | bə́ːn-], **Ambrose E**(**verett**) *n.* (1824–81) 米国南北戦争における北軍の将軍.

burn·sides [bə́ːnsaɪdz | bə́ːn-] 〘↑：そのひげにちなむ〙 *n. pl.* 《米》豊かなほおひげ《ほおひげと口ひげを続け, あごはそっておく；cf. sideburns》.

burnsides

burnt [bə́ːnt | bə́ːnt] 〘ME *brunt*〙 — *v.* burn[2] の過去形・過去分詞.

— *adj.* **1** 燃焼した, 焼いた；焦げた：~ clay [plaster] 焼粘土[石膏(せっこう)] / a ~ taste 焦げた味 / taste ~ 焦げた味がする. **2** やけどした：The [A] ~ child dreads the fire. 《諺》やけどした子供は火を恐れる (cf.「羹(あつもの)に懲りて膾(なます)を吹く」). **3** 〈色が〉(普通より)濃い；〈絵の具など〉焼いて深味を増した：~ orange, rose, etc.

búrnt álmond *n.* [通例 *pl.*] アーモンド糖菓《焦がした砂糖で固めたアーモンド》.

búrnt álum *n.* 焼き明礬(みょうばん) (dried alum).

búrnt córk *n.* 焼きコルク《それを練ったり粉にしたものは眉毛をかいたり, 俳優が黒人に扮する時などの化粧に用いる》：a ~ artist 黒人に扮する白人の芸人.

búrnt-córk *vt.* 〈顔・手などを〉焼きコルクで化粧する.

búrnt líme *n.* 〘化学〙生石灰 (calcium oxide). しる.

búrnt ócher *n.* 焼黄土《赤色系絵の具》, 紅殻(べんがら).

búrnt óffering *n.* **1** 燔祭(はんさい)のいけにえ《獣を殺して祭壇の上で焼いて神に捧げるいけにえ》. **2** 《戯言》焦げた食べ物.

búrnt-óut *adj.* **1** = burned-out. **2** 〈ハンセン病患者が〉治癒(ちゆ)した：a ~ case ハンセン病治癒患者[症例].

búrnt sácrifice *n.* = burnt offering.

búrnt siénna *n.* **1** バーントシエナ, 代赭(たいしゃ)《raw sienna を焼いて造った赤褐色の顔料》. **2** 赤褐色, 濃い橙色.

búrnt úmber *n.* **1** バーントアンバー, 焼きアン

バー《umber を焼いて造った赤褐色の顔料》. **2** 赤褐色, 焦茶色.
búrn·ùp *n.* **1** 《英俗》(暴走族の)オートバイによる暴走[競走]. **2** 〚原子力〛(核燃料の)燃焼度, バーンアップ《核燃料が再処理までに燃焼(エネルギーを発生)した割合》.
búr òak 〚cf. bur¹〛 ── *n.* 〚植物〛北米中部・東部産の葉が白っぽいカシの一種 (*Quercus macrocarpa*)《長いいがに包まれた卵形のどんぐりがなり, また良質の木材がとれる》.
burp [bə́ːp | bə́ːp] 〚擬音語〛《俗》 ── *n.* げっぷ, おくび (belch). ── *vi.* げっぷをする. ── *vt.* (授乳後, 背中をたたいたりさすったりして)〈赤ん坊〉にげっぷをさせる.
búrp gùn 〚その発射音から〛 *n.* 《米軍俗》 =machine pistol.
burr¹ [bə́ː | bə́ː(r)] 〚《1611》: ⇨ bur¹〛 ── *n.* **1 a** (いがのように)くっつくもの: a ～ in the throat のどにつかえるように思える物, 声のしわがれ. **b** 取巻き, 子分 (hanger-on). **2** (銅版彫刻などの)あらい彫り縁[削り目, 刻み目], ぎざぎざ, まくれ, ばり《buhr ともいう》. **3** (縦溝のある)穴ぐり器 (reamer). **4** (特に, 樹木の)ふし, こぶ (burl). **5 a** リベットを作り上げる前にはめ込む座金(ざがね). **b** リベットを打つ時できるまくれ. **c** (板金から打ち抜いた)丸金. **6** ぎしぎし[ひゅうひゅう, ごうごう]いう音: the ～ of clogs, grasshoppers, etc. **7 a** 〚音声〛口蓋垂顫動(せんどう)音 [ʀ]; 舌先顫動音 [r]: ⇨ Northumbrian burr. **b** 荒いなまりの発音. **8** =bur¹. ── *vt.* **1 a** …にぎざぎざを付ける. **b** …からぎざぎざを取除く. **2** 〚音声〛口蓋垂顫動音の [ʀ] に発音する: ～ one's *r*'s. ── *vi.* **1** 不明確な[なまった]発音をする. **2** ぎしぎし[ひゅうひゅう]という音を立てる. **～·er** [bə́ː(r)ə | bə́ːrə(r)] *n.*
burr² [bə́ː | bə́ː(r)] 〚↑: 表面がざらざらしていることから〛 *n.* **1** =buhrstone. **2** (フランスの Paris 盆地第三紀層中にある一種の)ケイ石, 粗砥(あらと).
Burr [bə́ː | bə́ː(r)], **Aaron** *n.* (1756–1836) 米国の政治家; 副大統領 (1801–05); Alexander Hamilton と決闘をして致命傷を負わせた.
bur·ra·wang [bə́ː(r)əwæ̀ŋ | bʌ́r-] 〚← *Mt. Burrawang* (オーストラリアの New South Wales にある山)〛 ── *n.* 〚植物〛オーストラリア産ソテツ科 *Macrozamia* 属の植物の総称; (特に) *M. spiralis*; その堅果《現住民が食用とする》.
búrr cèll *n.* 〚病理〛いが状赤血球《ある種の溶血性貧血の際に見られる》.
búr rèed 〚cf. bur¹〛 *n.* 〚植物〛ミクリ《ミクリ科ミクリ属 (*Sparganium*) の植物の総称; ガマに似て水沢地に生じ, いがのある実をつける》.
búrr·fìsh 〚cf. burr¹〛 *n.* 〚魚類〛 =porcupine fish.
burrh·el [bə́ː(r)əl | bʌ́r-] *n.* 〚動物〛 =bharal.
búrr·ing machìne [bə́ː(r)ɪŋ- | bə́ːr-] *n.* 粗面削器.
bur·ro [bə́ː(r)ou, búrou, -rə | bʌ́rəu, búr-] 〚⊏Sp. ～ ← *borrico* small shaggy horse < L *burricus*〛 ── *n.* (*pl.* ～**s**) 《米南西部》ろば (donkey)《荷物運搬用に用いられるもの》.
búrr òak *n.* 〚植物〛 =bur oak.
Bur·roughs [bə́ː(r)ouz | bʌ́rəuz], **Edgar Rice** *n.* (1875–1950) 米国の冒険小説家; Tarzan 物で有名.
Burroughs, John *n.* (1837–1921) 米国の博物学者・随筆家; Whitman などとの交友は有名.
Burroughs, William (**Seward**) *n.* (1914–) 米国の小説家; *The Naked Lunch* (1959).
bur·row [bə́ː(r)ou | bʌ́rəu] 〚《?a1200》 *burgh*: cf. borough 'fortified or inhabited place'〛 ── *n.* **1** (ウサギ・キツネ・モグラなどの掘った)穴. **2** その穴に似た隠れ場[逃れ場]. ── *vi.* **1** 〔土中などに〕穴を掘る 〔*in*〕. **2 a** 穴(のような所)に住む; 穴[地下]に潜る, 潜伏する. **b** (土中を掘りながら)進む. **3** すり寄る (snuggle): She ～*ed against* his back for warmness. 体が温まるように彼の背に寄り添った. **4 a** 〔本などを〕捜し求める 〔*for*〕: ～ in the library *for* a book 図書館で本を捜す. **b** 〔大部の書籍などを〕調べる 〔*into*〕: ～ *into* archives 古文書の調査に没頭する. ── *vt.* **1 a** 〈土地・地面など〉に穴を掘る. **b** 〈穴・通路を〉掘る. **2** [しばしば ～ oneself で] (穴などに)〈身を〉隠す. **3** [～ one's way [passage] として] 穴を掘って[掘るようにして]進む; (穴を掘るようにして)押し進む: He ～*ed his way through* the crowd. 人混みの中を潜る[くぐる]ようにして進んだ. **4** すり寄せる (snuggle): ～ one's head *into* a person's shoulder 肩に頭をすり寄せる.
búr·row·er *n.* 穴を掘る動物; (特に)穴を掘ってそこにすむ動物《ウサギ・キツネ・モグラなど》.
búrrow·ing ówl *n.* 〚鳥類〛アナフクロウ (*Speotyto cunicularia*)《地中に穴を掘ってすむ南米北米の草原地帯に産するフクロウの一種》.
búrr·stòne *n.* =buhrstone.
bur·ru·wang [bə́ː(r)əwæ̀ŋ | bʌ́r-] *n.* 〚植物〛 =burrawang.
bur·ry [bə́ː(r)i | bə́ːri] *adj.* (**bur·ri·er**; **-ri·est**) **1 a** いがのある[多い]. **b** いがのような; とげのある, ちくちくする (prickly): ～ wool. **2** 〈発話が〉口蓋垂顫動(せんどう)音が特徴的に用いられる.
bur·sa [bə́ːsə | bə́ː-] 〚《1803》⊏ ML ～ 'bag' ⊏ Gk *búrsa* hide: cf. purse〛 ── *n.* (*pl.* ～**s**, **bur·sae** [-siː, -saɪ]) **1** 〚動物〛 **a** 包嚢(ほうのう) (sac). **b** =bursa copulatrix. **2** 〚解剖〛滑液包[嚢]. **3** (中世の大学の)学生寮, 寄宿舎. **búr·sal** [-səl, -sl] *adj.*
Bur·sa [buəsáː, bə́ːsə | buəsáː; *Turk.* búrsa] *n.* ブルサ《トルコ北西部の都市; 一時 Ottoman 帝国の首都; 人口 346,000; 旧名 Brusa》.
búrsa cop·u·lá·trix [-kɒ̀pjʊléɪtrɪks | -kɔ̀p-] 〚← NL ～ ← BURSA + *copulatrix* of copulation (⇨ copulate)〛 *n.* 〚動物〛交尾嚢, 交接嚢.
bursae *n.* bursa の複数形.
bur·sar [bə́ːsə, -saə | bə́ːsə(r)] 〚1: 《1587》⊏ ML *bursārius* ← L *bursa* (leather) bag: ⇨ bursa. ─2: 《1567》⊏ F *bours-ier* ← *bourse*: ⇨ burse〛 ── *n.* **1** (大学・修道院の)会計係, 出納係 (treasurer). **2** (スコットランドの大学などの)給費生, 奨学生. **3** (中世の)大学生.
bur·sar·i·al [bə(ː)sɛ́(ə)riəl | bə(ː)sɛ́ərɪ-] *adj.* **1** 会計係[課]の. **2** 給費の.
búr·sar·ship *n.* =bursary 2.
bur·sa·ry [bə́ːsəri | bə́ːs(ə)rɪ] 〚《1538》⊏ ML *bursāria*: ⇨ bursar, -y¹〛 *n.* **1** (大学・修道院の)会計課. **2** (英国の大学などの)給費基金, 奨学金 (scholarship).
Bur·schen·schaft [búəʃənʃɑ̀ːft | búə-; *G.* búrʃənʃaft] 〚⊏ G ～ ← *Bursch* student, 《原義》living on the same purse ← L *bursa* 'PURSE'〛 ── *n.* (*pl.* **-schen·schaf·ten** [-ʃɑ̀ːftən; *G.* -ʃaftn]) (ドイツの大学の)学生協会《本来の目的は修養的なものであったが, 今ではもっぱら社交機関》.
burse [bə́ːs | bə́ːs] 〚《1553》⊏ F *bourse* wallet < L *bursam* ⊏ Gk *búrsa* hide: cf. bursa, bourse〛 ── *n.* **1** ケース, 物入れ, 小袋. **2** (スコットランドの大学で)給費基金, 奨学金 (bursary). **3** 《廃》株式取引所 (bourse). **4** 〚カトリック〛ブルサ, 聖布嚢(せいふのう)《聖体布 (corporal) を入れるもの》.
búr·sèed *n.* 〚植物〛ムラサキ科ノムラサキ属の植物 (*Lappula echinata*)《その実にいががあって, 衣服にくっつく; cf. stickseed》.
Bur·ser·a·ce·ae [bə̀ːsəréɪsiiː | bə̀ː-] 〚← NL ～ ← *Bursera* (属名: ← *Joachim Burser* (1593–1649: ドイツの植物学者))+ -ACEAE〛 ── *n. pl.* 〚植物〛(双子葉植物フクロソウ目)カンラン科. **bùr·ser·á·ceous** [-ʃəs] *adj.*
bur·si·form [bə́ːsəfɔ̀əm | bə́ːsɪfɔ̀ːm] 〚← ML *bursa* (⇨ bursa)+ -I- + -FORM〛 *adj.* 〚解剖・動物〛袋の形をした, 袋[嚢(のう)]状の (saccate).
bur·si·tis [bə(ː)sáɪtɪs, -tɪs | bəːsáɪtɪs] 〚← NL ～ ← ML *bursa* (↑)+ -ITIS〛 *n.* 〚病理〛滑液包炎.
Burs·lem [bə́ːzləm | bə́ːz-] 〚ME *Borewardeslyme* < OE *Barcardeslim* ← *Burgheard* (人名)+ *lyme* (河名: cf. Welsh *llif* flood)〛 ── *n.* イングランド中西部, Staffordshire 州北部の町; 1910 年に Stoke-on-Trent の一部となった (⇨ Five Towns).
burst [bə́ːst | bə́ːst] 〚v.: OE *berstan* < Gmc **brestan* (G *bersten* / ON *bresta*) ← IE **bhres-* to break: cf. bruise. ─n.: 《1611》← (v.): cf. OE *byrst* injury〛 ── *v.* (～, 《古・方言》 ～·**ed**) ── *vi.* **1 a** 〈爆弾・ボイラー・瓶などが〉破裂する, 粉々に飛び散る, 爆発する: The balloon ～ with a bang. 風船がばーんと破裂した / Stop eating or you will ～. 食べるのをやめないと腹がはち切れるぞ. **b** 〈おでき・水泡(すいほう)などが〉破れる. **c** 〈ダムなどが〉決壊する. **d** 〈ロープなどが〉張り裂ける, はち切れる: The rope ～ *in* two. ロープがぷつんと 2 つに切れた. **2 a** 〈戸・窓・錠などが〉急に[ぱっと, 壊れて]開く: The door ～ open. 戸がぱっと開いた. **b** 〈タイヤが〉破裂[バースト]する. **c** 〈豆のさやなどが〉はじける. **d** 〈つぼみが〉ほころびる: The buds are ～*ing* on the cherry tree. 桜のつぼみがほころびかけている. **e** 〈花火などが〉ぱっと開く. **3 a** 〈胸が〉張り裂けんばかりである: My heart is ready to ～. 胸が張り裂けんばかりの思いだ. **b** [通例 ～*ing* の形で] 〔…で〕(張り裂けるばかりに)充満する, 一杯になる 〔*with*〕: be ～*ing with* health [happiness] 健康[幸福]ではち切れんばかりである / be ready to ～ *with* anger [a secret] 怒りを爆発させたくて[秘密を打ち明けたくて]うずうずしている / The hall was ～*ing with* the audience. ホールは観客で溢れんばかりだった. **c** [通例 ～*ing* の形で] 〈…したくて〉うずうずしている 〈*to* do〉: I am ～*ing to* tell him the news. 彼にそのことを知らせたくてたまらない. **4 a** 急に飛び出る[入り込む], 襲う; 勢いよく出る, 噴出する 〈*out*〉: ～ *into* [*out of*] a room 部屋に躍り込む[部屋から飛び出す] / A cry ～ *from* her lips. 突然彼女の口から悲鳴が上がった / They ～ *upon* the enemy's country. 突然敵国に侵入した / The car ～ *away*. その車は急に走り去った / The police ～ *in*. 警察がさっと踏み込んだ / He ～ *out of* [free *from*] the chains. 束縛を破って自由になった / The water ～ (*out*) *through* the chinks. 小さな割れ目から水が噴き出てきた. **b** 突然現われる: The blazing sun ～ *through* (the clouds). 突然燃えるような太陽が(雲間から)現われた / ～ *into* sight [view] 突然視野にはいる, 急に姿を現わす. **c** 突然〔視野・耳に〕はいる 〔*on, upon*〕: A new scene ～ *upon* our sight. 突然新しい光景が我々の目にはいって来た / A deafening explosion ～ *upon* their ears. 耳をつんざく爆発音が突然彼らの耳を襲った. **d** 〈戦争・病気・火炎などが〉突然起こる, 突発する 〈*out*〉. **5 a** [do*ing* を伴って] 突然…し出す 〈*out*〉: ～ *out* laughing [cry*ing*] どっと笑い出す[わっと泣き出す]. **b** 突然〔ある状態に〕なる, 急に〔ある行動を〕始める 〈*out*〉 〔*into*〕: ～ (*out*) *into* blossom [leaf] 急に咲き出す[芽吹く] / ～ (*out*) *into* flame(s) ぱっと燃え上がる / ～ (*out*) *into* song [speech] 急に歌い[しゃべり]出す / ～ (*out*) *into* laughter どっと笑い出す / ～ *into* rebellion 突然謀叛を起こす / ～ *into* tears [loud weeping] わっと泣き出す / He ～ (*out*) *into* angry words. かっとなって怒鳴りちらした.
── *vt.* **1** 破裂させる, 爆破する: ～ a balloon, tire, etc. / ～ a blood vessel ⇨ blood vessel. **2 a** 押し破る, 破り開く[切る]: ～ a chain 鎖を引きちぎる / ⇨ *burst one's* BUTTONS / ～ a door open = ～ open a door ドアをぱっと突き破って開ける / The river has ～ its banks. 川の水が堤防を押し破った / She's getting so fat that she'll soon ～ her clothes. 随分太ってきたので洋服がじきにはち切れそうだ. **b** 破って〈穴などを〉あける: ～ a hole *through* the wall 壁に穴をぶちあける. **c** [～ one's way として] 破って通る, 押し分けて進む: He ～ *his way through* the crowd. 人込みの中をかき分けて進んだ. **3** 〈束縛・拘束などを〉破る, 断ち切る; 〈陰謀などを〉打ち壊す: ～ one's restraints 抑制を断つ / ～ a conspiracy 陰謀をくじく / The prisoner ～ his bonds. その囚人は束縛を破って脱走した. **4** [～ oneself で] (食べ過ぎ・過労のために)身体を害する. **5** 《英俗》〈金を〉(どんちゃん騒ぎをして)じゃんじゃん使う.
burst away 《詩》突然[一目散に]逃げ出す. ***burst forth*** (1) にわかに現われる. (2) (やぶなどから)飛び出す. (3) 〈花などが〉ぱっと開く. (4) 〈怒り・叫び声などが〉どっと起こる. (5) 〈流行病・火災などが〉突発する; 〈嵐などが〉突然起こる. (6) 〈涙・血などが〉どっと出る, 噴出する. (7) 突然始める (cf. *vi.* 5): ～ *forth in* song [*into* apologies] 急に歌い[弁解を]始める. ***burst in*** (1) (ドアなど)内側に激しく開く[開ける] (2) 突入[侵入]する, 暴れ込む (cf. *vi.* 4 a.): He ～ *in* (*up*)*on* me with the news. 知らせを持って私の所へ飛び込んできた. (3) 〔話などを〕急にさえぎる 〔*on*〕; …と言って話を妨げる: ～ *in* (*up*)*on* a conversation [discussion] 会話[議論]に突然口をはさむ / 'Mind your own business,' he ～ *in* angrily. 「余計なお世話だ」と急に怒った口調で言葉をはさんだ. ***burst out*** (1) ⇨ 4 a, d, 5 a, b. (2) 突然叫ぶ, 急に気色ばんで言う (exclaim): He ～ *out*, 'Stop complaining.' 「ぐちはやめろ」と突然怒鳴った. ***burst out of*** …がはち切れるほど大きくなる[太る]: The child is ～*ing out of* his clothes. あの子は洋服がはちきれるほど太っている. ***burst up*** (1) 破裂する, 爆発する. (2) 破滅[破産]する, 倒産する.
── *n.* **1 a** 破裂, 炸裂, 爆発: ⇨ airburst. **b** 破裂個所, 裂け穴 (breach): a ～ in the embankment 堤防の決壊個所. **2 a** 激発, 突発 (outbreak); 噴出: a ～ of applause どっと起こる喝采 / a ～ of blood ほとばしる血潮 / a ～ of thunder 雷のとどろき, 急雷 / a renewed ～ of inflation インフレの再燃 / in a ～ of flame 突然[ぱっと]燃え上がって / in a ～ of anger 憤然として / with a ～ of speed 急に速力を出して / with a ～ of laughter どっと笑って. **b** 一奮発, 一気 (spurt); (馬の)一駆け: at a [one] ～ 一挙に, 一奮発して, 一気呵成(かせい)に / work in sudden ～*s* 時々思い出したように勢いよく働く / put on a final ～ ラストスパートをかける. **3** 突然眼界に開ける光景: a ～ of mountain and plain 突然展開する山野の景色. **4** 《英俗》飲み騒ぎ (spree): go on the ～ どんちゃん騒ぎをする. **5** 〚軍事〛 **a** (銃砲の)集中射撃; (機関銃などの引金の一引きによって連続的に発射される)一連射, 連続発射. **b** 爆煙《高射砲弾の炸裂に伴う煙のかたまり》. **6** 〚物理〛 **a** バースト《宇宙線によって一時に多数のイオンが作られる現象》. **b** バースト《シンクロトロンなどの高エネルギー加速器によって一度に加速されるビーム》.
búrst·er *n.* **1 a** 破壊する人, 爆発させる人. **b** (仕事として)ハンマーで石をたたき割る人. **2 a** 破壊する物, 爆発物. **b** 〚軍事〛(化学戦用の弾丸・爆弾・機雷などを爆発させその薬剤を飛散させる)炸薬筒(さくやくとう). **c** 〚軍事〛 =bursting charge. **3** =buster 4.
búrst·ing chàrge *n.* 〚軍事〛炸薬(さくやく)《弾丸・爆弾・機雷などを爆発させ破片効果・破壊効果などを生み出す》.
búrsting hèart *n.* 〚植物〛 =strawberry bush 1.
búrsting pòint *n.* [the ～] 自制心がきかなくなる時点, 堪忍袋の緒が切れる時.
búrsting strèngth *n.* **1** 破裂強度《物質が圧力を加えられ, それに耐えうる限界》. **2** 破裂に要する圧力.
búr·stòne 〚⇨ burr², stone〛 *n.* =buhrstone.
búrst·próof *adj.* 〈ドアの錠が〉破壊的打撃に耐える.
búrst·ùp *n.* (組織の)解体, 解散; (会社の)破産, 倒産.
Burt [bə́ːt | bə́ːt] 〚(dim.) ← ALBERT, BURTON, HERBERT: cf. Bert〛 *n.* 男性名.
bur·then¹ [bə́ːðən | bə́ː-] *n., vt.* 《古》 =burden¹.
bur·then² [bə́ːðən | bə́ː-] *n.* =burden².
bur·then·some [bə́ːðənsəm | bə́ː-] *adj.* 《古》 =burdensome.
bur·ton [bə́ːtn | bə́ː-] 〚《1704》《変形》? ← BRETON〛 *n.* 軽滑車装置 (tackle): ⇨ Spanish burton.
Bur·ton¹ [bə́ːtn | bə́ː-] 〚← OE *Burh-tūn* village by a burg, fortified manor: ⇨ burg, -ton: 地名に由来する家族名から〛 *n.* 男性名.
Bur·ton², **b-** [bə́ːtn | bə́ː-] *n.* 《英》Burton-on-Trent 産の強いエール (cf. Bass).
go for a burton [***Burton***] 《英俗》〈飛行士が〉戦死する; 〈人・物が〉行方不明になる, なくなる; 〈物が〉破壊される, だめになる.
Burton, Harold Hitz [hɪ́ts] *n.* (1888–1964) 米国の

法律家; 最高裁判所陪席判事 (1945–58).

Burton, Richard (Jenkins) *n.* (1925–) 英国の俳優.

Burton, Sir **Richard Francis** *n.* (1821–90) 英国の探検旅行家・著述家; *The Arabian Nights' Entertainments* (1885–88) の翻訳者.

Burton, Robert *n.* (1577–1640) 英国の聖職者・学者・著述家; *The Anatomy of Melancholy* (1621); 筆名 Democritus Junior.

Búrton-on-Trént 〖ME *Burton super Trente* ← OE *Byrtūn* (← *byrh* ((gen.) ← *burg* 'BOROUGH')+*tūn* '-TON')+*Trent* 《原義》 tresspasser, i.e., a river liable to floods〗 ── *n.* イングランド中部, Staffordshire 州東部の都市; Trent 川の左岸にあり, 醸造業の中心地; 人口 50,000; Burton-upon-Trent ともいう.

Bu·run·di [bʊrúːndi, -rún- | -rúndɪ] *n.* ブルンジ《アフリカ中東部の共和国; もと国連ベルギー信託統治領 Ruanda-Urundi の一部であったが, 1962 年独立; 人口 3,970,000, 面積 27,834 km², 首都 Bujumbura; 公式名 the Republic of Burundi ブルンジ共和国》.

Bu·run·di·an [bʊrúːndiən, -rún- | -rúndɪən, -djən] *adj.* ブルンジ(人)の. ── *n.* ブルンジ人.

búr·wèed *n.* 〖植物〗 いがのある実を生じる雑草の総称《オナモミ (cocklebur), ゴボウ (burdock) など》.

bur·y [béri | -rɪ] 〖OE *byrġan* < (WGmc) **burʒjan* ← **burʒ-*, **berʒ-* ← IE **bhergh-* to hide, protect: cf. OE *beorg* burial place & *burgen* grave〗 ── *vt.* **1 a** 葬る, 埋葬する (inter); 〈聖職者が〉〈死者〉の埋葬式を行なう: be dead and *buried* 地下に眠る / be *buried* at sea 水葬される. **b** 〈肉親など〉と死別する: ~ one's wife 妻と死別する / He *buried* his children. 彼は子供に先立たれた. **2 a** 〔地中に〕埋める, 埋蔵する; 〔砂・灰・雪などの中に〕いける 〔*in*〕: ~ treasure *in* the ground / ~ coals *in* ashes 石炭を灰にいける / be *buried* alive 生埋めにされる; 世間から忘れられる, 世に埋もれる. **b** (おおい)隠す (conceal): ~ one's face *in* one's hands 両手で顔をおおう / ~ oneself [be *buried*] *in* the country 田舎に埋もれる[引きこもる] / The letter was *buried under* the papers. その手紙は書類の下に埋もれていた. **c** [通例 Passive で]〈事実・過失など〉をおおい隠す, 目立たなくする, 埋もれさせる. **3** 〔...に〕突っ込む 〔*in, into*〕: ~ a dagger *in* a person's heart 人の胸に短剣を突き刺す / ~ one's hands *in* one's pockets 両手をポケットに突っ込む. **4 a** [Passive または ~ *oneself* で]〔思いなどに〕耽る, 没頭する〔*in*〕: *be buried in* thought [grief] 思い[悲しみ]に沈む / ~ *oneself in* one's work [studies] 仕事[研究]に没頭する. **b** 忘れる, 葬ってしまう: ~ strife 闘争を捨てる / ~ one's differences 不和を忘れる[水に流す]. **5** 〖トランプ〗〈見えたカードなどを〉積札の下の方に入れて(しばらく)使えなくする.

Bu·ryat [burjáːt, -riáːt | bʊ̀(ə)rjáːt, -rɪáːt; *Russ.* burját] *n.* (*pl.* ~, ~**s**) **1 a** [the ~(s)] ブリヤート族《Baikal 湖付近に住むモンゴル族》. **b** ブリヤート族の人. **2** ブリヤート語. **3** ブリヤート《ソ連邦ロシヤ共和国東部, Yablonovy 山脈と Baikal 湖とに囲まれた自治共和国; 人口 894,000, 面積 351,300 km², 首都 Ulan-Ude; 公式名 the Buryat Autonomous Soviet Socialist Republic ブリヤート自治ソビエト社会主義共和国》. ── *adj.* **1** ブリヤート自治共和国の. **2** ブリヤート族の; ブリヤート語の.

búr·y·ing 〖ME〗 *n.* **1** 埋葬 (burial), 葬式 (funeral). **2** [形容詞的に]埋葬用の.

búrying bèetle *n.* 〖昆虫〗 シデムシ, (俗に)埋葬虫《死肉の中へ卵を生み地中に埋める *Necrophorus* 属, *Silpha* 属などの甲虫の総称; 雌は若い幼虫を哺育する; carrion beetle ともいう》.

búrying gròund [**lòt, plàce**] *n.* 埋葬地[所], 墓地.

Bur·y St. Ed·munds [béri-sèɪntédməndz | -rɪ-s(ə)ntéd-, -sɪnt-] 〖*Bury*: < OE *Byriġ* (dat.) ← *burg* 'BOROUGH'〗 ── *n.* イングランド Suffolk 州の都市, 旧 West Suffolk の首都; ベネディクト派の大寺院があった(今は廃墟); 人口 27,000.

bus [bʌ́s] 〖(1832) 《略》 ← OMNIBUS〗 ── *n.* (*pl.* **bus·es, bus·ses**) **1** バス, 乗合自動車 (motorbus). ★ 20 世紀の初めまで 'bus が用いられた. **2** 《口語》 **a** 自動車 (motor car). **b** 飛行機 (airplane). **c** オートバイ (motorcycle). **d** (小型の)手押し車 (hand truck). **3** (食堂で使う通例四輪の)手押し車, ワゴン. **4** 低い移動式書類整理箱[棚]. **5** 〖電算機〗 バス, 母線《各種のデータ源・データ利用装置に接続される共通線》. **6** 〖電気〗 母線《2 個以上の供給回路を共通に接続する線; bus bar, bus conductor ともいう》. **7** 〖宇宙〗(ロケット・ミサイルの)段 (stage).

miss the bus ⇨ miss² 成句.

── *v.* (**bussed, bused; bus·sing, bus·ing; bus·ses, bus·es**) ── *vt.* **1** [~ it として] バスで行く[旅行する]. **2** バスで運ぶ; 《米》(特に, 人種的差別をなくすため)〈児童を〉(他の地区の学校へ)バス通学させる: ~ children to school. **3** 手押し車で〈皿を〉運ぶ. ── *vi.* **1** バスで行く[旅行する]. **2** 〖食堂でワゴン (⇨ bus (n.) 3) を使って皿を運ぶことから〗《米口語》食堂給仕人の助手 (busboy) の仕事をする.

bus. 《略》 bushel(s); business.

bús bàr *n.* 〖電気〗 =bus 6.

bús·bòy 〖← BUS (n.) 3+BOY〗 *n.* 《米》 食堂給仕人の助手《食卓を片付けたり皿洗いなどをする》.

bus·by [bʌ́zbi | -bɪ] 〖(1764) ← ? *Busby* (地名または人名)〗 ── *n.* **1** 《英》 バズビー帽, 毛皮製高帽《英国軽騎兵または近衛兵の礼装帽》. **2** =bearskin 2 b.

busby 1

Busch [bʊ́ʃ; G. bʊ́ʃ], **Adolf** *n.* ブッシュ (1891–1952; ドイツ生れのスイスのバイオリニスト).

bús condùctor *n.* **1** バスの車掌. **2** 〖電気〗 =bus 6.

bús gìrl 〖⇨ busboy〗 *n.* 《米》 女性の busboy.

bush¹ [bʊ́ʃ] 〖(*c*1250) *buss(h)e* < OE **bysċ* bush, thicket ← Gmc **busk-* (G *Busch*) ← ? IE **bhen-* 'to BE¹, grow'〗 ── *n.* **1 a** (1 本の)低木, 灌木(shrub). **b** (数本集まって 1 本のように見える)低木の茂み. **c** [しばしば the ~] やぶ, 叢林; 低木[叢林]地帯. **2 a** [the ~] 未開墾地, 奥地; 田舎; (特に, オーストラリア・アフリカ・カナダなどの)森林地帯, (住人のまばらな)僻地(へき): live in *the* ~ 奥地に住む / take to *the* ~ 〈囚人などが〉山奥に逃走する; 匪賊(ひぞく)になる (cf. bushranger 2). **b** [the ~es] 《米俗》(都市に対して)農村地帯, 田舎. **3 a** (毛などの)もじゃもじゃのひとかたまり, もじゃもじゃ毛[頭]. **b** 《俗》 あごひげ (beard). **c** 〖狩猟〗 狐の尻. **d** 《卑》 陰毛; (女性の)陰毛部分; 女性. **4 a** 《古》 セイヨウキヅタ (ivy) の枝《昔, 酒屋や酒場の外にかけられた看板》. **b** 看板, 広告 (advertising): Good wine needs no ~. 《諺》 良酒には看板はいらない (cf. Shak., *As YL*, 'Epilogue'). **c** 《廃》 酒屋 (tavern). **5** 〖《略》 ← *bush league*〗 《俗》 〖野球〗 =minor league.

beat about [《米》 ***around***] ***the bush*** (1) やぶのまわりをたたいて獲物を狩り立てる. (2) 遠回しに言う, さぐりを入れる, 要点に触れない. ***beat the bushes*** (1) やぶをたたいて鳥獣を追い出す; 縁の下の力持ちをする. (2) (心当たりを捜した後に)ありそうなところをしらみつぶしに捜す〔*for*〕. ***go bush*** 《豪》 (1) 〈人が〉都会から田舎へのがれる, 人のいない所へ逃げる. (2) 〈動物が〉野性的になる, 狂暴になる.

── *vi.* 低木のようになる[拡がる]. ── *vt.* **1** 〈植物を〉低木でおおう[囲む]. **2** [~ it として] 《豪》 森林地帯[奥地]に住む[キャンプする].

bush² [bʊ́ʃ] 〖(1566) ⊏ MDu. *busse* (Du. *bus*) bush of a wheel ⊏ LL *buxis* 'BOX¹'〗 ── *n.* **1** 〖機械〗 ブッシュ, 軸受け筒《摩滅を防ぐため穴の内側にはめ込む金属筒》. **2** =bushing 1, 2 b. ── *vt.* 〖機械〗 ...にブッシュを付ける, 〈穴〉に金属を着せる.

bush. 《略》 bushel(s).

Bush [bʊ́ʃ], **Van·ne·var** [vənɪ́ːvɑə, -vɑ | -vɑː(r, -və(r)] *n.* (1890–1974) 米国の電気工学者.

búsh bàby *n.* 〖動物〗 ガラゴ (⇨ galago).

búsh bàsil *n.* 〖植物〗 シソ科メボウキ属の一年草 (*Ocimum minimum*).

búsh bèan *n.* 〖園芸〗 ツルナシインゲンマメ (*Phaseolus vulgaris* var. *humilis*) 《インゲンマメ (kidney bean) の矮性種》.

búsh·bèater 〖← *beat the bushes* (⇨ bush¹ (n.) 成句): cf. bush¹ (n.) 5〗 *n.* (俳優・野球選手などを)スカウトする人.

búsh·bùck *n.* (*pl.* ~, ~**s**) 〖動物〗 **1** ブッシュバック (*Tragelaphus scriptus*) 《アフリカ産の背に長毛がたてがみのように生え, 約 20 cm の角がある中型のレイヨウ; cf. harnessed antelope》. **2** ブッシュバック亜科のレイヨウ類の総称 《boschbok ともいう》.

búsh canàry *n.* 〖鳥類〗 ニュージーランド産の頭と胸が黄色い小鳥 (*Mohua ochrocephala*).

búsh càt *n.* 〖動物〗 **1** サーバル(キャット) (serval). **2** リビアネコ (⇨ Kaffir cat).

búsh clòver *n.* 〖植物〗 マメ科ハギ属 (*Lespedeza*) の植物の総称.

búsh·cràft *n.* 未開地[僻地(へき)]住いの知識[技術].

búsh cranberry *n.* 〖植物〗 =cranberry bush.

bushed *adj.* **1** やぶにおおわれた, 低木がはびこった. **2** 《豪口語》 **a** 低木地帯で迷った: get ~. **b** 当惑した, 驚きあきれた. **3** 《米口語》 疲れ切った.

bush·el¹ [bʊ́ʃəl] 〖(*c*1330) *busshel* ⊏ OF *boissiel* (F *boisseau*) ← *boisse* one sixth of a bushel ⊏ Gaulish-L **bostia* handful〗 ── *n.* **1** ブッシェル《ヤード・ポンド法における体積の単位; =4 pecks; 略 bu.》: **a** 《米》 乾量の単位; 2,150.42 立方インチ, 35.238 リットル 《Winchester bushel ともいう》. **b** 《英》 乾量および液量の単位; 2,219.36 立方インチ, 36.37 リットル 《imperial bushel ともいう》. **2** ブッシェル升. **3** ブッシェル重量《各種の穀類・豆類・果物・芋類などの 1 ブッシェルの重量単位; 米国では 60 ポンド, 27.22 kg; 英国では 62 ポンド, 28.12 kg》. **4** 《口語》 多量, 多数, たくさん (a large quantity): ~*s of* cards たくさんのカード.

hide one's light [***candle***] ***under a bushel*** (謙遜して)自分の才能を隠す, 謙虚[控え目]に振る舞う (cf. *Matt.* 5:15). ***measure another's corn by one's own bushel*** ⇨ corn 成句.

bush·el² [bʊ́ʃəl] 〖⊏ ? G *bossel-n* to patch: cf. beat¹〗 ── *v.* (**bush·eled, -elled; -el·ing, -el·ling**) 《米》 ── *vt.* 〈男子服を〉修理する (repair), 作り変える, 仕立直す (alter). ── *vi.* 男子服の修理[仕立直し]をする.

bush·el·age [bʊ́ʃəlɪdʒ] *n.* ブッシェル量.

búshel·bàsket *n.* ブッシェル(容量の)かご.

búsh·el·er [-ʃ(ə)lə | -lə(r)] 〖⊏ ? G *Bossler*: ⇨ bushel², -er¹〗 *n.* (男子服の)仕立直し屋.

bush·el·ful [bʊ́ʃəlfʊ̀l] 〖(15C)〗 *n.* **1** ブッシェルます一杯分の量 〈*of*〉. **2** 多量, 多数.

búshel·man [-mən] *n.* (*pl.* **-men** [-mən, -mèn]) = busheler.

búsh·er *n.* =bush leaguer.

búsh·fighter *n.* 森林[叢林地]で戦う人, ゲリラ兵.

búsh·fighting *n.* 森林[叢林地]戦, ゲリラ戦《木・岩など地形・地物を巧みに利用するこぜりあい的戦闘》.

búsh·fìre *n.* 《豪》 低木地帯の一旦起こったら周囲に拡がって止めにくい火事.

búsh frùit *n.* 低木の食べられる小さな実《特に, スグリ (currant), キイチゴ (raspberry), グースベリー (gooseberry) など》.

bush·ham·mer [bʊ́ʃhæ̀mə | -mə(r)] 〖⊏ G *Bosshammer* ← 《廃》 *bossen* to beat: cf. hammer〗 ── *n.* びしゃん《石材表面仕上げ用の面にぼつぼつのある槌(つち); 「びしゃん」は 'bushhammer' の発音の転訛》.

búsh hàrrow *n.* =brush harrow.

búsh hàt 〖← BUSH¹〗 *n.* (特に, オーストラリア陸軍の)つばの広い制帽.

búsh hòneysuckle *n.* 〖植物〗 **1** 米国北東部の香りのよい黄色い花が咲くスイカズラ科の植物 (*Diervilla lonicera*) 《gravelweed ともいう》. **2** =Tartarian honeysuckle.

búsh hòok *n.* =brush hook.

búsh hùckleberry *n.* 〖植物〗 北米東部産の黒い無味淡白な実のなるツツジ科コケモモの類の落葉低木 (*Gaylussacia dumosa*).

Bu·shi·do [bʊ́ʃɪdòʊ, búː∫- | búː∫iːdə̀ʊ] 〖(1898) ⊏ Jap.〗 *n.* 武士道.

búsh·i·ly [-ʃɪli, -ʃə- | -ʃɪlɪ] *adv.* **1** やぶのように. **2** 〈髪が〉くしゃくしゃして.

búsh·ing 〖cf. bush²〗 *n.* **1** 〖電気〗 ブッシング, 套管(とう). **2** 〖機械〗 **a** ブッシュ, 入れ子, 軸受け筒. **b** はと目, (穴の内側にかぶせる)輪金.

Bu·shire [buːʃɪ́ə | b(j)uːʃáɪə(r, bjʊ-] *n.* ブシェール《イラン南西部のペルシャ湾に臨む港市; 人口 45,000》.

búsh jàcket *n.* ブッシュジャケット《アフリカなどの森林地帯で使われる腰まである長い綿のジャケット; 4 個のパッチポケットとベルト付き》.

búsh·lànd *n.* (未開拓の)森林地帯.

búsh làwyer *n.* **1** 〖植物〗 =New Zealand bramble. **2** 《豪》 法律を知っているふりをする人.

búsh-lèague *adj.* 《俗》 **1** 〖野球〗 minor league に属する. **2** 二流の, 並の.

búsh lèague *n.* 《俗》 〖野球〗 =minor league.

búsh lèaguer *n.* 《俗》 **1** 〖野球〗 =minor leaguer. **2** 二流どころ.

búsh lòt *n.* 森林地帯.

búsh·man [-mən] 〖← BUSH¹〗 ── *n.* (*pl.* **-men** [-mən, -mèn]) **1** =woodsman. **2** 《豪》 森林地帯[奥地]居住者[耕作者, 開拓者, 旅行者]; 田舎者 (rustic) (cf. townsman 1).

Bush·man [bʊ́ʃmən] 〖《なぞり》 ← Afrik. 《廃》 *boschjesman*〗 ── *n.* (*pl.* **-men** [-mən, -mèn]) **1 a** [the Bushmen] ブッシュマン族《アフリカ南部の Kalahari 砂漠やその付近に住む背の低い狩猟民族; cf. Negrillo》. **b** ブッシュマン族の人. **2** ブッシュマン語.

búshman·shìp *n.* =bushcraft.

búsh·màster *n.* 〖動物〗 ブッシュマスター (*Lachesis mutus*) 《熱帯アメリカ産の巨大な毒ヘビ》.

Bush·nell [bʊ́ʃnl̩], **David** *n.* (1742–1824) 米国の発明家; 米国独立戦争に使われた原始的な潜水艦 "Bushnell's Turtle" の製造者.

Bu·shon·go [buːʃáŋgoʊ | -ʃɔ́ŋgəʊ] *n.* (*pl.* ~, ~**s**) =Kuba.

búsh paròle *n.* 《俗》 脱獄.

búsh pèa *n.* 〖植物〗 北米南東部産マメ科センダイハギ属の草 (*Thermopsis mollis*).

búsh·pìg *n.* 〖動物〗 カワイノシシ, ヤブイノシシ (*Potamochoerus porcus*) 《アフリカ南部および東部産; boschvark, river hog ともいう》.

búsh pìlot *n.* 《米》 (Alaska のような)辺境を飛ぶ飛行士.

búsh pòppy *n.* 〖植物〗 =tree poppy.

búsh·rànger *n.* **1** 森林地帯に住む[を歩き回る, に潜伏する]人. **2** 《豪》 (昔, 奥地に逃走した脱獄囚の)匪賊(ひぞく), 山賊 (cf. bush¹ 2 a).

búsh ròse *n.* 〖園芸〗 株バラ, 木バラ, ブッシュローズ《樹形で分類した叢性種のバラの一群; cf. climbing rose》.

búsh shìrt *n.* =bush jacket.

búsh sìckness *n.* 〖獣医〗 (ニュージーランドなどの牧草地で)コバルトの不足で生ずる家畜の病気.

búsh tèa *n.* **1** 〖植物〗 南アフリカのマメ科の低木 (*Cyclopia subternata* または *Aspalathus cedarbergensis*) 《両種ともその枝や葉は乾かして, せんじ薬にする》. **2** 飲物, 飲料 (beverage).

búsh tèlegraph *n.* **1** ジャングルの住人が用いる伝達手段《太鼓・火・走者など》. **2** 《豪俗》 (悪人たちが警察の計画・動きなどを伝える)情報伝達網, 秘密伝達組織 (grapevine). **3** (情報・うわさなどの)急速な伝達 (cf. grapevine telegraph); うわさ.

búsh·tìt *n.* 〖鳥類〗 米大陸産 *Psaltriparus* 属の小鳥の総称; (特に)ヤブガラ (*P. minimus*).

búsh trèfoil *n.* 〖植物〗 =tick trefoil.

búsh·vèld 〖《部分訳》 ← Afrik. 《廃》 *boschveld*: ⇨ bosch, veld〗 ── *n.* **1** 叢林地帯. **2** [しばしば B-] 南アフリカ共和国 Transvaal 中部の低木がまばらに生えた草原地帯 (veld).

búsh vètch *n.* 〖植物〗 イブキノエンドウ (*Vicia sepium*) 《crow pea ともいう》.

bush·wa [búʃwɑː, -wɔː] 〖《変形》← BULLSHIT〗 *n.* (*also* **bush·wah** [~])《米俗》ばかげたこと, たわごと.

búsh wàrbler *n.*〖鳥類〗**1** ウグイス《日本・フィリピンなどに分布するウグイス属 (*Cettia*) の鳴鳥の総称; ヨーロッパウグイス (*C. cetti*) など》. **2** オーストラリア産 *Gerygone* 属の鳴鳥の総称.

búsh·whàck 〖《逆成》↓〗《米》 — *vi.* **1** やぶを切り開く, やぶを切り開いて進む; (川岸の)やぶを引っぱりながら船を進める. **2** 叢林地にすむ[隠れる]; (やぶの中で)待ち伏せて襲う, (叢林を利用して)奇襲する. — *vt.* **1** やぶを引っぱりながら〈船を〉進める. **2** 待ち伏せして襲う.

búsh·whàcker *n.*《米》**1** 叢林[森林]地帯を歩き回る人; 叢林地の住人. **2 a** (南北戦争時代の南部同盟の)奇襲兵, ゲリラ兵. **b** ゲリラ兵 (guerrilla). **3** (やぶを切り開く)なたがま (bill).

búsh·whàcking *n.*《米》**1** (馬またはボートによる)叢林[森林]地帯の旅行. **2** ゲリラ(作)戦.

bush·y [búʃi | -ʃɪ] *adj.* (**bush·i·er**; **-i·est**) **1** 低木の生い茂る, やぶの多い: a ~ bank, cliff, etc. **2** 毛深い, 毛のふさふさとした: ~ eyebrows. — *n.*《豪》森林地の住民 (bushman) (cf. townsman 1). **búsh·i·ness** *n.*

bús·i·ly [-z(ə)li, -zɪli | -zɪlɪ, -zə-] 〖ME〗 *adv.* 忙しく, せっせと; にぎやかに, うるさく.

busi·ness [bíznɪs, -nəs, -nɪz, -nəz | bíznɪs, -nɪs, -nəs, -nəs] 〖《*a*1333》*bisinesse*: ⇨ busy, -ness〗 — *n.* **1** 実業, 商業, 職業, 家業: retail ~ 小売業 / banking ~ 銀行業 / He preferred ~ to law. 弁護士よりも実業を選んだ / What (line of) ~ is he in? あの人の商売は何ですか / He is in the printing ~. 彼は印刷関係の仕事をしている / That is not in my line of ~. それは私には畑違いだ / go into ~ 実業界にはいる / in [out of] ~ 実業について[失業して] (cf. 3) / put a person into ~ 人を実業につかせる / enter on [upon] ~ 開業する / set up in ~ 商売を始める, 実業界で身を立てる. **2** 事務, 実務, 執務, 業務 (work): a matter of ~ 事務上の事 / be experienced in ~ 実務の経験がある / hours of ~ = business hours / a man of ~ 事務家, 実務家; 実業家 (cf. businessman) / one's man of ~ 代弁人, 代理人, 法律顧問, 顧問弁護士 / at ~ 執務中で, 店に出て, 出勤して / go to ~ (店や会社に)出勤する. **3** 商取引; 商売 (traffic), 売買, 営業; 商況: a place [house] of ~ 営業所, 事務所 / *Business* is brisk [dull]. 商売[商況]は活発である[鈍い] / out of ~ 破産して; 〈雑誌など〉廃刊になって (cf. 1) / There is no ~ doing. 商売[取引]が少しもない / *Business* as usual. 営業は平常通り; 事は支障なく運ぶだろう / *Business* is ~. 商売は商売だ《寛容とか感情などは禁物; 勘定は勘定だ》/ do a stroke of ~ 一もうけする / A good stroke of ~! 大当たりだ, うまくやったね / be connected in ~ with …と取引関係がある / come away from ~ 事務を離れる, 仕事をやめて事務所から出て来る / carry on ~ in coffee コーヒーの取引をする / do ~ 商売をする / do ~ *with* …と取引する / do good ~ 繁盛する / do a great ~ 大きな商売をする. **4** 店, 店舗, 会社, 商社, 商会; 営業の権利, 事業, のれん (custom): build up a ~ 店を設ける, 商会を作り上げる / open [set up] a ~ 開業する / close a ~ 店をたたむ, 廃業する / He has a ~ in Tokyo. 彼は東京に店を持っている / He has sold his ~ and retired. 彼は店[権利, のれん]を売って引退した. **5 a** (しなければならない)仕事, 本務; 職分, 務め, 本分 (duty); 活動領域: attend to ~ 仕事に励む / *Business* before pleasure.《諺》遊ぶよりまず仕事《遊ぶのは仕事のあと》/ Everybody's ~ is nobody's ~.《諺》みんながしなければならない本分は結局だれの本分でもない《共同責任は無責任に終わる》/ The ~ of an opposition is to oppose. 反対党の任務は反対することにある / ⇨ *go about one's* BUSINESS / Mind your own ~. ⇨ mind *vt.* 3 b. **b** [しばしば否定構文で]《口語》かかわり合いのある事, 干渉する権利 (concern): That's my ~. それは私の仕事《他人の関する事ではない》/ That's *no* ~ of yours [*none* of your ~]. = What ~ is that of yours? それは君の知った事ではない / He had *no* ~ doing [*to* do] that. 彼にはそんな事をする権利がなかった. **6** 用務, 用向, 所用, 用事, 用件; 議事日程 (agenda): public ~ 公用 / commercial ~ 商用 / What is your ~ here? 御用は何ですか / on ~ 用事で / No admittance except on ~. [掲示]無用の者立入るべからず / the ~ of the day [meeting] 当日[会合]の議事[打合わせ事項], 日程 / proceed to [take up] ~ 議事日程にはいる. **7** [しばしば軽蔑的に] **a** [しばしば a ~] 事(柄); 事件 (affair); 成行き; 《口語》《漠然と》物, 代物, 仕組 (device). ★この意味では通例強勢を置いて発音しない: *a* poor ~ つまらないこと / *a* very one-sided ~ ひどく偏頗(へんぱ)なこと / *an* awkward ~ 扱いにくいこと, 厄介な事件 / *a* ~ of cogs and springs 歯車とばねで造った代物《おもちゃなど》/ It is *a* strange [queer] ~. それは妙なことだ / It's *a* bad ~ altogether. そいつは全くひどいことだ / Life is *a* sorry ~. 人生はなさけないものだ / I am sick of the whole ~. その事件がすっかりいやになった. **b** [a ~]《口語》厄介(なこと) (trouble): What *a* ~ it is! ほんとに厄介なことだ. **8** [the ~]《米俗》**a** 最大限の努力: give a tryout *the* ~ 予備テストに最善の努力をする. **b** ひどい目; 手荒な扱い, 罰; 殺害; 叱責: ⇨ *get the* BUSINESS, *give a person the* BUSINESS. **c** 裏切り (double cross). **9**《古》活動; 多忙 (busyness). **10**〖演劇〗(せりふに対して)しぐさ, 所作(しょさ) (stage business): comic ~ 滑稽なしぐさ.

bring home to men's business and bosoms 〈物・事を〉人々の生活や心に深くしみ込ませる. ***come home to men's business and bosoms*** 〈物・事が〉人々の生活や心に深くしみ込む (F. Bacon, *Essays*, 'Dedication'). ***come* [*get*] *to business*** 仕事につく, 要件に取り掛かる. ***do a person's business*** = ***do the business for a person***《口語》人をやっつける[殺す]: That will *do his* ~. これでやつも参ってしまうだろう. ***do the business***《口語》必要なことをする, 適当な処置をする. ***get down to business*** 本気で仕事に掛かる; 本論にかかる. ***get the business***《米俗》(1) ひどい目に会う[会わされる]; 罰を食う; 殺される. (2) ひどく叱られる. ***give a person the business***《米俗》(1) 人をひどい目に会わす; 人を罰する; 殺す. (2) 人を叱りつける. (3) 人を裏切る. ***go about one's business*** (1) (自分の)仕事に取り掛かる; 仕事をしに出かける. (2) 立ち去る, 行ってしまう (go away): *Go about your* ~! あっちへ行ってしまえ. ***Good business!*** でかした. ***in business*** (1) ⇨ *n.* 1. (2) 活動を始められるようになって. ***know one's own business*** 自分のすべき事をちゃんと心得ている, 余計な手出しをしない. ***like nobody's business***《口語》猛烈に, すばらしく, とても, ひどく: She can cook *like nobody's* ~. 彼女の料理の腕はすばらしい. ***make a great business of it*** 大いに持て余す. ***make it one's business to do*** 自ら進んで…する, 早速[必ず]…する. ***mean business***《口語》(冗談でなく)本気である. ***send a person about his business*** 〈人を〉追い出す, 追い払う, 解雇する; 余計な事をするなと〈人を〉叱る.

— *attrib. adj.* **1** 商業[実業]上の, 商売[営業]上の: a ~ letter, report, trip, etc. / a ~ day 営業日, 平日 / ~ circles 実業界. **2** 商業に適する, 通商の: a ~ district (都市計画などの)商業地域.

búsiness addrèss *n.* 勤務先の住所 (cf. home address).

búsiness administràtion *n.*〖経営〗経営管理, 経営管理学.

búsiness àgent *n.* **1**《英》代理店. **2** (資本家に対する)労働組合交渉員.

búsiness càr *n.*〖鉄道〗(鉄道役職員専用の)職用車.

búsiness càrd *n.* 業務用名刺 (《英》trade card) (cf. visiting card).

búsiness cènter *n.* = business quarters.

búsiness còllege *n.* = business school 1.

búsiness cỳcle *n.*《米》〖経済〗景気循環 (《英》trade cycle).

búsiness dòuble *n.*〖トランプ〗= penalty double.

búsiness económics *n.* 企業経済学.

búsiness educàtion *n.* 実務教育.

búsiness ènd *n.*《口語》[the ~] (道具などの)使う方[機能が果たされる方]の端: *the* ~ of a tin tack 鋲(びょう)の先 / *the* ~ of a sword 刀の先[刃].

búsiness Ènglish *n.* 商業英語.

búsiness èntity *n.*〖会計〗企業実体《企業の所有主から独立したそれ自身権利義務をもつ社会的・経済的実体; accounting entity ともいう》.

búsiness ènvelope *n.* = business size envelope.

búsiness frìend *n.*〖婉曲・戯言〗顧客 (customer).

búsiness hòurs *n. pl.* 執務[営業]時間《hours of business ともいう》.

búsiness interrúption insùrance *n.*〖保険〗事業[経営]中断保険《営業利益保険》.

búsiness lífe insùrance *n.*《まれ》〖保険〗事業生命保険《企業が契約者となってその企業の重要人物を被保険者とする生命保険; cf. keyman insurance》.

búsiness·lìke *adj.* **1** 事務的な, 実際的な; 能率的な (efficient), てきぱきした (methodical): in a ~ way 実務的に, てきぱきと. **2** 有能だが熱意や想像力を欠いた. **3** まじめな, 意図的な.

búsiness machìne *n.* 事務機(械).

búsiness·màn [-mæ̀n] *n.* (*pl.* **-men** [-mèn]) **1** 実業家, 商人; 経営者. **2** 実務家: a good ~ 実務に長じた人.

búsiness màanagement *n.*〖経営〗= business administration.

búsiness mànager *n.* (企業の)業務[営業]管理者.

búsinessman's bóunce *n.*《戯言》単純なリズムで快活なテンポのダンス音楽.

búsinessman's rísk *n.*〖商業〗(将来性や税金対策などを目的に買われる)危険率のかなり高い投資対象[株式].

búsiness òffice *n.* 営業所, 事務所[室].

búsiness pàper *n.* = commercial paper.

búsiness quàrters *n. pl.* 目抜きの場所, 繁華街.

búsiness replỳ càrd *n.*〖郵便〗**1** (宛名が刷り込まれた料金受取り人払いの)返信用はがき. **2** = double postal card.

búsiness replỳ ènvelope *n.*〖郵便〗(宛名が刷り込まれた料金受取り人払いの)返信用封筒.

búsiness replỳ màil *n.*〖郵便〗(宛名が刷り込まれた料金人受取り払いの)返信用郵便.

búsiness schòol *n.*《米》**1** 実業学校《事務および経営の実務訓練をする学校》. **2** 経営学大学院: Harvard *Business School* ハーバード大学経営学大学院.

búsiness síze ènvelope *n.* 商業用封筒《$9^{1}/_{2} \times 4^{1}/_{5}$ インチの大きさの封筒; business envelope ともいう》.

búsiness sùit *n.*《米》ビジネススーツ (《英》lounge suit)《フォーマルでない日常の背広上下》.

búsiness stùdies *n.* 経営などの実務訓練.

búsiness únionism *n.*〖労働〗現実的労働組合主義《資本主義体制を支持しながら組合員の賃金・労働条件の改善を追求する米国の実際的労働運動理論》.

búsiness·wòman *n.* 女性実業家, 女性の商人.

bus·ing [bʌ́sɪŋ] *n.*《米》(特に, 人種差別をなくす目的で)児童を他の地区の学校へバスで通学させること.

busk[1] [bʌ́sk] 〖《1592》⇐ F *busc* ⇐ It. *busco* stick ← ? Gmc: cf. bush[1]〗 — *n.* **1** (コルセットの)胸部の張り骨《鯨のひげ・薄い木片または金属片など》. **2**《廃・方言》コルセット (corset).

busk[2] [bʌ́sk] 〖《?*a*1300》*buske(n)* to get oneself ready ⇐ ON *búask* ← *búa* to make ready + *-sk* (← *sik* self) (refl. pron.)〗《英方言》 — *vt.* **1** 用意する, 支度(したく)する (prepare). **2** 飾る (adorn). — *vi.* 用意する; (特に)急ぐ: *Busk* (ye). さあ急いで.

busk[3] [bʌ́sk] 〖← ?〗 *vi.*《英》〈旅芸人が〉(街路やパブで)音曲や所作をしてみせる: ~ *to* a theatre queue.

búsk·er [⇨ ↑, -er[1]] *n.*《英》(街路など人の集まった所で祝儀目当てに芸をして見せる)旅芸人, 大道芸人.

bus·kin [bʌ́skɪn, -kən | -kɪn] 〖《1503》⇐ OF *bouzequin* (異形) ← *brousequin* (F *brodequin*) ← ?〗 — *n.* **1** [通例 *pl.*] バスキン: **a** = cothurnus 1. **b** 厚底の半長(編上げ)靴 (half boot). **2**〖ギリシャ・ローマの悲劇役者がこの靴をはいたことから〗〖詩・文語〗悲劇 (tragedy). **3** [*pl.*] 司教がミサではく金の筋の入ったストッキング.

put on the buskins (1) 悲劇を書く. (2) (俳優として)悲劇を演じる.

bús·kined *adj.* **1**《まれ》半長靴をはいた. **2** 悲劇の, 悲劇的な (tragic), 悲劇向きの.

bús làne *n.*《英》(道路の)バス専用車線.

bús lìne *n.* **1** バス路線. **2** バス会社.

bús·lòad *n.* **1** バス一杯の乗客: a ~ of passengers. **2** バスの最大収容量[能力].

bús·man [-mən, -mæ̀n] *n.* (*pl.* **-men** [-mən, -mèn]) バスの運転手.

búsman's hóliday *n.*《口語》(運転手がドライブに出かけるような)平常の仕事と同じようなことをして過ごす休日: take a ~.

Bu·so·ni [b(j)uːzóuni, -sóu- | b(j)uːsə́uni, b(j)u-, -zə́u-; *It.* buzóːni], **Fer·ruc·cio** (**Ben·ve·nu·to**) [ferrúttʃo bènvenúːto] *n.* ブゾーニ《1866–1924; イタリアのピアニスト・作曲家》.

Bus·ra [bʌ́srə, bʌ́s-] *n.* (*also* **Bus·rah** [~]) = Basra.

buss[1] [bʌ́s] 〖《擬音語》?: // ⇐ ? Welsh & Gael. *bus* kiss〗 **1**《米口語》キス. **2**《英古・方言》(音を立ててふざけ半分にする)キス. — *vt.* **1**《米口語》…にキスする. **2**《英古・方言》〈浮気女など〉にキスする. — *vi.*《米口語・英古・方言》キスする.

buss[2] [bʌ́s] 〖《1339》*busse* ⇐ OF ⇐ ON *buza*〗 *n.* (昔, 特にニシン漁に用いられた)横帆船.

Bus·se [búsə; G. búsə], **Carl** *n.* ブッセ《1872–1918; ドイツの詩人》.

bús shèlter *n.* バス停留所に設けられた雨除け.

bus·sing [bʌ́sɪŋ] *n.* = busing.

bús stòp *n.* (*also* **bús-stòp**) バスの停留所.

bust[1] [bʌ́st] 〖《1653》⇐ F *buste* ⇐ It. *busto* < ? L *bustum* bust, tomb (胸像が墓石の上にたてられることから)〗 — *n.* **1** (彫塑・絵画の)胸像, 半身像: make [do] a ~ of Beethoven ベートーベンの胸像を作る. **2 a** (特に, 婦人の)胸部, バスト (breasts). **b** (婦人の)バストの寸法.

bust[2] [bʌ́st] 〖《1764》《変形》← BURST〗 — *vt.* (~·**ed**, ~) **1**《俗》**a** 破裂させる, 爆発させる (burst) ⟨*up*⟩. **b** 〈腕を〉折る, くじく. **2**《口語》**a** 〈物事を〉破壊する, だめにする: ~ a watch. **b** 〈人などを〉破産[破滅]させる (bankrupt) ⟨*up*⟩. **c** 〈将校・下士官などを〉〈兵卒などに〉階級を下げる, 降等する (demote) ⟨*to*⟩: get ~*ed* 兵卒に下げられる. **3**《米》〈特に, 野生の馬を〉馴らす (tame). **4** (こぶしで)打つ, なぐる (hit). **5**《米》〈専売会社を〉小会社に分ける. **6**《俗》**a** (現行犯で)逮捕する (arrest). **b** 〈警察が〉〈容疑者宅などを〉急襲する. — *vi.* **1**《俗》破裂する, 爆発する (burst) ⟨*up*⟩. **2**《口語》〈事業・会社などが〉破滅する, つぶれる ⟨*up*⟩. **3**〖トランプ〗**a** (blackjack などで)どぼんになる (overdraw)《21 を越えてしまう》. **b** (ポーカーで)狙い過ぎてだめになる《1 枚のカードのために straight や flush ができない》.

bust out《米俗》(*vi.*) 落第する; 退学する. (*vt.*) 落第させる; 退学させる.

— *n.* **1**《俗》破裂, 爆発. **2 a** 失敗者[作], 不出来なもの, 失敗した企て (failure). **b** 失敗, 破産, 破綻(はたん) (bankruptcy). **c** (軍隊での)降等. **3** (急激な)不景気, 不況 (cf. boom[2] 2 b). **4**《口語》酒宴, 飲み騒ぎ (spree): have a ~ / go on the ~ 酒に酔い浮かれる. **5** 強打; (げんこで)なぐること: He got a ~ on the head. 頭をなぐられた. **6**《俗》**a** 逮捕. **b** (警察の)急襲 (raid). **7**〖トランプ〗くず手, やくざ手《無能な手》.

— *adj.* **1** こわれた, つぶれた. **2** 破産[破滅]した: go ~ 破産する.

bus·tard [bʌ́stəd | -təd] 〖《*a*1475》⇐ AF **bustarde* (混成) ← OF *bistarde* + *oustarde* (F *outarde*) (共に L *avis tarda*《原義》slow bird から): ただしこの鳥は実際には非常に速い〗 — *n.*〖鳥類〗ノガン《ヨーロッパおよびアフリカ産ノガン科の鳥の総称; great bustard など》.

búst·ed *adj.*《俗》= bust[2].

bus·tee [bʌ́stiː] *n.* 〖⇐ Hindi *bustī* ← *basrā* to dwell〗

《インド》掘っ建小屋の町, スラム街.

búst·er *n.* **1 a** [修飾語を伴って]破壊する人[物]: crime ～s 犯罪撲滅につとめる人たち; 検察陣 / ⇨ blockbuster. **b** 鋤 (plow). **2** 《米俗》**a** すばらしいもの, なみはずれたもの, 巨大なもの. **b** よくできる人; 非常に丈夫な子. **3** 《俗》**a** 飲み騒ぎ (spree). **b** 騒ぐ人 (roisterer). **4** 《豪》(オーストラリア南部で)海から吹きよせてくる寒くて激しい南風 (burster) (cf. brickfielder). **5** = bronco buster. **6** 《米口語》= trustbuster. **7** [しばしば B-; 男に対して親しみまたは軽蔑をこめての呼掛けに用いて]《俗》おい, 坊や, おいこら (small boy): Hey, ～, go away. おいこら, あっちへ行け. **8** 《俗》(地面をゆるがすような)ひどい墜落: a brain ～ 脳天逆落とし, ブレインバスター.

bus·tic [bʌ́stɪk] 〚← ?〛 *n.* 〘植物〙米国 Florida 州南部および西インド諸島産のアカテツ科の材の堅い樹木 (*Dipholis salicifolia*).

bus·tle¹ [bʌ́sl] 〚《1563–87》《変形》← 《廃》*buskle* (freq.) ← BUSK²: ⇨ -le³〛 — *vi.* **1 a** せかせか動き回る, せわしく働く 〈*about, around*〉. **b** (ばたばた)急ぐ, せっせとやる 〈*up*〉: Tell him to ～ *up*. 急げと彼に言え / She ～*d into* the dining room. せかせかと食堂に入ってきた. **2** 〈場所などが〉〔活気・群衆などで〕あふれる, 満ちている〔*with*〕: The streets are *bustling with* life [cars]. 通りには活気[車]があふれている. — *vt.* かきたてる (stir up); せきたてる (hurry): She ～*d* her children *off to* school. 彼女は子供たちをせきたてて学校へ送り出した. — *n.* せかせか動き回ること, せわしげな活動; ざわめき: be *in* a ～ せわしく働いている; ざわめいている, 雑踏している.

bus·tle² [bʌ́sl] 〚《1788》▭? G *Buschel* pad〛 — *n.* (婦人の)腰当て, バッスル《腰の後ろにつけたパッドや枠で, 1870 年代にスカートの後ろをふくらませるために使用した; cf. cushion 1 f》.

bustles

bústle pìpe *n.* 〘冶金〙(溶鉱炉で羽口(はぐち)で熱風を吹き込む)環状パイプ.

bús·tler [-slə, -lə | -lə(r, -slə(r] *n.* から騒ぎする人.

bús·tling [-slɪŋ, -lɪŋ] *adj.* 忙しそうな; 騒がしい, ざわめいた, 雑踏した. **～·ly** *adv.*

búst-ùp 〚cf. bust²〛 — *n.* 《俗》**1 a** 破裂, 破滅; 破産. **b** 解体, 解散. **2** (騒々しい)けんか; けんか別れ. **3** (結婚・友情などの)解消. **4** 大祝賀パーティー; (特に)騒がしい宴会.

bust·y [bʌ́sti | -ti] *adj.* (**bust·i·er, -i·est; more ～, most ～**)《口語》胸のふくよかな.

bu·sul·fan [bjuːsʌ́lfən] 〚《混成》← BU(T)ANE + SULF(ONYL)〛 *n.* 〘化学〙ブスルファン, ブサルファン ($CH_3SO_3(CH_2)_4SO_3CH_3$)《自己結晶は粉末; 白血病の治療に用いられる》.

bus·y [bízi | -zɪ] 〚adj.: OE *bysig* active ← ?: cog. Du. *bezig* / LG *besig*. — v.: OE *bysgian* ← *bysig* (adj.)〛 — *adj.* (**bus·i·er; -i·est**) **1 a** 〈人が〉忙しい, 多忙な (occupied); せっせと働く: a ～ merchant / (as) ～ as a bee [bees] せっせと仕事に精を出して / people ～ *about* trifles つまらない事にあくせくする人たち / be ～ *on* one's book 著述[読書]に忙しい / be ～ *with* [*at, over*] one's work 仕事で忙しい / We are now at our *busiest*. (商店など)今が一番忙しい(時期だ) / My children always keep me ～. 子供の世話でいつも多忙だ / I'm ～ (*in*) packing. 荷造りで忙しい《★ 今では in を省く方が普通》/ Most of us when not ～ work*ing* are ～ play*ing*. 我々は大抵仕事で忙しくない時は遊びで忙しいものだ (Maugham, *The Bum*). **b** 〈物が〉せわしく動いている: a ～ hammer せわしく動くハンマー / ～ hands しょっちゅう働いている手 / have a ～ tongue おしゃべりである. **2 a** 〈日・生活・時間など〉活気に満ちた, 忙しい (active): a ～ day / lead a ～ life 忙しい生活を送る. **b** 〈通り・店・町など〉活況を呈する, にぎやかな, 繁華な(bustling): a ～ station [market place] 雑踏する駅[市場] / a ～ street [town] にぎやかな通り[町] / The stores are ～ on weekends. 商店は週末は忙しい[混む]. **3** 〈電話が〉話し中で (engaged): I found the telephone ～. 電話をかけたら話し中だった / The line is ～. お話し中です《交換手が言う言葉》/ ⇨ busy signal [tone]. **4** おせっかいな, 差し出がましい (officious) (cf. busybody): be ～ *in* other men's affairs 他人の事に世話を焼く. **5** 〈意匠・図案など〉いやに凝った, くどすぎる (fussy); 〈装飾・絵など〉細かすぎる: a ～ design ごてごてしたデザイン / a ～ pattern for a skirt スカートにはくどすぎる模様.

get busy 《口語》仕事に取りかかる, 働きだす.

— *n.* 《俗》刑事, 探偵, 「でか」(detective).

— *vt.* [しばしば ～ *oneself* で] 忙しくさせる; 忙しく働かせる, 従事させる (occupy)〔*with, in, at, about*〕: be *busied with* one's official duties 公務で忙しい / ～ *oneself about* world affairs [*with* a puzzle] 俗事に追われて[パズルを解くのに]忙しい / She *busied herself* (*in*) tidy*ing* up the table. 食卓をかたづけるのに忙しく立ち働いた《★ 今では in を省くほうが普通》. — *vi.* 忙しくする.

búsy·bòdy *n.* おせっかいな人, 世話焼き.

bús·y·ness 〚《1868》〛 *n.* **1** 忙しさ, 多忙, 繁忙 (cf. business 9). **2** 無意味な活動[行動]. **3** 人のおせっかい.

búsy sìgnal *n.* 〘電話〙話中(はなしちゅう)信号《「話し中」を示す信号》.

búsy tòne *n.* 〘電話〙話中(はなしちゅう)音《「話し中」を示す信号音》.

búsy-tóngued *adj.* おしゃべりの.

búsy·wòrk *n.* (一見役に立ちそうだが実は)時間を埋めるための作業, 無駄な仕事.

but¹ [bət; bʌ́t, bʌ́t] 〚OE *b(e)ūtan* (adv., prep. & conj.) outside, without < (WGmc) **biūtana* ← **be*, **bi* 'BY¹' + **ūtana* (← **ūt*- 'OUT'): もとは副詞及び前置詞, 後に接続詞に発展した〛 — *conj.* **1** [等位接続詞として] **a** しかし, けれども, (…である)が. ★ 反対・対立を示す最も普通な接続詞 (cf. however, but [and] YET, still¹, nevertheless); 時に意味が弱まって, 単に前とは別個の事実を導入するのに用いる: He is rich ～ not happy. 金持だけれども幸福ではない / They all went ～ I didn't. 皆行ったが私は行かなかった / Indeed it may be so, ～ it is not so always. なるほどそうかもしれないがいつもそうとは限らない / All men are mortal, ～ Socrates is a man. 人はすべて死すべきものである, ところでソクラテスは人である / *But* now to our next question. ところで次の問題に進むとして. **b** [前に否定語のある場合] (…ではなく)て: It is *not* Henry's pen, ～ Tom's. それはヘンリーのペンではなくてトムのだ / *Not that* I loved Caesar less, ～ *that* I loved Rome more. わたしのシーザを愛することが薄かったためではなくローマを愛することが厚かったためである (Shak. *Caesar* 3. 2. 23). **c** [間投詞的表現のあとに抑制・修正・理由などの意を暗示して, または驚きを示したり強調する語句を導いて]: Heavens! ～ it rains! だめだ, 雨になっちゃった / Excuse me, sir, ～ am I speaking to Mr. Smith? 失礼ですがスミスさんでいらっしゃいませんでしょうか / *But* how lovely! (それにしても)全くきれいだなあ / It must be done always, ～ always. いつだって, いつだって, しなければならないことだ / I know nothing, ～ nothing, of these local affairs of bygone years. 昔の土地のこうした出来事など知らないったら本当に知らないんです.

2 [従位接続詞として副詞節を導いて] **a** [～ *that* として] …ということがなければ: She would have fallen ～ *that* he caught her. 彼がつかまえなかったら彼女は倒れるところだった. **b** [時に ～ *that* として] …でなければ (unless): Nothing would do ～ (*that*) I should come in. どうしても私がはいらなければ済まぬ / It shall go hard ～ I will catch him. どんなことになっても私はやつを捕えて見せる. **c** [否定語のあとに] …とならないでは, …しないでは: You can't move ～ the dog is after you. あなたが一歩でも動けば犬は必ずあとについて行く / Justice was *never* done ～ some one complained. 不平を言う者が出ないで正義が行なわれたことはない《公平に裁いても必ず不平を言う者が出てくる》/ It *never* rains ～ it pours. ⇨ rain *vi.* 1. **d** [時に ～ *that* とし, 否定語+so または such と相関的に用いて] …でないというほどに (that …not): No man is *so* old ～ *that* he may learn. だれでも年は取っても学べないことはない / He is *not such* a fool ～ he can tell that. それ位のことがわからないほどのばかではない. **e** 《古》[no + 比較級のあとに] = than: The sun *no sooner* shall the mountains touch, *But* we will ship him hence. 日が山の端に触るるやいなやこの者を船で送り出そう (Shak., *Hamlet* 4. 1. 29–30).

3 〚《転用》← (prep.)〛 **a** …以外には (otherwise than): *No one* ～ I knew it. 私以外にはだれもそれを知るものがなかった / *None* ～ the brave deserves the fair. ⇨ none¹ *pron.* 1 / They are *all* gone ～ I. (⇨ *prep.* ★ (1)) / You can't get it *anywhere* ～ here. ここ以外のどこでもそれは手にはいらない. **b** [～ *that* として] …ということを除いて (except that): I ask *nothing* from you ～ *that* you should give it back to me. 私の要求はただ君にそれを返してもらいたいということだけだ.

4 [従位接続詞として名詞節を導いて] **a** [しばしば ～ *that* とし, 否定文または疑問文での動詞などのあとに] …でないことを[は] (that…not): It can*not* be ～ Nature hath some direction. 大自然に何か目的がないはずはない / *Who knows* ～ *that* it may be so? あるいはそうかも知れない《だれにもそうでないとは言い切れない》/ *Nobody* can be sure ～ *that* she is right. だれも彼女が正しくないと断言できるものはない / There is *no* [No] fear ～ *that* he will recover. 回復しないのではないかなどと思うな《大丈夫回復する; cf. fear *vt.* 1 a ★》. ★ この用法の but that の代わりに, 《口語・方言》では but what が用いられることがある: *Who* knew ～ *what* he might yet be lingering in the neighborhood? 彼がまだこの辺にうろついていないとはだれも言えなかった. **b** [主として否定的意味を含む語 doubt, deny, question などの否定形に続き, しばしば ～ *that* として] = that: I *don't deny* ～ *that* you are correct. 君が不正確などとは言いはしない / She *didn't doubt* ～ *that* he would do it for her. 彼がそれをしてくれるものと信じて疑わなかった / There is *no doubt* [*question*] ～ all will come right. 何もかもいいようになることには間違いない / It is ten [Ten] to one ～ the police will get him. まず大丈夫警察が彼をつかまえてくれるだろう.

all but ⇨ all *pron.* 成句. ***but for*** …がなかったなら (if it were not [had not been] for): *But for* you, I could not do that. あなたがいなければ私にはそれはできなかろう / *But for* your help, I should have failed. 君が助けてくれなかったら, 私は失敗したところだろう / ⇨ *but for the* GRACE *of God*. ***but then*** (***again***) とはいえ(その場合), しかしその反面[同時に]: I like television, ～ *then* I could do without it. テレビは好きだが, と言ってそれなしでいられないわけでない. ***not but that*** [《口語・方言》***what***] …しないというのではないけれど, けれどもやはり, とはいうものの…: *Not* ～ *that* he believed it himself. といって彼自身それを信じていなかったというのではない / I cannot do it; *not* ～ *what* a strong man might. 私にはできない, 私より強い人にもできないというわけではないが.

— 〚← (conj.) 2 c〛 *pron.* [否定の不定代名詞または no + 名詞を先行詞とする関係代名詞として] = who [that]…not: There was *no* one ～ knew it. それを知らない者はなかった / *Nobody* ～ has his fault. 欠点のない者はない (Shak., *Merry W* 1. 4. 15)《★nobody の前に There is が補われる》.

— *prep.* …を除いて, …の外には (except) (cf. *conj.* 3): next ～ one 一つおいて隣り / the last ～ one [two] 最後から 2 [3] 番目 / It is nothing (else) ～ a joke. ほんの冗談に過ぎない / I like anything ～ that. それだけはいやだ / What is he ～ a student? たかが学生ではないか. ★ (1) 次のように "but + (代)名詞" が文尾に来る場合, 今日では, but のあとに主格 (I) よりも目的格 (me) を用いる方が普通 (cf. *conj.* 3 a): They are all gone ～ me. 私のほか皆行ってしまった. (2) but の目的語として to 不定詞や原形不定詞が用いられることがある: Nothing remains ～ *to* die. 死ぬよりほかにはどんな手段も残っていない / She does nothing ～ *cry*. 彼女はただ泣くばかりだ / What could he do ～ *die*? 死ぬ以外にどうすることができただろうか / cannot ～ *do* ⇨ can² 6 / ⇨ *cannot* CHOOSE *but* (*do*). ***all but*** ⇨ all *pron.* 成句.

— *adv.* **1** 《文語》ただ(…だけ), ほんの…だけ (merely); たった, つい (just): There is ～ one chance left. ただ一度だけ機会が残っている / He called ～ once. ただ一度だけ訪ねて来た《★ He *never* called ～ once. とすれば but は *conj.* 3 a の用法となるが, 今は一般には非標準的とみなされる》/ I saw him ～ a moment ago. 今しがた彼を見た / He is ～ a child. まだほんの子供だ / She spoke ～ in jest. ほんの冗談に言っただけだった / ～ too = *only* TOO (1). **2** [強意副詞として] 全く, 本当に, ただただ (quite); 《米俗》断然, しかも (definitely): It is ～ natural that …とは至極当然なことである / Get there ～ fast! そこへさっさと行くんだ.

— [bʌ́t] *n.* [通例 *pl.*] 異議, 条件 (objection) (⇨ *vt.* ★): ifs and ～s 条件と異議; あれこれ要らぬ議論[疑念] / There are no [No] ～s *about* it. 《口語》それには何の疑点もない; それをしない理由はない.

— [bʌ́t] *vt.* …に異議を申し出る, 「しかし」と…に言う. ★ *n.* の用法の but とともに臨時語として次のように用いる: *But* me no ～s. 「しかし, しかし」の連発は御免だよ《もと Mrs. Centlivre, *The Busie Body* (1708) から》.

but² [bʌ́t] 〚← BUT¹ (adv.)《廃》outside〛《スコット》— *n.* (通例, 二間の田舎家 (cottage) の)外の方の間, 台所《もとは台所が入口だった; 今一つの部屋は ben》: a ～ and ben 二間の田舎家. — *adv., adj.* 外の方の部屋に[の], 台所に[の]: ～ and ben (家の)入口の間と[から]奥の間に[から]; 家中に / go ～ 台所へ行く.

live but and ben with *a person* 人と(廊下をへだてて)向かい合った部屋に住む.

— *prep.* 〈家〉の外の方の部屋へ; …の外へ (outside).

but³ [bʌ́t] *n.* 〘魚類〙 = butt⁵.

but- [bjuːt] (母音の前に来る時の) buto- の異形.

bu·ta·caine [bjùːtəkèɪn, ←–⌐ | -tə-] 〚← BUTA(NE) + (CO)CAINE〛 *n.* 〘薬学〙ブタカイン ($NH_2C_6H_4COO(CH_2)_3NH(C_4H_9)_2$)《硫酸塩として局所麻酔に用いる》.

bu·ta·di·ene [bjùːtədáɪiːn, ←–⌐– | -tə-] 〚← BUTA(NE) + DI-¹ + -ENE〛 — *n.* 〘化学〙ブタジエン ($CH_2=CHCH=CH_2$)《可燃性の無色のガス状炭化水素で, ブナ (Buna) 製造に用いる》: ～ rubber ブタジエンゴム《合成ゴムの一種》.

bu·tane [bjúːteɪn, –⌐ | ⌐–] 〚← BUTO- + -ANE²〛 *n.* 〘化学〙ブタン (C_4H_{10})《無色の可燃性のガス状炭化水素》.

bu·tane·di·ol [bjùːteɪndáɪɔ(ː)l, -òul | -ɔ̀l] 〚← BUTANE + DI-¹ + -OL¹〛 *n.* 〘化学〙ブタンジオール ($C_4H_8(OH)_2$)《四つの異性体がある; butylene glycol ともいう》.

bu·ta·nó·ic ácid [bjùːtənóuɪk- | -náuɪk-] 〚*butanoic*: ← BUTANE + -O- + -IC¹〛 *n.* 〘化学〙= butyric acid 《IUPAC の命名法規則による名称》.

bu·ta·nol [bjúːtənɔ̀(ː)l, -nòul, -tn- | -tənɔ̀l] 〚← BUTANE + -OL¹〛 *n.* 〘化学〙ブタノール (⇨ butyl alcohol).

bu·tan·o·lide [bjuːtǽnəlàɪd, -lɪd, -ləd | -làɪd, -lɪd] 〚⇨ ↑, -ide²〛 *n.* 〘化学〙ブタノライド (⇨ butyrolactone).

bu·ta·none [bjúːtənòun, -tn- | -tənə̀un] 〚← BUTANE + -ONE〛 *n.* 〘化学〙ブタノン (⇨ methyl ethyl ketone).

butch[1] [bútʃ] 〘逆成〙← BUTCHER〙 *vt.* 《方言》 **1** やりそこなう, だめにする, 滅ぼす (ruin). **2** 畜殺する, 惨殺する (slaughter).

butch[2] [bútʃ] 〘← ? *Butch* (乱暴な男の子につけるあだ名) ← ? BUTCHER〙 — *n.* 《俗》 **1** 頑丈な男, タフガイ. **2** (同性愛で)男役をする女, 男役のレズ (cf. femme 2). **3** 《米》 =butch haircut. — *adj.* 《俗》 **1** (同性愛で)男役をする. **2** 〈女が〉男っぽい.

butch·er [bútʃə | -tʃə(r)] 〘(?*a*1300) *bocher* ▭ AF *bo-(u)cher* =OF *bouchier* (F *boucher*) one who slaughters bucks ← *boc* (F *bouc*) he-goat : ⇨ buck[1], -er[1]〙 — *n.* **1** 屠殺(とさつ)業者, 屠殺人. **2** 肉屋(の主人) : a ~ shop =a ~'s 《英》 肉屋(の店) / ⇨ pork butcher. **3 a** 人殺し, 虐殺[惨殺]者. **b** 多くの人を死刑にする裁判官, 多数の部下を戦死させる将軍. **c** (やたらと血を流させる)へたな外科医. **4** へぼ職人 (botcher). **5** 《米口語》 (列車や劇場内でキャンデー・たばこ・新聞などを売る)売り子 (vendor) : a candy [news] ~ キャンデー[新聞]売り.

the butcher, the baker, the candlestick-maker 様様な職業の人々.

— *vt.* **1** 〈動物を〉(食肉用に)屠(ほふ)る, 屠殺する. **2** 〈人を〉虐殺[惨殺]する (massacre). **3** ぶちこわしにしてしまう, 台無しにする (botch) : ~ a job 仕事をめちゃくちゃにする.

bútcher-bìrd 〘えさを枝の先やとげに突き刺して置く習慣から〙 — *n.* 〘鳥類〙 **1** モズ 《モズ科モズ属 (*Lanius*) の小鳥の総称》; (特に)オオモズ (*L. excubitor*) 《ヨーロッパ・アジア・アメリカに分布する》. **2** モズガラス《オーストラリア産モズガラス属 (*Cracticus*) の大型食肉鳥の総称; モズガラス (*C. nigrogularis*) など》.

bútcher-bòot *n.* (上部の折り返しのない)長靴.

bútch·er·er [-tʃərə | -tʃərə(r)] *n.* 屠殺(とさつ)者.

bútcher knìfe *n.* (肉屋の使う長さ通例 6-8 インチの)肉切り庖丁.

bútcher lìnen *n.* **1** ブッチャーリネン《もと肉屋が前掛けに用いた強い厚手の平織りの亜麻布》. **2** レーヨンや綿でそれに似せて織った服地.

bútch·er·ly *adj.* **1** 屠殺(とさつ)者のような[らしい]. **2** 殺生な, 残酷な (brutal). **3** 不器用な, へたな.

bútcher's-bròom *n.* 〘植物〙 ナギイカダ (*Ruscus aculeatus*) 《ユリ科の植物で, かつて肉屋が肉切台の掃除に用いた》.

bútcher's mèat *n.* (魚肉・鳥肉・猟肉・ベーコンなどに対し)獣肉.

butch·er·y [bútʃ(ə)ri | -tʃəri] 〘(1340) ▭ (O)F *boucherie* ⇨ butcher, -y[1]〙 — *n.* **1** 《英》 屠(と)場, 屠殺場 (slaughterhouse). **2** 屠畜業, 肉屋 : ~ trade [business] 屠畜業. **3** 無用の殺生, 虐殺 (massacre). **4** へま, 仕損じの結果 (botch).

bútch hàircut *n.* 《米》 (船員風の crew cut に近い)頭髪の短い刈り; 女性の短髪刈り.

Bute [bjú:t] 〘lateOE *Bot* ▭ ? Gael. *bot* hut, bothy : cf. Dan. & Swed. *bod*〙 — *n.* **1** スコットランド南西部の旧州, 1975 年以降 Strathclyde 州の一部; Firth of Clyde 内の Bute, Arran その他の小島から成る; 面積 565 km², 首都 Rothesay [rɔ́θsi, -seɪ | rɔ́θsɪ, -seɪ]; Buteshire ともいう. **2** スコットランド Firth of Clyde にある島; 人口 8,000, 面積 122 km².

Bute [bjú:t], **John Stuart** *n.* (1713–92) 英国の政治家; 首相 (1762–63); 称号 3rd Earl of Bute.

Bu·te·nandt [bú:tənà:nt, -tn- | -tən-; *G.* bú:tənànt], **Adolf (Friedrich)** *n.* ブーテナント《1903– ; ドイツの化学者; Nobel 化学賞 (1939)》.

bu·tene [bjú:ti:n] 〘← BUT(YL)+-ENE〙 *n.* 〘化学〙 ブテン (C_4H_8) (butylene).

bu·te·o [bjú:tiòʊ | -triəʊ] 〘▭ L *būteō*〙 — *n.* (*pl.* ~s) 〘鳥類〙 ノスリ《ワシタカ科ノスリ属 (*Buteo*) の鳥の総称; ノスリ (*B. buteo*), オオノスリ (*B. hemilasius*), ケアシノスリ (*B. lagopus*) など》.

bu·te·o·nine [bjuːtíːənàɪn, bjúːtiə- | bjuːtíːə-, bjúːtɪə-] 〘← NL *Būteīn-*, *Būteō* (属名: ↑)+-INE[1]〙 *adj.*, *n.* 〘鳥類〙 ノスリ属 (*Buteo*) の(鳥).

Bute·shire [bjúːtʃɪə, -ʃə | -ʃə(r), -ʃɪə(r)] *n.* =Bute 1.

Bu·thi·dae [bjúːθədiː | -θɪ-] 〘← NL ~ ← *Buthus* (属名)+-IDAE〙 *n. pl.* 〘動物〙 キョクトウサソリ科.

but·ler [bʌ́tlə | -lə(r)] 〘(*c*1250) *boteler* ▭ AF *buteler* =OF *bouteillier* : ⇨ bottle[1], -er[1]〙 *n.* **1** (食堂・酒類貯蔵室・食器などを管理する)執事, 食堂支配人, 使用人頭 (head manservant) (cf. housekeeper 1). **2** (昔の英国の)宮内省酒類管理官.

But·ler [bʌ́tlə | -lə(r)], **Benjamin Franklin** *n.* (1818–93) 米国の政治家; 南北戦争当時の北軍の将軍.

Butler, Nicholas Murray *n.* (1862–1947) 米国の教育者; Columbia 大学総長 (1902–45); Nobel 平和賞 (1931).

Butler, Samuel *n.* **1** (1612–80)英国の詩人; *Hudibras* (1663–78). **2** (1835–1902) 英国の小説家; *Erewhon* (1872), *The Way of All Flesh* (1903).

bútler's pàntry *n.* 食器室, 配膳室《台所と食堂の中間にあって, 食器が置いてある; cf. pantry》.

but·ler·y [bʌ́tləri | -rɪ] 〘(*c*1300) ▭ OF *bouteillerie* : ⇨ butler, -ery〙 *n.* **1** =butler's pantry. **2** 《まれ》 =buttery[2].

bu·to- [bjúːtə, -toʊ | -tə(ʊ)] 〘← NL ~ ← BUTYRIC : ⇨ -o-〙〘化学〙「C_4 (four carbon atoms)」の意の連結形. ★ 母音の前では通例 but- になる.

Bu·to·ma·ce·ae [bjùːtəméɪsiː | -tə-] 〘← NL ~ ← *Butomus* (属名: ← Gk *boútomos* sedge)+-ACEAE〙 — *n. pl.* 〘植物〙 (単子葉植物沼生目)ハナイ科. **bù·to·má·ceous** [-ʃəs] *adj.*

Butor [bjuːtɔ́ə | -tɔ́ː(r; *F.* bytɔːr], **Michel** *n.* ビュトール《1926– ; フランスの小説家・著述家; nouveau roman の代表者; *La Modification*「変容」(1957)》.

bu·tox·yl [bjuːtɑ́ksɪl, -səl | -tɔ́ksɪl] 〘混成〙 ← BUTYL +OXY-〙 *n.* 〘化学〙 ブトキシル《原子団 $CH_3(CH_2)_3O$- を意味する》.

butt[1] [bʌ́t] 〘(1385) ▭ AF *but* =OF *bo(u)t* (F *botte*) < LL *buttem*, *buttis* vessel, cask : cf. bottle[1]〙 — *n.* **1 a** (ぶどう酒・ビールなどを入れる)大樽 (large cask). **b** 樽 (barrel). **2** バット《米国の液量の単位; 126 米ガロン (476.95 リットル) または 2 hogsheads》.

butt[2] [bʌ́t] 〘*n.* : (1345–46) *but(te)* ▭ (O)F *but* aim, end ← ? Gmc. — *v.* : (1315) ▭ OF *bout-er* ← *but* : cf. butt[4]〙 — *n.* **1** 安土(あづち) (mound) 《射的場の的をかける盛土》. **2 a** 標的 (targets) 《監視員のはいる穴・その前方の土壁などをも含む》. **b** [通例 the ~s] 射的場 (shooting-range) : *the* rifle ~*s* ライフル射撃場. **3** 鳥を射つために茂みに隠してまたは地に穴を掘って設けられた台. **4** (あざけり・風刺・批評などの)的, 対象 (object); 嘲笑の的 : the ~ *of* ridicule 物笑いの種 / make a ~ of a person 人をあざけりの的にする. **5** 《廃》 目標 (goal); 限界 (limit).

butts and bounds 〘法律〙 (土地の)境界線 (metes and bounds).

— *vi.* 端[突出部]が(…に)接する 〔*on, against*〕; (…に)隣接する 〔*to*〕. — *vt.* **1** …の端に接する; (二つの端を重ねずに)接合[密着]する (⇨ butt joint 挿絵). **2** 〈丸太などの〉端を削る[四角に切り揃える].

butt[3] [bʌ́t] 〘(*c*1400) *butte* (短縮) ? ← BUTTOCK : cf. ON *būtr* log〙 — *n.* **1 a** (武器・道具などの)太い[持つ]方の端, 太端(ふとはし). **b** (銃の)台尻, 床尾 (⇨ rifle[1] 挿絵). **c** (槍の)石突き. **d** (釣竿の)手元, 竿尻 : give a fish the ~ (釣で, 魚が鈎にかかった時)竿尻をてこにして魚を強く引く. **2 a** 《米》 (獣肉の)尻, 尻肉. **b** 《方言・俗》 尻 (buttocks). **3** 樹木[葉柄]の根元; (丸太の)元口(もとくち) (butt cut). **4 a** (蠟燭(ろうそく)の)使いさし. **b** (紙巻きたばこ・葉巻の)吸いがら : a cigarette ~. **c** 《米俗》 紙巻きたばこ (cigarette). **d** 《俗》 残片, 残部. **5** バット《獣皮の肩部と腹部を除いた部分; ベルトや靴底に用いる; cf. bend[1] 2》. **6** =butt hinge. **7** 〘釣〙 毛鈎の胴部 (body) 後方部 (⇨ fly[2] 挿絵). — *vt.* 〈紙巻きたばこの〉火を〉もみ[踏み]消す.

butt[4] [bʌ́t] 〘(?*c*1200) *butte(n)* ▭ AF *but-er* = OF *bo(u)ter* to thrust, strike ← Gmc〙 — *vt.* **1** 〈獣が〉頭[角]で突く[押す]; 〈人に〉頭などを突き当てる : ~ a person *in* the stomach 人の腹に頭突(ずつ)きをくらわす. **2** …にぶつかる : ~ a wall. — *vi.* **1 a** 〈獣が〉(…に)頭[角]を突き当てる, (…を)頭[角]で突く 〔*at, against*〕; (…に)突き当たる, ぶつかる 〔*against, into*〕. **b** 〈人が〉(…に)不意に出くわす 〔*against, into*〕. **2** 〈屋根などが〉(…に)突出する (project) 〔*on, against*〕. **3** 〈歯車の〉歯が〉かみ合わずにぶつかり合う.

***butt in* [*into*]** 《口語》 (人の話に)くちばしを入れる (interrupt); (物事に)干渉する, 邪魔する (interfere) : ~ *in on* [*to*] a conversation = ~ *into* a conversation 会話の邪魔をする / Who asked you to ~ *in*? 余計な口出しはやめろ. ***butt out* (*of*)** 《口語》 (…に対して)口を出さない, おせっかいをやめる : Please ~ *out of* our talk. どうか我々の話に口を出さないで下さい.

— *n.* (激しい)頭突き : give a person a ~ in the stomach 人の腹に頭突きをくらわす.

— *adv.* **1** 頭押しで. **2** 非常な勢いで : come (full) ~ against …に激しくぶつかる / run ~ into …の中にまっしぐらに飛び込む.

butt[5] [bʌ́t] 〘(*c*1300) ▭ MLG *but* ‖ MDu. *botte*〙 *n.* 〘魚類〙 ヒラメ・カレイの類の魚 (flatfish); (特に)オヒョウ, カラスガレイ (halibut).

Butt [bʌ́t], Dame **Clara** *n.* (1873–1936) 英国のオペラ歌手.

bútt chìsel *n.* 短のみ《戸や戸枠に金物をつける時に用いる刃身の短いのみ》.

bútt cùt *n.* 《米》 (丸太の)元口(もとくち)《切り株のすぐ上の丸太の部分》.

butte [bjúːt] 〘(1805) ▭ F ~ : cf. butt[2]〙 *n.* 《米西部・カナダ》 ビュート《米国西部乾燥地域の平原に孤立する周囲の切立った丘; 頂上に浸食されにくい堅い岩石がある》.

Butte [bjúːt] 〘この付近に *butte* (↑) が多いことから〙 *n.* 米国 Montana 州南西部の都市; 大鉱業中心地; 人口 24,000.

bútt énd 〘cf. butt[3]〙 — *n.* **1** =butt[3] 1. **2** 残部, 残片 (butt) : the ~ of a cigarette 紙巻きたばこの吸いがら. **3** 《カナダ》 〘ホッケー〙 ホッケー用スティックの柄で相手の体を突くこと.

but·ter[1] [bʌ́tə | -tə(r)] 〘OE *butere* ← (WGmc) (Du. *boter* / G *Butter*) ▭ L *būtȳrum* ▭ Gk *boútūron* ← *boûs* ox, cow+*tūrós* cheese : cf. bovine, tyro-〙 — *n.* **1** バター : artificial [natural] ~ 人造[天然]バター / clarified [run] ~ (料理用に)溶かしてつぼ[びん]に入れたバター / melted ~ 溶かしバター. **2 a** バターに似たもの; パンに塗るもの (spread) : ⇨ apple butter, peanut butter. **b** バター状の物質 : ⇨ cocoa butter. **c** 各種の金属塩化物(の歴史的な名称) : ~ of antimony =antimony ~ アンチモンバター / ~ of zinc 塩化亜鉛. **3** 《口語》 へつらい, おべっか (adulation) : lay on the ~ おべっかを言う.

look as if butter would not melt in one's mouth 虫も殺さないような顔つきをしている, ねこをかぶっている.

— *vt.* **1 a** 〈パンなどに〉バターを塗る : ~ bread, a frying pan. **b** 〈卵などを〉バターでいためる; …にバターで味を付ける. **2** [通例 ~ up として] 《口語》 〈人〉にへつらう, おべっかを言う (flatter). **3** 〈れんがなど〉に液状接着剤(モルタルなど)を塗る; バタリングする; 〈突合せ溶接する部分〉に溶接金属をかぶせる.

bútt·er[2] [-tə | -tə(r)] 〘← BUTT[4]+-ER[1]〙 *n.* 頭[角]で突くもの[獣].

bútter-and-égg màn *n.* 《米俗》 (田舎から大都会に出て来た時にもてようとしてバーやキャバレーなどで)金をやたら[むやみ]に使う人, 富裕な投資者.

bútter-and-éggs *n.* (*pl.* ~) 〘植物〙 濃淡二種の黄色の花をつける植物の総称《英国ではラッパスイセン (daffodil) などの変種, 米国ではホソバウンラン (toadflax) など》.

bútter·bàll *n.* **1** 球状にした食卓用のバター. **2** 《口語》 丸々と太った人, 丸ぽちゃの若い女性[子供]. **3** 《米》〘鳥類〙 =bufflehead 1.

bútter bèan *n.* 〘植物〙 **1** =wax bean. **2** =lima bean.

bútter bòat *n.* (小さい)舟形ソース[グレービー]入れ.

bútter·bùmp 〘← *butter* (変形) ← BITTERN[1]〙 *n.* 《英方言》〘鳥類〙 サンカノゴイ (*Botaurus stellaris*).

bútter·bùr *n.* 〘植物〙 フキ属 (*Petasites*) の植物の総称; (特に) *P. vulgaris* 《その葉は butter を包むのに用いられたという; sweet coltsfoot ともいう》.

bútter·bùsh *n.* 〘植物〙 トベラ属 (*Pittosporum*) の植物の総称; (特に) =poisonberry tree.

bútter càke *n.* 《米》 バターケーキ《バターなどの油脂を用いた生地で作ったケーキ; cf. sponge cake》.

bútter chìp *n.* バター用の銘々皿.

bútter clàm *n.* 〘貝類〙 北米太平洋岸のマルスダレガイ科の大型食用貝 2 種 (*Saxidomus nuttallii*, *S. giganteus*) の総称《Washington clam ともいう》.

bútter·còoler *n.* (食卓用)バター冷蔵容器.

bútter·crèam *n.* バタークリーム《バターと砂糖を練り合わせたもので, 菓子に用いる》.

bútter·cùp 〘(1777): 黄色い cup 状の花にちなむ〙 〘植物〙 — *n.* キンポウゲ (*Ranunculus acris*) 《春に黄色の花が咲く有毒の多年草; goldcup, kingcup ともいう》. — *adj.* キンポウゲ科の.

bútter dìsh *n.* (卓上用)バター入れ.

bútter·fàt *n.* 乳脂肪.

bútter·fìngered *adj.* 《口語》 物をよく取り落とす, よくボールを受けそこなう; 不注意な, 不器用な.

bútter·fìngers *n.* (*pl.* ~) 《口語》 物をよく取り落とす不器用な[不注意な]人; (よくボールを受けそこなう)へまなクリケット[野球]選手.

bútter·fìsh *n.* 〘魚類〙 うろこにぬめりのあるイボダイ科およびスズキ亜目の魚の総称: **a** バターフィッシュ (*Peprilus triacanthus*) 《イボダイ科の卵形の平たい食用魚; 米国大西洋岸沖に生息する; dollarfish, harvest fish ともいう》. **b** =gunnel[2]. **c** =coney 4.

but·ter·fly [bʌ́təflàɪ | -tə-] 〘OE *buttorflēoge* : ⇨ butter[1], fly[2] : cog. G 《方言》 *Butterfliege* : 魔女がチョウの姿をしてバターやミルクを盗むという迷信から?〙 — *n.* **1** 〘昆虫〙 チョウ 《鱗翅目中のセセリチョウ上科とアゲハチョウ上科の種類の昆虫の総称; cf. moth》. **2 a** (チョウのようにあちこち飛び回る)移り気な人, (特に)気まぐれな女. **b** (女の)おしゃれ, 見えっぱり. **3** [*pl.*] 《口語》 (緊張・不安な期待による)神経質な怖気(おじけ), 気おくれ, 不安な動悸 : have *butterflies* in the [one's] stomach [tummy] (何かを行なう前に)不安でどきどきする, 怖気づく. **4 a** butterfly table の折りたたみ板を支える蝶形の持送り. **b** 〘機械〙 =butterfly valve. **5** 〘水泳〙 バタフライ《butterfly stroke, butterfly dolphin, dolphin butterfly ともいう》. **6** 〘木工〙 =butterfly wedge. **7** 〘彫刻〙 補強材としてつける X 形の支柱. **8** 〘映画〙 (光を放散させるために用いられる)紗(しゃ)でおおったわく.

break* [*crush*] *a butterfly on the wheel ⇨ wheel 成句.

— *attrib. adj.* **1 a** チョウのような形をした. **b** 〈肉など〉〈チョウの羽のように〉切り開かれた. **2** 〘水泳〙 バタフライの.

— *vt.* 〈肉などを〉(チョウの羽のように)切り開く : a *butterflied* steak.

bútterfly bòmb *n.* 〘軍事〙 蝶型爆弾, バタフライ爆弾《落下中 2 枚の羽の動きで信管を発火準備状態にする小型の人員殺傷爆弾》.

bútterfly bùsh 〘その花にチョウが集まることから〙 — *n.* 〘植物〙 **1** フジウツギ属 (*Buddleia*)・クサギ属 (*Clerodendron*)・リンドウ属 (*Gentiana*)・ジンチョウゲ属 (*Daphne*) などの植物の総称. **2** 東アフリカ産クサギ属の植物の一種 (*Clerodendron myricoides*).

bútterfly chàir 〘帆布がチョウの羽根に似ていることから〙 *n.* バタフライチェア《鋼管[鋼棒]のフレームで帆布を支持した休息用のラウンジチェアの一種》.

bútterfly cìrcuit *n.* 〘電子工学〙 蝶形回路《チョウの羽根の形をした可変同調器をもつ発振回路》.

bútterfly dìve *n.* 〘水泳〙 バタフライ飛込み.

bútterfly dólphin *n.* 〘水泳〙 =butterfly 5.

bút·ter·flỳ·er *n.* 〘水泳〙 バタフライ(泳法)選手.

bútterfly fish *n.* 〘魚類〙 **1** チョウチョウウオ《広いひれをもったチョウチョウウオ科の魚の総称》. **2** メガネギンポ (*Blennius ocellaris*) 《ヨーロッパ産イソギンポ科の魚》.

bútterfly flòwer *n.* 〘植物〙 **1** コチョウソウ《チリ

原産のナス科コチョウソウ属 (*Schizanthus*) の植物の総称; 観賞用に栽培される種もある》. **2** マメ科ハカマカズラ属の低木 (*Bauhinia monandra*)《フランス領ギアナ産》.
bútterfly nèt *n.* 捕虫網.
bútterfly nùt *n.* =wing nut.
bútterfly òrchid *n.* 〘植物〙 **1** ヨーロッパ原産のラン科ツレサギソウ属 (*Platanthera*) の植物で, 特に次の二種をさす: *P. bifolia, P. chlorantha.* **2** ベネズエラ原産ラン科スズメラン属の植物 (*Oncidium papilio*). **3** 北米産ラン科サギソウ属 (*Habeuaria*) の植物の総称.
bútterfly òscillator *n.* 〘電気〙 蝶形発振器《蝶形回路を用いた可変周波数発振器》.
bútterfly pèa *n.* 〘植物〙 米国東部産マメ科チョウマメ属 (*Clitoria*) とチョウマメモドキ属 (*Centrosema*) の植物の総称《米国東部および中央部産のすべすべした茎のつる植物; *Clitoria mariana* など》.
bútterfly stròke *n.* 〘水泳〙 =butterfly 5.
bútterfly tàble *n.* バタフライテーブル《不用の時は両そでが蝶番(ちょうつがい)で下にぶらさがるようになっている長円形テーブル; cf. Pembroke table, gateleg table》.
bútterfly tùlip *n.* 〘植物〙 チョウユリ (⇨ mariposa lily).
bútterfly vàlve *n.* 〘機械〙 蝶形弁.
bútterfly wèdge *n.* 〘木工〙 ちぎり《二つの材の接合部に挿入する蝶形の小片》.
bútterfly wèed *n.* 〘植物〙 **1** ヤナギトウワタ (*Asclepias tuberosa*)《トウワタ科トウワタ属の植物; 黄橙色の美しい花が咲く; pleurisy root ともいう》. **2** アカバナ科ヤマモモソウ属の植物 (*Gaura coccinea*).
bútterfly wíndow *n.* (自動車の前部にあって空気を入れるために開閉できる)三角窓.
but·ter·is [bʌ́tərɪs, bʌ́trɪs, -rəs | -t(ə)rɪs] 〘《変形》← ME *butour* ⊂ (O)F *b(o)utoir* ← *bouter* 'to BUTT⁴'〙 *n.* (蹄鉄工の用いる)ひづめ削り具, 削蹄具.
bútter knìfe *n.* **1** バターナイフ《バター皿からバターを取り切るナイフ》. **2** =butter spreader.
bútter·mìlk *n.* バターミルク: **a** バター用の乳脂肪をとったあとの液体. **b** それに似た, 牛乳をベースにした乳酸飲料.
bútter mùslin *n.* 《英》 =cheesecloth.
bútter·nùt *n.* **1** 〘植物〙 **a** バターグルミ (*Juglans cinerea*)《北米産のクルミ科の木》. **b** バターグルミ《食用の実または用材》. **2** =souari nut. **3 a** (バターグルミエキスで褐色に染めた)厚手コットンの布地. **b** [*pl.*] その布地製の外衣《ズボン・オーバーオールなど》. **4** 薄黄褐色. **5** 〘米史〙(南北戦争当時の)南部兵.
bútternut squásh *n.* 〘植物〙 バターナッツ《カボチャ (*Cucurbita moschata*) に属する品種の名; 成熟果で用いられ, 表面はなめらか, 果肉はきめが細かく黄色》.
bútter pàper *n.* バターを包むろう紙.
bútter pàt *n.* **1** (食卓用に装飾的に形作った)バターの固まり (cf. pat¹ 4). **2** =butter chip.
bútter pèar *n.* **1** =avocado. **2** 《まれ》〘園芸〙 =beurré.
bútter plàte *n.* **1** =butter dish. **2** =bread-and-butter plate.
bútter prìnt *n.* バターの固まりに飾りの形を押すための木型; バターに押した木型の模様.
bútter sàuce *n.* バターソース《溶かしたバターを水でのばし調味して小麦粉や卵黄でとろみをつけたソース; 他のソースのベースとなる》.
bútter·scòtch 〘《(1855)》← BUTTER¹+? SCOTCH: スコットランドで初めて作られたことから?〙 — *n.* **1** バタースコッチ, バターボール《主に赤砂糖・バターで作った固い飴》; その風味. **2** バタースコッチの味のする淡褐色のシロップ. **3** 黄褐色. — *adj.* 〈プディング・ソースなど〉バタースコッチの風味のある.
bútter sprèader *n.* (パンにバターを塗る刃のまるい)バタースプレッダー, バターナイフ.
bútter trèe *n.* 〘植物〙 種子からバター状物質が得られる樹木の総称《シアバターノキ (shea tree), インドバターノキ (*Madhuca butyracea*), シエラレオネバターノキ (Sierra Leone butter tree), 熱帯アフリカ産の *Combretum butyrosum* など》.
bútter·wèed *n.* 〘植物〙 (北米産の)黄色い花をつける各種の野草; (特に)サワギク属 (*Senecio*) のノボロギク (*S. vulgaris*), キオン(黄菀) (*S. nemorensis*), サワギク (*S. nikoensis*) など.
bútter·wòrt *n.* 〘植物〙 ムシトリスミレ《ムシトリスミレ属 (*Pinguicula*) の植物の総称》; (特に)ムシトリスミレ (bog violet).
but·ter·y¹ [bʌ́təri, bʌ́tri | -təri] 〘ME〙 — *adj.* **1 a** バターのような. **b** バターのはいった[を塗った]. **2** 《口語》ばかにへつらう, おせじたらたらの (flattering). **bút·ter·i·ness** *n.*
but·ter·y² [bʌ́təri, bʌ́tri | -təri] 〘《(c1384)》 *boteri(e)* ⊂ AF *boterie* ← ? *but* 'BUTT¹': ⇨ -ery: BUTTER¹ と無関係〙 — *n.* **1 a** 酒貯蔵室. **b** 《方言》食料貯蔵室 (pantry)《家庭の酒類や食料品を貯蔵する部屋》. **2** (英国の大学で, 学生に食料や飲料を供給する)食料室.
bùttery yéllow *n.* **1** 〘染色〙 =oil yellow 2. **2** 緑がかった鮮黄色《jasmine yellow ともいう; cf. jasmine 3》.
búttery hàtch *n.* (食料室と食堂との間の)食品の受け渡し口, サービス口.
bútt hìnge *n.* 背出し蝶番(ちょうつがい)《取付けた時ナックル (knuckle) だけが外に見える蝶番; cf. flap 3 g》.
butt·in·sky [bʌtínski | -skɪ] 〘← *but in* (⇨ butt⁴ (v.) 成句) + *sky* (スラブ語系の人名によくみられる語尾)〙 — *n.* (*also* **butt·in·ski** [〜]) 《米俗》 よけいなおせっかいをする人.
bútt jòint 〘cf. butt²〙 *n.* 〘建築〙 突き付け《横材を重ねないで, 頭と頭とを単につき合わせた接合法; cf. butt weld, lap joint》.

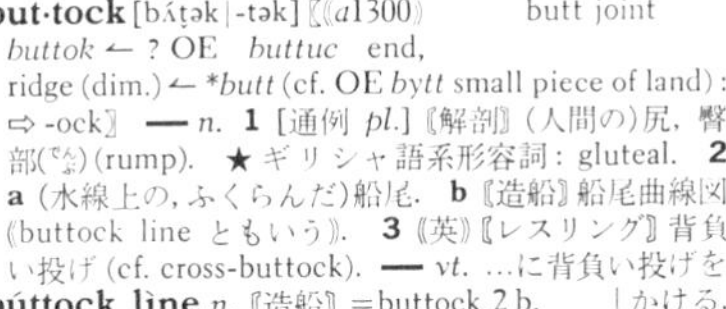
butt joint

butt·leg·ging [bʌ́tlègɪŋ] 〘← BUTT³ + (BOOT)LEGGING〙 *n.* 《米》巻きたばこ密輸入[売買].
bútt lòg *n.* =butt cut.
but·tock [bʌ́tək | -tək] 〘《a1300》 *buttok* ← ? OE *buttuc* end, ridge (dim.) ← *butt* (cf. OE *bytt* small piece of land): ⇨ -ock〙 — *n.* **1** [通例 *pl.*] 〘解剖〙(人間の)尻, 臀部(でんぶ) (rump). ★ ギリシャ語系形容詞: gluteal. **2 a** (水線上の, ふくらんだ)船尾. **b** 〘造船〙 船尾曲線図 (buttock line ともいう). **3** 《英》〘レスリング〙 背負い投げ (cf. cross-buttock). — *vt.* …に背負い投げをかける.
búttock lìne *n.* 〘造船〙 =buttock 2 b.
but·ton [bʌ́tn] 〘《a1300》 *botoun* ⊂ (O)F *bouton* ← *bouter* to thrust: ⇨ butt⁴〙 — *n.* **1** ボタン. **2 a** ボタンのようなもの. **b** (折り襟などに付ける)記章, バッジ. **c** (ベルなどの)押しボタン. **3** 〘制服にたくさんの金ボタンが付いていることから〙[*pl.*; 単数扱い]《英》(ホテル・クラブなどの)給仕 (cf. *a boy in* BUTTONS). **4 a** (戸・窓などの)締め[留め]具, 締め金具 (turn button ともいう). **b** [*pl.*]《口語》知力 (wits): not have all one's 〜*s* 頭が弱い / He has all his 〜*s* (on). 全くしっかりしている. **5** ガラガラヘビの尾の先端部《尾の端を取り巻く骨質輪》. **6** 《口語》[通例否定構文で] 無価値なもの, わずか(なもの): *not* worth a 〜 少しの価値もない / I don't care a 〜. 少しもかまわない. **7** 〘植物〙 **a** 芽, つぼみ (bud). **b** (まだかさを開かない)小さなキノコ (cf. flap 3 k). **8** 《米俗》〘ボクシング〙 あごの先 (point of the chin). **9** 〘フェンシング〙 (危険防止のため剣先につける)先皮, たんぽ. **10** 〘ボート〙 オールの柄 (loom) の回りに, オール受けからすべらないように巻きつける皮. **11** 〘冶金〙(融解後るつぼの底に残る)金属粒. **12** =crown 7 c.
a boy in buttons 《英》(金ボタンの制服を着た)給仕. ***burst** one's **buttons*** (食べ過ぎまたは活躍のし過ぎで)ボタンがはち切れる. ***have a button loose*** [***missing***] =***be a button short*** 《口語》少々(知恵が)足りない. ***hold*** [***take***] ***a person by the button*** 〈気のない人を〉引き留めて長話をする (cf. buttonhold). ***on the button*** 《米俗》時間どおりに, 正確に (on the dot). ***press button A*** [***B***] (昔の英国の公衆電話で)コインを入れて電話をかけ, 相手が出た時にボタン A を押して通話する[通じなかった時にボタン B を押してコインを取り戻す]. ***push*** [***press, touch***] ***the button*** (1) (ベルなどの)ボタンを押す. (2) 《口語》単純な方法で一連の事件を誘発する; (大事件の)糸口を作る, 口火を切る.
— *vt.* **1 a** 〈衣服など〉にボタンを掛ける, ボタンで留める ⟨*up*⟩: 〜 one's coat *up* to the chin 上着[オーバー]のあごの所までボタンをすっかり留める. **b** 〈ボタンを〉掛ける. **c** 〈服に〉ボタンを付ける. **2** 《口語》〈口などを〉固く閉じる[させる] ⟨*up*⟩: 〜 a person's mouth 黙らせる / 〜 (*up*) one's lip [face] 《米》黙っている. **3** 〘フェンシング〙 …に剣先の先皮で触れる.
— *vi.* **1** 〈衣服が〉ボタンが掛かる[ついている], ボタンで留まる ⟨*up*⟩: My collar won't 〜. カラーのボタンが掛からない / This dress 〜*s* down the back [front]. このドレスはうしろ[前]にボタンがついている. **2** 芽[つぼみ]が出る.
button into [***in***] ボタンを掛けて〈ポケットなど〉にしまい込む. ***button up*** (*vt.*) (1) ⇨ *vt.* 1. (2) 〈人〉にボタンを掛けて服を着せる; 〈物を〉ポケットにボタンを掛けてしまいこむ. (3) ⇨ *vt.* 2. (4) 《口語》(防御のため)〈戦車・潜水艦などを〉堅く閉ざす, 締め切る. (5) 《口語》〈命令・任務などを〉遂行する, 〈仕事などを〉うまくしとげる. (6) 《口語》〈協定・取引などを〉最終的なものにする. (*vi.*) (1) ⇨ *vi.* 1. (2) [通例命令形で]《俗》静かにしている, 黙る.
〜**·er** *n.* 〜**·like** *adj.*
bútton·bàll *n.* 〘植物〙 球形の実がなる植物の総称: **a** 《米北部》アメリカスズカケノキ (sycamore). **b** =buttonbush. **c** =plane tree.
bútton bòot *n.* 《英》ボタン留め深靴[ブーツ].
bútton·bùsh *n.* 〘植物〙 アメリカヤマタマガサ (*Cephalanthus occidentalis*)《北米産アカネ科の低木で, 観賞用に栽培》.
bútton chrysánthemum *n.* 〘植物〙 庭などに植える多くの小花をつけるキクの類の植物.
bútton dày *n.* 《豪》ボタンの日《街頭募金をする日; 寄付者にはボタンを付けてやる; cf. tag day》.
bútton-dòwn *adj.* **1** 〈シャツえりが〉ボタンで留められるようになった, ボタンダウンの; 〈シャツが〉ボタンダウン式のえりの付いた, ボタンダウンの. **2** 《米》優雅な, 上品な (urbane), 物柔らかな (suave). **3** =buttoned-down.
bútton èar *n.* (犬の)ボタン耳《耳のへりが前方に折りたたまり, その先端が頭蓋にぴったりくっついて耳の穴をふさぎ, かつ目の方に向いている耳》.
búttoned-dòwn *adj.* 〈服装・態度など〉型にはまった, 新味のない.
búttoned-ùp *adj.* 《口語》堅く口を閉じた, 無口な (uncommunicative); 自分の気持をうまく言えない.
bútton·hòld 〘《逆成》← *buttonholder* buttonholer ← BUTTON+HOLDER〙 *vt.* (-**held**) 《古》 =buttonhole².
bútton·hòle¹ *n.* **1** ボタンホール. **2** ちょぼ口 (small mouth). **3** 《英》折り襟のボタンホールのさし花 (boutonniere). **4** 〘外科〙 ボタン穴状小切開.
— *vt.* **1** …の(ボタン)穴かがりをする. **2** …にボタンホールをあける. **3** 〘外科〙 (偶然に)…にボタン穴状小切開をする.
bútton·hòle² 〘《変形》← BUTTONHOLD〙 *vt.* 〈気乗りしない相手を〉(上衣のボタンをつかまえるようにして)引き留めて長話をする.
bútton·hòl·er [-hòulə | -hòulə(r)] *n.* **1** ボタン穴かがりをする人. **2** (気乗りのしない)人を引き留めて長話をする人.
búttonhole stìtch *n.* 〘服飾〙 (ボタンの)穴かがり, ボタンホールステッチ《間隔のつまった blanket stitch, または糸をかけた所に結び目ができるステッチ》.
bútton·hòok *n.* **1** ボタン掛け《靴などのボタンをはめる時に用いる鉤(かぎ)形の器具》. **2** 〘アメリカンフットボール〙 ボタンホック《パスレシーバーが急に鉤形に曲がる攻撃プレー》.
bútton·less *adj.* ボタンのない[取れた].
bútton màn 〘← *button boy* page, errand boy (給仕の服のボタンにちなむ)〙 *n.* 《米俗》(地下暴力団などの)下級幹部《soldier とも呼ばれる》.
bútton·mòld *n.* (*also* **bútton·mòuld**) くるみボタンの台《骨・木・金属などの円板でその上に布や皮をかぶせてボタンにする》.
bútton-ón *adj.* ボタンつきの, ボタンでとめる.
bútton ònion *n.* 完全に成育しない前に採取されて漬物や料理の添え物として用いられるタマネギ.
bútton quàil *n.* 〘鳥類〙 ミフウズラ《ヨーロッパ・アジア・アフリカに広く分布しているミフウズラ科の鳥の総称》.
bútton shòe *n.* ボタン留め短靴.
bútton snàkeroot *n.* 〘植物〙 **1** リアトリス《茎頂に赤紫色の花穂をつけるキク科ユリアザミ属 (*Liatris*) の多年草の総称; cf. gayfeather》. **2** セリ科ヒゴタイサイコ属 (*Eryngium*) の植物の総称; (特に)ナガハエリンジューム (*E. aquaticum*)《米国南部産の棘(とげ)のある多年草》.
bútton stìck *n.* (軍服の)ボタンみがきの棒《金属または木製で, ボタンをみがく時, 服がよごれないようにボタンだけ頭を出す穴があけてある》.
bútton-thròugh *adj., n.* ボタンが前で上から下までついている(婦人服).
bútton trèe *n.* 〘植物〙 **1** シクンシ科の熱帯植物の一種 (*Conocarpus erecta*). **2** =buttonwood 1.
bútton·wòod *n.* 〘植物〙 **1** アメリカスズカケノキ (*Platanus occidentalis*)《北米産; 巨木で材は良質; ボタンのような球形の実がぶら下がる; buttonball, button tree, sycamore, American plane ともいう》. **2** =button tree 1.
but·ton·y [bʌ́tni, -tni | -tnɪ, -tni] *adj.* **1** ボタンのような. **2** ボタンのたくさん付いている.
bútt plàte *n.* (銃の)床尾板《通例金属; ⇨ rifle¹ 挿絵》.
bútt resìstance wélding *n.* 〘金属加工〙 突き合わせ抵抗溶接《抵抗溶接を利用する溶接方法》.
bútt sèam wélding *n.* 〘金属加工〙 突き合わせシーム溶接《突き合わせた部分を円板電極で縫い合わせるように溶接する方法》.
but·tress [bʌ́trɪs, -trəs] 〘《c1330》 *boteras(s)e* ⊂ OF *bouterez* flying buttress ← *bouter* to thrust, abut: ⇨ butt⁴〙 — *n.* **1** 〘建築〙 控え壁, バットレス, 扶壁《右の挿絵の他に ⇨ Gothic 挿絵》: ⇨ flying buttress. **2** 支持者[物], 支えとなるもの (support): the 〜 of a throne [the Constitution] 王位[憲法]の擁護者 / the 〜 of popular opinion 一般世論の支持. **3 a** 控え壁状の物, 突出部. **b** (山などの)突出部. **c** (馬の)ひづめのかかと側の角質突出部. **d** 樹幹の広く張った基部.
— *vt.* **1** 〘建築〙 〈建物を〉控え壁[扶壁]で支える, 補強する. **2** 支持する (support) ⟨*up*⟩: 〜 *up* an argument. 〜**ed** *adj.* 〜**·less** *adj.* 〜**·like** *adj.*

buttresses 1
1 flying buttresses; 2 buttresses

búttress thrèad *n.* 〘機械〙 のこ歯ねじ.
bútt shàft *n.* (矢じりの付いていない)射的用の矢.
bútt·stòck *n.* 銃床.
bútt stràp *n.* 〘機械〙 目板, 継目板.
bútt-wèld *vt.* 突き合わせ溶接をする.
bútt wèld *n.* 〘金属加工〙 突き合わせ溶接, 突き合わせ鍛接《接合する二つの金属端を互いに突き合わせて溶接または鍛接する方法; cf. butt joint, seam welding》.
but·ty¹ [bʌ́ti | -tɪ] 〘《1802》← ?: cf. booty〙 — *n.* **1** (労働者の)監督, 組頭, 親方 (foreman). **2** (炭坑の)採炭請負人 (middleman). **3** 《英口語》働き仲間, 相棒 (partner).
but·ty² [bʌ́ti | -tɪ] 〘← BUTT(ER)¹ + -Y²〙 *n.* 《英方言》 **1** (一切れの)バターを塗ったパン. **2** サンドイッチ (sandwich).
Bu·tung [bjúːtuŋ] *n.* ブトン(島)《インドネシア, Celebes 島東南方の島; 面積 4,400 km²; 旧名 Buton [bjúːtɔ(ː)n, -tən | -tɔn]》.
bu·tut [butúːt] 〘土語〙 *n.* **1** ブトゥート《ガンビアの

通貨単位；$=^1/_{100}$ dalasi). **2** 1 ブトゥート硬貨.

bu·tyl [bjúːtḷ, -tɪl | -tɪl, -tɪl] 〘← BUTO-＋-YL〙〘化学〙 ── *n.* **1** ブチル基 (C_4H_9). **2** [B-]〘商標〙ブチル(ラバー)《ガス不透性合成ゴムの商品名; Butyl rubber ともいう; cf. Buna》. ── *adj.* ブチル基を含む.

bútyl ácetate *n.*〘化学〙酢酸ブチル.

bútyl álcohol *n.*〘化学〙ブチルアルコール (C_4H_9OH)《四つの異性体がある》.

bútyl áldehyde *n.*〘化学〙＝butyraldehyde.

bu·tyl·ate [bjúːtəlèɪt, -tḷ- | -tɪl-] 〘⇨ butyl, -ate[3]〙 *vt.*〘化学〙〈化合物〉にブチル基を導入する. **bu·tyl·a·tion** [bjùːtəléɪʃən, -tḷ- | -tɪl-] *n.*

bu·tyl·at·ed hy·drox·y·tol·u·ene [bjúːtəlèɪtɪd-haɪdrɑ̀ksɪtɑ́ljuìːn, -tḷ-, -təd-, -ksə- | -tɪlèɪtɪd-haɪdrɔ̀ksɪtɔ́lju-, -təd-] ── *n.*〘化学〙ブチレーテッドハイドロキシトルエン ($CH_3C_6H_2(OH)(C(CH_3)_3)_2$)《合成酸化防止剤の一つ》.

bu·tyl·ene [bjúːtəlìːn, -tḷ- | -tɪl-] 〘← BUTYL＋-ENE〙 *n.*〘化学〙ブチレン (C_4H_8)《三つの異性体がある》.

bútylene glýcol *n.*〘化学〙ブチレングリコール (⇨ butanediol).

Bútyl rùbber *n.*〘商標〙ブチルラバー (⇨ butyl 2).

Bu·tyn [bjúːtṇ, -tɪn | -tɪn] *n.*〘商標〙ブチン《butacaine の商品名》.

bu·tyne [bjúːtaɪn] 〘← BUTO-＋-INE[3]〙 ── *n.*〘化学〙ブチン (C_4H_6)《アセチレン列炭化水素の一つで次の二つの異性体がある》: **a** 1-ブチン ($CH{\equiv}CCH_2CH_3$)《凝縮しやすい気体; ethylacetylene ともいう》. **b** 2-ブチン ($CH_3C{\equiv}CCH_3$)《揮発性の液体; dimethylacetylene ともいう》. 「の異形.

bu·tyr- [bjúːtər | -tɪr] (母音の前に来る時の) butyro-

bu·tyr·a·ceous [bjùːtəréɪʃəs | -tɪ-] 〘《1668》← L *būtyrum* 'BUTTER[1]'＋-ACEOUS〙 *adj.* バター性の, バターに似た; バター(状物質)を含んだ[生じる].

bu·tyr·al [bjúːtəræ̀l, -rəl | -tɪ-] 〘← BUTYRO-＋-AL[1]〙 ── *n.*〘化学〙ブチラール樹脂, ポリビニルブチラール《ポリビニルアルコールにブチルアルデヒドを反応させて作られる樹脂; 塗料・接着剤・安全ガラスなどに用いられる》.

bu·tyr·al·de·hyde [bjùːtərǽldəhàɪd | -tɪrǽldɪ-] 〘← BUTYRO-＋ALDEHYDE〙 *n.*〘化学〙ブチルアルデヒド ($CH_3(CH_2)_2CHO$).

bu·tyr·ate [bjúːtərèɪt | -tɪ-] 〘← BUTYRO-＋-ATE[1]〙 *n.*〘化学〙酪酸塩, 酪酸エステル.

bu·tyr·ic [bjuːtírɪk | bjuː-, bju-] 〘《1826》□ F *butyrique* ← L *būtyrum* 'BUTTER[1]': ⇨ -ic[1]〙 *adj.*〘化学〙酪酸の, 酪酸から誘導した.

butýric ácid *n.*〘化学〙酪酸, ブチル酸 (C_3H_7COOH)《二つの異性体がある》.

bu·tyr·in [bjúːtərɪn, -rən | -tɪrɪn] 〘《1826》← L *būtyrum* 'BUTTER[1]'＋-IN[1]〙 ── *n.*〘化学〙ブチリン ($(C_3H_7COO)C_3H_5$)《バターの中にある無色の液体, グリセリンと酪酸とのエステル》.

bu·ty·ro- [bjúːtərou | -tɪrə(u)] 〘← NL ～ ← BUTYRIC〙〘化学〙「酪酸の (butyric)」の意の連結形. ★ 通例母音の前では butyr- になる.

bùtyro·láctone *n.*〘化学〙ブチロラクトン ($C_4H_6O_2$)《無色の液体, 樹脂の溶剤; butanolide ともいう》.

bu·tyr·yl [bjúːtərɪl, -rəl | -tɪ-] *n.*〘化学〙ブチリル《酪酸から誘導される1価の酸基 $CH_3CH_2CH_2CO$-》.

Bux·a·ce·ae [bʌkséɪsiìː] 〘← NL ～ ← *Buxus* (属名: ⇨ box[1])＋-ACEAE〙 *n.*〘植物〙(双子葉植物ムクロジ目)ツゲ科. **bux·á·ceous** [-ʃəs] *adj.*

bux·om [bʌ́ksəm] 〘《?*a*1200》《原義》pliable ← OE *būgan* to bend: cf. G *biegsam*: ⇨ bow[2], -some[1]〙 ── *adj.* **1 a** 〈婦人が〉丸ぽちゃ[小太り]で美しい, 肉付きがよくて色つやのよい, はち切れそうな肉体美をもった. **b** 〈婦人が〉豊かな胸をした, 胸の大きい, ボインの (full-bosomed). **2 a** 《廃》曲がりやすい (flexible), しなやかな, 柔軟な (pliant). **b** 《古》従順な (obedient). **3** 《古》陽気な, 快活な (blithe). **～·ly** *adv.* **～·ness** *n.*

Bux·te·hu·de [bʊ̀kstəhúːdə; *G.* bʊ̀kstəhúːdə], **Dietrich** *n.* ブクステフーデ《1637–1707; デンマーク生れのドイツのオルガン奏者・作曲家》.

Bux·ton [bʌ́kstən, -tṇ] 〘ME *Bucstones* logan stone ← *būg-stān* bowing stone: ⇨ bow[2], stone〙 ── *n.* イングランド中部, Derbyshire 州西部丘陵地方の中心都市; 鉱泉があり保養地; 人口 21,000.

buy [báɪ] 〘ME *bie(n)* < OE *byċġan* < Gmc **bugjan* (OS *buggian* / Goth. *bugjan*) ← ?〙 ── *v.* (**bought** [bɔ́ːt]) ── *vt.* **1 a** [しばしば間接目的語を伴って] 買う, 購入する (purchase) (cf. sell[1]): ～ a thing cheap 物を安く買う / ～ a harlot 女を買う / ～ an article *for* cash [*on* credit] 品物を現金[掛け]で買う / ～ it *for* [*at*] $10 それを10ドルで買う / ～ a thing *at* a store [*from* a person, 《俗》*off* a person] 物を店で[人から]買う / ～ a ticket *from* a vending machine 自動販売機で切符を買う / ～ oneself a new dictionary 自分用に新しい辞書を購入する / He *bought* me a watch [a watch *for* me]. 私に時計を買ってくれた. **b** [通例間接目的語を伴って] おごる (stand): I'll ～ you a drink. 君に一杯おごろう. **2** [しばしば間接目的語を伴って]〈金銭が〉買うのに役立つ, 購(あがな)える: Money cannot ～ happiness. 金で幸福は買えない / The pound ～*s* less than it used to. ポンドには昔ほどの購買力がない / The money didn't ～ him popularity. 金を使ったけれども人気が出なかった / $50 will ～ you this dictionary. 50ドルでこの辞書が買える. **3** 買収する, 抱き込む (bribe) 〈*over*〉: ～ (*over*) a witness [public official] 証人[官吏]を買収する. **4** 〈人を〉雇う (hire), …と契約する: ～ a player 〈球団などが〉選手と契約を結ぶ / I'll ～ me a lawyer. 《口語》弁護士を依頼しようと思う. **5** (犠牲を払って)獲得する, 購(あがな)う: ～ a person's patronage *with* flattery おべっかを使って人の愛顧を得る / ～ fame *with* one's life 命を犠牲にして名を得る / The victory was dearly *bought*. この勝利は高い犠牲を払って獲得された. **6** 《俗》 **a** 〈他人の意見などを〉信じる (believe), 受け入れる (accept); …にだまされる: I won't ～ that. それはいただけないよ, そんな話には乗せられないよ. **b** (罰などとして)こうむる, 受ける. **7** 《英俗》[～ it として] **a** (なぞ・質問が解けないで)降参する, 手を引く. ★ 次の形で: I'll ～ *it*. 参った, 教えてくれ; (ちょっと信じがたいが)まあそういうことだろう[その考えに賛成する]. **b** 負傷する; 殺される, 死ぬ. **8** 〘神学〙〈人〉(の罪)を贖(あがな)う (redeem). **9** 《俗》〘トランプ〙(予備札などから)〈札を〉引いてくる: I *bought* a king. キングを引いた. ── *vi.* 物を買う, 買い物をする; 買手である, 買手になる.

buy back 買い戻す. ***buy in*** (*vt.*) (1) 買い込む[付ける], 仕入れる: ～ *in* canned goods かん詰めを買い込む. (2) (付け値が安くて)〈売り主が〉〈競売品を〉買い戻す, 自己落札する. (3) 〘証券〙〈証券を〉買埋める; 〈契約を履行しない顧客など〉に対して買埋めをする (cf. buy-in). (*vi.*) (1) 会社の株を買う, 株主になる; 〘証券〙買埋めをする. (2) 《俗》金を使って会員になる[地位を得る]. ***buy into*** (1) …の株を買い込む, 株主になる: ～ *into* a company 会社の株を買う. (2) 《俗》金を使って…に足場を築く: ～ *into* a club 金の力でクラブ員になる. ***buy off*** (1) 金を与えて〈脅迫者などを〉追い払う, 金の力で〈警察など〉に手を引かせる, 買収する; 金を与えて〈要求・介入などを〉しりぞける. (2) 免除金を出して〈人を〉軍務などから解放してやる. ***buy out*** (1) 〈事業などを〉買い取る; …から株[権利など]を買い取る《しばしば経営権などを取得するために》: ～ *out* small stockholders 小株主から株を買い上げる. (2) …の全商品を買い切る (cf. sell out ⇨ sell[1] *vt.* 4 b): ～ *out* a store 商店の在庫品を全部買い占める. (3) ＝BUY *off* (2). ***buy over*** (賄賂(わいろ)で)買収する, 抱き込む (cf. *vt.* 3). ***buy up*** (1) 買い占める, 買い切る: ～ *up* all the goods 品物を買い占める. (2) 〈会社などを〉接収する.

── *n.* **1** 買入れ, 購買. **2** 《口語》[修飾語を伴って] **a** 買った[買う]もの, 買物 (purchase): a good [bad] ～ よい[つまらない]買物 / the best ～ 掘出し物. **b** 格安品, 掘出し物 (bargain): It's a real ～. それは本当に掘出し物だ.

buy·a·ble [báɪəbl] *adj.* 買うことのできる. 「ぶ船.

búy bòat *n.* 《米》船舶の漁獲物を海上で買い市場へ運

búy·er 〘《?*a*1200》〙 *n.* **1** 買手, 買方, 買主, 購買者 (purchaser): a ～*s'* association 購買組合. **2** (デパートなどの)仕入係, バイヤー, 買付け人.

búyers' [búyer's] màrket *n.* 〘経済〙買手市場《供給過剰のため売手が競争して値を下げ, 買方にとって有利な市場; ↔ sellers' market》. 「(cf. boycott).

búyers' strìke *n.* (値下げ要求の)消費者不買同盟

búy·ing 〘ME〙 ── *n.* 買付け, 購買, 仕入れ: ～ and selling 売買 / a ～ agent 購買代理人 / a ～ commission 買入れ手数料 / the ～ public 一般消費者.
buying-in and selling-out 競売買.

búy-ìn *n.* 《米》〘証券〙買埋め: **a** 証券を買ったブローカーが所定の期限までに証券の引渡しを受けない場合, 別途にその証券を買入れて売手側との決着をつける手続; 損失が生じれば売手側が負担する. **b** ブローカーが契約に反した顧客に対して同様の買入れ処置をとること.

búying pòwer *n.* 購買力.

búy-òut *n.* 一製品の全在庫を買い占めること.

Búys-Bal·lót's làw [báɪsbəlɑ́ts-, bɔ́ɪs- | -lɔ́ts-; *Du.* bœ̀isbɑlɔ́t-] 〘← *C. H. D. Buys Ballot* (1817–90: オランダの気象学者)〙 ── *n.* 〘気象〙バイスバロットの法則《観測者が風を背にした場合, 低気圧の中心は北半球では左に南半球では右にあるということ》.

buzz[1] [bʌ́z] 〘《*a*1398》*busse(n)*《擬音語》〙 ── *vi.* **1** 〈蜂・機械などが〉ぶんぶんうなる; ぶんぶん飛ぶ 〈*about, over, in, out*〉. **2 a** 《口語》せわしく動き回る 〈*about, along, around*〉. **b** 《英口語》急いで行く (go); 直ちに去る (leave) 〈*off, away, along*〉: ～ *in* さっと入ってくる / *Buzz off*! さっさと行ってしまえ. **3** 〈人が〉がやがや言う, うわさする; 〈場所が〉〔活気などで〕ざわめく; 〔うわさで〕もちきりである, 言いふらされる 〔*with*〕: The place ～*ed with* excitement. その場所は興奮でさわめいた. **4 a** ブザーで〔人を〕呼ぶ 〔*for*〕. **b** 《俗》電話を掛ける: ～ *off* 電話を切る.
── *vt.* **1** …にぶんぶん音をさせる: A wasp flew about ～*ing* its wings. スズメバチはぶんぶん羽ばたきして飛んだ. **2** がやがや言い伝える, 〈うわさを〉言いふらす, ささやいて伝える; 口々に発する: ～ applause 口々に称賛する. **3 a** 〈人〉にブザーで合図する, 〈信号を〉送る. **b** 《俗》…に電話を掛ける: ～ a person (*to* come). **4** 《英口語》ひゅっと[力を入れて]投げる (fling). **5** 〘航空〙 **a** 〈飛行機・ヘリコプターが〉…の上をすれすれに飛ぶ, 〈他の航空機〉のすぐ近くを飛んで威嚇する: ～ the housetops 屋根の上をすれすれに飛ぶ. **b** 低空飛行して合図[歓迎]する. **6** 〘音声〙有声す一音で発音する.
── *n.* **1** (蜂・機械などの)ぶんぶんいう音, うなり (humming). **2** ざわめき, 騒音; 雑踏, 混乱 (ferment): a ～ of voices. **3** 風説, 風聞, うわさ (rumor). **4 a** 《口語》ブザーによる合図[信号]; (特に)電話の呼出しの音. **b** 《俗》電話(の呼出し): I'll give him a ～. 彼に電話を掛けよう. **5** 〘音声〙有声す一音 (〘z〙; cf. hiss 2).

buzz[2] [bʌ́z] 〘← ?〙 *vt.* 《英》〈酒びんを〉飲みつくす, 空にする (finish). ★ そうした人が次のびんをあける役.

buzz[3] [bʌ́z] 〘《変形》← ? *burrs* (pl.) ← BUR[1]〙 *n.* **1** 《英方言》いが (bur). **2** 毛のふさふさしたマス釣り用の毛鉤(けばり).

buz·zard[1] [bʌ́zəd | -zəd] 〘《1272》□ (O)F *busard* ← L *būteo* falcon〙 ── *n.* **1** 〘鳥類〙 **a** 《英》ノスリ (*Buteo buteo*)《ワシタカ科ノスリ属の鳥》. **b** ＝turkey vulture. **c** ＝honey buzzard. **d** ＝condor 1. **2** 《俗》[しばしば old ～ で; 軽蔑的に] 強欲者; 卑劣漢: You *old* ～! このおいぼれ[強欲]めが.

buz·zard[2] [bʌ́zəd | -zəd] 〘← BUZZ[1]＋-ARD〙 *n.* 《英方言》〘昆虫〙ぶんぶん飛び回る昆虫の総称《コフキコガネ (cockchafer), センチコガネ (dorbeetle) など》.

búzz bòmb 〘飛行中のパルスジェットエンジンの騒音から〙 *n.* 《口語》〘軍事〙ブンブン爆弾, 爆鳴弾《第二次大戦末期にドイツ軍が英国に向けて発射した無人飛行機型爆弾 V-1 のあだな》.

búzz bòx *n.* 《英俗》自動車.

búzz·er *n.* **1** ぶんぶん鳴る[鳴らす]人[もの]; 汽笛, 警笛, サイレン. **2 a** ブザー《電磁的に鉄片を震動させて音を発する装置》. **b** 《口語》玄関のベル, ブザー (doorbell). **3** 《軍俗》信号手 (signaller); [*pl.*] 信号部隊.

búzz·ing *adj.* ぶんぶん[がやがや]いう. **～·ly** *adv.*

búzz sàw *n.* 《米》(動力駆動の)小円のこぎり.

búzz·tràck *n.* 〘映画〙(映画複製装置のテストに用いる)特殊音帯付きフィルム.

búzz wàgon *n.* ＝buzz box.

búzz·wìg 〘← BUZZ[3]＋WIG〙 *n.* buzz wig をかぶる人; 身分のある人, 偉い人 (bigwig).

búzz wìg *n.* 毛の房々した大かつら.

búzz·wòrd *n.* (実業家・役人・技術家などの間で素人を感心させるために使う, あまり意味がないがもったい振った感じの語句[専門語].

b.v. 《略》〘電気〙balanced voltage 平衡電圧; *L.* bene vale (＝farewell); 〘会計〙book value.

B.V. 《略》〘処方〙*L.* balneum vapōrōsum (or vapōris) (＝vapor bath); *L.* Beāta Virgō (＝Blessed Virgin); *L.* bene vale (＝farewell); British viscount.

B.V. *n.* James THOMSON の筆名.

B.V.D. *n.* 〘商標〙ビーヴイディー《各種の男性用下着の商品名》. 「Mary).

B.V.M. 《略》*L.* Beāta Virgō Maria (＝Blessed Virgin

B.V.Sc. 《略》Bachelor of Veterinary Science.

bvt. 《略》brevet; breveted.

BW, B.W. 《略》bacteriological warfare; biological warfare; black and white; Board of Works, Greater London 大ロンドン建設局; bonded warehouse; bread and water; British Waterways; Business Week.

bwa·na [bwɑ́ːnə] 〘□ Swahili ～ □ Arab. *abūnā* our father〙 *n.* 《アフリカ東部》[しばしば呼掛けに用いて] 主人, だんな (master, sir); 親方 (boss).

BWG, B.W.G. 《略》Birmingham wire gauge バーミンガム線径ゲージ《電線など針金の直径を表示する番号; 英国で制定された》.

B.W.R. 《略》〘原子力〙boiling water reactor.

B.W.T.A. 《略》British Women's Temperance Association 英国婦人矯風会.

BX 《略》base exchange.

bx. 《略》box.

BX̀ càble [bíːéks-] *n.* 〘電気〙ビーエックスケーブル《柔らかい金属管にはいっている数本の被覆電線》.

by[1] 〘OE *bi, be* at, near < Gmc **bi* (G *bei*) < IE **bhi* 《略》← **ambhi* (L *ambi-* 'AMBI-' / Gk *amphí* 'AMPHI-')〙 ── [báɪ] *adv.* **1** [位置] そばに, かたわらに (at hand); 付近に, あたりに, 近傍に: He lives close [near, hard] *by*. すぐそばに住んでいる / sit *by* そばに坐る / when no one is *by* だれもそばにいない時 / He happened to be *by*. たまたまそばにいあわせた / ⇨ STAND *by*. **2** [運動] そばを, かたわらを, 近傍を, 過ぎて: go *by* on the other side 向こう側を通って行く / pass *by* かたわらを通る, 通り過ぎる / A car drove *by*. 自動車が走り過ぎた / A bird flew *by*. 鳥が飛んで行った / I saw a man pass *by*. 人が通りかかるのを見た / The procession has gone *by*. 行列が通り過ぎた / All that is gone *by*. それは皆過ぎ去ったことだ / Time goes *by*. 時は過ぎ行く / in days gone *by* 過ぎ去った昔に / Wealth and fame have passed me *by*. 富も名声も私を(見向きもしないで)素(す)通りしてしまった. **3** かたわらに, わきへ (aside); 貯えて: ⇨ LAY[1] *by*, PUT[1] *by*, SET *by*. **4** 《スコット・北英》 **a** [時に with を伴って] 〈事が〉終って; 〈時が〉過ぎ去って: The burying was *by*. 埋葬は終った / The days of happiness are *by with*. 幸せの日々は過ぎ去った. **b** [特に be by with it として] 〈人が〉おしまいで (done for), 死んで: You're *by with it*. 君はもうおしまいだ. **5** 《米》他人の家に[へ]: call [come, drop, go, stop] *by* (ついでに人の家に)立ち寄る, 訪問する.

by and by (1) やがて, 今に, そのうち: *By and by* he discovered a light in the distance. やがて遠方に灯が見えた. (2) 《廃》ただちに, すぐに (immediately).

by and large (1)〘海事〙〈帆走中の船が〉風に向かったり離れたりして. (2) 全般にわたって: take [consider] the matter *by and large.* (3) 大体において, 概して (in general): *By and large*, it is the best of its kind. 大体においてそれはその種のものの中で一番よい.

― [bàɪ, báɪ; bɪ, bə] *prep.* **1** [位置] **a** …のそばに[で], …のかたわらに (beside); …の近傍に; …の手元に: *by* the wayside / *by* the side of …のそばに / a house *by* the river 川のそばの家 / a cottage *by* the roadside 路傍の田舎家 / stand *by* the gate 門のそばに立つ / Sit *by* me. 私のそばにお坐り / I haven't got it *by* me. それは今私の手元にない / He keeps all the letters *by* him. 彼はその手紙を全部手元に保存している. **b** …の地域で: They commanded both *by* sea and land. 彼らは陸海ともに支配していた.

2 [通過・経路] **a** …のそばを, …を過ぎて (past): He drove *by* the church. 教会のそばを車で通って行った / He didn't notice me as he passed *by* me. 私とすれ違った時私に気付かなかった. **b** 〈道〉を通って (along): go *by* the nearest road 一番近い道を通って行く / I came *by* the highway. 本街道を通って来た. ★ この場合の by は時に省略される: We came back (*by*) the same way. 同じ道を帰った. **c** …を通過して (by way of): He entered the house *by* the back door. 裏の入口からその家にはいった / travel *by* land [sea, water] 陸[海]上を旅行する / return *by* air 空路帰国する / travel *by* (*way of*) Siberia シベリア経由で旅行する.

3 [主に come に伴って] …の近くに, …のすぐそばへ: *Come* close *by* me, and tell me what is the matter. ずっとそばへ来てわけを話してくれ.

4 a 〘方言〙…の家に[へ]: I am going *by* my uncle for a few days. 2, 3 日ほどおじさんとこへ行くつもりだ. **b** 〘米〙〈他人の家〉に立ち寄って: call [drop, go, stop] *by* a person's house (ついでに)人の所に立ち寄る / He came *by* my house for a chat. おしゃべりに私の家へ立ち寄った.

5 [時の経過] …のうちに, …の間は (during): *by* day 昼間 / *by* night 夜間 / *by* night and *by* day 昼夜兼行で / They went home *by* daylight. 明るいうちに帰った.

6 [期限]〈ある時〉までに(は) (not later than); 〈ある期間が切れる〉までには, 〈今〉ごろはもう… (cf. till[1] 1): *by* the evening 夕方までに / *by* the end of this month [the year] 今月末[年末]までに / *by* the time (that) this letter reaches you この手紙がお手元に届くころまでには / *by* this [that] (time) この[その]時は既に / *by* tomorrow [next week] 明日[来週]までには / I will be here *by* five o'clock. 5時までにここへ来ます / He should have been here *by* now. 今ごろはもう彼はここへ来ていていいはずだ.

7 [動作の対象となる身体などの部分を示して] …によって, (…の)…を: lead a person *by* the hand 人の手を引いて行く / He pulled me *by* the coat [nose]. 私の上着[鼻]を引っ張った / He grabbed the knife *by* the blade. ナイフの刃をつかんだ.

8 〈名前・標示など〉で: He goes *by* the name of Smith. スミスという名で通っている / I recognized him *by* the voice. 声で彼だとわかった / The gentle mind is known *by* gentle deeds. 優しい心は優しい行為でわかる / What do you mean *by* that? それはどういう意味ですか / *By* mood we understand grammatical forms expressing the speaker's attitudes towards the contents of the sentence. 法とは文の内容に対する話者の心的態度を表わす文法形式のことである.

9 〈媒介・手段〉によって, …で (by means of) (cf. with 10); [doing を伴って] …することによって: perish *by* the sword ⇨ perish *vi.* 1 / teach *by* example 例示して教える / He gained his purpose *by* flattery. おべっかを使って目的を達した / an engine driven *by* electricity [atomic power] 電気[原子力]で運転される機関 / *by* this means この手段によって / *by* skill 熟練で / inform *by* wire 電報で知らせる / *by* post 郵便で / *by* return of post 折返し返信で / *by* steamer 汽船で / I will go *by* the 10: 30 train. 10時半の汽車で行きます / travel *by* rail [bus, ship] 鉄道[バス, 船]で旅行する / travel *by* moonlight 月明かりで旅をする / He had no light to read *by*. 読むのに灯火がなかった / take a town *by* force 力ずくで町を占拠する / be taken *by* surprise 不意打ちを食う / He lives *by* poetry. 詩を書いて生活している / an arch supported *by* massive pillars 太い柱でささえられているアーチ / hang on *by* one's hands 両手でぶら下がる / The new peace hangs *by* a very slender thread. このたびの平和はひどく細い糸一本で吊されている《極めて危い状態である》/ begin [end] *by* doing 初めに[最後に]…する / We learn *by* listening. よく聞くことで身につく.

10 a 〈仲介者〉によって; 〈親としての男[女]〉から生れた: The president will be present either in person or *by* a deputy. 社長自身または代理人が出席するだろう / ⇨ by PROXY / *by* the hands of …の手を借りて / She had a son *by* her first husband. 先夫の子が一人いた / She was his eldest daughter *by* his first wife. 先妻との間に生れた長女であった. **b** 〘畜産・競馬〙〈馬など〉…を父にもつ (sired by) (cf. out of 11): Justice by Rob Roy (*out of* Silver Trumpet) ロブロイを父に(シルバートランペットを母に)もつジャスティス.

11 〈行為者〉によって: *By* whom was the book written?＝Who was the book written *by*? その本はだれが書いたのですか / be made [built, founded, discovered] *by*…によって作られる[建てられる, 創造される, 発見される] / a novel *by* Scott スコットの(書いた)小説 / the murder of little children *by* those who delayed sending food 食糧の送り出しを遅らせた人達による幼児の殺害.

12 〈原因〉のために: be destroyed *by* fire 火事で焼き尽くされる / *by* reason of …の理由で.

13 a 〈命令・規則・規準など〉に従って: five o'clock *by* my watch 私の時計では5時 / judge a person *by* appearances [his looks] 人を外見で判断する / judging *by* the accounts of …の話によって判断すれば / work *by* rule 規則に従って働く / ⇨ *by* BOOK, *by* HEART, *by* ROTE[1], by your LEAVE[2]. **b** 〈度量・単位など〉に従って, …を単位にして: sell *by* retail [wholesale] 小売[卸売]をする / sell *by* the yard 1ヤール幾らで売る / board *by* the month 月ぎめで下宿する / *by* the dozen ダース(幾ら)で / *by* the gallon 1ガロン幾らで / *by* the hour 1時間幾らで / *by* thousands 幾千も, 幾千となく / They may be counted *by* hundreds. 百をもって数えられる, 幾百となくいる / They gave us apples *by* the basketful. リンゴをかごでくれた. **c** …から判断すれば: *by* what I have heard of his character 彼の人物について聞いたところによれば / We shall have a rain *by* the look of the sky. この空模様ではひと雨来そうだ. **d** 〈名前〉にちなんで (after): He was called *by* the name of his grandfather. 祖父の名をつけられた / Let it be termed Dido *by* your name. お名前にちなんでダイドーと呼びましょう.

14 [反復・連続] 〈幾つ〉ずつ; …に続いて (after): drop *by* drop 一滴ずつ, ぽたりぽたりと / bit *by* bit 少しずつ / little *by* little 少しずつ / man *by* man 一人ずつ / step *by* step 一歩一歩 / piece *by* piece 一片ずつ / *by* inches 1インチずつ / *by* halves 中途半端に / *by* turns 代わる代わる, 交代に / *by* twos and threes 三々五々 / one *by* one 一つ一つ, 一人ずつ / It was getting colder minute *by* minute [〘米〙*by* the minute] 刻々寒くなっていった / The snow fell flake *by* flake. 雪がひらひらと落ちて来た.

15 a [程度・度合] 〈幾ら〉だけ, …の程度まで, …の差で: too many *by* one 一つだけ多過ぎて / *by* a long way はるかに / reduce *by* half 半分だけ減らす / miss *by* a minute [second] 1分[秒]だけおくれる, ほんのちょっとで間に合わない / be short *by* 2 feet 2フィートだけ短い / win *by* a boat's length [*by* a head] 1艇身の差[馬首だけの差]で勝つ / He is taller than I [me] *by* a head. 彼は私より頭ひとつだけ大きい. **b** [乗除・寸法に用いて] …で: multiply [divide] 8 *by* 2 8に2を掛ける[8を2で割る] / a room 12 ft. *by* 15 (ft.) (幅) 12フィート(長さ) 15フィートの部屋 / a lake sixteen miles long *by* three broad 長さ16マイル幅3マイルの湖 / The carpet is three yards *by* three and a half (＝3 yds×3½ yds). カーペットは幅3ヤード長さ3.5ヤードです / I want a piece of wood five feet *by* two feet *by* three inches. 長さ5フィート幅2フィート厚さ3インチの木材が欲しい.

16 [関係] …に関して言えば, …の点では, …は (in respect of): cousins *by* blood 血の続いたいとこ / a Frenchman *by* birth 生れはフランス人 / a grocer *by* trade 商売は雑貨商 / Jones *by* name 名前はジョーンズ / I know him *by* name. (交際はないが)彼の名前は知っている / He just knows me *by* sight. ただ顔だけは知っている / It's O.K. [all right] *by* me. 〘口語〙私はオーケーだ / ⇨ *by* NATURE.

17 [do, act, deal に伴って] …に対して (toward): *do* one's duty *by* one's parents [friends] 両親[友人]に対して本分を尽す / He *did* well *by* me. 私によくしてくれた / Do (to others) as you would be *done by*. 人にしてもらいたいようにしてやれ, 己の欲するところこれを他人に施せ (cf. golden rule 1).

18 [誓言・祈願] 〈神〉の名において, …に誓って, …かけて (in the name of); 〈神様〉も照覧あれ: swear *by* (Almighty) God that …ということを神かけて誓う / *By* heaven I'll know his thoughts. 誓ってやつの考えを見抜いてやるぞ / *By* Heaven [heavens]! これはこれは, いや驚いた.

19 (羅針盤 (compass) の16方位から) 1点 (one point: 11°15′) だけ…の方に寄って: North *by* East 北微東 / Northeast *by* North 北東微北.

by itself ⇨ itself 成句. ***by me*** ⇨ me 成句. ***by oneself*** ⇨ oneself 成句. ***by the by*** [***bye***] 時に, ちなみに, ついでだが (incidentally): *By the by*(*e*), I forgot to tell you the later news. それはそうとその後の話をするのを忘れていた.

― [báɪ] *n.* ＝bye[2].

― [báɪ] *adj.* 従属的な, 副次的な; 横の; 本道をそれた. ★ 通例 by- の形で複合語を造る (⇨ by- *pref.*)

by[2] [báɪ] *int.* ＝bye[1].

by, b.y. 〘略〙〘地質〙billion years 10 億年 (cf. my).

by- [báɪ] 〘← BY[1]〙 ― *pref.* **1** 「付随的, 副次的」の意: *by*-product / *by*-effect / *by*-altar. **2** 「そばに, 横の」の意: *by*stander / *by*passer 通行人 / *by*-glance 横目, わき目. **3** 「本道をそれた」の意: *by* path / *by*-passage わき道. **4** 「内密の, 間接の」の意: *by*-motive 間接の動機 / *by*-conference 秘密会議.

bý-àltar *n.* 副祭壇.

bý-and-bý 〘《1591》← BY[1] (prep.) 14〙 *n.* [the ～] (余り遠くない)未来 (future): in *the* sweet ～ やがて楽しい日が来ると.

bý-bìdder *n.* (競売で景気値段をつけて値段をつり上げるのに雇われる)空せり人, (競売の)「さくら」(capper) (cf. reserve price).

bý-bìdding *n.* (競売の)さくら行為.

Byb·los [bíbləs] *n.* ビブロス《レバノン Beirut の近くにあった古代 Phoenicia の港市; パピルス交易の主要港; その遺跡は部分的に発掘調査されている; 現在名 Jubayl》.

bý-blòw *n.* **1** そばづえ, 偶然の災難. **2** 庶子, 私生児 (bastard).

by-by[1] [báɪbàɪ] *n.* ＝bye-bye[1].

by-by[2] [báɪbàɪ, ⌐⌐] *int.* ＝bye-bye[2].

by-by[3] [báɪbàɪ] *adv.* ＝bye-bye[3].

Byd·goszcz [bídgɔ(ː)ʃtʃ | -gɔʃtʃ; *Pol.* bídgɔʃtʃ] *n.* ビドゴシチ《ポーランド北西部の都市; 人口 328,000; ドイツ語名 Bromberg》.

bye[1] [báɪ] 〘《略》← GOOD-BYE〙 *int.* [しばしば ～ now で] さよなら.

bye[2] [báɪ] 〘《1746》《変形》← BY[1] (adv.)〙 ― *n.* **1** 〘クリケット〙バイ《ボールが打手 (batsman) とウィケットキーパー (wicketkeeper) とを通り越した場合の得点: cf. leg bye》. **2** 〘スポーツ〙トーナメントの試合で組合せ上不戦勝になる位置; 不戦勝: draw a ～ 不戦勝を(くじで)引く / run a ～ 不戦勝を得る. **3** 〘ゴルフ〙マッチプレーの勝負が決定して残っているホール. **4** 付随[二次]的なもの.

by the bye ⇨ by[1] *prep.* 成句.

― *adj.* ＝by[1].

bye- [báɪ] *pref.* by- 1 の異形: *bye*law.

býe-blòw *n.* ＝by-blow 2.

bye-bye[1] [báɪbàɪ] 〘《?c1425》 bi bi (int.) ← ?: cf. ON *bī bī* & *bium bīum*〙 *n.* 《小児語》ねんね (sleep): go to ～*s* ねんねする.

bye-bye[2] [báɪbàɪ, ⌐⌐] 〘《1709》《加重》← BYE[1]〙 *int.* 《小児語・口語》さよなら, バイバイ (good-bye).

bye-bye[3] [báɪbàɪ] 〘《転用》?: ↑〙 *adv.* 《小児語》外へ, 出かけて. ★ 主に次の成句で:

go bye-bye 出かける, 外へ出る.

býe-elèction *n.* ＝by-election.

bý-effèct *n.* 付帯効力, 付帯効果, 副次効果, 思わぬ効果.

býe·làw *n.* ＝bylaw.

bý-elèction *n.* (英下院, 米国会・州議会の)補欠選挙 (cf. general election).

Bye·lo·rus·sia [bièlo(ʊ)rʌ́ʃə, bjèl- | bɪèlə(ʊ)-, bjèl-; *Russ.* bjilarússijə] *n.* ＝Belorussia.

Bye·lo·rus·sian [bièlo(ʊ)rʌ́ʃən, bjèl- | bɪèlə(ʊ)-, bjèl-] *n., adj.* ＝Belorussian.

Bye·lo·stock [*Russ.* bjiləstók] *n.* ビヤリストク《Białystok のロシヤ語名》.

bý-ènd *n.* 本道から離れた目的; (特に)内密の利己本位な目的, 私心, 私意.

bý-fòrm *n.* (語などの)副次形式《ある語形などに対応する方が頻度などで劣る形式》.

bý·gòne 〘cf. (*days*) *gone by* (⇨ GO[1] *by*)〙〘文語〙 ― *adj.* 過ぎ去った, 既往の, 過去の; すたれた (out of date): ～ days 過ぎし日, 昔. ― *n.* **1** [通例 *pl.*] 過ぎ去った事; (特に)過去の悲しみ[痛手, 過ちなど]; 過去: Let ～*s* be ～*s*. 過去は過去として水に流そう, 過去は問うな. **2** 過去の人[物]; (特に)古道具《今では使われなくなった家庭用具・農具など》.

bý-jòb *n.* 副業.

bý-làne *n.* わき道, 抜け道, 横町.

bý·làw 〘《1283》 *bilaue* 《変形》← ME *birlawe* ⊏ ON **bȳjarlagu* ← *bȳjar* ((gen.) ← *bȳr* town) ＋ **lagu* 'LAW[1]': cf. Derby, etc.〙 ― *n.* **1** (会社・協会など団体の)内規; (法人の)定款: the ～*s* of a club クラブの内規. **2** 〘《16C》: BY- 1 と連想〙付則, 細則. **3** 〘英〙(地方自治体の)条例 (ordinance).

bý-lìne *n.* **1** 新聞・雑誌の署名入り記事の記者名を示す行《通例見出しの次の行に by… の形で記入する》; その署名(入り)記事 (cf. byliner). **2** 2 次的な系列; 副次的な仕事, 副業 (sideline). **3** 〘サッカー〙＝goal line 2. ― *vt.* 署名入りで〈記事を〉書く.

bý·liner *n.* 署名(入り)記事を書く記者 (cf. by-line 1).

bý·nàme *n.* **1** 副名, 家名, 姓 (surname). **2** あだ名.

Byng [bíŋ], **Julian Hedworth George** *n.* (1862–1935) 英国の将軍・カナダ総督 (1921–26); 別称 Viscount Byng of Vimy.

BYO, b.y.o. 〘略〙bring your own (booze [bottle]).

BYOB, b.y.o.b. 〘略〙bring your own booze [bottle]. (非公式な案内状で)酒持参のこと.

byo·bu [bjóʊbuː, bióʊ- | bjə́ʊ-, bɪə́ʊ-] 〘⊏ Jap.〙 *n.* (*pl.* ～) 屏風(びょうぶ).

byp. 〘略〙bypass.

bý·pàss 〘《1848》← BY[1] (adj.)〙 ― *n.* **1** (都会地などの, 特に交通量の多い部分を避けて街道の二点を接続する)自動車用迂回路, バイパス. **2** (ガス・水道などの)側管, 補助管. **3** 〘電気〙バイパス, 側路 (cf. shunt[1] 3). **4** 〘医学〙バイパス, 副行路, 側副路. ― *vt.* **1** 〈都市などを〉迂回する, 周回する: a new road ～*ing* the town その町を迂回する新道路. **2** 〈液体・ガスなどを〉側管に通す. **3** …に側管[バイパス]を付ける. **4 a** 〈規約などを〉無視する (ignore). **b** 〈問題などを〉回避する (evade). **5** 飛び越えて進む; 出し抜く (circumvent).

býpass capàcitor *n.* 〘電気〙バイパスコンデンサー, 側路蓄電器《ある側路内に直流は通さず, 交流だけを通すために挿入するコンデンサー》.

býpass condènser *n.* 〘電気〙 =bypass capacitor.
býpass-jèt *n.* 〘航空〙 =turbofan engine.
býpass vàlve *n.* (ガス・水道などの)バイパス弁, 副制水弁.
bý·pàst *adj.* 過ぎ去った, 過去の (bygone).
bý·pàth *n.* **1** 私道. **2** わき道, 間道 (byway): the ~*s* of history 歴史の傍流, 側面史.
bý·plày *n.* **1** (本筋から離れた, しぐさだけの)わき芝居[演技]. **2** (本筋を離れた)支流的出来事.
bý·plòt *n.* (小説・戯曲の)わき筋.
bý-pròduct *n.* 副産物, 副製品; (思いがけない)副次的結果.
Byrd [bə́:d | bə́:d] 〘← OE *brid* 'BIRD'〙 *n.* 男性名.
Byrd, Richard Evelyn *n.* (1888–1957) 米国海軍少将, 南極探検家.
Byrd, William *n.* (1543?–1623) 英国の作曲家.
Býrd lànd 南極大陸の一部, Ross 海岸の南東部地域; Richard E. Byrd 少将が発見; 米国が領有を主張している; 旧名 Marie Byrd Land.
byre [báɪə | báɪə(r] 〘OE *bȳre* cattle stall < Gmc **būrjam* ← **bū-* to dwell: cf. bower¹〙 *n.* 《英》 牛小屋, 牛舎 (cow shed).
býre·man [-mən] *n.* (*pl.* **-men** [-mən, -mèn]) 《英》 牛飼い (cowman).
Byrne [bə́:n | bə́:n], **Donn** *n.* (1889–1928) 米国の小説家 Brian Oswald Donn-Byrne の筆名; *Messer Marco Polo* (1921).
Byrnes [bə́:nz | bə́:nz], **James Francis** *n.* (1879–1972) 米国の政治家・法律家, 国務長官 (1945–47).
byr·nie [bə́:ni | bə́:nɪ] 〘《14C》《音位転換》← ? ME *brinie* ⊏ ON *brynia*〙 *n.* 〘甲冑〙 鎖かたびら (hauberk).
bý·ròad *n.* わき道 (side road); 間道.
By·ron [báɪrən | báɪər-] 〘《原義》 'cowman' ← OE (*æt*) *bȳrum* (at) the cow sheds (dat. pl.) ← *bȳre* 'shed, BYRE'〙 男性名.
Byron, George Gordon *n.* (1788–1824) 英国ロマン派の詩人; *Childe Harold's Pilgrimage* (1812–18); *Don Juan* (1819–24); 称号 6th Baron Byron.
By·ron·ic [baɪránɪk | baɪ(ə)rɔ́n-] 〘⇨ ↑, -ic¹〙 — *adj.* バイロン風の, バイロン的な《世俗の道徳を軽蔑し運命に抗する Byron その人, またはその詩風にいう》. **By·rón·i·cal·ly** *adv.* **By·ron·ism** [báɪrənɪzm̩] *n.*
byr·rus [bírəs] *n.* (*pl.* **byr·ri** [-ri:, -raɪ]) =birrus.
byssi *n.* byssus の複数形.
bys·si·no·sis [bìsənóusɪs, -səs | -sɪnə́usɪs] 〘← NL ~ ← LL *bussinum* linen + -OSIS〙 — *n.* (*pl.* **-no·ses** [-si:z]) 〘病理〙 綿肺(症), 綿線維沈着(症)《綿花の微粒子などを吸い込むために起こる胸部疾患; mill fever ともいう》. **bys·si·no·tic** [bìsənóuṭɪk | -sɪnə́utɪk] *adj.*
bys·sus [bísəs] 〘《1605》⊏ L ~ ⊏ Gk *bússos* fine linen ← Sem. (cf. Heb. *būṣ*) ∞ 《?c1300》 *bis* ⊏ OF *bysse*〙 — *n.* (*pl.* ~**·es**, **bys·si** [-saɪ, -si:]) **1** (古代の人々が用いた)目のこまかい亜麻布 (fine linen). **2** 〘動物〙 足糸《イガイなどが岩に付着するために出す糸状の分泌物》. **3** 《古》〘植物〙 (菌の)細糸, 菌糸の柄.
bý·stànder 〘cf. stand by, stander-by〙 *n.* 傍観者 (looker-on), 見物人, 局外者.
bý·strèet *n.* 横町, 裏通り; (人目に触れない)裏道.
bý·tàlk *n.* 余談; 雑談 (small talk).
byte [báɪt] 〘《1964》《恣意的造語》: cf. bit⁵, bite (n.)〙 — *n.* 〘電算機〙 バイト《記憶容量の単位で, 一単位として取扱われる一組のビット; cf. kilobyte, gigabyte, megabyte, terabyte》: an 8-bit ~.
bý-the-wáy 〘← *by the way* (⇨ way¹ (n.) 成句)〙 *adj.* ついでの, なにげない: in a ~ fashion さりげなく. — *n.* ついでの言葉, 付言.
bý·tìme *n.* 余暇 (spare time).
By·tom [bí:ṭə(:)m, bíṭ- | -tɔm; *Pol.* bítɔm] *n.* ビトム《ポーランド南部の都市, 旧ドイツ領; 人口 236,000; ドイツ語名 Beuthen [bɔ́ʏtən]》.
by·town·ite [báɪtaunàɪt, ─ ⌐ ─] 〘← *Bytown* (Ottawa の旧名) + -ITE¹〙 *n.* 〘鉱物〙 亜灰長石《斜長石 (plagioclase) の一種》.
bý·wàlk *n.* わき道, 小路, 私道.
bý·wày 〘ME: ⇨ by-, way¹〙 — *n.* **1** 小道, 抜け道, わき道 (cf. highway 1 a): highways and ~*s* 公道とわき道, 大路小路; 表と裏. **2** (研究などの)わき道; (人目に触れない)方面: a ~ of learning [literature] 学問[文学]のわき道, 人があまり研究していない学問[文学]の部門.
by·wo·ner [báɪvòunə, béɪ- | -vəunə(r] 〘⊏ Afrik. ~ ← *by* with + *woner* inhabitant〙 — *n.* 《アフリカ南部》 **1** (他人の土地で働く)農場労働者. **2** 小作料を収穫物で収める小作人 (sharecropper).
bý·wòrd 〘lateOE *bīwyrde* 《なぞり》 ← L *prōverbium* 'PROVERB': cf. by-〙 — *n.* **1 a** 〔人などの〕物笑いの種 〔*of, to*〕: He became the ~ *of* [a ~ *to*] the town. 彼はその町の物笑いとなった. **b** [しばしば悪い意味で]〔ある性質の〕手本, 典型; 縮図 (epitome) 〔*for*〕: His name was a ~ *for* iniquity. 彼の名は悪の代名詞であった. **2 a** 言い古された言葉, 通り言葉, 諺. **b** 人が好んで口にする語句. **3** (ある型・種類・性質などを表わす)通り言葉のようなもの; きまり文句. **4** 形容辞; (特に)軽蔑的な形容辞, あだ名.
bý·wòrk *n.* 内職, 片手間仕事, 副業.
bý-your-léave *n.* **1** 許可願いをしなかったことのおわび. **2** 許可願い.
byz·ant [bíznt, bɪzǽnt, bə- | bíznt, bɪzǽnt] *n.* = bezant.
By·zan·ti·an [bɪzǽnʃiən, bə-, -ʃən, -ṭiən, -tjən | bɪzǽntɪən, baɪ-, -tjən, -ʃɪən] *adj., n.* =Byzantine.
Byz·an·tine [bízṇtì:n, -tàɪn | bɪzǽntaɪn, baɪ-, bízən-tàɪn, -tì:n] 〘《1599》⊏ L *Bȳzantin-us* ← *Bȳzantium* 'BYZANTIUM': cf. bezant〙 — *adj.* **1** ビザンティウム (Byzantium) の: the ~ historians 東ローマ帝国に住んでいた同国の歴史家・年代記編者たち《6–14 世紀のギリシャ人》. **2** ビザンツ帝国[東ローマ帝国]の. **3** 〈建築・美術など〉ビザンチン様式[風]の. **4** 東方正教会 (Byzantine Church) の. **5** 迷宮[迷路]のように入り組んだ, もつれた: the ~ complexity. **6** 〘Justinian 以降のビザンツ帝国皇帝の権謀術数にちなむ〙 権謀術数の, マキアベリ流の (Machiavellian). — *n.* ビザンティウムの市民.
Býzantine árchitecture *n.* [the ~] ビザンチン式建築《5–6 世紀ごろから Byzantium を中心に興った建築様式; 正方形あるいはギリシャ十字形の平面, ドーム, 金地の華麗なモザイク, 大理石の張石などを特色とする; cf. St. Sophia》.

Byzantine architecture

Býzantine chánt *n.* 〘音楽〙 ビザンツ聖歌《東方(正)教会の聖歌》.
Býzantine Chúrch *n.* [the ~] 〘キリスト教〙 ビザンチン教会, 東方教会 (⇨ Orthodox Eastern Church).
Býzantine Émpire *n.* [the ~] ビザンツ[ビザンチン]帝国《東ローマ帝国 (Eastern Roman Empire) の別名》.
Býzantine ríte *n.* [the ~] 〘キリスト教〙 ビザンツ式典礼 (Greek rite) (cf. Roman rite).
Býzantine schóol *n.* [the ~] 〘美術〙 ビザンチン派《Constantinople で栄え 14 世紀までイタリアなどで勢力のあった画派》.
Býzantine spéedwell *n.* 〘植物〙 オオイヌフグリ (*Veronica persica*)《ゴマノハグサ科の雑草; 世界中に広がる》.
By·zan·tin·esque [bɪzæ̀nṭɪnésk, bə-, -ṭə- | bɪzæ̀n-tɪ-, baɪ-] *adj.* 〈建築様式・画風が〉ビザンチン風の.
Byz·an·tin·ism [bízṇtì:nɪzm̩, -tàɪn- | bɪzǽntɪnɪzm̩, baɪ-] *n.* **1** ビザンチン主義, ビザンチン風の特色. **2** 〘キリスト教〙 (宗教上の)国家至上権主義, 皇帝教皇主義.
Býz·an·tìn·ist [-nɪst, -nəst | -nɪst] *n.* ビザンチン文化の研究者.
Byz·an·tin·ize [bízṇtɪnàɪz, -ṭə- | bɪzǽntɪ-, baɪ-] *vt.* 〈建築などを〉ビザンチン式にする.
By·zan·ti·um [bɪzǽnʃiəm, bə-, -ṭiəm | bɪzǽntɪəm, baɪ-, -tjəm, -ʃɪəm] 〘⊏ L *Bȳzantium* ⊏ Gk *Buzántion* 《原義》 the close-pressed (city)〙 — *n.* ビザンティウム《Bosporus 海峡の左岸にあって黒海の入口を制する要害の地で, 古代ギリシャの植民地; 330 年 Constantine 大帝はこの地をローマ帝国の国都と定め, Constantinople と呼んだ; 395 年帝国が二分して以来東ローマ帝国の首都となった; 今は Istanbul》.
BZ 〘米国陸軍の暗号名〙 *n.* 〘米陸軍〙 ビーズィーガス《吸うと身心共に無力化する》.
Bz. 《略》 benzene.

C

C, c [síː] 〘OE *C, c* ⊏ L (Etruscan を経由) ⊏ Gk *Γ, γ* (gámma) ⊏ Phoenician ᄀ : cf. Heb. ג (gímel《原義》throw-stick): ラテン語では本来 [k] [g] の両音を表わした (cf. G^1, K, Q): ⇨ A ★〙 — *n.* (*pl.* **C's, Cs, c's, cs** [~z]) **1** 英語アルファベットの第3字. **2** (活字・スタンプの) C または c 字. **3** [C] C 字形(のもの) (cf. cee): a C spring C 型ばね. **4** 文字 c が表わす音: a hard *c* 硬音の c《cake, cock, cute, music などの [k]; ⇨ hard *adj.* 20》/ a soft *c* 軟音の c《cent, city, nice などの [s]; ⇨ soft *adj.* 26》. **5** (連続したものの)第3番目(のもの). **6** (ローマ数字の) 100: CVI=106. **7** 〘音楽〙 **a** ハ音. (ドレミ唱法の)ド音《ハ長調の第一音; イ短調の第三音》. **b** ハ調: C major [minor] ハ長[短]調 (cf. key^1 9a).

c 《略》〘宝石〙 carat; centi-.

c, c., C. 《略》 cost; cubic.

c 《記号》〘光学〙 candle; 〘気象〙 generally cloudy; 〘物理〙 velocity of light in vacuo 真空中の光速度; 〘数学〙 第3既知数[量] (cf. a, b; x, y, z).

C 《略》 Command Paper (⇨ Cmnd); 〘電気〙 coulomb.

C 《記号》 **1** (富裕度が第3位の) C 階層. **2** [時に c] 〘教育〙 **a** (学業成績の評語として) 可 (fair, average)《優 (A), 良 (B) に次ぐ》: a C *in* French. **b** 《米》(学業成績の)平均. **3** 《米俗》百ドル(紙幣). **4** 〘数学〙 定数, 常数 (constant). **5** 〘化学〙 carbon. **6** 〘電気〙 capacitance. **7** 〘化学〙 heat capacity per mole 熱容量. **8** 〘数学〙 charge conjugation. **9** 靴幅を示すサイズ番号の一つ《B より広く D より狭い》. **10** (ブラジャーの)カップサイズの一つ《B より大きく D より小さい》. **11** (男子用パジャマのサイズの)大 (large). **12** 〘米軍〙 (貨物または兵員)輸送機 (cargo or transport plane)《後に数字を付けて輸送機の型を示す》: C-130. **13** 〘音楽〙《4/4 拍子を表わす拍子記号》.

c. 《略》 calm; 〘野球〙 catcher; 〘クリケット〙 caught; centavo; centime; centimeter(s); *L* centum (=100); circa, circiter; circuit; *L.* circum (=around); circumference; clockwise; cloudy; coefficient; cold; colt; *L.* contrā (=against); 〘処法〙 *L.* cum (=with); cup; current; 〘電算機〙 cycle.

c., C. 《略》 caloric; canceled; 〘光学〙 candle; 〘電気〙 capacity; carton; case; castle; 〘電気〙 cathode; central; century; chairman; chapter; cobalt; cocain; codex; college; color; 〘薬学〙 congius; copy; copyright; corps; coupon; court.

C. 《略》 Canadian; Cape; Catholic; Celsius; Celtic; Centigrade; Commander; Command Paper; 〘詩学〙 common meter; 〘称号〙 Companion; Congress; Conservative; 〘音楽〙 Contralto; Council; Count; 〘音楽〙 countertenor; County; 〘製本〙 crown.

C., c. 《記号》 hundredweight.

°C 《記号》 degree(s) Celsius [Centigrade].

C̄ 《記号》 (ローマ数字の) 100,000.

© 《略》 copyright《版権の発生年代と所有者の名が後に続く》.

c/- 《記号》 case; coupon; currency; 《豪》 care of.

¢ 《記号》 cent(s); 〘貨幣〙 cedi(s).

₡ 《記号》〘貨幣〙 colon(es).

𝄵 《記号》〘音楽〙 2/2 拍子を表わす拍子記号.

Ɔ 《記号》 (ローマ数字の) 500 (C の倒字から).

C 3 [síː θríː] *adj.* 《英》 **1** 〘軍事〙 丙種下の《第一次大戦中の徴兵体格に基づく人口分類上最低の部類》: a C 3 population 丙種三級国民 (cf. A 1). **2** 《口語》 三流の, 劣等な, 劣悪な (third-rate): a C 3 concert 三流音楽会.

C 4 《記号》〘製本〙 crown quarto.

C 8 《記号》〘製本〙 crown octavo.

Ca 《記号》〘化学〙 calcium.

CA 《略》〘米郵便〙 California (州); 〘薬学〙 chlormadinone (acetate).

CA, C.A. 《略》〘心理・教育〙 chronological age.

C/A 《略》 capital account; 〘簿記〙 cash account; 〘商業〙 credit account; 〘銀行〙 current account.

ca. 《略》〘法律〙 case(s); 〘電気〙 cathode; centare; circa.

C.A., c.a. 《略》《英》 chartered accountant; chief accountant; Church Army; Church Association 教会同盟, 教会協会《1865 年に結成された英国国教会内の福音主義的な教会》; 〘保険〙 claim agent 損害支払代理店; commercial agent; consular agent; controller of accounts; county alderman; crown agent.

C.A. 《略》 Central America; Coast Artillery; Confederate Army; Consumers' Association; Court of Appeal; 〘商業〙 current assets.

ca' [kɔ́ː, kɑ́ː] 〘《変形》← CALL〙《スコット》 *vt.* **1** 〈動物などを〉呼び寄せる. **2** 〈動物・馬車などを〉叫びながら駆る. — *vi.* **1** 呼ぶ. **2** 駆る.

CAA, C.A.A. 《略》 Civil Aeronautics Administration (米国商務省の)民間航空管理局《1940 年設立》; 《米》 Community Action Agency (地域行動計画を統合する)地域行動事務所; 《英》 Cost Accountants Association.

Caa·ba [kɑ́ːbə | kɑ́ːəbɑː] *n.* =Kaaba.

cab^1 [kǽ(ː)b] 〘《1827》《略》← CABRIOLET〙 — *n.* **1 a** (通例一頭立て二輪または四輪の)辻馬車. **b** =cabriolet 1. **c** =hansom. **d** 一頭立てまたは二頭立ての貸馬車. **2** タクシー (taxicab). **3** 〘《略》← CABIN〙 **a** (機関車の)運転室. **b** (トラック・トレーラー・起重機などの屋根のある)運転手台, 運転台. **c** (エレベーターの)箱. **4** =cabin 1 c. — *v.* (**cabbed**; **cab·bing**) — *vi.* 辻馬車[タクシー]に乗る[乗って行く]. — *vt.* [~ it として] 辻馬車[タクシー]に乗る[乗って行く].

cab^2 [kǽ(ː)b] 〘《略》← CABBAGE^2〙〘英学生俗〙 *n.* とらの巻 (crib), ひとり案内. — *vi.* **1** とらの巻を使う. **2** ちょろまかす, 盗む (pilfer).

cab^3 [kǽ(ː)b] 〘《1535》⊏ Heb. *qabh* vessel〙 *n.* カブ《昔ヘブライ人が用いた量目の名; 約 2 quarts に当たる; cf. 2 *Kings* 6: 25》.

CAB, C.A.B. 《略》《米》 Civil Aeronautics Board 民間航空委員会; 《英》 Citizens' Advice Bureau 市民相談所.

cab., Cab. 《略》 cabinet.

ca·ba [kəbɑ́ː] 〘⊏ F *cabas* ⊏ Prov. < VL *capācium ← L *capāx* 'CAPACIOUS'〙 *n.* カバ《婦人用のハンドバッグ, または仕事用具の入れかご》.

ca·bal [kəbǽl] 〘《1616》⊏ F *cabale* ⊏ ML *cabbala* cabala ⊏ Mish.Heb. *qabbālāh* receiving, tradition ← *qibbē* to take, receive〙 — *n.* **1 a** (権力者・政府などに反対する小人数の)陰謀団, (秘密)結社 (junto). **b** (作家・芸術家などの)徒党, 同人(グループ) (coterie). **2** (陰謀団の企む)陰謀, 策動. **3** [the C-] 《英》 (Charles 二世時代の)政治顧問団, 外務委員会 (Committee for Foreign Affairs)《Clifford, Arlington, Buckingham, Ashley, Lauderdale の 5 人の委員の頭文字が偶然 CABAL となったことも手伝ってこう呼ばれた; 今日の内閣のもとを成す》. — *vi.* (**ca·balled**; **-bal·ling**) 徒党を組む; 陰謀を企てる, 策動する (plot)〔*against*〕.

ca·bál·ler [-lə | -lə(r)] *n.*

cab·a·la [kǽbələ, kəbɑ́ː- | kəbɑ́ːlə, kæ-] 〘《1521》⊏ ML *cabbala* tradition (↑): CABAL と二重語〙 — *n.* **1** カバラ《ユダヤのラビたちが唱え, 特に中世後期やルネサンス時代の神学者たちの間に強く影響を与えた旧約聖書の伝統的神秘的解釈による密教的神知学》. **2 a** 秘義, 秘教; 秘術. **b** 神秘信仰, オカルト的なこと (occultism).

ca·ba·let·ta [kæ̀bəlétə, kɑ̀ː- | -tə; *It.* kàbalétta] 〘⊏ It. ~ (i) (dim.) ← *cabala* intrigue: cf. cabal // (ii)《変形》? ← *coboletta* stanza (dim.) ← *cobola* couplet ⊏ Prov. *cobla* < L *cōpulam* bond: ⇨ copula〙 — *It. n.* 〘音楽〙 カバレッタ《Rossini のオペラなどにみられる旋律も伴奏も同じリズムの短い歌; のちにはアリアや重唱の同一リズムで速いテンポの終結部を指す》.

cab·a·lism [kǽbəlìzm] *n.* **1** [しばしば C-] カバラ主義《カバラ (cabala) 解釈による神秘主義》. **2** 神学的概念[解釈]の極端な伝統主義. **3** 難解・晦渋(かいじゅう)な語句の使用による韜晦(とうかい)(趣味).

cab·al·ist^1 [kǽbəlɪst, kəbɑ́ːl-, -ləst | kəbɑ́ːlɪst, kæ-] *n.* **1** [しばしば C-] カバラ (cabala) 主義者; カバラ学者[研究家]. **2** 秘義[秘術, オカルト]に通じた人.

ca·bal·ist^2 [kəbǽlɪst, -ləst | -lɪst] *n.* cabal の一員.

cab·a·lis·tic [kæ̀bəlístɪk] *adj.* **1** カバラ (cabala) の[に関する, による]. **2** 神秘的な, 不可思議な. **càb·a·lís·ti·cal·ly** *adv.*

ca·bal·le·ro [kæ̀bəljé(ə)rou, -bəjé(ə)r- | -bæljéərəʊ; *Sp.* kàβajéro] 〘《1877》⊏ Sp. ~ < LL *caballārium* horseman ← L *caballus* horse: ⇨ cavalier〙 — *n.* (*pl.* ~**s**) **1** (スペインの)紳士; 騎士, キャバレロ (knight). **2** 《米南西部》 **a** 乗馬者. **b** 婦人の同伴者[付き添い]. **c** 婦人賛美[崇拝]者.

ca·ba·llo [kəbáɪou | -báɪəʊ; *Sp.* kaβáʎo] 〘⊏ Sp. ~ < L *caballum* horse〙 *n.* 《米南西部》 馬 (horse).

ca·ban·a [kəbǽn(j)ə | -bɑ́ːnə] 〘⊏ Sp. *cabaña* ⊏ ML *capanna* hut: CABIN と二重語〙 — *n.* 《米》 **1** 小屋; 宿泊小屋 (cabin). **2** (海浜・プールサイドなどにある)テント張りの小屋《簡単な更衣所になる; 携帯用のものもある》.

cabána sèt *n.* カバナセット《ゆったりしたショーツに袖の短いジャケットの男性用ビーチウェア》.

ca·bane [kəbǽn, -bɑ́ːn; *F.* kaban] 〘⊏ F ~ 'CABIN'〙 *n.* 〘航空〙 トラス, 骨組構造, つり柱《パラソル型の飛行機で翼を胴体の上方に支える》.

cab·a·ret [kæ̀bəréɪ, ⌐⌐⌐ | ⌐⌐⌐] 〘《1632》⊏ F ~ ⊏ MDu. *cabret* ⊏ ONF *cambrete* small room ← *cambre* < L *camera* 'CHAMBER'〙 — *n.* **1** キャバレー. **2** (キャバレー・レストランなどの)余興, フロアショー (floor show). **3** (茶・コーヒーなどの用器一式を備えた)小テーブル[盆]. — *vi.* キャバレーに行く[出入りする].

cab·as·set [kæ̀bəsét; *F.* kabasɛ] 〘⊏ F ~ (dim.) ← *cabas*: ⇨ caba, -et〙 — *n.* キャバセット《16 世紀後半から 17 世紀にかけて歩兵が用いた椎形(しいなり)の兜(かぶと); Spanish morion ともいう》.

cabasset

cab·bage^1 [kǽbɪdʒ] 〘《1391》 *caboche* ⊏ (ON)F = OF *caboce* head ← *ca-* (pejorative pref.) + ? *boce* (F *bosse* 'BOSS^3') a swelling〙 — *n.* **1 a** キャベツ, カンラン, タマナ (*Brassica oleracea* var. *capitata*). **b** キャベツの結球. **c** cabbage palm の枝先につくキャベツ状の若芽《食用にする》. **2** 《米俗》 紙幣, お札 (paper money). **3** 《英口語》 想像力[野心]のない人; ものに興味を示さない人. **4** 〘《なぞり》← F (*mon*) *chou*〙 [my ~ として呼び掛けに用いて] ねえあなた (darling). **5** 〘植物〙 =cabbage palmetto.

cab·bage^2 [kǽbɪdʒ] 〘《1663》← ? F *cabasser* to steal ← *cabas* theft, 《原義》 basket〙 — *vt.* **1** 〈仕立屋が〉〈服地の余りを〉ごまかす. **2** 盗む, ちょろまかす (pilfer). — *n.* **1** (仕立屋が服を作る際に)ごまかした服地[端切れ]. **2** 〘英学生俗〙 =cab^2.

cábbage bùg *n.* 〘昆虫〙 =harlequin bug.

cábbage bùtterfly *n.* 〘昆虫〙 **1** モンシロチョウ (*Pieris rapae*)《日本からヨーロッパに至る欧亜大陸中北部に分布し, 北米・オーストラリアにも侵入し, 幼虫はキャベツその他の野菜の害虫になっている; small white ともいう》. **2** オオモンシロチョウ (*P. brassicae*)《ヨーロッパ全域から中央アジア・ヒマラヤを経て, 中国南西部まで分布する; 幼虫はキャベツその他の野菜類の害虫; large white ともいう》.

cábbage·flỳ *n.* 〘昆虫〙 タマナバエ《cabbage maggot の成虫》.

cábbage·hèad *n.* **1** キャベツの頭[結球]. **2** 間抜け, 愚か者 (dolt).

cábbage lòoper *n.* 〘昆虫〙 イラクサキンウワバ (*Trichoplusia ni*)《鱗翅目ヤガ科の昆虫; 緑色で白条があるその幼虫はキャベツなどアブラナ科の野菜の害虫; イラクサ・マオなども食べる》.

cábbage màggot *n.* 〘昆虫〙 双翅目ハナバエ科タマナバエの幼虫 (*Hylemya brassicae*)《キャベツその他アブラナ科の野菜の根や茎に食い入るウジで, ヒメイエバエに似た灰色のハエになる》.

cábbage mòth *n.* 〘昆虫〙 =diamondback moth.

cábbage pàlm *n.* 〘植物〙 若芽が食用となるヤシ類の総称《キャベツヤシ (cabbage palmetto), セダカダイオウヤシ (*Roystonea oleracea*), オーストラリアビロウ (cabbage tree) など》.

cábbage palmètto *n.* 〘植物〙 キャベツヤシ (*Sabal palmetto*)《西インド諸島原産; 葉を編んで工芸品を作る》.

cábbage ròse *n.* 〘植物〙 セイヨウバラ (*Rosa centifolia*)《カフカス原産の八重咲きバラの一種; Provence rose ともいう》.

cábbage trèe *n.* 〘植物〙 **1** オーストラリアビロウ (*Livistona australis*)《オーストラリア産ヤシ科ビロウ属の植物; 芽は食用, 幹は建材》. **2** 《ニュージーランド》ニオイシュロラン (ti). **3** =cabbage palmetto.

cábbage whìte *n.* 〘昆虫〙 =cabbage butterfly.

cábbage·wòrm *n.* 〘昆虫〙 **1** アオムシ《主としてキャベツなどアブラナ科の野菜を食害するモンシロチョウおよびオオモンシロチョウの幼虫》. **2** コナガ (cabbage moth) の幼虫.

cábbage yèllows *n.* (*pl.* ~) 〘植物病理〙 キャベツ黄化病《*Fusarium conglutinans* 菌によるキャベツの病気; 葉が黄変して萎縮する》.

cab·ba·la [kǽbələ, kəbɑ́ː- | kəbɑ́ːlə, kæ-] *n.* (*also* **cab·ba·lah** [~]) =cabala.

cab·by [kǽbi | -bɪ] 〘← CAB^1 + -Y^2〙 *n.* (*also* **cab·bie** [~]) 《口語》 =cabdriver.

cáb·driver *n.* **1** タクシーの運転手 (taxi driver). **2** 辻馬車の御者 (cabman).

Cab·ell [kǽbəl], **James Branch** *n.* (1879–1958) 米国の小説家・評論家; *Jurgen* (1919).

ca·ber [kɑ́ːbə, kéɪ- | kéɪbə(r)] 〘《1513》⊏ Sc.-Gael. *cabar* pole ⊏ VL *caprio rafter ← L *capra* she-goat ← *caper* he-goat〙 — *n.* **1** (スコットランド高地で

棒投げ遊び (tossing the caber) に用いる松の若木の)丸太棒: toss [throw] the ~ 棒投げ遊びをする. **2** 《スコット》たる木 (rafter).

Ca·ber·net [kæbənéɪ | -bə-; *F.* kabɛrnɛ] 〚□F ~〛 — *n.* カベルネ(ワイン)《こくが中位の Bordeaux 産の赤ぶどう酒; それに類する米国 California 州産その他の赤ぶどう酒》.

cab·ette [kæbét] 〚← CAB¹+-ETTE〛 *n.* 女性タクシー運転手.

Ca·be·za de Va·ca [kəbéɪzə-də-vɑ́:kə, -béɪsə-, -béɪθə-; *Sp.* kaβéθaðeβáka], **Al·var Nú·ñez** [álβar núɲeθ] *n.* カベサ デ バカ《1490?–?1557; 中南米各地を探検したスペイン人》.

ca·be·zone [kǽbəzòun, ⸗⸗⸗ | kǽbɪzɔ̀n] 〚□Sp. *cabezón* (aug.) ← *cabeza* head □ L *caput*〛 — *n.* (*pl.* ~, ~s) (*also* **ca·be·zon** [~]) 〚魚類〛カベゾン (*Scorpaenichthys marmoratus*)《北米太平洋産カジカ科の魚》.

cab·in [kǽbɪn, -bən | -bɪn] 〚《1346》*caban* □ (O)F *cabane* □ Prov. *cabana* < ML *capannam*: CABANA と二重語〛 — *n.* **1 a** (簡素な造りの平屋建ての)小屋 (hut)《植民地時代の北米の丸太小屋; 南部の農場労働者や召使の住んだ小屋》. **b** (狩猟や魚釣に休暇中に使われる)宿泊小屋. **c** (旅行者用の)小さな一部屋; (特に)モーテルの一室. **2 a** (船の)キャビン, 船室 (cf. cabin class): a ~ de luxe 特等船室. **b** (軍艦の)艦長室, 士官室. **c** (飛行機・宇宙船の)キャビン, 機室《乗員室・客室・貨物室など》. **d** (車の)運転台[室]. **3** 《米》トレーラー(移動住宅)の居住部分[部屋]. **4** 《《略》← *signal cabin*》〚鉄道〛信号室, 信号所. — *vi.* 小屋[狭い所]に閉じこもる[住む]. — *vt.* 小屋[狭い所]に閉じ込める (cf. cabined 2); 幽閉する (cramp).

cábin àltitude *n.* 〚航空〛機内高度《高高度を飛ぶ飛行機では機内の圧力を高めているが, 機内の圧力をそれに相当する高度で表わしたもの》.

cábin bòy *n.* キャビンボーイ《一等・特別二等船室の乗客および高級船員付きの給仕》.

cábin càr *n.* 《米》=caboose 1a.

cábin-clàss *adj., adv.* (船室が)特別二等の[で]: travel ~.

cábin clàss *n.* 特別二等《客船の等級で saloon class と tourist class の中間級; もと first class の意に用いられた》.

cábin còurt *n.* =motel.

cábin crèw *n.* 〚航空〛客室乗務員.

cábin crùiser *n.* =cruiser 2 b.

Ca·bin·da [kəbíndə] *n.* カビンダ《アフリカ西海岸の Angola の飛び領土; 人口 81,000, 面積 7,270 km²》.

cábin dèck *n.* 〚海事〛船橋楼甲板《露天甲板よりも上にあり船橋楼にある甲板》.

cáb·ined *adj.* **1** キャビン[船室]を設けた; 小室のある. **2** 狭苦しい所に閉じ込められた, 窮屈な, 狭い.

cab·i·net [kǽb(ə)nɪt, -nət | -bɪ-] 〚《1549》□F ~ (dim.) ← *cabane* 'CABIN': ⇨ -et〛 — *n.* **1 a** (台所用具・化粧用品・医薬品などを入れる棚付きの)キャビネットケース, 作り付けのたんす形の箱. **b** (テレビ・ラジオ・レコードプレーヤーなどを入れる)キャビネット. **c** (宝石その他貴重品を入れる)飾りだんす《通例美術的に造ったもの》. **d** (美術品などを陳列する)ガラス戸付き飾り棚. **2 a** (飾り棚に集めた)収集品. **b** (鉱物・生物・貨幣などの)標本コレクション. **3 a** (博物館などの連続している)小陳列室. **b** 特殊な用途の小室[仕切り場]; (特に)シャワー室. **c** 《古》(読書室などの)小室, 私室, 個室. **4 a** [しばしば C-] 内閣: form a *Cabinet* 組閣する / ⇨ shadow cabinet. **b** [しばしば C-] 《米》大統領顧問委員会《各省長官で構成される》; 知事[市長]の諮問委員会. **c** 《英》(内閣の)会議室, 閣議室; (特に)閣議. **d** (学会・宗教団体などの)諮問委員会. **5** 〚写真〛 **a** キャビネ判《乾板の大きさ 6½×4¾ インチ, 印画キャビネ判はこれより少し小さい; cf. carte de visite 1》. **b** =cabinet photograph. **6** 〚印刷〛(活字ケースを入れる)キャビネット, ケースだんす. **7** 〚電気〛配電盤入れ.
— *attrib. adj.* **1** 飾りだんす[棚]に適した. **2** 小室の. **3** 秘密の, 内密の. **4 a** 家具師に使用された[が作った]. **b** 家具製造用の[に適した]; キャビネット用の. **5** 《英》[しばしば C-] 内閣の: a *Cabinet* council 閣議; 《古》内閣 / a *Cabinet* member [officer, minister] 閣僚 / a *Cabinet* crisis 内閣の危機. **6** 《英》〚写真〛キャビネ判の: ⇨ cabinet photograph. **7** 〚製図〛キャビネ投象の: ~ projection キャビネ投象《斜投象図法の一種; 傾角 45°, 比率½ の図法; cf. oblique 9, cavalier 3》.

cábinet·màker *n.* **1** 家具師. **2** 内閣製造者, 組閣者.

cábinet·màking *n.* **1** 家具製作, キャビネット製造業. **2** 組閣.

cábinet òrgan *n.* =reed organ.

cábinet phòtograph *n.* 《英》キャビネ判写真.

cábinet piàno *n.* 小形立型ピアノ.

cábinet pùdding *n.* キャビネットプディング《パンやスポンジケーキのくずに卵・牛乳・乾燥果物などを加えて作るプディング; 熱いまま(フルーツ)ソースをかけて供する》.

cab·i·net·ry [kǽb(ə)nɪtri, -nət- | -bɪnɪtrɪ, -nət-] *n.* **1** =cabinetmaking 1. **2** =cabinetwork.

cábinet wìne 〚《なぞり》← G *Kabinettwein*〛 *n.* **1** キャビネットワイン《ぶどう酒商が最高級品として選ぶドイツのラインぶどう酒》. **2** 高級ぶどう酒.

cábinet·wòrk *n.* **1** 家具製作. **2** [集合的] 指物細工《高級な家具・内装類; cf. millwork 2》.

cábin fèver *n.* 遠隔地に一人または少人数で生活する倦怠から, または小さな密室に生活することから生じる神経過敏[情緒不安定].

cábin hòuse *n.* 〚海事〛(小型ヨットなどの甲板上に上半分を突出させている)甲板室 (cf. deckhouse).

cábin pàssenger *n.* 船室船客《専用の船室を使用する一等・特別二等船客》.

ca·bi·o [kəbáɪou, -báɪə | -báɪəu] *n.* 〚魚類〛=cobia.

ca·ble [kéɪbl] 〚《?a1200》□ AF ~ =OF *chable* (F *câble*) < LL *capulum* halter ← L *capere* to take, hold〛 — *n.* **1 a** (植物の繊維または針金をより合わせて作った)太綱(ふとづな), ケーブル, 大索(おおづな)《通例周囲 10 インチ以上のものをいう; cf. cablet, cord 1 a, rope》. **b** ケーブル状のもの. **2** 鋼索; (電話・電力などの)ケーブル, 被覆電線. **3 a** 海底電線. **b** 海底電信, 海外電信 (cablegram): send a ~ =send a message by ~ (海底電信で)海外電報を打つ. **4** 〚海事〛 **a** 錨索(びょうさく), 錨綱(いかりづな); 錨鎖(びょうさ) (chain cable)《綱でなく鎖であっても cable と呼ばれる》: an anchor ~ 錨綱. **b** =cable length. **5** 〚建築〛綱形装飾《柱身の下部などに用いる縄形》. **6** 〚服飾〛=cable stitch.
cut (***the***) ***cable***(***s***) 《俗》(1) 死ぬ. (2) 立ち去る. (3) 縁を切る.
— *vt.* **1** 大綱[ケーブル]で縛る. **2** …に海外電信で通信する, 海外電報を打つ. **3** 〚建築〛…に綱形装飾をつける. — *vi.* **1** 海外電信で通信する. **2** 綱形編みをする; 綱形模様をつける (cable-stitch).

Ca·ble [kéɪbl], **George Washington** *n.* (1844–1925) 米国の小説家; *Old Creole Days* (1879).

cáble addrèss *n.* 〚通信〛(宛名の)電信略号, 海外電報宛名の記番号.

cáble càr *n.* ケーブルカー《鋼索鉄道およびその車両》.

cáble·càst *vt.* 有線テレビ (cable TV) で放送する. — *n.* 有線テレビ放送. **~·er** *n.*

ca·ble·gram [kéɪblgræ̀m] 〚《1868》← CABLE+-GRAM〛 *n.* 海底電信, 海外電報.

cáble grip *n.* (ケーブルカーの)ケーブルつかみ.

cáble-láid *adj.* 〚海事〛〈綱が〉九つ撚(よ)りの《3 本の右撚りの索を 3 本左撚りにした; cf. plain-laid》: a ~ rope 九つ撚りの太綱《錨索用》.

cáble lèngth *n.* 〚海事〛鏈(れん)《距離の単位》. ★ その長さの基準は統一されておらず, 通例 ¹/₁₀ 海里とされる; これはメートル法で 185.2 m になる; 英海軍では 608 ft (≒185 m) (約 100 尋)を使い, 米海軍では 120 尋すなわち 720 ft (≒219 m) を使っている; もとは錨綱(いかりづな) 1 本の長さ.

cáble lìne *n.* 〚電気〛ケーブル線路 (cf. open line).

cáble mòlding *n.* 〚建築〛綱形装飾, 綱形縁形.

cáble ràilway *n.* 鋼索鉄道, ケーブル鉄道.

cáble relèase *n.* 〚写真〛ケーブルレリーズ《針金を細い針金で筒状に包んだ柔軟性のシャッターレリーズ; antinous release ともいう》.

ca·blese [kèɪblí:z, -bl-, -lí:s | -lí:z] 〚← CABLE+-ESE〛 *n.* 海外電信[電報]用語《省略・略字・組み合せ文字などを特徴とする; 例: quark (=question mark) など》.

cáble ship *n.* ケーブル船《海底電線の敷設または修理を行なう船》.

cáble's lèngth *n.* 〚海事〛=cable length.

cáble-stìtch *vi.* 綱形編みをする; 綱形模様をつける.

cáble stìtch *n.* 〚服飾〛 **1** ケーブルステッチ《チェーンステッチ (chain stitch) に似た刺繍の刺し方の一種》. **2** なわ編み《セーターやソックスに使用される編み方の一種》.

cáble stòpper *n.* 〚海事〛ケーブルストッパー《錨鎖を船に保止しておくためのストッパー》.

ca·blet [kéɪblɪt, -lət] 〚← CABLE+-ET〛 *n.* (周囲 10 インチ未満の)太綱 (cf. cable *n.* 1 a).

cáble tànk *n.* 〚海事〛ケーブルタンク《海底ケーブルを収納するケーブル船内の大きな円筒形のタンク》.

cáble télevision *n.* =cable TV.

cáble tòol *n.* 〚機械〛ケーブルツール《錐を綱の先端にとりつけて, 衝撃力により大地に深い穴を掘る機械》.

cáble trànsfer *n.* 《米》〚金融〛(外国)電信為替(送金) (《英》telegraphic transfer).

cáble TV *n.* 有線テレビ (⇨ community antenna television).

cáble vàult *n.* 〚電気〛(地下ケーブルの接続・修理などを行なうための)マンホール.

cáble·wày *n.* 索道, ケーブル: an aerial ~ 架空索道.

cá·bling [-blɪŋ, -blɪŋ] *n.* **1 a** ケーブルによる通信. **b** [集合的] 綱, ケーブル. **2** ケーブル布線. **3 a** なわ巻飾り, 綱形装飾, ケーブル装飾. **b** [集合的にも用いて] 綱形装飾[模様]に用いる綱.

cáb·man [-mən] *n.* (*pl.* **-men** [-mən, -mèn]) =cabdriver.

ca·bob [kéɪbɑb, kəbɑ́b | kəbɔ́b] *n.* =kabob.

cab·o·chon [kǽbəʃɑ̀n | -ʃɔ̀n; *F.* kabɔʃɔ̃] 〚《1578》□ F ~ ← *caboche* head: ⇨ cabbage¹〛 *n.* (*pl.* ~**s** [~z; *F.* ~]) **1** カボション《切子面ではなく頂部を丸くみがいた宝石》: en ~ カボション(風)の[に]. **2** (18 世紀のロココ様式の家具に見られるような)カボション風の主題[意匠]《周囲に葉飾りをつけた球型[卵型]の彫刻装飾》. — *adv.* カボション(風)に: cut a stone ~.

ca·bom·ba [kəbɑ́mbə | -bɔ́m-] 〚← NL ~ ← Sp. ~〛 — *n.* 〚植物〛スイレン科カボンバ属 (*Cabomba*) の水生植物の総称; (金魚鉢に入れる鑑賞用の)ハゴロモモ, フサジュンサイ, (俗に)金魚藻 (*C. caroliniana*) など.

ca·boo·dle [kəbú:dl] 〚← *ca-* (《変形》? ← KITH) + BOODLE〛 *n.* [通例 the whole ~ として]《口語》全部, みんな (lot).
the whole kit and caboodle ⇨ kit¹ *n.* 成句.

ca·boose [kəbú:s] 〚《1769》□ Du. *kabuis* □ MLG *kabūse* ← ?〛 — *n.* **1** 《米》 **a** (貨物列車の)後部の乗務員用車, 車掌車. **b** 後部についてくるもの, しんがりになるもの. **2 a** 《英》(商船の上甲板にある)調理室 (galley). **b** 戸外の料理用オーブン.

ca·boshed [kəbɑ́ʃt | -bɔ́ʃt] 〚(p.p.) ← 《廃》*caboche* to cut off the head of (a deer) close behind the horns □ (O)F *caboche-r* ← *caboche* head: cf. cabbage¹〛 — *adj.* 〚紋章〛(鹿・牛・山羊などの)頭だけが正面を向いた.

Cab·ot [kǽbət], **John** *n.* キャボット, カボート《1450?–?98; イタリアの航海者; 英国船に乗り込んで探検に従事, 北米大陸を発見 (1497); イタリア語名 Giovanni Caboto [kabɔ́:to]》.

Cabot, Sebastian *n.* (1476?–1557) John Cabot の子, 英国の航海探検家・地図製作者; 英国とスペインの宮廷に仕え, 南米東海岸 (1526–30) を発見し世界地図を作製 (1544).

cab·o·tage [kǽbətɑ̀:ʒ, -tɪdʒ | -tɑ̀:ʒ, -tɪdʒ] 〚《1831》□ F ~ ← *caboter* to coast ← ? 《廃》*cabo* □ Sp. *cabo* 'CAPE¹': ⇨ -age〛 — *n.* **1** (国内の港間の)沿岸航海; 沿岸貿易 (coasting trade). **2** 〚航空〛 **a** (国外航空機に与えられる)国内交通[航空]権. **b** 国内航空営業.

ca·bo·tin [kɑ̀:bətɛ̃́:(ŋ), kæ̀b-, -tǽŋ; *F.* kabɔtɛ̃] 〚□ F ~ ← *caboter* (↑): 原義の「沿岸航海船」と「町から町へ渡り歩く旅役者」との連想からか〛 *n.* 二流の俳優, 大根役者.

Cab·ral [kəbrɑ́:l; *Port.* kɐbráł], **Pedro Al·va·res** [álvɐriʃ] *n.* カブラル《1460?–?1518; ポルトガルの航海者; ブラジルをポルトガル領とした (1500)》.

cáb ràank *n.* 《英》 **1** タクシー乗り場 (《米》taxi stand) (taxi rank ともいう). **2 a** (乗り場で客を待つ)タクシーの列. **b** 離陸待機中の飛行機の列.

ca·bré [kɑ:bréɪ, kæ-; *F.* kabʀe] 〚□ F ~ ← *cabrer* □ Sp. *cabra* (↓)〛 *adj.* 〚紋章〛=forcene

ca·bret·ta [kəbrétə | -tə] 〚← Sp. & Port. *cabra* she-goat (< L *capram* she-goat)+It. *-etta* '-ETTE'〛 — *n.* カブレッタ(レザー)《南米産直毛羊の皮. 他の皮よりも丈夫; 主に手袋や靴に使う》.

ca·bril·la [kəbrí(:)jə, -brílə] 〚□ Sp. ~ 'prawn' (dim.) ← *cabra* goat (↑)〛 — *n.* 〚魚類〛西インド諸島海域に生息するスズキ科マハタ属 (*Epinephelus*) の食用魚の総称《red hind など》.

Ca·bri·ni [kəbrí:ni | -nɪ; *It.* kabrí:ni], Saint **Frances Xavier** *n.* カブリーニ《1850–1917; イタリア生れの米国の修道女; 米国最初の聖人; 通称 Mother Cabrini》.

cab·ri·ole [kǽbriòul | -briəul] 〚《1781》□ F ~ 'leap' (↓)〛 — *n.* **1** (英国 Queen Anne の時代に特有な椅子・テーブル・キャビネットの)曲り脚《ねこあし・さぎあしなど; ⇨ highboy 挿絵》. **2** 〚バレエ〛カブリオール《片足を別の足で打つ跳躍》.

cab·ri·o·let [kæ̀briəléɪ, ⸗⸗⸗ | -rɪə-] 〚《1823》□ F ~ (dim.) ← *cabriole* goat's leap, caper (車の軽快なことにちなんで) □ It. *capriola*: ⇨ capriole, -et〛 — *n.* **1** キャブリオレー《一頭立て二輪二人座席の折りたたみ式幌付き馬車》. **2** キャブリオレー, コンバーティブルクーペ (convertible coupe)《クーペ(coupé)型ではあるが, 折りたたみ式の幌屋根が付いている古い型の自動車》.

cabriolet 1

cáb sìgnal *n.* 〚鉄道〛(閉塞信号等と連関した)機関手室内信号.

cáb·stànd *n.* タクシー[辻馬車]の客待ち駐車場.

cáb·tìre cáble *n.* 〚電気〛キャブタイヤケーブル《屋外の移動機器への配電などに用いる厚手のゴム被覆のケーブル》.

cac- [kæk] (母音の前に来る時の)caco- の異形.

ca·ca·na·pa [kɑ̀:kənɑ́:pə, kæ̀k-] 〚□ Am.-Sp. ~〛 — *n.* 〚植物〛ルリキョウ(瑠璃鏡) (*Opuntia lindheimeri*)《米国南部およびメキシコ産の大型のウチワサボテンの一種》.

ca'can·ny [kɑ:kǽni, kɔ:- | -nɪ] 〚《1822》← CA'+CANNY〛 — *vi.* **1** 《スコット》用心深く進む; ゆっくり行く, 徐行する (⇨ ca', canny *adv.*). **2** 《英》(仕事を引きのばすために)ゆっくり仕事をする, 怠業する. — *n.* 《英》(労働者の争議手段としての)怠業.

ca·ca·o [kəkáu, -kɑ́:ou, -kéɪou | -kɑ́:əu, -kéɪəu] 〚《1555》□ Sp. ~ □ Nahuatl *cacahuatl*: cf. cocoa¹〛 — *n.* (*pl.* ~**s**) **1** 〚植物〛カカオ, ココアノキ (*Theobroma cacao*)《熱帯アメリカ原産アオギリ科の常緑樹; cacao tree ともいう》. **2** カカオの実《カカオのさや (pod) の中に入っている種子で, ココアとチョコレートの原料; cacao bean ともいう》.

cacáo bùtter *n.* =cocoa butter.

cac·cia·to·re [kɑ̀:tʃətɔ́:ri, -tóːri | -tɔ́:rɪ; *It.* kàttʃató:re] 〚□ It. ~《原義》hunter〛 — *adj.* (*also* **cac·cia·to·ra** [-rə; *It.* -ra], **cac·cia·to·ri** [-ri | -rɪ; *It.* -ri]) カッチャトーレ, 猟師風の《鶏や野禽を香草や香辛料・トマト・玉ねぎ・ワインを加えて煮込んだ料理にいう》: veal [chicken] ~.

-ca·ce [⸗kəsi:] 〚← Gk *kákē* badness ← *kakós* bad〛「…病」の意の名詞連結形: arthrocace.

ca·cha·ca [kəʃɑ́:sə; *Port.* kɐʃásɐ] 〚□ Port. *cachaça*

rum』 *n.* (*also* **ca·cha·ça** [～]) カシャーサ《ブラジルのラム酒》.

cach·a·lot [kǽʃəlɑ̀t, -lòu | -lɔ̀t] 〚《1747》□ F ～ □ Sp. ～ □ Port. *cacholotte* ← *cachola* head ← ?〛 *n.* 〘動物〙マッコウクジラ (sperm whale).

cache [kǽ(ː)ʃ] 〚《1595》□ F ～ ← *cacher* to hide < VL **cōacticāre* (freq.) ← L *cōactāre* to constrain ← *cōgere* to drive together〛 *n.* **1 a** 隠し場; (特に, 探検家などの糧食・器具・弾薬・宝物などの)隠し場所. **b** 安全な貯蔵所. **2** (隠し場の)貯蔵物; 隠退蔵物. **3** 〘昆虫〙 **a** 越冬窩(ᵏ)《ある種の昆虫が越冬のために土中に作る穴》. **b** 集団越冬群《越冬窩中で越冬中の昆虫の集団》.
make a cache of …を貯える, しまっておく.
— *vt.* 隠し場所に貯蔵する, 隠しておく (hide).

ca·chec·tic [kəkéktɪk, kæ-] 〚□ F *cachectique* ∥ L *cachectic-us* □ Gk *kakhektikós* ← *kakós* bad + *hékhein* to have : ⇨ -ic¹〛 — *adj.* 〘病理〙悪液質 (cachexia) の[にかかった].

cachéctic féver *n.* 〘病理〙 = kala azar.

cache·pot [kǽʃpɑt, -pou | -pɔt, -pəu; *F.* kaʃpo] 〚□ F ～ ← *cacher* to hide + POT : ⇨ cache〛 — *n.* 植木鉢を入れる装飾用の容器, 鉢カバー《通例陶器またはトール (tole) 製》.

ca·chet [kæʃéɪ, ⌐⌐ | ⌐⌐; *F.* kaʃɛ] 〚《*a*1639》□ F ～ 'signet' ← *cacher* to hide : ⇨ cache〛 — *n.* (*pl.* ～**s** [～z; *F.* ～]) **1** (手紙・文書などが公式に承認されたことを示す)封印 (seal) : ⇨ lettre de cachet. **2 a** 威信・尊敬・優秀などを示すもの[印] : as a ～ of nobility 高貴な生れを示すものとして. **b** 威信 (prestige), 高い身分[名声] : a man of ～. **3** 〘医学〙カシェ剤 (⇨ wafer 5). **4** 〘郵趣〙カシェ《封筒または葉書に特別な図案を印刷し, その封筒にはられる切手あるいは葉書の記念むき行事を示すもの; 初日カバー (first-day cover) によく使われる》.

ca·chex·i·a [kəkéksiə, kæ- | -sɪə] 〚《1555》← NL ～ ← Gk *kakhexía* : ⇨ cachectic〛 — *n.* 〘病理〙悪液質, 悪態症《慢性病の進行による高度の不健康ないし衰弱状態》.

ca·chex·y [kəkéksi, kæ-, kǽkek- | -sɪ] 〚↑〛 *n.* **1** (精神・見解などの)不健全状態. **2** 〘病理〙 = cachexia.

cach·in·nate [kǽkənèɪt | -kɪ-] 〚《1824》← L *cachinnāt-us* (p.p.) ← *cachinnāre* to burst out laughing 《擬音語》〛 *vi.* (無遠慮に)大笑いする, ばか笑いする.

cach·in·na·tion [kæ̀kənéɪʃən | -kɪ-] *n.* 大笑い, ばか笑い.

cach·o·long [kǽʃəlɔ̀(ː)ŋ | -lɒŋ; *F.* kaʃɔlɔ̃] 〚□ F ～ □ Kalmuck '*kaschtschilon* beautiful stone〛 *n.* 〘鉱物〙美蛋白石, カショロン.

ca·chou [kæʃúː, kə-, kǽʃuː | kǽʃuː, kæʃúː, kə-] 〚《1708》□ F ～ □ Port. *cachu* □ Malay *kāchu* 'CATECHU'〛 *n.* **1** 口中香錠, 口中薬. **2** 〘化学〙 = catechu 1.

ca·chu·cha [kətʃúːtʃə; *Sp.* katʃútʃa] 〚□ Sp. ～ 'small boat' ← ? *cacho* saucepan < VL **cacculus* pot = L *caccabus* ← Sem.〛 — *n.* (*pl.* ～**s** [～z; *Sp.* ～s]) (*also* **ca·chu·ca** [kətʃúːkə]) カチューチャ《スペイン Andalusia 地方の bolero に似た ³/₄ 拍子の舞曲; その舞踏》.

ca·cique [kəsíːk | kæ-, kə-] 〚《1577》□ Sp. ～ 'chief' □ S-Am.-Ind. (Arawak) *kassequa*〛 — *n.* **1** (西インド諸島・中南米の)インディアンの酋(ˢʰᵘ)長. **2** (スペイン・ラテンアメリカの)政界のボス. **3** (フィリピンの)スペイン人[系]の大地主. **4** 〘鳥類〙ツリスドリ《熱帯アメリカ産ムクドリモドキ科ツリスドリ属 (*Cacicus*) の鳥の総称》.

ca·cíqu·ism [-kɪzm] *n.* cacique による支配; ボス政治.

cáck-hánded [kǽk-] 〚← 《方言》 *cack* excrement (□ L *cacā-re*) + HANDED〛 *adj.* 《英口語》 **1** 左利きの (left-handed). **2** 手先の不器用な (clumsy).

cack·le [kǽkl̩] 〚《? *a*1200》 *cakele(n)* □ ? MLG *kakelen* 《擬音語》: cf. gaggle〛 — *vi.* **1** 〈雌鳥が〉(卵を産んだ時のように)かん高く)こっこっ[があーがあー]と鳴く. **2** きゃーきゃー笑う. **3** べちゃくちゃしゃべる. — *vt.* きゃーきゃー笑いながら言う. — *n.* **1** こっこっ[があーがあー]という鳴き声. **2** かん高い笑い: break into a ～ かん高く笑い出す. **3** おしゃべり, むだ話.
cut the cackle (***and come to the horses***) 《英俗》むだ話を止める; 本論に入る: Let's *cut the* ～ *and come to the horses.* さあ要件に移ろう.

cáck·ler [-klə, -klə | -kl̩ə(r, -klə(r] *n.*

CACM 《略》 Central American Common Market 中米共同市場.

cac·o- [kǽko(u), -kə | -kə(u)] 〚□ Gk *kako-* ← *kakós* bad, evil〛 —「悪い(bad); 病気にかかった(diseased)」の意の連結形: *caco*phony. ★ 母音の前では通例 cac- になる.

cac·o·de·mon [kæ̀kədíːmən] 〚《1594》□ Gk *kakodaímōn* : ⇨ ↑, demon〛 — *n.* (*also* **cac·o·dae·mon** [～]) **1** 悪鬼, 悪霊 (devil) (cf. eudaemon). **2** 悪意をもった人. **cac·o·de·mon·ic** [kæ̀kədiːmɑ́nɪk | -mɔ́n-] *adj.*

cac·o·dyl [kǽkədɪl | -kə(u)dàɪl, -dɪl] 〚← Gk *kakṓdēs* ill-smelling (← CACO- + *-od-* (← *ózein* to smell)) + -YL〛 〘化学〙 *n.* **1** カコジル ($As_2(CH_3)_4$) 《無色・猛毒性・悪臭のある液体; tetramethyldiarsine ともいう》. **2** $As(CH_3)_2$ 基を有する化合物. — *adj.* カコジルの[を含む]. **cac·o·dyl·ic** [kæ̀kədílɪk | -kə(u)-] *adj.*

cac·o·dyl·ate [kæ̀kədíleɪt] *n.* 〘化学〙カコジル酸塩.

cacodýlic ácid *n.* 〘化学〙カコジル酸 ($(CH_3)_2AsOOH$) 《無色無臭の柱状晶, ナトリウム塩は医薬に用いる; dimethyl arsinic acid, alkargen ともいう》.

cac·o·e·py [kǽkouèpi, kækóuepi, kə- | kǽkəuèpɪ] 〚□ Gk *kakoépeia* : ⇨ caco-, epic〛 *n.* 発音不正.

cac·o·ë·thes [kæ̀kouíːθiːz | -kəu-] 〚《1563》□ L *cacoēthes* □ Gk *kakoḗthēs* ← CACO- + *êthos* habit〛 *n.* 抑え難い衝動[欲望], …狂 (mania).

cacoëthes loq·uen·di [⌐⌐⌐ — loukwéndi, -daɪ | -ləukwéndɪ, -daɪ] 〚□ L *cacoēthes loquendi*〛 *n.* 病的なおしゃべり, おしゃべり狂.

cacoëthes scri·ben·di [⌐⌐⌐ — skrɪbéndi, -skrə-, -dàɪ | -skrɪbéndɪ, -daɪ] 〚□ L *cacoēthes scribendi*〛 *n.* 抑え難い執筆欲《ローマ詩人 Juvenal から》.

cac·o·gen·ic [kæ̀kədʒénɪk | -kə(u)-] *adj.* 〘生物〙 = dysgenic.

cac·o·gen·ics [kæ̀kədʒénɪks | -kə(u)-] 〚← CACO- + (EU)GENICS〛 *n.* 〘生物〙 = dysgenics.

ca·cog·ra·pher [kækɑ́grəfə, kə- | -kɔ́grəfə(r] *n.* **1** 悪筆家. **2** 綴字を間違える人.

ca·cog·ra·phy [kækɑ́grəfi, kə- | -kɔ́grəfɪ] 〚← CACO- + -GRAPHY〛 — *n.* **1** 悪筆 (cf. calligraphy 1). **2** 誤記, 綴字違い (cf. orthography 1 a). **cac·o·graph·ic** [kæ̀kəgrǽfɪk | -kə(u)-] *adj.* **càc·o·gráph·i·cal** *adj.*

ca·col·o·gy [kækɑ́lədʒi, kə- | -kɔ́lədʒɪ] 〚← CACO- + -LOGY : cf. F *cacologie*〛 *n.* **1** 言葉の間違い, 言葉の誤用. **2** 発音の間違い.

cac·o·mis·tle [kǽkəmɪsl̩, kæ̀kəmís(t)li | kǽkəmɪsl̩] 〚《1889》□ Mex.-Sp. ～, *cacomixtle* □ Nahuatle *tlacomiztli* ← *tlaco* half + *miztli* mountain lion〛 — *n.* **1** 〘動物〙カコミスル (*Bassariscus astutus*) 《米国南西部・メキシコ産の細身長尾のアライグマ (raccoon) に似た肉食獣; bassarisk, ring-tailed cat ともいう》. **2** カコミスルの毛皮.

cac·o·mix·le [kǽkəmì(k)sl̩] *n.* (*also* **ca·co·mixl** [～]) = cacomistle.

ca·coon [kəkúːn, kə-] 〚← ? Afr. 《土語》〛 *n.* 〘植物〙熱帯アメリカ産ウリ科の植物 (*Fevillea cordifolia*) 《種子から油脂をとる》.

cac·o·phon·ic [kæ̀kəfɑ́nɪk | -kə(u)fɔ́n-] *adj.* 不快音の, 不協和音の. **càc·o·phón·i·cal·ly** *adv.*

ca·coph·o·nous [kækɑ́fənəs, kə- | -kɔ́f-] 〚← Gk *kakóphōnos* (⇨ caco-, -phone) + -OUS〛 — *adj.* 音調の悪い (ill-sounding), 耳障りな; 不協和音の (discordant) (cf. harmonious 1, euphonious). **～·ly** *adv.*

ca·coph·o·ny [kækɑ́fəni, kə- | -kɔ́fənɪ] 〚□ F *cacophonie* ∥ ← NL *cacophonia* ← Gk *kakophōnía* : ⇨ caco-, -phony〛 — *n.* 耳ざわりな音, 不快な音調, 語呂の悪い音の連続 (cf. euphony); 不協和音 (discord) (cf. harmony 5).

ca·coth·e·line [kækɑ́θəliːn, kə-, -lɪn, -lən | -kɔ́θɪliːn, -lɪn] 〚← LGk *kakóthelēs* malevolent (← CACO- + Gk *thélein* to wish) + -INE³〛 — *n.* 〘化学〙カコテリン《brucine のニトロ誘導体; 黄色の結晶》.

Cac·ta·ce·ae [kæktéɪsiiː] 〚← NL ～ ← CACTUS + -ACEAE〛 *n. pl.* 〘植物〙(双子葉植物)サボテン科. **cac·tá·ceous** [-ʃəs] *adj.*

cacti *n.* cactus の複数形.

cac·toid [kǽktɔɪd] 〚← CACTUS + -OID〛 *adj.* サボテン状の, サボテンに似た.

cac·tus [kǽktəs] 〚《1767》← NL ～ ← L ～ □ Gk *káktos* kind of pricky plant〛 *n.* (*pl.* ～·**es**, **cac·ti** [-taɪ]) 〘植物〙サボテン《サボテン科の植物の総称》.

cáctus dàhlia *n.* 〘園芸〙カクタス咲きダリア《ダリアの一種でサボテンの花に似た咲き方をする》.

cáctus gerànium *n.* 〘植物〙アフリカ南部産フウロソウ科ゼラニウムの一種 (*Pelargonium echinatum*) 《観賞用に栽培》.

cáctus wrèn *n.* 〘鳥類〙サボテンミソサザイ (*Camphlorhynchus brunneicapillus*) 《北米南西部産の耳ざわりな声で鳴く大型のミソサザイの一種》.

ca·cu·mi·nal [kækjúːmənl̩, kə- | -mɪ-] 〚← L *cacūmi-, cacūmen* top, peak + -AL¹〛 〘音声〙 *adj.* = retroflex 2. — *n.* = retroflex.

Ca·cus [kéɪkəs] 〚□ L *Cācus*〛 *n.* 〘ギリシャ・ローマ神話〙カーカス《人食い巨人; Hercules に殺される》.

cad [kǽ(ː)d] 〚《1831》《略》 ← CADDIE〛 *n.* **1** (婦人に対して)非紳士的な男, 礼儀知らず. **2** 《英》(学生と区別して)町人, 町の少年.

cad. 《略》〘音楽〙 cadenza.

c.a.d. 《略》〘銀行〙 cash against documents 船積書類引換現金払.

ca·das·tral [kədǽstrəl] 〚□ F ～ : ⇨ cadastre, -al¹〛 — *adj.* **1** 土地台帳の; 土地検分[測定]の; 地籍測定[検分]の. **2** 〘測量〙〈地図・測量図が〉境界線を示した, 地籍図の. **～·ly** *adv.*

cadástral màp *n.* 地籍図.

cadástral súrvey *n.* 地籍図測量, 土地台帳測量.

cad·as·tra·tion [kæ̀dəstréɪʃən] *n.* 土地検分[測定]; 地籍測定[検分].

ca·das·tre [kədǽstə | -tə(r] 〚《1804》□ F ～ □ Prov. □ It. *catastro* < OIt. *catastico* □ LGk *katástikhon* list, register ← *kata-* 'CATA-' + *stikhos* line〛 *n.* 土地台帳.

ca·dav·er [kədǽvə, -dɑ́ːvə, -déɪvə | -déɪvə(r, -dɑ́ːvə(r] 〚《*c*1500》□ L *cadāver* corpse ← *cadere* to fall〛 *n.* (通例解剖用の人間または動物の)死体 (corpse).

ca·dav·er·ic [kədǽv(ə)rɪk | -vər-] *adj.* 死体の[に関する]: ～ rigidity [stiffening] 死体硬直.

ca·dav·er·ine [kədǽvəriːn, -v(ə)rɪn, -rən | -vəriːn, -v(ə)rɪn] 〚← CADAVER + -INE³〛 — *n.* 〘生化学〙カダベリン ($H_2N(CH_2)_5NH_2$) 《蛋白質の腐敗する際にできる無色のプトマイン》.

ca·dav·er·ous [kədǽv(ə)rəs] 〚《1627》□ L *cadāverōsus* : ⇨ cadaver, -ous〛 — *adj.* **1** 死体の[に関する]; 死体のような[を思わせる]. **2 a** 〈顔色が〉死相の, 青白い (pallid) : a lean ～ face. **b** やせこけた, やつれ果てた (gaunt). **～·ly** *adv.* **～·ness** *n.*

cad·dice¹ [kǽdɪs, -dəs | -dɪs] *n.* = caddis¹.

cad·dice² [kǽdɪs, -dəs | -dɪs] *n.* 〘昆虫〙 = caddisworm.

cad·die [kǽdi | -dɪ] 〚《1634–46》《スコット》 *cad(d)ie, caudie* errand boy □ F *cadet* 'CADET¹'〛 — *n.* **1** 〘ゴルフ〙 **a** キャディー《クラブをかついだり球拾いをしたりする人》. **b** = caddie cart. **2** 使い走りや雑用をする人. **3** 《スコット》若者 (lad). — *vi.* (**cad·died**; **cad·dy·ing**) キャディーとして働く.

cáddie bàg *n.* (ゴルフの)クラブ袋.

cáddie càrt [càr] *n.* キャディーカート《ゴルフのクラブなどを運ぶ二輪車》.

cad·dis¹ [kǽdɪs, kɑ́ː- | -dɪs] 〚ME *cadas* □ (i) OProv. *cadarz* ← ? ∥ (ii) (O)F *cadis* serge □ Prov. *caddis* ← ?〛 — *n.* **1** ウーステッドの糸; (特に, ガーター用の)ウーステッドのリボン[打ちひも]. **2** カディス《サージに似た織物; スコットランドで用いる》.

cad·dis² [kǽdɪs, -dəs | -dɪs] 〚← ? 《廃》 *cad* 《変形》 ← COD²: その幼虫のすんでいる管の形から〛 *n.* 〘昆虫〙 = caddisworm.

cáddis flỳ *n.* 〘昆虫〙トビケラ《毛翅(ᵏ)目に属する昆虫の俗称》.

cad·dish [kǽdɪʃ] 〚← CAD + -ISH¹〛 *adj.* (女性に対して)非紳士的な, 礼儀をわきまえない, 野卑[低級]な (ungentlemanly). **～·ly** *adv.* **～·ness** *n.*

cáddis·wòrm [⇨ caddis²] — *n.* 〘昆虫〙イサゴムシ《トビケラの幼虫; 水中で砂や落葉などを集め, 筒状の巣にしてその中にすむ; 魚釣の餌にする; caddice, caddis, strawworm ともいう》.

Cad·do [kǽdou | -dəu] 〚《変形》 ? □ Caddo *Kádohädácho* 《原義》 real chiefs〛 — *n.* (*pl.* ～, ～**s**) **1 a** [the ～(s)] カドー族《もと米国 Louisiana, Arkansas, および Texas 州東部などに住んでいた北米インディアンの種族; 今は Oklahoma 州に少数残存する》. **b** カドー族の人. **2** カドー語. — *adj.* = Caddoan.

Cad·do·an [kǽdouən | -dəu-] 〚⇨ ↑, -an¹〛 — *n.* カドー語族《北米インディアン Caddo 族その他の種族の言語で, North Dakota 州の Missouri 川上流地域, Nebraska 州の Platte 川の流域, Arkansas 州南西部, その他 Oklahoma, Texas, Louisiana 諸州の近接した地方に住むアメリカインディアンに用いられる諸語を含む》. — *adj.* カドー語の; カドー族の.

cad·dy¹ [kǽdi | -dɪ] 〚《1792》《変形》 ← CATTY²〛 — *n.* **1** (小さい)茶入れ箱, 茶筒 (tea caddy). **2** (ふだんよく使用するものを使用しない時に収納しておく)容器, 入れ物.

cad·dy² [kǽdi | -dɪ] *n., vi.* = caddie.

cáddy spòon *n.* 《英》(茶筒から茶を測って取り出す)小さなスプーン, 茶さじ.

cade¹ [kéɪd] 〚《1575》□ F ～ □ OProv. < ML *catanus*〛 — *n.* 〘植物〙ヨーロッパ産ヒノキ科ビャクシン属でセイヨウビャクシン (juniper) に似た植物 (*Juniperus oxycedrus*) 《cade oil を得る》.

cade² [kéɪd] 〚《*c*1450》 *cad* pet lamb ← ?〛 *adj.* **1** 〈家畜の子が〉親から離されて飼われた, 手飼いの: a ～ lamb. **2** かわいがられた, 甘やかされた.

-cade [kèɪd, kéɪd] 〚← (CAVAL)CADE〛「行列, 行進」の意の名詞連結形: aqua*cade*, motor*cade*.

Cad·ell [kǽdl̩, kədél] 〚□ Welsh ～ ← *cad* battle + *-ell* (adj. suf.)〛 *n.* 男性名.

ca·delle [kədél] 〚□ F ～ □ Prov. *cadello* < L *catellam* (fem.) ← *catellus* little dog〛 — *n.* 〘昆虫〙コクヌスト (*Tenebroides mauritanicus*) 《鞘翅目コクヌスト科の甲虫で穀物の害虫とされる》.

ca·dence [kéɪdəns, -dn̩s] 〚《*c*1390》□ (O)F ～ □ It. *cadenza* □ VL **cadentiam* ← L *cadentem* (pres.p.) ← *cadere* to fall : cf. cadenza, case¹〛 — *n.* **1 a** (言葉の)律動的な流れ, 音の流れ. **b** (生活・出来事などの)流れ, リズム. **2** 〘詩学〙(詩の)律動, 抑揚; (自由詩・詩的散文などの)リズム, 調子 (rhythmic pattern). **3** (音楽・舞踏などの)整った拍子, リズム. **4 a** (文の終わりなどでの)声の下げ調子. **b** (音声の)抑揚 (intonation). **5** 〘音楽〙終止形[法]《現代では楽章・楽句・楽曲の終止を表わす和声進行の定型》: a complete ～ 完全終止 / an interrupted ～ 偽終止 / ⇨ perfect cadence. — *vt.* リズミカル[律動的]にする. — *vi.* 律動的に流れる[動く].

Ca·dence [kéɪdəns, -dn̩s] 〚↑〛 *n.* 女性名.

cá·denced *adj.* 韻律的な; 韻文になっている.

ca·den·cy [kéɪdənsi, -dn̩- | -sɪ] 〚《1627》← CADENCE + -Y¹〛 — *n.* **1** = cadence. **2 a** (長兄[長男]以外の)分家の血統. **b** 分家の地位[身分]. **3** 〘紋章〙ケイデンシー《同家系の紋章で親子・兄弟の紋章に違いのあること》. ★ 西洋の紋章は長男でも父の存命中は父と同じ紋章の使用は許されず, 父の紋章に何らかの違いを示すマーク (cadency mark) を付ける; 次男以下は長男とも異なるおのおののマークを使用する (⇨ heraldry 挿絵 G).

cádency màrk *n.* 〘紋章〙 ⇨ cadency 3 ★.

ca·dent [kéɪdənt, -dn̩t] 〚□ L *cadent-em* : ⇨ cadence〛 *adj.* **1** リズム[律動]のある. **2** 《古》降下する.

ca·den·tial [keɪdénʃəl] *adj.* 〘音楽〙 **1** 終止形[法]の. **2** カデンツァ (cadenza) の.

ca·den·za [kədénzə; *It.* kadéntsa] 〚《1836》□ It. ～

'CADENCE': cf. G *Kadenz*〛 ── *n.* 〘音楽〙 カデンツァ, カデンツ《第 1 および終楽章の終止の前に置かれるオペラのアリアやコンチェルトにおいて独奏の前に挿入され独奏[唱]者によって演奏される無伴奏の技巧的で即興的な部分; コンチェルトでは普通》.

cáde òil *n.* 〘化学〙 杜松油《cade¹ を乾留して得られる油質の液体で, 石鹸・皮膚病薬などの原料》.

ca·det¹ [kədét] 〚《1610》□ F ～ □ Gascon *capdet* chief = Prov. *capdel* < VL **capitellum* (dim.) ← L *caput* head: cf. captain〛 ── *n.* **1 a** (陸海空軍・警察の)士官[幹部]候補生《英国では通例 Gentleman Cadet という; 米国では 1902 年以後は海軍では midshipman という》: a naval ～ 海軍士官候補生; (特に, 1882–1902 までの)米国海軍兵学校生徒. **b** 士官学校の生徒. **c** 商船学校練習生. **2 a** 《米》(職業の)練習生, 見習い; (特に)教育実習生. **b** 《ニュージーランド》酪農場の見習い. **3 a** 次男以下の息子 (younger son); 弟 (younger brother). **b** 末息子, 末弟: a ～ family 分家. **c** 分家; 分家の人. **4 a** 強い青色を帯びた褐色 (cadet blue). **b** 紫青色に青褐色がかった色 (cadet gray). **5** 《米俗》売春婦の「ひも」; 売春手引人, ぽん引き (pimp).

ca·det² [kədét; *F.* kadɛ] 〚□ F ～ (↑)〛 *n.* [姓に付して用いて] 弟の方 (the younger) (cf. aîné): Coquelin ～ 弟のコクラン.

Ca·det [kədét; *Russ.* kadjét] 〚《1906》□ Russ. *Kadet* (sing.) ← *Kadety* (pl.) ← *ka-* (*Konstitutsionnyje* Constitutional の頭字の発音から) + *De*(*mokra*)*ty*〛 ── *n.* (帝政ロシヤの)立憲民主党員.

cadét còrps *n.* (英国の小学校および中等学校で)軍事教練隊.

cadét·shìp *n.* cadet¹ の地位[身分].

Ca·détte scòut [kədét-] 〚*Cadette*: ← CADET¹ + -ETTE〛 *n.* キャディットスカウト《ガールスカウトの 12 歳から 14 歳までの隊員》.

cadge¹ [kǽdʒ] 〚《1607》(逆成) ← CADGER〛 ── *vt.* **1** 〈物を〉乞う, もらう, ねだる, たかる: ～ a meal / May I ～ a cigarette? たばこを 1 本くれないか. **2** 《英方言》持って歩く. ── *vi.* たかる, こじきをする: ～ *on* a person *for* a meal 人に食事をたかる.

cadge² [kǽdʒ] 〚《変形》? ← CAGE〛 *n.* 〘鷹狩〙 鷹をのせて運ぶ木枠.

cadg·er [kǽdʒə | -dʒə(r] 〚《c1450》← ? ME *caggen* to tie + -ER¹ ∥ ← ME *cachen* to catch + -ER¹〛 ── *n.* **1** こじき; やくざもの, 浮浪者. **2** 《スコット》運び人; (特に)行商人.

cadg·y [kǽdʒi | -dʒɪ] 〚← ?: cf. 《方言》*kedge* / Du. *kaad*〛 *adj.* 《スコット・英方言》 **1** 陽気な. **2 a** 好色な, みだらな. **b** 〈動物が〉さかりがついた.

ca·di [kɑ́:di, kéɪ- | -dɪ] *n.* 〘イスラム教〙 = qadi.

Cad·il·lac [kǽdəlæ̀k, -dḷ- | -dɪl-, -dḷ-; *F.* kadijak], Sieur **Antoine de la Mothe** [də la mɔt] *n.* カディヤック《1658–1730; フランスの北米植民地総督; Detroit の建設者 (1701)》.

cad·i·nene [kǽdəni:n, -dṇ- | -dɪn-] 〚← *cadin-* (← NL *cadinus* 'of CADE¹') + -ENE〛 ── *n.* 〘化学〙 カジネン ($C_{15}H_{24}$) 《杜松油 (cade oil) その他の精油に含まれるセスキテルペン (sesquiterpene) 炭化水素の一つ; 無色油状の液体》.

Cá·diz [kədíz, kéɪdɪz, kɑ́:d-, kǽd-, -dəz | kədíz, kéɪdɪz; *Sp.* kádiθ] *n.* カディス《スペイン南西部大西洋岸の Cádiz 湾に臨む港市; 人口 136,000》.

Cad·me·an [kædmí:ən, kǽdmiən | kædmí:ən, -míən] 〚← L *Cadmēus* (□ Gk *Kadmeîos* ← *Kádmos* 'CADMUS') + -AN¹〛 *adj.* カドモス (Cadmus) の.

Cadméan víctory 〚《なぞり》← Gk *Kadmeía níkē*〛 *n.* カドモス (Cadmus) (流)の勝利, 大損失のすえ得た勝利 (cf. Pyrrhic victory).

cad·mic [kǽdmɪk] 〚⇨ ↓, -ic¹〛 *adj.* 〘化学〙 カドミウムの.

cad·mi·um [kǽdmiəm | -mɪəm, -mjəm] 〚《1822》← NL ～ ← L *cadmīa* (□ Gk *kadmeiā* (*gē*) 'CADMEAN (earth)') + -IUM: cf. calamine〛 ── *n.* 〘化学〙 カドミウム《亜鉛に似た金属元素の一つ; 原子炉の制御棒として使われる; 記号 Cd, 原子番号 48, 原子量 112.41》.

cádmium brómide *n.* 〘化学〙 臭化カドミウム ($CdBr_2$) 《無色鱗片状の結晶》.

cádmium céll *n.* カドミウム電池.

cádmium chlóride *n.* 〘化学〙 塩化カドミウム ($CdCl_2$) 《潮解性の白色結晶》.

cádmium gréen *n.* 〘顔料〙 カドミウム緑《カドミウム黄とコバルト青(アルミン酸コバルト (II)) を混合してつくった緑色顔料》.

cádmium íodide *n.* 〘化学〙 ヨウ化カドミウム (CdI_2) 《無色板状の結晶》.

cádmium órange *n.* 〘顔料〙 カドミウムオレンジ《セレン化カドミウムを主成分とする顔料》.

cádmium réd *n.* 〘顔料〙 カドミウム赤《硫化カドミウムとセレン化カドミウムから成る顔料》.

cádmium súlfate *n.* 〘化学〙 硫酸カドミウム ($CdSO_4$) 《無色斜方晶系の柱状晶》.

cádmium súlfide *n.* 〘化学〙 硫化カドミウム (CdS) 《薄黄色の水に溶けない粉末で, 主に絵の具・インク・陶磁器の彩釉(ゆう)などに使う》.

cádmium yéllow *n.* 〘顔料〙 カドミウム黄《硫化カドミウムを主成分とする黄色顔料》.

Cad·mus [kǽdməs] 〚□ L ～ □ Gk *Kádmos* ← Sem.: 《原義》? the man who came from the East〛 ── *n.* 〘ギリシャ神話〙 カドモス《Zeus に誘拐された Europa の後を追ってギリシャに来たフェニキアの王子; 彼が竜を退治してその歯を地にまくと, たちまち軍兵と変じ逆襲して来たので, 彼は宝石を投じて軍兵たちがこれを争って同士討ちを始めたすきに乗じ, ようやく危難からのがれた; その時生き残った 5 人の勇士と共に彼は Thebes を創設したという; またアルファベットをギリシャに伝えたといわれている; cf. Cadmean victory, dragon's teeth 1》.

ca·dre [kǽdri, kɑ́:d-, -dreɪ, -dr(ə) | kɑ:də(r, kɑ́:dr(ə), kǽdrɪ; *F.* kɑ:dr] 〚《1830》□ F ～ 'frame(work)' □ It. *quadro* < L *quadrum* square〛 ── *n.* **1** (計画・カリキュラムなどの組織の)骨格, 骨組, 概要 (framework). **2 a** (宗教・政治などの組織の)中心グループ, 重要グループ, 中核 (nucleus). **b** 中心グループ[幹部]の一員. **3** [通例 *pl.*] 〘軍事〙 基幹人員, 基幹要員《新部隊の編制・訓練の中核となる将校・下士官兵》.

ca·du·ce·us [kəd(j)ú:siəs, -ʃiəs | -djú:sjəs, -sɪəs, -ʃɪəs] 〚□ L *cādūceus* herald's staff □ Doric-Gk *kārúkeion* = Attic-Gk *kērúkeion* ← *kērux* herald: cf. kerygma〛 ── *n.* (*pl.* **-ce·i** [-siàɪ, -ʃi- | -sɪ-, -ʃɪ-]) **1** 〘ギリシャ・ローマ神話〙 へび杖《神々の使者 Hermes [Mercury] のしるしの杖; 2 匹のへびが巻きつき, 頂きに二つの翼が付いている》. **2** caduceus 標識《医術の表象, また米軍軍医部隊 (Medical Corps) の記章》. **ca·dú·ce·an** [-siən, -ʃən | -sjən, -sɪən, -ʃɪən] *adj.*

caduceus 1

ca·du·ci·ty [kəd(j)ú:səti | -djú:sɪtɪ, -sɪ-] 〚《1769》□ F *caducité* ← *caduc* □ L *cadūcus* (↓): ⇨ -ity〛 ── *n.* **1** はかなさ, 滅びやすいこと. **2 a** 老齢による弱さ, 老衰 (senility). **b** 老齢. **3** 〘法律〙 脱落, 喪失 (lapse). **4** 〘植物〙 凋(ちょう)落性. **5** 〘動物〙 脱落性.

ca·du·cous [kəd(j)ú:kəs | -djú:-] 〚← L *cadūcus* falling, fleeting (← *cadere* to fall) + -OUS〛 ── *adj.* **1** はかない, 滅びやすい. **2** 〘法律〙 脱落する[した]. **3** 〘植物〙〈葉など〉早期に落ちる, 早落性の, 凋(ちょう)落性の: a ～ calyx 散萼(がく). **4** 〘動物〙 脱落性の.

Cad·wal·la·der [kædwɑ́lədə | -wɔ́lədə(r] 〚□ Welsh *Cadwaladr* ← *cad* battle + ? (*g*)*waladr* arranger〛 *n.* 男性名.

caec- [si:k, si:s] (母音の前に来る時の) caeco- の異形 (⇨ ceco-).

caeca *n.* caecum の複数形.

cae·cal [sí:kəl] *adj.* 〘解剖〙 = cecal.

cae·ci- [sí:sə | -sɪ] caeco- の異形 (⇨ ceco-).

Cae·ci·dae [sí:sədi:, sí:kə- | -sɪ-, -kɪ-] 〚← NL ～: ⇨ caecum, -idae〛 *n. pl.* 〘貝類〙 ミジンギリギリツツガイ科.

cae·cil·ian [sɪsíljən, si:-, sə-, sí:sɪl-, -liən | si:síljən, sɪ-, sí:sɪl-, -lɪən] 〚← NL *Caecilia* (属名: ← L *caecilia* lizard) + -AN¹〛 ── *n.* 〘動物〙 アシナシイモリ科の両性動物《熱帯地方にいる足のない両生類》.

Cae·ci·li·i·dae [si:səláɪədi: | -sɪláɪɪ-] 〚← NL ～ ← *Caecilia* (↑) + -IDAE〛 *n. pl.* 〘動物〙 アシナシイモリ科.

cae·ci·tis [si:sáɪtɪs, -təs | -tɪs] *n.* 〘病理〙 = cecitis.

cae·co- [sí:ko(ʊ) | -kə(ʊ)] = ceco-.

cae·cum [sí:kəm] *n.* (*pl.* **cae·ca** [-kə]) 〘解剖〙 = cecum.

Caed·mon [kǽdmən] *n.* 7 世紀後半の英国の詩人; 夢のお告げによって初めて英語の宗教詩を書いたと言われる. **Caed·mo·ni·an** [kædmóuniən | -mə́u-nɪən, -njən] *adj.*

Cae·li·an [sí:liən | -ljən, -lɪən] 〚← L *Caelius* (*Mōns*) Caelian hill + -IAN〛 *n.* [the ～] カエリウス丘《ローマの七丘 (Seven Hills) のうちの南東の丘》.

Cae·lum [sí:ləm] 〚□ L ～ 'engraving tool'〛 ── *n.* 〘天文〙 ちょうこくぐ(彫刻具)座《Columba と Eridanus の間にある南半球の星座; the Sculptor's Tool, the Graving Tool ともいう》.

Caen [kɑ́:(ŋ), kɔ̃:(ŋ), kɑ́:ŋ, kɔ́(:)ŋ; *F.* kɑ̃] *n.* カーン《イギリス海峡に近い北フランスの港市, Calvados 県の首都; 人口 73,000》.

caen- [si:n, kaɪn | si:n] (母音の前に来る時の) caeno- の異形 (⇨ ceno-¹).

cae·no- [sí:no(ʊ), káɪn- | sí:nə(ʊ)] = ceno-¹.

càeno·génesis *n.* 〘生物〙 = cenogenesis. **càeno·genétic** *adj.*

cae·no·les·tid [sì:nəléstɪd, kàɪn-, -təd | sì:nəléstɪd] 〚↓〛 *adj., n.* 〘動物〙 ケノレステス科の(動物).

Cae·no·les·ti·dae [sì:nəléstədi:, kàɪn- | sì:nəléstɪ-] 〚← NL ～ ← *Caenolestes* (属名: ← CAENO- + Gk *lēistḗs* robber) + -IDAE〛 ── *n. pl.* 〘動物〙 ケノレステス科《南米産のネズミに似た有袋類を含む》.

Cae·no·zo·ic [sì:nəzóuɪk, sènə- | sì:nə(ʊ)zə́u-, sèn-] *adj., n.* 〘地質〙 = Cenozoic.

Cáen stòne 〚*Caen*: ← *Caen* (その生産地)〛 *n.* 〘岩石〙 カーン石《建築に用いるクリーム色の石灰岩》.

cae·o·ma [si:óumə, kaɪóu- | si:ə́u-] 〚← NL ～ ← Gk *kaiein* to smelt + -OMA〛 *n.* 〘植物〙 無被銹(しゅう)子器《周囲に子殻を欠いている銹子器》.

Caer·le·on [kɑəlí:ən | kɑ:lí:ən, kə-, -líən] 〚□ Welsh ～ ← L *castra legiōnis* the camp of the legion: cf. Welsh *caer* fort〛 ── *n.* ウェールズ南東部 Monmouthshire 州の Newport に隣接する町; 昔ローマ軍の駐屯地でその城塁があった; Arthur 王の宮廷のあった所ともいわれる.

Caern. 《略》 Caernarvonshire.

Caer·nar·von [kɑənɑ́əvən, kə- | kənɑ́:-] 〚□ Welsh ～ ← *caer* fort + *yn* in + *Arfon* (Bangor から Yr Eifl に至る地域の旧ウェールズ名)〛 ── *n.* ウェールズ北西部 Gwynedd 州北西部の都市, 旧 Caernarvonshire 州の首都; ノルマンの古城 Caernarvon Castle (Prince of Wales 即位の地) がある; 人口 8,900.

Caer·nar·von·shire [kɑənɑ́əvənʃɪə, kə-, -ʃə | kənɑ́:vənʃə(r, -ʃɪə(r] 〚⇨ Caernarvon, -shire〛 ── *n.* ウェールズ北西部の旧州, 現在は Gwynedd 州の一部; 面積 1,474 km², 首都 Caernarvon.

Caer·phil·ly [kɑəfíli, kɛə-, kə- | kɑ:fílɪ, kɛə-, kə-] 〚← *Caerphilly* (ウェールズの地名: その生産地)〛 ── *n.* ケアフィリーチーズ《白色のクリーム状の全乳のチーズ》.

Caes. 《略》 Caesar.

Caes·al·pin·i·a·ce·ae [sèzæ̀lpɪniéɪsii:, sì:z- | -nɪ-] 〚← NL ～ ← *Caesalpinia* (属名: ← *Andrea Caesalpino* (1519–1603: イタリアの植物学者) + -IA¹) + -ACEAE〛 *n. pl.* 〘植物〙 ジャケツイバラ科《マメ科の中の 1 亜科とすることもある》. **càes·al·pin·i·á·ceous** [-ʃəs] *adj.*

Cae·sar¹ [sí:zə | -zə(r] 〚ME *cesar* □ L *Caesar* ← *Julius Caesar* ∽ OE *cāsere* □ L *Caesar*: 通俗語源では ← L *caesa* (fem.) ← *caesus* (p.p.) ← *caedere* to cut: 4 は Julius Caesar が母の開腹手術によって生れたという伝説から: cf. kaiser, czar〛 ── *n.* **1** ローマ皇帝《特に, Augustus Caesar より Hadrian までの皇帝の称号》. **2** [しばしば c-] **a** 皇帝, 帝王 (cf. kaiser, czar 1 a). **b** 独裁君主 (dictator), 暴君 (tyrant). **3** (神に対して)地上の君主; 統治権 (cf. *Matt.* 22:21). **4** 《俗》〘医学〙 = Cesarean.

Cae·sar² [sí:zə | -zə(r] 〚↑〛 *n.* 男性名.

Caesar, (Gaius) Julius *n.* シーザー, カエサル《100–44 B.C.; ローマの将軍・政治家; 第 1 回三頭政治を組織しガリアを征服した (58–50 B.C.); Pompey を破り独裁者となったが, 間もなく Brutus らに殺された》: *Caesar's* wife must be above suspicion. シーザーの妻たるものはいやしくも疑いを受ける行ないがあってはならない《シーザーが不義の疑いを受けた妻 Pompeia を離別した時の言葉》.

Cae·sa·re·a [si:zərí:ə, sèsərí:ə, sèz- | sì:zəríə] 〚← L *Caesarēa* ← *Caesar Augustus* (Herod 大王がローマ皇帝にちなんで命名): ⇨ Caesar¹〛 ── *n.* **1** カエサレア《Haifa の南にある古代 Palestine の都市遺跡; 初代教会, 十字軍の時代にも重要な役割を果たした》. **2** ピリポカエサレア《Palestine 北部, Jordan 川水源近くの町; 古くからの聖地の一つ; 現在名 Kayseri》.

Cae·sar·e·an [sɪzɛ́(ə)riən, si:- | si:zɛ́ərɪ-, sɪ-] 〚《1528》□ L *Caesariān-us*: ⇨ Caesar¹, -ean〛 ── *adj.* **1** (ジュリアス)シーザーの; 帝王の. **2** 〘医学〙 = Cesarean. ── *n.* **1** 〘ローマ史〙 シーザー党の人; 専制(政治)論者. **2** 〘医学〙 = Cesarean.

Caesárean séction [operátion] *n.* 〘医学〙 = Cesarean.

Cae·sar·i·an [sɪzɛ́(ə)riən, si:- | si:zɛ́ərɪ-, sɪ-] *adj., n.* = Caesarean.

Cáe·sar·ìsm [-rìzm] *n.* 帝王[皇帝]政治主義; 独裁君主制 (autocracy); 帝国主義 (imperialism).

Cáe·sar·ist [-rɪst, -rəst | -rɪst] *n.* 帝王[独裁]政治主義者.

Cáesar sálad 〚← *Caesar's* (Mexico の Tijuana にあるレストランでこのサラダを考案した店)〛 ── *n.* シーザーサラダ《レタス・クルトン・アンチョビーなどにオリーブ油・レモン汁・卵・卸しチーズを加えて作ったサラダ》.

cae·si·ous [sí:ziəs, káɪz- | sí:zɪ-] 〚← L *caesius* (⇨ cesium) + -OUS〛 *adj.* 青味を帯びた色の.

cae·si·um [sí:ziəm | -zjəm, -zɪəm] *n.* 〘化学〙 = cesium.

caes·pi·tose [séspətòus | -pɪtəus] 〚← NL *caespitōsus* ← L *caespit-*, *caespes* turf: ⇨ -ose¹〛 ── *adj.* 〘植物〙 **1** 芝の(ような). **2** (芝のように)密生する (tufted). **～·ly** *adv.*

cae·su·ra [sɪʒʊ́(ə)rə, sə-, si:-, -zʊ́(ə)rə | si:zjʊ́ərə, sɪ-, -ʒʊ́ərə] 〚《1556》□ L ～ 'a cutting' ← *caedere* to cut〛 ── *n.* (*pl.* **～s**, **-su·rae** [-ri:]) **1** 途切れ, 中断 (break). **2 a** 〘詩学〙 行間休止《行の中間で意味の切れ目によって生じる休止; 通例 ∥ の符号で表わす》. **b** 〘古典詩学〙 休止《詩脚中の語の末尾, 時に詩脚の末尾における分切; 通例行の中間近くの特定場所に起こる》. **3** 〘音楽〙 (楽節中の)切れ目, 中間休止. **cae·sú·ral** [-rəl] *adj.*

Cae·ta·no [kaɪtɑ́:nou | -nəu; *Port.* kaiténu] **Mar·cel·lo** [mɑrʃélu] *n.* カイタヌ《1906– ; ポルトガルの政治家, 首相 (1968–74)》.

C.A.F., c.a.f. 《略》〘商業〙 cost and freight; cost, assurance, and freight.

ca·fard [kæfɑ́ə | -fɑ́:r; *F.* kafa:r] 〚□ F ～ 《原義》 cockroach〛 *F. n.* (熱帯地方の白人の)強度の憂鬱[無気力].

ca·fé [kæféɪ, kə-, kǽfeɪ | kǽfeɪ, -fɪ; *F.* kafe] 〚《1816》□ F ～ 'coffee shop or room': ⇨ coffee〛 ── *n.* (*pl.* **～s** [～z; *F.* ～]) (*also* **ca·fe** [～]) **1** コーヒー (coffee). **2 a** コーヒー店 (coffeehouse). **b** (手軽な食事のできる)喫茶店. **3 a** 料理店 (restaurant). **b** (歩道に一部出ている)カフェテラス. **4** 《米》 **a** 酒場 (bar). **b** キャバレー, ナイトクラブ, カフェー.

C.A.F.E.A-I.C.C. 《略》 Commission on Asian and Far Eastern Affairs of the International Chamber of Commerce 国際商工会議所アジア極東委員会.

café à la crème *n.* = café crème.

café au lait [kæféɪoʊléɪ, ⌐ ─ ─ ⌐ | kǽfeɪəuléɪ; *F.* kafeolɛ] 〚□ F ～ 'coffee with milk'〛 ── *F. n.* (*pl.* **cafés au lait** [kæféɪzou- | -zəu-; *F.* kafezolɛ]) **1** カ

フェオーレ《コーヒーにほぼ等量の熱した牛乳を入れたもの》. **2** 淡褐色 (pale brown).

café brû·lot [─ ─ bru:lóu, ─ ─ ─ ─ | kǽfeɪbru:lə́u; *F.* ─ ─ brylo]〘▭ Louisiana-F ～ 'burned brandy coffee'〙 ── *F. n.* (*pl.* ～**s** [～z; *F.* ～]) カフェブリュロ《オレンジやレモンの皮・丁子(ちょうじ)・シナモン・砂糖などで調味し, ブランデーを加え火をつけて供する食後のコーヒー》.

café car [─ ─ ─, ─ ─ ─ | ─ ─ ─] *n.* カフェー カー《一部を食堂に一部を喫煙室・ラウンジなどに使用する鉄道車両》.

café chan·tant [─ ─ ʃɑ̃:(n)tɑ́:(ŋ), -ʃɔ̃:(n)tɔ̃:(ŋ), -ʃɑ:ntɑ́:ŋ, -ʃɔ́(:)ntɔ(:)ŋ, ─ ─ ─ ─; *F.* ─ ─ ʃɑ̃tɑ̃]〘▭ F ～《原義》singing coffeehouse〙 ── *n.* (*pl.* ～**s, cafés chantants** [～]) 音楽付きのカフェー, キャバレー (cabaret).

café crème [─ ─ krém, -kréɪm, ─ ─ ─ | kǽfeɪkrém, -kréɪm; *F.* ─ ─ krɛm]〘▭ F ～ 'coffee with cream'〙 ── *F. n.* **1** クリーム入りコーヒー《café à la crème ともいう》. **2** 淡褐色 (suede).

café curtain [─ ─ ─ ─, ─ ─ ─ ─ | ─ ─ ─ ─] *n.* (くだけたカントリー風の窓を飾る)カフェカーテン《窓の下部, 時には上部, または上下対(つい)で用いる金属輪からさげた短いカーテン》.

café fil·tre [─ ─ fí:ltr(ə), -fíl-, ─ ─ ─ ─ | ─ ─ ─; *F.* kafefiltr]〘▭ F ～ 'filtered coffee'〙 ── *F. n.* フィルターコーヒー《粉に挽いたコーヒー豆を熱湯を通してフィルターで漉(こ)したコーヒー》.

café noir [─ ─ nwɑ́ɚ, ─ ─ ─ | kǽfeɪnwɑ́:(r; *F.* kafenwa:r]〘▭ F ～ 'black coffee'〙 ── *F. n.* (*pl.* **cafés noirs** [～]) **1** ブラックコーヒー《牛乳やクリームを入れないコーヒー》. **2** 暗褐色.

café society [─ ─ ─ ─ ─, ─ ─ ─ ─ ─ | ─ ─ ─ ─ ─ ─] *n.* [集合的] 上流のレストランやナイトクラブに集まる常連たち.

caf·e·te·ri·a [kæ̀fətí(ə)riə | -fɪtíərɪə, -fə-]〘《1839》▭ Mex.-Sp. ～ ← *café* 'COFFEE'〙 *n.* カフェテリア《好みの食品を選べるセルフサービスの簡易食堂》.

caf·e·to·ri·um [kæ̀fətɔ́:riəm, -tó:r- | -fɪtɔ́:rɪ-, -fə-]〘《混成》← CAFE(TERIA＋AUDI)TORIUM〙 ── *n.* カフェトリアム《学校などでカフェテリアと講堂とを一緒にした大きな部屋》.

caff [kǽ(:)f]〘《変形》← CAFÉ〙 *n.* 《英俗》＝café.

caf·fé·ic ácid [kæfí:ɪk-] *n.* 〘化学〙コーヒー酸, カフェー酸 ($C_6H_3(OH)_2$ CH : CHCOOH).

caf·feine [kæfí:n, ─ ─, kǽfi:n, -fiən | kǽfi:n, -fɪi:n, -feɪn]〘《1830》▭ F *caféine* ← *café* 'COFFEE': ⇨ -ine[3]〙 ── *n.* (*also* **caf·fei·na** [kæfí:nə, kæ̀fi:nə, -fáɪnə])〘化学〙カフェイン, 茶精 ($C_8H_{10}N_4O_2$)《コーヒー・茶などに含まれる植物性アルカロイド; 利尿剤・興奮剤; methyltheobromine, theine ともいう》. **caf·fein·ic** [kæfí:nɪk, kæ̀fií:n-] *adj.*

Caf·fer [kǽfɚ | -fə(r] *n.* ＝Kaffir 1, 2.

caf·tan [kæftǽn, kǽftæn, -tən | kǽftæn, kæftɑ́:n]〘《1591》▭ F *cafetan* ∥ Russ. *kaftan* ▭ Turk. & Pers. *qaftān*〙 ── *n.* **1** カフタン《中近東地方で着る足首までの丈に長袖のついた衣服で, サッシュをまきつけて着用する》. **2** カフタン風のシャツ[ドレス].

caftan 1

caf·táned *adj.* カフタン (caftan) を着た.

cage [kéɪdʒ]〘《?a1200》▭ (O)F ～ < L *caveam* hollowed place ← *cavus* hollow: cf. cave[1]〙 ── *n.* **1** 鳥かご; (獣を入れる)檻(おり). **2 a** 捕虜収容所. **b** 《古・文語》獄舎 (prison). **3 a** 檻状のもの. **b** (エレベーターの)箱. **c** (銀行の)窓口. **d** (教会の中で仕切りで仕切られた)礼拝堂. **4** 《米》(銃砲の)砲座, 砲架. **5** (薄地で作ったウェストラインのない)ワンピース《ぴったりしたアンダードレスやスリップの上に着る》. **6**〘建築〙(外装されてない)骨組み, 鉄骨構造. **7**〘野球〙**a** バッティングケージ; (打撃練習用)移動バックネット. **b** 捕手用マスク. **8**〘ホッケー〙ゴール. **9**〘バスケットボール〙ゴールのバスケット. **10**〘スポーツ〙屋内練習場 (field house); バスケットボールのコート. **11**〘機械〙(ころがり軸受の)保持器《レースに挟まれた球やころが常に適当な間隔を保つようにする部品》. **12**〘鉱山〙ケージ, (立坑の)巻揚げ籠.
── *vt.* **1** かごに入れる, 檻に入れる; 閉じこめる〈*in*〉: a ～*d* bird かごの鳥. **2**《口語》〘スポーツ〙(ゴールに)〈ボールを〉シュートする. **3**〘航空〙(航空機の)〈ジャイロ計器を〉不作動にする.

Cage [kéɪdʒ], **John** (1912–) 米国の前衛作曲家.

cáge anténna *n.* 〘通信〙かご形空中線.

cáge bìrd *n.* かごに入れて飼う小鳥.

cage·ling [kéɪdʒlɪŋ] *n.* かごの鳥.

cág·er *n.* **1** 《米口語》バスケットボールの選手. **2**〘鉱山〙ケージ係《立坑でケージの積荷の積み下ろしや人員乗降の世話をし, ケージ昇降の合図を立坑運転室に送ったりする作業員》.

cáge-ròtor mótor *n.* 〘電気〙かご形電動機《回転子が鉄心中にかご形の導体を埋め込んだ構造になっている普通の誘導電動機; cf. wound-rotor motor》.

ca·gey [kéɪdʒi | -dʒɪ]〘← ? CADGY〙 ── *adj.* (**ca·gi·er**; **-gi·est**)《口語》**1** 用心深い, 抜け目のない. **2** 人前に出た[しゃべりた]がらない, 遠慮がちの. **cá·gi·ly** [-dʒɪli, -dʒə- | -lɪ] *adv.* **～·ness** *n.* **cá·gi·ness** *n.*

cáge zóne mèlting *n.* 〘冶金〙ケージ帯精製法《容器に入れた帯溶融法; cf. floating zone melting》.

Ca·glia·ri [kɑ́:ljəri | kæljɑ́:rɪ, kǽlɪɑ:-; *It.* kaʎʎá:ri] *n.* カリャーリ《イタリアの Sardinia 島南端の港市; 人口 241,000》.

Ca·glia·ri [kɑ́:ljəri | kæljɑ́:rɪ, kǽlɪɑ́:-; *It.* kaʎʎá:ri], **Paolo** *n.* カリャーリ《Veronese の本名》.

Ca·glios·tro [kæljɔ́(:)strou, kɑ:- | kæljɔ́strəu, kæ̀lɪɔ́s-; *It.* kaʎʎɔ́stro], Count **Alessandro di** *n.* カリョストロ《1743–95; イタリアの名うての詐欺師; 本名 Giuseppe Balsamo》.

CAGS 《略》Certificate of Advanced Graduate Study.

ca·gy [kéɪdʒi | -dʒɪ] *adj.* (**ca·gi·er**; **-gi·est**) ＝cagey.

Ca·han [kɑ́:hɑ:n], **Abraham** *n.* (1860–1951) 米国のユダヤ系小説家・編集者; *The Rise of David Levinsky* (1917).

ca·hier [kɑ:jéɪ, kaɪéɪ; *F.* kaje]〘▭ F ～ < OF *quaier* 'QUIRE[1]': 昔原稿が四折りになっていたことから〙 ── *n.* (*pl.* ～**s** [～z; *F.* ～]) **1**〘製本〙**a** (仮綴じの小冊子用の)紙束, 折り. **b** 帳面, 練習帳; パンフレット, 小冊子; 分冊. **2** (議会などの)会報, 報告書, 議事録. **3** ペーパーバック, 紙表紙本.

Ca·hi·ta [kəhí:ṭə | -tə]〘▭ Am.-Sp. ～《原義》nothing〙 ── *n.* (*pl.* ～, ～**s**) **1 a** [the ～(s)] カヒータ族《メキシコ北部に住む》. **b** カヒータ族の人. **2** カヒータ語.

ca·hoot [kəhú:t]〘▭ ? F *cahute* hut, cabin《変形》? ← *hutte* 'HUT'〙 ── *n.* [通例 *pl.*]《口語》**1** 共同 (partnership). **2** 共謀, 結託 (collusion).
go cahoots 山分けする (go shares)〔*with*〕. ***in cahoots*** (1) 共同して〔*with*〕. (2) 共謀して, ぐるになって〔*with*〕.

ca·how [kəhàu]〘擬音語〙 ── *n.* 〘鳥類〙バミューダシロハラミズナギドリ (*Pterodroma cahow*)《大西洋 Bermuda 諸島に生息するシロハラミズナギドリ属の海鳥; 絶滅しかけたが, 今はわずかが生息している》.

CAI 《略》computer-assisted instruction コンピュータ利用による教授学習システム.

Cai·a·phas [kéɪəfəs, káɪ- | káɪəfæs, -fəs] *n.* 〘聖書〙カヤパ《ユダヤの大祭司; キリストの死刑に大きな役割を演じたサドカイ人; cf. *Matt.* 26 : 3; *Luke* 3 : 2》.

Cáicos Íslands *n. pl.* ⇨ Turks and Caicos Islands.

ca·id [kɑ:í:d, káɪd; *Sp.* kaid]〘▭ Sp. *caíd* ▭ Arab. *qā'id*: cf. alcaide〙 ── *n.* **1** カイド《北アフリカで, イスラム教徒の地方吏員, 地方判事, 地方裁判官, 税徴収官》. **2** ベルベル (Berber) 族の酋長. **3** ＝alcaide.

cai·man [keɪmǽn, kaɪ-, ─ ─, kéɪmən | kéɪmən]〘《1577》▭ Sp. *caimán* ▭ Carib. *cayman*〙 ── *n.* (*pl.* ～**s**)〘動物〙カイマン《中南米に生息するワニ科カイマン属 (*Caiman*) の小型のワニの総称; メガネカイマン (*C. crocodilus*), クチヒロカイマン (*C. latirostris*) など; cf. alligator 1 b, crocodile 1 b》.

caimán lìzard *n.* 〘動物〙カイマントカゲ (*Dracaena guyanensis*)《南米産のあごの丈夫なカイマンに似たトカゲ》.

cai·mi·ti·llo [kàɪmətí:(j)ou | -mɪtí:(j)əu; *Sp.* kàimitíjo]〘▭ Sp. ～ (dim.) ← *caimito* ▭ Taino *caymito* star apple〙 ── *n.* 〘植物〙熱帯アメリカ産アカテツ科オーガストノキ属の常緑高木 (*Chrysophyllum oliviforme*)《材質が黒くて堅い; satinleaf ともいう》.

Cain [kéɪn]〘ME ▭ L ～ ▭ Gk *Káin* ▭ Heb. *Qáyin*《通俗語源》created, creature: cf. *Gen.* 4 : 1〙 ── *n.* **1** 〘聖書〙カイン《Adam と Eve の長男で嫉妬から弟 Abel を殺した; cf. *Gen.* 4》: the brand [mark] of ～ 殺人者の印(しるし) (cf. *Gen.* 4 : 15). **2** 兄弟殺し (fratricide); 人殺し (murderer).
raise Cain ⇨ raise 成句.

Caine [kéɪn], Sir **Thomas Henry Hall** *n.* (1853–1931) 英国の小説家; *The Shadow of a Crime* (1885), *The Prodigal Son* (1904).

-caine [kèɪn, kéɪn]〘▭ G *-kain* ← *Kokain* 'COCAINE'〙〘化学〙「合成アルカロイド麻酔薬」の意の名詞連結形: *procaine*.

Cain·gang [káɪŋgæŋ]〘▭ Port. ～ ← Am.-Ind.〙 ── *n.* (*pl.* ～, ～**s**) **1 a** [the ～(s)] カインギャング族《ブラジル南部沿岸のインディアンの一種族》. **b** カインギャング族の人. **2** カインギャング語.

cai·no- [káɪnou-, kéɪ- | -nə(u)] ＝ceno-[1].

Cai·no·zo·ic [kàɪnəzóuɪk, kèɪ- | -nə(u)zə́u-]〘地質〙*adj., n.* ＝Cenozoic.

ca·ïque [kɑ:í:k, káɪk | kaɪí:k, kɑ:í:k; *F.* kaik]〘《1625》▭ F ～ ▭ It. *caicco* ▭ Turk. *kayik*〙 ── *n.* (*also* **caique** [～]) カイーク: **a** Bosporus 海峡で用いられる細長い船首・船尾の尖った 2–10 本のオールを備えたボート. **b** (Levant 地方の)帆船.

Ça i·ra [sɑ́:-i:rɑ́:; *F.* saira]〘▭ F ～ 'it will go on'〙 *n.* サイラ《1789 年秋に流行したフランスの革命歌; 折返しに Ça ira. (成功間違いなし) という歌詞を含む》.

caird [kɛ́ɚd | kɛ́əd]〘▭ Sc.-Gael. *ceard* tinker〙 *n.* 《スコット》**1** 渡りいかけ屋 (traveling tinker). **2** 放浪者, 浮浪者 (vagrant).

Caird [kɛ́ɚd | kɛ́əd], **Edward** *n.* (1835–1908) スコットランドの哲学者・神学者.

cairn [kɛ́ɚn | kɛ́ən]〘《1535》《スコット》～ ▭ Gael. *carn* (gen. *cairn*) heap of stones: cf. OIr. & Welsh *carn*〙 ── *n.* **1** ケルン《記念塚・道程標・墓標などとしてピラミッド形に積み上げた石塚》. **2** ＝cairn terrier.

cairned *adj.* ケルンのある.

cairn·gorm [kɛ́ɚngɔɚm | kɛəngɔ́:m, ─ ─]〘《1794》← *Cairngorm* (スコットランドの北西部の山でその主産地) ← Gael. *carngorm* ← *carn* 'CAIRN'＋*gorm* blue〙 ── *n.* 〘鉱物〙煙水晶 (cairngorm stone, smoky quartz ともいう).

cáirn térrier〘cairn の中での狐に使われることから〙*n.* ケアンテリア《スコットランド原産の害獣を岩の間からたたき出す勇気をもつ作業用のテリア》.

Cai·ro *n.* **1** [káɪrou | káɪərəu] カイロ《エジプトの首都で Nile 河口に近い東岸にある; 人口 5,126,000》. **2** [kéɪ(ə)rou | kéərəu] 米国 Illinois 州南部の都市で Mississippi 川と Ohio 川の合流点にある; 人口 7,000.

Cáiro Declarátion *n.* [the ～] カイロ宣言《1943 年 12 月米国大統領 Franklin D. Roosevelt, 英国首相 Winston Churchill, および中華民国政府主席蔣介石がエジプトの Cairo で会合し対日戦争の終局的処理に関して協定した宣言》.

cais·son [kéɪsɑn, -sn̩ | kéɪsn̩, -sən, kəsú:n] ★ 英国の技術者は [kəsú:n] と発音する.〘《1704》▭ F ～ ▭ It. *cassone* (aug.) ← *cassa* < L *capsam* chest: ⇨ case[2], -oon〙 ── *n.* **1**〘軍事〙**a** (もと)地雷箱. **b** 弾薬箱. **c** (砲兵隊用 2 輪の)弾薬車. **2**〘土木〙(水中工事用)潜函(せんかん), ケーソン: a pneumatic ～ 用気潜函. **3**〘海事〙**a** (沈没船引き揚げのためにそばに沈め, それに結びつけて浮き上がらせる)浮き箱 (camel). **b** (ドック用の)浮きとびら. **4**〘建築〙(格天井などの)格間(ごうま) (coffer).

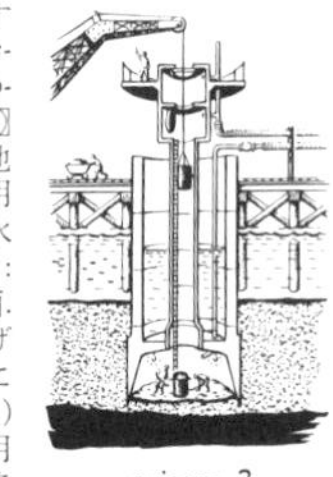

caisson 2

cáisson disèase *n.* 〘病理〙潜函(せんかん)病, 減圧病, ケーソン病《diver's palsy [paralysis] ともいう; cf. bend[2] n. 4, nitrogen narcosis》.

Caith. 《略》Caithness.

Caith·ness [kéɪθnes, ─ ─ | kéɪθnes, -nəs, keɪθnés]〘OE *Kaðenessia, Catness* ▭ ON *Catanes*《原義》'the NESS of the tribe Cat' ← OGael. *Cataibh*《原義》among the cats (locative) ← *cat* 'CAT'〙 ── *n.* スコットランド北東部の旧州, 現在の Highland 州北部; 面積 1,777 km², 首都 Wick [wík].

cai·tiff [kéɪṭɪf, -təf | -tɪf]〘《c1300》*caitif* captive ▭ ONF＝OF *chaitif* (F *chétif*) < VL **cactivum*＝L *captivus* 'CAPTIVE'〙《古・詩》── *n.* 卑劣漢 (wretch), 卑怯者 (coward). ── *adj.* 卑劣な, 卑怯な.

Cajal *n.* ⇨ Ramón y Cajal.

Ca·jan [kéɪdʒən]〘《変形》← ACADIAN〙 *n.* **1** (米国 Alabama 州南西部と隣接する Mississippi 州に住む)白人・インディアン・黒人の混血の人. **2** ＝Cajun.

Caj·du·sek [káɪdʒusèk | -dju-], **Daniel Carle·ton** [kɑ́əɫtən, -tn̩ | -tən, -tn̩] *n.* (1923–) 米国の医学者; Nobel 医学生理学賞 (1976).

caj·e·put [kǽdʒəpət, -pùt]〘《1832》▭ Malay *kayuputeh* ← *kayu* wood＋*puteh* white〙 ── *n.* **1**〘植物〙カユプテ (*Melaleuca leucadendron*)《Molucca 諸島産フトモモ科の常緑樹》. **2**〘薬学〙カユプテ油《カユプテの葉を蒸留して採る; 鎮痛・発汗などの薬用に供する》.

caj·e·put·ene [kǽdʒəpətì:n]〘⇨ ↑, -ene〙 *n.* 〘化学〙カヤプテン (⇨ dipentene).

ca·jole [kədʒóul | -dʒə́ul]〘《1645》▭ F *cajol-er* to flatter,《原義》to chatter like a jay in a cage《変形》← OF *gaioler* ← Picard *gaiole* cage < LL *caveola* (dim.) ← L *cavea* 'CAGE': *gaioler* からの変形は F *cage* の影響による〙 ── *vt.* **1 a** (相手の当然の反対や不本意にも拘らず)甘言をもって〈人を〉説得する; 〈人を〉おだてて…させる (coax): ～ a person *into* consent [consenting] 人をおだてて同意させる / ～ a person *out of* going 人をおだてて行くのをやめさせる / ～ a person *out of* something 言葉巧みに人をだまして物を巻き上げる. **b** 甘言を弄して〈人から〉〈物を〉取り上げる〔*out of, from*〕: ～ something *out of* a person 言葉巧みに人から物を巻き上げる / He ～*d* the money *from* the child. うまく口車に乗せて子供から金を取り上げた. **2** 甘言でだます, 籠絡(ろうらく)する: ～ him *with* moneymaking 金もうけの話で彼をだます.
～·ment *n.* **ca·jól·er** [-lə | -lə(r] *n.*

ca·jol·er·y [kədʒóuləri, -lri | -dʒə́uləri]〘▭ F *cajolerie*: ⇨ ↑, -y[3]〙 *n.* 甘言, おだて, 口車, 籠絡.

ca·jól·ing [-lɪŋ] *adj.* おだての, おべっかの: ～ smiles, ways, etc.

ca·jól·ing·ly *adv.* 言葉巧みに.

Ca·jun [kéɪdʒən]〘《変形》← ACADIAN: cf. Injun〙 *n.* 《米》**1** [時に軽蔑的に] ＝Acadian 2 a. **2** ＝Acadian 2 b.

caj·u·put [kǽdʒəpət, -pùt] *n.* ＝cajeput.

caj·u·put·ene [kǽdʒəpətì:n] *n.* 〘化学〙＝cajeputene.

cake [kéɪk]〘《?c1200》▭ ON *kak-a*: cf. Swed. *kaka* / Du. *koek* / G *Kuchen*〙 ── *n.* **1** ケーキ《小麦粉・卵・牛乳・砂糖などの生地を丸い層または四角い塊に焼いた菓子》. ★ 物質そのものをさす場合と, 一定型の菓子 1 個をさす場合がある (cf. fruit 1 b ★): be fond of ～ ケーキが好きである / ⇨ wedding cake, fancy cake / ⇨ LAND[1] o' [of] Cakes / You [One] cannot eat your [one's] ～ and have it (too).＝You [One] cannot have your [one's] ～ and eat it (too).《諺》菓子は食べたらな

くなる, 両方いいことはできない. **2 a** 小麦粉の生地を薄く平たく焼いたもの: ⇨ hot cake. **b** 《スコット》薄く堅焼きのオートミールパン (oatcake). **c** マッシュポテトや魚や肉のミンチ肉などを平たく丸くまとめて焼いたもの: a fish ~ フィッシュボール. **3** 一定型に圧縮した塊: an oil ~ (油の)しめかす / a bean ~ 大豆かす / a ~ of soap 石鹸1個 / a ~ of ice 氷1個. **4 a** 堅い皮; 堅い沈澱物: the ~ formed in a pipe パイプにできたケーキ[カーボンの層]. **b** (衣服・毛皮などについてかわいた)泥の固まり. **5** [通例 the (national) ~ として] (皆で分かち合うべきものの部分に対して)全体 (cf. pie[1] 3c): give everybody an equal share of *the national* ~ 国の財産をみんな平等に分ける. **6** 〖紡織〗ケーク《ビスコースレーヨンの紡糸の際ポットの中にできる円筒形状の糸》.

a piece of cake ⇨ piece 成句. ***a slice of the cake*** ⇨ slice 成句. ***cakes and ale*** 《口語》(ケーキやビールなど)人生の楽しみ; にぎやかな宴会 (merrymaking); のんきな生活 (easy living) (cf. Shak., *Twelfth Night* 2. 3. 124). ***My cake is dough.*** 〖練り粉のままで菓子になりそこねた意から〗《口語》計画は失敗した.

— *vt.* 固める, 固まりにする; 固まりでおおう: shoes ~*d with* mud 泥の固まりついた靴 / mud ~*d* on the shoes 靴に固まりついた泥 / I removed the ~*d* sugar of the cup with my fingernail. 爪でコップの底にこびりついた砂糖を取った. — *vi.* 固まる, 固まりつく: Mud ~*s* as it dries. 泥はかわくと固まる / Snow ~*d* on her coat. 雪が彼女のコートの上に固まりついていた.

Cáke Dày *n.* =hogmanay 1.

cáked bréast *n.* 〖病理〗ケーキ乳房, 鬱滞性乳腺炎 (stagnation mastitis)《乳汁が鬱積して起こる乳腺炎》.

cáke-èater *n.* 《俗》(安易と快楽を好む)柔弱なしゃれ男; お茶好きの男 (tea hound).

cáke-hòle *n.* 《英俗》口 (mouth).

cáke màkeup *n.* 化粧用パンケーキ.

cáke úrchin *n.* 〖動物〗 **1** カシパン《sand dollar など》. **2** =keyhole urchin.

cáke·wàlk *n.* **1** ケークウォーク《アメリカ黒人間の余興で, 最も独特で優美な足取りで歩く者が賞品にケーキをもらう; 1900年ごろ流行した》. **2** それから発達したケークウォークのダンス; ケークウォークの曲. **3** 簡単なこと, 容易な仕事. **4** 一方的な試合. — *vi.* ケークウォークを踊る; ケークウォークで[のような足取りで]歩く. **~·er** *n.*

cak·ey [kéɪki | -kɪ] *adj.* (**cak·i·er; -i·est**) ケーキ状の; 固まりになる: ~ face powder 固形おしろい.

cák·ing còal *n.* 〖地質〗粘結炭.

cak·y [kéɪki | -kɪ] *adj.* (**cak·i·er; -i·est**) =cakey.

Cal [kǽ(ː)l] 〖(dim.) ← CALEB, CALVIN〗 *n.* 男性名.

cal. 《略》 calendar; caliber; 〖化学〗calomel; (small) calorie(s).

Cal. 《略》 Calendar; California; (large) calorie(s); Calvin.

cal·a·ba·cil·la [kæləbəsí(ː)jə; *Am. Sp.* kàlabasíja] *n.* 《米南西部》〖植物〗=calabazilla.

cal·a·bar [kǽləbɚ | -bə(r)] *n.* =calaber.

Cál·a·bar bèan [kǽləbɑ̀ə- | kæləbáː-] 〖Calabar: ナイジェリアの地名〗 — *n.* 〖植物〗カラバルマメ (*Physostigma venenosum*)《熱帯アフリカ産マメ科のツル植物; その豆には猛毒のフィソスチグミン (physostigmine) を含む》.

cal·a·bash [kǽləbæʃ] 〖《1596》□ F *calebasse* □ Sp. *calabaza* gourd □ ? Arab. *qár'a^h yâbisa^h* dry gourd〗 — *n.* **1** =gourd 1 b. **2 a** 〖植物〗熱帯アメリカ産ノウゼンカズラ科の高木 (*Crescentia cujete*)《固い果皮は水飲みその他の器物になる; calabash tree ともいう》. **b** その果実. **3 a** ひょうたん製品《酒入れ・パイプなど》. **b** (北米インディアンの用いる)キャラバッシュ[ひょうたん]製楽器《がらがら・太鼓など》.

calabashes 3 a
1 calabash pipe
2 calabash bottle

ca·lá·ba trèe [kəlάːbə-] 〖calaba: □ Sp. ~ ← Carib〗 — *n.* 〖植物〗西インド諸島産オトギリソウ科テリハボク属の常緑高木 (*Calophyllum antillanum*)《Santa Maria tree ともいう》.

cal·a·ba·zil·la [kæləbəzí(ː)jə] 〖□ Mex.-Sp. *calabacilla* □ Sp. squirting cucumber (dim.) ← *calabaza*: ⇨ calabash〗 *n.* 《米南西部》〖植物〗=prairie gourd.

cal·a·ber [kǽləbɚ | -bə(r)] 〖ME □ (O)F *calabre* ← *Calabria*〗 *n.* **1** 茶色のイタリア Calabria 産リスの毛皮. **2** 灰色のシベリア産リスの毛皮.

cal·a·boose [kǽləbùːs, ⸗⸗⸗] 〖《1792》□ Sp. *calabozo* dungeon, cell〗 *n.* 《米俗》留置場, 刑務所.

cal·a·bo·zo [kæləbóuzou, -zə | -báuzəu] 〖⇨ calaboose〗 *n.* (*also* **cal·a·boza** [-zə]) 《米南西部》刑務所.

cal·a·bre·se [kæləbréɪzi, -si | -zɪ, -sɪ] 〖□ It. ~: ⇨ Calabria, -ese〗 *n.* 〖園芸〗=broccoli 1.

Ca·la·bri·a [kəléɪbriə, -lάːb- | -lǽbriə, -lάː-; *It.* kaláːbria] *n.* カラブリア: **1** イタリア南部の地方; 人口 1,963,000, 面積 15,080 km². **2** 古代イタリア南東端地方.

ca·la·di·um [kəléɪdiəm | -djəm, -dɪəm] 〖← NL ~ ← Malay *kĕlădy*+-IUM 3〗 — *n.* 〖植物〗熱帯アメリカ産サトイモ科ハイモ属 (*Caladium*) の植物の総称; (特に)ニシキイモ (*C. bicolor*)《葉の色合いが美しい》.

Cal·ais [kæléɪ, ⸗⸗ | kǽleɪ, -lɪ; *F.* kalɛ, ka-] *n.* カレー《Dover 海峡に臨むフランス北部の港市; 人口 75,000》.

cal·am- [kǽləm] (母音の前に来る時の) calamo- の異形.

cal·a·man·co [kæləmǽŋkou | -kəu] 〖《1592》□ Sp. *calama(n)co* ← ?: cf. LL *calamaucus* head-covering〗 *n.* (*pl.* ~**es**) **1** キャラマンコラシャ《Flanders 産の光沢のある格子縞毛織物》. **2** この織維で作った衣服.

cal·a·man·der [kǽləmæ̀ndɚ, ⸗⸗⸗⸗ | -də(r)] 〖□ ? Du. *kalamander*-《変形》? ← *Coromandel* (インド南部の東海岸の地名)〗 — *n.* 〖植物〗コクタンの一種 (*Diospyros quaesita*)《インド産カキノキ科の高木で材は硬く美しく高級家具材とする》.

cal·a·mar [kǽləmὰɚ | -mὰː(r)] *n.* 〖動物〗=squid 1.

cal·a·mar·y [kǽləmèri | -məri] 〖《1567》□ L *calamārius* ← *calamus* pen: ⇨ calamus〗 — *n.* 〖動物〗スルメイカ, ジンドウイカ《細長い形で腕は吸盤のみで鉤のないイカ類》.

calami *n.* calamus の複数形.

cal·a·mi- [kǽləmɪ, -mə | -mɪ] calamo- の異形 (⇨ -i-).

cal·a·mine [kǽləmàɪn, -mɪn, -mən | -màɪn] 〖《1601》□ F ~ □ ML *calamina* ← L *cadmia*: ⇨ cadmium〗 — *n.* **1** 〖薬学〗カラミン《酸化亜鉛と約5%の酸化第二鉄から成る水に溶けないピンク色の粉末; 皮膚の炎症を治療するのに軟膏状または外用水薬として使う》. **2** 《英》〖鉱物〗異極鉱, カラマイン (⇨ hemimorphite). **3** 《英》〖鉱物〗=smithsonite 1.

calámine bràss *n.* 〖冶金〗カラミン黄銅《炭酸亜鉛と銅から作った昔の合金, 金の模造として使われた》.

cal·a·mint [kǽləmìnt] 〖《1373》□ (O)F *calament* □ ML *calamentum*=LL *calaminthe* □ Gk *kalaminthē* ← (*kalós* beautiful+*mínthē* mint)〗 — *n.* 〖植物〗ヨーロッパ産シソ科ハッカの類の植物 (*Satureja calamintha*)《basil thyme ともいう》.

cal·a·mite [kǽləmàɪt] 〖← NL *Calamit-ēs* ← Gk *kalamítēs* reedlike: ⇨ calamus, -ite[1]〗 — *n.* 〖地質〗蘆木(ろぼく)《古生代産の化石植物; トクサの類で高さ 30m に達した》.

ca·lam·i·tous [kəlǽmətəs | -mɪt-] 〖□ F *calamiteux* // L *calamitōs-us*: ⇨ ↓, -ous〗 — *adj.* **1** 災い[災難]をもたらす; 不幸な, いたましい, 悲惨な: a ~ year. **2** 《廃》災難に巻きこまれた. **~·ly** *adv.* **~·ness** *n.*

ca·lam·i·ty [kəlǽməti | -mətɪ, -mɪ-] 〖《c1425》□ (O)F *calamité* □ L *calamitātem* (《短縮》? ← *incolumitās* safety): ⇨ -ty〗 — *n.* **1** (損失・大きな不幸をもたらす)災い, 災難; 悲運, 不幸; 惨禍: the ~ of war 戦禍. **2** 不幸な出来事, 惨事.

calámity hòwler *n.* 《米口語》不吉な予言をする人.

Calámity Jáne *n.* **1** 「疫病神のジェーン」《1852?–1903; 米国 South Dakota 州の辺境を騎馬で活躍した女流の射撃の名手; Martha Jane Burke のあだ名》. **2** =calamity howler.

cal·a·mo- [kǽləmo(u) | -mə(u)] 〖← NL ~ ← Gk *kalamo-* ← *kálamos* reed〗 — 「蘆(あし); 蘆状の」の意の連結形. ★ 時に calami-, また母音の前では通例 calam- になる.

cal·a·mon·din [kæləmʌ́ndɪn, -dn | -mɔ́ndɪn] 〖□ Tagalog *kalamunding*〗 — *n.* **1** 〖植物〗カラマンディン (*Citrus mitis*)《フィリピン原産の柑橘(かんきつ)類の小木》. **2** カラマンディンの実《ミカンに似たすっぱい小果実》.

cal·a·mus [kǽləməs] 〖□ L ~ □ Gk *kálamos* reed < IE **kolǝmo-s* reed, grass〗 — *n.* (*pl.* **-a·mi** [-màɪ]) **1 a** 〖植物〗ショウブ (⇨ sweet flag). **b** ショウブの根茎《薬用》. **2** 〖植物〗トウ(籐)《熱帯アジアに産するヤシ科トウ属 (*Calamus*) のツル植物の総称; 種類が非常に多い; その茎は各種の籐細工品の材料》. **3** (鳥の羽の)翮(かく) (⇨ quill 1 b; ⇨ feather 挿絵).

ca·lan·do [kɑːlάːndou | -dəu; *It.* kalándo] 〖□ It. ~ 'slackening' (ger.) ← *calare* to decrease < L *calāre* to slacken □ Gk *khalân*〗 — *adv., adj.* 〖音楽〗カランド, 漸次ゆるやかに弱く[い].

ca·lan·dri·a [kəlǽndriə | -drɪə] 〖□ Sp. ~ ← *calandra* (lark) ← LGk *kálandros*〗 — *n.* **1** 〖機械〗カランドリア《垂直加熱管と下降管を有する蒸発かま》. **2** 〖原子力〗カランドリア《重水減速動力炉におけるれんこん型の外形をした重水タンク; れんこんの孔に相当する空間に燃料集合体と加圧冷却水の入った圧力管が貫通している》.

calash 1 a

ca·lash [kəlǽʃ] 〖《1666》□ F *calèche* □ G *Kalesche* □ Pol. *kolaska* // Czeck *koleska* ← OSlav. *kolo* wheel: cf. Gk *kúklos* circle〗 — *n.* **1 a** カラッシュ(馬車)《折りたたみ式の幌付き軽二輪馬車》. **b** =calèche 1. **2 a** カラッシュ(馬車)に用いた幌. **b** 幌型婦人帽子《18世紀に流行した calash の幌のように折りたたみ用の骨のはいった帽子[フード]》.

calash 2 b

cal·a·the·a [kæləθíːə | -θíːə, -θíə] 〖← NL ~ ← Gk *kálathos* (↓)〗 — *n.* 〖植物〗熱帯アメリカ・アフリカ産クズウコン科カラテア属 (*Calathea*) の温室用観葉植物の総称《ヤバネシハイヒメバショウ (*C. insignis*) など》.

cal·a·thos [kǽləθὰs, -θəs | -θɔ̀s, -θəs] 〖□ L *calathus* □ Gk *kálathos*〗 *n.* (*pl.* **-a·thi** [-θàɪ, -θìː]) (ギリシャ・ローマ古物で)朝顔形をした果物かご.

cal·a·thus [kǽləθəs] *n.* (*pl.* **-a·thi** [-θàɪ, -θìː]) =calathos.

cal·a·ver·ite [kæləvέ(ə)raɪt | -vέər-] 〖← *Calaveras* (この石が初めて発見された米国 California 州の郡名): ⇨ -ite[1]〗 — *n.* 〖鉱物〗カラベライト ((Au, Ag)Te_2)《テルル金銀鉱》.

calc. 《略》 calculate(d); calculating.

calc- [kælk] (母音の前に来る時の) calco- の異形.

cálc-álkali ròck *n.* 〖岩石〗カルクアルカリ岩《Na_2O や K_2O が比較的少なく CaO に富む火成岩》.

cal·ca·ne·um [kælkéɪniəm | -njəm, -nɪəm] 〖□ L *calcāneum* ← *calc-, calx* heel〗 *n.* (*pl.* **-ne·a** [-niə | -nɪə, -njə]) 〖解剖〗=calcaneus.

cal·ca·ne·us [kælkéɪniəs | -nɪəs, -njəs] 〖□ LL ~ (↑)〗 — *n.* (*pl.* **-ne·i** [-niàɪ | -nɪaɪ]) **1** 〖解剖〗踵骨(しょうこつ) (heel bone). **2** (脊椎動物の)踵骨に当たる骨. **cal·cá·ne·al** [-niəl | -nɪəl, -njəl] *adj.*

cal·car[1] [kǽlkɑɚ | -kɑː(r)] 〖□ L ~ 'spur' ← *calc-, calx* heel〗 *n.* (*pl.* **-car·i·a** [kælkέ(ə)riə | -kέərɪə]) 〖動物〗けづめ (spur); けづめ状突起.

cal·car[2] [kǽlkɑɚ | -kɑː(r)] 〖□ It. *calcara* < LL *calcāria* limekiln ← L *calx* lime: ⇨ calcium〗 — *n.* (*pl.* **-car·i·a** [kælkέ(ə)riə | -kέərɪə]) 〖ガラス製造〗溶融する前にフリット (frit) の原料を煅焼(たんしょう)するための窯.

cal·ca·rate [kǽlkərèɪt] *adj.* 〖動物〗けづめ[けづめ状突起]のある.

Cal·car·e·a [kælkέ(ə)riə | -kέərɪə] 〖← NL ~ ← L *calcāria* (neut. pl.) ← *calcārius* of lime: ⇨ calco-〗 — *n. pl.* 〖動物〗(海綿動物)石灰海綿綱《Calcispongiae ともいう》.

cal·car·e·ous [kælkέ(ə)riəs | -kέərɪ-] 〖《1792》← L *calcārius* pertaining to lime: ⇨ calco-, -ary, -ous〗 — *adj.* **1** 炭酸カルシウム[カルシウム, 石灰]の[のような, を含む]; 石灰質の, 白亜質の (chalky): ~ earth 石灰質の土地. **2** 〖植物〗石灰質の土地で生育する: a ~ plant. **~·ly** *adv.* **~·ness** *n.*

calcáreous sínter *n.* 〖地質〗石灰華 (⇨ travertine).

calcáreous spár *n.* 〖鉱物〗方解石 (⇨ calcite).

calcáreous túfa *n.* 〖地質〗石灰華《特に, 緻密(ちみつ)質なものにいう》.

calcaria[1] *n.* calcar[1] の複数形.

calcaria[2] *n.* calcar[2] の複数形.

cal·ca·rif·er·ous [kælkərɪ́f(ə)rəs] 〖← CALCAR[1]+-FEROUS〗 *adj.* 〖動物〗けづめのある, けづめ状の突起のある.

cal·car·i·ous [kælkέ(ə)riəs | -kέ(ə)rɪ-] *adj.* =calcareous.

calced [kælst] 〖《逆成》← DISCALCED〗 *adj.* 〈ある修道会の修道士が〉靴をはいた (cf. discalced): a Carmelite ~ 靴をはいたカルメル会士.

cal·ced·o·ny [kælsédəni, -dṇi | -dənɪ] *n.* 〖鉱物〗=chalcedony.

cal·ce·i·form [kælsiəfɔ̀ːm, kælsíːə- | kǽlsɪəfɔ̀ːm, kælsíːə-] 〖← L *calceus* shoe+-FORM〗 *adj.* 〖植物〗靴[スリッパ]に似た.

cal·ce·o·lar·i·a [kælsiəlέ(ə)riə | -sɪəlέərɪə, -sjə-] 〖← NL ~ ← L *calceolārius* shoemaker ← *calceolus* slipper (dim.) ← *calceus* shoe ← *calx* heel: ⇨ -aria[1]〗 — *n.* 〖植物〗 **1** [C-] カルセオラリア属《ゴマノハグサ科の一属》. **2** カルセオラリア, キンチャクソウ《南米原産のカルセオラリア属の観賞植物の総称; 赤や黄色の花の形がきんちゃくや靴[スリッパ]に似ているのでこの名がある; slipperwort ともいう》.

cal·ce·o·late [kǽlsiəlèɪt | -sɪə-, -sjə-] *adj.* 〖植物〗=calceiform. **~·ly** *adv.*

calces *n.* calx の複数形.

Cal·chas [kǽlkəs] 〖□ L *Calchās* □ Gk *Kálkhas*〗 *n.* 〖ギリシャ伝説〗カルカス《トロイ戦争でギリシャ軍を助けた Apollo の予言者》.

cal·ci- [kǽlsɪ, -sə | -sɪ] calco- の異形 (⇨ -i-).

cal·cic [kǽlsɪk] 〖← CALCO-+-IC[1]〗 *adj.* カルシウム[石灰]の[を含む]; 石灰質の.

cal·ci·cole [kǽlsɪkòul, -sə- | -sɪkəul] 〖□ F ~: ⇨ calco-, -cole〗 〖植物〗 *n.* カルシコール《石灰質の土壌に生える植物; cf. calcifuge》. — *adj.* =calcicolous.

cal·cic·o·lous [kælsɪ́kələs] 〖⇨ ↑, -ous〗 *adj.* 〖植物〗好石灰性の, 石灰質の土壌に生育する.

cal·cif·er·ol [kælsɪ́fərɔ̀(ː)l, -ròul | -rɔ̀l] 〖← CALCIF(EROUS)+(ERGOST)EROL〗 *n.* 〖生化学〗カルチフェロール (⇨ vitamin D_2).

cal·cif·er·ous [kælsɪ́f(ə)rəs] 〖← CALCO-+-FEROUS〗 *adj.* 〖化学〗カルシウム[炭酸カルシウム]を生じる[含む].

cal·cif·ic [kælsɪ́fɪk] *adj.* 〖動物・解剖〗石灰化する[による]; 石灰性にする, 石灰を分泌する.

cal·ci·fi·ca·tion [kælsəfɪkéɪʃən, -fə- | -sɪfɪ-] *n.* **1** 石灰化(作用). **2 a** 〖生理〗(組織内における)石灰化, 石灰沈着. **b** 〖解剖〗石灰質の形成. **3** 〖地質〗(植物化石などのように)石灰質がしみ込むこと.

cal·ci·fuge [kǽlsəfjùːdʒ | -sɪ-] 〖← CALCO-+-FUGE〗 〖植物〗 *n.* カルシフュージ《石灰質の土壌には生えない植物; cf. calcicole》. — *adj.* =calcifugous.

cal·cif·u·gous [kælsɪ́fjʊgəs] *adj.* 〖植物〗嫌石灰性の, 石灰質の乏しい土壌に生育する.

cal·ci·fy [kǽlsəfàɪ | -sɪ-] 〖← CALCO-＋-FY〗 ── *vt.* **1** 炭酸カルシウムの沈積[分泌]によって硬化[石化]させる. **2** 〈政治的立場などを〉硬化させる, 非妥協的にする. ── *vi.* **1** 炭酸カルシウムの沈積[分泌]によって硬化[石化]する. **2** 硬化する, 非妥協的になる.

cal·ci·mine [kǽlsəmàɪn | -sɪ-] 〖《変形》← KALSOMINE: CALCIUM からの類推による変形〗 ── *n.* カルシミン《壁・天井などに塗る白色または着色水性塗料》. ── *vt.* 〈壁など〉にカルシミンを塗る.

cal·ci·nate [kǽlsənèɪt | -sɪ-] 〖《逆成》↓〗 *vt.* ＝calcine.

cal·ci·na·tion [kæ̀lsənéɪʃən | -sɪ-] 〖ME □ (O)F ～: ⇨ calcine, -ation〗 *n.* **1** 煆焼(かしょう); (石灰)焼成. **2** 〖冶金〗煆焼, 焼鉱法.

cal·cin·a·to·ry [kælsínətɔ̀ːri, -tòːri, kǽlsɪnə- | kælsínətəri, kǽlsɪ-] *adj.* 煆焼するための. ── *n.* 煆焼炉[器].

cal·cine [kælsáɪn, ⸗ | ⸗] 〖《c1395》□ (O)F *calciner* □ ML *calcināre* to reduce to calx: ⇨ calco-〗 ── *vt.* **1** 煆焼(かしょう)する《無機物質などを溶融温度以下で加熱して物理的・化学的性質を効果的にする》: ～*d* alum 焼き明礬(みょうばん) / ～*d* clay 煆焼粘土 / ～*d* lime 生石灰. **2** 〖冶金〗高温で酸化させる. ── *vi.* **1** 焼けて酸化物になる. **2** 〖冶金〗高温で酸化する. ── *n.* カルサイン《焼鉱》.

cal·cín·er *n.* **1** 石灰焼きの人. **2** 煆焼器 (burner).

cal·ci·no·sis [kæ̀lsənóʊsɪs, -səs | -sɪnə́ʊsɪs] 〖← NL ～: ⇨ calco-, -osis〗 *n.* (*pl.* **-no·ses** [-siːz]) 〖病理〗石灰(沈着)症.

cal·ci·o- [kǽlsio(ʊ) | -sɪə(ʊ), -sjə(ʊ)] 〖← CALCIUM〗「通例鉱物名に用いて」「カルシウム (calcium) 質」の意の連結形: *calcio*biotite 石灰黒雲母.

cal·ci·phile [kǽlsəfàɪl | -sɪ-] *n.* 〖植物〗＝calcicole. **cal·ci·phil·ic** [kæ̀lsəfílɪk | -sɪ-] *adj.* **cal·ciph·i·lous** [kælsífələs | -fɪ-] *adj.*

cal·ci·phobe [kǽlsəfòʊb | -sɪfə̀ʊb] *n.* 〖植物〗＝calcifuge. **cal·ci·pho·bic** [kæ̀lsəfóʊbɪk | -sɪfə́ʊ-] *adj.* **cal·ciph·o·bous** [kælsífəbəs] *adj.*

cálci·spònge *n.* 〖動物〗石灰海綿綱の海綿.

Cal·ci·spon·gi·ae [kæ̀lsɪspɑ́ndʒiìː, -sə-, -spʌ́n- | -sɪspʌ́n-, -spɔ́n-] 〖← NL ～ ← CALCO-＋L *spongiae* (*pl.*) ← *spongia* 'SPONGE'〗 *n. pl.* 〖動物〗＝Calcarea.

cal·cite [kǽlsaɪt] 〖← CALCO-＋-ITE¹〗 *n.* 〖鉱物〗方解石 ($CaCO_3$)《calcareous spar, calcspar ともいう》.

cal·ci·to·nin [kæ̀lsətóʊnɪn, -nən | -sɪtə́ʊnɪn] 〖← CALCO-＋TON(IC)＋-IN¹〗 ── *n.* 〖生化学〗カルシトニン《血液中のカルシウム量を調節する甲状腺ホルモン; thyrocalcitonin ともいう》.

cal·ci·um [kǽlsiəm | -sɪəm, -sjəm] 〖《1808》← NL ～: ⇨ calco-, -ium〗 *n.* 〖化学〗カルシウム《金属元素の一つ; 記号 Ca, 原子番号 20, 原子量 40.08》.

cálcium ársenate *n.* 〖化学〗ヒ酸カルシウム ($Ca_3(AsO_4)_2$)《無色の化合物; 粉状・液状で殺虫剤》.

cálcium cárbide *n.* 〖化学〗(カルシウム)カーバイド, 炭化カルシウム (CaC_2)《カルシウムシアナミドの原料; 水と反応するとアセチレンを発生する》.

cálcium cárbonate *n.* 〖化学〗炭酸カルシウム, 炭酸石灰 ($CaCO_3$).

cálcium chlóride *n.* 〖化学〗塩化カルシウム ($CaCl_2$)《無水物は吸湿剤として使用される》.

cálcium cyánamide *n.* 〖化学〗カルシウムシアナミド ($CaCN_2$)《肥料用石灰窒素の主成分》.

cálcium cýclamate *n.* 〖化学〗シクラミン酸カルシウム ($C_{12}H_{24}CaN_2O_6S_2$)《シクロヘキサンスルファミン酸のカルシウム塩; 甘味剤・低ナトリウム食に用いる; cf. sodium cyclamate》.

cálcium flúoride *n.* 〖化学〗フッ化カルシウム (CaF_2)《天然には蛍(ほたる)石として存在する》.

cálcium hydróxide *n.* 〖化学〗水酸化カルシウム, 消石灰 ($Ca(OH)_2$)《生石灰に水を加え消和させて作る》.

cálcium hypochlórite *n.* 〖化学〗次亜塩素酸カルシウム ($Ca(ClO)_2$)《high-test hypochlorite の主成分》.

cálcium láctate *n.* 〖化学〗乳酸カルシウム ($(CH_3CH(OH)COO)_2Ca·5H_2O$)《白色結晶; 医薬に用いる》.

cálcium lìght *n.* カルシウム光《石灰製の棒または球を酸水素炎に当てて作る強烈な光; もと limelight といって舞台の照明に用いた》.

cálcium nítrate *n.* 〖化学〗硝酸カルシウム, 硝酸石灰 ($Ca(NO_3)_2$).

cálcium óxalate *n.* 〖化学〗蓚(しゅう)酸カルシウム (CaC_2O_4)《無色の結晶》.

cálcium óxide *n.* 〖化学〗酸化カルシウム, 生石灰 (CaO)《炭酸カルシウムを煆焼(かしょう)して作る》.

cálcium permánganate *n.* 〖化学〗過マンガン酸カルシウム ($Ca(MnO_4)·4H_2O$)《消毒剤》.

cálcium phósphate *n.* 〖化学〗リン酸カルシウム, リン酸石灰《$Ca_3(PO_4)_2$, $Ca(H_2PO_4)_2$, $CaHPO_4$ のいずれか》.

cálcium própionate *n.* 〖化学〗プロピオン酸カルシウム ($Ca(CH_3CH_2COO)_2$)《白色結晶》.

cálcium sílicate *n.* 〖化学〗ケイ酸カルシウム《$CaSiO_3$, Ca_2SiO_4, $3CaOSiO_2$ のいずれか; 中でも $CaSiO_3$; ポルトランドセメント (portland cement) の主要な成分》.

cálcium súlfate *n.* 〖化学〗硫酸カルシウム ($CaSO_4$).

cálcium súlfide *n.* 〖化学〗硫化カルシウム (CaS).

cálcium superphósphate *n.* 〖化学〗過リン酸石灰《リン酸肥料として重要な $CaH_4(PO_4)_2$ と $CaSO_4$ が主成分; superphosphate of lime ともいう》.

cal·co- [kǽlko(ʊ) | -kə(ʊ)] 〖□ L ～ ← *calcis*, *calx* lime: ⇨ chalk〗「カルシウム; カルシウム塩」の意の連結形. ★ 時に calci-, また母音の前では通例 calc- になる.

calc-sin·ter [kǽlksɪntə | -tə(r)] 〖□ G *Kalksinter* lime slag: cf. calx, sinter〗 *n.* 〖地質〗石灰華 (⇨ travertine).

cálc·spàr 〖《部分訳》← Swed. *kalkspat* ← *kalk* (⇨ calco-)＋*spat* 'SPAR²'〗 *n.* 〖鉱物〗＝calcite.

cálc-tùfa [-tùːf] *n.* 〖地質〗＝calcareous tufa.

cal·cu·la·ble [kǽlkjʊləbl̩] 〖⇨↓, -able〗 ── *adj.* **1** 計算できる, 算出できる; 計算で確かめられる. **2** 予測できる (predictable); 信頼のできる (reliable). **càl·cu·la·bíl·i·ty** [-ləbíləṭi | -lətɪ, -lɪtɪ] *n.* **～·ness** *n.* **cál·cu·la·bly** *adv.*

cal·cu·late [kǽlkjʊlèɪt] 〖《1570》← L *calculāt-us* (p.p.) ← *calculāre* to reckon ← *calculus* stone: ⇨ calculus〗 ── *vt.* **1** 数学を用いて確かめる, (数学的に)計算する, 算出する, 算定する: ～ the cost of furnishing a house at $10,000 家の家具取付け費を1万ドルに見積る. **2** (常識や経験によって)推定する, 評価する; 判断する. **3** …の意義を解明する, 理解する, 解釈する: ～ a person's expression. **4** [通例 Passive に用いて]〈…するように〉考慮する, もくろむ (intend), 適合させる (adapt) 〈*to do*〉 (⇨ calculated): The room is ～*d to* hold a hundred people. その部屋は 100 人はいれるように設計されている / The plan is ～*d to* attract young girls. その計画は若い娘たちをひきつけることをもくろんだものだ. **5** 《米口語》…と思う (suppose) 〈*that*〉: I ～ we're going to have thunder. 雷が鳴りそうだ. **6** 《米北部》〈…する〉つもりでいる (intend) 〈*to do*〉: He ～*s to* climb the mountain this summer. この夏あの山を登るつもりだ. ── *vi.* **1 a** 計算する. **b** 予測する. **2** 〔…を〕当てにする, 当てこむ (rely) 〔*upon, on*〕: ～ *upon* fine weather 好天を当てにする / ～ *on* earning 500 dollars a month 月に500 ドルの稼ぎを当てこんでいる.

cál·cu·làt·ed [-tɪd, -ṭəd | -tɪd, -təd] *adj.* **1 a** 計算によって到達した, 算定した; 数学的に確かめられた[決定された]. **b** 成功・不成功の結果が推測されたあとに引き受ける[受け入れられた]; 推定の. **2** 故意に[前もって]企てられた, もくろまれた, 計画的な: a ～ crime 計画的犯罪. **3** …しそうである (likely) 〈*to do*〉: a circumstance which is ～ *to* cause a riot 暴動の起こりそうな事態. **～·ly** *adv.* **～·ness** *n.*

cál·cu·làt·ing [-ṭɪŋ | -tɪŋ] *adj.* **1** 計算をする. **2 a** 考えあっての (deliberate), 慎重な; 抜け目のない (shrewd). **b** 打算的な; たくらみのある (scheming): a ～ politician [disposition] 打算的政治家[気質]. **～·ly** *adv.*

cálculating machìne *n.* 計算器《加減乗除など計算を行なう装置》.

cálculating tàble *n.* 計算表《対数表など》.

cal·cu·la·tion [kæ̀lkjʊléɪʃən] 〖《a1393》□ (O)F ～ // LL *calculātiō(n-)*: ⇨ calculate, -ation〗 ── *n.* **1 a** 計算, 算定: make a rapid ～ すばやく計算する. **b** 計算結果[の答え]. **2** 見積り; 推定, 予測 (forecast). **3 a** 熟慮, 深慮 (forethought); 慎重な計画. **b** 打算; ずるがしこさ, 抜け目なさ (shrewdness).

cal·cu·la·tive [kǽlkjʊlèɪṭɪv, -ləṭ- | -lət-, -lèɪt-] *adj.* **1** 計算の[に関する]; 計算上の. **2** 打算的な, 勘定高い. **3** 計画的な.

cál·cu·là·tor [-ṭə | -tə(r)] 〖《?c1400》□ L *calculātor*: ⇨ calculate, -or²〗 ── *n.* **1 a** 計算者. **b** 計算機の操作者, オペレーター. **2** 計算器 (calculating machine): a desk [pocket] ～. **3** 計算表, 算出表.

calculi *n.* calculus の複数形.

cal·cu·lous [kǽlkjʊləs] 〖□ F *calculeux* // L *calculōsus*: ⇨↓, -ous〗 *adj.* 〖病理〗結石のある[による].

cal·cu·lus [kǽlkjʊləs] 〖《1672》□ L ～ 'pebble (used in reckoning)' (dim.) ← *calx* stone: ⇨ calco-〗 ── *n.* (*pl.* **-cu·li** [-lài], **～·es**) **1** 〖病理〗結石, (膀胱(ぼうこう)結石・腎(じん)石・歯石などの)石 (stone): ⇨ renal calculus, urinary calculus. **2** 〖数学〗微分積分学, 微積分: ⇨ differential calculus, integral calculus. **3** 《古》計算.

calculus of finite differences 〖数学〗差分法.

calculus of variations 〖数学〗変分法.

Cal·cut·ta [kælkʌ́tə | -tə] 〖← Skt *Kāli-Kata* 《原義》? 'abode of KALI'〗 ── *n.* **1** カルカッタ《インド北東部 West Bengal 州の首都でインド第一の大都市; 人口 3,149,000》. **2** 〖ここでこの種の有名な賭博が行なわれたことから〗〖ゴルフ・トランプ〗カルカッタ賭博《ゴルフやブリッジのトーナメントで観客や関係者が有望な競技者に賭け, 勝てば競技者も賭金の割前を得る制度; 公式には認められていない》.

cal·dar·i·um [kældɛ́(ə)riəm | -dɛ́ərɪ-] 〖□ L *caldārium* (neut.) ← *cal(i)dārius* warm ← *calidus* hot: ⇨ caldron〗 ── *n.* (*pl.* **-i·a** [-riə | -rɪə]) (古代ローマの)温浴室 (cf. frigidarium, tepidarium 1).

Cál·de·cott awàrd [kɔ́ːldəkɑt- | kɔ́ːldə-, kɔ́l-, -dɪ-] 〖← *Randolph Caldecott* (1846-86: 英国の挿絵画家)〗 ── *n.* コルデコット賞《米国で毎年少年少女向きの最優秀絵本に与えられる賞》.

Cal·der [kɔ́ːldə | kɔ́ːldə(r, kɔ́l-], **Alexander** *n.* (1898-1976) 米国の抽象彫刻家.

Calder, Alexander Stirling *n.* (1870-1945) 米国の彫刻家.

cal·de·ra [kældɛ́(ə)rə, kɔ(ː)l-, -dí(ə)rə | kɑːdɛ́ərə; *Sp.* kaldéra] 〖□ Sp. ～ < L *caldāriam* warm bath ← *cal(i)dus* hot〗 ── *n.* 〖地質〗カルデラ《火山の爆発または陥没によって生じる大規模な窪(くぼ)地》.

Cal·de·rón de la Bar·ca [kɑ̀ːldəròun-deɪ-ləbɑ́əkə, -rɔ̀(ː)n- | kæ̀ldərɔ́n-deɪ-lə-bɑ́ːkə; *Sp.* kàlderón de la bárka], **Pedro** *n.* カルデロン デ ラ バルカ《1600-81; スペインの劇作家》.

cal·dron [kɔ́ːldrən | kɔ́ːl-, kɔ́l-] 〖《c1300》*cauderon* □ AF & ONF *caudron*＝OF *chauderon* (F *chaudron*) < LL *caldāriam* ← L *cal(i)dārius* warm ← *cal(i)dus* hot ← *calēre* to be hot ← IE **kel-* warm (Welsh *clyd* warm)〗 ── *n.* **1** 大がま, 大なべ. **2** 沸騰している大がまのようなもの; 激しい動揺, 攪乱(かくらん): a ～ of intense excitement 激しい興奮のるつぼ.

caldron 1

Cald·well [kɔ́ːldwel, kɑ́ːld-, -wəl | kɔ́ːldwəl, kɔ́ld-, -wel], **Er·skine (Pres·ton)** [ɔ́ːskɪn, -kən préstn, -tən | ɔ́ːskɪn] *n.* (1903-) 米国の小説家; *Tobacco Road* (1932).

ca·le·an [kæ̀liɑ́ːn | -lɪ-] 〖□ Pers. *qalyān*〗 *n.* (ペルシャの)水ぎせる.

Ca·leb [kéɪləb | -leb] 〖□ Heb. *Kālēbh* 《原義》like a dog ← *kélebh* dog〗 ── *n.* **1** 男性名. ★ スコットランドと米国に多い. **2** 〖聖書〗カレブ《ヘブライ人の指導者; Moses によりスパイとして Canaan に送られた; cf. *Num.* 13: 6》.

ca·lèche [kæléʃ; *F.* kalɛʃ] 〖□ F ～: ⇨ calash〗 ── *n.* (*pl.* **～s** [～ɪz, ～əz; *F.* ～]) (*also* **ca·leche** [～]) **1** カレッシュ《カナダの Quebec で用いられる幌が前後に開く二輪馬車》. **2** ＝calash 1 a. **3** ＝calash 2 b.

Cal·e·do·nia [kæ̀lədóʊnjə, -niə | -lɪdə́ʊnjə, -nɪə] 〖□ L *Calēdonia* ← Celt.: cf. OIr. *caill* forest〗 *n.* 《詩・文語》カレドニア《Scotland の古[雅]名; cf. Albion》.

Cal·e·do·nian [kæ̀lədóʊnjən, -niən | -lɪdə́ʊnjən, -nɪən] 〖《1656》: ⇨ ↑, -an¹〗 ── *adj.* **1** 《詩・文語》カレドニアの, (古代)スコットランドの. **2** 〖地質〗カレドニア変動[造山]の. ── *n.* **1** カレドニア人; 《戯言》スコットランド人 (Scotsman). **2** 〖地質〗カレドニア変動[造山].

Caledónian Canál *n.* [the ～] カレドニア運河《Lochy [lɑ́ki | lɔ́ki] 湖, Oich [ɔ́ɪk] 湖, Ness 湖を結びスコットランド北部 Highland 州を横断して大西洋から北海に通じる大運河; 全長 100 km》.

cal·e·fa·cient [kæ̀ləféɪʃənt | -lɪ-] 〖□ L *calefacientem* (pres.p.) ← *calefacere* to make warm ← *calēre* to be warm＋*facere* to make (⇨ -facient)〗 〖医学〗 ── *adj.* 熱感を起こす. ── *n.* 引熱薬(こしょうなど).

cal·e·fac·tion [kæ̀ləfǽkʃən | -lɪ-] 〖《1547》□ ML *calefactiō(n-)* ← L *calefacere* (↑): ⇨ -faction〗 ── *n.* **1** 熱を起こすこと, 引熱. **2** 熱い[温かい]こと[状態], 温熱. **3** ＝thermal pollution.

cal·e·fac·tive [kæ̀ləfǽktɪv | -lɪ-] *adj.* 温熱性の.

cal·e·fac·to·ry [kæ̀ləfǽkt(ə)ri | -lɪfǽkt(ə)rɪ] 〖adj.: □ LL *calefactōri-us* having heating power: ⇨ -ory¹. ── n.: □ ML *calefactōri-um*〗 ── *adj.* 加温の. ── *n.* (修道院の)暖房部屋, 休憩室.

cal·e·fy [kǽləfàɪ | -lɪ-] 〖□ ML *calefic-āre* ← L *calēre* to be hot: ⇨ -fy〗 *vt.* 暖める. ── *vi.* 暖まる.

ca·lem·bour [kæ̀ləmbúə, ⸗ | kæ̀lə:mbúə(r, ⸗; *F.* kalɑ̃buːr] 〖□ F ～ ← ?: cf. F *bourde* falsehood〗 *F. n.* (*pl.* **～s** [～z; *F.* ～]) 言葉のしゃれ.

cal·en·dar [kǽlɪndə, -lən- | -də(r)] 〖《?a1200》□ AF *calender*＝OF *calendier* (F *calendrier*) □ L *calendārium* account book ← *calendae* 'CALENDS'〗 ── *n.* **1** 暦法, 暦 (cf. almanac): the solar [lunar] ～ 太陽[太陰]暦 / ⇨ Roman calendar, Gregorian calendar, Julian calendar, Jewish calendar, Revolutionary calendar. **2** こよみ, カレンダー《天文上の資料・祭日, 時に農事情報などが入っている》: a wall ～ 壁ごよみ, 掛けごよみ / a gardener's ～ 園芸ごよみ / ⇨ perpetual calendar. **3** 日程表, 一覧表, 年中行事, 予定表 (list, schedule); 訴訟事件表, 法廷日程 (cf. cause list); 《米》(議会の)議事日程: the next case [bill] on the ～ 審議予定表にある次の事件[法案] / ⇨ Newgate Calendar. **4** 聖人名列. **5** 《英》(大学で出す)一覧, 要覧, 案内 (《米》catalog). **6** 《廃》手引き, 手本, 模範 (guide). ── *attrib. adj.* 通俗的なカレンダーにのっているような: a ～ girl. ── *vt.* **1 a** こよみ[日程表]に書き込む. **b** 聖人名列に加える. **2** 〈文書を〉(分類して日付と内容の摘要とを付けて)一覧表[目録]にする.

cálendar áge *n.* 〖心理・教育〗＝chronological age.

cálendar árt *n.* (カレンダーに使われるような)通俗的な絵.

cálendar clòck *n.* カレンダー[暦]時計《時刻のほかに月・日・曜日などを示す時計》.

cálendar dáy *n.* 暦日《真夜中に始まり次の真夜中に終わる 1 日》.

cálendar mónth *n.* **1** 暦月《January, February などの月; cf. lunar month, solar month》. **2** 1 か月《ある月のある日から翌月の同じ日, または同じ日がなければ月末まで》: for a ～ 1 か月間.

cálendar wàtch *n.* カレンダー付きウォッチ《時刻のほかに月・日・曜日などを示す腕[懐中]時計》.

cálendar yéar *n.* **1** 暦年《1 月 1 日から 12 月 31 日までの 1 年; cf. fiscal year》. **2** 1 年 365 日 (閏年は 366 日)の期間.

cal·en·der [kǽlɪndə, -lən- | -də(r)] 〖《1513》□ F *calandre* □ ML *calendra*＝L *cylindrus*: cf. cylinder〗 ── *n.* **1** 〖機械〗カレンダー: **a** 紙・布などをつや出しするロール機械. **b** タイヤの製造過程で織物にゴムを注ぎ込む機械. **2** 《古》カレンダーをかける人.

— *vt.* 〈紙・布などを〉カレンダー掛けする, (カレンダーにかけて)つや付けする. **~·er** [-dərə | -rə(r] *n.*

Cal·en·der, c- [kǽlɪndə, -lən- | -də(r] 〘□ Pers. *qalender*〙 *n.* 〘イスラム教〙 カレンダー《イスラム教のスーフィ教派の托鉢(たく)修道僧》.

ca·len·dric [kəléndrɪk] *adj.* **1** 暦の[に関する, に用いられる]. **2** (暦に書かれるような)特別の日に起こる: ~ festivals.

ca·lén·dri·cal [-drɪkəl, -drə- | -drɪ-] *adj.* =calendric.

cal·ends [kǽlɪndz, kéɪ-, -ləndz | -lɪndz, -lendz, -ləndz] 〘(? a1200) □ (O)F *calendes* □ L *calendae, kalendae* (*pl.*) the first day of the month ← *calāre* to proclaim ← IE **kel-* to shout (Gk *kaleîn* to prolaim): 当時のついたちは一般に触れて知らされた: cf. OE *cālend* month〙 — *n. pl.* [the ~; 単数または複数扱い] (ローマ古暦の)月の第1日, ついたち (cf. nones 1): ⇨ Greek calends.

ca·len·du·la [kəléndʒʊlə | -djʊ-] 〘← NL ~ (dim.) ← *calendae* (↑): ほとんど一年中花をつけているところから: 月経不順の薬として用いられたことから〙 — *n.* **1** 〘植物〙 キンセンカ《キク科キンセンカ属 (*Calendula*) の植物の総称; キンセンカ (*C. officinalis*) など》. **2** 〘薬学〙 キンセンカの小花を乾したもの《傷の治療薬に用いる》.

cal·en·ture [kǽləntʃʊə | -tjʊə(r, -tʃʊə(r, -tʃə(r] 〘(1593) □ F ~ □ Sp. *calentura* fever ← L *calentem* (pres.p.) ← *calēre* to be hot〙 — *n.* **1** 〘病理〙 **a** (軽症)熱帯地方熱《昔水夫が熱帯地方でこの病にかかると, 海を青野原と思って飛び込んだりしたという熱病》. **b** (酷熱による)日射病, 熱射病. **2** 熱情, 熱意.

ca·le·sa [kəléɪsə] 〘□ Sp. ~ □ F *calèche* 'CALASH'〙 *n.* カレサ《フィリピンの2輪の幌馬車 (calash)》.

ca·les·cence [kəlésns] 〘↓〙 *n.* 増温, 増熱.

ca·les·cent [kəlésnt] 〘□ L *calēscent-em* (pres.p.) ← *calēscere* to grow hot ← *calēre* to be hot〙 *adj.* だんだん暑くなる, 温度を増してくる.

calf¹ [kǽ(ː)f, kɑ́ːf | kɑ́ːf] 〘OE (Anglian) *cælf* (WS *ċealf*) < (WGmc) **kalbam* (Du. *kalf* / G *Kalb*)〙 — *n.* (*pl.* **calves** [kǽ(ː)vz, kɑ́ːvz | kɑ́ːvz], 3 では ~s) **1** 子牛; (特に)雌の子牛《通例1歳以下》. ★ ラテン語系形容詞: vituline. **2** (ゾウ・カバ・サイ・クジラ・アザラシなどの)幼獣. **3** (製本用の)カーフ, 子牛革: bound in ~ 〈本が〉子牛革とじの. **4** (氷河や氷山からくずれて流れている)氷塊. **5** 《口語》 愚か[無骨]な若者[少年]. ***in* [*with*] *calf*** 〈雌牛が〉子を孕(はら)んでいる (pregnant): a cow *in* ~. ***kill the fatted calf* (*for*…)** 〘父親が肥えた牛を殺して道楽息子の帰りを迎えたというイエスの譬え話から; cf. *Luke* 15:27〙 (…のために)大盤振舞いをする, 歓待の用意をする (cf. golden calf).

calf² [kǽ(ː)f | kɑ́ːf] 〘(*a*1325) □ ON *kálf-i* ← ? (WGmc) **kalbam* (↑)〙 *n.* (*pl.* **calves** [kǽ(ː)vz | kɑ́ːvz]) こむら, ふくらはぎ. ★ ラテン語系形容詞: sural.

cálf·bòund *adj.* 〈本が〉カーフ装(丁)の: a ~ volume.

cálf diphthéria *n.* 〘獣医〙 子牛の壊死桿菌症《*Sphaerophorus necrophorus* 感染による子牛の漿液性疾患》.

calf·ish [kǽfɪʃ | kɑ́ːf-] *adj.* 子牛のような.

cálf knèe *n.* 〘獣医〙 =buck knee. **cálf-knèed** *adj.*

cálf·lìke *adj.* 子牛のような.

cálf lòve *n.* 幼な恋, (少年少女の)淡い初恋.

cálf's-fòot jélly [kǽvz-, kǽfs- | kɑ́ːvz-, kɑ́ːfs-] *n.* 子牛足ゼリー《ゼラチン質を含んだ子牛の足の煮出し汁を調味し, 冷やし固めた料理》.

cálf·skìn *n.* 子牛革《子牛をなめした革; 高級革》.

cálf's-tòngue mólding [kǽvz-, kǽfs- | kɑ́ːvz-, kɑ́ːfs-] *n.* 〘建築〙 牛舌繰形.

Cal·ga·ry [kǽlgəri | -rɪ] *n.* カナダ南西部 Alberta 州の都市; 人口 404,000.

Cal·houn [kælhúːn | kælhóʊn, kəhúːn], **John Caldwell** *n.* (1782–1850) 米国の政治家; 副大統領 (1825–32).

Ca·li [kɑ́ːli | -lɪ] *n.* カリ《南米コロンビア中西部の都市; 人口 968,000》.

cal·i- [kǽlɪ, -lə | -lɪ] =calli-.

Cal·i·ban [kǽləbæ̀n, -bən | -lɪ-] 〘(1610) 《変形》 ← ? CANNIBAL (*n* と *l* の位置を入れ換えたもの)〙 *n.* **1** キャリバン《Shakespeare 作 *The Tempest* に現われる半獣人で Prospero の下男》. **2** (キャリバンのような)醜悪で野蛮な男.

cal·i·ber, 《英》 **cal·i·bre** [kǽləbə | kǽlɪbə(r, kəlíː-] 〘(1567) □ F *calibre* □ It. *calibro* □ Arab. *qālib* mold, model ← ? Gk *kālopódion* shoemaker's last (*kālon* wood + *poús* foot)〙 — *n.* **1 a** (銃砲の)口径《通例インチを100分した小数の形で表わす; 砲身の長さを表す単位としても用いる》: an automatic pistol of small ~ 小口径の自動拳銃 / a 32 ~ 32口径《口径0.32インチ》. **b** 弾径《弾丸の直径》. **2** 円筒の直径; (特に)円筒の内径. **3 a** (心の)度量, (知識の幅, 知的能力などの)力量, 才幹 (ability); (人物の)器量: a man of excellent [large, poor] ~ 立派な[大きな, くだらない]人物 / a man of presidential ~ 大統領の器たる人物 / a mind of no ~ 狭量な心, 小人物. **b** (ものの)価値の度合; 品質, 等級 (quality): a book of this ~ この程度の本. **4** 〘時計〙 キャリバー《時計メーカーがムーブメントに付ける型名》.

cál·i·bered *adj.* 直径[口径, 内径]…の.

cal·i·brate [kǽləbrèɪt | -lɪ-, -lə-] 〘← CALIBER + -ATE³〙 — *vt.* **1 a** 〈銃砲など〉の口径を測定する. **b** 〈温度計などの計器〉の目盛をつける[検査する, 修正する]: be ~*d* in degrees 度盛りしてある. **c** (原器からの偏差を決定して)〈計器を〉基準化する. **2** 〈火砲〉の弾道癖を決定する, (弾道癖に応じて)〈火砲〉の射距離を修正する《基準砲と比較して, ある特定火砲の射距離の誤差を修正する》.

cál·i·bràt·ed áirspeed [-t̬ɪd-, -t̬əd- | -tɪd-, -təd-] *n.* 〘航空〙 校正対気速度《操縦席の計器の指す対気速度 (IAS) に, 速度センサーの取り付け位置などの影響による誤差を補正したもの; 略 CAS》.

cál·i·bràt·er [-t̬ə | -tə(r] *n.* 〘機械〙 =calibrator.

cal·i·bra·tion [kæ̀ləbréɪʃən | -lɪ-, -lə-] *n.* **1 a** (銃砲の)口径測定. **b** 弾道癖の決定 (cf. calibrate 2). **c** (目盛りの)目定め, 度盛り; 目盛り調べ, 検度, 較正. **2** [通例 *pl.*] 目盛り: ~*s* on a gauge. **3** 分類.

cál·i·brà·tor [-t̬ə | -tə(r] *n.* 〘機械〙 **1** カリブレーター《目盛り調べするもの》. **2** 内径測定器.

calibre *n.* =caliber.

calices *n.* calix の複数形.

ca·li·che [kəlíːtʃi | -tʃɪ; *Sp.* kalítʃe] 〘□ Am.-Sp. ~ ← Sp. *cal* lime: ⇨ calco-〙 — *n.* 〘地質〙 **1** チリ硝石 (Chile saltpeter) を含む鉱層《チリ・ペルーなどに大鉱床として存在する》. **2** カリチェ《乾燥地帯の地表の砂や小石の間に炭酸カルシウムが凝固した地層; 米国 Arizona 州などにある》.

cal·i·cle [kǽlɪkl̩, -lə- | -lɪ-] 〘□ L *calicul-us* (dim.) ← *calix* cup: ⇨ calyx〙 *n.* 〘生物〙 小杯状部, 小杯状器官.

cal·i·co [kǽlɪkòʊ, -lə- | -lɪkəʊ] 〘(1540) *calicut, kalyko* ← *Calicut* (最初この布が英国に輸出された港)〙 — *n.* (*pl.* **~es, ~s**) **1 a** 《米》 サラサ《白い綿布に種々の模様を捺染(なっせん)したもの》. **b** 《英》 キャラコ, 白かなきん. **c** 《廃》 インド綿布. **2** 《米俗》 女の子 (girl), 女 (woman). **3 a** (白黒)まだらの動物. **b** まだら馬 (piebald). **4** 〘魚類〙 **a** =black crappie. **b** キャリコリュウキン《体色は黒・赤・青・白などのまだらがあり, 透明鱗の部分のあるリュウキン》. **5** 〘植物病理〙 サラサ病《タバコ・ジャガイモ・セロリーなどの葉がウイルスに犯され斑紋を生じる病変》.
— *attrib. adj.* **1** サラサ[キャラコ]製の. **2** 《米》 サラサ模様の; まだらの, ぶちの (spotted): ~ paper (サラサ模様を印刷した)サラサ紙 / a ~ horse まだら馬.

cálico·bàck *n.* 〘昆虫〙 =harlequin bug.

cálico bàss *n.* 〘魚類〙 **1** =black crappie. **2** =kelp bass.

cálico bùg *n.* 〘昆虫〙 =harlequin bug.

cálico bùsh *n.* 〘植物〙 カルミア, アメリカシャクナゲ (⇨ mountain laurel 1).

cálico flòwer *n.* 〘植物〙 **1** =mountain laurel. **2** サラサバナ (*Aristolochia elegans*) 《ブラジル原産の室内装飾用蔓植物》.

cálico-printer *n.* サラサ捺染(なっせん)工.

cálico prìnting *n.* サラサ捺染, サラサ染.

ca·lic·u·lar [kəlíkjʊlə | -lə(r] *adj.* =calycular.

Cal·i·cut [kǽlɪkət] *n.* カリカット《インド南西部 Kerala 州の港市; 1498年 Vasco da Gama は新航路を発見してこの地に到着した; 人口 334,000; 公式名 Kozhikode》.

ca·lif [kéɪlɪf, kǽl-, -ləf | kǽlɪf, kéɪl-, kɑ́ːl-] *n.* =caliph.

Calif. 《略》 California.

ca·lif·ate [kéɪlɪfèɪt, kǽl-, -lə-, -fət, -fɪt | kǽlɪ-] *n.* =caliphate.

Cal·i·for·nia [kæ̀ləfɔ́ənjə, -niə | -lɪfɔ́ːnjə, -nɪə] 〘□ Sp. ~ (1535年スペインの軍人 H. Cortez がこれを島と誤解して命名) ← ? *califa* 'CALIPH' or *Calahorra* (スペインの都市の名): cf. OF *Califerne* (*Chanson de Roland* に出てくる空想の国の名)〙 — *n.* 米国西海岸の州 (⇨ United States of America 表).

California, the Gulf of *n.* カリフォルニア湾《Lower California 半島の東の細長い湾, 全長 1,207 km》.

Califórnia bárberry *n.* 〘植物〙 =Oregon grape.

Califórnia blúebell *n.* 〘植物〙 米国西部の砂漠に生えるハゼリソウ属の1年草 (*Phacelia minor*).

Califórnia cóndor *n.* 〘鳥類〙 カリフォルニアコンドル (*Gymnogyps californianus*) 《米国 California 州にすみ, 現在生息数が少ない; ⇨ condor 1 b》.

Califórnia Cúrrent *n.* [the ~] カリフォルニア海流《太平洋の北米西海岸沖を南東へ流れる寒流》.

Califórnia fán pàlm *n.* 〘植物〙 オキナワシントンヤシ (⇨ Washington palm).

Califórnia fúchsia *n.* 〘植物〙 カリフォルニアフクシア (⇨ fuchsia 1 b).

Califórnia góld férn *n.* 〘植物〙 米国太平洋沿岸に自生するウラボシ科キンシダ属の常緑のシダ (*Pityrogramma triangularis*).

Califórnia gúll *n.* 〘鳥類〙 カリフォルニアカモメ (*Larus californicus*) 《米国西部産の害虫を食う大型のカモメ》.

Califórnia jób càse *n.* 〘印刷〙 カリフォルニアジョブケース《スモールキャップ以外の文字・記号を収めた欧文の端物組みに適した活字ケース》.

Califórnia láurel *n.* **1** 〘植物〙 カリフォルニアゲッケイジュ (*Umbellularia californica*) 《米国西海岸産クスノキ科の月桂樹の一種; 葉には芳香があり, 花は黄緑色で繖(さん)形花序をなす; mountain laurel ともいう》. **2** カリフォルニアゲッケイジュの木材《堅くて重く薄茶色で家具用》.

Califórnia líve óak [-láɪv-] *n.* 〘植物〙 常緑のカシの木の一種 (*Quercus agrifolia*) 《米国西海岸産で, 葉は革のように堅い; coast live oak ともいう》.

Cal·i·for·nian [kæ̀ləfɔ́ənjən, -niən | -lɪfɔ́ːnjən, -nɪən] *adj.* (米国) California 州(人)の. — *n.* California 州人.

Califórnian Jáck *n.* 〘トランプ〙 カリフォルニアンジャック《seven-up に似た米国のゲームで, 二人が6枚の手札で得点を競う》.

Califórnia nútmeg *n.* 〘植物〙 米国 California 州産のカヤの一種 (*Torreya californica*) 《イチイ科の針葉樹で樹皮は灰褐色, 実は紫色のしまの入った薄緑色で卵形》.

Califórnia órange *n.* カリフォルニア産オレンジ; (特に)ネーブル (navel orange).

Califórnia pómpano *n.* 〘魚類〙 米国太平洋沿海にすむイボダイ科の食用魚 (*Palometa simillima*).

Califórnia póppy *n.* 〘植物〙 ハナビシソウ (*Eschscholtzia californica*). ★ 米国 California 州の州花.

Califórnia prívet *n.* 〘植物〙 オオバイボタ (*Ligustrum ovalifolium*) 《日本原産のモクセイ科の低木; 米国では生垣に使う》.

Califórnia quáil *n.* 〘鳥類〙 カンムリウズラ (*Lophortyx californica*).

Califórnia réd fír *n.* 〘植物〙 カリフォルニアモミ (*Abies magnifica*) 《北米原産モミ属の針葉大高木》.

Califórnia róse *n.* 〘植物〙 ヒルガオ (*Calystegia japonica*) 《東アジア原産で米国に帰化; 花は小型でピンク色》.

Califórnia rósebay *n.* 〘植物〙 =pink rhododendron.

Califórnia sardíne *n.* 〘魚類〙 北米西海岸産ニシン科の食用魚 (*Sardinops caerulea*).

Califórnia sóaproot *n.* 〘植物〙 =soap plant 1.

Califórnia Tokáy *n.* =Tokay 1 b.

Califórnia yéllowtail *n.* 〘魚類〙 米国 California 州沿海産の体長1m近くになるブリ属の食用魚 (*Seriola dorsalis*) 《単に yellowtail ともいう》.

cal·i·for·ni·um [kæ̀ləfɔ́əniəm, -njəm | kæ̀lɪfɔ́ːnjəm, -nɪəm] 〘← NL ~ ← (*Univ. of*) *California* (ここで発見されたことにちなむ): ⇨ -ium〙 *n.* 〘化学〙 カリフォルニウム《人工 α 放射性元素; 記号 Cf, 原子番号 98》.

ca·lig·i·nous [kəlídʒənəs | -dʒɪ-] 〘□ (O)F *caligineux* // L *cāliginōs-us* dark ← *cālīgō* darkness: cf. Skt *kāla* black: ⇨ -ous〙 — *adj.* 《古》 はっきりしない, ぼんやりした, 暗い (dim, dark). **~·ly** *adv.* **ca·lig·i·nos·i·ty** [kəlìdʒənɑ́sət̬i | -dʒɪnɔ́sɪtɪ, -sɪ-] *n.* **~·ness** *n.*

ca·li·go [kəlíːgoʊ, -láɪ- | -gəʊ] 〘← NL ~ ← L *cālīgō* dimness of sight (↑)〙 — *n.* (*pl.* **~s, ~es**) 〘昆虫〙 フクロチョウ《鱗翅目フクロチョウ科フクロチョウ属 (*Caligo*) のチョウの総称; 後翅裏面の中央に大きな眼状紋があり, 一見フクロウに似せて小鳥を威嚇する; 中米と南米に限って産し10余種ある》.

ca·lig·ra·phy [kəlígrəfi, kæ- | -fɪ] *n.* =calligraphy.

Ca·lig·u·la [kəlígjʊlə] 〘← It. *caliga* soldier's boot: 少年の頃軍隊で兵隊靴をはいていたのでつけられたあだ名〙 — *n.* **1** カリグラ《12–41; ローマ皇帝 (37–41); 暴虐無道をもって知られている; 本名 Gaius Julius Caesar》. **2** 「カリギュラ」《帝をテーマにした Camus の戯曲名》.

cal·i·pash [kǽləpæ̀ʃ, – – –́ | kǽlɪpæ̀ʃ] 〘(1689) 《変形》 ? ← Sp. *carapacho* 'CARAPACE'〙 *n.* ウミガメ (turtle) の背肉《背甲下部の緑褐色の膠状物で, 珍味》.

cal·i·pee [kǽləpìː, – – –́ | -lɪ-] 〘《変形》 ? ← CALIPASH〙 *n.* ウミガメの腹肉《腹甲内部の淡黄色の膠(にかわ)状物で珍味》.

cal·i·per [kǽləpə | -lɪpə(r] 〘《変形》 ← CALIBER〙 — *n.* **1 a** [通例 *pl.* または a pair of ~s] カリパス, パス, 測径両脚器: inside [outside] ~*s* 内[外]径カリパス, 内[外]パス. **b** = caliper rule. **2** (紙・木などの)厚み. **3** 〘機械〙 キャリパー《摩擦材料のついた2枚の板でブレーキ輪をはさみつけるもの》. **4** 〘医学〙 = caliper splint. — *vt.* カリパスで計る.

cáliper còmpass *n.* [通例 *pl.*] =caliper 1 a.

cáliper gàuge *n.* **1** はさみ尺. **2** = vernier caliper.

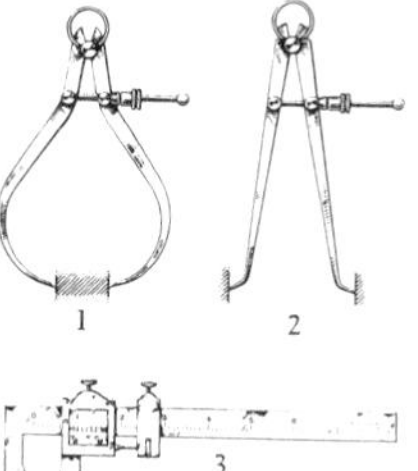

calipers 1
1 outside calipers; 2 inside calipers; 3 vernier caliper or caliper gauge

cáliper rùle *n.* (木などの直径を計る)はさみ尺, パス (calipers) 付き物差し.

cáliper splìnt *n.* 〘医学〙 (腰骨で体重を支えるための)金属製の脚の補強具.

cáliper squàre *n.* 〘機械〙 はさみ尺《ノギスに似てそれより精度の低い長さ測定器》.

ca·liph [kéɪlɪf, kǽl-, -ləf | kǽlɪf, kéɪl-, kɑ́ːl-] 〘(*a*1393) □ (O)F *caliphe* □ Arab. *khalīfa^h* successor, vicar ← *khálafa* to succeed〙 — *n.* カリフ, ハリーファ《予言者 Muhammad の後継者の意でイスラム教徒の政治的・精神的首長, 教主》. **~·al** [~əl] *adj.*

ca·liph·ate [kéɪlɪfèɪt, kǽl-, -lə-, -fət, -fɪt | kǽlɪ-] 〘(1614) □ F *caliphat* □ ML *caliphātus*: ⇨ ↑, -ate¹〙 *n.* カリフ (caliph) の位[統治, 管区].

cál·i·sa·ya bárk [kæ̀ləsáɪə-] 〘*calisaya*: □ Sp. ~ ← ? *Calisaya* (その樹皮の薬性を教えた17世紀のインディアンの名)〙 — *n.* 〘植物〙 南米産アカネ科キナノキ属の植物 *Cinchona calisaya* やボリビアキナノキ

(*C. ledgeriana*) の皮, キナ皮《キニーネの原料; 単に calisaya ともいう》.
Ca·lis·ta [kəlístə] 〖← Gk *kállista* (superl.) ← *kalós* beautiful〗 *n.* 女性名.
cal·is·then·ic [kæ̀ləsθénɪk | -lɪs-] *adj.* 美容[柔軟]体操の.
càl·is·thén·i·cal [-nɪkəl, -nə- | -nɪ-] *adj.* =calisthenic.
cal·is·then·ics [kæ̀ləsθénɪks | -lɪs-] 〖《1847》 ← CALLI- + Gk *sthénos* strength + -ICS〗 *n.* **1** [単数扱い] 美容体操法. **2** [複数扱い] (主に女子の)美容体操, 柔軟体操.
cal·i·ver [kǽləvə | -lɪvə(r] 〖《変形》← F *calibre* 'CALIBER'〗 *n.* カリヴァー銃《musket 銃と carbine 銃の間の大きさの火縄式銃》.
ca·lix [kéɪlɪks, kǽl-] 〖《1708》▭ L ~ 'cup': cf. chalice〗 *n.* (*pl.* **ca·li·ces** [kǽləsìːz | -lɪ-]) 《キリスト教》 =chalice 2.
calk[1] [kɔ́ːk] 〖《逆成》? ← CALKIN〗 — *n.* **1** (蹄鉄(ﾃｲﾃﾂ)の)滑り止めのスパイク. **2** 《米》(靴に付ける)滑り止め釘, 底金. — *vt.* **1** …に calk を付ける. **2** 〈馬が〉calk で〈脚を〉傷つける.
calk[2] [kɔ́ːk] *v., n.* =caulk[2].
cálk·er[1] *n.* =caulker.
calk·er[2] [kɔ́ːkə | -kə(r] *n.* 《スコット》=calk[1] 1.
calk·in [kɔ́ːkɪn, kǽlk-, -kən | kǽlkɪn, kɔ́ːk-] 〖《1447》▭ MDu. *calcoen* ∥ OF *calcain* heel < L *calcāneum* ← *calx* heel〗 *n.* =calk[1] 1.
cálk·ing *n.* 《機械》=caulking.
call [kɔ́ːl] 〖*v.*: (?c1200) *calle(n)* < lateOE (WS) *ċeallian* to shout ▭ ON *kall-a* to name, call ← Gmc *kal- (Du. *kallen* / OHG *hallōn* to talk) ← IE *gal- to call, shout. — n.: (a1325) ← (v.)〗 — *vi.* **1 a** (遠くでも聞こえるように)大声でしゃべる[呼び掛ける], 叫ぶ (shout): ~ *for* help 助けを求めて叫ぶ / ~ *to* a person to stop 人に止まれと叫ぶ. **b** 〈鳥獣が〉鳴く.
2 a ちょっと訪れる[立ち寄る] 〔*on, upon, at*〕: ~ *on* [*upon*] a friend 友人を訪ねる / ~ *at* a house 家に立ち寄る. **b** 〈列車・汽船などが〉途中停車[寄港]する 〔*at*〕: ~ *at* a port 寄港する / This train ~*s at* Bath only. この列車はバスにのみ停車する. **c** 〈人が〉(特に, 物を売りに)定期的に訪ねてくる: The newsboy ~*s* twice a day. 新聞配達人は1日2回やってくる.
3 要求する (demand): ⇨ CALL *for*, CALL *on*. **4** 電話をかける 〈*up*〉: I'll ~ again later. あとでまたおかけします. **5** 《スコット》=ca'. **6** 《トランプ》コールする, コールという: **a** ある特定のカードを(出せと)要求する. **b** 手札の公開を要求する. **c** (ブリッジで)ビッド・ダブル・パスなどの意志表示をする. **d** (ポーカーで)相手と同じだけ賭け, ゲームに残る (cf. stay[1] *vi.* 7). **7** 《劇場》リハーサルの告示をする. **8** 《ダンス》コールする 〈*off*〉 (cf. *n.* 13).
— *vt.* **1 a** 大声で呼ぶ, …に呼び掛ける; 叫ぶ(shout) 〈*out*〉: ~ *out* the name / ~ last orders (酒場などで「看板」の前に客たちに)もう注文はないかと大声で言う / I ~*ed* him, but he did not hear me. 彼に声を掛けたが聞こえなかった. **b** 読み上げる: ~ a list 表を読み上げる / ~ a roll 点呼する. **c** 大声で伝える[命令する]: ~ a halt 止れ[やめ]と命令する. **d** 指令する: ~ a strike ストライキを指令する / ⇨ *call the* TUNE.
2 a 〈人を〉呼び集める, 呼び出す, 召喚する(summon): ~ a witness 証人を呼び出す / ~ spirits from their confines 精霊を彼らの住処から呼び出す. **b** 〈人・車などを〉〔…に〕呼んで来る, 招く, 迎える 〔*to, into*〕: ~ the family *to* dinner 家族の人たちを夕食に呼ぶ / ~ a person *into* the office 人を事務所に呼ぶ. **c** 喝采(ｶｯｻｲ)して〈俳優などを〉幕前へ呼び出す: The singer was ~*ed* three times. 歌手は三度アンコールされた.
3 a 〈眠っている人を〉(呼び)起こす: *Call* me at 6 o'clock tomorrow morning. 明朝6時に起こしてください. **b** 〈人の注意を〉喚起する: ~ a person's attention to the traffic signal 人の注意を交通信号に向けさせる. **c** 思い起こさせる; 出現させる: ~ *to* mind the words of one's teacher 先生の言葉を思い出す / ~ into existence [being] 生む, 生み出す.
4 a 〈会を〉召集する (convoke): ~ a meeting. **b** 審議[裁判]にかける: ~ a case 事件を審議にかける.
5 a 〈人を〉〔職務・義務などに〕つかせる 〔*to*〕: ~ a person *to* arms [the colors] 人を軍隊に召集する / ~ a person *to* active duty 人を実務につかせる / be ~*ed to* the Bar ⇨ bar[1] 7. **b** 〈神が〉〈人を〉〔聖職などに〕つかせる 〔*to*〕: God ~*ed* him *to* the ministry. 神は彼を聖職に召した.
6 a 〈人〉に電話をかける 〈*up*〉: *Call* me *up* at ten. 10時に電話してください. **b** 〈伝言を〉電話で伝える. **c** 〈相手〉に信号を送る 〈*up*〉: ~ *up* the flagship.
7 [目的補語を伴って] **a** …と名付ける, …と呼ぶ (name, term): His parents ~ him John, but the boys ~ him Jack. 両親は彼をジョンと呼ぶが, 少年たちは彼をジャックと呼ぶ / I have few things I can ~ my own. 自分の物だと言えるものはほとんどない / ⇨ *call (a person bad)* NAMES. **b** …と考える (consider), 評する, 言う: I ~ that mean. それはけちくさいよ / Can we ~ it a success? これが成功と言えるか. **c** …とみなす, 見積もる: We ~*ed* it ten miles. 距離を10マイルと見積もった / How far is it ~*ed to* Forres? フォレスまでどのくらいあるか.
8 a 《口語》〈人を〉〔…のことで〕非難する, とがめる 〔*on*〕: They ~*ed* him *on* his laziness. 怠惰だといって彼を非難した. **b** 《英方言》叱る.
9 《米口語》前もって言い当てる, 予言する, 予想する: ~ the toss of a coin.
10 (鳴き声をまねて)〈猟鳥を〉おびき寄せる.
11 a 〈貸金〉の返済を要求する. **b** 《米》〈債券〉の繰上げ償還をする, 〈優先株〉の任意償還をする: ~ a bond.
12 《スコット》=ca'.
13 《スポーツ》**a** (日没・雨などのために)〈試合を〉中止させる (cf. CALLED game). **b** 〈審判が〉宣する: ~ a runner safe 走者にセーフを宣する. **c** 〈試合時間を〉一時中止する, タイムする: The umpire ~*ed* time while the field was cleared. フィールドが片付くまで審判は試合を一時中止した[タイムを宣した].
14 《玉突》(突く時に)〈どの球を〉〈どのポケットに入れるかを〉指定する.
15 《トランプ》コールする (⇨ *n.* 11).
16 《クリケット》**a** 〈仲間打手(クリケットには常に二人の打手が出ている)〉にラン[得点]を試みても安全であると呼びかける. **b** 〈審判が〉〈投手〉に投げ方が不正であると注意する.
17 《ダンス》…にコールする 〈*off*〉 (cf. *n.* 13).
call after (1) 〈人〉を追いかけて呼ぶ; 後ろから声をかける. (2) …にちなんで…と呼ぶ: be ~*ed after* one's uncle おじの名をもらう. ***call away*** 呼んで行かせる[去らせる]: He was ~*ed away* a few minutes ago. 2, 3分前に呼ばれて行った / Business ~*ed* him *away*. 用事があってよそへ行った. ***call back*** (*vt.*) (1) 呼び返す, 召還する (recall). (2) 思い出す. (3) 取り消す, 撤回する (retract). (4) またあとで訪れる. (5) 〈電話をかけてきた人〉にあとでかけ返す; (また)あとで電話する: I'll ~ you *back*. のちほどお電話します. (*vi.*) 《生物》=THROW *back*. ***call down*** (*vi.*) (階下に)声をかける. (*vt.*) (1) 〈天罰・天恵などを〉下したまえと祈る (invoke) 〔*on, upon*〕: ~ *down* the wrath of God *upon* a person [a person's head] 人[人の頭]に神の怒りが下るようにと祈る. (2) 《口語》どなりつける, 叱る: He was ~*ed down* by his father for being lazy. 怠惰であることで父に叱られた. ***call for*** (1) …を要求する, 必要とする: ~ *for* an increase of salary 賃上げを要求する / The situation ~*s for* our cool judgment. この状況には冷静な判断が必要だ. (2) 〈物〉を取りに立ち寄る; 〈人〉を誘いに寄る: I'll ~ *for* you at 10. 10時にお迎えにまいります / To be left till ~*ed for*. (封筒の上書きで)留置き. (3) ⇨ *vi.* 1 a. ***call forth*** 呼び出す; 奮い起こす, 引き出す, 喚起する: ~ *forth* one's courage. ***call in*** (1) 〈金を〉集める, 取り立てる (collect); …の支払い[返却]を要求する. (2) 〈通貨・不適格品・不要品などを〉回収する: ~ *in* all the unused ammunition 未使用弾薬を回収する. (3) (援助・助言を求めて)〈人を〉呼び入れる, 〈医者などを〉呼ぶ. (4) 〈援助を〉求める: ~ *in* the aid of the police 警察の助けを求める. (5) 訪ねる, 立寄る, 寄港する 〔*on, at*〕. ***call in doubt [question]*** (1) 〈陳述など〉に疑いをはさむ, 異議を唱える, 疑問とする, 疑う. (2) 裁く (cf. *Acts* 19:40). ***call it a day*** ⇨ day 成句. ***call it (all) square*** ⇨ square *adj.* 成句. ***call it quits*** ⇨ quits 成句. ***call off*** (1) 呼んで行かせる (call away): Please ~ *off* the dog. 犬を呼んで向こうに行かせてください. (2) 〈注意を〉他に転じる, そらす (divert): His attention was ~*ed off* by a new customer. 新しい客が来て彼の注意がそらされた. (3) 〈約束などを〉取り消す, 撤回する; 放棄する, 中止する: ~ *off* one's engagement 約束[婚約]を解消する / ~ *off* a strike ストライキを中止する / The baseball game was ~*ed off* because of rain. 野球試合は雨のために中止された. ***call on*** (1) ⇨ *vi.* 2 a. (2) 〈人〉に(…するように)求める, 要求する, 頼む 〔*for*〕 / 〈*to* do〉: ~ *on* a person *for* a speech 人に演説を頼む / ~ *on* a person *to* do something 人に何かをするように求める. (3) 〈神の名など〉を呼ぶ, 唱える (cf. invoke *vt.* 1): ~ *on* the name of the Lord 主の名を呼び求める. ***call out*** (1) ⇨ *vt.* 1. (2) 〈人〉に決闘をいどむ. (3) 〈軍隊・消防隊などを〉出動させる: ~ *out* the militia 市民軍を出動させる. (4) 〈労働者を〉召集してストライキをさせる. (5) 誘い出す, 引き出す: ~ *out* new abilities 新たな才能を発揮する. ***call over*** 〈名簿を〉読み上げる, 点呼する. ***call a person to account*** ⇨ account 成句. ***call to order*** ⇨ order *n.* B 6 a. ***call to witness*** ⇨ witness 成句. ***call up*** (*vi.*) (階上に)声をかける. (*vt.*) (1) ⇨ *vt.* 6 a, c. (2) 〈議案を〉審議にかける, 上程する. (3) 思い起こす: ~ *up* one's sorrows afresh 悲しみを新たにする. (4) 呼び起こす, 呼び出す: ~ *up* spirits. (5) 《軍事》〈人を〉(現役勤務に)召集する: ~ *up* a person *for* the army. (6) 《通信》〈特定の無線局〉に通信を送る. ***call upon*** =CALL *on*. ***what one calls = what is called*** いわゆる: *what is ~ed* Engel's law いわゆるエンゲルの法則 / She is *what you* ~ a "pinup girl." 彼女はいわゆるピンナップガールだ.
— *n.* **1 a** 大声で呼ぶこと; 大声で呼ぶ声, 叫び: a ~ for help 助けを求める叫び / He turned at the ~ of his name. 彼は名前を呼ばれてふりむいた. **b** (鳥獣の)鳴き声, さえずり; (おびき寄せるための)鳥獣の鳴きまね. **c** (鳥獣の鳴き声などをまねて引き寄せる)呼び子; 呼び笛.
2 点呼, 出席[出勤]調べ.
3 a 召集, 招き: gather at the ~ of the manager 監督の召集で集まる. **b** 〔教授・牧師などへの〕就任要請, 招請; 招請状 〔*to*〕: accept a ~ *to* a professorial chair 教授就任の招請を受ける. **c** 《英》バリスターになること: a ~ *to* the bar バリスター資格免許(付与). **d** (神の)お召し (vocation); 天職, 使命: feel a ~ *to* the ministry 牧師として立つようにとの神のお召しを感じる.
4 a 呼び出し; (特に, 俳優などを舞台に)呼び出すこと (cf. curtain call): a ~ before the curtain カーテンコール / take a ~ 〈役者が〉歓呼に答える. **b** (ホテルでの)起床への注文: leave a ~ for 7:30 7時半に起こしてくれと頼んでおく. **c** (太鼓・笛などによる)召集の合図; (旗・灯火などによる)信号: a bugle's ~. **d** (消防士などの)行動[警告]合図.
5 電話をかけること, 通話: make [receive] a ~ 電話をかける[受ける] / give a person a ~ 人に電話をする / put a ~ through 電話をつなぐ / There have been two telephone ~*s*. 電話が2度ありました.
6 a (短時間の)訪問; 寄港: pay [make] a ~ on [upon] a person 人を訪問する / receive a ~ 訪問を受ける / a place of ~ 寄港地, 立寄り地. **b** (外交員などの)定期的な訪問: ⇨ HOUSE of call.
7 (特定の場所などの)誘惑, 魅力 (attraction, appeal): the ~ of the sea [the wild] 海[荒野]の魅惑.
8 a 要求, 需要: make a ~ *on* a person's time 人の時間を取る / have many ~*s on* one's income いろいろなことのために収入を割(ｻ)かれる. **b** [主に否定・疑問文に用いて] 必要 (need, necessity): There's *no* ~ *for* you to worry. 君が心配することはない / You have *no* ~ to be here. 君はこんな所にいる必要はない. **c** (株式の未払込株金の)払込請求: a ~ on shareholders. **d** (債券の)繰上げ償還, (優先株の)任意償還; (業者の客に対する)追加証拠金の請求. **e** (ある商品の)市場需要: Wheat has the ~. 小麦が最も需要がある.
9 生理的要求 (call of nature) 《大・小便のこと》: pay a ~ 《口語》トイレに行く.
10 《劇場》**a** (舞台監督助手による)リハーサルの告示. **b** リハーサル (rehearsal).
11 《トランプ》コール: **a** ある特定の札の請求: a ~ for trumps 切札の請求. **b** 手札を見せよという宣言. **c** (ブリッジで)ビッド・パス・ダブル・リダブルなどの宣言の総称. **d** (ポーカーで)先行の競技者と同じだけ賭けてゲームに残ること.
12 《証券》株式買付選択権 (call option) (cf. put[1] *n.* 3).
13 《ダンス》コール《スクエアダンスで次の隊形や踊り方を指示すること》.
14 《スポーツ》(審判による)判定, コール.
15 《軍事》(軍の)召集.
16 《テニス》(進行中のゲームの)スコア.
17 《アメリカンフットボール》コール《ゲーム中チームのオフェンスを指揮するためのプレーの選択》.
18 《音楽》コール《民謡などで語るように一人で歌われる部分; 普通これに合唱がリフレイン風に応える》.
a close call 《口語》=narrow escape. ***at a person's beck and call*** ⇨ beck[1] 成句. ***at* [*on*] *call*** 要求[請求]次第 (on demand); すぐ手に入る, 待機して: money *on* ~ =call money. ***get the* [*one's*] *call*** 《方言》(1) 死ぬ (die). (2) 死に瀕している. ***within call*** 呼べば聞こえる所に, 近くに: A barn was placed *within* ~ of the dwelling house. 納屋は母屋の近くに置かれてあった.
call of nature =call *n.* 9.
call to quarters 〖← *call to quarters* (部署につかせる)〗《軍事》(消灯らっぱ15分前の)消灯用意らっぱ.
call to the colors 《軍事》軍旗掲揚[降下]式のらっぱ (cf. *call to the* COLORS).
CALL 《略》China Air Lines 中華航空 (記号 CI).
cal·la [kǽlə] 〖← NL ~ ← Gk *kállaia* (*pl.*) wattle ← *kállaion* cock's comb ← ? *kállos* beauty〗 — *n.* 《植物》サトイモ科オランダカイウ属の植物の総称《キバナカイウ (yellow calla) など》; (特に)カラー, オランダカイウ (*Zantedeschia aethiopica*) 《観賞用に栽培; 花は白・黄; calla lily ともいう》.
call·a·ble [kɔ́ːləbl] *adj.* **1** 呼ぶことのできる. **2 a** 請求次第支払われる. **b** (債券の)繰上げ償還ができる, (優先株の)任意償還ができる.
cal·lant [kǽlənt, kɔ́ːl-] 〖《1716》▭ Du. & LG *kalant* customer ▭ ONF *caland* = OF *chalant* (F *chaland*) ← *chaloir* to be warm < L *calēre*〗 — *n.* (*also* **cal·lan** [-lən]) 《スコット・北英》若者 (lad, boy).
Cal·las [kǽləs, kɑ́ːl-], **Maria** (**Men·e·ghi·ni** [mènəgíːni | -nɪ]) *n.* カラス《1923–1977; 米国生れのギリシャのソプラノ歌手》.
cáll·bàck *n.* **1** (自動車など, 欠陥商品の改良のための)製品回収. **2** 《労働》**a** 一時帰休 (lay-off) 後の職場復帰. **b** 正規の勤務時間後に職場に呼び戻すこと.
cáll-bàck pày *n.* 《労働》特別基準外手当, 非常超過勤務手当《勤務時間後呼び戻されて特別[非常]勤務をした従業員が受ける報償金》.
cáll bèll *n.* 呼びりん.
cáll bìrd *n.* おとりの鳥 (decoy bird).
cáll-bòard *n.* **1** (劇場で舞台稽古の告示に用いる)楽屋掲示板. **2** 《鉄道》(乗務員当番などの)告知板.
cáll bòx *n.* **1** 《米》(交付窓口で請求によってのみ受け取ることのできる)一種の郵便私書箱. **2** 《英》公衆電話ボックス (telephone booth). **3** (警察署・消防署を呼び出す)緊急電話(ボックス).
cáll·bòy *n.* **1** (俳優に出番を伝える)舞台の呼び出し係. **2** ホテルのボーイ (bellboy). **3** 《鉄道》仮眠中の列車従業員の起こし係《caller ともいう》.
cáll càrd *n.* 《図書館》=call slip.

cáll-dày *n.* 〘英〙(法学院 (Inns of Court) の)バリスター (barrister) 資格免許式日 (cf. call-night).

called *adj.* **1** 召集された: a ~ session 臨時[特別]議会. **2** 償還通知済の: a ~ bond 償還決定債券. **3** 〘スポーツ〙試合中止を命じられた: a ~ game コールドゲーム《雨その他の理由で中止を宣告された試合; 勝敗はそれまでの得点で決める; cf. call *vt.* 13 a》.

cálled stríke *n.* 〘野球〙(バッターが見送って)ストライクと宣告されたボール.

cáll·er[1] [-lə | -lə(r)] 〘《c1450》〙 — *n.* **1 a** 呼び出し人. **b** 電話をかける人. **c** (スクエアダンスで)呼びかけの指示をする人. **d** (ビンゴなどで)数を読み上げる人. **2** (短時間の)訪問者. **3** 〘鉄道〙**a** (待合室などで)列車の発着を伝える係. **b** =callboy 3.

cal·ler[2] [kǽlə, káːlə | -lə(r)] 〘《c1375》 *caloure* 《変形》 ← ? 《廃》 *calver* fresh ← OE *calwer* curds〙 — *adj.* 《スコット・北英》 **1** 〈野菜・魚など〉新鮮な (fresh). **2** 涼しい (cool), さわやかな (fresh).

Cal·les [káɪeɪs, káːjeɪs; *Am. Sp.* kájes], **Plu·tar·co E·lí·as** [plutárko elías] *n.* カイエス《1877–1945; メキシコの将軍・政治家, 反教会政策を実施; 大統領 (1924–28)》.

cal·let [kǽlɪt, -lət] 〘▭? (O)F *caillete* frivolous person ← *Caillete* (フランスの 16 世紀の道化役)〙 — *n.* **1** 《スコット》売春婦. **2** 〘英方言〙意地の悪い女, がみがみ女.

cáll-fìre *n.* 〘軍事〙要求射撃《上陸軍の要求により地上の目標に対して行なう艦砲の援護射撃》.

cáll gìrl *n.* (電話で呼び出す)売春婦, コールガール.

cáll hòuse *n.* 《米口語》コールガールが使う[いる]家; 売春宿.

cal·li- [kǽlɪ, -lə | -lɪ] 〘▭ Gk *kalli-* ← *kállos* beauty〙「美 (beauty); 美しい (beautiful)」の意の連結形: *calligraphy*. ★ 時に callo- となる.

Cal·lich·thy·i·dae [kæ̀lɪkθáɪədìː | -θáɪɪ-] 〘← NL ~ ← *Callichthys* (属名: ← Gk *kállikhus* ← CALLI-＋Gk *ikhthús* fish)＋-IDAE〙 — *n. pl.* 〘魚類〙(ナマズ目)カリクティス科《南米産で体表によろい状のうろこがある魚類を含む》.

Cal·lic·ra·tes [kəlíkrətìːz] *n.* 〘建築〙カリクラテス《紀元前 5 世紀ギリシャの建築家; Ictinus と共に Parthenon 神殿を設計》.

cal·li·gram [kǽləgræ̀m | -lɪ-] 〘← CALLI-＋-GRAM〙 — *n.* (*also* **cal·li·gramme** [~]) カリグラム: **a** 名前や単語を装飾的図模様にしたデザイン (cf. monogram). **b** 詩行の形がその主題に適した図案になるように配列した詩 (cf. concrete *n.* 4 a).

cal·li·graph [kǽləgræ̀f | -lɪgràːf, -græ̀f] 〘《逆成》← CALLIGRAPHER〙 *vt.* 達筆で書く; 装飾書体[カリグラフィー]で描く.

cal·lig·ra·pha [kəlígrəfə, kæ-] 〘← NL ~: ⇨ calli-, -graph〙 *n.* 〘昆虫〙キャリグラファ《ハムシ科 *Calligrapha* 属の甲虫の総称; 食葉性で害虫が多い; 北米から南米にかけて分布する; cf. elm calligrapha》.

cal·lig·ra·pher [kəlígrəfə, kæ- | -fə(r)] *n.* **1** 能書家, 書家. **2** 筆者, 筆記者; 筆耕, 代書人.

cal·li·graph·ic [kæ̀ləgrǽfɪk | -lɪ-] *adj.* **1** 書道の; 達筆の, 能筆の. **2 a** 〈筆跡が〉装飾的な, 凝った. **b** 〈文書など〉装飾書体で書かれた. **c** 装飾書体で印刷された. **3** 〘美術〙カリグラフィーの. **càl·li·gráph·i·cal·ly** *adv.*

calligráphic displáy *n.* 〘電算機〙描き出す線に沿って電子線を移動することによるディスプレイ装置 (cf. raster display).

cal·líg·ra·phist [-fɪst, -fəst | -fɪst] *n.* =calligrapher.

cal·lig·ra·phy [kəlígrəfi, kæ- | -fi] 〘《1618》← NL *calligraphia*: ⇨ calli-, -graphy〙 — *n.* **1** 書道; 能筆, 能書 (cf. cacography 1). **2** 筆跡, 書法. **3** 装飾書法[体], 飾り文字. **4** 〘美術〙カリグラフィー《古写本の文字のように特定のスタイルをもつ書法》.

Cal·lim·a·chus [kəlíməkəs] *n.* カリマコス《305 ?–? 240 B.C.; Cyrene 生れで Alexandria で活躍した文献学者・詩人》.

cáll-ìn *n., adj.* 《米》〘ラジオ・テレビ〙=phone-in.

cáll·ing [-lɪŋ] 〘《a1250》〙 — *n.* **1** 呼ぶこと; 呼び; 呼ぶ声; 点呼: the ~ of a roll. **2** (行動・義務などに対する)強い衝動; 性向: the harmony between inner ~ and outer pressure 内的衝動と外的圧力との調和. **3 a** 神のお召し, 召命 (divine summons); 天職, 職分 (cf. *1 Cor.* 7: 20). **b** 職業, 家業: by ~ 職業は / betray one's ~ しっぽを出す, お里が知れる. **4** (雌ねこのさかりの時の)鳴き声; さかりの時期.

cálling càrd *n.* 《米》(訪問用の)名刺 (visiting card).

cálling cràb 〘招くような格好の大ばさみを有しているところから〙 *n.* 〘動物〙シオマネキ (⇨ fiddler crab).

cáll-in pày *n.* 〘労働〙 **1** =reporting pay. **2** 超過勤務手当.

Cal·li·o·nym·i·dae [kæ̀lio(ʊ)nímədìː | -lɪə(ʊ)nímɪ-] 〘← NL ~ ← *Callionymus* (属名: ← Gk *kalliṓnumos* ← CALLI-＋*ónoma* name)＋-IDAE〙 — *n. pl.* 〘魚類〙ネズッポ科.

cal·li·o·pe [kəláɪəpi | kəláɪəpɪ, kæ-] 〘← CALLIOPE〙 *n.* 蒸気[汽笛]オルガン《鍵盤を用いて各種の汽笛を鳴らす》.

Cal·li·o·pe [kəláɪəpi | kəláɪəpɪ, kæ-] 〘▭ L ~ ▭ Gk *Kalliópē* 《原義》beautiful voiced: ⇨ calli-, -ops(is)〙 — *n.* **1** 女性名. **2** 〘ギリシャ神話〙カリオペー《弁舌と叙事詩を司る; cf. Muse 1》.

cal·li·op·sis [kæ̀liɑ́psɪs, -səs | -lɪɔ́psɪs] 〘← NL ~: ⇨ calli-, -opsis〙 *n.* 〘植物〙=coreopsis.

cal·li·pash [kǽləpæ̀ʃ, ⌐ ⌐ ⌐ | kǽlɪpæ̀ʃ] *n.* =calipash.

cal·li·per [kǽləpə | -lɪpə(r)] *n., vt.* =caliper.

cal·liph·o·rid [kəlífərɪd, -rəd | -rɪd] 〘↓〙〘昆虫〙 *adj.* クロバエ(科)の. — *n.* クロバエ, キンバエ《クロバエ科の昆虫の総称》.

Cal·li·phor·i·dae [kæ̀ləfɔ́(ː)rədìː, -fɑ́r- | -lɪfɔ́rɪ-] 〘← NL ~ ← *Calliphora* (属名: ⇨calli-, -phora)＋-IDAE〙 *n. pl.* 〘昆虫〙(双翅目)クロバエ科.

Cal·líp·pic cýcle [kəlípɪk-] 〘*Callippic*: ← *Callipus* (▭ Gk *Kállippos* (*c*350 B.C. のギリシャの天文学者))＋-IC[1]〙 — *n.* 〘天文〙カリポス周期《4 メトン周期 (Metonic cycle) で, 27,759 日》.

cal·li·pyg·i·an [kæ̀ləpídʒiən, -dʒən | -lɪpídʒɪən, -dʒən] 〘《1800》← Gk *kallipúgos* with pretty buttocks (特に Aphrodite の像について) (← CALLI-＋*pūgḗ* rump)＋-IAN〙 — *adj.* 形のよい尻をした.

cal·li·py·gous [kæ̀ləpáɪgəs | -lɪ-] 〘⇨ ↑, -ous〙 *adj.* =callipygian.

cal·lis·then·ics [kæ̀ləsθénɪks | -lɪs-] *n.* =calisthenics.

Cal·lis·to [kəlístoʊ | -təʊ] 〘▭ L ~ ▭ Gk *Kallistṓ* ← *kállistos* (superl.) ← *kalós* beautiful〙 — *n.* **1** 〘ギリシャ神話〙カリストー《Artemis の侍女; Zeus と通じたかどで Hera に熊の姿に変えられのち大熊座となった》. **2** 〘天文〙カリストー《木星 (Jupiter) の第 4 衛星; cf. Galilean satellites》.

cal·li·thric·id [kæ̀ləθrísɪd, -səd | -lɪθrísɪd] 〘↓〙 *n.* 〘動物〙キヌザル科のサル.

Cal·li·thric·i·dae [kæ̀ləθrísədìː | -lɪθrísɪ-] 〘← NL ~ 《変形》← *Callitrichidae* ← *Callithrix* (属名: ← L *callithrix* ape ▭ Gk *kallithrix* ← CALLI-＋*thrix* hair)＋-IDAE〙 — *n. pl.* 〘動物〙キヌザル科.

cal·li·thump [kǽləθʌ̀mp | -lɪ-] 〘《逆成》← *callithumpian* 《変形》← 《英方言》*gallithumpian* disturber of order at elections in 18th century ← *galli-* (《変形》? ← GALLOWS)＋THUMP＋-IAN〙 — *n.* **1** 《米口語》騒騒しい行列, どんちゃん騒ぎのパレード. **2** 《ニューイングランド》=shivaree. **cal·li·thump·i·an** [kæ̀ləθʌ́mpiən | -lɪθʌ́mpɪ-] *adj.*

cáll lètters *n. pl.* 〘通信〙=call sign.

cáll lòan *n.* 〘金融〙コールローン, コール貸付金《貸主の要求あり次第返済するという条件付きの貸付けで, 銀行間でのみ行なわれる; day-to-day loan, demand loan ともいう》.

cáll màrk *n.* 〘図書館〙=call number.

cáll màrket *n.* 〘金融〙コール市場《コールローンの市場》.

cáll mèter *n.* (電話の)度数計.

cáll mòney *n.* 〘金融〙コールマネー, コール借入金《コールローンを借手側から指す》, コール用資金.

cáll-nìght *n.* 《英》バリスター (barrister) 資格免許式当夜 (cf. call-day).

cáll nòte *n.* 〘動物〙地鳴き《鳥や動物が仲間を呼ぶ呼び声》.

cáll nùmber *n.* 〘図書館〙請求記号《分類記号と図書記号とからなり, 図書館での図書の所在を示す; call mark ともいう; cf. pressmark》.

cal·lo- [kǽlo(ʊ) | -lə(ʊ)] calli- の異形 (⇨ -o-).

cáll òffice *n.* **1** 電話局. **2** 《英》公衆電話ボックス (《米》pay station).

cáll òption *n.* 《米》〘証券〙=call 12.

cal·lo·sal [kæloʊsəl, kə- | -lə́ʊ-] 〘← NL *callōsum* (← L ~ (neut.) ← *callōsus* 'CALLOUS')＋-AL[1]〙 *adj.* 〘解剖・動物〙脳梁の.

callósal convolútion [gýrus] *n.* 〘解剖〙梁回, 帯回.

cal·lose [kǽloʊs, -loʊz | -ləʊs] 〘▭ L *callōs-us* 'CALLOUS'〙 *n.* 〘植物〙カロース, カローゼ《篩管 (sieve tube) のカルス板から発見された物質》.

cal·los·i·ty [kəlɑ́səti, kə- | -lɔ́səti, -sɪ-] 〘《a1400》▭ (O)F *callosité* hardening of the skin ∥ L *callōsitātem* ← *callōsus* (↓): ⇨ -ity〙 — *n.* **1 a** (皮膚などの)硬化状態. **b** 無感覚; 冷淡. **2** 〘植物〙硬点《植物体の硬化した部分》. **3** 〘病理〙たこ, 胼胝(べんち) (callus).

cal·lous [kǽləs] 〘《a1400》▭ (O)F *calleux* ∥ L *callōsus* hard-skinned ← *callus* hardened skin〙 — *adj.* **1** 〈皮膚など〉固くなった, 硬化した; たこになった, 胼胝(状)の: ~ hands. **2** (精神的に)無感覚[無神経]な; 同情心のない, 冷淡な: He is ~ *to* criticism. 批判されても平気だ. **3** 〘解剖・動物〙脳梁の. — *n.* 〘生理・植物〙=callus. — *vt.* 固くする; 無感覚にする. — *vi.* 固くなる; 無感覚になる. **~·ly** *adv.* **~·ness** *n.*

cál·loused *adj.* たこができた (callous).

cáll òut *n.* 挿絵などで特定部分に注意を喚起する印《文字や符号など》.

cáll-òver *n.* 《英》 **1** 点呼 (roll call). **2** (競馬などの胴元の集まりで)賭け金のリストを呼び上げること.

cal·low [kǽloʊ | -ləʊ] 〘OE *calu* bald, bare < (WGmc) **kalwa* (G *kahl* / Du. *kaal*) ▭? L *calvus* ← IE **gal-* naked〙 — *adj.* **1** 〈鳥が〉羽毛のまだ生えない. **2** うぶな, 未熟な, 青二才の (raw, inexperienced): a ~ youth. **3** 《アイル》〈牧草地が〉低湿地の, 沼地の. — *n.* **1** 《アイル》低湿の牧草地. **2** 〘昆虫〙不整成虫《変態を終わったばかりで十分に色彩づけられていない成虫》. **~·ly** *adv.* **~·ness** *n.*

cáll ràte *n.* 〘金融〙コール貸借金利率, コールレート.

cáll sìgn *n.* 〘通信〙呼出し符号[信号], コールサイン《無線局等の識別符号》. 「sign.

cáll sìgnal *n.* **1** 電話の呼出し音. **2** 〘通信〙=call

cáll slìp *n.* 〘図書館〙スリップ貸出票, 閲覧票.

cal·lu·na [kəlúːnə, -ljúː-] 〘← NL ~ ← Gk *kallunō* to beautify ← *kállos* beauty〙 — *n.* 〘植物〙ギョリュウモドキ《荒野に生えるツツジ科ギョリュウモドキ属 (*Calluna*) の植物の総称; ギョリュウモドキ (heather) など》.

cáll-ùp *n.* **1** (兵役の)召集(令): the age of ~ 召集年齢. **2** (特定期間内の)徴兵人員.

cal·lus [kǽləs] 〘《1563》▭ L ~ 'hardened skin'〙 — *n.* **1** 〘生理〙皮膚硬結; 圧迫腫; たこ, 胼胝(べんち) (callosity); 仮骨. **2** 〘植物〙(植物体が損傷を受けた時にできる)癒合(ゆごう)組織, 仮皮, カルス. — *vi.* callus を形成する. — *vt.* …に callus を形成させる.

calm [kɑ́ːm, kɑ́ːlm | kɑ́ːm] 〘《a1393》 *calme* ▭ (O)It. *calma* (cf. F *calme*) < VL **calmam* =LL *cauma* heat ▭ Gk *kaûma* burning heat of the sun: VL の *-l-* は L *calēre* (=to be hot) からの連想: adj. は n. からの転用〙 — *adj.* (**~·er, ~·est; more ~, most ~**) **1** 〈天候・海など〉(あらしや荒々しい波がなく)穏やかな, 静かな: a ~ sea / ~ weather. **2 a** 〈気質・態度・声など〉(激情・興奮・動揺がなく)平静な, 落ち着いた: a ~ face, voice, manner, etc. **b** 〈政界・社会状態など〉平穏な, 泰平な, 平和な. **3** 〘口語〙**a** 平気な, 平然とした: a ~ liar. **b** 虫のいい, ずうずうしい: It is rather [pretty] ~ *of* him to expect me to do so. 私にそうすることを期待するとは彼もなかなか虫のいい男だ.
— *vt.* 静める, 鎮静する, 落ち着かせる, 安んじる 〈*down*〉: ~ fears 恐怖心を静める / ~ an excited man 興奮した人をなだめる / ~ oneself (*down*) 心を落ち着ける, 安心する. — *vi.* 〈海・気分・社会状態などが〉平穏になる, 静まる; 〈人が〉落ち着く 〈*down*〉.
— *n.* **1** (気分・社会状態などの)平静, 平穏, 泰平: restore ~ 平静さを取り戻す. **2** 無風状態, 凪(なぎ). 〘気象〙静穏 (⇨ wind scale): a dead [flat] ~ 大凪 / the equatorial ~ 赤道無風帯 / the region of ~*s* 無風水域 / a ~ before the storm あらしの前の静けさ; 息詰まるような不気味な静けさ / After a storm comes a ~. 《諺》あらしのあとには凪が来る《いやな事のあとにはきっと何かいい事がある》.

calm·a·tive [kɑ́ː(l)mətɪv, kǽl- | kǽlmət-, kɑ́ːm-] 〘医学〙 *adj.* 鎮静(作用)の(ある). — *n.* 鎮静剤 (sedative).

cálm·ing·ly *adv.* 静める[落ち着かせる]ように.

cálm·ly *adv.* 穏やかに; 静かに, 落ち着いて; 平然と.

cálm·ness *n.* 静けさ; 平静, 冷静, 落着き: with ~ 落ち着いて; 平然と.

calm·y [kɑ́ːmi | -mɪ] *adj.* (**calm·i·er, -i·est; more ~, most ~**) 《古》=calm.

cal·o- [kǽlo(ʊ) | -lə(ʊ)] =callo-.

cal·o·mel [kǽləmәl, -mèl | -lə(ʊ)mèl] 〘《1676》← ? NL ~ ← CALLI-＋Gk *mélās* black〙 — *n.* 〘化学〙甘汞(かんこう), 塩化第一水銀 (Hg_2Cl_2)《下剤・電極などに用いる; mercurous chloride ともいう》.

cálomel elèctrode *n.* 〘物理化学〙カロメル電極, 甘汞(かんこう)電極《水銀・甘汞・塩化カリウム溶液から成る電極》.

cal·o·mor·phic [kæ̀ləmɔ́əfɪk | -lə(ʊ)mɔ́ː-] 〘← CAL(CIUM)＋-O-＋-MORPHIC〙 *adj.* 〘土壌〙石灰質の (cf. halomorphic, hydromorphic): ~ soil 石灰質土壌.

càlo·recéptor 〘← L *calor* heat＋RECEPTOR〙 *n.* 〘生理・生物〙温熱受容器.

Cál·or gás [kǽlə- | -lə-] 〘*Calor*: 《商標名》← L *calor* (↑)〙 *n.* キャラーガス《家庭用の液化ブタンガス》: a ~ stove. 「結形: *calorimetry*.

cal·o·ri- [kǽlərɪ, -rə | -rɪ] 〘↓〙「熱 (heat)」の意の連

ca·lor·ic [kəlɔ́(ː)rɪk, -lɑ́r-, kǽlər- | kǽlər-, kǽlәr-] 〘《1792》▭ F *calorique* ← L *calor* heat: ⇨ -ic[1]: cf. calorie〙 — *n.* **1** 《古》熱 (heat). **2** 〘古物理〙熱素《その物の存在によって物に熱があると考えられた》. — *adj.* **1** 熱の[に関する]. **2** 〘機械〙〈機関が〉熱で運転される. **3** 〘生理〙カロリー[熱量] (calorie) の[に関する]: a 2,000 ~ diet. **ca·lór·i·cal·ly** *adv.*

cal·o·ric·i·ty [kæ̀lərísəṭi | -sɪti, -sɪ-] *n.* 〘生物〙温熱力《動物体内で熱を生じ体温を保つ力》.

cal·o·rie [kǽl(ə)ri | -lərɪ] 〘《1870》▭ F ~ ← L *calor* heat ← *calēre* to be hot〙 — *n.* **1** 〘物理化学〙カロリー《熱量の単位》: **a** 1 g の水の温度を 1 気圧の下でセ氏 1 度高めるに要する熱量《略 cal.; gram [small] calorie ともいう》. **b** 1 kg の水の温度をセ氏 1 度高めるに要する熱量《略 Cal.; kilogram [large, great] calorie ともいう》. **2** 〘生理〙**a** カロリー《キロカロリー (kilo calorie) に相当する食品の栄養価・新陳代謝の大きさなどを表わす単位》. **b** 1 キロカロリーの熱量を産する食物の量.

ca·lor·i·fa·cient [kəlɔ̀(ː)rəféɪʃənt, -lɑ̀r-, kæ̀lərɪ-, -rə- | kəlɔ̀rɪ-, kæ̀lərɪ-, -lɔ(ː)r-] 〘← CALORI-＋-FACIENT〙 *adj.* 〈食物が〉熱を生じる.

cal·o·rif·ic [kæ̀lərífɪk | -lər-, -lɔ(ː)r-] 〘▭ F *calorifique* ∥ L *calōrific-us* heat-producing: ⇨ calori-, -fic〙 — *adj.* 熱を生じる; 熱[カロリー]の[に関する]: ⇨ calorific value.

ca·lor·i·fi·ca·tion [kəlɔ̀(ː)rəfɪkéɪʃən, -lɑ̀r-, kæ̀lərɪ-, -lərə-, -fə- | kəlɔ̀rɪfɪ-, kæ̀lərɪ-, -lɔ(ː)r-] *n.* 〘生理〙(動物体内の)発熱, 熱発生.

calorífic pówer *n.* 〘物理〙=calorific value.

cal·o·rif·ics [kæ̀lərífɪks | -lər-, -lɔ(ː)r-] *n.* 熱学.

calorífic válue *n.* 〘物理〙発熱量《一定量の燃料が完全燃焼した時に発生する熱量》.

ca·lor·i·fi·er [kəlɔ́(ː)rəfàɪə, -lɑ́r-, kǽlərɪ-, -rə-｜kəlɔ́rɪfàɪə(r, kǽlərɪ-, -lɔ(ː)r-〛〘← CALORI-＋-FY＋-ER¹〙 *n.* (蒸気を用いた)温水器, 液体加熱器.

cal·o·rim·e·ter [kæ̀lərímətə｜-lərímɪtə(r, -lɔ(ː)r-, -mə-] *n.* カロリメーター, 熱量計.

cal·or·i·met·ric [kæ̀lərəmétrɪk, -rə-, kəlɔ̀(ː)rə-, -lɑ̀r-｜kæ̀lərɪ-, kəlɔ̀rɪ-] *adj.* 熱量測定の[に関する]; 熱量計の.

càl·or·i·mét·ri·cal [-rɪkəl, -rə-｜-rɪ-] *adj.* ＝calorimetric. **～·ly** *adv.* 「測定(法).

cal·o·rim·e·try [kæ̀lərímətri｜-mɪtrɪ, -mə-] *n.* 熱量

cal·o·rize [kǽləràɪz] 〘← CALORI-＋-IZE〙 *vt.* 〘冶金〙…にカロライジングを施す (⇨ calorizing).

cál·o·riz·ing *n.* 〘冶金〙カロライジング《溶けたアルミニウムに, つける, 溶射する, 化学置換する等の方法で金属の表面にアルミニウム皮膜を作ること》.

cal·o·ry [kǽl(ə)ri｜-lərɪ] *n.* ＝calorie.

ca·lotte [kəlɑ́t｜-lɔ́t] 〘(?1632) ▭ F ～ ▭ It. *calotta* ▭ L *calautica* female hood〙 —*n.* **1 a** (*also* **ca·lot** [～]) (まびさしや縁のない頭にぴったりした)キャップ《skullcap ともいう》. **b** ＝zucchetto. **2** 雪を戴いたドーム[山頂]. **3** 〘建築〙**a** 小さな円屋根. **b** 小ドームの内部, 円天井. **4** 〘動物〙帽子状の構造.

cal·oy·er [kəlɔ́ɪə, kǽləjə｜kǽləjə(r] 〘(1615) ▭ F ～ ▭ It. *caloiero* ▭ LGk *kalógēros* venerable,《原義》having a beautiful old age ← *kalós* (⇨ calli-)＋Gk *gêras* old age〙 —*n.* (東方正教会の)聖職者, 修道士.

calp [kǽlp] 〘▭ Ir. ～ 'black shale'〙 *n.* 〘岩石〙カルプ《アイルランドに産する暗黒色シェール状の石灰岩》.

cal·pac [kǽlpæk, ─́─] 〘(1813) ▭ Turk. *qalpāq*〙 —*n.* (*also* **cal·pack** [～]) カルパック帽《トルコ人やペルシャ人などがかぶる羊皮またはフェルトで作る黒色で山高の縁なし帽》.

Cal·pi [kǽlpi｜-pɪ] *n.* カルピ (⇨ the Rock of GIBRALTAR 1). 「女性名.

Cal·pur·ni·a [kælpə́ːniə｜-pə́ːnjə, -nɪə] 〘▭ L ～〙 *n.*

calque [kǽlk; *F.* kalk] 〘(1937) ▭ F ～ ← *calquer* to copy ▭ It. *calcare* to tread ▭ L *calcāre*: ⇨ caulk²〙 —*n.* 〘言語〙翻訳借用(語句), なぞり〔*of, on*〕(⇨ loan translation).

cal·trop [kǽltrəp, kɔ́ːl-｜kǽl-] 〘(1300) *calketrappe* (i) < OE *calcatrippe* ▭ ML *calcatrippa* ← L *calc-, calx* heel ＋ *trappa* 'TRAP¹' ∥ (ii) ▭ OF《方言》*kauketrappe* ＝ *chachetrape* (F *chausse-trape*) ← *chauchier* to tread (< L *calcāre*) ＋ *trappe* trap〙 —*n.* (*also* **cal·throp** [-θrəp]) **1** 蒺鉄(ᵗᵉᵗˢᵘ), 鉄菱(ᵇʲˢʰⁱ), 撒菱(ᵇʲˢʰⁱ)《菱のような4本のとげの付いた鉄製障害物で, 地上にまいて敵騎兵・ゴムタイヤ付車両の進撃を防ぐのに用いた》. **2** 〘植物〙とげのある実をもつ各種の植物: **a** ハマビシ科ハマビシ属 (*Tribulus*) と *Kallstroemia* 属の植物. **b** ハマビシ (⇨ puncture vine). **c** ヒシ (water chestnut).

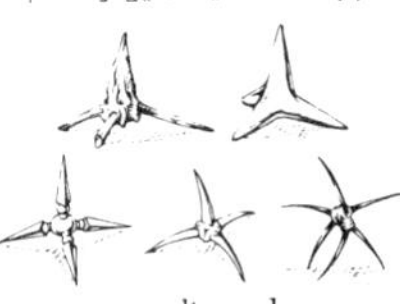
caltrops 1

cal·trops [kǽltrəps] *n.* (*pl.* ～) 〘植物〙ヤグルマギクの一種 (*Centaurea calcitrapa*)《ヨーロッパ原産でアメリカにも雑草として広く帰化; 紫花をつける》.

cal·u·met [kǽljumèt, -mɪt, -mət｜-mèt] 〘(1698) ▭ F ～ (dim.) ← L *calamus* reed: ⇨ calamus〙 —*n.* カルメット《アメリカインディアンの長い飾りぎせる; 儀式などの場合に用い, 特に「和平のしるし」として互いに吸い合うので pipe of peace ともいう》: smoke the ～ together 和睦する.

calumet

ca·lum·ni·ate [kəlʌ́mnièɪt｜-nɪ-] 〘(1554) ← L *calumniāt-us* (p.p.) ← *calumniārī* to calumniate: ⇨ calumny, -ate³〙 —*vt.* **1** 〈人を〉中傷する, そしる (slander). **2** (中傷によって)〈人〉の名声を傷つける. **ca·lúm·ni·à·tor** [-tə｜-tə(r] *n.*

ca·lum·ni·a·tion [kəlʌ̀mniéɪʃən｜-nɪ-] 〘(1548) ▭ LL *calumniātiō(n-)*: ⇨ ↑, -ation〙 *n.* 中傷(すること) (slander, calumny). 「*adj.* ＝calumnious.

ca·lum·ni·a·to·ry [kəlʌ́mniətɔ̀ːri, -tòːri｜-nɪətəri]

ca·lum·ni·ous [kəlʌ́mniəs｜-njəs, -nɪəs] 〘(1490) ▭ (O)F *calomnieux* ▭ LL *calumniōsus*: ⇨ ↓, -ous〙 *adj.* 中傷的な (slanderous). **～·ly** *adv.*

cal·um·ny [kǽləmni, -ljum-｜-ləmnɪ] 〘(1447) ▭ (O)F *calomnie* ▭ L *calumniam* intrigue, false accusation ← *calvī* to deceive ← IE* *kel-* to deceive: ⇨ challenge〙 —*n.* そしること, 誹謗(ʰⁱᵇᵒ)すること; 中傷 (slander), 口頭名誉棄損, 誹謗: This book is a ～ *against* [*on*] the loyalty to the king. この書物は王への忠誠を誹謗したものだ.

Cal·va·dos [kæ̀lvədóʊs, -dóʊs, -dɑ́s｜-dɔ́s; *F.* kalvadoːs] *n.* **1** カルバドス(県)《フランス北部のイギリス海峡に臨む県; 人口 546,000, 面積 5,693 km², 首都 Caen》. **2** [時に c-] カルバドス《フランス Calvados 地方産のりんご酒のブランデー; cf. brandy 1》.

cal·var·i·a [kælvɛ́(ə)riə｜-vɛ́əriə] 〘▭ L *calvāria* (↓)〙 *n.* 〘解剖〙**1** calvarium の複数形. **2** (*pl.* ～**s**) ＝calvarium.

cal·var·i·um [kælvɛ́(ə)riəm｜-vɛ́ərɪ-] 〘← NL ～《変形》← L *calvāria* (↓)〙 —*n.* (*pl.* **-i·a** [-riə｜-rɪə]) 〘解剖〙頭蓋(ᶻᵘᵍᵃⁱ)冠. **cal·vár·i·al** [-riəl｜-rɪ-] *adj.* **cal·vár·i·an** [-riən｜-rɪ-] *adj.*

Cal·va·ry [kǽlv(ə)ri｜-vərɪ] 〘OE *caluarie* ▭ L *calvāria* skull (cf. *calva* hairless scalp ← *calvus* bald)《なぞり》← Gk *krānion*《なぞり》← Aram. *gūlgūltā* ＝ Heb. *gulgōleth* 'GOLGOTHA': ⇨ -ary〙 —*n.* **1** カルバリ, 「されこうべ」《キリストはりつけの地; Jerusalem の近くの丘》. **2** 〘▭ F *calvaire*〙[c-] キリストはりつけの像《通例野外に立っているものをいう》. **3** [c-] 受難; 精神的苦悩, 試練 (ordeal).

Cálvary cròss *n.* 〘キリスト教〙カルバリクロス《3層の段の上に設けた十字架; cross Calvary, cross of Calvary ともいう; ⇨ cross¹ 挿絵》.

calve [kǽ(ː)v, kɑ́ːv｜kɑ́ːv] 〘OE (Anglian) *calfian* ← *cælf* 'CALF' (cf. WS *ċealfian* ← *ċealf*)〙 —*vi.* **1 a** 子牛を生む〈*down*〉. **b** 子供をつくる[生む]. **2** 〈氷河・氷山が〉割れる, 分離する. —*vt.* **1** [通例 p.p. 形で]〈子牛を〉生む〈*down*〉. **2** 〈氷河・氷山が〉〈氷塊を〉分離する.

Cal·vert [kǽlvət｜kǽlvə(ː)t, kɔ́ːlvət], Sir **George** *n.* (1580?–1632) 英国の政治家; 米国 Maryland 植民の計画者, 首都は彼の称号にちなんで Baltimore と名づけられた; 称号 1st Baron Baltimore.

Calvert, Leonard *n.* (1606–47) Sir George Calvert の子; Maryland 植民地の初代総督.

calves *n.* calf の複数形.

Cal·vin [kǽlvɪn, -vən｜-vɪn] 〘← ? L *calvus* bald〙 *n.* 男性名.

Cal·vin [kǽlvɪn, -vən｜-vɪn; *F.* kalvɛ̃], **John** *n.* カルヴァン, カルビン《1509–64; フランス生れの神学者; スイスの Geneva で宗教改革を指導し, Protestantism を確立した; 本名 Jean Chauvin *or* Caulvin》.

Cal·vin [kǽlvɪn, -vən｜-vɪn], **Melvin** *n.* (1911–) 米国の化学者; Nobel 化学賞 (1961).

Cál·vin·ism [-nìzm] 〘(1570) ▭ F *calvinisme* ∥ ← NL *calvinism-us* ← *John Calvin*〙 —*n.* **1** 〘神学〙カルヴァン主義《John Calvin の説いた神学説で, 神の絶対性・聖書の権威・神意による人生の予定・長老による教会政治・信者の訓練などを強調した; cf. Arminianism》. **2** カルヴァン主義の支持[唱道].

Cál·vin·ist [-nɪst, -nəst｜-nɪst] *n.* カルヴァン主義を奉じる人, カルヴァン派の信者. —*adj.* ＝Calvinistic.

Cal·vin·is·tic [kæ̀lvɪnístɪk, -və-｜-vɪ-] *adj.* カルヴァン主義[派]の.

Càl·vin·ís·ti·cal [-tɪkəl, -tə-｜-tɪ-] *adj.* ＝Calvinistic. **～·ly** *adv.*

cal·vi·ties [kælvíʃiìːz, -ʃiːz｜-ʃiìːz] 〘▭ L ～ 'baldness' ← *calvus* bald: cf. Skt *kulva* bald〙 *n.* (*pl.* ～) 〘病理〙禿頭(ᵗᵒᵏᵘ), はげ (baldness).

cal·vus [kǽlvəs] 〘← NL ～ ← L (↑)〙 *adj.* 〘気象〙〈雲が〉頭部の積雲形がくずれて平たくなっている《積乱雲の一種》.

calx [kǽlks] 〘(*a*1398) ▭ L ～ 'lime'〙 —*n.* (*pl.* ～**-es, cal·ces** [kǽlsiːz]) 〘化学〙カルクス, 金属灰《金属または鉱物を焼いたあとのかす; すなわち酸化物を錬金術者が呼んだ言葉》.

ca·lyc- [kéɪlək, kǽl-, -ləs｜-lɪk, -lɪs] (母音の前に来る時の) calyco- の異形.

Cal·y·can·tha·ce·ae [kæ̀lɪkænθéɪsiìː, -lə-｜-lɪ-] 〘← NL ～ ← *Calycanthus* (属名: ⇨ calyco-, -anthous)＋-ACEAE〙 —*n. pl.* 〘植物〙(双子葉植物キンポウゲ目) ロウバイ科. **càl·y·can·thá·ceous** [-ʃəs] *adj.*

cal·y·ce·al [kæ̀ləsíːəl, kèɪ-｜-lɪ-] *adj.* 〘植物・動物〙calyx の[に関する].

calyces *n.* calyx の複数形. 「-i-).

ca·ly·ci- [kéɪləsɪ, kǽl-, -sə｜-lɪsɪ] calyco- の異形 (⇨

ca·ly·ci·form [kəlísəfɔ̀əm｜-sɪfɔ̀ːm] 〘← CALYCO-＋-FORM〙 *adj.* 〘植物〙萼(ᵍᵃᵏᵘ)状の.

ca·lyc·i·nal [kəlísənl] *adj.* 〘植物〙＝calycine.

cal·y·cine [kéɪləsàɪn, kǽl-] 〘← CALYCO-＋-INE¹〙 *adj.* 〘植物〙萼(ᵍᵃᵏᵘ) (calyx) の; 萼状の.

cal·y·cle [kéɪlɪkḷ, kǽl-, -lə-｜-lɪ-] 〘▭ F *calicule* ▭ L *calyculus*: ⇨ calyx, -cle〙 *n.* **1** 〘植物〙＝epicalyx. **2** 〘生物〙＝calicle.

cá·ly·cled *adj.* 〘植物〙萼(ᵍᵃᵏᵘ)のある.

ca·ly·co- [kéɪləko(ʊ), kǽl-｜-lɪkə(ʊ)] 〘← NL ～ ← Gk *kaluko-* ← *kálux* 'CALYX'〙〘植物〙「萼(ᵍᵃᵏᵘ) (calyx)」の意の連結形. ★ 母音の前では通例 calyc- になる.

ca·ly·coid [kéɪləkɔ̀ɪd, kǽl-｜-lɪ-] 〘← CALYCO-＋-OID〙 *adj.* 〘植物〙(形・色など) 萼(ᵍᵃᵏᵘ)に似た.

ca·lyc·u·lar [kəlíkjulə｜-lə(r] 〘⇨ ↓, -ar¹〙 *adj.* 〘生物〙小杯状部 (calicle) の[に関する].

ca·lyc·u·lus [kəlíkjuləs] 〘← NL ～ ← L ～: ⇨ calyx, -cule〙 *n.* (*pl.* **-u·li** [-làɪ, -lìː｜-làɪ]) 〘生物〙＝calicle.

Cal·y·don [kǽlədɑ̀n, -dṇ｜-lɪdən, -dn] *n.* カリュドン《古代ギリシャ Aetolia の都市》. **Cal·y·do·nian** [kæ̀lədóʊnjən, -niən｜-lɪdə́ʊnjən, -nɪən] *adj.*

Calydónian bóar *n.* 〘ギリシャ伝説〙カリュドンの猪(ⁱⁿᵒˢʰⁱˢʰⁱ)《Artemis が Calydon を攻めるために放ったという猛悪な猪》.

Calydónian húnt *n.* 〘ギリシャ伝説〙カリュドンの猪(ⁱⁿᵒˢʰⁱˢʰⁱ)狩り《Calydonian boar を狩るために多数の勇士が参加し, Meleager がついにこれを殺した》.

ca·lyp·so¹ [kəlípsoʊ｜-səʊ] 〘← NL ～: ⇨ Calypso〙 —*n.* (*pl.* ～**s**) 〘植物〙ホテイラン《北半球産ラン科ホテイラン属 (*Calypso*) の総称; 大きな唇弁のある可憐な花をつける; ホテイラン (fairy slipper) など》.

ca·lyp·so² [kəlípsoʊ｜-səʊ] 〘(1934) ← ? CALYPSO〙〘音楽〙 —*n.* (*pl.* ～**s**, ～**es**) カリプソ《アフリカから来た奴隷の労働歌から発生した西インド諸島の民謡; そのダンス・リズムは1956年「バナナ ボート ソング」によって世界的に流行した》. —*adj.* カリプソ風の.

Ca·lyp·so [kəlípsoʊ｜-səʊ] 〘▭ L ～ ▭ Gk *Kalupsṓ* ← *kalúptein* to cover〙 —*n.* **1** 女性名. **2** 〘ギリシャ伝説〙カリュプソー《Odysseus を7年間 Ogygia 島に引き留めていた海の精 (nymph)》.

ca·lyp·so·ni·an [kəlìpsóʊniən, kæ̀lɪp-｜-sə́ʊnjən, -nɪən] *adj.* カリプソの[に関する, 風の]. —*n.* カリプソの作曲家[歌手].

ca·lyp·tra [kəlíptrə] 〘← NL ～ ← Gk *kalúptra* veil ← *kalúptein* to cover〙 —*n.* 〘植物〙**1** カリプトラ, かさ, 蘚帽(ˢᵉⁿᵇᵒ). **2** ＝root cap. **ca·lyp·trate** [kəlíptreɪt, -trət, -trɪt] *adj.*

Cal·yp·trae·i·dae [kælɪptríːədìː, -ləp-｜-lɪptríːɪ-] 〘← NL ～ ← *Calyptraea* (属名: ↑)＋-IDAE〙 *n. pl.* 〘貝類〙カリバガサガイ科. 「-i-).

ca·lyp·tri- [kəlíptrɪ, -trə｜-trɪ] calyptro- の異形 (⇨

ca·lyp·tro- [kəlíptro(ʊ)｜-trə(ʊ)] 〘← NL ～: ⇨ calyptra〙〘植物〙「カリプトラ, 蘚帽 (calyptra)」の意の連結形.

ca·lyp·tro·gen [kəlíptrədʒən, -dʒèn] 〘⇨ ↑, -gen〙 *n.* 〘植物〙原根冠, 根冠形成層.

ca·lyx [kéɪlɪks, kǽl-] 〘(1693) ▭ L ～ ▭ Gk *kálux* calyx ← IE **kel-* cup (L *calix* / Gk *kúlix* cup): cf. chalice〙 —*n.* (*pl.* ～**·es, ca·ly·ces** [kéɪləsìːz, kǽl-｜-lɪ-]) **1** 〘植物〙萼(ᵍᵃᵏᵘ) (cf. corolla, perianth, sepal). **2** 〘解剖・動物〙杯, 杯状部.

cályx spràу *n.* 〘農業〙(花弁が落ちた直後から萼が閉じる前までにリンゴ・ナシなどの果樹にふりかける) 殺虫噴霧液《petal fall spray, shuck spray ともいう》.

cályx tùbe *n.* 〘植物〙**1** 萼筒(ᵍᵃᵏᵘᵗᵒ)《合片萼の下部の筒状の部分》. **2** 花托筒 (⇨ hypanthium).

cam [kǽ(ː)m] 〘(1777) ▭ Du. or LG *kam, kamm*《原義》'COMB¹'〙 —*n.* 〘機械〙カム《求める運動の模様に合わせて周辺またはみぞを形づくり, これに接触する相手をそれに沿って動かす機構部分; 自動機械に用いる》.

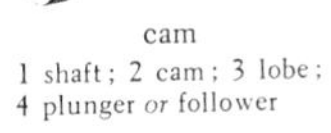

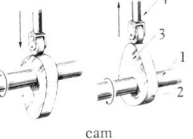

cam
1 shaft; 2 cam; 3 lobe; 4 plunger *or* follower

Cam [kǽ(ː)m] 〘《略》← CAMBRIDGE〙 *n.* [the ～] イングランド東部 Cambridgeshire 州 Cambridge を貫流して Ouse 川に注ぐ川 (64 km).

Cam. 《略》〘軍事〙Camouflage; Cambridge.

ca·ma·chi·le [kɑ̀ːmətʃíli｜-lɪ] 〘▭ Am.-Sp. ～, *guamúchil* ▭ Nahuatl *cuauh-mochitl*〙 —*n.* 〘植物〙キンキジュ (*Pithecolobium dulce*)《熱帯アメリカ産マメ科の大木; 材は建築材, 樹皮は黄色の染料, 実は食用になり, Manila tamarind ともいわれる; huamuchil, guamuchil ともいう》.

Camacho, Manuel Ávila *n.* ⇨ Ávila Camacho.

Ca·ma·güey [kæ̀məgwéɪ; *Sp.* kàmagwéi] *n.* カマーグエイ《Cuba 島中部の都市; 人口 222,000》.

ca·ma·ïeu [kɑ̀ːmɑːjə́ː; *F.* kamajø] 〘▭ F ～ < OF *camaheus*: ⇨ cameo〙 *n.* (*pl.* **ca·ma·ieux** [～]) **1** ＝monochrome 1. **2** 《廃》＝cameo.

ca·mail [kəméɪl] 〘▭ F ～ ▭ OProv. *capmalh* ← *cap* head (< L *caput*)＋*malha* ring of mail (< L *macula* spot, mesh: ⇨ mail¹)〙 —*n.* 〘甲冑〙(basinet の裾(ˢᵘˢᵒ)に付いている) 鎖錣(ᵏᵘˢᵃʳⁱˢʰⁱᵏᵒʳᵒ).

camail
1 basinet; 2 camail

cam·a·ra·de·rie [kæ̀mərǽdəri, kæmrǽd-, kɑ̀ːmərɑ́ːd-, kɑːmrɑ́ːd-｜kæ̀mərɑ́ːdəriː, -rǽd-, -rɪ; *F.* kamaradri] 〘(1840) ▭ F ～ ← *camarade* 'COMRADE': ⇨ -ery〙 —*n.* 友情, 友愛.

ca·ma·ril·la [kæ̀mərílə, -ríː(j)ə｜-rílə; *Sp.* kàmaríja] 〘(1839) ▭ Sp. ～ (dim.) ← *cámara* 'CHAMBER': cf. camera〙 —*n.* (*pl.* ～**s** [～z; *Sp.* ～s]) (権力者の非公式の)秘密顧問団; 徒党 (clique, cabal).

cam·as [kǽməs] 〘▭ N-Am.-Ind. (Chinook) ～ ← Nootka *chamas* sweet〙 —*n.* (*also* **cam·ass** [～], **cam·ash** [kǽmɪʃ]) 〘植物〙ヒナユリ (*Camassia quamash*)《北米西部地方産ユリ科カマシア属の黄花をつける植物; 原住民はこの球根を常食とする; 近縁の *C. esculenta* は観賞用などに栽培》: ⇨ death camas.

ca·mau·ro [kəmáʊroʊ｜-rəʊ] 〘▭ It. ～ ▭ ? ML *camaurum*〙 —*n.* (*pl.* ～**s**) 〘カトリック〙カマウロ, 教皇用赤帽《もと教皇がかぶったアーミン (ermine) の毛で縁どられた深紅色のビロード帽》.

Camb. 《略》Cambridge.

cam·ber [kǽmbə｜-bə(r] 〘(1618) ▭ OF《方言》*cambre* ＝ *chambre* arched < L *camurum* bent inward ← ?〙 —*n.* **1** (道路・梁材・床・甲板などの中高の) 反(ˢᵒ)り. **2** 〘航空〙キャンバー, 矢高(ʸᵃᵈᵃᵏᵃ)《飛行機の翼型中心線のそり; 特に, その最大値: 通例翼弦長に対する百分

率で表わす). **3** 〘造船〙 梁矢(りょうし)《船体の横断面に見る甲板面の中高》. **4** 〘自動車〙 キャンバー, 反(そ)り《前車輪の上方が外側に傾いていること; cf. dished 2 b》. **5** 〘地質〙 地層が風化過程で丘陵の頂から谷側へ傾くこと. **6** 〘ゴルフ〙 (アイアンの)裏底の反り. ― *vt.* **1** わずかに弓なりにする. **2** 〈道路・甲板・梁材など〉に反りをつける. ― *vi.* 〈梁などが〉(中高に)反る.

cámber àngle *n.* 〘自動車〙 キャンバー角, 反(そ)り角《前車輪中心面の鉛直面からの傾き角度》.

cámber bèam *n.* 〘建築〙 起梁(むくりばり)《上方にわずかに反った梁》.

Cam·ber·well [kǽmbəwèl, -wəl | -bəwəl, -wèl] 〘(12C) *Cambrewelle, Camerwella* ← ? OE *cranburna, crammere* crane stream＋ME *welle* 'WELL¹'〙 ― *n.* London 南部の旧自治区《現在は Southwark の一部》.

Cámberwell bèauty *n.* 〘昆虫〙 ＝mourning cloak.

cambia *n.* cambium の複数形.

cam·bi·al [kǽmbiəl | -bɪ-] 〘⇨ cambium, -al¹〙 *adj.* 〘植物〙 形成層 (cambium) の[に関する, の機能をもつ].

cam·bi·a·ta [kæ̀mbiáːṭə | -bɪáːtə; *It.* kambjáːa] 〘⊏ It. ～ (fem.p.p.) ← *cambiare* (↓)〙 ― *n.* 〘音楽〙 カンビアータ, 転過音, 変過音《本来協和音が来るべき位置にある不協和音; 非和声音の一種で, 跳躍進行して和声音に解決することが許されている》.

cam·bist [kǽmbɪst, -bəst | -bɪst] 〘(1809) ⊏ F *cambiste* changer ⊏ It. *cambista* ← *cambiare* to change ＜ LL *cambiāre* ← L *cambire* 'to CHANGE'〙 ― *n.* 〘金融〙 **1 a** 為替手形売買業者. **b** 為替相場専門家[銀行]. **2** 各国通貨・度量衡換算表.

cam·bi·um [kǽmbiəm | -bɪ-] 〘(1671) ⊏ LL ～ 'exchange' ← *cambiāre* (↑)〙 *n.* (*pl.* ～**s**, **-bi·a** [-biə | -bɪə]) 〘植物〙 形成層.

Cam·bo·di·a [kæmbóʊdiə | -báʊdjə, -dɪə] *n.* カンボジア《インドシナ半島南西部の共和国, もとはフランス領インドシナ (French Indo-China) の一部であったが 1953 年独立; 1970 年から 1975 年まで Khmer (公式名 the Republic of Khmer) と呼ばれた; 人口 8,610,000, 面積 181,035 km², 首都 Pnom-Penh; 公式名 Democratic Kampuchea 民主カンボジア》.

Cam·bo·di·an [kæmbóʊdiən | -báʊdjən, -dɪən] *adj.* **1** カンボジアの[に関する]; カンボジア特有の. **2** カンボジア人[語]の. ― *n.* **1** カンボジア人, カンボジアの住民. **2** カンボジア語《公用語クメール語 (Khmer) をいう》.

cam·bo·gia [kæmbóʊdʒə | -dʒɪə, -dʒə] *n.* 〘化学〙 ＝gamboge 1.

Cam·brai [kæmbréɪ, kɑːm-; *F.* kɑ̃bʀɛ] *n.* カンブレ《フランス北部の都市; 人口 38,000》.

cam·brel [kǽmbrəl] 〘← ? Welsh *cam* crooked＋*pren* wood // 《変形》? ← GAMBREL〙 *n.* 〘英方言〙 (肉屋の)肉つり棒 (gambrel).

Cam·bri·a [kǽmbriə, kéɪm- | kǽmbrɪə] 〘⊏ ML ～ 《変形》← *Cumbria* ⊏ Welsh *Cymru* Wales ＜ OCelt. **Kombroges* ← **kom-* together (cf. com-)＋**brog-* region: cf. Cymry〙 ― *n.* 〘詩・文語〙 カンブリア《ウェールズ (Wales) の古[雅]名; cf. Albion》.

Cam·bri·an [kǽmbriən, kéɪm- | kǽmbrɪ-] 〘(1656): ⇨ ↑, -an¹〙 ― *adj.* **1** 〘詩・文語〙 カンブリアの, ウェールズの. **2** 〘地質〙 カンブリア紀[系]の: the ～ period [system] カンブリア紀[系]《古生代の最古期でオルドビス紀[系] (Ordovician period [system]) の前》. ― *n.* **1** 〘詩・文語〙 カンブリア人, ウェールズ人 (Welshman). **2** [the ～] 〘地質〙 カンブリア紀[系].

Cámbrian Móuntains *n. pl.* [the ～] カンブリア山地《ウェールズを南北に走る山脈》.

cam·bric [kéɪmbrɪk] 〘(1530) ⊏ Flem. *Kamerijk*＝F *Cambrai* (原産地フランダースの都市の名)〙 ― *n.* キャンブリック, 上質かなきん (cotton cambric), (薄地の上等)亜麻布; 白麻ハンカチ.

cámbric téa *n.* 《米》 キャンブリック ティー《牛乳を湯で割り砂糖と時に少量の紅茶を入れた, 通例子供向きのお茶代わりの温かい飲物》.

Cam·bridge [kéɪmbrɪdʒ] 〘lateOE *Cantebrigie* 《変形》← OE *Grantebryćġ(e)* 《原義》 bridge over the *Granta* (⊏ Celt.-Latin *gronna* bog: muddy river の意か): G→C の変化, *r* の脱落は Normans の発音の影響〙 ― *n.* **1** イングランド Cambridgeshire 州の首都; 人口 107,000. **2** ＝Cambridge University. **3** ＝Cambridgeshire and Isle of Ely. **4** ＝Cambridgeshire 1. **5** 米国 Massachusetts 州東部の都市, Charles 川を隔てて Boston に対する; Harvard 大学, MIT の所在地; 人口 111,000. ★ ラテン語系形容詞: Cantabrigian. ― *adj.* **1** Cambridge の. **2** ケンブリッジ大学の[に関する]: a ～ man ケンブリッジ大学生[出身者].

Cámbridge blúe, c- b- *n.* 淡青色 (light blue) (cf. Oxford blue).

Cámbridge Plátonism *n.* 〘哲学〙 ケンブリッジプラトン主義《Cambridge Platonist の思想》.

Cámbridge Plátonist *n.* 〘哲学〙 ケンブリッジプラトン派の人《プラトン哲学の伝統に立ち, 経験論とホッブス的唯物論に反対し, 科学と宗教との調和を求めた 17 世紀英国の一群のキリスト教的思想家の一人》.

Cámbridge schòol *n.* [the ～] 〘哲学〙 ケンブリッジ派《20 世紀初頭以来, イギリス ヘーゲル派の観念論に反対して哲学的分析を強調した B. Russell, G. E. Moore, L. Wittgenstein らの哲学者を中心とするグループ》.

Cam·bridge·shire [kéɪmbrɪdʒʃɪə, -ʃə | -brɪdʒʃə(r, -ʃɪə(r, -brɪdʃə(r, -ʃɪə(r] *n.* **1** イングランド東部の州; 1974 年に新設, 旧 Cambridgeshire and Isle of Ely および旧 Huntingdonshire and Peterborough より成る; 人口 540,000, 面積 3412 km², 首都 Cambridge. **2** ＝Cambridgeshire and Isle of Ely.

Cámbridgeshire and Ísle of Ély *n.* イングランド東部の旧州; 1974 年に Cambridgeshire 州の一部となる, 面積 2,151 km², 首都 Cambridge.

Cámbridge Univérsity *n.* ケンブリッジ大学《英国 Cambridge 市にある大学; 1281 年創立; 現在 29 の college から成る》.

Cambs. 《略》 Cambridgeshire.

Cam·by·ses [kæmbáɪsiːz] *n.* カンビセス《?–522 B.C.; Cyrus the Great の子でアケメネス朝 (Achaemenid) ペルシャの王 (530–522 B.C.)》.

Cam·den [kǽmdən] 〘2: ← *Charles Pratt, Earl of Camden* (1714–94: 英国の裁判官・法学者)〙 ― *n.* **1** London 中央部の自治区; Hampstead, St. Pancras などの旧自治区から成る; 人口 186,000. **2** 米国 New Jersey 州南西部, Delaware 河畔の都市; Philadelphia の対岸; 人口 101,000.

Cam·den [kǽmdən], **William** *n.* (1551–1623) 英国の考古家・歴史家; 全国を旅して故事を収集した; のち彼を記念して Camden Society が設立された (1838).

came¹ 〘OE *c(u)ōm*〙 *v.* come の過去形.

came² [kéɪm] 〘⊏ ? MDu. *kaam*: cf. 《方言》 *calm* a mold, frame〙 ― *n.* 〘建築〙 ケイム《格子窓やステンドグラスの窓ガラスを支えるのに用いる細長い溝のある鉛の桟(さん)》.

cam·el [kǽməl] 〘ME ～, *chamel* (OE *camel*) ⊏ ONF *camel*＝OF *chamel* (F *chameau*) ⊏ L *camēlus* ⊏ Gk *kámēlos* ← Sem. (Heb. *gāmāl* / Arab. *jámal*)〙 ― *n.* **1** 〘動物〙 ラクダ《ヒトコブラクダ (Arabian camel, dromedary), フタコブラクダ (Bactrian camel) など》. **2** らくだ色《淡黄茶色》. **3** 〘海事〙 **a** 浮箱《沈没船などを水中から引き上げたり舟橋などに用いる》. **b** (桟橋と船との間におく)浮き防舷(ぼうげん)材.

swallow a camel 〘cf. *strain at a gnat* (⇨ gnat 成句)〙 (小事にこだわって)大事を見逃す.

― *adj.* らくだ色の, 淡黄茶色の.

cámel·bàck *n.* **1** らくだの背: on ～ らくだに乗って. **2** (犬などの)やや隆起した背 (cf. swayback). **3** 前方が 1 階で後方が 2 階の家 《camelback house ともいう》. **4** キャメルバック《タイヤ補修などに使用する一種の再生ゴム》. **5** 〘鉄道〙 蒸気機関車の一種 《camelback locomotive ともいう》. ― *adj.* らくだの背をした. ― *adv.* らくだに乗って.

cámel bìrd *n.* 〘鳥類〙 ダチョウ (ostrich).

cámel crìcket 〘背が丸く突き出ているところから〙 *n.* 〘昆虫〙 ＝cave cricket.

cam·el·eer [kæ̀məlíə | -mɪlíə(r, -mə-] 〘← CAMEL＋-EER〙 *n.* **1** らくだ追い. **2** らくだ騎(乗)兵.

cámel gràss 〘らくだの食料とするところから〙 ― *n.* 〘植物〙 キャメルグラス (*Cymbopogon schoenanthus*) 《アジア原産のイネ科の多年草で牧草とする; camel hay ともいう》.

cámel hàir *n.* ＝camel's hair.

cámel hày *n.* 〘植物〙 ＝camel grass.

ca·mel·ia [kəmíːljə, -mél-, -liə | -ljə, -lɪə] *n.* 〘植物〙 ＝camellia.

Ca·mel·i·dae [kəmélədìː | -lɪ-] 〘← NL ～ ← *Camelus* (属名: ← L *camēlus* 'CAMEL')＋-IDAE〙 *n. pl.* 〘動物〙 ラクダ科.

ca·mel·lia [kəmíːljə, -mél-, -liə | -ljə, -lɪə] 〘(1753) ← NL ～ ← *Georg Josef Kamel* [*Camellus*] (1661–1706: カトリックの Jesuit 会の旅行家, 日本からロンドンにこの植物を初めて持ち帰ったといわれている)＋-IA¹〙 ― *n.* 〘植物〙 ツバキ《ツバキ科ツバキ属 (*Camellia*) の常緑樹の総称; (特に)ツバキ (*C. japonica*), サザンカ (*C. sasanqua*) の園芸品種》.

ca·mel·o·pard [kəméləpɑ̀ːd, kǽməlou- | kǽmɪlə(ʊ)pɑ̀ːd, kəmél-] 〘(1572) ⊏ ML *camēlopard-us* ← L *camēlopardalis* ⊏ Gk *kamēlopárdalis* giraffe: ⇨ camel, pard¹〙 ― *n.* **1** 《古》 キリン (giraffe). **2** [C-] 〘天文〙 ＝Camelopardalis.

Ca·mel·o·par·da·lis [kəmèləpɑ́ədəlɪs, kæ̀məlo(ʊ)-, -ləs, -dḷ- | kæ̀mələ(ʊ)pɑ́ːdəlɪs, kæ̀məl-] 〘← NL ～ (↑)〙 ― *n.* 〘天文〙 きりん(麒麟)座《北天の星座; the Giraffe ともいう》.

Ca·mel·o·par·dus [kəmèləpɑ́ədəs | -lə(ʊ)pɑ́ː-] *n.* 〘天文〙 ＝Camelopardalis.

Cam·e·lot [kǽməlɑ̀t | -mɪlɔ̀t, -mə-] *n.* **1** 〘アーサー王伝説〙 キャメロット《Arthur 王の宮廷のあった所; 一説には英国の Winchester だといわれる》. **2** 田園的幸福の時代[場所, 雰囲気]. **3** 華々しい行為が行なわれた場所[時代].

cam·el·ry [kǽməlri | -rɪ] *n.* 〘集合的〙 〘軍事〙 らくだ部隊[騎兵隊].

cámel's-hàir *adj.* らくだ毛製の: ～ yarn らくだ毛糸 / a ～ brush らくだ毛画筆《今では通例りすの尾の毛で作る》.

cámel's hàir *n.* **1 a** らくだの毛. **b** らくだの毛の代用品《りすの尾の毛など》. **2** らくだの毛または長い羊毛でゆるやかに織った毛織物《色は黄褐色》.

Cam·em·bert [kǽməmbɛ̀ə, ー ー ́ ー | kǽməmbɛ̀ə(r)] 〘(1878) ← *Camembert* (フランス Normandy の原産地名)〙 ― *n.* カマンベール(チーズ)《中身が柔らかくてクリーム状で, 香りが強く味の濃厚なフランス産の白かびチーズ; Camembert cheese ともいう》.

Ca·me·nae [kəmíːniː] *n. pl.* (*sing.* **Ca·me·na** [-nə]) 〘⊏ L *Camēnae* (pl.) ← *Camēna* Muse〙 *n.* 〘ローマ神話〙 カミーニ《予言をした森や泉の精 (nymphs); 後に詩人たちによってギリシャ神話の Muses とされた》.

cam·e·o [kǽmiòʊ | -mɪəʊ] 〘(1561) ⊏ It. *cam(m)eo* ∽ (*a*1422) *cameu* ⊏ OF *came(h)u* (F *camaïeu*) ⊏ ? Arab. *qumā'il* (pl.) ← *qum'ūl* flower bed〙 ― *n.* (*pl.* ～**s**) **1 a** カメオ《縞(しま)目を利用して浮彫りを施しためのう・こはく・貝殻など; cf. intaglio 1 b》. **b** カメオ細工. **2** (人物・場所・事件などを見事に浮彫りにするような)珠玉の短篇(映画)[描写], 印象的な描写, 名場面, みせば, さわり. **3** (劇・映画・テレビで)観客の興味をひく得な端役[わき役] 《cameo role ともいう》. ― *attrib. adj.* **1** カメオの; カメオ風の. **2** 小型の, 小規模の. ― *vt.* カメオにする; カメオ風にする.

cámeo glàss *n.* カメオガラス《ガラス器に数種の色の層を順次かぶせてこれをカメオ風に浮彫りに彫って多彩な模様を出したもの》.

cámeo wàre *n.* カメオウエア《異なった色の素地土を重ねて焼いたジャスパーウエア (jasperware) に模様を浅浮彫りに彫って模様を出したもの》.

cam·er·a [kǽm(ə)rə] 〘(1708) ⊏ L ～ 'arch, vault, (ML) chamber' ⊏ Gk *kamárā*: CHAMBER と二重語〙 ― *n.* (*pl.* ～**s**, 2 では また **-er·ae** [-məriː, -rài]) **1 a** 写真機, カメラ: ⇨ reflex camera. **b** 〘写真〙 ＝camera obscura. **c** テレビカメラ. **2** 判事の私室. **3** [the C-] (ローマ教皇庁の)財務省.

in camera 〘← NL ～ 《原義》 in chamber〙 (1) 秘密に, こっそりと (privately). (2) 〘法律〙 (裁判所の)非公開審理で, 判事の私室で. ***off camera*** 〘テレビ〙 (放送中の)テレビカメラに映らない所で. ***on camera*** 〘テレビ〙 テレビカメラの前で, 生テレビに映されて.

cámera àngle *n.* (被写体に対する)カメラの角度, カメラアングル.

camerae *n.* camera 2 の複数形.

cámera-èye *n.* **1** カメラアイ, 写真眼《写真のように正確で公平な観察または報告する能力》. **2** カメラアイをもった人. **cámera-éyed** *adj.*

cámera gùn *n.* 〘軍事〙 カメラ銃, 写真銃《飛行機に装備し射撃結果を記録しておくため弾丸発射と同調して撮影する映画カメラ》.

cam·er·al [kǽm(ə)rəl] 〘⊏ G *Kameral* ⊏ ML *camerālis* ← *camera* 'governmental chamber': ⇨ camera, -al¹〙 ― *adj.* **1** 判事私室 (camera) の[に関する]. **2** 国家財政の (cameralistic).

cam·er·a·lism [kǽm(ə)rəlɪzm] *n.* 〘経済〙 カメラリズム, 重商主義経済政策《一国の経済力は王侯の富の蓄積によって高められることができるという理論》.

cám·er·a·list [-lɪst, -ləst | -lɪst] 〘⊏ G *Kameralist* ← NL *cameralista*: ⇨ cameral, -ist〙 *n.* (17–18 世紀ヨーロッパの)重商主義論者[官吏].

cam·er·a·lis·tic [kæ̀m(ə)rəlístɪk] *adj.* **1** 国家財政 (public finance) の. **2** カメラリズム (cameralism) の.

cámera lú·ci·da [-lúːsɪdə, -sə- | -sɪ-] 〘← NL ～ 'clear chamber'〙 ― *n.* 〘光学〙 カメラルシダ, 写生器《プリズムを用い離れた二つの物体を重ねて見るための装置; 顕微鏡による像を写生する時に用いる》.

cámera·màn [-mæ̀n, -mən] *n.* (*pl.* **-men** [-mèn, -mən]) **1 a** (新聞の)写真班員, カメラマン. **b** (映画・テレビの)撮影技師, カメラマン. **2** カメラ商.

cámera ob·scú·ra [-əbskjú(ə)rə, -ɑb- | -ɔbskjúərə] 〘← NL ～ 'dark chamber'〙 *n.* 〘写真〙 暗箱.

cámera·plàne *n.* 写真撮影用飛行機, 写真偵察機.

cámera rehéarsal *n.* (テレビ・映画の)試演, カメラリハーサル《実際の放送や撮影のときと同じ条件で行なわれる仕上げのけいこ; cf. dress rehearsal》.

cámera shàke *n.* 〘写真〙 カメラのぶれ.

cámera shòt *n.* 〘写真・映画・テレビ〙 カメラショット, カメラ画像《カメラの位置・角度・回転などによって得られるいろいろな画像や画面; cf. medium shot》.

cámera-shỳ *adj.* カメラが気になる; 写真ぎらいの.

cámera tùbe *n.* 〘電子工学〙 撮像管 (⇨ image tube).

cam·er·len·go [kæ̀məléŋgoʊ | -məléŋgəʊ] 〘(1625) ⊏ It. *camerlingo* ⊏ Gmc **kamarling* ← *kamar* (⊏ ML *camera* chamber): ⇨ camera, -ling¹: cf. chamberlain〙 ― *n.* (*pl.* ～**s**) (*also* **cam·er·lin·go** [-líŋ-]) 〘カトリック〙 カメルレンゴ《教皇の財政官で, 教皇空位時の教皇代行者である枢機卿》.

Cam·e·ron [kǽm(ə)rən] 〘← Sc.-Gael. *cam-shron* crooked nose〙 *n.* 男性名.

Cam·er·o·nian [kæ̀məróʊnjən, -niən | -ráʊnjən, -nɪən] 〘← *Richard Cameron* (1648–80: スコットランドの長老派盟約者)〙 ― *n.* **1** 〘キリスト教〙 カメロン派の人, 改革長老派教会員《スコットランドの長老主義擁護のため誓約を結んだ, いわゆるカヴェナント派 (Covenanters) の中の一派で, 特に Cameron の教会的・政治的教説を信奉する; 後に独自に改革長老派教会 (Reformed Presbyterian (Church)) を結成する》. **2** カメロン隊の兵士《昔のスコットランド歩兵第 26 連隊で, 後にライフル銃隊第一大隊 (First Battalion of Scottish Rifles), 1968 年解散; もと改革派教徒から募兵したのでこの名がある》. ― *adj.* カメロン派の.

Cam·e·roon [kæ̀mərúːn | ー ー ́, ー ー ́ ー] *n.* **1** カメルーン《アフリカ中西部の共和国, もと国連のフランス信託統治領 (French Cameroons), 1960 年独立し 1961 年英国信託統治領 (British Cameroons) の一部と合併; 人口 6,670,000, 面積 475,442 km², 首都 Yaoundé; 公式名 the United Republic of Cameroon カメルー

ン連合共和国；フランス語名 Cameroun》. **2** カメルーン山《カメルーン西部にある活火山 (4,070 m)》.

Cam·e·roon·i·an [kæ̀mərúːniən, -njən | -njən, -niən] *adj.* カメルーン(人)の. ── *n.* カメルーン人.

Cam·e·roons [kæ̀mərúːnz | ⌐ ⌐ ⌐, ⌐ ⌐ ⌐] *n.* [単数扱い] カメルーンズ《アフリカ中西部の地方；1884 年より 1919 年までドイツ植民地であったが, 1919 年英仏の委任統治領に分割; British Cameroons は 1961 年北部は Nigeria と南部は Cameroon と合併; French Cameroons は 1960 年独立, 1961 年現在の Cameroon となる》.

Cam·e·roun [kæ̀mərúːn | ⌐ ⌐ ⌐, ⌐ ⌐ ⌐; *F.* kamrun] *n.* **1** カムルーン《Cameroon のフランス語名》. **2** = French Cameroons; 独立後の French Cameroons (⇨ Cameroons).

Cam·e·roun·i·an [kæ̀mərúːniən, -njən | -njən, -niən] *adj.* カメルーン(人)の. ── *n.* カメルーン人.

Cam·ford [kǽmfəd | -fəd] 〖《混成》← CAM(BRIDGE) + (OX)FORD〗 *n., adj.* = Oxbridge.

cam·i·knick·ers [kǽmɪnɪkəz, -mə- | -mɪnɪkəz] 〖← CAMI(SOLE) + KNICKERS〗 ── *n. pl.* 《英》キャミニッカー《婦人用のショーツとキャミソールのつながった下着; camiknicks ともいう》.

camiknickers

cam·i·knicks [kǽmɪnɪks] 〖← cami- (↑) + *knicks* (《略》← KNICKERS)〗 *n. pl.* = camiknickers.

Ca·mil·la [kəmɪ́lə] 〖□ L ~ (fem.) ← *camillus* a noble youth serving in a temple □ Gk *Kamilos*: Virgil の *Aeneid* 中の女傑の名〗 *n.* 女性名.

Ca·mille [kəmíːl; *F.* kamij] 〖□ F ~: ↑〗 *n.* **1** 女性名《異形 Camile, Camila, Camilla》. **2** [*F.* kamij] 男性名.

ca·mi·no re·al [kəmíːnouˈreɪɑ́ːl | -nəu-; *Sp.* kamínoreál] 〖□ Sp. ~ 《原義》royal road〗 ── *Sp. n.* (*pl.* **ca·mi·nos re·a·les** [-nouz-reɪɑ́ːleɪs | -nəuz-; *Sp.* -nosreáles], **~s**) 幹線道路, 主要道路.

ca·mion [kæmjɔ́ː(ŋ), -mjɔ́(ː)ŋ | kǽmɪən; *F.* kamjɔ̃] 〖□ F ~ ← ?〗 *n.* **1** (台の低い 4 輪の)荷車 (dray). **2** トラック (truck); バス (bus).

cam·i·sa·do [kæ̀məséɪdou, -sɑ́ː- | -mɪséɪdəu, -sɑ́ː-] 〖□ ? Sp. 《廃》*camisada* ← *camisa* shirt: 昔夜襲の際に味方の目印のために鎧の上に白いシャツを着たことから: ⇨ -ado: cf. chemise〗 ── *n.* (*pl.* **~s**) (*also* **cam·i·sade** [kæ̀məséɪd, -sɑ́ːd | -mɪ-]) 《古》夜襲, 夜間攻撃.

ca·mise [kəmíːz, -míːs] 〖□ Arab. *qamīṣ* □ LL *camisia*: ⇨ chemise〗 *n.* カミース《軽くてゆったりとした長袖のシャツ[チュニック]; 時に下着にもする》.

cam·i·sole [kǽməsòul | -mɪsəul] 〖□ F ~ □ OProv. *camisola* (dim.) ← *camisa* 'CHEMISE'〗 ── *n.* **1 a** 《古》キャミソール, カミソール《肩ひも付腰丈の婦人用下着; レースなど装飾がある》. **b** キャミソールブラウス《ローネックラインで肩ひも付》. **2** 婦人用の短い化粧着. **3** 拘束用長袖ジャケット (straitjacket). **4** (もと男が着た)袖付きジャケット.

cam·la [kǽmlə] 〖← ?〗 *n.* 〘植物〙シロバナフロックス (*Phlox nivalis*)《米国南東部原産ハナシノブ科の多年草; 観賞用》.

cam·let [kǽmlɪt, -lət] 〖《16C》□ F *camelot* ⇔ 《1388》*chamelot* □ OF □ ? Arab. *khámlaʰ* ← *khaml* nap: フランス語形はこの布がラクダの毛で織られたとして, F *chameau* camel と連想したもの〗 ── *n.* **1** 《古》 **a** らくだ織《ラクダの毛またはアンゴラやぎの毛を用いた平織の中世アジアの紡毛織物》. **b** らくだ織で作った服. **2** 厚い防水布地.

Cam·maerts [kɑ́ːmɑəts | -mɑːts; *F.* kamarts], **Émile (Léon)** *n.* カマルツ《1878–1953; 英国に在住したベルギーの詩人》.

「= restharrow.

cam·mock[1] [kǽmək] 〖OE *cammoc* ← ?〗 *n.* 〘植物〙

cam·mock[2] [kǽmək] 〖ME *kamboc* □ ML *combuca* ← Celt.: cf. Welsh *camog* bent stick〗 ── *n.* 《スコット》 **1** 曲った杖; (特に)ホッケーのスティック. **2** (フィールド)ホッケー (field hockey).

Cam·o·ëns [kǽmouənz, kǽmouəns | kǽməuənz, kəmə́uənz; *Port.* kɐmõĩʃ], **Lu·is Vaz de** [luíʒ váʒ də] *n.* カモンイス《1524–80; ポルトガルの詩人; *The Lusiads* (1572); ポルトガル語名 Camões》.

cam·o·mile [kǽməmàɪl, -mìːl | -mə(u)màɪl] *n.* 〘植物〙= chamomile.

Ca·mor·ra [kəmɔ́(ː)rə, -mɑ́rə | -mɔ́rə] 〖□ It. ~ □ Sp. ~ 'dispute, quarrel'〗 ── *n.* **1** [the ~] カモラ党《1820 年ごろイタリアの Naples に起こった政治的・犯罪的秘密結社; cf. Mafia》. **2** [c-] (カモラに似た)秘密結社, 犯罪組織.

「カモラ主義.

Ca·mór·rism [-rɪzṃ] *n.* カモラ党的秘密結社主義,

Ca·mór·rist [-rɪst, -rəst | -rɪst] 〖□ It. *Camorrista*: ⇨ Camorra, -ist〗 *n.* **1** カモラ党員. **2** [c-] (カモラに似た)秘密結社の一員.

Ca·mor·ris·ta [kɑ̀ːmɔ(ː)ríːstə, -mə- | -mɔr-; *It.* kàmorrísta] *n.* (*pl.* **Ca·mor·ris·ti** [-ti | -tɪ; *It.* -ti]) = Camorrist.

cam·ou·flage [kǽməflɑ̀ːʒ, kɑ́ːm-, -flɑ̀ːdʒ | kǽmu-, -mə-; *F.* kamuflaːʒ] 〖《1917》□ F ~ ← *camoufler* to disguise (← ? *ca-* (collective pref.) + *moufler* to cover up) + -AGE: CAMOUFLET との連想によるものか〗 ── *n.* **1** 〘軍事〙偽装, 迷彩, 擬装, カムフラージ. **2** だまし, ごまかし (deception); 変装 (disguise). ── *vt.* …にカムフラージ[偽装, 迷彩]を施す, 偽装で隠す; ごまかす: ~ guns *with* green leaves 緑の葉で大砲にカムフラージを施す / a ~*d* accident 偽装された事故. ── *vi.* カムフラージする, 偽装する. **cám·ou·flàg·er** *n.* **cam·ou·flag·ic** [kæ̀məflɑ́ːʒɪk, kɑ̀ːm-, -flɑ́ːdʒ- | kæ̀mu-, -mə-] *adj.*

cam·ou·flage·a·ble [kǽməflɑ̀ːʒəbḷ, kɑ́ːm-, -flɑ̀ːdʒ- | kǽmu-, -mə-] *adj.* カムフラージのできる, 偽装可能な.

cam·ou·flet [kæ̀məfléɪ, ⌐ ⌐ ⌐; *F.* kamuflɛ] 〖□ F ~ 《原義》whiff of smoke 《変形》← ? MF *chault mouflet* hot face〗 ── *n.* **1 a** 盲爆, 地中爆発, 地下爆発《爆弾・地雷が地中で爆発しても地表を破壊せずに地中にガスと煙の空洞を残すもの》. **b** 盲爆孔《盲爆によってできた空洞》. **c** (盲爆孔を作る)爆弾[地雷]. **2** (敵の地雷用の坑道を爆破するための)対壕地雷.

cam·ou·fleur [kæ̀məflə́ː, ⌐ ⌐ ⌐ | kæ̀məflə́ː(r, ⌐ ⌐ ⌐; *F.* kamuflœːr] 〖□ F ~〗 *n.* 〘軍事〙偽装工作兵, 偽装員[係].

camp[1] [kǽmp] 〖《1528》□ (O)F ~ □ It. *campo* field < L *campum* flat space: cf. campus〗 ── *n.* **1 a** (軍隊などの仮住いのための)幕営, 野営, 野営陣地; 宿営地; 駐屯[駐留]地(の営舎): a base ~ ベースキャンプ, 基地. **b** (山や海のレクリエーション用の)キャンプ(場). **c** (鉱夫・木こりなどの)飯場; 鉱山の集落, 鉱山町: a mining ~ 鉱山町. **d** (捕虜などの)収容所: ⇨ concentration camp. **e** 《豪》家畜の休息[集合, 収容]場所: a cattle ~. **2** [集合的] **a** (野営の)テント: pitch [make] (a) ~ テントを張る / strike [break up] a ~ テントをはずす[たたむ]. **b** テントに住む人たち, キャンプの一団, 野営隊, 出征軍. **3 a** (遊牧者・探検家・遊山者などの)野宿, キャンプ. **b** 兵役, 軍隊生活 (military life). **4 a** (主義・宗教などでつながる)同志, グループ; (主義・主張を推進・擁護する)陣営: in the same [enemy's] ~ 同じ[敵の]陣営に / have a foot in both ~*s* 両陣営に属する / defend a conservative ~ 保守陣営を擁護する. **b** (イデオロギー上の)立場, 陣: change ~*s* 考えを変える / attack the rival ~ 相手側をやっつける. **5** 《米》(在郷軍人会などの)分会, 支部.

break camp キャンプをたたむ; キャンプをたたんで去る.

── *vi.* **1** 野営を張る, 野営する, 野宿する; キャンプ生活をする 〈*out*〉. **2** 陣取る, 一つ所にがんばる: ~ in front of the Capitol 国会議事堂前に陣取る / ~ on the trail of …にしつこくついて行く / ~ down 腰を落ち着ける. **3** 一時仕まいする, 仮住まいする 〈*out*〉; 宿をとる, 宿泊する: ~ in a flat アパートに仮住まいする. **4** 《豪》《家畜が》(休息のために)集まる. ── *vt.* **1** 野営させる, 野宿させる; キャンプさせる. **2** …に仮住まいを提供する, 住まわせる.

camp[2] [kǽmp] 〖← ? 《方言》*camp* uncouth person 《転用》? ← CAMP[1]〗 《俗》 ── *n.* **1** 同性愛の人, ホモ. **2** (同性愛者が示す)女っぽいしぐさ. **3 a** (滑稽なほど)わざとらしい[陳腐な, 不調和な]もの[振舞い, 気取り]: ⇨ high camp, low camp. **b** わざとらしい[陳腐な]振舞いをする人. ── *adj.* = campy. ── *vi.* **1** 風変りな[芝居がかった, 陳腐すぎる]振舞い[話し方]をする 〈*around*〉; ふざけたことを言う[する]: Stop ~*ing*! ふざけるのはよせ. **2** 同性愛者である; ホモのように振舞う. ── *vt.* きざっぽく[芝居気たっぷりに, 陳腐すぎるように]演ずる 〈*up*〉: ~ the last act 最終幕を芝居気よろしく演ずる.

camp it up 《俗》(1) きざっぽく[芝居気たっぷりに]演技する. (2) 同性愛をひけらかす.

c AMP 《略》〘生化学〙cyclic AMP.

Cam·pa·gna [kæmpɑ́ːnjə, kəm-, -pǽn- | kæmpɑ́ːn-; *It.* kampáɲɲa] 〖□ It. ~ □ L *Campānia* (地方の名) ← *campāneus* of an open country ← *campus*: cf. camp[1]〗 ── *n.* **1** [the ~] = Campagna di Roma. **2** [c-] 平原 (champaign).

Campágna di Róma [-diːróumə | -róu-; *It.* -diróːma] *n.* [the ~] カンパニア ディ ローマ《イタリアの Rome の周辺の平原》.

cam·paign [kæmpéɪn] 〖《1628》□ F *campagne* open country □ It. *campagna* < LL *campāniam* 'CAMPAGNA'〗 ── *n.* **1 a** 会戦, 戦役《戦争の一つの明確な局面を形成する一連の計画的軍事作戦》: the Waterloo ~ / on ~ 従軍して, 出征中で. **b** 《廃》(一期間の)野戦行動. **2 a** (社会的・政治的目的のために組織的に行なわれる)運動, キャンペーン: a political ~ 政治運動 / a welfare ~ 福祉運動 / a sales ~ 大売出し / go on [conduct] a ~ *against* alcohol 禁酒運動をする / engage in a ~ *for* funds 資金カンパをする, 基金募集運動をする. **b** 選挙戦, 選挙運動, 遊説(ゆうぜい) (canvass): a ~ chairman 選挙事務長 / a ~ club 選挙後援会 / a ~ biography 《米》(特に, 大統領選挙前に出す)候補者略歴 / carry on an election ~ 選挙運動をする. **3** 《廃》平原 (plain). **4** 〘冶金〙キャンペイン《溶鉱炉でスタートから炉修理等で吹き止めするまでの一期間》. ── *vi.* 出征する, 従軍する, 会戦に参加する; 運動を起こす, 運動をする: go ~*ing* 従軍する; 運動をする, 遊説する / ~ *for* the presidency 大統領選挙運動をする.

campáign chèst *n.* **1** = campaign fund. **2** (元来は従軍の際将校が用いた)持ち運びできる小型たんす.

cam·páign·er *n.* **1** 従軍者; 老兵 (veteran): an old ~ 古つわ者, 老練な人. **2** 運動[キャンペーン, 選挙戦]に従事する人.

campáign fùnd *n.* 選挙運動資金.

campáign hàt *n.* (もと米陸軍兵・海兵隊員がかぶった)戦闘帽, 従軍帽《縁が広く四つのくぼみがあるフェルト帽》.

campáign mèdal *n.* 〘軍事〙= service medal.

campáign rìbbon *n.* 〘軍事〙従軍リボン[記章], 戦役記念リボン[章]《細い線条または細長いリボンで, 従軍した戦役別に色分けされている》.

Cam·pa·nia [kæmpéɪnjə, -niə | -njə, -niə; *It.* kampáːnja] *n.* カンパニア(州)《イタリア南部の州; 人口 5,055,000, 面積 13,595 km²; 首都 Naples》.

cam·pa·ni·le [kæ̀mpəníːli, kɑ̀ːm- | kæ̀mpəníːlɪ] 〖《1640》□ It. ~ 'bell tower' ← *campana* bell < LL *campānam*〗 ── *n.* (*pl.* **~s, -ni·li** [-liː]) 〘建築〙カンパニーレ, 鐘塔 (bell tower)《聖堂とは別建築になっているものにいう; cf. belfry》.

campanile

cam·pa·nol·o·ger [kæ̀mpənɑ́lədʒə | -nɔ́lədʒə(r] *n.* = campanologist.

càm·pa·nól·o·gist [-dʒɪst, -dʒəst | -dʒɪst] *n.* 鐘術師; 鳴鐘家.

cam·pa·nol·o·gy [kæ̀mpənɑ́lədʒi | -nɔ́lədʒɪ] 〖← NL *campānologia* ← LL *campāna* bell + -LOGY〗 ── *n.* **1** 鐘学《鐘の鋳造術などの研究》. **2** 鳴鐘法[術]《鐘の鳴らし方の技術; cf. change ringing》. **cam·pa·no·log·i·cal** [kæ̀mpənə(ʊ)lɑ́dʒɪkəl, -dʒə- | -nə(ʊ)lɔ́dʒɪ-] *adj.*

cam·pan·u·la [kæmpǽnjʊlə | kəm-] 〖《1664》← NL ~ (dim.) ← LL *campāna* bell: ⇨ ule〗 ── *n.* 〘植物〙カンパニュラ, ツリガネソウ《キキョウ科ホタルブクロ属 (*Campanula*) の植物の総称; フウリンソウ (*C. medium*) など, cf. bellflower》.

Cam·pan·u·la·ce·ae [kæmpæ̀njʊléɪsiìː] 〖← NL ~: ⇨ ↑, -aceae〗 *n. pl.* 〘植物〙キキョウ科. **cam·pàn·u·lá·ceous** [-ʃəs] *adj.*

Cam·pan·u·la·les [kæmpæ̀njʊléɪliːz] 〖← NL ~: ⇨ campanula, -ales〗 *n. pl.* 〘植物〙キキョウ目.

Cam·pan·u·la·tae [kæmpæ̀njʊlɑ́ːtiː, -léɪ-] 〖← NL ~ ← CAMPANULA + L *-atae* ((fem. pl.) ← *-ātus* '-ATE[2]')〗 *n. pl.* 〘植物〙= Campanulales.

cam·pan·u·late [kæmpǽnjʊlət, -lɪt, -lèɪt | kəm-] 〖← CAMPANULA + -ATE[2]〗 *adj.* 〘生物〙鐘状の, 鐘形の.

cámp béd *n.* (折り畳み式の小型の)キャンプ用寝台.

Camp·bell [kǽmbḷ, kǽməl | kǽmbḷ], **Alexander** *n.* (1788–1866) アイルランド生れの米国の牧師; ディサイプル教会 (DISCIPLES of Christ) の創始者 (cf. Campbellism, Campbellite).

Campbell, Colin *n.* (1792–1863) 英国の将軍; インド軍司令官として Indian Mutiny を鎮圧; 称号 Baron Clyde.

Campbell, Mrs. **Patrick** *n.* (1865–1940) 英国の女優; 本名 Beatrice Stella Tanner.

Campbell, Thomas *n.* (1763–1854) 英国の詩人; *Hohenlinden*, *The Battle of the Baltic* などの war songs で有名.

Camp·bell-Ban·ner·man [kǽmbḷbǽnəmən, kǽməl- | kǽmbḷbǽnə-], Sir **Henry** *n.* (1836–1908) 英国自由党の政治家; 首相 (1905–08).

Cámp·bell·ism [-(b)əlɪzṃ | -bəl-] 〖← *Alexander Campbell*: ⇨ -ism〗 ── *n.* 〘キリスト教〙キャンベル主義《浸礼 (immersion) の必要やキリスト再臨の切迫を説き, すべての信条を拒否する》.

Camp·bell·ite [kǽm(b)əlàɪt | -bəl-] 〖⇨ ↑, -ite[1]〗 *n.* 〘キリスト教〙[しばしば軽蔑的に] キャンベル派の一員, ディサイプル教会 (DISCIPLES of Christ) 員.

cámp càr *n.* 〘鉄道〙キャンプカー《鉄道建設・保線要員用の宿泊施設を備えた車両; outfit car ともいう》.

cámp chàir *n.* (折り畳み式の)キャンプ用椅子.

cámp·cràft *n.* キャンプ術, テント生活法.

Cam·pe·che [kæmpíːtʃi | -tʃɪ; *Sp.* kampétʃe] *n.* **1** カンペチェ(州)《メキシコ南東部 Yucatán 半島にある州; 人口 252,000, 面積 56,115 km²》. **2** カンペチェ《同州の首都で海港; 人口 70,000》.

Campeche, the Gulf [Bay] of *n.* カンペチェ湾《メキシコ湾の南西部, メキシコ南東岸に沿う湾》.

Cam·pe·phag·i·dae [kæ̀mpəfǽdʒədìː | -dʒɪ-] 〖← NL ~ ← *Campephaga* (属名: ← Gk *kámpē* caterpillar + NL *-phaga* eater (⇨ -phagy)) + -IDAE〗 ── *n. pl.* 〘鳥類〙サンショウクイ科. **cam·peph·a·gine** [kæmpéfədʒàɪn] *adj.*

cámp·er *n.* **1 a** キャンプする人. **b** (子供向けの)サマーキャンプに参加する人. **2** キャンパー, キャンプ用自動車《キャンプ用の設備のある自動車・トレーラーなど》.

cám·per·nelle jònquil, C- j- [kǽmpənèl-, ⌐ ⌐ ⌐ | -pə-, ⌐ ⌐ ⌐] 〖← ? *Campernelle* (個人名)〗 ── *n.* 〘植物〙キブサスイセン, カンランスイセン (*Narcissus odorus*)《地中海沿岸原産ヒガンバナ科の植物》.

cámper·shìp *n.* 《米》キャンプ補助金《少年・少女がサマーキャンプに参加できるようにする補助金》.

cam·pe·si·no [kæ̀mpəsíːnou | -nəu; *Sp.* kàmpasíno] 〖□ Sp. ~ ← *campo* country < L *campus* 'field, CAMP[1]'〗 ── *Sp. n.* (*pl.* **~s**) (ラテンアメリカの)田舎の人; (特に, ラテンアメリカの原住民の)百姓 (peasant), 農夫 (farmer).

cam·pes·tral [kæmpéstrəl] 〖《*a*1750》← L *campestr-*,

campester (← *campus* field)+-AL¹】 *adj.* 《まれ》野原の, 原野の; 田舎の (rural). 「チフス (typhus).
cámp fèver *n.* 野営地に発生する熱病; (特に)発疹
cámp·fìre *n.* **1** キャンプファイヤー《野営[キャンプ]で燃すかがり火》. **2** キャンプファイヤーを中心とする集まり, キャンプファイヤーを囲む懇親会.
cámpfire gìrl *n.* 《米》キャンプファイヤーガール《7 歳-18 歳, 特に 10 歳-14 歳の Camp Fire Girls, Inc. (1910 年創設)の団員》.
cámp fòllower *n.* **1 a** 非戦闘従軍者《野営軍隊について行く商人・人夫・洗濯婦・売春婦など; cf. sutler》. **b** 移動売春婦. **2 a** (ある団体の)同情者, 共鳴者《非団体員で物質的支援はしない人》. **b** 個人の利益のためにのみ政党または政治運動に加わる人[政治家].
cámp·gròund *n.* 《米》キャンプ場; 野営地. 「形.
camph- [kæmf] (母音の前に来る時の) campho- の異
cam·phane [kǽmfeɪn] 【← CAMPHO- + -ANE²】 *n.* 【化学】カンファン ($C_{10}H_{18}$)《脂環式炭火水素で白色結晶; bornane ともいう》.
cam·phene¹ [kǽmfiːn, ─ ́] 【← CAMPHO- + -ENE】 *n.* 【化学】カンフェン ($C_{10}H_{16}$)《モノテルペン炭化水素の一種; 針葉樹の精油として存在; 無色結晶》.
cam·phene² [kǽmfiːn] *n.* 【化学】=camphine.
cam·phine [kǽmfiːn] 【← CAMPHO- + -INE³】 *n.* 【化学】カンフィン《テルペンとアルコールの混合物でかつて照明弾の材料として用いた》.
cam·phire [kǽmfaɪə | -faɪə(r)] 【《15C》《異形》← CAMPHOR】 *n.* 【植物】シコウカ (指甲花) (⇨ henna).
cam·pho- [kǽmfo(ʊ) | -fə(ʊ)] 【← NL *camphora* ' CAMPHOR '】「ショウノウ (camphor)」の意の連結形. ★ 母音の前では通例 camph- になる.
cam·phol [kǽmfɔ(ː)l, -foʊl | -fɔl] 【← CAMPHO- + -OL¹】 *n.* 【化学】カンフォール (⇨ borneol).
cam·phor [kǽmfə | -fə(r)] 【《17C》▭ ML *camphora* ▭ Arab. *kāfūr* ▭ Malay *kāpūr* chalk ∽ 《1313》*caumfre* ▭ AF】 ── *n.* 【化学・薬学】 **1** ショウノウ, カンフル ($C_{10}H_{16}O$): an injection of ～ = a ～ injection カンフル注射. **2** ショウノウに類似した物質.
cam·pho·ra·ceous [kæ̀mfəréɪʃəs] *adj.* ショウノウの性質をもつ, ショウノウ特有の: a ～ odor.
cam·phor·ate [kǽmfərèɪt] *vt.* …にショウノウを入れる, ショウノウで処理する.
cám·phor·àt·ed óil [-tɪd-, -t̬əd- | -tɪd-, -təd-] *n.* 【薬学】ショウノウ塗剤《塗布薬として用いる》.
cámphor bàll *n.* (虫除け用)ショウノウの玉 (cf. mothball).
cam·phor·ic [kæmfɔ́(ː)rɪk, -fɑ́r- | -fɔ́r-] *adj.* 【化学】ショウノウの[に関する, を含む, から取った].
camphóric ácid *n.* 【化学】ショウノウ酸 ($C_8H_{14}(COOH)_2$)《ショウノウの酸化で得られる》.
cámphor ìce *n.* 【薬学】(パラフィン・ショウノウ・鯨蠟・ひまし油で作る)ショウノウ軟膏(こう).
cámphor làurel *n.* 【植物】=camphor tree.
cámphor òil *n.* 【化学】ショウノウ油《クスノキの水蒸気蒸留によって得られる油; ショウノウ 50%, その他 30 種以上の精油混合物; 香料の原料》.
cámphor trèe *n.* 【植物】クスノキ (*Cinnamomum camphora*)《樹脂からカンフルをとる》.
cámphor·wòod *n.* クスノキ材《高級家具用》.
campi *n.* campus の複数形.
cam·pim·e·ter [kæmpímət̬ə | -mɪtə(r, -mə-] 【← *campi-* (← L *campus* field) + -METER¹】 ── *n.* 【眼科】(中心)視野計. **cam·pi·met·ri·cal** [kæ̀mpəmétrɪkəl, -rə- | -pɪmétrɪ-] *adj.* **cam·pim·e·try** [kæmpímətri | -mɪtrɪ, -mə-] *n.*
cámp·ing *n.* 野営; キャンプ[テント]生活.
cam·pi·on [kǽmpiən | -pjən, -pɪən] 【《1576》《異形》← ? CHAMPION: 栄冠の花輪に用いたことから】 ── *n.* 【植物】ナデシコ科センノウ属 (*Lychnis*) またはマンテマ属 (*Silene*) などの植物の総称.
Cam·pi·on [kǽmpiən | -pjən, -pɪən], **Edmund** *n.* (1540-81) 英国のカトリック聖職者・殉教者.
Campion, Thomas *n.* (1567-1620) 英国の詩人・作曲家; *Books of Ayres* (4 vols., 1610-12).
campi santi *n.* campo santo の複数形.
cámp mèeting *n.* 【キリスト教】野外[テント]集会《主にメソジスト派の人々の行なう数日にわたる伝道集会; 米国で始められた》.
cam·po [kǽmpoʊ, kɑ́ːm- | -pəʊ] 【▭ Port. or Sp. ～ < L *campum* field: cf. camp¹】 *n.* (*pl.* ～**s**) (南米ブラジル高原北部の)乾燥性の大草原 (cf. savanna).
Cam·po·bel·lo [kæ̀mpəbéloʊ | -ləʊ] *n.* カナダの島; Fundy 湾にあって New Brunswick の一部.
cam·po·de·i·form [kæ̀mpóʊdiəfɔ̀ːm | -pə́ʊdiɪfɔ̀ːm] 【← NL ～ ← *Campodea* (← Gk *kámpē* caterpillar + NL-*odea* '-ODE¹') + -I- + -FORM】 ── *adj.* 【昆虫】ナガトビムシ型の, ナガコムシ型の《甲虫類の幼虫を大別するとナガトビムシ型とウジムシ型 (eruciform) とに分けられ, 前者にはオサムシ科・ハネカクシ科およびその近似群の幼虫が属する》.
Cam·po·for·mi·do [kæ̀mpo(ʊ)fɔ́əmədòʊ | -pə(ʊ)fɔ́ːmɪdəʊ; *It.* kàmpofórmido] *n.* カンポフォルミド《イタリア北東部の村; 1797 年フランスとオーストリアがナポレオン戦争の条約を結んだ地; 旧名 Campo Formio》. 「kampong.
cam·pong [kɑ́ːmpɔ(ː)ŋ, -pɑŋ, ─ ́ | kæmpɔ́ŋ] *n.* =
camp·o·ree [kæ̀mpəríː, ─ ─ ́] 【← CAMP¹ + (JAMB)-OREE】 ── *n.* 《米》キャンポリー《ボーイスカウトやガールスカウトの野営, 一般にスカウト技能を競う地方的な大会; cf. jamboree 3》.
cam·po san·to [kæ̀mpoʊ sǽnt̬oʊ, kɑ́ːmpoʊ-sɑ́ːn- | kæ̀mpəʊ-sǽntəʊ, kɑ̀ːmpəʊ-sɑ́ːn-; *It.* kàmposánto] 【▭ It. & Sp. ～ 'sacred field': cf. camp¹, saint】 ── *It. n.* (*pl.* **cam·pos san·tos** [-poʊs-, -t̬oʊs | -pəʊs-, -təʊs], **cam·pi san·ti** [kǽmpiː-sǽntiː, kɑ́ːmpiː-sɑ́ːn-; *It.* kàmpisánti]) 共同墓地 (cemetery).
cámp-òut *n.* グループによるキャンプ(生活). 「ス」.
cám prèss *n.* 【機械】カムプレス《カムを用いたプレ
cámp·shèd 【《1471》← ? CANT² + 《廃》*shide* plank (< OE *scīd* < Gmc **skīðam* ← **skið-* to divide: cf. shed²)】 *n.* 《英》(川岸と堤防の)杭と板の補強壁.
cámp·shòt 【《変形》↑】 *n.* 《英》=campshed.
cámp·sìte *n.* キャンプ場[地], 野営地.
cámp·stòol *n.* (折り畳み式の床几(しょうぎ)型の)キャンプ用椅子, キャンプスツール.
camp·to- [kǽm(p)to(ʊ) | -tə(ʊ)] 【← NL ～ ← Gk *kámptos* flexible】「曲がった (bent); 彎曲した (curved)」の意の連結形: *campto*drome.
cam·pus [kǽmpəs] 【《1774》▭ L ～ ' field ' < IE **kampos* corner, cove ← **kam-p-* to bend (Gk *kampē* curved port): ⇨ camp¹】 ── *n.* (*pl.* ～**·es**, **cam·pi** [-paɪ, -piː]) **1** (大学, その他学校の)構内, キャンパス《建物も含む全構内をいう》; (草地の)校庭: on the ～ 校庭[学内]で. **2** 大学, 学園; 分校. **3** 大学生活, 大学教育; 学問の世界. ── *attrib. adj.* 学内[キャンパス]での; 大学の, 学園の: a ～ dispute [riot] 学園紛争[騒動] / a ～ newspaper 学園[大学]新聞 / ～ activities [life] 学生活動[生活].
camp·y [kǽmpi | -pɪ] 【← CAMP² + -Y⁴】 ── *adj.* (**camp·i·er**, **-i·est**) 《俗》 **1** 滑稽なほどわざとらしい[気取った, 陳腐な, 時代遅れな]. **2** 同性愛の (homosexual). **3** 〈男が〉女っぽい, なよなよした.
cam·py·lite [kǽmpəlàɪt | -pɪ-] 【← Gk *kampúlos* curved + -ITE¹】 *n.* 【鉱物】黄色または褐色をした緑鉛鉱の一種 ($Pb_5(AsO_4, PO_4)_3Cl$).
cam·py·lot·ro·pous [kæ̀mpəlɑ́trəpəs | -pɪlɔ́t-] 【← Gk *kampúlos* (↑) + -TROPOUS】 ── *adj.* 【植物】彎生の《胚珠が弓状に彎曲しているものについていう; cf. anatropous》: a ～ ovule 彎生胚珠.
cám·shàft *n.* 【機械】カム軸, カムシャフト.
Ca·mus [kæmjúː; *F.* kamy], **Albert** *n.* カミュ《1913-60; アルジェリア生まれのフランスの小説家・評論家・劇作家; Nobel 文学賞 (1957); *L'Étranger*「異邦人」(1942), *La Peste*「ペスト」(1947)》.
cám whèel *n.* 【機械】カム輪.
cám·wòod 【← W-Afr. *k'am* camwood + WOOD¹】 ── *n.* アフリカビャクダン (*Baphia nitida*)《西部アフリカ産マメ科の高木; 材は堅く, 赤色の染料を取る; African sandalwood ともいう》.
can¹ [kǽ(ː)n] 【OE *canne* jar, drinking vessel ← Gmc **kannōn* (G *Kanne* / Du. *kan*) // ▭ LL *canna*】 ── *n.* **1** ブリキかん, (かん詰の)かん (《英》tin): a ～ of condensed milk / live out of ～*s* ⇨ live¹ 成句. **2 a** (液体を入れる通例取っ手と口の付いた)かん: a milk ～ / an oil ～ 油のかん; 油差し / a water ～ / a sprinkling ～ じょうろ. **b** 水飲みコップ. **3** かん詰; かん 1 杯(の量): serve a ～ of peas えんどう豆のかん詰を出す. **4 a** (金属製の)筒《茶筒など》. **b** 《米》(大きな円筒型の)ごみ入れ, くず入れ (《英》bin): ⇨ ash can, garbage can. **c** (ガラスまたは陶器の果物・野菜を密封して保存しておく)つぼ. **5** 《米軍俗》 **a** 爆雷 (depth charge). **b** 駆逐艦. **6** 《俗》刑務所 (jail). **7** 《米俗》便所 (water closet). **8** 《米俗》尻(しり) (buttocks). **9** 《俗》1 オンスのマリファナ. **10** 【原子力】(原子炉の)燃料(棒)を密封する金属製の容器; (燃料)被覆 (clad, cladding).
a can of worms 《口語》こみ入った問題[事柄]. ***carry*** [***take***] ***the can*** (***back***) 《俗》責めを負う[罰を受ける]べき立場に立つ[立たされる]. ***in the can*** 《口語》〈映画が〉撮影を完了して.
── *vt.* (**canned**; **can·ning**) **1** かん詰にする, びん詰にする. **2** テープ[レコード]に録音[録画]する: ～ the music. **3** 《俗》やめる, よす: *Can* the talk! 黙りなさい. **4** 《米俗》首にする; 退学させる: get ～*ned* 退学になる. **5** 【原子力】〈原子炉の燃料(棒)を〉金属製の容器で密封する; 〈燃料を〉被覆する. **6** 【ゴルフ】〈ボールを〉穴に打ち込む (hole).
can² [kən, ((k, g) の前ではまた) kəŋ; kæn, kǽn] 【OE *can(n)* (1st and 3rd pers. sing. pres.) ← *cunnan* < Gmc **kunnan* (G *können* to be able & *kennen* to know / Du. *kunnen*) ← IE **gen-* to know (L *gnōscere* to know / Gk *gi-gnṓskein*): cf. could, ken¹, know】 ── *auxil. v.* (過去形 **could**; 否定形 **can·not**, **can not** [kǽnɑt, -nət, kənɑ́t, kǽ(n)nɑ́t | kǽnɔt, -nət], **can't** [kǽnt | kɑ́ːnt]) ★ to のつかない Infinitive と共に用い, 三人称単数現在の形にも s を付けない; Infinitive と Participle の形がないので be able to, being able to で補う; ⇨ could. **1** [能力] …しうる, …できる (be able to). **a** [一般動詞と共に]: He ～ speak English. / *Can* you read French? / I ～ ride a horse. 私は馬に乗れる / He ～*'t* drive a car. 彼は車の運転ができない / This car ～ hold five persons. この車には 5 人乗れる. **b** [感覚動詞および remember と共に]: I ～ see the moon. 月が見える / *Can* you hear that noise? あの物音が聞こえるか / I ～ remember it well. そのことはよく覚えている. ★ I *can see* a bird. は状態を, I *see* a bird. は瞬間的な動作を表わす.
2 a [可能性] ありうる: It ～ be had for nothing. ただで得られる / He ～ be lying. うそを言っていることもあり得る / You ～*not* eat your cake and have it (too). ⇨ cake 1 / You ～*not be too* careful. いくら注意しても注意し過ぎることはない[なお足りない] / I am as tired as ～ be. この上なく疲れている / He ～ be rude enough to do so. 彼ならそういう無礼もしかねない / Lightning ～ be dangerous. 稲妻は危険な場合がある / She ～ be very catty at times. 彼女は時々とても意地悪なことがある / How ～ we be so cruel? そんなひどいことがどうしてできようか / I ～ hardly leave you alone. 君をひとり残して置くわけにはいかない. **b** [自発性]: *Can* you pass the salt? 塩を回していただけませんか / I ～ do that for you. それをしてさしあげましょう.
3 《口語》 **a** [許可] …してもいい: You ～ go now. もう行ってもよろしい / *Can* I smoke here? — No, you ～*not*. ここではたばこを吸ってもいいでしょうか—いいえ, いけません / *Can* I see you tomorrow? 明日お目にかかれましょうか. **b** [軽い命令]: You ～ go with us. 一緒に来たらいい / John, you ～ be standing here, and Mike ～ enter from that door. ジョンはここに立っていたまえ, そしてマイクはそのドアから入って来たまえ. **c** [皮肉な, またはけんか口調の命令] …するがいい, …しろ: If you don't like it, you ～ lump it. たとえいやでも我慢するんだな / You ～ forget about your holiday. 休暇のことは忘れるがいい / You ～ go to hell. くたばってしまえ.
4 [否定的推量] …のはずがない; [疑問的推量] …かしら: It ～*not* be true. そんなことは本当であるはずがない / You ～*'t* be serious. 君は本気であるはずがない / She ～*not* have said so. そんなことを言ったはずがない / *Can* this be true? 一体これは本当かしら / *Can* he have done so? 彼が果たしてそんなことをしたのかしら / What ～ that mean? それは一体どういう意味なのかしら / Whatever ～ he be doing? 一体彼は何をしているのかしら.
5 [目的の副詞節で may の代りに]: He works hard so (that) he ～ succeed. 成功できるように精勤している.
6 [文脈によってそれとわかる場合特に do, make, come, get などの本動詞を省いて]: I will do what I ～ (do). できるだけのことはしよう / Come as early as you ～ (come). / I ～*not* away with it. 《古》それには我慢ができない / I ～*not* but do so. そうせざるを得ない / I ～ but do so. そうするほかはない, そうするだけのこと / I will help you all I ～. できる限りお力添えします / How ～ you? 《口語》まあひどい.
Can do. 《口語》よろしい (All right). ***can't seem to do*** 《口語》…できそうに思えない: I ～*'t seem to* settle down to anything. 何にも手がつかないような気がする. ***No can do.*** 《口語》だめだ.
── *vt., vi.* 《廃》知る, 知っている (know).
CAN 《略》customs assigned numbers.
can. 《略》canceled; cancellation; cannon; canto.
Can. 《略》Canada; Canadian; Canon; Canonically; Canonry; Canto; Cantoris.
Ca·na [kéɪnə] *n.* カナ《Palestine の北部 Galilee の村; キリストが最初の奇跡を行なった所; cf. *John* 2: 1-11》.
Ca·naan [kéɪnən | kéɪnən, -njən, -nɪən] 【▭ LL *Chanaan* ▭ Gk *Khanaán* ▭ Heb. *Kᵉnáʻan* 《原義》(the country exploiting) red purple (wool): cf. Phoenicia】 ── *n.* **1** 【聖書】カナンの地《今のパレスチナの西部 Jordan 川と地中海の間の地方; 神がアブラハムに約束した土地; cf. *Gen.* 12: 5-7》. **2 a** (神が Abraham に約束したような)理想郷. **b** 天国, 楽土 (heaven). ★ 英国のユダヤ人の発音は [kənéɪən].
Ca·naan·ite [kéɪnənàɪt | kéɪnənàɪt, -njə-, -nɪə-] *n.* **1** 【聖書】(イスラエル人が来住する以前にカナンに住んでいた)カナン人 (cf. Amorite). **2 a** カナン語族《古代パレスチナやシリアで用いられたヘブル語・シリア語などのセム語族》. **b** カナン語《カナン人の用いるセム語》. ── *adj.* **1** カナンの地の[に関する]. **2** カナン人[語]の[に関する]. ★ 英国のユダヤ人の発音は [kənéɪənàɪt]. **Ca·naan·it·ic** [kèɪnənít̬ɪk | -nənít-, -njə-, -nɪə-] *adj.* **Cá·naan·it·ish** [-tɪʃ | -tɪʃ] *adj.*
Can·a·da [kǽnədə] 【▭ F ～ ▭ Am.-Ind. *kanáda* village (これを地名と誤解したもの)】 ── *n.* カナダ《北米大陸北部にある英連邦内の独立国; 人口 23,320,000, 面積 9,976,139 km², 首都 Ottawa》.
ca·ña·da [kənjɑ́ːdə, -njǽdə; *Sp.* kaɲáda] 【▭ Sp. ～ ← *caña* ' CANE '】 *n.* 《米西部》 **1** 小峡谷. **2** 小川.
Cánada bálsam *n.* 【化学】カナダバルサム《カナダ産のバルサムモミ (balsam fir) から採る上質バルサム; レンズ接合・顕微鏡用プレパラートの作製用》.
Cánada bárberry *n.* 【植物】=American barberry.
Cánada blúegrass *n.* 【植物】=wire grass 2.
Cánada búffalo bèrry *n.* 【植物】カナダ産グミ科の buffalo berry の一種 (*Shepherdia canadensis*).
Cánada góose *n.* 【鳥類】シジュウカラガン (*Branta canadensis*)《北アメリカ北部で繁殖し, 冬季日本に渡来する》.
Cánada jáy *n.* 【鳥類】ハイイロカケス (*Perisoreus canadensis*)《人家やキャンプ場などから食物を盗む; whisky jack ともいう》.
Cánada líly *n.* 【植物】カナダユリ (⇨ meadow lily).
Cánada lýnx *n.* 【動物】カナダオオヤマネコ (*Lynx canadensis*)《耳の先に毛の房があり尾端黒色》.
Cánada móonseed *n.* 【植物】カナダコウモリカズ

ラ (*Menispermum canadense*)《北米東部産の白い花と黒い実をつけるツヅラフジ科のつる植物》.

Cánada thístle *n.* 〖植物〗 エゾキツネアザミ (*Cirsium arvense*)《北半球に広く分布するアザミの一種; 北米に帰化》.

can·a·der [kǽnədə | -də(r)] 〖← CANAD(IAN)+-ER[1]〗 *n.* 《英》(カナダ式)カヌー (canoe).

Ca·na·di·an [kənéɪdiən, -djən | -djən, -dɪən] *adj.* **1** カナダの[に関する, 産の]. **2** カナダ人の. **3** 〖生物〗カナダ地方区の《動物の地理分布で新北亜区の1区分; カナダの一部, アメリカ合衆国の北部などを含む地方にいう》. **4** 〖地質〗カナダ統の《北米の下部オルドビス系にいう》. — *n.* カナダ人.

Canádian bácon *n.* カナディアンベーコン《豚の腰肉から作ったベーコン》.

Canádian Énglish *n.* カナダ英語.

Canádian fóotball *n.* カナディアンフットボール《1チーム12人で行なうフットボール; アメリカンフットボールとラグビーに類似; rouge ともいう》.

Canádian Frénch *n.* カナダフランス語《主としてQuebec および Maritime Provinces (沿海州)でフランス系カナダ人の話すフランス語》.

Canádian góose *n.* 〖鳥類〗 =Canada goose.

Ca·ná·di·an·ism [-nìzm, -djə- | -djə-, -dɪə-] *n.* **1** カナダ風(の慣習など); カナダ人気質. **2** カナダ特有の英語(の語法), カナダ英語. **3** カナダへの忠誠, カナダ第一主義; カナダ自慢.

Ca·na·di·an·ize [kənéɪdiənàɪz, -djə- | -djə-, -dɪə-] *vt.* カナダ化する, カナダ風にする[変える].

Canádian Ríver *n.* [the ~] カナディアン川《米国 New Mexico 州北東部の Rocky 山脈に発し Oklahoma 州東部で Arkansas 川に合流する川 (1,458 km)》.

Canádian Shíeld *n.* [the ~] カナダ楯状地《カナダ東部と米国北東部の, Hudson 湾を囲む先カンブリア紀の地層から成る地域; 金・銅・鉄・ニッケルなどの鉱床に富む; Laurentian Plateau [Highlands] ともいう》.

Canádian-stỳle bácon *n.* =Canadian bacon.

ca·nai·gre [kənáɪgri | -grɪ] 〖□ Mex.-Sp. ~〗 — *n.* 〖植物〗米国南西部・メキシコ北部産の根にタンニン (tannin) を含むタデ科ギシギシ属の多年草 (*Rumex hymenosepalus*).

ca·naille [kənáɪ, -néɪl; *F.* kanɑːj] 〖《1676》□ F ~ □ It. *canaglia* pack of hounds ← *cane* dog < L *canis*〗 — *n.* **1** 下層民, 愚民, 烏合(うごう)の衆 (rabble). **2** プロレタリア, 無産者 (proletarian).

can·a·kin [kǽnɪkɪn, -nə-, -kən | -nɪkɪn] *n.* =cannikin.

ca·nal [kənǽl] 〖《?*a*1425》□(O)F ~ □ L *canālis* water pipe ← *canna* reed: CHANNEL と二重語〗 — *n.* **1** 運河, 掘割: ⇨ Suez Canal, Panama Canal. **2** (陸地に深く入りこみ, 幅がほぼ一様の)狭い湾: Lynn *Canal*. **3** 《廃》水路. **4** 〖建築〗(イオニア式柱頭の渦巻き模様の)溝. **5** 〖解剖〗管, 導管 (duct): ⇨ auditory canal. **6** 〖歯科〗(歯)根管《歯髄の通っている孔で, その歯根部分》. **7** 〖□? It. *canale* channel〗〖天文〗火星の運河《表面の細長い黒線》. **8** 〖動物〗巻貝の殻口にある細長い半管状突出《外套膜の水管突起を保護する》.
— *vt.* (**ca·nalled, -naled; -nal·ling, -nal·ing**) **1** …に運河を切り開く, 運河を設ける. **2** =canalize 2.

canál·bòat *n.* 運河船《通例平底の運河用の荷船》.

canál-bùilt *adj.* 〈船が〉運河航行に適した(構造の).

ca·nál·er [-lə | -lə(r)] *n.* =canaller.

can·a·lic·u·lar [kæ̀nəlíkjulə, -nl̩- | -nəlíkjulə(r)] 〖← NL *canāliculār-is* ← L *canāliculus* (↓): ⇨ -ar[1]〗 — *adj.* 〖解剖・動物〗小管(canaliculus)の[に関する, のある].

can·a·lic·u·late [kæ̀nəlíkjulət, -lɪt, -lèɪt, -nl̩- | -nəl-] 〖← L *canāliculus* little canal (dim.)+-ATE[2]: ⇨ canal, -cule〗 *adj.* 〖植物〗(シュロの葉柄のように)溝のある.

can·a·lic·u·lat·ed [kæ̀nəlíkjulèɪtɪd, -ṭəd, -nl̩- | -nəlíkjulèɪt-] *adj.* 〖植物〗 =canaliculate.

can·a·lic·u·lus [kæ̀nəlíkjuləs, -nl̩- | -nəl-] 〖□ L *canāliculus*: ⇨ canaliculate〗 *n.* (*pl.* **-u·li** [-làɪ])〖解剖・動物〗小管.

can·al·i·za·tion [kæ̀nəlɪzéɪʃən, -lə-, -nl̩-, kənæ̀lɪ-, -lə- | kæ̀nəlaɪ-, -lɪ-, -nl̩-] *n.* **1** 運河開設; (河川の)運河化; 疏水(そすい)(法). **2 a** (水・ガス・電気などの)導管配送組織, 管系. **b** (ガス・水道の)配送, 供給. **3** 〖外科〗 **a** 穿溝(せんこう)《チューブを用いないで導管を作って排膿(はいのう)する方法》. **b** 新しい導管形成. **4** 〖生理〗促通, 伝導化; 疎通《血管が新生して血栓部分に血流を生じること》. **5** 〖心理〗(一般能力の)特殊化発現[開通], 水路づけ《発現の機会を待っている一般的なエネルギーまたは動因が特殊な対象に向かいそれによる充足の傾向が固定していく過程; cf. cathexis 1》.

can·al·ize [kǽnəlàɪz, -nl̩-, kənǽlaɪz | kǽnəlàɪz, -nl̩-] 〖《1860》□ F *canalis-er*: ⇨ canal, -ize〗 — *vt.* **1** …に運河を切り開く[開設する]; 〈河川を〉運河化する. **2** 〈感情などに〉はけ口を与える. **3** 水路に導く, 水路づけする; …に一定の方向を与える, 向ける. **4** 〖外科〗穿溝する. — *vi.* **1** 水路に流れる. **2** 〖外科〗新しい導管ができる.

ca·nál·ler [-lə | -lə(r)] *n.* **1** 運河作業員. **2** =canal-boat.

canál ràys 〖《なぞり》← G *Kanalstrahl*〗 *n.* 〖物理化学〗 =positive ray.

Canál Zòne *n.* [the ~] パナマ運河地帯《パナマ運河の両岸各5マイル (=8.1 km) の地帯で, 米国がパナマ共和国から租借中で, 2000年に返還の予定: 人口45,000, 面積1,675 km²; Panama Canal Zone ともいう》.

ca·nán·ga óil [kənǽŋgə-] 〖*cananga*: ← NL ~ ← Malay *kĕnanga*〗 — *n.* カナンガ油《イランイランノキ (ilang-ilang) の花を蒸留して得る香油; ジャワ島で産するものをいう; ilang-ilang oil より芳香が劣る》.

can·a·pé [kǽnəpi, -pèɪ, kæ̀nəpéɪ | -pèɪ; *F.* kanape] 〖□ F ~: ⇨ canopy〗 — *n.* (*pl.* ~**s** [~z; *F.* ~]) **1** カナッペ《一口大の薄いパン[トースト, 揚げたパン]またはクラッカーの上にチーズ・肉・魚のペースト・アンチョビー (anchovy) などを載せた料理; 前菜などに多く用いる; cf. hors d'œuvre》. **2** カナッペ《18世紀にフランスで使われたソファー》. **3** 〖トランプ〗カナッペ《ブリッジでビッディング (bidding) の一方式; biddable suit が2つあるとき, 短い(枚数の少ない)方から先にビッドする仕方》.

ca·nard [kənɑ́ːd, -nɑ́ː | kænɑ́ːd, kə-, kǽnɑːd; *F.* kanaːr] 〖《1864》□ F ~ 'duck'〗 — *n.* (*pl.* ~**s** [~z; *F.* ~]) **1** 〖F *vendre des canards à moitié* to cheat, 《原義》 to half-sell ducks から〗 **a** (新聞などによる)作り話, 流言, 虚報; (特に)デマ (false rumor). **b** 根も葉もないうわさ. **2** (料理用の)カモ, 食用鴨. **3** 〖航空〗先尾翼機, エンテ[鴨(かも)]型機《通常の飛行機の水平尾翼に相当する小翼を主翼の前方に備えた機体》; 先尾翼.

Ca·na·rese [kæ̀nəríːz, -ríːs | -ríːz] *n.* (*pl.* ~), *adj.* =Kanarese.

Ca·nar·ies [kənɛ́(ə)riz | -nɛ́ərɪz] *n. pl.* [the ~] =Canary Islands.

ca·nar·y [kənɛ́(ə)ri | -nɛ́ərɪ] 〖《1592》□ F *canari(e)* □ Sp. *canario* canary bird, 《原義》 of the Canary Islands ← L *Canāria insula* isle of dogs ← *canis* dog: Canary 諸島の一島に産した巨大な犬にちなむという〗 — *n.* **1** 〖鳥類〗カナリア (*Serinus canarius*)《canary bird ともいう》. **2** カナリア色《やや緑色を帯びた黄色, または鮮黄色; canary yellow ともいう》. **3** カナリー(ワイン)《Canary 諸島産の madeira に似た甘口の白ぶどう酒》. **4** カナリー《16世紀にはやった速くて活発な jig に似たダンス》. **5** 《俗》 **a** かん高い歌い手, ソプラノ歌手, (特に)コロラチュラ (coloratura) の歌手. **b** ダンス楽団付きの女性歌手. **c** 密告者 (informer). **6** 《豪俗》囚人 (convict). **7** 〖鉱山〗 =canary bird 2. — *adj.* カナリア色の. — *vi.* 《廃》(カナリーダンスなどで)活発に踊る.

Canáry banána *n.* 〖植物〗 =dwarf banana.

canáry bìrd *n.* **1** 〖鳥類〗 =canary 1. **2 a** (鉱山の)ガス発見装置. **b** ガスマスク (gas mask).

canárybird flòwer [vìne] *n.* 〖植物〗カナリアヅル (*Tropaeolum peregrinum*)《カナリア色の花が咲くノウゼンハレン科の一年生つる植物; canary creeper ともいう》.

Canáry bróom *n.* 〖植物〗 Canary 諸島原産の黄色い花が咲くマメ科エニシダ属の低木 (*Cytisus canariensis*)《俗用として genista ともいう》.

canáry-còlored *adj.* カナリア色[鮮黄色]の.

canáry crèeper *n.* 〖植物〗 =canarybird flower.

canáry gràss *n.* 〖植物〗イネ科クサヨシ属 (*Phalaris*) の草の総称《牧草のクサヨシ (*P. arundinacea*) など》; (特に) カナリアクサヨシ (*P. canariensis*)《Canary 諸島に産する草本; その実は canary seed》.

Ca·nár·y Íslands [kənɛ́(ə)ri- | -nɛ́ərɪ-] 〖⇨ canary〗 — *n. pl.* [the ~] カナリア諸島《アフリカの北西岸沖にあるスペイン領の群島; 人口1,276,000, 面積7,273 km²; the Canaries ともいう》.

canáry sèed *n.* カナリアシード《カナリアクサヨシ (canary grass) の実; 鳥の餌にする; cf. birdseed》.

ca·nas·ta [kənǽstə] 〖□ Sp. ~ 《原義》 basket 《逆成》? ← *canastillo* wicker tray < LL *canistellum* (dim.) ← L *canistrum* basket: ↓〗 — *n.* 〖トランプ〗カナスタ: **a** ラミーに似た南米起源のゲーム; 2–6人 (通常4人) が2組に分れ, カード2組とジョーカー4枚の計108枚を使って同位札のメルド (meld) を作り合い, その得点を競う》. **b** (このゲームで)同位札7枚以上の揃い.

ca·nas·ter [kənǽstə | -tə(r)] 〖《1827》□ Sp. *canastro* □ ML **canastrum* □ Gk *kánastron* 'wicker basket, CANISTER': 藺(い)で作ったかごに入れて輸出したことから〗 — *n.* (南米産の粗悪な)刻みたばこ.

Ca·nav·e·ral [kənǽv(ə)rəl], **Cape** *n.* カナベラル岬《米国 Florida 州東部の大西洋に面する砂地の岬; 米航空宇宙局 (NASA) の宇宙ロケット発射基地で, ケネディー宇宙センター (John F. Kennedy Space Center) がある; Cape Kennedy とも呼ばれた (1963–73)》.

Can·ber·ra [kǽnberə, -b(ə)rə | -b(ə)rə] *n.* オーストラリア南東部 Australian Capital Territory にある同国の首都; 人口167,000.

cán bùoy *n.* 〖海事〗カンブイ《照明のない円筒形浮標; 水路の目印として使う》.

canc. 《略》 canceled; cancellation.

can·can [kǽnkæn; *F.* kɑ̃kɑ̃] 〖《1848》□ F ~ 《小児語の転用》 ← *canard* duck: その踊りぶりから〗 — *n.* (*pl.* ~**s** [~z; *F.* ~]) カンカン(踊り)《ひだ飾りの付いたスカートの前を持ち上げ, 足を高く蹴上げたり跳んだりするダンス; Paris で有名》.

cán-càrrier 〖← *carry the can* (⇨ can[1] (n.) 成句)〗 *n.* 《俗》(企業などで)責任をとる人, 責任者.

can·cel [kǽnsəl, -sl] 〖《1399》□ (O)F *cancell-er* □ L *cancellāre* to make like a lattice, cross out ← *cancelli* (pl.) lattice (dim.) ← *cancer* 《変形》 ← *carcer* prison〗 — *vt.* (**can·celed, -celled; -cel·ing, -cel·ling**) **1** (削除・抹消(まっしょう)のために)…に線を引く; 線を引いて消す, 棒引きにする, 抹殺(まっさつ)する, 削除する: ~ a word. **2 a** 〈予約・注文などを〉取り消す, 無効にする, キャンセルする: ~ an order 注文を取り消す / ~ a subscription 予約購読を取り消す. **b** 〈切手などに〉消印を押す; 〈郵便物〉の切手に消印を押す: ⇨ *cancel to* ORDER. **c** 〈切符〉にはさみを入れる. **d** 〈旅行・試合などを〉中止する: ~ a trip / ~ a baseball game. **e** だめにする, 滅ぼす. **3** 相殺(そうさい)する, 帳消しにする, 釣り合わせる 〈*out*〉: His natural cheerfulness ~*ed out* his little misbehavior. 彼の持ち前の陽気さのため, ちょっとした無作法は帳消しになった. **4 a** 〖印刷〗削る, 削除する; 〈文字などを〉(線で)消す: ⇨ CANCELED letter. **b** 〖製本〗〈紙葉を〉削除する, 切り取る. **5** 〖数学〗(分数の分母・分子, 方程式の左右の)〈共通の約数や項を〉約す, 消す, 消去する. **6** 《米》〖音楽〗(♯, ♭などで半音変化した音を本位記号 ♮ で)元へ戻す. — *vi.* **1** 相殺する, 釣り合う 〈*out*〉. **2** 〖数学〗約せる, 消える.
— *n.* **1 a** 抹消, 取消し; (契約の)解除. **b** (郵便の)消印, 消印の打抜き. **2** 相殺. **3** [通例 *pl.* かa pair of ~s として] 切符ばさみ, 消印打抜き器: *a pair of* ~*s* (切符切り用)パンチ. **4** 〖印刷〗削除; 組直し. **5** 〖製本〗 **a** 削除紙(葉); 削除ページ《ページまたはその一部を削除して代りの記事を入れたもの; cancelland, cancellandum ともいう》. **b** さしかえ紙(葉)《刷り上がった本の中の訂正個所とさしかえるために新たに印刷した紙葉・スリップなど; cancellans ともいう》. **c** 削除(した)白紙. **6** 《米》〖音楽〗本位記号 (natural).

can·cel·a·ble [kǽnsələbl̩, -sl̩-] *adj.* 解約できる.

can·ce·la·tion [kæ̀nsəléɪʃən, -sl̩- | -səl-, -sel-, -sɪl-, -sl̩-] *n.* =cancellation.

cánceled *adj.* (線を引いて)消された, 取り消した, 消印のある, 消印で打ち抜いた: ~ checks, bills, etc. / a ~ letter 〖印刷〗消し文字.

cán·cel·er [-s(ə)lə, -slə | -s(ə)lə(r), -sl̩-] *n.* 消す物[人], 消印器.

can·cel·la·ble [kǽnsələbl̩, -sl̩-] *adj.* =cancelable.

can·cel·land [kǽnsəlæ̀nd, ⌐ ⌐ ⌐ | -sə-, -se-, -sɪ-] 〖↓〗 *n.* 〖製本〗 =cancel 5 a.

can·cel·lan·dum [kæ̀nsəlǽndəm | -sə-, -se-, -sɪ-] 〖□ LL ~ (neut.) ← *cancellandus* (gerundive) ← *cancellāre* 'to CANCEL'〗 — *n.* (*pl.* **-lan·da** [-də]) 〖製本〗 =cancel 5 a.

can·cel·lans [kǽnsəlæ̀nz | -sə-, -se-, -sɪ-] 〖□ LL *cancellāns* (pres. p.) ← *cancellāre* 'to CANCEL'〗 — *n.* (*pl.* ~**es**, **-cel·lan·ti·a** [kæ̀nsəlǽnʃiə | -səlǽnʃɪə, -se-, -sɪ-]) 〖製本〗 =cancel 5 b.

Can·cel·la·ri·i·dae [kæ̀nsèləráɪədìː | -ráɪɪ-] 〖← NL ~ ← *Cancellaria* (属名: ← L *cancellī* lattice + -ARIA[1]) + -IDAE: cf. cancel〗 *n. pl.* 〖貝類〗コロモガイ科.

can·cel·late [kǽnsélət, -lɪt, kǽnsəlèɪt | kǽnsélɪt, -lət, kǽnsəlèɪt, -se-, -sɪ-] 〖← L *cancellātus* ((p.p.) ← *cancellāre*) + -ATE[2]: ⇨ cancel〗 — *adj.* **1** 〖生物〗四つ目格子状の, 網目状組織の. **2** 〖解剖〗〈骨が〉海綿状の, 多孔質の.

can·cel·lat·ed [kǽnsəlèɪtɪd, -sl̩-, -ṭəd | kǽnsəlèɪt-, -se-, -sɪ-] *adj.* 〖生物・解剖〗 =cancellate.

can·cel·la·tion [kæ̀nsəléɪʃən, -sl̩- | -səl-, -sel-, -sɪl-, -sl̩-] *n.* **1 a** 取消し, 抹消; 削除, 解除. **b** 中止. **c** (部屋・座席などの)予約取消し; 予約を取消された部屋[座席など]. **2** 相殺(そうさい). **3** 消印, 消印の打抜き. **4** 〖保険〗解除, 解約.

cancellátion làw *n.* 〖数学〗消約法則, 簡約法則.

cán·cel·ler [-s(ə)lə, -slə | -s(ə)lə(r), -sl̩-] *n.* =canceler.

can·cel·li [kænsélaɪ, -liː] 〖□ L *cancellī* grating (pl.) ← 'CANCELLUS'〗 — *n. pl.* 〖建築〗内陣障壁, 聖堂内陣格子《初期キリスト教時代の教会で, 内外陣を仕切る障壁》.

can·cel·lous [kænséləs, kǽnsəl-] 〖← L *cancelli* lattice + -OUS: cf. cancel〗 *adj.* 〖解剖〗〈骨が〉網状組織の, 海綿状の, 多孔質の (porous).

can·cel·lus [kænséləs] 〖□ L ~: ⇨ chancel〗 *n.* cancelli の単数形.

can·cer [kǽnsə | -sə(r)] 〖《*c*1380》□ L ~ 'crab' 《異化》 ← **carcro-* ← IE **kar-* hard (Gk *karkínos* crab): 「癌(がん)」の意味はその付近の血管その他の組織を蟹の脚にたとえたもの; cf. canker〗 — *n.* **1** 〖病理〗 **a** 癌; 癌腫(しゅ) (carcinoma): ~ of the stomach=gastric ~ 胃癌 / suffer from ~ 癌を患う. **b** 悪性腫瘍(しゅよう). **2** (道徳上・社会上の)害悪・弊害, 悪の根元: He is a ~ in the society. 彼は社会の癌だ. **3** [C-] 〖天文〗かに(蟹)座《北天の星座; the Crab ともいう》: ⇨ TROPIC of Cancer. **4** [C-] 〖占星〗 **a** かに座, 巨蟹(きょかい)宮《黄道12宮の第4宮; the Crab ともいう; cf. zodiac》. **b** かに座生れの人.

can·cer·ate [kǽnsərèɪt] 〖← LL *cancerātus* + -ATE[3]: ↑〗 *vi.* 癌(がん)になる; 癌に発達する.

can·cer·a·tion [kæ̀nsəréɪʃən] *n.* 〖病理〗癌化, 癌発生.

can·cer·i·za·tion [kæ̀nsərɪzéɪʃən, -rə- | -raɪ-, -rɪ-] *n.* 〖病理〗 =canceration.

can·cer·ol·o·gist [kæ̀nsərɑ́ləʤɪst, -ʤəst | -rɔ́ləʤɪst] *n.* 癌(がん)専門家.

can·cer·ous [kǽns(ə)rəs] *adj.* **1** 癌(がん)の, 癌性の, 癌に関する[を作る]. **2** 癌にかかった: a ~ stomach. **3** 癌に似た, 癌のような. ~**·ly** *adv.* ~**·ness** *n.*

cáncer·ròot *n.* 〖植物〗 **1** =beechdrops 1. **2** =broomrape 1. **3** =squawroot 1.

cáncer stìck *n.* 《口語・戯言》巻きたばこ (cigarette).

can·cha [kɑ́ːntʃɑː; *Sp.* kántʃa] 〖□ Sp. ~ □ Quechua ~〗 *n.* ハイアライ (jai alai) のコート.

can·crid [kǽŋkrɪd, -krəd | -krɪd] *adj., n.* 〚動物〛イチョウガニ科の(カニ).
Can·cri·dae [kǽŋkrədìː | -krɪ-] 〖← NL ～ ← *Cancri-, Cancer* (属名 : ⇨ cancer)＋-IDAE〗 *n. pl.* 〚動物〛(十脚目短尾亜目)イチョウガニ科.
can·crine [kǽŋkrɪn, -krən | -krɪn] 〖← L *cancr-, cancer* crab＋-INE[1]〗 *adj.* 〚詩学〛逆さに読んでも同じの, 回文をなす (palindromic) : a ～ line.
can·cri·zans [kǽŋkrɪzæ̀nz, -krə- | -krɪ-] 〖□ ML ～ (pres. p.) ← *cancrizāre* to move backward ← LL *cancer* 'CANCER'〗 ── *adj.* 〚音楽〛逆行の《ある主題を最後の音から冒頭の音に向って模倣する》.
can·croid [kǽŋkrɔɪd] 〖1 : ← L *cancr-, cancer* crab＋-OID. 2 : □ F *cancroïde*〗 ── *adj.* **1** 〚動物〛カニに似た, カニ状の. **2** 〚病理〛癌腫(しゅ)状の. ── *n.* 〚病理〛カンクロイド, 類癌, 表皮癌.
Can·da·ce [kǽndéɪsi, kǽndəsìː, kǽndɪs, -dəs | kæn-déɪsɪ] 〖□ Gk *Kandákē* (エチオピアの女王の称号)〗 *n.* 女性名《愛称形 Candy; 異形 Candice》. ★ 米国に多い.
c. & b. 《略》〚クリケット〛caught & bowled by 投手によってキャッチされて, アウトになる《投手が投げた球を打手が打って, それを投手にキャッチされる》.
can·de·la [kændíːlə, -délə] 〖□ L *candēla* 'CANDLE'〗 ── *n.* 〚光学〛カンデラ《1948 年国際度量衡総会で決定された光度の SI 基本単位; 白金の凝固点 (1772°C) における黒体 (black body) の 1/600,000 平方メートルの平らな表面の垂直方向の光度; 記号 cd; new candle ともいう; cf. candle 3》.
candelabra *n.* **1** candelabrum の複数形. **2** [単数扱い] (*pl.* ～**s**) ＝candelabrum.
can·de·la·brum [kændəlάːbrəm, -lǽb-, -léɪb- | -dɪ-, -də-] 〖《1815》□ L *candēlābrum* candlestick ← *candēla* 'CANDLE'〗 ── *n.* (*pl.* **-la·bra** [-brə], ～**s**) 枝状の燭台《種々の装飾を施した華麗な多灯架; cf. chandelier》.
can·de·li·lla [kændəlíː(j)ə] 〖□ Am.-Sp. ～ (dim.) ← Sp. *candela* < L *candēlam* 'CANDLE'〗 ── *n.* 〚植物〛キャンデリア (*Euphobia antisyphilitica*)《メキシコ北部・米国南西部産のトウダイグサ科の低木; 樹液から蠟 (candelilla wax) をとる; 工業油脂原料として重要》.
candelilla wàx *n.* 〚化学〛カンデリラ蠟《キャンデリア (candelilla) の茎から得られる蠟で, 各種つや出し剤に用い, かつてはレコードの製造などに用いられた》.

candelabrum

can·dent [kǽndənt] 〖□ L *candent-em* (pres.p.) ← *candēre* to shine〗 *adj.* (通例高熱で)白熱した.
can·des·cence [kændésṇs] *n.* 白熱 (incandescence); 光り輝く白さ.
can·des·cent [kændésṇt] 〖□ L *candēscent-em* (pres.p.) ← *candēscere* to grow white ← *candēre* to shine ← IE **kand-* to shine (Gk *kándaros* glowing coal / Skt *candra* shining) : ⇨ -escent〗 ── *adj.* 白熱の; きらきらと輝く (dazzling). ～**·ly** *adv.*
C. & F., c. & f., C and F 《略》〚貿易〛cost and freight.
Can·di·a [kǽndiə | -dɪə, -djə] *n.* **1** カンディア, イラクリオン《Crete 島北部の港市; 人口 78,000; ギリシャ語名 Iraklion》. **2** ＝Crete.
can·did [kǽndɪd, -dəd | -dɪd] 〖《1630》□ F *candide* // L *candid-us* glowing, honest ← *candēre* to glow : ⇨ candescent〗 ── *adj.* **1 a** 包み隠しのない, 率直な, 気さくな, 正直な; 誠実な, うそいつわりのない; 遠慮[忌憚]のない, 腹蔵のない : ～ accounts うそのない話 / in my ～ opinion 率直な意見を言わせてもらえば / to be quite ～ with you ありのままに[遠慮なく, 率直に, 打ち明けて]言えば, 何を隠そう実は…. **b** 歯に衣を着せぬ, 露骨な, ずけずけ言う : a ～ friend 友だち顔して不快な事実をあからさまに言って喜ぶ人 / ～ criticism 厳しい批判. **2** 打ち解けた; (写真などで)ポーズをとらない, 自然のままの : a ～ photograph. **3** 偏見[悪意]のない, 公平な : Give me a ～ hearing. (私心をさしはさまないで)公平に聞いて下さい. **4** 《古》白い : a ～ flame. **5** 《古》純潔な. ── *n.* ポーズをとってない[自然のままの]写真. ～**·ness** *n.*
can·di·da [kǽndɪdə, -də- | -dɪ-] 〖← NL ～ ← L ～ (fem. sing.) ← *candidus* (↑)〗 ── *n.* 〚細菌〛カンジダ《不完全菌類カンジダ属 (*Candida*) の微生物; カンジダ症 (candidiasis) を引き起こす》.
Can·di·da [kǽndɪdə, -də- | -dɪ-] 〖□ L ～ (↑)〗 *n.* 女性名《愛称形 Candy》.
can·di·da·cy [kǽndɪdəsi, -də- | -dɪdəsɪ] 〖⇨ ↓, -acy〗 ── *n.* 立候補; 立候補者の資格[立場, 身分] : announce one's ～ for the presidency 大統領への立候補を表明する.
can·di·date [kǽndɪdèɪt, -də-, -dət, -dɪt | kǽndɪdət, -dɪt, -dèɪt] 〖□ L *candidāt-us* (aspirant) clad in white ← *candidus* white : 昔ローマで公職候補者が白衣 (white toga) をまとったことにちなむ : ⇨ candid, -ate[1]〗 ── *n.* **1** 候補者, 候補 〔*for*〕 : a presidential ～ 大統領候補 / a ～ *for* mayor 市長候補 / an unsuccessful ～ 落選者 / stand as [be] a ～ *for* an election 立候補する / run a ～ *for* Parliament 国会議員の候補を立てる. **2** 志願者, 志望者 〔*for*〕 : a ～ *for* an examination 受験志望者 / a ～ *for* membership 入会希望者 / offer oneself as a ～ *for* the post その地位に志願する. **3** 多分(…に)なりそうな[(…を)得そうな]人[もの] 〔*for*〕 : a ～ *for* fame [prison] 将来名をなす[刑務所へ入りそうな]人 / The film is a ～ *for* the Grand Prix. あの映画は多分グランプリものだ. **4** 学位取得希望学生 〔*for*〕 : a Ph. D ～ ＝a ～ *for* the Ph. D. 博士課程の学生.
cándidate·shìp *n.* ＝candidacy.
can·di·da·ture [kǽndɪdətʃʊ̀ə, -dəd-, -dətʃ-, -tʃə | -dɪdətʃə(r, -dɪtʃ-, -dèɪtʃ-] *n.* 《英》＝candidacy.
cándid cámera *n.* **1** (隠しどり用の)小型速写カメラ. **2** 小型カメラ (miniature camera).
can·di·di·a·sis [kændədáɪəsɪs, -səs | -dɪdáɪəsɪs] 〖← NL ～ : ⇨ candida, -iasis〗 *n.* (*pl.* **-a·ses** [-sìːz]) 〚病理〛カンジダ症 (cf. moniliasis, thrush[2] 1).
cán·did·ly *adv.* ざっくばらんに, 包み隠しなく, 率直に.
can·died [kǽndid | -dɪd] *adj.* **1 a** 砂糖づけの, 砂糖煮の : ～ fruits. **b** 砂糖やシロップで透明になるまで煮た[焼いた] : ～ potatoes. **2** 砂糖状に結晶した. **3** 甘ったるい, べたべたした, 言葉巧みな, 口先のうまい : have a ～ tongue 口先がうまい / ～ words of praise 甘いほめ言葉.
Can·di·ote [kǽndiòʊt, -diət | -dɪə̀ʊt, -dɪət] 〖□ F ～ ← *Candie* Candia〗 (*also* **Can·di·ot** [-diət, -diὰt | -dɪət, -dɪɔ̀t]) *adj.* クレタ島の (Cretan). ── *n.* クレタ島人.
can·dle [kǽndḷ] 〖OE *candel* □ L *candēla* tallow candle ← *candēre* to shine ← IE **kand-* : cf. candid〗 ── *n.* **1 a** 蠟燭(ろうそく) : a wax [tallow] ～ 蜜蠟[獣脂]蠟燭 / a lighted ～ ともした蠟燭. **b** 蠟燭形のもの : ⇨ sulphur candle, Roman candle. **2** 光を出すもの, ともしび, 明り; (特に)星 : Night's ～*s* are burnt out. 夜のともしびは燃え尽きた, 星も消えた (Shak., *Romeo* 3. 5. 9). **3** 〚光学〛燭(しょく), 燭光《灯火の光度の単位; 現在は光度の単位の俗称として用いられる; 1948 年に光度の単位カンデラ (candela) が採用される以前には光度の単位として一定の条件で燃焼する特定の蠟燭の光度; 標準燭 (standard candle), 英・米・仏三国間の協定によって定められた国際燭 (international candle), 特定の条件で燃焼するペンタン灯の光度, 日本の燭等が用いられた, いずれもほぼ 1 カンデラに等しい》.
burn the candle at both ends 《口語》張り切って無茶な生活をする. ***curse by bell, book, and candle*** ⇨ bell[1] 成句. ***hide one's candle under a bushel*** ⇨ bushel[1] 成句. ***hold a candle to a person*** (1) 〈人〉のために明りを取る[助力する]. (2) [通例否定構文で] …と比較に適する, 同類である : No boxer can *hold a* ～ *to* the champion. どのボクサーもチャンピオンには相手でない[比較にならない]. ***hold a candle to the devil*** 〚悪魔に灯明を供える意から〛悪人を助ける, 悪事に加担する. ***hold a candle to the sun*** むだ[余計]なことをする. ***not worth the candle*** 〚《原義》賭金が蠟燭代にもならない(もと蠟燭の明りでトランプなどの賭け事をしたことから) : cf. F *Le jeu n'en vaut pas la chandelle*〛〈仕事・企てなど〉割に合わない, 骨折損のくたびれもうけの : The game [It] is *not worth the* ～. その仕事は割に合わない; 骨折損のくたびれもうけ. ***sell by the* [*by inch of*] *candle*** 〚小蠟燭が燃え切るのを合図に落札するというやり方で売ることから〛ろうそく競売で売る.
── *vt.* 〈卵〉の良否を明りに透かして調べる. **cán·dler** [-dlə, -dḷə | -dlə(r, -dḷ-] *n.*
cándle·bèr·ry [-bèri | -b(ə)ri] *n.* 〚植物〛**1 a** 〚南太平洋の原住民がその実を蠟燭(ろうそく)に用いることから〛シロヤマモモ (⇨ wax myrtle). **b** シロヤマモモの実. **2** クワイノキ(の実) (candlenut).
cándleberry mỳrtle *n.* 〚植物〛**1** ＝wax myrtle. **2** ヤチヤナギ (*Myrica gale*)《寒地の湿地に生えるヤマモモ科の小低木》.
cándle·fìsh 〚脂肪に富み, 干したものを蠟燭(ろうそく)に用いることから〛── *n.* 〚魚類〛ロウソクウオ《北太平洋産キュウリウオ科のワカサギに似た食用魚 (*Thaleichthys pacificus*); eulachon ともいう》.
cándle·fòot *n.* (*pl.* **candle-feet**) 〚光学〛＝foot-candle.
cándle·hòlder *n.* ＝candlestick.
cándle hòur *n.* 〚光学〛燭時《光度の時間積分の単位》.
cándle làrkspur *n.* 〚植物〛ヒエンソウの一種 (*Delphinium elatum*)《ヨーロッパから西アジアに分布する青い花が咲くキンポウゲ科ヒエンソウ属の多年草》.
cándle·lìght *n.* **1** 蠟燭(ろうそく)の明り. **2** 薄暗い人工照明. **3** 灯ともしごろ, たそがれ, 夕方 : at ～ たそがれ時に.
cándle·lìghter *n.* **1** 蠟燭(ろうそく)ともし《蠟燭の火をつけたり消したりするのに用いる長い柄のついた教会用具》. **2** (結婚式などの儀式に)蠟燭をつける人.
cándle·lìghting *n.* ＝candlelight 3.
cándle·màker *n.* 蠟燭(ろうそく)を作る人.
Can·dle·mas [kǽndḷməs, -mæ̀s] 〖OE *Candelmæsse* : ⇨ candle, mass[1]〗 ── *n.* **1** 〚カトリック〛聖マリア御潔(きよ)めの祝日, 聖燭(しょく)節《2 月 2 日; 蠟燭(ろうそく)行列を行なって 1 年間に使う蠟燭を祓(はら)い清めることからこの名がある; スコットランドでは四期支払い日の一つ; Candlemas Day, Purification (of the Virgin Mary) ともいう; cf. quarter day》. **2** ＝Groundhog Day.
cándle·nùt 〚原住民がその核果に糸を通して蠟燭(ろうそく)に用いることから〛── *n.* 〚植物〛ククイノキ (*Aleurites moluccana*)《南洋産トウダイグサ科アブラギリ属の高木》.
cándle·pìn *n.* 〚スポーツ〛《米》**1** キャンドルピン《十柱戯 (tenpins) に似たゲームで用いる両端が先細の円筒型のピン》. **2** [*pl.*; 単数扱い] キャンドルピンで遊ぶボーリングの一種.
cándle·pòwer *n.* (*pl.* ～) 〚光学〛＝luminous intensity.
cándle snùff *n.* 燃えて黒くなった蠟燭(ろうそく)の芯.
cándle·snùffer *n.* **1** 蠟燭(ろうそく)の芯を切る道具. **2** (もと劇場での)蠟燭係(の従業員).
cándle·stànd *n.* **1** キャンドルスタンド, 蠟燭(ろうそく)立て, 燭台《candlestick つきの細長い三脚の鉄製の台》. **2** 小型の木製のテーブル[スタンド].
cándle·stìck 〖OE *candelsticca*〗 *n.* キャンドルスティック, 燭台, 蠟燭(ろうそく)立て《簡単な蠟燭刺しのついたもの》.
cándle trèe *n.* 〚植物〛シロヤマモモ (wax myrtle).
cándle·wìck *n.* **1** 蠟燭(ろうそく)の芯(しん). **2** 太く柔かい綿糸. **3** 〚植物〛ビロードモウズイカ (⇨ mullein). ── *adj.* 柔かい綿糸の束を用いた布の.
cándle·wòod *n.* (たいまつにしたり蠟燭(ろうそく)の代りに燃やす)各種の多脂植物・材木; (特に) ＝ocotillo.
cán·dòck 〖← CAN[1]＋DOCK[1]〗 ── *n.* 〚植物〛**1** ヨーロッパ産の黄色い花のコウホネの一種 (*Nuphar luteum*). **2** ヨーロッパ産の白色スイレン (*Nymphaea alba*). **3** ＝spatterdock. **4** キバナハス (water chinquapin).
can·dor, 《英》**can·dour** [kǽndə, -dɔə | -də(r] 〖《1610》□ L ～ 'whiteness' : cf. candid〗 ── *n.* **1** 率直, 正直; 虚心坦懐(たんかい) (open-mindedness). **2** 偏見のないこと, 公平無私 (impartiality). **3** 《古》白さ, 純白. **4** 《廃》純潔. **5** 《古》親切, 温情.
C & W, C and W 《略》country-and-western.
can·dy [kǽndi | -dɪ] 〖《1769》《略》← *sugar candy* < 《15C》 *sugre candi* □ (O)F *sucre candi* □ It. *zucchero candi* □ Arab. *súkkar qandí* ← *súkkar* 'SUGAR'＋*qandí* of sugar (← *qand* cane sugar ← ? Dravidian)〗 ── *n.* **1** 《米》**a** 砂糖菓子, 糖菓, キャンディー (sweetmeat)《広くボンボン・ドロップ・キャラメル・チョコレート・ヌガーなど》: a piece of ～ キャンディー 1 個. **b** キャンディー 1 個. **2 a** 結晶糖. **b** 氷砂糖; その一かけら. **3** 《俗》コカイン (cocaine). ── *vt.* **1** 砂糖漬けにする; 砂糖で煮る; …に砂糖をまぶす, 砂糖でくるむ : ～ fruits, ginger, etc. **2** 〈砂糖を〉(煮詰めて)結晶させる. **3** 甘くする, 快くする (cf. candied 3) : ～ one's words. ── *vi.* **1** 結晶状になる. **2** 砂糖まぶしになる.
Can·dy [kǽndi | -dɪ] 〖(dim.) ← CANDACE, CANDIDA〗 *n.* 女性名.
cándy flòss *n.* 《英》**1** 綿菓子 (《米》cotton candy). **2** 見かけだけのもの; 浅薄な考え[計画など].
cándy gìrl *n.* 《米》菓子売り娘.
cándy pùll [**pùlling**] *n.* 《米》キャンディーを作るパーティー.
cándy stòre *n.* 《米》菓子屋 (《英》sweetshop).
cándy strìpe 〚キャンディーの模様に似ているところから〛*n.* 白地に赤などの縞(模様) : a blouse with ～*s*. **cándy-strìped** *adj.*
cándy strìper 〚赤と白の縞の制服から〛*n.* 《米口語》(病院で)看護助手をする若いボランティア.
cándy·tùft 〖《1664》← *Candy* (← *Candia*)＋TUFT〗 *n.* 〚植物〛アブラナ科イベリス属 (*Iberis*) の観賞植物の総称 (*I. sempervirens, I. umbellata*, キャンデータフト, (俗に) マガリバナ (*I. amara*) など).
cándy wédding *n.* キャンディー婚式《結婚 3 周年の記念式[日]; ⇨ wedding 4》.
cane [kéɪn] 〖《*a*1398》□ OF ～ (F *canne*) < L *cannam* □ Gk *kánna* reed ← Sem. (Heb. *qānēh* / Arab. *qanāh*)〗 ── *n.* **1 a** 多少撓(たわ)み細長く伸びた茎. **b** (籐(とう)・竹・しゅろちく・砂糖きびなどの)茎. **c** きいちご・ぶどう・ばらなどの真直ぐに伸びた新芽[若枝]. **2 a** (椅子・かごなどの用材としての)籐類. **b** 籐づえ; (細身の)ステッキ (walking stick) : walk *on* a ～. **c** むち (cf. ferule[1] 1 b) : A few strokes of the ～ would do him good. 二つ三つむちをくれたほうが彼のためになろう. **3 a** 〚植物〛米国南部産のメダケ属 (*Arundinaria*) の各種の植物の総称《背が高く竹に似る》. **b** 砂糖きび (sugarcane). **c** モロコシ (sorghum); (特に) サトウモロコシ (sorgo). **4** 〚ガラス製造〛細長いガラス棒[管]. ── *vt.* **1** 〈椅子など〉に籐を用いる; 〈椅子の座部などを〉籐で編む, 竹で造る : ～ (the seats of) chairs. **2 a** 〈人を〉むち打つ, つえで打つ. **b** むち打って〈勉強などを〉(…に)教え込む 〔*into*〕 : ～ a lesson *into* a boy 子供にむちを加えて学課を教える. **cán·er** *n.*
Ca·ne·a [kəníːə; *It.* kanéːa] *n.* カニア《Crete 島の首都で海港; 人口 41,000》.
cáne àpple *n.* 〚植物〛＝strawberry tree 1.
cáne·bràke 〖⇨ brake[2]〗 *n.* 籐やぶ, 竹やぶ.
cánebrake ràttler [**ràttlesnake**] *n.* 〚動物〛ヨコシマガラガラヘビ (*Crotalus horridus atricaudatus*)《米国南東部産の大型の毒ヘビ》.
cáne chàir *n.* 籐椅子.
cáne gàll *n.* 〚植物病理〛*Agrobacterium rubi* 菌によるセイヨウヤブイチゴ (blackberry) の病気.
ca·nel·la [kənélə] 〖□ ML ～ (dim.) ← L *canna* 'CANE'〗 ── *n.* 〚植物〛白肉桂《西インド諸島産の樹木 (*Canella alba* または *C. winterana*) の樹皮; 香辛料または薬品に用いる; white cinnamon ともいう》.

can·e·phor [kǽnəfɔ̀ə | -nɪfɔ̀ː(r] *n.* ＝canephore.

ca·neph·o·ra [kənéfərə | -níːf-] *n.* (*pl.* **-o·rae** [-rìː, -ràɪ]) ＝canephore.

can·e·phore [kǽnəfɔ̀ə, -fòə | -nɪfɔ̀ː(r] 〖□L *canēphoros, canēphora* □Gk *kanēphóros* basket-bearing ← *káneon* basket of reed (cf. cane)＋*-phóros* (⇨ -phore)〗 ― *n.* **1** 頭にかごをいただく娘《古代ギリシャで Bacchus 神などの祭礼に神器や供物を入れたかごを頭に載せて行列に加わった》. **2** 《建築》頭にかごをいただく娘の像《caryatid や庭園装飾として用いる》.

canephori *n.* canephorus の複数形.

ca·neph·o·ros [kənéfərəs, -ròs | -rəs, -rɔ̀s] *n.* (*pl.* **-o·roe** [-rìː]) ＝canephore.

ca·neph·o·rus [kənéfərəs | -níːf-] *n.* (*pl.* **-o·ri** [-ràɪ]) ＝canephore.

cáne ràt 〖サトウキビを常食とするところから〗 ― *n.* 《動物》アフリカタケネズミ (*Thryonomys swinderianus*)《外形はネズミに似て体は剛毛でおおわれたアフリカ産齧歯(げっ)類の動物; bamboo rat ともいう》.

ca·nes·cent [kənésnt, kæ-] 〖□L *cānēscent-em* (pres.p.) ← *cānēscere* to grow white ← *cānēre* to be gray or white ← *cānus* gray, white: ⇨ -escent〗 ― *adj.* **1** 白っぽくなる, 灰白色になる. **2** 《植物》〈葉など〉灰白色の軟毛のある[でおおわれた].

cáne sùgar *n.* 甘蔗(しょ)糖, 蔗糖.

Ca·nes Ve·nat·i·ci [kéɪniːz-vənǽtəsàɪ | -tɪ-] 〖□L *Canēs Venāticī* the hunting dogs〗 ― *n.* 《天文》りょうけん(猟犬)座《北斗七星の南にある小さい星座; the Hunting Dogs ともいう》.

cáne tràsh *n.* サトウキビの搾り殻 (bagasse).

cáne·wàre *n.* 《窯業》薄い褐色の 18 世紀の英国炻器(せっき)《当時の製品は主に衛生器であったが, 19 世紀には台所用品も作られた》.

cáne·wòrk *n.* (椅子などに用いられる)籐(とう)細工(品).

Can·field [kǽnfiːld] 〖← *Richard A. Canfield* (*d.*1914: この遊び方を案出した New York の人)〗 ― *n.* 《トランプ》キャンフィールド: **a** ＝Klondike[1] 2. **b** 13 枚の積み札と 4 枚の置き札をもとに数列を作っていく一人遊び (solitaire) の一種.

Canfield, Dorothy *n.* ⇨ Dorothy Canfield FISHER.

can·ful [kǽnfʊ̀l] *n.* (*pl.* ～**s, cans·ful**) かん 1 杯(の量).

cangue [kǽŋ] 〖(1727) □F ～ □ ? Port. *canga* yoke □ Annamese *gong*〗 ― *n.* (*also* **cang** [～]) (もと中国などで用いた刑具の)首かせ《約 1 m 平方の四角な板で, 首につけた; cf. pillory 1, stock[2] 3 e》.

ca·níc·o·la féver [kəníkələ-] 〖*canicola*: ← NL *canicola* dog-dweller ← L *canis* dog＋NL *-cola* inhabitant (⇨ -colous)〗 ― *n.* 《病理・獣医》犬レプトスピラ病《リケッチア (rickettsia) による犬や人間の熱病の一種; 胃腸の炎症や黄疸(おうだん)を呈する; cf. canine leptospirosis》.

Ca·nic·u·la [kəníkjʊlə | kə-, kæ-] 〖□L *Canicula* (dim.) ← *canis* dog〗 ― *n.* 《天文》てんろう(天狼)星, シリウス (Sirius)《おおいぬ座を指すこともある》.

ca·nic·u·lar [kəníkjʊlə | kəníkjʊlə(r, kæ-] 〖(c1150) □L *caniculār-is*: ⇨ ↑, -ar[1]〗 ― *adj.* **1** 天狼星[シリウス]の. **2** (天狼星が暁に昇る)真夏の; (夏の)土用の: ～ days 土用 (⇨ dog days).

can·id [kǽnɪd, kéɪn-, -nəd | -nɪd] 〖↓〗 *n.* 《動物》イヌ科の動物.

Can·i·dae [kǽnədìː | -nɪ-] 〖← NL ～ ← L *canis* dog ＋-IDAE〗 *n. pl.* 《動物》イヌ科.

can·i·kin [kǽnɪkɪn, -nə-, -kən | -nɪkɪn] *n.* ＝cannikin.

ca·nine [kéɪnaɪn, kǽn-] 〖(1607) □L *canīn-us* ← *canis* dog: ⇨ -ine[1]〗 ― *adj.* **1** 犬の[に関する]; 犬のような. **2** [(英) kǽnaɪn, kéɪn-] 《解剖・動物》犬歯の[に関する]. ― *n.* **1** 《動物》イヌ科の動物《キツネ, タヌキ (raccoon dog), オオカミなどを含む; cf. Canis》. **2** 犬 (dog). **3** [(英) kǽnaɪn] 犬歯 (canine tooth).

cánine distémper *n.* 《獣医》(犬の)ジステンパー《ジステンパーウイルス感染による犬の病気》.

cánine leptospirósis *n.* 《獣医》犬レプトスピラ病《犬のレプトスピラ感染症で衰弱・食欲減退・発熱・渇・体重減少・吐血・下痢を呈し死亡率が高い; Stuttgart disease ともいう; cf. canicola fever, leptospirosis》.

cánine mádness *n.* 《病理》狂犬病 (⇨ rabies).

cánine tòoth *n.* 犬歯.

cán·ing *n.* **1** つえで打つこと, むち打ち: give a person a ～ 人にむちを加える / He wants a sound ～. あの男はうんとむち打ってやる必要がある. **2 a** (椅子を作るのに)籐(とう)を用いること. **b** 座部の編まれた籐.

can·ions [kǽnjənz] 〖□Sp. *cañones* (pl.) ← *cañón* 《原義》tube ← *caña* reed: ⇨ cane〗 *n. pl.* キャニオンズ《16–17 世紀に着用されたタイツ状の男性用脚衣; ⇨ trunk hose 挿絵》.

Ca·nis [kéɪnɪs, kǽn-, kɑ́ː-, -nəs | -nɪs] 〖← NL ～ ← L ～ 'dog'〗 ― *n.* 《動物》イヌ属《イヌ科の一属; イヌ (*C. familiaris*), コヨーテ (*C. latrans*), オオカミ (*C. lupus*) などを含む》.

Cá·nis Májor [kéɪnɪs-, kǽn-, -nəs- | kéɪnɪs-] *n.* 《天文》おおいぬ(大犬)座《Sirius を含む南天の星座; the Great Dog ともいう》.

Cá·nis Mínor [kéɪnɪs-, kǽn-, -nəs- | kéɪnɪs-] *n.* 《天文》こいぬ(小犬)座《Orion の南東方にある北天の星座; 主星は Procyon; the Little Dog, the Lesser Dog ともいう》.

can·is·ter [kǽnɪstə, -nəs- | -nɪstə(r] 〖(1678) □L *canistr-um* □Gk *kánastron* wicker basket ← *kánna* reed: cf. cane〗 ― *n.* **1** (茶・たばこ・コーヒーなどを入れる)小型の金属製容器; 小さなかん. **2** 《古》(花・パン・果物などを入れる)小型のかご. **3** 《軍事》(大砲から発射する)散弾 (canister shot ともいう; cf. case shot). **4** 《軍事》(防毒マスクの)吸収缶(かん)《毒ガスの中和剤を入れたガスマスクのフィルター装置》.

can·ker [kǽŋkə | -kə(r] 〖ME *cancre* □ ONF＝(O)F *chancre* □L *cancr-, cancer* gangrene, crab ∽ OE *cancer* □L: ⇨ cancer〗 ― *n.* **1** 《病理》(口の)潰瘍(かいよう), 口内炎《多く難治のものを呼んだ名称; 現在はあまり使用されない》. **2** 《獣医》**a** (主に口やくちびるにできる)潰爛(かいらん). **b** (馬の)馬蹄(ばてい)軟甲から始まってできるひづめの病気, 蹄癌(ていがん). **c** 犬やねこの耳にできる炎症. **3** 《植物病理》癌腫病, 根瘤(こんりゅう)病. **4** (癌のように)腐敗[頽廃]させるもの, 害毒を及ぼすもの, (心に食い入る)悩み. **5** 《英方言》**a** さび (rust). **b** 緑青(ろくしょう) (verdigris). **6** 《廃》《昆虫》＝cankerworm. ― *vt.* **1** canker にかからせる. **2** 毒する (corrupt), 徐々に破壊する, 蝕(むしば)む. ― *vi.* **1** canker にかかる. **2** 毒する, 腐敗する.

cán·kered *adj.* 《古》 **1** canker にかかった. **2** 腐敗[堕落]した, 根性の腐った, たちの悪い. **3** 気むずかしい, 意地の悪い. **～·ly** *adv.* **～·ness** *n.*

can·ker·ous [kǽŋk(ə)rəs | -kər-] *adj.* **1** canker にかかった; canker 性の. **2** 精神を腐敗[腐食]させる. **3** 《植物病理》癌腫(がんしゅ)病にかかった.

cánker sòre *n.* 《病理》アフタ性口内炎.

cánker·wòrm *n.* 《昆虫》植物の蕾や葉を食い荒す尺虫の幼虫《シャクガ科の *Alsophila pometaria* や *Paleacrita vernata* など》.

can·na [kǽnə] 〖← NL ～ ← L ～ 'reed': cf. cane〗 ― *n.* 《植物》カンナ《熱帯原産カンナ科カンナ属 (*Canna*) の観賞植物の総称; ダンドク(檀特) (*C. indica*) など; 特に *C. hybrida*》.

can·na·bin [kǽnəbɪn, -bən | -bɪn] 〖← L *cannabis* (↓)＋-IN[1]〗 *n.* 《薬学》カンナビン《インド大麻から採る樹脂状のもの; 鎮静剤に用いる》.

can·na·bis [kǽnəbɪs, -bəs | -bɪs] 〖□L ～ □Gk *kánnabis* hemp〗 ― *n.* 《植物》 **1** アサ, 大麻 (Indian hemp). **2** カンナビス《大麻の乾燥した雌蕊(しずい), 麻薬に用いる; cf. hashish, marihuana》.

cánnabis résin *n.* 《植物》アサ(大麻)の雌株の花の部位から分泌される粘性物質.

Can·nae [kǽniː] *n.* カンネー《イタリア南東部にある村; ローマ軍が Hannibal に破れた地 (216 B.C.)》.

canned *adj.* **1** かん詰にした ((英) tinned): ～ goods かん詰類, かん詰食料品 / ～ heat 固形アルコール. **2** 録音された: ～ music レコード音楽. **3** 《俗》酔っぱらった. **4** 《米俗》**a** あらかじめ用意された: a ～ editorial. **b** 型通りの, 紋切型の, 陳腐な.

cán·nel còal [kǽnl-] 〖*cannel*: ← 《北部方言》← ME *candel* 'CANDLE'〗 ― *n.* 《地質》燭(しょく)炭《油・ガスを多量に含む石炭の一種で, 強い炎を出して燃える; 単に cannel, ampelite ともいう》.

can·nel·lo·ni [kæ̀nəlóʊni, -nl̩- | -nɪlə́ʊni; *It.* kànnelóːni] 〖□It. ～ (pl.) ← *connellone* (aug.) ← *cannello* tube (dim.) ← *canna* 'CANE'〗 ― *n. pl.* カネローニ《円筒形の大型パスタ (pasta), またそれを用いた料理; 通例四角形のパスタ生地に刻んだ肉や野菜を巻き込み, トマトソースやチーズをかけて焼く》.

can·ne·lure [kǽnəl(j)ʊ̀ə, -nl̩- | -nəljʊ̀ə(r] 〖□F ～ < OF *cannelature* □It. *cannellatura* ← ? *cannella* small tube (↑)〗 ― *n.* **1** (小銃弾の薬莢が食いこむための)薬莢圧入溝. **2** (抵抗をへらすため弾帯につけた)弾帯溝. **3** (徹甲弾の被甲を弾身に固定させる)被甲固定溝. **4** (抽筒子のはまる薬莢底部の)抽筒溝. **5** (水冷式機関銃の放熱筒の尾部が水もれしないようにパッキングするための)銃身環状溝.

cán·ner *n.* **1** かん詰業者; かん詰工 ((英) tinner). **2** 《米》かん詰用動物《肉の品質が劣っていてかん詰にしかならないような動物》. **3** ＝pressure cooker.

can·ner·y [kǽn(ə)ri | -nəri] *n.* かん詰製造所.

Cannes [kǽn(z); *F.* kan] *n.* カンヌ《フランス南東部, 地中海沿岸の保養地; 1946 年以来毎年国際映画コンクールが開かれる; 人口 67,000》.

can·ni·bal [kǽnəbəl | -nɪ-] 〖(1553) ← NL *canibal-is* ← Sp. *Canibal* (*can* dog との連想による変形) ← *Caribal* inhabitant of Carib Islands ← Arawakan *Caribe* Carib: Columbus の記録に初出; Carib 人は食人種だったことから〗 ― *n.* **1** 食人慣習をもつ種族 (anthropophagite). **2** 共食いする獣. **3** 車や機械の部品を取りはずす人, 解体屋. ― *adj.* **1** 人肉を食べる慣習をもつ: a ～ race 食人族. **2** 共食いする. **～·ly** *adv.*

can·ni·bal·ic [kæ̀nəbǽlɪk | -nɪ-] *adj.* **1** 人食いの; 人食いの風習のある. **2** 残忍な, 野蛮な.

cán·ni·bal·ism [-bəlɪzm] *n.* **1** カニバリズム, 人食いの風習《宗教的・魔術的儀式として, 望む力の存する人肉の一部を食する習慣》. **2 a** (下等動物による)人肉嗜(し)食. **b** 共食い. **3** 野蛮な風習, 残忍, 残虐. **4** 家禽が生きている仲間の肉をつつくこと (cf. peck order). **5** (企業・政党などの)競争相手を弱体化またはつぶすこと: economic ～ 経済的共食い行為.

can·ni·bal·is·tic [kæ̀nəbəlístɪk | -nɪ-] *adj.* **1** カニバリズムの[に似た]. **2** 人食いの; 共食い性の (cannibal). **3** 〈家禽が〉生きている仲間の肉をつつく. **càn·ni·bal·ís·ti·cal·ly** *adv.*

can·ni·bal·ize [kǽnəbəlàɪz | -nɪ-] *vt.* **1** 〈生きた動物〉の肉を食べる. **2 a** 〈破損したり古くなったりした自動車・飛行機・タンクなど〉の部品を取る. **b** 組立て[修理]のため〈他の利用できる車両・機械など〉から部品を取りはずす, 共食い整備をする. **3 a** 〈同種の企業・組織など〉から職員[設備]を引き抜く. **b** 〈同種の企業・組織を〉吸収する, 吸収合併する. **4** 《軍事》(他の部隊の兵力・装備を補強するため)〈ある部隊〉から兵力[装備]を引き抜く, 〈人員[装備]を〉他に補充転換する. ― *vi.* **1** 人食いをする; 共食いする. **2** (別の企業・組織を作るために)同種企業をつぶす. **can·ni·bal·i·za·tion** [kæ̀nəbəlɪzéɪʃən, -lə- | -nɪbəlaɪ-, -lɪ-] *n.*

can·ni·kin [kǽnɪkɪn, -nə-, -kən | -nɪkɪn] 〖□MDu. *cannekin* little can: cf. can[1], -kin〗 ― *n.* **1** 小さなかん[水飲み]. **2** 《ニューイングランド》木製のバケツ, 小さな木おけ.

cán·ning 〖← CAN[1] (v.)〗 *n.* かん詰製造(業, 法).

Can·ning [kǽnɪŋ], **Charles John** *n.* (1812–62) 英国の政治家, インド総督 (1856–58) としてインドの近代化に尽くし, 初代のインド副王に任ぜられた (1858–62); 称号 Earl Canning.

Canning, George *n.* (1770–1827) 英国の政治家, 首相 (1827); C. J. Canning の父.

can·nis·ter [kǽnɪstə, -nə- | -nɪstə(r] *n.* ＝canister.

can·non [kǽnən] 〖(1525) □F *canon* □It. *cannone* great tube (aug.) ← *canna* cane, tube < L *cannam* 'CANE'〗 ― *n.* (*pl.* ～**s**, ～) **1 a** 大砲, 砲, 火砲《gun, howitzer, mortar を含む一般名称であるが, 今は gun を通例用いる》. **b** (飛行機の)機関砲. **2** (釣鐘の)竜頭(りゅうず). **3** 《米俗》ピストル, 拳銃. **4** 《米俗》すり (pickpocket).

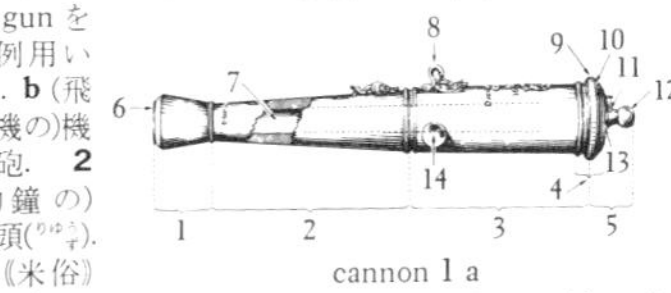

cannon 1 a

1 muzzle; 2 chase; 3 reinforce; 4 breech; 5 cascabel; 6 muzzle face; 7 bore; 8 dolphin; 9 breech ring; 10 base of breech; 11 neck; 12 knob *or* button; 13 fillet; 14 trunnion

5 二重軸《中空の軸を貫く第 2 の軸が外の軸と無関係に回転するもの》. **6** 《馬具》**a** 丸轡(ぐつわ) (cannon bit ともいう). **b** 馬銜(はみ)《轡の馬の口にくわえさせる所》. **7** 《動物》脚の管骨 (cannon bone) のある部分. **8** 《英》《玉突》キャノン (carom)《突き手の球が続けて二つの的玉に当たること》. ― *vi.* **1** 大砲を打つ. **2** 《英》**a** 《玉突》キャノンを突く, 〈球が〉キャノンになる (carom) 〔*into, against, with*〕: ～ *off* 一つの玉から他の玉へキャノンを突く / ～ *off* the red 赤玉からキャノンになる. **b** はね返るように激しく打つ; 激突してはね返る. ― *vt.* **1** 砲撃する (cannonade). **2** 《英》**a** 《玉突》〈球を〉キャノンにする. **b** 激突してはね返らせる.

Can·non [kǽnən], **Joseph Gur·ney** [gə́ːni | gə́ːnɪ] *n.* (1836–1926) 米国の政治家; 通称 Uncle Joe.

can·non·ade [kæ̀nənéɪd] 〖(1655) □F *canonnade*: ⇨ cannon, -ade〗 ― *n.* **1** 連続砲撃 (cf. bombardment). **2** とどろく砲声. ― *vt.* 砲撃する. ― *vi.* **1** 砲撃する. **2** (砲声のように)とどろく.

cánnon·bàll *n.* **1** 砲丸《旧式の中まで鉄の丸い玉》; (一般に)砲弾《今は shell が普通》. **2** 《米口語》弾丸列車; (特に)急行列車. **3** 《ダイビング》キャノンボール《ひざを胸につけ, 腕でかかえ身体を丸めてする飛込み》. **4** 《テニス》キャノンボール, 弾丸サービス. ― *attrib. adj.* (弾丸のように)速い, 急速な: a ～ service / a ～ smash 弾丸スマッシュ. ― *vi.* (弾丸のように)猛スピードで飛ぶ[進む].

cánnon bòne *n.* 《動物》(有蹄(ゆうてい)動物の)管骨, 砲骨.

cánnon cràcker *n.* 大型の爆竹.

can·non·eer [kæ̀nəníə | -níə(r] 〖(1562) □F *canonnier*: ⇨ cannon, -eer〗 *n.* 砲手, 砲兵 (artilleryman).

cánnon fòdder 〖《なぞり》← G *Kanonenfutter*〗 *n.* [集合的] (大砲のえじきになるだけの)兵士たち, 雑兵 (soldiers).

can·non·ry [kǽnənri | -rɪ] 〖← CANNON＋-RY〗 *n.* **1** [集合的] 砲 (artillery). **2** 砲撃 (cannonading).

cánnon-shòt *n.* 砲弾の弾着距離.

cánnon shòt *n.* **1** 砲弾. **2** 砲撃. **3** ＝cannon-shot.

cannot can not の複合形 (⇨ can[2]). ★ 《米》では, または not に強勢を置く場合には can not も用いる: You can go, or you *can nót* go. 君は行ってもよいし, 行かなくてもよい.

can·nu·la [kǽnjʊlə] 〖← NL ～ ← L ～ (dim.) ← *canna* 'CANE'〗 ― *n.* (*pl.* ～**s, -nu·lae** [-lìː]) 《外科》カニューレ, 套(とう)管《患部に挿し入れて液の抽出や薬の注入に用いる》.

can·nu·lar [kǽnjʊlə | -lə(r] *adj.* 管状の, 中空の.

can·nu·late [kǽnjʊlèɪt] *vt.* 《外科》…にカニューレを挿入する. **can·nu·la·tion** [kæ̀njʊléɪʃən] *n.*

can·ny [kǽni | -nɪ] 〖(1637) ← CAN[2]＋-Y[4]〗 ― *adj.* (**can·ni·er**; **-ni·est**) **1 a** 先見の明のある, 賢い, 利口な. **b** 慎重な, 用心深い. **c** ずるい, 抜け目のない. **d** 世故にたけた, 如才ない. **e** 巧妙な, 熟練した. **2** 倹約な, つましい. **3** 《英方言》顔立ちの整った, 魅力のある. **4** 《英方言》かなりの量[数, 程度]の. **5** 《スコット》**a** 穏やかな, おとなしい. **b** 気持のよい. **6 a** [通例否定構文に用いて] 理解できる; 大丈夫な, 無難な: an event *not* ～ to men 人間にはわからない事

件. b 超自然[オカルト]的な力をもった: a ~ woman. c 運のよい, 好運な. — *adv.* 《スコット》用心深く; ゆっくりと: ⇨ ca' canny. **cán·ni·ly** [-nəli, -nḷi | -nɪli, -nə-] *adv.* **cán·ni·ness** *n.*

ca·noe [kənúː] 〘《1555》□ Sp. *canoa* □ Carib. *kanoa*: 現在の語形は F *canoë* の影響による〙 — *n.* **1 a** カヌー《oar でなく paddle でこぐか帆で走る小舟; 丸木舟が普通だが獣皮やズック張りのものもある》. **b** 未開人の使うカヌーに似た小型舟. **2** 〘水泳〙カヌー《シンクロナイズドスイミング競技の一種目で, 頭と踵を水面上に, 両手は尻の位置であおり身体を前進させながら半円形を画くこと》.
paddle one's own canoe 独立独歩する, 腕一本で世を渡る.
— *v.* (~d; ~·ing) — *vi.* カヌーに乗る; カヌーに乗って行く. — *vt.* カヌーで運ぶ.

canóe àdz *n.* カヌー型の手おの.

canóe cèdar *n.* 〘植物〙ベイスギ (*Thuja plicata*)《米国北西部産ヒノキ科クロベ属の常緑大高木; (western) red cedar ともいう》.

ca·nóe·ing [-núːɪŋ | -núːɪŋ, -núɪŋ] *n.* カヌー漕ぎ; カヌー遊び.

ca·nóe·ist [-núːɪst, -əst | -núːɪst, -núɪst] *n.* カヌーの漕ぎ手.

canóe slálom *n.* 〘スポーツ〙カヌースラローム《スキーのスラロームのように設けられたゲートを通過するようカヌーをあやつる競技》.

canóe·wòod *n.* **1** 〘植物〙ユリノキ (tulip tree). **2** ユリノキ材.

can·on[1] [kǽnən] 〘OE ~ // □ AF *canun*=(O)F *canon* □ L *canōn* model, standard, (eccl. L) sacred writings □ Gk *kanṓn* rod, rule ← *kánna* 'CANE': cf. canal〙 — *n.* **1 a** 教会法《宗教会議その他の権威, 例えばカトリック教会では教皇によって公認された教理・戒律・法令など》. **b** 教会法令集. **c** 《まれ》法規, 法典, 律令. **2 a** (倫理・芸術上の)規範, 標準, 規準 (criterion): the ~s of art, taste, etc. **b** 根本原理[原則], 一般原則. **3 a** 〘キリスト教〙(聖書の外典 (Apocrypha) に対して教義の基準として信仰の規範として定められた)正典, 経典聖書: the Books of the *Canon* 正経書 (CANONICAL[1] books). **b** 正典. **c** 〘文学〙(偽作に対して)真作; 真作リスト[目録]: the Shakespearian ~ シェークスピアの真作. **4** 〘カトリック〙聖人の名列, 聖者録. **5** [C-] 〘カトリック〙(ミサの本体である)典文《三聖唱 (Sanctus) から主禱文 (paternoster) までの部分》. **6** 〘音楽〙カノン, 典則曲, 追復曲《先行句を厳格に, 時には反行・逆行・拡大などの技法も用いて模倣してゆく対位法》. **7** 〘ダンス〙キャノン《動きの輪唱のようにある人の動きを他の人が次々と追いかけていく方法》. **8** 〘活字〙キャノン《約48 アメリカンポイントの欧文活字: cf. type 10 ★》.

can·on[2] [kǽnən] 〘《?a1200》□ AF *canunie*=OF *canonie* □ LL *canonicus* one subject to canon, L according to rule: ⇨ canonical[1]〙 — *n.* **1** 〘キリスト教〙(大)聖堂参事会員 (cf. chapter 3): ⇨ major canon, minor canon. **2** 〘カトリック〙=canon regular.

can·on[3] [kǽnən] *n.* =cannon 2, 8.

ca·ñon [kǽnjən; *Sp.* kaɲón] *n.* =canyon.

cánon cáncrizans *n.* 〘音楽〙=crab canon.

can·on·ess [kǽnənɪs, -nəs | -nɪs, -nès] 〘(fem.) ← CANON[2]〙 — *n.* 〘カトリック〙律修修女《修道誓願には拘束されないが, 一定の規律下で共同生活をする女子修道会の修道女; あるいは以上に準じる規則の下での共同生活の形態を取る女子修道会の修道女》.

ca·non·ic [kənɑ́nɪk | -nɔ́n-] *adj.* **1** =canonical. **2** 〘音楽〙カノン[典則曲]の[に関する, に似た].

ca·non·i·cal[1] [kənɑ́nɪkəl, -nə- | -nɔ́nɪ-] 〘《?a1425》□ ML *canonicāl-is* ← L *canonicus* □ Gk *kanonikós*: ⇨ canon[1], -ical〙 — *adj.* **1 a** 教会法の[に関する]. **b** 法規[法典]の[に関する, によって定められた]. **2** 規範[標準]的な: ~ criticism. **3** 正典の, 経典聖書の: the ~ books (of the Bible) 正典《聖書に収められた経典; cf. Apocrypha》. **4** 宗規で定めた, 教会上の: ~ dress (正規の)法服, 法衣. **5** 〘数学〙正準の, 標準の. — *n.* [*pl.*] (正規の)法衣, 法服: in full ~*s* 正式の法衣をまとって. **~·ly** *adv.*

ca·non·i·cal[2] [kənɑ́nɪkəl, -nə- | -nɔ́nɪ-] 〘← CANON[2] + -ICAL〙 *adj.* **1** (大)聖堂参事会員の: a ~ house. **2** 〘カトリック〙律修司祭の.

canónical áge *n.* 〘キリスト教〙教会法上の責任を負う年齢, 成年《21 歳》.

Canónical Epístles *n.pl.* [the ~] 〘聖書〙=Catholic Epistles.

canónical fórm *n.* 〘言語〙基準形《任意の言語の形態 (morph) の特徴をなす音韻的型; 例えば英語は cvc 型, 日本語は cv 型を好む》.

canónical hóur *n.* **1** 〘カトリック〙定時課, 時禱, 時課《毎日 7 回または 8 回定時に捧げられる祈禱の時間: matins, (lauds,) prime, terce, sext, nones, vespers, complines をいう》. **2** 〘英〙〘キリスト教〙午前 8 時から午後 6 時までの間の任意の時間《この時間以外で教会結婚式は行なわれない; この時間は初めは 8 時から正午までだったが, 1886 年に 3 時まで, 1934 年に 6 時まで延長された》. **3** 適切な時間, 潮時.

ca·non·i·cate [kənɑ́nɪkət, -nə-, -kɪt, -kèɪt | -nɔ́nɪ-] *n.* =canonry.

can·on·ic·i·ty [kæ̀nənísəṭi | -sɪti, -sɪ-] 〘□ F *canonicité*: ⇨ canonical[1], -ity〙 *n.* **1** 教会法に合致すること. **2** 正典たる資格[特徴].

cán·on·ist [-nɪst, -nəst | -nɪst] 〘《1542》□ F *canoniste*: ⇨ canon[1], -ist〙 *n.* 教会法[宗規]に通じている人, 教会法[宗教法]学者.

can·on·is·tic [kæ̀nənístɪk] *adj.* **1** 教会法の[に関する]. **2** 教会法学者らしい[にふさわしい].

can·on·i·za·tion [kæ̀nənɪzéɪʃən, -nə- | -naɪ-, -nɪ-] *n.* 列聖《福者 (beatus) を聖人として崇敬することを宣言すること》; 列聖式.

can·on·ize [kǽnənàɪz] 〘《?1384》□ ML *canoniz-āre*: ⇨ canon[1], -ize〙 — *vt.* **1** 〘カトリック〙聖人[聖者]の列に加える, 列聖する. **2** 賛美する; …に栄光を与える. **3** (聖書の)正典と認める: ~*d* books. **4** …に教会の権威を与える, (教会の権威によって)認可[承認]する. **5** 神聖なもの[権威あるもの]と見なす. **6** 《古》神に祭る, 神格化する.

cánon láw *n.* 教会法, 教会法規, 宗規《キリスト教信徒の信仰・道徳および教会機構などに関して教会自身によって制定された規則またはその総称》.

cánon láwyer *n.* =canonist.

cánon régular *n.* (*pl.* **canons r-**) 〘カトリック〙律修司祭, 立誓共住司祭《教団や衆会に属して戒律のもとに生活し, 教区の教育・医療に従事する》.

can·on·ry [kǽnənri | -rɪ] 〘← CANON[2] + -ERY〙 *n.* **1** 聖堂参事会員 (canon) の位[職, 禄(ろく)]. **2** [集合的] 聖堂参事会員たち (canons).

cánon·shìp *n.* =canonry.

ca·noo·dle [kənúːdḷ] 〘《1859》← ? CA(RESS) + NOODLE[1]: cf. 《英方言》*canoodle* donkey, spoony〙《俗》 — *vi.* (情愛深く)抱きしめる, 抱きしめてかわいがる, 愛撫する. — *vt.* **1** 抱きしめる, 愛撫する. **2** かわいがって[だまして]説得する.

cán òpener *n.* かん切り (《英》tin opener).

Ca·no·pic [kənóupɪk, -nɑ́p- | -nə́up-, -nɔ́p-] 〘□ L *Canōpic-us* ← *Canōpus* 'CANOPUS[1]'〙 *adj.* カノーポス (Canopus[1]) の.

Canópic jár [úrn, váse] *n.* カノーポス壺(つぼ)《ミイラの内臓を納める 4 個一組の古代エジプトの壺》.

Canopic jar

cán·o·pied *adj.* 天蓋(がい)付きの: a ~ bed.

Ca·no·pus[1] [kənóupəs | -nə́u-] 〘□ L *Canōpus* □ Gk *Kánōpos*〙 — *n.* カノーポス《古代エジプトの海港, Alexandria の東方 19 km に遺跡がある》.

Ca·no·pus[2] [kənóupəs | -nə́u-] 〘↑〙 — *n.* 〘天文〙カノープス《竜骨座 (Carina) の α 星で −0.7 等星; 全天第二の輝星; cf. Sirius》.

can·o·py [kǽnəpi | -pɪ] 〘《a1382》□ ML *canapē-um*=L *cōnōpēum* net curtains □ Gk *kōnōpeîon* mosquito net ← *kṓnōps* gnat〙 — *n.* **1** 天蓋(がい)《玉座・説教壇・寝台・高貴な人などの上に設けたおおい》. **2 a** 天蓋のようにおおうもの: a tree with a dense ~ of leaves 厚く屋根のように葉の茂った木 / under a ~ of smoke 空をおおう煙の下に. **b** (天蓋形の装飾的な)ひさし, 張出し, 日よけ. **c** (自動車などの)車蓋, フード (hood). **d** 空 (sky): the ~ of heaven 天空, 大空, 蒼穹(そうきゅう). **e** (仏像などの上につるす)天蓋. **3** 〘電気〙カノピ《照明器具を天井などに取り付ける時に用いる化粧金具》. **4** 〘航空〙**a** (操縦士室の上の透明な)円蓋, キャノピー (cf. bubble canopy). **b** 傘体(さんたい)《パラシュートの開く部分; 通例ナイロンなどでできている》.

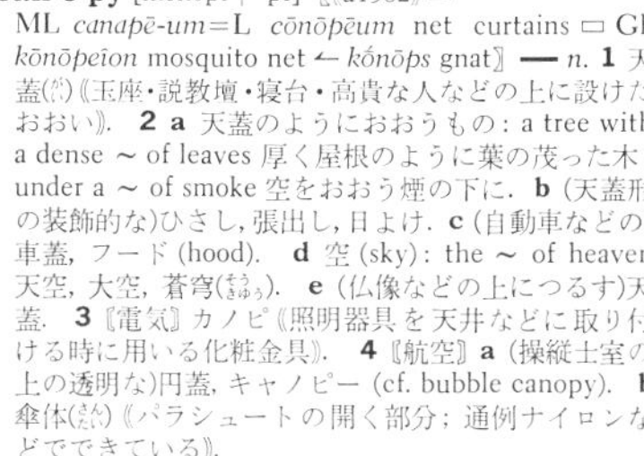

under the [God's] canopy 《米》一体全体 (on earth): Where *under the* ~ did you come from? 一体君はどこから来たのか.
— *vt.* 天蓋でおおう; (天蓋のように)…におおいかかる: The clouds *canopied* the sky. 雲が天蓋のように空をおおっていた.

cánopy switch *n.* 〘電気〙カノピスイッチ《照明器具のカノピに取り付けた紐で点滅する小型スイッチ; 一般に天井取付型スイッチのことを指す場合もある》.

ca·no·rous [kənɔ́ːrəs, -nóːr-, kǽnər- | kənɔ́ːr-] 〘《1646》□ L *canōrus* tuneful ← *canor* melody ← *canere* to sing: ⇨ -ous〙 — *adj.* 旋律[音色]のよい, 鳴り響く, 響き渡る. **~·ly** *adv.* **~·ness** *n.*

Ca·nos·sa [kənɑ́sə, -nɔ́(ː)sə | -nɔ́sə] *n.* カノッサ《北イタリアにある村; その地の城で教権と争っていた神聖ローマ帝国皇帝 Henry 四世は教皇 Gregory 七世に改心の意を表し屈服した (1077)》.
go to Canossa 屈服する; 改心する, あやまる.

Ca·no·va [kənóuvə | -nə́u-; *It.* kanɔ́ːva], **Antonio** *n.* カノーバ《1757–1822; イタリアの新古典主義彫刻家》.

Can·so [kǽnsou | -səu], **Cape** *n.* カンソー岬《カナダ Nova Scotia 北東端の岬》.

canst [kənst; kænst, kǽnst] *auxil. v.* 《古》=can[1]《thou を主語とする時の形; cf. couldst》.

cant[1] [kǽnt] 〘*v.*: 《1567》□ ONF *cant-er*=(O)F *chanter* to sing // L *cant-āre* to sing. — *n.*: 《1501》← (*v.*): ⇨ chant: はじめ托鉢修道士について言ったものか; また後に 17 世紀長老派牧師 Andrw Cant の名と連想された〙 — *n.* **1 a** (気取ったまたはうわべだけの)偽善的な言葉づかい; 空(から)念仏; (党などの)おざなり標語. **b** (こじきなどの)哀れっぽい声. **2 a** (特殊な階級・職業などの)通り言葉; 一時的な流行語: in the ~ of the day 当時のはやり言葉で(言えば) / a ~ phrase 通り言葉, 流行文句. **b** (盗人の)合言葉, 隠語 (lingo): thieves' ~. **c** 《廃》宗派特有の言い回し. — *vi.* **1 a** 偽善的な言葉づかいをする, 信心ぶった[もったいぶった]言い方をする; 空念仏を唱える. **b** ⟨こじきなどが⟩哀れっぽい声を出す; 物乞いをする. **2** 合言葉[隠語]を用いる. — *vt.* 合言葉[隠語]でしゃべる.

cant[2] [kǽnt] 〘《?a1400》□ MLG *kant* point // (M)Du. *cant* border, side □ ? VL **canto*=L *cant(h)us* iron ring round a wheel, (LL) side, corner ← Celt. ← IE **kantho-* corner (Gk *kanthós* corner of the eye / Welsh *cant* rim)〙 — *n.* **1** (堤防・結晶体などの)斜面, 斜角. **2 a** (物を傾けたりするような)急な一突き, 一押し. **b** (急に押すことによってできた)傾斜, (物の)傾き; 方向転換. **3 a** (建物などの)出隅(でずみ). **b** 《廃》かど, すみ, 突角. **4** 割り材. — *adj.* **1** 角[側面]を切り落とした. **2** 傾いた, 傾斜した. — *vt.* **1** 傾ける, 斜めにする. **2 a** 斜めに押す[突く]. **b** ひっくり返す ⟨*over*⟩. **3** …のかどを切る, 斜めに切り落とす ⟨*off*⟩: ~ *off* a corner. **4** (ぽいと)投げる; ぐいと押す. — *vi.* **1 a** (一方に)傾く, 方向を変える. **b** ひっくり返す, 転覆する ⟨*over*⟩. **2** 斜めになる. **3** 〘海事〙⟨船が⟩斜行する《既定針路からはずれて斜めの方向へ移動する》.

cant[3] [kǽnt | kɑ́ːnt] 〘ME □ ? MDu. *kant* merry, bold: cf. cant[2], canty〙 *adj.* 《英方言》元気な, 陽気な.

can't [kǽnt, kɑ́ːnt | kɑ́ːnt] cannot の縮約形 (⇨ can[2]).

cant. 《略》 canton; cantonment.

Cant. 《略》 Canterbury; 〘聖書〙 Canticles; Cantonese.

Cantab. 《略》 *L.* Cantabrigia (=Cambridge); *L.* Cantabrigiensis (=of Cambridge).

can·ta·bi·le [kɑːntɑ́ːbɪlèɪ, kæntǽb-, kən-, -bə-, -li | kæntɑ́ːbɪli; *It.* kantáːbile] 〘□ It. ~ □ LL *cantābilis* that may be sung: cf. cantata, -able〙〘音楽〙 — *adj., adv.* カンタービレ, 歌うような表情の[で], 流れるような[に]. — *n.* カンタービレ様式; カンタービレの曲[楽章, 楽節].

Can·ta·brig·i·an [kæ̀nṭəbrídʒiən, -dʒən | -təbrídʒɪən] 〘《c1645》← ML *Cantabrigia* 'CAMBRIDGE' + -AN[1]〙 — *adj.* **1** (英国の)ケンブリッジ (Cambridge) の; ケンブリッジ大学の. **2** (米国 Massachusetts 州の)ケンブリッジの; ハーバード (Harvard) 大学の. — *n.* **1** (英国の)ケンブリッジの人; ケンブリッジ大学の学生[卒業生]. **2** (米国の)ケンブリッジの人; ハーバード大学の学生[卒業生].

can·tal [kɑ̃ː(n)tɑ́ːl, kɔ̃ː(n)-, kɑːn-, kɔ(ː)n-, -tǽl; *F.* kɑ̃tal] 〘□ F ~ ← *Cantal* (生産地名)〙 *n.* カンタル(チーズ)《フランス南部産の堅いチェダー風のチーズ》.

can·ta·la [kæntɑ́ːlə] 〘← ?〙 *n.* 〘紡織〙カンタラ《リュウゼツラン属の木 (*Agave cantala*) の葉から出る堅い繊維; 撚(よ)り糸に使う》.

can·ta·loupe [kǽnṭəlòup, -lùːp, -ṭḷ- | -təlùːp] 〘《1839》□ F *cantaloup* ← It. *Cantalupo* (ローマ付近のもと法王の別荘地, ヨーロッパではここで最初に栽培された)〙 — *n.* (*also* **can·ta·loup** [~]) 〘園芸〙**1** カンタロープ, ロックメロン (*Cucumis melo* var. *cantalupensis*)《南欧産のメロン; 果面に溝があり, 果皮は厚く堅い, 芳香がある》. **2** =muskmelon 1.

can·tan·ker·ous [kæntǽŋk(ə)rəs, kən-] 〘《1772》《混成》? ← Ir. *cant* auction + RANCOROUS // 《変形》← ME *contekour* rioter (← *contek* strife ← AF) + -OUS: ME からの変形は CANKEROUS, RANCOROUS 等の影響による〙 — *adj.* **1** ⟨人が⟩つむじ曲りの, 意地悪な; 口の悪い; けんか腰の: a ~ old man. **2** ⟨動物・物が⟩扱いにくい, 御しにくい. **~·ly** *adv.* **~·ness** *n.*

can·tar [kæntɑ́ə, kən- | -tɑ́ː(r)] *n.* =kantar.

can·ta·ta [kəntɑ́ːṭə, kæn-, kɑːn- | kæntɑ́ːtə, kən-; *It.* kantáːta] 〘《1724》□ It. ~ 'a thing sung' ← *cantare* to sing < L *cantāre*: cf. chant〙 — *n.* 〘音楽〙カンタータ《17 世紀イタリア起源の声楽曲形式; 独唱者による叙唱・詠唱を中心とする多楽章から成り, 重唱や合唱もこれに加わることがある; 歌詞から大別して世俗カンタータと教会カンタータに分類される》.

Can·ta·te [kæntɑ́ːṭi | -tɪ] 〘□ L *cantāte* sing ye ← *cantāre*〙 *n.* 〘聖書〙詩篇 (Psalms) 第 98 篇 ('Cantate Domino'=O Sing unto the Lord で始まる).

can·ta·trice [kɑ̀ːnṭətríːtʃeɪ, -tʃi, kɑ̃ː(n)tətríːs, kɑ̀ːn- | kæntətrìːs; *F.* kɑ̃tatris; *It.* kàntatríːtʃe] 〘□ F ~ □ It. ~ (fem.) ← *cantatore* singer ← *cantare* to sing: ⇨ cantata〙 — *It. n.* (*pl.* **-ta·tri·ces** [-tríːtʃeɪz, -tʃiz, -tríːsɪz, -səz | -trìːsɪz, -səz; *F.* ~], **-ta·tri·ci** [kɑ̀ːnṭətríːtʃiː; *It.* -tríːtʃi]) 女流歌手; (特に)女性オペラ歌手.

cánt bòdy 〘⇨ cant[2]〙 *n.* 〘造船〙カント部, 斜肋骨部《竜骨に対して斜めになる船首・船尾の部分; cf. square body》.

cánt dòg 〘⇨ cant[2]〙 *n.* =peavey.

cánted cólumn *n.* 〘建築〙多角柱.

can·teen [kæntíːn] 〘《1737》□ F *cantine* □ It. *cantina* wine cellar ← *canto* side < L *canthum*: cf. cant[2]〙 — *n.* **1 a** 酒保《営舎や宿営地で軍人に飲食物その他雑貨を売る店; 米軍では今は post exchange (略 PX) という》: a dry [wet] ~ 酒類を売らない[売る]酒保. **b** (軍隊宿営地や艦隊停泊地付近の都市に設けられる)軍人接待所, 簡易娯楽所; 簡易食堂. **c** (被災地などの)食料配給所; 仮設[移動]食堂. **d** 《英》社内[学校]食堂. **2 a** (軍人・キャンプに行く人などの)水筒. **b** 飯盒(はんごう); 携帯食器 (mess kit). **3** 家庭用の皿・食卓用金物を入れる箱[容器].

cánt·er[1] [-ṭə | -tə(r)] 〘← CANT[1] + -ER[1]〙 *n.* **1 a** 気取ったものの言い方をする人, 偽善者. **b** こじき, 浮浪者. **2** 隠語を使う人; (特に, 17 世紀の)ピューリタン.

can·ter[2] [kǽnṭə | -tə(r)] 〘《1755》《略》← *Canterbury pace, gallop, trot,* etc.: Canterbury への騎馬の参詣(さんけい)者たちが馬をゆるゆると進めたことにちなむという〙 — *n.* 〘馬術〙キャンター, 普通駆け足, 馬なり

駆け足《乗り手が馬に強制も抑制もしない駆け足. 脚の運びは gallop とほぼ同じ; easy gallop ともいう; cf. gait》: at a ～ 〈馬が〉馬なり駆け足で.
win (*a race*) *at* [*in*] *a canter* 〈競争馬が〉やすやすと勝つ, 楽勝する.
— *vi.* 〈馬が〉普通駆け足で進む. — *vt.* キャンターで〈馬〉に乗る; 〈馬を〉ゆるく駆けさす: ～ one's horse.

can·ter·bur·y [kǽnṭəbèri, -ṭə- | -təb(ə)ri, -bèri] 〖← ? *Charles Manners-Sutton* (初代の viscount of Canterbury: このような台を最初に注文して作らせた人との言い伝えから)〗 — *n.* **1** ナイフ・フォーク・スプーンなどと皿類との仕切りのある食事用の盆. **2** [しばしば C-] 楽譜・書類・雑誌などを載せる仕切りのある台.

Can·ter·bur·y [kǽnṭəbèri, -ṭə- | -təb(ə)ri, -bèri] 〖OE *Cantwaraburg* ← *Cantware* people of Kent (← *Cant*, *Cent* 'KENT' + -*wara* ((gen. pl.) ← -*ware* inhabitant)) + *burg* town (cf. borough)〗 — *n.* イングランド Kent 州東部の古都市; 英国国教会の全教区は Canterbury と York の二つの管区 (province) に分けられ, 前者は Canterbury の大主教 (archbishop), 後者は York の大主教によって統轄される (cf. primate 1); 英国国教会のみならず全世界の聖公会系諸教会 (Anglican Communion) の精神的中心でもある; 中世時代には聖堂にある Saint Thomas à Becket の墓に参詣(さんけい)するための巡礼が盛んであった; 人口 116,000.

Cánterbury bèll 〖Canterbury への巡礼の乗馬につけられた鈴の形と似ていたことから〗 — *n.* 〖植物〗キキョウ科ホタルブクロ属 (*Campanula*) の観賞用植物の総称《フウリンソウ (*C. medium*), *C. trachelium*, ヤツシロソウ (*C. glomerata*), *C. latifolia* など》.

Cánterbury tále [stóry] 〖← *The Canterbury Tales* (Geoffrey Chaucer 作, 14 世紀末に書かれた主に韻文体の物語)〗 — *n.* **1** 作り話, でたらめ話 (yarn). **2** 長たらしい話: a long ～ of two hours.

cánt fìle *n.* ささばやすり《のこぎりの目たてなどに用いる先の尖ったやすり》.

cánt fràme *n.* 〖海事〗カントフレーム《カント部 (cant body) のフレーム; 船の前後方向に対して斜になる肋材》.

canth- [kænθ] (母音の前に来る時の) cantho- の異形.

canthari *n.* cantharus の複数形.

Can·thar·i·dae [kænθǽrədiː, -θér- | -θǽrɪ-] 〖← NL ～: ⇨ ↓, -idae〗 *n. pl.* 〖昆虫〗(鞘翅目)ジョウカイ科, ジョウカイボン科.

can·tha·ris [kǽnθərɪs, -rəs | -rɪs] 〖《変形》← ME *cantarides* ◻ L *cantharides* (pl.) ← *cantharis* ◻ Gk *kantharís* blister fly〗 — *n.* (*pl.* **can·thar·i·des** [kænθǽrədiːz, -θér- | kænθǽrɪ-, kən-]) **1** 〖昆虫〗=Spanish fly 1. **2** [*pl.*; 単数または複数扱い]〖薬学〗カンタリス《ヨーロッパミドリゲンセイ (Spanish fly) の粉末; 発泡(はっぽう)剤・水泡膏(すいほうこう)として用いる; もと媚薬として用いられた; Spanish fly ともいう》.

can·tha·rus [kǽnθərəs] 〖◻ L ～ ◻ Gk *kántharos*〗 — *n.* (*pl.* **-tha·ri** [-ràɪ, -riː]) **1** (ギリシャ・ローマ古物で)カンタロス《二つの取っ手のついた杯; ディオニュソス (Dionysus) に捧げる神酒を入れる》. **2** 聖水ばち.

canthi *n.* canthus の複数形.

can·tho- [kǽnθo(ʊ) | -θə(ʊ)] 〖← NL ～: ⇨ canthus〗「まなじり (canthus) (の)」の意の連結形. ★ 母音の前では通例 canth- になる.

cánt hòok 〖⇨ cant^2〗 *n.* かぎてこ《丸太材の処理に用いる; peavy に似ているが先が尖っていない》.

can·thus [kǽnθəs] 〖← LL ～ ← Gk *kanthós* corner of the eye: ⇨ cant^2〗 — *n.* (*pl.* **can·thi** [-θaɪ]) 〖解剖〗眼角, まなじり.

cant hook

can·ti·cle [kǽnṭɪkl̩, -ṭə- | -tɪ-] 〖(*a*1225) ◻ L *canticulum* (dim.) ← *cantus* song: ⇨ -cle: cf. chant〗 — *n.* **1** 〖音楽〗カンティクム《詩篇以外の聖書の文句に基づく聖歌で Benedicite, Nunc Dimittis, Venite, Magnificat などがある》. **2** 小歌曲. **3** [the Canticles; 単数扱い]〖聖書〗=SONG of Solomon.

Canticle of Canticles [The —]〖聖書〗雅歌 (The Song of Solomon).

can·ti·le·na [kæ̀nṭəléɪnə, -líː- | -tə-] 〖◻ It. ～ < L *cantilēna*〗 — *n.* 〖音楽〗カンティレーナ, カンティレーネ《叙情的な旋律で, 声楽曲・器楽曲のいずれにも用いられる; 中世音楽では世俗声楽曲を指す》.

can·ti·le·ver [kǽnṭəlìːvə, -lèvə, -ṭl- | -tɪlìːvə(r)] 〖(1667) ← ? CANT^2 + -I- + LEVER〗 — *n.* **1** 〖建築〗片持梁(ばり)《持送り (bracket) のように壁面などから突き出た梁で, ただ一方だけで支えられているもの》. **2** 〖航空〗片持翼, カンチレバー《斜め支柱のない通常の単葉翼のように, それにかかる揚力による曲げに堪えるように作られた翼》. — *vi.* 片持梁風に突き出る. — *vt.* 片持梁風に建築する.

cántilever brìdge *n.* 〖土木〗片持梁(ばり)橋, 突桁橋, ゲルバー橋《両岸から片持梁を築き中央で結合して造る橋》.

cántilever sprìng *n.* 〖機械〗片持ばね.

cántilever trùss *n.* 〖土木〗片持トラス.

can·til·late [kǽnṭəlèɪt, -ṭl- | -tɪl-] 〖← L *cantillāt-us* (p.p.) ← *cantillāre* to sing low, hum ← *cantāre* to sing: ⇨ chant〗 — *vt.* (ユダヤ教会堂などで)〈典礼文を〉単旋聖歌風に詠唱する.

can·til·la·tion [kæ̀nṭəléɪʃən, -ṭl- | -tɪl-] *n.*

can·ti·na [kæntíːnə] 〖◻ Am.-Sp. ～ ◻ Sp. ～ 'lunch box, CANTEEN'〗 *n.* 《米南西部》小さなバー, 酒場.

cánt·ing [-ṭɪŋ | -tɪŋ] 〖⇨ cant^1 (v.)〗 *adj.* **1** もったいぶった口調の, 偽善的口振りの (hypocritical). **2** 〖紋章〗姓に合せた図形の.

cánting àrms [hèraldry] 〖*canting*: ↑〗 — *n.* 〖紋章〗姓に合せた図形を選んだ紋章《Bowes 家が bow (弓), Lyon 家が lion, Lucy 家が lucy, Bar 家が barbel をそれぞれ紋章図形に選んでいるのが好例; allusive arms ともいう》.

can·tle [kǽnṭl̩ | -tl] 〖(*c*1300) ◻ AF *cantel* = OF *chantel* (F *chanteau*) (dim.) ← *cant* 'CANT^2'〗 — *n.* **1** 後弓, 後橋《鞍(くら)の後部の少しそり上がった部分; cf. horn 5 a, pommel 1; ⇨ saddle 挿絵》. **2** 《古》(あるものから切り離した)一部, 切れはし: a ～ of cheese. **3** 《スコット》頭のてっぺん.

cant·line [kǽntlaɪn, -lɪn, -lən | -laɪn, -lɪn] *n.* =contline.

cánt mòlding *n.* 〖建築〗面取り繰形, 斜面繰形《外側の角を面取りした矩形の繰形》.

can·to [kǽntoʊ, káːn- | kǽntəʊ] 〖(1590) ◻ It. ～ < L *cantum* song, melody〗 — *n.* (*pl.* ～**s**) **1** 〖詩学〗(長詩の)篇(へん)《散文の chapter に当たる》. **2** 〖音楽〗**a** 歌, 旋律. **b** ソプラノ. **3** 《俗》〖スポーツ〗試合の区切り《野球の回 (inning) など》.

can·ton [kǽntn̩, -ṭn, kǽntɑn, ─ ́ | kǽntɒn, ─ ́] 〖(1534) ◻ (O)F ～ 'corner' ◻ Prov. ～ ◻ L *canthus* 'corner, CANT^2'〗 — *n.* **1 a** (スイス連邦の)州, 県. **b** (フランスの)小郡《arrondissement の構成単位》. **2** (方形旗の)旗竿側上部の一区画《米国国旗に例をとれば青地に星をちりばめた部分》. **3** 《廃》区画, 部分 (portion, part). **4** [《英》kǽntən]〖紋章〗カントン《紋章の右方 (dexter), すなわち向かって左上端を占める方形で, 盾の約 9 分の 1; cf. quarter 15; ⇨ heraldry 挿絵 D》. **5** 〖建築〗隅飾り, カントン《建物の隅を突出した石積みや付柱で飾ること》. — *vt.* **1** [《英》kæntɒ́n] 分割する (portion), (特に)州[県]に分ける 〈*out*〉. **2** [kæntóʊn, kən-, -tɑ́n | -túːn] 〈軍隊〉に宿営を割り当てる, 宿営させる.

Can·ton^1 [kǽntɑn, ─ ́ | kæntɒ́n; *Chin.* kuǎŋtʊ̄ŋ] *n.* 広州《中国南東部の海港; 珠江に臨み広東省 (Kwangtung) の首都; 中国語名 Kwangchow》.

Can·ton^2 [kǽntn̩, -ṭn | -tən] 〖◻ F *canton* // CANTON^1〗 *n.* 米国 Ohio 州北東部の都市; 人口 102,000.

can·ton·al [kǽnṭənl̩, -tnəl, kæntɑ́nl̩ | kǽntənl̩, kæntɒ́nl̩] *adj.* (スイス連邦の)州[県]の; (フランスの)郡の.

Cánton crépe *n.* 広東ちりめん《着尺用の絹またはレーヨン地》.

Can·ton·ese [kæ̀nṭəníːz, -níːs, -tn- | -təníːz, -tən-] *adj.* **1** 広東の; 広東人の. **2** 広東語の. — *n.* (*pl.* ～) **1** 広東人. **2** 広東語[方言].

Cánton flánnel *n.* 広東フランネル《片面にけばを立てた綿ネル; cotton flannel ともいう》.

can·ton·ment [kæntóʊnmənt, kən-, -tɑ́n- | -túːn-] 〖(1756) ◻ F *cantonnement*: ⇨ canton (v.), -ment〗 — *n.* 〖軍事〗**1** (軍隊の)宿営, 廠舎(しょうしゃ). **2** (当分の間の)宿営地, 営舎, 仮廠舎; 冬期用営舎. **3** (もとインド駐在の英国軍隊の)駐屯所.

Cánton Ríver *n.* [the ～] ⇨ Chu-Kiang.

Cánton wàre *n.* **1** カントンウェア《広東地方でつくられた中国焔器(えんき)の一種》. **2** 中国製磁器《特に, 18-19 世紀に広東から輸出された磁器にいう》.

can·tor [kǽnṭə | -tɔː(r)] 〖(1538) ◻ L ～ 'singer' ← *cantus* (p.p.) ← *canere* to sing: ⇨ cant^1, -or^2: cf. It. *cantore* / G *Kantor*〗 — *n.* **1** 〖教会〗(聖歌隊の)先唱者. **2** 〖ユダヤ教〗(ユダヤ教会堂の典礼文の)読上げ役《hazan ともいう》.

Can·tor [kǽnṭə | -tɔː(r); G. kántɔr], **Georg** *n.* カントル《1845-1918; ロシヤ生れのドイツの数学者; 集合論の創始者; cf. Cantor set》.

can·tor·al [kǽnṭərəl | -tə-] *adj.* 〖教会〗=cantorial.

can·to·ri·al [kæntɔ́ːriəl, -tóːr- | -tɔ́ːrɪ-] 〖教会〗 *adj.* 聖歌隊先唱者 (cantor) の.

can·to·ris [kæntɔ́ːrɪs, -tóːr-, -rəs | -tɔ́ːrɪs] 〖(1724) ◻ L *cantoris* (gen.): ⇨ cantor〗 — *adj.* **1** =cantorial. **2** (↔ decani) **a** 〖教会〗(内陣 (chancel) の)北側の (cf. n. 1). **b** 〖音楽〗北側聖歌隊の歌うべき. — *n.* (↔ decani) 〖教会〗**1** (内陣の)聖歌隊先唱者の席《祭壇に向かって左側》; (内陣の)北側. **2** 北側聖歌隊.

can·tor·ous [kǽnṭərəs | -tə-] *adj.* 〖教会〗=cantorial.

Cántor sèt 〖← *G. Cantor*〗 — *n.* 〖数学〗カントル集合《0 から 1 までの閉区間の部分集合で, どんな小さな区間も含まないが, 実数全体の集合と同じ濃度をもつもの; Cantor ternary set ともいう》.

cánt ràil 〖⇨ cant^2〗 *n.* 《英》〖鉄道〗(鉄道車両の)屋根の縦けた.

can·trip [kǽntrɪp, -trəp | -trɪp] 〖(1719) 《変形》? ← CALTROP〗 — *n.* (*also* **can·trap** [-trəp], **can·traip** [-trɪp, -trəp]) 《スコット》**1** 呪文(じゅもん), まじない. **2 a** (魔女の)いたずら. **b** わるさ, いたずら; 奇行.

cánt·sàw fìle 〖*cantsaw*: ← CANT^2 + SAW^1〗 *n.* 〖木工〗目立てやすり《ささばやすり (cant file) に似ているが先が尖っていない》.

cánt strìp *n.* 〖建築〗雨押え《軒と壁の接合部に打ち付ける板》; 広木舞(ひろこまい)《軒の先に打ち付ける板》.

Cantuar. [kǽntʃuɑ̀ə | -tjuɑ̀ː(r)] 《略》 *ML.* **1** Cantuāria (=Canterbury). **2** Cantuāriēnsis (=of Canterbury)《Archbishop of Canterbury が署名するときに洗礼名, または姓名の頭文字の後に添えて用いる; cf. Alban., Asaph., Bath. & Well., Carliol., Cestr., Cicestr., Dunelm., Ebor., Exon., London., Mancun., Norvic., Oxon., Petriburg., Roffen., S. & M., Sarum., Truron., Wigorn., Winton.》: Geoffrey ～《Geoffrey Francis Fisher のこと》.

can·tus [kǽnṭəs | -təs] 〖◻ L ～: ⇨ chant〗 *n.* (*pl.* ～) 〖音楽〗**1** =cantus firmus. **2** 歌, 旋律 (melody). **3** ソプラノ (soprano) 声部.

cántus fír·mus [-fə́ːməs, -fɔ́ː- | -fɔ́ː-] 〖◻ ML ～ 'fixed song'〗 — *n.* 〖音楽〗**1** 定旋律《ポリフォニックな楽曲を構成するのに基本となる旋律》. **2** 単旋聖歌《中世・ルネサンス音楽では 1 の多くが聖歌集から借用された》.

cant·y [kǽnṭi | káːntɪ] 〖← CANT^3 + -Y^4〗 *adj.* 《スコット・英方言》快活な; 元気な.

Ca·nuck [kənʌ́k] 〖◻ ? Hawaiian *kanaka* man: または Indian による CANADIAN の変形か〗《口語》《米国では通例軽蔑的に》 — *n.* **1 a** カナダ人[馬, ポニー]. **b** 《カナダ》フランス系カナダ人 (French Canadian). **2** カナダ系フランス語. — *adj.* カナダ(人)の.

ca·nu·la [kǽnjʊlə] *n.* (*pl.* ～**s**, **ca·nu·lae** [-liː]) 〖外科〗=cannula.

Ca·nute [kən(j)úːt | -njúːt] *n.* クヌート《994?-1035; イングランド王 (1016-35), デンマーク王 (1018-35), ノルウェー王 (1028-35); 通称 Canute the Great》.

can·vas [kǽnvəs] 〖(1354) *canevas* ◻ (ON)F = OF *chanevaz* < VL **cannabāceum* hempen ← L *cannabis* hemp ◻ Gk *kánnabis*: cf. hemp〗 — *n.* **1** キャンバス, ズック, 粗布《麻・木綿製の厚地の丈夫な布; 帆・テント・日よけなどに用いる; cf. duck^3》. **2 a** 帆布. **b** [集合的にも用いて] 帆. **3 a** 画布, カンバス. **b** カンバスに描いた絵, 油絵. **c** 歴史[物語]の背景[舞台, 場]: the ～ of history. **4 a** [集合的にも用いて] (キャンプ・軍隊用の)テント. **b** [the ～] サーカス; 巡業興業場. **5** キャンバス《刺繍およびタペストリー (tapestry) 用の固い粗い平織布》. **6** [the ～] ボクシング[レスリング]のリングの床. **7** (競技用ボートの)前後端のキャンバスでおおった部分; その部分の長さ: win by a ～ 1 キャンバスの差[極小差]で勝つ.
on the canvas (ボクシングで)ノックダウンされて, キャンバスに沈められて; 敗北寸前で. ***under canvas*** (1) 〈軍隊が〉テントを張って, 野営[露営]して. (2) 〈船が〉帆を張って: *under* full [light] ～ 満[軽]帆で.
— *attrib. adj.* キャンバス[ズック, 帆布]製の: a ～ hose ズックのホース.
— *vt.* 粗布[キャンバス]でおおう[裏打ちする].

cánvas·bàck 〖背の羽毛が灰白色のまだらでキャンバスに似ていることから〗 *n.* (*pl.* ～, ～**s**) 〖鳥類〗オオホシハジロ (*Aythya valisineria*)《北米産のカモ》.

cánvas pànel *n.* 画布を張った板, カンバスボード.

can·vass [kǽnvəs] 〖《転訛》← CANVAS: 《原義》 to toss (a person) in a sheet, 《転義》 shake out, discuss〗 — *vt.* **1 a** 詳細に調査する: Japanese opinion as ～*ed* by the newspaper その新聞の調査した日本の世論. **b** 《米》〈投票を〉公式に点検する: ～ votes. **c** 討論する, 討議する: ～ all the subjects. **2** 〔投票・寄付・商品の購売などを〕〈ある地区(の人)〉に依頼する, 勧誘する, 注文を取りに回る〔*for*〕; 〔投票の依頼に〕〈ある地区(の人)を〉遊説(ゆうぜい)する〔*for*〕: ～ a district *for* votes 投票の依頼に選挙区を遊説する / ～ the whole town *for* subscriptions 寄付の勧誘に町中を回る. **3** 《英》**a** 〈意見・計画を〉出す, 提示する. **b** 〈うわさを〉ひろめる. **4** 《廃》**a** たたく, 打ちのめす. **b** 酷評する. **5** 《廃》(ふざけたり, 罰として)キャンバスシートにくるんでほうり上げる. — *vi.* **1** 議論する. **2** 《米》投票を点検する. **3** 選挙運動をする, 投票を依頼する〔*for*〕; 注文取りをする〔*for*〕: ～ *for* a candidate 候補者のために遊説する / ～ *for* a firm ある商会の注文取り[外交]をする / ～ *for* votes 選挙運動をする / a ～*ing* agent 勧誘員, 運動員 / a ～*ing* tour 遊説旅行.
— *n.* **1 a** 調査; 討論. **b** 《米》投票の点検. **2 a** 勧誘, 依頼; 選挙運動, 遊説: a house-to-house ～ (選挙や商品販売などのための)戸別訪問. **b** (選挙前の)世論調査.

cán·vass·er *n.* **1** 《米》投票検査員 (《英》scrutineer). **2** 選挙運動員, 奔走者, 遊説者; 勧誘員, 外交員; 注文取り.

cánvas shòe *n.* ズック靴, スニーカー.

cánvas-strètcher *n.* 画布を張った木の枠(わく).

cánvas wòrk *n.* キャンバスワーク《クロスステッチやテントステッチでキャンバスにほどこす刺繍》.

can·y [kéɪni | -nɪ] 〖← CANE + -Y^4〗 *adj.* **1** 籐(とう) (cane) 製の. **2** 籐状の. **3** 籐の茂った.

can·yon [kǽnjən | -njən, -nɪən] 〖(1834) ◻ Am.-Sp. *cañón* hollow ◻ Sp. (aug.) ← *caña* < L *cannam* reed: ⇨ cane〗 — *n.* **1 a** 峡谷《両岸が切り立った深い谷》, (米国南西部やメキシコなどの深い峡谷, キャニヨン: ⇨ Grand Canyon. **b** 海底峡谷《submarine canyon ともいう》. **2** ビルの谷間, 高層建築の間の通り.

Càn·yon·lands Nátional Párk [kǽnjənlæ̀ndz- | -njən-, -nɪən-] *n.* キャニオンランズ国立公園《米国 Utah 州南東部にあり, Green 川の峡谷と砂岩で有名, 1964 年指定; 面積 1,043 km^2》.

cányon wìnd [-wìnd] *n.* 〖気象〗**1** 峡谷の山風《夜間, 山腹での冷却を受け谷に向かって吹きおろす風》. **2** 峡谷によって風向・風速が変化した風.

can·zo·na [kænzóʊnə, kɑːntsóʊ- | kæntsə́ʊ-, -zə́ʊ-;

It. kantsó:na] *n.* (*pl.* **-zo·ni** [-ni:; *It.* -ni]) =canzone.

can·zo·ne [kænzóuni, kɑ:ntsóuneɪ|kæntsóunɪ, -zóu-; *It.* kantsó:ne] 〘(1590) ▭ It. ～ < L *cantiō(n-)* song ← *canere* to sing〙 ━ *n.* (*pl.* ～, **-zo·ni** [-ni:; *It.* -ni], ～**s**) **1** 〘音楽〙カンツォーネ, カンツォーナ: **a** イタリアのポピュラーソング. **b** 16 世紀のイタリアの多声世俗歌曲. **c** フーガとソナタに発展した 16–17 世紀の器楽曲の一形式. **d** 18–19 世紀の叙情的歌[器楽]曲. **2** 〘詩学〙カンツォーネ《中世イタリアに流行した叙情詩型; 通例 5–7 連からなり, 各連の行数や押韻形式は第 1 連と同じ; 英詩では Spenser の祝婚歌 *Epithalamion* など》.

can·zo·net [kænzənét | -zə(ʊ)-] 〘▭ It. *canzonetta* (dim.) ← *canzone* (↑)〙 *n.* 〘音楽〙カンツォネッタ《軽快優美な小歌曲》.

can·zo·net·ta [kænzənétə | -tə; *It.* kàntsonétta] *n.* 〘音楽〙=canzonet.

canzoni *n.* canzone, canzona の複数形.

caou·tchouc [káutʃʊk, -tʃu:k, -tʃu:; *F.* kautʃu] 〘▭ F ～ ▭ Sp. 《廃》 *cauchuc* ▭ Kechua. *cauchu*〙 *n.* 天然ゴム (rubber).

cap[1] [kǽp] 〘OE *cæppe* ▭ LL *cappa* ← L *caput* head〙 ━ *n.* **1** キャップ, 縁なし帽《ひさし (visor) の付いているものも付いていないものもいう; 通例 hat より柔らかい材料で作り, 頭にぴったりしたもの》: a baseball [cricket, sports] ～ 野球[クリケット, スポーツ]帽 / a college [square] ～ 大学の角帽 / a steel ～ かぶと / a peaked ～ まびさしの付いた帽子《日本の学生帽など》/ a cardinal's [nurse's, soldier's] ～ 枢機卿[看護婦, 軍]帽 / ⇨ CAP of maintenance / throw up one's ～ (大喜びして)帽子をほうり上げる / Where is your ～? (子供に向かって)お辞儀はどうしたの (cf. Where are your manners?; ⇨ manner[1] 3). **2 a** (職業・階級などを示す)帽子, 制帽, 式帽. **b** 〘カトリック〙=biretta. **c** (大学の)式帽 (mortarboard): ⇨ CAP and gown. **d** (看護婦の)白い帽子. **e** 《英》(学校などで運動の代表チーム特有の色の, または記章をつけた)選手帽; 選手: get [win] one's ～ 選手になる (cf. win one's letter ⇨ letter[2] 5). **3 a** (物の上, 銃砲の端にかぶせる)ふた, (びんの)口金. **b** 〘時計〙(ムーブメントの挨よけのための)中ぶた; (受石の)受座. **c** (万年筆などの)キャップ. **d** (カメラのレンズにつける)カバー, レンズキャップ. **e** (水道管・コンジット (conduit) などの端につける)キャップ. **f** (靴の)つま先 (tip). **g** (すりへったタイヤに溶かして付けた)ゴムの新しい層, (修理したタイヤの)踏面. **h** =Dutch cap 2. **4 a** (キノコの)かさ (pileus); 蘚帽(せんぼう) (calyptra). **b** 膝蓋骨(しつがいこつ) (kneecap). **c** 鳥の頭; (特に)色の違う頭. **d** 山の頂き; 岩石の上層部. **e** =ice cap. **f** =whitecap 1. **g** ミツバチの巣の蠟のふた. **5 a** 撃発雷管《percussion cap ともいう》. **b** (砲弾の弾頭部につける)被帽. **c** (少量の火薬を紙に包んだ)おもちゃのピストルの玉, 紙の雷管 (cf. cap gun). **6** 頂上, 最高 (top, acme): the ～ of fools 大ばか. **7** 用紙の各種のサイズ: ⇨ legal cap, foolscap. **8** 〘よく帽子で集めるから〙《英》〘狐狩〙(クラブの会員以外の参加者から集める)会費 (cap money). **9** 〘建築〙柱頭, 笠木. **10** 〘鉱山〙(トンネルで支柱で支えその上に矢板を打込む)押木(おさ), 梁(はり), 転がし. **11** 〘海事〙檣帽(しょうぼう)《組立てマストで, 下部マストの先端の金属環》. **12** 〘地質〙=cap rock. **13** 〘数学〙キャップ《二つの集合の交わり (meet) を表わす記号; ∩》.

cap in hand (1) 帽子を手にして, 脱帽して. (2) うやうやしく (humbly). ***fling*** [***throw***] ***one's cap over the windmill*** 〘《なぞり》← F *jeter son bonnet par-dessus les moulins*〙無鉄砲な[思い切った]行ないをする, 因襲に逆らう. ***If the cap fits, wear it.*** 《諺》その批評に思い当たるところがあるなら自分のことと思うがよい. ***put on one's thinking*** [***considering***] ***cap*** 《口語》とくと考える, 考えこむ, 思案する. ***send*** [***pass***] ***round a*** [***the***] ***cap*** (寄付金などを集めるため)帽子を回す; 寄付金を集める. ***set one's cap for*** [***at***] 《口語》〈女が〉〈男〉の気を引こうと努める.

cap and bells (昔宮廷の道化師のかぶった)鈴付き帽子 (cf. fool's cap).

cap and gown (学界や法曹界で用いる)正式服装 (academicals).

cap and gown

cap of liberty [the ―] =liberty cap.

cap of maintenance (1) ベルベット製などでクラウンの低い帽子; もと高い位や役職を表わすために用いたが, 現在では英国王室の儀式に出る時などに用いる. (2) 〘紋章〙=chapeau 2.

cap of maintenance (1)

━ *v.* (**capped**; **cap·ping**) ━ *vt.* **1 a** …に帽子をかぶせる. **b** (名誉・階級の象徴として)…に帽子を与える; (卒業式などで)…に帽子をかぶせる. **c** 《英》(学校などで)〈競技者〉に選手帽を与える; 選手にする[選ぶ]. **d** 《スコット》…に学位を授与する. **2 a** 〈柱〉の頂上などをおおう; 〈はり〉の端などに金具をつける: ～ a post. **b** …にふたをする, キャップをかぶせる: ～ a bottle, gun, etc. **3** …の頂上をおおう (crown): Snow ～*ped* the mountains. 雪が山の頂きをおおった / The hills were ～*ped with* mist. 丘は霧でおおわれていた / The rock ～*ped* a high cliff. 岩が高い断崖の上をおおっていた. **4** 仕上げる, 完成させる. **5 a** 〈逸話・引用句などを〉競って出す: ～ a quotation, proverb, joke, etc. / ⇨ *cap* VERSES. **b** 〈他を〉しのぐ, 凌駕する (outdo, surpass): That ～*s* everything [the lot]! それ以上のことはない, それは驚いたね / ⇨ *cap the* CLIMAX. **c** クライマックスにもっていく. **6** 《古》…に脱帽する, 敬礼する. ━ *vi.* **1** 脱帽する, (帽子に手を触れて)敬礼する〔*to*〕: ～ *to* a schoolmaster. **2** 〘狐狩〙会員でない人が狐狩りに加わる (cf. *n.* 8).

to cap (it) all (1) すべてにまさって, 全く驚いたことに. (2) あげくのはてに.

cap[2] [kǽp] 〘《略》← CAPITAL[1]〙 *n.* 大文字 (capital): write in ～*s* 大文字で書く. ━ *vt.* (**capped**; **cap·ping**) 大文字で書く[印刷する]; 大文字にする.

cap[3] [kǽp] 〘《略》← CAPSULE〙 *n.* 《米口語》ヘロイン [LSD, 麻薬など]のカプセル.

Cap [kǽp] 〘《略》〙 *n.* 《口語》=captain.

CAP 《略》Community Action Program (Kennedy 大統領の対貧困政策の)地域行動計画《1964 年発足》.

CAP, C.A.P. 《略》Civil Air Patrol 民間防空部隊, 民間空中哨戒部隊; Code of Advertising Practice. (英国の)広告綱領委員会.

cap. 《略》capacity; 〘処方〙*L.* capiat (=let the patient take); capital; capitalize; capitalized; capital letter; capitulum; captain; *L.* caput (=chapter); foolscap.

ca·pa·bil·i·ty [kèɪpəbíləti | -lətɪ, -lɪ-] 〘(1587)〙 ━ *n.* **1** …することのできること[力], 能力, 才能, 手腕. **2** 性能, (利用の)可能性[力]. **3** [通例 *pl.*] 未発達の能力, (今後伸びる)素質, 将来性: discover a person's *capabilities* / a man of great *capabilities* 将来性豊かな人.

ca·pa·ble [kéɪpəbl] 〘(1561) ▭ F ～ ▭ LL *capābilis* able to grasp ← L *capere* to take: ⇨ have[1], -able〙 ━ *adj.* **1** 力量のある, 腕のある, 有能な; 才のある, 頭のいい: a ～ instructor, governor, mechanic, etc. **2** [～ *of* として] **a** 〔…が〕可能な, 〔…することが〕できる; 〔…を〕受けやすい: The situation [house] is ～ *of* improvement. 事態は[家には]なお改善の可能性[余地]がある / The passage is ～ *of* several interpretations. その文はいろいろに解釈できる / a passage ～ *of* misunderstanding=a passage ～ *of* being misunderstood 誤解されそうな章句. **b** 〔…する〕能力がある, …できる: a man ～ *of* teaching English 英語の教えられる人. **c** [悪い意味を含めて] 〔…を〕あえてする, …しかねない: He is ～ *of* murder [neglecting his duty]. 人殺しもしかねない[義務を忘れるぐらい平気な]男だ. **d** 《古》〔…を〕収容することのできる〔*of*〕: a room ～ *of* seating a hundred people 100 人分の座席のある部屋. **3** 《廃》広範囲の, 幅広い. **4** 《廃》所有する法的資格[権利]のある. ～**·ness** *n.* **cá·pa·bly** *adv.*

ca·pa·cious [kəpéɪʃəs] 〘(1614) ← L *capāci-*, *capāx* spacious (← *capere* to take)+-OUS〙 ━ *adj.* **1** 広々とした; たっぷり入る, 大きい: a ～ stomach, room, pocket, etc. **2** 包容力の大きい: a ～ mind. ～**·ly** *adv.* ～**·ness** *n.*

ca·pac·i·tance [kəpǽsətəns | -təns] 〘← CAPACITY+-ANCE〙 ━ *n.* 〘電気〙 **1** 静電容量, キャパシタンス《capacity ともいう》. **2** (慣用的に)キャパシタンスをもつ回路要素《すなわちコンデンサーの意》.

ca·pac·i·tate [kəpǽsətèɪt | -sɪ-] 〘← CAPACITY+-ATE[3]〙 ━ *vt.* **1** 〈人〉に(…することを)可能にさせる〔*for*〕/〈*to* do〉: ～ a person *to* do [*for* (doing)] his work 人に仕事ができるようにしてやる. **2** 〈人〉に〈…する〉法的資格を与える〈*to* do〉: a person ～*d to* vote 選挙権を与えられた人. **3** 〘生理〙〈精子〉に受精前変化を起こさせる.

ca·pac·i·ta·tion [kəpæ̀sətéɪʃən | -sɪ-] *n.* **1** 能力[資格]を与えること, 能力[資格]付与. **2** 〘生理〙卵子内に侵入受精させる能力を得るまでに, 精液が女性性器内で受ける一連の変化.

ca·pac·i·ta·tive [kəpǽsətèɪtɪv | -sɪtèɪt-] *adj.* 〘電気〙=capacitive.

ca·pac·i·tive [kəpǽsətɪv | -sɪ-] *adj.* 〘電気〙容量性の.

capácitive cóupling *n.* 〘電気〙容量結合《コンデンサー (capacitor) による二つの回路の結合》.

capácitive lóad *n.* 〘電気〙容量性負荷, 進相負荷《電流の位相が電圧の位相より進む負荷; leading load ともいう》.

capácitive reáctance *n.* 〘電気〙容量性リアクタンス《変化する電流に対して電気容量が示す抵抗; cf. inductive reactance》.

ca·pac·i·tor [kəpǽsətə | -sɪtə(r)] 〘← CAPACITY+-OR[2]〙 *n.* 〘電気〙コンデンサー, 蓄電器 (condenser).

capácitor mótor *n.* 〘電気〙コンデンサーモーター《始動にコンデンサーを用いる単相誘導電動機》.

ca·pac·i·tron [kəpǽsətrɑ̀n | -sɪtrɔ̀n] 〘← CAPACI(TOR)+-TRON〙 *n.* 〘電気〙キャパシトロン《絶縁された励弧極をもち, 静電結合により始動する水銀整流器》.

ca·pac·i·ty [kəpǽsəti, -sti | -s(ə)tɪ, -sɪ-] 〘(?*a*1425) ▭ (O)F *capacité* ▭ L *capācitātem* ← *capāx* 'CAPACIOUS': ⇨ -ity〙 ━ *n.* **1** (建物・乗物などの)収容能力: The hotel has a large ～. そのホテルは収容力が大いにある / a theater with a seating ～ of 3,000 座席数 3 千の劇場. **2 a** 容量, 容積: the ～ of a bag, vessel, cask, etc. / breathing ～ 肺活量 / carrying ～ 積載量 / fuel ～ 燃料搭載力[貯蔵量] / ⇨ vital capacity / a ～ of four quarts 4 クォーツの容量. **b** 最大限の収容力, 満員: be crowded to [beyond] ～ 満員[超満員] / be filled [packed] to ～ いっぱい[満員]である. **3 a** 包容力, 度量: a mind of great ～ 度量の大きい心. **b** (学問など)学び取る力, 学問的才能, 知的能力, 理解力: He shows great ～ *for* mathematics. 数学にすぐれた才能を示す / beyond the limit of a child's ～ 子供の理解力の限界を越えて. **c** 適応力, 耐久力: a ～ *for* hard work 重労働に耐える力. **d** 可能性: a ～ *for* improvement 改良の可能性 / the ～ *for* great achievement 将来大業をなす可能性. **4** 能力, (…する)力〔*of* doing〕/〈*to* do〉: have no ～ *to* do [*of doing*] …する力がない / one's ～ *to* pay 支払能力 / a ～ *for* self-protection 自衛力. **5 a** (工場などの)生産[産出]能力: an oil well with a ～ of 350 barrels a day 1 日の産出量 350 バレルの油井. **b** 最大生産[産出]力: a factory operating *at* ～ フル操業の工場 / The factory is operating *at* less than 70% *of* ～. その工場は最大生産力の 70% 以下で操業している. **6** 地位, 資格: *in* the ～ of a friend 友人として / *in* my individual ～ 個人として / *in* one's ～ as a critic 批評家としての資格で. **7** 〘法律〙法定資格. **8** 〘電気〙 **a** 最大可能出力. **b** 静電容量 (capacitance).

━ *attrib. adj.* 収容力一杯の, 最大限度の, 満員の: a ～ house [audience] 満員の会場[聴衆] / ～ operation フル操業 / ～ yield 最大産出高.

capácity cóupling *n.* 〘電気〙=capacitive coupling.

capácity fàctor *n.* 〘電気〙設備利用率《ある期間中における平均需要電力と発電所の定格容量との比; cf. load factor 1》.

capácity vàriance *n.* 〘会計〙操業度差異 (volume variance).

Cap·a·neus [kǽpəniəs, kǽpən(j)ù:s | kæpənjù:s, kəpéɪnɪəs, -njəs] 〘▭ L ～ ▭ Gk *Kapaneús*〙 ━ *n.* 〘ギリシャ神話〙カパネウス《Thebes に攻め寄せた七勇士の一人; ⇨ SEVEN against Thebes》.

cap-a-pie [kæ̀pəpí:, -péɪ | -pí:] 〘(1523) ▭ OF ～ 'from head to foot': ⇨ cap[1], pedal〙 ━ *adv.* (*also* **cap-à-pie** [～]) 頭のてっぺんからつまさきまで, 全身寸分のすきもなく: be armed ～ 完全武装する.

ca·par·i·son [kəpǽrəsn, -pér-, -zn | -pǽrɪ-] 〘(1598) ▭ F *caparaçon* ▭ Sp. *caparazón* ▭ Prov. *caparasso* hooded cloak ← *capa* 'CAPE[1]'〙 ━ *n.* **1** [通例 *pl.*] 馬飾り, 飾り馬衣, 装飾馬具. **2** (武者などの)盛飾, 美装. ━ *vt.* **1** 〈馬〉に馬飾りをつける. **2** 盛装させる, 飾り立てる.

caparison 1

1 peytral; 2 chamfron; 3 lance; 4 vamplate; 5 crest

cáp clòud *n.* 〘気象〙笠雲(かさぐも)《山頂にかかる小さな雲》.

cape[1] [kéɪp] 〘(1565–78) ▭ F ～ ▭ Prov. *capa* < LL *cappam* mantle, cloak ← L *caput* head: ⇨ cap[1]〙 ━ *n.* **1** ケープ《肩から身体全体をゆったりとおおう外衣または衣服の一部》. **2** カーパ《闘牛士が牛の突進を誘うために用いる赤いケープ》. **3** 〘鳥類〙襟羽《頸の下部に生える飾り羽》.

cape[2] [kéɪp] 〘(*c*1387–95) ▭ (O)F *cap* ▭ Prov. < VL **capo*=L *caput* head (↑)〙 ━ *n.* **1** 岬(みさき). **2** [the C-] **a** =Cape of Good Hope. **b** =Cape Cod. **3** =capeskin. ━ *adj.* [C-] Cape of Good Hope の; 南アフリカの. ━ *vi.* 〘海事〙舵がよくきく.

Cápe ànteater *n.* 〘動物〙ツチブタ, アフリカアリクイ (⇨ aardvark).

Cápe àsh *n.* 〘植物〙アフリカ南部産センダン科の木 (*Ekebergia capensis*); その材.

Càpe Brét·on Ísland [kèɪp-brétṇ-, kəbrétṇ-, -brítṇ-] *n.* ケープブレトン島《カナダ Nova Scotia 州北東部の島; 人口 170,000, 面積 10,280 km²》.

Cápe bùffalo *n.* 〘動物〙アフリカスイギュウ (*Syncerus caffer*)《大型で獰猛(どうもう)な種類; African buffalo ともいう》.

Cape Canaveral *n.* ⇨ Cape CANAVERAL.

cápe chisel 〘*cape*: ← ? CAPE[2]〙 *n.* えぼしたがね《溝掘り用の幅の狭いたがね》.

Cápe Cód [-kɑ́d | -kɔ́d] *n.* コッド岬, ケープコッド《米国 Massachusetts 州南東部 Cape Cod Bay と大西洋との間に延びる砂地の半島》.

Cápe Còd Báy *n.* ケープコッド湾《米国 Massachusetts Bay の南端》.

Cápe Còd cóttage 〘*Cape Cod* に多くみられることから〙 *n.* (一階か中二階建ての切妻屋根の)長方形の家《18 世紀ニューイングランドの小規模住宅の様式》.

Càpe Cód Nátional Séashore *n.* ケープコッド国立海岸《Cape Cod 東海岸のレクリエーションセンター; 1961 年指定, 面積 180.5 km²》.

Cápe Còlony *n.* ケープ植民地 (⇨ Cape of Good Hope 2).

Cápe Cólored 〘← *Cape of Good Hope*〙 *n.* (*pl.* ～, ～**s**) ヨーロッパとアフリカかマレー人との混血の南アフリカ人; 白黒混血の南アフリカ人.

Cápe còwslip 〘← *Cape of Good Hope*〙 *n.* 〘植物〙アフリカ南部産ユリ科ラケナリア属 (*Lachenalia*) の植物の総称《花は赤または黄色の釣鐘型で観賞用》.

Cápe cràwfish [**cràyfish**] 〘← *Cape of Good Hope*〙 *n.* 〘動物〙アフリカ南岸産の食用イセエビ (*Jasus lalandii*)《米国へ輸出される》.

cápe dòctor 〘← *Cape of Good Hope*: この風が黴(ばい)菌を海へ流してくれるとの俗信から〙 *n.*《アフリカ》(南アフリカ特有の)強い南東風. ｢kaans.

Cápe Dútch 〘← *Cape of Good Hope*〙 *n.* ＝Afri-

Cápe Flýaway 〘← *Cape of Good Hope*〙 *n.*《俗》〘海事〙まぼろし岬《水平線上にみえる陸影に似た雲(など)》.

Cápe forgèt-me-not 〘← *Cape of Good Hope*〙 *n.* 〘植物〙アフリカ南部原産ムラサキ科ウシノシタグサ属の花壇などに栽培される植物 (*Anchusa capensis* と *A. riparia*).

Cápe gòoseberry 〘← *Cape of Good Hope*〙 ── *n.* 〘植物〙シマホオズキ, ブドウホオズキ (*Physalis peruviana*)《ペルーなど熱帯アメリカ産のホオズキの一種; 実は食用となる》. ｢船.

Càpe Hórn·er [-hɔ́ənə | -hɔ́:nə(r] *n.* ホーン岬回り

cápe hỳrax *n.* 〘動物〙ケープハイラックス (*Procaria capensis*)《アフリカ南部の岩場に生息するイワダヌキ; そのふんは香水の保留剤になる; klipdas ともいう》.

Ča·pek [tʃɑ́:pek | *Czech.* tʃápɛk], **Karel** *n.* チャペク《1890-1938; チェコの劇作家・小説家・ジャーナリスト; *R.U.R.* (*Rossum's Universal Robots*) (1921); *The Makropoulos Secret* (1923)》.

cape·let [kéɪplɪt, -lət] *n.* (肩をおおうぐらいの)小さなケープ, ケープレット.

cap·e·lin [kǽp(ə)lɪn, -lən | -lɪn] 〘《1620》□ Can.-F *cap(e)lan* □ ? Prov. *capelan* 'CHAPLAIN, codfish'〙 ── *n.* 〘魚類〙カラフトシシャモ《キュウリウオ科カラフトシシャモ属の小魚; 北大西洋の *Mallotus villosus*, 北太平洋の *M. catervarius*》.

cap·e·line [kǽp(ə)lɪn, -lən, -pəlì:n | kǽpəlì:n, -lɪn] 〘《15C》□ (O)F ～ □ Prov. *capelina* (dim.) ← *capa* 'CAPE[1]'〙 *n.* 〘甲冑〙(17 世紀頃の)騎兵用兜(かぶと).

Ca·pel·la [kəpélə] 〘□ L ～ 'she-goat'〙 *n.* 〘天文〙カペラ《ぎょしゃ(馭者)座 (Auriga) の α 星で 0.1 等星》.

Cápe márigold *n.* 〘植物〙アフリカキンセンカ (⇨ dimorphotheca).

Càpe Máy wárbler 〘← *Cape May* (この鳥が最初に確認された米国 New Jersey 州の地名)〙 ── *n.* 〘鳥類〙ホオアカアメリカムシクイ (*Dendroica tigrina*)《米国産のアメリカムシクイ科の鳴鳥》.

Cápe of Gòod Hópe *n.* [the ～] **1** 喜望峰《アフリカ南端の岬》. **2** 南アフリカ共和国南部の州《Cape Province ともいう; 昔の Cape Colony (1814-1910); 人口 4,236,000, 面積 721,244 km², 首都 Cape Town》.

Cápe pèriwinkle 〘← *Cape of Good Hope*〙 *n.* 〘植物〙ニチニチソウ (*Vinca rosea*)《キョウチクトウ科ニチニチソウ属の植物》.

Cápe pìgeon 〘← *Cape of Good Hope*〙 *n.* 〘鳥類〙マダラフルカモメ (*Daption capensis*)《南半球に分布するミズナギドリ科の鳥; pintado petrel ともいう》.

Cápe pòndweed 〘← *Cape of Good Hope*〙 ── *n.* 〘植物〙キボウホウヒルムシロ (*Aponogeton distachyus*)《アフリカ南部原産の香りのよいヒルムシロ科の水生植物; water hawthorn ともいう》. ｢2.

Cápe Pròvince *n.* [the ～] ＝Cape of Good Hope

ca·per[1] [kéɪpə | -pə(r] 〘《16C》《逆成》← 《*c*1390》 *caperis* □ L *capparis* □ Gk *kápparis*: *-s* を pl. 語尾と誤解したことによる〙 ── *n.* **1** 〘植物〙セイヨウフウチョウボク (*Capparis spinosa*)《地中海沿岸地方原産フウチョウソウ科の低木》. **2** [*pl.*] ケーパーズ, カプール《セイヨウフウチョウボクの蕾の酢づけ; ソースやドレッシングなどの味付けに用いる; cf. caper sauce》.

ca·per[2] [kéɪpə | -pə(r] 〘《1594》《短縮》? ← CAPRIOLE〙 ── *vi.* (陽気にふざけて)はね回る. ── *n.* **1** (陽気でふざけた)はね回り, 飛びはね. **2 a** 突飛な[気まぐれな]行為; 悪ふざけ, 狂態. **b** 《俗》活動, 行為, ふるまい. **3** 《米俗》犯罪行為; (特に)盗み.

cut capers [***a caper***] (1) はね回る (cf. Shak., *Twel N* 1. 3. 129). (2) ふざけ散らす, 狂態をつくす.

cap·er·cail·lie [kæ̀pəkéɪl(j)i, kèɪp- | kæ̀pəkéɪlji] 〘□ Sc.-Gael. *capa coille* 《原義》horse of the wood ← *capall* horse (← ? L *cabalum*)＋*coille* forest〙 ── *n.* (*also* **cap·er·cail·zie** [-kéɪlzi | -kéɪljɪ, -kéɪlzɪ]) 〘鳥類〙オオライチョウ (*Tetrao urogallus*)《ヨーロッパ北部産のライチョウ (grouse) 類の中の最大種; wood grouse, cock of the wood ともいう》.

Ca·per·na·um [kəpɚ́:niəm | -pɜ́:njəm, -nɪəm] *n.* カペルナウム《ガリラヤ (Galilee) 湖に臨む Palestine の古都; キリストのガリラヤ伝道の中心地》.

cáper sàuce *n.* ケーパーソース《羊肉のゆで汁に牛乳, 刻んだケーパーなどを加えて作ったソース; 羊肉料理に添える; cf. caper[1] 2》.

cápe·skìn 〘← *Cape* (*of Good Hope*)＋SKIN〙 ── *n.* **1** ケープスキン《アフリカ南部産のヘヤーシープ[直毛羊]の皮; 手袋・衣料用等になる》. **2** ケープスキンで作った手袋[衣服].

Cápe smòke *n.* 《英俗》南アフリカ産のブランデー.

Ca·pet [kéɪpɪt, kǽp-, -pət, kəpéɪ | kéɪpɪt, kǽp-, kəpéɪ; *F.* kapɛ], **Hugh** [hjú:] (*F.* **Hugues** [yg]) *n.* カペー《938?-996; フランスの王 (987-996) でカペー王朝の始祖》.

Ca·pe·tian [kəpí:ʃən, keɪ-] *adj.* (フランスの)カペー王朝 (987-1328) の (cf. Carolingian 1). ── *n.* **1** [the ～s] カペー王朝[王家]. **2** カペー王朝[王家]の人.

Càpe Tówn *n.* (*also* **Cápe·tòwn**) ケープタウン《南アフリカ共和国南部喜望峰に近い海港で, 同国の立法上の首都 (cf. Pretoria); Cape of Good Hope 州の首都; 人口 791,000》. ｢ette.

ca·pette [keɪpét] 〘← CAP(ON)＋-ETTE〙 *n.* ＝capon-

Càpe Vérde Íslands [-vɚ́:d- | -vɜ́:d-] *n. pl.* [the ～] カボベルデ(諸島)《アフリカ大陸西岸沖の 15 の島からなる共和国; もとポルトガル領で 1975 年独立; 人口 294,000, 面積 4,033 km², 首都 Praia [práɪɐ]; 公式名 the Republic of Cape Verde カボベルデ共和国》.

cápe·wòrk *n.* (闘牛で)カーパ[赤いケープ]を操る技術.

Càpe Yórk Península *n.* ヨーク岬半島《オーストラリア Queensland 州北部の大半島; Carpentaria 湾とさんご海 (Coral Sea) にはさまれている》.

cap·ful [kǽpfʊ̀l] *n.* **1** 帽子一杯(の量) 〔*of*〕: a ～ *of* beans 帽子に一杯の豆. **2** 軽い風: a ～ *of* wind 軽風.

cáp gùn *n.* (紙の雷管を用いる)おもちゃのピストル.

Cap Ha·i·tien [kæ̀pɑ̀:i:sjɛ̃:(ŋ), -tjɛ̃:(ŋ), -sjǽŋ, -tjǽŋ; *F.* kapaisjɛ̃, -tjɛ̃] *n.* (*also* **Cap-Ha·i·tien** [～]) カパイシアン《西インド諸島 Haiti 島の北部にある港市; 人口 47,000》.

ca·pi·as [kéɪpiəs | kéɪpɪæs, -pjəs, -pɪəs] 〘《1442》□ L ～ 'thou mayest take' (令状の初めの文句) ← *capere* to take〙 ── *n.* 〘法律〙拘引状, 逮捕令状《執行官に対して特定の人物の逮捕を命じる令状の総称》.

cap·i·ba·ra [kæ̀pɪbǽrə, -pə-, -bɑ́:rə | -pɪ-] *n.* 〘動物〙＝capybara.

cap·il·la·ceous [kæ̀pəléɪʃəs | -pɪ-] 〘← L *capillāceus* hairy ← *capillus* hair＋*-aceus* '-ACEOUS'〙 *adj.* **1** 毛のような, 毛状の. **2** 〘生物〙毛の生えた.

cap·il·lar·i·ty [kæ̀pəlǽrəṭi | -pɪlǽrətɪ, -rɪ-] 〘□ F *capillarité*: ⇨ ↓, -ity〙 *n.* **1** 毛状, 毛細状. **2** 〘物理〙毛細管作用, 毛管現象.

cap·il·lar·y [kǽpəlèri | kəpílərɪ] 〘《1656》□ F *capillaire* // L *capillāris* ← *capillus* hair: ⇨ -ary〙 ── *adj.* **1 a** 毛の[に関する]. **b** 毛状の; 毛のように細い: a ～ tube 毛細管《毛管現象が見られるような細い管》. **2** 毛細管の; 毛管現象の. **3** 〘解剖〙毛細血管の. ── *n.* **1** 〘解剖〙毛細血管, 毛細管, 毛管《動脈と静脈をつなぐ細い網状の血管; capillary vessel ともいう》. **2** 毛細管 (capillary tube).

cápillary áction *n.* 〘物理〙毛管作用[現象].

cápillary análysis *n.* 〘化学〙毛管分析, 界面分析.

cápillary attráction *n.* 〘物理〙毛管引力《毛管現象において管壁が液面を引き上げる力; capillary repulsion ともいう》.

cápillary electrómeter *n.* 〘物理〙毛管電位計.

cápillary phenòmenon *n.* 〘物理〙＝capillary action. ｢lary attraction).

cápillary repúlsion *n.* 〘物理〙毛管斥力 (⇨ capil-

cápillary wàter *n.* 〘土木〙毛管水.

cap·il·la·tus [kæ̀pəléɪtəs | -pɪléɪt-] 〘□ L *capillātus* having hair ← *capillus* hair〙 *adj.* 〘気象〙〈雲が〉多毛状の, 多毛雲の.

ca·pil·li·form [kəpíləfɔ̀əm | -lɪfɔ̀:m] 〘← *capilli*- (← L *capillus* (↑))＋-FORM〙 *adj.* 〘植物〙毛の形態をした; 毛状の.

cap·il·li·ti·um [kæ̀pəlíʃiəm | -pɪlíʃɪ-] 〘← NL ～ ← *capillus* hair〙 *n.* (*pl.* **-ti·a** [-ʃiə | -ʃɪə]) 〘植物〙細毛体《変形菌類の胞子形成の分割前に生じる》.

capita *n.* caput の複数形.

cap·i·tal[1] [kǽpəṭḷ, -ptḷ | -pɪtḷ] 〘《?*a*1200》□ (O)F ～ □ L *capitālis* pertaining to the head or life ← *capit*-, *caput* 'HEAD'＋*-ālis* '-AL[1]': cf. ML *capitāle* wealth〙 ── *adj.* **1 a** 主要な; 最も重要な: a ～ virtue 最大の美徳 / the ～ importance of argument 議論の最大の重要性 / of ～ interest 非常に面白い. **b** 〈都市が〉首位の; 重要な; 政庁所在地のある: a ～ city [town] 首都, 首府. **2 a** 生命にかかわる, 〈罪が〉死(刑)に値する, 死罪になる: a ～ offense, sin, crime, etc. / a ～ sentence 死刑宣告 / ⇨ capital punishment. **b** 致命的な, 重大な, 大変な, ひどい: a ～ error. **3** 大文字の, 頭文字の: a ～ letter 大文字, 頭文字 (↔ small letter) / a genius with a ～ G 真の天才, 特にすぐれた天才 / society with a ～ S 上流社会. **4** 《口語》すばらしい, 見事な: a ～ dinner, joke, idea, plan, etc. / *Capital!* すてき / We had ～ luck. とても運がよかった / a ～ hand at …の名人. **5** 資本の[に関する], から成る, に役だつ, から生ずる]: a ～ fund [sum] 資本金, 元金 / ～ coefficient 資本係数 / ～ intensity 資本集約度 / ～ reserve 資本準備金 / ～ turnover 資本回転率.

── *n.* **1** 首都, 首府; (ある活動の)中心地: the ～ of England イングランドの首都 / the ～ of American finance 米国金融界の中心地. **2** 大文字; (語頭などの)頭字, 頭文字. **3 a** 資本《個人・会社が利益を得るために用いる全資産; cf. fixed capital》: authorized ～ 授権資本 / circulating [floating, liquid] ～ 流通[流動]資本《商品・金銭など》/ fictitious ～ 擬制資本 / financial ～ 金融資本《産業資本に接合された銀行資本》/ invested ～ 投下資本 / watered ～ 水増し資本 / ⇨ working capital. **b** 資本金, 元金: ～ and interest 元利 / pay 5% interest on ～ 元金に対して 5 分の利息を支払う. **c** ＝capital stock 2. **d** (利益・利点・力などを生み出す)源, 元手: Health is my greatest ～. 健康が最大の資本だ. **4** [しばしば C-] 資本家階級 (cf. labor *n.* 4 a): the relations between labor and ～ 労働者と資本家の関係, 労資関係.

make capital (***out***) ***of*** …を利用する (exploit).

cap·i·tal[2] [kǽpəṭḷ, -ptḷ | -pɪtḷ] 〘《*a*1300》□ AF *capitel* ＝OF (F *chapiteau*) □ LL *capitellum* (dim.) ← *caput* head: つづりは CAPITAL[1] の影響〙 ── *n.* 〘建築〙柱頭, キャピタル.

capital[2]
1 capital; 2 abacus; 3 echinus; 4 annulet; 5 gorgerin

cápital accóunt *n.* 〘会計〙 **1 a** 資本勘定《株式会社の場合, 資本金 (capital stock), 資本剰余金 (capital surplus), 利益剰余金 (earned surplus) よりなる》. **b** 出資金勘定《組合・合名・合資・有限会社の場合》. **2** 資本的資産勘定《固定資産勘定のこと》.

cápital ássets *n. pl.* 〘会計〙資本的資産, 固定資産《1 年以上の長期に亘って企業内にとどまり, 営業の用に供する財産; 有形固定資産・無形固定資産・投資からなる; fixed assets ともいう》. ｢の無償交付発行.

cápital bònus *n.* 《英》準備金の資本組入による株式

cápital búdget *n.* 〘経営〙資本(支出)予算《狭義には固定設備その他の固定資産に対する資本支出予算のみをさすが, 広義にはこの資本支出をまかなうのに必要な長期調達予算をも含めていう》.

cápital expénditure *n.* 〘会計〙資本(的)支出《土地・建物など固定資産に対する支出; cf. revenue expenditure》.

cápital gáin *n.* 〘経済〙資本利得, 固定資産売却益《資本的資産 (capital assets) である土地・建物などの固定資産の売却額が, その帳簿価額を上まわる場合に生じる利益; ↔ capital loss》. ｢配当.

cápital gáins distribùtion *n.* 〘経済〙資本利得の

cápital góods *n. pl.* 〘経済〙資本財《商品生産のために用いられる生産物; cf. producer goods》.

cápital-inténsive *adj.* 〘経済〙資本集約的な (cf. labor-intensive).

cápital invéstment *n.* 〘経営〙企業投資資金の総額, 投下資本; 資本投下.

cap·i·tal·ism [kǽpəṭəlìzm, kǽptə-, -pəṭḷ-, -ptḷ- | kǽpɪtəlìzm, kəpít-, kæ-, -tḷ-] 〘《1854》〙 ── *n.* 資本主義; 資本主義制度 (cf. socialism, collectivism 1, communism 1 a).

cap·i·tal·ist [kǽpəṭəlɪst, kǽptə-, -ləst, -pəṭḷ-, -ptḷ- | kǽpɪtəlɪst, kəpít-, kæ-, -tḷ-] 〘《1792》□ F *capitaliste* □ G *Kapitalist*〙 ── *n.* **1** 資本家. **2** 資本主義者. **3** 金持, 富豪 (plutocrat). ── *adj.* **1** 資本をもつ, 資本家の: the ～ class 資本家階級. **2** 資本主義の[を擁護する, を実行する]: a ～ roader (中国の)走資派.

cap·i·tal·is·tic [kæ̀pəṭəlístɪk, kæ̀ptə-, -pəṭḷ-, -ptḷ- | kæ̀pɪtəl-, kəpɪt-, kæ-, -tḷ-] *adj.* **1** 資本の; 資本家の. **2** 資本主義的な; 資本主義に基づく[を擁護する]: ～ economy 資本主義経済 / a ～ state 資本主義国家.

càp·i·tal·ís·ti·cal·ly *adv.*

cap·i·tal·i·za·tion [kæ̀pəṭəlɪzéɪʃən, kæ̀ptə-, -lə-, -pəṭḷ-, -ptḷ- | kæ̀pɪtəlaɪ-, kəpɪt-, kæ-, -lɪ-, -tḷ-] 〘□ F *capitalisation*: ⇨ ↓, -ation〙 ── *n.* **1** 大文字使用. **2** 資本化, (剰余金の)資本組入れ. **3** 《米》投資. **4** (収益・財産などの)資本還元, 現在価値化. **5** 資本金《capital stock ともいう》; (株式・社債の発行により調達された企業の)長期資本額, (企業の)総資本額. **6** 〘会計〙(固定資産に関する支出を)資産化すること, (支出を繰延べて)資本的支出とすること.

cap·i·tal·ize [kǽpəṭəlàɪz, -pəṭḷ-, kǽptə-, -ptḷ- | kǽpɪtəlàɪz, kəpí-, kæ-, -tḷ-] 〘《1850》□ F *capitalis-er*: ⇨ capital[1], -ize〙 ── *vt.* **1** 大文字で書く[印刷する]. **2** 資本化する, 資本として使用する, 〈剰余金を〉資本に組入れる. **3** 《米》…に資本を供給する; …に投資する. **4** 〈収益・財産など〉の現在価値を算出する, 資本還元を行なう. **5** 〈会社〉の資本金額を決定する: a company ～*d* at ¥10,000,000 資本金 1,000 万円の会社. **6** 利用する, …に乗じる: ～ one's opportunities 機会を捕える. **7** 〘会計〙(固定資産に関する支出を費用とせずに)固定資産勘定に計上する; 〈支出を〉資本的支出とする, 将来の費用として繰延べる. ── *vi.* 利用する〔*on*〕: ～ *on* the interest 利子を利用する.

cápital lèvy *n.* 〘経済〙資本課税, 財産税.

cápital lóss *n.* 〘経済〙資本損失, 固定資産売却損《資本的資産 (capital assets) である固定資産の売却額がその帳簿価額に満たない場合に生じる損失; ↔ capital gain》.

cap·i·tal·ly [kǽpəṭəli, kǽptə-, -pəṭḷi, -ptḷi | -pɪtḷɪ, -tḷɪ] *adv.* **1** 極刑で: punish ～ 極刑に処する. **2** 《口語》すばらしく, すてきに, 見事に.

cápital púnishment *n.* 極刑, 死刑.

cápital-sàving *adj.* 〘経済〙資本節約的な.

cápital shìp *n.* 〘軍事〙主力艦《装備・排水量とも最大級の軍艦; 戦艦・巡洋戦艦・航空母艦など》.

cápital stóck *n.* **1** 会社の発行済株式総数. **2** (会社の)資本金《単に capital, capitalization ともいう》.

cápital strùcture *n.* 〘会計〙資本構成《貸借対照表中の貸方諸項目の構成比》.

cápital súm *n.* 〘保険〙 **1** 傷害保険の約定給付金《傷害の程度に応じて定めてある支払い金額》. **2** 一時払い保険[支給]金.

cápital súrplus *n.* 〘会計〙資本剰余金《資本取引か

ら生じた剰余金；cf. earned surplus》.

capita mortua *n.* caput mortuum の複数形.

cap·i·tate [kǽpətèɪt｜-pɪ-] 〖← L *capitātus* having a head (← *caput* head)＋-ATE²〗 ― *adj.* **1** 〖植物〗頭状(花序)の：～ flowers. **2** 〖生物〗(末端が)頭状にふくらんだ.

cápitate bòne *n.* 〖解剖〗小頭骨, 有頭骨.

cap·i·tat·ed [kǽpətèɪṭɪd, -ṭəd｜-pɪtèɪtɪd, -təd] *adj.* 〖植物〗＝capitate 1.

cap·i·ta·tion [kæ̀pətéɪʃən｜-pɪ-] 〖《1614》□ LL *capitātiō(n-)* poll tax ← L *capit-, caput* head：⇨ -ation〗 ― *n.* **1** 頭割り. **2** 頭割り勘定, 均一割当額. **3** 人頭税 (poll tax).

capitátion grànt *n.* 人頭補助金.

cap·i·tel·lid [kæ̀pətélɪd, -ləd｜-pɪtélɪd] 〖↓〗 *adj., n.* 〖動物〗イトゴカイ科の(動物).

Cap·i·tel·li·dae [kæ̀pətélədiː｜-pɪtélɪ-] 〖← NL ～ ← *Capitella* (属名：← LL *capitellum* (dim.) ← L *caput* head)＋-IDAE〗 ― *n. pl.* 〖動物〗(環形動物門, 多毛綱)イトゴカイ科.

Cap·i·tol [kǽpəṭḷ, -ptḷ｜-pɪtl] 〖《c1375》*capitole* □ OF *capitolie* (F *Capitole*) // L *Capitōlium* ← *caput* head〗 ― *n.* **1** [the ～] カピトリヌス神殿《ローマの Capitoline 丘の上にあった Jupiter の神殿》. **2** [the ～] ＝Capitoline Hill. **3 a** [the ～] 米国国会議事堂《Washington, D.C. にある》. **b** [しばしば c-] 米国州会議事堂 (statehouse)；[集合的] 州行政の行なわれる建物.

Cápitol Híll *n.* 《米》 **1** 国会議事堂のある小さな丘. **2** 国会議事堂 (Congress) 《the Hill ともいう》：on ～ 国会で.

Cap·i·to·line [kǽpəṭəlàɪn, -ṭḷ-｜kəpítə(ʊ)-] 〖□ L *Capitōlīn-us*：⇨ Capitol, -ine¹〗 ― *adj.* (ローマの)カピトリヌス神殿 (Capitol) の；(Capitol の建っていた)カピトリヌスの丘の；(カピトリヌス神殿に祭られていた) Jupiter の. ― *n.* [the ～] ＝Capitoline Hill.

Cápitoline Híll *n.* [the ～] カピトリヌスの丘《ローマの七丘 (Seven Hills) の一つ；この丘の上に大神 Jupiter を祭った Capitol 神殿がありローマの政治・宗教の中心であった》.

Cap·i·ton·i·dae [kæ̀pətɑ́nədiː｜-tɔ́nɪ-] 〖← NL ～ ← *Capitō* (属名：← L *capitō* big-headed ← *caput* head)＋-IDAE〗 *n. pl.* 〖鳥類〗ゴシキドリ科.

capitula *n.* capitulum の複数形.

ca·pit·u·lar [kəpítʃʊlə, -lɑ̀ː｜-tjʊlə(r)] 〖《1611》□ ML *capitulār-is* ← L *capitulum*, ML ecclesiastical chapter (dim.) ← *caput* head：cf. chapter〗 ― *adj.* **1** 〖キリスト教〗(大)聖堂参事会 (chapter) の. **2** 〖植物〗頭状花序 (capitulum) の. **3** 〖解剖〗(骨の)小頭の. ― *n.* 〖キリスト教〗 **1** ＝canon². **2** 教会法規.

ca·pit·u·lar·y [kəpítʃʊlèri｜-tjʊləri] 〖□ ML *capitulāre* 《原義》document divided into sections：⇨ ↑, -ary〗〖キリスト教〗 ― *adj.* (大)聖堂参事会 (chapter) の. ― *n.* **1** (大)聖堂参事会員. **2** [通例 *pl.*] **a** 教会法令集. **b** (フランク王国の)法令[勅令]集.

ca·pit·u·late [kəpítʃʊlèɪt｜-tjʊ-] 〖《1689》← ML *capitulāt-us* (p.p.) ← *capitulāre* to draw up under distinct heads ← LL *capitulum* head of a discourse, chapter, title (dim.) ← L *caput* head：⇨ -ate³〗 ― *vi.* **1 a** (条件付きまたは無条件で)降伏する：～ under the condition that ...という条件で降伏する. **b** 抵抗をやめる；黙って受け入れる. **2** 《古》協議する, 交渉する.

ca·pit·u·la·tion [kəpɪ̀tʃʊléɪʃən｜-tjʊ-] 〖《1535》□ LL *capitulatiō(n-)*：⇨ ↑, -ation〗 ― *n.* **1 a** 降伏；条件付き降伏 (conditional surrender). **b** 抵抗をやめること. **2** 降伏文書. **3** (ある問題についての)項目列挙. **4 a** (政府間の)協定, 合意事項. **b** [しばしば *pl.*] 非キリスト教国がキリスト教国に特権を許した協定.

ca·pit·u·lum [kəpítʃʊləm｜-tjʊ-] 〖← NL ～ ← L ～ 'small head' (dim.) ← *caput* head〗 ― *n.* (*pl.* **-u·la** [-lə]) **1** 〖植物〗 **a** 頭状花序；頭状花. **b** (シャジクモ(車軸藻)の雄器の把手(ᵗᵘ)体にできる)球状細胞. **2** 〖解剖〗(骨の)小頭.

cáp jib *n.* 〖海事〗キャップジブ《船首斜檣(ˢʰᵒ) (bowsprit) の檣頭金属環 (cap) から前檣 (foremast) へ張ってある支索に付ける三角帆 (jib)》.

cap·lin [kǽplɪn, -lən｜-lɪn] *n.* 〖魚類〗＝capelin.

cap·ling [kǽplɪŋ] *n.* 〖魚類〗＝capelin.

cáp mòney *n.* 〖狐狩〗＝cap¹ *n.* 8.

Cap'n [kǽpm] 〖略〗 *n.* ＝captain.

cáp nùt *n.* 〖機械〗＝box nut.

ca·po¹ [káːpoʊ｜-pəʊ] 〖略〗 *n.* (*pl.* **～s**) ＝capotasto.

ca·po² [káːpoʊ, kǽp-｜-pəʊ] 〖□ It. ～ 'head' < L *caput*〗 *n.* 《米俗》マフィアの組長, カポ.

ca·pon [kéɪpɑn, -pən｜-pən] 〖OE *capun* □ AF＝(O)F *chapon* < VL **cappōnem*＝L *capō* ← IE **(s)kep-* to cut (Gk *kóptein* to cut)〗 ― *n.* **1** (肉用の)去勢して太らせた雄鶏 (cf. poularde). **2** 去勢した雄兎.

ca·pon·ette [kèɪpənét] *n.* (*also* **ca·pon·et** [～]) (化学的に)去勢した家禽(ᵏⁱⁿ)《合成女性ホルモンの diethylstilbestrol を使って去勢した食肉用の鶏》.

ca·pon·ize [kéɪpənàɪz] *vt.* 〈雄鶏を〉去勢する (castrate) (cf. poulardize).

cap·o·ral¹ [kǽp(ə)rəl, kæ̀pərǽl｜kæ̀pəráːl] 〖《1850》□ F ～ 《原義》corporal：*tabac du soldat* (＝soldier's tobacco) より品がよいという意味で〗 ― *n.* 安いきざみたばこ.

cap·o·ral² [kæ̀pərǽl, -ráːl] 〖□ Sp. ～ 'foreman' □ It. *caporale* corporal〗 *n.* 《米南西部》牧場の管理人[副管理人].

Ca·po·ret·to [kæ̀pərétoʊ, kàːp-｜-rétəʊ; *It.* kaporétto] *n.* カポレット《Kobarid の旧イタリア語名》.

ca·pot [kəpɑ́t, -póʊ｜-pɔ́t; *F.* kapo] 〖《1651》□ F ～ ← *faire capo* to win all the tricks in piquet, 《原義》to capsize：*capo* ← ? Prov. *cap* head < L *caput*〗〖トランプ〗 ― *n.* (piquet で)カポット, 総取り《出された札を毎回取って全勝すること；40 点のボーナス (bonus) がつく》. ― *vt.* (piquet のプレーで)〈相手を〉ゼロ敗にする.

ca·po·ta·sto [kɑ̀ːpo(ʊ)tǽstoʊ｜-pə(ʊ)tǽstəʊ; *It.* kapotásto] 〖□ It. ～ 《原義》chief key ← *capo* chief＋*tasto* key of a musical instrument〗 ― *n.* (*pl.* **～s, -ta·sti** [-stiː; *It.* -sti]) カポタースト, 枷(ᵏᵃ)《ギターなどの指板の上を移動する上駒；これで全部の弦のピッチを同時に上げることができる》.

ca·pote [kəpóʊt｜-pə́ʊt] 〖《1812》□ F ～ (dim.) ← *cape* 'CAPE¹'〗 ― *n.* **1** カポート：**a** 旅行者や軍人が着たフード付きのゆるやかな長外套[マント]. **b** Levant 地方の男女が用いる粗布, または毛皮の長いマント. **2** カポート《ビクトリア時代中期に用いられた婦人・子供用の紐つきボンネットの一種》. **3** (馬車などの)折りたたみ式の屋根[フード].

Ca·po·te [kəpóʊṭi｜-pə́ʊti], **Truman** *n.* (1924–　) 米国の小説家；*Other Voices, Other Rooms* (1948), *In Cold Blood* (1965).

Cap·pa·do·ci·a [kæ̀pədóʊʃiə, -ʃə｜-də́ʊsjə, -siə, -ʃiə, -ʃə] *n.* カッパドキア《古代の小アジア東部の地方；王国であったが, 後にローマの一州》.

cap·pa ma·gna [káːpə máːnjə] 〖□ ML ～ 《原義》large cope〗 ― *n.* 〖カトリック〗(高位聖職者用の)大カッパ, 大外衣《大きな頭布のついた長裾のゆったりしたマント》.

cáp·pàper *n.* **1** 包装紙の一種. **2** キャップ紙《foolscap や legal cap を含む便箋(ˢᵉⁿ)の一種》.

Cap·pa·ri·da·ce·ae [kæ̀pərɪdéɪsiìː, kəpæ̀r-, -rə-｜-rɪ-] 〖← NL ～ ← *Capparis* (属名：← L *capparis* 'CAPER¹')＋-ACEAE〗 ― *n. pl.* 〖植物〗(双子葉植物ケシ目)フウチョウソウ科. **càp·pa·ri·dá·ceous** [-ʃəs] *adj.*

cápped élbow *n.* 〖獣医〗＝shoe boil.

cápped hóck *n.* 〖獣医〗飛端腫《馬の踵骨隆起部に生じる皮下粘液嚢および皮膚の腫脹》.

cap·pel·let·ti [kæ̀pəléṭi｜-tɪ; *It.* kappelétti] 〖□ It. ～ (pl.) ← *cappelletto* (dim.) ← *cappello* hat < ML *capellus* cap (dim.) ← LL *cappa*：⇨ cap¹〗 ― *n.* カペレッティ《小さな帽子形のパスタ (pasta) 生地に鶏挽き肉やチーズを詰めて煮た料理》.

cáp·per 〖ME〗 ― *n.* **1 a** 帽子屋. **b** 帽子をかぶる人. **2** (びん・かんなどのふたをする)ふた締め機[屋]. **3** 雷管を使う装置. **4** 《俗》 **a** (せり売りのおとりに雇われる)空せり人, 「さくら」(by-bidder). **b** (ばくち打ちの)おとり (decoy).

cáp pìece *n.* 〖建築〗柱頭, 笠(ᵏᵃˢᵃ), 笠石, 笠木.

cáp·ping *n.* **1** 帽子[おおい, ふた]をかぶせること[仕事]. **2** 上部[頭部]をおおうもの. **3** 〖建築〗柱頭や笠木になるもの. **4** 〖鉱山〗表土, 被(ᵏᵃᵇᵘ)り (⇨ overburden 2).

cápping fèe *n.* 〖狐狩〗＝cap¹ *n.* 8.

cáp pìstol *n.* ＝cap gun.

cap·puc·ci·no [kɑ̀ːp(j)ʊtʃíːnoʊ, kæ̀p-｜-nəʊ; *It.* kapputʃíːno] 〖□ It ～：⇨ capuchin〗 *n.* (*pl.* **-ci·ni** [-niː; *It.* -ni]) カプチーノ《エスプレッソコーヒー (espresso coffee) に熱い牛乳とシナモンを加えた飲物》.

ca·pre·o·late [kəpríːəlèɪt] 〖□ L *capreolāt-us* ← *capreolus* tendril (dim.) ← *capreus* roe ← *caper* goat：⇨ cabriolet, -ate²〗 ― *adj.* **1** 〖植物〗巻きひげのある. **2** 〖解剖〗巻きひげに似た.

Ca·pri [kæpríː, kə-, káːpriː, kǽp-｜kǽpriː, káːp-, -prɪ; *It.* káːpri] 〖□ It. ～ < L *Capreae* ← *caprea* wild she-goat〗 ― *n.* **1** カプリ(島)《イタリアの Naples 湾にある岩の多い島；観光地；面積 10 km²》. **2** カプリ(ワイン)《カプリ島およびその周辺の島で産する辛口の白ぶどう酒》. **3** [*pl.*] ＝Capri pants.

cap·ri- [kǽprɪ, -rə｜-rɪ] 〖□ L ～ ← *caper* goat〗「やぎ (goat)」の意の連結形.

cap·ric [kǽprɪk] 〖← CAPRI-＋-IC¹〗 *adj.* **1** やぎの[に関する]. **2** 〖化学〗カプリン酸の.

cápric ácid *n.* 〖化学〗カプリン酸 ($CH_3(CH_2)_8COOH$)《バター・カカオ油をはじめ多くの油脂に広くグリセルエステルとして見出される脂肪酸；融点 31.5°；正式名 decanoic acid》.

ca·pric·cio [kəpríːtʃoʊ, -prítʃ-, -tʃiòʊ｜-prítʃiəʊ; *It.* kapríttʃo] 〖□ It. ～ 'shiver, whim' ← *cap* head (< L *caput*)＋*riccio* hedgehog, 《原義》head with bristling hair, i.e. horripilation (□ L *ēricius*)：It. *capro* goat (< L *caper*) と連想；山羊が驚いて急にはね出すことから〗 ― *n.* (*pl.* **～s, ca·pric·ci** [-tʃiː; *It.* -tʃi]) **1** 気まぐれ (caprice). **2** 気まぐれなふざけ (prank). **3** 〖音楽〗カプリッチオ, 奇想曲《気まぐれな気分を表わした自由形式の楽曲；cf. humoresque》. **4** 〖美術〗カプリッチオ《ちょっとした思いつきや気まぐれの構図や装飾, 描き加えたものなど》.

ca·pric·ci·o·so [kəprìːtʃióʊsoʊ, -prɪ̀tʃ-｜-prɪ̀tʃiə́ʊzəʊ, -səʊ; *It.* kapprittʃóːso] 〖□ It. ～ ← *capriccio* (↑)＋*-oso* '-OUS'〗 ― *adj., adv.* 〖音楽〗カプリッチョーソ, 気まぐれな[に], 狂想的な[に].

ca·price [kəpríːs, kæ-｜kə-] 〖《1667》□ F ～ □ It. *capriccio*：⇨ capriccio〗 ― *n.* **1 a** 気まぐれ, 酔狂 (whim)；移り気, 気まま：out of ～ 気まぐれから / with a sudden ～ ふとした出来心で. **b** 予想[説明]できない急変：the ～ of the weather 天候の急変. **2** 〖美術〗空想的作品, 気まぐれの作, 戯作. **3** 〖音楽〗＝capriccio 3.

ca·pri·cious [kəpríʃəs, kæ-, -príːʃ-｜kəpríʃ-] 〖《1594》□ F *capricieux*：⇨ ↑, -ous〗 ― *adj.* **1 a** 気まぐれな, 移り気の (fickle, whimsical). **b** 急変する. **2** 《廃》空想的な, 機知のある. **～·ly** *adv.* **～·ness** *n.*

Cap·ri·corn [kǽprɪkɔ̀ən, -prə-｜-rɪkɔ̀ːn] 〖《a1387》□ (O)F *Capricorne* □ L *Capricornus* 《原義》goat-horned (*capr-, caper* he-goat＋*cornu* horn) 《なぞり》← Gk *aigókerōs*〗 ― *n.* **1** 〖天文〗やぎ(山羊)座 (Capricornus)：⇨ TROPIC¹ of Capricorn. **2** 〖占星〗 **a** 磨羯(ᵏᵃᵗˢᵘ)宮, やぎ座《黄道 12 宮の第 10 宮；the Horned Goat ともいう；cf. zodiac》. **b** やぎ座生まれの人.

Cap·ri·cor·nus [kæ̀prəkɔ́ənəs｜-rɪkɔ́ː-] 〖↑〗 *n.* 〖天文〗やぎ(山羊)座《南天の星座；the Goat, the Horned Goat ともいう》.

cap·ri·fi·ca·tion [kæ̀prəfɪkéɪʃən, -fə-｜-rɪfɪ-] 〖□ L *caprificātiō(n-)*：⇨ ↓, -fication〗 ― *n.* 〖園芸〗カプリフィケーション：**a** カプリイチジク (caprifig) の花粉がコバチ (*Blastophaga grossorum*) によって食用イチジクの花に運ばれること. **b** 同上の現象を利用し野生イチジクの開花枝を食用イチジクの樹の傍に置き, 受粉を助ける園芸的方法.

cap·ri·fig [kǽprəfɪg｜-rɪ-] 〖□ L *caprific-us* ← *caper* goat＋*ficus* fig〗 ― *n.* 〖植物〗 **1** カプリイチジク (*Ficus carica* var. *sylvestris*) 《南ヨーロッパ・小アジア産野生イチジク；果実は食用にならないが, その中にすむコバチが食用イチジクの花粉媒介を行なう》. **2** カプリイチジクの果実.

Cap·ri·fo·li·a·ce·ae [kæ̀prəfòʊliéɪsiìː｜-rɪfəʊlɪ-] 〖← NL ～ ← *Caprifolium* (属名：← ML *caprifolium* honeysuckle ← CAPRI-＋L *folium* leaf)＋-ACEAE〗 ― *n. pl.* 〖植物〗(双子葉植物アカネ目)スイカズラ科.

cap·ri·fy [kǽprəfàɪ｜-rɪ-] 〖□ L *caprificāre* (↑)〗 ― *vt.* 〖園芸〗 **1** (caprification b の方法により受粉させて)〈イチジクを〉結実させる. **2** (植物生長調節剤の利用により)〈イチジクを〉単為結果させる.

cap·ri·mul·gid [kæ̀prəmʌ́ldʒɪd, -dʒəd, -gɪd, -gəd｜-rɪmʌ́ldʒɪd, -gɪd] 〖↓〗 *adj., n.* 〖鳥類〗ヨタカ科の(鳥).

Cap·ri·mul·gi·dae [kæ̀prəmʌ́ldʒədiː, -gə-｜-rɪmʌ́ldʒɪ-, -gɪ-] 〖← NL ～ ← *Caprimulgus* (属名：← L *caprimulgus* goatsucker ← CAPRI-＋*mulgēre* 'to MILK')＋-IDAE〗 ― *n. pl.* 〖鳥類〗ヨタカ科.

cap·rine [kǽpraɪn] 〖□ L *caprīn-us* ← *caper* goat：⇨ -ine¹〗 ― *adj.* **1** やぎ (goat) の[に属する]. **2** やぎのような[を思わせる]. **3** 〈ウイルスなど〉やぎの中で発達する.

cap·ri·ole [kǽpriòʊl｜-rɪəʊl] 〖《1594》□ F *cabriole,* 《廃》*capriole* □ It. *capriola* ← *capriolare* to leap like a goat ← *capriolo* roebuck < L *capreolum* (dim.) ← *caper* goat〗 ― *n.* **1** (ダンスなどの)とびはね (leap). **2** 〖馬術〗カプリオール《高等馬術の跳躍の一つ；後肢を後方に蹴り, できるだけ伸張させる垂直跳躍》. ― *vi.* **1** とびはねる. **2** 〈馬が〉カプリオールを行なう.

Cap·ri·ote [kǽpriòʊt, káːp-, -riət｜-rɪəʊt, -rɪət] *n.* カプリ島民.

Caprí pànts *n. pl.* カプリパンツ《カジュアルな女性用の足首丈パンツ, 先細りのぴったりしたもので, すその外側にスリットが入っている；Capris ともいう》.

Ca·pris [kæpríːz, kə-, káːpriːz, kǽp-｜kǽpriːz, káːp-, -prɪz] *n. pl.* ＝Capri pants.

cap·ro·ate [kǽproʊèɪt｜-rəʊ-] 〖⇨ caproic acid, -ate¹〗 *n.* 〖化学〗カプロン酸塩[エステル].

cáp ròck *n.* 〖地質〗キャップロック《含油層の上部にある不透水性の岩石；鉱床の上部にあって鉱化作用を妨げている岩石；単に cap ともいう》.

ca·pró·ic ácid [kəpróʊɪk, kæ-｜-prə́ʊ-] 〖*caproic*：← *capro-* (⇨ CAPRI-)＋-IC¹：やぎの体臭にちなむ〗 ― *n.* 〖化学〗カプロン酸 ($CH_3(CH_2)_4COOH$) 《バター・パーム油などにある脂肪酸の一種；不快臭のある液体；hexanoic acid ともいう》.

cap·ro·lac·tam [kæ̀pro(ʊ)lǽktæm, ＿＿＿｜-rə(ʊ)-] 〖⇨ ↑, lactam〗 *n.* 〖化学〗カプロラクタム ($C_6H_{11}NO$) 《白色の結晶；6-ナイロンの原料として重要》.

cap·ry·late [kǽprəlèɪt｜-rɪ-] 〖⇨ ↓, -ate¹〗 *n.* 〖化学〗カプリル酸塩, カプリル酸エステル.

ca·prýl·ic ácid [kəprílɪk, kæp-] 〖*caprylic*：← CAPRI-＋-YL＋-IC¹〗 ― *n.* 〖化学〗カプリル酸 ($CH_3(CH_2)_6COOH$) 《無色液状の脂肪酸；octanoic acid ともいう》.

caps. 《略》〖印刷〗capital letters；〖処方〗capsule.

cap·sa·i·cin [kæpséɪəsɪn, -sən｜-séɪɪsɪn] 〖《変形》← *capsicine* an extract from cayenne pepper ← CAPSICUM＋-IN¹：L *capea* box の影響による変形か〗 ― *n.* 〖化学〗カプサイシン ($C_{18}H_{27}NO_3$) 《結晶性物質でとうがらしの辛味成分》.

cáp scrèw *n.* 〖機械〗キャップねじ (⇨ tap bolt).

Cap·si·an [kǽpsiən｜-sɪ-] 〖□ F *capsien* ← L *Capsa* ＝*Gafsa* (チュニジア中央部の町の名：この近辺でこの石器が発見された)：⇨ -ian〗 ― *adj.* 〖考古〗カプサ文化の《北アフリカ Maghreb 地方の中石器時代の文化にいう；石刃・細石器の使用, 岩壁に描いた狩猟の絵, カタツムリの貝塚などが特色》.

cap·si·cum [kǽpsɪkəm, -sə- | -sɪ-] 〖(1725)← NL ~ ← L *capsa* box＋*-icum* ((neut.)← *-icus* '-IC¹')〗 ── *n.* **1** 〘植物〙トウガラシ《トウガラシ属 (*Capsicum*) の各種の植物の総称；アマトウガラシ (sweet pepper), トウガラシ (*C. frutescens*) など；cf. bird pepper》. **2** トウガラシの実.

cap·sid¹ [kǽpsɪd, -səd | -sɪd] 〖← NL *Capsid-ae* ← *Capsus* (属名：← Gk *kápsis* gulping)＋-IDAE〗 ── *n.* 〘昆虫〙メクラカメムシ《軟弱な体をした小型のカメムシ；有用植物の害虫を多く含み，病菌の媒介をする種類も多いが，一方他の昆虫を捕食するために天敵として利用される種類もある》.

cap·sid² [kǽpsɪd, -səd | -sɪd] 〖← L *capsa* case＋-ID³〗 *n.* 〘生物〙キャプシッド《蛋白質から成るウイルスの外殻》. **～·al** [-dḷ] *adj.*

cap·size [kǽpsaɪz, ─́ ─́ | ─ ─́] 〖(1788)← ? Sp. *cabezar* to pitch ∥ *capuzar* to sink (a ship) by the head ← *cabo* head < L *caput*：cf.《方言》*cap* to overtop〗 ── *vt.* 〈舟などを〉ひっくり返す；転覆させる. ── *vi.* 〈舟などが〉ひっくり返る；転覆する. ── *n.* 転覆.

cáp·siz·ing mòment *n.* 〘造船〙＝upsetting moment.

cap·so·mere [kǽpsəmɪə | -mɪə(r] 〖← CAPSID²＋-O-＋*-mere* part (← Gk *méros*)〗 ── *n.* 〘生物〙キャプソメア《キャプシッド (capsid) 上に配列し，その構造単位となっている蛋白質分子の集合体》.

cap·stan [kǽpstən, -stæn | -stən] 〖(?*c*1380)▭ Prov. *cabestan*,《古形》*cabestran* ← *cabestre* < L *capistrum* halter ← *capere* to seize〗 ── *n.* **1** 〘海事〙車地(くるま)，絞盤，キャプスタン《錨や円材などを巻き上げる装置；頭部の周囲の穴に車地棒をさし，これを数人で押して錨綱や錨鎖(びょうさ)を巻き寄せる》. **2** 〘電気〙キャプスタン《磁気録音機でテープを一定の速度で走行させる回転体》.

capstan 1
1 drum head；2 barrel；3 pawls；4 capstan bar

cápstan bàr *n.* 〘海事〙車地(くるま)棒，キャプスタンバー《キャプスタンを回す時に取り付けるレバーになる樫の棒》.

cápstan làthe *n.* 〘機械〙＝turret lathe.

cápstan tàble *n.* キャプスタン型テーブル (⇨drum table 挿絵).

cáp·stòne *n.* **1** 〘建築〙(石柱・壁などの上の)笠(かさ)石，冠石，頂石. **2** 最高点，頂点，絶頂 (climax).

cap·sul- [kǽpsəl, -sjʊl | -sjʊl] (母音の前に来る時の) capsulo- の異形.

cap·su·lar [kǽpsələ, -sjʊ- | -sjʊlə(r] 〖← NL *capsulār-is*：⇨ capsule, -ar¹〗 *adj.* **1** さや[カプセル]の[に関する，のような]. **2** ＝capsulate.

cap·su·late [kǽpsəlèɪt, -sjʊ-, -lət, -lɪt | -sjʊ-] 〖← NL *capsulāt-us*：⇨ capsule, -ate²〗 ── *adj.* さや[カプセル]になった，さや[カプセル]に入った；さや[カプセル]に包んだ.

cap·su·lat·ed [kǽpsəlèɪṭɪd, -sjʊ-, -ṭəd | -sjʊlèɪtɪd, -təd] *adj.* ＝capsulate.

cap·su·la·tion [kæ̀psəléɪʃən, -sjʊ- | -sjʊ-] *n.* さや[カプセル]に入れること.

cap·sule [kǽpsəl, -su:l | -sju:l] 〖(1652)▭ F ~ ▭ L *capsula* (dim.)← *capsa* box：⇨ -ule：cf. case²〗 ── *n.* **1** (飲みにくい薬を包む)カプセル，膠嚢(こうのう)，嚢剤. **2** (各種用途の)小容器. **3** (ガラスびんのコルクの口などにかぶせる)口金. **4** **a** (ニュース・講演などの)要約，大要. **b** 少量. **5** 〘解剖〙 **a** 包(ほう)，嚢(のう)，莢(きょう)膜，被嚢，被膜. **b** (大脳の)内包. **6** 〘植物〙 **a** 蒴(さく)，蒴果. **b** 蘚(せん)帽 (cf. fruit 1 a). **7** 〘航空〙カプセル《軍用機などの気圧を一定に保って密閉した乗員室；このまま射出して非常脱出用に用いるものもある》. **8** 〘宇宙〙 **a** カプセル《宇宙空間で乗員・実験動物あるいは計器などを保護するための気密容器；space capsule ともいう》. **b** 宇宙船 (spaceship). **9** 〘化学〙(蒸発用の)小皿. **10** 〘生物〙莢(きょう)膜《細菌細胞の外側にある粘性をもつ厚い膜；主成分は多糖類》. ── *adj.* **1** 小さくてぎっしり詰まった；小型化した，小さい. **2** 要約した，簡約した：a ~ review, biography, etc. ── *vt.* **1** カプセルに入れる，カプセルで保護する. **2** 小型化する. **3** 要約する，略述する.

cap·su·li- [kǽpsəlɪ, -sjʊ-, -lə | -sjʊlɪ] capsulo- の異形 (⇨ -i-).

cap·sul·ize [kǽpsəlàɪz, -sjʊ- | -sjʊ-] *vt.* ＝capsule.

cap·su·lo- [kǽpsəlo(ʊ), -sjʊ- | -sjʊlə(ʊ)] 〖← NL ~：⇨ capsule〗 capsule の意の連結形. ★ 時に capsuli-, また母音の前では通例 capsul- になる.

capt. 《略》caption.

Capt. 《略》Captain.

cap·tain [kǽptɪn, -tən | -tɪn] 〖(*c*1375) *capitain* ▭ OF ▭ LL *capitāneus* (adj.) chief ← L *capit-*, *caput* head：cf. chieftain〗 ── *n.* **1** **a** 首領，長 (chief, leader)；監督，係長，頭(かしら) (foreman). **b** (隊・要塞などの)指揮官. **c** (Caesar, Nelson など古今の)名将，軍の名指揮官：the great ~s of ancient times 古代の名将たち. **d** (商船の)船長；(軍艦の)艦長. **e** (一組の水夫の)長，主任，班長. **f** 《米》警部 (⇨police 1 ★). **g** 《米》(消防隊の)隊長. **h** (チームの)主将，キャプテン. **i** (航空機の)機長，チーフパイロット. **j** (列車の)機関士. **k** 《米》(ホテル・レストランの)ボーイ頭 (headwaiter). **l** 《米》＝bell captain. **m** 《米》(政党の)支部長；(選挙における政党末端組織の)責任者. **n** 《英》鉱山の監督. **o** 《英》学級委員，級長. **2** 大物，大立物 (magnate)：a ~ of industry 産業界の大物. **3** 《米南部》[親愛の敬称として]大将. **4** 〘軍事〙陸軍大尉；海軍大佐；《米》空軍大尉 (《英》flight lieutenant)；《米》海兵隊大尉. ── *vt.* …のキャプテンになる；(首領として)統率[指揮]する (lead)，監督する：an airplane ~*ed* by a veteran pilot ベテラン操縦士を機長とする飛行機.

cap·tain·cy [kǽptənsi, -tən- | -sɪ] 〖(1819)：⇨ ↑, -cy〗 *n.* **1** captain の職[地位，任期]. **2** (captain の)管轄地域. **3** 統率力，指揮力 (leadership).

cáptain géneral 〖《なぞり》← F *capitain général* & Sp. *capitan general*〗 ── *n.* (*pl.* **captains g-, ~s**) **1** 《英》(陸軍の)最高指揮官，総司令官 (commander in chief). **2** (スペイン植民地の)辺境軍政官；(都市の)民兵隊司令官.

cáptain's bíscuit *n.* 《英》(船で用いる)上等堅パン (cf. ship biscuit).

cáptain's chàir *n.* (19 世紀前期の定期船の船長室で使用された)キャプテンチェア《ウィンザーチェアの一種；鞍(くら)状の座に紡錘状の柱をならべた背もたれがあるひじかけ椅子》.

cáptain·shìp *n.* **1** captain の資格[職責]; captain としての才能[手腕]，統率の才. **2** ＝captaincy 2.

cáptain's màst *n.* 〘米海軍〙(懲戒)審議会《隊員の懲戒に関して，または苦情処理などのために艦長が主宰して開く法廷；単に mast ともいう》.

cáptain's wàlk *n.* 〘建築〙＝widow's walk.

cap·tan [kǽptæn] 〖← ?〗 *n.* 〘薬学〙カプタン ($C_9H_8Cl_3NO_2S$)《農業用殺菌剤》.

cap·ta·tion [kæptéɪʃən] 〖▭ F ~ ∥ L *captātiō(n-)* ← *captāre* to catch at ← *capere* (↓)〗 *n.* **1** 人気取り. **2** 人気取り議論 (ad captandum argument).

cap·tion [kǽpʃən] 〖(*c*1390)▭ L *captiō(n-)* a taking ← *capere* to take：cf. captive〗 ── *n.* **1** (章・節・ページなどの)見出し，題目，表題 (title, heading). **2** キャプション，絵とき，ネーム《挿絵などの説明；legend, underline ともいう》. **3** 〘映画・テレビ〙説明字幕，サブタイトル (subtitle). **4** 〘法律〙(起訴状・証言録取書などに付けた)頭書《作成場所・日時・権限などを示すもの》. **5** 《古》逮捕，差し押え (seizure). ── *vt.* …に見出し[説明，サブタイトル]を付ける.

cáption·less *adj.* 見出し[説明，サブタイトル]のない.

cap·tious [kǽpʃəs] 〖(?*c*1408)▭ (O)F *captieux* ∥ L *captiōs-us* ← *capere*：⇨ caption, -tious〗 ── *adj.* **1** むやみに欠点をとがめ立てする，あら捜しの，あげ足取りの：気むずかしい. **2** (議論で)人を混乱させる，相手を引っかけるような；意地の悪い：a ~ question (人を落とし入れようとする)たちの悪い質問. **～·ly** *adv.* **～·ness** *n.*

cap·ti·vate [kǽptɪvèɪt, -tə- | -tɪ-] 〖(*c*1526)← LL *captivāt-us* (p.p.)← *captivāre* to take captive ← *captivus* 'CAPTIVE'〗 ── *vt.* **1** 〈人〉の心をとりこにする，魂を奪う，うっとりとさせる，悩殺する：~ a millionaire 大金持を悩殺する / He was utterly ~*d* by her beauty. 彼女の美しさにすっかり魂を奪われてしまった. **2** 《古》捕虜にする，捕える.

cáp·ti·vàt·ing [-ṭɪŋ | -tɪŋ] *adj.* 人の心を捕えるような；うっとりさせる，魅惑的な：a ~ talker. **～·ly** *adv.*

cap·ti·va·tion [kæ̀ptɪvéɪʃən, -tə- | -tɪ-] 〖▭ LL *captivātiō(n-)*：⇨ captivate, -ation〗 *n.* **1** 魅惑(すること)，魅了. **2** うっとりすること[した状態]，恍惚状態.

cáp·ti·và·tor [-ṭə | -tə(r] *n.* 魅惑する人[もの].

cap·tive [kǽptɪv] 〖(?*a*1400)▭ L *captīv-us* ← *captus* (p.p.)← *capere* to take：⇨ -ive；cf. caitiff〗 ── *adj.* **1** **a** (戦争で)捕虜になった，生捕(いけど)りの，捕われの：take [hold, lead] a person ~ 人を捕虜にする[にして置く，にして連れて行く]. **b** 縛られた，係留された；自由にできない：a ~ balloon 係留気球 (cf. free balloon). **c** 幽閉された，監禁された；かご[おり]に入れられた (caged)：a ~ bird かごの鳥. **2** 魅惑された，心を奪われた：Her beauty held his mind ~. 彼の心は彼女の美しさのとりこになった. **3** いやでも聞かねばならない，否応なく聞かされる：a ~ audience (ラジオ拡声器を備えたバスの乗客のような)いやでも聞かなければならない聴衆，「囚(とら)われの聴衆」. **4** **a** 〘経営〙(ある企業に)専属の，自社専用の：a ~ shop 自社店. **b** (独立しているものの)他(人)に動か[支配]されている：a ~ country, candidate, etc. ── *n.* **1** 捕虜 (prisoner) (cf. captor). **2** (恋などに)捕われた人，とりことなった人 [*to*]：He became a ~ *to* her charm. 彼女の魅力のとりことなった.

cáptive tèst *n.* 〘宇宙〙エンジンを固定して推力等の性能を測る地上燃焼試験.

cap·tiv·i·ty [kæptívəṭi | -vəti, -vɪ-] *n.* **1** 捕われ[捕虜]の身，状態)，奴隷[人質]の身分；監禁[かごに入れられた]状態：in ~ とりこになって；かご[おり]に入れられて. **2** (他への)従属，(他の)威圧的支配. **3** 《古》[集合的] 捕虜たち：They delivered up the whole ~ to Edom. 彼らは俘囚(ふしゅう)をことごとくエドムにわたしたり (*Amos* 1：9). **4** [the C-] 〘旧約聖書〙＝Babylonian captivity 1.

cap·tor [kǽptə, -tɔə | -tə(r, -tɔ:(r] 〖(1688)▭ LL ~ ← *capere* to take：⇨ -or²〗 *n.* 生捕(いけど)る[逮捕する]人，捕獲者 (cf. captive 1).

cap·tress [kǽptrɪs, -trəs] *n.* 女性の captor.

cap·ture [kǽptʃə | -tʃə(r] 〖(1541–42)▭ F ~ ▭ L *captūra* ← *captus* (p.p.)← *capere* to take：⇨ -ure：cf. have〗 ── *n.* **1** **a** (力・計略などによる)捕獲，逮捕；分捕(ぶんど)り，略奪，拿捕(だほ). **b** 攻略，占領. **c** 征服，支配：the ~ of the party by the leftists 党を左派が牛耳ること. **2** 捕獲物[動物]，とりこ，分捕品；(特に)拿捕[捕獲]船：bring home one's ~ 獲物を持ち帰る. **3** 〘物理〙捕獲《原子核などが他の粒子を獲得する過程》. **4** 〘チェス・チェッカー〙相手の駒を取ること. **5** 〘地理〙(川の)争奪，斬首《ある川の上流が隣の川の流域内に伸びてきて，その上流部を奪いとる水系変更現象；stream capture, stream piracy ともいう》. ── *vt.* **1** **a** (力・計略などで)捕える；生捕る，とりこにする；捕獲する；分捕る：~ an animal, a ship, etc. **b** 〈要塞・陣地などを〉攻め落す，占領する：~ a city. **c** 〈賞品などを〉獲得する，取る：~ a prize. **d** 〈関心・注意を〉捕える，魅了する：~ people's attention 人々の注意を捕える / a politician who ~*d* the public fancy 大衆の心を捕えた政治家 / ~ the house 満堂をうならせる. **e** 比較的永続的な形で表現する[捕える，保存する]：~ her beauty on canvas 画布の上に彼女の美を残しておく. **f** …の支配を握る：~ the banking of the country その国の銀行業務を牛耳る. **2** 〘物理〙〈原子核や素粒子が〉〈素粒子を〉捕獲する. **3** 〘チェス・チェッカー〙〈相手の駒を〉取る. **4** 〘地理〙〈川が〉〈他の川〉の上流部を奪う，斬首する.

capture the flag 〘遊戯〙旗取りゲーム《捕虜にならないようにしながら相手チームの旗を奪って陣地に戻る》.

cáp·tur·er *n.*

Ca·pu·a [kǽpjuə | kǽpjuə, ká:puə；*It.* ká:pua] *n.* カプア《イタリア南西部 Naples の近くの町；この付近に古代 Capua の円形劇場の遺跡がある》.

ca·puche [kəpú:tʃ, -pú:ʃ | -pú:ʃ] 〖▭ F《廃》~ (今の形は *capuce*)▭ It. *cappuccio* ← *cappa* cloak：⇨ cap¹, cape¹〗 ── *n.* 頭巾(ずきん)，フード；(特に，カプチン修道士 (Capuchin) の用いる)長い尖った頭巾，カプッチョ.

cap·u·chin [kǽpjʊʃɪn, -ʃən, -tʃɪn, -tʃən | -ʃɪn, -tʃɪn] 〖(1599)▭ F《廃》*capuchin* (今の形は *capucin*)▭ It. *cappuccino* little cowl ← *cappuccio* (↑)：⇨ -ine⁵〗 ── *n.* **1** [C-] 〘カトリック〙(フランシスコ会の一派の)カプチン修道会修道士《長頭巾を用いる；cf. Black Franciscan》. **2** フード付き婦人用外套[マント]. **3** [《米》ではまた kəp(j)ú:-] 〖たてがみが頭巾に似ていることから〗〘動物〙 **a** ノドジロオマキザル (*Cebus capucinus*)《中南米産オマキザルの一種；capuchin monkey ともいう》. **b** 中南米産オマキザル属 (*Cebus*) のサルの総称. **4** 〖首と頭に頭巾状の羽が生えていることから〗〘鳥類〙イエバトの数品種の総称《capuchin pigeon ともいう》.

capuchin 2

cápuchin cápers *n.* (*pl.* ~) 〘植物〙ノウゼンハレン (nasturtium) の果実《酢漬けに用いる；English capers ともいう》.

cap·u·chine [kǽpjʊʃɪn, -ʃən, -ʃi:n, -tʃɪn, -tʃən, -tʃi:n | -ʃɪn, -ʃi:n, -tʃɪn, -tʃi:n] *n.* ＝capuchin 2.

Cap·u·let [kǽpjʊlèt, -lɪt, -lət] *n.* キャピュレット(家)《Shakespeare 作 *Romeo and Juliet* の主人公 Juliet の生家；cf. Montague²》.

ca·put [ká:put, -pət, kǽpət, kéɪ- | kéɪpət, ká:-] 〖▭ L ~ 'head'〗 ── *n.* (*pl.* **ca·pi·ta** [ká:pɪtɑ:, -pə-, kǽpəṭə | kǽpɪtə]) **1** 〘解剖〙(骨などのこぶ状の)頭，骨頭. **2** 〘ローマ法〙市民たる地位《自由人・ローマ市民および ローマ市民の家族であることを内容とする》.

cáput me·dú·sae [-mɪd(j)ú:si:, -zi: | -mɪdjú:-] *n. pl.* 〘解剖〙メズサ(の)頭《新生児や肝硬変の時，腹壁にみられる静脈怒張》.

cáput mór·tu·um [-mɔ́ətʃuəm | -mɔ́:tjʊ-] 〖← NL ~《原義》dead head〗 ── *n.* (*pl.* **capita mor·tu·a** [-mɔ́ətʃuə | -mɔ́:tjuə]) **1** 〘錬金術〙 **a** (蒸留・昇華後の)残渣(ざんさ). **b** 廃物，かす. **2** 〘化学〙赤い酸化鉄の染料《硫酸鉄を煆焼して作る》.

cap·y·ba·ra [kæ̀pɪbǽrə, -pə-, -bá:rə | -pɪ-] 〖(1774)▭ Port. *capibara* ▭ S-Am.-Ind.(Tupi) *kapigwara* grass eater〗 ── *n.* 〘動物〙カピバラ (*Hydrochoerus capybara*)《南米諸河川の付近にすむ齧歯(げっし)動物で，体長 1.5 m に達し同類中最大のもの》.

capybara

car [kάə | ká:(r] 〖(1301) *carre* four-wheeled wagon ▭ AF & ONF < VL **carram* car ← L *carrum* two-wheeled wagon ▭ OCelt. **karrom* ← IE **kers-* to turn：cf. carry〗 ── *n.* **1** **a** 車輪付きの乗物. **b** 自動車 (automobile)；(特に，トラック・バスと区別して)乗用車：an open [a closed] ~ 屋根無し[屋根付き]自動車 / by ~ の自動車で / take a ~ 自動車に乗る. **c** 軌道車：⇨ streetcar, tramcar. **d** 《米》車両《すべての鉄道車両にいうが，特に普通の客車は他と区別してしばしば，また公式には，coach という；cf. day coach》：a 16-*car* train 16 両連結の列車 / ⇨ freight car, sleeping car. **e** 《英》(特殊

な)車両《一般の客車には carriage, 公式には coach, 貨車には waggon, 手荷物車には van を用いる》: an observation ～ 展望車 / ⇨dining car. **f** 《古》馬車, 荷馬車. **g** 《詩》戦車; 山車(だし): the ～ of the sun(-god) 日の神の戦車. **2** (飛行船・軽気球の)ゴンドラ, かご. **3** 《米》(エレベーターの)箱. **4** 《米》(魚・エビなどを生かしておくための)生簀(いけす).

CAR, C.A.R. 《略》Central African Republic; Civil Air Regulations (英国の)民間航空規則 (cf. FAR).

car. 《略》carat(s); carpentry.

Car. 《略》Carlow; *L.* Carolus (=Charles).

Car·a [kǽrə, kérə | kǽrə] 〖← L *cāra* dear one (fem.) ← *cārus* dear〗 *n.* 女性名.

ca·ra·bao [kærəbáu, kɑ̀ː-] 〖▭ Philippine-Sp. ～ ▭ Malay *karbau*〗 *n.* (*pl.* **～, ～s**) 《フィリピン》〖動物〗スイギュウ (water buffalo).

car·a·bid [kǽrəbɪd, kərǽb-, -bəd | -bɪd] 〖↓〗 *n.* 〖昆虫〗オサムシ, ゴミムシ《オサムシ科の甲虫の総称; cf. ground beetle》.

Ca·rab·i·dae [kərǽbədìː | -bɪ-] 〖← NL ～ ← *Carabus* (属名: ← L *cārabus* ▭ Gk *károbos* horned beetle)+-IDAE〗 *n. pl.* 〖昆虫〗(鞘翅目)オサムシ科.

ca·rab·i·dan [kərǽbədn̩ | -bɪ-] 〖昆虫〗*adj.* オサムシ(科)の. ― *n.* オサムシ《オサムシ科の甲虫の総称》.

car·a·bin [kǽrəbɪn, -bən | -bɪn] *n.* 《古》=carabineer.

car·a·bi·neer [kæ̀rəbɪníə, -bə- | -bɪníə(r] 〖(1672) ▭ F *carabinier*: ⇨ carbine, -eer〗 ― *n.* **1** カービン銃兵, 騎銃兵《carbine をもった近世の騎兵》. **2** [the Carabineers]《英》近衛第6竜騎兵連隊 (the 6th Dragoon Guards) の別称.

car·a·bi·ner [kæ̀rəbíːnə | -nə(r] 〖▭ G *Karabiner* 《略》← *Karabinerhaken* carbine hook ← *Karabiner* 'CARBINE'+*Haken* hook〗 ― *n.* 〖登山〗カラビナ《ピトン (piton) にザイルをかける時取り付ける金属製の輪》.

ca·ra·bi·ne·ro [kæ̀rəbɪné(ə)roʊ, -bə- | -bɪnéərəʊ; *Sp.* kàrabinéro] 〖▭ Sp. ～ ← *carabina* 'CARBINE'+-*ero* '-ER[1]'〗 ― *n.* (*pl.* **～s**) **1** (スペインの)国境監視人. **2** (フィリピンの)沿岸警備官. 「bineer.

car·a·bi·nier [kæ̀rəbɪníə, -bə- | -bɪníə(r] *n.* =cara-

ca·ra·bi·nie·re [kæ̀rəbɪnjé(ə)ri, kɑ̀ːr-, -bə-, -reɪ | -bɪnjéəri, -reɪ; *It.* kàrabinjéːri] 〖▭ It. ～ ▭ F *carabinier* carabineer〗 ― *It. n.* (*pl.* **-nie·ri** [-riː; *It.* -ri]) (イタリアの)警察官.

car·a·cal [kǽrəkæ̀l, ←―→ | ←―→] 〖(1760) ▭ F ～ ▭ Turk. *karakulak* 《原義》black ear〗 ― *n.* **1** 〖動物〗カラカル (*Lynx caracal*) 《南西アジア・アフリカ・中近東産のオオヤマネコ》. **2** カラカルの毛皮.

Car·a·cal·la [kæ̀rəkǽlə] *n.* カラカラ (188–217; ローマ皇帝 (211–217); 本名 Marcus Aurelius Antoninus Bassianus).

ca·ra·ca·ra [kæ̀rəkǽrə, -kərɑ́ː] 〖▭ Sp. ～ & Port. *caracará* ← S-Am.-Ind. (Tupi) 《擬音語》〗 *n.* 〖鳥類〗カラカラ《脚が長く地面を走る南米産のタカ類の総称》.

Ca·ra·cas [kərǽkəs, -rɑ́ːk-; *Sp.* karákas] *n.* カラカス《南米北部 Venezuela 北部にある都市で, 同国の首都; 人口 1,663,000》.

car·ack [kǽrɪk, -rək] *n.* =carrack.

car·a·cole [kǽrəkòʊl | -kəʊl] 〖(1614) ▭ F ～ ▭ Sp. *caracol* snail, wheeling movement ▭ ? Catalan *caragol* ▭ F *escargot* snail〗 ― *n.* **1 a** (乗馬の)半回転, 旋回. **b** 回転運動. **2** 《まれ》螺旋(らせん)階段. ― *vi.* **1** (乗馬で)半回転する. **2** 〈馬が〉旋回する. ― *vt.* 〈馬を〉半回転[旋回]させる.

car·act [kǽrækt, kərǽkt] 〖(*c*1378) ▭ OF *carecte*: ⇨ character〗 *n.* 《廃》しるし (mark, sign).

Ca·rac·ta·cus [kərǽktɪkəs, -tə- | -tə-] *n.* =Caratacus.

car·a·cul [kǽrəkəl, kér- | kǽr-] 〖⇨ karakul〗 *n.* = karakul.

Ca·rad·oc [kərǽdək] 〖▭ Welsh *Caradawg* 《原義》amiable〗 *n.* **1** 男性名. ★ ウェールズに多い. **2** =Caratacus.

ca·rafe [kərǽf, -rɑ́ːf | -rɑ́ːf; *F.* karaf] 〖(1786) ▭ F ～ ▭ It. *caraffa* ▭ ? Sp. *garrafa* ▭ Arab. *gharrāf* drinking vessel〗 ― *n.* カラフ, 水差し《食卓や寝室用のガラスまたは金属製の水または飲物入れ》.

car·a·ga·na [kæ̀rəgɑ́ːnə, -gǽnə, -géɪnə] 〖← NL ～ ← Turk.〗 ― *n.* 〖植物〗 **1** [C-] ムレスズメ属《アジア原産のマメ科の一属》. **2** ムレスズメ《ムレスズメ属の植物の総称; 落葉低木ないし小高木で花は黄色; ムレスズメ (*C. chamlagu*) など》.

car·a·geen [kǽrəgìːn, ←―→ | ←―→] *n.* =carrageen.

ca·ram·ba [kərɑ́ːmbə; *Sp.* karámba] 〖▭ Sp. ～ 《婉曲語》← *carajo* penis < VL **caraculum* small arrow〗 *int.* 《米南西部》まあ, へえ《驚き・狼狽を表わす》.

car·am·bo·la [kæ̀rəmbóʊlə | -bə́ʊ-] 〖▭ Port. ～ ▭ Mahratti *karambal*〗 ― *n.* **1** 〖植物〗ゴレンシ(五斂子), ヨウトウ(羊桃), カランボーラ (*Averrhoa carambola*) 《東インド原産のカタバミ科の常緑高木》. **2** ゴレンシの実《緑または黄色で酸味があり, 中国料理に用いる》.

car·a·mel [kǽrəməl, kér-, -mɛ̀l, kɑ́ə məl | kǽrəmɛ̀l] 〖(1725) ▭ F ～ ▭ Sp. *caramelo* ▭ (i) LL *calamellus* tube (dim.) ← L *calamus* reed, cane ∥ (ii) ML *canamella* sugar cane ← L *canna mellis* cane of honey〗 ― *n.* **1** カラメル, 焼砂糖《砂糖を変色するまで煮詰めて作る液体; 食物の着色料》. **2 a** キャラメル. **b** キャラメル1個. **3** カラメル色《淡褐色》. ― *v.* = caramelize.

car·a·mel·ize [kǽrəməlàɪz, kér-, kɑ́əm- | kǽrəmel-] *vt.* カラメルにする. ― *vi.* カラメルになる.

ca·ran·gid [kərǽndʒɪd, -dʒəd, -rǽŋgɪd, -gəd | -rǽndʒɪd, -rǽŋgɪd] 〖↓〗 *adj., n.* 〖魚類〗アジ科の(魚).

Ca·ran·gi·dae [kərǽndʒədìː, -rǽŋgə- | -rǽndʒɪ-, -rǽŋgɪ-] 〖← NL ～ ← *Carang-*, *Caranx* (属名: ← F *carangue* shad ▭ Sp. *caranga*)+-IDAE〗 ― *n. pl.* 〖魚類〗アジ科.

ca·ran·goid [kərǽŋgɔɪd] 〖← ? NL *Carang-*, *Caranx* ↑ +-OID〗 〖魚類〗*adj., n.* アジ科の(魚).

ca·ra·pa [kərǽpə] 〖← NL ～ ← Galibi ～ 《原義》oil〗 *n.* 〖植物〗熱帯地方産のセンダン科 *Carapa* 属の高木の総称 (crabwood など).

car·a·pace [kǽrəpèɪs] 〖(1836) ▭ F ～ ▭ Sp. *carapacho*〗 ― *n.* **1** 〖動物〗 **a** (カメ類の)背甲, 甲羅 (cf. plastron 3). **b** (アルマジロ・カニなどの)甲皮, 甲殼. **2 a** 堅い外皮[外殼]. **b** 堅い保護おおい; 外的影響に動じない態度, 心のよろい: one's ～ of indifference かたくなな無関心さ. **car·a·pa·cial** [kæ̀rəpéɪʃəl] *adj.*

Ca·rap·i·dae [kərǽpədìː | -pɪ-] 〖← NL ～ ← *Carapus* (属名: ▭ Port. *carapó*)+-IDAE〗 *n. pl.* 〖魚類〗カクレウオ科.

car·at [kǽrət, kér- | kǽr-] 〖(1552) ▭ F ～ ▭ It. *carato* ▭ ML *carratus* ▭ Arab. *qīrāṭ* ▭ Gk *kerátion* carob bean, carat (dim.) ← *kéras* 'HORN'〗 ― *n.* **1** 〖宝石〗カラット《宝石類の重さの単位で, 200 mg を1カラットとする; 略 c》. **2** =karat.

Ca·ra·ta·cus [kərǽtəkəs] *n.* カラタクス《ローマ軍に反抗した紀元50年ごろのブリテンの一首長; 捕虜としてローマに連れて行かれた; 英語名 Caradoc》.

Ca·ra·vag·gio [kæ̀rəvɑ́ːdʒoʊ, -dʒiòʊ | -dʒəʊ, -dʒiə̀ʊ; *It.* karaváddʒo], **Michelangelo (A·me·ri·ghi) da** [àmeríːgi da] *n.* カラバッジョ (1573–1609; イタリアバロックの代表的画家; 本名 Michelangelo Merisi).

car·a·van [kǽrəvæ̀n, kér- | kǽrəvæ̀n, ←―→] 〖(1599) ▭ F *caravane* ▭ Pers. *kārwān* caravan〗 ― *n.* **1 a** (砂漠地方や敵地を隊を組んで行く)隊商, 旅人隊, キャラバン; (移住民などの)車馬隊. **b** 一列になって進む一団の車両: a ～ of cars. **2 a** (ジプシー・サーカス団などの)幌馬車 (van), 屋根付き貨物運搬車. **b** 《英》(自動車で引けるようになっている)移動住宅, トレーラー (trailer). ― *v.* (**-vaned, -vanned; -van·ing, -van·ning**) ― *vi.* キャラバンを組んで旅行する, (キャラバンのように隊を成して)旅行する. ― *vt.* キャラバンを組んで運ぶ.

caravan 2 a

car·a·van·eer [kæ̀rəvæníə, -və- | -níə(r] *n.* =caravanner.

cár·a·vàn·ner *n.* (*also* **cár·a·vàn·er** [～]) **1** キャラバンを組んで旅行する人. **2** 《英》移動住宅[トレーラー]でキャンプに行く人.

cáravan pàrk *n.* 《英》移動住宅[トレーラー]用駐車場[指定区域] (trailer camp).

car·a·van·sa·ry [kæ̀rəvǽnsəri | -rɪ] 〖(1599) ▭ Pers. *kārwānsarāī* ← *kārwān* 'CARAVAN'+*sarāī* inn〗 ― *n.* **1** (トルコ・ペルシャなどの)隊商宿《中央に大きな中庭があるキャラバン用の宿》. **2** 旅館, 宿, ホテル.

car·a·van·se·rai [kæ̀rəvǽnsəràɪ | -ràɪ, -rèɪ, -rɪ] 〖▭ F *caravansérai* 'CARAVANSARY'〗 *n.* (*pl.* **～s, ～**) = caravansary.

cáravan site *n.* =caravan park.

car·a·vel [kǽrəvɛ̀l, -vəl] 〖(1527) ▭ (O)F *caravelle* ▭ OPort. *caravela* (dim.) ← *cáravo* ship < LL *carabum* ▭ Gk *kárabos* crayfish, light vessel〗 ― *n.* キャラベル《16世紀のころ, スペイン・ポルトガル・トルコなどで用いられた軽快な帆船》.

caravel ("Santa Maria" of Columbus)

car·a·way [kǽrəwèɪ, kér- | kǽr-] 〖(*c*1390) ▭ ? OSp. *alcarahueya* (Sp. *alcaravea*) ▭ Arab. *al-karāwyā* ← AL-[2] + Gk *káron* cummin seed〗 ― *n.* **1** 〖植物〗キャラウェー, ヒメウイキョウ (*Carum carvi*) 《地中海地方産のセリ科の植物》. **2** キャラウェー[ヒメウイキョウ]の実《香辛料として, パンや菓子・料理・チーズ・酒などに用いる; caraway seed ともいう》. 「形.

carb- [kɑəb | kɑːb] (母音の前に来る時の) carbo- の異

car·ba·chol [kɑ́əbəkɔ̀(ː)l, -kòʊl | kɑ́ːbəkɔ̀l] 〖← CARBA(MIC ACID)+CHOL(INE)〗 ― *n.* 〖薬学〗カルバコール ($C_6H_{15}ClN_2O_2$) 《副交感神経刺激興奮薬; 緑内障に外用する》.

car·ba·mate [kɑ́əbəmèɪt | kɑ́ː-] 〖⇨↓, -ate[1]〗 *n.* 〖化学〗カルバミド酸塩 (NH_2COOM^I).

car·bám·ic ácid [kɑəbǽmɪk- | kɑː-] 〖*carbamic*: ← CARBO-+AM(IDE)+-IC[1]〗 ― *n.* 〖化学〗カルバミン酸, アミノギ酸 (NH_2COOH) 《遊離のものは知られていないが誘導体に重要なものが多い》.

car·ba·mide [kɑ́əbəmàɪd | kɑ́ː-] 〖← CARBO-+AMIDE〗 *n.* 〖化学〗カルバミド (⇨ urea).

car·bam·i·dine [kɑəbǽmədìːn, -dɪn, -dən | kɑːbǽmədìːn, -dɪn] 〖⇨ ↑, -ine[3]〗 *n.* 〖化学〗カルボアミジン (⇨ guanidine).

carb·a·mi·no [kɑ̀əbəmíːnoʊ | kɑ̀ːbəmíːnəʊ] 〖← CARBO-+AMINO-〗 *adj.* 〖化学〗カルバミン酸誘導体の[に関する].

car·ba·myl [kɑ́əbəmɪ̀l | kɑ́ː-] 〖← CARBAM(IC)+-YL〗 ― *n.* (*also* **car·bam·o·yl** [kɑəbǽmoʊɪ̀l | kɑːbǽməʊ-]) 〖化学〗カルバミル《カルバミン酸から誘導される1価の酸基 NH_2CO》.

carb·an·i·on [kɑəbǽnàɪən, -naɪɑ̀n | kɑːbǽnàɪən, -naɪɔ̀n] 〖← CARBO-+ANION〗 ― *n.* 〖物理〗カルボアニオン《炭素原子に負電荷をもつ有機陰イオン; cf. carbonium》.

cár·bàrn *n.* 《米》(市街電車・バスの)車庫.

car·ba·ryl [kɑ́əbərɪ̀l, -rɪl, -rəl | kɑ́ːbərɪ̀l] 〖← CARBO-+ARYL〗 *n.* 〖薬学〗カルバリル《カルバメート系殺虫剤》.

car·ba·zole [kɑ́əbəzòʊl | kɑ́ːbəzə̀ʊl] 〖← CARBO-+AZ(O)-+-OLE[1]〗 *n.* 〖化学〗カルバゾール ($C_{12}H_9N$) 《コールタールから得られる; 染料の原料用》.

carb·a·zót·ic ácid [kɑ̀əbəzɑ́ṭɪk-, -zóʊt- | kɑ̀ːbəzɔ́t-, -zə́ʊt-] *n.* 〖薬学〗カルバゾティック酸 (⇨ picric acid).

car·be·cue [kɑ́əbɪkjùː, -bə- | kɑ́ːbɪ-] 〖← CAR+(BAR)BECUE〗 *n.* 〖機械〗カーベキュー《ぽんこつ車を圧力と熱で処分する装置》.

cár bèd *n.* 幼児用の携帯ベッド.

car·bene [kɑ́əbiːn | kɑ́ː-] 〖← CARBO-+-ENE〗 ― *n.* [通例 *pl.*] 〖化学〗 **1** カービン《二硫化炭素に溶け, 四塩化炭素に溶けないアスファルト成分; cf. asphaltene》. **2** カルベン《2価の遊離基 CH_2, およびその誘導体》.

car·ben·i·cil·lin [kɑ̀əbenɪsílɪn, -nə-, -lən | kɑ̀ːbenɪsílɪn] 〖← CAR(BOXY-)+BEN(ZYLPEN)ICILLIN〗 *n.* 〖薬学〗カルベニシリン《合成ペニシリンの一種》.

car·bide [kɑ́əbaɪd | kɑ́ː-] 〖← CARBO-+-IDE[2]〗 ― *n.* 〖化学〗 **1** 炭化物; (特に)炭化カルシウム, カーバイド (calcium carbide). **2** 焼結炭化物合金《金属と炭化物の焼結によって作られる非常に硬い合金; 工具刃先, ダイスなどに用いられる; cemented carbide ともいう》.

car·bi·mide [kɑ́əbəmàɪd | kɑ́ːbɪ-] 〖← CARBO-+IMIDE〗 *n.* 〖化学〗カルボイミド (⇨ isocyanic acid).

car·bine [kɑ́əbiːn, -baɪn, -bɪn, -bən | kɑ́ːbaɪn] 〖(1605) ▭ F *carabine* 《原義》small harquebus ← *carabin* a mounted soldier armed with this weapon ← ? ONF *escarrabin* corpse bearer ▭ L *scarabaeus* 'SCARAB'〗 ― *n.* **1** カービン銃, 騎銃《騎兵隊用短銃身の musket 銃》. **2** 〖米軍〗カービン銃《短銃身, 自動装填(そうてん), 空冷式, ガス利用の軽量ライフル銃》.

car·bi·neer [kɑ̀əbɪníə, -bə- | kɑ̀ːbɪníə(r] 〖▭ F *carabinier*: ⇨ ↑, -eer〗 *n.* =carabineer.

car·bi·nol [kɑ́əbənɔ̀(ː)l, -nòʊl | kɑ́ːbɪnɔ̀l] 〖← *carbin*- (▭ G 《廃》*Karbin* methyl)+-OL[1]〗 ― *n.* 〖化学〗 **1** = methanol. **2** カルビノール《アルコールをメタノールの誘導体として命名する時の一般名》.

car·bo- [kɑ́əboʊ | kɑ́ːbəʊ] 〖▭ F ～ ← *carbone* 'CARBON'〗 ―「炭素(の); カルボニル; カルボキシル基を含んだ」の意の連結形. ★ 母音の前では通例 carb- になる.

càrbo·cýclic *adj.* 〖化学〗炭素環式の (cf. isocyclic).

carbocýclic cómpound *n.* 〖化学〗炭素環式化合物《環を構成する原子が炭素であるもの》.

càrbo·hýdrase *n.* 〖生化学〗カルボヒドラーゼ《生体内にあって配糖体や炭水化物の加水分解をする酵素》.

càrbo·hýdrate *n.* 〖化学〗炭水化物, 含水炭素.

car·bol- [kɑ́əbɑl | kɑ́ːbɔl] 〖← CARBO-+L *ol(eum)* oil〗「石炭酸 (carbolic acid)」の意の連結形.

car·bo·lat·ed [kɑ́əbəlèɪṭɪd, -ṭəd | kɑ́ːbəlèɪt-] 〖← CARBOL-+-ATE[1]+-ED〗 *adj.* 石炭酸を含む.

car·bol·ic [kɑəbɑ́lɪk | kɑːbɔ́l-, kə-] *adj.* 〖化学〗コールタールから採れた弱い酸性物質の.

carbólic ácid *n.* 石炭酸 (⇨ phenol).

carbólic óil *n.* 〖化学〗石炭酸油《コールタールを蒸留して得られる; middle oil ともいう》.

car·bo·line [kɑ́əbəlìːn | kɑ́ː-] 〖← CARBO-+(IND)OLE+(PYRID)INE〗 *n.* 〖化学〗カルボリン ($C_{11}H_6N_2$ の分子式をもつ種々の異性体をさす; 多くのアルカロイド中にありインドール, ピリジンに関係した構造をもつ》.

car·bo·lize [kɑ́əbəlàɪz | kɑ́ː-] *vt.* 石炭酸で処理する; …に石炭酸を混和する (phenolate).

Car·bo·loy [kɑ́əbəlɔ̀ɪ | kɑ́ː-] 〖← CARB(IDE)+-O-+(AL)LOY〗 *n.* 〖商標〗カーボロイ《非常に硬度の高い合金; 切断刃などに用いる》.

car·bon [kɑ́əbən, -bɑn | kɑ́ːbən, -bɔn] 〖(1789) ▭ F *carbone* ▭ L *carbō(n-)* charcoal〗 ― *n.* **1** 〖化学〗炭素《記号 C, 原子番号 6, 原子量 12.011》. **2** [《英》-bɔn] **a** カーボン紙(1枚). **b** =carbon copy 1. **3 a** (アーク燈の)炭素棒. **b** (電池に用いる)炭素棒. **4** 〖鉱物〗=carbonado[1].

cárbon 12 [-twɛ́lv] *n.* 〖化学〗炭素 12《質量数 12 の炭素の同位体核種; 原子量の基準; 記号 C^{12}, ^{12}C》.

cárbon 13 [-θəːtíːn | -θɜː-] *n.* 〖化学〗炭素 13《質量数 13 の炭素の安定同位体; トレーサーとして用いる; 記号 C^{13}, ^{13}C》.

cárbon 14 [-fɔətíːn, -foə- | fɔː-] *n.* 〖化学〗炭素 14《質

量数 14 の炭素の放射性同位体；考古学上の年代決定・癌(ﾞ)の治療・生体代謝実験のトレーサーとして用いる；半減期 5,570 年；記号 C^{14}, ^{14}C；radiocarbon ともいう》.

car·bo·na [kɑəbóʊnə | kɑːbə́ʊ-] 〘《変形》? ← CARBON: 鉱石が黒色をしていることから〙 ── *n.* 《英》《鉱山》網状鉱床《多数の網目状の小さな鉱脈から成る不規則な鉱床》.

car·bo·na·ceous [kɑ̀əbənéɪʃəs | kɑ̀ːbə(ʊ)-] 〘← CARBON＋-ACEOUS〙 *adj.* **1** 炭素質の. **2** 炭素の[に関する, から成る, を含む]. **3** 〘植物〙 ＝carbonous 2.

car·bo·na·do[1] [kɑ̀əbənéɪdoʊ, -nɑ́ː- | kɑ̀ːbənéɪdəʊ] 〘《1586》□ Sp. *carbonado* ← *carbón*: ⇨ carbon, -ado〙 ── *n.* (*pl.* ~**s**) 〘鉱物〙 黒ダイヤ《ブラジル産の不純で不透明なダイヤモンド；carbon diamond, black diamond ともいう》.

car·bo·na·do[2] [kɑ̀əbənéɪdoʊ, -nɑ́ː- | kɑ̀ːbənéɪdəʊ] 〘□ Port. ~ 《原義》 carbonated: ⇨ ↑, -ade〙 《古》 ── *n.* (*pl.* ~**s**, ~**es**) 切り目を入れてあぶった肉片[魚肉]. ── *vt.* **1** 〈肉を〉切り目をつけてあぶる. **2** 切り刻む.

cárbon àrc *n.* 〘電気〙 炭素アーク《二つの炭素電極, あるいは炭素電極と母材の間に発生するアーク》.

Car·bo·na·ri [kɑ̀əbənɑ́ːri | kɑ̀ːbənɑ́ːrɪ] 〘《1823》□ It. ~ (pl.) ← 《方言》 *carbonaro* charcoal burner ← *carbone* coal: 初期の党員が炭焼人夫に変装したことから: ⇨ carbon, -ary〙 ── *n. pl.* (*sing.* **-na·ro** [-roʊ | -rəʊ]) カルボナリ党, 炭焼党《19 世紀の初頭 Naples で組織されたイタリアの急進共和主義者の秘密結社；暴力で国王 Murat とフランス人を国外に放逐し, 共和制を布(ﾞ)こうとした》.

Càr·bo·ná·rism [-rɪzm] *n.* カルボナリ[炭焼]党の主義[主張].

Carbonaro *n.* Carbonari の単数形.

car·bon·a·ta·tion [kɑ̀əbənətéɪʃən | kɑ̀ː-] *n.* 〘化学〙 炭酸化《アンモニアソーダ法におけるアンモニア鹹水(ｶﾝｽｲ)に炭酸ガスを飽和させる過程》.

car·bon·ate 〘□ F ~: ⇨ carbon, -ate[1]〙 ── [kɑ́əbənèɪt, -nət, -nɪt | kɑ́ːbənɪt, -nət, -nèɪt] *n.* 〘化学〙 炭酸塩[エステル]: ~ of lime [soda] 炭酸石灰[ソーダ] / calcium ~ 炭酸カルシウム. ── [-nèɪt] *vt.* **1** 炭酸塩化する. **2 a** 炭酸と化合させる；〈飲物〉に炭酸ガスを飽和させ(て発泡性を持たせ)る (aerate): ~*d* lime 炭酸石灰. **b** 活発にさせる, いきいきさせる: ~*d* prose 活の入った散文. **3** 《廃》 炭素化する.

cár·bon·àt·ed wáter [-ṭɪd-, -ṭəd- | -tɪd-, -təd-] *n.* ＝soda water.

car·bon·a·tion [kɑ̀əbənéɪʃən | kɑ̀ː-] *n.* **1** (ソーダ水製造の時などの)炭酸化作用, 炭酸ガス飽和《化学用語としては carbonatation》. **2** (砂糖の精製におけるように, 石灰を排除するための)炭酸ガス反応.

car·bon·at·i·za·tion [kɑ̀əbənèɪṭɪzéɪʃən, -ṭə- | kɑ̀ːbənèɪtaɪ-, -tɪ-] *n.* 〘化学〙 炭酸塩化《ケイ酸塩鉱物が炭酸ガス交代作用により炭酸塩鉱物になること》.

cárbon bisúlfide *n.* 〘化学〙 ＝carbon disulfide.

cárbon blàck *n.* 〘化学〙 カーボンブラック《天然ガスなどを不完全燃焼させた時に生じる黒色のすす(炭素)；印刷インキなどの原料》.

cárbon brùsh *n.* 〘化学〙 炭素ブラシ.

cárbon-cópy *vt.* …の正確な写しをとる, 複写する.

cárbon cópy *n.* **1** (カーボン紙で複写した)写し, カーボンコピー《略 cc., c.c., C.C.；cf. ribbon copy》. **2** (他の人[物]と)酷似した人[物] (replica).

cárbon cȳcle *n.* **1** 〘天文〙 炭素サイクル《星の内部で水素が炭素の媒介により原子核エネルギーを放出して徐々にヘリウムに変化する核反応》. **2** 〘生物〙 炭素の循環.

cárbon-dàte *vt.* 〘考古〙 放射性炭素 ^{14}C (carbon 14) の崩壊・減少を利用して〈植物性遺物など〉の絶対年代を測定する.

cárbon dàte *n.* 〘考古〙 放射性炭素 ^{14}C (carbon 14) の崩壊・減少を利用して測定した絶対年代.

cárbon dàting *n.* 〘考古〙 (ラジオ)カーボンデイティング, 放射性炭素年代測定法《放射性炭素 ^{14}C (carbon 14) の崩壊・減少を利用して植物性遺物などの絶対年代を測定する方法；1946 年 Chicago 大学の W. F. Libby が考案, 科学的年代測定法のうち最も基本的なもの；radiocarbon dating ともいう》.

cárbon díamond *n.* 〘鉱物〙 ＝carbonado[1].

cárbon dióxide *n.* 〘化学〙 二酸化炭素, 無水炭酸, 炭酸ガス (CO_2)《carbonic acid gas ともいう》: frozen ~ ＝carbon dioxide snow.

cárbon dióxide snòw *n.* 〘化学〙 ＝dry ice.

cárbon disúlfide *n.* 〘化学〙 二硫化炭素 (CS_2)《有毒・可燃性の無色透明の液体；セロファン・ビスコースレーヨンなどの製造に使用》.

cárbon fíber *n.* カーボンファイバー, 炭素繊維《アクリル繊維などを高温で炭化して作る；複合材料に用いる》.

car·bo·ni- [kɑ́əbənɪ, -nə | kɑ́ːbənɪ] 〘← L *carbō(n-)* 'CARBON'〙 「石炭 (coal)」の意の連結形: *Carboniferous*.

car·bon·ic [kɑəbɑ́nɪk | kɑːbɔ́n-] 〘□ F *carbonique*: ⇨ carbon, -ic[1]〙 ── *adj.* **1** 〘化学〙 炭素[炭酸, 二酸化炭素]の[に関する, から誘導した]. **2** [C-] 〘地質〙 ＝Carboniferous 1.

carbónic ácid *n.* 〘化学〙 炭酸 (H_2CO_3).

carbónic ácid gàs *n.* 〘化学〙 ＝carbon dioxide.

carbónic anhýdrase *n.* 〘生物〙 炭酸脱水素酵素.

Car·bon·if·er·ous [kɑ̀əbənɪ́f(ə)rəs | kɑ̀ː-] 〘← CARBON＋-FEROUS〙 ── *adj.* **1** 〘地質〙 石炭紀[系]の: the ~ period [system] 石炭紀[系]《古生代の一区分；デボン紀 (Devonian period) に続く時代》. **2** [c-] 石炭を生じる；炭素[石炭]を含む. ── *n.* [the ~] 石炭紀[系].

car·bo·ni·um [kɑəbóʊniəm | kɑːbə́ʊnɪəm, -njəm] 〘← CARBO-＋-ONIUM〙 *n.* 〘物理〙 カルボニウム《炭素原子に正電荷をもつ有機陽イオン；cf. carbanion》.

car·bon·i·za·tion [kɑ̀əbənɪzéɪʃən, -nə- | kɑ̀ːbənaɪ-, -nɪ-] 〘□ F *carbonisation*〙 *n.* **1** 炭化. **2** 石炭乾溜(ｶﾝﾘｭｳ).

car·bon·ize [kɑ́əbənàɪz | kɑ́ː-] 〘□ F *carbonis-er* 《逆成》? ↑〙 ── *vt.* **1** 炭化する；(焼いて)炭にする. **2** …に炭素を含ませる；〈紙〉に炭素を塗る. **3** 〈紙の裏〉にカーボン紙をあてる. **4** 〘紡織〙 化炭する《羊毛繊維から植物性の雑物を除く》. ── *vi.* 炭素になる.

cárbon·less *adj.* 炭素のない.

cárbon mícrophone *n.* 炭素マイクロホン《細かい炭素粒間の接触抵抗を利用して音波を電気抵抗の変化に変えるマイクロホンの一種》.

cárbon monóxide *n.* 〘化学〙 一酸化炭素 (CO).

car·bon·ous [kɑ́əbənəs | kɑ́ː-] *adj.* **1** 炭素の[を含んだ, から誘導した, に似た]. **2** 〘植物〙 黒色の (black).

cárbon pàper *n.* **1** (複写用)カーボン紙, 炭酸紙. **2** 〘写真〙 ＝carbon tissue.

cárbon pìle *n.* 〘原子力〙 黒鉛原子炉《減速物質として炭素(黒鉛)を使用する原子炉》.

cárbon pròcess [prìnting] *n.* 〘写真〙 カーボン写真印画法《重クローム酸塩ゼラチン印画法の一種；cf. chromatype》.

cárbon resístor *n.* 〘電気〙 炭素抵抗器.

cárbon slíder *n.* 〘電気〙 炭素摺板《パンタグラフ摺板の一種》.

cárbon spòt *n.* **1** 〘宝石〙 カーボンスポット《ダイヤモンドの上に現われる黒点》. **2** 貨幣上の小黒点.

cárbon stàr *n.* 〘天文〙 炭素星《炭素とその化合物の強い帯スペクトルを示す低温度の恒星》.

cárbon stèel *n.* 〘冶金〙 炭素鋼《炭素 0.04–1.7% を含む可鍛性の鉄炭素合金で, その物理的性質が主に炭素の存在による鋼；cf. alloy steel》.

cárbon tetrachlóride *n.* 〘化学〙 四塩化炭素 (CCl_4)《不燃性無色の液体；消火液・洗濯液・溶媒等に用いる；tetrachloromethane, perchloromethane ともいう》.

cárbon tìssue *n.* 〘写真〙 カーボンティシュー, カーボン印画紙《カーボン写真を作る材料；ゼラチンと絵の具とを塗布した紙》.

car·bon·yl [kɑ́əbənɪl, -nìːl | kɑ́ː-] 〘← CARBON＋-YL〙 ── *n.* 〘化学〙 **1** カルボニル《CO という 2 価の基》. **2** 一酸化炭素を含む金属化合物: ⇨ nickel carbonyl.

car·bon·yl·ic [kɑ̀əbənɪ́lɪk | kɑ̀ː-] *adj.*

cárbonyl chlóride *n.* 〘化学〙 塩化カルボニル ($COCl_2$)《毒ガス ホスゲン (phosgene) の化学名》.

car·bo·rane [kɑ́əbərèɪn | kɑ́ː-] 〘《混成》 ← CAR(BON)＋BOR(ON)＋-ANE[2]〙 ── *n.* 〘化学〙 カルボラン《ボラン(ホウ素と水素の化合物)のホウ素原子の一部を炭素原子で置き換えた一連の化合物》.

cár·bòrne *adj.* 自動車で運ばれた[に積んだ]；自動車で行く.

Car·bo·run·dum [kɑ̀əbərʌ́ndəm | kɑ̀ː-] 〘← CARBO-＋(CO)RUNDUM〙 ── *n.* 〘商標〙 カーボランダム《炭化ケイ素 (SiC)；極めて硬度の高い結晶；研摩材・耐火材として用いる》.

car·box- [kɑəbɑ́ks | kɑːbɔ́ks] (母音の前に来る時の) carboxy- の異形.

car·box·y- [kɑəbɑ́ksɪ, -sə | kɑːbɔ́ksɪ] 〘← CARBOXYL〙 〘化学〙「カルボキシル基 (carboxyl) を含んだ」の意の連結形. ★ 母音の前では通例 carbox- になる.

car·box·yl [kɑəbɑ́ksəl | kɑːbɔ́ksɪl] 〘← CARBO-＋OXY-[1]＋-YL〙 *n.* 〘化学〙 カルボキシル基 (-COOH).

car·box·yl·ase [kɑəbɑ́ksəlèɪs, -lèɪz | kɑːbɔ́ksɪlèɪz] *n.* 〘生化学〙 カルボキシラーゼ《炭酸基を解離したり, 結合させる反応を触媒する酵素》.

car·box·yl·ate [kɑəbɑ́ksəlèɪt | kɑːbɔ́ksɪ-] 〘化学〙 *vt.* 〈有機化合物〉にカルボキシル基を導入する. ── [-lèɪt, -lət, -lɪt] *n.* カルボン酸塩[エステル]. **car·box·yl·a·tion** [kɑəbɑ̀ksəléɪʃən | kɑːbɔ̀ksɪ-] *n.*

cárboxyl gròup *n.* 〘化学〙 カルボキシル基《COOH という 1 価の基》.

car·box·yl·ic [kɑ̀əbɑksɪ́lɪk | kɑ̀ːbɔk-] 〘← CARBOXYL＋-IC[1]〙 *adj.* 〘化学〙 カルボキシル基の[を含む].

carboxýlic ácid *n.* 〘化学〙 カルボン酸, カルボキシル酸《カルボキシル基をもつ有機化合物》.

cárboxyl ràdical *n.* 〘化学〙 ＝carboxyl group.

carbòxy·méthyl céllulose *n.* 〘化学〙 カルボキシメチルセルロース (⇨ sodium carboxymethyl cellulose).

carbòxy·péptidase *n.* 〘生化学〙 カルボキシペプチダーゼ《ポリペプチド鎖のカルボキシ末端にあるアミノ酸残基を切り離すプロテアーゼ》.

car·boy [kɑ́əbɔɪ | kɑ́ː-] 〘《1753》□ Pers. *qarāba* large flagon〙 ── *n.* カーボイ《酸類などを入れる箱入り[かご入り]ガラスびん；cf. demijohn》.

carboys

car·bro [kɑ́əbroʊ | kɑ́ːbrəʊ] 〘《混成》 ← CAR(BON)＋BRO(MIDE)〙 ── *n.* 〘写真〙 カーブロ法《ブロマイド印画からカーボン写真を作る印画法；carbro process ともいう》.

car·bun·cle [kɑ́əbʌŋkl | kɑ́ː-] 〘《?c1200》□ ONF ~ ＝OF *charbuncle* < L *carbunculum* (dim.) ← *carbō* coal: cf. carbon〙 ── *n.* **1 a** カーバンクル《カボションー (cabochon) のざくろ石[ガーネット]》. **b** 《廃》 紅玉《ruby など》. **2** 〘病理〙 **a** カルブンケル, 癰(ﾖｳ). **b** 《廃》 (大酒家などの鼻・顔などに出る)赤いぶちまたは吹出物, あか鼻. **3** 真紅色.

cár·bun·cled *adj.* **1** カーバンクルをはめた. **2** 〘病理〙 癰(ﾖｳ)ができた.

car·bun·cu·lar [kɑəbʌ́ŋkjulə | kɑːbʌ́ŋkjulə(r)] *adj.* 癰(ﾖｳ)の；赤く炎症を起こした.

car·bu·rant [kɑ́əbərənt, -bju- | kɑ́ːbju-, -bə-] 〘□ ? F ~ 'containing a hydrocarbon' ← *carbure* carbide (CARBO-＋-*ure* (⇨ -uret))＋-ANT〙 ── *n.* 〘化学〙 増熱剤《水性ガス等に発熱量を高めるために添加する油》.

car·bu·ra·tion [kɑ̀əbəréɪʃən, -bju- | kɑ̀ːbju-, -bə-] 〘□ F ~ ← *carbure* (↑)＋-ATION〙 ── *n.* 〘化学〙 **1** ＝carburetion. **2** 増熱《水性ガスに油を加え, その熱分解により生じる分解ガスにより熱量を高めること》.

car·bu·ret [kɑ́əbərèɪt, -bju-, -rèt | kɑ́ːbjurèt, -bə-, ⏑⏑⏑] 〘《1869》 ← CARBO-＋-URET〙 ── *vt.* (~·**ed**, -**ret·ted**; ~·**ing**, -**ret·ting**) 〘化学〙 **1** 炭素と化合させる. **2** 炭素化合物を混入して〈ガスを〉濃厚にする.

car·bu·ret·ant [kɑ́əbərèɪṭənt, -bju-, -rèṭ- | kɑ́ːbjurèt-, -bə-, ⏑⏑⏑] *n.* 〘化学〙 ＝carburant.

car·bu·re·tion [kɑ̀əbəréɪʃən, -bju-, -réʃ- | kɑ̀ːbjuréʃ-, -bə-] 〘《変形》 ← F *carburation*: CARBURETOR からの類推〙 ── *n.* 〘化学〙 (空気やガスをガソリンと接触させて混合気を作る)気化.

car·bu·re·tor [kɑ́əbərèɪṭə, -bju- | kɑ̀ːbjurétə(r), -bə-, ⏑⏑⏑] *n.* **1** 気化器, キャブレター《内燃機関で燃料の燃焼または爆発を容易にするため燃料を霧状にし空気を混ぜた混合気を作る装置》. **2** (増熱水性ガスを作る時の)増熱器.

cár·bu·ret·ted wáter gàs [-ṭɪd-, -ṭəd- | -tɪd-, -təd-] *n.* 〘化学〙 増熱水性ガス《炭化水素の分解ガスをまぜて発熱量を増加させた水性ガス》.

car·bu·ret·tor [kɑ́əb(j)urèɪṭə | kɑ̀ːbjurétə(r), -bə-, ⏑⏑⏑] *n.* 《英》 ＝carburetor.

car·bu·rize [kɑ́əbəràɪz, -bju- | kɑ́ːbju-, -bə-] *vt.* **1** 〘冶金〙 浸炭する《鋼の表面に炭素をしみ込ませて, 表面のみを硬くする》. **2** 〘化学〙 ＝carburet 2. **car·bu·ri·za·tion** [kɑ̀əbərɪzéɪʃən, -bju-, -rə- | kɑ̀ːbjuraɪ-, -bə-, -rɪ-] *n.*

car·byl·a·mine [kɑ̀əbɪləmíːn, ⏑⏑⏑⏑ | kɑ̀ːbɪləmíːn, ⏑⏑⏑⏑] 〘← CARBO-＋-YL＋AMINE〙 *n.* 〘化学〙 カルビラミン (⇨ isocyanide).

car·ca·jou [kɑ́əkədʒùː, -kəʒùː | kɑ́ː-] 〘《1774》□ Canad.-F ~ ← N-Am.-Ind. (Algonquian) *karkajou* wolverine〙 *n.* 〘動物〙 クズリ (⇨ wolverine 1).

car·ca·net [kɑ́əkənɪt, -nət, -nèt | kɑ́ː-] 〘《c1530》 ← F *carcan* iron collar as pillory (← Gmc **querkbann*)＋-ET〙 *n.* 《古》 (金・宝石などの)首飾り, 頭飾り.

cár càrd *n.* 車内広告用厚紙《片面だけ塗被した板紙》.

car·case [kɑ́əkəs | kɑ́ː-] *n.*, *vt.* 《英》 ＝carcass.

car·cass [kɑ́əkəs | kɑ́ː-] 〘《16C》□ F *carcasse* 《変形》 ← AF *carcois* ∽ 《1330》 *carcois* □ AF＝OF *charcois* ← ?〙 ── *n.* **1 a** (獣の)死体；しかばね. **b** (屠(ﾄ)殺獣の頭・手・足・内臓・毛皮などを取り除いたあとの)胴体. **2 a** [軽蔑的に](人の)死体. **b** 《戯言》[軽蔑的に](生きた)人体. **3 a** (廃屋・廃船などの)残骸(ｻﾞﾝｶﾞｲ): a ship's ~. **b** 生命[気力, 精神, 精髄]を失ったもの (shell): the mere ~ of pride 名ばかりの誇り. **4** (家・船などの)骨格, 軸組, 骨組. **5** (タイヤの)カーカス《タイヤ胴を形成する枠組；ゴムをしみ込ませたコード層でできている》. **6** 焼夷(ｼｮｳｲ)砲弾《建物・船・砦などの放火に用いた近世の弾丸》.

save one's carcass 身を全うする, 死ぬ[けがをする]のを免れる.

── *vt.* 〈建物・船など〉の骨組を作る.

cárcass mèat *n.* (塩漬け肉やかん詰肉と区別して)生肉 (raw meat).

Car·cas·sonne [kɑ̀əkəsɔ́(ː)n, -sóʊn | kɑ̀ːkəsɔ́n; *F.* karkasɔn] *n.* カルカソンヌ《フランス南部 Aude 県の首都；中世の城塞都市の形を残している；人口 41,000》.

Car·cha·rhin·i·dae [kɑ̀əkərɪ́nədìː | kɑ̀ːkərɪ́nɪ-] 〘← NL ~ ← *Carcharhinus* (属名: ← Gk *kárkharos* saw-like＋NL *-rhinus* '-RHINE')＋-IDAE〙 ── *n. pl.* 〘魚類〙 メジロザメ科.

Car·cha·ri·i·dae [kɑ̀əkəráɪədìː | kɑ̀ːkəráɪɪ-] 〘← NL ~ ← *Carcharias* (属名: ← Gk *karkharías* shark ← *kárkharos* (↑))＋-IDAE〙 *n. pl.* 〘魚類〙 ミズワニ科.

Car·che·mish [kɑ́əkəmɪʃ, kɑəkíːmɪʃ | kɑ́ːkɪmɪʃ, kɑːkíːmɪʃ] *n.* カルケミシュ《シリア国境に近いトルコの Euphrates 川右岸の古代都市；Hittite 帝国の首都》.

car·cin- [kɑ́əsən, -sn̩ | kɑ́ːsɪn] (母音の前に来る時の) carcino- の異形.

car·ci·no- [kɑ́əsənoʊ, -sn̩- | kɑ́ːsɪnə(ʊ)] 〘□ Gk *karkíno-* ← *karkínos* crab〙 ──「癌 (cancer)；蟹 (crab)」の意の連結形: *carcinosarcoma*. ★ 母音の前では通例 carcin- になる.

car·cin·o·gen [kɑəsɪ́nədʒən, kɑ́əsṇədʒèn | kɑːsɪ́nədʒən, -dʒɪn] 〘⇨ ↑, -gen〙 *n.* 〘病理〙 発癌物質.

càrcino·génesis 〘← NL ~: ⇨ carcino-, -genesis〙 *n.* 〘病理〙 発癌(現象), 癌発生.

càrcino·génic *adj.* 〖病理〗発癌性の: a ～ substance 発癌(性)物質.

càrcino·genícity *n.* 〖病理〗発癌性.

car·ci·noid [kɑ́əsənɔ̀ɪd, -sṇ- | kɑ́:sɪn-] *n.* 〖病理〗カルチノイド, 類癌腫.

car·ci·nol·o·gy [kɑ̀əsənɑ́ləʤi, -sṇ- | kɑ̀:sɪnɔ́ləʤɪ] 〖← CARCINO- + -LOGY〗 *n.* 甲殻類学. **car·ci·no·log·i·cal** [kɑ̀əsənəlɑ́ʤɪkəl, -sṇ-, -ʤə- | kɑ̀:sɪnəlɔ́ʤɪ-] *adj.*

car·ci·no·ma [kɑ̀əsənóumə, -sṇ- | kɑ̀:sɪnə́u-] 〖(1721) ▭ L *carcinōma* ▭ Gk *karkínōma* ← *karkínos* 'crab, CANCER'〗 — *n.* (*pl.* ～**s**, ～·**ta** [～ṭə | ～tə]) 〖病理〗癌, 癌腫《上皮組織からでる悪性腫瘍; 狭義の癌》.

car·ci·no·ma·to·sis [kɑ̀əsənòumətóusɪs, -sṇ-, -səs | kɑ̀:sɪnə̀umətə́usɪs] 〖← NL ～: ⇨ ↑, -osis〗 *n.* (*pl.* -**to·ses** [-si:z]) 〖病理〗癌腫症.

car·ci·nom·a·tous [kɑ̀əsənɑ́məṭəs | kɑ̀:sɪnɔ́mət-] *adj.* 〖病理〗癌(腫)の[に関する]: a ～ lesion.

càrcino·sarcóma 〖← CARCINO- + SARCOMA〗 *n.* (*pl.* ～**s**, ～**ta**) 〖病理〗癌肉腫 (sarcocarcinoma).

Car·co [kɑəkóu | kɑ:kə́u; *F.* karko], **Francis** *n.* カルコ《1886–1958; フランスの小説家・詩人; *De Montmartre au Quartier latin*「モンマルトルよりカルチェラタンへ」(回想記, 1934)》.

cár còat *n.* カーコート《特に, 運転者用の七分丈のコート》.

car coat

card[1] [kɑ́əd | kɑ́:d] 〖(1351) ▭ (O)F *carde* teasel, wool card ▭ Prov. *carda* ← *cardar* to card < VL *caritāre* ← L *cārere*〗 — *n.* **1** (紡績で繊維の毛並をそろえる工程中の)すきぐし, 梳(そ)綿[毛]機, カード機. **2** けばを立てる機械. — *vt.* **1** 〈羊毛・麻などを〉(梳綿[毛]機で)すく: ～*ed* cotton [wool] 梳綿[紡毛]. **2** 〈布〉にけばを立てる.

card[2] [kɑ́əd | kɑ́:d] 〖(?a1425) ▭ (O)F *carte* ▭ It. *carta* ▭ L *charta* papyrus leaf ▭ Gk *khártēs* ← ? Egypt.〗 — *n.* **1 a** (名刺・葉書・会員券・分類カードなど通例長方形で小型の)札, 券, カード: a membership ～ 会員券 / a reference ～ 参照カード / leave one's ～ on a person (正式訪問の代わりに)人に名刺を置いて帰る / turn down one corner of the ～ (留守に訪問したしるしに)名刺のひとすみを折る. **b** (絵・装飾などをつけて印刷した)挨拶状, 賀状, カード: a birthday ～ 誕生祝いカード / ⇨ Christmas card, greeting card. **c** [しばしば *pl.*] 案内状, 招待状: an invitation ～ 招待状 / receive ～*s* for the wedding 結婚式案内状を受け取る. **d** ワインリスト (wine list); 献立表, メニュー (menu). **e** (ボタンやマッチなど)厚紙[カード]に並べた製品: a ～ of buttons, matches, etc. **f** (ゴルフ・クリケットなどの得点を記入する)スコアカード. **g** = cardboard. **h** (労働組合の大会で代議員のもつ)カード《組合員の数が明記してある》: ⇨ card voting.
2 a (スポーツの)プログラム, 番組: a racing ～ 出馬表 / a boxing ～ ボクシングの試合プログラム / ⇨ race-card. **b** 人を引き付けるもの, 呼び物 (attraction): ⇨ drawing card / This will be the best ～ for the event. これはその催し物の何よりの呼び物になるだろう.
3 a トランプ (playing card): a pack of ～*s* トランプ一組《通常 52 枚》/ cut the ～*s* トランプを切る (cf. cut *vt.* 12 a) / deal the ～*s* トランプを配る / tell one's fortune from ～*s* トランプで運を占う. **b** (トランプの)カード, 札, (特に)高い順位[ランク]の持ち札: a high ～ 高位札《ace, king など》/ a trump ～ 切り札.
4 [*pl.*; 時に単数扱い] **a** トランプ遊び: a game of [at] ～*s* トランプ[カルタ]遊び, トランプの勝負 / play (at) ～*s* トランプをする / be at ～*s* トランプをしている. **b** (casino で)カーズ《過半数(27 枚以上)の札を取ること; 役点 3 がつく》.
5 切り札的手段, 決め手: a doubtful [sure, safe] ～ 疑わしい[確かな, 安全な]手[計画, 手段] / have another ～ in the negotiations 交渉にもう一つの決め手がある / play one's best ～ 切り札を出す, 最上の策をとる / play one's last ～*s* 最後の手段をとる.
6 (磁石の)指針盤: ⇨ *speak by the* CARD.
7 《米》(新聞に出す声明・釈明・依頼などの)短い広告, 通告.
8 《口語》 **a** おどけた人, 面白い人; 風変わりな人. **b** [修飾語を伴って] 奴, 人 (person): a knowing ～ 如才のない人, 抜け目のない人 / a queer ～ 妙な人, 変人.
9 [the ～] 《口語》適切なもの[こと]: *the* correct ～ ずばりそのもの / That's *the* ～ for it. それが一番.
10 [*pl.*] 《英口語》(雇用者が使用人の雇用期間中預かる)使用人の書類: ⇨ *give a person his* CARDS, *ask for one's* CARDS, *get one's* CARDS.
11 《俗》一回分の麻薬.
12 〖紡織〗紋紙《ドビー機, ジャカード機で経糸(たて)操作に用いられるカード状のもの》.
ask for one's cards 《英口語》解雇を求める. ***cards and spades*** 〖トランプの casino などのゲームでともに手役になることから〗《米口語》(自分の優越を示すために気前よく相手に与える)有利な条件, 歩(ぶ): I can give him ～*s and spades*.「飛車角抜き」で彼の相手ができる, はるかに彼にまさる[より上手(うわ)だ]. ***force a card*** (トランプ奇術で)〈(奇術師の意図する)カードを〉無意識に選ぶように仕向ける. ***get one's cards*** 《英口語》解雇される. ***give a person his cards*** 《英口語》〈人を〉解雇する. ***have a card up one's sleeve*** 用意の奥の手がある. ***have* (*all*) *the cards in one's hands*** 成算がある. ***lay* (*all*) *one's cards on the table*** = *put* (*all*) *one's* CARDS *on the table*. ***No cards*** (葬式の新聞広告で)本広告をもって御通知に代えます. ***on* [*in*] *the cards*** 〖トランプ占いにちなむ〗多分ありそうな, 起こりそうな (likely): It is not *in the* ～*s* for him to succeed. 彼は成功しそうもない / It is *on the* ～*s* that I may have to go abroad soon. 多分すぐ外国へ行かねばならないだろう. ***play one's cards well* [*badly*]** (1) トランプがうまい[下手だ]. (2) 事の処理がうまい[まずい]. ***put* (*all*) *one's cards on the table*** (1) (持ち札を卓上に出して)手を見せる. (2) 計画を公開する, 種を明かす. ***show one's cards*** (1) (トランプで)自分の手を見せる. (2) 自分の計画を示す. ***speak by the card*** 正確に[要領よく]話す (cf. *n.* 6; Shak., *Hamlet* 5. 1. 149). ***stack the cards*** ⇨ stack 成句. ***throw up one's cards*** (1) (トランプで)持ち札を投げ出す. (2) 計画を放棄する; 敗北を認める.
— *vt.* **1 a** 〈物〉にカードを付ける. **b** 〈物を〉カードに留める. **2** カードに記入する. **3** (ゴルフなどで)〈得点を〉(スコア)カードにつける; …を得点する. **4** = schedule 1 b. **5** [～ it として]《廃》トランプをする.

Card. 《略》Cardiganshire; Cardinal.

C.A.R.D. 《略》《英》Campaign Against Racial Discrimination.

car·da·mom [kɑ́ədəməm, -mɑ̀m | kɑ́:dəməm] 〖(1553) ▭ L *cardamōm-um* ▭ Gk *kardámōmon* a kind of cress《混成》← *kárdamon* cress + *ámōmon* Indian spice〗 — *n.* (*also* **car·da·mum** [-məm], **car·da·mon** [-mən, -mɑ̀n | -mən]) **1** 〖植物〗カルダモン, ショウズク (*Elettaria cardamomum*)《熱帯アジア産のショウガ科の香料植物》. **2** その果実《香味料・薬用》.

Car·dan [kɑ́ədæn | kɑ́:-] 〖← *Geronimo Cardano* (1501–76: イタリアの数学者)〗 *n.* 〖機械〗カルダン自在継手 (Cardan joint ともいう).

Cárdan shàft *n.* **1** 〖機械〗カルダンシャフト《一端[両端]にカルダン継手のある軸》. **2** (車の)推進軸.

cárd·bòard *n.* 板紙, 厚紙, ボール紙. — *attrib. adj.* **1** 板紙[ボール紙]製の; ボール紙のような; 平たい: a ～ box ボール箱. **2** 現実味のない, 空虚な; 月並みな, 型通りの: ～ characters 陳腐な(登場)人物.

cárd-càrrying *adj.* **1** 党員[会員]証明書をもった; 《口語》正式の: ～ Communists 正式の共産党員 (cf. sympathizer 2). **2** 本物の, 典型的な: a ～ pacifist 真の平和主義者.

cárd càse *n.* **1** (ポケット用)名刺入れ. **2** (カード式目録の)カード箱. **3** トランプの箱.

cárd càtalog *n.* (図書館などの)カード目録《一枚一枚のカードは catalog card という》.

cárd clòthing 〖⇨ card[1]〗 *n.* (紡績機械用)針布(しんぷ)《カード機に用いる基布に針の植わったもの》.

Cár·de·nas [kɑ́ədnɑ:s | kɑ́:dɪn-; *Sp.* kárdenas], **Lá·za·ro** [lásaro] *n.* カルデナス《1895–1970; メキシコの将軍・政治家; 大統領 (1934–40)》.

cárd·er 〖⇨ card[1]〗 *n.* **1** (毛などを)すく人. **2** = carding machine.

cárd fìeld *n.* 〖電算機〗パンチカード (punched card) でパンチを入れる個所[欄].

cárd fìle *n.* 《米》= card catalog.

cárd gàme *n.* トランプ(遊び).

cárd·hòlder *n.* **1** (政党・労働組合などの)登録メンバー. **2** (タイプライターでカードを押える)カードホルダー. **3** 〖図書館〗貸出登録者.

cárd·hòuse *n.* = *a* HOUSE *of cards*.

car·di- [kɑ́ədi | kɑ́:dɪ] (母音の前に来る時の) cardio- の異形.

car·di·a- [kɑ́ədiə | kɑ́:dɪə] cardio- の異形.

-car·di·a [kɑ́ədiə | kɑ́:dɪə, -djə] 〖← NL ～ ← Gk *kardíā* heart〗 次の意味を表わす名詞連結形: **1**「心臓の働き[位置]」: dextro*cardia*. **2**「(…の)心臓をもった動物; 心臓型の動物[二枚貝]」: Diplo*cardia*.

car·di·ac [kɑ́ədiæ̀k | kɑ́:dɪ-] 〖(1601) ▭ F *cardiaque* ∥ L *cardiac-us* of the heart ▭ Gk *kardiakós* ← *kardía* heart〗 — *adj.* 〖解剖〗 **1 a** 心臓の[に関する], の近くにある]: have a ～ weakness 心臓が弱い / ～ death 心臓死. **b** 心臓病の[に関する]: ～ symptoms 心臓病の徴候. **2** 胃(の食道付近)の, 噴門の. — *n.* **1** 心臓病患者. **2** 〖医学〗強心剤, 強壮剤 (cordial).

cárdiac arrést *n.* 〖医学〗心(拍)停止.

cárdiac cýcle *n.* 〖生理〗心臓周期《収縮期のはじめから拡張期の終わりまで》.

cárdiac glýcoside *n.* 〖薬学〗強心性配糖体《ジギタリス・海葱(かいそう)などの植物から採る強心剤》.

cárdiac múscle *n.* 〖解剖〗心筋.

cárdiac neurósis *n.* 〖病理〗心臓神経症.

cárdiac tamponáde *n.* 〖病理〗心(臓)タンポナーデ《心嚢内に血液が異常に充満して起こる危険な心臓圧迫状態》.

car·di·al·gi·a [kɑ̀ədiǽlʤiə, -ʤə | kɑ̀:dɪǽlʤɪə, -ʤə] 〖← NL ～ ← Gk *kardialgía*: ⇨ cardio-, -algia〗 *n.* 〖病理〗 **1** 胸焼け (heartburn). **2** = cardiodynia.

car·di·ec·to·my [kɑ̀ədiéktəmi | kɑ̀:dɪéktəmɪ] *n.* 〖外科〗噴門切除(術).

Car·diff [kɑ́ədɪf, -dəf | kɑ́:dɪf] 〖▭ OWelsh *Kairdif* 《原義》? fort of the River Taf〗 — *n.* ウェールズ南東部の South Glamorgan 州の首都, Bristol 湾に臨む海港; 人口 282,000.

car·di·gan [kɑ́ədɪgən, -də- | kɑ́:dɪ-] 〖(1868) ← *Earl of Cardigan* (1797–1868: 1855 年クリミア戦争で名をあげた)〗 — *n.* カーディガン《丸首や V ネックで前をボタンで止める毛編みのセーターやジャケット; cardigan jacket, cardigan sweater ともいう》.

Car·di·gan [kɑ́ədɪgən, -də- | kɑ́:dɪ-] 〖▭ OWelsh *Kerdigan* 《原義》land of *Ceredig* (人名)〗 — *n.* **1** ウェールズ西部の Dyfed 州の都市, 旧 Cardiganshire 州の首都; 人口 3,800. **2** = Cardiganshire. **3** カーディガン《Cardiganshire からウェールズをへて繁殖された, 耳が丸く, 尾の長い犬種のイヌ; Cardigan Welsh corgi ともいう; cf. Welsh corgi》.

Car·di·gan·shire [kɑ́ədɪgənʃɪə, -də-, -ʃə | kɑ́:dɪgənʃə(r, -ʃɪə(r] *n.* ウェールズ西部の旧州; 1974 年に Dyfed 州の一部となる; 面積 1,795 km², 首都 Cardigan.

Car·di·i·dae [kɑədáɪədi: | kɑ:dáɪɪ-] 〖← NL ～ ← *Cardium* (属名: ← Gk *kardía* heart) + -IDAE〗 *n. pl.* 〖貝類〗ザルガイ科.

car·di·nal [kɑ́əd(ə)nəl, -dṇl | kɑ́:dɪnl, -dṇl, -dnl] 〖(a1325) ▭ (O)F ～ ∥ L *cardināl-is* principal ← *cardō* hinge of a door: ⇨ -al[1]〗 — *adj.* **1** 枢要の, 基本的な; 主要な: a matter of ～ importance 極めて重要な事. **2** 深紅色の, 緋(ひ)の. — *n.* 〖(a1126) ▭ eccl.L *cardināl-is*〗 **1** 〖カトリック〗枢機卿(けい)《ローマ教皇の最高顧問で総数は 1586 年 Sixtus 五世によって最高 70 人までと定められた(うち bishop 6 人, priest 50 人, deacon 14 人), ただし 1973 年以来最高 145 人まで; 服装には緋の衣と緋の帽を用いる》. **2** 深紅色 (cardinal red). **3** (昔の)深紅色の布で作った婦人用の短い外套. **4** [通例 *pl.*] 基数 (cardinal number). **5** 〖その色が枢機卿のマントの色に似ていることから〗〖鳥類〗ショウジョウコウカンチョウ(猩猩紅冠鳥) (*Cardinalis cardinalis*)《北米産; 雄は深紅色, 雌は灰赤褐色で共によく鳴く; cardinal bird, cardinal grosbeak, redbird ともいう》. **～·ly** *adv.*

cardinal 5

car·di·nal·ate [kɑ́ədn(ə)lət, -dn-, -lɪt, -lèɪt | kɑ́:dɪnəl-, -dṇ-, -dn-] 〖▭ F *cardinalat*: ⇨ ↑, -ate[1]〗 — *n.* 〖カトリック〗 **1** 枢機卿職; 枢機卿の権威[職禄(しょく)]. **2** [集合的] 枢機卿 (cardinals).

cárdinal bíshop 〖《なぞり》← ML *episcōpus cardinālis*〗 *n.* 〖カトリック〗司教枢機卿《1932 年まで名儀上ローマ郊外の司教区が与えられていた》.

cárdinal déacon 〖《なぞり》← ML *diāconus cardinālis*〗 *n.* 〖カトリック〗助祭枢機卿《名儀上, ローマ教区の助祭の地位にある》.

cárdinal físh 〖その体色が枢機卿の緋色のマントに似ていることから〗 — *n.* 〖魚類〗スズキに似たテンジクダイ科テンジクダイ属 (*Apogon*) の魚類の総称《多くの種類は鮮紅色で黒い斑(はん)点がある》; (特に)ヨーロッパ産の *A. imberbis*.

cárdinal flówer *n.* 〖植物〗ベニバナサワギキョウ (*Lobelia cardinalis*)《北米産キキョウ科の観賞用多年草》.

car·di·nal·i·ty [kɑ̀ədənǽləṭi, -dn- | kɑ̀:dɪnǽlətɪ, -lɪ-] *n.* 〖数学〗= cardinal number 2.

cárdinal númber *n.* **1** 基数, 計量数 (cf. ordinal number 1). **2** 〖数学〗基数, 濃度《集合の要素の個数を表わす数; 有限集合の濃度は 0, 1, 2, … であるが, 無限集合についてもそのようなものは考えられる; cardinality, potency, power ともいう》.

cárdinal númeral *n.* = cardinal number 1.

cárdinal pòint *n.* **1** 〖気象〗基本方位, 四方点《東・西・南・北のうちの一つ; cf. cardinal wind》. **2** 〖光学〗主要点《レンズまたはレンズ系において物空間および像空間の, 二つの焦点, 二つの主点, 二つの節点の 6 個の点をいう》.

cárdinal príest 〖《なぞり》← ML *presbyter cardinālis*〗 *n.* 〖カトリック〗司祭枢機卿《名儀上, ローマ市内の教区の司任司祭》.

cárdinal's hát *n.* 〖カトリック〗枢機卿(けい)の赤帽子《緋色で, 枢機卿の地位と権威を象徴する; red hat, scarlet hat ともいう; cf. biretta, galero, zucchetto》.

cárdinal·shìp *n.* = cardinalate 1.

cárdinal sỳstem *n.* 〖海事〗(航路標識の)浮標式, 立標式《標識の形・色・数などで障害物の位置を基準としてこれを避ける形で安全航路を示す方式; cf. lateral system》.

cárdinal vírtues *n. pl.* [the ～] 〖哲学・神学〗元徳, 首徳, 枢要徳《古代ギリシャ哲学では justice, prudence, temperance, fortitude の四元徳 (natural virtues), キリスト教ではこの四つの徳に faith, hope, charity の三つの神学的徳 (theological virtues) を加えた七元徳 (seven principal virtues); 孔子の教えでは仁・義・礼・智・信の五つの徳をいう; cf. deadly sins》.

cárdinal vówels *n. pl.* [the ～] 〖音声〗基本母音《各国語の母音の性質を記述するための規準として人為的に設定された母音》: the primary ～ 第一次基本母音《[i], [e], [ɛ], [a], [ɑ], [ɔ], [o], [u] の 8 母音》/ the secondary ～ 第二次基本母音《[y], [ø], [œ], [ɶ], [ɒ], [ʌ], [ɣ], [ɯ], [ɨ], [u] の 10 母音》.

cárdinal wínd *n.* 〖気象〗四風《基本方位 (cardinal

point) から吹く風(北風・東風・南風・西風)を他の方角の風と区別していう》.

cárd-índex *vt.* **1** …のカード索引を作る. **2** 体系的に分類[分析]する. — *vi.* カード索引を作成する.

cárd ìndex *n.* カード索引.

cardines *n.* cardo の複数形.

cárd·ing¹ *n.* 〘トランプ〙(ポーカーで)自分の手の強さを評価する技術.

cárd·ing² *n.* 〘紡織〙 **1** 梳(ᵗ)綿[毛]《綿花や羊毛の短い繊維・雑物をとり繊維を引きそろえる工程》. **2** = carding machine.

cárding èngine *n.* 《英》= carding machine.

cárding machìne *n.* 梳(ᵗ)綿[毛]機, カード機.

cárding wòol *n.* 〘紡織〙= clothing wool 1.

car·di·o- [káədio(ʊ)|kɑ́ːdɪə(ʊ)] 〘← Gk *kardía* heart〙「心臓(の); 心臓の働き」の意の連結形: *cardio*meter. ★ 時に cardia-, また母音の前では通例 cardi- になる.

càrdio·accélerator *n.* 心(臓)促進神経[中枢]. **càr·dio·accéleratory** *adj.*

càrdio·áctive *adj.* 心臓の働きを刺激する: a ~ drug.

car·di·o·dyn·i·a [kɑ̀ədio(ʊ)díniə | kɑ̀ːdɪə(ʊ)dínɪə] 〘← CARDIO- + *dyn-* (← Gk *dúnamis* strength) + -IA¹〙 *n.* 〘病理〙心臓痛.

càrdio·génic *adj.* 〘病理〙心臓性の.

car·di·o·gram [káədiəgræ̀m | kɑ́ːdɪə(ʊ)-] 〘← CARDIO- + -GRAM¹〙 *n.* 〘医学〙心拍(動)曲線, カルジオグラム.

car·di·og·ra·phy [kɑ̀ədiágrəfi | kɑ̀ːdɪɔ́grəfɪ] *n.* 〘医学〙拍(動)記録(法), カルジオグラフィ. **car·di·o·graph·ic** [kɑ̀ədiəgrǽfɪk | kɑ̀ːdɪə(ʊ)-] *adj.*

car·di·oid [káədiɔ̀ɪd | kɑ́ːdɪ-] 〘⊏ Gk *kardioeidḗs* heart-shaped: ⇨ cardio-, -oid〙〘数学〙 — *n.* 心臓形, カーディオイド《一定円 O の外周上を同じ半径の他の円 O′ が回転する際その回転する円の円周上の一点 P の描く曲線》. — *adj.* 心臓形[カーディオイド]の[に関する].

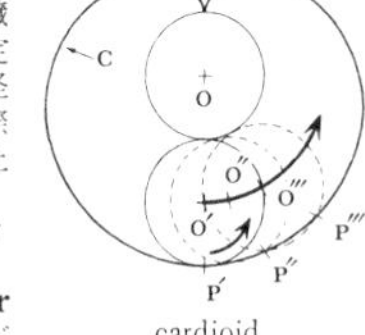

cardioid

c: cardioid
o: center of a fixed circle
o′o″o‴: center of a circle which rolls on the outside of the circle o
p′p″p‴: point on the circumference of the rolling circle

cárdioid condénser *n.* 〘物理〙カーディオイド集光鏡《球面とカーディオイド回転面との二面の反射を用いる集光器; 球面収差やコマ収差がなく限外顕微鏡の暗視野照明用に用いられる》.

car·di·ol·o·gist [kɑ̀ədiálədʒɪst, -dʒəst | kɑ̀ːdɪɔ́lədʒɪst] *n.* 心臓学の専門家, 心臓学者.

car·di·ol·o·gy [kɑ̀ədiálədʒi | kɑ̀ːdɪɔ́lədʒɪ] 〘← CARDIO- + -LOGY〙 — *n.* 〘医学〙心臓(病)学. **car·di·o·log·ic** [kɑ̀ədiəládʒɪk | kɑ̀ːdɪəlɔ́dʒ-] *adj.* **càr·di·o·lóg·i·cal** *adj.*

car·di·o·meg·a·ly [kɑ̀ədio(ʊ)mégəli | kɑ̀ːdɪə(ʊ)mégəlɪ] 〘← CARDIO- + -MEGALY〙 *n.* 〘病理〙心(臓)肥大(症).

càrdio·myópathy 〘← CARDIO- + MYO- + -PATHY〙 *n.* 〘病理〙心筋症.

car·di·op·a·thy [kɑ̀ədiápəθi | kɑ̀ːdɪɔ́pəθɪ] *n.* 〘病理〙心(臓)疾患, 心臓病.

càrdio·púlmonary *adj.* 〘医学〙心臓と肺臓の[に関する]. 心肺の.

càrdio·réspiratory *adj.* 〘医学〙心臓性呼吸の; 心臓と呼吸器の[に関する].

car·di·o·scope [kɑ́ədiəskòʊp | kɑ́ːdɪə(ʊ)skəʊp] *n.* 〘医学〙心臓(内腔直達)鏡.

càrdio·tachómeter *n.* 〘医学〙心搏タコメーター.

càrdio·thorácic rátio *n.* 〘医学〙心胸郭(ˢ)比, 心肺係数.

car·di·ot·o·my [kɑ̀ədiátəmi | kɑ̀ːdɪɔ́təmɪ] *n.* 〘外科〙 **1** 心臓切開(術). **2** 噴門切開(術).

car·di·o·ton·ic [kɑ̀ədio(ʊ)tánɪk | kɑ̀ːdɪə(ʊ)tɔ́n-] 〘← CARDIO- + TONIC〙〘医学〙 *adj.* 強心性の: ~ drugs 強心薬. — *n.* 強心薬.

càrdio·váscular *adj.* 〘解剖〙心(臓)血管の[に関する, に影響する].

càrdio·vérsion 〘← CARDIO- + *version* (⇨ version)〙 — *n.* 〘医学〙電気的除細動, カルジオバージョン《心房細動などの不整脈治療のため心臓に電気ショックを与えること》.

car·di·tis [kɑədáɪtɪs, -ṭəs | kɑːdáɪtɪs] 〘← CARDIO- + -ITIS〙 *n.* 〘病理〙心臓炎 (cf. endocarditis, pericarditis).

-car·di·um [kɑ́ədiəm | kɑ́ːdɪəm, -djəm] 〘← NL ~ ← Gk *-kardion* (← *kardía*) + -IUM〙 — (*pl.* **-car·di·a** [-diə | -dɪə, -djə])「心臓 (heart)」の意の名詞連結形: endo*cardium*.

car·do [kɑ́ədoʊ | kɑ́ːdəʊ] 〘⊏ L *cardō* hinge〙 *n.* (*pl.* **car·di·nes** [kɑ́ədənìːz, -nèɪs, -dṇ- | kɑ́ːdɪ-]) 〘動物〙軸節《昆虫の口器の軸部》.

car·doon [kɑədúːn | kɑː-] 〘(1611) ⊏ F *cardon* ← *carde* edible part of the artichoke ⊏ Prov. < VL **cardam* = L *carduus* thistle: ⇨ -oon 1〙 — *n.* (*also* **car·don** [-dóʊn | -dáʊn]) 〘植物〙カルドン (*Cynara cardunculus*)《地中海地方産アーチチョーク (artichoke) の類の植物; 根と葉柄を食用にする》.

cárd·plàyer *n.* トランプをする人.

cárd·plàying *n.* トランプ遊び.

cárd pùnch *n.* 〘電算機〙パンチカード穿孔(ˢ)機, カードパンチ (cf. punch card).

cárd·ròom *n.* トランプ遊び用の部屋.

Cards. 《略》Cardiganshire.

cárd·shàrp *n.* いかさまトランプ師, トランプぺてん師.

cárd·shàrper *n.* = cardsharp.

cárd·shàrping *n.* いかさまトランプ.

cárd tàble *n.* カードテーブル《トランプ遊び用に作られたテーブル; 壁から張り出す式のものや, 上部が正方形で脚が折りたたみ式のものなど》.

Car·du·a·ce·ae [kɑ̀ədʒuéɪsiìː | kɑ̀ːdju-] 〘← NL ~ ← *Carduus* (属名: ← L *carduus*: cf. cardoon) + -ACEAE〙 — *n. pl.* 〘植物〙アザミ科《通常はキク科の中の 1 亜科とする》. **càr·du·á·ceous** [-ʃəs] *adj.*

Car·duc·ci [kɑədúːtʃi | kɑː-; *It.* kardúttʃi], **Gio·suè** [dʒoswέ] *n.* カルドゥッチ《1835–1907; イタリアの詩人; Nobel 文学賞 (1906); *Inno a Satana*「サタン讃歌」(1863)》.

car·du·e·line [kɑ̀ədʒuíːlɪn, -lən | kɑ̀ːdjuíːlɪn] *adj.* 〘鳥類〙ヒワ類の.

car·du·e·lis [kɑ̀ədʒuíːlɪs, -ləs | kɑ̀ːdjuíːlɪs] 〘← NL ~ ← L ~ ← *carduus*: cf. cardoon〙 — *n.* 〘鳥類〙ヒワ《アトリ科ヒワ属 (*Carduelis*) の鳥類の総称; ヨーロッパ産ゴシキヒワ (goldfinch), ムネアカヒワ (linnet), マヒワ (siskin) など》.

cár dùmper *n.* カーダンパー, 貨車傾倒機《貨車に積込まれたばら荷(石炭・鉱石など)をおろすのにそのままひっくり返す装置》.

cárd vòting [**vòte**] *n.* 〘労働〙カード投票《労働組合の大会や会議で代議員が代表する組合員の数を明記したカードで票数をきめる投票; cf. card² *n.* 1 h》.

care [kέə | kέə(r)] 〘*n.*: OE *caru, cearu* anxiety, grief < Gmc **karō* (OHG *chara* / Goth. *kara*) ← IE **gar-* to cry (L *garrīre* to chatter / Gk *gêrus* voice). — *v.*: OE *carian* to be anxious ← *caru* (n.)〙 — *n.* **1 a** 気がかり, 気苦労, 気づかい, 心配, 不安 (concern, anxiety): *Care* aged him. 彼は気苦労のためにふけた / *Care* killed the [a] cat. ⇨ cat *n.* 1 a. **b** [しばしば *pl.*] 心配事, 苦労の種; (色々な)煩労(ᵖ): worldly ~*s* 浮世の苦労 / be full of ~*s* 心配でいっぱいだ / be without [free from] ~*s* of every kind 心配事が何もない. **2** 注意, 用心: devote great ~ to work 仕事に細心の注意を払う / give ~ to …に注意する / with ~ 注意して, 気をつけて, 慎重に; [荷札などに書いて]取扱注意. **3** 特に力を入れる[意を用いる]事柄, 関心事; 責任, 務め; 注意を要する仕事: the ~*s* of State 国事 / domestic [family] ~*s* 家政, 家事 / My first [main] ~ is to look after my children. 私の第一に[主として]すべきことは子供の世話をすることです. **4 a** 世話, 監督, 保護: be left to the ~ of a person 人の世話[保護, 監督]に任せられる; 〈子供が〉人に預けられる / place…under a person's ~ …を人に預ける[託する, よろしく頼む] / take a child under one's ~ 子供を引き受けて世話をする. **b** 一時的に預かること, 保管: leave the letter in the ~ of the police station その手紙を警察署に保管してもらう / entrust a thing to a person's ~ 物を人に託する. **5** 《廃》悲しみ (grief).

care of [通例 c/o と略して封筒などの上書きに用いる] …気付け, …方 (cf. attention 6): Mr. A. c/o Mr. B. B 様気付け A 様, B 様方 A 様. ***have a care*** = *take* CARE. ***have the care of*** = *take* CARE *of* (1). ***in care of*** = CARE *of*. ***take care*** 注意する, 気を付ける: *take* ~ *to* [not *to*] do = *take* ~ *that* one does [doesn't do] する[しない]ように用心する, 必ずする[しない]. ***take care of***… (1) …の世話をする, 面倒をみる, 管理する, 気をつける: *take* good ~ *of* oneself 身体を大事にする / She had no children to *take* ~ *of*. (2) 《口語》…を取り扱う, 処理する; …を始末する, 処分する: *take* ~ *of* every obstacle 障害を全部始末する. (3) 《俗》やっつける (beat); 殺す.

— *vi.* **1 a** 気にかかる, 気をもむ, 心配する: ~ much *about* foods and drinks 飲食物にやかましい / He really ~*s* a great deal. 彼は本当に随分心配している. **b** [否定文・疑問文に用いて] 気にする, 関心をもつ, かまう, 頓着する: He does*n't* ~ *about* trifles. 小さい事に頓着しない / Will you go?—I do*n't* ~ *if* I go. 行くかい—行ってもいい, 行きたい / Who ~*s*? 誰がかまうものか / I do*n't* ~ *what* happens now. こうなれば何事が起ころうとかまわない[どうだっていい] / I do*n't* ~ *whether* it may be black or white. 黒かろうと白かろうとどっちだってかまわない / I do*n't* ~ a bit [a damn, a straw, a button, a fig, twopence, etc.] ちっともかまわない (cf. CARE *for* (2)) / I could*n't* ~ less. 《口語》全然気にならない, 全然平気だ. **2** [~ *to* do で] …したがる, 欲する: I should not ~ *to* be seen with him. あの人と一緒にいるところを見られたくない / Will he ~ *to* come with us? 彼はわれわれと一緒に来るというだろうか.

care for (1) (病人などの)世話をする, 面倒をみる, 心配してやる, かばう; 大事にする, 尊重する: ~ only *for* what is true 真実だけを重んじる / I'll ~ *for* his education. 彼の教育の面倒をみてやろう / be well ~*d for* 大事にされる. (2) [主に否定文・疑問文に用いて] 望む, 好む (like) (cf. *vi.* 1 b): Do you ~ *for* cherries? さくらんぼはお好きですか / I doubt whether she ~*s* much *for* him. 彼女が彼を大して好いているかどうか疑問だ / I don't ~ *for* wealth or fame. 富も名誉も欲しくない / I don't ~ a pin [straw, fig, etc.] *for* it. そんな物はちっとも欲しくない / That's more than I ~ *for*. そんなことはどうでもいい. ***for all*** [***anything***, ***what***] ***one cares*** ⇨ for 成句.

ca·reen [kəríːn] 〘(1591) ⊏ F *carène* ⊏ L *carīna* keel of a ship〙 — *vi.* **1 a** 〘海事〙〈船が〉片舷(ᵍ)に傾く. **b** 傾く, 偏する (tilt): ~ *toward* Communism 共産主義に傾く. **2** 《米》**a** 〈自動車などが〉(左右に)傾きながら走る. **b** 〈人が〉よろめきながら進む, 左右に揺れながら走る (lurch). — *vt.* 〘海事〙 **1 a** (船底の修理・清掃のため)〈船を〉片舷に傾ける. **b** 〈傾けた船を〉修理[清掃, 填隙]する. **2** 〈船を〉傾ける. — *n.* 《古》〘海事〙(船の)片舷への一時的傾斜, 傾船; 傾船修理: on the ~ 〈船が〉傾いて. **~·er** *n.*

ca·reen·age [kəríːnɪdʒ] 〘⊏ F *carènage*: ⇨ ↑, -age〙 *n.* **1** 傾船; 傾船修理. **2** 傾船場; 傾船修理港. **3** 傾船修理費.

ca·reer [kəríə | -ríə(r)] 〘(*c*1534) ⊏ F *carrière* racecourse ⊏ Prov. *carriera* street < ML *carrāria* (*via*) carriage (way) ← L *carrus* 'CAR'〙 — *n.* **1** (人生・国家などの)道程, 一生の行路, 生涯; 経歴, 履歴, キャリア: a ~ in law 法律家としての経歴 / follow [enter upon] a business ~ 実業家の生涯を送る[に入る] / have a brilliant ~ before [behind] one 前途[過去]に華々しい生涯をもつ / His political ~ is run. 彼の政治家としての生涯は終わった. **2 a** (特別な訓練を受ける)職業. ★ 主に外交官にいう: a diplomat of ~ = a career diplomat ⇨ *adj.* **b** 一生の仕事[職業]: seek a ~ as a teacher 教師を一生の仕事にしようとする. **3** (職業での)成功, 出世: make a ~ for oneself 独力で出世する / No ~ is possible in this small village. この小さな村にいては一生うだつが上らない / *Careers* are open to talent. 才能ある者には出世の道が開かれている. **4** [通例 in (the) (full) ~ として] 疾走, (全)速力: *in full* [mad] ~ 〈馬・猟犬・鹿などが〉全速力で, まっしぐらに. **5** 《古》**a** 道, コース. **b** 急速な進行, 進展: in mid ~ 途中で. **6** 《廃》急襲, 突撃.

— *attrib. adj.* (特殊の教育を受けてこれを生涯の仕事とする)本職の, 職業的な, 専門の: a ~ diplomat (特別任用による大公使などと違った)生粋[生え抜き]の外交官 / a ~ educator, military officer, etc. / a ~ woman [girl] 職業で身を立てる女性, 職業婦人 / a ~ employee 常雇い従業員.

— *vi.* 疾走する, 突っ走る, 駆け回る 〈*about*〉. — *vt.* 全速力で走らせる.

ca·réer·ism [-rí(ə)rɪzm | -rɪər-] *n.* 立身出世主義, 出世第一主義.

ca·réer·ist [-rɪst, -rəst | -rɪst] *n.* 立身出世主義者.

caréers màster *n.* 就職指導教師.

caréers mìstress *n.* 就職指導女教師.

cáre·frèe *adj.* 心配[苦労]のない, のんきな; 用心しない, 気にしない: be ~ *with* one's money お金に頓着しない.

care·ful [kέəfəl | kέə-] 〘OE *carful* full of grief: ⇨ care, -ful〙 — *adj.* **1** 注意深い, 用心深い, 気をつける, 慎重な: be ~ *about* [*as to*] what one eats 食物に注意する / He is ~ *in* his speech. 言葉づかいに気をつけている / Be ~ not *to* drop the vase. = Be ~ *that* you don't drop the vase. 花びんを落とさないように気をつけなさい / You must be ~ what you say. 自分の口に注意しなければならない / Be ~ *with* that knife. そのナイフは気をつけなさい / I will be more ~ (*in*) going down that slope. あの坂を降りるときはもっと気をつけよう. **2** 大切にする, 気にかける 〔*of, about*〕: be ~ *of* [*about*] money [one's health] 金を大事にする[健康に留意する] / be ~ *of* the feelings of others 他人の感情(を害さないように)に気をつける. **3** (仕方など)用意周到な, 念の入った, 苦心の, 几帳面な: a ~ study, painting, etc. **4** 《古》**a** 苦労の多い. **b** 心配な.

cáre·ful·ly [-fəli | -lɪ] 〘OE *carful-līce*: ⇨ ↑, -ly¹〙 *adv.* 気をつけて, 注意深く, 慎重に; 入念に, 丹念に, 丁寧に; 苦心して.

cáre·ful·ness 〘OE *carfulnys*: ⇨ -ness〙 *n.* 注意深さ, 慎重; 入念, 丹念.

cáre-làden *adj.* 心配[苦労]の多い.

cáre·less 〘OE *carlēas*: ⇨ care, -less〙 — *adj.* **1** 不注意な, 不謹慎な: be ~ *in* speech 言葉を慎まない. **2** 気にかけない, 無頓着な, 構わない, 意に介さない 〔*of, about*〕: be ~ *of* [*about*] one's health 健康に無頓着である / He did it, ~ *of* danger. 危険を顧みずそれをした. **3 a** のんきな, 悩みのない: a happy, ~ youth / a ~ life. **b** 軽率な, そそっかしい, ぞんざいな; 不正確な: a ~ mistake / ~ work. **c** たくまない, 気取らない, 自然な: in one's ~ clothes 普段着で.

cáre·less·ly *adv.* 不注意に, ぞんざいに, 無造作に, 投げやりに; 無頓着に, うっかり.

cáre·less·ness 〘late OE, *carlēasness*: ⇨ careless, -ness〙 *n.* 不注意, 軽率, うかつ; 無頓着; 怠慢, 疎漏.

Ca·re·li·an [kəríːliən, -ljən | -lɪən, -ljən] *adj., n.* = Karelian.

Car·en [kǽrən, kér- | kǽr-] 〘《変形》← CATHERINE: cf. Karen¹〙 *n.* 女性名.

ca·re·nage [kǽrɪnɪdʒ] *n.* = careenage 2.

ca·ress [kərés] 〘(1651) ⊏ F *caresse* ⊏ It. *carezza* endearment < VL **cāritia* ← L *cārus* dear, beloved〙 — *n.* **1** 愛情[親切]の表示[行為] (endearment). **2 a** 愛撫(ᵇ), 抱擁. **b** 接吻 (kiss). — *vt.* **1** 愛撫する; (かわいがって)なでる; 抱きしめる (embrace). **2** かわいがる (fondle); 親切にしてやる. **3 a** 〈風などが〉〈肌・木〉に心地よく[軽く]当たる. **b** 〈音が〉〈耳〉に柔らかく響く: the sound that ~*es* the ear. **~·er** *n.*

ca·ress·a·ble [kərésəbl] *adj.* 愛撫したくなるような: a lovely ~ girl.

ca·réss·ing *adj.* 愛撫(ぶ)する, かわいがる; なでるような, なだめるような. **~·ly** *adv.*

ca·ress·ive [kərésɪv] *adj.* **1** 愛撫(ぶ)に似た, 愛撫するような. **2** やたらにかわいがる, 溺愛の. **~·ly** *adv.*

car·et [kǽrət, kér-, -rɪt | kǽr-] 〚(1710) ▭ L ～ '(there) is wanting' (pres. indic.) ← *carēre* to be in want of〛 *n.* 〘校正〙 脱字記号 (∧) 《例: dep ∧ eciate》.

cáre·tàker 〚cf. take care (of)〛 *n.* **1** 世話人; (家などの)管理人, 番人, 留守番. **2** 暫定的に職務を代行する人[機関]. **3** 《英》(公共建造物の)管理人 (janitor).

cáretaker góvernment *n.* 暫定[選挙管理]内閣, つなぎ政権.

Ca·rew [kərúː, kέ(ə)ri | kərúː, kέəri], **Thomas** *n.* (1595?–?1639) 英国の詩人; Cavalier poets の一人.

cáre·wòrn *adj.* 心配[苦労]に悩んだ, 悩み疲れた[やつれた].

car·ex [kέ(ə)reks | kέər-] 〚ME *carix* ▭ L *cārex*〛 — *n.* (*pl.* **car·i·ces** [kǽrəsìːz | -rɪ-]) 〘植物〙 スゲ《カヤツリグサ科スゲ属 (*Carex*) の植物の総称; カケスゲ (*C. amplifolia*) など》.

Car·ey [kέ(ə)ri | kέəri] 〚← ? OWelsh *caerau* dweller at the castle: または家族名からか〛 — *n.* **1** 男性名 《異形 Carry, Cary》. **2** 女性名 《異形 Carie, Carrie, Carry, Cary》.

Carey, Henry *n.* (1687 ?–1743) 英国の詩人・作曲家; 俗説では英国国歌 God Save the King [Queen] の作詩・作曲者.

Cár·ey Strèet [kέ(ə)ri- | kέəri-] 〚London の街名; もと最高裁の破産担当部局があったことから〛 *n.* 破産.

cár·fàre *n.* 《米》 乗車運賃, バス[電車]料金: spend much on ～ 足代がたくさん掛かる.

car·fax [káəfæks | káː-] 〚ME *carfouk, -fuks* ▭ AF *carfuks* = OF *carrefurcs* (F *carrefour*) < VL **quadrifurcum* ← QUADRI- + L *furca* 'FORK'〛 — *n.* [通例地名に用いて] 《英》 四つ辻, 十字路, 交差点.

cár fèrry *n.* 貨車[客車, 自動車]渡船, 貨車[客車]航送船, カーフェリー《貨車[客車, 自動車]を乗せて河川・海峡などを渡す船》.

cár flòat *n.* 車両はしけ《車両運搬のため上面を平らにしてレールを設けたはしけ》.

car·ful [káəfʊ̀l | káː-] *n.* 車 1 台分の量[数] 〔*of*〕.

car·go [káəgou | káːgəu] 〚(1657) ▭ Sp. ～ ← *cargar* to load < LL *caricāre* 'to CHARGE'〛 — *n.* (*pl.* **~es, ~s**) (船・飛行機・車に載せる人・動物以外の)積荷, 貨物; 荷; 船荷: discharge the ～ 積荷をおろす.

cárgo bòat *n.* 荷船, 貨物船.

Cárgo Cùlt, c- c- *n.* カーゴカルト, 積荷信仰《南太平洋諸島の信仰; 死者の霊がよみがえり, 船や飛行機に近代文明のいろいろな所産を積んで来て労働の必要がなくなり, 白人の支配からも解放されるというメシア的信仰》.

cárgo nèt *n.* 〘海事〙 カーゴーネット, 荷物脱落防止網《船で荷役をする時, 海中へ荷物が落下するのを防止するため, 船側と岸壁または船側と艀(はしけ)の間に張る大幅の網》.

cár·hòp *n.* 《米》 ドライブイン食堂のウェーター[ウェートレス]《車まで食事を運んでくれる; cf. bellhop》. — *vi.* carhop として働く.

Car·i·a [kέ(ə)riə | kέərɪə] *n.* カリア《エーゲ海に接する小アジア南西部の旧地方; 首都 Halicarnassus》.

car·i·am·a [kæ̀riǽmə | -rɪ-] 〚← NL ～ ← Port. ～ ▭ Tupi *çariama*: cf. seriema〛 *n.* 〘鳥類〙 = seriema.

Car·ib [kǽrɪb, kér-, -rəb | kǽrɪb] 〚(1555) ▭ Sp. *Caribe* 《変形》 ← *canibal* 'CANNIBAL'〛 — *n.* (*pl.* ～, **~s**) **1 a** [the ～(s)] カリブ族《もと西インド諸島南部, 南米北部に住んだインディアン; 現在も西インド諸島の一部に住む》. **b** カリブ族の人. **2** カリブ語《Cariban 語族に属する》.

Car·ib·an [kǽrəbən, kér-, -bæ̀n, kəríːbən | kǽrɪbən, -bæ̀n, kəríːbən] *n.* **1 a** [the ～s] カリバン族《南米北部・南米カリブ海沿岸・小アンチル列島に住むアメリカインディアン族》. **b** カリバン族の人. **2** カリバン語族《Carib 語をふくむ南米インディアンの一語族》.

Car·ib·be·an [kæ̀rəbíːən, kèr-, kəríbiən | kæ̀rɪbíːən, -bíən, kəríbɪən] *adj.* **1** カリブ族の. **2 a** カリブ海の. **b** 西インド諸島南部・東部の. — *n.* **1** = Carib. **2** [the ～] = Caribbean Sea.

Caribbéan Séa *n.* [the ～] カリブ海《中南米と西インド諸島との間の海》.

ca·ri·be [kəríːbi, -beɪ | -bɪ, -beɪ] 〚▭ Am.-Sp. ～ ▭ Sp. ～ 'CANNIBAL': cf. Carib〛 *n.* 〘魚類〙 = piranha.

Car·i·bees [kǽrəbìːz, kér- | kǽrɪ-] *n. pl.* [the ～] = Lesser Antilles.

car·i·bou [kǽrəbùː, kér- | kǽrɪ-] 〚(1672) ▭ Canad.-F ～ ← N-Am.-Ind. (Algonquian)〛 — *n.* (*pl.* ～, **~s**) 〘動物〙 シンリントナカイ, カリブー (*Rangifer caribou*) 《北米北部の森林にすむトナカイ; cf. reindeer》.

caribou

Car·i·ca·ce·ae [kæ̀rəkéɪsiìː | -rɪ-] 〚← NL ～ ← *Carica* (属名: ← L *cārica* dried fig ← *cāricus* Carian ▭ Gk *Karikás* ← *Karía* Caria) + -ACEAE〛 — *n. pl.* 〘植物〙 (双子葉植物ツバキ目) パパイア科. **car·i·cá·ceous** [-ʃəs] *adj.*

car·i·ca·tur·a·ble [kǽrɪkətʃʊ̀(ə)rəbl̩, kér-, -rə-, -t(j)ʊ̀(ə)r-, -tʃər- | kǽrɪkətjʊ̀ər-, -tʃʊ̀ər-, ⌐⌐⌐⌐⌐] *adj.* カリカチュアになりうる[適した]; カリカチュアにしやすい.

car·i·ca·ture [kǽrɪkətʃʊ̀ə, kér-, -rə-, -t(j)ʊ̀ə, -tʃə | kǽrɪkətjʊ̀ə(r, -tʃʊ̀ə(r, ⌐⌐⌐⌐] 〚(*a*1682) ▭ F ～ // It. *caricatura* 《原義》 something overloaded, distorted ← *caricare* to (over)load, exaggerate ▭ LL *carricāre* 'to load a car, CHARGE'〛 — *n.* **1** カリカチュア, 風刺漫画[文], 戯画[文]《人や物の特徴を滑稽に誇張したり, 故意に単純化した表現; またはそういう絵・文・ものまね; cf. cartoon 1 a》: make a ～ of …を漫画にする, カリカチュアにする. **2** 戯画[文]をかく技法. **3** 拙劣な模倣, へたなもじり[まね]. — *vt.* カリカチュア風に描く[描写する]. **car·i·ca·tur·al** [kæ̀rɪkətʃúː(ə)rəl, kèr-, -rə-, -t(j)ú(ə)r- | kæ̀rɪkətjúər-, -tʃúər-] *adj.*

cáricature plànt 〚葉にしばしば人の横顔を思わせる斑紋ができることから〛 *n.* 〘植物〙 東インド諸島原産のキツネノマゴ科の低木 (*Graptophyllum pictum*) 《観賞用》.

cár·i·ca·tùr·ist [-rɪst, -rəst | -rɪst] *n.* カリカチュアをかく人, 風刺漫画家.

carices *n.* carex の複数形.

car·i·es [kέ(ə)riz, -riìːz | kέəriìːz] 〚(1634) ▭ L *cariēs* rottenness ← IE **ker-* to injure (Gk *kḗr* death)〛 *n.* (*pl.* ～) 〘病理〙 **1** カリエス, 骨瘍(よう). **2** 齲食(うしょく), 虫歯.

car·il·lon [kǽrəlɑ̀n, kér-, -lən, -rijɑ̀n | kærɪljən, -lɔ̀n, kəríljən; *F.* karijɔ̃] 〚(1803) ▭ F ～ 'chime of (orig. four) bells' ← OF *quarregnon* ← LL *quaterniō(n-)* a set of four: ⇨ quaternion〛 — *n.* (*pl.* **~s** [～z; *F.* ～]) **1 a** (鐘楼の)一組の鐘, 組み鐘, カリヨン. **b** 鐘楼 (campanile). **2** 〘音楽〙 鐘楽, 鐘楽曲《一組の鐘を鳴らして奏する音楽》. **3 a** カリヨン, 鉄琴 (glockenspiel). **b** (オルガンの)鐘音栓(せん). — *vi.* 鐘楽を奏する.

car·il·lon·neur [kæ̀rələnə́ː, -riənə́ː | kærɪljənə́ː(r, kərìl-; *F.* karijɔnœːr] 〚▭ F ～ ← *carillon* (↑)〛 *n.* (*pl.* **~s** [-z]) カリヨン[鐘楽]奏者.

ca·ri·na [kəráɪnə, -ríː-] 〚(1704) ← NL *carina* ← L 'keel'〛 — *n.* (*pl.* **~s, ca·ri·nae** [-ráɪniː, -ríːnaɪ]) **1** 〘動物〙 **a** 竜骨, 胸峰《鳥の胸骨の中央部の突起》. **b** (哺乳類の)竜骨状の突起. **2** 〘植物〙 (蝶(ちょう)形花冠の)竜骨弁, 舟弁, 翼弁. **ca·rí·nal** [-nl̩] *adj.*

Ca·ri·na[1] [kəráɪnə, -ríː-] 〚↑〛 *n.* 〘天文〙 りゅうこつ(竜骨)座《アルゴ座 (Argo) の一部; α 星は Canopus; the Keel ともいう》.

Ca·ri·na[2] [kəríːnə, -ráɪ-] 〚⇨ CAREN〛 *n.* 女性名.

Car·i·na·tae [kæ̀rənáːtiː, -néɪ- | -rɪ-] 〚← NL ～ ← L *carina* keel + *-atae* ((fem. pl.) ← *-ātus* '-ATE[2]')〛 *n. pl.* 〘動物〙 峰胸類.

car·i·nate [kǽrənèɪt, -nət, -nɪt | -rɪ-] 〚▭ L *carinātus* ← *carina* keel〛 — *adj.* **1** 〘生物〙 竜骨[竜骨弁]のある (cf. ratite 1). **2** 竜骨形の. — *n.* 〘動物〙 峰胸類の鳥, 竜骨弁のある鳥.

car·i·nat·ed [kǽrənèɪtɪd, -təd | -rɪnèɪtɪd, -təd] *adj.* = carinate.

Ca·rin·thi·a [kərínθiə | -θɪə, -θjə] *n.* ケルンテン《オーストリア南部の州; 人口 526,000, 面積 9,534 km², 首都 Klagenfurt; ドイツ語名 Kärnten》.

ca·rin·u·la [kərínjʊlə] 〚← NL ～: ⇨ carina, -ula[1]〛 *n.* **1** 〘動物〙 小竜骨. **2** 〘植物〙 小竜骨弁.

car·i·o- [kέ(ə)rio(ʊ) | kέərɪə(ʊ)] 〚← L *cariēs* 'CARIES'〛 〘医学〙「カリエス (caries)」の意の連結形: *cariogenic*.

Car·i·o·ca [kæ̀rióʊkə, kèr- | kæ̀rɪə́ʊ-] 〚▭ Port. ～ ▭ Tupi ～ ← *cari* white + *oca* house〛 — *n.* **1** カリオカ (Rio de Janeiro の人または住民). **2** [c-] 〘音楽〙 **a** カリオカ《Carioca samba の略で,「リオデジャネイロ風サンバ」の意》. **b** カリオカの曲.

car·i·ole [kǽriòʊl, kér- | kǽrɪəʊl] 〚▭ F *carriole* ▭ Prov. *carriola* (dim.) ← *carri* < VL **carrium* ← L *carrus* vehicle: cf. car, carryall〛 — *n.* **1** 四輪一頭引きの有蓋[無蓋]軽馬車. **2** 屋根付き軽荷車. **3** 《カナダ》犬ぞり (dog sled).

car·i·os·i·ty [kὲ(ə)riɑ́səti | kὲərɪɔ́sətɪ, -sɪ-] 〚← NL *cariōsitat-em*: ⇨ ↓, -ity〛 *n.* 〘病理〙 カリエス性, 骨[歯]の腐食[齲食(うしょく)], 骨瘍(よう).

car·i·ous [kέ(ə)riəs | kέərɪ-] 〚← L *cariōs-us* ← *cariēs*: ⇨ caries, -ous〛 — *adj.* **1** 〘病理〙 **a** カリエス (caries) の[にかかった]. **b** 〈歯が〉齲食(うしょく)になった, 虫歯になった (decayed): ～ teeth. **2** 腐った, 朽ちた: ～ timbers. **~·ness** *n.*

car·i·so·pro·dol [kəràɪsəpróʊdɔ(ː)l, -zə-, -doʊl | -sə(ʊ)prə́ʊdɔl, -zə(ʊ)-] 〚← CAR(BO)- + ISOPRO(PYL) + D(I)-[1] + -OL[1]〛 — *n.* 〘薬学〙 カルイソプロドール ($C_{12}H_{24}N_2O_4$) 《筋弛緩剤, 鎮静剤, 鎮痛剤》.

ca·ri·tas [kǽrətæ̀s, káːrɪtɑ̀ːs, -rə- | kǽrɪtæ̀s, káːrɪtɑ̀ːs] 〚▭ LL *cāritās*: ⇨ charity〛 *L. n.* 愛, 慈愛, カリタス.

cark [káək | káːk] 〚(*a*1150) ▭ ONF *carqu-ier* = OF *chargier* (F *charger*) 'to CHARGE': cf. car〛 《古》 — *n.* 心配 (anxiety), 苦労; 悩みの種. — *vt.* 心配させる, 悩ます. — *vi.* 心配する, くよくよする.

cárk·ing *adj.* 《古》 不安な, 心配な, いらいらさせる: ～ care(s) (気)苦労.

cár knòcker *n.* 〘鉄道〙 **1** 車両検査人《車両をハンマーで叩いて異常を調べる係》. **2** 車両修理人.

carl [káəl | káːl] 〚late OE ～ ▭ ON *karl* man < Gmc **karlaz, *karlon* (OE *ceorl* 'CHURL' / OHG *kar(a)l* (↓)〛 — *n.* **1** 《スコット》 **a** 丈夫な男; 男, 奴 (fellow). **b** けちな男. **2** 《古・方言》 [軽蔑的に] 無骨[粗野]な男 (churl). **3** 《古》 百姓.

Carl [káəl | káːl; *G.* karl, *Dan.* kaːˀrl, *Swed.* kaːrl] 〚▭ G *Karl* < OHG *kar(a)l* man (↑): cf. Charles〛 *n.* 男性名. ★ 米国に多い.

Car·la [káələ | káː-] 〚⇨ Caroline[1]〛 *n.* 女性名.

carle [káəl | káːl] *n.* = carl.

Cár·ley flòat [káəli- | káːlɪ-] 〚← *H. S. Carley* (このボートを考案した米国人)〛 *n.* カレー式ゴム製救命ボート《単に Carley ともいう》.

car·line[1] [káəlɪn, -lən | káːlɪn] 〚(*a*1325) 《スコット》 *kerling* ▭ ON (fem.) ← *karl* 'CARL': ⇨ -ine[4]〛 — *n.* (*also* **car·lin** [～]) 《スコット》 **1** [軽蔑的に] 女; (特に)老婆. **2** 魔女 (witch).

car·line[2] [káəlɪn, -lən | káːlɪn] *n.* 〘造船〙 = carling.

car·line[3] [káəlɪn, -lən, -laɪn | káːlɪn, -laɪn] *n.* 〘植物〙 = carline thistle.

cár lìne *n.* 《米》 市街電車線路.

cárline thìstle 〚*carline*: (1578) ▭ F ～ ▭ ML *carlīna* ← L *carduus* thistle: *d* → *l* の変化は *Carolus* (*Magnus*) Charlemagne との連想か; その軍隊が疫病に悩まされた時, 天使が王にこれを与えたという伝説がある: cf. card[1]〛 — *n.* 〘植物〙 ヨーロッパ・中央アジア産キク科チャボアザミ属 (*Carlina*) の植物の総称; (特に)チャボアザミ (*C. acaulis*) と *C. vulgaris* 《昔, 根を薬用とした》.

car·ling [káəlɪŋ | káː-] 〚(1611) ▭ F *carlingue* ▭ ON *kerling*: ⇨ carline[1]〛 *n.* [通例 *pl.*] 〘造船〙 短縦梁(りょう), カーリング.

Carliol. 《略》 *ML.* Carliolēnsis (= of Carlisle) 《Bishop of Carlisle が署名に用いる; ⇨ Cantuar. 2》.

Car·lisle[1] [kaəláɪl | kaː-] 〚《略》 ← *Carlisle hook*: *Carlisle* は家族名からか〛 *n.* 〘釣〙 カーライル《真円の曲りの釣鉤》.

Car·lisle[2] [kaəláɪl, kə-, káəlaɪl | kaːláɪl; (現地では) ⌐⌐] 〚late OE *Karlioli* ← OWelsh *caer* city + ? *Lugu-valos* (人名)〛 — *n.* イングランド Cumbria 州の首都; 大聖堂がある; 人口 100,000.

Car·lism [káəlɪzm | káː-] 〚(1830) ▭ Sp. *Carlismo* ← *Don Carlos* + *-ismo* '-ISM'〛 *n.* Spain のカルロス (Don Carlos) 家の王位継承権を主張する主義.

Cár·list [-lɪst, -ləst | -lɪst] 〚▭ Sp. *Carlista*: ↑〛 — *n.* **1** カルロス党員《スペインの Don Carlos の王位継承権の支持者》. **2** フランスの Charles 十世の支持者《特に, 1830 年以降に現われた呼称》. — *adj.* カルロス党の.

Car·lo [káəloʊ | káːləʊ; *It.* kárlo] 〚▭ It. ～: ⇨ Charles〛 *n.* 男性名.

cár·lòad *n.* **1** 貨車一両分の貨物. **2** 《米》〘鉄道〙 carload rate が適用される最低重量.

cár·lòading *n.* [通例 *pl.*] 〘鉄道〙 一定期間の貨物の量.

cárload lòt *n.* 《米》 貨車貸切扱い標準量.

cárload ráte *n.* 《米》 貨車貸切扱い運賃率.

Car·los [káəlɔs, -loʊs | káːlɔs; *Sp.* kárlos], **Don** *n.* ドンカルロス (1788–1855; スペインの Charles 四世の第二子, 王位僭(せん)称者).

Car·lot·ta [kaəlɑ́tə | kaːlɔ́tə; *It.* karlɔ́tta] 〚▭ It. ～ 'CHARLOTTE[2]'〛 *n.* 女性名.

Car·lo·vin·gi·an [kàələvíndʒiən, -dʒən | kɑ̀ːlə(ʊ)víndʒɪən, -dʒən] 〚(1781) ▭ F *carlovingien* 《混成》 ? ← 《廃》 *carlien* 'CAROLINGIAN' + *mérovingien* 'MEROVINGIAN'〛 — *adj., n.* = Carolingian.

Car·low [káəloʊ | káːləʊ] *n.* **1** アイルランド共和国南東部 Leinster 地方の州; 面積 896 km², 人口 35,000. **2** 同州の首都; 人口 10,000.

Car·lo·witz [káələwɪts | káː-] 〚▭ G *Karlowitzer* ← *Karlowitz* (現在の *Karlovci Sremski*: ユーゴスラビア Danube 河畔の産地名)〛 *n.* カーロヴィッツ(ワイン)《ユーゴスラビアの Karlowitz 産の甘口の赤ぶどう酒》.

Carls·bad [*G.* kárlsbaːt] *n.* カールスバート《Karlovy Vary の旧ドイツ語名》.

Cárls·bad Cáverns Nátional Párk [káəlzbæd- | káːlz-] *n.* カールズバード ケイヴァンズ国立公園《米国 New Mexico 州南東部にあり, 巨大な石灰洞窟群で有名, 1930 年指定; 面積 189 km²》.

Carl·ton [káəltən, -tn | káːltən, -tn̩] 〚← OE *carlatūn* farmer's settlement: cf. carline[1], town〛 *n.* 男性名 《異形 Carleton》.

Cárlton táble 〚← *Carlton House* (1709–1828: 英国 London の旧御用邸の名)〛 *n.* カールトンテーブル《天板の上部後方に整理棚と引き出しを備えた書机》.

Car·lyle [kaəláɪl, ⌐⌐ | kaːláɪl], **Thomas** *n.* (1795–1881) スコットランド生れの英国の思想家・評論家・歴史家; *Sartor Resartus*「衣装哲学」(1833–34), *The French Revolution* (1837), *On Heroes and Hero-worship* (1841); 別名 the Sage of Chelsea.

Car·lyl·e·an [kaəláɪliən, kə-, -ljən | kaːláɪljən, -lɪən] 〚⇨ ↑, -an[1]〛 *adj.* カーライル風[崇拝]の. — *n.* カーライル崇拝者.

Car·lyl·ese [kɑ̀əlaɪlíːz, -líːs | kɑ̀ːlaɪlíːz] 〚⇨ -ese〛 *n.* カーライル風の文体.

Car·lyl·i·an [kaəláɪliən, kə-, -ljən | kaːláɪljən, -lɪən] *adj., n.* = Carlylean.

Car·lýl·ism [-lɪzm] 〚⇨ -ism〛 — *n.* **1** カーライル主義《近代社会を非難し, 強力な指導者の必要性を説いた Carlyle の主義・思想》. **2** カーライルの文体《長文・新語使用・ドイツ語法などを特徴とする Carlyle の文体》.

Carm. 《略》 Carmarthenshire.

car·ma·gnole [kάəmənjòʊl | kά:mənjə̀ʊl ; *F.* karmaɲɔl] 〘《1796》▭F ～ 《原義》 jacket worn by peasants in Carmagnola ← *Carmagnola* (イタリア北西部の町の名, 1792年革命派により占拠された)〙 ── *n.* (*pl.* ～**s** [～z ; *F.* ～]) **1** 〘音楽〙 **a** カルマニョール《フランス革命当時下層階級の革命派の人人の間に流行した歌》. **b** カルマニョールに合わせて踊る踊り. **2 a** カルマニョール《フランス革命当時流行した広い折り襟と金属ボタンのついた男子用のゆったりしたジャケット》. **b** フランス革命家たちの服装《カルマニョールジャケットと黒のパンタロン・自由を象徴する赤い帽子 (liberty cap) からなる》.

carmagnole 2

cár·màker *n.* 自動車製造業者.

cár·man [-mən] *n.* (*pl.* **-men** [-mən, -mèn]) **1** 電車の乗務員《運転手または車掌》. **2** 荷馬車の御者, 車力; トラックの運転手 (carter).

Car·mar·then [kaəmάəðən, kə- | kəmά:-] 〘▭O Welsh *Cair Mirdin* 《原義》 fort near the sea〙 ── *n.* **1** ウェールズ Dyfed 州の首都, 旧 Carmarthen 州の首都; 人口 13,000. **2** ＝Carmarthenshire.

Car·mar·then·shire [kaəmάəðənʃiə, kə-, -ʃə | kəmά:ðənʃə(r, -ʃìə(r] *n.* ウェールズ南部の旧州; 1974年 Dyfed 州の一部となる; 面積 2,383 km², 首都 Carmarthen.

Carmarths. 《略》 Carmarthenshire.

car·mel [kάəməl | kά:mel, -məl] 〘⇨ Carmelite〙 *n.* カルメル会(女子)修道院.

Car·mel[1] [kάəməl | kά:mel, -məl] 〘▭Heb. *Karmél* Mt. Carmel, 《原義》 orchard : cf. Carmen〙 *n.* 女性名 《愛称形 Carmelita, 異形 Carmela》.

Car·mel[2] [kάəməl | kά:mel, -məl] 〘もと川の名(最初この地に上陸した探険隊の中にカルメル会修道士がいたのにちなむ)〙 ── *n.* 米国 California 州西部, San Francisco 南 160 km にある町; 1904年ごろから芸術家の住宅地; Carmel-by-the-Sea ともいう.

Carmel, Mount *n.* カルメル山《イスラエル北西から地中海岸まで連なる; 全長約 26 km; 最高峰は 546 m; cf. *1 Kings* 18 : 19》.

Car·mel·a [kaəmélə | ka:-] 〘⇨ Carmel[1]〙 *n.* 女性名.

Car·me·li·ta [kὰəməlí:tə | kὰ:məlí:tə] 〘(dim.) ← CARMEL[1]〙 *n.* 女性名.

Car·mel·ite [kάəməlàɪt | kά:mɪ-, -mə-, -me-] 〘《*c*1450》 ▭LL *Carmēlīt-ēs* ▭Gk *Karmēlī́tēs* inhabitant of Mt. Carmel〙 ── *n.* 〘カトリック〙 **1** [the ～s] カルメル会《1156年イタリアの巡礼 Berthold がパレスチナ (Palestine) のカルメル山に修道院を建てて始めた修道会; パレスチナの十字軍の失敗と共にヨーロッパ西部に移り托鉢(たく)修道会となった》. **2** カルメル会修道士《白衣を着用したので, White Friar ともいう》. **3** カルメル会修道女. ── *adj.* カルメル会(会士)の.

Car·men [kάəmən | kά:men ; *F.* karmɛn, *Ruman.* kármen, *Sp.* kármen] 〘▭Sp. ～ 'CARMEL[1]' // ← L *carmen* song〙 *n.* 女性名.

Car·mi·chael [kάəmaɪkəl | ka:mάɪ-] 〘← Sc.-Gael. *caramichil* friend of St. Michael // *kermichil* (from) Michael's stronghold〙 *n.* 男性名.

car·min·a·tive [kaəmínətɪv, kάəmənèɪt- | kά:mɪnət-] 〘《?*a*1425》▭(O)F *carminatif* // ML *carminātīvus* ← L *carminātus* (p.p.) ← *carmināre* to cleanse : ⇨ -ative〙 〘薬学〙 ── *adj.* (胃や腸内の)ガスを排出する, 駆風的な. ── *n.* 駆風剤.

car·mine [kάəmɪn, -mən, -maɪn | kά:maɪn] 〘《1712》 ▭F *carmin* // ML *carmīni-um* ▭Arab. *qirmiz* 'CRIMSON' : ML の形は L *minium* red lead との連想か〙 ── *n.* 洋紅(絵の具), カーマイン. ── *adj.* 洋紅色の.

cármine crábapple *n.* 〘植物〙 明るい赤紫色の花と赤い実をつけるバラ科のリンゴの類の落葉低木 (*Malus atrosanguinea*) 《ハナカイドウにズミを交雑して作られた品種》.

carn [kάən | kά:n] *n.* ＝cairn.

Carn. 《略》 Carnarvonshire.

Cár·na·by Strèet [kάənəbi- | kά:nəbɪ-] *n.* カーナビー通り[街]《ロンドンの街名; 若者向けのファッション店街として有名》.

car·nage [kάənɪdʒ | kά:-] 〘《1600》▭F ～ ▭It. *carnaggio* < ML *carnāticum* ← *carnis, carō* meat ← L *carnem, carō* flesh : ⇨ ↓, -age〙 ── *n.* **1** (戦争などによる多数の人間の)虐殺, 殺戮(さつ), 修殺 : a scene of ～ 修羅(しゅら)場《戦場など》. **2** 〘▭F ～ ▭Prov. *carnatge* flesh, carrion〙 [集合的] 《廃》 (戦場の)死体, しかばね, 死体の山.

car·nal [kάənḷ | kά:-] 〘《?*a*1425》 ▭eccl. L *carnāl-is* ← L *carn-, carō* ← IE *(*s*)*ker-* to cut (Gk *keírein* : cf. shear) : ⇨ -al[1]〙 ── *adj.* **1** 肉の, 肉体の. **2** 肉感的な, 官能的な; 肉欲的な, 情欲的な : ～ affections (プラトニックな愛情に対し)情欲的な愛 / ～ pleasures 肉欲的快楽 / ～ appetite [desire, lust] 肉欲, 性欲 / ⇨ carnal knowledge. **3** 非精神的な, 物質的な; 現世的な, 浮世の (↔ spiritual) : ～ ambitions 現世的名利心 / the ～ world 現世. **4** 《廃》 肉食の; 獰猛(どう)な : a ～ cur. **～·ly** [-nḷi, -nəli | -nəli, -nḷɪ] *adv.*

cárnal abúse *n.* 〘法律〙 (少女に対する)性交《しかし主に, 性交に至らない女性器の傷害を意味する》.

cár·nal·ism [-nəlìzm, -nḷ-] *n.* 肉欲主義; 現世[快楽]主義.

car·nal·i·ty [kaənǽləti | ka:nǽlətɪ, -lɪ-] 〘▭LL *carnālitāt-em* : ⇨ carnal, -ity〙 ── *n.* **1** 肉(体)であること[状態]. **2** 肉欲, 性欲, 情欲. **3 a** 肉欲に耽ること, 淫蕩(とう). **b** 肉欲行為, (特に)性交. **4** 現世欲, 俗念, 世俗性.

car·nal·ize [kάənəlàɪz, -nḷ- | kά:-] *vt.* 肉欲的にする, 肉欲にふけらせる (sensualize).

cárnal knówledge *n.* 〘法律〙 (少女に対する)性交《少しでも男性器が女性器に侵入した場合》: have ～ of ... と性交する.

car·nall·ite [kάənəlàɪt, -nḷ- | kά:-] 〘▭G *Carnallit* ← *R. von Carnall* (1804–74 : プロイセンの鉱山監督官吏) : ⇨ -ite[1]〙 ── *n.* 〘鉱物〙 カーナライト, 光鹵(ろ)石 ($KMgCl_3 \cdot 6H_2O$) 《一種の岩塩肥料》.

Car·nap [kάənæp | kά:- ; *G.* kárnap], **Rudolf** *n.* カルナップ《1891–1970 ; ドイツ生まれの米国の哲学者・論理学者; 論理実証主義の運動の代表者》.

cár·nàp·per [-næpə | -pə(r] 〘← CAR＋(KID)NAPPER〙 *n.* (*also* **car·nap·er** [～]) 自動車泥棒.

Car·nar·von [kaənάəvən, kə- | kənά:-] *n.* ＝Caernarvon.

Car·nar·von·shire [kaənάəvənʃiə, kə-, -ʃə | kənά:vənʃə(r, -ʃìə(r] *n.* ＝Caernarvonshire.

car·nas·si·al [kaənǽsiəl | ka:nǽsɪ-] 〘← F *carnassi-er* flesh-eating (← Prov. *carnasier* ← *carnasso* plenty of meat ← L *carō* flesh) ＋-AL[1] : ⇨ carnage〙 〘動物〙 ── *adj.* 〈獣の歯が〉肉をかみ切るのに適した; 裂肉歯の[に関する]. ── *n.* 裂肉歯《食肉動物の上あご最後の前臼歯と下あごの第一後臼歯》.

Car·nat·ic [kaənǽtɪk | ka:nǽt-] *n.* カーナティック《インドの南東部, Eastern Ghats 山脈と Coromandel 海岸との間の地方; 歴史上重要な地域; 今は Tamil Nadu 州と Andhra Pradesh 州に属する》.

car·na·tion [kaənéɪʃən | ka:-] 〘《*c*1535》▭F ～ 'flesh tint, complexion' ▭It. *carnagione* ← *carne* flesh : ⇨ carnage, -ation : 「カーネーション」の方は初め *coronation, cornation* などの形で現われ「*corona* (crown) の形に似ている」意であったらしい: cf. carnelian〙 ── *n.* **1** 〘植物〙 カーネーション《clove pink の八重咲き変種》. ★ 米国 Ohio 州の州花. **2** 肉色, 淡紅色 (pink). ── *adj.* カーネーション色の, 淡紅色の.

car·nau·ba [kaənɔ́:bə, -náʊ-, kὰənaʊ́:bə | ka:nɔ́:bə, -náʊ-] 〘▭Brazilian-Port. ～ ▭Tupi〙 ── *n.* **1** 〘植物〙 ブラジルロウヤシ (⇨ wax palm 2). **2** カルナウバ蠟《ブラジルロウヤシの葉から分泌する良質の蠟で, 靴クリーム・クレヨン・レコードなどの製造に用いる; carnauba wax ともいう》.

Car·ne·gie [kάənəgi, kaənégi, kə- | ka:négɪ, -néɪ-, -ní:-], **Andrew** *n.* (1835–1919) スコットランド生れの米国の製鉄業者; 巨万の財産を各種の教育・学術・社会事業に寄付した.

Cárnegie Foundátions *n. pl.* [the ～] カーネギー財団.

Cárnegie Háll *n.* カーネギーホール《米国 New York 市の有名な演奏会場; 1891年開場; 1898年の改築に際し建築資金の大部分を Andrew Carnegie の寄付によったのでその名にちなんで命名された》.

Cárnegie Institútion *n.* [the ～] カーネギー協会《A. Carnegie が 1902年米国 Washington, D.C. に創設した学術文化研究奨励事業中央機関》.

Cárnegie Médal 〘← *Andrew Carnegie*〙 *n.* カーネギー賞《英国の児童文学賞, 1937年設立; cf. Newberry Award》.

car·ne·lian [kaəní:ljən | kəní:ljən, ka:-, -lɪən] 〘《変形》 ← CORNELIAN : *carn-* となったのはその色から L *carō* (flesh) への連想による〙 ── *n.* 〘鉱物〙 カーネリアン, 紅玉髄 《cornelian ともいう》.

car·net [kaənéɪ | ka:- ; *F.* karnɛ] 〘▭F ～ 《原義》 notebook : cf. quire[1]〙 ── *n.* **1** カルネ : **a** ヨーロッパで自動車が国境を越えるときに必要な自動車の所有と自動車保険加入済みを公認する証明証. **b** キャンプ場使用許可書. **c** 〘航空〙 飛行機の乗員がパスポートを持ち歩かなくてもよいように国際航空連盟が発行するカード. **2** (バス・地下鉄などの)回数券.

car·ney[1] [kάəni | kά:nɪ] 〘← ?〙 《英口語》 *vt.* 甘言でだます, 口車に乗せる. ── *adj.* 巧妙な; ずるい.

car·ney[2] [kάəni | kά:nɪ] *n.* ＝carny[2].

car·nie [kάəni | kά:nɪ] *n.* ＝carny[2].

car·ni·fi·ca·tion [kὰənəfɪkéɪʃən, -fə- | kὰ:nɪfɪ-] *n.* **1** 〘病理〙 肉様変化, 肉質化《肺の組織が肺炎によって肉様物質に変化すること》. **2** 〘神学〙 肉変《全質変化によって聖体のパンがキリストの肉に変化すること》.

car·ni·fy [kάənəfàɪ | kά:nɪ-] 〘← *carni-* (← L *carō* flesh) ＋-FY〙 〘病理〙 *vt.* 〈骨・組織〉に肉様変化を起こす. ── *vi.* 〈骨・組織が〉肉様変化する, 肉質化する.

Car·ni·o·la [kὰəniόʊlə, kaənjóʊ- | kὰ:niə́ʊ-, ka:njə́ʊ- ; *It.* karnjó:la] *n.* カルニオラ《昔のオーストリア領の一地方(公国); 今はユーゴスラビアの北西部地方》.

car·ni·tine [kάənətì:n | kά:-] 〘← *carn-* (← G *Karnin* basic substance isolated from meat extract ← L *carni-, carō* flesh) ＋-IT(E)＋-INE[3]〙 ── *n.* 〘化学〙 カルニチン《ビタミン T ともいう昆虫の成長ホルモンの一種》.

car·ni·val [kάənəvəl | kά:nɪ-] 〘《1549》▭It. *carnevale* Shrove Tuesday < ML *carnelevāmen, -levārium* 《原義》 cessation of flesh-eating ← L *carō* flesh (⇨ carnal) ＋*levāre* to lighten, raise : 通俗語源によって ML *carne vāle* "Flesh, farewell!" と連想された〙 ── *n.* **1** カーニバル, 謝肉祭《四旬節 (Lent) の直前の 3 日間 (日・月・火)の祝祭で, カトリック教国では四旬節中は肉食を断つので四旬節前の最後に肉を食べる日をこう呼ぶことがある; cf. Mardi Gras》. **2** ばか騒ぎ, 底抜け騒ぎ, 大浮かれ : a ～ of bloodshed 流血の惨劇. **3 a** 《米》 巡回見世物 (circus). **b** (お祭り・コンテストなどの)出し物, お祭り行事, 催し物 (festival); (スポーツの)祭典.

cárnival glàss 〘カーニバルの模擬店で賞としてしばしば用いられたところから〙 ── *n.* 〘ガラス製造〙 カーニバルグラス《20世紀の初めに米国で大量生産された色の変化に富んだ虹彩づけした押し型ガラス》.

Car·niv·o·ra [kaənív(ə)rə | ka:-] 〘← NL ～ ← L ～ (neut. pl.) ← *carnivorus* (↓)〙 *n. pl.* 〘動物〙 **1** 食肉目. **2** [c-] 肉食獣; (特に)食肉目の動物.

car·ni·vore [kάənəvɔ̀ə, -vòə | kά:nɪvɔ̀:(r] 〘▭F ～ ▭L *carnivorus* (↓)〙 *n.* **1** 〘動物〙 肉食獣; (特に)食肉目の動物. **2** 〘植物〙 食虫植物.

car·niv·o·rous [kaənív(ə)rəs | ka:-] 〘《1646》 ← L *carnivorus* (← *carō* flesh＋*vorāre* to devour)＋-OUS〙 ── *adj.* **1 a** 〈動物が〉肉食性の (cf. omnivorous 1, herbivorous). **b** 〈植物が〉食虫性の : ～ plants 食虫植物. **2 a** 肉食動物[獣]の. **b** 食虫植物の. **～·ly** *adv.* **～·ness** *n.*

car·no·sine [kάənəsì:n, -sɪn, -sən | kά:nəsì:n, -sɪn] 〘← *carnos-* (← L *carnōsus* fleshy ← *carō* flesh)＋-INE[3]〙 ── *n.* 〘生化学〙 カルノシン ($C_9H_{14}N_4O_3$) 《大部分の哺乳類の筋肉に含まれる無色結晶状のジペプチド (dipeptide)》.

Car·not [kaənóʊ | ka:nə́ʊ ; *F.* karno], **La·zare** (**Nicolas Marguerite**) [laza:r] *n.* カルノー《1753–1823 ; フランスの政治家・将軍・数学者; フランス革命で公安委員会に加わり, 後総裁政府の一員となる》.

Carnot, Nicolas Lé·o·nard Sa·di [leɔna:r sadi] *n.* カルノー《1796–1832; フランスの物理学者; L. Carnot の子; 熱力学の先駆者》.

Carnót cỳcle 〘《なぞり》 ← F *cycle de Carnot* ← N. L. S. *Carnot*〙 ── *n.* 〘物理化学〙 カルノーサイクル, カルノー循環《熱機関の最大効率の法則を示すために Sadi Carnot が提案した準静的等温および断熱過程の組合せによる循環過程; Carnot's cycle ともいう》.

Carnót èngine *n.* 〘物理化学〙 カルノーエンジン, カルノー熱機関《準静的断熱過程と等温過程の組み合わせで働く理想的熱機関》.

car·no·tite [kάənətàɪt | kά:-] 〘▭F ～ ← *M. A. Carnot* (1839–1920 : フランスの鉱山検査長官) : ⇨ -ite[1]〙 ── *n.* 〘鉱物〙 カルノー石 ($K_2(UO_2)_2(VO_4)_2 \cdot 3H_2O$) 《ウラニウム原鉱》.

Carnót refrìgerator *n.* 〘物理化学〙 カルノー冷却器《カルノーサイクルにより, 仕事を与えられて低熱源から高熱源に熱を運ぶポンプ》.

Carnót's cýcle *n.* 〘物理化学〙 ＝Carnot cycle.

car·ny[1] [kάəni | kά:nɪ] *vt., adj.* ＝carney[1].

car·ny[2] [kάəni | kά:nɪ] 〘← CARN(IVAL)＋-Y[2]〙 *n.* 《米俗》 **1** 巡回見世物 (carnival). **2** 巡回見世物で働く人.

car·ob [kǽrəb] 〘《1548》▭F *carobe* ▭ML *carrubium* ▭Arab. *kharrūbaʰ* pod, bean〙 ── *n.* 〘植物〙 イナゴマメ (*Ceratonia siliqua*) 《地中海沿岸に産するマメ科サイカチの類の高木; carob tree ともいう》.

ca·roche [kəróʊtʃ, -róʊʃ | -rə́ʊtʃ, -rə́ʊʃ] 〘▭F 《廃》 *carroche* ▭It. *carroccio* ← *carro* chariot < L *carrum* 'car'〙 ── *n.* カローチ, カローシュ《17世紀ごろ流行した豪華な馬車》.

car·ol [kǽrəl, kér- | kǽr-] 〘《*c*1300》▭OF *carole* a dance in a ring ← ML *choraula* dance to the flute ← L *choraulēs* ▭Gk *khoraúlēs* flute-player for a chorus-dancing ← *khorós* dance in a ring＋*aulein* to play on the flute (← *aulós* flute) : cf. chorus〙 ── *n.* **1** キャロル, (宗教的な)祝い歌, 喜びの歌; (特に)クリスマス祝歌[キャロル] : a Christmas ～ クリスマス祝歌[キャロル]. **2** 《廃》 (歌を伴う)一種の旋回ダンス.
── *v.* (**car·oled, -olled; -ol·ing, -ol·ling**) ── *vi.* **1** 喜び歌う, 楽しく歌う. **2** クリスマスイブに近所をクリスマス祝歌を歌ってまわる. **3** 〈鳥などが〉歌う, (楽しげに)さえずる. ── *vt.* **1** 聖歌を歌ってほめたたえる. **2** 〈歌を〉楽しげに歌う[さえずる].

Car·ol [kǽrəl, kér- | kǽr-] 〘1 : ▭ML *Carolus* : cf. Charles. 2 : ⇨ Caroline[1]〙 *n.* **1** 男性名. **2** 女性名 《異形 Carole, Carrol, Caroll》. ★ 米国南部で一般的.

Carol II *n.* カロル二世《1893–1953; ルーマニアの王 (1930–40)》.

Car·o·le·an [kὰrəlí:ən, kèr- | kὰrəlí:ən, -líən] *adj.* ＝Caroline[2].

cár·ol·er, 《英》 **cár·ol·ler** [-lə | -lə(r] *n.* 祝歌[キャロル] (carol) を歌う人.

caroli *n.* carolus の複数形.

Car·o·li·na [kὰrəláɪnə, kèr- | kὰr-] 〘▭L ～ (fem. adj.) ← *Carolus* Charles : Charles I (or II) にちなむ〙 ── *n.* **1** 米国大西洋岸の旧植民地; 1729年南北 (South Carolina, North Carolina) に分かれた. **2** [the ～s] (米国の)南北カロライナ両州.

Carolína állspice *n.* 〘植物〙 ＝strawberry shrub.

Carolína chíckadee *n.* 〘鳥類〙 カロライナコガラ (*Parus carolinensis*) 《米国南東部産のアメリカコガラ (black-capped chickadee) に類似し, それより小型のコガラの一種》.

Carolína jéssamine [**jásmine**] *n.* 〘植物〙 ＝yellow jessamine 2.

Carolína líly *n.* 〘植物〙 米国南東部産の紫色の斑点

のある橙赤色の花をつけるユリ科の球根植物 (*Lilium michauxi*).

Carolína móonseed *n.* 〘植物〙米国南東部産ツヅラフジ科の赤い実のなる蔓性の低木 (*Cocculus carolinus*).

Carolína párrakeet *n.* 〘鳥類〙カロライナインコ (*Conuropsis carolinensis*)《もと米国北部に分布し, 頭部は黄色で羽は黄緑色の小型インコ; 今は絶滅した》.

Carolína rhododéndron *n.* 〘植物〙米国南東部産の赤紫の花が咲くシャクナゲの一種 (*Rhododendron carolinianum*).

Carolína vanílla *n.* 〘植物〙=wild vanilla.

Carolína wrén *n.* 〘鳥類〙チャバラミソサザイ (*Thryothorus ludovicianus*)《米国産の鳴き声の大きい大型のミソサザイの一種》.

Car·o·line[1] [kǽrəlɪn, kér-, -lən, -làɪn | kǽrəlàɪn, -lɪn] 〘□F ~ □It. *Carolina* (fem.) ← *Carlo* 'CHARLES'〙 — *n.* 女性名《愛称形 Caro, Carrie, Lina; 異形 Carol, Carola, Carolina, Carolyn》.

Car·o·line[2] [kǽrəlàɪn, kér-, -lɪn, -lən | kǽrəlàɪn] 〘《1652》← L *Carolus* Charles+-INE[1]〙 — *adj.* **1** 英国王 Charles 一世または二世時代の: ~ literature [poetry]. **2** スペイン王 Charles 一世の. **3** Charlemagne の.

Cároline Íslands *n. pl.* [the ~] カロリン諸島《太平洋西部フィリピンの南東に当たり, 約500の島から成る; もとは日本の委任統治領, 今は米国の国連信託統治下にある; 人口 77,100, 面積 1,183 km²》.

Car·o·lin·gi·an [kæ̀rəlíndʒiən, kèr-, -dʒən | kæ̀rəlíndʒɪən] 〘《1881》□F *carolingien* (← ML *Carolingi* (pl.) ← *Carolingus* (OHG *Karling* descendant of Karl のラテン語形))+-*ien* '-IAN': cf. Carlovingian〙 — *adj.* **1** カロリンガ朝の. **2** カロリンガ朝の文化[芸術など]の. — *n.* **1** [the ~s] カロリンガ王朝[王家]《メロビンガ朝に続く王朝で, 751年 Pepin に始まりフランスでは987年, ドイツでは752年から911年, イタリアでは774年から961年まで続いた; cf. Merovingian 1, Capetian》. **2** カロリンガ王朝[王家]の人.

Car·o·lin·ian[1] [kæ̀rəlínjən, kèr-, -niən | kæ̀rəlínjən, -nɪən] *adj.* **1** (米国) North [South] Carolina 州の(住民の). **2** Charlemagne の. **3** =Carolingian 1. — *n.* (米国) North [South] Carolina 州の住民.

Car·o·lin·ian[2] [kæ̀rəlínjən, kèr-, -niən | kæ̀rəlínjən, -nɪən] *n.* **1** カロリン諸島の住民. **2** カロリン諸島の住民の用いる言語.

caroller *n.* =caroler.

car·o·lus [kǽrələs] 〘《1687》□ML ~ 'CHARLES'〙 *n.* (*pl.* ~·es, -o·li [-lài, -lìː]) カロラス《英国王 Charles 一世時代に発行された金貨; 初めは20 shillings, 後には23 shillings の価値があった; フランス王 Charles 八世が造った低品位銀含金貨; 英国王 Henry 八世は1522年これを4ペンスと定めた》.

car·om [kǽrəm, kér- | kǽr-] 〘《1779》《短縮》←《廃》*carambole* □F □Sp. *carambola*《原義》kind of tropical fruit □Port. □Marathi *karambal*〙《米》 — *n.* **1** 〘玉突〙キャノン (cannon)《手玉が二つの的玉に当たるショット》. **2** (ボールがある角度をつけての)はね返り. **3** 〘商標〙[*pl.*; 単数扱い] 角に玉受け (pockets) が付いた大きな正方形の盤の上で二人か4人でする玉はじき遊び. — *vi.* **1** 〘玉突〙〈球が〉キャノンになる. **2** ぶつかって[コースがそれて]はね返る〈*off*〉. **3** キャノン球のように進む. — *vt.* 〈ボールを〉はね返させる.

cárom bàll *n.* 〘玉突〙キャノンで第2の的球.

Ca·ros·sa [karɔ́sa, -rɔ́(ː)sə | -rɔ́sə; G. karɔ́sa], **Hans** *n.* カロッサ (1878–1956; ドイツの詩人・小説家; *Rumänisches Tagebuch*「ルーマニア日記」(1924)).

car·o·tene [kǽrətìːn, kér- | kǽr-] 〘《1863》← LL *carōta* 'CARROT'+-ENE〙 — *n.* 〘生化学〙カロチン ($C_{40}H_{56}$)《赤黄色の炭水化物でニンジンなどに含まれ, ビタミンAの源になる; cf. provitamin》.

ca·rot·e·noid [kərátənɔ̀ɪd, -tn- | -tɪn-] 〘⇨↑, -oid〙〘生化学〙 — *n.* カロチノイド《動物脂肪や植物に広く含まれている長鎖状ポリエン構造をもつ赤黄色素》. — *adj.* **1** カロチンに類する. **2** カロチノイドの.

ca·rot·id [kərátɪd, -təd | -rɔ́tɪd] 〘《1684》□F *carotide* □Gk *karōtídes* arteries of the neck ← *káros* torpor: 頸(けい)動脈を圧すると知覚を失って昏睡(こんすい)に陥ることから〙〘解剖〙 — *n.* 頸動脈. — *adj.* 頸動脈の.

ca·rot·id·al [kərátədḷ | -rɔ́tɪ-] *adj.* 〘解剖〙=carotid.

carótid àrtery *n.* 〘解剖〙=carotid.

carótid bòdy [glànd] *n.* 〘解剖〙頸(けい)動脈小体.

carótid sìnus *n.* 〘解剖〙頸(けい)動脈洞《総頸動脈の分岐部にある膨大部》.

car·o·tin [kǽrətn, kér-, -tɪn, -tən | kǽrətɪn] *n.* 〘生化学〙=carotene.

ca·rot·i·noid [kərátənɔ̀ɪd, -tn- | -rɔ́tɪ-] *n., adj.* 〘生化学〙=carotenoid.

ca·rous·al [kəráuzəl] 〘《1765》: ↓, -al[1]〙 *n.* **1** にぎやかな宴会, 宴楽; 酒宴, 大酒盛, 飲み騒ぎ. **2** =carrousel 3.

ca·rouse [kəráuz] 〘《1559》□F《廃》*carousse* carousal《変形》← G *gar aus* (*trinken*) (to drink) right out, to the bottom〙 — *n.* =carousal 1. — *vi.* 大酒を飲む, 痛飲する; 飲み騒ぐ: ~ *to* the king 王のために乾杯する. — *vt.* 《廃》飲み干す. **ca·róus·er** *n.*

car·ou·sel [kæ̀rəsél, kèr-, -zél, ⌐⌐⌐ | kæ̀ruːzél] *n.* =carrousel.

carp[1] [káəp | káːp] 〘《1393》□(O)F *carpe* □Prov. *carpa* < LL *carpam* ← ? Gmc **carpa* (Du. *karper* / G *Karpfen*)〙 — *n.* (*pl.* ~, ~s) 〘魚類〙 **1** コイ (*Cyprinus carpio*). **2** コイ科の各種の魚類の総称《ヨーロッパフナ (crucian carp) など; コイ科以外の魚にも用いる場合がある》.

carp[2] [káəp | káːp] 〘《c1225》*carpe*(*n*) to speak □ON *karp-a* to boast; 今の意味は L *carpere* to pluck, slander の影響〙 — *vi.* あげ足取り[あら捜し]をする, (口やかましく)とがめ立てする, けちをつける〔*at*〕(cf. carping): ~ *at* minor errors 些細な間違いにけちをつける.

carp. 《略》carpentry.

carp-[1] [kaəp | kaːp] (母音の前に来る時の) carpo-[1] の異形.

carp-[2] [kaəp | kaːp] (母音の前に来る時の) carpo-[2] の異形.

-carp [⌐⌐kàəp | -kàːp] 〘← NL *-carpium* ← Gk *-karpion* ← *karpós* fruit〙〘植物〙「果実 (fruit); (...の)果実をつける木」の意の名詞連結形: endo*carp*.

car·pal [káəpəl | káː-] 〘《1743》← NL *carpāl-is* ← L *carpus* wrist: ⇨ -al[1]〙〘解剖〙 *adj.* 手根(骨)の[に関する]: the ~ joint 手根関節. — *n.* 手根骨.

car·pa·le [kaəpǽli, -péɪli, -pάːli | kaːpéɪlɪ] 〘← NL ~ (neut.) ← *carpālis* (↑)〙 *n.* (*pl.* -pa·li·a [-liə | -lɪə]) 〘解剖〙手根骨 (carpus).

cár pàrk *n.* 《英》自動車駐車場 (《米》parking lot).

Car·pá·thi·an Móuntains [kaəpéɪθiən-, -ðiən- | kaːpéɪθjən-, -θɪən-, -ðjən-, -ðɪən-] *n. pl.* [the ~] カルパート山脈《チェコスロバキアとポーランドの国境付近からルーマニアの中央にわたる山脈; 最高峰 Gerlachovka [gérlakɔfka] (2,663 m)》.

Car·pa·thi·ans [kaəpéɪθiənz, -ðiənz | kaːpéɪθjənz, -θɪənz, -ðjənz, -ðɪənz] *n. pl.* [the ~] =Carpathian Mountains.

Car·pa·tho-U·kraine [kaəpèɪθo(ʊ)juːkréɪn, -pèɪðoʊ-, -kráɪn, ⌐⌐⌐⌐⌐ | kaːpèɪθə(ʊ)juːkréɪn, -ðə(ʊ)-, -jʊkréɪn] *n.* カルパトウクライナ《ソ連邦南西部 Ukraine 共和国の一地方; 1945年チェコスロバキアから譲渡された; Ruthenia ともいう》.

car·pe di·em [káəpi díːem, -peɪ-, káəpi-dáɪəm | káːpɪ-díːem, -peɪ-, káːpɪ-dáɪem] 〘← L ~ 'seize the day'〙 — *L.* **1** (将来を気にせず)現在を楽しめ; 現在の機会をとらえよ (Horace, *Odes* 1. 11. 8). **2** 〘文学〙快楽の追求をすすめる叙情詩の主題(「命短し恋せよ乙女」などの主題).

car·pel [káəpəl, -pel | káːpel] 〘《1835》□F *carpelle* & NL *carpell-um* (dim.) ← Gk *karpós* fruit,《原義》that which is plucked ← IE **(s)ker-* to gather, pluck (L *carpere*: cf. harvest): ⇨ -el[1]〙 — *n.* 〘植物〙心皮, 雌蕊葉: united ~*s* 集合心皮.

car·pel·lar·y [káəpəlèri | káːpelərɪ] 〘⇨↑, -ary〙 *adj.* 〘植物〙心皮の, 心皮状の, 心皮のある.

car·pel·late [káəpəlèɪt, -lət, -lɪt | káːpe-] *adj.* 〘植物〙

Car·pen·tar·i·a [kàəpəntέ(ə)riə | kàːpəntέərɪə], **the Gulf of** *n.* カーペンタリア湾《オーストラリア北岸の湾, Arafura 海の一部; 幅 644 km; 長さ 772 km》.

car·pen·ter [káəpəntə | káːpəntə(r, -pɪn-] 〘《c1300》□AF ~=OF *carpentier* (F *charpentier*) < LL *carpentārium* carriage builder ← L *carpentum* carriage ← Celt.〙 — *n.* **1 a** 大工; 《米》建具師, 指物(さしもの)師, 木工 (cf. joiner 2); 船大工: a ~'*s* shop 大工の仕事場, 木工場 / the ~'*s* son (Nazareth の大工の息子)イエスキリスト / a finish ~ 仕上げ大工 / a bench ~ 指物師 / an amateur [a Sunday] ~ 日曜大工. **b** (劇場の)大道具方. **c** (しろうとで)大工仕事[工作]のうまい人: He's quite a clever ~. なかなか大工仕事がうまい. **2 a** (船の)大工. **b** 〘米海軍〙営繕係兵曹長《船体整備と応急被害対策を主要任務とする》. — *vi.* 大工仕事をする, 工作する. — *vt.* **1** 大工仕事で作る, ...に工作の手を加える. **2** (機械的な方法で)〈筋・論文・計画などを〉作る (construct)〈*together*〉.

Car·pen·ter [káəpəntə | káːpəntə(r, -pɪn-], **John Alden** *n.* (1876–1951) 米国の作曲家.

cárpenter ànt *n.* 〘昆虫〙オオアリ《腐朽した樹木に穴をあけて巣を造るヤマアリ亜科オオアリ属 (*Camponotus*) のアリの総称》.

cárpenter bèe *n.* 〘昆虫〙クマバチ《ミツバチ科クマバチ属 (*Xylocopa*) のハチの総称; ヨーロッパクマバチ (*X. violacea*) など; 樹木に穴をあけて巣を作る》.

Cárpenter Góthic *n.* 〘建築〙カーペンターゴシック《19世紀米国の木造ゴシック様式》(carpentry).

cár·pen·ter·ing [-tərɪŋ, -trɪŋ | -t(ə)r-] *n.* 大工仕事.

cárpenter mòth *n.* 〘昆虫〙 **1** 米国産の大型のガでボクトウガの一種 (*Prionoxystus robiniae*) (cf. carpenterworm). **2** =goat moth.

cárpenter's clàmp *n.* 〘木工〙(大工用)つかみじめ.

cárpenter's scène *n.* 〘演劇〙幕前芝居《大道具方が次の舞台の準備をする間舞台の前方に下ろす幕前で演じる所作事; carpenter scene ともいう》.

cárpenter's squàre *n.* **1** 〘木工〙さしがね. **2** 〘植物〙ゴマノハグサ科ゴマノハグサ属の次の2種の植物の総称: **a** ヨーロッパ産の *Scrophularia nodosa*. **b** 北アメリカ産の *S. marylandica*《瘰癧(るいれき) (scrofula) に薬効があると想像された》.

cárpenter·wòrm *n.* 〘昆虫〙carpenter moth 1 の幼虫《樹木, 特にオークやハリエンジュに穴をあける》.

car·pen·try [káəpəntri | káːpəntrɪ, -pɪn-] 〘《c1378》← CARPENTER+-ERY〙 — *n.* **1 a** 大工仕事, 木工, 木工仕事. **b** 大工職. **2** 木工品, 木工細工. **3** 〘芸術〙(文学・音楽などの)構成(法) (structure).

cárp·er 〘⇨ carp[2]〙 *n.* 小さなことにあら捜しをする人.

car·pet [káəpɪt, -pət | káː-] 〘《1345》□OF *carpite* □It.《廃》*carpita* rug ← *carpire* < VL **carpīre*=L *carpere* to pluck, card (wool): ⇨ carpel〙 — *n.* **1 a** (床全体をおおう)じゅうたん, カーペット (cf. rug): a felt [hemp] ~ / ⇨ cork carpet. **b** じゅうたん地, カーペット地. **2 a** カーペットのような広がり: a ~ of flowers [moss] 一面に敷きつめた草花[こけ] / a ~ of snow 一面の銀世界 / a grassy ~ 芝生(しばふ), 草地. **b** 《英》クリケット競技場. **c** 集中爆撃地: ⇨ carpet bombing. **3** 《英》舗装道路の上におおう薄い被覆層《アスファルトなど》. **4** 〘航空〙(飛行機に積んだ)レーダー妨害のための電子装置.

on the carpet 〘もと carpet をテーブル掛けに用いたことにちなむ: cf. F *sur le tapis*〙 (1) 審議中の[で], 研究中の[で]. (2) 《口語》〈召使など〉(主人などに)叱責のために呼び出されて; 叱られて: He was called *on the* ~ *for* being late. 遅れたことで叱られた. (3) 《空軍俗》地表(近く)で. ***sweep* [*push*] *under the carpet*** 〈不都合なもの[事]を〉隠す: *sweep* evidence [the truth] *under the* ~ (都合の悪い)証拠[真相]を隠す / You cannot *sweep* these problems *under the* ~. これらの問題を隠すわけにはいくまい. ***walk the carpet*** 《口語》〈召使などが〉叱責のために呼び出される.

— *vt.* **1** ...にじゅうたん[カーペット]を敷く: ~ a room, the stairs, etc. **2** 〈草花・木の葉などが〉(敷物を敷いたように)一面におおう, 敷きつめる〔*with*〕: Flowers ~ the garden.=The garden is ~*ed with* flowers. 庭は花で敷きつめられている. **3** 〈召使などを〉呼びつけて叱る.

cárpet·bàg *n.* **1** カーペットバッグ《19世紀に米国で広く用いられたじゅうたん地で作ったボストンバッグに似た旅行かばん》. **2** 旅行かばん. — *attrib. adj.* 《米》カーペットバッガーの[的な]: a ~ adventurer. — *vi.* (-bagged, -bag·ging) 《米》 **1** (私利をあさって新しい土地へ)移る, カーペットバッガー (carpetbagger) として行動する. **2** 軽装で旅行する.

cárpet·bàg·ger *n.* **1** 《米》 **a** 旅行かばんに全財産を詰めて移住して来る人, カーペットバッガー. **b** 南北戦争の再建 (Reconstruction) 時代に, 旅行かばん一つを財産に北部から南部へ渡って来て, 政界などで一儲けしようとした人 (cf. scalawag 3). **c** (19世紀に西部で活躍した)山ねこ銀行家 (cf. wildcat bank). **2** 渡り者, 流れ者, 外来者; (特に)選挙区に住んでいない政治家, 輸入候補.

cárpet-bèd *n.* 〘園芸〙もうせん花壇.

cárpet bèdding *n.* 〘園芸〙もうせん花壇植込(法)《丈が低く刈込み可能な草花を幾何学的に配置して作る》.

cárpet bèetle *n.* 〘昆虫〙ヒメマルカツオブシムシ (*Anthrenus scrophulariae*)《その幼虫は毛織物などに大害をする》.

cárpet bòmb *vt.* 〈地域を〉じゅうたん爆撃する.

cárpet bòmbing *n.* 〘軍事〙じゅうたん爆撃《巻いたじゅうたんを段々とひろげていくように, 指定された境界内の限定地域に大量の爆弾を逐次散布していく爆撃; cf. pattern bombing》.

cárpet bùg *n.* 〘昆虫〙=carpet beetle.

cárpet cùt *n.* 《英》〘劇場〙カーペットカット《舞台用のじゅうたんの端を入れて固定するための舞台前面近くの細長い溝》.

cárpet dànce *n.* (じゅうたんを敷いたままの床の上で行なう)略式舞踏(会).

cár·pet·ing [-tɪŋ | -tɪŋ] *n.* **1** 敷物材料, じゅうたん地. **2** [集合的] じゅうたん, 敷物類 (carpets). **3** 一面に敷きつめた花[落葉など].

cárpet knìght 〘carpet は主に婦人の居間・応接間などに使用されたので「柔弱・贅沢」を象徴したのによる〙 — *n.* 《古》 **1** じゅうたんの騎士《実戦に臨んだことのない軍人》. **2** やさ男, 婦人に付きまとう男 (lady's man); 道楽者 (cf. KNIGHT of the carpet).

cárpet·less *adj.* じゅうたんの(敷いて)ない.

cárpet mòth *n.* 〘昆虫〙モウセンガ (*Trichophaga tapetzella*)《幼虫がじゅうたんや毛織物を食うヒロズコガ科のガ》.

cárpet pìnk *n.* 〘植物〙コケマンテマ (⇨ moss campion 1).

cárpet ròd *n.* =stair rod.

cárpet shàrk *n.* 〘魚類〙 **1** 西太平洋に生息する体の平たい斑点のあるテンジクザメ科のサメ (*Orectolobus barbatus*). **2** テンジクザメ科 *Orectolobus* 属の魚類の総称.

cárpet slìpper *n.* [通例 *pl.*] (もとじゅうたんの材料で作った)家庭用スリッパ (house slipper).

cárpet snàke *n.* 〘動物〙オーストラリア産ニシキヘビの一種 (*Python variegatus* [*spilotes*]).

cárpet swèeper *n.* じゅうたん掃除器《特に, 長柄で回転ブラシのついたものをいう》.

cárpet tàck *n.* (じゅうたんを留める)頭部が平らな鋲(びょう).

cárpet·wèed *n.* 〘植物〙クルマバザクロソウ (*Mollugo verticillata*)《熱帯原産のツルナ科の匍匐性一年生雑草; Indian chickweed ともいう》.

car·phol·o·gy [kaəfálədʒi | kaːfɔ́lədʒɪ] 〘← NL *carphologia* ← Gk *kárphos* straw+*légein* to collect, pick〙 *n.* 〘病理〙撮空[捜衣]模床 (⇨ floccillation).

carpi *n.* carpus の複数形.

-car·pic [káəpɪk | káː-] 〘← -CARP+-IC[1]〙「(...の)果実をつける」の意の形容詞連結形: eu*carpic*.

cárp·ing 〘⇨ carp[2]〙 *adj.* あら捜し的な, 口やかましい, (むやみに)とがめ立てする: ~ criticism やかましい[あら捜し的]批評 / a ~ tongue 毒舌. — *n.* あら捜し(すること). **~·ly** *adv.*

Car·pi·ni [kɑəpíːni | kɑːpíːnɪ; *It.* karpíːni], **Giovan·ni de Pia·no** [de pjáːno] *n.* カルピーニ《1182?(または 1200?)–1252; イタリアのフランシスコ会の修道士; モンゴル帝国へ行きその旅行記を書いた》.

car·po-[1] [káəpo(ʊ) | káːpə(ʊ)] 〖← F & NL ～ ← Gk *karp(o)-* ← *karpós* fruit: ⇨ carpel〗 ―「果実 (fruit)」の意の連結形: *carpo*phagous. ★ 母音の前では通例 carp- になる.

car·po-[2] [káəpo(ʊ) | káːpə(ʊ)] 〖← NL ← Gk *karp(o)-* ← *karpós* wrist: ⇨ carpus〗 ―〘解剖〙「手根(骨)(carpus) (の); 手根(骨)と…との」の意の連結形. ★ 母音の前では通例 carp- になる.

car·po·go·ni·um [kɑ̀əpəgóʊniəm | kɑ̀ːpəgə́ʊnɪəm, -njəm] 〖← NL ～: ⇨ carpo-[1], -gonium〗 ― *n.* (*pl.* **-ni·a** [-niə | -nɪə, -njə]) 〘植物〙嚢(のう)果器, 造果器《紅藻の造卵器》. **càr·po·gó·ni·al** [-niəl | -nɪəl, -njəl] *adj.*

car·po·log·i·cal [kɑ̀əpəlɑ́dʒɪkəl, -dʒə- | kɑ̀ːpəlɔ́dʒɪ-] *adj.* 果実学の.

car·pól·o·gist [-dʒɪst, -dʒəst | -dʒɪst] *n.* 果実学者.

car·pol·o·gy [kɑəpɑ́lədʒi | kɑːpɔ́lədʒi] 〖← CARPO-[1] + -LOGY〗 *n.* 果実学; 果実分類学.

càrpo·metacárpal *adj.* **1** 〘解剖〙手根中手骨の. **2** 〘鳥類〙掌骨の.

càrpo·metacárpus 〖← NL ～: ⇨ carpo-[2], metacarpus〗 *n.* (*pl.* **-carpi**) 〘鳥類〙掌骨《鳥の翼の骨》.

cár pòol *n.* 《米》 **1** カープール, 自家用車相乗り《近隣の人たちが目的地まで交替で毎日自家用車に相乗りする取決め[方式]》. **2** [集合的] カープールする人々, 自家用車相乗りの人々.

car·poph·a·gous [kɑəpɑ́fəgəs | kɑːpɔ́f-] 〖⊏ Gk *karpophág-os*: ⇨ carpo-[1], -phagous〗 *adj.* 果実を食とする (fruit-eating).

car·po·phore [káəpəfɔ̀ə, -fɔ̀ə | káːpəfɔ̀ː(r)] 〖← CARPO-[1] + -PHORE〗 ― *n.* 〘植物〙 **1** 心皮間柱, 果柄《セリ科やフウロソウ属 (*Geranium*) などの花軸の細い延長部で, 熟した心皮を懸着させる器官》. **2** 高等菌類の果実部. **3** 子実体の柄.

car·pop·o·dite [kɑəpɑ́pədàɪt | kɑːpɔ́p-] 〖← CARPO-[2] + Gk *pod-*, *poús* foot + -ITE[1]〗 *n.* 〘動物〙 = carpus 2.

cár·pòrt *n.* カーポート, 簡易自動車車庫《家屋の外壁に接して造った屋根と柱だけのもの》.

car·po·spore [káəpəspɔ̀ə, -spɔ̀ə | káːpəspɔ̀ː(r)] 〖← CARPO-[1] + -SPORE〗 *n.* 〘植物〙果胞子《紅藻類の胞子》.

car·po·stome [káəpəstòʊm | káːpəstə̀ʊm] 〖← CARPO-[1] + -STOME〗 *n.* 〘植物〙紅藻類の果胞子が飛び出す嚢果の開口.

-car·pous [káəpəs | káː-] 〖⇨ -carpus, -ous〗 〘植物〙「(…の)果実をつける」の意の形容詞連結形: mono*carpous*, syn*carpous*.

cárp·sùcker 〖← CARP[1] + SUCKER〗 *n.* 〘魚類〙北米産の吸盤をもつ各種の淡水魚の総称《サッカー科の highfin carpsucker, quillback など》.

car·pus [káəpəs | káː-] 〖← NL ～ ← Gk *karpós* wrist: carpo-[2]〗 ― *n.* (*pl.* **car·pi** [-paɪ, -piː]) **1** 〘解剖〙手根, 手首 (wrist); 手首の骨, 手根骨 (carpale). **2** 〘動物〙腕節《節足動物の関節肢の第 5 節》.

-car·pus [káəpəs | káː-] 〖← NL ～ ← Gk *-karpos* ← *karpós* fruit〗 〘植物〙「(…の)果実をつける植物」の意の名詞連結形.

Carr [káə | káː(r)], **E(dward) H(al·lett)** [hǽlɪt, -lət] *n.* (1892–　) 英国の政治学者・外交官; *History of Soviet Russia* (1950–53).

Carr, John Dickson *n.* (1905–77) 米国の推理小説家; 筆名 Carter Dickson, Carr Dickson も使用.

car·rack [kǽrək, -rɪk] 〖(c1395) ⊏ (O)F *caraque* ⊏ Sp. & Port. *carraca* ⊏ Arab. *qarāqir* (pl.) ← *qurqūr* merchant vessel〗 ― *n.* (スペイン人・ポルトガル人が用いた)武装商船 (galleon).

car·ra·geen [kǽrəgiːn, ⌐–⌐ | ⌐–⌐] 〖← *Carragheen* (アイルランドの産地名)〗 *n.* **1** 〘植物〙トチャカ (⇨ Irish moss 2). **2** 〘化学〙 = carrageenan.

car·ra·geen·an [kæ̀rəgíːnən] 〖⇨ ↑, -an[2]〗 ― *n.* (*also* **car·ra·geen·in** [-nɪn, -nən | -nɪn]) 〘化学〙カラジーナン《トチャカ (Irish moss) から抽出したコロイドで, 食品の懸濁剤または飲料の清澄剤として用いる》.

car·ra·gheen [kǽrəgiːn, ⌐–⌐ | ⌐–⌐] *n.* = carrageen.

car·ra·gheen·in [kæ̀rəgíːnɪn, -nən | -nɪn] *n.* 〘化学〙「= carrageenan.

Car·ran·za [kərǽnzə, -ráːn-; *Am. Sp.* karránsa], **Ve·nus·tia·no** [bènustjáno] *n.* カランサ《1859–1920; メキシコの政治家; 大統領 (1915–20); メキシコ革命の成果である 1917 年憲法を制定》.

Car·ra·ra [kəráːrə; *It.* karráːra] *n.* **1** カラーラ《イタリア北西部 Tuscany 地方の都市; 大理石の産地; 人口 68,000》. **2** カラーラ大理石《Carrara marble ともいう》. **Car·rá·ran** [-rən] *adj.*

car·re·four [kæ̀rəfúə | -fúə(r; *F.* karfuːr] 〖⊏ F ～ < OF *quarrefour* < VL **quadrifurcum* ← QUADRI- + L *furca* 'FORK'〗 ― *n.* **1** 十字路 (crossroads); (道路の)交差点. **2** (道路の集中している)広場, 市場.

car·rel [kǽrəl, kér- | kǽr-] 〖《変形》← CAROL《廃》small enclosure〗 *n.* 〘図書館〙キャレル《書庫内の片隅に設けられた席; cubicle, stall ともいう》.

Car·rel [kərél, kǽrəl], **Alexis** *n.* (1873–1944) フランス生れの外科医・生物学者, 米国で活躍; Nobel 医学生理学賞 (1912); *Man the Unknown* (1935).

car·rell [kǽrəl, kér- | kǽr-] *n.* 〘図書館〙 = carrel.

cár retàrder *n.* 〘鉄道〙カーレターダー, 軌道制御機《操車場の軌道に設けられる制動装置で, ハンプ (hump) を下って来る貨車に作用するもの》.

car·riage [kǽrɪdʒ, kér- | kǽr-] 〖(1374) ⊏ ONF *cariage* ← *carier* to transport in a vehicle: ⇨ carry, -age〗 ― *n.* **1** 運搬, 運送 (transport): the ～ of goods by sea 貨物の海上輸送 / the expenses of ～ 運搬費. **2** 運賃: the ～ on a parcel 小荷物の運賃 / ～ forward 《英》運賃先払いで / ～ free 《英》運賃無料で / ～ paid 《英》運賃払い済み[前払い]で / ～ prepaid 《英》運賃前払いで. **3 a** 車, 運搬車 (vehicle); (特に, 自家用)四輪馬車: a ～ and pair [four] 二[四]頭立ての馬車 / a one-horse ～ 一頭引きの馬車 / a baby ～ 乳母(うば)車. **b** 乳母車 (baby carriage). **c** 《英》(客車の)車両, 客車: a sleeping ～ = sleeping car / ⇨ composite carriage / a 1st-[3rd-]class ～ 一等[三等]車. **d** 《廃》荷車. **4** (大砲の)砲架; (特に, 野砲用の)砲車. **5** (機械の)運び台, 輸送部; (タイプライターの)キャリッジ. **6** (階段の段板を支える)中桁(なかげた)《carriage piece ともいう》. **7 a** 姿勢: his ～ of head [body]. **b** 《古》身のこなし, 態度: have a graceful [an elegant] ～ 態度が上品である / a woman of good ～ 身のこなしの立派な女性 / a man of soldierly ～ 軍人の物腰の男. **8** 《古》(事業などの)処理, 経営振り (management). **9** 《廃》趣旨, 意味 (import): the ～ of the article 条文の趣旨 (cf. Shak., *Hamlet* 1.1.94). **10** 《廃》荷物.

car·riage·a·ble [kǽrɪdʒəbl, kér- | kǽr-] *adj.* **1** 〈道路が〉馬車で通れる. **2** 《まれ》馬車で運べる.

cárriage bòlt *n.* キャリエッジボルト《主として車両に用いられる回り止めをもったボルト, 角根・ひだ付丸頭ボルトなど; ⇨ bolt[1] 挿絵》.

cárriage clòck *n.* 提(さげ)時計《角形で上面に取手のついた可搬式置時計》.

cárriage-còmpany *n.* = carriage folk.

cárriage dòg *n.* = coach dog.

cárriage drìve *n.* **1** 馬車道《私邸の門から玄関に通じる道または公園内などの馬車道》. **2** 景色のよい中を通る車道.

cárriage fòlk *n.* [集合的] 自家用馬車をもつことのできる身分の[裕福な]人々.

cárriage hòrse *n.* 馬車馬.

cárriage hòuse *n.* 馬車置場.

cárriage pìece *n.* = carriage 6.

cárriage pòrch *n.* 車寄せ.

cárriage retùrn *n.* = line space lever.

cárriage tràde 〖昔, 劇場・商店などへ自家用馬車で乗りつけたことから〗 *n.* [集合的] **1** [the ～] 自家用車クラス, 富裕階級の人々. **2** 富裕階級の顧客.

cárriage·wày *n.* 《英》 **1** 自動車道, 車道 (roadway). **2** 車線 (lane).

cár·rick bènd [kǽrɪk-] 〖*carrick*: 《変形》? ← CARRACK〗 *n.* 〘海事〙キャリックベンド, こづなつなぎ《ロープの端と端とをつなぎ合わす一種の結び方》.

cárrick bìtts *n. pl.* 〘海事〙揚錨(ようびょう)機柱《旧式の揚錨機の胴の両端を水平に保持している 2 本の強い柱》.

Car·rie [kǽri, kéri | kǽrɪ] 〖(dim.) ← CAROLINE[1]〗 *n.* 女性名.

cár·ried *adj.* **1** 運ばれた. **2** 《英方言》夢中になった,「うっとりした.

cár·ri·er 〖(a1395)〗 ― *n.* **1** 運ぶ人[もの], 運搬人[物]; 運送人, 配達人: a mail [letter] ～ 《米》郵便配達人. **2 a** (鉄道・船会社なども含めて)運送業者, 運送会社[店]: ⇨ common carrier. **b** 郵便集配人. **c** 新聞配達人《newsboy ともいう》. **3 a** (機械の)輸送台. **b** (気送管の)郵便物送達筒. **c** (連発銃の)挿弾子(そうだんし). **d** (自転車・自動車などの)付属荷物台. **e** (果物・野菜などの荷物を運ぶ木・金属・厚紙製の)容器. **f** = carrier-bag. **4** 排水溝, 下水路 (conduit). **5 a** 航空母艦 (aircraft carrier): a baby [light, regular] ～ 小型[軽, 正式]空母. **b** 輸送機. **c** (漁船団から)漁獲を市場へ運ぶ運搬船. **6** 〘鳥類〙 = carrier pigeon. **7** 〘医学〙(病菌・遺伝子などの)キャリア, 保有者, 保菌者, 担体; 保菌物: disease ～s 病原(体)保有者 / Milk is often a ～ of infection. **8** 〘物理〙担体《半導体中で電荷移動に寄与する電子・正孔などの電荷担体の総称》. **9** 〘化学〙担体《触媒の支持物》, キャリアー《微量元素を沈澱・抽出する際に用いられ, 性質の同じ元素》. **10** 〘物理化学〙キャリアー《電流を運ぶ電子ホールやイオン》. **11** 〘通信〙 = carrier wave. **12** 〘絵画〙展色剤 (vehicle). **13** 〘農業〙植物の栄養素を含む肥料または肥料成分; (農薬の)増量剤. **14** 〘薬学〙(薬物または殺虫剤用)基剤. **15** 〘染色〙キャリヤー《ポリエステル繊維の染色に用いられる染色性増進剤》: ～ dyeing キャリヤー染色. **16** 〘保険〙保険を引き受ける保険者.

cárrier-bàg *n.* 《英》(取っ手のついた丈夫な紙で作られた)買物袋, ショッピングバッグ.

cárrier-bòrne [**bàsed**] *adj.* 航空母艦積載の: a ～ aircraft 艦載機 / a ～ bomber 艦上爆撃機.

Car·rière [kæ̀riéə | -rɪéə(r; *F.* karjɛːr], **Eugène** *n.* カリエール《1849–1906; フランスの画家・版画家》.

cárrier-frèe ísotope *n.* 〘原子力〙(安定同位元素を加えないで作った)まじり物のない放射性元素.

cárrier frèquency *n.* 〘通信〙搬送周波数《搬送波の周波数; 放送局の電波の周波数はこれに当たる》.

cárrier pìgeon *n.* 〘鳥類〙 **1** キャリアー《英国種のイエバト; 目の回りにいぼ状の輪があり, 嘴の基部の回りには肉垂がある》. **2** 伝書バト (homing pigeon).

cárrier suppréssion *n.* 〘通信〙搬送波抑圧.

cárrier wàve *n.* 〘通信〙搬送波.

car·ri·ole [kǽriòʊl | -rɪə̀ʊl] *n.* = cariole.

car·ri·on [kǽriən, kér- | kǽrɪ-] 〖(?a1200) *caronye* ⊏ AF *caroine* = OF *charoigne* (F *charogne*) < VL **carōniam* ← L *carō* flesh: ⇨ carnal〗 ― *n.* **1** (動物の)腐った死肉; (食料に適さない)腐肉. **2** 腐敗(物), 汚物. **3** 腐肉を食う動物. **4** 《廃》(人間の)死体. ― *attrib. adj.* **1 a** 腐肉のような; 腐敗した. **b** いやな, 胸くそが悪くなるような (loathsome). **2** 腐肉を食べる.

cárrion bèetle *n.* 〘昆虫〙 = burying beetle.

cárrion cròw *n.* 〘鳥類〙 **1** ハシボソガラス (*Corvus corone*)《ユーラシア産; 雑食性で腐肉も食う》. **2** クロコンドル (*Coragyps atratus*)《米国南部産; 腐肉を食う》.

cárrion flòwer *n.* 〘植物〙 **1** = stapelia. **2** サルトリイバラの一種 (*Smilax herbacea*) (cf. greenbrier).

Car·roll [kǽrəl, kér- | kǽr-], **Charles** *n.* (1737–1832) 米国の革命指導者.

Carroll, Lewis *n.* (1832–98) 英国の童話作家・数学者; *Alice's Adventures in Wonderland* (1865), *Through the Looking Glass* (1871); 本名 Charles Lutwidge Dodgson.

car·rom [kǽrəm, kér- | kǽr-] *n.*, *v.* = carom.

car·ro·nade [kæ̀rənéɪd] 〖← *Carron* (初めてこの砲が造られたスコットランドの地名) + -ADE〗 ― *n.* カロネード砲《1762 年スコットランドの The Carron Foundry により造られた短い艦載砲》.

cár·ron òil [kǽrən-] 〖*carron*: ← *Carron* (この薬を初めて用いたという鉄工場のあったスコットランドの地名)〗 ― *n.* 〘薬学〙カロン油《亜麻仁油と石灰水とを混ぜたもの, 火傷の薬》.

car·ros·se·rie [kæ̀rɔ(ː)sərí:, -rɑ̀s- | -rɔ̀s-; *F.* karɔsri, ka-] 〖⊏ F ～ ← *carrosse* carriage: ⇨ -ery〗 ― *n.* 〘自動車〙車体《動力部・車輪などを含まない部分; cf. chassis 1 a》.

car·rot [kǽrət, kér- | kǽr-] 〖(1533) ⊏ F *carotte* ⊏ L *carōta* ⊏ Gk *karōtón* ← ? *kárā* head, top〗 ― *n.* **1 a** 〘植物〙ニンジン (*Daucus carota* var. *sativus*) (cf. wild carrot). **b** ニンジンの根《食用とする》. **2** [*pl.*] 《俗》赤い頭髪 (red hair); 赤毛の人. **3** 〖ろばの目の前にニンジンをぶらつかせて歩行をうながしたことから〗約束の報酬.

carrot and stick 〖馬の好物のにんじんと嫌いなむちを使って馬をうまく走らせることから〗褒美と罰,「あめとむち」. 「carotene.

car·ro·tene [kǽrətiːn, kér- | kǽr-] *n.* 〘生化学〙 =

car·ro·tin [kǽrətṇ, kér-, -tɪn, -tən | kǽrətɪn] *n.* 〘生化学〙 = carotene.

cárrot·tòp *n.* 《俗》赤毛の人.

car·rot·y [kǽrəṭi, kér- | kǽrəti] *adj.* **1** にんじん色の《オレンジがかった赤色にいう》. **2** 赤毛の.

car·rou·sel [kæ̀rəsél, kèr-, -zél, ⌐–⌐ | kæ̀ruːzél] 〖⊏ F ⊏ It. *carosello* (粘土の塊を投げあう馬上試合) ← 《方言》*carusello* ball of clay〗 ― *n.* **1** 《米》回転木馬 (merry-go-round). **2 a** (流れ作業用の)円形コンベヤー. **b** (空港の)手荷物引渡し用コンベヤー: the luggage ～ at the airport. **3 a** 馬上試合, 演武. **b** 騎馬曲芸.

car·ry [kǽri, kéri | kǽrɪ] 〖(c1375) *carie(n)* ⊏ AF *carier* (F *charrier* cart, drag) < VL **carricāre* to convey by wagon ← L *carrus* 'CAR': CHARGE と二重語〗 ― *vt.* **1** 〈荷物・人などを〉運ぶ, 運搬する, 運送する (convey): ～ something (away, back, in, out, etc.) / ～ a person *on* one's back [shoulder] 人を背負って[かついで]行く / ～ a thing *in* one's hand [arms] 手に持って[かかえて]行く / His legs refused to ～ him any farther. もうこれ以上歩けなかった / The wind *carried* the ship to the south. 風は船を南へ運んだ. **2 a** 〈ニュース・話などを〉伝える: ～ the news / ～ the message to the headquarters その伝言を本部に通達する. **b** 〈音・煙などを〉伝える, 運ぶ: The wind *carries* sounds [smoke]. 風は音[煙]を運ぶ. **c** 〈管・水路などが〉〈水・下水を〉通す, 導く (conduct): The pipe *carries* steam. そのパイプは蒸気を通している. **3** 〈動機・議論・仕事などが〉〔…まで〕行かせる, 走らせる〔*to*〕: Business *carried* him *to* Osaka. 彼は商用で大阪へ行った / The money is not enough to ～ me *to* Seattle. シアトルまで行くにはその金では足りない / The argument *carried* us too far. 議論が行き過ぎた / Ambition *carried* him *to* destruction. 彼は野心のために身を滅ぼした. **4 a** 〈道路などを〉〔ある点まで〕延長する〔*to*, *into*〕: ～ the road *into* the mountains 山中にまで道路を拡張する / ～ pipes *under* the road パイプを道路下に延長する. **b** 〈戦争などを〉拡大する〔*to*, *into*〕: The war was *carried into* Asia. 戦争はアジアにまで及んだ. **c** 〈手続きなどを〉〔ある点まで〕運ばせる, 進める (push); 〈決定などを〉〔実行に〕移す〔*to*, *into*〕: ～ a plan *into* effect [execution] 計画を実行に移す. **d** 〈理屈・冗談などを〉〔極端まで〕もって行く〔*to*, *into*〕: ～ logic *to* extremes / You ～ your joke too far. 冗談が過ぎるよ. **5** 〈数を〉一けた上げる, 送る; 〈計算・数字・記入したものなどを〉〔他に〕移す〔*to*〕; (加算で)繰り込む[上げる]: ～ a number / ～ an account *to* the ledger 収支の明細を元帳に転記する / ～ a note *to* the next page ノートを次ページに移す / ～ a sum *from* [*to*]… 金額を…から[…へ]送る / ⇨ CARRY *forward*. **6 a** 〈陣地などを〉奪う, 攻め落とす, 占領する; 〈賞品などを〉勝ち取る: ～ a fortress, an enemy's position, etc. / ～ a town by storm 町を急襲攻略する / ⇨ CARRY

off (3). **b** 〈競技など〉の主導権を奪う, リードする : The Dodgers *carried* the game to the Giants. ドジャーズは対ジャイアンツ戦の主導権をとった.
7 〈聴衆を〉感情的に動かす, 感動させる : The speaker *carried* the audience with him. その弁士は聴衆を感動させた / ～ the house 満場をうならせる.
8 a 〈動議・主張を〉押し通す, 貫く, 通過させる : ～ one's point 主張を通す / ～ a resolution at a meeting 会議で議案を通過させる. **b** 〈選挙を〉成功させる, 〈候補者を〉当選させる : ～ an election 選挙に勝つ. **c** 《米》〈選挙区・議会〉の過半数の投票を獲得する : ～ California.
9 a 〈金銭・ステッキ・時計・武器などを〉身につけて持っている, 保持している, 携える : ～ money, a stick, etc. / She *carried* a pistol *about with* her. 彼女はピストルを携帯していた. **b** 〈軍旗・隊旗などを〉携行姿勢で保持する ; 〈軍艦などが〉〈砲を〉搭載する, 備えている : The warship *carried* nine 20-inch guns. その戦艦は 20 インチ砲 9 門を装備していた. **c** 〈子を〉孕(はら)んでいる : She is ～*ing* a baby. 身重である. **d** 〈記憶を〉保持する ; 記憶に留めておく : ～ memories / He *carries* all the names *with* him [*in* his head]. 彼は全部の名前を覚えている.
10 a 〈傷跡などを〉もつ : ～ a wound 傷を負っている. **b** 〈権威・責任などを〉伴う : ～ authority, responsibility, etc. / His speech *carries* conviction. 彼の言葉には確信がある[人を動かす力がある] / His opinion *carries* great weight. 彼の意見は非常に重きをなす. **c** 〈意味・罰などを〉含む : The crime *carries* a maximum 25-year sentence. その犯罪を犯すと懲役最高 25 年の判決を受けることになる / The sense these words ～ is... これらの言葉の意味することは…だ. **d** 〈利子を〉伴う : ～ 5% interest 5 パーセントの利子が付く.
11 a 〈頭・身体を〉(ある)姿勢にする[保つ] : ～ one's head high [on one side] 頭をつんと高くして[一方にかしげて]いる. **b** [～ one*self* で] 〈わが身を〉処する, 振舞う : ～ *oneself* well [proudly, gracefully, with dignity] 立派に[傲慢に, 優雅に, 威厳をもって]振舞う.
12 持ち上げている, 支える : The timbers ～ the whole weight of the roof. 材木(けた・柱など)が屋根の全重量を支える.
13 a 財政的に支える ; …に財政援助をする : ～ a magazine alone 一人で雑誌を支えている. **b** …の重責を担う : ～ the department.
14 〈敵などを〉寛大に扱う : ～ an opponent.
15 a 〈新聞などが〉〈記事を〉載せる : The newspaper does not ～ literary reviews. その新聞は文芸評論を載せていない. **b** 〔表などに〕載せる〔*on*〕: ～ a person *on* a payroll.
16 支持する, 有効にする, 確実にする : One decision *carries* another. 一つの判決が別の判決に適用される.
17 a 〈家畜を〉養う : The hay supply will ～ the cattle through the winter. これだけの干草があれば冬中牛に食べさせられる / The ranch will ～ 3,000 cattle. 牧場には 3 千頭の牛が養える. **b** 〈土地が〉〈穀物を〉産出する.
18 〈品物を〉店に置く, 売っている : We ～ a full line of canned goods. 缶詰なら何でも置いています.
19 《米》〈調子を〉保つ (sustain) ; (唱歌で)〈主旋律を〉歌う : ～ a tune.
20 〈酒を〉飲んでも乱れない : ～ one's drink.
21 《米南部・古》〔…へ〕連れて行く〔*to*〕: ～ a girl *to* a dance / ～ a mule *to* the barn.
22 〘海事〙〈船が〉〈帆を〉揚げる : ～ too much sail.
23 〘ゴルフ・クリケット〙一打で越す[持って行く].
24 〘狩猟〙…の跡をつけて行く, 追跡する.
25 〘商業〙…に信用貸し[掛売り]を許す.
26 〘アイスホッケー〙〈パックを〉スティックで軽く触れながら(うまくコントロールして)氷上を前進する.
27 〘証券〙 **a** 値上りを予想して〈買った証券を〉保有する. **b** (証拠金[頭金]取引で)〈証券業者が〉顧客に〈貸付残を〉持っている.
— *vi.* **1** 持って行く, 持ち運ぶ ; 運搬人として働く, 運送業を営む : ⇨ FETCH *and carry*. **2 a** 〈音響・弾丸などが〉(ある距離まで)達する, 届く : The gun *carries* almost a mile. この大砲ならほとんど 1 マイルのところまで届く / My voice *carries* farther than his. 私の声は彼の声より遠くまで届く / These guns ～ true. この銃は照準が正確だ. **b** 〈劇や文学作品などが〉予想通りの効果がある. **3** 〈馬が〉(走行・歩行中に)頭と頸を適正に保持する : The horse *carries* well [high]. あの馬は歩行中に頭と頸をよく[高く]保持している.
4 [修飾語(句)を伴って] 運べる : The load do not ～ easily. その荷物は簡単に運べない. **5** (立法府で)〈動議などが〉承認を得る : The motion *carried* by a vote of 50 to 20. その動議は 50 対 20 票の投票で承認された. **6** 〘狩猟〙〈猟犬が〉獣の遺臭をつけて行く.
carry all* [*everything, the world*] *before one 破竹の勢いで進む, 向かう所敵がない, 大成功する. ***carry away*** (*vt.*) (1) 持ち[運び]去る ; 〈暴風・水などが〉さらって行く. (2) [通例 p.p. 形で] (うっとりとして)我を忘れさせる, 夢中にする (transport), 感動させる (inspire) : be *carried away* by the music 音楽に魂を奪われる. (3) 〈人〉の命を奪う. (4) 〘海事〙〈暴風・波が〉〈帆柱を〉こわす, 折る. (*vi.*) (1) 〈橋・帆柱が〉さらわれる, こわれる. (2) 〘海事〙〈船が〉こわれる. ***carry back*** (1) 〈人に〉回想させる, 思い起こさせる : Those words *carried* me *back* to the old times. その言葉を聞いて昔のことを思い出した. (2) 〘税法〙前期の課税所得から〈損失高または未使用のクレディトを〉差し引く (cf. carry-back). ***carry forward*** (1) 〈事業などを〉進める, 推進する (advance). (2) 〘簿記〙〈項目記入などを〉次のページ[欄]へ送る, 繰り越す ; 《英》(次期に)繰り越す (cf. carry-forward 1). (3) 〘会計〙〈臨時巨額の損失を〉次期へ繰り延べる. ***carry it off*** 難局を切り抜ける ; 何食わぬ顔をしている : ～ *it off* well みごとにやってのける / ～ *it off* with a laugh 一笑に付してしまう. ***carry off*** (1) 奪い去る ; 盗む (steal). (2) 〈捕虜などを〉引っ立てて行く ; 〈人を〉誘拐する (abduct). (3) 〈賞品・名誉などを〉獲得する (win) : ～ *off* the prize 賞品をかっさらう. (4) 〈病気が〉〈人〉の命を奪う : He was *carried off* by cholera. コレラで死んだ. (5) 押し通す ; 〈難局などを〉うまくやってのける[処理する]. ***carry on*** (*vt.*) (1) 続行する, 〈手続きなどを〉進める. (2) 〈商売を〉営む, 経営する (conduct) ; 〈事務を〉処理する (manage). (*vi.*) (1) 続けて行く ; (難局に当たっても)頑張る (keep going). (2) 《口語》不作法に[騒々しく, 大人気なく]振舞う : ～ *on* like mad 気違いじみた騒ぎをやる. (3) 《口語》〈男・女が〉浮気をする, ふしだらな振舞いをする, いちゃつく〔*with*〕: ～ *on with* a girl 女の子といちゃつく. (4) (怒ったり, 悲しんだり, 泣いたり)大騒ぎする, 取り乱す, わめきちらす. (5) 〘海事〙帆を危険な程度に張り過ぎる. ***carry out*** 運び出す. (2) なしとげる, 成就する, 完成する (accomplish) ; 実行する, 遂行する (execute) : ～ *out* revenge 恨みを晴らす / ～ *out* one's intention, measures, orders, etc. ***carry over*** (1) 〈商品などを〉持ち越す. (2) 〔別の場所に〕移す ; 〔他の党へ〕引き入れる〔*into*〕. (3) 〈仕事などを〉延ばす, 延期する (postpone). (4) 《英》〘証券〙(次期の決済期日まで)繰り延べる (⇨ carry-over 3). (5) 〘簿記〙 = CARRY *forward* (2). ***carry through*** (*vt.*) (1) 終わりまで支持する, 切り抜けさせる : His courage [This fund] will ～ him *through*. あの勇気[これだけの資金]があれば最後までやり通せるだろう. (2) 〈計画などを〉成就する, 貫徹する (accomplish). (*vi.*) (1) 成就する. (2) (最後まで)持続する, 残る (persist). ***to carry* [*be carrying*] *on with*** [通例名詞の後に用いて] 当座の(用のための), さし当りの).
— *n.* **1** (銃などの)射程. **2** (河川・運河など両水路間の連絡のためのボートやカヌーの)陸上運搬 ; 連水運搬陸路 (portage). **3** 運搬 (carrying). **4** 〘ゴルフ〙(ボールの)飛行距離 (flight). **5** 〘軍事〙(軍旗・隊旗などを保持して行進するための規定された)携行姿勢.
car·ry·all [kǽriɔ̀ːl, kéri-│kǽrɪ-] 〘《変形》← CARIOLE : carry all と連想〙 — *n.* **1** キャリオール : **a** 一頭引き 4 人(以上の)席の軽装四輪馬車. **b** 《米》通路の左右にベンチが向かい合っている自動車[乗合いバス]. **2** 〘← CARRY + ALL〙大きな手さげ袋, がっさい袋 (hold-all). **3** 〘土木〙整地・運土用の一種の土木機械.
cárry-bàck *n.* 〘税法〙(所得税の過払いなどによる)貸越分.
cárry bàg *n.* = carrier-bag.
cárry-còt *n.* 《英》(赤ちゃん用の)携帯ベッド, 手運び赤ちゃんかご, キャリコット.
cárry-fórward *n.* **1** 《英》〘簿記〙次期繰越し金 (cf. CARRY *forward* (2)). **2** = carry-over.
cár·ry·ing *n.* **1** 運送, 運輸. **2** [形容詞的に] 積載の, 運送の. — *adj.* 〈声が〉よく通る : a ～ voice.
cárrying capácity *n.* **1** 輸送力 ; 積載量 ; 送電力. **2** 〘生態〙(牧草地などが養える)動物の数, 扶養能力.
cárrying chàrge *n.* 《米》**1** 〘金融〙繰越日歩 ; 商品運送の諸掛. **2** 財産所有者にかかる費用《税・保険等》.
cárrying-ón *n.* (*pl.* **carryings-on**) 《口語》軽々しい[興奮した, みだらな]振舞い ; いちゃつくこと (cf. CARRY *on* (*vi.*) (3)).
cárrying tràde *n.* 運送業.
cárry-òn *n.* **1** (飛行機に持ち込める)手荷物. **2** 《英口語》= carrying-on. — *adj.* 〈手荷物が〉(飛行)機内に持ち込めるくらいの大きさの.
cárry·òut 《米》*n.* 持ち帰り用の軽食(を売る食堂) (takeout). — *attrib. adj.* 〈軽食など〉持ち帰り用の.
cárry-òver *n.* **1** (穀物・商品などの)残余, 残品 (remainder) ; 予備. **2** 〘会計〙 **a** (勘定などの)繰越し, 持越し. **b** 繰越し金. **3** 《英》〘証券〙繰延べ取引 (⇨ contango 1). **4** 〘簿記〙次葉[次ページ]への繰越し.
carse [káəs│káːs] 〘ME *cars, kerss* ← ? *kerres* (pl.) ← *ker* marsh : cf. Swed. *kärr*〙 *n.* 《スコット》(川の流域にある)肥沃な低地.
cár·sìck *adj.* 乗物(汽車・自動車など)に酔った : get ～ 車に酔う.
cár sìckness *n.* 車酔い, 乗物酔い.
Car·son [káəsn│káː-], **Christopher** *n.* (1809–68) 米国の辺境地方で活躍した案内人・猟師・義勇兵 ; 通称 Kit Carson.
Carson, Sir **Edward Henry** *n.* (1854–1935) 英国の法律家・政治家 ; アイルランド生れでアイルランド問題に尽力した ; 称号 Baron Carson of Duncairn.
Carson, Rachel (**Louise**) *n.* (1907–64) 米国の女流生物学者・著述家.
Cárson Cíty *n.* 米国 Nevada 州の首都 ; 人口 16,000.
Car·stensz [káəstənz│káː-], **Mount** *n.* カルステンス山《Djaja 山の旧名》.
cart [káət│káːt] 〘《?c1200》*carte* (i) 《音位転換》← OE *cræt* ∥ (ii) ▭ ON *kart-r* cart ← IE **ger-* curving, crooked〙 — *n.* **1** (農場, 荷物の輸送などで用いる, ばねなしの二輪または四輪の)荷車 (cf. wagon). **2 a** (商品の配達用の馬または犬が引く)二輪車 : a baker's [butcher's] ～ / a coal ～. **b** (一頭立て二輪の)軽装馬車. **3** (ゴルフ場の)カート (⇨ golf cart). **4** 《廃》戦車 (chariot).

cart 1

in the cart 《英俗》ひどい目にあって, 困って (in a fix). ***put* [*set*] *the cart before the horse*** 前後を誤る, 本末を転倒する. ***walk the cart*** 〘競馬〙 = WALK *over* (1).
— *vt.* **1** 荷車で運ぶ : ～ hay to the farm. **2** (力ずくで)運び去る〈*off, away*〉: ～ a person *off* to jail 人を刑務所に引っぱって行く / *Cart* yourself *off*! あっちへ行ってくれ. **3** 《古》罰に荷車のあとにつけて引き回す. **4** 〘クリケット〙〈ボールを〉強打する. — *vi.* **1** 荷車を引く, 荷馬車業をする. **2** 〘クリケット〙強打する.
cart·age [káətɪdʒ│káːt-] *n.* **1** (通例都市内の)荷車運送. **2** 荷車運送賃.
Car·ta·ge·na [kàətədʒíːnə, -héɪnə│kàːtədʒíːnə ; *Sp.* kàrtaxéna] *n.* カルタヘナ : **1** スペイン南東部の海港 ; 人口 147,000. **2** 南米コロンビア北西海岸の港市 ; 人口 316,000.
carte[1] [káət│káːt] 〘《18C》▭ F *quarte* ▭ It. *quarta* fourth〙 *n.* 〘フェンシング〙 = quarte.
carte[2] [káət│káːt ; *F.* kart] 〘▭ (O)F ～ 'CARD[2]'〙 — *n.* (*pl.* ～**s** [～s ; *F.* ～]) **1** 献立表 (menu) : ⇨ à la carte. **2** 《スコット》 **a** トランプ (playing card). **b** [通例 *pl.*] トランプ遊び. **3** 《廃》地図, 海図, 図表.
Carte [káət│káːt], **Richard D'Oy·ly** [dɔ́ɪli│-lɪ] *n.* (1844–1901) 英国の劇場経営者 ; Savoy operas の上演者.
carte blanche [káət-bláː(n)ʃ, -blɔ́ː(n)ʃ, -bláːnʃ, -blɔ́(ː)nʃ│káːt- ; *F.* kartəblɑ̃ːʃ] 〘《1707》▭ F ～ 'blank paper'〙 — *n.* (*pl.* **cartes blanches** [káət(s)-, ～ɪz, ～əz│káːt(s)-, ～ɪz, ～əz ; *F.* ～]) **1** 白紙委任状《署名だけしてあって自由記入を許す白紙》. **2** 白紙委任, 全権委任 : give ～ to …に無条件で行動権を与える, 白紙委任する. **3** 〘トランプ〙カルテブランシュ《piquet などで絵札が 1 枚もない手 ; 役点 10 がつく》.
carte de vi·site [káət-də-vɪzíːt, -viː-│káːt- ; *F.* kartədəvizit] 〘▭ F ～ 'visiting card'〙 — *n.* (*pl.* **cartes de visite** [káət(s)-│káːt(s)-]) **1** 《古》(写真の)手札型《もと, 訪問用の名刺として用いた ; $2^1/_4 \times 3^3/_4$ インチ ; 略 c.d.v.》. **2** = calling card.
carte du jour [káət-də-ʒúə│káːt-djuː-ʒúə(r ; *F.* kartədyʒuːr] 〘▭ F ～ 《原義》the day's menu〙 — *n.* (*pl.* **cartes du jour** [káət(s)-│káːt(s)- ; *F.* ～]) メニュー, 献立表 (menu).
car·tel [kaətél│kaː-] 〘《1560》▭ F ～ ▭ It. *cartello* placard, challenge (dim.) ← *carta* 'CARD[2]'〙 — *n.* **1** [《英》ではまた káːtl] 決闘状, 決闘挑戦状, 果たし状. **2** [《英》ではまた káːtl] **a** (交戦国間の)捕虜交換協定文書. **b** 捕虜交換. **c** 捕虜交換船《cartel ship ともいう》. **3** [しばしば C-] (共同目的のための党派の)連合, 同志, ブロック (bloc). **4** [▭ G *Kartell*] 〘経済〙カルテル, 企業連合《同一産業の独立企業が生産過剰の防止・自殺的競争の排撃・市場独占を目的とする任意の連合組織 ; cf. trust 7》.
car·tél·ism [-lɪzm] *n.* カルテル[企業連合]の形成, カルテル化.
car·tél·ist [-lɪst, -ləst│-lɪst] *n.* カルテルの一員, カルテル支持者. — *adj.* カルテル(支持者)の, 企業連合の. 「cartelist.
car·tel·is·tic [kàətəlístɪk, -tl̩-, -tel-│kàːtel-] *adj.* =
car·tel·ize [kaətélaɪz, káətəlàɪz, -tl̩-│kaːtélaɪz, káːtəlàɪz] 〘経済〙 *vt.* カルテル[企業連合]にする, カルテル化する. — *vi.* カルテルを作る. **car·tel·i·za·tion** [kaətèlɪzéɪʃən, -lə-, kàətəlɪ-, -lə-, -tl̩-│kaːtèlaɪ-, kàːtəl-, -lɪ-] *n.*
cárt·er [-tə│-tə(r] 〘ME〙 *n.* 荷馬車の御者, 車力 (carman) ; トラックの運転手 (teamster). 「*n.* 男性名.
Car·ter [káətə│káːtə(r] 〘← OE *cartere* cart driver〙
Car·ter [káətə│káːtə(r], **Howard** *n.* (1873–1939) 英国のエジプト学者 ; Tutankhamen の墳墓の発掘を行なったことで有名.
Carter, James Earl, Jr. *n.* (1924–) 米国の政治家, 第 39 代大統領 (1977–81) ; 通称 Jimmy Carter.
Carter, Nick *n.* **1** ニックカーター《19 世紀末米国で流行した一連の dime novels (低俗な推理小説)の探偵の名》. **2** 同小説の作者数名の用いた筆名.
Car·ter·et [kàətərét, ─ ─ ─│káːtərèt, -rɪt], **John** *n.* ⇨ Granville.
Car·te·sian [kaətíːʒən│kaːtíːzjən, -zɪən, -ʒɪən, -ʒən] 〘《1656》← NL *Cartēsiān-us* ← *Cartesius* (René Descartes のラテン語形)〙 — *adj.* デカルト (Descartes) の ; デカルト学派[説]の. — *n.* デカルト哲学の信奉者, デカルト主義者.
Cartésian coórdinates *n. pl.* 〘数学〙デカルト座標, 平行座標《affine coordinates ともいう ; cf. rectangular coordinates》.
Cartésian díver [**dévil**] *n.* = bottle imp 2.
Cartésian dóubt *n.* 〘哲学〙デカルト的懐疑《絶対的真理に到達するためにまずすべてを疑ってみる方法的懐疑》.
Car·té·sian·ism [-nìzm] *n.* デカルト哲学[思想].
Cartésian pláne *n.* 〘数学〙デカルト平面《デカルト座標が定められている平面》.
Cartésian próduct *n.* 〘数学〙デカルト積, カルテシアン積《直積 (direct product) のこと》.
cart·ful [káətfʊ̀l│káːt-] *n.* 荷(馬)車 1 台分(の量)〔*of*〕.

Car·thage [kɑ́ːəθɪdʒ | kɑ́ː-] *n.* カルタゴ《アフリカ北岸, 今の Tunis 付近にあった古代のフェニキア人の都市国家; ローマ軍に滅ぼされた (146 B.C.); ラテン語名 Carthago [kɑːəθɑ́ːgoʊ, -tɑ́ːə- | kɑːθɑ́ːgəʊ, -tɑ́ː-]》.

Car·tha·gin·ian [kɑ̀ːəθədʒíniən, -niən | kɑ̀ːθədʒíniən, -njən] *adj.* **1** カルタゴの. **2** カルタゴ人の. ― *n.* カルタゴ人.

Carthagínian péace *n.* カルタゴ的和平《敗北側に非常にきびしい和平協定》.

cárt hòrse *n.* 荷馬車馬: (as) strong [clumsy] as a ～.

Car·thu·sian [kɑːəθ(j)úːʒən | kɑːθ(j)úːzjən, -zɪən] 〘《1563–87》□ ML *Carthusiān-us* ← *Cart(h)ūsia* (Chartreuse: 初めてこの会の修道院が創設されたフランスの地名: cf. Charterhouse, chartreuse)〙 ― *adj.* **1** カルトジオ修道会の. **2**《英》カルトジオスクール (Charterhouse School) の《初め London のカルトジオ会の修道院の跡に建てられた public school にいう》. ― *n.* **1** カルトジオ会の修道士[修道女]. **2** [the ～s]〘キリスト教〙カルトジオ修道会《1084 年に St. Bruno がフランスの Grenoble に近いアルプス山中の Chartreuse に開いた戒律の厳重な修道会》. **3**《英》カルトジオスクール (Charterhouse School) の生徒[校友].

Car·ti·er [kɑːətjéɪ, kɑ́ːəṭièɪ | kɑːtjéɪ, kɑ́ːtièɪ; *F.* kaʀtje], **Jacques** *n.* カルティエ《1491–1557; フランスの航海家・探検家; カナダの St. Lawrence 川の発見者》.

Car·tier-Bres·son [kɑːətjéɪbresɔ́ː(ŋ), kɑ̀ːətiéɪ-, -sɔ́(ː)ŋ | kɑːtjéɪ-, kɑ̀ːtɪéɪ-; *F.* kaʀtjebʀesɔ̃], **Henri** *n.* カルティエブレッソン《1908– ; フランスの写真家》.

car·ti·lage [kɑ́ːəṭ(ə)lɪdʒ, -ṭḷ- | kɑ́ːtɪl-, -təl-] 〘《1541》□ F ～ □ L *cartilāgō* gristle〙 *n.* 〘解剖・動物〙 **1** 軟骨 (gristle). **2** 軟骨組織.

cártilage bòne *n.* 〘解剖〙軟骨性硬骨《軟骨組織中に石灰が沈着して硬骨と化したもの》.

car·ti·lag·i·noid [kɑ̀ːəṭəlǽdʒənɔ̀ɪd, -ṭḷ- | kɑ̀ːtɪlǽdʒɪ-] 〘⇨ ↓, -oid〙 *adj.* 〘解剖〙軟骨様の, 類軟骨の.

car·ti·lag·i·nous [kɑ̀ːəṭəlǽdʒənəs, -ṭḷ- | kɑ̀ːtɪlǽdʒɪ-, -dʒə-] 〘《1541》□ L *cartilāginōs-us*: ⇨ cartilage, -ous〙 ― *adj.* **1**〘解剖〙軟骨性の, 軟骨質の. **2**〘動物〙骨格が軟骨でできている.

cartiláginous físh *n.* 〘魚類〙軟骨魚綱 (Chondrichthyes) の魚《サメ・エイなど》.

cartiláginous quíttor *n.* 〘獣医〙(有蹄動物の)化膿性感染症《脚の側軟骨の慢性炎症と蹄冠上部に開口する瘻管形成を特徴とし, 通例跛行を呈する》.

cárt·lòad *n.* **1** 荷馬車 1 台の積載量, 荷馬車 1 台分(の荷物). **2** 大量 (heap): a ～ *of* dirt.

car·to- [kɑ́ːəṭoʊ | kɑ́ːtə(ʊ)] 〘← F *carte*: ⇨ card²〙 card² の意の連結形.

car·to·gram [kɑ́ːəṭəgræ̀m | kɑ́ːtə-] 〘□ F *cartogramme*: ⇨ ↑, -gram〙 *n.* 〘統計〙統計地図《地図による比較統計図》.

car·to·graph [kɑ́ːəṭəgræ̀f | kɑ́ːtəgrɑ̀ːf, -græf] *n.* 地図 (map); (特に)絵入り地図.

car·tog·ra·pher [kɑːətɑ́grəfə | kɑːtɔ́grəfə(r)] *n.* 地図製作者, (地図の)製図者.

car·to·graph·ic [kɑ̀ːəṭəgrǽfɪk | kɑ̀ːtə-] *adj.* 地図製作(法)の.

càr·to·gráph·i·cal [-fɪkəl, -fə- | -fɪ-] *adj.* = cartographic.

car·tog·ra·phy [kɑːətɑ́grəfi | kɑːtɔ́grəfi] 〘《1859》□ F *cartographie*: ⇨ carto-, -graphy〙 *n.* 作図法, 地図製作(法).

car·to·man·cy [kɑ́ːəṭəmæ̀nsi | kɑ́ːtə(ʊ)mæ̀nsɪ] 〘← CARTO- + -MANCY〙 *n.* トランプ占い.

car·ton [kɑ́ːətṇ | kɑ́ːtən, -tṇ] 〘《1864》□ F ～ □ It. *cartone* pasteboard (aug.) ← *carta* paper: ⇨ card²〙 ― *n.* **1 a** (厚紙で作った商品運送用の)紙箱, カートン; (牛乳などを入れる)ろうをひいた入れ物. **b** カートンの中味[内容物]. **2** (カートンの材料にする)厚紙, ボール紙 (cardboard). **3**〘昆虫〙(昆虫が巣を造るのに土と植物をまぜ合わせて造る)ボール紙のような物質. ― *vt.* カートン[紙箱]の中に入れる, カートンに収納する. ― *vi.* (厚紙から)カートンを作る: a ～*ing* machine カートン[紙箱]製造機.

car·ton·nage [kɑ̀ːəṭənɑ́ːʒ, -tn- | kɑ̀ːtə-; *F.* kaʀtɔnaːʒ] 〘□ F ～: ⇨ ↑, -age〙 *n.* 古代エジプトのミイラを容れた人形の棺; その材料《亜麻布やパピルスとある種の糊材とを混ぜて造形し表面に漆喰を塗布したもの》.

car·toon [kɑːətúːn | kɑː-] 〘《1671》□ It. *cartone*: ⇨ carton, -oon〙 ― *n.* **1 a** (新聞・雑誌の)政界[時事]風刺漫画, ポンチ絵 (cf. caricature 1). **b** 駒割り漫画 (comic strip). **c** アニメ映画 (animated cartoon). **2**〘美術〙(壁画・タペストリー (tapestry)・モザイクなどの)実物大下絵. ― *vt.* **1** 漫画に描く, 漫画化する. **2** 漫画で風刺する. **3** …の実物大下絵を作る. ― *vi.* **1** 風刺漫画をかく. **2** 実物大下絵を作る.

car·tóon·ist [-nɪst, -nəst | -nɪst] *n.* **1** 風刺漫画家. **2** 実物大下絵作家.

cár·tòp *adj.* 〈ボートなど〉自動車の屋根に乗せて運べる(くらいの大きさ[重さ]の): a ～ boat.

cár·tòp·per *n.* (自動車の屋根に乗せて運べるくらいの)小型ボート.

car·touche [kɑːətúːʃ | kɑː-] 〘《1611》□ F ～ □ It. *cartoccio* cornet ← *carta* paper: ⇨ card²〙 ― *n.* (*also* **car·touch** [～]) **1**〘建築〙カルツーシュ, 巻軸装飾《紙の両端を少し巻いた形で中央に紋章などを配する》. **2**〘考古〙カルトゥーシュ《古代エジプトの壁画・記念碑などの象形文字 (hieroglyphic) で書かれた王名を囲む長円形の枠》. **3** (厚紙のケースに入った)弾薬筒.

car·tridge [kɑ́ːətrɪdʒ | kɑ́ː-] 〘《1579》《転訛》← 《廃》*cartage*《変形》← F *cartouche* (↑)〙 ― *n.* **1 a** 弾薬筒, 薬筒, 薬包, 実包: ⇨ ball cartridge. **b** (爆破用などの火薬を入れた)火薬筒. **2** (機械・器具などの一部に取換えのできるように工夫された液体・ガスなどの)小容器; (万年筆などの)カートリッジ. **3 a** (レコードプレーヤーの)カートリッジ《針の運動を電気信号に変換する機構を組み込んだ小さなケース; アームの先端につけて用いる》. **b** (磁気テープを入れた)カートリッジ. **4**〘写真〙(フィルムの装塡された)パトローネ, マガジン, カートリッジ.

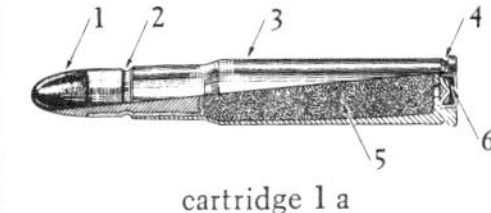

cartridge 1 a
1 bullet; 2 tightening groove; 3 brass case; 4 extraction groove; 5 powder; 6 primer

cártridge bàg *n.* 弾薬嚢(のう).

cártridge bèlt *n.* 弾(薬)帯, ベルト《弾薬保持用の多数のポケットつきの布製または金属性のベルトで, 肩または腰にまとう; cf. feed belt》.

cártridge bòx *n.* (通例革製で帯につける)弾薬筒入れ, 弾薬箱.

cártridge càse *n.* 薬莢(やっきょう).

cártridge clìp *n.* 挿弾子(そうだんし)《自動拳銃・連発銃への挿弾の便宜上数個の弾薬筒を連結保持する金属片》.

cártridge fùse *n.* 〘電気〙筒形ヒューズ.

cártridge pàper *n.* 〘製紙〙カートリッジ紙《厚いざらざらの紙で薬莢(やっきょう)の製造に用いる; またオフセット用紙・画用紙などにもする》.

cárt-ròad *n.* = cartway.

cárt-tràck *n.* = cartway.

car·tu·lar·y [kɑ́ːətʃulèri | kɑ́ːtjulərɪ] 〘《?a1425》□ ML *c(h)artulāri-um* ← L *c(h)artula* (dim.) ← *c(h)arta* paper: ⇨ card², -ary〙 ― *n.* (修道院などの)特許状[地券]台帳.

cárt·wày *n.* 荷馬車道; でこぼこ道.

cárt·whèel 〘《c1392》〙 ― *n.* **1** (荷車などの)車輪. **2 a** (四肢を拡げて行なう)側方転回: turn [throw] ～*s* 側方転回をする. **b** バトンを身体のまわりで車輪のようにまわす動作. **3**《俗》(英国の 1797 年発行 2 ペンス銅貨や米国の 1 ドル銀貨のような)大型貨幣. ― *vi.* 車輪のように動く; 側方転回をする. **～·er** *n.*

cárt whìp *n.* (荷馬車の馬方が使う)太いむち.

cárt·wright *n.* 車大工.

Cart·wright [kɑ́ːətraɪt | kɑ́ːt-], **Edmund** *n.* (1743–1823) 英国の牧師; 力織機 (power loom) の発明者.

Cartwright, John *n.* (1740–1824) 英国の政治改革者; 議会改革・選挙権拡大・奴隷廃止などの運動を行なった; E. Cartwright の兄.

car·un·cle [kǽrʌŋkḷ, kərʌ́ŋ- | kǽrəŋ-, kərʌ́ŋ-] 〘《1615》□ F《廃》～ □ L *caruncula* (dim.) ← *carō* flesh〙 ― *n.* **1**〘植物〙種阜(しゅふ)《種子のへその付近にある小突起》. **2**〘動物〙肉阜《鳥のとさかや目の内ぱたの涙阜など》. **3**〘解剖〙丘, 小丘. **ca·run·cu·lar** [kərʌ́ŋkjulə | -lə(r)] *adj.*

ca·run·cu·la [kərʌ́ŋkjulə] 〘↑〙 *n.* (*pl.* **-cu·lae** [-lìː, -lài]) = caruncle.

ca·run·cu·late [kərʌ́ŋkjulət, -lɪt, -lèɪt] 〘← ? NL *carunculāt-us*: ⇨ caruncle, -ate²〙 *adj.* 種阜(しゅふ)[肉阜, 丘] (caruncle) のある.

ca·run·cu·lat·ed [kərʌ́ŋkjulèɪṭɪd, -ṭəd | -tɪd, -təd] *adj.* = carunculate.

Ca·ru·so [kərúːsoʊ, -zoʊ | -zəʊ, -səʊ; *It.* karúːso], **Enrico** *n.* カルーソー《1873–1921; イタリアのテナーのオペラ歌手》.

car·va·crol [kɑ́ːəvəkrɔ̀(ː)l, -kròʊl | kɑ́ːvəkrɔ̀l] 〘← NL *carvi*- (← ML *carvi* caraway) + L *acr-*, *acer* sharp + -OL¹〙 ― *n.* 〘化学〙カルバクロール ($CH_3C_6H_3(C_3H_7)$-OH)《各種のシソ科植物の精油中に含まれるフェノール; 防腐剤に用いる》.

carve [kɑ́ːəv | kɑ́ːv] 〘OE *ċeorfan* to cut < (WGmc) **kerban* (G *kerben* to notch / Du. *kerven*) ← IE **gerebh-* to scratch (Gk *gráphein* to mark, write): 語頭音の [k] は pret. pl. *curfon* または p.p. *corfen* から〙 ― *v.* (**～d**; **～d**, 《古》**carv·en** [～ən]; **carv·ing**) ― *vt.* **1** (食卓で carving knife と carving fork を使って)〈肉を〉切り分ける: ～ meat for the guests 〈主人などが〉客に肉を切り分ける / She ～*d* him a slice of cake. 彼女は彼にケーキの一切れを切ってやった. **2 a** 〈木・石などを〉(のみなどを使って)刻む, 彫刻する; …に彫刻を施す: ～ one's name on a tree 木に名前を彫る / ～ designs in ivory [wood] 象牙[木]に図案を彫る / ～ the leg of a chair 椅子の脚に彫刻を施す / ～ stone *into* strange shapes 石を奇妙な形に刻む. **b** 刻んで造る; 刻んで…にする: ～ a figure *out of* stone 石を刻んで像を造る / This Buddha is ～*ed* of wood. この仏像は木で刻んである. **3** 〈運命・進路などを〉切り開く, 苦心して(自ら)造る, 開拓する 〈*out*〉: ～ *out* a career for oneself 自力で世に出る / ～ one's way to fortune 自ら(運命を)開拓して出世する. **4** 〈国・領地を〉分割する. ― *vi.* **1** 肉を切り分ける: ～ for the guests. **2** 彫刻する.

carve out (1) 切り取る, 切り出す. (2) ⇨ *vt.* 3

carve up (1) 〈肉などを〉小さく切り分ける. (2) 〈遺産・領地などを〉分割する. (3)《俗》〈人〉に切りつける. (4)《俗》〈人を〉だます (swindle).

car·vel [kɑ́ːəvəl | kɑ́ː-] *n.* = caravel.

cárvel-bùilt *adj.* 〘造船〙〈船側の外板が〉平張りの, 重ね合わせないで平らにつめて張った (cf. clinker-built).

cárvel wòrk *n.* 〘造船〙船の外板の平張り方式.

carv·en [kɑ́ːəvən | kɑ́ː-] *v.* 《古》carve の過去分詞. ― *adj.* 《古・詩》彫刻された, 彫刻を施した.

cárv·er *n.* **1** (食卓で)肉を切り分ける人《主人 (host) の仕事になっている》. **2** 彫刻者, 彫り師. **3** 肉切りナイフ. **4** [*pl.*] (食卓用)肉切り用具《大型ナイフ (carving knife) と大型フォーク (carving fork)》: a pair of ～s 肉切り用具一組.

Car·ver [kɑ́ːəvə | kɑ́ːvə(r)], **George Washington** *n.* (1864–1943) 米国の植物学者・化学者.

Carver, John *n.* (1576?–1621) 英国生れの米国の植民者; Pilgrims の指導者; Plymouth Colony の初代総督.

cárve-ùp *n.* 《俗》(戦利品などの)山分け, 分配.

cárv·ing *n.* **1** 彫刻; (特に, 木彫り・象牙彫りの)彫刻術. **2** 彫り物, 彫刻物.

cárving fòrk *n.* (食卓用)切盛り用大型フォーク.

cárving knìfe *n.* (食卓用)切盛り用大型肉切りナイフ.

cár wàsh *n.* (ガソリンスタンドなどにある)洗車機, 洗車場.

Car·y [kɛ́(ə)ri | kɛ́ərɪ] 〘1: ⇨ Carey. 2: ⇨ Carrie〙 *n.* **1** 男性名. **2** 女性名.

Cary, (Arthur) Joyce (Lunel) *n.* (1888–1957) アイルランド生れの英国の小説家; *The Horse's Mouth* (1944).

Cary, Henry Francis *n.* (1772–1844) 英国の牧師; Dante の *La Divina Commedia*「神曲」(1805–14) その他の翻訳者.

car·y- [kǽri | -rɪ] (母音の前に来る時の) caryo- の異形 (⇨ karyo-).

car·y·at·id [kæ̀riǽṭɪd, -ṭəd | -rɪǽtɪd] 〘《1563》□ L *Caryātid-ēs* (pl.) □ Gk *Karuátides* priestesses of Artemis at *Karúai* Caryae (Laconia の村名)〙 ― *n.* (*pl.* **～s, -at·i·des** [kæ̀riǽṭədìːz | -rɪætɪ-])〘建築〙(ギリシャ建築の)女人像柱, 女像柱, カリアティッド (cf. atlas 5, telamon). **car·y·at·i·dal** [kæ̀riǽṭɪdḷ | kæ̀rɪǽtɪ-] *adj.*

caryatid

car·yo- [kǽrio(ʊ) | -rɪə(ʊ)] = karyo-.

Car·y·o·phyl·la·ce·ae [kæ̀rio(ʊ)fɪléɪsiìː, -fə- | -rɪə(ʊ)fɪ-] 〘← NL ～ ← *Caryophyllus* (属名: ← Gk *karuóphullon* dianthus) + -ACEAE〙 ― *n. pl.* 〘植物〙ナデシコ科.

car·y·o·phyl·la·ceous [-ʃəs] *adj.*

Car·y·o·phyl·la·les [kæ̀rio(ʊ)fɪléɪliːz, -fə- | -rɪə(ʊ)fɪ-] 〘← NL ～ ← *Caryophyllus* (⇨ Caryophyllaceae) + -ALES〙 ― *n. pl.* 〘植物〙(双子葉植物)ナデシコ目.

car·y·o·phyl·lene [kæ̀rio(ʊ)fíliːn | -rɪə(ʊ)-] 〘← NL *Caryophyllus* (↑) + -ENE〙 *n.* 〘化学〙カリオフィレン ($C_{15}H_{24}$)《多くの植物精油中に含まれる無色の液体》.

car·y·op·sis [kæ̀riɑ́psɪs, -səs | -rɪɔ́psɪs] 〘《1830》← NL ～: ⇨ karyo-, -opsis〙 *n.* (*pl.* **-op·ses** [-siːz], **-op·si·des** [-sədìːz | -sɪ-]) 〘植物〙穀果, 穎果(えいか)《単胞・単種子で果皮が種皮に密着している麦・稲などの種子》.

car·y·o·tin [kǽriəṭɪn, -ṭən, -tìn | -rɪə(ʊ)tɪn] *n.* 〘生物〙= karyotin.

CAS 《略》〘航空〙calibrated airspeed; certificate of advanced studies 専攻科修了証明書.

ca·sa [kɑ́ːsə, kǽsə] 〘□ Sp. ～〙 *n.* 《米南西部》家, 住宅 (house).

Ca·sa·ba [kəsɑ́ːbə] 〘← *Kasaba* (小アジアの Smyrna 近在の町でその原産地)〙 *n.* 〘園芸〙カサバ《冬メロンに属する一品種; Casaba melon ともいう》.

Cas·a·blan·ca [kæ̀səblǽŋkə, kɑ̀ːzə- | -sə-; *Sp.* kàsaβláŋka] 〘□ Sp. ～《原義》white house〙 ― *n.* カサブランカ《アフリカ北西部 Morocco の港市; Roosevelt と Churchill の会談地 (1943 年 1 月); 人口1,372,000》.

Ca·sa·de·sus [kɑ̀ːsədéɪsəs; *F.* kazadsy], **Robert (Marcel)** *n.* カザドシュ《1899–1972; フランスのピアニスト》.

Ca·sa Gran·de [kǽsəgrǽndi | -dɪ] *n.* 米国 Arizona 州南部 Gila 川付近の都市; 人口 11,000; 付近に有史以前のインディアンの遺跡 (Casa Grande Ruins National Monument) がある.

cas·al [kéɪsəl, -sḷ] *adj.* 〘文法〙格 (case) の.

Ca·sals [kəsɑ́ːlz, -zɑ́ːlz; *Sp.* kasáls], **Pablo** *n.* カザルス《1876–1973; スペインのチェロ奏者・指揮者》.

Cas·a·no·va [kæ̀zənóʊvə, kæ̀sə- | -nə́ʊ-] 〘↓〙 *n.* 漁色家, 女たらし.

Cas·a·no·va [kæ̀zənóʊvə, kæ̀sə- | -nə́ʊ-; *It.* kàsanɔ́ːva], **Giovanni Gia·co·mo** [dʒáːkomo] *or* **Ja·co·po** [jáːkopo] *n.* カサノバ《1725–98; イタリアの文人, 有名な漁色・冒険家; *Mémoires écrits par lui-même*「回想録」(1826–38); (自称)称号 Casanova de Seingalt [*F.* kazanova d sɛ̃galt]》.

Ca·sau·bon [kəsɔ́ːbən, kæ̀zo(ʊ)bɔ́ː(ŋ), -bɔ́(ː)ŋ | kəsɔ́ːbən, kæ̀zə(ʊ)-; *F.* kazobɔ̃], **I·saac** [ízak] *n.* カゾーボン《1559–1614; スイス生れのフランスの古典学者・神学者》.

cas·bah [kǽzbɑː, kɑ́ːz-, -bə] 〘□ F ～ □ Arab. *qáṣ(a)baʰ* citadel〙 ― *n.* **1** (北アフリカの)城; 城塞(さい). **2** カスバー: **a** 北アフリカの城を囲むごみごみした原地人居住地区; (特に)ナイトクラブや売春宿のある地区. **b** [the C-] アルジェリアの Algiers にある古く

からの原地人の居住する地区.

cas·ca·bel [kǽskəbèl] 〖▭ Sp. ～ 'small bell, rattle'〗 *n.* 〘銃砲〙 **1** 鈴玉突起《先ごめ砲の砲尾末端にある乳頭状の部分; ⇨ cannon 挿絵》. **2** 釣鐘部《砲尾後部の釣鐘状の部分》.

cas·cade [kæskéɪd] 〖《1641》▭ F ～ ▭ It. *cascata* ← *cascare* ← L *cadere* < VL **casicare*: ⇨ -ade〗 — *n.* **1 a** (川・小川の急勾配の岩に落ちる)滝. **b** (自然・人工の)小滝; (いくつかの段になった滝のうちの)分かれ滝 (cf. cataract 1 a, waterfall). **2 a** 波状に垂れた掛布, 滝状のレース[ネクタイなど]. **b** (花火の)火の滝. **c** (菊などの)懸崖(けんがい)作り. **3** 〘化学〙 カスケード, 階段《一つのプロセスを多数段階に分けて順次行なわせることによって効率を高めること》: the ～ system カスケード[階段]式. **4** 〘電気〙 (誘導電動機の)縦つなぎ: ～ connection (電気回路などの)縦続接続. **5** 〘機械〙 翼列《同一の翼を等間隔で同一方向に, 一直線上に配列したもの》. — *vi.* **1 a** 滝になる; 滝になって落ちる. **b** 滝のように落ちる[下落する]. **2** 〘方言〙 吐く (vomit). — *vt.* **1** 滝のように落とす. **2** 〈製造工程などを〉段階的に行なう. **3** 〘電気〙 〈回路などを〉縦続接続する《cascade-connect ともいう》.

cascáde connéction *n.* 〘電気〙 縦続接続.

carcáde hýperon *n.* 〘物理〙 ＝Xi particle.

Cascáde Ránge *n.* [the ～] カスケード山脈《米国 California 州北部からカナダの British Columbia 州に至る; 南は Sierra Nevada 山脈から連続し, 北は Coast Ranges の一部; 最高峰は Mt. Rainier (4,392 m)》.

cascáde shówer *n.* 〘地球物理〙 カスケードシャワー, 電子シャワー《高エネルギーの宇宙線により多段の電離が起こることによる電子シャワー; cf. cosmic-ray shower》.

Cas·ca·di·a [kæskéɪdiə | -djə, -dɪə] *n.* 〘地質〙 カスカディア《北米太平洋岸の中生代地向斜の西方にあったと考えられる陸地》. **Cas·cá·di·an** [-diən | -djən, -dɪən] *adj.*

cas·car·a [kæskǽrə, -kέ(ə)rə | kæskɑ́:rə, kəs-] 〖《1879》▭ Sp. *cáscara* bark ← *casca* bark, skin ← *cascar* to break〗 — *n.* **1** 〘植物〙 **a** ＝cascara buckthorn. **b** ＝cascara sagrada. **2** 〘薬学〙 樹皮, 穀皮.

cascára búckthorn *n.* 〘植物〙 カスカラ (*Rhamnus purshiana*) 《米国太平洋沿岸に産するクロウメモドキ属の植物; この乾燥樹皮が薬用の cascara sagrada; bearberry, bearwood, coffeeberry ともいう》.

cascára sa·grá·da [-səgrɑ́:də] 〖▭ Sp. *cáscara sagrada* sacred bark〗 *n.* カスカラ樹皮《緩下剤に用いる》.

cas·ca·ril·la [kæ̀skərílə, -rí:(j)ə | -rílə] 〖▭ Sp. ～ 'Peruvian bark' (dim.) ← *cáscara*: cf. cascara〗 — *n.* **1** 〘植物〙 西インド諸島産トウダイグサ科の低木 (*Croton eluteria*). **2** カスカリラ樹皮《香気の高い健胃剤; cascarilla bark ともいう》.

Cás·co Báy [kǽskoʊ- | -kəʊ-] *n.* カスコー湾《米国 Maine 州南西部の湾》.

case¹ [kéɪs] 〖《a1250》▭ (O)F *cas* < L *cāsum* that which has happened (p.p.) ← *cadere* to fall, fall out ← IE **kad-* to fall: ⇨ cadence〗 — *n.* **1** (人・物・行動などの特定の)場合; 事例: in that ～ その場合には / We make an exception in your ～. 君の場合には例外とする / an interesting ～ of dishonesty duly punished 不正直が当然の罰を受けた面白い一例 / a ～ in point 好適例 / in either ～ いずれにしても / in the ～ of Dr. X X博士の場合では[について言えば]. **2 a** (考慮・調査・決定を要する)場合. **b** (警察などの調査を要する)事件: a ～ of murder 殺人事件 / an unprecedented ～ 前代未聞の事件. **c** 問題 (question, problem): a ～ for life and death 生死の問題 / a ～ of conscience 良心の(決定すべき)問題 / It will be a ～ between them. それは二人の間の問題だろう. **d** 考慮・調査などの対象となる人[もの]: a relief ～ 救済の対象になる人. **3** [the ～] 真相, 事実 (fact); (実際の)事情, 実情: It's *the* ～. それが真相[実情]だ / That is not *the* ～. それは真相[実情]でない / as is often *the* ～ with foreigners 外人には往々そういうことがあるが / as *the* ～ stands now 現在の事情[実情]では / such being *the* ～ そういう事情だから. **4 a** (幸福・成功・体調・精神などの)状態, 立場, 境遇: in good [evil] ～ いい[悪い]具合[境遇]で, 好[不]調で / in sorry ～ みじめな有様[境遇]で. **b** 〈…するのに〉用意のできた[適した]状態 〈*to do*〉: I am in ～ *to* justle a constable. おれは警官とだって組み打ちできるぞ (Shak., *Tempest* 3. 2. 29). **5 a** (ある病気の)症例, 病例; 患者: a ～ of measles はしかの症例[患者] / an alarming ～ 油断のならぬ病気 / twenty ～*s* of cholera コレラ患者 20 人[件] / a hopeless ～ 見込みのない患者. **b** (特定のタイプの)例 (example). **c** 〘米口語〙 (一風変わった)人, 変わり者; おかしな人: a difficult ～ なかなかむずかしい男, 困り者 / He is a ～. 彼は変わり者だ. **6 a** (係争者の立場を支持する)訴訟事実, 言い分, 主張 (plea): lay the ～ 陳述する / the ～ for the defendant 被告側の言い分 / state one's ～ 自分の立場[言い分]を述べる / make out one's ～ 立場を明らかにする / have a good ～ (訴訟に勝つだけの)十分の言い分がある / The plaintiff has no ～. 原告には言い分がない / put up a poor ～ 言い分が納得いかない. **b** (人を納得させるような)十分な論議, 弁護[擁護]論; 主張 (plea, cause): the ～ *for* socialism 社会主義(弁護)論 / He made a ～ *for* democracy. 民主主義擁護論を唱えた. **7** 〘俗〙 ほれ込み, 恋いこがれ (crush): have a ～ on a person 人にほれ込む. **8** 〘法律〙 **a** 訴訟, 事件 (suit, cause): drop a ～ 訴訟を取り下げる. **b** 判例. **9** 〖▭ L *cāsum* 《なぞり》← Gk *ptôsis* fall ← *piptein* to fall〗 〘文法〙 格: the nominative [objective, possessive] ～ 主[目的, 所有]格 / ⇨ case relation.

as the case may be 場合次第で; 臨機応変に. ***case by case*** 場合次第で, 一件一件 (cf. case-by-case): judge the situation ～ *by* ～ その場その場で状況を判断する. ***in any case*** どうあろうと, どのみち, ともかく (anyhow). ***in case*** (1) もし…なら, もし…の場合には (if): *In* ～ I forget, please remind me of it. もし忘れた場合注意してください / *In* ～ it should rain [rains], do not wait for me. 雨が降ったら私を待たないでください. (2) …の場合の用心に, …するといけないから (for fear that, lest): Take your umbrella *in* ～ it should rain. 降るといけないからかさを持って行きなさい. (3) 万一の場合に備えて, 用心に: Take your umbrella (just) *in* ～. 用心にかさを持って行きなさい. ***in case of*** …の場合には, の際には: *in* ～ *of* fire 出火の際は / *in* ～ *of* need まさかの時は / *in* ～ *of* my not seeing you お目にかかれない場合には. ***in case that*** ＝*in* CASE (1) (2). ***in no case*** 決して…ない: You should *in no* ～ forget this. どんなことがあってもこのことを忘れてはいけない. ***put (the) case (that)*** …と仮定する.

— *vt.* 〘俗〙 (犯罪の目的で)よく調べる, …の下検分をする, 物色する: ～ the joint [job, gaff] 〈盗賊が〉目標(の建物など)を下検分する.

case² [kéɪs] 〖《a1325》 *casse* ▭ ONF (F *châsse* reliquary) < L *capsam* chest, box ← *capere* to hold〗 — *n.* **1 a** (運搬・貯蔵・保管用の物を収納する)容器, 箱, ケース; (分類・整理用の)箱: a packing ～ 荷造りの箱 / a book ～ 本箱. **b** 箱と中味; 中味の量: a ～ of wine ぶどう酒一箱《1 ダース入り》/ two ～*s* of eggs 二箱分の卵. **2** [通例複合語の第 2 構成素として] おおい, さや, 筒; (時計などの)側; (ガラスの)ふた: ⇨ pillowcase, watchcase. **3** (戸・窓などの)枠(わく) (frame): a window ～. **4** 組 (set); 対 (pair): a ～ of pistols ピストル 2 丁. **5** 〘米俗〙 ドル (dollar): a 5- *case* note 5 ドル札. **6** 〘製本〙 **a** ケース《中身とは別に仕上げられた表紙》: ⇨ case binding. **b** (表紙を保護するために本を入れる)ケース, サック, 函 (slip case). **7** 〘印刷〙 **a** (活字)ケース: ⇨ lower case, upper case. **b** ろう盆《電鋳版で, ろう型を作るためにろうを盛った盆》. **8** 〘動物〙 **a** マッコウクジラの前頭部にある三角形の腔. **b** その中に貯蔵されている鯨脳油. **9** 〘トランプ〙 **a** あるスーツ (suit) のなかで, 配られる, またはプレーされる最後の札. **b** (faro で) 札箱に残った 4 枚目の札. **10** 〘冶金〙 ケース《表面硬化によって心部 (core) よりも硬くなった外層部》. **11** 〘窯業〙 雌型《原型から得た元型を用いて使用型を作る時の石膏型》. **12** 〘軍事〙 ＝case shot.

get* [*come*] *down to cases 《米》 本題に入る, 要点に触れる.

— *vt.* **1** ケース[箱]に入れる[納める]. **2** …にガラスのおおい[ふた]をつける. **3** 〈郵便物などを〉分類[整理]箱に入れる, 区別けする. **4** 〈建物の外壁などを〉包む, おおう: ～ a wall *with* stone. **5** 〘トランプ〙 〈出された札を〉残らず覚えている. **6** 〘製本〙 〈本の中身〉に表紙をくるみつける 〈*in*〉 (cf. case binding). **7** 〘印刷〙 (活字ケースに)〈新しい活字を〉入れる.

ca·se- [kéɪsi | -sɪ] (母音の前に来る時の) caseo- の異形.

ca·se·ase [kéɪsièɪs | -sɪ-] 〖← CASE(IN)＋-ASE〗 *n.* 〘生化学〙 カセエース《カゼインを分解する酵素》.

ca·se·ate [kéɪsièɪt | -sɪ-] 〖← L *cāseus* cheese＋-ATE³〗 *vi.* 〘病理〙 チーズのようになる, 乾酪変性する.

ca·se·a·tion [kèɪsiéɪʃən | -sɪ-] *n.* **1** 〘病理〙 乾酪変性. **2** 〘生化学〙 カゼイン変成《乳汁が凝固してカゼインがチーズに変わること》.

cáse bày *n.* 〘建築〙 天井梁(ばり)相互間の空間.

cáse·bèarer *n.* 〘昆虫〙 幼虫が絹糸で種々の形の防御鞘を作りその中にすむもの総称.

cáse bìnding *n.* 〘製本〙 くるみ製本《表紙と中身を別々に仕上げておき, 後に表紙で中身をくるむ製本》.

cáse·bòok 〖《1934》〗 *n.* ケースブック, 症例集《法律・医学・経済などの分野で研究・参考の資料のため集めた具体的な事例の, 参考文献(などの抜粋)集》.

cáse-bòund *adj.* 〘製本〙 **1** 厚表紙 (hard cover) 装(丁)の. **2** くるみ製本 (case binding) の, くるみつけの.

cáse·bòx *n.* 〘トランプ〙 (faro で) ケースボックス, 類別記録箱《札箱 (dealing box) から出された札の種類を表示し記録するそろばん状の器具》.

cáse-by-cáse *adj.* 場合場合の, ケースバイケースの: on a ～ basis その場その場で, ケースバイケースで.

cásed fràme *n.* 〘建築〙 ＝box frame 2.

cásed glàss *n.* 〘ガラス製造〙 被せガラス《色の異なった異種のガラスを重ね合わせたもの; カット加工されることが多いので内層が現われて装飾用になる; caseglass ともいう》.

cáse ènding *n.* 〘文法〙 (格関係を示す)活用語尾, 「格(変化)語尾」.

cáse fùrniture *n.* ＝case goods 2.

ca·se·fy [kéɪsəfàɪ | -sɪ-] 〖← L *cāseus* cheese＋-FY〗 *vt.* チーズ質にする. — *vi.* チーズ質になる.

cáse·glàss *n.* 〘ガラス製造〙 ＝cased glass.

cáse gòods *n. pl.* **1** ケース[箱]で売られる商品《ウイスキーなど》. **2** (ビューローや本棚のように)内部に棚や引出しを備えた収納家具の総称; セットとして売られるベッドルームやリビングルームの家具.

cáse grámmar 〖⇨ case¹〗 — *n.* 〘言語〙 格文法《格は深層構造では表示されておらず, 文法規則によりはじめて示されることになるという Charles J. Fillmore の提唱する文法理論; 変形生成文法 (transformational generative grammar) の一種》.

cáse hàrden 〖⇨ case²〗 *vt.* **1** 〘冶金〙 (表面硬化操作で)…の表面を硬化する, 肌焼きする (cf. face-harden). **2** 〈人を〉無神経にする, 鉄面皮にする.

cáse-hàrdened *adj.* **1** 〘冶金〙 肌焼入れした, 表面の硬化した. **2** 無神経になった, 無感覚な; 変化しなくなった.

cáse-hardened gláss *n.* 強化ガラス.

cáse hàrdening *n.* **1** 〘冶金〙 肌焼き《浸炭後焼入れを行なう表面硬化法》. **2** (食物を急速に乾燥させると起こる)表面硬化.

cáse hístory 〖《1912》: ⇨ case¹〗 — *n.* **1** 個人歴史[記録]《個人・家族・一群の人々に関する各種の事実を集めその遺伝的意義を明らかにするように整理された材料; 社会事業・精神病理学などに利用する; cf. casework, Kallikak, Jukes》. **2** 〘医学〙 病歴, 既往歴.

ca·se·id·in [kəɪsí:ədən | -sí:ɪ-] 〖⇨↓, -idin〗 *n.* 〘生化学〙 カゼイジン《乳液中に作られるある伝染病に対する免疫物質》.

ca·sein [keɪsí:n, ←, kéɪsiɪn, -siən | kéɪsi:ɪn, -siɪn] 〖《1841》← L *cāseus* 'CHEESE'＋-IN¹: cf. F *caséine* / G *Kasein*〗 — *n.* **1** 〘生化学〙 カゼイン: **a** 乳汁中にある可溶性の蛋白質でキモシンなどによって凝固したもの《caseinogen ともいう》. **b** 乳液から作られる蛋白の一つ; チーズの原料になる《acid casein ともいう》. **c** 乳[カゼインの溶液]が凝乳酵素により凝固したもの《paracasein, rennet casein ともいう》. **2** 〘美術〙 **a** カゼイン膠(にかわ)《カゼインと水及びアンモニア炭酸塩との混合液から作られる乳濁液》. **b** カゼイン塗料《カゼイン膠をまぜた絵の具》. **c** カゼイン画.

cásein glúe *n.* カゼイン膠《木材等の接着に用いる》.

ca·sein·o·gen [keɪsí:nədʒən, kèɪsiínə-] 〖⇨ casein, -gen〗 *n.* 〘生化学〙 カゼイノゲン (⇨ casein 1 a).

cásein páint *n.* 〘美術〙 カゼイン膠(にかわ)を媒剤とした絵画; その塗料.

cásein plástic *n.* 〘化学〙 カゼインプラスチック《カゼインをホルムアルデヒドで処理して硬化させた可塑物; ボタン・バックルなどの装身具を作る》.

cáse·kèeper *n.* 〘トランプ〙 **1** ＝casebox. **2** (faro で) ケースボックス (casebox) の記録係.

cáse knífe *n.* **1** さや入りナイフ《昔は食卓で用いた》. **2** (木製の柄付き)食卓用ナイフ.

cáse làw 〖⇨ case¹〗 *n.* 判例法《裁判所の判例に基づいた不文法; cf. common law, statutory law》.

cáse lòad *n.* (法廷・福祉事務所・病院などで取り扱われた)事件[問題, 症例]の数, 取扱い件数.

case·mate [kéɪsmeɪt] 〖《1575》 *casamat(te)* ▭ F *casemate* ▭ It. *casamatta* ▭ Gk *khásmata* opening (as military term) (pl.) ← *khásma* 'CHASM'〗 — *n.* 〘軍事〙 **1** (塁壁にアーチ形の屋根で防護した)穹窖(きゅうこう), 穹窖砲台. **2** 砲郭《大砲を防護する艦上の装甲隔壁》. **3** (砲・弾薬庫・兵員などを防護する)耐爆掩蔽(えんぺい)設備.

cáse·mat·ed [-tɪd, -ṭəd | -tɪd, -təd] *adj.* casemate を備えた[で防備された, のように造られた].

case·ment [kéɪsmənt] 〖《a1420》《頭音消失》← ONF *encassement* ＝ OF *enchassement* window frame ← *enchasser* 'ENCHASE': ⇨ case², -ment〗 — *n.* **1 a** 開き窓の枠[サッシ]. **b** 開き窓《内開きや外開きの窓サッシを取り付けた窓; casement window ともいう; cf. window sash》. **c** 《詩》 窓 (window). **2** 枠, おおい, 包み. **3** ＝casement cloth.

casement 1

Case·ment [kéɪsmənt], **Sir Roger David** *n.* (1864–1916) アイルランドの愛国者; 第一次大戦中ドイツの援助による祖国独立をはかり, 反逆罪に問われて英軍により絞首刑に処せられた.

cásement clòth *n.* カーテンまたは服地として用いる一種の薄地綿布.

case·ment·ed [kéɪsmənṭɪd, -mènt-, -ṭəd | -mənt-] *adj.* 開き窓の付いた.

cásement wíndow *n.* ＝casement 1b.

cáse mèthod 〖⇨ case¹〗 *n.* **1** 〘教育〙 事例研究法. **2** 〘法律〙 ＝case system.

ca·se·o- [kéɪsioʊ | -siə(ʊ)] 〖← CASEIN〗 「カゼイン (casein)」の意の連結形. ★ 母音の前では通例 case- になる.

ca·se·ose [kéɪsiòʊs | -siəʊs] *n.* 〘生化学〙 カセオース《カゼインが胃や膵臓(すいぞう)の酵素で消化される時生じる可溶性の物質》.

ca·se·ous [kéɪsiəs | -sɪ-] 〖《1661》← L *cāseus* 'CHEESE' ＋-OUS〗 *adj.* **1** チーズの, チーズ状[質]の (cheesy). **2** 〘病理〙 乾酪変性の.

cáse relátion 〖⇨ case¹〗 — *n.* 〘文法〙 格関係《一文中の名詞・代名詞または形容詞の他の品詞に対する関係; 英語の名詞では所有格だけが語尾変化により, その他は語順によって格関係を示す; cf. case¹ *n.* 9》.

ca·sern [kəzə́:n, -zέən | -zɜ́:n] 〖▭ F *caserne* 《原義》 small room for soldiers ▭ Prov. *cazerna* < VL **quadernam*＝L *quaternī* group of four: cf. quaternary〗

— *n.* (*also* **ca·serne** [~]) (要塞地の)宿舎, 兵舎.
cáse shòt *n.* 〘軍事〙 **1** (大砲から発射する)散弾 (cf. canister 3). **2** 榴霰(りゅうさん)弾 (shrapnel).
cáse stúdy *n.* **1** 事例研究, ケーススタディー《社会福祉との関連での発達要因を強調しての, 個人・家族・社会集団・文化などの個別単位の集中的分析研究; cf. casework》: a ~ of socialism. **2** = case history 2.
cáse sỳstem *n.* 〘法律〙 判例中心の法学教育法《実際の判例を通じて, 教師と学生との問答の形式をとる法学教育の方法》.
ca·sette [kəsét, kæ- | kæ-, kə-] *n.* = cassette 2, 3.
cáse·wòrk 〘《1896》〙 — *n.* ケースワーク《精神的・肉体的・社会的に何らかの欠陥をもつ個人または家族などの生活史・環境を調査して診断・治療に資する社会福祉事業の一つ; cf. case history 1, social work》.
cáse·wòrker *n.* ケースワーカー《ケースワークの職務に従事する社会福祉事業員》.
cáse·wòrm 〘⇨ case²〙 *n.* 〘昆虫〙(イサゴムシ・ミノムシのように)からだのまわりに巣を造る幼虫.
Ca·sey [kéɪzi, -si | -sɪ] 〘← Ir.-Gael. *cathasach* valorous〙 *n.* 男性名.
cash¹ [kǽ(ː)ʃ] 〘《1593》□ F 《廃》 *casse, caisse* □ It. *cassa* box < L *capsam* 'CASE²'〙 — *n.* 現金《紙幣・硬貨の通貨》; (物品購入の際に支払う)現金払い, 即金《小切手も含む》: hard ~ ⇨ hard 2 b / pay in ~ 現金で払う / sell [buy] a thing for ~ 現金で物を売る[買う] / ~ in [《米》 on] hand 手もと現金保有高 / ~ on hand and in bank account 〘会計〙 現金預金勘定 / in ~ 現金で, 現金を所有して / out of ~ 現金を切らして / be short of ~ 現金が足りない, 支払いに差しつかえる.
cash down 即金で.
cash and carry = cash-and-carry.
cash and wrap 《英》 = cash-and-carry.
cash on delivery 〘商業〙 現品引渡し払い(で), 代金引換払い(で) (collect on delivery) (略 C.O.D.): sell goods ~ *on delivery* 商品を代金引換えで売る.
— *attrib. adj.* **1** 現金の[で, を必要とする, で取引きされる]: a ~ sale 現金販売 / ~ payment 現金支払い. **2** (一定期間中に)現金決済される: ~ crop [grain] 商品作物 / ~ delivery 当日取引き.
— *vt.* **1** 〈手形などを〉現金に引き換える; 正金で支払う: ~ a check / get a check ~*ed* 小切手を正金に換えてもらう. **2** 〘トランプ〙(ブリッジで)〈手もとに残っている最高の札を〉打ってトリック (trick) を得る, はたく.
cash in (*vt.*) 銀行に払い込む; 〈小切手などを〉現金に換える. (*vi.*) (1) 《米口語》(契約などに基づいて)清算する; このけりをつける; 手を引く. (2) 《米口語》死ぬ. (3) [...で]もうける; [...を]利用する 〔*on*〕.
cash in one's chips [***checks***] (1) (ポーカーの勝負の最後に)数取りを出して現金にする. (2) 《米口語》年貢(ぐ)を納める, 死ぬ.
cash² [kǽ(ː)ʃ] 〘《1598》□ Port. *caixa* □ Tamil *kāsu* small coin〙 *n.* (*pl.* ~) (中国・インド・日本などの)小銭; 穴あき銭. 「る.
cash·a·ble [kǽʃəbl] *adj.* 〈手形など〉現金に換えられ
cásh accóunt *n.* **1** 〘銀行〙 現金勘定. **2** 〘スコット〙 = bank credit.
cásh-and-cárry *n.* 現金店頭渡し(の店), 現金払い持ち帰り制《supermarket などの販売法》. — *adj.* 現金店頭渡しの[による], 現金払持ち帰りの[による]: sell goods on a ~ basis 現金店頭渡し主義で品物を販売する.
cásh àssets *n. pl.* 現金資産《各種通貨・貨幣・他店振出しの小切手・送金為替手形・当座預金などの企業の支払手段となる資産》.
ca·shaw [kəʃɔ́ː] *n.* 〘園芸〙 = cushaw.
cásh bàsis *n.* 〘会計〙 現金主義《収益・利益および費用・損失を現金の収入・支出に基づいて認識し計上する方法; cf. accrual basis》.
cásh·bòok *n.* 現金出納帳.
cásh·bòx *n.* 金庫 (coffer).
cásh·bòy *n.* 《米》(小売店の)現金取次係の少年; (勘定場の)助手の少年, 使い走り (cf. cashgirl).
cásh càrrier *n.* (銀行などで現金を出納係に圧搾空気で送る)金銭輸送器.
cásh crédit *n.* 〘銀行〙 当座貸, 保証貸付け (bank credit) (略 C.C., c.c.).
cásh cróp *n.* (タバコ・ワタなど)市場向きの作物, 換金作物.
cásh cústomer *n.* 現金で買う客.
cásh díscount *n.* 現金割引.
cash·ew [kǽʃuː, kəʃúː | kǽʃúː, kə-, kǽʃu:] 〘《1703》□ Brazilian-Port. (*a*)*cajú* □ S-Am.-Ind. (Tupi) *acajú*: cf. cachou〙 — *n.* **1** 〘植物〙 カシュー (*Anacardium occidentale*)《熱帯アメリカ原産ウルシ科の植物; 樹皮から薬用樹脂が得られ, 果実(カシューナッツ)と果柄(カシューアップル)は食用となる》. **2 a** = cashew nut. **b** = cashew apple.
cáshew àpple *n.* カシューアップル《カシューナッツの果柄[果梗]; 洋酒やアイスクリームなどに香料として用いられる; 肥大していて食用果肉があるので果実と誤られた》.
cáshew nùt *n.* カシューナッツ《腎(じん)臓形をした cashew の実; 食用》.
cásh flòw *n.* 〘会計〙 現金流出入, 資金繰り, 現金資金, キャッシュフロー: **a** ある期間における, またはある投資案から生じる現金残高の変動. **b** 純利益に減価償却費などを加えた営業活動から得られる資金額.

cásh·gìrl *n.* 《米》(女の子の)現金取次係; (勘定場の)助手の女の子, 使い走り (cf. cashboy).
cash·ier¹ [kæʃíə | -ʃíə(r] 〘《1596》□ Du. *cassier* // F *caissier* ← *caisse* cashbox: ⇨ cash¹, -ier²〙 — *n.* **1 a** (銀行の)現金係, 現金出納係; 《米》(銀行で現金の運用を司る)支配人, 出納局長. **b** (会社などの会計課の)出納(すいとう)係. **2** (レストラン・デパート・商店などの)帳場係, レジ係, キャッシャー.
cash·ier² [kæʃíə, kə- | kəʃíə(r, kæ-] 〘《1598》 *casseir* □ MDu. *casser-en* □ F *casser* to break, shatter < L *quassāre* to shake, break: cf. quash²〙 *vt.* **1** 〈軍人・官吏を〉免職する; (特に)懲戒免職する. **2** 《古》排除する.
cashíer's chéck *n.* 〘銀行〙(銀行支配人から自行に当てて振り出す)銀行小切手 (略 C. C., c. c.).
cásh jòurnal *n.* = cashbook.
cásh·less *adj.* 現金のない.
cásh lètter *n.* 〘銀行〙 預入伝票, 当座預金入金票《銀行間で郵送され, 預入れの証票となる》.
cash·mere [kǽʒmɪə, kǽʃ- | kæʃmíə(r] 〘《1822》← *Kashmir* (インド北部の原産地名)〙 — *n.* **1 a** カシミヤヤギの毛《良質の柔らかい毛》. **b** カシミヤ糸《カシミヤヤギの毛を原料とした良質の糸; セーター・オーバーコート用》. **2** カシミヤ《カシミヤヤギの毛を使用した良質の柔らかい毛織物の一種, またはこれに類似した織物; ショール用》. 「Kashmir.
Cash·mere [kǽʃmɪə, kǽʒ-, ―⌐ | kæʃmíə(r] *n.* =
Cáshmere góat *n.* 〘動物〙 = Kashmir goat.
cásh néxus *n.* [the ~] (人間関係の基盤としての)金銭的要因・結びつき, 金銭取引きだけの関係.
cash·o·mat [kǽʃəmæt] 〘← CASH¹ + (AUT)OMAT〙 *n.* 現金自動支払い機.
ca·shoo [kəʃúː] *n.* = catechu.
cásh prìce *n.* 〘商業〙 現金(払い)正価.
cásh règister *n.* 金銭登録器. 「の店.
cásh stòre *n.* 《米》(クレジットのきかない)現金売り
cásh surrénder vàlue *n.* 〘保険〙 = cash value.
cásh vàlue *n.* 〘保険〙 解約返戻(へんれい)金.
cas·i·mire [kǽzəmɪə, kǽs- | -mɪə(r] *n.* = cassimere.
cás·ing 〘⇨ case²〙 — *n.* **1 a** 包装《箱・さや・袋・筒・枠・包などの総称》. **b** 《米》(自動車タイヤの)ケース, 外包. **c** (ソーセージの外皮となる)牛・豚・羊などの腸. **2** 包装材料. **3** (窓やドアの)枠 (framework); ふち, 額ぶち (frame). **4** 〘機械〙 ケーシング《タービンやポンプで機械内部を密閉する部分》. **5** 〘海事〙(罐室(かんしつ)通風口や煙突の)囲壁, 囲い. **6** 〘服飾〙 ケーシング《2 枚以上の布に 2 本の平行なステッチをかけてその間にひもや芯を通すようにしたもの; 衣服やカーテンなどの装飾に用いる》.
cásing·hèad *n.* 〘機械〙 ケーシングヘッド《油井などで鉄管 (casing) の頭部に取り付けて, その内側の小径鉄管との間を閉塞する装置》.
cásinghead gàs *n.* 〘化学〙 ケーシングヘッドガス《油井から原油とともに産出する天然ガス》.
cásinghead gàsoline *n.* 〘化学〙 天然ガソリン, ケーシングヘッドガソリン《natural gasoline ともいう》.
ca·si·no [kəsíːnou | kəsíːnəu, -zíː-] 〘《1789》□ It. ~ (dim.) ← *casa* house < L *casam* small house, cottage〙 — *n.* (*pl.* ~**s**) **1** カジノ《ダンス・社交などに用いられる一種の娯楽場; 特に, 賭博(とばく)場》. **2 a** (イタリアの)田舎の小住宅. **b** 東屋(あずまや) (summerhouse). **3** 〘トランプ〙 カジノ《2-4 人が 4 枚の手札と 4 枚の場札から同位札や順位札の揃いを作り, cards, spades, big casino, little casino, aces, sweep などの役点を競うゲーム; cf. build 6》.
cask [kǽ(ː)sk | kɑ́ːsk] 〘《1458》□ F *casque* // Sp. *casco* shell, cask (for wine, etc.) ← *cascar* to break < VL **quassicāre* (freq.) ← L *quassāre* to break, shake: cf. casque〙 — *n.* **1** (主に酒類を入れる)樽(たる) (barrel): a brandy ~ / wine kept in (a) ~. **2** 樽と中味; 一樽の量《一定していない》: a ~ of amontillado [butter]. — *vt.* 樽に入れる[詰める]. **~·y** [kǽski | kɑ́ːskɪ] *adj.*
cas·ket [kǽskɪt, -kət | kɑ́ːs-] 〘《1461》《変形》← ? (O)F *cassette* (dim.) ← *casse* 'CASE², chest': *-k-* は *cask* との類推か〙 — *n.* **1 a** (宝石その他貴重品を入れる)小箱, 手箱, 玉手箱. **b** 納骨箱. **2** 《米》(装飾を施した長方形の)ひつぎ, 棺 (cf. coffin 1). — *vt.* 小箱[ひつぎ]に入れる[納める].
Cas·lon [kǽzlən] 〘← *William Caslon* (1692–1766: 英国の活字鋳造者)〙 *n.* 〘活字〙 カスロン, キャスロン《old style 活字書体の一種》.
Cas·par [kǽspə | -pə(r, -pɑː(r] 〘⇨ Gaspar〙 *n.* **1** 男性名. **2** 〘中世キリスト教伝説〙 カスパル《東方の三博士 (Wise Men of the East) の一人》.
Cas·pár·i·an stríp [kæspé(ə)riən-, kɑspɑ́ːr- | kæspéəriən-] 〘*Casparian*: ← *Robert Caspary* (1818–87: ドイツの植物学者): ⇨ -ian〙 — *n.* 〘植物〙(内皮の細胞膜にある)カスパリー線.
Cas·pi·an [kǽspiən | -pɪən, -pjən] 〘← L *Caspius* (□ Gk *Káspios*) + -AN¹〙 *adj.* カスピ海 (Caspian Sea) の.
Cáspian Séa *n.* [the ~] カスピ海, 裏海(りかい)《ソ連とイランの間にある塩水湖で世界最大の湖; 面積 373,000 km²; 湖面標高は海面下 28 m》.
casque [kǽ(ː)sk] 〘《1696》□ F ~ □ Sp. *casco* helmet: cf. cask〙 — *n.* **1 a** 〘甲冑〙 カスク《面頬(めんぽお)のない軽装かぶと; burgonet の一種》. **b** 《詩》 かぶと (helmet). **2** ヘルメット型の帽子. **3** 〘動物〙(サイチョウなどのくちばしの上にあるような)角質の突起物.

casqued *adj.* casque をかぶって[着けて]いる.
Cass [kǽ(ː)s] 〘(dim.) ← CASSANDRA¹〙 *n.* 女性名.
Cass [kǽ(ː)s], **Lewis** *n.* (1782–1866) 米国の政治家.
Cas·sa·ba [kəsɑ́ːbə] *n.* 〘園芸〙 = Casaba.
Cas·san·dra¹ [kəsǽndrə] 〘□ L ~ □ Gk *Kassándra*〙 *n.* 女性名《愛称形 Cass》.
Cas·san·dra² [kəsǽndrə] *n.* **1** 〘ギリシャ伝説〙 カッサンドラ《Homer の詩に現れる Troy の女予言者; Priam と Hecuba の娘; Troy の滅亡を予言したが信じられなかった》. **2** 凶事の予言者, 世にいれられない予言者. **Cas·sán·dran** [-drən] *adj.* **Cas·san·dri·an** [kəsǽndriən | -drɪ-] *adj.*
cas·sa·reep [kǽsərìːp] 〘《変形》← 《古形》 *casserepo* ← Carib〙 — *n.* キャサリープ《ニガカッサバ (bitter cassava) の根から採った汁を煮詰めて作ったもの; 西インド諸島で調味料として用いる》.
cas·sa·tion¹ [kæséɪʃən, kə-] 〘《*c*1425》□ (O)F ~ ← *casser* to annul: ⇨ quash², -ation〙 *n.* 〘法律〙 破棄, 破毀(き), 廃棄 (abrogation): court of ~ ⇨ court.
cas·sa·tion² [kæséɪʃən, kə-] 〘□ G *Kassation* ← 《方言》 *Kassation, Gassation* serenade ← *Kassaten gehen* to roam the streets at night serenading ladies ← *Gasse* street〙 *n.* 〘音楽〙 カッサション《18 世紀のセレナードに似た器楽合奏曲; しばしば戸外で奏された》.
Cas·satt [kəsǽt], **Mary** *n.* (1845–1926) 主としてフランスに在住した米国の女流画家; 印象主義の代表者の一人.
cas·sa·va [kəsɑ́ːvə] 〘《1555》□ F *cassave* □ Sp. *cazabe* □ Taino *caçábi*〙 — *n.* **1** 〘植物〙 カッサバ, キャッサバ《ブラジル原産のトウダイグサ科イモノキ属 (*Manihot*) の食用とする根茎のなる植物数種の総称; サツマイモ状の根茎から良質の澱粉が得られるので広く熱帯各地に栽培される; manioc, tapioca plant ともいう; ニガカッサバ (bitter cassava) (*M. esculenta*) とアマカッサバ (sweet cassava) (*M. dulcis*) の両種類がある》. **2** カッサバの根からとる澱粉《tapioca などの原料》.
Cas·se·gráin·i·an télescope [kæ̀səgréɪniən- | -nɪən-, -njən-] 〘*Cassegrainian*: ← *Cassegrain* (17 世紀フランスの天文学者): ⇨ -ian〙 — *n.* 〘天文〙 カセグレン式反射望遠鏡.
Cas·sel [kǽsəl, kɑ́ːs-, -sl̩ | kǽs-; *G.* kásl] *n.* カッセル《ドイツ中部の工業都市; 人口 215,000》.
cas·se·role [kǽsəròʊl, kǽz- | kǽsərə̀ʊl] 〘《1706》□ F ~ (dim.) ← *casse* pan □ Prov. *cassa* < ML *cattiam* □ Gk *kuáthion* little cup (dim.) ← *kuáthos*〙 — *n.* **1** キャセロール, 蒸焼きなべ《金属や耐熱性のガラスまたは陶器製で小さな把手・ふた付きの鍋》: en ~ キャセロールで料理した. **2** キャセロール料理《1 の鍋で調理した料理; ふつう鍋のままで供する》. **3** 〘化学〙 カセロール《化学実験用の柄のついた磁製鍋》. **4** 《英》 シチュー用鍋 (stewpan) の一種. — *vt.* キャセロールで料理する.

casserole 1

cas·sette [kəsét, kæ- | kæ-, kə-] 〘《1793》□ F ~ (dim.) ← *casse* 'CASE²': ⇨ -ette〙 — *n.* **1** (宝石などを入れる)小箱 (casket). **2** (テープレコーダー・ビデオテープの)カセット. **3** 〘写真〙(乾板の)取わく, (ロールフィルムを入れる)パトローネ《フィルムを入れカメラに装填する容器》. **4** 〘窯業〙 = sagger.
cassétte TV [**télevision**] *n.* カセット式ビデオテープ用テレビジョン.
cas·sia [kǽʃə, -siə | -sɪə, -sjə] 〘OE □ L *cas*(*s*)*ia* □ Gk *kas*(*s*)*ía* a kind of cinnamon □ Heb. *qᵉṣîʿāh*〙 — *n.* **1** カシア桂皮, シナ肉桂《下等な種類の肉桂(にっけい)の樹皮; シナモン (cinnamon) の代用として香味料に用いる》. **2** 〘← NL ~ ← L〙〘植物〙 = cassia fistula.
cássia bàrk *n.* 〘植物〙 = Chinese cinnamon.
cássia fís·tu·la [-fístʃʊlə | -tju-] 〘《*a*1398》□ ML ~ 'fistulous cassia'〙 — *n.* 〘植物〙 カシア果《マメ科のナンバンサイカチ (*Cassia fistula*) のさやにはいった実を乾したもの, 下剤に用いる》.
cássia òil *n.* 〘化学〙 カッシア油《トンキンニッケイ (*Cinnamomum cassia*) の葉および若枝から採れる黄色または淡褐色の精油; 食品香料として用いる; Chinese cinnamon oil, cinnamon oil ともいう》.
Cas·sie [kǽsi | -sɪ] 〘(dim.) ← CASSANDRA¹, CATHERINE〙 *n.* 女性名.
cás·sie pàper [kǽsi- | -sɪ-] 〘《部分訳》← F *papier cassé* ← *papier* 'PAPER' + cassé (p.p.) ← *casser* to break (cf. quash)〙 — *n.* カシー《輸送などで破損した梱包紙束の外側の紙; cf. retree》.
cas·si·mere [kǽzəmɪə, kǽs- | -mɪə(r] 〘《1774》《変形》← CASHMERE〙 *n.* カシメール《綾織などの紡毛または梳毛の洋服生地》.
Cas·sin [kæsɛ́ː(ŋ), kɑː-, -sǽŋ; *F.* kasɛ̃], **René** *n.* カサン《1887–1976; フランスの法律家・政治家; 世界人権宣言の起草者の一人; Nobel 平和賞 (1968)》.
Cas·si·ni [kæsíːni | -nɪ; *F.* kasini], **Jean Dominique** *n.* カシニ《1625–1712; イタリア生れのフランスの天文学者; 土星の環のすきまや土星の衛星を 4 個発見》.
cas·si·no [kəsíːnou | -nəu] 〘《変形》← CASINO〙 *n.* 〘トランプ〙 = casino 3.
Cás·sin's áuklet [kǽsnz-, -sɪnz- | -sɪnz-] 〘*Cassin*:

← John Cassin (19 世紀の米国の鳥類学者)》 ― *n.*〘鳥類〙 アメリカウミスズメ (*Ptychoramphus aleutica*)《北米太平洋沿岸に生息するウミスズメ科の鳥》.

Cas·si·o·pe·ia [kæ̀siəpíːə | -sɪə(ʊ)píːə, -píə]〘□ L ～ □ Gk *Kassiópē, Kassiépeia* ← ?〙 ― *n.* **1** [《英》では また kæ̀sɪəʊpjə, -óʊpɪə]〘天文〙 カシオペア座《Andromeda 座と Cepheus 座の中間にある北天の星座; 5 個の主星は W 字型に配列されていて, これを Cassiopeia's Chair (カシオペアの椅子)といい, 北極星を見出す目標とされる; the Lady in the Chair ともいう》. **2**〘ギリシャ神話〙カッシオペイア《Ethiopia の王 Cepheus の后で, Andromeda の母》.

Cassiopéia's Cháir *n.* [the ～]〘天文〙カシオペアの椅子 (⇨ Cassiopeia 1).

Cas·si·rer [kɑsí(ə)rə | -síərə(r; *G.* kasíːrɐ], **Ernst** *n.* カッシーラー《1874–1945; ドイツの新カント主義の哲学者》.

cas·sis [kæsíːs]〘□ F ～ □ L *cassia*: ⇨ cassia〙 ― *n.* **1**〘植物〙クロフサスグリ (*Ribes nigrum*)《ヨーロッパ産の黒い球形の液果をつけるユキノシタ科の低木》. **2** カシス《クロフサスグリの果実から造ったアルコール分の弱いリキュール》.

cas·sit·er·ite [kəsítəràɪt | -tə-]〘□ F *cassitérite* ← Gk *kassíteros* tin: ⇨ -ite[1]〙 *n.*〘鉱物〙スズ石 (SnO_2)《スズの原鉱; tinstone ともいう》.

Cas·sius [kǽʃəs, -ʃiəs, -siəs | -sɪəs, -sjəs]〘← L *cassia* 'cinnamon, CASSIA'〙 *n.* 男性名.

Cas·si·us Lon·gi·nus [kǽʃiəs-lɑndʒáɪnəs, kǽʃəs-, kǽsiəs- | kǽsɪəs-lɔn-, kǽsjəs-], **(Gai·us)** [géɪəs | gáɪ-] *n.*〘ローマ史〙カシウス ロンギヌス《?–42 B.C.; ローマの軍人で政治家; Julius Caesar 暗殺の主謀者》.

cas·sock [kǽsək]〘《c1550》□ F *casaque* □ It. *casacca* greatcoat □ Pers. *kazhāghand* ← *kazh* raw silk＋*āghand* stuffed〙 ― *n.* **1**〘教会〙キャソック, カソック, 司祭平服: **a** 英国国教会の牧師・カトリックの司祭などが日常着用する足まで達する長い法衣; 一般の聖職者は黒色のものを用いる. **b** Geneva gown の下に着る両前の短い上着. **2 a** 聖職. **b** 聖職者, 僧, 牧師. 「職にある.

cassock 1 a

cás·socked *adj.* cassock を着た; 聖

cas·so·lette [kæ̀səlét]〘□ F ～ □ Prov. *casoleta* (dim.) ← *casola* (dim.) ← *cassa* pan: cf. casserole〙 ― *n.* **1** (しばしば蓋に小さな穴があいている陶製の)香炉, 香入れ. **2** カソレット《一人前用の小さい casserole》.

cas·sou·let [kæ̀səléɪ; *F.* kasulɛ]〘□ F《方言》～《原義》stone dish (dim.) ← *cassolo* bowl (dim.) ← *casso* ladle〙 ― *n.* カスーレ《白いんげんに, 豚肉・羊肉・ソーセージ・玉ねぎ・トマト・香辛料などを加えてキャセロール (casserole) で煮込んだ料理》.

cas·so·war·y [kǽsəwèri | -wɛ̀əri, -wəri]〘《1611》□ Malay *kĕsuari*〙 ― *n.*〘鳥類〙ヒクイドリ (*Casuarius casuarius*)《オーストラリア・ニューギニアに分布するエミュー (emu) に似た飛べない鳥》.

cassowary

cast [kǽ(ː)st | kɑ́ːst]〘《?c1200》□ ON *kast-a* to throw ← ?: cf. L *gestāre* (freq.) ← *gerere* to bear, carry about (⇨ gesture)〙 ― *v.* (～)

― *vt.* **1 a** 投げる, ほうる: ～ dice / The die is ～. ⇨ die[1] 成句 / ～ oneself on the grass 草地に身を投げる / be ～ ashore 岸に打ち上げられる / The ship was ～ adrift. 船は漂流した. ★ この意味では通例 throw を用いる. **b**〈投網を〉打つ;〈釣糸・毛鉤を〉投げる;〈いかり・測鉛を〉降ろす. **c**〈川・池など〉に釣糸をたらす: ～ the lake. **d**〈票を〉投じる,〈投票を〉入れる: ～ a vote, ballot, etc. **e**〈人・物を〉(急にまたは強制的に)(ある状態に)もっていく, 追い込む〈*into*〉: ～ a person *into* prison 人を獄に投じる / ～ a person *into* the shade 人を見る影もないものとする[顔色なからしめる] / I was ～ *into* a dilemma. ジレンマに陥った.

2 a〈目・視線・心などを〉(ある点に)向ける, 注ぐ〔*at, to, down*〕: ～ a glance [look] *at* ...をちらと[一目]見る / ～ up one's eyes *to* ...を見上げる / ～ one's eyes *down* the floor 床に目を落とす / ～ one's eyes aside 目をそらす. **b**〈光・影・疑惑・中傷・暗い気分などを〉投げかける〔*on, over,* (*a*)*round*〕: ～ a gloom *on* the festival 祭の興を殺(そ)ぐ / Coming events ～ their shadows before. 起ころうとする出来事は事前にその前兆を示す / ～ a (new) light *on* the problem その問題に解決の新しい光明を与える / ～ a slur *on* a person's reputation 人の名声を傷つける / ～ the blame *on* a person 責めを人に負わせる / ～ aspersions *upon* a person 人を中傷する.

3 a〈不要なものを〉投げ捨てる, 捨てる〈*off, away, aside*〉. **b**〈着物を〉脱ぎ捨てる;〈ヘビが〉〈皮を〉脱ぐ, 脱皮する〈*off*〉. **c**〈鳥が〉〈羽毛を〉脱落する (shed);〈木が〉〈葉を〉落とす. **d** 取り除く, はねつける〈*off*〉: ～ *off* all restraint. **e**〈蜜蜂が〉〈一群を〉追い出す, 分封する. **f**《古》追い出す, 解雇する (dismiss). **g**《英方言》吐く (vomit).

4〈母獣が〉〈子を〉生む; (特に)早産する: The cow ～ its calf at the sixth month. 6 か月めに牛は子を生み落とした.

5 a (シャベルなどで)〈土などを〉掘り返す, 掘り出す: ～ the peats. **b** 土を掘って作る: ～ a ditch.

6 a (組討ちなどで)〈相手を〉ひっくりかえす, 倒す. **b** [通例 Passive に用いて] (訴訟で)敗訴させる: *be* ～ in a suit 敗訴する.

7 a (星運観測のため)算出する: ～ a horoscope [a person's nativity] 天宮図を繰る[人の運命を占う]. **b** 計算する; 寄せる (add)〈*up*〉: ～ accounts 計算する / ～ (*up*) a column of figures 一行の数を寄せる. **c**〈くじを〉引く (draw): ～ lots / His lot is happily ～. 彼はいいくじを当てた《幸運な人だ》.

8 a〈地金などを〉鋳型に入れる; 鋳造する: ～ a statue in bronze 青銅で像を鋳る / ～ bullets 弾丸を鋳る. **b**〈原版を〉鉛版にする, ステロに取る (stereotype), 電気版にする (electrotype). **c** ...に形を与える.

9 a (演劇・映画で)〈役を〉割り当てる: ～ the parts of a play / ～ a part to an actor. **b**〈劇・映画など〉の役を割り当てる: ～ the play. **c**〈役者〉に役を割り当てる: ～ an actor *for* a part [*as* Hamlet].

10〈事実などを〉整理する.

11 曲げる, ねじる; そらす.

12 a《古》考案する, 工夫する, 計画する. **b**《古》決意する, 意図する: ～ to go there. **c**《英方言》熟考する, 思案する〈*over*〉. 「しをつける (veer).

13〘海事〙〈帆船が〉〈船首を〉風下に振り向けて行きあ

14〘狩猟〙〈犬(の群れ)〉にきつねの臭跡を捜させる.

15〘服飾〙結び目をつくる;〈針目を〉刺す.

― *vi.* **1 a** 物を投げる. **b** 投網(とあみ)を打つ, 釣糸[釣鉤]を投げる: ～ for fish. **2**〈金属が〉鋳込まれる. **3** 計算する; 天宮図を繰る. **4**〈材木が〉ひずむ. **5**《廃》**a** 予測する; 考える. **b** 計画する, もくろむ. **6**〘狩猟〙〈犬が〉獲物のにおいを捜し回る〈*about*〉. **7**〘海事〙(風下に)へさきを向ける; 船首を一方に振り向ける; 上手(うわて)回しまたは下手回しをする.

cast about (*vt.*) (あれこれと)思いめぐらす, 工夫をこらす, 画策する (devise, consider): ～ *about* how to do it. (*vi.*) (1) 捜し回る〔*for*〕; 物色する. (2)〘海事〙(風下へ)針路を転じる. (3) ⇨ *vi.* 6. ***cast around*** = CAST *about* (1). ***cast aside*** (1) ⇨ *vt.* 3 a. (2)〈習慣などを〉廃する (discard);〈疑念などを〉退ける (reject). ***cast away*** (1) ⇨ *vt.* 3 a. (2) 浪費する (waste): ～ one's life [money] *away*. (3) [通例 p.p. 形で] 難破させる (wreck) (cf. castaway). ***cast back*** (1) (過去に)立ち帰る, さかのぼる; 振りかえる. (2) 先祖返りをする (revert). ***cast behind***《古》追い越す (outrun). ***cast down*** (1)〈地位・品位を〉落とす, 卑しめる (humble). (2) ...の力を落とさせる, 意気を衰えさせる (depress): be ～ *down* 力を落とす. (3) ⇨ *vt.* 2 a. ***cast loose*** ⇨ loose 成句. ***cast off*** (*vt.*) (1) ⇨ *vt.* 3. (2)〈綱を〉解く,〈引いていた船・つないでいた犬などを〉放つ: ～ *off* a ship in tow. (3)〘印刷〙〈原稿〉のページ計算をする. (4)〘鷹狩〙(獲物を取るために)〈鷹を〉手から放す. (*vi.*) (1) もやいを解く. (2)〘ダンス〙(スクウェアダンスやカントリーダンスで)〈あるカップルが〉他のカップルの位置と入れ替わったり割り込んだりする. (3)〘服飾〙編目を止める. ***cast on***〘服飾〙(編物の初めに)〈編物〉の最初の一列を編針に通す[かける]: ～ *on* a stocking. ***cast out*** (*vt.*) 追い出す, 追放する (banish). (*vi.*)《スコット》仲違いする, けんかする (quarrel)〔*with*〕. ***cast up*** (*vt.*) (1) 投げ上げる (throw up);〈波が〉〈舟を〉打ち上げる;〈土を〉盛り上げる. (2) 合計[計算]する, しめる. (3)《北英》〈昔のことを〉もち出して責める. (*vi.*)《スコット》(ひょっこり)現われる (turn up).

― *n.* **1 a** 投げること. **b** 石投げ. **c** (さいの)振り; (振って出た)さいの目(の数). **d** 網打ち, 釣糸の投込み; 釣[網打ち]に適した場所, 釣場: a good ～ near the pier 防波堤の近くの釣[投網]の好適地. **2** 投げられる距離 (throw): within a stone's ～. **3** 運 (chance); 運だめし (venture): be successful at the first ～ 最初の試みに成功する / the last ～ 最後の運だめし, 最後の一挙 / try another ～ もう一度やってみる, 再挙を試みる. **4 a** 目を向けること, 一瞥(いちべつ) (glance); 表情 (expression). **b** (板などの)そり, 曲り (twist); (目の)偏向, 斜視: He has a ～ in the eye. 彼は斜視だ. **5 a** 投げられた[捨てられた]もの. **b** (昆虫の)脱け殻. **c** (みみずが地上に盛り上げた)ふん. **d** = pellet 5 a. **6 a** 計算; 加算, 足し算. **b** 推量, 推測; 予想, 予測: make a long ～ ahead 長期予想をする. **7 a** 鋳型 (mold); 鋳込み, 鋳造; 鋳型に入れる一回分の金属の量. **b** (塑造用の)型. **c** 鋳造品《ステロ版・電気版など》; 塑造物. **d**〘医学〙ギプス(包帯) (plaster cast). **8** (演劇・映画の)役割, (出演者全部の)配役, キャスト: an all-star ～ スター総出演. **9** (ものの作られた)形; 形態, 配置: an awkward ～ of rhythm. **10 a** (顔立ちなどの)外形 (shape): a ～ of features 容貌, 顔形. **b** 特徴, 特色, タイプ (type); 傾向, 性向 (bent): a ～ of character 性格 / a ～ of mind 気立て / a person of noble ～ 人品の気高い人. **11 a** 色合い, 色調 (shade): have a greenish ～ 緑色がかった色合いをしている. **b** 痕跡, 気味 (suggestion): a slight ～ of bitterness ちょっぴり苦いこと. **12 a** (車に人を)途中で乗せること, 乗せてもらうこと (lift): give a person a ～ 途中から人を車に乗せてやる. **b**《スコット》援助, 助け (help). **13**〘狩猟〙猟犬が臭跡 (scent) で場所を捜すこと: make a ～ for the scent〈犬が〉臭跡を求めて捜し回る. **14**〘鷹狩〙一緒に飛ばされたひとつがいの鷹. **15**〘病理〙(尿)円柱. **16** [the ～]〘アーチェリー〙前のショットが最上の成績であった競技者が, 次のショットの時最初に矢を放つ権利. **17**《英》〘釣〙鉤素(はりす) (leader). 「い.

― *adj.*〈動物, 特に馬が〉(助けなしでは)立ち上がれな

Cas·ta·lia [kæstéɪljə, -liə | -ljə, -lɪə]〘□ L ～ □ Gk *Kastalía*〙 ― *n.* **1**〘ギリシャ神話〙カスタリア《Parnassus 山腹の霊泉; 詩神 Apollo と芸術の神々 Muses の霊場で, 詩歌の霊感の源泉とされている》. **2** 霊感[詩心]の源泉.

Cas·ta·lian [kæstéɪljən, -liən | -ljən, -lɪən]〘《1602》: ⇨ ↑, -ian〙 *adj.* **1** 霊泉カスタリア (Castalia) の: the ～ Muses 詩の神々. **2** ミューズ神の. 「Castalia.

Cas·ta·lie [kǽstəli | -lɪ] *n.* (*also* **Cas·ta·ly** [～]) =

cas·ta·net [kæ̀stənét]〘《1647》□ Sp. *castañeta* (dim.) ← *castaña* 'CHESTNUT' < L *castaneam*: その形の類似から〙 *n.* [通例 *pl.*] カスタネット《楽器の一種》.

cást·awày〘《1526》← CAST (p.p.)＋AWAY〙 ― *adj.* **1** (無価値なものとして)捨てられた. **2**〈人が〉漂着した; 難船した. **3** 見捨てられた, 世に捨てられた, のけ者にされた (outcast). ― *n.* **1** 難船者, 漂流者. **2 a** (世間・仲間などから)見放された者, 無頼漢(outcast). **b** 神に見放された者, 堕落者. **3**《古》失格者.

caste [kǽ(ː)st | kɑ́ːst]〘《1555》□ Port. *casta* (unmixed) race ← *casto* pure, well bred < L *castum* pure: cf. chaste〙 ― *n.* **1** カースト《インドの世襲的階級制度; 古代インドでは Brahman (司祭者・僧侶), Kshatriya (王族・武士), Vaisya (庶民)および Sudra (奴隷)の四姓 (the four castes) を社会組織の根幹とした; 現在では Brahman のほかに各職業による多数のカーストがある; 各カースト間では結婚をはじめ各種の社会的交渉がきびしく制限されている; cf. pariah 1》. **2** (共通の文化的特徴を持つ)社会階級; 階級 (class): high [low] ～ / the military ～ 軍人階級. **3** 排他的階級制度. **4**〘昆虫〙階級《蟻・蜂のような社会性昆虫の分業に対応した機能的区別》: worker ～ / soldier ～. ***lose caste*** 社会的な地位[特権]を失う, 零落する.

― *attrib. adj.* カースト(制度)の.

～·ism [-tɪzm] *n.*

cáste·less *adj.* 階級のない.

cas·tel·lan [kǽstələn, -læn, kæstélən]〘□ L *castellān-us* belonging to a castle ← *castellum* 'CASTLE' ∽ ME *castelain* governor of a castle □ ONF = OF *chastelain* (F *châtelain*): cf. chatelaine〙 ― *n.* 城主, 城代.

cas·tel·la·nus [kæ̀stəléɪnəs, -tl- | -təl-]〘□ L *castellānus* 'of a CASTLE'〙 *adj.*〘気象〙〈雲が〉塔状高積雲型の, 塔状雲の.

cas·tel·lan·y [kǽstəlæ̀ni, -lèɪ-, -lə-, kæstélə- | kǽstələni, -læ̀nɪ, kæstélə-]〘□ ML *castellania*: ⇨ ↑, -y[1]〙 ― *n.* **1** 城主[城代] (castellan) の職務[地位, 権限]. **2** 城に所属する領地[権限].

cas·tel·lat·ed [kǽstəlèɪtɪd, -təd | kǽstəlèɪt-, -tɪl-, -tel-]〘《1676》← ML *castellātus* ((p.p.) ← *castellāre* to fortify)＋-ED: ⇨ castle, -ate[3]〙 ― *adj.* **1** 城郭風の, 城構えの, 城造りの: a ～ mansion. **2** 城のある: the ～ Rhine. **3**〘気象〙〈雲が〉塔状高積雲型の.

cas·tel·la·tion [kæ̀stəléɪʃən | kæ̀stəl-, -tɪl-, -tel-]〘□ ML *castellātiō(n-)*: ⇨ ↑, -ation〙 *n.*〘築城〙《胸壁 (battlements) や小塔 (turrets) を設けた》城造り.

cas·tel·la·tus [kæ̀stəléɪtəs, -tl- | -təléɪt-]〘□ ML *castellātus* (p.p.): ⇨ castellated〙 *adj.*《廃》〘気象〙= castellanus.

cas·tel·lum [kæstéləm]〘□ L ～ 'CASTLE'〙 *n.* (*pl.* **-tel·li** [-laɪ])〘考古〙(古代ローマの)要塞陣地《小型の独立した砦(とりで)またはそのような砦群のひとつ》.

cáste màrk *n.* **1** (インド人の額に付ける)カーストのしるし, カーストマーク. **2** (特定の階級・集団の一人であることを示す)特徴.

cást·er〘ME〙 ― *n.* **1 a** 投げる人. **b** 鋳造工, 鋳物師; 鋳物機. **c** 計算者. **d** 配役係. **e** 投票者. **2 a** (砂糖・薬味などを振りかけて出せるように穴のあいた, 通例銀製の)ふりかけ容器, 薬味入れ, 薬味びん (cruet). **b** 薬味立て (cruet stand). **3** (重い家具などに付ける)脚輪, 足車, キャスター. **4**〘印刷〙**a** キャスター, (活字)鋳造機. **b** 種(たね)鉛版《原版の紙型取りをして作った第二原版; caster plate, master, pattern plate ともいう》.

caster 2 a (sugar caster)

-cas·ter [kəstə, kæs- | kəstə(r, kɪs-] ⇨ -chester.

cas·ti·gate [kǽstəgèɪt | -tɪ-]〘《1607》← L *castigāt-us* (p.p.) ← *castigāre* to correct, punish ← *castus* 'CHASTE'＋*agere* to do〙 ― *vt.* **1 a** 折檻(せっかん)する (chastise); 懲戒する, 罰する, きびしく叱る. **b** 手きびしく批評する. **2**〈文などを〉添削する, 校訂する, 訂正する. **cás·ti·gà·tor** [-tə | -tə(r] *n.*

caster 3

cas·ti·ga·tion [kæ̀stəgéɪʃən | -tɪ-]〘《c1390》□ L *castigātiō(n-)*: ⇨ ↑, -ation〙 ― *n.* **1 a** 折檻(せっかん) (chastisement); 譴責(けんせき), 懲戒 (punishment). **b** きびしい批評. **2** (文などの)添削, 校訂, 訂正 (revi-

sion). **cas·ti·ga·to·ry** [kǽstəgətɔ̀ːri, -tòːri | -gətəri] *adj.*
Ca·sti·glio·ne [kɑ̀ːstɪljóuneɪ | -ljəu-; *It.* kàstiʎʎóːne], Conte **Bal·das·sa·re** [bàldassáːre] *n.* カスティリオーネ《1478–1529; イタリアの外交官で文筆家; *Il Cortegiano*「廷臣論」(1528)》.
Cas·tile [kæstíːl] 〖□ Sp. *Castilla* ← *castillo* < L *castellum* 'CASTLE'〗 — *n.* **1** カスティリャ《スペインの中央部から北部に及ぶ地方で, 北部の Old Castile と南部の New Castile から成る; この地を中心にカスティリャ王国があった; スペイン語名 Castilla》. **2** = Castile soap.
Castíle sóap, c- s- *n.* カスティール石鹸《オリーブ油を主原料として製した白色の固い石鹸; cf. hard soap, Marseilles soap》.
Cas·til·i·an [kæstíljən, kə- | -tíliən] *adj.* **1** カスティリャ (Castile) (人)の; スペイン(人)の (Spanish). **2** カスティリャ語の; 標準スペイン語の. — *n.* **1** カスティリャ人. **2 a** カスティリャ語《カスティリャで話されるスペイン語の方言だが, 現在ではスペインの標準語》. **b** 標準スペイン語.
Cas·ti·lla [*Sp.* kastíʎa] *n.* カスティリャ《Castile のスペイン語名》.
Castillo *n.* ⇨ Diaz del Castillo.
cást·ing 〖ME〗 — *n.* **1 a** 投げること. **b** キャスティング《さおとリールを使って水面に釣糸を投げること》. **2 a** 鋳込み, 鋳造. **b** 鋳物. **3** (演劇・映画の役の)割付け, 振当て, 配役, キャスティング. **4 a** ミミズのふん. **b** = pellet 5 a. **c** (ヘビの)抜け殻.
cásting dirèctor *n.* (劇・映画などで)配役を決める人; 配役担当責任者.
cásting nèt *n.* 投網(とあみ)《cast net ともいう》.
cásting sànd *n.* 〘金属加工〙 = molding sand.
cásting vóte [vóice] *n.* 決定(投)票, キャスティングボート (decisive vote)《賛否同数の場合に, また時に賛否同数にするために議長の投じる一票》.
cásting whèel *n.* 〘金属加工〙 鋳造ホイール《円周に沿った鋳型》.
cást-íron 〖← CAST (p.p.) + IRON〗 — *adj.* **1** 鋳鉄の, 鋳鉄製の. **2 a** 伸縮性のない, 融通[変更]のきかない, きびしい; くつがえし難い, 難攻不落の: a ~ will, judge, etc. / an ~ alibi 鉄壁のアリバイ. **b** 頑強な, 強壮な: a ~ stomach.
cást íron *n.* 鋳鉄《炭素 1.7–6.88% を含む鉄の鋳造合金》.
cást-íron plànt 〖葉が堅いところから〗 — *n.* 〘植物〙 ハラン (*Aspidistra elatior*)《中国南部産ユリ科の観葉植物で, 葉は長くて堅く, 花は鐘形の暗褐色または紫褐色で地面すれすれに咲く》.
cas·tle [kǽsl | kɑ́ːsl] 〖ME *castel* □ ONF < L *castellum* citadel (dim.) ← *castrum* fortified camp, 《原義》separated place (cf. castrate): cf. OE *castel* village □ LL (Vulgate) *castedlum*: CHÂTEAU と二重語〗 — *n.* **1 a** (中世時代の国王・貴族などの要塞化した住いとしての)城: An Englishman's house is his ~.《諺》英国人の家は城《何人も侵入を許さない; プライバシーを守る》. **b** [the C-]《英》ダブリン城(Dublin Castle), アイルランド政庁. **2 a** (堅固な)砦(とりで). **b** (城風に建てた)大邸宅 (mansion). **c** 安全な場所, 安全地帯. **3** (象の背につける)やぐら. **4** [通例 *pl.*] = CASTLE *in the air*. **5** 〘チェス〙 = rook².

castle 1 a

***a castle in the air* [*Spain*]** 空中楼閣; 空想, 幻想 (daydream): build ~s *in the air* 空中に楼閣を築く, (富貴栄達など)色々な空想に耽る.
a castle of cards = *a* HOUSE *of cards*.
— *vt.* **1** …に城を築く, 城郭をめぐらす, 城で固める. **2** 〘チェス〙〈キングを〉キャスリング (castling) する.
— *vi.* 〘チェス〙 キャスリングする.
Cas·tle [kǽsl | kɑ́ːsl], **Barbara** (1911–) 英国労働党の政治家, 環境相 (1968–70).
cástle-bùilder 〖← *builder of castle in the air* (⇨ castle 成句)〗 *n.* 白日夢に耽る人, 空想家 (daydreamer).
cás·tled *adj.* = castellated.
Cas·tle·ford [kǽslfəd | kɑ́ːslfəd] 〖OE *Ċeasterford* 《原義》'FORD by the Roman fort' ← *ceaster* (□ L *castrum* 'CASTLE') + FORD〗 — *n.* イングランド West Yorkshire 州東部の都市; 人口 39,000.
cástle nùt *n.* 〘機械〙 (割りピンを差込み穴つきボルトに止める)溝(みぞ)つきナット.
cástle púdding *n.* カースル プディング《小麦粉・バター・卵砂糖を混ぜ合わせた生地をダリオール (dariole) 型に入れて焼いたもの》.
Cas·tle·reagh [kǽslrèɪ | kɑ́ːsl-] *n.* (1769–1822) アイルランド生れの英国の政治家; 本名 Robert Stewart; 称号 2nd Marquess of Londonderry.
cás·tling [-slɪŋ, -sl-] *n.* 〘チェス〙 キャスリング, (王 (king) の)入城《王と左右のルーク (rook) の間の駒が出払ってしまい, しかも王とルークが一度も動いていない時, ルークを王の隣に動かすのを一手で行なう方法; ただし check がかけられているときは行なうことはできない》.
cást nèt *n.* = casting net.
cást·òff *n.* **1** 捨てられた物[人]. **2** 〘印刷〙 (原稿の)ページ計算.
cást-òff *adj.* **1** 脱ぎ捨てた; 着古した (worn out): ~ clothes. **2** 捨てられた (discarded): a ~ mistress.
cas·tor¹ [kǽstə | kɑ́ːstə(r] 〖(*a*1398) □ L ~ □ Gk *kástōr* beaver: カストリウムは婦人の守護神で, ビーバーの分泌物が子宮の薬として用いられることから〗 — *n.* **1** 海狸香(かいりこう), カストリウム《ビーバーのまたから出る分泌物で香水・製薬の原料》. **2** ビーバー帽 (beaver hat)《ビーバーまたはそれまがいの毛皮で作った帽子》. **3** 〖← NL ~〗《まれ》〘動物〙 ビーバー (beaver).
cás·tor² *n.* = caster 2, 3.
cas·tor³ [kǽstə | kɑ́ːstə(r] 〖← ? ME *castane* □ ONF *castaine* (F *châtaigne*) < L *castaneam* chestnut〗 *n.* = chestnut 5.
Cas·tor [kǽstə | kɑ́ːstə(r] 〖□ L ~ □ Gk *Kástōr* 《原義》the bright one〗 — *n.* **1** 〘ギリシャ・ローマ神話〙 カストール (⇨ Castor and Pollux). **2** 〘天文〙 カストル《ふたご座 (Gemini) の α 星で 1.6 等星; cf. Pollux 2》.
Cástor and Póllux *n.* 〘ギリシャ神話〙 カストールとポリュデウケース《Castor は Tyndareus と Leda の子, Pollux は白鳥の姿になった Zeus と Leda の子; 彼らはしばしば双子とみなされ, 船乗りの守護神として, また兄弟愛の典型とみなされている; 不死身であった Pollux は, Castor が殺されてからは, Zeus の許しを得て Castor と共に天上と, 地下 (Hades) に一日置きに暮らしたという; 後にふたご座 (Gemini) の二星となったという; the Dioscuri ともいう》.
cástor bèan *n.* **1** 〘植物〙 トウゴマ (castor-oil plant). **2** トウゴマの実, ヒマの種子.
cas·to·re·um [kæstɔ́ːriəm, -tóːr- | -tɔ́ːri-] 〖ME □ L ~ ← *castor* 'CASTOR¹'〗 *n.* = castor¹ 1.
Cas·tor·i·dae [kæstɔ́(ː)rədìː, -tɑ́r- | -tɔ́rɪ-] 〖← NL ~ ← *Castor* (属名: ⇨ castor¹) + -IDAE〗 *n. pl.* 〘動物〙 ビーバー科.
cástor óil 〖⇨ castor¹ 1〗 *n.* ひまし油.
cástor-óil plànt *n.* 〘植物〙 トウゴマ, ヒマ (*Ricinus communis*)《熱帯アジア産のトウダイグサ科の低木; 種子からひまし油をとる》.
cástor sùgar 〖⇨ caster 2 a〗 *n.*《英》粉末白砂糖.
cas·tra·me·ta·tion [kæ̀strəmɪtéɪʃən, -mə- | -me-, -mɪ-] 〖(1679) □ F ~ □ ML *castrametātiō(n-)* ← L *castra* camp + *mētārī* to measure off, lay out〗 — *n.* 〘軍事〙 (軍営・野営陣地の設置・布置に関する)屯営法, 布陣法.
cas·trate [kǽstreɪt | ─́ ─, ─ ─́] 〖(1554) ← L *castrātus* (p.p.) ← *castrāre* to cut, geld ← IE **kes-* to cut (Gk *keázein* to split)〗 — *vt.* **1 a** …の睾丸(こうがん)を取る, 去勢する. **b** 《まれ》…の卵巣を除去する (spay). **2 a** 骨抜きにする, …の効力[迫力, 活力]を奪う, 軟弱にする. **b** 〈書物などの不都合な所を〉削除訂正する. **3** 〘植物〙 去葯(きょやく)する. — *n.* 去勢された人.
castrati *n.* castrato の複数形.
cas·tra·tion [kæstréɪʃən] *n.* **1** 去勢《雄の睾(こう)丸・雌の卵巣を除去すること》. **2 a** 骨抜き(にすること), 無力化. **b** (不都合な所の)削除訂正; 削除部分. **3** 〘植物〙 去葯(きょやく)《花の雄蕊を除去すること》.
castrátion còmplex *n.* 〘精神分析〙 去勢コンプレックス《同性の親に罰として性器を奪われるという, 男児が抱く無意識の恐怖》.
cas·tra·to [kæstrɑ́ːtou, kə- | kæstrɑ́ːtəu; *It.* kastráːto] 〖□ It. ~ □ L *castrātus*: ⇨ castrate〗 — *n.* (*pl.* **-tra·ti** [-tiː; *It.* -ti]) 〘音楽〙 カストラート《変声期以前の高音域を保つために去勢された男性歌手; ソプラノまたはコントラルトの声域をもち, ボーイソプラノより力強い響きをもつ》.
Cas·tro [kǽstrou | -trəu; *Sp.* kástro], **Fi·del** [fidél] *n.* カストロ《1927– ; キューバの革命家・政治家, 首相 (1959–)》.
Cás·tro·ìsm [-trouìzm | -trəu-] *n.* Castro の主義・政策 (Fidelism).
Cás·tro·ist [-trouɪst, -əst | -trəuɪst] *n., adj.* = Fidelist.
Cas·tro·ite [kǽstrouàɪt | -trəu-] 〖⇨ Castro, -ite¹〗 *n., adj.* = Castroist.
cást stéel *n.* 〘冶金〙 鋳鋼.
cas·u·al [kǽʒuəl, -ʒəl, -ʃəl | -ʒuəl, -ʒʊl, -zjuəl, -zjʊl] 〖(*c*1385) *casuel* □ (O)F // LL *cāsuāl-is* accidental ← L *cāsus* 'CASE¹': ⇨ -al¹〗 — *adj.* **1 a** 偶然の結果に従う[から出てくる]; 偶発の, 偶然の, 不慮の (accidental): a ~ mishap 不慮の災難 / die a ~ death 不慮の死を遂げる. **b** 偶然生じる[出てくる, 選ばれた]; 不時の, 思いがけない, ふいの: a ~ visitor 思いがけない訪問客 / a ~ meeting [encounter] 偶然の出会い, 奇遇. **2 a** 計画[方法, 先見の明]のない. **b** 不用意の, ふとした, 何気ない: a ~ remark 思いつきの言葉. **c** でたらめな, 行き当たりばったりの: He is a very ~ sort of person. 非常に行き当たりばったりの人だ / He is too ~ in methods. 彼のやり方はでたらめ過ぎる. **d** 表面[うわべ]だけの, 軽い: a ~ acquaintance. **e** 無関心な, 無頓着な, のんきな: a ~ air 無頓着な態度 / She is ~ *about* her money. お金に頓着しない. **3** 固定雇用でない, 臨時の, 不定期の: ~ labor 臨時仕事 / a ~ laborer 臨時雇い, 日雇い労務者 / ~ expenses 臨時支出. **4 a** 打ち解けた, くつろいだ: a ~ atmosphere 打ち解けた雰囲気 / He is too ~ with her. 彼女になれなれし過ぎる. **b** 〈衣服が〉略式の, ふだん用の, カジュアルな: ~ wear [clothes]. **5** 《英》 **a** 臨時救済を受ける: the ~ poor 臨時救済を必要とする貧民[浮浪者]. **b** 浮浪者の(ための): ⇨ casual ward. **6** 《廃》不安定な, はっきりしない (uncertain).
— *n.* **1** 日雇い労務者. **2** 《英》臨時救済を受ける貧民[浮浪者]. **3 a** [*pl.*] ふだん着, カジュアルウェア. **b** [通例 *pl.*] カジュアルシューズ《かかとの低いスリッポンの靴; カジュアルな服装の時にはく広範な靴》. **4** 〘軍事〙 **a** 待機者《自分が補職・配属の関係をもたない部隊で命令・輸送などを待っている将校・下士官または兵》. **b** 所属部隊未定の兵員.
~·ness *n.*
cás·u·al·ism [-lìzm] *n.* 〘哲学〙 偶然論《世界の全事物の存在も変化も偶然的だとする説》.
cás·u·al·ly [-ʒəli, -ʒuəli, -ʃəli | -ʒuəli, -ʒʊli, -zjuəli, -zjʊli] 〖(*c*1380)〗 — *adv.* **1** 偶然, ふと, 思いがけなく. **2** 不用意に, 何気なく, 行き当たりばったりに. **3** 臨時に, 不定期に.
cásual shòe *n.* [通例 *pl.*] = casual *n.* 3 b.
cas·u·al·ty [kǽʒuəlti, -ʒəl- | kǽzuəlti, -ʒʊl-, -zjuəl-, -zjʊl-] 〖(?*c*1425) □ ML *cāsuālitāt-em*: ⇨ casual, -ty²〗 — *n.* **1 a** (大きな)事故, 惨事 (disaster). **b** 不幸, 災難. **2 a** (事故による)死傷者: a traffic ~ 交通事故死[負傷]者. **b** [無冠詞で] = casualty ward. **3** 犠牲者: The depression caused many *casualties.* 不景気で多くの犠牲者が出た. **4** 〘軍事〙 **a** (死傷・病気・行方不明などによる)損耗人員, 事故者. **b** [*pl.*] (戦闘その他による)死傷者数, (兵力)損耗(人員)数: heavy *casualties* 多数の死傷者.
cásualty insùrance *n.* 《米》〘保険〙 災害保険《損害保険中, 火災・海上およびボンドを除いたものの総称》.
cásualty wàrd *n.* (病院の)事故負傷者収容室.
cásual wàrd *n.* 《英》(貧民院内の)浮浪者収容室.
cásual wàter *n.* 〘ゴルフ〙 カジュアルウォーター《コースにできた一時的な水溜まりで, ハザード (hazard) にはならない》.
cas·u·a·ri·na [kæ̀ʒuəríːnə, -ʒʊr- | -zju(ə)r-] 〖← NL *casuārius* 'CASSOWARY' + -INA¹: 枝の形がこの鳥の羽に似ているところから〗 — *n.* 〘植物〙 モクマオウ《オーストラリア原産モクマオウ属 (*Casuarina*) の低木の総称; 枝条はまっすぐに上方に伸び葉がない; 中には大木になる種類もあり, これは赤色の堅材となる; モクマオウ (swamp oak) など; cf. she-oak》.
Ca·su·ar·i·na·les [kæ̀ʒuæ̀rənéɪliːz | -zjuæ̀rɪ-] 〖← NL ~: ⇨ ↑, -ales〗 *n. pl.* 〘植物〙 モクマオウ目.
cas·u·ist [kǽʒuɪst, -əst | kǽzjuɪst, -ʒu-] 〖(1609) □ F *casuiste* □ Sp. *casuista* ← L *cāsus* 'CASE¹': ⇨ -ist〗 — *n.* **1** 〘哲学〙 決疑論者 (cf. casuistry 1). **2** 詭弁家 (sophist).
cas·u·is·tic [kæ̀ʒuístɪk | -zju-, -ʒu-] *adj.* **1** 決疑論的な. **2** = casuistical.
cas·u·is·ti·cal [kæ̀ʒuístɪkəl, -tə-, -kl | -zju-, -ʒu-] *adj.* 詭弁的な (sophistical), ごまかす (quibbling).
~·ly *adv.*
cas·u·ist·ry [kǽʒuɪstri, -əst- | -zjuɪstri, -ʒu-] 〖(1725) ← CASUIST + -ERY〗 — *n.* **1** 〘哲学〙 決疑法, 決疑論《社会的慣行や教会・聖典の律法などを適用して行為の道徳的正邪を判定しようとする議論[方法]》. **2** 詭弁, ごまかし (sophistry).
ca·sus bel·li [kɑ́ːsəs béliː, kéɪsəs bélaɪ | kɑ́ːsʊs béliː, kéɪsəs bélaɪ] 〖□ L *cāsus belli* case of war〗 — *L. n.* (*pl.* ~) **1** 開戦を正当化する事件[出来事]. **2** 開戦の理由, 宣戦の口実.
ca·sus foe·de·ris [─ ─ fɔ́ɪdərɪs, -féd-, -fíːd-, -rəs | ─ ─ fɔ́ɪdərɪs, -féd-, -fíːd-] 〖□ L *cāsus foederis* case of contract〗 — *L. n.* (*pl.* ~) 〘国際法〙 条約該当事由《条約に規定されている事由[場合]》.
cat [kǽt] 〖OE *catt* < Gmc **kattuz* (G *Katze*) □ ? LL *cattus* (masc.), *catta* (fem.) ← ?〗 — *n.* **1 a** ネコ《通例ネコ科ネコ属のイエネコ (*Felis catus*) をさす; cf. tomcat, she-cat, tabby cat, kitten》: A ~ catches mice. 猫はねずみを捕る / A ~ has nine lives.《諺》猫には命が九つある《叩いたくらいではなかなか死なない》/ Care killed the [a] ~.《諺》(九生あるという)猫でさえ心配のために死んだ《心配は身の毒》/ A ~ may look at a king.《諺》猫でも王様を見られる《どんなに身分の卑しい者でもそれなりの権利はある》/ When the ~'s away, the mice will play.《諺》猫がいない時はねずみがあばれる (cf.「鬼の居ぬ間に洗濯」). **b** 猫の毛皮. **2** 〘動物〙 **a** ネコ科の食肉動物の総称《ライオン・トラ・ヒョウなど》. **b** [通例限定詞を伴って]ネコに似た小動物《ジャコウネコ (civet cat), ケナガイタチ (polecat), ヤマネコ (wildcat), クマネコ (bear cat) など》. **3 a** 意地悪女; (特に)他の女の人に意地悪な口をきく人. **b** [限定詞を伴って]臆病な人: a scared ~ 臆病者. **c** = cat burglar. **4** (三脚で立つ)六脚器《皿などをのせる台[五徳(ごとく)]》. **5** 〖猫のひっかきを暗示しているところから〗 九尾のねこむち (cat-o'-nine-tails): give a dose of the ~ ひとむち打ってやる / There's no [not (enough)] room to swing a ~ (in). ⇨ room *n.* 3. **6** (中世の攻城用)移動式昇降楼. **7 a** = catboat. **b** = catamaran 1. **8** 《俗》 **a** ジャズ音楽家; ジャズ狂 (hepcat). **b** 男; やつ. **9** 〘遊戯〙 **a** (棒打ち遊び (tipcat) に用いる)両端の尖った木片. **b** = tipcat. **10** 〘海事〙 **a** (昔の船で)錨(いかり)を吊るための滑車. **b** = cathead. **11** 《口語》 = catapult 3. **12** [通例限定詞を伴って] 〘魚類〙 = catfish: ⇨ mud cat.
(as) sick as a cat 《口語》むかついて, 吐き気を催して;

ひどくいやな. ***bell the cat*** 〖猫の首に鈴を付ける役をどのねずみにするかで大騒ぎしたというイソップの寓話にちなむ〗(みんなのために)進んで難局に当たる, 大胆なことを企てる. ***cats and dogs*** (1)〖cat は大雨を, dog は強風を招くものとの迷信から〗[主に次の文で] 大量に, 激しく (very heavily): It is raining *~s and dogs.* どしゃぶりに降っている. ★ 今では陳腐な表現とされる. (2) 犬猿の仲: He and his father agree [live] like *~s and dogs.* あの親子は大変仲が悪い, 犬猿の仲である. ***enough to make a cat speak*** 〈酒が〉(猫でもたまげて口をきくほど)すてきな, 非常にいい. ***fight like Kilkenny cats*** ⇨ Kilkenny cats. ***grin like a Cheshire cat*** ⇨ Cheshire cat 成句. ***Has the cat got your tongue?*** 《英口語》どうして黙りこんでいるんだい. ***let the cat out of the bag*** 秘密を漏らす. ***like a cat in hell's chance*** =*not a* CAT*'s chance.* ***like a cat on hot bricks*** そわそわして, いらいらして落ち着かずに (uneasy, uneasily). ***like something the cat (has) brought in*** くたびれ果てて (exhausted); うす汚れて (bedraggled): look [feel] *like something the ~ (has) brought in* くたびれ果てて[うす汚れて]見える[感じる]. ***make a cat laugh*** 猫を笑わせる(ほどおかしい): enough to *make a ~ laugh* とてもおかしい[滑稽な]. ***not a cat in hell's chance*** =*not a* CAT*'s chance.* ***not a cat's chance*** 全然機会[見込み]がない. ★ 英語でも日本語でも「猫」はしばしば否定表現に用いられる (cf.「猫の子一匹いない」,「借りて来た猫ほども役に立たない」). ***play cat and mouse (with)*** 《口語》(1) (人を)もてあそぶ[なぶる]. (2) (捕えたりするため人を)泳がせてチャンスを待つ. ***put the cat among the canaries [pigeons]*** 《口語》騒動[波瀾]を起こす. ***shoot the cat*** 《英口語》へどを吐く (cat). ***skin a [the] cat*** 背抜きする《両手で鉄棒に下がり, 足を腕の間から通して背中を下にして棒を越える》. ***That cat won't jump.*** その提案はうまく行きそうもない[実行不可能だ]. ***the cat jumps*** 《口語》(政界などの)形勢がはっきりする: see [watch] which way *the ~ jumps* しばらく形勢を見極める[観望する] / wait for *the ~ to jump* 形勢がはっきりするまで待つ, 日和見をする / if [when] *the ~ jumps* the right way 形勢が有利になれば. ***turn (the) cat in (the) pan*** 寝返る, 変節する, 裏切る.

cat and mouse [rat] 〖遊戯〗猫とねずみ遊び《輪を作り, つないだ手を上下させ, 逃げる「ねずみ」を鬼の猫につかまらないようにして遊ぶ子供の遊戯》.

— *v.* (**cat·ted**; **cat·ting**) — *vt.* **1** 九尾のねこむち (cat-o'-nine-tails) で打つ. **2** 〖海事〗〈錨(いかり)を〉吊錨(ちょうびょう)架 (cathead) に引き上げる. — *vi.* **1** 《英口語》へどを吐く. **2** 《卑》〈男が〉女を漁る (tomcat). ★ 主に次の句で: go *~ting* 女郎買いに行く.

Cat [kæt] 〖《略》← *Caterpillar tractor*〗*n.* 〖商標〗キャット《無限軌道式トラクター》. ⌈cattle.

cat. 《略》catalog; cataplasm; catapult; catechism;

C.A.T., CAT 《略》Civil Air Transport; 〖航空〗clear-air turbulence; college ability test 大学生学力テスト; 《英》College of Advanced Technology 高等工業専門学校. ⌈catechize, cation.

cat- [kæt] *pref.* (母音の前に来る時の)cata- の異形:

cat·a- [kǽţə | -tə] 〖← NL ～ ← Gk *kat(a)-, kath-* ← *katá* down, through, against〗 — *pref.* 本来ギリシャ語系接頭辞として次の意味を表わす: **1**「(上から)下に向かって」: *cata*bolism, *cata*ract. **2**「…を通じて, …にわたって (through)」: *cata*phoresis. **3**「完全に (wholly)」: *cata*lysis. **4**「…に反して (against); 逆戻りして (in regression)」: *cata*baptist, *cata*plasia. ★ 母音の前では通例 cat- に, h の前では cath- になる(ただし h は繰り返さない). またまれに kata-, kat-, kath- と綴られることもある.

càta·báptist 〖← ? NL *catabaptista* ← LGk *katabaptistḗs*: ⇨ ↑, baptist〗*n.* 〖教会〗洗礼反対者.

ca·tab·a·sis [kətǽbəsɪs, -səs | -sɪs] *n.* (*pl.* **-a·ses** [-sìːz]) =katabasis.

ca·tab·o·lism [kətǽbəlìzṃ] 〖← Gk *katabolḗ* (← *kata-* 'CATA-'+*bolḗ* a throwing (← *bállein* to throw)) +-ISM〗*n.* 〖生物・生理〗異化(作用), (cf. anabolism, metabolism). **cat·a·bol·ic** [kæţəbálɪk | -təbɔ́l-] *adj.*

ca·tab·o·lite [kətǽbəlàɪt] 〖⇨ ↑, -ite¹〗*n.* 〖生物・生理〗異化(作用によって生じる)物質.

ca·tab·o·lize [kətǽbəlàɪz] *vt.* …に異化作用を起こさせる; 酸化させる (oxidize). — *vi.* 異化作用する.

cat·a·caus·tic [kæţəkɔ́ːstɪk | -tə-] 〖数学・光学〗*adj.* 反射火線[焦線]の (cf. diacaustic). — *n.* 反射火線[焦線].

cat·a·chre·sis [kæţəkríːsɪs, -səs | -təkríːsɪs] 〖《1589》 ▭ L ～ ▭ Gk *katákhrēsis* misuse of a word ← *kata-* 'CATA-'+*khrēsis* use〗 — *n.* (*pl.* **-chre·ses** [-siːz]) **1** 〖修辞〗語の誤用; (特に)比喩の乱用, 濫喩《語のこじつけ的な用法, または語句の比喩的意味の強引な使用; 例: chronic=severe のような誤用, common と mutual の混用; take arms against a sea of troubles (Shak., *Hamlet* 3. 1. 59) の大胆な比喩など》. **2** 〖言語〗(語源的)混用, 俗綴法《語源の誤解に基づく綴り字の語を用いること; 例: sparrow grass < asparagus, causeway < causey など》. **cat·a·chres·ti·cal** [kæţəkréstɪkəl, -stə- | -stɪ-] *adj.* **càt·a·chrés·ti·cal·ly** *adv.*

cat·a·cla·sis [kæţəkléɪsɪs, kətǽklə-, kæ-, -səs | kæt-əkléɪsɪs, kətǽkləs-, kæ-] 〖← NL ～ ← Gk *katakláis* ← *kata-* 'CATA-'+*klásis* breaking〗 — *n.* (*pl.* **-cla·ses** [-kléɪsiːz, -kləsìːz]) 〖地質〗カタクラシス《岩石の変形作用中に起こる圧砕・破砕》. **cat·a·clas·tic** [kæţəklǽstɪk | -tə-] *adj.*

cat·a·clasm [kǽţəklæ̀zṃ | -tə-] 〖▭ Gk *katáklasma* breakage ← *kata-* 'CATA-'+*klásma* fragment (← *klān* to break down)〗 — *n.* 破裂, 分裂 (disruption).

cat·a·clas·mic [kæţəklǽzmɪk | -tə-] *adj.*

cat·a·clas·tic [kæţəklǽstɪk | -tə-] 〖▭ ? Norw. *kataklastisk*: ⇨ cataclasis, -ic¹〗*adj.* 〖地質〗圧砕状の, 破砕状の: ～ rock 破砕岩.

cat·a·cli·nal [kæţəkláɪnḷ | -tə-] *adj.* 《まれ》〖地質〗地層傾斜の方向に下降する (cf. anaclinal): a ～ river.

cat·a·clysm [kǽţəklìzṃ | -tə-] 〖《1633》 ▭ F *cataclysme* ▭ L *cataclysmos* ▭ Gk *kataklusmós* deluge ← *kata-* 'CATA-'+*klúzein* to wash〗 — *n.* **1** 大洪水. **2** (政治的・社会的な)大変動, 大変革, 異変. **3** 〖地質〗(地殻の)激変. ⌈mic.

cat·a·clys·mal [kæţəklízməl | -tə-] *adj.* =cataclys-

cat·a·clys·mic [kæţəklízmɪk | -tə-] *adj.* 激変的な, 大異変の: ～ changes 激変. ⌈catastrophist.

cat·a·clys·mist [kæţəklìzmɪst, -məst | -mɪst] *n.* =

cat·a·comb [kǽţəkòum | -təkùːm, -kòum] 〖《1636》 ▭ F *catacombe* (▭ OE *catacumbe*) ▭ LL *catacumbas* sepulchral vault (もとおそらく墓地のあった Appian Way の周辺の一地域の名)《異化》? ← L **cata tumbās* at the graves ← CATA- + *tumbās* ((acc. pl.) ← *tumba* 'TOMB')〗 — *n.* **1 a** [通例 *pl.*] 地下埋葬所, 地下墓地《高いトンネル状の地下道の両側の壁に納骨用の多数の穴が掘ってあるもの》. **b** [the Catacombs] (ローマの)カタコンベ《初期キリスト教徒の避難所となった地下墓地》. **2 a** 地下墓地[カタコンベ]状の所. **b** 地下納骨所. **c** ぶどう酒貯蔵穴蔵 (wine cellar). **d** 複雑に交錯する(地下)通路[部屋].

cat·a·di·op·tric [kæţədaɪáptrɪk | -tədaɪɔ́p-] *adj.* 〖光学〗反射屈折の[によって生じる, を伴う]: the ～ system 光の反射作用および屈折作用を利用した光学系.

ca·tad·ro·mous [kətǽdrəməs, kæ-] 〖《1883》← ? NL *catadrōm-us* ← CATA-+Gk *drómos* a running, course: ⇨ -ous〗 — *adj.* 〖魚類〗〈魚が〉(産卵のために)川を下って海に行く, 降流性の (cf. anadromous, diadromous).

cat·a·falque [kǽţəfæ̀lk, -fɔ̀ːk, -fɔ̀ːlk | -təfæ̀lk] 〖《1641》 ▭ F ～ ▭ It. *catafalco* < VL **catafalicum* ← CATA-+L *fala* tower: cf. scaffold〗 — *n.* **1** 棺台《葬儀中または一般人の告別のために名士などの棺を安置する台》. **2** 霊柩(きゅう)車 (hearse). **3** 〖カトリック〗カタファルク《埋葬後鎮魂ミサ (Requiem mass) で死者を表わすのに用いる棺のようなもの》.

càta·génesis 〖← NL ～: ⇨ cata-, -genesis〗*n.* 〖生物〗カタゲネシス, 退行的進化《系統発生の過程における退化; cf. anagenesis 1》.

Cat·a·lan [kǽţələn, -læ̀n, kæţəlǽn, -ţḷ- | kǽtələn, -læ̀n] 〖▭ Sp. ～〗 — *adj.* **1** (スペインの)カタロニア (Catalonia) 地方の; カタロニア人の. **2** カタロニア語の. — *n.* **1** カタロニア人. **2** カタロニア語《Provençal と同一系のロマンス語》.

cat·a·lase [kǽţəlèɪs, -lèɪz, -ţḷ- | -təlèɪs] 〖← CATAL(YSIS)+-ASE〗*n.* 〖生化学〗カタラーゼ《過酸化水素を水と酸素に分解する酵素; cf. peroxidase》. **cat·a·lat·ic** [kæţəlǽţɪk, -ţḷ- | -təlǽt-] *adj.*

cat·a·lec·tic [kæţəléktɪk, -ţḷ- | -təl-] 〖▭ LL *catalēctic-us* ▭ Gk *katalēktikós* lacking the last foot ← *katalḗgein* to stop ← *kata-* 'CATA-'+*lḗgein* to leave off, cease from〗〖詩学〗 — *adj.* 欠節詩行の《特に行末の詩脚に音節が不足しているもの (cf. acatalectic); 次の例では 2 行目の最後に弱勢の 1 音節が欠けている: Téll me nót in móurnful númbers. / Life is bút an émpty dréam! (Longfellow, *A Psalm of Life*)》. — *n.* 欠節詩行.

cat·a·lep·sy [kǽţəlèpsi, -ţḷ- | -təlèpsi] 〖《変形》← 《古形》*catalency* 《変形》← ME *cathalempsia* ▭ ML *catalēpsia*=LL *catalēpsis* ▭ Gk *katálēpsis* seizure: ⇨ cata-, -lepsy〗*n.* 〖精神医学〗カタレプシー, 強硬症.

cat·a·lep·tic [kæţəléptɪk, -ţḷ- | -tə-] 〖▭ LL *catalēptic-us* ▭ Gk *katalēptikós* able to check: ⇨ ↑, -ic¹〗〖精神医学〗 — *adj.* 強硬症の. — *n.* 強硬症患者.

càt·a·lép·ti·cal·ly *adv.*

cat·a·lex·is [kæţəléksɪs, -səs, -ţḷ- | -təléksɪs] 〖← NL ～ ← Gk *katálēxis*: ⇨ catalectic〗*n.* (*pl.* **-lex·es** [-siːz]) 〖詩学〗欠節詩行, 行末欠節 (⇨ catalectic).

Cat·a·lin [kǽţəlɪn, -lən, -ţḷ- | -təlɪn] *n.* 〖商標〗カタリン《合成樹脂の商品名; 服飾・家庭用品などに使用》.

Cat·a·lí·na Ísland [kæţəlíːnə-, -ţḷ- | -təl-] *n.* カタリナ島 (⇨ Santa Catalina). ⌈=cattalo.

cat·a·lo [kǽţəlòu, -ţḷ- | -tələu] *n.* (*pl.* **~es, ~s**) 《米》

cat·a·log [kǽţəlɔ̀(ː)g, -lɑ̀g, -ţḷ- | -təlɔ̀g] 〖《?a1425》 ▭ (O)F *catalogue* ▭ LL *catalogus* ▭ Gk *katálogos* counting up ← *katalégein*: ⇨ cata-, logic〗 — *n.* **1 a** (商品・書籍などの)目録, 一覧表; カタログ: a ～ of articles, books, etc. **b** 目録[カタログ]に記載された物. **c** 〖図書館〗目録 (cf. card catalog). **2** 《米》(大学などで出す)要覧, 便覧 (《英》calendar): the Harvard *Catalog.* **3** 細目列挙, リスト (list): a ～ of kings. — *vt.* **1** …の目録[カタログ]を作る. **2** 目録[カタログ]に載せる, 分類する. — *vi.* **1** 目録[カタログ]作りをする. **2** 〈切手・コインが〉カタログに載る: This coin *~s* at ten dollars. このコインは 10 ドルでカタログに載っている.

cátalog càrd *n.* 〖図書館〗目録カード (cf. card catalog).

cát·a·lòg·er *n.* 目録作成者, 目録係員.

cát·a·lòg·ing *n.* 〖図書館〗目録法, 目録作業.

cát·a·lòg·ist [-gɪst, -gəst | -ɪst] *n.* =cataloger.

cat·a·logue [kǽţəlɔ̀(ː)g, -lɑ̀g, -ţḷ- | -təlɔ̀g] *n., v.* =catalog.

cát·a·lògu·er *n.* =cataloger.

cá·ta·logue rai·son·né [-rèɪzənéɪ, -rèz-, -zṇ- | -rèɪzən-, -rèz-; *F.* katalɔgrɛzɔne] 〖▭ F ～《原義》reasoned catalog〗 — *F. n.* (*pl.* **catalogues raison·nés** [-lɔ̀(ː)g(z)-rèɪzənéɪ, -lɑ̀g(z)-, -rèz-, -zṇ- | -lɔ̀g(z)-; *F.* ～]) (書物・絵画などの)解題目録.

cát·a·lògu·ing *n.* =cataloging.

cát·a·lògu·ist [-gɪst, -gəst | -gɪst] *n.* =catalogist.

Cat·a·lo·nia [kæţəlóunjə, -ţḷ-, -niə | -tələ́unjə, -nɪə] *n.* カタロニア《スペイン北東部の地中海側の地方; 独自の言語・文化を持ち, スペイン内乱では政府側の最後の拠点となった; 人口 5,123,000, 面積 32,171 km²》.

Cat·a·lo·nian [kæţəlóunjən, -ţḷ-, -niən | -tələ́unjən, -nɪən] *adj., n.* =Catalan.

ca·tal·pa [kətǽlpə, -tɔ́ːl- | -tǽl-] 〖《*c*1730》← NL ～ ← N-Am.-Ind. *kutuhlpa* winged head: 花の形から〗 — *n.* 〖植物〗キササゲ《アメリカやアジア産ノウゼンカズラ科キササゲ属 (*Catalpa*) の植物の総称; アメリカキササゲ (*C. bignonioides*) など》.

cat·a·lu·fa [kæţəlúːfə, -ţḷ- | -təl-] 〖▭ Am-Sp. ～ ▭ Sp. ～〗 — *n.* (*pl.* **～, ～s**) 〖魚類〗熱帯地方の海にすむキントキダイ科の魚類の総称; (特に)西大西洋や西インド諸島に生息する *Priacanthus arenatus.*

ca·tal·y·sis [kətǽləsɪs, -səs | -lɪsɪs, -lə-] 〖《1836》← NL ～ ← Gk *katálusis* putting-down, dissolving: ⇨ cata-, -lysis〗 — *n.* (*pl.* **-y·ses** [-sìːz]) **1** 〖化学〗触媒作用, 接触作用. **2** 他の要因によって引き起こされること[現象]: His book occasioned the ～ of wide discussion. 彼の著書は広く論議を引き起こした.

cat·a·lyst [kǽţəlɪst, -ləst, -ţḷ- | -təlɪst] *n.* **1** 〖化学〗触媒 (cf. anticatalyst). **2** 促進の働きをする物; 促進剤. **3** 相手に刺激[活気]を与える人.

cat·a·lyt·ic [kæţəlíţɪk, -ţḷ- | -təl-] 〖▭ Gk *katalutikós*: ⇨ catalysis, -ic¹〗*adj.* 触媒の[による, に関する]: a ～ reaction, agent, etc. **càt·a·lýt·i·cal·ly** *adv.*

catalýtic convérter *n.* 〖自動車〗触媒コンバーター《自動車の排気ガス中の有害成分を触媒により反応させて無害な成分に変える装置》.

catalýtic crácker *n.* 〖化学〗(石油をクラッキングする)接触分解装置《cat cracker ともいう》.

catalýtic crácking *n.* 〖化学〗接触分解《高オクタン価ガソリンを製造するため触媒を用いて石油を分解すること; cf. thermal cracking》.

cat·a·lyze [kǽţəlàɪz, -ţḷ- | -təl-] 〖⇨ catalysis, -ize〗 — *vt.* **1** 〖化学〗**a** …の触媒作用を受ける. **b** 触媒作用で〈物質を〉生み出す. **2** 促進させる, 刺激する (provoke); 刺激して…させる 〔*into*〕: ～ a person *into* activity. **3** (刺激を与えて)変更[改変]させる.

cát·a·lỳz·er *n.* 〖化学〗=catalyst 1.

cat·a·ma·ran [kæţəmərǽn | -tə-] 〖《1697》 ▭ Tamil *kaṭṭamaram* tied wood〗 — *n.* **1** カタマラン《東インドおよび西インド諸島・南米などの沿岸で用いる, 丸太を 2, 3 本並べて縛ったいかだ舟》. **2 a** 双胴船, キャタマラン《カーフェリーなどの鋼船で, 船体が 2 隻並びそれをつないで鋼甲板を張ったもの》. **b** 二連小舟《2 隻の小舟を並べ, 板を渡して甲板とした式のもの; cf. trimaran》. **3** 《口語》意地悪でけんか好きな人; (特に)がみがみ女, 意地悪女 (vixen). **4** 《カナダ》(木材運送用の)木のそり.

cat·a·me·ni·a [kæţəmíːniə, -njə | -nɪə, -njə] 〖← NL ～ ← Gk *katamḗnia* (neut. pl.) ← *katamḗnios* monthly ← *kata-* 'CATA-'+*mḗn* month〗 — *n. pl.* 〖生理〗月経 (menses). **càt·a·mé·ni·al** [-niəl, -njəl | -nɪəl, -njəl] *adj.*

cat·a·mite [kǽţəmàɪt | -tə-] 〖《1593》 ▭ F ～ ▭ L *Catamitus* 《変形》← *Ganymēdes* ▭ Gk *Ganumḗdēs* 'GANYMEDE'〗*n.* 男色の相手の少年, 稚児(ちご).

cat·a·mount [kǽţəmàunt | -tə-] 〖《1664》《略》← CAT-A-MOUNTAIN〗*n.* ネコ科の野獣: **a** ピューマ (cougar). **b** オオヤマネコ (lynx).

cat-a-moun·tain [kæţəmáuntṇ, -tɪn, -tən | -təmáuntɪn] 〖《?a1425》← *cat of the mountain*〗 — *n.* (*pl.* **～s, cats-a-mountain** [kǽtsə-]) **1** 〖動物〗ネコ科の野獣: **a** ヤマネコ (wildcat). **b** ヒョウ (leopard). **2** 荒々しくけんか好きな人.

cát-and-dóg *adj.* **1** (犬と猫のように)仲の悪い, 犬猿の仲の: lead [live] a ～ life (夫婦)喧嘩ばかりして暮らす. **2** 《俗》きわめてあぶない証券の; きわめて投機的な: ～ stocks.

cát-and-móuse *adj.* **1** 殺す[やっつける]前にいじめぬく, なぶり殺しの: in a ～ way. **2** 追えば逃げ逃げると追う, たえず追跡する: a ～ thriller novel. **3** 最上の攻撃チャンスを窺う: a ～ mood.

Cát-and-Móuse Àct *n.* 《英俗》猫とねずみ法《未決囚(主に闘争的な婦人参政権運動者)が hunger strike をやった場合の対応策として, しばらく仮出獄を許し, 栄養の回復するのを待って再び拘引することを定めた Prisoners' Temporary Discharge for Ill-health Act (疾病囚仮出獄法) (1913) の俗称》.

Ca·ta·nia [kətéɪnjə, -tɑ́ːn- | -téɪnjə, -nɪə; *It.* katáːnja] *n.* カタニア《イタリア Sicily 島東岸の海港; 人口 400,000》.

cat·a·pha·si·a [kæ̀təféɪʒiə, -ʒə | -təféɪzjə, -zɪə, -ʒɪə, -ʒə] 〖← NL ～: ⇨ cata-, -phasia〗 *n.* 〖精神医学〗＝verbigeration.

cat·a·pho·re·sis [kæ̀təfəríːsɪs, -səs | -təfəríːsɪs] 〖← NL ～: ⇨ cata-, -phoresis〗 ― *n.* (*pl.* **-re·ses** [-siːz]) **1** 〖医学〗電気泳動. **2** 〖物理化学〗電気泳動 (⇨ electrophoresis). **cat·a·pho·ret·ic** [kæ̀təfərétɪk | -təfərét-] *adj.* **càt·a·pho·rét·i·cal·ly** *adv.*

cat·a·phor·ic [kæ̀təfɔ́(ː)rɪk, -fáːr- | -təfɔ́r-] 〖□ Gk *kataphorik-ós* ← *kataphorá* a bringing down ← *kata-* ‘CATA-’＋*phérein* to carry〗 ― *adj.* 〖文法〗後方照応的《代名詞・定冠詞などが後続の語(句)を指示する; 例: After *he* finished writing a letter, *John Smith* went out of the room.; ↔ anaphoric》.

cat·a·phract [kǽtəfrækt | -tə-] 〖□ L *cataphractēs* □ Gk *kataphráktēs* ← *kataphrássein* ← *kata-* ‘CATA-’＋*phrássein* to fence round〗 ― *n.* **1** (古代ギリシャの)重装備騎兵. **2** 〖甲冑〗(古代ローマの)人と馬の鎖鎧(よろい). **3** 〖動物〗甲鱗《ある種の魚類や爬虫類の体表にある骨質の甲や鱗》.

cát·a·phràct·ed [-təd | -tɪd] *adj.* 〖動物〗甲鱗[うろこ]におおわれた.

cat·a·phyll [kǽtəfɪl | -tə-] 〖← CATA-＋-PHYLL: G *Niederblatt* のなぞり〗 ― *n.* 〖植物〗鱗片(りんぺん)葉《植物の幼茎・芽・地下茎などにある葉状物》. **cata·phyl·la·ry** [kæ̀təfíləri | -təfíləri] *adj.*

cat·a·pla·si·a [kæ̀təpléɪʒiə, -ʒə | -təpléɪzjə, -zɪə, -ʒɪə, -ʒə] 〖← NL ～: ⇨ cata, -plasia〗 ― *n.* 〖生物〗退行変化《成熟した細胞や組織が幼若型へ逆変態すること》. **cat·a·plas·tic** [kæ̀təplǽstɪk | -tə-] *adj.*

cat·a·plasm [kǽtəplæzm | -tə-] 〖《1563》□ F *cataplasme* poultice □ Gk *katáplasma* plaster ← *kataplássein* to smear over, spread: ⇨ cata-, -plasm〗 ― *n.* 〖医学〗巴布(パップ), 罨法(あんぽう), 湿布 (poultice).

cat·a·plex·y [kǽtəplèksi | -təplèksɪ] 〖□ G *Kataplexie* □ Gk *katáplēxis* stupefaction ← *kataplḗssein* ← *kata-* ‘CATA-’＋*plḗssein* to smite〗 ― *n.* 〖病理〗カタプレクシー, 脱力発作, 情動性緊張消失《四肢が動かなくなる症状》.

cat·a·pult [kǽtəpʌ̀lt, -pʊ̀lt | -təpʌ̀lt] 〖《1577》□ (O)F *catapulte* ‖ L *catapulta* □ Gk *katapéltēs* ← *kata-* ‘CATA-’＋*pállein* to swing〗 ― *n.* **1** (古代から中世の)投石機, カタパルト《投げやり・石・矢などを射出するために用いた装置》. **2** 《英》(おもちゃの)ぱちんこ (《米》slingshot)(cf. sling¹).

catapult 1

3 (船艦, 特に航空母艦の甲板上に備えた)カタパルト, 飛行機射出機. **4** グライダー始走器. ― *vt.* **1** 投石機で撃ち出す; (投石機で撃つように)激しく撃つ. **2** 《英》ぱちんこで撃つ. **3** 〈飛行機を〉カタパルトで発進させる. ― *vi.* **1** 〈飛行機が〉カタパルトで発進する. **2** 早く動く; 飛ぶ (leap): ～ into the room 部屋に飛び込む.

cat·a·ract [kǽtərækt | -tə-] 〖《15C》□ L *catar(r)act-a* waterfall, portcullis □ Gk *katar(rh)áktēs* downrushing ← *katar(r)ássein* ← *kata-* ‘CATA-’＋*arássein* to smash〗 ― *n.* **1 a** (断崖の上にかかる)大滝, 瀑布(ばくふ) (cf. cascade 1, waterfall). **b** (大川の)急流. **c** 大雨, 豪雨; 洪水, 奔流. **2** 〖□ (O)F *cataracte* □ ML *cataracta*〗〖病理〗**a** 白内障, そこひ (cf. amaurosis, glaucoma): have a ～ *on* [*in*] the left eye 左の目に白内障がある. **b** 濁った部分. **cat·a·rac·tal** [kæ̀tərǽktl | -tə-] *adj.*

ca·tarrh [kətáːr | kətáː(r, kæ-] 〖《?a1425》□ (O)F *catarrhe* □ LL *catarrhus* □ Gk *katárrhous* flowing down ← *kata-* ‘CATA-’＋*rheîn* to flow, pour〗 ― *n.* **1** 〖病理〗カタル《粘膜の炎症》; (特に, 鼻・喉の)カタル. **2** 《俗用》かぜ, 感冒 (cold). **ca·tárrh·al** [-táːrəl] *adj.* **ca·tárrh·al·ly** *adv.*

catárrhal féver *n.* 〖獣医〗気道および隣接組織の浮腫を特徴とする家畜の疾病.

catárrhal pneumónia *n.* 〖病理〗カタル性肺炎, 気管支肺炎 (bronchopneumonia).

Cat·ar·rhi·na [kæ̀təráɪnə | -tə-] 〖← NL ～ ← CATA-＋Gk *rhīnós, rhís* nose〗 *n. pl.* 〖動物〗狭鼻(猿)類.

cat·ar·rhine [kǽtəràɪn | -tə-] 〖↑〗 *adj.* 狭鼻(猿)類の (cf. platyrrhine). ― *n.* 狭鼻(猿)類のサル《類人猿・オナガザルなどを含む》.

ca·tas·ta·sis [kətǽstəsɪs, -səs | -sɪs] 〖← NL ～ ← Gk *katástasis* settlement ← *kathistánai* ← *kata-* ‘CATA-’＋*histánai* to set〗 ― *n.* (*pl.* **-ta·ses** [-siːz]) 〖演劇〗 **1** 大団円 (catastrophe) 直前の最高潮部. **2** (劇の)クライマックス, 最高潮.

ca·tas·tro·phe [kətǽstrəfi, -fiː | -fɪ] 〖《1579》□ L *catastropha* □ Gk *katastrophḗ* an overturning ← *kata-* ‘CATA-’＋*stréphein* to turn〗 ― *n.* **1** (突然の)大惨事, 大災害: a natural ～. **2** 悲劇的な結末, 破局; 災難. **3 a** 大失敗. **b** (手術前[後, 中]の原因不明の)死. **4 a** 〖演劇〗カタストロフィー《悲劇で最高潮部 (catastasis) を過ぎて結末に到る紛糾の解決部分》; 大団円 (dénouement). **b** (物語・小説の)大詰め, しめくくり, 結末. **5** 〖地質〗(地殻の)激変 (cataclysm). **cat·a·stroph·ic** [kæ̀təstráfɪk, -stróuf- | -təstrɔ́f-] *adj.* **càt·a·stróph·i·cal** *adj.* **càt·a·stróph·i·cal·ly** *adv.*

catástrophe rìsk *n.* 〖保険〗異常災害危険《同一事故により多数の物または人に損傷・滅失・死亡を来すことまたはその可能性》.

ca·tás·tro·phìsm [-fɪzm] *n.* **1** 〖地質〗激変説, 天変地異説《地質変化は漸次生じたものではなくてむしろ激変 (cataclysm) によるものとする古い地質進化説; cf. uniformitarianism》. **2** 差し迫った大災害の予想.

ca·tás·tro·phist [-fɪst, -fəst | -fɪst] *n.* 〖地質〗激変[天変地異]説論者.

cat·a·to·ni·a [kæ̀tətóuniə | -tətə́unɪə, -njə] 〖← NL ～ ← G *Katatonie*: ⇨ cata-, -tonia〗 ― *n.* 〖精神医学〗 **1** ＝catalepsy. **2** ＝catatonic schizophrenia. **cat·a·ton·ic** [kæ̀tətánɪk | -tətɔ́n-] *adj.*

catatónic schizophrénia *n.* 〖精神医学〗緊張病, 緊張型分裂病.

Ca·taw·ba¹ [kətɔ́ːbə] 〖↓〗 *n.* [the ～] 米国 North Carolina 州の西部を流れる川; South Carolina 州に入って Wateree 川と呼ばれる (866 km).

Ca·taw·ba² [kətɔ́ːbə] 〖□ Choctaw *katápa* 《原義》separated (from other Siouan tribes)〗 ― *n.* (*pl.* ～) **1** [the ～] **a** カトーバ族《アメリカインディアンで Sioux 語族に属し, 今は South Carolina 州を中心として North Carolina 州, Tennessee 州に住む》. **b** カトーバ族の人. **2** カトーバ語. **3 a** 〖園芸〗カトーバ《米国東部地方に産する赤色ブドウの品種名》. **b** カトーバ(ワイン)《淡色で香気がある辛口の白ぶどう酒》.

catáwba rhododéndron *n.* 〖植物〗米国 Allegheny 山脈南部地方の桃色の花が咲くツツジの一種 (*Rhododendron catawbiense*).

cát bàck *n.* 〖海事〗(吊錨(ちょうびょう)ダビット (cat davit) で錨を格納する場合)滑車装置の鉤を錨の頭部の輪に引っかけるために使われる細索.

cát bèar *n.* 〖動物〗クマネコ (⇨ panda 1 a).

cát·bìrd 〖鳴声が猫に似ていることから〗 ― *n.* 〖鳥類〗 **1** ネコマネドリ (*Dumetella carolinensis*)《北米産マネシツグミ科ネコマネドリ属の小鳴鳥》. **2** ネコドリ《オーストラリア東部・ニューギニアに生息するニワシドリ科 *Ailuroedus* 属の各種の鳥; ネコドリ (*A. crassirostris*), ミミジロネコドリ (*A. buccoides*) など》.

cátbird sèat *n.* 《米俗》有利[上位]な立場[地位]: sit in the ～.

cát blòck *n.* 〖海事〗吊錨(ちょうびょう)滑車《吊錨架 (cathead) に錨(いかり)を吊る大型の滑車》.

cát·bòat *n.* 極端に船首に寄せて立てたマストに一枚の大きな縦帆をかけて走る小帆船 (cf. cat-rigged).

catboat

cát·brìer 〖その刺が猫の爪を思わせることから〗 *n.* 〖植物〗＝greenbrier.

cát-bùilt *adj.* 〈船が〉catboat 式造りの.

cát bùrglar *n.* (階上の窓や天窓から押し入る)夜盗.

cát·càll *n.* **1 a** (やじの)猫の鳴声《劇場などでやじで発する下品な叫び声や口笛》. **b** (昔用いられた)猫の鳴声の出る擬音器. **2** (政治集会などでの)不満のやかましい叫び声. ― *vi.* 猫の鳴声を出す. ― *vt.* 猫の鳴声でやじる.

catch [kætʃ, kétʃ | kǽtʃ] 〖《? a1200》□ ONF *cach-ier* ＝OF *chacier* (F *chasser*) ＜ VL **captiāre*＝L *captāre* to try to seize, hunt (freq.) ← *capere* to take: CHASE¹ と二重語: to take の意味は ME *lac(c)he(n)* ‘to take, LATCH’ の影響〗 ― *v.* (**caught** [kɔ́ːt]) ― *vt.* **1 a** (追いかけて)捕える: ～ a thief. **b** (わな・網などで)捕える, 引っかける: ～ mice in a trap ねずみをねずみとりで捕える / ～ a bear alive 熊を生け捕る. **2** [通例 p.p. 形で] だます: He was *caught* by her flattery. 彼女のお世辞にひっかかった.
3 a 〈手足などを〉(急に, または強く)つかむ, 握る: ～ a person's arm ＝～ a person *by* the arm 人の腕をつかむ. **b** 〈機会を〉つかむ, 利用する: ～ a good chance.
4 a 〈投げられた物・落下物などを〉(途中で)つかむ, 受け止める: ～ a ball ボールをつかむ, 捕球する / ～ a blow *on* the arm 打って来たので腕で受け止める. **b** ボールを受け止めて〈打者を〉アウトにする 〈*out*〉.
5 a [しばしば p.p. 形で] 〈雨・嵐・感情などが〉〈人を〉襲う: be *caught* in a shower にわか雨に会う / Fear *caught* her. 恐怖が彼女を襲った. **b** 不意に襲う, 急襲する: The enemy *caught* them unawares. 敵は彼らを不意打ちした.
6 (…しているところを)突然見つける, 見破る〔*at, in*〕/〈*doing*〉: ～ a person stealing 盗むところを見つける / be *caught* in the act (of stealing) (盗みの)現場を押えられる / I *caught* him *at* it again. またそれをしているところを見つけた / I was fairly *caught.* まんまと見破られた / *Catch* me (do*ing* [*at*] it)! 《口語》それをするところを(見つけるものなら)見つけてみよ, そんなことするものか.
7 a 〈くぎ・人などが〉〈服(のすそ)などを〉引っかける, からませる; 〈ドア・人などが〉〈指などを〉はさむ: A nail *caught* my skirt.＝I *caught* my skirt *on* a nail. スカートがくぎに引っかかった / ～ one's hat *on* a peg 帽子掛けに帽子を引っかける / The door *caught* his finger.＝He *caught* his finger *in* the door. ドアに指をはさまれた / I *caught* my foot *in* a hole. 足を穴に踏み込んだ. **b** しっかりとおさえる, 固定させる: ⇨ CATCH *up* (5). **c** 〈留め金を〉留める: ～ a clasp.
8 a 〈息を〉急に止める, 〈声を〉のむ: ～ one's breath ⇨ breath 成句. **b** [～ *oneself* で] (しゃべっている途中で)ぐっと抑える, 自制する.
9 a 〈光・風・打撃・落下物などが〉打つ, …に当たる: A ball *caught* me *on* the head. 頭にボールが当たった / The wind ～*es* a sail. 風が帆に当たる. **b** 〈光・風などを〉受ける, 浴びる: The sail ～*es* the wind. 帆が風を受ける / ～ the sun 陽光を受ける; 日焼けする. **c** 〈罰などを〉こうむる, 受ける: ～ a flogging むち打ちされる. **d** [～ *it* として] 《口語》叱られる, 罰を食う: You will ～ *it* hot. ひどく叱られるぞ. **e** …に触れる, 接触する; なぐる: I *caught* him a blow *on* the mouth. 口をぽかりと打ってやった.
10 a 〈流行病など〉にかかる, 感染する: ～ (the) measles はしかにかかる / ～ (a) cold 風邪をひく / ⇨ *catch one's* DEATH (*of cold*). **b** 〈気風・癖など〉に染まる, 感化される, かぶれる: ～ the spirit of the age / I *caught* his accent. 彼の口調がうつった.
11 a 〈火を〉よぶ, ひく: Paper ～*es* fire easily. 紙は燃えやすい. **b** 〈火が〉〈建物など〉に燃えつく, 燃え移る: The flames *caught* the roof. 炎[火]は屋根に燃え移った.
12 〈注意・心などを〉引く, 捕える; 魅了する, うっとりさせる: ～ a person's fancy, attention, etc. / He was *caught* by her beauty. 彼女の美に魅せられた / Beauty ～*es* the eye. 美しいものは目にとまる / ⇨ *catch a person's* EYE.
13 a 〈列車など〉に間に合って乗る; 間に合う (cf. miss² *vt.* 3, lose *vt.* 9 b): ～ a train, bus, etc. / ～ the post 郵便に間に合う. **b** 〈人〉に追いつく.
14 〈睡眠・食事などを〉ちょっと[急いで]とる: ～ a nap ちょっとまどろむ / ～ one's breakfast 急いで朝食をすませる.
15 a (耳や目で素早く)捕える, 気づく, 認める: ～ (the sound of) a footstep [a smell of flowers] 足音[花のにおい]に気づく / ～ a glimpse of a person 人をちらりと見かける / I couldn't ～ his words. 彼の言葉が聞き取れなかった. **b** 〈言葉・意味などを〉理解する, のみ込む: ～ the meaning of a passage. **c** 〈作家・作品などが〉〈素材を〉うまくとらえ(て表現す)る: The artist has *caught* the freshness of morning in his picture. 画家はその絵の中で朝のすがすがしさをよくとらえている.
16 《口語》〈劇・ニュースなどを〉見る, 聞く: ～ a radio [TV] program / ～ a concert.
17 [Passive で] 《口語》〈女を〉はらませる: *be* [*get*] *caught* (*out*) はらむ, 妊娠する.
18 a 〖野球〗…の捕手をやる: ～ a southpaw 左腕投手のキャッチャーをやる. **b** 〖クリケット〗打球を受けて〈打者を〉アウトにする, 殺す.
― *vi.* **1** つかまえ[捕え]ようとする〔*at*〕: ～ *at* an opportunity / ～ *at* a straw ⇨ straw¹ 2 b. **2 a** 引っかかる, からまる; かかる: The kite *caught* in the power cable. 凧(たこ)が高圧線に引っかかった[からまった] / That lock won't ～. あの錠はどうしてもかからない. **b** 〈声・息などが〉つかえる, 詰まる. **3 a** 火がつく (ignite): This match does not ～. このマッチは火がつかない. **b** 〈ガソリン・モーターなどが〉点火する, かかる. **4** うつる, 感染する (cf. catching 1): Will the disease ～? その病気はうつりますか / His enthusiasm *caught.* 彼の熱心さが皆にうつった. **5** 〈植物が〉芽を出す, 発芽する (sprout). **6** (鍋などに)こげつく: The potatoes *caught.* じゃがいもが鍋にこげついた. **7** 《英方言》少し凍る 〈*over*〉: The pond *caught* (*over*). 池が凍りついた. **8** 《英俗》〈家畜が〉はらむ (conceive). **9** 〖海事〗〈帆・帆船が〉風を受ける, 風をつかむ. **10** 〖野球〗捕手をする.
be caught short ⇨ short *adv.* 成句. ***catch as catch can*** 手当たり次第につかむ[組みつく], 何とかしてつかまえる (cf. catch-as-catch-can). ***catch at*** (1) ⇨ *vi.* 1. (2) 〈人の考え・申し出・好機など〉に(喜んで)飛びつく, …に食いつく: He *caught at* the idea. 一も二もなくその考えに飛びついた. ***catch away*** かっぱらう, さらう (snatch away). ***catch hold of*** ⇨ hold 成句. ***catch on*** 《口語》(1) 時好に投じる, 人気を得る, ヒットする, 受ける, 当たる (take): The play [song] *caught on* well. その芝居[歌]はうまく当たった. (2) 理解する (understand)〔*to*〕: I can't ～ *on to* the idea [meaning]. その考え[意味]がのみ込めない / I'll make him ～ *on.* 私が彼にわからせてやろう. (3) 職を得る, 就職する: ～ *on with* a big firm 大企業に就職する. (4) しっかりつかむ: ～ *on to* a rope. ***catch out*** (1) ⇨ *vt.* 4 b. (2) 〈偽りを〉見破る: ～ a pretender *out.* (3) ⇨ *vt.* 17. ***catch up*** (*vt.*) (1) 不意につかみ上げる[さらう] (snatch), 急に持ち上げる. (2) 《英》…に追いつく (overtake): ～ a person *up* in walking 歩いて人に追いつく. (3) …に飛びつく, 取り上げる, 採用する (adopt). (4) 〈話し手を〉(質問などをして)横合から妨げる (interrupt): Don't ～ me *up.* 話の邪魔をするな. (5) 〈カーテンなどを〉(輪で)吊り上げる; 〈服を〉(だらりとしないようにベルトなどで)留める; 〈髪を〉(ピンで)上に束ねる. (6) [通例 p.p. 形で] 巻き込む (involve): be *caught up* in a revolt 反乱に巻き込まれる. (7) [通例 p.p. 形で] 夢中にする, 魅了する (enthrall): be *caught up* in comics 漫画に夢中になっている. (8) 〖鷹狩〗〈えさ枝に飛んできた若鷹を〉さらに訓練するため

に捕える. (*vi.*) (1)〔…に〕追いつく〔*with, to*〕: ～ *up with* [*to*] one's friend. (2)〔犯人などを〕逮捕する〔*with*〕: The police *caught up with* the murderer. 警察は殺人犯を逮捕した. (3) 思ったとおりの悪い結果になる〔*with*〕: His evil deeds *caught up with* him. 彼の悪業は思ったとおりになった. (4)〔…の〕遅れ(た仕事)を取り戻す〔*on*〕: ～ *up on* one's reading [lessons] 読書の不足[勉強の遅れ]を取り戻す. (5)《米西部》(旅行のための)馬[らば, ろば]の用意をする. ***wouldn't be caught dead***《口語》死んでも見られたくない, とてもいやだ, 関係を持ちたくない: I *wouldn't be caught dead* wearing [in] that blouse. あのブラウスは絶対いやだ.

— *n.* **1 a** 捕えること, 捕獲; 漁獲. **b** (特に, 地面に落ちる前の)捕球: a nice ～ 巧みな捕球 / a running ～ ランニングキャッチ. **c**《英》(クリケットなどの)捕球する人: a good [safe] ～ 捕球のうまい人. **2** キャッチボール: play ～. **3** 捕獲物; 捕獲高, 漁獲高: get a good ～ (of fish) 大漁をする / land the ～ of fish 捕った魚を水揚げする. **4 a** 物を動かなくさせるもの. **b** (ブローチ・ピンなどの)留め金. **c** (戸・窓・トランクなどの)掛け金, つめ. **5** 手に入れる価値のあるもの[人], 掘出し物; (特に, 結婚の)よい相手: She is a greater ～ than Mary. 彼女は結婚相手にはメアリーよりよい / It's no ～ [not much of a ～]. 大した代物ではない, 割に合わないものだ. **6** (息・声の)ひっかかり, 切れ (break): with a ～ in one's voice [breath, throat] 声[息, 喉]をつまらせて. **7** 断片, 部分 (fragment): sing ～*es* of an old song 古い歌のところどころを歌う. **8**《口語》(人を引っかける)わな, 策略,「かま」(trick): There is some ～ in your question. 君の質問にはかまがかけてある. **9**〖音楽〗キャッチ《17-18 世紀英国の輪唱曲; 内容は滑稽なものが多い》. **10**〖音声〗=glottal stop. **11**〖ボート〗キャッチ《水中にオールを入れる動作のはじめの部分》. **12**〖農業〗発芽密生した作物 (cf. catch crop, stand *n.* 11).
by catches 時々, 折々.
— *attrib. adj.* **1** 落とし穴のある,「かま」のある: a ～ question「かま」のある質問. **2** 人を引きつける, 興味をそそるような: ⇨ catch line.

cátch-22 [twénty-twó]〖戦争という狂気の世界から自由への脱出が絶望的であることを描いた米国の作家 Joseph Heller (1923–) の同名の小説 (1961) から〗*n.* (人を不当に)絶体絶命に陥らせる状況[規則], 絶対に勝ち目のない理不尽な状況.

catch·a·ble [kǽtʃəbl, kétʃ- | kǽtʃ-] *adj.* つかまえる[捕える]ことのできる.

cátch·àll *n.* がらくた入れ, がっさい袋; (がらくた入れの)物置き, 納戸.

cátch-as-càtch-cán *n.*〖レスリング〗フリースタイル《身体のどこでも手または足をかけて倒してよい; cf. Greco-Roman wrestling, CATCH *as catch can*》. — *adj.* 手に入るものは何でも利用しての; 思いつきの, 無計画の, 手当たり次第の: a ～ life その日暮らし.

cátch bàsin *n.*〖土木〗排水ます《街路の側溝の下水を一度ためてから本管と結ぶます》.

cátch-còrd *n.* キャッチコード《織物の耳端に織り込む太糸または針金で, 耳に織り込むべきでない横糸をとらえておくもの》.

cátch cròp *n.*〖農業〗間作《時間的または空間的に二つの作物の間に栽培する作物; cf. cover crop》.

cátch·er〖ME〗— *n.* **1 a** 捕える人[物]; 捕る器械: a rat ～ ねずみ取り器. **b**〖野球〗捕手, キャッチャー: ～'s box キャッチャーボックス. **2** (捕鯨の)キャッチャーボート.

cátcher rèsonator *n.*〖電子工学〗出力共振器 (⇨ klystron).

cátch·flỳ *n.*〖植物〗ムシトリナデシコ《ナデシコ科センノウ属 (*Lychnis*) とマンテマ属 (*Silene*) の各種の植物の総称; 粘液を分泌し, しばしば小さな昆虫を捕える; ムシトリナデシコ (*S. armeria*) など》.

cátch·ing〖ME〗*adj.* **1**〈病気など〉うつりやすい, 伝染性の (cf. catch *vi.* 4): Colds are ～. 感冒はうつりやすい. **2** 人を引きつける, 魅惑的な.

cátching bàrgain *n.*〖法律〗期待権不当取引《法定相続人 (heir) など期待権をもつ者が法外に不当と思われる程に著しく安価にその期待権を売却する取引; cf. UNCONSCIONABLE bargain》.

cátch·lìght *n.* (光った面からの)明るい反射光, キャッチライト.

cátch lìne *n.* **1 a** 人の注意を引く宣伝文句, キャッチフレーズ. **b** 宣伝文句の含む行. **2**〖演劇〗(笑いを誘い, 時には繰り返される)滑稽な文句. **3**〖ジャーナリズム〗タイトル, 標題, 見出し (cf. slug² 7).

cátch·ment〖(1847) ← CATCH+-MENT〗— *n.* **1 a** 集水, 湛(たん)水. **b** 集水された水. **c** 集水量. **2 a** 集水するもの; 集水を思わせるもの[場所]. **b** =catchment area.

cátchment àrea *n.* **1** (川・貯水池などの)集水地域; 流域. **2**《英》通学[通院]区域.

cátchment bàsin *n.* =catchment area 1.

cátch·pènny *adj.* **1** (売れさえすればよい)安ぴかの, きわものの (claptrap); 銭取り主義の: a ～ book, show, etc. **2** 俗受けするが十分考慮されていない, 俗受けだけの. — *n.* きわもの, 安物.

cátch·phràse *n.* (人の注意を引く)奇抜な文句, 警句, キャッチフレーズ.

cátch·pòle〖ME *cacchepol* < lateOE *kæćepol* ⊏ ONF **cachepol* = OF *chacepol* ∥ ML *cacepoll-us* chase-fowl: ⇨ chase, catch, pullet〗— *n.* (*also* **cátch·pòll**)《古》**1** sheriff の下役; (特に)債務不履行者を逮捕する役. **2** 代理人 (deputy).

cátch stìtch *n.* **1**〖製本〗からみがけ (⇨ kettle stitch). **2**〖服飾〗千鳥がけ《厚地の裾の始末や裁ち目かがりに用いる; cf. herringbone stitch》.

cátch tìtle *n.* **1 a** 書名略称, 書名略記《図書目録などで長い書名を短く効果的にしたもの》. **b** (図書の背に示す)略書名. **2** 指示書名《彩色師のために写本の端にうすく書かれた書名》.

catch·up [kétʃʌp, kǽtʃ-, kǽtsəp | kǽtʃəp, kétʃ-, kǽtsəp] *n.* =catsup.

cátch-ùp *n.* (生産などの遅れを取り戻しノルマに)追いつこうとすること[努力], 追い上げ.

cátch·wèight *n.*〖競技〗規則に拘束されない体重. — *adj.* (体重)無差別級の: a ～ wrestling match. — *adv.* (体重)無差別級で: fight ～.

cátch·wòrd〖(1730)〗— *n.* **1** (政界・商品などの宣伝などに用いる)キャッチワード, 標語. **2 a** (辞書類のページ上部欄外に印刷した)見出し語《guide word ともいう》. **b** つなぎ語《写本や古書のページ下部欄外にある次のページの初語; direction word ともいう》. **3** (せりふの)きっかけ (cue).

cátchword èntry *n.*〖図書館〗**1** 要語記入《特に目立つ語句や覚えやすい語句で始まる記入 (entry)》. **2** 要語記入方法.

cátchword títle *n.*〖図書館〗要語書名《特に目立つ語句, あるいは覚えやすい語句を表題にした書名; その記入(方法)を catchword entry という》.

catch·y [kǽtʃi, kétʃi | kǽtʃi]〖← CATCH (v.)+-Y⁴〗— *adj.* (**catch·i·er; -i·est**)《口語》**1 a** 人気を呼びそうな, 人の心を捕える: a ～ slogan. **b**〈曲など〉記憶に留まりやすい, 覚えやすい: a ～ tune. **2**〈質問が〉引っかかりやすい, 落とし穴のある: a ～ question. **3** 思い出したように起こる, 不規則な, 気まぐれな: a ～ wind.

cát·clàw *n.*〖植物〗=cat's-claw.

cát cràcker *n.*〖化学〗=catalytic cracker.

cát dàvit〖*cat*:《略》← CATHEAD〗*n.*〖海事〗吊錨(ちょう)ダビット《有桿錨を最後に甲板に吊り上げるための鈎(かぎ)柱; cf. fish davit》.

cát distèmper *n.*〖獣医〗(猫の)汎白血球減少症 (⇨ panleucopenia).

cate [kéɪt]〖(a1400)《頭音消失》ME *acate* ⊏ ONF *acat* purchase ← *acater* (F *acheter*) to buy < VL **accaptāre* to acquire ← ? *a-* 'AD-'+L *captāre* (⇨ catch): cf. cater〗— *n.*《古》**1** [通例 *pl.*] 食物 (food); 食品 (viand). **2** 美味, 珍味 (dainty).

cat·e·che·sis [kæ̀təkíːsɪs, -səs | -tɪkíːsɪs]〖⊏ LL *catēchēsis* ⊏ Gk *katḗkhēsis* oral instruction: ⇨ catechize, -sis〗— *n.* (*pl.* **-che·ses** [-siːz])〖教会〗教義口授《特に, 初代教会における洗礼や堅信礼の前に行なった口頭による宗教教育; またそのための書物を指すこともある》.

cat·e·chet·ic [kæ̀təkétɪk | -tɪkét-, -te-, -tə-] *adj.* =catechetical.

cat·e·chet·i·cal [kæ̀təkétɪkəl, -kétə- | -tɪkét-, -te-, -tə-] *adj.* **1** 問答式の. **2**〖教会〗**a** 教義問答の; 公教要理の. **b** 教義口授の.

cat·e·chin [kǽtəkɪn, -tʃɪn | -tɪ-, -tə-]〖← CATECHU+-IN¹〗— *n.*〖化学〗**1** カテキン ($C_{15}H_{14}O_6$)《catechu の主成分で皮なめしや染色に用いる; catechol ともいう》. **2** カテキン (⇨ catechol 2).

cat·e·chism [kǽtəkɪzm | -tɪ-, -tə-]〖(1502) ⊏ LL *catēchism-us* ⊏ LGk *katēkhismós* ← *katēkhízein*: ⇨ catechize, -ism〗— *n.* **1**〖英国国教会〗公会[教義]問答《キリスト教の教義を問答式に解明したもので按手式 (confirmation) を受けようとする人の教育に用いる》. **2**〖カトリック〗**a** 公教要理, 教義問答書《カトリック教会における公的教義の教科書; 大抵は問答式》. **b** (教義外の問題を扱った)問答式教科書. **3** 連続的質問: put a person through a [his] ～ 人を立て続けに問いただす. **4**《廃》**a** (政見をただすための)質問個条. **b**〖教会〗=catechesis. **cat·e·chis·mal** [kæ̀təkɪ́zməl | -tɪ-, -tə-] *adj.*

cát·e·chist [-kɪst, -kəst | -kɪst]〖(a1563) ⊏ LL *catēchista*: ⇨ catechize, -ist〗— *n.*〖教会〗**1** 公会問答[公教要理]の教師. **2** 伝道師[婦]《聖職者ではないが, 特に認可を得て教えを説く人》.

cat·e·chis·tic [kæ̀təkɪ́stɪk | -tɪ-, -tə-] *adj.* **1** 問答式の. **2** 教義問答の, 公教要理の. **～·ly** *adv.*

càt·e·chís·ti·cal [-tɪkəl, -tə- | -tɪ-] *adj.* =catechistic.

cat·e·chize [kǽtəkàɪz | -tɪ-, -tə-]〖(?c1425) ⊏ LL *catēchizāre* ⊏ Gk *katēkhízein* ← *katēkheîn* to teach by word of mouth ← *kata-* 'CATA-'+*ēkheîn* to sound, ring: ⇨ -ize: cf. echo〗— *vt.* **1 a**〈教義を〉教義問答[公教要理]によって教える. **b**〈人に〉教義問答[公教要理]を教える. **2** …に細かく[うるさく]問いただす: She ～*d* her child *about* the present he had received. 彼女は子供にもらった贈物について子供に細かく問いただした. **cat·e·chi·za·tion** [kæ̀təkɪzéɪʃən, -kə- | -tɪkaɪ-, -tə-, -kɪ-] *n.*

cát·e·chìz·er *n.* =catechist.

cat·e·chol [kǽtəkɔ̀(ː)l, -kòʊl | -tɪkɔ̀l]〖← CATECHU+-OL¹〗— *n.*〖化学〗カテコール: **1** =catechin 1. **2** リグニンなどから得られ, 写真現像薬などに用いる《catechin, pyrocatechin, pyrocatechol ともいう》.

cat·e·chol·a·mine [kæ̀təkóʊləmìːn, -kɔ́(ː)l-, -mɪn, -mən | -təkɔ́ləmìːn, -mɪn]〖⇨ ↑, amine〗— *n.*〖生化学〗カテコールアミン《芳香族アミノ酸から生成されるアミン; ホルモンまたは神経の化学伝達物質》.

cat·e·chu [kǽtətʃùː, -fjùː | -tɪtʃùː, -tə-]〖(1683) ← NL ～ ← Malay *kāchu*: ⇨ cashew〗— *n.* **1**〖化学〗**a** カテキュ, 阿仙(あせん)薬《アセンヤクノキの樹木から採る塊状の物質; 収斂(しゅうれん)剤・黒色染料・なめし皮用》. **b** = gambier. **2**〖植物〗アセンヤクノキ(阿仙薬樹) (*Acacia catechu*)《西インド諸島産マメ科アカシア属の刺の多い低木; 樹液からカテキュをとる》.

cat·e·chu·men [kæ̀təkjúːmɪn, -mən | -tɪkjúːmen, -tə-, -mɪn]〖(?c1375) *cat(h)ecumin(e), catekumeling* ⊏ (O)F *catéchumène* ∥ LL *catēchūmen-us* ⊏ Gk *katēkhoúmenos* one being instructed (pres.p. pass.) ← *katēkheîn* 'to CATECHIZE'〗— *n.* **1**〖教会〗洗礼志願者, 求道者, 公会問答[公教要理]受講者. **2** (学問などの初歩原則を学ぶ)初心者, 入門者. **～·al** [-nl] *adj.*

cat·e·go·ri·al [kæ̀təgɔ́ːriəl, -gɔ́ːr- | -təgɔ́ːr-] *adj.* 範疇の (categorical). **～·ly** *adv.*

cat·e·gor·ic [kæ̀təgɔ́(ː)rɪk, -gɑ́r- | -tɪgɔ́r-, -te-, -tə-] *adj.* =categorical.

cat·e·gor·i·cal [kæ̀təgɔ́(ː)rɪkəl, -gɑ́r- | -tɪgɔ́r-, -te-, -tə-]〖(1598) ← LL *catēgoricus* (⊏ Gk *katēgorikós*)+-AL¹: ⇨ category〗— *adj.* **1** 範疇(はんちゅう)に属する, 合式的な. **2** 無条件的な, 絶対的な; 明確な: a ～ answer, denial, etc. **3**〖論理・倫理〗定言的な, 断言的な (cf. hypothetical 2). **～·ly** *adv.* **～·ness** *n.*

categórical impérative〖《なぞり》← G *kategorischer Imperativ*〗— *n.*〖倫理〗定言(的)命令, 無上命令《義務の意識に由来し, 絶対無条件的に守るべき道徳法の命令; Kant の用語; cf. hypothetical imperative》.

categórical proposítion *n.*〖論理〗定言的命題《主語と述語との結合から成り, 仮定・選択などが加わらない端的な判断に対する伝統的形式論理学の名称; cf. HYPOTHETICAL proposition, DISJUNCTIVE proposition》.

categórical sýllogism *n.*〖論理〗定言的三段論法《定言命題だけから成る三段論法》.

categóric cóntact *n.*〖社会学〗部類的接触《集団や社会的部類の属性を基軸にした人間同士の交流; cf. sympathetic contact》.

cat·e·go·rize [kǽtəgəràɪz | -tɪ-, -te-, -tə-] *vt.* 類別[分類]する (classify).

cat·e·go·ry [kǽtəgɔ̀ːri, -gòːri | -tɪgəri, -te-, -tə-]〖(1588) ⊏ LL *catēgoria* ⊏ Gk *katēgoría* accusation, assertion,《原義》statement ← *katēgoreîn* ← *kata-* 'CATA-'+*agoreúein* to assert,《原義》to speak in the assembly (← *agorá* assembly)〗— *n.* **1**〖論理・哲学〗範疇(はんちゅう). **2** 部門, 部属, 区分, 種類 (class, division). **3**〖言語〗範疇《言語における基本的形態類; たとえば noun, verb, adjective などの語類; number, case, gender, tense, mood などの文法的区分》. **4** [*pl.*; 単数扱い]〖遊戯〗カテゴリーズ《rivers, animals, plants のような category と city などの key word を決めて, 決まった時間内に key word の下に, その最初に始まる文字の語 (例えば animals なら key word の city の C をとれば cat, cheetah など) を書いていく遊び; Guggenheim ともいう》.

ca·te·na [kətíːnə, -téɪ- | -tíː-]〖(1644) ⊏ L *catēna* 'CHAIN'〗— *n.* (*pl.* **ca·te·nae** [-tíːniː, -téɪnaɪ | -tíːniː], **～s**) **1** (事件・議論などの)連続, 連鎖 (series): a ～ of events 一連の事件. **2**〖キリスト教〗(古代教父たちの著書からの)連続的抜粋《聖書の解釈などに用いる》.

cat·e·nane [kǽtənèɪn, -tṇ- | -tɪn-, -tən-]〖⇨ ↑, -ane²〗*n.*〖化学〗カテナン《2 個以上の多員環が化学結合なしに鎖状につながっている化合物の総称》.

cat·e·nar·i·an [kæ̀tənɛ́(ə)riən, -tṇ- | -tɪnɛ́əri-, -tə-] *adj.* =catenary.

cat·e·nar·y [kǽtənèri, -tṇ- | kətíːnəri]〖(1788) ⊏ L *catēnāri-us*: ⇨ catena, -ary〗— *n.* **1**〖数学〗カテナリー, 懸垂線, 垂曲線《一様の太さ・密度の鎖などを両端を固定して垂らした際にできる曲線》. **2**〖鉄道〗(電車の架線の)カテナリ吊り線. — *adj.* **1** 懸垂線(状)の. **2** 鎖(状)の; 連鎖的な.

cátenary fùrnace *n.*〖金属加工〗懸垂炉《ステンレス鋼帯を垂れ下がらせて連続焼なましする炉》.

cat·e·nate [kǽtənèɪt, -tṇ- | -tɪn-, -tən-]〖← L *catēnātus* (p.p.) ← *catēnāre* ← *catēna* 'CATENA': ⇨ -ate³〗*vt.* 鎖状に(連結)する.

cat·e·na·tion [kæ̀tənéɪʃən, -tṇ- | -tɪn-, -tən-]〖(1641) ⊏ L *catēnātiō(n-)*: ⇨ ↑, -ation〗*n.* **1** 連鎖, 鎖状連結. **2**〖化学〗カテネーション《同一元素の原子間の結合》.

cat·e·noid [kǽtənɔ̀ɪd, -tṇ- | -tɪn-, -tən-]〖⇨ catena, -oid〗*n.*〖数学〗カテノイド, 懸垂面《懸垂線をその対称軸の回りに回転することによって生じた面》.

ca·ten·u·late [kəténjulət, -lɪt, -lèɪt]〖← NL *catenula* ((dim.) ← L *catēna* chain)+-ATE²〗*adj.*〖生物〗鎖状の形をした.

ca·ter [kéɪtə | -tə(r)]〖(1599) ←《廃》*cater* (n.) buyer of provisions < ME *catour*《頭音消失》← *acatour* ⊏ ONF *acatour* = OF *achatour* (F *acheteur*) ← *achater* (F *acheter*) < VL **accaptāre* to acquire: ⇨ cate〗— *vi.* **1** 料理(サービスなど)を調達する, 賄(まかな)う〔*for*〕: ～ *for* a banquet 宴会の料理を整える / Our hotel ～*s for* weddings and parties. 当ホテルは婚礼・宴会も引き受けます. **2** 要求を満たす〔*for, to*〕: a program which ～*s to* boys' and girls' amusement 少年少女の娯楽を提供する番組 / ～ *to* popular taste 一般の趣味に迎合する. — *vt.*〈晩餐・宴会など〉の料理とサービスを提供する: ～ the banquet / Weddings and parties ～*ed.*〔広告〕結婚式・宴会の御用承ります.

cat·er·an [kǽt(ə)rən, -trən | -t(ə)r-]〖(19C) ⊏ ML *caterān-us* ∞ (1371–90)《スコット》*catherein* ⊏ Gael. *ceathairne* peasantry: cf. kern²〗— *n.* (スコットランド高地の)山賊, 略奪者 (marauder).

cat·er·cor·ner [kæ̀tɪkɔ́ənə, -ṭə-, kɪ̀tɪ- | kæ̀təkɔ́:nə(r)] 〖←《廃》cater four-spot ((O)F quatre four)+CORNER〗《米》— adv. 対角線状に, 斜めに. — adj. 対角線状の, 斜めの.

càt·er-cór·nered adv., adj.《米》=catercorner.

cá·ter-còusin [kéɪṭə- | -tə-] n.《古》親友: be ~s 仲がいい.

cá·ter·er [-ṭərə | -tərə(r)] 〖《1592》← CATER+-ER¹ ∽《c1350》《廃》cater〗— n. 1 (宴会などの)料理の仕出し屋, まかない屋 (purveyor): a refreshment ~ 喫茶室経営者. 2 (ホテル・レストランなどの)宴会係.

ca·ter·ess [kéɪtərɪs, -rəs | -tə-] n. 女性の caterer.

cat·er·pil·lar [kǽṭəpɪ̀lə, -ṭə- | -təpɪlə(r)] 〖《c1440》catyrpel(er) ▭ ONF catepelose = OF chatepelose hairy cat ← LL catta 'CAT' + pilōsus hairy (← L pilus 'hair, PILE³'): -pillar は《廃》piller plunderer (⇨ pill²) からの連想〗— n. 1 チョウやガの幼虫; 芋虫, 青虫, 毛虫 (cf. larva 1). 2 a (戦車・トラクターのような)無限軌道装置[車], キャタピラ. b [C-]〖商標〗キャタピラー《無限軌道式トラクターの商品名》. 3《古》強欲者; 他人を食いものにする人.

cáterpillar hùnter n.〖昆虫〗オサムシ科カタビロオサムシ属 (Calosoma) の各種の甲虫の総称《毛虫を常食する》.

cáterpillar trèad n.〖機械〗(戦車・トラクターなどの)無限軌道の踏面, カタピラ踏板.

cat·er·waul [kǽṭəwɔ̀:l | -tə-] 〖《c1395》cater-w(r)awe(n) ← ▭? MD katerwauwen ← kater tomcat + warwen to howl: cf. cat, waul〗— vi. 1 〈猫が〉(交尾期に)ぎゃーぎゃー鳴く. 2 a (猫のように)ぎゃーぎゃーいう. b いがみ合う. 3 〈男が〉好色に[いやらしく]なる; 女の尻を追っかける. — n. 猫の(交尾期の)ぎゃーぎゃーなく声; (猫のように)ぎゃーぎゃーいう声, わめき声.

cát-èyed adj. 1 猫のような目をした. 2 (猫のように)暗がりで目が見える. 「芸〗=catfacing.

cát·fàce n. 1 (木の)傷の部分的に直ったあと. 2〖園

cát·fàc·ing n.〖園芸〗(夜蛾の吸汁などにより生じる猫の顔を連想させる)果実の変形.

cát·fàll n.〖海事〗吊錨(ちょう)索《錨(いかり)を一時吊錨架 (cathead) に吊り下げる時の滑車用の綱》.

cát·fìght n. いがみ合い (cf. dogfight).

cát·fish 〖頭が猫に似ていることから〗n.〖魚類〗1 ナマズ目の各種の魚類の総称《デンキナマズ (electric catfish), spotted catfish など》. 2 オオカミウオ (wolf-fish).

cát·fòot n.〖植物〗=cat's-foot 3.

cát-fòot vi. (猫のように)こっそり進む.

cát·fóoted adj. 1 猫のような足をした. 2 (猫のように)こっそり歩く, 忍び足の (stealthy).

cat·gut [kǽtgʌ̀t, -gət] 〖《1599》〗— n. 1 腸線, ガット《羊などの腸(猫のものは用いない)で作った糸で, 弦楽器・テニスのラケット・外科手術の縫合などに用いる; 単に gut ともいう》. 2〖植物〗北米東部産マメ科ナンバンクサフジ属の植物 (Tephrosia virginiana).

cath.《略》cathedral;〖電気〗cathode.

Cath.《略》Cathedral; Catherine; Catholic.

cath- [kæθ] pref. (h の前に来る時の)cata- の異形; ただし h は繰り返さない: cathode, catholic.

Cath·ar [kǽθɑə | -θɑ:(r)] 〖▭ LL cathar-us ▭ LGk katharós《原義》clear of dirt, pure: cf. catharsis〗— n. (pl. Cath·a·ri [kǽθərài, -rì:], ~s)〖キリスト教〗カタリ派の人《カタリ派 (Cathari) の呼称は古代よりいくつかの sect に用いられたが, 一般には中世 (11–13 世紀)に栄えた禁欲的で二元論的なキリスト教の一派を指す》. 「性名.

Cath·a·ri·na [kɑ̀:ṭərí:nə | -tə-] 〖⇨ Catherine〗n. 女

Cath·a·rine [kǽθ(ə)rɪn, -rən | -rɪn] 〖⇨ Catherine〗n. 女性名.

Cath·a·rism [kǽθərìzm] n. カタリ派の主義[信仰, 教義など]. **Cáth·a·rist** [-rɪst, -rəst | -rɪst] n. **Cath·a·ris·tic** [kæ̀θərístɪk] adj.

cát·hàrpin n.〖海事〗キャットハーピン《静索のマストに対する角度を広げたり帆桁(ほ)に触れないようにするため, トップの付近でこれを横に引っ張るロープまたは鉄棒》.

ca·thar·sis [kəθɑ́əsɪs, -səs | kəθɑ́:sɪs, kæ-] 〖《1803》← NL ~ ← Gk kátharsis a cleansing ← kathaírein to cleanse ← katharós clean ← ?〗— n. (pl. ca·thar·ses [-si:z]) 1〖医学〗(下剤による)便通 (purgation). 2 カタルシス, 浄化(法): a〖哲学・美学〗悲劇の主観的効果として人の心に鬱積(うっ)している恐怖と同情とを解放することによって一種の快感を起こさせる過程; Aristotle の「詩学」による. b〖精神医学〗自己の苦悩を語りその原因となった事実に直面することによって抑圧された複合 (complex) を解消すること (cf. ventilation 4 b). 3〖精神分析〗=abreaction.

ca·thar·tic [kəθɑ́əṭɪk | kəθɑ́:tɪk, kæ-] 〖《1612》▭ L cathartic-us ▭ Gk kathartikós fit for cleansing, purgative: ⇨ ↑, -ic¹〗— adj. 1〖医学〗便通の[をうながす], 通じの (purgative). 2 カタルシスの[を起こさせる]. — n. 下剤. 「ly adv.

ca·thár·ti·cal [-ṭɪkəl, -ṭə- | -tɪ-] adj. =cathartic. ~-

ca·thar·tid [kəθɑ́əṭɪd, -ṭəd | -θɑ́:tɪd] 〖↓〗adj., n.〖鳥類〗コンドル科の(鳥).

Ca·thar·ti·dae [kəθɑ́əṭədì: | -θɑ́:tɪ-] 〖← NL ~ ← Cathartes (属名: ▭ Gk kathartḗs cleaner ← kathaírein to cleanse)+-IDAE〗n. pl.〖鳥類〗コンドル科.

Ca·thay [kəθéɪ, kæ-] 〖ME ▭ ML Cataya, Kitai China ← Turk.: cf. Russ. Kitai「契丹」(Tatar 起源?)〗n.《古・詩》=China.

CATHAY《略》Cathay Pacific Airways, Ltd. キャセイパシフィック航空 (記号 CX).

cát·hèad〖海事〗n. 吊錨(ちょう)架《錨(いかり)を一時吊り下げておくために船首の両側に出した短い角材》. — vt. =cat 2.

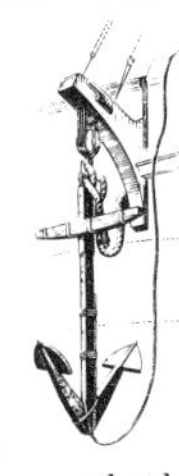
cathead

ca·thect [kəθékt, kæ-] 〖← CATHEXIS〗— vt.〖精神分析〗〈物・人・観念など〉にリビドー的なエネルギー[感情, 意義, 価値]を備給する.

ca·thec·tion [kəθékʃən, kæ-] n.〖精神分析〗=cathexis.

ca·the·dra [kəθí:drə, kǽθə- | kəθí:drə, -θéd-] 〖▭ L ~ ▭ Gk kathédra seat ← kata- 'CATA-' + hédra seat: cf. chair〗— n. (pl. ca·the·drae [kəθí:dri:, kǽθədrì: | kəθí:dri:, -θéd-], ~s) 1〖教会〗(大聖堂 (cathedral) 内に備えた) bishop の(聖)座, 司教座, 主教座《通例, 内陣 (chancel) の gospel side に置かれる》. 2 権威の座: ⇨ ex cathedra.

ca·the·dral [kəθí:drəl] 〖《c1300》▭ LL cathedrāl-is (ecclēsia) (church) of a bishop's seat: ⇨ ↑, -al¹〗— n. 1 大聖堂, 主教[司教]座聖堂, カテドラル《英国国教会・カトリック教会などの主教[司教] (bishop) の法座のある, 従って主教[司教]区 (diocese) を代表する聖堂; cf. church 1 a》: St. Paul's Cathedral (London の) セントポール大聖堂[寺院]. 2 (その他の)大(教)会堂. — attrib. adj. 1 主教[司教] (bishop) の法座のある: a ~ church. 2 a 大聖堂[カテドラル]のある: a ~ town. b 大聖堂[カテドラル]所属の: a ~ choir. 3 大聖堂[カテドラル]に似た[を思わせる]. 4 権威の座から発する; 権威のある (authoritative): a ~ pronouncement.

cathédral ángle n.〖航空〗=anhedral.

cathédral bélls n. (pl. ~)〖植物〗ツルコベア (Cobaea scandens)《メキシコ原産コベア科の蔓草; 基部は木質化する, 花はすみれ色または緑紫色で, 鐘形をしている; cup-and-saucer vine ともいう》.

ca·thep·sin [kəθépsɪn, kæ-, -sən | -sɪn] 〖← Gk kathépsein to digest (← kata- 'CATA-' + hépsein to boil) + -IN¹〗— n.〖生化学〗カテプシン《高等動物臓器に見出されるリソソーム分画中の一群のプロテアーゼ》.

Cath·er [kǽðə | -ðə(r)], **Wil·la** (**Si·bert**) [wílə sí:bət | -bət] n. (1873–1947) 米国の女流小説家; My Ántonia (1918).

Cath·e·ri·na [kæ̀θərí:nə] 〖↓〗n. 女性名.

Cath·e·rine [kǽθ(ə)rɪn, -rən | -rɪn] 〖▭ OF Caterine (F Catherine) ▭ L Catharina (Gk katharós pure との連想による変形) ← Katerina, Ecaterina ▭ Gk Aikaterínē ← ?〗— n. 女性名《愛称形 Cathie, Cathy, Kate, Katie, Kit, Kitty, Kay; 異形 Catharine, Cathleen, Catharina, Catherina, (アイルランド) Caitlin, (スコットランド) Catriona, Katharine, Katherine, Kathleen》.

Catherine I n. エカテリーナ一世《1684?–1727; Peter 大帝の妃で後にロシヤ女帝 (1725–27)》.

Catherine II n. エカテリーナ二世《1729–96; ロシヤ皇帝 Peter 三世の妃で後に女帝 (1762–96); ドイツ生れ; 通称 Catherine the Great》.

Cátherine de Mé·di·cis [-də-médəṭʃì:, -mèɪdɪ-sí:(s)] n. カトリーヌドメディシス《1519–1589; Florence 生れでフランス王 Henry 二世の妃; Francis 二世, Charles 九世および Henry 三世の母; Saint Bartholomew の虐殺を行なう; イタリア語名 Caterina de' Medici [kàterí:nademé:ditʃi]》.

Cátherine of Alexándria, Saint n. アレキサンドリアのカタリナ《?–307; Alexandria のキリスト教殉教婦人》.

Cátherine of Áragon n. アラゴンのキャサリン《1485–1536; スペインの Ferdinand と Isabella の娘で, 英国王 Henry 八世の最初の妃; Mary 一世の母》.

Cátherine of Siéna, Saint n. シエナのカタリナ《1347–80; イタリアの修道女; ドミニコ修道会の存俗修道会の会員》.

Cátherine whèel 〖St. Catherine of Alexandria が殉教した際の刑具 spiked wheel の形から〗— n. 1〖紋章〗(周囲にスパイク型の突起のある)車輪図形《Cambridge University, St. Catherine Hall の紋章が有名》. 2 =cartwheel 3. 3 輪転花火. 4〖建築〗=wheel window.

Catherine wheel 1

cath·e·ter [kǽθəṭə, kǽθtə | kǽθɪtə(r, -θə-] 〖《1601》▭ LL ~ ▭ Gk kathetḗr ← kathiénai to send or let down ← kata- 'CATA-' + iénai to send (cf. jet²)〗n.〖医学〗カテーテル; (特に)導尿子.

cath·e·ter·i·za·tion [kæ̀θəṭərɪzéɪʃən, kæ̀θtə-, -rə- | -θɪtəraɪ-, -rɪ-] n.〖医学〗カテーテル法.

cath·e·ter·ize [kǽθəṭəràɪz, kǽθtə- | -θɪtə-, -θə-] vt. …にカテーテル[導尿管]をさし込む, 導尿する.

cath·e·tom·e·ter [kæ̀θətɑ́məṭə | -θɪtɔ́mɪtə(r, -θə-, -mə-] 〖← Gk káthetos vertical line (← kathiénai to let down: ⇨ catheter) + -METER¹〗— n.〖機械〗カセトメーター《水銀柱のような微妙な高さの差を測定するための光学器械》.

ca·thex·is [kəθéksɪs, kæ-, -səs | -sɪs] 〖《1922》← NL ~ ← Gk káthexis holding, retention: G Besetzung (Freud) のなぞり〗— n. (pl. ca·thex·es [-si:z])〖精神分析〗1 カセ(テ)クシス《リビドー (libido) が特定の人・物または観念に向かって注がれ(備給)発現すること; cf. canalization 4》. 2 カセ(テ)クシスに向けられるリビドー(的エネルギー).

Cath·ie [kǽθi | -θɪ] 〖(dim.) ← CATHERINE〗n. 女性名.

Cath·leen [kæθlí:n] 〖《異形》← CATHERINE〗n. 女性名. ★ アイルランド系.

cath·ode [kǽθoʊd | -θəʊd] 〖《1834》▭ Gk káthodos way down ← kata- 'CATA-' + hodós way〗— n.〖電気〗1 (電子管・電解槽の)陰極, カソード. 2 (一次電池・蓄電池の)陽極, 正極 (↔ anode).

cáthode cùrrent n.〖電気〗陰極電流《電子管などの陰極回路に流れる電流》.

cáthode dárk spàce n.〖電気〗陰極暗部 (⇨ Crookes dark space).

cáthode fòllower 〖カソードの電位が入力信号の電位に追従するところから〗— n.〖電子工学〗カソードホロワ《電子管を用いた電力増幅回路の一種で, 電圧増幅はせず, 出力インピーダンスを下げる働きをするもの; cf. emitter follower, source follower, voltage follower》.

cáthode glòw n.〖物理〗陰極グロー《低圧気中放電で発生するグローのうち陰極表面のもの》. 「rays).

cáthode rày n.〖物理・電子工学〗陰極線 (cf. Crookes

cáthode-rày oscíllograph n.〖電気〗陰極線オシログラフ, ブラウン管オシログラフ.

cáthode-ray tùbe n.〖電子工学〗(テレビ・レーダー・オシロスコープなどの)ブラウン管, 陰極線管(略 CRT). ★ Braun tube という語は今日普通には用いない.

cáthode spòt n.〖電気〗陰極点《水銀整流器の陰極にできる高輝度の発光点》.

cath·od·ic [kæθɑ́dɪk, -θóʊd-, kəθɑ́d- | kæθɔ́d-, -θə́ʊd-] adj. (cf. anodic) 1 a〖電気〗陰極の[に関する]. b〖化学〗陰極性(の)《電池を構成した時陰極となる; 例えば水素に対して亜鉛》. 2〖植物〗本来の遺伝的螺旋(らせん)排列軸から離れる方向に葉の半分が向く. **cath·ód·i·cal·ly** adv.

cathódic protéction n.〖電気〗カソード防食, 陰極防食《電気化学的に金属の腐食を抑制する方法》.

cath·o·do- [kǽθədoʊ | -də(ʊ)] 〖← CATHODE + -O-〗〖電気〗「陰極線による」の意の連結形.

càthodo·fluoréscence n.〖電気〗陰極線蛍光《陰極からの電子流が蛍光体に衝突することによって起こる発光》.

càthodo·luminéscence n.〖物理〗陰極線ルミネセンス《テレビ画面などの陰極線を蛍光物質にあてた時の発光》. **càthodo·luminéscent** adj.

cath·o·lic [kǽθ(ə)lɪk] 〖《c1350》▭ (O)F catholique // LL catholic-us ▭ Gk katholikós general, universal ← kata- 'CATA-' + hólos whole: cf. Gk kath'hólou on the whole, universally〗— adj. 1 人類全般に関わる, 万人におよぶ; 普遍的な, 一般的な. 2 (同情・理解・関心など)一方に偏しない, おおらかな; 包容的な, 心の大きい: be ~ in one's tastes 趣味が偏っていない. 3 [C-] a 全キリスト教会の, 公同[普公]教会の《特に, 教派分裂以前の古代キリスト教会にいう》. b (新教に対して)旧教の; (特に)(ローマ)カトリックの (cf. Protestant 1, reformed 3). — n. [C-] (新教徒に対して)旧教徒; (ローマ)カトリック教徒 (Roman Catholic).

Cátholic Áction n.〖カトリック〗カトリックアクション《ローマカトリック教会の信者が聖職者を助けて宗教活動をすること; 1922 年の Pius 十一世の回勅に強調されている》.

ca·thol·i·cal·ly [kəθɑ́lɪk(ə)li, -lə- | -θɔ́lɪk(ə)lɪ] adv. 1 全般的に, 普遍的に. 2 カトリック的に.

Cátholic Apostólic adj.〖キリスト教〗カトリック使徒(教会)の[に関する].

Cátholic Apostólic Chúrch n.〖キリスト教〗カトリック使徒教会 (cf. Irvingites).

ca·thol·i·cate [kəθɑ́ləkèɪt, -lɪkət, -lə-, -kɪt | -θɔ́lɪ-] 〖▭ ML catholicāt-us: ⇨ catholicos, -ate¹〗— n.〖キリスト教〗catholicos (特に, アルメニア教会総主教)の管轄区[権].

Cátholic Chúrch n. [the ~] (ローマ)カトリック教会; 公同[普公]教会《カトリック主義 (Catholicism) をその宗教的・思想的立場とするキリスト教会; 一般にローマ(カトリック)教会を指す》.

Cátholic Emancipátion Àct n. [the ~]〖英史〗カトリック教徒解放法《1829 年成立; カトリック教徒に対しても新教徒とほとんど同一の政治上の権利を与えた; cf. Test Act》.

Cátholic Epístles n. pl. [the ~] (新約聖書中の)公同書翰(しょかん)《James, Peter, John および Jude が一般信徒にあてた七教書; Canonical Epistles ともいう》.

catholici n. catholicus の複数形.

Ca·thol·i·cism [kəθɑ́ləsìzm, kæ- | kəθɔ́lɪ-] 〖《1609》← CATHOLIC + -ISM〗— n. 1 (ローマ)カトリック教義[信仰, 制度]; カトリック教義信奉; カトリック主義, 普公主義《カトリック (catholic) とは元来, 普遍的・全体的の意で, カトリック主義の理念は実質的にはすでに初代キリスト教時代にその成立をみた; ローマ(カトリック)教会の宗教的・思想的立場はこのカトリック主義であるが, カトリック主義は必ずしもローマ教会ではない》. 2 [c-] =catholicity 1.

cath·o·lic·i·ty [kæ̀θəlísəṭi | kæ̀θə(ʊ)lísətɪ, -sɪ-] 〖《1830》

← CATHOLIC＋-ITY: cf. F *catholicité*】 — *n.* **1 a** (見解・理解などの)広いこと, 心の大きさ, 大度, 寛大性, 包容力. **b** 普遍性. **2** [C-] **a** カトリック教義 (Catholicism). **b** カトリック教会と一致していること.

ca·thol·i·cize [kəθάləsàɪz│-θɔ́lɪ-] *vt.* **1** 普遍化する. **2** [C-] カトリック教(徒)化する. — *vi.* [C-] カトリック教徒になる.

catholicoi *n.* catholicos の複数形.

ca·thol·i·con [kəθάləkὰn│-θɔ́lɪkɔ̀n] 〘《1374–75》□ F ～ ∥ ML ～ □ Gk *katholikón* (neut. adj.) ← *katholikós* 'CATHOLIC'〙 *n.* 万能薬, 万病薬 (panacea).

ca·thol·i·cos [kəθάlɪkəs, -lə-, -kὰs│-θɔ́lɪkəs, -kɔ̀s] 〘□ Gk *katholikós* (↑)〙 — *n.* (*pl.* ～**es**, **-i·coi** [-ləkɔ̀ɪ│-lɪ-]) 〘キリスト教〙 **1** (アルメニア教会・ネストリオス派教会の)総主教 (patriarch). **2** (独立した教会では)教皇従属の大僧正. **3** (初期のキリスト教会では)修道院長.

ca·thol·i·cus [kəθάlɪkəs, -lə-│-θɔ́lɪ-] *n.* (*pl.* **-i·ci** [-ləsàɪ, -kὶ:│-lɪ-]) 〘キリスト教〙 ＝catholicos.

cath·o·lyte [kǽθəlàɪt] 〘← CATH(ODE)＋(ELECTR)OLYTE〙 *n.* 〘電気・化学〙 陰極液, 陰極電解液, カソード液 (cf. anolyte).

Cath·o·my·cin [kæ̀θəmáɪsn̩│-sɪn] *n.* 〘商標〙 カソマイシン《novobiocin の商品名》.

cát hòok *n.* 〘海事〙 吊錨(ちょうびょう)フック《吊錨用滑車についている鉤》.

cát·hòuse *n.* 《俗》 売春宿.

Cath·y [kǽθi│-θɪ] 〘《dim.》← CATHERINE〙 *n.* 女性名.

cát ìce *n.* 薄氷 (shell ice)《水たまりなどにできた氷で, 水が減ったために残ったもの》.

Cat·i·li·nar·i·an [kæ̀ṭəlɪnέ(ə)riən, -ṭl̩-│-tɪlɪnέərɪ-] *adj.* **1** カティリナ (Catiline) の[に関する]. **2** 陰謀の (conspiratorial). — *n.* **1** カティリナの陰謀に参加した人. **2** 陰謀者 (conspirator).

Cat·i·line [kǽṭəlàɪn, -ṭl̩-│-tɪl-, -təl-] *n.* カティリナ《108?–62 B.C.; ローマの政治家で反逆者; ラテン語名 Lucius Sergius Catilina》.

cat·i·on [kǽtàɪən, -ɑn│-àɪən, -ɔn] 〘《1834》□ Gk *katión* (a thing) going down (neut. pres.p.) ← *katiénai* to go down: ⇨ cata-, ion: M. Faraday の命名〙 — *n.* 〘物理化学〙 陽イオン, カチオン (positive ion) (⇨ ion).

cátion-áctive *adj.* 〘物理化学〙 ＝cationic 2.

cátion exchànge *n.* 〘物理化学〙 陽イオン交換, カチオン交換《base exchange ともいう》.

cátion exchànger *n.* 〘物理化学〙 陽イオン交換体.

cat·i·on·ic [kæ̀taɪάnɪk│-ɔ́n-] *adj.* 〘物理化学〙 **1** カチオン (cation) の. **2** 〈化合物が〉陽性の. **càt·i·ón·i·cal·ly** *adv.*

catiónic detérgent *n.* 〘物理化学〙 陽性洗剤, 逆[陽]性石鹸《benzalkonium chloride のような合成化合物》.

cat·i·on·ot·ro·py [kæ̀taɪənάtrəpi│-nɔ́trəpɪ] 〘← CATION＋-O-＋-TROPY〙 *n.* 〘物理化学〙 カチオノトロピー, カチオノイド転位《有機化合物の転位反応のうち, 転位が陽イオンの移動によって起こるもの; よく知られているものに陽子の移動によるプロトトロピー (prototropy) がある; cf. anionotropy》. **cat·i·on·o·trop·ic** [kæ̀taɪὰnətrάpɪk│-ɔ̀nətrɔ́p-] *adj.*

ca·tjang [kά:tʃɑ:ŋ] 〘□ Du. *katjang* □ Malay *kachang* bean〙 *n.* 〘植物〙 キマメ (pigeon pea)《catjang pea ともいう》.

cat·kin [kǽtkɪn, -kən│-kɪn] 〘《1578》《なぞり》← Du. 《廃》 *katteken* little cat: ⇨ cat, -kin: 猫の尾に似ているところから〙 — *n.* 〘植物〙 尾状花序, (カワヤナギなどの)花穂 (cattail)《ヤナギ科やカバノキ科の植物の穂状になる雄花穂; cf. ament¹》. **cat·kin·ate** [kǽtkɪnèɪt, -kə-│-kɪ-] *adj.*

catkin (*Betula* sp.)

cát·làp *n.* 《英俗》 (猫になめさせるような)水っぽい飲物《茶・流動食など》.

cát·lìck *n.* 《口語》 お座なりな[ぞんざいな]洗い方.

cát·lìke *adj.* 猫のような; すばやい, 油断のない; 足音を忍ばせた (stealthy).

cat·ling [kǽtlɪŋ] 〘《1594–95》← CAT＋-LING¹〙 *n.* **1** 小猫 (kitten). **2** ＝catgut 1. **3** (*also* **cat·lin** [-lɪn, -lən│-lɪn]) 〘外科〙 (四肢)切断刀.

cát màn *n.* **1** (サーカスで)ライオン・虎などの調教師. **2** ＝cat skinner. **3** ＝cat burglar.

cát·mìnt 〘《*c*1265》 *kattesminte*: ⇨ cat, mint¹〙 *n.* 〘植物〙 ＝catnip.

cát·nàp *n.* うたた寝, 仮寝. — *vi.* (**-napped, -napping**) うたた寝する, 仮寝する (doze).

cát·nàp·per [-næ̀pə│-pə(r)] 〘← CAT＋(KID)NAPPER〙 *n.* (*also* **cat·nap·er** [～]) (実験用に売るために)猫を盗む人, 猫泥棒.

cát·nìp 〘《1796》← CAT＋*nip* (←《廃》 *nep, nept* catnip □ ML *nepta*＝L *nepeta*)〙 — *n.* (*also* **cat·nep** [kǽtnep, -nɪp, -nəp]) 〘植物〙 イヌハッカ (*Nepeta cataria*) 《シソ科の多年草; 猫がその香りを好む》.

Ca·to [kéɪtoʊ│-təʊ], **Marcus Por·ci·us** [pɔ́əʃiəs, -ʃəs│pɔ́:ʃɪəs] *n.* **1** (大)カトー《234–149 B.C.; ローマの政治家・軍人・文人; 通称 Cato the Elder, Cato the Censor》. **2** (小)カトー《95–46 B.C.; ローマの政治家・軍人・ストア哲学者; Thapsus における J. Caesar の戦勝を聞いて Utica で自殺した; 前者の曾孫(そうそん); 通称 Cato the Younger, Cato Uticensis》.

cat·o- [kǽṭə│-tə(ʊ)] 〘□ Gk *katō-* ← *kátō* downward: ⇨ cata-〙 *pref.* 「下の, 下位の, 低い」の意: *Catostomidae.*

cat-o'-nine-tails [kæ̀ṭənáɪntèɪlz, -ṭn̩-│-tən-] 〘殴打の跡が猫のひっかきに似ているところから〙 — *n.* (*pl.* ～) **1** 九尾のねこむち《罪人を打つのに用いたこぶの付いた 9 本のひもを柄に通したむち; 1881 年まで英陸海軍公認の処罰用具; cf. cat *n.* 5》. **2** 〘植物〙 ガマ (⇨ cattail 1).

cat-o'-nine-tails 1

ca·top·tric [kətάptrɪk│-tɔ́p-] *adj.* 反射光学(上)の (cf. dioptric 1): ～ system 反射光学系.

ca·tóp·tri·cal [-trɪkəl, -trə-│-trɪ-] *adj.* ＝catoptric. **～·ly** *adv.*

ca·top·trics [kətάptrɪks│-tɔ́p-] 〘《1570》□ Gk *katoptrik-ós* of a mirror ← *kátoptron* mirror: ⇨ cata-, optic, -ics〙 *n.* 反射光学 (cf. dioptrics).

ca·tos·to·mid [kətάstəmɪd, -məd│-tɔ́stəmɪd] 〘↓〙 *n.* 〘魚類〙 サッカー科の魚.

Cat·o·stom·i·dae [kæ̀təstάmədì:│-təstɔ́mɪ-] 〘← NL ～ ← *Catostomus* (属名: ⇨ cato-, -stomus)＋-IDAE〙 *n. pl.* 〘魚類〙 サッカー科.

cát rìg *n.* 〘海事〙 キャットリグ, catboat 式の帆装《船首間近に寄せた単檣(たんしょう)に大きな一枚の縦帆を張る式の帆装》.

cát-rigged *adj.* キャットリグの, catboat 式帆装の.

Cat·ri·o·na [kətrí:ənə, kæt-, -trí:nə│-ríənə, -rí:ənə, -rí:nə] 〘《スコット》← CATHERINE〙 *n.* 女性名. ★ スコットランドに多い.

cát's-clàw *n.* 〘植物〙 **1** ウングイスカティ (*Doxantha unguis-cati*)《西インド諸島原産のノウゼンカズラ科の攀縁植物》. **2** 北米南部原産のマメ科キンキジュ属の低木 (*Pithecolobium unguis-cati*). **3** ツノアカシア (*Acacia greggii*) やオジギソウ属の植物 (*Mimosa biuncifera*) などの低木.

cát's cràdle *n.* **1 a** 綾(あや)取り: play ～. **b** 綾取りでできた模様. **2** 複雑で入り組んだもの (intricacy): a ～ of creepers.

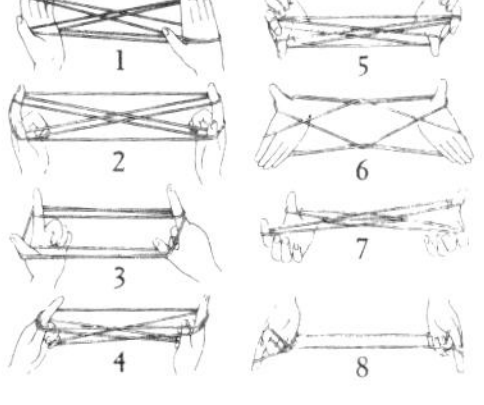

cat's cradle 1 a

1 cradle; 2 soldier's bed; 3 candles; 4 manger; 5 diamonds; 6 cat's eye; 7 fish in a dish; 8 clock

cát-scràtch disèase *n.* 〘病理〙 ねこひっかき病《皮膚の傷からウイルスが入って起こる熱病; 寒気がしたりリンパ腺が腫れたりする》.

cát's-èar *n.* 〘植物〙 黄色の花と猫の耳に似た形の葉をもつヨーロッパ原産キク科オウゴンソウ属の多年草 (*Hypochaeris radicata*); 北米に広く帰化している.

cát's-èye *n.* **1** 〘鉱物〙 猫目石, キャッツアイ《金緑石 (chrysoberyl) に属する鉱石; 猫の瞳のように光る》. **2** (道路の)夜間反射装置《ヘッドライトに照らされると光るガラス製の反射装置を入れた道路鋲(びょう)》.

cát's-fòot *n.* (*pl.* **cat's-feet**) 〘植物〙 **1** カキドウシ (⇨ ground ivy). **2** キク科エゾノチチコグサ属 (*Antennaria*) の植物の総称, (特に) *A. neodioica*. **3** キク科ハハコグサ属の一種 (*Gnaphalium obtusifolium*)《catfoot ともいう》.

cát shàrk *n.* 〘魚類〙 トラザメ《トラザメ科の魚類の総称; トラザメ (*Scyliorhinus torazame*), ニシトラザメ (*S. canicula*) など》.

Cáts·kill Móuntains [kǽtskɪl-] 〘*Catskill*: □ Du. *Kats Kill* cat's stream〙 — *n. pl.* [the ～] キャッツキル[カッツキル]山脈《米国 New York 州東部の低い山脈; W. Irving の *Rip Van Winkle* の舞台; 最高峰は Slide Mountain (1,282 m); the Catskills ともいう》.

cát skìnner *n.* 《米俗》 キャタピラートラクター運転手.

cát-slèep *n.* ＝catnap.

cát's-mèat *n.* 《英》 猫用の肉《馬肉・くず肉など; cf. dog's meat, horseflesh 1》.

cát's-pàw *n.* **1** 〘猿が焼き栗をつかみ出すために猫の手を利用したというイソップ物語から〙 だしに使われる人, 手先 (tool): make a ～ of a person 人を手先[道具]に使う. **2** 〘海事〙 ねこ足風《水面の所々に小波を立てる程度の微風》. **3** 〘海事〙 (フック[鉤]に綱を掛ける時の)ねこ足結び《二重の輪になる結び方》.

cát's pyjàmas *n. pl.* 《俗》 ＝cat's whisker 2.

cát's-tàil *n.* (*pl.* **cats'-tails**) 〘植物〙 **1** イネ科アワガエリ属 (*Phleum*) の植物の総称; (特に)オオアワガエリ (timothy)《cat's-tail grass ともいう》. **2** ＝cattail 1.

cát's-tail spéedwell *n.* 〘植物〙 ヨーロッパおよび北アジア原産のゴマノハグサ科クワガタソウ属イヌノフグリの類の鮮青色の花が咲く多年草 (*Veronica spicata*).

cát·stìck *n.* (tipcat や trapball 遊びに用いる)打棒, バット.

cát·stìtch *n.* 〘服飾〙 ＝catch stitch 2.

cát·sùit *n.* ジャンプスーツ《上着とズボンが一つにつながったもの》.

cat·sup [kétʃəp, kǽtʃ-, kǽtsəp│kǽtsəp, kǽtʃəp, kétʃ-] 〘← CAT＋SUP¹《通俗語源による転訛》← KETCHUP〙 — *n.* ケチャップ《材料をピューレ状にして調味したソース》: tomato [mushroom] ～.

cát's whìsker *n.* **1** 〘通信〙 ＝cat whisker. **2** [*pl.*] 《俗》 すてきなもの.

Catt [kǽt], **Carrie Chapman** *n.* (1859–1947) 米国の婦人参政権運動の指導者; 旧姓 Lane.

cát tàckle *n.* 〘海事〙 キャットテークル《吊錨(ちょうびょう)用の滑車装置》.

cát·tàil *n.* 〘植物〙 **1** ガマ類の総称; (特に) ガマ (*Typha latifolia*)《cat's-tail, cattail flag, reed mace ともいう》. **2** ヤナギ類などの尾状の花穂 (catkin)《いわゆるネコ》.

cáttail míllet *n.* 〘植物〙 **1** ＝foxtail millet. **2** ＝pearl millet.

cat·ta·lo [kǽṭəlòʊ, -ṭl̩-│-təlàʊ] 〘《混成》← CATT(LE)＋(BUFF)ALO〙 — *n.* (*pl.* ～**es**, ～**s**) 《米》 カタロ《雌牛と雄のアメリカヤギュウ (American buffalo) との交配された動物; 牛より強健》.

cat·tish [kǽṭɪʃ│-tɪʃ] *adj.* **1** 猫のような (catlike). **2** 意地悪な, 悪意のある (spiteful). **～·ly** *adv.* **～·ness** *n.*

cat·tle [kǽṭl̩│-tl̩] 〘《*c*1250》 *catel* □ AF & ONF＝OF *chatel* (F *cheptel*) < ML *capitālem* property ← L *capitālis*: CAPITAL¹, CHATTEL と三重語〙 — *n.* [集合的] **1** 畜牛, 牛: many ～ / fifty head of ～ 牛 50 頭 / ～ and sheep 牛と羊. **2** 《古・方言》 家畜. **3** [軽蔑的に] 人間ども, 畜生ども.

cáttle brèeding *n.* 牧畜(業).

cáttle càke *n.* 《英》 キャトルケーキ《ブロックに固めた牛用の濃厚飼料》.

cáttle ègret 〘家畜の虫を食べる習性から〙 — *n.* 〘鳥類〙 アマサギ (*Bubulcus ibis*)《アフリカ・南ヨーロッパ・アジア南西部・アメリカなどに分布する小型のシラサギの一種》.

cáttle flỳ *n.* 〘昆虫〙 サシバエ (horn fly).

cáttle grìd *n.* 《英》 ＝cattle guard.

cáttle grùb *n.* 〘昆虫〙 **1** ウシバエ (warble fly) のウジ[幼虫]. **2** ウシバエ.

cáttle guàrd *n.* 《米》 **1** 家畜脱出防止溝《柵囲いの切れ目に設けてゲートの代用にする》. **2** 防止溝のある柵囲いの切れ目.

cáttle-lèader *n.* (牛を引く)鼻輪.

cáttle-lìfter *n.* 牛盗人, 牛泥棒.

cáttle-lìfting *n.* 牛盗み.

cáttle·man [-mən, -mæ̀n] *n.* (*pl.* **-men** [-mən, -mɛ̀n]) **1** 牛飼い(人夫). **2** 《米》 (肉牛を飼育する)牧場主.

cáttle plàgue *n.* 〘獣医〙 牛疫《反芻動物の急性熱性のウイルス病; 激しい出血性の胃腸炎を伴う; rinderpest ともいう》.

cáttle rànch *n.* 《米》 牛の大放牧場.

cáttle rànge *n.* 《米》 牛の放牧地.

cáttle rùn *n.* 牧場.

cáttle-rùstler *n.* 《米》 牛盗人, 牛泥棒.

cáttle tìck *n.* 〘動物〙 家畜(特に, ウシ)につくマダニ類の総称; (特に) ウシマダニ (*Boophilus annulatus*) 《米国温暖地方および熱帯アメリカで家畜にたかってテキサス熱 (Texas fever) の原因となる寄生原虫の媒介をする》.

cáttle trùck *n.* 《英》 ＝stockcar.

catt·ley·a [kǽtliə, kætléɪə, -lí:ə│kǽtlɪə, kætléɪə, -lí:ə] 〘《1828》← NL ← *William Cattley* (*d.* 1832: 英国の植物愛好家)〙 — *n.* 〘植物〙 カトレア《熱帯アメリカ産ラン科カトレア属 (*Cattleya*) のランの総称; 温室で栽培する *C. citrina* 等を含む代表的な洋ランの一群》.

cat·ty¹ [kǽṭi│-tɪ] 〘← CAT＋-Y⁴〙 — *adj.* (**cat·ti·er, -ti·est; more ～, most ～**) **1** 猫の[に関する], のような, くさい]: a ～ smell. **2 a** こっそり歩く, 足音を忍ばせた (stealthy). **b** すばやい, 敏捷な. **c** 悪意のある, 意地悪い. **d** 意地悪なうわさ話をする[の好きな]: a ～ woman. **cát·ti·ly** [-ṭɪli, -ṭə-, -ṭl̩i│-tɪlɪ, -tə-] *adv.* **cát·ti·ness** *n.*

cat·ty² [kǽṭi│-tɪ] 〘《1555》□ Malay *kati*: cf. caddy¹〙 — *n.* **1** カティー《東洋諸国で用いる重量の単位; ＝$^{1}/_{100}$ picul》. **2** (中国の)斤《約 $1^{1}/_{3}$ ポンド, 604.8 g; 現在は 1.1023 pounds, 500 g に換算》.

Cat·ty [kǽṭi│-tɪ] 〘《dim.》← CATHERINE〙 *n.* 女性名.

cat·ty-cor·ner [kæ̀ṭikɔ́ənə│-tɪkɔ́:nə(r)] *adv., adj.* ＝catercorner.

cátty-córnered *adv., adj.* ＝catercorner.

cát tỳphoid *n.* 〘獣医〙 (猫の)汎白血球減少症 (⇨ panleucopenia).

Ca·tul·lus [kətʌ́ləs], (**Gaius Va·le·ri·us** [vəlí(ə)riəs│-líərɪ-]) *n.* カトゥルス《84?–54 B.C.; ローマの叙情詩人》.

CATV 《略》 〘テレビ〙 community antenna television.

cát·wàlk *n.* キャットウォーク《航空機内の荷物置場・貨物列車の屋根の上・橋の通路などの一端などに設けた狭い通路》.

cát whìsker *n.* 〘通信〙 針電極, ねこのひげ電極《鉱石受信機・電子回路などの接続に用いる細い線; cat's whisker ともいう》.

cát yàwl *n.* キャットヨール《船首三角帆は無しで, 主檣はずっと船首寄りに, 後檣は船尾一杯に後部へ立て, 相方へ縦帆を張る小舟》.

ca·ty·did [kéɪṭidɪd│-tɪ-] *n.* 〘昆虫〙 ＝katydid.

Cau·ca·sia [kɔ:kéɪʒə, -ʃə│-zjə, -zɪə, -ʒɪə, -ʒə] 〘□ Gk *Kaukasía*: ⇨ Caucasus, -ia¹〙 — *n.* カフカス, コーカサス《黒海とカスピ海との間にあるソ連邦の一地方; Caucasus 山脈を境としてヨーロッパ側 Ciscaucasia とアジア側 Transcaucasia とに分かれる; the Caucasus ともいう》.

Cau·ca·sian [kɔːkéɪʒən, -ʃən, -kǽʒən, -kǽʃ- | kɔːkéɪzjən, -zɪən, -ʒɪən, -ʒən] 〖《1807》: ⇨↑, -an¹: 白色人種の意はドイツの人類学者 Johann Blumenbach が印欧語族発祥地を Caucasus と考えたことから〗 ― *adj.* **1** カフカス (Caucasus) 地方[山脈]の. **2** コーカサス語の. **3** コーカサス人の. **4** 白色人種の: the ~ race 白色人種. ― *n.* コーカサス人; 白人.

Caucásian líly *n.* 〖植物〗コーカサスユリ (*Lilium monadelphum*)《イラン原産の黄金色の花が咲くユリ》.

Cau·ca·soid [kɔ́ːkəsɔ̀ɪd] 〖← CAUCAS(IAN)＋-OID〗 ― *n.* 〖人類学〗白色人種, コーカソイド《ヨーロッパ・北アフリカ・東アジア・インドなどに分布する白色人種; cf. stock² 15》. ― *adj.* コーカソイド[白色人種]の.

Cau·ca·sus [kɔ́ːkəsəs] 〖⊏L ~ ⊏Gk *Kaúkasos* ← ? Pelasgian **kauk* mountain〗 ― *n.* [the ~] **1** カフカス[コーカサス](山脈)《ソ連邦 Caucasia 地方にある山脈; Mt. Elbrus (5,642 m) はヨーロッパでの最高峰; Caucasus Mountains ともいう》. **2** ＝Caucasia.

Cau·chy [kóʊʃi | káʊʃɪ; *F.* koʃi], **Augustin Louis** *n.* コーシー《1789–1857; フランスの数学者》.

Cáuchy íntegral fòrmula 〖← *A.L. Cauchy*〗 *n.* 〖数学〗コーシーの積分公式《正則関数の値を単一閉曲線に沿うある積分で表わす公式》.

Cáuchy íntegral thèorem 〖← *A.L. Cauchy*〗 ― *n.* 〖数学〗コーシーの積分定理《単一閉曲線 *C* で囲まれた領域 *D* で正則で, *C* を含めて連続な複素関数を *C* 上で積分すると 0 になるという定理; cf. Morera's theorem》.

Cáuchy-Ríemann equàtions 〖← *A.L. Cauchy & G.F.B. Riemann*〗 ― *n. pl.* 〖数学〗コーシー・リーマンの微分方程式《正則関数の実部と虚部とが満たす偏微分方程式》.

Cáuchy-Schwárz inequàlity [-ʃwɔ̀ːts- | -ʃwɔ̀ːts-; *G.* -ʃvárts-] *n.* 〖数学〗 **1** ＝Cauchy's inequality. **2** ＝Schwarz inequality.

Cáuchy sèquence 〖← *A.L. Cauchy*〗 *n.* 〖数学〗コーシーの列 (⇨ fundamental sequence).

Cáuchy's inequálity 〖← *A.L. Cauchy*〗 ― *n.* 〖数学〗コーシーの不等式《ユークリッド空間の二つのベクトルの内積の絶対値は, それらのノルムの積以下であることを示す不等式; cf. Schwarz inequality》.

cau·cus [kɔ́ːkəs, káː- | kɔ́ː-] 〖《1763》⊏? N-Am.-Ind. *caucauasu* elder, counsellor〗 ― *n.* **1 a** 《米》(党役員や地方公職員候補者の選定および政綱の決定などをする)政党支部の幹部会議, (非公式の)黒幕会議. **b** 《英》〖軽蔑的に〗(政党の選挙戦・政策決定のための)地方支部会. **2** [the ~] 幹部制. ― *vi.* 幹部会を開く[に集まる].

caud- [kɔːd] (母音の前に来る時の) caudo- の異形.

cau·da [káʊdə, kɔ́ː-] 〖⊏L ~ 'tail': cf. coward〗 ― *n.* (*pl.* **cau·dae** [káʊdaɪ, kɔ́ːdiː]) **1** 〖解剖・動物〗尾 (tail). **2** 尾のような物[付属物]. **3** 〖詩学〗(ソネットなどの)尾連 (coda).

cau·dad [kɔ́ːdæd] 〖⇨↑, -ad³〗 *adv.* 〖解剖・動物〗尾の方に, (体の)後端の方に (cf. cephalad).

caudae *n.* cauda の複数形.

cau·dal [kɔ́ːdl̩] 〖《1661》← NL *caudāl-is*: ⇨ cauda, -al¹〗 ― *adj.* 〖動物〗 **1** 尾の[に関する, に属する]; 尾状の: the ~ appendage 尾, 尾部付属肢. **2** 尾にある[に近い]; (体の)後端にある[向かう] (posterior); 尾側の, 下の: ⇨ caudal fin. **~·ly** *adv.*

cáudal anesthésia *n.* 〖医学〗仙骨(㊝)麻酔.

cáudal fín *n.* 〖魚類〗尾鰭《tail fin ともいう; ⇨ fish¹ 挿絵》.

Cau·da·ta [kɔːdéɪṭə, kaʊdáː- | -tə] 〖← NL ~ ← ML (neut. pl.) ← *caudātus* (↓)〗 *n. pl.* 〖動物〗サンショウウオ目.

cau·date [kɔ́ːdeɪt] 〖← ML & NL *caudāt-us*: ⇨ cauda, -ate²〗 ― *adj.* **1** 〖動物〗尾のある; 尾状の付属器官のある. **2** 〖植物〗〈葉先など〉尾形の, 尾状の. ― *n.* 〖動物〗サンショウウオ目の両生動物. **cau·da·tion** [kɔːdéɪʃən] *n.*

cau·dat·ed [kɔ́ːdeɪṭɪd, -ṭəd | -tɪd, -təd] *adj.* ＝caudate.

cáudate núcleus *n.* 〖解剖〗尾状核《大脳核の一つで, 側脳室の外側にある灰白質; cf. basal ganglia》.

cau·dex [kɔ́ːdeks] 〖⊏L ~ 'tree trunk': ⇨ codex〗 ― *n.* (*pl.* **cau·di·ces** [-dəsìːz | -dɪ-], **~·es**) 〖植物〗 **1** (茎・幹・根も含めて)植物体の軸をなす全部分; 葉柄の痕(㊝)跡のついた茎; (特に)ヤシ・シュロの幹. **2** (多年生草本の)木質の根部.

cau·di- [kɔ́ːdɪ, -də | -dɪ] caudo- の異形 (⇨ -i-).

caudices *n.* caudex の複数形.

cau·di·llo [kaʊdíː(j)oʊ, -díːljoʊ | -díləʊ, -ljəʊ; *Am. Sp.* kaudíjo] 〖⊏Sp. ~ ⊏LL *capitellum* (dim.) ← L *caput* 'HEAD'〗 ― *n.* (*pl.* **~s**) (スペイン系諸国で, ゲリラなどの)軍事的指導者; 軍事力をもつ政界有力者: ⇨ El Caudillo.

cau·dle [kɔ́ːdl̩] 〖《c1300》⊏ONF *caudel*＝OF *chaudel* (F *chaudeau*) < VL **caldellum* (dim.) ← L *calidus* warm〗 ― *n.* コードゥル《薄いかゆ (gruel) にエールやぶどう酒・卵・砂糖・香辛料などを加えた温かい滋養飲料で, 産婦・病人などに与える》.

cau·do- [kɔ́ːdoʊ | -dəʊ] 〖← L *cauda* tail〗「尾 (tail); 尾状の; 尾をもつ (caudal)」の意の連結形. ★ 時に caudi-, また母音の前では通例 caud- になる.

caught 〖ME *ca(u)hte* 《変形》← 《14C》 *cached*: ME *la(u)hte* ← *lacchen* to take からの類推〗 *v.* catch の過去形・過去分詞.

caul [kɔ́ːl] 〖《?a1300》 *calle* ⊏? (O)F *cale* small cap 《逆成》? ← *calotte* skullcap〗 ― *n.* **1** 〖解剖〗 **a** 大網膜《胎児が往々頭にかぶって出てくる羊膜の一部; 昔これを吉兆として「幸福の帽子」と称し, 水難よけのお守りとした》. **b** ＝greater omentum. **2 a** 《古》(昔女性がかぶった)網のキャップ. **b** 婦人帽の後部についた網[ネット]. **c** 《廃》かつらの基じめをする網.

caul- [kɔːl] (母音の前に来る時の) caulo- の異形.

cauld [kɔ́ːld, káːld, kɔ́ːd] *adj., n.* 《スコット》＝cold.

caul·dron [kɔ́ːldrən | kɔ́ːl-, kɔ́l-] *n.* ＝caldron.

caules *n.* caulis の複数形.

cau·les·cent [kɔːlésn̩t] 〖← CAULO-＋-ESCENT〗 *adj.* 〖植物〗(地上に目に見える)茎のある, 地上茎の (cf. acaulescent).

cau·li- [kɔ́ːlɪ, -lə | -lɪ] caulo- の異形 (⇨ -i-).

cau·li·cle [kɔ́ːlɪkl̩, -lə- | -lɪ-] 〖⊏L *caulicul-us* (dim.) ← *caulis* stalk: ⇨ -cle〗 *n.* 〖植物〗胚(㊝)内の幼茎.

cau·lic·o·lous [kɔːlíkələs] *adj.* 〖植物〗〈菌類など〉他の植物の茎の上に生じる, 茎上発生の: ~ fungi 茎上発生菌.

cau·lic·u·lus [kɔːlíkjʊləs] 〖⇨ caulicle〗 *n.* (*pl.* **-u·li** [-làɪ]) 〖建築〗(コリント式柱頭の)茎《アカンサスの葉から立ち上り, 渦巻き装飾がそこから始まる》.

cau·li·flo·rous [kɔ̀ːləflɔ́ːrəs, -flóːr- | -lɪflɔ́ːr-] *adj.* 〖植物〗茎生花[幹生花]の(ある).

cau·li·flow·er [kɔ́(ː)lɪflàʊə, káːl-, -lə- | kɔ́lɪflàʊə(r)] 〖《1597》 *collyflory* 《変形》← F 《廃》 *chou fleuri* ⊏? It. *caoli-fiori* (pl.) ← *cavolo-fiore* ← *cavolo* cabbage (< L *caulum* ← *caulis* stalk)＋*fiore* (< L *flōs* flower): 今の形は NL *cauliflōra* 《原義》 cabbage flower) の部分訳〗 ― *n.* **1** 〖園芸〗 **a** ハナヤサイ, カリフラワー (*Brassica oleracea* var. *botrytis*)《密生した白色花蕾(㊝)を食用とする》. **b** 年内収穫の早・中生種のカリフラワー (cf. broccoli 2). **2** (食用になる)カリフラワーの花球, 花蕾. **3** カリフラワー状のもの; (特に)カリフラワー状の雲.

cáuliflower chéese *n.* カリフラワーとチーズで作「る辛味の料理.

cáuliflower éar *n.* (レスラー・ボクサーなどの)形のくずれた耳.

cau·li·form [kɔ́ːləfɔ̀əm | -lɪfɔ̀ːm] *adj.* 〖植物〗茎状の, 「茎に似た.

cau·line [kɔ́ːlaɪn] 〖← CAULO-＋-INE¹〗 *adj.* 〖植物〗茎の; 茎上の (cf. radical).

cau·lis [kɔ́ːlɪs, -ləs | -lɪs] 〖⊏L ~: cf. caulo-〗 *n.* (*pl.* **cau·les** [-liːz]) 〖植物〗(草本植物の)茎.

caulk¹ [kɔ́ːk] *n., vt.* ＝calk¹.

caulk² [kɔ́ːk] 〖《?a1500》⊏ONF *cauquer*＝OF *cauchier* (F *cocher*) < L *calcāre* to tread, press ← *calx* heel (cf. OChSlav. *klŭka* knee)〗 ― *vt.* **1** 〖海事〗 **a** 〈船板のすき間〉に槙皮(㊝)などを詰める. **b** (槙皮などを詰めた上に溶かしたピッチなどを流し込んで)…の水の漏れ込むのを防ぐ: ~ a vessel, tank, boiler, etc. **2** 〖機械〗コーキングする, かしめる《鋲(㊝)締めした鋼板の端を打ちたたき, 鋼板間のすき間をなくして漏らないようにする》. ― *vi.* 《俗》うたたねする, 眠る 〈*off*〉. ― *n.* 《俗》うたたね (nap).

cáulk·er *n.* **1** 槙皮(㊝)詰め[填隙(㊝)]をする人; かしめ工具. **2** 《俗》酒の一杯 (dram).

cáulk·ing *n.* **1** 〖機械〗コーキング, かしめ《金属板の継目を叩きつぶして気密・水密にすること》. **2** 〖海事〗填隙(㊝)《船で水が漏らないように隙間を槙肌(㊝)詰めすること》. **3** コーキングの材料, 槙肌, ホーコン (oakum).

cáulking ìron [chìsel, tòol] *n.* 〖機械〗かしめた「がね.

cau·lo- [kɔ́ːloʊ | -ləʊ] 〖← NL ~ ← Gk *kaulós*: cf. caulis〗「茎 (stem)」の意の連結形. ★ 時に cauli-, また母音の前では通例 caul- になる.

cau·lo·car·pic [kɔ̀ːləkáəpɪk | -káː-] *adj.* 〖植物〗(開花ののち越冬し, 翌年再び花をつけ, このようにして)毎年花をつける茎をもった.

cau·lome [kɔ́ːloʊm | -ləʊm] 〖← CAULO-＋-OME〗 *n.* 〖植物〗茎 (stem).

caus. 《略》〖文法〗causative.

caus·a·ble [kɔ́ːzəbl̩] *adj.* 引き起こされる, 起り得る.

caus·al [kɔ́ːzəl, -zl̩] 〖《c1530》⊏LL *causāl-is*: ⇨ cause, -al¹〗 ― *adj.* **1 a** 原因の[に関する, となる]: a ~ force 原因となる力 / the ~ agent of an accident 事故の原因. **b** 因果(関係)の: ~ relation 因果関係. **c** 原因から生ずる; 原因に応じて続いて起こる: a ~ development. **2** 〖論理・文法〗原因を示す, 因果(関係)の: a ~ conjunction 原因(の)接続詞《because, for など》/ a ~ explanation 因果的説明 / a ~ sign 因果記号 (cf. ICONIC sign). **3** 〖物理〗因果律に従う, 因果的な. **~·ly** *adv.*

cau·sal·gi·a [kɔːzǽldʒiə, -sǽl-, -dʒə | -dʒɪə, -dʒə] 〖← NL ~ ← Gk *kaûsis* burning heat＋-ALGIA〗 ― *n.* 〖病理〗カウザルギー, 灼熱(㊝)痛《焼けるような痛さを感じる一種の神経痛》.

cau·sal·i·ty [kɔːzǽləṭi | -lɪtɪ, -lɪ-] 〖《1603》⊏F *causalité*: ⇨ causal, -ity〗 ― *n.* **1** 原因となる[である]こと[性質]; 原因作用, 作因. **2** 因果関係, 因縁: ⇨ LAW¹ of causality. **3** 〖物理〗因果律《信号が光速度より速く伝わらないこと》.

cau·sa si·ne qua non [kɔ́ːzə-sáɪni-kweɪ-nán | -sáɪnɪ-kwéɪ-nɔ́n] 〖⊏L *causa sine quā non* cause without which not〗 *L. n.* 必要原因, 必要条件.

cau·sa·tion [kɔːzéɪʃən] 〖《1646》⊏ML *causātiō(n-)*: ⇨ cause, -ation〗 ― *n.* **1 a** 原因となること, 引き起こすこと, 原因作用. **b** 結果を生み出す作用[もの], 原因力. **2** 因果関係 (causality): ⇨ LAW¹ of causation.

cau·sá·tion·ìsm [-ʃənɪ̀zm̩] *n.* 因果論, 因果説《万物は因果律によって支配されているという説》. **cau·sá·tion·ist** [-ʃ(ə)nɪst, -nəst | -nɪst] *n.*

caus·a·tive [kɔ́ːzəṭɪv | -tɪv] 〖《c1412》⊏LL *causātīv-us*: ⇨ cause, -ative〗 ― *adj.* **1** 原因として作用する, 原因となる; 〔結果・犯罪などを〕引き起こす 〔*of*〕: a ~ agency 作因 / be ~ *of* crime 犯罪の原因となる[を引き起こす]. **2** 〖文法〗原因を表わす, 使役的な (cf. factitive 1): a ~ verb 使役動詞 / a ~ suffix 動詞化接尾辞《darken, realize の -en, -ize など》. ― *n.* 〖文法〗使役動詞 (causative verb)《He made me eat the apple. の made, または fall に対する fell, rise に対する raise など》. **~·ness** *n.* **caus·a·tiv·i·ty** [kɔ̀ːzətívəṭi | -vɪtɪ, -vɪ-] *n.*

cáus·a·tive·ly *adv.* 原因として, 作因的に; 使役的に.

cause [kɔ́ːz] 〖《?a1200》⊏(O)F ~ < L *caus(s)am* cause, motive ← ?〗 ― *n.* **1** 結果を生み出すもの[もと], 原因: ~ and effect 原因と結果, 因果 / the ~ of fire 火事の原因 / a prime ~ of the price surge 物価上昇の主な原因 / She was the ~ of his failure. 彼女は彼の失敗の原因だった, 彼の失敗のもとは彼女だった. **2 a** (行動などの)動機, 起因, (不平・喜びなどの)根拠; わけ, 理由 〔*for*〕/ 〈*to do*〉: a ~ *for* complaint 不平の理由 / There is [You have] ~ *for* joy. 喜ぶだけの理由がある, 当然喜んでいい / give ~ *for* suspicion [reflection, anxiety] 嫌疑[反省, 不安]の種をまく / You have no ~ *to* have a grudge against him. 彼に恨みを抱く理由はない. **b** 十分な理由, もっともないわれ: complain without ~ いわれなく不平を言う / be fired for ~ 十分な理由で首になる / show ~ 正当な理由を示す. **3** (社会改良などの運動に献身するような)運動, 主張, 主義, 大義, 大目的: ⇨ lost cause / *in* the ~ of justice 正義のために / for a good ~ よい事[大義]のために / work *in* a good ~ 大義のために働く / His zeal is worthy of a better ~. 彼の熱意はもっとましな事に注いだらと思われる. **4 a** 《古》こと, 事柄 (affair, matter). **b** 《廃》目的, 意図. **5** 〖法律〗 **a** 訴訟原因, 訴訟事実; (訴訟の)申し立て, 言い分: a ~ of action 訴訟原因, 訴権 / plead a ~ 訴訟の理由を申し立てる; 言い分を申し立てる. **b** 訴訟(事件) (lawsuit). **6** 〖哲学〗 **a** (一般に結果に対する)原因: ⇨ first cause. **b** (アリストテレスの)原因《質料因 (material cause), 動(力)因 (efficient cause), 形相因 (formal cause), 目的因 (final cause) の四原因の一つ》.

make common cause 協力する, 提携する 〔*with*〕; (大義のために)共同戦線を張る 〔*against*〕.

― *vt.* **1** …の原因となる; (原因となって)引き起こす, 生じさせる: Drinking ~*d* his ruin. 飲酒が身の破滅のもととなった / Carelessness ~*d* the accident. 不注意が事故の原因だった / His death was ~*d* by a fever. 彼の死は熱病に起因するものだった. **2** 〈人〉に〈心配・面倒などを〉かける; 〔人に〕〈心配・面倒などを〉かける 〔*to*〕: She ~*d* me much trouble.＝She ~*d* much trouble *to* me. 彼女は私にずいぶん迷惑をかけた. **3** 〈人・物〉に〈…するように〉させる 〈*to do*〉: ~ a person *to* do something 人に何かさせる / ~ a monument *to* be erected 記念碑を建つようにする[建てる]. ★ The accident ~*d* them to die. は The accident made them die. より文語的.

'cause [kəz, kɔːz | kɔz, kəz] *conj.* (*also* **cause** [~]) 《口語》＝because.

cause cé·lè·bre [kóʊz-səlébr(ə), kɔ́ːz- | kə́ʊz-selébr(ə); *F.* kozselɛbr] (*pl.* **causes cé·lè·bres** [~; *F.* ~]) 〖⊏F ~ 'celebrated case'〗 *F. n.* **1** 〖法律〗有名な裁判事件. **2** 悪名高い出来事, エピソード.

cáuse·less *adj.* **1** 原因のない[はっきりしない], 偶発的な (fortuitous): a ~ miracle. **2** 正当な理由のない, いわれのない: a ~ murder. **~·ly** *adv.* **~·ness** *n.*

cáuse lìst *n.* 〖法律〗訴訟事件公判順序表, 公判日程表, 事件目録 (cf. calendar 3).

cáus·er *n.* 引き起こす人[もの], 原動力.

cau·ser·ie [kòʊzəríː, koʊzrí: | kə́ʊzəriː, -rɪ; *F.* kozri] 〖⊏F ~ 'talk' ← *causer* to talk, chat ⊏L *causārī* to plead ← *causa* 'CAUSE'〗 ― *n.* (*pl.* **~s** [~z; *F.* ~]) **1** おしゃべり, 雑談 (chat). **2** (新聞・雑誌の短いくだけた)随筆, 漫文; (特に)文芸閑話.

cau·seuse [koʊzə́ːz | kəʊ-; *F.* kozøːz] 〖⊏F ~ 《原義》 talkative woman (fem.) ← *causeur* ← *causer* (↑)〗 ― *n.* (*pl.* **cau·seus·es** [~ɪz, ~əz; *F.* ~]) 二人掛け小型ソファー.

cáuse·wày 〖*cause*: 《変形》← CAUSEY〗 ― *n.* **1** (低湿地の中に土を盛り上げて作った)堤道, 土手道, なわて. **2 a** (車道より高くした)側道, 人道. **b** 舗道, 街道 (highway); (特に, 古代ローマ人が英国で建設した)公道, 街道. ― *vt.* **1** 敷石道にする; 玉石などで舗装する. **2** …に土手道を設ける.

cau·sey [kɔ́ːzi | -zɪ] 〖《?a1300》⊏ONF *caucie, cauciee* causeway (F *chaussée*) < VL *(*via*) *calciāta* (way) paved with limestone (p.p.) ← L *calciāre* ← *calx* lime, chalk: cf. calx〗 ― *n.* 《廃・英方言》＝causeway.

caus·tic [kɔ́ːstɪk | kɔ́ːs-, kɔ́s-] 〖《1555》⊏L *caustic-us* ⊏Gk *kaustikós* capable of burning ← *kaiein* to burn: ⇨ -ic¹〗 ― *adj.* **1** 〖化学〗腐食性の; 焼灼(㊝)的な (corrosive); 苛性の: ⇨ caustic alkali. **2** 痛烈な, 骨を刺すような, 辛辣な, きびしい (biting, sharp): a ~ critic / ~ remarks. **3** 〖数学・光学〗火[焦]線の, 火[焦]面の: ⇨ caustic line. ― *n.* **1** 〖医学・化学〗腐食剤, 焼灼剤 (escharotic): lunar ~ 硝酸銀. **2** 〖数学・光学〗

a =caustic surface. b =caustic line.
cáustic álkali *n.* 〘化学〙苛性アルカリ.
cáus·ti·cal·ly *adv.* **1** 腐食[焼灼(しょうしゃく)]的に. **2** 痛烈に.
cáustic cúrve *n.* 〘数学・光学〙=caustic line.
caus·tic·i·ty [kɔːstísəṭi | kɔːstísətɪ, kɔs-, -sɪ-] 〘▭F *causticité*: ⇨ caustic, -ity〙 *n.* **1** 〘化学〙腐食性, 焼灼(しょうしゃく)性. **2** 辛辣さ, 痛烈.
cáustic líne *n.* 〘数学・光学〙火線, 焦線《光線による包絡線; caustic curve ともいう》.
cáustic pótash *n.* 〘化学〙苛性カリ (⇨ potassium hydroxide).
cáustic sóda *n.* 〘化学〙苛性ソーダ (sodium hydroxide)《商業用語》.
cáustic súrface *n.* 〘数学・光学〙火面, 焦面《光線による包絡面》.

caustic line
1 reflecting curve; 2 rays from distant point; 3 caustic line

cau·ter [kɔ́ːṭə | -tə(r)] 〘《古形》*cautere* ▭F *cautère* ▭ L *cautērium*: ⇨ cautery〙 — *n.* **1** 焼きごて. **2** 〘医学〙焼灼(しょうしゃく)器.
cau·ter·ant [kɔ́ːṭərənt | -tə-] 〘⇨ cauterize, -ant〙 *adj.* 腐食性の. — *n.* 〘医学〙焼灼(しょうしゃく)[腐食]剤; 焼灼[腐食]器.
cau·ter·i·za·tion [kɔ̀ːṭərɪzéɪʃən, -rə- | -təraɪ-, -rɪ-] *n.* 〘医学〙焼灼.
cau·ter·ize [kɔ́ːṭəràɪz | -tə-] 〘《1541》▭F *cautériser* ▭LL *cautērizāre* ▭Gk *kautēriázein* to sear with a hot iron: ⇨ cautery, -ize〙 — *vt.* **1** 〘医学〙〈傷口などを〉焼灼(しょうしゃく)器[焼灼剤]で焼く (sear), 焼烙する, 焼灼する, 電気メスで切る: ~ a wound. **2** 〈良心などを〉麻痺(まひ)させる, 無神経にする (deaden).
cau·ter·y [kɔ́ːṭəri | -tərɪ] 〘《1543》▭L *cautērium* ▭ Gk *kautḗrion* (dim.) ← *kautḗr* branding iron ← *kaíein* to burn〙 — *n.* 〘医学〙 **1** 焼灼(しょうしゃく)(法, 術); 灸(きゅう)点法: moxa ~ 灸. **2** 焼灼物[剤]《焼きごて・硝酸銀棒など》.
cau·tion [kɔ́ːʃən] 〘《c1300》security ▭(O)F ~ ▭L *cautiō(n-)* wariness ← L *cavēre* to take heed: ⇨ -tion〙 — *n.* **1** 用心, 慎重: proceed with ~ / use [exercise] ~ 用心する / Take every ~ against error. 間違いのないようによくよく用心しなさい. **2 a** (危険に対する)警戒, 警告, 注意; 戒告: for ~'s sake=by way of ~ 警告[注意]として, 念のため / give ~ to ...に警告を与える / with a ~ 訓戒して, 戒告の上. **b** 警告[注意]を与えるもの[記号, 言葉など]. **3** 《口語》警戒を要する事[人物], 大変な[いやな, 変わった, 滑稽な, 驚くべき]もの[人]: Well, you're a ~! いや, 君には驚いたよ. **4** 〘スコット法・海商〙 **a** 担保 (security), 保証 (surety). **b** 保証人[書]《cautionary ともいう》. **5** 〘法律〙登記変動予告申請《債権者が利害関係のある土地の登記上の変動がある場合, 予告を求める申請》. — *vt.* **1** ...に警告する, 注意する; ...に戒告する: ~ a person about ...について注意する / He ~*ed* me *against* making errors.=He ~*ed* me not *to* make errors. 私に誤りを犯さないように注意した / I must ~ you *that* you are trespassing. 君に注意しておくが君は権限を越えているぞ. **2** 〘法律〙...に黙秘権のあることを告げる.
cau·tion·ar·y [kɔ́ːʃənèri | -ʃ(ə)nəri] *adj.* **1** 警戒の; 注意の, 戒告的な: ~ signals 警戒信号 / ~ advice 忠告 / a ~ tale 教訓物語. **2** 〘法律〙担保の, 保証の. — *n.* 〘スコット法・海商〙=caution 4 b.
cáution mòney *n.* 《英》(大学などで損害に備えて預金する)保証金.
cau·tious [kɔ́ːʃəs] 〘《a1640》← CAUTION + -OUS〙 — *adj.* 用心深い, 注意深い, 慎重な (prudent): a ~ man 用心深い人 / He was ~ *in* all his movements. 一挙手一投足に気を配った / He was ~ *of* giving trouble to us.=He was ~ not *to* give trouble to us. 我々に迷惑を掛けないようによく気を付けた / be ~ *of* one's tongue 口を慎しむ. **~·ness** *n.*
cáu·tious·ly *adv.* 警戒的に, 用心深く, 慎重に.
Cau·ver·y [kɔ́ːvəri | -rɪ] *n.* [the ~] コーベリ(川)《インド南部の川; Western Ghats 山脈中から流れて Bengal 湾に注ぐ; ヒンズー教徒にとって神聖な川 (764 km)》.
cav. 《略》cavalier; cavalry; caveat; cavity.
ca·va[1] [kɑ́ːvə, kéɪ-] 〘▭L ~: ⇨ cave[1]〙 *n.* (*pl.* **ca·vae** [kɑ́ːviː, -vaɪ, kéɪviː]) 〘解剖〙=vena cava. **cá·val** [-vəl] *adj.*
ca·va[2] [kɑ́ːvə] *n.* 〘植物〙=kava.
ça va [sɑ́ːvɑ́ː; *F.* sava] 〘▭F ~ 《原義》that goes〙 *F.* よろしい, 結構です (all right).
cavae *n.* cava[1] の複数形.
cav·al·cade [kæ̀vəlkéɪd, ⏑⏑́ | ⏑⏑⏑́] 〘《1591》▭F ~ ▭It. *cavalcata* ← *cavalcare* to ride on horseback < VL **caballicāre* ← L *caballus* horse〙 *n.* **1 a** 一隊の騎馬武者, 騎馬行列; 馬車行列. **b** (車・船などの)行列 (procession). **2 a** 劇的な[華麗な]行列, パレード, ページェント (pageant). **b** (事件などの)連続.
Ca·val·can·ti [kɑ̀ːvəlkɑ́ːntiː; *It.* kavalkánti], **Gui·do** [gwíːdoʊ] *n.* カヴァルカンティ《1255?-1300; イタリアの詩人・哲学者; Dante の親友》.
cav·a·le·ro [kæ̀vəlé(ə)roʊ, -ljé(ə)r- | -léərəʊ, -ljéər-] 〘▭Sp. *caballero* < LL *caballārium*: cf. cavalier〙 *n.* (*pl.* **~s**) =cavalier.
cav·a·lier [kæ̀vəlíə, ⏑⏑́ | kæ̀vəlíə(r)] 〘《1560》▭F ~ ▭It. *cavaliere* ← LL *caballārium* ← L *caballum* horse: cf. cavalry, chevalier〙 — *n.* **1 a** 騎士道精神の持主, 礼儀正しい紳士. **b** 婦人に丁重な男, だて者 (gallant); 婦人の護衛者[付添い] (escort). **2** 《古》騎馬武者, 騎士 (knight). **3** [C-] 英騎士党員《17 世紀英国の Charles 一世時代の王党員 (Royalist); cf. Puritan 1, Roundhead》. — *attrib. adj.* **1 a** 磊落(らいらく)な, 無頓着な, 平然とした (offhand). **b** 尊大な, 横柄な, 傲慢な (arrogant): in a ~ fashion. **2** [C-] **a** (17 世紀英国の Charles 一世を支持した)王党員の: ~ Parliament 騎士議会《Charles 二世時代の 1661-79 年の英国議会; 旧王党派が多かったためこう呼ばれた》. **b** 王党派詩人 (Cavalier Poets) 風の. **3** 〘製図〙キャバリエ投象の: ~ projection キャバリエ投象《斜投象図法の一種; 傾角 45°, 比率 1 の図法; cf. oblique, cabinet 7》. — *vi.* **1** 騎士を気取る, だて者ぶる. **2** 傲慢に振舞う. **~·ness** *n.* **~·ism** [kæ̀vəlí(ə)rɪzm, ⏑⏑́⏑ | kæ̀vəlíərɪzṃ] *n.*
càv·a·líer·ly *adj.* 騎士気取りの; 傲慢な (arrogant). — *adv.* 騎士らしく; 磊落(らいらく)を装って; 傲慢に.
Cávalier Póets *n. pl.* [the ~] 王党派詩人《17 世紀英国の Charles 一世の宮廷に集った, 優雅で洗練された叙情詩を書いた詩人たち; Herrick, Carew, Lovelace, Suckling など》.
ca·va·lier ser·ven·te [kɑ̀ːvəljéəsəvénṭi, -səəvénteɪ | -ljéəsəəvénteɪ; *It.* kàvaljérservénte] 〘▭It. ~ 《原義》serving cavalier〙 — *It. n.* (*pl.* **ca·va·lie·ri ser·ven·ti** [-ljé(ə)riːsəəvénti: | -ljéəriːsəə-; *It.* -ljéːriservénti]) 既婚婦人の公然たる愛人 (cicisbeo)《cavalier servant ともいう》.
ca·val·la [kəvǽlə, -vɑ́ːə | -vǽlə] 〘《1634》▭Port. *cavalla* (fem.) ∥ Sp. *caballa* (fem.) horse mackerel < L *caballam* mare (fem.) ← *caballus*〙 — *n.* (*pl.* ~, **~s**) 〘魚類〙 **1** アジ科カイワリ属 (*Caranx*) の食用魚; (特に) *C. hippos.* **2** =cero.
ca·val·ly [kəvǽli | -lɪ] *n.* 〘魚類〙=cavalla 1.
cav·al·ry [kǽvəlri | -rɪ] 〘《1591》▭F *cavalerie* ▭It. *cavalleria* ← *cavaliere* 'CAVALIER' + -*ia* '-Y[1]': cf. chivalry〙 — *n.* **1 a** (陸軍の一部としての)騎兵, 騎兵隊 (cf. artillery 2, infantry 1 b). **b** 機動性の部隊《馬・自動車・ヘリコプター・機械化などによる高度の機動性をもった地上部隊の総称》: armored ~ 機甲偵察部隊. **2** [集合的] 騎兵 (cf. infantry 1 a): heavy [light] ~ 重[軽]騎兵. **3** 《廃》 **a** 騎士道(精神) (knighthood). **b** (騎士の)馬術 (horsemanship).
cávalry·man [-mən, -mæ̀n] *n.* (*pl.* **-men** [-mən, -mèn]) (個々の)騎兵.
cávalry swòrd *n.* 騎兵刀, サーベル (saber).
cávalry twìll *n.* かたいより糸で傾斜の大きい綾線をもつ丈夫な毛織物.
Cav·an [kǽvən] *n.* **1** アイルランド共和国の北部 Ulster 地方の一州; 面積 1,891 km², 人口 53,500. **2** 同州の首都; 人口 3,300.
cav·a·ti·na [kæ̀vətíːnə, kɑ̀ːv- | kæ̀v-; *It.* kàvatíːna] 〘《1836》▭It. ~ (dim.) ← *cavata* detached air ← *cavare* to dig out ← L *cava* 'CAVE[1]'〙 — *n.* (*pl.* **-ti·ne** [-neɪ; *It.* -ne], **~s**) 〘音楽〙カバティーナ《オペラやオラトリオの中で短く簡単な形式の独唱曲 (部分); 歌謡的性格をもつ器楽曲にも用いる》.
cave[1] [kéɪv] 〘《a1250》▭(O)F ~ ▭L *cava* (neut. pl.) ← *cavus* hollow ← IE **keu-* to swell (Gk *koîlos* hollow)〙 — *n.* **1** (崖または山腹の)洞(ほら), 洞穴(どうけつ), 洞窟(どうくつ); (特に, 地下水などの侵蝕で石灰岩地に生じた)空洞, 鍾乳洞, 石灰洞 (cf. cavern 1). ★ ラテン語系形容詞: spelaean. **2** 陥没. **3 a** (地下にある, ぶどう酒用の)酒倉. **b** (地下にある)小さなカフェー. **4** 《英》 **a** (政党からの)脱党, 離党. **b** (政党の)脱党組 (cf. CAVE of Adullam). **5** 〘原子力〙=hot cave.
Cave of Adullam 〘ダビデが難を避けた洞穴, そこに不満の徒が集まった故事にちなむ: cf. *1 Sam.* 22: 1-2〙 [the ~] 〘英史〙1866 年自由党を脱退した党員団につけられたあだ名 (cf. Adullamite 2).
— *vt.* ...に洞穴[洞窟]を作る; くり抜く (hollow).
— *vi.* **1** =CAVE *in* (1) (2) (3). **2** 《口語》洞窟探索をする.
cave in (*vi.*) (1) 〈地盤が〉陥没する, 〈壁・帽子などが〉へこむ (fall in). (2) 《口語》(反抗を止めて)屈服する, 降参する (succumb). (3) (疲労で)へばる, 参る (collapse). (*vt.*) (1) 陥没させる, 落盤させる. (2) 落ち込ませる, へこませる.
ca·ve[2] [kéɪvi | -vɪ] 〘▭L *cavē* be thou ware ← *cavēre* to take heed〙 — *int.* 《英学生俗》しーっ(先生が来るぞ), 気をつけろ (Look out!). — *n.* 見張り, 用心: keep ~ 見張りをする.
cáve àrt *n.* (主に南フランスや北スペインの後期旧石器時代の)洞窟壁画.
ca·ve·at [kéɪviæ̀t, kǽv-, kɑ́ːviɑ̀ːt, -viət | kǽviæ̀t, kéɪv-] 〘《1523-34》▭L ~ 'let him beware' ← *cavēre* to take care〙 — *n.* **1** 警告 (warning), 抗議 (protest). **2** 〘法律〙手続差止申請, 予告記載《一定の法律上の手続, 例えば遺産管理手続を行なうことを通告者に予め通知しなければその手続を行ない得ないようにするための申請》: file [enter, put in] a ~ against ...に対する差止め願いを提出する.
cáveat émp·tor [-ém(p)tə, -tɔə | -tə(r, -tɔː(r] 〘← NL ~ 'let the buyer beware'〙 — *n.* 〘商業〙買手の危険持ち《買った商品に欠陥があっても売り手は責任を負わないから, 買手よ, 注意せよということ》.
ca·ve·a·tor [kéɪviæ̀ṭə, -viɑ̀ːṭə, kɑ́ːviɑ̀ːtə | kǽvieɪtə(r, kéɪv-] *n.* 〘法律〙手続差止申請者.
cáve bèar *n.* 〘古生物〙ホラアナグマ (*Ursus spelaeus*)《旧石器時代の動物; その化石がヨーロッパの洪積層で発見される》.
cáve crìcket *n.* 〘昆虫〙カマドウマ《カマドウマ科のマダラカマドウマ (*Diestrammena japonica*) やクラズミウマ (*Tachycines asynamorus*) など洞窟や陰湿な環境にすむ昆虫の総称》.
cáve dwèller *n.* **1** =caveman 1. **2** 大都会のアパート居住者.
cáve fìsh *n.* 洞窟(どうくつ)魚《洞窟の中に生息し, 色素がなく目が見えない魚類の総称; cf. blindfish 1》.
cáve-in 〘← *cave in* (cave (v.) 成句)〙 *n.* **1** (土地・鉱山などの)陥没, 落込み, 落盤. **2** (土地の)陥没箇所.
cav·el [kǽvəl, kév-, kéɪv-] *n.* 〘海事〙=kevel.
Cav·ell [kǽvəl, kəvél], **Edith Louisa** *n.* (1865-1915) 英国の看護婦; 第一次大戦中ベルギーで同盟側の将兵約 200 名を脱出させたためドイツ軍に銃殺された; London に銅像がある; 通称 Nurse Cavell.
cáve·màn *n.* (*pl.* **-men**) **1** (主にヨーロッパ旧石器時代の)洞窟に住んだ人々《cave dweller ともいう》. **2** 《口語》(女性に対して)荒っぽい男, 粗暴な男 (cf. heman). **3** 洞窟探検家, 洞窟学者 (speleologist).
cav·en·dish [kǽvəndɪʃ, -dɪʃ] 〘米国の製造者名から?〙 *n.* キャベンディッシュ《糖蜜を加えて板のように圧縮したパイプたばこ》.
Cav·en·dish [kǽvəndɪʃ, -dɪʃ], **Henry** *n.* (1731-1810) 英国の物理学者・化学者.
Cávendish banàna *n.* 〘植物〙=dwarf banana.
Cávendish expériment 〘← *H. Cavendish*〙 *n.* 〘物理〙キャベンディッシュの実験《精密なねじり秤を用いて万有引力定数を測定した実験》.
Cávendish Láboratory 〘← *H. Cavendish*〙 *n.* [the ~] キャベンディッシュ研究所《英国 Cambridge 大学にある有名な物理学研究所; 1874 年創立》.
cáve pèarl *n.* 洞窟真珠《石灰洞の中に見られる真珠に似た鍾乳石の一種》.
cáv·er *n.* 洞窟探検家, 洞窟研究者.
cav·ern [kǽvən | -vən, -vəːn] 〘《c1380》▭(O)F *caverne* ∥ L *caverna* cave: ⇨ cave[1]〙 — *n.* **1** (地下の)洞窟(どうくつ); (特に)大洞窟 (cf. cave[1] 1). **2** 〘病理〙(肺などに生じる)空洞. — *vt.* **1** 洞窟の中に閉じ込める; (洞窟状の所に)入れる. **2** 洞窟にする, くり抜く (hollow) 〈*out*〉.
cav·er·ni·cole [kævə́ːnəkòʊl, kə- | -vɑ́ːnɪkəʊl] 〘▭F ~ ← *caverne* 'CAVERN' + -I- + -*cole* '-COLOUS'〙 *n.* 洞窟動物.
cav·er·nic·o·lous [kæ̀vəníkələs | -və-] *adj.* 洞窟性の, 洞窟にすむ: ~ animals.
cav·ern·ous [kǽvənəs | -vən-, -vəːn-] 〘▭L *cavernōs-us*: ⇨ cavern, -ous〙 — *adj.* **1 a** 洞窟の多い. **b** 小さなくぼみ (cavity) の多い (porous). **2 a** 洞窟に似た[を思わせる]: ~ darkness 洞窟の中のような暗さ / a ~ cellar 洞窟のような広い穴倉. **b** (洞窟のように)落ち込んだ (deep-set): ~ eyes 落ちくぼんだ目. **c** 〈音が〉洞窟から出るような: a ~ voice うつろに響く声. **3** 洞窟の[に関する]: ~ waters. **4** 〘動物〙海綿状構造の. **~·ly** *adv.*
cav·es·son [kǽvəsṇ | -vɪ-] 〘《1598》▭F *caveçon* ▭It. *cavezzone* (aug.) ← *cavezza* halter < VL **capitiam* ← L *capitium* head covering ← *caput* head〙 — *n.* (*also* **cav·e·son** [~]) **1** 鼻勒(びろく), 鼻革(はながわ)《調馬用おもがいの一部で, 鼻にかかる; nosepiece, noseband ともいう》. **2** 調馬索用頭絡(とうらく); 鼻勒付きの端綱(はづな).
ca·vet·to [kəvéṭoʊ, kɑː- | -təʊ] 〘《1677》▭It. ~ (dim.) ← *cavo* hollow (place) < L *cavum*: ⇨ cave[1]〙 — *n.* (*pl.* **ca·vet·ti** [-tiː], **~s**) 〘建築〙カヴェット, 小えぐり《断面が四分円形の凹面で, 蛇(じゃ)腹によく使われる; cf. quarter hollow; ⇨ molding[1] 挿絵》.
ca·vey [kéɪvi | -vɪ] *n.* 《スコット》=cavie.
cav·i·ar [kǽviɑ̀ə, kɑ́ːv-, ⏑⏑́ | kǽviɑ̀ː(r, ⏑⏑́] 〘《17C》▭F ~ ▭OIt. *caviaro* (It. *caviale*) ▭Turk. *khāviār* ∽ 《1591》*caviari* ▭It. *caviale*〙 — *n.* (*also* **cav·i·are** [~]) **1** キャビア《チョウザメ類 (sturgeon) の腹子の塩づけ; 珍味としてカナッペ (canapé) などによく用いられる》. **2** 〘インキの黒点がキャビアに似ていることから〙《俗》検閲官によって黒く消された章句.
caviar to the general 余りに高尚で俗受けのしない逸品,「猫に小判」(Shak., *Hamlet* 2. 2. 457).
— *vt.* 《俗》〈検閲官が〉〈章句を〉黒く消す.
cav·i·corn [kǽvəkɔ̀ən | -vɪkɔ̀ːn] 〘← NL *Cavicornia* (属名) ← L *cavi-*, *cavus* hollow + -*cornis* horned: ⇨ cave[1], horn〙 *adj.* 〘動物〙洞角(どうかく)(中空の角)のある.
ca·vie [kéɪvi | -vɪ] 〘▭Du. & Flem. 《廃》*kavie* ▭L *cavea* birdcage ← *cavus* hollow〙 *n.* 《スコット》鶏小屋 (hen coop).
Ca·vi·i·dae [keɪváɪədiː, kə- | -váɪɪ-] 〘← NL ~ ← *Cavia* (属名: ← Port. 《廃》*çavià* (Port. *savià*) ▭Tupi *sawiya* rat) + -IDAE〙 *n. pl.* 〘動物〙テンジクネズミ科.
cav·il [kǽvəl | -vɪl, -vəl] 〘《1548》▭OF *caviller* ▭L *cavillārī* ← *cavilla* mockery: cf. L *calvī* to deceive〙 — *v.* (**-iled, -illed; -il·ing, -il·ling**) — *vi.* (些細(ささい)な事を)とがめ立てする, あらを捜す, けちをつける, 揚げ足をとる, (つまらぬ)異論を唱える 〔*at, about*,

with〕. ― *vt.* 《まれ》…にけちをつける. ― *n.* **1** つまらないとがめ立て, 小やかましい理屈, 揚げ足取り. **2** 揚げ足取りの傾向[性向].

cáv·il·er, 《英》 **cáv·il·ler** [-v(ə)lə | -vɪlə(r, -və-] *n.* むやみにとがめ立てする人, 揚げ足取り屋.

cáv·il·ing [-v(ə)lɪŋ | -vɪl-, -v(ə)l-] *adj.* つまらないとがめ立てをする, 揚げ足取りの癖のある: a ～ person.

cáv·ing *n.* **1** 陥没. **2** 洞窟探検, ケービング; 洞窟学 (speleology).

cav·i·tar·y [kǽvətèri | -vɪtəri] 〖← CAVITY＋-ARY〗 *adj.* 〘病理〙空洞の[に関する].

cav·i·tate [kǽvətèɪt | -vɪ-] *vi.* 空洞ができる. ― *vt.* …に空洞ができる.

cav·i·ta·tion [kæ̀vətéɪʃən | -vɪ-] 〖← CAVIT(Y)＋-ATION〗 ― *n.* **1** 〘機械〙キャビテーション, 空洞現象《急回転するプロペラや遠心ポンプの周囲などに真空ができる現象》. **2** 〘病理〙 **a** (病気のための肺・脊髄・歯などの)空洞化[形成]. **b** 空洞.

Ca·vi·te [kəvíːṭi | -tɪ] *n.* カビテ《フィリピンの Luzon 島南西部 Manila 湾に臨む海港; 海軍基地がある; 人口 76,000》.

cav·i·ty [kǽvəṭi | -vətɪ, -vɪ-] 〖《1541》□F *cavité* □ LL *cavitātem* hollowness: ⇨ cave[1], -ity〗 ― *n.* **1** へこみ, くぼみ, うつろな穴 (hollow). **2** 〘解剖・病理〙(体の)空洞, 腔(ɔ̄), 窩, 窩洞(ɔ̄ɔ̄): the abdominal ～ 腹腔 / the mouth ～ 口腔. **3** 〘歯科〙虫歯の穴, 窩洞《虫歯を修復するため正しく形作られた穴》. **4** 〘電子工学〙(導体壁で囲まれた)空洞.

cávity rèsonator *n.* 〘電子工学〙空洞共振器, 共振箱《マイクロ波帯で用いられる周囲が金属で囲まれた空洞からなる共振器; echo box ともいう》.

cávity wàll *n.* 〘建築〙中空壁《内部に中空層があり断熱効果をもつ壁; hollow wall ともいう》.

cav·i·ú·na wòod [kæ̀viúːnə- | kævjúː-] | kæviúːnə-, kævjúː-] 〖*caviuna*: □Port. *cabiuna* ← ? Tupi *caa-biuna*〗 *n.* 〘植物〙＝Brazilian rosewood.

cá·vo-relíevo [káːvoʊ-, kéɪ- | káːvəʊ-, kéɪ-] 〖《変形》↓〗 *n.* (*pl.* ～s)〘美術〙カボリリエボ, 陰刻 (⇨sunk relief).

cávo-rilíevo 〖□It. *cavo rilievo* hollow relief: ⇨ cavetto, rilievo〗 *n.* (*pl.* **ca·vi-rilievi** [káːviː-; *It.* káːvi-]) 〘美術〙＝cavo-relievo.

ca·vort [kəvɔ́ət | -vɔ́ːt] 〖《混成》? ← CURVET＋SNORT〗 *vi.* 《口語》 **1** 〈馬が〉おどる, 跳ね回る. **2** 〈人が〉(楽しげに)はしゃぐ, 騒ぐ, ふざける.

Ca·vour [kəvʊ́ə, kɑː- | -vʊ́ə(r; *It.* kavúr], Conte **Ca·mil·lo Ben·so di** [kamíllo bénso di] *n.* カブール《1810–61; イタリア統一を指導した同国の政治家》.

CAVU, C.A.V.U. 《略》〘航空〙ceiling and visibility unlimited 視界良好. ★ 多少雲のある時にもいう.

ca·vy [kéɪvi | -vɪ] 〖《1796》← NL *cavia*: ⇨ Caviidae〗 *n.* 〘動物〙テンジクネズミ (guinea pig).

caw [kɔ́ː] 〖《1590》《擬音語》: cf. Dan. *kaa* / Du. *kaauw* jackdaw〗 *n.* かあかあ《からす (crow, raven, rook) の鳴き声》. ― *vi.* 〈からすが〉かあかあ鳴く.

Cawn·pore [kɔ́ːnpɔə, -pɔə | kɔːnpɔ́ː(r] *n.* Kanpur の旧英語名.

c-àxis *n.* 〘結晶〙c 軸《結晶軸の上下軸; cf. a-axis, b-axis》.

Cax·ton [kǽkstən, -tn̩] 〖↓〗 ― *n.* **1** カクストン版《William Caxton が印刷した書籍》. **2** 〘活字〙カクストン《カクストン版に用いた活字書体カクストンブラックにならったもの》. **Cax·to·ni·an** [kækstóʊniən, -njən | -təʊnjən, -nɪən] *adj.*

Cax·ton [kǽkstən, -tn̩], **William** *n.* (1422?–91) 英国最初の活版印刷者・翻訳家・出版者.

cay [kíː, kéɪ] 〖《1707》□Sp. *cayo* □ OF *quay* 'QUAY'〗 *n.* 〘地理〙(主に, 西インド諸島で海上にわずかに頭を出している)さんご礁, 州(*), 小島 (key ともいう).

cay·enne [kaɪén, keɪ- | keɪén] *n.* **1** ＝cayenne pepper. **2** 〘動物〙橈脚亜綱の動物 (copepod) に属する動物プランクトン.

Cay·enne [kaɪén, keɪ- | keɪén; *F.* kajɛn] *n.* カイエンヌ《南米北東部 French Guiana の海港で首都; 人口 20,000》.

cáyenne pépper 〖*cayenne*: 《変形》←《古形》*kayan*, *kian* ← Tupi *kýýnha*: 今の形は Cayenne (↑) の影響〗 ― *n.* **1** カイエンヌペパー《トウガラシ (capsicum) の赤い実を干して粉末にした辛みの強い香辛料》. **2** 〘植物〙 **a** ＝hot pepper 2. **b** ＝red pepper 2. **3** トウガラシの実《特に辛味が強い》.

cay·man [keɪmǽn, kaɪ-, ⌐⌐, kéɪmən | kéɪmən] *n.* 〘動物〙＝caiman.

Cáy·man Íslands [kéɪmən-] *n. pl.* [the ～] ケーマン諸島《キューバの南にある三つの島, 英領植民地; 人口 12,000, 面積 260 km²; the Caymans ともいう》.

Ca·yu·ga [kiúːgə, kjúːgə, keɪ(j)úːgə, kaɪ- | keɪ(j)úː-, kaɪ-] 〖□ Mohawk *Kweñio'gwee'* 《原義》 place where locusts were taken out〗 ― *n.* (*pl.* ～, ～s) **1 a** [the ～(s)] カユーガ族《米国 New York 州の Iroquois 五族 (Five Nations) に属する北米インディアンの一種族》. **b** カユーガ族の人. **2** カユーガ語《カユーガ族が用いる》.

Cayúga dúck *n.* 〘鳥類〙米国原産の暗緑黒色の羽毛の大型のアヒル.

Cayúga Láke *n.* カユガ湖《米国 New York 州中部にある湖; Finger Lakes の一つ; 長さ 107 km》.

Cay·use [káɪ(j)uːs, ⌐⌐] *n.* (*pl.* ～, ～s) **1 a** [the ～(s)] カユース族《もとは米国 Oregon 州に住んでいたアメリカインディアンの一部族; 今では極めて少数しか残っていない》. **b** カユース族の人. **2** カユース語. **3** [c-] (*pl.* ～s) 《米西部》カユース《アメリカインディアンの使う小型の馬》.

Ca·za·mian [kɑ̀ːzəmjɑ́ː(ŋ), -mjɔ́ː(ŋ), -mjɑ́ːŋ, -mjɔ́(ː)ŋ; *F.* kazamjɑ̃], **Louis (François)** *n.* カザミアン《1877–1965; フランスの英文学者; *Histoire de la Littérature Anglaise*「英文学史」(E. Legouis と共著, 1924)》.

ca·zique [kəzíːk] *n.* ＝cacique.

Cb 《略》〘気象〙cumulonimbus.

Cb 《記号》〘化学〙columbium.

c.b., C.B., C/B 《略》cashbook.

C.B. 《略》Cape Breton; chemical and biological 生物化学(兵器)の; *L.* Chirurgiae Baccalaureus (＝Bachelor of Surgery); Companion (of the Order) of the Bath; 〘軍事〙confined to barracks 外出禁止, 禁足; county borough.

C bàttery *n.* 〘電子工学〙C 電池《真空管の制御電極に対して一定の電圧を供給する電池; cf. A battery, B battery》.

CBC 《略》Canadian Broadcasting Corporation.

C.B.D. 《略》〘商業〙cash before delivery 荷取先現金払い, 着荷前現金払い (cf. C.O.D.).

C.B.E. 《略》Commander of (the Order of) the British Empire.

C.B.E.L. 《略》Cambridge Bibliography of English Literature.

CBI, C.B.I. 《略》China, Burma, India; computer-based instruction (＝computer-assisted instruction); Confederation of British Industry 英国産業連盟 (cf. F.B.I.); Cumulative Book Index 図書累積索引.

C-bìas *n.* 〘電子工学〙＝grid bias.

C-bòmb 〘略〙 *n.* ＝cobalt bomb.

CBS 《略》Columbia Broadcasting System《米国三大放送網の一つ; 他の二つは ABC, NBC》; Confraternity of the Blessed Sacrament.

CBW, C.B.W. 《略》chemical and biological warfare 生物化学戦; chemical and biological weapons 生物化学兵器.

cc, cc., c.c. 《略》cubic centimeter(s).

Cc 《略》〘気象〙cirrocumulus.

CC 《記号》〘化学〙cyanogen chloride.

cc. 《略》centuries; chapters; copies.

cc., c.c., C.C. 《略》carbon copy.

c.c., C.C. 《略》〘会計〙cash credit; chief clerk; circuit court; company commander; county clerk; county commissioner; county council; county councillor; county court.

C.C. 《略》Caius College, Cambridge; Caribbean Commission カリブ海諸国委員会; cashier's check; central committee; Chamber of Commerce; Charity Commission; chess club; chest complaint; city council; city councillor; civil commotion(s); civil court; closed circuit; common carrier; common councillor; community council 地域社会自主管理委員会《既存の行政組織による地域社会の管理・統制に反対して, 住民による自主管理を進める運動組織の中核体》; compass course; confined to camp; consular clerk; continuation clause; credit card; cricket club; croquet club; crown clerk; cruising club; cycling club.

CCA, C.C.A. 《略》Chief Clerk of the Admiralty; Circuit Court of Appeals; County Court of Appeals.

CCAT 《略》Cooperative College Ability Test.

CCC 《略》《米》Civilian Conservation Corps; Commodity Credit Corporation 農産物安定公社.

C.C.C. 《略》《英》Corpus Christi College, Cambridge [Oxford].

CCCO 《略》Central Committee for Conscientious Objectors.

CCD 《略》〘電子工学〙charge coupled device; Confraternity of Christian Doctrine.

CCF, C.C.F. 《略》Combined Cadet Force《英》連合将校養成隊; Cooperative Commonwealth Federation (of Canada) (カナダ)協同共和連合《New Democratic Party の前身, 政治団体》.

CCIS 《略》〘テレビ〙coaxial cable information system 同軸ケーブル情報システム《テレビの受信・再送信や自主番組の放送もでき, その双方向性を活かして放送応答サービスなども実施可能なシステム; cf. CATV》.

cckw 《略》counterclockwise.

C-clàmp *n.* 〘機械〙しゃこ万力《C 形をした小形万力; ⇨ clamp[1] 挿絵》.

C clèf *n.* 〘音楽〙ハ音記号《譜表上にハ音の位置を決める記号; ソプラノ声域を書くのに便利な第 1 線に書かれたハ音記号をソプラノ記号 (soprano clef), アルト声域に便利な第 3 線のものをアルト記号 (alto clef), テノール声域に便利な第 4 線のものをテノール記号 (tenor clef) という; cf. F clef, G clef; ⇨ clef 挿絵》.

CCNY, C.C.N.Y. 《略》Carnegie Corporation of New York.

C.C.P. 《略》〘法律〙Code of Civil Procedure; Court of Common Pleas.

C.C.S. 《略》Corporation of Certified Secretaries.

CCTV 《略》closed-circuit television.

CCU 《略》〘医学〙coronary care unit 冠(状)動脈疾患集中治療(病棟) (cf. ICU).

CCUS 《略》Chamber of Commerce of the U.S. 合衆国商工会議所.

ccw 《略》counterclockwise.

cd 《記号》〘光学〙candela(s).

Cd 《略》Command Paper (⇨ Cmnd).

Cd 《記号》〘化学〙cadmium.

CD 《略》〘銀行〙cash dispenser 自動現金払戻機.

c/d 《略》〘簿記〙carried down.

C/D 《略》customs declaration.

C/D, c/d 《略》〘銀行〙certificate of deposit 譲渡可能定期預金証書.

cd., cd 《略》cord(s).

c.d. 《略》cash discount; 〘証券〙cum dividend; 〘電気〙current density.

C.D. 《略》Civil Defense; Contagious Diseases (Acts); Corps Diplomatique.

CDD 《略》certificate of disability for discharge 傷病による退役証明書.

cd. ft. 《略》cord foot [feet].

c. div. 《略》〘証券〙cum dividend.

Cdr., CDR 《略》Commander.

c.d.v. 《略》〘写真〙carte de visite.

Ce 《記号》〘化学〙cerium.

c.e. 《略》〘商業〙caveat emptor; 〘海事〙compass error.

C.E. 《略》Chancellor of the Exchequer; Chemical Engineer; Chief Engineer; (International Society of) Christian Endeavor; Church of England; civil engineer; common era; Council of Europe.

-ce [s] *suf.* ラテン語の *-tia* に相当する抽象名詞語尾 (cf. -cy): diligen*ce*, indigen*ce*, reticen*ce*.

CEA 《略》Council of Economic Advisers (米国)大統領経済諮問委員会.

C.E.A. 《略》Central Electricity Authority; Commodity Exchange Authority《米》(農務省)商品取引監督局.

ce·a·no·thus [siːənóʊθəs | -nə́ʊ-] 〖← NL ～ ← Gk *keánōthos* a kind of thistle〗 ― *n.* 〘植物〙ソリチャ《北米産クロウメモドキ科ソリチャ属 (*Ceanothus*) の植物の総称; ソリチャ (*C. americanus*) など》.

Ce·a·rá [sèɪərɑ́ː, sìːə-] *n.* **1** セアラ(州)《ブラジル北東部の州, 人口 5,891,000, 面積 148,016 km², 首都 Fortaleza》. **2** ＝Fortaleza.

cease [síːs] 〖《?c1300》 *cesse(n)* □(O)F *cess-er* < L *cessāre* to delay, loiter (freq.) ← *cessus* (p.p.) ← *cēdere* to go, yield: ⇨ cede〗 ― *vi.* **1** 《文語》 **a** やむ, 絶える, 終わる. **b** やめる, よす〔*from*〕: ～ *from* doing するのをやめる / ～ *from* strife 争いをやめる. **2** 《廃》死ぬ, 滅びる. ― *vt.* 《文語》やめる, 止める: ～ work 仕事をやめる / ～ talking 話をよす / ～ payment 支払いを停止する / ～ operations 業務を停止する / ～ to cry 泣きやむ / ～ to be novel 珍しくなくなる / ～ to exist 消滅する / *Cease* fire! [号令] 撃ち方やめ / It has ～*d* raining. 雨がやんだ. ― *n.* 終止. ★ 通例次の成句で: ***without cease*** やまずに, 絶えず, 絶え間なく.

céase and desíst òrder *n.* 〘法律〙(行政機関の発する不当な)営業・労働行為の停止命令.

céase-fíre *n.* **1** (号令・らっぱなどによる)撃ち方やめ(の命令). **2** 停戦, 休戦(期間) (cf. fire 10 a).

céase·less *adj.* 絶え間ない, 間断ない, 不断の: ～ flow of conversation 休む間もなく続く会話. **～·ly** *adv.* **～·ness** *n.*

ce·bell [sebél] 〖← ?〗 *n.* 〘音楽〙セベル《17–18 世紀英国の器楽形式; ガボット (gavotte) に似たリズムで, 中間に低音のない経過句がある》.

ce·bid [síːbɪd, séb-, -bəd | -bɪd] 〖↓〗 *n.* 〘動物〙オマキザル科のサル.

Ceb·i·dae [sébədìː | -bɪ-] 〖← NL ～ ← *Cebus* (属名: ← Gk *kêbos* long-tailed monkey)＋-IDAE〗 *n. pl.* 〘動物〙オマキザル科.

Ce·bu [seɪbúː] *n.* **1** セブ(島)《フィリピン中部 Visayan 諸島にある島; 人口 1,197,000, 面積 4,408 km²》. **2** セブ《Cebu 島にある海港; 人口 343,000》.

cec- [siːk, siːs] (母音の前に来る時の) ceco- の異形.

ceca *n.* cecum の複数形.

ce·cal [síːkəl] *adj.* 〘解剖〙盲腸の; 盲腸状の.

Cech·y [*Czech* tʃéxi] *n.* チェヒー《Bohemia のチェコ語名》.

ce·ci- [síːsɪ, -sə | -sɪ] ceco- の異形 (⇨ -i-).

cec·i·do·my·iid [sèsədo(ʊ)máɪɪd, -əd | -sɪdə(ʊ)máɪɪd] 〖↓〗 〘昆虫〙 *adj.* タマバエ(科)の. ― *n.* タマバエ《タマバエ科の昆虫の総称》.

Cec·i·do·my·i·i·dae [sèsədo(ʊ)mɪáɪədìː, -mə- | -ɪdə(ʊ)mɪáɪɪ-] 〖← NL ～ ← *Cecidomyia* (属名: ← Gk *kēkid-*, *kēkis* oak gall＋-o-＋Gk *muîa* fly)＋-IDAE〗 ― *n. pl.* 〘昆虫〙(双翅目)タマバエ科.

Ce·cil [síːsəl, sés-, -sl̩ | sésl̩, -sɪl, sísl̩, -sɪl] 〖□L *Caecil-ius* (ローマの家族名) ← *caecus* blind: cf. cecity〗 *n.* 男性名《愛称形 Ceese, Sis》.

Cec·il [sésəl, sís-, -sl̩ | sésl̩, -sɪl, sísl̩, -sɪl] **(Edgar Algernon) Robert** *n.* (1864–1958) 英国の政治家; Nobel 平和賞 (1937); 称号 1st Viscount Cecil of Chelwood.

Cecil, William *n.* ＝1st Baron BURGHLEY.

Cecil Day Lewis *n.* ⇨ Day Lewis.

Ce·cile [sɪsíːl, sə-, sésl̩, -sɪl, -səl | sésɪl, -sl̩, -siːl] 〖↓〗 *n.* 女性名.

Ce·cil·ia [səsíːljə, sɪ- | sɪsíljə, sə-, -síːl-, -lɪə] 〖□L ～ (fem.) ← *Caecilius* 'CECIL'〗 *n.* 女性名《愛称形 Cis, Cissy, Sis; 異形 Cecile, Cecily, Celia, Cicely, Sisley》.

Cecilia, Saint *n.* セシリア《?–? 230; ローマのキリスト教女性殉教者; 音楽の守護聖人; 祝日は 11 月 22 日》.

Cec·i·ly [sésəli | sísɪlɪ, sés-, -sə-] 〖《異形》← CECILIA〗 *n.* 女性名.

ce·ci·tis [siːsáɪṭɪs, -ṭəs | -tɪs] 〖← NL ～: ⇨ cecum, -itis〗 *n.* 〘病理〙盲腸炎.

ce·ci·ty [síːsəṭi | -sətɪ, -sɪ-] 〖□F *cécité* // L *caecitāt-em* ← *caecus* blind ← ? IE **kai-ko* one-eyed: ⇨ -ity〗 *n.* 《詩・比喩》盲目 (blindness).

ce·co- [síːko(ʊ) | -kə(ʊ)] 〖← NL ～: ⇨ cecum〗「盲腸 (cecum)」の意の連結形. ★ 時に ceci-, また母音の前では通例 cec- になる.

Ce·cró·pi·a mòth [sɪkróʊpiə-, sə- | sɪkrə́ʊpjə-, -pɪə-] 〖*Cecropia*: ⇨ ↓, -ia[2]〗 ― *n.* 〘昆虫〙セクロピアサン

(*Hyalophora cecropia*)《北米東部産のヤママユガ科の一種; 北米最大のガで種々の樹木の葉を食害する》.
Ce·crops [síːkrɑps | -krɔps] 〘□ L ～ □ Gk *Kékrops* ← **kérkops* ← *kérkos* tail+*óps* eye〙 ― *n.* 〘ギリシャ伝説〙ケクロプス《Attica の最初の王でアテネの創設者; 下半身は竜であったと伝えられる》.
ce·cum [síːkəm] 〘(1721) ← NL ～ ← L *caecum* blind thing (neut.) ← *caecus* blind: ⇨ cecity〙 *n.* (*pl.* **ce·ca** [síːkə]) 〘解剖〙盲腸.
CED 《略》 Committee for Economic Development (米国の)経済開発委員会.
ce·dar [síːdə | -də(r] 〘ME *cedre* □ OF (F *cèdre*) // < OE *cēder* □ L *cedrus* cedar □ Gk *kédros* ← ? Sem.〙 ― *n.* 〘植物〙 **1** ヒマラヤスギ属 (*Cedrus*) の樹木の総称《レバノンスギ (CEDAR of Lebanon), ヒマラヤスギ (Himalayan cedar) など》. **2** その他各種の針葉樹の総称《エンピツビャクシン (red cedar), ヌマヒノキ (white cedar), オニヒバ (incense ceder), Spanish cedar など》. **3** 各種の cedar の木材, シダー材.
cedar of Lebanon 〘植物〙レバノンスギ (*Cedrus libani*)《ヒマラヤスギ (*C. deodara*) によく似た中東産の針葉樹》.
cédar àpple [bàll] *n.* 〘植物〙銹菌の寄生でレバノンスギの上にできた粒状物.
cédar·bìrd *n.* 〘鳥類〙=cedar waxwing.
cédar chèst *n.* 《米》(虫よけのため毛織物・毛皮などを入れておく)すぎだんす.
ce·darn [síːdən | -dən] 〘← CEDAR+-EN²〙 *adj.* 《詩》 **1** シダー (cedar) の. **2** シダー材で作った.
Cédar Rápids 〘the Cedar River の急流にちなむ〙 *n.* 米国 Iowa 州東部の都市; 人口 111,000.
cédar wáxwing 〘red cedar の実を常食とすることからか〙 *n.* 〘鳥類〙ヒメレンジャク (*Bombycilla cedrorum*)《米国産; cedarbird ともいう》.
cédar·wòod *n.* シダー材.
cede [síːd] 〘(1633) □ F *céd-er* // L *cēdere* to yield ← ? IE **ke-* this one (⇨ he¹)+**sed-* to go〙 ― *vt.* **1** 〈財産などを〉譲る, 譲渡する. **2** (条約・交渉によって)〈領土を〉割譲する. **3** 〘保険〙出再する, 再保険に出す. **céd·er** *n.*
ce·di [séɪdi | -dɪ] *n.* (*pl.* ～) **1** セディ《ガーナの通貨単位; =100 pesewas; 記号 ₵》. **2** 1 セディ紙幣.
ce·dil·la [sɪdílə, sə-] 〘(1599) □ Sp.《古形》*cedilla* (現形 *zedilla*) little 'z' (dim.) ← *ceda* (現形 *zeda*) letter 'z' □ Gk *zēta* (ギリシア文字 ζ すなわち z の名); もと c のあとに z の字を添えて歯擦音を示したことから〙 ― *n.* セディーユ《c の字の下に添える符号 (¸); フランス語・ポルトガル語などで, a, o, u の前で c が [k] 音でなく [s] 音であることを示す; 例: façade》.
CEDO 《略》《英》 Centre for Educational Development Overseas 海外教育開発センター (1970–74)《1974 年に the British Council に統合された》.
Ced·ric [sédrɪk, síːd- | síːd-, séd-] 〘《音位転換》← OE *Cerdić* ← ? Celt (cf. Caradoc): Sir Walter Scott が *Ivanhoe* で用いた造語〙 *n.* 男性名《愛称形 Cedie》.
Ced·ron [sɪdróun, sə- | sɪdrə́un] *n.* =Kidron.
ced·u·la [sédʒulə | -dju-; *Sp.* θédula] 〘□ Sp. ～: ⇨ schedule〙 ― *n.* **1 a** (スペイン語諸国で政府発行の)文書 (document), 証明書 (certificate). **b** (中南米で政府または銀行発行の)国庫証券. **c** (フィリピンで)登記税証書. **2** (フィリピンで)登記税.
cee [síː] *n.* C の字; C 字形(のもの) (cf. C 3).
CEEB 《略》《米》 College Entrance Examination Board 大学入学試験委員会《1900 年設立》.
cée sprìng *n.* =C spring.
C.E.F., CEF 《略》 Canadian Expeditionary Force(s) カナダ海外派遣軍 (cf. B.E.F.).
CEGB 《略》《英》 Central Eletricity Generating Board (英国の)国営電力会社.
CEI 《略》《英》 Council of Engineering Institutions.
cei·ba [séɪbə] 〘← NL ～ ← Arawakan〙 *n.* **1** 〘植物〙 **a** [C-] ケイパ属《キワタ科の一属》. **b** カポックノキ, パンヤ (*Ceiba pentandra*)《種子の毛を枕などのつめものとする; ceiba tree, silk-cotton tree, cotton tree ともいう; cf. bombax》. **2** =kapok.
cei·bo [séɪbou | -bəu] 〘□ Am.-Sp. ～ □ Sp. *ceiba* (↑)〙 ― *n.* (*pl.* ～s) **1** 〘植物〙アメリカデイコ (*Erythrina crista-galli*)《南米原産のマメ科デイコ属の低木; 真紅色の花が咲く; 観賞用に栽植》. **2** =kapok.
ceil [síːl] 〘(?a1400) *cele(n), cyle(n)* (i) □ OF *cel-er* to conceal < L *cēlāre* // (ii) □ F *ciel* sky, canopy < L *caelum* (cf. celestial)〙 ― *vt.* **1 a** 〈部屋など〉の天井を張る: ～ a room *with* cedar boards 杉板で部屋の天井を張る. **b** 〈天井〉に漆喰を塗る[板を張る]. **2** 〘海事〙〈船〉を内張りする (line).
cei·lidh [kéɪli | -lɪ] 〘□ Ir.-Gael. *cēilidhe* & Sc.-Gael. *cēilidh* < MIr. *cēlide* < OIr. *cēle* companion〙 ― *n.* 《スコット・アイル》 **1** 歌・踊り・物語などを伴うつどい[パーティー]. **2** 友情訪問.
ceil·ing [síːlɪŋ] 〘(1347–48): ⇨ ceil〙 ― *n.* **1** 天井: a fly on the ～ 天井にいるはえ. **2 a** 天井を張る材料; 天井板. **b** (船の)内張り羽目板. **3 a** 頭上高くおおいかぶさっているもの: a ～ of stars. **b** 一番高い所[部分], 頂上: The Himalayas are the ～ of the world. ヒマラヤ山脈は世界の屋根である (cf. roof 3 a). **4** (公的規制によって決められた価格・賃金・量などの)最高限界 (maximum) (cf. floor 6): a ～ on prices 価格の最高値 / ～ prices on rent 家賃の最高価格 / the labor ～ 最高[限界]労働賃金. **5** 〘航空〙 **a** =absolute ceiling. **b** シーリング《地上から雲の最下部までの垂直距離; これが飛行場ごとに定められた値を下まわると, 飛行機の離着陸が禁止される》. **6** 〘劇場〙はり構え (gridiron) から吊した枠組布張りの舞台用)天井《ceiling frame ともいう》.
hit the ceiling 《口語》急に怒り出す, かんしゃく玉を破裂させる (lose one's temper).
ceiling and visibility minima 〘航空〙最低気象条件 (⇨ weather minima).
céiling fàn *n.* 天井扇風機.
céiling hèight *n.* 〘建築〙天井高(だか) (stud).
céiling jòist *n.* 〘建築〙天井野縁.
céiling light *n.* 天井灯.
céiling plàte *n.* 〘劇場〙(はり構え (gridiron) から吊すための輪のついた)天井 (ceiling) 上部の金属板.
ceil·om·e·ter [siːlάməṭə, sɪ-, sə- | siːlɔ́mɪtə(r, sɪ-, -mə-] 〘← CEIL(ING)+-O-+-METER¹〙 ― *n.* 〘航空・気象〙雲高計, シーロメーター《地上から最低の雲までの距離を計り記録する電子装置》.
cein·ture [sɛ̃ː(n)t(j)ʊ́ə, sæn-, sǽntʃə | sɛ̃ː(n)tjúə(r, sæn-; *F.* sɛ̃tyːr] 〘□ F ～ < L *cinctūram*: ⇨ cincture〙 *n.* 〘服飾〙(ウエストにまく)ベルト[サッシュ].
cel. 《略》 celebrated; celibate.
cel- [siːl] (母音の前に来る時の) celo- の異形 (⇨ coelo-).
cel·a·don [sélədὰn, -dn | -dɔ̀n, -dən] 〘(1768) □ F *céladon* ← *Céladon* (フランスの Honoré d'Urfé (1568–1625) のロマンス *L'Astrée* の主人公 Astrée の恋人の名) ← L *Celadon* (Ovid の *Metamorphoses* の登場人物)〙 ― *n.* (*also* **cé·la·don** [sèɪlədɔ̃ː(ŋ), -dɔ́(ː)ŋ; *F.* seladɔ̃]) **1** =celadon green. **2** 青磁《釉の色が Honoré d'Urfé の小説の主人公 Astrée が着用した服の色に似ているところから, 狭義には中国宋代の緑色釉の磁器に用いた; この名称は Josiah Wedgwood が彼の作った緑色陶器に名付けたのが最初である》.
céladon gréen *n.* 灰緑色, 青磁色, セラドングリーン.
Ce·lae·no [sɪlíːnou, sə- | sɪlíːnəu] 〘□ L ～ □ Gk *Kelainṓ*《原義》the black one ← *kelainós* black〙 *n.* 〘ギリシャ神話〙ケライノー (⇨ Pleiades 1).
cel·an·dine [séləndàɪn, -dìːn | -dàɪn] 〘? OE *celidoine* □ OF (F *chélidoine*) < L *chelīdoniam* □ Gk *khelidónion* ← *khelidṓn* a swallow〙 ― *n.* 〘植物〙 **1** クサノオウ (*Chelidonium majus*)《ケシ科の多年草; great(er) celandine, swallow wort ともいう》. **2** =lesser celandine. **3** =jewelweed a.
célandine póppy *n.* 〘植物〙米国東部産のケシ科の黄色い花が咲く草本 (*Stylophorum diphyllum*)《wood poppy ともいう》.
Cel·a·nese [séləniːz, ⌐―⌐ | ⌐―⌐] 〘← CEL(LULOSE)+A(CETATE)+-ESE〙 *n.* 〘商標〙セラニーズ《British Celanese Ltd. の造るアセテート》.
Cel·as·tra·ce·ae [sèləstréɪsiìː] 〘← NL ～ ← *Celastrus* (属名: ← Gk *kélastros* holly)+-ACEAE〙 ― *n. pl.* 〘植物〙(双子葉植物ムクロジ目)ニシキギ科. **cèl·as·trá·ceous** [-ʃəs] *adj.*
cel·a·ture [séləʧʊ̀ə | -tjʊ̀ə(r] 〘(a1420) □ L *caelātūra* ← *caelāre* to engrave: ⇨ -ure〙 *n.* 金属に模様打ちする技術; 打出し模様, 浮彫り細工.
-cele¹ [siːl] 〘← NL *-cēlē* ← Gk *kēlē* tumor〙 〘病理〙「腫瘍(しゅよう), 膨大 (tumor); 空洞, ヘルニア (hernia)」の意の名詞連結形: varico*cele*.
-cele² [siːl] =-coele.
ce·leb [sɪléb, sə-] 〘《略》← CELEBRITY〙 *n.* 《俗》名士.
Cel·e·bes [séləbiːz, sɪlíːbiːz, sə- | selíːbɪz, sɪl-] *n.* セレベス(島)《インドネシア中部の島; Borneo 島の東方; 付近の島々を含めて人口 8,535,000, 面積 189,070 km²; インドネシア語名 Sulawesi》.
Celebes Sea [⌐―⌐⌐, ―⌐―⌐ | ―⌐―⌐] *n.* [the ～] セレベス海《フィリピン諸島の南, Celebes 島の北の太平洋の一部》.
cel·e·brant [séləbrənt | -lɪ-] 〘□ F *célébrant* // L *celebrant-em* □ (pres.p.) ← *celebrāre* (↓): ⇨ -ant〙 ― *n.* **1** 〘キリスト教〙聖餐式執行者, ミサ執行司祭. **2** (公の宗教的儀式または祝宴・宴会の)参会者, 参加者. **3** (人・事物に対する)称賛者, 賛美者: a ～ of country life.
cel·e·brate [séləbrèɪt | -lɪ-] 〘(1465) ← L *celebrāt-us* (p.p.) ← *celebrāre* to solemnize, honor ← *celebre-, celeber* frequented, famous ← IE **pel-* to drive (Gk *péllein* to push / L *celer* swift): ⇨ -ate³〙 ― *vt.* **1** 〈儀式・祝典・聖餐式などを〉挙行する, 挙げる (solemnize): ～ Mass, the Eucharist, a marriage, etc. **2** (祝典を挙げて)〈祭日・特定の日・出来事を〉祝う, 祝賀する: ～ a victory 勝利を祝う / ～ one's birthday 誕生日を祝う. **3** 〈勇士・勲功などを〉(文学作品などで)称賛する, ほめたたえる: ～ the glory of the countryside in a novel 小説で田園のすばらしさをほめたたえる. **4** 公にする, 世に知らせる, 公表する: The newspapers ～*d* the opening of the Olympic Games. 新聞はオリンピックの開会を盛んに書き立てた. ― *vi.* **1** 〈祭司が〉儀式を行なう. **2** 式典[祝典]を挙行する, 祝賀会を催す. **3** 《口語》大いに祝杯を挙げる; 飲んだり食ったりして騒ぐ, 浮かれ騒ぐ.
cél·e·bràt·ed [-ṭɪd, -ṭəd | -tɪd, -təd] 〘(1586)〙 ― *adj.* 有名な, 著名な, 名高い 〔*for*〕: a ～ female writer 著名な女流作家 / This place is ～ *for* its beautiful scenery. この地は景観で知られている. **～·ness** *n.*
cel·e·bra·tion [sèləbréɪʃən | -lɪ-] 〘(1529) □ (O)F *célébration* // L *celebrātiō(n-)* concourse, festal observance ← *celebrātus* (p.p.) ← *celebrāre*: ⇨ celebrate, -ation〙 ― *n.* **1** (儀式, 特にミサ・聖餐式の)挙行. **2** 祝賀; 祝典, 祭典: in ～ of ...を祝して / hold a ～ 祝賀会を催す. **3** 称賛, 賛美. **4** 発表, 公表.
cél·e·brà·tor [-ṭə | -tə(r] 〘□ L *celebrātor*: ⇨ -or²〙 *n.* =celebrant.
cel·e·bra·to·ry [séləbrətɔ̀ːri, -tòːri | sélɪbrət(ə)rɪ, -brèɪt-, sèlɪbréɪt(ə)rɪ] 〘⇨ ↑, -atory〙 *adj.* 儀式[祝典]のための, 儀式用の.
cel·e·bret [séləbrèt | -lɪ-] 〘□ L ～ 'let him celebrate' (3rd sing. pres. subj.) ← *celebrāre*: ⇨ celebrate〙 ― *n.* 〘カトリック〙司祭身分証明書, ミサ執行許可証《所持者が自分の教区外でもミサ執行を行なえる司祭であるという, 司教あるいは修道会の長上からの証明書》.
ce·leb·ri·ty [sɪlébrəṭi, sə- | -rətɪ, -rɪ-] 〘(1600) □ (O)F *célébrité* // L *celebritāt-em* festal celebration, renown: ⇨ celebrate, -ity〙 ― *n.* **1** 世の聞え, 名声, 高名 (fame, renown). **2** 知名の人, 名士.
ce·len·ter·on [sɪléntərὰn | -tərɔ̀n] *n.* (*pl.* **-ter·a** [-rə]) 〘動物〙=coelenteron.
ce·ler·i·ac [sɪlériæ̀k, -lí(ə)r-, sə- | sɪlériæ̀k, səl-, séləri-] 〘(1743) ← CELERY〙 ― *n.* 〘園芸〙根用セロリ, セルリアック (*Apium graveolens* var. *rapaceum*)《カブ状の肥大根を食用とする; celery root ともいう》.
ce·ler·i·ty [sɪlérəṭi, sə- | -lérətɪ, -rɪ-] 〘(1483) □ (O)F *célérité* // L *celeritāt-em* swiftness ← *celer* swift (cf. celebrate): ⇨ -ity〙 ― *n.* (行動の)すばやさ, 敏速 (swiftness); 敏捷, 機敏 (alacrity).
cel·er·y [sél(ə)ri | -lərɪ] 〘(1664) □ F *céleri* □ It.《方言》*seleri, seleni-* (pl.) ← *seleno* parsley < LL *selīnon* □ Gr *sélinon* wild parsley〙 ― *n.* 〘園芸〙セロリ, セルリ, オランダミツバ (*Apium graveolens* var. *dulce*).
célery càbbage *n.* 〘園芸〙=Chinese cabbage.
célery ròot *n.* 〘植物〙=celeriac.
célery sàlt *n.* セロリーソルト《セロリーの種子の粉末と塩の混合香味料》.
ce·les·ta [sɪléstə, sə-, tʃɪ-, tʃə-] 〘□ F *célesta* ← *céleste* (↓)〙 *n.* チェレスタ《ピアノに似た小型の有鍵(けん)楽器; 小さい鐘のような美しい音を発する》.
ce·leste [sɪlést, sə-] 〘□ F *céleste* □ L *caelestis* heavenly, divine ← *caelum* sky〙 ― *n.* **1** 天青色, 空色. **2 a** (ピアノの)弱音器《ハンマーと弦の間に布を入れて消音する》. **b** 〘音楽〙=voix céleste.
Ce·leste [sɪlést, sə-] 〘← *caelest-is* (↑)〙 *n.* 女性名《愛称形 Celestine》.
ce·les·tial [sɪléstʃəl, sə- | -tjəl, -tɪəl] 〘(c1380) □ OF ～ ← L *caelestis* heavenly, divine (← *caelum* sky ← ?)+-AL¹〙 ― *adj.* **1 a** 天の (heavenly). **b** 天体の, 天空の: a ～ map 天球図, 星図. **2** 天上(界)の, 神聖な (divine) (cf. terrestrial); 申し分ない, 最高の (supreme): ～ bliss 天上界で受ける幸福, 至福 / a ～ being 天人. **3** 空色の. **4** 〘← CELESTIAL EMPIRE〙 [C-] (昔の)中国(人)の (Chinese). **5** 〘航空・海事〙天文航法の: ⇨ celestial navigation. ― *n.* **1** 天人; 神; 天使 (angel). **2** [C-] (昔の)中国人 (Chinese). **～·ly** *adv.* **～·ness** *n.*
celéstial blúe *n.* 空色の顔料《セレスタイト (celestite) からつくられる顔料》.
celéstial bódy *n.* 天体.
Celéstial Cíty *n.* [the ～] 天の都である新エルサレム《Bunyan の *Pilgrim's Progress* 中の Christian の旅行目的地; cf. *Rev.* 21: 2, 10》.
celéstial crówn *n.* 〘紋章〙セレスティアルクラウン《紋章図形に使用される antique crown の一種で光線の先端に 6 光星をつけた冠》.

celestial crown

Celéstial Émpire 〘《なぞり》← Chin. *t'ien ch'ao* (天朝)〙 *n.* [the ～] 中国帝国 (Chinese Empire) の旧称.
celéstial equátor *n.* 〘天文〙天(球上)の赤道《天の両極から 90° の角距離にある天球上の大円; 単に equator ともいう; ⇨ declination 挿絵》.
celéstial glóbe *n.* 〘天文〙天球儀.
celéstial glóry *n.* 〘モルモン教〙日の光栄《3 種の光栄の最高の状態; cf. telestial glory, terrestrial glory》.
celéstial híerarchy *n.* 〘神学〙天使の九階級 (cf. angel 1).
celéstial horízon *n.* 〘天文〙水平線, 地平線《水平面と天球との交わりである大円》.
celéstial látitude *n.* 〘天文〙黄緯.
celéstial lóngitude *n.* 〘天文〙黄経.
celéstial mechánics *n.* 〘天文〙天体力学《力学の法則と万有引力の法則を前提として, 天体の運動および形状を理論的に研究する天文学の一部門; dynamical astronomy ともいう》.
celéstial merídian *n.* 〘天文〙(天の)子午線《天の両極と天頂を通る天球上の大円》.
celéstial navigátion *n.* 〘航空・海事〙天文航法《航行中, 天体観測で自己の位置を算出して航空[海]に資する法; astronavigation ともいう; cf. geonavigation》.
celéstial póle *n.* 〘天文〙天球の極《地球自転軸の延長が天球に交わる点; cf. north pole, south pole 2》.
celéstial sphére *n.* 〘天文〙天球《地球の中心または観測者の位置を中心とする半径無限大の仮想球面》.
cel·es·tine [séləstiːn, -stàɪn, sɪléstɪn, sə-, -tən | sélɪstàɪn] 〘□ G *Zölestin*: ⇨ celestite〙 *n.* 〘鉱物〙=celestite.

Cel·es·tine [séləstàɪn, sɪléstɪn, -tən, -taɪn | sélɪstàɪn, -ləs-, sɪléstaɪn, sɪléstɪn, -tən] 〖(dim.) ← CELESTE : ⇨ -ine⁴〗 *n.* 女性名《異形 Celestina》.

cel·es·tite [séləstàɪt, sɪléstaɪt, sə- | sélɪstàɪt] 〖← L *caelestis* 'heavenly, CELESTIAL' (その美しい青色にちなむ)＋-ITE¹: 米国の鉱物学者 J. D. Dana (1813–95) による造語〗 ― *n.* 〖鉱物〗天青石, セレスタイト《組成 $SrSO_4$; 時として青いが通常は白い》.

ce·li- [sí:lɪ, -lə | -lɪ] (母音の前に来る時の) celio- の異形 (⇨ coelio-).

Ce·lia [sí:ljə | sí:ljə, -lɪə] 〖(変形) ← CECILIA〗 *n.* 女性名.

ce·li·ac [sí:liæ̀k | -lɪ-] 〖(1662) ◻ L *coeliac-us* ◻ Gk *koiliakós* ← *koilía* belly ← *koîlos* hollow〗 ― *adj.* **1** 〖解剖〗腹腔の, 体腔の. **2** 〖病理〗脂肪便の: the ~ syndrome.

céliac disèase *n.* 〖病理〗小児脂肪便症《消化不良・下痢などを伴う慢性栄養障害》.

cel·i·ba·cy [séləbəsi | -lɪbəsɪ] 〖(1663) ← L *caelibāt-us* 'CELIBATE'＋-CY〗 *n.* **1 a** 独身; 独身生活. **b** (宗教的理由による)独身主義. **2** 禁欲, 貞潔.

cel·i·ba·tar·i·an [sèləbəté(ə)riən | -lɪbətéərɪ-] 〖⇨ ↓, -arian〗 *adj.* 独身主義の. ― *n.* ＝celibatist.

cel·i·bate [séləbət, -bɪt | -lɪ-] 〖(1829) ◻ L *caelibāt-us* ← *caelebs* unmarried ← ?: ⇨-ate²〗 ― *adj.* **1** 独身(生活)の, 結婚していない. **2** 禁欲を守る. ― *n.* **1** (宗教的理由による)独身主義者; 独身者. **2** 禁欲している人.

cél·i·ba·tist [-bətɪst, -təst | -tɪst] *n.* 独身主義者.

Cé·line [seɪlí:n; *F.* selin], **Louis-Ferdinand** *n.* セリーヌ《1894–1961; フランスの小説家・医師; 本名 Louis-Ferdinand Destouches; *Voyage au bout de la nuit*「夜の果てへの旅」(1932), *Mort à crédit*「なしくずしの死」(1936)》.

ce·li·o- [sí:lio(ʊ) | -lɪə(ʊ)] ＝coelio-.

ce·li·o·scope [sí:liəskòʊp | -lɪəskə̀ʊp] *n.* 〖医学〗＝celoscope.

ce·lite [sí:laɪt] 〖← *ce-* (＝*c*「第3番目」の意)＋-LITE〗 ― *n.* 〖化学〗セリット《ポートランドセメントを構成する鉱物組織; ブラウンミレライト (brownmillerite) と同一視される; cf. alite, belite》.

cell [sél] 〖(*a*1131) ◻ OF *celle* ＜ L *cellam* storeroom, (LL) monastic cell ← IE **kel-* to cover, conceal (Goth. *halja* 'HALL, HELL')〗 ― *n.* **1** (大修道院の)付属小修道院. **2 a** (修道院の)小さい独居室; (隠遁者や行者の)ひとり住いの小屋, 庵(いおり). **b** (刑務所などの)独房: a condemned ~ ⇨ condemned 2. **c** 《詩》墓 (grave). **3 a** 仕切りのある小さな穴[くぼみ, 室]. **b** (蜂の巣の)蜜(みつ)房; 巣穴: the ~*s* of a honeycomb. **c** (組織内, 特に骨の中の)小空洞, 蜂巣. **4** (共産党などの)細胞, 支部 (cf. fraction 2). **5** 〖電気〗 **a** (単体の)電池《cell の集まったものを battery という》: ⇨dry cell. **b** ＝fuel cell. **c** 電解槽(そう): an electrolytic ~ 電解槽. **6** 〖物理〗電池《物理的現象を利用するもので, 放射エネルギーと電気エネルギーの変換器》. **7** 〖生物〗細胞. **8** 〖昆虫〗翅室(しつ), 室(しつ)《翅(はね)の翅(し)脈で分割された部分》. **9** 〖植物〗 **a** 花粉室, 子房室. **b** ＝theca 1. **10** 〖航空〗 **a** (外翼とか胴体内の翼組みとか)一つのブロックになった翼構造. **b** (気球・飛行船の)ガス袋. **11** 〖電算機〗セル《計算機中の情報を記憶する位置の単位》. **12** 〖数学・統計〗 **a** 胞体《単体 (simplex) と同相な集合》. **b** 欄《何人かの人のいくつかの項目についてのデータを配列した表の行と列の交わりの箇所》. **13** 〖気象〗空気塊. **14** 〖建築〗 **a** ＝cella. **b** ヴォールト天井の三角形の区画. **c** 骨組やトラスの部材に囲まれた区画. **d** 建築部材の中空部分.

cell- [sel] (母音の前に来る時の) cello- の異形.

cel·la [sélə] 〖◻ L ~ (⇨ cell)〗 ― *n.* (*pl.* **cel·lae** [séli:]) 〖建築〗ケルラ, セラ《古代ギリシャ・ローマの神殿建築内部の神像安置所, 神殿; naos ともいう; cf. epinaos, pronaos》.

cel·lar [sélə | -lə(r] 〖(17C) ◻ L *cellār-ium* ∽ (?*a*1200) *celer* ◻ AF＝OF *celier* (F *cellier*) ＜ L *cellārium* storeroom ← *cella* 'CELL'〗 ― *n.* **1 a** (通例, 食料貯蔵室・燃料庫に用いる)地下室, 穴蔵 (cf. basement). **b** (地下の)ぶどう酒貯蔵室 (wine cellar). **2** 貯蔵のぶどう酒: keep a good ~ ぶどう酒を豊富に貯えている / keep a small ~ ぶどう酒の貯えが貧弱である. **3** [the ~] 《米口語》(競技で)最下位: Our team is in *the* ~. 我がチームは最下位である.
down cellar 《米》地下室で[へ]: He went *down* ~. 地下室に降りた.
― *vt.* 地下室に貯える.

cel·lar·age [sélərɪdʒ] *n.* **1** 地下室の面積. **2** 地下室の物品の保管料. **3** [集合的] 地下室 (cellars).

céllar-bòok *n.* (地下室)貯蔵ぶどう酒リスト.

cél·lar·er [-lərə | -rə(r] 〖ME *celerer* ◻ OF ◻ LL *cellariārium*〗 *n.* (修道院などで食料の仕入れ・保管・配給をする)食料品係[用度係].

cel·lar·ette [sèlərét, ⌐⌐⌐] *n.* (*also* **cel·lar·et** [~]) 酒[ぶどう酒]びん棚.

céllar-flàp *n.* ＝coal-flap.

céllar·man [-mən | -mən, -mæ̀n] *n.* (*pl.* **-men** [-mən, -mèn]) (ホテルや食堂の)酒類仕入れ係.

céllar-plàte *n.* ＝coal-flap.

céllar·wày *n.* 地下室への入口.

céll·blòck *n.* 刑務所の独房棟.

céll bòdy *n.* 〖生物〗細胞体《神経単位の突起を除いた中心部; ⇨neuron 挿絵》.

céll divìsion *n.* 〖生物〗細胞分裂 (cf. mitosis).

celled [séld] *adj.* [通例複合語の第2構成素として] (…の)細胞のある: many-*celled*.

celli *n.* cello の複数形.

Cel·li·ni [tʃəlí:ni | -nɪ; *It.* tʃellí:ni], **Ben·ve·nu·to** [bènvenú:to] *n.* チェリーニ《1500–71; イタリアの彫刻家・彫金家; 自叙伝で有名》.

cel·list [tʃélɪst, -ləst | -lɪst] 〖← CELLO＋-IST〗 *n.* (*also* **'cel·list** [~]) チェリスト, チェロ演奏家[奏者] 《violoncellist ともいう》.

céll mèmbrane *n.* 〖生物〗 **1** 細胞膜, 原形質膜 (⇨ plasma membrane). **2** ＝cell wall.

cel·lo [tʃélou | -ləʊ] 〖(1881) 《略》 ← VIOLONCELLO〗 *n.* (*pl.* **~s, cel·li** [-li:]) (*also* **'cel·lo** [~]) チェロ, セロ《弦楽器; violoncello ともいう》.

cel·lo- [sélo(ʊ) | -lə(ʊ)] 〖← CELLULOSE〗「セルロース (cellulose)」の意の連結形. ★ 母音の前では通例 cell- になる.

cèllo·bíose 〖← CELLO-＋BI¹-＋-OSE²〗 ― *n.* 〖生化学〗セロビオース ($C_{12}H_{22}O_{11}$)《セルロースの加水分解によって得られる二糖類グルコース β-グルコシッド; cellose ともいう》.

cel·loi·din [selɔ́ɪdn̩ | -dɪn] 〖← CELLO-＋-OID＋-IN¹〗 ― *n.* 〖医学〗セロイジン《濃厚コロジウムで顕微鏡検査・写真フィルムその他医学上で切片を固着するために用いる》.

cel·lo·phane [séləfèɪn | -lə(ʊ)-] 〖(1921) ← CELLO-＋-PHANE: cf. G *Zellophan*〗 *n.* セロファン《パルプから作った透明な薄いフィルム》.

cél·lo·phàned *adj.* 〈食品が〉セロファンに包まれた.

cel·lose [sélous | -ləʊs] 〖← CELLO-＋-OSE²〗 *n.* 〖生化学〗＝cellobiose.

Cel·lo·solve [séləsɑ̀lv, -sɔ̀(:)lv | -sɔ̀lv] *n.* 〖商標〗セロソルブ《エチレングリコールのモノエーテルの商品名》.

céll plàte *n.* 〖生物〗細胞板《植物細胞が分裂する時, 細胞質の境にできる境界膜》.

céll sàp *n.* 〖生物〗 **1** 細胞液《細胞内の空胞を満たしている液体》. **2** ＝hyaloplasm.

céll thèory *n.* 〖生物〗細胞説《細胞はすべての生物の構造および機能上の単位であるという説》.

céll thèrapy *n.* 〖医学〗細胞療法《羊胎児の細胞を注射する若返り法; cellular therapy ともいう; 略 CT》.

cel·lu- [sélju] cellulo-² の異形.

cel·lul-¹ [séljul] (母音の前に来る時の) cellulo-¹ の異形.

cel·lul-² [séljul] (母音の前に来る時の) cellulo-² の異形.

cel·lu·lar [séljulə | -lə(r] 〖(1753) ← NL *cellulāris* ← L *cellula* living cell (dim.) ← *cella* 'CELL'〗 ― *adj.* **1** 細胞の[に関する, から成る]; 細胞状[質]の. **2** 空洞のある, 多孔性の (porous); 透き目のある: a ~ shirt, blanket, etc. **3** 細胞式の, 小室区画式の; 小室[独房]を用いた: ~ confinement 独房監禁. **~·ly** *adv.*

cel·lu·lar·i·ty [sèljulǽrəti | -rətɪ, -rɪ-] *n.*

céllular thérapy *n.* 〖医学〗＝cell therapy.

céllular tíssue *n.* **1** 〖解剖〗 **a** 細胞組織. **b** 蜂巣[蜂窩(ほうか)]状結締組織, 粗性結合織. **2** 〖植物〗柔細胞の組織.

cel·lu·lase [séljulèɪs, -lèɪz | -lèɪs] 〖← CELLULO-²＋-ASE〗 *n.* 〖化学〗セルラーゼ《繊維素分解酵素》.

cel·lu·late [séljulèɪt] 〖← CELLULO-¹＋-ATE²·³〗 *adj.* ＝cellular. ― *vt.* 細胞質[状]にする; …に小室[小区画]を与える. **cel·lu·la·tion** [sèljuléɪʃən] *n.*

cel·lule [sélju:l] 〖◻ F ~ // L *cellula* (dim.) ← *cella* 'CELL': ⇨ -ule〗 *n.* 〖解剖〗蜂巣; 小房; 細胞, 小細胞.

cel·lu·li- [séljulɪ, -lə | -lɪ] cellulo-¹ の異形 (⇨ -i-).

cel·lu·li·tis [sèljuláɪtɪs, -təs | -tɪs] 〖← NL ~: ⇨ cellulo-, -itis〗 *n.* 〖病理〗フレグモーネ, 蜂巣炎, 小胞炎.

cel·lu·lo-¹ [séljulo(ʊ) | -lə(ʊ)] 〖← NL ~ ← L *cellula* (dim.) ← cella 'CELL'〗 ―「細胞; 細胞と…との」の意の連結形. ★ 時に celluli-, また母音の前では通例 cellul- になる.

cel·lu·lo-² [séljulo(ʊ) | -lə(ʊ)] 〖← CELLULOSE〗「セルロース (cellulose)」の意の連結形. ★ 母音の前では通例 cellul- になる.

Cel·lu·loid [séljulɔ̀ɪd] 〖(1871) ← CELLULO-²＋-OID: 米国の発明家 J. W. Hyatt (1837–1900) の造語〗 ― *n.* **1** 〖商標〗セルロイド. **2** [c-] 映画フィルム; 映画 ― *adj.* [c-] **1** 映画の[に関する]. **2** 合成の (synthetic); 生きていない; 架空の, 非現実的な.

cel·lu·lo·lyt·ic [sèljulo(ʊ)lítɪk | -lə(ʊ)lít-] 〖← CELLULO-²＋-LYTIC〗 *adj.* 〖生化学〗セルロースを加水分解し得る.

cel·lu·lose [séljulòus, -lòuz | -ləʊs] 〖(1835) ◻ F ~: ⇨ cellule, -ose²〗 *n.* 〖化学〗セルロース, 繊維素: ~ silk セルロース人造絹糸.

céllulose ácetate *n.* 〖化学〗アセチルセルロース, 酢酸繊維素《単に acetate ともいう》.

céllulose ácetate bútyrate *n.* 〖化学〗アセチルブチルセルロース《セルロースの酢酸と酪酸の混合エステル; 可塑性のよいプラスチック》.

céllulose éster *n.* 〖化学〗セルロースエステル, 繊維素エステル.

céllulose éther *n.* 〖化学〗セルロースエーテル.

céllulose nítrate *n.* 〖化学〗ニトロセルロース, 硝酸繊維素, 硝化綿《爆薬用; cf. guncotton》.

céllulose própionate *n.* 〖化学〗プロピオニルセルロース《プロピオン酸のセルロースエステル》.

céllulose triácetate *n.* 〖化学〗トリアセチルセルロース《セルロースのアセチルエステルのうち $[C_6H_7O_2(OCOCH_3)]_n$ のもの; フィルム繊維に使用》.

céllulose xánthate *n.* 〖化学〗セルロースキサントゲン酸塩《アルカリセルロースに二硫化炭素の作用で得られる; 純粋のものは白色粉末で, 水に溶かすと viscose を生じる》.

cel·lu·lo·sic [sèljulóusɪk, -zɪk | -ləʊs-] *adj.* セルロース[繊維素]の[を含む, から造られる]. ― *n.* セルロースを主成分とする物質.

cel·lu·lous [séljuləs] 〖← NL *cellulōs-us* live cell: ⇨ cellular, -ous〗 *adj.* 《まれ》細胞の多い; 細胞から成る.

céll wáll *n.* 〖生物〗細胞壁.

ce·lo- [sí:lo(ʊ) | -lə(ʊ)] ＝coelo-.

ce·lom [sí:ləm] *n.* 〖動物〗＝coelom.

ce·lo·scope [sí:ləskòup | -skə̀ʊp] *n.* 〖医学〗腹腔鏡, 体腔鏡.

Cels. 《略》 Celsius.

Cel·si·us [sélsiəs, -ʃəs | -sjəs, -sɪəs] 〖← *Anders Celsius* (1701–44: スウェーデンの天文学者)〗 ― *adj.* (温度計で)セ氏の (centigrade)《カ氏温度の換算は, C, F をそれぞれセ氏, カ氏であらわした温度とすると, C＝5/9 (F −32); 略 Cels., 記号 °C; centigrade ともいう; cf. Fahrenheit》: a ~ thermometer セ氏温度計 / 20° ~ セ氏 20 度.

celt [sélt] 〖(1715) ◻ LL *celt-is*, *celtes* chisel ← ?: ラテン語訳聖書の *Job* 19 : 24 にある *certe* surely を誤読したものか〗 ― *n.* 〖考古〗石[青銅]斧(ふ)《柄を付ける穴のないものをいう》.

Celt [sélt, kélt | kélt] 〖(1607) ◻ F *Celte* ◻ L *Celta* (sing.), *Celtae* (pl.) ◻ Gk *Keltoí* ← ?: cf. L *celsus* high〗 ― *n.* **1 a** [the ~s] ケルト族《英国・スペイン・小アジアに分布していた古代インドヨーロッパの一種族》. **b** ケルト族の人. **2** (現代の)ケルト人《Gael, Highland Scot, Irishman, Welshman, Cornishman, Breton 人を指す》.

Celt. 《略》 Celtic.

Celt·ic [séltɪk, kél- | kéltɪk] 〖(1656) ◻ F *celtique* // L *Celtic-us*: ⇨ Celt, -ic¹〗 ― *adj.* **1** ケルト族の; ケルト人の. **2** ケルト語(派)の. ― *n.* 〖言語〗ケルト語(派)《インドヨーロッパ語族に属し, Irish, Scotch, Gaelic, Welsh, Breton などを含む; 今ではアイルランド・スコットランド高地・ウェールズおよびブルターニュ地方に話されている; cf. Old Celtic》.

Célt·i·cal·ly [-kəli | -lɪ] *adv.* ケルト風に.

Céltic cróss *n.* ケルト十字架. (⇨ cross¹ 挿絵)

Céltic frínge [édge] *n.* [the ~] [しばしば軽蔑的に] ケルト外辺(人)《イングランドからみてスコットランド人・アイルランド人・ウェールズ人・コーンウォール人またはその土地をいう》.

Célt·i·cìsm [-sìzm̩] *n.* **1** ケルト語特有の言い方, ケルト語風 (Celtic idiom)《例えばアイルランド英語の I'm after having my dinner. (＝I have just had my dinner.) のような言い方など》. **2** ケルト人気質(かたぎ), ケルトの風習[好み].

Célt·i·cist [-sɪst, -səst | -sɪst] *n.* ケルト語[文化]の専門家.

Celt·i·cize [séltəsàɪz, kél- | kéltɪ-] *vt.* ケルト化する.

Céltic Revíval *n.* [the ~] ケルト文芸復興(運動)《アイルランド・スコットランドなどにおける, 古代ケルト民族精神の復活を目的とする文化運動の総称; 特に 1890 年代以降アイルランドに起こった W. B. Yeats を中心とする文学運動》.

Céltic twílight 〖W.B. Yeats のアイルランド民話集の題名から〗 *n.*「ケルトの薄明」《アイルランドの民話の, ロマンチックなおとぎ話的雰囲気》.

Cel·to- [sélto(ʊ), kél- | kéltə(ʊ)]「ケルト族[人, 語](の) (Celt, Celtic)」の意の連結形: *Celto*-Roman, *Celto*-Slavic, *Celto*-Teutonic.

Cèlto-Germánic *adj.* **1** ケルト人とゲルマン人の両方の性格を備えた. **2** 〖美術〗ケルトゲルマン様式の《5–9 世紀頃のアルプス以北の美術がケルトとゲルマンの両要素をもつ; cf. Hiberono-Saxon 2》.

Celt·o·ma·ni·a [sèlto(ʊ)méɪniə, kèl-, -njə | kèltə(ʊ)-méɪnjə, -nɪə] *n.* ケルト心酔, ケルト狂.

cel·tuce [séltɪs, -təs | -tɪs, -təs] 〖(混成) ← CEL(ERY)＋(LET)TUCE〗 ― *n.* 〖園芸〗セルタス, カキチシャ(搔萵苣) (*Lactuca sativa* var. *asparagina*)《ステム型レタス(茎チシャ)の代表的品種; セロリとレタスの風味をもつ》.

cem. 《略》 cement.

C.E.M.A. 《略》 Council for the Encouragement of Music and the Arts《現在は A.C.G.B.》.

cem·ba·lo [tʃémbəlòu | -ləʊ; *It.* tʃémbalo, tʃém-] 〖◻ It. ~ 《略》 ← *clavicembalo* ◻ ML *clāvicymbalum*: ⇨ clavo-, cymbal〗 ― *n.* (*pl.* **-ba·li** [-li:; *It.* -li], **~s**) **1** ＝dulcimer 1. **2** 〖《短縮》← CLAVICEMBALO〗チェンバロ《harpsichord のイタリア語名; 最近各国共通に cembalo が用いられることが多い》.

ce·ment [sɪmént, sə-] 〖(16C) ◻ L *caement-um* chippings of stone ← *caedere* to cut ∽ (?*a*1300) *ciment* ◻ (O)F ＜ L〗 ― *n.* **1 a** セメント; (特に)ポートランドセメント (portland cement). **b** 《米》コンクリート (concrete); モルタル (mortar). **2** 接合剤, 硬化材《床を固めるたたき・モルタル・歯科用セメント・瀬戸物をつぐ材料など》. **3** つなぐもの, 結合, (友情の)きずな (link, bond). **4** 〖歯科〗 **a** 歯科用セメント《むし歯に填めたり, 金冠などを歯に固着する材料》. **b** 《まれ》＝cementum. **5** 〖地質〗膠結(こうけつ)物《岩片や砂を囲んで結合している物質》. **6** 〖冶金〗セメンテーション(浸炭)に用いられる粉末.
― *vt.* **1 a** …にセメントを塗る. **b** セメントでつなぐ; セメント[コンクリート]で固める; 接合する. **2** 〈友情などの関係を〉堅くする, 堅く結び付ける (band): a friendship ~*ed* by time 時と共に固まった友情. **3**

〘冶金〙〈鉄を〉セメンテーションする. ― *vi.* 接合する; 結び付く; 堅く固まる. **~·er** [-tə | -tə(r)] *n.*

cementa *n.* cementum の複数形.

ce·men·ta·tion [sìːmentéɪʃən] *n.* **1** セメント接合; セメント塗布. **2** 硬結, 結合, 接合. **3** 〘冶金〙 **a** セメンテーション, 浸炭《鉄を木炭粉の中で熱して鋼を作る方法》. **b** 置換法《イオン化傾向の大きい金属を用いて, イオン化傾向の小さい金属イオンを還元析出させる方法》.

cemént blóck *n.* 〘建築〙 =concrete block.

cemént clìnker *n.* 〘土木〙 セメントクリンカー, 焼塊《粘土と石灰石を焼成して得るもので, これを粉砕してセメントを造る》.

ce·mént·ed cárbide [-tɪd-, -təd- | -tɪd-, -təd-] *n.* 〘化学〙 =carbide 2.

cemént glànd *n.* 〘動物〙 セメント腺, 接合腺, 粘着腺《ワムシ類やある種の昆虫で粘着液を分泌する腺》.

ce·ment·ite [sɪméntaɪt, sə-] 〘← CEMENT+-ITE[1]〙 *n.* 〘化学〙 セメンタイト, 炭化鉄 (Fe_3C).

cemént mìxer *n.* =concrete mixer.

cemént mòrtar *n.* 〘建築〙 セメントモルタル《セメントと砂に少量の石灰を混ぜ水で練ったモルタル》.

cemént stèel *n.* 〘冶金〙 浸炭鋼 (cf. cementation 3 a).

ce·men·tum [sɪméntəm, sə- | -təm] 〘← NL ~ ← L *caementum*: ⇨ cement〙 *n.* (*pl.* **ce·men·ta** [-tə | -tə]) (歯の)セメント質.

cem·e·ter·y [sémətèri | -mɪtrɪ, -mə-] 〘(*c*1425) *cymytery* ⊏ LL *coemētēri-um* ⊏ Gk *koimētḗrion* sleeping place ← *koimân* to put to sleep ← IE **kei-* to lie (Gk *keîmai* I lie down)〙 ― *n.* (教会の境内墓地以外の)(大きな)墓地, 共同墓地 (cf. churchyard).

C.E.M.F. 《略》〘電気〙 counter electromotive force.

C.E.M.S. 《略》 Church of England Men's Society 英国国教会壮年会[男子会].

cen. 《略》 central; century.

cen-[1] [siːn, sen | siːn] (母音の前に来る時の) ceno-[1] の異形. 「coeno-).

cen-[2] [siːn] (母音の前に来る時の) ceno-[2] の異形 (⇨

cen·a·cle [sénɪkl̩, -nə- | -nə-] 〘⊏ F *cénacle* ⊏ LL *cēnāculum* (dim.) ← L *cēna* dinner, meal ← IE **(s)ker-* to cut (cf. shear): ⇨ -cule〙 ― *n.* **1** [C-] (キリストとその使徒が)最後の晩餐をとった部屋. **2** 〘カトリック〙 黙想の家《特に, 最後の晩餐の聖母修道会が経営するカトリック女性のためのもの》.

Cen. Am. 《略》 Central America; Central American.

cen·dre [sɑ́ː(n)dr(ə), sɔ́ː(n)-, sɑ́ːn-, sɔ́(ː)n-, -d(rə); *F.* sɑ̃ːdr] 〘⊏ F ~ 《原義》 ash ⊏ L *cinis*〙 *n.* =azurite blue.

-cene [⌐-siːn] 〘← Gk *kainós* new, recent〙 ― 〘地質〙「新しい」の意の形容詞連結形; 特に新生代 (Cenozoic Era) に属する時期の名称に用いられる: Eo*cene*, Mio*cene*.

ce·nes·the·sia [sìːnesθíːʒə, -ʒiə, sèn- | -zjə, -niːs-, -nəs-, -zɪə, -ʒə] *n.* 〘心理〙 =coenesthesia.

C.Eng., C Eng 《略》《英》 Chartered Engineer.

Cenis, Mont *n.* ⇨ Mont Cenis.

ce·no-[1] [síːnə, sénə | síːnə] 〘← Gk *kainós* new〙「新しい (new); 最近の (recent)」の意の連結形. ★ 母音の前では通例 cen- になる.

ce·no-[2] [síːno(ʊ), sén- | síːnə(ʊ)] =coeno-.

cenobia *n.* cenobium の複数形.

cen·o·bite [sénəbàɪt | síːnə(ʊ)-] 〘⊏ LL *coenobita* ← *coenobium* ⊏ Gk *koinóbion* convent (neut.) ← *koinóbios* living in community ← *koinós* common+*bios* life: ⇨ -ite[1]〙 ― *n.* (修道院で共同生活をする)修道士, 共住修道士 (cf. hermit 1).

cen·o·bit·ic [sènəbítɪk | sìːnə(ʊ)bít-] *adj.* (共同生活をする)修道士[院制度]の[に関する]: the ~ life 修道院生活. 「**~·ly** *adv.*

cèn·o·bít·i·cal [-tɪkəl, -tə- | -tɪ-] *adj.* =cenobitic.

cén·o·bìt·ism [-bàɪtɪzm] *n.* (共同生活をする)修道院制度[習慣], (修道院の)共住制度[生活].

ce·no·bi·um [sɪnóubiəm, sə-, siː- | siːnáubjəm, -bɪəm] *n.* (*pl.* **-bi·a** [-biə | -bɪə, -bjə]) 〘生物〙 =coenobium.

cèno·génesis 〘⊏ G *Zänogenesis* ← *zäno-* 'CENO-[1]' +-GENESIS〙 ― *n.* 〘生物〙 変形発生, 新形発生《個体発生 (ontogeny) の過程に先祖の有していなかった形質が現われること; cf. palingenesis 4 a》.

cèno·genétic *adj.* 〘生物〙 変形発生の, 新形発生の. **cèno·genétically** *adv.*

céno·spècies 〘← NL ~: ⇨ coeno-, species〙 ― *n.* (*pl.* ~) 〘生態〙 共同種, 総合[集合]種《自然のままでは隔離されていて遺伝子の交換はほとんど行なえないが, その可能性がわずかにあるような生態種 (ecospecies) の群》.

cen·o·taph [sénətæ̀f | -nə(ʊ)tɑ̀ːf, -tæ̀f] 〘(1603) ⊏ F *cénotaphe* ⊏ L *cenotaphium* ⊏ Gk *kenotáphion* ← *kénos* empty+*táphion* tomb〙 ― *n.* **1** (死体を埋めてない)からの墓. **2 a** (遺骸の場所とは別に死者を記念して建てた)記念碑. **b** [the C-] 《英》 (London の Whitehall にある) 世界大戦戦没者の記念碑《毎年休戦記念日 (Armistice Day) にこの記念碑の前で祭典が行なわれる》. **cen·o·taph·ic** [sènətǽfɪk] *adj.*

ce·no·te [sɪnóuti, sə- | sɪnáʊtɪ] 〘⊏ Sp. ~ ⊏ Maya *tzonot*〙 ― *n.* 〘地質〙 **1** (石灰岩中の洞穴を覆う地層がこわれてできた)深い天然井戸《特に中央アメリカのもの》. **2** 古代マヤの儀式においていけにえを投げこんだ天然井戸.

Ce·no·zo·ic [sìːnəzóuɪk, sèn- | -nə(ʊ)zə́ʊ-] 〘← CENO-[1] +-ZOIC[2]〙 ― 〘地質〙 *adj.* 新生代の: the ~ era 新生代. ― *n.* [the ~] **1** 新生代《中生代 (Mesozoic) に続く地質時代で現代に及び, Paleogene period (古第三紀), Neogene period (新第三紀), Quaternary period (第四紀)を含む》. **2** 新生代の地層.

cense [séns] 〘(*a*1398) 《頭音消失》 ← 《古形》 *encense* 'INCENSE[1]'〙 *vt.* (つり香炉 (censer) を振って)…に香をたく, 香をたきこめる: ~ the altar.

cen·ser [sénsə | -sə(r)] 〘(*c*1250) ⊏ AF ~ = OF *censier* 《頭音消失》 ← *encensier* ← *encens* 'INCENSE[1]'〙 ― *n.* (宗教儀式で手にさげて振って用いる)香炉, 提(ﾃｲ)香炉, つり香炉 (thurible ともいう; cf. incense burner).

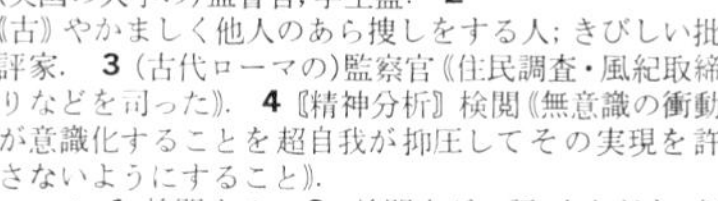
censer

cen·sor [sénsə | -sə(r)] 〘(1533) ⊏ L *cēnsor* ← *cēnsēre* to reckon, estimate, judge ← IE **kens-* to proclaim〙 ― *n.* **1 a** (新聞・報道・信書・ラジオ・映画・興行物・出版物などの)検閲官: a film ~ 映画検閲官. **b** 風紀監視官, 風紀(取締り)係. **c** (英国の大学の)監督官, 学生監. **2** 《古》 やかましく他人のあら捜しをする人; きびしい批評家. **3** (古代ローマの)監察官《住民調査・風紀取締りなどを司った》. **4** 〘精神分析〙 検閲《無意識の衝動が意識化することを超自我が抑圧してその実現を許さないようにすること》.
― *vt.* **1** 検閲する. **2** 〈検閲官が〉〈語・文などを〉削除[修正]する.

cen·sor·a·ble [sénsərəbl̩] *adj.* 検閲にひっかかる[りそうな].

cen·so·ri·al [sensɔ́ːriəl, -sóːr- | -sɔ́ːrɪ-] 〘⊏ F ~: ⇨ censor, -al[1]〙 *adj.* 検閲の; 検閲官の.

cen·so·ri·ous [sensɔ́ːriəs, -sóːr- | -sɔ́ːrɪ-] 〘← L *censōrius* 'pertaining to the CENSOR'+-OUS〙 ― *adj.* (検閲官のように)余りに批判的な, 難癖を付けたがる, 口やかましい. **~·ly** *adv.* **~·ness** *n.*

cénsor·ship *n.* **1** 検閲, 検閲権[制度]: pass ~ 検閲を通る / put ~ on …の検閲を行なう. **2** 検閲官[監察官]の職[職権, 任期]. **3** 〘精神分析〙 検閲 (censor).

cén·sur·a·ble [sénʃ(ə)rəbl̩] *adj.* 非難に値する, 譴責(ｹﾝｾｷ)を免れない. **cèn·sur·a·bíl·i·ty** [-rəbíləti | -lətɪ, -lɪ-] *n.* **~·ness** *n.* **cén·sur·a·bly** *adv.*

cen·sure [sénʃə | -ʃə(r)] 〘*n.*: (*c*1378) ⊏ (O)F ~ // L *cēnsūra* judgment ← *cēnsus* (⇨ census). ― *v.*: (1589) ⊏ F *censur-er* to censure ← (*n.*)〙 ― *n.* **1** 非難, とがめ; 譴責(ｹﾝｾｷ) (reprimand): a vote of ~ 譴責決議 / deserve ~ 当然非難されるべきである. **2** =censorship. **3** 《古》 意見, 判断. **4** 〘法律〙 公的非難表明(決議). ― *vt.* **1** 非難する, とがめる; 〈批評家が〉酷評する; 譴責する: ~ a person *for* a fault 人の過(ｱﾔﾏ)ちをとがめる. **2** 《廃》 判断する. **3** 《廃》 …に判決を下す.

cén·sur·er [-ʃərə | -rə(r)] *n.* 非難する人.

cen·sus [sénsəs] 〘(1613) ⊏ L *cēnsus* rating of property, register ← *censēre* to count, reckon: ⇨ censor〙 ― *n.* **1** 人口調査, 国勢調査, センサス: take a ~ (of the population) 人口調査をする / the Bureau of the *Census* ⇨ bureau. **2** 計算, 勘定. **3** (古代ローマで, 課税のために 5 年ごとに行なわれた)財産や人の登録. **4** 《古》 =poll tax. **5** 〘ローマ法〙 永久的地代 (ground rent), 地代負担 (rent charge). ― *vt.* …の人口調査をする; 調査して数える.

cénsus tàker *n.* 国勢調査員.

cénsus tràct *n.* 人口調査標準地域.

cent [sént] 〘(*a*1400) ⊏ (O)F ~ < L *centum* 100 ← IE **kṃtom* (Gk *hekatón*) ← **dekṃ-* 'TEN': cf. hundred〙 ― *n.* **1** (単位としての) 100: ⇨ percent 1. **2 a** セント《米国・カナダ・エチオピア・香港などの通貨単位; $=^1/_{100}$ dollar》. **b** セント《オランダの通貨単位; $=^1/_{100}$ guilder》. **c** セント《スリランカ・モーリシャス・モルディブ・セーシェルの通貨単位; $=^1/_{100}$ rupee》. **d** 1 セント銅貨[紙幣]. **3** [a ~] [(red) ~] びた一文: I don't care *a* (red) ~. ちっとも構わない. **4** 〘音楽〙 セント《音程を表示する単位, 半音は 100, 全音は 200, オクターブは 1200 セント》.
cent per cent (1) 100 パーセント (100%), 10 割. (2) 例外なく. ***feel like two cents*** 《米口語》 恥ずかしい思いをする, 気が引ける. ***one's two cents (worth)*** 《米口語》(話題になっていることに対する)意見, 見解: get [put] in *one's two ~s worth* 自分の意見を言う.

cent. 《略》 centavo(s); centered; centesimo(s); centime(s); centimeter(s); central; centum; century.

Cent., Cent. 《略》 centigrade.

cent- [sent] (母音の前に来る時の) centi- の異形.

cen·tal [séntl̩ | -tl̩] 〘(1859) ← L *centum* hundred+-AL[1]〙 ― *n.* 《英》 センタル《重量の単位; =100 lb.; ⇨ hundredweight》.

cen·tare [sénteə, -tɑə | -tɑː(r)] 〘⊏ F *centiare*: ⇨ centi-, are[2]〙 *n.* 1 平方メートル ($=^1/_{100}$ are).

cen·taur [séntɔə, -tɑə | -tɔː(r)] 〘(*c*1375) ⊏ L *Centaur-us* ⊏ Gk *Kén-*

centaur 1

tauros (古代 Thessaly の蛮族の名, 後に半人半馬の怪物と信じられるようになった)〙 ― *n.* **1** 〘ギリシャ伝説〙 ケンタウロス《胸から上は人間の形をしてそれ以下は馬体の賢明な怪物; cf. bucentaur[1]》. **2** [the C-] 〘天文〙 ケンタウルス座 (⇨ Centaurus).

Cen·tau·rus [sentɔ́ːrəs] 〘↑〙 ― *n.* 〘天文〙 ケンタウルス座《おとめ座の南方にある星座; Alpha Centauri (0.1 等) と Beta Centauri (0.9 等) の二つの明るい星を含む; the Centaur ともいう》.

cen·tau·ry [séntɔːri, -tɑːri | -tɔːrɪ] 〘(1373) ⊏ ML *centauria* = L *centaurēum* ⊏ Gk *kentaúreion* ← *Kéntauros* 'CENTAUR': centaur の一人 Chiron が初めてこの植物の薬性を発見したと考えられたところから〙 ― *n.* 〘植物〙 **1** リンドウ科シマセンブリ属の草本 (*Centaurium umbellatum*). **2** ヤグルマギク《キク科ヤグルマギク属 (*Centaurea*) の植物の総称; (特に)観賞用の *C. cyanus*》.

cen·ta·vo [sentɑ́ːvou | -vəʊ; *Sp.* sentábo] 〘⊏ Am.-Sp. ~ 《原義》 hundredth part ← L *centum*: ⇨ cent〙 ― *n.* (*pl.* **~s** [~z; *Sp.* ~s]) **1** センターボ《通貨単位》: メキシコ, フィリピン, キューバ, ドミニカ ($=^1/_{100}$ peso), ポルトガル ($=^1/_{100}$ escudo), ブラジル ($=^1/_{100}$ cruzeiro), ニカラグア ($=^1/_{100}$ cordova), グアテマラ ($=^1/_{100}$ quetzal), エルサルバドル ($=^1/_{100}$ colon), ホンジュラス ($=^1/_{100}$ lempira), エクアドル ($=^1/_{100}$ sucre). **2** 1 センターボ貨.

cen·te·nar·i·an [sèntənέ(ə)riən, -tṇ-, -tṇ- | -tɪnέərɪən] 〘(1846) ← L *centēnārius* (↓)+-IAN〙 ― *adj.* **1** 百歳(以上)の. **2** 百年の; 百年祭の. ― *n.* 百歳(以上)の人.

cen·ten·a·ry [senténəri, séntənèri, -tṇ-, -tṇ- | sentíːnəri, -tén-, séntɪnəri] 〘(*a*1398) ⊏ L *centēnāri-us* ← *centum* 'CENT': ⇨ -ary〙 ― *adj.* **1** 百年の; 百年目[期]の. **2** 百年記念祭の. ― *n.* **1** 百年記念日; 百年記念祭 (centennial). **2** 百年間, 一世紀 (century).

cen·ten·ni·al [senténiəl, sən-, -njəl | senténjəl, -nɪəl] 〘(*a*1797) ← L *centum* 'CENT'+*-ennis* (← *annus* year) +-AL[1]〙 ― *adj.* **1** 百年目[ごと]の; 百年記念の. **2** 百年間存続[生存]の, 満百年[歳]の. ― *n.* **1** 百年祭; 百年祭の行事. **2** 〘ダイス〙 センテニアル《二人で交互に 3 個のさいころをふり, 単独または組合せで 1 から 12 まで数え, それから逆に 12 から 1 まで数えてゆく遊び》. **~·ly** *adv.*

Centénnial Stàte *n.* [the ~] 米国 Colorado 州の俗称; 独立百年祭の年 (1876) に合衆国に加入したため.

cen·ter, 《英》 **cen·tre** [séntə | -tə(r)] 〘(*c*1380) ⊏ (O)F *centre* ⊏ L *centrum* ⊏ Gk *kéntron* point, center of a circle ← *kéntein* to prick ← IE **kent-* to prick (OIr. *cinteir* spur)〙 ― *n.* **1** [通例 the ~] **a** (円・球・多角形の)中心: *the* ~ of a circle, a sphere, etc. **b** 〘物理〙 中心: *the* ~ of equilibrium 平衡中心 / *the* ~ of forces 力の中心 / *the* ~ of motion 動心. **c** (回転の)中心点, 軸点 (pivot). **2** 中央, 真中, 中点: the ~ of a line, room, town, etc. / place a statue in the ~ of the park 公園の真中に像を置く. **3** (事件・活動・影響・興味などの)中心, 核心, 根源, 出所; 中心人物: He is the ~ of the plot. 彼は陰謀の中心人物だ. **4 a** (活動などの)集中した所, 中心地; (施設・設備などの)総合地域, 総合施設, センター: a ~ of trade, government, amusement, etc. / a shipping [railway] ~ 海運[鉄道]中心地 / an art ~ 美術の中心地 / a medical ~ 総合医療施設, 医療センター / ⇨ shopping center, amusement center. **b** 人口の集中した地域; 大都会: an urban ~. **5 a** 中心を占めるもの. **b** (果物・チョコレート・キャンデーなどの)芯 (core): chocolates with hard *~s* 芯の堅いチョコレート. **c** (標的の)中心圏 (⇨ target); 中心圏命中(弾). **6** [the C-] **a** (右派と左派の間に席を占める)中道派[党] (cf. Centrist, left[2] 2 b, right B 2). **b** [集合的] 中道派に属する人たち[議員, 政治家など]. **c** 中道派の意見[考え]; 中間的[穏健な]立場, 中庸: He represents *the Center* of the party. 党の中間派を代表している. **7 a** (アメリカンフットボール・ホッケー・バスケットなどで)センター; センターの守備位置. **b** 〘野球〙 =center field; center fielder. **c** 〘ラグビー〙 =center three-quarter. **d** 〘クリケット〙 打手が自分の構えを定める場合, 審判に自分のバットが三柱門の真中の柱の前にあることを確かめてもらうこと. **e** (フィギュアスケートで)センター《競技開始の位置》. **8** 〘軍事〙 (軍隊の)中央部隊, 本隊. **9** 〘劇場〙 舞台の中央部. **10** 〘バレエ〙 センター《バーから離れている練習場の部分》. **11** 〘機械〙 センター《工作物などを支持する先の円錐状にとがった心棒; それを受ける工作物の円錐形のくぼみ》: ⇨ dead center. **12** 〘建築〙 =centering. **13** 〘生理〙 中枢《生体機能を司る神経細胞群》.

center of attraction [the ―] (1) 〘物理〙 引力の中心. (2) 人気の的.

center of buoyancy [displacement] [the ―] 〘物理〙 浮力(の)中心, 浮心《液面に浮かぶ物体または液中に没入している物体の液中部分を液体で置き換えた時のその液体の重心》.

center of curvature [the ―] 〘数学〙 曲率中心《曲率円の中心》.

center of effort [the ―] 〘海事〙 帆の有効中心《帆船で帆面に当たる風圧力の中心点》.

center of figure [the ―] 〘数学〙 図心《図形の質量中心; centroid ともいう》.

center of flotation [the ―] 〘海事〙 浮面心, 浮面中心

《船が浮いている時の水線面の中心点；この点を中心として釣り合いが変わる；tipping center ともいう》.
center of gravity [the ―] (1)〖物理〗重心. (2)〖物理〗=CENTER of mass. (3) (興味・産業などの)中心点, 焦点.
center of inertia〖物理〗=CENTER of mass.
center of inversion [the ―]〖数学〗反転の中心《反転のもとになる円の中心》.
center of mass [the ―]〖物理〗質量中心.
center of oscillation [the ―]〖力学〗振りの中心, 揺動中心《ある振り子内の一点；その点に全質量が集中したと考えられる単振子の周期がもとの振子のそれと同じである》.
center of percussion [the ―]〖物理〗打撃中心《剛体の一点に打撃を与えた時に瞬間的に静止している点》.
center of pressure [the ―]〖物理・航空〗圧力中心《翼に働く浮力の作用線と翼面との交点》.
center of symmetry [the ―]〖結晶〗対称(中)心《反転操作の中心》.
― *attrib. adj.* 中心の, 中央の (central).
― *vt.* **1 a** 中心[中央]に置く：～ a table in the room テーブルを部屋の中心に置く. **b** 中央近くに置く[集める]. **2** …の中心点を決定する[構成する, 占める, 飾る]：A flower bed ～*ed* the garden. 花壇が庭園の中心を飾っていた. **3** 〈レンズ・鏡など〉の中心が出るように調節する[形を変える, 削る]. **4** 集中させる〔*on, upon, in, around*〕：～ one's affections *on* [*in*] a person 人に愛情を傾ける / ～ our mind *around* the problem その問題に心を向ける. **5** (アメリカンフットボール・ホッケーなどで)〈ボールを〉センターへ蹴(け)る[パスする, 飛ばす]. ― *vi.* 中心にある[に位置する]；集中する〔*in, at, on, around, about*〕：The story ～*s on* his adventure. 物語は彼の冒険を中心としている[展開する].
center down (1) 落ち着く, 集中する；浮わついた習慣が直る. (2) (クエーカー派で, 沈黙の祈りの中にあって, 人生の意義に)沈潜する, 専念する.
cénter báck *n.*〖バレーボール・水球〗バックの真中の選手, バックセンター.
cénter bìt *n.* (轆(ろく)の口を開ける時などに用いる)回し錐(きり), 三つ錐(きり).
cénter·bòard *n.*〖海事〗センターボード, 垂下竜骨《平底の帆走艇の竜骨内から垂下させる木製または金属製の板で, 帆走中に艇が風下に横流れするのを防ぎまたその安定度を増大させる；drop keel, sliding keel ともいう》.

center bit

cénter cìrcle *n.*〖スポーツ〗センターサークル《バスケットボール・ホッケー・サッカーなどでジャンプ・キックオフなどが行なわれる競技場の中央の円》.
cénter dríll *n.*〖建築〗板錐(きり), センター錐.
cén·tered *adj.* **1** [しばしば複合語の第2構成素として] **a** 中心のある：red-*centered* flower. **b**〖建築〗心(円)のある：four-*centered* arch. **2 a** 中心[中央]に置かれた. **b**〖印刷〗〈点など〉中間の位置の. **3** 集中した[された].
céntered dót *n.* **1**〖印刷〗中黒, 中点, 中ポツ. **2** =bullet 6.
cénter fíeld *n.*〖野球〗中堅, センター；中堅手[センター]の守備位置.
cénter fíelder *n.*〖野球〗中堅手, センター.
cénter-fìre *adj.* **1** 中心起爆式の《起爆薬が弾薬筒基部中央につまっている型式にいう；cf. rimfire 1》. **2** 中心起爆式弾薬筒を使用した：a ～ rifle.
cénter·fòld *n.*〖印刷〗=center spread 1.
cénter fórward *n.* (サッカー・バレーボール・ホッケーなどの)センターフォワード, 前衛中堅(手).
cénter gáuge *n.*〖機械〗センターゲージ《工作物の中心の位置を調べるゲージ》.
cénter hálfback [hálf] *n.* (サッカー・バレーボール・ホッケーなどの)センターハーフ(バック), 中衛中堅(手).
cén·ter·ing [-tərɪŋ, -tr- | -t(ə)r-] *n.*〖建築〗仮枠(わく), 迫枠, センタリング《拱持(きょうじ) (arch) を造る時にそれを支えるために組む木製仮枠》. ― *adj.*〖音声〗〈二重母音・三重母音が〉中舌母音の方へ向かう；中向きの：a ～ diphthong 中向き二重母音 ([ɪə] や [ʊə] など).
céntering machìne *n.*〖機械〗心立て盤《工作物にセンター穴をあけるための工作機械》.
cénter júmp *n.*〖バスケットボール〗センタージャンプ《コートの中央で相手チームのセンターとボールを取り合うジャンプ》.
cénter lìne *n.* センターライン, 中心線《設計図・舗装高速道路・競技場などの中央に画した線》.
cénter·mòst *adj.* =middlemost.
cénter-of-máss sỳstem *n.*〖物理〗重心系《関係する物質の全運動量がゼロになる座標系》.
cénter·pìece *n.* 中心飾り；テーブルの中央に飾る物, センターピース《銀器・ガラス器・刺繍・レースなど》.
cénter pùnch *n.*〖機械〗センターポンチ, 心立てポンチ《金属片に孔を開ける中心部[線]の印をつけるために使う先の尖った道具》.
cénter rèst *n.*〖機械〗=steady rest.
cénter-sécond *n.*〖時計〗(文字盤の中心に軸をもつ)中央秒針《sweep-second ともいう》.
cénter sprèad *n.*〖印刷〗**1** 中央見開きページ《左右のページが1枚続きの紙になる位置に印刷された記事・広告など；centerfold ともいう；cf. double truck 3》. **2** 中央見開き《center spread のページ》.
cénter squàre *n.* 心出し定規《円の中心を見出すために用いる定規》.
cénter tàble *n.* 部屋の中央に置くテーブル《もと本・アルバムなどを載せて置くのによく用いられた》.
cénter thrée-quárter *n.*〖ラグビー〗センタースリークォーター (⇨ Rugby football 挿絵).
cénter whèel *n.*〖時計〗二番車《ムーブメントの中央に位置して1時間に1回まわる歯車；軸には分針そして筒車を介して時計が取り付けられる》.
centeses *n.* centesis の複数形.
cen·tes·i·mal [sentésəməl | -sɪ-]〚← L *centēsimus* hundredth (← *centum* 'CENT')＋-AL[1]〛 ― *adj.* **1** 100分の1の (hundredth). **2** 百分[百進]法の (cf. decimal). **～·ly** *adv.*
cen·tes·i·mo[1] [tʃentézəmòʊ | -zɪməʊ ; *It.* tʃentézimo]〚□ It. ～ < L *centēsimus* (↑)〛 ― *n.* (*pl.* **-i·mi** [-mìː; *It.* -mi], **～s**) **1** チェンテジモ《イタリア・サンマリノ・バチカン市国の通貨単位；=$^1/_{100}$ lira》. **2** 1チェンテジモ銅貨.
cen·te·si·mo[2] [sentésəmòʊ | -sɪməʊ ; *Sp.* sentésimo]〚□ Sp. *centésimo* < L *centēsimus* 'CENTESIMAL'〛 ― *n.* (*pl.* **～s** [～z ; *Sp.* ～s]) **1** センテシモ《通貨単位；パナマで =$^1/_{100}$ balboa, ウルグアイで =$^1/_{100}$ peso, チリで =$^1/_{100}$ escudo》. **2** 1センテシモ銅貨.
cen·te·sis [sentíːsɪs, -səs | -sɪs]〚← NL ～ ← Gk *kéntēsis* pricking：⇨ center〛 ― *n.* (*pl.* **-te·ses** [-siːz]) [通例複合語の第2構成素として]〖医学〗穿刺(せんし)(術) (puncture)：thoracentesis 胸腔穿刺.
cen·ti- [séntɪ, sáːn-, -tə | séntɪ]〚← L *centum* hundred (⇨ cent)〛「$^1/_{100}$ (hundredth)；100 (hundred)」の意の連結形. ★ 母音の前では通例 cent- になる.
cen·ti·are [séntiɛ̀ə, sáːn-, -tiɑ̀ə | -tiɑ̀ː(r ; *F.* sɑ̃tjaːr] *n.* =centare.
cen·ti·bar [séntəbɑ̀ə | -tɪbɑ̀ː(r] *n.*〖気象〗センチバール《気圧の単位；=0.01 バール；cf. bar[3] 2》.
cen·ti·grade [séntəgrèɪd, sáːn- | séntɪ-]〚□ F ～〛 ― *adj.* **1** 百分度の, 百度目盛の. **2** (温度計で) C目盛の, セ氏の, 摂氏の (Celsius)《正式には Celsius が用いられる；略 c, C, c., C., cent., Cent.；cf. Fahrenheit, Reaumur》：50° ～ [C.] セ氏50度. ― *n.* **1** 百(分)度目盛り. **2** 百分度温度計, セ氏温度計《centigrade thermometer ともいう》.
cen·ti·gram [séntəgræ̀m, sáːn- | séntɪ-]〚□ F *centigramme*〛 *n.* センチグラム《=$^1/_{100}$ グラム；略 cg》.
cen·tile [séntaɪl] *n.*〖統計〗=percentile.
cen·ti·li·ter [séntəlìːtə, sáːn- | séntɪlìːtə(r]〚□ F *centilitre*〛 *n.* センチリットル《=$^1/_{100}$ リットル；略 cl.》.
cen·til·lion [sentíljən]〚← L *centum* 'CENT'＋-*illion* (cf. million, billion)〛 *n.*《米》10^{303}；《英》10^{600} (⇨ million 表). ― *adj.* centillion の.
cen·time [sáːntiːm, sén-, ―́ | sɔ́ntiːm, sáː(n)-, sɔ́ː(n)-, sáːn-, sɔ́ːn- ; *F.* sɑ̃tim]〚(1801) □ F ～ ← *cent* hundred：cf. centesimal〛 ― *n.* (*pl.* **～s** [～z ; *F.* ～]) **1** サンチーム《フランス・スイス・ベルギーなどの通貨単位；=$^1/_{100}$ franc；ハイチでは =$^1/_{100}$ gourde；アルジェリアでは =$^1/_{100}$ dinar》. **2** 1サンチーム銅貨.
cen·ti·me·ter [séntəmìːtə, sáːn- | séntɪmìːtə(r]〚□ F *centimètre*〛 *n.* センチメートル《=$^1/_{100}$ メートル；略 cm.》.
céntimeter-grám-sécond sỳstem *n.*〖物理〗センチメートル グラム 秒単位系, cgs 単位系《長さ・質量・時間の単位としてセンチメートル・グラム・秒を用い, これらを基本単位として構成される単位系；略 cgs》.
céntimeter wáve *n.*〖通信〗センチメートル波《波長が1-10cm の電波；3-30GHz の周波数；superhigh frequency ともいう》.
cen·ti·mil·li- [sèntəmílɪ, sɑ̀ːn-, -lə | sèntɪmílɪ]「センチミリ (10^{-5})」の意の連結形.
cen·ti·mo [séntəmòʊ | -tɪməʊ ; *Sp.* séntimo]〚□ Sp. *céntimo* □ F *centime* 'CENTIME'〛 ― *n.* (*pl.* **～s** [～z ; *Sp.* ～s]) **1** センチモ《スペイン(系諸国)の通貨単位；スペイン ($^1/_{100}$ peseta), ベネズエラ ($^1/_{100}$ bolivar), コスタリカ ($^1/_{100}$ colon), パラグアイ ($^1/_{100}$ guarani)》. **2** 1センチモ硬貨.
cen·ti·pede [séntəpìːd | -tɪ-]〚(1601) □ F *centipède* // L *centiped-a*：⇨ centi-, -pede〛 *n.*〖動物〗ムカデ《節足動物門唇脚綱の動物の総称；cf. millipede》.
céntipede gràss *n.*〖植物〗東南アジア原産匍匐(ほふく)性の芝草 (*Eremochloa ophuroides*)《土留めに植える草本》.
céntipede plànt *n.*〖植物〗カンキチク, カンメイチク (*Muehlenbeckia platyclada*)《ソロモン諸島原産タデ科の常緑直立低木；茎はよく分岐し扁平でリボン状；ribbon bush, tapeworm plant ともいう》.
cen·ti·poise [séntəpɔ̀ɪz | -tɪ-] *n.*〖物理〗センチポアズ, センチポイズ《流体の粘性率の単位；=$^1/_{100}$ poise》：The viscosity of water at 20°C is almost 1 ～. セ氏20度の水の粘度は約1センチポアズである.
cen·ti·sec·ond [séntəsèkənd, sáːn- | séntɪ-] *n.* $^1/_{100}$ 秒.
cen·ti·stoke [séntɪstòʊk, -tə- | -tɪstəʊk] *n.*〖物理〗センチストーク《動粘性率の cgs 単位；=$^1/_{100}$ stoke；略 cs, cS》.
cent·ner [séntnə, tsén- | séntnə(r]〚□ G《古形》～ (現形 *Zentner*) □ L *centēnārius* 'CENTENARY'〛 ― *n.* ツェントネル：**a** ドイツ・スカンジナビアなどの衡量単位；=50 kg. **b** ソ連の衡量単位；=100kg.
cen·to [séntoʊ | -təʊ]〚(1605) □ L *centō* patchwork garment ← IE **kenth(o)-* rag (G *Hader* / Skt *kanthā* patched garment)：cf. Gk *kéntrōn*〛 ― *n.* (*pl.* **cen·to·nes** [sentóʊniːz | -táʊ-], **～es, ～s**) **1** 抜粋つづり詩文《詩文の名句をつづり合わせて作る》. **2** 寄せ集め曲《名曲の部分をつなぎ合わせて作った曲》. **3** 寄せ集め物；つぎはぎ細工 (patchwork).
CENTO [séntoʊ | -təʊ]《略》Central Treaty Organization.
centones〚□ L *centōnēs*〛 *n.* cento の複数形.
centr- [sentr] (母音の前に来る時の) centro- の異形.
centra〚□ L ～〛 *n.* centrum の複数形.
cen·trad [séntræd]〚← CENTRO-＋-AD[3]〛 *adv.*〖解剖・動物〗(体の)中心に向かって, 向心(性)で.
cen·tral[1] [séntrəl]〚(1647) □ L *centrāl-is*：⇨ center, -al[1]〛 ― *adj.* **1** 中心の, 中点の, 中央の；中心を構成する[をもつ]. **2** (国・都市などの)中心部[中央]の, 中部の：a ～ district. **3** 中心となる, 中心的な, 中枢的な, 主要な：a ～ figure (絵画・劇などの)中心[主要]人物 / a ～ idea 中心思想 / the ～ character in a novel 小説の中心人物. **4 a** (政治的に)中心の, 中央政権の：the *Central* Government (地方政府に対して)中央政府. **b** 一つの本部[中央の一個所]で組織のすべての活動を管理する, 集中方式の：⇨ central heating. **5**〖解剖〗**a** 中心の, 中央の, 中枢(性)の, 中枢神経(系)の：⇨ central nervous system. **b** 脊椎体の. **6**〖音声〗中舌の (cf. front *adj.* 2, back *adj.* 6). **7**〖政治〗中道派の, 穏健な (moderate). **8**〖電算機〗中央の (cf. peripheral 5 b)：⇨ central processing unit.
Central Office of Information [the ―] (英国の)中央情報局 (略 COI).
― *n.* **1** 本部, 本局, 本店. **2** [時に C-]《米》**a** 電話交換局 (exchange)：get ～ 交換局を呼び出す. **b**《廃》(交換局の)交換手. ★ 現在は operator を用いる.
cen·tral[2] [sentráːl ; *Sp.* sentrál]〚□ Am.-Sp. ～ ← Sp. ～ (adj.) □ L *centrālis* (↑)〛 ― *n.* (スペイン語圏アメリカとフィリピンで, 砂糖きびを押し砕いて粗糖を作る)製糖所.
Cen·tral [séntrəl] *n.* スコットランド中部の州；1975年に新設；旧 Perth 州の一部, Stirling 州の一部, Clackmannan 州から成る；人口 311,000, 面積 2,590 km², 首都 Stirling.
Céntral Áfrican Émpire *n.* [the ～] 中央アフリカ帝国《Central African Republic の旧名 (1976-79)》.
Céntral Áfrican Federátion *n.* ⇨ FEDERATION of Rhodesia and Nyasaland.
Céntral Áfrican Repúblic *n.* [the ～] 中央アフリカ共和国《アフリカ中部にあるフランス共同体 (French Community) 内の共和国；もとフランス領赤道アフリカ (French Equatorial Africa) の一部で Ubangi-Shari といったが, 1960年独立；1976年中央アフリカ帝国 (Central African Empire) と改称したが, 1979年クーデターにより再び共和制に戻った；人口 1,690,000, 面積 622,983 km², 首都 Bangui》.
Céntral América *n.* 中央アメリカ《メキシコに続く北米大陸の南端部で, Guatemala, Honduras, El Salvador, Nicaragua, Costa Rica, Panama の6共和国と英国統治の Belize から成る；地理学上ではメキシコの Tehuantepec 地峡から Panama 地峡の間を指すこともある；人口 18,700,000, 面積約 520,000 km²》.
Céntral Américan *adj.* 中央アメリカの. ― *n.* 中央アメリカ人.
céntral ángle *n.*〖数学〗中心角《円の中心を頂点とし, 二つの半径を辺とする角》.
Céntral Ásia *n.* 中央アジア《トルキスタン (Turkestan) 地方・新疆(しんきょう)省およびチベット・モンゴルの一部；狭義ではトルキスタン地方》.
céntral bánk *n.*〖財政〗中央銀行《銀行券の発行・金融政策の実行・他銀行の支払準備金の受託・国庫金の出納などに任じ, 一国の信用制度の中心となる銀行；わが国の日本銀行, 英国の Bank of England, 米国では12の Federal Reserve Bank など》.
céntral bódy *n.* **1**〖生物〗中心体 (⇨ centrosome 1). **2**〖植物〗中央体《藍藻類の細胞の中心部の無色の部分；centroplasm ともいう；cf. chromatoplasm》.
céntral céll *n.* **1**〖解剖〗=chief cell. **2**〖植物〗中央細胞, 中心細胞《しだ類の造卵器を構成する特殊な細胞》.
céntral cíty *n.* (大都市の中でも人口の密集している)中央都市, 核都市《core city ともいう；cf. inner city》.
Céntral Críminal Cóurt *n.*〖法律〗(英国の)中央刑事裁判所《London 市における治安判事裁判所からの上訴を審理する London 市の刑事法院 (Crown Court)；cf. Old Bailey》.
céntral cýlinder *n.*〖植物〗中心柱《stele ともいう》.
céntral dógma *n.*〖生化学〗セントラルドグマ《遺伝情報の発現に関する基礎理論で, DNA を鋳型にしていろいろな RNA が作られ, それらの RNA から蛋白合成が行なわれる転写の機構を示したもの；cf. Teminism》.
céntral-fíre *adj.* =center-fire.
céntral héating *n.* セントラルヒーティング, 集中暖房《一個所の機械から建造物の各部に蒸気や熱気を送る暖房装置》.
Céntral Índia Àgency *n.* 英国支配下の89のインド藩王国の総称《1947年すべてがインド共和国の一部となった》.
Céntral Intélligence Àgency *n.* [the ～] (米国の)中央情報局《国家安全保障会議の一部局で, 情報収集を目的とする機関；1947年設置；略 CIA》.

cén·tral·ism [-lìzṃ] *n.* 中央集権制[主義]; 中央集中制 (cf. federalism).

cén·tral·ist [-lɪst, -ləst | -lɪst] *n., adj.* 中央集権主義者(の). **cen·tral·is·tic** [sèntrəlístɪk] *adj.*

cen·tral·i·ty [sentrǽləṭi | -lətɪ, -lɪ-] *n.* **1** 中心の位置を占め(てい)ること. **2** 向心性, 集中性.

cen·tral·i·za·tion [sèntrəlɪzéɪʃən, -lə- | -laɪ-, -lɪ-] 〖▭F *centralisation*: ⇨↓, -ation〗 *n.* **1** 集中, 集中化: urban ～ (人口の)都市集中. **2** 中央集権.

cen·tral·ize [séntrəlàɪz] 〖(1800) ▭F *centralis-er*: ⇨central, -ize〗 — *vt.* **1 a** …の中心となる. **b** 中心[一点]に集める. **2** 中央集権制にする, 中央集権化する. — *vi.* 中心になる; 集中する. **cén·tral·ìz·er** *n.*

cén·tral·ìzed schòol *n.* =consolidated school.

céntralized tráffic contròl *n.* 〖鉄道〗列車集中制御.

céntral límit théorem *n.* 〖数学・統計〗中心極限定理《ある条件のもとで, 確率変数 (random variable) の列の正規化された部分和の分布が正規分布 (normal distribution) に収束するという定理》.

cén·tral·ly [-trəli | -lɪ] *adv.* **1** 中心[中央]に, 中心[中枢]として: be ～ situated 中央に位置する. **2** 中心的役割[機能]に従って.

céntral móment *n.* 〖統計〗(母集団・標本・確率変数などの)中心積率《平均値のまわりの積率》.

céntral nérvous sỳstem *n.* 〖解剖・生理〗中枢神経系《動物の集中神経系において, 形態上および機能上の中枢部; cf. autonomic nervous system 1》.

Céntral Párk *n.* New York 市の Manhattan 区の中心部にある大公園; 面積 3.4 km².

Céntral Pówers *n. pl.* [the ～] 同盟国《第一次大戦当時連合国 (the Allies) と対抗したドイツ・オーストリア ハンガリー・トルコおよびブルガリア》.

céntral prócessing ùnit *n.* 〖電算機〗中央処理装置《計算機の制御演算を行なう本体; central processor ともいう; 略 C.P.U.》.

céntral projéction *n.* 〖数学〗中心投象[投影]法, 透視図法 (perspective drawing).

céntral reservátion *n.* 《英》=median strip.

Céntral Resérve Bànks *n. pl.* [the ～] (米国)中央準備銀行《New York, Chicago, St. Louis 3 市の国立銀行; この 3 市を central reserve cities という》.

céntral resérve cìty *n.* 中央準備金市 (cf. reserve city, Central Reserve Banks).

céntral schòol *n.* =consolidated school.

Céntral stándard tìme, c- s- t- *n.* =Central time.

céntral súlcus *n.* 〖解剖〗中心溝《大脳の前頭葉と頭頂葉の間の溝; FISSURE of Rolando ともいう》.

céntral téndency *n.* 〖統計〗中心傾向.

céntral téndon *n.* 〖解剖〗中心腱《横隔膜の中央部にある腱》.

Céntral tìme, c- t- *n.* 中部(標準)時《米国の標準時の一つ; 西経 90° 上の時刻で GMT より 6 時間遅い; 略 CT; ⇨ standard time 1 ★》.

Céntral Tréaty Organizàtion *n.* [the ～] 中央条約機構《英国・イラン・パキスタン・トルコの 4 か国間に 1959 年成立; 相互防衛と経済発展を目的としたが, 1979 年イランの脱退を契機に解体; 略 CENTO》.

céntral vówel *n.* 〖音声〗中舌母音《[i], [ə], [ɐ] など; cf. front vowel, back vowel》.

cen·trar·chid [sentrάəkɪd, -kəd | -rά:kɪd] 〖↓〗 *n.* 〖魚類〗サンフィッシュ科の魚.

Cen·trar·chi·dae [sentrάəkədì: | -trά:kɪ-] 〖←NL ～ ← *Centrarchus* (属名: ←Gk *kéntron* sharp point + *arkhós* rectum) + -IDAE〗 — *n. pl.* 〖魚類〗サンフィッシュ科.

centre *n., adj., v.* =center.

cen·tri- [séntrɪ, -trə | -trɪ] centro- の異形 (⇨ -i-): *centri*fugal, *centri*petal.

cen·tric [séntrɪk] 〖▭Gk *kentrik-ós* ← *kéntron*: ⇨ center, -ic¹〗 — *adj.* **1** 中心に関する[にある] (central): a ～ point 中心点. **2** 中心のある; 中心に向けられた, 集中する: a ～ activity. **3** 〖生理〗神経中枢の[に関する]. **4** 〖植物〗**a** 〈葉が〉同筒状の (terete). **b** 〈珪藻植物が〉(中心型に見られるような)放射状配列の. **5** 〖地質〗(岩石中に)同心円状の組織をもつ. **6** 〖生物〗動原体(centromere)をもつ[に関する]. **7** 〖歯科〗中心の: ～ occlusion 中心咬合位《上顎(ᵘ⁄ₐ)と下顎(ᵏ⁄ₐ)が正しい位置関係にあって咬み合っている状態; cf. malocclusion》: ⇨ centric relation.

-cen·tric [séntrɪk] 「…の中心をもつ, …を中心とする」の意の形容詞連結形: ego*centric*.

cén·tri·cal [-trɪkəl, -trə- | -trɪ-] *adj.* =centric. **～·ly** *adv.*

cen·tric·i·ty [sentrísəṭi | -sətɪ, -sɪ-] *n.* 中心にあること, 中心性.

céntric relátion *n.* 〖歯科〗中心位, 中心関係位《上顎に対する下顎の水平的位置関係の一つ》.

cen·trif·u·gal [sentrífjugəl, -fɪg-, -fəg- | sentrífjʊg-, séntrɪfjù:g-, sèntrɪfjú:g-] 〖←NL *centrifugus* (L *centrum* 'CENTER' + *fugere* to fly from) + -AL¹〗 — *adj.* **1** 中心から発する, (中心から)外方に向かう(傾向のある); 遠心的な, 遠心性の (cf. centripetal 1). **2** 遠心力による, 遠心力を用いた; 遠心力で分離した. **3** 中央集権化から離れる傾向の, 分離主義者の (separatist). **4** 〖植物〗遠心の: ～ inflorescence 遠心花序. **5** 〖生理〗遠心性の (efferent): ～ nerves 遠心性神経 (efferent nerves). — *n.* **1** 遠心分離機 (centrifuge). **2** [しばしば *pl.*] =centrifugal sugar. **～·ly** *adv.*

centrífugal blówer *n.* 〖機械〗遠心送風機.

centrífugal cásting *n.* 〖金属加工〗遠心鋳造《円筒状鋳型を回転させ, 遠心力の作用によって管などを造る鋳造法》.

centrífugal clútch *n.* 〖機械〗遠心クラッチ《高速になるとつながり, 低速になると切れる自動クラッチ》.

centrífugal compréssor *n.* 〖機械〗遠心圧縮機《回転羽根車によって気体を圧縮する装置》.

centrífugal fórce *n.* 〖物理〗遠心力《円軌道に沿って運動する物体が力の中心に及ぼす力で, 軌道の外側に向かう; cf. centripetal force》.

centrífugal góvernor *n.* 〖機械〗遠心調速機.

cen·trif·u·gal·ize [sentrífjugəlàɪz, -fɪg-, -fəg- | sentrífjʊg-, séntrɪfjù:g-, sèntrɪfjú:g-] *vt.* 遠心分離機にかける; 遠心分離機で分離する. **cen·trif·u·gal·i·za·tion** [sentrìfjugəlɪzéɪʃən, -fɪg-, -fəg-, -lə- | sentrìfjʊgəlaɪ-, sèntrɪfjù:g-, -lɪ-] *n.*

centrífugal machíne *n.* 〖機械〗遠心機.

centrífugal púmp *n.* 〖機械〗遠心[渦巻]ポンプ.

centrífugal séparator *n.* 〖機械〗遠心分離機.

centrífugal súgar *n.* 分蜜糖.

cen·trif·u·ga·tion [sentrìfjugéɪʃən, sèntrə- | sentrìfjʊ-, sèntrɪfjʊ-] *n.* 遠心分離.

cen·tri·fuge [séntrəfjù:dʒ, sά:n- | séntrɪ-; *F.* sɑ̃trify:ʒ] 〖▭F ～ 'CENTRIFUGAL'〗 *n.* 遠心分離機. — *vt.* 遠心分離機にかける (centrifugalize).

cen·tri·ole [séntriòʊl | -triə̀ʊl] 〖← CENTRO- + -OLE²〗 — *n.* 〖生物〗**1** 中心粒, 中心小粒, 中心小体《中心体 (centrosome) の中心にある小粒》. **2** =centrosome 1.

cen·trip·e·tal [sentrípəṭḷ | sentrípɪtḷ, séntrɪpì:tḷ, sèntrɪpí:tḷ] 〖← NL *centripetus* (← L *centrum* 'CENTER' + *petere* to seek) + -AL¹〗 — *adj.* **1** (外部から)中心部に向かう, 中心に向かう(傾向のある); 求心的な, 求心性の (cf. centrifugal 1). **2** 求心力による, 求心力を用いた: a ～ machine 求心機械. **3** 中央集権化に向かう, 中央集中化の. **4** 〖植物〗求心の: ～ inflorescence 求心花序, 外花先開. **5** 〖生理〗求心(性)の (afferent): ～ nerves =AFFERENT nerves. **～·ly** *adv.*

centrípetal fórce *n.* 〖物理〗求心力, 向心力《円軌道に沿って運動する物体に働く力で, 円の中心に向かう; cf. centrifugal force》.

Cen·tris·ci·dae [sentrísədì: | -sɪ-] 〖← NL ～ ← *Centriscus* (属名: ← Gk *kentrískos*) + -IDAE〗 *n. pl.* 〖魚類〗ヘコアユ科.

Cen·trism, c- [séntrɪzṃ] 〖(1935)〗 *n.* 中道主義; 穏健主義.

Cén·trist, c- [-trɪst, -trəst | -trɪst] 〖(1923) ▭F *centriste*: ⇨ center, -ist〗 *n.* **1** 〖政治〗中間[中道]政党の党員 (cf. center 6). **2** 穏健主義者 (moderate).

cen·tro- [séntro(ʊ), -trə | -trə(ʊ)] 〖← L *centrum* 'CENTER'〗 次の意味を表わす連結形: **1**「中心 (center), 中心と…との」: *centro*sema. **2**「とげのある (spiny)」: *centro*sema. ★ 時に centri-, また母音の前では通例 centr- になる.

cen·tro·bar·ic [sèntrəbǽrɪk] 〖▭LGk *kentrobarik-ós* ← *kéntron* 'CENTER' + *báros* weight〗 *adj.* **1** 重心の[に関する]. **2** 重心のある.

cen·troid [séntrɔɪd] 〖← CENTRO- + -OID〗 — *n.* **1 a** 〖物理〗=CENTER of mass. **b** 〖数学〗=CENTER of figure. **2** 〖詩学〗最高強勢, 核音節. **cen·troi·dal** [sentrɔ́ɪdḷ] *adj.*

cèntro·lécithal *adj.* 〖生物〗心黄の《卵の中央に多量の卵黄があり, その回りを薄い細胞質がおおっているものをいう; cf. telolecithal》.

cen·tro·mere [séntrəmɪ̀ə | -mɪ̀ə(r] *n.* 〖生物〗動原体, 紡錘糸付着点, 中心粒, 動粒《染色体紡錘糸の付着部にある小粒; kinetochore ともいう》. **cen·tro·mer·ic** [sèntrəmí(ə)rɪk, -mér- | -míər-, -mér-] *adj.* =central body 2.

cen·tro·plasm [séntrəplæ̀zm] *n.* 〖植物〗=central

Cen·tro·pom·i·dae [sèntrəpάmədì: | -pɔ́mɪ-] 〖← NL ～ ← *Centropomus* (属名: ← CENTRO- + Gk *pôma* lid) + -IDAE〗 *n. pl.* 〖魚類〗アカメ科.

cen·tro·some [séntrəsòʊm | -sə̀ʊm] 〖← CENTRO- + -SOME³〗 — *n.* 〖生物〗**1** 中心体《細胞分裂の時に現われる微小粒構造; central body ともいう; cf. mitosis》. **2** =centriole 1. =centrosphere 1. **cen·tro·so·mic** [sèntrəsóʊmɪk, -sάm- | -sə́ʊm-, -sɔ́m-] *adj.*

Cen·tro·sper·mae [sèntro(ʊ)spə́:mi: | -trə(ʊ)spə́:-] 〖← NL ～: ⇨ centro-, -spermae〗 *n. pl.* 〖植物〗中心子目, ナデシコ目 (Caryophyllales).

cen·tro·sphere [séntrəsfɪ̀ə | -sfɪ̀ə(r] *n.* **1** 〖生物〗(細胞の)中心球《centrosome を囲む原形質の集団》. **2** 〖地質〗(地球の)中心部[圏] (⇨ core 4 b).

cèntro·symmétric *adj.* 中心対称の[的な]. **cèntro·symmétrical** *adj.* **cèntro·sýmmetry** *n.*

cen·trum [séntrəm] 〖▭L ～: ⇨ center〗 — *n.* (*pl.* ～**s**, **cen·tra** [-trə]) **1** 〖動物〗椎骨(ᵘ⁄ₐ) (vertebra) の中心体, 椎体. **2** 〖植物〗**a** スギナ類の茎の中空部分. **b** (カビの)被子器の壁の内の堅い部分. **3** (地震の)震源地.

cen·tum¹ [séntəm | -təm] 〖▭L ～: ⇨ cent〗 *n.* 百 (hundred).

centum per centum =CENT *per cent*.

cen·tum² [kéntəm, -tʊm | -təm, -tʊm] 〖↑: L *centum* の語頭の *c-* が IE の口蓋閉鎖音を表わすことから〗 — *adj.* 〖言語〗ケントゥム言語群の[に属する]《印欧語族のうち, 共通基語に想定される k が s [s], š [ʃ] などの歯擦音にならなかった言語群にいう; ゲルマン・ケルト・イタリック語派など; cf. satem》.

cen·tum·vir [sentʌ́mvə, kentúmvɪə | sentʌ́mvə:(r, kentúm-, -və(r] 〖▭L ～ ← *centum* 100 (⇨ cent) + *viri* ((pl.) ← *vir* man)〗 — *n.* (*pl.* **-tum·vi·ri** [sentʌ́mvəràɪ, kentúmvərì: | sentʌ́mvəràɪ, kentúmvɪrì:]) (古代ローマの)百人法院の裁判官《厳密には 35 部族の各部族から 3 名を選んだ総計 105 人の裁判官の一人》.

cen·tu·ple [sént(j)u:pḷ, —⏤, sénṭəpḷ | séntjʊpḷ] 〖(1607) ▭F ～ ▭LL *centuplus*: ⇨ centi-, -ple〗 *adj.* 百倍の (hundredfold). — *vt.* 百倍する.

cen·tu·pli·cate 〖▭L *centuplicāt-us* (p.p.) ← *centuplicāre* ← *centuplex* hundredfold ← *centum* (⇨ cent): cf. plicate〗 — [sent(j)ú:pləkèɪt | -tjú:plɪ-] *vt.* 百倍する (centuple). — [-kət, -kɪt, -kèɪt] *adj.* 百倍の. — [-kət, -kɪt, -kèɪt] *n.* 百倍. **cen·tu·pli·ca·tion** [sent(j)ù:pləkéɪʃən | -tjù:plɪ-] *n.*

cen·tu·ri·al [sent(j)úriəl | -tjúərɪ-] 〖▭L *centuriāl-is* ← *centuria* 'CENTURY': ⇨ -al¹〗 *adj.* **1** 百年の, 一世紀の. **2** (古代ローマの)百(人)の, 百人隊の.

cén·tu·ried *adj.* 一[幾]世紀もの間続いた; きわめて古い: a ～ mansion.

cen·tu·ri·on [sent(j)ú(ə)riən | -tjúərɪ-, -tʃúər-] 〖(*a*1300) ▭(O)F ～ // L *centuriō(n-)* ← *centuria* (↓)〗 — *n.* **1** (古代ローマ軍隊の)百人隊(century)の隊長. **2** 百人を指揮する指揮官.

cen·tu·ry [séntʃ(ə)ri | -tʃʊrɪ, -tjʊr-, -tʃər-] 〖(1533) ▭L *centuria* division of a hundred things ← *centum* hundred: ⇨ cent〗 — *n.* **1** 100 年, 一世紀: the 20th ～ 20 世紀《1901 年から 2000 年まで》/ the second ～ B.C. 紀元前 2 世紀《紀元前 200 年から紀元前 101 年まで》. **2** (古代ローマ軍隊の)百人隊《100 人の歩兵を一隊とし, 30 隊から 60 隊で legion を組織した; cf. centurion》. **3 a** 《まれ》百の一組: a ～ of poems 詩百篇. **b** 《米俗》100 ドル; 100 ドル紙幣. **c** 《英俗》100 ポンド. **4** (古代ローマの)百人組《100 人で組織する選挙の一単位で, 一票の票権をもった》. **5** 〖クリケット〗100 点 (100 runs) またはそれ以上 (cf. double figures). **6** [C-] 〖印刷〗センチュリー《欧文の活字書体の一種》. **7** 〖スポーツ〗百メートル[マイル, ヤード]競走.

céntury plànt 〖百年に一度花が咲くと想像されていたところから〗 — *n.* 〖植物〗アオノリュウゼツラン (*Agave americana*)《アメリカ大陸産のリュウゼツラン科の多年草; American aloe ともいう》.

CEO 《略》chief executive officer.

ce·orl [tʃéɪɔəl | -ɔ:l] 〖OE *ċeorl* 'CHURL'〗 *n.* アングロサクソン時代の一般自由人, 自由農民《自由民としては最下層》.

cep [sép] 〖▭F *cèpe* = Gascon *cep* ▭L *cippus* stake〗 *n.* 〖植物〗ヤマドリタケ (*Boletus edulis*)《ヨーロッパ産の食用きのこ》.

ceph·al- [séfəl] (母音の前に来る時の) cephalo- の異形.

cephala 〖← NL ～〗 *n.* cephalon の複数形.

ceph·al·ad [séfəlæ̀d] 〖← CEPHALO- + -AD³〗 *adv.* 〖解剖・動物〗頭の方へ, (体の)前端の方に (cf. caudad).

ceph·a·lal·gi·a [sèfəlǽldʒiə, -dʒə | -dʒɪə, -dʒə] 〖▭L ～ ▭Gk *kephalalgía*: ⇨ cephalo-, -algia〗 *n.* 〖医学〗頭痛 (headache).

ceph·a·las·pid [sèfəlǽspɪd, -pəd | -pɪd] 〖← NL *Cephalaspid-*, *Cephalaspis*: ⇨ cephalo-, -aspis, -id²〗 — *n.* 〖古生物〗ケファラスピッド《デボン紀頃栄えた *Cephalaspid* 属の無顎類の甲冑魚類》.

ceph·a·late [séfələt, -lɪt, -lèɪt] *adj.* 〖動物〗頭がある, 頭状の部分をもつ.

ce·phal·ic [sɪfǽlɪk, sə-, se- | ke-, kɪ-, se-, sɪ-] 〖(1599) ▭(O)F *céphalique* ▭L *cephalicus* ▭Gk *kephalikós* ← *kephalḗ* head〗 — *adj.* **1** 〖解剖・動物〗頭蓋(ᵗ⁄ₐ)[に関する], 頭部の. **2** 頭部にある; 頭部の方に向いた. ★ 英国では医学関係者は [k-] と発音する. **ce·phál·i·cal·ly** *adv.*

-ce·phal·ic [sɪfǽlɪk, sə-, se- | ke-, kɪ-, se-, sɪ-] 〖↑〗「…の頭をした」の意の形容詞連結形 (cf. cephalo-): brachy*cephalic*, dolicho*cephalic*.

cephálic índex *n.* 〖人類学〗頭示数《頭の最大幅の最大長に対する百分率で, 人種の特徴の表示となる; cf. cranial index》.

ceph·a·lin [kéfəlɪn, séf-, -lən | -lɪn] 〖← CEPHALO- + -IN¹〗 *n.* 〖生化学〗ケファリン《哺乳類の脊髄・脳髄中などに存在する燐脂質の一つ》.

ceph·a·li·za·tion [sèfəlɪzéɪʃən, -lə- | -laɪ-, -lɪ-] *n.* 〖動物〗頭化(ᵗ⁄ₐ)《重要な器官が頭部に集まる傾向》.

ceph·a·lo- [séfəlo(ʊ) | -lə(ʊ)] 〖▭L ～ ▭Gk *kephalo-* ← *kephalḗ* head〗 —「頭 (head); 頭部と…との」の意の連結形 (cf. -cephalic). ★ 母音の前では通例 cephal- になる.

ceph·a·lo·chord [séfəlo(ʊ)kɔ̀əd | -lə(ʊ)kɔ̀:d] *n.* 〖動物〗頭索亜門の動物; ナメクジウオ (lancelet).

Ceph·a·lo·chor·da [sèfəlo(ʊ)kɔ́ədə | -lə(ʊ)kɔ́:-] 〖← NL ～: ⇨ cephalo-, -chord〗 *n. pl.* 〖動物〗(原索動物門)頭索亜門. **cèph·a·lo·chór·dal** [-dḷ] *adj.*

Ceph·a·lo·chor·da·ta [sèfəlo(ʊ)kɔədά:tə, -déɪ- | -lə(ʊ)kɔ:dά:tə, -déɪ-] 〖← NL ～: ⇨↑, -ata〗 *n. pl.* 〖動物〗=Cephalochorda.

ceph·a·lo·di·um [sèfəlóʊdiəm | -lə́ʊdɪəm, -djəm] 〖← NL ～ ← Gk *kephalṓdēs* like a head (⇨ cephalo-, -ode¹) + -IUM〗 — *n.* (*pl.* **-di·a** [-diə | -dɪə, -djə]) 〖植物〗頭状体《地衣類の体上の粒状物》.

ceph·a·lom·e·ter [sèfəlάməṭə | -lɔ́mɪtə(r, -mə-] *n.* 頭部測定器.

ceph·a·lom·e·try [sèfəlάmətri | -lɔ́mɪtrɪ, -mə-] *n.*

頭部計測(法). **ceph·a·lo·met·ric** [sèfəlo(ʊ)métrɪk | -lə(ʊ)-] *adj.*

ceph·a·lon [séfəlɑ̀n, -lən | -lɔ̀n, -lən] 〘← NL ～ ← Gk *kephalḗ*〙 *n.* (*pl.* **-a·la** [-lə]) 〘動物〙(節足動物などの)頭 (head).

Ceph·a·lo·nia [sèfəlóunjə, -niə | -láunjə, -nɪə] *n.* ケファリニア(島)《ギリシャの西海岸沖にあるイオニア諸島中最大の島; 人口 32,000, 面積 746 km^2; ギリシャ語名 Kefallinia》.

ceph·a·lo·pod [séfələpɑ̀d | -lə(ʊ)pɔ̀d] 〘↓〙 〘動物〙 *adj.* 頭足綱の. ── *n.* 頭足綱の動物《イカ・タコなど》.

Ceph·a·lop·o·da [sèfəlɑ́pədə | -lɔ́p-] 〘← NL ～: ⇨ cephalo-, -poda〙 *n. pl.* 〘動物〙(軟体動物門)頭足綱.

ceph·a·lop·o·dan [sèfəlɑ́pədn̩ | -lɔ́p-] *adj., n.* 〘動物〙頭足綱の(動物).

ceph·a·lor·i·dine [sèfəlɔ́(:)rədì:n, -lɑ́r- | -lɔ́rɪ-] 〘← ? CEPHAL(OSPORIN)＋-IDINE〙 ── *n.* 〘化学〙セファロリジン ($C_{19}H_{17}N_3O_4S_2$)《cephalosporin から得られる抗生物質》.

ceph·a·lo·spo·rin [sèfələspɔ́:rɪn, -spɔ́:r-, -rən | -spɔ́:rɪn] 〘← NL *Cephalosporium* (⇨ cephalo-, -spore)＋-IN[1]〙 ── *n.* 〘植物〙セファロスポリン《カビの一種セファロスポリュームが産生する抗生物質》.

ceph·a·lo·thin [séfələθɪn] 〘← CEPHALO(SPORIN)＋THIO-＋-IN[1]〙 ── *n.* 〘化学〙セファロチン ($C_{16}H_{15}N_2NaO_6S_2$)《半合成の抗生物質; 耐ペニシリンブドウ状菌に有効》.

cèphalo·thórax 〘← CEPHALO-＋THORAX〙 *n.* 〘動物〙頭胸部《甲殻類・クモ類などの頭部と胸部が合一した部分》.

ceph·a·lous [séfələs | séf-, kéf-] *adj.* 頭のある.

-ceph·a·lous [séfələs | séf-, kéf-] 〘□ Gk *-képhalos* ← *kephalḗ* head〙「…の頭をした」の意の形容詞連結形: brachy*cephalous*, dolicho*cephalous*.

Ceph·a·lus [séfələs] *n.* 〘ギリシャ神話〙ケパロス《Hermes の息子で Procris の夫; 暁の女神の恋人》.

-ceph·a·ly [séfəli | séfəlɪ, kéf-] -cephalic に対応する名詞連結形.

Ce·phe·id [sí:fiɪd, séf-, -fiəd | -fiɪd] 〘⇨ ↓, -id[1]〙 *n.* 〘天文〙ケフェウス型変光星《ケフェウス座 δ 星が代表である変光星の一種; Cepheid variable ともいう》.

Ce·pheus [sí:fju:s, -fiəs, séfiəs | sí:fju:s, -fjəs, -fɪəs] 〘□ L ～ □ Gk *Kēpheús*〙 ── *n.* **1** 〘天文〙ケフェウス座《カシオペア座とりゅう座の間にある北天の星座; the Monarch ともいう》. **2** 〘ギリシャ伝説〙ケーペウス《Ethiopia の王; Cassiopeia の夫で Andromeda の父》.

Ce·pol·i·dae [sɪpɑ́lədì:, sə-, -póul- | sɪpɔ́lɪ-, -pául-] 〘← NL ～ ← *Cepola* (属名)＋-IDAE〙 *n. pl.* 〘魚類〙アカタチ科《アカバンド (*Cepola rubescens*) などを含む》.

CER 《略》〘心理〙conditioned emotional response 条件づけによって生じる情動反応.

cer- [sɪ(ə)r | sɪər] (母音の前に来る時の) cero- の異形.

ce·ra [sí(ə)rə | síərə] 〘□ L *cēra* wax〙 *n.* (処方箋で)蜜蠟(ろう).

-cer·a [⌐sərə] 〘← NL ～ ← Gk *kéras* horn〙 〘動物〙「角のあるもの」の意の名詞連結形.

ce·ra·ceous [sɪréɪʃəs, sə-] 〘← L *cēra* wax＋-ACEOUS〙 *adj.* 蠟(ろう)のような (waxy).

Ce·ram [séɪrɑ:m] *n.* セラム(島)《インドネシア東部, モルッカ諸島 (Moluccas) の島; 人口 100,000, 面積 17,148 km^2》.

ce·ram·al [sɪrǽməl, sə-, sérəmæ̀l] 〘← CERAM(IC)＋AL(LOY)〙 *n.* 〘冶金〙＝cermet.

ce·ram·by·cid [sɪrǽmbəkɪ̀d, sə- | sɪrǽmbɪ-] 〘↓〙 〘昆虫〙 *adj.* カミキリムシ(科)の. ── *n.* カミキリムシ《カミキリムシ科の昆虫の総称》.

Cer·am·byc·i·dae [sèræmbísədì:, -rəm- | -sɪ-] 〘← NL ～ ← *Cerambyc-*, *Cerambyx* (属名: ← Gk *kerámbux* horned beetle ← *kéras* horn)＋-IDAE〙 ── *n. pl.* 〘昆虫〙(鞘翅目)カミキリムシ科.

Ce·ram·i·a·ce·ae [sɪræ̀miéɪsiì:, sə-, -rèɪm- | sɪræ̀mɪ-, -rèɪm-] 〘← NL ～ ← *Ceramium* (属名: ← Gk *kerámion* earthen vessel ← *kéramos* pottery)＋-ACEAE〙 ── *n. pl.* 〘植物〙(紅藻類)イギス科. **ce·ràm·i·á·ceous** [-ʃəs] *adj.*

Ce·ram·i·a·les [sɪræ̀miéɪli:z, sə-, -rèɪm- | sɪræ̀mɪ-, -rèɪm-] 〘← NL ～ ← *Ceramium* (属名: ↑)＋-ALES〙 *n. pl.* 〘植物〙イギス目.

ce·ram·ic [sɪrǽmɪk, sə- | sɪ-, se-, sə-, kɪ-, ke-, kə-] 〘《1850》□ Gk *keramik-ós* made of earthenware ← *kéramos* potter's clay〙 ── *adj.* **1** 窯業の, 製陶術の: ～ art 製陶術 / the ～ industry 製陶業, 窯業 / ～ manufactures 窯業製品; 陶磁器. ★《英》では専門家, 業者の多くは [k-] と発音する. **2** 陶器の. ── *n.* **1** 窯業製品; 陶磁器《陶器 (earthenware), 磁器 (porcelain), 炻器(せっき)(stoneware), タイル(tile), れんが(brick), 耐火物(refractories), ガラス(glass), セメント(cement) など非金属物質を窯で高温処理して造られたもの; ヨーロッパではガラス・セメントは含まれない》. **2** ＝azurite blue.

cerámic engineéring *n.* 窯業, 製陶技術.

ce·ram·i·cist [sɪrǽməsɪst, sə-, -səst | sɪrǽmɪsɪst, se-, sə-, kɪ-, ke-, kə-] *n.* ＝ceramist.

ce·ram·ics [sɪrǽmɪks, sə- | sɪ-, se-, sə-, kɪ-, ke-, kə-] 〘⇨ ceramic, -ics〙 *n.* 窯業, 製陶業; 製陶技術, 陶磁器製造法.

ce·ram·ist [sɪrǽmɪst, sə-, sérəm-, -məst | sérəmɪst, kér-] *n.* 窯業家; 製陶業者, 陶工.

ce·rar·gy·rite [sɪrɑ́ədʒəràɪt, sə-, -rɑ́:-] 〘← F *kérargyre* (← Gk *kéras* horn＋*árguros* silver)＋-ITE[1]〙 ── *n.* 〘鉱物〙角銀鉱(AgCl)《銀の原鉱の一種; horn silver ともいう》.

ce·ras·tes [sɪrǽsti:z, sə- | sɪ-, se-, sə-] 〘《a1398》□ L *cerastēs* □ Gk *kerástēs* horned (serpent) ← *kéras* horn〙 ── *n.* (*pl.* ～) 〘動物〙ツノクサリヘビ属 (*Cerastes*) の毒ヘビの総称; (特に)ツノクサリヘビ (horned viper).

ce·ras·ti·um [sɪrǽstiəm, sə-, -tiəm | -tɪəm] 〘← NL ～ (← Gk *kerástēs* (↑))＋-IUM〙 ── *n.* 〘植物〙ミミナグサ《ナデシコ科ミミナグサ属 (*Cerastium*) の植物の総称; オランダミミナグサ (*C. arvense*), ミヤマミミナグサ (*C. schizopetalum*) など》.

cer·at- [sérət] (母音の前に来る時の) cerato- の異形.

ce·rate [sí(ə)reɪt, -rət, -rɪt | síərət, -rɪt, -reɪt] 〘□ L *cērāt-um* covered with wax ← *cēra* wax: ⇨ -ate[2]〙 ── *n.* 〘薬学〙蠟膏(ろうこう)《蠟に樹脂・獣脂を混ぜた固練り膏薬》. ── *adj.* 〘鳥類〙蠟(ろう)膜 (cere) のある.

ce·rat·ed [sí(ə)reɪtɪd, -təd | síəreɪt-] *adj.* **1** 蠟(ろう)引きの, 蠟で処理した. **2** 〘鳥類〙＝cerate.

Cer·a·ti·i·dae [sèrətáɪədì: | -táɪɪ-] 〘← NL ～ ← *Ceratias* (属名: ← Gk *kerátias* horned ← *kéras* horn)＋-IDAE〙 ── *n. pl.* 〘魚類〙ミツクリエナガチョウチンアンコウ科.

cer·a·tin [sérətɪn, -tn̩ | -tɪn] 〘← CERATO-＋-IN[1]〙 *n.* 〘生化学〙＝keratin.

cer·a·to- [sérəto(ʊ) | -tə(ʊ)] 〘← NL ～ ← Gk *kéras* horn〙「角 (horn); 角質の (horny)」の意の連結形. ★ 母音の前では通例 cerat- になる.

ce·rat·o·dus [sɪrǽtədəs, sə- | -tə-] 〘← NL ～ ← CERATO-＋-ODUS〙 ── *n.* 〘魚類〙セラトダス《オーストラリア産の肺魚; 現存しているものはバラムンダ (barramunda) および *Neoceratodus miolepsis* の 2 種類; cf. dipnoan》.

cer·a·toid [sérətɔ̀ɪd] 〘□ Gk *kerātoeid-ḗs* hornlike: ⇨ cerato-, -oid〙 *adj.* 角のような (hornlike), 角質の.

Cer·a·to·phyl·la·ce·ae [sèrəto(ʊ)fɪléɪsiì:, -fə- | -tə(ʊ)fɪ-] 〘← NL ～ ← *Ceratophyllum* (属名: ← CERATO-＋Gk *phúllon* leaf)＋-ACEAE〙 ── *n. pl.* 〘植物〙(双子葉植物キンポウゲ目)マツモ科.

cer·a·to·po·go·nid [sèrəto(ʊ)póugənɪd, -nəd | -tə(ʊ)páugənɪd] 〘↓〙 〘昆虫〙 *adj.* ヌカカ(科)の. ── *n.* ヌカカ《ヌカカ科の昆虫の総称》.

Cer·a·to·po·gon·i·dae [sèrəto(ʊ)pəgɑ́nədì: | -tə(ʊ)pəgɔ́nɪ-] 〘← NL ～ ← *Ceratopogon* (属名: ← CERATO-＋Gk *pṓgōn* beard)＋-IDAE〙 ── *n. pl.* 〘昆虫〙(双翅目)ヌカカ科.

Cer·a·top·si·a [sèrətɑ́psiə | -tɔ́psɪə] 〘← NL ～ ← *Ceratops* (属名: ⇨ cerato-, -ops)＋-IA[2]〙 ── *n. pl.* 〘古生物〙角竜亜目《白亜紀後期の鳥盤目 (Ornithischia) の草食性の恐竜》.

cer·a·top·si·an [sèrətɑ́psiən | -tɔ́psɪ-] *adj., n.* 〘古生物〙角竜亜目の(恐竜).

ce·raun- [sɪrɔ́:n, sə- | sɪ-, se-, sə-] (母音の前に来る時の) ceraunо- の異形.

ce·rau·no- [sɪrɔ́:no(ʊ), sə- | sɪrɔ́:nə(ʊ), se-, sə-] 〘□ Gk *kerauno-* ← *keraunós* thunderbolt〙「雷」の意の連結形. ★ 母音の前では通例 ceraun- になる.

Cer·be·re·an [sə̀:bərí:ən, sə(:)bí(ə)riən | sə̀:bɪrí:ən, -ríən, sə(:)bíəriən] *adj.* ケルベロス (Cerberus) の[に関する, のような].

Cer·ber·us [sə́:b(ə)rəs | sə́:-] 〘《c1375》□ L ～ □ Gk *Kérberos*〙 ── *n.* (*pl.* ～**·es**, **-ber·i** [-bəràɪ]) **1** 〘ギリシャ神話〙ケルベロス《地獄 (Hades) の門の番犬で頭が 3 つある》. **2** 厳重な門番.
give [***throw***] ***a sop to Cerberus*** ⇨ sop *n.* 成句.

cerc- [sə:k, sə:s | sə:k, sə:s] (母音の前に来る時の) cerco- の異形.

-cer·cal [sə́:kəl | sə́:-] 〘← F *-cerque* (← Gk *kérkos* tail)＋-AL[1]〙「尾のある (tailed)」の意の形容詞連結形.

cer·car·i·a [sə(:)kέ(ə)riə | sə:kέəriə] 〘← NL ～: ⇨ cerco-, -aria[1]〙 ── *n.* (*pl.* **-i·ae** [-riì:]) 〘動物〙ケルカリア《吸虫類 (Trematoda) の幼生》. **cer·cár·i·al** [-riəl | -rɪ-] *adj.* **cer·cár·i·an** [-riən | -rɪ-] *adj.*

cerci *n.* cercus の複数形.

cer·co- [sə́:ko(ʊ) | sə́:kə(ʊ)] 〘← NL ～ ← Gk *kérkos* tail〙「尾 (tail); 尾のある (tailed)」の意の連結形. ★ 母音の前では通例 cerc- になる.

cer·co·pid [sə́:kəpɪd, -pəd | sə́:kəpɪd] 〘↓〙 〘昆虫〙 *adj.* アワフキムシ(科)の. ── *n.* アワフキムシ《アワフキムシ科の昆虫の総称》.

Cer·cop·i·dae [sə:kɑ́pədì: | sə:kɔ́pɪ-] 〘← NL ～ ← *Cercopis* (属名: ← ? Gk *kerkṓpē* long-tailed cicada ← *kerkṓps* long-tailed ape ← *kérkos* tail＋*ṓps* eye)＋-IDAE〙 ── *n. pl.* 〘昆虫〙(半翅目)アワフキムシ科.

cer·co·pith [sə́:kəpɪθ | sə́:-] 〘↓〙 *n.* 〘動物〙オナガザル科のサル.

Cer·co·pi·the·ci·dae [sə̀:ko(ʊ)pɪθí:sədì:, -pə-, -θí:- | sə̀:kə(ʊ)pɪθí:sɪ-, -θí:kɪ-] 〘← NL ～ ← *Cercopithecus* long-tailed ape (属名: ← L *cercopithēcus* □ Gk *kerkopíthēkos* (⇨ cerco-, pitheco-)＋-IDAE〙 ── *n. pl.* 〘動物〙オナガザル科.

cer·cus [sə́:kəs, kέə- | sə́:-, kέə-] 〘← NL ～ ← Gk *kérkos* tail〙 *n.* (*pl.* **cer·ci** [sə́:saɪ, kέəki: | sə́:saɪ]) 〘動物〙尾葉, 尾角《昆虫類およびある種の他の節足動物の最後の体節の後端から後方に伸びた一対の突起の片方》.

cere [síə | síə(r)] 〘*n.*: 《1486》 *sere* □ ML *cēra* (＝L wax. ── *v.*: 《*c*1465》□ (O)F *cir-er* < L *cērāre* to wax ← *cēra*〙 ── *n.* 〘鳥類〙蠟(ろう)膜《猛禽類やオウムなどのくちばしの根元にある蠟黄色の膜》. ── *vt.* **1** 〈死体を〉蠟布 (cerecloth) で包む. **2** 《廃》…に蠟を塗る.

ce·re·al [sí(ə)riəl | síərɪ-] 〘《1818》□ L *cereāl-is* ← *Cerēs* goddess of corn and plenty＋*-ālis* '-AL[1]'〙 ── *adj.* 穀類の[で作った], 穀物の: a ～ diet 穀類[物]食. ── *n.* **1** [通例 *pl.*] 穀物, 穀類. **2** 穀類を生じる植物《米・麦類など》. **3** 穀類を用いた朝食用の加工食品, セリアル食品《オートミール・コーンフレークなど》: ⇨ breakfast cereal.

cé·re·al·ist [-lɪst, -ləst | -lɪst] *n.* **1** 穀類研究者. **2** 穀類食支持者.

céreal léaf bèetle *n.* 〘昆虫〙キアシクビボソハムシ (*Oulema melanopa*)《鞘翅目ハムシ科; 欧亜大陸の北部に広く分布し, 麦その他の有用イネ科植物の害虫》.

cer·e·bel·lum [sèrəbéləm | -rɪ-] 〘□ ML ＝L ～ (dim.): ⇨ cerebrum〙 *n.* (*pl.* ～**s**, **-bel·la** [-lə]) 〘解剖〙小脳 (⇨ brain 挿絵). **cer·e·bel·lar** [sèrəbélə | -rɪbélə(r)] *adj.*

ce·rebr- [sərí:br, sérəbr | sérɪbr] (母音の前に来る時の) cerebro- の異形.

cerebra 〘□ L ～〙 *n.* cerebrum の複数形.

ce·re·bral [sərí:brəl, sérə- | sérɪ-] 〘□ F *cérébral* □ L *cerebrum* brain＋F *-al* (⇨ -al[1])〙 ── *adj.* **1** 大脳 (cerebrum) の[に関する]; 脳 (brain) の[に関する]: ～ anemia [hyperemia] 脳貧血[充血]. **2** 〈文学・音楽など〉(感性よりも)知性に訴える, 理知的な, 知的な: a ～ poem. **3** 〘《なぞり》← Skt *mūrdhanya* 《原義》of the head〙〘音声〙反転音の, そり舌(音)の (retroflex): ～ consonants. ── *n.* 〘音声〙反転音, そり舌音 (retroflex)《舌先を口蓋の方に曲げて発する子音; Sanskrit 学者の術語》. ～**·ly** [-li | -lɪ] *adv.*

cerébral áccident *n.* 〘病理〙脳傷害; (卒中などの)発作 (cf. apoplexy).

cerébral córtex *n.* 〘解剖〙大脳皮質.

cerébral déath *n.* 〘病理〙＝brain death.

cerébral hémisphere *n.* 〘解剖〙大脳半球.

cerébral hémorrhage *n.* 〘病理〙脳出血, 脳溢血.

cerébral-pálsied *adj.* 脳性小児麻痺の.

cerébral pálsy *n.* 〘病理〙脳性小児麻痺(ひ)《一般に分娩時に起きた脳障害による麻痺で, 痙攣(けいれん)性麻痺を主徴とする; 略 C.P.; cf. spastic paralysis》.

cer·e·brate [sérəbrèɪt | -rɪ-] 〘《逆成》↓〙 *vi.* 脳を働かせる; 考える, 思考する (think).

cer·e·bra·tion [sèrəbréɪʃən | -rɪ-] 〘《1853》← CEREBRO-＋-ATION〙 *n.* 脳の働き, 脳作用; 思考(thought): unconscious ～.

cer·e·bric [sérəbrɪk, sərí:b-, -réb- | sérɪb-] *adj.* 脳の[に関する, から出た].

cer·e·bri·tis [sèrəbráɪtɪs, -təs | -rɪbráɪtɪs] 〘← CEREBRO-＋-ITIS〙 *n.* 〘病理〙脳炎.

ce·re·bro- [sərí:bro(ʊ), sérəbro(ʊ) | sérɪbrə(ʊ)] 〘← L *cerebrum* brain〙「脳 (cerebrum); 脳と…との」の意の連結形. ★ 母音の前では通例 cerebr- になる.

cer·e·broid [sérəbrɔ̀ɪd | -rɪ-] *adj.* 〘解剖〙脳質様の.

cer·e·bro·side [sérəbrəsàɪd, sərí:- | sérɪbrə(ʊ)-] 〘← CEREBRO-＋-OSE[2]＋-IDE[2]〙 *n.* 〘生化学〙セレブロシド《脳の組織や神経の髄鞘(ずいしょう)中に含まれる糖脂質類 (glycolipide); 加水分解によって脂肪酸を生じる》.

cerèbro·spínal *adj.* 〘解剖・生理〙脳脊髄(せきずい)の; 中枢神経系の.

cerebrospínal flúid *n.* 〘解剖〙脳脊髄(ずい)液, 髄液《脳室およびくも膜と軟膜との間にある液体》.

cerebrospínal meningítis *n.* 〘病理〙脳脊髄(ずい)膜炎.

cerebrospínal nérvous sỳstem *n.* 〘解剖・生理〙脳脊髄(ずい)神経系.

ce·re·bro·to·ni·a [sərì:bro(ʊ)tóuniə, -rə- | sèrɪbrə(ʊ)táunjə, -nɪə] 〘← NL ～: ⇨ cerebro-, -tonia〙 ── *n.* 〘心理〙頭脳(緊張)型《W. H. Sheldon によるパーソナリティー型の一つ; 神経が過敏で, 非社交的・内攻的な型; cf. somatotonia, viscerotonia》. **cer·è·bro·tón·ic** [-tɑ́nɪk | -tɔ́n-] *adj.*

cerèbro·váscular *adj.* 〘医学〙脳血管(性)の.

ce·re·brum [sərí:brəm, sérə- | sérɪ-] 〘□ L ～ 'brain' ← IE *ker- horn, head (Gk *korphḗ* head *krānion* skull)〙 ── *n.* (*pl.* ～**s**, **ce·re·bra** [-brə]) 〘解剖〙大脳; 脳 (cf. cerebellum; ⇨ brain 挿絵).

cere·cloth [síəklɔ̀(:)θ, -klɑ̀θ | síəklɔ̀θ] 〘《1553》 *cered cloth*: ⇨ cere (v.)〙 ── *n.* **1** 蠟(ろう)布《蠟引きの布で, もと死体を包むのに用いた》. **2** 〘キリスト教〙祭壇の布の下に敷かれた布.

cer·e·ment [sérəmənt, síə- | síə-] 〘《1600》□ F *cirement* ← *cirer* to wax: ⇨ cere, -ment〙 *n.* **1** [通例 *pl.*] ＝cerecloth 1. **2** 経帷子(きょうかたびら) (graveclothes).

ce·re·mo·ni·al [sèrəmóuniəl, -njəl | -rɪmáunjəl, -rə-, -nɪəl] 〘《c1400》□ LL *caerimōniāl-is*: ⇨ ceremony, -al[1]〙 ── *adj.* **1 a** 礼式の[に関する], 儀式[礼]上の; 儀式を伴う (ritual), 正式の, 公式の (formal): ～ usage 儀式上のならわし / a ～ visit 公式訪問. **b** 儀式用の: a ～ hat, sword, etc. **2** 《廃》儀式を守る, 儀式張った. ── *n.* **1** 儀式, 礼式, 儀礼: a pompous ～. **2** 〘カトリック〙儀式次第, 儀礼書, 儀典.

cèr·e·mó·ni·al·ism [-lɪzm] *n.* **1** (宗教上の)儀式尊重, 礼式尊重主義. **2** 形式偏重, 形式主義.

cèr·e·mó·ni·al·ist [-lɪst, -ləst | -lɪst] *n.* (宗教上の)儀式尊重者, 礼式尊重主義者 (ritualist).

cèr·e·mó·ni·al·ly [-niəli, -njə- | -njəlɪ, -nɪə-]

〘(1643)〙 *adv.* 儀式[礼式]として, 儀式上, 儀礼的に.

ceremónial téa *n.* (茶の湯に使う日本の)抹茶, 挽茶.

cer·e·mo·ni·ous [sèrəmóuniəs, -njəs | -rɪmóunjəs, -rə-, -niəs] 〘(1553) ▭ F *cérémonieux* ∥ LL *caeremōniōs-us*: ⇨ ceremony, -ous〙 ― *adj.* **1** 儀式を守る, 儀式張った, 仰々しい; 堅苦しい: a ～ procession. **2** (堅苦しい)儀式に従った, 儀式を伴う; おごそかな: a ～ reception 儀式を挙げて行なう歓迎会, 歓迎式. **3** 儀式の[に関する]. **～·ness** *n.*

cèr·e·mó·ni·ous·ly 〘(1596)〙 *adv.* **1** 儀式を挙げて; おごそかに. **2** 儀式張って, 仰々しく, 堅苦しく.

cer·e·mo·ny [sérəmòuni | -rɪməni, -rə-] 〘(a1382) ▭ (O)F *cérémonie* ∥ L *caerimōnia* religious usage, sacred ceremony, 《原義》? rites performed in *Caere* (ローマ近傍のエトルリアの町)〙 ― *n.* **1** (宗教的な・神聖な)儀式; 礼式, 式: a time-honored ～ 古来の由緒ある儀式 / a wedding ～ 結婚式 / perform the ～ 儀式を挙げる. **2** [しばしば *pl.*] (公式な)儀礼: the board of *ceremonies* 式部職 / The king was crowned with all due ～. 儀礼を尽して[いとも厳粛に]王の戴冠(たいかん)式が行なわれた / ⇨ MASTER of ceremonies. **3** **a** 礼儀正しい行為[所作], 丁重なふるまい. **b** 仰々しい行為[所作]. **c** 形式張った無意味な行為[所作], 虚礼. **4** **a** 礼儀正しさ, 儀式張ること. **b** 形式に従うこと, 礼儀, 作法; (社交上の)形式. **5** 《廃》前兆 (omen).
stand on ceremony 礼儀を固守する, 儀式張る, 堅苦しくて打ち解けない. ***with ceremony*** (1) 儀式張って. (2) 儀式を行なって. ***without ceremony*** 儀式張らないで; 無作法に, 無遠慮に, 無造作に.

Ce·ren·kov [tʃɪréŋkɔ(ː)f, tʃə-, -rén-, -kəf | -kɔf; *Russ.* tʃirjinkóf], **Pa·vel** [pávjil] **A(lekseevich)** *n.* チェレンコフ《1904–　; ソ連の物理学者; Nobel 物理学賞 (1958)》.

Cerénkov radiàtion *n.* 〘物理〙 チェレンコフ放射線《ある媒体をその中での光速度よりも速く通り抜ける荷電粒子によって出される放射線》.

Ce·res [sí(ə)riːz | síər-] 〘▭ L *Cerēs*: cf. cereal〙 ― *n.* **1** 〘ローマ神話〙 ケレース《穀物・みのりの女神; ギリシャ神話の Demeter に当たる》. **2** 〘天文〙 セレス《第一番目に発見された最大の小惑星 (asteroid); cf. Pallas 2, Juno 3》.

Ceres 1

cer·e·sin [sérəsɪn, -sən | -rɪsɪn] 〘← *ceres-* (← L *cēra* wax) + -IN[1]〙 ― *n.* (*also* **cer·e·sine** [-sìːn, -sɪn, -sən | -siːn, -sɪn]) 〘化学〙 セレシン《地蠟 (ozokerite) を精製した白色または黄色の蠟状物質; 光沢剤・靴墨などに用いる》.

ce·ri·a [sí(ə)riə | síəriə] 〘← NL ～: ⇨ cerium, -a[3]〙 *n.* 〘化学〙 酸化セリウム (CeO_2).

Ce·ri·an·thar·i·a [sì(ə)riænθé(ə)riə | sìəriənθéəriə] 〘← NL ～ ← *Cerianthus* (属名: ← Gk *kērion* honeycomb + -ANTHUS) + -ARIA[1]〙 ― *n. pl.* 〘動物〙 ハナギンチャク目.

ce·ric [sí(ə)rɪk, sér- | síər-, sér-] 〘← CER(IUM) + -IC[1]〙 *adj.* 〘化学〙 (四価の)セリウム (Ce^{+4}) を含む: ～ salts セリウム塩類.

ce·rif·er·ous [sɪrífərəs, sə-] 〘← L *cēra* wax + -I- + -FEROUS〙 *adj.* 蠟(ろう)を生じる.

Ce·ri·go [*It.* tʃéːrigo] *n.* チェリゴ(島)《Kíthira のイタリア語名》.

cer·i·man [sèrəmǽn, -máːn, ⌐⌐⌐ | sèrɪmǽn, -máːn, ⌐⌐⌐] 〘▭ Am.-Sp. *cerimán*〙 ― *n.* 〘植物〙 ホウライショウ(鳳来蕉) (*Monstera deliciosa*) 《熱帯アメリカ産サトイモ科の多年生蔓植物; 茎から多数の気根を生じ, 果実は生食できる; 普通は観葉植物として栽培》.

ce·rín·ic ácid [sɪrínɪk-, sə-] 〘*cerinic*: ← CER- + -IN[1] + -IC[1]〙 *n.* 〘化学〙 = cerotic acid.

cer·iph [sérɪf, -rəf | -rɪf] *n.* 〘活字〙 = serif.

ce·rise [səríːs, -ríːz | səríːz, sɪ-, -ríːs; *F.* səʀiːz] 〘(1858) ▭ F ～ 'cherry'〙 *n., adj.* さくらんぼ色[鮮紅色](の).

ce·rite [sí(ə)raɪt | síər-] *n.* 〘鉱物〙 セライト, セル石《ランタン・セリウムを含む複雑な含水ケイ酸塩鉱物》.

Cer·i·thi·i·dae [sèrəθáɪədiː | sèrɪθáɪɪ-] 〘← NL ～ ← *Cerithium* (属名: 《変形》← Gk *kerátion* (dim.) ← *kéras* horn) + -IDAE〙 *n. pl.* 〘貝類〙 オニノツノガイ科.

ce·ri·um [sí(ə)riəm | síərɪ-] 〘(1804) ← NL ～ ← CERES (この星とほぼ同じ頃 (1803 年) に発見されたことにちなむ): ⇨ -ium〙 *n.* 〘化学〙 セリウム《希土類元素の一つ; 記号 Ce, 原子番号 58, 原子量 140.12》.

cérium mètal *n.* 〘化学〙 セリウム金属《希土類元素 (rare-earth elements) の一群》.

cérium óxalate *n.* 〘化学〙 蓚酸セリウム ($Ce_2(C_2O_4)_3 \cdot 9H_2O$) 《白色結晶粉末; もと医薬に用いた》.

cérium óxide *n.* 〘化学〙 酸化セリウム《CeO_2, Ce_2O_3 の二種あり, 特に二酸化物 CeO_2 は無色ないしは黄色の粉末で, セラミックス・ガラス磨きなどに使用》.

cer·met [sɔ́ːmet | sɔ́ː-] 〘← CER(AMIC) + MET(AL)〙 ― *n.* 〘冶金〙 サーメット《耐熱化合物と金属とを焼結した強力耐熱合金で, 切削工具材やタービンの羽根等に用いる; ceramal ともいう》.

CERN [sɔ́ːn | sɔ́ːn] 〘▭ F ～ 《頭字語》← *C(onseil) e(uropéen pour la) r(echerche) n(ucléaire)* European Counsil for Nuclear Research (本研究所の設立母体)〙 ― *n.* セルン, ヨーロッパ原子核共同研究所《西ヨーロッパの 12 か国が共同で出資し運営している素粒子物理学の研究所; スイスの Geneva 郊外にある; 現在の正式名 Organization européenne pour la recherche nucléaire》.

cer·nu·ous [sɔ́ːnjuəs | sɔ́ːnju-] 〘← L *cernuus* with face towards the earth + -OUS: cf. cerebrum〙 ― *adj.* 〘植物〙 〈植物が〉下方に垂れる, 垂下的な, しだれた (pendulous).

ce·ro [sí(ə)rou | síərəu] 〘《転訛》← Sp. *sierra* saw, sawfish〙 ― *n.* (*pl.* ～, ～**s**) 〘魚類〙 西インド諸島産サバ科サワラ属の食用魚《次の二種: *Scomberomorus cavalla, S. regalis*; cavalla, kingfish, pintado ともいう》.

ce·ro- [sí(ə)ro(u) | síərə(u)] 〘← L *cēra* ▭ Gk *kērós* wax〙 「蠟(ろう) (wax)」の意の連結形. ★ 母音の前では通例 cer- になる.

ce·ro·graph [sí(ə)rəgræ̀f | síərəgrɑ̀ːf, -græ̀f] *n.* 蠟(ろう)刻術; 蠟彫刻[版画].

ce·rog·ra·phy [sɪrɑ́grəfi, sə- | -rɔ́grəfɪ] *n.* 蠟(ろう)彫刻術.

cèro·plástic *adj.* **1** 蠟(ろう)型の. **2** 蠟型細工の.

cèro·plástics *n.* **1** [単数扱い] 蠟(ろう)型術, 蠟型法. **2** [複数または時に単数扱い] 蠟細工 (waxworks).

ce·ro·tic [sɪróutɪk, sə-, -rɑ́t- | -ráut-, -rɔ́t-] 〘← L *cērōtum* waxed (▭ Gk *kērōtón*) + -IC[1]〙 *adj.* 〘化学〙 セロチン酸の.

cerótic ácid *n.* 〘化学〙 セロチン酸 ($C_{25}H_{51}COOH$) 《みつろうなどにエステルとして存在》.

ce·ro·type [sí(ə)rətàɪp, sér- | síər-, sér-] *n.* 蠟(ろう)刻電鋳版.

ce·rous [sí(ə)rəs | síər-] 〘← CER(IUM) + -OUS〙 *adj.* 〘化学〙 (三価の)セリウム (cerium) (Ce^{+3}) を含む.

cert [sɔ́ːt | sɔ́ːt] 〘(1889) 《略》← CERTAINTY〙 *n.* 《英俗》 確実なこと[結果]: a dead [an absolute] ～ 絶対に確実な事[物], きっと起こる事; (競馬の)本命.
for a cert 《英俗》 = *for* (*a*) CERTAINTY.

cert. 《略》 certain; certainty; certificate; certificated; certification; certified; certify; 〘法律〙 certiorari.

cer·tain [sɔ́ːtn, -tən, -tɪn | sɔ́ːtn, -tən, -tɪn] 〘(c1300) ▭ (O)F ～ < VL **certānum* ← L *certus* sure ← *cernere* to sift ← IE **(s)keri-* to cut, separate (Gk *krinein* to separate, judge): cf. critic〙 ― *adj.* **1** **a** 〈ものごとが〉確かな, 確実な: a ～ remedy for ...の特効薬 / ～ evidence 確かな証拠 / The fact is ～. その事実に誤りはない. **b** 争われない, 疑う余地のない: It is ～ that it happened. その事のあったことは確実だ. **c** きっとそうなる, 避けられない: face ～ death 避けられない死に直面する. **d** [be ～ *to* do として] きっと...する, 必ず...する: It *is* ～ *to* happen. きっと起こる / He *is* ～ *to* help us. きっと我々を助けてくれる. **2** **a** 決まった, 一定の: on a ～ day 一定の日に / at a ～ place 決まった場所で / a rent ～ in money 一定の金額の賃貸料. **b** 〈狙い・知識・腕前など〉確かな, 正確な: His aim was ～. 彼の狙いは確かだった / Her touch on the piano was by no means ～. 彼女のピアノのタッチは決して確かではなかった. **3** [Predicative に用いて] 〈人が〉(...(ということ)を)確かだと思って, 確信して 〔*of*〕/ 〈*that, whether*, etc.〉: feel ～ 確かだと思う / be ～ *of* success 成功を確信している / I am ～ *that* I saw it. 確かにそれを見た / I am not ～ *of* the fact. その事実はよくわからない / I am not ～ *whether* he will succeed. 彼が成功するかどうか確信がない / I am not ～ *what* to do. どうしてよいものかよくわからない. **4** [Attributive に用いて] **a** (明示を避けて)ある: a ～ person ある人(★ いくらか軽蔑を含んだ言い方) / under ～ conditions ある種の条件の下では / a ～ Mr. Smith あるスミスという人 / a lady of a ～ age 年配の婦人 / a woman of a ～ description いかがわしい商売の女 / a woman in a ～ condition 妊娠している女 / a ～ disease 性病. **b** 幾分の, 多少の, ある程度の: to a ～ degree [extent] ある程度 / have a ～ hesitation 多少躊躇する. **5** 《廃》しっかりした, 不動の.
for certain 確実に, 確かに: I cannot say *for* ～. はっきりしたことは言えない. ***make certain*** 確かめる (ascertain) 〔*of*〕: *make* ～ *of* one's reservation 予約を確かめる.
― *pron.* [～ of として; 複数扱い] 《文語》 〔...のうちの〕いくらか, いくつか (some): ～ *of* his experiences, actions, etc.
― *adv.* 《方言》 = certainly.

cér·tain·ly 〘(a1325)〙 ― *adv.* **1** 確実に, 確かに; きっと, 間違いなく; はっきりと, 自信をもって. **2** **a** [人の言葉を受けて] 確かに[いかにも]その通り, なるほど(そうです). **b** [答えに用いて] 確かに(承知しました), いいとも, そうでしょうとも (yes, no doubt): Will you answer the letter for me?—*Certainly* [*Certainly* not]. 私の代わりに手紙に返事を書いてくれないか—いいとも[とんでもない].

cer·tain·ty [sɔ́ːtn̩ti, -tən-, -tɪn- | sɔ́ːtnti, -tən-, -tɪn-] 〘(c1303) ▭ AF *certainté*: ⇨ certain, -ty〙 ― *n.* **1** 確実(なこと), 確実性, 必然性: a position of safety and ～ 安全性と確実性のある地位, (容易に動かされない)安定した地位 / objective ～ 普遍妥当性のある客観的確実性 / the ～ of death 死の必然性. **2** 確実なもの, 確かな見込, 必然的な事物: a moral ～ (絶対確実であるとは言えないまでも)まず当てにしてよいこと / bet on a ～ (初めから)確実と知っていて賭(か)をする. **3** 確信: This at least may be said with ～. 少なくともこの事だけは確信をもって言える / We have no ～ *of* his success. = We have no ～ *that* he will succeed. 彼の成功の確信はない.
for* [*to*, 《古》 *of*] (*a*) *certainty 確かに, きっと: I know this *for* (*a*) ～. このことは間違いなく知っている.

Cert. Ed. 《略》 Certificate in Education.

cer·tes [sɔ́ːtiːz, -tiːz, sɔ́ːts | sɔ́ːtɪz, sɔ́ːts] 〘(c1250) ▭ (O)F ～ < VL **certās* (adv.) ← L *certus* 'CERTAIN'〙 *adv.* 《古》 確かに (certainly).

Cer·thi·i·dae [səːθáɪədiː | səːθáɪɪ-] 〘← NL ～ ← *Certhia* (属名: 《変形》) ← *certhius* tree-creeper ▭ Gk *kérthios*) + -IDAE〙 *n. pl.* 〘鳥類〙 キバシリ科.

certif. 《略》 certificate; certificated.

cer·ti·fi·a·ble [sɔ́ːtəfàɪəbl, ⌐⌐⌐⌐ | sɔ̀ːtɪfáɪəbl, ⌐⌐⌐⌐] *adj.* **1** 保証できる; 証明できる. **2** 《英》 **a** 精神異常の証明ができる, 精神病院行きの, 狂った. **b** 精神異常者らしい, 気違いじみた: a ～ desire, urge, etc. **cér·ti·fi·a·bly** *adv.*

cer·tif·i·cate 〘(c1419) ▭ F *certificat* ∥ ML *certificātum* (neut. p.p.) ← *certificāre* to 'CERTIFY'〙 ― [sə(ː)tífɪkət, -fə-, -kɪt | sə(ː)tífɪ-] *n.* **1** **a** 証明書, 証書: a ～ of birth [death] 出生[死亡]証明書 / a health ～ 健康証明書 / a marriage ～ 婚姻証明書 (cf. marriage lines) / a medical ～ 診断書 / a ～ of competency 適任証書; (船員の)海技免状 / a ～ of efficiency [good conduct] 適任[善行]証. **b** 免許状, 認可証; (学位を伴わない)修業証書, 免状: a teacher's ～ 教員免許状. **c** 《英》 精神異常証明書. **2** 証券: a ～ of stock [share] 株券. **3** 《米》 (政府が金・銀塊を預かって発行する)証券: ⇨ gold certificate.
certificate of admeasurement 〘海事〙 船腹測定量証書《登簿トン数の公式証明書》.
certificate of deposit 〘銀行〙 譲渡可能定期預金証書 (略 CD).
certificate of incorporation 法人設立認可証.
certificate of indebtedness 債務証書.
certificate of origin 〘商業〙 原産地証明書.
certificate of registry 〘海事〙 船舶登録証, 船籍証明書.
Certificate of Secondary Education [the ―] 〘教育〙 (イングランドとウェールズで中等学校 5 学年修了者(約 16 歳)に行なわれる)中等教育履修証明試験《一種の資格試験; G.C.E. よりややレベルが低い; 1965 年に発足; 略 C.S.E.》.
― [sə(ː)tífəkèɪt | sə(ː)tífɪ-] *vt.* **1** 証明書によって証明する. **2** ...に証明書を与える[発行する], 証明書を与えて免許する: ～ a physician / a ～*d* teacher 有資格教員, 正教員.

cer·ti·fi·ca·tion [sɔ̀ːtəfɪkéɪʃən, -fə- | sɔ̀ːtɪfɪ-] 〘(?1425) ▭ F ～ ∥ ML *certificātiō(n-)*: ⇨ certificate, -ation〙 ― *n.* **1** 証明; 認可, 検定. **2** 証明書, (小切手などの)保証書. **3** 《英》 精神異常の証明.

cer·tif·i·ca·to·ry [sə(ː)tífɪkətɔ̀ːri, -fə-, -tɔ̀ːri | sə(ː)tífɪkət(ə)ri, -keɪt-] 〘▭ ML *certificātōri-us*: ⇨ certificate, -ory[1]〙 *adj.* 証明する; 証明書の.

cér·ti·fied *adj.* **1** 保証された, 証明付きの: a ～ invoice 領事証明付き送り状. **2** 《米》 公許の, 公認の. **3** 《英》 精神異常と証明された; 精神病院に任された[入れられた].

cértified chéck *n.* 支払保証小切手《銀行が支払いに責任をもつ小切手》.

cértified máil *n.* 《米》 配達証明付郵便 (《英》 recorded delivery) 《賠償は保証なし; cf. registered mail》.

cértified mílk *n.* 〘農業〙 保証牛乳《衛生上の法規に従って運営されている酪農場で生産された牛乳; cf. attest *vt.* 5》.

cértified públic accóuntant *n.* 《米》 公認会計士 (《英》 chartered accountant) (略 C.P.A.).

cér·ti·fi·er *n.* 証明者; 保証人.

cer·ti·fy [sɔ́ːtəfàɪ | sɔ́ːtɪ-] 〘(a1338) ▭ (O)F *certifi-er* ▭ LL *certificāre* to make certain ← L *certus* 'CERTAIN': ⇨ -fy〙 ― *vt.* **1** **a** 〈事実・任命などを〉認証する, 確かめる; (特に, 署名捺印した文書で)証明する: This card *certifies* me as a member of the club. このカードは私がクラブの会員であることを証明するものだ / I hereby ～ that... = This is to ～ that ...の相違ないことをここに証明する. **b** 基準に合っているものと証明する, 正しいものと証明する. **2** 〈銀行が〉〈小切手を〉保証する: ⇨ certified check. **3** 《英》 〈医師が〉〈人を〉精神病者だと証明する: He ought to be *certified*. 彼は精神病院に送られるべきだ. **4** ...に証明書・免許状を発行[交付]する: ～ a teacher. **5** 《古》 〈人〉に(...を)保証する 〔*of*〕: This does not ～ us of the truth of his statement. このことは彼の陳述が真実であることの保証にならない. ― *vi.* 〔事実などを〕保証する, 証明する 〔*to*〕: ～ *to* a person's character 人物を保証する.

cer·ti·o·ra·ri [sɔ̀ːʃiəré(ə)ri, -ʃə-, -ráːri | sɔ̀ːtiɔːréərai, -tɪər-] 〘(a1443) ▭ L *certiōrārī* to be informed, 《原義》 made more certain (pass. pres. inf.) ← *certiōrāre* to certify ← *cerior* (compar.) ← *certus* 'CERTAIN'〙 ― *n.* 〘法律〙 事件移送命令(書), 事件書類移送命令(書) 《上位裁判所から下位裁判所に命じる; 通例 writ of certiorari という; cf. evocation 2》.

cer·ti·tude [sɔ́ːtət(j)ùːd | sɔ́ːtɪtjùːd] 〘(?a1425) ▭ LL *certitūd-ō* certainty: ⇨ certain, -tude〙 *n.* **1** 疑念のないこと, 確信. **2** 確実性.

cer·to·si·na [tʃɛ̀ətəsíːnə | tʃɛ̀ətə-; *It.* tʃertosíːna] 〘▭ It. ～ (fem.) ← *certosino* Carthusian〙 ― *n.* チェルトジーナ《ルネサンス期のイタリアのモザイク象嵌, 寄木細工》.

ce·ru·le·an [sɪrúːliən, sə-, -ljən | sɪ(ə)rúːljən, -liən]

〖(1667) ← L *caeruleus* dark blue (← *caelum* sky) + -EAN〗 *n.*, *adj.* 空色(の) (azure)《空の青色》.
cerúlean blúe *n.* **1** セルリアンブルー《濃緑青色に近い薄空色》. **2** セルリアンブルーの絵の具[顔料].
cerúlean wárbler *n.* 〘鳥類〙ミズイロアメリカムシクイ (*Dendroica cerulea*)《米国東部の背が青く腹部が白いアメリカムシクイの一種》. 「=coerulein.
ce·ru·le·in [sɪrúːliɪn, sə-, -liən | sɪrúːliɪn] *n.* 〘化学〙
ce·ru·lo·plas·min [sɪrùːlo(ʊ)plǽzmɪn, sə-, sèrjʊl-, -mən | sɪrùːlə(ʊ)plǽzmɪn, sèrjʊl-] 〖← *cerulo-* (⇨ cerulean) + PLASM + -IN[1]〗 — *n.* 〘生化学〙セルロプラスミン《哺乳動物の血液中にある銅蛋白質の一つ; アミン・フェノール・アスコルビン酸などの酸化を触媒》.
ce·ru·men [sɪrúːmən, sə- | sɪrúːmen] 〖← NL ～ ← L *cēra* wax : 語尾は ALBUMEN からの類推〗 — *n.* 〘生理〙耳垢(じこう)《earwax ともいう》. **ce·ru·mi·nous** [sɪrúːmənəs, sə- | sɪrúːmɪ-] *adj.* **ce·ru·mi·nal** [sɪrúːmənl̩, sə- | sɪrúːmɪ-] *adj.*
-ce·rus [∸ sərəs] 〖← NL ～ ← Gk *kéras* horn〗「(動物の属名に用いて)角(つの)のあるもの (horned one)」の意の名詞連結形: Tetra*cerus* ヨツヅノレイヨウ属.
ce·ruse [sɪrúːs, sə-, -rúːz, sí(ə)ruːs, -ruːz | síəruːs, sɪrúːs, sə-] 〖(*c*1387–95) ▭ (O)F *céruse* ▭ L *cērussa* white lead ▭ ? Gk **kērόessa* ← *kērós* wax〗 — *n.* **1** 〘化学〙塩基性炭酸鉛, 白鉛, 鉛白 ($2PbCO_3 \cdot Pb(OH)_2$)《白色顔料; ⇨ white lead》. **2** (鉛白を含む)おしろい.
ce·rus·site [sɪrʌ́saɪt, sə-] 〖▭ G *Zerussit* : ⇨ ↑, -ite[1]〗 *n.* (*also* **ce·ru·site** [～]) 白鉛鉱 ($PbCO_3$)《鉛の原鉱の一種》.
Cer·van·tes Sa·a·ve·dra [səvǽntiːz-sɑ̀ː(ə)véɪdrə | səːvǽntɪz-, -tiːz-; *Sp.* θerβántessàaβéðra], **Miguel de** *n.* セルバンテス(サーベドラ)《1547–1616; スペインの小説家; *Don Quixote*「ドン キホーテ」(1605, 1615)》.
cer·van·tite [səvǽntaɪt | səː-] 〖← *Cervantes* (スペインの町の名) + -ITE[1]〗 — *n.* 〘鉱物〙セルバンテス石 (Sb_2O_4)《輝安鉱およびその他のアンチモン鉱物より変化して生じる》.
cer·ve·lat [sə́ːvəlæ̀t, -lɑ̀ː, séəvəlùː | sə́ː-, séə-] 〖▭ F《廃》～ (現形 *cervelas*) : cf. saveloy〗 — *n.* (*also* **cer·ve·las** [sə́ːvəlɑ̀ː, séə- | sə́ː-, séə-; *F.* sɛʀvəla]) セルベラート, セルヴラ《牛肉と豚肉に脂や香辛料を加えて作る燻製ソーセージ》.
cer·ve·lière [sèəvəljéə | sèəvəljéə(r; *F.* sɛʀvəljɛːʀ] 〖▭ F ～ ← *cervelle* brain : cf. cerebellum〗 — *n.* (*also* **cer·vel·lière** [～]) 〘甲冑〙(13 世紀の)鉄鉢《coif の下にかぶる補強用かぶと》. 「vico- の異形.
cer·vic- [sə́ːvək | sə́ːvɪk] (母音の前に来る時の) cer-
cer·vi·cal [sə́ːvɪkəl, -və- | sə(ː)váɪk-, sə́ːvɪk-] 〖(1681) ← L *cervīcem*, *cervix* neck + -AL[1]〗 — *adj.* **1** 〘解剖〙首[頸部(けいぶ)]の[に関する]; (特に)子宮頸管の: ～ smear 頸管スミア《子宮癌検査などのための標本》/ ～ syndrome 頸(部)症候群, むち打ち症. **2** 〘歯科〙歯頸(部)
cervices 〖▭ L *cervīcēs*〗 *n.* cervix の複数形. 「の.
cer·vi·ci- [sə́ːvəsɪ, -sə | sə́ːvɪsɪ] cervico- の異形(⇨ -i-).
cer·vi·ci·tis [sə̀ːvəsáɪtɪs, -təs | sə̀ːvɪsáɪtɪs] 〖← NL ～ : ⇨ ↓, -itis〗 *n.* 〘病理〙子宮頸(けい)管炎.
cer·vi·co- [sə́ːvəko(ʊ) | sə́ːvɪkə(ʊ)] 〖← L *cervīc-*, *cervix* neck〗 —「首 (neck); 頸部 (cervix); 頸部と…との」の意の連結形. ★ 時に cervici-, また母音の前では通例 cervic- になる. 「の動物.
cer·vid [sə́ːvɪd, -vəd | sə́ːvɪd] 〖↓〗 *n.* 〘動物〙シカ科
Cer·vi·dae [sə́ːvədìː | sə́ːvɪ-] 〖← NL ～ ← *Cervus* (属名: ← L *cervus* (↓)) + -IDAE〗 *n. pl.* 〘動物〙シカ科.
Cervin, Mont *n.* ⇨ Mont Cervin.
cer·vine [sə́ːvaɪn | sə́ː-] 〖(1832) ▭ L *cervīn-us* of deer ← *cervus* deer : ⇨ -ine[1]〗 *adj.* **1** シカ (deer) の; シカ科の. **2** シカのような (deerlike).
cer·vix [sə́ːvɪks | sə́ː-] 〖▭ L *cervix* neck〗 — *n.* (*pl.* ～·es, **cer·vi·ces** [sə́ːvəsìːz, səváɪsiːz | sə́ːvɪsìːz, sə(ː)váɪsiːz]) 〘解剖〙**1** 首; (特に)首の後部. **2 a** 頸部(けいぶ). **b** 子宮頸(部)《cervix uteri ともいう》. **c** 歯の頸部, 歯頸部《歯冠と歯根の境界部分; cervix cornu ともいう》.
Cé·sar [séɪzɑə, -zə | -zɑː(r, -zə(r; *F.* sezaːʀ] 〖▭ F ～ : ⇨ Caesar[2]〗 *n.* 男性名.
Ce·sar·e·an, C- [sɪzé(ə)riən, sɪ-, sə- | sɪzéəri-, sɪ-] 〖adj.: ← L *Caesarius* (← *Caesar*) + -EAN. — n.: 《略》← *Cesarean section*《なぞり》? ← ML *sectiō caesāria* : ⇨ Caesar[1]〗〘医学〙 — *adj.* 帝王切開の: a ～ birth 帝王切開分娩. — *n.* 帝王切開(術), 帝切開腹分娩(術)《Julius Caesar がこの方法で生まれたという伝説からといわれるが, *L.* caedere = cut に由来するとの説が有力である; Caesarean section [operation] ともいう》.
ce·sar·e·vitch, C- [sɪzɑ́ːrəvɪtʃ, sə-, -zɑ́ːr- | sɪzɑ́ːrə-, -rɪ-] 〖▭ Russ. *tsesarevich* ← *tsesar'* 'CZAR'〗 *n.* (帝政ロシア時代の)皇太子, 皇嗣 (cf. czarevitch).
Ce·sar·e·witch [sɪzǽrəwɪtʃ, sə-, -zɑ́ːr- | sɪzǽrəwɪtʃ, -zɑ́ːr-, -rɪ-] 〖《変形》← CESAREVITCH : この競馬が 1839 年に当時皇太子であったロシヤの Alexander 二世を記念して創設されたことにちなむ〗 — *n.* 〘競馬〙(英国の) Newmarket で毎年秋に行なわれる有名なハンディキャップレース. 「〘医学〙= Cesarean.
Ce·sar·i·an [sɪzé(ə)riən, sɪ-, sə- | sɪzéəri-, sɪ-] *adj.*, *n.*
ce·si·um [síːziəm | -zjəm, -zɪəm] 〖← NL *caesium* ← L *caesius* bluish gray + -IUM : スペクトル分光に現われる 2 本の青い線にちなむ〗 — *n.* 〘化学〙セシウム《アルカリ金属元素の一つ; 記号 Cs, 原子番号 55, 原子量 132.9054》.
cesium 137 *n.* 〘化学〙セシウム 137《セシウムの人工放射性同位元素の一つ; 半減期 30 年; 記号 ^{137}Cs》.
césium clóck *n.* セシウム時計《セシウムの原子の震動を利用した原子時計; cf. atomic clock》.
Čes·ko·slo·ven·sko [*Czech* tʃɛ́skoslòvɛnsko] *n.* チェコスロベンスコ《Czechoslovakia のチェコ語名》.
ces·pi·tose [séspətòʊs | -pɪtəʊs] *adj.* 〘植物〙= caespitose.
cess[1] [sés] 〖(1430) *sess*《頭音消失》← ASSESS〗 — *n.* **1 a**《英方言》税, 料金 (tax). **b**《スコット》地租. **2**《アイル》軍の食糧調達. **3**《インド》物品税, 輸入税. ***out of all cess***《廃》過度に (extremely).
— *vt.*《英》…に課(税)する (tax).
cess[2] [sés] 〖《略》← ? SUCCESS : または CESS[1] の特殊用法か〗 *n.*《アイル》運 (luck). ★ 主に次の句で: Bad ～ to …! …なんかくそっくらえ, くたばってしまえ.
ces·sa·tion [seséɪʃən, sə- | se-] 〖(1447) ▭ (O)F ～ // L *cessātiō(n-)* tarrying ← *cessāre* 'to give way, CEASE' : ⇨ -ation〗 — *n.* 中止, 休止, 停止: ～ of hostilities [arms] 休戦, 停戦 / call for a ～ of all nuclear testing 全面核実験停止を要求する.
ces·sa·tive [sésəṭɪv, seséɪṭ-, séseɪṭ- | -tɪv] *adj.* 〘文法〙(動作の)休止[停止]を示す.
ces·ser [sésə | -ə(r] 〖(1531) ▭ (O)F ～《不定詞の名詞用法》: ⇨ cease〗 — *n.* **1** 〘法律〙怠慢, 不作為《賃借人が正当な奉仕を怠り, あるいは 2 か年間賃料支払をしないこと》; 責任の消滅. **2**《まれ》退職.
ces·sion [séʃən] 〖(1399) ▭ (O)F ～ // L *cessiō(n)-* giving up ← *cessus* (p.p.) ← *cēdere* 'to CEDE' : -sion〗 — *n.* **1** (領土の)割譲, (権利・財産などの)譲渡, 譲与 (ceding). **2** 〘法律〙(債務者から債権者への)財産引渡し. **3** 〘国際法〙領土割譲《国家間の条約によってなされる国土の譲渡》.
ces·sion·ar·y [séʃənèri | -nəri] 〖▭ ML *cessionāri-us* : ⇨ ↑, -ary〗 *n.* 〘法律〙被譲渡者 (transferee), 譲り受け人 (assignee).
Cess·na [sésnə] 〖← *Clyde V. Cessna* (Cessna 社の創立者)〗 *n.* セスナ(機)《米国 Cessna Aircraft 社製の軽飛行機の総称》.
céss·pìpe [sés-] 〖← CESS(POOL) + PIPE〗 *n.* (汚水の)放水管, 排水管.
céss·pìt [sés-] 〖⇨ ↑, pit[1]〗 *n.* **1** (流し・トイレなどの)汚水溜(だ)め, 便壺(つぼ). **2** 罪悪のたまり場, 悪の巣; 不浄の場所: a ～ of vice [iniquity] 悪徳[不正]の巣.
céss·pòol [sés-] 〖《変形》? ← (1581) *cesperalle*, *suspiral* breathing hole ▭ OF *souspiral* (F *soupirail*) ← *soupirer* to sigh, breathe < L *suspīrāre* 'to SUSPIRE' : 前半は It. *cesso* privy との, 後半は POOL[1] との連想による変形か〗 — *n.* **1** (地下にある)汚水溜(だ)め, (下水の)溜桝(ます). **2** 不浄物のたまり場: a ～ of crime 犯罪の巣.
ces·ta [séstə] 〖▭ Sp. ～ 'basket' < L *cista* 'CHEST'〗 *n.* セスタ《ハイアライ (jai alai) で前腕へ紐でとめて用いる細長いかご状のラケット》.
c'est-à-dire [sètɑːdíə, -ṭə- | -tɑːdíə(r, -tə-; *F.* sɛtadiːʀ] 〖▭ F ～ 'that is to say'〗 *F. adv.* 言い換えれば, すなわち.
-ces·ter [stə | stə(r] ⇨ -chester.
cesti 〖▭ L *cestī*〗 *n.* cestus[2] の複数形.
Ces·to·da [sestóʊdə | -təʊ-] 〖← NL : ⇨ Cestoidea〗 *n. pl.* 〘動物〙条虫綱.
Ces·to·dar·i·a [sèstədé(ə)riə | -déəriə] 〖← NL ～ : ⇨ ↑, -aria[1]〗 *n. pl.* 〘動物〙単節条虫亜綱.
ces·tode [séstoʊd | -təʊd] 〖← Gk *kestós* girdle + -ODE[1]〗 〘動物〙 *adj.*, *n.* 条虫(の).
ces·toid [séstɔɪd] 〖⇨ ↑, -oid : cf. cestus[2]〗 〘動物〙 *adj.*, *n.* = cestode.
Ces·toi·de·a [sestɔ́ɪdiə | -dɪə] 〖← NL ～ ← L *cestus* girdle (⇨ cestus[2]) + -OIDEA〗 *n. pl.* 〘動物〙条虫綱.
ces·toi·de·an [sestɔ́ɪdiən | -dɪ-] 〘動物〙 *adj.*, *n.* 条虫綱の(動物).
Cestr. 《略》*ML.* Cestriēnsis (= of Chester)《Bishop of Chester が署名に用いる; ⇨ Cantuar. 2》.
ces·trum [séstrəm] 〖← NL ～ ← Gk *késtron* betony〗 — *n.* 〘植物〙ヤコウボク《*Cestrum* 属の植物の総称; ベニチョウジ (coral jasmine), ヤコウボク (night jasmine) など》.
ces·tui que trust [séṭi-ki-trʌ́st, séstwi-kweɪ- | séṭɪ-kɪ-] 〖▭ AF ～《略》← *cestui a que use le trust est créé* the person for whose use anything is given in trust to another〗 — *n.* (*pl.* **ces·tuis que trust** [～]) 〘法律〙信託受益者 (beneficiary).
ces·tus[1] [séstəs] 〖(1734) ▭ L *caestus* ← *caedere* to beat〗 *n.* (*pl.* ～, ～·**es**) (古代ローマの拳闘手が用いた)籠手(こて)《革ひも製でしばしば鉛や鉄を入れたもの》.

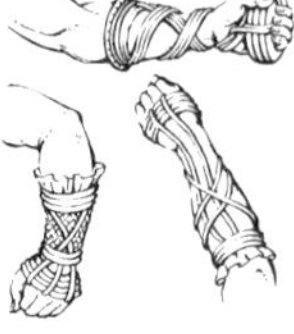

cestus[1]

ces·tus[2] [séstəs] 〖(1577) ▭ L ～ ▭ Gk *kestós* girdle, 《原義》stitched〗 — *n.* (*pl.* **ces·ti** [-taɪ]) **1** 〘ギリシャ・ローマ神話〙Aphrodite [Venus] の帯《欲情を起こさせる種々の飾りが付いていたという》. **2** (古代ギリシャの女性がウエストに巻いたような)ベルト; (特に, 花嫁のつける)象徴的な帯.
ce·su·ra [sɪʒʊ́(ə)rə, sə-, siː-, -zʊ́(ə)rə | sɪzjʊ́ərə, sɪ-, -zʊ́ərə] *n.* (*pl.* ～**s**, **ce·su·rae** [-riː]) = caesura. **ce·sú·ral** [-rəl] *adj.* 「標準時.
C.E.T. 《略》Central European Time 中央ヨーロッパ
cet- [siːt] (母音の前に来る時の) ceto- の異形.
Ce·ta·ce·a [sɪtéɪʃiə, siː- | sɪtéɪʃɪə, se-, -ʃə, -sjə, -sɪə] 〖← NL ～ : ⇨ ceto-, -acea〗 *n. pl.* 〘動物〙クジラ目.
ce·ta·cean [sɪtéɪʃən, siː- | sɪtéɪʃɪən, se-, -ʃən, -sjən, -sɪən] 〘動物〙 *adj.* クジラ目の. — *n.* クジラ目の動物《クジラ・イルカなど》.
ce·ta·ceous [sɪtéɪʃəs, siː- | sɪtéɪʃɪəs, se-, -ʃəs, -sjəs, -sɪəs] *adj.* 〘動物〙= cetacean.
ce·ta·ce·um [sɪtéɪʃiəm, siː- | sɪtéɪʃɪəm, se-, -sjəm, -sɪəm] 〖← NL ～ (neut.) ← *cētāceus* cetaceous : ⇨ Cetacea〗 *n.* 〘化学〙セタシウム (⇨ spermaceti 1).
ce·tane [síːteɪn] 〖← CETO- + -ANE[2] : CETYL 系に属するところから〗 *n.* 〘化学〙セタン ($C_{16}H_{34}$)《石油中に含まれる無色の油; 沸点 288°C, 融点 20°C》.
cétane nùmber [ràting] *n.* 〘化学〙セタン価《ディーゼルエンジン用燃料の発火性を示す指数; cf. octane number》.
ce·tene [síːtiːn] 〖▭ F *cétène* : ⇨ ceto-, -ene〗 *n.* 〘化学〙セテン ($C_{16}H_{32}$)《セチルアルコールを脱水して得られる無色の液体》.
ce·te·ris pa·ri·bus [kéɪṭərɪs-pǽrəbəs, -bùs, séṭərɪs-pǽrɪbəs | -tə-, -rɪ-] 〖▭ L *cēteris paribus* other things being equal〗 *L.* 他の事情が同じならば.
ce·tin [síːtṇ | -tɪn, -tn̩] 〖← CETO- + -IN[1]〗 *n.* 〘生化学〙セチン ($C_{15}H_{31}CO\text{-}OC_{16}H_{31}$)《結晶様蠟状物; 鯨蠟 (spermaceti) の主成分》.
ce·ti·o·sau·rus [sìːṭio(ʊ)sɔ́ːrəs, -ʃio(ʊ)- | -tɪə(ʊ)-, -ʃɪə(ʊ)-] 〖← NL ～ ← Gk *kḗteios* monstrous (← *kētos* whale) + -SAURUS〗 — *n.* 〘古生物〙ケチオサウルス《*Cetiosaurus* 属で雷竜 (brontosaur) と近縁の動物の総称; イングランドのジュラ紀層 (Jurassic strata) 地層中に発見される》.
Ce·to [síːṭoʊ | -təʊ] *n.* 〘ギリシャ神話〙ケートー《海神で Gorgons および Graeae の母》.
ce·to- [síːṭo(ʊ) | -tə(ʊ)] 〖← L *cētus* ▭ Gk *kētos* whale〗「鯨 (whale)」の意の連結形. ★ 母音の前では通例 cet- になる.
ce·tól·o·gist [-dʒɪst, -dʒəst | -dʒɪst] *n.* 鯨学者.
ce·tol·o·gy [siːtɑ́lədʒi | -tɔ́lədʒi] 〖← CETO- + -LOGY〗 *n.* 鯨学, 鯨研究. **ce·to·log·i·cal** [sìːṭəlɑ́dʒɪkəl, -dʒə- | -təlɔ́dʒɪ-] *adj.*
ce·to·mi·mid [sìːṭəmáɪmɪd, -məd | -təmáɪmɪd] 〖↓〗 *n.* 〘魚類〙クジラウオ科の魚.
Ce·to·mim·i·dae [sìːṭəmímədìː | -təmímɪ-] 〖← NL ～ ← *Cetomimus* (属名: ← CETO- + L *mīmus* 'MIME') + -IDAE〗 *n. pl.* 〘魚類〙クジラウオ科.
ce·to·there [síːṭəθìə | -təθɪə(r] 〖↓〗 *n.* 〘動物〙ケトテリウム科のクジラ.
Ce·to·the·ri·i·dae [sìːṭəθəráɪədìː | -təθəráɪɪ-] 〖← NL ～ ← *Cetotherium* (属名: ⇨ ceto-, -therium) + -IDAE〗 *n. pl.* 〘動物〙ケトテリウム科.
cet. par. 《略》ceteris paribus.
Ce·tus [síːṭəs | -təs] 〖▭ L *cētus* : ⇨ ceto-〗 *n.* 〘天文〙くじら(鯨)座《うお座の南, みずがめ座とエリダヌス座の間にある南天の大星座; the Whale ともいう》.
cé·tyl álcohol [síːṭl̩-, séṭl̩- | -tl̩-] 〖*cetyl*: ← CETO- + -YL〗 — *n.* 〘化学〙セチルアルコール ($CH_3(CH_2)_{14}CH_2OH$)《無色結晶様固体で, 鯨蠟 (spermaceti) の主成分; 化粧品・洗浄剤などに用いる; ethal ともいう》.
ce·týl·ic ácid [sɪtílɪk-, sə- | sɪ-] *n.* 〘化学〙セチル酸 (⇨ palmitic acid).
cétyl pálmitate *n.* 〘生化学〙= cetin.
Cé·vennes [seɪvén | sɪ-, sə-, -vénz; *F.* sevɛn] *n.* [the ～] セベンヌ(山地)《フランス南部の山脈; 最高峰は Mt. Mézenc [mezɛ̃ːk] (1,754 m)》.
ce·vi·tám·ic ácid [sìːvaɪtǽmɪk-] 〖*cevitamic*: ← *ce-* (= C) + VITAM(IN) + -IC[1]〗 *n.* 〘生化学〙セビタミン酸 (⇨ ascorbic acid).
Cey. 《略》Ceylon.
Cey·lon [sɪlɑ́n, sə-, seɪ- | sɪlɔ́n] *n.* **1** セイロン島《インド東南方インド洋上の島; Sri Lanka 共和国を成す》. **2** セイロン《Sri Lanka の旧名・通称》.
Ceylón cínnamon *n.* **1** 〘植物〙セイロンニッケイ (*Cinnamomum zeylanicum*)《セイロン原産クスノキ科の常緑高木》. **2** 桂皮《セイロンニッケイの樹皮》.
Ceylón cínnamon òil *n.* 〘化学〙= cinnamon-bark oil.
Cey·lon·ese [sèɪləníːz, sìː-, -lɑ-, sɪlɑ̀n-, sə-, seɪ-, -níːs | sèləníːz, sìːl-] *adj.* セイロン島(人)の. — *n.* (*pl.* ～) セイロン島人 (Sinhalese).
Ceylón mórning-glory *n.* 〘植物〙セイロンアサガオ (*Ipomoea tuberosa*)《鮮黄色の花が咲くインド原産ヒルガオ科の多年生蔓植物》.
Ceylón móss *n.* 〘植物〙東インド産オゴノリ属の海藻 (*Gracilaria lichenoides*)《寒天の原料》.
Ce·yx [síːɪks] *n.* 〘ギリシャ神話〙ケーユクス《トラーキスの王, Halcyone の夫; 海難で死後, 亡霊となって妻のもとにかえる》.
Cé·zanne [seɪzǽn | seɪ-, sɪ-, se-; *F.* sezan], **Paul** *n.* セザンヌ《1839–1906; フランス後期印象派の画家》.
cf, c.f. 《略》〘野球〙center field(er); center forward.
Cf 《記号》〘化学〙californium.
cf. 《略》[kəmpéə, síː-éf | kəmpéə(r, kənfɜ́ː(r, síː-éf] compare, confer (cf. cp.); 〘製本〙calf.
c.f. 《略》carried forward.

C.F. 《略》Chaplain to the Forces.
C.F., c.f. 《略》〘商業〙cost and freight.
CFA 《略》〘会計〙certified financial analyst 公認財務アナリスト.
c.f.d. 《略》cubic feet per day.
c.f.h. 《略》cubic feet per hour.
C.F.I., c.f.i. 《略》〘商業〙cost, freight and insurance 運賃・保険料込値段《普通は CIF という》.
cfm 《略》confirm; confirmation.
c.f.m. 《略》cubic feet per minute.
c.f.s. 《略》cubic feet per second.
cg., cg 《略》centigram(s).
C.G., c.g. 《略》Captain of the Guard; center of gravity; Coast Guard; Commanding General; consul general.
C.G.H. 《略》Cape of Good Hope.
cgm. 《略》centigram(s).
C.G.M. 《略》Conspicuous Gallantry Medal.
cgo. 《略》cargo; contango.
cgs, c.g.s. 《略》〘物理〙centimeter-gram-second (system) (cf. fps, mks).
C.G.S. 《略》Chief of the General Staff.
Ch. 《略》Chaldean; Chaldee; Charles; China; Chinese; Christ.
Ch., ch. 《略》chain; chamber; champion; 〘チェス〙championship; chancery; chaplain; chapter; chart; château; 〘チェス〙check; chemical; chemistry; chervonets; chervontsi; chestnut; chief; child; children; chirurgeon; *L.* chirurgiae (=of surgery); church.
c.h. 《略》〘物理〙candle hour(s); central heating.
C.H. 《略》clearinghouse; Order of the Companions of Honour; Court House; customhouse.
cha [tʃɑ́ː] 〘⇨ char⁴〙 *n.* 《俗》茶 (tea) (cf. cuppa).
Cha·ban-Del·mas [ʃæbɑ́ː(n)delmɑ́ːs, -bɔ̃ː(n)-, -bɑ́ːn-, -bɔ́(ː)n-; *F.* ʃabɑ̃dɛlmaːs], **Jacques** *n.* シャバーデルマス《1915– ; フランスの政治家, 首相 (1969–72)》.
chab·a·zite [kǽbəzàɪt] 〘▭G *Chabasit* ▭F *chabasie* ▭Gk *khabázie* 《誤記》← *khalázie* (voc.) ← *khalázios* 《原義》resembling hailstone ← *khálaza* hailstone: ⇨ -ite¹: cf. chalaza〙 ── *n.* (*also* **chab·a·site** [∼]) 〘鉱物〙菱沸石, 斜方沸石 ($CaAl_2Si_4O_{12}\cdot6H_2O$)《zeolite の一種》.
Cha·blis [ʃǽbli, -liː, ʃɑːblíː | ʃǽbliː, -blɪ; *F.* ʃabli] 〘《1668》▭F ∼: 原産地の名から〙 ── *n.* (*pl.* ∼ [∼z; *F.* ∼]) シャブリ(ワイン)《フランス Burgundy 地方の Chablis で造られる辛口の高級白ワイン》.
Cha·bri·er [ʃɑ̀ːbriéɪ | -brɪ-; *F.* ʃabrie], **Alexis Emmanuel** *n.* シャブリエ《1841–94; フランスの作曲家》.
cha-cha [tʃɑ́ːtʃɑ̀ː] 〘▭Am.-Sp. (Cuba) *cha-cha-cha*〙 ── *n.* チャチャ(チャ)《西インド諸島に発生した歯切れのいい 2/4 拍子の舞踏曲; cha-cha-cha ともいう》. ── *vi.* チャチャ(チャ)を踊る.
cha-cha-cha [tʃɑ́ːtʃɑ́ː, ⌐ ─ ⌐] *n., vi.* =cha-cha.
cha·cha·la·ca [tʃɑ̀ːtʃəlɑ́ːkə] 〘▭Sp. ∼ ← Nahuatl 《擬音語》〙 ── *n.* 〘鳥類〙ヒメシャクケイ《メキシコ・中米産キジ目ホウカンチョウ科ヒメシャクケイ属 (*Ortalis*) の鳥類の総称; ムジヒメシャクケイ (*O. vetula*) など大きな声で鳴く》.
chack·le [tʃǽkl] 〘《混成》? ← CHATTER + CACKLE〙 *vi.* 《英方言》おしゃべりをする, ぺらぺらしゃべる (jabber).
chac·ma [tʃǽkmə] 〘▭Hottentot ∼〙 *n.* 〘動物〙チャクマヒヒ (*Papio ursinus*)《南アフリカ産で体は暗色で頑丈》.
Cha·co [tʃɑ́ːkoʊ | -kəʊ] *n.* [the ∼] チャコ (⇨ Gran Chaco).
cha·conne [ʃɑːkɔ́(ː)n, ʃæ-, -kɑ́n, -kóʊn | ʃəkɔ́n, ʃæ-; *F.* ʃakɔn] 〘《1685》▭F ∼ ▭Sp. *chacona*〙 ── *n.* (*pl.* ∼s [∼z; *F.* ∼]) **1** シャコンヌ《スペイン起源の古いダンスの一種》. **2** 〘音楽〙シャコンヌ《上記の舞曲から発生したバロック時代の変奏曲の一形式; ゆるやかな 3 拍子と低音楽句の繰り返しが特徴》.
chad [tʃǽ(ː)d] 〘← ? 《スコット》∼ 'gravel'〙 *n.* 〘電算機〙チャド, 穿孔屑《テープや穿孔カードにデータを穿孔した時に出る小さな丸い屑》.
Chad¹ [tʃǽ(ː)d] *n.* **1** チャド《アフリカ北中部にあるフランス共同体 (French Community) 内の共和国; もとフランス領赤道アフリカ (French Equatorial Africa) の一部であったが, 1960 年独立; 人口 4,200,000, 面積 1,284,000 km², 首都 Ndjamena; フランス語名 Tchad; 公式名 the Republic of Chad チャド共和国》. **2** チャド語(群)《ナイジェリアとチャド湖付近で話されているアフリカの一語群》.
Chad² [tʃǽ(ː)d] 〘7 世紀の司教 St. Chad にちなむ〙 *n.* 男性名. ★ 今世紀米国で特に人気がある.
Chad, Lake *n.* チャド湖《アフリカ北中部の湖; Chad, Niger および Nigeria の境にある; 面積は季節により約 10,000–26,000 km²》.
cha·dar [tʃʌ́də | -də(r)] *n.* =chador.
Chad·band [tʃǽdbænd] 〘Dickens 作 *Bleak House* 中の堕落牧師の名〙 *n.* 信心家ぶった偽善者.
chád·less *adj.* 〘電算機〙チャドなしの《穿孔した際にチャド (chad) が穴に付着している》.
cha·dor [tʃʌ́də | -də(r)] 〘▭Hindi *caddar* ▭Pers. *chaddar*〙 *n.* チャードル《インド・イランで女性がベールやショールとして用いる大きな長方形の布》.
Chad·wick [tʃǽdwɪk], Sir **James** *n.* (1891–1974) 英国の物理学者; 中性子を発見 (1932); Nobel 物理学賞 (1935).
Chaer·o·ne·a [kèrəníːə, kì(ə)r- | kèr-, kɪ̀ər-] *n.* カイロネイア《ギリシャ東部 Boeotia の古都; マケドニアの Philip 二世がギリシャ連合軍を破った古戦場 (338 B.C.)》.
chaet- [kiːt] (母音の前に来る時の) chaeto- の異形.
chae·ta [kíːtə | -tə] 〘← NL ∼ ← Gk *khaítē* long flowing hair〙 *n.* (*pl.* **chae·tae** [-tiː]) 〘動物〙(毛足類の)剛毛 (seta). **cháe·tal** [-tl̩ | -tl̩] *adj.*
-chae·ta [kíːtə | -tə] 〘← NL∼ (↑)〙 ── 〘動物〙次の意味を表わす名詞連結形: **1** 「(属名に用いて)毛のあるもの, 毛状のもの」: Spiro*chaeta*. **2** (*pl.* **-chae·tae** [-tiː]) 「(…の)剛毛」: macro*chaeta*.
chaetae *n.* chaeta の複数形.
-chae·tes [kíːtiːz] =-chaeta 1.
chaeto- [kíːtə(ʊ) | -tə(ʊ)] 〘← NL ∼: ⇨ chaeta〙「剛毛 (bristle); 毛 (hair)」の意の連結形. ★ 母音の前では通例 chaet- になる.
Chae·to·don·ti·dae [kìːtə(ʊ)dɑ́ntədìː | -tə(ʊ)dɔ́ntɪ-] 〘← NL ∼ ← *Chaetodont-, Chaetodon* (属名: ⇨ chaeto-, -odon) + -IDAE〙 *n. pl.* 〘魚類〙チョウチョウウオ科.
chae·tog·nath [kíːtəgnæ̀θ, -tæg- | -tɔg-, -tæg-] 〘↓〙 〘動物〙 *adj.* 毛顎(ɡう)動物門の. ── *n.* 毛顎動物門の動物《海の浮遊動物のヤムシ (arrowworm) など》.
Chae·tog·na·tha [kiːtɑ́gnəθə | -tɔ́g-] 〘← NL ∼: ⇨ chaeto-, -gnatha〙 *n. pl.* 〘動物〙毛顎動物門. **chae·tóg·na·than** [-θən] *adj.* **chae·tóg·na·thous** [-θəs] *adj.*
Chae·toph·o·ra·ce·ae [kiːtɑ̀fəréɪsiìː | -tɔ̀f-] 〘← NL ∼ ← *Chaetophora* (属名: ⇨ chaeto-, -phora) + -ACEAE〙 ── *n. pl.* 〘植物〙(緑藻類)タマモ科. **chae·tòph·o·rá·ceous** [-réɪʃəs] *adj.*
chae·toph·o·rous [kiːtɑ́f(ə)rəs | -tɔ́f-] *adj.* 〘動物〙剛毛のある.
chae·to·pod [kíːtəpɑ̀d | -tɒpɔ̀d] 〘↓〙 *n.* 〘動物〙毛足綱の動物《ゴカイ・ミミズなど》.
Chae·top·o·da [kiːtɑ́pədə | -tɔ́p-] 〘← NL ∼: ⇨ chaeto-, -poda〙 *n. pl.* 〘動物〙毛足綱《多毛綱と貧毛綱とを合せた綱で, 現在は用いられていない》.
chae·to·tax·y [kíːtə(ʊ)tæ̀ksi | -tə(ʊ)tæ̀ksɪ] *n.* 〘動物〙毛序, 剛毛式《節足動物の体表における刺毛の数と配列》. **chae·to·tac·tic** [kìːtə(ʊ)tǽktɪk | -tə(ʊ)-] *adj.*
-chae·tus [kíːtəs | -təs] 〘動物〙=-chaeta 1.
chafe [tʃéɪf] 〘《? a1300》*chaufe(n)* to warm ▭OF *chauf-er* (F *chauffer*) < VL **calefāre* = L *calefacere* to heat ← *calēre* to be warm + *facere* to make〙 ── *vt.* **1** こすって暖める, 摩擦する: ∼ one's hands together. **2 a** すりむく; すり減らす. **b** すりむいてひりひりさせる. **3** 〈人を〉苛(いら)立たせる, 悩ます: The noise ∼*d* him. その音は彼の神経を苛立たせた. **4** 《廃》〈感情を〉熱する, 興奮させる. ── *vi.* **1** 体をこすりつける 〔*against, on*〕: The cat ∼*d against* the wall. その猫は壁に体をこすりつけた. **2** 摩擦ですり切れる; ひりひりする. **3** いらいらする; しゃくにさわる, じれる 〔*at, under*〕: ∼ *at* the delay of the train 列車の遅れにいらいらする / She ∼*d under* his teasing. 彼にからかわれて苛立った. **4** 〈川・波が〉〈崖(がけ)などに〉激しく当たる (rub) 〔*against*〕. ── *n.* **1** すり傷(の痛み). **2** 苛(いら)立ち (fret): in a ∼ いらいらして.
cha·fer [tʃéɪfə | -fə(r)] 〘OE *ċeafor* beetle < Gmc **kabraz* gnawer (G *Käfer* / Du. *kever*) ← IE **gebh-* jaw: cf. jowl¹〙 ── *n.* 〘昆虫〙コガネムシ《コガネムシ科の大型または中型の甲虫の総称; コフキコガネ (June beetle), rose chafer, 特にヨーロッパコフキコガネ (cockchafer) など》.
chaf·er·y [tʃéɪfəri | -rɪ] 〘▭(O)F *chaufferie* ← *chauffer*: ⇨ chafe, -ery〙 *n.* =bloomery.
cháfe·weed *n.* 〘植物〙=wood cudweed.
chaff¹ [tʃǽ(ː)f | tʃɑ́ːf, tʃǽf] 〘OE *ċeaf* ← ? Gmc **kaf-, *kef-* to gnaw, chew (G *Kaff* / Du. *kaf*): cf. chafer〙 ── *n.* **1** 籾殻(もみがら): ∼ and dust 廃物 / offer ∼ for grain 穀物だと言って籾殻を出す, まがい物で人を釣ろうとする / You cannot catch old birds with ∼. 《諺》ばかな鳥でなければ籾殻でつられはしない, ばかでなければつまらない手には乗らない. **2** (牛馬飼料の)切り藁(わら). **3** (籾殻のように)つまらない物, がらくた, くず (rubbish). **4** 〘植物〙(草花の)苞(ほう). **5** 〘空軍〙=window 9 b.
be caught with chaff 〘《諺》: ⇨ chaff¹ 1〙 簡単にだまされる[わなにかかる]. ***separate (the) wheat from (the) chaff*** ⇨ wheat 成句.
── *vt.* 〈藁などを〉切り藁に刻む[する].
chaff² [tʃǽ(ː)f | tʃɑ́ːf, tʃǽf] 〘《1552》《転用》? ← CHAFF¹ // CHAFE〙 ── *vt.* 〈人を〉(悪意でなく)ひやかす, からかう (banter). ── *vi.* (悪意でなく)ひやかす, からかう (jest). ── *n.* (悪意のない)からかい, ひやかし.
cháff·cùtter *n.* まぐさ切り, 藁(わら)切り(器).
cháff·er¹ *n.* からかう人.
chaf·fer² [tʃǽfə | -fə(r)] 〘《? a1200》*chaffare, chapfare* buying and selling < OE **ċēapfaru* ← *ċēap* bargain + *faru* fare, journey: ⇨ cheap, fare: cf. ON *kaupfor* trading fare〙 ── *n.* **1** (値段の)掛け合い, 値切り (bargaining). **2** 《廃》商売 (trade). ── *vi.* **1** 値切る, 掛け合う (bargain). **2** 《英》おしゃべりする: ∼ *with* each other. **3** 《廃》取引する, 商売する, 交換する. ── *vt.* **1** 値切る (bargain) 〈*down*〉. **2** 《廃》取引する. **∼·er** [-fərə | -rə(r)] *n.*
chaf·finch [tʃǽfɪntʃ] 〘OE *ċeaffinċ*: ⇨ chaff¹, finch〙 *n.* 〘鳥類〙ズアオアトリ (*Fringilla coelebs*)《ヨーロッパでよくみられる鳴鳥》.
cháff·ing·ly *adv.* からかって, ひやかして, からかうように.
cháff·less *adj.* 籾殻(もみがら)のない.
chaff·y¹ [tʃǽfi | tʃɑ́ːfi] 〘← CHAFF¹ + -Y¹〙 ── *adj.* (**chaff·i·er; -i·est**) **1 a** 籾殻(もみがら)の多い. **b** 籾殻のような. **2** つまらない: a ∼ book. **3** 〘植物〙穎(えい)のような, 芽鱗(がりん)におおわれた.
chaff·y² [tʃǽfi | tʃɑ́ːfi, tʃǽfi] 〘← CHAFF² + -Y¹〙 *adj.* 《まれ》からかいの, ふざけた, 冗談半分の: a ∼ talk.
cháf·ing dìsh *n.* (ランプまたは加熱器が下についている, 卓上用の)料理用器具, こんろ付き卓上鍋.

chafing dish

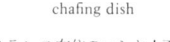

cháfing gèar *n.* 〘海事〙擦(す)れ止め《索具などが他と擦れ合う箇所に当てて保護する古帆布・革切れの類》.
Cha·gall [ʃəgɑ́ːl, -gǽl], **Marc** [mɑ́ək | mɑ́ːk] *n.* シャガール《1887– ; フランス在住のロシヤ人画家》.
Chá·gas' disèase [ʃɑ́ːgəs-, ʃǽg-, -gəsɪz-, -səz-] 〘← *Carlos Chagas* (1879–1934: ブラジルの医師でその発見者)〙 *n.* 〘病理〙シャガス病, アメリカトリパノソーマ症《中南米の眠り病の一種; 鞭毛虫 *Trypanosoma cruzi* による》.
cha·grin 〘《1656》▭F ∼ 'grief' ← ? *chat* 'CAT' + *grigner* to pucker〙 ── [ʃəgrín | ʃǽgrɪn] *n.* **1** 無念, くやしさ: to one's ∼ 残念なことには. **2** [*pl.*] 《古》しゃくの種 (troubles). ── [ʃəgrín | ʃǽgrɪn, ʃəgríːn] *vt.* くやしがらせる, 残念に思わせる (mortify).
cha·grined [ʃəgrínd | ʃǽgrɪnd, ʃəgríːnd] *adj.* くやしがって(いる), 残念に思って(いる) 〔*at*〕: I was [felt] ∼ *at* my mistake. 間違いをしてくやしかった.
Cha·har [tʃɑ̀ːhɑ́ə | -hɑ́ː(r)] *n.* 察哈爾(チャハル)《内モンゴル自治区 (Inner Mongolian Autonomous Region) に属する行政区の一つ》.
Chai·kov·sky [tʃaɪkɔ́(ː)fski, tʃə-, -kɔ́(ː)v- | -kɔ́vski, -kɔ́f-; *Russ.* tʃijkófskjij] *n.* =Tchaikovsky.
Chai·ma [tʃáɪmə] *n.* (*pl.* ∼, ∼s) **1 a** [the ∼(s)] チャイマ族《Venezuela の海岸に住むカリブ人の一種族》. **b** チャイマ族の人. **2** チャイマ語.
chain [tʃéɪn] 〘《c1300》*chayne* ▭OF *chaine* (F *chaîne*) < L *catēnam* chain ← ?〙 ── *n.* **1 a** 鎖, チェーン: an endless ∼ (自転車・自動車などの)循環鎖 / a dog on a ∼ 鎖でつないだ犬. **b** (官職のしるしとしてまたは装飾用に首にかける)鎖, 首飾り: a gold ∼. **c** [通例 *pl.*] =tire chain. **d** =door chain. **e** =chain shot 1. **2 a** 縛る[束縛する]もの, かせ (bond). **b** [通例 *pl.*] 鎖付きの足かせ; 束縛, 拘禁: be in ∼*s* 鎖で縛られている; 束縛されている; 獄舎につながれている. **3 a** つながり, 連鎖; 一続き, 一連; 連脈; ネットワーク (network): a ∼ of mountains 連山, 山脈 / a ∼ of radio stations 放送局のネットワーク / a ∼ of events 連続的な[一連の]出来事 / a ∼ of thoughts 次々と浮かぶ考え. **b** (商店・劇場・ホテルなどの同一資本による経営の)連鎖制: the ∼ system [management] 連鎖制度[経営] / an owner of a grocery ∼ 食料雑貨チェーンの所有者 / ⇨ chain store. **c** たて続けにのむたばこ: ⇨ chain smoker. **d** 手をつないで踊るダンス: ⇨ ladies chain. **4** 〘測量〙 **a** チェーン, 測鎖. **b** 1 chain の長さ (=66 ft.) (cf. chain measure). ★ 英米において最も普通に用いられるものは 100 節全長 66 ft. で, その発明者である英国の数学者 Edmund Gunter の名を取って Gunter's chain または surveyor's chain と呼ばれる; この他 100 節全長 100 ft. の engineer's chain と呼ぶものもある; わが国では全長 20 m のメートルチェーンを使用する. **5** 〘物理・化学〙(主として炭素原子の)連鎖; 連鎖反応 (chain reaction) (cf. ring¹ 12). **6** 〘海事〙 **a** =chain cable. **b** [通例 *pl.*] =chain plate. **c** [*pl.*] (マストの)横静索(よこせいさく) (shrouds) を鎖で舷(げん)側に固定している留板《投鉛手はここに立って水深を測る; cf. channel²》; 投鉛台. **7** 〘数学〙 **a** 鎖(さ)《複体 (complex) を構成する同一次元の単体 (simplex) の一次結合. **b** =totally ordered set. **8** 〘アメリカンフットボール〙ヤードチェーン《高さ 5 ヤードの 2 本の棒の先端に付けた長さ 10 ヤードの鎖; 4 回の攻撃でボールの前進した距離を計り, 10 ヤード以上前進させればさらに 4 回の攻撃権が与えられる》. **9** 〘細菌〙連鎖.
hug one's chains 束縛[隷属]に甘んじる. ***in the chains*** 〘海事〙(手用測鉛で海の水深を測るため)舷外の測鉛台に立って.
chain of command (軍隊などで, 直属の上官から下位のものへ命令を受け伝えていく)指揮[命令]系統.
── *vt.* **1 a** 鎖でつなぐ; …に鎖を掛ける: ∼ the door (外から開けられないように)ドアに鎖を掛ける / ∼ up a dog 鎖で犬をつないでおく. **b** 鎖で保護する[遮る]: ∼ the entrance off from intruders 入口に鎖をつないで闖入者の入らないように守る. **2** 拘束する, 束縛する; 縛り付ける 〔*to*〕: be ∼*ed to* a drunken husband 酒飲みの夫に腐れ縁でつながれている / be ∼*ed to* one's desk 机にかじりついている. **3** 〘測量〙測鎖で計る. **4** (鉤針で)鎖編みにする. ── *vi.* 鎖を作る.
Chain [tʃéɪn], **Ernst Boris** *n.* (1906–1979) ドイツ生れの英国の生化学者; Nobel 医学生理学賞 (1945).
cháin ármor *n.* 鎖鎧(くさりよろい) (cf. plate armor 2).

cháin·bèlt *n.* チェーンベルト《金属製の鎖のベルト》.
cháin blòck *n.* 〖機械〗=chain hoist.
cháin bòlt *n.* チェーンボルト《チェーン付きの錠》.
cháin bònd *n.* 〖石工〗つなぎ積み《鉄棒や鎖を埋め込んで一体化した組積造》.
cháin bràke *n.* くさりブレーキ, 制輪鎖.
cháin brèak *n.* 〖ラジオ・テレビ〗チェーンブレイク《ネットワーク加盟局が自局の表示をする時間またはその間に放送する短いコマーシャル; cf. station break》.
cháin brìdge *n.* 鎖吊り橋.
cháin càble *n.* 〖海事〗錨鎖(びょうさ)《錨(いかり)に付けた鎖; cf. cable 4》.
cháin còurse *n.* 〖石工〗繋(けい)積層《小口を積んだ石積みの層》.
cháin drìve *n.* 〖機械〗チェーン伝動, 鎖伝動, チェーンドライブ《歯車と鎖を用いる伝動; chain transmission ともいう》.
cháin-drìven *adj.* 鎖伝動で駆動される, 鎖駆動の.
chaî·né [ʃeɪnéɪ; *F.* ʃɛne] 〖□ F ~ (p.p.) ← *chaîner* 'to CHAIN'〗 — *n.* (*pl.* ~s [~z; *F.* ~]) 〖バレエ〗シェネ《鎖のように小さい円形を描きながら連続して回転する動作》.
Cháined Lády [tʃéɪnd-] *n.* [the ~] 〖天文〗アンドロメダ座 (⇨ Andromeda 2).
cháin fàll *n.* 〖機械〗=chain hoist.
cháin fèrn *n.* 〖植物〗コモチシダ属 (*Woodwardia*) のチェーンのように一列に並んでいる子嚢群をもつシダ植物の総称.
cháin gàng *n.* **1** (構外作業の際などに)一本の鎖につながれた囚人たち. **2** 《俗》〖鉄道〗鉄道列車交替要員.
cháin gèar [gèaring] *n.* 〖機械〗チェーン伝動装置, 鎖伝動装置.
cháin-gràte stóker *n.* 〖機械〗チェーングレートストーカー, 鎖床(くさりどこ)ストーカー《火格子を鎖状に組み合わせて無限軌道式に動かしボイラーに石炭を送り込む装置》.
cháin hòist *n.* 〖機械〗チェーンホイスト《鎖と鎖車とを用いて重いものを持ち上げる装置; chain block, chain fall ともいう》.
cháin hòok *n.* 〖海事〗チェーンフック《錨鎖を扱うための鉄製のフック》.
cháin·ing pìn *n.* 〖測量〗チェーンピン, チェーン測量用ピン《taping pin, surveyor's arrow ともいう》.
cháin·less *adj.* 鎖のない; 束縛のない.
chain·let [tʃéɪnlɪt, -lət] *n.* 小鎖.
cháin lètter *n.* 連鎖手紙《手紙の受取人が同文または文を追加して順次数人の人に出す手紙》; 幸福の手紙.
cháin lìghtning *n.* 鎖電《長いジグザグの連鎖状に現われる稲妻》.
cháin-lìnk *adj.* ダイヤモンド状に編んだ金網の[で作った]: a ~ fence.
cháin lòcker *n.* 〖海事〗錨鎖(びょうさ)庫.
cháin màil *n.* 《俗用》=chain armor.
cháin·man [-mən, -mæ̀n] *n.* (*pl.* **-men** [-mən, -mèn]) 〖測量〗測鎖をもつ人, 測量助手.
cháin màtrix *n.* 〖電気〗=fundamental matrix.
cháin mèasure *n.* 〖測量〗チェーンメジャー《長さの単位系; 7.92 inches=1 link, 100 links (66 ft.)=1 chain, 10 chains=1 furlong, 80 chains=1 mile; cf. chain 4 b》.
cháin mòlding *n.* 〖建築〗(ノルマン建築に用いる)鎖模形.
cháin pìckerel *n.* 〖魚類〗北米東部産カワカマス属の淡水魚 (*Esox niger*)《大型で緑がかった黒色, 体側に黒い縞がある; cf. pike⁴》.
cháin pìpe *n.* 〖海事〗チェーンパイプ, 鎖管《甲板を貫通して錨鎖の通る管道》.
cháin plàte *n.* 〖海事〗チェーンプレート, 横静索(よこせいさく)留板《横静索 (shrouds) の末端を鎖などで舷側に固定するために用いる細長い鉄板など》.
cháin prìnter *n.* 〖電算機〗チェーンプリンター《鎖状に配列された活字を回転させながら印字するラインプリンター (line printer) の一種》.
cháin pùmp *n.* 鎖ポンプ.
cháin ràtio *n.* 〖数学〗連鎖比《a : b, b : c, c : d, …のような一連の比》.
cháin-reàct *vi.* 〖物理・化学・原子力〗連鎖反応をする[起こす].
cháin-reàcting *adj.* 〖物理・化学・原子力〗連鎖反応性の.
cháin reàction *n.* **1** 〖物理・化学・原子力〗連鎖反応《燃焼・爆発などに見られる連鎖的に起きる反応》. **2** (事件などの)連鎖反応, (連鎖反応的な)事件の続発.
cháin reàctor *n.* 〖原子力・化学〗連鎖反応炉, 原子炉.
cháin rèflex *n.* 〖心理〗連鎖(性)反射.
cháin rìveting *n.* 〖機械〗並列リベット締め.
cháin rùle *n.* 〖数学〗**a** 連鎖法《連鎖比を利用して問題を解く方法》. **b** 連鎖規則《合成関数を微分するための規則》.
cháin sàw *n.* チェーンソー, 鎖のこ《循環連鎖をする歯のついた携帯可能の動力の鋸(のこ); 立木の伐採などに用いる》.
cháin shòt *n.* **1** 鎖弾(くさりだま)《二つの弾丸または半弾を鎖で連結した昔の砲弾; 帆柱などを撃破するのに用いた; 単に chain ともいう》. **2** 鎖弾の発射.

chain shots 1

cháins·man [-mən] *n.* (*pl.* **-men** [-mən, -mèn]) 〖海事〗測鉛手 (leadsman).
cháin-smòke 〖《逆成》↓〗 *vi., vt.* 立て続けに(たばこを)吸う.
cháin smòker 〖《1890》《なぞり》← G *Kettenraucher*〗 *n.* チェーンスモーカー, 続けてたばこを吸う人.
cháin stìtch *n.* **1** 〖服飾〗**a** チェーンステッチ《刺繍ステッチの一種で, 鎖状に刺す; cf. loop stitch》. **b** 鎖編《鉤針編の編み方の一種》. **2** 〖製本〗からみがけ (⇨ kettle stitch). **3** 〖製靴〗鎖縫い; (特に, 細帯を中底に縫いつける)掬い縫い.
cháin stòpper *n.* 〖海事〗チェーンストッパー, 錨鎖(びょうさ)止め《巻上げた錨鎖を係止しておく用具》.
cháin stòre *n.* チェーンストア[店] (《英》 multiple shop)《同じ型の多くの小売店が同一資本の経営下に組織されたもの, またはそのうちの一商店》.
cháin tòngs *n. pl.* 〖機械〗チェーントング《大径管用のパイプレンチ; chain wrench ともいう》.
cháin transmìssion *n.* 〖機械〗=chain drive.
chain·wale [tʃéɪnwèɪl, tʃǽnl] 〖← CHAIN+WALE¹〗 *n.* 〖海事〗=channel².
cháin·whèel *n.* 〖機械〗=sprocket wheel.
cháin·wòrk *n.* **1** 鎖細工. **2** 鎖状の装飾; (裁縫・刺繍(しゅう)などの)鎖模様.
cháin wrènch *n.* 〖機械〗鎖パイプレンチ (⇨ chain tongs).
chair [tʃέə | tʃέə(r)] 〖《?c1225》 *chaiere* □ OF (F *chaire* pulpit, throne) < L *cathedram* seat □ Gk *kathédra* seat, pulpit: ⇨ cathedral〗 — *n.* **1 a** (通例一人用の, 背もたれのある)椅子(いす): take a ~ 椅子につく / sit in a ~ 安楽椅子[肘掛(ひじかけ)椅子]にかける / sit on a ~ (肘掛のない普通の)椅子にかける. **b** 椅子の代わり[役目]をするもの. **c** =sedan chair. **2** [the ~] **a** (君主・裁判官・教授・司教などの)権威のある人の座席; 議長席, 会長席; 司会者席. **b** 権威の座; 議長職; 会長職; 司会者の職. **c** 議長; 司会 (chairman): address the ~ 議長に対して発言する / *the Chair* of St. Peter 教皇の座 / *Chair*! *Chair*! 議長, 議長《議場混乱の際議場整理を要求する叫び》. **d** 《英》市長の職 (mayoralty): above [below] *the* ~ 〈London 市参事会員が〉市長の経歴のある[ない]. **3** (大学の)講座; 大学教授の職 (professorship): the *Chair* of Philosophy, History etc. / resign one's [the] ~ at Harvard ハーバードの教授の職を辞する. **4** [the ~] 《米》(死刑用の)電気椅子: escape *the* ~ 死刑を免れる / send [bring] a man to *the* ~ 人を死刑に処する. **5 a** (デスクをもつ仕事の)席, 職. **b** (交響楽団などの楽器演奏者の)持ち場, 部署. **6** 〖土木〗(鉄筋コンクリート工法でコンクリート流し込みのときの)支え棒. **7** 〖ガラス製造〗(ポンテ(穴のあいていない鉄棒)でガラス器具を作る時の腕木のついた)ガラス細工人の椅子. **8** 〖鉄道〗チェア《レールをささえる座鉄》.
appeal from the chair 〖議会〗〈議員が〉議長裁定に対して賛否の投票を要求する. ***in the chair*** (1) 議長席について. (2) 議長[司会]を勤めて. ***leave the chair*** (1) 議長[司会者]席を去る. (2) 議事[司会]を終わる. ***pass the chair*** [通例完了形で用いて] (議長・市長などの)任期を終える. ***take the chair*** (1) 議長[司会者]席につく. (2) 議事を始める; 司会する.
— *vt.* **1** 椅子に座らせる. **2** 〈人を〉職[地位]につかせる, 就任させる. **3** 〈会議〉の議長[座長]を勤める: ~ the committee. **4** 《英》(もと)椅子に載せて高く持ち上げる, (今は)数人で肩にかついで運ぶ《成功を祝って行なう胴上げの類》.
cháir·bèd *n.* (引伸ばし式または折りたたみ式の)椅子兼用寝台.
cháir·bòrne 〖《混成》← CHAIR + (AIR)BORNE〗 *adj.* 《口語》(軍隊で)机上勤務の, 非戦闘勤務の; (空軍で)地上勤務の.
cháir càr *n.* **1** リクライニングシートを2脚ずつ通路の両側に備えつけた客車. **2** =parlor car.
cháir·làdy *n.* 女議長 (cf. chairwoman).
cháir lìft *n.* =lift¹ 4 e.
cháir·man [-mən] 〖《1654》〗 — *n.* (*pl.* **-men** [-mən]) **1 a** 議長 (cf. chairwoman, chairperson); 司会者: the *Chairman* of Committees 《英》全院委員長《議会で全院委員会を開いている時の委員長で上下院ともその議長に代る》 / the *Chairman* of the Joint Chiefs of Staff 《米》統合参謀本部議長. **b** 会長, 会頭; 委員長; 社長, 頭取: the *Chairman* of the Board (of Directors) (会社などの)会長. **c** 《米》(大学の)学科長, 学科主任. ★ 呼掛けは, 男なら Mr. Chairman, 女なら Madam Chairman. **2 a** 車椅子を押す人. **b** sedan chair のかつぎ手, かごかき. **3** 責任者, 監督 (supervisor): a hospitality ~ 接待主任. **4** (演芸の)司会者. — *vt.* 〈会議など〉の議長をつとめる; …の議長である.
cháirman·shìp *n.* chairman の任務[職].
cháir·òne *n.* =chairperson.
cháir òrgan 〖教会の choir organ がオルガン奏者の席の背もたれとなったことから〗 *n.* =choir organ 1.
cháir·pèrson *n.* 議長, 司会者.
cháir ràil *n.* 〖建築〗腰なげし《椅子の背もたれの高さに壁の保護のために設ける小幅板》.
cháir·tàble *n.* チェアテーブル《円または長方形の背板を蝶番(ちょうつがい)で取りつけた肘掛椅子で, 背板を水平に回転するとテーブルに変わる》.

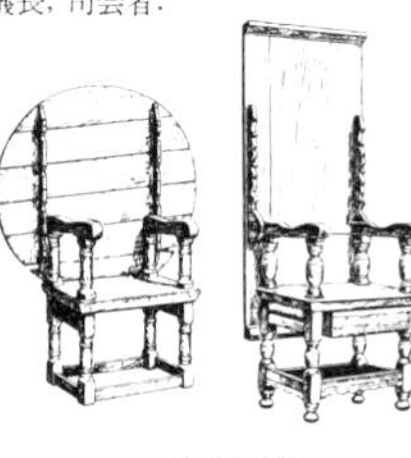
chairtables

cháir·wàrmer *n.* 《俗》**1** ホテルのロビーなどで椅子に長く坐っている人. **2** (坐ってばかりいて)仕事に精を出さない人, なまけ者 (idler).
cháir·wòman *n.* 女性の chairman (cf. chairperson).
chaise [ʃéɪz] 〖《1701》 □ F ~ 'chair, seat' 《変形》 ← *chaire*: ⇨ chair〗 — *n.* **1 a** 二人乗りの一頭立て幌(ほろ)付き二輪軽装馬車. **b** 同様の四輪遊覧馬車. **c** =post chaise. **2** =chaise longue.

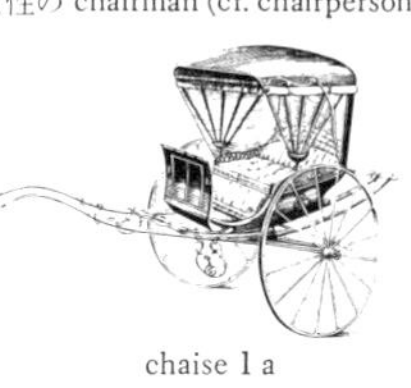
chaise 1 a

chaise longue [ʃéɪz-lɔ́(ː)ŋ, ʃéz- | -lɔ́ːŋg, -lɔ́(ː)ŋg, -lɔ́ŋ; *F.* ʃɛzlɔ̃ːg] 〖□ F ~ 'long chair'〗 — *n.* (*pl.* ~**s, chaises longues** [~z; *F.* ~]) 長椅子, シェーズロング《安楽椅子の一種で, 座が細長く一方に背もたれの付いた低い寝椅子; 単に chaise ともいう》.

chaise longue

chaise lounge [ʃéɪz-láundʒ, tʃéɪz-, tʃéɪs-] 〖《変形》↑: LOUNGE (n.) 2 との連想から通俗語源による変形〗 *n.* =chaise longue.
Chait [tʃáɪt] 〖□ Hindi *Cait* ← Skt *Caitra*〗 *n.* チャイト(の月)《ヒンズー暦の月名の一つで, 太陽暦の3–4月に当たる; cf. Hindu calendar》.
chait·ya [tʃáɪtjə, -tʃə] 〖□ Skt *caitya* ← *citā* funeral pile〗 *n.* 《インド》〖仏教〗チャイティヤ《礼拝供養の対象となる聖地[記念碑]; cf. dagoba, stupa》.
Chal. 《略》Chaldaic; Chaldean; Chaldee.
Cha·las·to·gas·tra [kəlæ̀stəgǽstrə] 〖← NL ~ ← Gk *khalastós* loose+NL *-gastra* (⇨ -gaster)〗 — *n. pl.* 〖昆虫〗広腰亜目《膜翅目のうちキバチ・ハバチなど腹部基節が細くくびれないものを含む》.
cha·la·za [kəléɪzə, -lǽzə] 〖← NL ~ ← Gk *khálaza* hail, lump〗 — *n.* (*pl.* ~**s, -la·zae** [-ziː]) **1** 〖動物〗(卵の)カラザ, 卵帯《卵黄と胚(はい)とを卵の中央に支えている紐状のもの; ⇨ egg¹ 挿絵》. **2** 〖植物〗合点《胚乳の珠皮が珠心に接する点》. **cha·la·zi·an** [kəléɪziən, -lǽ- | -zɪ-] *adj.*
cha·la·zal [kəléɪzəl, -lǽz-, -zl] *adj.* **1** 〖動物〗カラザの[に関する]. **2** 〖植物〗合点の[に位置する, に向いた].
chal·a·zog·a·my [kæ̀ləzɑ́gəmi | -zɔ́gəmɪ] 〖← CHALAZ(A)+-O-+-GAMY〗 *n.* 〖植物〗合点受精, 基底受精《花粉管が合点を通って胚に達する受精》.
chalc- [kælk] (母音の前に来る時の) chalco- の異形.
chal·can·thite [kælkǽnθaɪt] 〖□ G *Chalcanthit* ← L *chalcanthum* □ Gk *khálkanthon* ← *khalkós* copper, brass+*ánthos* flower: ⇨ -ite¹〗 — *n.* 〖鉱物〗胆礬(たんばん) ($CuSO_4 \cdot 5H_2O$)《硫酸銅の天然鉱物; cyanose ともいう; cf. blue vitriol》.
chal·ce·don [kǽlsíːdn, kǽlsədɑ̀n | kǽlsɪdən, -dn, -dɔ̀n] 〖← NL *chalcedona* ← LL *chalcēdonius* 'CHALCEDONY'〗 — *n.* 〖昆虫〗カリフォルニアシマヒョウモンモドキ (*Euphydryas chalcedona*)《北米西部産の鱗翅目タテハチョウ科のヒョウモンモドキの一種; 黒い翅に黄色と黄褐色の斑点のあるチョウ; chalcedon butterfly ともいう》.
Chal·ce·don [kǽlsədɑ̀n, kǽlsíːdn | kǽlsɪdən, -dn, -dɔ̀n] *n.* カルケドン《Bosporus 海峡をはさんで Byzantium の対岸に位した小アジア北西部の古都》: the Council of ~ 〖キリスト教〗カルケドン総会議《451 年にこの地で開かれた世界教会会議》. **Chal·ce·do·ni·an** [kæ̀lsədóuniən, -njən | -sɪdə́unjən, -nɪən] *adj.*
chal·ced·o·ny [kælsédəni, -dni | -dəni] 〖《c1250》□ LL (Vulgate) *chalcēdoni-us* □ Gk *khalkēdṓn* (cf. *Rev.* 21:19): cf. Chalcedon〗 — *n.* 〖鉱物〗玉髄《潜晶質石英; 広義では cat's-eye, onyx, carnelian なども含む》. **chal·ce·don·ic** [kæ̀lsədɑ́nɪk | -dɔ́n-] *adj.*
chal·céd·o·nous [-dənəs, -dn- | -dən-] *adj.*
chal·cid [kǽlsɪd, -səd | -sɪd] 〖⇨ Chalcididae〗 〖昆虫〗 *adj.* アシブトコバチ(科)の. — *n.* =chalcid fly.
chálcid flỳ 〖⇨ Chalcididae: その金属的色彩にちなむ〗 *n.* 〖昆虫〗アシブトコバチ《アシブトコバチ科の昆虫の総称》.
Chal·cid·i·ce [kælsídəsi, -sìː | -dəsɪ, -sìː] *n.* カルキディケ(半島)《ギリシャ北東部の半島; ギリシャ語名 Khalkidiki》.
Chal·cid·i·dae [kælsídədìː | -dɪ-] 〖← NL ~ ← *Chalcid-*, *Chalcis* (属名: ← Gk *khalkós* copper)+-IDAE〗 *n. pl.* 〖昆虫〗(膜翅目)アシブトコバチ科.
chálcid wàsp *n.* 〖昆虫〗=chalcid fly.
Chal·cis [kǽlsɪs, -səs | -sɪs] *n.* カルキス《ギリシャ南東部 Euboea 島の都市; 古代から商業の中心地; 人口 37,000; ギリシャ語名 Khalkis》.
chal·co- [kǽlko(u) | -kə(u)] 〖□ F & L ~ ← Gk *khalkós* copper, brass〗「銅; 真鍮 (brass); 青銅 (bronze)」の意の連結形. ★ 母音の前では通例 chalc- になる.
chal·co·cite [kǽlkəsàɪt] 〖← 《廃》 *chalcosine* (□ F)+-ITE¹〗 *n.* 〖鉱物〗輝銅鉱 (Cu_2S)《銅鉱石の一種》.
chal·co·gen [kǽlkədʒən] 〖← CHALCO- + -GEN〗 *n.* 〖化学〗カルコゲン《酸素・硫黄・セレン・テルルの総称》.
chal·co·gen·ide [kǽlkədʒənàɪd] 〖⇨ ↑, -ide²〗 *n.* 〖化

学》カルコゲン化物《酸素・硫黄・セレン・テルル化物》.
chal·co·graph [kǽlkəgræ̀f | -grɑ̀:f, -græ̀f] *n.* 銅版画, 銅版.　「彫刻師.
chal·cog·ra·pher [kælkɑ́grəfə | -kɔ́grəfə(r] *n.* 銅版
chal·cog·ra·phy [kælkɑ́grəfi | -kɔ́grəfi] *n.* 銅版彫刻(術). **chal·co·graph·ic** [kæ̀lkəgrǽfɪk] *adj.* **chàl·co·gráph·i·cal** *adj.*　「bernite).
chal·co·lite [kǽlkəlàɪt] *n.* 《鉱物》銅ウラン鉱 (⇨ tor-
Chal·co·lith·ic [kæ̀lkəlíθɪk] *adj.* 《考古》銅石併用時代の, 金石併用時代の (Aeneolithic): the ~ era 銅石[金石]併用時代《新石器時代から青銅器時代への過渡期で, 冶金術は知られ, 銅はいくらか使用されていたものの, 利器の多くはまだ石製だったような時代》.
chal·co·phile [kǽlkəfàɪl] *adj.* 《地質》〈地中の化学的成分が〉親銅性の《硫黄と化合しやすい; cf. lithophile 2, siderophile 2》: ~ elements 親銅元素.
chàlco·pýrite 〘← NL *Chalcopyrites*: ⇨ chalco-, pyrite〙 *n.* 《鉱物》黄銅鉱 ($CuFeS_2$)《最も主要な銅鉱の一つ; copper pyrites ともいう》.
chàlco·stíbite 〘□ G *Chalkostibit*: ⇨ chalco-, stibo-, -ite¹〙 *n.* 《鉱物》輝安銅鉱 ($CuSbS_2$).
Chal·dae·a [kældíːə | -díːə, -díə] *n.* =Chaldea.
Chal·dae·an [kældíːən | -díːən, -díən] *adj., n.* = Chaldean.
Chal·da·ic [kældéɪɪk] *adj., n.* =Chaldean.
Chal·de·a [kældíːə | -díːə, -díə] *n.* カルデア: **1** Babylonia 南部の古代の地方名. **2** セム系カルデア人が Babylonia に建てた王朝 (626–538 B.C.); 始祖は Nabopolassar, 首都は Babylon; Nebuchadnezzar 二世の時代が最盛で, アケメネス朝ペルシャの Kyros 二世により滅ぼされた.
Chal·de·an [kældíːən | -díːən, -díən] 〘《1581》← L *Chaldaeus* (□ Gk *Khaldaîos* of Chaldea) + -AN¹〙 — *adj.* **1 a** カルデア (Chaldea) の. **b** カルデア人[語]の. **2** 占星術の. — *n.* **1 a** カルデア人《Tigris, Euphrates 川流域から起こり, 漸次全バビロニアを支配した古代セム人; 占い・占星術などに通じていた; cf. *Dan.* 1:4; 2:2》. **b** カルデア語. **2** 占星家 (astrologer); 占い者 (soothsayer).
Chal·dee [kǽldiː, ─́─ | ─́─] 〘《a1382》□ OF *Caldée* (F *Chaldée*)〙 *adj., n.* =Chaldean.
chal·dron [tʃɔ́ːldrən] 〘《1555》□ F *chaudron* kettle: CAULDRON と二重語〙 *n.* チョルドロン《英国で石炭・コークス・石灰などを計る単位; 32 または 36 bushels》.
cha·let [ʃæléɪ, ─́─ | ʃǽleɪ, -lɪ; *F.* ʃalɛ] 〘《1817》□ F (Swiss) ~ (dim.) ← OF *chasel* farmstead, dairy < VL *casale ← L *casa* hut: Rousseau が *Nouvelle Héloïse* で用いて一般化した〙 — *n.* **1 a** シャレー《スイスアルプスなどで, 傾斜した屋根の軒が張り出したコテージ》. **b** シャレー風のコテージ. **c** (キャンプ場などの)小家屋. **2** (アルプスの山奥の)牧夫の小屋.
Cha·lia·pin [ʃɑljɑ́ːpiːn, -pɪn, -pən | ʃæliɑ́ːpɪn; *Russ.* ʃaljápjin], **Fëdor Ivanovich** *n.* シャリアピン《1873–1938; ロシアのオペラ歌手(バス)》.
chal·ice [tʃǽlɪs, -ləs | -lɪs] 〘《a1325》□ OF ~ (F *calice*) □ L *calicem*, *calix* cup ∞ ME *caliz*, *calce* < OE *calić* □ L: cf. calyx〙 — *n.* **1** 杯 (goblet). **2** 《キリスト教》聖杯, 聖餐杯, カリス《聖餐やミサの時に用いる聖別された葡萄(ぶ)酒を入れる杯》. **3** 《植物》杯状花.
chál·iced *adj.* 《植物》〈花が〉杯状[鐘形]の.
chálice vìne *n.* 《植物》熱帯アメリカ原産ナス科ラッパバナ属の黄色の大きい花をつけるつる性植物 (*Solandra guttata*).

chalice 2

chal·i·co·there [kǽləko(ʊ)θɪə | -lɪkə(ʊ)θɪə(r] 〘↓〙 *n.* 《動物》カリコテリウム科の動物.
Chal·i·co·the·ri·i·dae [kæ̀ləkòʊθəráɪədìː | -lɪkàʊθəráɪɪ-] 〘← NL ~ ← *Chalicotherium* (属名: ← Gk *khalik-*, *khálix* gravel + -THERIUM) + -IDAE〙 *n. pl.* 《動物》カリコテリウム科.
chalk [tʃɔ́ːk] 〘OE *ċealc* □ L *calc-em*, *calx* lime □ Gk *khálix* pebble: cf. calcium〙 — *n.* **1** 白亜《灰白色の軟土質の石灰岩, 有孔虫など微生物の遺骸(がい)から成る; 精製したものは胡粉(ごふん)と称して顔料に用いる》. **2** 白墨, チョーク, 色チョーク: a piece of ~ / ⇨ French chalk, tailor's chalk. **3 a** (点数など)チョークで付けた記号. **b** 《英》勝負の得点; 掛売りの記録, 借金の金額. **4 a** チョークでかいた絵. **b** (テニスコートの)白線, ライン. **5** 《競馬》**a** (チョークで書いた)締切り間際のオッズ, 賭率. **b** 本命馬, 人気馬. **6** [the C-] 《地質》(英仏海峡の両岸などに分布する)上部白亜系の泥灰質堆積岩.
(as) different [like] as chalk from cheese 外見は似ていても本質的に異なる, 似て非なる. ***by a long chalk*** = ***by (long) chalks*** 〘ゲームのスコア, 飲み屋の勘定などをチョークで印すことから〙《英口語》はるかに, よっぽど: This is better *by a long* ~. この方がずっとすぐれている. ***come up to (the) chalk*** 《米俗》標準に達する, 申し分ない. ***not by a long chalk*** 《英口語》全然…ない (not at all) They are *not* statesmen *by a long* ~. 彼らは政治家なんかでは全然ない / Is he smart?—No, *not by a long* ~. 彼はスマートかい—とんでもない. ***not know chalk from cheese*** 物の良否[価値]の見分けができない. ***walk a [(the)] chalk*** 《口語》(1) (酔っていないことを証明するために床に引いた白線の上を)まっすぐ歩く. (2) 作法に従って振舞う, 正しく[きちんと]振舞う; 命令どおりに振舞う. ***walk one's chalks*** 〘↑〙《俗》さっと[さっさと]立ち去る, 黙って行ってしまう (decamp).
— *attrib. adj.* **1** 白亜質の (chalky). **2** チョークで書いた; チョーク製の. **3** 《俗》《競馬》**a** 本命馬だけに賭(か)ける. **b** 〈馬が〉本命の. **4** [C-] 《地質》(英仏海峡の両岸に発達する)上部白亜系の.
— *vt.* **1** チョークで描く[書く, …に印を付ける]. **2** 〈玉突きのキューの先〉にチョークを塗る; チョークでこする. **3** 《英》〈土地〉に白亜を入れる[混ぜる]. **4** 青白くする, 蒼白にする. **5** 《米古》(列車などの無賃乗車の許可の印として)〈人の帽子〉にチョークで印をつける: ~ a person's hat / have one's hat ~*ed* (帽子にチョークで印をつけて)無賃乗車を認めてもらう.
— *vi.* **1** チョーク状になる. **2** 〈ペンキが〉表面に粉がでる.
chalk out (1) チョークで…の輪郭を描く, 図取りする (sketch). (2) 計画する (plan). ***chalk up*** (1) (チョークで)〈得点を〉記す (score); (酒場の壁などに)〈売掛金を〉白墨で書く: The scorer ~*d up* one more point for our team. スコア係はわがチームにもう一点加点した. (2) 得点する, かせぐ (earn): ~ *up* two runs 2 点入れる. (3) 帰する, せいにする (attribute) 〔*to*〕: We ~*ed up* his failure *to* his thoughtlessness. 彼の失敗を無思慮のせいにした. (4) 信用貸しする, 掛売りする (credit).
chalk- [kǽlk] =chalc-.
chálk·bèd *n.* 《地質》白亜層.
chálk·bòard *n.* (主に, 色の薄い)黒板 (blackboard).
chálk·lìke *adj.* 白亜質の, チョーク状の.
chálk lìne *n.* 《建築》**1** 白墨線, 墨糸線, 墨縄糸線《直線を引くため, 糸にチョークなどをすりつけ, その中央をはじいて部材にチョークの線をつけるのに用いる糸線; わが国の墨縄に相当する; snapline ともいう》. **2** 白墨線で引いた線.
walk a [the] chalk line = *walk a [(the)]* CHALK.
chálk mànner *n.* 《美術》=crayon manner.
chálk·màrk *vt.* …にチョークでしるしを付ける; 〈線を〉チョークで引く.
chálk màrk *n.* チョークで付けたしるし.
walk the chalk mark = *walk a [(the)]* CHALK.
chálk mìxture *n.* 《薬学》(幼児の)下痢止め薬の一種.
chal·ko- [kǽlko(ʊ) | -kə(ʊ)] =chalco-.
chálk·pìt *n.* (白亜を採掘する)白亜坑.
chálk·stòne *n.* 《病理》痛風結節 (tophus).
chálk strìpe *n.* チョークストライプ《濃い色の地にチョークで引いたような細い白い縞柄》. **chálk-strìped** *adj.*
chálk tàlk *n.* 《米》黒板を用いてする(くだけた)講義[講演, 説明会](など). **chálk-tàlker** *n.*
chalk·y [tʃɔ́ːki | -kɪ] 〘《c1385》〙 — *adj.* (**more** ~, **most** ~; **chalk·i·er**, **-i·est**) **1** 白亜質の; 白亜におおわれた. **2** 白亜色の. **3** チョークのような; 粉っぽい (powdery): ~ bread. **4** 《写真》コントラストが強すぎて明るい部分の細部が写っていない (cf. contrasty). **chálk·i·ness** *n.*
chal·lah [kɑ́ːlə, xɑ́ː-, xɑːlɑ́ː] *n.* (*pl.* **chal·loth** [kɑ́ːloʊθ, xɑ́ː- | -ləʊθ], **chal·lot** [kɑ́ːloʊt, xɑ́ː- | -ləʊt], ~**s**) = hallah.
chal·lenge [tʃǽlɪndʒ, -ləndʒ] 〘n.: 《a1325》*chalenge* accusation, claim □ OF < L *calumniam* 'CALUMNY'. — v.: 《?a1200》□ OF *chaleng-ier* < L *calumniārī* 'to CALUMNIATE'〙 — *n.* **1 a** 挑戦; (決闘・試合などの)申込み: a ~ *to* fight / a ~ *to* a game, match, duel, etc. / give a ~ 挑戦する, 挑む / accept [take] a ~ 挑戦に応じる / without ~ こちらから何もしないのに. **b** 挑戦状, 果たし状. **2 a** 説明[弁明]の要求: meet a ~ 要求に応じる. **b** 誰何(すいか)《歩哨が Halt! Who goes there? と呼び止めること》. **3** 《米》(投票(者)の)有効性・資格などへの)異議申し立て. **4** 努力・関心などを喚起させるような問題[仕事], 課題: The ~ today is to improve our living environment. 今日の課題は我々の生活環境を改善することだ. **5** 《廃》権利の主張. **6** 《廃》非難 (accusation). **7** 《法律》(陪審員に対する)忌避: a ~ to jurors. **8** 《狩猟》(獲物の臭いをかぎつけた時の)猟犬の叫び声. **9** 《医学》誘発(試験).
— *vt.* **1 a** 〈人〉に〈…するように〉いどむ, 敢て要求する 〈*to do*〉: He ~*d* me *to* prove my innocence. 無罪を証明してみろと私に詰め寄った / He ~*d* anyone *to* beat him. 自分に勝てる者は誰でも来いといどんだ. **b** 〈人〉に挑戦する, けんかをふっかける; 〈人〉に決闘を申し込む; 〈人〉に〔論戦・試合などを〕申し込む, 挑戦する 〔*to*〕: ~ one's adversary / ~ a person *to* a debate, duel, game, etc. **2** 〈賞賛・説明・技術などを〉当然のこととして要求する: a work that ~*s* the admiration of all ages あらゆる時代の賞賛に値する名作品 / This task ~*s* skill. この仕事には当然技術がいる / This is a problem which ~*s* explanation. 説明のいる問題だ / The problem ~*s* us *to* use our talents. その問題は当然我々の能力を用いることを必要としている. **3** 〈注目・想像力などを〉促す, 促し求める, 挑発する, 喚起する; 刺激する: False assertions ~ contradiction. 偽りの断言には反駁(ばく)が起こる / The poem ~*s* our imagination. その詩は我々の想像力をかき立てる. **4** 〈事実・正当性などを〉疑う, 争う: ~ the wisdom of a measure [the truth of a remark] 手段の賢明さ[言葉の当否]を疑う. **5** 〈番兵が〉〈人〉に止まれと命令する, 誰何(すいか)する. **6** 《米》〈投票〉の無効を主張する, 〈投票者〉の無資格を主張する. **7** 《廃》…に対する権利を主張する. **8** 《廃》非難する. **9** 《法律》〈陪審員・証拠などを〉忌避する, 拒否する: ~ a juryman, evidence, etc. **10** 《医学》〈人〉に誘発試験を行なう.
— *vi.* **1** 挑戦する. **2** 《狩猟》〈猟犬が〉臭跡をかぎつけてほえる. **3** 《法律》忌避する.
chal·lenge·a·ble [tʃǽlɪndʒəbl̩, -ləndʒ-] *adj.* 挑戦可能な, 挑戦相手になれる.
chállenge cùp *n.* (競技の)挑戦杯.
chál·leng·er 〘ME〙 *n.* **1** 挑戦者, チャレンジャー (↔ defender). **2** 誰何(すいか)する者. **3** 《法律》忌避者, 拒否者. **4** 《通信》=interrogator 2.
chállenge tròphy *n.* =challenge cup.
chál·leng·ing *adj.* **1** 挑戦的な. **2** 人を刺激する, 挑発的な; 興味をそそる, 魅力的な: a ~ smile. **~·ly** *adv.*
chal·lie [ʃǽli | -lɪ] *n.* =challis.
chal·lis [ʃǽli | ʃǽlɪs, ʃǽlɪ] 〘《1849》← ? *Challis* (家族名)〙 *n.* シャリ織《メリンスに似た毛織または絹, レーヨン, 合織地で婦人服用》.
challot *n.* challah の複数形.
challoth *n.* challah の複数形.
cha·lone [kéɪloʊn, kǽl- | -ləʊn] 〘□ Gk *khalōn* slackening (pres.p.) ← *khaláō*〙 *n.* 《生理》ケイロン《動物体内に存在する細胞分裂の抑制物質》.
Châ·lons-sur-Marne [ʃælɔ̃ː(n)-suə-mɑ́ən, -lɔ́(ː)n- | -s(j)ʊə-mɑ́ːn; *F.* ʃalɔ̃syrmarn] *n.* シャロンシュルマルヌ《フランス北東部, Marne 川に臨む都市; Attila 敗北の地 (451); 人口 54,000; Châlons ともいう》.
Cha·lon-sur-Saône [ʃælɔ̃ː(n)-suə-sóʊn, -lɔ́(ː)n- | -s(j)ʊə-sə́ʊn; *F.* ʃalɔ̃syrsoːn] *n.* シャロンシュルソーヌ《フランス東部の都市, Saône 川に臨む; 人口 53,000; 単に Chalon ともいう》.
chal·u·meau [ʃæ̀ləmóʊ | -ljʊməʊ; *F.* ʃalymo] 〘□ F ~ < OF *chalemel* musical instrument < LL *calamellum* (dim.) ← *calamus* reed: ⇨ calamus〙 — *n.* (*pl.* **-u·meaux** [~z; *F.* ~]) 《音楽》シャリュモー: **1** clarinet の最低音域. **2** 《古》1 枚または 2 枚の舌のある木管楽器.
cha·lyb·e·ate [kəlíbiət, -bìɪt, -líː-, -bièɪt | kəlíbɪət, kæ-, -bjət, -bìɪt] 〘《1634》← NL *chalybēat-us* ← L *chalybs* (□ Gk *khálubs* iron ← *Khálubes* the Chalybes (小アジアの古代民族で鉄細工に熟練していた): ⇨ -ate²〙 — *adj.* 〈鉱泉・薬が〉鉄分を含んだ. — *n.* 鉄剤; 鉄泉.
chal·y·bite [kǽləbàɪt | -lɪ-] 〘□ G *Chalybit* ← L *chalybs* (↑): ⇨ -ite¹〙 *n.* 《鉱物》菱(りょう)鉄鉱 (⇨ siderite 1).
cham [kǽ(ː)m] 〘《c1400》*Can*, *Chane* □ F *cham*, *chan*: ⇨ khan¹〙 *n.* =khan¹: ⇨ Great Cham.
cha·made [ʃəmɑ́ːd; *F.* ʃamad] 〘《1684》□ F ~ □ Port. *chamada* ← *chamar* < L *clamāre* to shout, cry out〙 — *n.* 《古》《軍事》(太鼓またはらっぱで敵方に知らせる)談判申込み.
cham·ae- [kǽmiː, -mɪ, -mə | -miː, -mɪ] 〘← NL ~ ← Gk *khamai* on the ground〙 《生物》「(主に動植物の属名に用いて)低い (low); 地表 (ground)」の意の連結形: *Chamae*saura.
Cha·mae·leon [kəmíːljən, -liən | -ljən, -lɪən] 〘← NL ~ ← L: ⇨ chameleon〙 — *n.* 《天文》カメレオン座《天の南極付近にある小星座; the Chameleon ともいう》.
cham·ae·phyte [kǽmɪfàɪt, -mə- | -mɪ-] 〘← CHAMAE- + -PHYTE〙 — *n.* 《植物》地表植物《抵抗芽が地上約 30 cm の高さにまでなる多年生植物; cf. geophyte, phanerophyte》.
cha·mar [tʃəmɑ́ə | -mɑ́ː(r] 〘□ Hindi *camār* ← Skt *carmakāra* leather worker: cf. corium〙 *n.* インドの下級賤民《皮なめし・皮細工・靴作りなどをする》.
cham·ber [tʃéɪmbə | -bə(r] 〘《?a1200》□ (O)F *chambre* < L *cameram* vault: CAMERA と二重語〙 — *n.* **1** 《古・詩》**a** 室, 部屋. **b** 私室 (private room); (特に)寝室. **c** [*pl.*] 《英》(独身者用の)一続きの部屋, 貸間, アパート (apartment). **2 a** 特別に用いる大きい部屋. **b** (宮廷などの)公式の間: an audience ~ 拝謁の間. **c** [*pl.*] (裁判所内の)判事室《公判を要しない事件はここで審理する》. **d** [*pl.*] 《英》(法学院 (Inns of Court) 内の)バリスターの事務室. **e** (市町村などの)収入役事務室 (chamberlain's office). **3 a** 議会, 議院会館: the lower ~ =lower house / the upper ~ = upper house / the two *Chamber* system 二院制. **b** (商業用などの)会議室, 会議所: ⇨ CHAMBER of commerce. **4 a** (回転式ピストルの)弾倉の仕切り[区画]: a revolver with six ~*s* 6 連発のピストル. **b** (15–16 世紀の後装砲の)薬室 (cf. chase³ 1 a). **5** (機械の中の空気・蒸気などの)室: a gear ~. **6** 《婉曲》=chamber pot. **7** (運河などの)二つの水門で区切った間 (canal lock). **8** 《生物》(動植物体などの)小室 (cell), くぼみ, 空洞(cavity). **9** 《物理》箱: ⇨ bubble chamber, cloud chamber.
chamber of commerce 商工会議所 (cf. BOARD of trade (1)).
Chamber of Deputies 〘《なぞり》← F *Chambre des Députés*〙 [the ─] (もとのフランスの)国民議会, 下院《今は National Assembly という》.
chamber of horrors [the ─] (1) [C- of H-] 恐怖の部屋, 戦慄(せんりつ)の間 (⇨ Madame Tussaud's). (2) 拷問や殺人の道具など気味の悪いものを陳列した部屋; そのような陳列品のコレクション.

— *attrib. adj.* 1 秘密の；秘密に行なわれる. 2 室内楽(用)の：⇨ chamber music.
— *vt.* 1 …に部屋を設ける；部屋に造る. 2 部屋に入れる[閉じこめる]. 3 〈弾丸を〉薬室に込める, 装塡(てん)する.

chámber cóncert *n.* 室内楽演奏会.

chámber cóuncil *n.* 秘密会議.

chámber cóunsel *n.* 《英》 1 ＝office lawyer. 2 法律事務所で与える助言 (cf. chamber practice).

chám·bered *adj.* 1 室[空洞]のある. 2 [通例複合語の第2構成素として] (…の)室[薬室]のある.

chámbered náutilus *n.* 『動物』＝nautilus 1.

cham·ber·er [tʃéɪmbərə | -rə(r] 〖ME *chamberere* handmaid, concubine ⊏ AF *chanb(e)rer(e)*＝(O)F *chambrier*：⇨ chamber, -er¹〗 — *n.* 《古》女性の部屋に足しげく出入りする人；だて男 (gallant), 恋人.

cham·ber·lain [tʃéɪmbəlɪn, -lən | -bəlɪn] 〖《?a1200》⊏ OF ～, *chamberlenc* (F *chambellan*) ⊏ Frank. **kamerling*：⇨ chamber, -ling¹: cf. OHG *chamarlinc* / G *Kämmerling*〗 — *n.* 1 (宮廷の)式部官, 侍従：⇨ Lord Chamberlain, Lord Great Chamberlain of England. 2 (貴族・王の)家令 (chief steward). 3 《英》(市町村などの)収入役, 会計係 (treasurer). 4 『カトリック』教皇の名誉随員である高位聖職者.

Cham·ber·lain [tʃéɪmbəlɪn, -lən | -bəlɪn, -lən, -lèɪn], **(Arthur) Neville** *n.* (1869–1940) 英国の政治家, 首相 (1937–40); Sir Austen Chamberlain の弟.

Chamberlain, Bas·il [bǽzəl | -zɪ, -zɪl] **Hall** *n.* (1850–1935) 英国の言語学者・日本学者；日本に招かれて東京帝国大学その他で教えた；日本言語学の祖；*Things Japanese* (1890).

Chamberlain, Joseph *n.* (1836–1914) 英国の政治家；Sir Austen および Neville Chamberlain の父.

Chamberlain, Sir **(Joseph) Austen** *n.* (1863–1937) 英国の政治家；Nobel 平和賞 (1925)《Neville の兄》.

Chamberlain, Owen *n.* (1920–　) 米国の原子物理学者；Nobel 物理学賞 (1959).

chámberlain·shìp *n.* chamberlain の職[任期].

Cham·ber·lin [tʃéɪmbəlɪn, -lən | -bəlɪn], **Thomas Chrow·der** [kráʊdə | -də(r] *n.* (1843–1928) 米国の地質学者.

chámber·màid *n.* 1 a 部屋係の女中《ホテルや家で寝室・浴室の掃除やベッドをこしらえる仕事をする; cf. parlormaid》. b 《米》女中 (housemaid). 2 《廃》＝lady's maid.

chámber mùsic 〖《なぞり》← It. *musica da camera*〗 — *n.* 『音楽』室内楽《教会音楽・歌劇・管弦楽・合唱などに対し, 小人数の独奏者によって演奏される音楽》.

chámber òpera *n.* 『音楽』室内オペラ《小さな劇場で少ない出演者で行なう歌劇》.

chámber òrchestra *n.* 『音楽』室内楽団, 室内合奏団 (sinfonietta).

chámber òrgan *n.* (普通の家屋などに設備した)小パイプオルガン.

chámber pòt *n.* 寝室用便器, 溲瓶(しびん), おまる.

chámber pràctice *n.* 《英》『法律』(弁護士の)事務所業務《法廷に出ないで事務所だけで行なう法律業務[弁護士業務]; 米国では通例 office practice という; cf. chamber counsel 2》.

Chambers [tʃéɪmbəz | -bəz], Sir **Edmund K(er·che·ver)** [kə́ːtʃəvə | kə́ːtʃɪvə(r] *n.* (1866–1954) 英国の英文学者；中世・エリザベス朝演劇の権威.

Chambers, Whittaker *n.* (1901–61) アメリカのジャーナリスト；1924–39 年間ソ連側のスパイをし, のち Alger Hiss の告発者となった.

Chambers, Sir **William** *n.* (1723–96) 英国の建築家；代表作は London の Somerset House (1776–86).

chámber sonàta *n.* 『音楽』室内ソナタ《バロック音楽の器楽曲形式で, 数曲の舞曲から構成される; cf. church sonata》.

Cham·ber·tin [ʃɑ̃ː(m)bɛətɛ̃ː(ŋ), ʃɔ̃ː(m)-, ʃɑ̀ːmbɛətǽŋ, ʃɔ̀(ː)m- | -bɛə-; *F.* ʃɑ̃bɛʁtɛ̃] 〖フランスの原産地名〗 — *n.* シャンベルタン(ワイン)《フランス Burgundy 産の赤ワイン》.

cham·bray [ʃǽmbreɪ, -bri, ʃæmbréɪ | ʃǽmbreɪ, -brɪ] 〖《変形》← *Cambrai*: cf. cambric〗 *n.* シャンブレー織《婦人服・シャツ用薄地織物》.

cham·e- [kǽmiː, -mɪ, -mə | -miː, -mɪ] ＝chamae-.

cha·me·leon [kəmíːljən, -liən | -ljən, -lɪən] 〖《17C》⊏ L *chamaeleon* ⊏ Gk *khamailéōn* ← *khamaí* on the ground＋*léōn* 'LION' ∽ 《a1382》 *camelioun* ⊏ (O)F *caméléon* ⊏ L: cf. chamae-〗 — *n.* 1 『動物』 a カメレオン《トカゲ目カメレオン科の樹上生活をする動物の総称; 体色を変える特質がある; カメレオン (African chameleon), アフリカ東部のディレピスカメレオン (*Chamaeleo dilepis*) やエルゴンカメレオン (*C. bitalniatus*) など》. b タテガミトカゲ科アノールトカゲ属 (*Anolis*) の温度と光量とによって体色が変化するトカゲの総称《ニセカメレオンなどとも呼ばれるミドリアノール (American chameleon) など》. 2 a 気の変わりやすい人, 浮気な人; (特に)無節操な人. b すぐ変化するもの. 3 [the C-] 『天文』カメレオン座 (⇨ Chamaeleon).

cha·me·le·on·ic [kəmìːliánɪk | -lɪɔ́n-] *adj.* カメレオンのような, 無節操な.

cha·metz [xaːméɪts, xɔː-, xɔ́ːmets] *n.* 『ユダヤ教』＝hametz.

cham·fer [tʃǽmfə | tʃǽmfə(r, ʃǽm-] 〖⊏ F *chanfrein* ← OF *chanfraindre* to bevel ← *chtan* edge (⇨ cant²)＋*fraint* ((pp.) ← *fraindre* < L *frangere* to break)〗 — *n.* 1 小さな溝. 2 (木材または石材の)面取りした部分, 斜角面《通例 45° の角度をなす》. — *vt.* …に溝を掘る (groove), …の面取りする (bevel). **～·er** *n.*

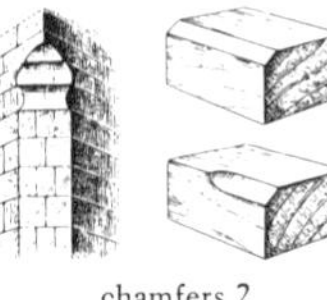
chamfers 2

Cham·fort [ʃɑ̃ː(m)fɔ́ə, ʃɔ̃ː(m)-, ʃɑː(ː)m-, ʃɔ(ː)m- | -fɔ́ː(r; *F.* ʃɑ̃fɔːʁ], **Sébastien Roch Nicolas** *n.* シャンフォール (1741–94; フランスの文人; *Maximes*「箴言集」(死後出版)).

cham·frain [tʃǽmfrɪn, -frən] 〖↓〗 *n.* 『甲冑』＝chamfron.

cham·fron [ʃǽmfrən, tʃǽm-] 〖《1465》⊏ (O)F *chamfrein* ← OF *chafresner* to put on a bridle ← *chef* head (⇨ chief)＋*frein* (< L *frēnum* bridle)〗 — *n.* 『甲冑』馬面(ばめん)《中世末期—近世初期の軍馬に用いた面具》.

chamfron

cha·mi·so [ʃəmíːsoʊ, tʃə-, -sə | -səʊ] 〖⊏ Am-Sp. ～＝Sp. *chamizo* half-burned wood ⊏ Port. *chamiço* stick ← *chama* flame < L *flammam*〗 — *n.* (*pl.* ～**s**) (*also* **cha·mise** [-míːs]) 『植物』カリフォルニア産バラ科の低木 (*Adenostoma fasciculatum*)《インディアンがこの材で矢じりを作った》.

Cha·mis·so [ʃɑːmísoʊ | -səʊ; *G.* ʃamíso], **A·del·bert** [áːdḷbɛ̀rt] **von** *n.* シャミッソー (1781–1838; ドイツロマン派の詩人・博物学者; 本名 Louis Charles Adélaïde Chamisso de Boncourt; *Peter Schlemihls wundersame Geschichte*「ペーターシュレミールの不思議な物語」(1814)).

cham·my [ʃǽmi | -mɪ] *n.* ＝chamois 2. — *vt.* ＝chamois 2.

cham·ois [ʃǽmi, ʃæmwáː | ʃǽmwaː, -mwɔː] 〖《1560》⊏ F ～ < LL *camox*: cf. G *Gemse*〗 — *n.* (*pl.* ～, **cham·oix** [～(z) | ～z]) 1 『動物』シャモア (*Rupicapra rupicapra*)《南欧の山地または西部アジア産のレイヨウ》. 2 [ʃǽmi | -mɪ] a セーム皮, シャミ皮《シャモアあるいはシカ・ヤギ・レイヨウなどのもみ皮; chamois leather ともいう》. b シャモアの皮を真似て作った綿布. 3 灰色がかった黄色. — [ʃǽmi | -mɪ] *vt.* 1 (セーム皮を作るために)〈皮を〉油でなめす (cf. oil tanning). 2 セーム皮でこする[みがく].

chamois 1

cham·o·mile [kǽməmàɪl, -mìːl | -mə(ʊ)màɪl] 〖ME *camemille* ⊏ ML *camomilla*＝LL *chamomilla* ← L *chamaemēlon* ⊏ Gk *khamaímēlon* ← *khamai-* 'CHAMAE-'＋*mēlon* apple: その花がりんごの匂いがすることから〗 — *n.* 『植物』 1 ローマカミルレ (*Anthemis nobilis*)《ヨーロッパ産キク科の切り花用または薬用にする植物》. 2 カミルレ, (俗に)カミツレ (*Matricaria chamomilla*)《地中海地方原産キク科カミルレ属の植物; 発汗剤・解熱剤に用いられる》.

Cha·mo·nix [ʃæməníː | ʃǽmənɪ, -nìː; *F.* ʃamɔni] *n.* シャモニー《フランス東部の山峡, Mont Blanc の北方; 第1回冬季オリンピック開催地 (1924)》.

Cha·mor·ro [tʃəmɔ́ːroʊ, -mɑ́r- | -mɔ́rəʊ] 〖⊏ Sp. ～《原義》man with a shorn head〗 — *n.* (*pl.* ～, ～**s**) 1 a [the ～(s)] チャモロ族《Guam 島・マリアナ諸島などに住む》. b チャモロ族の人. 2 チャモロ語《インドネシア語系に属する》. — *adj.* 1 チャモロ族の. 2 チャモロ語の.

cham·o·site [ʃǽməzàɪt] 〖⊏ F ～ ⊏ *Chamo(i)son* (スイスの原産地名): ⇨ -ite¹〗 — *n.* 『鉱物』シャモサイト, (緑泥石の一種; 鉄・アルミニウムに富む複雑な含水ケイ酸塩鉱物).

cha·motte [ʃəmɑ́t | -mɔ́t] 〖⊏ F ～ ⊏ G *Schamotte*〗 *n.* 『化学』シャモット (⇨ grog 2).

champ¹ [tʃǽmp] 〖《1530》擬音語〗 — *vi.* 1 〈馬が〉歯がみをする. 2 (歯ぎしりして)悔しがる[怒る]. — *vt.* 1 〈馬が〉〈まぐさを〉むしゃむしゃかむ; 〈くつわを〉ばりばりかむ. 2 《スコット》つぶす. — *n.* (馬が)歯を鳴らすこと; (人が)歯ぎしりすること, 歯ぎしり.

champ² [tʃǽmp] 『略』 *n.* 《俗》＝champion.

cham·pac [tʃǽmpæk, tʃʌ́mpʌk] 〖⊏ Hindi *campak* ← Skt *campaka*〗 — *n.* 『植物』キンコウボク (*Michelia champaca*)《熱帯アジア産モクレン科オガタマノキ属の高木; 香気の高い黄色の花が咲き, 木材に美しい木目がある》.

chám·pa·ca òil [tʃǽmpəkə-, tʃʌ́m-] *n.* チャンパカ油《キンコウボク (champac) の花からとった黄色の油; 香料に使う》.

cham·pagne [ʃæmpéɪn] 〖《1664》⊏ F ～: フランスの原産地名 (↓)〗 — *n.* 1 シャンペン, シャンパン《フランス Champagne 地方産の特定の規定をもつ発泡性ぶどう酒; 白ぶどう酒をびんの中で二次発酵させた高級酒で, 主に乾杯用; 甘辛で brut, extra-sec, sec, demi-sec, doux の区別がある; cf. sparkling wine, vin mousseux》. 2 シャンペン色《薄い緑黄色または琥珀色》. 3 『紋章』＝urdy. — *adj.* 1 シャンペン色の. 2 贅沢な: ～ tastes.

Cham·pagne [ʃæmpéɪn; *F.* ʃɑ̃paɲ] *n.* シャンパーニュ《フランス北東部の地方; もとは一つの県; cf. champagne》.

cham·paign [ʃæmpéɪn | tʃǽmpeɪn] 〖《?a1400》⊏ OF *champaigne* < LL *campāniam*: ⇨ campaign〗 — *n.* 1 a 平野, 平原. b 広々とした広がり. 2 《古》戦場. — *attrib. adj.* 1 平原の; 広々とした: a ～ region. 2 平原で行なわれる.

cham·pak [tʃǽmpæk, tʃʌ́mpʌk] *n.* 『植物』＝champac.

cham·pers [ʃǽmpəz | -pəz] 〖← CHAMP(AGNE)＋-ER¹ 1i＋-s¹〗 *n.* 《英俗》＝champagne.

cham·per·tor [tʃǽmpəṭə | -pə(ː)tə(r] 〖⊏ AF *champartour*＝OF *champartëor*: ⇨ ↓, -or²〗 *n.* 『法律』(成功謝金の特約のある)訴訟援助者.

cham·per·ty [tʃǽmpəṭi | -pə(ː)tɪ] 〖《c1385》⊏ AF *champartie*＝(O)F *champart* division of land rent < L *campī partem* part of the field: ⇨ camp¹, part〗 — *n.* 『法律』(成功謝金の特約のある)訴訟援助 (cf. maintenance 5). **chám·per·tous** [-ṭəs | -təs] *adj.*

cham·pi·gnon [ʃæmpínjən, tʃæm- | tʃæm-; *F.* ʃɑ̃piɲɔ̃] 〖⊏ F ～ 《変形》← OF *champegnuel* < VL (*fungum*) **campāniolum* (mushroom) of the field: ⇨ champaign〗 — *n.* (*pl.* ～**s** [～z; *F.* ～]) 『植物』 1 《廃》真菌類 (fungus). 2 (一般に)食用キノコの総称; (特に)ツクリタケ, シャンピニオン (meadow mushroom).

cham·pi·on [tʃǽmpiən | -pjən] *n.* 〖《?a1200》⊏ (O)F ～ < LL *campiō(n-)* fighter, 《原義》one who takes the field ← L *campus* field (of battle): ⇨ camp¹〗 — *n.* 1 a (競技の)優勝者, 選手権保持者, チャンピオン: a defending ～ 優勝防衛選手. b 最高賞を得た人[もの]. c 目立った特技を示す人: a ～ *at* telling stories 物語りの上手な人. 2 戦士, 闘士. 3 (主張などのために戦う)闘士, 擁護者: a ～ of tax reform 税制改革の闘士 / a ～ of the oppressed 被圧迫者の擁護者 / a ～ for justice [*against* injustice] 正義のために[不正に反対して]戦う闘士. 4 [the C-] 『天文』＝Perseus 2.

Champion of the King [Queen]＝**Champion of England** [the —] 国王の擁護者 (⇨ King's Champion).

— *attrib. adj.* 1 最優秀の, チャンピオンの: the ～ team 優勝チーム / the ～ chess player チェスの選手権者 / the ～ turnip 最優等賞の大かぶら. 2 《口語》一流の, すてきな; この上ない: a ～ idiot 大ばか.

— *vt.* 1 …の闘士[擁護者]として働く: ～ gun control 銃器統制の闘士として働く. 2 擁護する. 3 《古》…にいどむ (defy).

chámpion·shìp *n.* 1 選手権: hold the ～ of the ring ボクシングの選手権を保持する / a ～ series 選手権争奪戦. 2 選手権大会[試合], 決勝戦: the *Championships* (英国 Wimbledon での)全英ローンテニス選手権大会 / the final of the 1974 Professional Golfers *Championship* 1974 年度プロゴルファー選手権大会の決勝戦. 3 擁護者[闘士]であること; 擁護 (defense): the ～ of civil rights.

Cham·plain [ʃæmpléɪn], **Lake** 〖← *Samuel de Champlain* (↓)〗 — *n.* シャンプレーン湖《米国 New York 州と Vermont 州の間にある湖; 長さ 200 km, 面積 1,127 km²》.

Cham·plain [ʃæmpléɪn, ʃɑ̃ː(m)plɛ́ː(ŋ), ʃɑː(ː)m-, -plǽŋ | ʃɑ̃ː(m)plɛ́ː(ŋ), ʃɔ̃ː(m)-, ʃɑː(ː)m-, ʃɔ(ː)m-, -plǽŋ; *F.* ʃɑ̃plɛ̃], **Samuel de** *n.* シャンプラン (1567–1635; フランスの探検家; Quebec を建設し初代カナダ総督となった).

champ·le·vé [ʃɑ̃ː(n)ləvéɪ, ʃɔ̃ː(n)-, ʃɑ̀ːn-, ʃɔ̀(ː)n-; *F.* ʃɑ̃lve] 〖⊏ F ～ (p.p.) ← *champlever* to engrave ← *champ* field＋*lever* to raise: ⇨ camp¹, lever〗 — *adj.* シャンルベ七宝の《金属生地を彫って琺瑯釉を埋めた; cf. cloisonné》. — *n.* (*pl.* ～**s** [～z; *F.* ～]) 1 シャンルベ七宝(細工). 2 シャンルベ七宝細工術.

Chámp·ney róse [tʃǽmpni- | -nɪ-] *n.* 『園芸』＝Noisette rose.

Cham·pol·lion [ʃɑ̃ː(m)po(ʊ)ljɔ̃ː(ŋ), ʃɔ̃ː(m)-, ʃɑ̀ːm-po(ʊ)ljɔ̃ː(ŋ) | ʃɑ̃ː(m)pə-, ʃɔ̃ː(m)-; *F.* ʃɑ̃pɔljɔ̃], **Jean François** *n.* シャンポリオン (1790–1832; フランスのエジプト学者; Rosetta stone に刻まれた碑文によって初めて古代エジプトのヒエログリフを解読した).

Champs-É·ly·sées [ʃɑ̃ː(n)zeliːzéɪ, ʃɔ̃ː(n)-, ʃɑ̀ːn-, ʃɔ̀(ː)n- | -zeliːzeɪ; *F.* ʃɑ̃zelize] 〖⊏ F ～ 《原義》Elysian Fields〗 *n.* シャンゼリゼ《Paris 市内にある繁華街路》.

Cham·son [ʃɑ̃ː(n)sɔ̃ː(ŋ), ʃɔ̃ː(n)-, ʃɑːnsɔ́ː(ŋ), ʃɔ(ː)n-; *F.* ʃɑ̃sɔ̃], **André (Louis Jules)** *n.* シャンソン (1900–　; フランスの小説家・評論家・国際ペンクラブ会長 (1959年まで)).

chan. 《略》channel.

Chanc. 《略》Chancellor; Chancery.

chance [tʃǽns | tʃáːns] 〖《c1300》⊏ OF *cheance* (F *chance*) < VL **cadentiam* falling (of dice) ← L *cadent-* (pres.p.) ← *cadere* to fall: cf. case¹, cadence〗 — *n.* 1 a (人間の意図・因果関係と無関係な)偶然, 予期せぬこと: *Chance* governs all. 偶然が万事を支配する / Pure ～ led him to be connected with the case. 全くの偶然で彼はその事件と関係をもつにいたった. b 運, めぐり合わせ (luck, fortune): a lucky ～ 好運 / a game of ～ 運任せの勝負事 (cf. game of SKILL¹) / leave things to ～ 事を運[成行き]に任せる /

as ~ would have it 運のめぐり合わせで, 偶然にも. **c** 偶然の出来事, 思いがけない事: It was a mere ~ that I found it. それを見つけたのは全くの偶然なことだった. **2** (あることに幸いする)機会, 好機, チャンス: the ~ of a lifetime 一生にまたとない[千載一遇の]好機 / Now is your ~. 今こそチャンスだ / a fair ~ 好機 / the last ~ 最後の望み / have an eye to the main ~ 最も有利な機会を狙う; 私利を計る / I had a ~ to travel abroad. 外国旅行をする機会があった / The holiday gave me a ~ to relax. 休日のおかげでくつろげた / Give me another ~. (今度は気を付けますから)もう一度やり直させて下さい / Given the ~, he would do anything. きっかけがあればどんな事でもやりかねない. **3 a** (有望な)見込み, 勝ち目, 成算, 可能な望み: a good [slender] ~ of success 成功の十分な[おぼつかない]見込み / an even ~ 成否半々の機会, 五分五分の見込み / have no [not much] ~ of winning 勝ち目がない / stand a (good, fair) ~ (of…) (…の)見込みが(十分)ある, (大いに)有望である / stand no ~ against …に対して勝ち目がない / Is there any ~ for him to recover? 回復の見込みがあるか / There is a ~ *that* he may come home alive. ひょっとしたら彼は生還するかも知れない[望みがある]. **b** [通例 the ~s] 起こる強い見込み, 公算; 形勢 (prospects): *The ~s* are two to one against us. 形勢は2対1で不利 / *The ~s* [*Chances*] are (*that*) you will find him there. 恐らく彼をそこに見出せるだろう / *The ~s* are (*that*) I'll be able to go abroad. ひょっとすると外国へ行けるかもしれない. **4 a** 冒険, 危険; (特に, ギャンブルの)賭: take a ~ = take ~s 一か八かやってみる / take the [one's] ~ (of…) 運に任せて(…を)やってみる; 機会をとらえる / You run a ~ of being late. もしかすると遅れるかもしれない. **b** 富くじの券. **5** 《古》不運, 不幸. **6** [a fine [nice, smart] ~ of として] 《米方言》(不定の)数・量・距離(など): I have got *a smart ~ of* the kind. その手のものはどっさりもっている. **7** 〘野球〙刺殺[捕殺]の好機. **8** 〘クリケット〙打手の打った球を野手が拾い, 打手をアウトにする機会.
a fat chance ⇨ fat *adj.* 成句. ***by chance*** たまたま, 思いがけなく, 偶然に (accidentally): *by* any ~ どうでも, ひょっとして, 万一にも / *by* some ~ どうかしたはずみで / *by* the merest ~ ほんの偶然で / I asked her whether *by* any ~ she knew him. ひょっとして彼女が彼を知っているかどうか尋ねてみた. ***fancy a person's chances*** [しばしば否定構文で]《口語》人(のやっていること)が成功すると思う. ***on the chance of*** [***that***] …を[ということを]予期して: I came here *on the* ~ *of* finding you. = I came here *on the* ~ *that* I might find you. あなたに会えるかと思ってここへ来た. ***on the off chance*** ⇨ off chance.
— *attrib. adj.* 偶然の, まぐれ当たりの, はずみの: a ~ occurrence 偶然の出来事 / a ~ acquaintance 偶然の知合い[知己] / a ~ customer 通りがかりの客 / a ~ meeting 思いがけない出会い / a ~ resemblance [likeness] 空似.
— *vi.* **1** [it ~s として] 偶然生じる, 偶然…になる, ★ 今では通例 happen を用いる: *It ~d* that we rode in the same train. 偶然同じ列車に乗り合わせた / as *it* may ~ その時の場合次第で. **2** [~ *to* do として] たまたま[図らずも]…する: I ~*d to* see him. たまたま彼を見た / He ~*d to* be present. たまたまその場に居合わせた. — *vt.* 《口語》 **1** やってみる, ぶつかってみる, 運に任せる: ~ one's arm [luck] 思い切ってやってみる; 首尾よく機会をつかむ / ~ the consequence 成否を運[天]に任す. **2** [~ it として] 運を天に任せてする, 一か八かやってみる.
chance on [***upon***] …に偶然出くわす; たまたま発見する: She ~*d on* the ring she had lost. なくした指輪を偶然発見した.

chance·ful [tʃǽnsfəl | tʃɑ́:ns-] *adj.* **1** 出来事の多い, 多事な. **2** 《古》天運に任せる, 運次第の. **3** 《廃》危険な, 冒険的な. **~·ly** *adv.*

chan·cel [tʃǽnsəl | tʃɑ́:n-] 〘(*c*1303) □ OF ~ (F *cancel*) < L *cancelli* (dim.) ← *cancer* lattice: この席と他の部分とが格子で隔てられていることから〙 — *n.* (教会堂の)内陣, チャンセル《元来は教会堂内の東端の altar の置かれた部分を指す語であるが, 一般には司祭や choir の席を含んだ東側一帯を指す; 古くから chancel と nave とはいろいろな仕方で区画されることが多い; ⇨ church 挿絵》.

chánce·less *adj.* チャンス[好機, 機会]のない.

chan·cel·ler·y [tʃǽns(ə)ləri, -səlri | tʃɑ́:ns(ə)ləri, -s(ə)lri] 〘ME *chancelerie* □ OF ← *chancelier* (↓): ⇨ -ery〙 — *n.* **1** chancellor の地位. **2** chancellor の事務する官庁[法廷, 事務局]. **3 a** 大使館[領事館]事務局. **b** [集合的]大使館[領事館]事務局員たち.

chan·cel·lor [tʃǽns(ə)lə, -slə | tʃɑ́:ns(ə)lə(r, -sɪl-, -slə(r)] 〘(1123) □ AF *chanceler* = (O)F *chancelier* < LL *cancellārium* lawcourt usher ← L *cancelli* lattice ∞ late OE *canceler* □ LL: 裁判官を囲む格子の近くに立っていたことから: ⇨ chancel, -or²〙 — *n.* **1 a** 国王[貴族]の秘書. **b** 《英》大法官: ⇨ Lord Chancellor. **c** 《英》大使館一等書記官 (chief secretary). **2** (ヨーロッパ諸国の)首相. **3** 《米》(ある州での)エクイティー裁判所長 (cf. chancery 1 b). **4 a** 《英》大学総長《名誉職で実務は vice-chancellor が執る; cf. Lord Rector》. **b** 《米》大学総長, 学長《多くの大学では president という》. **5** 〘カトリック〙大法院を担当する司祭. **6** 〘英国国教会〙 **a** = CHANCELLOR of the Diocese [Bishop]. **b** チャンセラー《古い教区の大聖堂の4人の高官の一人》.
Chancellor of England [the —] (英国の)大法官 (⇨ Lord Chancellor).
Chancellor of Garter [the —] (英国の)僧正付き司法官《寺院の参事会 (chapter) やナイト集会からの任命書や命令に署名し, 記録を保管する》.
Chancellor of the Diocese [Bishop] [the —] 〘英国国教会〙 bishop の宗教法顧問《主教区法院 (consistory) の最高責任者で, 教区の事務行政上の主教の代理者》.
Chancellor of the Duchy of Lancaster [the —] (英国の)ランカスター公領尚書《閣員》.
Chancellor of the Exchequer [the —] (英国の)大蔵大臣.

cháncellor·shìp *n.* chancellor の職[任期].

chan·cel·lor·y [tʃǽns(ə)ləri, -səlri | tʃɑ́:ns(ə)ləri, -s(ə)lri] *n.* 《古》= chancellery.

chánce-médley 〘(1494) □ AF *chance medlée* mixed chance: ⇨ chance, meddle〙 — *n.* **1** 〘法律〙過失殺人, 防衛殺人《争闘中などで自己防衛のためにやむをえず行なった殺人; cf. excusable homicide》. **2** 偶発性 (haphazardness); 偶発的行為.

chánce músic *n.* 〘音楽〙偶然(性の)音楽《1950 年代に John Cage らが提唱した音楽様式; 従来の楽譜に固定された音楽に反発し作曲家はおおよその指示を与えるのみで演奏者も演奏を偶然に委ねるもの》.

chan·cer·y [tʃǽns(ə)ri | tʃɑ́:ns(ə)ri] 〘(*c*1378) 《変形》← OF *chancelerie* 'CHANCELLERY'〙 — *n.* **1** 〘法律〙 **a** [C-] 《英》大法官庁, 大法官庁裁判所《大法官 (Lord Chancellor) の主管する法廷で court of chancery と呼ばれた; 今は高等法院 (High Court of Justice) の一つの部》. **b** 《米》エクイティー裁判所 (court of equity). **c** 《米》エクイティー (equity). **2** 公記録保管庁. **3 a** 主教管区の官庁. **b** = chancellery. **4** 〘カトリック〙ローマ教皇庁; 大法官法廷.
in chancery (1) 《米》〘法律〙エクイティー裁判所に訴訟中の. (2) 《英》〘法律〙大法官の支配下の: a ward *in* ~ ⇨ ward 3. (3) (レスリング・ボクシングで)頭を相手のわきの下にかかえ込まれて. (4) 絶体絶命になって, 進退きわまって.

chan·cre [ʃǽŋkə | -kə(r] 〘□ F ~ < L *cancrem* crab, cancer〙 *n.* 〘病理〙下疳(げかん).

chan·croid [ʃǽŋkrɔɪd] 〘□ F *chancroïde*: ⇨ ↑, -oid〙 — *n.* 〘病理〙軟性下疳(げかん)《性病の一種; soft chancre ともいう; cf. venereal disease》. **chan·croi·dal** [ʃæŋkrɔ́ɪdl] *adj.*

chan·crous [ʃǽŋkrəs] 〘□ F *chancreux*: ⇨ chancre, -ous〙 *adj.* 〘病理〙下疳(げかん)(性)の.

chanc·y [tʃǽnsi | tʃɑ́:nsi] 〘(1513) ← CHANCE + -Y⁴〙 — *adj.* (**chanc·i·er**; **-i·est**) **1 a** 不確かな, 当てにならない. **b** あぶなっかしい. **2** 《スコット》[しばしば否定構文で] 幸運な. **chánc·i·ness** *n.*

chan·de·lier [ʃændəlíə | -dəlíə(r, -dɪ-] 〘(1663) □ F ~ < VL *candēlārium* ← L *candēlābrum* candlestick: ⇨ candle〙 *n.* シャンデリア (cf. electrolier).

chan·delle [ʃændél, ʃɑ̃:(n)-, ʃɑ:n- | ʃɑ̃:(n)-, ʃɔ̃:(n)-, ʃɑ:n-, ʃɔ(:)n-; *F.* ʃɑ̃dɛl] 〘□ F ~ 'candle': この垂直の形にちなむ〙 〘航空〙 — *n.* シャンデル, 急上昇方向変換. — *vi.* シャンデルを行なう.

Chan·di·garh [tʃʌ́ndɪgə, tʃǽn- | tʃʌ́ndɪgə(r, tʃɑ́:n-] *n.* チャンディガル《インド Punjab 州の都市, 同州の首都; Haryana 州の首都も兼ねる; 人口 219,000》.

chan·dler [tʃǽndlə | tʃɑ́:ndlə(r] 〘(1333) □ AF *chaundeler* = (O)F *chandelier* candle-seller ← OF *chandeile* 'CANDLE'〙 — *n.* **1** ろうそく製造販売人, ろうそく屋. **2** (ろうそく・油類・石鹸などの)小売商; 雑貨商, 荒物屋: ⇨ corn chandler, ship chandler.

Chand·ler [tʃǽndlə | tʃɑ́:ndlə(r], **Raymond** *n.* (1888–1959) 米国の推理小説家; *The Big Sleep* (1939), *The Long Goodbye* (1954).

Chándler's wóbble 〘← *Seth Carlo Chandler* (1846–1913: 米国の天文学者)〙 — *n.* 〘天文〙チャンドラー揺動《地球自転軸の地球に対するわずかなよろめき運動; 周期は約 420–430 日; Chandler wobble ともいう》.

chan·dler·y [tʃǽndləri | tʃɑ́:ndləri] *n.* **1** [通例 *pl.*] 雑貨, 荒物《ろうそく・石鹸・油類など》. **2** 雑貨商, 荒物商. **3** ろうそく倉庫[置場].

Chan·dra·gup·ta [tʃʌ̀ndrəgúptə] *n.* チャンドラグプタ《?–? 286 B.C.; 古代インドの王; Maurya 王朝の祖》.

Cha·nel [ʃənél, ʃæ-; *F.* ʃanɛl] 〘← *Gabrielle Chanel* (1883?–1971: フランスの服飾デザイナー)〙 *n.* 〘商標〙シャネル《香水の名; Chanel No. 5 が最も有名》.

Chang [tʃɑ́:ŋ; *Chin.* tʂáŋ] *n.* = Yangtze.

Chang·chia·kou [tʃɑ́:ŋtʃjɑ̀:kóu | -káu; *Chin.* tʂāŋtɕjāk'ǒu] *n.* = Changkiakow.

Chang·chow [tʃɑ́:ŋtʃóu, tʃæ̀ŋtʃáu | tʃɑ́:ŋtʃə́u, tʃæ̀ŋtʃáu; *Chin.* tʂāŋtʂōu] *n.* 漳(しょう)州《中国福建省 (Fukien) 南部の都市; 竜渓 (Lungki) 地区に属す; 人口 500,000》.

Chang·chun [tʃɑ̀:ŋtʃún; *Chin.* tʂ'áŋtʂ'ūn] *n.* 長春《中国東北部吉林省 (Kirin) の首都; かつて満州国の首都で新京 (Hsinking) といった; 人口 415,000》.

change [tʃéɪndʒ] 〘v.: (?*a*1200) *change(n)* □ (O)F *chang-er* < LL *cambiāre* = L *cambīre* to exchange ← ? Celt. ← IE *(*s*)*kamb-* to curve, bend (OIr. *camm* crooked). — n.: (?*a*1200) □ (O)F ~〙 — *vt.* **1** 変える, 変化させる: **a** 〈形・内容などを〉(一部分)改める, 修正する; 〈ものの性質・様相を〉変化させる: ~ one's habits 習慣を改める / Failure ~*d* his mind. 失敗で彼の考えが変わった / ~ color ⇨ color 3 a. **b** すっかり変える, 変更する; 〔別なものに〕変える〔*into, to*〕: ~ water *into* steam 水を蒸気に変化させる / ~ one's nature [character] 性質[性格]を変える / ~ the date of marriage 結婚の日取りを変更する / ~ one's condition ⇨ condition B 2 / The witch ~*d* herself *into* a lion. 魔法使いはライオンに化けた / His death penalty was ~*d to* penal servitude. 彼の死刑は懲役刑に変更された. **c** 〈政策・立場を〉正反対にする, 逆転させる (reverse): ~ one's opinion [views] 変節する.
2 a (同種のものまたは別のものと)換える, 取り換える; 〔人と〕交換する〔*with*〕: ~ the subject 話題を換[変]える / ~ one's address 住所を変更する / ~ houses 転居する / ~ seats *with* each other お互いに席を交換する / ~ jobs *with* him 彼と仕事を交換する / ~ hands ⇨ hand 成句 / ⇨ *change* SIDES. **b** 〈乗物を〉〔…行きに〕乗り換える〔*for*〕: ~ trains *for* Oxford at Reading レディングでオックスフォード行きに乗り換える. **c** 両替する, くずす; 〈小切手・為替を〉現金にして払い渡す: ~ a five-pound note *for* gold 5 ポンド札を金貨に換える / ~ a check, money order, etc. / ~ one's yen *into* dollars / Can you ~ me this $5 bill? この5ドル札をくずしていただけませんか.
3 a 〈ベッド〉の敷布を取り替える; 〈赤ん坊〉におむつを取り替えてやる: ~ a bed / ~ a crying baby. **b** 着替える, はき替える: ~ one's clothes 着替える / ~ soiled shoes *for* clean ones 汚れた靴をきれいなのにはき替える.
— *vi.* **1 a** (ある面で, または一部分)違ったものになる, 変化する, 変わる; 改まる: Times ~. 時世が変わる / The weather will ~. 天候が変わるだろう. **b** 〈物価が〉変動する: Prices are *changing* recently. 最近物価が変動している. **c** 〔別なものに〕変わる, 変化する〔*into*〕: The swan ~*d into* a princess. 白鳥は王女の姿になった. **d** 〔…に〕移る, 移行する, 徐々に変化する〔*to, for*〕: Spring ~*s to* summer. 春が過ぎて夏が来る / ~ *for* the better [the worse] いい[悪い]方に変わる; よくなる[悪化する]; 栄転する[左遷される].
2 着替える: ~ *into* flannels フランネルの服に着替える / ~ *for* dinner 正餐のための着替えをする / We had just time to ~ before dinner. 晩餐までに着替える時間がぎりぎりだった. **3** 〔…行きに〕乗り換える〔*for*〕: All ~! 皆さん乗り換えです / *Change* (here) *for* Oxford. オックスフォード行きはここでお乗り換えください. **4** 〔人と〕交換する〔*with*〕: I prefer that seat. I'll ~ *with* you. あの席のほうがいい, 君と交換しよう. **5** 〈月・潮が〉変わる. **6** 〈声が〉低くなる; 声変わりする (break). **7** 《方言》〈酒・牛乳などが〉味が変わる. **8** 《廃》顔色を変える.
change down 〘自動車〙ギアを低速へ入れかえる. ***change off*** (1) 交替する: He ~*d off with* Tom. トムと交替した. (2) 交替でする. ***change over*** 転換させる[する]; 別の目的[システム]に変える[移行する]. ***change up*** (1) 〘自動車〙ギヤを高速に入れかえる. (2) 〘野球〙〈投手が〉チェンジアップ (change-up) の投球をする. ***chop and change*** ⇨ chop² 成句.
— *n.* **1 a** 変化; 移り変わり, 変遷: a ~ in the weather 天候の変化 / a ~ of seasons 季節の移り変わり / ~*s* in one's condition 一身上(の事情)の変化 / a ~ of circumstances 境遇の変化 / a ~ of tide 潮の変わり目; 危機 / do something for a ~ 変化をつけるため[気分を変えるため]に何かする / a ~ of the front 方向転換 / with a ~ of tone 調子を変えて / with a ~ of manner 態度を変えて / undergo a great ~ 大きく変化する / make a ~ for the better 改良[進歩]する. **b** 目立って変わったこと (novelty); 改変, 変更 (alteration): make ~*s* in the text 原文を所々改変する. **c** 変節; (宗教上の)改宗. **d** = CHANGE of life. **2 a** 取換え, 交替, 更迭 (substitution): a ~ of one thing *for* another / a ~ of the house 転宅. **b** 転地: go to the seaside for a ~ (of air) 海岸に転地する / You need a ~. 転地を要する. **3** 乗り換え: make a ~ at a junction 接続駅で乗り換える. **4** 更衣, 着替え: a ~ of clothes 着替え一そろい, 替え着 / make a quick ~ 急いで着替える. **5 a** 両替した金, くずした金; つり銭: Can you give [《米》make] me ~ for a $5 bill? 5 ドル札をくずしてもらえませんか / No ~ given. つり銭お断り. **b** 小銭 (small money): I have no ~ about me. 小銭をもっていない. **c** 《俗》銭, 現なま (dough). **6** (月の)相の変化; (新月の)出現. **7** 《廃》移り気, 気まぐれ, 浮気 (inconsistency). **8** 《廃》交換 (exchange). **9** [*pl.*] 〘鳴鐘〙(四分音階的な)転調: ring the ~*s* 種々の調子に鐘を鳴らす. **10** [*pl.*] 〘数学〙置換 (permutations). **11** 〘ジャズ〙転調.
a change of heart (1) 〘キリスト教〙回心 (conversion). (2) 気持[考え方]の変化; 心変わり: have *a* ~ *of heart*. ***a change of pace*** (1) 気分転換. (2) 〘野球〙チェンジオブペース (⇨ change-up). ***a change of scene*** [***scenery***] 環境の変化; 転地. ***get no change out of*** 《口語》(1) 〈相手〉から何も聞き出せない. (2) (仕事・議論で)〈相手〉を負かしそこなう, …に勝てない. ***give a person change*** (1) ⇨ *n.* 5 a. (2) 《口語》〈人〉に仕返しする, しっぺい返しする, ひどい目に会わせる. ***give a person no change*** 《口語》〈人〉に知りたいことを何も話してやらない. ***ring the changes*** (1) ⇨ *n.* 9. (2) 同じことを色々と変えて言う[する], 手をかえ品をかえて言う[する]〔*on*〕: He likes to *ring the* ~*s on* his old story. 古い話を色々に繰り返すのが好

きだ. *take the* [*one's*] *change out of*《口語》〈人〉に仕返しする[報復する].
change of life [the ―] 更年期, 閉経期 (menopause).
change of venue 〘法律〙裁判管轄区変更, 裁判地の変更 (⇨ venue 1 b).
change of voice [the ―] (思春期の)声変わり.
Changing of the Guard [the ―] (特に, London の Buckingham Palace で同宮殿と St. James's Palace との間で行なわれる)衛兵交替(式)《changing the guard ともいう》.

Change [tʃéɪndʒ] 〘《頭音消失》← EXCHANGE〙 *n.* (*also* **'Change** [~]) 《英》取引所: on ~ 取引所で.

change·a·bil·i·ty [tʃèɪndʒəbíləti | -ləti, -lɪ-] 〘ME ▭ OF *changeableté*: ⇨ ↓, -ity〙 *n.* 変わりやすい性質, 定まりないこと, 不安定; 可変性.

chánge·a·ble [tʃéɪndʒəbl] 〘ME ▭ (O)F ~: ⇨ change, -able〙 ―― *adj.* 1 〈天候・価格など〉変わりやすい, 定まらない. 2 変更可能の, 可変性の, 変えられる. 3 変わりがちな, 移り気な, 気まぐれな. 4 (光線の具合で)色がいろいろに変化して見える: ~ silk 玉虫織(など). **chánge·a·bly** *adv.* **~·ness** *n.*

change·ful [tʃéɪndʒfəl] *adj.* 1 変化の絶えない, 変化に富む, 変遷の多い. 2 変わりやすい, 定まりない, 不安定な. **~·ly** *adv.* **~·ness** *n.*

change gèar *n.* 〘機械〙 1 変速機, 変速装置. 2 換え歯車《change wheel ともいう》.

chánge kèy *n.* (マスターキーに対して一つの錠しかあかない)チェンジキー, 子鍵.

chánge·less *adj.* 変わることのない; 一定不変の, 不易の. **~·ly** *adv.* **~·ness** *n.*

change·ling [tʃéɪndʒlɪŋ] 〘《1555》← CHANGE (v.)+-LING¹〙 ―― *n.* 1 **a** 取替え子《小さい時こっそり取り替えられて残された子供》. **b** (民話に出てくる)取替え子《さらった子の代りに妖精たち (fairies) が残して行くと信じられた醜い子; elf child ともいう》. **c** 小さくて醜い人[動物]. 2 《古》 **a** 気の変わりやすい人, 浮気者; 変節者 (turncoat). **b** ばか (idiot). 3 〘郵趣〙=color changeling. ―― *adj.* 1 本来[自然]の状態からはっきりと変わった. 2 《古》変わりやすい, 定まりしない.

chánge·màker *n.* 硬貨(自動)両替機.

chánge·òver *n.* 1 (政策・人事・生産様式などの)転換, 切替え. 2 (内閣などの)改造, 更迭. 3 〘映画〙映写中の巻替わり, リールの切替え.

chánge-òver swìtch *n.* 〘電気〙切換えスイッチ.

chánge pòcket *n.* (大きなポケットの中などの)小銭入れ用小ポケット.

chánge pùrse *n.* 小銭入れ.

cháng·er 〘ME ▭ OF *changeor* (F *changeur*): ⇨ change, -or²〙 ―― *n.* 1 変更[改変]する人; 意見の定まらない人, 無定見な人, ふらふらする人. 2 **a** 取り替える人[もの]. **b** =record changer. 3 《廃》両替人 (money changer).

chánge rìnging *n.* 転調鳴鐘法 (cf. change *n.* 9).

chánge-ùp *n.* 〘野球〙チェンジアップ《打者のタイミングを外すため速球を投げる時と同じ動作で投げる緩投; change of pace ともいう》.

chánge whèel *n.* 〘機械〙=change gear 2.

cháng·ing bàg *n.* 〘写真〙交換バッグ, 交換袋, ダークバッグ《両手を差し入れる口があって, 中でカメラにフィルムの出し入れなどができる遮光性の布袋》.

chánging nòte *n.* 〘音楽〙転[変]過音《予備なしに強拍部に現れる非和声音; 2 度上行[下行]して解決する》.

chánging ròom *n.* (運動場などの)更衣室.

chánging tòne *n.* 〘音楽〙=changing note.

Chang·kia·kow [tʃɑ́ːŋkjɑ̀ːkóu | -káu; *Chin.* tʂāŋtʃiā-kʻǒu] *n.* 張家口《中国北部の河北省 (Hopeh) の都市》.

Chang Ki·ang [tʃɑ́ːŋkiǽŋ | -kɪ-; *Chin.* tʂʻáŋtʃiāŋ] *n.* =Yangtze.

Chang·sha [tʃɑ̀ːŋʃɑ́ː; *Chin.* tʂáŋʂā] *n.* 長沙《中国湖南省 (Hunan) の首都》.

Chang·teh [tʃɑ̀ːŋtə́ː; *Chin.* tʂʻáŋtə́] *n.* (*also* **Chang·te** [~]) 常徳《中国湖南省 (Hunan), 沅 (Yüen) 江に臨む都市》.

Chang Tso-lin [tʃɑ́ːŋtsòulín | -tsə̀u-; *Chin.* tʂāŋ tsuòlín] *n.* 張作霖 (1883–1928; 旧中国の将軍, 奉天軍閥の首領).

Chan·i·dae [kǽnədìː | -nɪ-] 〘← NL ~ ← *Chanos* (属名: ← Gk *khános* mouth)+-IDAE〙 *n. pl.* 〘魚類〙サバヒー科《サバヒー (milkfish) などを含む》.

chank [tʃǽŋk] 〘← Skt *śaṅkha*: cf. conch〙 ―― *n.* 〘貝類〙シャンクガイ, 聖螺 (*Xancus pyrum*)《本来右巻きの貝で, まれに左巻きのものがあり, それは神聖なものとして貴ばれ, ヒンズー教の宗教画・国旗・切手などの意匠に用いられる; chank shell ともいう》.

Chan·kiang [tʃɑ̀ːnkjɑ́ːŋ; *Chin.* tʂàntʃiāŋ] *n.* 湛江《中国南部広東省 (Kwangtung), 雷州 (Luichow) 半島の都市》.

chan·nel¹ [tʃǽnl] 〘《a1325》▭ OF *chanel* < L *canālem* canal: CANAL と二重語〙 ―― *n.* 1 **a** 流床, 河床, 川底. **b** 河道, 水路, 澪《川・湖・湾などで水流のある深い部分》. **c** 可航水路, 運河. 2 (大陸と島との間などの広い)海峡《strait より大きい》: the (English) *Channel* イギリス[英仏]海峡. 3 **a** (道路の)溝, 側溝. **b** (水を通す)管, 水管, 導管. 4 **a** (思想・行動などの)方向, 道程, 方針: a ~ of information, knowledge, etc / break out into a new ~ 新しい道を開く / direct one's energy to a new ~ 新しい方面に精力を向ける. **b** [*pl.*] (報道・貿易などの, 一定のまたは公的な)径路, 道筋, ルート: ~*s* of trade 正常の貿易径路 / get information through official ~*s* 公的ルートを通じて情報を得る / through secret [proper] ~*s* 秘密[正当]の径路を経て / through diplomatic ~*s* 外交上のルートを通して. 5 〘建築〙 **a** 縦溝 (flute). **b** 溝形鋼, 溝鉄, チャンネル《U 字型の溝材; channel bar [iron] ともいう》. 6 〘通信〙チャンネル, 通話[通信]路《通信を伝達する回路; 単一のラジオやテレビ電波が送られる狭い周波数帯; cf. bandwidth》. 7 〘電算機〙チャンネル, 通信路. 8 〘印刷〙 **a** 小川 (⇨ river¹ 4). **b** (行鋳植機の)溝. 9 〘電子工学〙(電界効果トランジスターなどの)チャネル《幅または奥行の狭い電流の通路》. 10 〘製靴〙チャンネル《縫付け用の溝を作るため革に掘った連続的な切り込み》.
―― *vt.* (**chan·neled, -nelled; -nel·ing, -nel·ling**) 1 **a** …に水路を開く: ~ the fields. **b** 〈道を〉切り開く. 2 …に溝を彫る (groove). 3 **a** 水路[水管, 径路, ルートなど]を通じて運ぶ, 伝える. **b** 〈感情・関心などを〉(ある方向に)向ける, 流す 〔*into*〕: ~ one's energy *into* sport 精力をスポーツに向ける. ―― *vi.* 水路(状)になって流れる; 溝ができる.

chan·nel² [tʃǽnl] 〘《1769》《変形》← CHAINWALE: cf. gunnel¹, gunwale〙 ―― *n.* 〘海事〙横静索留板《マストの横静索の斜度を拡大するためにその下端に作ったたな状の張出し材; cf. chain 6 c》.

chánnel bàr *n.* 〘建築〙=channel¹ 5 b.

chánnel báss [-bǽs] *n.* 〘魚類〙チャンネルバス (*Sciaenops ocellatus*)《南北アメリカの大西洋岸に生息する銅色大型のニベ科の魚; 尾のつけ根に黒点がある; 幼魚は食用にする; red drum ともいう》.

chánnel blàck *n.* 〘化学〙チャンネルブラック《不完全燃焼させた天然ガスなどの炎を, 溝形鋼 (channel iron) の表面に接触させ, 析出したすすを集めたカーボンブラックの一種; インクや塗料の顔料として用いる; gas black ともいう》.

chánnel cát *n.* 〘魚類〙ブチナマズ (⇨ spotted catfish)《channel catfish ともいう》.

chán·nel·ing [-nḷɪŋ, -nəl-] *n.* 〘建築〙(円柱の縦溝 (flute) などの)装飾.

chánnel ìron *n.* 〘建築〙=channel¹ 5 b.

Chánnel Íslands *n. pl.* [the ~] チャネル諸島《イギリス海峡にある Alderney, Guernsey, Jersey などを含む英領諸島, フランス語が話される; 人口 128,000; 面積 194 km²》.

chan·nel·ize [tʃǽnəlàɪz, -nḷ-] *vt.* 《米》=channel¹ 3.
chan·nel·i·za·tion [tʃæ̀nəlɪzéɪʃən, -lə-, -nḷ- | -nəlaɪ-, -lɪ-, -nḷ-] *n.*

chánnel sèction *n.* 〘建築〙チャンネルセクション, 溝形鋼《U 字形, C 字形などの断面形をもつ鋼材》.

cha·no·yu [tʃɑ̀ːnoujúː | -nəu-] 〘▭ Jap.〙 *n.* 茶の湯.

chan·son [ʃɑ̃ː(n)sɔ́ː(ŋ), ʃɔ̃ː(n)-, ʃɑːn-, ʃɔ(ː)n-, -sɔ́(ː)ŋ; *F.* ʃɑ̃sɔ̃] 〘《1600》▭ F ~ 'song' < L *cantiō(-n)*: cf. canzone〙 ―― *n.* (*pl.* ~**s** [~(z); *F.* ~]) 歌 (song); シャンソン《フランス語の歌詞をもつ世俗歌曲; 中世・ルネサンス音楽の重要な一形式; 現代ではフランスのポピュラーソングを指す》.

chansón de géste [-də ʒέst; *F.* -dʒɛst] 〘▭ F ~ 《原義》song of heroic deed〙 ―― *n.* (*pl.* **chansons de g-** [~]) 武勲詩《11–14 世紀に北フランスの叙事・吟遊詩人たちが作った中世フランスの英雄詩; 現存のものでは, *La Chanson de Roland* が最も古くて有名》.

Chansón de Ro·lánd, La [-ro(u)lɑ́ː(ŋ), -lɔ́ː(ŋ), -lɑ́ːŋ, -lɔ́(ː)ŋ, -rə(u)-, *F.* -ʀɔlɑ̃] 〘▭ F ~ 'Song of Roland'〙 ―― *n.* 「ローランの歌」《紀元 1000 年頃のフランスの勇将 Roland の武勇を扱った武勲詩, 12 世紀初頭に成立; 英語名 The Song of Roland》.

chan·son·ette [ʃɑ̀ː(n)sənét, ʃɔ̀ː(n)-, ʃɑːn-, ʃɔ̀(ː)n-; *F.* ʃɑ̃sɔnɛt] 〘▭ F ~ (dim.) ← *chanson*: ⇨ -ette〙 *n.* 小歌曲 (little song).

chan·son·nier [ʃɑ̀ː(n)sɔnjéɪ, ʃɔ̀ː(n)-, ʃɑːn-, ʃɔ̀(ː)n-; *F.* ʃɑ̃sɔnje] 〘▭ F ~〙 *n.* (*pl.* ~**s** [~z; *F.* ~]) 1 シャンソン歌手[作家]; (特に)自作の歌をキャバレーで歌う人. 2 [集合的] シャンソン歌集.

chant [tʃǽnt | tʃɑ́ːnt] 〘*n.*: 《1671》▭ F ~ < L *cantus* ← *canere* to sing ← IE **kan-* to sing (Gk *kanássein* to make a gurgling sound): cf. hen. ― v.: 《c1390》 *Chante(n)* ▭ (O)F *chant-er* < L *cantāre* (freq.) ← *canere*〙 ―― *n.* 1 歌 (song); 歌うこと (singing). 2 **a** (詩編などの文句に簡単な節付けをして教会の儀式で唱える)詠唱. **b** (詠唱用の)聖歌. **c** 詠唱調; 詠唱調の物の言い方. 3 **a** 単調な歌; 単調な話し方. **b** 繰り返し唱えられる意見. ―― *vt.* 1 〈聖歌を〉詠唱する; 歌う (sing): ~ hymns, psalms, etc. 2 (詩歌に詠じて)賛美する. 3 〈賛辞を〉(詠唱調で)繰り返す, ほめたたえる; 単調に繰り返して言う: ~ the praises of a person / ~ horses (いんちきで売りつけるために)馬をほめたてる. ―― *vi.* 1 **a** 詠唱する, 聖歌を歌う: ~ in one voice, in chorus, etc. **b** 《詩》歌う (sing); さえずる (warble). 2 単調な調子で[繰り返して]言う.

chan·tage [ʃɑ̃ː(n)tɑ́ːʒ, ʃɔ̃ː(n)-, ʃɑːn-, ʃɔ(ː)n-; *F.* ʃɑ̃taːʒ] 〘▭ F ~ ← *chanter* to be compliant, 《原義》to sing (↑): cf. F *faire chanter* to make a person pay, 《原義》to make a person sing〙 ―― *n.* ゆすり (blackmail).

chan·ta·relle [ʃæ̀ntərét, ʃɑːn- | tʃæ̀ntə-] *n.* 〘植物〙=chanterelle.

chan·te·cler [tʃæ̀ntəklíə, ʃæ̀n-, -kléə, ⁻⁻⁻ | tʃæ̀ntɪklíə(r), ʃɑ̀ːn-, -kléə(r), ʃæ̀n-, ʃɑ̀ːn-, ⁻⁻⁻] 〘▭ Can.-F ~: ⇨ chanticleer〙 *n.* =chanticleer.

chante·fa·ble [ʃɑ̃ː(n)tfɑ́ːbḷ, ʃɔ̃ː(n)-, ʃɑːnt-, ʃɔ(ː)t-; *F.* ʃɑ̃tfɑːbl] 〘▭ F ~: ⇨ chant, fable〙 ―― *n.* (*pl.* ~**s** [~z; *F.* ~]) 〘文学〙(中世フランスで語りまたは歌った)散文と詩文を織りまぜた物語 (cf. Aucassin and Nicolette).

chánt·er [-tə | -tə(r)] 〘《?c1350》 *chantour* ▭ AF=OF *chanteor* (F *chanteur*) < L *cantātōrem* singer: ⇨ chant, -or²〙 ―― *n.* 1 **a** chant を歌う人. **b** 詠唱者. **c** (聖歌隊の)先唱者 (precentor). **d** 聖歌隊員 (chorister). 2 chantry の祈りをする主唱者. 3 (bagpipe の)指管《笛の役をする管で, 旋律を奏するための指穴があいている》. 4 《廃・俗》いんちきな馬商人.

chan·te·relle [ʃæ̀ntərét, ʃɑːn- | tʃæ̀ntə-; *F.* ʃɑ̃trɛl] 〘《1775》▭ F ~ ← NL *cantharella* (dim.) ← L *cantharus* drinking vessel ▭ Gk *kántharo* ← ?〙 ―― *n.* 〘植物〙アンズタケ (*Cantharellus cibarius*)《食用きのこの一種; アンズの香りがあり美味》.

chan·teuse [ʃɑ̃ː(n)tə́ːz, ʃɑːn-, -túːz, ʃæntúːz | ʃɑ̃ː(n)tə́ːz, ʃɔ̃ː(n)-, ʃɑːn-, ʃɔ(ː)n-; *F.* ʃɑ̃tøːz] 〘▭ F ~ (fem.) ← *chanteur* chanter, singer〙 ―― *n.* (*pl.* ~**s** [~ɪz, ~əz, ~; *F.* ~]) 女性歌手, (特に, ナイトクラブ・キャバレーなどの)女性シャンソン歌手.

chant·ey [ʃǽnti, tʃǽn- | ʃɑ́ːntɪ] 〘← ? F *chantez* (imper. pl.) ← *chanter* to sing〙 *n.* 〘海事〙シャンティ《水夫が錨を巻き揚げる時などに歌うはやし歌》.

chántey·man [-mən] *n.* (*pl.* **-men** [-mən, -mèn]) 〘海事〙(chantey の)音頭取り.

chan·ti·cleer [tʃæ̀ntəklíə, ʃæ̀n-, ⁻⁻⁻ | tʃæ̀ntɪklíə(r), tʃɑ̀ːn-, ʃæ̀n-, ʃɑ̀ːn-, ⁻⁻⁻] 〘《?a1300》▭ OF *Chantecler* (F *Chanteclair*) 《原義》clear singer ← *chante* ((imper.) ← *chanter* 'to CHANT')+*cler* 'CLEAR': *Reynard the Fox* 中の雄鶏の名〙 ―― *n.* 雄鶏 (cock).

Chan·til·ly [ʃæntíli, ʃɑ̃ː(n)tiji, ʃɑːn- | ʃæntílɪ, ʃɑ̃ː(n)-, ʃɔ̃ː(n)-, ʃɔ(ː)n-; *F.* ʃɑ̃tiji] *n.* 1 シャンティイー《フランス北部 Paris の北にある都市; レース織で有名; 人口 11,000》. 2 [時に c-] シャンティイー(レース)《普通黒の絹糸で作り, メッシュ地に細いコードで縁取った模様のあるボビンレース; Chantilly lace ともいう》. 3 泡立てた生クリームを用いたデザート. 4 =mousseline¹ 2 a《Chantilly sauce ともいう》. ―― *adj.* 1 〈生クリームが〉砂糖とバニラエッセンスを加えて泡立てた. 2 泡立てた生クリームを添えた.

chan·tress [tʃǽntrɪs, -trəs | tʃɑ́ːn-] 〘《?a1375》▭ OF *chanteresse*: ⇨ chanter, -ess¹〙 ―― *n.* 《古》女性歌手《chanter の女性形》.

chan·try [tʃǽntri | tʃɑ́ːntrɪ] 〘《c1387–95》▭ OF *chanterie*: ⇨ chant, -ery〙 ―― *n.* 〘カトリック〙 1 **a** (寄進者自身またはある人の死後に日々祈禱をしてもらう目的でなされる)寄進. **b** 寄進によって造られた礼拝堂[祭壇]. **c** 寄進で維持される聖職者《chantry priest ともいう》. 2 (教会堂付属の)祈禱室, 小礼拝堂.

chant·y [ʃǽnti, tʃǽn- | tʃɑ́ːntɪ] *n.* =chantey.

Cha·nu·kah [kɑ́ːnʊkɑ̀ː, xɑ́ː-] *n.* 〘ユダヤ教〙=Hanukkah.

Chao·an [tʃàuɑ́ːn; *Chin.* tʂáuān] *n.* 潮安《中国広東省 (Kwantung) 東部の県名; Chaochow ともいう》.

Cha·o·bor·i·dae [kèɪəbɔ́(ː)rədìː, -bɑ́r- | -bɔ́rɪ-] 〘← NL ~ ← *Chaoborus* (属名: ← lateGk *khaoún* to destroy utterly ← Gk *kháos* space (⇨ chaos)+NL *-borus* (← Gk *borá* food))+-IDAE〙 ―― *n. pl.* 〘昆虫〙(双翅目)ケヨソイカ科.

cha·ob·o·rine [keɪɑ́bəràɪn | -ɔ́b-] *n.* 〘昆虫〙ケヨソイカ《ケヨソイカ科の昆虫の総称》.

Chao·chow [tʃàutʃóu; *Chin.* tʂʻáutʂòu] *n.* 潮州 (⇨ Chaoan).

Chao Phra·ya [tʃáu-prɑ́ɪə] *n.* [the ~] チャオプラヤ(川)《タイ西部の川; 南流して Siam 湾に注ぐ; 全長 365 km; Menam ともいう》.

cha·os [kéɪɑs | -ɔs] 〘《c1440》▭ L ~ ▭ Gk *kháos* gulf, abyss, chaos ← IE **ghēu-* 'to YAWN, gape'〙 ―― *n.* 1 **a** 天地創造以前の世界の状態, 混沌 (cf. cosmos 1 a). **b** 混沌とした状態, 混乱状態, 無秩序: be *in* ~ 混乱状態にある. **c** ごったがえし, 混乱した[無秩序の]集まり. 2 《廃》底無しのふち (abyss). 3 [C-] 〘ギリシャ神話〙カオス《chaos を象徴した原始混沌の神; 神のうちで最も古い》.

cha·ot·ic [keɪɑ́tɪk | -ɔ́t-] 〘《1713》← CHA(OS)+-OTIC¹ (EROTIC などからの類推)〙 ―― *adj.* 混沌とした; 無秩序の, 大混乱に陥っている (cf. cosmic 1). **cha·ót·i·cal·ly** *adv.*

chap¹ [tʃǽp] 〘《1577》《略》← CHAPMAN〙 ―― *n.* 1 《口語》 **a** 男, やつ (fellow): a good [nice] ~ いい男 / a funny little ~ 面白い小僧 / a queer old ~ 一風変ったやつ. **b** [old [my dear] ~ で; 呼掛けに用いて]やあ君. 2 《英方言》顧客; 買い手. 3 《米南部・中部》子供; 赤ん坊.

chap² [tʃɑ́p, tʃǽp | tʃǽp] 〘← ? CHAP³: cf. ME *chep(pe)* jaw〙 *n.* =chop³.

chap³ [tʃǽp] 〘《?a1300》 *chappe(n)* to chop off ← ? LG: cf. chip¹, chop¹ / MDu. *kappen* to cut〙 ―― *n.* 1 [通例 *pl.*] (風・寒さなどによる皮膚の)ひび, あかぎれ, 荒れ (crack). 2 《スコット》(戸を)とんとん叩くこと (knock). ―― *v.* (**chapped; chap·ping**) ―― *vt.* 1 **a** 〈寒気・霜が〉〈皮膚〉にひび[あかぎれ]を切らす; 〈皮膚を〉荒れさす. **b** 〈地面・木材〉にひびを入らす. 2 《スコット》打つ, とんとん叩く: ~ the hour 〈時計が〉時を打つ. ―― *vi.* 1 **a** 〈手などが〉荒れる, ひび[あかぎれ]が切れる. **b** ひびがはいる, ひび割れる. 2 《スコット》打つ, 叩く, ノックする (knock).

chap. 《略》 chapel ; chaplain ; chapter.

Cha·pa·la [tʃəpɑ́ːlə ; *Sp.* tʃapála] *n.* チャパラ(湖)《メキシコ中西部にある同国最大の湖；面積 1,080 km²》.

chap·a·ra·jos [ʃæ̀pəréɪous, -réɪəs | -réɪəʊs, -réɪəs] 〖《混成》← Sp. *aparejos* gear + Mex.-Sp. *chaparreras* (← Sp. *chaparro* bramble bush : ↓) : もとやぶから脚を保護するものの意〗 ── *n. pl.* (*also* **chap·a·re·jos** [~]) 《米南西部》 ＝chaps.

chap·ar·ral [ʃæ̀pərǽl, -rél | -rǽl] 〖□ Sp. ~ ← *chaparro* evergreen oak〗 ── *n.* 《米南西部》 **1** 矮性(わい)かしの木の密林[やぶ]. **2** やぶ, 茂み.

chaparrál còck [**bìrd**] *n.* 〖鳥類〗 ＝road runner.

chaparrál lìly *n.* 〖植物〗 米国西海岸産の紫色の花が咲くユリの一種 (*Lilium rubescens*).

chaparrál pèa *n.* 〖植物〗 米国西海岸地方に密なやぶを作るマメ科の有刺低木 (*Pickeringia montana*) 《pea chaparral ともいう》.

chaparrál snàpdragon *n.* 〖植物〗 米国 California 州産ゴマノハグサ科キンギョソウの類の一年草 (*Antirrhinum coulterianum*).

cha·pa·ti [tʃəpɑ́ːti, -pǽti | -tɪ] 〖□ Hindi *capati* ← Skt *carpaṭi* thin cake〗 ── *n.* (*pl.* ~, **~es**) (*also* **cha·pat·ti** [~]) チャパティ《全粒粉の生地を, 発酵させずに薄くのばして焼いたインドのパン》.

cháp·bòok [tʃǽp-] 〖《1824》← CHAP(MAN) + BOOK〗 ── *n.* **1** チャップブック, 行商本, 呼売り本《昔呼売り商人(chapman) が売り歩いた物語・俗謡などの小冊子》. **2** チャップブックに類似した本[パンフレット].

chape [tʃéɪp, tʃǽp | tʃéɪp] 〖《*c*1312》□ (O)F ~ : ⇨ cape¹〗 ── *n.* **1** (刀剣の鞘(さや)の)こじり, 石突き. **2** (ベルトなど締める時の)バックルの留め金. **3** 《廃》 (刀剣の)さや (scabbard).

cha·peau [ʃæpóu, ʃə- | -pə́u ; *F.* ʃapo] 〖《1523》□ F ~ < VL **cappellum* (dim.) ← LL *cappa* : ⇨ cap¹ : 日本語「シャッポ」の語源〗 ── *n.* (*pl.* **~s, cha·peaux** [~z]) **1** 帽子 (hat) : ~ bas [bɑ́ː]! 脱帽. **2** 〖紋章〗 シャポー《achievement などに使用される位階を示す帽子; ベルベットの帽体をアーミン (ermine) の毛皮で飾ってある》.

chapéau brás [-brɑ́ː ; *F.* -bra] 〖□ F ~ ← *chapeau* (↑) + *bras* arm〗 ── *n.* (*pl.* **chapeaux b-**) シャポーブラ《たたんでわきの下にはさむことができる二角または三角帽子; 18 世紀後半男子正装の一部として用いた》.

chapeau bras

chapeaux 〖□ F ~〗 *n.* chapeau の複数形.

chap·el [tʃǽpəl] 〖《?*c*1200》 □ OF *chapele* (F *chapelle*) < L *cap(p)ellam* cloak, hood, sanctuary for relics (such as the cloak of St. Martin) (dim.) ← LL *cappa* cloak : ⇨ cap¹, chaplain〗 ── *n.* **1 a** (教区教会 (parish church), 大聖堂 (cathedral) 以外の)小[付属]礼拝堂, チャペル. **b** (教会の)付属礼拝堂《特殊礼拝のために用いる》: ⇨ Lady Chapel. **c** (学校・宮殿・兵営・監獄・船舶・私邸などの)礼拝堂, 礼拝室, チャペル. **d** 教会内で小さな宗教的儀式または祈りのために用いる部屋. **2** (学校で)チャペルの礼拝式(への出席) : keep [lose, miss] a ~ チャペルに出席[欠席]する / *Chapel* is required at this college. この学校ではチャペルへ出席しなければならないことになっている. **3 a** (英国で)国教会以外の会堂 : ~ folk 非国教徒 / give up church and attend ~ 国教をやめ他派に行く. **b** ユダヤ教会礼拝堂. **4 a** (チャペルまたは貴族邸の)専属聖歌隊. **b** (チャペルの)専属楽団. **5** (葬儀店の)葬儀室. **6** 〖英国最初の印刷者 William Caxton が Westminster 寺院付近の chapel で仕事を始めたことから〗 **a** 《廃》 印刷所, 印刷工場. **b** (一印刷所の)印刷工組合.

chapel of ease (教区の教会に遠い人や会堂に入り切れない人のために設けた)分会堂, 支聖堂.

── *adj.* 《英》 (英国で Baptist, Methodist などのように国教に反対する様々な)プロテスタント派に属す.

── *vt.* (**chap·el·ed, -el·led ; -el·ing, -el·ling**) 〖海事〗 (軟風下で逆帆になった時)〈帆船を〉帆によらず舵のみで針路を元へ戻す.

cha·pelle ar·dente [ʃæpél-ɑːdɑ̃́ː(n)t, -dɔ̃́(n)t, -dɑ́ːnt, -dɔ́(ː)nt | -ɑː- ; *F.* ʃapɛlardɑ̃ːt] 〖□ F ~ 《原義》 burning chamber〗 *n.* (灯火をともした王侯貴人の)遺体安置室.

chápel róyal *n.* (*pl.* **chapels r-**) **1** 王宮付属会堂. **2** [C- R-] 〖英国国教会〗 (イギリス)王室礼拝堂《国教会の中にありながら教区の主教の管轄下にはなく, 通常 dean を長として subdean, canons, chaplains, choir などから成っている; St. James's Palace, Buckingham Palace, Windsor Castle などにある》.

chap·el·ry [tʃǽpəlri, -pl- | -rɪ] 〖《1591》□ OF *chapelerie* : ⇨ chapel, -ery〗 *n.* 礼拝堂管轄区.

chap·er·on [ʃǽpəròun | -rə̀un] 〖《*c*1400》□ (O)F ~ 'hood' ← *chape* 'CAPE¹'〗 ── *n.* **1** シャペロン《若い未婚の婦人が社交場などに出る時の付添い; 多くは年配の婦人で, 社交上の行儀作法が守られているかも監督する》. **2** シャプロン《15 世紀頃用いられたターバンのような帽子; クラウンから長い布がさがる》.

chaperon 2

── *vt.* **1 a** …のシャペロン役をやる. **b** …の世話をする; 監督する (supervise). **2** 〈若い婦人〉の付添い役として行く (escort). ── *vi.* シャペロン役をやる.

chap·er·on·age [ʃǽpəròunɪdʒ | -rə̀u-] *n.* 付添い.

chap·er·one [ʃǽpəròun | -rə̀un] *n.* ＝chaperon 1.

cháperon·less *adj.* シャペロンのない[付かない].

cháp·fàllen 〖⇨ chap²〗 *adj.* **1** 〈犬など〉下あごのだらっと垂れた. **2** しょげている, 元気のない, 意気の衰えた (cf. crestfallen 2).

chap·i·ter [tʃǽpətə | -pɪtə(r] 〖□ (O)F *chapitre* 《変形》 ← OF *chapitle* : ⇨ chapter〗 *n.* 〖建築〗 柱頭 (capital).

chap·lain [tʃǽplɪn, -lən] 〖《14C》□ (O)F *chapelain* VL < ML *capellānum* chaplain, 《原義》 custodian of the cloak of St. Martin ← *capella* 'CHAPEL' ∽ OE *capellān* □ ML *capella*〗 ── *n.* **1 a** 礼拝堂 (chapel) 付き牧師[司祭]. **b** 〖英国国教会〗 チャプレン《chapel や cathedral などで礼拝に従事しながら, その場所での職名や聖職禄を有しない聖職者》. **c** 〖カトリック〗 典礼の際, 司教を助けるために任命された司祭. **2 a** (大学・病院などの)牧師[司祭]. **b** (軍隊に将校として任官し宗教業務を行なう)軍僧, 従軍牧師. **c** (刑務所の)教戒師. **3** 集会などで祈禱(きとう)をする人《聖職者とも限らない》. 「[任期].

chap·lain·cy [tʃǽplɪnsi, -lən- | -sɪ] *n.* chaplain の職

chap·let [tʃǽplɪt, -lət | -lɪt, -lət, -let] 〖《*a*1387》□ (O)F *chapelet* (dim.) ← *chapel* headdress, garland : ⇨ cape¹, chapeau〗 ── *n.* **1** 頭に巻く飾り輪《飾り紐・玉飾りなど》; 花の冠, 花かずら. **2 a** 飾り紐, ビーズ紐; 数珠(じゅず). **b** 〖カトリック〗 小数珠(じゅず) 《rosary の ¹/₃ の長さ》; 小数珠の玉を数えて唱える祈り. **3 a** 数珠状のもの. **b** (カエルなどのじゅずつなぎになった)卵のひも. **4** 〖建築〗 連珠紋, 玉縁(たまぶち)飾り. **5** 〖金属加工〗 中子押え《中子を鋳型中に支持するために用いる金具》. **cháp·let·ed** [-tɪd, -təd | -tɪd, -təd] *adj.*

Chap·lin [tʃǽplɪn, -lən | -lɪn], Sir **Charles Spencer** *n.* (1889–1977) 英国生れの喜劇映画俳優・監督; *Modern Times* (1936), *Limelight* (1952).

Chap·lin·esque [tʃæ̀plɪnésk, -lə- | -lɪ-] 〖← *Charles Chaplin* : ⇨ -esque〗 *adj.* チャップリン (Chaplin) の喜劇に似た[のような]; チャップリンのような仕草の.

chap·man [tʃǽpmən] 〖OE *cēapmann* ← *cēap* bargain (⇨ cheap) + *mann* 'MAN' : cf. G *Kaufmann* merchant〗 ── *n.* (*pl.* **-men** [-mən, -mèn]) **1** 《英》 行商人, 呼売り商人 (peddler). **2** 《古》 商人 (dealer).

Chap·man [tʃǽpmən], **George** *n.* (1559?–1634) 英国の詩人・劇作家; Homer の翻訳者としても有名.

Chapman, John *n.* ⇨ Johnny APPLESEED.

chapped 〖⇨ chap³ (v.)〗 *adj.* あかぎれ[ひび]の切れた : ~ hands.

chap·pie [tʃǽpi | -pɪ] 〖← CHAP¹ + -IE 1〗 *n.* (*also* **chap·py** [~]) 《口語》 やっこさん, 男 (fellow). ★ chap の愛称語. 「chapped.

chap·py [tʃǽpi | -pɪ] *adj.* (**chap·pi·er ; -pi·est**) ＝

chaps [ʃǽps] 〖《短縮》← CHAPARAJOS〗 ── *n. pl.* 《米》 チャップス《カウボーイがズボンの前脚部の保護のためにつけるズボンのようなもの; フリンジなどの装飾が施されている》.

chap·tal·i·za·tion [ʃæ̀ptəlɪzéɪʃən, -lə- | -laɪ-, -lɪ-] *n.* 〖醸造〗 シャプタリザション《ぶどう酒のアルコール分を標準化するために発酵前のぶどう酒に砂糖または中和剤を入れること》.

chap·tal·ize [ʃǽptəlàɪz] 〖□ F *chaptalis-er* ← *J. A. Chaptal* (1756–1832: フランスの化学者) : ⇨ -ize〗 *vt.* 〖醸造〗 〈ぶどう酒〉にシャプタリザション処理をする.

chap·ter [tʃǽptə | -tə(r] 〖《?*a*1200》 *chapitre* □ (O)F 《変形》 ← *chapitle* □ L *capitulum* (dim.) ← *caput* head : ⇨ capital¹〗 ── *n.* **1 a** (論文・書物の)章 (略 chap., cap., ch., c.) : the first ~ = ~ one 第一章. **b** 人生・歴史などで一章をなすと考えられる重要な一部分[一区切り]; 出来事, 挿話; 一章 : Enough on that ~. その話はそれで十分だ / a sombre ~ in human affairs 人世の陰鬱な一章[一事件] / a new ~ in one's life 人生の新しい一章. **2 a** 集会, 総会 (general meeting). **b** 《米》 (組合・協会・同窓会などの)支部, 分会. **3** 〖教会〗 **a** (cathedral または collegiate church の)(大)聖堂参事会《その会員が canon で, その集会は dean が司る》. **b** (修道院・騎士団などの)総会. **c** 牧師団[修道会]会議. **d** [集合的] 司教[主教]座聖堂参事会員たち, 聖堂参事会員たち. **4** 〖キリスト教〗 (教会祭式のいろいろな部分に読まれる)聖書の短い文句. **5** 〖時計〗 (文字盤上の時刻を表わす)数字.

chapter and verse (1) (聖書の何章何節という)正確な出典; 正確な出所[典拠] : give ~ *and verse for* it / *Chapter and verse* is supplied *for* the quotation. その引用には正確な出典が与えられている. (2) 詳しい情報. (3) [副詞的に] 正確に; 詳細に : He explained the regulation ~ *and verse.* 規則をこと細かに説明した.

a chapter of accidents 予期せぬ事件の経過; 一連の予期せぬ事件. ***to*** [***till***] ***the end of the chapter*** 終わりまで; いつまでも (forever).

── *vt.* 〈書物などを〉章に分ける.

chápter hèad *n.* 章題, 章見出し《章の初めに印刷される題・数字・引用など》.

chápter hòuse 〖ME *chapitre hous*〗 ── *n.* **1** (大聖堂)参事会会議室[会館], チャプターハウス《参事会 (chapter) の会議場; 大聖堂 (cathedral) や修道院に付属する》. **2** 《米》 (協会などの)支部会館[集会所].

chap·trel [tʃǽptrəl] 〖← CHAPTER + -EL¹〗 *n.* 〖建築〗 ＝impost².

Cha·pul·te·pec [tʃəpúːltəpèk | -tə- ; *Sp.* tʃapùltepék] *n.* チャプルテペック《Mexico 市付近の要塞; メキシコ戦争 (1847) 当時米軍の攻撃を受けた》.

cha·que·ta [tʃɑːkéɪtə | -tə ; *Sp.* tʃakéta] 〖□ Sp. ~ □ F *jaquette* 'JACKET'〗 *Sp. n.* (*pl.* **~s** [~z ; *Sp.* ~s]) (カウボーイの着る)革製の厚い上衣.

char¹ [tʃɑ́ə | tʃɑ́ː(r] 〖OE *ċ(i)err* time, occasion : cf. OE *ċierran* to turn〗 ── *n.* **1 a** 家庭の雑仕事, 雑用 (chore). **b** [*pl.*] 臨時雇いの雑用, パートタイムの雑用. **2** 《英口語》 ＝charwoman. ── *vi.* (**chared, charred ; char·ing, char·ring**) 《英》 (通例日雇いで)家庭の雑用をする, 掃除婦として働く : go out ~*ring* 雑用に雇われる.

char² [tʃɑ́ə | tʃɑ́ː(r] 〖《1679》《逆成》← CHARCOAL〗 ── *v.* (**charred ; char·ring**) ── *vt.* **1** (通例火にあてて)炭にする, 黒焦げにする. **2** 焼け焦がす (scorch). ── *vi.* 炭になる, 黒焦げになる; 焦げる. ── *n.* **1** 木炭 (charcoal); (特に, 製糖に用いる)骨炭. **2** 黒焦げになった物[表面].

char³ [tʃɑ́ə | tʃɑ́ː(r] 〖《1662》□ ? Gael. *ceara* red-colored ← *cear* blood〗 ── *n.* (*pl.* ~, **~s**) 〖魚類〗 サケ科イワナ属 (*Salvelinus*) の淡水魚の総称《アルプスイワナ (arctic char) など》.

char⁴ [tʃɑ́ə | tʃɑ́ː(r] 〖《転訛》← Chin. *ch'a* 'TEA'〗 *n.* 《英俗》 ＝tea (cf. cha).

char. 《略》 character ; charity ; charter ; charwoman.

cha·ra [kéərə | kéərə] 〖← NL ~ ← L ~〗 *n.* 〖植物〗 シャジクモ《淡水産シャジクモ科シャジクモ属(*Chara*) の海藻の総称; シャジクモ (*C. braunii*) など》.

char·a·banc [ʃǽrəbæ̀ŋ, -bɑ̀ː(ŋ), -bɔ̀ː(ŋ), -bɑ̀ːŋ, -bɔ̀(ː)ŋ] 〖《1832》□ F *char à bancs* wagon with benches〗 *n.* (*also* **char-à-banc** [~]) 《英》 大型遊覧バス; 観光バス.

Cha·ra·ce·ae [kəréɪsiìː] 〖← NL ~ : ⇨ chara, -aceae〗 *n. pl.* 〖植物〗 シャジクモ科. **cha·rá·ceous** [-ʃəs] *adj.*

Cha·rac·i·dae [kərǽsədìː | -sɪ-] 〖← NL ~ ← *Charax* (属名: ← Gk *khárax* pointed stake) + -IDAE〗 *n. pl.* 〖魚類〗 カラシン科.

char·a·cin [kǽrəsɪn, -sən | -sɪn] 〖← NL *Characinidae* : ⇨ ↑, -in¹〗 *n.* 〖魚類〗 アフリカ・中南米産カラシン科の淡水魚の総称.

char·ac·ter [kǽrɪktə, kér-, -rək- | kǽrəktə(r, -rɪk-] 〖《16C》□ L *charactēr* mark □ Gk *kharaktḗr* engraved or stamped mark ∽ 《*a*1333》 *caractere* □ OF (F *caractère*) □ L : *kharaktḗr* は *kharáttein*「彫る」から来たもので,「彫刻・押印の道具」→「印刻・印象」,「表徴・記号」→「性格」の意に発展した〗 ── *n.* **1 a** 特有性, 特性, 特質; 特徴 : the ~ of the country その地方の特質[特徴] / a face without any ~ (平凡で)これといった特徴のない顔 / a generic ~ 〖生物〗 属の特徴, 属性. **b** 性質, 気質 : the ~ of a people 民族[国民]性. **c** 性格; 品性, 人格, 風格 : decision of ~ 果断な性格 / firmness of ~ 堅固な性格 / a man of fine [noble] ~ 品性の立派な[高尚な]人. **d** 道徳的にすぐれた品性, 徳性; 自己修養, 道徳心 : a man of ~ (立派な)人格者, しっかりした人物. **e** (犬の訓練される)素質《典型的な犬種にみられる表現・個性・全般的現われ, 態度などの資質》. **2 a** (世間の)評判, 世評 : get a ~ of a miser けちん坊だという評判を取る / get a good [bad] ~ よい[悪い]評判を得る. **b** 良い評判, 名声, 令名, 令聞 : gain a ~ for bravery 勇名をはせる / injure one's ~ 名声を傷つける. **3 a** 《英》 (前雇主が使用人に与える)人物証明書, 推薦状 : a ten years' ~ 10 年勤続の証明書 / give a servant a good ~ 使用人に良い推薦状を与える, 使用人の証明書によく書いてやる / engage a person without a ~ 人物証明書なしで人を雇う. **b** 《古》 (人・物の)特徴書き; 人相書き. **4** (社会上の)地位, 資格 (status, capacity) : make a speech in one's ~ of ambassador 大使の資格で[として]演説する / in the ~ of a an adviser 顧問の資格で (cf. 5 c). **5 a** (人格のある)人, (立派な)人物 : a very noble ~ 高潔な人士 / a bad [good] ~ 評判の悪い[良い]人 / a great historical ~ 歴史上の大人物 / a public ~ 公人. **b** (小説・劇中の)人物, 登場人物; 人物描写 : the ~*s* in a story, play, etc. **c** (劇の)役 (role) : a leading ~ 主役 / in ~ 役にぴったりはまって / in the ~ of …の役に扮(ふん)して (cf. 4) / out of ~ 役に不向きで. **d** 《口語》 変わり者, 奇人 : He is quite a ~. 彼は全く変わってる. **e** 《口語》 [しばしばやや軽蔑的に] 人, やつ (person, fellow) : a strange ~. **f** 《古》 偽善者 (hypocrite). **6 a** 記号, 符号, しるし (mark, symbol); (神秘的)象徴 (emblem) : a musical ~ 楽譜記号 / the ~ of the fish for the indication of Christians キリスト教徒を示すための魚の記号. **b** 暗号 (cipher). **c** 〖電算機〗 字《文字・数字・特殊記号などコンピューターが取扱う符号》. **d** 〖神学〗 (カトリックで)秘跡の印号《洗礼・堅振・叙階などで個人の受けた霊的印刻》. **7 a** 文字 (letter) : Chinese ~*s* 漢字 / German ~*s* ドイツ文字. **b** [集合的] (一体系としての)文字; アルファベット (alphabet). **8** (印刷または筆記)字体 : write in large ~*s* 大きい字で書く. **9** 〖活字〗 (文字を印刷するための)(1 本の)活字. **10** 〖生物〗 (遺伝の)形質 : acquired [inherited] ~*s* 獲得[遺伝]形質. **11** 〖数学〗 (群の)指標《アーベル群 (Abelian group) から絶対値 1 の複素数全体のつくる群 (group) への準同形写像): ⇨ character group. **12**〘文学〙気質(気)描写, 性格短描. **13**〘紡織〙羊毛のちぢれの均整さを示す言葉.

in character (1)〔人の〕性格[特質]に合って, 柄に合って〔*with*〕: The office is *in* ~ *with* him. その職は彼の柄に合っている. (2) ⇨ 5 c. ***out of character*** (1) (人の)性格[特質]に合わないで, 柄に合わないで: go *out of* ~ 自分の柄にないことをする. (2) ⇨ 5 c.

— *attrib. adj.*〘演劇〙**1**〈俳優が〉性格的な: a ~ actor [actress] 性格俳優[女優]. **2**〈劇の役・演技など〉性格俳優としての資質を要求する: a ~ part 性格役《ある特殊な型の人物の表現に重きをおく役割》/ ~ acting 性格演技.

— *vt.*《古》**1** 刻み付ける (engrave, inscribe). **2 a**〈性格を〉描写する, 記述する. **b** = characterize.

cháracter assàssin *n.* (人の名誉・名声を傷つけようとする)中傷者, 人身攻撃をする人.

cháracter assassinàtion *n.* (人の名誉・名声を傷つけようとする)中傷, 誹謗(ぼう), 讒謗(ぼう), 人身攻撃.

char·ac·ter·ful [kǽrɪktəfəl, kér-, -rək- | kǽrəktə-, -rɪk-] *adj.* 特徴を表わす, 特色を表わす; 特徴をもった, 特徴的な.

cháracter gròup *n.*〘数学〙指標群《アーベル群 (Abelian group) の指標 (character) 全体のつくる群》.

char·ac·ter·ise [kǽrɪktəràɪz, kér-, -rək- | kǽrək-, -rɪk-] *vt.*《英》= charaterize.

char·ac·ter·is·tic [kæ̀rɪktərístɪk, kèr-, -rək- | kæ̀rək-, -rɪk-]〘《1664》□ F *caractéristique* □ Gk *kharaktēristikós*: ⇨ character, -ic[1]〙— *adj.* **1** 特質的な, 特有の, 独特の (typical, peculiar): with his ~ smile 彼特有の笑みをたたえて / in her ~ way 彼女特有の仕方で / Bananas have their own ~ smell. バナナには特有の香りがある. **2**〔…の〕特性[特質, 特色]を示して〔*of*〕: the traits ~ *of* the Japanese 日本人の特性を示している特色 / His speech was ~ *of* his temperament. 彼の演説は彼の気質の特徴を示していた.

— *n.* **1** 特質, 特性, 特色, (著しい)特徴 (peculiarity). **2**〘物理〙**a** 特性値. **b** = characteristic curve 1. **3**〘数学〙**a** (体の)標数. **b** (対数の)指標.

chàr·ac·ter·ís·ti·cal·ly〘《1665》〙*adv.* 特質[特性]を示すように, 特質上, (著しく)特徴的に, 特色として.

characterístic cúrve *n.* **1**〘物理〙特性曲線《計器・機器類の特性を示すために 2 変数の関係を図示した曲線》. **2**〘写真〙濃度曲線《露光量の対数と現像したフィルムや印画紙の濃度の関係を表わした曲線; H and D curve, sensitometric curve ともいう》.

characterístic equátion *n.*〘数学〙特性方程式《行列の特性多項式 (characteristic polynomial) を 0 とおいて得られる方程式》.

characterístic fúnction *n.*〘数学〙**1** 固有関数 (⇨ eigenfunction). **2** 特性関数《集合を特徴づける関数》. **3** = characteristic polynomial.

characterístic impédance *n.*〘電気〙特性インピーダンス《分布定数線路の進行波に対するインピーダンス》.

characterístic polynómial *n.*〘数学〙特性多項式《一つの行列と単位行列の *x* 倍との差の行列式を展開して得られる *x* の多項式》.

characterístic róot *n.*〘数学〙特性根, 固有値《行列の特性方程式 (characteristic equation) の根; cf. eigenvalue》.

characterístic súbgroup *n.*〘数学〙特性部分群《群の自己同形写像 (automorphism) で不変な部分群》.

characterístic témperature *n.*〘物理化学〙特性温度 (⇨ Debye temperature).

characterístic válue *n.*〘数学〙固有値 (⇨ eigenvalue).

characterístic véctor *n.*〘数学〙固有ベクトル《与えられた一次変換によって方向が変わらないような 0 でないベクトル; eigenvector ともいう》.

characterístic velócity *n.*〘宇宙〙特性速度: **a** ロケットが自由空間で出し得る速度. **b** 地球周回惑星到達等の特定ミッション[目的]を遂行するのに必要な速度の増分.

characterístic X-rays *n. pl.*〘物理〙固有 X 線, 特性 X 線《各元素に固有な線状スペクトル構造をもった X 線》.

char·ac·ter·iz·a·ble [kǽrɪktəràɪzəbl, kér-, -rək- | kǽrək-, -rɪk-] *adj.* 特徴づけることのできる.

char·ac·ter·i·za·tion [kæ̀rɪktərɪzéɪʃən, kèr-, -rək-, -rəz- | kæ̀rəktəraɪ-, -rɪk-, -rɪz-] *n.* **1** (小説・劇などの)性格描写. **2** 特性[特質]表示; 特性づけ.

char·ac·ter·ize [kǽrɪktəràɪz, kér-, -rək- | kǽrək-, -rɪk-]〘《1591》□ ML *charactēriz-āre*: ⇨ character, -ize〙— *vt.* **1** …の特質を説く, の特性を記述[描写]する; …の特性を表わす, 特質を明らかにする: ~ a person *as* a fool 人の特徴をばかだと記述する. **2** …に特性[性格]を与える…の特徴をなす, 特色[特徴]づける (distinguish): be ~*d* by …が顕著である / His story is ~*d* by its fantastic absurdity. 彼の物語はその荒唐無稽なることで特徴になっている.

cháracter·less *adj.* **1** 特色[特徴, 特性]のない, 無性格の, 個性のない. **2** 人物[勤務]証明書のない.

char·ac·ter·o·log·i·cal [kæ̀rɪkt(ə)rəlɑ́dʒɪkəl, kèr-, -rək-, -dʒə- | kæ̀rəkt(ə)rəlɔ́dʒɪ-, -rɪk-] *adj.* 性格の[に関する]; 性格研究の[に関する]. **~·ly** *adv.*

char·ac·ter·ol·o·gy [kæ̀rɪktərɑ́lədʒi, kèr-, -rək- | kæ̀rəktərɔ́lədʒɪ, -rɪk-]〘⇨ character, -logy: cf. G *Charakterologie*〙*n.* 性格研究.

cháracter pìece〘《なぞり》← G *Charakterstück*〙— *n.*〘音楽〙キャラクターピース《19 世紀の主としてピアノ用の小品; bagatelle, impromptu など; cf. program music》.

cháracter skètch *n.*〘文学〙性格描写.

cháracter wìtness *n.*〘法律〙性格証人《法廷またはその他の訴訟手続で被告の品性・評判・行動について証言する人》.

char·ac·ter·y [kǽrɪkt(ə)ri, kér-, -rək-, kərǽk- | kǽrəkt(ə)rɪ, -rɪk-]〘← CHARACTER + -Y[1]〙— *n.* **1** 記号による思想伝達. **2** [集合的] 思想伝達に用いられる記号[文字].

cha·rade [ʃəréɪd | -rɑ́ːd]〘《1776》□ F ~ □ Prov. *charrado* conversation ← *charra* to chat《擬音語》〙— *n.* **1 a** (謎詩・絵・ジェスチャーなどで表わされる)言葉. **b** [*pl.*] ジェスチャーゲーム, シャラード《相手が身振りで, しばしば 1 音節ずつ表わす言葉を当てる遊戯》: play ~*s*. **2 a** 謎言葉のようなもの. **b** 見えすいた口実. **c** 象徴的言動.

Char·a·dri·i·dae [kæ̀rədráɪədìː | -dráɪɪ-]〘← NL ~ ← *Charadrius* (属名: ← LL ← ? Gk *kharadriós* ← *kharádra* ravine[2]) + -IDAE〙*n. pl.*〘鳥類〙チドリ科.

cha·ras [tʃɑ́ːrəs] *n.*〘植物〙= hashish.

char·bon [ʃɑ́əbən, -bɑn | ʃɑ́ːbɔ̃ː(ŋ), -bɔ(ː)ŋ; *F.* ʃarbɔ̃]〘□ F ~《原義》charcoal: ⇨ carbon〙*n.*〘病理〙炭疽(そ), 脾脱疽(だっそ).

「[焼く].

chár·bròil〘⇨ char[2]〙*vt.*〈肉などを〉炭火であぶる

char·coal [tʃɑ́əkòʊl | tʃɑ́ːkəʊl]〘《1371》*char-cole* ← ? *charren* to turn + *cole* 'COAL':《原義》wood turned to coal: または *char-* ← (O)F *charbon* (↑): cf. char[2]〙— *n.* **1** 炭, 木炭 (cf. pit coal). **2 a** (描画に用いる)木炭, 炭筆. **b** 木炭画. **3** 黒灰色, 黒褐色, 黒に近い色. — *vt.* 木炭で書く[描く].

chárcoal bùrner *n.* **1** 炭焼き人. **2** 木炭こんろ, 「火ばち.

chárcoal dràwing *n.* 木炭画.

chárcoal gráy *n.* チャーコールグレー《消し炭色で, 黒に近い灰色》.

chárcoal íron *n.*〘化学〙木炭鉄《木炭溶鉱炉を用いて精錬した不純物の少ない良質の銑鉄》.

chárcoal ròt *n.*〘植物病理〙炭疽(そ)病《特に, トウモロコシなどの病気; *Macrophomina phaseoli* 菌によって起こされ, 茎の基部・根の上部の組織が黒変し腐る》.

Char·cot [ʃɑəkóʊ, ⸗⸗ | ʃɑːkə́ʊ, ⸗⸗; *F.* ʃarko], **Jean Martin** *n.* シャルコー《1825-93; フランスの神経病学者》.

char·cu·te·rie [ʃɑəkùːtəríː, ⸗⸗⸗⸗ | ʃɑːkùːtəríː, ⸗⸗⸗⸗; *F.* ʃarkytri]〘□ F ~: ⇨ ↓, -ery〙— *n.* (*pl.* **~s** [~z; *F.* ~]) **1** (フランスの)豚肉屋. **2** (フランスの冷肉・ソーセージなどの)調製食料品店.

char·cu·ti·er [ʃɑəkùːtiéɪ, ⸗⸗⸗⸗ | ʃɑːkùːtiéɪ, ⸗⸗⸗⸗; *F.* ʃarkytje]〘□ F ~ < MF *chaircutier* ← *chair* flesh + *cuite* cooked〙— *n.* (*pl.* **~s** [~z; *F.* ~]) **1** (フランスの)豚肉屋《人》. **2** (フランスの冷肉・ソーセージなどの)調製食料品屋《人》.

chard [tʃɑ́əd | tʃɑ́ːd]〘《1658》《変形》← F *carde* < Prov. *carda* < L *carduum* thistle, artichoke: F *chardon* thistle の影響による変形〙— *n.*〘植物〙フダンソウ, トウジシャ (*Beta vulgaris* var. *cicla*)《ビート (beet) の変種で, 葉を野菜として食用; Swiss chard ともいう》.

Char·din [ʃɑədǽ(ŋ), -dǽŋ | ʃɑː-; *F.* ʃardɛ̃], **Jean-Baptiste Siméon** *n.* シャルダン《1699-1779; フランスの風俗画家》.

Chardin, Teilhard de *n.* ⇨ Teilhard de Chardin.

chare [tʃɛ́ə | tʃɛ́ə(r)] *n.*, *vi.* = char[1].

cha·rette [ʃərét] *n.* = charrette.

charg·a·ble [tʃɑ́ədʒəbl | tʃɑ́ːdʒ-] *adj.* = chargeable.

charge [tʃɑ́ədʒ | tʃɑ́ːdʒ]〘*n.*:《?a1200》□ (O)F *charge* < VL **carrica* ← **carricāre* to put a load on ← L *carrus* 'CAR'. — *v.*:《1297》*charge(n)* □ (O)F *charger* ← (*n.*): CARRY と二重語〙— *n.* **1 a** (容器に入れる) 1 回分の量. **b** (銃砲 1 発分の)装薬; (弾薬筒 1 発の中の)炸(さく)薬, 弾薬: a ~ of gunpowder / a half ~ 半装薬 / ⇨ bursting charge. **c** (蓄電池一杯の)充電. **d** (機械・装置などへの 1 回分の原料の)装入量, 投入量. **e**《俗》麻薬(注射)の 1 回分の量; マリファナたばこ. **2 a** (感情・精力などの)蓄積; 迫力, 推進力 (drive): the emotional ~ of the film. **b**《米俗》スリル, 楽しい経験: get a ~ out of sports スポーツを楽しむ. **3 a** 責任 (responsibility): take ~ of finances 財政の責任をもつ. **b** (責任をもって引き受ける)担任, 保護, 管理 (care), 監督 (supervision): have [take] ~ of…を預かっている; …を引き受ける, 受けもつ / put something under a person's ~ 事物を人の監督の下におく [管理してもらう] / take over ~ of…の管理を引き継ぐ / ⇨ *in* CHARGE. **c** 預り物, 受託物; 託された人《医師の受けもつ患者・子守の預かる子供など》. **d** 聖職者が奉仕する教区[教会, 地域, 会衆たち]. **4** (不信・背任などの)責め, 咎(とが), 嫌疑, 容疑, 疑い; (犯罪事実の)摘発, 問責, 訴因, 告発: a false ~ 言い掛り, 誣告(ぶこく) / on a [the] ~ of …の罪名で, の咎で / bring a ~ of theft against a person 人を窃盗の容疑で告発する《★ a ~ の意味に ~*s* を用いることもある》/ make a ~ against …を非難する, 咎める; …を告訴する / He denied the ~ *that* he was a spy. 彼がスパイだという非難を否定した. **5 a** 命令, 指令; 訓令, 諭示: a bishop's ~ to his clergy 部下の聖職者に対する主教[司教]の諭示. **b** (判事が陪審員に与える)説示: a judge's ~ to the jury 判事が陪審員に与える説示 (cf. *vt.* 3 b, instruction 4). **6** [しばしば *pl.*] **a** (諸)掛り, (諸)費用 (cost, expense); 支払請求; 請求代金 (price demanded); 料金, 代価 (price): ~*s* forward [paid] 諸掛り先払い[支払済] / a heavy ~ 多額の費用 / a ~ *for* trouble 手数料 / a list of ~*s* 料金表 / an account of ~*s* 諸費用計算書 / at one's own ~*s* 費用自弁で, 自費で / free of ~ 無料で / make a ~ (代金・料金・支払などを)請求する, いくらと言う / No ~ for admission. 入場無料 / put down a sum to a person's ~ 金額を人の勘定につける. **b** 課税金; 負債, 借金: ~*s on* [*upon*] an estate. **c** 負債の記入, 借方記入: a ~ to a person's account 勘定のつけ. **d** (借用の)記録. **7 a** 突撃; 突入《乗車[乗馬]攻撃についていう》; 突撃の合図, 進撃らっぱ[太鼓]: a bayonet ~ 銃剣突撃[突貫] / in full ~ まっしぐらに / repel [beat back] the ~ 突撃を撃退する / return to the ~ さらに攻撃を開始する; 〈議論などを〉やり直す / sound the ~ 進撃らっぱを鳴らす. **b** (武器の)構え. **8**《廃》荷物, 重荷 (load). **9**〘電気〙**a** 電荷 (electric charge): ⇨ magnetic charge. **b** 充電. **10**〘宇宙〙火薬の装填, 装薬, 充電. **11** (サッカー・アメリカンフットボールなどで)チャージ(ング)《肩から腰までの上体で(不当に)相手にぶつかること》. **12**〘紋章〙紋章に描かれている図形 (cf. ordinary 8): a heraldic ~ 紋章に描かれる抽象・具象を問わず全図形 / a common ~ ライオン・鷲などの具象図形《単に charge といえば common charge を指す》.

in charge (1) 責任をもって; 託されて, 預かって〔*of*〕: the doctor *in* ~ 主治医 / the minister [teacher] *in* ~ 担当[担任]牧師[教師] / the nurse *in* ~ *of* a patient 患者を預かっている看護婦. (2) 預けられて〔*of*〕: the patient *in* ~ *of* a nurse 看護婦に預けられている患者 / His boys are *in* my ~. 彼の子供は私が預かっている / put something *in* ~ *of* …に事物の管理を委託する. (3)《英》警察につかまって[押えられて]: take a thief *in* ~ 〈警察が〉泥棒をつかまえる / give a thief *in* ~ 泥棒を警察に引き渡す. ***take charge*** (1)《口語》〈機械・自動車などが〉(人の手を離れて)勝手に動く, 暴走する. (2) ⇨ 3 a, b.

— *vt.* **1 a** 〈容器〉に〔物を〕(適量または十分)詰める, 入れる, みたす〔*with*〕: ~ a pipe パイプにたばこを詰める / ~ a fountain pen 万年筆にインクを入れる / ~ a fire hose 消火ホースに圧力をかけて水を入れる / ~ a camera カメラにフィルムを入れる / ~ the stomach *with* food 胃の腑(ふ)に食物を詰め込む. **b**〈銃砲〉に〔火薬を〕装薬する, 装填(てん)する〔*with*〕: ~ a gun (*with* powder) 大砲に弾薬をこめる. **c**〈蓄電池〉に充電する: ~ a storage battery 蓄電池に充電する. **d**〈気体・液体などを〉〔…で〕満たす, 飽和させる, 充満させる〔*with*〕: clouds ~*d with* electricity 電気を帯びた雲 / air ~*d with* moisture 湿気を含んだ空気 / ~ the air *with* vapor 空気に水蒸気を飽和させる. **e**〈心〉に〔知識などを〕詰め込む〔*with*〕: ~ one's mind *with* useful information 心に有益な知識を詰め込む / a brain ~*d with* imagination 想像でいっぱいの頭. **f**〈雰囲気〉に〔感情・気分などを〕みなぎらせる〔*with*〕: The atmosphere was ~*d with* intense excitement. その場の雰囲気には激しい興奮があふれていた. **2**〔仕事・責任・義務などを〕〈人〉にゆだねる, 担当させる, 託する〔*with*〕: He was ~*d with* an important mission. 重要な使命を託された / He ~*d* himself *with* an important task. 重要な仕事を引き受けた / I am ~*d with* a message for you. あなたに伝言をことづかっている. **3 a**〈人〉に(権威をもって)〈…するように〉命じる〈*to do*〉: I ~ you strictly not *to* forget what you are told. 言われたことを忘れないように厳命する / I am ~*d to* give you this letter. この手紙をあなたに渡すことを命じられている. **b**〈判事が〉〈陪審員〉に説示を与える (cf. charge *n.* 5 b, instruct 4). **4 a**〈人を〉〔…だとして〕咎める, 非難する〔*as*〕; 〔…のかどで〕〈人を〉責める, 咎める, 告発する〔*with*〕: ~ a person *as* a spy 人をスパイだとして非難する / ~ a person *with* theft 人を窃盗罪で訴える / ~ a person *with* carelessness [negligence] 人の不注意[怠慢]を咎める. **b**〈罪・過失などを〉〔…の〕せいにする, 帰する〔*to*〕: His teacher ~*d* his failure *to* thoughtlessness. 彼の先生は彼の失敗を無思慮のせいだとした. **c**〈…だと〉非難して言う, 非難する〈*that*〉: They ~*d that* he had forged a check. 彼が小切手を偽造したと非難[告発]した. **5 a**〈物・土地など〉に〔税などを〕課する〔*with*〕; 〔物・土地などに〕〈税などを〉課する〔*to*〕: ~ one's estate *with* taxes = ~ taxes *to* one's estate. **b** [しばしば二重目的語を伴って]〈代価・料金・支払などを〉〈人〉に請求する: ~ a person a price *for* his purchase 人に買物の代価を請求する / ~ 50 pence a dozen for eggs 卵の代価を 1 ダースにつき 50 ペンス請求する / I was ~*d* 50 yen *for* it. そのために 50 円支払わされた / How much do you ~ *for* driving me to the station? 駅までいくらで行ってくれるか. **c**〔人の〕借方に記入する, 勘定に記入する (debit); 〈商品を〉〈人に〉つけで売る〔*to, against*〕: *Charge* these books *to* my account [*against* me]. この本は私の勘定につけておいて下さい. **d**〈借用したものを〉書き記す, 記録する: ~ a library book. **6 a**〈敵を〉襲う, 襲撃する, 突撃する. **b**〈武器を〉構える: *Charge* bayonets!〘軍事〙《突撃に移る際の》付け剣! **7**《古》〈馬など〉に荷を負わせる; 〔荷を〕…に積む〔*with*〕. **8**〘紋章〙〈盾〉に図形を描く. **9**〘冶金〙〈炉〉に〔鉱石などを〕装入する, 仕込む〔*with*〕.

10〘物理〙荷電[帯電]させる. **11** (サッカー・アメリカンフットボールなどで)…にチャージする (⇨ *n.* 11). ── *vi.* **1** 支払の請求をする, 代金を要求する, 値を言う: He ~s too high *for* his service. 彼のサービスの請求[料金]は高過ぎる. **2** (人の)勘定につける. **3** 突撃する; 突入する《乗車[乗馬]攻撃についていう》; 突進する: ~ *at* [*on, to*] the enemy. **4** 〈犬が〉前足に頭をのせて坐る. **5** 〈判事が〉陪審員に説示を与える.
charge down 〘ラグビー〙〈相手チームのキックしたボール〉を体でとめる. ***charge off*** (1)〘会計〙〈損失などを〉帳簿[計算]から除く, 損失として扱う. (2) 〔…に〕帰する, 〔…の〕せいにする 〔*to*〕: ~ *off* a mistake *to* negligence 失敗を怠慢のせいにする.

char·gé [ʃɑəʒéɪ, ʃɑədʒéɪ | ʃáːʒeɪ; *F.* ʃarʒe] 〖□F ~《略》〗 *n.* (*pl.* ~**s** [~z; *F.* ~]) =chargé d'affaires.

charge·a·ble [tʃáədʒəbl | tʃáːdʒ-] 〖(1480): ⇨ charge, -able〗 ── *adj.* **1 a** 〈負担・費用など〉負わせられるべき: The expense is ~ *on* him [*to* his account]. その費用は彼が負うべきだ[彼の勘定につけられるべきだ] / be ~ *with* …を負担すべきである. **b** 〈税など〉課せらるべき: a duty ~ *on* sugar 砂糖に課せられる税. **2** 〈人が〉(教区・国などの)世話になる(資格がある): An old woman is ~ *to* the parish. 年取った女は教区(村)が世話をする(べきだ). **3** 〈責め・咎(とが)・罪など〉負わさるべき, 帰せられるべき; 告訴されるべき: The crime is ~ *on* him. その罪は彼に帰せられるべきものだ / He is ~ *with* the crime. 彼はその罪で責められるべきである. ~·**ness** *n.*

chárge accòunt *n.* 〘会計〙 **1** 掛売り勘定: She bought a dress *on* her ~. 掛けで服を買った. **2** = account receivable.

chárge-a-plàte [-ə-] 〖← *Charga-plate*《商標》〗 *n.* 〘商業〙登録番号標《字の部分が浮彫りになったプラスチック製のカード》.

chárge cóupled devíce *n.* 〘電子工学〙電荷転送素子《電気信号の蓄積・遅延などの機能をもった半導体素子》.

charged 〖ME〗 ── *adj.* **1** 激しい, 熱のこもった; 感動した, 感情をわきたたせる, 感情に満ちた: The general meeting was held in a highly ~ atmosphere. 総会は熱のこもった空気の中で開かれた. **2** 激しい感情[意見, 論争]を起こしそうな: a ~ political problem. **3** 〘物理〙荷電した, 帯電した.

char·gé d'af·faires [ʃɑəʒéɪ-dəféə, -dæ-, ʃɑədʒéɪ- | ʃɑːʒeɪ-dæféə(r, -də-; *F.* ʃarʒedafɛːr] 〖□F ~《原義》(one) charged with affairs〗 ── *n.* (*pl.* **char·gés d'af·faires** [ʃáːʒeɪz-dəféə, -dæ-, tʃɑədʒéɪz- | ʃɑːʒeɪ-dæféəz, -də-; *F.* ʃarʒedafɛːr]) **1** 代理大[公]使《大使[公使]不在中の代理人; 正式には chargé d'affaires ad interim という》. **2** 公使代弁《大使[公使]のない国に置く》.

chárge hànd *n.* 《英》職場長, 職工長.

chárge núrse *n.* 《英》(病院・病棟の)看護婦長.

chárge plàte *n.* 〘商業〙=charge-a-plate.

chárg·er¹ *n.* **1 a** 装塡(そうてん)手. **b** 鉱石を溶鉱炉に入れる人. **2** 突撃者. **3 a** 軍馬, 騎馬; 将校乗馬. **b** 《詩》馬 (horse). **4 a** 挿(そう)弾子; 装薬器. **b** 充電器 (battery charger ともいう).

char·ger² [tʃáədʒə | tʃáːdʒə(r] 〖(1344) *chargeour* □ AF (⇨ charge, -er¹): cf. OF *chargeoir* basket strapped on the back〗 *n.* 《古》(平たい)大皿.

chárge shèet *n.* (警察の)事件簿; 起訴用犯罪者名簿.

chárg·ing cúrve *n.* 〘電気〙充電曲線.

char·i·ly [tʃɛ́(ə)rəli | tʃɛ́ərəlɪ, -rɪ-] *adv.* **1** 用心深く, 慎重に. **2** 惜しそうに, けちけちと, けちくさく.

chár·i·ness *n.* **1** 用心深さ, 細心, 慎重. **2** 惜しそうにすること, けち臭さ. **3** 《廃》完全無欠 (integrity).

Chár·ing Cróss [tʃɛ́ərɪŋ- | tʃǽrɪŋ-, tʃɛ́ər-] 〖*Charing*: OE *ċierring* turning ← *ċierran* to turn: この辺でテムズ川が曲流していることから〗 ── *n.* London の中央部, Strand 街の西端にある繁華な広場.

Cha·ri-Nile [ʃáːrináɪl | -rɪ-] 〖アフリカの二つの河の名から〗 *n.* 〘言語〙(Sudanic, Dinka, Masai などを含む) Nilo-Sahara 系の言語の分派.

char·i·ot [tʃǽriət, tʃér- | tʃǽrɪ-] 〖(1358) □ (O)F ~ (aug.) ← *char*: ⇨ car〗 *n.* **1** (古代ギリシャ・ローマの二輪の)戦車, チャリオット. **2** (17-18 世紀の)四輪軽装(遊覧)馬車. **3** 《詩》立派な車, 花馬車. ── *vi.* chariot を駆る; chariot に乗る[で行く]. ── *vt.* chariot で運ぶ.

chariot 1

char·i·ot·eer [tʃæ̀riətíə, tʃèr- | tʃæ̀rɪətíə(r] 〖(17C) ← CHARIOT+-EER ∞ (*a*1325) *charieter, charioter* □ OF *charretier* driver & *charioteur* charioteer: cf. charrette〗 ── *n.* **1** chariot の御者[を駆る人]. **2** [the C-] 〘天文〙ぎょしゃ(馭者)座 (⇨ Auriga). ── *vi.* chariot を駆る; chariot の御者になる. ── *vt.* **1** 〈車を〉駆る. **2** 車で〈人を〉運ぶ.

char·ism [kǽrɪzm] 〖↓〗 *n.* =charisma.

cha·ris·ma [kərízmə] 〖(*c*1640) □ Gk *khárisma* (pl. *-mata*) gift ← *kháris* grace ← *khaisein* to rejoice ← IE **gher-* to want〗 ── *n.* (*pl.* ~·**ta** [~tə | ~tə]) **1** 〘神学〙(信仰者に特に与えられる)神の恩寵, (神からの)賜物, カリスマ《初期キリスト教では病気を直す力や予言能力などにいう》. **2 a** (一般大衆の支持を得る)非凡な能力, カリスマ的才能, 大衆を服させる才能, 非凡な統率力. **b** 熱狂的魅力, 大衆をひきつける力.

char·is·mat·ic [kæ̀rɪzmǽtɪk, -rəz- | -rɪzmǽt-] *adj.*

charismátic móvement *n.* 〘カトリック〙カリスマ運動《聖霊を受けたとする祈り共同体の運動》.

Cha·ris·sa [tʃərísə] 〖← Gk *kháris* grace〗 *n.* 女性名.

char·i·ta·ble [tʃǽrətəbl, tʃér- | tʃǽrətə-, -rɪ-] 〖(?*a*1200)〗 ── *adj.* **1** キリスト教的愛を示す, 仁愛の精神に富む. **2 a** 貧窮者に惜しみなく施す, 慈悲心の深い, 同情心に厚い. **b** 慈善の, 慈恵的な: a ~ institution [organization] 慈善施設[団体] / ~ works 慈善事業. **3** (人を裁くのに)寛大な, 寛容な, やさしい. ~·**ness** *n.*

chár·i·ta·bly [-bli | -blɪ] 〖ME〗 *adv.* 愛の精神をもって, 慈悲深く, 情け深く; 寛大に; 慈善的に.

char·i·ty [tʃǽrəti, tʃér- | tʃǽrətɪ, -rɪ-] 〖? lateOE *charite* □ (O)F *charité* < L *cāritātem* affection ← *cārus* dear ← IE **kā-* to like, desire (OE *hōre* 'WHORE' / Skt *kāma* love): ⇨ -ity〗 ── *n.* **1** 〘キリスト教〙(キリスト教的)愛; 愛徳; 同胞愛, 人間愛《七主徳 (seven principal virtues) の一つ; cf. *1 Cor.* 13: 1-13》: be in ~ with all men すべての人を愛している / *Charity* begins at home. 《諺》慈愛はわが家から始まる (cf. *1 Tim.* 5: 4). **2 a** 博愛, 仁愛; (貧者・悩みのある人への)慈悲心, 慈善心, 思いやり, 情け, 親切心: (as) cold as ~ きわめて冷淡な《形式的慈善を皮肉に言ったもの》/ in [out of] ~ with …を哀れと思って. **b** 慈善(行為); 慈善的寄付, 施し, 寄付品, 救助品[金], 浄財, 施し物(alms): ask ~ 施しを乞う / distribute ~ 施し物を分ける. **c** [*pl.*] 慈善[救済]事業: devote oneself to *charities* 救済事業に専念する / leave money to *charities* 救済事業に金を遺贈する. **d** 慈善[救済]団体; 養育院; 施療院: medical *charities*. **e** 公の救済[援助]. **f** 慈善的救済[援助]を受ける人. **3** (他人を裁くにあたっての)寛大, 寛容(の精神). **4** =charity stamp. **5** 〘植物〙ハナシノブ (⇨ Jacob's ladder 4 a).

Char·i·ty [tʃǽrəti, tʃér- | tʃǽrətɪ, -rɪ-] 〖↑〗 *n.* 女性名《愛称形 Chattie, Cherry》.

Chárity Commission *n.* (英国の)慈善事業委員会.

chárity schòol *n.* 慈善学校, 貧民学校.

chárity stàmp *n.* **1** 慈善シール. **2** 〘郵趣〙慈善切手《郵便料金の額 (face value) のほか, 寄付金がプラスされている切手; semipostal ともいう》.

cha·ri·va·ri [ʃɪvəríː, ʃɪvəríː, ⸗⸗⸗ | ʃàːrɪváːrɪ] 〖(1735) □ F ~ ← LL *caribaria* □ Gk *karēbaría* heaviness in the head ← *kára* head+*báros* weight〗 ── *n.* **1** どんちゃんセレナーデ《金だらい・なべ・やかん・盆などを叩いて新婚者の家の外でやじる時などに行なういたずら》. **2 a** どんちゃん騒ぎ (hubbub). **b** ごちゃまぜ, 寄せ集め (hodgepodge).

chark [tʃáək | tʃáːk] 〖《短縮》← CHARCOAL〗 *n.* 《英方言》木炭 (charcoal). ── *vt.* 木炭に焼く (char); 〈石炭を〉コークスにする.

char·ka [tʃə́ːkə, tʃáə- | tʃáː-, tʃáː-] 〖□ Hindi *carkha* □ Pers. *charkha* wheel: cf. wheel〗 *n.* (*also* **char·kha** [~]) (インドで綿を紡ぐのに用いる)糸車.

chár·lady *n.* 《英》=charwoman.

char·la·tan [ʃáələtən, -tn | ʃáːlətən, -tn, -tæ̀n] 〖(1611) □ F ~ □ It. *ciarlatano* (i) ← *ciarlare* to chatter ← **char-*《擬音語》// (ii) ←《廃》*cerretano* ← *Cerreto* (イタリアの村) + *-ano* '-AN¹'〗 ── *n.* **1** 大ぼら吹き, 知ったか振りをする人; 山師, やし, ぺてん師 (impostor). **2** にせ医者 (quack). **3** 《古》いかがわしい薬を売る人, 大道薬売り.

char·la·tan·ic [ʃɑ̀ələtǽnɪk | ʃɑ̀ː-] *adj.* **1** 大ぼら吹きの, ぺてん師の. **2** にせ医者の, いんちき療法の.

chàr·la·tán·i·cal [-nɪkəl, -nə- | -nɪ-] *adj.* =charlatanic.

chár·la·tan·ìsm [-tənɪzm, -tn- | -tən-, -tn-] *n.* = charlatanry.

char·la·tan·ry [ʃáələtənri, -tn- | ʃáːlətənrɪ, -tn-] *n.* **1** 大ぼら吹き, はったり. **2** ぺてん行為; いんちき療法.

Char·le·magne [ʃáələmèɪn | ʃáːləmèɪn, ʃɑ̀ːləméɪn, -máɪn; *F.* ʃarləmaɲ] *n.* シャルルマーニュ (742-814); フランク王国の王 (768-814); ローマ教皇から西ローマ帝国の帝冠を受け Charles 一世となった (800-814); 通称 Charles the Great (カール大帝)》.

Char·lene [ʃɑəlíːn | ʃɑː-] 〖(dim.) ← CAROLINE¹〗 *n.* 女性名《異形 Charleen》.

Char·le·roi [ʃáələrɔ̀ɪ, -rwɑ̀ː | ʃáːlərɔ̀ɪ, -rwɑ̀ː; *F.* ʃarlərwa] *n.* シャルルロワ《ベルギー南部の都市; 人口 24,000》.

Charles [tʃáəlz | tʃáːlz; *F.* ʃarl] 〖□ OF ~ < L *Carolus* ← Gmc: cf. churl, carl〗 ── *n.* 男性名《愛称形 Charley, Charlie, Chick, Chuck》. ★ ラテン語系形容詞: Caroline.

Charles *n.* (1948-) Elizabeth 二世の長子; 英国の次期王位推定継承者; Prince of Edinburgh and of Wales.

Charles [tʃáəlz | tʃáːlz], **Cape** *n.* チャールズ岬《米国 Virginia 州東部 Chesapeake 湾の入口北部をなす岬》.

Charles [tʃáəlz | tʃáːlz; *F.* ʃarl], **Jacques Alexandre César** *n.* シャルル (1746-1823; フランスの物理学者・化学者;「シャルルの法則」を発見).

Charles I *n.* **1** ⇨ Charlemagne. **2** シャルル一世 (823-77; フランス王 (840-77); Charles 二世として神聖ローマ帝国皇帝 (875-77); 通称 the Bald). **3** (1600-49) 英国王 (1625-49), James 一世の子; 清教徒革命により断頭台で処刑された; Charles Stuart. **4** カルロス一世 (1500-58; スペイン王 (1516-56); Charles 五世として神聖ローマ帝国皇帝 (1519-56)). **5** カール一世 (1887-1922; オーストリア皇帝, Charles 四世としてハンガリー王 (1916-18); Charles Francis Joseph).

Charles II *n.* **1** ⇨ Charles I 2. **2** (1630-85) 英国王 (1660-85), Charles 一世の子; 清教徒革命中は亡命し, 革命後の王政復古で王となった (cf. Popish Plot).

Charles IV *n.* **1** シャルル四世 (1294-1328; フランス王 (1322-28); 通称 the Fair). **2** ⇨ Charles I 5.

Charles V *n.* **1** シャルル五世 (1337-80; フランス王 (1364-80); 通称 the Wise). **2** ⇨ Charles I 4.

Charles VI *n.* シャルル六世 (1368-1422; フランス王 (1380-1422); 通称 the Mad *or* the Well-Beloved).

Charles VII *n.* シャルル七世 (1403-61; フランス王 (1422-61); フランス王 Charles 六世の子; 通称 the Victorious).

Charles IX *n.* シャルル九世 (1550-74; フランス王 (1560-74)).

Charles X *n.* シャルル十世 (1757-1836; フランス王 (1824-30)); 「デンマーク王 (1697-1718)).

Charles XII *n.* カール十二世 (1682-1718; スウェー

Charles XIV John *n.* カール十四世ジョン (1763-1844; スウェーデンおよびノルウェー王 (1818-44); ⇨ Bernadotte).

Charles Édward Stúart *n.* ⇨ Young Pretender.

Chárles' láw [tʃáəlzɪz-, -zəz- | tʃáːl-] *n.* 〘物理化学〙=Charles's law.

Chárles Mar·tél [-mɑətél | -mɑː-; *F.* -martɛl] *n.* カール マルテル (689?-741; フランク王国の宮宰 (715-41), Charlemagne の祖父; Tours, Poitiers 間でサラセン人の侵入を撃退した (732)).

Chárles Ríver 〖← *Charles I* (英国王)〗 *n.* [the ~] チャールズ川《米国 Massachusetts 州東部の川; Boston と Cambridge の間を流れて Boston 湾に注ぐ (76 km)》.

Chárles's láw [tʃáəlzɪz-, -zəz- | tʃáːlz-] 〖← *Jacques Charles*〗 *n.* 〘物理化学〙シャルルの法則《定圧における気体の熱膨張率は気体の種類に関係なく殆ど同一の値をもつという法則; Gay-Lussac's law ともいう》.

Chárles's Wáin [tʃáəlzɪz-, -zəz- | tʃáːlz-] 〖OE *Carles-wæġn* Charles's wain: Charles=Charlemagne で, これが俗に King Arthur (L *Arturus*) と連想されたところから生じたもの, 本来は「(隣の星) Arcturus の馬車」の意〗 ── *n.* 《英》〘天文〙北斗七星 (the Big Dipper ともいう).

Chárles the Gréat *n.* ⇨ Charlemagne.

Charles·ton¹ [tʃáəlstən | tʃáːls-] 〖← *Charles I* (英国王) + -TON〗 ── *n.* **1** 米国 West Virginia 州の首都, 石炭・石油業の中心地; 人口 68,000. **2** 米国 South Carolina 州南東部の海港, 商工業都市; 人口 61,000.

Charles·ton² [tʃáəlstən, tʃáəlz- | tʃáːls-] 〖← *Charleston, S.C.*〗 ── *n.* チャールストン《米国南部黒人の間に起こった fox-trot の一種で, 1920 年代に流行した》. ── *vi.* チャールストンを踊る.

Charles·town [tʃáəlstàun, tʃáəlz- | tʃáːlz-] *n.* 米国 Massachusetts 州東部の旧都市, 1874 年以来 Boston 市の一部; 海軍造船所所在地; Bunker Hill の古戦場がある.

char·ley, C- [tʃáəli | tʃáːlɪ] *n.* **1** 〖↓: 英国王 Charles 一世が London の夜警制度を強化したところから ?〗《俗》夜回り, 夜警. **2 a** 〖Charles 一世が同様なあごひげをもっていたことから〗小さな尖ったあごひげ. **b** (Charlie Chaplin のひげのような)ちょびひげ. **3** [特に a right [proper] ~ として]《俗》愚か者, 馬鹿 (fool). **4** [*pl.*]《俗》(女の)乳房, おっぱい. **5** 〖←? *Charlie Chan* (米国の小説家 Earl D. Biggers (1884-1933) の小説に出てくる中国人の探偵)〗 **a** 東洋人. **b** 《米軍俗》北ベトナム人; 北ベトナム兵. **6** [しばしば Mister [Mr.] C- として]《米俗》白人さん《主に, アフリカ系の黒人が白人への呼掛けに用いる》. ── *adj.* 《英俗》臆病な, 恐がる: turn ~ 恐くなる.

Char·ley [tʃáəli | tʃáːlɪ] 〖(dim.) 1: ← CHARLES. 2 ← CAROLINE¹, CHARLOTTE²〗 *n.* **1** 男性名. **2** 女性名.

chár·ley hòrse [tʃáəli- | tʃáːlɪ-] 〖Charley というびっこの競走馬にちなむ ?〗 *n.* 《米口語》(野球選手などの筋肉の酷使または負傷によって生じる手足の)筋肉硬直.

char·lie, C- [tʃáəli | tʃáːlɪ] *n.* =charley.

Char·lie [tʃáəli | tʃáːlɪ] 〖⇨ Charley〗 *n.* **1** 男性名. **2** 女性名.

char·lock [tʃáəlak, -lək | tʃáːlɔk] 〖(*a*1325) *carlok* < OE *ċerlic* ← ?〗 ── *n.* 〘植物〙ノハラガラシ (*Brassica kaber*)《アブラナ科カラシナの類の雑草》.

char·lotte [ʃáələt | ʃáː-] 〖□ F ~: 創製者の名〗 ── *n.* シャルロット(ケーキ)《小さなバケツ状の型の内側にパンやスポンジケーキをはりつけ, 中にりんご・アプリコットなどの果物・カスタードクリームなどを詰めて焼いたデザート》.

Char·lotte¹ [ʃáələt | ʃáː-] 〖← *Queen Charlotte* (英国王 George 三世の妃)〗 *n.* 米国 North Carolina 州南部の都市; 人口 282,000.

Char·lotte² [ʃáələt | ʃáː-; *F.* ʃarlɔt] 〖□ F ~ □ It. *Carlotta* (fem.) ← *Carlo* 'CHARLES'〗 ── *n.* 女性名《愛称形 Carla, Charley, Charlie, Lottie, Lotty, Lola, Lolita; 異形 Carlotta, Caroline》.

Char·lot·te A·ma·lie [ʃɑ́əlɑ̀t-əmɑ́:ljə, -liə | ʃɑ́:lɑt-əmɑ́:ljə, -lɪə] *n.* 米領 Virgin 諸島の St. Thomas 島にある海港で同諸島の首都; 旧名 St. Thomas; 人口 13,000.

charlotte russe [ʃɑ́əlɑt-rú:s | ʃɑ́:-; *F.* ʃarlɔtrys] 〘▭F ～ 'Russian charlotte'〙 ― *n.* シャルロット・リュス, ロシア風シャルロット《シャルロット用の型にスポンジケーキやレディフィンガーをはりつけ, ババロアの生地を入れて冷やし固めたデザート》.

Char·lottes·ville [ʃɑ́əlɑtsvɪ̀l, -vəl | -vɪl] *n.* 米国 Virginia 州中部の都市; Thomas Jefferson と James Monroe の故郷; 人口 39,000.

Char·lotte·town [ʃɑ́əlɑttàun | ʃɑ́:-] *n.* カナダ Prince Edward Island 州の首都, 海港; 人口 20,000.

charm[1] [tʃɑ́əm | tʃɑ́:m] 〘《変形》← 《廃》 *cherme* 'CHIRM'〙 *n.* 《英方言》(鳥・子供などの)入り混じった歌声 (chirm).

charm[2] [tʃɑ́əm | tʃɑ́:m] 〘《*a*1300》▭(O)F *charme* < L *carmen* song 《異化》← **can-men* ← *canere* to sing〙 ― *n.* **1 a** 人を引きつける力, 魅力: a style with a peculiar ～ 言いようのない魅力のある文体. **b** [通例 *pl.*] (女の)美しい器量, 美貌(ぼう), 色香, 容色: feminine ～*s* 女性美 / succumb to her ～*s* 彼女の色香にまいる. **2** (まじないの)不思議な力, 魔力: under the ～ 魔力にかけられて. **3** 護符, お守り, 不思議な力をもつもの (amulet): a ～ *against* bad luck 災難よけのお守り. **4** (腕輪・時計の鎖などに付ける)小さな飾り物. **5 a** 呪文(じゅ)を唱えること, まじない. **b** まじないの文句, 呪文. **6** 〘物理〙 チャーム《ハドロン (hadron) を区別する物理量 (flavor) の一種; チャームをもつハドロンを charm particle という》.

like* [*to*] *a charm 魔法にかけられたように, 不思議に; 見事に, 効果的に: act [work] *like a* ～ 〈薬などが〉不思議にきく.

― *vt.* **1 a** (魅力で)うっとりさせる, ほれぼれさせる, 魅する; 歓喜させる, (大いに)楽しませる: the music that ～*s* the audience 聴衆を魅了する音楽 / be ～*ed with* [*by*] the music その音楽にうっとり聞きほれる / I shall be ～*ed* to come. 喜んでお伺いします / *Charmed*, I am sure. 《英口語》本当に喜んで. **b** 〈人〉に魔力をかけて(…)させる〔*into*〕: ～ a person asleep 魔力で人を寝入らせる / ～ him *into* joining the club 魅力で彼をクラブに加入させる. **c** 魔力で引き出す[探り出す]〔*out of*〕: ～ a secret *out of* a person 人をたぶらかして秘密を探り出す. **d** (魔法にかけたように)〈怒り・悲しみなどを〉和げる, なだめる, しずめる 〈*away*〉: ～ *away* cares [grief, sorrow, pain] 不思議な力で心配[悲しみ, 苦痛]を忘れさせる. **e** …に呪文をかける, 魔法にかける (bewitch). **2** (魔力によって)…に超自然的力を授ける; (特に)魔力[超自然的力]で守る: ⇨ charmed life. **3** (楽器などによって)〈動物を〉操る; 〈蛇使いが〉〈蛇を〉使う: ～ a snake. ― *vi.* **1** 魅力をもつ. **2** 呪文[魔法]をかける[使う]. **3** 〈薬などが〉不思議にきく.

chármed círcle *n.* 特権グループ; えり抜きのグループ.

chármed lífe *n.* 魔力で守られた生命, 不死身: bear a ～ (どんな災難に会っても)不死身である (Shak., *Macbeth* 5. 8. 12).

chárm·er 〘ME〙 *n.* **1** 魅惑者; 魔法使い: ⇨ snake charmer. **2** 魅力的な人; (特に)あだっぽい女, 美人.

Char·meuse [ʃɑəm(j)ú:z, -mɑ́:z | ʃɑ:mɑ́:z; *F.* ʃarmø:z] 〘▭F ～ (fem.)《原義》charmer〙 *n.* 〘商標〙 シャルムーズ《しゅすに似た絹織物》.

Char·mi·an [tʃɑ́əmiən | tʃɑ́:mjən, ʃɑ́:-, -mɪən] 〘▭Gk *Khármion*《原義》little joy (dim.) ← *khárma* joy〙 *n.* 女性名《異形 Charmaine》.

chárm·ing 〘ME〙 ― *adj.* **1** 魅惑的な, うっとりするような; 非常に美しい; ひどく面白い[楽しい]: a ～ smile, woman, etc. **2** 魔法を使う, 魔力をかける. **～·ness** *n.*

chárm·ing·ly *adv.* 魅惑的に, 人を魅するように, 非常に美しく[楽しく]: sing [speak] ～.

chárm·less *adj.* 魅力のない.

chárm schòol *n.* チャームスクール《社交上の礼儀作法・服装・教養などを教える学校》.

char·nel [tʃɑ́ənl | tʃɑ́:-] 〘《*c*1378》▭OF ～ < LL *carnāle* graveyard (neut.) ← L *carnālis* 'CARNAL'〙 ― *adj.* **1** 死体を納める; 納骨の. **2** 死の, 死を思わせる, ぞっとするような. ― *n.* **1** 死体安置所; 納骨所, 納骨堂《charnel house ともいう》. **2** 《廃》墓地.

char·nu [ʃɑənjú: | ʃɑ:-; *F.* ʃarny] 〘▭F ～ 'fleshed'〙 *adj.* 〈ぶどう酒が〉こくのある. ― *n.* こくのあるぶどう酒.

Cha·rol·lais [ʃæ̀rəléɪ; *F.* ʃarɔlɛ] 〘▭F ～ ← *Charollais* (フランスの地名)〙 *n.* (*also* **Cha·ro·lais** [～]) シャロレイ《フランス産の一品種の大きな白い肉牛》.

Char·on [kέ(ə)rən, -rɑn | kέərən, -rɔn] 〘▭L ～ ▭Gk *Khárōn*〙 ― *n.* **1** 〘ギリシャ神話〙 カローン《よみの国の川 Styx または Acheron の渡し守; 死者の魂を船に乗せてこの川を渡すという; cf. *take the* FERRY》. **2** 《戯言》渡し守 (ferryman). **3** 〘天文〙 カローン《冥王星 (Pluto) の衛星》.

Cha·roph·y·ta [kərɑ́fəṭə | -rɔ́fɪtə] 〘← NL ～: ⇨ chara, -phyte〙 *n. pl.* 〘植物〙 輪藻植物門《シャジクモ科を含む》.

char·pai [tʃɑ́əpaɪ | tʃɑ́:-] *n.* = charpoy.

Char·pen·tier [ʃɑəpɑ̃:(n)tjéɪ, -pɔ̃:(n)-, -pɑ:n-, -pɔ:(ː)n- | ʃɑ:-; *F.* ʃarpɑ̃tje], **Gustave** *n.* シャルパンティエ《1860-1956; フランスの作曲家》.

char·poy [tʃɑ́əpɔɪ | tʃɑ́:-] 〘▭Hindi *cārpāī*《原義》four-footed ▭Pers. *chār-pāī* ← *ch(ah)ār* four + *pāī* foot: cf. quadruped〙 *n.* (インドの)簡易寝台.

char·qui [tʃɑ́əki, ʃɑ́ə- | tʃɑ́:kɪ, ʃɑ́:-] 〘▭Sp. ～ ▭ Quechua *ch'arki*〙 *n.* (*also* **char·que** [～]) = jerky[2].

charr [tʃɑ́ə | tʃɑ́:(r)] *n.* (*pl.* ～, ～**s**) 〘魚類〙 = char[3].

char·rette [ʃərét] 〘▭F ～ 'cart'〙 *n.* **1** (建築設計などで)最後の追込み. **2** さまざまな分野の専門家の助言の得られる討論集会.

char·ro [tʃɑ́:rou | -rəu] 〘▭Mex-Sp. ～ ▭Sp. ～ 'coarse, rude' ▭Basque *txar* poor〙 *n.* (*pl.* ～**s**) (伝統的衣装をした)メキシコの騎手, カウボーイ.

char·ry [tʃɑ́:ri | -rɪ] *adj.* (**char·ri·er, -ri·est; more ～, most ～**) 木炭の, 木炭質の; 木炭のような.

chart [tʃɑ́ət | tʃɑ́:t] 〘《1571》▭F *charte* < L *c(h)artam* paper ▭Gk *khártēs* leaf of paper: cf. card[1], charter〙 ― *n.* **1 a** (物価・温度などの変化を線を用いて示したり, 参考資料を項目別に分類した)図, 図表, チャート, グラフ; ダイヤ (diagram): a physical ～ 地勢図 / a historical [grammar] ～ 歴史[文法]図表 / ⇨ weather chart, magnetic chart. **b** (計器用の)罫紙. **2 a** (航海・航空用の)チャート; 海図. **b** (患者の)カルテ (clinical chart). **c** 《廃》地図. **3** 〘ジャズ〙 コードネームを用いた譜面. **4** [通例 *pl.*] 〘音楽〙 ヒットチャート, ヒット曲番付け《通例ポピュラーレコードの週間ベストセラーのリスト》: at the top of the ～*s*. **5** 〘競馬〙 競走馬成績表, 競走成績書 (chart book). ― *vt.* **1** 図表にする[作る], 図表で示す. **2** 計画する.

char·ta [tʃɑ́əṭə | tʃɑ́:tə] 〘▭L ～ 'leaf of paper'〙 *n.* (*pl.* **char·tae** [-ti:]) 〘薬学〙 **1** 薬紙《薬を含ませた紙; 外用》. **2** 薬包紙.

char·ta·ceous [kɑətéɪʃəs | kɑ:-] 〘▭LL *chartāceus* made of paper: ⇨ chart, -aceous〙 *adj.* **1** 紙の; 紙のような (papery), 紙質の. **2** 紙製の.

chartae 〘▭L ～〙 *n.* charta の複数形.

char·ter [tʃɑ́əṭə | tʃɑ́:tə(r)] 〘OE *chartre* ▭(O)F < L *chartulam* a little paper, bill (dim.) ← *charta*: ⇨ chart〙 ― *n.* **1 a** [しばしば C-] (目的・綱領を述べた)宣言書, 憲章 (constitution): the Great *Charter* (英国の)大憲章 (Magna Charta) / the People's *Charter* 人民憲章 (⇨ Chartism) / ⇨ Atlantic Charter / the *Charter* of the United Nations 国連憲章. **b** (国王または国家が植民団・自治都市・組合など創設や権利・許可・特権を保証する)勅許(状) (royal charter), 設立認許状, 特許状. **c** (法律による)法人団体設立許可(書). **2** (団体の)支部設立許可(書). **3** (公認された)特権; (義務・責任などの)免除: a ～ to enter freely 自由に立ち入ることのできる特権. **4** (船・飛行機などの)チャーター, **傭船契約(書)**《船・飛行機などを一定期間借り切ること, またその契約書; charter party ともいう》. **5** 〘英法〙 証文, 譲渡証書(など) (cf. indenture 1). ― *attrib. adj.* **1** 特許による; 特権を有する. **2** チャーターした: a ～ flight チャーター便. ― *vt.* **1 a** …に特許[勅許]状を与える. **b** 特許[設立許可]状によって設立する; 特許する, 免許する: ～ a bank. **c** 《英》〈人を〉資格ありと認可する, 公認する (certify). **2** …に特権を与える. **3** 〈船・飛行機などを〉チャーターする, 借り切る (cf. *n.* 4); 借りる (hire).

char·ter·age [tʃɑ́əṭərɪdʒ | tʃɑ́:tə-] *n.* **1** 傭船. **2** 傭船料; 船舶仲介業[手数料], チャーター料.

chárter còlony *n.* 〘米史〙 特許植民地《英国王が個個の貿易会社に与えた特許状によって建設された植民地; Virginia, Massachusetts, Connecticut または Rhode Island; cf. proprietary colony》.

chár·tered *adj.* **1** 特許を受けた, 公許の: ～ rights 特権. **2** 用船契約をした; 貸切りの, チャーターした: a ～ ship 用船 / a ～ train [plane] 貸切列車[チャーター機]. **3 a** 《英》公認された, 公認の; 勅許の. **b** 天下御免の, 折紙つきの: a ～ libertine.

chártered accóuntant *n.* 《英》勅許会計士 (《米》certified public accountant) 《Institute of Chartered Accountants (勅許会計士協会)の会員; 略 C.A.》.

chártered cómpany *n.* 《英》〘経営〙 特許会社《国王の特許状 (royal charter) または開封勅許状 (letters patent) によって法人格を与えられた英国最古の形式の会社; 東インド会社 (East India Company), ハドソン湾会社 (Hudson's Bay Company) など》.

chár·ter·er [-ṭərə | -tərə(r)] *n.* 用船者, 用船主.

chárter hànd *n.* 公文書体 (court hand).

Char·ter·house [tʃɑ́əṭəhàus | tʃɑ́:tə-] 〘《?*a*1425》 *Charterhous, Charterous* 《変形》← AF *Chartrous* ▭(O)F *Chartreuse*: AF, OF からの変形は CHARTER + HOUSE と誤解した通俗語源による: ⇨ Carthusian, chartreuse〙 ― *n.* **1** 《古》カルトジオ会修道院 (Carthusian monastery). **2 a** [the ～] カルトジオ慈恵会病院《London のカルトジオ会修道院跡の所有者 Thomas Sutton (1532-1611) の遺言により 1611 年同跡地に建てられた慈善病院; 老人福祉施設と男子の学校 Charterhouse School を含んでいたが, 後者は 1872 年 Surrey 州の Godalming に移された》. **b** = Charterhouse School.

Chárterhouse Schóol *n.* カルトジオスクール, チャーターハウススクール《英国の有名な public school の名; ⇨ Charterhouse 2 a》.

chárter mémber *n.* (法人団体設立許可書に記載された)創立委員. **chárter mémbership** *n.*

chárter pàrty 〘《16C》《変形》← 《古形》*chart parte, Chartipartie* ▭F *chartre partie* divided charter ▭ML *charta partita*; 通俗語源による変形: 1 枚の紙に 2 通記してそれを当事者間で二分して保有したのでこの名がある〙 ― *n.* = charter 4.

Chárter schòol *n.* チャータースクール《18 世紀にカトリック貧民にプロテスタント教育を与える目的でアイルランドに設立されたプロテスタントの学校》.

chárt hòuse *n.* 〘海事〙 海図室《普通は船橋の操舵室の背後にあって海図の保存棚や航海計器類がおいてある; chart room ともいう》.

Char·tier [ʃɑəṭjéɪ | ʃɑ:-; *F.* ʃartje], **Émile Auguste** *n.* ⇨ Alain.

Char·tism [tʃɑ́əṭɪzm | tʃɑ́:-] 〘← CHART(ER) + -ISM〙 ― *n.* 〘英史〙 チャーティスト運動, 人民憲章運動《1838 年頃-48 年間に英国に起こった労働者の政治運動; 議会毎年開会・普通選挙の実施・代議士資格としての財産制限撤廃など 6 項目からなる法案 People's Charter (人民憲章)の通過を議会に迫った》.

chárt·ist [-ṭɪst, -ṭəst | -tɪst] 〘← CHART + -IST〙 ― *n.* **1** (株式市況の変動を予測するために)株価・売買高などの図表(chart)を使う株式市場の専門家. **2** 地図製作者 (cartographer).

Chár·tist [-ṭɪst, -ṭəst | -tɪst] 〘⇨ charter, -ist〙 ― *n.* チャーティスト運動 (Chartism) を起こした[に参加した]人, チャーティスト運動家[主義者]. ― *adj.* チャーティスト運動(家)の.

chárt·less *adj.* **1** 海図のない. **2** 海図に記載されていない: a ～ sea.

chart·let [tʃɑ́ətlɪt, -lət | tʃɑ́:t-] *n.* 〘海事〙 小海図.

char·tog·ra·pher [tʃɑətɑ́grəfə, kɑə- | tʃɑ:tɔ́grəfə(r), kɑ:-] *n.* = cartographer.

char·tog·ra·phy [tʃɑətɑ́grəfi, kɑə- | tʃɑ:tɔ́grəfɪ, kɑ:-] *n.* = cartography.

Char·tres [ʃɑ́ət, ʃɑ́ətrə | ʃɑ́:tr(ə); *F.* ʃartr] *n.* シャルトル《フランス北部の都市, Eure-et-Loir 県の首都; 有名なゴシック式の大聖堂がある; 人口 35,000》.

char·treuse [ʃɑətrú:z, -trú:s | ʃɑ:trɑ́:z; *F.* ʃartrø:z] 〘《1866》▭F ～ ← *La Grande Chartreuse* (カルトジオ会本院の名): cf. Charterhouse, Carthusian〙 ― *n.* **1** [C-] カルトジオ会の修道院 (Carthusian monastery). **2** シャルトルーズ《フランスの Grenoble でカルトジオ修道会士がブランデーをベースに多くの薬草を入れて造る芳香甘味のリキュールで, 現在緑色と黄色のものがある》. **3** (明るい)薄い黄緑色. ― *adj.* (明るい)薄い黄緑色の.

chárt ròom *n.* 〘海事〙 = chart house.

char·tu·la [kɑ́ətʃulə | kɑ́:tju-] 〘▭L ～ 'a little paper' (dim.) ← *charta* 'CHARTER'〙 *n.* (*pl.* **-tu·lae** [-li:]) 〘薬学〙 (1 回分の粉薬を包んだ)薬包紙.

char·tu·lar·y [kɑ́ətʃulèri | kɑ́:tjuləri] 〘▭ML *c(h)artulāri-um* ← L *c(h)artula*: ⇨ charter〙 *n.* = cartulary.

chár·wòman 〘《1596》← CHAR[1] + WOMAN〙 *n.* **1** 《英》(雇われて家の雑用をする)雑役婦, 家政婦. **2** (ビルなどの)掃除婦.

char·y [tʃέ(ə)ri | tʃέəri] 〘OE *ċeariġ* anxious, sad < (WGmc) **karaʒaz* ← **karo* 'CARE': ⇨ -y[4]〙 ― *adj.* (**more ～, most ～; char·i·er, -i·est**) **1** 細心な, 用心深い; 用心する, 注意する〔*of*〕: a ～ investor 細心な投資家 / He was ～ *of* giving offense to her. 彼女の感情を害さないように用心した / be ～ *of* one's fame 名を大事にする. **2** 遠慮勝ちな, つつましい: a ～ girl. **3** 惜しむ, しぶる〔*of*〕: He is ～ *of* praise [praising others]. 彼は賛辞を惜しむ, なかなか人をほめない. **4** 好みのむずかしい, えり好みする: She is ～ *about* the clothes she wears. 彼女は着る物にうるさい. **5** 《古》大事な, 大切な (dear).

Cha·ryb·dis [kərɪ́bdɪs, -dəs | -dɪs] *n.* カリュブディス (cf. Scylla): **a** シチリア島 (Sicily) の北東 Messina の海峡にある巨大な渦巻. **b** 〘ギリシャ神話〙 Poseidon と Gaea の娘でその渦巻を擬人化した怪物. **Cha·ryb·di·an** [kərɪ́bdiən | -dɪ-] *adj.*

Chas. 《略》Charles.

chas·a·ble [tʃéɪsəbl] *adj.* 狩猟に適した.

chase[1] [tʃéɪs] 〘《?*c*1250》 *chace(n)* ▭OF *chaci-er* (F *chasser*) < VL **captiāre* to seize = L *captāre* to strive (freq.) ← *capere* to catch: CATCH と二重語〙 ― *vt.* **1 a** (つかまえるため, または追いつくために素早く, 余念なく)追いかける, 追跡する, 追撃する: ～ the criminal 犯人を追跡する. **b** 〈獲物を〉狩る; 狩り出す, 追い出す. **c** 《俗》(好意・愛情を求めて)…につきまとう, …の後を追い回す, しつこく求める: ～ a girl. **d** 〈強い酒〉の後に[と共に]チェーサー (chaser) を飲む. **2** 捜し求める; 捜す 〈*down*〉: ～ the paper he wants 彼の求める書類を捜し求める / ～ *down* the clues to the case その事件の手掛かりを捜す. **3 a** 追い出す, 立ち去らせる; 追い払う: ～ a dog *out of* the garden / ～ all fear *from* [*out of*] one's mind. **b** [～ *oneself* で; 通例命令形で] 《口語》逃げ出す, 立ち去る: Go (and) ～ *yourself*. 行け, 立ち去れ. **4** 〘野球〙 〈投手を〉ノックアウトする, 降板させる. ― *vi.* **1** 追う, 追跡する〔*after*〕: ～ *after* a thief. **2** 《口語》走る, 駆け回る, 急ぐ: ～ *around* [*all over*] town looking for a hotel ホテルを捜して町を[町中]駆けずり回る.

***chase around* [*round*]** (1) ⇨ *vi.* 2. (2) 《口語》(しばしば不倫の性関係の意味を含めて)〔女を〕追い回す, しつこくつきまとう〔*after*〕: ～ *around after* girls.

chase off 〔…を求めて〕追っかける〔*for, after*〕: ～ *off for* the parade パレードのあとを追っかける / He ～*d off on* his amorous pursuits. 女の尻を追っかけていた.

chase up 〈物・人を〉素早く捜し出そうとする.

― *n.* **1 a** 追跡, 追撃; 追立て: the ～ after the murderer 殺人者の追跡 / give ～ to …を追う, 追撃す

る / hold...in ~ …を追撃している / in ~ of…を追って. **b** [the ~] (スポーツまたは職業としての)狩り, 狩猟: lovers of *the* ~ 狩りの愛好家連 / ⇨ BEAST of chase / spoils of the chase (⇨ spoil *n.* 3). **c** (望むものを)激しく求めること, 追求: the ~ of fame 名声の追求. **2 a** 追われるもの. **b** 追われる獣 (quarry). **c** 追撃される船. **3** 《英》 **a** (私有の)猟場《囲わない広い土地で鹿などを飼い, 森林 (forest) より小さく猟園 (park) よりは大きいもの; cf. forest 4, park *n.* 2》. **b** (猟場に)獣類を飼っておく[狩猟する]権利. **4** ＝steeplechase. **5** (コートテニス (court tennis) で)チェース《打球法の一種》. **6** 《映画》追跡シーン, 追いつ追われつの場面. **7** 《ジャズ》チェース《二人以上の演奏家が数小節ごとに次々と交代に即興演奏すること》.
give chase 追う, 追跡する (chase, pursue). ***lead a merry chase*** 人の追跡をうまく逃れる, なかなかつかまらないようにする; 〈追手を〉ひどく苦労させる: The fox *led* the fox hunters *a merry* ~. その狐にうまく逃げられて狐狩りの連中はさんざんだった.

chase[2] [tʃéɪs] 〘(1437)《頭音消失》← ENCHASE〙 ── *vt.* **1** 〈金属, 特に銀の表面〉に彫物をする (engrave), 打ち出しにする (emboss): a richly ~*d* plate 美しい模様入りの皿. **2** 〈ねじ山を〉チェーサーで切る.

chase[3] [tʃéɪs] 〘(1611) □ F *chas* eye of a needle, 《廃》 enclosed place < LL *capsum* ← L *capsa* box: ⇨ case[2]〙 ── *n.* **1 a** (15-16 世紀の後装砲の)砲身 (chamber 4 b). **b** (砲身の)前部, 前身《砲耳軸から砲口までの部分; ⇨ cannon 挿絵》. **2 a** 溝, 溝すじ (groove). **b** 《建築》(パイプなどを埋め込むために作る壁面の)たて溝. ── *vt.* …に溝をつける (groove).

chase[4] [tʃéɪs] 〘□ F *châsse* shrine for a relic < L *capsam*: cf. case[2]〙 *n.* 《印刷》チェース《活版印刷で, 版を組付けるための鉄枠》.

Chase [tʃéɪs], **Sal·mon P(ortland)** [sǽmən, sǽlmən] *n.* (1808-73) 米国最高裁判所長官 (1864-73).

Chase, Samuel *n.* (1741-1811) 米国の政治家・法律家, 独立宣言の署名者の一人.

Chase, Stuart *n.* (1888-　) 米国の経済学者・著述家で, 一般意味論学者.

chase·a·ble [tʃéɪsəbl] *adj.* ＝chasable.

cháse gùn [piece] *n.* (艦首・艦尾にある追撃・反撃両用の)追撃砲 (chaser).

cháse pòrt *n.* 追撃砲門《追撃砲 (chase gun) を発射するための砲門》.

chás·er[1] 〘(c1300) *chasour* □ OF *chaceo(u)r* (F *chasseur*): ⇨ chase[1], -er[1]〙 ── *n.* **1 a** 追跡する人[もの], 追手, 追撃者《人・船・犬など》. **b** 狩猟家. **c** 《米口語》女を追っかける人, 女たらし (philanderer). **d** 《空軍》追撃機. **e** 《海軍》駆潜艇. **2** 追撃砲 (chase gun); 反撃砲 (stern chaser). **3** 《口語》チェーサー《強い酒の直後に[とともに]飲む水[炭酸水, ビールなど] (cf. chasse)》. **4** ＝steeplechaser. **5** 《英》《劇場》 **a** 寄席(よせ)などの最後の幕[段]. **b** 観客の退席を促す音楽.

chás·er[2] 〘⇨ chase[2]〙 *n.* 彫金師.

chás·er[3] 〘⇨ chase[3]〙 *n.* 《機械》チェーサー, 櫛(くし)形バイト《多数のねじ形をもったねじ切り工具》.

Cha·sid [hǽsɪd, hɑ́:s-, xɑ́:s-, -səd | -sɪd] *n.* (*pl.* **Cha·si·dim** [hǽsədɪm, hɑ́:s-, hɑsí:d-, xɑ:-, -dəm | hǽsɪdɪm, hɑ́:s-, hɑsí:d-, xɑ:-]) 《ユダヤ教》＝Hasid. **Cha·sid·ic** [həsídɪk, hɑ:-, xɑ:-] *adj.*

Chá·sid·ism [-dìzm] *n.* 《ユダヤ教》＝Hasidism.

chás·ing 〘⇨ chase[2]〙 *n.* **1 a** 彫金. **b** 金属に施した浮彫模様. **2** 浮彫模様で飾った物. **3** 《紡織》チェーシング《綿や麻織物のつや出し法の一種》.

chasm [kǽzṃ] 〘(1596) □ L *chasma* □ Gk *khásma* yawning hollow: ⇨ chaos: cf. gape〙 ── *n.* **1 a** (地面・岩などの)幅の広い深い割れ[裂け]目 (gorge); 深い淵: the ~ of death 死の淵. **b** (壁・石垣などの)割れ目, 大ひび, 亀裂. **2** (連続したものの)切れ目, すき, 途切れ, 空間, 空白. **3** (感情・意見などの大きな)隔たり, 食い違い, 相違: a political ~ between the two countries 両国間の政治上の相違. **chás·mal** [-məl] *adj.* **chas·mic** [kǽzmɪk] *adj.*

chasmed *adj.* 割れ目[裂け目]のある.

chas·mog·a·my [kæzmɑ́gəmi | -mɔ́gəmi] 〘⇨ chasm, -gamy〙 *n.* 《植物》開花受精 (cf. cleistogamy). **chas·mo·gam·ic** [kæzməgǽmɪk] *adj.* **chas·móg·a·mous** [-məs] *adj.*

chas·mo·phyte [kǽzməfàɪt] 〘← CHASM + -PHYTE〙 ── *n.* 《植物》岩隙(がんげき)植物《岩石の割れ目に生える植物: ベンケイソウ (*Sedum alboroseum*), イワヒゲ (*Cassiope lycopodioides*) など》.

chasm·y [kǽzmi, -mi | -mɪ] *adj.* **1** 深い割れ目の多い. **2** 深い割れ目の(ような); 深い (abyssal).

chasse [ʃɑ́:s; *F.* ʃas] 〘□ F ~ 《略》← *chasse-café* ← *chasser* to chase + *café* coffee〙 ── *n.* (コーヒー・たばこなどをのんだ直後の)口直しのリキュール一杯 (cf. chaser[1] 3).

chas·sé [ʃæséɪ | ⌐ー; *F.* ʃase] 〘(1867) □ F ~ (p.p.) ← *chasser* 'to chase'〙《ダンス・スケート》 ── *n.* シャッセ《すべり足》. ── *vi.* (~**d**; ~**ing**) シャッセで踊る; シャッセで踊るような歩き方をする.

chassé-croi·sé [ʃæséɪkrwɑ:zéɪ | ʃǽseɪ-; *F.* ʃasekrwaze] 〘□ F ~ 'crossed chase'〙 ── *n.* 《ダンス》シャッセクルワゼー《シャッセによってパートナーが位置交換する動作》.

chasse-ma·rée [ʃǽsməréɪ; *F.* ʃasmare] 〘□ F ~ ← *chasser* to chase + *marée* tide〙 ── *n.* シャスマレー《英仏海峡のフランス沿岸を航行したラグスル (lugsail) を張った3本マストの帆船》.

chasse·pot [ʃǽspoʊ | -pəʊ; *F.* ʃaspo] 〘← A. A. *Chassepot* (1833-1905: その発明者であるフランス人)〙 ── *n.* (*pl.* ~**s** [~z; *F.* ~]) シャスポー銃《1866年のプロイセン・オーストリア戦争以後フランス陸軍で採用した元込め銃》.

chas·seur [ʃæsə́: | -sə́:(r; *F.* ʃasœ:r] 〘□ F ~ 'CHASER[1]'〙 ── *n.* (*pl.* ~**s** [~z; *F.* ~]) **1** (フランス陸軍の)追撃兵《快速な活動を主とする軽装備の騎兵または歩兵》; 山岳[山地]部隊 (Chasseurs Alpins)《山地戦のための軽歩兵部隊》. **2 a** (貴族・金持ちなどに仕える)お仕着せを着た従僕. **b** (フランスのホテルや料理店のドア係などの)給仕, ボーイ. **3** 狩猟家; 猟師.

Chas·sid [hǽsɪd, hɑ́:s-, xɑ́:s-, -səd | -sɪd] *n.* (*pl.* **Chas·sid·im** [hǽsədɪm, hɑ́:s-, hɑsí:d-, xɑ:-, -dəm | hǽsɪdɪm, hɑ́:s-, hɑsí:d-, xɑ:-]) 《ユダヤ教》＝Hasid. **Chas·sid·ic** [hæsídɪk, hɑ:-, xɑ:-] *adj.* **Chás·sid·ìsm** [-sədɪzm | -sɪ-] *n.*

chas·sis [ʃǽsi, tʃǽsi, tʃǽsɪs, -səs | ʃǽsɪ, -si:] 〘(1664) □ F *châssis* framework < VL *capsīcium* ← L *capsa* 'CASE[2]'〙 ── *n.* (*pl.* **chas·sis** [ʃǽsiz, tʃǽs- | ʃǽsɪz, -si:z]) **1 a** (馬車・自動車などの)車台, シャシー (cf. carrosserie). **b** (飛行機の)主降着装置; (機体を支える)脚部. **c** (砲架がその上を前後に移動する)砲座, 架台. **d** (キャビネット・ショーウィンドーなどの)骨組, シャーシー. **2** 《俗》(人・動物の)身体, 胴体; (特に, 女性の)体つき, 姿: a woman with a good ~. **3** 《ラジオ・テレビ》 **a** シャーシー《セットを組み込む台》. **b** (キャビネットに対して)台の上に組み立てたセット.

chaste [tʃéɪst] 〘(?a1200) □ (O)F *chaste* □ L *castus* clean, pure < IE **kas-to-* 《原義》cut off from, free from faults ← **kes-*, **kas-* to cut: cf. castrate〙 ── *adj.* (**chast·er, -est; more ~, most ~**) **1** 〈女性が〉(肉体的に)純潔な, 貞節な, 貞淑な: a ~ wife. **b** (宗教的理由で)性的関係を結ばない, 童貞の. **2 a** (思想・言動の)みだらでない, 慎しみのある. **b** 汚れのない, きれいな. **3** 〈趣味・文体など〉高雅な, 洗練された, 上品な; 簡素な. **4** 《まれ》性的関係のない; 未婚の, 独身の. **~·ly** *adv.* **~·ness** *n.*

chas·ten [tʃéɪsn] 〘(16C) ← CHAST(E) + -EN[1] ∞ (?a1200) *chastie(n)* □ OF *chastier* < L *castīgāre* 'to CASTIGATE'〙 ── *vt.* **1** (性格・品行の矯正・完成のために)〈人を〉懲らす, 罰する; (苦しみを課することで)〈人を〉鍛える: ~*ed* and subdued 懲らしめられておとなしくなった. **2 a** 〈熱情などを〉抑制する; 〈気性などを〉和らげる, 練る. **b** 〈思想・文体などを〉控えめにする; 洗練する, 純化する. **~·er** *n.*

cháste trèe 〘《なぞり》← L *agnus castus*〙 *n.* 《植物》イタリアニンジンボク (⇨ agnus castus).

chas·tis·a·ble [tʃæstáɪzəbl] *adj.* 懲罰しうる; 懲らすべき.

chas·tise [tʃæstáɪz] 〘(c1303): ⇨ chasten, -ize〙 *vt.* **1** (体罰で)きびしく罰する, 折檻(せっかん)する, 打ち懲らす. **2** 《古》抑制する; 洗練する. **chas·tís·er** *n.*

chas·tise·ment [tʃæstáɪzmənt, ⌐⌐ー, tʃǽstɪzmənt, -təs- | tʃǽstɪzmənt, tʃæstáɪz-] *n.* 折檻(せっかん); (特に)懲罰.

chas·ti·ty [tʃǽstəṭi | -təti, -tɪ-] 〘(c1200) □ (O)F *chasteté* □ L *castitātem*: ⇨ chaste, -ity〙 ── *n.* **1 a** 純潔, 貞節. **b** 性的禁欲, 童貞. **c** 《キリスト教》貞潔 (⇨ poverty 1 b). **2** (思想・感情の)清純; (文体・趣味の)高雅, 簡素.

chástity bèlt *n.* 貞操帯《中世に夫の留守中貞操を守らせるため婦人に付けさせた革製・金属製などのベルト状の器具》.

chas·u·ble [tʃǽzjʊbl, tʃǽzə-, tʃǽsə- | tʃǽzjʊ-] 〘(17C) □ (O)F ~ < LL *casublam* 《変形》← *casula* cloak, little cottage (dim.) ← L *casa* cottage ∞ (a1300) *chesible* □ OF: cf. cassock〙 ── *n.* 《教会》上祭服, カズラ, チャズブル《ミサ[聖餐式]の時に司祭が alb の上に着る袖のない長円形の式服》.

chat [tʃǽt] 〘(c1440)《略》← CHATTER〙 ── *v.* (**chat·ted, chat·ting**) ── *vi.* くつろいで話す, 閑談する, 談笑する: He ~*ted over* [*about, of*] the trifles of life *with* his friend. 彼は友人とあれこれと浮世話をした. ── *vt.* 《英口語》〈人〉に話しかける, (特に, ふざけてまたは浮気の目的で)声をかける 〈*up*〉: ~ *up* a girl. ── *n.* **1** 雑談, 閑談; (特に, くつろいだ)会話, くつろいだ談話, 閑話: have a ~ *over* old days 昔話をする / have a ~ with a person 人と雑談をする / drop in for a ~ おしゃべりしに立ち寄る. **2** 《古》おしゃべり, むだ話: None of your ~. もうおしゃべりはよしてくれ. **3** 《鳥類》数種の鳴鳥の総称: **a** ヒタキ科ノビタキ属 (*Saxicola*) の鳥《ノビタキ (stonechat), マミジロノビタキ (whinchat) など》. **b** アメリカ産アメリカムシクイ科 *Icteria* 属の鳥《オオアメリカムシクイ (yellow-breasted chat) など》.

Chât. 《略》Château.

châ·teau [ʃætóʊ | ʃǽtəʊ, ʃɑ́:-; *F.* ʃɑto] 〘□ F ~ < L *castellum*: cf. castle〙 ── *n.* (*pl.* ~**s, châ·teaux** [~(z); *F.* ~]) **1 a** (フランスの)城 (castle). **b** (フランスで田舎の大地主・貴族の)館(やかた) (manor house); 大邸宅 (mansion). **2** [C-] シャトー《フランスの Bordeaux 地方のぶどう園ならびにワイン醸造庫を所有する本邸; cf. château wine》. ★ Château Latour, Château Haut-Brion, Château d'Yquem などのように用いて, 醸造所ならびにそこで造られたぶどう酒を示す.

cha·teau·bri·and [ʃætòʊbriɑ́:(ŋ), -ɔ́:(ŋ), -ɑ́:ŋ, -ɔ́(:)ŋ | -tə̀ʊbrɪ-] 〘← *F. R. Chateaubriand*〙 ── *n.* シャトーブリアン: **a** (牛の)ヒレ肉の中心部を 2-3 人分のステーキ用に厚く切りとったもの (⇨ fillet 挿絵). **b** 《米》ステーキ用の肉に切り込みを入れ, そこに香草類をさし込んで焼いたもの.

Cha·teau·bri·and [ʃætòʊbriɑ́:(ŋ), -ɔ́:(ŋ), -ɑ́:ŋ, -ɔ́(:)ŋ | -tə̀ʊbrɪ-; *F.* ʃatobʁiɑ̃], **François René** *n.* シャトーブリアン (1768-1848; フランスの作家・政治家; Vicomte de Chateaubriand; *Atala*「アタラ」(1801)).

Châ·teau·neuf-du-Pape [ʃætòʊnʌ́fdjupɑ́:p, -nɑ́:f-, -də- | -təʊ-; *F.* ʃatonœfdypap] 〘生産の中心となっている村名にちなむ〙 ── *n.* シャトーヌフデュパプ(ワイン)《Avignon 付近の Rhône 河谷地方産の辛口の, 主に赤ぶどう酒》.

Châ·teau-Thier·ry [ʃætòʊtjerí:, ʃɑ:- | -təʊ-; *F.* ʃatotjɛʁi] *n.* シャトーティエリー《フランス北部, Marne 川に臨む町; 第一次大戦中の激戦地 (1918); 人口 12,000》.

château wine [⌐⌐ー] *n.* シャトーワイン《フランスの Bordeaux 地方の特定の農場で栽培されたぶどうで造った優良ぶどう酒; cf. château 2》.

châteaux 〘□ F ~〙 *n.* château の複数形.

chat·e·lain [ʃǽṭəlèɪn, -ṭḷ-, | -təl-, -tɪ-; *F.* ʃatlɛ̃] 〘□ F *châtelain*: ⇨ castellan〙 *n.* (*pl.* ~**s** [~z; *F.* ~]) 城主.

chat·e·laine [ʃǽṭəlèɪn, -ṭḷ- | -təl-, -tɪ-; *F.* ʃatlɛn] 〘(1851) □ F *châtelaine* (fem.) (↑)〙 ── *n.* (*pl.* ~**s** [~z; *F.* ~]) **1 a** 女城主; 城主夫人. **b** 大邸宅 (château) の女主人. **2** 帯飾り鎖《婦人の帯に下げる装飾用の鎖・ピン・留め金で, これに鍵・時計・小さな飾物などを下げる》. **3** (婦人服の)えりの折返しの飾り.

Chat·ham [tʃǽṭəm | -təm] 〘OE *Ċeaþam* 《原義》village by the forest ← OCelt. **kaito-* forest + *hām* village, manor (⇨ home)〙 ── *n.* イングランド Kent 州の都市, 海軍基地がある; 人口 60,000.

Chat·ham [tʃǽṭəm | -təm], 1st Earl of *n.* William PITT の称号.

Chátham Íslands *n. pl.* [the ~] チャタム諸島《南太平洋の群島; ニュージーランドに属し南島の約 800 km 東方にある; 面積 966 km²》.

cha·toy·ant [ʃətɔ́ɪənt; *F.* ʃatwajɑ̃] 〘□ F ~ (pres.p.) ← *chatoyer* to change luster like a cat's-eye ← *chat* 'CAT'〙 ── *adj.* **1** 〈あや織の絹布・暗中の猫の目など〉光沢の変化する, 玉虫色の: a ~ silk. **2** 〈カボション (cabochon) に研いだ宝石が〉(変彩効果を出すよう)白い条線を浮き出させる. **cha·toy·ance** [ʃətɔ́ɪəns; *F.* ʃatwajɑ̃:s] *n.* **cha·toy·an·cy** [ʃətɔ́ɪənsi | -sɪ] *n.*

chat show *n.* 《英》＝talk show.

chat·tack [tʃʌtɑ́:k, tʃə-] *n.* ＝chattak.

Chat·ta·hoo·chee [tʃæ̀ṭəhú:tʃi | -təhú:tʃɪ] 〘□ N-Am.-Ind. (Creek) ~ 《原義》pictured rocks〙 ── *n.* [the ~] 米国 Georgia 州の北部から Alabama と Georgia との州境を南流して Apalachicola [æ̀pəlæ̀tʃɪkóʊlə, -tʃə- | -tʃɪkə́ʊ-] 川に注ぐ川 (702km).

chat·tak [tʃʌtɑ́:k, tʃə-] *n.* ＝chittak.

Chat·ta·noo·ga [tʃæ̀ṭənú:gə, -tṇ- | -tən-] 〘□ N-Am.-Ind. (Creek or Cherokee) ~〙 ── *n.* 米国 Tennessee 州南東部 Tennessee 川に臨む都市; 南北戦争の古戦場 (1863); 人口 119,000.

chat·tel [tʃǽṭḷ | -tl] 〘(?a1200) □ OF *chatel* < ML *capitāle* capital: CAPITAL[1], CATTLE と三重語〙 ── *n.* **1** [*pl.*] (土地・家を除く, 家具・自動車などの)家財; 《法律》動産 (personal property): goods and ~*s* ⇨ good *n.* 4. **2** 《古》奴隷 (slave).

cháttel mòrtgage *n.* 《法律》動産(譲渡)抵当.

cháttel pérsonal *n.* (*pl.* **chattels p-**) 《法律》純粋動産.

cháttel réal *n.* (*pl.* **chattels r-**) 《法律》不動産的動産《土地の定期賃借権 (leasehold) など》.

chat·ter [tʃǽṭə | -tə(r] 〘(?a1250) 擬音語: ⇨ -er[4]〙 ── *vi.* **1** 〈鳥が〉けたたましく鳴く, ぎゃーぎゃー鳴く; 〈猿が〉きゃっきゃっ鳴く: ~*ing* monkeys. **2** ぺらぺら[ぺちゃくちゃ]しゃべる, くだらない[余計な]ことをしゃべる. **3 a** 〈歯・機械などが〉がたがた[がちがち]音を立てる[鳴る]: My teeth ~*ed* with cold. 寒くて歯ががたがた鳴った. **b** がたがた音をたてて動く. **c** 〈工作機械が〉びびる《振動で削り面に欠け目や波を作ることをいう; cf. chatter mark 1》. ── *vt.* **1** 早口にしゃべる: ~ nonsense. **2** 〈歯・機械などを〉がちがちいわせる: ~ one's teeth. ── *n.* **1** (鳥・猿の)ぎゃーぎゃー[きゃっきゃっ]鳴く声 **2** くだらないおしゃべり. **3** (機械などの)がたつく音, がたがたいう音.

chátter·bòx 〘(1814-18)〙 *n.* おしゃべり(な人); (特に)おしゃべりな子供.

chát·ter·er [-ṭərə | -tərə(r] *n.* **1** おしゃべり(な人). **2** 《鳥類》よく鳴く小鳥《特に, カザリドリ科やレンジャク科の小鳥》.

chát·ter·ing [-ṭərɪŋ | -tər-] *n.* 《電気》チャタリング《接点が閉じる際に振動し開閉を数回繰り返すこと》.

chátter màrk *n.* **1** 《機械》(振動で削り面に生じる)びびり模様 (cf. chatter *vi.* 3 c). **2** 《地質》チャターマーク《氷河の侵食による岩石表面の不規則な浅い横溝》.

Chat·ter·ton [tʃǽṭətṇ | -tə-], **Thomas** *n.* (1752-70) 英国の詩人; 15 世紀詩の残存と自称する擬古詩を発表; 天才少年とうたわれたが自殺した.

Chat·tie [tʃǽṭi | -tɪ] 〘(dim.) ← CHARITY, CHARLOTTE[2]〙 *n.* 女性名.

chat·ty[1] [tʃǽṭi | -tɪ] 〘(a1762) ← CHAT + -Y[4]〙 ── *adj.* (**more ~, most ~; chat·ti·er, -ti·est**) **1** 雑談[閑談]を好む, 話好きな: a ~ person. **2** 話すような調子の, 打ち解けた: a ~ letter. **chát·ti·ly** [-ṭḷi, -ṭə-, -ṭɪ | -tɪlɪ, -tə-] *adv.* **chát·ti·ness** *n.*

chat·ty[2] [tʃǽṭi | -tɪ] 〘(1781) □ Tamil-Malayalam

catti〗 *n.* (インドで用いる)水がめ, 湯ざまし(器).

Chau·cer [tʃɔ́ːsə | -sə(r], **Geoffrey** *n.* (1343?–1400) 英詩の父と称せられる英国の詩人; *Troilus and Criseyde* (*c.* 1385), *The Canterbury Tales* (1387–1400).

Chau·ce·ri·an [tʃɔːsí(ə)riən | -síərɪ-] 〖⇨ ↑, -ian〗 ── *adj.* チョーサー (Chaucer) の [に関する]. ── *n.* **1** Chaucer 研究家[学者]. **2** Chaucer 風の詩を書く人. **3** Chaucer の崇拝者.

chaud·froid [ʃóufrwáː | ʃóu-; *F.* ʃofrwa, -frwa] 〖□F ~《原義》hot-cold〗 ── *n.* ショーフロワ《魚や肉のだし汁, white sauce などにゼラチンを加えたソースを, 調理した肉・魚にかけて冷やし固めた冷製料理; またそのソース》.

chauf·fer [tʃɔ́ːfə | -fə(r] 〖《混成》? ← *chafer* (⇨ chafe, -er[1]) + F *chauffoir* heater ← *chauffer* (↓)〗 ── *n.* チョーファ《底に火格子があり上があいている, 持ち運びできる小ストーブ》.

chauf·feur [ʃóufə, ʃo(ʊ)fə́ː | ʃóufə(r, ʃə(ʊ)fə́ː(r; *F.* ʃofœːr] 〖《1899》□F ~ 'stoker, fireman' ← *chauffer* to heat: 蒸気自動車時代の造語〗 ── *n.* (自家用自動車の)運転手, かかえ運転手. ── *vi.* (自家用車の)運転手を勤める. ── *vt.* **1** 〈人を〉自家用車で運ぶ. **2** 〈自動車など〉の自家用運転手を勤める.

chauf·feuse [ʃo(ʊ)fə́ːz | ʃə(ʊ)-; *F.* ʃofoːz] 〖□F ~ (fem.): ↑〗 ── *n.* **1** 女性の chauffeur. **2** 〖□F ~ ← *chauffer* to heat〗 ショフューズ《背が高く座の低い炉辺用の椅子》.

Chau·li·o·don·ti·dae [kɔːlàɪədɑ́ntədìː, kɔ̀ːlio(ʊ)- | kɔːlàɪədɔ́ntɪ-, kɔ̀ːlɪə(ʊ)-] 〖← NL ~ ← *Chauliodus* (属名: ← Gk *khauliódous* with projecting teeth ← *khaûnos* wide open + -*odous*) + -IDAE〗 ── *n. pl.* 〖魚類〗ホウライエソ科《深海魚ホウライエソ (*Chauliodus sloani*) などを含む》.

chaul·moo·gra [tʃɔːlmúːgrə] 〖□Bengali *cāulmugrā*〗 ── *n.* 〖植物〗インド地方産イイギリ科のチャウルムグラ油 (chaulmoogra oil) を採る植物の総称: **a** チャウルムグラ (*Taraktogenos kurzii*). **b** ダイフウシノキ属の植物 (*Hydnocarpus anthelminticus, H. wightiana*) (common chaulmoogra).

chaulmóogra òil *n.* 〖化学〗チャウルムグラ油《chaulmoogra の種子から得られる脂肪油; もとハンセン病の治療薬》.

Chaun·cey [tʃɔ́ːnsi, tʃɑ́ːn- | tʃɔ́ːnsɪ] 〖□F ~ (地名から)〗 *n.* 男性名. ★ 米国に多く見られる.

chaunt [tʃɔ́ːnt, tʃɑ́ːnt | tʃɔ́ːnt] *n., v.* 《古》=chant.

chaus·sée [ʃouséɪ | ʃəʊ-; *F.* ʃose] 〖□F ~ 'causeway, highway': cf. causey〗 *n.* 舗道; 街道 (highway).

chausses [ʃóus | ʃə́us; *F.* ʃoːs] 〖□OF *chauces* (F *chausses*) (pl.) < ML *calceam* (fem.) ← L *calceus* shoe〗 ── *n. pl.* 〖甲冑〗(中世の鎖帷子(くさりかたびら)と対で用いる)鎖もも引き.

Chau·sson [ʃousɔ́ː(ŋ), -sɔ́(ː)ŋ | ʃəu-; *F.* ʃosɔ̃], **Ernest** *n.* ショーソン《1855–99; フランスの作曲家》.

chaus·sure [ʃouʃúə | ʃəʊʃúə(r; *F.* ʃosyːr] 〖ME *chauceore* □OF *chaucier* (F *chaussure*) ← *chausser* to shoe < L *calceāre*〗 ── *n.* (*pl.* ~**s** [~]) **1** [集合的]はき物 (footwear). **2** [通例 *pl.*] 靴 (shoe).

Chau·tau·qua [ʃətɔ́ːkwə] 〖□N-Am.-Ind. (Seneca) ~《原義》? one has taken out fish there〗 ── *n.* **1** 米国 New York 州南西端部 Erie 湖の近くにある湖; 長さ 29 km, 幅 1.6–4.8 km; Chautauqua Lake ともいう. **2** その湖の西北部にある町; Chautauqua Institution の所在地. **3** =Chautauqua Institution. **4** [c-] (シャトークア式の)野外文化講演会, 夏期大学. ── *adj.* **1** シャトークア文化運動の. **2** [c-] シャトークア式夏期学校の: a *chautauqua* program. **chau·táu·quan** [-kwən] *n., adj.*

Chautáuqua Institútion *n.* [the ~] シャトークア夏季学校《米国 New York 州 Chautauqua 湖のほとりの広大な施設で, 毎年夏季数千の参加者を集めて教育と娯楽とをかねて行なわれる夏季学校; 350 エーカーの敷地に 85 の施設をもつ; シャトークアでの教育のほか家庭での読書による文化の向上をめざしている; cf. Lyceum 3》.

chau·vin·ism [ʃóuvənɪzm, -və- | ʃə́u-] 〖《1870》□F *chauvinisme* ← *Nicolas Chauvin* (Napoleon を神のように崇拝した一兵卒; H. Cogniard の軽喜劇 *La Cocarde Tricolore* (1831) などで諷刺された): ⇨ -ism〗 ── *n.* **1** 盲目的好戦的愛国心, 狂信的排外主義, ショーヴィニズム (cf. jingoism). **2** (自己の所属する集団・種族・性別などに対する)極端な忠誠[排他主義]: male [female] ~.

cháu·vin·ist [-nɪst, -nəst | -nɪst] *n.* 盲目的愛国者, 狂信的排外主義者. ── *adj.* =chauvinistic.

chau·vin·is·tic [ʃòuvənístɪk, -və- | ʃə̀u-] *adj.* 盲目的好戦的愛国主義(者)の. **chàu·vin·ís·ti·cal·ly** *adv.*

Chavannes *n.* ⇨ Puvis de Chavannes.

Chávez [tʃɑ́ːves; *Sp.* tʃábes], **Carlos** *n.* チャベス《1899–1978; メキシコの作曲家》.

chaw [tʃɔ́ː] 〖《変形》← CHEW〗 *v., n.* 《方言》=chew.

cháw·bàcon 〖《1822》〗 *n.* 田舎者, 田吾作, やぼなやつ (rustic).

chawl [tʃɔ́ːl] 〖□Hindi *cāl* thatched roof〗 *n.* (インドの産業都市の)大棟割長屋.

chay[1] [tʃáɪ] 〖《略》← Tamil *cāya-vēr*〗 ── *n.* 〖植物〗チャイ《東インド産のアカネ科の草本アカネムグラ (*Oldenlandia umbellata*) の根; 赤色染料が採れる; chaya ともいう》.

chay[2] [ʃéɪ] 〖《逆成》← CHAISE: pl. と誤解されたもの〗 *n.* =chaise.

chay·a [tʃáɪ(j)ə] *n.* 〖植物〗=chay[1].

cha·yo·te [tʃɑːjóuṭi, tʃaɪ- | -jə́utɪ] 〖□Sp. ~ □Nahuatl *chayotli*〗 ── *n.* **1** 〖植物〗ハヤトウリ (*Sechium edule*)《熱帯アフリカ産ウリ科の植物》. **2** ハヤトウリの実《セイヨウナシ形で緑か白色; 食用》.

chaz·an [xɑzɑ́ːn, xɑ́ːzən, -zn] *n.* (*pl.* **chaz·an·im** [xɑzɑ́ːnɪm]) =hazan.

chaz·zan [xɑzɑ́ːn, xɑ́ːzən, -zn] *n.* (*pl.* **chaz·zan·im** [xɑzɑ́ːnɪm]) =chazan.

Ch.B. 《略》*L.* Chirurgiae Baccalaureus (=Bachelor of Surgery).

Ch.Ch. 《略》Christ Church, Oxford.

Ch.E. 《略》Chemical Engineer; Chief Engineer.

cheap [tʃíːp] 〖《16C》← 《廃》(*good*) *cheap* (good) bargain < OE *cēap* price, bargain < Gmc **kaupaz* (Du. *koop* / G *Kauf* bargain) □L *caupō* small tradesman, innkeeper: cf. chapman〗 ── *adj.* (~·**er**; ~·**est**) **1 a** (現行値段・実際の価値より)安い, 金のかからない: ~ and nasty 安かろう悪かろう(の) / ~ labor 賃金の安い労働; 割の悪い仕事 / ⇨ dirt cheap. **b** 〈店など〉安い; 安い品物を売る: a ~shop [store] 安い店. **c** 《英》割引きの: at a ~ fare [rate] 割引き運賃で / a ~ car [ticket] 割引電車[切符] / a ~ trip [tripper] 割引料金旅行[旅行者]. **2** 努力[苦労]なしで得られる, 簡単に得られる: a ~ victory 楽勝. **3** 安っぽい, くだらない, つまらない; 軽蔑すべき, ひどい, 卑しい, 俗悪な: a ~ novel 三文小説 / ~ conduct 卑しい行為 / hold something ~ ものを見くびる[軽んずる] / make oneself ~ 自分を安っぽくする, 軽々しく行動する. **4** 金を使わない[使えない]; けちな, しみったれの: a ~ customer. **5** 《俗》**a** 気分[体の具合]が悪い: feel ~ 気分が悪い. **b** 恥ずかしい, きまりが悪い, しょげた (abashed): feel ~ about one's failure 失敗でしょげる. **6** (インフレなどで)金の価値の低い; 低利の: ~ money 低利の金 (↔ dear money) / ~ credit 低利の融通. ── *adv.* 安価に, 安く: buy [get, make] something ~ 物を安く買う[手に入れる, 作る]. ── *n.* ★ 次の成句で: ***on the cheap*** 安く (cheaply): travel *on the* ~. ~·**er** *n.* ~·**ness** *n.*

cheap·en [tʃíːpən] 〖⇨ ↑, -en[1]〗 ── *vt.* **1 a** 安くする, 〈値を〉まける. **b** 《古》値切る. **2** 軽んずる, 安く見る, 見くびる (belittle). **3 a** 粗悪にする; 下品にする. **b** …の評判を落とす: His ill manners ~*ed* him. 自分の無作法で彼の評判は落ちた. ── *vi.* 安くなる, 安価になる.

cheap·ie [tʃíːpi | -pɪ] 〖⇨ -ie 1〗《米俗》*n.* [しばしば *pl.*] 安物; 安物店; 安劇場; 卑しむべき人間. ── *adj.* 安物の.

chéap-jàck *n.* **1** 呼売り商人, 行商人 (hawker, peddler); (特に, たたき売りの)大道商人. **2** 安物売りの商人. ── *adj.* **1** 安っぽい, 下等な, 愚劣な. **2** 大道商人の(ような); (無節操で)便宜主義の, 見境のない.

chéap-jòhn *n., adj.* =cheap-jack.

chéap·ly 〖《1552》〗 *adv.* **1** 安く, 安価に: live ~. **2** 安っぽく, 下品に. **3** 努力もしないで, 楽に.

Cheap·side [tʃíːpsàɪd | ⌐ ⌐, ⌐ ⌐] 〖《原義》the side of Cheap: cf. cheap (n.)《廃》'bargain, market'〗 ── *n.* チープサイド通り《London の the City の中央部を東西に横ぎる大通り; 中世には賑やかな市場であった》.

chéap·skàte 〖⇨ skate[3]〗 *n.* 《米俗》けちん坊, しみったれ; (特に)自分の分担を払わない人.

cheat [tʃíːt] 〖《*c*1378》*chēte*(*n*) 《頭音消失》← *achete*(*n*) 《変形》← *eschete*(*n*) 'ESCHEAT'〗 ── *vt.* **1 a** だます, 欺く, 一杯食わせる: ~ a person at cards トランプで人をごまかす. **b** 〈人を〉だまして〔…を〕取る, かたる (swindle)〔(*out*) *of*〕: ~ a person (*out*) *of* a thing 人を欺いて物を巻き上げる. **c** 〈人を〉だまして〔…〕させる〔*into*〕: ~ him *into* work [working] 彼をだまして働かせる / ~ a person *into* the belief that… 人をだまして…だと信じさせる. **2** うまく逃れる (elude): ~ death [the gallows] 死[絞首刑]を免れる. **3** 《古》〈退屈・悲しみなどを〉まぎらせる (beguile). ── *vi.* **1 a** 詐欺をする, だます. **b** ずるをする, ごまかし[不正]をする, カンニングをする: ~ at cards トランプでいんちきをやる / ~ in [on] an examination 試験でカンニングをする. **2** 《俗》不貞である, 浮気をする〔*on*〕: He ~*s on* his wife. 浮気をしている. ── *n.* **1** 詐欺, 詐取, ごまかし, ぺてん (fraud, swindle). **2** ずるいやつ, 山師, 詐欺師 (swindler, impostor). **3** 〖法律〗詐欺《重罪にならない程度の欺罔(ぎもう)手段によって所有権を譲渡させる行為; コモンロー (common law) 上の軽罪》. **4** 〖植物〗カラスノチャヒキ (*Bromus secalinus*)《イネ科スズメノチャヒキ属の雑草; chess ともいう》.

chéat·er [-ṭə | -tə(r] 〖《1327》*chetour* 《頭音消失》← *eschetour* 'ESCHEATOR'〗 *n.* **1** ごまかす人, 詐欺師. **2** [*pl.*]《米俗》眼鏡 (eyeglasses). **3** [*pl.*]《俗》=falsies.

chéat·ing·ly [-ṭɪŋli | -tɪŋlɪ] *adv.* ごまかして, だまして.

Che·bác·co bòat, c- b- [ʃəbǽkou- | -kəu-] 〖*Chebacco*: 米国 Massachusetts 州の旧教区 Ipswich (現在は Essex) の地名: ここで使われ始めた〗 ── *n.* シャバコー船《もと Newfoundland の漁場で盛んに用いられた船尾の細い漁船》.

che·bec [tʃɪbék, tʃə- | tʃɪ-] 〖擬音語〗 *n.* 〖鳥類〗=least flycatcher.

Che·bo·ksa·ry [tʃèbɑksɑ́ːri | -bɔksɑ́ːrɪ; *Russ.* tʃibəksárʲi] *n.* チェボクサルゥイ《ソ連邦ロシヤ共和国西部, Chuvash 自治共和国の首都, Volga 川中流の河港都市; 人口 292,000》.

che·cha·ko [tʃiːtʃɑ́ːkou | -kəu] *n.* (*pl.* ~**s**) 《口語》=cheechako.

Che·ché·no-In·gúsh Autónomous Sóviet Sócialist Repúblic [tʃɪtʃénou-ɪngúːʃ-, tʃə- | tʃɪtʃénəu-] *n.* チェチェンイングーシ自治ソビエト社会主義共和国《ソ連邦 Caucasus 山脈の北斜面のロシヤ共和国内の自治共和国; 人口 1,159,000, 面積 19,300 km²; 首都 Grozny》.

check [tʃék] 〖《?*a*1300》*chek* defeat (in chess) 《頭音消失》OF *eschec* (F *échec*) □Arab. *šāh* □Pers. *shāh* king (in chess)〗 ── *n.* **1 a** (進行中の突然の)停止; 妨害, 阻害, 阻止: meet with a ~ 妨害に出くわす / without a ~ 邪魔されずに. **b** 防止, 抑制 (restraint): keep [hold, put] inflation *in* ~ インフレを食い止める[抑制する] / have no ~ *on* a person 人に対して抑えがきかない / He could no longer keep his emotions *in* ~. もはや彼は感情を抑えておくことができなかった / ⇨ CHECKS and balances. **2 a** 止めるもの[妨げるもの[人]. **b** 止め具, 制動機, 押え具. **c** (灌漑水のあふれないように作った)堰(せき); 水門. **d** 《米》〖馬具〗=checkrein. **3** 監督, 支配, 管理 (supervision): under the ~ of the president 理事の管理下に[監督の下に]. **4 a** (仕事・機構・機械・事業・実験などの成績・効果・能率などを見出そうとする)観察, 試験: keep a ~ *on* a person's statements 言うことの真偽を確かめる. **b** (観察・試験の結果を考査すべき)査照標準[資料]. **c** 査照; 引合わせ, 照合: a ~ *on* the statistics 統計の照合. **5** 照合のしるし (check mark) (√), 合鑑記号, 記入済の印. **6 a** (預り品・確認などのための)合札, チッキ: a ~ for a coat (携帯品預り所などで)オーバーを預けた(代わりの)札 / a baggage ~ 手荷物を預けた合札[チッキ]. **b** 《米》(商店や食堂の)伝票, 勘定書 (bill); 領収証 (receipt). **c** 《米》(ギャンブルの) 数取り (counter, chip). **d** 《米》=checkroom. **7** 〖偽造を阻止するものの意から〗《米》小切手 (《英》cheque): draw a ~ 小切手を振り出す / pay by ~ 小切手で支払う. **8** 〖《略》← CHECKER[1]〗 **a** チェック, 市松模様《チェッカー盤 (checkerboard) や碁盤に似た四角い柄; cf. checker[1] 1 a》. **b** チェック柄の織物, プリント地. **c** (チェック柄の)一目. **9** 《廃》譴責(けんせき), 非難 (rebuke); 懲戒 (reprimand). **10** 〖農業〗正条植えを容易にする方形区画. **11** 〖音声〗抑止音 (cf. checked 2). **12 a** 〖石工〗切込み, 合欠(あいかき). **b** 〖木工〗(木材の)乾裂(かんれつ), 干割(ひわれ), 木口割れ (cf. shake *n.* 7 b). **13** 〖アイスホッケー〗チェック《相手選手を阻止すること》: ⇨ board check, body check. **14** 〖チェス〗王手, チェック (cf. checkmate): The king is in ~. キングに王手がかけられている. **15** 〖狩猟〗猟犬が獣の臭跡を失うこと. **16** 〖鷹狩〗鷹が当の獲物を追跡することを中断すること (⇨ *vi.* 7). **17** 〖トランプ〗=chip[1] *n.* 4 a.

cash in one's checks ⇨ cash 成句. ***discover check*** 〖チェス〗(中間にある駒を移動させて)チェックをする, 開(あ)き王手をかける (cf. discovered check). ***hand* [*pass*] *in one's checks*** =CASH *in one's checks.*

checks and balances 〖政治〗抑制と均衡《統治機構の各部門に相互の行為を修正または拒否する権限を与えることによって, それぞれ憲法上の機能が適切に維持されるよう工夫された制度[原理]》.

── *vt.* **1 a** 〈進行中のものを〉急に止める: ~ one's steps 急に歩みを止める / He walked on but ~*ed* himself at the corner. 彼は歩き続けたが, 角の所で急に立ち止まった. **b** 食い止める, せき止める, さえぎる, 阻止する, 妨害する: ~ a person in his course [work] 人の進路[仕事]を妨げる / ~ the advance of the enemy 敵の進撃を食い止める. **2** 控え目にする, 加減する, 抑制する: ~ inflation インフレを抑制する / He could not ~ his indignation. 憤りを抑えることができなかった. **3 a** 〈実験・仕事・能率などを〉〔査照標準・原文などに照して〕調査[確認]する; 査照する, …の引き合わせをする, 照合する〔*with, against*〕: ~ the copy *with* [*against*] the original 写しを原文に照合して確認する. **b** …の正確さ[安全性, 性能など]を調査[確認]する; 点検する, 検査する, 調べる 〈*out*〉: ~ a car *out* 車検をやる / ~ a ship for radiation 船の放射能を検査する / ~ the contents of the pockets ポケットの中味を調べる. **c** 《米》…に照合のしるし (√) を付ける 〈*off*〉: ~ *off* the names of students. **4** 《米》**a** (合札[チッキ]を受け取って)預ける, 一時預けにする: *Check* your camera at the door. カメラは入口でお預け下さい / Small parcels ~*ed* here. [掲示]手荷物お預り致します. **b** 〈手荷物を〉チッキで送る: ~ a trunk through to Chicago トランクをシカゴまでチッキで送る. **c** 〈荷物の〉出港手続きを取る. **5** 〖← CHECK (n.) 8〗…に碁盤縞[市松模様]を付ける. **6** 〖← CHECK (n.) 7〗《米》小切手で〈現金を〉引き出す, 小切手で支払う (《英》cheque) 〈*out*〉. **7** 《口語・方言》〈上官などが〉…に小言を言う, 叱る. **8** 〈材木・ペンキ〉に干割(ひわれ)を作らせる. **9** 〖海事〗〈繰り出すロープなどを〉抑えて徐々にゆるめる. **10** 〖農業〗=checkrow. **11** 〖チェス〗〈キング〉にチェック[王手]をかける: ~ a king. **12** 〖アイスホッケー〗〈相手選手を〉阻止する (cf. back-check).

── *vi.* **1** (障害などに会って)急に停止する: The bus ~*ed* with a jolt. バスは激しく揺れて急停止した. **2** 《米》**a** (照合して)調べる, 確認する〔*on*〕: ~ *on* his safety = ~ to be sure that he is safe 彼の安否を確認する. **b** (照合してみて)一致[符合]する (tally) 〈*up*〉〔*with*〕: The copy ~*s up with* the original. その写し

は原本とぴったり合っている. **c** [命令形で]《口語》その通りだ, よろしい, 承知した (Right!, Agreed!). **3** 《米》小切手を書く[振り出す]〔*upon, for, against*〕. **4** 〈木材・ペンキが〉ひびが入る (crack), 干割が生じる (split). **5** 《廃》立腹する, 腹を立てる〔*at*〕. **6** 〘チェス〙 **a** チェック[王手]をする. **b** [命令法で]王手, チェック. **7** 〘鷹狩〙〈鷹が〉当の獲物をきらって他のつまらない小鳥などを追っかける〔*at*〕. **8** 〘狩猟〙〈猟犬が〉(獣の臭跡を失って)立ち止まる (halt). **9** 〘トランプ〙(ある方式のポーカーで) チェック(と宣言)する, 手控える《2回目の賭 (betting) でいったん態度を保留し, 相手が賭けた後で改めて賭けるという意思表示》.

check in (*vi.*) (1) (ホテルなどで)所定の手続き用紙に記名する, 記帳する, チェックインする: ～ *in at* a hotel. (2)《口語》(タイムレコーダーなどで)出勤[到着]を届ける: 到着する (arrive). (*vt.*) 〈人・書物など〉の到着を記録する. ***check into*** 〈ホテルなど〉に記帳する, チェックインする: ～ *into* a hotel. ***check off*** (*vt.*) (1) ⇨ *vt.* 3 c. (2) これ以上考慮に入れない. (3) 〈組合費を〉天引き[チェックオフ]する. (4)〘アメリカンフットボール〙〈作戦を〉変える (cf. checkoff 2). ***check out*** (*vi.*) (1) (ホテルで)勘定を支払って出る: ～ *out of* a hotel. (2)《口語》(タイムレコーダーなどで記録して)退庁[退社]する; 去る (leave). (3) 必要条件を満たす, 性能テストに合格する. (4)《俗》死ぬ. (*vt.*) (1) (図書館で)〈本などを〉借り出す. (2) ⇨ *vt.* 3 b. (3) ⇨ *vt.* 6. ***check over*** 調べる, 調査する. ***check up*** (*vt.*) (照合して)調べる: ～ *up* the matter. (*vi.*) (1) ⇨ *vi.* 2 b. (2) 調べる, 検討する, 照合する〔*on*〕: ～ *up on* his statement 彼の陳述を検討する.

— *attrib. adj.* **1** 阻止[加減, 抑制]に役立つ. **2** 照合用の, 照合に役立つ. **3** 格子縞模様の (checked): wear one's ～ suit チェックのスーツを着る.

chéck·less *adj.* **chéck·a·ble** [-kəbl] *adj.*

chéck·bàck *n.* 照合; (特に, 逆順での)点検, 検査.

chéck bèam *n.* 〘航空〙(視野のきかない時)操縦者が着陸前に位置を確認するための電波.

chéck·bòok *n.* 小切手帳.

checked *adj.* **1** 市松模様の, 碁盤縞の, チェックの (cf. checkered 1): a ～ dress, tablecloth, etc. **2** 〘音声〙〈音節が〉閉じた (closed), 閉音節の《子音で終る》; 〈母音が〉閉音節 (closed syllable) に現われる (cf. free 17): ⇨ checked syllable, checked vowel. 「ど).

chécked sýllable *n.* 〘音声〙閉音節《cat, seem な

chécked vówel *n.* 〘音声〙抑止母音《英語の短母音 [e], [æ], [ʌ] のように閉音節にしか現われない母音; cf. free vowel》.

check·er[1], 《英》 **cheq·uer** [tʃékə | -kə(r)] 〘《?*a*1300》 *cheker* 《頭音消失》← ME *escheker* ⊏ AF ＝OF *eschekier* chessboard ← OF *eschec* 'CHECK 8'〙 — *n.* **1 a** [しばしば *pl.*] 碁盤縞, 市松模様, チェス盤を思わせるような模様 (cf. checked 1). **b** (チェス盤を思わせる)配色[色どりの配色]. **c** チェック柄の布地[素材]. **2 a** [*pl.*] ⇨ checkers. **b** 《米》チェッカーの駒 (checkerman). **3** [*pl.*]〘窯業〙＝ckeckerwork 3. **4** [the ～]《俗》適切なもの; 最も適切な状態. **5** 《古》＝chessboard. **6** 〘植物〙＝service tree 1. — *vt.* **1 a** 碁盤縞模様にする. **b** 色とりどりにする. **2** いろいろに変化させる, 多彩にする (diversify).

chéck·er[2] *n.* **1** 照合者, 調査者. **2** (帽子・手荷物などの)一時預り人. **3** (スーパーマーケットまたはカフェテリアの)出納係, レジ係.

chécker·bèr·ry [-bèri | -bəri, -bèri] 〘← CHECKER[1] 6 (その実の外見から)＋BERRY〙 — *n.* 〘植物〙 **1 a** ヒメコウジ (⇨ wintergreen 1). **b** ヒメコウジの赤い実《食用になる》. **2** 《俗用》ツルアリドオシ(の実) (partridgeberry).

chécker·blòom 〘*checker*: ← ? CHECKER[1]〙 *n.* 〘植物〙米国西部原産の紫色の花が咲くアオイ科の多年草 (*Sidalcea malvaeflora*).

chécker·bòard 《米》 *n.* **1** チェッカー盤 (《英》draughtboard)《checkers や chess に用いる盤; ⇨ checkers, chess[1] 挿絵》. **2** チェッカー盤状のもの, 市松模様(のもの): the ～ type of streets 格子形道路網. — *vt.* 市松模様にする[並べる].

chécker-brick *n.* 〘窯業〙 **1** ＝checkerwork 3. **2** チェッカーブリック, 格子積煉瓦《蓄熱室の内部に格子積するれんが》.

chéck·ered *adj.* 《米》 **1** 碁盤縞の, 市松模様の: a ～ flag (自動車レースの)チェッカーフラッグ. **2** 色彩がさまざまに変化した; 光と影が交錯した. **3** 変化に富んだ: a ～ life 波瀾(はらん)万丈の生涯.

chéckered lily [dáffodil] *n.* 〘植物〙バイモ《ユリ科バイモ属 (*Fritillaria*) の球根植物の総称》; (特に)＝guinea-hen flower.

check·er·ing [-k(ə)rɪŋ] *n.* 銃のグリップ[握り部]などの滑り止めのための格子状彫刻 (⇨ rifle[1] 挿絵).

chécker·man [-mən] *n.* (*pl.* **-men** [-mən, -mèn]) 《米》(チェッカーの) 駒 (checker) (《英》draughtsman).

check·ers [tʃékəz | -kəz] 〘(pl.) ← CHECKER[1] 5〙 *n. pl.* 《米》[単数扱い] チェッカー (《英》draughts)《各 12 の駒をもって遊ぶはさみ将棋に似た遊戯》.

checkers

chécker·spòt *n.* 〘昆虫〙＝chalcedon《checkerspot butterfly ともいう》.

chécker trèe *n.* 〘植物〙＝service tree 1.

chécker·wìse *adv.* 碁盤縞[市松模様]に.

chécker·wòrk *n.* **1** 碁盤目[市松模様]細工. **2** (人生の)浮き沈み, 盛衰 (vicissitude). **3** 〘窯業〙格子積, 空積(からづみ)《蓄熱室の内部に, 空気・ガスの通路を作るように互いに格子状に積まれている耐火れんが積》.

chéck·hòok *n.* 〘馬具〙(止め手綱 (checkrein) の端を引っ掛ける鞍の)引っ掛け鉤(かぎ).

chéck-ìn *n.* (ホテルなどの)宿泊の手続き, チェックイン (cf. check-out).

chéck·ing accòunt *n.* 《米》当座預金《小切手を振り出すことによって, 予告なしにいつでも預金を引き出すことができる要求払預金; cf. savings account》.

chécking ròom *n.* 《米》＝checkroom.

chéck kèy *n.* 《英》＝latchkey.

chéck·lìne *n.* 〘海事〙チェックライン《岩壁へ船を横付けにする場合, 陸上側の係船杭に索端をとめた大索を船上の係船杭へ導いて, ここで索を抑えることによって船の行きあしを止めるための索》.

chéck·list *n.* **1** 〘図書館〙チェックリスト《雑誌・図書などの照合・参照に便利なリスト; cf. finding list》; 包括リスト: a ～ of editions of an author 著作(包括)リスト. **2** 《米》(照合・参照のための)一覧表, カタログ (catalog). **3** 選挙人照合簿 (checkroll)《選挙の時に投票所に投票のために来た人の名をチェックするための選挙人の名簿》. 「ける.

chéck·màrk *vt.* …にチェック[照合]のしるしをつ

chéck màrk *n.* チェック[照合]のしるし (✓)《あることが照合・承認・考慮されたことを示すしるし》.

check·mate [tʃékmèɪt | ⌣⌣, ⌣⌣] 〘《*c*1385》 *chek mat* ⊏ OF *eschec mat* ⊏ Arab. *šāh māt* the king is dead (in chess): ⇨ check, mat[2]〙 — *int.* 〘チェス〙詰み, チェックメイト《この意味では通例 Mate!; cf. check *vi.* 6 b》. — *n.* **1** 〘チェス〙 **a** 王手詰み, 詰めの手 (cf. stalemate 1). **b** 王手詰みの時のキング[駒]の配置. **2** (事業などの)行き詰まり; 大失敗, 大敗北. — *vt.* **1** 〘チェス〙王手詰みにする, 詰める (mate). **2** 〈計画などを〉行き詰まらせる, 失敗させる; 阻止する.

chéck nùt *n.* 〘機械〙止めナット (lock nut).

chéck·òff *n.* チェックオフ: **1** (賃金からの)組合費天引き制度. **2** 〘アメリカンフットボール〙ハドル (huddle) で決めた作戦を直前に変更すること.

chéck·òut *n.* **1 a** (ホテルなどの)支払いを済ませて部屋をあける手続き, チェックアウト. **b** (それまでに手続きを済ませるべき, ホテルの)チェックアウトタイム. **2** (スーパーマーケットなどでの)勘定; 勘定台[所]: a ～ counter (出口近くにある)勘定台, カウンター. **3** (機械・飛行機などの)性能[適性]検査, 点検. **4** (パイロットなどが飛行機などの)操作に習熟すること, 慣熟.

chéck·pòint *n.* **1** 検問所. **2** 〘航空〙標識となる地形.

chéck·rèin *n.* 〘馬具〙止め手綱, 引きつけ手綱《馬の頭を下げさせないための補助手綱; bearing rein ともいう》.

chéck·ròll *n.* **1** ＝checklist. **2** ＝muster roll.

chéck·ròom *n.* **1** 《米》(ホテル・劇場・クラブなどの)携帯品預り所 (cloakroom). **2** (駅などの)手荷物一時預り所 (《英》left-luggage office).

chéck·ròw [-ròu | -rəu] 〘農業〙 *n.* 正条うね《トウモロコシ畑のように苗と苗の間隔が前後左右同一になるように植えたうね》. — *vt.* 正条植えにする.

chéck·ùp *n.* **1 a** 照合, 引合わせ. **b** (仕事の能率・機械の状態などの)試験, 検査, 総点検 (cf. spot check): a ～ committee (会計)監査委員会. **2** 健康診断: a medical ～ 健康診断 / go to the hospital for a (physical) ～ 健康診断に病院へ行く.

chéck vàlve *n.* 〘機械〙逆止め弁.

chéck·wèighman *n.* (*pl.* **-men**) 重量検査人; (特に, 炭鉱の労働者側の)検量監視人《checkweigher ともいう》.

chéck·wrìter *n.* 小切手金額印字機, チェックライター《数字の書換え防止のための刻み込み印字をする機械》.

check·y [tʃéki | -kɪ] 〘《頭音消失》← OF *eschequé* (p.p.) ← *eschecker* to mark with checks: ⇨ check 8, -y[4]〙 — *adj.* (**check·i·er, -i·est; more ～, most ～**) **1** ＝checkered. **2** 〘紋章〙チェック模様の《紋章学ではチェックの数が 20 以上のもののみを指す; ⇨ heraldry 挿絵 E》.

Ched·dar [tʃédə | -də(r)] 〘《1666》← OE *Ceodre* ← *cēod* pouch: 英国 Somerset 州の原産地名》〙 — *n.* チェダー(チーズ)《もと英国産の上質チーズをいったが, 今は米国製のチーズをもいう; Cheddar cheese, American cheese [cheddar] ともいう》.

Chéddar pìnk *n.* 〘植物〙ヨーロッパ原産の桃色の花が咲くナデシコ (*Dianthus gratianopolitanus*).

chedd·ite [ʃédaɪt, tʃéd-] 〘← *Chedde* (これが最初に製造されたフランス Savoy 地方の地名): ⇨ -ite[1]〙 — *n.* 〘化学〙チェダイト, シェディット《塩素酸カリを油性物質とニトロ化合物と混合して作る爆薬》.

che·der [xéɪdə, xédə | -də(r)] *n.* ＝heder.

chee·cha·ko [tʃiːtʃɑ́ːkou, -tʃɔ́ːk- | -kəu] 〘⊏ Chinook *chee chahco* ← *t'shi* new＋Nootka *chako* to come〙 — *n.* (*pl.* ～**s**) (*also* **chee·cha·co** [～])《口語》(アラスカ・米国北西部で)新参者 (cf. sourdough 2).

chee-chee [tʃíːtʃìː] 〘《1781》⊏ ? Hindi *chī-chī* dirt, filth〙 *n.* [軽蔑的に]欧亜混血人.

cheek [tʃíːk] 〘OE *cē(a)ce, ceoce* jaw, jawbone < (WGmc) **kǣkōn* (MLG *kāke* / Du. *kaak*): OE *ceoce* は *cēace* の変形か〙 — *n.* **1** 頰(ほお)《口の両側, または目と顎(あご)の間の側面の部分》: He kissed her on the ～. 彼女の頰に口づけした. ★ ラテン語系形容詞: buccal. **2 a** [*pl.*] (器具などにおいて, 頰に類する)側面; (ハンマーの)頭の側面: the ～*s* of a vise 万力のあご. **b** 〘建築〙戸口の側柱. **c** 〘木工〙(木材の)木口(こぐち). **d** 〘時計〙チーク《円弧誤差を少なくするため振り子の吊りばねの両側に設けられる1対の弧形案内板; chop ともいう》. **e** 〘機械〙チーク《滑車の外殻の両側面》; 殻側. **3** 《口語》厚かましさ, ずうずうしさ, 生意気; 生意気な言葉 (impudence): give ～ 生意気なことを言う / have plenty of ～ つらの皮が千枚張り / have the ～ to do [say] so 失礼[小癪(こしゃく)]にもそんなことをする[言う] / None of your ～! 生意気言うな. **4** [the cheeks]《俗》しり, 臀部(でんぶ) (buttocks). **5** 〘海事〙チーク《ロアーマストの檣頭縦材を支える両側の板材》. **6** 〘金属加工〙中継ぎわく (false cheek).

cheek by jowl (頰と顎が接しているように)ぴったり密接して; 緊密に (intimately)〔*with*〕: They lived ～ *by jowl with* him in the same house. 彼らは同じ家に彼と仲よく住んでいた. ***cheek to cheek*** 頰をすり寄せて: dance ～ *to* ～ with her 彼女とチークダンスをする. ***to one's own cheek*** 《口語》(人と共有しないで)自分専用に, 一人占めで. ***turn the other cheek*** 《cf. *Matt.* 5:39, *Luke* 6:29》(攻撃されても)報復しない. ***with one's tongue in one's cheek*** ⇨ tongue *n.* 成句.

— *vt.* 《口語》 **1** …に生意気[無礼]な口をきく: ～ a person 人に生意気な口をきく. **2** からかう (tease).

chéek blòck *n.* 〘海事〙チークブロック《マストやダヴィットに固定されている滑車》.

chéek·bòne *n.* 〘解剖〙頰(きょう)骨, ほお骨.

chéek cùt *n.* 〘木工〙(棰(たるき)を隅木などに取り付けるための)斜め切り《side cut ともいう》.

cheeked *adj.* [通例複合語の第2構成素として] (…の)頰をした: rosy-*cheeked*.

cheek·ful [tʃíːkfùl] *n.* 頰いっぱい.

chéek·pìece *n.* **1** (馬の轡(くつわ)の両端にある)馬銜(はみ)の棒. **2** ＝cheek strap.

chéek pòuch *n.* (サル・リスその他の哺乳類の)頰袋《食物をここに一時貯蔵する》.

chéek stràp *n.* 頰革《頭絡(とうらく)の一部で, 馬の頰を通って頂(ちょう)革を馬銜(はみ)または鼻革と結び付けている一対の皮紐の一つ; ⇨ bridle 挿絵》.

chéek-to-chéek *attrib. adj.* 頰をすり寄せてする: ～ dancing チークダンス.

chéek tòoth *n.* 臼歯, 奥歯《molar ともいう》.

cheek·y [tʃíːki | -kɪ] 〘《1859》← CHEEK＋-Y[4]〙 — *adj.* (**cheek·i·er; -i·est**) **1** 《口語》小癪(こしゃく)な, 生意気な, ずうずうしい. **2** 犬の両頰がいちじるしく丸みをおび, 肉厚く突き出している. **chéek·i·ly** [-kɪli, -kə- | -kɪ] *adv.* **chéek·i·ness** *n.*

cheep [tʃíːp] 〘《1513》擬音語〙 — *n.* **1** (ひな鳥などの)ぴよぴよ[ちゅーちゅー]鳴く声 (chirp). **2** [通例否定構文で] 音, 言葉: *Not* a ～ could be heard. ひとことも聞こえなかった. — *vi.* **1 a** 〈ひな鳥が〉ぴよぴよと鳴く (chirp, peep). **b** 〈小ねずみなどが〉ちゅーちゅー鳴く (squeak). **2** [しばしば否定構文で]小さな音を発する; ひとこと言う; He did*n't* even ～. うんともすんとも言わなかった. — *vt.* ぴーぴー声で言う.

chéep·er *n.* ぴーぴー鳴くひな; (特に)ヤマウズラ (partridge) [ライチョウ (grouse), ウズラ (quail)] のひな.

cheer [tʃɪ́ə | tʃɪ́ə(r)] 〘《?*c*1200》 *chere* face, frame of mind ⊏ AF ＝OF *ch(i)ere* face (F *chère* cheer) < LL *caram* face ⊏ Gk *kárā* head, face: ← IE **ker-* head, horn: 現在の意味は *good cheer* から〙 — *n.* **1 a** 喝采 (applause), 歓呼, 万歳: give a ～ 喝采する / give three ～*s* (for…) (…のために)万歳を三唱する《Hip, hip,—hurrah [hurray]! を三度繰り返す》/ two ～*s* 《皮肉》控えめな熱意《万歳を三度でなく二度程度の喝采》/ take the ～*s* of the crowd 群集の歓呼にこたえる / I was greeted with ～*s*. 万歳の声で迎えられた. **b** 《米》(大学などの)応援(の文句); 声援. **c** [*pl.*; 間投詞的に用いて] 乾杯, 健康を祝して: '*Cheers!*' he spoke and drank his whiskey. 「乾杯」といってウイスキーを飲んだ. **2 a** 陽気, 快活: make ～ 陽気にやる. **b** 喜ばせるもの; 励まし, 激励; 慰め: words of ～ 激励の言葉. **3** 食物, ごちそう: Christmas ～ / ⇨ good cheer / The fewer the better ～. 人数が少なければそれだけ多く食べられる. **4** 気分, 機嫌; 元気: ⇨ good cheer / What ～? ご機嫌はいかが. **5 a** 《廃》顔. **b** 《古》顔つき, 表情: a man of sorrowful ～ 悲しげな顔つきの人.

— *vt.* **1** 喝采する, やんやとはやす: The winner was ～*ed* by the crowd. 勝利者は群衆に歓呼の声で迎えられた. **2** 声援する〈*on*〉: ～ persons (*on*) to victory 声援を送って勝たせる. **3** 喜ばせる, 慰める. **4** 元気づける〈*up*〉: ～ *up* a sick person 病人を元気づける / The news ～*ed* everyone. その知らせを聞いて一同元気づいた. — *vi.* **1** 喝采する. **2** 元気づく〈*up*〉: ～ *up* at… を見て[聞いて]元気づく / *Cheer up!* 元気を出せ. **3** 《廃》…の気分である: How ～'*st* thou, Jessica? ジェシカ, 気分はどうだい (Shak., *Merch V* 3. 5. 75). **～·er** *n.*

cheer·ful [tʃíəfəl | tʃíə-] 〘(?a1400): ⇨ cheer, -ful〙 ― *adj.* **1** 機嫌のいい, にこにこした, 元気のいい, 快活な. **2** 気分を引き立てるような, 陽気な, 楽しい; 楽観的な: a ～ conversation, song, fireside, etc. / ～ surroundings / That's a ～ remark. 《反語》そいつは聞き捨てならない. **3** 喜んでする, 進んでする: a ～ giver [worker] 進んで物を与える[仕事をする]人. **～·ly** *adv.* **～·ness** *n.*

cheer·i·o [tʃí(ə)rióu, ⸗⸗⸗ | tʃìəriə́u] 〘(1910) ← CHEERY＋-O(＝OH)〙 ― *int.* 《英口語》 **1** (別離の時に言う)さようなら, ご機嫌よう. **2** (時に, 乾杯で)おめでとう, 乾杯.

chéer·lèad [-lìːd] *vt.* …のチアリーダーをつとめる.

chéer·lèader *n.* 《米》チアリーダー《アメリカンフットボールの試合などで観衆の応援をリードする応援員》.

chéer·lèading *n.* 《米》チアリーダーの技術.

chéer·less *adj.* 喜び[楽しみ]のない, 気の滅入るような, 不愉快な, 陰気な; 佗しい. **～·ly** *adv.* **～·ness** *n.*

chéer·ly 〘ME〙 *adj.* 《古》＝cheerful. ― *adv.* **1** [主に水夫が掛け声として]元気に. **2** 陽気に, 元気に, 上機嫌で.

cheer·o [tʃí(ə)rou | tʃíərəu] *int.* ＝cheerio.

cheer·y [tʃí(ə)ri | tʃíəri] *adj.* (**cheer·i·er**; **-i·est**) **1** 愉快な, 上機嫌の; 陽気な, 楽しい, 元気のいい. **2** 元気[活気]づける. **chéer·i·ly** [-rɪli, -rə- | -rɪ] *adv.* **chéer·i·ness** *n.*

cheese[1] [tʃíːz] 〘OE *cēse* < (WGmc) **kāsi* (Du. *kaas* / G *Käse*) ▭ L *cāseus* cheese〙 ― *n.* **1 a** チーズ: ⇨ BREAD *and cheese.* **b** (一定の形に固めた)チーズ《円筒形・車輪形・球形が多い》. **2 a** 形状・堅さ・成分・においがチーズに似たもの. **b** りんご酒を造る際のりんごの搾りかす. **c** ＝skittle ball. **d** 《口語》(幼児のもどす)半分消化した牛乳. **e** クリームチーズ程度の堅さのジャム: ⇨ damson cheese. **3 a** 《学生俗》微笑 (smile). **b** 《俗》写真屋が言う cheese (笑って)という言葉: Say ～. 笑ってください. **4** 《廃》丁重な挨拶, 深いおじぎ. **5** 〘← CHEESECAKE〙《米俗》かわいい娘(こ)ちゃん. **6** 〘金属加工〙インゴットの縦断面. ***hard cheese*** 《英俗》[通例, 間投詞的に]お気の毒さま; 気の毒. ***make cheeses*** 〈女が〉腰を低くかがめて挨拶する; 回転してスカートをふくらませる.
― *vi.* 《口語》〈幼児が〉半分消化したミルクをもどす.
― *vt.* 〘金属加工〙〈インゴットやビレットを〉(チーズ形断面に)鍛造する.

cheese[2] [tʃíːz] 〘(1812) 《変形》 ← ? CEASE〙 *vt.* 《俗》やめる (stop). ★ 主に次の成句で. ***Cheese it!*** (1) やめろ, よせ; 静かに. (2) 気をつけろ; 逃げろ.

cheese[3] [tʃíːz] 〘(1818) ▭ ? Urdu *chīz* thing ← Pers.〙 ― *n.* 《俗》 **1** [the ～] (正に)そのもの: That's *the* ～. (正に)それだ. **2** 一流のもの. **3** 《米》重要な人, ボス: a big ～ お偉方.

chéese·bòard *n.* チーズボード, チーズ板《チーズを上で切って供するボード》.

chéese·bòx *n.* 《米俗》安売り住宅, マッチ箱住宅.

chéese·bùrg·er [-bə̀ːgə | -bə̀ːgə(r)] 〘← CHEESE[1]＋(HAM)BURGER〙 *n.* チーズバーガー.

chéese·càke *n.* **1** チーズケーキ《カテージチーズ・クリームチーズなどに卵・牛乳・砂糖などを加えて焼いたデザート用ケーキ; パイ皮に流し込んで焼く場合もある》. **2** 《俗》セクシーな女性のヌード写真, (脚線美の)カバーガール《leg art ともいう; cf. beefcake 1》.

chéese·clòth *n.* 目のあらい薄地の綿布・寒冷紗(しゃ)《もとチーズを作る時に用いたが, 現在ガーゼの衣服・カーテンなどに用いる》.

chéese cùtter *n.* チーズ切り, チーズカッター.

cheesed 〘⇨ cheese[2]〙 *adj.* 《英俗》うんざりした, あきあきした ⟨*off*⟩.

chéese flỳ *n.* 〘昆虫〙チーズバエ (*Piophila casei*)《チーズ・ハムなど脂肪性物質に集まる》.

chéese-hèad *adj.* 〘機械〙〈ねじ・ボルトが〉平頭の《円筒形の頭をもったものにいう》.

chéese-hèaded *adj.* 〘機械〙＝cheese-head.

chéese·màker *n.* チーズ製造業者.

chéese·màking *n.* チーズ製造.

chéese mìte *n.* 〘動物〙チーズにつくコナダニ; (特に)アシブトコナダニ (*Acarus siro*)《古いチーズの中にわくコナダニの一種》.

chéese·mònger *n.* 《英》チーズ屋《バター・チーズなどを売る人》.

chéese·pàring *n.* **1** チーズ皮の削りくず; つまらないもの, くだらないもの. **2** けちんぼう根性, 吝嗇(りんしょく). ― *adj.* けちけちした, 吝嗇な (stingy).

chéese rènnet 〘牛乳の凝固剤として使われることから〙 *n.* 〘植物〙＝yellow bedstraw.

chéese scòop *n.* (製造中の試食用)チーズすくい取り器.

chéese skipper *n.* 〘昆虫〙チーズバエ (cheese fly) の幼虫《小型の蛆で跳躍する; cf. skipper[1] 3 a》.

chéese stràw [stìck] *n.* チーズストロー[スティック]《折り込みパイ生地におろしたチーズをふりかけてから細長い棒状に焼いた菓子》.

chéese vàt [tùb] *n.* チーズ凝固用の大桶.

chees·y[1] [tʃíːzi | -zɪ] 〘ME〙 ― *adj.* (**chees·i·er**; **-i·est**) **1** (におい・堅さなど)チーズのような. **2** 《俗》安っぽい, 低級な, 下等な, ちゃちな. **3** 〘病理〙＝caseous 2. **chées·i·ness** *n.*

chees·y[2] [tʃíːzi | -zɪ] 〘⇨ cheese[3]〙 *adj.* 《俗》格好のいい (stylish); 一流の (first-rate). **chées·i·ness** *n.*

chee·tah [tʃíːtə | -tə] 〘(1781) ▭ Hindi *cītā* ← Skt *citrakāya* tiger, panther ← *citra* spotted＋*kāya* body〙 ― *n.* (*also* **chee·ta** [～]) 〘動物〙チータ (*Acinonyx jubatus*)《アジア南西部およびアフリカ産ネコ科のヒョウ (leopard) に似た動物》.

Chee·ver [tʃíːvə | -və(r)], **John** *n.* (1912–) 米国の小説家; *The Wapshot Chronicle* (1957).

chef [ʃéf; *F.* ʃɛf] 〘(1842) ▭ F ～ 'chief'〙 *n.* **1** コック長, 料理人頭, シェフ (head cook). **2** コック, 料理人 (cook). **～·dom** *n.*

chef de cuisine [ʃéf-də-kwizíːn; *F.* ʃɛfdəkwizin] 〘▭ F ～ 《原義》head of kitchen〙 *n.* コック長.

chef-d'oeu·vre [ʃeɪdə́ːvr(ə), ʃèf-, -dɔ́ːv | ʃeɪdɔ́ːvr, -və(r; *F.* ʃɛdœːvr] 〘(1762–71) ▭ F ～ 'chief (piece) of work'〙 ― *n.* (*pl.* **chefs-d'oeu·vre** [～]) 傑作, 名作 (masterpiece).

Che·foo [tʃʌ́fúː; *Chin.* tʂīfú] *n.* 芝罘(ﾁｰﾌｰ)《中国山東省 (Shantung) の海港; 人口 250,000; Yentai (煙台)の旧名》.

chéf's sálad *n.* シェフサラダ《レタス・トマト・セロリにゆで卵や細切りの肉, チーズなどを加えた量のあるサラダ》.

Ché Gue·va·ra [tʃéɪ-gevάːrə; *Sp.* tʃégebára] *n.* チェゲバラ《Ernesto GUEVARA の通称》.

cheil- [kaɪl] (母音の前に来る時の) cheilo- の異形 (⇨ chilo-).

-chei·li·a [káɪliə | -lɪə, -ljə] ＝-chilia.

chei·li·tis [kaɪláɪtɪs, -təs | -tɪs] 〘← NL ～: ⇨ chilo-, -itis〙 *n.* 〘病理〙口唇炎.

chei·lo- [káɪlo(ʊ) | -lə(ʊ)] ＝chilo-. ★ 母音の前では通例 cheil- になる.

chei·lo·plas·ty [káɪlo(ʊ)plæ̀sti | -lə(ʊ)plæ̀stɪ] 〘← CHILO-＋-PLASTY〙 *n.* 〘外科〙(口)唇形成(術).

chei·lot·o·my [kaɪlάṭəmi | -lɔ́təmɪ] 〘← CHILO-＋-TOMY〙 *n.* 〘外科〙 **1** 口唇切開(術). **2** (長骨関節端の)外骨切除(術).

chei·r- [kaɪr | kaɪ(ə)r] (母音の前に来る時の) cheiro- の異形 (⇨ chiro-).

chei·ro- [káɪro(ʊ) | káɪ(ə)ro(ʊ)] ＝chiro-. ★ 母音の前では通例 cheir- になる.

chei·rog·no·my [kaɪrάgnəmi | kaɪ(ə)rɔ́gnəmɪ] *n.* ＝chirognomy.

chei·ro·graph [káɪrəgræ̀f | káɪ(ə)rə(ʊ)grὰːf, -græ̀f] *n.* ＝chirograph.

chei·rog·ra·pher [kaɪrάgrəfə | kaɪ(ə)rɔ́grəfə(r] *n.* ＝chirographer.

chei·ro·graph·ic [kàɪrəgræ̀fɪk | kàɪ(ə)rə(ʊ)-] *adj.* ＝chirographic.

chèi·ro·gráph·i·cal [-fɪkəl, -fə- | -fɪ-] *adj.* ＝chirographical.

chei·ro·man·cer [káɪrəmæ̀nsə | káɪ(ə)rə(ʊ)mæ̀nsə(r)] *n.* ＝chiromancer.

chei·ro·man·cy [káɪrəmæ̀nsi | káɪ(ə)rə(ʊ)mæ̀nsɪ] *n.* ＝chiromancy. **chei·ro·man·tic** [kàɪrəmǽnṭɪk | kàɪ(ə)rə(ʊ)mǽnt-] *adj.* **chèi·ro·mán·ti·cal** *adj.*

chei·rop·ter [kaɪrάptə, ⸗⸗⸗ | kaɪ(ə)rɔ́ptə(r)] *n.* 〘動物〙＝chiropter.

chei·rop·ter·ous [kaɪrάptərəs | kàɪ(ə)rɔ́p-] *adj.* 〘動物〙＝chiropteran.

Che·ju [tʃíːdʒuː] *n.* 済州(島)《韓国南沿岸沖にある島; 人口 366,000, 面積 1,810 km²》.

Che·ka [tʃéɪkɑː; *Russ.* tʃékə] 〘(1921) ▭ Russ. ～ ← *che*＋*ka*: *Chrezvychainaya Komissiya* Extraordinary Commission の頭字〙 ― *n.* (ロシヤの)チェーカ, 非常委員会《反革命運動・サボタージュおよび投機取締非常委員会 (1917–22); のち Gay-Pay-Oo となる》.

Che·khov [tʃékɔ(ː)f, -kɑf | -kɔf; *Russ.* tʃéxəf], **Anton Pavlovich** *n.* チェーホフ (1860–1904; ロシヤの短編小説家・劇作家; *Uncle Vanya* (1897), *The Three Sisters* (1901), *The Cherry Orchard* (1903)).

Che·kho·vi·an [tʃekóʊviən | -kóʊvjən, -vɪən] *adj.* チェーホフ (Chekhov) の; チェーホフの作品の; チェーホフのような.

Che·kiang [tʃékjǽŋ; *Chin.* tʂɤ̀tɕjɑ̄ŋ] *n.* 浙江(ｾｯｺｳ)省《中国東部の一省; 人口 37,510,000, 面積 102,240 km²; 首都 Hangchow (杭州)》.

chel- [kiːl, kel | kiːl] (母音の前に来る時の) cheli- の異形.

che·la[1] [tʃéɪlɑ, tʃíː-] 〘(1883) ▭ Hindi *celā* servant, slave ← Skt *ceṭa(ka)*〙 *n.* (インドの大聖 (mahatma) などの)弟子 (disciple).

che·la[2] [kíːlə] 〘(1646) ← NL ～ ← Gk *khēlḗ* claw〙 *n.* (*pl.* **che·lae** [-liː]) 〘動物〙(カニなどの)はさみ.

che·late [kíːleɪt] 〘⇨ ↑, -ate[2]〙 ― *adj.* **1** 〘動物〙はさみ (chela) をもっている, はさみ状の. **2** 〘化学〙キレートの. ― *n.* 〘化学〙キレート化合物《多座配位子が二つ以上の位置で配位してできた化合物》. ― *vi.* 〘化学〙 **1** 金属イオンと結合してキレートを作る. **2** 一つあるいは一つ以上の水素結合により環を作り, キレート環を作る. ― *vt.* 〘化学〙〈金属〉と結合してキレート環を作る. **chélat·a·ble** [-ṭəbl | -tə-] *adj.* **che·la·tion** [kiːléɪʃən] *n.*

che·la·tom·e·try [kìːlətάmətri | -tɔ́mɪtrɪ, -mə-] 〘⇨ ↑, -metry〙 ― *n.* 〘化学〙キレート滴定《錯滴定の一種; キレート化合物の生成を利用する滴定; cf. complexometry》.

ché·la·tor [-ṭə | -tə(r)] *n.* 〘化学〙キレート化剤《キレートを作ることにより, ある物質の作用を抑制する化合物》.

che·li- [kíːlɪ, kélɪ, -lə | kíːlɪ] 〘← NL ～ ← Gk *khēlḗ*〙「はさみ (chela)」の意の連結形. ★ 母音の前では通例 chel- になる.

che·lic·er·a [kɪlísərə, kə- | kɪ-, kiː-] 〘← NL ～ ← F *chélicère*: ⇨ ↑, -cera〙 ― *n.* (*pl.* **-er·ae** [-rìː]) 〘動物〙鋏角《クモ(類)のペンチ状の付属器官の最初の一対の一つ》. **che·líc·er·al** [-rəl] *adj.* **che·lic·er·ate** [kɪlísərèɪt, kə-, -rət, -rɪt | kɪ-, kiː-] *adj.*

Che·lic·er·at·a [kɪlìsəráːṭə, kə-, -réɪṭə | kɪlìsərάːtə, kiː-, -réɪtə] 〘← NL ～: ⇨ ↑, -ata〙 *n. pl.* 〘動物〙(節足動物門)鋏角亜門.

che·lif·er·ous [kɪlífərəs, kə- | kɪ-, kiː-] 〘← CHELI-＋-FEROUS〙 *adj.* 〘動物〙はさみをもった.

che·li·form [kíːləfɔ̀əm, kél- | kíːlɪfɔ̀ːm] *adj.* 〘動物〙はさみ状の, はさみに似た.

che·li·ped [kíːləpèd, kél- | kíːlɪ-] 〘← CHELI-＋-PED〙 *n.* 〘動物〙(エビ・カニ(類)の)はさみ肢.

Chel·le·an [ʃéliən | -lɪ-] 〘▭ F *chelléen*: ⇨ Chelles, -an[1]〙 *adj.* 〘考古〙(旧石器時代の初期)シェル期(文化)の《専門語としては Abbevillian を用いる》.

Chelles [ʃél; *F.* ʃɛl] *n.* シェル《Paris 東部の町; 付近から旧石器時代の石器が出土した》.

Chel·li·an [ʃéliən | -lɪ-] *adj.* 〘考古〙＝Chellean.

Chelm·no [kélmnoʊ | -nəʊ; *Pol.* xéŭmnɔ] *n.* ヘルムノ《ポーランド中北部の都市; ナチの強制収容所があった; 人口 49,000》.

Chelms·ford [tʃélmsfəd | -fəd] 〘ME *Celmeresfort* 'FORT of *Ceolmǣr* (人名)'〙 *n.* イングランド Essex 州の首都; 人口 131,000.

che·loid [kíːlɔɪd] *n.* 〘病理〙＝keloid.

che·loid·al [kiːlɔ́ɪdl] *adj.* ＝keloidal.

Che·lo·ni·a [kelóʊniə, -njə | -ləʊnjə, -nɪə] 〘← NL ～ ← Gk *khelṓnē* tortoise＋-IA[2]〙 *n. pl.* 〘動物〙＝Testudinata.

che·lo·ni·an [kelóʊniən, -njən | -ləʊnjən, -nɪən] 〘動物〙 *adj.* カメ類の. ― *n.* カメ (tortoise, turtle).

che·lo·ni·id [kəlóʊniɪd, -niəd | -ləʊnɪɪd] 〘↓〙 *n.* 〘動物〙ウミガメ科のカメ.

Chel·o·ni·i·dae [kèlənáɪədìː | -náɪɪ-] 〘← NL ～ ← *Chelonia* (属名: ⇨ Chelonia)＋-IDAE〙 *n. pl.* 〘動物〙ウミガメ科.

Chel·sea [tʃélsi | -sɪ] 〘OE *Cealchyþ* landing-place for chalk ← OE *cealc* 'CHALK'＋*hȳþ* landing-place〙 ― *n.* London 南西部 Thames 川の北岸にある住宅地区, Kensington and Chelsea 自治区の一部; 古く画家・文人が多く住んだので有名; 18 世紀には磁器を生産した (cf. Chelsea china); 人口 31,000: the Sage of ～ ⇨ sage[1].

Chélsea bún 〘London の Chelsea にあった元祖 Chelsea Bun-house にちなむ〙 *n.* 《英》チェルシーバン《干しぶどう入りうず巻パン》.

Chélsea chína *n.* チェルシーチャイナ《18 世紀に Chelsea で作られた軟磁器; 後に工場は Derby に移され今日に及んでいる; cf. Derby china》.

Chélsea-Dérby wàre *n.* チェルシーダービーウェア《Chelsea の工員が 1770 年から 1784 年の間に Chelsea または Derby で製作した軟磁器》.

Chélsea pénsioner *n.* Chelsea 国立老廃兵病院在院の老廃兵《特徴のある赤の上着を着ている》.

Chélsea Róyal Hóspital *n.* (1692年Charles二世が Chelsea に創建した)国立老廃兵病院.

Chélsea wàre *n.* ＝Chelsea china.

Chel·ten·ham[1] [tʃéltnəm, -tn-] 〘OE *Celtanhom* ← *Celte* (丘の名?)＋*hamm* meadow (⇨ home)〙 *n.* イングランド西部 Gloucestershire 州の都市; 人口 87,000.

Chel·ten·ham[2] [tʃéltnəm, -tn-] 〘New York の Cheltenham Press の B.G. Goodhue の考案になることから〙 ― *n.* 〘活字〙チェルテナム《old style の欧文活字書体》.

Chel·to·ni·an [tʃeltóʊniən, -njən | -táʊnjən, -nɪən] 〘← CHELT(ENHAM)＋(OX)ONIAN〙 ― *adj., n.* (英国) Cheltenham College (1841 年設立の男子 public school) の(在校, 卒業生).

Chel·ya·binsk [tʃeljάːbɪnsk, -bənsk | -ljάːbɪnsk; *Russ.* tʃɪljábjinsk] *n.* チェリャビンスク《ソ連邦ロシヤ共和国の, Ural 山脈南東部の工業都市; 人口 1,007,000》.

Che·lyd·ri·dae [kəlídrədìː | -rɪ-] 〘← NL ～ ← *Chelydra* (属名: ← Gk *khéludros* ← *khélus* tortoise＋*húdros* water serpent)＋-IDAE〙 ― *n. pl.* 〘動物〙カミツキガメ科.

Chel·yus·kin [tʃeljúːskɪn, -kən | -kɪn; *Russ.* tʃɪljúskjin], **Cape** *n.* チェリュースキン岬《ソ連邦北シベリア Taimyr 半島の北端の岬》.

chem. 《略》chemical; chemically; chemicals; chemist; chemistry.

chem- [kiːm, kem | kem] (母音の前に来る時の) chemo- の異形.

Chem·a·ku·an [tʃèməkúːən] *n.* チェマクム語派《Wakashan, Salish 語派とともに, Mosan 語族を形成する北米アメリカインディアンの一言語》.

chem·i- [kémɪ, kíːmɪ, -mə | kémɪ] chemo- の異形 (⇨ -i-).

chem·ic [kémɪk] 〘(1576) *chymick* ▭ F *chimique* // NL *chymicus* ← ML *alchimicus* 'ALCHEMIC'〙 *adj.* **1** ＝chemical. **2** 《古》＝alchemic.

chem·i·cal [kémɪkəl, -mə- | -mɪ-] 〘(1576) *chimical*: ⇨ ↑, -al[1]〙 ― *adj.* **1** 化学の[に関する, 用の]; 化学上の, 化学的な, 化学作用による[によって作られる]; 化学的手段で検出できる: ～ action 化学作用 / ～ changes 化学変化 / ～ combination 化合 / a ～ formula 化学式 / ～ reaction 化学反応. **2 a** 化学薬品の[を用いる]: a ～ works 製薬工場 / a ～ extinguisher (化学薬品を詰めた)消火器. **b** 〈便所が〉化学薬品を用いて糞尿を分解する: a ～ closet. ― *n.* 化学製品; 化学薬品: ⇨ fine chemical, heavy chemical.

chémical bálance *n.* 〘化学〙化学天秤《化学に用いる天秤》; (特に, 定量分析に用いる感度の鋭敏な)分析用天秤 (analytical balance).

chémical dynámics *n.* 〘化学〙化学動力学, 化学力学 (⇨ reaction kinetics).
chémical engineér *n.* 化学工学者, 化学工学技師.
chémical engineéring *n.* 化学工学.
chémical fiber *n.* 人造繊維, 化学繊維, 化繊; その製品.
chémical fócus *n.* 〘写真〙 = actinic focus.
chem·i·cal·ize [kémɪkəlàɪz, -mə- | -mɪ-] *vt.* 化学薬品で処理する; …に化学薬品を使う. **chem·i·cal·i·za·tion** [kèmɪkəlɪzéɪʃən, -mə-, -lə- | -mɪkəlaɪ-, -lɪ-] *n.*
chémical kinétics *n.* 〘化学〙(化学)反応速度論 (⇨ reaction kinetics).
chémical láser *n.* 〘化学〙化学レーザー《化学反応のエネルギーを利用したレーザー》.
chém·i·cal·ly *adv.* **1** 化学的に, 化学的立場から. **2** 化学作用によって.
Chémical Máce *n.* 〘商標〙 = Mace.
chémical poténtial *n.* 〘物理化学〙化学ポテンシャル《物質の部分モルギブスエネルギーに等しく, 温度圧力一定の場合の平衡条件を与える熱力学的関数》.
chémical·próof *adj.* 耐(化学)薬品性の.
chémical próperty *n.* 化学的性質.
chémical púlp *n.* 化学パルプ《木材を化学薬品で処理して不純物を除去したパルプ; 紙・レーヨン・アセテートなどを造る; cf. groundwood 2》.
chémical wárfare *n.* 化学戦《毒ガス・煙・焼夷剤などの化学剤を用いる戦争》.
chem·i·co- [kémɪko(ʊ), -mə- | -mɪkə(ʊ)] 〘← CHEMIC(AL)+-O-〙 = chemo-.
chèmico·phýsics *n.* 化学物理.
chèmi·cultivátion 〘← CHEMO-+CULTIVATION〙 *n.* 〘農業〙(雑草・害虫駆除により増産をはかる)農薬栽培.
chémi·cùlture *n.* 水耕, 水栽培 (hydroponics).
chèmi-eléctron spectróscopy *n.* 〘化学〙化学電子分光法.
che·mig·ra·phy [kəmígrəfi | -fɪ] *n.* 化学食刻法《写真術を用いないで化学薬品を使った食刻法》.
chèmi·luminéscence *n.* 化学ルミネセンス《化学反応において生じる低温発光現象》. **chèmi·lumi·néscent** *adj.*
che·min de fer [ʃəmɛ̃́(n)dəféə, -mǽn- | -féə(r; *F.* ʃəmɛ̃dfɛːr, ʃəmɛ̃tfɛːr] 〘□ F ~ 'road of iron, railway'〙 — *n.* (*pl.* **chemins de fer** [~]) **1** 鉄道 (railroad). **2** 〘トランプ〙シュマンドフェール《baccarat から発展した賭博ゲーム; 配られた 2 ないし 3 枚の札の合計点数の末尾 1 桁が 9 に近いほど勝ちとなる; chemmy ともいう》.
chem·i·o- [kémio(ʊ), kíːm- | kémiə(ʊ)] chemo- の異形.
che·mise [ʃəmíːz | ʃə-, ʃɪ-] 〘(19C) □ F ~ < LL *camisiam* linen shirt ← Gmc *hamiþia (G *Hemd* / OE *hemeðe* shirt) ← *hama(n)- covering ← IE *kem- to cover (cf. heaven) ∞ ME *kemes* < OE *cemes* □ LL: cf. camise〙 — *n.* **1** シュミーズ《肩紐つきの胴部とショーツからなるワンピースの婦人下着; 以前には shift, smock と呼ばれた》. **2** シフトドレス (shift)《肩から真直ぐに下がりウエストのゆったりとした婦人服; chemise dress ともいう》.
chem·i·sette [ʃèmɪzét, -mə-, -mɪ- | -miː-, -mɪ-; *F.* ʃəmizɛt] 〘□ F ~ (dim.) ← *chemise* (↑)〙 — *n.* シュミゼット《婦人服のくびや胸の部分をふさぐために用いるレースの飾りをつけた一種の下着または上着》.
chem·ism [kémɪzm, kíːm- | kém-] 〘□ F *chimisme*: ⇨ chemist, -ism〙 *n.* 化学作用; 化学的性質[属性].
chem·i·sorb [kémɪsɔ̀əb, kíːm-, -zɔ̀əb | -sɔ̀ːb, -zɔ̀ːb] 〘← CHEMO-+L *sorbere* to suck in〙 — *vt.* 〘物理化学〙化学吸着で吸収する.

chemisette

chem·i·sorp·tion [kèmɪsɔ́əpʃən, kìːm-, -zɔ́əp- | -sɔ́ːp-, -zɔ́ːp-] *n.* 〘物理化学〙化学吸着《固体表面の吸着現象のうち, その原因が化学結合力によるもの; cf. van der Waals absorption》.
chem·ist [kémɪst, -məst | -mɪst] 〘(1562) *chimist* □ F *chimiste* ← NL *chimysta* ← ML *alchimista* 'ALCHEMIST'〙 — *n.* **1** 化学者. **2** 〘英〙薬剤師; 薬屋 (cf. druggist 1, 2). **3** 〘廃〙錬金術師 (alchemist).
chem·is·try [kémɪstri, -məs- | -rɪ] 〘(1605) *chimistry*: ⇨ ↑, -ery〙 — *n.* **1** 化学: metallurgic ~ 冶金化学 / applied [practical] ~ 応用化学 / ⇨ AGRICULTURAL chemistry, inorganic chemistry, organic chemistry. **2** 化学的性質; 化学作用, 化学現象: two matters similar in their ~ 化学的性質の同一な二物質 / the ~ of digestion 消化作用. **3 a** (化学作用を思わせるような)不思議な働き[作用]: the ~ of love 愛の不思議な働き. **b** 〘口語〙(人の)相性 〔*between*〕. **4** 〘廃〙錬金術 (alchemy).
chem·my [ʃémi | -mɪ] 〘短縮〙 *n.* 〘口語〙〘トランプ〙 = chemin de fer 2.
Chem·nitz [kémnɪts, -nəts | -nɪts; *G.* kémnɪts] *n.* ケムニッツ《Karl-Marx-Stadt の旧名》.
che·mo- [kíːmo(ʊ), kém- | kémə(ʊ)] 〘← NL ~ ← LGk *khēmeia* 'ALCHEMY' // ← CHEM(ICAL)+-O-〙 —「化学(の); 化学と…との」の意の連結形. ★時に chemi-, chemio-, また母音の前では chem- になる.
chèmo·autotróphic *adj.* 〘生物〙〈ある種の細菌が〉化学的独立栄養の, 無機栄養性の《無機物質からのエネルギーで炭酸ガスから有機物を合成し得る; cf. photoautotrophic》. **chèmo·autotróphically** *adv.* **chèmo·autótrophy** *n.*
chèmo·kinésis 〘← NL ~: ⇨ chemo-, -kinesis〙 *n.* 〘生物〙ケモキネーシス, 化学運動性《化学物質の存在による生物の活動力増加》. **chèmo·kinétic** *adj.*
che·mo·nite [kíːmənàɪt, kém- | kém-] 〘← CHEMO-+-n-+-ITE[1]〙 *n.* 〘化学〙ケモナイト《水酸化銅(II)・三酸化二ヒ素・アンモニア・酢酸の水溶液; 木材の防腐剤》.
chèmo·núclear *adj.* 〘化学〙核分裂による化学作用の: a ~ reactor 化学用原子炉.
che·mo·pal·li·dec·to·my [kìːmo(ʊ)pæ̀lədéktəmi, kèm- | kèmə(ʊ)pæ̀lɪdéktəmɪ] 〘← CHEMO-+NL *pallidum* muscle (← L *pallidus* pale (⇨ pallid))+-ECTOMY〙 — *n.* 〘外科〙化学的淡蒼球摘除(術)《アルコールなどの化学物質注射で淡蒼球を破壊する方法; パーキンソン病などの治療に用いる》.
che·mo·pause [kíːməpɔ̀ːz, kém- | kém-] *n.* 〘物理〙化学圏と電離圏の間の境界面.
chèmo·prophyláxis *n.* 〘医学〙化学(的)予防(法), 予防的化学療法. **chèmo·prophyláctic** *adj.*
chèmo·recéption *n.* 〘生理〙化学受容. **chèmo·recéptive** *adj.* **chèmo·receptívity** *n.*
chèmo·recéptor *n.* 〘生理〙化学受容器《化学的刺激に感応する感覚器官》.
chèmo·réflex *n.* 〘生理〙化学的反射《化学的作用から生じた生理的反射作用》. — *adj.* 化学的反射の[に関する, による].
chèmo·sénsory *adj.* 〘生物〙化学薬品から受ける感覚器官の刺激の[に関する]: a ~ response.
che·mos·mo·sis [kìːmɑzmóʊsɪs, kèm-, -mɑs-, -səs | kèmɔzmə́ʊsɪs] 〘← NL ~: ⇨ chemo-, -osma, -osis〙 — *n.* 〘化学〙ケモスモシス《半透膜を通して起こる化学反応》. **che·mos·mot·ic** [kìːmɑzmɑ́tɪk, kèm-, -mɑs- | kèmɔzmɔ́t-, -ɔs-] *adj.*
che·mo·sorb [kíːməsɔ̀əb, kém-, -zɔ̀əb | kéməsɔ̀ːb, -zɔ̀ːb] *vt.* 〘物理化学〙 = chemisorb.
che·mo·sphere [kíːməsfɪə, kém- | kémə(ʊ)sfɪə(r] *n.* 〘気象〙化学圏, ケモスフィーア《大気圏の中, 地上約 10–80 km の間で光化学反応が活発な部分》.
chèmo·stérilant *n.* 〘化学〙(害虫・害獣用の)化学不妊剤.
chèmo·sterilizátion *n.* 〘生物〙化学不妊化《人に害を与える生物, 特に昆虫や齧歯動物などの雄に対して化学薬品を用いて不妊化すること》. **chèmo·stérilize** *vt.*
chèmo·súrgery *n.* 〘医学〙化学外科《化学的方法を用いた組織の除去》.
chèmo·súrgical *adj.* 〘医学〙化学外科の.
chèmo·sýnthesis *n.* 〘植物〙化学合成《ある細菌が化学エネルギーで炭酸ガスから有機物質を得る作用; cf. photosynthesis》. **chèmo·synthétic** *adj.* **chèmo·synthétically** *adv.*
chemosynthétic bactéria *n. pl.* 〘細菌〙化学合成バクテリア.
che·mo·tax·is [kìːmo(ʊ)tǽksɪs, kèm-, -səs | kèmə(ʊ)tǽksɪs] 〘← NL ~: ⇨ chemo-, -taxis〙 — *n.* 〘生物〙走化性《化学的刺激によって起こる移動運動》. **che·mo·tac·tic** [kìːmo(ʊ)tǽktɪk, kèm- | kèmə(ʊ)-] *adj.* **chè·mo·tác·ti·cal·ly** *adv.*
chèmo·taxónomy *n.* 〘生物〙化学分類《化学成分の異同をもとにした生物の分類》. **chèmo·taxonómic** *adj.* **chèmo·taxonómically** *adv.*
chèmo·therapéutant *n.* 〘医学・薬学〙化学療法薬.
chèmo·therapéutic *adj.* 〘医学〙化学療法の. — *n.* 化学療法薬.
chèmo·therapéutical *adj., n.* = chemotherapeutic. **~·ly** *adv.*
chèmo·thérapist *n.* 化学治療医.
chèmo·thérapy *n.* 〘医学〙化学療法.
che·mo·troph [kíːmətrɑ̀f, kém-, -trɔ̀(ː)f | kémətrɔ̀f] *n.* 〘細菌〙化学向性菌.
che·mo·tro·pic [kìːmətróʊpɪk, kèm-, -trɑ́p- | kèmətrɔ́p-] *adj.* 化学向性の. **chè·mo·tró·pi·cal·ly** *adv.*
che·mot·ro·pism [kɪmɑ́trəpìzm, kə-, ke- | kemɔ́t-, kɪ-] 〘← CHEMO-+-TROPISM〙 — *n.* 〘生物〙屈化性, 向化性《化学的刺激によって起こる生物の方向決定運動; cf. tropism》.
chem·ur·gy [kéməːdʒi, kɪmə́ː-, kə-, ke- | kéməːdʒɪ] 〘← CHEMO-+-URGY〙 — *n.* 農産化学《農産物から得られる有機原料の工業利用を扱う応用化学の一部門》. **chem·ur·gic** [kɪmə́ːdʒɪk, kə-, ke- | kemə́ː-, kɪ-] *adj.* **chem·úr·gi·cal** *adj.* **chem·úr·gi·cal·ly** *adv.*
Che·nab [tʃɪnǽb, tʃə- | tʃɪ-] *n.* [the ~] チェナブ(川)《インドの北部 Kashmir 地方の南部から発する川; パキスタン中部で Sutlej 川に合流する (1,087 km)》.
Chen·chiang [tʃʌ́ntʃiɑ́ːŋ; *Chin.* tʂə̀ntɕiāŋ] *n.* = Chinkiang.
che·neau [ʃeɪnóʊ | -nə́ʊ; *F.* ʃeno] 〘□ F *chéneau* ← L *canālis* 'CANAL'〙 *n.* 〘建築〙(装飾された)軒樋.
Cheng·chow [tʃʌ́ŋtʃóʊ; *Chin.* tʂə̀ŋtʂōu] *n.* (*also* **Cheng·chou** [~]) 鄭州《中国河南省 (Honan) の首都》.
Cheng·teh [tʃʌ́ŋtə́ː; *Chin.* tʂə̌ŋtə́] *n.* 承徳《中国河北省 (Hopeh) の都市, もと熱河省の首都; 往時清朝の夏の離宮があった; 旧名 Jehol (熱河)》.
Cheng·tu [tʃʌ́ŋdúː; *Chin.* tʂə̌ŋtū] *n.* 成都《中国四川省 (Szechwan) の首都》.
Ché·nier [ʃeɪnjéɪ; *F.* ʃenje], **André (Marie)** *n.* シェニエ《1762–94; フランスの詩人》.
che·nille [ʃəníːl] 〘(1738–39) □ F ~ 'caterpillar' < L *caniculam* little dog (dim.) ← *canis* dog〙 — *n.* **1 a** シュニール(糸), 毛虫糸《ビロード状にけばを立てた飾り糸》. **b** シュニール織物《シュニール糸を横糸にして織ったパイル状織物, カーテン・敷物などに用いる》. **2** 〘植物〙 = chenille plant.
chenílle plànt *n.* 〘植物〙ベニヒモノキ, アカリファ (*Acalypha hispida*)《東インド諸島産トウダイグサ科の草本; 赤または紫色のひものような穂状花序を垂らす; 観賞用》.
che·no·pod [kíːnəpɑ̀d, kén- | -pɔ̀d] *n.* 〘植物〙アカザ属 (*Chenopodium*) の植物の総称.
Che·no·po·di·a·ce·ae [kìːnəpòʊdiéɪsiìː, kèn- | -pəʊdɪ-] 〘← NL ~: ⇨ ↓, -aceae〙 — *n. pl.* 〘植物〙(双子葉植物)アカザ科. **chè·no·pò·di·á·ceous** [-ʃəs] *adj.*
che·no·po·di·um [kìːnəpóʊdiəm, kèn- | -pə́ʊdɪəm, -djəm] 〘← NL ~ ← Gk *khēnópous* (← *khḗn* goose + *poús* '-POD[1]')+-IUM〙 — *n.* 〘植物〙アカザ《アカザ科アカザ属 (*Chenopodium*) の植物の総称; シロザ (*C. album*), アメリカアリタソウ (*C. ambrosioides*) など》.
chenopódium òil *n.* 〘化学〙ヘノポジ油《無色または黄色の油; アリタソウ (Mexican tea) から採り, 不快な臭気と苦味がある; もと駆虫薬に用いた; wormseed oil ともいう》.
che·ong·sam [tʃɔ́(ː)ŋsɑ̀ːm | tʃɔ́ŋ-; *Cant.* tʃʻœŋʃaːm] 〘□ Chin. (広東方言) *cheung shaam* long jacket〙 — *n.* 長衫《襟が高く, スリットの入ったスカート付きのタイトな中国の女性服》.
Che·ops [kíːɑps | -ɔps] *n.* ケオプス《エジプト第四王朝の王(紀元前 2571–08); Giza にある最大のピラミッド the Pyramid of Cheops は同王の墓; Khufu のギリシャ語名》.
cheque [tʃék] 〘(1706) 《変形》← CHECK〙 *n.* 〘英〙小切手 (〘米〙 check).
chequer [tʃékə | -kə(r] 〘(?a1300) 《変形》← CHECKER[1]〙 *n., vt.* = checker[1].
ché·quered *adj.* 〘英〙 = checkered.
Che·quers [tʃékəz | -kəz] *n.* イングランド Buckinghamshire 州の Chiltern Hills にある英国首相の別邸; チューダー王朝の有名な邸宅で, 1917 年政府に寄付された.
chequ·ey [tʃéki | -kɪ] *adj.* 〘英〙 = checky.
chequ·y [tʃéki | -kɪ] *adj.* 〘英〙 = checky.
Cher [ʃéə | ʃéə(r; *F.* ʃɛːr] *n.* [the ~] シェール(川)《フランスの中央部を北西に流れる川; Loire 川に合する (350 km)》.
Cher·bourg [ʃéəbʊə(g), ʃə́ː-, ʃɛəbúə | ʃéəbʊəg, ʃə́ː-, -bəːg; *F.* ʃɛrbuːr] *n.* シェルブール《フランス北西部の港市; 大西洋航路の要港; 人口 38,000》.
che·rem [xéɪrəm, xé(ə)r- | xéɪr-, xéər-] *n.* 〘ユダヤ教〙 = herem.
Che·ren·kov [tʃɪréŋkɔ(ː)f, tʃə-, -kɑf | -kɔf; *Russ.* tʃɪrjɪnkóf], **Pavel A(lekseevich)** *n.* = Pavel A(lekseevich) CERENKOV.
Cher·ie [ʃéri | -rɪ] 〘← F *chérie* cherished〙 *n.* 女性名.
cher·i·moy·a [tʃèrəmɔ́ɪə | -rɪ-] 〘(1736) □ Sp. *chirimoya* □ ? Quechua *chirimúya*〙 — *n.* **1** 〘植物〙チェリモヤ (*Annona cherimola*)《熱帯アメリカ産バンレイシ科の果樹》. **2** チェリモヤの実《黄緑色で滑らかな皮がある; 食用》.
cher·ish [tʃérɪʃ] 〘(?a1325) □ (O)F *chériss-*, *chérir* ← *cher* dear < L *cārum*: cf. charity〙 — *vt.* **1 a** 大事にする; かわいがる, いつくしむ: ~ keepsakes, heirlooms, etc. **b** 大事に[愛情こめて]育てる[世話をする], 愛育する: ~ one's children. **2** 〈思い出などを〉懐しがる; 〈希望・幻想・信仰・恨みなどを〉心に抱く, 忘れずにいる: ~ a grudge against … に対して恨みを抱く / ~ the memory of departed friends 死んだ友人たちのことを忘れないでいる / ~ no warm feeling toward him 彼に対して温かい感情を抱かない / one's (long-)*cherished* hope [desire] 長い間の念願, 宿望. **~·er** *n.*
chér·ish·ing·ly *adv.* かわいがって, 大事そうに.
cher·no·zem [tʃɛ̀ənəzɔ́(ː)m, -zém | tʃɛ́ənəzɔ̀m; *Russ.* tʃirnazjóm] 〘□ Russ. ~ ← *cherny* black + *zem* earth〙 — *n.* 〘土壌〙チェルノーゼム《有機物を多量に含む A-horizon と, 炭酸カルシウムの集積した C-horizon をもち, ヨーロッパ東部から中央アジアおよび合衆国中部に分布》. **~·ic** [~ɪk] *adj.*
Cher·o·kee [tʃérəkìː, ⌐–⌐ | tʃèrəkíː, ⌐–⌐] 〘□ N.-Am.-Ind. (Cherokee) *Tsárăgĩ* □ Choctaw *chiluk-ki* cave people / □ ? Creek *tciloki* people of a different speech〙 — *n.* (*pl.* ~, ~**s**) **1 a** [the ~(s)] チェロキー族《イロクォイ族 (Iroquois) の有力な支族で, 今では大部分 Oklahoma 州に住んでいる》. **b** チェロキー族の人. **2** チェロキー語《イロクォイ語族の一つ》.
Chérokee ròse *n.* 〘植物〙ナニワイバラ (*Rosa laevigata*)《中国原産のとげのないバラの一種, 花は白色で一重咲き》. ★米国 Georgia 州の州花.
che·root [ʃərúːt, ʃə-, tʃɪ-, tʃə- | ʃə-, ʃɪ-] 〘(1669–79) □ F *chéroute* □ Tamil *curuṭṭu* roll〙 *n.* 両切り葉巻たばこ.
cher·ry [tʃéri | -rɪ] 〘(c1350) *cherry, chiri* ← ONF *cherise* (F *cerise*) < VL *ceresiam ← L *cerasus* cherry tree □ Gk *kerasós* ∞ OE *ċiris* < (WGmc) *kirissā (Du. *kers* / G *Kirsche*) □ VL: ME の形は ONF の *-se* が複数形と誤解されたための逆成〙 — *n.* **1** 〘植物〙 **a** サクラ《バラ科サクラ属 (*Prunus*) の数種のサクラの木の総称, セイヨウミザクラ (*P. avium*), 日本産のヤマザクラ (Japanese flowering cherry) など; cf. flowering cherry》. **b** セイヨウミザクラ《サクランボ

を取る果樹》. **2** さくらんぼ, 桜桃 : *Cherry* ripe, ~ ripe! さくらんぼ, 真赤にうれたさくらんぼ《呼売りの声》. **3** サクラ材. **4** さくらんぼ色, 鮮紅色 (cerise). **5**《俗》**a** 処女膜 (hymen). **b** 処女性; 童貞. **6**《俗》〚ボウリング〛チェリー《スペアを狙って前の方のピンしか倒せないこと》.

make two bites at a cherry ⇨ bite 成句.

— *adj.* **1** さくらんぼ色の, 鮮紅色の : ~ cheeks. **2** サクラ材で作った. **3**〈食物・飲料など〉さくらんぼで作った[の入った]; さくらんぼのような味のする. **4**《俗》処女の[らしい].

Cher·ry [tʃéri | -rɪ] 〚(dim.) ← CHARITY : CHERRY と連想〛 *n.* 女性名.

chérry àpple *n.*〚植物〛=Siberian crab.

chérry blòssom *n.* **1** [通例 *pl.*] さくらの花, 桜花. **2** 桜花の色. 「の房.

chérry-bòb *n.*《英》(2個つながっている)さくらんぼ

chérry bòmb〚さくらの形状および色彩をしているところから〛*n.* 赤くて球形の爆竹《長い導火線があり, 爆発力が大きい》.

chérry bóunce *n.* **1**《英》=cherry brandy a. **2**《米》チェリーバウンス《ラムまたはウイスキーから造るさくらんぼの香りをつけた自家製のリキュール》.

chérry brándy *n.* チェリーブランデー : **a** ブランデーにさくらんぼを1-2か月浸し加糖して造るリキュール. **b** さくらんぼを発酵させた蒸留酒 (cf. kirsch).

chérry cràb *n.*〚植物〛=Siberian crab. 「場.

chérry fàrm *n.*《米俗》(主に初犯者の入る)矯正農

Chérry Hìll *n.* 米国 New Jersey 州中西部の町; 人口 15,000.

chérry làurel *n.*〚植物〛セイヨウバクチノキ (*Prunus laurocerasus*)《バラ科サクラ属の常緑の低木; 東南ヨーロッパからイランにかけて分布し, 芳香のある白い花が房咲きし, 暗紫色の実がなる; 香水の原料; English laurel ともいう》.

chérry·like *adj.* さくらんぼに似た.

chérry pèpper *n.* **1**〚植物〛キダチトウガラシ (*Capsicum frutescens* var. *cerasiforme*)《南米産の木本性のトウガラシ》. **2** キダチトウガラシの実《円形またはハート形をして色は赤・黄・紫で, 辛味がある》.

chérry pìcker *n.*《俗》(物を垂直に持ち上げる)起重機[クレーン].

chérry píe *n.* **1** チェリーパイ《さくらんぼを入れたパイ》. **2**《英》〚植物〛**a** オオアカバナ (*Epilobium hirsutum*)《北半球に広く分布するアカバナ科の多年草》. **b** =garden heliotrope 2.

chérry plùm *n.*〚植物〛**1** ミロバランスモモ(*Prunus cerasifera*)《アジア原産のプラム; ヨーロッパで接木の台木として広く用いられる; myrobalan ともいう》. **2** エゾノウワミズザクラ(の実) (⇨ European bird cherry).

chérry réd *n.* さくらんぼ色, 鮮紅色.

chérry·stòne *n.* **1** さくらんぼの種. **2** [通例否定構文で] つまらぬもの, 無価値なもの : I wouldn't give a ~ for it. そんなものなんかどうでもいい. **3**《米》〚貝類〛ホンビノスガイ (*Mercenaria mercenaria*)《アメリカ東岸にいる食用二枚貝》.

chérry tomàto *n.*〚園芸〛チェリートマト, ホウズキトマト《トマトの一変種 (*Lycopersicon esculentum* var. *cerasiforme*); 実はさくらんぼに似て食用》.

cher·so·nese [kə́ːsəniːz, -niːs | kə́ːsəniːs, -niːz]〚《1601》□ L *chersonēs-us* □ Gk *khersónēsos* ← *khérsos* land+*nêsos* island〛 — *n.* **1** 半島 (peninsula). **2** [the C-] Gallipoli 半島.

chert [tʃə́ːt, tʃǽt | tʃə́ːt]〚《1679》← ?〛*n.*〚岩石〛チャート, 燧岩(すいがん), 角岩(かくがん)《ほとんど純粋な一種の珪質堆積岩》.

cher·ty [tʃə́ːti, tʃǽti | tʃə́ːtɪ] *adj.* (**cher·ti·er, -ti·est**) **1** チャート[燧岩(すいがん)]状の. **2** チャート[燧岩]を含んだ (flinty).

cher·ub [tʃérəb]〚ME □ LL *cherūb* □ Gk *kheroúb* □ Heb. *kerūbh* ∽ OE *cerubin, cherubin* (pl.) □ LL *cherūbīn* □ Gk *kheroubím* □ Heb. *kᵉrūbhīm*〛 — *n.* (*pl.* **~s**; *1* ではまた **cher·u·bim** [tʃérəbɪm, -rju-, -biːm | -rəbɪm, -ru-]) ★ -bim は誤って単数扱いのこともある. **1 a**〚聖書〛ケルビム, 天使《守護神として神の王座を守る霊的存在; cf. *Gen.* 3:24; *Ezek.* 1, 10; *Ps.* 80:1》. **b** [通例 *pl.*; しばしば Cherubim, Cherubs]〚神学〛ケルビム, 智(ち)天使《天使の九階級中の第二階級に属し, 神の知恵と正義を表わす天使; 通例翼のある美しい子供, または翼のはえた子供の頭で表わされる; ⇨ angel 1》. **2 a** (美術で定型化された)ケルビムの絵《翼の生えた愛らしい子供の姿[顔]》. **b** (絵にかいたケルビムのような)丸々と太ったかわいらしい幼児; 美しくて無邪気な人.

chérub·fish *n.*〚魚類〛西インド諸島産チョウチョウウオ科アブラヤッコ属の魚の一種 (*Centropyge argi*).

che·ru·bic [tʃɪrúːbɪk, tʃə-, tʃe- | tʃe-, tʃɪ-, tʃə-] *adj.* ケルビム (cherub) のような; 丸々と太ってかわいらしい[美しい] : a ~ face. **che·rú·bi·cal·ly** *adv.*

cherubim *n.* cherub の複数形.

cher·u·bin [tʃérəbɪn, -biːn | -bɪn]〚⇨ cherub〛*n.* 美しい女; 最愛の女性.

Che·ru·bi·ni [kèrəbíːni, kèru- | kèrubíːniː, -rə-, -nɪ; *It.* kèrubíːni], **(Maria) Luigi (Carlo Ze·no·bio Sal·va·to·re** [dzenóːbjo sàlvatóːre]) *n.* ケルビーニ《1760-1842; フランスに住んだイタリアの作曲家》.

chérub·like *adj.* ケルビム[天使]のような.

cher·vil [tʃə́ːvəl | tʃə́ːvɪl, -vəl]〚OE *ċerfille* □ VL **cerfolia*=L *caerephylla* (pl.) ← *caerephyllum* □ Gk *khairéphullon* ← *khaírein* to rejoice+*phúllon* leaf〛 — *n.*〚植物〛チャービル (*Anthriscus cerefolium*)《パセリに似た葉のセリ科の植物; 料理に用いる香草》.

cher·vo·nets [tʃervɔ́(ː)nɪts, -nəts | tʃɛəváunɪts; *Russ.* tʃirvónjits]〚□ Russ. ~ ← OPol. *czerwony* golden〛 — *n.* (*pl.* **cher·von·tsi** [-vɔ́(ː)ntsi | -váuntsɪ; *Russ.* -vóntsi]) (*also* **cher·vo·netz** [~]) チェルボネツ : **1** ソ連の金貨幣単位《10 ルーブルに当たる》. **2** 10 ルーブル紙幣. **3** 10[5] ルーブル金貨《1936 年廃止》.

Cher·yl [ʃérəl | -rɪl]〚← Welsh *caru* love : ⇨ Charlotte²〛*n.* 女性名.

Ches. 《略》Cheshire.

Chés·a·peake Báy [tʃésəpìːk-]〚*Chesapeake* : ← N-Am.-Ind. (Algonquian)《原義》country on a big river〛 — *n.* チェサピーク湾《米国 Maryland 州と Virginia 州とに深く入り込んでいる湾; 長さ 311 km, 幅 5-48 km》.

Chésapeake Báy retríever *n.* チェサピークベイレトリーバー《米国の Maryland 州で 2 頭のニューファウンドランド (Newfoundland) の子犬との異種交配で作出され, Chesapeake 湾のカモ猟で知られた犬種のイヌ》.

Chesh·ire [tʃéʃə, -ʃɪə | -ʃə(r, -ʃɪə(r]〚OE *Ċestresċire*《略》← *Legeċeasterscīr* ← L *Castra Legiōnum* : ⇨ Chester¹, -shire〛 — *n.* イングランド西部の州; 1974 年に, 北西部は Merseyside 州, 北東部は Greater Manchester の一部となる; 人口 914,000, 面積 1,762 km², 首都 Chester.

Chéshire cát〚18 世紀ごろに始まる次の成句から〛 — *n.* チェシャー猫《Lewis Carroll の *Alice's Adventures in Wonderland* (1865) に出て来るにやにや笑う猫》. 「う.

grin like a Cheshire cat わけもなくただにやにや笑

Chéshire chéese *n.* チェシャーチーズ《英国 Cheshire 地方産の Cheddar に似たチーズ》.

Chesh·van [héʃvən, xéʃ-, -væn] *n.* =Heshvan.

chess¹ [tʃés]〚《?a1300》《頭音消失》← OF *esches* (pl.) ← *eschec* : cf. check〛 — *n.* チェス, 国際将棋, 将棋類一般《日本将棋を含むこともある》: have a game of ~ チェスを一番さす / play (at) ~ チェスをする.

1 2 3 4 5 6 7 8 — 9 — B — A

chess¹

A files; B ranks; 1 queen's rook; 2 queen's knight; 3 queen's bishop; 4 queen; 5 king; 6 king's bishop; 7 king's knight; 8 king's rook; 9 pawns

chess² [tʃés]〚ME *ches* tire □ (O)F *châsse* frame < L capsam box : ⇨ case²〛*n.* (*pl.* **~, ~·es**)〚軍事〛鉄舟橋 (pontoon bridge) に架ける橋板.

chess³ [tʃés]〚← ?〛*n.*〚植物〛=cheat 4.

chéss·bòard *n.* **1** チェス盤《黒・白など二色の互い違いの 64 の目がある; cf. checkerboard 1》. **2** (チェスのような微妙な策と慎重な操作を要するような)戦局.

chéss clòck *n.*〚チェス〛手合時計.

ches·sel [tʃésəl]〚《混成》← CHEESE¹+WELL¹〛*n.* = cheese vat.

chéss·ist [-sɪst, -səst | -sɪst] *n.*〚チェス〛チェス愛好者.

chéss·màn [-mæn, -mən | -mæn]〚《15C》《変形》← 《1393》*chesmeine* ← CHESS¹+ME *meine* household (□ OF *meyné* company < L *mānsiō(n-)* 'MANSION' : 通俗語源により MAN と連想)〛 — *n.* (*pl.* **-men** [-mèn, -mən | -mèn]) (チェスの)駒. ★一組 32 個; piece および pawn の総称.

chéss pròblem *n.*〚チェス〛(詰みに必要な手数を限定した)詰め将棋 (cf. fairy chess, end game).

chéss·trèe〚*chess* :《通俗語源》? ← F *châssis* framework : ⇨ chassis〛 — *n.*〚海事〛チェストリー《もと帆船前部外舷上部 (topsides) に取り付けた小木材で, 横帆メンスルのタックを通すシーブ (sheave(s)) が付いている》.

ches·sy·lite [tʃésəlàɪt | -sɪ-]〚← *Chessy* (フランスの原産地名)+-LITE〛*n.*〚鉱物〛=azurite.

chéssylite blúe *n.* =azurite blue.

chest [tʃést]〚OE *ċest, ċist* □ L *cista* □ Gk *kístē* basket〛 — *n.* **1 a** 貯蔵用の容器. **b** 大箱, 櫃(ひつ), 収納箱《貴重品・道具などを入れる蓋の付いた丈夫なもの》: a carpenter's ~ 大工の道具箱. **c** (輸送用の)包装箱; 包装箱の中味 : ⇨ tea chest / a ~ of tea 茶一箱の量《108 ポンド》. **d**〚海事〛衣服箱 (sea chest)《水夫が自分の衣服その他の私物をしまっておく通例木製のがんじょうな大箱》. **2 a** たんす : a linen, plate ~, etc. / a ~ of clothes たんす一杯の着物. **b** (薬・応急手当て品を収納しておく)戸棚 : a medical ~. **3 a** (大学・病院などの)金庫 (treasury). **b** 金庫の中の金; 資金 (funds) : ⇨ community chest. **4** 胸郭 (thorax); 胸; 胸郭内の器官; (特に)肺 : ~ girth [circumference] 胸囲 / have a weak ~ 胸[肺]が弱い / a pain in the ~ 胸痛 / a cold on the ~ ⇨ cold *n.* 2 / ~ disease [trouble] 胸の病, 肺病 / He was shot in the ~. 胸を撃たれた. ★ラテン語系形容詞 : pectoral. **5**《口語》胸中, 胸 (bosom) : have something *on* one's ~ 胸に思う[気になる]ことがある / get something *off* one's ~ (打ち明けて)心の重荷をおろす. **6**〚製紙〛チェスト《紙料を貯蔵しておく槽》.

play close to one's* [*the*] *chest 〚トランプをするとき手の内を見えないようにすることから〛《口語》〈物事を〉慎重[内密]にやる,〈事を〉秘密にする.

chest of drawers 整理だんす (cf. bureau 2, dresser¹).

chest of viols〚音楽〛ヴィオール アンサンブル《さまざまな音域のヴィオールをそろえた合奏(団)》.

chést·ed *adj.* [通例複合語の第 2 構成要素として] (…の)胸をした, …胸の : broad-*chested* 胸郭の広い / flat-*chested* 胸の平たい / full-*chested* 胸の張った.

Ches·ter¹ [tʃéstə | -tə(r]〚lateOE *Ċeaster*《略》← OE *Legaċeastir* ← L *Castra Legiónum* fort of the legions : cf. -chester〛 — *n.* **1** イングランド Cheshire 州の首都, 大聖堂がある; 人口 118,000. **2** =Cheshire. **3** 米国 Pennsylvania 州南西部 Delaware 川に臨む都市; 人口 67,000.

Ches·ter² [tʃéstə | -tə(r]〚↓〛*n.* 男性名.

-ches·ter [tʃèstə, tʃɪs-, tʃəs- | tʃɪstə(r, tʃes-, tʃəs-]〚OE *-ċeaster* □ L *castra* 'camp, CASTLE'〛 —「(ローマ人の)町」の意で地名に用いられた OE の名詞連結形. ★特に, 昔ローマ人が英国に建設した城壁をめぐらした町 (walled town) や大建築物のあった所に用いられる (cf. Chester¹); -caster, -cester の形でも用いられる : Manchester, Lancaster, Gloucester, etc.

ches·ter·field [tʃéstəfiːld | -tə-]〚《1889》← *Earl of Chesterfield* (19 世紀の英国の貴族)〛 — *n.* **1** チェスターフィールド《隠しボタンでシングルまたはダブルのベルトなしオーバーコート; ベルベットの襟やふたポケットがついている; 最初は紳士用, 後に婦人にも応用される》. **2 a** (両脚に垂直の肘掛(ひじかけ)を備えた)寝台兼用ソファー. **b**《カナダ・英》寝椅子 (couch), ソファー (sofa).

Ches·ter·field [tʃéstəfiːld | -tə-]〚OE *Ċesterfelda*《原義》open country by the Roman station : ⇨ -chester, field〛 — *n.* イングランド Derbyshire 州の都市; 人口 97,000.

chesterfield 1

Ches·ter·field [tʃéstəfiːld | -tə-], 4th Earl of *n.* (1694-1773) 英国の政治家・外交官で書簡文の名家; 息子に与えて処世訓を説いた *Letters* で有名; 本名 Philip Dormer Stanhope.

Ches·ter·field·i·an [tʃèstəfiːldiən|-təfíːldjən, -dɪən] *adj.* Chesterfield 卿風の; 貴族然とした (lordly), 優美な, 上品な (polished), 慇懃(いんぎん)な (suave).

Ches·ter·ton [tʃéstətən, -tn | -tətən, -tn], **G(ilbert) K(eith)** *n.* (1874-1936) 英国の評論家・小説家・詩人・ジャーナリスト; *Charles Dickens* (1906), *The Innocence of Father Brown* (1911), *Autobiography* (1936).

Chéster Whíte〚← *Chester* (米国 Pennsylvania 州の原産地)〛*n.* チェスターホワイト《米国で改良された早熟性白豚の一品種》.

chést fòunder *n.*〚獣医〛=founder³.

chest·ful [tʃéstfʊ̀l] *n.* 大箱[包装箱]いっぱい(の量).

chest·nut [tʃésnʌ̀t, -nət | tʃésnʌ̀t, -stn-, -nət]〚《1519》←《廃》*chesten* (< ME *chesten, chesteine*, chestnut □ OF *chastaigne* (F *châtaigne*) < L *castaneam* □ Gk *kastanéā* : cf. Aram. *kaskeni*)+NUT : cf. castanet〛 — *n.* **1 a**〚植物〛クリ《ブナ科クリ属 (*Castanea*) の樹木の総称; ヨーロッパグリ (Spanish chestnut), アメリカグリ (*C. dentata*), (日本産の)クリ (Japanese chestnut), アマグリ (Chinese chestnut) など》. **b** クリ材. **c** 栗, クリの実. **2 a**〚植物〛セイヨウトチノキ (horse chestnut). **b** セイヨウトチノキの実 (cf. conker²). **3** くり色, 赤褐色. **4** くり毛の馬 : a liver ~ 濃褐色の馬. **5** 附蟬(ふせん), 夜目《馬の脚の内側のたこ; ⇨ horse 挿絵》. **6**《口語》**a** 陳腐な話, 古臭いしゃれ. **b** あまりにもしばしば繰り返されるもの.

drop like a hot chestnut ⇨ hot 成句. ***pull a person's chestnuts out of the fire***〚La Fontaine の寓話から〛火中のくりを拾う, 他人を救うために自分が危険な目に会う.

— *adj.* **1** くり色の; くり毛の : one's ~ hair. **2** くりの入った[で作った].

chéstnut blight *n.*〚植物病理〛クリの胴枯病《*Endothia parasitica* 菌に犯され, 材・樹皮が枯死する》.

chéstnut cóal *n.*〚地質〛小塊炭《無煙炭の分類で中程度の大きさのもの; 米国では ${}^{13}/_{16}$ - $1^{5}/_{8}$ インチ》.

chéstnut-trèe *n.* くりの木.

chést-on-chést *n.* 米国で作られた脚[台輪]付きの重ねだんす.

chest-on-chest

chést-protèctor *n.* (風邪引き防止用のフランネル製の)胸当て.

chést pùlse *n.*〚音声〛胸拍(きょうはく)《胸の筋肉による呼気の運動》.

chést règister *n.*〚音楽〛胸声声域.

chést ròpe *n.*〚海事〛=guest rope 1.

chést thúmping *n.* 大みえ, 大言壮語.

chést tòne *n.* 胸声音《低音域の声音》.

chést vòice *n.*〚音楽〛胸声《発声法で声域の一番低い部分を歌うときの声の出しか

た; cf. register 7, head voice》.

chest·y [ʧésti | -tɪ] *adj.* (**chest·i·er**; **-i·est**) **1** 《口語》 **a** 胸の大きな[広い]. **b** 〈女が〉胸元のゆたかな; 乳房の大きい (bosomy). **2** 《米俗》威張った; うぬぼれた (conceited). **3** 胸声音の (cf. chest voice). **4** 《英》胸の病気にかかりやすい, 胸の弱い; 胸の病気の(徴候のある). **chést·i·ly** [-tɪli, -tə- | -lɪ] *adv.* **chést·i·ness** *n.*

Ches·van [hésvən, xés-] *n.* =Heshvan.

Chet [ʧét] 〚⇨ Chester²〛 *n.* 男性名.

chee·tah [ʧíːtə | -tə] *n.* 《動物》=cheetah.

cheth [xéɪt, xét, xéɪθ, xéθ] *n.* =heth.

Chet·nik [ʧetníːk, -ník] 〚▭ Serb. *četnik* ← *četa* troop〛 ── *n.* チェトニック: **1** 第一次大戦前のセルビアナショナリストの義勇軍の一員. **2** 第二次大戦中ユーゴスラビアでナチスに抵抗したゲリラ隊員.

che·val-de-frise [ʃəvǽl-də-fríːz; *F.* ʃəvaldəfríːz] 〚▭F ～ 'Friesland horse': Friesland で最初用いられたことから〛 ── *n.* (*pl.* **che·vaux-de-frise** [ʃəvóu- | -vǝ́u-; *F.* ʃəvodf-]) [通例 *pl.*] **1** 《軍事》防柵(さく), 拒馬《大くぎを打ちつけた一種の逆茂木(さかもぎ); 通路の防護, 防壁の破れ目の閉塞, 騎兵通過の妨害などに使用; cf. hedgehog 6》. **2** 《建築》(壁の上などの)忍び返し.

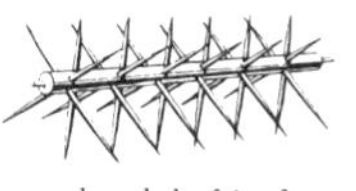
cheval-de-frise 1

che·va·le·resque [ʃɪvæ̀lərésk, ʃə-; *F.* ʃ(ə)valrɛsk] *adj.* =chivalresque.

che·va·let [ʃəvǽleɪ, ʃèvəléɪ; *F.* ʃəvalɛ] 〚▭F ～ (dim.) ← *cheval* horse〛 *n.* (弦楽器の)こま.

che·vál glàss [ʃəvǽl-] 〚《1855》 *cheval*: ← F *cheval* horse: 枠の形が馬に似ていることから〛 *n.* (左右の支柱により前後に傾けることができ全身を写す)大姿見.

chev·a·lier [ʃèvəlíə | -líə(r; *F.* ʃəvalje] 〚《c1378》 *chevalere* ▭ (O)F *chevalier* < LL *caballārium* ← L *caballus* horse: cf. cavalier〛 ── *n.* **1** (騎士のように)義侠(ぎょう)的な人, 勇気のある紳士. **2** [《米》ではまた ʃəvǽljeɪ, -váːl-] (フランスの)勲爵士: a ～ of the Legion of Honor (フランスの)レジオンドヌール勲位所有者《最下位》. **3** [《米》ではまた ʃəvǽljeɪ, -váːl-] (フランスのもとの)最下位の貴族. **4** 《古》騎士.

chevalier d'industrie [-dɛ̃ː(n)dustríː, -dæn-; *F.* -dɛ̃dystri] [**of industry**] 山師, 詐欺師 (swindler).

Che·val·ier [ʃəvǽljeɪ, -váːl- | ʃəvǽl-, ʃɪ-; *F.* ʃəvalje], **Maurice** (**Auguste**) *n.* シュバリエ《1888-1972; フランスの俳優・歌手》.

Che·vá·lier-Mon·tra·chét [-mɔ̃ː(n)trəʃéɪ, -mɔ̀(ː)n-; *F.* -mɔ̃raʃɛ] *n.* シュバリエモンラシェ(ワイン)《フランス Burgundy 産の高級白ぶどう酒》.

chevaux-de-frise *n.* cheval-de-frise の複数形.

che·vee [ʃəvéɪ] 〚▭F *chevée* ← *chever* to hollow out ← L *caváre*〛 *n.* シェヴェー《扁平な宝石で滑らかに磨いた凹面をもつもの; cf. cuvette 2》.

che·ve·lure [ʃèvəlúə, ʃəv- | -lúə(r; *F.* ʃəvly:r] 〚《1652》 ▭F ～ 《原義》head of hair, wig < L *capillātūram* ← *capillus* hair〛 *n.* **1** 頭髪. **2** 《天文》=coma² 2.

che·ve·ron [ʃév(ə)rən] *n.* 《紋章》=chevron 3.

che·vet [ʃəvéɪ; *F.* ʃəvɛ] 〚▭F ～ < OF *chevez* < L *capitium* head covering ← *caput* head〛 *n.* (フランス式教会堂の)後陣, アプス.

che·ville [ʃəvíː; *F.* ʃəvij] 〚▭F ～ < L *clāviculam* (dim.) ← *clāvis* key: ⇨ clavicle〛 ── *n.* **1** (弦楽器の)糸巻き (peg). **2** 《詩学》詩行[文]を完成するための冗語, 埋め草.

chev·in [ʧévɪn, -vən | -vɪn] 〚《c1450》 ▭ (O)F *chevesne* ← VL *capitō* big head ← L *caput* 'HEAD'〛 *n.* 《魚類》=chub.

Chev·i·ot [ʃéviət | ʧéviət, ʧív-, ʧíːv-, -vjət] *n.* **1** チェビオット《Cheviot Hills 原産の毛の厚い羊の優良品種》: ～ wool チェビオット種羊毛. **2** [《英》ʧév-] [c-] **a** チェビオット羊毛織物. **b** チェビオット織物に似た綿織物.

Chév·i·ot Hìlls [ʧéviət-, ʧíːv- | ʧéviət-, ʧív-, ʧíːv-, -vjət-] 〚*Cheviot*: ← ? Gael. *c(h)iabach* bushy ← *ciabh* hair〛 ── *n. pl.* [the ～] チェビオット丘陵《イングランドとスコットランドの境にある丘陵地帯(最高峰 816 m); Cheviot sheep の産地》.

chev·on [ʃévən] 〚← F *chèv(re)* goat + (MUTT)ON〛 *n.* (食用にする)山羊の肉.

chev·ret [ʃəvréɪ; *F.* ʃ(ə)vrɛ] 〚▭F ～ ← *chèvre* (↑)〛 *n.* 山羊の乳で造るチーズ.

chev·rette [ʃəvrét; *F.* ʃ(ə)vrɛt] 〚▭F ～ 'kid' (dim.) ← *chèvre* goat: ⇨ chevron〛 *n.* セブレット革《離乳直後の生後 1 年以内の山羊皮から作った薄手の革》.

Chev·ro·let [ʃèvrəléɪ, ⌣⌣⌣] 〚← *Louis Chevrolet* (1879-1941: スイス生れの米国の自動車レーサー・製造者)〛 *n.* 《商標》シボレー《米国製大衆向き自動車》.

chev·ron [ʃévrən] 〚《1395》 ▭ (O)F ～ 'rafter, chevron' ← *chèvre* < VL **capriōnem* ← L *capra* she-goat ← *caper* goat: ⇨ cabriolet〛 ── *n.* **1** (下士官・警官などが階級・服務年限・功労などを示すために付ける)山形袖章, 布章. **2** 《建築》山形(をしたもの), 雁木形: ⇨ chevron molding. **3** 《紋章》シェブロン《山形の帯図形; 1-3 本までをいう; cf. chevronel, couple-close 1; ⇨ heraldry 挿絵 C》.

1 2 3
chevrons 1
1 army staff sergeant; 2 air force staff; 3 marine staff

in chevron 《紋章》〈紋章図形が〉山形に並んだ, 山形に配置された. ***per chevron*** 《紋章》山形に盾を 2 分した. **～·ed** *adj.*

chev·ron·el [ʃèvrənél] 〚← CHEVRON + -EL¹〛 ── *n.* 《紋章》シェブロネル《chevron の幅の狭いものをいい, 3-4 本以上の chevron が盾に描かれた場合にいう; cf. couple-close 1》.

chévron mòlding *n.* 《建築》ジグザグ繰形, 雁木繰形《ジグザグ模様をなし, 英国では Saxon および Norman 時代の建築に多い; chevron が連続したもの; zigzag molding ともいう》.

chev·ron·ny [ʃévrəni | -nɪ] *adj.* 《紋章》=chevrony.

chévron·wise *adv.* 《紋章》=*in* CHEVRON.

chev·ron·y [ʃévrəni | -nɪ] *adj.* 《紋章》盾を山形に, 偶数に等分割した (⇨ heraldry 挿絵 E).

chev·ro·tain [ʃévrətèɪn; *F.* ʃəvrɔtɛ̃] 〚《1774》 ▭F ～ (dim.) ← OF *chevrot* kid (dim.) ← *chèvre* goat: ⇨ chevron〛 ── *n.* (*also* **chev·ro·tin** [-tæ̀n; *F.* ʃəvrɔtɛ̃]) 《動物》マメジカ, ネズミジカ《アジア・アフリカなどに生息するマメジカ属 (*Tragulus*) のシカに似た小型の反芻(すう)動物の総称; mouse deer ともいう》.

chev·y [ʧévi | -vɪ] 〚← ? CHEVY CHASE〛 *n., vt.* =chivy.

Chév·y Cháse [ʧévi- | -vɪ-] 〚← CHEVIOT HILLS〛 ── *n.* チェビーチェース《1388 年の Otterburn の戦いを主題とする英国の古い民謡で, Percy's *Reliques* に収録されている; 正式名 Ballad of Chevy Chase》.

chew [ʧúː] 〚OE *cēowan* < Gmc **kewwan* (Du. *kauwen* / G *kauen*) ← IE **g(i)eu-* to chew〛 ── *vt.* **1 a** 〈食物・かみたばこなどを〉かみ砕く, かみこなす, 咀嚼(そしゃく)する (masticate). **b** かんで作る: The dog ～*ed* a hole in my stocking. 犬は靴下をかんで穴をあけた. **2** (かみ砕くように)つぶす, 砕く, こわす (destroy) 〈*up*〉. ── *vi.* **1** 物をかみ砕く[こなす], 咀嚼する. **2** 《米口語》かみたばこをかむ.

bite off more than one can chew ⇨ bite 成句. ***chew out*** 《米口語》〈人を〉激しく叱る, どなりつける (bawl out); ぼろくそにけなす, 非難する (reprimand): The teacher ～*ed* him *out* for being lazy. 先生は彼を怠慢だと激しく叱った. ***chew over*** 熟考する, よく考える: ～ *over* the problem. ***chew the rag*** [***fat***] 《俗》長々と話す[論じる]; 愚痴をこぼす (grumble). ***like a piece of chewed string*** ⇨ piece 成句.

── *n.* **1** かみ砕く[こなす]こと, 咀嚼; 一かみ: have a ～ at …を咀嚼する. **2** 咀嚼するもの, かみこなすもの; かみ菓子, (特に, かみたばこの)一かみ分: a ～ of tobacco たばこ一かみ.

chew·a·ble [ʧúːəbl | ʧúːə-, ʧúə-] *adj.* かみ砕く[こなす]ことのできる.

chew·er [ʧúːə | ʧúː(r, ʧúə(r] *n.* **1** かみ砕く人[もの]. **2** かみたばこの常習者.

chéw·ing gùm [ʧúːɪŋ- | ʧúːɪŋ-, ʧúɪŋ-] *n.* チューインガム (⇨ chicle).

chéwing tobàcco *n.* かみたばこ.

che·wink [ʧɪwíŋk, ʧə- | ʧɪ-] 〚擬音語〛 *n.* 《鳥類》トウヒチョウ (⇨ towhee).

chew·y [ʧúːi | ʧúːɪ, ʧúɪ] *adj.* (**chew·i·er**, **-i·est**) 〈食物が〉容易にかめない[かみこなせない]; 〈キャンディーなど〉かむ必要のある: ～ candy. **chew·i·ness** *n.*

Chey·enne¹ [ʃaɪǽn, -én] 〚↓〛 ── *n.* **1** 米国 Wyoming 州南東部にある都市で同州の首都; 人口 41,000. **2** [the ～] 米国 Wyoming 州東部から北東に流れ, South Dakota 州中央部で Missouri 川に合する川 (848 km).

Chey·enne² [ʃaɪǽn, -én] 〚▭ N-Am.-Ind. (Dakota) *shaiyena* ← *shaia* to speak unintelligibly〛 ── *n.* (*pl.* ～, ～**s**) **1 a** [the ～(s)] シャイアン族《アメリカインディアンの一族; もと Wyoming 州地方に居住していたが, 今は Montana 州と Oklahoma 州とに分かれている》. **b** シャイアン族の人. **2** シャイアン語《Algonquian 語に属する》.

chey·le·tid [kaɪlíːtɪd, -lét-, -tɪd | -tɪd, -təd] 〚↓〛 *adj., n.* 《動物》ツメダニ科の(ダニ).

Chey·let·i·dae [kaɪlétədiː | -tɪ-] 〚← NL ～ ← *Cheyletus* (属名: ← Gk *khēlē* claw) + -IDAE〛 *n. pl.* 《動物》ツメダニ科.

Chéyne-Stókes respiràtion [**brèathing**] [ʧéɪnstóuks-, ʧéɪni- | ʧéɪnɪstə́uks-, ʧéɪn-] 〚*Cheyene-Stoke*: ← *John Cheyne* (1777-1836: スコットランドの医師でその現象の最初の記述者) & *William Stokes* (1804-78: アイルランドの医師でその現象に最初に気付いた人)〛 ── *n.* 《医学》チェインストークス呼吸, 交代性無呼吸.

chez [ʃèɪ, ʃéɪ; *F.* ʃe] 〚▭F ～ < OF *chiese* < L *casae* at home (locative) ← *casa* house〛 *F. prep.* **1** …の家で: ～ Tod. **2** …とともに (with).

chi [káɪ] 〚▭Gk *khî* < 《古形》*kheî*〛 *n.* キー《ギリシャ語アルファベット 24 字中の第 22 字: *X*, χ; ⇨ alphabet 表》.

Chi. 《略》Chicago; China; Chinese.

Chi·an [káɪən] 〚《1631》 ← CHI(OS) + -AN¹〛 *adj.* キオス (Chios) 島の; キオス島人の. ── *n.* キオス島の人[住民].

Chiang Ching [ʧiáːŋ-ʧín, ʧǽŋ- | ʧiáːŋ-, ʧǽŋ-; *Chin.* ʧiāŋ ʧʻīŋ] *n.* 江青《1913- ; 毛沢東夫人; 中国文化大革命運動 (1965-69) の指導者の一人; 1976 年四人組の一人として失脚》.

Chiang Kai-shek [ʧiáːŋ-kàɪʃék, ʧǽŋ- | ʧiáːŋ-, ʧǽŋ-; *Chin.* ʧiǎŋ ʧièʃí] *n.* 蔣(しょう)介石《1887-1975; 中国の軍人・政治家; 中国国民党主席 (1928-75), 中華民国総統 (1948-75)》.

Chiang·mai [ʧiàːŋmáɪ | ʧiáːŋ-, ʧáːŋ-] *n.* (*also* **Chiang Mai** [～]) チェンマイ《タイ北西部の都市; 人口 90,000》.

Chi·an·ti [kiáːnti, -ǽn- | kiǽntɪ; *It.* kjánti] 〚《1833》 ▭ It. ～ (イタリア Tuscany の山岳地方の原産地名)〛 ── *n.* **1** キャンティ(ワイン)《イタリア産の辛口の赤ぶどう酒; 通例麦わらで編んだおおいに包んだびんに入っている; Chianti wine ともいう》. **2** イタリア産のぶどう酒.

Chían túrpentine *n.* =turpentine 2.

chiao [ʧiáu, ʧáu | ʧiáu, ʧáu; *Chin.* ʧiǎu] 〚▭ Chin. *chiao* (角)〛 *n.* (*pl.* ～) **1** 角《中華人民共和国の通貨単位; = $^1/_{10}$ 元, 10 分 (fen)》. **2** 1 角銀貨, 1 角札.

Chi·a·pas [ʧiáːpəs | ʧɪ-; *Sp.* ʧápas] *n.* チアパス(州)《メキシコ南部の州; 人口 1,570,000, 面積 73,887 km², 首都 Tuxtla Gutiérrez [tústla gutjérreθ]》.

chi·a·ro·scu·rist [kjɑ̀ːrəsk(j)ú(ə)rɪst, kiɑ̀ː-, -rous-, -rəst | kɪɑ̀ːrəskúərɪst, -rɔs-, -skjúər-] 〚⇨↓, -ist〛 *n.* 明暗で描く画家, キアロスクーロ画家.

chi·a·ro·scu·ro [kjɑ̀ːrəskjú(ə)rou, kiɑ̀ː-, -rous- | kɪɑ̀ːrəskúərəu, -rɔs-, -skjúər-; *It.* kjàroskúːro] 〚《1686》 ▭ It. ～ 'clear-dark': cf. clear, obscure〛 ── *n.* (*pl.* ～**s**) **1** (絵の)明暗の配合, 明暗法. **2** 《美術》キアロスクーロ《他の色を用いないでただ明暗を主とした画法》. **3** 《印刷》キアロスクーロ, 単色刷《白と黒の明暗によって調子を付けた 16 世紀の版画法》; 単色刷画. **4** 《文芸》明暗対照描写.

chi·asm [káɪæzm] 〚↓〛 *n.* **1** 《解剖・生物》=chiasma. **2** 《修辞》=chiasmus.

chi·as·ma [kaɪǽzmə] 〚《1839-47》 ← NL ～ ← Gk *khíasma*: ギリシャ字 *khi* (χ) 状の配列の意〛 ── *n.* (*pl.* ～**s**, ～**·ta** [～tə | ～tə]) **1** 《解剖》(視神経の)交差, 交叉, キアスマ. **2** 《生物》キアズマ, 染色体交差点. **chi·ás·mal** [-məl] *adj.* **chi·as·mat·ic** [kàɪəzmǽtɪk | -tɪk] *adj.* **chi·as·mic** [kaɪǽzmɪk] *adj.*

chi·as·ma·type [kaɪǽzmətàɪp] 〚《逆成》↓〛 *adj.* 《生物》キアズマ型の, 染色体交差の.

chi·as·ma·typ·y [kaɪǽzmətàɪpi | -pɪ] 〚← CHIASMA + TYPE + -Y¹〛 *n.* 《生物》キアズマ型, 染色体交差.

chi·as·mus [kaɪǽzməs] 〚《1871》 ← NL ～ ← Gk *khiasmós* placing crosswise ← *khiázein* to form letter X ← *khî* (最初の節と後の節とを二行に並べて対照するとギリシャ文字の *khi* 即ち *X* の形になる)〛 ── *n.* (*pl.* **-as·mi** [-maɪ]) 《修辞》(語句の)交錯配列法《文中で同一または類似の語句を繰り返す時, 語句の順序を逆にすること; 例: In the beginning was the Word, and the Word was with the God. (*John* 1: 1)》. **chi·as·tic** [kaɪǽstɪk] *adj.*

chi·as·to- [kaɪǽsto(u) | -tə(u)] 〚▭G ～ ← Gk *khiastós* set crosswise: ↑〛「交錯する」の意の連結形: *chiastobasidial*.

chi·as·to·lite [kaɪǽstəlàɪt] 〚▭G *Chiastolith*: ⇨↑, -lite〛 *n.* 《鉱物》空晶石, チアストライト (⇨ macle 3).

chiaus [ʧáus, ʧáuʃ] 〚《1599》 ▭ Turk *çavus*, sergeant ← *çav* voice〛 *n.* **1** (トルコの)使者 (messenger); 守衛官. **2** 詐欺師, ぺてん師 (swindler).

Chib·cha [ʧíbʧɑː, -ʧə] *n.* (*pl.* ～, ～**s**) **1 a** [the ～(s)] チブチャ族《もとコロンビアの Bogotá 高原に住んでいた南米インディアン; 今は絶えた》. **b** チブチャ族の人. **2** チブチャ語.

Chib·chan [ʧíbʧən] *adj.* チブチャ語族の《チブチャ族, その他南米のコロンビア地方に住むインディアン種族を含む》.

chib·ol [ʧíbəl] *n.* 《英方言》=cibol.

chi·bouk [ʧɪbúːk, ʧə-, ʃɪ-, ʃə-, -búk | ʧɪ-] 〚《1813》 ▭F *chibouque* ▭ Turk. *çibūk* tube, stick〛 *n.* (*also* **chi·bouque** [～]) チブーク《トルコ人の用いる長ぎせる》.

chic [ʃíːk, ʃík; *F.* ʃik] 〚《1856》 ▭F ～ (n.) ▭G *Schick* order, skill ← MHG *schicken* to arrange appropriately // 《略》? ← F *chicane* 'CHICANE'〛 ── *adj.* (**chic·er**, **chic·quer** [-kə | -kə(r], **chic·est**, **chic·quest** [-kɪst, -kəst]) **1** シックな, あか抜けのした, いきな. **2** 流行の, 今はやりの; 当世風の. ── *n.* **1** 上品, いき, シック (elegance). **2** 現代風, 当世風, 流行. **3** 《絵画》しゃれた描法. **～·ly** *adv.* **～·ness** *n.*

Chi·ca·go [ʃɪkáːgou, ʃə-, -kɔ́ː- | ʃɪkáːgəu, ʧɪ-, -kɔ́ː-] 〚▭F ～ ← N-Am.-Ind. (Algonquian): 《原義》place of the wild onion〛 ── *n.* **1** 米国 Illinois 州にある同国第二の大都市; Michigan 湖に臨む貿易港; 人口 3,100,000 (郊外を含めて 7,659,000). **2** 《トランプ》= Michigan 2.

Chi·ca·go·an [ʃɪkáːgouən, ʃə-, -kɔ́ː- | ʃɪkáːgəuən, ʧɪ-] *n.* (米国) Chicago の人[住民].

Chicágo stỳle *n.* 《ジャズ》シカゴスタイル《1920 年代に Chicago を中心に盛んだったジャズ》.

chi·ca·lo·te [ʧìkəlóuti | -lə́utɪ] 〚▭ Sp. ～ ▭ Nahuatl *chicalotl*〛 ── *n.* 《植物》アザミゲシ《熱帯アメリカ産ケシ科アザミゲシ属のとげのある多年草; 世界の乾燥地に広く帰化; アザミゲシ (*Argemone mexicana*) またはA. *platyceras*》.

Chi·ca·na [ʧɪkáːnə; *Sp.* ʧikána] 〚← CHICANO + -A¹〛 *n.* チカーナ《メキシコ系の女性米国人; cf. Chicano》. ── *adj.* チカーナの.

chi·cane [ʃɪkéɪn, ʃə-, tʃɪ-, tʃə- | ʃɪ-, tʃɪ-] 〖(*a*1672)□F ～ ← *chicaner* to quibble ← ?〗 — *n.* **1 a** (通例合法主義的な)言い逃れ, 詭弁, ごまかし, 三百代言的な言辞. **b** 逃げ口上, 口実 (subterfuge). **2**〖自動車レース〗コース上に設けられた障害物. **3**〖トランプ〗**a**《廃》(bridge, whist で)切札が一枚も無い手(に与えられるボーナス点). **b** ＝void 4. — *vi.* ごまかしを言う; ずるい策略を用いる. — *vt.* **1** ごまかす, 言い抜ける. **2 a** ごまかし[言いくるめ]て〈人〉に…させる〔*into*〕: ～ her *into* marrying [marriage] うまく言いくるめて彼女に結婚させる. **b** ごまかし[言いくるめ]て〈人〉から…を手に入れる〔*out of*〕: ～ a person *out of* his money 人から金をだまし取る.

chi·cán·er *n.* ごまかしを言う人, 言抜けをする人.

chi·ca·ner·y [ʃɪkéɪn(ə)ri, ʃə-, tʃɪ-, tʃə- | ʃɪkéɪnəri] 〖← CHICANE＋-ERY: cf. F *chicanerie*〗 — *n.* **1** ずるい言抜け, 詭弁, ごまかし: political ～. **2** [通例 *pl.*] (法廷などでの)ずるいやり方.

Chi·ca·no [tʃɪkɑ́ːnoʊ, ʃɪ- | -nəʊ; *Sp.* tʃikáno] 〖← Sp. *mejicano* Mexican ← *Méjico* Mexico〗 — *n.* (*pl.* ～**s**)《米》チカーノー《メキシコ系の米国人; cf. Chicana》. — *adj.* チカーノーの.

chic·co·ry [tʃík(ə)ri | -kəri] *n.*〖植物〗＝chicory.

Chi·chén It·zá [tʃɪtʃén-ɪtsɑ́ː, tʃə-, -ət- | tʃɪtʃén-ɪt-; *Am. Sp.* tʃitʃénitsá] *n.* チチェン イツァー《メキシコ Yucatán 半島北部にあるマヤ古典期後半から後古典期にかけての宗教的中心地; およびその遺跡》.

Chich·es·ter [tʃítʃɪstə, -tʃəs- | -tʃɪstə(r)] 〖OE *Ċisseċeaster* ← *Cisse* (人名)＋-*ċeaster* '-CHESTER'〗 — *n.* イングランド West Sussex 州の首都; ノルマン時代の大聖堂がある; 人口 94,000.

Chich·es·ter-Clark [tʃítʃɪstə-klɑ́ək, -tʃəs- | -tʃɪstə-klɑ́ːk], **James Dawson** *n.* (1923–) 北アイルランドの政治家, 首相 (1969–71).

chi·chi [ʃíːʃiː, ʃíːʃiː | ʃíːʃiː; *F.* ʃiʃi] 〖□F ～《擬音語》〗 — *adj.* **1** 飾り立てた, 派手な (frilly): a ～ dress. **2** いやに凝った, わざとらしい, 技巧的な. **3** 粋(いき)な, ハイカラな (chic). — *n.* **1 a** けばけばしいもの, 派手なもの[態度]; いやに凝ったもの. **b** 気取った人, いやに凝った人. **2** 気取り.

Chi·chi·ha·erh [tʃítʃíhàːɛ́ə, tʃíːtʃíː- | -ɛ́ə(r); *Chin.* tɕʰítɕʰíxǎɚ] *n.* (*also* **Chi·chi·har** [-hɑ́ə | -hɑ́ː(r)]) 斉斉哈爾(チチハル)《中国東北部, 黒竜江省 (Heilungkiang) 西部の都市》.

chick¹ [tʃík] 〖(*a*1398)《尾音消失》← CHICKEN〗 — *n.* **1 a** 鶏のひな, ひよこ (chicken). **b** ひな鳥. **2 a** [しばしば愛称として] 小さな子; 子供 (child). **b** [the ～s] (一家中の)子供たち. **3**《俗》若い娘, 女の子.

chick² [tʃík] 〖□Hindi *ciq* □Pers. *chiq*〗 *n.* (インドで用いられる竹製の) すだれ.

Chick [tʃík] 〖《変形》? ← CHUCK: cf. chick¹〗 *n.* **1** 男性名. **2** 女性名.

chick·a·bid·dy [tʃíkəbìdi | -dɪ] 〖← CHICK¹＋BIDDY²〗 *n.* **1**《小児語》ひよこ (chicken). **2** [愛称として] かわいい子, 赤ちゃん (child).

chick·a·dee [tʃíkədìː, -di | -dìː, -dɪ] 〖擬音語〗 *n.*〖鳥類〗北米産のコガラ類の総称; (特に)アメリカコガラ (black-capped chickadee).

Chick·a·mau·ga [tʃìkəmɔ́ːgə] 〖← ? Am.-Ind.〗 *n.* 米国 Georgia 州北西部の町; 近くの小川 Chickamauga Creek は南北戦争で南軍大勝 (1836) の地. 「rel 1.

chick·a·ree [tʃíkəriː] 〖擬音語〗 *n.*〖動物〗＝red squir-

Chick·a·saw [tʃíkəsɔ̀ː, -ksɔː | -kəsɔ̀ː] *n.* (*pl.* ～, ～**s**) **1 a** [the ～(s)] チカソー族《アメリカインディアンの一族; Muskogean 族の好戦的な支族で, もと Mississippi 州の北部にいたが, 今は Oklahoma 州に住んでいる》. **b** チカソー族の人. **2** チカソー語《Choctaw 語の一方言》.

chick·en [tʃíkɪn, -kən] 〖OE *ċicen, ċȳcen* < Gmc **kiukīnam* ← **kauk-* (Du. *kieken* / G *Küchlein*)《変形》← **kuk-* 'COCK'〗 — *n.* **1 a** ニワトリ (*Gallus gallus*). **b**《英》(生後 1 年以内の)ニワトリのひな, ひよこ: count one's ～s before they are hatched とらぬたぬきの皮算用をする. **2** ひなどり. **3** (若鶏の食用としての)鶏肉, チキン, かしわ (cf. fowl 1). **4** [通例 no ～ として]《口語》若い人, 青二才; (特に)うぶな女, ねんねえ: She is *no* ～. もう若くはない. **5**《俗》臆病者(coward). **6**《米軍俗》とるに足らない規律, きびしく押しつけられたつまらない規律[細部].

play chicken (1) 相手が手を引くだろうと思って挑戦し合う[おどし合う]. (2) 肝だめしをする, 胆力比べをする.

— *attrib. adj.* **1** 〈食物が〉鶏肉で作った, 鶏肉の入った, 鶏肉の味のする: ～ soup. **2** 子供の, 小さい: a ～ lobster 小えび. **3**《俗》おずおずした, 臆病な (timid). **4**《米軍俗》つまらない規律を押しつける.

— *vi.*《俗》恐がってやめる, しりごみする, おじけづいて手を引く〈*out*〉.

chícken-and-égg *adj.* ＝hen-and-egg.

chícken brèast *n.* 鳩胸 (pigeon breast).

chícken-brèasted *adj.* 鳩胸の (pigeon-breasted).

chícken chòlera *n.*《まれ》〖獣医〗＝fowl cholera.

chícken còlonel 〖記章の鷲を戯れに chicken と呼んだことから〗 *n.*《米軍俗》(中佐と区別して)大佐 (cf. bird colonel).

chícken còop *n.* 鶏小屋, 鶏舎.

chícken fèed *n.* **1** 鶏の餌(えさ). **2**《俗》**a** 僅かな金額, はした金; 小銭 (small change): pay ～ 小銭を払う. **b** つまらぬもの.

chícken gràpe *n.*〖植物〗米国東部・中部産のヤマブドウの一種 (*Vitis vulpina*)《甘く黒い小さな実をつける; cf. fox grape》.

chícken gùmbo *n.* チキンガンボー《鶏肉入りガンボースープ; cf. gumbo 2》.

chícken hàwk *n.*〖鳥類〗ニワトリなどを時にとって食うタカの類の総称《北米のアシボソハイタカ (sharp-shinned hawk), オオハイタカ (Cooper's hawk) など》.

chícken-hèart *n.* 臆病(者).

chícken-héarted *adj.* **1** 気の弱い, 臆病な (timid). **2** 心のやさしい (soft-hearted). ～**·ly** *adv.*

chícken Kíev *n.* チキン キエフ《鶏の胸肉にバターを包んでパン粉の衣をつけて揚げたロシヤ料理》.

chícken làdder *n.*〖建築〗(屋根, 足場などの)登り板 (crawling board).

chícken lìver *n.* **1** 鶏のレバー[肝臓]. **2**《口語》意気地なし, 臆病者 (coward).

chícken-lívered *adj.* 意気地なしの: a ～ guy.

chícken pòx *n.* **1**〖病理〗水ぼうそう, 水痘(すいとう) (varicella). **2**〖獣医〗鶏痘 (fowl pox).

chícken·shìt *n.*《卑》**1** 臆病者 (coward). **2** つまらぬ(うんざりする)仕事. **3** つまらぬうそ[虚言]; くだらない話, たわごと (empty talk).

chícken snàke *n.*〖動物〗＝rat snake b.

chícken tèrrapin [tòrtoise, tùrtle] *n.*〖動物〗アミメテラピン (*Deirochelys reticularia*)《米国南東部産の長い首と黄色網目模様の背甲をもった小型食用ガメ》.

chícken Tetrazzíni 〖← *Luisa Tetrazzini* (1874–1940: イタリアのオペラ歌手)〗 — *n.* チキン テトラジーニ《鶏肉・マッシュルーム・スパゲティなどをヴルーテソース (velouté sauce) であえて, グラタンにしたイタリア料理》.

chícken wìre 〖鶏小屋に用いることから〗 *n.* (柵に用いる)六角形の網目のある金網.

chick·let [tʃíklɪt, -lət] *n.* (*also* **chick·lette** [～])《米俗》若い女性, 娘, 女の子 (girl).

chick·ling [tʃíklɪŋ] 〖《変形》←《古形》*cicheling*＝L *cicercula* (dim.) (↓): ⇨ -ling¹〗 — *n.*〖植物〗ヨーロッパ産マメ科レンリソウ属の一年生蔓草 (*Lathyrus sativus*)《牧草; chickling vetch ともいう》.

chíck·pèa [tʃík-] 〖(1548)《変形》←《古形》*chich-pease* □F *chiche* □L *cicer*: CHICKEN との連想による変形〗 — *n.* **1**〖植物〗ヒヨコマメ (*Cicer arietinum*)《南欧地方で食用に栽培する; garbanzo ともいう》. **2** ヒヨコマメの実[豆].

chíck·wèed *n.*〖植物〗ハコベ (⇨ stitchwort).

chíckweed wíntergreen *n.*〖植物〗**a** ＝starflower b. **b** ツマトリソウ (*Trientalis europaea*)《ヨーロッパ産》.

chic·le [tʃíkḷ, -kli | -kḷ, -kl̩] 〖□Am.-Sp. ～ □Nahuatl *chictli*〗 — *n.* チクル《熱帯アメリカ産の植物サポジラ (sapodilla) などから採るゴム状物質で, チューインガムの原料; chicle gum ともいう》.

chi·co [tʃíːkoʊ, tʃík- | -kəʊ] 〖⇨ chicalote〗 *n.* (*pl.* ～**s**)〖植物〗＝greasewood 1.

Chi·com [tʃáɪkɑm | -kɒm] 〖← *Chi*(*nese*) *Com*(*munist*)〗 *n.* 中国共産党党員.

chic·o·ry [tʃík(ə)ri | -kəri] 〖□F *chicorée* □L *cichorēum* □Gk *kikhórion* ∽ (15C) *cicoree* □OF *cichorée*〗 — *n.*〖植物〗**1** キクニガナ, チコリ (*Cichorium intybus*)《葉はサラダ用, またその根は炒(い)ってコーヒーの代用品にする; succory ともいう》. **2** キクヂシャ (endive).

chide [tʃáɪd] 〖OE *ċīdan* ← ?〗 — *v.* (**chid** [tʃíd], **chid·ed**; **chid, chid·den** [tʃídn], **chid·ed**)《古・文語》 — *vi.* **1** 非難して言う, 荒々しく叫ぶ. **2** 〈風・嵐・海などが〉叫ぶ, たけり狂う. **3** 小言をいう, とがめる. — *vt.* **1** (やさしく教育的に)叱る, …に小言を言う: ～ the child *for* bad manners 無作法のことで子供を叱る / ～ a person away しかって人を追いやる. **2** 〈嵐・海が〈岸など〉にぶつかって音をたてる.

chíd·er *n.*

chíd·ing·ly *adv.* 叱りつけて; 叱るように.

chief [tʃíːf] 〖(*c*1300) ～, *chef* □(O)F *chef* < VL **capum*＝L *caput* 'HEAD': cf. chef〗 — *n.* **1 a** (集団・組織の)首領, 統領, 頭; 指揮官, 隊長, 上官, 署長. **b** (種族の)酋(しゅう)長, 族長. **c** (局長・課長・所長などの)長官, …長: the ～ of a section 課長. **d**《俗》親分, ボス (boss). **2**《古》主要な[最上の]部分: in the ～ of summer. **3**《廃》上の部分, 上部 (top). **4** [C-; 称号に用いて]〖米軍事〗部[課]長《指揮権をもたず参謀長を補佐する地位》: (the) *Chief* of Engineers 施設部[課]長 / (the) *Chief* of Information (軍)報道[弘報]部[課]長. **5** [通例 C-] **a**〖海事〗機関長 (chief engineer), 一等航海士 (chief officer). **b**〖海軍〗一等兵曹 (chief petty officer). **6**〖紋章〗**a** 盾形紋地の上部 3 分の 1 の部分. **b** 盾の上部 (⇨ heraldry 挿絵 B, C).

in chief (1) [しばしば称号として用いて] 首領の, 最高の: an agitator *in* ～ 暴徒の首領 / the editor *in* ～ 編集長, 主筆 / ⇨ COMMANDER in chief. (2) 主として, 特に (chiefly): ⇨ EXAMINATION in chief. (3)〖紋章〗盾の上部 3 分の 1 のところに.

Chief of Naval Operations 海軍作戦部長 (cf. CHIEF of Staff (1)).

chief of police [the —]《米》(警察の)本部長 (⇨ police 1 ★).

Chief of Staff [the —]〖米軍〗(1) (陸軍・空軍の)参謀総長 (cf. CHIEF of Naval Operations). (2) [c- of s-] 参謀[幕僚]長《陸軍・海兵隊では旅団・師団またはそれより上級部隊, 空軍では番号つきで呼ばれる航空軍またはそれより上級部隊, 海軍では少将以上の指揮する艦[部]隊の場合に, それぞれ適用される職名; cf. JOINT Chiefs of Staff, general staff》.

chief of state [the —] 元首, 国首《政治上の首長と区別して国家の形式上の首長》.

— *adj.* [Attributive にのみ用いて] **1** (階級・権限・重要度において)第一位の, 最高の, 長である: a ～ accountant 会計主任, 経理課長 / a ～ clerk 書記長, 課長 / a ～ cook コック長, 料理人頭 / a ～ engineer 技師長, 機関長 / a ～ priest 祭司長, 主教 / His *chief* problem is getting a job. 彼にとって第一の問題は就職することだ. **2** 主要な, 重要な, 主な.

— *adv.*《古》主として (chiefly): ～(*est*) of all なかんずく.

chief céll *n.*〖解剖〗主細胞《胃腺のペプシン分泌細胞; cf. parietal cell》.

chief compláint *n.*〖医学〗主訴 (cf. complaint 2 c).

chief cónstable *n.* **1**《英》(自治体[地方]警察の)警察長 (⇨ police 1 ★). **2**〖英史〗州治安官《12–13 世紀に州の militia の監督と治安維持にあたった役人》.

chief·dom [-dəm] *n.* **1** 支配地域; 支配されている民衆. **2** ＝chiefship.

chief exécutive *n.*《米》**1** [the ～] 行政長官; 各州知事・市長(など). **2** [the C- E-] 大統領.

chief inspéctor *n.*《英》警部 (⇨ police 1 ★).

chief jústice *n.* **1** [the ～] 首席裁判官, 裁判長, 裁判所長. **2** [the C- J-] **a** (英国の)高等法院王座部の首席裁判官《正式には Lord Chief Justice of England》. **b** (米国の)最高裁判所長官《正式には Chief Justice of the United States》.

chief·less *adj.* 頭首[指揮者, 長官]のない.

chief·ly 〖(*c*1386)〗 *adv.* **1** 何よりも, 主に. **2** もっぱら; 概して, 多く.

chief márshal *n.*《英》＝air chief marshal.

chief máster sérgeant *n.*〖米空軍〗上級曹長《曹長 (senior master sergeant) の上の階級》.

chief master sergeant of the air force〖米空軍〗空軍最先任上級曹長《候補生に次ぎ, 上級曹長 (chief master sergeant) の上の階級》.

chief máte [ófficer] *n.*〖海事〗一等航海士.

chief pétty òfficer *n.*〖米海軍・沿岸警備隊〗一等兵曹《下士官》.

chief·shìp *n.* chief の職[地位].

chief superinténdent *n.*《英》警視正 (⇨ police 1 ★).

chief·tain [tʃíːftən, -tɪn] 〖(*c*1280) *chevetein, cheftayne* □OF *chevetaine* < LL *capitāneum*: ⇨ captain〗 — *n.* **1** 指導者, 首長; (山賊などの)親分, 首領 (leader). **2** (スコットランド高地氏族 (Highland clan) の)族長. **3**《古》隊長 (captain).

chief·tain·cy [tʃíːftənsi, -tɪn- | -sɪ] 〖⇨ ↑, -cy〗 *n.* **1** chieftain の地位[役目, 支配]. **2** ＝chiefdom 1.

chief·tain·ess [tʃíːftənɪs, -nəs | -nɪs, -nès] 〖⇨ -ess¹〗 *n.* 女首領.

chíeftain·shìp *n.* ＝chieftaincy.

chief wárrant òfficer *n.* **1**〖米陸軍・空軍・海兵隊〗上級准尉. **2**〖米海軍・沿岸警備隊〗上級兵曹長《少尉に次ぐ准士官の階級》.

chiel [tʃíːl] 〖ME *chil*《変形》← CHILD〗 *n.*《スコット》**1** 若者; 男 (fellow). **2** 子供 (child).

chield [tʃíːl(d)] *n.*《スコット》＝chiel.

Chieng·mai [tʃièŋmáɪ, tʃèŋ- | tʃièŋ-, tʃèŋ-] *n.* ＝Chiangmai.

chiff·chaff [tʃíftʃæf] 〖擬音語〗 *n.*〖鳥類〗チフチャフ (*Phylloscopus collybita*)《ヨーロッパ産ウグイス科の小鳥》.

chif·fon [ʃɪfɑ́n, ˌ-ˊ- | ʃífɒn; *F.* ʃifɔ̃] 〖(1876) □F ～ ← *chiffe* rag, (pl.) clothes《変形》← OF *chipe* □ME *chip* 'CHIP¹'〗 — *n.* **1** シフォン《きわめて薄い柔らかな生地の織物; 絹または人絹織物で着尺・ベール・帽子飾りなどに用いる》. **2** [*pl.*] 婦人服の飾り《リボン・レースなど》. — *attrib. adj.* **1 a** シフォンで作った, シフォン製の. **b** 〈織り方・布など〉シフォンのような. **2** (泡立てた卵白やゼラチン入りのパイ・ケーキ・プディングなど)軽くてきめ細かな: a ～ pie.

chif·fo·nade [ʃìfənéɪd, -nɑ́ːd] 〖□F *chiffonnade*: ⇨ ↑, -ade〗 *n.* シフォナード《スープやサラダに用いる野菜や香草のせん切り》.

chif·fo·nier [ʃìfəníə | -níə(r)] 〖□F *chiffonnier*: ⇨ chiffon〗 — *n.* (*also* **chif·fon·nier** [～]) **1** シフォニア: **a** 特に, 丈の高い幅の狭いたんす; 通例上に鏡がついている. **b** 18 世紀の陶器陳列用の飾り棚. **2** ＝ragpicker.

chiffón táffeta *n.* シフォンタフタ《薄地の絹織物の一種》.

chif·fo·robe [ʃífəròʊb | -rəʊb] 〖← CHIFFO(NIER)＋(WARD)ROBE〗 *n.* (引出し付きの)洋服だんす, 衣装だんす.

chig·e·tai [tʃígətàɪ] 〖□Mongolian *tchikhitei*《原義》with long ears〗 *n.*〖動物〗＝kulan.

chig·ger [tʃígə, dʒígə | tʃígə(r)] 〖← Afr.: cf. jigger², chigoe〗 — *n.* **1**〖昆虫〗スナノミ (⇨ chigoe 1). **2**〖動物〗ツツガムシ《ツツガムシ科のダニの幼虫; 人や家畜の淋巴液を吸う; 伝染病(恙虫(つつがむし)病)を媒介する種類もある; chigoe, harvest mite, jigger, redbug ともいう》.

chi·gnon [ʃíːnjɑn, -njɔ̃ː(ŋ), -njɔ(ː)n | ʃíːnjɔ̃ː(ŋ), -njɔ(ː)ŋ; *F.* ʃiɲɔ̃] 〖□F ～ ← OF *chaignon* chain, nape of the neck < VL **catēniō*(*n*-) ← L *catēna* 'CHAIN'〗 — *n.*

(*pl.* ~s [~z; *F.* ~]) シニョン《後頭部に作った女の東髪》.

chig·oe [tʃígou, tʃí:g-, -gə | tʃígəu] 〖▭ W-Ind. *chigo*: cf. F *chique*〗 — *n.* **1** 〖昆虫〗スナノミ (*Tunga penetrans*)《隠翅目スナノミ科の昆虫; 砂地にすみ主として ネズミの耳に寄生し瘤をつくるが, 人畜の皮膚にも食い入る寄生性昆虫; chigoe flea, chigger, sand flea ともいう》. **2** 〖動物〗=chigger 2.

Chih·li [tʃí:lí:; *Chin.* tʂílì] *n.* 直隷《河北省 (Hopeh)「の旧名》.

Chihli, the Gulf of *n.* 直隷《Gulf of Pohai の旧名》.

Chi·hua·hua [tʃiwá:wa:, tʃə-, ʃɪ-, ʃə-, -wə | tʃiwá:wə, -wa:; *Am. Sp.* tʃiwáwa] *n.* **1** チワワ(州)《メキシコ北部の州; 人口 1,730,000, 面積 247,087 km²》. **2** チワワ《Chihuahua 州の首都; 人口 289,000》. **3** チワワ《メキシコ原産小型犬種のイヌ; 吠えない; 被毛はなめらかでつやのあるものと, 長くて柔らかいものとがある》.

chil- [kaɪl] (母音の前に来る時の) chilo- の異形.

chil·blain [tʃílblèɪn] 〖← CHILL+BLAIN〗 *n.* [通例 *pl.*] 〖病理〗霜焼け, 凍傷, 凍瘡(とう) (cf. frostbite).

chíl·blained *adj.* 霜焼けのできた.

child [tʃáɪld] 〖OE *ċild* child, young noble or prince, (pl.) *ċild(ru)* < Gmc *kilþam (Goth. *kilþei* womb, *inkilþo* pregnant): *children* の語尾 *-en* は *brethren* の類推〗 — *n.* (*pl.* **children**) **1 a** (幼年時代(infancy)から青年時代 (youth) までの)子供, 小児, 児童: as a ~ 子供のころ / from a ~ 子供のころから / Don't be a ~! ばかげたまねをするな. **b** 嬰児(えい), 赤子, 赤んぼ坊 (cf. baby 1 a ★). **c** 胎児, お腹(なか)の子 (fetus). **d** 《英方言》女児 (female infant). **2 a** (親に対して)子; 息子 (son); 娘 (daughter): How many *children* do you have? お子さんは何人 / the eldest [youngest] ~ 長[末]子 / He had no ~ by his first wife. 先妻には子がなかった. **b** 養子. **3 a** 子供っぽい人. **b** 未成年の人. **4** [通例 *pl.*] (遠い先祖の)子孫 (descendant): the ~ of Abraham アブラハムの子, ユダヤ人 / the *children* of Israel イスラエルの子, ヘブライ人, ユダヤ人. **5 a** 追随者, 崇拝者 (follower), 弟子 (disciple): a ~ of God 神の子, 信者 / a ~ of the Devil 悪魔の弟子 / the *children* of Walton (魚釣りの名人)ウォルトンの弟子, 釣師連. **b** (ある特殊の種族・階級・境遇などから)生れ出た人: a ~ of the people [desert] 民衆[砂漠]の子《民衆[砂漠]の中で育った人》/ a ~ of fortune 運命の寵児(ちょう), 幸運児 / a ~ of nature 自然児《自然的な環境下に育った人》; 無邪気な人 / a ~ of sin 罪の子 / a ~ of the age 時代の子 / a ~ of the Revolution 革命児. **6** 〔頭脳・空想などが〕生み出したもの, 〔…の〕所産 (product) 〔*of*〕: His books were the *children of* his brain. 彼の書物は彼の頭脳が生み出したものだった / Poems are the *children of* fancy [fancy's *children*]. 詩は空想の生み出したもの[産物].

this child 《俗》 私《I または me に代用される語》.

with child 妊娠中で (pregnant): be *with* ~ by …のたねを宿している / get a woman *with* ~ 女をはらませる.

Children of God [the —] 〖キリスト教〗神の子供(派) 《ジーザス運動 (Jesus Movement) の中の一派で, 世界滅亡が近いと考える》. 「cf. *Luke* 16: 8).

children of light [the —] 光の子ら《キリスト教徒;

— *attrib. adj.* **1** 幼年時代の, 児童が[幼年時代に]経験した[する]: ~ life 児童の生活 / the ~ mind 子供の心, 児童心理. **2** 児童である: a ~ prodigy 天才児童 / a ~ wife (子供みたいに)年若い妻, 幼な妻.

chíld·bèaring 〖(c1395)〗 *n.* 出産, お産, 分娩 (parturition). — *adj.* 出産の[に関する]; 出産可能な, 出産に適した.

chíld·bèd 〖(?a1200)〗 *n.* お産の状態, 産褥(じょく)中, 分娩中: lie in ~ お産中である / die in ~ お産で死ぬ. 「(fever).

chíldbed féver *n.* 〖医学〗産褥(じょく)熱 (puerperal

chíld·bìrth *n.* 出生, 出産, 分娩 (parturition): die in

chíld càre *n.* 育児. ⌊~ 出産で死ぬ.

childe [tʃáɪld] 〖⇨ child〗 — *n.* [主に, 初期英国のバラード・ロマンスなどの表題に用いて] 高貴な身分の若者, 御曹子(おんぞう): *Childe* Roland [Harold] ローランド[ハロルド]家の御曹子.

Chil·der·mas [tʃíldəməs | tʃíldəmæ̀s, -məs] 〖OE *ċildramæsse* ← *ċildra* 'CHILDREN'+*mæsse* 'MASS[1]'〗 *n.* =Holy Innocents' Day. 「ない夫婦.

chíld-frèe *adj.* 子供のいない: a ~ couple 子供のい

chíld guìdance *n.* 児童福祉の管理指導.

chíld·hòod 〖OE *ċildhād*: ⇨ child, -hood〗 — *n.* **1 a** 幼時, 幼年時代, 児童期《幼年時代 (infancy) から成人期 (puberty) まで; cf. youth》: since [from] my earliest ~ 私がごく幼い時[ほんの物心がついた時分]から / ⇨ second childhood. **b** (ものの発達の)初期の段階, 揺籃(らん)期: the ~ of science. **2** 子供らしさ; 子供の状態. **3** [集合的] 子供たち (children).

child·ing [tʃáɪldɪŋ] 〖(a1378) ← *childe(n)* to give birth to a child: ⇨ -ing[2]〗 — *adj.* 《古》 **1** 子供を生む (bearing); 妊娠している (pregnant): a ~ wife. **2** 〖植物〗(親花のまわりに)子花をつける.

child·ish [-dɪʃ] 〖OE *ċildisċ*: ⇨ CHILD, -ISH[1]〗 — *adj.* **1** 子供(時代)の[に関する, にふさわしい], 子供らしい: a ~ game, face, etc. / ~ memories 子供時代の思い出. **2** 子供っぽい, 子供じみた; 幼稚な, 単純な; 愚かな (⇨ childlike 2 ★): a ~ attempt, idea, remark, etc. / It's ~ of you to complain like that. そんなふうにぐちるなんてあんたもばかね. **3** (老齢で)頭がぼけた; おいぼれた (senile). **~·ly** *adv.* **~·ness** *n.*

chíld làbor *n.* 〖労働〗児童労働《労働法規に規定された最低年齢 15 歳以下の児童を産業労働に使役すること》.

chíld·less 〖(?c1200)〗 *adj.* 子供のない. **~·ness** *n.*

chíld·like *adj.* **1** 子供(時代)の[に関する]; 子供に適した. **2** 子供らしい; (特に)無邪気な, あどけない, 罪のない, 率直な. ★ childlike, childish は共にどんな年齢の人にも用いられる: ~ innocence, trust, etc. **~·ness** *n.*

chíld·ly 〖OE *ċildliċ*〗 *adj.* (**child·li·er**; **-li·est**) 《詩・まれ》子供らしい (childlike, childish).

chíld·mìnder *n.* (母親が働きに出ている家庭の)小さな子供の世話をする人.

chíld·próof *adj.* **1** 子供がいじってもこわれない. **2** 子供には扱え[立ち入れ, 開けられ]ない; 子供にも危険のない, 子供にも安全な.

chíld psychìatry *n.* 小児[児童]精神医学.

chíld psychólogy *n.* 児童心理学.

chil·dren [tʃíldrən, tʃúl-, -dən, -dən | -drən] 〖(13C) ← *childre* (< lateOE *childru*: ⇨ child)+-EN[4]〗 *n.* child の複数形.

Chíldren's Crusàde *n.* 少年十字軍《1212 年フランスおよびドイツの子供たちがそれぞれ企てた聖地奪還のための「十字軍」で, いずれも失敗》.

Chíldren's Dày *n.* 子供の日《通例 6 月の第 2 日曜日で, プロテスタント教会で子供のための催しが行なわれる》.

chíld's plày *n.* **1** 児戯に類する[やさしい]事: The job was ~ to him. その仕事は彼には朝めし前のことだった[赤子の手をひねるようなものだ]. **2** 取るに足らない[ささいな]もの.

chíld wélfare *n.* 児童福祉.

chil·e [tʃíli | -lɪ] *n.* =chili.

Chil·e [tʃíli | -lɪ; *Sp.* tʃíle] *n.* チリ《南米南西部太平洋岸の共和国; 人口 10,660,000, 面積 756,946 km², 首都 Santiago; 公式名 the Republic of Chile チリ共和国》.

Chil·e·an [tʃíliən, -ljən, tʃɪléɪən, tʃə- | tʃíliən, -ljən] *adj.* チリ(人)の. — *n.* チリ人.

Chílean béllflower *n.* 〖植物〗 **1** =Chile-bells. **2** ノラナ (*Nolana atriplicifolia*)《南米太平洋岸の乾燥地に生えるノラナ科の多年草; 花喉部が白色または黄色のベル形の青い花をつける》.

Chílean guáva *n.* 〖植物〗ウグニ (*Myrtus ugni*)《チリ原産フトモモ科フトモモ属の常緑低木; 紫黒色の液果でジャム・ゼリーを作る》.

Chíle-bèlls *n.* (*pl.* ~) 〖植物〗ツバキカズラ, ユリカズラ (*Lapageria rosea*)《チリ原産ユリ科の蔓草; 緋紅色の花が咲く; チリの国花; copihue ともいう》.

Chíle saltpèter [nìter] *n.* 〖鉱物〗(天然に産する)チリ硝石 ($NaNO_3$) (cf. caliche).

chil·i [tʃíli | -lɪ] 〖▭ Sp. *chile* ▭ N-Am.-Ind. (Nahuatl) *chilli*〗 — *n.* (*pl.* **~es**) **1 a** 熱帯アメリカ産低木性のトウガラシ (*Capsicum frutescens*) の実. **b** チリ《辛味の強いトウガラシ; 香辛料; cf. cayenne pepper》. **2** 《米》=chili con carne.

Chil·i [tʃíli | -lɪ] *n.* =Chile.

-chi·li·a [káɪliə, kíl- | -lɪə] 〖← NL ~ ← *-kheilés* (← *kheîlos* lip)+-IA[2]〗「(…の)唇形成」の意の名詞連結形.

chil·i·ad [kíliæ̀d, -əd | kílɪæ̀d, káɪl-, -ljæd] 〖▭ LL *chiliad-*, *chiliás* ▭ Gk *khiliad-*, *khiliás* a thousand ← *khílioi* (adj.) thousand〗 — *n.* **1** 千 (thousand); 千の集まり: a ~ of years 千年. **2** 一千年 (millennium).

chil·i·ad·al [kìliǽdl | kìlɪ-, kàɪl-] *adj.* **chil·i·ad·ic** [kìliǽdɪk | kìlɪ-, kàɪl-] *adj.*

Chil·i·an [tʃíliən, -ljən | -lɪən, -ljən] *n.*, *adj.* =Chilean.

chil·i·arch [kíliɑ̀ək | -lɪɑ̀:k] 〖▭ Gk *khiliárkh-ēs* ← *khílioi*: ⇨ ↑, -arch〗 *n.* (古代ギリシャ軍の)千人隊長.

chil·i·asm [kíliæ̀zm | -lɪ-] 〖← NL *chiliasm-us* ← Gk *khiliasmós* ← *khiliás*: ⇨ chiliad, -ism〗 — *n.* 〖神学〗千年王国[至福千年]説, 一千年平和説《世界の終末の審判が来る前にキリストが再臨して一千年間この世を治めるという千年期 (millennium) の説》.

chil·i·ast [kíliæ̀st, -əst | -lɪæst] 〖▭ Gk *khiliast-ēs*: ⇨ ↑, -ist〗 *n.* 千年王国[至福千年]説信奉者.

chil·i·as·tic [kìliǽstɪk | -lɪ-] *adj.* 千年王国[至福千年]説の (millenarian). **chìl·i·ás·ti·cal·ly** *adv.*

chil·i con car·ne [tʃíli-kɑn-kɑ́əni, -kən- | tʃíli-kɔnkɑ́:nɪ, -kən-; *Sp.* tʃílikonkárne] 〖▭ Mex-Sp. *chile con carne* 'chili with meat'〗 — *n.* チリコンカルネ《ミンチ状の牛肉に, 刻んだチリ(chili)・トマト・たまねぎ・チリパウダー (chili powder) を加えて煮込み豆を添えて出すメキシコ料理》.

chil·i·pep·per [tʃílipèpə | -lɪpèpə(r)] 〖その色から〗 *n.* 〖魚類〗米国 California 州沖に生息するカサゴ科メバル属の背が赤煉瓦色で腹が桃色の食用魚 (*Sebastodes goodei*).

chíli pèpper *n.* =chili 1. ⌊*goodei*).

chíli pòwder *n.* チリパウダー《乾燥したチリ (chili) に数種の香辛料を混合した粉末状の香辛料》.

chíli sàuce *n.* チリソース《チリその他の香辛料で, トマトを煮て作る辛味の強いソース》.

chi·li·tis [kaɪláɪtɪs, -təs | -tɪs] *n.* 〖病理〗=cheilitis.

Chíl·koot Páss [tʃílku:t-] *n.* [the ~] チルクート山道《米国 Alaska 州南東部, Coast Ranges を横切る山道; Skagway の北 32 km で Yukon 川上流地域に至る; 海抜 1,068 m》.

chill [tʃíl] 〖OE *ċ(i)ele* < Gmc *kal-: cf. cold, cool〗 — *n.* **1** (空気・水などのひやっとする)冷たさ; (身震いを伴う)寒気, 冷気, 身にしむ寒さ: a wintry ~ / the ~ of early dawn 夜明けの冷え. **2 a** (寒さ・湿気に身をさらしたために起こる)悪寒(おかん), 寒け: take [catch] a ~ 冷えこむ, 悪寒を覚える / have [feel] a ~ ぞくぞくする, 寒けがする / give a person a ~ 人に悪寒を覚えさす. **b** 不快な寒さ, ぞっとする気持; おじけ: feel the ~ of horror 恐怖でぞっとする / The sight gave me the ~*s*. その光景を見て背筋が寒くなった / A ~ passed down her spine. 背筋にぞっと寒さが走った. **3 a** 興ざめ, 冷や水, 白けた気分: He cast a ~ *over* our joy. われわれの楽しみに冷や水をかけた / His appearance cast a ~ *over* the party. 彼が現われて急に座が白けてしまった. **b** よそよそしさ, 冷淡: There was a ~ in his manner. 彼の態度にはよそよそしさがあった. **4** =bloom[1] 4 c. **5** 〖冶金〗冷し金, チル鋳型《金型で冷却を早くさせる鋳型; chill mold ともいう》.

take the chill off 少々暖める: Please *take the ~ off* water. 水を少々暖めてください.

chills and fever 〖病理〗=malaria 1.

— *adj.* (**~·er**, **~·est**; **more ~**, **most ~**) 《文語》 **1 a** 冷たい, ひんやりとする: a ~ night. **b** 冷え冷えとした, 寒けのする: a ~ wind. **2** 寒さに震えている, 悪寒のする, ぞくぞくする: feel ~. **3 a** 気を滅入らせる(ような). **b** 冷淡な, よそよそしい: a ~ reception.

— *vt.* **1** 冷やす; 冷却する, 寒がらせる: The ice ~*ed* him to the marrow. 氷の冷たさで骨の髄まで冷えてしまった / be ~*ed* to the bone すっかり冷え込む. **2 a** 〈食物を〉(凍らせないで)冷蔵する: ~ meat. **b** 〈ぶどう酒などを〉冷やして出す. **3** 〈意気・熱意などを〉くじく; 〈興を〉さます: ~ one's joy, hopes, etc. / It ~*s* my blood to think of it. その事を思えばぞっとする. **4** 〈塗装面〉に曇りを生じさせる. **5** 〖冶金〗〈溶けている金属を〉金型で急冷凝固させる. — *vi.* **1** 冷える; (急速に)冷たくなる. **2** 寒けがする, ぞくぞくする. **3** 〖冶金〗金型で急冷凝固する. **~·ness** *n.*

chilled *adj.* **1** 冷えた, 冷却した. **2** 冷蔵の (cf. frozen): ~ meat 冷蔵肉, チルドミート. **3** 〖冶金〗チルド《急冷凝固された》: ~ castings チルド鋳物《急冷して外面だけを白色硬鋼としたもの》.

chíll·er [-lə | -lə(r)] *n.* **1 a** 冷たくするもの[人]. **b** (肉屋の)冷凍係. **2** 《口語》(殺人・怪奇ものなど)ぞっとさせる物語, 怪奇小説, スリラー. **3 a** 冷却[冷蔵]装置. **b** 冷却機《パラフィン蒸留液を冷却して蠟を分離させる装置》. **c** チラー, 冷し金《金属・合金の凝固の際に温度調節に用いられる金属片》.

chíll fàctor *n.* 〖生理〗=windchill.

chil·li [tʃíli | -lɪ] *n.* (*pl.* **~es**) =chili.

chil·li·ly [tʃílɪli, -lə- | -lɪ] *adv.* =chilly[1].

chíll·ing·ly [-lɪŋli | -lɪ] *adv.* 冷やりとさせるように; ぞっとさせて.

chíll mòld *n.* 〖冶金〗=chill 5. ⌊ぞっとさせて.

Chil·lon [ʃi:jɔ̃:(ŋ), -jɔ̃(:)ŋ, ʃɪlɑ́n, ʃə-, ʃílɑn, -lən | ʃí:lɔ̃:(ŋ), -lɔ̃(:)ŋ, ʃí:jɔ̃(:)ŋ, -jɔ̃(:)ŋ; *F.* ʃijɔ̃] *n.* ションン城《スイス Geneva 湖の東端の小島の上にある古城; もと政治犯をその土牢(ろう)に監禁した; Byron の詩 *The Prisoner of Chillon* (1816) で名高い》. ★ Byron の詩では [ʃílən, -lɑn | -lən, -lɔn] と発音するのが普通.

chíll·ròom *n.* 冷蔵室.

chill·some [tʃílsəm] *adj.* 《文語》=chilly[1].

chil·lum [tʃíləm] 〖▭ Hindi *cilam* ▭ Pers. *chilam*〗 *n.* **1** 水ぎせるの頭部[雁首(がん)]; (雁首につめる)一服のたばこ[ハシーシ]. **2** 漏斗状の陶器のきせる.

chil·ly[1] [tʃíli | -lɪ] 〖(1570)〗 — *adj.* (**chill·i·er**, **-i·est**; **more ~**, **most ~**) **1** 冷え冷えする, ひんやりする; うすら寒い: a ~ day, morning, wind, etc. **2** 寒さを感じる, 寒けがする: feel [be] ~ 寒けがする. **3 a** 気を滅入らせるような. **b** 〈態度など〉暖かみのない, 冷淡な, よそよそしい, 愛想のない: a ~ manner, reception, welcome, etc. **4** ぞっとさせる, スリラーの: a ~ story. — *adv.* 冷淡に, ひややかに. **chíl·li·ness** *n.*

chil·ly[2] [tʃíli | -lɪ] *n.* =chili.

chi·lo- [káɪlou | -lə(u)] 〖← NL ~ ← Gk *kheilo-* ← *kheîlos* lip〗「唇 (lip)」の意を表わす連結形. ★ 母音の前では通例 chil- になる.

Chi·log·na·tha [kaɪlɑ́gnəθə | -lɔ́g-] 〖← NL ~: ⇨ ↑, -gnatha〗 *n. pl.* 〖動物〗**1** (倍脚綱)唇顎亜綱. **2** = Diplopoda. **chi·lóg·na·than** [-θən] *adj.*, *n.*

Chi·lon [káɪlɑn | -lɔn] *n.* キロン《紀元前 6 世紀スパルタの ephor; ギリシャ七賢人 (Seven Sages) の一人》.

chi·lo·plas·ty [káɪlo(u)plæ̀sti | -lə(u)plæ̀stɪ] *n.* 〖外科〗=cheiloplasty. 「(centipede).

chi·lo·pod [káɪləpɑ̀d | -pɔ̀d] 〖↓〗 *n.* 〖動物〗ムカデ

Chi·lop·o·da [kaɪlɑ́pədə | -lɔ́p-] 〖← NL ~: ⇨ chilo-, -poda〗 *n. pl.* 〖動物〗(節足動物門)唇脚綱《ムカデやゲジなどを含む》.

Chíl·tern Hills [tʃíltən- | -tən-] 〖*Chiltern*: ← OE *ċiltern* ←?: cf. OBrit. **celto-* high〗 *n. pl.* [the ~] チルターン丘陵《イングランド Oxfordshire 州の Thames 川辺から Buckingham, Bedford, Hertford 各州を 20-30 km の幅で北東に走る低い白亜質の丘陵; 全長 115 km, 最高地点 260 m》.

Chíltern Húndreds *n. pl.* [the ~] チルタン百戸村《Chiltern Hills 地方の英国王の直属地; Burnham, Desborough および Stoke の 3 hundreds; 英国下院議員は失格の場合の外は議院法によって辞職ができないが, 王室の有給職につけば議員の資格を失う; そこで議員が合法的に辞職しようとする場合にはこの領地の執事職 Stewardship of the Chiltern Hundreds

(名目的職務)を志願する; cf. hundred 9 a).
accept [*apply for*] *the Chiltern Hundreds*《英》下院議員の職を辞する.

Chi·lung [tʃìlúŋ; *Chin.* tʃílúŋ] *n.* 基隆《台湾北部の海港; 人口 324,000; Keelung ともいう》.

chi·mae·ra [kaɪmí(ə)rə, kɪ-, kə- | kaɪmíərə, kɪ-] 〖← NL ~: ⇨ chimera〗 — *n.* **1** 〖魚類〗ギンザメ《ギンザメ科の魚類の総称; ギンザメ (*Chimaera phantasma*) など》. **2** 〖魚類〗ギンザメに類似した全頭亜綱の魚類の総称. **3** =chimera.

Chi·mae·rae [kaɪmí(ə)ri:, kɪ-, kə- | kaɪmíər-, kɪ-] 〖← NL ~ (pl.): ↑〗 *n. pl.* 〖魚類〗ギンザメ目.

Chi·mae·ri·dae [kaɪmí(ə)rədi:, kɪ-, kə- | kaɪmíərɪ-, kɪ-] 〖← NL ~: ⇨ chimaera, -idae〗 *n. pl.* 〖魚類〗ギンザメ科.

Chi·mae·roi·de·i [kàɪmərɔ́ɪdiàɪ | -mɪrɔ́ɪdɪ-] 〖← NL ~ ← CHIMAERA + -*oidei* (← -OID + -*ei* (mas. pl.))〗 *n. pl.* 〖魚類〗=Chimaerae.

chim·ar [tʃímə, ʃím- | -mə(r)] *n.* 〖英国国教会〗=chimere.

chimb [tʃáɪm] *n.* =chime².

Chim·bo·ra·zo [tʃìmbərá:zou, ʃìm- | tʃìmbərá:zəu, -bɔr-; *Am. Sp.* tʃìmboráso] *n.* チンボラソ(山)《南米エクアドル中央部 Andes 山脈中の休火山 (6,267 m)》.

chime¹ [tʃáɪm] 〖《?a1300》 *chim(b)e* cymbal, chime ⊏ ? OF *chimbe, chimble* ⊏ L *cymbalum* 'CYMBAL' ⊏ OE *ċimbal* ⊏ L〗 — *n.* **1 a** (教会などの調律した)一組の鐘, 組み鐘, チャイム《5-12 個で一組》. **b** [通例 *pl.*] 合奏鐘音, 鐘楽. **c** [通例 *pl.*] 管鐘, 組鐘《一組の長さの異なる金属筒から成り, 槌で打って演奏するオーケストラ用楽器; bell(s) ともいう》. **2** (ドアや置時計などの)チャイム(装置). **3 a** 一組の鐘の音; チャイムの音. **b** 美しい諧調, 旋律. **4** 調和, 一致: fall into ~ with …と調和[一致]する / keep ~ with …と調子を合わせていく.
in chime (1) 〈音が〉調和して, 調子を合わせて. (2) 一致[協同]して (in agreement).
— *vt.* **1 a** (鐘楽を作るために)〈鐘を〉打つ. **b** (鐘で)〈鐘楽を〉奏する. **2** 〈鐘が〉〈時間を〉知らせる: ~ four 4時を知らせる. **3** 鐘を鳴らして〈人を〉(…へ)呼ぶ[…させる] (*to*): ~ a congregation *to* church 鐘を鳴らして会衆を教会へ呼ぶ. **4** 調子をつけて[単調に]しゃべる[繰り返す]. — *vi.* **1 a** 〈一組の鐘が〉階調をなして鳴り響く. **b** チャイムの音を作る: The doorbell ~*d.* ドアのベルが鳴った. **2** 調子よく鐘を打ち鳴らす; 鐘楽を奏する. **3** 調和する, 一致する (*with*) / 〈*together*〉: The music ~*d with* the mood. その音楽は気分とよく合っていた. **4** 調子をつけて暗誦する; 歌うような[単調な]調子でしゃべる.
chime in (1) (歌などで)調子を合わせる, (調子を合わせて)合流する; 調子を合わせる, 合づちを打つ; 調和する, 一致する (*with*): The picture ~*s in with* the room. その絵は部屋とよく調和している. (2) 話の途中に割り込む; 割り込んで言う.
chím·er *n.*

chime² [tʃáɪm] 〖ME *chimb(e)* < OE *ċimb-* (cf. *ċimstān* base of a pillar): cf. G *Kimme* edge / Du. *kim* edge of a cask〗 *n.* (樽の両端の)突き出たふち.

chim·er [tʃímə, ʃímə | -mə(r)] *n.* 〖英国国教会〗=chimere.

chi·me·ra [kaɪmí(ə)rə, kɪ-, kə- | kaɪmíərə, kɪ-] 〖《a1387》 ⊏ (O)F *chimère* ⊏ L *chimaera* ⊏ Gk *khímaira* she-goat ← *khímarós* he-goat, 《原義》 one winter old ← *kheĩma* winter: ⇨ hibernate〗 — *n.* **1 a** [C-] 〖ギリシャ神話〗キマイラ, キメラ《ライオンの頭・やぎの体・竜またはへびの尾をもち, 口から火を吐く怪獣; Bellerophon に殺された》. **b** 怪物, 怪奇な化け物《装飾意匠などにも用いる》. **2** 奇怪な幻想, 荒唐無稽な空想; (特に)実現不可能な夢. **3** 〖生物〗キメラ, 混合染色体《生物の体の細胞がその部分により染色体の倍数性が違い, 半数 (haploid), 倍数 (diploid), 三倍数 (triploid) などが混在するもの; mixoploid, mosaic ともいう》.

chimera 1 a

chi·me·ral [kaɪmí(ə)rəl, kɪ-, kə- | kaɪmíər-, kɪ-] *adj.* **1** =chimerical. **2** 〖生物〗キメラの, 混合染色体の.

chi·mere [ʃɪmíə, ʃə-, tʃɪ-, tʃə- | tʃɪmíə(r, ʃɪ-] 〖《1375》 ⊏ OF *chamarre* ⊏ Sp. *zamarra* ⊏ Arab. *sammūr* weasel: cf. simar〗 — *n.* 〖英国国教会〗シミアー《bishop が rochet の上に着用する黒または赤色の袖なしの長い法衣; 中世の一般的な外衣であった tabard が発展したもの》.

chimere

chi·mer·ic [kaɪmérɪk, kɪ-, kə-, -mí(ə)r- | kaɪmér-, kɪ-] *adj.* **1** =chimerical. **2** 〖生物〗=chimeral 2.

chi·mer·i·cal [kaɪmérɪkəl, kɪ-, kə-, -mí(ə)r-, -rə- | kaɪmérɪ-, kɪ-] *adj.* **1** 非現実的な; 想像上の. **2** 荒唐無稽な, 突飛な. **3** 実現不可能な空想に耽る, 空想的な. **~·ly** *adv.*

chim·ney [tʃímni | -nɪ] 〖《c1330》 *chimenee* ⊏ (O)F *cheminée* < LL *camīnātam* ← L *camīnus* forge, hearth ⊏ Gk *káminos* ← ?〗 — *n.* **1** 煙突《炉から屋根上まで通じた煙抜きの管道; 屋根の上に出た部分だけをいうこともある》: smoke like a ~ たばこをやたらに吸う. **2** 《英》(汽船・汽車の)煙筒. **3** (ランプの)ほや (⇨ lamp 挿絵). **4 a** 煙突状の物. **b** (火山の)火孔《火口からさらに下部に続く》. **c** 鉱柱《円筒状になっている鉱体》. **5** 《方言》暖炉 (fireplace). **6** 〖登山〗チムニー《岩壁に縦に走っている裂け目で, 身体を入れて登りうる程度のもの; cf. chockstone, crack *n.* 3 c》. **7** チムニー《パイプオルガンの金属閉管の尖端にあり, 音高を調整するために空気を抜く小管》. — *vt.* 〖登山〗両側の岩壁をからだで押しながら〈チムニーを〉登って行く.

chímney brèast *n.* **1** 炉胸《暖炉の部屋に突き出た壁の部分》. **2** =mantelpiece.

chímney càp *n.* 煙突がさ, チムニーキャップ《通風または風雨よけのために煙突頂部に付けたおおい》.

chímney còrner *n.* **1** 炉すみ《昔風の大きな炉 (fireplace) の壁ぎわのすみで居心地のよい座席; inglenook ともいう》. **2** 炉辺 (fireside); 炉に近い場所.

chimney corner 1

chímney-jàck *n.* 回転式煙突がさ.

chímney mòney *n.* =hearth money.

chímney nòok *n.* = chimney corner.

chímney·piece *n.* **1** =mantelpiece. **2** 《廃》炉棚飾り.

chímney pòt *n.* 煙突頂部に取り付けた通風管.

chímney-pot hàt *n.* 《英》高いシルクハット.

chímney ròck *n.* 〖地質〗煙突のようにそそり立つ岩, 煙突岩.

chímney-shàft *n.* 《英》=chimney stalk.

chímney stàck *n.* **1** 組合わせ煙突《数個の煙突が屋上で連結されたもの》. **2** (屋上に立った)煙突.

chimney stack
1 chimney stack
2 chimney pots

chímney stàlk *n.* 《英》(工場などの)大煙突.

chímney swàllow *n.* 〖鳥類〗 **1** 《英》ツバメ (barn swallow)《よく煙突に巣を造るヨーロッパで最も普通の種類》. **2** 《米》=chimney swift.

chímney swèep *n.* **1** 煙突掃除夫. **2** 〖鳥類〗=chimney swift.

chímney swèeper *n.* = chimney sweep.

chímney swìft *n.* 〖鳥類〗エントツアマツバメ (*Chaetura pelagica*)《北米産》.

chímney tòp *n.* **1 a** 煙突の頂部. **b** 屋根の上に出た煙突の部分. **c** =chimney pot. **2** 〖音楽〗=chimney 7.

chimp [tʃímp, ʃímp | tʃímp] 〖略〗 *n.* 《口語》〖動物〗=chimpanzee.

chim·pan·zee [tʃìmpænzí:, ʃìm-, -pən-, tʃɪmpǽnzi, ʃɪm- | tʃìmpænzí:, -pæn-] 〖⊏ Congo *chimpenzi, kimpenzi*〗 — *n.* 〖動物〗チンパンジー (*Pan troglodytes*)《アフリカの熱帯雨林や森林・サバンナにすむ》.

Chi·mu [tʃi:mú:] 〖⊏ Sp. *chimú* ← Am-Ind.〗 — *n.* (*pl.* ~, ~s) **1 a** [the ~(s)] チムー族《ペルー北西部沿岸に住み, インカ族に征服されるまで高度の都市文化をもっていたが, 絶滅した》. **b** チムー族の人. **2** チムー語. — *adj.* チムー族[語]の.

chin [tʃín] 〖OE *ċin* < Gmc **kinnuz* (G *Kinn* / Du. *kin*) ← IE **genu-* (L *gena* cheek / Gk *génus* lower jaw)〗 — *n.* **1** 顎さき, 顎《下唇の下と下顎の突き出た部分と首の上の部分を含む顔の一部; cf. jaw》: rest one's ~ on one's chest あごさきを胸につける / with (the) ~ in (one's) hand 手であごを支えて, ほおづえをついて. ★ ギリシャ語系形容詞: genial; ラテン語系形容詞: mental. **2** 《米俗》話, おしゃべり, 雑談 (talk): have a ~ 雑談する / get together for a ~ おしゃべりに集まる.
Chin up! 元気を出せ. *keep one's chin up* 《口語》勇気を失わない, 元気を出す: *Keep* your ~ *up*! 元気を出せ. *stick one's chin out* =*stick one's* NECK¹ *out*. *take it on the chin* (1) ひどく痛めつけられる[けがをする]. (2) 〖ボクシングの用語から〗(逆境にあって)がんばる, 耐え忍ぶ; (敗北・逆境を)冷静に受けとめる. *up to the chin* (1) あごの所まで(深く): He is buttoned *up to the* ~ (詰め襟の服などを着て)ボタンをあごのところまではめている. (2) 《口語》深くはまりこんで, 深入りして: He was *up to the* ~ in the affair. その事件に深入りしていた. *wag one's chin* 《俗》ぺらぺらしゃべる (cf. chin-wag).
— *v.* (**chinned**; **chin·ning**) — *vt.* **1** [~ *oneself* で](鉄棒で)懸垂する. **2** 《口語》〈バイオリンなどを〉あごにもっていく, あごではさむ[支える]. **3** 《古》〈人に〉話しかける. — *vi.* **1** 懸垂する. **2** 《米俗》しゃべる.

Chin. 《略》China; Chinese.

Ch'in [tʃín, tʃí:n; *Chin.* tʃʻín] *n.* 秦《中国最初の統一王朝 (221-206 B.C.); 万里の長城を築く》.

chin- [kɪn, tʃɪn] (母音の前に来る時の) chino- の異形.

chi·na¹ [tʃáɪnə] 〖《1579》 ← CHINA〗 — *n.* **1** チャイナ, (熔化するまで白色に焼成された)硬質陶器《食器・装飾品用; cf. porcelain》. **2** [集合的](食卓・装飾用の)陶磁器類: a piece of ~ / collect old ~. **3** 〖← *china plate* (MATE¹ との押韻俗語)〗《英俗》仲間, 相棒 (mate): my (old) ~. — *attrib. adj.* チャイナ(製)の, (陶)磁器(製)の.

chi·na² [kí:nə] 〖⊏ Sp *quina* ⊏ ? Quechua *kina*〗 *n.* =cinchona.

Chi·na [tʃáɪnə] 〖← Chin. *Ch'in* 秦(紀元前3世紀に興った王朝の名)〗 — *n.* **1** 中国, 中華人民共和国《アジア東部の共和国; 人口 948,000,000, 面積 9,561,000 km², 首都北京 (Peking); 公式名 the People's Republic of China; 俗称 Communist China, Red China》. **2** (いわゆる)中華民国《台湾省 (Taiwan) および周辺の島からなる共和国; 人口 17,140,000, 面積 35,961 km², 首都台北 (Taipeh); 公式名 the Republic of China》.
from China to Peru 世界のすみずみまでも.
— *attrib. adj.* =Chinese 1 a.

Chína àster *n.* 〖植物〗エゾギク, アスター (*Callistephus chinensis*)《キク科の中国原産の一年草; ヨーロッパでは 200-300 品種に改良された》.

chína·bèrry *n.* 〖植物〗 **1** ムクロジ属の木 (*Sapindus saponaria*)《メキシコ・西インド諸島・米国南部産; 果実はサポニン (saponin) を含み, 以前石鹸の代用とされた; soapberry ともいう》. **2** タイワンセンダン, シンラン (*Melia azedarach*)《アジア原産センダン科の高木; 紫色の芳香性の花が咲き黄色の漿果がなる; chinaberry tree, pride of China, pride-of-India, China tree ともいう》.

chína càbinet *n.* =china closet.

chína clày *n.* 〖鉱物〗カオリン (kaolin).

chína clòset *n.* 陶磁器収納戸棚; 陶磁器陳列用ガラス戸付き飾り棚《china cabinet ともいう》.

Chína crèpe *n.* =crepe de Chine.

chína cùpboard *n.* =china closet.

Chína gràss *n.* 〖植物〗=ramie 1.

Chína ìnk *n.* =India ink.

chína·man [-mən] *n.* (*pl.* **-men** [-mən]) 《古》磁器製作者, 陶磁器商人.

Chína·man [-mən] *n.* (*pl.* **-men** [-mən]) **1** [しばしば軽蔑的に]中国人 (Chinese). **2** 〖クリケット〗(左腕投手が右打手に投げる)右偏行の球.

Chína mán *n.* 〖人類学〗=Peking man.

Chínaman's chànce *n.* [通例否定構文で]《米口語》ごく僅かな可能性: He hasn't a ~ of defeating his opponent. 相手をやっつける見込みはまずない.

Chi·nan [tʃì:ná:n; *Chin.* tʃínán] *n.* =Tsinan.

Chína òrange *n.* =calamondin.

chína pìnk *n.* 〖植物〗セキチク (*Dianthus chinensis*) (⇨ pink¹ 1 a).

chína plàte *n.* =china¹ 3.

chína pròcess *n.* 〖窯業〗チャイナプロセス《素地を締焼してから施釉し, 釉焼して施釉品を作る方法》.

chi·nar [tʃɪnáə, tʃə- | tʃɪná:(r] 〖⊏ Hindi *cinār* ⊏ Pers. *chanār*〗 *n.* 〖植物〗スズカケノキ (⇨ Oriental plane).

Chína ròse *n.* **1** 〖植物〗コウシンバラ (*Rosa chinensis*). **2** 〖園芸〗チャイナローズ《コウシンバラと *Rosa odorata* または両者の交雑品種のバラ; 四季咲性に特徴がある; Bengal rose ともいう》. **3** 〖植物〗ブッソウゲ, リュウキュウムクゲ (*Hibiscus rosa* var. *sinensis*)《アジア原産のアオイ科の常緑低木; 観賞用; Chinese hibiscus, rose of China, shoeblack plant, shoeflower ともいう》.

Chína Sèa *n.* [the ~] シナ海《East China Sea および South China Sea》.

Chína sìlk *n.* 中国絹《裏地・ブラウス・スリップなどに用いる平織の軽い絹》.

Chína tèa *n.* シナ(支那)茶《中国南部産のチャの木 (*Camellia sinensis* var. *bohea*) から取る茶》.

Chína·tòwn *n.* (外国都市にある)中国人街, ナンキン町.

Chína trèe *n.* 〖植物〗タイワンセンダン (⇨ chinaberry 2).

chína·wàre *n.* [集合的] チャイナウェア, 陶磁器.

chína wèdding *n.* 陶婚式《結婚 20 周年の記念式[日]; ⇨ wedding 4》.

Chína wòod òil *n.* 〖化学〗桐油 (tung oil).

chín·bèak mòlding 〖*chinbeak*: ← CHIN + BEAK¹〗 *n.* 〖建築〗凸面が上部にあり, 下部が凹面になっている繰形.

chín·bòne *n.* 〖解剖・動物〗=mandible; (特に)人間の下顎骨(の前面).

chin·ca·pin [tʃíŋkəpɪn, -kɪ- | -kə-] *n.* =chinquapin.

chinch [tʃíntʃ] 〖《a1625》 ⊏ Sp. *chinche* < L *cimic-em, cimex* bug〗 *n.* 〖昆虫〗 **1** トコジラミ (bedbug). **2** =chinch bug.

chínch bùg *n.* 〖昆虫〗北米産ナガカメムシ科コバネナガカメ属の一種 (*Blissus leucopterus*)《麦の大害虫》.

chin·chil·la [tʃɪntʃílə] 〖⊏ Sp. ~ ← ? Aimara〗 — *n.* **1** 〖動物〗 **a** チンチラ (*Chinchilla laniger*)《南米アンデス山地産のリスに似た小動物》. **b** チンチラネコ. **2 a** チンチラの毛皮《ねずみ色の柔らかい高級品》. **b** チンチラ毛皮製品. **3** 外套用の厚い毛織地.

chinchilla 1 a

Chin·chil·li·dae [tʃɪntʃílədi: | -lɪ-] 〖← NL ~: ⇨ ↑, -idae〗 *n. pl.* 〖動物〗チンチラ科.

chin-chin [tʃíntʃín; *Chin.* tʃʻɪŋtʃʻɪŋ] 〖⊏ Chin. *ch'ing-ch'ing* (請請) please-please, thank you, adieu〗 — *n.* **1** (中国人流の)丁寧な挨拶(の言葉): ~ to Mr. …さん

によろしく. **2** おしゃべり. **— *int.*** **1** こんにちは, さようなら. **2** 乾杯. **— *vi.*** (**chin-chinned**; **-chin·ning**) **1** 丁寧に挨拶する. **2** おしゃべりする.

Chin·chow [tʃìntʃóu | -tʃáu; *Chin.* tʃíntʃōu] *n.* (*also* **Chin·chou** [~]) 錦州《中国東北部遼寧省 (Liaoning) の都市; 人口 400,000》.

chinch·y [tʃíntʃi | -tʃɪ] 〖《?*a*1400》← *chinche* miser, miserly ▭ (O)F < VL **ciccum* (adj.) ← L *ciccum* trifle: ⇨ -y⁴〗 **— *adj.*** (**chinch·i·er, -i·est**)《米南部・中部》けちくさい, しみったれた (stingy).

chin·cough [tʃínkɔ̀(:)f, -kɑ̀f | -kɔ̀f] 〖《古形》*chink cough* ← *chink* to gasp convulsively for breath (<OE *ćincian*)+COUGH〗 **— *n.***《英方言》百日ぜき (whooping cough).

Chin·dwin [tʃìndwín] *n.* [the ~] チンドウィン(川)《ビルマの中部を南流して Irrawaddy 川に合流する川 (890 km)》.

chine[1] [tʃáɪn] 〖OE *ćinu* fissure ← Gmc **kī-* burst open (Du. *keen* / G *keimen* to germinate) ← IE **gēi-* to split open: cf. OE *ćinan* to crack, gape〗 *n.*《英方言》(Isle of Wight および Dorset 州の)深い小峡谷.

chine[2] [tʃáɪn] 〖《?*a*1300》*chyne* ▭ OF *eschine* (F *échine*) ▭ Frank. *skina* small bone: cf. shin〗 **— *n.*** **1 a** 背骨 (backbone). **b** 背骨の付いた肉片《料理用; cf. saddle 3 a》. **2** 尾根 (ridge). **3**〘造船〙チャイン《船底と船側の交差した角の部分》; そこに通っている縦通材. **— *vt.*** …の背骨を[にそって]切り離す[開く].

chine[3] [tʃáɪn] *n.* = chime².

chi·né [ʃɪnéɪ, ʃə-, ʃi:-; *F.* ʃine] 〖▭ F ~ (p.p.) ← *chiner* to color differently,《原義》to color after the Chinese fashion ← *Chine* China〗 **— *adj.***〘紡織〙(織る前に染色した経糸(たていと)に出る)小斑点(はんてん)の.

Chi·nee [tʃaɪní:, ←⌣ | ─⌣] 〖《1870》《逆成》← CHINESE〗 *n.*《俗》中国人《非標準的な語》: the heathen ~《戯言》典型的な中国人《Bret Harte のユーモア詩 *Plain Language from Truthful James* (1870) から》.

Chi·nese [tʃaɪní:z, -ní:s | -ní:z] 〖《1577》← CHINA + -ESE〗 *adj.* **1 a** 中国の, 中国製[産]の. **b** 中国人の. **2** 中国語の. **— *n.*** (*pl.* ~) **1** 中国人. **2** 中国語.

Chinese ánise *n.*〘植物〙= star anise.

Chinese ártichoke *n.*〘植物〙チョロギ (*Stachys sieboldii*)《アジア産シソ科イヌゴマ属の多年草; 塊茎は食用》; chorogi, Japanese artichoke, knotroot ともいう》.

Chinése banána *n.*〘植物〙= dwarf banana.

Chinese béan òil *n.* = soybean oil.

Chinese béllflower *n.*〘植物〙キキョウ属 (*Platycodon*) の数種の植物の総称; (特に)キキョウ (balloonflower).

Chinese bóxes *n. pl.* 入子(いれこ)箱《小さい箱から順に大きい箱の中に入れられるようになった一組の箱》.

Chinese cábbage *n.*〘園芸〙ハクサイ (*Brassica pekinensis*)《celery cabbage ともいう》.

Chinese chéckers *n. pl.* [単数または複数扱い] ダイヤモンドゲーム《2–6 人の競技者が穴のあいた六つ星状の盤上でそれぞれ 10 個の駒を自分の陣地から反対側に進めるゲーム》.

Chinese chéstnut *n.*〘植物〙アマグリ, シナアマグリ, シナグリ (*Castanea mollissima*).

Chinese Chíppendale *n.* (家具で, 直線輪郭・竹形挽物(ひきもの)・組み格子を装飾モチーフとした)中国風チッペンデール(様)式.

Chinese cínnamon *n.*〘植物〙桂皮《南部中国産クスノキ科の常緑高木トンキンニッケイ (*Cinnamomum cassia*) の樹皮; cassia bark ともいう》.

Chinese cínnamon òil *n.*〘化学〙= cassia oil.

Chinese cópy *n.* (原物と)寸分違わぬ模倣物[複製].

Chinese dáte *n.*〘植物〙**1** ナツメ (*Ziziphus jujuba*). **2** ナツメの実《jujube ともいう》.

Chinese Émpire *n.* [the ~] 中国帝国《歴代王朝下の中国; 1912 年 1 月中華民国が成立, 共和国となる》.

Chinese évergreen *n.*〘植物〙リョクチク(緑竹) (*Aglaonema modestum*)《熱帯アジア・マレーシア産サトイモ科の草本; 観賞用; Japanese leaf ともいう》.

Chinese fán pàlm *n.*〘植物〙トウビロウ (*Livistona chinensis*)《中国原産ヤシ科ビロウ属の常緑高木》.

Chinese fíre drìll *n.* 大混乱(の状態).

Chinése forgét-me-not *n.*〘植物〙シナワスレナグサ (*Cynoglossum amabile*)《中国南西部原産のワスレナグサ (forget-me-not) の一種で青い花が咲くムラサキ科の二年草》.

Chinese góose *n.*〘鳥類〙シナガチョウ (*Anser cygnoides* var. *domesticus*)《サカツラガンを原種とし, ヨーロッパ系のハイイロガンを原種とするガチョウとは別系統とされる》.

Chinese góoseberry *n.*〘植物〙オニマタタビ, シナサルナシ, シナスグリ (*Actinidia chinensis*)《中国南部原産マタタビ科の植物; New Zealand で改良されキーウィフルーツ (kiwi fruit) ともよばれる》.

Chinése hibíscus *n.*〘植物〙= China rose 3.

Chinese hóuses *n.* (*pl.* ~)〘植物〙コリンソウ《米国太平洋岸に生えるゴマノハグサ科コリンソウ属 (*Collincia*) の植物の総称; blue-eyed Mary, blue lips ともいう》; (特に)オオバナコリンソウ (*C. grandiflora*).

Chinese ínk *n.* = India ink.

Chinese ínsect wàx *n.* = Chinese wax.

Chinese jújube *n.*〘植物〙ナツメ (Chinese date); (特に)サネブトナツメ《中国で改良された実の大きいナツメの一品種》.

Chinese júniper *n.*〘植物〙イブキ, ビャクシン, カマクライブキ (*Juniperus chinensis*)《中国・日本原産のヒノキ科の低木または高木で, 庭園樹; 小さな球果は紫褐色に熟す》.

Chinese lácquer *n.* = lacquer 1 b.

Chinese lántern *n.* **1** 提燈(ちょうちん)《紙張りの伸縮自在のもの; cf. lantern》. **2** = Chinese lantern plant.

Chinese lántern plànt *n.*〘植物〙ホオズキ (*Physalis alkekengi*). 「*japonica*).

Chinese órange *n.*〘植物〙キンカン (*Fortunella*

Chinese péar *n.*〘植物〙= sand pear 2.

Chinése pistáchio *n.*〘植物〙トネリコバハゼノキ (*Pistacia chinensis*)《中国原産のウルシ科の落葉高木; 若芽を食用とする》.

Chinese púzzle *n.* **1** (中国人が作ったパズルのように)複雑な判じ物, 難解なパズル. **2** 複雑で難解なもの, わかりにくいもの; 難問.

Chinese quínce *n.*〘植物〙カリン (*Chaenomeles sinensis*)《中国原産のバラ科の落葉高木》.

Chinese réd *n.*〘顔料〙= Indian red 2, 3.

Chinése remáinder thèorem *n.*〘数学〙チャイニーズリメインダーセオレム《*n* 個の整数 *a, b, c,* … と, *n* 個の互いに素な整数 *x, y, z,* …とが与えられたとき, *x, y, z,* …を法としてそれぞれ *a, b, c,* …に合同な整数を見出しうるという定理》.

Chinese réstaurant sỳndrome *n.*〘病理〙中華料理店症候群《頭痛・眩暈・顔面紅潮などを伴う; グルタミン酸ソーダのためといわれる》.

Chinése Revolútion *n.* [the ~] **1** 辛亥(しんがい)革命《1911 年蜂起した孫文の率いる革命軍は翌年清朝を倒し中華民国を建設》. **2** 中国革命, 新民主主義革命《1949 年の中華人民共和国の成立に至るまでの社会主義革命》.

Chinese snówball *n.*〘植物〙シナヤブデマリ (*Viburnum macrocephalum*)《中国原産スイカズラ科ガマズミ属の白い花をつける低木; 観賞用》.

Chinese tállow trèe *n.*〘植物〙ナンキンハゼ (*Triadica sebifera*)《中国原産トウダイグサ科の落葉樹; その種子から油脂, ろう (vegetable tallow) を採る》.

Chinese trúmpet crèeper [**vìne**] *n.*〘植物〙ノウゼンカズラ (*Campsis grandiflora*)《中国原産ノウゼンカズラ科の落葉蔓植物; 橙[緋]色の花をつける》.

Chinese Túrkestan *n.* (中国の)新疆(しんきょう)地区《現在は Shinkiang Uighur 自治区の一部; cf. Turkestan》.

Chinése vermílion *n.* **1** = vermilion 2. **2** 鮮紅色《Harrison red, signal red ともいう》.

Chinese Wáll *n.* **1** [the ~] = Great Wall of China. **2** [C- w-] 越えがたい障害; (特に, 人間または国家間の)相互理解を妨げる障害[壁].

Chinese wáx *n.* イボタ蠟《イボタロウカイガラムシ (*Ericerus pela*) がイボタの木などに残す分泌物から得られるゼラチン状の物質; ろうそくなどの原料; Chinese insect wax, insect wax ともいう》.

Chinese whíte *n.* 亜鉛白 (zinc white).

Chinese wíndlass *n.*〘機械〙= differential windlass.

Chinése wistéria *n.*〘植物〙シナフジ (*Wisteria sinensis*)《中国原産マメ科の落葉蔓植物; 観賞用》.

Chinese wóod òil *n.* 桐油(とうゆ) (tung oil).

Chinese yám *n.*〘植物〙ナガイモ, ツクネイモ (*Dioscorea batatas*)《cinnamon vine ともいう》.

Chinese yéllow *n.* **1**〘化学〙黄土 (yellow ocher). **2** 黄土色.

chin·fest [tʃínfest] 〖← CHIN + -FEST〗 *n.*《米俗》おしゃべり会; 談合, 自由討論(会).

Ching [tʃíŋ; *Chin.* tʃʻìŋ] *n.* (*also* **Ch'ing** [~]) (中国の)清朝 (1644–1911).

Ching·ford [tʃíŋfəd | -fəd] 〖OE *Cingeford* 'shingly FORD'〗 *n.* London の Waltham Forest 自治区の北東部地域.

Ching·hai [tʃíŋhái; *Chin.* tʃʻīŋxǎi] *n.* = Tsinghai.

Ching·paw [tʃíŋpɔ:; *Chin.* tʃìŋpɔ́] *n.* **1** [the ~(s)] 景頗(けいは)族, カチン族《ビルマ内陸地帯やビルマ・中国の国境北部に住む; Kachin ともいう》. **2** 景頗族の人.

Ching·tao [tʃíŋtáu; *Chin.* tʃʻìŋtǎu] *n.* = Tsingtao.

Chin Hills [tʃín-] *n. pl.* [the ~] チン丘陵《ビルマ北西部インド国境付近の山岳地帯》.

chin·ic ácid [kínɪk-, kwín-] *n.*〘化学〙= quinic acid.

chink[1] [tʃíŋk] 〖《1573》擬音語〗 **— *n.*** **1** ちりん, ちゃりん, ちん, かちん《ガラス・金属・貨幣などの触れ合う音》. **2**《古》銭, 現なま. **— *vi.*** ちりん[ちゃりん]と鳴る. **— *vt.*** 〈貨幣などを〉ちりん[ちゃりん]と鳴らす.

chink[2] [tʃíŋk] 〖《1535》《変形》? ← ME *chine* < OE *ćinu* 'CHINE¹'〗 **— *n.*** **1** (細い)裂け目, 割れ目 (crack); (光・風などの漏れる)すき間: through a ~ in the curtain カーテンのすき間を通して / He opened the door a ~. ドアをほんの少しあけた. **2** すき間から洩れる光線. **3** (法律などの)逃げ道, 抜け穴 (loophole): a ~ in the law.

a chink in one's* [*the*] *armor 弱点, 弱味, 欠点.

— *vt.* **1** 〈すき間・割れ目を〉詰める 〈*up*〉. **2**《廃》…にすき間[割れ目]を作る. 「国人 (Chinese).

Chink [tʃíŋk] 〖《変形》← CHINESE〗 *n.* [軽蔑的に] 中

chin·ka·pin [tʃíŋkəpɪn, -kɪ- | -kə-] *n.* = chinquapin.

Chin·ki·ang [tʃìnkiǽŋ, -kjǽŋ; *Chin.* tsə̀ntɕiɑ̄ŋ] *n.* 鎮江(ちんこう)《中国東部, 江蘇省 (Kiangsu) の都市; 揚子江南岸に臨む港市》.

chink·y [tʃíŋki | -kɪ] *adj.* (**chink·i·er**; **-i·est**) 割れ目のある; すき間の多い.

chín·less *adj.* **1** あごさきのない; 引っ込んだあごをした. **2** 気の弱い, 気の弱そうな.

Chin·ling Shan [tʃínlɪŋʃáːn; *Chin.* tʃʻínlìŋʃān] *n.* = Tsinling Shan.

Chin·men [tʃɪnmán; *Chin.* tʃīnmə́n] *n.* = Quemoy.

chín músic *n.*《米俗》おしゃべり, 雑談 (talk).

chinned *adj.* [複合語の第 2 構成素として] (…の)あごをした: strong-*chinned*.

Chin·ne·reth [kínərèθ | tʃín-], **the Sea of** *n.* キンネレテの海 (⇨ the Sea of GALILEE).

chi·no [tʃí:nou, ʃí:- | -nəu] 〖▭ Am.-Sp. ~〗 **— *n.*** (*pl.* **~s**)《米》**1** あや織りの丈夫な綿布, チノクロス《ふつうカーキ色で制服・運動衣などに使う》. **2** [通例 *pl.*] チノクロス (chino) で作った衣服.

chin·o- [kínou, tʃín- | -nə(u)] 〖《変形》← QUINO-: G *chino-* の影響による〗「キニーネ (quinine)」の意の連結形: *chinotoxin*. ★ 母音の前では通例 chin- になる.

Chi·no- [tʃáɪnou | -nə(u)]「中国と…との」の意の連結形 (cf. Sino-): *Chino*-Japanese 中日の.

Chin·o·form [kínəfɔ̀əm, tʃín- | -nə(u)fɔ̀:m] 〖← CHINO- + -FORM〗 **— *n.***〘薬学〙キノホルム (C_9H_5ClINO)《腸内殺菌薬, 外用殺菌薬; 古くはアメーバ赤痢の特効薬であった; 日本ではスモン病 (SMON disease) の原因として有名》.

chi·noi·dine [kɪnɔ́ɪdi:n, kə-, tʃɪ-, tʃə-, -dṇ | kɪnɔ́ɪdi:n, tʃɪ-, -dɪn] *n.*〘薬学〙= quinoidine.

chi·noi·se·rie [ʃi:nwá:z(ə)ri, ʃi:nwa:z(ə)rí: | ʃi:nwá:zəri, ʃi:nwa:z(ə)rí:; *F.* ʃinwazri] 〖▭ F ~ ← *chinois* Chinese + -*erie* '-ERY'〗 **— *n.*** **1**〘美術〙(主に 18 世紀のヨーロッパで流行した)中国風装飾様式, シノワズリー《複雑な模様と中国風とみられる素材を広く使用する》. **2** 中国風装飾様式の物.

chin·o·line [kínəlì:n, tʃín-, -lɪn, -lən, -nḷ | -nəli:n, -lɪn] *n.*〘化学〙= quinoline.

Chi·nook [ʃɪnúk, ʃə-, tʃɪ-, tʃə-, -nú:k | tʃɪnúk] 〖▭ N-Am.-Ind. (Chehalis) *Tsinúk*〗 **— *n.*** (*pl.* **~, ~s**) **1 a** [the ~(s)] チヌーク族《Columbia 川の両岸と太平洋沿岸地方に住んでいたアメリカインディアン; しばしば周囲の種族から Flathead と呼ばれた》. **b** チヌーク族の人. **2 a** チヌーク語. **b** = Chinook Jargon. **3** [c-]〘気象〙チヌーク風《chinook wind ともいう》: **a** 米国 Rocky 山脈の東側に吹き下ろす乾燥した暖風. **b** 米国西部 Washington, Oregon 両州の太平洋岸地方に吹く湿気を帯びた南西の暖風. **4** [c-]〘魚類〙= chinook salmon.

Chi·nook·an [ʃɪnúkən, ʃə-, tʃɪ-, tʃə-, -nú:k- | tʃɪnú:k-] *adj.* チヌーク(族)の; チヌーク語族の. **— *n.*** チヌーク語族《Chinook 語を含むアメリカインディアンの語族》.

Chinóok Járgon, C- j- *n.* チヌーク語と他のインディアン語に英語とフランス語が混じった言語《かつて Columbia 川地方を中心とする米国北西部, カナダ・アラスカの太平洋沿岸で原住民と白人の取引に用いられた; cf. beach-la-mar》.

chinóok sálmon, C- s- *n.*〘魚類〙マスノスケ (*Oncorhynchus tshawytscha*)《king salmon, quinnat salmon ともいう》.

chinóok wínd [-wínd] *n.*〘気象〙= Chinook 3.

chin·qua·pin [tʃíŋkəpɪn, -kɪ- | -kə-] 〖《変形》←《古形》*chincomen* ← N-Am.-Ind. (Algonquian): cf. Algonquian *chechinkamin* chestnut, Delaware *chinqua* large, *mihn* berry〗 **— *n.***〘植物〙**1 a** チンカピングリ (*Castanea pumila*)《米国東部産のクリの木の一種; 低木性でいがの中に小さい実が一個入っている》. **b** チンカピングリの実. **2** ブナ科クリカシ属のシイの木の一種 (*Castanopsis chrysophylla*); その実.

chín rèst *n.* (バイオリン・ビオラの)あご当て.

chinse [tʃíns] 〖《変形》←《方言》*chinch* to fill up cracks: cf. chink²〗 *vt.*〘海事〙〈船のすき間〉に間に合わせにまいはだを詰める, 填隙(てんげき)する.

chín stràp *n.* **1** (帽子の)あごひも. **2** 馬の端綱(はづな)または頭絡のあご革と鼻革をつなぐ紐.

chín tùrret *n.*〘軍事〙(爆撃機・武装ヘリコプターなどの)機首の真下にある銃座[砲塔], チンタレット.

chintz [tʃínts] 〖《古形》*chints* (pl.) ←《廃》*chint* ▭ Hindi *chīṭ*〗 **— *n.*** インドさらさ, チンツ《派手な花模様などの艶のある原地のさらさ木綿(もめん)》. **— *attrib. adj.*** インドさらさの, チンツの.

chintze [tʃínts] *vt.*〘海事〙= chinse.

chintz·y [tʃíntsi | -sɪ] 〖⇨ chintz, -y⁴〗 **— *adj.*** (**chintz·i·er, -i·est; more ~, most ~**) **1** チンツ状の; チンツで飾られた. **2**《口語》けちな, 安っぽい (cheap); けばけばしい (gaudy).

chín-ùp 〖⇨ chin〗 *adj.* 勇気のある. **— *n.*** 懸垂: do a ~ 懸垂する. 「べりする.

chín-wàg《俗》*n.* おしゃべり (talk). **— *vi.*** おしゃ

Chi·o·ne [káɪo(u)nì:, káɪə- | káɪə(u)-] *n.*〘ギリシャ神話〙キオネー《Daedalion の娘; Apollo と Hermes によって前者から Philammon, 後者から Autolycus の双生児を生んだ》.

Chi·o·nid·i·dae [kàɪənídədi: | -dɪ-] 〖← NL ~ ← *Chionid-, Chionis* (属名: ← Gk *khiṓn* snow) + -IDAE〗 *n. pl.*〘鳥類〙サヤハシチドリ科.

Chi·os [káɪɑs | -ɔs] *n.* **1** キオス(島)《エーゲ海東部トルコの西方にあるギリシャの島; 人口 53,000, 面積 904 km²; ギリシャ語名 Khios [kíɔs]》. **2** キオス《同島の首都・港; 人口 24,000》.

chip¹ [tʃíp] 〖n.: (a1338) *chippe* < OE *ċipp* log. —v.: OE **ċippian*: cf. chop / Du. & G. *kippen* to cut〗 — *n.* **1 a** (木・瀬戸物・石などの小さなやや細く平たい)切れ端, かけら, (かけた)破片, 削りくず: a wood ~ こっぱ / pencil ~s 鉛筆の削りくず. **b** (帽子・箱などを作る)経木; (細く裂いた)しゅろの葉. **c** 小型のローズカットまたはシングルカットのメレ石の通称 (通例 3/4 カラットに達しないもの); 水晶の小片. **d** (録音でレコードの溝を刻む際の)切りくず. **e** [*pl.*] 薄片[粉]石鹸. **f** = chip basket. **2** [通例 *pl.*] **a** (食物・菓子などの)小片, 薄切り: chocolate ~*s*. **b** 《英》(拍子木型の)ジャガイモのフライ, フレンチフライ (《米》 French fries): ⇨ FISH and chips. **c** 《米》薄切りのジャガイモのフライ, ポテトチップ (《英》 potato crisp). **d** (キナ・シナモンなどの)樹皮の小片. **3** 欠けあと, 欠け目, 傷 (flaw). **4 a** 〖トランプ〗(ポーカーに用いる象牙やプラスチック製の)数取り, ポーカーチップ (counter). **b** [*pl.*] 《俗》金銭, ぜに (money): buy ~*s* 投資する / be in the ~*s* ⇨ 成句. **c** 《英俗》硬貨 (coin). **5 a** 干からびた[味の抜けた]物: (as) dry as a ~ よく乾いて; 無味乾燥で / be burnt to a ~ かりかりに焼けてしまう. **b** 《米》[通例限定詞を伴って](燃料に用いる)家畜の干しくそ: a cow ~. **c** つまらない物, 些細(ささい)な事: do not care a ~ for ... を全然意に留めない. **d** 小さいもの (bit): a ~ of a boy 少年. **6** [通例 Chips; 単数扱い] 《俗》〖海事〗 **a** 大工. **b** [軽蔑的に] 船の大工. **7** 〖球技〗= chip shot. **8** [*pl.*] 〖土木〗豆砕石, 細砕石. **9** 〖電子工学〗チップ (集積回路が作りつけられた[つけられる]半導体片; cf. wafer 6).

be in the chips 《俗》金回りがよい. ***cash in one's chips*** ⇨ cash 成句. ***a chip in porridge*** [***pottage, broth***] 毒にも薬にもならない[つまらない]付加物. ***a chip off*** [***of***] ***the old block*** (気性などが)親(特に)父親にそっくりの子. ***a chip on one's shoulder*** 〖昔, 肩に木片 (chip) をのせて挑戦者にこれを払い落させたことからか〗《口語》けんか腰: a man with *a ~ on his shoulder* すぐ突っかかる人 / have [carry] *a ~ on one's shoulder* けんか腰になる. ***hand*** [***pass***] ***in one's chips*** = CASH *in one's chips*. ***have had one's chips*** 《俗》もうだめだ, 負けだ, 死ぬ[殺される](のだ)(など). ***let the chips fall where they may*** 結果がどうなろうと(かまわない). ***when the chips are down*** いざという時に.

— *v.* (**chipped; chip·ping**) — *vt.* **1 a** (斧(おの)や鑿(のみ)で)削る. **b** 〈刃物の刃・コップのふち・石のかどなどを〉欠く, そぐ, 削る. **c** 〈ひな鳥が〉〈卵の殻を〉割る. **d** 小片に砕く[切る]; 小片にする: ~ ice. **e** 削って作る: ~ a figure *out of* stone 石を削って像を彫る. **f** 〈じゃがいもを〉薄切りにする. **2** 《英口語》からかう (banter). **3** 《豪》くわで耕す, まぐわでならす (hoe, harrow). **4** 〖球技〗〈ボールを〉チップショットで打つ[する]. — *vi.* **1 a** 〈石・陶器などが〉欠ける. **b** 〈ひな鳥が〉卵の殻を破る (pip). **2** 〖トランプ〗(ポーカーなどで) 1 枚のチップ(最小限の金)を賭ける. **3** 〖球技〗チップショットを打つ[する].

chip in 《口語》(*vi.*) (1) (話・議論・けんかなどに)割り込む, 腰を折る. (2) 寄付する; 金を出しあう: They all ~*ped in* to buy it [for it]. それを買うために[そのために]皆で金を出しあった. (3) 〖トランプ〗(ポーカーで)チップを出して賭ける. (4) 〖ゴルフ〗(グリーン外からの)チップショットで一気にホールに入れる. (*vt.*) 〈金などを〉寄付する, 出し合う: They all ~*ped in* 10 pounds to help him. 彼を助けるために皆 10 ポンド醵金(きょきん)した.

chip² [tʃíp] 〖擬音語〗《米》 *vi.* (**chipped; chip·ping**) *n.* ちゅっちゅっと鳴く(音[声]) (cheep).

chip³ [tʃíp] 〖← *chip* to trip ← ? CHIP¹ (v.): cf. ON *kippa* to scratch, pull〗 *n.* 〖レスリング〗チップ (レスリングで相手を投げるための特殊わざ).

chíp bàsket *n.* 《英》 **1** 経木で編んだかご. **2** ポテトチップスを揚げるのに用いる金網のかご.

chíp bèef *n.* = chipped beef.

chíp bìrd *n.* 〖鳥類〗= chipping sparrow.

chíp·bòard *n.* 紙くずから作った堅い薄紙.

chíp càrving *n.* (通例単純な幾何学的模様などの)小刀で作る木彫り(の装飾).

chíp-kìck *n.* 《英》〖サッカー〗= chip shot 2.

chíp lòg *n.* 〖海事〗(船の速度を計る)手用測程器 (cf. log chip).

chip·monk [tʃípmʌŋk] *n.* 〖動物〗= chipmunk.

chip·muck [tʃípmʌk] *n.* 《方言》〖動物〗= chipmunk.

chip log

chip·munk [tʃípmʌŋk] 〖《古形》*chitmunk* ← N-Am.-Ind. (Algonquian): *chip-* は chipping squirrel (= chipmunk) の影響か: cf. Ojibwa *atchitamō* squirrel〗 — *n.* 〖動物〗シマリス (北米産の *Tamias* 属, アジア・北米産の *Eutamias* 属の背に縦縞のある地上性のリスの総称; (特に)シマリス (*T. striatus*); cf. ground squirrel).

chip·o·la·ta [tʃìpəlɑ́ːtə | -tə] 〖□ F ~ □ It. *cipollata* ← *cipolla* onion < LL *cepula* (dim.) ← L *caepa*〗 — *n.* **1** チポラータ (通例オードブル用の香料を入れた小型ソーセージ). **2** チポラータ料理.

chípped béef *n.* 《米》(紙のように)薄く切った燻製牛肉 (chip beef ともいう).

Chip·pen·dale [tʃípəndèɪl] 〖← *Thomas Chippendale* (1718?-79: 英国の家具設計・製作家)〗 — *adj.* (家具の意匠が)チッペンデール(様)式の (18 世紀の中葉から後期にかけて流行した曲線の多いロココ調の家具の代表的な装飾様式にいう; cf. Sheraton): a ~ chair. — *n.* チッペンデール(様)式の家具.

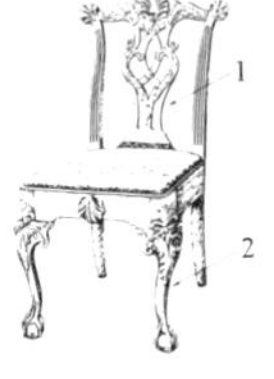

Chippendale chair
1 splat; 2 claw-and-ball foot

chip·per¹ [tʃípə | -pə(r)] 〖《変形》? ← 《英北部方言》*kipper* frisky〗《米口語》 — *adj.* **1** 元気のいい, 快活な, 活発な; 健康な. **2** こぎれいな, きちんとした (trim). — *vt.* 元気づける, 励ます 〈*up*〉. — *vi.* 元気づく 〈*up*〉.

chíp·per² 〖← CHIP² + -ER¹〗 *vi.* 《米》 **1** 〈鳥が〉ちっちっと鳴く; ちゅんちゅんさえずる (twitter). **2** ぺちゃくちゃしゃべる.

chíp·per³ *n.* chip する人[道具, 機械].

Chip·pe·wa [tʃípəwɔ̀ː, -wɑ̀ː, -wèɪ, -wə, tʃípwɔː, -wɑː, -weɪ, -wə | tʃípɪwɑ̀ː, -wə] 〖《変形》← OJIBWA〗 — *n.* (*pl.* ~, ~**s**) (*also* **Chip·pe·way** [-pəwèɪ | -pweɪ | -pɪwèɪ]) = Ojibwa.

chip·pie [tʃípi | -pɪ] *n.* = chippy².

chíp·ping 〖← CHIP¹ (v.)〗 — *n.* **1** [通例 *pl.*] 切れはし, 木片, こっぱ. **2** 削(はつ)り (仕上げ・形成に当たってコンクリート・木材などの表面を少しずつ削り取ること). **3** はまかけ, チッピング (ガラスや陶磁器の完全な面からその小部分が欠けてとれる欠点); 剝離 (琺瑯(ほうろう)の焼成品の釉の一部が冷却中または冷却後, 素地からはがされる欠点).

chípping chìsel *n.* 〖機械〗= cold chisel.

chípping hàmmer *n.* 〖機械〗チッピングハンマー, 削(はつ)りハンマー (圧縮空気を原動力として金属の切断・縁削りなどに用いる).

chípping spàrrow 〖⇨ chip²〗 *n.* 〖鳥類〗チャガシラシトド (*Spizella passerina*) (北米産ホオジロ科の小鳥).

chip-próof *adj.* 欠けない, 割れにくい.

chip·py¹ [tʃípi | -pɪ] 〖← CHIP¹ (n.) + -Y⁴〗 — *adj.* (**chip·pi·er; -pi·est**) **1** からからに乾いた. **2** 《俗》 **a** 二日酔いの. **b** 《英》いら立った. — *n.* 《英口語》 = chip shop.

chip·py² [tʃípi | -pɪ] 〖← CHIP² + -Y²〗 — *n.* **1** 《俗》 **a** 浮気女, あばずれ娘. **b** 売春婦 (prostitute). **2** 〖鳥類〗= chipping sparrow. **3** 〖動物〗= chipmunk. **4** 〖鉄道〗狭軌鉄道車.

chíp shòp *n.* 《英口語》フィッシュアンドチップス (fish and chips) を売る店.

chíp shòt *n.* 〖球技〗チップショット: **1** 〖ゴルフ〗グリーンに載せホールに近づけるための, 短く低いアプローチショット (pitch-and-run (shot)) (cf. pitch shot). **2** 〖サッカー〗ボールが相手の頭上を越すような, 短い上方へのキック. **3** 〖テニス〗打球に逆回転を与える短いリターンショット.

Chi·qui·ta [tʃɪkíːtə, tʃə- | tʃɪkíːtə] 〖□ Sp. ~ (原義) small〗 *n.* 女性名.

chir- [kaɪr | kaɪ(ə)r] (母音の前に来る時の) chiro- の異形.

chi·ral [káɪrəl | káɪ(ə)r-] 〖← CHIRO- + -AL¹〗 — *adj.* 〖化学〗キラル, 対掌性の (対称操作によって重ならない鏡像体をもつ分子にいう; ↔ achiral). **chi·ral·i·ty** [kaɪrǽləṭi, kɪ-, kə- | kaɪ(ə)rǽlɪti, -lɪ-] *n.*

Chi-Rho [káɪróu, kíː- | káɪrə́u] *n.* (*pl.* ~**s**) キリスト (Christ) を表わすギリシャ語の最初の 2 字の XP の合わせ文字 (☧; キリストを表わすギリシャ語は *ΧΡΙΣΤΟΣ* で, その最初の 2 字はそれぞれ chi, rho と発音する; chrismon, Christogram ともいう; cf. Christian MONOGRAM, labarum).

Chi·ri·co [kíːrɪkòu, kír- | -kəu; *It.* kíːriko], **Giorgio de** *n.* キリコ (1888-1978; ギリシャ生れのイタリアの画家; 形而上絵画を唱導した).

chirk [tʃə́ːk | tʃə́ːk] 〖OE *ċearcian* to creak, gnash〗 — *adj.* (~**·er**; ~**·est**) 《米口語》元気がいい, 快活な. — *vi.* **1** 《米口語》元気づく 〈*up*〉. **2** 〈戸・ねずみ・鳥などが〉かん高い音を出す. — *vt.* 《米口語》元気づける 〈*up*〉.

chirm [tʃə́ːm | tʃə́ːm] 〖OE *ċierm*: cf. charm¹〗《方言・まれ》 *vi.* 〈鳥・虫が〉鳴き立てる. — *n.* 鳥や虫の鳴き立てる声.

chi·ro [tʃí(ə)rou | tʃíərəu] 〖← ?〗 *n.* (*pl.* ~**s**) 〖魚類〗= tenpounder 1 a.

chi·ro- [káɪrou | káɪ(ə)rə(u)] 〖□ L ~ □ Gk *kheir(o)-* ← *kheir* hand〗「手 (hand)」の意の連結形: *chiromancer*. ★ 母音の前では通例 chir- になる.

chi·rog·no·my [kaɪrɑ́gnəmi | kaɪ(ə)rɔ́gnəmɪ] 〖□ F *chirognomonie*: ⇨ ↑, -gnomy〗 *n.* 手相術.

chi·ro·graph [káɪrəgræ̀f | káɪ(ə)rə(u)grɑ̀ːf, -græ̀f] 〖□ F *chirographe* □ L *chirographum*〗 — *n.* **1** (昔の)自筆証書. **2** 〖カトリック〗教皇の自筆書簡 (教皇の署名のあるもの).

chi·rog·ra·pher [kaɪrɑ́grəfə | kaɪ(ə)rɔ́grəfə(r)] *n.* 書家.

chi·ro·graph·ic [kàɪrəgrǽfɪk | kàɪ(ə)rə(u)-] *adj.* 手書きの; 筆跡の[に関する]. **chi·ro·gráph·i·cal** [-fɪkəl, -fə- | -fɪ-] *adj.* = chirographic.

chi·rog·ra·phy [kaɪrɑ́grəfi | kaɪ(ə)rɔ́grəfɪ] *n.* **1** 筆跡, 手筆 (handwriting). **2** 能書, 書道 (calligraphy): He is skilled in ~. 能書家である.

chi·ro·man·cer [káɪrəmæ̀nsə | káɪ(ə)rə(u)mæ̀nsə(r)] *n.* 手相見 (palmist).

chi·ro·man·cy [káɪrəmæ̀nsi | káɪ(ə)rə(u)mæ̀nsɪ] 〖□ F *chiromancie* ∥ ML *chiromantia* □ MGk *kheiromanteía*: ⇨ chiro-, -mancy〗 — *n.* 手相術 (palmistry).

chi·ro·man·tic [kàɪrəmǽnṭɪk | kàɪ(ə)rə(u)mǽnt-] *adj.* **chì·ro·mán·ti·cal** *adj.*

Chi·ron [káɪrɑn | káɪərən, káɪr-] 〖□ L *Chīrōn* □ Gk *Kheírōn*〗 — *n.* 〖ギリシャ神話〗ケイローン (最も賢明であったケンタウロス (centaur) の名; 予言・医術・音楽などに長じ, Peleus や Achilles を教育した).

chi·ron·o·mid [kaɪrɑ́nəmɪd, -məd | kaɪ(ə)rɔ́nəmɪd] 〖↓〗〖昆虫〗 *adj.* ユスリカ(科)の. — *n.* ユスリカ (ユスリカ科のカの総称).

Chi·ro·nom·i·dae [kàɪrənɑ́mədìː | kàɪ(ə)rənɔ́mɪ-] 〖← NL ~ ← *Chironomus* (属名: ← LGk *kheironómos* one who gestures with the hands (← Gk *kheir* 'CHIRO-' + *némein* to manage) + -IDAE〗 — *n. pl.* 〖昆虫〗(双翅目)ユスリカ科.

chi·rop·o·dist [kərɑ́pədɪst, ʃər-, kaɪr-, -dəst | kɪrɔ́pədɪst, ʃɪ-, tʃɪ-] *n.* 〖医学〗足治療医 (podiatrist ともいう).

chi·rop·o·dy [kərɑ́pədi, ʃə-, kaɪ- | kɪrɔ́pədɪ, ʃɪ-, tʃɪ-] 〖← CHIRO- + -POD¹ + -Y¹〗 *n.* 足治療 (まめ・腱膜瘤などの治療・つめ切りなど; podiatry ともいう). **chi·ro·po·di·al** [kàɪrəpóudiəl | kàɪ(ə)rəpə́udjəl, -dɪəl] *adj.*

chi·ro·prac·tic [káɪrəpræ̀ktɪk, ⌣⌣⌣⌣ | kàɪərə(u)prǽk-, kàɪr-] 〖← CHIRO- + Gk *praktikós* 'PRACTICAL'〗 — *n.* カイロプラクティック, 脊柱(せきちゅう)指圧療法 (cf. acupressure 2). — *adj.* (脊柱)指圧療法の.

chi·ro·prac·tor [káɪrəpræ̀ktə | káɪ(ə)rə(u)præ̀ktə(r)] *n.* (脊柱)指圧師.

chi·rop·ter [kaɪrɑ́ptə, ⌣⌣ | kaɪ(ə)rɔ́ptə(r)] *n.* 〖動物〗翼手目の動物 (コウモリなど).

Chi·rop·ter·a [kaɪrɑ́ptərə | kaɪ(ə)rɔ́p-] 〖← NL ~: ⇨ chiro-, -ptera〗 *n. pl.* 〖動物〗(哺乳綱)翼手目.

chi·rop·ter·an [kaɪrɑ́ptərən | kaɪ(ə)rɔ́p-] 〖動物〗 *adj., n.* 翼手目の(動物).

chi·rop·ter·ous [kaɪrɑ́ptərəs | kaɪ(ə)rɔ́p-] *adj.* 〖動物〗翼手目の (chiropteran); 翼手のある.

chirp [tʃə́ːp | tʃə́ːp] 〖(1440) (擬音語): cf. chirk〗 — *n.* **1** ちゅーちゅー, ちゅっちゅっ (小鳥や虫の鳴声). **2** かん高い声. — *vi.* **1** 〈小鳥・虫が〉ちゅっちゅっ鳴く[さえずる]. **2 a** かん高い声で話す. **b** 楽しそうにしゃべる. — *vt.* かん高い声でいう. ~**·er** *n.*

chirp·y [tʃə́ːpi | -pɪ] 〖⇨ ↑, -y⁴〗 — *adj.* (**chirp·i·er; -i·est**) **1** ちーちーさえずる. **2** 《口語》陽気な, 楽しそうな, 快活な. **chírp·i·ly** [-pɪli, -pə- | -lɪ] *adv.* **chírp·i·ness** *n.*

chirr [tʃə́ː | tʃə́ː(r)] 〖擬音語〗 (*also* **chirre** [~]) — *n.* ちりっちりっ, きりっきりっ; ぎしぎし, ぎーぎー (コオロギ・キリギリスなどの鳴声). — *vi.* 〈コオロギなどが〉ちりっちりっ[きりっきりっ]と鳴く; 〈キリギリスなどが〉ぎしぎし[ぎーぎー]いう.

chir·rup [tʃə́ː(r)əp, tʃírəp | tʃírəp] 〖(1579) 《変形》← CHIRP: cf. cheer up〗 — *n.* ちゅっちゅっ (馬などを励ます掛け声). — *vi.* **1** ちゅっちゅっ[ちーちー]いう. **2** (馬などを励ますために)ちゅっちゅっという. — *vt.* **1** 〈馬など〉にちゅっちゅっという. **2** かん高い声でいう. ~**·er** *n.*

chir·rup·y [tʃə́ː(r)əpi, tʃírəpi | tʃírəpɪ] *adj.* **1** 陽気な, 元気のいい, 快活な. **2** おしゃべりな.

chir·u [tʃíruː] 〖← ? Tibetan (土語)〗 — *n.* 〖動物〗チルー, ホジソンレイヨウ, チベットレイヨウ (*Pantholops hodgsoni*) (チベットの高山地帯にすむ淡黄褐色のレイヨウ; 雄は長くてほぼまっすぐな角を有する).

chi·rur·geon [kaɪrə́ːdʒən | kaɪ(ə)rə́ː-] 〖(L *chirurgia* の影響による変形) ← ME *cirurgien* ← OF *cirurgien* (F *chirurgien*) 鑿(のみ): ⇨ surgeon〗 *n.* 《古》外科医.

chi·rur·ger·y [kaɪrə́ːdʒəri | kaɪ(ə)rə́ːdʒərɪ] 〖《変形》← ME *cyrurgerie, syrur-*: ⇨ ↑, -ery〗 — *n.* 《古》外科(医術) (surgery). **chi·rur·gic** [kaɪrə́ːdʒɪk | kaɪ(ə)rə́ː-] *adj.* **chi·rúr·gi·cal** *adj.*

chis·el [tʃízəl, -zl] 〖(1357) □ ONF ~ (F *ciseau*) < VL **cisellum* ← L *caesus* (p.p.) ← *caedere* to cut: cf. scissors〗 — *n.* **1 a** 鑿(のみ); (石・金属を彫る)鑿(たがね): ⇨ cold chisel. **b** 彫刻用鑿. **2** [the ~] 彫刻術. — *v.* (**chis·eled, -elled; -el·ing, -el·ling**) — *vt.* **1** 鑿で彫る, 彫刻する 〈*out*〉: ~ a statue *out of* [*from*] marble = ~ marble *into* a statue 大理石を彫って像を作る. **2** 《口語》 **a** 〈物を〉だまし取る. **b** 〈人〉から〔物を〕だまし取る 〔*out of*〕: ~ a person *out of* something 人から物を巻き上げる. — *vi.* **1** 彫刻する. **2** 《口語》不正をやる: ~ *for* good marks [*at* an examination] いい点を取ろうと[試験で]不正をやる. **3** 《口語》割り込む 〈*in*〉: ~ *in on* a person's territory 人のなわ張りに割り込む[を荒らす].

chís·eled *adj.* **1** 鑿(のみ)で彫刻した. **2** 輪郭のはっきりした, よく整った: ~ features (彫刻のように)よく整った顔形[目鼻立ち]. **3** 鑿状[形]の: a ~ crowbar.

chís·el·er [-z(ə)lə, -zlə | -z(ə)lə(r, -zlə(r)] *n.* (*also* **chís·el·ler** [~]) **1** 鑿(のみ)を使う人. **2** 《口語》不正をする人, いかさま師, 詐欺師. **3** 《アイル》子供.

Chís·holm Tráil [tʃízəm-] 〖← *J. Chisholm* (1806-68: Cherokee との混血人で政府御用の貿易商)〗 — *n.* [the ~] チザム輸送路 (もと米国 Texas 州東部 San Antonio から Kansas 州南部の Abilene に通じていた西部地方向けの有名な家畜の輸送路).

Chis·lev [kísləf] *n.* = Kislev.

chí-squáre [káɪ-] 〖⇨ chi〗 *n.* 〖統計〗= chi-square distribution.

chí-squáre distribùtion *n.* 〖統計〗カイ二乗分布.

χ^2-分布《平均値 0, 標準偏差 1 の正規分布 (normal distribution) にしたがう独立な確率変数の平方の和の分布; 仮説の検定によく用いられる》.

chí-squàre tèst *n.* 〘統計〙 カイ二乗検定(法)《母集団に関して理論的に仮定された分布と実際の標本から得られた分布とが適合しているかどうかの検定(適合度の検定という)にカイ二乗分布を用いるもの; K. Pearson にはじまる》.

chit[1] [tʃít] 〘《1785》《尾音消失》← *chitty* ▭ Hindi *ciṭṭhī*〙 — *n.* **1** 短信, 書付け (note), メモ; (特に)推薦状. **2** (飲食物などの小額の)つけ, 伝票 (voucher): sign [give] a ~ 伝票にサインする[を渡す] / the ~ system (現金払いに対し)書き付け払い制度.

chit[2] [tʃít] 〘《a1382》《変形》? ← ME *kit*《略》← KITLING〙 — *n.* **1** 子供 (child). **2** [やや軽蔑的に]子供っぽい人, ねんね; (特に)こましゃくれた娘, でしゃばり娘, 小娘: a ~ of a girl.

chit[3] [tʃít] 〘ME *chith* < OE *ċīþ* germ, sprout ← Gmc **kī-* split (OS *kīth* sprout): cf. chine[1]〙 — *n.* 芽, 若芽 (shoot, sprout). — *v.* (**chit·ted; chit·ting**) — *vi.* 《英方言》芽を出す, 発芽する. — *vt.* 〈ジャガイモなど〉の芽を摘む: ~ potatoes.

Chi·ta [tʃitɑ́:; *Russ.* tʃitá] *n.* チタ《ソ連邦ロシヤ共和国シベリア中央部, Baikal 湖東方の都市; 人口 294,000》.

chi·tal [tʃí:tl | -tl] 〘▭ Hindi *cītal* ← Skt *citra* spotted〙 *n.* (*pl.* ~) 〘動物〙 =axis[2].

chi·tar·ro·ne [kì:tərόuneɪ | -tərə́u-; *It.* kitarró:ne] 〘▭ It. ~ (aug.) ← *chitarra* ▭ Gk *kithára* lyre〙 — *n.* (*pl.* **-ro·ni** [-ni:; *It.* -ni]) キタローネ《リュートの一種で, 首の部分が長く糸倉 (pegbox) が 2 個ある》.

chit·chat [tʃíttʃæ̀t] 〘《1710》《加重》← CHAT〙 *n.* むだ話, 雑談, おしゃべり; 世間話 (gossip). — *vi.* 雑談にふける, 世間話をする. **~·ty** [tʃíttʃæ̀ti | -tɪ] *adj.*

chi·tin [káɪtn | -tɪn] 〘▭ F *chitine* ← Gk *khitṓn* tunic〙 — *n.* 〘生化学〙 キチン《エビ・カニ・昆虫など節足動物の甲; 高級菌類の細胞膜などの主成分でアミノ類から成る多糖類の一種; cf. keratin》. **chi·tin·oid** [káɪtənɔ̀ɪd, -tn- | -tɪn-] *adj.* **chí·tin·ous** [-tənəs, -tn- | -tɪn-] *adj.*

chit·lings [tʃítlɪŋz] *n. pl.* =chitterlings.

chit·lins [tʃítlɪnz, -lənz | -lɪnz] *n. pl.* =chitterlings.

chi·ton [káɪtn, -tɑn | -tn, -tɔn] 〘← NL ~ ← Gk *khitṓn* tunic〙 — *n.* **1** (古代ギリシャの)キトーン《男女共に用いたガウンのような衣服; 1 枚のウール布を体にまとうドーリア式のものと, ウール地または麻地で脇や袖を縫製したイオニア式のものがある》. **2** 〘貝類〙 ヒザラガイ《多板亜綱キトン属 (*Chiton*) のクサズリガイの類の貝の総称; 雌雄異体で, その幼虫は複雑な変態を行なう》.

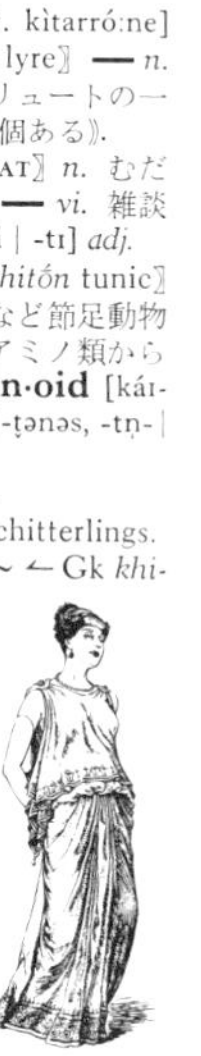

chiton 1

chit·tack [tʃitɑ́:k, tʃə- | tʃɪ-] *n.* =chittak.

Chit·ta·gong [tʃítəgɑ̀ŋ, -gɔ̀(:)ŋ | -təgɔ̀ŋ] *n.* チッタゴン《Bangladesh 南部, Bengal 湾に臨む港市; 人口 417,000》.

Chíttagong wòod *n.* 〘植物〙 チャンチン (*Toona ciliata*)《インド産センダン科の樹木; 家具材》.

chit·tak [tʃitɑ́:k, tʃə- | tʃɪ-] 〘▭ Bengali *cha-ṭāk*〙 *n.* チッタク《インドの重量単位; 約 1 オンス》.

chit·tam·wood [tʃítəmwùd | -təm-] 〘← ? Muskogean〙 — *n.* 〘植物〙 **1** 米国産ウルシ科カスミノキの近縁種 (*Cotinus obovatus*) (cf. smoke tree). **2** = cascara buckthorn. **3** =buckthorn 2.

chit·ter [tʃítə | -tə(r)] 〘《?a1200》 *chitere(n)*: 擬音語〙 *vi.* **1** さえずる (chip). **2** 《英方言》寒さで震える. — *n.* さえずり.

chit·ter·lings [tʃítəlɪŋz, tʃítlɪnz, -lənz | -təlɪŋz] 〘《c1280》← ? OE **ċieter* intestines ← Gmc **keut-, *kut-* (G *Kutteln* guts): ⇨ -ling[1]〙 — *n. pl.* (煮たり揚げたりして料理した豚などの)小腸.

chiv·al·resque [ʃɪvəlrésk] 〘▭ F *chevaleresque*: ⇨ chivalry, -esque〙 — *adj.* **1** 騎士道の[に関する], に適した]: ~ manners. **2** 騎士道精神をもった; 騎士道的な: a ~ man.

chiv·al·ric [ʃɪvǽlrɪk, ʃə- | ʃívəl-] 〘⇨ chivalry, -ic[1]〙 *adj.* **1** 騎士道の[に関する]. **2** 騎士的な.

chiv·al·rous [ʃívəlrəs] 〘《?c1390》▭ OE *chevalereus*: ⇨ ↓, -ous〙 — *adj.* **1** 騎士道(時代)の, 騎士制度の: ~ society [ideals] 騎士道社会[騎士道的理想]. **2 a** 騎士道にかなった, 武士道的な (cf. chivalry 2). **b** (騎士のように)勇気のある, 勇敢な, 雄々しい (valiant). **c** 礼儀正しい, 忠節な; (敵・弱者に対して)寛大な, 義侠(きょう)的な: ~ courtesy and kindness. **d** (女性に)思いやりのある, (婦人に)丁重な. **3** 騎士の[に関する]: a ~ rank. **~·ly** *adv.* **~·ness** *n.*

chiv·al·ry [ʃívəlri | -rɪ] 〘《?a1300》 *chivalerie* ▭ (O)F *chevalerie* ← *chevalier* 'CHEVALIER': ⇨ -ery: cf. cavalry〙 — *n.* **1** (中世の)騎士制度; (制度としての)騎士道, 騎士道の慣行: the laws of ~ 騎士道の掟 / the Age of *Chivalry* 騎士道時代《およそヨーロッパの 10–14 世紀の期間》/ the golden age of ~ 騎士道はなやかであったころ. **2** 騎士道, 騎士道精神《理想的騎士たる者の特質・行動・作法で, 勇気・礼儀・(特に, 婦人や弱者に対する)義侠心・忠義・敵に対する寛大さなど》: the flower of ~ 騎士道の精華, 武人の鑑(かがみ). **3** [集合的] **a** 騎士たち (knights); はなやかな武人[紳士]たち: the whole ~ of France フランスの全騎士. **b** (中世の)騎兵たち; 騎兵隊. **4** 《古》 **a** 勇気ある行動; 騎士のような行動. **b** 武勇, 剛勇. **c** 武芸の腕前. **d** 騎士の地位[階級].

chiv·a·ree [ʃɪvərí:, ⌐–⌐] *n.* (*also* **chiv·a·ri** [~]) = charivari.

chive [tʃáɪv] 〘《c1390》▭ ONF ~ =(O)F *cive* < L *cēpam* onion〙 — *n.* 〘植物〙 **1** チャイブ, エゾネギ (*Allium schoenoprasum*)《料理に用いる香草の一種》. **2** [通例 *pl.*] チャイブ[エゾネギ]の葉.

chiv·y [tʃívi | -vɪ] 〘《変形》← ? CHEVY〙 — 《英》 *n.* **1** 狩, 追跡 (hunt, chase). **2** 狩の叫び (hunting cry). **3** 〘遊戯〙 (prisoners' base に似た)一種の鬼ごっこ. — *vt.* (*also* **chiv·vy** [~]) **1** 狩り立てる, 追い回す 〈*up, about*〉. **2** うるさく悩ます 〈*up, about*〉. **3** 小器用に操作する, 巧みに扱う: ~ a ball.

Chi·wer·e [tʃɪwéri, tʃə- | tʃɪwérɪ] 〘▭ Chiwere *Chewae-rae*《原義》belonging to this place〙 — *n.* (*pl.* ~) チェウェレ語《北米のスー語族 (Siouan) に属し, Iowa, Missouri, Oto などの諸族が用いる土語》.

chizz [tʃíz] 〘《短縮》← CHISEL〙 (*also* **chiz** [~]) 《英俗》 *n.* 詐欺, だまし, ぺてん. — *vt.* だます. **~·er** *n.*

Ch. J. 《略》Chief Justice.

chlam·yd- [klǽməd | -mɪd] (母音の前に来る時の) chlamydo- の異形.

chlam·y·date [klǽmədèɪt, -dət, -dɪt | -mɪ-] 〘▭ L *chlamydāt-us* 'dressed in a CHLAMYS': ⇨ -ate[2]〙 — *adj.* 〘動物〙 (ある種の軟体動物のように)外套膜 (mantle) のある: a ~ mollusk.

chla·myd·e·ous [kləmídiəs | -dɪ-] 〘⇨ chlamys, -eous〙 — *adj.* 〘植物〙 **1** 花被の[に関する]. **2** 花被 (perianth) を有する: a ~ flower 有被花.

chlamydes *n.* chlamys の複数形.

chlam·y·do- [klǽmədo(ʊ) | -mɪdə(ʊ)] 〘← NL ~ ← Gk *khlamud-, khlamús* 'CHLAMYS'〙 —〘動物〙「外套膜 (mantle)」の意の連結形. ★ 母音の前では通例 chlamyd- になる.

Chlam·y·do·mon·a·da·ce·ae [klæ̀mədo(ʊ)mὰnədéɪsiì: | -mɪdə(ʊ)mɔ̀n-] 〘← NL ~: ⇨ ↓, -aceae〙 *n. pl.* 〘植物〙 (緑藻植物)クラミドモナス科.

chlam·y·do·mo·nas [klæ̀mədəmóunəs | -mɪdəmə́u-] 〘← NL ~〙 — *n.* 〘植物〙 クラミドモナス《淡水中に生育する単細胞の緑藻植物; 2 本の鞭毛で水中を泳ぐ》.

chla·myd·o·spore [kləmídəspɔ̀ə, -spɔ̀ə | -spɔ̀:(r)] *n.* 〘植物〙 厚膜胞子《ある種の菌類で, 菌糸の先端に生じる細胞膜の肥厚した休眠胞子 (resting spore); cf. akinete》. **chla·myd·o·spor·ic** [kləmìdəspɔ́:rɪk, -spɔ́:r- | -spɔ́:r-] *adj.*

chlam·ys [klǽmɪs, kléɪm-, -məs | -mɪs] 〘▭ L ~ ▭ Gk *khlamús*〙 — *n.* (*pl.* ~**es, chlam·y·des** [klǽmədì:z | klǽmɪ-, kléɪm-]) (古代ギリシャの)クラミュス《通例右肩のところで留め金 (fibula) で留めた短い長方形のマント; 一般に青年が常用した》.

2
1
chlamys
1 fibula; 2 petasos

chlo·an·thite [klouǽnθaɪt | kləʊ-] 〘▭ G *Chloanthit* ← Gk *khloanthḗs* budding, pale ← *khlóos* light green color + *-anthḗs* blooming: ⇨ -ite[1]〙 — *n.* 〘鉱物〙 砒ニッケル鉱 ((Ni, Co)As_{3-x}).

chlo·as·ma [klouǽzmə | kləʊ-] 〘← NL ← LGk *khlóasma* greenness ← Gk *khloázein* to be green ← *khlóē* first shoot of plants〙 — *n.* (*pl.* ~**·ta** [~tə | ~tə]) 〘医学〙 肝斑, しみ《皮表の褐色の斑点で, 妊娠・更年期・ピル使用時などに多い色素異常; liver spots ともいう》.

Chlo·e[1] [klóui | klə́ʊɪ] 〘↓〙 *n.* 女性名. ★ 黒人に多い.

Chlo·e[2] [klóui | klə́ʊɪ] 〘▭ Gk *Khlóē*《原義》the verdant or blooming〙 *n.* (*also* **Chlo·ë** [~]) クロエー (⇨ Daphnis and Chloë).

Chlo·ette [klouét | kləʊ-] 〘▭ F ~ (dim.): ⇨ ↑, -ette〙 *n.* 女性名.

chlor- [klɔ:r, klo:r | klɔ:r] (母音の前に来る時の) chloro- の異形.

chlo·ral [klɔ́:rəl, klóːr-, -ræl | klɔ́:rəl] 〘▭ F ~ ← CHLORO- + AL(COHOL)〙 — *n.* 〘化学〙 **1** クロラール, トリクロロアセトアルデヒド (CCl_3CHO)《無色油状のアルデヒドの一種》. **2** =chloral hydrate.

chlóral hýdrate *n.* 〘化学〙 抱水クロラール ($CCl_3CH(OH)_2$)《催眠剤に用いられる》.

chló·ral·ìsm [-lɪzm] *n.* 〘病理〙 クロラール中毒.

chlo·ral·ize [klɔ́:rəlàɪz, klóːr- | klɔ́:r-] *vt.* クロラールで麻酔させる.

chlo·ral·ose [klɔ́:rəlòus, klóːr-, -lòuz | klɔ́:rələ̀us, -lə̀uz] 〘← CHLORAL + -OSE[2]〙 *n.* 〘薬学〙 クロラロース ($C_8H_{11}Cl_3O_6$)《催眠剤》. **chló·ral·òsed** *adj.*

chlor·am·bu·cil [klɔ:rǽmbjusìl, klo:r- | klɔ:r-] 〘← *chlor(oethyl)* + AM(INO)- + BU(TYRI)C + -IL〙 — *n.* 〘薬学〙 クロラムブシル ($C_{14}H_{19}Cl_2NO_2$)《ナイトロジェンマスタード系抗腫瘍薬; 白血病・ホジキン病の治療に使用する》.

chlor·am·ine [klɔ́:rəmì:n, klóːr-, klɔ:rǽmi:n, klo:r-, -mɪn, -mən | klɔ́:rəmì:n, klɔ:rǽmi:n] 〘← CHLORO- + AM(MONIA) + -INE[3]〙 — *n.* 〘化学〙 クロラミン (NH_2Cl): **1** 次亜塩素酸ナトリウムをアンモニアに反応させて得る化合物. **2** NH_2Cl の水素を他の原子・原子団で置換した化合物の一般名.

chlóramine-T *n.* 〘化学〙 クロラミン T ($CH_3C_6H_4SO_2NClNa$)《白色結晶; 殺菌剤; cf. dichloramine-T》.

chlor·am·phen·i·col [klɔ̀:ræmfénɪkɔ̀(:)l, klò:r-, -nə-, -kòul | klɔ̀:ræmfénɪkɔ̀l] 〘← CHLORO- + AM(IDO)- + PHE(NOL) + NI(TRO)- + (GLY)COL〙 — *n.* 〘生化学〙 クロロアムフェニコール ($C_{11}H_{12}Cl_2N_2O_5$)《*Streptomyces venezuelae* の培地から得られる抗生物質で, バクテリア疾患・リケッチア疾患・ウイルス疾患に効果がある》.

chlor·an·il [klɔ:rǽnl, klo:r-, klɔ́:rənɪl, klóːr- | klɔ:rǽnɪl, klɔ́:rənɪl] 〘▭ G ~: ⇨ chloro-, anil(ine)〙 — *n.* 〘化学〙 クロルアニル ($C_6Cl_4O_2$)《黄色の結晶; 染料の製造・種子殺菌剤に用いる》.

Chlo·ran·tha·ce·ae [klɔ̀:rænθéɪsiì:, klò:r- | klɔ̀:r-] 〘← NL ~ ← *Chloranthus* (属名: ← CHLORO- + Gk *ánthos* flower) + -ACEAE〙 — *n. pl.* 〘植物〙 (双子葉植物コショウ目)センリョウ科. **chlò·ran·thá·ceous** [-ʃəs] *adj.*

chlor·ar·gyr·ite [klɔ:rɑədʒí(ə)raɪt, klò:r- | klɔ:rɑ:dʒíər-] *n.* 〘鉱物〙 角銀鉱 (cerargyrite).

chlor·as·tro·lite [klɔ:rǽstrəlàɪt, klo:r- | klɔ:r-] 〘← CHLORO- + ASTRO- + -LITE〙 — *n.* 〘岩石〙 緑星石《北米 Superior 湖付近に産する緑色で放射状の小顆粒をなした石》.

chlo·rate [klɔ́:reɪt, klóːr-, -rət, -rɪt | klɔ́:r-] 〘← CHLORO- + -ATE[1]〙 *n.* 〘化学〙 塩素酸塩[エステル]: ⇨ sodium chlorate.

chlor·cy·cli·zine [klɔəsáɪkləzì:n, kloə-, -zɪn, -zən | klɔ:sáɪklɪzì:n, -zɪn] 〘← CHLORO- + CYCLO- + (PIPERA)ZINE〙 — *n.* 〘薬学〙 クロルサイクリジン ($C_{18}H_{21}ClN_2$)《抗ヒスタミン剤》.

chlor·dane [klɔ́ədèɪn, klóə- | klɔ́:-] 〘← CHLORO- + (in)dan (⇨ indene)〙 — *n.* (*also* **chlor·dan** [-dæn]) 〘化学〙 クロルデン《インダン (indan) から誘導される無臭の殺虫液; 主成分は $C_{10}H_6Cl_8$ の化合物; 化学式の数字を合わせて 1068 [ténsɪksèɪt] ともいう》.

chlor·di·az·e·pox·ide [klɔ̀ədaɪæ̀zəpɑ́ksaɪd, klòə- | klɔ̀:daɪæ̀zɪpɔ́k-] *n.* 〘薬学〙 クロルジアゼポキシド ($C_{16}H_{14}ClN_3O$)《種々の神経症に用いるトランキライザー》.

chlo·rel·la [klərélə] 〘← NL ~: ⇨ chloro-, -ella〙 *n.* 〘植物〙 クロレラ《緑藻類クロレラ科クロレラ属 (*Chlorella*) の単細胞藻類》.

Chlo·rel·la·ce·ae [klɔ̀:rəléɪsiì:, klò:r- | klɔ̀:r-] 〘← NL ~: ⇨ ↑, -aceae〙 *n. pl.* 〘植物〙 クロレラ科. **chlò·rel·lá·ceous** [-ʃəs] *adj.*

chlo·ren·chy·ma [klɔ:réŋkəmə, klo:r- | klɔ:réŋkɪ-] 〘← NL ~ ← CHLOR(OPHYLL) + -ENCHYMA〙 *n.* 〘植物〙 葉緑組織.

chlor·gua·nide [klɔəgwɑ́:naɪd, kloə-, -nɪd, -nəd | klɔ:gwɑ́:naɪd, -nɪd] *n.* 〘薬学〙 =chloroguanide.

chlo·ric [klɔ́:rɪk, klóːr- | klɔ́:r-, klɔ́r-] 〘← CHLORO- + -IC[1]〙 *adj.* 〘化学〙 塩素 (V) の; 塩素含有性の, 塩素酸の.

chlóric ácid *n.* 〘化学〙 塩素酸 ($HClO_3$).

chlo·ride [klɔ́:raɪd, klóːr-, -rɪd, -rəd | klɔ́:raɪd] 〘▭ G *Chlorid*: ⇨ chloro-, -ide[2]〙 — *n.* **1** 〘化学〙 塩化物, 塩化化合物: ⇨ potassium chloride, sodium chloride. **2** 〘写真〙 =chloride paper.

chloride of lime さらし粉 (bleaching powder).

chlóride pàper *n.* 〘写真〙 クロライド印画紙《塩化銀を塗布した印画紙; 主として密着焼付に用いる》.

chlo·ri·dize [klɔ́:rədàɪz, klóːr- | klɔ́:rɪ-] *vt.* **1** 〘化学〙 塩素[塩化物]で処理する. **2** 〘冶金〙 〈鉱石・酸化物を〉塩化物で処理する.

chlo·rin [klɔ́:rɪn, klóːr-, -rən | klɔ́:rɪn] *n.* 〘化学〙 = chlorine.

chlo·ri·nate [klɔ́:rənèɪt, klóːr- | klɔ́:rɪ-, klɔ́r-] 〘← CHLORINE + -ATE[3]〙 *vt.* **1** 〘化学〙 …に塩素を作用させる, 塩素[塩化物]で処理する; 塩素と化合させる, 塩素化する. **2 a** 〈紙パルプを〉塩素漂白する, 塩素処理する. **b** 〈上水・下水を〉塩素処理[滅菌]する. **c** 〈羊毛を〉塩素処理する. **3** 〘冶金〙 =chloridize 2.

chló·ri·nàt·ed hydrocárbon [-tɪd-, -təd- | -tɪd-, -təd-] *n.* 〘化学〙 塩素化炭化水素殺虫剤《塩素と炭素の結合によって作られる DDT などの合成殺虫剤》.

chlórinated líme *n.* 〘化学〙 塩素化石灰 (⇨ bleaching powder).

chlórinated rúbber *n.* 〘化学〙 塩素化ゴム《白色不燃性無臭の粉末; 塗料の原料・印刷インクの乾燥促進剤に用いる》.

chlo·rin·a·tion [klɔ̀:rənéɪʃən, klò:r- | klɔ̀:rɪ-] *n.* **1** 〘化学〙 (有機化合物の)塩素化, 塩素置換. **2 a** (紙パルプの)塩素漂白, 塩素処理. **b** (上水・下水の)塩素処理, 塩素滅菌[殺菌]. **c** (羊毛の)塩素処理《羊毛を次亜塩素酸ソーダ液に浸して防縮性を与えること》. **3** 〘冶金〙 (鉱石の)塩化法《鉱石中の金属成分を高温で処理して水溶性の塩化物に換え抽出すること》.

chló·rin·à·tor [-tə | -tə(r)] *n.* (飲料水殺菌のための)塩素注入機; 塩素処理用タンク.

chlo·rine [klɔ́:ri:n, klóːr-, -rɪn, -rən | klɔ́:ri:n] 〘← Gk *khlōrós* pale green + -INE[3]: その色から英国の化学者 H. Davy (1778–1829) が命名〙 — *n.* 〘化学〙 塩素《記号 Cl, 原子番号 17, 原子量 35.453》.

chlorine 36 *n.* 〘化学〙 塩素 36《塩素の放射性同位体, 質量数 36, 半減期約 30 万年; 主にトレーサーとして用いる》.

chlórine dióxide [peróxide] *n.* 〘化学〙 二酸化塩素, 過酸化塩素 (ClO_2)《赤褐色爆発性の気体; パル

プ・小麦粉・澱粉などの漂白, 水の消毒などに用いる》.

chlórine wàter *n.* 塩素水《漂白剤・分析試薬用》.

chlo·rin·i·ty [klɔːrínəṭi, kloːr- | klɔːrínətɪ, -nɪ-] *n.* 〘化学〙塩素量《海水 1 kg 中のハロゲンの全量をそれに相当する塩素の量として g 数で表わしたもの》.

chlo·rin·ous [klɔ́ːrənəs, klóːr- | klɔ́ːrɪ-] *adj.* 〘化学〙塩素の[に関する, に似た].

chlo·rite[1] [klɔ́ːraɪt, klóːr- | klɔ́ːr-] 〘← CHLORO- + -ITE[3]〙 *n.* 〘化学〙亜塩素酸塩: potassium ～ 亜塩素酸カリウム ($KClO_2$).

chlo·rite[2] [klɔ́ːraɪt, klóːr- | klɔ́ːr-] 〘□ G *Chlorit* □ L *chlōritis* a kind of green stone □ Gk *khlōrîtis* ← *khlōrós*: ⇨ chloro-, -ite[1]〙 ── *n.* 〘鉱物〙緑泥石《Mg, Fe, Al に富む複雑な含水ケイ酸塩鉱物》. **chlo·rit·ic** [klɔːrítɪk, kloːr- | klɔːrít-] *adj.*

chlor·mad·i·none [klɔəmǽdənòun, kloə- | klɔː-mǽdɪnəun] *n.* 〘薬学〙クロルマジノン《避妊薬の一種》.

chlor·mer·o·drin [klɔəmérədrɪn, kloə-, -drən | klɔː-mérədrɪn] 〘← CHLORO- + MER(CURY) + -o- + (HY)-DR(O)- + -IN[1]〙 ── *n.* 〘薬学〙クロルメロドリン《白色無臭の粉末; 水銀利尿剤に用いる》.

chlo·ro- [klɔ́ːrou, klóːr-, -rə | klɔ́ːrə(u)] 〘← NL ～ ← Gk *khlōrós* light green〙 ── 次の意味を表わす連結形: **1** 「緑 (green)」. **2** 〘化学〙「塩素 (chlorine); 塩素を含んだ」. ★ 母音の前では通例 chlor- になる.

chlòro·acétic *adj.* 〘化学〙クロロ酢酸の.

chloroacétic ácid *n.* 〘化学〙クロロ酢酸 (CH_2Cl-$COOH$)《無色透明の潮解性の化合物; 染料製造に用いる; monochloroacetic acid ともいう》.

chlòro·ácetone *n.* 〘化学〙クロロアセトン (CH_3-$COCH_2Cl$)《無色催涙性の有毒の液体; 催涙性毒ガス・有機合成・殺虫剤などに用いる》.

chlòro·acetophenóne *n.* 〘化学〙クロロアセトフェノン ($C_6H_5COCH_2Cl$)《葉片状結晶; 催涙ガスに用いる; 記号 CN; phenacyl chloride ともいう》.

chlòro·áuric ácid *n.* 〘化学〙塩化金酸, テトラクロロ金酸 ($HAuCl_4$)《黄色の結晶; 写真, めっき用》.

chlòro·bénzene *n.* 〘化学〙クロロベンゼン (C_6H_5Cl)《水に不溶解の可燃性の無色揮発性の液体; 有機合成原料, 樹脂・ペンキ・ラッカーなどの溶剤に用いる》.

chlòro·brómide *n.* 〘写真〙クロロブロマイド印画紙, 塩臭素紙《塩化銀・臭化銀混合物を乳剤とする感度の速い引伸し用印画紙; chlorobromide paper ともいう》.

chlòro·bròmo·méthane 〘← CHLORO- + BROMO- + METHANE〙 *n.* 〘化学〙クロロブロモメタン (CH_2Cl-Br)《無色の液体, 消化剤として用いる》.

chlòro·cárbon *n.* 〘化学〙クロロカーボン《塩素を含む炭素化合物の一般名; 例: 四塩化炭素》.

chlo·ro·cru·o·rin [klɔ̀ːro(u)krúːərɪn, klòːr-, -rə-, -rən | klɔ̀ːrə(u)krúːərɪn] *n.* 〘生化学〙クロロクルオリン《多毛環形動物にみられる血漿中の呼吸色素》.

chlo·ro·dyne [klɔ́ːrədàɪn, klóːr-, -ro(u)- | klɔ́ːrə-, klɔ́ːr-] 〘《商標》← CHLORO(FORM) + (ANO)DYNE〙 ── *n.* 〘薬学〙クロロダイン, コロダイン《アヘン・クロロホルムなどを含む麻酔鎮痛薬》.

chlòro·éthane *n.* 〘化学〙クロロエタン (⇨ ethyl chloride).

chlòro·éthylene *n.* 〘化学〙クロロエチレン (⇨ vinyl chloride).

chlo·ro·form [klɔ́ːrəfɔ̀əm, klóːr- | klɔ́rəfɔ̀ːm, klɔ́ːr-] 〘□ F *chloroforme*: ⇨ chloro-, formyl〙 ── *n.* 〘化学〙クロロホルム ($CHCl_3$)《無色揮発性の液体; 麻酔薬・溶剤に用いた》: put a person under ～ 人にクロロホルムで麻酔をかける. ── *vt.* **1** …にクロロホルムで麻酔をかける; クロロホルムで殺す. **2** 〈布など〉にクロロホルムをしみ込ませる.

chlóro·fòr·myl chlóride [-fɔ̀əməl- | -fɔ̀ːmɪl-] 〘*chloroformyl*: ← CHLOROFORM + -YL〙 *n.* 〘化学〙塩化クロロホルミル (⇨ phosgene 1).

chlo·ro·gen·ic acid [klɔ̀ːrədʒénɪk-, klòːr- | klɔ̀ːr-] *n.* 〘化学〙クロロゲン酸 ($C_{16}H_{18}O_9$)《コーヒー豆・ジャガイモなどに含まれる》.

chlo·ro·gua·nide [klɔ̀ːro(u)gwáːnaɪd, klòːr-, -rə-, -nɪd, -nəd | klɔ̀ːrə(u)gwáːnaɪd, -nɪd] 〘← CHLORO- + GUAN(IDINE) + -IDE[2]〙 ── *n.* 〘薬学〙クロログアニド ($C_{11}H_{16}N_5Cl$)《白色の結晶性粉末; マラリアの治療に用いる; chlorguanide ともいう》.

chlo·ro·hy·drin [klɔ̀ːro(u)háɪdrɪn, klòːr-, -rə-, -drən | klɔ̀ːrə(u)háɪdrɪn] 〘← CHLORO- + HYDRO- + -IN[1]〙 ── *n.* 〘化学〙クロロヒドリン《塩素原子と水酸基とを含む有機化合物の類》.

chlòro·méthane *n.* 〘化学〙クロロメタン (⇨ methyl chloride).

chlo·rom·e·try [klɔːrámətri, kloːr- | klɔːrɔ́mɪtrɪ, -mə-] *n.* 〘化学〙塩素滴定.

Chlo·ro·my·ce·tin [klɔ̀ːro(u)maɪsíːtn̩, klòːr-, -rə- | klɔ̀ːrə(u)maɪsíːtɪn, klɔ̀r-] *n.* 〘商標〙クロロマイセチン《chloramphenicol の商品名》.

chlòro·náphthalene *n.* 〘化学〙クロロナフタレン: **1** モノクロロナフタレン; 溶剤として用いる. **2** ナフタレンの塩素置換体の一般名.

chlo·ro·phae·ite [klɔ̀ːrəfíːaɪt, klòːr- | klɔ̀ːr-] 〘← CHLORO- + *phae-* (← Gk *phaiós* dusky) + -ITE[1]〙 *n.* 〘鉱物〙緑褐石《火成岩の空隙に産する緑泥石の一種》.

chlòro·phénol *n.* 〘化学〙**1** クロロフェノール (Cl-C_6H_4OH)《フェノールの塩素化によって作る; 染料中間体として用い, 3 種の異性体がある》. **2** フェノールの塩素置換体の一般名.

chlorophénol réd *n.* 〘化学〙クロロフェノールレッド ($C_{19}H_{12}Cl_2O_5S$)《スルホンフタレイン系の染料; 酸塩基指示薬》.

chlo·ro·phe·no·thane [klɔ̀ːro(u)fénəθèɪn, klòːr-, -rə- | klɔ̀ːrə(u)-] 〘← (*di*)*chloro*-(*di*)*phen*(*yl*)-(*trichlor*)*o*-(*e*)*thane*〙 ── *n.* 〘化学〙クロロフェノタン (⇨ DDT).

Chlo·ro·phy·ce·ae [klɔ̀ːrəfáɪsiìː, klòːr-, -fís- | klɔ̀ːrə(u)-] 〘← NL ～: ⇨ chloro-, -phyceae〙 *n. pl.* 〘植物〙緑藻綱.

chlo·ro·phyll [klɔ́ːrəfɪ̀l, klóːr-, -fɪl, -fəl | klɔ́rəfɪl, klɔ́ːr-] 〘□ F *chlorophylle*: ⇨ chloro-, -phyll〙 ── *n.* (*also* **chlo·ro·phyl** [～]) 〘植物・生化学〙クロロフィル, 葉緑素《青緑色の葉緑素 ($C_{55}H_{72}MgN_4O_5$) (chlorophyll a ともいう) と黄緑色の葉緑素 ($C_{55}H_{70}MgN_4O_6$) (chlorophyll b ともいう) がある; cf. lutein[1]》: ～ toothpaste 葉緑素入りねり歯みがき.

chlo·ro·phyl·lose [klɔ̀ːrəfílous, klòːr-, ⌣⌣⌣́⌣ | klɔ̀ːrəfíləus, klɔ́ːr-, ⌣⌣⌣́⌣] *adj.* 〘植物・生化学〙クロロフィルの[に関する, を含んだ].

chlo·ro·phyl·lous [klɔ̀ːrəfíləs, klòːr- | klɔ̀r-, klɔ̀ːr-] *adj.* 〘植物・生化学〙= chlorophyllose.

Chlo·roph·y·ta [klɔːráfəṭə, kloːr- | klɔːrɔ́fɪtə] 〘← NL ～: ⇨ chloro-, -phyte〙 *n. pl.* 〘植物〙緑藻植物門.

chlo·ro·pic·rin [klɔ̀ːrəpíkrɪn, klòːr-, -ro(u)-, -rən | klɔ̀ːrə(u)píkrɪn] 〘← CHLORO- + PICRO- + -IN[1]〙 ── *n.* 〘化学〙クロロピクリン (CCl_3NO_2)《ピクリン酸に塩素を作用させて作る; 殺虫剤・毒ガス・殺鼠(そ)剤・有機合成原料に用いる; nitrochloroform ともいう》.

chlo·ro·pid [klɔ́ːro(u)pɪd, klóːr- | klɔ́ːrə(u)-] 〘昆虫〙 *adj.* キモグリバエ(科)の. ── *n.* キモグリバエ《キモグリバエ科のハエの総称》.

Chlo·rop·i·dae [klɔːrápədìː, kloːr- | klɔːrɔ́pɪ-] 〘← NL ～ ← *Chrolops* (属名: ⇨ chloro-, -ops) + -IDAE〙 *n. pl.* 〘昆虫〙(双翅目)キモグリバエ科.

chlo·ro·plast [klɔ́ːro(u)plæ̀st, klóːr-, -rə- | klɔ́ːrə(u)-] *n.* 〘植物〙葉緑体 (cf. chromatophore 2).

chlòro·platínic *adj.* 〘化学〙塩化白金酸の.

chloroplatínic ácid *n.* 〘化学〙塩化第三白金酸 (H_2PtCl_6)《黄色結晶; カリウムの分析に用いる; 正式名 hexachloroplatinic acid》.

chlòro·plátinous ácid *n.* 〘化学〙塩化第一白金酸, テトラクロロ白金 (II) 酸 ($H_2[PtO_4]$).

chlo·ro·prene [klɔ́ːrəpriːn, klóːr-, -ro(u)- | klɔ́ːrə(u)-] 〘← CHLORO- + (ISO)PRENE〙 ── *n.* 〘化学〙クロロプレン ($CH_2=CClCH=CH_2$)《アセチレンと塩化水素とから生じる無色の液体; 合成ゴムの原料》.

chlo·ro·quine [klɔ́ːrəkwìːn, klóːr-, -ro(u)-, -kwàɪn | klɔ́ːrə(u)-] 〘← CHLORO- + *-quine* (← QUINOLINE)〙 ── *n.* (*also* **chlo·ro·quin** [-kwɪn]) 〘薬学〙クロロキン ($C_{18}H_{26}ClN_3$) (7-chloro-4-(4-diethylaminol-methylbutyl-amino) quinoline)《マラリアの特効薬; SN 7618 ともいう》.

chlo·ro·sis [kləróusɪs, -səs | klɔːráusɪs, klɔ-] 〘← NL ～: ⇨ chloro-, -osis〙 ── *n.* (*pl.* **-ro·ses** [-siːz]) **1** 〘病理〙萎黄(いおう)病 (greensickness)《思春期の女性に多いとされた一種の貧血》. **2** 〘植物病理〙白化(現象), 黄白化《緑色植物において, 鉄やマグネシウムなどの欠乏によって起こる; cf. etiolation 1》. **chlo·rot·ic** [klərɑ́ṭɪk | klɔːrɔ́t-, klɔ-] *adj.* **chlo·rót·i·cal·ly** *adv.*

chlòro·sulfónic ácid *n.* 〘化学〙クロロスルホン酸 ($ClSO_3H$)《無色発煙性の液体; 有機合成に用いる》.

chlòro·thiazide *n.* 〘薬学〙クロルチアジド (C_7H_6-$ClN_3O_4S_2$)《利尿剤・高血圧治療剤として用いる》.

chlo·ro·tri·fluo·ro·eth·y·lene [klɔ̀ːro(u)traɪflùː(ə)ro(u)éθəliːn, klɔ̀ːr-, -flɔ̀ːr-, -flòːr-, -flùːər- | klɔ̀ːrə(u)traɪ-] *n.* 〘化学〙クロロトリフルオロエチレン ($ClFC$:CF_2)《フッ素樹脂原料》.

chloro·triflùoro·méthane *n.* 〘化学〙クロロトリフルオロメタン ($ClCF_3$)《冷媒に用いられるフレオン; trifluorochloromethane ともいう》.

chlo·rous [klɔ́ːrəs, klóːr- | klɔ́ːr-] 〘← CHLORINE + -OUS〙 *adj.* 〘化学〙3 価の塩素を含む, 亜塩素酸の.

chlórous ácid *n.* 〘化学〙亜塩素酸 ($HClO_2$).

chlor·phe·nir·a·mine [klɔ̀əfənírəmìːn, klòə-, -fə-, -mɪn, -mən | klɔ̀ːfɪnírəmìːn, -mɪn] 〘← CHLORO- + PHENO- + (P)YRO- + -AMINE〙 ── *n.* 〘薬学〙クロルフェニラミン ($C_{16}H_{19}ClN_2$)《マレイン酸塩として抗ヒスタミン剤に用いる》.

chlor·phe·nol [klɔəfíːnɔ(ː)l, kloə-, -nout, -nɑl, -fiː-nóut | klɔːfíːnɔl] *n.* 〘化学〙= chlorophenol.

chlor·pic·rin [klɔəpíkrɪn, kloə-, -rən | klɔːpíkrɪn] *n.* 〘化学〙= chloropicrin.

chlor·prom·a·zine [klɔəprάməziːn, kloə-, -zɪn, -zən | klɔːprɔ́məziːn, -zɪn] 〘← CHLORO- + PROMAZINE〙 ── *n.* 〘薬学〙クロールプロマジン ($C_{17}H_{19}ClN_2S$)《特に, 沈鬱型の精神病患者に用いる抑制剤》.

chlor·pro·pa·mide [klɔəpróupəmàɪd, kloə-, -mɪd, -məd | klɔːpráupəmàɪd, -mɪd] 〘← CHLORO- + PROP(ANE) + AMIDE〙 ── *n.* 〘薬学〙クロルプロパミド (C_{10}-$H_{13}ClN_2O_3S$)《糖尿病の治療に用いる血糖降下剤》.

chlor·pro·phen·py·rid·a·mine [klɔəpròufiːnpɪrídəmìːn, kloə-, -pər-, -mɪn, -mən | klɔːpràufiːnpɪrídəmìːn, -mɪn] 〘← CHLORO- + PRO(PANE) + PHEN(YL) + PYRI(DINE) + D(IMETHYL) + AMINE〙 ── *n.* 〘薬学〙= chlorpheniramine.

chlòr·sulfónic ácid *n.* 〘化学〙= chlorosulfonic acid.

chlòr·tetracýcline *n.* 〘薬学〙クロールテトラサイクリン ($C_{22}H_{23}ClN_2O_8$)《黄色抗生物質で塩酸塩に可溶; ウイルス病などにきく内服薬》.

Chlor-Tri·me·ton [klɔətráɪmɪtɑ̀n, kloə-, -mə- | klɔːtráɪmɪtɔn] *n.* 〘商標〙クロルトリメトン《chlorpheniramine の商品名》.

chm. 《略》chairman; checkmate; choirmaster.

Ch. M. 《略》*L.* Chirurgiae Magister (= Master of Surgery).

cho·a·na [kóuənə | káu-] 〘← NL ～ ← Gk *khoánē* funnel〙 *n.* (*pl.* **choa·nae** [-niː]) 〘解剖〙後鼻孔. **cho·a·nate** [kóuənèɪt | káu-] *adj.*

cho·an·o·cyte [kouǽnəsàɪt, kóuəno(u)- | kəuǽnə-, káuənə(u)-] 〘← GK *khoánē* funnel + -o- + -CYTE〙 ── *n.* 〘動物〙襟(えり)細胞《海綿動物の内腔に沿って並ぶ鞭毛(べんもう)の生えた細胞; collar cell ともいう》. **cho·a·no·cy·tal** [kouæ̀nəsáɪṭl, kòuəno(u)- | kəuæ̀nəsáɪtl, kəuənə(u)-] *adj.*

Cho·an·o·flag·el·la·ta [kouæ̀nəflæ̀dʒəláːṭə, kòuəno(u)-, -léɪ- | kəuæ̀nəflæ̀dʒəláːtə, káuənə(u)-, -dʒɪ-, -dʒe-, -léɪ-] 〘← NL ～ ← Gk *khoánē* (↑) + L *flagellum* whip + -ATA〙 ── *n. pl.* 〘動物〙立襟鞭毛虫亜目.

cho·an·o·flag·el·late [kouæ̀nəflǽdʒələt, kòuəno(u)-, -lɪt, -lèɪt, -flædʒélət, -lɪt | kəuæ̀nəflǽdʒəlèɪt, kòuənə(u)-, -dʒɪ-, -dʒe-, -flədʒéleɪt] *n.* 〘動物〙立襟鞭毛虫《すべて自由生活性の原生動物で, 鞭毛 1 本をもつほか, 漏斗状の襟様構造を有する点が特徴的である》.

Cho·an·o·fla·gel·li·da [kouæ̀nəflədʒélədə, kòuəno(u)- | kəuæ̀nəflədʒélɪ-, kòuənə(u)-] 〘⇨ Choanoflagellata, -ida〙 ── *n. pl.* 〘動物〙= Choanoflagellata.

choc [tʃɑ́k | tʃɔ́k] 〘略〙 *n.* 《英口語》= chocolate 2 a.

chóc-bàr *n.* 《英口語》チョコバー(アイスクリーム).

chóc-ìce *n.* 《英口語》チョコアイス(クリーム).

chock [tʃɑ́k | tʃɔ́k] 〘《1662》□ ? ONF **choque* log = OF *ço(u)che* (F *souche*) block of wood ← Gaul. **tsukka*: cf. chuck[1]〙 ── *n.* **1** (樽や車輪の下に置く木製または金属製の)枕, くさび, 輪止め. **2** 〘海事〙**a** チョック, 導索器《索・鎖などを導くもの》. **b** (甲板上のボートを載せる)敷台, まくら (cf. cleat). ── *vt.* **1** くさびで締める[止める]. **2** 〘海事〙〈ボート〉にまくらをかう, チョックに載せる. ── *adv.* ぴったり, きつく; 全く (cf. chock-full): ～ *against* …にぴったり / stand ～ still じっと立っている.

chock·a·block [tʃɑ́kəblɑ̀k | tʃɔ̀kəblɔ́k] 〘⇨ ↑, a-[1], block〙 ── *adj.* **1** 〘海事〙〈相対する両滑車が〉互いに触れるほど引き寄せられた, もはや作動しない状態にある. **2** (動きがとれないほど)ぎっしり詰まって: The street was ～ *with* cars. 道は車でいっぱいだった. ── *adv.* ぎっしり詰まって, ぎっしりと.

chock·er [tʃɑ́kə | tʃɔ́kə(r)] 〘《短縮》↑〙 *adj.* 《英俗》あきあきして, うんざりして (disgusted).

chock-full [tʃʌ́kfʊ́l, tʃɑ́k- | tʃɔ́k-] 〘《? *a*1400》*chokkeful, chekeful* ← ? CHOKE (v.) + FULL〙 *adj.* ぎっしり詰まって (cf. chock *adv.*).

chóck·stòne *n.* 〘登山〙チョックストーン《チムニー (chimney) など岩の割れ目にはさまった岩石》.

choc·o·late [tʃɑ́k(ə)lət, tʃɔ́(ː)k-, -lɪt | tʃɔ́k(ə)-] 〘《1604》□ Sp. ～ □ N-Am.-Ind. (Nahuatl) *xocoatl* 《原義》? bitter water〙 ── *n.* **1** チョコレート: ～ in cake [powder] 塊状[粉末]チョコレート. **2 a** チョコレート菓子[キャンデー]: a bar of ～ チョコレート 1 枚, 板チョコ 1 枚 / a box of ～*s* チョコレート 1 箱. **b** チョコレート飲料: drink a cup of ～. **3** チョコレート色 (chocolate brown). ── *adj.* **1** チョコレートの, チョコレート入りの[でくるんだ]: a ～ bar. **2** チョコレート色の, 濃褐色の: ～ shoes.

chócolate bíscuit *n.* 《英》チョコレートでくるんだビスケット.

chócolate-bòx *n.* **1** チョコレートの箱. **2** (その箱に描かれた絵のように)陳腐なロマンチックな絵. ── *adj.* 表面上は美しい; (特に)〈絵が〉感傷的な.

chócolate brówn *n.* こげ茶色, 暗褐色.

chócolate bún *n.* 《英》チョコレートパン.

chócolate créam *n.* チョコレートクリーム《クリーム入りのチョコレート菓子; チョコレートを加えたクリーム状のデザート》.

chócolate sóldier *n.* **1** (恰好ばかりよくて)だめな兵隊; 徴集兵. **2** 兵隊の形をしたチョコレート.

chócolate trèe *n.* 〘植物〙= cacao 1.

choc·o·lat·y [tʃɑ́k(ə)ləṭi, tʃɔ́(ː)k-, -lɪ- | tʃɔ́k(ə)lətɪ, -lɪ-] *adj.* (*also* **choc·o·lat·ey** [～]) チョコレートで作った[に似た].

Choc·taw [tʃɑ́ktɔː | tʃɔ́k-] 〘□ Choctaw *Chahta*〙 ── *n.* (*pl.* ～, ～*s*) **1 a** [the ～(s)] チョクトー族《もとは Mississippi 州の南部などに, 今は Oklahoma 州に住み Muskogean 語族に属するアメリカインディアン》. **b** チョクトー族の人. **2 a** チョクトー語. **b** 《口語》未知の[むずかしい]言葉 (jargon). **3** [時に c-] 〘スケート〙チョクトー《figure skating の一種; Mohawk に似て腰を巧みにひねり足の踏み換えをするもの》.

Cho·ëph·o·roe [kouéfərɔɪ | kəu-] *n.* [the ～] 「供養する女たち」《Aeschylus の三部作悲劇 *Oresteia* の第二部》.

choice [tʃɔ́ɪs] 〘《*c*1300》*chois* □ OF (F *choix*) ← *choisir* to choose □ Goth. *kausjan*: ⇨ choose〙 ── *n.* **1** (自由意志または自己の判断による)選択, 選ぶこと; 選り好み, 選り取り: have no (particular) ～ 特別にどれが好きということはない / make a ～ 選択をする / make ～ of …を選ぶ / make [take] one's ～ 気に入ったのを取る, どれかに決める / if I can have my ～ 自分の好きなものを選んでいいなら / marry a girl of one's ～

自分で選んだ[好きな]娘と結婚する / Take your ~ of rooms. 好きな部屋を選んで下さい / There is no [not much] ~ between the two. 二者には甲乙[優劣]がない, 似たり寄ったりだ / ⇨ Hobson's choice. **2** 選択の機会[場]; 選択力, 選択権: allow a ~ 選択を許す / offer a ~ 選択の機会を提供する, 選んで下さいと言う / I have no ~ in the matter. この事では私の選り好みが言えない, こうするより仕方がない. **3 a** 選ばれるもの[人]; 選ばれたもの[人], 見立てられる品; 推選図書: He is one of the ~s for the award. 彼は受賞者に選ばれたうちの一人だ / Which is your ~? どれにしますか / This book will be my ~. 私はこの本を選ぼう[にしよう]. **b** 選りすぐったもの, 選り抜き, 逸品, 精華, 粋 (élite, pick): the ~ of the garden 庭で最も美しい花の取合せ / the flower and ~ of the country 国の選り抜きの人々[精華]. **4** 選ばれる物[候補の品]の範囲, 選択の豊富さ: have a wide [poor] ~ of articles (選び取るのに)品物がたくさんある[いくらもない], 品物の種類が多い[少ない] / We have a large ~ of summer hats. 当店には夏の帽子がたくさん取りそろえてあります. **5** 選択の慎重さ[判断]: select words *with* ~ 一つ一つ慎重に言葉を選ぶ. **6** 二者のうちの一つ, どちらか (alternative): Death or disgrace was the only ~. 死か不面目かそのいずれかを選ぶより外に道はなかった. **7** 《米》(牛肉の)上等《最上等の次; cf. *adj.* 4, good 14》; 上等の牛肉.
at one's choice 好みのままに, 選択自由で. ***by* [*for*] *choice*** 選ぶとすれば; 特に, 好んで (by preference): I'll take whiskey *for* ~. どちらかと言えばウイスキーをもらおう. ***from choice*** 自ら選んで, 好んで, 進んで (willingly). ***have no* (*other*) *choice but to* (*do*)** …するより仕方がない, せざるを得ない (cannot help doing). ***of choice*** えり抜きの, 特別上等の. ***of one's choice*** すき好んで. ***without choice*** あれこれと区別しないで, 無差別に.
— *adj.* (**choic·er; -est**) **1** 選りすぐった, 精選した: speak in ~ words 言葉を選んで言う. **2** 最上等の, 優等品の, 優良の: the ~st fruits 最上等の果物 / the ~ residential district of the city その都市の高級住宅地. **3** 《方言》**a** 選り好みする〔*of*〕: He is ~ *of* his food [costume]. 食べ物[衣裳]にやかましい. **b** 大事にする, 気をつかう: be ~ *over* one's manners 作法に気をつかう. **4** 《米》〈牛肉が〉上等の《最上等 (prime) と良 (good) の中間》. **~·ness** *n.*

chóice·less *adj.* **1** 選択のない[を許さない]. **2** 選択できない.
choice·ly 《(c1350)》 *adv.* **1** よく選択して, 精選して: a ~ furnished room 立派な家具を備えた部屋. **2** すばらしく, 最高に (exquisitely).
choir [kwáɪə | kwáɪə(r)] 《(c1300) quer ⊏ OF cuer (F chœur) < ML chorum ⊏ Gk khorós: ⇨ chorus: 今の発音は南東部方言の発達 (cf. brier¹, friar), 語形はフランス語・ラテン語の影響による》 — *n.* **1** (教会の)聖歌隊, 合唱隊, クワイア. **2 a** 組織ある一団. **b** 合唱団. **c** 舞踊団: a ~ of dancers. **d** (管弦楽団で)同種楽器の一群: the string ~ 弦楽器群[部]. **e** さえずる小鳥たち. **3** 《建築》(教会堂の)聖歌隊席, 内陣, クワイア, コワヤ, 合唱席《普通は chancel の中にあるが, cathedral では身廊 (nave) と大祭壇 (altar) の中間; ⇨ church 挿絵》. **4** 《神学》(九階級ある)天使の階級 (cf. angel 1). **5** 《演劇》シュプレヒコールの一群. **6** = choir organ. — *vi., vt.* 《詩》(聖歌隊のように)合唱する. — *attrib. adj.* 朝夕の祈りを本職とする: ~ monks.
chóir·bòy *n.* (聖歌隊で歌う)少年歌手, 少年聖歌隊員《chorister ともいう》.
chóir lòft *n.* (教会堂のギャラリーにある)聖歌隊席.
chóir·màster *n.* 聖歌隊指揮者.
chóir òrgan 《(変形) ← chair organ》 — *n.* **1** 《音楽》(合唱の伴奏に好適な)小オルガン《今日では普通の大オルガンの第三鍵(けん)盤にこの装置が備えられていることが多い》. **2** クワイア オーガン《伴奏用にことさら優美柔和な音栓を数多くもつ; パイプオルガンの手鍵盤》.
chóir schòol *n.* (大聖堂・大学などに付属する)聖歌隊養成のための学校, 聖歌学校.
chóir scrèen *n.* 聖歌隊席仕切り《教会堂の聖歌隊席と身廊の間の仕切り》.
Choi·seul [ʃwɑːzə́ːl; *F.* ʃwɪzœl] *n.* ショワズール(島)《New Guinea の東方, 英領 Solomon 諸島の一島; 人口 8,000, 面積 3,053 km²》.
choke [tʃóʊk | tʃə́ʊk] 《(c1303) 《(頭音消失)》 ← OE *ācēocian* ← Gmc **keukōn-* 'CHEEK'》 — *vt.* **1 a** (首を絞めて)〈人・動物〉の息(の根)を止める, 窒息させる: ~ a person to death 人を窒息死させる / Let go, you ~ me! 放してくれ, 息が止まる. **b** 〈煙・涙・異物などが〉〈人を〉むせばせる, 息苦しくする: A fishbone ~*d* him. 魚の骨がささって息苦しくなった / He was ~*d with* smoke. 煙でむせんだ. **c** 〈激情が〉…の息を詰まらせる: Rage ~*d* him. 怒りがこみ上げてきて息が詰まった. **2 a** …の成長[発達, 進行]を止まらせる[阻止する]: The tomatoes are ~*d* by the weeds. トマトは雑草のために生長が止まっている. **b** 〈パイプ・水路などを〉流れなくする, ふさぐ, 詰まらす: Rubbish ~*d* the sewer. ごみで下水管が詰まった / ~ the chimney *with* soot すすがたまって煙突の煙の出を悪くする. **c** いっぱいに詰める〈*up*〉〔*with*〕: The window was ~*d up with* posters. 窓はポスターでいっぱいだった. **3 a** 〈発言者〉の発言を封じる, 黙らせる〈*off*〉: None could ~ him *off*. 誰も彼の発言をとめることができなかった / Fear ~*d* him. 恐怖でものが言えなかった. **b** 妨げる, 中止させる〈*off*〉: ~ *off* discussion 議論を中止させる / High interest rates will ~ *off* the economic recovery. 高利率は経済回復を妨げるであろう. **c** 〈感情を〉抑える, 抑制する〈*down, back*〉: ~ *down* one's laughter [rage] 笑い[怒り]を抑える / ~ *back* tears 涙をこらえる. **4 a** 〈植物を〉枯らす. **b** 〈火を〉消す (stifle). **5** (内燃機関で, 始動を容易にするために)〈エンジン〉にチョークをかける《キャブレターの空気吸入量を少なくし混合気を濃くする》. **6** [通例 p.p. 形で]《英口語》がっかりさせる; うんざりさせる: be ~*d* がっかりする[している]; うんざりする. **7** 《スポーツ》〈バット・ラケットなど〉のグリップを短く握る, 短く持つ〈*up*〉: ~ the bat.
— *vi.* **1** 息が詰まる, 窒息する. **2 a** 息苦しくなる, むせぶ: ~ *with* smoke. **b** 〔恐怖・緊張・感情で〕口がきけなくなる〈*up*〉〔*with*〕: ~ *up with* rage. **3** (いざという時に)極度に緊張して失敗する, 平静を失ってとちる, あがる〈*up*〉. **4** 《スポーツ》バット[ラケット]を短く握る〈*up*〉: ~ *up on* the bat.
choke down (1) 〈食物を〉やっと飲み込む. (2) ⇨ *vt.* 3 c.
— *n.* **1 a** 息詰まること, 窒息; むせび. **b** [the ~s] 《口語》潜函病. **2 a** (内燃機関の)空気吸込調節装置, チョーク. **b** (散弾銃の絞り筒などの)絞り. **3** 《機械》(空気・水・ガスなどの流通を調節するためパイプなどの中に設けた)絞り, 閉止装置. **4** 《電気》= choke coil.
— *attrib. adj.* バット[ラケット]を短く握る, グリップの短い: a ~ grip, hitter, etc.
chóke·bèrry 《その渋い味から》 *n.* 《植物》北米産の野生のリンゴの一種 (*Pyrus arbutifolia*); その実《小さい液果状の渋い果実》.
chóke·bòre *n.* **1** (散弾銃の)絞り筒《散弾が余り広い範囲に飛び散らないように銃口に近づくに従って銃腔(こう)が次第に狭くなった筒》. **2** 絞り筒散弾銃.
chóke·chèrry 《その渋い味から》 *n.* 《植物》北米産のサクラの一種 (*Prunus virginiana*); 渋いその実.
chóke còil *n.* 《電気》チョークコイル《直流分を通し, 交流分を通しにくくするインダクタンス素子》.
chóke còllar *n.* (犬を抑えるための)輪なわ (noose) のような首輪.
chóke·dàmp *n.* (炭坑内の)窒息ガス (blackdamp).
choke-full [tʃóʊkfʊ́l | tʃə́ʊk-] *adj.* = chock-full.
chóke pèar *n.* **1 a** 渋くて食べられないセイヨウナシ《perry の製造に用いる》. **b** = chokeberry. **2** 《俗》(それを言われると)ぐうの音も出ないようなこと.
chóke pòint *n.* 狭い通路[入口], 隘路(あいろ).
chók·er *n.* **1** 息を止めるもの, 息詰まらせるもの; ふさぐもの; 締めるもの. **2 a** チョーカー《首やのどにぴったり巻きつけるもの》. **b** 幅の広いネックウェア (neck-wear). **c** フォーマルな白ネクタイ. **d** 腰の高いのりづけされた立ちカラー. **e** チョーカー[短いネックレス]や宝石のついた襟. **f** 幅の狭い毛皮の襟まき.
chok·ey¹ [tʃóʊki | tʃə́ʊki] *adj.* = choky¹.
chok·ey² [tʃóʊki | tʃə́ʊki] *n.* = choky².
chók·ing *adj.* **1** 息詰まるような, 息苦しい: a ~ sensation 息詰まるような感じ. **2** 〈声が〉(感動に満ちて)むせぶような: in a ~ voice むせぶような声で. **~·ly** *adv.*
chóking còil *n.* 《電気》= choke coil.
cho·kra [tʃóʊkrə | tʃə́ʊ-] 《⊏ Hindi *chokrā*》 *n.* 《インド》ボーイ, 給仕.
chok·y¹ [tʃóʊki | tʃə́ʊki] *adj.* (**chok·i·er; -i·est**) **1** 息が詰まる(ような); 息苦しい: a ~ room. **2** (感動などで)〈声が〉つまった, むせぶような: in a ~ voice.
chok·y² [tʃóʊki | tʃə́ʊki] 《⊏ Hindi *caukī* police station, lockup》 *n.* 《英俗》留置場, 刑務所: in ~.
chol- [koʊl, kɑl | kəʊl, kɒl] (母音の前に来る時の) cholo- の異形.
cho·lae·mi·a [ko(ʊ)líːmiə | kəʊlíːmjə, -mɪə] *n.* 《病理》= cholemia.
chol·a·gogue [kɑ́ləgɔ̀g, kóʊl-, -gɑ̀(ː)g | kɒ́ləgɒ̀g, kə́ʊl-] 《⊏ F ~ ⊏ Gk *kholagōgós* leading off bile: ⇨ cholo-, -agogue》 *n.* 《薬学》胆汁排出促進剤.
chol·an·gi·og·ra·phy [kəlændʒiɑ́grəfi, koʊ- | kə(ʊ)lændʒiɒ́grəfɪ] 《← CHOLO- + ANGIO- + -GRAPHY》 — *n.* 《医学》胆管造影(法)《造影剤を用いての胆管の X 線撮影法》. **chol·an·gi·o·graph·ic** [kəlændʒiəgrǽfɪk, koʊ- | kə(ʊ)lændʒɪə-] *adj.*
chol·an·gi·tis [kòʊləndʒáɪtɪs, -təs | kə̀ʊləndʒáɪtɪs] 《← NL: ⇨ cholo-, angio-, -itis》 *n.* 《病理》胆管炎.
cho·lan·threne [koʊlǽnθriːn | kəʊ-] *n.* 《生化学》コラントレン《五環炭水化物の発癌性物質》.
cho·late [kóʊleɪt | kə́ʊ-] 《⇨ cholo-, -ate¹》 *n.* 《化学》コール酸 (cholic acid) の塩.
cho·le- [kóʊlə, kɑ́lə | kə́ʊlɪ, kɒ́lɪ] cholo- の異形.
cho·le·cal·cif·er·ol [kòʊləkæ̀lsífərɔ̀(ː)l, kɑ̀l-, -ròʊl | kə̀ʊlɪkælsífərɒ̀l, kɒ̀l-] 《← CHOLO- + CALCO- + -FER + -OL¹》 — *n.* 《生化学》コレカルシフェロール (⇨ vitamin D_3).
cho·le·cyst [kóʊləsɪst, kɑ́l- | kə́ʊlɪ-, kɒ́l-] 《← CHOLO- + -CYST》 *n.* 《解剖》= gallbladder.
cho·le·cys·tec·to·my [kòʊləsɪstéktəmi, kɑ̀l- | kə̀ʊlɪsɪstéktəmɪ, kɒ̀l-] 《⇨ ↓, -ectomy》 *n.* 《外科》胆囊剔出(てきしゅつ)(術).
chòle·cystítis 《← NL ~: ⇨ cholo-, -cyst, -itis》 *n.* (*pl.* **-cystitides**) 《病理》胆囊炎.
chole·cystógraphy *n.* 《医学》胆囊造影(法).
cho·le·cys·to·ki·nin [kòʊləsɪstəkáɪnɪn, -nən | kə̀ʊlɪsɪstəkáɪnɪn] 《← CHOLECYST + -o- + Gk *kínein* to move + -IN¹》 — *n.* 《生化学》コレシストキニン《十二指腸ホルモンで胆汁分泌調節をする》.
cho·le·cys·tos·to·my [kòʊləsɪstɑ́stəmi, kɑ̀l- | kə̀ʊlɪsɪstɒ́stəmɪ, kɒ̀l-] 《⇨ cholo-, cysto-, -stomy¹》 *n.* 《外科》(胆石除去のための)胆囊造瘻(ろう)[フィステル形成](術).
chòle·cystótomy *n.* 《外科》胆囊切開(術).
cho·led·o·chos·to·my [kəlèdəkɑ́stəmi, kòʊlədə-, kɑ̀l- | kə(ʊ)lèdə(ʊ)kɒ́stəmɪ, kə̀ʊlɪdə-, kɒ̀l-] 《← CHOLEDOCHUS + -STOMY¹》 — *n.* 《外科》総胆管造瘻[フィステル形成](術).
cho·led·o·chot·o·my [kəlèdəkɑ́təmi, kòʊlədo(ʊ)-, kɑ̀lə- | kəlèdəkɒ́təmɪ, kə̀ʊlɪdə(ʊ)-, kɒ̀l-] 《⇨ ↓, -tomy》 *n.* 《外科》総胆管切開(術).
cho·led·o·chus [kəlédəkəs] 《← NL *choledochus* conveying bile ← Gk *kholḗ* gall + *dokhós* containing》 *n.* 《解剖》総胆管.
cho·lee [tʃóʊli | tʃə́ʊlɪ] *n.* = choli.
cho·lé·ic ácid [kəlíːɪk-, ko(ʊ)- | kə(ʊ)-] 《*choleic*: ← CHOLO- + -IC¹》 *n.* 《生化学》コレイン酸《デオキシコール酸と脂肪酸が結合したもの》.
cho·le·lith [kóʊləlɪθ, kɑ́l- | kə́ʊlɪ-, kɒ́l-] 《← CHOLO- + -LITH》 *n.* 《病理》胆石 (gallstone)《chololith ともいう》.
cho·le·li·thi·a·sis [kòʊləlɪθáɪəsɪs, kɑ̀l-, -ləθ-, -səs | kə̀ʊlɪlɪθáɪəsɪs, kɒ̀l-] 《← NL ~》 *n.* 《病理》胆石症.
cho·le·mi·a [ko(ʊ)líːmiə | kə(ʊ)líːmjə, -mɪə] 《← NL ~: ⇨ cholo-, -emia》 *n.* 《病理》胆血(症), 胆汁血(症).
cho·lent [tʃɔ́(ː)lənt, tʃɑ́l- | tʃɔ́l-, tʃʌ́l-] 《⊏ Yiddish *tsho(l)nt, shale(n)t*》 *n.* チョーラント《肉と豆, 野菜をとろ火で煮たユダヤ料理; ユダヤの安息日に食べる》.
chol·er [kɑ́lə, kóʊlə | kɒ́lə(r)] 《(c1390) coler ⊏ (O)F colère ⊏ L *cholera* bilious diarrhea ⊏ Gk *kholéra* ← *kholḗ* gall, bile》 — *n.* **1** 《古生理》= yellow bile. **2** 《まれ》かんしゃく, いら立ち, 腹立ち (irritation).
chol·er·a [kɑ́lərə, kɑ́trə | kɒ́lərə] 《(c1390) ⊏ L ~ (↑)》 — *n.* 《病理・獣医》コレラ: Asiatic [epidemic, malignant] ~ 真性コレラ / English [sporadic, bilious, summer] ~ = cholera morbus / fowl [hog] ~ 家禽[豚]コレラ.
chólera bèlt *n.* (腹部を冷やさぬための)腹巻《フランネルまたはウール製》.
chol·er·a·ic [kɑ̀ləréɪɪk | kɒ̀l-] *adj.* コレラの[に関する, から起こる, に類似した].
chólera mór·bus [-mɔ́əbəs | -mɔ́ː-] 《← NL ~ 《原義》 cholera disease》 *n.* 《俗用》《病理》急性胃腸炎《コレラ菌によらずに激しい吐き下しの起こる病気》.
chol·er·ic¹ [kɑ́lərɪk, kəlér-, kɑ- | kɒ́lər-, kəlér-] 《(1340) colerik ⊏ (O)F cholérique ⊏ L *cholericus* ⊏ Gk *kholerikós*: ⇨ choler, -ic¹》 — *adj.* **1 a** 怒りっぽい, 激しやすい: a man of ~ temper. **b** 怒った, 腹を立てた. **2** 《古生理》胆汁質の (bilious): a ~ temperament 激しやすい気性《胆汁質》. **chól·er·i·cal·ly** *adv.*
chol·er·ic² [kɑ́lərɪk, kəlér-, kɑ- | kɒ́lər-, kəlér-] *adj.* = choleraic.
cho·le·sta·sis [kòʊləstéɪsɪs, kɑ̀l-, -səs | kə̀ʊlɪstéɪsɪs, kɒ̀l-] 《← NL ~》 — *n.* (*pl.* **-sta·ses** [-siːz]) 《病理》胆汁鬱滞(うったい). **cho·le·stat·ic** [kòʊləstǽtɪk, kɑ̀l- | kə̀ʊləstǽt-, kɒ̀l-] *adj.*
cho·les·ter·e·mi·a [kəlèstəríːmiə | -mjə, -mɪə] *n.* 《病理》= cholesterolemia.
cho·les·te·ric [kəléstərɪk] 《⊏ F *cholésterique*: ⇨ cholesterol, -ic¹》 — *adj.* 《物理・結晶》コレステリック状態の《液晶の分子配向が螺旋的になった状態; cf. nematic, smectic》.
cho·les·ter·in [kəléstərɪn, -rən | -rɪn] 《⊏ F *cholestérine*: ⇨ ↓, -in¹》 *n.* 《生化学》= cholesterol.
cho·les·ter·ol [kəléstərɔ̀(ː)l, -ròʊl | kəléstərɒ̀l, kɒ-, -tɪər-, -rəl] 《← CHOLO- + Gk *stereós* solid + -OL¹: はじめ胆石中に発見されたのにちなむ》 — *n.* 《生化学》コレステロール ($C_{27}H_{45}OH$)《胆石の主成分; 固形アルコールで各種の組織に見出される; ステロイドホルモンがこれから生合成される》: a high [low] ~ count.
cho·les·ter·ol·e·mi·a [kəlèstərə(ː)líːmiə, -roʊl- | -rəlíːmjə, -mɪə] 《⇨ ↑, -emia》 *n.* 《病理》コレステロール血症.
cho·li [tʃóʊli | tʃə́ʊlɪ] 《⊏ Hindi *colī* ← Skt *cola*》 *n.* チョーリ《インドのヒンズー教徒の女性の着る大きい襟ぐりで袖の短かいブラウス》.
cho·li·amb [kóʊliæm(b) | kə́ʊlɪ-] 《⊏ LL *chōliambus* ⊏ Gk *khōlíambos* lame iambic ← *khōlós* lame + *íambos* 'IAMBUS'》 — *n.* 《ギリシャ詩》跛(は)行短長格《短長六歩格の最後の詩脚が長々[長短]格になっているもので諷刺詩に用いられる; scazon ともいう》.
cho·li·am·bic [kòʊliǽmbɪk | kə̀ʊlɪ-] *adj.*
cho·li·am·bus [kòʊliǽmbəs | kə̀ʊlɪ-] *n.* (*pl.* **-am·bi** [-baɪ, -biː]) 《ギリシャ詩》= choliamb.
chó·lic ácid [kóʊlɪk-, kɑ́l- | kə́ʊl-, kɒ́l-] 《*cholic*: ⊏ Gk *kholikós* of bile: ⇨ cholo-, -ic¹》 *n.* 《生化学》コール酸 ($C_{23}H_{36}(OH)_3COOH$)《胆汁酸の一種》.
cho·line [kóʊliːn, kɑ́l- | kə́ʊl-, kɒ́l-] 《← CHOLO- + -INE³》 — *n.* **1** 《生化学》コリン ($(CH_3)_3N(OH)\cdot CH_2\cdot CH_2OH$)《レシチン (lecithin) の成分; 細胞膜の浸透圧調節や抗脂肝因子(ビタミン B 複合体の一つ)である》. **2** 《薬学》コリン薬《粘性で, 強アルカリ性; 肝臓などの薬となる》.
cho·lin·er·gic [kòʊlɪnə́ːdʒɪk, -lə- | kə̀ʊlɪnɜ́ː-] 《← (ACETYL)CHOLINE + Gk *érgon* work + -IC¹》 — *adj.* 《生

理》 **1** 〈自律神経繊維が〉コリン作動[作用]性の, コリン刺激性の. **2** コリン性の.

cho·lin·es·ter·ase [kòulinéstərèis, -lə-, -rèiz | kəulɪ-néstərèɪs] 〘← CHOLINE＋ESTERASE〙 ── *n.* 〘生化学〙 コリンエステラーゼ《アセチルコリンを酢酸に加水分解する酵素; 特に, 心臓・脳・血液の中に含まれるものをいう; 2 型あり, 第 II 型は非特異性で pseudocholinesterase ともいう》.

cho·li·no·lyt·ic [kòulɪno(ʊ)lítɪk | kəulɪnə(ʊ)lít-] 〘← CHOLINE＋-O-＋-LYTIC〙 *adj.* 〘生理〙 抗コリン性の. ── *n.* 抗コリン薬.

cho·li·no·mi·met·ic [kòulɪno(ʊ)mɪmétɪk, -lə-, -mə-, -maɪ- | kəulɪnə(ʊ)mɪmét-] 〘← CHOLINE＋-O-＋MIMETIC〙 ── *adj.* 〘生理〙 コリン性[様]の, コリン刺激性の. ── *n.* コリン刺激剤《副交感神経刺激薬》.

chol·la [tʃɔ́ɪ(j)ə, tʃóujə, -jɑː | tʃɔ́ɪ(j)ə, tʃə́ujə, -jɑː; *Sp.* tʃója] 〘□ Mex.-Sp. ～ ← Sp. ～ 'head'〙 ── *n.* 〘植物〙 ウチワサボテン《米国南西部・メキシコ産のウチワサボテン属 (*Opuntia*) のサボテンの総称》.

Cho·lo [tʃóulou | tʃə́uləu; *Sp.* tʃólo] 〘□ Am.-Sp. ～〙 ── *n.* (*pl.* **～s**) **1** (ボリビア・ペルーの)スペイン系インディアン. **2** スペイン人と南米インディアンの混血人 (mestizo).

chol·o- [kóulo(ʊ), kál- | kɔ́ulə(ʊ), kɔ́l-] 〘← Gk *kholḗ* 'GALL[1], bile'〙 「胆汁 (bile)」の意の連結形. ★ 時に chole-, また母音の前では通例 chol- になる.

chol·o·lith [kálәlɪθ | kɔ́l-] *n.* 〘病理〙 ＝cholelith. **chol·o·lith·ic** [kὰləlíθɪk | kɔ̀l-] *adj.*

Cho·lu·la [tʃəlúːlə; *Sp.* tʃolúla] *n.* チョルーラ《メキシコ中央南部, Puebla 付近の町で, 古代アステカ文化の新大陸最大の泥れんが造りのピラミッドがある; Quetzalcoatl 崇拝の中心地》.

cho·metz [xɑːméɪts, xɔː-, xɔ́ːmets] 〘《変形》← HAMETZ〙 *n.* 〘ユダヤ教〙 ＝hametz.

Cho·mo·lung·ma [tʃòuməlúŋmə | tʃə̀u-] 〘□ Tibet. ～《原義》? goddess mother of the world〙 *n.* チョモランマ《Everest 山のチベット語名》.

chomp [tʃámp, tʃɔ́(ː)mp | tʃɔ́mp] 〘《方言》《変形》← CHAMP[1]〙 *vt.* 〈ものを〉かむ, むしゃむしゃかむ(chew). ── *vi.* ものをかむ.

Chom·ski·an [tʃámskiən | tʃɔ́mski-] *adj.* ＝Chomskyan.

Chom·sky [tʃámski | tʃɔ́mskɪ], **Noam** [nóum | nə́um] *n.* (1928–) 米国の言語学者, 変形文法の祖; *Syntactic Structures* (1957), *Aspects of the Theory of Syntax* (1965).

Chom·sky·an [tʃámskiən | tʃɔ́mskɪ-] *adj.* チョムスキー言語理論の[に関する, に基づく].

chon [tʃóun | tʃə́un] 〘□ Korean ～〙 *n.* (*pl.* ～) **1** チョン(銭)《韓国の通貨単位; ＝$^{1}/_{100}$ won (圜)》. **2** 1 チョン銅貨.

chondr- [kandr | kɔndr] (母音の前に来る時の) chondro- の異形.

chon·dri-[1] [kándrɪ, -drə | kɔ́ndrɪ] chondro- の異形 (⇨ -i-).

chon·dri-[2] [kándri | kɔ́ndrɪ] (母音の前に来る時の) chondrio- の異形.

chon·dri·a [kándriə | kɔ́ndrɪə] 〘← NL ～ ← Gk *khondría* (pl.) ← *khóndrion*: ⇨ chondrio-〙 *n.* 〘植物〙 北米太平洋岸および大西洋岸産フジマツモ科ヤナギノリ属 (*Chondria*) の紅藻の総称; (特に) *C. tenuissima*.

Chon·drich·thy·es [kandríkθiìːz | kɔn-] 〘← NL ～: ⇨ chondro-, icthyo-〙 *n. pl.* 〘魚類〙 軟骨魚綱.

chon·dri·fy [kándrəfàɪ | kɔ́ndrɪ-] *vt., vi.* 軟骨化する.

chon·drin [kándrɪn, -drən | kɔ́ndrɪn] 〘← CHONDRO-＋-IN[1]〙 ── *n.* 〘生化学〙 軟骨質[素]《軟骨基質の主成分, コンドロムコイド・コンドロイチン硫酸および含硫硬蛋白質からなる》.

chon·dri·o- [kándrio(ʊ) | kɔ́ndrɪə(ʊ)] 〘□ G ～ □ Gk *khóndrion* (dim.) ← *khóndros*: ⇨ chondro-〙 ──「粒 (grain); 顆(か)粒の (granular)」の意の連結形. ★ 母音の前では通例 chondri- になる.

chon·dri·o·cont [kándrio(ʊ)kὰnt | kɔ́ndrɪə(ʊ)kɔ̀nt] 〘← CHONDRIO-＋Gk *kontós* pole〙 ── *n.* 〘生物〙 コンドリオコント《コンドリオソーム (chondriosome) のうち糸状あるいは棒状のもの; 現在ではミトコンドリアと呼ばれる》.

chon·dri·ome [kándriòum | kɔ́ndrɪə̀um] 〘⇨ chondrio-, -ome〙 ── *n.* 〘生物〙 コンドリオーム《細胞内においてコンドリオソーム (chondriosome) が一つの系をなしているとみる時, この系を総称していう; 現在ではミトコンドリアと呼ばれる》.

chon·dri·o·mite [kándrio(ʊ)màɪt | kɔ́ndrɪə(ʊ)-] 〘← CHONDRIO-＋Gk *mítos* thread〙 ── *n.* 〘生物〙 コンドリオミート《数珠(じゅず)状のコンドリオソーム (chondriosome); またはその玉の一つ一つ; 現在ではミトコンドリアと呼ばれる》.

chon·dri·o·some [kándrio(ʊ)sòum | kɔ́ndrɪə(ʊ)sə̀um] 〘← CHONDRIO-＋-SOME[3]〙 ── *n.* 〘生物〙 コンドリオソーム (⇨ mitochondrion). **chon·dri·o·so·mal** [kὰndrio(ʊ)sóuməl | kɔ̀ndrɪə(ʊ)sə́u-] *adj.*

chon·drite [kándraɪt | kɔ́n-] 〘← CHONDRIO-＋-ITE[1]〙 ── *n.* 〘岩石〙 コンドライト, 球粒隕石《石質隕石の一種で chondrule を含む; cf. achondrite》. **chon·drit·ic** [kandrítɪk | -tɪk] *adj.*

chon·dro- [kándro(ʊ), -drə | kɔ́ndrə(ʊ)] 〘← NL ～ ← Gk *khóndros* grain, cartilage〙 ── 次の意味を表わす連結形: **1** 〘病理・生理〙「軟骨 (cartilage)」. **2**「粒 (grain)」. ★ 時に chondri-, また母音の前では通例 chondr- になる.

chon·droid [kándrɔɪd | kɔ́n-] 〘← CONDRO-＋-OID〙 *adj.* 軟骨状の.

chon·dro·ma [kandróumə | kɔndrə́u-] 〘← CHONDRO-＋-OMA〙 ── *n.* (*pl.* **～s, ～·ta** [～ṭə | -tə]) 〘病理〙 軟骨腫(しゅ). **chon·dróm·a·tous** [-drámətəs, -dróum- | -drɔ́mət-, -drə́um-] *adj.*

chòndro·sarcóma *n.* 〘病理〙 軟骨肉腫.

chon·drule [kándruːl | kɔ́n-] 〘← NL ～: ⇨ chondro-, -ule〙 ── *n.* 〘鉱物〙 コンドリュール, 球粒《石質隕石中の橄欖(かんらん)石 (olivine) または輝石 (pyroxene) などの丸い小塊》.

choo·choo [tʃúːtʃùː] 〘擬音語〙 《米小児語》 ── *n.* (*pl.* **～s**) 汽車ぽっぽ (《英》 puff-puff). ── *vi.* **1** (蒸気機関車のような)しゅっしゅっという音を立てる. **2** 汽車で旅行する.

chook [tʃúk, tʃúːk] 〘《擬音語》: cf. chuck[3]〙 *n.* 《豪》 にわとり; ひよこ.

choom [tʃúm, tʃúːm] 〘《変形》← CHUM[1]〙 *n.* 《豪》 英国兵; 英国人.

choose [tʃúːz] 〘lateOE *ceōsan* 《変形》← OE *cēosan* < Gmc **kiusan* (G *kiesen* / Du. *kiezen*) ← IE **geus-* (L *gustāre* to taste / Gk *geúesthai*): cf. choice〙 ── *v.* (**chose** [tʃóuz | tʃə́uz]; **cho·sen** [tʃóuzn | tʃə́u-], 《廃》 **chose**) *vt.* **1** (自由意志または自己の判断で)選ぶ, 選択する: ～ a friend, a book, one's wife, etc. / ～ a course of action ある行動を選ぶ / ～ this before all others 他のものよりもこれを選ぶ / ～ a book *from* [*among*] many 多数の中から 1 冊を選ぶ / ～ five *out of* them それらから五つを選ぶ / ～ one *between* the two 二つから一つを選ぶ / There is nothing [not much] to ～ between them. 両者の間には全く[大して]選ぶところがない. **2** [目的補語を伴って] 〈人を〉選出する, 選挙する: ～ him (as) chairman 彼を議長に選ぶ / She was *chosen* (to be) Miss Universe. 彼女はミスユニバースに選ばれた. **3 a** 〈むしろ…する方を〉選ぶ, 〈…することに〉きめる 〈*to do*〉: He *chose to* run for election. 彼は選挙に出ることに決めた / Which would you ～ *to* buy? どちらが買いたいのか / He did not ～ *to* stay. 留まりたがらなかった. **b** 欲する, 望む: Take whichever you ～. どちらでも好きなのをお取りなさい. ── *vi.* **1** 選択する, 選ぶ, 選定する: ～ wisely / ～ between the two 二つのいずれかを選ぶ. **2** 欲する, 望む: if you ～ お望みなら / as you ～ 望み通りに / Do as you ～. 好きなようにしなさい. **3** 《古》 好きなようにする.

cannot choose but (*do*) (…する)よりほかに仕方がない, (…せ)ざるを得ない (cannot help doing).

choose up 《口語》 (*vi.*) (草野球などで)選手を選ぶ, 試合に選手を選ぶ; 相手選手を名ざす. (*vt.*) 選手を選んで〈チーム[組]を〉作る: ～ *up* sides [teams].

chóos·er 〘(?*c*1378)〙 *n.* **1** 選ぶ人, 選択者: a good ～ 選ぶのがうまい人 / Beggars must not be ～*s*. ⇨ beggar 1. **2** 《古》 選挙人 (voter).

choos·y [tʃúːzi | -zɪ] 〘← CHOOSE＋-Y[4]〙 *adj.* (**choos·i·er**; **-est**) (*also* **choos·ey** [～]) 《口語》 えり好みする, 好みのやかましい, 気むずかしい.

chop[1] [tʃáp | tʃɔ́p] 〘(*a*1376) 《異形》← CHAP[3]〙 ── *v.* (**chopped**; **chop·ping**) *vt.* **1 a** (斧(おの)・鉈(なた)などで, 通例斜めに力をこめて)ぶち切る, たたき切る 〈*away, down, off*〉: ～ wood with an ax 斧で薪(まき)を切る / ～ a branch *away* 枝を切り払う / ～ a tree *down* 木を切り倒す / ～ one's head *off* 首を切り落とす. **b** たたき切って〈道などを〉作る: ～ a path through the forest 森の木を切り倒して道を作る. **c** (くわで)〈雑草を〉切る, (くわで)〈綿の木などを〉間引く. **2** 〈肉・野菜などを〉(細かく)切り刻む 〈*up*〉: ～ meat *up* 肉を切り刻む. **3** 〈言葉を〉短く切って言う, 途切れ途切れに言う: ～ one's words. **4 a** …の力[勢力範囲, 程度]を減じる 〈*down*〉. **b** 〈飛行機のスロットルを〉急に閉じる[遅らす]; 〈飛行機のエンジン〉への燃料の流れを閉める[減じる]. **5** 《英口語》〈人を〉首にする, 解雇する. **6** (テニス・野球・クリケットなどで)〈ボールを〉切る (cf. chop stroke). **7** 〘自動車〙(車高を下げるため)〈車〉の柱類を切りつめる, (重量を減ずるため)〈部品を〉肉抜きする: ～ a sedan. **8** 〘狐狩〙〈猟犬が〉〈逃げ出す前の狐を〉襲って殺す. **9** 〘電子工学〙チョップする《光や電流を短い周期で断続する》. ── *vi.* **1** (斧・鉈などで)たたき切る; ぶち切る 〔*at*〕: ～ *at* a tree. **2** 《古》 **a** 急に動く[行く, 来る]: ～ back 急に後ろへ戻る. **b** 急に飛びかかる, 襲う 〔*upon*〕: The hawk ～*ped upon* a rabbit. 鷹が兎を急襲した. **3** 《古》 介入する, 横やりを入れる 〈*in*〉; 入りこむ, 割りこむ 〔*into*〕: ～ *into* a conversation. **4** (テニス・野球・クリケットなどで)ボールを切る. **5** 〘ボクシング〙チョップを出す《クリンチ中に上方からショートブローを打つこと》.

── *n.* **1 a** (斧・鉈などによる斜めの力強い)ぶった切り, たたき切り, 切断: take a ～ at a thing 物をたたき切る. **b** [しばしば *pl.*] 《豪》 材木切り競争. **2** (羊・子牛・豚などの通例あばら骨付きの)厚切りの肉, チョップ: a lamb [pork, mutton] ～. **3** 《古》 (石などの)割れ目, 裂け目; (手・足などの)ひび. **4** 〘野球〙 ＝chopper[1] 7. **5** (唐手などでの)チョップ.

be for the chop 《俗》〈人が〉殺され[首になり]そうだ; 〈案が〉つぶされそうだ. ***get the chop*** 《俗》 (1) 殺される; 首になる. (2) 〈案が〉つぶされる. ***give the chop*** 《俗》〈人を〉殺す, 首にする.

chop[2] [tʃáp | tʃɔ́p] 〘ME *choppe(n)* 《変形》← *chappe(n)* to barter < OE *cēapian*: ⇨ cheap〙 ── *vi.* **1 a** 〈風が〉急に変る, 急変する 〈*about, round*〉. **b** 気が変わる. **2** 《廃》 交換する. **3** 《廃》 言葉をやりとりする. ── *vt.* **1** 《英方言》 売買する. **2** 《廃》 交換する.

chop and change (1) 絶えず[ぐらぐら]気が変わる, 度々方針[意見, 職業]を変える. (2) 《古》 売買する. ── *n.* **1 a** 不規則なさざ波. **b** 三角波の立つ海面. **2** 急に変わること. **3** 《廃》 交換; 売買.

chop and change 変遷; 変転; 変更 (change).

chop[3] [tʃáp | tʃɔ́p] 〘(*c*1400) 《変形》← CHAP[2]〙 ── *n.* **1** [*pl.*] 顎(あご) (jaw). **2** [*pl.*] **a** 口 (mouth). **b** 顎から垂れた肉. **3** [*pl.*] (港湾・海峡・峡谷などの)入口. **4** 〘時計〙 チョップ (⇨ cheek 2 d).

lick one's chops ⇨ lick 成句.

chops of the Channel [the ―] (大西洋方面からの)英仏海峡への入口.

chop[4] [tʃáp | tʃɔ́p] 〘(1614) □ Hindi *chāp* stamp, brand ← ?〙 ── *n.* **1** (インド・中国などで)官印; 出港[陸揚]免状; 旅行免状: grand ～ 通関手続. **2 a** (中国貿易で品質を示すために用いられる)商標 (brand). **b** 《英口語》 品質, 等級 (cf. first-chop): a ～ of tea 茶の一品種 / the first ～ 一級品; 第一等, 最上.

no chop ＝***not so chop*** 《豪》 つまらない, 取るに足らない.

cho·pa [tʃóupə, tʃápə | tʃə́upə, tʃɔ́pə] 〘□ Sp. ～ □ Port. *choupa* < L *clupeam*〙 *n.* 〘魚類〙 イスズミ科の海水魚の総称.

chóp·chèrry 〘⇨ chop[3]〙 *n.* 《廃》〘遊戯〙 さくらんぼくわえ《吊るしたさくらんぼを口でとらえる》.

chop-chop [tʃáptʃáp | tʃɔ́ptʃɔ́p] 〘□ Pidgin-E ← Chin. 《広東方言》 *kap* fast, hurried＝*chi* (急)〙 *int.* 早く早く. ── *adv.* 早く, 急いで (quickly).

chóp·fàllen *adj.* ＝chapfallen.

chóp·hòuse 〘⇨ chop[1]〙 *n.* (mutton chop, pork chop など焼肉料理を主とする)簡易食堂, 焼肉レストラン.

chop·in [tʃápɪn, -pən | tʃɔ́pɪn] *n.* ＝chopine.

Cho·pin [ʃóupæn, -pɛ̃ː(ŋ), -pæŋ | ʃɔ́pɛ̃ː(ŋ), ʃə́u-, -pæŋ; *F.* ʃɔpɛ̃], **Frédéric François** *n.* ショパン《1810–49; ポーランドの作曲家・ピアニスト; フランスに在住》.

Cho·pin [ʃoupǽn | ʃəu-], **Kate** (**O'Flaherty**) *n.* (1851–1904) 米国の女流小説家; *The Awakening* (1899).

cho·pine [tʃapíːn, tʃa- | ʃɔ-, tʃɔ-] 〘□ OF *chapin* □ (O)Sp. *chapín*〙 *n.* [通例 *pl.*] チョピン《コルクなどで底を厚くした高靴で, 主に 16–17 世紀ごろ婦人が泥道や雨天などに用いた; cf. patten 1, sabot 1》.

chóp·lògic 〘⇨ chop[2]〙 *n.* こじつけの論議; へ理屈. ── *adj.* こじつけの論議の; へ理屈の: a ～ speech.

chóp·lògical *adj.* ＝choplogic.

chóp màrk *n.* チョップマーク《中国やインドの銀行や取引所でコインの重さや合金比を証するためにつけた小さな印》. **chóp-màrked** *adj.*

chóp·per[1] *n.* **1** 切る人. **2** 斧(おの), 鉈(なた); 肉切りぼうちょう (cleaver). **3** 《口語》 **a** ヘリコプター. **b** 注文製のオートバイ; 改造オートバイ. **4** [*pl.*] 《俗》 歯; (特に)入れ歯. **5** 《米俗》 **a** 機関銃. **b** 機関銃を持ったギャング. **6** 〘電子工学〙 チョッパー《短い周期で電流・光線を断続する装置》. **7** 〘野球〙 高くバウンドする打球. ── *vi.* 《俗》 ヘリコプターで飛ぶ. ── *vt.* 《俗》 ヘリコプターで運ぶ.

chop·per[2] [tʃápə | tʃɔ́pə(r)] 〘□ Hindi *chappar* ← Skt *chattvara* house〙 *n.* わら[草]ぶき屋根 (thatched roof).

chóp·ping[1] 〘(*c*1378)〙 ── *n.* **1** たたき切り; 切り刻むこと. **2** 木を切った空地. **3** (テニス・野球・クリケットなどで)チョップ (chop stroke) で打つこと, ボールを切ること. ── *adj.* **1** とぎれとぎれの (jerky): a ～ way of speaking. **2** 《英口語》〈子供が〉大きくて強い; 元気な: a ～ boy.

chóp·ping[2] 〘⇨ chop[2]〙 *adj.* **1** 三角波の立つ (choppy): a ～ sea. **2** 〈風が〉絶えず変わる, 変わりやすい.

chópping blòck *n.* 物切り台, まないた.

chópping knìfe *n.* こま切りほうちょう.

chop·py[1] [tʃápi | tʃɔ́pɪ] 〘← CHOP[1]＋-Y[4]〙 ── *adj.* (**chop·pi·er**; **-pi·est**) **1 a** とぎれとぎれの, 関連性のない; まとまりのない: a ～ novel. **b** 〈文体など〉むらがある. **2** ひびの切れた (chapped): a ～ finger. **chóp·pi·ly** [-pɪli, -pə- | -lɪ] *adv.* **chóp·pi·ness** *n.*

chop·py[2] [tʃápi | tʃɔ́pɪ] 〘← CHOP[2] (n.)＋-Y[4]〙 ── *adj.* (**chop·pi·er**; **-pi·est**) **1** 〈風が〉絶えず(不規則に)変わる, 変わりやすい. **2** 〈市場など〉しばしば変動のある. **3** 〈海面など〉波立ち騒ぐ, 三角波の立つ, 荒い: The sea was ～. 海は荒れていた. **chóp·pi·ly** [-pɪli, -pə- | -lɪ] *adv.* **chóp·pi·ness** *n.*

chop soo·y [tʃáp-súːi | tʃɔ́p-súːɪ, -súɪ] *n.* ＝chop suey.

chóp·stick 〘← Pidgin-E ← *chop* quick (⇨ chop-chop)＋STICK[1] ∽ Chin. *k'uai tzu* (快子, 筷子)〙 *n.* [通例 *pl.*] 箸(はし): a pair of ～*s* 箸一膳 / eat with ～*s* 箸で食べる.

Chop·sticks, c- [tʃápstɪks | tʃɔ́p-] *n. pl.* [単数扱い] 〘音楽〙 チョップスティックス《ピアノ連弾用の小ワルツ曲で, 旋律を(子供が)両手の人指し指で演奏し, 第 2 奏者が低音・伴奏を受けもつ; 転じて, 機械的・無表情に演奏された音楽を指すこともある》.

chóp stròke *n.* チョップ(ストローク): **a** 〘テニス〙 ラケットを斜めに急激に振りおろして切り, ボールに強い逆回転を与えること; スライスの極端な打ち方. **b** 〘野球・クリケット〙 投手からのボールを打者が下向きのスウィングで打つことで, ボールは(野球では内野で)バウンドする.

chop su·ey [tʃὰp-súːi | tʃɔ̀p-súːɪ, -sjúːɪ, -súɪ; *Cant.* tʃaːpʃɔey] 〘□ Chin. 《広東方言》 *chap sui*＝*tsa sui* (雑炊)〙 ── *n.* チャプスイ《米国式中国料理の一種; 豚や鶏肉ともやし・しいたけ・玉ねぎ・くわいなどの炒め煮》.

chor- [kɔːr, koːr | kɔːr] (母音の前に来る時の) choro- の異形.

cho·ra·gus [kəréɪgəs | kɔ-, kɔː-, kə-] 〘(1626) □ L

cholāg-us ⊏ Gk *khorāgós* chorus-leader ← *khorós* 'CHORUS'+*ágein* to lead〛 **—** *n.* (*pl.* **-ra·gi** [-dʒaɪ, -gaɪ | -gaɪ], **~·es**) **1** (古代ギリシャの)合唱団長《アテネの Dionysus 祭の合唱団を自費で維持訓練した市民》. **2** (祭礼などの)音楽[余興]指揮者; 指導者 (leader). **3** 《英》(Oxford 大学で)音楽教授代理. **cho·rag·ic** [kərǽdʒɪk] *adj.*

cho·ral 〚⊏ ML *chorāl-is* ← L *chorus*: ⇨ chorus, -al¹〛 **—** [kɔ́ːrəl, kóːr- | kɔ́ːr-, kɔ́r-] *adj.* **1** 合唱[聖歌]隊の[に関する]: a ~ society (賛美歌の)合唱会. **2** 合唱曲の; 合唱(用)の; 合唱の入った[の伴奏による]: Beethoven's *Choral* Symphony ベートーベンの合唱交響曲《第九シンフォニー》. **3** 〈朗読など〉声をそろえての, 一斉の. **—** [kərǽl, kɔːr-, koːr-, -rɑ́ːl | kɔrɑ́ːl, kə-, kɔː-] *n.* =chorale. **~·ly** [-rəli | -lɪ] *adv.*

chor·ale [kərǽl, kɔːr-, koːr-, -rɑ́ːl | kɔrɑ́ːl, kə-, kɔː-, -rɑ́ːlɪ] 〚⊏ G *Choral* 《略》← *Choralgesang* 《部分訳》← ML *cantus chorālis* choral song: *-e* は第 2 音節にアクセントがあることを示すために添えたもの: cf. morale〛 **—** *n.* **1** 〖音楽〗 **a** 合唱曲; ユニソンで歌われる合唱[賛美歌]. **b** (ルター派教会などの簡素・荘重な)賛美歌曲, 衆賛歌, コラール. **2** 合唱隊[団].

choràle cantáta *n.* 〖音楽〗コラール カンタータ《終曲にコラールを配し, それ以外の楽章にもその旋律や歌詞を用いたカンタータ》.

choràle prélude *n.* 〖音楽〗コラール[衆賛]前奏曲《賛美歌曲や他の賛美歌の旋律に基づくオルガン曲》.

cho·ral·ist [kɔ́ːrəlɪst, kóːr-, -ləst | kɔ́ːrəlɪst, kɔ́r-] *n.* **1** 合唱隊員. **2** 賛美歌の歌手.

chóral sèrvice *n.* 合唱礼拝.

chóral spéaking 〚cf. G *Sprechchor* speech chorus〛 **—** *n.* (詩・せりふなどの)斉唱, シュプレヒコール (speaking choir)《一群の人々が声を合わせてせりふや詩を言うこと》.

chord¹ [kɔ́əd | kɔ́ːd] 〚《?c1475》《変形》← 《古形》*cord* 《頭音消失》← ACCORD: 今の形は CHORD² との混同〛 〖音楽〗 **—** *n.* 和音, コード《同時に鳴る二つ以上の音の組み合わせ》: ⇨ common chord. **—** *vi.* **1** 〈音が〉協和する, 和音になる 〔*with*〕. **2** (伴奏として)和音をつける. **—** *vt.* **1** 〈楽器〉で和音を弾く. **2** 〈メロディー〉に和音を与える[添える].

chord² [kɔ́əd | kɔ́ːd] 〚《1543》《変形》← CORD: *ch-* の綴りは L *chorda* の影響〛 **—** *n.* **1 a** 《古・詩》(ハープなどの)弦 (string). **b** (心の)琴線, 感情, 心: strike [touch] the right ~ =*strike the right* NOTE / strike a ~ 〈物事が〉ある事[人]を思い出させる, 思い出を誘う / The name struck a ~ of remembrance. その名にどこか聞き覚えがあった. **2** 〖数学〗弦《曲線上の 2 点を結ぶ線分》. **3** 〖土木〗(トラス (truss) の)弦材. **4** 〖解剖〗=cord 5. **5** 〖航空〗翼弦《飛行機の翼の前縁と後縁を結ぶ直線》.

chord- [kɔəd | kɔːd] (母音の前に来る時の) chordo- の異形.

-chord [kɔ̀əd | kɔ̀ːd] 〚《変形》← ME *-corde*: *-ch-* は ML *-chordium* の影響: ⇨ cord, chord²〛 次の意味を表わす名詞連結形: **1** (…の)弦をもつ楽器: harpsi*chord*. **2** (…の)音階: hexa*chord*.

Chor·da·ce·ae [kɔədéɪsiìː | kɔː-] 〚← NL ~ ← *Chorda* (属名: ← L *chorda* 'CORD')+-ACEAE〛 *n. pl.* 〖植物〗(褐藻類)ツルモ科.

chordae tendineae *n.* chorda tendinea の複数形.

chord·al¹ [kɔ́ədl | kɔ́ː-] *adj.* 弦の[に関する, に似た].

chord·al² [kɔ́ədl | kɔ́ː-] *adj.* 〖音楽〗和音の; 協和する.

chórdal pítch *n.* 〖機械〗=chord pitch.

chòr·da·mésoderm [kɔ̀ədə- | kɔ̀ː-] 〚← NL *chorda* 'CHORD²'+MESODERM〛 **—** *n.* 〖生物〗脊索中胚葉《脊索およびその関連組織を形成する未熟胎児の胚胞壁の一部》. **chòrda·mèsodérmal** *adj.*

Chor·dar·i·a·les [kɔədæ̀riéɪliːz | kɔːdæ̀rɪ-] 〚← NL ~ ← *chorda* (↑)+-ARIA¹+-ALES〛 *n. pl.* 〖植物〗(褐藻類)ナガマツモ目.

Chor·da·ta [kɔədɑ́ːṭə, -déɪ- | kɔːdɑ́ːtə, -déɪ-] 〚← NL ~: ⇨ chord², -ata〛 *n. pl.* 〖動物〗脊索動物門.

chor·date [kɔ́ədət, -dɪt, -deɪt | kɔ́ː-] 〚↑〛 〖動物〗 *adj.* **1** 脊索を有する. **2** 脊索動物門の. **—** *n.* 脊索動物《原索動物と脊椎動物を合わせていう》.

chor·da ten·din·e·a [kɔ́ədə-tendíniə | kɔ́ːdə-tendínɪə] 〚← NL ~ 《原義》tendinous cord〛 **—** *n.* (*pl.* **chor·dae ten·din·e·ae** [kɔ́ədiː-tendíniìː | kɔ́ːdiː-]) 〖解剖〗腱索《心臓の房室弁の先端に付着する索で, 心室が収縮する時に房室弁が心房の中に押し込まれるのを防ぐ》.

chor·dee [kɔ́ədiː, -deɪ, ─ ́ | kɔ́ːdiː, -deɪ, ─ ́] 〚⊏ F *cordée* (fem.) ← *cordé* corded ← *corde* 'CORD'〛 **—** *n.* 〖病理〗性病索《淋疾によって陰茎が下向きに彎曲して勃起すること; 先天的のこともある》.

chórd lèngth *n.* 〖航空〗翼弦長.

chórd lìne *n.* 〖航空〗翼弦線.

chor·do- [kɔ́ədo(ʊ) | kɔ́ːdə(ʊ)] 〚← NL ~ ← Gk *khordo-*: ⇨ cord〛 〖解剖〗「声帯; 脊髄; 脊索」の意の連結形. ★ 母音の前では通例 chord- になる.

chor·do·phone [kɔ́ədəfòʊn | kɔ́ːdəfəʊn] *n.* 〖音楽〗弦楽器, コードホーン《楽器の分類用語で, 弦が音の発生源となるすべての楽器を含む》. **chor·do·phon·ic** [kɔ̀ədəfɑ́nɪk | kɔ̀ːdəfɔ́n-] *adj.*

chórd òrgan *n.* 〖音楽〗コードオルガン《ボタン操作で簡単な和音を出せる電気またはリードオルガン》.

chórd pítch *n.* 〖機械〗弦ピッチ《平歯車において, ピッチ円上で測った隣り合った歯の相応点間の直線距離; chordal pitch ともいう》.

chórd·tòne *n.* 〖通例 *pl.*〗〖音楽〗和声音.

chore [tʃɔ́ə, tʃóə | tʃɔ́ː(r)] 〚《1746》《変形》← CHAR¹〛 **—** *n.* **1** はんぱ仕事, 雑用 (odd job). **2** [*pl.*] (家庭の日常の)雑仕事《洗濯・掃除・庭の片付けなど》; (農場などの)家畜の世話. **3** 面倒な[いやな, 退屈な, むずかしい]仕事. **—** *vi.* (日常の)雑仕事をする.

cho·re- [kɔ́ːri, kóːri | kɔ́ːrɪ] (母音の前に来る時の) choreo- の異形.

-chore [─ kɔ̀ə, -kòə | -kɔ̀ː(r)] 〚← Gk *khōreîn* to withdraw, spread〛 〖植物〗「果実・花粉などが散布する植物」の意の名詞連結形: anemo*chore* 風媒植物.

cho·re·a [kəríːə | kɔríə, kɔː-] 〚← NL ~ ← L ~ ← Gk *khoreía*: ⇨ choreo-〛 **—** *n.* **1** 〖病理〗舞踏病, ヒョレア (cf. Saint Vitus's dance). **2** 〖獣医〗(犬などの)神経障害の一種. **cho·ré·al** [-ríːəl | -ríəl] *adj.* **cho·re·at·ic** [kɔ̀ːriǽṭɪk, kòːr- | kɔ̀ːrɪǽt-] *adj.* **cho·re·ic** [kəríːɪk | kɔ-, kɔː-] *adj.*

chóre bòy *n.* 《米》 **1** 雑用係: (大農場・製材飯場などの)炊事助手兼雑用係. **2** (いやな仕事を引き受ける)世話役.

cho·re·gus [kəríːgəs | kɔ-, kɔː-, kə-] *n.* (*pl.* **-re·gi** [-dʒaɪ, -gaɪ | -gaɪ], **~·es**) =choragus.

chóre·man [-mən, -mæ̀n] *n.* (*pl.* **-men** [-mən, -mèn]) (工場・飯場などの)雑用係, 雑役夫.

cho·re·o- [kɔ́ːrio(ʊ), kóːr- | kɔ́ːrɪə(ʊ)] 〚⊏ F *choréo-* ← Gk *khoreia* choral dance ← *khorós* 'CHORUS'〛 **—** 「舞踊 (dance)」の意の連結形: *choreo*mania. ★ 時に chorio-, また母音の前では通例 chore- になる.

chóreo·dràma *n.* 舞踊劇.

cho·re·o·graph [kɔ́ːriəgræ̀f, kóːr-, -rio(ʊ)- | kɔ́rɪəgrɑ̀ːf, kɔ́ːr-, -rɪə(ʊ)-] 〚《逆成》← CHOREOGRAPHY〛 **—** *vt.* (上演のため)〈バレエ[ダンス]を〉編成する; 振付けをする. **—** *vi.* 振付けをする, 振付け師をする.

cho·re·og·ra·pher [kɔ̀ːriɑ́grəfə, kòːr- | kɔ̀rɪɔ́grəfə(r), kɔ̀ːr-] *n.* (ダンスの)振付け師.

cho·re·og·ra·phy [kɔ̀ːriɑ́grəfi, kòːr- | kɔ̀rɪɔ́grəfɪ, kɔ̀ːr-] 〚《a1789》⊏ F *chorégraphie*: ⇨ choreo-, -graphy〛 **—** *n.* 〖バレエ〗 **1** バレエの振付け法. **2** 振付け記述法《一種の記号を用いて舞踊・舞踏のステップ, その進動形態, 時には関係楽曲の旋律をも解説・記述したもの》. **3** (バレエの)舞踊術, 踊り方. **cho·re·o·graph·ic** [kɔ̀ːriəgrǽfɪk, kòːr-, -rio(ʊ)- | kɔ̀rɪə-, kɔ̀ːr-, -rɪəʊ-] *adj.* **chòr·e·o·gráph·i·cal·ly** *adv.*

cho·ri- [kɔ́ːrɪ, kóːrɪ, -rə | kɔ́ːrɪ] (母音の前に来る時の) chorio-² の異形.

cho·ri·amb [kɔ́ːriæ̀m(b), kóːr- | kɔ́r-, kɔ́ːr-] 〚⊏ LL *choriamb-us* ⊏ Gk *khoríambos*: ⇨ chorus, iamb〛 **—** *n.* 〖詩学〗(古典詩の)長短々長格 (─⏑⏑─), (英詩の)強弱々強格 (´××´). **cho·ri·am·bic** [kɔ̀ːriǽmbɪk | kɔ̀rɪ-, kɔ̀ːr-] *adj.*

cho·ri·am·bus [kɔ̀ːriǽmbəs, kòːr- | kɔ̀rɪ-, kɔ̀ːr-] 〚⊏ LL ~: ↑〛 *n.* (*pl.* **~·es, -am·bi** [-baɪ]) =choriamb.

cho·ric [kɔ́ːrɪk, kóːr-, kɑ́r- | kɔ́r-] 〚《1830》⊏ LL *choric-us* ⊏ Gk *khorikós*: ⇨ chorus, -ic¹〛 **—** *adj.* (ギリシャ劇の)合唱曲の[に関する, 風の]: a ~ ode 合唱調叙情歌. **chó·ri·cal·ly** *adv.*

chóric spéaking *n.* =choral speaking.

cho·rine [kɔ́ːriːn, kóːr- | kɔ́r-, kɔ́ːr-] 〚← CHOR(US)+-INE⁴〛 *n.* 《米》=chorus girl.

cho·ri·o-¹ [kɔ́ːrio(ʊ), kóːr- | kɔ́ːrɪə(ʊ)] choreo- の異形.

cho·ri·o-² [kɔ́ːrio(ʊ), kóːr- | kɔ́ːrɪə(ʊ)] 〚← NL ~ ← Gk *khorio-*: ⇨ chorion〛 **—** 〖解剖・動物〗「絨毛膜 (chorion) の; 絨毛膜(様)の (choroid)」の意の連結形. ★ 母音の前では通例 chori- になる.

chòrio·allántois 〚← NL ~〛 *n.* 〖生物〗(鳥類・爬虫類などの)漿尿膜, 尿漿膜《胚の付属膜としての尿膜と漿膜が一部接着したもの》. **chòrio·allantóic** *adj.*

chòrio·carcinóma 〚← NL ~〛 *n.* 〖病理〗絨毛膜癌《絨毛膜の悪性腫瘍; 睾丸・妊娠後の子宮などに生じる; chorioepithelioma ともいう》.

chòrio·epithelióma 〚← NL ~〛 *n.* 〖病理〗 = choriocarcinoma.

cho·ri·oid [kɔ́ːriɔ̀ɪd, kóːr- | kɔ́ːrɪ-, kɔ́rɪ-] *adj., n.* 〖解剖〗=choroid.

cho·ri·oi·de·a [kɔ̀ːriɔ́ɪdiə, kòːr- | kɔ̀ːrɪɔ́ɪdɪə] *n.* 〖解剖〗=choroid.

cho·ri·o·ma [kɔ̀ːrióʊmə, kòːr- | kɔ̀ːrɪə́ʊ-] 〚← NL ~: ⇨↓, -oma〛 *n.* (*pl.* **~s, ~·ta** [~ṭə | ~tə]) 〖病理〗絨毛腫.

cho·ri·on [kɔ́ːriɑ̀n, kóːr-, -riən | kɔ́ːrɪɔ̀n, -rɪən] 〚← NL ~ ← Gk *khórion* skin, afterbirth〛 **—** *n.* **1** 〖解剖〗絨毛膜《胎児を包む膜》. **2** 〖動物〗(魚卵などの)卵膜, (鳥卵などの)漿膜. **cho·ri·on·ic** [kɔ̀ːriɑ́nɪk, kòːr- | kɔ̀ːrɪɔ́n-] *adj.*

chorionic gonadotróphin *n.* **1** 〖生化学〗絨毛性性腺刺激ホルモン, 絨毛性ゴナドトロピン《胎盤絨毛から分泌されるホルモンで, 妊婦の尿に含まれる》. **2** 〖薬学〗血清性性腺刺激ホルモン《馬の胎盤から分泌されるホルモンで, 妊娠馬の血清中に含まれ, 人および動物の第二次性徴の促進に用いる》.

chòri·pétalous *adj.* 〖植物〗=polypetalous.

cho·ri·so [tʃəríːsoʊ | -səʊ] *n.* (*pl.* **~s**) =chorizo.

cho·rist [kɔ́ːrɪst, kóːr-, -rəst | kɔ́ːrɪst, kɔ́r-] 〚⊏ F *choriste* ⊏ ML *chorista*: ⇨ chorus, -ist〛 *n.* 《古》合唱隊の一人, 合唱歌手; 聖歌隊員.

cho·ris·ter [kɔ́ːrɪstə, kóːr-, kɑ́r-, -rəs- | kɔ́rɪstə(r)] 〚《c1360》*queristre* ⊏ AF **cueristre* ⊏ ML *chorista* (↑)〛 **—** *n.* **1** =choirboy. **2** 《米》(教会の)聖歌隊の主唱者[指揮者] (choir leader)《歌を先導したり, 音の高低・拍子を調整したりする聖歌隊員》.

cho·ri·zo [tʃəríːzoʊ, -soʊ | -zəʊ] 〚⊏ Sp. ~〛 *n.* (*pl.* **~s**) チョリーゾ《香辛料とニンニクを強くきかせたスペインの豚肉のソーセージ》.

Ć-horizon *n.* 〖土壌〗C 層位《B 層位の下の層位で, 岩石がある程度風化して微小な破砕物質になった土壌の母材の層; cf. ABC soil》.

cho·ro- [kɔ́ːro(ʊ), kóːr- | kɔ́ːrə(ʊ)] 〚⊏ L *chōro-* ⊏ Gk *khōro-* ← *khōros* place〛 「場所 (place); 土地 (land)」の意の連結形. ★ 母音の前では通例 chor- になる.

cho·ro·gi [tʃóːro(ʊ)giː, tʃóːr- | tʃɔ́ːrə(ʊ)-] 〚⊏ Jap. ~〛 *n.* 〖植物〗チョロギ (⇨ Chinese artichoke).

cho·rog·ra·pher [kərɑ́grəfə | kɔrɔ́grəfə(r), kɔː-, kə-] *n.* 地方地誌学者.

cho·rog·ra·phy [kərɑ́grəfi | kɔrɔ́grəfɪ, kɔː-, kə-] 〚《1570–76》⊏ L *chōrographia* ⊏ Gk *khōrographía*: ⇨ choro-, -graphy〛 **—** *n.* 〖地理〗 **1** 地方地誌. **2** (ある地方の)地勢(図). **cho·ro·graph·ic** [kɔ̀ːrəgrǽfɪk, kòːr-, kɑ̀r- | kɔ̀ːr-, kɔ̀r-] *adj.* **chò·ro·gráph·i·cal** *adj.* **chò·ro·gráph·i·cal·ly** *adv.*

cho·roid [kɔ́ːrɔɪd, kóːr- | kɔ́ːr-] 〚← NL *choroid-es* ← Gk *khor(i)oeidḗs* like a membrane: ⇨ chorion, -oid〛 〖解剖〗 **—** *n.* (眼の)脈絡膜《choroid coat [membrane] ともいう; ⇨ eye 挿絵》. **—** *adj.* 脈絡膜の.

cho·roi·dal [kɔːrɔ́ɪdl | kə-, kɔ-] *adj.* 〖解剖〗=choroid.

chóroid plèxus *n.* 〖解剖〗脈絡叢《第三および第四脳室の軟膜にある血管叢で, 髄液を分泌すると考えられている》.

cho·rol·o·gy [kərɑ́lədʒi | kərɔ́lədʒɪ, kɔː-, kə-] 〚⊏ G *Chorologie*: ⇨ choro-, -logy〛 **—** *n.* 〖生物〗(生物)分布学《生物の地理的・生態学的分布を研究する》. **cho·ro·log·ic** [kɔ̀ːrəlɑ́dʒɪk, kòːr- | kɔ̀ːrəlɔ́dʒ-, kɔ̀r-] *adj.* **chò·ro·lóg·i·cal** *adj.* **chò·ro·lóg·i·cal·ly** *adv.*

chor·tle [tʃɔ́əṭl | tʃɔ́ːtl] 〚《1872》《混成》← CHUCKLE+SNORT: Lewis Carroll の造語〛 **—** *vi.* **1** 得意げに歌う[言う]. **2** 声高らかに笑う; 笑いながらしゃべる. **3** 〈自動車などが〉大きな音を立てて進む. **—** *vt.* 得意げに[笑うような抑揚で]表わす: ~ one's joy. **—** *n.* 得意の高笑い. **chórt·ler** [-tlə, -ṭlə | -tlə(r), -ṭlə(r)] *n.*

cho·rus [kɔ́ːrəs, kóːr- | kɔ́ːr-] 〚《1561》⊏ L ~ ⊏ Gk *khorós* dance, band of dancers and singers, 《原義》(enclosed) dancing ground ← IE **ghoro-* ← **gher-* to grasp, enclose: ⇨ gird¹, garden〛 **—** *n.* **1 a** 合唱: sing in ~ 合唱する / a mixed ~ 混声合唱. **b** (人が)一斉に発する言葉[笑い, 要求, 反対など]; 異口同音に発する声: meet with a ~ of protest [laughter, approval] 皆から一斉に抗議される[笑われる, 賛成される]. **c** (動物・虫などが)一斉に鳴き[ほえ]立てる声: the shrill ~ of crickets 一斉に鳴き立てるこおろぎのかん高い音 / the ~ of dogs on the hunt 獲物を追う犬の一斉の鳴き声. **2 a** 合唱曲: a ~ for men's [male] voices 男声合唱曲. **b** (歌の)合唱部分《大勢で唱和する部分》. **c** (賛美歌などで繰り返し歌われる)折返し部分 (refrain). **d** コーラス《イントロに続くジャズ作品の最も主要な部分》. **3 a** 合唱隊, 合唱団, コーラス. **b** (ミュージカル・レビューの)合唱舞踊団. **4** 〖演劇〗 **a** (古代ギリシャで宗教的儀式・演劇などの)合唱歌舞団, コロス《時には劇の内容的解説もした》. **b** (エリザベス朝劇で)コーラス《prologue や epilogue を述べ, 時には劇の運びなどを解説した人物》. 「口同音に.
in chorus (1) ⇨ 1 a. (2) 声をそろえて; 一斉に, 異
— *vi.* 合唱する. **—** *vt.* **1 a** 〈歌を〉合唱する. **b** 異口同音[一斉]に言う: ~ support 一斉に支持の声を発する. **2** …に合唱をつける.

chórus bòy *n.* (ミュージカル・レビューなどの)コーラスボーイ《ソロを受けもたない歌手またはダンサー》.

chórus fròg *n.* 〖動物〗コーラスガエル《北米産のアマガエル科コーラスガエル属 (*Pseudacris*) の小型のカエルの総称; 早春に大声で鳴く》.

chórus gìrl *n.* (ミュージカル・レビューなどの)コーラスガール《ソロを受けもたない歌手またはダンサー; chorine ともいう》.

chórus màster *n.* 合唱指揮者[隊長].

Cho·rzów [kɔ́(ː)ʒuːf, xɔ́(ː)ʒ- | kɔ́ʒ-, xɔ́ʒ-; *Pol.* xɔ́ʒuf] *n.* ホジューフ《ポーランド南部の都市; 人口 157,000》.

chose¹ 〚OE *cēas*〛 *v.* choose の過去形; 《廃》過去分詞.

chose² [ʃóuz | ʃə́uz] 〚⊏ (O)F ~ 'thing, piece of property' < L *causam* 'CAUSE'〛 *n.* 〖法律〗物 (thing), (一個の)動産.

chose in action 〖法律〗無体動産, 債権《債権などのように現実に占有できず訴訟によってのみ請求できるもの》.

chose in possession 〖法律〗有体動産《現に占有している動産》.

chose ju·gée [ʃóuz-ʒuːʒéɪ | ʃə́uz-; *F.* ʃozʒyʒe] 〚⊏ F ~ 'judged thing'〛 **—** *n.* (*pl.* **choses ju·gées** [~]) (こと新しく論じるのはむだな)既定の事実, 決まってしまった事.

cho·sen [tʃóuzn̩ | tʃə́u-] 〚OE *coren*〛 **—** *v.* choose の過去分詞. **—** *adj.* **1** (特に)選ばれた, 好きな: one's ~ studies. **2** (救いのため)神に選ばれた: ⇨ chosen people / a ~ vessel ⇨ vessel 3. **3** [the ~; 名詞的に; 複数扱い] 選ばれた人々 (cf. elect).

chósen ínstrument *n.* (国外航空輸送のため政府が後援する)政府助成航空会社.

chósen péople, C- P- *n.* [the ~] 神の選民, イスラエル人, ユダヤ人 (the Israelites, the Jews) (cf. *Exod.* 19; *Deut.* 14: 2; *1 Chron.* 16: 13).

choses jugées *n.* chose jugée の複数形.

cho·ta ha·zri [tʃóuṭə-há:zri, -ṭɑ:- | tʃə́utə-há:zrɪ, -tɑ:-] 〘□ Hindi *choṭā hāzirī* small breakfast〙 *n.* 《インド》早朝の簡単な食事.

Cho·ta Nag·pur [tʃóuṭə-nɑ́:gpuə | tʃə́utə-nɑ́:gpuə(r)] *n.* チョータナグプル《インド北東部 Bihar 南西部の高原地帯; 人口 8,932,000, 面積 65,509 km²》.

chott [ʃɑ́t | ʃɔ́t] 〘□ F ~ □ Arab. *šaṭṭ* bank shore〙 *n.* (アフリカ・アルジェリア・チュニジア地方の)塩湖; その干上がった湖底.

chou [ʃú:; *F.* ʃu] 〘□ F ~ 《原義》 cabbage < L *caulem* stalk: cf. cauliflower〙 — *n.* (*pl.* **choux** [~z; *F.* ~]) **1** (キャベツの形をした, やわらかい布製の)結び飾り, ロゼット (rosette) 《ベルベット・サテン・リボンなどで作られ, 婦人服や帽子の装飾に使われる》. **2** = cream puff 1. **3** [愛称語として] = darling.

Chou [tʃóu | tʃə́u; *Chin.* tʂōu] *n.* 周《古代中国の王朝; およそ紀元前 11 世紀に起こり, 紀元前 221 年まで続いた》.

chou·croute [ʃú:kru:t; *F.* ʃukrut] *n.* = sauerkraut.

Chou En-lai [tʃóuènlái, dʒóu- | tʃə́u-; *Chin.* tʂōu ənlái] *n.* 周恩来 (1898–1976; 中国の政治家; 首相 (1949–76)・外相 (1949–58)).

chough [tʃʌ́f] 〘《?a1200》 *choghe* ← ? Gmc 《擬音語》: cf. OE *ċēo* / OF *choe* screech owl〙 — *n.* 《鳥類》カラス科ベニハシガラス属 (*Pyrrhocorax*) のカラスの総称《ヨーロッパの山岳地帯の岩場などに生息する; くちばしと脚の赤いベニハシガラス (*P. pyrrhocorax*) とくちばしの黄色いキバシガラス (*P. graculus*) の 2 種がいる》.

Chou·kou·tien [tʃóukòutjén | tʃə́ukə̀u-; *Chin.* tʂōu-kʻǒutiɛ̀n] *n.* 周口店《中国, 北京近郊の小都市; この地の洞窟から北京原人 (Peking man) の人骨や石器が発見された》.

chóu pástry *n.* = cream puff paste.

chouse¹ [tʃáus] 〘《古形》 *chiaus(e), chews* □ Turk. *çavuş* official agent or interpreter: 昔トルコの通訳使節がロンドンで詐欺を働いたことからという〙 《英》 — *vt.* だます, 〈人〉から(…を)だまして取る 〈*of, out of*〉: ~ a person (*out*) *of* his money 人の金をだまし取る. — *n.* 詐欺 (swindle).

chouse² [tʃáus] 〘← ?〙 *vt.* 《米西部》〈家畜を〉荒々しく追い集める.

choux *n.* chou の複数形.

chóux pástry *n.* = cream puff paste.

chow¹, C- [tʃáu] 〘略〙 *n.* = chow chow.

chow² [tʃáu] 〘□ ? Chin. *chiao* meat dumpling〙 *n.* 《俗》 **1** 食物 (food). **2** 食事(時). — *vi.* 食べる 〈*down*〉.

Chow [tʃáu] *n.* 《豪》[しばしば軽蔑的に] 中国人 (Chinese).

chow·chow [tʃáutʃàu | ´-´, ´-´] 〘□ Pidgin-E ~ ← ? Chin. *tsa* (雑), 《広東方言》 *chap*〙 — *n.* **1** チャウチャウ: **a** 中国漬け《オレンジの皮・ショウガのせん切り・果物などをシロップに漬け込んだもの》. **b** 刻んだ野菜類を芥子入りのソースに漬け込んだもの. **2** (中国・インドなどで)取合わせ食物. — *adj.* いろいろな物を混ぜ合わせた, さまざまな: a ~ shop (中国の)雑貨店.

chow chow [tʃáu-tʃàu] 〘□ Chin. 《方言》: cf. 《広東方言》 *kaú* dog〙 *n.* チャウチャウ《嗅覚に優れ, 狩猟のかけひきが巧妙な中国原産の犬種のイヌ; 舌が黒い》.

chow·der [tʃáudə | -də(r)] 〘《1762》 □ F *chaudière* pot < LL *caldāriam* ← *caldus* hot: cf. caldron〙 — *n.* 《米》 **1** チャウダー《魚介類, 特にハマグリに, 塩豚・野菜(ジャガイモ・玉ねぎ)などを加えて煮込んだスープの一種; cf. clam chowder》. **2** チャウダー風のスープ. — *vt.* チャウダーにする.

chówder·hèad *n.* 《米》ばか, うすのろ (blockhead).
chówder·hèaded *adj.*

chów·hòund 〘⇨ chow²〙 *n.* 《米口語》大食漢, 食いしんぼう (glutton).

chów lìne *n.* 《米口語》(軍などで)給食を待つ列.

chow mein [tʃàu-méɪn; *Chin.* tʂʻǎumiɛ̀n] 〘□ Chin. *ch'aomien* (炒麺)〙 *n.* 中国風焼きそば, チャーメン.

chów·tìme *n.* 食事時間 (mealtime).

CHQ 《略》 Corps Headquarters 軍団司令部.

Chr. 《略》 Christ; Christian; Christopher.

chrem·a·tis·tic [krèmətístɪk, krì:m-] 〘《1752》 □ Gk *khrēmatistik-ós* ← *khrḗmata* money (pl.) ← *khrêma* thing that one needs ← *khrêsthai* to use: ⇨ -ic¹〙 — *adj.* 理財の[に関する], 貨殖の.

chrem·sel [krémzəl, xrém-, -zl] 〘□ Yid. *chremzel*〙 — *n.* (*pl.* **chrems·lach** [krémzlək, xrémz-, -lɑ:k]) (*also* **chrem·zel** [~]) クレムゼル《マッツオミール (matzo meal) で作った薄いユダヤ料理のパンケーキ; ひき肉やフルーツや木の実などを上にのせたり, 中へ詰めたりする》.

chres·tom·a·thy [krestɑ́məθi | -tɔ́məθɪ] 〘《1832》 ← NL *chrestomathia* ← Gk *khrēstomátheia* useful learn ← *khrēstós* useful + *mathein* to learn〙 — *n.* (普通初学者が外国語の勉強に用いる)名句選; 名句集, 選句集.
chres·to·math·ic [krèstəmǽθɪk] *adj.*

Chré·tien de Troyes [kreɪtjɛ̃:(n)-də-trwɑ́:, -tjǽn-; *F.* kretjɛ̃dətrwa] *n.* クレティアン ド トロワ《12 世紀後半のフランスの詩人; courtly love を主題とする; Chréstien de Troyes ともつづる》.

Chris [krís] 〘1: (dim.) ← CHRISTOPHER. 2: (dim.) ← CHRISTABEL, CHISTINE, CHRISTIANA〙 *n.* **1** 男性名. **2** 女性名.

chrism [krízṃ] 〘OE *crisma* □ LL *chrisma* □ Gk *khrîsma* unguent, unction ← *khríein* to anoint with oil: *ch-* の綴りは LL の影響: ⇨ cream, Christ〙 — *n.* 《教会》 **1** 聖(香)油《オリーブ油にバルサムを混ぜたものでキリスト教の儀式に用いるもの; cf. holy oil》. **2 a** 塗油式. **b** [通例 C-] 《東方正教会》堅信礼 (confirmation). **chrís·mal** [-məl] *adj.*

chrisma *n.* chrismon の複数形.

chris·ma·to·ry [krízmətɔ̀:ri, -tòri | -tərɪ] 〘《c1450》 *crismatorie* □ ML *chrismatōri-um*: ⇨ chrism, -ory¹,²〙 *n.* **1** 聖(香)油容器. **2** 塗油 (unction). — *adj.* 聖油の.

chris·mon [krízmɑn | -mɔn] 〘□ ML *chrismon* ← *chris-* (← *Christus* 'CHRIST') + *-mon* (← LL *monogramma* 'MONOGRAM')〙 — *n.* (*pl.* **chris·ma** [-mə], ~**s**) = Chi-Rho.

chris·om [krízəm] 〘《?a1200》 *crisom* 《変形》 ← *crisme*: ⇨ chrism〙 — *n.* **1** 《教会》 = chrism. **2** 《教会》幼児の洗礼衣《白色; chrisom-cloth ともいう》. **3 a** = chrisom child. **b** 《古》無邪気な幼児, 幼子(おさなご).

chrísom chìld *n.* **1** 幼児. **2** 生後 1 か月以内で死んだ乳児.

chrísom-clòth *n.* = chrisom 2.

Chris·sie [krísi | -sɪ] 〘(dim.) ← CHRISTABEL, CHRISTIANA, CHRISTINE〙 *n.* 女性名.

Christ [kráɪst] 〘OE *Crist* □ L *Christ-us* ← Gk *Khristós* 《原義》 anointed ← *khríein* to anoint 《なぞり》 ← Heb. *māšīaḥ* anointed: cf. Messiah¹〙 — *n.* **1** キリスト《Christ は Messiah と同義で, 元来は「油注がれた者」,「救世主」の意; ユダヤ人が期待した救世主 (Messiah) として世に出現したと信じられたナザレ生れのイエス[イエズス] (Jesus); もとは Jesus the Christ で称号として用いられたがキリスト教では後に Jesus Christ として固有名詞化した》. **2 a** キリストに似た人. **b** 理想的な完全な人; 人間の理想像. **3** 《クリスチャンサイエンス》(誤りを滅ぼす神の示顕としての)理想的真理. — *int.* まあ, 驚いた; とんでもない, 畜生《驚き・怒りなどを表わす》.

Chris·ta·bel [krístəbèl | -bèl, -bəl] 〘← ? L *Christus* + *bella* beautiful〙 *n.* 女性名.

Chríst-chìld *n.* [the ~] 幼年の[幼児としての]キリスト.

Christ·church [kráɪs(t)tʃə:tʃ | -tʃə:tʃ] *n.* ニュージーランド南島中部東海岸の海港; 人口 173,000.

Chríst Chùrch *n.* クライストチャーチ《Oxford 大学の学寮の一つの名; Henry 八世によって 1546 年に設立された》.

christ·cross [krískrɔ̀(:)s, -krɑ̀s | -krɔ̀s] 〘Christ, cross¹〙 *n.* **1** 《廃》 = crisscross 1. **2** 《古》 = crisscross 2.

christcross-rów [-róu | -rə́u] *n.* 《古》 = crisscross-row.

chris·ten [krísn] 〘OE *cristnian* to make Christian ← *cristen* 'CHRISTIAN¹'〙 — *vt.* **1** …に洗礼を施す, (洗礼を施して)キリスト教徒にする. **2** (洗礼の際に)〈人〉に洗礼名[霊名]を授ける, 命名する: ~ a boy John 少年をジョンと命名する. **3** 〈船・動物・鐘など〉に名を付ける; 名を付ける (denominate): The ship was ~*ed* the Joanna. 船はジョアナ号と命名された. **4** 《口語》初めて使う: ~ a new car. — *vi.* 洗礼を施す.

Chrís·ten·dom [-dəm] 〘OE *cristendōm* ← *cristen* 'CHRISTIAN¹': ⇨ -dom〙 — *n.* **1** キリスト教の世界, キリスト教界, キリスト教国 (Christian world). **2** [集合的] 全キリスト教徒 (all Christians). **3** 《廃》キリスト教 (Christianity).

chrís·ten·ing [-snɪŋ, -sn-] 〘《a1325》〙 *n.* **1** 洗礼式. **2** 命名式.

Chríst·hòod 〘《?a1425》〙 *n.* キリスト[救世主]であること; キリストの性格[神性].

Chris·tian¹ [krístʃən | -tʃən, -tjən, -tɪən] 〘《1526》 □ L *Christiān-us* □ Gk *Khristiānós* ← *Khristós* 'CHRIST' ∽ OE *cristen, cristena*: ⇨ -ian〙 — *n.* **1 a** キリスト教徒, キリスト者, クリスチャン. **b** キリスト教会の一員. **2** キリスト教国人. **3** 《方言》(動物に対して)人間 (cf. brute¹ 1); 《口語》立派な[上品な]人: That dog knows as much as a ~. あの犬は人間みたいにものがよくわかる / behave like a ~ 人間らしい振舞いをする. — *adj.* **1 a** (イエス)キリストの[に関する]; キリストの教えに関する, キリスト教の, キリスト教的な: the ~ religion キリスト教 / a ~ church キリスト教会 / ~ art キリスト教芸術. **b** キリスト教を信じる: ~ men and women. **c** キリスト教徒の[に関する]: if thou dost shed one drop of ~ blood キリスト教徒の血を一滴たりとも流すなら (Shak., *Merch V* 4. 1. 310) / the Young Men's [Women's] ~ Association キリスト教青年[女子青年]会 (略 Y.M.[W.]C.A.). **2 a** キリスト教徒らしい, キリストの教えにかなう; 慈悲深い, 隣人愛をもった: a true ~ act. **b** 《方言》(動物でなく)人間の; 人間らしい; 《口語》立派な, 上品な: behave in a ~ way 人として恥ずかしくない振舞いをする.

Chris·tian² [krístʃən | -tʃən, -tjən, -tɪən; *G., Du.* krístian, *F.* kristjɑ̃, *Dan.* krésdian] 〘↑〙 *n.* **1** 男性名. **2** 女性名.

Christian X *n.* クリスティアン十世 (1870–1947; デンマーク王 (1912–47)).

Chris·ti·an·a [krìstiǽnə | -tɪɑ́:nə] 〘(fem.) ← CHRISTIAN²〙 *n.* 女性名.

Chrístian Bróthers *n. pl.* [the ~; 単数扱い] 《カトリック》ドサール教職会《St. Jean Baptiste de la Salle が 1684 年フランスのランス (Reims) に創立した貧民教育を主旨とする会; 正式には the Institute of the Brothers of the Christian Schools という》.

Chrístian búrial *n.* キリスト教の儀式による埋葬(式), 教会葬.

Chrístian Démocrats *n. pl.* [the ~] キリスト教民主党《西ヨーロッパ・ドイツ連邦共和国の主要政党でカトリックの政治理念で共通性をもつ》.

Chrístian Endéavor *n.* [the ~] キリスト教共励会[励みの会]《米国に始まった青年運動で, キリスト教主義を助長するために 1881 年に結成された若い人々の集まり》.

Chrístian Éra, C- e- *n.* [the ~] 西暦紀元, キリスト紀元《キリスト生誕の年から起算した紀元; ただし現実には一致しないというのが常識》.

Chrístian existéntialism *n.* 《哲学》キリスト教的実存主義《神の被造物としての人間の主体性を強調し, キリスト者としての実存的生き方を至高とする実存主義の形態》.

Chris·ti·a·ni·a¹, c- [krɪstʃiǽniə, -sti-, -ɑ́:n- | -tɪɑ́:njə, -nɪə] 〘↓〙 *n.* 《スキー》クリスチャニア《速い回転法》.

Chris·ti·a·ni·a² [krɪstʃiǽniə, -sti-, -ɑ́:n- | -tɪɑ́:njə, -nɪə] *n.* クリスチャニア《Oslo の旧名》.

Chrís·tian·ìsm [-nìzm] 〘□ F *christianisme* // LL *christianism-us* □ Gk *khristianismós*〙 — *n.* **1** キリスト教主義, キリスト教の制度[教義, 実践]. **2** [軽蔑的に] (ある種の, あるいはある形式のキリスト教を指して)キリスト教主義.

Chris·ti·an·i·ty [krìstʃiǽnəṭi, -sti-, krɪstʃǽn- | krìstɪǽnətɪ, krɪstjǽn-, -nɪ-] 〘《c1303》 *cristianite* □ LL *christianitāt-em* ∽ ME *crist(i)ente* □ OF *chrestienté*〙 — *n.* **1** キリスト教. **2** キリスト教の信仰[精神, 教義]. **3** キリスト教徒であること; キリスト教徒の精神[主義, 思想]; キリスト教徒的性格. **4** [集合的] キリスト教徒たち (Christendom).

Chris·tian·ize [krístʃənàɪz | -tʃən-, -tjən-, -tɪən-] *vt.* **1** キリスト教化する, キリスト教に帰依(きえ)させる, キリスト教徒にする. **2** …にキリスト教の教義を吹き込む[浸透させる]. — *vi.* 《まれ》キリスト教徒になる. **Chris·tian·i·za·tion** [krìstʃənɪzéɪʃən, -nə- -tʃənaɪ-, -tjən-, -tɪən-, -nɪ-] *n.* **Chrís·tian·ìz·er** *n.*

Chrístian·lìke *adj.* キリスト教徒[クリスチャン]らしい. — *adv.* キリスト教徒[クリスチャン]らしく.

Chris·tian·ly *adj., adv.* = Christianlike.

Chrístian nàme 〘《1549》〙 — *n.* クリスチャンネーム, 洗礼名, 霊名 (given name, first name) 《洗礼の時に付けられる姓に対する名; cf. surname, family name》.

Chrístian Refórmed *adj.* 改革教会の.

Chrístian Refórmed Chùrch *n.* [the ~] キリスト教改革教会《1834 年にオランダ改革派教会からの離反者たちによって設立された教会, または 1857 年に米国の改革派教会からの離反者たちによって設立された教会をいう》.

Chrístian Scíence *n.* 《キリスト教》クリスチャンサイエンス《1866 年ごろ米国婦人 Mary Baker Eddy が始めたキリスト教の一派で, 医薬を用いずに信仰の力によって病気を直すことをその特色とする; 正式には the Church of Christ, Scientist という》.

Chrístian Scíentist *n.* クリスチャンサイエンスの信者.

Chrístian Sócialism *n.* キリスト教社会主義《キリスト教の隣人愛の精神で平和的に労資の対立を協調させ, 社会から貧困を除こうとする主義; F. D. Maurice や Charles Kingsley などが 19 世紀の半ばごろ英国で唱道した》.

Chrístian Sócialist *n.* キリスト教社会主義者.

Chrístian yéar *n.* 《キリスト教》教会暦年, キリスト教暦年《教会の行事によって区分した Advent (降臨節)に始まる暦年; church year ともいう》.

Chris·tie¹, c- [krísti | -tɪ] 〘(dim.) ← CHRISTIANIA¹〙 *n.* 《スキー》 = Christiania¹.

Chris·tie² [krísti | -tɪ] 〘1: (dim.) ← CHRISTIAN². 2: (dim.) ← CHRISTINE〙 *n.* **1** 男性名. **2** 女性名.

Chris·tie [krísti | -tɪ], Dame **Agatha** *n.* (1890–1976) 英国の女流推理小説家; *The Murder of Roger Ackroyd* (1926), *Curtain* (1975); 本名 Agatha Mary Clarissa Miller, 1930 年より Mrs. Max Mallowan.

Chris·ti·na¹ [krɪstí:nə] 〘⇨ Christine〙 *n.* 女性名.

Chris·ti·na² [krɪstí:nə; *Swed.* krɪstí:na] *n.* クリスティーナ (1626–89; Gustavus 二世の王女でスウェーデン女王 (1632–54)).

Chris·tine [krɪstí:n | ´-´, ´-´] 〘(fem. dim.) ← CHRISTIAN²〙 — *n.* 女性名《愛称形 Chriss, Chrissie, Christie, Christy, Tina, Tine, Tiny; 異形 Christina, (スコット) Kirsty, (アイル) Cairistine》.

Chríst·less *adj.* キリスト教的精神のない; 非キリスト教徒的な.

Chríst·lìke *adj.* **1** キリストのような; キリストらしい. **2** キリストの教えに合致した. **~·ness** *n.*

Chríst·ly 〘OE *cristlīc*: 今の形は 19 世紀に GODLY などの類推から〙 *adj.* キリストの; キリストのような.
Chríst·li·ness *n.*

Christ·mas¹ [krísməs] 〘ME *cristmasse, cristes masse* < OE *Cristes mæsse* 'MASS¹ of CHRIST'〙 — *n.* **1** クリスマス, キリスト降誕祭 (the Nativity) 《12 月 25 日; イエスキリストがこの日に生まれたという証拠は明らかでないが, 4 世紀頃から次第にこの日がクリスマスとして祝われる; 英国では四季支払日の一つ; cf. quarter day, Xmas》: A merry ~ to you! クリスマスおめでとう. **2** クリスマスの季節, クリスマスシーズン (Christmastide). — *attrib. adj.* クリスマス(の季節)の, クリスマス(の季節)に用いる: a ~ book クリスマスの読物 / a ~ carol クリスマスの祝歌, クリスマ

スキャロル / ～ holidays [vacation] クリスマスの休日；(学校の)冬季休暇 / the ～ number クリスマス特別号[増刊] / a ～ present [gift] クリスマスの贈物.

Christ·mas[2] [krísməs] 〖↑〗 *n.* **1** 男性名. **2** 女性名. ★ 現在は Noel にとってかわられつつある.

Christmas·bèrry *n.* 〖植物〗 =toyon.

Christmas-bòx *n.* 〘英〙 クリスマスの贈物《使用人・郵便配達人などに与える祝儀；cf. Boxing Day》.

Christmas bùsh *n.* 〖植物〗 オーストラリア産クノニア科の高木 (*Ceratopetalum gummiferum*)《オーストラリアで Christmas tree に使われる》.

Christmas càctus *n.* 〖植物〗 クリスマスサボテン (⇨ crab cactus).

Christmas càrd *n.* クリスマスカード.

Christmas clùb *n.* クリスマス クラブ《会員が定期的に貯金をしてクリスマスの贈物を買うのに当てる貯金法[計画]》. 「25 日」.

Christmas Dày 〖《14C》〗 *n.* キリスト降誕祭《12 月

Christmas disèase 〖← *Stephen Christmas* (20 世紀英国の少年, 最初に発見された患者)〗 ── *n.* 〖病理〗 クリスマス病《クリスマス因子 (Christmas factor) の欠乏によって起こる血友病に似た遺伝病；cf. hemophilia》. 「日の夜または 24 日」.

Christmas Éve *n.* クリスマスイブ[前夜]《12 月 24

Christmas fàctor *n.* 〖生化学〗 クリスマス因子《血液を凝結させる因子の一つ；plasma thromboplastin component ともいう；cf. Christmas disease》.

Christmas fèrn *n.* 〖植物〗 北米産オシダ科イノデ属の常緑シダ (*Polystichum acrostichoides*)《冬に装飾用》.

Christmas Ísland *n.* クリスマス島： **1** インド洋上のオーストラリア領の島；Java の南方 359 km；人口 3,400, 面積 136 km². **2** 太平洋の中央部にある Line 諸島中の島；太平洋最大の環礁；Kiribati 共和国に属する；もと英領；1957–58 年英国が水爆実験を行なった；直径 48 km.

Christmas pàntomime *n.* =pantomime 2.

Christmas púdding *n.* 〘英〙 クリスマスプディング《クリスマスに食べるプラムプディング；plum pudding ともいう》.

Christmas ròse *n.* 〖植物〗 クリスマスローズ (*Helleborus niger*)《ヨーロッパ原産の白い花の咲くキンポウゲ科の多年草》.

Christmas sèal *n.* 〘米〙 クリスマスシール《肺結核者を救うためにクリスマス期間に売る装飾を施したシール》.

Christmas stòcking *n.* クリスマスの靴下《クリスマスイブに子供がクリスマスの贈物を入れてもらうためにマントルピースやクリスマスツリーにさげる靴下または枕カバー》.

Christ·mas·sy [krísməsi | -sɪ] *adj.* =Christmasy.

Christmas·tide *n.* クリスマス(の)季節《12 月 24 日から 1 月 1 日まで, 特に, 英国では 1 月 6 日の御公現の祝日 (Epiphany) まで；yuletide ともいう》.

Christmas·tìme *n.* =Christmastide.

Christmas trèe 〖《なぞり》← G *Weihnachtsbaum* or *Christbaum*〗 ── *n.* **1** クリスマスツリー《クリスマスに美しい飾り物や蠟燭または豆電灯などを吊して室内に立てる常緑樹または人工の木》. **2** 〖植物〗 **a** =Christmas bush. **b** 《ニュージーランド》=pohutukawa 2. **3** 〖石油〗 クリスマスツリー《油井でケーシング (casing) の頭部に取り付ける採油制御装置》. **4** 〖自動車レース〗 加速度競走 (drag race) のスタートに用いられる一組の赤と黄と緑の閃光ランプ.

Christ·mas·y [krísməsi | -sɪ] *adj.* 《口語》 クリスマス(の季節)にふさわしい[らしい]；クリスマス気分の, お祭り気分の：a ～ feeling.

Chris·to- [krísto(ʊ), kráɪs-, -tə | -tə(ʊ)] 〖⇨ Christ〗 「キリスト (Christ)」の意の連結形：*Christology*.

Chris·to·cent·ric [krɪstəséntrɪk, kràɪst- | -tə(ʊ)-] *adj.* キリスト中心の, キリスト教の教えを中心とする：～ theology キリスト中心神学. **Chris·to·cén·trism** [-trɪzm] *n.*

Chris·to et ec·cle·si·ae [krístou-et-eklíːziː | -təʊ-] 〖⊏L *Christō et ecclēsiae* for Christ and the church〗 ── *L.* キリストと教会とのために《Harvard College の印章にあるモットー》.

Chris·to·gram [krístəgræ̀m, kráɪst-] *n.* キリストの象徴；(特に) =Chi-Rho. 「学者.

Chris·tól·o·gist [-dʒɪst, -dʒəst | -dʒɪst] *n.* キリスト論

Chris·tol·o·gy [krɪstɑ́lədʒi, kraɪs- | -tɔ́lədʒɪ] 〖← CHRISTO- + -LOGY〗 ── *n.* 〖神学〗 キリスト論, キリスト研究. **Chris·to·log·i·cal** [krɪstəlɑ́dʒɪkəl, kràɪs-, -dʒə- | -lɔ́dʒɪ-] *adj.*

Chris·toph [krístɔf, -tɔ(ː)f | -tɔf; G. krístɔf] 〖⇨ Christopher〗 *n.* 男性名.

Chris·toph·a·ny [krɪstɑ́fəni | -tɔ́fənɪ] *n.* 〖キリスト教〗 (福音書に記録された, 復活後の)キリスト顕現[出現].

Chris·to·pher [krístəfə | -fə(r)] 〖⊏LL *Christophorus* ⊏ Gk *Khristophóros* 《原義》 Christ-bearer：⇨ -phore〗 ── *n.* 男性名《愛称形 Chris, Chrissie, Christie, Christy, Kit》.

Christopher, Saint *n.* クリストフォロス, クリストファー《3 世紀；14 救難聖人 (auxiliary saints) の一人；小アジアのキリスト教の殉教者；旅行者の守護聖人；祝日は 7 月 25 日》.

Christ's Hóspital *n.* 英国の public school の一つ；1552 年 London に創立され, 1899 年男子校は Horsham [hɔ́ːʃəm | hɔ́ː-] へ, 女子校は Hertford へ移転した；貧家の子弟を教育し多くの有名人を出したので知られている；Bluecoat School ともいう.

Christ's-thórn *n.* 〖植物〗 キリストノイバラ《パレスチナ (Palestine) 地方産の刺のある低木類の総称；キリストのいばらの冠がこの枝で造られたという》： **a** ハマナツメの一種 (*Paliurus spina-christi*). **b** サネブトナツメ (*Zizyphus jujuba*).

Christ Withín *n.* [the ～] 〖キリスト教〗 内なるキリスト (⇨ Inner Light).

Chris·ty[1], **c-** [krísti | -tɪ] *n.* 〖スキー〗 =Christiania[1].

Chris·ty[2] [krísti | -tɪ] 〖⇨ Christie[2]〗 *n.* 男性名.

Christy, Howard Chandler *n.* (1873–1952) 米国の画家.

Christy's mínstrels *n. pl.* クリスティ ミンストレルズ《米国の芸能人 Edwin P. Christy (1815–62) が組織して英米で好評を博したミンストレルショー (minstrel show) の一座》.

-chro·ic [króuɪk | kráʊ-] 〖← Gk *khrōs* color：⇨ -ic[1]〗 「(…の)色をした (colored)」の意の形容詞連結形.

chrom- [kroum | krəum] (母音の前に来る時の) chromo- の異形.

chro·ma [króumə | kráʊ-] 〖⊏ Gk *khrôma* color：⇨ chrome〗 *n.* **1** (色の)飽和度；濃度, 色度 (saturation). **2** 〖照明〗 彩度《色の飽和度に相当する量》.

chro·maf·fin [króuməfɪn, -fən | kráʊ-] 〖← CHROMO- + L *affinis* associated with (⇨ affinity)〗 ── *adj.* (*also* **chro·maf·fine** [króuməfiːn, kro(ʊ)mǽfiːn, -fɪn, -fən | kráʊməfiːn, -fɪn, krə(ʊ)mǽfɪn]) 〖生理〗 〈細胞が〉クロム親和性の《クロム塩で強く染色される》.

-chro·ma·si·a [kro(ʊ)méɪʒə, -ʒiə | krə(ʊ)méɪzjə, -zɪə, -ʒɪə] 〖← NL ～：⇨ chroma, -ia[2]〗 ── 「色 (color)；染色性 (stainability), 着色性 (colorability)」の意の名詞連結形：poly*chromasia*.

chro·mat- [kro(ʊ)mǽt, krə-, króumæt | krə(ʊ)mǽt, kráʊmæt] (母音の前に来る時の) chromato- の異形.

chro·mate [króumeɪt, -mət, -mɪt | kráʊ-] 〖⊏ F ～ ← CHROMO- + -ATE[1]〗 ── *n.* 〖化学〗 クロム酸塩[エステル]《CrO_4^{--} の根を有する》：ammonium ～ クロム酸アンモニウム / silver [lead] ～ クロム酸銀[鉛] / ⇨ potassium chromate, sodium chromate.

chro·mat·ic [kro(ʊ)mǽtɪk, krə- | krə(ʊ)mǽt-] 〖《1603》 ⊏ L *chrōmatic-us* ⊏ Gk *khrōmatikós*：⇨ chroma, -ic[1]〗 ── *adj.* **1 a** 色の；色彩の, 色彩感覚を刺激する：～ printing 彩色版, 着色印刷 / a ～ sensation 色彩感覚. **b** 多彩の, 色彩の強烈な. **2 a** (色の)飽和度の；色度の. **b** 彩度の. **3** 〖生物〗 染色性の. **4** 〖音楽〗 **a** 半音階的な (cf. diatonic)：⇨ chromatic semitone. **b** 変音の, (音階固有の音が) 臨時記号 (♯・♭・♮など)で変化させられた：⇨ chromatic chord. **5** 〖言語〗 多彩な内容を含む, 心に訴える力をもつ. ── *n.* 〖音楽〗 =accidental 3. **chro·mát·i·cal·ly** *adv.*

chromátic aberrátion *n.* 〖光学〗 色(ᶦ)収差《レンズ等の結像系において, 光の波長によって像の位置や倍率が異なる収差；このため像が色づいて見える；cf. fringe 6》.

chromátic chórd *n.* 〖音楽〗 変音的和音《半音階的半音 (chromatic semitone) を含む和音》.

chromátic fígure *n.* 〖生物〗 染色像《有糸分裂における核分裂像のうち塩基性色素によく染まる部分；cf. achromatic figure》.

chro·mát·i·cism [-təsɪzm | -tɪ-] *n.* **1** 色彩性. **2** 〖音楽〗 半音階主義；半音階の音の使用；半音階法《半音階的進行が支配的な作曲法；cf. diatonicism》.

chro·ma·tic·i·ty [kròumətísəṭi | krəumətísətɪ, -sɪ-] *n.* **1** 色彩性. **2** 〖光学〗 色度《明度(明るさ)を除いた光の色の種別を数量的に表わした測色的性質》.

chromatícity díagram *n.* 〖光学〗 色度図《色度を表示した図で, 通例直角座標または三つの原色を座標軸とする三角座標で表わす；三角座標で三原色の作る三角形を color triangle という》.

chro·mat·ics [kro(ʊ)mǽṭɪks, krə- | krə(ʊ)-] *n.* 色彩論, 色学. 「scale」.

chromátic scále *n.* 〖音楽〗 半音階 (cf. DIATONIC

chromátic sémitone *n.* 〖音楽〗 半音階的半音《半音階構成上臨時変化記号で変化させられた半音》.

chromátic sígn *n.* 〖音楽〗 半音記号《嬰(ᶦ)・変・本位記号など》.

chro·ma·tid [króumətɪd, -təd | kráʊmətɪd] 〖← CHROMATO- + -ID[3]〗 ── *n.* 〖生物〗 染色分体《核分裂して 2 個に分かれた染色体のおのおのをいう；cf. chromonema》. **chro·mat·i·dal** [kro(ʊ)mǽtədl, kròumətáɪdl | krə(ʊ)mǽtɪ-, krəumətáɪ-] *adj.*

chro·ma·tin [króumətɪn, -tən | kráʊmətɪn] 〖← CHROMATO- + -IN[1]〗 ── *n.* 〖生物〗 **1** (細胞核内の)染色質, クロマチン (cf. achromatin)：～ granules 染色質粒. **2** =karyotin 1. **chro·ma·tin·ic** [kròumətínɪk | kràʊ-] *adj.*

chro·ma·tism [króumətɪzm | kráʊ-] 〖⊏ Gk *khrōmatismós* a coloring ← *khrōmatízein* to color：⇨ chroma, -ism〗 ── *n.* **1** 〖植物〗 (緑色部の)変色, 異色. **2** 〖医学〗 色彩幻覚. **3** 〖光学〗 =chromatic aberration.

chró·ma·tist [-tɪst, -təst | -tɪst] *n.* 色[色彩]学者.

chro·mat·o- [kro(ʊ)mǽto(ʊ), krə-, króumæt- | krə(ʊ)mǽtə(ʊ), kráʊmæt] 〖← Gk *khrōmato-*, *khrōma* color：⇨ chrome〗 ── 次の意味を表わす連結形： **1** 「色 (color)；色のついた (colored)」：*chromatography*. **2** 「クロマチン, 染色質 (chromatin)」：*chromatolysis*. ★ 母音の前では通例 chromat- になる.

chro·mat·o·gram [kro(ʊ)mǽṭəgræ̀m, krə-, króumæt-, -mət- | krə(ʊ)mǽt-, kráʊmæt-, -mət-] ── *n.* 〖化学〗 (クロマトグラフ法により得られる)色層列[系], クロマトグラム.

chro·mat·o·graph [kro(ʊ)mǽṭəgræ̀f, krə-, króumət- | krə(ʊ)mǽtəgrɑ̀ːf, kráʊmæt-, -mət-, -græ̀f] *n.* 《古》 着色版, 色刷り. ── *vt.* **1** 色刷りにする. **2** クロマトグラフィーにより分析する.

chro·ma·tog·ra·phy [kròumətɑ́grəfi | kràʊmətɔ́grəfɪ] *n.* 〖化学〗 クロマトグラフィー, クロマトグラフ法, 色層分析《はじめは色素物質の分別吸着分離法として考案されたが, 現在は一般に分配, 吸着あるいはイオン交換などによる分離法の総称》：⇨ gas chromatography, liquid chromatography. **chro·mat·o·graph·ic** [kro(ʊ)mæ̀ṭəgrǽfɪk, krə-, kròumæṭ-, -mət- | krə(ʊ)mæ̀t-, kràʊmæt-, -mət-] *adj.* **chro·màt·o·gráph·i·cal·ly** *adv.* 「=chromatics.

chro·ma·tol·o·gy [kròumətɑ́lədʒi | kràʊmətɔ́lədʒɪ] *n.*

chro·ma·tol·y·sis [kròumətɑ́ləsɪs, -səs | kràʊmətɔ́lɪsɪs, -lə-] 〖← NL ～：⇨ chromato-, -lysis〗 ── *n.* 〖生物・病理〗 染色質溶解. **chro·mat·o·lyt·ic** [kro(ʊ)mæ̀ṭəlíṭɪk, krəumæ̀ṭ- | krə(ʊ)mæ̀təlít-, kràʊmæt-] *adj.*

chro·mat·o·phil [kro(ʊ)mǽṭəfɪl, króumæt- | krə(ʊ)mǽt-, kráʊmæt-] (*also* **chro·mat·o·phile** [-fɪl, -fàɪl]) 〖生物〗 *adj.* =chromophil 1. ── *n.* =chromophil.

chro·mat·o·phil·i·a [kro(ʊ)mæ̀ṭəfíliə, kròumət- | krə(ʊ)mæ̀təfílɪə, kràʊmət-] *n.* 〖生物〗 =chromophilia.

chro·mat·o·phore [kro(ʊ)mǽṭəfɔ̀ə, krə-, -fòə, króumæṭ- | krə(ʊ)mǽtəfɔ̀ː(r), kráʊmæt-] 〖← CHROMATO- + -PHORE〗 ── *n.* **1** 〖動物〗 色素胞《色素細胞の中で, 大形で樹状の突起をもつもの；色素胞の収縮や拡張によって動物の体色変化が起こる》. **2** 〖植物〗 色素体《細胞質内にある色素粒；chloroplast (葉緑体), chromoplast (有色体), leucoplast (白色体) がある》. **chro·mat·o·phor·ic** [kro(ʊ)mæ̀ṭəfɔ́(ː)rɪk, kròumæṭ-, -fɑ́r- | krə(ʊ)mæ̀təfɔ́r-, kràʊmæt-] *adj.* **chro·ma·toph·o·rous** [kròumətɑ́f(ə)rəs | kràʊmətɔ́f-] *adj.*

chro·mat·o·plasm [kro(ʊ)mǽṭəplæ̀zm, króumæṭ- | krə(ʊ)mǽt-, kráʊmæt-] *n.* 〖植物〗 クロマトプラズム《藍藻類の細胞の周辺の葉緑素に富む部分；chromoplasm ともいう；cf. central body 2》.

chro·ma·top·sia [kròumətɑ́psiə | kràʊmətɔ́psɪə] 〖← NL ～：⇨ chromato-, -opsy〗 *n.* 〖病理〗 (着)色視(症).

chro·ma·type [króumətàɪp | kráʊ-] 〖⇨ ↓, type〗 *n.* 〖写真〗 クロム紙写真法《重クロム酸塩と硫酸銅との感光性を利用する印画法の旧名；cf. carbon process》.

chrome [króum | kráʊm] 〖《1800》 ⊏ F ～ ← Gk *khrōma* color, 《原義》? rough surface ← IE **ghrēu-* to rub (Gk *khríein* to rub, anoint)〗 ── *n.* **1** 〖化学〗 **a** (特に, 各種顔料に用いられる) クロム (chromium). **b** クロム化合物. **2** 〖染色〗 **a** =chrome dye. **b** =chrome yellow. **3** クロムめっきした金属. **4** =chrome leather. ── *vt.* **1** 〈金属を〉クロム化合物でめっきする. **2** 〈皮を〉クロム化合物でなめす.

-chrome [← kròum | -krəum] 〖⊏ ML *chrōma* colored thing：↑〗 「(…の)色の(もの)；…色素」の意の形容詞または名詞連結形.

chróme àcetate *n.* 〖化学〗 酢酸クロム (chromic acetate) (Cr(CH₃CO₂)₂, Cr(CH₃CO₂)₃ がある).

chróme àlum *n.* 〖化学〗 クロム明礬 ($KCr(SO_4)_2 \cdot 12H_2O$)《暗紫色の結晶；皮なめしに用いる；potassium chrome alum, potassium chromic sulfate ともいう》.

chróme blàck *n.* **1** 〖染色〗 クロムブラック, ログウッド黒《クロム媒染法で絹をログウッド染めした黒色；羊毛用酸性媒染染料の商標》. **2** 〖顔料〗 クロムブラック酸化クロムおよび酸化鉄を主体とする陶磁器用黒色顔料》.

chróme brìck *n.* 〖窯業〗 クロムれんが《クロム鉄鉱を主原料にして造る中性耐火れんがの一種》.

chróme dýe *n.* 〖染色〗 クロム染料《媒染剤としてクロム化合物を用いる酸性媒染染料；主に羊毛染色用》.

chróme gréen *n.* クロム緑《黄鉛と紺青(ᶦ)をまぜてつくった顔料；Brunswick green, Hooker's green ともいう》.

chróme ìron *n.* 〖鉱物〗 クロム鉄鉱 (chromite) (chrome iron ore ともいう).

chróme léather *n.* クロム革《クロム法でなめした革で, 靴・鞄・ハンドバッグ・衣料等に広く用いられる》.

chróme-níckel *adj.* 〖金属加工〗 クロムニッケルの《クロムとニッケルを含むステンレススチールにいう》.

chróme·plàte *vt.* …にクロムめっきをする.

chróme réd *n.* クロム赤《塩基性クロム酸鉛を主成分とする赤色顔料》.

chróme stéel *n.* 〖冶金〗 クロム鋼《クロムが 12% 以上の合金でステンレススチールの一種》.

chróme tánning *n.* 〖皮革〗 クロムなめし.

chróme yéllow *n.* 〖染色〗 クロム黄, 黄鉛《クロム酸鉛を主成分とする黄色顔料》.

chrom·hi·dro·sis [kròum(h)ɪdróusɪs, -(h)ə-, -səs | kràʊm(h)ɪdráʊsɪs] *n.* 〖病理〗 =chromidrosis.

chro·mic [króumɪk | kráʊ-] 〖⊏ F *chromique*：⇨ chome, -ic[1]〗 *adj.* 〖化学〗 3 価のクロム (Cr (III)) を含む, 第二クロムの, クロム酸の (cf. chromous).

chrómic ácetate *n.* 〖化学〗 酢酸第二クロム, 酢酸クロム (III) ($Cr(CH_3CO_2)_3$)《灰緑色の水に可溶の粉末；媒染剤として用いる；chrome acetate, chromium acetate ともいう》.

chrómic ácid *n.* 〖化学〗 **1** クロム酸 (H_2CrO_4). **2**

[主に商用語に用いて] =chromic anhydride.
chrómic anhýdride n. 〘化学〙無水クロム酸 (CrO_3)《暗赤色の結晶；クロムめっき・酸化剤に用いる；chromic acid, chromium trioxide ともいう》.
chrómic chlóride n. 〘化学〙塩化第二クロム, 塩化クロム (III) ($CrCl_3$)《赤紫色の結晶；クロムめっき・クロム塩の製造に用いる；cf. chromium chloride》.
chrómic flúoride n. 〘化学〙フッ化第二クロム, フッ化クロム (III) (CrF_3)《緑色結晶性粉末；羊毛の染色に用いる》.
chro·mide [króumaɪd | kráu-] 〘← NL *Chromid-es* ← L *chromis* a sea fish〙 n. 〘魚類〙=cichlid.
chro·mid·i·um [kro(ʊ)mídiəm | krə(ʊ)mídɪ-] 〘← NL ～: ⇨ chromo-, -idium〙 — n. (pl. **-i·a** [-diə | -dɪə]) 〘生物〙クロミジア《固定した腺細胞や有殻アメーバ類の核外にみられる糸状・粒状の物質》.
chro·mi·dro·sis [kròumɪdróusɪs, -mə-, -səs | kràu-mɪdráusɪs] 〘← NL ～: ⇨ chromo-, hidrosis〙 n. (pl. **-dro·ses** [-si:z]) 〘病理〙色汗(症).
chro·mi·nance [króumənəns | kráumɪ-] 〘← CHRO-MO-＋(LUM)INANCE〙 — n. 〘テレビ〙色光度《光度とは別に色彩感を起こす光の属性；テレビの画面に色合いと鮮明度となって現われる色》: a ～ signal 色信号.
chro·mi·ole [króumiòul | kráumɪàul] 〘← CHROMO-＋-I-＋-OLE²〙 — n. 〘生物〙 **1** 染色分粒《染色小粒 (chromomere) が複糸期に 2 回に分かれたそのおのおの》. **2** =chromidium.
chro·mite [króumaɪt | kráu-] 〘← CHROMO-＋-ITE³〙 n. **1** 〘化学〙亜クロム酸塩. **2** 〘□G *Chromit*: ⇨ -ite¹〙〘鉱物〙クロム鉄鉱 ($FeCr_2O_4$).
chro·mi·um [króumiəm | kráumjəm, -mɪəm] 〘← NL ～: ⇨ chrome, -ium〙 n. 〘化学〙クロム, クロミウム《金属元素；記号 Cr, 原子番号 24, 原子量 51.996》.
chromium 51 n. 〘化学〙クロム 51《クロムの放射性同位体；質量数 51, 半減期 28 日；トレーサー (tracer) として用いる》.
chrómium ácetate n. 〘化学〙酢酸クロム (chromic acetate)《$Cr(CH_3COO)_2$, $Cr(CH_3COO)_3$ がある》.
chrómium chlóride n. 〘化学〙塩化クロム《塩化クロム (II), 塩化クロム (III), 塩化クロム (IV) などがある；cf. chromic chloride》.
chrómium-pláte 〘冶金〙 n. クロムめっき. — vt. …にクロムめっきをする. **chrómium-pláted** adj.
chrómium potássium súlfate n. 〘化学〙=chrome alum.
chrómium stéel n. 〘冶金〙=chrome steel.
chrómium trióxide n. 〘化学〙三酸化クロム (⇨ chromic anhydride).
chro·mize [króumaɪz | kráu-] vt. =chrome 1.
chro·mo [króumou | kráuməu] 〘略〙 n. (pl. ～s) = chromolithograph.
chro·mo- [króumo(ʊ), -mə | kráumə(ʊ)] 〘□F ～ ← Gk *khrôma* color〙 — 次の意味を表わす連結形: **1** 「色 (color)；色をした (colored)；色素 (pigment)；色素をもった (pigmented)」. **2** 〘化学〙「クロム (chromium)」. ★ 母音の前では通例 chrom- になる.
chrómo·cènter n. 〘植物〙染色中央粒, 染色中心《ある種の細胞が分裂する時に現われる異質染色質の塊》.
chro·mo·gen [króumədʒən, -mo(ʊ)-, -dʒɪn, -dʒèn | kráumədʒèn, -dʒɪn, -dʒən] 〘← CHROMO-＋-GEN〙 — n. **1** 〘化学〙色原体《発色団を含む芳香族化合物；染料たるべき基質で, これに助色団が導入されて染料になる；cf. chromophore 1》. **2** 〘生化学〙色素産生バクテリア. **chro·mo·gen·ic** [kròumədʒénɪk | kràu-] adj.
chro·mo·graph [króuməgræ̀f, -mo(ʊ)- | kráumə(ʊ)-grà:f, -græ̀f] n. **1** =chromolithograph. **2** 〘化学〙呈色試験《呈色反応による定性的検定法》: ～ contact print method 呈色密着印画法. **chro·mo·graph·ic** [kròuməgrǽfɪk | kràu-] adj.
chròmo·lithograph 〘《逆成》← CHROMOLITHOGRA-PHY〙 n. クロモ石版画《chromo ともいう》. — vt. クロモ石版で刷る. **～·er** n.
chròmo·lithógraphy 〘□F *chromolithographie*〙 n. クロモ石版(術). **chròmo·lithográphic** adj.
chro·mo·mere [króuməmɪə, -mo(ʊ)- | kráumə(ʊ)-mɪə(r)] 〘← CHROMO-＋-MERE〙 — n. **1** 〘解剖〙(血小板の)染色質 (cf. hyalomere). **2** 〘生物〙染色小粒《減数分裂前期の細い染色体上で見られる点状の小構造》. **chro·mo·mer·ic** [kròuməmérɪk, -mo(ʊ)-, -mí(ə)r- | kràumə(ʊ)mér-, -míər-] adj.
chro·mone [króumoun | kráuməun] 〘← CHROMO-＋-ONE〙 n. 〘化学〙クロモン ($C_9H_6O_2$)《無色の結晶；植物色素にこの誘導体が多い》.
chro·mo·ne·ma [kròuməní:mə, -mo(ʊ)- | kràu-mə(ʊ)-] 〘← NL ～ ← CHROMO-＋Gk *nêma* thread〙 — n. (pl. ～·ta [～ṭə | ～tə]) 〘生物〙染色糸, 螺旋糸, クロモネマ《染色体内の糸状体；染色体は常に 2 本の染色糸を含み, 分裂した染色分体 (chromatid) のおのおのにもすでに 2 本の染色糸が見られる》. **chrò-mo·né·mal** [-məl] adj. **chro·mo·ne·ma·tal** [kròuməní:məṭl, -mo(ʊ)-, -ném- | kràumə(ʊ)ní:mətl, -ném-] adj. **chro·mo·ne·mat·ic** [kròumənɪmǽṭɪk, -mo(ʊ)-, -nə-, -ni:- | kràumə(ʊ)ni:mǽt-, -nɪ-] adj. **chro·mo·ne·mic** [kròuməní:mɪk, -mo(ʊ)- | kràu-mə(ʊ)-] adj.
chrómo pàper n. クロモ石版用紙, 多色印刷用紙.
chro·mo·phil [króuməfɪl | kráu-] 〘生物〙 adj. **1** 可染色性の, 好染色性の. **2** =chromaffin. — n. 可染色性細胞[物質].
chro·mo·phil·i·a [kròuməfíliə | kràuməfílɪə] 〘⇨ -philia〙 n. 〘生物〙可染色性, 好染色性.
chro·mo·phobe [króuməfòub | kráuməfàub] 〘⇨ -phobe〙〘生物〙 adj. 〈細胞が〉非染色性の, 難染性の. — n. (脳下垂体前葉の)非染色性細胞.
chro·mo·phore [króuməfɔ̀ə, -mo(ʊ)-, -fɔ̀ə | kráu-mə(ʊ)fɔ̀:(r)] n. 〘化学〙 **1** 発色団《有機化合物が染料となるために助色団 (auxochrome) と共に必要な要素；cf. chromogen 1》. **2** 着色有機化合物中にある原子配置. **chro·mo·phor·ic** [kròuməfɔ́(:)rɪk, -mo(ʊ)-, -fɑ́r- | kràumə(ʊ)fɔ́r-] adj.
chro·mo·plasm [króuməplæ̀zm, -mo(ʊ)- | kráu-mə(ʊ)-] n. 〘植物〙=chromatoplasm.
chro·mo·plast [króuməplæ̀st, -mo(ʊ)- | kráumə(ʊ)-] n. 〘植物〙有色体, 雑色体《花や果実などの細胞内にある特殊な色素；cf. chromatophore 2》.
chròmo·prótein n. 〘生化学〙色素蛋白質《色素部分の性質でいろいろの生理的機能を営む複合蛋白質》.
chro·mo·scope [króuməskòup | kráuməskàup] n. 〘写真〙クロモスコープ《三色分解ポジを三原色光で照射して重ね合わせて見る加色法カラー写真の装置》. **chro·mo·scop·ic** [kròuməskɑ́pɪk | kràuməskɔ́p-] adj.
chro·mo·so·mal [kròuməsóuməl, -zóu- | kràumə-sáu-] adj. 染色体の[に関する]. **～·ly** adv.
chro·mo·some [króuməsòum, -zòum | kráumə-sàum] 〘← CHROMO-＋-SOME²〙 — n. 〘生物〙染色体: ⇨ sex chromosome, X chromosome, Y chromosome. **chro·mo·so·mic** [kròuməsóumɪk, -zóu- | kràumə-sáu-] adj.
chrómosome nùmber n. 〘生物〙染色体数.
chro·mo·sphere [króuməsfɪə | kráuməsfɪə(r)] n. 〘天文〙彩層《太陽光球のすぐ外側にある白熱したガス層；恒星にも用いる》. **chro·mo·spher·ic** [kròumə-sférɪk, -sfí(ə)r- | kràuməsfér-] adj.
chro·mo·tró·pic ácid [kròumətróupɪk-, -trɑ́p- | kràumətrɔ́p-] n. 〘化学〙クロモトロープ酸 ($C_{10}H_4(OH)_2(SO_3H)_2$)《無色の結晶；染料の中間体として用いる；染料中間体および空気中のホルムアルデヒド, 水銀, 鉛, チタンなどの分析用試薬》.
chro·mo·type [króumətàɪp | kráumə(ʊ)-] n. 着色版[印刷].
chro·mous [króuməs | kráu-] 〘← CHROME＋-OUS〙 adj. 〘化学〙2 価のクロム (Cr(II)) を含む, 第一クロムの (cf. chromic).
chròmo·xýlograph n. 色刷木版画.
chròmo·xylógraphy n. 色刷木版(術).
chro·myl [króumɪl, -məl, -mi:l | kráumɪl, -mi:l] 〘← CHROMO-＋-YL〙 n. 〘化学〙クロミル (CrO_2 で表わされる 2 価の基).
chrómyl chlóride n. 〘化学〙塩化クロミル (CrO_2Cl_2)《赤色の液体；塩化物の検出に用いる》.
chron. 〘略〙 chronicle; chronological; chronologically; chronology.
Chron. 〘略〙 Chronicles (旧約聖書の)歴代志(略).
chron- [krɑn, kroun | krɔn] (母音の前に来る時の) chrono- の異形.
chro·nax·ie [króunæksi, krɑ́n- | kráunæksɪ, krɔ́n-] 〘□F ～ ← CHRONO-＋Gk *axia* value〙 — n. (also **chro·nax·y** [～]) 〘生理〙クロナキシー, 時値《組織・筋肉などを刺激するために基電流 (rheobase) の 2 倍の電流の要する最小時間》.
chro·neme [króuni:m | kráu-] 〘← CHRONO-＋-EME〙 n. 〘音声〙長さ音素《[i] は短い長さ音素, [i:] は長い長さ音素をもつ》.
chron·ic [krɑ́nɪk | krɔ́n-] 〘(1601) □F *chronique* □ L *chronicus* □ Gk *khronikós* of time ← *khrónos* time ← ?〙 — adj. **1** 長期にわたる；繰り返し起こる: a ～ civil war 長期にわたる内乱 / a ～ inflation 慢性インフレ. **2 a** 〈病気が〉慢性の (cf. acute 6): a ～ disease 慢性病, 持病, 痼疾(こしつ), 宿痾(しゅくあ) / ～ alcoholism 慢性アルコール中毒. **b** 〈人が〉慢性病の, 持病持ちの: a ～ invalid / a ～ sufferer from gout 慢性痛風患者, 痛風の持病持ち. **3** 癖になった, 常習の, 病みつきの；根深い, 根強い: ～ smoker 病みつきの喫煙家 / a ～ grumbler 年中ぶつぶつ不平をこぼしている人. **4** 《英口語》いやな, ひどい: ～ weather.
something chronic 《英口語》ひどく, 激しく: It began to rain *something* ～. 雨がものすごく降り出した.
— n. 慢性患者, 慢性病をわずらっている人.
chrón·i·cal [-nɪkəl, -nə- | -nɪ-] adj. =chronic.
chrón·i·cal·ly adv. 長期にわたって；慢性的に, 痼疾(こしつ)的に.
chro·nic·i·ty [krɑnísəṭi, kro(ʊ)- | krɔnísətɪ, -sɪ-] n. (病気などの)慢性(度).
chron·i·cle [krɑ́nɪkl, -nə- | krɔ́nɪ-] 〘(c1303) *cronicle* □ AF =OF *cronique* (F *chronique*) □ L *chronica* □ Gk *khroniká* annals ← (neut. pl.) ← *khronikós*: ⇨ chronic〙 — n. **1 a** 年代記, 編年史. **b** 《俗用》記録, 物語 (narrative)；歴史. **2** [C-; 新聞紙名に用いて] …新聞: The News *Chronicle* ニュースクロニクル《ロンドン発行の英国自由党系新聞》. — vt. **1** 年代記に載せる. **2** 記録に留める；詳しく述べる, 列挙する.
chrónicle dràma n. [集合的にも用いて] 史劇.
chrónicle plày [hìstory] n. (エリザベス一世時代に盛んであったような)史劇, 年代記史劇.
chrón·i·cler [-klə, -klɚ | -klə(r)] 〘(a1420)〙 n. 年代記作者[編者]；記録者.
Chron·i·cles [krɑ́nɪklz, -nə- | krɔ́nɪ-] n. pl. [the ～] (旧約聖書の)歴代志(略)(The Books of the Chronicles)《上・下二書から成る；略 Chron.》.
chro·nique scan·da·leuse [krɔ:ní:k-skɑ̃:(n)dələ́:z, -skɔ̃:(n)-, -skɑ:n-, -skɔ(:)n- | krɔ-; F. krɔnikskɑ̃dalø:z] 〘□F ～ 《原義》 scandalous chronicle〙 — n. (pl. **chroniques scandaleuses** [～]) 醜聞録, 下世話(げせわ)集《スキャンダルやゴシップ中心の伝記・歴史など》.
chron·o- [krɑ́no(ʊ), króun- | krɔ́nə(ʊ)] 〘← Gk *khrono-* ← *khrónos* time〙「時 (time)」の意の連結形: *chronology*. ★ 母音の前では通例 chron- になる.
chron·o·cline [krɑ́nəklàɪn, króun- | krɔ́n-] n. 〘生物〙時的勾配, 年代的クライン《植物の群落に時代に伴って起こる連続的な変化》.
chron·o·gram [krɑ́nəgræ̀m, króun-, -no(ʊ)- | krɔ́n-ə(ʊ)-] n. **1** クロノグラム, 年代表示銘《語句中の特に大型にしたローマ字をローマ数詞と見なして加え合わせると, 所要の年代が得られるようにした記録または銘；例えば, ChrIstVs DVX；ergo trIVMphVs. はスウェーデン王 Gustavus 二世が 1632 年に鋳造させた貨幣の銘であるが, この文句の大字を数字順に配列すれば MDCXVVVVII (1632) となり発行の年を示す》. **2** クロノグラフ (chronograph) による記録.
chron·o·gram·mat·ic [krɑ̀nəgrəmǽṭɪk, kròun-, -no(ʊ)- | krɔ̀nə(ʊ)grəmǽt-] adj. **chròn·o·gram·mát·i·cal** adj. **chròn·o·gram·mát·i·cal·ly** adv.
chron·o·graph [krɑ́nəgræ̀f, króun-, -no(ʊ)- | krɔ́n-ə(ʊ)grɑ̀:f, -græ̀f] n. クロノグラフ: **a** 記録装置をもち時間間隔を測るための時計；もとは機械式であったが, 後に電磁または電子式で理工学研究用に使われるものがこの名で呼ばれる. **b** 時刻を示すと同時に時間間隔も測れるウォッチ. **c** 発射体の飛行時間を測定する機械. **chron·o·graph·ic** [krɑ̀nəgrǽfɪk, kròun-, -no(ʊ)- | krɔ̀nə(ʊ)-] adj. **chro·nog·ra·phy** [krənɑ́grəfi | -nɔ́grəfɪ] n.
chronol. 〘略〙 chronological; chronology.
chro·nol·o·ger [krənɑ́lədʒə, kro(ʊ)-, krɑ- | krənɔ́lə-dʒə(r), krɔ-] 〘← NL *chronologia* 'CHRONOLOGY'＋-ER¹〙 n. =chronologist.
chron·o·log·ic [krɑ̀nəlɑ́dʒɪk, kròun-, -nl̩- | krɔ̀nə-lɔ́dʒ-] adj. =chronological.
chron·o·log·i·cal [krɑ̀nəlɑ́dʒɪkəl, kròun-, -nl̩-, -dʒə- | krɔ̀nəlɔ́dʒɪ-] adj. **1** 年代順の, 年代順に配列した: in ～ order 年代順に. **2** 年代学の[に関する]；年代記の, 年表の: ～ accuracy 年代学的な正確さ / a ～ table 年表. **～·ly** adv.
chronológical áge n. 〘心理・教育〙暦年齢, 生活年齢 (略 CA, C.A.; cf. mental age).
chro·nól·o·gist [-dʒɪst, -dʒəst | -dʒɪst] 〘□F *chronologiste* ← NL *chronologista*: ⇨ chronology, -ist〙 n. 年代学者, 年表学者.
chro·nol·o·gize [krənɑ́lədʒàɪz, kro(ʊ)-, krɑ- | krənɔ́l-, krɔ-] vt. 年代順に配列する.
chro·nol·o·gy [krənɑ́lədʒi, kro(ʊ)-, krɑ- | krənɔ́lədʒɪ, krɔ-] 〘← NL *chronologia*: ⇨ chrono-, -logy〙 n. **1** 年代学. **2** 年代記；年表. **3** 年代順配列, 編年.
chro·nom·e·ter [krənɑ́məṭə, kro(ʊ)-, krɑ- | krənɔ́m-ɪtə(r), -mə-] 〘← CHRONO-＋-METER¹〙 n. **1** クロノメーター: **a** 高精度時計；(厳密にはかけがね脱進機 (detent escapement) を使った)高精度可搬テンプ時計《主として航海に用いられたので経線儀 (marine chronometer) ともいう》. **b** (スイスを中心に定められたクロノメーター規格に合格した)腕時計. **2** 《廃》〘音楽〙=metronome.
chronómeter escàpement n. 〘時計〙クロノメーター脱進機 (⇨ detent escapement).
chron·o·met·ric [krɑ̀nəmétrɪk, -no(ʊ)- | krɔ̀nə(ʊ)-] adj. クロノメーターの[に関する], クロノメーター(による)測定の.
chròn·o·mét·ri·cal [-rɪkəl, -rə- | -rɪ-] adj. =chronometric. **～·ly** adv.
chro·nom·e·try [krənɑ́mətri, kro(ʊ)-, krɑ- | krənɔ́m-ɪtrɪ, -mə-] n. 時間[時刻]測定(法).
chron·o·pher [krɑ́nəfə, króun-, -no(ʊ)- | krɔ́nəfə(r)] 〘← CHRONO-＋-PHER〙 n. 〘ラジオ〙時刻放送機《電気仕掛けの時報器》.
chròno·phótograph n. 動体記録写真《速度の速い動作の連続早取り写真》.
chron·o·scope [krɑ́nəskòup, króun- | krɔ́nə(ʊ)skàup] 〘← CHRONO-＋-SCOPE〙 n. クロノスコープ《極めて短い時間を測定する電子式分秒測時器》.
-chro·nous [～ krənəs] 〘□Gk *-khronos*: ⇨ chrono-, -ous〙「(…の)時[時代]の」の意の形容詞連結形.
-chro·ous [～ krouəs | -krəu-] 〘□Gk *-khroos* ← *khrōs* color〙 = -chroic: xantho*chroous*.
chrys- [krɪs] (母音の前に来る時の) chryso- の異形.
chrys·a·lid [krísəlɪd, -ləd | -lɪd] 〘□L *chrȳsallid-*, *chrȳsallis* (↓)〙〘昆虫〙 n. 蛹(さなぎ) (chrysalis). — adj. 蛹の[に関する]；蛹状の.
chrys·a·lis [krísəlɪs, -ləs | -səlɪs, -sɪ-] 〘(1658) □L *chrȳsallis* □ Gk *khrūsallís* golden-colored pupa of butterflies ← *khrūsós* gold □ Phoenician *ḥrṣ* (cf. Heb. *ḥārūṣ*)〙 — n. (pl. ～·es, **chry·sal·i·des** [krɪsǽlədi:z, krə- | krɪsǽlɪ-]) **1** (堅い皮で包まれた)蛹(さなぎ)；蛹の外皮 (cf. pupa). **2 a** 堅い皮, 保護. **b** 準備時代, 過渡期.
chry·santh [krɪsǽnθ, krə-, -zǽnθ | krɪ-] 〘略〙 n. 《口語》〘植物〙=chrysanthemum.
chry·san·the·mum [krɪsǽnθəməm, krə-, -zǽn- | krɪsǽnθ(ə)məm, -zǽn-, -θɪm-] 〘(1578) □L ～ □ Gk

khrūsánthemon golden flower ← *khrūsós* gold＋*ánthemon* flower〛 ── *n.* **1**〘植物〙**a** [C-] キク属《キク科の一属》. **b** キク《キク属の多年草の総称; シマカンギク (*C. indicum*), キク (*C. morifolium*), フランスギク (daisy) など; 特に, 園芸種のキク》. **c** キクの花. **2** (日本の)菊の御紋章.

chrys·a·ro·bin [krìsəróubɪn, -bən | -ráubɪn]〚← CHRYSO-＋(AR)AROBA＋-IN[1]〛 ── *n.*〘薬学〙**1** 精製ゴア末《ゴア粉末 (Goa powder) から得られる混合物》. **2** クリサロビン ($C_{15}H_{12}O_3$)《ゴア粉末の主成分で, 乾癬その他の皮膚病の治療に用いられる》.

Chry·se·is [kraɪsíːɪs, -əs | -ɪs]〚□ L *Chrȳsēis* □ Gk *Khrusēís*〛 ── *n.*〘ギリシャ伝説〙クリュセイス《Homer 作 *Iliad* 中の人物; Apollo の祭司 Chryses の娘; 捕えられて Agamemnon に与えられた》.

chrys·el·e·phan·tine [krìseləfǽntiːn, -taɪn, krɪsèləfǽntiːn, -tàɪn | krìselɪfǽntaɪn]〚□ Gk *khrūselephántin-os* ← *khrūsós* gold＋*elephántinos* made of ivory ← *eléphās* ivory, elephant〛 ── *adj.* (ギリシャ彫刻で)金と象牙をきせた《Phidias 作「アテネパルテノス像」が有名》: a ～ statue.

Chry·ses [kráɪsiːz]〚□ L *Chrȳsēs* □ Gk *Khrusēs*〛 *n.*〘ギリシャ伝説〙クリュセス (⇨ Chryseis).

chrys·i·did [krísədɪd, -dəd | -sɪdɪd]〚↓〛〘昆虫〙 *n.* セイボウ(青蜂)《セイボウ科の昆虫の総称》. ── *adj.* セイボウ(科)の.

Chry·sid·i·dae [krɪsídədiː, krə-, kraɪ- | krɪ-, kraɪ-]〚← NL ～ ← *Chrysid-*, *Chrysis* (属名: ← Gk *khrūsid-*, *khrūsis* vessel of gold ← *khrūsós* gold)＋-IDAE〛 ── *n. pl.*〘昆虫〙(膜翅目)セイボウ科.

Chrys·ler [kráɪslə | kráɪzlə(r], **Walter Percy** *n.* (1875–1940) 米国の Chrysler 自動車製造会社の創設者.

chrys·o- [krísə, -so(ʊ) | -sə(ʊ)]〚← Gk *khrūsós* gold: ⇨ chrysalis〛 ──〘化学・鉱物〙「黄色の (yellow), 金色の (golden), 金の (gold)」の意の連結形. ★ 母音の前では通例 chrys- になる.

chrỳso·bèryl〚□ L *chrȳsobēryll-us* □ Gk *khrūsobḗrullos*: ⇨ chryso-, beryl〛 *n.*〘鉱物〙金緑石 ($BeAl_2O_4$)《宝石として用いる; cf. cymophane》.

chrỳso·cárpous〚□ L *chrysocarpus*: ⇨ chryso-, -carpous〛 *adj.*〘植物〙黄色い実のなる[をもつ].

chrys·o·col·la [krìsəkɑ́lə, -so(ʊ)- | -sə(ʊ)kɔ́lə]〚□ L ～ □ Gk *khrūsokólla*: ⇨ chryso-, -cola〛 ── *n.*〘鉱物〙珪孔雀石 ($CuSiO_3 \cdot 2H_2O$)《銅鉱床の酸化帯に塊状をなして産する青緑色の鉱物》.

chry·sog·ra·phy [krɪsɑ́grəfi, krə- | krɪsɔ́grəfɪ]〚□ Gk *khrysographia*〛 *n.* 金泥書き《少量の卵白またはゴム液に金粉を入れて作ったインクで書くこと》.

chry·so·i·dine [krɪsóuɪdɪn, krə-, -sóuə-, -dən, -dìːn | krɪsə́uɪdɪn, -dìːn]〚← CHRYSO-＋-OID＋-INE[3]〛 ── *n.*〘化学・染色〙クリソイジン ($C_6H_5N{=}NC_6H_3(NH_2)_2$)《だいだい色の塩基性染料; 色障[フィルター]の製造や印刷インキなどの着色に用いる》.

chrys·o·lite [krísəlàɪt, -so(ʊ)- | -sə(ʊ)-]〚《*a*1300》 *crisolite* □ OF □ L *chrȳsolithos* □ Gk *khrūsólithos*: ⇨ chryso-, -lite〛 ── *n.*〘鉱物〙貴橄欖石(きかんらんせき)《黄緑色透明; cf. olivine, peridot》. **chrys·o·lit·ic** [krìsəlítɪk, -so(ʊ)- | -sə(ʊ)lít-] *adj.*

chrys·o·mel·id [krìsəmélɪd, -so(ʊ)-, -míːl-, -ləd | -sə(ʊ)mélɪd, -míːl-]〚↓〛〘昆虫〙 *adj.* ハムシ(科)の. ── *n.* ハムシ《ハムシ科の甲虫の総称》.

Chrys·o·mel·i·dae [krìsəméladiː, -so(ʊ)- | -sə(ʊ)-méli-]〚← NL ～ ← *Chrysomela* (属名: ← Gk *khrūsómēlon* quince *khrūsós* gold＋*mēlon* apple, tree-fruit)＋-IDAE〛 ── *n. pl.*〘昆虫〙(鞘翅目)ハムシ科.

chry·soph·e·nine, C- [krɪsɑ́fəniːn, krə-, -nɪn, -nən | krɪsɔ́fɪniːn, -nɪn]〚← CHRYSO-＋PHEN(AZI)NE〛 ── *n.*〘化学〙クリソフェニン《木綿・レーヨンなどを黄色に染める直接酸性ジアゾ染料》.

chrys·o·phyte [krísəfàɪt]〚← NL *Chrysophyta*: ⇨ chryso-, -phyte〛 *n.*〘植物〙黄色鞭毛藻類《淡水・海水中に生じ, 単細胞で黄色の色素をもつ》.

chry·so·pid [krɪsóupɪd, krə-, -pəd | krɪsə́upɪd]〚↓〛〘昆虫〙 *adj.* クサカゲロウ(科)の. ── *n.* クサカゲロウ《クサカゲロウ科の昆虫の総称》.

Chry·so·pi·dae [krɪsóupədìː, krə- | krɪsə́upɪ-]〚← NL ～ ← *Chrysopa* (属名: ← CHRYSO-＋Gk *ṓps* face)＋-IDAE〛 *n. pl.*〘昆虫〙(脈翅目)クサカゲロウ科.

chrys·o·prase [krísəprèɪz | -sə(ʊ)-]〚《*a*1300》 *crisopace* □ OF □ L *chrȳsoprasus* □ Gk *khrūsóprasos* ← *khrūsós* gold＋*práson* leek〛 ── *n.*〘鉱物〙緑玉髄(りょくぎょくずい)《美しい緑色の玉髄で飾り石になる》.

Chrys·os·tom [krísəstəm, krɪsɑ́stəm | krísəstəm], **Saint John** *n.* クリュソストモス《347?–407; Constantinople の bishop; 教会博士; 雄弁な神学者で「黄金の口の(クリュソストモス)ヨハネ」と呼ばれた》.

chrys·o·tile [krísətàɪl, -so(ʊ)- | -sə(ʊ)-]〚□ G *Chrysotil* ← CHRYSO-＋Gk *tílos* anything plucked (← *tíllein* to pluck)〛 ── *n.*〘鉱物〙温石綿 ($Mg_3Si_2O_5(OH)_4$)《蛇紋石の一種で, 撓(とう)曲性があり切れにくい》.

Chrys·tal [krístl]〚⇨ crystal〛 *n.* 女性名.

chs.《略》chapters.

chtho·ni·an [θóuniən | θə́unɪən, -njən]〚← Gk *khthónios* under the earth＋-AN[1]: ↓〛 ── *adj.*〘ギリシャ神話〙〈神・霊が〉地中[地下]に住む; 地下の神々[霊]の.

chthon·ic [θɑ́nɪk | θɔ́n-]〚← Gk *khthṓn* the earth ← IE **ghdhem-* earth (L *humus* earth, *homō* man)＋-IC[1]〛 *adj.* ＝chthonian.

Chu·a·na [tʃwɑ́ːnə, tʃúɑː- | tʃwɑ́ː-, tʃúɑː-] *n.* (*pl.* ～, ～**s**) ＝Tswana.

chub [tʃʌ́b]〚《*c*1450》 *chubbe* ← ?: cf. Swed.《方言》*kubb* log〛 *n.* (*pl.* ～, ～**s**)〘魚類〙**1** チャブ (*Leuciscus cephalus*)《ヨーロッパ産コイ科の淡水魚》. **2** (五大湖地方で) ＝lake herring. **3** ＝largemouth black bass. **4** [限定詞を伴って] コイ科魚類のうち *Gila* 属, *Hybopsis* 属, *Couesius* 属などの魚類の総称.

chu·bas·co [tʃuːbɑ́ːskou | -kəu; *Sp.* tʃubásko]〚□ Sp. ～ □ Port. *chuvasco* ← *chuva* rain (< L *pluviam*)＋*-asco* (intensive suf.)〛 ── *n.* (*pl.* ～**s**) チュバスコ《中米の太平洋沿岸地方で雨期によく降る雷を伴った激しいスコール》.

chub·by [tʃʌ́bi | -bɪ]〚《1611》 ← CHUB＋-Y[4]〛 ── *adj.* (**chub·bi·er**; **-bi·est**) 丸々と太った, ずんぐりした; 丸ぽちゃの. **chúb·bi·ly** [-bɪli, -bə- | -lɪ] *adv.* **chúb·bi·ness** *n.*

chúb sùcker *n.*〘魚類〙カナダ, 米国東部および中部産のサッカー科の淡水魚の総称: **a** *Erimyzon sucetta* (lake chub sucker). **b** *E. oblongus* (creek chub sucker). **c** *E. tenuis* (sharpfin chub sucker).

Chuch·chi [tʃúktʃiː] *n.* (*pl.* ～, ～**s**) ＝Chukchi.

chuck[1] [tʃʌ́k]〚《1674》《変形》? ← CHOCK〛 ── *n.* **1** (主に牛の)首から肩までの肉, チャック (⇨ beef 挿絵). **2** ＝chock. **3**《米西部》食物 (food). **4**〘機械〙(旋盤・繰り子錐(きり)などの)チャック, つかみ (⇨ BRACE and bit 挿絵). ── *vt.*〘機械〙チャックに固定する, チャックで締める.

chuck[2] [tʃʌ́k]〚《1583》 *chock* □? OF *chuquer* (F *chocker*) to knock, shock: cf. Du. *schokken* to shock〛 ── *vt.* **1** (戯れて)〈あごの下を〉軽くたたく[なでる]: ～ a person *under* the chin 人のあごの下を軽くたたく. **2 a** ぽいと投げる; 〈野球のボールを〉ほうる. **b** 脱ぎ捨てる: ～ one's clothes. **c**《俗》〈人を〉振り捨てる, 追い出す〈*out*〉: ～ a person *out of* the room 人を部屋から追い出す. **3**《口語》**a** 放棄する, よす; 辞職する, やめる〈*up*〉: ～ *up* one's job 仕事をやめる, 辞職する. **b** [～ it で] よす; [命令法で] (うるさい)止めろ, よせ. ── *n.* **1** (あごの下を)軽くたたく[なでる]こと. **2** ぽいとほうること, ほうり投げ. **3** [the ～]《英俗》放棄: give a person *the* ～ 人をそでにする[振り捨てる, 首にする] / get *the* ～ 首になる.

chuck[3] [tʃʌ́k]〚《*c*1390》擬音語〛 ── *n.* **1** こっこっ《鶏などを呼ぶ声》: *Chuck*, ～! こっこっ. **2**《古・方言》あなた, お前 (dear)《親子・夫婦間などで用いる親愛の言葉》: My ～! ── *vi.* 〈雌鶏が〉こっこっと鳴く. ── *vt.* **1** 〈鶏などを〉こっこっと言って呼ぶ. **2** 〈馬を〉しっしっと言って励ます.

Chuck [tʃʌ́k]〚(dim.) ← CHARLES〛 *n.* 男性名.

chuck-a-luck [tʃʌ́kəlʌ̀k] *n.*《米》＝chuck-luck.

Chuck·chi [tʃúktʃiː] *n.* (*pl.* ～, ～**s**) ＝Chukchi.

chuck·er [tʃʌ́kə | -kə(r] *n.* **1** (野球・クリケットの)投手, ピッチャー (pitcher). **2** 用心棒 (bouncer).

chúcker-óut〚← *chuck out* (⇨ chuck[2] (*vt.*) 2 c)〛 *n.* (*pl.* **chuckers-out**)《英俗》(会場荒しなどを追い出す)用心棒 (《米》bouncer).

chúck-fàrthing〚← CHUCK[2]〛 *n.*〘遊戯〙(一種の)穴一《昔行なわれた投銭戯; cf. pitch-and-toss》.

chúck-fúll *adj.* ＝chock-full.

chúck·hòle〚← CHUCK[2]〛 *n.*《米》道路の穴[車のあと].

chuck·le[1] [tʃʌ́kḷ]〚《1598》 ← CHUCK[3]＋-LE[3]〛 ── *n.* くつくつ[くすくす]笑い, (満足げな)含み笑い: give a ～ くすくす笑う. ── *vi.* **1** くつくつ[くすくす]笑う; 含み笑いをする: ～ *at* [*over*] one's success 成功にほくそえむ / ～ with delight 面白そうにくつくつ笑う / ～ out くつくつ笑いながら言う / ～ to oneself 独りで含み笑いをする. **2** 〈流れなどが〉くつくつ笑うような音を立てる. **3** 〈雌鳥が(ひなを呼んで)くっくっと鳴く (cluck). **chúck·ler** [-klə, -kḷə | -klə(r, -kḷə(r] *n.* **chúck·ling·ly** [-klɪŋli, -kḷ- | -lɪ] *adv.*

chuck·le[2] [tʃʌ́kḷ]〚《1721》 ← ? CHUCK[1]〛 *adj.*《廃》のろまな (clumsy), 低能な (stupid).

chúckle·hèad〚↑〛 *n.*《口語》ばか, 低能, のろま.

chúckle·héaded *adj.*《口語》のろまな, うすのろの (stupid). **～·ness** *n.*

chúck-lùck〚← CHUCK[2] (v.) 2＋LUCK〛 *n.*《米》〘遊戯〙一種のさいころ遊び《同時に振り出す三つのさいころの組み合わせに賭ける》.

chúck wàgon〚← CHUCK[1] (n.) 3〛 *n.*《米西部》(牛飼いや農夫たちのための)食糧や料理用ストーブなどを備え付けた馬車.

chuck·wal·la [tʃʌ́kwɑ̀lə | -wɔ̀lə]〚□ Mex.-Sp. *chacahuala*《土語》〛 ── *n.*〘動物〙チャカワラ (*Sauromalus obesus*)《米国南西部・メキシコの乾燥地帯産タテガミトカゲ科チャカワラ属のトカゲ》.

chuck-will's-widow [tʃʌ́kwɪlzwìdou | -dəu]〚擬音語〛 *n.*〘鳥類〙米国南部産のヨタカ (goatsucker) の一種 (*Caprimulgus carolinensis*).

chud·dar [tʃʌ́də | -də(r]〚□ Hindi *caddar* □ Pers. *chaddar*〛 *n.* (*also* **chud·der** [～]) ＝chador.

Chud·sko·ye O·ze·ro [tʃúːtskəjèɪ-óuzəròu | -ə́uzərə̀u; *Russ.* tʃutskójiózjɪrə] *n.* チュード湖《Lake Peipus のロシヤ語名》.

chu·fa [tʃúːfə]〚□ Sp. ～ (i) □ L *cȳphi* incense □ Gk *kûphi* // (ii) ← OSp. *chufar* to joke《変形》← *chuflar* to ridicule, whistle < VL **sufilāre*＝L *sībilāre* to whistle〛 ── *n.*〘植物〙ショクヨウカヤツリ (*Cyperus esculentus*)《ヨーロッパ産のカヤツリグサ属の草; 地下にクワイのような食用になる塊茎ができる》.

chuff[1] [tʃʌ́f]〚《1440》 ← ?〛 *n.* **1** 田舎者, 野人, 無骨者, 野暮な人. **2** けちんぼう (miser).

chuff[2] [tʃʌ́f]〚← ? CHUFF[1]〛 *adj.*《英方言》**1** 丸ぽちゃの, まるまる太った (chubby). **2** 喜んで, うれしくて; 得意で, 誇らしげな.

chuff[3] [tʃʌ́f]〘擬音語〙 *n.* (蒸気機関車の)しゅっしゅっという音. ── *vi.* **1** しゅっしゅっという音を出す. **2** しゅっしゅっと音を立てて進む.

chuffed [tʃʌ́ft]〚cf. chuff[2]〛 *adj.*《英俗》**1** 喜んで, 満足して. **2** 気に入らないで, 不満で.

chuff·y[1] [tʃʌ́fi | -fɪ]〚← CHUFF[1]＋-Y[4]〛 *adj.* (**chuff·i·er**; **-i·est**)《英方言》**1** 粗野な, 無作法な. **2** ぶっきらぼうな, 無愛想な. **chúff·i·ly** [-fɪli, -fə- | -lɪ] *adv.* **chúff·i·ness** *n.*

chuf·fy[2] [tʃʌ́fi | -fɪ]〚← CHUFF[2]＋-Y[4]〛 *adj.* (**chaff·i·er**; **-i·est**)《方言》丸ぽちゃの, まるまる太った.

chug [tʃʌ́g]〚擬音語〛 *n.* (発動機などの)ぽっぽっという響き: the *chug-chug* of a motorboat. ── *vi.* (**chugged**; **chug·ging**) **1** ぽっぽっと音を立てる. **2** ぽっぽっと音を立てて進む: ～ along. **chúg·ger** *n.*

chug-a-lug [tʃʌ́gəlʌ̀g]〚擬音語》: cf. chug〛《俗》 *vi.* 一気にごくごくと飲む. ── *vt.* 〈ビールなどを〉一気に飲み干す. ── *adv.* ごくごくと, ぐいと.

chug·ger [tʃʌ́gə | -gə(r]〚←《方言》*chug* to pull, jerk ＋-ER[1]〛 *n.*〘釣〙bass 釣り用のルアーの一種《水をばしゃばしゃする動きをするプラグ型ルアー》.

Chu Hsi [tʃúːʃíː; *Chin.* tʂū ʃí] *n.* 朱熹, (尊称)朱子《1130–1200; 中国の思想家》.

chu·kar [tʃəkɑ́ə | -kɑ́ː(r]〚□ Hindi *cakor* ← Skt *cakora* ← IE **kau-* to howl《擬音語》〛 ── *n.*〘鳥類〙イワシャコ (*Alectoris graeca*)《アジア原産, 猟鳥として西洋諸国に移入; chukar partridge ともいう》.

Chuk·chee [tʃúktʃiː] *n.* (*pl.* ～, ～**s**) ＝Chukchi.

Chuk·chi [tʃúktʃiː] *n.* (*pl.* ～, ～**s**) **1 a** [the ～(s)] チュクチ族《シベリアの最極東に住む》. **b** チュクチ族の人. **2** チュクチ語.

Chu-Kiang [tʃùːkjáːŋ; *Chin.* tʂū tɕiāŋ] *n.* [the ～] 珠江(しゅこう)《中国南東部の川; 広東から下流に大デルタを作る; 長さ 2,129 km; 別名 Canton River, Pearl River》.

chuk·ka [tʃʌ́kə]〚← CHUKKER: ポロ競技用の靴に似ていることから〛 ── *n.* [通例 *pl.*] チャッカブーツ《2 対の紐穴のある深さが足首までの靴; よくヤギのなめし革で造られる; chukka boot ともいう; cf. jodhpur》.

chuk·ker [tʃʌ́kə | -kə(r]〚□ Hindi *cakar* a round ← Skt *cakra* wheel〛 ── *n.* (*also* **chuk·ka** [-kə], **chuk·kar** [～])〘ポロ〙試合時間の一区分《3 分の休息をはさんで 7 分 30 秒ずつ 8 回で一試合》.

chull·pa [tʃúːlpə]〚□ Am.-Sp. *chulpa* □ Aymara *chullpa*〛 ── *n.* (*also* **chul·pa** [～])〘考古〙チュルパ《ペルーやボリビアでインカ文明以前の住民が建てた石の建造物》.

chum[1] [tʃʌ́m]〚《1684》《短縮》? ← CHAMBER (*fellow*)〛《口語》 ── *n.* **1** 仲よし, 親友; 同僚, 仲間, 相棒: a boyhood ～ 少年時代の仲よし / get [make] ～**s** with …と仲よしになる. **2**《古》(大学などの)同室者 (roommate). **3**《豪》移民: a new [an old] ～ 新参[古参]移民. ── *vi.* (**chummed**; **chum·ming**) **1 a** 仲よしに[親しく]なる〈*up*〉. **b** 親友になる, 親しい〔*with*〕. **2** 同室者として暮らす; 同室する〈*together*〉〔*with*〕. ── *vt.* 同室させる〔*on*〕: ～ him *on* a freshman.

chum[2] [tʃʌ́m]〚← ?〛〘釣〙 *n.* 撒餌(まきえ), 寄せ餌. ── *vi.* 撒餌[寄せ餌]する. ── *vt.* 〈魚〉に撒餌[寄せ餌]する, 撒餌で〈魚を〉寄せる.

chum·mage [tʃʌ́mɪdʒ]〚← CHUM[1]＋-AGE〛 *n.*《口語》同室, 合宿; 同宿(制度). 「《インド》合宿所.

chum·mer·y [tʃʌ́m(ə)ri | -mərɪ]〚← CHUM[1]＋-ERY〛 *n.*

chúm·mi·ly [-mɪli, -mə- | -lɪ] *adv.* 仲よく, 親しく.

chum·my [tʃʌ́mi | -mɪ]〚← CHUM[1]＋-Y[4]〛《口語》 ── *adj.* (**chum·mi·er**; **-mi·est**) 仲よしの; 親しい: be ～ with …と仲よしである. ── *n.* ＝chum[1]. **chúm·mi·ness** *n.*

chump[1] [tʃʌ́mp]〚《1703》《混成》? ← CHUNK[1]＋LUMP[1]〛 ── *n.* **1** 短い丸太切れ, 木塊. **2** (物の)太い方の端. **3**《口語》ばか, うすのろ (blockhead); だまされやすい人,「かも」(dupe). **4**《俗》頭 (head).

off one's chump《俗》頭が変で, 気が狂って: He went *off his* ～. 彼は気が狂った.

chump[2] [tʃʌ́mp]〚《変形》← CHAMP[1]〛 v. ＝chomp.

chúmp chòp *n.*《英》羊の脚の付け根に接する腰肉の厚い切り身.

chúm sàlmon〚*chum*: □ ? Chinook Jargon *tsum*, *tzum* spots〛 ── *n.*〘魚類〙サケ, シロザケ (*Oncorhynchus keta*)《日本で「サケ」と呼んでいる最も普通の種類; dog salmon ともいう》.

chúm·ship *n.* ＝friendship.

Chung·king [tʃùŋkíŋ | tʃùŋkíŋ, tʃʌ̀ŋ-; *Chin.* tʂùŋtɕʰìŋ] *n.* (*also* **Ch'ung·ch'ing** [～]) 重慶(じゅうけい)《中国中央部四川省 (Szechwan) の揚子江に臨む都市; 人口 1,110,000》.

chunk[1] [tʃʌ́ŋk]〚《変形》? ← CHUCK[1]〛 ── *n.* **1** (チーズ・パン・肉片・木材などの)厚切れ, 大きな塊 (lump): a ～ of bread, wood, meat, etc. **2** かなりの量[額, 部分], たんまり, どっさり: a ～ of money. **3**《米》**a** ずんぐり[がっちり]した人: a ～ of a man 体のがっちりした人. **b** がっちりした馬[動物]. ── *vt.*《米口語》

1 〈物を〉投げる; …に物を投げつける. **2** 〈火を〉おこす; 〈火〉にまき[燃料]をくべる 〈*up*〉. **3** 〈木材の搬出路〉から木塊を取り除く 〈*out*〉. 「を立てる.

chunk[2] [tʃʌ́ŋk] 〘擬音語〙 *vi.* 〈機械などが〉かたんと音

chunk·y [tʃʌ́ŋki | -kɪ] 〘← CHUNK[1] + -Y[4]〙 ― *adj.* (**chunk·i·er**; **-i·est**) **1** ずんぐりした; どっしりした: a ~ man. **2** 塊の入った. **chúnk·i·ly** [-kɪli, -kə- | -lɪ] *adv.* **chúnk·i·ness** *n.*

chun·nel [tʃʌ́nl] 〘《混成》← CHANNEL + TUNNEL〙 *n.* 《口語》 **1** (鉄道用)海底トンネル. **2** [C-] 《英》(計画中の)英仏海底トンネル.

chun·ter [tʃʌ́ntə | -tə(r] 〘擬音語 ?〙 *vi.* 《英》 ぶつぶつ言う, つぶやく; 不平を言う. 「[~]) =chapati.

chu·pat·ti [tʃəpɑ́ːti, -pǽti | -tɪ] *n.* (*also* **chu·pat·ty**

Chur [kúə | kúə(r; *G.* kúːɐ] *n.* クール《スイス東部 Graubünden 州の首都; 人口 32,000; フランス語名 Coire [kwaːr]》.

church [tʃə́ːtʃ | tʃə́ːtʃ] 〘ME *churche, chirche* < OE *ċir(i)ċe, ċyr(i)ċe* < (WGmc) **kirika* (Du. *kerk* / G *Kirche*) ▭ LGk *kūrikón*=Gk *kūriakón(dōma)* Lord's (house) ← *kúrios* lord ← *kûros* power ← ? IE **keu-* to swell; vault: ⇨ cave[1]〙 ― *n.* **1 a** (キリスト教の)教会, 会堂 (cf. cathedral 1, abbey). **b** 《英》 (非国教会・カトリック教会の会堂と区別して)国教会の会堂 (cf. chapel 3 a). **c** キリスト教以外の教会堂[礼拝所]: the Jewish ~. **2** [通例無冠詞で] (教会で行なう)礼拝式 (service): after ~ 礼拝式後 / attend [go to] ~ 礼拝式に出る / *Church* begins at 10 o'clock. 礼拝は 10 時に始まる / early ~ 早朝礼拝 / be at [in] ~ 礼拝中である / between ~*es* 《まれ》 礼拝と礼拝の合間に. **3** [しばしば C-] **a** (教派の意味で)教会 (denomination): the Methodist [Presbyterian] *Church* メソジスト派[長老派]教会. **b** (全)キリスト教徒; (全)キリスト教会: the *Church* and the world 教会と世俗. **4 a** (キリスト教会の)会衆 (congregation). **b** (キリスト教会以外のキリスト教会に似た)宗教組織《会・学校・会衆など》. **5** [the ~] 聖職[僧職]: go into [enter] *the* ~ 聖職につく, 牧師になる / be destined for *the* ~ 牧師になる[聖職につく]ことになっている. **6** [the C-] (社会階層的組織体として国家に対立する)教会; 教会組織; 教権: the *Church* and the state. ***talk church*** (1) 宗教談義をする. (2) 《古》 =*talk* SHOP.

church 1
1 aisle; 2 nave; 3 north transept; 4 south transept; 5 choir; 6 chancel; 7 altar; 8 apse; 9 pulpit; 10 pews

Church in Wales [the ―] ウェールズ教会, ウェールズ聖公会《英国国教会と同系の教会; cf. Anglican Communion》.

Church of Armenia [the ―] =Armenian Church.

Church of Christ, Scientist [the ―] ⇨ Christian Science.

Church of England [the ―] 英国国教会, 英国聖公会, 英国教会《Elizabeth 一世の時代 (1533–1603) に, ローマカトリック教会から独立して, 今日の国王を首長とする英国国教会の基礎を確立する; 形式上は英国国民の過半数がこの教会の会員で, 教会行政上は Canterbury と York の二大管区から成り, 特に Canterbury の archbishop はこの全教会を代表する; Anglican Church ともいう》.

Church of Ireland [the ―] アイルランド教会, アイルランド聖公会《英国国教会と同系の教会; cf. Anglican Communion》.

Church of Jesus Christ of Latter-day Saints [the ―] 末日聖徒イエスキリスト教会《モルモン教会 (Mormon Church) の正式名称》.

Church of Rome [the ―] ローマカトリック教会.

Church of Scotland [the ―] スコットランド教会《スコットランドの国教的存在である長老派教会 (Presbyterian Church); cf. KIRK of Scotland》.

Church of the Brethren [the ―] 同胞教会, 兄弟の教会《1908 年以降の German Baptist Brethren の正式名》.

― *attrib. adj.* **1** 教会の[に関する]; 《英》英国国教会の[に関する]: ~ time 礼拝時間 / a ~ tower 教会の塔 / ~ music 教会音楽, 聖楽. **2** 教会員の[から成る]: ~ members 教会員. ― *vt.* **1** (特別礼拝のために) 〈人を〉教会に案内する. **2** [通例 p.p. 形で] 〈婦人〉のために産後の感謝の礼拝をする: be ~*ed* 〈婦人が〉産後の感謝礼拝の式をあげてもらう (cf. churching). **3** 《米中部》 教会規則で訓戒する. 「の詩人・小説家.

Church [tʃə́ːtʃ | tʃə́ːtʃ], **Richard** *n.* (1893–1972) 英国

Chúrch Ármy *n.* チャーチアーミー《1882 年救世軍 (Salvation Army) にならって英国国教会内に起こされた組織; 伝道の目的で組織されたが, やがて大都市の貧民のための社会的・道徳的事業をも包含した》.

Chúrch Assémbly *n.* 〘英国国教会〙 教会議会, 英国国教会総会《主教・聖職・信者の三部会から成り, その決議は議会の可決と国王の裁可を得て法律となる; 1919 年設立; 正式名は National Assembly of the Church of England》.

chúrch bèll *n.* **1** 教会の鐘. **2** 〘音楽〙 鐘音栓(せん)《オルガンで鐘の音色に似せた音を出すストップ》.

chúrch bòok *n.* 教会で用いられる書物《祈禱書・教会記録書・教区記録書など》. 「endar).

chúrch cálendar *n.* 教会暦 (cf. ecclesiastical cal-

chúrch cantáta *n.* 〘音楽〙 教会カンタータ《プロテスタントの教会で礼拝中に演奏されるカンタータ; J. S. Bach のものが有名》.

Chúrch Commíssioners *n. pl.* (国教会の)英国教会委員会, 国教財務委員会, 英国教会委員会《1948 年 Queen Anne's Bounty と Ecclesiastical Commission を併合して設けられたもので, 英国国教会の財産管理その他行政財政運営上の最高機関》.

Chúrch Cóngress *n.* 〘英国国教会〙 教会大会《聖職・信者の半公式の年次会議; 宗教・道徳・社会問題を討議する; 1861 年から開催されたが, Church Assembly の設立によってその有用性は衰えた》.

chúrch cóuncil *n.* 〘キリスト教〙 (ルター派教会の)信徒代表委員会.

chúrch dòor 〘OE〙 *n.* 教会(堂)の正面のとびら《公の告示などが掲げられる》.

churched *adj.* 教会と提携した, 教会に付属した.

chúrch fáther *n.* 〘キリスト教〙 教父 (cf. father 8).

chúrch·gòer *n.* **1** (日曜日ごとに)教会へ礼拝に行く人. **2** 《英》 英国国教徒 (cf. nonconformist 2).

chúrch·gòing *adj.* (日曜日ごとに)教会へ行く. ― *n.* (日曜日ごとに)教会へ行くこと, 教会通い.

church·i·an·i·ty [tʃə̀ːtʃiǽnəti | tʃə̀ːtʃiǽnəti, -nɪ-] 〘← CHURCH + -*ianity* (CHRISTIANITY などからの連想)〙 *n.* (特定の教会の慣行・利益への)過度の[宗派的]愛着.

Chur·chill [tʃə́ːtʃɪl, tʃə́ːtʃhɪl | tʃə́ːtʃɪl] *n.* [the ~] カナダ Saskatchewan 州東部から Manitoba 州を北東に流れて Hudson 湾に注ぐ川 (1,600 km); 旧名 Hamilton.

Chur·chill [tʃə́ːtʃɪl, tʃə́ːtʃhɪl | tʃə́ːtʃɪl], **John** *n.* 1st Duke of MARLBOROUGH の本名.

Churchill, Lord **Randolph** (**Henry Spencer**) *n.* (1849–95) 英国の政治家; Sir Winston Churchill の父.

Churchill, Winston *n.* (1871–1947) 米国の小説家; *Richard Carvel* (1899).

Churchill, Sir **Winston** (**Leonard Spencer**) *n.* (1874–1965) 英国の政治家・著述家, 首相 (1940–45, 1951–55); Nobel 文学賞 (1953); *The World Crisis* (1923–9), *The Second World War* (1948–53).

Chúrchill Dówns *n.* 米国 Kentucky 州の Louisville にある競馬場; ケンタッキーダービーが行なわれる.

Chúrchill Fálls *n. pl.* カナダ Labrador の Churchill 川にある大滝; 幅 60 m, 高さ 75 m.

chúrch·ing *n.* (特に, 産後の婦人が教会で挙げてもらう)出産感謝式 (cf. church *vt.* 2).

chúrch invísible *n.* [the ~] 〘神学〙 見えざる教会, 不可見(的)教会, 天上(の)教会; 真正キリスト教徒たち (cf. church visible).

chúrch·ism [-tʃɪzm] *n.* 教会儀式の固守, 教会主義.

chúrch kèy *n.* チャーチキー《ビール・ジュースなどのかんに穴をあけるための先が三角形に尖った道具》.

chúrch·less *adj.* **1** 教会のない. **2** 教会に属さない, 無教会の.

chúrch·like *adj.* 教会のような[らしい].

chúrch líving *n.* 《英》 (英国国教会の)聖職禄 (cf. living *n.* 4).

chúrch·ly *adj.* **1** 教会の[に関する, に適した]. **2** 教会に忠実な, 宗教がかった: a ~ man. **3** =churchy 2. **chúrch·li·ness** *n.*

chúrch·man [-mən] 〘《*a*1400》〙 ― *n.* (*pl.* **-men** [-mən]) **1** 聖職者, 牧師 (clergyman). **2** (教会の)熱心な信者. **3** 英国国教徒; 国教徒. **chúrch·man·ly** *adj.* **chúrchman·shìp** *n.*

chúrch mílitant 〘《なぞり》← ML *ecclēsia mīlitāns*〙 ― *n.* [しばしば C- M-] 〘神学〙 戦闘教会, 戦う教会《現世にあって悪と戦っている地上の教会[信者たち]; cf. church triumphant》.

chúrch mòde *n.* 〘音楽〙 =ecclesiastical mode.

chúrch-paráde *n.* 《英口語》 (日曜日の朝の礼拝を終えて)教会から出てくる盛装男女の行列.

chúrch pèople *n.* 英国国教会 (Church of England) に属する人々.

chúrch ràte *n.* (教会区民に割り当てる)教会維持税《1868 年廃止されて今では強制力がない》.

chúrch règister *n.* 教会記録(簿), 教会戸籍簿《教会に保存されている洗礼・婚姻・死亡などに関する記録》.

Chúrch schòol *n.* **1** 教会付属学校, 教会立[区]学校《特定の教会によって設立・維持される学校》. **2** 教会学校《地域の教会の監督の下に道徳・宗教教育を行なうための組織; 一般に Sunday school の拡張されたものを指すが, Sunday school と同義にも用いられる》.

church·scot [tʃə́ːtʃskɑ̀t | tʃə́ːtʃskɔ̀t] 〘《変形》← OE *ċiriċsċeat* ← *cirice* 'CHURCH' + *sċeatt* 'payment SCOT'〙 *n.* 教会費《昔牧師が教(会)区から集めた一種の年貢》.

chúrch sèrvice *n.* **1** (教会の)礼拝(式). **2** 《英口語》 =service book.

church·shot [tʃə́ːtʃʃɑ̀t | tʃə́ːtʃʃɔ̀t] 〘⇨ churchscot, shot[1] 8〙 *n.* =churchscot.

Chúrch Slávic *n.* =Old Church Slavic.

chúrch sonáta *n.* 〘音楽〙 教会ソナタ《バロック音楽の器楽曲形式で, 通例舞曲を含まず, 4 楽章以上から構成される; cf. chamber sonata》.

chúrch súffering, C- S- *n.* 〘カトリック〙 煉獄の浄罪の霊魂から成る教会, 浄めの教会.

chúrch tèxt *n.* 〘活字〙 =Old English 2.

chúrch triúmphant, C- T- *n.* 〘神学〙 凱旋(がいせん)教会, 勝利の教会《現世で悪との戦いに勝利を得て昇天した天上の霊魂; cf. church militant》.

chúrch vísible *n.* [the ~] 〘神学〙 見ゆる教会, 可見(的)教会, 地上(の)教会, 現世の教会; 自称キリスト教徒たち (cf. church invisible).

church·ward [tʃə́ːtʃwəd | tʃə́ːtʃwəd] 〘《*a*1376》〙 *adv.* =churchwards. ― *adj.* 教会(の方)への.

church·ward·en [´ ― ― | ― ´ ― ―] 〘《1443》〙 ― *n.* **1** 〘英国国教会〙 教会(代表)委員《教会区 (parish) を代表して牧師を助け会堂の維持・会計事務などを預かる教会員; 各教会区に 2 名いるが, 1 名 (rector's [vicar's] churchwarden) は牧師の指名により, 他の一名は教会(区)総会 (vestry) の選挙による》. **2** 《米国聖公会》 教会(区)役員《その任務は教区 (diocese) によって異なることがあるが, 主に parish の会計事務などの監督・処理を行なう》. **3** 〘もと教区委員が用いたことに由来するという〙 《英》 陶製の長パイプ.

chúrch·wards [-wədz | -wədz] *adv.* 教会の方へ.

chúrch·wòman *n.* 婦人教会員; (特に)英国国教会の婦人信者.

chúrch wòrk *n.* **1** 教会のための仕事《慈善・病人訪問など》. **2** 教会の建築事業《ゆっくり進行している仕事の意》.

church·y [tʃə́ːtʃi | tʃə́ːtʃɪ] *adj.* (**church·i·er**; **-i·est**) **1** 教会の, 教会じみた, 教会を思わせる. **2 a** 教会一点張りの. **b** 《英》 (極端に)国教的な, 国教に凝り固まっている. **chúrch·i·ness** *n.*

chúrch·yàrd 〘《?*a*1160》: ⇨ yard[2]〙 ― *n.* 教会の境内(けいだい); (境内にある)教会墓地 (cf. cemetery): A green Christmas [Yule] makes a fat ~ [kirkyard]. 《諺》 クリスマス季節に暖かくて雪がないとその年は(病気がはやって)死人が多い.

chúrchyard cóugh *n.* 《英口語》 (死の近いことを思わせるような)ひどいせき.

chúrch yéar *n.* 〘キリスト教〙 =Christian year.

chu·rin·ga [tʃuríŋgə] 〘土語〙 *n.* (*pl.* **~s, ~**) チューリンガ《オーストラリア原住民のトーテム (totem) 風の石または木彫りのもので, 神聖視される》.

churl [tʃə́ːl | tʃə́ːl] 〘OE *ċeorl* man, freeman of the lowest rank < (WGmc) **kerlaz* (Du. *kerel* / G *Kerl*): cf. carl〙 ― *n.* **1 a** 粗野[野卑]な男. **b** けちんぼう, しみったれ (miser, niggard). **2** 《古》 田舎者, 土百姓. **3** 〘英史〙 最下層の自由民, 一般自由人.

put a churl upon a gentleman 《古》 良酒の後に粗酒を飲む.

chúrl·ish [-lɪʃ] 〘OE *ċeorlisċ*: ⇨ ↑, -ish[1]〙 ― *adj.* **1 a** 粗野な, 無作法な (boorish). **b** けちな, しみったれの (miserly). **2** 《古》 田舎者の, 土百姓の. **3** 固くて細工し[扱い]にくい; 〈土地が〉耕作しにくい: a ~ soil. **~·ly** *adv.* **~·ness** *n.*

churn [tʃə́ːn | tʃə́ːn] 〘OE *ċyrin* ▭ Gmc **kernjōn* (ON *kirna*) ← ?: cf. corn[1]〙 ― *n.* **1** 攪(かく)乳器《バター製造用のクリームまたはミルクをかき回す容器または機械》. **2** 攪拌(かくはん). **3** 《英》 (運搬用の金属製の)大きな牛乳かん. ― *vt.* **1 a** 攪乳器で〈ミルクやクリームを〉かき回す: ~ cream. **b** (ミルクやクリームをかき回して)〈バターを〉作る: ~ butter. **2 a** 激しくかき回す, 攪拌する. **b** 攪拌して〈泡を〉作る: ~ foam. **c** 激しく頭を働かせて〈考えなどを〉生み出す: ~ ideas. **3** 〘経済〙 (商品委託取引などで)売買を頻繁に行なう, 「ころがす」. ― *vi.* **1** (バターを作るのに)攪乳器を動かす. **2** 〈液体や小粒の物体が〉激しく動く: leaves ~*ing* in a whirlpool 渦巻にもまれる木の葉. **3 a** 〈スクリューなどが〉激しく回転する. **b** (車輪・スクリューなどの回転によって)進む.

churn out 〈作品などを〉大量[機械的]に作り出す: Hollywood ~*s out* pictures every year. ハリウッドは毎年大量に映画を作り出す.

chúrn drìll *n.* 〘土木〙 チャーンドリル《ドリルを繰り返し落下させて岩石を粉砕する鑿岩(さくがん)機》.

chúrn·er *n.* かき回す人; 攪拌(かくはん)器.

chúrn·ing 〘《1440》〙 *n.* **1** 攪拌(かくはん). **2** 一回にできるバター(の量).

churr [tʃə́ː | tʃə́ː(r] 〘擬音語〙 *n., vi.* =chirr.

chur·rigue·resque [tʃùːrɪgərésk] 〘▭ Sp. *churrigueresco* ← *José Churriguera* (1650–1723: スペインの建築家): ⇨ -esque〙 ― *adj.* 〘建築〙 チュリゲラ式の《Churriguera [*Sp.* tʃurriγéra] のバロック (baroque) 式に似た建築様式にいう; 装飾過多の豪華趣味で知られる》.

chut [ɪ, tʃʌ́t] 〘《1825》《擬音語》〙 *int.* ちぇっ (tut) 《いらだち, じれったさを表わす舌打ち》.

chute[1] [ʃúːt] 〘《1805》▭ F ~ 'a fall' ← OF *cheoir* to

fall < L *cadere*: SHOOT[1,2] の影響を受けた】 — *n.* **1 a** 射水路, 斜水溝(こう); 落とし樋(ひ), 樋(とい). **b** (穀物・石炭・鉱石・ごみなどを高所から下へ落とす)自動滑走運搬装置, 投下装置, 落とし, シュート (shoot): a letter ～. **c** 《米》魚道 (fishway). **d** (カーブのある)急な滑り台; ローラーコースター (chute-the-chute). **e** (toboggan などの)滑降斜面, すべり坂. **2 a** (急斜面を落下する)急流. **b** 滝 (waterfall). **3** (家畜に焼印を押すためまたは角を取るための)囲いのある狭い通路.
chute the chute(s) (遊園地などで)ローラーコースター(など)に乗る, ウォーターシュートをする(cf. chute-the-chute).
— *vi.* **1** chute で[を用いたように]落ちる. **2** 投下装置を利用する. — *vt.* 投下装置で落とす[運ぶ].

chute[2], **'chute** [ʃúːt] 【《略》← PARACHUTE】 *n.* 《口語》落下傘: a ～ failure 不開傘事故.

Chu Teh [tʃùːtéɪ, dʒùːdʌ́; *Chin.* tʂū tɤ́] *n.* 朱徳《1886–1976; 中国の将軍・共産党の指導者; 中華人民共和国副主席(1949–59), 全国人民代表大会常務委員長(1959–76)》.

chúte-the-chúte 【⇨ chute[1]】 — *n.* (*also* **chute-the-chutes**) 《米》(遊園地などにある)ローラーコースター, (カーブのある)急な滑り台(など); (特に)ウォーターシュート (shoot-the-chutes).

chút·ist [-tɪst, -təst | -tɪst] 【← CHUTE[2]+-IST】 *n.* (*also* **'chut·ist** [～]) 《口語》落下傘降下員, 落下傘兵.

chut·ney [tʃʌ́tni | -nɪ] 【□ Hindi *caṭnī* ← Prakrit *caṭṭei* he licks】 — *n.* (*also* **chut·nee** [～]) チャツネ《マンゴー・タマリンド・レーズンなどの果物に香辛料や酢・砂糖などを加えて作った甘ずっぱいジャム状の調味料; カレーの薬味などに用いる》.

chutz·pah [hútspə, xúts-, -pɑː] 【□ Yid. ～】 *n.* (*also* **chutz·pa** [～]) 《口語》ものすごい自信; 全くの厚顔, 鉄面皮.

Chu·vash [tʃuːváːʃ] *n.* (*pl.* ～, ～s) **1 a** [the ～(s)] チュバシ族《ソ連邦 Volga 川中流域に住むモンゴル系の民族》. **b** チュバシ族の人. **2** チュバシ語《チュルク語に属する》.

Chuvásh Autónomous Sóviet Sócialist Repúblic *n.* チュバシ自治社会主義共和国《ソ連邦ロシヤ共和国西部の自治共和国; 人口 1,281,000, 面積 18,300 km², 首都 Cheboksary》.

chyl- [kaɪl] (母音の前に来る時の) chylo- の異形.

chyle [káɪl] 【□ LL *chȳl-us* □ Gk *khūlós* juice ← *khéein* to pour】 *n.* 《生理》乳糜(にゅうび). **chy·la·ceous** [kaɪléɪʃəs] *adj.* **chy·lous** [káɪləs] *adj.*

chy·li- [káɪlı, -lə | -lɪ] chylo- の異形 (⇨ -i-).

chy·lo- [káɪlo(ʊ) | -lə(ʊ)] 【□ F ～ ∥ ← NL ～ ← Gk *khūlo-*: ⇨ chyle】 — 次の意味を表わす連結形: **1** 《生理》「乳糜(にゅうび) (chyle)」. **2** 「汁 (juice)」. ★ 時に chyli-, また母音の前では通例 chyl- になる.

chy·lo·cau·lous [kàɪləkɔ́ːləs] 【← G *Chylocaul* (⇨ ↑, caulo-)+-OUS】 *adj.* 《植物》〈砂漠植物など〉多肉質[多汁]の茎をした.

chỳlo·mícron *n.* 《生理》乳糜(にゅうび)[乳状]脂粒.

chỳlo·phýllous 【← CHYLO-+-PHYLLOUS】 *adj.* 《植物》〈砂漠植物など〉多肉質[多汁]の葉をもった.

chyme [káɪm] 【← NL *chȳm-us* ← LL: ⇨ chyle】 *n.* 《生理》キームス, 糜粥(びじゅく), 乳糜(にゅうび)がゆ, 糜汁(びじゅう).

chý·mous [-məs] *adj.*

chym·ist [kímɪst, -məst | -mɪst] *n.* 《廃》=chemist.

chym·ist·ry [kíməstri, -məst- | kímɪstrɪ] *n.* 《廃》=chemistry.

chy·mo·tryp·sin [kàɪmo(ʊ)trípsɪn, -sən | -mə(ʊ)trípsɪn] 【← CHYME+-O-+TRYPSIN】 — *n.* 《生化学》キモトリプシン《膵(すい)液中にキモトリプシノゲンとして含まれ, ペプチド鎖中の芳香族アミノ酸残基のカルボキシル側を切断するエンドペプチダーゼ》.

chy·mo·tryp·sin·o·gen [kàɪmo(ʊ)trɪpsínədʒən | -mə(ʊ)-] 【⇨ ↑, -gen】 — *n.* 《生化学》キモトリプシノゲン《膵液中に含まれ, 腸でキモトリプシンやトリプシンで活性キモトリプシンとなる; cf. chymotrypsin》.

Ci 《略》《気象》cirrus; 《物理》curie(s).

CI 《略》*L.* Caritas Internationalis (カトリックの)国際的慈善機構.

CI 《記号》⇨ CALL.

C.I. 《略》cast iron; certificate of insurance; Channel Islands; consular invoice; cost and insurance; counterintelligence; (Order of the) Crown of India.

CIA 《略》Central Intelligence Agency (米国の)中央情報局.

Cia. 《略》*It.* Compania, *Port.* Comphania, *Sp.* Compañia (=company).

cía. 《略》*Sp.* compañia (=company).

cia·o [tʃáʊ; *It.* tʃáːo] 【□ It. ～ 《変形》← *schiavo* (I am your) slave < ML *sclāvus* 'SLAVE'】 *It. int.* **1** やあ, こんにちわ, チャオ. **2** さよなら, チャオ (good-by).

Ciar·di [tʃɑ́ədi | tʃɑ́ːdɪ], **John** (**Anthony**) *n.* (1916–) 米国の詩人; *Homeward to America* (1940).

cib. 《略》《処方》*L.* cibus 食物 (food).

Cib·ber [síbə | -bə(r)], **Col·ley** [kɑ́li | kɔ́lɪ] *n.* (1671–1757) 英国の俳優・劇作家; 桂冠詩人 (1730–57); *The Careless Husband* (1705).

cib·ol [síbəl] 【□ F *ciboule* □ Prov. *cebula* < LL *cepullam* (dim.) ← L *cepa, caepa* onion: cf. chibol, chive】 — *n.* 《植物》**1** ネギ (Welsh onion). **2** ワケギ (shallot).

ci·bo·ri·um [sɪbɔ́ːriəm, sə-, -bóːr- | sɪbɔ́ːrɪ-] 【《1651》 □ ML *cibōrium* ← L *cibōrium* drinking cup □ Gk *kibṓrion* seed vessel of the Indian lotus, cup】 — *n.* (*pl.* **-ri·a** [-riə | -rɪə], ～s) **1** 《建築》(祭壇や聖像などの上に設けた)天蓋(てんがい) (baldachin). **2** 《カトリック・英国国教会》聖体器, チボリウム, シボリウム《聖餅(せいへい)を入れる容器》.

ciborium 2

cib·oul [síbəl] *n.* 《植物》=cibol.

cib·oule [síbəl] *n.* 《植物》=cibol.

Cic. 《略》Cicero.

C. I. C. 《略》Counterintelligence Corps.

ci·ca·da [sɪkéɪdə, sə-, saɪ-, -káː- | sɪkáː-, -kéɪ-] 【《*a*1387》 □ L *cicāda* (地中海沿岸起源か)】 — *n.* 《昆虫》(*pl.* ～s, **ci·ca·dae** [-diː]) セミ《セミ科の昆虫の総称; 米国ではしばしばバッタと混同して locust ともいう; cf. dog-day cicada》.

cicáda kìller *n.* 《昆虫》ハナダカバチモドキ (*Sphecius speciosus*)《黒[さび]色のジガバチ科の昆虫; 腹部に黄筋があってセミを狩る》.

Cic·a·del·li·dae [sɪkədélɪdiː | -lɪ-] 【← NL ～ ← *Cicadella* (属名: ← L *cicāda* 'CICADA'+-ELLA)+-IDAE】 *n. pl.* 《昆虫》(半翅目)ヒメヨコバイ科.

Ci·cad·i·dae [sɪkǽdədiː, sə- | sɪkǽdɪ-] 【← NL ～ ← L *cicāda* 'CICADA'+-IDAE】 *n. pl.* 《昆虫》(半翅目)セミ科.

ci·ca·la [sɪkɑ́ːlə, sə- | sɪ-; *It.* sikáːla] 【□ It. ～ < ML *cicālam*=L *cicāda*】 *n.* (*pl.* ～s) 《昆虫》**1** =cicada. **2** =grasshopper 1.

cic·a·trice [síkətrɪs, -trəs | -trɪs] 【《*a*1400》 □ (O)F ～ □ L *cicātrīcem, cicātrix* scar】 *n.* =cicatrix.

cicatrices 【□ L *cicātrīces*】 *n.* cicatrix の複数形.

cic·a·tri·cial [sìkətríʃəl] *adj.* 《医学》瘢痕(はんこん)状の.

cic·a·tri·cle [síkətrìkl] 【□ L *cicātrīcula* small scar: ⇨ cicatrice, -cle】 *n.* **1** 《生物》胚盤 (blastodisc). **2** 《植物》=cicatrix 2.

ci·cat·ri·cose [sɪkǽtrəkòʊs, sə-, síkət- | sɪkǽtrɪkəʊs, síkət-] 【□ L *cicātrīcōs-us*: ⇨ cicatrice, -ose[1]】 *adj.* 《植物》葉痕のついた, 瘢痕(はんこん)様の.

cic·a·trix [síkətrɪks, sɪkéɪtrɪks, sə- | síkətrɪks] 【□ L *cicātrix* scar ← ?】 — *n.* (*pl.* **cic·a·tri·ces** [sìkətráɪsiːz, sɪkéɪtrɪsiːz, sə-, -trə- | sìkətráɪsiːz]) **1** 《医学》瘢痕(はんこん) (scar). **2** 《植物》葉痕《茎の葉が離れたあとの痕跡; scar ともいう》.

cic·a·tri·za·tion [sìkətrɪzéɪʃən, -trə- | -traɪ-, -trɪ-] 【□ (O)F *cicatrisation*: ⇨ ↓, -ation】 *n.* 《医学》瘢痕形成; (傷の)治癒(ちゆ).

cic·a·trize [síkətràɪz] 【□ (O)F *cicatriser* ∥ ML *cicātrīz-āre*: ⇨ cicatrix, -ize】 — *vt.* **1** 〈傷〉に瘢痕(はんこん)を形成させる; 瘢痕形成によって癒やす. **2** …に傷跡を残す (scar). — *vi.* 瘢痕を形成する(ことによって癒える).

cíc·a·trìz·er *n.* 瘢痕(はんこん)を形成させる[皮膚を生じさせる]もの《薬剤》.

cic·e·ly [sísəli | sís(ɪ)lɪ, -səlɪ] 【《1597》 □ L *seseli-s* □ Gk *séselis* kind of plant: CICELY の影響を受けた】 — *n.* 《植物》セリ科ヤブジラミ属 (*Torilis*) またはヤブニンジン属 (*Osmorhiza*) の植物の総称《アメリカヤブニンジン (sweet cicely) など》.

Cic·e·ly [sísəli | sís(ɪ)lɪ, -səlɪ] 【⇨ Cecilia】 *n.* 女性名.

cic·e·ro [sísəròʊ | -rəʊ] 【15 世紀印刷の Cicero の *De Oratore* にこの型の活字が用いられたことから】 — *n.* (*pl.* ～s) 《印刷》シセロ《ドイツ・フランスなどの活字の大きさの古い呼び名; 12 ディドーポイント (Didot points) に相当する》.

Cic·e·ro [sísəròʊ | -rəʊ], **Marcus Tul·li·us** [tʌ́liəs | -lɪ-] *n.* キケロ (106–43 B.C.; ローマの政治家・雄弁家・著述家).

cic·e·ro·ne [sìsəróʊni, tʃìtʃə-, tʃìːtʃə- | tʃìtʃərə́ʊnɪ, sìsə-; *It.* tʃitʃeróːne] 【《1726》 □ It. ～ ← *Cicerone* Cicero: 皮肉に「キケロのような雄弁家」の意から】 — *n.* (*pl.* ～s, *It.* **-ro·ni** [-niː, -ni | -niː, -nɪ; *It.* -ni]) **1** (名所旧跡などの)観光案内人, ガイド: do the ～ 見物の案内をする. **2** 案内人; 指導者. — *vt.* 〈旅行者など〉の観光案内をする, ガイドをする (guide).

Cic·e·ro·ni·an [sìsəróʊniən, -njən | -rə́ʊnjən, -nɪən] 【□ L *Cicerōniān-us*】 — *adj.* **1** キケロ (Cicero) の[に関する]. **2** キケロ流の; (キケロの文章のように)典雅で韻律的な, (キケロのように)雄弁な (eloquent). — *n.* キケロ崇拝[模倣]者.

Cìc·e·ró·ni·an·ism [-nɪzm] *n.* キケロ風, キケロの文体[雄弁]の模倣.

Cicestr. 《略》*ML.* Cicestriēnsis (=of Chichester) 《Bishop of Chichester が署名に用いる; ⇨ Cantuar. 2》.

cich·lid [síklɪd, -ləd | -lɪd] 【↓】 *adj., n.* 《魚類》カワスズメ科の(淡水魚).

Cich·li·dae [síklədiː | -lɪ-] 【← NL ～ ← *Cichla* (属名: ← Gk *kikhlē* a kind of sea fish)+-IDAE】 *n. pl.* 《魚類》カワスズメ科.

Ci·cho·ri·a·ce·ae [sɪkɔ̀ːriéɪsiìː, sə-, -kòːr- | sɪkɔ̀ːrɪ-] 【← NL ～ ← *Cichorium* (属名: ← L *cichorium* □ Gk *kikhórion* chicory)+-ACEAE】 — *n. pl.* 《植物》キクニガナ科《キク科タンポポ亜科を独立科として扱う場合の名》. **ci·chò·ri·á·ceous** [-ʃəs] *adj.*

Cic·in·del·i·dae [sɪsɪndélɪdiː, -sən- | -sɪndélɪ-] 【← NL ～ ← *Cicindela* (属名: ← L *cicindela* glowworm)+-IDAE】 *n. pl.* 《昆虫》(鞘翅目)ハンミョウ科.

ci·cis·be·o [tʃìːtʃɪzbéɪoʊ, -tʃəz- | tʃìtʃɪzbéɪəʊ; *It.* tʃitʃizbéːo] 【《1718》 □ It. ～ ← ?】 — *It. n.* (*pl.* **-be·i** [-béɪiː; *It.* -béːi]) (18 世紀イタリアの)既婚婦人の公然たる愛人. **cì·cis·bé·ism** [-béɪɪzm] *n.*

Cic·o·ni·i·dae [sìkənáɪədiː | -náɪɪ-] 【← NL ～ ← *Cicōnia* (属名: ← L *cicōnia* stork)+-IDAE】 *n. pl.* 《鳥類》コウノトリ科.

Cid [síd; *Sp.* θíd], **the** 【□ Sp. (*el* the) *Cid* □ Arab. *sáyyid* lord, chief】 — *n.* (エル)シッド《「首領, 統領 (commander, chief)」の意味でキリスト教の擁護者としてムーア人(Moors)と戦ったスペインの国民的英雄 Rodrigo [Ruy] Díaz de Bivar [rodrígo [rrwí] de bibár] (1040–99) にムーア人が与えた称号; 12 世紀にはその Cid の功業を歌った叙事詩もある; また 17 世紀の Corneille の詩劇 *Le Cid* は有名; El Cid [el-] または El Cid Campeador [-kàmpeadór] ともいう》.

C.I.D. 《略》《英》Committee for Imperial Defence; Council of Industrial Design; 《英》Criminal Investigation Department (警視庁などの)捜査課; cubic inch displacement.

-ci·dal [∸∸ sáɪdl] 【□ LL *-cīdālis*: ⇨ -cide, -al[1]】 -cide に対応する形容詞連結形.

cid·a·rid [sídərɪd, -rəd | -rɪd] 【↓】 *n.* 《動物》フトザオウニ科のウニ.

Ci·dar·i·dae [sɪdǽrədiː, sə- | sɪdǽrɪ-] 【← NL ～ ← *Cidaris* (属名: ← L *cidaris* royal tiara of ancient Persian kings □ Gk *kídaris, kítaris* ← Sem. (Heb. *kéther* head-dress)+-IDAE】 — *n. pl.* 《動物》(棘皮動物門)フトザオウニ科.

-cide [∸∸ sàɪd] 【□ F ～ ∥ L *-cīda* murderer of, *-cīdium* murder of ← *caedere* to kill】 —「…殺し《人》」の意の名詞連結形 (cf. -icide): patri*cide*, matri*cide*, fratri*cide*, regi*cide*, sui*cide*.

ci·der [sáɪdə | -də(r)] 【《*a*1325》 *cider, sider* □ OF *sidre, cisdre* < LL *sīceram* strong drink □ LGk *sikéra* □ Heb. *šēkhār* □ Akkad. *šikaru* beverage, beer】 — *n.* **1** 《英》りんご酒, シードル《りんご汁を発酵させて造る酒; 飲料のほか酢の原料にもする》: ⇨ hard cider, sweet cider. ★ 日本でいう清涼飲料水のサイダーはこの語の誤用. **2** 《米》(りんごなどの)果汁.
all talk and no cider ⇨ talk *n.* 成句.

cíder brándy *n.* =apple brandy.

cíder gùm *n.* 《植物》オーストラリア産フトモモ科ユーカリ属の高木 (*Eucalyptus gunnii*)《樹液からりんご酒に似た飲料を造る; gum はユーカリ属の通称名》.

cíder prèss *n.* (りんご酒製造用)りんご圧搾器.

cíder vìnegar *n.* りんご酢《りんご酒から造る酢》.

ci-de·vant [siːdəvɑ́ː(ŋ), -vɔ́ː(ŋ), -vɑ́ːŋ, -vɔ́(ː)ŋ; *F.* sidvɑ̃] 【□ F ～ 'heretofore' ← *ci* here, now+*devant* before】 *F. adj.* 先の, 以前の (former): a ～ governor.

Cie., cie. 《略》*F.* compagnie (=company).

C.I.E. 《略》Companion of the (Order of the) Indian Empire.

cié·na·ga [sjéɪnəgə, sjén-, sín-, -gɑː | sjéɪn-, sjén-; *Sp.* sjénaga] 【□ Sp. ～ ← *cieno* mud < L *caenum* dirt】 — *n.* (*also* **cie·ne·ga** [～; *Am. Sp.* sjénega]) 《米南西部》(泉によってできた)沼地 (swamp).

CIF, C.I.F., c.i.f. 《略》《貿易》cost, insurance, and freight 運賃保険料込み条件[値段](の) (cf. FOB) 《★ しばしば [síf] と発音》: a *CIF* price 着港渡し値段.

cig [síg] 【略】 *n.* 《口語》**1** =cigar. **2** =cigarette.

ci·ga·la [sɪgɑ́ːlə, sə- | sɪ-] 【□ F *cigale* □ Prov. *cigala* < ML *cicālam*=L *cicāda*】 *n.* (*also* **ci·gale** [-gɑ́ːl]) 《昆虫》=cicada.

ci·gar [sɪgɑ́ə, sə- | sɪgɑ́ː(r)] 【《1735》 □ Sp. *cigarro* ← ?: cf. Mayan *sicar* to smoke, *si'c* tobacco】 *n.* 葉巻たばこ, シガー.

cig·a·rette [sìgərét, ∸∸∸ | ∸∸∸] 【《1842》 □ F ～ (dim.) ← *cigare* 'CIGAR': ⇨ -ette】 *n.* (*also* **cig·a·ret** [～]) 紙巻きたばこ, シガレット.

cigarétte càse *n.* シガレットケース, たばこ入れ.

cigarétte gìrl *n.* (ナイトクラブなどで売り歩く)たばこ(売り)娘.

cigarétte hòlder *n.* 巻きたばこ用パイプ, ホールダー.

cigarétte lìghter *n.* (たばこの)ライター.

cigarétte pàper *n.* 巻きたばこ用紙.

cigár flòwer *n.* 《植物》ベニチョウジ, タバコソウ (*Cuphea micropetala*)《メキシコ原産ミソハギ科の低木; 口部が白く鮮紅色の筒状花が咲く》.

cigár-hòlder *n.* 葉巻用小パイプ.

cig·a·ril·lo [sìgəríloʊ, -ríː(j)oʊ | -ləʊ; *Sp.* sìgaríʎo] 【□ Sp. *cigarrillo* (dim.) ← *cigarro* 'CIGAR'】 — *n.* (*pl.* ～s) **1** 小型の葉巻たばこ. **2** タバコの葉で巻いたシガレット.

cigár lìghter *n.* (自動車などの)シガーライター.

cigár-shàped *adj.* 葉巻形の《先の尖った円筒形の》.

cigár stòre *n.* 《米》たばこ小売店, たばこ屋.

cigár-stòre Índian *n.* 《米》(もとたばこ屋の看板だった)アメリカインディアンの木彫りの像.

C.I.G.R.E. 《略》Conférence Internationale des Grands Réseaux Électriques 国際送電網会議.

C.I.G.S. 《略》《英》Chief of the Imperial General Staff 《現在は C.G.S.》.

ci·gua·te·ra [sìːgwətérə; *Am. Sp.* sìgwatéra] 【□ Am.-Sp. ～ ← ? *cigua* sea snail ← Taino】 *n.* 《病理》シグワテラー, 魚中毒《魚介類を食べてかかる中毒症》.

C.I.I. 《略》Chartered Insurance Institute.

ci·lan·tro [sɪlɑ́ːntroʊ, sə-, -lǽn- | sɪlɑ́ːntrəʊ, -lǽn-] 【□ Sp. *cilantro* < LL *coliandrum* □ L *coriandrum*】 — *n.* コエンドロ (coriander) の葉《香味野菜として, サラダやスープ・シチューなどに用いる》.

Ci·le·a [tʃɪléɪɑ: ; *It.* tʃiléːa], **Francesco** *n.* チレア《1866–1950; イタリアのオペラ作曲家; *Adriana Lecouvreur* (1902)》.

ci·li- [síli | -lɪ] (母音の前に来る時の) cilio- の異形.

cilia 〘《1715》← NL ~ (pl.) ← L *cilium* eyelid ← IE **kel-* to cover〙 *n.* cilium の複数形.

cil·i·ar·y [sílièri | -lɪərɪ, -ljə-] 〘↑, -ary〙 *adj.* **1** まつげの. **2** 繊毛[線毛]の: ~ movement (下等動物の)繊毛運動. **3** 〘解剖〙(目の)毛様体の.

cíliary bòdy *n.* 〘解剖〙(目の)毛様体.

cíliary mùscle *n.* 〘解剖〙毛様体筋.

cíliary pròcess *n.* 〘解剖〙眼様(体)突起《眼球の水晶体の懸垂帯に結びついた毛様体のひだ》.

Cil·i·a·ta [siliéɪṭə | -tə] 〘← NL ~: ⇨ cilium, -ata〙 — *n. pl.* 〘動物〙繊毛虫綱《体に繊毛を生じ, これを振動させて水中を泳ぐ原生動物; 多くは自由生活をするがわずかながら *Balantidium* 属, *Nyctatherus* 属のように寄生性のものもある; cf. Euciliata, Protociliata》.

cil·i·ate [síliət, -lìɪt, -lièɪt | -lɪət, -lɪɪt, -lɪèɪt] 〘⇨↑, -ate²〙 *n.* 〘動物〙繊毛虫. — *adj.* **1** 〘動物〙繊毛虫の. **2** 〘植物〙=ciliated. **~·ly** *adv.*

cil·i·at·ed [sílièɪṭɪd, -ṭəd | -lɪèɪtɪd, -təd] *adj.* 〘植物〙〈葉など〉繊毛のある.

cil·i·a·tion [sìliéɪʃən | -lɪ-] *n.* **1** まつげ[繊毛]のあること. **2** [集合的] まつげ, 繊毛 (cilia).

cil·ice [sílɪs, -ləs | -lɪs] 〘□F ~ □L *cilicium* □Gk *kilikion* cloth of Cilician goat's hair ← *Kilikia* 'CILICIA' ∽ OE *cilic*〙 *n.* **1** 馬の毛織りの布, 馬巣(ᵇ)織り (haircloth). **2** 馬の毛織り製衣類; (特に, 苦行中の僧などが着た)馬巣織りシャツ.

Ci·li·cia [sɪlíʃə, sə-, -ʃiə | saɪlíʃɪə, sɪ-, -sɪə, -sjə] 〘□L ~ □Gk *Kilikia* ← ? Assyr.〙 — *n.* キリキア, シリシア《小アジア南東部, 地中海沿岸にあった古代の国; 首都 Tarsus》. **Ci·li·cian** [-ʃən, -ʃiən | -ʃɪən, -sɪən, -sjən] *adj., n.*

ci·li·i- [sílii | -lɪɪ] cilio- の異形 (⇨ i-).

ci·li·o- [síliou | -lɪə(u)] 〘← NL ~: ⇨ cilia〙 — 次の意味を表わす連結形: **1** 「毛様体 (ciliary body); 毛様体と…との」. **2** 「まつ毛; 繊毛 (cilia)」. ★ 時に cilii-, また母音の前では通例 cili- になる.

cil·i·o·late [síliəlèɪt, -lət, -lɪt | -lɪ-] 〘← NL *ciliolum* ((dim.) ← CILIUM) + -ATE²〙 *adj.* 〘生物〙細織毛のある.

cil·i·um [síliəm | -lɪəm] 〘← NL ~ (sing.): ⇨ cilia〙 — *n.* (*pl.* **cil·i·a** [-liə | -lɪə, -ljə]) **1** まつげ (eyelash). **2** 〘植物〙(葉などの)細毛. **3** 〘生物〙(下等動物体にある)繊毛.

Ci·ma·bu·e [tʃì:məbú:eɪ | tʃìməbú:ɪ, tʃì:-, -bú:eɪ, -búɪ, -búeɪ; *It.* tʃimabúːe], **Giovanni** *n.* チマブーエ《1240?–?1302; フィレンツェの画家; Giotto の師でルネサンス絵画の祖; 本名 Cenni di Pepo》.

Ci·ma·ro·sa [tʃì:məróuzə | -róu-; *It.* tʃimaróːza], **Domenico** *n.* チマローザ《1749–1801; イタリアのナポリ楽派の作曲家; 歌劇 *The Secret Marriage* (初演 1792)》.

cim·ar·ron [símərὸun, -rὰn, -rən | -rὸun, -rɔ̀n] 〘□Am.-Sp. *cimarrón*: ⇨ maroon²〙 *n.* **1** =maroon² 1. **2** 《米西部》〘動物〙=bighorn.

Cim·ar·ron [símərὰn, -rὸun, -rən | -rɔ̀n, -rəun] 〘↑〙 — *n.* [the ~] 米国 New Mexico 州北東部から東流し, Oklahoma 州北部で Arkansas 川に合流する川 (1,123 km).

cim·ba·lom [símbələm] 〘□Hung. ~ □It. *cembalo* 'dulcimer, CEMBALO'〙 *n.* シンバロン《ハンガリーのツィターに似た弦楽器》.

Cim·bri [símbraɪ, kímbri:] 〘□L *Cimbri* ← Gmc: cf. G *Kimber*〙 — *n. pl.* キンブリ族《Jutland に起こったといわれるゲルマン民族; 紀元前 2 世紀の終わりに Gaul およびイタリアの北部に侵入したが, ローマ軍に滅ぼされた (101 B.C.)》. **Cím·bri·an** [-briən | -brɪ-] *adj.* **Cim·bric** [símbrɪk, kím-] *adj.*

ci·me·li·a [sɪmí:liə, sə-, -ljə | sɪmí:ljə, -lɪə] 〘□ML *cimēlia* □Gk *keimēlia* (pl.) ← *keimēlion* treasure ← *keimai* I lie down〙 — *n. pl.* (*sing.* **-li·um** [-liəm, -ljəm | -ljəm, -lɪəm]) 宝物; (特に)教会の宝物.

ci·mex [sáɪmeks] 〘← NL ~ ← L *cimex*: cf. chinch〙 *n.* (*pl.* **ci·mi·ces** [sáɪməsì:z, sím- | -mɪ-]) 〘昆虫〙トコジラミ, ナンキンムシ (bedbug).

ci·mi·cid [sáɪməsɪd, sím-, -səd | -mɪsɪd] 〘↓〙 *n.* 〘昆虫〙トコジラミ《トコジラミ科のシラミの総称》.

Ci·mic·i·dae [saɪmísədì:, sɪ-, sə- | saɪmísɪ-, sɪ-] 〘← NL ~: ⇨ cimex, -idae〙 *n. pl.* 〘昆虫〙(半翅目)トコジラミ科.

cim·ma·ron [símərὰn, -rὸun, -rən | -rɔ̀n, -rəun] *n.* 「=cimarron.

Cim·me·ri·an [sɪmí(ə)riən, sə- | sɪmíərɪ-] 〘← L *Cimmerii* Cimmerians (□Gk *Kimmérioi*) + -AN¹〙 — *n.* (Homer の詩に「世界の西の果て霧と暗黒の中に住む」と歌われた)キンメリア族の人, キンメリア人. — *adj.* **1** キンメリオス人の(住んだ西の果ての暗黒の国の): ~ darkness 真っ暗闇. **2** 常闇の, 暗黒の (dark, gloomy).

Ci·mon [sáɪmən, -mɑn | -mən, -mɔn] *n.* キモン《507?–449 B.C.; Miltiades の子で Athens の軍人·政治家》.

cin- [kɪn, kən, kaɪn | kɪn, kaɪn] (母音の前に来る時の) cino- の異形 (⇨ kino-).

C. in C., C.-in-C., C in C, CinC, CINC 《略》〘軍事〙Commander in Chief.

cinch¹ [sɪntʃ] 〘《1872》□Sp. *cincha* girth < L *cingulam* girdle ← *cingere* to gird: cf. cincture〙《米》 — *n.* **1** 鞍帯(ᵇᵃ), 馬の腹帯 (girth). **2** 《口語》しっかり握ること: have a ~ *on* …をしっかりつかむ. **3** 《俗》 **a** 確実な事; 有力候補, 本命: That's a ~. それは確かだ / He is a ~ to succeed. 彼は成功間違いなしだ / It's a ~ that he will be promoted. 彼が昇進することは間違いなしだ. **b** 造作ない事, 朝飯前: Doing this work is a ~ for him. この仕事をするのは彼にとっては何でもない. — *vt.* **1 a** 〈馬〉に鞍帯をつける. **b** 締めあげる 〈*up*〉. **2** 《口語》しっかりつかむ. **3** 《俗》確実にする: Your help would ~ our victory. 君が援助してくれると我々の勝利は確実だ. — *vi.* 鞍帯を締める 〈*up*〉.

cinch² [sɪntʃ] 〘← ? CINCH¹〙 — *n.* 〘トランプ〙シンチ《auction pitch の一種で, 4 人が 2 人ずつペアを組み得点を競うが, 切札の 5 (right pedro) およびそれと同色の他のスーツの 5 (left pedro) を 5 点に数えるのが特徴; cf. pedro 1》.

cínch màrk *n.* 〘写真〙(ロールフィルムをスプールに巻いている時にできる)しめつけ傷.

cin·cho·na [sɪŋkóunə, sɪn-, sɪntʃóu- | sɪŋkə́u-] 〘← NL ~ ← *Countess of Chinchón* (1576–1639: その奇効に驚き 1638 年スペインに初めて輸入したペルー総督 Chinchón 伯夫人)〙 — *n.* **1** 〘植物〙キナノキ《アンデス山地原産アカネ科キナノキ属 (*Cinchona*) の各種の樹木の総称; 特に, *C. officinalis*》. **2** キナ皮 (cinchona bark)《マラリア特効薬キニーネ (quinine) の原料; Jesuits' bark, Peruvian bark ともいう》.

cin·chon·ic [sɪŋkánɪk, sɪn-, sɪntʃán- | sɪŋkɔ́n-] *adj.* キナ(皮)の[から得られる].

cin·chon·i·dine [sɪŋkánədì:n, sɪn-, -dɪn, -dən | sɪŋkɔ́nɪdì:n, sɪn-, -dɪn] 〘← CINCHONA + -IDINE〙 — *n.* 〘化学〙シンコニジン ($C_{19}H_{22}N_2O$)《キナアルカロイドの一種で, cinchonine の立体異性体; マラリア治療および解熱用》.

cin·cho·nine [síŋkənì:n, sín-, síntʃə-, -nɪn, -nən | síŋkənì:n, -nɪn] 〘□F ~: ⇨ cinchona, -ine³〙 *n.* 〘化学〙シンコニン ($C_{19}H_{22}ON_2$)《キナ皮から採るキナアルカロイドの一つ; 主にキニーネ (quinine) の代用》.

cin·cho·nism [-nɪzm] *n.* 〘病理〙キニーネ中毒(症).

cin·cho·nize [síŋkənàɪz, sín-, síntʃə- | síŋ-] *vt.* キニーネ (quinine) で治療する; …にキニーネ中毒を起こさせる.

Cin·cin·nat·i¹ [sɪnsənǽṭi, -ṭə | -sɪnǽtɪ, -nɑ́:-] 〘← *L.Q. Cincinnatus*〙 *n.* 米国 Ohio 州南西部 Ohio 川に臨む商工業都市; 人口 413,000.

Cin·cin·nat·i² [sɪnsənǽṭi, -ṭə | -sɪnǽtɪ, -nɑ́:-] 〘↑〙 — *n.* **1** 《俗》〘ボウリング〙シンシナティー《8 番と 10 番のピンが残るスプリット》. **2** 〘トランプ〙シンシナティー《ポーカーの一種で, 手札とは別に 5 枚の札を場の中央に配り, それを 1 枚ずつ開いては賭けていく方式》.

Cin·cin·na·tus [sɪnsənǽṭəs, -néɪṭ- | -sɪnǽt-, -néɪt-], **Lucius Quinc·ti·us** [kwíŋ(k)tiəs | kwíŋ(k)tɪ-] *n.* キンキナトゥス《519?–?439 B.C.; ローマが危急に陥った時 (458 B.C. と 439 B.C.) 田園生活から呼び出されて独裁官となり, 平和回復とともに田園に帰ったという半伝説的人物》.

cinc·ture [síŋ(k)tʃə, -(k)ʃə | -tʃə(r, -tʃuə(r)] 〘《1587》□L *cinctūra* girdle ← *cinctus* (p.p.) ← *cingere* to gird: cf. cinch¹〙 — *n.* **1 a** 《古·詩》帯 (girdle). **b** 〘キリスト教〙シンクチュア, チングルム《alb などの祭服を腰のところで締めるひも帯; girdle ともいう》. **2** 帯状に取り囲むこと; 囲い. **3** 〘建築〙(円柱の頂部や下部に施される)環帯装飾, 縁輪. — *vt.* **1** 帯で巻く, 帯で締める. **2** 取り巻く, 囲む.

cin·der [síndə | -də(r] 〘OE *sinder* cinder, slag ← Gmc **sendra-* (Du. *sintel* / G *Sinter*) ← IE **sendhro-* (OSlav. *sędra* stalactite): OE *s-* → ME *c-* への変化は語源的には無関係の F *cendre* ashes の影響〙 — *n.* **1 a** (火は消えてもまだ灰になっていない石炭·コークス·まきなどの)燃え殻, 燃えかす, おき (ember): burn meat to a ~ (火にかけすぎて)肉を黒焦げにしてしまう / be burnt to a ~ 黒焦げになる; 燃えて役に立たなくなる. **b** [*pl.*] 燃え残り, 石炭殻 (ashes). **2** [*pl.*] =cinder path. **3** 焼鉱《高温で酸化された鉱石》. **4** [*pl.*] 〘地質〙噴石《火山から噴出した, 径 4–32 mm 程度の細かい放出物; cf. scoria 1》. — *vt.* **1** 燃え殻[石炭殻]でおおう. **2** 《まれ》燃え殻[おき]にする.

cínder blòck *n.* 〘建築〙石炭殻ブロック《石炭殻を骨材に用いた建築用軽量ブロック》.

cínder còncrete *n.* 〘建築〙シンダー[石炭殻]コンクリート《石炭殻を混ぜた軽量コンクリート; 屋上防水押えなどに用いる》.

cínder còne *n.* 〘地質〙岩滓(ˢ)丘, 噴石丘《火山岩屑(ˢ)だけから成る小形の円錐形火山》.

Cin·der·el·la [sìndərélə] 〘← CINDER + -ELLA (fem. dim. suf.): F *Cendrillon* (← *cendre* ashes) からの類推: cf. G *Aschenbrödel* ← *Asche* ashes + *brodeln* to boil〙 — *n.* **1** 女性名. **2** シンデレラ《C. Perrault 作の童話で有名になったおとぎ話の女主人公の名》. **3 a** まま子扱いにされる人; 隠れた美人[人材]. **b** 無名から一躍有名になった人. **4** =Cinderella dance.

Cinderélla dànce 〘美装で踊っていた Cinderella が夜中の 12 時までに帰らないと見すぼらしい姿に変わると魔女から言われた話にちなむ〙 — *n.* 《英》夜中の 12 時に終わる小舞踏会. 「できたもの」.

cínder pàtch *n.* 〘冶金〙鋼の表面汚れ《熱処理炉で

cínder pàth [tràck] *n.* 細かい石炭殻を敷きつめた小道[競走用トラック].

cin·der·y [síndə(ə)ri | -dərɪ] *adj.* **1** 燃えかす様の, 燃え殻の多い. **2** 燃えかすの多い[から成る].

Cin·dy [síndi | -dɪ] 〘(dim.) ← CINDERELLA, LUCINDA〙 *n.* 女性名.

cin·e [síni | -nɪ] 〘《略》← CINEMA // □F *ciné* 《略》← *cinématographe*〙 *n.* (*also* **cin·é** [~]) 映画 (motion picture). 「形.

cin·e- [sínɪ, -nə | -nɪ] 〘← CINEMA〙「映画」の意の連結

cíne·àngio·cardiógraphy 〘← CINE- + ANGIOCARDIOGRAPHY〙 *n.* 〘医学〙血管心(臓)映画撮影(法).

cíne·àngio·cardiográphic *adj.*

cìne·angiógraphy *n.* 〘医学〙血管映画撮影(法).

cìne·angiográphic *adj.*

cin·e·aste [síniæ̀st, -əst | -nɪ-; *F.* sineast] 〘□F *cinéaste* ← *ciné(matographe)* + *(enthusi)aste* enthusiast〙 — *n.* (*also* **cin·é·aste** [~]) **1** 映画製作の関係者. **2** 映画ファン, シネマファン.

cíne·càmera *n.* (通例小型の)映画撮影機.

cin·e·cult [sínəkʌ̀lt | -nɪ-] *n.* [集合的] 映画ファン

cíne·fìlm *n.* 映画用フィルム. 〖[狂]たち.

cìne·fluorógraphy 〘← CINE- + FLUOROGRAPHY〙 *n.* 〘医学〙X 線映画透視法 (cf. cineradiography).

cìne·hológraphy 〘⇨ holography〙 *n.* 〘映画〙レーザー光線のような干渉性の強い光を被写体に当てて作られたフィルムによる立体映像撮影法.

cin·e·ma [sínəmə | -nəmə, -nɪ-, -mɑ̀:] 〘《1910》《略》← CINEMATOGRAPH〙 — *n.* **1** 《英》映画館. **2 a** 映画 (motion picture). **b** [the ~; 集合的] 映画: go to *the* ~ 映画を見に行く. **c** 映画産業. **3** [the ~] 映画製作の技術. **4** 映画製作に適した材料[手法].

cínema·gòer *n.* 映画ファン (moviegoer).

Cin·e·ma·Scope [sínəməskòup | -nəməskə̀up, -nɪ-] *n.* 〘商標〙シネマスコープ《ワイドスクリーン方式による映画の一種; 左右を 2 : 1 に圧縮して撮影し, 映写のとき左右を広げて幅広いスクリーンに映写する; 映写画面縦横比 1 : 2.35; cf. wide-angle 2》.

cínema stàr *n.* 映画スター, 映画俳優.

cin·e·mat·ic [sìnəmǽṭɪk | -nəmǽt-, -nɪ-] 〘← CINEMAT(OGRAPH) + -IC¹〙 — *adj.* **1** 映画の[に関する, に適した]: ~ history 映画史. **2** 映画に表現された. **cin·e·mát·i·cal·ly** *adv.*

cin·e·mat·ics [sìnəmǽṭɪks | -nəmǽt-, -nɪ-] 〘← CINEMAT(OGRAPH) + -ICS〙 *n.* 映画芸術[技術].

cin·e·ma·tize [sínəmətàɪz | -nə-, -nɪ-] 〘← CINEMA + (DRAMA)TIZE〙 *vt.* 映画に撮る; 映画化する.

cin·e·mat·o·graph [sìnəmǽṭəgræ̀f | -nəmǽtəgrɑ̀:f, -nɪ-, -græ̀f] 〘《1896》□F *cinématographe* ← Gk *kīnēmato-, kínēma* motion (← *kineîn* to move) + F *-graphe* '-GRAPH'〙《英》 — *n.* **1 a** 映画撮影機. **b** 映写機. **c** 映画館. **2** [the ~] 映画技術. — *attrib. adj.* 映画の: a ~ camera [screen] 映画用カメラ[映写幕]. — *vt.* 映画に撮る; 撮影する.

cin·e·ma·tog·ra·pher [sìnəmətágrəfə | -nəmətɔ́grəfə(r, -nɪ-] *n.* 《英》映画撮影技師 (cameraman).

cin·e·ma·tog·ra·phy [sìnəmətágrəfi | -nəmətɔ́grəfɪ, -nɪ-] *n.* 映画撮影法. **cin·e·mat·o·graph·ic** [sìnəmæ̀ṭəgrǽfɪk | -nəmæ̀t-, -nɪ-] *adj.* **cìn·e·màt·o·gráph·i·cal** *adj.* **cìn·e·màt·o·gráph·i·cal·ly** *adv.*

ci·né·ma vé·ri·té [⏤⏤⏤ vèrɪtéɪ, -rə- | -rɪ-; *F.* sinemaverite] 〘□F ~ 'truth cinema'〙 — *n.* (*also* **cin·e·ma ve·ri·té** [~]) 〘映画〙シネマヴェリテ《現実をあるがままに記述する映画製作の一手法》.

cin·e·ole [sínioul | -nɪəul] 〘← NL *cina* wormseed + -OLE¹〙 *n.* (*also* **cin·e·ol** [-ɔ̀(:)l, -òul | -ɔ̀l]) 〘化学〙シネオール ($C_{10}H_{18}O$)《去痰剤; eucalyptol ともいう》.

cin·e·phile [sínəfàɪl | -nɪ-, -nə-] *n.* 映画ファン.

cíne projèctor *n.* (映画の)映写機.

cìne·radiógraphy *n.* 〘医学〙X 線映画撮影(法) (cf. cinefluorography).

Cin·e·ram·a [sìnərǽmə, -rɑ́:mə | -nərɑ́:mə, -nɪ-] 〘← CINE(MA) + (PANO)RAMA〙 — *n.* 〘商標〙シネラマ《三つのレンズをもつ特殊カメラで 3 本のフィルムに撮影して同時に映写する映画; 画面比約 1 : 2; 後に 1 本の 70 ミリフィルムで大きな広いスクリーンに映写する方式となった; cf. Vista Vision, wide-angle》.

cin·e·rar·i·a [sìnəré(ə)riə | -réərɪə] 〘← NL ~ ← (fem.) ← L *cinerārius* of ashes ← *ciner-, cinis* ashes + *-ārius* '-ARY': 葉の白い綿毛にちなむ: cf. cinerary〙 — *n.* 〘植物〙シネラリア, (俗に) サイネリア (*Senecio cruentus*)《Canary 諸島原産のキク科の観賞植物》.

cin·e·rar·i·um [sìnəré(ə)riəm | -réərɪ-] 〘□L *cinerārium* ← (neut.) ← *cinerārius*: (↑)〙 *n.* (*pl.* **-i·a** [-riə | -rɪə]) (火葬した遺骨を安置する)納骨所.

cin·er·ar·y [sínərèri | -rərɪ] 〘《1750》□L *cinerāri-us*: ⇨ cineraria〙 *adj.* 火葬した遺骨を納める, 納骨用の: a ~ urn 骨つぼ.

cin·er·a·tor [sínərèɪṭə | -tə(r] *n.* 火葬炉.

cìne-recórd *vt.* 記録として映画に撮る.

ci·ne·re·ous [sɪní(ə)riəs, sə- | sɪníərɪ-] 〘《1661》□L *cinereus* ashy (← *ciner-, cinis* ashes) + -OUS〙 — *adj.* **1** 灰になった. **2** 灰のような. **3** 〘生物〙〈羽毛など〉灰色の, 灰白色の.

cinéreous vùlture *n.* 〘鳥類〙クロハゲワシ (*Aegypius monachus*)《ワシタカ科の大型の猛禽類》.

cin·er·in [sínərɪn, -rən | -rɪn] 〘← L *ciner-, cinis* ashes + -IN¹〙 — *n.* シネリン《除虫菊の殺虫成分ピレトリ

類のうちの一成分：シネリン I ($C_{20}H_{28}O_3$), シネリン II ($C_{21}H_{28}O_5$) がある》.

ci·ne·sis [sɪní:sɪs, sə-, saɪ-, -səs | sɪní:sɪs, saɪ-] *n.* (*pl.* **ci·ne·ses** [-si:z])〘生物〙＝kinesis.

cine·strip *n.* ＝filmstrip.

ci·net- [kɪnét, kə-, kaɪ-, -ní:t | kaɪ-, kɪ-] (母音の前に来る時の) cineto- の異形.

ci·ne·to- [kɪnétə, kə-, kaɪ-, -ní:t-, -t̬o(ʊ) | kaɪnétə(ʊ), kɪ-, -ní:t] ＝kineto-.

cíne·varìety *n.* シネマバラエティー《映画とボードビル (vaudeville) を組み合わせた興行; cf. variety show》.

ci·ne·vé·ri·té [sìnɪvèrɪtéɪ, -nə-, -rə- | -nɪvèrɪ-; *F.* sineverite] *n.*〘映画〙＝cinéma vérité.

Cin·ga·lese [sìŋgəlí:z, -lí:s | sìŋhəlí:z, sìŋgə-] *adj., n.* (*also* **Cin·gha·lese** [～]) (*pl.* ～) ＝Sinhalese.

cingula 〘□L ～〙 *n.* cingulum の複数形.

cin·gu·late [síŋgjʊlət, -lɪt, -lèɪt]〘← NL *cigulat-us* : ⇨ cingulum, -ate²〙*adj.*〘昆虫〙〈昆虫が〉体に帯状の模様のある.　「虫」＝cingulate.

cin·gu·lat·ed [síŋgjʊlèɪtɪd, -t̬əd | -tɪd, -təd] *adj.*〘昆

cingulate gýrus *n.*〘解剖〙＝callosal convolution.

cin·gu·lec·to·my [sìŋgjʊléktəmi | -mɪ] *n.*〘外科〙帯状回切除(術).

cin·gu·lum [síŋgjʊləm]〘← NL ～ ← L ～ 'girdle' ← *cingere* to gird: cf. cincture〙── *n.* (*pl.* **-gu·la** [-lə]) **1**〘解剖・動物〙帯状物, 帯 (belt); 帯状疱疹[ヘルペス]; 帯状束. **2**〘歯科〙歯帯《歯冠歯頸部の膨隆部; basal ridge ともいう》.

cin·na·bar [sínəbɑ̀ə | -bɑ̀:(r]〘《c1390》*cynoper, cynabare* □ (O)F *cinobre* □ L *cinnābaris* □ Gk *kinnábari* : 東洋起原〙── *n.* **1**〘鉱物〙辰砂(しんしゃ) (HgS)《水銀の原鉱; 赤色顔料》. **2** 鮮赤色 (bright red), 朱色, 朱 (vermilion). **3**〘昆虫〙ヨーロッパ産のガの一種 (*Tyria jacobeae*)《暗灰色の地に赤紋があり後翅は赤桃色のガ; 野生のノボロギク類を駆除する目的で北米に輸入された; cinnabar moth ともいう》. **cin·na·bar·ine** [sínəbɑ̀:raɪn, sìnəbɑ́:rɪn, -rən | sínəbɑ̀:raɪn, sìnəbɑ́:rɪn] *adj.*　「の異形.

cin·nam- [sínəm] (母音の前に来る時の) cinnamo-

cin·na·mal·de·hyde [sìnəmǽldəhàɪd | -dɪ-]〘← CINNAMO-＋ALDEHYDE〙── *n.*〘化学〙シンナムアルデヒド ($C_6H_5CH{=}CHCHO$)《肉桂皮 (cinnamon)・カシア油などに含まれる芳香成分; 香料に用いる; cinnamic aldehyde ともいう》.

cin·na·mate [sínəmèɪt]〘□F ～: ⇨ cinnamo-, -ate¹〙*n.*〘化学〙桂皮酸塩[エステル].

cin·na·mene [sínəmì:n]〘⇨ cinnamo-, -ene〙*n.*〘化学〙シンナメン (⇨ styrene).

cin·nam·ic [sɪnǽmɪk, sə-, sínəm- | sɪnǽm-, sínəm-] *adj.* 肉桂(にっけい)の[から採った].

cinnámic ácid *n.*〘化学〙桂皮酸 ($C_6H_5CH{=}CHCOOH$)《カシア油などに含まれる; 香料・石鹸香料に用いられる》.

cinnámic álcohol *n.*〘化学〙桂皮アルコール (⇨ cinnamyl alcohol).　「cinnamaldehyde).

cinnámic áldehyde *n.*〘化学〙桂皮アルデヒド (⇨

cin·na·mo- [sínəmo(ʊ) | -mə(ʊ)]〘□F ～: ⇨ cinnamon〙──「シナモン (cinnamon); 桂皮酸 (cinnamic acid)」の意の連結形. ★ 母音の前では通例 cinnam- になる.

cin·na·mon [sínəmən]〘《c1390》*cynamone, sinamome* □ (O)F *cinnamome* □ L *cinnamōmum, cinnamon* □ Gk *kinnámōmon, kinnamon* ← Sem. (cf. Heb. *qinnāmôn*)〙── *n.* **1 a** シナモン, 肉桂皮《クスノキ科クスノキ属 (*Cinnamomum*) の数種の樹木の芳香性樹皮; シンナムアルデヒド (cinnamaldehyde) が採れる; cf. Chinese cinnamon》. **b** シナモン, 肉桂(にっけい)《シナモン(樹皮)から造る香辛料》. **2** ニッケイ《シナモン(樹皮)を採る樹木の総称; セイロンニッケイ (Ceylon cinnamon), ニッケイ (Saigon cinnamon) など》. **3** 肉桂色《黄味または赤味がかった褐色》.

cinnamon-bàrk òil *n.*〘化学〙桂皮油《セイロンニッケイ (Ceylon cinnamon) の樹皮から採る黄色い精油: 口腔剤・香料などに用いる; Ceylon cinnamon oil, cinnamon oil ともいう》.

cinnamon bèar *n.*〘動物〙アメリカグマ (*Euarctos americanus*)《北米産の肉桂色をした黒クマの一種》.

cinnamon fèrn *n.*〘植物〙ヤマドリゼンマイ (*Osmunda cinnamomea*)《山地に分布するシダ》.

cin·na·mon·ic [sìnəmánɪk | -mɔ́n-] *adj.* 肉桂(にっけい)の[に似た].

cinnamon òil *n.*〘化学〙クスノキ属 (*Cinnamomum*) の樹木から採れる香油: **a** ＝cinnamon-bark oil. **b** ＝cassia oil.

cinnamon ròse *n.*〘植物〙シナモンバラ (*Rosa cinnamomea*)《ユーラシア原産のバラの一種で, 生垣などに植える》.

cinnamon stòne *n.*〘鉱物〙肉桂(にっけい)石 (⇨ essonite).

cinnamon téal *n.*〘鳥類〙アカシマアジ (*Anas cyanoptera*)《北米西部産の小型のカモの一種》.　「yam).

cinnamon vìne *n.*〘植物〙ナガイモ (⇨ Chinese

cin·nam·o·yl [sɪnǽmoʊɪl, sə-, -ì:l | sɪnǽməʊ-]〘← CINNAMO-＋-YL〙*n.*〘化学〙シンナモイル《桂皮酸から誘導される 1 価の酸基 $C_6H_5CH{=}CHCO{-}$》.

cinnámoyl gròup [ràdical] *n.*〘化学〙シンナモイル基.

cin·nam·yl [sɪnǽmɪl, sə-, -məl | sɪnǽmɪl] *n.*〘化学〙シンナミル《1 価の置換基 $C_6H_5CH{=}CHCH_2{-}$》.

cinnámyl ácetate *n.*〘化学〙酢酸シンナミル ($C_6H_5CH{=}CHCH_2OCOCH_3$)《甘い強いにおいの液体; 香料製造の固定剤として用いる》.

cinnámyl álcohol *n.*〘化学〙シンナミルアルコール ($C_6H_5CH{=}CHCH_2OH$)《ヒヤシンスの香りがする結晶; 香料製造に用いる; cinnamic alcohol ともいう》.

cinnámyl gròup [ràdical] *n.*〘化学〙シンナミル　「基.

cin·o- [kínə, káɪn-, -no(ʊ) | -nə(ʊ)] ＝kino-.

cinq [sɪŋk, sǽŋk | sɪŋk] *n.* ＝cinque.

cinq·foil [síŋkfɔɪl, sǽŋk- | síŋk-] *n.* ＝cinquefoil.

cin·quain [sɪŋkéɪn, ⌐―]〘□F ～ ← *cinq* (↓)＋(QUATR)AIN〙── *n.*〘詩学〙**1** 五行短詩《通例弱強調で最初の行から順に 2, 4, 6, 8, 2 の音節を含む無脚韻のもの》. **2** 五行連.

cinque [síŋk, sǽŋk | síŋk]〘ME *cink* □ OF (F *cinq*) < L *quinque* five〙*n.* (トランプの) 5 の札; (さいの) 5 の目.

cìn·que·cén·tist [-t̬ɪst, -t̬əst]〘□ It. *cinquecentista* : ⇨ ↓, -ist〙*n.* 16 世紀のイタリアの美術家[文学者].

cin·que·cen·to [tʃìŋkwɪtʃént̬oʊ, -kwə-, tʃì:ŋkweɪ- | tʃìŋkwɪtʃéntəʊ; *It.* tʃiŋkwetʃénto]〘□ It. (*mil*) *cinquecento* (thousand) five hundred (1500 年代の意)〙── *n.* 16 世紀(風)《特に, イタリアの美術・文学についていう; cf. trecento》; (特に) 文芸復興期のイタリア 16世紀.

cinque·foil [síŋkfɔɪl, sǽŋk- | síŋk-]〘《?*a*1300》*sink foil* □ OF *cincfoille* < L *quinquefolium* (*quinque* five＋*folium* leaf) (なぞり) ← Gk *pentáphullon*〙── *n.* **1**〘植物〙バラ科キジムシロ属 (*Potentilla*) の草本の総称 (marsh cinquefoil など; 五指状の葉があるので five-finger ともいう). **2**〘建築〙五弁飾り《アーチなどの装飾によく用いる; cf. foil² 5, trefoil 2》. **3**〘紋章〙五葉 (cf. trefoil 3, quatrefoil 3, sexfoil 3, septfoil 3, octofoil).

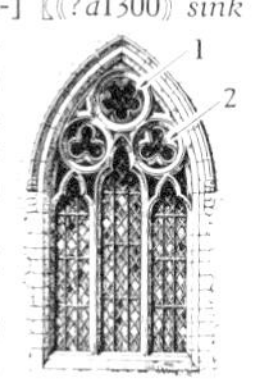

cinquefoil 2
1 cinquefoil
2 trefoil

cinquefoil 3

cinque·pace [síŋkəpèɪs, síŋkpeɪs]〘《古形》*cinquepas* □ F《廃》*cinq pas* five pace〙── *n.* (*also* **cinque·pas** [síŋkəpæ̀s, síŋkpæs; *F.* sɛ̃kpɑ]) 〘ダンス〙サンクパ《5 ステップを中心とした 16 世紀のダンス》.

Cínque Pórts [síŋk-]〘ME *the sink port* □ OF *cink porz* (the) five ports〙── *n. pl.* [the ～] 五港《イングランド南東海岸の特別港; もとは Dover, Hastings, Hythe, Romney, Sandwich の五港で, 後に Rye, Winchelsea なども併称するようになった; 国防上の貢献の代償として特権が与えられた》.

Cin·za·no [tʃɪnzɑ́:noʊ, -zǽ:- | -nəʊ]〘酒醸造業者の名にちなむ〙*n.* チンザーノ《イタリア産のベルモット酒; 食前酒に用いられる》.

CIO, C.I.O.《略》Congress of Industrial Organizations (米国の) 産業別労働組合会議, 産別《1955 年 2 月 AFL と合併; ⇨ AFL-CIO》.

ci·on [sáɪən] *n.* ＝scion 2.

-cion [ʃən]〘□ L *-ciō(n-)* ← *-c-* (動詞語幹末子音)＋ *-iō* (n. suf.): ⇨ -tion〙*suf.* ＝-tion: *suspicion.*

Ci·pan·go [sɪpǽŋgoʊ, sə- | sɪpǽŋgəʊ]〘Marco Polo の用語から〙*n.*《古》ジパング《Japan の中世ヨーロッパにおける名称》.

ci·pher [sáɪfə | -fə(r]〘《c1385》*siphre* □ OF *cifre* (F *chiffre*) □ ML *cifra* □ Arab. *ṣifr* 'ZERO,《原義》empty'〙── *n.* **1** (数字の) 零 (0) (zero, naught, nought). **2 a** アラビア数字: a number of five ～*s* 五けたの数. **b** アラビア記数法. **3** 何にもならない物; つまらない人 (nonentity): He's a mere ～. 彼はかかしの人だ. **4 a** 暗号, 符牒(ふちょう): a ～ code [telegram] 暗号通信法[電報] / in ～ 暗号で. **b** (暗号を解く)かぎ(key). **c** 符号[暗号]文. **5** 組合わせ文字, (名前のイニシアルの) 組字 (monogram). **6**〘音楽〙(オルガンの) 自鳴《故障のため音が鳴り止まらないこと》. ── *vi.* **1**《まれ》**a** (数学で)数字を用いる. **b** 運算する, 計算する. **2** 暗号を用いる. **3**〈オルガンが〉自鳴する. ── *vt.* **1**《まれ》**a** 計算する, 算出する〈*out*〉. **b** 考え出す〈*out*〉. **2** 暗号にする[で書く]. **～·er** *n.*

cípher álphabet *n.* 暗号アルファベット.

cípher·kèy *n.* 暗号解読の鍵.

cípher·tèxt *n.* 暗号文 (cf. plaintext).

ci·pho·ny [sáɪfəni | -nɪ]〘← CI(PHER)＋(TELE)PHONY〙*n.*〘電子工学〙暗号電話《電子回路により途中を暗号化して盗聴を防止する方法》.

cip·o·lin [sípəlɪn, -lən, sì:pəlɛ́:(ŋ), -lǽŋ | sípəlɪn, sì:pəlɛ̃:(ŋ), -lǽŋ; *F.* sipɔlɛ̃]〘□F ～ □ It. *cipollino* (dim.) ← *cipolla* onion < LL *cēpullam* (dim.) ← L *cēpa* onion〙── *n.*〘岩石〙シポリノ大理石《イタリア産; 緑の筋がある; cipollino ともいう》.　「cipolin.

ci·pol·li·no [tʃì:pəlí:noʊ | -nəʊ; *It.* tʃipollí:no] *n.* ＝

cir.《略》circa, circiter, circum; circle; circuit; circular; circulation; circumference; circus.

circ.《略》circa, circiter, circum; circle; circuit; circular; circulation; circumference; circus.

cir·ca [sə́:kə | sə́:-]〘□ L *circā* about ← *circum* round about: ⇨ circum-〙── *L. prep.* [通例年代と共に用いて] およそ, 約, …のころ (about) (略 c.): He was born ～ [c.] 1600. 彼は 1600 年ごろに生れた.

cir·cad·i·an [sə:kéɪdiən, -kéɪd-, sə̀:kədáɪən, -dí:ən | sə:kǽdɪən, -djən, sə̀:kədáɪən, -dí:ən]〘← L *circā* about ＋*diēs* day＋-AN¹〙── *adj.*〘生物〙概日性の, 日周期性の《ほぼ 24 時間間隔で繰り返す行動的[生理的]律動の[を示す]; ほぼ 24 時間周期で動く[起こる]》: ⇨ circadian rhythm.　**～·ly** *adv.*

circádian rhýthm *n.*〘生理〙日周期, 24 時間リズム《生物時計で支配される生命現象の約 24 時間周期のリズム; cf. body clock, biorhythm》.

cir·can·ni·an [sə:kǽniən | sə:kǽnɪən, -njən]〘← L *circā annum* around the year＋-AN¹〙*adj.*〘生物〙概年性の, 年周期性の《ほぼ 1 年周期で動く[起こる]》.

cir·can·nu·al [sə:kǽnjuəl, -njʊl | sə:kǽnjuəl, -njʊl]〘⇨ circa, annual〙*adj.*〘生物〙＝circannian.

Cir·cas·si·a [sə:kǽʃiə, -ʃə | sə:kǽsɪə, -sjə, -ʃɪə] *n.* チェルケス《ソ連邦南部, 黒海に接する Caucasus 山脈の北西地方》.

Cir·cas·si·an [sə:kǽʃiən, -ʃən | sə:kǽsɪən, -sjən, -ʃɪən] *n.* **1** チェルケス人. **2** チェルケス語. ── *adj.* チェルケス(人)の.

Circássian wálnut *n.* **1** サーカシアンウォールナット《淡褐色に不規則な黒縞の入ったセイヨウグルミ (English walnut) 材; 家具製造に用いられる》. **2**〘植物〙＝English walnut 1.

Cir·ce [sə́:si | sə́:sɪ]〘□ L *Circē* □ Gk *Kírkē* ← ? Sem.〙── *n.* **1**〘ギリシャ神話〙キルケー《Homer の *Odyssey* に出て来る魔女; 魔法の酒を飲ませて Odysseus の部下たちを豚に変える》. **2** 魅惑的な女; 妖婦型の美人.

Cir·ce·an [sə́:siən, sə:sí:ən | sə́:sɪən, -sjən, sə:sí:ən] *adj.* **1** キルケー (Circe) の(ような). **2** 魅惑的な, 妖婦型の: ～ charms (キルケーのような)魅惑力.

cir·ci·nate [sə́:sənèɪt, -sn- | sə́:sɪn-]〘□ L *circināt-us* (p.p.) ← *circināre* to make round ← *circinus* pair of compasses ← *circus* : ⇨ circus, -ate²〙── *adj.* **1** 丸い, 輪形の. **2**〘植物〙渦巻状の, ワラビ巻きの《シダ類の葉など》. **3**〘医学〙(連)環状の. **～·ly** *adv.*

cir·cin·gle [sə́:sìŋgl | sə́:-] *n.* ＝surcingle.

Cir·ci·nus [sə́:sənəs, -sn- | sə́:sɪn-]〘← L *circinus* : ⇨ circinate〙*n.*〘天文〙コンパス座《南天の小星座; the Compasses ともいう》.　「*prep.* ＝circa.

cir·ci·ter [sə́:sət̬ə, kíəkət̬ɛ̀ə | sə́:sɪtə(r]〘□ L ～〙 *L.*

cir·cle [sə́:kl | sə́:-]〘《*a*1121》*cercle* □ (O)F < L *circulum* (dim.) ← *circus* circle, ring: ⇨ circus, -cle〙── *n.* **1** 円, 丸; 円周 (cf. sphere): a half ～ 半円 / describe a ～ around a triangle 三角形の周囲に円を描く / make a ～ 円を描く. **2 a** 円形の物. **b** 環, 輪 (ring). **c** 輪形になった物[人]; 円陣: a ～ of trees 環状に植えた樹木 / dance in a ～ 輪になって踊る / sit in a ～ 車座になってすわる. **d** 王冠 (crown). **e** 円形の広場[公園, 庭園]. **f** (劇場の半円形になっている) 2 階桟敷(さじき) (balcony): ⇨ dress circle, upper circle. **g** 環状道路[鉄道]; [C-] (ロンドンの地下鉄の)サークルライン, 環状線. **h**《米》＝rotary 1. **i** (目の下または周囲にできる)くま: black ～*s* around one's eyes. **3** 曲馬場, サーカス小屋. **4 a** 周行, 循環, 一周 (cycle): the ～ of the year [the seasons] 年[四季]の循環 / ⇨ *come full* CIRCLE. **b**〘論理〙循環論法 (vicious circle): argue in a ～ 循環論法で論じる. **5 a** (同一の利害・職業などでの)仲間, 団体, 会, サークル; 社会, …界: the upper ～*s* 上流社会 / business ～*s* 実業界 / theatrical ～*s* 演劇界 / a reading ～ 読書会[グループ] / a sewing ～ (慈善のための)裁縫婦人会 / a scandal in the political ～*s* 政界の醜聞. **b** 全系統[系列], 全体: the ～ of the sciences 学問の全系統 / a ～ of pleasures 一切の快楽. **6** (交際などの)範囲; 活動範囲, 勢力圏内 (sphere); (思想などの)範囲 (range): have a large ～ of friends 交際が広い / a small ～ of friends 内輪の友人 / the ～ of ideas, interests, etc. **7** (ドイツ・イタリアなどでの)地方の一行政区画. **8**〘天文〙**a** (天体の)軌道 (orbit). **b** 運行の周期. **c** ＝meridian circle. **d** (天球上の)圏. **e** (月の)暈(かさ), 月暈(げつうん) (halo). **9**〘地理〙緯線; 圏: the Arctic [Antarctic] *Circle* 北極[南極]圏 / ⇨ great circle. **10**〘製本〙花車 (roll). **11**〘アイスホッケー〙＝striking circle. **12**〘考古〙(Stonehenge などの)環状列石 (stone circle).

come full circle 一周して元に戻る: The wheel has *come full* ～. (物事が好転の後)元に[振り出しに]戻った (cf. Shak., *Lear* 5. 3. 174). ***go (a)round in circles*** ぐるぐる同じ所を回る, 努力の割には進歩しない, 堂々巡りする. ***run [go] (a)round in circles***《口語》むだにせわしくかけずり回る, 忙しくするばかりで何の効果も上げない. ***run circles (a)round***＝*run* RINGS *(a)round.* ***square the circle*** (1)〘数学〙円に等しい面積の正方形を求める (cf. QUADRATURE of the circle). (2) 不可能な事を企てる. ***swing (a)round the circle*** (1)《口語》一回転する; 幾度も転換する[主義を変える]. (2)《米》〈候補者が〉選挙区を遊説して回る.

circle of confusion [the ―]〘光学〙錯乱円《幾何光学的な(球面)収差や焦点はずれのため, 物空間の一点から出た光線束に対応する像空間の光線束と光軸に垂直な平面との交点が円盤状になる時, その円をいう; blur circle ともいう》.

circle of convergence [the ―]〘数学〙収束円《複素級数が収束するすべての点から成る円; cf. INTERVAL of convergence》.　「RADIUS of curvature).

circle of curvature [the ―]〘数学〙曲率円 (cf.

circle of least confusion [the ―]〘光学〙最小錯乱円《物空間の一点から出た光線束が(球面)収差のため

像空間の一点に収束しない時, 像空間光線束の最小断面の半径をいう》.
— *vt.* **1 a** (円形に)取り巻く[囲む]: ~ the grounds. **b** (注意を引くために)円で囲む: ~ the right answer. **2 a** …の周りをぐるりと回る, 一周する: The bus ~*s* the castle. そのバスは城を一周する. **b** 旋回させる. **c** (危険を避けるために)迂回する: ~ the iceberg. — *vi.* **1** 〈飛行機・鳥などが〉旋回する; ぐるぐる円を描いて進む; 〈酒びんなどが〉ぐるぐる回される 〈*round, about*〉. **2** 円を描く; 円を描いて広がる.
circle back 大きく円[輪]を描いて戻る.
cír·cler *n.* 「用いるれんが》.
círcle brìck *n.* 〘窯業〙 扇形れんが《円筒の内張りに
círcle cànon *n.* 〘音楽〙 輪唱 (round).
círcle dànce *n.* 〘ダンス〙 サークルダンス《男女が同性同士手をつないで互いに反対の方向へサークルを進行するダンス》.
círcle éight *n.* 〘スケート〙 サークルエイト《まず右足で, 次に左足で描かれた二つの接円》.
círcle gràph *n.* 〘統計〙 円グラフ (⇨ pie chart).
círcle rìder *n.* 《米》 家畜を遠巻きにして駆り集めるカウボーイ.
cir·clet [sə́ːklɪt, -klət | sə́ː-] 〘《*c*1400》 ◻ (O)F *cerclet*: ⇨ circle, -et〙 — *n.* **1** 小円, 小圏, 小環. **2** 飾り輪; (特に)頭飾り; 指輪 (ring): a diamond ~ / a ~ of flowers / a small ~ of gold 《詩》 金の指輪.
círcling bòy *n.* 〘英史〙 = roaring boy.
círcling disèase [-klɪŋ-, -kḷ-] 〘罹病した動物が円状に歩行する特徴から〙 *n.* 〘獣医〙 回旋病 (⇨ listeriosis). 「STANCES.
circs [sə́ːks | sə́ːks] 〘略〙 *n. pl.* 《口語》 = CIRCUM-
cir·cuit [sə́ːkɪt, -kət | sə́ː-] 〘《*a*1382》 ◻ (O)F ~ ◻ L *circuitus* going round ← (p.p.) ← *circu(m)īre* to go round ← CIRCUM- + *īre* to go〙 — *n.* **1 a** 周行, 巡回, 巡行; 巡回旅行, 周遊; 迂回: make a ~ 巡回(旅行を)する; 迂回する / make [go] the ~ of the lake 湖を一周[一巡]する. **b** 回り道, 迂回路[コース]. **2 a** (牧師, セールスマン, 巡回裁判 (assizes) のための裁判官などの)地方巡回; 定期的な巡回; 行商. **b** 地方[定期]巡回路: go on ~. **c** [集合的] 定期的に巡回する人たち; 巡回裁判弁護士[判事]たち; 巡回牧師たち. **d** 巡回裁判区: the Western *Circuit*. **e** (メソジスト教会説教師の)巡回教区[区域]: ride (the) ~ 〈巡回牧師[判事]が〉馬で巡回する (cf. circuit rider). **3 a** (円状のもの)周囲 (circumference): a lake about 10 kilometers in ~ 周囲 10 キロの湖水. **b** 囲まれている地域 (area). **c** 《俗》〘野球〙 ダイヤモンド: hit for the ~ ホームランを打つ. **4 a** (劇場・映画館・ナイトクラブなどの)興行系統, 系列, チェーン. **b** (野球などの)リーグ, 協会, 連盟; リーグ戦; [通例 the ~] リーグ戦参加者たち. **c** (ナイトクラブなどの)一派, グループ, 仲間. **5** 《英》 (自動車レース用の)周回路, サーキット. **6** 〘電気〙 回路, 回線; 電路; (回路の)接続, 結線: a broken ~ 開回線, 開電路 / a closed ~ 閉回線, 閉電路 / an integrated ~ 集積回路 / a magnetic ~ 磁路 / a return ~ 帰路 / ⇨ open circuit, short circuit / break [open] the ~ 回路を開く. — *vt.* …の周囲を回る, 周行する; 巡回する. — *vi.* 周行する; 巡回する. **~·al** [-tḷ | -tl] *adj.*
círcuit ànalyzer *n.* 〘電子工学〙 回路解析器《多目的計器 (multimeter) の別名》.
círcuit bìnding *n.* 〘製本〙 = divinity circuit binding.
círcuit brèaker *n.* 〘電気〙 ブレーカー, 遮断器《事故電流を切る能力をもったスイッチ》: an oil ~ 油入遮断器.
círcuit cóurt *n.* 〘法律〙 **1** 《英》 巡回裁判所 (cf. COURT of assize). **2** 《米》 **a** (連邦)巡回裁判所《1911 年に廃止され, district court に併合された》. **b** (いくつかの州にある)巡回裁判所. 「(1).
Circuit Court of Appeals 〘法律〙 ⇨ COURT of appeal
círcuit èdges *n. pl.* 〘製本〙 折れ耳, 垂れ耳《耳折れ表紙 (divinity circuit binding) の垂れ下った縁》.
cír·cuit·er [-tə | -tə(r] *n.* 巡回者《巡回裁判官など》.
círcuit jùdge *n.* 巡回裁判官.
cir·cu·i·tous [sə(ː)kjúːəṭəs | sə(ː)kjúːɪtəs, -kjúɪ-] 〘《1664》 ◻ ML *circuitōs-us*: ⇨ circuit, -ous〙 — *adj.* **1** 回り道の: a ~ route. **2** 遠回しの, 回りくどい: a ~ argument. **~·ly** *adv.* **~·ness** *n.*
círcuit rìder *n.* 《米》 (開拓時代のメソジスト教会の教区を馬で回った)巡回牧師 (cf. circuit 2 e).
cir·cuit·ry [sə́ːkɪtri, -kət- | sə́ːkɪtrɪ, -kət-] *n.* **1** (ラジオ・テレビ・電子計算機などの)電気回路の機構. **2** [集合的] 電気回路の構成要素《真空管や抵抗器など》.
círcuit tèster *n.* 〘電気〙 テスター, 回路試験器《回路試験用の小型の計器》.
cir·cu·i·ty [sə(ː)kjúːəṭi | sə(ː)kjúːətɪ, -kjúɪ-, -ɪtɪ] 〘◻ OF *circuité*: ⇨ circuit, -y¹〙 *n.* 迂遠(えん)なこと; (言葉などの)回りくどさ.
cir·cu·lar [sə́ːkjulə | sə́ːkjulə(r] 〘《*c*1370》 ◻ AF *circuler* = OF *circulier* < LL *circulārem*: ⇨ circle, -ar¹〙 — *adj.* **1 a** 円の[に関する]: a ~ arc 円弧. **b** 丸い, 円形の: a ~ area. **2** ぐるぐる回る; 円を描く, 環状の; 循環的な: a ~ motion 円運動 / a ~ number 循環数 / a ~ staircase 回り階段 / a ~ railroad 環状鉄道. **3** 巡回の, 回遊的な: a ~ tour 《英》 周遊旅行 / a ~ ticket 《英》 周遊券. **4** 遠回しの, もって回った, 回りくどい; 間接の: a ~ expression. **5** 多数の人に回す, 回覧の: a ~ letter 回状, 回章 / a (bank's) ~ letter of credit 〘商業〙 巡回[旅行]信用状 / ⇨ circular note. **6** 〘論理〙 循環論法的な: a ~ argument. — *n.* 回報, 回状, 回章; 同文通牒; (広告用の)ちらし. **~·ly** *adv.* **~·ness** *n.*
círcular canál *n.* 〘動物〙 環状水管, 環状管, 環水管《クラゲの傘の周縁を環状に取り巻く水管》.
círcular cóne *n.* 〘数学〙 円錐.
círcular érror *n.* **1** 〘時計〙 円弧誤差《振り子の重心が円弧を描いて振動するために生じる周期変動》. **2** 〘軍事〙 (ミサイル・弾丸の弾着点または爆心ゼロ地点から目標中心部までの距離で表わす)円形誤差.
círcular érror próbable *n.* 〘軍事〙 円形公算誤差, 誤差確率円, 半数命中半径《目標を中心として, ミサイル・弾丸の半数が落ちると予想される円の半径のことで, 命中精度を示す》.
círcular fíle *n.* 《米》 = wastebasket. 「tion.
círcular fúnction *n.* 〘数学〙 = trigonometric func-
círcular insánity *n.* 〘精神医学〙 循環[周期性]精神病, 躁鬱病.
cir·cu·lar·i·ty [sə̀ːkjulǽrəṭi, -lér- | sə̀ːkjulǽrətɪ, -rɪ-] 〘◻ ML *circulāritāt-em*: ⇨ circular, -ity〙 *n.* **1** 丸さ, 円形(であること), 円状, 環状. **2** 循環性, 堂々巡り.
cir·cu·lar·ize [sə́ːkjuləràɪz | sə́ː-] *vt.* **1 a** 〈回状・ちらしなどを〉回付する, 回覧的に送る, 回送する; 回覧にする. **b** …に回状[ちらし(など)]を回す[配る]. **2** (回状・ちらしなどで)広告する, 一般に知らせる. **3** …にアンケートを送る; アンケートで調査する. **cir·cu·lar·i·za·tion** [sə̀ːkjulərɪzéɪʃən, -rə- | sə̀ːkjulərаɪ-, -rɪ-] *n.* **cír·cu·lar·iz·er** *n.*
círcular-knít *adj.* 〈編物が〉丸編みの (cf. flat-knit).
círcular knítting machìne *n.* 丸編み(メリヤス)機《円筒状のよこメリヤス生地を編む機械》.
círcular lével *n.* 〘土木〙 = box level.
círcular líght *n.* 〘光学〙 円偏光.
círcular méasure *n.* 〘数学〙 弧度法《ラジアン (radian) を用いる測角》.
círcular míl *n.* 円ミル《直径 1 mil (= 0.001 inch) の円の面積; 針金などの断面積の測定単位》.
círcular nóte *n.* 〘銀行〙 信用状 (letter of credit).
círcular pítch *n.* 〘機械〙 円周ピッチ《歯車のピッチ円上で測った隣り合った歯の間隔》.
círcular pláne *n.* 〘木工〙 反台鉋(そりだいかんな)《凹面などを削るために台が弧状になった鉋; compass plane ともいう》.
círcular polarizátion *n.* 〘光学〙 円偏向《光や電磁波の電気ベクトルの先端が進行方向から見て円運動をする状態; cf. elliptical polarization》.
círcular sáw *n.* 丸のこ, 丸のこの刃.
círcular tríangle *n.* 〘数学〙 円弧三角形《辺が円弧になっている三角形》.
círcular velócity *n.* **1** 〘物理〙 円軌道速度《人工衛星などが円軌道に乗って地球などを回るのに必要な速度; 軌道高度と共に減少する; cf. orbital velocity》. **2** 〘経済〙 = VELOCITY of circulation.
cir·cu·late [sə́ːkjulèɪt | sə́ː-] 〘《1471》 ← L *circulāt-us* (p.p.) ← *circulārī* to form a circle ← *circulus* 'CIRCLE'〙 — *vi.* **1** 〈血液・樹液などが〉巡る, 循環する. **2 a** 円運動をする; 回転する. **b** 〈酒などが〉次々につがれる[回される]. **3 a** 《米》 旅をして回る, 巡回する; (人から人へ)渡り歩く, 歩き回る, 自由に動き回る, 立ち回る. **b** 〈空気などが〉よどみなく流れる[動く]. **c** 〈風説などが〉流布する, 伝わる: A rumor ~*d* through the city. あるうわさが町中に広がった. **d** 〈新聞・本などが〉配布される, 販売される: ~ to a wide circle of readers 広い読者層にわたる. **e** 〈貨幣が〉流通する. **4** 〘数学〙 〈数字が〉循環する. — *vt.* **1 a** 循環させる. **b** 〈酒などを〉次々につぎ回す: ~ the wine, the bottle, etc. **2 a** 〈風説などを〉触れ回る, 流布する, 広める: ~ false news. **b** 〈新聞などを〉配る, 配布する; 〈手紙・図書などを〉回覧する, 回覧に回す. **c** 〈通貨・手形などを〉流通させる: ~ bills of credit. **cír·cu·làt·a·ble** [-ṭəbḷ | -tə-] *adj.*
cír·cu·làt·ing cápital [-ṭɪŋ- | -tɪŋ-] *n.* 〘経済〙 流動資本 (cf. fixed capital). 「curring decimal).
círculating décimal *n.* 〘数学〙 循環小数 (⇨ re-
círculating líbrary *n.* **1** 貸本屋, 貸し出し文庫 (lending library). **2** (会員間とか学校間などで回し読みする)回覧文庫, 回覧図書館.
cir·cu·la·tion [sə̀ːkjuléɪʃən | sə̀ː-] 〘《1440》 ◻ (O)F ~ // L *circulātiō(n-)*: ⇨ circulate, -ation〙 — *n.* **1** (血液・樹液の)循環, 血行, 巡り: the ~ of the blood / have a good [bad] ~ 血の循環が良い[悪い]. **2 a** (空気・水などの)流通. **b** (貨幣・書籍・風説などの)流通, 流布: withdraw money [books] from ~ 貨幣を回収する[本の発行をやめる] / be in ~ 流布して[広まって]いる; 流通[通用]している, 出回っている / put a rumor [money] in [into] ~ うわさを流布させる[貨幣を流通させる] / the ~ of rumors, news, etc. **c** (新聞・雑誌などの)配布, 普及. **3 a** 発行高[部数], 普及高, 配布部数, 販売部数: have a large [limited] ~ 発行部数が多い[少ない]. **b** (図書館資料の)貸出し; 館外貸出し; 貸出し冊数[点数]. **c** 宣伝[販売通信]利用者数: the ~ of a TV advertisement. **4** [集合的] 通貨 (currency), 流通手形. **5** 〘数学〙 循環《ベクトル場を V, 閉曲線を C, C の接線方向の成分を Vs としたときの, Vs の C に沿う線積分》.
in circulation (1) ⇨ 2 b. (2) (社会・社交界・実業界などで)活動して. ***out of circulation*** 活動しないで: keep a person *out of* ~ 人を活動できないようにしておく, 人を動き回れないようにしておく.
cir·cu·la·tive [sə́ːkjulèɪṭɪv, -ləṭ- | sə́ːkjulət-, -lèɪt-] *adj.* 循環的な; 流通的な; 循環を促進させる.
cír·cu·là·tor [-ṭə | -tə(r] 〘《1607》 ◻ L *circulātor*〙 — *n.* **1** (風説・報道・病毒などの)流布者, 伝達者: a ~ of rumors, news, infection, etc. **2** (貨幣の)流通者. **3** あちこち旅行する人, 巡回者. **4** 循環装置. **5** 《廃》 野師, 大道薬売り (mountebank).
cir·cu·la·to·ry [sə́ːkjulətɔ̀ːri, -tòːri | sə̀ːkjuléɪt(ə)rɪ, sə́ːkjulət(ə)rɪ] 〘← NL *circulātōri-us*〙 *adj.* (血液・樹液・水・空気などの)循環の[に関する, を起こす].
círculatory sỳstem *n.* 〘解剖・動物〙 循環系(統)《心臓・血液・血管・リンパ液・リンパ腺など血液・リンパ液の循環に関連する組織》. 「囲に, …の回りに.
cir·cum [sə́ːkəm | sə́ː-] 〘◻ L ~ (↓)〙 *prep.* …の周
cir·cum- [sə̀ːkəm, sə(ː)kʌ́m | sə̀ːkəm, sə(ː)kʌ́m] 〘◻ OF ~ // L ~ ← *circum* (adv. acc.): ⇨ circus〙 — *pref.* 「(…の)周囲に, (…を)取り巻く, 諸方に」の意: *circum*aviate, *circum*polar, *circum*scribe.
cir·cum·am·bi·ent [sə̀ːkəmǽmbiənt | sə̀ːkəmǽmbɪənt, -bjənt] 〘◻ LL *circumambient-* (pres. p.) ← *circumambīre*: ⇨ ↑, ambient〙 — *adj.* **1** 取り巻く[囲む], 周囲の: the ~ air. **2** ぐるりとひと回りする.
cìr·cum·ám·bi·ence [-biəns | -bɪəns, -bjəns] *n.*
cìr·cum·ám·bi·en·cy [-biənsi | -bɪənsɪ, -bjən-] *n.*
cìrcum·ámbulate 〘← L *circum ambulāt-us* (p.p.) ← *circum ambulāre* to walk around: ⇨ circum, ambulate〙 — *vi.* **1** 巡行する, 巡り歩く, 歩き回る; 巡礼する. **2** ぶらぶら当てもなくさまよう. — *vt.* 〈場所〉の回りを歩く, 巡回する. **circum·ambulátion** *n.* **cìrcum·ámbulator** *n.* **cìrcum·ámbulatory** *adj.*
cir·cum·bend·i·bus [sə̀ːkəmbéndɪbəs, -də- | sə̀ːkəmbéndɪ-] 〘《1681》 ← CIRCUM- + BEND² + L *-ibus* (abl. pl. ending)〙 *n.* 遠回しの[回りくどい]言い方.
círcum·cènter *n.* 〘数学〙 外心《三角形の外接円, または四面体の外接球の中心》.
cìrcum·círcle *n.* 〘数学〙 外接円.
cir·cum·cise [sə́ːkəmsàɪz | sə́ː-] 〘《*c*1250》 ← L *circumcīs-us* (p.p.) ← *circumcīdere* to cut around (← CIRCUM- + *caedere* to cut) 《なぞり》 ← Gk *peritémnein*〙 — *vt.* **1 a** 〈ユダヤ人・回教徒などが〉(宗教的儀式として)…に割礼を行なう. **b** 〘医学〙 〈男子〉の包皮を切り取る, 輪切[環状切除]を行なう. **c** 〈女子〉の陰核を切り取る. **2** 〘聖書〙 (精神的に)清浄にする, 清める (cf. *Jer.* 4: 4): ~ the heart, passions, etc.
cír·cum·cìs·er *n.* 割礼を施す人.
cir·cum·ci·sion [sə̀ːkəmsíʒən | sə̀ː-] 〘? OE *circumcisi(o)un* ◻ (O)F *circumcision* ◻ LL *circumcisiō(n-)* 《なぞり》 ← Gk *peritomḗ*: ⇨ circumcise, -sion〙 — *n.* **1** (ユダヤ人・回教徒などの宗教的儀式としての)割礼. **2** 〘医学〙 輪切(術), 包皮切除. **3** 〘聖書〙 心的浄化. **4** [the C-] 〘キリスト教〙 (イエスキリストの)割礼の祝日, 受割礼日《1 月 1 日》.
cir·cum·fer·ence [səkʌ́mf(ə)rəns, -fəns | səkʌ́mf(ə)rəns] 〘《*a*1393》 ◻ (O)F *circonférence* ◻ L *circumferentia* (← CIRCUM- + *ferre* to carry) 《なぞり》 ← Gk *periphéreia* 'PERIPHERY'〙 — *n.* **1 a** 円周. **b** 周辺, 周囲: the ~ of one's chest 胸部の周囲, 胸囲 / The trunk was about forty feet in ~. その木の幹は周囲約 40 フィートあった. **2** 周辺の長さ, 回りの距離. **3** 領域, 範囲 (bounds).
cir·cum·fer·en·tial [səkʌ̀mfərénʃəl | sə-] 〘← L *circumferentia* (↑) + -AL¹〙 — *adj.* **1** 円周の. **2** (特に, 都市などの)周辺の; 周辺を取り巻く[囲む]: a ~ highway. **~·ly** *adv.*
cir·cum·fer·en·tor [səkʌ́mfərènṭə | səkʌ́mfərèntə(r] 〘← L *circumferentia* (↑) + -OR²〙 — *n.* 〘測量〙 地平測角器, 測角羅盤《羅針盤の付いた方向視準器; Dutch circle ともいう》.
cir·cum·flex [sə́ːkəmflèks | sə́ː-] 〘《1565》 ◻ L *circumflex-us* (p.p.) ← *circumflectere* to bend around: ⇨ circum-, flex〙 — *adj.* **1** 〘音声〙 **a** 〈アクセントが〉曲折的な. **b** 曲折アクセントの付いた. **2** 〘解剖〙 (弓状)彎曲した (bent, curved), 回旋した: the ~ muscle of the palate 口蓋張筋. — *n.* 〘音声〙 = circumflex accent. — *vt.* 〘音声〙 〈母音〉に曲折アクセント記号を付ける.
círcumflex áccent *n.* 〘音声〙 曲折アクセント (^, ˜, ~) 《古代ギリシャ語では〜は長母音または二重母音を表わした; 現代フランス語の正字法では音声的な意味はない; 単に circumflex ともいう; cf. accent 2》.
círcumflex ártery *n.* 〘解剖〙 回旋動脈.
cir·cum·flu·ent [sə(ː)kʌ́mfluənt, sə̀ːkəmflúːənt | sə(ː)kʌ́mfluənt] 〘◻ L *circumfluent-em* (pres.p.) ← *circumfluere* to flow around: ⇨ circum-, fluent〙 — *adj.* 回りを流れる; (流動的に)取り囲む. **cir·cum·flu·ence** [sə(ː)kʌ́mfluəns, sə̀ːkəmflúːəns | sə(ː)kʌ́mfluəns] *n.*
cir·cum·flu·ous [sə(ː)kʌ́mfluəs, sə̀ːkəmflúːəs | sə(ː)kʌ́mflu-] 〘⇨ ↑, -ous〙 *adj.* **1** = circumfluent. **2** 水に囲まれた.
cir·cum·fuse [sə̀ːkəmfjúːz | sə̀ː-] 〘← L *circumfūs-us* (p.p.) ← *circumfundere* to pour around: ⇨ circum-, fuse¹〙 — *vt.* **1** 〈光・液体・気体などを〉周囲に注ぎかける 〈*around, about*〉. **2** 〔光・液体などを〕浴びせる 〔*with, in*〕: a face ~*d with* water 水を浴びた顔.

cir·cum·fu·sion [sə̀ːkəmfjúːʒən | sə̀ː-] *n.*

cìrcum·in·cés·sion [-ɪnséʃən] 〖□ ML *circumincessiō(n-)* (← CIRCUM-+*incēdere* to go along ⇨ in-¹, cede)《なぞり》← MGk *perikhṓrēsis*〗 ── *n.*〖神学〗三位相互内在性《父・子・聖靈の三位が相互に関連し内在すること; cf. *John* 14: 10》.

cir·cum·ja·cent [sə̀ːkəmdʒéɪsnt | sə̀ː-] 〖《1490》□ L *circumjacent-em* (pres.p.) ← *circumjacēre* to lie round, border upon: ⇨ circum-, adjacent〗 ── *adj.* 周辺[周囲]にある: the ～ areas of the city 都市周辺の地域.

cir·cum·lo·cu·tion [sə̀ːkəmlo(ʊ)kjúːʃən | sə̀ːkəmlə-] 〖《a1401》□ L *circumlocūtiō(n-)* a talking round《なぞり》← Gk *períphrasis* 'PERIPHRASIS': ⇨ circum-, locution〗 ── *n.* **1 a** 回りくどさ, 遠回し; 冗舌 (verbosity). **b** 言い逃れ. **2** [軽蔑的に] 回りくどい表現, 婉曲表現 (euphemism). **～·al** [-ʃənḷ, -ʃnəl] *adj.* **～·àr·y** [-nèri | -ʃ(ə)nəri] *adj.* **～·ist** [-ʃ(ə)nɪst, -nəst | -nɪst] *n.*

Circumlocútion Òffice 〖手続きが面倒で事務が少しもはかどらない官庁を Charles Dickens が小説 *Little Dorrit* の中で皮肉ったもの〗 ── *n.* **1** 繁文縟礼(じょく)省, やらない課, たらい回し局. **2** 繁文縟礼, お役所主義 (red-tapeism).

cir·cum·loc·u·to·ry [sə̀ːkəmlákjʊtɔ̀ːri, -tòːri | sə̀ːkəmlɔ́kjʊt(ə)ri, -ləkjúːt(ə)ri] *adj.* 回りくどい, 遠回しの: ～ remarks.

cìrcum·lúnar *adj.*〖天文〗月の回りを回転する[取り囲む].

cìrcum·merídian *adj.*〖天文〗〈天体が〉子午線付近の.

cir·cum·nav·i·ga·ble [sə̀ːkəmnǽvɪgəbḷ, -və- | sə̀ːkəmnǽvɪ-] *adj.* 周航できる.

cir·cum·nav·i·gate [sə̀ːkəmnǽvəgèɪt | sə̀ːkəmnǽvɪ-] 〖← L *circumnāvigāt-us* (p.p.) ← *circumnāvigāre*: ⇨ circum-, navigate〗 ── *vt.* **1** 周航する, (船で)一周する. **2** 〈混みあった所を〉迂回する (bypass).

cir·cum·nav·i·ga·to·ry [sə̀ːkəmnǽvəgətɔ̀ːri, -tòːri | sə̀ːkəmnǽvɪgətəri, -gèɪt-] *adj.*

cir·cum·nav·i·ga·tion [sə̀ːkəmnæ̀vəgéɪʃən | sə̀ːkəmnæ̀vɪ-] *n.* 周航, 一周航海.

cir·cum·náv·i·gà·tor [-ṭə | -tə(r)] *n.* 周航者; 世界周航者.

cìrcum·nútate 〖← CIRCUM-+NUTATE: C. Darwin の造語〗 *vi.*〖植物〗〈茎・巻ひげなどが〉(生長する時)回旋転頭する.

cìrcum·nutátion *n.*〖植物〗(茎・巻ひげなどの)回旋運動, (回旋)転頭運動 (cf. nutation 4).

cìrcum·ócular *adj.*〖生物〗目周の; 目部を取り巻く.

cìrcum·óral *adj.*〖生物〗口周の; 口部を取り巻く.

circum·plánetary 〖← CIRCUM-+PLANET¹+-ARY〗 *adj.*〖天文〗(比較的惑星に近い所で)惑星を取り巻く; 惑星付近の.

cìrcum·pólar *adj.* **1**〖天文〗〈天体が〉天極付近の, 周極の, 極の回りの, 極の回りをめぐる: a ～ star 周極星. **2**〖地文〗周極の, 極地付近にある[に見られる]: the ～ ocean.

circum·rádius *n.* (*pl.* **-dii, ～es**)〖数学〗外接円の半径.

cir·cum·ro·tate [sə̀ːkəmróʊteɪt | sə̀ːkəmrə(ʊ)téɪt] *vi.* (車輪のように)回転する. **cir·cum·ro·ta·tion** [sə̀ːkəmro(ʊ)téɪʃən | sə̀ːkəmrə(ʊ)-] *n.*

cìrcum·scíssile 〖← L *circumsciss-us* (p.p.) ← *circumscindere* to tear round: ⇨ circum-, scissile〗 *adj.*〖植物〗横周裂開の.

cir·cum·scribe [sə́ːkəmskràɪb, ⌐-⌐ | sə́ːkəmskràɪb, ⌐-⌐] 〖《1459》□ L *circumscrib-ere* to draw a line about: ⇨ circum-, scribe¹〗 ── *vt.* **1 a** …の回りに境界線を引く; 線で取り囲む. **b** (境界線で)…の周囲を囲む. **2 a** …の限界を置く; …の活動[領域]を制限する; …に制限を置く[設ける], 制限する. **b** 限定する, 区分する, 区切る. **3**〖数学〗〈円などを〉…に外接させる; 〈円などが〉…に外接する (cf. inscribe 5): ～ a circle about a triangle 三角形に円を外接させる / a ～*d* circle 外接円. **cír·cum·scrìb·a·ble** [-bəbḷ] *adj.* **cír·cum·scrìb·er** *n.*

cir·cum·scrip·tion [sə̀ːkəmskrípʃən | sə̀ː-] 〖《?a1425》□ L *circumscriptiō(n-)* ← *circumscribere*: ⇨ circumscribe, -tion〗 ── *n.* **1 a** 取り囲むこと. **b** 限界, 制限. **c** 限定. **2 a** 取り囲むもの. **b** 限界線. **c** 輪郭 (outline). **d** 周辺 (periphery). **3** 囲まれた範囲, 区域, 界域. **4**〖造幣〗(貨幣・印章の)周辺の銘刻. **5**〖数学〗外接(させること). **cir·cum·scrip·tive** [sə̀ːkəmskríptɪv | sə̀ː-] *adj.*

cìrcum·sólar *adj.*〖天文〗太陽周辺の[を運行する].

cir·cum·spect [sə́ːkəmspèkt, ⌐-⌐ | sə́ːkəmspèkt] 〖《a1410》□ L *circumspect-us* (p.p.) ← *circumspicere* to look about ← CIRCUM-+*specere* to look〗 ── *adj.* **1** 周囲に気を配る, 慎重な, 用心深い: He is ～ in his behavior. 彼は行動に慎重だ / with ～ manners 慎重な態度で. **2** 十分考慮した上での, 用意周到な: a ～ decision. **～·ly** *adv.* **～·ness** *n.*

cir·cum·spec·tion [sə̀ːkəmspékʃən | sə̀ː-] 〖《a1387》□ L *circumspectiō(n-)*: ⇨ ↑, -tion〗 *n.* **1** 細心の注意, 慎重. **2** (行為・行動などの)用意の周到さ.

cir·cum·spec·tive [sə̀ːkəmspéktɪv | sə̀ː-] *adj.* = circumspect.

cir·cum·stance [sə́ːkəmstæ̀ns, -stəns | sə́ːkəmstəns, -stæ̀ns, -stàːns] 〖《?a1200》□ (O)F *circonstance* // L *circumstantia* ← *circumstantem* (pres.p.) ← *circumstāre* to surround, encompass ← CIRCUM-+*stāre* 'to STAND'〗 ── *n.* **1 a** (ある物が存在したり起きたりする, その時その場の)事情, 付随情況: time, place, or some other ～. **b** 二次的な事柄, 付帯事項; (あまり重要でない)こまごました点, 枝葉末節: The appearance is a ～ in the case. その場合外見はあまり重要でない. **c** (犯罪などの)事件の証拠上の(推定的)情況 (cf. circumstantial evidence). **2** [通例 *pl.*; 通例無冠詞] (ある事件・人などを取り巻く)周囲[外界]の事情, 情況, 環境: be forced by ～*s* to do something 事情やむなく あることをする / the [a] creature of ～(*s*) 境遇[環境]に左右され[踊らされ]る者 / under certain ～*s* ある場合には / as far as ～*s* will allow 事情の許す限り / It depends on ～*s*. それは場合による. **3** [*pl.*] (人の財産・収入に関する)身上, 境遇, 暮らし向き: good [bad, needy] ～*s* / a family in reduced [poor] ～*s* 貧困家庭 / in straitened ～*s* せっぱ詰まった暮らしで, 苦しい財政で / in easy ～*s* 楽な暮らしで, 何不足なく. **4** (事情・情況を決定する一つの)事柄, 出来事: a lucky ～ 幸運な事柄 / The loss of the letter was a grave ～. その手紙の紛失は重大な出来事だった. **5** (事柄の)細部, 細目; 詳細, 委曲: omit no essential ～ in a report 報告に肝要な点は一つも漏らさない / tell something with much [great] ～ 委曲を尽くして話す, 微に入り細にわたって話す. **6** 機会 (chance), 運 (luck): a victim of ～. **7**《古》形式ばること, 仰々しさ, 物々しさ: ⇨ POMP and circumstance of glorious war / without ～ (儀式ばった)仰々しいことはよして, 手軽に.
be not a circumstance to《米口語》…とは比べものにならない. ***in the circumstances*** = *under the* CIRCUMSTANCES. ***under any circumstances*** どんな場合でも. ***under no circumstances*** どんなことがあっても…ない, 決して…ない. ***under the circumstances*** こういう事情で[なので], そういう次第で[なので].
── *vt.* [p.p. 形で] (ある)事情[情況, 境遇]に置く: be differently ～*d* 事情を異にしている, 事情が違う / be awkwardly ～*d* 厄介な立場にある / be comfortably ～*d* 楽な境遇にある / ～*d* as we are [were] 今[その時]の事情では, そういう事情である[あった]から.

cir·cum·stan·tial [sə̀ːkəmstǽnʃəl | sə̀ː-] 〖《1599》← L *circumstantia* (↑)+-AL¹〗 ── *adj.* **1 a** (その時の)情況[事情]の[による, から成る, 次第の]. **b** 〈証拠など〉情況的な: ⇨ circumstantial evidence. **2** 付随的な, 偶発的な; 副次的な. **3** 境遇上の, 暮らし向きの: ～ well-being. **4** 詳しい, 詳細な, 委曲を尽くした: a ～ account of what happened 事件の微に入り細にわたった説明. **5** 儀礼上の: ～ splendor. ── *n.* [通例 *pl.*] (本質的でなく)付随的な事項.

circumstántial évidence *n.*〖法律〗情況証拠, 間接証拠 (indirect evidence) (cf. direct evidence).

cir·cum·stan·ti·al·i·ty [sə̀ːkəmstæ̀nʃiǽləṭi | sə̀ːkəmstæ̀nʃiǽləti, -lɪ-] *n.* **1** (説明などの)詳細にわたって[委曲を尽くして]いること. **2 a** 事情, 情勢. **b** (事の)詳細.

cìr·cum·stán·tial·ly [-ʃəli | -li] 〖《1646》〗 ── *adv.* **1** 事情[情況]によって[次第で, に関して]. **2** 委曲を尽くして, 詳細に, つぶさに. **3** 付随的に, 偶然に. **4** 情況証拠によって.

cir·cum·stan·ti·ate [sə̀ːkəmstǽnʃièɪt | sə̀ːkəmstǽnʃɪ-] 〖← L *circumstantia* 'CIRCUMSTANCE'+-ATE³〗 ── *vt.* **1** …に情況証拠を与える: ～ a theory. **2** 詳しく述べる. **cir·cum·stan·ti·a·tion** [sə̀ːkəmstæ̀nʃiéɪʃən | sə̀ːkəmstæ̀nʃɪ-] *n.*

cìrcum·stéllar 〖⇨ circum-, stellar〗 *adj.*〖天文〗恒星の回りの.

circum·terréstrial 〖⇨ circum-, terrestrial〗 *adj.*〖天文〗地球をめぐる, 地球周辺の, 地球の回りの.

cir·cum·val·late 〖《1661》← L *circumvallāt-us* (p.p.) ← *circumvallāre* ← CIRCUM-+*vallāre* to surround with a rampart (← *vallum* 'WALL')〗 ── [sə̀ːkəmvǽleɪt | sə̀ː-] *vt.* (塁壁・城壁・塹壕などで)取り囲む; …に塁壁[城壁, 塹壕]をめぐらす: *circumvallating* walls. ── [-leɪt, -lət, -lɪt] *adj.* **1** 塁壁などで囲まれた. **2**〖解剖〗隆起した輪郭のある.

cir·cum·val·la·tion [sə̀ːkəmvəléɪʃən | sə̀ːkəmvə-, -væ-] 〖《1641》□ LL *circumvallātiō(n-)*: ⇨ ↑, -ation〗 ── *n.* **1** 塁壁[城壁, 塹壕(など)]をめぐらすこと, 塁壁などの構築. **2** 取り囲んだ城壁[塁壁]; 掘りめぐらした塹壕.

cìrcum·váscular *adj.*〖生物〗導管[脈管, 血管]周辺の.

cir·cum·vent [sə̀ːkəmvént, ⌐-⌐ | sə̀ːkəmvént] 〖《1553》← L *circumvent-us* (p.p.) ← *circumvenīre* to surround, defraud ← CIRCUM-+*venīre* 'to COME'〗 ── *vt.* **1 a** 包囲して…の逃げ道を遮断する. **b** (計略などで)〈敵を〉包囲する, 囲む; 策略に陥れる. **c** 〈人を〉〈悪・危険などで〉取り囲む[巻く]〔*with*〕: She was ～*ed with* villains. 彼女は悪漢に取り囲まれた. **2** 回る, 一周する; (直進しないで)迂回する: ～ the town. **3 a** (策略を用いて)巧みに免れる, 回避する: ～ an attack. **b** 先手をとって〈計画などを〉阻止する, 妨げる, くじく: The plan was ～*ed* by his veto. その計画は彼の拒否権によって阻止された. **c** 〈人を〉出し抜く; 計略にかける. **～·er** *n.* **cir·cum·vén·tor** [-ṭə | -tə(r)] *n.* **cir·cum·ven·tion** [sə̀ːkəmvénʃən | sə̀ː-] *n.* **cir·cum·ven·tive** [sə̀ːkəmvénṭɪv | sə̀ːkəmvént-] *adj.*

cir·cum·vo·lute [sə(ː)kámvəlùːt, sə̀ːkəmvo(ʊ)lúːt | sə(ː)kʌ́mvəlùːt, -ljùːt, sə̀ːkəmvə(ʊ)lúːt] 〖← L *circumvolūt-us* (p.p.) ← *circumvolvere* ← CIRCUM-+*volvere* to roll〗 ── *vt.* 取り巻く; 巻き込む. ── *vi.* 渦を巻く; (特に, 渦状に)巻き込む.

cir·cum·vo·lu·tion [sə(ː)kʌ̀mvəlúːʃən, sə̀ːkəmvo(ʊ)-, -ljúː- | sə(ː)kʌ̀mvə-, sə̀ːkəmvə(ʊ)-] 〖《1447》□ ML *circumvolūtiō(n-)*: ⇨ ↑, -tion〗 ── *n.* **1 a** 旋転, 回転 (revolution). **b** 一回転. **2 a** ぐるぐる巻きつくこと. **b** 渦巻き, 渦線; 一巻き: the ～ of a shell.

cir·cum·volve [sə̀ːkəmvɑ́lv | sə̀ːkəmvɔ́lv] 〖□ L *circumvolv-ere* to roll around〗 *vt.*《廃》回転させる.

cir·cus [sə́ːkəs | sə́ː-] 〖《c1380》□ L ～ 'ring, round enclosure (for games)' ← IE **(s)ker-* to turn (Gk *kírkos* ring): cf. curve〗 ── *n.* **1 a** (ひな壇式に観覧席を設けた, 曲馬・サーカスなどを見せる)円形[長円形]の興行場, 曲馬場, 曲芸場, サーカス小屋: pitch [put up] a ～ サーカスの小屋を掛ける. **b** サーカス, 曲馬, 曲芸; サーカス団, 曲馬団: a traveling ～ 旅回りのサーカス団 / ⇨ three-ring circus / run a ～ サーカスを興行する. **2 a** (古代ローマの)円形[長円形]の屋外大競技場《三方または周囲に階段座席を設けたもので, 戦車競走・行進行列などに用いた》. **b** 円形野天大競技場で行なわれた催し物. **3**《英》[しばしば地名に用いて] (放射街路の集まる)円形広場, サーカス (cf. square 5): Oxford *Circus* / Piccadilly *Circus*. **4**《口語》愉快で騒がしいもの[人], 大騒ぎ; にぎやかなひと時: We had a real ～ with them. 彼らと愉快に大騒ぎをした. **5** = flying circus. **6**《廃》環, 円 (ring).

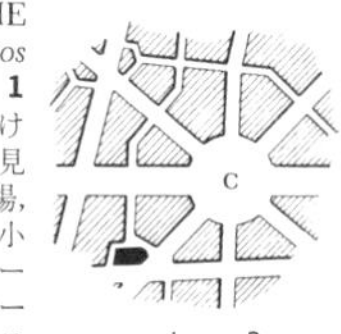

circus 3

círcus càtch 〖捕球後によくサーカスの軽業師のようにもんどり打つことから〗 *n.*〖野球〗ファインプレーのフライ捕球, 曲芸的捕球.

círcus màkeup *n.*〖新聞〗サーカス メーキャップ《読者の注意を引くためにいろいろな種類の見出しやカットなどを不釣り合いに同じページの中に組み込むこと》.

Círcus Máx·i·mus [-mǽksəməs | -sɪ-] 〖□ L *Circus Maximus* the greatest circus〗 ── *n.* [the ～] ローマの大競技場《Palatine 丘と Aventine 丘との間にあって, 25 万人以上の観覧者を収容したという》.

cir·cus·y [sə́ːkəsi | sə́ːkəsɪ] *adj.* (*also* **cir·cus·sy** [～]) サーカスのような[を思わせる].

ci·ré [sɪréɪ, sə- | sɪ-; *F.* sire] 〖□ F ～ (p.p.) ← *cirer* to wax ← *cire* wax < L *cēram*〗 ── *n.* (*also* **ci·re** [～]) **1**〖紡織〗シーレ(仕上げ)《蠟引きをして加熱し光沢を作る仕上げ法》. **2** シーレ加工した布.

Cir·e·na·i·ca [sɪrənéɪəkə, sàɪr- | sàɪ(ə)rənéɪɪ-, -rɪ-] *n.* = Cyrenaica.

cire per·due [síə-pɛədʃ(j)úː | síə-pɛədjúː; *F.* sirpɛrdy] 〖□ F (*moulage à*) ～ 'lost wax casting'〗 ── *n.*〖金属加工〗蠟型法《蠟で作った模型を鋳型材中に埋没し, 蠟を溶出してその空洞に金属を注入する方法; lost-wax process ともいう》.

cirque [sə́ːk | sə́ːk, síək] 〖《1601》□ F ～ □ L *circus*: ⇨ circus〗 ── *n.* **1**〖地質〗圏谷, カール (G. *Kar*)《氷食作用によって山頂に近くさじですくい取ったようにできた丸い窪地》. **2**《詩》環, 円, 輪 (circle, ring). **3** = circus 2.

cirr- [sɪr] (母音の前に来る時の) cirro- の異形.

cir·rate [síreɪt, -rət, -rɪt] 〖□ L *cirrāt-us* curled ← *cirrus* curl: ⇨ ate²〗 ── *adj.* **1**〖生物〗巻きひげ[触毛] (cirrus) のある. **2**〖植物〗葉の先端だけが巻きひげとなった.

cirrhi- [sírɪ, -rə | -rɪ] cirrho- の異形 (⇨ cirro-).

Cir·rhit·i·dae [sɪríṭədìː, sə- | sɪrítɪ-] 〖← NL ～ ← *Cirrhitus* (属名: ← L *cirritus* having filaments ← *cirrus* curl)+-IDAE〗 *n. pl.*〖魚類〗ゴンベイ科.

cir·rho- [síro(ʊ) | -rə(ʊ)] = cirro-.

cir·rhose [sírous | -rəus] *adj.* = cirrose.

cir·rho·sis [sɪróʊsɪs, sə-, -səs | sɪrə́ʊsɪs] 〖← NL ～ ← Gk *kirrhós* tawny+-OSIS〗 ── *n.* (*pl.* **-rho·ses** [-siːz])〖病理〗(肝)硬変(症): atrophic [hypertrophic] ～ 萎縮性[肥大性]肝硬変 / ～ of the liver 肝硬変.

cir·rhot·ic [sɪrɑ́ṭɪk, sə- | sɪrɔ́t-] *adj.*

cirri 〖□ *cirri*〗 *n.* cirrus の複数形.

cir·ri- [sírɪ, -rə | -rɪ] cirro- の異形 (⇨ -i-).

cir·rif·er·ous [sɪrífərəs, sə- | sɪ-] 〖← CIRRO-+-FEROUS〗 *adj.*〖生物〗巻きひげを生じる, 巻きひげのある.

cir·ri·form [sírəfɔ̀əm | -rɪfɔ̀ːm] *adj.*〖生物〗巻きひげ状の.

cir·ri·pede [sírəpìːd | -rɪ-] 〖↓〗 (*also* **cir·ri·ped** [-pèd])〖動物〗 *adj.* 蔓脚(まんきゃく)亜綱の. ── *n.* 蔓脚亜綱の動物《フジツボ・カメノテなど》.

Cir·ri·pe·di·a [sìrəpíːdiə | -rɪpíːdɪə, -djə] 〖← NL ～: ⇨ cirro-, -pede, -ia²〗 *n. pl.*〖動物〗蔓脚(まんきゃく)亜綱.

cìr·ri·pé·di·al [-diəl | -dɪəl, -djəl] *adj.*

cir·ro- [síro(ʊ) | -rə(ʊ)] 〖← L *cirrus* curl〗 (*also* **cirrho-**)「巻きひげ; 触毛; 巻雲」の意の連結形. ★ 時に cirri-, また母音の前では通例 cirr- になる.

cirro·cúmulus 〖← NL ～: ⇨ ↑, *cumulus*〗 *n.* (*pl.* **-muli, ～**)〖気象〗巻積雲 (cf. mackerel sky; ⇨ cloud 挿絵).

cirrocúmulus castellánus [**castellátus**] *n.* (*pl.* ～)〖気象〗塔状巻積雲.

cirrocúmulus flóccus *n.* (*pl.* ～)〖気象〗ふさ状巻積雲.

cirrocúmulus lenticuláris *n.* (*pl.* ～)〖気象〗レンズ巻積雲.

cirrocúmulus stratifórmis *n.* (*pl.* ～)〖気象〗層状巻積雲.

cir·rose [síroʊs | -rəʊs] 〚← NL cirros-us : ⇨ cirro-, -ose¹〛 adj. ＝cirrate.
cìrro·strátus 〚← NL ～ : ⇨ cirro-, stratus〛 n. (pl. -strati, ～)〘気象〙巻層雲 (略 Cs ; ⇨ cloud 挿絵).
cirrostrátus fibrátus [filósus] n. (pl. ～)〘気象〙毛状巻層雲 (⇨ cloud 挿絵). 「層雲.
cirrostrátus nebulósus n. (pl. ～)〘気象〙霧状巻
cir·rous [sírəs] 〚← L cirrus curl＋-ous〛 adj. 1 ＝cirrate. 2 巻雲に似た, 巻雲状の.
cir·rus [sírəs] 〚← NL ～ ← L ～ 'curl, ringlet, bird's crest'〛 — n. (pl. cir·ri [-raɪ]; 3 ではまた ～) 1〘植物〙つる, 巻きひげ (tendril). 2〘動物〙触毛; 毛状突起. 3〘気象〙巻雲 (略 Ci ; ⇨ cloud 挿絵).
círrus castellánus [castellátus] n. (pl. ～)〘気象〙塔状巻雲.
círrus dénsus n. (pl. ～)〘気象〙＝cirrus spissatus.
círrus flóccus n. (pl. ～)〘気象〙ふさ状巻雲.
círrus intórtus n. (pl. ～)〘気象〙もつれ巻雲.
círrus spissátus [nóthus] n. (pl. ～)〘気象〙濃密巻雲.
círrus uncínus n. (pl. ～)〘気象〙かぎ状巻雲.
cir·sec·to·my [səːséktəmi | səːséktəmɪ] 〚← Gk kirsós swollen vein＋-ectomy〛 n.〘外科〙静脈瘤切除(術).
cir·soid [sə́ːsɔɪd | sə́ː-] 〚□ Gk kirsoeid-ḗs : ⇨ ↑, -oid〛 adj.〘病理〙静脈瘤状の.
cis [sís] 〚□ L ～ 'on this side of' : ⇨ cis-〛 adj.〘化学〙シス形の《同一原子または基が二重結合の同じ側にある; 幾何異性の一つ; cf. trans》.
Cis [sís] 〚(dim.) ← Cecilia〛 n. 女性名《異形 Ciss》.
C.I.S. 《略》 Chartered Institute of Secretaries.
cis- [sɪs] 〚□ L ～ ← cis (prep.) on this side of (cf. citra-) : ⇨ he¹〛 — pref. 1「…のこちら側の」の意 (cf. trans-, ultra-) : cisalpine, cismontane. 2「以後の」の意 (↔ pre-). ★ 大文字で始まる語の前では通例ハイフンを伴う: cis-Elizabethan エリザベス朝以後の. 3 [通例イタリック体で]〘化学〙「シス型の(cis)」の意 (cf. trans-) : cis-acid, cis-trans.
cis·al·pine [sɪsǽlpaɪn, -pɪn, -pən | -paɪn] 〚□ L Cisalpīn-us ← cis-＋Alpīnus 'Alpine'〛 — adj. 1 a アルプス側の[に関する, にある]. b (ローマ側から見て)アルプスのこちら側の, アルプス以南の (cf. transalpine). c (フランス側から見て)アルプスのこちら側の, アルプス以北の (cf. transalpine). 2 教皇権制限主義の (Gallican).
Cisálpine Gául n. ⇨ Gaul 1.
cis·at·lan·tic [sɪsətlǽntɪk | -tɪk] adj. 大西洋のこちら側の《立場によって米国側ともなりヨーロッパ側ともなる; cf. transatlantic 1》.
Cis·cau·ca·sia [sɪskɔːkéɪʒə, -ʃə | -zjə, -zɪə, -ʒjə, -ʒɪə, -ʒə] n. 北[前]カフカス《Caucasus 山脈以北(ヨーロッパ側)の Caucasia 地方; cf. Transcaucasia》.
cis·co [sískoʊ | -kəʊ] 〚《略》 ← Canad.-F ciscoette ← N-Am.-Ind. (Algonquian)〛 n. (pl. ～es, ～s [～(z)])〘魚類〙シスコ (Coregonus artedii)《米国五大湖地方に産するサケ科の食用淡水魚; lake herring ともいう》.
ci·seaux [siːzóʊ | -zə́ʊ; F. sizo] 〚□ F ～ 《原義》 scissors < OF (pl.) ← cisel 'chisel'〛 — n. (pl. ～ [～(z); F. ～])〘バレエ〙シゾオ《空中で両脚が鋏のような形をとる動作》.
cis·lu·nar [sɪslúːnə, -nɑə | -lúːnə(r, -ljúː-] adj.〘天文〙地球と月(の軌道)の間の宇宙空間の.
cis·mon·tane [sɪsmɑ́nteɪn | -mɔ́n-] 〚□ L cismontān-us ← cis-＋mont-, mōns mountain : ⇨ -ane¹〛 adj. 1 ＝cisalpine (cf. ultramontane 1). 2 山の近くにある.
cis·pa·dane [sɪspədéɪn, ←— | sɪspéɪdeɪn] 〚□ F cispadan ← cis-＋padane (□ L Padānus of the river Po ← Padus the Po)〛 — adj. (ローマから見て) Po 川のこちら[南側]の (cf. transpadane).
cis·pon·tine [sɪspɑ́ntaɪn | -pɔ́n-] 〚← cis-＋L pont-, pōns bridge＋-ine¹〛 — adj. 橋のこちら側の[にある]; (特に, London で) Thames 川のこちら側[北岸]の[にある] (↔ transpontine).
cis·rhe·nane [sɪsríːneɪn, -rə- | -rɪ-] 〚□ L Cisrhēnān-us ← cis-＋Rhēnāus of the Rhine ← Rhēnus the Rhine〛 — adj. Rhine 川のこちら側[西側]の[にある] (cf. transrhenane).
cis·sie [sísi | -sɪ] n.《英》＝sissy.
cis·soid [sísɔɪd] 〚□ Gk kissoeid-ḗs ivylike ← kissós ivy : ⇨ -oid〛 — n.〘数学〙シッソイド, 疾走線《円の直径を AB, B における円の接線上の動点を X, 線分 AX と円との交点を X' とするとき, AX 上に AY＝X'X となるようにとった点 Y の描く曲線; A に尖点 (cusp) をもち, 上述の接点に漸近する》. **cis·soi·dal** [sɪsɔ́ɪdl] adj.
cis·sy [sísi | -sɪ] n. ＝sissy.
Cis·sy [sísi | -sɪ] 〚(dim.) ← Cecilia〛 n. 女性名.
cist¹ [síst, kíst] 〚□ Welsh ～ 'chest, coffer' □ L cista (↓)〛 n.〘考古〙シスト, (主に組合せ式の)石棺, 石櫃.
cist² [síst] 〚□ L cista box, chest □ Gk kístē : cf. chest〛 n. (古代ローマの)祭器入れ, 祭具箱.
Cis·ta·ce·ae [sɪstéɪsiìː] 〚← NL ～ : ⇨ Cistus, -aceae〛 n. pl.〘植物〙(双子葉植物スミレ目)ゴジアオイ科. **cis·tá·ceous** [-ʃəs] adj.
Cis·ter·cian [sɪstə́ːʃən | -tə́ːʃɪən, -ʃən] 〚← ML Cistercium (↓)＋-an¹〛 adj. シトー修道会(士)の. — n. シトー(修道)会士.
Cistércian Órder n. [the ～] シトー修道会《1098 年フランスの厳格な修道士 Robert de Molesme [mɔlɛm] (1029?–1111) が同志と共に Dijon の南方の不毛の沼地 Citeaux [F. sito] (ML Cistercium) に創設した修道会でベネディクト会 (Benedictines) の一分会; その一人 Saint Bernard of Clairvaux の教えを受けついだ人々は Bernardines ともいう; cf. Dominican Order, Franciscan Order》.
cis·tern [sístən | -tən] 〚《c1250》□ OF cisterne (F citerne) < L cisterna ← cista chest : ⇨ cist²〛 — n. 1 貯水器, 水溜, 水槽, (水)タンク. 2 (天然の)貯水池, 溜池 (pond). 3〘解剖〙(分泌液などを貯える)槽.
cis·ter·na [sɪstə́ːnə | -tə́ː-] 〚← NL ～ (↑)〛 n. (pl. -ter·nae [-niː])〘解剖〙1 くも膜下槽. 2 ＝cistern 3. **cis·tér·nal** [-nl] adj.
cis·tron [sístrɑn | -trɔn] 〚← cis-＋tr(ans)-＋-on (cf. ion)〛 n.〘生物〙シストロン《遺伝子の機能単位; cf. operon》. **cis·tron·ic** [sɪstrɑ́nɪk | -trɔ́n-] adj.
cis·tus [sístəs] 〚← NL ～ ← Gk kístos rockrose〛 — n.〘植物〙ゴジアオイ《ハンニチバナ科ゴジアオイ属 (Cistus) の草本の総称; ゴジアオイ (C. albidus) など; cf. labdanum》.
cit¹ [sít] 〚《a1644》《略》 ← citizen〛 n. 1 町人, 商人. 2 a《米俗》(軍人でない)一般人, 民間人. b [pl.]《米軍俗》(軍服に対して)民間人の服, 平服: in ～s.
cit² [tʃɪt] 〚□ Hindi ～〛 n.〘ヒンズー教〙純粋意識 (cf. Sat-cit-ananda). 「rate.
cit. 《略》 citadel; citation; cited; citizen;〘化学〙cit-
cit·a·ble [sáɪtəbl] adj. 1 (例証として)引用できる. 2 召喚できる.
cit·a·del [sítədl, -dèl | -tədl, -tɪ-, -dəl, -dèl] 〚《a1586》□ (O)F citadelle □ OIt. cittadella (dim.) ← cittade city < L civitātem 'city' : ⇨ -el¹〛 — n. 1 a (市街を見おろして防護[支配]する)城砦(じょうさい); 砦, 要塞(さい). b (最後の)拠(よ)り所 (stronghold): a ～ of freedom 自由の砦. 2《古》(軍艦の)砲郭《昔の軍艦の左右舷側に装備され, 舷側砲・エンジン・弾薬庫などを防護するため, 厚い隔壁で仕切られ, または厳重に装甲された部分》. 3〘救世軍〙伝道[布教]所[本部].
ci·ta·tion [saɪtéɪʃən | saɪ-, sɪ-] 〚《c1300》□ (O)F ～ □ L citātiō(n-) ← citātus (p.p.) ← citāre : ⇨ cite, -tion〛 — n. 1 a (章句・判例・例証の)引用, 引証. b 引用文[句]. 2 a (事実・例などの)列記, 列挙 (enumeration); 言及 (mention). b (軍人・部隊などの功績に対する)表彰(状); 感(謝)状; (命令・通信文中での)特記: a Presidential ～ 大統領感状. c 表彰(状), 感謝(状). 3〘法律〙a (法廷への)召喚. b 召喚状. c (宗教裁判所の)許状. **～·al** [-ʃənl, -ʃnəl] adj.
ci·ta·tor [saɪtéɪtə, ←—— | -tə(r] n. 1 引用[引証]する人[もの]. 2 判例記録.
ci·ta·to·ry [sáɪtətɔ̀ːri, -tòːri | sáɪtət(ə)rɪ, sít-, saɪtéɪt(ə)rɪ] 〚□ ML citātōri-us ← L citātus (p.p.) ← citāre : ⇨ -ory¹〛 adj. 1 召喚(状)の. 2 引用(文)の.
cite [sáɪt] 〚《1438》□ (O)F cit-er □ L citāre (freq.) ← ciēre to set in motion, call ← IE *kei- to set in motion (Gk kineîn to move)〛 — vt. 1 〈章句・判例などを〉例として引く, 引証する, 引用する (quote); 〈著者などを〉引合いに出す: ～ an author, a passage, a proverb, a case, etc. 2 (例証・確認などのために)言及する; 〈例を〉挙げる: ～ an example. 3 …に感謝状を出す, 表彰する. 4 a 思い出させる; …に注意を喚起させる. b《古》召集する, 出動させる; …に行動を促す: be ～d to battle. 5〘法律〙〈人を〉(法廷に)出頭を命じる, 召喚する (summon). — n. ＝citation 1b.
cith·a·ra [síθərə, kíθ-, kɪθɑ́ːrə | síθərə] 〚□ L ～ □ Gk kithárā : guitar, zither と三重語〛 — n. キタラ《古代ギリシャの 7-11 弦の撥弦楽器; リラ (lyre) に似ているが, より大きい》.
cith·er [síðə, síθə | síθə(r] 〚□ F cithare □ L cithara (↑)〛 n. ＝cittern.
cith·ern [síðən, -θən | -θən, -θəːn, -ðən] n. ＝cittern.
cít·ied adj. 1 都市のある, 都市で占められた. 2 都市化した; 都市に似た[のような].
cít·i·fied adj. [通例軽蔑的に] 都会人めいた, 都市生活に慣れた, 都会ずれした: have a ～ air.
cit·i·fy [sítəfàɪ | -tɪ-] 〚← city＋-fy〛 vt. 1 都市化する, 都会化する. 2 都会の習慣に従わせる; 都会風に順応させる.
Ci·ti·um [síʃiəm | -ʃɪ-] n. キティオン《地中海の Cyprus 島の南西岸にあった古代都市; ギリシャの哲学者 Zeno of Citium の生地》.
cit·i·zen [sítəzn, -zən, -sn, -sən | -tɪzn] 〚《?a1300》 citisein □ AF citesein, citezein＝OF citeain (F citoyen) ← cité 'city'＋-ain '-an¹' : AF の語尾は denizen, etc. からの類推〛 — n. 1 (出生または帰化により市民権をもち, 一国, 特に共和国に対する忠誠の義務を有する)公民, 人民, 国民 (cf. alien, subject): an American ～ 米国国民 (cf. British subject). 2 a (田舎の人に対して)町の人, 市民, 都会人 (cf. countryman 2). b《古》(特に, 市民権をもつ)市民, 自由民. 3《米》(軍人・警官に対して)一般市民 (civilian). 4 住民, 住人 (inhabitant): a ～ of the forest 森の住人. 「tan).
a citizen of the world 世界人, 国際人 (cosmopoli-
cit·i·zen·ess [sítəzənɪs, -zn-, -sən-, -sn-, -nəs | -tɪzn-] n. 女性の citizen.
cit·i·zen·ize [sítəzənàɪz, -zn-, -sən-, -sn- | -tɪzən-, -zn-] vt. …に公民権[市民権]を与える.
cít·i·zen·ly adj. 市民[公民]の[らしい].
cit·i·zen·ry [sítəznri, -zən-, -sn-, -sən- | -tɪznrɪ] n. [集合的] (しばしば, 軍人, 時に官吏や知識人と区別して)市民, 庶民 (citizens).
cítizen's arrést n.〘法律〙市民による犯罪人逮捕《犯罪を目撃したとき, 重大犯罪の行なわれたときなどには, 警察官でない一般市民も犯人を逮捕できる》.
cítizens bánd n.〘通信〙市民バンド《トランシーバーなど個人用無線通信に開放されている周波数帯》.
cítizen·shìp n. 1 市民[公民]の身分[資格]; 市民権, 公民権: acquire ～ / strip a person of his ～ 人の市民権を剥奪する. 2 公民[市民]の義務[社会順応]; 市民としての行為.
cítizenship pàpers n. pl.《米》〘法律〙(市民権を獲得したことを証明する)市民権証書 (cf. first papers).
Ci·tlal·té·petl [sìːtlɑːltéɪpetl | -tl; Sp. sitlaltépetl] 〚□ Sp. ～ □ Aztec〛 n. シトラルテペトル《Orizaba のアステック語名》. 「tion 国際貿易憲章.
CITO 《略》 Charter of International Trade Organiza-
ci·tole [sɪtóʊl, sə-, sítoʊl | sɪtə́ʊl] 〚《a1338》□ MF ～ ← ? L cithara 'cithara'〛 n. (ダルシマー (dulcimer) に似た)中世の琴.
citr- [sɪtr] (母音の前に来る時の) citro- の異形.
cit·ra- [sítrə] 〚← L citrā (adv., prep.) : ⇨ cis-〛 pref.《まれ》＝cis-: citramontane.
cit·ral [sítræl] 〚citro-＋-al³〛 n.〘化学〙シトラール ($C_9H_{15}CHO$)《レモン液・だいだい油などに含まれている液状アルデヒド; 香料・調味料に用いる》.
cit·range [sítrɪndʒ, -rəndʒ] 〚← citro-＋(or)ange〛 — n. シトレンジ: a カラタチ (trifoliate orange) とアマダイダイ (sweet orange) の雑種. b 酸味の強いその実.
cit·rate [sítreɪt, sáɪt-] 〚← citro-＋-ate¹〛 n.〘化学〙クエン酸塩: iron ～ クエン酸鉄 / ⇨ copper citrate, sodium citrate.
cit·re·ous [sítriəs | -rɪ-] 〚□ L citre-us of the citron tree : ⇨ citrus, -ous〛 adj. シトロン黄色 (citron yellow) の.
cit·ri- [sítrɪ, -rə | -rɪ] citro- の異形 (⇨ -i-).
cit·ric [sítrɪk] 〚← citro-＋-ic¹〛 adj. 1 柑橘(かんきつ)類の果物の[から製する]. 2〘化学〙クエン性[酸]の.
cítric ácid n.〘化学〙クエン酸 ($HOOCCH_2C(OH)COOHCH_2COOH$)《レモンの果汁などに含まれる; 清涼飲料などの酸味をつける》. 「Krebs cycle).
cítric ácid cỳcle n.〘生化学〙クエン酸回路 (⇨
cit·ri·cul·ture [sítrɪkʌ̀ltʃə, -rə- | -rɪkʌ̀ltʃə(r] n. 柑橘(かんきつ)類栽培. **cit·ri·cul·tur·ist** [sìtrɪkʌ́ltʃ(ə)rɪst, -trə-, -rəst, ←—⌒(—)— | -trɪ-, -rɪst] n.
cit·rin [sítrɪn, -rən | -rɪn] 〚← citro-＋-in¹〛 n.〘生化学〙シトリン《レモンなどに多く含まれる水溶性フラボノイド結晶; ビタミン P の起源と考えられている》.
cit·rine [sɪtríːn] 〚《c1385》□ (O)F citrin □ ML citrinus ← L citrus 'citron tree' : ⇨ -ine¹〛 — adj. 1 シトロン[レモン]のような. 2 レモン色の, 淡黄色の. — n. 1 淡黄色《rhubarb ともいう》. 2〘鉱物〙黄水晶.
ci·tri·nin [sɪtráɪnɪn, sə-, -nən | sɪtráɪnɪn] 〚← NL (Penicillium) citrinum＋-in¹〛 — n.〘生化学〙シトリニン ($C_{13}H_{14}O_5$)《ペニシリウム属のカビの一種 Penicillium citrinum から得られる抗生物質》.
cit·ro- [sítrə, -ro(ʊ) | -rə(ʊ)] 〚← NL ～ ← Citrus 'citron'〛 —「柑橘類 (citrus), シトロン (citron); クエン酸 (citric acid); クエン酸塩(citrate)」の意の連結形. ★ 時に citri-, また母音の前では通例 citr- になる.
Ci·tro·ën [sítroʊən, sɪtróʊən, sə- | sítrəʊən, sɪtrə́ʊ-, -trə́ʊɪn, -trə́ʊen; F. sitrɔɛn] 〚← A. G. Citroën (1878–1935 : フランスの自動車製造業者)〛 — n.〘商標〙シトロエン《フランスの Citroën 会社製の自動車》.
cit·ron [sítrən] 〚《1530》□ (O)F ～ □ OProv. ～ ← L citrus citron tree ← Gk kédros cedar〛 — n. 1〘植物〙a シトロンの実《レモンに似ている》. b シトロン, クエン, マルブシュカン(丸仏手柑) (Citrus medica)《地中海地方産のミカン属の植物; cf. fingered citron》. c シトロンの皮《砂糖漬けにしたもの》. 2〘植物〙＝citron melon. 3 シトロン色, 淡黄色.
cit·ro·nel·la [sìtrənélə] 〚← NL ～ ← F citronelle : ⇨ ↑, -ella : シトロンに似た香気のあることから〛 — n. 1〘植物〙コウスイガヤ (Cymbopogon nardus)《南アジア産イネ科オガルカヤ属の植物; 芳香がある; citronella oil の原料》. 2 ＝citronella oil.
cit·ro·nel·lal [sìtrənélæl, -ləl] 〚⇨ ↑, -al³〛 — n.〘化学〙シトロネラル ($C_9H_{17}CHO$)《シトロネラ油やメリッサ油の中にある無色液状アルデヒド; 香料・香水製造に用いられる》.
citronélla òil n. シトロネラ油《香水・石鹸・駆虫剤などの原料; cf. grass oil》.
cit·ro·nel·lol [sìtrənélɔ(ː)l, -loʊl | -lɔl] 〚⇨ citronella, -ol¹〛 — n.〘化学〙シトロネロール ($C_{10}H_{19}OH$)《バラの香りがする不飽和アルコール; バラ油, ゼラニウム油から得られる; 香料に用いる; rhodinol ともいう》.
cítron mèlon n.〘園芸〙米国産の果肉の堅いスイカ (Citrullus vulgaris forma citroides)《生食用でなくピクルスなどに使う》.
cítron·wòod n.〘林業〙シトロン材; サンダラック (sandarac) 材《共に家具用材》.
cítron yéllow n. シトロン黄色《赤味がかった黄色》.
cit·rous [sítrəs] adj.〘植物〙＝citrus.
ci·tróv·o·rum fàctor [sɪtrɑ́vərəm-, sə- | sɪtrɔ́v-] 〚citrovorum : ← NL ～ : ⇨ citro-, -vorous〛 n.〘生化学〙シトロボルム因子 (⇨ folinic acid).
cit·rul·line [sítrəliːn] 〚← NL Citrullus (← ML citrullus kind of cucumber＝LL citrium ← L citrus (↓)〛

+-INE³〗 — *n.* 〖化学〗シトルリン ($C_6H_{13}N_3O_3$)《アミノ酸の一種; 生体内で尿素代謝に与える重要な中間体の一種》.

cit·rus [sítrəs] 〖← NL ～ ← L ～: ⇨ citron〗 〖植物〗 — *n.* 柑橘(かんきつ)類の植物《ミカン科ミカン属 (*Citrus*) でミカン・ダイダイ・レモンなどを含む; cf. orange 1》. — *adj.* 柑橘類の.

cítrus frùit *n.* 柑橘類の果物.

cítrus réd míte [spíder] *n.* 〖動物〗ミカンハダニ (*Panonychus citri*)《柑橘類の世界的な害虫; cf. Texas citrus mite》.

Cit·tà del Va·ti·ca·no [*It.* tʃittá:delvàtiká:no] *n.* チッターデルバチカーノ《Vatican City のイタリア語名》.

cit·tern [sítən | -tə:n, -tən] 〖《混成》← CITHER + GITTERN〗 — *n.* シターン《16–17 世紀に, 特に英国で流行したリュート (lute) に似た弦楽器》.

cittern

cit·y [síti | -tɪ] 〖《?*a*1200》 *cite* ▭ (O)F *cité* < L *cīvitātem* a community of citizens, the state ← *cīvis* citizen ← IE **kei-* to lie (cf. civil): ⇨ -ty²〗 — *n.* **1** 市, 都市, 都会. ★ 英国では, 国王の勅許状によりその名称が与えられ, 通例 cathedral のある都市 (cf. borough); 米国では, 市長または市議会の行政下にある自治体で, town よりも一層重要な都市; カナダでは通例人口に基づく最高位の自治体をそれぞれ指す. **2** [the C-]《英》**a** シティー《London の旧市部; Lord Mayor および市会の支配する約 1 平方マイルの地域で, 英国の金融・商業の中心地区; 正式名 the City of London》. **b** 財界, 金融界: He has *the City* behind him. 財界が後ろに控えている. **3** [the ～; 集合的] 全市民. **4** =city-state.

City of Brotherly Love *n.* [the —] 米国 Pennsylvania 州の Philadelphia の異名.

City of David [the —] 〖聖書〗ダビデの町: (1) エルサレム (Jerusalem)《ダビデはここに国都を定めた; cf. *2 Sam.* 5:6–7》. (2) ベツレヘム (Bethlehem)《ダビデ生誕の地; cf. *Luke* 2:4》.

City of Destruction [the —] 破滅の町《Bunyan の *Pilgrim's Progress* の中の世俗的で不敬な町の名》.

City of God 〖《なぞり》← LL *Cīvitās Dei*: St. Augustine が天国の理想都市について書いた著書 (417–430) の題名〗 [the —] 天国 (heaven).

City of Light *n.* [the —] Paris の愛称.

City of London [the —] ⇨ city 2 a.

City of London Police Force [the —] ロンドン市警察《London の City を管轄する》.

city of refuge (1) 〖聖書〗逃(のが)れの町《古代イスラエルで過失致死の罪人を保護した市で, パレスチナ (Palestine) に六つあった; cf. *Josh.* 20:2》. (2) [the C- of R-] (アラビアの) Medina の異名《622 年に Muhammad がここに逃れた》.

City of (the) Seven Hills [the —] 七丘の都《Rome のこと》.

cíty àrticle *n.* [しばしば C- a-]《英》〖新聞〗商業経済記事.

cit·y·bil·ly [sítibìli | -tɪbìli] 〖← CITY + (HILL)BILLY〗 *n.* 《米》都会育ちでカントリーミュージックを演奏する音楽家[歌手].

cíty-bòrn *adj.* 都会生まれの.

cíty-brèd *adj.* 都会育ちの.

cíty chícken *n.* 《米》子牛肉[豚肉]の角切りを串に刺し, とき卵, パン粉の衣をつけて蒸し煮にした料理.

Cíty Cómpany *n.* 《英》ロンドン市職業組合《長い歴史と特殊な伝統をもつ各種職業組合; cf. trade guild》.

cíty cóuncil *n.* 市議会.

cíty désk *n.* 《米》〖新聞〗地方[地元]ニュース編集部, 《英》〖新聞〗経済部.

cíty edítion *n.* 《米》〖新聞〗市内版.

cíty éditor 〖← *the City* (⇨ city 2)〗 *n.* 〖新聞〗**1** [しばしば C- e-]《英》経済部長. **2** 《米》(地方[地元]ニュースを扱う)地方部長, 通信部長.

cíty fáther *n.* 市の長老《市会議員・区長など》.

cit·y·fied [sítəfàɪd | -tɪ-] *adj.* =citified.

cíty gáte *n.* (昔の)都市外壁の門 (cf. city wall).

cíty háll *n.* 《米》**1** 市役所, 市庁舎. **2** 都市行政; 都市の官僚制.

fight city hall 《口語》官権に対して無駄な戦いをする.

cíty mánager *n.* (市議会によって任命される)市政担当者 (cf. council-manager plan).

cíty pàge *n.* [しばしば C- p-]《英》〖新聞〗経済欄[面].

cíty plàn *n.* 都市計画 (town plan).

cíty plánner *n.* 都市計画者.

cíty plánning *n.* =city plan.

Cíty Remémbrancer *n.* 《英》(議会の委員会などで) London 市会代表者.

cíty ròom *n.* **1 a** (新聞・ラジオ・テレビ局などの)地方[地元]ニュース編集部. **b** 編集室. **2** 地方ニュース編集部員[陣].

cit·y·scape [sítiskèɪp | -tɪ-] 〖← CITY + -SCAPE〗 *n.* **1** (特に, 大都市中心部の)都市風景. **2** 都会の風景を描いた絵, 都会を思わせる絵.

cíty slícker *n.* 《口語》[しばしば軽蔑的に] 都会ずれした人, 都会でずるい町の人.

cíty-státe 〖《なぞり》← Gk *pólis* & L *cīvitās*〗 *n.* (古代ギリシャの)都市国家《Athens など》.

cíty wáll *n.* (昔の)都市外壁《防御用》.

cit·y·ward [sítiwəd | -tɪwəd] 〖《?*c*1375》〗 *adv.* 都市の方へ, 都会へ.

cíty·wards [-wədz | -wədz] *adv.* =cityward.

Ciu·dad Bo·lí·var [sju:dá:d-bo(ʊ)lí:vaə, sì:u:dá:-, -dǽd- | -bə(ʊ)lí:vɑ:; *Am. Sp.* sjudá(d)bolíβar] *n.* シウダッド ボリバル《ベネズエラ東部 Orinoco 川に臨む港市; 人口 130,000》.

Ciudad Juá·rez [(‒) ‒ ‒ (h)wá:reɪs; *Am. Sp.* ‒ ‒ (h)wáres] *n.* シウダッド フワレス《メキシコ北部の都市; Rio Grande 川をはさんで米国 Texas 州の El Paso 市に対する; 人口 545,000》.

Ciudad Tru·ji·llo [(‒) ‒ ‒ tru:hí:jou | -jəʊ; *Am. Sp.* ‒ ‒ truhíjo] *n.* シウダッド トルヒヨ《1936–61 年間の Santo Domingo の旧名》.

civ. 《略》 civic; civil; civilian.

cive [sáɪv] 〖《1440》 ▭ (O)F ～ < L *cēpam*〗 *n.* 〖植物〗 =chive.

civ·et¹ [sívɪt, -vət] 〖《1532》 ▭ (M)F *civette* ▭ It. *zibetto* ▭ Arab. *zabād*〗 — *n.* **1** シベット, ジャコウネコ香, 霊猫(れいびょう)香《ジャコウネコの生殖器の近くにある袋から採る香料》. **2** 〖動物〗 =civet cat 1 a.

ci·vet² [si:véɪ; *F.* sivɛ] 〖▭ F ～《変形》← 《廃》 *civé* hare or venison stew cooked in onion-flavored wine sauce: ⇨ cive〗 — *n.* シヴェ《猟鳥獣(特に兎)の肉を赤ワインで煮込んだシチュー; 煮汁には動物の血を加えて濃度をつける》.

cívet cát *n.* 〖動物〗**1 a** ジャコウネコ《アジア南部・アフリカ産ジャコウネコ属 (*Viverra*) の動物の総称; cf. palm civet, binturong》. **b** ジャコウネコの毛皮. **2** =cacomistle. **3** =little spotted skunk.

civ·ic [sívɪk] 〖《1542》 ▭ L *cīvic-us* ← *cīvis* citizen: ⇨ city, -ic¹〗 — *adj.* **1** 市民[公民]の; 市民[公民]としての: ～ duties 市民の義務 / ～ rights 市民[公民]権 / ～ pride 市民の誇り / ～ virtues 市民[公民]道徳. **2** 市の, 都市の: ～ life [problems] 都市生活[問題].

cív·i·cal·ly *adv.*

cívic cènter *n.* (都市などの)公館[官庁]地区, 都心.

cívic crówn 〖《なぞり》← L *corōna cīvica*〗 — *n.* **1** 市民の栄冠《昔, ローマで市民の命を救った兵に与えたオークの葉の冠》. **2** 〖建築〗(記念碑などの上に彫った)オークの葉の冠.

civic crown 1

civ·i·cism [sívəsɪzm | -vɪ-] *n.* 市民の福祉に献身すること; 市民第一主義, 市政主義.

cívic-mínded *adj.* 市民の福祉に心を傾ける, 市政心のある; 公徳心のある. **～·ness** *n.*

civ·ics [sívɪks] *n.* **1** 市政学, 市政論, 市政研究. **2** 公民学, (学校の)公民科.

cívic univérsity *n.* (英国の)市民大学《19 世紀以後に設立された大学; 今世紀完全な自治権を認められるまでは, ロンドン大学の学外学位制度によって学位を出していた; cf. redbrick university》.

cívic wréath *n.* =civic crown.

civ·ie [sívi | -vɪ] *n.* =civvy.

civ·il [sívəl | -vəl, -vɪl] 〖《*a*1387》 ▭ (O)F ～ ▭ L *cīvīlis* of citizens ← *cīvis* citizen ← IE **kei-* 'to lie; bed; HOME' (Gk *keîsthai* to lie / Skt *śiva* friendly): cf. civic, city〗 — *adj.* **1** (一)市民の[に関する, に適した]; 公民(として)の: ～ duties 公民としての義務 / ～ spirit 公民精神 / ～ life 市民生活 / ⇨ civil liberty. **2 a** 社会生活をする人から成る; 市民[共同]社会の: ～ society 市民社会. **b** 集団活動をする: a ～ creature. **3 a** (外政に対して)内政の[に関する]; 民政の: a ～ strife 内紛 / ⇨ civil war. **b** 市民と政治との関係の: ～ philosophy. **c** 国内の, 国家の: ～ order 国内の秩序 / ⇨ civil affairs. **4 a** (発達した)社会組織のある; 文明化された (civilized): ～ areas. **b** 教育のある, 教養のある: ～ peoples. **5 a** (無作法にならない程度に)礼儀正しい, 礼儀にかなった; 丁寧な: a ～ answer 丁重な返事 / keep a ～ tongue in one's head (失礼をしないように)口を慎しむ / ～ but not friendly 丁寧だが親しみがない. **b** 親切な, 情け深い, お世辞のいい, 好意的な: a ～ person / say something ～ お愛想を言う. **c** 《廃》落ち着いた, 冷静な; 平和な. **6 a** (軍人・官吏・聖職者に対して)一般市民の, 俗の; 文民の, 文官の (cf. naval): ～ administration 文官行政 / ～ pursuits 一般市民的職業 / return to ～ life (軍籍を離れて)市民生活に帰る. **b** (軍用でなく商業用の意で)民間人の[に関する, の関係する]: a ～ airport 民間飛行場 / ～ aviation 民間航空. **7** 〈時間・暦が〉(天文時[暦]に対して)常用の (cf. astronomical): a ～ year 暦年 / ⇨ civil day. **8** 〖法律〗**a** 民事の (cf. criminal 1): a ～ action [proceeding, suit] 民事訴訟 / a ～ case 民事事件 / a ～ court 民事裁判所 / the code of ～ procedure 民事訴訟法典. **b** [時に C-] 民法の; ローマ市民法の.

do the civil 《口語》礼儀正しくする, 丁寧にする.

cívil affáirs *n. pl.* 国事, 内政問題; (占領地における)民政.

cívil árchitecture *n.* =architecture 1.

cívil códe *n.* 民法典.

cívil commótion *n.* 騒乱, 騒擾(そうじょう).

cívil dáy *n.* 〖天文〗常用日, 暦日《真夜中から真夜中までの 24 時間》.

cívil déath *n.* 〖法律〗法律上の死亡《反逆罪・法益剝奪その他の理由により法律上権利能力を失い死者と同一にみなされること》.

cívil defénse *n.* 民間防衛, 民防《空襲や災害などの非常事態に対して市民の生命財産を防護する民間防護活動[対策]》.

cívil disobédience *n.* 市民的不服従《納税拒否などの非暴力的行為により政府や法律に反抗すること; cf. noncooperation》.

cívil enginéer *n.* 土木技師[技術者] (略 C.E.).

cívil enginéering *n.* 土木工学.

ci·vil·ian [sɪvíljən, sə- | sɪvíljən, -liən] 〖《*a*1397》 ▭ OF *civilien* of civil law ▭ L *cīvīlis*: ⇨ civil, -ian〗 — *n.* **1 a** (軍人・聖職者に対し)一般市民, 文民. **b** 非戦闘員, 軍属. **2** 《英》(もとインドにおけるイギリス政府の)公務員, 文官. **3** [*pl.*] (軍服に対して)市民服, 平服 (civvies). **4** 《古》ローマ法学者; 民法学者. — *adj.* **1 a** (軍人・聖職者に対して)一般市民の[に適した, から成る], 民間人の; 文民の, 文官の: a ～ airman 民間飛行家 / ～ clothes (軍人の制服に対して)民間人の服, 平服 (cf. civvy 2). **b** (軍人に対し)軍属の. **2** 文民によって行なわれる: ～ control.

ci·vil·ian·ize [sɪvíljənàɪz, sə- | sɪvíljən-, -liən-] *vt.* 軍の身分[管理]から文民の身分[管理]に移す. **ci·vil·ian·i·za·tion** [sɪvìljənɪzéɪʃən, sə-, -nə- | sɪvìljənaɪ-, -liə-, -nɪ-] *n.*

civ·i·li·sa·tion [sìvələzéɪʃən, -lə- | -vɪlaɪ-, -lɪ-] *n.* 《英》 =civilization.

civ·i·lise [sívəlàɪz | -vɪ-, -və-] *v.* 《英》 =civilize.

ci·vil·i·ty [sɪvíləti | -lətɪ, -lɪ-] 〖《*c*1384》 ▭ (O)F *civilité* ▭ L *cīvīlitātem*: ⇨ civil, -ity〗 — *n.* **1 a** (無作法にならない程度の)礼儀正しさ, 丁重. **b** 礼儀正しい行為, 丁寧な言葉: exchange *civilities* (寒暑の挨拶などの)丁寧な言葉を交わす. **2** 《古》**a** 教養 (good breeding). **b** 文明, 文化.

civ·i·liz·a·ble [sívəlàɪzəbl | -vɪ-, -və-] *adj.* 文明化できる, 教化できる.

civ·i·li·za·tion [sìvəlɪzéɪʃən, -lə- | -vɪlaɪ-, -lɪ-] 〖《1704》: cf. F *civilisation*〗 — *n.* **1 a** 文明《文化的・政治的・技術的に比較的高度に発達した社会状態; cf. culture 2 a》: the destruction of ～ 文明の崩壊. **b** 文明への発達の特定の段階: Western ～ 西洋[ヨーロッパ]文明 / modern [medieval] ～ 近代[中世]文明. **2** 文明化する[させる]こと, 文明化, 開化, 教化: the ～ of primitive tribes. **3** [集合的] 文明国; 文明人. **4 a** (地球上)文明の行きわたって[発達して]いる地域: beyond the bounds of ～ 文明世界の埒(らち)外に[の] / return to ～ (未開地旅行などから)文明世界に戻って来る. **b** 文明の快適な生活, 文化生活, 都会生活; 文明の利器. **5** (趣味・態度などの)洗練, 上品さ, 優雅さ. **～·al** [-ʃənl, -ʃnəl] *adj.*

civ·i·lize [sívəlàɪz | -vɪ-, -və-] 〖《1601》 ▭ F *civiliser*: ⇨ civil, -ize〗 — *vt.* **1** 文明の域に導く, 文明化する; 〈野蛮人を〉教化する. **2 a** 洗練させる. **b** …に社会生活を身につけさせる, 社会化する. — *vi.* 文化[都会]生活の習慣[快適さ]が身につく. **cív·i·lìz·er** *n.*

cív·i·lized *adj.* **1** 文明の発達した, 開化した; 文化的な: the ～ world. **2** 文明国[人]の. **3** (文明人としての)教養のある, 気品のある, 洗練された. **～·ness** *n.*

cívil láw, C- L- 〖《*c*1400》 *laue civil(e)* 《なぞり》← L *jūs cīvīle*〗 — *n.* 〖法律〗**1** 民法, 民事法 (cf. criminal law). **2** ローマ法; 市民法 (jus civile). **3** (ローマ法系の国々における)私法体系.

cívil libertárian *n.* 市民的自由主義者; 市民的自由擁護者.

cívil líberty *n.* [通例 *pl.*] 市民的自由《行政権力の恣意的な干渉からの自由; 思想・言論・行動の自由など権利章典によって保障されている自由; cf. natural liberty》.

cívil líst *n.* 《英》**1** (議会が設定した)王室費. **2** 政府の官吏に払う給与予算.

Cívil Lórd *n.* (英国の)海軍本部文官委員 (⇨ LORD (Commissioner) of Admiralty).

cív·il·ly [-vəl)li | -vɪli, -vəl-] *adv.* **1** (形式的に)礼儀正しく, 丁重に. **2** 民法上, 民事的に; 民法に従って. **3** 民権に関連して; 民権上. **4** 民間で.

cívil márriage *n.* 〖法律〗民事婚, 民事的婚姻《宗教的儀式によらず民事上の契約に基づいて公吏が行なうもの; cf. register office, regular *adj.* 5》.

cívil ríghter *n.* 公民権の擁護者.

cívil ríghtist *n.* =civil righter.

cívil ríghts *n. pl* **1** 人権, 民権, 公民権《米国では, 特にアメリカ憲法修正個条13, 14, 15, 19 条によるもの》. **2** 《米》(黒人に対する)平等権.

cívil sérvant *n.* **1** 公務員, 文官. **2** (国連のような)国際機関に働く人[職員].

cívil sérvice *n.* **1** 文官勤務, 行政事務. **2** [集合的] 公務員, 全文官. **3** (競争試験による)公務員制度[採用方法].

cívil-spóken *adj.* 言葉の丁寧な.

cívil tíme *n.* 常用時 (cf. standard time).

cívil wár *n.* **1** 内乱, 内戦. **2** [the C- W-] **a** (米国の)南北戦争 (1861–65)《War between the States, American Civil War ともいう》. **b** (英国の)大内乱 (1642–49)《清教徒革命 (Puritan Revolution) のこと; English Civil War ともいう; cf. Oliver CROMWELL》. **c** (スペインの)内乱 (1936–39)《Spanish Civil War ともいう》.

cívil wróng *n.* 〖法律〗私的権利侵害, 私的違法行為《個人が救済する権利を取得する種類の権利侵害; cf. tort》.

civ·ism [sívɪzm] 〖▭ F *civisme* ← L *cīvis* citizen: ⇨

civil, -ism〗 *n.* 公共心, 公民精神.

civ·vy [sívi | -vɪ] 〘短縮〙← CIVILIAN〙 *n.*《口語》 **1** 非戦闘員, 軍属, 平民. **2** [*pl.*] (軍服に対して)市民服, 平服 (cf. cit¹ 2 b, mufti 2).

cívvy strèet, C- S- *n.*《英俗》(軍人の除隊後の)市民生活, 民間人生活 (civilian life): get back to ~.

Cix·i·i·dae [sɪksáɪədìː | -sáɪɪ-] 〘← NL ~ ← *Cixius* (属名: ← LGk *kíxios* cicada)+-IDAE〙 *n. pl.*〘昆虫〙(半翅目)ヒシウンカ科.

C.J.《略》Chief Judge; Chief Justice.

ck.《略》cask; check; cook.

ckw.《略》clockwise.

cl, cl.《略》centiliter(s).

Cl《記号》〘化学〙chlorine.

c/l, C/L《略》〘銀行〙cash letter;〘海事〙craft loss 船舶損失.

cl.《略》claim; class; classical; classics; classification; clause; clearance; clergy; clergyman; clerk; climb; close; closet; closure; cloth; clove; council.

cl., c.l., C/L《略》carload; carload lot(s).

Cl.《略》clarinet.

c.l.《略》〘電算機〙compiler language: *L.* cum laude (=with praise); cut lengths; cutter location.

c.l., C.L.《略》center line; civil law; civil lord; common law.

C.L.《略》communication lieutenant; craft loss; critical list.

CLA《略》College Language Association.

Cla.《略》Clackmannan(shire).

clab·ber [klǽbə | -bə(r] 〘《略》← BONNYCLABBER〙《米方言》 *n.* =bonnyclabber. — *vi.* 〈牛乳が〉酸敗して凝固する. — *vt.* 〈牛乳を〉凝固させる.

clach·an [klǽxən] 〘《1425》□ Sc.-Gael. ~ ← ? *clach* stone〙 *n.*《スコット・アイル》小さな村 (hamlet).

clack [klǽk] 〘《*c*1250》*clacke(n)* □ ON *klaka* to twitter《擬音語》: cf. Du. *klakken* / F *claquer*〙 — *vi.* **1** ぱちっと音がする, かたっ[かたかた, ぱちぱち]と鳴る. **2** (早口に)ぺちゃくちゃしゃべる. **3** 〈雌鶏などが〉こっこっと鳴く. — *vt.* **1** ぱちっとさせる, かたっ[かたかた, ぱちぱち]させる. **2** ぺちゃくちゃと話す[しゃべる]. — *n.* **1** かたっ[ぱたっ, ぱちっ]という音, 板を打ち合わせるような音. **2** (早口の)おしゃべり; がやがや話す声. **3**《古》 **a** かたかた[がたがた]いう音をたてるもの. **b** (おもちゃの)がらがら. **4**《俗》舌 (tongue): Hold your ~! だまれ.

cláck·er *n.* **1 a** かちかち[かたかた]鳴るもの. **b**《英方言》鳴子(など). **2**《英方言》おしゃべり.

Clack·man·nan·shire [klækmǽnənʃɪə, -ʃə | -ʃə(r, -ʃɪə(r] *n.* スコットランド中央部の旧州; 1975 年以降 Central 州の一部; 面積 142 km², 首都 Alloa; Clackmannan ともいう.

cláck vàlve *n.*〘機械〙羽打(ʼ)弁, ちょう形弁, 逆止め弁《一端を蝶番(ちょうつがい)で止め, 舌が一方向にだけ動くようにした弁; clapper valve ともいう》.

Clac·to·ni·an [klæktóuniən, -njən | -tóunjən, -nɪən] 〘← *Clacton(-on-Sea)* (この時代に属する最初期の石器文化が発見された英国の町の名)+-IAN〙 — *adj.*〘考古〙クラクトン(前期旧石器文化)の, クラクトン期[文化]の.

clad¹ [klǽ(ː)d] 〘ME *clad, cladde* (p.p.) < OE *clāþod* (p.p.) ← *clāþian* 'to CLOTHE'〙 — *v.*《古・文語》clothe の過去形・過去分詞. — *adj.* [しばしば複合語の第 2 構成素として] **1** 着た; 覆われた: be ~ in rags ぼろを着ている / iron-*clad* vessels 装甲艦. **2** (…の)金属で被覆した[被覆された]; 〈貨幣が〉金属被覆を施された, クラッドされた: ~ steel / copper-*clad* steel / a ~ coin.

clad² [klǽ(ː)d] 〘《1579》: ↑〙 — *vt.* (**clad; clad·ding**) (特に, 腐食防止のために)〈ある金属〉に別の金属を被覆する. — *n.* **1** 被覆金属板; (特に)金属被覆を施した貨幣. **2** 被覆するもの; 被覆した外側の金属; (特に)貨幣の外側の金属.

clad- [klæd] (母音の前に来る時の) clado- の異形.

clád·ding *n.* **1**〘金属加工〙合せ板法, クラッド法《内部金属の腐食防止・電気的性質改善・熱膨張の利用などのために行なう金属被覆法》. **2** (合せ板法の)被覆金属板. **3** 外側を覆うもの.

clade [kléɪd] 〘□ Gk *klád-os* branch〙 *n.*〘生物〙クレード《共通の祖先から進化した生物群》.

cla·dis·tic [klədístɪk, klæ-] 〘← CLADO-+-ISTIC〙 *n.*〘生物〙遺伝的要素[関係]に基づいた (cf. phenetic). **cla·dis·ti·cal·ly** *adv.*

clad·o- [klǽdo(ʊ) | -də(ʊ)] 〘← NL ~ ← Gk *kládos* sprout〙「若芽 (sprout); さし枝 (slip)」の意の連結形. ★ 母音の前では通例 clad- になる.

clàdo·cárpous 〘⇨ ↑, -CARPOUS〙 *adj.*〘植物〙側果の (pleurocarpous).

Cla·doc·er·a [klədásərə | -dɔ́s-] 〘← NL ~〙 *n. pl.*〘動物〙(甲殻綱鰓脚亜綱)枝角目.

cla·doc·er·an [klədásərən | -dɔ́s-]〘動物〙*n.* 枝角目の動物《ミジンコ類; 微小な淡水産甲殻類; cf. water flea》. — *adj.* 枝角目の.

clad·ode [klǽdoud | -dəud] 〘← NL *cladod-ium* ← Gk *kladṓdēs* having many sprouts ← *klados*: ⇨ clado-, -ode¹〙 — *n.*〘植物〙=cladophyll. **cla·do·di·al** [klædóudiəl, klə- | -dáudɪəl, -djəl] *adj.*

clàdo·génesis 〘← NL ~〙 — *n.*〘生物〙分岐, 分枝, クラドゲネシス《生物の一つの系統が二つ以上に分岐すること》. **clàdo·genétic** *adj.* **clàdo·genéti·cally** *adv.*

clad·o·phyll [klǽdəfìl] 〘← NL *cladophyll-um*〙 *n.*〘植物〙葉状枝[茎].

clad·op·to·sis [klædɑptóusɪs, -səs | -dɔptə́usɪs] 〘← NL: ⇨ clado-, ptosis〙 *n.*〘植物〙(ネズコ・イチイのように)葉の代わりに秋季枝が落ちること.

claim [kléɪm] 〘*v.*: 《(?*c*1300)》□ OF *claim-* (pres. stem) ← *clamer* < L *clāmāre* to call out ← IE **kel-* to shout: ⇨ clear. — *n.*: 《(?*c*1300)》□ OF *claime* ← *clamer* (*v.*): cf. clamor¹〙 — *vt.* **1 a** (当然の権利として)要求[請求]する; 〈…するように〉要求する 〈*to* do〉/〈*that*〉: ~ a reward, the crown, payment, etc. / ~ a right to the property 財産に対する権利を要求する / ~ damages (in law) (訴訟して)損害賠償を要求する / ~ *to* be paid one's wages 賃金の支払いを要求する / He claims *that* the money should be paid at once. その金を直ちに支払うように要求している. **b** 〈権利・所有・称号など〉の承認を要求する; 〈…ということ〉の権利を主張する 〈*to* do〉/〈*that*〉: ~ championship 選手権(の承認)を要求する / ~ (*to* have won) the victory 勝ったということの承認を求める / I ~ *that* I am the real Earl. 自分は真の伯爵だということ(の権利)を主張する. **c** 〈落とし主が〉〈紛失物〉の返還を要求する: The watch is not ~*ed* yet. 時計の落とし主はまだ申し出て来ない. **2** (矛盾があっても自信をもって)主張する, 〈…だと〉断言する 〈*to* do〉/〈*that*〉: He ~*s* relationship with you. 彼は君と親類だと言う / He ~*s* (*that*) it is two miles to the bridge. 橋まで 2 マイルだと彼は言う / He ~*s to* be [*that* he is] the only person to know it. それを知っているのは自分ばかりだと言う. **3 a** 〈事物が〉〈人々の注意を〉引く, 求める; 〈注意・尊敬などに〉値する: ~ a person's respect 尊敬に値する / The subject ~*s* our attention. この問題はわれわれの注意に値する. **b** 〈死・病気などが〉〈人命を〉奪う: Death ~*ed* him. 彼は死んだ / Cholera ~*ed* 70 in all. 全部で 70 人コレラにやられた. — *vi.*《廃》権利を主張する, 損害賠償の要求をする.

— *n.* **1** 要求, 請求; 賠償請求, 求償, クレーム: a ~ for damages 損害賠償の請求 / make great ~*s* on us 我々に多くの要求をする / I have many ~*s* on my time. 私はいろいろな事に時間を取られる, いろいろな用事で暇がない / put in [enter] a ~ for …を(自分の物として)要求する / set up a ~ *to* …に対する権利を提起する / lay ~ *to* …に対する権利[所有権]を主張する / He has a ~ to be called the best player. 彼は最高のプレーヤーだという名に値するものがある / He has no ~ *to* scholarship. 決して学者などとは言えない. **3** (事実の)主張, 断定, 確言: He made no ~*s to* possession. 所有を主張しなかった / He put forward the ~ *that* he was the promoter of the party. 彼は会の発起人だと主張した. **4** 請求物; 要求地, (特に)(鉱区などの)払下請求地: jump a ~ 先有地(鉱区など)を横領する. **5**〘保険〙(保険金・補償金などの)支払請求, クレーム. **6**〘トランプ〙(ブリッジで)手札を開いて見せ, 残り札は全部取れると主張すること: make a ~.

~ **2** (当然の)権利; 〔権利・債務履行などの〕要求[請求]権; 主張し得る資格〔*to*〕: He has no ~ on me. 私に対して何も要求する権利はない / have a ~ *to* a thing ある物に対する(それが自分の物だと主張する)権利がある

stake* (*out*) *a claim (1) 杭を打って自分の主張する所有地を区画する. (2)〔…の〕権利を主張[要求]する〔*to, on, for*〕.

claim·a·ble [kléɪməbl] *adj.* (権利として)要求[請求]できる; (当然)主張できる.

claim·ant [kléɪmənt] 〘← CLAIM+-ANT〙 *n.* 権利の主張者; 要求者: a ~ *to* an estate.

cláim chèck *n.*《米》=check 6 a.

cláim·er 〘《*c*1436》〙 *n.* **1** =claimant. **2**〘競馬〙 **a** =claiming race. **b** 売却競走に出走する馬.

cláim·ing ràce *n.*〘競馬〙売却競走, 譲渡要求競走《出場馬主の要求によって一定の代価で売却するという条件で馬を出場させる競馬》.

cláim-jùmping 〘← *jump a claim* (⇨ claim *n.* 4)〙 — *n.* (払い下げの土地・鉱区などについて正規の法的手続を踏んでいない)先住(占)者の権利を(正規の手続を踏むことによって)奪取すること. **cláim-jùmper** *n.*

cláims·man [-mən] *n.* (*pl.* **-men** [-mən, -mèn]) (損害保険などの)支払精算定係 (adjuster).

Clair [kléə | kléə(r; *F.* klɛːr] 〘⇨ Clare²〙 *n.* **1** 男性名. **2** 女性名.

clair·au·di·ence [klɛ(ə)rɔ́ːdiəns, -rɑ́ː- | klɛərɔ́ːdjəns, -diəns] 〘《1864》□ F ~ ← *clair* clear+*audience* a hearing: CLAIRVOYANCE にならった造語〙 — *n.* 透聴, 透聴力《常人の聴力では聞きとれない音を容易に聞き取ること, またその能力》.

clair·au·di·ent [klɛ(ə)rɔ́ːdiənt, -rɑ́ː- | klɛərɔ́ːdjənt, -diənt] *adj.* 透聴力の[に関する, のある]. **~·ly** *adv.*

clair de lune [kléə-də-lúːn | kléə-də-lúːn, -ljúːn; *F.* klɛrdəlyn] 〘□ F ~《原義》moonlight〙 — *n.* **1 a** 薄緑色. **b** (かすかに薄紫色を帯びた)青白色. **2** 1700 年代に中国で造られた優美な帯青灰色の色釉をかけた磁器.

Claire [kléə | kléə(r] 〘⇨ Clare²〙 *n.* 女性名.

clair·voy·ance [klɛəvɔ́ɪəns | klɛə-] 〘□ F ~ ← *clairvoyant*: ↓〙 *n.* 透視, 千里眼; 透察力, 鋭い洞察力.

clair·voy·ant [klɛəvɔ́ɪənt | klɛə-] 〘□ F ~ ← *clair* clear+*voyant* ((pres.p.) ← *voir* to see < L *vidēre*)〙 *adj.* **1** 千里眼の, 透視力を有する. **2** 鋭い洞察力のある, 明敏な. — *n.* 千里眼(の人), 透視者. **~·ly** *adv.*

clair·voy·ante [klɛəvɔ́ɪənt | klɛə-] 〘□ F ~ (fem.): ↑〙 *n.* 女性の千里眼(の人).

clam¹ [klǽ(ː)m] 〘《1500-40》《略》← CLAMSHELL《原義》bivalve that shuts tight like a clamp〙 — *n.* **1 a** 二枚貝《斧足(ふそく)綱の特に食用にされる二枚貝の総称; 多くは左右相称で, 2 枚の殻をもつ; ホンビノスガイ (quahog), ハマグリ (*Meretrix lusoria*), オオノガイ (soft-shell clam), マテガイ (razor clam) などを含む》. **b** [通例 *pl.*] (料理用の)ハマグリ(類の貝)の身. **2**《米口語》 **a** 無口な人, だまり屋 (cf. oyster 3). **b** 鈍重な人, のろま. **3**《米俗》1 ドル; 1 ドル相当額. **4**〘土木〙=clamshell 2.

(as) close as a clam《米口語》ひどくけちで[な]. ***(as) happy as a clam (at high water)***《米口語》とても喜んで, 大満足で.

— *vi.* (**clammed; clam·ming**) ハマグリ(類の貝)をあさる; 潮干狩をする. — *vt.* …からハマグリ(類の貝)を採る.

clam up《俗》黙りこむ; 話すのを拒否する: He ~*med up on* me. 彼は私に堅く口を閉ざしてしまった.

clam² [klǽ(ː)m] 〘OE *clamm* band, bond ← Gmc **klam-* to press (G *Klemme*): cf. clasp〙 *n.*《まれ》=clamp¹.

clam³ [klǽ(ː)m] 〘cf. clamor¹〙 — *n.* **1**〘ジャズ〙調子はずれの音, ミストーン. **2**《米俗》まちがい, へま (error). — *vi.* (**clammed; clam·ming**)〘ジャズ〙調子はずれの音を出す.

cla·mant [kléɪmənt, klǽm- | kléɪm-] 〘《1639》□ L *clāmant-em* (pres.p.) ← *clāmāre*: ⇨ claim, -ant〙 — *adj.*《文語》 **1** やかましく叫ぶ; 騒々しい, やかましい. **2** 緊急の処置を要する, 焦眉(しょうび)に迫った, 一刻も放任を許さない, 切迫した: a ~ need *for* remedy. **~·ly** *adv.*

Clam·a·to·res [klæ̀mətɔ́ːriːz, -tóːr- | -tɔ́ːr-] 〘← NL ~ ← L *clāmātōrēs* (pl.) ← *clāmātus* (p.p.) ← *clāmāre*: ⇨ claim, -or²〙 — *n. pl.*〘鳥類〙(離腱類)タイランチョウ亜目.

clam·a·to·ri·al [klæ̀mətɔ́ːriəl, -tóːr- | -tɔ́ːrɪ-] 〘⇨ ↑, -ial〙 *adj.*〘鳥類〙タイランチョウ亜目の.

clám·bàke *n.*《米》 **1 a** (海浜で焼きはまぐりなどを食べる)海浜ピクニック[パーティー]. **b** 海浜ピクニック[パーティー]のごちそう. **2 a** 陽気な集り. **b** 政治集会. **3**《俗》〘ラジオ・テレビ〙混乱したり間違いだらけのテレビ・ラジオ番組. **4**《俗》〘ジャズ〙クラムベーク《ジャム セッション風な即興演奏》; (特に)まずい[下手な]クラムベーク.

clam·ber [klǽmbə, klǽmə | -bə(r] 〘《*c*1375》*clambre(n), clamere(n)* to climb (i) (freq. ?) ← OE *clæmman* to press ∥ (ii) ? ← 《廃》*clamb* ((pret.) ← CLIMB)+-ER⁴〙 — *vi.* (手足を使って)よじ登る, やっとはい登る: ~ *over* rocks, a high wall, etc. / ~ *up* [*down*] よじ登る[はうようにして下る]. — *vt.* …によじ登る, 登る: ~ a ladder. — *n.* よじ登り, はい登り, 登攀(とうはん). **clám·ber·er** [-m(b)ərə, -mərə | -mb(ə)rə(r] *n.*

clám chòwder *n.* **1** クラムチャウダー《ハマグリなどに塩漬け豚肉・じゃがいも・玉ねぎなどの野菜を加え, 牛乳かトマトで煮込んだチャウダー[濃厚なスープ]》. **2** クラムチャウダーを食べるピクニック[パーティー].

clam·jam·fry [klæmdʒǽmfri | -frɪ] 〘← ?《廃》*clam* base, mean+《スコット》*jamph* to scoff, sneer+-ERY: または *clam-* ← CLAN か〙 — *n.* (*also* **clam·jam·frey** [~], **clam·jam·phrie** [~])《スコット》 **1** 群集; やじうま連; 暴徒. **2 a** がらくた, くず. **b** くだらぬ話.

clam·my [klǽmi | -mɪ] 〘《*a*1398》← ME *clamme(n)* to stick, smear (← OE *clǣman* ← Gmc **klai-, *klei-* (cf. clam²))+-Y⁴: cf. clem〙 — *adj.* (**clam·mi·er; -mi·est**) **1 a** 冷たくてねっとりとした, じとじとする: one's ~ skin. **b** (不愉快な感じで)冷やりとしめっぽい, じっとりとした: ~ air. **2 a** 人間的な暖かみのない, 冷たい: ~ statistics. **b** 不自然な, 異常な: ~ fear. **clám·mi·ly** [-mɪli, -mə- | -lɪ] *adv.* **clám·mi·ness** *n.*

clámmy chíckweed *n.*〘植物〙=mouse-ear chickweed.

clámmy lócust *n.*〘植物〙モモイロニセアカシア (*Robinia viscosa*)《米国南東部原産のマメ科の高木; 淡紅色の花が咲く》.

clam·or¹, 《英》**clam·our¹** [klǽmə | -mə(r] 〘《*c*1385》□ MF *clam(o)ur* < L *clāmōrem* ← *clāmāre* to call out ← IE **kel-* to shout: cf. claim〙 — *n.* **1** (群衆などの長く続く)大きな叫び声, どよめき. **2** (楽器・動物・あらしなどの)騒々しい音: the ~ of the bells. **3** (不平・抗議・要求などの)叫び, 騒ぎ (uproar); 民衆の叫び: the ~ *against* heavy taxes 重税反対の抗議の叫び / the ~ *for* reform 改革を求める叫び / the ~ *to* raise wages 賃上げ要求の叫び. — *vi.* **1** 叫ぶ, 騒ぎ立てる: ~ *out* 叫ぶ. **2** やかましく要求する: ~ *against* the proposal 騒々しく提案に反対する / ~ *for* a raise of pay 賃上げを叫ぶ. — *vt.* **1** 騒がしく言う, やかましく言う. **2** 叫んで[どなって]〈人〉に…させる: ~ *down* a speaker 弁士をやじり倒す / ~ a person *into* [*out of*] …騒いで(無理に)人に…させる[やめさせる]. **~·er** *n.*

clam·or², 《英》**clam·our²** [klǽmə | -mə(r] 〘《変形》←《廃》*clammer* (freq.) ← ? *clam* to crash together, silence; crash of bells《擬音語》》 — *vt.*《廃》沈黙させる, 静まらせる.

clam·or·ous [klǽm(ə)rəs] *adj.* **1** 騒々しい, やかましい. **2** やかましく要求する; うるさく不平をいう. **~·ly** *adv.* **~·ness** *n.*

clamour[1] *n., v.* =clamor[1].

clamour[2] *vt.* =clamor[2].

clamp[1] [klǽmp] 〘《1304》⇨ MDu. **klampe* (Du. *klamp*): cf. clam[2]〙 — *n.* **1** クランプ, 締め具, つかみ, つかみじめ, 握り金物; かすがい, 締めくぎ, 締め金. **2** [*pl.*] **a** (外科用の)鉗子(かんし), クランプ. **b** やっとこ, (船大工用の)一種のくぎ抜き. **3 a** 妨害, 邪魔. **b** つかむこと, 把握. **4**〘木工〙端食(はしばみ); 目かすがい. **5**〘造船〙副はり受材. **6**〘海事〙=mast clamp. — *vt.* **1 a** 締め具[かすがい]で締める[とめる]; しっかりと[きゅっと]締める: ~ one's lips きゅっと口を締める. **b** しっかりとおさえる, つかむ (hold). **2** (…に)負わせる, 押しつける (*on, upon*): ~ restraints *on* a strike ストライキを禁圧する.

clamps 1

1 bar clamp; 2 band clamp; 3 hand-screw clamp; 4 c-clamp

clamp down (*vt.*) (1) 強硬に押しつける. (2)〘海事〙〈船の甲板を〉水をまいて[スワブ(雑布)で]掃除する. (*vi.*) (…を)取り締まる, 弾圧する, 厳しくする (*on*): The police ~ *down on* rioters. 警察は暴動者を厳しく取り締まる.

clamp[2] [klǽmp] 〘《1596–97》⇨ ? Du. *klamp* heap: cf. clump[1]〙 — *n.* **1**《英》(わら・土などをかぶせて貯えた)ジャガイモの山. **2** (生煉瓦・ごみなどの)山. — *vt.* 《英》**1** 〈生煉瓦などを〉うず高く積む 〈*up*〉. **2** 〈ジャガイモなどを〉わら・土などをかぶせて囲う.

clamp[3] [klǽmp] 〘《擬音語》: cf. clump[1]〙 *v., n.* = clump[2].

clámp·dòwn 〘← *clamp down* (⇨ clamp[1] 成句)〙 *n.* 締めつけ, 取り締まり, 弾圧 (crackdown).

clámp·er *n.* **1 a** かすがい. **b** [*pl.*] やっとこ (pincers). **2** (靴底に付ける)滑り止め, アイゼン.

clámp·ing circuit *n.*〘電気〙クランプ回路《入力信号のあるレベルを定められた電位に固定する回路》.

clámp scrèw *n.* 締めつけねじ《clamping screw ともいう》.

clámp trùck *n.*〘自動車〙クランプトラック《大型の物体をつかんで運ぶことのできる二本腕を備えたトラック》.

clám·shèll 〘⇨ clam[2], shell〙 — *n.* **1** 二枚貝 (clam) の殻. **2**〘土木〙**a** クラムシェル, つかみあげバケツ《貝殻のように開閉する浚渫(しゅんせつ)機の泥すくい器; grab bucket ともいう》. **b** クラムシェル付き掘削機. **3**〘航空〙クラムシェルドア《航空機の機首あるいは機尾にある荷物積降しのための観音開きのドアの一方》.

clámshell dòor *n.*〘航空〙=clamshell 3.

clám wòrm *n.*〘動物〙ゴカイ《環形動物門ゴカイ科の種類の総称; sandworm ともいう》.

clan [klǽ(ː)n] 〘《*c*1425》⇨ Sc.-Gael. *clann* family, descendants ⇨ L *planta* sprout: cf. plant〙 — *n.* **1 a** (スコットランド高地人の)氏族《同一祖先から出た家族の一群; cf. chieftain 2, tartan[1]》. **b**《口語》一家, 一族, 一門. **2** (共通の特徴・目的・利害などで結ばれた)一味, 党, 閥 (party, coterie). **3**〘社会学〙クラン《共通の先祖によって結ばれている単系の親族集団》.

clan·des·tine [klændéstɪn, -tən, -taɪn, -tiːn, klǽndəstɪn, -tən, -tàɪn, -tìːn | klændéstɪn, -taɪn, klǽndestɪn, -tàɪn] 〘《1566》⇨ F *clandestin* // L *clandestin-us* ← *clam* secretly, unknown: ラテン語の形は L *intestinus* inward からの類推〙 — *adj.* (悪だくみなどを蔵した)内密の, 内々の, 隠密の, こそこそした: a ~ marriage [meeting, correspondence] 秘密結婚[会合, 通信] / ~ dealings 秘密取引. **~·ly** *adv.* **~·ness** *n.* **clan·des·tin·i·ty** [klændestínəti | -nəti, -nɪ-] *n.*

clang [klǽŋ] 〘《1576》《擬音語》: L *clangere* to resound の影響も考えられる: cf. G *Klang* noise〙 — *n.* **1** かん, かちん, がん, がらん《武器・鐘・よろいなど金属のぶつかる音; cf. clank》: with a ~ かちん[がらん]と. **2** (ツル・アヒルなどの)鳥のかん高い鳴き声. — *vi.* **1 a** かん[がん, かちん, がらん]と鳴り響く. **b** がらんがらん音を立てて動く[走る]. **2** (ツルのような)かん高い声を出す. — *vt.* かん[がん, かちん, がらん]と鳴り響かせる.

cláng associàtion *n.*〘心理〙類音連想[連合]《意味関係がなく単に音声が類似しているだけの語の連想》.

clang·er [klǽŋə | -ŋə(r] 〘⇨ clang〙 *n.*《英俗》とんでもない失敗, 大きなへま.

drop a clanger 大失敗をやる, へまをやる.

clan·gor,《英》**clan·gour** [klǽŋə, klǽŋgə | klǽŋgə(r, klǽŋə(r] 〘《1590》⇨ L *clangor* clang ← *clangere* to resound〙 — *n.* **1** かちんかちん, ちゃりん, がらんがらん, がんがん《金属性の連続音》. **2** 騒々しい音. — *vi.* かちんかちん[がらんがらん]と鳴り響く.

clan·gor·ous [klǽŋ(g)ərəs] *adj.* がらんがらんと鳴る[鳴り響く]; 騒々しい. **~·ly** *adv.*

clangour *n., vi.* =clangor.

cláng tìnt 〘《部分訳》← G *Klangfarbe* ← *Klang* noise (cf. clang)+*Farbe* color〙 *n.* 複雑な音色 (timbre).

clank [klǽŋk] 〘《*a*1614》擬音語〙 — *n.* かん, かちゃん, がちっ, がちゃん[り]《clang よりは響きが短く clink よりは重い金属音》: with a ~ かちゃんと音をたてて. — *vi.* **1** 〈鎖などが〉がちりと鳴る: ~*ing* chains. **2** がちゃがちゃん音を立てて動く[走る]. — *vt.* がちゃがちゃ鳴らす[いわせる]: ~ chains.

clánk·ing·ly *adv.* がちゃん[り]と(音を立てて).

clán·nish [-nɪʃ] *adj.* **1** 氏族 (clan) の. **2** (同じ clan の人のように)団結心の強い; 派閥的な, 排他的な, 偏見のある. **~·ly** *adv.* **~·ness** *n.*

clán·shìp *n.* **1 a** 氏族 (clan) 制度. **b** 氏族の一人であること. **2** 氏族的団結; 氏族精神, 閥族的感情.

cláns·man [-mən] *n.* (*pl.* **-men** [-mən]) 同氏族の者, 一族[一門, 一党, 一味]の者.

cláns·wòman *n.* 女性の同氏族の者.

clap[1] [klǽp] 〘OE *clappian*, *clæppan*《擬音語》: cf. Du.& G *klappen*〙 — *v.* (**clapped,**《古》**clapt** [~t]; **clap·ping**) — *vt.* **1 a** 〈二つの平らで堅いものを〉ぱちんと打ちつける[ぶつける]: He ~*ped* his head on the rafter of the door. 戸口の垂木に頭をごつんとぶつけた. **b** (同じものの表面を合わせて)急激に合わせる, びしゃりと閉じる: ~ the book shut 本をぴしゃりと閉じる. **2 a** 〈手を〉激しく打つ[たたく]: ~ one's hands 拍手する. **b** …に拍手を送る, 拍手喝采する: ~ a performer [a performance] 演技者[演技]に拍手を送る. **3 a** (友情・称賛などの印に平手で)〈人〉の(背中などを)ぽんとたたく (*on*): ~ a person *on* the back 人の背中を軽くたたく. **b**《英方言》なでる, 愛撫する. **4** 〈鳥が〉〈羽を〉打つ, 羽ばたきする. **5** 〈生パン・洗濯物などを〉平たくたたく. **6** すばやく[勢いよく]置く, ぱっとおさえる; たたきこむ, ほうりこむ: He ~*ped* the door *to*. 戸をぴしゃりとしめた / ~ the lid of a box *to* びしゃりと箱のふたをする / ~ a hat *on* one's head 帽子をひょいとかぶる / He ~*ped* his hand *over* his mouth. 彼は手で口をぱっと押えた / ~ a piece of candy *into* one's mouth キャンデーをぽんと口に入れる / ~ spurs *to* a horse 馬にさっと拍車をかける / ~ a person *in* [*into*] prison 人を投獄する / Holmes ~*ped* a pistol *on* his head. ホームズはピストルを彼の頭に突きつけた. **7**《口語》急いで作る, 急いで工夫する, 急に始末する; 〈取引などを〉さっさと取り決める 〈*up, together*〉: ~ a house *together* 家を急造する / ~ an agreement 協定をさっと取り決める. **8** 〈義務・税などを〉〈人・品物などに〉課する (impose), 押しつける (*on, upon*): ~ a tax *on* goods 品物に税を課する. **9**《廃》誓約する (pledge). — *vi.* **1 a** ぴしゃり[ぱたん]と音を立てる. **b** 〈雷が〉鳴る, とどろく. **c** ぱちんと閉じる. **2** ぱたぱた音を立てながら動く. **3** 拍手する, 拍手喝采する: ~ *for* a performer. **4** すばやく[さっと]始める[動く, やる]: His hand ~*ped* over his mouth. 彼の手はさっと口元をおさえた. **5** ぺらぺらしゃべる (*about*).

clap on〘海事〙(1) 取り付ける. (2) 〈帆を〉さらに張る: ~ *on* canvas [sail] 帆を追加して張る. ***clap up*** (1) ⇨ *vt.* 7. (2) さっと投獄する: ~ a criminal *up* without trial 裁判もせずに犯人を獄にほうり込む.

— *n.* **1 a** ぴしゃり[ぱたん]と鳴る音. **b** 雷鳴: a ~ of thunder. **2 a** (友情・称賛などの印に)ぽんとたたくこと. **b** 羽ばたき(の音). **3** 拍手(の音): give a person a good ~ 拍手喝采する. **4** ぴしゃっと鳴るもの; ぱたりと閉じるもの. **5**《廃》不意の災難.

at a [***one***] ***clap*** 一撃で, 立ち所に. ***in a clap*** 突然, 一瞬にして.

clap[2] [klǽp] 〘← ? MF *clap-oir* bubo ← ? *clapoire*, *clapier* brothel ⇨ OProv. *clapier* rabbit warren〙《卑》 — *n.* [しばしば the ~] 淋病 (gonorrhea). — *vt.* (**clapped**; **clap·ping**) 淋病にかからせる 〈*up*〉.

clap·board [klǽbəd, klǽ(p)bɔ̀əd, -bɔ̀əd | klǽpbɔ̀ːd] 〘《*c*1520》《部分訳》← MDu. *clapholt* ← *clappen* to crack+*holt* wood, board: cf. G *Klappholz*〙《米》 — *n.* **1** (一方を厚く一方を薄く仕上げた細長い)下見板, 羽目板 (weatherboard). **2 a** 羽目板の材料. **b** [集合的] 下見板 (clapboards). — *adj.* 下見板の: a ~ roof 下見風にふいた屋根, 板ぶき屋根. — *vt.* …に下見板を張る.

cláp·nèt 〘⇨ clap[1]〙 *n.* (捕鳥・捕虫用)わな網《糸を引くと急にその口が締まる仕掛け》.

clápped óut *adj.* (*also* **clápped-óut**)《英俗》**1** 疲れ果てた, くたびれた. **2** おんぼろの, がたがたの.

cláp·per 〘《*c*1280》〙 — *n.* **1 a** たたく人. **b** 拍手する人. **c** =claqueur. **2** たたくもの: **a** 拍子木; 四つ竹 (bones) (の一方). **b**《英》鳴子. **3 a** (鐘・鈴の)舌. **b**《俗・戯言》(おしゃべりな人の)舌, べろ. **4**〘キリスト教〙(聖週間 (Holy Week) の最後の 3 日間, 鐘の代わりに用いた)木製のがらがらなる器具.

like the clappers《俗》(1) とても速く. (2) とても懸命に, 一生懸命に.

clápper bòards *n. pl.*〘映画〙(撮影の時用いる)カチンコ《前後にカメラの前で鳴らす一端をちょうつがいで止めた黒板つき拍子木様のもの》.

clápper·clàw *vt.*《英方言》**1** ひっぱたいたり引っかいたりする. **2** ののしる (revile).

clápper ràil *n.*〘鳥類〙イリエクイナ (*Rallus longirostris*)《北米沿岸の沼地にいるクイナ属の鳥; くちばしが長く甲高い声で鳴く》.

clápper vàlve *n.*〘機械〙=clack valve.

cláp·stick *n.* [しばしば *pl.*]〘映画〙=clapper boards.

clapt *v.*《古》clap[1] の過去形・過去分詞.

cláp·tràp 〘← CLAP[1] (n.)+TRAP[1] (n.)〙 — *n.* **1** (人気取りの安っぽい)場当たりの言葉[策略, 手段, 文学作品]; はったり, くすぐり: a lot of rotten ~ はったりずくめ. **2** くだらないもの (rubbish). — *attrib. adj.* 人気取りの; 場当たりの.

claque [klǽk] 〘《1864》⇨ F ~ ← *claquer* to clap ← *claque* clap《擬音語》〙 — *n.* **1** オペラハット (crush hat). **2** [集合的] **a** (劇場に雇われて拍手・喝采をする)掛け声屋連中,「さくら」. **b** (私利を求める)取巻き連中, ごますりたち.

cla·queur [klækə́ː | -kə́ː(r; *F.* klakœːr] 〘⇨ F *claqueur* ← *claquer* (↑)〙 *n.*「さくら」[ごますり連]の一人.

clar.《略》clarinet.

Clar.《略》Clarenceux;〘活字〙clarendon.

Clar·a [klǽ(ə)rə, klɛ́ərə | klɛ́ərə] 〘⇨ Clare[2]〙 *n.* 女性名.

clar·a·bel·la [klærəbélə] 〘← L *clāra* ((fem.) ← *clārus* 'CLEAR')+*bella* ((fem.) ← *bellus* pretty)〙 — *n.* クララベラ音栓《柔らかくて美しい音を出すオルガンの 8 フィート音栓; claribel flute ともいう》.

Clar·a·belle [klǽ(ə)rəbèl, klǽrə- | klɛ́ərə-, klǽrə-] 〘↑〙 *n.* 女性名.

clar·ain [klɛ́(ə)reɪn | klɛ́ər-] 〘⇨ F ~ ← L *clārus* 'CLEAR'〙 — *n.*〘地質〙クラレイン《瀝青(れきせい)炭中で輝度の高い部分と低い部分が細かく縞状をなしている成分; cf. durain, fusain, vitrain》.

Clare[1] [klɛ́ə | klɛ́ə(r] *n.* アイルランド共和国西部 Munster 地方の州; 人口 75,000, 面積 3,188 km², 首都 Ennis [énɪs, énəs | énɪs].

Clare[2] [klɛ́ə | klɛ́ə(r] 〘1: ⇨ L *Clara* (fem.) ← *clārus* 'CLEAR'. 2: ⇨ L *Clārus*〙 *n.* **1** 女性名《異形 Clair, Claire, Clara》. **2** 男性名《異形 Clair, Claire》.

Clare, Saint *n.* クララ (⇨ Clare of Assisi).

Clare, John *n.* (1793–1864) 英国の詩人; *The Shepherd's Calendar* (1827).

clar·ence [klǽrəns] 〘← *Duke of Clarence* (1765–1837: 後の William 四世)〙 — *n.* (昔の)クラレンス型馬車《brougham に似た箱型 4 人乗り 4 輪馬車; 御者席は箱の外にある》.

clarence

Clar·ence [klǽrəns] 〘⇨ ML *Clarencia* ← *clārēns* (pres. p.) ← *clārēre* to be renowned: もと Lionel の公爵領の名 (↓): cf. Clare[2]〙 — *n.* 男性名.

Clar·en·ceux [klǽrənsùː | -s(j)ùː] 〘← *Clarence* (英国王 Edward 三世の第三子 Lionel の公爵領名)+AF -*eux* (adj. suf.)〙 — *n.* (*also* **Clar·en·cieux** [~]) ⇨ CLARENCEUX King of Arms.

Clarenceux King of Arms (英国の紋章院 (College of Arms) の)クラレンスー紋章官《上級紋章官 (King of Arms) の職名の一つで, Trent 川以南のイングランドを管轄する; 単に Clarenceux ともいう》.

clar·en·don [klǽrəndən] 〘⇨ Clarendon Press〙 *n.*〘活字〙クラレンドン《角ばったセリフのついた肉太の活字書体》.

Clar·en·don [klǽrəndən], 1st Earl of *n.* (1609–74) 英国の政治家・歴史家; 本名 Edward Hyde; *The True Historical Narrative of the Rebellion and Civil Wars in England* (1702–4).

Clárendon Préss 〘18 世紀に Lord Clarendon が「内乱史」の印税を O.U.P. に贈ったことにちなむ〙 — *n.* [the ~] クラレンドンプレス《オックスフォード大学出版局 (O.U.P.) の印刷所兼学術書の出版部》.

Cláre of Assísi, Saint *n.* アッシジのクララ《1194–1253; イタリアの修道女; フランシスコ女子修道会の創設者; Saint Clare ともいう; cf. Poor Clare》.

clar·et [klǽrɪt, klǽr-, -rət | klǽr-] 〘《*a*1398》⇨ OF (*vin*) *claret* (F *clairet*) clear (wine) < ML (*vinum*) *clārātum* (p.p.) ← *clārāre* to make clear ← *clārus* 'CLEAR, bright'〙 — *n.* **1 a** クラレット《フランス Bordeaux 地方産の赤ぶどう酒》. **b** [しばしば産地名を付けて] (一般に)赤ぶどう酒: California ~ カリフォルニア産赤ぶどう酒. **2** =claret red. **3**《俗》血 (blood): tap a person's ~ (げんこを食らわして)人に鼻血を出させる. — *adj.* クラレット色の, 赤紫色の.

cláret còlor *n.* クラレット色, 赤紫色. **cláret-cólored** *adj.*

cláret cùp *n.* クラレットカップ《クラレットに炭酸水・レモン汁・ブランデー・砂糖などを混ぜて氷で冷やした飲料》.

Cla·re·tian [klərí:ʃən, klɛ(ə)r- | klər-, klɛər-] 〘← *St. Anthony Claret* (1807–70): ⇨ -ian〙〘カトリック〙 — *n.* クラレチアン修道会会士《1849 年に聖アントニオ マリア クラレット師がスペインで創始した宣教会の会員》. — *adj.* クラレチアン修道会士の[に関する].

cláret réd *n.* クラレット色, 赤紫色.

Clar·i·bel [klǽ(ə)rəbèl, klǽr- | klɛ́ərɪ-, klǽrɪ-] 〘《混成》← CLARA+CHRISTABEL〙 *n.* 女性名.

clár·i·bel flúte [klǽ(ə)rəbèl-, klǽr- | klɛ́ərɪ-, klǽrɪ] *n.* [=clarabella.

Clar·ice [klǽrɪs, -rəs | -rɪs] 〘⊏F ～ ← L *Clāra* 'CLARE²'＋-ICE〙 *n.* 女性名.

cla·rif·i·cant [klərífɪkənt, -fə- | -fɪ-] 〘⊏LL *clārificant-em* (pres.p.): ⇨ clarify〙 *n.* 〘化学〙清澄剤.

clar·i·fi·ca·tion [klæ̀rəfɪkéɪʃən, klèr-, -fə- | klæ̀rɪfɪ-] 〘⊏LL *clārificātiō(n-)* glorification: ⇨ clarify, -fication〙 ── *n.* **1** (液体などの)透明法, 澄まし; 清澄化, 浄化. **2** 説明, 解明.

clárified bútter *n.* 澄ましバター《火にかけて溶かしたバターの上澄み液》.

clár·i·fi·er *n.* **1 a** 清浄化するもの. **b** 浄化器《砂糖精製器など》. **c** (濁った液体の)清澄器. **2** 清澄剤.

clar·i·fy [klǽrəfàɪ, klér- | klǽrɪ-] 〘《*a*1325》⊏(O)F *clarifi-er* ⊏LL *clārificāre* to make illustrious ← *clārus* 'CLEAR': ⇨ -fy〙 ── *vt.* **1 a** 〈不純な液体を〉清澄にする, 澄ます, 透明にする. **b** 〈液体〉から不純物を取り除く: ～ soup. **2 a** 〈ぼんやりした思想・文体・意味などを〉はっきりさせる, 明白にする. **b** はっきり説明する, 解明する: ～ a text by the use of illustrations 図解を用いてテキストを解明する. **3** 〈頭〉の働きを明晰にする, すっきりさせる: ～ one's mind, brain, etc. ── *vi.* **1** 透明になる, 澄む. **2** 〈意味などが〉はっきりする[表われる].

cla·rin [klǽrɪ:n] 〘⊏Sp. *clarín* trumpet: ⇨ clarinet〙 *n.* クラリーン《トランペットに似たメキシコの楽器》.

Cla·rin·da [klərɪ́ndə] 〘← CLARE²: cf. Clorinda〙 *n.* 女性名.

clar·i·net [klæ̀rənét, klèr-, ⸗⸗⸗ | klæ̀rɪnét, -rə-] 〘《1796》⊏F *clarinette* ⊏? It. *clarinetto* (dim.) ← *clarino* trumpet: ⇨ clarion, -et〙 *n.* **1** クラリネット《1枚のリード (reed) をもつ縦形木管楽器》. **2** (オルガンの)クラリネット音栓《クラリネットのような音を出すオルガンの8フィート音栓》.

clar·i·net·ist [klæ̀rənétɪst, klèr-, -ṭəst | klæ̀rɪnétɪst, -rə-] *n.* (*also* **clar·i·net·tist**) クラリネット吹奏者.

cla·ri·no [klərí:noʊ | -nəʊ; *It.* klarí:no] 〘⊏It. ～: ↓〙 *n.* **1** クラリーノ《17-18世紀の高音トランペット》. **2** ＝clarion 2.

clar·i·on [klǽriən, klér- | klǽrɪ-] 〘《*a*1338》⊏ML *clāriō(n-)* ← L *clārus* 'CLEAR'〙 ── *n.* **1 a** クラリオン《明快な響き渡る音色を有する細管らっぱ; 昔は戦争の合図用とした; また管弦楽にも用いた》. **b** クラリオンの音; 喇叭(らっぱ)としたらっぱの響き. **2** (オルガンの)クラリオン音栓. **3** 〘紋章〙クラリオン図形. ── *attrib. adj.* クラリオンの響きのような, 朗々たる: a ～ call, note, voice, etc. ── *vi.* クラリオンを吹く; クラリオンの音を出す. ── *vt.* 力強く[大声で]声明する.

clarion 3

clar·i·o·net [klæ̀riənét, klèr- | klæ̀rɪə-] 〘《混成》← CLARION＋CLARINET〙 *n.* ＝clarinet.

Cla·ris·sa [klərísə] 〘《変形》← CLARICE: cf. L *clarissima* most beautiful〙 *n.* 女性名.

clar·i·ty [klǽrəṭi, klér- | klǽrətɪ, -rɪ-] 〘《?*c*1300》⊏(O)F *clarté* ∥ L *clāritātem* ← *clārus* 'CLEAR': ⇨ -ity〙 ── *n.* **1** (思想・文体などの)平明, 明快; 明晰さ: see things with ～ 明快にものを見る / remember with ～ はっきりと覚えている. **2 a** (音色の)明澄, 明朗. **b** (液体の)清澄, 透明.

Clark [klɑ́ək | klɑ́:k], **George Rogers** *n.* (1752-1818) 米国の軍人; 辺境の開拓者で独立運動に活躍.

Clark, John Bates *n.* (1847-1938) 米国の経済学者.

Clark, Thomas C(ampbell) *n.* (1899-) 米国の法律家, 最高裁判所の陪席判事 (1949-67).

Clark, William *n.* (1770-1838) 米国の軍人・探検家; M. Lewis とともに北米を探検; George Rogers の弟.

Clark, William Smith *n.* (1826-86) 米国の教育者・宗教家; 1876年来日, 札幌農学校で教え, 翌年 "Boys, be ambitious." という有名な言葉を残して帰米.

Clárk cèll 〘← *Josiah L. Clark* (1822-98: 英国の技師)〙 ── *n.* 〘電気〙クラーク電池《電極に亜鉛アマルガムと水銀, 電解質に硫酸亜鉛を用いた標準電池の一種; Clark standard cell ともいう》.

Clárke bèam [klɑ́ək- | klɑ́:k-] *n.* 〘建築〙(ボルト・釘などで接合した)合せ梁(はり) (cf. couple-close 2).

Clárke's gazélle 〘← ? *George S. Clarke* (1848-1933; 英国人でエジプトおよびスーダンの長官)〙 *n.* 〘動物〙＝dibatag.

Clárk Fórk *n.* [the ～] 米国 Montana 州に発し Idaho 州北部の Pend Oreille 湖に流れ込む川 (500 km).

clar·ki·a [klɑ́əkiə | klɑ́:kjə, -kɪə] 〘← NL ← *Captain William Clark* (1770-1838: 米国の探検家): ⇨ -ia¹〙 ── *n.* 〘植物〙クラーキア, サンジソウ《北米西部原産アカバナ科サンジソウ属 (*Clarkia*) の植物の総称; 観賞植物のクラーキア (fairy fans), サンジソウ (*C. elegans*) など》.

Clárk nútcracker 〘← *Captin William Clark* (↑)〙 *n.* 〘鳥類〙ハイイロホシガラス (*Nucifraga columbiana*)《北米西部産カラス科のホシガラスの一種; 羽色は灰白色; Clark's nutcracker, Clark's crow ともいう》.

cla·ro [klɑ́:roʊ | -rəʊ] 〘⊏Sp. ～ ＜ L *clārum* 'CLEAR'〙 ── *adj.* 〈葉巻が〉色が薄くて味が柔らかい (cf. colorado, maduro). ── *n.* (*pl.* **～es, ～s**) 色が薄くて味が柔らかい葉巻, クラロ.

Clar·rie [klǽri, kléri | klǽrɪ] 〘(dim.) ← CLARE², CLARICE〙 *n.* 女性名.

clart [klɑ́ət | klɑ́:t] 〘← ?: cf. ME *biclarte(n)* to soil〙《スコット・北英》 *n.* **1** ねばねばしたもの. **2** [しばしば *pl.*] 泥. ── *vt.* 泥でよごす.

clar·y [klɛ́(ə)ri | klɛ́ərɪ] 〘《*a*1399》⊏(O)F *sclarée* ⊏ML *sclarea*〙 *n.* 〘植物〙オニサルビア (*Salvia sclarea*)《葉の美しい観賞植物》.

-clase [⸗klèɪs, -klèɪz] 〘⊏F ～: ⇨ -clasis〙〘鉱物〙「(…の)劈開(へきかい)のある鉱物」の意の名詞連結形: orthoclase 正長石.

-clases -clasis の複数形.

clash [klǽʃ] 〘《*c*1500》擬音語〙 ── *n.* **1** がちゃん[じゃん]と鳴る音, がちゃがちゃ相打つ音《金属製のものがぶつかりあう音》: the ～ of swords, cymbals, etc. **2 a** (意見・利害などの)衝突, かち合い, 不和: the ～ of arguments, opinions, etc. / the ～ of parties 党派の衝突. **b** (色彩などの)不調和. **c** 戦争, 闘争, 小ぜり合い. ── *vi.* **1 a** じゃん[がちゃん]と鳴る. **b** (がちゃんと音をたてて)衝突する, ぶつかる. **2 a** 〈意見・気質・利害などが〉衝突する, 両立しない, 合わない; 〔…と〕相反する, かち合う〔*with*〕: Ideals often ～ *with* reality. 理想は現実と合わないことがよくある. **b** 〔…と〕ぶつかる, ぶつかり合う, 激突する〔*with*〕: The Giants ～ *with* the Reds this week. 今週ジャイアンツはレッズと激突する. **c** 〈色が〉〔…と〕釣り合わない〔*with*〕: The red curtain ～*es with* the green carpet. その赤いカーテンは緑のじゅうたんと合わない. ── *vt.* 〈鐘などを〉じゃんじゃん鳴らす; 〈剣などを〉かちかちと打ち合わせる, がちゃがちゃさせる.

～·er *n.*

Clásh·ing Rócks *n. pl.* 〘ギリシャ神話〙シュンプレガデス岩《黒海の入口両岸にそそり立っていたという二つの岩; 船がその間を通過しようとすれば両側から動いて船を破壊したが, アルゴー船一行がここを通過してからは動かなくなった; Symplegades ともいう》.

-cla·si·a [⸗kléɪʒiə, -ʒə | -zjə, -zɪə, -ʒɪə] 〘← NL ～: ↓〙 ＝-clasis.

-cla·sis [⸗kləsɪs, -səs | -sɪs] 〘← NL ～ ← Gk *klásis* ← *klân* to break〙 (*pl.* **-cla·ses** [-sì:z])「破壊, 崩壊」を意味する名詞連結形: thrombo*clasis* 血栓崩壊.

-cla·site [⸗⸗kléɪsaɪt, -zaɪt | ⸗⸗kləsàɪt, -zàɪt] 〘← -CLASE＋-ITE¹〙〘鉱物〙＝-clase.

clas·mat·o·cyte [klæzmǽṭəsàɪt | -tə-] 〘⊏F ～ ← Gk *klasmato-, klásma* fragment (← *klân* to break)＋*kútos* cell (⇨ -cyte): フランスの病理学者 L. A. Ranvier の命名 (1900)〙 ── *n.* 〘解剖〙崩壊細胞 (⇨ histiocyte).

clasp [klǽ(:)sp | klɑ́:sp] 〘《1307》← ?: cf. OE *clyppan* to embrace〙 ── *n.* **1** 留め金, 締め金, クラスプ: a necklace with a ～ 留め金付きのネックレス. **2 a** (手で)握りしめること, 握手: He took her hand in a warm ～. 彼女の手を暖かくしっかりと握った. **b** (腕で)抱きしめること, 抱擁. **3** 〘軍事〙 **a** 戦闘記章[クラスプ] (battle clasp)《参加した会戦名を刻んだ棒状の金属片; 従軍記章の綬(じゅ)に付ける》. **b** 勤務記章[クラスプ] (service clasp)《戦闘以外の勤務に従事した戦地の名を刻むほかは **a** に同じ》. **4** 〘昆虫〙＝tenaculum 2. **5** 〘歯科〙クラスプ, 鉤《義歯を歯に固定する装置》.
── *vt.* **1 a** (留め金で)留める. **b** …に留め金を付ける. **2 a** ぐっと握る, 握りしめる: ～ a person's hand / ～ hands 握手する. **b** (祈り・哀願・悲しみ・不安などのしぐさで)〈両手を〉ぎゅっと合わせる, (特に)〈両手〉の指を堅く組み合わせる: ～ one's hands in anxiety. **c** 抱きつく, 抱きしめる: ～ one's knees / ～ a person in one's arms [to one's bosom] 人をしっかと抱きしめる. ── *vi.* **1** 留め金で留める. **2** 抱きつく, 抱きしめる. **3** 〘動物〙〈下等動物が〉交接する, 交尾する.

clásp·er *n.* **1** まといつくもの, からみつくもの《巻きひげなど》. **2** [*pl.*]〘動物〙捕握器, 抱擁器《昆虫の雄の抱き合い器官》; (特に, サメ・エイなどの雄の)鰭脚(ききゃく), ひれあし《腹鰭の内縁の変化した交尾器》.

clásp knìfe *n.* 折りたたみナイフ (cf. sheath knife).

class [klǽ(:)s | klɑ́:s] 〘《1596》⊏F ～ ⊏L *classis* summons, one of the six divisions of citizens, army: cf. L *calāre* to call, proclaim (⇨ claim) / Gk *klēsis* summons〙 ── *n.* **1 a** (共通の属性を有する)組, 部類; 種類: They can be divided into three ～*es*. それらは3種類に分類できる / Under what ～ does this fall? これはどの部類に入るか / a poor ～ of house ひどい家. **b** 〘生物〙(動植物分類上の)綱 (cf. classification 1 b). **2 a** [しばしば *pl.*] (経済的・政治的身分または社会的身分を共にする)人の集団; 社会的身分[階級]; 社会層: the higher ～*es* 上流(階級) / the upper-middle ～*es* 中流の上層 / the lower-middle ～*es* 中流の下層 / the professional ～*es* 専門職業階級 / the working ～*es* 労働階級 / the educated ～ 知識階級 / ⇨ lower class. **b** [the ～es]《古》上流社会 (cf. mass¹ 5): He contrasted *the* ～*es* with the masses. 上流階級と一般大衆とを比較対照した. **3 a** 学級, 組, クラス (cf. form 9): be in the second year ～ 2年生である / the graduating ～ 卒業組, 最高学級 / be (at the) top of one's ～ クラスで首席である / take a ～ of beginners 〈教師が〉新入生のクラスを受け持つ / take a ～ for beginners 〈生徒が〉新入生のクラスを受ける. **b** (クラスの)学習(時間); 授業, 講習: give [hold, teach] a math ～ 数学の授業をする / be in ～ 授業中である / take ～*es* in cookery 料理の講習を受ける / cut [skip] a ～ 授業をさぼる / She teaches five ～*es* daily. 毎日5時間授業をする. **c** [集合的] クラスの生徒[学生]たち, 同級生: The ～ were all cheerful. クラスのもの全部にこにこしていた / *Class*, you will read Ch. III for next week. クラスのみなさん来週は第三章を読みましょう. **d** [集合的]《米》同期の学級[組]; 同期生: the ～ of 1957 57年(卒業)組. **4** [集合的] (軍隊の)同年兵, 第(何)期生: the 1953 ～ 53年(入隊)兵. **5** (品質・程度に基づく)等級: ⇨ first class / high [low] ～ 上[下]等 / runners without ～ 無等級の(名も知れない)競走馬 / a journal of high ～ 一流の新聞. **6 a** 《口語》卓越, 高級, 優秀: That has some ～. なかなかすてきだ / He's not ～ enough to play for England. 英国代表選手としては無理だ / There's a good deal of ～ about him. なかなかいいところがある. **b** 《俗》[通例素朴な称賛または皮肉な評価を表わして] (衣服・行為などの)優雅さ, 上品さ: This restaurant has ～. このレストランには気品がある. **7** 《英》(大学の)優等試験 (honours examination) 合格等級: get [obtain] a ～ 優等で進級する / obtain a First *Class* (優等試験で)第一級に入る / take a ～ at Oxford オックスフォード大学で優等卒業学位 (honours degree) を取る. **8** 〘文法〙集合; 類 (form class). **9** 〘数学〙集合, 類. **10** 〘統計〙階級《例えば, 身長の度数分布をつくる際, データを 140 cm-145 cm, 145 cm-150 cm, …というふうに組分けする, そのときにできる組のこと; cf. class interval》.

in a class by itself [*oneself*] ＝***in a class of*** [***on***] ***its*** [*his*] ***own*** 断然優秀で, 独特で (unique). ***no class*** 《口語》等外の, だめな, 取るに足らない; 全く劣った: He is *no* ～. 彼は全くだめだ. ***not in the same class with*** …とは同類ではない; …とは比べものにならない.

── *attrib. adj.* **1** 階級的な: ～ feeling [interest, hatred] 階級的感情[利害, 憎悪] / ～ ideology 階級観念形態 / ～ psychology 階級心理. **2** 組の, クラスの; 同級の: a ～ teacher クラス担任(の先生). **3** 《口語》優秀な, 高級の, 一流の (cf. *no* CLASS): a ～ bowler 一流のボウラー.

── *vt.* **1** 〔…の〕部類に入れる〔*with, among*〕; 分類する: He ～*es* teachers *among* laborers. 彼は教師を労働者の仲間に入れる / I refuse to be ～*ed with* them. 彼らと同類とみなされるのはごめんだ. **2** …の等級[品等, 品位]を定める. **3** 〈生徒を〉組分けする, …の級に入れる. **4** 《英》〈人〉に(大学での)優等級を与える: He obtained a degree, but was not ～*ed*. 学位は取ったけれど優等級には入らなかった.

── *vi.* (ある階級[部類]に)属する, 一員である: those who ～ as Christians キリスト教信者である人々.

class. 《略》classic; classical; classification; classified; classify.

cláss Á *adj.* ＝first-class.

cláss Á amplificátion *n.* 〘電気〙A級増幅《線形性が高い代わりに効率の低い増幅法; cf. class B amplification, class C amplification》.

class·a·ble [klǽsəbl̩ | klɑ́:s-] *adj.* 分類[組分け]できる.

cláss àction *n.* 〘法律〙集団訴訟《一人または複数の原告が自分自身また同じ被害を受けている他人のために行なう訴訟; class suit ともいう》.

cláss B amplificátion *n.* 〘電気〙B級増幅《交流信号の半波だけを増幅するようにバイアス点を選んだ増幅法で, A級とC級の中間の特性をもつ; cf. class A amplification》.

cláss·bòok *n.* **1** 《米》(学校の)採点簿, えんま帳, 出欠簿. **2** 《米》卒業記念アルバム. **3** 《英》教科書.

cláss Ć amplificátion *n.* 〘電気〙C級増幅《効率が高い代わりに線形性の低い増幅法; cf. class A amplification》.

cláss cónflict *n.* ＝class struggle.

cláss-cónscious *adj.* **1** 階級意識をもった; (特に, プロレタリアートの)階級意識の強い. **2** 階級闘争を信じる[強く意識する].

cláss cónsciousness *n.* 階級意識.

cláss dày *n.* 《米》卒業祝賀日《米国の大学や学校で卒業する学生が卒業前に主催して朗読・弁論などを行なう祝賀学芸会の日》.

clássed cátalog *n.* 〘図書館〙＝classified catalog.

classes *n.* classis の複数形.

cláss-fèllow *n.* ＝classmate.

clas·sic [klǽsɪk] 〘《1613》⊏F *classique* ∥ L *classic-us* of the (highest) class: ⇨ class, -ic¹〙 ── *adj.* **1 a** 〈文学・音楽・美術など〉最高水準の, 最高級の, 優秀な, 第一級の: a ～ piece of music 最高水準の音楽作品 / our modern ～ writers 現代の一流作家たち. **b** (人類の文化財として)不朽の価値をもつ; 永続的な, 伝統的な: a ～ heritage. **2 a** 古代ギリシャ・ラテンの; (特に)ギリシャ・ラテンの古代芸術・文化の[に関する]: the ～ writers of Greece and Rome / a ～ myth ギリシャ・ローマの神話. **b** 古代ギリシャ・ラテンの芸術様式にならった; (特に, ロマン主義に対して18世紀の)古典的な, 古典風な《典雅さと均衡をもち, 控え目な形式と規則正しさを特徴とした; cf. romantic 6》: a ～ style 古典風 / a ～ purity of design 図案[構図]の古典的な純潔さ. **3 a** 史的[文化的]な連想に富む, 史的[文化的]に知られた, 由緒ある: ～ Oxford [Boston] 古い文化の都オックスフォード[ボストン] / ～ ground 史跡 / tread on ～ ground in Greece 古い文化の国ギリシャの土を踏む. **b** 伝統的に有名な: ⇨ classic races. **4 a** 〈学問研究・研究書など〉権威のある, 信頼できる, 定評のある: a ～ study of Greek philosophy. **b** 規範的な, 典型的な, 代表的な: a ～ method / a ～ example of patriotism. **5** 人文的な, 一般教養的な (cf. technical 2). **6 a** 〈技術など〉基本的な, 基礎的な. **b** (ある与えられた目的に対して)適切な, 効果的な, 決定的な: the ～ cure for pneumonia. **7** 〈服装など〉流行に左右されない, クラシックの《一般に簡素でテーラード仕立のもの》: a ~ suit. 8 〘バレエ〙=classical 8. 9 〘郵趣〙〈切手が〉初期の, クラシックの.
— *n.* 1 a 最高水準[第一級]の文芸[芸術]作品, 傑作, クラシック. b 最高水準[第一級]の芸術家, 大芸術家; 文豪. 2 a 古代ギリシャ・ラテンの一流作家の作品, 古典作品. b [the classics] (古代ギリシャ・ラテンの)古典, 古典文学. c 《まれ》古典学者; 古典主義者: a fine [rare, great] ~ 立派な[まれにみる, 大]古典学者. 3 a (特定の分野における)権威のある書物[研究書], 名著: a ~ in the field of biology 生物学の権威書. b 典型的なもの, 代表的なもの, 模範. 4 a 伝統的な行事[試合], 由緒ある行事[試合]. b [the ~s] 《英》〘競馬〙=classic races. 5 《口語》(洋服のスタイルなどの)流行に左右されないもの, 変化しないもの, クラシックな衣服. 6 《米口語》クラシックカー《1925-42年の自動車》. 7 〘郵趣〙クラシック, 初期の切手《1875年以前のものという考えがあったが, 今ではそれ以後のものにも用いられ, 定まった区切りはない》.

clas·si·cal [klǽsɪkəl, -sə- | -sɪ-] 〘《1586》 ← L *classic(us)* (↑)+-AL¹〙 — *adj.* 1 =classic 1. 2 a 古代ギリシャ・ラテンの[に関する]; (特に)古代ギリシャ・ラテンの文芸の[に関する], 古典の, 古典文化の: ~ art 古典芸術 / the ~ languages 古典語《ギリシャ語・ラテン語; cf. modern languages》/ ~ education 古典語教育 / ~ literature 古典文学. b 古代ギリシャ・ラテンの文学[言語]に通じている[が専門の], 古典学の, 古典に明るい: a ~ scholar 古典学者. c (古代ギリシャ・ラテンの芸術を思わせ, 典雅・均衡・形式・感情の抑制などを特徴とする)古典趣味的な, 古典風の; 擬古的な (cf. romantic 6 a): a building in the ~ style 古典風の建築物 / be very ~ in one's taste 趣味がきわめて古典的である. 3 (理論的には古いが歴史的に意義のある)古典的な, 古典派の: ~ physics / ⇨ classical economics. 4 (専門科目に対して)一般科目の, 一般科目教育の: a ~ curriculum. 5 a =classic 3. b =classic 4. c =classic 5. 6 〘音楽〙 a クラシックの, 古典派の《18-19世紀の Haydn, Mozart, Beethoven などの音楽にみられるような均衡のとれた形式を特徴とする; cf. romantic 6 b》. b (ポピュラー・ジャズなどに対して)クラシック音楽の. 7 〘言語〙口語ではなく文語の慣用による: ~ Arabic. 8 〘バレエ〙クラシックな《現代のモダンな構成をもっているものに対して古典的な構成のものにいう》. 9 〘美術〙古典期の.

clássical árchitecture *n.* 〘建築〙古典主義建築《古代ギリシャ・ローマの風にならった order を用いた均整・安定・威厳などを重んじるもの; 特に, 1770-1840年に古典精神を復興しようとしてヨーロッパ諸国に流行したもの》.

clássical económics *n.* 古典派経済学《Adam Smith, Ricardo, Malthus, J. S. Mill などの学派の経済学; cf. classical school》.

clás·si·cal·ìsm [-lìzm] *n.* =classicism.

clás·si·cal·ist [-lɪst, -ləst | -lɪst] *n.* =classicist.

clas·si·cal·i·ty [klæ̀səkǽləṭi | -sɪkǽlɪti, -lɪ-] 〘⇨ -ity〙 *n.* 1 a 古典的特質《古雅, 典雅など》. b 古典的特質を備えた作品[もの]. 2 古典的学殖[教養].

clás·si·cal·ly 〘《1772》〙 — *adv.* 1 a 古典的に; 古典作家の様式に従って, 擬古的に. b 古典の研究で[によって]. 2 伝統的に受け入れられた形で[やり方で], 典型的に.

clássical mechánics *n.* 〘物理〙古典力学《量子力学 (quantum mechanics) に対して従来の力学をいう》.

clássical Sánskrit *n.* 古典サンスクリット語《プラークリット (Prakrit) より古くヴェーダ語 (Vedic) より新しい Panini の文典を規範とする古代のサンスクリット》.

clássical schóol *n.* [the ~] 〘経済〙古典学派《Adam Smith, Ricardo, Malthus, J. S. Mill などの経済学派; cf. classical economics》.

clas·si·cism [klǽsəsìzm | -sɪs-] 〘《1837》: Carlyle の造語? (cf. F *classicisme*)〙 — *n.* 1 古典主義《古典文学・古典美術を貫く精神や作風などを継承して簡素・調和・均整・威厳などの形式美を重んじる芸術上の立場; cf. romanticism 1》. 2 a 古代ギリシャ・ローマの芸術・文化の原則[精神]. b 古典の学殖, 古典学. 3 ラテン・ギリシャ語の語句[慣用表現]; 古典語風語句[慣用表現].

clás·si·cist [-sɪst, -səst | -sɪst] *n.* 1 (文芸における)古典主義者, 古典主義的作家[芸術家]. 2 古典[古文]学者. 3 古典研究の唱道者[擁護者].

clas·si·cis·tic [klæ̀səsístɪk | klæ̀sɪ-] *adj.* 〈劇など〉古典の影響を受けた, 古典風の.

clas·si·cize [klǽsəsàɪz | -sɪs-] *vt.* 〈文体などを〉古典的に擬する, 古典風にする. — *vi.* 古典を模倣する, 古典形式に従う.

clássic ráces *n. pl.* [the ~] 〘競馬〙クラシックレース: 1 明け4歳馬による英国の代表的五大競馬; Two Thousand Guineas, One Thousand Guineas, Derby, Oaks, St. Leger; 単に classic ともいう. 2 通例明け4歳馬による米国の三大競馬; Kentucky Derby, Preakness Stakes, Belmont Stakes の三冠競馬を指す (cf. triple crown 3).

clas·si·fi·a·ble [klǽsəfàɪəbl, ⌐–⌐––| -sɪ-] *adj.* 分類できる, 類別できる.

clas·si·fi·ca·tion [klæ̀səfɪkéɪʃən, -fə- | -sɪfɪ-] 〘《1790》 □F ~: ⇨ classify, -fication〙 — *n.* 1 a 分類, 類別, 種別; 等級別, 格付け; 組分け, 級別. b 〘生物〙分類《通例次の下位区分で分類する: phylum [division] (門), class (綱), order (目), family (科), genus (属), species (種), variety (変種)》. ★ 門には動物では phylum, 植物では phylum, division のどちらも使用する. c 〘海事〙(船級協会 (classification society) の決定する)船級. d (官公書類の)機密種別《restricted (部外秘), confidential (秘), secret (極秘), top secret (機密) の順に機密度が高くなる; cf. classify 3》. 2 分類結果; 分類[類別]したもの. 3 〘図書館〙分類, 分類法, 分類体系.

classificátion nùmber *n.* =class number.

classificátion society *n.* 〘海事〙船級協会《商船の船級を決定する協会》.

classificátion yàrd *n.* 《米》〘鉄道〙(貨車の仕訳)操車場.

clas·si·fi·ca·to·ry [klǽsəfɪkətɔ̀ːri, klæsíf-, -fə-, -tɔ̀ːri, klǽs(ə)fɪkèɪṭəri, -fə- | klæ̀sɪfɪkéɪt(ə)ri, klǽsɪfɪkət(ə)ri] 〘⇨ classification, -tory〙 — *adj.* 分類の[に関する], 類別的な. **clas·si·fi·ca·to·ri·ly** [klæ̀s(ə)fɪkətɔ́ːrəli, -tɔ́ːr-, ⌐(–)–––⌐––, klæsɪfɪkətɔ́ːrəli, -tɔ́ːr-, -fə-, ⌐–⌐––⌐–– | klæ̀sɪfɪkéɪt(ə)rəli, klǽsɪfɪkət(ə)rəli, -rɪli] *adv.*

clás·si·fìed *adj.* 1 分類した[された]: a ~ list. 2 〈情報・文書など〉秘密区分のある, 秘密種別を付けられた, 秘密扱いの: ~ matter 秘密事項[物件]. 3 項目別広告の(書かれる), 三行広告の(書かれる): the ~ section of a newspaper. 4 《英》〈道路が〉等級付けられた: ~ roads.

clássified ád *n.* 《口語》項目別[三行]広告.

clássified advertisement *n.* =classified ad.

clássified ádvertising *n.* 1 [集合的] 項目別広告, 三行広告《新聞などで求人・求職・貸間[家]・借家・譲渡など項目別に分類して出すもの; 広告の一つ一つは classified ad という; cf. want ad, display advertising》. 2 a 項目別広告斡旋業《項目別広告の買手にスペースを売る商売》. b 項目広告担当部. c 項目広告欄.

clássified cátalog *n.* 〘図書館〙分類目録 (cf. dictionary catalog).

clás·si·fì·er *n.* 1 a 分類する人[もの]. b 選別機. 2 〘化学〙分級機, 分粒器. 3 〘言語〙分類辞《名詞の類別を指示する語, または形態素; 例えば, 英語 three head of cattle, 日本語「本3冊」において, head,「冊」は cattle,「本」の(語分類上の)所属を示す分類辞》.

clas·si·fy [klǽsəfàɪ | -sɪ-] 〘《1799》 ← CLASS+-IFY〙 — *vt.* 1 (組織的に)分類する, 類別する. 2 等級別にする; 組分けする. 3 〈公文書などを〉機密度によって区分する; 機密扱いにする (cf. classification 1 d).

cláss inclùsion *n.* 〘論理〙(類概念 (genus) による種概念 (species) の)包摂, 包含 (subsumption).

cláss interval *n.* 〘統計〙階級の幅 (cf. class 10).

clas·sis [klǽsɪs, -səs | -sɪs] 〘← NL ~ ← L ~: ⇨ class〙 — *n.* (*pl.* **clas·ses** [-siːz]) 〘キリスト教〙 1 (改革派教会で)宗教法院, 牧師長老合同会《管轄区内の諸教会を支配する》. 2 宗教法院による管轄区.

cláss·less *adj.* 1 〈社会が〉階級差別のない: a ~ society. 2 〈人が〉特定の社会階級に属さない. **~·ness** *n.*

cláss lètter *n.* 〘図書館〙=class number.

cláss-lìst *n.* 《英》(大学の)優等卒業試験合格者氏名表《英国の大学で優等卒業試験 (honours examination) 施行後発表される; 三級まである》.

cláss·màn [-mæ̀n, -mən] *n.* (*pl.* **-men** [-mèn, -mən]) 《英》(大学の)優等卒業試験合格者《class-list に氏名が載る者; cf. passman》.

cláss·màte *n.* 同級生, クラスメート, 同期生.

cláss mèaning *n.* 〘言語〙類の意味《形式類 (form class) に共通する意義; 例えば過去時制が示す「過去」という意義; cf. lexical meaning》.

cláss mèeting *n.* クラス会.

cláss nòun *n.* 〘文法〙種属名詞; 普通名詞 (common noun).

cláss nùmber *n.* 〘図書館〙分類番号.

cláss·ròom *n.* 教室.

cláss strúggle *n.* 階級闘争.

cláss sùit *n.* 〘法律〙=class action.

cláss wâr [**wârfare**] *n.* =class struggle.

cláss wòrd *n.* 〘文法〙類語 (cf. function word).

cláss·wòrk *n.* 教室での授業[勉強].

class·y [klǽsi | klɑ́ːsi] 〘← CLASS+-Y⁴〙 *adj.* (**class·i·er**; **-i·est**) 《俗》 1 上等の, 立派な, すてきな. 2 しゃれた, ぱりっとした, ハイカラな. **cláss·i·ness** *n.*

clast [klǽst] 〘↓〙 *n.* 〘地質〙砕屑(さいせつ)《風化によってできた岩石細片》.

-clast [⌐–klæ̀st] 〘□G *-klast* // ML *-clastēs* □ MGk *-klástēs* ← Gk *klân* to break〙「破壊する人[もの, 道具(など)]」の意の名詞連結形: iconoclast.

clas·tic [klǽstɪk] 〘← Gk *klastós* broken in pieces (← *klân* to break)+-IC¹〙 — *adj.* 1 分裂する; 砕けた; 分解できる: a ~ model 人体[解剖]模型. 2 〘生物〙分離性の, 分解性の: ~ action 分解作用 / a ~ cell 分解細胞. 3 〘地質〙砕屑(さいせつ)性の: ~ deposits 砕屑鉱床 / ~ rocks 砕屑岩.

-clas·tic [klǽstɪk]「破壊する」の意の形容詞連結形: iconoclastic.

Clath·ra·ce·ae [klæθréɪsiìː] 〘← NL ~ ← *Clathrus* (属名: ← L *clāthrī* lattice (⇨ clathrate))+-ACEAE〙 — *n. pl.* 〘植物〙(担子菌類)カゴタケ科. **clath·rá·ceous** [-ʃəs] *adj.*

clath·rate [klǽθreɪt, -rət, -rɪt] 〘□L *clāthrāt-us* (p.p.) ← *clāthrāre* to furnish with lattice ← *clathrī* lattice □ Gk *kleīthron* bar ← *kleiein* 'to CLOSE¹'〙 — *adj.* 1 〘生物〙格子状の; 格子(細工)のような印のついた. 2 〘化学〙包接の《2種の分子の結晶で, 一分子の籠形構造の中に他の分子が閉じ込められた構造にいう》. — *n.* 〘化学〙クラスレート化合物, 包接化合物.

clath·ra·tion [klæθréɪʃən] *n.* 〘化学〙包接化, クラスレート化《分子の作る籠状構造に他の分子が閉じ込められた形の化合物を作ること》.

clat·ter [klǽṭə | -tə(r)] 〘ME *clatre(n)* < OE **clatrian* ← Gmc **klat-* (Du. *klateren* to rattle) ← IE **gal-* to call 《擬音語》〙 — *n.* 1 がたがた[がらがら, がちゃがちゃ, ぱたぱた]いう音《堅い物体がぶつかる音, タイプライターを叩く音, 馬の足音など》: the ~ of rain against the windowpane 窓ガラスを叩く雨のぱたぱたという音 / the noisy ~ of his boots upon the pavement 舗道を歩く彼の長靴の騒々しい足音 / with a rhythmic ~ of spoons スプーンをリズミカルにがちゃがちゃいわせて / He set down his cup with a ~ on the saucer. ソーサーの上に茶わんをがちゃがちゃ音を立てておいた. 2 騒々しさ; 騒々しい響き, 騒々しい人声: the ~ of the street. 3 a むだ話, おしゃべり: a ~ of noisy laughter / a ~ of tongues. b うわさ. — *vi.* 1 がたがた[がらがら, がちゃがちゃ, ぱたぱた]音がする[鳴る]. 2 がたがた音を立てて動く[走る]: ~ down 〈車などが〉がたがた走って行く / ~ about かたかた[ことこと]音をさせて歩き回る / ~ along(堅い道路の上を)がたがた音を立てて進む; かっかっとひずめの音を立てて馬を飛ばす. 3 a にぎやかにしゃべる, ぺちゃぺちゃしゃべる. b 《スコット》うわさ話をする. — *vt.* 〈皿などを〉がちゃがちゃいわせる, がたがたさせる. **~·er** [-tərə | -tərə(r)] *n.*

clat·ter·y [klǽṭəri | -təri] *adj.* がたがたする; 騒々しい, うるさい.

Claude [klɔ́ːd; *F.* kloːd] 〘□F ~ < L *Claudius* (ローマの家族名): cf. claudication〙 *n.* 男性名.

Clau·del [kloudél | kləʊ-; *F.* klodɛl], **Paul** (**Louis Charles Marie**) *n.* クローデル《1868-1955; フランスの外交官・詩人・劇作家; *Le Soulier de satin*「繻子(しゅす)のスリッパ」(1925-28)》.

Claude Lor·rain [klɔ́ːd-ləréɪn, -lɔ(ː)r-, -lɑr- | -lɔr-, -lər-; *F.* klodlɔʀɛ̃] *n.* クロードロラン《1600-82; フランスの風景画家; 本名 Claude Gelée》.

Clau·dette [klɔːdét] 〘□F ~ (fem.) ← CLAUDE: ⇨ -ette〙 *n.* 女性名.

Clau·di·a [klɔ́ːdiə | -djə, -dɪə] 〘□L ~ (fem.) ← *Claudius*: ⇨ Claude〙 *n.* 女性名《ウェールズ語形 Gladys》.

Cláudia Quín·ta [-kwíntə | -tə] *n.* 〘ローマ伝説〙クラウディア クインタ《Cybele の像を運ぶ座礁船を救った女; 純潔さの証拠からといわれている》.

clau·di·ca·tion [klɔ̀ːdəkéɪʃən | -dɪ-] 〘□L *claudicātiō(n-)* ← *claudicāre* to limp ← *claudus* lame: ⇨ -ation〙 — *n.* 1 〘医学〙跛行(はこう) (limping). 2 〘病理〙=intermittent claudication.

Clau·dine [klɔːdíːn] 〘□F ~ (fem.) ← CLAUDE: ⇨ -ine⁴〙 *n.* 女性名.

Clau·dio [klɔ́ːdiòu, -djou | -diə̀ʊ, -djəʊ; *It.* kláudjo] 〘□It. ~ 'CLAUDE'〙 *n.* 男性名.

Clau·di·us I [klɔ́ːdiəs | -djəs-, -dɪəs-] *n.* クラウディウス一世《10 B.C.-A.D. 54; ローマ皇帝 (41-54); Tiberius Claudius Drusus Nero Germanicus》.

Claudius II *n.* クラウディウス二世《214-70; ローマ皇帝 (268-70); Marcus Aurelius Claudius; 異名 Gothicus》.

Claudius, Ap·pi·us [ǽpiəs | -pɪəs, -pjəs] *n.* クラウディウス《紀元前三世紀ごろのローマの政治家; Appian Way の建設者; 異名 Caecus》.

claught 〘ME ~, *clecht*〙 *v.* cleek の過去形・過去分詞.

claus·al [klɔ́ːzəl, -zl] *adj.* 1 条項の. 2 〘文法〙節の.

clause [klɔ́ːz] 〘《?a1200》□(O)F ~ □ ML *clausa* close (of a rhetorical period), section of a law ← (fem. p.p.) ← L *claudere* 'to CLOSE¹'〙 — *n.* 1 (条約・法律・遺書などの)箇条, 条項, 約款: ~ by ~ 各条ごとに, 逐条 / an anti-hegemony ~ 覇権反対の条項. 2 〘文法〙節; (狭義で)従節, 従属節 (cf. phrase 1 a, word 1): a subject [an object, a complement] ~ 主語[目的語, 補語]節 / an adverb(ial) [adjective] ~ 副詞[形容詞]節 / a noun ~ 名詞節 / a main ~ 主節 / a dependent ~ 従(属)節 / ⇨ principal clause.

Clau·se·witz [kláuzəvɪts; *G.* kláuzəvɪts], **Karl von** *n.* クラウゼウィッツ《1780-1831; プロイセンの将軍, 軍事理論家; *Vom Kriege*「戦争論」(1832-34)》.

Clau·si·li·i·dae [klɔ̀ːzəláɪədìː, klɔ̀ːsə- | -zɪláɪɪ-, -sɪ-] 〘← NL ~ ← *Clausilia* (属名: ← L *clausus* closed (cf. clause))+-IDAE〙 — *n. pl.* 〘貝類〙キセルガイ科《殻は細長く左巻き, 軟体を殻内に退縮した時閉弁で閉じる》.

Clau·si·us [kláuziəs | -zɪ-; *G.* kláuzius], **Rudolf Julius Emanuel** *n.* クラウジウス《1822-88; ドイツの理論物理学者・数学者; 熱力学の先駆者; エントロピー (entropy) の概念の導入者》.

Cláusius cýcle 〘↑〙 *n.* 〘物理化学〙クラウジウスサイクル (⇨ Rankine cycle).

claus·thal·ite [kláustəlàɪt] 〘← F *clausthalie* clausthalite (← G *Klausthal* (その産地))+-ITE¹〙 *n.* 〘鉱物〙セレン鉛鉱 ($PbSe$)《方鉛鉱に似た灰色の鉱物》.

claustra *n.* claustrum の複数形.

claus·tral [klɔ́ːstrəl] 〘《c1449》□ ML *claustrāl-is* ← L *claustrum* 'lock, CLOISTER'〙 *adj.* =cloistral.

claus·tra·tion [klɔːstréɪʃən] 〘□? F ~ ← ML *claustrum* monastery (↑): ⇨ -ation〙 *n.* (僧院・閉所などに)幽閉すること; 閉所幽閉: a feeling of ~.

claus·tro·phobe [klɔ́:strəfòub | -fəub] 〘↓〙 *n.* 閉所恐怖症患者.
claus·tro·pho·bi·a [klɔ̀:strəfóubiə | -fə́ubjə, -biə] 〘← NL ～ ← L *claustrum* bar, bolt : ⇨ -phobia〙 *n.* 〘精神医学〙閉所恐怖(症) (cf. agoraphobia).
claus·tro·pho·bic [klɔ̀:strəfóubɪk, -fɑ́b- | -fə́ub-, -fɔ́b-] 〘精神医学〙 *adj.* 閉所恐怖症の[を起こさせる].
claus·trum [klɔ́:strəm, kláu-] 〘← NL ～ ← L ～ 'bar'〙 — *n.* (*pl.* **claus·tra** [-trə]) 〘解剖〙前障《大脳のレンズ核とライル島との間にある薄板状の灰白質; cf. basal ganglia》.
clau·su·la [klɔ́:ʒulə | -zju-] 〘▭ ML ～ ← L ～ ← *clausus* (p.p.) ← *claudere* 'to CLOSE[1]'〙 — *n.* (*pl.* **-su·lae** [-lì:]) 〘音楽〙クラウスラ, 終止《中世・ルネサンス音楽における定型的な終止法》. **clau·su·lar** [klɔ́:ʒulə | -zjulə(r)] *adj.*
cla·va [kléɪvə, klɑ́:-] 〘← NL ～ ← L *clāva* club〙 — *n.* (*pl.* **cla·vae** [kléɪvi:, klɑ́:vaɪ]) **1** 〘昆虫〙棍棒節《触角の第1節と第2節を除いた棍棒状になっている部分》. **2** 〘解剖〙(第4脳室の後部にある)薄索核隆起. **clá·val** [-vəl] *adj.*
Cla·var·i·a·ce·ae [klævɛ̀(ə)riéɪsiì: | -vɛ̀ərɪ-] 〘← NL ～ ← *Clavaria* (属名: ← L *clāva* club) + -ACEAE〙 — *n. pl.* 〘植物〙(担子菌類)ホウキタケ科. **cla·vàr·i·á·ceous** [-ʃəs] *adj.*
cla·vate [kléɪveɪt] 〘← NL *clāvāt-us* ← L *clāva* club : ⇨ -ate[2]〙 *adj.* 〘生物〙棍棒状の (club-shaped). **～·ly** *adv.* **cla·va·tion** [kleɪvéɪʃən] *n.*
clave[1] 〘OE *clēaf*, *clæf*〙 *v.* 《古》cleave[2] の過去形.
cla·ve[2] [klɑ́:veɪ] 〘▭ Am.-Sp. ～ ▭ Sp. ～ 'keystone, clef' < L *clāvis* key〙 — *n.* [通例 *pl.*] クラベス《両手で打ち合わせる小さい角棒または丸い棒の打楽器で, 二本で一組; ルンバの伴奏などに用いる》.
clav·e·cin [klǽvəsɪn, -sən | -v(ɪ)sɪn] 〘▭ F ～ 《略》← 《廃》*clavycimbale* : ⇨ clavicembalo〙 *n.* クラブサン《harpsichord のフランス語名》.
cla·ver [kléɪvə | -və(r)] 〘← ? Celt. : cf. Gael. *clabaire* babbler / Welsh *clebar* to chatter〙 《スコット》 *vi.* むだ話する. — *n.* [通例 *pl.*] むだ話, おしゃべり.
clavi *n.* clavus の複数形.
clav·i- [klǽvɪ, -və | -vɪ] clavo- の異形 (⇨ -i-).
cla·vi·cem·ba·lo [klæ̀vɪtʃémbəlòu, -tʃém- | -ləu; *It.* klàvitʃémbalo] 〘▭ It. ～ ▭ ML *clavicymbalum*〙 — *n.* (*pl.* **-ba·li** [-lì:; *It.* -li], **～s**) クラビチェンバロ《harpsichord のイタリア語名; 略して cembalo ともいう》.
clav·i·chord [klǽvəkɔ̀əd | -vɪkɔ̀:d] 〘《1457-58》▭ ML *clāvicord-ium* ← L *clāvis* key + *chorda* string : cf. chord[2]〙 — *n.* クラビコード《ピアノの前身である鍵盤楽器で, 鍵 (key) によって小金属片が弦を打つ仕掛けのもの; cf. harpsichord》.
cláv·i·chòrd·ist [-dɪst, -dəst | -dɪst] *n.* クラビコード奏者.

clavichord

clav·i·cle [klǽvɪkl, -və- | -vɪ-] 〘▭ F *clavicule* ← NL *clavicula* ← L *clāvicula* (dim.) ← *clāvis* key : ⇨ clavo-〙 *n.* 〘解剖〙鎖骨 (collarbone).
clav·i·corn [klǽvəkɔ̀ən | -vɪkɔ̀:n] 〘← NL *clāvicornis* ← L *clāva* club + *cornu* horn〙 〘昆虫〙 *adj.* 棍棒状の触覚のある.
clav·i·cor·nate [klæ̀vəkɔ́ənèɪt | -vɪkɔ́:-] *adj.* 先端が棍棒状[球状]になった触角をした[もった].
Clav·i·cor·ni·a [klæ̀vɪkɔ́ənɪə, -və- | -vɪkɔ́:nɪə, -njə] 〘← NL ～ : ⇨ clavicorn, -ia[2]〙 — *n. pl.* 〘昆虫〙球角群《甲虫類中の一群で, 触角の先端部数節が球状[板状]に膨大する; テントウムシ科・オオキノコムシ科などの昆虫を含む》.
cla·vic·u·lar [kləvíkjulə, klə- | -lə(r)] 〘⇨ clavicle, -ar[1]〙 *adj.* 〘解剖〙鎖骨 (clavicle) の.
cla·vic·u·lo- [kləvíkjulo(ʊ), klə- | -lə(ʊ)] 〘← NL *clavicula* 'CLAVICLE'〙「鎖骨と…との」の意の連結形.
cla·vier [kləvíə, klæ-, kléɪviə, klǽv- | klǽvɪə(r, -vjə(r)] 〘《1708》▭ G *Klavier* ∥ F *clavier* 《原義》key bearer ← L *clāvis* key〙 — *n.* **1** (楽器の)鍵盤 (keyboard). **2** (練習用の)無音鍵盤. **3** [《英》klavíə(r, klǽvɪə(r, -vjə(r] クラビア《ハープシコード・クラビコード・初期のピアノなどの鍵盤楽器の総称》.
cla·vier·ist [kləví(ə)rɪst, klæ-, kléɪviər-, klǽv-, -rəst | kləvíərɪst, klǽvɪər-, klǽv-] *n.* クラビア奏者.
clav·i·form [klǽvəfɔ̀əm | -vɪfɔ̀:m] 〘← L *clāva* club + -FORM〙 *adj.* 棍棒状の (club-shaped).
clav·o- [klǽvo(ʊ) | -və(ʊ)] 〘▭ ML ～ ← L *clāvis* key ← IE **kleu-* hook (L *claudere* 'to CLOSE[1]')〙 — 次の意味を表わす連結形: **1** 「鍵 (key); 鍵盤 (keyboard)」. **2** 〘← NL ～ ← L ～〙「鎖骨の (clavicular); 鎖骨と…との」. ★ 時に clavi- になる.
clav·o·la [klǽvələ] 〘← NL ～ ← L *clāvola* (dim.) ← *clāva* club〙 *n.* (*pl.* **-o·lae** [-lì:, -làɪ]) 〘昆虫〙 = clava 1.
cla·vus [kléɪvəs, klɑ́:-] 〘▭ L *clāvus* 《原義》nail〙 — *n.* (*pl.* **cla·vi** [kléɪvaɪ, klɑ́:vi:]) **1** クラーブス《古代ローマでチュニック (tunic) に付けた紫色の縁取り; 元老院議員身分のものは幅が広く, 騎士身分を示すものは狭い; ⇨ toga 挿絵》. **2** 〘病理〙 = corn[2] 1. **3** 〘精神医学〙クラーブス《頭に釘を打ち込んだような激しい頭痛》. **4** 〘昆虫〙 **a** 小胞突起《触角の棍棒状部》. **b** = clava 1.
claw [klɔ́:] 〘n.: OE *clawu* < (WGmc) **klawō* (G *Klaue* / Du. *clauw*). — v.: OE *clawian*〙 — *n.* **1 a** (猫・鳥などの細く鋭く曲がった)鉤爪(かぎづめ) (cf. talon 1 a, nail 1 b). **b** 鉤爪のある足. **2 a** (カニ・エビなどの)はさみ. **b** (昆虫の)爪. **3 a** (器具の)鉤爪状のもの. **b** (金槌(かなづち)の先などの)くぎ抜き (cf. claw hammer). **c** (宝石細工で宝石を留める)爪. **4** (鉤爪などによる)引っかき傷. **5** 〘植物〙つめ《花弁の基部の細い部分》. **6** 〘映画〙クロー《撮影機・映写機・印刷機などのフィルム送り装置でフィルムのパーフォレーションにかむ爪状の部分》.
cut* [*clip*, *pare*] *the claws of …の危害力を奪う, …を無力にする. ***in a person's claws*** つかまえて, 手中に収めて.
— *vt.* **1 a** 爪[手]で引っかく[かきむしる, つかむ, 引っぱる, 裂く]: The graves were *～ed* open by dogs. 墓は犬にほじくりかえされた. **b** 爪で引っかいて作る: ～ a hole 爪で穴を掘る. **c** 《スコット》〈かゆい所を〉(爪で軽く)かく. **2** …につかみかかる. **3** [～ one's way として] **a** (両手を使って)かきわけて進む. **b** かきわけて出世する. — *vi.* **1** 爪で引っかく[こする, 掘る]. **2** 〔…を〕必死につかもうとする, 手探りする 〔*for*, *at*〕: ～ *for* the doorknob. **3** 《スコット》軽くかく. **4** 〘海事〙〈船が〉(風下の陸岸を避けて)風上へ向かう.
claw back (1) (徐々に[苦労して])取り戻す. (2) 《英》〈政府の給付金などに見合う資金を〉増税で回収する.
claw down (1) 引きずりおろす. (2) やっつける.
Claw me and I'll claw thee. 《諺》そちらで親切にしてくれればこちらも親切にする,「魚心あれば水心」(cf. SCRATCH me and I'll scratch you.). ***claw off*** 〘海事〙(風下の岸を避けて)風上に向かって間切る (cf. *vi.* 4).
cláw-and-báll fòot *n.* (椅子やテーブルなどの脚先が)鳥や動物の爪足が小球を握ったような形の足型《ball-and-claw foot ともいう; ⇨ Chippendale 挿絵》.
cláw·bàck *n.* **1** おべっか使い, ごますり (flatterer). **2** 《英》(政府の給付金などに見合う資金の)増税による回収. **3** 《英》難点 (drawback).
cláw bàr *n.* 爪梃子(てこ). 「chisel ともいう」.
cláw chìsel *n.* 〘石工〙(鋸状の刃をもつ)石のみ《tooth
cláw clùtch *n.* 〘機械〙かみあいクラッチ; かみあい継手(つぎて)《positive clutch ともいう》.
clawed 〘ME〙 *adj.* [通例複合語の第2構成素として] (…の)爪をした: sharp-*clawed* 鋭い爪をした.
cláw fòot *n.* **1 a** 鉤爪(かぎづめ)のある[に似た]足. **b** (家具類の)鉤爪状の脚. **2** 〘医学〙鷲(わし)足, 凹足.
cláw hàmmer *n.* **1** 釘抜き金槌(づち) (cf. claw *n.* 3 b). **2** 《口語》燕尾(えんび)服 (tailcoat)《claw-hammer coat ともいう》. 「絵」.
cláw hàtchet *n.* 釘抜き付き手斧(ちょうな) (⇨ hatchet 挿
clax·on [klǽksən, -sn] *n.* (自動車の)クラクション.
clay [kléɪ] 〘OE *clǣġ* < (WGmc) **klaija* ← **klai-*, **klei-* (G *Klei* / Du. *klei*) ← IE **glei-*, **gel-* (L *glūten* 'GLUE' / Gk *glía*)〙 — *n.* **1 a** 粘土: potter's ～ 陶土. **b** 泥土; 土: a lump of ～ 一塊の土. **2 a** (肉体の材料と考えられた)土; (霊魂に対して, 死ぬと土になる)肉体 (cf. dust 6): I also am formed out of the ～. われもまた土よりとりて作られしなり (*Job* 33:6) / be dead and turned to ～ 死んで土となる / moisten [wet, soak] one's ～ 《戯言》〈酒を〉一杯ひっかける. **b** 資質, 天性; 人格, 人柄: a man of common ～ 世間並みの人間. **3 a** = pipe clay 1. **b** 陶製パイプ (clay pipe): smoke a short ～ / ⇨ *a* YARD[1] *of clay*. **4** 〘射撃〙 = clay pigeon. **5** 〘テニス〙 = clay court.
make bricks without clay ⇨ brick 成句.
— *attrib. adj.* 粘土の; 粘土製の: ～ manufactures 粘土製品 / a ～ figure 粘土の像《埴輪(はにわ)など》.
— *vt.* **1** 粘土でおおう; …に粘土を塗る 〈*up*〉. **2** 〈土〉に粘土を混ぜる[入れる]. **3** 粘土で濾(こ)す.
Clay, Henry *n.* (1777-1852) 米国の政治家・雄弁家.
cláy·bànk 〘← CLAY + BANK[1]〙 *n.* **1** 黄褐色. **2** 《米》黄褐色の馬. — *adj.* 《米》〈馬が〉黄褐色の.
cláy·bràined 〘← CLAY + BRAIN + -ED 2〙 *adj.* ばかな, 愚かな. 「ない.
cláy-còld *adj.* 〈死体など〉粘土のように冷たい; 命の
cláy-còlored spárrow *n.* 〘鳥類〙ムナジロシトド (*Spizella pallida*)《北米西部の内陸に生息するホオジロ科の小鳥; 胸が灰白色》.
cláy cóurt *n.* 〘テニス〙クレーコート《粘土・赤土などで作った普通のテニスコート; cf. grass court, hard court》.
cláy dìgger *n.* 〘土木〙粘土掘削機《空気ハンマーを取り付けた鋤(すき); 両手でもって粘土・土砂などを掘る》.
clay·ey [kléɪi] 〘《*a*1382》 *cleii* : ⇨ clay, -y[4]〙 *adj.* **1 a** 粘土の[から成る]. **b** 粘土に富んだ, 粘土質[性]の. **2** 粘土色の. **3** 粘土を塗った[で汚れた].
cláy flòur *n.* 〘窯業〙乾燥して粉砕した粘土.
cláy írونstone *n.* 〘地質〙泥鉄鉱《泥土状の鉄鉱》.
clay·ish [kléɪɪʃ] *adj.* **1** 粘土質[状]の. **2** やや粘土色の.
cláy lòam *n.* 〘地質〙粘土質ローム《粘土 20-30%, シルト (silt) 20-50%, 砂 20-50% から成る》.
cláy mìneral *n.* 〘鉱物〙粘土鉱物《粘土を構成する鉱物の総称》.
clay·more [kléɪmɔə, -moə | -mɔ:(r)] 〘《1772》▭ Sc.-Gael. *claidheamh mōr* great sword〙 — *n.* **1** (15-16 世紀スコットランド高地人の)両手剣. **2** (17 世紀スコットランド高地人の)籠柄(かごつか)の剣. **3** 《米》〘軍事〙 = claymore mine.
cláymore míne *n.* 《米》〘軍事〙クレイモア地雷《電気で爆発し小金属球を飛び散らす地雷》.
cláy·pàn *n.* **1** 《米》(主に粘土から成る)硬盤 (hardpan). **2** 《豪》浅くて乾燥している窪(くぼ)地《大雨の後には水がたまる》.
cláy pígeon *n.* 〘射撃〙土ばとと, クレー《クレー射撃の標的に用いる円盤; cf. trapshooting》.
cláy pígeon shòoting *n.* = trapshooting.
cláy pípe *n.* 陶製パイプ.
cláy stóne *n.* 〘岩石〙 **1** 粘土質岩 (argillite). **2** 分解した火成岩.

clay pigeon

Cláy·ton Antitrúst Àct [kléɪtn-] 〘← *Henry De Lamar Clayton* (1857-1929: 米国の下院議員・裁判官)〙 — *n.* 〘経済〙クレイトン反トラスト法《シャーマン反トラスト法 (Sherman Antitrust Act) 補強のため 1914 年米国で制定》.
clay·to·ni·a [kleɪtóunɪə | -tə́unjə, -nɪə] 〘← NL ～ ← *Dr. John Clayton* (1693-1773: 米国の植物学者) + -IA[1]〙 — *n.* 〘植物〙クレイトニア《北米・アジア・オセアニア産スベリヒユ科クレイトニア属 (*Claytonia*) の植物の総称; *C. virginica* など; spring beauty, wild potato ともいう》.
cláy·wàre *n.* [集合的にも用いて] 粘土製品《ほとんどの成分が粘土とは限らないが, 粘土が基本的な成分である物質で作られた製品; れんが, タイル, 耐火物, 陶磁器》.
cld. 《略》called; cleared; colored; cooled.
-cle [kl] 〘ME ▭ (O)F ～ ∥ L *-culus*, *-culum*, *-cula*〙 *suf.* -cule の異形.
clead·ing [klí:dɪŋ] 〘《*a*1325》 *cleding*, *clething* (ger.) ← *clede(n)*, *clethe(n)* 'to CLOTHE'〙 — *n.* **1** 《スコット》衣服. **2** 〘機械〙(ボイラーやシリンダーの放熱を防ぐ)被覆(ひふく), クリーディング, シリンダーおおい; (トンネルの)矢板.
clean [klí:n] 〘adj.: OE *clǣne* clear, open, pure < (WGmc) **klaini* (Du. & G *klein* small) ← IE **gel-* bright (Gk *glainoi* star-shaped ornament). — v.: 《*c*1450》← (adj.)〙 — *adj.* (**～·er**; **～·est**) **1 a** 汚れのない, 清潔な (↔ dirty): a ～ kitchen, room, etc. / keep one's house [oneself] ～ 家[身体]を清潔にしておく / wipe a revolver ～ *of* fingerprints 拳銃から指紋をきれいに拭きとる / wash one's hands ～ *of* dirt 手を洗って汚れを落とす. **b** (洗濯したて, または新しくて)さっぱりした, きれいな, 汚れていない, 垢のついていない: a ～ collar, towel, etc. / ～ linen きれいなリンネル《シーツ・食卓かけなど》/ put ～ sheets on the bed. **c** 病気[病菌]のない, 感染していない: keep the area ～ *of* cholera その地域をコレラ菌のないようにする.
2 a きれい好きな, いつもきれいにしている: be ～ in one's person (いつも)身なりが清潔だ. **b** 〈子供・動物が〉下(しも)のしつけのできた: a very ～ dog きれい好きな犬. **c** 《俗》りゅうとした身なりの.
3 すがすがしく健康な感じの, さわやかな: the ～ scent of trees 木のさわやかな香り.
4 a 混ぜ物のない, 異物の入っていない; 純粋な, 本物の: ～ gold 純金 / a ～ surprise 全くの驚き. **b** 〈宝石が〉無きずの: a ～ diamond.
5 a 〈校正刷など〉(ほとんど)間違いのない, 訂正のない, きれいな; 読みやすい: ～ printer's proofs きれいな校正刷 / a ～ copy 清書 / ～ copy きれいな原稿 (cf. foul 12 a) / a ～ sheet ⇨ sheet[1] 4 a. **b** 何も書いてない, 何のしるしもついていない, 白紙の: a ～ page (書いて[印刷して]ない)白紙ページ.
6 a 〈船が〉船底に貝や海草の付着してない. **b** 耕作の邪魔になるものが取り除かれた; 雑草を取り除いた. **c** 《英》〈鹿・鹿の角が〉鹿茸(ろくじょう)のない. **d** 〈家畜が〉まだ子供を産んだことのない. **e** 〈鳩が〉まだ脚に羽毛の生えていない.
7 a (精神的・道徳的に)汚(けが)れのない; 清廉な, 高潔な, 正しい; 正々堂々とした (fair); 公正な: a ～ life, heart, etc. / ～ politics 清潔な政治 / a man with a ～ record 無傷の履歴の人 / the ～ thing 《米》正しいこと[行為] / ⇨ *a clean* SLATE[1] / a ～ fighter / have a ～ title to the property その財産に対して正当な権利がある. **b** 《口語》みだらでない, 猥褻(わいせつ)でない: a ～ conversation (みだらなことにわたらない)上品な会話 / keep a ～ tongue 下品なことを言わない, ののしったりしない / Keep it ～! 《英》下品な[みだらな]ことを言うな. **c** 犯罪に関係のない, 潔白な (guiltless): ⇨ clean fingers, clean hands.
8 a 全くの, 余すところのない, 完全な: lose a ～ hundred dollars 100 ドルそっくり[きれいに 100 ドル]失う / a ～ trick まんまとかかったトリック / make a ～ breast of …をきれいに[潔く]打ち明ける, すっかり白状する / ⇨ *make a clean* SWEEP *of*. **b** (手際の)きれいな, 見事な, 鮮やかな: a ～ boxer うまいボクサー / a ～ shot 見事な射手 / a ～ leap (踏出しもなく, バーにも触れない)きれいな飛び方 / ～ fielding 〘野球〙水際立った[鮮やかな]フィールディング / a ～ hit 〘野球〙(敵守備者の手に触れない)文句なしのヒット, クリーンヒット.
9 a (明確で均斉がとれて)すらりとした, すんなりとした: a ～ figure / ～ limbs / a ～ ship 細型の船. **b**

飾り立てない; きちんとした. **c** でこぼこのない: a ~ edge. **d** 〈航空機が〉流線型の, 外に突出部分のない (streamlined): ⇨ clean configuration. **e** 〈馬の足が〉飛節下に飛節後腫や瘤のない. **f** 〘ラジオ・テレビ〙〈音声や映像が〉明瞭・鮮明で歪みや雑音がない.
10 a (船に)積荷のない; 〈捕鯨船など〉獲物のない: with a ~ hold 船倉に獲物がなく. **b** 《俗》隠し持った武器がない. **c** 《俗》無一文の; 資金がない.
11 《口語》〈核兵器が〉放射性降下物の少ない[ない], 放射能を伴わない,「きれいな」(cf. dirty 7): ~ H-bombs.
12 麻薬を常用[所持]していない (↔ dirty).
13 〈魚が〉産卵期以外の, 食用に適した. ★ 卵をもっている(産卵期の)魚はあたりやすいので foul fish と呼ぶのに対して, 産卵期以外の魚を clean fish と呼ぶ.
14 〘海事〙〈錨地が〉障害物[邪魔物]のない, 安全な: a ~ harbor.
15 〘聖書〙(モーセの律法 (Mosaic Law) などに照らして)身に汚れのない, 不浄でない; 〈鳥・獣・魚が〉汚れのない, 食べられる (cf. *Lev.* 11).
clean and sweet こざっぱりした: keep a room ~ *and sweet* 部屋をこぎれいにしておく. ***come clean*** 《口語》本当のことを言う, 白状する, どろを吐く (confess).
— *adv.* **1** きれいに; きれいになるように: scrub the floor ~ 床をきれいにこすって洗う / New brooms sweep ~. 《諺》新しい箒(ほうき)はよく掃ける, 新任者は仕事熱心, 新任者は大改革をやる. **2** すっかり, 全く (completely): be ~ broke 一文無しになる / be ~ mad すっかり気がふれている / I ~ forgot to ask. 尋ねるのをすっかり忘れていた. **3** スポーツマンらしく, 正々堂々と: play the game ~. **4** 正に, ずばりと, 鮮やかに: be hit ~ in the eye 目をぴしゃりと打たれる / cut ~ through ずばりと切り通す / jump ~ over the fence 垣根をひらりと飛び越す / One bullet passed ~ through his chest. 一発の弾丸が彼の胸を貫通した.
clean full 〘海事〙 (1) 〈帆が〉一杯に風をはらんで. (2) 〈帆船が〉すべての帆に風を受けて.
— *vt.* **1 a** …の汚れを落とす, きれいにする, 清潔にする; 洗濯する; 掃除する 〈*up*〉: ~ one's hands, nails, clothes, shoes, etc. / ~ a house, room, kitchen, stable, etc. / ~ a floor 床を掃除する / ~ a picture 絵の汚れを落とす / ~ a window 窓をきれいにふく / ~ the room *up* 部屋を片付ける. **b** 〈傷を〉消毒する, 洗って手当する. **c** =dry-clean. **2 a** (歯みがきを使って)〈歯を〉みがく; 〈歯〉の歯垢(しこう)[歯石]を除去する. **b** (耕作のために)〈土地〉から雑草・ごみを除く 〈*up*〉: ~ the field for sowing. **c** 〈船底〉から付着した貝や海草を取り除く. **d** 〈ものの表面〉の付着物を取り除く 〈*off*〉: ~ *off* a slate. **e** 〈排水管などを〉掃除する 〈*out*〉: ~ *out* a drain. **3 a** …の中身をからにする, (きれいに)あける (empty): ~ one's plate 皿の中の食物をすっかり食べる. **b** (料理のために)〈魚・鶏など〉から臓物をとる, …のはらわたを抜く (gut): ~ fish, fowl, game, etc. **c** 〈穀類〉の籾殻[異物]を取り除く: ~ grain. **d** 〈綿を〉綿繰り機にかけて種を除く. **4** 《俗》〈人〉から有り金を巻き上げる, 無一文にする 〈*out*〉: They ~*ed* him *out* completely. 彼らは彼をすっからかんにしてしまった / He is ~*ed out*. 彼は無一文だ. **5** 〘郵趣〙(未使用のものに見せかけるために)〈切手〉の消印を消す. **6** 〘野球〙〈塁を〉一掃する.
— *vi.* **1** 掃除をする 〈*up*〉. **2** きれいにする[なる].
clean down 〈壁などを〉洗う; (ブラシをかけて)〈馬などの手入れをする. ***clean out*** (1) きれいに掃き出す. (2) 《米》〈人を〉追い出す, 一掃する; やっつける (defeat): ~ *out* inefficient persons 無能な人を追い出す. (3) 〈場所〉から人を追い出す. (4) …の在庫品をなくす; 使い果たす, 平らげる. (5) ⇨ *vt.* 2 e. (6) ⇨ *vt.* 4. ***clean up*** (*vt.*) (1) きれいに掃除する, きちんと整頓する (cf. *vt.* 1a). (2) 《口語》〈腐敗・政界などを〉浄化する, 粛正する; 〈敵を〉一掃[掃討]する: ~ *up* politics 政治を浄化する. (3) 処分する, 片付ける. (4) 《口語》〈利益を〉あげる, 〈金を〉もうける (cf. cleanup 2). (5) ⇨ *vt.* 2 b. (*vi.*) (1) (入浴・着替えなどして)身ぎれいになる: ~ *up* for dinner. (2) (相場や賭で)大もうけする. (3) 連勝する. (4) 《米俗》[…を]打ち負かす, 掃討する 〔*on*〕.
— *n.* **1** 清潔にすること, 手入れ, 掃除: give it a ~ (up) 手入れをする (cf. cleanup 1 a) / My shoes need a ~. 私の靴はみがかなければならない. **2** 〘重量挙げ〙クリーン 《バーベルを肩まで上げること; ⇨ CLEAN and jerk》.
clean and jerk 〘重量挙げ〙ジャーク 《第一動のクリーンで一気にバーベルを肩まで上げ, 第二動のジャークで両足を前後に開く反動を利用して頭上に差し上げる競技種目; cf. press 11, snatch 6》.
~·ness *n.* 「る, 清掃[整頓]可能な.
clean·a·ble [klíːnəbl] *adj.* きれいにすることができ
cléan bíll *n.* **1** 〘政治〙クリーン ビル, 修正法案 《常任委員会で追加された修正事項を含む法案; 本会議で一括審議, 投票に付せられる》. **2** =CLEAN BILL of health (2).
clean bill of health (1) 完全健康証明 (cf. BILL³ of health). (2) (道徳的・政治的に)大丈夫という太鼓判.
clean bill of lading 〘貿易〙完全船荷証券, 無故障船荷証券 (略 clean B/L) (⇨ BILL³ of lading).
cléan configurátion *n.* 〘航空〙巡航形態 《脚やフラップ等を下ろした離着陸形態などに対し, それらを一切引っ込めて空気抵抗が最も小さくなるようにした飛行形態》.
cléan-cút *adj.* **1** (形の)すっきりした, 輪郭のくっきりした; 格好のいい, きちんと整った: ~ features はっきりした目鼻立ち. **2** 明確な, はっきりした: a ~ statement. **3** 端正な; 健全な, 堅実な.
cléan·er *n.* **1 a** クリーニング職人, 洗濯屋. **b** 掃除人, 清掃夫. **2** 洗剤. **3 a** 掃除器, クリーナー; 電気[真空]掃除器 (vacuum cleaner). **b** 空気清浄機. **4** [通例 the ~s または ~'s] 洗濯屋(店); ドライクリーニング店.
take to the cleaners 《俗》(1) (賭博などで)〈人〉の有り金残らず巻き上げる, すっからかんにする: They *took* him *to the ~s* in a card game. トランプで彼の有り金全部巻き上げた. (2) ひどく非難する: He *took* the system *to the ~s*. その組織をこっぴどくやっつけた.
cléan-fíngered *adj.* **1** 清廉な. **2** 手先の器用な.
cléan fíngers *n. pl.* 汚職[収賄]のないこと; 清廉潔白. 「**~·ness** *n.*
cléan·hánded *adj.* 悪事をしない, 潔白な, 正しい.
cléan hánds *n. pl.* (金銭上・選挙などで)罪[不正]のないこと (guiltlessness), 潔白 (innocence): with ~ 潔白(な身)で / He has ~ in the matter. 彼はその件では潔白だ[やましいことはしていない].
cléan·ing *n.* **1** 掃除; 洗濯, クリーニング: general ~ 大掃除. **2 a** 《米俗》(特に, スポーツで)完敗, 大敗北: give his team a ~ 彼のチームを大敗させる / take a ~ 惨敗する. **b** 《口語》(投資などでの)大損害, 丸損: get a good ~ on the speculative purchase 思惑買いですってんてんになる. **3** [*pl.*] 掃き集めたごみ (sweepings). **4** 〘林業〙除伐. 「さん.
cléaning làdy [**wòman**] *n.* 掃除婦, 掃除のおば
clean·li·ly [klénlɪli, -lə- | -lɪ] *adv.* **1** 小ざっぱりと, 小ぎれいに. **2** はっきりと, 明確に. **3** 貞節に, 純潔に. 「とれた, 姿勢のよい.
cléan-límbed *adj.* 手足がすらっとした, よく均整の
clean·li·ness [klénlinɪs, -nəs | -lɪ-] 〘《1430》〙 — *n.* **1** 清潔(にしておくこと); きれい好き: *Cleanliness* is next to godliness. 《諺》清潔は敬神に次ぐ美徳. **2** 純潔, 無垢(く). 「をさされない.
cléan-líving *adj.* (道徳的に)清い生活を送る, 後ろ指
clean·ly¹ [klénli | -lɪ] 〘OE *clǣnlic* pure: ⇨ clean, -ly²〙 — *adj.* (**more ~, most ~; clean·li·er, -li·est**) **1** きれい好きな; いつも清潔にしている. **2** 小ざっぱりした, きれいな, 清潔な (clean, neat). **3** 〈言葉が〉上品な: ~ English. **4** 《古》きれいになる. **5** 《廃》道徳的に清い, 貞節な.
clean·ly² [klíːnli | -lɪ] 〘OE *clǣnlīce* purely: ⇨ -ly¹〙 *adv.* **1** きれいに, 清潔に. **2** 清らかに, 汚れなく: live ~.
cléan·òut 〘← *clean out* (⇨ clean (v.) 成句)〙 *n.* **1** 一掃, 粛清. **2** (ボイラーなどの)掃除口.
cléan ròom *n.* (精密器械などを集めてある, もしくは病院などの)クリーンルーム, 無汚染恒温室, 清浄室, 無菌室. 「められる, 清
cleans·a·ble [klénzəbl] *adj.* 清めることのできる, 清
cleanse [klénz] 〘OE *clǣnsian* ← *clǣne* pure: ⇨ clean〙 — *vt.* **1 a** 〈人・心〉から〔罪などを〕清める, 浄化する 〔*of, from*〕: ~ the mind *from* [*of*] vice 心の罪を洗い清める / be ~*d from* [*of*] guilt 罪を清められる. **b** 〈罪を〉洗い流す, 清める: ~ sin *from* the soul. **c** 〈場所・組織など〉から〔腐敗・不正・好ましくないものを〕取り除く 〔*of, from*〕; 粛清する: ~ the company *of* graft 会社から汚職を追放する. **2** 《古・文語》きれいにする, 清潔にする; (薬品・クリーム・油などを使って)洗う, 消毒する: ~ a wound, one's hands, etc. **3** 〘聖書〙〈癩(らい)病(患者)などを〉癒(いや)す (heal): ~ the lepers 癩病人をきよめる (cf. *Matt.* 8: 3, 10: 8).
— *vi.* 洗浄する; きれいになる.
cléans·er 〘《1373》〙 *n.* **1** 清掃係; 洗浄係. **2** 《米東部・ニューイングランド》ドライクリーニング店. **3 a** 洗濯用品 《石鹸・ソーダ・アンモニア水など》. **b** (台所などの金属器・ガラスなどの)磨き粉, 洗剤, クレンザー.
cléan-sháven *adj.* ひげをきれいに剃(そ)った; ひげのない (cf. smooth-shaven): a ~ face.
cléans·ing 〘OE *clǣnsung*: ⇨ -ing¹〙 *n.* **1** (罪の)清め, 浄化 (purification). **2** 洗い清め, 洗浄. **3** [通例 *pl.*] 〘獣医〙家畜の後産. 「性の洗顔用クリーム》.
cléansing crèam *n.* クレンジングクリーム 《油脂
cléansing depàrtment *n.* 清掃課[部].
cléansing tìssue *n.* (化粧用)ティッシュ 《クレンジングクリームなどの化粧品拭き取り用の薄葉紙》.
cléan·skìn *n.* **1** 《豪》焼印を押してない家畜. **2** 《俗》(犯罪の)前科のない人.
Cle·an·thes [kliǽnθiːz | klɪ-] *n.* クレアンテス 《331 (あるいは 330)–233 (あるいは 232) B.C.; ギリシャのストア哲学者》.
cléan tímber *n.* ふしのない木材.
cléan-tímbered *adj.* 《廃》格好のよい (well-formed); 均整のとれた (symmetrical).
cléan·ùp 〘← *clean up* (⇨ clean (v.) 成句)〙 — *n.* **1 a** 掃除. **b** (腐敗・犯罪などの)浄化, 一掃, 粛正. **c** 在庫品の蔵払い. **2** 《俗》大もうけ. **3** 〘野球〙(打順の)四番; 四番打者. **4** 〘鉱山〙(金鉱などで周期的に行なう金塊などの)かき集め. — *attrib. adj.* 〘野球〙四番打者の: the ~ position [hitter] 四番打順[打者].
clear [klíə | klíə(r] 〘《c1280》 *cler* ⊏ OF (F *clair*) < L *clārus* bright, 《原義》 clear-sounding ← IE **klā-* ← **kel-* to shout (L *calāre* to call). — v.: 《?*a*1350》 ← (adj.)〙 — *adj.* (**~·er; ~·est**) **1** 〈月・星など〉明るい, 〈火・光など〉輝いた (↔ dim): a ~ fire, light, etc. / ~ stars / the ~ daylight 白昼 / (as) ~ as day [noonday] (昼のように)明るく; きわめて明らかで. **2** 澄み渡った, (雲・霧・もやのない)晴れた; (特に) 〘気象〙快晴の 《空に雲が全くないか $^1/_{10}$ 以下の時; 記号○》: a ~ sky / ~ weather 晴天 / a ~ day 晴れた日. **3 a** 澄み切った, 透き通った: ~ wine / ~ soup 澄ましスープ, コンソメ / the ~ waters of a lake / (as) ~ as crystal (水晶のように)透明な (cf. crystal-clear). **b** 〈色が〉まざりのない, 純粋な: a ~ red 真っ赤. **c** 〈顔色など〉晴れやかな, 色つやのよい (↔ dark): a ~ complexion. **d** 平静な, 澄んだ, 落着いた: a ~ countenance. **4 a** 〈音・声など〉はっきり聞こえる; 音色のはっきりした, さえた, 明るい (cf. husky³, hoarse, thick 8): a ~ tone, voice, sound, etc. / the ~ note of a trumpet. **b** 〈輪郭・映像など〉はっきり見える, 区別のはっきりした, くっきりした: a ~ outline 明確な輪郭. **c** 〘医学〙〈聴診音が〉正常の (normal). **5 a** 〈事実・意味など〉明らかな, 紛れもない, 見やすい, 明白な: a ~ statement, meaning, etc. / make things ~ 事物[事情]を明らかにする / be ~ in one's mind 心にはっきりわかっている / a ~ case of patriotism 愛国心の明白なケース / Do I make myself ~? 私の言うことがおわかりでしょうか. **b** 曖昧でない, 間違えることのない, 確かな: It is ~ that you have been cheated. あなたがだまされたことは確かだ / He was very ~ *on* that point. その点について彼の言うことははっきりしていた / He was not ~ *about* the matter. そのことについて確信がなかった / I am ~ (*about*) what he means. 彼の意味していることは私にはよくわかっている / He was ~ *that* it should have been done. 彼はそのことはなすべきだったと確信した. **6 a** 〈視力など〉はっきりした: a ~ eye / get a ~ view of …をはっきり見渡せる. **b** 〈頭脳・思考など〉明晰な: a ~ intellect, judgment, etc. / have a ~ head 頭がいい. **c** 暗号文でない, 明文の. **7** 欠点のない, きずのない; やましい点のない, 罪のない, 汚れのない: a ~ mind, conscience, etc. / My conscience is ~ on the matter. そのことに関して少しもやましいところがない / He is ~ *of* the murder. 殺人の罪はない. **8 a** 混入物のない, まざりものない, 純粋な; 全くの, 丸ごとの (full); (駆け引きのない)正味の (net): the ~ contrary 全くの反対, 正反対 / a ~ profit 純益 / a ~ 10,000 yen まるまる 1 万円 / three ~ days まる三日. **b** (邪魔物・危険などの)妨げのない (unimpeded), 開けた (open); 〈信号が〉妨害のないことを示す: a ~ space 空地 / a ~ passage 見通しのきく[障害物のない]道 / a ~ signal (鉄道の)安全信号 / The road is ~ now. 道路は今交通がない / The cables are ~. 電信は通じている / All ~! もう大丈夫[危険はない] (cf. all clear). **c** 借金のない; 抵当にはいっていない: a ~ title to the house. **d** 何もすることがない, 用事のない, ひまな: I have a ~ day today. 今日は一日ひまだ / keep one's evening ~ 夕方の仕事[用事]をあけておく. **e** 完全な, 絶対の: a ~ victory 無条件の勝利. **f** 〈材木など〉ふし・枝などのない, 無きずの: ~ lumber [timber]. **g** 空(から)の, 中味の取り除かれた; 積荷のからの. **9** 〔…が〕全くない, 除かれた (rid, free) 〔*of*〕: be ~ *of* errors [debt, worry] 全く誤り[借金, 心配]がない / roads ~ *of* traffic 交通のない道路 / get ~ *of* a person 人から遠ざかる[を避ける] / get ~ *of* port 出港する / keep the sea ~ *of* enemy vessels 海上から敵船を遠ざけておく / keep ~ *of* … を避けている / stand [sit] ~ *of* …から離れて立つ[坐る] / ⇨ STEER *clear of* / The house was ~ *of* people. 家には人は一人もいなかった / The hillsides have been cut ~ *of* trees. 山腹の樹木はすっかり切り取られた / Keep your hands ~ *of* your pockets. ポケットに手をつっこまないように. **10** 〘音声〙 **a** 〈[l] の音が〉明るい (↔ dark): ⇨ clear l. **b** 明瞭な: a ~ beginning 明瞭な声立て 《声帯が完全に声のための位置を取って後に呼気が送り出されること》 / a ~ ending 明瞭な声止め 《声帯がまだ声を出す形をとりつつある間に呼気が停止すること》.
— *adv.* (**~·er; ~·est**) **1** 明らかに, はっきりと; はっきりした声[音]で: shine ~ / speak loud and ~ 大きな声ではっきり話す / The tower stands ~ against the evening sky. 塔は夕空を背景にくっきり立っている. **2 a** すっかり, 全く (quite): go ~ out [through] すっかり出る[ずぶりと抜ける] / get ~ away [off] 全く離れる, 逃げ失せる. **b** 《米》ずっと: walk ~ *to* the destination 目的地までずっと歩く / ~ up *to* the minute ずっとその時まで.
— *n.* **1** あき, 空地; ゆとり, すき (clearance). **2** (暗号文に対して)明文 (plaintext) (cf. *in the* CLEAR (2)): a message sent *in* ~. **3** 無きずの材木 (cf. *adj.* 8 f). **4** 〘バドミントン〙相手の頭上を越えてベースライン近くまでいく打球. **5** [*pl.*] 〘美術〙(絵画の)明るい部分.
in the clear (1) 内法(うちのり)で. (2) 暗号でなく, 明文で. (3) (邪魔するものがなく)安全で, 自由で: We are not *in the* ~ yet. まだ危険を脱していない. (4) 嫌疑の晴れた, 無罪で, 罪のない. (5) 借金がない; 抵当にはいっていない (cf. *adj.* 8 c). (6) 〘スポーツ〙妨害されずにパスをレシーブできるポジションにいる.
— *vt.* **1 a** 〈液体・砂糖の結晶などを〉濁らなくする, きれいにする, 透明にする, 澄ます: ~ the water by filtration 濾過によって水を透明にする. **b** …のよごれ[くもり]をなくす. **c** 〈目・視力を〉はっきり[鋭く]

させる：A cup of coffee ~*ed* my brain. コーヒーを一杯飲んで頭がすっきりした. **2 a** 〈名声・名誉などを〉傷のつかないようにする；〈人〉の無実を証明する：~ one's character, name, etc. / ~ oneself 身の証(あかし)を立てる. **b** 〈人〉から〔嫌疑・疑惑を〕晴らす[免れさせる]〔*of, from*〕：He was ~*ed of* [*from*] the suspicion of theft. 窃盗の容疑が晴れた / ~ oneself *of* [*from*] a charge 自分の嫌疑を晴らす. **c** 〈人を〉〔国家的機密を任せるに足る〕人物であると証明する；〔…の〕信頼に足る人だと保証する〔*for*〕：~ a person *for* top-secret work. **3 a** 〈邪魔物などを〉〔場所から〕取り除く〈*away, off, out*〉/〔*from*〕：~ the snow *from* the pavement / ~ the stones *from* the road. **b** (障害などを取り除いて)〈場所を〉きれいにする,片付ける：~ the table テーブル(の上の物)を片付ける / ~ the sea (機雷などを除くために)掃海する / ~ the room 部屋を片付ける. **c** 〈場所〉から〔邪魔なものを〕取り除く〔*of*〕：~ one's mind *of* doubts 心から疑念を取り除く / ~ the pavement *of* snow 舗道から雪を除く / ~ the city *of* undesirables 市から好ましくない人々を除く. **d** 〈森を〉開く,開拓する,切り開く：~ a wood (木を切り払って)森を開く / ~ land (for cultivation) 土地を開墾する. **e** 〈皿〉の食物を平らげる[残さず食べる]：~ the plates. **f** 〈商品を〉売り尽くす；一掃する,蔵払いする：~ unsold stock. **4 a** 〈のど〉の痰(たん)などを取り除く：~ one's throat せき払いをする. **b** (不満や注意を引くために)〈のど〉をならす,〈のど〉でがらがら声を立てる：~ the throat. **c** 〈声を〉はっきりさせる,しわがれ声でなくする：~ one's voice. **5 a** 明らかにする,理解できるようにする,明快にする；〈暗号を〉解読する. **b** 啓蒙する：~ one's mind. **6** 〈釣糸など〉のもつれを解く. **7 a** (触れずに)通過する,(うまく)通り越す；飛び越す：~ a hedge, fence, etc. / ~ a reef 暗礁を避けて通る / ~ the bar バーを跳び越える,クリアする. **b** 〈難関を〉突破する,〈難関を〉片付ける；〈議会などを〉通過する；通り抜ける：~ an examination paper 試験問題を全部片付ける / The bill ~*ed* the legislature. その法案は立法府を通過した / The ship ~*ed* the bridge. 舟は橋を通過した. **8 a** 〈船が〉〈港・陸地を〉離れる：~ a port 出港する / ~ the land ⇨ land[1] 1. **b** 〈船・船荷の〉出港[入港]手続きをする：~ a ship at the customhouse. **9 a** 〈借金を〉支払う；〈勘定を〉清算する：~ accounts, a debt, etc. **b** 〈手形を〉交換清算する：~ one's check. **c** 〈人を〉借金から免れさせる：The gift of money ~*ed* him. その寄付金で彼の借金はなくなった. **10** …の純益を上げる：~ $500,000 a year 1年50万ドルの純益を上げる / ~ expenses 利益で出費を払う. **11 a** 〈郵便・電話などを〉扱う,処理する：~ 10,000 pieces of mail a day 1日1万個の郵便物を捌(さば)く. **b** 《米》…の未決訴訟事件を処理する：~ the docket. **12** 《米》 **a** 〈提案などを〉(実施前に)〔委員に・委員会で〕承認[認定]してもらう〔*with*〕：The proposal was ~*ed with* the committee. その提案は委員会で承認を得た. **b** 認可する,許可する：The editor in chief ~*ed* the essay *for* publication. 編集長はその論文の出版許可を与えた. **13** (サッカー・ホッケーなどで)〈ボールを〉クリアーする. **14** 〘トランプ〙 **a** (ブリッジで,ノートランプ (no-trump) プレーの場合)〈あるスーツ (suit) を〉開拓する《あるスーツをエスタブリッシュするために,敵側にあるそのスーツの上位札を全部吐き出させること；cf. establish *vt.* 10》. **b** (ブリッジで,スーツプレーの場合)なくす,消去する (cf. elimination play). **15** 〘電気・電算機〙〈回路の蓄積エネルギー,記憶状態などを〉消去する. **16** 〘航空〙(飛行場が混雑状態の時)〈飛行機〉に離着陸などの許可を与える：~*ed* for takeoff 離陸許可を与えられた.

— *vi.* **1 a** (雲・霧・雨などが)晴れる,消散する〈*off, up*〉：The sky ~*ed up.* 空は晴れた / It ~*ed up* after the rain. 雨ののち晴れた. **b** 濁りがなくなる,透明になる,澄む：The muddy water began to ~. 泥水が澄んできた. **c** 悩み[不安,疑惑,誤解,混乱]がなくなる：His prospect ~*ed.* 彼の見通しが開けてきた / His face ~*ed* under her persuasion. 彼女に説得されて彼の顔が晴れてきた. **2 a** 立ち去る,消える〈*away, up, off*〉：~ out of the way 邪魔にならないようにどく / The crowd ~*ed* gradually. 群衆は徐々に立ち去った. **b** 〈商品が〉売り切れる. **c** 食事の後片付けをする. **3** (実施する前に)審議を経る,承認を得る：The bill must ~ through the committee. その法案は委員会の審議が必要だ. **4** (手形交換所で)交換清算する. **5** 〘海事〙〈船が〉通関手続きを済ませる；出港する：~ inwards [outwards] 入港[出港]手続きを済ませる / ships entering and ~*ing* 入出港船. **6** (サッカー・ホッケーなどで)クリアーする《ボールをゴールエリアから出す》.

clear away (*vt.*) (1) ⇨ *vt.* 3 a. (2) 片付ける：~ *away* the tea things, the table, etc. (*vi.*) (1) 〈霧などが〉晴れる. (2) ⇨ *vi.* 2 a. ***clear for action*** ⇨ action 12. ***clear in*** 〘海事〙入港許可をとる《税関手続き・貨物陸揚げの承認などを済ませて》. ***clear off*** (*vt.*) (1) ⇨ *vt.* 3 a. (2) 〈借金などを〉支払う,清算する. (*vi.*) (1) ⇨ *vi.* 1 a. (2) ⇨ *vi.* 2 a. ***clear out*** (*vt.*) (1) ⇨ *vt.* 3 a. (2) (力ずくで)追い出す,排除する. (*vi.*) (1) 〈船が〉出港する. (2) 《口語》(さっさと)立ち去る (depart). ***clear the air*** [***atmosphere***] (1) うっとうしい空気を晴々させる. (2) 暗雲[疑惑,誤解(など)]を一掃する. ***clear up*** (*vt.*) (1) 〈物を〉きれいにする,きれいに片付ける；〈負債などを〉整理する,皆済する,清算する：~ *up* after breakfast 朝食の後片付けをする. (2) 〈疑い・難問などを〉明らかにする,解く,解決する (solve, explain). (3) 〈病気を〉直す. (*vi.*) (1) ⇨ *vi.* 1 a. (2) ⇨ *vi.* 2 a. (3) 〈病気が〉直る. 「ができる.

clear·a·ble [klí(ə)rəbl̩ | klíər-] *adj.* きれいにすること

clear·age [klí(ə)rɪdʒ | klíər-] *n.* **1** きれいにすること,片付け,除去. **2** 片付けた場所；開拓地.

cléar-áir túrbulence *n.* 〘航空〙晴天乱流《対流圏界面の近く雲の存在しない所に発生する乱気流でジェット気流が原因；略 C.A.T.》.

clear·ance [klí(ə)rəns | klíər-] 〘《*a*1563》〙 — *n.* **1 a** 取り片付け,(邪魔物などの)払いのけ,除去,一掃；整理；排除：make a ~ of …をきれいに処分する,一掃する. **b** 決済. **2** 蔵払い,在庫一掃セール《clearance sale ともいう》：buy shoes at a ~. **3** 森林の切開き[開拓]；開拓地 (clearing). **4 a** 通関手続き,税関通過：a ~ certificate [permit] 出港免状 / the ~ dues [fee] 通関税[手数料] / the ~ inwards [outwards] 入港[出港]手続き / a ~ notice 出港通知書,出港届. **b** 出港[入港]許可書《clearance papers ともいう》. **5** 手形交換. **6 a** (機械などが動く空間の)ゆとり,すきま,遊隙(ゆうげき),クリアランス：overhead ~ 〘建築〙頭上空隙. **b** (通過する船舶・車両などと岩壁・トンネルの壁・沿線の建造物などの間の)間隔. **7** 機密委任の許可. **8** 〘医学〙クリアランス,清掃率,浄化値《腎臓からある物質が尿成分として1分間に排泄される量を腎動脈血血漿中のその濃度で除した値；renal clearance ともいう》. **9** 〘金属加工〙 **a** (鋳型の)逃げ《鋳型面・中子面が型合わせの時,壊れないようにしたすきま》. **b** (プレス抜き型の)すきま,クリアランス《板や棒を剪断(せんだん)加工する時の上・下型のすきま》. **10** 〘機械〙逃げ角《切削工具の先端と工作物との間のすきま角度；clearance angle ともいう》. **11** 〘航空〙クリアランス《管制塔からの飛行機の離陸[着陸]の許可》.

cléarance càr *n.* 〘鉄道〙建築限界測定車《軌道に沿って最低の余裕のあることを確認するための車両》.

cléarance fìt *n.* 〘機械〙すきま嵌(ばめ)《軸の寸法が穴の寸法より小さくてゆとりのある嵌合(かんごう)》.

Cle·ar·chus [kliɑ́ːəkəs | kliɑ́ː-] *n.* クレアルコス《450?-401 B.C.；スパルタの将軍；Byzantium 総督》.

clear·cole [klíəkòʊl | klíəkəʊl] 〘《部分訳》← F *claire colle* clear glue〙 — *n.* 〘建築〙目止め塗料《膠(にかわ)と水と鉛白を含んだ下塗り剤》. — *vt.* …に目止め塗りをする.

cléar-cút *adj.* **1** 輪郭のくっきりした,きちんと整った,くっきりした：~ features 整った目鼻立ち / a ~ face 端正な顔. **2** はっきりした,紛れもない,明快な,明確な：a ~ utterance, thinking, victory, etc. / give a ~ answer 明快に答える. — *vt.* (~；~·ting) 〈ある地域〉からすべての木を伐採する. 「採すること》.

cléar-cútting *n.* 〘林業〙皆伐《山林の木を残らず伐

clear·er [klí(ə)rə | klíərə(r)] *n.* **1 a** 片付ける[一掃する]人. **b** 決算係. **2** 〘紡織〙クリアラー《梳綿機などに取り付けて主動ローラーから繊維くずを除去する小さいローラー》. **3** 〘生物〙＝clearing agent. **4** 〘演劇〙小道具方 (property man) の助手.

cléar-éyed *adj.* **1** 目の澄んだ；よく目の見える. **2** 明敏な,洞察力のある.

cléar háwse *n.* 〘海事〙正錨鎖 (⇨ open hawse). 「*n.*

cléar-héaded *adj.* 頭のさえた. **~·ly** *adv.* **~·ness**

clear·ing [klí(ə)rɪŋ | klíər-] 〘《*a*1398》〙 — *n.* **1 a** きれいにすること；清掃. **b** (障害物の)払いのけ,除去；掃海. **c** 伐採. **2** (森林の)切開いた場所；開拓地. **3** 〘金融〙 **a** 清算；手形交換：the ~ of drafts, checks, etc. **b** [*pl.*] 手形交換高.

cléaring àgent *n.* 〘生物〙透明剤,透徹剤《顕微鏡標本を透明にする時に用いる薬品》.

cléaring bànk *n.* 手形交換所の一員である銀行.

cléaring bàth *n.* 〘写真〙清浄浴,清浄液《汚染や不純物を除去する浴》.

cléaring bèaring *n.* 〘海事〙安全方位,避険方位《その方位を船が進めば危険物を避けて通れる》.

cléaring hòspital *n.* 〘軍事〙(一時傷病兵を治療収容する)野戦病院,後送病院.

cléaring·hòuse *n.* **1** 手形交換所. **2** 情報センター,情報交換機関：a ~ for news ニュース交換所.

cléaring màrk *n.* 〘海事〙無障害標識,避険線標《航路障害を避けて通れるように設置した標識または海図上の記号》.

cléaring pòle *n.* 〘劇場〙装置や索などのもつれをほぐすのに用いる棒.

cléaring stàtion *n.* 〘軍事〙治療後送所《第一線の患者収容所 (collecting station) から送られた傷病者を手当てし,必要に応じて,さらにこれを後送する施設》.

cléar l [-él] *n.* 〘音声〙明るい'l'《舌尖(ぜっせん)の後ろの前舌面が前舌母音 [i] の調音の場合に近い形となり,前舌母音の明るい響きを伴って調音される [l] 音；母音と [j] の前に現われる；lean [líːn], line [láɪn], lot [lɑ́t | lɔ́t], million [míljən] などの [l] はこれ；cf. dark l》.

cléar·ly 〘《*c*1280》〙 — *adv.* **1** 明るく；よく澄んで：shine ~ / The river ran ~. 川は澄んでいた. **2** はっきりと,明白に,明確に：see [think] ~ / sing [speak, write] ~. **3** 疑いもなく,明らかに：It was ~ a mistake. **4** [返事に用いて] いかにもその通り.

cléar·ness *n.* **1** 清らかさ,鮮明. **2** 明白,明瞭. **3** 潔白. **4** 無障害. **5** 〘音声〙([l] 音の)明るさ (cf. clear l [-él]).

cléar-síghted *adj.* **1** よく目の見える,視力のはっきりした. **2** 明敏な,洞察力のある,目先のきく. **~·ly** *adv.* **~·ness** *n.*

cléar·stàrch *vt.* 〈洗濯物〉にのり付けをする. — *vi.* のり付けをする,のりで固める. **~·er** *n.*

clear·sto·ry [klíəstɔ̀ːri, -stɔ̀ːri | klíəstərɪ, -stɔ̀ːrɪ] *n.* ＝clerestory.

cléar·wày *n.* 《英》駐[停]車禁止道路.

cléar·wìng *n.* 〘昆虫〙スカシバガ《スカシバガ科のガの総称；多くは植物にとって害虫》.

cleat [klíːt] 〘《1302》 *clēte* wedge < OE **clēat* < (WGmc) **klautaz* (Du. *kloot* ball) ← IE **gel-* to form into a ball (Gk *gloutós* rump,《原義》something round)：cf. clot〙 — *n.* **1 a** くさび形の木製・金属製などの止め具,クリート. **b** 〘海事〙(耳形の)索留め (cf. chock 2). **c** 〘建築〙ころび止め. **d** 〘電気〙クリート,電線押え. **2 a** (靴底に付ける)滑り止め皮[ゴム,金属],クリート. **b** [通例 *pl.*] 滑り止めをつけた靴. **3** 〘鉱山〙(石炭の)縦の割れ目,炭目(すみめ). — *vt.* **1** …にクリートを付ける. **2** クリートで補強する.

cleav·a·bil·i·ty [klìːvəbíləti | -lətɪ, -lɪ-] *n.* **1** 割裂性,裂開性. **2** 〘鉱物〙劈開(へきかい)性.

cleav·a·ble [klíːvəbl̩] *adj.* 割ることのできる,裂ける.

cleav·age [klíːvɪdʒ] 〘← CLEAVE[1] + -AGE〙 — *n.* **1 a** 裂けること；分割,裂開. **b** (意見・利害などの,対立グループへの)分裂. **2** 《口語》(深い襟刳(えりぐ)りであらわになった)女性の乳房の間のくぼみ：She shows a lot of ~. 胸元をずいぶん出している. **3** 〘鉱物・岩石〙 **a** 劈開(へきかい)《鉱物・岩石の規則正しい割れ目；cf. schist》：a line [plane] of ~ 劈開線[面]. **b** 劈開によるダイヤモンドの破片. **4** 〘生物〙卵割《受精卵の行なう細胞分裂；egg cleavage ともいう；cf. segmentation 3》. **5** 〘化学〙(分子・化合物などの)劈開,開裂.

cléavage càvity *n.* 〘生物〙割腔 (⇨ blastocoel).

cleave[1] [klíːv] 〘OE *clēofan* < Gmc **kleuban* (G *klieben* / Du. *kloven*) ← IE **gleubh-* (Gk *glúphein* to carve / L *glūbere* to strip)〙 — *v.* (**~d, cleft** [kléft], **clove** [klóʊv | klə́ʊv]；**~d, cleft, clo·ven** [klóʊvən | klə́ʊ-]) — *vt.* **1 a** (斧などを使って木目・劈開面などに沿って二つに)裂く,割る (split)：~ a block of wood asunder [in two] 材木を縦に二つに割る. **b** (意見・利害などで対立グループに)分裂させる. **2 a** 切り離す；切り倒す〈*down*〉：~ a tree *down* 木を切り倒す. **b** 〈人などを〉〔グループなどから〕引き裂[切り]離す (sever)〔*from*〕：~ students *from* teachers. **3 a** 〈水などを〉切って進む：~ the water. **b** [~ one's way として] 切って進んで行く：a bird *cleaving its way* through the air 風を切って飛んで行く鳥. **4** 〈道を〉切り開く：~ a path through a forest 森に道を切り開く. — *vi.* **1** (特に,木目・劈開面に沿って)裂ける：Green wood ~*s* more easily than dry. なま木は乾燥した木よりもよく裂ける. **2** 押し分けて進む；〈鳥が〉〔空を〕すいすい飛んで行く,〈船などが〉〔水を〕切って進む〔*through*〕：The ship was *cleaving through* the sea. 船が波を切って進んでいた. **3** 〘生物〙分割する,卵割する.

cleave[2] [klíːv] 〘OE *clifian, cleofian* to adhere < (WGmc) **klibōjan, *klibǣjan* (G *kleben* / Du *kleven*) ← IE **glebh-, *gel-* (⇨ clay)〙 — *vi.* (**~d,** 《古》 **clove** [klóʊv | klə́ʊv], 《古》 **clave** [kléɪv]；**~d**) 《古》 **1** 〔…に〕ぴったりくっつく〔*to*〕：A man shall ~ unto his wife. 人は妻と結び合うべし (cf. *Gen.* 2：24). **2** 〔主義・人・党などに〕(忠実に)くっついている,忠実である,固く守る〔*to*〕：~ *to* the creed.

cléav·er 〘《*c*1360》〙 — *n.* **1 a** 裂くもの[道具]. **b** (肉を切り裂く)大包丁,肉切り包丁. **c** 〘考古〙クリーヴァー《先史時代,特に前期旧石器時代アシュール文化の,一端に鋭くややまっすぐな刃をもつ斧状の石器》. **2** 割る人,裂く人. **3** 〘地質〙氷河・雪原から突き出ている岩の隆起.

cleav·ers [klíːvəz | -vəz] 〘《1373》 *clivre* 《変形》← OE *clife*：cf. cleave[2], -er[1]〙 — *n.* (*pl.* ~) 〘植物〙アカネ科ヤエムグラ属の植物 (*Galium aparine*)《goose grass ともいう》.

cleek [klíːk] 〘《?*a*1200》《北部方言》*cleche, cleke* (n.) ← *cleche(n), cleke(n)* (v.)：cf. OE *clyċċan* 'to CLUTCH[1]'〙 — *n.* **1** 《スコット》 **a** (火にかける鍋などを引っかける)大きな鉤(かぎ)；(壁に付けた鉤状の)衣服[食器]掛け. **b** ＝fishhook. **2** 〘ゴルフ〙クリーク：**a** 4番ウッドの別称. **b** 1番アイアンの別称. — *v.* (**claught** [klɔ́ːxt], **~ed**) 《スコット》 — *vt.* **1** ぐいとつかむ；ひったくる. **2** 鉤で引っかける. — *vi.* 腕組みする；腕組みして行く.

clef [kléf] 〘◻F ~ < L *clāvem, clāvis* key：cf. Gk *kleis* key〙 — *n.* (*pl.* **~s**) 〘音楽〙(譜表の)音部記号：⇨ C clef, F clef, G clef.

1 2 3 4 5

clefs

1 G clef *or* violin clef *or* treble clef；2, 3, 4 C clefs：2 soprano clef, 3 alto clef, 4 tenor clef, 5 F clef *or* bass clef

cleft[1] [kléft] 〘《14C》：pret. は16世紀からで p.p. からの類推；cf. clove[3], cloven〙 — *v.* cleave[1] の過去形・過去分詞. — *adj.* **1** 裂けた[割れ]ている；半ば裂けた. **2** 〘植物〙〈葉が〉(主脈や基底に達しない程度に)切込みの深い,中裂の (cf. divided 3, parted 2)：a ~ leaf 中裂葉《もみじの葉など》.

cleft[2] [kléft] 〚《16C》《変形》← ME *clift* < OE *ġeclyft* split, crack ← Gmc **klufti-* (G *Kluft*): 今の形は CLEFT[1] (p.p.) からの類推: cf. cleave[1]〛 ― *n.* **1** 裂け目, 割れ目. **2** (二つの部分の間の V 型の) くぼみ, 裂溝: the anal ～ 尻のくぼみ. **3** (裂けてできた)切片, 裂片 (split). **4** 〘獣医〙馬の第 1 指骨(繋)部位の外傷.

cléft gràft *n.* 〘園芸〙割接ぎ法.

cléft infínitive *n.* 〘文法〙分裂不定詞 (split infinitive).

cléft líp *n.* 三つ口, 兎唇 (harelip).

cléft pálate *n.* (先天性の)口蓋裂.

cléft séntence *n.* 〘文法〙分裂文 (It is...that によって分裂された文; 例えば It is *the book* that *John* is reading.).

cleg [kléɡ] 〚《1483》□ ON *kleggi* (Norw. *klegg*)〛 *n.* (*also* **clegg** [～]) 《英》〘昆虫〙アブ, ウシアブ (horsefly, gadfly).

clei·do·ic [klaɪdóʊɪk | -dáʊ-] 〚← Gk *kleidoûn* to lock in (← *kleid-, kleís* key) + -IC[1]〛 *adj.* 〘生物〙〈卵が〉密閉した.

cleist- [klaɪst] (母音の前に来る時の) cleisto- の異形.

Cleis·the·nes [kláɪsθəniːz | -θɪ-] *n.* クレイステネス《紀元前 6-5 世紀の Athens の政治家; ostracism の創始者と言われる》.

cleis·to- [kláɪstoʊ | -tə(ʊ)] 〚□ G *kleisto-* ← Gk *kleistós*: cf. clef〛「閉じた (closed)」の意の連結形: *cleisto*gamy. ★ 母音の前では通例 cleist- になる.

cleis·to·carp [kláɪstəkɑ̀ːp | -kɑ̀ːp] 〚⇨ ↑, -carp〛 *n.* 〘植物〙= cleistothecium. **cleis·to·car·pous** [klàɪstəkɑ́ːpəs | -kɑ́ː-] *adj.*

cleis·to·gam·ic [klàɪstəɡǽmɪk] *adj.* 〘植物〙閉花受精の: a ～ flower 閉花, 閉鎖花. **clèis·to·gám·i·cal·ly** *adv.*

cleis·tog·a·mous [klaɪstɑ́ɡəməs | -tɔ́ɡ-] *adj.* 〘植物〙= cleistogamic. **～·ly** *adv.*

cleis·tog·a·my [klaɪstɑ́ɡəmi | -tɔ́ɡəmɪ] 〚⇨ cleisto-, -gamy〛 *n.* 〘植物〙閉花受精 (cf. chasmogamy).

cleis·to·the·ci·um [klàɪstəθíːsiəm, -ʃiəm | -sɪəm, -sjəm, -ʃɪəm] 〚← NL ～: ⇨ cleisto-, -thecium〛 ― *n.* (*pl.* **-ci·a** [-siə, -ʃiə | -sɪə, -sjə, -ʃɪə]) 〘植物〙閉鎖子嚢果《被子器の中に子嚢胞子が包まれ, 壁の崩壊の結果として外に出る; cleistocarp ともいう》.

clem [klém] 〚← OE *beclemman* to confine ← Gmc **klam-* to press: ⇨ clam[2]: cf. Du. & G *klemmen* to pinch〛 ― *v.* (**clemmed; clem·ming**) 《英方言》 ― *vt.* 飢えさせる; 凍えさせる: be *～med* with hunger and cold 飢えと寒さに苦しむ. ― *vi.* 飢え[寒さ, 渇き]に悩む.

Clem [klém] 〚1: (dim.) ← CLEMENT. 2: (dim.) ← CLEMENCE, CLEMENTINE〛 *n.* **1** 男性名. **2** 女性名.

clem·a·tis [klémətɪs, klɪmǽtɪ-, klə-, -méɪtɪ-, -mɑ́ːtɪ-, -təs | klémətɪs, klɪméɪ-, klə-, kle-] 〚← NL ～ ← L *clēmatis* periwinkle □ Gk *klēmatís* brushwood (dim.) ← *klêma* twig〛 ― *n.* 〘植物〙クレマチス《キンポウゲ科センニンソウ属 (*Clematis*) のつる植物の総称; テッセン (*C. florida*)・ボタンヅル (*C. apiifolia*), golden clematis など; 特に観賞用のクレマチス類》.

Clem·ence [kléməns] 〚⇨ Clemency〛 *n.* 女性名.

Cle·men·ceau [klèmənsóʊ | -sáʊ; *F.* klemɑ̃so], **Georges** (**Eugène Benjamin**) *n.* クレマンソー《1841-1929; フランスの政治家・ジャーナリスト・医師; 首相 (1906-09, 1917-20); Versailles 講和会議の議長 (1919); あだ名 the Tiger》.

clem·en·cy [kléménsi | -sɪ] 〚《? a1425》□ L *clēmentia*: ⇨ clement, -ency〛 ― *n.* **1 a** (裁判や処罰の)温和, 温厚; 寛大さ, 情け深さ, 慈悲 (leniency). **b** 寛容な行為, 情け深い処置. **2** (気候などの)温和, 温暖.

Clem·en·cy [kléménsi | -sɪ] 〚← L *clēmentia* mildness: cf. Clement〛 *n.* 女性名.

Clem·ens [klémənz; G. kléːməns] 〚□ G ～: ⇨ Clement〛 *n.* 男性名.

Clem·ens [klémənz], **Samuel Lang·horne** [lǽŋhɔən, -ŋən | -hɔːn] *n.* Mark Twain の本名.

clem·ent [klémənt] 〚《1429》□ L *clēment-, clēmēns* mild, calm〛 ― *adj.* **1** (裁判や処罰が)温厚な, おとなしい; 寛容な, 寛大な, 情け深い: a ～ judge. **2** 〈天候が〉温和な, 温暖な: ～ weather. **～·ly** *adv.*

Clem·ent [klémənt] 〚← L *clēment-, clēmēns* (↑)〛 *n.* 男性名《愛称形 Clem, Clemmie》.

Clé·ment [kleɪmɑ́ː(ŋ), -mɔ́ː(ŋ), -mɑ́ːŋ, -mɔ́(ː)ŋ; *F.* klemɑ̃] 〚□ F ～ (↑)〛 *n.* 男性名.

Clement I, Saint *n.* クレメンス[クレメンテ]一世《30?-?97; 使徒教父 (Apostolic Fathers) の一人; ローマカトリック教会は彼を第 4 代の教皇 (88?-?97) に数える; 通称 Clement of Rome; 祝日 11 月 23 日》.

Clement V *n.* クレメンス[クレメンテ]五世《1264?-1314; 教皇 (1305-14); 教皇庁をフランスの Avignon に移した (1309); 本名 Bertrand de Got》.

Clement VII *n.* クレメンス[クレメンテ]七世《1478-1534; 教皇 Leo X の甥; 教皇 (1523-34); 英国王 Henry 八世の離婚を禁じた (1534); 本名 Giulio de' Medici》.

Clement XI *n.* クレメンス[クレメンテ]十一世《1649-1721; イタリアの聖職者; 教皇 (1700-21); 教書をもって Jansenism を否定した; 本名 Giovanni Francesco Albani》.

Cle·men·te [kleɪménteɪ; *It.* kleménte, *Sp.* klemente] 〚□ It. & Sp. ～: ⇨ Clement〛 *n.* 男性名.

Cle·men·ti [kləménti | klɪméntɪ, klə-; *It.* kleménti], **Mu·zio** [múːtsjo] *n.* クレメンティ《1752-1832; イタリアのピアニスト・作曲家; 練習曲 *Gradus ad Parnassum*「グラドゥス アド パルナッスム」(1817) で有名》.

Clem·en·ti·na [klèməntíːnə] 〚(fem.) ← CLEMENT: ⇨ -ina[2]〛 *n.* 女性名.

clem·en·tine [kléməntiːn, -tàɪn | -tàɪn, -tiːn] 〚□ F *clémentine*〛 *n.* 〘園芸〙クレメンタイン《tangerine とダイダイ (sour orange) の雑種の小型のオレンジ》.

Clem·en·tine [kléməntiːn, -tàɪn | -tàɪn, -tiːn] 〚(fem.) ← CLEMENT: ⇨ -ine[4]〛 *n.* 女性名.

Clément of Alexándria *n.* アレクサンドリアのクレメンス《150?-?215; ギリシャ生れのキリスト教神学者; アレクサンドリア教校 (Catechetical School) の校長; Origen の師》.

Clem·mie [klémi | -mɪ] 〚1: (dim.) ← CLEMENCY, CLEMENTINE. 2: (dim.) ← CLEMENT〛 *n.* **1** 女性名. **2** 男性名.

clench [kléntʃ] 〚OE *-clenċan* (cf. *beclenċan* to hold fast): cf. cling, clinch〛 ― *vt.* **1 a** 〈口を〉かたく[きっと]結ぶ; 〈歯を〉食いしばる; 〈手指・こぶしを〉かたく握る: ～ the teeth, jaws, fist, etc. / Her hands *～ed* themselves *into* fists. 彼女は手をかたくこぶしに握った. **b** (感情に押されて)〈体・心を〉硬直させる. **2** 〈物を〉しっかとつかむ, 握る (grip). **3** = clinch 1. **4** = clinch 2. **5** 〘海事〙= clinch 4. ― *vi.* 〈手・歯などが〉かたくしまる. ― *n.* **1 a** 歯を食いしばること. **b** (無意の)歯ぎしり. **2** 握りしめ. **3** = clinch 1. **4** = clinch 3. **5** 〘ボクシング〙= clinch 4. **6** 〘海事〙= clinch 5.

Cle·o [klíːoʊ | klíəʊ, klíː-, kléɪ-] 〚(dim.) ← CLEOPATRA[1]〛 *n.* 女性名.

Cle·o·bu·lus [klìːo(ʊ)bjúːləs, klìːə-, kliɑ́bjʊl- | klìə(ʊ)bjúːl-, kliɔ́bjʊl-] *n.* クレオブロス《紀元前 6 世紀頃のギリシャの七賢人の一人; cf. Seven Sages》.

cle·oid [klíːɔɪd] 〚← Gk *kleís* key, hook + -OID〛 *n.* 〘歯科〙クレオイド《歯科治療に用いる爪形の小器具》.

cle·o·me [klióʊmi | klɪə́ʊmɪ] 〚← NL ～ ← ?〛 ― *n.* 〘植物〙フウチョウソウ《フウチョウソウ科セイヨウフウチョウソウ属 (*Cleome*) の植物の総称》; (特に)セイヨウフウチョウソウ, クレオメ (*C. spinosa*)《観賞用》.

Cle·om·e·nes III [kliɑ́məniːz | kliɔ́mɪ-] *n.* クレオメネス三世《260?-?219 B.C.; スパルタ王 (235-222 B.C.)》.

Cle·on [klíːɑn | -ɔn] *n.* クレオン《?-422 B.C.; Athens の将軍で Pericles の政敵》.

Cle·o·pat·ra[1] [klìːəpǽtrə, -péɪt-, -pɑ́ːt- | klɪəpǽtrə, klɪəʊ-, -pɑ́ːt-] 〚□ L ～ □ Gk *Kleopátrā*《原義》father's fame ← *kléos* fame + *patḗr* 'FATHER'〛 ― *n.* 女性名《愛称形 Cleo》.

Cleopatra[2] *n.* クレオパトラ: **1** 69?-30 B.C.; エジプトのプトレマイオス朝最後の女王 (51-49, 48-30 B.C.); その美色をもって初めは Julius Caesar, 後には Mark Antony の愛人となって国難を救ったが, 後者が Octavian に敗れて死んだと聞いて自殺した. **2** 〘ギリシャ神話〙北風の神 Boreas の娘で Phineus の妻.

Cleopátra's Néedle *n.* クレオパトラの針《古代エジプト Alexandria にあった二つの obelisk の名; 今は London の Thames 河畔と New York 市の Central Park とに移されて残っている》.

clepe [klíːp] 〚ME *clepen* < OE *cleopian, clipian* < Gmc **klipōjan, *klippjan*〛 ― *vt.* (～**d** [klíːpt, klépt], **clept** [klépt]; ～**d, y·cleped** [ɪklíːpt, ɪklépt], **y·clept** [ɪklépt]) 《古》呼ぶ (call), 名づける (name). ★ 通例 yclept, ycleped の形で p.p. 形で用いられる: They ～ us drunkards. やつらはわれわれを酔っぱらいと呼ぶ (Shak., *Hamlet* 1. 4. 19).

clepht [kléft] *n.* = klepht.

clep·sy·dra [klépsədrə | klépsɪdrə, ―⌣―] 〚□ L ～ □ Gk *klepsúdra* ← *kléptein* to steal + *húdōr* 'WATER'〛 ― *n.* (*pl.* ～**s, -sy·drae** [klépsədriː | klépsɪdriː, ―⌣―]) 〘時計〙クレプシドラ, (昔の)水時計 (water clock).

clept *v.* clepe の過去形.

clep·to- [kléptoʊ | -tə(ʊ)] = klepto-.

clèpto·biósis 〚← NL ～: ⇨ klepto-, -biosis〛 ― *n.* 〘生物〙盗食共生《アリなどで見られる特殊な共生で, 一つの種が他の種の食物を盗み食いする生活形態》. **clèpto·biótic** *adj.*

clep·to·ma·ni·a [klèptəméɪniə, -njə | -tə(ʊ)méɪnjə, -nɪə] *n.* 〘精神医学〙= kleptomania.

clep·to·ma·ni·ac [klèptəméɪniæ̀k | -tə(ʊ)méɪnɪæ̀k] *n., adj.* 〘精神医学〙= kleptomaniac.

clere·sto·ry [klíəstɔ̀ːri, -stɔ̀ːri | klíəstərɪ, -stɔ̀ːrɪ] 〚《1412》: ⇨ clear, story[2]〛 ― *n.* **1** 〘建築〙高窓, クリアストーリ《ゴシック風建築の大会堂などの aisles の屋上の高窓の並んだ層; ⇨ Gothic 挿絵 2》. **2** 《米》〘鉄道〙車両の屋根にある通風・採光窓. **clére·stòried** *adj.*

cler·gy [klə́ːdʒi | klə́ːdʒɪ] 〚《? c1200》(i) □ OF *clergie* ← *clerc* clergyman ‖ (ii) □ (O)F *clergé* < eccl.L *clēricātus* ← LL *clēricus*: ⇨ clerk〛 ― *n.* **1** [集合的; 通例複数扱い] **a** 聖職任命を受けた人(たち), 聖職者(たち) (cf. clergyman). **b** 《英》(英国国教会の)聖職者(たち), 牧師(たち) (cf. clergyman 2). **2** 《古》学識, 知識. ★ 主に次の諺に用いられる: An ounce of mother wit is worth a pound of ～. 生来の才知の 1 オンスは学識の 1 ポンドに値する,「落ちた後で高みを恐れる」.

clérgy·man [-mən] 〚《1577》〛 ― *n.* (*pl.* **-men** [-mən]) **1** 聖職任命を受けた人, 聖職者《牧師 (minister), 神父 (priest), ラビ (rabbi) などをいう; cf. clergy, cleric》. **2** 〘英国国教会〙聖職者, 牧師《主教 (bishop) 以外の聖職者にいう; 非国教派, 特に米国ではプロテスタントの牧師には minister を用いる; cf. parson[1] 1, rector, vicar 1》.

clérgyman's sóre thróat *n.* 〘病理〙慢性喉頭炎《声を使い過ぎる人がかかる》.

clérgy·wòman *n.* **1** 婦人牧師. **2** 《戯言・古》(特に, でしゃばりでおせっかいな)牧師の妻[娘]. **3** 《古》尼僧 (nun).

cler·ic [klérɪk] 〚《1621》□ LL *clēric-us* □ Gk *klērikós* belonging to the clergy ← *klêros* clergy, 《原義》lot, portion (cf. *Acts* 1:17): cf. clerk〛 ― *n.* **1** 聖職者 (clergyman). **2** 〘カトリック〙剃髪式 (tonsure) を受けた人, 聖職者 (clerk). ― *adj.* = clerical.

cler·i·cal [klérɪkəl, -rə- | -rɪ-] 〚《1592》□ LL *clēricālis* ← *clēricus* clergyman (↑)〛 ― *adj.* **1** 聖職者の, 牧師の: ～ duties. **2** 書記の, 事務員の: ～ work / the ～ staff 書記局員, 事務職員. **3** (政治上)聖職権を主張[支持]する: a ～ party. ― *n.* **1** 聖職者 (cleric). **2** (政治上の)聖職権支持者. **3** [*pl.*] 聖職服. **4** 書記, 事務員. **～·ly** *adv.*

clérical cóllar *n.* クレリカル[ローマン]カラー, 聖職者用カラー《聖職者が着用する堅くて細い帯状の白カラーで襟の後部で留める; Roman collar, reversed collar ともいう》.

clérical érror *n.* 書き誤り, 誤記, 誤写.

clér·i·cal·ìsm [-lìzṃ] *n.* **1** [軽蔑的に](政治・宗教における)聖職者の発表権[勢力]; その増大・維持を支持する政策・主張, 聖職権主義, 教権重視主義 (cf. secularism). **2** (宗教上の)聖職者の勢力拡大.

clér·i·cal·ist [-lɪst, -ləst | -lɪst] *n.* 聖職権主張者, 教権重視主義者.

cler·id [klérɪd, -rəd | -rɪd] 〚↓〛 *n.* 〘昆虫〙カッコウムシ《カッコウムシ科の甲虫の総称》.

Cler·i·dae [klérədìː | -rɪ-] 〚← NL ～ ← *Clerus* (属名: ← Gk *klḗros* a kind of beetle) + -IDAE〛 *n. pl.* 〘昆虫〙(鞘翅目)カッコウムシ科.

cler·i·hew [klérɪhjùː, -rə- | -rɪ-] 〚← *Edmund Clerihew Bentley* (1875-1956: 英国の作家)〛 ― *n.* 〘詩学〙クレリヒュー四行詩《a a b b と押韻する長短不同の 4 行詩で, 人物の特徴などを諷刺的に歌ったものが多い》.

cler·i·sy [klérəsi | -rɪsɪ] 〚□ G *Klerisei* clergy □ ML *clēricia* ← LL *clēricus*: ⇨ cleric〛 *n.* 《古》[集合的] 知識人, 学者; インテリ階級.

clerk [klə́ːk | klɑ́ːk] 〚OE *clēr(i)c* □ LL *clēric-us*: CLERIC と二重語〛 ― *n.* **1 a** (官庁の)書記, 事務官, 吏員: the head ～ 主任事務官, 書記長 / ⇨ town clerk. **b** (銀行・会社の)事務員, 社員, 行員: a bank ～ 銀行員 / a correspondence ～ 通信[文書]係. **c** (郵便局の)窓口係. **d** 《米》(小売店の)店員, 売り子 (salesperson): a drugstore ～. **e** 《米》(ホテルで部屋割り, 鍵の預り, 郵便などの仕事をする)フロント係. **f** 《英》(議会の)上級役人. **2** (英国国教会の俗人の)教会書記, 教会事務員: a parish ～. **3** (医学部在学中の)病院実習生. **4 a** 〘英国国教会〙牧師, 聖職者 (clergyman)《今は主に法律用語; 正式には clerk in holy orders という》. **b** 〘カトリック〙剃髪式を受けた者, 教会法で聖職者としての特権を有する者. **5** 《古》**a** 読める人; 読み書きできる人. **b** 学者 (scholar).

clerk of the course (1) 〘競馬〙馬場取締委員. (2) 〘自動車レース〙競走路取締委員.

clerk of (the) weather [the ―]《戯言》(天候の支配力を擬人化して)天気の神様.

clerk of (the) works (請負工事の)現場監督.

― *vi.* 書記[事務員]を勤める; 店員として働く.

clérk·ly 〚《c1433》〛 ― *adj.* (**clerk·li·er; -li·est**) **1** 事務員[事務官]らしい. **2** 牧師の, 牧師らしい (clerical). **3** 《古》学者らしい. ― *adv.* **1** 事務員[事務官]らしく. **2** 《古》学者らしく.

clérk régular *n.* (*pl.* **clerks r-**) 〘カトリック〙修道院形態の生活 (monastic life) と教区司祭の司牧の生活を合わせた規則をもつ修道会のメンバー.

clérk·shìp 〚《? a1200》〛 *n.* **1** clerk の職[身分, 地位]. **2** (医学部在学生の)病院実習. **3** 《古》学識 (learning).

clérk vícar *n.* 〘英国国教会〙大聖堂(付)書記《礼拝式執行に際して聖職者の役割以外の仕事を行なうために大聖堂に勤務する信徒》.

Cler·mont-Fer·rand [klɛ̀əmɔ̃ː(ŋ)fərɑ́ː(ŋ), -rɔ́ː(ŋ), -mɔ(ː)ŋfərɑ́ːŋ, -rɔ́(ː)ŋ | klɛ̀ə-; *F.* klɛrmɔ̃fɛrɑ̃] *n.* クレルモンフェラン《フランス中部の都市; Puy-de-Dôme 県の首都; 人口 161,000》.

Cle·thra·ce·ae [klɪθréɪsiìː, klə-, kle- | klɪ-, kle-] 〚← NL ～ ← *Clethra* (属名: ← Gk *klḗthrā* alder) + -ACEAE〛 *n. pl.* 〘植物〙(ツツジ目)リョウブ科.

cleve·ite [klíːvaɪt, kléɪvəaɪt] 〚□ Swed. *cleveit* ← *P. T. Cleve* (1840-1905: スウェーデンの化学者): ⇨ -ite[1]〛 ― *n.* 〘鉱物〙クレーベ石, クレバイト《UO_3 を多量に含む閃(せん)ウラン鉱の一種》.

Cleve·land [klíːvlənd] *n.* **1** 〚ME *Clivelanda*《原義》hilly district: cf. cliff〛 イングランド北東部の州; 1974 年に新設, 旧 Durham 州南東部と旧 Yorkshire 州北部よりなる; 人口 566,000, 面積 583 km², 首都 Middlesbrough》. **2** 〚← *Moses Cleaveland* (1754-1806: コネチカット州の監督官)〛 米国 Ohio 州北東部 Erie 湖畔にある港市; 人口 751,000.

Cleve·land [klíːvlənd], (**Stephen**) **Gro·ver** [ɡróʊvə | ɡrə́ʊvə(r)] *n.* (1837-1908) 米国の法律家・政治家, 第 22, 24 代の大統領 (1885-89, 1893-97).

clev·er [klévə | -və(r] 〘(*a*1250)〙 *cliver* quick at seizing ← ?: cf. Dan.《方言》 *kløver* clever, skillful / MDu. *klever* brisk, smart〙 ── *adj.* (**~·er**; **~·est**) **1** (しばしば深さに欠けるが)頭の回転の早い, 才気のある, 気のきいた, 利口な, 利発な, 賢い: a ~ boy, remark, etc. / It is ~ *of* you to solve the problem. その問題が解けたとはお前もなかなかやる. **2** (手先や体を動かすことの)器用な, 手際の鮮やかな, 上手な; 巧妙な: ~ fingers / a ~ workman / a ~ piece of work 精巧な芸術作品 / make a ~ play 巧みなプレーをする / She is ~ *at* sketching people. 似顔絵をかくのがうまい / He is very ~ *with* horses. 馬の扱い方が非常にうまい. **3** 才気あふれる, 機知に富んだ: a ~ story. **4**《方言》 **a** 人のいい (good-natured). **b** 扱いやすい, 便利な, 満足な. **5**《方言》 **a** 〈動物が〉姿[体格]のいい. **b** 健康な, 元気のいい. **c** よくできている (well-made).
~·ness *n.* 「がしに賢がる.

cléver-cléver *adj.* 賢いと思われたがる, これ見よ

cléver Díck *n.*《口語》 **1** 賢い人, もの知り. **2**《皮肉》知ったかぶりをする人.

clév·er·ish [-v(ə)rɪʃ | -vər-] *adj.* **1** やや才気のある, 小才のきく, 小利口な. **2** なかなか器用な, いかにも巧妙な. **~·ly** *adv.*

clév·er·ly 〘(1614)〙 *adv.* **1** 賢く, 利口に, 如才なく. **2** 上手に, 巧みに, 手際よく, うまく. **3**《方言》完全に, 全く (completely).

cléver stícks *n. pl.* [単数扱い]《口語》 = clever Dick.

Cleves [klíːvz] *n.* クレーベ《西ドイツ North Rhine-Westphalia 州の都市; 人口 44,000; ドイツ語名 Kleve》.

Clé·ve's ácid [kléɪvəz-, klíːvz-] 〘← *P. T. Cleve* (⇨ cleveite)〙 *n.*《化学》クレーブ酸 ($NH_2C_{10}H_6SO_3H$)《1-アミノナフタレン-6 および 7-スルフォン酸の通称; 無色針状晶; アゾ染料の中間体として用いられる》.

clev·is [klévɪs, -vəs | -vɪs] 〘《古形》 *clevi* ← ? ON (cf. ON *clofi* cleft stick): cf. cleave¹〙 ── *n.* U リンク, U 字形かぎ《両端にボルトかねじが付いている U 字型の接続金具で, 馬具の引き皮を結びつける横木を車に付ける時などに用いる》.

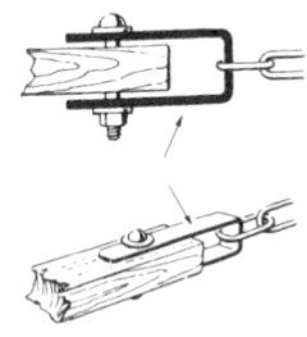
clevises

clew [klúː] 〘OE *cliewen*, *cleowen* ← Gmc **kliw-* (Du. *kluwen*) ← IE **gleu-*, **gel-* to form into a ball (Skt *glau* round lump): cf. clue〙 ── *n.* **1 a**《古》糸を巻いた玉, 糸の玉. **b**《ギリシャ神話》(迷宮の)道しるべの糸 (cf. Ariadne 2). **2** = clue 1. **3** [*pl.*] (ハンモックの)つりなわ. **4**《海事》 **a** クリュー《横帆の下すみ, 縦帆の後下すみ; cf. earing》. **b** = clew iron. **5**《劇場》舞台装置の索を一つにまとめて抑えている金具.
from clew to earing《海事》(1) クリュー[帆の下すみ]からイヤリング[帆の上すみ]まで, 横帆の下から上まで. (2) すみからすみまで, すっかり (completely).
spread a large clew (1)《海事》たくさんの帆を張る. (2) 感動的な場面を展開する. *spread a small clew* (1)《海事》少しの帆しか張らない. (2) 印象的でない様子をしている.
── *vt.* **1** 〈糸を〉玉に巻く. **2** = clue 1, 2. **3**《劇場》〈カーテンなどを〉たくし上げる.
clew down《海事》(帆を広げる時に)〈帆〉の下すみを引き下げる. *clew up*《海事》(帆をおさめる時に)〈帆〉の下すみを帆桁(ほげた)に引き上げる.

cléw gàrnet *n.*《海事》クリューガーネット《大横帆の(両)下すみをそのヤードの中央部に引き寄せる索》.

cléw ìron *n.*《海事》横帆の下すみに取り付けた環《これに clew line または sheet を通す》.

cléw jìgger *n.*《海事》クリュージガー《クリューラインとは別に, 帆の clew 部を帆桁へ引き上げるためにつけた滑車装置》.

cléw lìne *n.*《海事》クリューライン《横帆の下すみを帆桁の中央部に引き上げる索(さく)》.

cléw ròpe *n.*《海事》 **1** クリュー索《ガフ (gaff) を有する縦帆の外下すみをガフの根元に引き寄せる索》. **2** = clew line.

cli·ché [kliʃéɪ, kliːʃéɪ | klíːʃeɪ; *F.* kliʃe] 〘(1832) ▭ F ~ 'stereotyped expression' (p.p.) ← *clicher* to stereotype: 活字の字母が鋳型に落ちる時の音を模した擬音語か〙 ── *n.* (*pl.* **~s** [~z; *F.* ~]) **1 a** (陳腐な)きまり文句, 常套句《例: as good as gold, as cool as a cucumber など》. **b** ありふれた[月並みな]考え. **c** (芸術・文学などの)きまりきった[ありふれた, 陳腐な]テーマ[筋, 手法, 趣向など]. **2**《印刷》クラッチ版《一種の電鋳版》. ── *adj.* きまりきった, 陳腐な.

cli·chéd [kliʃéɪd, kliːʃéɪd | klíːʃeɪd] *adj.* **1** 陳腐な言葉の多い. **2** = cliché.

Cli·chy [kliʃíː; *F.* kliʃi] *n.* クリシー《フランス北部, Paris 郊外の Seine 川に臨む都市; 人口 53,000》.

click [klík] 〘(1611)〙《擬音語》: cf. MDu. *klikken* / OF *cliquer*〙 ── *n.* **1 a** かちっ[かちり]という音《銃の撃鉄・掛け金・機械などの音》: with a ~ かちりと(音を立てて). **b** (馬の前後足の)蹄鉄のかち合う音. **2** かちりと鳴るもの《機械の掣子(せいし)(catch), 制輪子 (detent, pawl) など》. **3**《音声》舌打ち音, 吸着閉鎖音 (suction stop)《英語の tut [ʇ] の音など》. **4**《時計》こはぜ《角穴車の歯と係合し, 巻き上げたぜんまいの逆転防止をするつめ》. ── *vi.* **1 a** かちり[かちかち]と音がする[鳴る](tick): The door ~*ed* shut. 戸ががちりと締まった / The phone ~*ed* dead. 電話ががちゃっと音を立てて切れた / Something ~*ed* inside me when I saw it. それを見たときぴーんときた. **b** かちっ[かちかち]と音を立てて動く. **2**《口語》 **a** 〔…と〕ぴったり合う, しっくりいく; 〔異性と〕意気投合する, 仲よくやる, 親しくなる 〔*with*〕: ~ *with* a girl. **b** 成功する, うまくやる, 大当たりを取る (succeed): She ~*ed* in her first performance. 処女出演で大当たりをとった. **c**《口語》妊娠する. **3**《口語》急にわかるようになる, 合点がいく, 明白になる. ── *vt.* **1 a** かちりと鳴らす, 〈掛け金などを〉かちりと引っ掛ける: ~ the door (to) 戸をかちりと閉じる / ~ one's heels (together) (お辞儀をする時など)かかとをかちりと合わせる / ~ the switch of an electric light かちっと電灯のスイッチを入れる. **b** 〈馬が〉〈前後両足の蹄鉄を〉かち合わせる. **2** かちかち音を立てて作り出す 〈*out*〉: ~ *out* a rhythm on clappers 拍子木をかちかちいわせてリズムを作る. **3**《製靴》〈革を〉裁断する, 靴の部品を裁つ.
click off (1) = click *vt.* 2. (2) かちかち音を立てて記録する. (3) 正確に[躊躇(ちゅうちょ)せずに]記載する[列挙する].

clíck bèetle *n.*《昆虫》コメツキムシ (⇨ elaterid).

clíck-clàck 《加重》← CLICK〙 *n.* (ゆっくりした)かたこと(という音). ── *vi.* かたことという音を出す.

clíck·er *n.* **1** かちかち鳴るもの. **2** 打ち抜き型機械工. **3**《英》(商店などの)客引き (puller-in). **4**《英》《印刷》植字工長, 請負い植字工長.

click·e·ty-clack [klíkət̬iklǽk | -kɪtɪ-, -kə-] 〘《変形》← CLICK-CLACK〙 ── *n.* (電車やタイプライターなどの出す早いリズムの)かたかた, かたこと, がたんごとん(という音)《clickety click ともいう》.

clíck stòp *n.* **1**《機械》クリック止め《予定した場所で爪に引っ掛かって止まる仕掛け》. **2**《写真》クリックストップ《一定のところで軽く止まるようになっているレンズの絞り; 距離調節などの回転装置》.

cli·ent [kláɪənt] 〘(?*a*1387) ▭ (O)F ~ // L *client-*, *cliēns* adherent, follower ← IE **klei-* to lean (Gk *klínein* to lean): cf. incline〙 ── *n.* **1 a** (専門家に相談する)依頼人; (特に)訴訟依頼人, 弁護依頼人. **b** (商人の)顧客, お得意. **c** 福祉施設の利用者; 福祉を受ける人: a welfare ~. **2 a** (古代ローマの)被護民《貴族 (patrician) に従属し, その保護下にあった平民》. **b** 隷属者, 子分 (dependant). **c** = client state.

cli·ent·age [kláɪənt̬ɪdʒ | -tɪdʒ] *n.* **1** 顧客[依頼人]関係. **2** [集合的] = clientele.

cli·en·tal [klaɪént̬l, kláɪən- | -tl] *adj.* 依頼人[顧客]の[に関する]. 「療法.

clíent-cèntered thérapy *n.*《心理》受療者中心

cli·en·tele [klàɪəntél, klìːən-, klìːɑːn- | klìːɑ̃ː(n)tél, -ɔ̃ː(n)-, -ɑːn-, -ɔ(ː)n-, -téɪl; *F.* kliɑ̃tɛl] 〘(1563–87) ▭ F *clientèle* // L *clientēla* a body of retainers: ⇨ client〙 ── *n.* [集合的] (弁護士の)依頼人たち, (医者の)患者たち, (ホテル・劇場・商店などの)顧客たち, 常連 (clients).

clíent·less *adj.* 依頼人[顧客]のない. 「国, 依存国.

clíent státe *n.* (貿易などでの大国の)隷属国, 従属

cliff [klíf] 〘OE *clif* < Gmc **klibam* (Du. & ON *klif* / G *Klippe*)〙 ── *n.* **1** (高い)崖(がけ), 絶壁: the white ~*s* of Dover / climb [fall off] a ~ / the walls of a ~ 絶壁の壁面. **2**《ゴルフ》バンカー (bunker) の斜面.

Cliff [klíf] 〘(dim.) ← CLIFFORD〙 *n.* 男性名.

clíff bràke *n.*《植物》イヌウラジロシダ属 (*Pallaea*) のシダの総称《北米南部や南半球に産するシダで崖や岩上に好んで生える; 特に, *P. atropurpurea*》.

clíff dwèller *n.* **1** [通例 C- D-] 岩窟居住人《有史以前絶壁の側面に設けた岩窟に住んだ北米南西部の種族で, 今の Pueblo の祖先》. **2**《米俗》(大都市の大きな)アパート居住者. **clíff dwèlling** *n.*

clíff-hàng *vi.* **1** 手に汗を握る状態で終わる; 宙ぶらりんな状態にある, 不安定な状態にある. **2** はらはらする場面[結果]をもつ.

clíff-hànger *n.* **1** 最後の瞬間まではらはらさせる事件[競技, 競争], 大接戦. **2**《ラジオ・テレビ》(毎回はらはらする場面で終わる)連続サスペンスドラマ番組.

clíff-hànging *adj.* (映画などで)最後の瞬間まで手に汗を握るような.

Clif·ford [klífəd | -fəd] 〘地名に由来する家族名から: ⇨ cliff, ford〙 *n.* 男性名. ★ 20 世紀になって一般的になった. 「学者・形而上学者.

Clifford, William Kingdon *n.* (1845–79) 英国の数

clíff swàllow *n.*《鳥類》サンショクツバメ (*Petrochelidon pyrrhonota*)《軒下や壁に泥でびん状の巣を造る北米産のツバメ; eaves swallow ともいう》.

cliff·y [klífi | -fi] *adj.* (**cliff·i·er**; **-i·est**) 崖(がけ)になっている; 岩の多い (craggy).

clift [klíft] 〘(*a*1398)《変形》← CLIFF〙 *n.*《方言》= cliff.

Clif·ton [klíftən, -tn̩] 〘地名に由来する姓から: ⇨ clift, -ton〙 *n.* 男性名.

climacteria *n.* climacterium の複数形.

cli·mac·ter·ic [klaɪmǽktərɪk, klàɪmæktér-] 〘(1601) ▭ L *climactēric-us* ▭ Gk *klimaktērikós* ← *klimaktḗr* critical period,《原義》rung of a ladder ← *klîmax* ladder: ⇨ climax〙 ── *n.* **1 a** 厄年《人の運命・健康などに大変革の起こる年で, 7 年目ごととも, 7 の奇数倍の年ともいう》. **b** [the ~] = grand climacteric. **2** 危険期, 危機, 転換期. **3**《生理》 **a** 更年期. **b** 閉経期. **4**《植物》成熟直前に達する果実の呼吸度の最大値. ── *adj.* **1** 転換点をなす, 危機の. **2** 厄年の. **3**《生理》更年期(変化)の: ~ changes.

clì·mac·tér·i·cal [-rɪkəl, -rə- | -rɪ-] *adj.* = climacteric. **~·ly** *adv.*

cli·mac·te·ri·um [klàɪmæktíə)riəm | -tíəri-] 〘← NL *climacter* 'CLIMACTERIC' + -IUM〙 *n.* (*pl.* **-ri·a** [-riə | -rɪə]) 《生理》更年期, 閉経期.

cli·mac·tic [klaɪmǽktɪk] 〘⇨ climax, -ic¹〙 *adj.* クライマックス (climax) の; クライマックス的な: a ~ scene. 「**~·ly** *adv.*

cli·mác·ti·cal [-tɪkəl, -tə- | -tɪ-] *adj.* = climactic.

cli·mant [kláɪmənt] 〘← CLIMB + -ANT: cf. F *rampant* (prep. p.) ← *ramper* to climb〙 ── *adj.*《紋章》〈山羊が〉後足で立ち上がった《ライオンの rampant に当たる》.

cli·mat·al [kláɪmət̬l, -mɪ- | -tl] *adj.* = climatic.

cli·mate [kláɪmət, -mɪt] 〘(?*a*1387) *climat* ▭ (O)F // LL *climat-*, *clima* ▭ Gk *klíma* region of the earth ← *klínein* to slope: cf. clime〙 ── *n.* **1** 気候《一地方の年間を通じての平均的気象状態; cf. weather》: a mild [moderate, temperate] ~. **2** (気候上からみた)地方, 地帯: a change of ~ for one's health 健康のための転地. **3** (ある社会・地域・時代などの)思潮, 風潮, 傾向; (知的・精神的)風土: the ~ of opinion 世論の動向 / a change in intellectual ~ 思潮[知的風潮]の変化 / a kind of tense political ~ 一種の緊迫した政治状況.

cli·mat·ic [klaɪmǽt̬ɪk | -tɪk] 〘(*a*1828)〙 ── *adj.* **1** 気候の[に関する]; 風土的な: ~ changes. **2**《生態》気候の相違による (cf. edaphic 2): ~ type / ~ climax 気候的極相.

cli·mát·i·cal [-t̬ɪkəl, -t̬ə- | -tɪ-] *adj.* = climatic. **~·ly** *adv.* 「土]学者.

clì·ma·tól·o·gist [-dʒɪst, -dʒəst | -dʒɪst] *n.* 気候[風

cli·ma·tol·o·gy [klàɪmətɑ́lədʒi | -tɔ́lədʒɪ] 〘← CLIMATE + -LOGY〙 ── *n.* 気候[風土]学. **cli·ma·to·log·ic** [klàɪmət̬əlɑ́dʒɪk, klaɪmæ̀t-, -t̬l-, -dʒə- | klàɪmətəlɔ́dʒɪk, klaɪmæ̀t-] *adj.* **clì·ma·to·lóg·i·cal** *adj.*

cli·ma·to·ther·a·py [klàɪmət̬o(ʊ)θérəpi | -tə(ʊ)θérəpɪ] 〘⇨ climate, therapy〙 *n.*《医学》気候療法《特殊な気候の土地に住ませて行なう治療法》.

cli·max [kláɪmæks] 〘(1589) ▭ L *climax* ▭ Gk *klîmax* ladder ← *klínein* to slope ← IE **klei-* 'to LEAN²'〙 ── *n.* **1 a** (劇・事件などの)絶頂, 最高潮: the ~ of a dramatic action, of a speech, etc. **b** 最高点, 絶頂, 極点: be at the ~ of one's fame 名声の絶頂にある / come to a ~ 頂点に達する. **c** = orgasm. **d** = menopause. **2**《修辞》 **a** 漸層法, クライマックス《併行体を用い, 力強い文句を次々に重ねて文調を高めて行く修辞法; ↔ anticlimax》. **b** (漸層的に重ねて行なった)最後の語句[項目]. **3**《生態》(動植物群落生活の)極相, 安定期, 極盛期, クライマックス (cf. disclimax, edaphic climax, postclimax, preclimax, subclimax).
cap the climax 〈物事や人が〉度を越す, 意表を突く.
── *vi.* クライマックスに達する: The festival ~*ed* in the parade. 祭りはパレードで最高頂になった.
── *vt.* クライマックスにもっていく[到達させる]: He ~*ed* the game *with* his homer. ホームランで試合を最高頂にした.

climb [kláɪm] 〘OE *climban* < (WGmc) **klimban* 《変形》← **kliban* to hold fast (Du. & G *klimmen*): cf. cleave²〙 ── *v.* (**~ed**,《古・方言》**clomb** [klóʊm | klóʊm]) ── *vi.* **1 a** (特に, 手足を使って)よじ登る: ~ like a monkey / ~ well 上手に登る / ~ up a ladder はしごを登って行く / ~ on a chair [on a person's back] 椅子[人の背中]に登る. **b** (ゆっくりと)高い所に向かって登る, 登攀(とうはん)する: ~ *to* the top of the mountain. **2 a** (ゆるやかに, または次々と)立ち昇る, 上がる: The smoke was ~*ing* in the windless sky. 煙が無風の空にもくもくと立ち昇っていた. **b** 〈航空機などが〉高度に達する, 上昇する. **c** 〈物価・相場などが〉上がる, 騰貴する. **3 a** 〈道路が〉登り(坂)になる. **b** 〈家などが〉登り坂に位置している: Houses ~ up the slope. 家々が坂に並んで建っている. **4** (努力の功によって)昇級[昇進]する, 次第に地位が昇る: ~ to power 権勢にたどりつく. **5 a** (手足を使って)動く; 〔車などに〕乗る 〔*in, into*, etc.〕: ~ *into* a jeep ジープに乗る / ~ *out* (乗物などから)降りる, はい出る / ~ *aboard* a car 車に乗る. **b** (手足を使って)下りる, はい下りる 〈*down*〉: ~ *down* a ladder はしごを下りる. **6 a** 急いで〔着物を〕着る 〔*into*〕: ~ *into* one's clothes. **b** 急いで[着物を]脱ぐ 〔*out of*〕: ~ *out of* one's clothes. **7**《植物》〈植物が〉(巻きひげ・つるなどで)はい登る, 巻きついて登る. ── *vt.* **1 a** (特に, 手足を使って)〈樹木・なわ・はしごなどを〉よじ登る: ~ a tree, mast, ladder, etc. **b** 〈高い山を〉登る, 登攀する: ~ a peak, steep, wall of rock, etc. **c** 登って到る: ~ the top of the mountain. **2 a** 〈太陽・月・煙などが〉昇る: The sun has ~*ed* the sky. 太陽が空に昇った. **b** 〈航空機を〉上昇させる. **3** (努力して)〈権勢の地位などに〉昇って行く: ~ the path of fame, the heights of power, etc. **4** 〈植物が〉はい上がる, 巻きついて登る (cf. climber 3): The ivy ~*s* the wall of the house. ツタが家の壁にはい上がっている.
climb down (1) ⇨ *vi.* 5 b. (2)《口語》引き下がる, 退却する, 屈服する (give in); 撤回する.
── *n.* **1** 登り, よじ登り, 登攀: a difficult ~. **2** (前

進するのに)登りを必要とする場所. **3** (航空機の)上昇 (ascent); 上昇度. **4** 《英俗》(屋根などに登って押し入る)夜盗《行為》: at the ~. ★ラテン語系形容詞: scansorial.

climb·a·ble [kláɪməbl] *adj.* よじ登ることができる, 登攀(はん)可能な.

clímb-dòwn *n.* 《口語》 **1** (論点などの)譲歩, 屈従. **2** (声明などの)撤回.

climb·er [-mə | -mə(r] 《1440》 ── *n.* **1 a** よじ登る人. **b** 登山者, 登攀(はん)者: an Alpine ~ / a good ~ 登山の名人. **2** =social climber. **3 a** はい登る植物, 攀縁(はん)植物《セイヨウキヅタ (ivy) など》. **b** クライマー《つるバラの一種; 太く長い枝を地際や上部の枝から生じる; cf. rambler 3》. **4** はい上がる鳥, 攀禽(きん)《キツツキなど》. **5 a** =climbing iron. **b** =climbing frame. **6** 《英俗》(屋根などに登って押し入る)夜盗《人》.

climb indicator *n.* 〘航空〙昇降計.

clímb·ing férn [-mɪŋ-] *n.* 〘植物〙北米産カニクサ属のつる性のシダ (*Lygodium palmatum*) 《creeping fern ともいう》.

clímbing·fìsh *n.* 〘魚類〙=climbing perch.

clímbing fràme *n.* (鉄パイプなどを組み立てて作った)ジャングルジム (climber).

clímbing fúmitory *n.* 〘植物〙北米東部産ケシ科のつる性二年草 (*Adlumia fungosa*).

clímbing hémpweed *n.* 〘植物〙ツタギク (*Mikania scandens*) 《北米東部・中央部産キク科ツルギク属のつる性多年草; 花は白かピンクで房状につく》.

clímbing hydrángea *n.* 〘植物〙ツルデマリ, ツルアジサイ (*Hydrangea petiolaris*) 《東アジア原産ユキノシタ科のつる性のアジサイ; 花は白色で集散花序, 樹木にからむ》.

clímbing iron *n.* [通例 *pl.*] **1** (登山用)アイゼン (crampons). **2** (柱や立木にのぼる時に用いる)昇柱器 (linemen's climber).

climbing irons 2

clímbing pérch *n.* 〘魚類〙キノボリウオ (*Anabas testudineus*) 《マライ・インド産の魚; 地上をはって歩く; cf. anabas》.

clímbing plánt *n.* はい登る植物, 攀縁(はん)植物.

clímbing róse *n.* つるバラ《樹形で分類したバラの一群》.

clímbing ylang-ylang *n.* 〘植物〙オウソウカ (*Artabotrys uncinatus*) 《インド・マライ地方原産バンレイシ科の常緑つる性低木; 芳香のある花を乾して茶に加える》.

clímb mìlling *n.* 〘機械〙下向き削り《材料を送る方向とそれを削る刃の動く方向が同一方向であるもの; down milling ともいう》.

clímb·òut *n.* (航空機の)急上昇離陸.

clime [kláɪm] 《*a*1398》 ◻ L *clīma*: ⇨ climate》 *n.* 《詩・文語》 **1** 気候; 風土. **2** 国, 地方: southern ~*s* 南の国.

cli·mo·graph [kláɪməgrӕf | -grɑ̀:f, -grӕf] 〚← *climo-* (← CLIMATE)+-GRAPH〛 ── *n.* 〘地理〙クリモグラフ, 気候図《ある土地の温度と湿度を座標軸にとり, 年間を通して一月ごとにグラフにしたもの》.

clin- [klaɪn] (母音の前に来る時の) clino- の異形.

clin·al [kláɪnl] *adj.* クライン (cline) の[に関する]. **~·ly** *adv.*

-cli·nal [kláɪnl] 〚← Gk *-klinēs* leaning (← *klīnein* to slope)+-AL¹〛 次の意味を表わす名詞・形容詞連結形: **1** 「傾斜(した)」. **2** =-clinous².

cli·nan·dri·um [klaɪnǽndriəm | -drɪ-] 〚← NL ~: ⇨ clino-, andro-, -ium〛 *n.* (*pl.* **-dri·a** [-driə | -drɪə]) 〘植物〙=androclinium.

clinch [klíntʃ] 《1570》《変形》← CLENCH〛 ── *vt.* **1 a** 〈打ち込んだ釘などの突き出た先を〉折り曲げる, 平らにつぶす; 〈ボルトの先端を〉つぶす. **b** 〈物を〉固く締めつける, 固定させる: ~ two boards together. **2 a** 〈事件・議論などに〉決着をつける, 決定する: ~ a bargain / ~ an argument 議論に止めを刺す (cf. clincher 3). **b** 決定的に手中におさめる (win): ~ the championship. **3** =clench 1. **4** 〘海事〙〈綱を〉折返し止め式に止める (cf. *n.* 5). ── *vi.* **1** 〈折り曲げた釘・ボルトなどが〉よく締まる, しっかり留まる. **2** 《口語》激しく抱擁する. **3** 〘ボクシング〙クリンチする. **4** 〘レスリング〙四つに組む. ── *n.* **1 a** 釘の先を折り曲げて締めること. **b** (釘の先の)曲げつけ, 折返し. **2** 《口語》激しい抱擁. **3** 《古》洒落, 地口 (pun). **4** 〘ボクシング〙クリンチ. **5** 〘海事〙折返し止め《大索で末端を half hitch にした場合, それがほどけないよう最末端を折り返して大索に細ひもでくくりつけておく式の(半永久的な)止め方》.

clínch-bùilt *adj.* 〘造船〙=clinker-built.

clinch·er *n.* **1** 釘を止める人, ボルトの締付け工. **2** 釘の先の折曲げ器具, (ボルトの)締め具; 仮巻締め機. **3** 《口語》決定的な議論, 止めを刺す言葉, 決め手 (cf. clinch *vt.* 2 a): That's a ~. それで一言もない《反駁の余地はない》. **4** 〘自動車〙クリンチャータイヤ, 凸縁タイヤ, 引っ掛け式タイヤ《clincher tire ともいう》.

clínch·er-bùilt [klíntʃə- | -tʃə-] *adj.* 〘造船〙=clinker-built.

clinch nàil *n.* 引っ掛けくぎ.

cline [kláɪn] 〚← Gk *klīnein* to slope: ⇨ climax〛 ── *n.* **1** 〘生物〙クライン, (地域的)連続変異 (cf. step-cline). **2** 〘言語〙クライン, 連続変異《異なる二つの領域があり, 両者の中間にどちらの側にも属さない, 即ち, どちらの側からも扱える領域がある, 例えば, 文法と語彙は異なる領域であるが, 両者は連続しており, この関係を連続変異という》. **3** 〘人類学〙遺伝的傾斜《ある形質の頻度が地理的に徐々に変化する現象》.

-cline [← – klaɪn] 《逆成》← -CLINAL〛「傾斜 (slope); 斜層 (gradient)」の意の名詞連結形.

cling [klíŋ] 〚OE *clingan* to shrivel, contract: cf. clench, cleave²〛 ── *vi.* (**clung** [klʌ́ŋ]) **1 a** くっつき合う, 離れない 〈*together*〉. **b** (…に)くっつく, 粘着する, ぴったりつく (*to*): The wet garment *clung to* her. 濡れた衣服が彼女の身体にぴったりくっついた / The ivy ~*s to* the wall. ツタが壁にくっついている. **2** (手足で)(…に)しがみつく, すがりつく, 抱き合う (*to*): ~ *to* each other お互いしっかり抱き合う / She *clung to* his arm. 彼の腕にしがみついていた. **3 a** 〈におい・偏見・習慣などが〉しみ込む, 付いて離れない: Boyish prejudices ~. 子供時代の偏見はなかなか取れない / The perfume still *clung to* the room. 香水のにおいがまだ部屋にしみついていた. **b** (希望・願望・宗教などに)執着する, (家庭・友などに)愛着をもつ (*to*): ~ *to* the last hope 最後の望みにすがる / ~ *to* power 権力にしがみつく / ~ *to* one's old memories 昔の思い出に執着する. ── *n.* **1** 粘着; 執着, 愛着 (adherence). **2** =clingstone. **~·er** *n.*

clíng·fìsh *n.* 〘魚類〙ウバウオ《ウバウオ科の腹部に吸盤をもっていて石などに吸い付く魚類の総称》.

clíng·ing *adj.* **1** 密着性の, ねばり強い. **2** まといつく; 〈着物が〉ぴったりつく, (ぴったりついて)体の線が見える: ~ garments. **~·ly** *adv.* **~·ness** *n.*

clínging víne *n.* 男に頼りきっている女.

Clíng·mans Dóme [klíŋmənz-] 〚← T.L. *Clingman* (1812–97: 米国の上院議員)〛 ── *n.* 米国 North Carolina 州と Tennessee 州との境にある山; Great Smoky Mountains の最高峰 (2,025 m).

clíng·stòne *adj.* 〈果物が〉(果肉が種に密着して)種離れしない (cf. freestone). ── *n.* 種離れしない果物《ある種の桃やプラムなど》.

cling·y [klíŋi | -ŋɪ] *adj.* (**more ~, most ~; cling·i·er, -i·est**) **1** 粘着性の, ねばねばする. **2** 〈服など〉体にぴったりくっつく(性質の). **clíng·i·ness** *n.*

clin·ic [klínɪk] 《*a*1626》◻ F *clinique* ∥ L *clinic-us* of a bed ◻ Gk *klinikós* ← *klínē* bed ← IE **klei-* 'to LEAN²'〛 ── *n.* **1** (医学の)臨床講義, 臨床実習. **2** 臨床講義のクラス. **3 a** (病院・医科大学などの)外来患者診察室; 診療所. **b** (数人の医者が協同して行なう)集団診療所, グループ診療所. **c** [通例限定詞を伴って] (病院内の)専門部門, 科: a diabetic ~ 糖尿病科. **d** 個人[専門]病院. **4 a** (社会事業団・学校・警察などに付設されてある)相談所, 相談部[室]: a vocational ~ 職業相談所. **b** (特別の目的で設けられた)矯正所, クリニック: ⇨ speech clinic. **5** 《米》(医学以外の)実地講座, セミナー (seminar): a ~ for golfing ゴルフ講習会. ── *adj.* =clinical.

-clin·ic [klínɪk] 〚← Gk *-klinēs* (← *klīnein* to slope)+-IC¹〛 ── 次の意味を表わす形容詞連結形: **1** 「傾斜した (inclining)」: iso*clinic*. **2** =-clinous². **3** 〘結晶〙「(…本の)斜交軸をもつ」: mono*clinic*, tri*clinic*.

clin·i·cal [klínɪkəl, -nə- | -nɪ-] 《1780》: ⇨ clinic, -al¹〛 ── *adj.* **1 a** 臨床の; 臨床講義の: a ~ diagnosis 臨床診断 / ~ lectures 臨床講義 / ~ instruction 臨床[実地]教授 / ~ medicine 臨床医学. **b** 病床の; 病床で用いられる, 病室(用)の; 病院の: a ~ chart カルテ / a ~ diary 病床日誌. **2 a** 〈態度・判断・描写など〉冷静な, 冷徹な; 客観的な, 分析的な. **b** (病院のように)飾り気がなく機能一点ばりの. **3** 〘教会〙臨終の: ~ conversion [baptism] 病床回心[洗礼]. **~·ly** *adv.*

clínical déath *n.* 〘医学〙臨床死《特殊な機器に頼らず臨床的観察で判断した死》.

clínical pathólogy *n.* 臨床病理学.

clínical psychólogy *n.* 臨床心理学.

clínical thermómeter *n.* 体温計.

cli·ni·cian [klɪníʃən, klə- | klɪ-] 〚◻ F *clinicien*: ⇨ clinic, -ian〛 *n.* 臨床医; 臨床医学者.

clin·i·co- [klínɪko(ʊ), -nə- | -nɪkə(ʊ)] 〚← CLINICAL〛「臨床の; 臨床と…との」の意の連結形: *clinico*pathology.

clinico·pathológic *adj.* 臨床病理学の.

clinico·pathológical *adj.* =clinicopathologic. **~·ly** *adv.*

clin·id [klínɪd, -nəd | -nɪd] 〚↓〛〘魚類〙 *adj., n.* アサヒギンポ科の(魚).

Clin·i·dae [klínədi: | -nɪ-] 〚← NL ← *Clinus* (属名: ← Gk *klínē* bed)+-IDAE〛 *n. pl.* 〘魚類〙アサヒギンポ科.

clink¹ [klíŋk] 《*a*1325》◻ (M)Du. *klinken* 《擬音語》: cf. clank〛 ── *n.* **1 a** ちん, ちりん, かちん《薄い金属・ガラスなどの触れ合う鋭い短い音》: the ~ of money, glasses, etc. / She put her cup down with a ~. 彼女はかちゃんといわせて茶わんをおいた. **b** 《スコット》銭 (coin). **2** 鳥《ノビタキ (stonechat) など》の鋭い鳴き声. **3** クリンク《道路の表面を砕く先の尖った棒》. **4** 《古》語呂(ろ)のよい響き, 同音の繰り返し (jingle). **5** 《英方言》激しくたたくこと, 痛打 (rap). **6** 《方言》瞬間 (moment): in a ~. **7** 〘冶金〙金属内の微細な割れ《熱変化に伴い生じる割れ (crack) の一種》. ── *vi.* **1 a** ちりんと鳴る: An ice cube ~*ed* against the side of the glass. コップの内側にあたって角氷がちりんちりんいった. **b** ちりんといわせて動く. **2** 《英方言》さっと動く, 立ち去る 〈*down, off*〉. **3** 《古》〈語・詩が〉押韻する (rhyme). ── *vt.* **1** ちりんと鳴らす; ちゃらちゃらいわせる: ~ glasses コップをかちんと触れ合わせて乾杯する. **2** 《古》〈言葉・詩〉の韻を合わせる (rhyme). **3** 《英方言》激しく叩く. **4** 〘冶金〙内部割れをひき起こす.

clink² [klíŋk] 〚← *Clink Prison* (London の Clink Street にあった刑務所)〛 *n.* 《口語》刑務所: in ~ 収監[投獄]されて.

clink·er¹ 《1656》← CLINK¹+-ER¹〛 ── *n.* **1** ちんと鳴るもの; ちんと鳴らす人. **2** 《英俗》すてきなもの, 一流のもの[人]: a regular ~ すばらしい物[人]. **3** 《米俗》 **a** へま, しくじり (boner). **b** 失敗作. **c** 調子はずれの音.

clin·ker² [klíŋkə | -kə(r] 《1641》 *klincard* ◻ Du. 《廃》 *klinkaard* 《原義》 one that clinks ← MDu. *klinken*: ⇨ clink¹〛 ── *n.* **1 a** クリンカーれんが《ほとんど完全に溶化したため形が一部ゆがんだり, または膨化した非常に硬く焼いたれんが; ドイツおよびオランダで造られている吸水率の小さい強度の大きな建築用れんが; clinker brick ともいう》. **b** (炉の中にできる)不溶解物の固まり, 金くそ. **c** (セメント製造の)クリンカー, 焼塊《これを砕いてセメントにする》. **2** 《古》オランダで造られたクリンカーれんがの一種 (Dutch clinker). **3** 〘地質〙表面がとげとげした溶岩塊. ── *vi.* クリンカーになる. ── *vt.* **1** クリンカーにする. **2** …からクリンカーを取り除く.

clínker-bùilt 〚*clinker*: ← 《北部方言》 *clink* (《変形》 ← CLINCH)+-ER¹〛 *adj.* 〘造船〙〈船が〉(船側の外板が)よろい張りの.

clínker pláting *n.* 〘造船〙よろい張り《船体外板(時には甲板)の張り方の一種; 隣の板と端が重なり合う方式》.

clínker stràke *n.* 〘造船〙よろい張り用の板[鋼板].

clínker wòrk *n.* 〘造船〙よろい張り方式.

clink·et·y-clank [klíŋkɪtiklǽŋk, -kə- | -tɪ-] 《変形》 ← CLINK-CLANK〛 *n.* がちゃんがちゃん《タイヤのチェーンなどの音》.

clínk·ing *adj.* **1** ちりんちりん鳴る. **2** 《俗》すてきな, すばらしい. ── *adv.* 《俗》すてきに, とても (very): a ~ good fellow.

clínk·stòne *n.* 〘岩石〙響岩 (⇨ phonolite).

cli·no- [kláɪno(ʊ), -nə | -nə(ʊ)] 〚← NL ~ ← Gk *klínē* bed & *klīnein* to slope〛 ── 次の意味を表わす連結形: **1** 「斜面 (slope); 傾斜 (slant)」. **2** 〘植物〙「床 (bed)」. **3** 〘結晶〙「単斜晶系の (monoclinic)」. ★母音の前では通例 clin- になる.

cli·no·dome [kláɪnədòʊm | -nə(ʊ)dəʊm] 〚⇨ ↑, dome〛 *n.* 〘結晶〙斜軸庇面(ひさしめん)《単斜晶系で斜軸に平行な庇面; cf. brachydome》.

cli·no·graph [kláɪnəgrӕf | -nə(ʊ)grɑ̀:f, -grӕf] *n.* **1** 〘鉱山〙クリノグラフ, 傾斜計《ボーリング孔, 井戸, 立坑などの傾斜, すなわち垂直からの偏りを測定するための装置》. **2** 〘製図〙クリノグラフ《二本の直線定規をつないで, あらゆる角度の線が引けるようにした製図器》. **cli·no·graph·ic** [klàɪnəgrǽfɪk | -nə(ʊ)-] *adj.*

cli·nom·e·ter [klaɪnɑ́mətə, klɪ-, klə- | klaɪnɔ́mɪtə(r, klɪ-, -mə-] *n.* 〘測量・地質〙クリノメーター, 傾斜儀[計]. **cli·nom·e·try** [klaɪnɑ́mətri, klɪ-, klə- | klaɪnɔ́mɪtri, klɪ-, -mə-] *n.*

cli·no·met·ric [klàɪnəmétrɪk | -nə(ʊ)-] *adj.* **1** 〘地質〙クリノメーター[傾斜計]の, クリノメーターで計った. **2** 〘鉱物〙結晶軸間に傾斜のある.

cli·no·mét·ri·cal [-rɪkəl, -rə- | -rɪ-] *adj.* =clinometric.

cli·no·stat [kláɪnəstæ̀t] 〚← CLINO-+-STAT〛 *n.* 〘植物〙クリノスタット, 植物回転器.

-cli·nous¹ [kláɪnəs] 〚← ? NL *-clinus* ← Gk *klínē* bed: ⇨ -ous〛〘植物〙「雄蕊(ずい)と雌蕊が…の花にある」の意の形容詞連結形: mono*clinous*, di*clinous*.

-cli·nous² [kláɪnəs] 〚⇨ -clinal, -ous〛「…から遺伝された」の意の形容詞連結形: matro*clinous*, patro*clinous*.

clin·quant [klíŋkənt] 《1591》◻ (M)F ~ (pres.p.) ← 《廃》 *clinquer* to clink, glitter ◻ ? Du. *klinken* 《古》 ── *adj.* ぴかぴかと光る; 安ぴか物で飾り立てた. ── *n.* **1** にせ金箔. **2** 安ぴか物 (tinsel).

Clint [klínt] 《dim.》← CLINTON〛 *n.* 男性名.

Clin·ton [klíntn, -tən | -tən] 〚← ? ME *clint* cliff+-TON: もと地名, 家族名〛 *n.* 男性名.

Clinton, De Witt [dɪwít, də-] *n.* (1769–1828) 米国の法律家・政治家; New York 州知事; Erie 運河開鑿(さく)の尽力者.

Clinton, George *n.* (1739–1812) 米国の政治家; 副大統領 (1805–12).

Clinton, Sir **Henry** *n.* (1738?–95) 英国の将軍; 米国の独立戦争当時の派遣軍総司令官 (1778–81).

clin·to·ni·a [klɪntóʊniə | -táʊnɪə, -njə] 〚← NL ~ ← *De Witt Clinton* (↑): ⇨ -ia¹〛 ── *n.* 〘植物〙ツバメオモト《ユリ科ツバメオモト属 (*Clintonia*) の植物の総称; ツバメオモト (*C. udensis*), *C. andrewsiana* などで, 高山に生える》.

Cli·o [kláɪoʊ | -əʊ] 〚◻ L *Cliō* ◻ Gk *Kleiṓ* ← *kleíein* to make famous, celebrate〛 ── *n.* **1** 女性名. **2** 〘ギリシャ神話〙クレイオ《歴史を司る; cf. Muse 1》. **3** (*pl.* **~s**) クリオ賞《年一度 American TV & Radio Commercial Festival においてラジオやテレビの優れたコマーシャルに与えられる小型の像》.

Cli·on·i·dae [klaɪɑ́nədi:, -óʊn- | -ɔ́n-, -áʊn-] 〚← NL ~ ← *Clione* (属名: ↑)+-IDAE〛 *n. pl.* 〘貝類〙ハダカ

カメガイ科《無殻の浮遊性翼足類》.

clip¹ [klíp] 〖OE *clyppan* to embrace < (WGmc) *kluppjan (OFris. *kleppa*) ← IE *gleb- to stick ← *gel-: ⇨ cleave²〗 ── *n.* **1 a** (紙・書状などをはさむ)クリップ・はさみ金具, 紙ばさみ: a tie ～ ネクタイ留め. **b** (万年筆などの)留め金具. **c** (クリップ留めの)装身具《ブローチ, イアリングなど》. **2** 蹄鉄の上部表面の突縁. **3** =cartridge clip. **4** 《古・方言》抱擁 (embrace). **5** 〖造船〗クリップ, 短山形材《鋼材の接合に当たって, ボルトやナットなどによらずはさみつける形に使う短尺の L 字材; lug ともいう》. **6** 〖外科〗クリップ《止血用, また創傷縫合用》. **7** 〖アメリカンフットボール〗クリッピング《反則行為; ⇨ clipping²》. ── *v.* (**clipped; clip·ping**) ── *vt.* **1 a** しっかりつかむ (clutch). **b** クリップで留める. **2** すっかり取り囲む (encircle). **3** 《古・方言》抱く, 抱きしめる (embrace). **4** 〖アメリカンフットボール〗クリッピングする. ── *vi.* 〖アメリカンフットボール〗クリッピングする.

clip on クリップで留められる: The brooch ～*s on* to the coat. そのブローチは衣服にクリップで留められる.

clip² [klíp] 〖《?c1200》□ ON *klipp-a* to nip off《擬音語》?〗 ── *v.* (**clipped; clipped, clipt** [klípt]; **clip·ping**) ── *vt.* **1 a** 〈毛・小枝などを〉はさみで切る, 摘む 〈*off, away*〉; 〈芝生などを〉刈る, 刈り取る: ～ a string in two 糸を二つに切る / ～ the hair of a poodle プードルの毛を刈る / ～ a lawn 芝生を刈る. **b** 〈生垣・庭木などを〉刈り込む. **c** 〈頭髪・馬・羊などの〉毛を刈る (shear): ～ a person's head close / ～ a sheep, horse, poodle, etc. **d** 〈金・銀貨のふちを〉削り落とす. **2 a** (使用済みを示すために)〈切符〉の一部を切り取る, もぎる. **b** 〈切符〉に穴をあける. **3** 《米》〈新聞・雑誌などを〉切り抜く. **4 a** 切り縮める, 切りつめる; 縮小する, 削減する: ～ one's power 権力を縮小する / ～ one's visit 滞在期間を短縮する / ～ prices 値引きする. **b** 〖言語〗〈言葉・音を〉省略する, 切りつめて落とす (cf. clipping¹ 3): ～ one's g's 語の最後の g (音)を落とす《clippin' [klípɪn] における ように g を書かないこと, また[ŋ]を発音しないこと》. **5** 《口語》…にパンチをくらわせる, ぶんなぐる: ～ a person with a hook 人にフックをくらわせる. **6** 《俗》**a** (法外な値をふっかけて)〈人〉から金を巻き上げる; だます, ごまかす, いんちきする: He was ～*ped for* 100 dollars in a night club. ナイトクラブで 100 ドル巻き上げられた. **b** 盗む. **7** すれすれに通る, かすめる: ～ the edge of a precipice. **8** 〖ラジオ・テレビ〗〈信号波形の上部または下部を〉一定のレベルで切りとる.
── *vi.* **1** 切り取る, 摘み取る. **2** 《米》(新聞・雑誌などの)切抜きをする. **3 a** 《口語》素早く進む, 疾走する. **b** 《古》早く飛ぶ.
── *n.* **1** (頭髪・羊毛などの)刈り込み. **2 a** 刈ら[切り取ら]れたもの. **b** 刈り取った羊毛. **c** (一回または一季に刈り取った)羊毛量 (cf. wool clip). **d** 《米》(新聞などの)切抜き. **e** 〖テレビ〗=film clip. **3 a** (二つ刃の)つめ切り. **b** [*pl.*] 《スコット》(羊毛などを刈る)大ばさみ (shears). **4** 《口語》強い一打ち (punch): a ～ on the ear 横びんた. **5** 《口語》速力: go at a good ～ 速力を早めて行く. **6** 《米口語》一回, 一度: at one ～ 一度で / at a ～ 一度に. **7** 〖言語〗=clipped form.

clíp·bòard *n.* クリップボード《一方の端で紙をはさむようになっている》: a ～ of papers.

clip-clop [klípklɑ̀p | -klɔ̀p] 〖《加重》← CLOP〗 *n.* (馬のひづめなどの)ぱかぱかいう音; (それに似た)リズミカルな足音 (clippety-clop): the ～ of horse's hooves. ── *vi.* ぱかぱかいう音を出す; リズミカルに歩く.

clíp-féd *adj.* 〈ライフルが〉挿弾子 (cartridge clip) から弾倉 (magazine) へ自動的に弾丸をこめられる, 自動装塡(てん)の.

clíp hòok *n.* クリップフック (⇨ sister hook).

clíp jòint 〖⇨ clip² (v.) 6〗 ── *n.* **1** 《俗》(法外な金を取る)クラブ, バー, キャバレー, 店(など). **2** 〖石工〗クリップジョイント《組積層の高さをそろえるために, 通常より厚くしたモルタル目地》.

clíp-òn 〖← *clip on* (⇨ clip¹ (v.) 成句)〗 *adj.* 〈メダルなど〉クリップで留め(られ)る, ピン付きの: a ～ brooch.

clipped *adj.* 摘まれた, 削り取られた: ～ money.

clípped fórm 〖⇨ clip²〗 ── *n.* 〖言語〗端折れ語, 短縮語, 省略語《例: zoo (← zoological gardens) / bike (← bicycle) / bus (← omnibus) / tec (← detective); cf. CURTAILED word》.

clípped gáble *n.* 〖建築〗=jerkinhead.

clípped wórd *n.* 〖言語〗=clipped form.

clíp·per 〖《a1338》: ⇨ clip² (v.)〗 ── *n.* **1 a** 刈り込む人, 刈り手. **b** 貨幣のふちを削りとって一部をくすねようとする不正な人. **2** [通例 *pl.*] はさみ, 毛刈りばさみ, 木ばさみ; バリカン: a hair ～ / a nail ～ つめ切り. **3 a** 早く走るもの. **b** 快速大型帆船《船首が尖って前方に突き出し, マストが後方に傾いている帆船; clipper ship ともいう》. **c** (以前に使われた)長距離快速飛行艇, 大型旅客機. **d** 足の速い馬; 速いそり. **4** 《俗》すばらしい人[物], 逸品. **5** 〖電子工学〗クリッパー《電気信号の波形を適当なレベルで切り取る回路》.

clipper 3 b

clípper bòw [-bàu] *n.* 〖海事〗クリッパー型船首《水面に向かって凹形に彎曲した水切り部をもつ船首》.

clípper-bùilt *adj.* 〖海事〗〈船が〉快速帆船式に造られた.

clip·pe·ty-clop [klípət̬iklɑ́p | -pɪtɪklɔ́p, -tə-] 〖《変形》← CLIP-CLOP〗 *n.* (馬のひずめなどの)ぱかぱかという音.

clip·pie [klípi | -pɪ] 〖← CLIP² + -IE 1〗 *n.* 《英口語》(バスの)女車掌 (conductress).

clíp·ping¹ 〖《c1250》〗 ── *n.* **1** はさみで切ること, 刈込み. **2 a** 切り[刈り]取ったもの. **b** [しばしば *pl.*] (草・小枝などの)はさみ取った端, 刈り取った毛. **c** 《米》(新聞・雑誌の)切抜き (《英》cutting): newspaper ～*s* 新聞の切抜き. **3** 〖言語〗**a** 省略, 切除, 端折り《通例末尾の部分を切り捨てて語を短縮すること; 例えば thousand, photograph をそれぞれ thousan', photo とするなど》. **b** 切除による接尾辞形成《通例ある語における接尾辞とそれに接する語幹の一部を切り取って新たに他の語のための接尾辞とすること; 例えば chandel*ier* の -lier を接尾辞として electro*lier* とするなど》. ── *adj.* **1** 刈り取る, 切り取る. **2** 《口語》早い, 快速の (swift). **3** 《俗》すてきな. **～·ly** *adv.*

clíp·ping² *n.* 〖アメリカンフットボール〗クリッピング《ボールを保持していない攻撃側選手に対して後方からブロックすること; 反則》.

clípping bùreau [sèrvice] *n.* 《米》切抜き提供・販売会社《新聞など出版物の切抜き記事を注文に応じて提供する会社》.

clip·py [klípi | -pɪ] *n.* 《英口語》=clippie.

clíp·shèet *n.* 〖新聞〗片面印刷をした新聞(紙面)[シート]《ニュース・特集記事・漫画などを切り取り, 再印刷に便利なように片面に印刷した新聞》.

clipt *v.* clip² の過去分詞.

clique [klíːk, klík | klíːk] 〖《1711》□ F ～ ← OF *cliquer* to make a noise《擬音語》: cf. claque〗 ── *n.* (排他的な)徒党, 派閥 (coterie): the military ～ 軍閥. ── *vi.* 《口語》徒党を組む.

cliqu·ey [klíːki, klíki | klíːkɪ] *adj.* (**more ～, cli·qui·er; -qui·est, most ～**) 徒党的な, 派閥的な, 党派心の強い.

clíqu·ish [-kɪʃ] *adj.* **1 a** 徒党的な, 派閥的な. **b** 排他的な (exclusive). **2** 徒党に分裂しがちな. **～·ly** *adv.* **～·ness** *n.*

cliqu·ism [klíːkɪzm, klík- | klíːk-] *n.* 徒党主義, 派閥心[根性].

cliqu·y [klíːki, klíki | klíːkɪ] *adj.* (**more ～, cli·qui·er; -qui·est, most ～**) =cliquey.

clist- [klaɪst] (母音の前に来る時の) clisto- の異形 (⇨ cleisto-).

clis·to- [kláɪstoʊ | -tə(ʊ)] =cleisto-.

clis·tog·a·my [klaɪstɑ́gəmi | -tɔ́gəmɪ] *n.* 〖植物〗=cleistogamy.

Clis·to·gas·tra [klɪ̀stəgǽstrə, klɪs-] 〖← NL ～: ⇨ cleisto-, -gaster〗 *n. pl.* 〖昆虫〗細腰亜目 (⇨ Apocrita).

clis·to·the·ci·um [klɪ̀stəθíːʃiəm, -ʃəm | -siəm, ʃɪəm] *n.* (*pl.* **-ci·a** [-siə, -ʃiə | -siə, -ʃɪə]) 〖植物〗=cleistothecium.

clit [klít] 〖略〗 *n.* 《卑》=clitoris.

C.Lit. 《略》Companion of Literature.

cli·tel·lum [klaɪtéləm, klɪ-, klə- | klaɪtél-, klɪ-] 〖← NL ～ ← L *clitellae* packsaddle〗 *n.* (*pl.* **-tel·la** [-lə]) 〖動物〗(ミミズ・ヒルなどの)環帯.

clit·o·ris [klít̬ərɪs, kláɪt-, -rəs | -tərɪs] 〖← NL ～ ← Gk *kleitoris* small hill ← IE *klei- 'to LEAN²'〗 *n.* 〖解剖〗陰核, クリトリス. **clit·o·ral** [klít̬ərəl, kláɪt̬- | -tə-] *adj.* **cli·tor·ic** [klɪtɔ́(ː)rɪk, klaɪ-, -tɑ́r- | -tɔ́r-] *adj.*

Clive [kláɪv] 〖《異形》← CLIFF: 家族名から〗 *n.* 男性名. ★ インド統治に関係ある家族に多い.

Clive, Robert *n.* (1725–74) 東インド会社の一事務員から身を起こした英国の軍人・政治家; 1757 年 Plassey の戦に勝ってインドにおける英国の支配権を確立し, 初代ベンガル知事をつとめた (1758–60); Baron Clive of Plassey.

cliv·ers [klívəz | -vəz] *n.* (*pl.* ～) 〖植物〗=cleavers.

clk. 《略》clerk; clock.

clo·a·ca [kloʊéɪkə | kləʊ-] 〖《1656》□ L *cloāca* sewer ← OL *cluere* to cleanse, purge ← IE *kleu- to wash, clean (Gk *klúzein* to wash)〗 ── *n.* (*pl.* **-a·cae** [-éɪkiː, -éɪsiː]) **1** 下水 (sewer), 暗渠(きょ). **2** 便所 (privy). **3** (醜悪・淫行の行なわれる)魔窟. **4** 〖← NL ～ ← L〗〖解剖〗排泄腔; 腐骨瘻(ろう)管. **5** 〖動物〗総排出腔[泄腔], 排出腔《消化管の終末節で生殖輸管と輸尿管を同時に開口する腔所》. **clo·á·cal** [-kəl] *adj.*

cloak [klóʊk | kláʊk] 〖《1293》*cloke* □ OF *cloque* < ML *cloccam* bell (形の類似から): CLOCK¹ と二重語〗 ── *n.* **1** ゆったりとした外套[オーバーコート], マント (mantle). **2 a** おおい隠すもの (covering): under a ～ of snow 雪におおわれて. **b** 偽装 (pretense), 口実 (disguise). **3** [*pl.*] 《英・婉曲》=cloakroom 4.

under the cloak of …の口実の下に, の仮面をかぶって, …にかこつけて: *under the* ～ *of* night 夜の暗闇に乗じて / *under the* ～ *of* charity [religion] 慈善[宗教]の美名に隠れて.

cloak 1

── *vt.* **1 a** …に外套を着せる: ～ oneself マントを着る / ～ a person. **b** (…で)おおう 〔*with*〕: a field ～*ed with* snow 雪でおおわれた野原. **2** おおい隠す: ～ one's ignorance under a confident manner 自信のありそうな風をして無知を隠す / The conference was ～*ed* in secrecy. その会議は秘密のベールに包まれていた.

clóak-and-dágger *adj.* **1** =cloak-and-sword. **2** 陰謀の, 諜報(ちょう)の: ～ work [boys] 諜報活動[部員].

clóak-and-swórd 〖《なぞり》← Sp. (*comedias de*) *capa y espada* 《原義》(comedies of) cloak and sword〗 ── *adj.* 冒険とロマンの, 活劇調の, ちゃんばら劇の《マントを身にまとって剣を振るったりする人物が活躍する冒険と陰謀とロマンスの物語や劇などについていう》: ～ fiction, plays, etc.

clóak·ròom *n.* **1 a** (訪問中に)外套などを置く部屋. **b** (ホテル・劇場・クラブなどの)外套類[携帯品]預り所, クローク. **2** 《米》(議会の)議員休憩室 (cf. lobby 2 a). **3** 《英》(駅の)手荷物一時預り所. **4** 《英・婉曲》便所 (lavatory) 《cloaks ともいう》.

clob·ber¹ [klɑ́bə | klɔ́bə(r)] 〖← ?〗 ── *vt.* 《俗》**1 a** 容赦なく打つ; なぐり倒す. **b** …に激突する. **2 a** (圧倒的に)打ち負かす. **b** …に大きな打撃を与える, 痛めつける. **c** 酷評する.

clob·ber² [klɑ́bə | klɔ́bə(r)] 〖《変形》? ← CLOTHES〗 《俗》 *n.* [集合的] 衣服; 装具 (gear). ── *vt.* 〈着物を〉着る.

clob·ber³ [klɑ́bə | klɔ́bə(r)] 〖← ? 《廃》～ 'to patch, paste to fill cracks' □ Sc.-Gael. *clābar* mud〗 ── *n.* 皮革の透(す)き目を塗りかくすのに用いる糊. ── *vt.* **1** 〈磁器, 特に染付け〉に上絵付けする. **2** 《廃》修理する (mend).

clóbbered chína *n.* 新しく彩飾しなおして新品のようにした古い磁器《特に, 中国の古い磁器に英国で彩飾しなおしたもの》.

clób·ber·er [-bərə | -rə(r)] 〖⇨ clobber³〗 *n.* 《英》靴修理人, 着物を直す人.

clo·chard [klóʊʃəd, kloʊʃɑ́ə | kláʊʃəd, klə(ʊ)ʃɑ́ː(r); *F.* klɔʃaːr] 〖□ F ～ ← *clocher* to limp: ⇨ -ard〗 *F. n.* (*pl.* **～s** [～z; *F.* ～]) 宿なし, 無宿者, 放浪者 (vagrant).

cloche [klóʊʃ, klɑ́ʃ, klɔ́(ː)ʃ | klɔ́ʊʃ, klɔ́ʃ; *F.* klɔʃ] 〖□ F ～ 'bell' < ML *cloccam* (↓)〗 ── *n.* **1** (園芸植物の促成用)釣鐘形のガラスおおい. **2** クローシュ《釣鐘形をした婦人帽; cloche hat ともいう》.

clock¹ [klɑ́k | klɔ́k] 〖《c1370》□ MDu. *clocke* clock, bell □ ONF *cloque* bell (F *cloche*) < ML *cloccam* bell □ ? Celt. *klokkā 《擬音語》: CLOAK と二重語〗 ── *n.* **1** クロック, 時計《携帯用でなく定姿勢で使用するように作られている時計; 掛時計・柱時計・置時計など; cf. watch》: an eight-day ～ 八日巻き時計 / a musical ～ オルゴール時計 / like a ～ (時計のように)正確に, 規則正しく / set [regulate] a ～ by the siren 時計をサイレンに合わせる / set a ～ going 時計を動くようにする[動かす] / wind (up) a ～ 時計(のぜんまい)を巻く / when one's ～ strikes 一生の終わりを告げる時 / He is always watching the ～. (帰ることなどを考えて)いつも時計ばかり見ている / What of the ～? 《古》何時ですか. **2 a** 《口語》指示計器, (自動)記録器《スピードメーター・タクシーメーターなど》. **b** 《米》タイムレコーダー (time clock). **c** ストップウォッチ (stopwatch). **3** (タンポポの)綿毛のような頭 (pappus): dandelion ～*s*. **4** 《俗》**a** 人の顔. **b** 顔をなぐること, 顔面へのパンチ (punch). **5** 〖電算機〗クロック《電子計算機を動作させるために周期的に生じるパルス列》. **6** [the C-] 〖天文〗とけい(時計)座 (⇨ Horologium).

against the clock =*against* TIME. ***around the clock*** 《米》=*round the* CLOCK. ***beat the clock*** 期限前に仕事を終える. ***enough to stop a clock*** 《口語》〈顔など〉非常に醜い. ***kill the clock*** 〖スポーツ〗(ボールなどをキープして時間をかせいで)残された試合時間をできるだけ使う. ***put [set, turn] back the clock*** = ***put [set, turn] the clock back*** (1) 時計の針を戻す. (2) 昔に立ち帰(って旧習などを復活させ)る. (3) 時代に逆行する. ***round the clock*** (1) 24[12] 時間ぶっ通しで, 四六時中. (2) 休みなく. ***run out the clock*** 〖スポーツ〗=*kill the* CLOCK. ***the clock around*** 《米》=*round the* CLOCK. ***the clock round*** 《英》=*round the* CLOCK. ***watch the clock*** (1) 時計ばかりながめている. (2) 退出時間ばかり気にしている (cf. clockwatcher).

── *vt.* **1** 時計で…の時間を計る[確かめる, 記録する]. **2** 《口語》(ストップウォッチで)〈走者・競技など〉のタイムを計る; (タイムを計って)…の記録を出す, の記録を測る: He ～*ed* 10.3 seconds for …に 10 秒 3 の記録を出した. **3** (指示計器で)記録する, 測定する 〈*up*〉. **4** 《俗》なぐる (hit). ── *vi.* タイムレコーダーで時間を記録する (punch).

clock in [on] 〈工員などが〉(タイムレコーダーで)始業の時間を記録する, 出勤時間を記録する; 出勤する.

clock out [off] 〈工員などが〉(タイムレコーダーで)終業の時間を記録する, 退出時間を記録する; 退出する.

clock² [klɑ́k | klɔ́k] 〖← ? CLOCK¹: 鐘の形から〗 *n.* (靴下の両側または足首のところに施した)縫取飾り. ── *vt.* 〈靴下〉に縫取飾りを施す. **clocked** *adj.*

clóck·er *n.* **1** (試走時)競走馬の速さを計る人. **2** 競馬のタイム計測担当係; 時計記録係. **3** (車や人の流れなどを)記録する人; 交通記録者.

clóck·fàce *n.* 〖時計〗文字板 (dial).

clóck gòlf *n.* 〘ゴルフ〙クロックゴルフ《パッティングだけのゴルフでカップは一つ, 離心円上の 12 の tee 位置からボールを打つ》.
clóck hòur *n.* 60 分単位の授業時間 (cf. hour 6 a).
clóck jàck *n.* ＝jack[1] 13.
clóck·lìke *adj.* 時計のような; 正確な (punctual).
clóck·màker 〘ME〙 *n.* 時計師, 時計工, 時計製造[修理]人.
clóck plànt *n.* 〘植物〙＝telegraph plant.
clóck-pùlse *n.* 〘電子工学〙クロックパルス, 調歩パルス《電子回路等の動作速度を定めたり, いくつかの装置を同期的に運転する目的のパルス状の電気信号》.
clóck ràdio *n.* タイマー[時計]付きラジオ.
clóck tòwer *n.* 時計塔[台].
clóck wàtch *n.* 時打ち懐中時計.
clóck wàtcher *n.* **1** 時計ばかりながめて仕事[勉強]に熱を入れない人[学生]. **2** 退出時間がくるとさっと仕事をやめる人. **clóck-wàtching** *n.*
clóck·wìse *adj., adv.* 時計の針と同じ方向の[に], 時計回りの[に], 右回りの[に] (cf. counterclockwise).
clóck·wòrk *n.* **1** 時計仕掛け: (as) regular as ~ (時計仕掛けのように)規則正しい[く]. **2** ぜんまい仕掛け. **3** 時計[ぜんまい]仕掛けでできた[作動する]もの. ***like clockwork*** (時計仕掛けのように)極めて規則正しく; 正確に.
— *attrib. adj.* 時計[ぜんまい]仕掛けの(ような): a ~ toy / with ~ precision ぜんまい仕掛けのように正確に.
clod [klɑ́(ː)d | klɔ́d] 〘OE *clod-* (cf. *clodhamer* fieldfare) 《変形》← *clott* 'CLOT'〙 — *n.* **1 a** (土などの)塊, 土くれ (lump); 〘土壌〙土塊(㋟), (耕耘(㋖)など人間の作用でできる土の塊; cf. ped): a ~ of earth 一塊の土. **b** [the ~] 土 (soil, earth). **c** 土くれのようなもの, 肉体: this corporeal ~ この卑しい肉体. **2** ＝clodhopper. **3** (牛の)肩肉, クロッド (⇨ beef 挿絵). **4** [通例 *pl.*] 《英俗》銅貨.
— *v.* (**clod·ded**; **clod·ding**) — *vt.* **1 a** …に土くれを投げつける. **b** 《方言》土くれを投げて追い払う. **2** 《英俗》激しく投げる (hurl). — *vi.* 土くれになる.
clod·dish [klɑ́dɪʃ | klɔ́d-] *adj.* **1** 重苦しく元気のない, だるい. **2** 鈍重な, のろまの. **~·ly** *adv.* **~·ness** *n.*
clod·dy [klɑ́di | klɔ́dɪ] *adj.* **1** 土塊の多い[ような]. **2** 〈犬が〉丈が低くずんぐりして比較的重い. **clód·di·ness** *n.*
clod·hop·per [klɑ́dhɑ̀pə | klɔ́dhɔ̀pə(r)] 〘GRASSHOPPER にならった造語〙 — *n.* **1 a** 農夫, 百姓; (気のきかない)田舎者. **b** のろま, 鈍重な男. **2** [通例 *pl.*] 《口語》(農夫のはくような)大きくて重い靴, どた靴.
clod·hop·ping [klɑ́dhɑ̀pɪŋ | klɔ́dhɔ̀pɪŋ] *adj.* **1** 粗野な, がさつな, 無作法な. **2** 百姓[農夫]に向いた.
clód·pàte *n.* ばか者, 間抜け (blockhead).
clód·pòle *n.* ＝clodpate.
clód·pòll *n.* ＝clodpate.
clo·fi·brate [klo(ʊ)fáɪbreɪt, -fɪ́b- | klə(ʊ)-] 〘← ? C(H)LO(RINE)＋FIB(E)R＋(PROPION)ATE〙 — *n.* 〘薬学〙クロフィブレート ($C_{12}H_{15}O_3Cl$)《過コレステリン血症 (hypercholesterolemia) の治療に使用される》.
clog [klɑ́(ː)g, klɔ́(ː)g | klɔ́g] 〘(*a*1325) ← ?〙 — *n.* **1 a** (獣や人の脚にくくりつけて自由な行動を妨げる)おもり, 枷(㋕). **b** 《古》邪魔物, 障害: a ~ *on* [*upon*] one's movement. **2** [通例 *pl.*] 木底靴, 木靴: a pair of ~*s*. **3** ＝clog dance. **4** ＝clog almanac. **5** 《英方言》丸太 (log). — *vt.* (**clogged**; **clog·ging**) — *vt.* **1 a** 〈獣の脚〉におもりをつける: ~ a horse. **b** 邪魔する, 妨害する; …の動き[発達]を阻害する: ~ one's movements. **c** 〈心配・不安などが〉〈心・気分を〉重くさせる, …の動きを鈍くさせる: Fear ~*ged* his mind. 不安で彼の心がふさいだ. **2 a** (油・ねばねばしたものなどがたまって)〈機械を〉動かなくする: The machine got ~*ged* by thick oil and dirt. 機械は油の塊とごみで動きが悪くなった. **b** 〈管などを〉詰まらせる, ふさぐ 〈*up*〉. **3** 混み過ぎる, 詰め過ぎる: The street was ~*ged with* cars. 通りは車でぎっしりだった. **4 a** …に木靴をはかせる. **b** 〈靴〉に木底を付ける. — *vi.* **1** 〈管などが〉詰まる, ふさがる 〈*up*〉: ~ easily. **2** ねばつく, くっつく. **3 a** 木靴ダンス (clog dance) を踊る. **b** 木靴をはいて歩く; 重々しく歩く.
clóg àlmanac *n.* 棒ごよみ《角棒の四面[四稜]に切りかきや rune 文字を刻み付けた北欧の昔の暦; runic staff, runestaff ともいう》.
clóg dànce *n.* 〘ダンス〙木靴ダンス《木靴で拍子を取って踊る; cf. tap dance》. **clóg dàncer** *n.* **clóg dàncing** *n.*
clog·gy [klɑ́gi, klɔ́(ː)gi | klɔ́gɪ] *adj.* **1** 邪魔になる. **2 a** かたまり[こぶ]だらけの. **b** べたつく. **3** 詰まりやすい.
cloi·son·né [klɔ̀ɪzənéɪ, kluɑ̀ː-, -zn̩- | klɔɪzɔ́neɪ, klwɑ-; *F.* klwazɔne] 〘□F ~ (p.p.) ← *cloisonner* to partition ← *cloison* partition〙 — *adj.* (有線)七宝(㋛)の《金属の細いリボンで地を仕切り, その中に七宝を焼きつけた; cf. champlevé》: ~ work [ware] (有線)七宝細工, (有線)七宝. — *n.* (有線)七宝.
clois·ter [klɔ́ɪstə | -tə(r)] 〘(*a*1225) □ OF *cloistre* 《変形》← *clostre* < ML *claustrum* room in a monastery, L lock, a place shut up ← *claudere* 'to CLOSE[1]': OF の変形は *cloison* partition (⇨ cloisonné) の影響〙 — *n.* **1 a** (修道院・大学などで中庭を囲んだ四角形の)歩廊, 回廊, クロイスター. **b** (道路に沿った)屋根のある通路, アーケード (arcade). **2 a** 修道院, 僧院. **b** [the ~] 修道院生活, 隠遁生活. **c** 禁域《ここから一般信者は入るべからずとの指示》. **3** (修道院のように)静かな隠れた場所. **4** [the Cloisters] クロイスターズ《米国 New York 市北部, Hudson 河畔にある中世美術館; Metropolitan 美術館の分館で, スペインの修道院を解体し再建したもの》.
— *vt.* **1 a** 修道院に閉じ込める. **b** 世間から隔離する, 引きこもらせる (seclude): ~ oneself in a study 書斎に閉じこもる. **2** …に歩廊 (cloister) を付ける, 歩廊[回廊]で取り囲む.
clois·ter·al [klɔ́ɪst(ə)rəl] *adj.* ＝cloistral.
clóis·tered *adj.* **1 a** 修道院[僧院]にこもった. **b** 世を避けた, 世間とは没交渉の. **c** 書斎[研究室]に閉じこもって仕事に没頭する. **2** 回廊 (cloister) のある.
clóistered árch [váult] *n.* ＝cloister vault.
clóister gàrth *n.* 回廊 (cloister) に囲まれた中庭, 回廊中庭.
clóister vàult *n.* 〘建築〙クロイスターヴォールト, 四阿穹窿《正方形平面などの上に半円筒形を直交させた形の架構で, ドーム状の天井をなすもの; cf. groin vault》.
clois·tral [klɔ́ɪstrəl] *adj.* **1** 修道院の; 修道院を思わせる, 修道院のような. **2** 世間を離れた, 隠遁した.
clois·tress [klɔ́ɪstrɪs, -strəs] *n.* 《廃》(主として禁域 (cloister) 内にのみ生活し, 外へ出ない観想修道会の)修道女.
cloke [klóuk | kləuk] *n., vt.* 《古》＝cloak.
clo·ky [klóuki | kləukɪ] *n.* ＝cloque.
clomb 〘ME *clombe(n)* < OE *clumbe(n)*〙 *v.* 《古・方言》climb の過去形・過去分詞.
clo·mi·phene [klɑ́məfìːn, klóum- | klɔ́m-, kləum-] 〘《短縮》← CHLORAMIPHENE: ⇨ chloro-, amido-, pheno-〙 — *n.* 〘薬学〙クロミフェン《排卵誘発剤; clomiphene citrate ともいう》.
clomp [klɑ́mp | klɔ́mp] *vi., n.* ＝clump[2] *vi., n.* 1.
clone [klóun | kləun] 〘□ Gk *klṓn* slip, twig〙 — *n.* (*also* **clon** [klóun, klɑ́(ː)n | kləun, klɔ́n]) **1** 〘植物〙クローン, 栄養系, 分枝群《単一原種から発生した栽培植物個体の群属, また単性生殖体から無性生殖的に発生した群属; cf. ramet》. **2** 〘生物〙クローン, 分枝系《単一個体または細胞から無性生殖により生じた遺伝的に同一な個体群または細胞群; cf. stock 17》. — *vt.* …にクローンを発生させる. **clo·nal** [klóunl̩ | kləu-] *adj.* **cló·nal·ly** *adv.*
clo·nic [klóunɪk, klɑ́n- | kləun-, klɔ́n-] 〘⇨ clonus, -ic[1]〙 *adj.* 〘病理〙〈痙攣が〉間代(㋕)性の (cf. tonic 6).
clo·nic·i·ty [klo(u)nísəṭi, klɑ- | klə(u)nísətɪ, klɔ-, -sɪ-] *n.* 〘病理〙間代痙攣性.
clonk [klɑ́ŋk, klɔ́(ː)ŋk | klɔ́ŋk] 〘《変形》← CLANK〙 — *n.* どーん, がーん《中空で堅い物と堅い物がぶつかった時の音》. — *vi.* どーん[がーん]と音がする. — *vt.* **1** どーん[がーん]といわせる. **2** 《口語》打つ (hit).
clo·nus [klóunəs | kləu-] 〘← NL ~ ← Gk *klónos* violent motion, tumult〙 *n.* 〘病理〙クロ(ー)ヌス, 間代(㋕)《急激で断続的に反覆する筋肉の攣縮(㋹)》.
cloop [klúːp] 〘擬音語〙 *n.* (コルクの栓を抜く時の)ぽん(という音). — *vi.* ぽんという.
cloot [klúːt] 〘↓〙 *n.* 《スコット・北英》＝clootie.
cloot·ie [klúːṭi | -tɪ] 〘《スコット》～ (dim.) ← *cloot* cloven hoof ← ? ON: cf. ON *klō* 'CLAW'〙 — *n.* 《スコット・北英》**1** (豚や羊の)分趾蹄(㋟). **2** 〘悪魔には割れたひづめがあるとの伝説から〙[C-] 悪魔, サタン.
Cloots [klóuts | kləuts; *F.* kloːts, klɔts], **Baron de** *n.* クローツ (1755–94; プロイセン生まれのフランス革命当時の革命家; Robespierre と対立し処刑される; Anacharsis Cloots, Jean Baptiste du Val-de-Grace [ʒɑ̃batist dy valdəgrɑːs]).
clop [klɑ́p | klɔ́p] 〘擬音語〙 *n.* ぱかっぱかっ《馬のひづめの音》.
clop-clop [klɑ́pklɑ̀p | klɔ́pklɔ̀p] 〘擬音語〙 *n.* ぱかっぱかっ《馬のひづめの音》. — *vi.* ぱかっぱかっという音を出す.
clo·que [kloukéɪ, ─ ─ | kləukéɪ, ─ ─; *F.* klɔke] 〘□ F *cloqué* ← (p.p.) ← *cloquer* to become blistered ← 《方言》*cloque* bell〙 — *n.* (*also* **clo·qué** [~]) クロッケ《布の表面に凹凸のある織地》.
Clo·rin·da [klɔːríndə, kloːr- | klɔːr-] 〘□ It. ~: Tasso 作 *Jerusalem Delivered* の登場人物の名〙 *n.* 女性名.
clos·a·ble [klóuzəbl̩ | kləuz-] *adj.* 閉めることができる, 閉鎖可能の.
Clos de Vou·geot [klóu-də-vuːʒóu | kləu-də-vuː-ʒəu; *F.* klodvuʒo] 〘□ F ~ 《原義》vineyard of Vougeot〙 — *n.* クロドヴジョ(ワイン)《Burgundy 産の風味のある赤ぶどう酒》.
close[1] [klóuz | kləuz] 〘v.: (*c*1280) □ (O)F *clos-*, *clore* < L *claudere* to shut ∽ OE *clȳsan* to enclose ← *clūse* barrier □ ML *clūsa*＝L *clausum* (p.p.) ← *claudere* ← IE **klēu-* hook, peg (L *clāvis* key / Gk *kleis*). —n.: (*c*1399) ← (v.)〙 — *vt.* **1 a** 〈戸・門・窓・目・口などを〉閉じる, 閉ざす: ~ a door, gate, window, etc. / ~ shutters / ~ one's mouth, lips, eyes, etc. / ~ one's parent's eyes (臨終に付き添って)親の両眼をふさぐ / ~ a person's eye (打って)人の目を(はれ上がらせて)ふさがらせる / His eyes are ~*d*. 彼の両眼は閉じた《死んだ》/ My mouth is ~*d*. 私は口をきいてはいけない《口止めされている》. **b** 〈場所〉への通行[入場]をしめ出す[停止する], 遮断する, 閉鎖する; 近づけない: ~ the street for repairs 改修のため道路を閉鎖する / ~ the woods to hikers ハイカーたちに森への立ち入りを禁止する / The bridge is ~*d* to traffic. あの橋は通行禁止になっている. **c** 〈心を〉閉ざす: He ~*d* his mind to my warning. 彼は私の警告に耳を借さなかった. **d** …に境界を作る; さえぎる, 見えなくする: ~ a view. **e** 〈店・事務所・役所・学校・港など〉の業務を停止する, 休業する: ~ one's business on Sundays 日曜日には店を閉じる / The mist ~*d* the airport. 霧のため空港は閉鎖された / The school was ~*d* because of the flu. インフルエンザで学校は休校になった / *Closed* today. [掲示] 本日休業 / The shop is ~*d* for a month. その店は1か月休業する. **2 a** 〈穴などを〉ふさぐ 〔*with*〕: ~ the cracks *with* plaster ひび割れをしっくいでふさぐ / ~ a gap すき間を詰める. **b** 〈引出しを〉しめる: ~ a drawer. **c** 〈箱など〉のふたをする: ~ a box. **d** 〈傷口などを〉くっつける, ふさぐ: ~ a wound 傷を縫合する. **e** しっかりつかむ, 握る: ~ one's fist こぶしを握る / ~ one's purse to … に対して金を出すことを拒む. **3 a** 〈事務・仕事・課業・話などを〉終える, 終了する, 済ます, おしまいにする, 締め切る: ~ one's course of lectures, one's speech, etc. / ~ one's letter 手紙を結ぶ / ~ subscription 寄付を締め切る / ~ an account with a tradesman 商人と取引を止める / ~ a discussion 〈議長などが〉討論を終結させる / ~ one's career [life, days] 一生を終える / ~ the books 決算する / That chapter is ~*d*. その話はそれで終わりだ. **b** 〈商談・契約などを〉まとめる, 取り決める: ~ a deal, bargain, etc. **4** 《古》取り囲む: Darkness ~*d* her round. 暗闇が彼女のまわり一面を取り囲んだ. **5** 〘電気〙閉じる, 入れる: ~ a circuit [an electric current] 回路を閉じる[電流を通じる]. **6** 〘海事〙〈船が〉〈他の船・岸など〉に迫る, 肉迫する, 接近する. **7** 〘ゴルフ・野球〙(ボールを打つ時に)〈足の位置を〉クローズドスタンスに変える (cf. closed stance).
— *vi.* **1** 〈戸・目・花などが〉閉じる, 締まる, ふさがる: His eyes ~*d* upon the world. 彼の目が閉じて(死んで)この世の見納めとなった / The door won't ~ tight. その戸は堅くしまらない. **2 a** 〈手・指が〉〔…を〕しっかりと握る 〔*on, upon*〕: His fingers ~*d upon* the dagger. 彼の指は短剣を握りしめた / His hand ~*d on* my arm. 彼の手が私の腕を握った. **b** 〈唇・両あごがくっつく, 閉じる: I saw her lips ~ firmly. 彼女の唇が堅く閉じられているのを見た. **c** 〈傷口が〉ふさがる, 癒着(㋳)する. **d** 〔…の上を〕閉じ込める, 四方からおおう 〔*over*〕: The clouds ~*d over* the moon. 雲が月をおおい隠してしまった. **3 a** 終業する, 閉店する, 閉会する, 閉場する: The store ~*s* at 7 p.m. 店は午後 7 時に閉める. **b** 〈芝居が〉打上げになる, はねる. **4 a** 〈仕事・話などが〉済む, 終わる, 果てる. **b** 演説[話]を終わる, 話を結ぶ: He ~*d* with these words. こう言って話を終わった. **c** 契約を締結する; 〔…と〕契約する 〔*with*〕: ~ *with* a businessman. **5 a** 〔…に〕近寄る, 接近する, 迫る 〔*with*〕: The ship was *closing with* the harbor. 船が港に近づいていた / The obscurity in the air and the obscurity in the land ~*d together*. 大気の暗さと大地の暗さが寄り合った. **b** 〔…と〕接(近)戦をする, つかみ合いになる 〔*with*〕: ~ *with* the enemy. **6** 〘軍事〙集合する; 〈隊列が〉密集する, 寄る, (間隔・距離を)詰める: ~ right [left] 〈隊列が〉右[左]に詰める. **7** 〘証券〙〔…の〕終わり値を付ける, 〔…で〕引ける 〔*at*〕: The stock ~*d at* 55. その株式は 55 ドルで引けた / Steels ~*d* high. 鉄鋼株が高値で引けた. **8** 〘競馬〙先行馬との差をつめる, 追い込む. **9** 〘トランプ〙(sixty-six などで)山札閉鎖の宣言をする《以後は山札からカードを引くことができない》. **10** 〘ダンス〙クローズする (⇨ *n.* 6).
close down (*vt.*) 閉鎖する, 閉ざす; 停止する. (*vi.*) (1) 〔…を〕抑圧する, 制御する, しめ出す 〔*on*〕: The law ~*d down on* gambling. 法律はかけごとを禁止した. (2) 〈夜が〉迫る; 〈霧などが〉降りてくる. (3) 店じまいする, 廃業する. (4) 《英》〈放送・放映が〉終了する. ***close in*** (*vi.*) (1) 囲む (enclose). (2) 〈敵などが〉〔…に〕押し寄せて[迫って]来る 〔*on, upon*〕: The enemy ~*d in on* the coast. 敵は海岸に押し寄せてきた. (3) 〈日が〉だんだん短くなる; 〈夜・闇などが〉迫る 〔*on, upon*〕: Dusk ~*d in upon* the mountains. 夕闇が山並みに迫って来た. (*vt.*) (1) 閉じこめる, 囲む; 包みこむ. (2) 〈油井〉の流出を止める. ***close off*** (1) 孤立させる. (2) …の流れを止める. ***close out*** 《米》(*vt.*) (1) 〈品物を〉処分する, 売り払う; 売る: a *closing-out* sale 見切売, 蔵払い大売出し. (2) 〈業務を〉閉鎖する; 〈店を〉閉じる. (3) 排除する. (4) 終える, 終結させる. (*vi.*) (1) 店じまいする. (2) 勘定を締め切る. ***close up*** (*vt.*) (1) ふさぐ, 密閉する. (2) 終演にする, 打止めにする. (3) 《米》〈営業などを〉停止する. (4) 《米》…にけりをつける: ~ *up* one's affairs. (5) 〘印刷〙(込め物などを抜いて)〈語間・行間を〉詰める; 〈分割原稿で組んだものを〉一つにまとめる, 集める. (*vi.*) (1) 〈列の人々が〉寄る, 密集する; 近寄る. (2) 〈傷口・穴などが〉ふさがる.
— *n.* **1 a** 結末, 終結, 終わり: a ~ fitting to a strenuous life 努力奮闘の一生にふさわしい最期 / a complimentary ~ (手紙の)結句 / at the ~ of the day [year] その日[年]の終わりに / bring a story to a ~ 話を終わらせる / come to a ~ 終わる / draw to a ~ 終わりに近づく. **b** (演説・劇などの)結びの言葉. **c** (手紙の)結句. **2** 《古》結び合うこと, 接合: the holy ~ of lips. **3** 《古》取っ組み合い, 接戦. **4** 〘音楽〙終止(形) (cadence); 結尾複縦線 (‖). **5** 〘証券〙終わり値,

引け値. **6** 〘ダンス〙クローズ《空いている足を体重を支えている方の足へもってくること》.

close[2] [klóus, klóuz | kləus] 〖(c1250) clos ▭ (O)F < L *clausum* enclosed place (↑)〗 **— n.** **1** 《英》 **a** (個人所有の)囲い地 (enclosure): break a person's ~ 人の所有地に侵入する. **b** (cathedral などの) 境内(けいだい) (precinct). **c** (学校の)運動場, 校庭. **2 a** 《スコット》(表通りから裏町 (court) へ通じる)通路, 路地. **b** 《英方言》行き詰まり, 袋小路.

close[3] [klóus | kləus] 〖(c1380) clos ▭ MF < L *clausum* (p.p.) ← *claudere* 'to CLOSE[1]'〗 **— adj.** (**clos·er; -est**) **A 1** 閉じた, 締まっている, 密閉した: a ~ hatch. **2 a** 〈囚人など〉閉じこめられた, 監禁された: a ~ prisoner. **b** 監視のきびしい, 厳重な: a ~ prison 厳重な獄舎 / in ~ confinement [custody] 厳重に監禁されて / under ~ observation 厳重に監視されて. **c** 〈宿舎など〉狭苦しい (narrow), 窮屈な: ⇨ close quarters 2. **3 a** 〈会員·特権など〉限られた, 限定的な; 非公開の; 排他的な, 閉鎖的な: a ~ scholarship 候補者の対象の限られた奨学金 / ⇨ close corporation. **b** 《英》〈狩猟時期が〉禁止中の, 禁猟の (《米》closed): a ~ season [time] 禁猟期. **4** 〈部屋など〉風通しの悪い, 息苦しい, むっとする; 〈天気が〉うっとうしい, 蒸し暑い: a ~ room, day, evening, etc. / a spell of ~ weather うっとうしい天気続き. **5 a** (ひそかに)隠れた, 隠した; 内密の: a ~ design 陰謀 / a ~ disposition 隠し立てする性質[癖] / keep ~ 隠れている / keep a matter ~ 事を隠しておく / keep oneself ~ 隠れている / lie ~ 隠れている. **b** 引っ込み思案の; 無口の, 口が堅い. **6** けちな: be ~ *with* one's money 金にけちけちする. **7** 〈金融が〉逼迫(ひっぱく)している (scarce): Money is ~. 金詰りだ. **8 a** 句読点を多用する; (特に)コンマを多用する. **b** 〈手紙の書式が〉日付·宛名の各行末に句読点を打つ: ⇨ close punctuation. **9** 《古》取り囲まれた; 壁に囲まれた. **10** 〘音声〙〈母音が〉口の開きが狭い; 狭母音の (cf. open 17 a): ~ vowels 狭母音 (high vowels). **11** 〘紋章〙 **a** 〈鳥が〉翼を閉じた. **b** 〈かぶとが〉眉庇(まびさし) (visor) を下ろした. **12** 〘音楽〙= closed 10. **13** 〘英法〙封緘された《公にすることが適当でない勅許状や令状について用いられる; cf. patent 5 b》. **14** 〘チェス〙closed になった (⇨ closed 14). **B 1 a** (場所·時間·程度など)密接した; 〔…と〕近い, 接近した, 類似した〔*to*〕: a ~ resemblance 酷似 / a ~ sequence of events ひっきりなしに続発する事件 / in ~ contact 密接に接触して / Newark is ~ *to* New York. ニューアークはニューヨークに近い / a speed ~ *to* that of sound 音速に近い速度 / I was ~ *to* death. もうちょっとで死ぬところだった / She was ~ *to* tears. 彼女は今にも泣き出しそうだった / That's pretty ~. 当たらずとも遠からず. **b** 親しい, 親密な: ~ friends 親友 / ~ relatives 近い親戚 / have a ~ relation with …と親しい関係がある / be in ~ connection with …と親密な関係を結んでいる. **c** やっとの, かつかつの, きわどい (narrow): ⇨ *a close* CALL, *a close* THING. **2 a** ぎっしり詰まった[詰めた], 密集した: ~ formation 密集隊形 / a ~ thicket 密林. **b** (行間に)間隔[あき]のない, ぎっしり詰まった: ~ printing 字を詰めて細かく印刷すること / ~ writing (ぎっしり詰めた)密字書き, 詰書き. **c** 〈木目など〉きめの細かい; 〈織物など〉目のつんだ: a ~ texture. **3 a** 〈衣服など〉ぴったり合う: a ~ bonnet, coat, etc. **b** 〈髪·芝生など〉短く刈った[切った], 〈ひげそりが〉きれいにそった (cf. *adv.* 4): give a person a ~ shave 人のひげをきれいにそる. **4 a** 精密な, 厳密な, 綿密な; 周到な, 注意深い: ~ reasoning, reading, etc. / a ~ analysis [study] 綿密な分析[研究] / ~ application 精励 / listen with ~ attention よくよく注意して聞く. **b** (原作などに)忠実な: a ~ copy, translation, etc. **c** 〈文体など〉簡潔な, 引き締まった (concise): a ~ description. **5 a** ほとんど甲乙[優劣]のない, 互角の, 接戦の; 結果のはっきり出ない, 決めがたい: a ~ contest, election, race, etc. / a ~ combat [fight] 接戦 / a ~ game 互角の勝負[試合] / a ~ play 審判のつけにくいプレー, クロスプレー / a ~ decision 決めがたい判決[決定] / be ~ in age 年齢の差がほとんどない. **b** 《米》〈選挙区など〉勢力伯仲の: a ~ district. **6** 〘図書館〙〈分類法が〉精密な, 細密な《分類中の細目までをすべて採用する; cf. broad 8》. **7** 〘写真·映画·テレビ〙接写の: ⇨ close shot.

— adv. (**clos·er; -est**) **1 a** ぴったりと (tightly): fit ~ 〈着物が〉ぴったり合う / keep ~ *to* the ground 地面にぴったり伏している. **b** 密に, 細かに, ぎっしり(詰まって): pack things ~ / ~ ranked 〈隊が〉密集して / shut ~ ぴったり密閉する / sit ~ (ぎっしり)寄り添ってすわる / press a person ~ 人をぎゅうぎゅう圧迫する. **2** (時間·空間的に)密接して, ごく近く: ~ at hand すぐ手近に; 切迫して / ~ behind すぐ後ろに / ~ by the school 学校のすぐそばに / come ~ *to* a climax クライマックスに近づく / stand ~ *to* him 彼に接近して[のすぐ近くに]立つ / He came up ~ *to* my desk. 私の机のすぐそばまで来た / ⇨ RUN *a person close*, *sail close to the* WIND[1]. **3** 綿密に, じっと: He looked ~*r*. もっとよく見た. **4** 短く: cut the lawn ~ 芝生を短く刈り込む / cut the hair too ~ 髪を余り短く刈りすぎる. ★ この用法の close は形容詞とも解しうる (cf. *adj.* B 3 b). **5** 〘紋章〙〈いのししの頭の図形が〉後頭部を直線に切って.

close on [***upon***] …に近い, おおよそ…で, ほとんど (almost): He is ~ *upon* sixty. 60 に手が届く / It is ~ *upon* noon. もう正午に近い / He has rung the church bell ~ *on* fifteen years. ほとんど 15 年も教会の鐘を鳴らしている. ***close to home*** 身近に, 痛切に: His advice hit me ~ *to home*. 彼の忠告は身にしみた. ***go close*** 〘競馬〙小差で勝つ, 辛勝する.

~·ness *n.*

clóse-at-hánd [klóus- | kláus-] *adj.* **1** (空間的に)ごく近くの, 近所の. **2** (時間的に)切迫した, 差し迫った.

clóse bórough [klóus- | kláus-] *n.* 〘英古〙= pocket borough.

clóse-bý [klóus- | kláus-] *adj.* 近くの (nearby); 隣接した (adjacent); 近所の (neighboring).

clóse-cárpet [klóus- | kláus-] *vt.* 〈部屋〉の床全部にじゅうたんを敷く.

clóse commúnion [klóus- | kláus-] *n.* 〘キリスト教〙閉鎖聖餐(せいさん)式《同じ教派または同じ教会で洗礼を受けた人だけに限定するもの; closed communion ともいう; cf. open communion》.

clóse corporátion [klóus-|kláus-] *n.* 閉鎖会社《株式が少数の株主に独占され一般に公開されていない会社; cf. open corporation》.

clóse cóupling [klóus- | kláus-] *n.* 〘電気〙密結合《相互誘導作用の大きな状態》.

clóse-cròpped [klóus- | kláus-] *adj.* **1** 〈髪が〉短く刈られた. **2** 〈人·動物が〉髪を短く刈った.

clóse·cròss [klóus- | kláus-] *n.* 〘生物〙 **1** 近親交雑. **2** 近親交雑の子孫.

closed [klóuzd | kláuzd] 〖ME〗 **— adj.** **1 a** 閉じた, 密閉した, 閉鎖した; 締め切った: a ~ pipe 閉管《一端が閉じる》/ with ~ doors 戸を締め切って; 傍聴を禁止して (cf. closed-door). **b** 〈道路など〉交通遮断した; 業務などの停止した: a ~ street 交通遮断した通り / a ~ airport 閉鎖された空港 / *Closed* today. ⇨ close[1] *vt.* 1 e. **c** 秘密の, 内密の: in ~ session 秘密会議で / a ~ ballot 無記名投票. **2 a** 外的影響を排除する, 外的接触を避ける; 閉鎖的な, 排他的な: a ~ society (習慣·伝統などに関して, 外的接触のない)閉鎖社会 / a ~ mind 排他的な心. **b** 少人数に限られた, 非公開の: a ~ conference. **c** 《米》狩猟時期が禁止中の, 禁猟の (《英》close) (cf. open 8 d): a ~ season 禁猟期. **d** 特定の(クラスの)参加者に限った: a woman's ~ golf competition 婦人だけのゴルフのコンペ. **3** 〈問題·分析など〉決着のついた, 決まりのついた: a ~ question. **4 a** (付加物のない)充足した, 十全な: a ~ collection. **b** 自給の (self-contained): a ~ economic system 自給経済体制. **c** 〈冷暖房装置が〉(空気·水を繰り返し使用する)循環式の: a ~ cooling system. **d** 〘競馬〙〈トラックが〉出発点と到着点が同じの. **e** 〘ダンス〙クローズした (cf. close[1] *n.* 6); 〈男女が〉密着して組んだ《社交ダンスの基本的な組み方にいう》. **5 a** 〈貨車など〉屋根付きの; 〈馬車·自動車など〉箱型の (cf. open 2 a). **b** 蓋付きの; 屋根付きの: a ~ porch. **6** = close[3] *adj.* A 8. **7** 〘音声〙〈音節が〉子音で終わる, 閉音節の (checked) (cf. open 17 c): ⇨ closed syllable. **8** 〘言語〙閉鎖の《文法構造について同じタイプの要素をさらに付加することを許さない; cf. closure 9》. **9** 〘数学〙 **a** 〈曲線が〉閉じている《端点がない; cf. open 21》. **b** 〈集合が〉閉じている《閉集合である》. **c** 〈集合が〉演算について〉閉じている《演算結果が外にはみ出さない》. **10** 〘音楽〙〈特に高音域の音が〉押えつけられた. **11** 〘植物〙(閉鎖維管束のように)分裂組織は木部·篩部(しぶ)に発達して形成層を残さない. **12** 〘論理〙閉じた《定項か束縛変項だけで自由変項をもたない式についていう; cf. open 22》: ⇨ closed sentence. **13** 〘トランプ〙(canasta で)出来上がりの, 暗槓(あんかん)の《同位札 7 枚以上からなるカナスタメルドが出来上がって卓上に伏せておく場合にいう》. **14** 〘チェス〙ポーンが嚙み合って交換されない: a ~ file 双方のポーンがある列. **15** 〘化学〙閉鎖の特徴をもつ: ⇨ closed chain 2.

clósed bóok *n.* 理解できないこと[もの]; はっきりしないこと[もの] (cf. open book).

clósed cháin *n.* **1** 〘機械〙拘束連鎖. **2** 〘化学〙閉鎖《化合物において原子の鎖状結合が環状 (ring) 構造をもつこと; cf. open chain》.

clósed-círcuit *adj.* **1** 〘電気〙閉回路の. **2** 〈(通例無線が使われる)テレビやラジオが〉有線の.

clósed círcuit *n.* **1** 〘電気〙閉回路 (↔ open circuit). **2** 〘テレビ〙有線テレビ(方式).

clósed-círcuit télevision *n.* 有線テレビ, 閉回路テレビジョン《有線で特定の受像機に送信されるテレビ; 米国では狭い地域のローカル有線放送や共同アンテナに接続された多数受像機システムを, 英国では教室内の授業用テレビ番組 (instructional television) を指すことが多い; 略 CCTV; cf. industrial television》.

clósed commúnion *n.* 〘キリスト教〙= close communion.

clósed corporátion *n.* = close corporation.

clósed cóuplet *n.* 〘詩学〙閉鎖連句《2 行単位で意味が完結するもの; cf. open couplet》.

clósed díapason *n.* 〘音楽〙= stopped diapason.

clósed-dóor *adj.* 戸を締め切った; 傍聴を禁止した, 秘密の (cf. with CLOSED doors): ~ session 秘密会.

clósed-énd *adj.* 〘証券〙 **1** 〈投資信託が〉閉鎖型の《特別の手続きをとらない限り追加出資と出資の払戻しができない型のものにいう; cf. open-end 1 a》. **2** 同じ担保を使って同一順位の社債の追加発行を許さない方式の (cf. open-end 1 c): a ~ mortgage 閉鎖担保.

clósed gáte *n.* 〘スキー〙クローズドゲイト《回転競技で斜面に縦に並べられた 2 本のポールによる旗門; cf. open gate》.

clósed géntian *n.* 〘植物〙北米東·中部産のリンドウの一種 (*Gentiana clausa*)《花がびん形で開かないため bottle gentian ともいう》.

clósed-lóop *adj.* 〘電算機〙ループが閉じた, 閉ループの.

clósed lóop *n.* 〘電算機〙閉ループ《目標値と制御の結果を常に対比しながら, その差が生じた時には制御を変更できるようになった制御方法; cf. open loop》.

clósed mórtgage *n.* 〘金融〙閉鎖担保《同一担保物件について, 同一順位の担保権のついた社債を 1 回しか発行できないもの; cf. open-end mortgage》.

clóse·dòwn [klóuz- | kláuz-] 〖← *close down* (⇨ close[1] 成句)〗 *n.* **1 a** 作業中止; 操業停止. **b** 《米》工場閉鎖. **2** 《英》(ラジオ·テレビの)放送[放映]終了.

clósed prímary *n.* 《米》〘政治〙制限予選会《党員有資格者だけが投票する候補者予選会; cf. direct primary, open primary》.

clósed punctuátion *n.* = close punctuation.

clósed rúle *n.* 〘米政治〙議員からの修正を認めない上院統制委員会の特別規則.

clósed séa *n.* 〘国際法〙領海 (mare clausum) (cf. open sea 2).

clósed séntence *n.* 〘論理〙閉じた文, 閉鎖[包]文《自由変項[数]を一つも含まない文または式》.

clósed shéll *n.* 〘物理〙閉殻《原子や原子核の構造を記述する殻模型において, 特定の角運動量をもつ軌道に粒子が完全につまっている状態; major shell ともいう》.

clósed shélves *n. pl.* 〘図書館〙(利用者が接架できない)閉架式(書架)《closed stack ともいう; cf. open shelves》.

clósed shóp *n.* クローズドショップ《労働組合員以外の者は雇わない事業所; cf. open shop, union shop》.

clósed sphére *n.* 〘数学〙閉球《表面をも含めた球; cf. open sphere》.

clósed stáck *n.* 〘図書館〙= closed shelves.

clósed stánce *n.* (野球·ゴルフなどの)クローズドスタンス《野球ではピッチャーズプレートと本塁を結ぶ線から, ゴルフでは飛球方向から(右利きの人は)右足を下げた構え; cf. open stance, square stance》.

clósed sýllable *n.* 〘音声〙閉音節《子音で終わる音節; cat や entreat の en-, -treat など》.

clósed sýstem *n.* 〘物理·化学〙閉鎖系, 閉じた系 (cf. open system).

clósed tráverse *n.* 〘測量〙閉トラバース《始点と終点が一致したトラバース》.

clóse fertilizátion [klóus-|kláus-] *n.* 〘植物〙自家受精[受粉].

clóse·físted [klóus-|kláus-] *adj.* 握り屋の, けちんぼうの (miserly).

clóse-fítting [klóus- | kláus-] *adj.* 〈衣服など〉ぴったり体に合う.

clóse gàuntlet [klóuz- | kláuz-] *n.* 〘甲冑〙ロック式手甲(てこう)《握った武器を落さないよう手甲の指先が手首に留められるようになっている》.

clóse-gráin [klóus- | kláus-] *adj.* = close-grained.

clóse-gráined [klóus- | kláus-] *adj.* **1** きめの細かい. **2** 緻密な.

clóse hármony [klóus- | kláus-] *n.* 〘音楽〙密集和声《4 声部からなる和音でバスを除く上 3 声が 1 オクターブ以内に配置された和声, 即ち密集位置 (close position) にある和声; cf. open harmony》.

clóse-háuled [klóus- | kláus-] *adj.* 〘海事〙〈船舶·帆が〉詰め開きの, 一ぱい開きの (cf. haul *vt.* 4): sail ~.

clóse hèlm [**hèlmet**] [klóuz- | kláuz-] *n.* 〘甲冑〙開閉式面頬(めんぽお)付き兜(かぶと) (cf. armet).

clóse-ín [klóus- | kláus-] 〖← CLOSE[3] (adv.)〗 *adj.* **1** (特に, 都市の)中心に近い, 都市に隣接した. **2** 近距離からの: ~ bombardment.

clóse júncture [klóus- | kláus-] *n.* 〘言語〙閉鎖連接《単一形態素の中に隣り合って生じる二つの音素間の連結; close internal juncture ともいう; cf. open juncture, terminal juncture》.

clóse-knít [klóus- | kláus-] *adj.* **1** (社会的·文化的に)しっかりと結びついた, (政治·経済的に)密接に組織された. **2** (論理的に)各要素が密接に構成された: a ~ argument.

clóse-lípped [klóus- | kláus-] *adj.* 口をつぐんで余り語らない, 口の堅い (tight-lipped).

close·ly [klóusli | kláusli] 〖(c1450)〗 **— adv.** **1** ぴったりと, きちんと, きっちりと (compactly), しっかりと (tightly): ~ packed ぎっちり詰まった / a ~ printed page ぎっちり詰めて印刷したページ. **2** 厳重に, 厳密に; 正確に, 綿密に: a ~ guarded secret 厳重に守られた秘密, 極秘. **3** 近く, 相接して: a *closely*-built district 建築の密集地帯. **4** 親密に, 親しく: be ~ acquainted with him 彼と親しく知り合っている. **5** 一心に, 注意深く; つくづく, じっと: watch ~. **6** 《廃》こっそりと, 秘かに.

close·mouthed [klóusmáuðd, -máuθt | kláusmáuðd] *adj.* 口数の少ない, 無口の; 打ち解けない.

clóse órder [klóus- | kláus-] *n.* 〘軍事〙密集隊形 (cf. extended order): marching in ~ 密集行進.

clóse òrder dríll [klóus- | kláus-] *n.* 〘軍事〙密集教練.

clóse·òut [klóuz- | kláuz-] 〖← *close out* (⇨ close[1] 成句)〗 *n.* **1** 蔵払い大売出し, 見切品処分市. **2** 見切品.

clóse posítion [klóʊs- | klə́ʊs-] *n.* 〘音楽〙密集位置 (⇨ close harmony).

clóse príce [klóʊs-|klə́ʊs-] *n.* 〘証券〙(取引所において)売り呼び値と買い呼び値が[前の取引値段と次の取引値段が]非常に接近している状態.

clóse punctuátion [klóʊs- | klə́ʊs-] *n.* 厳密句読法《書信の日付・あて名の各行末に改行のための句読点を打つ書式; closed punctuation ともいう; cf. open punctuation》.

clóse quárters [klóʊs- | klə́ʊs-] *n. pl.* **1 a** 接(近)戦, 白兵戦: come to ~ 接戦になる / be at ~ 戦[論戦]がたけなわである. **b** (研究・調査に)熱中する態度, 肉薄. **2** 狭苦しい宿舎[住居]: live in ~ 狭苦しい所に(ごちゃごちゃ)住む.

clos·er [klóʊzə | klə́ʊzə(r)] *n.* **1 a** 閉じるもの. **b** 戸などを閉めておく装置. **c** 閉塞(ﾍｲ)器. **2 a** 閉じる人; 終結者. **b** (衣服・靴などを)縫い合わせる人. **3** 囲いぜき用の矢板. **4** 〘石工〙端物(ﾊﾓﾉ)れんが, 二五(ﾆｺﾞ)《四半分のれんが》; 極石(ｷﾜ), 閉じ石: ⇨ king closer.

clóse-réefed [klóʊs- | klə́ʊs-] *adj.* 〘海事〙〈帆船が〉ほとんどいっぱいに縮帆して.

clóse scóre [klóʊs-|klə́ʊs-] *n.* 〘音楽〙クロース スコア《声楽やオーケストラの総譜で二つ以上のパートが一緒に書いてあるもの; cf. open score》.

clóse shòt [klóʊs- | klə́ʊs-] *n.* 〘写真・映画・テレビ〙大写し, 接写, 近接ショット (cf. long shot 1).

clóse·stòol [klóʊs-, klóʊz- | klə́ʊs-, klə́ʊz-] *n.* 室内用便器 (cf. commode 3).

clóse stríng [klóʊs- | klə́ʊs-] *n.* 〘建築〙側桁(ｶﾞﾜｹﾀ)《階段を支える中桁で, 階段の段板を両側で支える直線上の桁; cf. open string》.

clos·et [klɑ́zɪt, klɔ́(ː)z-, -zət | klɔ́z-] 〚《*c*1385》▭ OF ~ (dim.) ← *clos*: ⇨ close², -et〛 **—** *n.* **1** (私的会見・勉強・黙想などのための)私室, 小室. **2** 《米》(衣類・食料・器物などを入れる)押入れ, 物置き, 戸棚: a china ~ 陶器戸棚. **3** =water closet. **4** 隠れ場所. **5** 〘紋章〙クロゼット《bar の 2 分の 1 の横帯》. **—** *attrib. adj.* **1 a** 秘密の, 内密の: a ~ consultation 秘密会議, 内談 / a ~ sin 人知れず犯した罪. **b** 《古》私室に適した: ~ prayer. **2** 非実際的な, 理論的な: a ~ politician [strategist] 机上政治家[戦略家]. **—** *vt.* **1** 〈小室などに〉閉じ込める 〔*in*〕: ~ oneself *in* a cubicle 小室に閉じこもる. **2** [通例 p.p. 形で]〔…と〕秘密に面談する 〔*with*〕/〈*together*〉: He was ~*ed with* the president. 社長と密談中だった.

clóse-tálk micróphone [klóʊs-|klə́ʊs-] *n.* 〘テレビ・ラジオ〙接話マイク《実況中継や街頭インタビューに用いる小型マイク》.

clóset dràma *n.* 〘演劇〙レーゼドラマ《上演よりは思想の表現を重視した読むだけの劇》.

clóset plày *n.* 〘演劇〙=closet drama.

clóset quèen [quèer] *n.* 《俗》ひそかに同性愛に耽る男.

close·up [klóʊsʌ̀p, klóʊz- | klə́ʊsʌ̀p, ⌐⌐] 〚← *close up* (⇨ close¹ 成句)〛 *adj.* 大写しの, 接写の, クローズアップの; 精密な, 詳細な: a ~ look.

close-up [klóʊsʌ̀p, klóʊz- | klə́ʊsʌ̀p, ⌐⌐] 〚《1913》〛 **—** *n.* **1 a** 〘映画・テレビ〙大写し, (クローズ)アップ (cf. long shot 1, medium shot). **b** 近接写真. **2** 詳細な観察[検査, 描写, 伝記など].

close-wind·ed [klóʊswíndɪd, -dəd|klə́ʊs-] *adj.* 〘海事〙〈帆船が〉(風をほとんど正面に受けて)詰め開きで帆走する.

clóse-wóven [klóʊs- | klə́ʊs-] *adj.* 織目のつんだ.

clos·ing [klóʊzɪŋ | klə́ʊz-] 〚《*c*1384》〛 **—** *n.* **1** 閉じること, 閉鎖, 封鎖. **2 a** 終わり; 終止, 終了: at the ~ of the ceremony 式の終わりに. **b** (演説・手紙などの)結び(の言葉); 結尾, 結論. **3 a** 〘会計〙決算: the ~ of books. **b** 〘証券〙=closing price. **4** 閉じるもの, 締めるもの; (鞄・衣服などの)開閉する部分. **5** 〘法律〙不動産売買の折衝. **—** *adj.* **1** 終わりの, 最終の; 終業の, 閉店の: the ~ day for mails 郵便締切日 / the ~ hour (官庁・会社などの)終業[退出]時刻 / the ~ years of one's life 人生の晩年 / ⇨ closing time / a ~ sale 見切り売り, 蔵払い. **2** (演説・手紙などの)結びの, しめくくりの: a ~ address 閉会の挨拶. **3 a** 〘会計〙決算の: a ~ account 決算 / a ~ date 決算日. **b** 〘証券〙(取引所の取引の)終わりの, 引けの: ~ quotations 終わり値, 引け値 / ⇨ closing price.

clósing cósts *n. pl.* 〘法律〙不動産売買手数料《評価・権利調査・権利保険などに要する費用》.

clósing èntry *n.* 〘簿記〙決算記入.

clósing èrror *n.* 〘測量〙閉合誤差 (⇨ ERROR of closure).

clósing làyer *n.* 〘植物〙コルク層《添充細胞 (complementary cell) の代わりに生じる細胞》.

clósing mèmbrane *n.* 〘植物〙閉鎖膜 (⇨ pit membrane).

clósing prìce *n.* 〘証券〙終わり値, 引け値, 引け相場.

clósing tìme *n.* 終業時刻, (特に, 酒場の)閉店時間 (cf. opening time): at ~.

clos·trid·i·um [klɑstrídiəm | klɔstrídɪ-] 〚← NL ~ ← Gk *klōstḗr* spindle + -IDIUM〛 **—** *n.* (*pl.* **-i·a** [-diə | -dɪə]) 〘細菌〙クロストリジウム《バチルス科 *Clostridium* 属の微生物; 破傷風菌のように嫌気性カタラーゼ陰性》. **clos·tríd·i·al** [-diəl | -dɪ-] *adj.* **clos·tríd·i·an** [-diən | -dɪ-] *adj.*

clo·sure [klóʊʒə | klə́ʊʒə(r)] 〚《*c*1390》▭ OF ~ < L *clausūram* ← *clausus* (p.p.) ← *claudere* 'to CLOSE¹': ⇨ -ure〛 **—** *n.* **1** 閉じること, 閉じている状態; 閉鎖, 閉止; 締切 (closing); 閉店, 休業. **2** 〚《なぞり》← F *clôture*: cf. cloture〛討論終結 (cloture). **3** 終止, 終局, 結尾. **4 a** (衣服・鞄などの)開閉するもの: a pocket with fastener ~. **b** (容器の)ふた, キャップ. **5** 《古》囲い (enclosure). **6** 〘音声〙(調音器官によって呼気の通路を閉じること; 閉鎖音 (stop) において起こる; cf. constriction 4). **7** 〘建築〙柵(ｻｸ), 仕切り. **8** 〘地質〙ドーム状背斜[撓曲]構造の基底面から最高点までの垂直距離[高さ]. **9** 〘言語〙閉鎖構造《言語形式の閉鎖的構造; 例: this milk は fresh milk と比べ, this の前に修飾的要素を許さない; cf. closed 8》. **10** 〘測量〙トラバース (traverse) を閉じること. **11** 〘数学〙**a** 閉包《集合を含む最小の閉集合》. **b** (集合が演算について)閉じていること (cf. closed 9 c). **12** 〘心理〙閉合(の要因)《図形は閉じられた一つの形態として知覚されやすいこと; ゲシュタルト心理学の知覚説による》. **—** *vt.* 《米》=cloture.

clot [klɑ́t | klɔ́t] 〚OE *clott* lump ← (WGmc) **klutt*- (G *Klotz* block): cf. clout〛 **—** *n.* **1 a** (粘土・ゴムなどの, 柔らかいぬるぬるしたものの)かたまり; (血の)かたまり, 血糊, 凝血, 凝塊, クロット, 血餅: a ~ of blood 凝血. **b** 土のかたまり, 土くれ (clod). **2** 少人数の群れ[かたまり] (cluster). **3** 《英口語》ばか, のろま (fool). **—** *v.* (**clot·ted**; **clot·ting**) **—** *vi.* **1 a** かたまりになる. **b** 凝固する; 凝血する (cf. clotted). **2** 〈人が〉かたまる, 小さなグループを作る. **—** *vt.* **1** かたまりにする; 凝固させる. **2** かたまりでおおう[いっぱいにする, 動きをとれなくする]: The street was ~*ted with* traffic. 通りは交通渋滞していた / The knife was ~*ted with* blood. ナイフには血糊がいっぱいついていた.

cloth [klɔ́(ː)θ, klɑ́(ː)θ | klɔ́θ] 〚OE *clāþ*: cf. Du. *kleed* / G *Kleid* garment / OE *clīðan* to adhere to〛 **—** *n.* (*pl.* **~s** [klɔ́(ː)ðz, klɔ́(ː)θs, klɑ́ðz, klɑ́θs | klɔ́θs]) **1** 布, 布地, 織物《織地・編地・フェルト地など製法が異なり, 天然や人造のあらゆる種類がある》. **2 a** (ある用途に当てる)布切れ. **b** ふきん, ぞうきん; (特に)テーブル掛け: lay the ~ テーブル掛けをかける, 食卓の用意をする / remove [draw] the ~ 食事の後を片づける. **c** (製本用)クロ(ー)ス (binder's cloth): ⇨ cloth-binding / bound in ~ クロース装丁の. **3** [the ~] **a** (特定の職業を示す)制服. **b** 黒の聖服; [集合的] 聖職の人々, 牧師 (cf. coat 1 c): gentlemen [men] of *the* ~ 牧師, 聖職の人々 / wear *the* ~ 牧師になる / renounce *the* ~ 聖職を捨てる, 還俗(ｹﾞﾝｿﾞｸ)する / pay the respect due to *the* ~ 聖職の身分に敬意を払う. **4 a** 《廃》衣服 (clothing). **b** 《古》(同業組合の)組合服 (livery). **5** 〘海事〙帆布; [集合的にも用いて] 帆: all ~ made 満帆風をはらんで. **6** 〘劇場〙各種の幕, (特に)背景幕 (backdrop).

cut one's coat according to one's cloth ⇨ coat 成句.
out of whole cloth ⇨ whole cloth 成句.
cloth of gold [silver] 金[銀]糸織《部分的または全面的に金[銀]糸を織り込んだ薄手の布地》.
cloth of state 王座などの天蓋および後部を飾る美布.

— *attrib. adj.* 布製の, 布の.

clóth·bàck *n.* 〘製本〙クロ(ー)ス装本.

clóth bèam *n.* 〘紡織〙クロスビーム, 反巻(ﾀﾝﾏｷ)ビーム, 千巻(ﾁﾏｷ)《力織機で織り上がった布を巻き取るロール》.

clóth-bìnding *n.* 〘製本〙クロ(ー)ス装[製本], 布表紙.

clóth·bòund *adj.* 〘製本〙〈本が〉クロ(ー)ス装[製本]の (cf. paperbound, leather-bound).

clóth-càp *adj.* 《英》労働階級の[に属する].

clóth càp *n.* 《英》ハンチング, 鳥打ち帽 (cf. hunting cap). **clóth-càpped** *adj.*

clothe [klóʊð|klə́ʊð] 〚OE *clāþian* ← *clāþ*: ⇨ cloth〛 **—** *v.* (**~d** [klóʊðd|klə́ʊðd], 《古・文語》**clad** [klǽ(ː)d]) **—** *vt.* **1 a** 衣服を〈体〉に着ける, 着物を〈身〉にまとう (cf. clad¹): ~ oneself 着物を着る / She is ~*d* [*clad*] *in* her Sunday best. 晴れ着を着ている. **b** 〈人〉に衣服を供給する[与える, あてがう]: ~ one's wife and family 妻や子供に着物を着せる / feed, lodge, and ~ a person 人に衣食住を供給する. **2** (衣服を着せたように)〔…で〕一面におおう 〔*with*〕: trees ~*d with* verdure 若葉におおわれた木々. **3** 〈思想〉に〔言語の衣を〕まとわせる, 〔言語で〕表現する 〔*in*〕: ~ one's ideas *in* suitable language 思想に適当な言語の表現を与える. **4** 〈権力・光栄などを〉…に付与する, 与える 〔*with*〕: ~ a person *with* full powers 人に全権を付与する / He is ~*d with* righteousness. 彼は正義の衣をまとっている. **—** *vi.* 《古》着る.

clóth-èared *adj.* 《口語》やや耳の遠い.

clóth èars *n. pl.* 《口語》よく聞こえない耳, 難聴, 「つんぼ」(deaf ears): have ~ (人の話などを)上の空で聞く, 聞き落とす.

clothes [klóʊz, klóʊðz | klə́ʊðz, klə́ʊz] 〚OE *clāþas* (pl.) ← *clāþ*: *cloths* と CLOTHES の区別が確立したのは 19 世紀以後: ⇨ cloth〛 **—** *n. pl.* **1** 着物, 衣服: a suit of ~ 服一着 / a change of ~ 着替え / put on [take off] one's ~ 着物を着る[脱ぐ] / Fine ~ make the man. 《諺》いい着物を着ると人品がよくなる, 「馬子にも衣装」/ Good ~ open all doors. 《諺》服装が良ければどんな家でも歓迎される. **2** =bedclothes. **3** (洗濯をする)衣類, 洗濯物: send the ~ to the wash.

clóthes bàg *n.* 洗濯物入れ(袋).

clóthes bàsket *n.* 洗濯物を入れるかご, 洗濯かご.

clóthes-brùsh *n.* 洋服ブラシ.

clóthes hànger *n.* =coat hanger.

clóthes·hòrse *n.* **1** 干し物掛け, 衣桁(ｲｺｳ). **2** 衣服の流行を追うことに浮き身をやつす人; 衣装を見せびらかす人, 着道楽(の人).

clotheshorse 1

clóthes·lìne *n.* **1** 物干し綱. **2** 〘アメリカンフットボール〙ボールを保持している選手の腕や首に防御側選手が腕を伸ばしてタックルすること. **—** *vt.* 〘アメリカンフットボール〙〈選手を〉腕をのばしてタックルする.

clóthes mòth *n.* 〘昆虫〙イガ (衣蛾) (*Tinea pellionella*)《その幼虫が毛織物・剝製標本などを害する》.

clóthes·pèg *n.* 《英》=clothespin.

clóthes·pìn *n.* (物干し綱にはさみつける)干し物止め, 洗濯ばさみ.

clóthes·pòle *n.* 《米》=clothes-post.

clóthes-pòst *n.* 物干し柱《綱を張るために建てた柱》.

clóthes·prèss *n.* 衣装戸棚, 洋服だんす (wardrobe).

clóthes-pròp *n.* =clothes-post.

clóthes scrèen *n.* =clotheshorse 1.

clóthes stòp *n.* 〘海事〙被服止め《洗濯した被服などをロープにとめるための細索》.

clóthes trèe *n.* 《米》柱型の帽子・コート掛け.

cloth·ier [klóʊðjə, -ðiə | klə́ʊðɪə(r, -ðjə(r)] 〚《*a*1500》《変形》← ME *clother* ← CLOTH + -ER¹: ⇨ -ier²〛 **—** *n.* **1** 男子服小売商; 衣服商, 服地販売業者. **2** 《古》**a** 毛織物製造人, ラシャ屋. **b** 織物仕上げ工.

Clo·thil·da [kloʊtíldə | klə(ʊ)-] 〚⇨ Clotilda〛 *n.* 女性名.

cloth·ing [klóʊðɪŋ | klə́ʊð-] 〚《?*c*1200》〛 *n.* **1** [集合的] 衣服, 衣類, 着物: an article of ~ 衣服の一点《上衣・チョッキ・下着など》. **2** おおい (covering): under the ~ of public interest 公共の利益の名に隠れて.

clóthing wòol *n.* 〘紡織〙**1** クロージングウール《紡毛紡績用の短い羊毛; 通例長さ 1³/₄ インチ以下; carding wool ともいう; cf. combing wool》. **2** (カーペット用の羊毛と区別して)衣類用羊毛.

clóth mèasure *n.* 布尺《昔, 織物を計るのに用いられた長さの尺度で, quarter (=¹/₄ yard), ell, nail などの単位があった》.

Clo·tho [klóʊθoʊ | klə́ʊθəʊ] 〚▭ L *Clōthō* ▭ Gk *Klōthṓ*《原義》spinner〛 **—** *n.* 〘ギリシャ・ローマ神話〙クロト《運命の三女神 (Fates) の中の最年少者; 人間の誕生を司り, 生命の糸を紡ぐ; cf. Lachesis, Atropos》.

clóth-of-góld *n.* 〘植物〙Caucasia 原産アヤメ科のハナサフラン[クロッカス]の類の球根植物 (*Crocus reticulata*)《橙黄色の花が咲く》.

clóth·wòrker *n.* 織物職工.

clóth yàrd *n.* **1** 布ヤール《36 インチ (=3 フィート) の標準ヤール (yard)》; (昔の)布尺(ﾇﾉｼﾞｬｸ)《27 インチ》. **2** 英国王 Edward 六世によって決められた中世の布ヤール《37 インチ》. **clóth-yàrd** *adj.*

Clo·til·da [kloʊtíldə | klə(ʊ)-] 〚▭ OHG *Chlotichilda* ← *hloda* 'LOUD' + *hilda* battle〛 *n.* 女性名. ★ ローマカトリックに多い.

clót·ted [-tɪd, -ṭəd | -tɪd, -təd] *adj.* **1** 凝塊となった, 凝固した; 固まりついた: ~ hair (べっとり)固まりついた毛髪. **2** 《英》全くの (sheer): ~ nonsense でたらめ, 大たわごと. **~·ness** *n.*

clótted créam *n.* =Devonshire cream.

clot·ty [klɑ́ṭi | klɔ́tɪ] *adj.* **1** 固まりやすい, 凝固性の. **2** かたまりの多い.

clo·ture [klóʊtʃə | klə́ʊtʃə(r)] 〚▭ F *clôture*《変形》← OF *closure* 'CLOSURE'〛《米》〘議会〙 *n.* 討論終結 (closure). **—** *vt.* 〈討論を〉即決投票のため打ち切る.

clou [klúː; *F.* klu] 〚▭ F ~《原義》nail, peg < L *clāvum*: cf. L *clāvis* key〛 *n.* 興味の中心, 呼び物; 中心思想.

cloud [kláʊd] 〚OE *clūd* round mass, mass of rock ← Gmc **klūd*- ← IE **gel*- to form into a ball: cf. clew, clod〛 **—** *n.* **1** 雲: a dark ~ 暗雲 / a sea of ~*s* 雲海, 天をおおう一面の雲 / heaps and heaps of ~*s* 重なり合った雲の峰 / Every ~ has a silver lining. 《諺》どんな雲にもみな銀の裏がついている, どんな不幸にも幸せがある, 「苦は楽の種」. **2 a** 雲状のもの, もうもうとしたもの: a ~ of dust [smoke] もうもうと立ちこめたほこり[煙] / a ~ of steam 雲霧 / the mushroom ~ from the atomic bomb 原子爆弾からのきのこ雲. **b** 《口語》たばこ[パイプ(など)]の煙: blow a ~ たばこをふかす / He leaned back in his chair, blowing

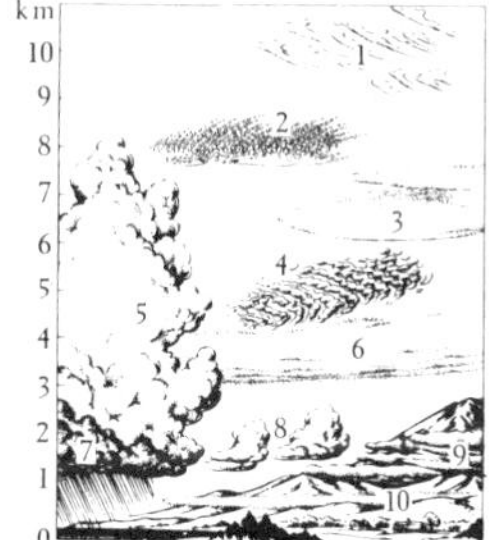

clouds 1
1 cirrus
2 cirrocumulus
3 cirrostratus
4 altocumulus
5 cumulonimbus
6 altostratus
7 nimbostratus
8 cumulus
9 stratocumulus
10 stratus

great ~s from his cigar. 椅子にもたれてもくもくと葉巻の煙を吐いていた. **3 a** (昆虫・鳥などの)大挙して空を飛ぶ群, 大群: a ~ of birds [flies, locusts, horsemen] 雲か霞のような大群の鳥[ハエ, イナゴ, 騎馬隊]. **b** 大勢, 多数, 集団: a ~ of witnesses 非常に多くの証人 (*Heb.* 12:1) / a ~ of arrows 雨のように降って来る矢, 矢の雨 / in a ~ of joy 大喜びで / trailing ~s of glory 雲なす(神の)栄光をなびかせて(生れ来る) (Wordsworth, *Intimations of Immortality* 5). **4** (鏡・大理石・琥珀などの)曇り; きず (blemish). **5** (顔面・額に漂う疑惑・不満・悲哀などの)曇り, 暗影, かげり: a ~ of grief / ~s of melancholy / a ~ on the face [brow] 顔[額]に漂う浮かない色[心配そうな様子] / a ~ of war=war cloud / a ~ on one's happiness [spirits] 人の幸福を暗くする[意気をくじく]暗雲 / cast [throw] a ~ on [upon] …に暗影を投げる / wait till the ~s roll by 暗雲の晴れるまで(時機到来を)待つ / A ~ came over her face. 彼女の顔にかげりが現われた.

break cloud ⇨ break[1] *vt.* 11. ***drop from the clouds*** 意外な所から現われる. ***in the clouds*** (1) 〈人が〉うわの空で, 空想に耽って; 世事に超然として: have one's head [lose oneself] *in the ~s* 空想に耽っている / His mind is *in the ~s.* 彼は夢を見ている. (2) 〈事物が〉架空的な, 雲をつかむような; 実現されないで, 非現実的な. ***on a cloud*** 《俗》きわめて幸せな, 上機嫌で, 天にものぼるような気持で. ***under a cloud*** (1) 恥をさらして. (2) 疑われて, 日陰の身で, おとがめを被って. (3) 抑圧を受けて, しょんぼりして. ***under cloud of night*** 夜陰に乗じて.

— *vt.* **1 a** 雲でおおう, 曇らせる: The smoke ~*ed* the sight. 煙が視界を曇らせた. **b** 〈空などを〉暗くする. **c** 〈ガラス・鏡などを〉曇らせる: The steam ~*ed* the mirror. 湯気で鏡が曇ってしまった. **d** 〔不安・心配事で〕〈顔などを〉曇らせる, 暗くさせる 〔*with*〕: a face ~*ed with* anxiety 不安で曇った顔. **2** …に悩みの色[憂いの影]を投じる: ~ one's happiness, spirits, etc. **3** 〈名声・評判などを〉汚す, 傷つける: ~ one's reputation. **4 a** 曖昧にする: ~ the issue. **b** ぼやけさせる: Tears ~*ed* her vision. 涙で視野がぼやけた. **c** 混乱させる; 〈判断などを〉鈍らせる: ~ one's brain [mind] / The immediacy of women had ~*ed* his judgment. 女性たちがすぐ近くにいたため判断が鈍ってしまった. **5** 雲模様[黒いまだら]であやどる: ~*ed* amber [marble] 雲模様入り琥珀[大理石]. — *vi.* **1** 〈空が〉曇る 〈*over, up*〉: The sky has ~*ed over.* 空が一面に曇ってきた. **2** 〈顔の表情などが〉暗くなる, 曇る: His eyes ~*ed over* with anxiety. 彼の目が不安で曇った. **3** 雲のように[雲状に]大波が立つ.

cloud·age [kláudɪdʒ] *n.* 雲量.

clóud amòunt *n.* 〘気象〙 雲量《空を占める雲の分量; 0-10 の 11 階級で表わす》.

clóud bànner *n.* 〘気象〙 =banner cloud.

clóud·bèr·ry [-bèri | -b(ə)rɪ, -bèri] 〘その形から〙 — *n.* **1** 〘植物〙 ホロムイイチゴ (*Rubus chamaemorus*)《北半球に広く分布するキイチゴの一種》. **2** ホロムイイチゴの実《赤味がかった琥珀色で食用》.

clóud-bùilt *adj.* 雲のような, 夢想的な (imaginary).

clóud·bùrst *n.* **1** 突然の豪雨, どしゃ降り. **2** 大量; たくさん (deluge).

clóud·càp *n.* 〘気象〙 =cap cloud.

clóud-càpped *adj.* 頂上に雲をもつ, 雲をいただいた, 雲にまで到る.

clóud-càstle *n.* 空中楼閣; 白日夢 (daydream).

clóud chàmber *n.* 〘物理〙 霧箱《過飽和の気体中に生じる液滴によって荷電粒子の飛跡を見る装置; スコットランドの物理学者 C. T. R. Wilson が 1911 年に発明した; Wilson (cloud) chamber ともいう; cf. bubble chamber》.

clóud còver *n.* 雲量.

clóud-cúckoo-lànd 〘《なぞり》← Gk *nephelokokkūgia* ← *nephélē* cloud＋*kókkux* cuckoo: Aristophanes 作の *The Birds* の中で神を人類から引き離すため鳥が建てた町の名〙 — *n.* 〔しばしば Cloud-Cuckoo-Land〕 夢想[理想]の国.

clóud drìft *n.* **1** 流れ雲, 浮雲, 飛雲. **2** (殺虫剤の)空中散布法.

clóud·ed *adj.* **1** 雲におおわれた, 曇った. **2** 精神的に混乱した. **3** 雲模様の. **4** ぼんやりした, 曖昧な, おぼろな.

clóuded léopard *n.* 〘動物〙 ウンピョウ (*Neofelis nebulosa*)《台湾・ボルネオ・アジア南西部産》.

clóuded súlphur *n.* 〘昆虫〙 アメリカモンキチョウ (*Colias philodice*)《翅に黒い縁どりのあるシロチョウ科のモンキチョウの一種; 北米では普通に見られ, その幼虫はマメ科植物を食べ牧草の害虫となる》.

clóud fòrest 〘《なぞり》← G *Nebelwald* fog forest〙 *n.* 〘生態〙 雲霧林《常時雲の下にあり霧が多い地方の森林》.

clóud gràss *n.* 〘植物〙 コヌカグサ (bent grass); (特に)スペイン原産のドライフラワー用に栽培されるイネ科コヌカグサ属の一年草 (*Agrostis nebulosa*).

clóud·ing *n.* **1** 雲模様, まだら模様. **2** (X 線写真などの)曇り.

clóud·lànd *n.* **1** 雲のある上空地帯. **2** 夢幻の世界, 夢の国 (dreamland), 不思議の国 (fairyland), ユートピア. **3** 詩的想像の世界.

clóud·less *adj.* **1** 雲のない, 晴れわたった: a ~ sky. **2** 暗影のない: ~ happiness. **~·ly** *adv.* **~·ness** *n.*

clóudless súlphur *n.* 〘昆虫〙 ワタリオオキチョウ (*Phoebis sennae*)《北米および南米に広く分布するシロチョウ科のチョウ; 幼虫はセンナの害虫》.

cloud·let [kláudlɪt, -lət] 〘← CLOUD＋-LET〙 *n.* 小雲, 細雲.

clóud níne 〘Dante の *The Divine Comedy* 中天国篇の the ninth heaven から? 1950 年代のラジオ人気番組の常套語として流行した〙 — *n.* 《口語》とても嬉しい気持: on ~ とても嬉しくて, 心浮き浮きして.

clóud pòint *n.* 〘化学〙 曇り点, 曇点《透明な溶液(石油など)が温度の変化によって曇りを生じる温度》.

clóud ràck *n.* (空高く飛ぶ)ちぎれ雲の群.

clóud rìng *n.* (赤道上にほぼ恒久的にある)雲帯, 雲圏.

cloud·scape [kláudskèɪp] *n.* 雲の景色; 雲景(画) (cf. landscape).

clóud sèeding *n.* (人工降雨 (rainmaking) のため)雲中に二酸化炭素(ドライアイス)の粒子などをまくこと, 「種まき」.

clóud séven *n.* =cloud nine.

cloud·y [kláudi | -dɪ] 〘OE *clūdiġ* rocky: ⇨ cloud, -y[4]〙 — *adj.* (**cloud·i·er; -i·est**) **1** 雲の[から成る]; 雲に似た: ~ smoke 雲のような煙. **2** 雲の多い, 雲でおおわれた, 曇っている; 曇り空の《特に, 空の $^6/_{10}$–$^9/_{10}$ が雲におおわれている時にいう》: a ~ day, sky, etc. **3 a** 曇りのかかった, 朦朧とした: a ~ mirror / eyes ~ with sleep 寝ぼけた目. **b** 意味のはっきりしない, 不明瞭な: ~ ideas, notions, etc. **4** (不安・不機嫌・憂鬱のため)心が曇った, さえない, (何となく)浮かない, むっつりとした, 不機嫌な: ~ looks 浮かぬ顔 / in a ~ mood さえない気持で. **5** 雲模様の, 曇りのはいった: ~ marble 雲模様入り大理石. **6** 濁った, 不透明な: a ~ liquid. **7** 怪しげな, 疑わしい, いかがわしい: a man with a ~ reputation 評判のよくない男. **clóud·i·ly** [-dɪli, -də-, -dɪ̣i | -dɪlɪ, -də-] *adv.* **clóud·i·ness** *n.*

Clou·et [kluːéɪ; *F.* kluɛ], **François** *n.* クルーエ《1510?-?72; フランスの肖像画家; J. Clouet の子》.

Clouet, Jean *n.* クルーエ《1485?-1545; フランスの肖像画家; F. Clouet の父》.

clough [klʌ́f, kláu | klʌ́f] 〘ME ~ < OE **clōh* ← Gmc **klanh-* (OHG *klāh* / G *Klinge*)〙 *n.* 《まれ》狭い谷, 谷あい (ravine).

Clough [klʌ́f | klʌ́f, klúː], **Arthur Hugh** *n.* (1819-61) 宗教的疑惑を歌った英国の詩人; *The Bothie of Tober-na-Vuolich* (1848).

clout [kláut] 〘OE *clūt* piece of cloth, patch, metal plate ← Gmc **klūt-* ← IE **gel-* to form into a ball: cf. clew〙 — *n.* **1** 《口語》(こぶしまたは平手で)なぐること; 一なぐり: give a ~ on the head 頭をなぐりつける. **2** 《口語》(特に, 政治的な)(偉)力, 権力, 影響力: wield considerable ~ かなりの政治力をふるう / He has a good deal of ~ with the president. 彼には大統領を動かす力がある. **3** 《古・方言》**a** (布・革などの)つぎ, つぎ切れ. **b** 布切れ, ぼろ切れ; ぞうきん: a filthy ~ きたないぼろ切れ. **c** 〔通例 *pl.*〕うぶ着; 着物 (clothes): Cast not [Leave not off] a ~ till May be [is] out. 《諺》5 月が過ぎるまではぼろでも脱ぐな; 「急いては事を仕損ずる」. **d** おしめ, おむつ (diaper). **4** =clout nail. **5** 〘アーチェリー〙 **a** (枠に白布を張った)標的, 的(まと). **b** 当たり (hit): in the ~ 命中して. **6** 〘野球〙 強打, 長打. — *vt.* **1** 《口語》(こぶしまたは平手で)なぐる. **2** 《古・方言》**a** …につぎを当てる, 繕う. **b** …に包帯をする. **3** 《俗》盗む. **4** 〘野球〙 〈ボールを〉強打する.

clóut nàil *n.* クラウト釘《金属の薄板などを留める頭部が平たく大きな釘, びょう釘》.

clove[1] [klóuv | kláuv] 〘《?*a*1200》 *clowe* ▭ (O)F *clou* (*de girofle*) 《原義》nail (of the clove plant) < L *clāvum* nail: つぼみの形から: 今の形は CLOVE[2] からの類推による変形〙 — *n.* **1** 〘植物〙 チョウジノキ (*Eugenia aromatica*)《フトモモ科の熱帯性高木; 香料をとる》. **2** 〔通例 *pl.*〕 **a** 丁字, クローブ《チョウジノキのつぼみを乾燥したもの》. **b** クローブ《チョウジノキのつぼみを乾燥した香辛料》.

clove[2] [klóuv | kláuv] 〘OE *clufu* bulb ← Gmc **kleub-*: ⇨ cleave[1]〙 *n.* 〘植物〙 小鱗茎《ユリ・ニンニクなどの親根・鱗茎にできる子根》.

clove[3] 〘ME ~ < OE *clēaf* (⇨ cleave[1]) & OE *cleofede* (⇨ cleave[2])〙 *v.* cleave[1] の過去形; 《古》cleave[2] の過去形.

clove[4] [klóuv | kláuv] 〘▭ Du. *klove, kloof* cleft: cf. cleave[1]〙 *n.* 《米》〔主に地名に用いて〕峡谷 (ravine).

clóve carnàtion *n.* 〘植物〙 =clove pink.

clóve gillyflower *n.* 〘植物〙 =clove pink.

clóve hìtch 〘*clove*: 《異形》← CLOVEN〙 *n.* 〘海事〙 巻結び, 徳利結び《結索法の一種》.

clóve hòok 〘↑〙 *n.* =sister hook.

clo·ven [klóuvən | klə́u-] 〘OE *clofen*〙 *v.* cleave[1] の過去分詞. — *adj.* (ある深さまで二部分に)分かれた, 分裂した, 割れている.

clóven fóot *n.* **1** (牛・羊などの)分趾蹄, 双蹄, 偶蹄 (cf. solid hoof). **2** 〘悪魔には割れているひずめがあるとの伝説から〙 悪魔の性格[本性], 魔性: show the ~ 悪魔の本性[正体]を現わす.

clóven-fóoted *adj.* **1** 〘動物〙 ひずめが割れている, 双蹄の, 偶蹄の (cf. whole-hoofed). **2** 悪魔のような (Satanic).

clóven hóof *n.* =cloven foot.

clóven-hóofed *adj.* =cloven-footed.

clóve óil *n.* 丁字油, 丁香油《丁字から得る無色または黄色の精油; 香料・医薬に用いる》.

clóve pìnk 〘⇨ clove[1]〙 *n.* 〘植物〙 オランダセキチク, カーネーション (*Dianthus caryophyllus*) (⇨ carnation 1).

clo·ver [klóuvə | klə́uvə(r)] 〘OE *clāfre* < Gmc **klaibrōn* (Du. *klaver* / G *Klee*) < (WGmc) **klaiwaz* clover: cf. cleave[2]〙 — *n.* 〘植物〙 **1** クローバー《マメ科シャジクソウ属 (*Trifolium*) の多年草の総称; 特に, シロツメクサ (white clover), ムラサキツメクサ (red clover) などの牧草; cf. four-leaf clover》. **2** クローバーに似た牧草類の総称《ウマゴヤシ (medic), シナガワハギ (sweet clover) など》.

in (the) clover 豊かに, 裕福に; 贅沢に, 安楽に.

clóver brðom *n.* 〘植物〙 =indigo broom.

clóver·lèaf *n.* (四つ葉のクローバー形の)立体交差十字路. — *attrib. adj.* クローバーの葉形の.

cloverleaf

Clo·vis I [klóuvɪs, -vəs | klə́uvɪs] *n.* クロービス一世《466?-511; フランク王国の王 (481-511), Merovingian王朝の第一代の王; ガリア・西ドイツ地方を統一》.

clowd·er [kláudə | -də(r)] 〘《変形》← CLUTTER〙 *n.* ネコの群れ.

clown [kláun] 〘《古形》*cloun*: cf. ON *klunni* clumsy, boorish fellow / Du. *kleun, kloen* hoyden〙 — *n.* **1 a** (おとぎ劇・サーカス・奇術などに出る)道化役者, 道化師, 道化 (jester). **b** いつもおどけている人, おどけもの (buffoon). **2** 野人, 無骨者 (boor). **3** 《古》百姓, 田舎者 (rustic). — *vi.* 道化を勤める, おどける. — *vt.* 〈役を〉道化風に演じる.

clown·er·y [kláunəri | -rɪ] 〘⇨ ↑, -ery〙 *n.* おどけ, 道化の所作 (buffoonery).

clówn·ish [-nɪʃ] *adj.* **1** 道化の[に似た]; 道化師めいた, 滑稽な. **2** 無骨な, 野暮な. **~·ly** *adv.* **~·ness** *n.*

clówn whíte *n.* 〘演劇〙 白塗り《道化役のように顔を真っ白に塗るメーキャップ》.

clox·a·cil·lin [klɑ̀ksəsílɪn, -lən | klɔ̀ksəsílɪn] 〘← C(H)L(OROPHENOL) ＋ (*is*)*oxa*(*zole*) (ISO- ＋ OXO- ＋ AZOLE)＋(PENI)CILLIN〙 — *n.* 〘薬学〙 クロキサシリン《合成ペニシリンの一種》.

cloy [klɔ́ɪ] 〘《?*a*1387》《頭音消失》← ME *acloie*(*n*) to stop up, drive in a nail ▭ AF *acloy-er*＝OF *encloyer* to nail up < VL **inclāvāre* ← IN-[1]＋L *clāvum* nail〙 — *vt.* 〔ごちそう・甘美・贅沢などで〕飽き飽きさせる, 飽満させる 〔*with*〕: be ~*ed with* too many sweets 菓子類を食べ過ぎていやになる / be ~*ed with* pleasure 快楽に飽きる / the ~*ed* palate of an epicure 美食家のおごった口. — *vi.* (過食・ごちそう攻めで)飽き飽きする, うんざりする; 鼻につく: Sweets soon ~. 甘い物はすぐあきてしまう.

clóy·ing *adj.* 飽き飽きさせる, 鼻につく. **~·ly** *adv.* **~·ness** *n.*

cloze [klóuz | klə́uz] 〘《短縮・変形》← CLOSURE〙 *adj.* (文章の理解力をためすための)空所補充テストの: ~ procedure.

clr. 《略》clear; clearance; colon; cooler.

C.L.S.C. 《略》Chautauqua Literary and Scientific Circle.

CLT 《略》〘電算機〙 Computer Language Translator 計算機言語トランスレーター.

C.L.U. 《略》Chartered Life Underwriter 公認生命保険士《American College of Life Underwriters の行なう資格試験に合格した者に与えられる称号》.

club[1] [klʌ́b] 〘《?*a*1200》 *clubbe* ▭ ON *klubb-a, klumba* thick stick, club: cf. clump[1], glove〙 — *n.* **1 a** 頭の太い棒, 棍棒 (cf. cudgel 1). **b** (おどかしたり威圧するための)棒. **c** (一端にこぶのついたゴルフ・ホッケーなどの)打球棒, クラブ, スティック. **d** (体操用)棍棒 (Indian club). **2** 〘海事〙 クラブ, 補助ガフ《gaff の先端に付けた小円材; 大形 gaff-topsail のうしろ下隅を, gaff よりも長く張り出すためのもの》. **3** 〘植物〙 棍棒状の構造[器官]; (特に)多細胞の毛《オレンジやレモンの果肉の要素の一つ》. **4** 〘トランプ〙 **a** クラブ(の印). **b** クラブ札. **c** 〔*pl.*; 単数または複数扱い〕クラブ札の一揃い (suit): the king of ~*s*. — *v.* (**clubbed; club·bing**) — *vt.* **1 a** (棍棒で)打つ, 打ちこらす: ~ a dog to death 犬をなぐり殺す. **b** 〈銃などを〉(逆さにして)棍棒に代用する: ~ a musket, rifle, etc. **2** 棍棒の形にまとめる: ~ one's hair. — *vi.* 〘海事〙 (スピードを落とすためまたは回転するため)潮流の中で錨を引きずる 〈*down*〉.

club[2] [klʌ́b] 〘← ? CLUB[1]〙 — *n.* **1 a** (社交・スポーツ・文芸などで同志の結成する)クラブ, 社交会: a golf [tennis] ~ / an Alpine ~ 山岳会[部] / ⇨ country club, yacht club. **b** (会員に各種の特典を与える)共済会, 頒布会: a book [record] ~ / a benefit ~ 共済会. **c** (貿易・防衛などのための)国家連合体[共同体]. **2 a** クラブの集会所; クラブ室, クラブ会館 (clubhouse). **b** ナイトクラブ, キャバレー.

in the (pudding) club 《英俗》(特に)〈未婚の女性が〉妊娠して, はらんで (pregnant): be *in the* ~ / get [put] a woman *in the (pudding)* ~ 女を妊娠させる[はらます]. ***Join [Welcome to] the club!*** 《英俗》[他の人も同じ立場にあることを暗示して]同じだ: "I have bad luck." "*Join the* ~. I have it, too." 「運が悪い」「同じです, 私もですよ」.

— *attrib. adj.* **1** クラブの[に関する]. **2** 〈食物が〉定食の, (同一料金で)いろいろの組合せの: ~ breakfast. — *v.* (**clubbed; club·bing**) — *vt.* **1** 〈人を〉集め

てクラブを作る. **2** 合同させる. **3** 〈寄付などを〉出し合う, 持ち寄る; 出し合って作る 〈*up, together*〉. **4** 分担して支払う, 割勘にする: ~ the expenses. — *vi.* **1** クラブを組織する; (共に)クラブ員となる 〈*together*〉. **2** 金銭・思想などを出し合う; (共同の目的のために)〔…と〕協力する〔*with*〕: ~ *with* a person for the present 贈物に人と共同出資する. **3** 《まれ》かたまる, 集団になる.

club·ba·ble [klʌ́bəbl̩] *adj.* (*also* **club·a·ble** [~]) 《口語》クラブ員に適する; 社交的な (cf. clubby).

clúb bàg *n.* (ジッパーで開閉する)旅行鞄.

clubbed *adj.* **1** 棍棒状の: ~ antennae. **2** 〈果実・根が〉奇形的にふくれた.

clúb·ber *n.* クラブの会員.

club·by [klʌ́bi | -bɪ] 〖⇨ -y⁴〗 — *adj.* (**club·bi·er**; **-bi·est**) 《米口語》 **1** 社交的な, 人好きのする (cf. clubbable). **2** クラブ特有の; 入会資格のきびしい, 排他的な. **clúb·bi·ly** [-bɪli, -bə- | -lɪ] *adv.* **clúb·bi·ness** *n.*

clúb càr *n.* 《米》(列車の)社交車 (lounge car)《安楽椅子・トランプのテーブル・雑誌などを備え, 社交に適するように設備してある車両》.

clúb chàir *n.* クラブチェア《背もたれが低い厚張りの安楽椅子》.

clúb chéese *n.* クラブチーズ《チェダーチーズなどに薬味・香料を入れて作った加工チーズ》.

clúb còupe *n.* 〖自動車〗クラブクーペ《後列座席を備えた2ドアの箱形自動車[クーペ]》.

clúb·fàce *n.* 〖ゴルフ〗クラブフェース《クラブの打球面》.

clúb·fòot *n.* **1** (*pl.* **-feet**) 〖医学〗彎足 (talipes). **2** (*pl.* ~**s**) 〖植物病理〗=clubroot. **clúb·fóoted** *adj.*

clúb fòot *n.* 椅子やテーブルなどの曲がり脚 (cabriole) の先端にみられる平らな円盤状の足《pad foot ともいう; cf. Dutch foot》.

clúb fùngus *n.* 〖植物〗ホウキタケ《ホウキタケ科のキノコ》.

clúb·hànd *n.* 彎曲手, 奇形手.

clúb·hàul *vt.* 〖海事〗〈横帆船〉に捨て錨(いかり)上手(うわて)回しをする《風下の海岸を避ける非常手段として風下舷の錨を投入して上手回しを助けさせ, 終わった瞬間に錨を捨てて反対の開きで走り出す》.

clúb·hèad *n.* 〖ゴルフ〗クラブヘッド《クラブ先端の打球部》.

clúb·hòuse *n.* **1** クラブのある建物, クラブ会館; (ゴルフコースにある)クラブハウス. **2** (野球チームなどの運動選手の使う)ロッカールーム, 更衣室.

Club·i·on·i·dae [klʌ̀biɑ́nədiː | -biɔ́nɪ-] 〖← NL ~ ← *Clubiona* (属名: ← Gk *kléos* glory+*bioun* to live) +-IDAE〗 *n. pl.* 〖動物〗フクログモ科.

clúb·lànd *n.* 《英》クラブ地区《London の St. James's 宮殿の周囲のにぎやかな地区; 諸種のクラブの所在地で, 世論の中心と見なされている》.

clúb·man [-mən, -mæ̀n] *n.* (*pl.* **-men** [-mən, -mèn]) クラブ員; (特に)一流クラブに出入りする社交家[上流人], 一流クラブ員.

clúb·mo·bìle [-mo(ʊ)bìːl, -mə- | -mə(ʊ)-] *n.* 《米》移動クラブ車《コーヒー・ドーナッツ・キャンデー・巻たばこなどを積み, レクリエーション設備を備えたクラブ室のようなトレーラー》.

clúb mòss 〖《なぞり》← NL *muscus clavūtus*〗 — *n.* 〖植物〗 **1** ヒカゲノカズラ類の植物の総称 (⇨ lycopodium). **2** ヒカゲノカズラ (*Lycopodium clavatum*) 《staghorn ともいう》.

clúb·ròom *n.* クラブ室, (クラブの)集会室.

clúb·ròot *n.* 〖植物病理〗根こぶ病《*Plasmodiophora brassicae* によってアブラナ科植物に起こる》.

clúb sándwich *n.* 《米》クラブサンドイッチ《通例トーストパンを三層にしたもので, その間に鶏肉または七面鳥の肉・ハム・レタス・トマト・マヨネーズなどをはさんだもの》.

clúb-shàped *adj.* 〖生物〗(一端が太くなった)棍棒状の.

clúb sóda *n.* ソーダ水 (soda water).

clúb sòfa *n.* クラブソファ《背もたれが低い厚張りのソファ》.

clúb stèak *n.* クラブステーキ《牛の上腰部のあばらに近い部分から切り取られる小さなステーキ; cf. porterhouse 2》.

clúb tòoth léver escàpement *n.* 〖時計〗クラブツースレバー脱進機《携帯時計の脱進機のうち最も普通に使われているもの; がんぎ車 (escape wheel) の歯がゴルフのクラブに似ているのでこの名がある; cf. horn 16》.

clúb whèat *n.* 〖植物〗クラブコムギ (*Triticum compactum*)《短い棍棒 (club) 状の穂をもつ小麦の一種》.

clúb·wòman *n.* 女性のクラブ員; (特に)一流クラブに出入りする社交[上流]婦人.

cluck [klʌ́k] 〖《1481》〖擬音語〗: cf. OE *cloccian*〗 — *n.* **1 a** (雌鶏の)こっこっ[くっくっ]と呼ぶ声. **b** 雌鶏の呼ぶ声に似た声[音]. **2** 巣につきたがっている鶏《cluck hen ともいう》. **3** 《米俗》ばか, まぬけ; 薄のろ. — *vi.* **1** 〈雌鶏が〉こっこっと鳴く, こっこっと鳴いてひなを呼ぶ. **2** (心配・警告・苦悩などを表わして)舌を鳴らす. — *vt.* **1** こっこっと鳴いて呼び集める. **2** 〈承認などを〉雌鶏の鳴くような声で[関心をもって]言い表わす. **3** 〈舌を〉鳴らす.

clue [klúː] 〖《1596》〖変形〗← CLEW〗 — *n.* **1** 〔問題解決などの〕糸口, 手掛り〔*to*〕: We have no ~ *to* the solution. その解決に一切手掛りがない. **2** =clew. ***not have a clue*** 《口語》(1) 知らない, わからない: They don't *have a* ~ (as to what education is). 彼らは(教育って何なのか)何もわかっていない. (2) 無知[無能]だ. — *vt.* **1** …に(解決の)手がかりを与える: Nothing ~*d* me *to* this strange happening. この不思議な事件に何の手がかりもなかった. **2** 《俗》〈人〉に情報を伝える 〈*up, in*〉: He will ~ you *up* [*in*] about this. このことについて彼は君に知らせてくれるよ. **3** = clew 1, 3.

clúe·less *adj.* **1** しるべのない, 手がかりのない, 五里霧中の. **2** 《口語》無知な, ばかな. **~·ness** *n.*

Cluj [klúːʒ] *n.* クルージ《ルーマニア北西部 Transylvania 州の都市; 人口 213,000》.

clúm·ber spániel, C- S- [klʌ́mbə- | -bə-] 〖← *Clumber* (英国 Nottinghamshire 州にある Duke of Newcastle の領地の名)〗 — *n.* クランバースパニエル《異種交配による長く低い胴体でレモンと白の色合いの作業用大種のイヌ; 単に Clumber ともいう》.

clump¹ [klʌ́mp] 〖《*a*1586》▭ ? LG *klump*: cf. Du. *klomp* / OE *clympre* lump of metal〗 — *n.* **1 a** 群がり. **b** 木立, 林, 小森; (低木の)やぶ (thicket). **2** かたまり; 集団 (group): ~*s* of smoke 煙のかたまり / in ~*s* 群れをなして. **3** [*pl.*; 単数扱い] 〖遊戯〗クランプス《2組に分かれ, 代表1名ずつ出て問題を決め, 各組は相手方の代表に質問し, 代表は yes, no または I don't know だけで答え, それをあてる遊戯》. **4** 〖細菌〗細菌塊. **5** 《英》〖印刷〗クランプ, 鉛インテル. — *vi.* **1** 群生する. **2** 〈細菌などが〉凝集する. — *vt.* **1** 群にする, 〈木を〉寄せ集めて植える. **2** 〈細菌などを〉凝集させる.

clump² [klʌ́mp] 〖↑: cf. clamp³〗 *n.* **1** 重い足音, どしんどしんという音. **2** 《口語》なぐること, 強打. **3** (靴の)厚皮の底. — *vi.* どしんと踏む, 重い足取りで[重々しく]歩く. — *vt.* 《口語》強く叩く, なぐる.

clúmp blòck *n.* 〖海事〗強厚滑車《金属輪をもつ力の強い単骨車》.

clúmp·ish [-pɪʃ] *adj.* 〈足音など〉どしんどしんという, 重たくぎごちない.

clump·y¹ [klʌ́mpi | -pɪ] 〖⇨ -y⁴〗 *adj.* (**clump·i·er**; **-i·est**) **1** かたまりの(多い), 塊状の. **2** 木立のような; こんもり茂った; 木立[森]の多い.

clump·y² [klʌ́mpi | -pɪ] *adj.* (**clump·i·er**; **-i·est**) = clumpish.

clúm·si·ly [-zɪli, -zə- | -lɪ] *adv.* **1** ぶかっこうに, ぎごちなく. **2** 無器用に, 下手に.

clum·sy [klʌ́mzi | -zɪ] 〖《1597–98》← 《廃》*clumse* to be benumbed (with cold) (← ON: cf. Swed. 《方言》*klumsen* benumbed)+-Y⁴ 4〗 — *adj.* (**clum·si·er**; **-si·est**) **1 a** ぎごちない; 動きのにぶい[かたい]. **b** みっともない, 不体裁な, ぶかっこうな: ~ shoes. **2 a** 無器用な, 下手な: a ~ dancer, workman, etc. / ~ fingers / He is ~ *with* his hands. 彼は不器用だ. **b** 〈言い訳など〉拙劣な, まずい: a ~ liar うその下手な人 / a ~ apology 下手な弁解. **clúm·si·ness** *n.*

clunch [klʌ́ntʃ] 〖← ? CLUMP¹: cf. lump—lunch, hump—hunch / LG *klunt* / Du. *klont* lump〗 *n.* 《英方言》 **1** 硬化粘土. **2** 硬質白亜.

clung 〖OE *clungen* (p.p.)〗 *v.* cling の過去形・過去分詞.

clunk [klʌ́ŋk] 〖擬音語〗 — *n.* **1** 《口語》強打; 重い打撃音, にぶい音 (thump). **2** 《俗》にぶい男, 間抜け, ばか. — *vi.* **1** にぶい音を立てる. **2** にぶい音を立てて当たる. — *vt.* にぶい音を立てて打つ.

clunk·er [klʌ́ŋkə | -kə(r)] *n.* 《米俗》 **1** (がたがたの)老朽機械; (特に)おんぼろ自動車, ぽんこつ車. **2** ひどく不出来なもの, 失敗(作).

Clú·ny làce [klúːni- | -nɪ-; *F.* klyni-] 〖← *Cluny* (フランス東部の都市, そこの修道院にちなむ)〗 *n.* クリュニーレース《フランスで始められた手編みレースの一種; またはそれをまねた機械編みレース; 車模様が特徴》.

clu·pe·id [klúːpiɪd, -piəd | -piɪd] *adj., n.* 〖魚類〗ニシン科の(魚).

Clu·pe·i·dae [kluːpíːədiː | -píːɪ-] 〖← NL ~ ← *Clupea* (属名: ← L *clupea* a kind of small river fish)+-IDAE〗 *n. pl.* 〖魚類〗ニシン科.

clu·pe·oid [klúːpiɔ̀ɪd | -pɪ-] 〖← NL *Clupeoid-ea*: ⇨↑, -oid〗 〖魚類〗 *n.* 等椎(とうつい)亜目の魚《ニシン・イワシ・サケ・マグサギなど》. — *adj.* 等椎亜目の.

Clu·si·a·ce·ae [klùːziéɪsiìː, -ʒi- | -zɪ-] 〖← NL ~ ← *Clusia* (属名: ← *Carolus Clusius* (17 世紀のフランスの植物学者))+-ACEAE〗 — *n. pl.* 〖植物〗オトギリソウ科 (⇨ Guttiferae).

clus·ter [klʌ́stə | -tə(r)] 〖OE *clyster, cluster*: cf. clot〗 — *n.* **1** (ブドウ・サクランボ・フジの花などの密集している)房 (bunch): a ~ of grapes ブドウ一房. **2 a** (同種類の物・人々の密集している)群れ, 集団 (group, crowd): a ~ of bees ミツバチの一群 / ~*s* of spectators (所々に集団をなしている)見物人の群れ / gaze at the ~*s* of dog violet 群生する野スミレを見つめる / in a ~ 一団をなして, 一かたまりになって. **b** 《米》集団住宅. **3** 〖天文〗星団. **4** 〖米陸軍〗(殊勲によって同一の勲章が重ねて授与されたことを示す)勲章のリボンに添えた小金属片: ⇨ oak-leaf cluster. **5** 〖音声〗音結合群: ⇨ consonant cluster. — *vi.* **1** 房をなす, 鈴なりになる; 群生する. **2** (群をなして)集まる 〈*around, round*〉: People ~*ed around* the monument. 人々は記念碑のまわりに集まった. — *vt.* **1** 密集させる, 群がらせる. **2** 群をなして[かたまりになって]おおう〔*with*〕: The place was ~*ed with* people. その広場は群集でいっぱいだった. **clus·ter·y** [klʌ́st(ə)ri | -rɪ] *adj.*

clúster bòmb *n.* 〖軍事〗集束爆弾《爆発すると多数の金属小球が広範囲に飛散する対人爆弾》. — *vt.* 集束爆弾で攻撃する.

clúster còllege *n.* 《米》クラスターカレッジ, 連合大学構成カレッジ《教員・学生の交流, 施設の共用を目的に大学の連合体(またはその一部)を構成するカレッジ; 各カレッジは都市問題, 環境科学, 宗教学に重点をおくなどして特徴をもっている》.

clús·tered *adj.* **1** 群がった, 群生した, 鈴なりになった. **2** 〖建築〗束ねた: a ~ column [pier] 簇柱(ぞくちゅう), 束ね柱《多数の柱が集合した形の柱》.

clustered column

clúster·hèad pìnk *n.* 〖植物〗ヨーロッパ原産のナデシコの一種 (*Dianthus carthusianorum*)《紫または赤の花が咲く多年草》.

clúster lèg *n.* (家具で)束ね柱[簇柱]の形式をした脚.

clúster pìne *n.* 〖植物〗カイガンショウ (⇨ pinaster).

clúster pòint *n.* 〖数学〗 **1** (有向点列の)極限点. **2** =accumulation point. **3** (フィルターの)触点.

clutch¹ [klʌ́tʃ] 〖OE *clyććan* to clench: cf. cling〗 — *vt.* **1** (手または爪で強くまたは突然)ぐいと捕える, ぐっとつかむ. **2** しっかり握る; しがみつく: ~ power 権力を握る. **3** 《俗》呪文で縛る (spellbind); 〈人〉の心[注意, 関心など]をつかむ: The picture ~*ed* me. その絵は私の心をとらえた. — *vi.* **1** 〔…を〕つかむ, 捕えようとする, つかみかかる〔*at*〕: ~ *at* a straw (困った時)一筋のわらさえもつかもうとする. **2** (自動車などの)クラッチを操作する. **3** 《俗》(恐怖・驚きなどで)ぎょっとする, ふるえ上がる 〈*up*〉. — *n.* **1** ぐっとつかむこと, わしづかみ, ひっつかみ; つかみかかること: make a ~ *at* …につかみかかる, つかもうとする / within ~ つかまえられる所に, 手の届く所に. **2** [通例 *pl.*] 支配力, 手中, 毒手: the ~*es* of a tiger, dragon, etc. / in the ~ of fate 運命の手中にある / fall [get] into the ~*es* of …の手中に陥る[毒手にかかる] / get out of the ~*es* of …の手から身を脱する. **3** 握る手[爪]: a mouse in the ~ of an eagle 鷲の爪にかかったねずみ. **4** 《口語》危機, 急場, まさかの場合, ピンチ (pinch): come through in the ~ 危機を切り抜ける / He is dependable in the ~. 彼はまさかの時に頼みになる / choke up [tighten up] in the ~ 〈選手が〉ピンチに固くなる. **5** =clutch bag. **6** 〖機械〗クラッチ《原動軸と従動軸とを, 任意に接続あるいは切断することができる機械要素部分》: throw [let] in the ~ クラッチを入れる / let out the ~ クラッチを切る. — *attrib. adj.* **1** ピンチになされる; チャンスに強い: a ~ pitcher ピンチに強いピッチャー / a good [bad] ~ hitter チャンスに強い[弱い]打者. **2** 〈ハンドバッグが〉クラッチ型の《下げひもや持ち手がなく手や腕にかかえる型にいう》: ⇨ clutch bag. **3** 〈コートが〉(ファスナーが付いていないで)手で前を打ち合わせる式の.

clutch² [klʌ́tʃ] 〖《1721》〖異形〗← 《方言》*cletch* ← 《方言》*cleck* to hatch ▭ ON *klekja*〗 — *n.* **1 a** 一回にだく卵. **b** 一度にかえったひな (brood). **2** 一群, 一団 (group): a ~ of people. — *vt.* 《まれ》〈ひなを〉かえす (hatch).

clútch bàg *n.* クラッチバッグ《clutch purse ともいう; ⇨ clutch¹ *attrib. adj.* 2》.

clut·ter [klʌ́ṭə | -tə(r)] 〖《1556》〖変形〗← 《廃》*clotter* < ME *clottere(n)*: ⇨ clot, -er⁴〗 — *n.* **1 a** 散乱した物, ごった返した物の山[塊] (litter). **b** 乱雑, ごった返し, 混乱: The room is in a ~. 部屋は散らかっている. **2** 《方言》騒ぎ, ごたごたした物音. **3** 〖通信・航空〗(レーダースクリーン上の)擾乱(じょうらん), クラッター《不必要なエコーの集まり》. — *vi.* **1** 《方言》 **a** がたがた音をたてる, 騒ぐ. **b** ばたばた走る: ~ along the road 道をばたばた走って行く. **2** 《方言》散乱する. **3** 《古》早口に[不明瞭に]しゃべる. — *vt.* **1** 取り散らす, ごった返しにする 〈*up*〉: ~ *up* the room / The room was ~*ed up with* books and magazines. 部屋が本や雑誌でごった返しになっていた. **2** 《方言》乱雑に集める. **clut·ter·y** [klʌ́ṭəri | -tərɪ] *adj.*

clútter·ing [-tərɪŋ | -tə-] *n.* 〖病理〗早口症, 速語症.

Clw·yd [klúːɪd, -əd | -ɪd; *Welsh* klúid] *n.* ウェールズ北部の州; 1974 年に新設, 旧 Flintshire 州と Denbighshire 州の一部および Merionethshire 州の北東部よりなる; 人口 375,000, 面積 2,424 km².

Clyde¹ [kláɪd] 〖↓〗 *n.* [the ~] スコットランド南部の川; Clyde 湾に注ぐ; 河畔には Glasgow, Clydebank, Greenock などがある (170 km).

Clyde² [kláɪd] 〖▭ Welsh *Clywd* 〖原義〗 warm // ▭ Sc.-Gael. *Cleit* 〖原義〗 rocky eminence〗 *n.* 男性名.

Clyde, the Firth of *n.* クライド湾《スコットランド南西部大西洋岸の入江》.

Clyde·bank [kláɪdbæŋk] *n.* スコットランド南西部 Strathclyde 州 Clyde 河畔の都市; 人口 47,000.

Clydes·dale [kláɪdzdeɪl] 〖← *Clydesdale* (スコットランドの地名でその原産地)〗 *n.* クライズデール《大型でたくましい荷馬用の一品種の馬》.

clyp·e·ate [klípiət, -piɪt, -pièɪt | -pɪət, -piɪt, -pièɪt] 〖← L *clypeus* (↓)+-ATE²〗 *adj.* 〖生物〗 **1** 円盾形の. **2** 頭盾(とうじゅん)のある.

clyp·e·us [klípiəs | -pɪ-] 〖← NL ~ ← L 'round shield'〗 *n.* (*pl.* **-e·i** [-piàɪ | -pɪ-]) 〖昆虫〗額片, 頭板(とうばん);

(頭部の)盾甲, 頭盾. **clýp·e·al** [-piəl | -pɪ-] *adj.*
cly·sis [kláɪsɪs, -səs | -sɪs] 〖← NL ~ ← Gk *klúsis* ← *klúzein* to wash〗 *n.* (*pl.* **cly·ses** [-si:z]) 〖医学〗体腔洗浄.
clys·ter [klístə | -tə(r] 〖《*a*1398》▭ (O)F *clystère* // L *clystēr* ▭ Gk *klustḗr* syringe ← *klúzein* to wash out〗《古》 ── *n.* 〖医学〗浣腸(かんちょう) (enema). ── *vt.* 〈人〉に浣腸する.
Cly·tem·nes·tra [klàɪtəmnéstrə|-tɪm-, -ti:m-, -tem-] 〖▭ L *Clytaemnēstra* ▭ Gk *Klutaimnḗstra* ← *klutós* celebrated＋*mnēstḗr* wooer〗 ── *n.* 〖ギリシャ神話〗クリュタイムネストラ《Agamemnon の不貞な妻; Aegisthus に誘われて夫を殺したが, のちその子 Orestes に殺された》.
Cm 《記号》〖気象〗cumulonimbus mammatus 乳房状積乱雲; 〖化学〗curium.
CM 《略》command module.
cm., cm 《略》centimeter(s); cumulative.
c.m. 《略》〖宝石〗*F.* carat métrique (＝metric carat); *L.* causa mortis (＝by reason of death); center matched; center of mass; central meridian 中心子午線; circular mil; *F.* classes moyennes (＝middle classes); 〖詩学〗common meter; 〖処方〗*L.* cras mane (＝tomorrow morning).
C.M. 《略》Canadian Militia; Catholic Mission; Certificated Master; Certificated Mistress; 〖米軍〗Certificate of Merit; Certified Master; Certified Mistress; Chief Minister; *L.* Chirurgiae Magister (＝Master of Surgery); Church Mission; Church Missionary; Circulation Manager; Common Market; 〖カトリック〗Congregation of the Mission 聖ヴィンセンシオ布教会, ラザロ会; Corporate Membership; Corresponding Member; Court Martial.
Cmd 《略》Command Paper (⇨ Cmnd).
cmd. 《略》command.
cmdg. 《略》commanding.
Cmdr. 《略》Commander.
Cmdre. 《略》Commodore.
C.M.G. 《略》Companion of (the Order of) St. Michael and St. George.
C.M.H. 《略》《米》Congressional Medal of Honor.
c-mitósis 〖*c*: 《略》← COLCHICINE〗 *n.* 〖生物〗c 分裂, c 有糸分裂《コルヒチンなどの作用によって生じた異常有糸分裂; ふつう染色体数が倍加する》. **c-mitótic** *adj.*
cml. 《略》commercial.
Cmnd 《略》Command Paper《以前は C, Cd または Cmd と略した》.
CMRST 《略》Committee on Manpower Resources for Science and Technology.
C.M.S. 《略》《英》Church Missionary Society.
CMSgt 《略》〖米空軍〗chief master sergeant.
CMTC, C.M.T.C. 《略》Citizens' Military Training Camp (米国の)市民軍事訓練所.
Cn 《略》Canon; 〖気象〗cumulonimbus.
CN 《記号》〖化学〗chloroacetophenone.
C.N., C/N 《略》circular note; consignment note; 〖金融〗contract note; 〖保険〗cover note; 〖海運·簿記〗credit note.
C.N.A.A. 《略》《英》Council for National Academic Awards.
C.N.D. 《略》《英》Campaign for Nuclear Disarmament 核武装反対運動.
cne·mis [ní:mɪs, -məs | -mɪs] 〖← NL ~ ← Gk *knē-mís* greave ← *knḗmē* shin〗 ── *n.* (*pl.* **cnem·i·des** [némədi:z | -mɪ-]) 〖解剖·動物〗脛骨 (tibia, shin). **cné·mi·al** [-miəl | -mɪəl, -mjəl] *adj.*
-cne·mus [(k)ní:məs] 〖← NL ~ ← Gk *knḗmē* shin〗「(動物の属名に用いて)…の足のもの」の意の名詞連結形: Octa*cnemus*.
cnid- [naɪd] (母音の前に来る時の) cnido- の異形.
cni·da [náɪdə] 〖← NL ~ ← Gk *knídē* nettle〗 *n.* (*pl.* **cni·dae** [-di:]) 〖動物〗＝nematocyst.
Cni·dar·i·a [naɪdɛ́(ə)riə | -dέərɪə] 〖← NL ~: ⇨ ↑, -aria¹〗 *n. pl.* 〖動物〗刺胞動物門 (腔腸動物門 (Coelenterata) ともいう).
cni·do- [náɪdo(ʊ), -də | -də(ʊ)] 〖← NL ~: ⇨ cnida〗〖動物〗「刺胞 (nematocyst)」の意の連結形. ★ 母音の前では通例 cnid- になる.
cni·do·blast [náɪdəblæ̀st] *n.* 〖動物〗刺細胞《刺胞 (nematocyst) を作り出す, または刺胞になる細胞》.
cni·do·cil [náɪdəsɪl] 〖← CNIDO-＋NL *cilium* hairlike process: ⇨ cilia〗 *n.* 〖動物〗刺細胞突起, 刺針《刺細胞 (cnidoblast) の外表面に出ている毛様突起》.
cni·do·cyst [náɪdəsɪst] *n.* 〖動物〗棘糸胞.
cni·dog·e·nous [naɪdɑ́dʒənəs | -dɔ́dʒɪ-] *adj.* 〖動物〗刺胞 (nematocyst) を生じる[含む].
cni·do·phore [náɪdəfɔ̀ə, -fɔ̀ə | -fɔ̀:(r] *n.* 〖動物〗刺(細)胞体《刺胞 (nematocyst) をもつ構造》. **cni·doph·o·rous** [naɪdɑ́fərəs | -dɔ́f-] *adj.*
Cni·dus [náɪdəs | náɪ-, knáɪ-] *n.* クニドス《小アジア南西部 Caria の古都; アテネの海軍がスパルタ軍を破った所 (394 B.C.)》.
CNO 《略》Chief of Naval Operations 海軍作戦部長.
Cnos·sus [nɑ́səs | nɔ́s-] *n.* ＝Knossos.
C-nòte *n.* 《米俗》100 ドル紙幣.
CNR 《略》Canadian National Railway.
cnr. 《略》corner.
C.N.S., CNS 《略》〖解剖〗central nervous system 中枢神経系.
Cnut [kən(j)ú:t | -njú:t] *n.* ＝Canute.
Co 《記号》〖化学〗cobalt.
CO 《略》〖米郵便〗Colorado (州) (cf. col.).
c/o 《略》care of; carried over; cash order; change over.
C/O 《略》case oil; 〖商業〗certificate of origin.
Co. [kóʊ, kʌ́mp(ə)ni | kə́ʊ, kʌ́mp(ə)ni] 〖《略》← COMPANY〗 *n.* 会社 (⇨ company 4): John Smith *and* [&] Co.
Co. 《略》colon; county; course.
C.O. 《略》cash order; chief officer; Colonial Office; Commanding Officer; Command Order; Commissioner of Oaths; Commissioner's Office; Commonwealth Office; *F.* Compte Ouvert (＝open account); conscientious objector; criminal offense; Crown Office.
co-¹ [kóʊ | kə́ʊ] 〖ME ▭ L *co-* ＝COM- ← *cum* with, together〗 ── *pref.* (通例母音または h, gn, w などの子音の前に用いる時の) com- の異形: **1** 名詞に付いて「共同の, 共通の, 相互の; 副…」などの意: *co*editor, *co*heir, *co*partner, *co*gnomen, *co*pilot. **2** 形容詞または副詞に付いて「共同して, 相互に; 同一の, 同程度に」などの意: *co*operative(ly), *co*eternal(ly), *co*extensive(ly). **3** 動詞に付いて「共に」の意: *co*operate, *co*habit.
co-² [kóʊ, kòʊ | kə́ʊ, kə̀ʊ] 〖《略》← *co(mplement of)*〗 *pref.* 〖数学·天文〗「余, 補」の意: *co*sine, *co*declination.
co·a·cer·vate [koʊǽsəvèɪt, kòʊəsə́:veɪt | kəʊǽsəvèɪt, kə̀ʊəsə́:veɪt] 〖← L *coacervāt-us* (p.p.) ← *coacervāre* to heap up: ⇨ co-¹, acervate〗〖物理化学〗 ── *n.* コアセルベート《コアセルベーションの際に分離するコロイドに富む層》. ── *adj.* コアセルベートの.
co·ac·er·va·tion [koʊæ̀səvéɪʃən | kəʊæ̀sə-] 〖⇨ ↑, -ation〗 ── *n.* 〖物理化学〗コアセルベーション, 析液《コロイド溶液におけるコロイドに富む層ととぼしい層とに分離する脱混合現象》.
coach [kóʊtʃ | kə́ʊtʃ] 〖《1556》*coche* ▭ F ▭ G *Kutsche* ▭ Hung. *kocsi* ← *Kocs* (この馬車がはじめて用いられたハンガリーの地名)〗 ── *n.* **A 1 a** 公式馬車 (state carriage): Lord Mayor's ~ ロンドン市長の公式馬車 / a state ~ 国王の公式馬車 **b** (昔の四頭引き四輪大型の)駅伝乗合馬車《鉄道以前の主要な輸送機関; 車内と車上に乗席があり, 旅客·郵便物などを輸送した; cf. stagecoach, mail-coach》. **2** 2 ドアのセダン型自動車, (特に)箱型の自動車車体. **3 a** 《米》バス. **b** 《英》(長距離用の)大型(一階)バス. **4** 《米》(旅客機の)二等, エコノミークラス《一等よりも安い料金の等級》. **5** 〖鉄道〗**a** 《英》客車《railway carriage の正式名》. **b** 《米》(普通の)客車《sleeping car, parlor car などと区別する時の正式名》. **6** 〖海事〗(帆船の)船尾室《普通は船長室に使われる》.
B 1 〖指導者を指導を受ける者を運ぶ道具と見た比喩から〗**a** (演技などの)コーチ, 実地指導者 (trainer), 師範 (instructor). **b** (受験準備のために雇われる)家庭教師. **2** 指導案内書, 虎の巻, 必携 (manual). **3 a** 〖野球〗一塁[三塁]コーチ. **b** 野球などのチームにおける監督の補佐役《これが a の意味のコーチを勤めることもある》.
***drive a coach and four* [*six, horses*] *through*…** 〖英国の国会議員 Stephen Rice (1637–1715) の用語から: 四頭立馬車が通り抜けられるくらいの大穴があるの意〗《口語》〈不備な法律や論法〉を(堂々と)無視する, くつがえす, ぶちこわす.
── *vt.* **1 a** 〈競技指導者·コーチが〉実地指導する, コーチする. **b** 〈家庭教師が〉…の受験指導をする: ~ pupils *for* entrance examination 生徒に入学試験の受験指導をする. **2** 《古》馬車で運ぶ. ── *vi.* **1** coach で旅行する[行く]. **2 a** コーチ役を勤める. **b** 受験指導をする. ── *adv.* 《米》(旅客機の)二等で, エコノミークラスで: fly ~.
cóach-and-fóur *n.* 四頭立て馬車.
cóach bòx *n.* (駅伝乗合馬車の)御者台(⇨coupé 挿絵).
cóach·bùilding *n.* 《英》自動車の車体設計及び製造.
cóach-bùilt *adj.* 〈自動車の車体が〉全木製仕上げの; 木造の枠(わく)に金属板をはめた.
cóach dòg 〖昔, 馬車について走らせたことから〗 *n.* ＝Dalmatian 2.
coach·ee [koʊtʃí: | kəʊ-] *n.* ＝coachman 1.
cóach·er *n.* **1** 指導者; (水泳などの)コーチ (coach). **2** ＝coach horse. **3** 《廃》馬車の御者.
cóach hòrn *n.* (昔, 駅伝乗合馬車で用いた)馬車らっぱ (cf. post horn).
cóach hòrse *n.* (駅伝乗合馬車の)馬車馬.
cóach hòuse *n.* 馬車置場の離れ屋.
cóach·man [-mən] *n.* (*pl.* **-men** [-mən]) **1** (馬車の)御者. **2** 〖釣〗コーチマン《白い羽根, クジャクの羽枝の胴, 茶色のみの毛の毛鉤》.
cóach-òffice *n.* 乗合馬車出札所.
cóach's bòx [-tʃɪz-, -tʃəz-] *n.* 〖野球〗コーチスボックス《一塁または三塁のコーチが立つ場所》.
cóach scréw *n.* コーチ木ねじ (⇨ lag screw).
cóach stàtion *n.* **1** 《米》(もと)駅馬車の停留所. **2** バスの終点.
cóach·whip *n.* **1** 馬車馬用のむち. **2** 〖植物〗＝ocotillo. **3** 〖動物〗ムチナメラ (*Coluber flagellum*)《米南部·メキシコ産の長くてほっそりしたヘビ; coachwhip snake ともいう》.
cóachwhip bìrd *n.* 〖鳥類〗ムナグロシラヒゲドリ (*Psophodes olivaceus*)《オーストラリアに生息するヒタキ科の鳥; 鳴き声はむちを打つ時のそれに似る》.
cóach·wòrk *n.* 自動車[鉄道車両]の車体設計[製作, 仕上げ].
co·act¹ [koʊǽkt | kəʊ-] 〖《*c*1385》← L *coact-us* (p.p.) ← *cōgere* to force: ⇨ cogent〗 *vt.* 強いる, 余儀なくさせる (compel).
còáct² 〖← CO-¹＋ACT (v.)〗 *vi.* 協力する, 共に働く.
co·ac·tion¹ [koʊǽkʃən | kəʊ-] 〖《*c*1385》▭ MF ~ ▭ L *coactiō(n-)*: ⇨ ↑, -tion〗 *n.* 強制 (compulsion).
còáction² 〖← CO-¹＋ACTION〗 *n.* **1** 共同動作, 協力. **2** 〖生態〗相互作用, 共働《生物の個体群や群集において, 各生物間にみられる相互関係; cf. reaction 14》.
co·ac·tive¹ [koʊǽktɪv | kəʊ-] *adj.* 強制的な. **~·ly** *adv.*
còáctive² *adj.* 共同の, 協力的な.
còadápted *adj.* 〖生物〗(自然選択により)相互に適応した.
còadjácent 〖← CO-¹＋ADJACENT〗 *adj.* 隣り合った; (特に, 思想的に)接近した.
còadjúst 〖← CO-¹＋ADJUST〗 *vi.* 互いに調節し合う.
còadjústment *n.* 相互調節.
còádjutant 〖← CO-¹＋ADJUTANT〗 *adj.* 相互に助け合う; 協力する. ── *n.* 協力者, 助手 (assistant).
co·ad·ju·tor [kòʊədʒú:tə, koʊǽdʒʊtə | kəʊǽdʒʊtə(r] 〖《*c*1450》▭ (O)F *coadjuteur* ▭ L *coadjūtor* ← CO-¹＋*adjūtor* helper (← *adjuvāre* to help: ⇨ adjuvant)〗 ── *n.* **1** 助手, 補佐 (assistant). **2** 〖教会〗(bishop の)補佐役, 監督[司教]補.
co·ad·ju·tress [kòʊədʒú:trɪs, koʊǽdʒʊ-, -trəs | kəʊǽdʒʊtrɪs, -très] 〖⇨ -ess¹〗 *n.* 婦人助手[補佐].
co·ad·ju·trix [kòʊədʒú:trɪks, koʊǽdʒʊtrɪks | kəʊǽdʒʊtrɪks] 〖← NL ~ (fem.) ← COADJUTOR: ⇨ -trix〗 ── *n.* (*pl.* **-ju·tri·ces** [koʊæ̀dʒʊtráɪsi:z | kəʊ-]) ＝coadjutress.
co·ad·u·nate [koʊǽdʒʊnət, -nɪt, -nèɪt | kəʊ-] 〖▭ LL *coadūnāt-us* (p.p.) ← *coadūnāre* to unite, join ← CO-¹＋*adūnāre* to join (← AD-＋*ūnus* 'ONE')〗 ── *adj.* **1** 合着した, 結合した. **2** 〖生物〗着生した. **co·ad·u·na·tion** [koʊæ̀dʒʊnéɪʃən | kəʊ-] *n.*
còadvénture 〖← CO-¹＋ADVENTURE〗 *vi.* 共に冒険する. ── *n.* 共同冒険.
còadvénturer *n.* 共同冒険者.
co·ae·ta·ne·ous [kòʊɪtéɪniəs, kòʊət- | kə̀ʊɪtéɪnjəs, -nɪəs] *adj.* ＝coetaneous.
còágency 〖← CO-¹＋AGENCY〗 *n.* 共働, 協力, 共同作業.
còágent 〖← CO-¹＋AGENT〗 *n.* **1** 協力者, 共同者. **2** 共に作用する力[要因].
coagula *n.* coagulum の複数形.
co·ag·u·la·ble [koʊǽgjʊləbl | kəʊ-] 〖▭ F ~ ← *coaguler* ▭ L *coāgulāre*: ⇨ coagulate, -able〗 ── *adj.* 凝結させることのできる, 凝固可能の. **co·ag·u·la·bil·i·ty** [koʊæ̀gjʊləbíləti | kəʊæ̀gjʊləbílɪti, -lɪti] *n.*
co·ag·u·lant [koʊǽgjʊlənt | kəʊ-] 〖▭ L *coāgulant-em* (pres.p.) ← *coāgulāre*: ⇨ coagulate〗 *n.* 凝集剤, 凝固剤《牛乳を凝固させる rennet など》.
co·ag·u·lase [koʊǽgjʊlèɪs, -lèɪz | kəʊǽgjʊlèɪs] 〖⇨ ↓, -ase〗 ── *n.* 〖生化学〗凝固(促進)酵素, コアグラーゼ《血液や血漿の凝固を引き起こす酵素; ぶどう状球菌から分泌される》.
co·ag·u·late 〖《1395》← L *coāgulāt-us* (p.p.) ← *coāgulāre*: ⇨ coagulum, -ate³〗 [koʊǽgjʊlèɪt | kəʊ-] *vi.* **1** 〈溶液が〉固まる, こごる, 凝固する, 凝結する (congeal). **2** 〖物理化学〗凝結[凝析]する《ゾルのコロイド粒子が集まって沈殿する》. **3** 〖生理〗凝固[凝集]する. ── *vt.* **1 a** 固まらせる, 凝固[凝結]させる. **b** 集合させる. **2** 〖物理化学〗凝結[凝析]させる. **3** 〖生理〗凝固[凝集]させる. ── [-lət, -lɪt, -lèɪt] *adj.* 《古》固まった, 凝結した. ── [-lət, -lɪt, -lèɪt] *n.* 〖生理〗＝coagulum.
co·ag·u·la·tion [koʊæ̀gjʊléɪʃən | kəʊ-] 〖▭ (O)F ~ // L *coāgulātiō(n-)*: ⇨ ↑, -ation〗 ── *n.* **1** 〖物理化学〗凝固, 凝結, 凝析 (cf. syneresis 3): the ~ of atoms, blood, etc. **2** 凝固物.
co·ag·u·la·tive [koʊǽgjʊlèɪtɪv | kəʊǽgjʊlət-, -lèɪt-] *adj.* 《廃》凝固力のある, 凝結性の.
co·ág·u·là·tor [-tə | -tə(r] *n.* 凝固[凝結]剤. **co·ag·ul·a·to·ry** [koʊǽgjʊlətɔ̀:ri, -tɔ̀:ri | kəʊǽgjʊlətərɪ, -lèɪt-] *adj.*
co·ag·u·lum [koʊǽgjʊləm | kəʊ-] 〖▭ L *coāgul-um* means of coagulation ← *cōgere* to drive together: ⇨ cogent〗 ── *n.* (*pl.* **-u·la** [-lə]) 〖生理〗凝塊, 凝血塊, 血餅, クロット (clot): a blood ~ 凝血.
co·ai·ta [kuaɪtɑ́: | ku-] 〖▭ Port. 《廃》*coaitá* (Port. *coitá*) ← S-Am.-Ind. (Tupi)〗 ── *n.* 〖動物〗クロクモザル (*Ateles paniscus*)《南米産の長い四肢, 細い体つきをしたサル》.
coak [kóʊk | kə́ʊk] 〖▭ ? ONF **coque* notch＝(O)F *coche* < L *coccum* excrescence on a tree ▭ Gk *kók-kos* grain〗 ── *n.* 〖木工〗**1** 枘(ほぞ) (tenon). **2** 雇い実(ざね), ジベル (dowel). ── *vt.* 枘[ジベル]でつなぐ.
coal [kóʊl | kə́ʊl] 〖OE *col* < Gmc **kolam, *kolon* (Du. *kool* / G *Kohle*) ← IE **g(e)u-lo-* glowing coal〗 ── *n.* **1 a** 石炭: a hot ~ 燃えて熱い石炭のかたまり / a live [red-hot] ~ 真っ赤になった石炭 / ⇨ brown coal, hard coal, soft coal / take in ~ (船に)石炭を積み込む. **b** [*pl.*] 《英》(燃料用に砕いた)石炭: put ~*s* on the fire 火に石炭をくべる / lay in ~*s* for the winter 冬の用意に石炭を買い込む. **2 a** 木炭 (charcoal). **b** [しばしば *pl.*] (まきその他の燃料の)赤熱した燃えさし, おき: cook food on the ~*s*.
blow the coals ⇨ blow¹ 成句. ***call* [*drag, haul, rake, take*] *a person over the coals*** 〖刑罰として焼け

た石炭の上を引きずり回したことから』《口語》〈人を〉しかる, お目玉を食わす, 〈人〉の責任を追求する 〔*for*〕. ***carry coals to Newcastle*** 〘Newcastle が有数の石炭の産地であることから〙余計なことをする (cf. *carry* OWLS *to Athens*). ***heap coals of fire on a person's head*** (恨みに対し徳を行なって)人を後悔させる[恥じ入らせる] (cf. *Rom.* 12 : 20 ; *Prov.* 25 : 22).
— *vt.* **1** 〈船・機関車など〉に石炭を供給する. **2** 焼いて木炭にする (char). — *vi.* 〈船が〉石炭を積み込む : ~ at Gibraltar / a ~*ing* day 石炭積込日.

cóal bàll *n.* 〘鉱山〙炭球《炭層中に発見される球状の団塊; 方解石・珪土・石化した植物片などを含む》.
cóal·bèaring *adj.* 石炭を産する (carboniferous).
cóal-bèd *n.* 〘地質〙炭層.
cóal·bìn *n.* 石炭入れ.
cóal-bláck *adj.* 真っ黒な.
cóal bláck *n.* 真っ黒, 石炭色.
cóal-bòx *n.* 石炭入れ, 炭取り.
cóal bùcket *n.* 《米中部》=coal scuttle.
cóal-bùnker *n.* (船の)炭倉, 石炭庫.
cóal càr *n.* 《米》 **1** (鉄道の)石炭輸送貨車, 石炭車. **2** (炭鉱の)石炭運搬車.
cóal-cèllar *n.* (住宅の)石炭貯蔵地下室 (cf. coal-flap).
cóal cùtter *n.* コールカッター, 截炭機《電動のこぎりまたは電気ドリルを用いて石炭を切り出す機械》.
cóal-dùst *n.* 石炭の粉, 粉末石炭, 炭塵(たんじん).
cóal·er [-lə | -lə(r] *n.* **1** 石炭船; 石炭輸送鉄道. **2** 《英》石炭人足. **3** [*pl.*] 《米》石炭輸送鉄道会社の株式.
co·a·lesce [kòuəlés | kàu-] 〘《1541》⊏ L *coalēsc-ere* ← co-¹+*alēscere* to grow (← *alere* to nourish)〙 — *vi.* **1** 〈折れた骨などが〉合着する, 癒合する. **2 a** 〈別々の要素が〉(一つに)合体する. **b** 〈政治家・政党などが〉(共通の目的で)合同[連合]する. — *vt.* 合体させる, 合同させる.
co·a·les·cence [kòuəlésṇs | kàu-] *n.* **1** 合同, 連合, 連立. **2** 合着, 癒合; 凝結.
co·a·les·cent [kòuəlésṇt | kàu-] 〘⊏ L *coalēscent-em* (pres.p.) ← *coalēscere* 'to COALESCE'〙 *adj.* **1** 合生の, 合着性の. **2** 合同[連合, 連立]の, 提携の.
cóal-fàce *n.* 切羽(きりは); 採炭切羽.
cóal-fàctor *n.* 《英》石炭問屋, 石炭仲買人.
cóal·field *n.* 炭田.
cóal-fired *adj.* 石炭で熱した[動かした].
cóal·fish 〘その色から〙 *n.* 〘魚類〙 **1** =pollack b. **2** 体色の黒いギンダラの類の魚類の総称.
cóal-flàp *n.* 《英》(石炭貯蔵地下室 (coal-cellar) に石炭を投げ入れるように歩道上に設けてある)石炭投入口 (coalhole) の上げぶた.
cóal gàs *n.* **1** (石炭をたく時に出る有害な)石炭ガス. **2** (石炭乾溜により作る灯用・燃料用)ガス.
cóal-hèaver *n.* 《英》石炭運搬夫; 石炭積みおろし人.
cóal hòd *n.* 《米北東部》石炭入れ, 炭取り (coal scuttle).
cóal·hòle *n.* **1** (歩道から地下石炭置場に通じる)石炭投入口 (cf. coal-flap). **2** 《英》(地下の小さい)石炭置場 (cf. coal-cellar).
cóal hòuse *n.* 石炭貯蔵小屋.
coal·i·fi·ca·tion [kòuləfɪkéɪʃən, -fə- | kàulɪfɪ-] 〘⇨↓, -fication〙 *n.* (植物質の)炭化.　「する.
coal·i·fy [kóuləfàɪ | kául-] 〘← COAL+-FY〙 *vt.* 炭化
cóaling stàtion *n.* **1** (汽船・軍艦の)給炭港. **2** (機関車の)給炭所.
Coal·ite [kóulaɪt | káu-] 〘← COAL+-ITE¹〙 *n.* 〘商標〙コーライト《低温コークス》.
co·a·li·tion [kòuəlíʃən | kàu-] 〘⊏ F ~ ⊏ ML *coalitiō(n-)* ← L *coalēscere* 'to COALESCE' : ⇨-tion〙 — *n.* **1** 結合, 合体; 連合体, 合同 (union, combination). **2** (主義・政策上の政党・国家・個人などの間の, 一時的)提携, 連立, 連合 : a ~ between two parties / a ~ of all laborers / form [dissolve] a ~ 連合を作る[解く]. **~·al** [-ʃənḷ, -ʃnəl] *adj.*　「istry ともいう》.
coalítion cábinet *n.* 《英》連立内閣《coalition min-
cò·a·lí·tion·er [-ʃ(ə)nə | -nə(r] *n.* =coalitionist.
cò·a·lí·tion·ist [-ʃ(ə)nɪst, -nəst | -nɪst] *n.* 連合[合同]論者, 提携主義者.
coalítion mínistry *n.* 《英》=coalition cabinet.
cóal-màster *n.* (昔の)炭鉱主.
cóal mèasures *n. pl.* 〘地質〙 **1** 夾(きょう)炭層. **2** [C-M-] (英国石炭系中の)夾炭層.
cóal mèrchant *n.* 石炭小売商人.
coalmìce *n.* coalmouse の複数形.
cóal mìne *n.* 炭鉱, 炭山 (colliery).
cóal mìner *n.* 炭鉱夫.
cóal mìning *n.* 採炭, 石炭(鉱)業.
coal·mouse [kóulmàus | kául-] 〘OE *colmāse* ← *col* 'COAL' (その体色から)+*māse* titmouse : 今の形は通俗語源による : cf. Du. *koolmees* / G *Kohlmeise*〙 — *n.* (*pl.* **-mice** [-màɪs]) 〘鳥類〙=coal tit.
cóal òil *n.* **1** 《米》石油 (petroleum). **2** 《米中部・南部》灯火用石油, 灯油 (kerosine). ★ もともとは石炭乾溜により得られた灯火用の油.
cóal-òwner *n.* (昔の)炭鉱主 (coal-master).　「ス.
cóal pàsser *n.* 〘海事〙石炭夫, 石炭繰り, コロッパ
cóal·pìt 〘OE *colpytt* : ⇨ coal, pit¹〙 *n.* **1** 炭坑. **2** 《米方言》炭焼き場.
cóal plànt *n.* 〘植物〙石炭化植物《石炭層中に化石として, またはその痕跡を留めている有史前植物》.
cóal·sàck *n.* **1** 石炭入れズック袋. **2** [the C-] 〘天文〙石炭袋《銀河の中の星の見えない暗黒部分》: **a** 南の石炭袋 (the Southern Coalsack). **b** 北の石炭袋 (the Northern Coalsack).
cóal scùttle *n.* (室内用)石炭入れ.
cóal-scùttle bónnet *n.* 石炭入れをさかさまにしたような形の婦人帽の一種.
cóal sèam *n.* (採算のとれる)炭層.　「の原料》.
cóal tàr *n.* コールタール, 炭脂《染料・医薬・溶剤など
cóal-tar créosote *n.* 〘化学〙コールタールクレオソート.
cóal-tar dýe *n.* 〘染色〙コールタール染料.　「用》.
cóal-tar pitch *n.* コールタールピッチ《道路舗装
cóal tìt *n.* 〘鳥類〙ヒガラ (*Parus ater*)《ユーラシア大陸産シジュウカラ属の小鳥》.
cóal-whìpper *n.* 《英》 **1** 石炭陸揚げ人夫, 揚炭人夫. **2** (船の)石炭陸揚機, 揚炭機.
coal·y [kóuli | káulɪ] *adj.* (**coal·i·er**; **-i·est**) **1** 石炭の(多い), 石炭を含む; 石炭質の. **2** 石炭のような.
coam·ing [kóumɪŋ | káum-] 〘《1611》← ? *coam-* ((変形) ← *comb* indented edge)+-ING¹〙 — *n.* [時に *pl.*] **1** (下部に水が流れ込まないように床・屋根などの穴の周囲に作った)盛上げべり[縁(ふち)]. **2** 〘海事〙縁(ふち)材, コーミング《甲板にあけた開口を取り囲む縁; 海水の下方への流入を防ぐ》: hatch ~s 艙(そう)口縁材.
Co·án·da effèct [kouǽndə-, -ά:n- | kəu-; *F.* kɔɑ̃da-] 〘← *Henri Coanda* (1932 年この現象を発見したフランスの技師)〙 *n.* [the ~] 〘流体力学・航空〙コアンダ効果《曲面を流れる液体がその表面に密着して流れる性質; wall-attachment effect ともいう》.
co·apt [kouǽpt | kəu-] 〘⊏ LL *coaptāre* to fit together : ⇨ co-¹, apt〙 *vt.* **1** 互いに適合[接合]させる. **2** 共に結びつける; 接着[癒合]させる.
co·ap·ta·tion [kòuæptéɪʃən | kàu-] 〘⊏ LL *coaptātiō(n-)* : ⇨↑, -ation〙 *n.* 適合; 接合, 接着; 接骨.
co·arc·tate [kouά:əkteɪt, -tət, -tɪt | kəuά:k-] 〘⊏ L *coarctāt-us* (p.p.) ← *coar(c)tāre* to press together ← co-¹+*artus* narrow〙 — *adj.* 〘生物〙〈さなぎが〉殻に包まれている.
co·arc·ta·tion [kòuɑəktéɪʃən | kàuɑ:k-] *n.* 〘病理〙狭窄(さく): ~ of aorta.
coarse [kɔ́əs, kóəs | kɔ́:s] 〘《1398》 *cors* ordinary ← ? *course* the usual practice (cf. of course) : ⇨ course〙 — *adj.* (**coars·er**; **-est**) **1** 品質の劣った, 粗悪な, 粗末な, 下等な; ありふれた, 並の : ~ fare 粗食 / ~ clothing 粗衣 / ~ furniture 粗末な家具 / ~ goods [articles] 粗製品. **2 a** 〈生地・木目・肌など〉あらい, 目のあらい : ~ cloth 地のあらい織物 / a ~ mesh あらい網の目 / ~ skin きめのあらい肌. **b** 〈粒・粒子が〉粗大な : ~ sand 粒のあらい砂. **c** 雑な作り[設計]の, 出来の悪い; 精巧[繊細]さのない : a ~ machine. **d** 正確でない, 雑な. **e** 〈金属やすり・鋸など〉あら目の. **3 a** 〈感受性・作法・趣味など〉上品さに欠ける, 野卑な, 粗野な, がさつな, 下品な (↔ delicate) : a ~ mind 下品な心 / ~ manners 不作法. **b** 〈言葉など〉みだらな, げびた (indecent) : ~ language, jokes, etc. **4** 〈音が〉耳ざわりな, 音楽的でない. **5** 《方言》〈天候が〉荒れた, 荒れ模様の. **~·ly** *adv.* **~·ness** *n.*
cóarse ággregate *n.* 〘土木〙粗骨材《約 5 mm 以上の砂利・砕石などのような比較的粗い骨材》.
cóarse fish *n.* 《英》〘魚類〙 **1** =rough fish. **2** (サケ科以外の淡水産の)雑魚 (cf. game fish 2).
cóarse-gráined *adj.* **1** 木目の粗い. **2** がさつな, 下品な.
coars·en [kɔ́əsṇ, kóəsṇ | kɔ́:sṇ] *vt.* **1** 粗雑にする, 荒っぽくする. **2** 劣等[下等, 下品]にする. — *vi.* **1** 荒くなる. **2** 下品になる.
coars·er [kɔ́əsə, kóə- | kɔ́:sə(r] 〘(compar.) ← COARSE〙 — *adj.* 〘数学〙〈位相が〉弱い, 粗(そ)い《第一の位相 (topology) の開集合がすべて第二の位相の開集合にもなっている; cf. finer》.　「同時調音.
cò·articulátion 〘← CO-¹+ARTICULATION〙 *n.* 〘音声〙
coast [kóust | káust] 〘? lateOE *coste* rib, coast ⊏ OF (F *côte*) < L *costam* rib, side ← IE **kost-* bone〙 — *n.* **1 a** 沿岸, 海岸, 海辺 : ~ defense 海岸防御 / a ~ defense ship 海防艦 / ~ traffic 沿岸貿易 / on the ~ 沿岸に / off the French ~ フランス海岸沖に / sail along the ~ 沿海を航行する. **b** 沿岸地方. **c** [the C-] 《米口語》太平洋沿岸地方. **2** 《米・カナダ》 **a** (橇(そり)で滑り下る)滑り坂. **b** (橇・自動車・自転車での)惰走, 惰力走行, 滑走. **3** 《廃》国境.
Clear the coast! 《口語》どいたどいた, 邪魔だ. ***from coast to coast*** (1) 《米》太平洋岸から大西洋岸まで. (2) 全国内あまねく, 津々浦々に. ***The coast is clear.*** 〘見張っている沿岸警備隊がいないと言った意から〙危険はなくなった(さあ今だ)《だれも見ている者も邪魔する者もいない》.
— *vi.* **1** 海岸に沿って航行する, (貿易のために港から港へと)沿岸[近海]を航行する (cf. coasting 1). **2 a** 《米・カナダ》橇で(坂道を)滑り下る; (自転車に乗って道を)ペダルを踏まずに下る, 惰走する : ~ down the hill 坂道を滑り下る. **b** 〈自動車が〉(エンジンを切って)惰力で進む. **c** 〈ロケットが〉(推力を止めて)慣性飛行する. **3** (何の努力もせず, 漫然と)出世する, 昇進する; 漫然と過ごす 〈*along*〉. — *vt.* **1** 〈沿岸を〉進んで行く. **2** 〈自動車・ロケットなどを〉(エンジンを切るなどして)惰力で進ませる : ~ the car down the slope. **3** 《廃》…のそばを通る (skirt).
coast home 《俗》楽々と勝つ[達成する].

coast·al [kóustḷ, -təl | kɔ́us-] *adj.* 沿岸の; 海岸に沿う; 近海の : ~ defense 沿岸防備[防衛] / ~ waters 沿岸海域. **~·ly** *adv.*
cóastal pláin *n.* 海岸平野《遠浅な海底が陸化したもの》; 海沿いの平野.
cóast artíllery *n.* **1** 海岸砲台, 海岸要塞砲. **2** 海岸砲兵, 海岸砲兵隊, 沿岸防備砲兵隊.
Cóast Artíllery Còrps *n.* [the ~] 〘米陸軍〙沿岸防備砲兵隊《1907 年創設, 1950 年以降砲兵隊に編入》.
coast·er [kóustə | kάustə(r] *n.* **1** 沿岸に住む人. **2** 沿岸貿易船, 地回り船 (cf. sea boat 1, SEAGOING vessel). **3** コースター : **a** 洋酒びんを載せて食卓の客に回すための縁(ふち)どりした銀製[木製]の盆; 小車輪を付けたものもある. **b** コップ・びんなどの下敷き. **4 a** 《米・カナダ》坂滑り用橇(そり). **b** 《米》=roller coaster. **c** (自転車を惰走させる時に乗せる)足台.
cóaster bràke *n.* 《米》(自転車用の)コースター[逆転]ブレーキ《ペダルを逆に踏んで止めるブレーキ》.
cóaster wàgon *n.* コースターワゴン《坂滑りに用いられる子供のおもちゃのワゴン》.
cóast·guàrd *n.* **1** =coast guard 1. **2** [the C-] (英国の)沿岸警備隊《海難救助・密貿易取締りなどにあたる; cf. coast guard 2》.
cóast guàrd *n.* **1 a** 沿岸警備隊. **b** 沿岸警備隊員. **2** [the C- G-] (米国の)沿岸警備隊《平時は運輸省管下で海上保安業務に従事, 戦時は海軍力増強のため海軍省管下におかれることもある; cf. coastguard 2》.
cóast·guàrd·man [-mən] *n.* (*pl.* **-men** [-mən, -mèn]) =coastguardsman.
cóast·guàrds·man [-mən] *n.* (*pl.* **-men** [-mən, -mèn]) 沿岸警備隊員.
cóast·ing *n.* **1 a** 沿岸航行; 沿岸貿易. **b** [形容詞的に]沿岸航行の, 近海航路の (cf. oceangoing) : a ~ line [route] 近海航路 / a ~ vessel 沿岸航行船. **2** 海岸線の地形[形態]; 海岸線 (coastline). **3** 《米・カナダ》坂すべり; 滑走用傾斜.　「での飛行》.
cóasting flìght *n.* 〘宇宙〙惰性飛行《推力が無い状態
cóasting lèad [-lèd] *n.* 〘海事〙浅海用測鉛《水深 20–60 尋(ひろ)用》.
cóasting tràde *n.* 沿岸貿易.
cóast·lànd *n.* 沿海[海岸]地帯.
cóast·lìne *n.* **1** 海[湖]岸線. **2** 沿岸[海岸]地形.
cóast live óak *n.* 〘植物〙=California live oak.
Cóast Móuntains *n. pl.* [the ~] コースト山脈《カナダ British Columbia 州西部の山脈; 南は Cascade 山脈につながる; 最高峰 4,042 m》.
cóast pìlot *n.* **1** 沿岸水先案内人. **2** (政府が船員のために発行する)水路誌《単に pilot ともいう》.
Cóast Rànges *n. pl.* [the ~] 北米太平洋岸の大山脈; California 州南部から Alaska 州南東部にのびる.
cóast rédwood *n.* 〘植物〙=redwood 1.
cóast rhododéndron *n.* 〘植物〙カリフォルニアシャクナゲ (*Rhododendron californicum*)《北米西部産のシャクナゲの一種; 花は茶色の斑点のある紅紫色; Washington 州の州花》.
cóast tríllium *n.* 〘植物〙北米西部産のユリ科エンレイソウの類の多年草 (*Trillium ovatum*)《花は初め純白, 後に淡紅色に変化する》.
coast·ward [kóustwəd | kάustwəd] *adv.* 海岸の方へ. — *adj.* **1** 海岸に向かう. **2** 海岸の近くにある.
cóast·wards [-wədz | -wədz] *adv.* =coastward.
cóast·wàys *adv.* 《古》=coastwise.
cóast·wìse 〘← COAST+-WISE〙 *adj.* 海岸に沿う, 沿岸の, 地回りの : ~ passengers 近海航路船客. — *adv.* 海岸に沿って : sail ~.
coat [kóut | kάut] 〘《c1330》 *cote* ⊏ OF ⊏ Frank. **kotta*〙 — *n.* **1 a** (袖付きの)上着, コート; 外套, オーバーコート (overcoat)《jacket, sports coat などのいわゆる上着類, topcoat, overcoat, raincoat などの外套類をいう; cf. dress coat, frock coat, sack coat》: a ~ and skirt テーラーメードのスーツ《婦人外出着》. **b** [通例 *pl.*] 《方言》ペティコート (petticoat); スカート (skirt). **c** 《古》地位や職業を表わす衣服; 職業 (cf. cloth 3 b). **2** (獣の)外被《毛皮または毛》: the shaggy, matted, fleecy ~ of a sheep. **3 a** コート状におおうもの. **b** 外被物, 皮 (skin, rind); 膜, から : the ~s of an onion 玉ねぎの皮 / ~ of bark 樹皮. **c** (銀などの)きせ, めっき, コーティング; (ペンキなどの)塗り; (ちりの)層 : a ~ of paint, varnish, plaster, etc. / a thick ~ of dust 厚くたまったほこり / the first [second, last] ~ of paint ペンキの下[中, 上]塗り. **4** =COAT of arms. **5** 〘海事〙コート《マストやバウスプリットなどの円材が甲板を貫く所に, 水が入らないように巻くキャンバスで, タールやペイントが塗ってある》.
cut one's coat according to one's cloth 資力[収入]に合った生活をする. ***dust a person's coat*** (***for him***) ⇨ dust 成句. ***pick a hole*** [***holes***] ***in a person's coat*** ⇨ hole 成句. ***trail one's coat*** 〘引きずった裾をわざと踏ませて, 喧嘩を売ったアイルランドの旧習から〙喧嘩を売る, 因縁をつける, 挑戦的なことをする. ***turn one's coat*** 変節する (change sides). ***wear the king's*** [***queen's***] ***coat*** 《英》軍服を着る, 兵士になる.
coat of arms (1) (盾のみの)紋章. (2) 大紋章 (achievement). (3) 紋章官 (pursuivant) の着る紋章付きの陣中着. ★ 盾に描いた紋章図形を陣中着 (tabard) にも描いたことから, 紋章のことを coat of arms と呼ぶことになった; 本来は盾のみの紋章を指す名称であったが, achievement をも意味する.
coat of mail 鎖かたびら (hauberk).

coat of many colors〘この A.V. 訳は誤りで, a robe with long sleeves が正しい訳とされている〙〘聖書〙いろどれる衣 (*Gen.* 37:3).
— *vt.* **1** …にコートを着せる. **2** [通例 p.p. 形で] **a** 〔ペンキなどを〕…に塗る; 〔錫(すず)などを〕…にきせる; 〔ほこりなどで〕おおう 〔*with*〕 (cf. coated): ~ wood *with* paint, etc. / be ~*ed with* dust. **b** 〈舌〉にこけを生やして白くする: Your tongue is ~*ed*. 舌にこけが生えて白くなっている.
~·er [-ṭə | -tə(r] *n.*

cóat ármor *n.* (盾形の)紋章, 家紋.

Coat·bridge [kóutbrɪdʒ | kə́ut-]〘《原義》bridge on the land *Coats* (← OE *cot* cottage: ⇨ cot¹)〙 *n.* スコットランド Strathclyde 州の都市; 人口 53,000.

cóat càrd〘衣装を着けた姿から〙 *n.* 《古》(トランプの)絵札 (face card) (cf. court card 1).

cóat·drèss *n.* コートドレス《襟から裾まで前あきでボタン付きの婦人用のドレス》.

cóat·ed [-ṭɪd, -ṭəd | -tɪd, -təd] *adj.* **1** 上着[コート]を着た. **2 a** きせもの[上塗り]を施した. **b** 〈紙が〉艶出しの, 光沢のある: ~ paper. **c** 〈織物が〉防水加工した. **d** 〈舌が〉こけが生えて白くなった. **3**〘光学〙〈レンズが〉コーティングを施された, 反射防止膜を蒸着してある.

coat·ee [koutíː | kə́utiː, ⌐—⌐] *n.* (体にぴったりした)ショートコート.

cóat flòwer *n.*〘植物〙ハリナデシコ (⇨ saxifrage pink).

cóat hànger *n.* (コートなどを掛ける)ハンガー.

co·a·ti [kouáːṭi | kəuáːtɪ]〘□ Port. *coati* □ S-Am.-Ind. (Tupi) *coatí, coatim* ← *cua* cincture + *tim* nose〙 — *n.*〘動物〙ハナグマ《熱帯アメリカ産アライグマ科ハナグマ属 (*Nasua*) の動物の総称; ハナジロハナグマ (*N. narica*) など》.

coati (*N. narica*)

co·a·ti·mun·di [kouàːṭimʌ́ndi | kəuàːtɪmʌ́ndɪ]〘□ S-Am.-Ind. (Tupi) ~ ← *coati* (↑) + *mondi* solitary〙 — *n.* (*also* **co·a·ti·mon·di** [~])〘動物〙= coati.

cóat·ing [-ṭɪŋ | -tɪŋ] *n.* **1 a** 塗り, きせ, 上塗り. **b** 被覆物; (食物の)ころも; 塗料; (布地の)コーティング. **2** コート用生地 (cf. shirting). **3**〘光学〙コーティング《光の反射を防止するために光学レンズ等の表面に反射防止膜を蒸着すること; またはつけた膜》.

cóat-of-plátes constrùction *n.*〘甲冑〙(帷子(かたびら)に)小札をつける仕立方.

cóat·ràck *n.* (外出用のコート類を一時置いておく)洋服掛け[置き棚].

cóat·ròom *n.* 《米》= cloakroom.

Coats Land [kóuts-lænd | kə́uts-] *n.* コーツランド《南極大陸の Weddell 海東南方の地域》.

cóat·tàil *n.* **1** [通例 *pl.*] (特に, 燕尾服・フロックコート・モーニングの)上着[コート]のうしろ裾 (skirt). **2** [*pl.*]〘政治〙弱い候補者も同時に当選させる力.
on a person's coattails (1) …のあとを追って. (2) …の助けで, お陰で. ***ride* [*hang, etc.*] *on a person's coattails*** 人のお陰で成功する; 強い候補者に助けられて当選する. ***trail one's coattails*** = *trail one's* COAT.
— *attrib. adj.*〘政治〙弱い候補者も同時に当選させる: ~ power.

cóat-tràiling〘← *trail one's coat* (⇨ coat 成句)〙《英》 *n.* 挑発(すること) (provocation). — *adj.* 挑発的な.

cóat trèe *n.* 《米》= clothes tree.

cò·áuthor〘← CO-¹ + AUTHOR〙 *n.* 共著者. — *vt.* 共著で書く, 共同執筆する.

coax¹ [kóuks | kə́uks]〘《1586》《古形》*cokes* to fool ← (n.) ← ?〙 — *vt.* **1** (甘い言葉・やさしい態度・おべっかなどで)〈人を〉なだめすかして…させる, 〈人を〉うまく説いて…させる 〔*into*〕 / 〈*to do*〉: ~ a child *to* take its medicine 子供をなだめすかして薬を飲ませる / ~ a person *into* good temper 人をなだめすかして機嫌を直させる / ~ a person *into* undertaking it 人をうまく説得してそれを引き受けさせる / ~ a boy *back to* school 子供をなだめて学校へ帰らせる / ~ a person *away* [*out*] 人をだまして連れ去る[誘い出す]. **2** 〈人を〉言いくるめて〔ものを〕奪う 〔*out of*〕; 〔人から〕〈物を〉うまく引き出す[奪う] 〔*from, out of*〕: ~ a person *out of* a thing = ~ a thing *from* [*out of*] a person 口車に乗せて人から物を奪う / ~ a secret *out of* a person うまく人から秘密を聞き出す. **3** 〈物を〉そうっと[なだめすかすように, うまく]取り扱う[動かす]; うまく扱って…させる 〔*into*〕 / 〈*to do*〉: ~ the lock of the trunk トランクの鍵を何とか動かす / ~ a fire *to* burn うまく火を燃やす / ~ a key *to* turn うまく鍵を回す / He ~*ed* a bird *into* the cage. うまく扱って鳥を鳥かごに入れた. **4** 《廃》かわいがる (fondle). **5** 《廃》ばかにする (befool); だます (dupe). — *vi.* 甘言を用いる, なだめる, 機嫌を取る, だます. — *n.* ご機嫌取りの言葉[行為]. **~·er** *n.*

co·ax² [kóuæks | kə́u-]〘略〙 *n.*〘通信〙= coaxial cable.

co·ax·al [kouǽksəl, -sl̩ | kəu-] *adj.* = coaxial.

cò·áxial〘← CO-¹ + AXIAL〙 *adj.* **1**〘数学〙共軸の, 同軸の. **2**〘電気〙同軸の, 同軸ケーブルを用いた. **~·ly** *adv.*

coáxial cáble *n.*〘通信〙同軸ケーブル《中心導体とそれを囲むパイプ状導体とを同軸に配した高周波伝送用のケーブル; coaxial line ともいう》.

coáxial rótor hèlicopter *n.*〘航空〙同軸回転翼ヘリコプター《1 対のローターを同軸上で互いに反対方向に回転させ, 回転のトルクを釣り合わせる方式のヘリコプター; coaxial helicopter ともいう》.

cóax·ing *n.* 甘言を用いること, なだめすかし. — *adj.* 機嫌取りの, なだめたりすかしたりする. **~·ly** *adv.*

cob¹ [ká(ː)b | kɔ́b]〘《1406》*cobbe* ← ?〙 — *n.* **1 a** コブ型の馬《体格の大型の農用輓馬》. **b** 《米》脚を高く上げる馬. **2** 雄の白鳥 (cf. pen⁴). **3** 《米》トウモロコシの穂軸 (corncob): corn on the ~ ⇨ corn¹ 2 d. **4** 《英方言》**a** 小さい丸いかたまり. **b** パンの小さなかたまり. **c** (石炭・石・鉱石などの)丸いかたまり, 円塊; 塊炭. **d** = cobnut 1 b. **e** [*pl.*] = ball¹ 6. **5** 《英方言》重要人物, 指導的人物.

cob² [ká(ː)b | kɔ́b]〘← ?: cf. cob¹〙 *n.* 《英》(粘土・砂にわらをまぜた)荒壁土.

cob³ [ká(ː)b | kɔ́b]〘← ? LG: cf. Du. & E Fris. *kobbe*〙 *n.*〘鳥類〙カモメ; (特に)オオカモメ (*Larus marinus*).

co·bal·a·min [ko(ʊ)bǽləmɪn, -mən | kə(ʊ)bǽləmɪn]〘← COBAL(T) + AMIN〙 — *n.* (*also* **co·bal·a·mine** [-miːn, -mɪn, -mən | -miːn, -mɪn])〘生化学〙コバラミン《ビタミン B_{12} = シアノコバラミンのシアンを欠いたもの; この誘導体にビタミン B_{12} の作用をもつものがある》.

co·balt [kóubɔːlt, -bɑːlt | kə(ʊ)bɔ́ːlt, -bɔ́lt, kə́ubɔːlt]〘《a1728》□ G *Kobalt*《変形》← *Kobold* goblin: 昔鉱夫がコバルトはそれを含有する銀鉱石に有害だと信じていたことから〙 — *n.* **1**〘化学〙コバルト《金属元素の一つ; 記号 Co, 原子番号 27, 原子量 58.9332》. **2 a** コバルト色, 濃青色. **b** コバルト絵の具.

cóbalt 60 [-síksti | -tɪ] *n.*〘化学〙コバルト 60《コバルトの放射性同位元素; 質量数 60, 半減期 5.3 年; 主に放射線源として使用; 記号 ^{60}Co》.

cóbalt-60 bómb *n.*〘化学〙コバルトボム《鉛で外装した放射性コバルト 60 で, 癌(がん)の治療に用いる》.

cóbalt·ámmine *n.*〘化学〙コバルトアンミン《中心金属コバルトにアンモニア NH_3 が配位した錯体》.

cóbalt blòom *n.*〘鉱物〙コバルト華 ($Co_3As_2O_8 \cdot 8H_2O$) (erythrite ともいう).

cóbalt blúe *n.* **1** コバルト青《種々の組成の酸化アルミニウムコバルトを主成分とする青色顔料; Thénard's blue, king's blue ともいう》. **2** 濃青色, コバルトブルー.

cóbalt bómb *n.* **1** コバルト爆弾 (C-bomb)《鋼の代わりにコバルトで外装した原爆や水素爆弾》. **2**〘化学〙= cobalt-60 bomb.

cóbalt chlóride *n.*〘化学〙塩化コバルト ($CoCl_2$)《淡青色の固体; 湿った空気中では赤色に変わる; 乾燥剤のシリカゲルの色は $CoCl_2$ による》.

cóbalt gréen *n.* **1** 濃さが中位の黄緑色. **2**〘顔料〙コバルト緑《コバルトと亜鉛の酸化物を主成分とする緑色顔料; Rinmann's green, zinc green ともいう》.

cóbalt hydróxide *n.*〘化学〙= cobaltous hydroxide.

co·bal·tic [ko(ʊ)bɔ́ːltɪk, kə- | kə(ʊ)bɔ́ːlt-, -bɔ́lt-] *adj.*〘化学〙コバルト性の; 3 価のコバルト (Co^{III}) を含む.

co·balt·if·er·ous [kòubɔːltíf(ə)rəs | kə̀ubɔːlt-, -bɔlt-]〘⇨ -ferous〙 *adj.* コバルトを含む.

co·balt·ine [kóubɔːltiːn, -tɪn, -tən | kə́ubɔːltiːn, -bɔlt-, -tɪn] *n.*〘鉱物〙= cobaltite.

co·bàl·ti·nítrite [ko(ʊ)bɔ́ːlṭɪ-, -ṭə- | kə(ʊ)bɔ́ːltɪ-, -bɔ́lt-]〘← COBALT + NITRITE〙 — *n.*〘化学〙亜硝酸コバルト酸塩 ($M^{I}_3Co(NO_2)_6$)《ヘキサニトロコバルト (III) 酸塩が正式名》.

co·bal·tite [kóubɔːltàɪt, ko(ʊ)bɔ́ːltaɪt | kə́ubɔːltàɪt, kə(ʊ)bɔ́ːltaɪt, -bɔ́lt-]〘← COBALT + -ITE¹〙 *n.*〘鉱物〙輝コバルト鉱 (CoAsS).

co·bal·tous [ko(ʊ)bɔ́ːlṭəs, -báːl- | kə(ʊ)bɔ́ːlt-, -bɔ́lt-] *adj.*〘化学〙2 価のコバルト (Co^{II}) を含む.

cobáltous hydróxide *n.*〘化学〙水酸化第一コバルト, 水酸化コバルト (II) ($Co(OH)_2$)《淡青色または淡紅色の非晶質粉末; ペンキ・ワニスなどの乾燥剤用》.

cobb [ká(ː)b | kɔ́b] *n.*〘鳥類〙= cob³.

cob·ber [kábə | kɔ́bə(r]〘← ?〙 *n.* 《豪口語》仲間, 友だち; 親友.

Cob·bett [kábɪt, -bət | kɔ́b-], **William** *n.* (1763–1835) 英国のジャーナリスト・政治家; *Rural Rides* (1830); 筆名 Peter Porcupine.

cob·bing [kábɪŋ | kɔ́b-] *n.*〘冶金〙耐火物くず《炉から取り出される古い耐火物》.

cob·ble¹ [kábl̩ | kɔ́bl̩]〘《1600》《逆成》← COBBLESTONE〙 — *n.* **1** 丸石, 玉石, くり石《pebble より大きく直径 15–25.4 cm 程度のもの; 主に道路舗装用に用いられる》. **2** [*pl.*] 《英》大礫(れき)くらいの大きさの石炭 (cob coal). **3**〘地質〙大礫《径 64–250 mm くらいのもの; cf. boulder 2, pebble 1 b, granule 5》. — *vt.* 〈道路〉に玉石を敷く, 玉石で舗装する.

cob·ble² [kábl̩ | kɔ́bl̩]〘《1496》《逆成》? ← COBBLER〙 — *vt.* **1 a** 〈靴を〉繕う, 修繕する: ~ up 不細工に修繕する. **b** 〈靴を〉作る. **2** 《英》(雑にまたは無細工に)つぎはぎする. **3** 急ごしらえする 〈*up*〉. — *n.* 継ぎはぎ; 修繕.

cob·bler¹ [káblə | kɔ́blə(r]〘《1287》*cobelere* ← ?〙 — *n.* **1** 靴直し: ~'s wax 靴の縫糸用のろう / The ~'s wife goes the worst shod. 《諺》靴直しの女房はぼろ靴をはく, 「紺屋の白ばかま」/ The ~ should [Let the ~] stick to his last. 《諺》自分の本分を守れ, よけいな口[手]出しをするな (cf. *stick to one's* LAST⁸). **2** [*pl.*]《俗》ばか話, くだらぬこと. **3** 《古》不器用な職工, 不細工[下手]な職人 (botcher). **4**〘魚類〙**a** オーストラリア産ナマズ目の魚 (*Cnidoglanis macrocephalus*). **b** = threadfish 1. **c** ヨーロッパ産カジカ科の魚の一種 (*Cottus bubalis*). **d** オーストラリア産カサゴ科の魚の一種 (*Gymnapistes marmoratus*). **e** = pompano 1.

cob·bler² [káblə | kɔ́blə(r]〘← ?〙 — *n.* **1** コブラー《ぶどう酒またはウイスキーに果汁・砂糖・氷を混ぜて作るカクテルの一種; cf. sherry cobbler》. **2** 《米》コブラーパイ《上部だけにパイ皮をかぶせたフルーツパイの一種》: an apple ~.

cóbbler·fish〘その鰭筋が靴直しの糸に似ていることから〙 *n.*〘魚類〙**1** = cobbler¹ 4 b. **2** = pompano 1.

cóbble·stòne〘《?c1375》← *cobble-* (← ? COB¹ lump + -LE¹) + STONE〙 *n.* = cobble¹ 1.

cob·bly [kábli | kɔ́blɪ] *adj.* (**cob·bli·er; -bli·est**) 丸石[玉石]を含んだ; 石だらけの (stony), ごろごろした.

cob·by [kábi | kɔ́bɪ]〘← COB¹ + -Y⁴〙 *adj.* (**cob·bi·er; -bi·est**) **1** (コブ型の馬 (cob) のように)ずんぐりして強健な. **2** 《英方言》**a** 活発な, 元気な. **b** 強情な.

cób còal〘cf. cob¹ 4〙 *n.* (鶏卵からフットボール大の)丸形炭, 塊炭.

Cob·den [kábdən | kɔ́b-], **Richard** *n.* (1804–65) 英国の政治家・経済学者; 自由貿易の唱導者; ⇨ John BRIGHT.

Cób·den·ìsm [-nìzm] *n.*〘経済〙コブデン主義《特に, 自由貿易・平和主義・国際協調などを基調とする政策》.

Cob·den·ite [kábdənàɪt | kɔ́b-]〘← *R. Cobden*: ⇨ -ite¹〙 *adj.* コブデン主義的な. — *n.* コブデン主義者.

cò·bellígerent〘← CO-¹ + BELLIGERENT〙 *adj.* 共に戦う. — *n.* (正式の同盟条約を結んでいない)共同戦争参加国, 共戦国 (cf. ally¹). **cò·bellígerency** *n.*

Cob·ham [kábəm | kɔ́b-], **Lord** *n.* (1378?–1417) 英国の殉教者; Lollard 反乱の主謀者; 本名 Sir John Oldcastle.

co·bi·a [kóubiə | kə́ubiə]〘← ?〙 *n.*〘魚類〙スギ (*Rachycentron canadum*)《暖海に広く分布するスズキ亜目の魚》.

Co·bit·i·dae [kəbíṭədiː | -tɪ-]〘← NL ~ ← *Cobitis* (属名: ← Gk *kōbîtis* like the gudgeon ← *kōbiós* gudgeon) + -IDAE〙 *n. pl.*〘魚類〙ドジョウ科.

co·ble [kóubl̩, kábl̩ | kə́ubl̩, kɔ́bl̩]〘OE *cuopel* ← Celt. (cf. Welsh *ceubal* skiff)〙 — *n.* **1** 平底の漁船《スコットランドや北東イングランドで用いられる漁船の一種》. **2** 《スコット》平底の 1 本マスト小型帆船《舵の下端が竜骨より深くラグ帆 (lugsail) をもつ》.

Co·blenz [kóublents | kə(ʊ)blénts, kə́ublents; G. kóːblɛnts] *n.* = Koblenz.

cób·nùt〘← COB¹〙 — *n.* **1 a**〘植物〙ヨーロッパ産のハシバミの類の植物 (*Corylus avellana* var. *grandis*)《実が大きい》. **b** その実《食用》. **2 a** 食用ハシバミの実を糸の先につるして打ち合わせて遊ぶ子供の遊戯 (cf. conker 1). **b** 食用ハシバミの実を並べ, それに同じ実をぶつけて倒したものを取る遊戯.

CO·BOL, Co·bol [kóubɔ(ː)l | kə́ubɒl]〘← *co(mmon) b(usiness) o(riented) l(anguage)*〙 — *n.*〘電算機〙コボル《英語に近い言葉で表現できる事務用データ処理のための共通プログラム言語の一種; cf. compiler language, computer language》.

co·bourg [kóubuəg | kə́ubuəg] *n.* = coburg.

cób pìpe *n.* 《米》= corncob pipe.

co·bra [kóubrə | kə́u-, kɔ́b-]〘《略》: ↓〙 — *n.* **1**〘動物〙コブラ《コブラ属 (*Naja*) とキングコブラ属 (*Ophiophagus*) などインド・アフリカなどに生息する毒ヘビの総称; 怒ると首をずきんのようにふくらませる; インドコブラ (Indian cobra) キングコブラ (king cobra) など; cf. ringhals》. **2** コブラの皮から作った革.

cóbra de ca·pél·lo [-diː-kəpélou | -ləu]〘□ Port. ~ 'snake with a hood' ← *cobra* (< L *colubram* female adder) + *capello* hood (cf. chaplet)〙 — *n.* (*pl.* **cobras de c-**)〘動物〙= Indian cobra.

co·bri·form [kóubrɪfɔ̀əm, -brə- | kə́ubrɪfɔ̀ːm, kɔ́b-]〘← COBR(A) + -I- + -FORM〙 *adj.* コブラ状の; コブラに似た.

co·burg [kóubəːg | kə́ubəːg]〘《1882》: ↓〙 *n.* コーバーグ《羊毛と綿糸または絹糸との交織物; 裏地・婦人服地用》.

Co·burg [kóubəːg | kə́ubəːg; G. kóːbʊrk] *n.* コーブルク《西ドイツ Bavaria 州北部の都市; 人口 43,000》.

cob·web [kábwèb | kɔ́b-]〘《1323》*coppeweb* ← *coppe* spider (← OE (*ātor*)*coppe* spider ← *ātor* poison + *coppe* head) + WEB〙 — *n.* **1 a** クモの巣, クモの網. **b** クモの糸: a ceiling covered with ~s クモの巣のかかった天井. **2** (陰険に張りめぐらされた)わな, たくらみ, 陰謀: the ~s of politics. **3** [*pl.*] (理性を曇らせる)もやもやしたもの, 混乱, 混沌: blow (*away*) [clear *away*] the ~s *from* one's brain (散歩などして)頭をすっきりさせる, 気分を転換する / take the ~s *out of* one's eyes 眠い目をさまして眠気をさます. **4** 薄地の織物《ショール・レースなど》. — *vt.* (**cob·webbed; -web·bing**) **1** クモの巣でおおう; クモの巣状に張りめぐらす. **2** 〈頭などを〉混乱させる, めちゃめちゃにする.

cob·web·by [kábwèbi | kɔ́bwèbɪ] *adj.* (**cob·web·bi·er; -bi·est**) **1** クモの巣だらけの. **2** クモの巣のような[を思わせる], 軽くて薄い. **3** 長く使われてない; ほこりにまみれた, かびくさい: a ~ idea.

cóbweb hóuseleek *n.*〘植物〙クモノスバンダイソウ (*Sempervivum arachnoideum*)《南ヨーロッパ原産

の背の低いベンケイソウ科の多肉植物；花は赤く，葉からクモの巣状の長い綿毛を出す》.

co·ca [kóʊkə | kə́ʊ-] 〘□Sp. ～□Quechua *kúka*〙 ― *n.* **1** 〘植物〙コカノキ《南米アンデス地方産のアカネ科の小低木；コカノキ (*Erythroxylon coca*), ペルーコカ (*E. truxillense*) の 2 種をさす》. **2** コカ葉《乾燥したコカの葉；コカイン (cocaine) を採る》.

Co·ca-Co·la [kòʊkəkóʊlə | kə̀ʊkəkə́ʊ-] 〘⇨↑, kola〙 *n.* 〘商標〙コカコーラ《清涼飲料水の商品名; cf. Coke》.

co·caine [ko(ʊ)kéɪn, kə-, kóʊkeɪn | kə(ʊ)kéɪn, kə-] 〘← COCA＋-INE³〙 *n.* 〘化学〙コカイン ($C_{17}H_{21}NO_4$)《coca の葉から採った有機塩基；局所麻酔用劇薬》.

co·cáin·ism [-nɪzṃ] *n.* 〘病理〙コカイン中毒.

co·cáin·ist [-nɪst, -nəst | -nɪst] *n.* コカイン中毒者.

co·cain·i·za·tion [ko(ʊ)kèɪnɪzéɪʃən, kə-, kòʊkeɪn-, -kən-, -nə- | kə(ʊ)kèɪnaɪ-, kə-, -nɪ-] *n.* コカイン麻痺(ひ)[麻酔].

co·cain·ize [ko(ʊ)kéɪnaɪz, kə-, kóʊkeɪnàɪz, -kən- | kə(ʊ)kéɪnaɪz, kə-] *vt.* コカインで麻痺(ひ)させる.

cò·carbóxylase 〘← CO-¹＋CARBOXYLASE〙 ― *n.* 〘生化学〙コカルボキシラーゼ($C_{12}H_{19}ClN_4O_7P_2SH_2O$)《2-ケト酸の脱炭酸反応を触媒する酵素の補酵素；diphosphothiamine ともいう》. 「形.

coc·c- [kɑk | kɔk] (母音の前に来る時の) cocco- の異

coc·ca·gee [kɑ̀kədʒíː | kɔ̀k-] 〘《1727》□ Ir.-Gael. *cac a' ghēidh* goose dung：その色にちなむ〙 ― *n.* **1** 〘園芸〙コカジー種(のリンゴ)《りんご酒 (cider) の原料にするリンゴの一種》. **2** コカジーリンゴから製したりんご酒.

coc·cal [kɑ́kəl | kɔ́k-] *adj.* 球菌 (coccus) の[に関する].

-coc·cal [kɑ́kəl | kɔ́k-] 〘⇨ coccus, -al¹〙「球菌 (coccus) の；球菌によってできた」の意の形容詞連結形.

cocci *n.* coccus の複数形.

coc·ci- [kɑ́ksɪ, -sə | kɔ́ksɪ] cocco- の異形 (⇨ -i-).

-cocci -coccus の複数形.

coc·cid [kɑ́ksɪd, -səd | kɔ́ksɪd] *n.* 〘昆虫〙カイガラムシ《カイガラムシ科の昆虫の総称》.

Coc·ci·dae [kɑ́ksədiː | kɔ́ksɪ-] 〘← NL ～：⇨ coccus, -idae〙 *n. pl.* 〘昆虫〙(半翅目) カタカイガラムシ科.

coccidia *n.* coccidium の複数形.

Coc·cid·i·a [kɑksídiə | kɔksídiə] 〘← NL ～ (pl.) ← *Coccidium*：⇨ coccus, -idium〙 *n. pl.* 〘動物〙球虫綱.

coc·cíd·i·al [-diəl | -dɪ-] *adj.*

Coc·ci·di·i·da [kɑ̀ksədáɪədə | kɔ̀ksɪdáɪɪ-] 〘← NL ～：⇨ Coccidium, -ida〙 *n. pl.* 〘動物〙＝Coccidia.

coc·cid·i·oi·dal gran·u·lo·ma [kɑksɪ̀diɔ́ɪdḷ-grǽnjʊlóʊmə | kɔksɪ̀diɔ́ɪdḷ-grǽnjʊlə́ʊ-] 〘*coccidioidal*：⇨ coccidium, -oid, -al¹〙 ― *n.* 〘病理〙＝coccidioidomycosis.

coc·cid·i·òi·do·mycósis [kɑksɪ̀diɔ̀ɪdo(ʊ)- | kɔksɪ̀diɔ̀ɪdə(ʊ)-] 〘← NL ～：⇨ coccidium, -oid, mycosis〙 ― *n.* 〘病理〙コクシジオイデス症《主に肺や皮膚の疾病で，原生動物 *Coccidioides immitis* の感染で生じ，唾液の出過ぎと小結節ができるのが特徴》.

coc·cid·i·o·sis [kɑksɪ̀dióʊsɪs, -səs | kɔksɪ̀diə́ʊsɪs] 〘← NL ～：⇨↓, -osis〙 ― *n.* (*pl.* **-o·ses** [-siːz]) 〘獣医〙コクシジウム症《原生動物球虫類の寄生虫によって生じる病気》.

coc·cid·i·um [kɑksídiəm | kɔksídɪ-] 〘← NL ～：⇨ cocco-, -idium〙 ― *n.* (*pl.* **-i·a** [-diə | -dɪə]) 〘動物〙コクシジウム《胞子虫類 *Eimeria* 属 (以前は *Coccidium* 属) の原生動物の総称；無性・有性の両世代があって，家畜・家禽に寄生するものでは飼養者に経済的な損失を与えるものが多い》.

coc·cif·er·ous [kɑksíf(ə)rəs | kɔk-] 〘← cocco-＋-FEROUS〙 *adj.* 〘植物〙漿果(しょうか)を結ぶ[生じる].

coc·ci·nel·lid [kɑ̀ksənélɪd, -ləd | kɔ̀ksɪnélɪd] 〘昆虫〙 *adj.* テントウムシ(科)の. ― *n.* テントウムシ《テントウムシ科の甲虫の総称》.

Coc·ci·nel·li·dae [kɑ̀ksənélədìː | kɔ̀ksɪnélɪ-] 〘← NL ～ ← *Coccinella* (属名：← L *coccinus* scarlet-colored □ Gk *kókkinos* ← *kókkos* kermes berry)＋-IDAE〙 ― *n. pl.* 〘昆虫〙(鞘翅目)テントウムシ科.

coc·co- [kɑ́ko(ʊ), -kə | kɔ́kə(ʊ)] 〘← NL ～：⇨ coccus〙 ―「粒子 (grain)；種子 (seed)；漿果 (berry)；球菌 (coccus)」の意の連結形：coccoid. ★ 時に cocci-, また母音の前では通例 cocc- になる.

còcco·bacíllus 〘← NL ～：⇨ cocco-, bacillus〙 *n.* 〘細菌〙球杆菌《特に，パスツレラ属 (*Pasteurella*) の杆菌と球菌の中間形の微生物》.

coc·coid [kɑ́kɔɪd | kɔ́k-] 〘⇨ cocco-, -oid〙 *n.* 球状細胞(有機物). ― *adj.* 球菌 (coccus) に似た；球状の (globose).

coc·co·lith [kɑ́kəlɪθ | kɔ́k-] 〘⇨ cocco-, -lith〙 ― *n.* 〘地質〙ココリス《白亜や深海の軟泥中に見出される石灰質小片で，鼓骨鞭毛虫類の屍骸からなる》. **coc·co·lith·ic** [kɑ̀kəlíθɪk | kɔ̀k-] *adj.*

coc·cus [kɑ́kəs | kɔ́k-] 〘《1763》← NL ～ ← Gk *kókkos* berry, kernel〙 ― *n.* (*pl.* **coc·ci** [kɑ́k(s)aɪ, -k(s)iː | kɔ́k(s)aɪ]) **1** 〘細菌〙球菌 (cf. bacillus 1). **2** 〘植物〙分果 (schizocarp) の一部. **3** ＝cochineal 1.

-coc·cus [kɑ́kəs | kɔ́k-] 〘↑〙 ― (*pl.* **-coc·ci** [kɑ́k(s)aɪ, -k(s)iː | kɔ́k(s)aɪ]) 次の意味を表わす名詞連結形：**1** 〘細菌〙「…球菌」：streptococcus 連鎖球菌. **2** 〘植物〙「(属名に用いて)漿果を生じる植物」：Pterococcus.

coc·cyx [kɑ́ksɪks | kɔ́k-] 〘← NL ～ (＝L ～) ← Gk *kókkux* cuckoo：尾骨の形がカッコウのくちばしに似ていることから〙 ― *n.* (*pl.* **coc·cy·ges** [kɑ́ksədʒìːz, kɑksáɪdʒiːz | kɔ́ksɪdʒìːz, kɔksáɪdʒiːz]) **1** 〘解剖〙尾骨，尾骶骨. **2** 〘鳥類〙尾端骨. **coc·cyg·e·al** [kɑksídʒiəl | kɔksídʒɪ-] *adj.*

coch. 《略》〘処方〙cochleare.

Co·cha·bam·ba [kòʊtʃəbɑ́ːmbə | kə̀ʊ-; *Sp.* kòtʃa-βámba] *n.* コチャバンバ《南米中部 Bolivia 中央部の都市；人口 195,000, 海抜 2,560 m》.

cò·cháir *vt.* …の共同司会者[副議長]を勤める.

cò·cháirman *n.* 共同司会者；副議長.

coch. amp. 《略》〘処方〙*L.* cochlear amplum (＝a tablespoonful).

co·chin [kóʊtʃɪn, kɑ́tʃ-, -tʃən | kə́ʊtʃɪn] 〘← *Cochin China*〙 *n.* コーチン《大型の肉用の一品種のニワトリ；cochin china ともいう》.

Co·chin [kóʊtʃɪn, kɑ́tʃ-, -tʃən | kə́ʊtʃɪn, ⸗⸗] *n.* コーチン《インドの南西端に近い海港；ポルトガル人がインドにおける最初のヨーロッパ人要塞をここに築いた (1503)；人口 35,000》.

Cóchin Chína *n.* **1** コーチシナ《インドシナの南部にあった旧フランス植民地; 1949 年以降ベトナムの一部；面積 68,600km²》. **2** [しばしば c- c-] ＝cochin.

coch·i·neal [kɑ́tʃəniːl, kóʊ-, ⸗⸗⸗ | kɔ́tʃɪniːl, ⸗⸗⸗] 〘□F *cochenille* □ OSp. *cochinilla* ← L *coccinus*：⇨ Coccinellidae〙 ― *n.* **1** コチニール《コチニールカイガラムシ (cochineal insect) の雌を乾燥した紅色動物染料, また洋紅 (carmine) の原料, 炭酸アルカリ指示薬にも用いる；主成分はカルミン酸；cf. kermes 2》. **2** 〘昆虫〙＝cochineal insect.

cóchineal cáctus *n.* 〘植物〙コチニールサボテン (*Nopalea cochinellifera*)《中南米産のノパルサボテン (nopal) の一種；この植物にコチニールカイガラムシ (cochineal insect) が寄生する》.

cóchineal ìnsect *n.* 〘昆虫〙コチニールカイガラムシ, エンジムシ(臙脂虫) (*Dactylopius coccus*)《メキシコ・中米地方でノパルサボテン (nopal) に寄生するカイガラムシの一種；cf. cochineal 1》.

Co·chise [koʊtʃíːs, -tʃíːz | kəʊ-] 〘← *Cochise* (米国アリゾナ州の地名)〙 ― *adj.* 〘考古〙コーチーズ文化の《北米南西部に分布する先史時代のデザート文化の一つで, Arizona 南東部のアメリカインディアン文化についていう》.

cochl. 《略》〘処方〙cochleare.

co·chle·a [kóʊkliə, kɑ́k- | kɔ́kliə] 〘《1538》← NL ～ ← L ～ □ Gk *kokhlías* snail ← *kókhlos* land snail〙 ― *n.* (*pl.* **co·chle·ae** [-lìː], **～s**) 〘解剖〙(内耳の)蝸牛(かぎゅう), 蝸牛殻, 渦巻管. **cóchle·ar** [-liə | -lɪə(r)] *adj.*

coch·le·ar·e [kɑ̀kliéː(ə)ri, -liɑ́ːr- | kɔ̀klɪéəri, -lɪɑ́ːrɪ] 〘□L ～'spoon' ← *cochlea* (↑)：〘原義〙蝸牛を食べるのに殻からほり出す匙〙 ― *n.* 〘処方〙一さじ分 (spoonful) (略 coch., cochl.).

co·chle·ate [kóʊkliət, kɑ́k-, -lɪɪt, -lièɪt | kɔ́klɪət, -lɪɪt, -lɪèɪt] 〘□L *cochleāt-us* spiral：⇨ cochlea〙 *adj.* カタツムリの殻のような, 渦巻形の (spiral).

co·chle·at·ed [kóʊklièɪtɪd, kɑ́k-, -ṭəd | kɔ́klɪèɪt-] *adj.* ＝cochleate. 「large spoonful).

coch. mag. 《略》〘処方〙*L.* cochlear magnum (＝a

coch. med. 《略》〘処方〙*L.* cochlear medium (＝a dessertspoonful). 「teaspoonful).

coch. parv. 《略》〘処方〙*L.* cochlear parvum (＝a

Coch·rane [kɑ́krən, -rɪn | kɔ́k-], **Thomas** *n.* (1775–1860) 英国の海将；スペイン継承戦争に活躍した; 10th Earl of Dundonald [dʌndɑ́nḷd | -dɔ́nḷd].

cò·chromatógraphy 〘← CO-¹＋CHROMATOGRAPHY〙 *n.* 〘化学〙コクロマトグラフィー《二つ以上の試料を同時にクロマトグラフィーにかけること》.

cock¹ [kɑ́k | kɔ́k] 〘OE *cocc*《擬音語》：cf. OF *coc* / ML *coccus*. ― v.：(?*c*1150) ← (n.)〙 ― *n.* **A 1 a** (成熟した)鶏の雄, 雄鶏(おんどり) (cf. cockerel；↔ hen)：As the old ～ crows, the young ～ learns.《諺》親鶏時を作れば若鶏これに習う,「見よう見まね」/ A ～ is bold on his own dunghill [midden].《諺》(だれでも)自分のなわ張りでは気が強い(「内弁慶」のこと). **b** (キジ目の鳥類 (gallinacean) の)雄鳥. **2** 〘鳥類〙ヤマシギ (woodcock)《性別に関係なく》. **3 a** (雄鶏のように威張る)親分, お山の大将, ボス, 首領 (leader, master)：the ～ of the school (全校一の)がき大将. **b** [もと呼掛けに用いて]：(Old) ～ ねえ君, 大将. **4** 風見, 風見鶏(どり) (weathercock). **5** 《古》**a** (早朝の)雄鶏の時(の声). **b** ＝cockcrow. **6** 〘? ← *cock-and-bull story*〙《英俗》くだらないこと, たわごと (nonsense)：talk ～ ばか話をする.

B 1 (ガス・水道などの)栓, コック (faucet, tap)：turn the ～ コック[栓]をひねる[開ける] / full ～ コックを一杯に開けて. **2** (燧石(ひうち)銃の)鶏頭(けいとう), 打ち金《火打石をはさむ部分；⇨ flintlock 挿絵》；(発射準備として)打ち金を起こした位置：at [on] full ～ ⇨ full cock / at half ～ ⇨ half cock / go off at half ～ ⇨ half cock. **3 a** (帽子などの)折り返ったつば, 上ぞり, 斜めや上にそらした冠りかた (tilt, slant). **b** (鼻の)上向き《つんとすました形》. **c** 上目使い：a knowing ～ of the eyes きいた風な上目使い. **4** 《卑》陰茎 (penis). **5** 〘時計〙コック《一端に支持点をもった受金》.

live like a fighting cock ⇨ fighting cock 1. ***That cock won't fight.*** 〘闘鶏にちなむ〙《口語》その計画[思惑]はうまくいくまい, そうは問屋が卸さない. ***(the) cock of the walk [dunghill]*** (グループの)首領, ボス；お山の大将 (cf. walk 13)：be ～ *of the walk*.

cock of the north 《英》〘鳥類〙＝brambling.

cock of the rock 〘鳥類〙イワドリ《カザリドリ科イワドリ属 (*Rupicola*) の鳥の総称；ギアナイワドリ (*R. rupicola*) とペルーイワドリ (*R. peruviana*) の 2 種がいる》.

cock of the wood 〘鳥類〙(1) ＝pileated woodpecker. (2) オオライチョウ (⇨ capercaillie).

― *attrib. adj.* **1** [鳥, 時には他の動物にも用いて] 雄の (male) (↔ hen)：a ～ bird 雄鳥 / a ～ lobster ウミザリガニの雄. **2** 《俗》かしらの, 親分の；一流の.

― *vt.* **1 a** 〈銃〉の打ち金[撃鉄]を起こす, 発火装置[準備]にする：～ a gun / ～*ed* and primed ⇨ cocked 2. **b** 〈(カメラなどの)掛けはずし装置を〉セットする：～ a camera shutter. **c** (打ったり, 投げたりする構えに)〈腕・こぶしを〉引く, 曲げる：～ one's arm to throw a ball ボールを投げるために腕を引く. **2** 〈帽子のへりを〉上にそらせる (cf. cocked hat 2)；(気取って)〈帽子を〉斜めにかぶる. **3 a** 上向きにする, ぴんと立てる：～ one's eye (at) (…を)上目使いに見る, (…に)(目を上向きにして)目くばせする (wink), (…を)心得顔にじろりと見る / ～ one's nose 鼻をつんと上に向ける《軽蔑の表情》/ ～ (up) the ears 〈馬などが〉耳をぴんと立てる；《戯言》〈人が〉耳をそばだてる. **b** 高く持ち上げる：～ one's feet up on the desk 机の上に足をのせる. ― *vi.* **1** 〈犬の尾が〉ぴんと立つ 〈*up*〉. **2** (銃の)打ち金[撃鉄]を起こす, 発火装置[準備]にする. **3** 《古》〈人が〉ふんぞりかえる, 威張って歩く (strut).

cock up (*vt.*) (1) ぴんと立てる；振り立てる：～ *up* the ears ⇨ *vt.* 3 a / ～ *up* one's legs ぴんと立つ. (2) 《英》元気づける (cheer up). (*vi.*) ⇨ *vi.* 1.

cock² [kɑ́k | kɔ́k] 〘《*a*1398》*cok* ← ON ← Gmc **kukk-* (Norw. *kok* heap / Dan. *kok* haycock) ← IE **gēu-* lump〙 ― *n.* (乾草・こやしなどの)円錐形の山. ― *vt.* 〈乾草などを〉円錐形に積み上げる.

cock·ade [kɑkéɪd | kɔk-] 〘《1709》□ F *cocarde* ← (fem.) ← *cocard* proud ← *coq* 'COCK¹'〙 ― *n.* (制服の一部として用いる) 花形帽章《今の英国王室の従僕は黒革の花形記章を帽子に付ける》.

cock·ád·ed *adj.* 花形記章の付いた[で飾った].

cock-a-doo·dle [kɑ̀kədúːdḷ | kɔ̀k-] *n.* ＝cock-a-doodle-doo.

cock-a-doo·dle-doo [kɑ́kədùːdḷdúː | kɔ́k-] 〘《1573》擬音語〙 ― *n.* **1** こけこっこう《雄鶏の鳴き声》. **2** 《小児語》雄鶏 (cock). ― *vi.* 〈雄鶏が〉時をつくる, こけこっこうと鳴く.

cock-a-hoop [kɑ̀kəhúːp, -húp, ⸗⸗⸗ | kɔ̀kəhúːp, ⸗⸗⸗] 〘《1403》□ F *coq à huppe* cock with a crest〙 ― *adj.* **1 a** 意気揚々とした, 得意満面の；横柄な, 威張った. **b** 元気のいい. **2** 斜めの, ゆがんだ (awry)：knock one's hat ～ 帽子をたたいて型なしにする.

Cock·aigne [kɑkéɪn, kə- | kɔ-, kə-] 〘《*a*1300》*cokaigne* □ OF *coquaigne* (F *cocagne*) □ MLG *kōkenje* sugar cake (dim.) ← *kōke* 'CAKE'〙 ― *n.* **1** (空想の)逸楽の国, 蓬萊(ほうらい)島. **2** 〘COCKNEY をもじって〙《戯言》London の異名.

cock·a·leek·ie [kɑ̀kəlíːki | kɔ̀kəlíːkɪ] 〘《変形》← *cockieleekie* ← *cockie* ((dim.) ← COCK¹)＋leekie ((dim.) ← LEEK)〙 ― *n.* 《スコット》コッカリーキー《鶏肉を煮込んでにらを加えたスープ》.

cock·a·lo·rum [kɑ̀kəlɔ́ːrəm, -lóːr- | kɔ̀kəlɔ́ːr-] 〘《*c*1715》《戯言的造語》← COCK¹ (n.)＋L *-ōrum* (gen. pl. ending)〙 ― *n.* 《口語》**1** (雄の若鶏のような)生意気な小男, 自尊心の強い小男 (cf. bantam 2)：⇨ high cockalorum 2. **2** 自慢話. **3** 〘遊戯〙かえる飛び.

cock·a·ma·mie [kɑ̀kəméɪmi | kɔ̀kəméɪmɪ] 〘《変形》← DECALCOMANIA〙 (*also* **cock·a·ma·my** [～]) 《俗》― *adj.* ばかばかしい, 信じがたい (absurd). ― *n.* ばかげたこと[もの].

cóck-and-búll stòry 〘cock が bull に変身する中世の寓話にちなむ：cf. F. *coq-à-l'âne*〙 *n.* でたらめ話, まゆつばもの.

cóck-and-hén *adj.* 男女一緒の：a ～ party 男女一緒のパーティー (cf. hen party, stag party).

cock·a·tiel [kɑ̀kətíːl | kɔ̀k-] 〘□ Du. *kaketielje* □ ? Port. *cacatilha* (dim.) ← *cacatua* □ Malay *kakatua* (↓)〙 ― *n.* (*also* **cock·a·teel** [～]) 〘鳥類〙オカメインコ (*Nymphicus hollandicus*)《オーストラリア原産の小型インコ；飼鳥》.

cock·a·too [kɑ́kətùː, ⸗⸗⸗ | kɔ̀kətúː] 〘《1634》□ Du. *kaketoe* □ Malay *kakatūa*：COCK¹ と連想〙 ― *n.* (*pl.* **～s**) **1** 〘鳥類〙バタン《冠毛のあるオウム属 (*Kakatoe*) の鮮やかな色をしている鳥類の総称；キバタン (sulphur-crested cockatoo), モモイロインコ (roseate cockatoo), クルマサカオウム (pink cockatoo) など；主としてオーストラリア区に分布；cf. parrot 1》. **2** 《豪口語》小農場主；農夫, 百姓. **3** 《豪俗》(悪事を働く場合の)見張り.

cock·a·trice [kɑ́kətrɪs, -trəs, -tràɪs | kɔ́kətràɪs, -trɪs] 〘《*a*1382》*cocatris* □ OF *cocatris* (F *cocatrix*) □ ML *cocātrix* ichneumon＝LL *calcātrix* ← L *calcāre* to tread ← *calx* heel：Gk *ikhneúmōn* ichneumon の訳語であるが COCK¹ との連想が働いている〙 ― *n.* **1** コカトリス《雄鶏の卵から生まれ頭・羽・脚は鶏, 胴体・尾は蛇で, その息を吹きかけられるか睨まれるとその人は直ちに死ぬといわれた伝説上の怪物；dragon, griffin に次いで紋章図形に多用される；cf. basilisk 1》. **2** 〘聖書〙毒蛇 (cf. *Isa.* 11:8; *Jer.* 8:17). **3** ひどくいやな人；(特に)性の悪い人. **4** 《廃》妖婦(ようふ).

Cock·ayne [kɑkéɪn, kə- | kɔ-] *n.* ＝Cockaigne.

cóck bèad *n.* 〘木工〙浮出し玉縁(ぶち).

cock·bill [kάkbìl | kɔ́k-] 〚《頭音消失》← *acockbill*: ⇨ acock, bill¹〛 — *vt.*〚海事〛 **1** (荷下ろしの認可や船会社の喪中を示すために)〈帆桁の一端を〉吊り上げる. **2** 〈錨(いかり)を〉吊り錨にする《いつでも投錨できるようにした状態にする; cf. acockbill》.

cóck·bìrd *n.* 雄鳥 (male bird).

cóck·bòat 〚《1420》 *cokbote* ← *cok, cock* cockboat (⊏ OF *coque* (F *coche*) < ML *caudicam* ← *caudex, cōdex* block of wood)＋*bote* 'BOAT'〛 — *n.* (特に, 本船の付属船として用いられる)小ボート.

cóck·chàfer 〚COCK¹＋CHAFER〛 *n.*〚昆虫〛コフキコガネ(類); (特に) ヨーロッパコフキコガネ(*Melolontha melolontha*) 《植物に大害を与える; cf. chafer》.

Cock·croft [kάk(k)rɔ(ː)ft, kóuk-, -krɑft | kɔ́uk(k)rɔft, kɔ́k-], Sir **John Douglas** *n.* (1897-1967) 英国の原子物理学者; Nobel 物理学賞 (1951).

cóck·cròw 〚《*a*1400》〛 *n.* **1** 鶏の鳴く時刻, 鶏鳴, 夜明け (dawn) (cf. crow² 1). **2** 鶏の時の声に似た叫び声.

cóck·cròwing 〚ME〛 *n.* ＝cockcrow.

cocked 〚⇨ cock¹ (v.)〛 — *adj.* **1** 上反(うわぞ)りの, 上向きにした. **2** (銃の)打ち金[撃鉄]を起こした, (銃を)発火装置[準備]にした: ～ and primed 戦闘準備を整えて. **3** 〈さいころが〉(投げたあと)どちらの面が上かわからないようになった.

cócked hát *n.* **1** 三角帽 (tricorne), 二角帽 (bicorne) 《18 世紀に使用された固くて幅の広いつばが三つ[二つ]の面を形づくるように上に折り返った帽子》. **2** つばを上にまげた[そらしてかぶった]帽子 (cf. cock¹ *vt.* 2). **3** 〚ボウリング〛 かどのピン 3 本だけを立てて行なうボウリング.

knock into a cocked hat 《俗》〈人・議論などを〉たたきつぶす, 完全にやっつける.

cock·er¹ [kάkə | kɔ́kə(r] 〚《?*a*1475》 *cokere(n)*: ⇨ cock¹ (n.), -er⁴〛 *vt.* **1** 〈子供・病人などを〉気ままにさせる, 甘やかす. **2** 大事に育てる 〈*up*〉.

cock·er² [kάkə | kɔ́kə(r] 〚← *cocking* (woodcock hunting)＋-ER¹〛 *n.* ＝cocker spaniel.

cóck·er³ *n.* 闘鶏家.

cock·er⁴ [kάkə | kɔ́kə(r] 〚← COCK¹ (n.) A 3＋-ER¹〛 *n.* 《英俗・方言》[男同士の呼掛けに用いて] お前, 君 (mate).

Cock·er [kάkə | kɔ́kə(r], **Edward** *n.* (1631-75) London の有名な数学教師; その著書 *The Compleat Arithmetician* (算数大全)は全国を風靡し, Cocker と言えば「正確の標準」を意味するようになった.

according to Cocker 正確な (exact); 正確に(言えば) (exactly).

cock·er·el [kάk(ə)rəl | kɔ́k-] 〚《1176》 *cokerelle* (dim.) ⊏ OF《方言》*kokerel* (dim.) ← *coc* 'COCK¹': cf. mongrel〛 — *n.* (特に, 生れて 1 年以内の)若い雄鶏(おんどり), 雄の若鶏.

cócker spániel *n.* コッカースパニエル《アメリカで開発されたヤマシギ (woodcock) 猟に有能な狩猟用犬種のイヌ》.

cock·et cènter [**cèntering**] [kάkɪt-, -kət- | kɔ́k-] 〚*cocket*: ←《廃》*cocket* to mortise ⊏ It. *cocchetta* (dim.) ← *cocca* notch < ? L *coccum* excrescence on a tree〛 — *n.*〚石工〛(工事中に人の通行を可能にする)筋かいで構造を支持するアーチ用仮枠.

cóck·èye 〚《*c*1820》← COCK¹ (v.)＋EYE: cf. *cock one's eye*〛 *n.* 斜視 (squint). — *adj.* 《口語》＝cockeyed.

cóck·èyed *adj.* **1** 斜視の, やぶにらみの (squinting). **2** 《俗》 **a** ゆがんだ, かしいだ (awry, slanted): be knocked ～ 打ちのめされる / The world is all going ～. 世の中は全く狂ってきた. **b** ばかな, ばかげた. **c** 酔っぱらった. **～·ly** *adv.* **～·ness** *n.*

cóck-féathered *adj.* 〈めんどりが〉おんどりのような羽をした (cf. hen-feathered).

cóck·fight *n.* 闘鶏(試合), (鶏の)蹴(け)合い.

cóckfight cháir 〚スポーツを見物するのに使われたことから〛 *n.* ＝reading chair.

cóck·fighting *n.* 闘鶏(戯), 鶏の蹴(け)合い: This beats ～. こんなに面白いものはない《闘鶏を見るよりも面白い》.

cóck·hòrse *n.* 子供が乗馬のつもりにまたがるもの《大人のひざ・箒(ほうき)・竹馬など》; (おもちゃの)揺り木馬 (rocking horse): on (a) ～ 揺り木馬に乗って; (人のひざ頭などに)またがって. — *adv.* 馬乗りになって, またがって: ride ～ on a broomstick 箒にまたがる.

cock·ie·leek·ie [kὰkilíːki | kɔ̀kɪlíːkɪ] *n.* ＝cock-a-leekie.

cock·le¹ [kάkḷ | kɔ́kḷ] 〚OE *coccel* tares, etc. ⊏ ? ML **coccul-um* (dim.) ← L *coccum* berry〛 — *n.*〚植物〛 **1** ドクムギ (⇨ darnel). **2** ムギセンノウ (⇨ corn cockle). **3** ドウカンソウ (cowherb).

cock·le² [kάkḷ | kɔ́kḷ] 〚《1311-12》 *cokel* ⊏ (O)F *coquille* shell《混成》← *coque* shell＋L *conchylium* (⊏ Gk *kogkhúlion* (dim.) ← *kógkhē* 'cockle, CONCH')〛 — *n.* **1 a** 〚貝類〛ザルガイ《ザルガイ科の二枚貝の総称; トリガイの類を含む》; (特に)ヨーロッパザルガイ (*Cardium edule*) 《ヨーロッパ産ザルガイ属の食用二枚貝》. **b** ザルガイ類の貝殻 (cockleshell). **2** [*pl.*] ＝COCKLES *of the heart*.

the cockles of the heart 〚NL *cochlea* ventricle と連想: ⇨ cochlea〛 心の中, 心の奥底: warm *the* ～*s of one's heart* 心を暖める[喜ばせる], しみじみとした喜びを与える, 元気づける.

cock·le³ [kάkḷ | kɔ́kḷ] 〚⊏ (O)F *coquille* 'COCKLE²'〛 *n.* (紙・皮などの)しわ (wrinkle). — *vi.* **1** 〈紙・皮などが〉しわになる. **2** 波立つ. — *vt.* しわにする.

cóckle·bòat *n.* ＝cockboat.

cóckle·bùr 〚← COCKLE¹＋BUR¹〛 *n.* **1** 〚植物〛オナモミ《キク科オナモミ属 (*Xanthium*) の植物の総称; 畑の雑草》. **2** トゲの多いオナモミの実.

cóckle·shèll 〚《?1440》〛 *n.* **1** ザルガイ類の貝殻. **2** (底の浅い)小舟, 軽舟.

cóck·lòft 〚← COCK¹＋LOFT: 屋根裏を鶏のねぐらに用いたことから〛 *n.* 小さい屋根裏部屋.

cock·ney [kάkni | kɔ́knɪ] 〚《*c*1390》 *cokenei, coken-ey* cock's egg ← *coken* ((gen. pl.) ← *cok* 'COCK¹')＋*ey* 'EGG': cock's egg は「出来損なった卵黄のない小さな卵」の意から「意気地なし」「甘えっ子」(Chaucer), 再転して地方人の目から見た「都会人」(1600 年ごろ)となった: cf. (O)F *acoquiné* spoiled (p.p.) ← *acoquiner* to make fond of〛 — *n.* **1** [しばしば C-] ロンドン子, 生粋のロンドン人, (ロンドン East End 方面の)下町人《伝統的にいえば Bow bells の鐘の音の届く範囲内に生れてそこで一生を暮らす人; 言語になまりがありロンドン人特有な性情・風習を有する》. **2** [しばしば C-] ロンドン英語, コクニーなまり《[eɪ] を [aɪ] と発音したり, 語頭の [h] を発音しなかったりする》. **3** 《廃》 **a** [軽蔑的に] 柔弱な人, にやけ者; 都会人. **b** 甘えっ子. — *adj.* [しばしば C-] ロンドン子の; ロンドン子風の: a ～ accent ロンドンなまり.

cóck·ney·dom [-dəm] *n.* **1** ロンドン子の住む区域; ロンドン人の出入りする社会. **2** [集合的] ロンドン子 (cockneys).

cock·ney·fy [kάknɪfàɪ, -nə- | kɔ́knɪ-] *vt.* **1** ロンドン子流にする; ロンドン風になまる. **2** 都会風にする, 派手にする.

cóck·ney·ish [-nɪɪʃ] *adj.* ロンドン子風[流]の.

cóck·ney·ìsm [-nìɪzm] *n.* **1** ロンドン子特有の気質[態度]. **2** ロンドンなまり《例えば plate [pláɪt], house [æ̃us] のような発音など》.

cock·ney·ize [kάknìàɪz | kɔ́knɪ-] *vt.* ロンドン子流にする. — *vi.* ロンドン子風を気取る; ロンドンなまりを使う.

cóck·pit 〚《1587》〛 — *n.* **1 a** 闘鶏場. **b** (しばしば戦争のあった)古戦場, 戦乱のちまた (battlefield): the ～ of Europe ヨーロッパの戦場《しばしば戦場となったことからベルギーをさす》. **2 a** (ヨットなどの)操舵(だ)席, コックピット. **b** (航空機・宇宙船の)操縦室, コックピット《操縦士, または操縦士と乗務員のための区画》. **c** (レーシングカー・スポーツカー・トラックなどの)操縦席, 運転席, コックピット. **3** 《廃》(劇場の)平土間 (pit). **4** 〚海事〛コックピット《昔の帆船式軍艦の最下甲板の後部; 平時は初級士官の居室, 交戦中は傷病者収容室》.

cock·roach [kάkròutʃ | kɔ́krəutʃ] 〚← COCK¹＋ROACH¹《通俗語源による変形》←《古形》*cacarootch* ⊏ Sp. *cucaracha* ← *cuco* caterpillar〛 — *n.*〚昆虫〛ゴキブリ《ゴキブリ亜目の昆虫の総称; ワモンゴキブリ (American cockroach), チャバネゴキブリ (German cockroach), コバネゴキブリ (oriental cockroach) など》.

cóck róbin *n.* [しばしば愛称に用いて] コマドリの雄.

cocks·comb [kάkskòum | kɔ́kskəum] 〚《1440》〛 — *n.* **1** ＝coxcomb. **2** 〚植物〛ケイトウ《ヒユ科ケイトウ属 (*Celosia*) の植物の総称; ノゲイトウ (*C. argentea*) など》.

cócks·fòot 〚穂の形から〛 *n.* (*pl.* ～s) 〚植物〛＝orchard grass.

cóck·shùt 〚← COCK¹＋SHUT:《原義》鶏を小屋に入れる時刻〛 *n.* 《廃・英方言》日没, 夕暮 (evening).

cóck·shỳ 〚⇨ shy²〛 — *n.* **1** 《英》 **a** 標的落とし, 射的《縁日などで球・棒などを投げつけて賞品を落とす遊戯; もとは鶏を縛って的とした》. **b** 射的の標的 (target). **2** (棒・石などを)投げること. **3** (嘲笑・非難などの)まと.

cóck sòrrel *n.* 〚植物〛＝garden sorrel.

cóck spárrow *n.* **1** 雄スズメ. **2** 《口語》生意気な小男.

cóck·spùr *n.* **1** 雄鶏のけづめ. **2** 〚植物〛北米産バラ科サンザシ属の観賞用低木 (*Crataegus crus-galli*) (cockspur thorn ともいう).

cóck sùcker *n.* 《卑・軽蔑》フェラチオ (fellatio) をする人.

cóck·sùcking *adj.* 《卑》卑劣な, 下劣な.

cóck·súre 〚《1520》← COCK¹ (n.) B1＋SURE: sure as a cock の意から〛 — *adj.* **1** [Predicative に用いて] **a** (…を)十分確信して 〔*of, about*〕 / 〈*that*〉: I am ～ *of* his success.＝I am ～ *that* he will succeed. 彼の成功は間違いなしと思う. **b** きっと…する (certain) 〈*to do*〉: He is ～ *to* succeed. 彼はきっと成功する. **2** 独りぎめの, うぬぼれの強い: a ～ person. **3** 《廃》全く安全な. **～·ly** *adv.* **～·ness** *n.*

cock·swain [kάksn | kɔ́k-; (海) -swèɪn] *n.* ＝coxswain.

cock·sy [kάksi | kɔ́ksɪ] *adj.* ＝coxy.

cóck·tàil¹ 〚《1600》← COCK¹＋TAIL¹:《原義》tail like that of a cock, tail that cocks up〛 — *n.* **1 a** 切り尾の馬. **b** 不純種の競走馬. **2** えせ紳士; 成り上がり者 (upstart). **3** 〚気象〛雄鶏の尾に似た巻雲の一種.

cóck·tàil² 〚↑: 1806 年ごろの米俗語から; 雑種の馬の尻尾を切って短くしたことから「雑種」→「混合」と転じたものか: cf. F *coquetel* mixed drink〛 — *n.* **1 a** カクテル《ジン・ラム・ウイスキーなどにソーダ・果汁・甘味・苦味 (bitters) などを加えて混ぜるかシェーカー (shaker) に入れて振って混合した飲物; 通常冷やして飲む》: drink a ～ [a lot of ～s]. **b** ＝cocktail party. **2** (前菜としての)カクテル: **a** (えび・かきなどの)カクテル(料理)《カクテルグラスに入れ, トマトケチャップ, タバスコなどで作ったソースをかけるもの》. **b** ＝fruit cocktail. **c** 野菜・果物のジュース. **3** 混合したもの: a musical ～. — *attrib. adj.* **1** カクテルの; カクテル用の[向けの]: a ～ olive. **2** 〈婦人の衣服が〉(カクテルパーティーなどに着る)セミフォーマル仕立ての: a ～ dress カクテルドレス. — *vt.* 〈人を〉カクテルパーティーでもてなす. — *vi.* **1** カクテルを飲む. **2** カクテルパーティーに出る.

cóck-tàiled *adj.* (特に)〈馬が〉切り尾の; 尾[尻]をぴんとはねた.

cócktail glàss *n.* カクテルグラス《脚付きで鐘型の「カクテル用のグラス》.

cócktail hòur *n.* カクテルアワー《ホテル・レストランなどで夕食前か, 夕方から夜 8 時ごろまでのカクテルなどの酒類を供する時間》.

cócktail lòunge *n.* カクテルラウンジ《ホテル・クラブ・空港などでカクテルなどを供する部屋》.

cócktail pàrty *n.* カクテルパーティー.

cócktail sàuce *n.* カクテルソース《魚介類のカクテルと共に供するソースで, 通例トマトケチャップ・タバスコ・ウスターソースなどで作る》.

cócktail shàker *n.* (カクテル)シェーカー.

cócktail stìck *n.* カクテルスティック《カクテル料理を供するための先の尖った楊子(ようじ)風の小さな取り具》.

cócktail tàble *n.* ＝coffee table.

cóck tèaser *n.* 《卑》きわどい誘惑をしながら最後は許さぬ女, 「じらし屋」.

cóck·ùp 〚← *cock up* (⇨ cock¹ (v.) 成句)〛 — *n.* **1** 前縁が折り返してある帽子. **2** 《英俗》混乱; 失敗, へま (blunder). **3** 〚印刷〛上付き文字[活字]《文字の肩に組んだ略字や数字, Mʳˢ の ʳˢ, X² の ² など》.

cock·y¹ [kάki | kɔ́kɪ] 〚《1549》← COCK¹＋-Y⁴〛 — *adj.* (**cock·i·er**; **-i·est**) 《口語》 **1** うぬぼれている, 気取った, 生意気な. **2** 快活な, 陽気な. **cóck·i·ly** [-kɪli, -kə- | -lɪ] *adv.* **cóck·i·ness** *n.*

cock·y² [kάki | kɔ́kɪ] 〚← COCK(ATOO)＋-Y²〛 *n.* 《豪口語》小農夫.

cock·y·leek·ie [kὰkilíːki | kɔ̀kɪlíːkɪ] *n.* (*also* **cock·y·leek·y** [～]) 《スコット》＝cock-a-leekie.

cock·y·ól·ly bìrd [kὰkiάli- | kɔ̀kiɔ́lɪ-] 〚← *cocky* (← COCK¹＋-Y²)＋*olly* (← ? YELLOW)〛 *n.* (*also* **cock·y·ól·ly bìrd** [～]) [小鳥の愛称として] とと, ぽっぽ.

co·co [kóukou | kə́ukəu] 〚《1555》⊏ Sp. ～ ⊏ Port. *côco*《原義》bogeyman grimace: 実がさるの面に似ていることからか〛 — *n.* (*pl.* ～s) **1** 〚植物〛ココヤシ (coconut palm). **2** ココヤシの実 (coconut) 《cocoa bean ともいう》. **3** 《俗》(人間の)頭 (head). — *attrib. adj.* ココヤシの実の外皮の繊維で作った.

co·coa¹ [kóukou | kə́ukəu] 〚《1788》《変形》← CACAO〛 — *n.* **1 a** ココア《cacao の種子を脱脂して粉末にしたもの》. **b** (飲料としての)ココア. **2** ココア色, こげ茶色. — *adj.* **1** ココアの. **2** ココア色の. — *vi.* [次の成句で]: ***I should cocoa!*** 〚*cocoa*: 《略》← *coffee and cocoa*: (I should) say so の押韻俗語〛《英口語》(1) よし, その通りだ. (2) だめだ, ご免だ.

co·coa² [kóukou | kə́ukəu] 〚《変形》← COCO〛 *n.*, *adj.* ＝coco.

cócoa bùtter *n.* カカオバター[脂]《石鹸・化粧品・チョコレートの原料; theobroma oil ともいう》.

cócoa·nùt *n.* ＝coconut.

cócoa pòwder *n.* **1** ＝cocoa¹ 1 a. **2** 褐色火薬 (brown powder).

co·co·bo·lo [kòukəbóulou | kə̀ukəbə́uləu] 〚⊏ Sp. ⊏ Arawak *kakabali*〛 — *n.* (*also* **co·co·bo·la** [-lə]) (*pl.* ～s) 〚植物〛熱帯アメリカ原産マメ科ヒルギカズラ属 (*Dalbergia*) の樹木; (特に) *D. retusa* 《家具材や車輪などとして有用》.

cóco-de-mér [-dəméə | -méə(r] 〚⊏ F *coco de mer* 'coco of the sea'〛 *n.* **1** 〚植物〛オオミヤシ (sea coconut). **2** オオミヤシの実.

cóco gràss 〚実の形状から〛 *n.* 〚植物〛＝nut grass.

COCOM [kóukam | kə́ukɔm] 〚← *Co(ordinating) Committee for Export to Communist Area)*〛 — *n.* ココム, 対共産圏輸出統制委員会《共産圏諸国に対する輸出統制を調整するため 1949 年に設立された委員会で, 本部は Paris にある》.

co·co·mat [kóuko(u)mæ̀t | kə́ukə(u)-] 〚← COCO(NUT)＋MAT¹〛 *n.* ココヤシの実の外皮の繊維で作ったマット, やしござ; やしござ製の玄関マット.

cò·cónscious 〚← CO-¹＋CONSCIOUS〛 *adj.* **1** 同じことを意識[経験]する. **2** 〚心理〛副意識的な. — *n.* 〚心理〛＝coconsciousness. **～·ly** *adv.*

cò·cónsciousness *n.* 〚心理〛副意識, 共在意識.

cò·conspírator *n.* 陰謀の仲間, 共謀者.

co·co·nut [kóukənʌ̀t, -nət | kə́ukənʌ̀t] 〚← COCO＋NUT〛 — *n.* **1 a** ココナツ《ココヤシ (coconut palm) の実; 食用になる; 実の核の中にある胚乳からやし油 (coconut oil) を採り, またこれを乾燥して菓子用の copra にする; 若い果実の中には coconut milk があり, 飲料とする; その殻の繊維 (coir) でやしござを織る》. **b** ココナツ《食用になるココヤシの固型の胚乳, またそれを細く切って乾燥させた食品》. **2** 《俗》(人間の)頭.

the milk in the coconut ⇨ milk 成句.

cóconut cràb *n.* 〚動物〛ヤシガニ (⇨ purse crab).

cóconut créam *n.* ココナツクリーム《ココヤシの果肉を削って数滴の水を加えて絞りとったもの; coconut milk よりも濃厚; 太平洋諸島でソースや調味料に用いる》.

cóconut mìlk *n.* ココナツミルク: **a** 若いココヤシに含まれている白く濁った果汁. **b** 熟して固形化したココヤシの果肉を削って水を加えて絞った液体; 料理用.

cóconut òil *n.* 〘化学〙やし油《ココヤシまたはコプラから得られる脂肪油；マーガリンまたは石鹸の材料に用いられる》.
cóconut pàlm [trèe] *n.* 〘植物〙ココヤシ (*Cocos nucifera*)《いわゆるヤシノキ；実を食用》. 「落とし.
cóconut shỳ *n.* 《英》(ココヤシの実を的とする)標的
cóconut wàter *n.* 未熟なココヤシに含まれている透明で甘い果汁《飲料にする》.
co·coon [kəkúːn, ku- | kə-, kɔ-] 〘《1699》⊏F *cocon* ⊏ Prov. *coucoun*《原義》shell of eggs ← *coco* shell < L *coccum* kermes berry : cf. coccus〙 **—** *n.* **1 a** (カイコなどの)繭. **b** (動物の)小さな卵嚢(らん). **2** 繭状のもの[袋]；(特に, 保管中のさび止めとして各種機械・兵器類に吹きつけるポリ塩化ビニールなどの)保護被膜. **—** *vi.* 繭を作る. **—** *vt.* **1** 繭で包む[くるむ]. **2** 保護被膜で包む, …に保護被膜を吹きつける[施す]；〈機械などを〉(ポリエチレンなどで)密閉する.
co·coon·er·y [kəkúːn(ə)ri, ku- | kəkúːnəri, kɔ-] *n.* 養蚕所, 蚕室.
cóco pàlm *n.* 〘植物〙=coconut palm.
cóco plúm *n.* **1** 〘植物〙イカコ (*Chrysobalanus icaco*)《南米アマゾン地方・アフリカ原産バラ科の低木》. **2** イカコの実《清涼飲料を作る；icaco ともいう》.
Có·cos Íslands [kóukəs- | kóu-] *n. pl.* [the ～] ココス諸島《インド洋 Java の南西にあるオーストラリア領の群島；人口 1,000, 面積 14 km²；Keeling Islands ともいう》.
co·cotte¹ [ko(ʊ)kɑ́t, kə- | kɔkɔ́t, kə(ʊ)-; *F.* kɔkɔt] 〘⊏F ～《小児語》'hen'〙 *n.* (*pl.* **～s** [～s; *F.* ～]) 《古》(パリなどの上流社会相手の)売春婦.
co·cotte² [ko(ʊ)kɑ́t, kə- | kɔkɔ́t, kə(ʊ)-] 〘⊏F ～《変形》← *cocasse* kind of pot《変形》← *coquemar* < L *cucumam* cooking pot〙 *n.* カセロール《1人前の肉料理用の通例手の付いた耐熱陶磁器製の煮鍋・蒸焼き鍋》.
coc·o·zel·le [kɑ̀kəzéli | kɔ̀kəzéli] 〘← ? It.《方言》: cf. It. *cocuzza* squash〙 **—** *n.* 〘園芸〙ココセル《summer squash に属するカボチャの一品種；矮性で未熟果を食用とする；円筒形で果皮に多少ひだが生じる》.
Coc·teau [kɑktóu, kɔ(ː)k- | kɔ́ktəu; *F.* kɔkto], **Jean** *n.* コクトー《1889–1963；フランスの詩人・小説家・劇作家・批評家；*Orphée*「オルフェ」(1927), *Les Enfants terribles*「怖るべき子供たち」(1929)》.
co·cur·ric·u·lum [kòukəríkjʊləm | kòu-] *n.* (*pl.* **-u·la** [-lə], **～s**) 〘教育〙正課併行カリキュラム《スポーツ・ブラスバンド・学校新聞・クラブなどの課外活動；cf. extracurricular》. **co·curricu·lar** [kòukəríkjʊlə | kòukəríkjʊlə(r)] *adj.*
Co·cy·tus [ko(ʊ)sáɪṭəs | kə(ʊ)sáɪt-] 〘⊏L *Cōcȳtus* ⊏ Gk *Kōkūtós*《原義》(the river of) wailing ← *kōkúein* to cry〙 **—** *n.* 〘ギリシャ・ローマ神話〙コキュトス《黄泉(よみ)の国 (Hades) の川の一つ；Acheron 川に注ぐ》.
cod¹ [kɑ́(ː)d | kɔ́d] 〘《1273》← ?〙 **—** *n.* (*pl.* **～, ～s**) 〘魚類〙**1** タラ (*Gadus morhua*)《北大西洋の冷水域の海底にすむ食用魚》. **2** タラ科の魚類の総称；(特に, 太平洋産)マダラ (*Gadus macrocephalus*).
cod² [kɑ́(ː)d | kɔ́d] 〘OE *codd* bag, shell, husk, etc. ← Gmc **kud-* (Swed. *kudde* pillow) ← IE **gu-* enclosing object (cf. cove¹)〙 **—** *n.* **1** 《古》袋 (bag, pouch) (cf. codpiece). **2** 《方言》(豆の)さや (pod) (cf. peapod¹). **3** 《廃》**a** 陰嚢 (scrotum). **b** [*pl.*] 睾丸(こう) (testes).
cod³ [kɑ́(ː)d | kɔ́d] 〘← ? : cf. kid²〙《俗》 **—** *vt.* (**cod·ded; cod·ding**) 〈人を〉かつぐ, 愚弄する；だます. **—** *n.* 人をかつぐこと, だますこと；冗談, パロディー, ナンセンス (nonsense)：It's all a ～. 全く冗談だよ. **—** *attrib. adj.* 冗談の, ふざけた.
Cod, Cape *n.* ⇨ Cape Cod.
cod. 《略》codex ; codicil ; codification.
C.O.D. 《略》Concise Oxford Dictionary ; 《英》〘商業〙cash [《米》collect] on delivery (cf. C.B.D., P.O.D.)：send a thing ～ 代金引換で送る.
co·da [kóudə | kə́u-] 〘⊏It. ～《原義》tail < L *caudam* tail〙 **—** *n.* **1** 〘音楽〙コーダ, 結尾《楽章・楽曲の最後にある終曲部》. **2** 〘バレエ〙コーダ《古典バレエのフィナーレ》. **3** 〘詩学〙=tail *n.* 5. **4** 〘文学〙(小説・戯曲などで, テーマの)終結部分.
cód·bànk *n.* (海底の)タラの洲(す) (cf. bank¹ 4).
cod·ding¹ [kɑ́dɪŋ | kɔ́d-] *n.* タラ漁.
cod·ding² [kɑ́dɪŋ | kɔ́d-] 〘← ? COD² 3〙 *adj.* 《廃》好色な (lustful), 淫猥な (lecherous).
cod·dle [kɑ́dḷ | kɔ́dḷ] 〘《1598》《変形》? ← CAUDLE〙 **—** *vt.* **1** 〈子供などを〉大事にする, 大事に育てる, 甘やかす：～ oneself 体を大事にし過ぎる. **2** 〈卵を〉(沸騰寸前の湯の中で)ゆっくりゆでる, 〈果物を〉とろ火で煮る. **—** *n.* 甘やかされて育った人. **cód·dler** [-dlə, -dḷə | -dlə(r, -dḷ-] *n.*
code [kóud | kə́ud] 〘《c1303》⊏(O)F ～ ⊏L *cōdex* writing tablet, (eccl. L code of law) : ⇨ codex〙 **—** *n.* **1** 〘法律〙法典《一国の法規を一定の範囲内で体系化したもの》：the *Code* of Justinian=Justinian Code / the ～ of written law 成文法典, 成典 / the *Code* of Civil [Criminal, Penal] Procedure 民事[刑事]訴訟法典 / the civil [criminal] ～ 民[刑]法典 / the ～ of censor 検閲規定 / the press ～ 新聞検閲規程, 新聞編集綱領 / the educational ～ 学校法規. **2** (ある階級・同職業者・社会などを支配する)規約[掟]の体系[集成]；(社会の)慣例：the ～ of the school 学則 / the moral ～ 道徳律 / a ～ of ethics 倫理の法則 / the social ～ of manners (社交上の)作法の掟 / the medical ～ (医師の行動を制約する)医道, 医師の戒律. **3 a** 情報伝達の記号体系. **b** 信号法；略号, 符号：in ～ / a ～ of signals 信号法 / a secret ～ 暗号 / a ～ address (略号による)電信宛名 / a telegraphic ～ 電信略号 / ⇨ International Code, Morse code. **c** 暗号(体系)：in ～ / a ～ message [telegram] 暗号電報 / a cipher ～ 暗号通信法. **4** 〘電算機〙コード, 符号《電算機やデジタル通信などにおいてデータを表現するビット列》. **5** 〘生物〙(生物の形質を決める)情報, 暗号：⇨ genetic code.
a code of honor (社交上の)紳士淑女の道；(特に)決闘の作法.
— *vt.* **1** 〈法律を〉法典に作成する, 法典化する (codify)：～ laws. **2** 信号[略号]にする (encode). **3** 〘電算機〙コード化する《データ・プログラムなどを計算機に理解できる形式にする》.
code for 〘生物〙(特定の蛋白質などを合成するために)遺伝情報 (genetic code) を指定する.
cód·a·ble [-dəbḷ] *adj.*
códe bòok *n.* コードブック, 暗号帳[書], 電信略語帳.
cò·declinátion 〘← CO-¹+DECLINATION〙 *n.* 〘天文〙極距離《赤緯の余角；polar distance ともいう》.
cò·defèndant 〘← CO-¹+DEFENDANT〙 *n.* 〘法律〙共同被告 (joint defendant).
códe flàg *n.* 〘海事〙信号旗.
códe gròup *n.* 〘電算機〙符号グループ《一定の規則に従って作られた一連の符号》.
co·de·ine [kóudiːn, -diɪn, -diən, -diìːn | kə́udiːn, -diɪn] 〘⊏F *codéine* ← Gk *kṓdeia* poppy-head : ⇨ -ine³〙 **—** *n.* 〘化学〙コデイン ($C_{18}H_{21}NO_3H_2O$)《アヘンから採るアルカロイド；せき止めに用いる》.
códe·less *adj.* 法典[規約]のない；法典[規約]に規制されない.
co·den [kóudən | kə́u-] 〘← CODE〙 *n.* 〘図書館〙コーデン《大文字のアルファベット4文字とアラビア数字とからなる略語式分類法》. 「られる符号」.
códe nàme *n.* コード名《人・物の名の代わりに用い
Code Na·po·lé·on [―(―)―; *F.* kɔdnapɔleɔ̃] *n.* [the ～] ナポレオン法典《1804年に公布されたフランス民法典の改名後 (1807) の公式名称であったが, 今日正式には用いられない》.
códe-nùmber *n.* コード番号《個々の名前の代わりにつけられた番号；機械による識別を容易にしたり, 秘密保持の目的などに用いられる》.
cód·er *n.* **1** 法典化する人. **2** 信号[略号]に変える人. **3** 〘通信・電算機〙コーダー《2進符号を発生する装置》：⇨ encoder, decoder.
códe-swìtching *n.* 一言語[方言]体系から他の言語[方言]体系へ切りかえること.
cò·determinátion *n.* 〘労働〙(企業の政策決定における)労働者の経営参加, 共同決定.
co·det·ta [ko(ʊ)déṭə | kədétə; *It.* kodétta] 〘⊏It. ～ (dim.) ← *coda* : ⇨ coda〙 *n.* (*pl.* **～s, co·det·te** [-teɪ; *It.* -te]) 〘音楽〙コデッタ, 短いコーダ.
códe wòrd *n.* **1** =code name. **2** =code group.
co·dex [kóudeks | kə́u-] 〘⊏L *cōdex*, 《古形》*caudex* block of wood, writing tablet, book, etc. ← *cudere* to strike ← IE **kāu-* to strike (⇨ hew) : cf. caudex〙 **—** *n.* (*pl.* **co·di·ces** [kóudəsìːz, kɑ́d- | kə́udɪ-, kɔ́d-]) **1** (聖書・古典の)古写本；コーデックス, 冊子本《scroll と異なり綴じ本；cf. Sinaiticus》. **2** 《廃》法典 (code). **3** 〘薬学〙公定処方集.
Codex Ju·ris Ca·no·ni·ci [―dʒú(ə)rɪs-kənɑ́nəsàɪ, -rəs-, -jú(ə)rɪs-kənóunəkìː | -dʒúərɪs-kənɔ́nɪ-, júərɪs-kənə́unɪ-] 〘⊏LL *Cōdex Jūlis Canonici* code of the canon law〙 **—** *n.* 〘カトリック〙ローマ教会法典, 現行教会法典《1918年施行；New Code ともいう》.
Códex Va·ti·cá·nus [-væṭɪkéɪnəs, -vɑ̀ːṭɪkɑ́ːnʊs, -ṭə- | -tɪ-] *n.* バチカン写本《4世紀の聖書写本で, バチカン図書館蔵》. 「ラの身.
cód·fìsh *n.* **1** 〘魚類〙タラ (cod). **2** (食用にする)タ
códfish arístocracy 〘Massachusetts 州の漁夫がタラ漁業で大もうけをしたことから〙*n.* 《米俗》**1** タラ成金. **2** 新興成金, 成金連.
codg·er [kɑ́dʒə | kɔ́dʒə(r)] 〘《1756》《異形》? ← CADGER〙 **—** *n.* 《口語》[通例愛情語または軽い軽蔑語として, 老人に対して用いて] 人, やつ (fellow, chap)；(特に)変人, 偏屈者：an old ～ おじいちゃん.
Co·di·a·ce·ae [kòudiéɪsiìː | kə̀udɪ-] 〘← NL ～ ← *Codium* (属名：← Gk *kṓidion* fleece)+-ACEAE〙 *n. pl.* 〘植物〙ミル科《海産の緑藻植物の一科》. **cò·di·á·ceous** [-ʃəs] *adj.*
codices *n.* codex の複数形.
cod·i·cil [kɑ́dəsɪl, -səl, -sɪl | kɔ́dɪsɪl] 〘《c1419》⊏L *cōdicill-us* (dim.) ← *cōdex* : ⇨ codex〙 **—** *n.* **1** 〘法律〙遺言補足書《追加・変更・取消し・説明・確認などを含む》. **2** 追加条項, 備考；付録 (appendix). **cod·i·cil·la·ry** [kɑ̀dəsílərɪ | kɔ̀dɪsílərɪ] *adj.*
co·di·col·o·gy [kòudɪkɑ́lədʒi, -də- | kə̀udɪkɔ́lədʒi] 〘⊏F *codicologie* : ⇨ codex, -logy〙 *n.* 写本研究, 写本学. **co·di·co·log·i·cal** [kòudɪkəlɑ́dʒɪkəl, -də-, -dʒə- | kə̀udɪkəlɔ́dʒɪ-] *adj.*
cod·i·fi·ca·tion [kɑ̀dəfɪkéɪʃən, kòu-, -fə- | kə̀udɪfɪ-, kɔ̀d-] *n.* 法典編纂, 法典化, 成文化.
cód·i·fi·er *n.* 法典編集者, 法令集成者.
cod·i·fy [kɑ́dəfàɪ, kóud- | kə́udɪ-, kɔ́d-] 〘← CODE+-I-+-FY〙 **—** *vt.* **1** 〈法律を〉法典に編む, 法典[成文]化する. **2 a** (系統を立てて)集成[編纂]する, 体系化する. **b** (系統立てて)分類する. **cod·i·fi·a·bil·i·ty** [kɑ̀dəfàɪəbíləṭi, kòud- | kə̀udɪfàɪəbílətɪ, kɔ̀d-, -lɪ-] *n.*
cód·ing *n.* 〘統計〙コーディング, 符号づけ, 符号化.
cod·lin [kɑ́dlɪn, -lən | kɔ́dlɪn] *n.* =codling¹.
cód·lìne *n.* タラ釣糸《トロール網の袋網の括(くく)り綱》.
cod·ling¹ [kɑ́dlɪŋ | kɔ́d-] 〘《c1440》*querdling* ⊏ ? AF *querdelyon* (=F *cœur-de-lion*) heart of lion〙 **—** *n.* **1** 《英》料理用の頭の尖ったリンゴ. **2** 未熟または質が悪いため料理用に向けられる小リンゴ.
cod·ling² [kɑ́dlɪŋ | kɔ́d-] 〘《1289》: ⇨ cod¹, -ling¹〙 *n.* (*pl.* **～s, ～**) 〘魚類〙**1** 小ダラ；タラの幼魚. **2** =hake¹ 2.
códling [códlin] mòth *n.* 〘昆虫〙コドリンガ (*Carpocapsa pomonella*)《ヒメハマキガ科の小型のガ；幼虫はリンゴ・ナシなどの果実に食い入る大害虫》.
códlings-and-créam *n.* 〘植物〙=willow herb 1.
cód-lìver óil *n.* タラ肝油 (cf. liver oil).
cò·dóminant 〘生物・生態〙*adj.* 相互優性の《二つの対立遺伝子が共に優性の》. **—** *n.* 共同優占種《2種類以上の優占種があるとき, その一つを指す》.
co·don [kóudɑn | kə́udɔn] 〘← CODE+-ON(E)〙 **—** *n.* 〘生化学〙コードン, 暗号単位《遺伝子の核酸を構成する塩基の配列順序での三つずつが単位となって, ペプチッド鎖でのアミノ酸を指定する遺伝情報の単位》.
cód·pìece 〘《c1450》: ⇨ cod², piece〙 **—** *n.* **1** コッドピース, 股袋《15–16世紀の男子服装で, ズボン (breeches) の前あきを隠すためにつけた装飾的な袋[カバー]; cf. cod² 1》. **2** 《廃》陰茎 (penis).

codpiece 1

cò·drìver *n.* 副運転者《特に自動車レースで, 途中で運転を交替する人》.
cò·drìve *vt.*
cods·wal·lop [kɑ́dzwɑ̀ləp, -wɔ̀(ː)l- | kɔ́dzwɔ̀l-] 〘《1963》← ?〙 **—** *n.* (*also* **cod's wallop**) 《英俗》たわごと, ばかばかしいこと (nonsense).
Co·dy [kóudi | kə́udɪ], **William Frederick** *n.* (1846–1917) 米騎兵隊の斥候・興行師；通称 Buffalo Bill として知られ, 西部を舞台とする小説やショーの主人公として伝説的存在になっている.
co·ed [kóuéd, ―― | kə̀uéd, ――] 〘《略》← *co-educational* (*student*)〙 (*also* **co-ed**) **—** *n.* 《口語》**1** 男女共学(の制度). **2** (男女共学校, 特に大学の)女子学生. **—** *attrib. adj.* **1** 男女共学の：a ～ school. **2** (男女共学校の)女子学生の[に関する, のための].
co-ed. 《略》coeditor.
cò·edítion *n.* 同時版, 同時出版《いろいろな国でいろいろな言語で一冊の本を同時に出版すること》.
cò·éditor *n.* 共編者. 「施す.
cò·éducate 〘《逆成》↓〙*vt.* 〈人〉に男女共学の教育を
cò·educátion 〘← CO-¹+EDUCATION〙 *n.* 男女共学.
cò·educátional *adj.* 男女共学の. **～·ly** *adv.*
cò·educátionalism *n.* 男女共学制度[方針].
coef. 《略》coefficient.
coeff. 《略》coefficient.
co·ef·fi·cient [kòuɪfíʃənt, -əf- | kə̀uɪf-] 〘← NL *coefficiens* : ⇨ co-¹, efficient〙 *adj.* 共同作用の, 共働する (cooperating). **—** *n.* **1** 共同作因. **2** 程度(degree). **3** 〘数学〙係数. **4** 〘物理〙係数. 「efficient.
coefficient of absorption 〘物理〙=absorption co-
coefficient of acceleration 〘経済〙=acceleration coefficient. 「数.
coefficient of compressibility 〘物理化学〙圧縮係
coefficient of contraction 〘物理〙収縮係数.
coefficient of correlation 〘数学・統計〙=correlation coefficient.
coefficient of discharge 〘水力学〙流量係数.
coefficient of elasticity 〘物理〙=MODULUS of elasticity.
coefficient of expansion 〘物理〙膨張係数.
coefficient of fineness 〘造船〙=block coefficient.
coefficient of friction 〘機械〙摩擦係数.
coefficient of kinematic viscosity 〘物理〙動粘性係数《粘性係数と流体の密度との比》.
coefficient of performance 〘熱力学〙成績係数.
coefficient of restitution 〘物理〙反発係数.
coefficient of variation [variability] 〘統計〙変動係数, 変異係数《統計資料や確率変数の変動の大きさを表わす数値；標準偏差 (standard deviation) と平均 (mean) との比》.
coefficient of velocity 〘水力学〙流速係数.
coefficient of viscosity 〘物理〙粘性係数.
～·ly *adv.*
coel- [siːl] (母音の前に来る時の) coelo- の異形.
-coel [― siːl] =-coele.
coe·la·canth [síːləkæ̀nθ] 〘← NL *Coelacanthidae* : ⇨ coelo-, acantha〙 **—** *n., adj.* 〘魚類〙シーラカンス(の)《中生代の白亜紀に絶滅したと考えられていた総鰭(き)類シーラカンス目の魚類の総称；脊椎骨が中空の管状；1938年南アフリカ沖で現生種 (⇨ latimeria) が発見された》. **coe·la·can·thine** [sìːləkǽnθaɪn, -θɪn, -θən | -θaɪn, -θɪn] *adj.*
coe·la·can·thid [sìːləkǽnθɪd, -θəd | -θɪd] *n., adj.* 〘魚類〙=coelacanth.
Coe·la·can·thi·dae [sìːləkǽnθədìː | -lɪ-] 〘← NL ～ ← *Coelancanthus* (属名：⇨ coelo-, acantho-)+-IDAE〙 **—** *n. pl.* 〘魚類〙シーラカンス科《硬骨魚綱総鰭目の一科；化石魚を含む》. **coe·la·cán·thous** [-θəs] *adj.*
-coele [― siːl] 〘← NL *-c(o)ela* ← Gk *koîlos* hollow〙「体腔」の意の名詞連結形：blastocoele.
coelentera *n.* coelenteron の複数形.

Coe·len·ter·a·ta [sɪlèntəréɪtə, sə-, siː- | siːlèntəréɪtə] 〖← NL ～: ⇨ coelenteron〗 *n. pl.* 〘動物〙腔腸動物門.
coe·len·ter·ate [sɪléntərèɪt, sə-, siː-, -rət, -rɪt | siː-léntə-] 〖⇨ ↑, -ate²〗〘動物〙 ── *adj.* 腔腸動物門の. ── *n.* 腔腸動物門の動物《サンゴチュウ・イソギンチャク・クラゲなど》.
coe·len·ter·on [sɪléntəràn, sə-, siː-, -rən | siːléntəròn] 〖← NL ～ ← COELO- + Gk *énteron* intestine〗 *n.* (*pl.* **-ter·a** [-rə]) 〘動物〙(腔腸動物の)腔腸.
coe·li- [síːli | -lɪ] (母音の前に来る時の) coelio- の異形.
coe·li·ac [síːliæ̀k | -lɪ-] *adj.* 〘解剖・病理〙＝celiac.
coe·li·o- [síːlio(ʊ) | -lɪə(ʊ)] 〖□ Gk *koilio-* ← *koilía* belly ← *koîlos* hollow〗「腹部, 腹腔 (belly, abdomen)」の意の連結形. ★ 母音の前では通例 coeli- になる.
coe·lo- [síːlo(ʊ) | -lə(ʊ)] 〖← NL ～ ← Gk *koîlos* (↑)〗「窩(か) (hollow); 腔(こう) (cavity)」の意の連結形. ★ 母音の前では通例 coel- になる.
coe·lom [síːləm] 〖□ G *Zölom*, ～ □ Gk *koílōma* a hollow ← *koîlos* hollow〗 ── *n.* (*pl.* **～s, coe·lo·ma·ta** [sɪlóʊmətə, sə-, siː-, -lάm- | siːlə́ʊmətə, -lɔ́m-]) 〘動物〙体腔 (body cavity). **coe·lom·ic** [sɪlάmɪk, sə-, siː-, -lóʊm- | siːlɔ́m-, -lə́ʊm-] *adj.*
coe·lo·mate [síːləmèɪt] 〖⇨ ↑, -ate²〗〘動物〙 *adj.* 体腔をもった. ── *n.* 体腔動物.
coe·lome [síːloʊm, -ləm | -ləʊm, -ləm] *n.* (*pl.* **～s, coe·lo·ma·ta** [sɪlóʊmətə, sə-, siː-, -lάm- | siːlə́ʊmətə, -lɔ́m-]) 〘動物〙＝coelom.
Coe·lo·pi·dae [sɪlóʊpədiː, sə-, siː- | siːlə́ʊpɪ-] 〖← NL ～ ← *Coelopa* (属名: ← COELO- + Gk *ṓps* face, eye) + -IDAE〗 *n. pl.* 〘昆虫〙(双翅目)ハマベバエ科.
coe·lo·scope [síːləskòʊp | -skəʊp] *n.* 〘医学〙＝celoscope.
coe·lo·stat [síːləstæ̀t] 〖← *coelo-* (← ML *caelum* heaven) + -STAT〗 *n.* 〘天文〙シーロスタット《2 枚の平面鏡を用いて日周運動をする天体を固定天体望遠鏡で観測する装置; cf. siderostat, heliostat》.
co·emp·ti·o [koʊémpʃiòʊ, -pti- | kəʊémpʃɪəʊ, -ptɪ-] 〖□ L *coēmptiō* ← *coemere* to buy up〗 ── *n.* 〘ローマ法〙仮装売買婚《妻の父が婚姻のために名目的代価で妻を夫に売却する婚姻形式; 真の売買ではないので妻は夫権 (manus) に服する》.
coen- [siːn, sen | siːn] (母音の前に来る時の) coeno- の異形.
coe·nes·the·si·a [sìːnesθíːʒiə, -ʒə, sèn- | -nesθíːziə, -niːs-, -nəs-, -ziə, -ʒiə, -ʒə] 〖← NL ～: ⇨ coeno-, esthesia〗 ── *n.* 〘心理〙体感《漠然とした全身の感覚で, 健康感や虚脱感のような感じとして生じる》.
coe·nes·the·sis [sìːnesθíːsɪs, sèn-, -səs | -sɪs] *n.* 〘心理〙＝coenesthesia.
coe·no- [síːno(ʊ), sén- | síːnə(ʊ)] 〖← NL ～ ← Gk *koinós* common〗「共通の (common); 一般の (general)」の意の連結形. ★ 母音の前では通例 coen- になる.
coenobia *n.* coenobium の複数形.
coe·no·bite [síːnəbàɪt | -nə(ʊ)-] *n.* ＝cenobite.
coe·no·bit·ic [sìːnəbítɪk | -nə(ʊ)bít-] *adj.* **còe·no·bít·i·cal** *adj.*
cóe·no·bìt·ism [-tɪzm̩] *n.* ＝cenobitism.
coe·no·bi·um [sɪnóʊbiəm, sə-, siː- | siːnə́ʊbɪəm, -bjəm] 〖← NL ～ ← LL: ⇨ cenobite〗 ── *n.* (*pl.* **-bi·a** [-biə | -bɪə, -bjə]) 〘生物〙連結生活体, 連生体, ケノビウム《2 個体以上の単細胞生物が集まっている生活体: ボルボックス (volvox) など》.
coe·no·cyte [síːnəsàɪt, sén-, -no(ʊ)- | síːnə(ʊ)-] 〖← COENO- + -CYTE〗 ── *n.* 〘生物〙 **1** 多核細胞《一細胞内に多くの核をもつもの》. **2** ＝syncytium. **coe·no·cyt·ic** [sìːnəsítɪk, sèn-, -no(ʊ)- | sìːnə(ʊ)sít-] *adj.*
còeno·génesis *n.* 〘生物〙＝cenogenesis.
còeno·genétic *adj.* 〘生物〙＝cenogenetic.
coe·no·sarc [síːnəsὰək, sén- | síːnəsὰːk] 〖← COENO- + Gk *sárx* flesh〗 *n.* 〘動物〙共肉《ヒドロの茎と根の新しい部分》.
còeno·spécies *n.* (*pl.* ～) 〘生態〙＝cenospecies.
coe·nu·ro·sis [sìːnjʊróʊsɪs, sèn-, -səs | sìːnjʊrə́ʊsɪs] 〖⇨ ↓, -osis〗 *n.* 〘獣医〙コエヌルス (coenurus) による家畜の病気《羊の旋回病 (gid) など》.
coe·nu·rus [sɪn(j)ʊ́(ə)rəs, sə-, siː- | siːnjʊ́ər-] 〖← NL ～: ⇨ coeno-, -urus〗 ── *n.* (*pl.* **-nu·ri** [-raɪ, -riː]) 〘動物〙コエヌルス, 共尾虫《テニア科条虫の幼虫(中間宿主体内の嚢虫)の一形態; キスチケルクス (cysticercus) の変形》.
cò·énzyme 〖← CO-¹ + ENZYME〗 ── *n.* 〘生化学〙補酵素, 助酵素, コエンチーム《酵素の補欠分子団; 色々ありビタミンと関係あるものが多い》. **cò·enzy·mátic** *adj.* **cò·enzymátically** *adv.*
coenzyme I *n.* 〘生化学〙補酵素 I (⇨ diphosphopyridine nucleotide).
coenzyme II *n.* 〘生化学〙補酵素 II (⇨ triphosphopyridine nucleotide).
coénzyme Á *n.* 〘生化学〙補酵素 A ($C_{21}H_{36}N_7O_{16}P_3S$)《パントテン酸を含み, アシル基の受容体となりアシル基の移転反応に関与する補酵素》.
coénzyme Q 〖*Q*: ← ? Q(UINONE)〗 ── *n.* 〘生化学〙補酵素 Q《動物ミトコンドリアや微生物に含まれ, 酸化還元反応系に関与するビタミン様作用物質; ubiquinone ともいう》.
coénzyme R̀ *n.* 〘生化学〙補酵素 R (⇨ biotin).
co·e·qual [koʊíːkwəl | kəʊ-] 〖(*a*1398) □ L *coaequālis*: ⇨ co-¹, equal〗 ── *adj.* 〘古・文語〙(地位・力量・権力など)〔…と〕同等の, 同格の〔*with*〕. ── *n.* 同等[同格]の人[もの]. **co·e·qual·i·ty** [kòʊɪkwάləti, -ək-, -iːk- | kəʊiːkwɔ́lɪti, -ɪk-, -lɪ-] *n.* **～·ly** *adv.*
co·erce [koʊə́ːs | kəʊə́ːs] 〖(?c1451) □ L *coerc-ēre* to confine ← co-¹ + *arcēre* to shut up (← *arca* box)〗 ── *vt.* **1** (暴力・恫喝(どうかつ)・権威などによって)抑制する, 抑圧する. **2** 強制する, 威圧する; 〈人を〉無理に〔…に〕する〔*into*〕: ～ a person *into* silence 威圧して黙らせる / ～ a person *into* doing something 強制して人に何かさせる / ～ a person's obedience [acquiescence] 人の服従[承諾]を強いる. **co·érc·er** *n.*
co·erc·i·ble [koʊə́ːsəbl̩ | kəʊə́ːsɪ-, -sə-] *adj.* **1** 抑圧[強制]することができる, 威圧できる. **2** 圧縮できる. **co·ér·ci·bly** *adv.*
co·er·cion [koʊə́ːʒən, -ʃən | kəʊə́ːʃən] 〖(1414) *cohercion* □ MF □ L *coer(ci)tiō(n-)* ← *coercēre* 'to COERCE': ⇨ -cion〗 ── *n.* **1 a** 威圧, 強制. **b** 強制力, 威力, 圧力. **2** 抑圧; 圧政, 弾圧政治: a *Coercion* Act [Bill] 強圧法[法案]《アイルランドの治安維持を目的とした鎮圧法のような法律》/ No ～! 強制反対.
co·ér·cion·ist [-ʒ(ə)nɪst, -ʃ(ə)-, -nəst | -ʃ(ə)nɪst] *n.* 強圧政治論者.
co·er·cive [koʊə́ːsɪv | kəʊə́ː-] *adj.* 強制的な, 威圧的な, 高圧的な: ～ methods 高圧的な手段. **～·ly** *adv.* **～·ness** *n.*
coércive fórce [fíeld] *n.* 〘磁気〙保磁力《磁性体の残留磁気を消すための逆方向の磁気力の強さ》.
co·er·civ·i·ty [kòʊəːsívəti | kəʊəːsívɪti, -vɪ-] *n.* 〘磁気〙最大保持力《磁気飽和後の保持力》.
coe·ru·le·in [sɪrúːliːn, sə-, siː-, -liən | siːrúːliːn] 〖← L *coeruleus* 'CERULEAN' + -IN¹〗 *n.* 〘化学〙セルレイン ($C_{20}H_{10}O_6$)《綿・絹・毛などを緑色に染める媒染染料》.
coes·ite [kóʊzaɪt, -saɪt | kə́ʊ-] 〖← *Loring Coes* (1915– : 米国の化学者) + -ITE¹〗 *n.* 〘化学〙コーサイト《二酸化ケイ素の高圧相》.
cò·esséntial 〖(?1471) □ eccl. L *coessentiāl-is* (なぞり) ← Gk *homooúsios* of the same substance: ⇨ co-¹, essential〗 ── *adj.* 同質の, 同体の, 一体の〔*with*〕: be ～ *with* God 神と同体である. **cò·essentiálity** *n.* **～·ly** *adv.*
co·e·ta·ne·ous [kòʊɪtéɪniəs, kòʊət- | kəʊɪtéɪnjəs, -nɪəs] 〖□ L *coaetāne-us* of the same age ← co-¹ + *aetās* age: ⇨ -aneous〗 ── *adj.* 同年の, 同期の; 同時代の, 同世代の. **co·e·ta·ne·i·ty** [kòʊɪtəníːəti, -ət- | kəʊɪtəníːɪti, -níːɪ-] *n.* **～·ly** *adv.*
cò·etérnal 〖(1447) ← eccl. L *coaeternus* + -AL¹: ⇨ co-¹, eternal〗 *adj.* 永遠に共存する. **～·ly** *adv.*
cò·etérnity 〖□ LL *coaeternitāt-em*〗 *n.* 永遠共存.
Coeur d'A·lene [kɔ̀ːdəléɪn, -dl̩- | kɔ̀ːdəléɪn; *F.* kœrdalɛn] 〖□ F *cœur d'alêne* (原義) heart of awl〗 ── *n.* (*pl.* ～, ～s [～z; *F.* ～]) **1 a** [the ～(s)] クールダレーヌ族《米国 Idaho 州北部に住む Salishan 語族に属するアメリカインディアン》. **b** クールダレーヌ族の人. **2** クールダレーヌ語《Salishan 語族に属する》.
Coeur de Li·on [kɔ̀ːdəlíːən, -dl̩- | kɔ̀ːdəlíːɔ̃ː(ŋ), -líːɔ(ː)ŋ; *F.* kœːrdəljɔ̃] 〖□ F ～ 'heart of lion'〗 *n.* 獅子心王 (⇨ Richard I).
co·e·val [koʊíːvəl | kəʊ-] 〖(1605) ← L *coaevus* of the same age (← CO-¹ + *aevum* age) + -AL¹〗 ── *adj.* 同年代の, 同時代の, 同期間の〔*with*〕. ── *n.* 同時代の人, 同年代の人; 同年代の物. **～·ly** *adv.*
co·e·val·i·ty [kòʊɪvǽləti | kəʊiːvǽlɪti, -lɪ-] *n.* 時代[時, 期間]を同じくすること, 同時代[同年代](であること).
cò·exécutor 〖← CO-¹ + EXECUTOR〗 *n.* 〘法律〙遺言共同執行者 (joint executor).
cò·exécutrix 〖⇨ ↑, -trix〗 *n.* (*pl.* **cò·executríces**) 〘法律〙女性の coexecutor.
cò·exíst 〖← CO-¹ + EXIST〗 *vi.* **1** (同一場所に)同時に存在する; 共に存在する, 共存する〔*with*〕. **2** (意見・政策の相違はあるが)平和に生活する, 平和共存する.
cò·exístence *n.* 共存, 共在: peaceful ～ 平和共存.
cò·exístent *adj.* 共存の; 共存する〔*with*〕.
cò·exténd *vt.* 同一の(時間・空間的)広がりを与える. ── *vi.* 同一の(時間・空間的)広がりをもつ.
cò·exténsion 〖← CO-¹ + EXTENSION〗 *n.* (時間・空間の)同一の広がり[延長].
cò·exténsive *adj.* (時間・空間において)同一の広がりを有する; 同じ時間[空間]に広がる[わたる]〔*with*〕: The District of Columbia is ～ *with* the city of Washington. コロンビア区はワシントン市と同一地域を占める. **～·ly** *adv.*
cò·fáctor 〖← CO-¹ + FACTOR〗 ── *n.* **1** 〘数学〙 **a** 余因子, 余因数. **b** ＝common factor. **2** 〘生化学〙補足因子《ある反応をするのに主因子に添加する必要があるもの; 例えば補酵素や無機イオンなど》.
C. of C. 《略》Chamber of Commerce.
C. of E. 《略》Church of England; coefficient of elasticity; Council of Europe.
có·fèature *n.* 〘映画〙(主要な呼び物興業に添えられる)同時呼び物, 併映もの.
cò·férment 〖← CO-¹ + FERMENT〗 *n.* 〘生化学〙＝coenzyme.
coff [kά(ː)f | kɔ́f] 〖《逆成》← *coft* (pret. & p.p.) < ME 《スコット》□ MDu. (pret.) ← *copen* to buy: ⇨ cope¹〗 *vt.* (**coft** [kάft, kɔ́(ː)ft | kɔ́ft]) 《スコット》買う (buy).
cof·fee [kɔ́(ː)fi, kάfi | kɔ́fi] 〖(1598) □ It. *caffè* □ Turk. *kahve* □ Arab. *qáhwaʰ*〗 ── *n.* **1** (飲料としての)コーヒー; 一杯のコーヒー: a cup of ～ コーヒー一杯 / iced ～ アイスコーヒー / Two ～s, please. コーヒーを二杯ください. **2 a** コーヒー付きの軽い食事; (コーヒーが出る)お茶の会, コーヒーの会. **b** ＝coffee hour. **3 a** 挽(ひ)いたコーヒー (ground coffee). **b** [集合的] コーヒーの実, コーヒー(豆) (coffee beans): green ～ 炒(い)ってないコーヒー(豆). **4** コーヒー色, 暗褐色, とび色. **5** 〘植物〙＝coffee tree 1.
cóffee-ánd *n.* (*pl.* ～, ～s) 《米俗》コーヒーとドーナツかケーキかロールパンのようなものとの軽食.
cóffee bàr *n.* (スタンド式でコーヒーや軽食を供する)コーヒーバー, スナックバー.
cóffee bèan *n.* コーヒーの木の種子, コーヒー豆《coffee nib ともいう; cf. coffee cherry》.
cóffee·bèrry *n.* 〘植物〙＝cascara buckthorn.
cóffee bèrry *n.* ＝coffee cherry.
cóffee brèad *n.* ＝coffee cake.
cóffee brèak *n.* お茶の時間, コーヒーブレーク《コーヒーやケーキなどをとる午前と午後の休憩時間》.
cóffee càke *n.* 《米》コーヒーケーキ《くるみ・乾ぶどう・香辛料などの入ったパン菓子; コーヒーと共に食べることからこの名がある》.
cóffee chèrry *n.* コーヒーノキの実《コーヒーノキ属 (*Coffea*) の数種の植物の実; 色・形・大きさなどはさくらんぼに似てその 1 個の中に種子 (coffee bean) が二つある》.
cóffee crèam *n.* コーヒークリーム《乳脂肪含有量の少ないコーヒー用の生クリーム; 乳脂率 18-25%; cf. whipping cream》.
cóffee cùp *n.* コーヒー茶椀《紅茶茶椀 (teacup) より大きいものがあるが, 現在は通例それより小さいものが多い》.
cóffee èssence *n.* コーヒーエッセンス.
cóffee grìnder *n.* **1** コーヒーひき(器). **2** 《俗》〘海事〙ヨットなどにおける動索巻揚げ用の小型ウインチ.
cóffee-gròund *adj.* コーヒーの出し殻のような: ⇨ coffee-ground vomit.
cóffee-gròunds *n. pl.* コーヒーの出し殻.
cóffee-gròund vómit *n.* 〘病理〙(胃癌などの)コーヒーかす[残渣]様吐物 (cf. black vomit).
cóffee hòur *n.* 《米》 **1** (コーヒーが出る)茶話会. **2** ＝coffee break.
cóffee·hòuse *n.* **1** コーヒー店《コーヒーやケーキなどを出す店; 17-18 世紀の頃の英国では文人・政客がクラブとして利用した》: ～ politicians コーヒー店で政治を談じる政客連. **2** ＝café 2 a. ── *vi.* 《俗》むだ話に耽る, だべる. **cóffee-hòuser** *n.*
cóffee klàtch [-klæ̀tʃ, -klὰːtʃ] 〖《部分訳》← G *Kaffeeklatsch* ← *Kaffee* + *Klatsch* gossip〗 ── *n.* (*also* **cóffee klàtsch** [～]) 《米》コーヒーパーティー《コーヒーを飲みながら雑談を交わすだけた会》.
cóffee-klàtsch [-klæ̀tʃ, -klὰːtʃ] *vi.* 茶話[コーヒーの]会をする.
cóffee lìghtener *n.* コーヒークリーム (coffee cream) の代用品《乳製品ではないもの; coffee whitener ともいう》.
cóffee màker *n.* **1** コーヒーを挽(ひ)いて入れる人; コーヒー商人. **2** 《米》コーヒー沸かし(器).
cóffee mìll *n.* コーヒー挽(ひ)き[ミル]《コーヒー豆を挽く器具》.
cóffee mórning *n.* 《英》(しばしば募金のための)朝[午前]のコーヒーパーティー.
cóffee nìb *n.* ＝coffee bean.
cóffee nùt *n.* **1** 〘植物〙＝Kentucky coffee tree. **2** Kentucky coffee tree の実.
cóffee plànt *n.* 〘植物〙 **1** ＝coffee tree 1. **2** ＝evening primrose.
cóffee·pòt *n.* **1 a** コーヒー沸かし器, コーヒーポット. **b** コーヒーつぎ. **2** 《米俗》簡易食堂 (lunchroom); (特に)深夜営業の簡易食堂.
cóffee rìng *n.* 輪[リング]の形をしたコーヒーケーキ (cf. coffee cake).
cóffee ròll *n.* コーヒーロール《コーヒーの時に食べるロールパン (roll)》.
cóffee ròom *n.* コーヒー店, 喫茶室《独立したまたはホテル付属のもの; 簡単な食事のできる所もある》.
cóffee sèrvice *n.* (通例, 銀製の)コーヒーセット《コーヒーつぎ (coffeepot), 砂糖入れ (sugar bowl), クリーム入れ (creamer), 盆 (tray) からなる》.
cóffee sèt *n.* **1** コーヒーセット, コーヒー道具一式 (cf. tea service). **2** ＝coffee service.
cóffee shòp *n.* **1** コーヒーショップ: **a** (軽食)喫茶店. **b** 《米》(ホテルの)軽食堂. **2** コーヒー屋[店].
cóffee spòon *n.* コーヒースプーン《ディナーの後に出るデミタスコーヒー用の小スプーン》.
cóffee stàll *n.* コーヒーの屋台店《夜の街頭で熱いコーヒーを飲ませ軽い食事を出す屋台》.
cóffee sùgar *n.* コーヒーシュガー《砕片状の氷砂糖; 色付きの場合が多い》.
cóffee-tàble *adj.* コーヒーテーブル本の: a ～ book コーヒーテーブル本 (⇨ coffee-table).
cóffee tàble *n.* コーヒーテーブル《普通ソファーの前に置いて飲み物・灰皿・雑誌などをのせるサービス用の低いテーブル》.
cóffee-tà·bler [-tèɪblə | -blə(r)] *n.* コーヒーテーブル本《コーヒーテーブルの上で開けるほど大判で華美な挿絵入りの本; coffee-table book ともいう》.
cóffee trèe *n.* 〘植物〙 **1** コーヒーノキ《アカネ科コーヒーノキ属 (*Coffea*) のコーヒー豆 (coffee bean) のなる植物の総称; コーヒーノキ (Arabian coffee) など》. **2** ＝Kentucky coffee tree.
cóffee whìtener *n.* ＝coffee lightener.

cof·fer [kɔ́(:)fə, kɑ́fə | kɔ́fə(r] 〘(c1250) cofre ▭ (O)F coffre < L cophinum: ⇨ coffin¹〙 ── n. **1** 箱, 櫃(ひつ) (chest, box); (特に)貴重品を入れる堅固なもの, 金箱. **2** [通例 pl.] 金庫 (treasury); 財源 (funds): the ~s of the State 国庫. **3** 〘土木〙=cofferdam 1. **4** 〘建築〙格間(ごうま)《格天井の格縁(ごうぶち)によって区画された部分》. ── vt. **1** 箱[櫃]に入れる; 金庫に納める, 大事にしまう. **2** 〘建築〙格間で飾る: a ~ed ceiling 格天井. **3** 〘鉱山〙(粘土をすき間につめて)〈立坑〉の水もれを防ぐ: ~ a shaft.

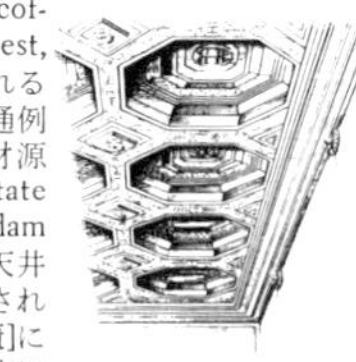
coffered ceiling

cóffer·dàm n. **1** 〘土木〙締切, 囲いぜき《橋脚工事などの時に一時的に周囲を囲って中から水を排除したもの》. **2** 〘海事〙コッファダム: **a** 水面下修理のため水を排除できるように作った区画. **b** タンカー内の水の区画と油の区画をわける場合など, それぞれに隔壁を作った間の空間.

cóffer·fish n. 〘魚類〙=boxfish.

cof·fer·ing [kɔ́(:)f(ə)rɪŋ, kɑ́f- | kɔ́fər-] n. 〘建築〙格(ごう)天井.

cof·fin [kɔ́(:)fɪn, kɑ́f-, -fən | kɔ́fɪn] 〘(a1338) ▭ OF cof(f)in small basket ▭ L cophinus ▭ Gk kóphinos basket〙 ── n. **1** 棺, ひつぎ《昔は石または金属製, 今は一般に木製; cf. casket 2》: in one's ~ 死んで, 葬られて. **2** 〘獣医〙蹄骨(ていこつ)(coffin bone) の入っている部分. **3** 〘印刷〙 **a** 版盤. **b** (石の組付台を嵌(は)め込む)木枠. ***a nail in [into] a person's coffin*** ⇨ nail 成句. ── vt. **1** 棺に入れる, 納棺する. **2** しまい込む, 死蔵する; かたく閉じる, ふたをする.

Cof·fin [kɔ́(:)fɪn, kɑ́f-, -fən | kɔ́fɪn], **Robert P(eter) T(ristram)** n. (1892–1955) 米国の詩人・小説家; Strange Holiness (詩集, 1935).

cóffin bòne n. 〘獣医〙(馬の)蹄骨.

cóffin còrner n. 〘アメリカンフットボール〙コフィンコーナー《ゴールラインとサイドラインが結ばれる左右のコーナー; 攻撃側が好んでパントをけり出す地点で, 防御側にとってはその地点でスクリメージが組まれすぐタッチダウンをとられるので最も恐れられる》.

cof·fin·ite [kɔ́(:)fɪnàɪt, kɑ́f-, -fə- | kɔ́fɪ-] 〘← COFFIN + -ITE¹〙 n. 〘鉱物〙コフィン石, コフィナイト ($USiO_4$)《黒色微粉状のウラン鉱物; ウラン鉱床に産する》.

cóffin jòint n. 〘獣医〙(馬の)蹄(てい)関節.

cóffin nàil 〘たばこの有害性から巻たばこを棺の釘にたとえたもの〙 n. 《俗》巻たばこ (cigarette).

cóffin plàte n. 棺の名札《棺のふたの上につける金属板; 死者の姓名・死亡年月日などを記す》.

cóffin shìp n. 《口語》(見るからに沈みそうな)ぼろ船, 棺桶船.

cof·fle [kɔ́(:)fl̩, kɑ́fl̩ | kɔ́fl̩] 〘▭ Arab. qāfila^h caravan〙 n. (鎖などでつながれた)一連の獣[人間]; (特に)鎖などでじゅずつなぎになった一団の奴隷.

cof·fret [kɔ́(:)frɪt, kɑ́f-, -rət | kɔ́f-] 〘▭ F ~ (dim.) ← coffre: ⇨ coffer, -et〙 n. 小さな貴重品箱[金箱].

C. of I. 《略》Church of Ireland.

cò·fígurative adj. 各世代[同輩集団]が独自の価値を発展させる社会形態の.

cò·final 〘← co-¹ + FINAL〙 adj. 〘数学〙共終の.

C. of S. 《略》Chief of Staff; Church of Scotland.

coft vt. coff の過去形・過去分詞.

cò·fúnction 〘← co-¹ + FUNCTION〙 n. 〘数学〙余関数《与えられた角[弧]の余角[余弧]の関数》: cos θ is the ~ of sin θ.

cog¹ [kɑ́(:)g, kɔ́(:)g | kɔ́g] 〘(a1300) ← ? ON: cf. Swed. kugge / Norw. kug〙 ── n. **1 a** (歯車の)歯, はめ歯. **b** はめば歯車 (cogwheel). **2** 《口語》(組織・企業などの中で)不可欠だが重要でない役をもつ人, 歯車の歯のような人: a (mere) ~ in the wheel of society. ***slip a cog*** 失策をする, しくじる, へまをやる.

cog² [kɑ́(:)g, kɔ́(:)g | kɔ́g] 〘← ?〙 ── v. (**cogged; cog·ging**) ── vt. 〈さいを〉いかさまに操る. ── vi. 《廃》いんちきをやる, いかさまをする. ── n. 《廃》欺くこと, ごまかし, いかさま.

cog³ [kɑ́(:)g, kɔ́(:)g | kɔ́g] 〘(1297) ▭ MDu. cogghe ▭ OF coque: ⇨ cockboat〙 ── n. **1** 《スコット》木製の船. **2** コッグ船《13 世紀前後, 北ドイツを中心とするハンザ同盟で使われた 1 本マスト 1 枚横帆の貿易船; 長さ 30 m 前後》.

cog⁴ [kɑ́(:)g, kɔ́(:)g | kɔ́g] 〘《変形》? ← 《古形》cock to secure ← COCK¹ (n.): 現形は COG¹ の影響〙 〘木工〙 ── n. (角材またははりを継ぐための)枘(ほぞ) (tenon). ── vt. (**cogged; cog·ging**) …に枘継ぎする.

cog. 《略》cognate; cognizant; cognomen.

c.o.g. 《略》center of gravity.

C.O.G.B. 《略》Certified Official Government Business.

co·gen·cy [kóudʒənsi | kə́udʒənsi] 〘⇨ ↓, -ency〙 n. **1 a** (議論の)人を承服させる力, 説得力. **b** (描写・推理などの)適切さ. **2** 強制力のあること.

co·gent [kóudʒənt | kə́u-] 〘(1659) ▭ L cōgent-em (pres.p.) ← cōgere ← co-¹ + agere to drive〙 ── adj. **1 a** 〈議論など〉人をうなずかせる[承服させる]に足りる, 説得力のある: ~ demonstrations, arguments, reasons, etc. **b** 適切な; 要領を得た: a ~ description. **2** 強制力のある. **~·ly** adv.

cogged adj. **1** 歯車のついた. **2** 歯車で動く: a ~ railway.

cógged jóint n. 〘木工〙渡り腮(あご)《水平に直交する 2 材を, 一方が他方の上に載る形で接合する継手(つぎて)》.

cóg·ging¹ n. [集合的] (歯車の)はめ歯 (cogs).

cóg·ging² 〘← COG⁴ (v.) + -ING¹〙 n. 〘木工〙=cogged joint.

cógging mìll n. 〘機械〙分塊圧延機.

cog·i·ta·ble [kɑ́dʒəṭəbl̩ | kɔ́dʒɪtə-] 〘▭ L cōgitābil-is ← cōgitāre (↓)〙 adj. 考えられる, 思考し得る.

cog·i·tate [kɑ́dʒətèɪt | kɔ́dʒɪ-] 〘(1563–87) ← L cōgitātus (p.p.) ← cōgitāre ← co-¹ + agitāre 'to AGITATE': ⇨ -ate³〙 ── vi. 深く考える, 熟考する, 思案する 〔about, on, upon〕. ── vt. **1** 思考する, 熟考する. **2** 考案する, 計画する: ~ a scheme.

cog·i·ta·tion [kɑ̀dʒətéɪʃən | kɔ̀dʒɪ-] 〘(?a1200) ▭ (O)F ~ ∥ L cōgitātiō(n-): ⇨ ↑, -ation〙 ── n. **1 a** 思考, 熟考 (meditation). **b** 思考作用, 思考力. **2 a** [しばしば pl.] 考え, 思想. **b** 《廃》計画, 考案. **c** 《廃》概念 (idea).

cog·i·ta·tive [kɑ́dʒətèɪṭɪv, -ṭəṭ- | kɔ́dʒɪtət-, -tèɪt-] 〘▭ (O)F cogitatif ∥ ML cōgitātīv-us: ⇨ -ative〙 ── adj. **1 a** 思考の[に関する]: the ~ faculty 思考力. **b** 思考力のある, 思考する: a ~ being. **2** 思いをこらす, 熟考する; 思いに耽る, 瞑想的な. **~·ly** adv.

cóg·i·tà·tor [-tə | -tə(r] n. 思考する人, 沈思黙考する人.

co·gi·to [kóugɪtòu, -gə-, kɑ́dʒɪ-, -dʒə- | kə́ugɪtəu, kɔ́dʒɪ-] 〘▭ L cōgitō I think: ⇨ cogitate〙 ── n. 〘哲学〙 **1** 自我の思惟作用. **2** デカルト (Descartes) の「我思う故に我あり」(cogito, ergo sum) という提題[思想]. 「motive.

cóg locomòtive 〘⇨ cog¹〙 n. 〘鉄道〙=rack locomotive.

co·gnac [kóunjæk, kɑ́n- | kɔ́n-, kə́un-; F. kɔɲak] 〘▭ F ~〙 ── n. **1** [通例 C-] コニャック《フランスの Cognac 地方産の上等のブランデー; cf. armagnac》. **2** 《口語》(特に)フランス産ブランデー.

cog·nate [kɑ́gneɪt | kɔ́gneɪt, ─ ́] 〘(c1645) ▭ L cognāt-us related by birth, kindred ← co-¹ + (g)nātus ((p.p.) ← (g)nāscī to be born: ⇨ genus)〙 ── adj. **1 a** 祖先を同じくする, 同血族の 〔with, to〕: ~ families / a family ~ with [to] the royal family 王家と同族の家族. **b** 女系親の (cf. agnate 1). **2** 同性質の, 同種の, 同類の: ~ ideas [tastes] 同種類の思想[趣味] / Physics and astronomy are ~ sciences. 物理学と天文学とは同系の科学である. **3** 〘言語〙 **a** 同語族の 〔with, to〕: ~ languages 同族言語. **b** 〈語が〉同語源の, 同族の 〔with, to〕: The English 'father' is ~ with [to] the German 'Vater'. 英語の 'father' はドイツ語の 'Vater' と同族語をなしている. **4** 〘文法〙同族の: ⇨ cognate object. ── n. **1 a** 血族, 親族 (relative). **b** 女系親, 外戚(がいせき), 傍系親. **2** 〘言語〙同族言語; 同語源の語《例えば can, ken, know / live, life》; 同族(対応)語《例えば英語の father とドイツ語の Vater》. **~·ly** adv. **~·ness** n.

cógnate óbject n. 〘文法〙同族目的語《動詞と同語源の語または類語が目的語として用いられるもの; 例: die a natural death / strike a fatal blow》.

cog·nat·ic [kɑgnǽṭɪk | kɔgnǽt-] adj. 血族者の; 女系親の.

cog·na·tion [kɑgnéɪʃən | kɔg-] 〘(a1382) ▭ L cognātiō(n-): ⇨ cognate, -ation〙 ── n. **1** 女系の親族関係; 同族[血縁]関係 (cf. agnation). **2** 〘言語〙同族(関係), 同系 (cf. derivation 4 a).

cog·ni·sance [kɑ́gnəzəns, -zn̩s | kɔ́gnɪ-, kɔ́nɪ-] n. 《英》=cognizance.

cog·ni·tion [kɑgníʃən | kɔg-] 〘(?a1425) ▭ L cognitiō(n-) ← cognitus (p.p.) ← cognōscere to understand, learn ← co-¹ + gnōscere 'to KNOW'〙 ── n. **1** 認知, 認識; 認識作用, 認識力 (cf. conation). **2** 認識されたもの, 知識 (knowledge). **~·al** [-ʃənḷ, -ʃnəl] adj.

cog·ni·tive [kɑ́gnəṭɪv | kɔ́gnɪt-] adj. **1** 認識の[に関する]; 認識的な, 認識力のある: ~ powers 認識力 / ~ reaction 認識反応. **2** 経験的事実認識に基づいた[還元できる]. **~·ly** adv. **cog·ni·tiv·i·ty** [kɑ̀gnəṭívəṭi | kɔ̀gnɪtívɪti, -vɪ-] n.

cógnitive díssonance n. 〘心理〙認知的不協和《相反する認識や態度を同時にもつことからくる心理的な葛藤の状態》.

cógnitive psychólogy n. 認知心理学《知覚・記憶・思考などの認知行動を中心対象とする心理学》.

cog·ni·za·ble [kɑ́gnəzəbl̩, kɑgnáɪz- | kɔ́gnɪz-, kɔ́nɪ-] 〘⇨ ↓, -able〙 ── adj. **1** 認識できる, 認識され得る. **2** [《米》ではまた kɑ́nə-] 〘法律〙〈犯罪など〉裁判管轄権内にある, 審理し得る (cf. cognizance 3). **cóg·ni·za·bly** adv.

cog·ni·zance [kɑ́gnəzəns, -zn̩s | kɔ́gnɪ-, kɔ́nɪ-] 〘(a1338) co(g)nisaunce ▭ OF conoissance (F connaissance) ← conoistre < L cognōscere to know: ⇨ cognition, -ance〙 ── n. **1 a** (特定の)認知, 知覚; 認識: have ~ of …を(合法的に)知る / take ~ of …を認める / take no ~ of …を認めない / come to a person's ~ 人に知れる. **b** 認識範囲: be [lie] beyond [within] one's ~ …の認識の範囲外[内]にある. **2** (公的な)管轄権, 監督権, 支配: This department has ~ over all the sections. この部はすべての課を統轄している. **3** [《米》ではまた kɑ́nə-] 〘法律〙 **a** (裁判所に顕著な事実についての)裁判所の確認; 裁判管轄権 (jurisdiction) (cf. cognizable 2). **b** (原告の最初の許容 (declaration) 中の事実についての被告による)確認. **4 a** (騎士などが身に付けた)旗じるし, 目じるし. **b** 〘紋章〙=badge.

cog·ni·zant [kɑ́gnəzənt, -zn̩t | kɔ́gnɪz-, kɔ́nɪ-] 〘⇨ ↑, -ant〙 ── adj. **1** 認識力のある; 〔…を〕認識して, 知って 〔of〕: He is ~ of his situation. 彼は自分の立場を知っている. **2** [《米》ではまた kɑ́nə-] 〘法律〙裁判管轄権のある, 審理権のある.

cog·nize [kɑgnáɪz, ─ ́ | kɔgnáɪz, ─ ́] 〘《逆成》← COGNIZANCE: RECOGNIZE の影響による〙 vt. 〘哲学〙認識する, 認知する. **cog·níz·er** n.

cog·no·men [kɑgnóumən, kɑ́gnə- | kɔgnə́umen] 〘(1809) ▭ L cognōmen ← co-¹ + nōmen 'NAME': -g- は L gnōscere to know の影響による〙 ── n. (pl. **~s, cog·nom·i·na** [kɑgnɑ́mənə, -nóum- | kɔgnə́umɪ-, -nɔ́mɪ-]) **1 a** (古代ローマ人の)第三名, 家名 (family name)《例: Gaius Julius Caesar の Caesar; cf. nomen¹ 1》. **b** 姓, 家名 (surname). **2 a** 名称, 名前 (name). **b** あだ名 (nickname). **c** 呼び名, 称号 (epithet). **cog·nom·i·nal** [kɑgnɑ́mənḷ, -nóum- | kɔgnə́umɪ-, -nɔ́m-] adj.

co·gno·scen·te [kɑ̀njouʃénṭi, kɑ̀gnə- | kɔ̀njə(u)ʃénti, kɔ̀nə(u)-, kɔ̀gnə(u)-; It. kɔɲɲoʃénte] 〘▭ It. co(g)noscente one who knows ← (pres.p.) ← conoscere < L cognōscere to know: ⇨ cognition〙 ── n. (pl. **-scen·ti** [-ti: | -ti:, -tɪ; It. -ti]) (美術などの)鑑定家, 目きき (connoisseur).

cog·nos·ci·ble [kɑgnɑ́səbl̩ | kɔgnɔ́sɪ-] 〘▭ LL cognōscibil-is knowable: ⇨ ↑, -ible〙 ── adj. 認識できる, 知り得る. **cog·nos·ci·bil·i·ty** [kɑgnɑ̀səbíləṭi | kɔgnɔ̀sɪbílɪti, -sə-, -lɪ-] n.

cog·nó·vit nòte [kɑgnóuvɪt, -vət | kɔgnə́uvɪt-] 〘(1762) ▭ L cognōvit he has acknowledged (3 sing. perf.) ← cognōscere to know: ⇨ cognition〙 ── n. 〘法律〙原告請求の認諾書《被告が原告の裁判上の請求の正当なことを承認するもの》.

co·gon [kougóun | kəugə́un] 〘▭ Sp. cogón ▭ Tagalog kugon〙 ── n. 〘植物〙熱帯・亜熱帯地方産イネ科チガヤ属 (Imperata) の植物の総称《特に, I. cylindrica, I. arundinarea; 熱帯地方では屋根ふきの材料とする; alang-alang, alang grass ともいう》.

cóg·ràil 〘← COG¹ + RAIL〙 n. (アプト式鉄道の)歯形レール, 歯軌条《rack rail ともいう》.

cóg ràilway n. 歯形レール鉄道, 歯軌条鉄道, アプト式鉄道《rack railway ともいう》.

Cógs·well chàir [kɑ́gzwel-, -wəl- | kɔ́gz-] 〘← Cogswell (人名)〙 n. たっぷり背と座が張り包みされ, 低い張り包みの台を備えた安楽椅子《Coxwell chair ともいう》.

cóg·wày n. =cog railway.

cóg·whèel 〘⇨ cog¹〙 n. 〘機械〙はめば歯車 (⇨ idle wheel 挿絵).

co·hab·it [kouhǽbɪt, -bət | kəuhǽbɪt] 〘▭ LL cohabitāre ← co-¹ + habitāre to dwell: ⇨ habit〙 ── vi. **1** 〈特に, 法的に結婚していない男女が〉同棲する, 夫婦生活をする. **2 a** 共同生活をする, 同居する. **b** 集団で存在[生活]する. 「n. 同棲者.

co·hab·i·tant [kouhǽbəṭənt, -tn̩t | kəuhǽbɪtənt, -tn̩t]

co·hab·i·ta·tion [kouhæ̀bətéɪʃən | kə̀uhæbɪtéɪʃən, ─ ─ ́ ─] 〘(c1454) ▭ LL cohabitātiō(n-): ⇨ cohabit, -ation〙 n. **1** 同棲, 夫婦生活. **2** =coitus.

Co·han [kóuhæn | kə́u-], **George M(ichael)** n. (1878–1942) 米国の俳優・劇作家・演出家.

co·heir [kouéə | kəuéə(r, ─ ́] 〘← co-¹ + HEIR〙 n. 〘法律〙共同法定相続人 (parcener).

co·heir·ess [kouéə(ə)rɪs, -rəs | kəuéərɪs, -res, kə̀ueərés] n. 〘法律〙女性の coheir.

Co·hen [kóuən | kə́uɪn; G. kó:ən], **Hermann** n. コーエン《1842–1918; 新カント学派を代表するドイツの哲学者》.

Co·hen [kóuən | kə́uɪn], **Morris Raphael** n. コーエン《1880–1947; ロシヤ生れの米国の哲学者》.

co·here [ko(u)híə | kə(u)híə(r] 〘(1598) ▭ L cohaerēre ← co-¹ + haerēre to cling〙 ── vi. **1** 〈同じかたまりの部分が〉しっかりと結合する; 密着する, 粘着する. **2 a** 一致する, 矛盾しない 〔with〕. **b** 〈文体・論理・話の筋などが〉緊密である, 理路整然としている, 筋が通る. **3 a** 〈社会・集団が〉共通の利害・主義で結びつく[一致協力する]. **b** 〈個人が〉(集団と)協力的である. **4** 〘物理〙凝集する. **5** 〘植物〙凝集力を表わす. ── vt. 〈部分・構成要素を〉ぴったり結合させる.

co·her·ence [ko(u)hí(ə)rəns | kə(u)híər-] 〘(c1580) ▭ F cohérence ∥ L cohaerentia ← cohaerentem (pres.p.) ← cohaerēre: ⇨ ↑, -ence〙 ── n. **1 a** 結合の緊密さ, 結合力 (union). **b** 密着, 粘着 (cohesion). **2** (文体・論理などの)統一, まとまり, (理路整然とした)一貫性: the ~ of a discourse, an argument, etc. **3** 〘物理〙(可)干渉性, コヒーレンス《二つの波が互いに干渉できる性質》.

cohérence thèory n. 〘哲学〙整合説《真理論において, 命題の真はそれが他の命題と整合していることにあるとする立場; cf. correspondence theory, pragmatic theory》.

co·hér·en·cy [-si | -sɪ] n. =coherence.

co·her·ent [ko(u)hí(ə)rənt | kə(u)híər-] 〘(c1555) ▭ F cohérent ∥ L cohaerent-em (pres.p.): ⇨ cohere, -ent〙 adj. **1** 密着する, くっついた. **2 a** (部分的に)一致した. **b** 〈話など〉筋の通った, つじつまのよく合った, 理路整然とした, 首尾が一貫した: a ~ argument, thinker, etc. / give a person a ~ account 人に理路整然と説明してやる. **3** 〘物理〙 **a** (可)干渉性の. **b** 〈光源など〉(可)干渉性波動 (coherent wave) を放射する: ~ scattering (可)干渉性散乱. **4** 〘植物〙合着の, 結合の. **~·ly** adv.

co·hér·er [-hí(ə)rə|-híərə(r)] *n.* **1** 密着するもの[人]. **2**〘通信〙コヒーラー《もと真空管に代用した受信用検波器の一種; cf. anti-coherer》.

co·he·sion [ko(ʊ)híːʒən | kə(ʊ)-]〘《1678》← L *cohaesus* ((p.p.) ← *cohaerēre* 'to COHERE')+-SION〙 **—** *n.* **1** (各部分の)結合, 粘着. **2** 結合, 団結. **3**〘物理・化学〙(分子の)凝集力. 凝集《分子または原子間に働いて凝縮相を形作ること[力]; cf. adhesion 5》. **4**〘植物〙(各部分・器官相互の)合着, 結合. 「る: ~ soils.

cohésion·less *adj.* 粘着性のない粒子[小粒]から成

co·he·sive [ko(ʊ)híːsɪv, -zɪv | kə(ʊ)híːs-] *adj.* **1** 粘着する, 凝集力のある: ~ attraction [force] 凝集力. **2** 結合させる, 結合力を生む. **~·ly** *adv.* **~·ness** *n.*

co·ho [kóʊ(h)oʊ|kə́ʊ(h)əʊ]〘← ?〙 *n.* (*pl.* ~**s**, ~) (*also* **co·hoe** [~])〘魚類〙=coho salmon.

co·ho·bate [kóʊəbèɪt, kóʊho(ʊ)- | kə́ʊhə(ʊ)-]〘← NL *cohobāt-us* (p.p.) ← *cohobāre* ▭ ? Arab. *kā'aba* to swell〙 *vt.*〘製薬〙再留する, 再蒸する.

co·horn [kóʊhɔən | kə́ʊhɔːn]〘← (古形) *Coehorn motar*《部分訳》← Du. *Coe-hoorn-mortier* ← *Baron Menno van Coehorn* (17 世紀のオランダの技師でその発明者)〙 **—** *n.* 小型臼砲.

cóho sàlmon *n.*〘魚類〙=silver salmon 1.

co·hort [kóʊhɔət|kə́ʊhɔːt]〘《1422》▭ (O)F *cohorte* // L *cohort-*, *cohors* a company of soldiers (guarding a fortified enclosure): COURT と二重語〙 **—** *n.* **1 a** (古代ローマの)歩兵隊《legion を 10 隊に分けたその 1 隊で, 300–600 人から成っていた》. **b** [しばしば *pl.*] 軍勢, 軍隊. **c** 隊, 団, グループ (band, league). **2 a** 仲間, 同僚. **b** 共犯者. **3 a**〘植物〙区, 団《古い分類法によるもので, 現在の目 (order) に当たる》. **b**〘生物〙=suborder 1. **4**〘統計〙群《人口統計において, 年齢・性別などある統計因子を共有する個人の全体》.

co·hosh [kóʊhɑʃ, ―⌐| kə́ʊhɔʃ, ―⌐]〘← N-Am.-Ind. (Algonquian)〙 *n.*〘植物〙米国産の薬用植物数種の総称《bugbane, ルイヨウボタン (blue cohosh) など》.

co·hune [ko(ʊ)húːn | kə(ʊ)-]〘▭ Am.-Sp. ~ ▭ Mosquito *óchun*, *uchún*〙 **—** *n.*〘植物〙コフネヤシ (*Attalea cohune*)《中南米産のヤシの一種; その果実からやし油の代用油が採れる; cohune palm ともいう》.

C.O.I.《略》Central Office of Information.

cò·idéntity *n.* (二つ以上のものの間にある)同一性, 共通同一性.

coif¹ [kɔ́ɪf]〘《*c*1330》▭ (O)F *coiffe* < LL *cofeam*〙 **—** *n.* (*pl.* ~**s**) **1 a** (耳まで包む各種の)ずきん, フード《今ではほとんど用いない》. **b** (修道女がベールの下にかぶる)一種のずきん. **c**〘甲冑〙(中世の)鎖頭巾(ずきん)《鎖帷子(かたびら)と共になっている》. **2 a** (昔英国の上級法廷弁護士 (sergeant-at-law) が用いた)白の職帽《後にかつらを用いるようになってからはその上につける小さい黒い布切れ》. **b**《英古》上級法廷弁護士の位[地位]. **—** *vt.* (**coiffed, coifed; coiffing, coif·ing**) 〈人〉に coif をかぶらせる.

coif 1 a

coif² [kwɑ́ːf]〘▭ F *coiff-er* (↓)〙 *vt.* 〈髪を〉セットする; …に髪飾りをつける. **—** *n.* =coiffure.

coif·feur [kwɑːfə́ː, kwæ- | kwɑːfə́ː(r, kwæ-, kwɔ-; *F.* kwafœːr]〘▭ F ~ 'hairdresser' ← *coiffer*《原義》'to furnish with a COIF'〙 **—** *n.* (*pl.* ~**s** [~z; *F.* ~]) 男性の美容師; 理髪師 (hairdresser).

coif·feuse [kwɑːfə́ːz, kwæ-, -f(j)úːz | kwɑːfə́ːz, kwæ-, kwɔ-; *F.* kwaføːz]〘▭ F ~ (fem.): ↑〙 *n.* (*pl.* ~**s** [~ɪz, ~əz; *F.* ~]) 女性の美容師.

coif·fure [kwɑːfjúə, kwæ- | kwɑːfjúə(r, kwæ-, kwɔ-; *F.* kwafyːr]〘▭ F ~ 'hairdress(ing)' ← *coiffer*: ⇨ coiffeur〙 **—** *n.* (*pl.* ~**s** [~z; *F.* ~]) **1** 調髪[理髪]様式, 髪の結い方, 髪型. **2** 髪飾り (headdress). **—** *vt.* =coif².

coif·fúred *adj.* **1** 〈髪が〉セットされた. **2** 〈人が〉髪をセットした: a ~ woman. 「角, 突角.

coign¹ [kɔ́ɪn]〘《1606》(古形) ← COIN〙 *n.* (壁などの)外

coign of vantage (行動・観察に)有利な立場[地点] (cf. Shak., *Macbeth* 1. 6. 7).

coign² [kɔ́ɪn] *n.*, *vt.* =quoin.

coil¹ [kɔ́ɪl]〘《1611》▭ OF *coill-ir* to gather (F *cueillir* to gather) < L *colligere*: ⇨ collect〙 **—** *vt.* **1 a** 〈綱状の長いしなやかなものを〉螺旋[渦巻き]状に巻く, ぐるぐる巻く: ~ a rope / ~ one's hair / The snake ~*ed* itself. ヘビがとぐろを巻いた. **b** 輪状にする, 丸くする 〈*up*〉: He ~*ed* himself on the bed. ベッドの上で丸くなった / A cat lay ~*ed up* in the basket. 猫がかごの中で丸くなってねていた. **2** (コイルで)巻きつける. **—** *vi.* **1** 輪をつくる, 輪になる; とぐろを巻く 〈*up*〉. **2** 渦巻きながら進む, 蛇(だ)行する.

— *n.* **1 a** 輪, 渦巻き, とぐろ巻き: wind up a rope in a ~ ロープをくるくると輪に巻く / a snake lying in a ~ とぐろを巻いているヘビ. **b** (なわ・針金などの)ひと巻き: a ~ of rope. **2 a** (女の髪の)巻き毛. **b** (暖房設備などの)コイル状の配管, パイプコイル. **c** (子宮内にいれる)コイル状の避妊具. **3** [*pl.*] 巻きつきからむもの: the ~*s* of love 恋のしがらみ. **4**〘電気〙コイル, 線輪. **5**〘郵趣〙(縦または横だけに目打を入れた 500 枚または 1 千枚続きなどの)切手一巻き; その一枚の切手, ロール切手.

coil² [kɔ́ɪl]〘← ?: cf. OF *acueil* collision〙 **—** *n.*〘古・詩〙 **1** 混乱, 騒ぎ (tumult). **2** 面倒; この世の煩わしさ (trouble): this mortal ~ 浮世の煩わしさ (Shak., *Hamlet* 3. 1. 67).

cóil antènna *n.*〘通信〙コイルアンテナ《導線を円形・正方形・長方形などに一巻きあるいはそれ以上巻いた構造のアンテナ; cf. loop antenna》.

cóiled-còil fìlament *n.*〘電気〙二重コイルフィラ

cóil sprìng *n.* つる巻きばね. 「メント.

coin [kɔ́ɪn]〘*n.*: 《1280》▭ OF *coin(g)* (F *coin*) corner, stamp, die < L *cuneum* wedge: cf. coign. — v.: 《*a*1338》▭ OF *coign-ier* ← *coin(g)*: cf. coign, quoin〙 **—** *n.* **1** [集合的にも用いて] 硬貨, 鋳貨 (cf. paper money 1): a copper ~ 銅貨 / a silver [gold] ~ 銀[金]貨 / current ~*s* 現金, 通貨, 正貨 / a few ~*s* / base ~ 粗悪貨 / a false ~ にせ金 / small ~*s* 小銭 / a subsidiary ~ 補助貨幣 / ring a ~ 貨幣を鳴らして真偽を検査する. **2 a** 硬貨に似たもの. **b**《俗》金銭 (money): have plenty of ~ うんと銭がある / Much ~, much care.《諺》金が多いと苦労も多い. **3**《古》**a** =coign². **b** (18 世紀の)角戸棚.

pay a person (back) in his own [the same] coin 人に返報[しっぺい返しを]する.

— *attrib. adj.* **1** 貨幣[硬貨]の[に関する]. **2** 硬貨を入れると始動する: a ~ locker.

— *vt.* **1 a** 〈貨幣を〉鋳造する, 新鋳する. **b** 〈金属を〉貨幣に造る. **2** 〈新語句・うそなどを〉造り出す (invent): a ~*ed* word 新造語 / ⇨ *to coin a* PHRASE. **3 a** …から金をもうける: ~ one's brain 頭脳で金をもうける. **b** 〔…に〕作り変える 〔*into*〕: ~ one's thoughts *into* verse 考えていることを詩にする. **4**《口語》〈金を〉どんどん[大量に]もうける[かせぐ]: ~ a fortune 一もうけする / ~ it [money] (in) どんどん金をもうける, ぼろもうけする. **—** *vi.* **1** 貨幣を鋳造する. **2**《英》にせ金を造る.

coin·a·ble [kɔ́ɪnəbl] *adj.* (貨幣に)鋳造できる.

coin·age [kɔ́ɪnɪdʒ]〘《*c*1380》▭ OF *coignaige*: ⇨ coin, -age〙 **—** *n.* **1 a** 貨幣鋳造; 鋳貨権. **b** 貨幣制: decimal ~ 十進貨幣制. **2** [集合的] 貨幣 (coins). **3 a** (新語などの)発明: a word of his ~ 彼の新造語. **b** 造り出したもの: the ~ of fancy 空想の産物 / This is the very ~ of your brain. これはまさにお前の気の迷いですよ (Shak., *Hamlet* 3.4. 137). **c** 造語; 新造語.

cóin bòx *n.* **1** 料金箱[受け]《公衆電話・自動販売器などの硬貨を受ける箱》. **2** 公衆電話, 電話ボックス.

cóin chànger *n.* コインチェンジャー, 両替機.

co·in·cide [kòʊɪnsáɪd, kòʊən-, ⌐―⌐ | kə̀ʊɪnsáɪd]〘《1673》▭ ML *coincid-ere* ← CO-¹+L *incidere* to fall upon, happen (← IN-²+*cadere* to fall)〙 **—** *vi.* **1 a** (同時間に)同一の空間を占める 〔*with*〕. **b** 〈事が〉同時に起こる 〔*with*〕: The two events ~*d with* each other. 二つの事件が同時に発生した. **2** 〈二つ以上の事柄が〉(性質・機能などの点で)ぴったり合う, 符合する, 暗合する; 〈意見などが〉合致する, 一致する 〔*with*〕: They did not ~ in opinion on that matter. そのことでは彼らの意見は一致しなかった / My views exactly [perfectly] ~ *with* yours. 私の見解はあなたの見解と全く合致している / His interest ~*s with* his work. 興味と仕事が一致している.

co·in·ci·dence [koʊínsɪdəns, -sə-, -dns, -dèns | kəʊínsɪdəns, -dns]〘《1605》▭ F *coïncidence*: ⇨ coincide, -ence〙 **—** *n.* **1** 同時発生, 同所共在: the ~ of two events 二つの事件の同時発生 / the ~ of coal and iron (同じ地方における)石炭と鉄の共存. **2** 一致, 合致; 一致するもの, 一致点 (correspondence): the ~ of space, time, amount, etc. / ~ in opinion, sentiment, etc. / a casual [strange] ~ 偶然の[不思議な]一致. **3** 偶然の一致, 暗合: pure ~ 全くの偶然の一致 / the long arm of ~ ⇨ long arm 成句 / Life is full of ~*s*. 人生は偶然の巡り合わせに満ちている. **4**〘生物〙併発《1 対の相同染色体で同時に二つの乗り換えが起こること》. **5**〘物理〙コインシデンス《多数の計数装置が同時に荷電粒子の到来を計数すること》. **6**〘電算機〙一致《等価な信号を同時に受信すること》.

coincidence mèthod *n.* 合致法《二つの目盛線[音など]の合致を観測して, ある量を精密に知る方法》.

co·in·ci·dent [koʊínsɪdənt, -sə-, -dnt, -dènt | kəʊínsɪdənt, -dnt]〘《1563–87》▭ F *coïncident*: ⇨ coincide, -ent〙 **—** *adj.* **1** 同じ空間を占める 〔*with*〕. **2** 同時に起こる 〔*with*〕: His death was ~ *with* his son's birth. 彼の死と息子の生れたのが同時だった. **3** 〈性格・意見など〉完全に一致した, 調和した 〔*with*〕: His opinion is ~ *with* mine. 彼の意見と同意見だ. **—** *n.* **1**《古》同時発生の事件. **2**〘経済〙一致指標《景気の動向を即刻敏感に反映する経済指標; coincident indicator ともいう; cf. lagging indicator, leading indicator》.

co·in·ci·den·tal [koʊìnsɪdéntl, -sə- | kəʊìnsɪdéntl, kə̀ʊɪn-] *adj.* **1** 符合する, 暗合する; 一致する 〔*with*〕: a ~ likeness 偶然の類似, 他人の空似. **2** 同時発生[存在]する. **3** 偶然の一致の: a ~ happening.

co·in·ci·dén·tal·ly [-təli, -tli, -tḷi | -təli, -tḷi] *adv.* **1** 同時的に. **2** (偶然)一致して.

co·ín·ci·dent·ly *adv.* =coincidentally.

cóin·er *n.* **1** 貨幣鋳造者. **2**《英》にせ金作り (counterfeiter). **3** (新語などの)案出者, 発案者.

cò·inhéritance *n.*〘法律〙共同相続.

cóin lòck *n.* 硬貨投入式の錠.

cóin machìne *n.* =slot machine.

cóin-òp [-ɑ̀p | -ɔ̀p] *n.* 硬貨投入式の洗濯機をおいた店, コインランドリー. 「る, 硬貨投入式の.

cóin-óperated *adj.* 〈機械が〉硬貨を入れると始動す

cóin pùrse *n.*《米》小銭入れ, コイン入れ.

cóin sìlver *n.*〘冶金〙鋳貨用銀《例えば銀 90 %, 銅 10 % の合金》.

cò·instantáneous *adj.* 同時に起こる[存在する], 全く同時[同瞬間]の. **~·ly** *adv.*

cò·institútional *adj.*〘教育〙男女別のクラス[活動面]をもった高等学校の[に関する].

cò·insúrance *n.*〘保険〙 **1** 共同保険《複数の保険者が共同で引き受ける保険》. **2** コインシュアランス, 付保割合条件付き保険《保険金額が保険の目的物の実際価額の一定割合に満たない時, 損害はその割合で減額して塡補される保険》.

cò·insúre〘← CO-¹+INSURE〙〘保険〙 *vt.* …に共同で保険をかける, 共同保険で契約する. **—** *vi.* 共同で保険にかかる, 共同保険で保証する.

cò·insúrer *n.*〘保険〙共同保険者.

Coin·treau [kwǽntroʊ|-trəʊ; *F.* kwɛ̃tro]〘家族名から〙 *n.*〘商標〙コアントロー《フランス Angers 産の無色でオレンジの香りのする甘いリキュール酒》.

coir [kɔ́ɪə|kɔ́ɪə(r]〘▭ Tamil *kayiṟu* rope, cord〙 *n.* ココヤシの実 (coconut) の外皮の繊維《なわ・マットなどの原料》.

cois·trel [kɔ́ɪstrəl]〘(古形) *custrel* ▭ OF *coustillier* ← *coustille* short sword〙 **—** *n.* (*also* **cois·tril** [-trɪl, -trəl | -trɪl])《古》 **1** (騎士の馬の世話をする)従僕. **2** 悪党, ごろつき (knave).

co·i·tal [kóʊɪtl, -əṭl | kə́ʊɪtl]〘← L *coitus* 'COITUS'+-AL¹〙 *adj.* 性交[交尾]の[に関する]. **~·ly** *adv.*

cóital exanthéma *n.*〘獣医〙媾疹(こうしん)《馬のヘルペスウイルス感染症》.

co·i·tion [koʊíʃən | kəʊ-]〘《1541》▭ L *coitiō(n-)* ← *coitus* (p.p.) ← *coīre* to go together ← CO-¹+*īre* to go〙 *n.* =coitus. **~·al** [-ʃənl, -ʃnəl] *adj.*

co·i·tus [kóʊɪṭəs, kóʊə-, koʊíː- | kə́ʊɪtəs]〘▭ L ~ ← (p.p.): ↑〙 *n.* 性交, 交合; (動物の)交尾.

cóitus in·ter·rúp·tus [-ìnṭərʌ́ptəs | -ìnt-]〘← NL ~ 'interrupted coitus'〙 *n.* (*pl.* **coitus in·ter·rup·ti** [-taɪ | -tiː])〘医学〙中絶性交.

cóitus re·ser·vá·tus [-rèzəvéɪṭəs, -vɑ́ːṭ- | -zəvéɪt-, -vɑ́ːt-]〘← NL ~ 'reserved coitus'〙 *n.* (*pl.* **coitus re·ser·va·ti** [-taɪ, -tiː])〘医学〙保留性交 (⇨ karezza).

co·jo·nes [ko(ʊ)hóʊnes | kə(ʊ)hə́ʊ-; *Sp.* koxónes]〘▭ Sp. ~ (*pl.*) ← *cojón* testis〙 *n. pl.* **1** 睾丸(こうがん) (testicles). **2** 勇気, 気力.

coke¹ [kóʊk | kə́ʊk]〘《*a*1400》*co(l)k* core: cf. Swed. *kälk* pith〙 **—** *n.* **1** コークス, 骸炭. **2** コークス 1 個: put a ~ in the stove.

go and eat coke《俗》[命令形に用いて] あっちへ行け, どけ. 「なる.

— *vt.* 〈石炭を〉コークスにする. **—** *vi.* コークスに

coke² [kóʊk|kə́ʊk]〘《短縮》← COCAINE〙《俗》 *n.* コカイン (cocaine): a ~ addict [fiend] コカイン中毒者[常用者]. **—** *vt.* コカインで麻痺させる 〈*up*〉.

Coke [kóʊk | kə́ʊk]〘短縮〙 *n.*〘商標〙=Coca-Cola.

Coke [kʊ́k, kóʊk | kʊ́k, kə́ʊk], Sir **Edward** *n.* (1552–1634) 英国の裁判官・法学者・国会議員; 通称 Lord Coke [Cooke]; *Institute of the Laws of England* (1628–59), なお Petition of Right (1628) を起草した. ★一家の発音は [kʊ́k].

cóke brèeze *n.* 粉コークス, コークブリーズ《粒度 25 mm 以下あるいは 10 mm 以下の細かいコークス》.

cóke dùst *n.* 粉コークス. 「炉.

cóke òven *n.* コークス炉, コークス製造がま, 骸炭

cóke-òven gás *n.*〘化学〙コークス炉ガス《コークス炉から副生するガス》.

cok·er¹ [kóʊkə|kə́ʊkə(r]〘⇨ coke¹〙 *n.* [通例 *pl.*]《米》West Virginia 州, Pennsylvania 州の炭鉱地帯の住民.

co·ker² [kóʊkə|kə́ʊkə(r]〘《変形》← coco: COCOA との混同を避けるため〙 *n.*《古》=coco. 「nut 1.

cóker·nùt〘《変形》← COCONUT: ↑〙 *n.*《英》=coco-

cok·ie [kóʊki | kə́ʊki]〘← COKE²+-IE〙 (*also* **cok·ey** [~])《俗》 *n.* コカイン中毒者. **—** *adj.* コカイン中毒の. 「結炭.

cók·ing còal〘← COKE¹ (v.)〙 *n.* コークス用石炭, 粘

col [kɑ́(ː)l | kɔ́l]〘▭ F ~ < L *collum* neck〙 *n.* **1**〘地理〙(峰と峰との間の)鞍部(あんぶ), コル. **2**〘気象〙鞍(くら)状等圧線, 気圧の谷. 「算機用言語.

COL《略》〘電算機〙Computer-Oriented Language 計

col.《略》〘処方〙L. *colā* (=strain); collateral; collect; collected; collection; collector; college; collegiate; colonel; colonial; colony; color; colored; column; counsel.

Col.《略》Colombia; Colonel; Colorado; Colossians (新約聖書の)コロサイ書; Columbia.

C.O.L.《略》cost of living. 「の異形.

col-¹ [kəl, kɑl|kəl, kɔl] *pref.* (l の前に来る時の) com-

col-² [koʊl, kɑl|kəʊl, kɔl] (母音の前に来る時の) colo-

cola¹ *n.* colon¹ 2 の複数形. 「の異形.

cola² *n.* colon² の複数形.

co·la³ [kóʊlə|kə́ʊ-]〘← Afr. (cf. Temne *k'ola*)〙 **—** *n.* **1**〘植物〙**a** [C-] コラナッツノキ属《アフリカ原産のアオギリ科の常緑高木の一属; コラノキ (*C. nitida*), *C. acuminata* など種類が多い》. **b** コラノキ (kola tree). **2** コラ《コラの実 (kola nut) から抽出した強壮

剤). 3 〖← COCA-COLA：商標名〗コーラ(飲料)《コカ葉(coca)・コラの実からの抽出物を入れた清涼飲料》.

-co·la [⌐kələ, ⌐–kòulə | ⌐kələ, ⌐–kəulə] 〖← NL ～ ← L：⇨ -colous〗「(…に)住むもの (inhabitant)」の意の名詞連結形.

col·an·der [kʌ́ləndə, kʌ́l- | kʌ́ləndə(r, kɔ́l-] 〖《1345》 *colyndore* ⊏ OProv. *colador* < VL **cōlātōrem* ← L *cōlāre* to strain ← *cōlum* sieve〗 — *n.* (通例金属製のボウル型の, 洗った野菜などの水きりに用いる)濾過器, 水こし, 水切り.

colander

cóla nùt *n.* ＝kola nut.

cò·látitude 〖← co-²+LATITUDE〗 *n.* 〖天文・海事〗余緯度《ある緯度と直角との差をいう》.

Col·bert [kɔ(ː)lbɛ́ə, kóulbɛə | kɔlbɛ́ə(r, káulbɛə(r; *F.* kɔlbɛːr], **Jean Baptiste** *n.* コルベール《1619-83; フランスの政治家; Louis 十四世時代の財務総監 (1665-83); 重商主義政策で知られる》.

Col·by [kóulbi | kə́ulbi] 〖⊏ ON *Kolbȳr* (原義) Cole's farm〗 *n.* 男性名.

col·can·non [kɑlkǽnən, ⌐–– | kɔlkǽnən] 〖⊏ Ir.-Gael. *cāl ceannan* ← *cāl* cabbage (⊏ L *caulis*)+*ceannan* white-headed (← *ceann* head+*fionn* white)〗 — *n.* コルカノン《じゃがいもとキャベツなどの野菜を煮て, バター・牛乳・香辛料を入れてつぶしたアイルランドおよびスコットランド料理》.

Col·ches·ter [kóultʃestə, -tʃɪs-, -tʃəs- | kə́ultʃɪstə(r] 〖OE *Colneceaster, Colecestra* ← *Colne* (川の名)：⇨ -chester〗 — *n.* イングランド Essex 州の都市; 人口 133,000.

Col·chi·an [kɑ́lkiən | kɔ́lkɪ-] *adj.* **1** コルキス (Colchis) の[に関する]. **2** コルキス人の[に関する]. — *n.* コルキス人.

col·chi·cine [kɑ́ltʃɪsìːn, -tʃə-, kɑ́lkɪ-, -kə- | kɔ́ltʃɪsìːn, kɔ́lkɪ-] 〖⊏ G *Kolchizin*：⇨ ↓, -ine³〗 — *n.* 〖化学〗コルヒチン, コルキシン ($C_{22}H_{25}NO_6$)《イヌサフラン (colchicum) の種子・球茎中の主成分アルカロイド; 倍数体を作るのに用いる》.

col·chi·cum [kɑ́ltʃɪkəm, -tʃə-, kɑ́lkɪ-, -kə- | kɔ́ltʃɪ-, kɔ́lkɪ-] 〖← NL ～ ← L ← Gk *kolkhikón* (neut. adj.) ← *Kolkhis* Colchis (王女で魔法使いの Medea の出身地)〗 — *n.* **1** 〖植物〗コルチカム, イヌサフラン《ヨーロッパ産ユリ科イヌサフラン属 (*Colchicum*) の植物の総称; イヌサフラン (*C. autumnale*) など; 観賞用, またその種子・球根を干して製薬原料とする》. **2** 〖薬学〗コルヒチン製剤《痛風・リューマチ用薬》.

Col·chis [kɑ́lkɪs, -kəs | kɔ́lkɪs] 〖↑〗 *n.* コルキス《黒海の東部, 現在の Georgia 共和国西部にあった古代の地方; cf. Golden Fleece, Medea》.

col·co·thar [kɑ́lkəθɑ̀ə, -θə | kɔ́lkəθɑ̀ː(r, -θə(r] 〖⊏ ML ～ ⊏ OSp. *cólcotar* ⊏ Arab. *qulquṭār* ← Gk *khálkanthos* blue vitriol：⇨ chalco-, anther〗 — *n.* 〖化学〗べんがら, 鉄丹《もと顔料に用いられた; cf. crocus¹ 3》.

cold [kóuld | kə́uld] 〖OE (Anglian) *cald* < Gmc **kaldaz* (Du. *koud* / G *kalt*) ← IE **gol-, *gel-* (L *gelidus* icy)：cf. cool, chill, jelly〗 — *adj.* (～·er; ～·est) **1 a** 温度の低い, 低温の, 冷たい; 寒い (cf. warm; ↔hot)：a ～ day 寒い日 / a ～ fit さむけ / be ～ in death 死んで冷たくなっている / I am [feel] ～. 寒い / ～ air, weather, etc. / a ～ bath 冷水浴 (cf. HOT bath) / ～ water 冷水《暖めてない水にいう》/ a ～ snap 急に来る寒さ / (as) ～ as ice [a stone] 氷[石]のように冷たい, とても冷たい / a ～ bed 冷たい寝床. **b** 〖生理〗冷寒を感じる：a ～ spot 冷点, 寒点 (cf. hot spot 5). **2 a** 冷たくした, 冷やした (cooled)：～ soft drinks. **b** 〈料理など〉冷たくなった, 冷えた; 冷たくして食べる：a ～ ham, snack, etc. **c** 十分熱くなっていない：The soup is ～. スープはまだ熱くない. **d** 暖房のない：a ～ cellar. **e** 〈接着剤など〉熱しないで使える：a ～ glue. **3 a** 暖かい感情のない, 同情心のない, 冷淡な, 冷ややかな, 親しみのない, よそよそしい; 冷酷な, 無情な：a ～ heart 冷ややかな心, 冷淡, 無情 / a ～ reply よそよそしい返事, 冷たい返答 / a ～ reception 冷淡なもてなし / a ～ world せち辛い世の中 / He is ～ in his manner. 態度が冷淡だ. **b** 興奮しない, 興味を示さない：a ～ audience 無関心な聴衆 / leave a person ～ 人に興味を感じさせない, 感銘を与えない. **c** 感情に左右されない, 冷静な, 慎重な, 慎重に計画された; 客観的な：a ～ calculation, argument, etc. / ～ logic. **d** 情熱のない：a ～ kiss. **e** (性的に)不感症の (frigid). **4 a** 興をさます, がっかりさせる, 陰鬱な：～ misgivings. **b** 冷たい感じを与える, 色調の冷たい (chilling)：a ～ wall. **c** 〈色が〉寒色の《冷たい感じを与える青・緑・灰色などの色調にいう》：～ colors 寒色 / a picture ～ in tone 色調の冷たい絵. **5 a** 死んだ：lie ～ in the grave 死んで墓に横たわっている. **b** 《口語》(ひどい殴打・ショックのために)意識を失った：⇨ KNOCK (*out*) *cold*. **6 a** 〈ニュースなど〉(通例時がたって)古くさくなった, 面白くない; 伝達力のなくなった：The news is too ～ to be newsworthy. そのニュースは古くさくて報道価値がない. **b** 〖狩猟〗〈獲物の遺臭が〉かすかな (faint) (cf. blazing 4, cool *adj.* 9, hot *adj.* 4 c)：a ～ scent 消えかかった遺臭 / a ～ trail かすかでわかりにくい臭跡. **7** (子供の当て物遊び・捜し物などで)見当はずれで, 当たらない (cf. hot *adj.* 4 d). **8** 〈怒りなど〉激しい, むき出しの：a ～ irritation 激しいいらだち. **9 a** 〈土が〉重粘多湿で気温に反応しにくい. **b** 〈有機質肥料が〉熱の放出が少なく腐りが遅い. **10** 《米俗》犯罪に関係のない, 疑われていない (cf. hot 14 a)：a ～ car. **11** 《俗》〈工場・実験室など〉放射能(と接触)のない. **12** 《米俗》額面通りの (assured)：a ～ ten thousand dollars / ⇨ cold cash. **13** 〖ラジオ・テレビ〗**a** 準備[下げいこ]なしの. **b** 前置きなしの, 音楽などの入らない：a ～ drama. **14** 〖生態〗低温性の. **15** 〖金属加工〗冷間の (⇨ cold-working). **16** 〖印刷〗コールドタイプ (cold type) を使った (cf. hot 18)：⇨ *in cold* PRINT.

blow hot and cold ⇨ hot 成句. ***cold without*** 〖cold without sugar の意〗《英口語》(砂糖を入れない)水割りウイスキー・ブランデーなど (cf. HOT *with*)：a glass of ～ without. ***get* [*have*] *a person cold*** 《口語》〈人を〉思いのままにする, 〈人〉にぐうの音も出させない. ***get* [*have*] *cold feet*** ⇨ cold feet.

— *adv.* (～·er; ～·est) **1** 《米口語》完全に, 全く, 十分に, 確実に; 失敗しないで：refuse one's offer ～ 人の申し出をきっぱり断る / know something ～ あることを確実に知る / have one's lines ～ 〈役者が〉せりふをすっかり覚える (cf. GO *up* (7)). **2** 《口語》準備せずに, 予告せずに, ぶっつけ本番で; 突然：enter a game ～. **3** 〖金属加工〗冷間(加工)で (cf. cold-working).

— *n.* **1 a** 寒さ, 寒気; 冷気 (coldness); 氷点以下の寒気：fifteen degrees of ～ 氷点下 15 度 / feel the ～ 寒さが身にしみる. **b** 寒い天気. **2** かぜ, 感冒：catch [take] (a) ～ かぜを引く, 感冒にかかる; 苦難に会う / have a (bad) ～ (ひどい)かぜにかかっている / a [the] common ～ (influenza に対して)感冒, (普通の)かぜ(ひき) / a ～ in the head [nose] 鼻かぜ (cf. coryza) / a ～ on the chest [lungs] せきかぜ.

come in from* [*out of*] *the cold 孤立した[日陰の]状態から抜け出す. ***feed a cold*** たくさん食べてかぜを直す：*Feed a* ～ and starve a fever. 《諺》風邪には大食, 熱には絶食(がよい). ***(out) in the cold*** 冷遇[無視]されて：be left (*out*) *in the* ～ 除け者にされる, 打っちゃっておかれる, 冷や飯を食わされる.

～·ness *n.*

cóld·blóod *adj.* 《米》〈家畜が〉雑種の; 冷血種の《西洋種同士で改良した重厚な馬の品種にいう》.

cóld-blóoded *adj.* **1 a** 冷淡な, 冷酷な, 無情な, 血も涙もない：a ～ killer むごたらしい人殺し. **b** 現実的な, 感動のない. **2** 寒さに敏感な, 冷え性の. **3** ＝coldblood. **4** 〖動物〗冷血の《魚類・爬虫類など; poikilothermic ともいう; cf. warm-blooded 1》：～ animals 冷血動物, 変温動物. **～·ly** *adv.* **～·ness** *n.*

cóld cásh *n.* 《米俗》手持ちの金.

cóld cáthode *n.* 〖電気〗冷陰極《電子管の陰極で特に加熱しないもの; cf. hot cathode》.

cóld chísel *n.* 〖機械〗冷たがね, 生(なま)切り《常温のままで金属を切断したり削ったりするたがね》.

cóld·còck 〖? ← COLD (adj.)+COCK¹ (n. B 4)〗 *vt.* 《米俗》〈人を〉なぐりつけて気絶させる.

cóld cómfort *n.* (気落ちしている人にとっては)あまり慰め[励まし]にならぬ事柄, かえって逆効果になるもの.

cóld crèam *n.* コールドクリーム《化粧用油性クリーム; cf. vanishing cream》.

cóld cùre *n.* 〖化学〗冷加硫《常温におけるゴムの加硫》; 低温硬化《低温における樹脂の硬化》.

cóld cùts *n. pl.* コールドカット《コールドミートとチーズの薄切りの取り合わせ; 軽食用など; cf. Dutch lunch》.

cóld-dèck *vt.* だます, ごまかす (cheat).

cóld dèck *n.* **1** 〖トランプ〗いかさま積み札《場にあるトランプ札とすり替えるために準備した不正トランプの一組》. **2** 〖林業〗(後で製材所に運ぶため)伐採所に積んだ丸太 (cf. hot deck).

cóld-dràw *vt.* **1** 〖金属加工〗〈針金・管を〉冷間で引き抜く. **2** 〈植物油を〉常温抽出する; 〈樹脂を〉常温で引き伸ばす.

cóld-dràwing *n.* **1** 〖金属加工〗冷間引抜き, 冷間伸線. **2** (植物油の)常温抽出; (樹脂の)冷延伸.

cóld dúck 〖《なぞり》← G *Kalte Ente* 《転訛》← *kalte Ende* cold ends：パーティーの終わりに出された酒の呑み残しを言った言葉から〗 — *n.* 《米》発泡性ブルゴーニュワインとシャンペンの混合酒.

cóld emíssion *n.* 〖電気〗冷陰極放出 (⇨ field emission).

cóld féet *n. pl.* 《口語》おじけ, しり込み, 逃げ腰 (funk)：get [have] ～ おじけづく, 逃げ腰になる.

cóld físh *n.* 《口語》冷たい人, よそよそしい人.

cóld flów *n.* 〖化学〗低温流れ, コールドフロー《常温でプラスチックなどが変形する現象》.

cóld fràme *n.* 〖園芸〗冷床《苗などを寒さから保護するための枠組; 加温はしない; cf. hotbed 1》.

cold front [⌐–⌐ | ⌐–⌐] *n.* 〖気象〗寒冷前線 (cf. warm front).

cóld hánds *n. pl.* 〖トランプ〗開きポーカー《5 枚の手札を全部表向きに配る方式のポーカーで, 賭 (betting) もドロー (draw) もなく, 単純に強い手が勝ちとなる》.

cóld-héarted *adj.* 冷淡な, 無情な. **～·ly** *adv.* **～·ness** *n.*

cóld·ish [-dɪʃ] *adj.* やや寒い, うすら寒い; 寒そうな.

cóld líght *n.* 冷光《燐光・蛍光など》.

cóld·ly 〖《c1225》〗 *adv.* **1** 寒く, 冷たく. **2** 冷然と, 冷淡に, 冷ややかに. **3** 沈着[冷静]に (calmly).

cóld méat *n.* **1** コールドミート, 冷肉《料理して冷やした牛肉・鶏肉など》. **2** 《俗》死体 (corpse)：a ～ cart [wagon] 霊柩(れいきゅう)車.

cóld móon·er [-múːnə | -nə(r] *n.* 月面隕石説主張者《月に火山はなく隕石の衝突によってクレーターができたと主張する人; cf. hot mooner》.

cóld-pàck *vt.* **1** 〈人〉に冷罨法(れいあんぽう)を施す. **2** 〈果物・ジュースなどを〉低温処理法でかん詰にする.

cóld pàck *n.* **1** 冷罨法(れいあんぽう); 冷湿布《腫(は)れや痛みなどに対する手当てとして施す冷しタオル・氷袋など》. **2** (かん詰の)低温処理法《ビタミンを破壊しないように食品を常温でかんに詰め, 気密封かん後に, 熱湯 (通例 80°-90°C) に入れて殺菌する法; cold-pack method, raw-pack method ともいう; cf. hot pack 2》.

cóld píg *n.* 《英俗》眠気ざましに掛けてやる冷水.

cóld-ròll *vt.* 〖金属加工〗〈金属を〉冷間圧延する (cf. hot-roll).

cóld-ròlling *n.* 〖金属加工〗冷間圧延.

cóld ròom *n.* 冷蔵室.

cóld rúbber *n.* 〖化学〗低温ゴム, コールドラバー《低温(約 5°C)で作った耐久性の強い合成ゴム》.

cóld sàw *n.* 〖機械〗常温のこ：**1** 常温で鋼材を切断するのこぎり (cf. hot saw). **2** のこぎりの円周速度が, 切断される金属材料を摩擦熱で溶融させるほどは速くなく, 切削作用で切断するのこぎり (cf. fusing disk).

cóld sèt *n.* 〖機械〗(特に, 継ぎ目をならすための)たがね.

cóld-shórt 〖⊏ Swed. *kallskör* ← *kall* cold+*skör* brittle：中性形 *-skört* が SHORT と連想されたもの〗 *adj.* 〖金属加工〗〈金属が〉冷間[常温]でもろい (cf. hot-short, red-short).

cóld-shórt·ness *n.* 〖金属加工〗冷間脆性(ぜいせい), 冷間もろさ, 冷脆性, 低温脆性《室温または 0°C 以下の低温においてもろくなること》.

cóld shót *n.* 〖金属加工〗**1** 冷塊, たまがね, 目玉, アイアンショット《鋳物中に埋まった融合していない地金の小球片》. **2** ＝cold shut 1.

cóld-shóulder *vt.* 〈人を〉冷淡にあしらう, 冷遇する.

cóld shóulder 〖いやな来客に冷えた羊の肩肉を出した昔の習慣から〗 — *n.* 冷たいあしらい, 冷遇：get the ～ from …から冷たいあしらいを受ける, 冷遇される / give [show] the ～ to…＝turn the [a] ～ on [to] …によそよそしくする, …を冷遇する.

cóld shút *n.* 〖金属加工〗**1** 湯境(ゆざかい)《鋳湯温度が低下したため, 合流部分が融合せず境目になること》. **2** まくれ込み《鍛造などの加工中に表層または酸化皮膜が内部にまくれ込むこと; folding defect ともいう》.

cóld·slaw [kóul(d)slɔː | kə́ul(d)-] *n.* 《米》＝coleslaw.

cóld sòre *n.* 〖病理〗単純疱疹(ほうしん) (⇨herpes simplex).

cóld stéel *n.* 刃物《剣・銃剣など鋼の武器; cf. firearm》.

give a person an inch* [*a few inches*] *of cold steel 〈人を〉(短)剣で一突きする.

cóld stórage *n.* **1** (食物・毛皮などの)冷蔵; 冷蔵室. **2** 一時的中断, 保留 (abeyance)：put the problem into ～ その問題を棚上げにする.

cóld stóre 〖《逆成》↑〗 *n.* 冷蔵倉庫. **cóld-stóre** *vt.*

Cóld·stream Guárds [kóuldstriːm- | kə́uld-] 〖← *Coldstream* (スコットランド南東部 Borders 州の町の名)〗 *n. pl.* [the ～] ⇨ Foot Guards.

cóld tèst *n.* 〖化学〗冷却試験《油脂試験法の一つ; cf. pour test》.

cóld túrkey 《俗》 *n.* **1** 《米》率直な話, ぶっきらぼうな言葉; 事務的なやり方：talk ～ ⇨ turkey 成句. **2** 麻薬常用を突然にやめ(させ)ること：go (it) ～ 麻薬を突然に絶つ[やめる]. **3** 冷淡な[つんとした]人. — *adv.* 《米》突然に, 出し抜けに, いきなり.

cóld týpe *n.* 〖印刷〗コールドタイプ《写植 (photo composition) のように, 金属活字によらない植字法や印刷方法; その活字; cf. hot metal》.

cóld wár 〖Walter Lippmann 著の *The Cold War* (1947) から〗 — *n.* **1** 冷戦, 冷たい戦争《武力に訴えず外交戦・経済圧迫・スパイ活動・政治宣伝などによって行なう闘争; 特に, 第二次大戦後の米ソ間の冷戦にいう; cf. hot war, shooting war》. **2** (労資間などの)暴力を用いない衝突[闘争].

cóld wárrior *n.* 冷戦の戦士《冷戦で活動的な役割を演じる政治家》.

cóld-wàter *adj.* **1 a** 水道だけの. **b** 〈アパートなど〉近代的給湯設備のない：a ～ flat. **2** 禁酒グループの[に関する].

cóld wàve *n.* **1** コールドパーマ《熱でなく凝固溶液によるパーマ》. **2** 〖気象〗寒波 (cf. heat wave 2).

cóld-wéld *vi.* 〖宇宙〗〈宇宙空間で金属が〉圧力や熱を用いないで接合する.

cóld-wòrk *vt.* 〖金属加工〗冷間加工する.

cóld-wòrking *n.* 〖金属加工〗冷間加工《冷間ハンマー加工・冷間圧延など金属を常温で加工する際に用いる》.

cole [kóul | kə́ul] 〖OE *cā(w)l* ⊏ L *caul-is* stem of a plant, cabbage：⇨ caulis〗 — *n.* 〖植物〗**1** アブラナ科アブラナ属 (*Brassica*) の植物の総称《カブ・キャベツ・ケール (kale) など》; (特に)セイヨウアブラナ (rape). **2** 《英》＝sea kale.

Cole [kóul | kə́ul], **George Douglas Howard** *n.* (1889-1959) 英国の経済学者・推理小説家：*What Marx Really Meant* (1934).

co·le- [kóuli | kə́ulɪ] (母音の前に来る時の) coleo- の異形.

-cole [kòul | kəul] 〖《変形》← -COLOUS：F *-cole* の影響による変形〗 ＝-colous.

co·lec·to·my [kəléktəmi, ko(u)- | kə(u)léktəmɪ] 〖← COLO-+-ECTOMY〗 *n.* 〖外科〗結腸切除(術).

cole·man·ite [kóʊlmənàɪt | káʊl-] 〘← *W. T. Coleman* (1824–93; 米国人で硼砂(ほうさ)の発見者): ⇨ -ite¹〙 *n.* 〘鉱物〙 灰硼(ほう)鉱 ($Ca_2B_6O_{11}5H_2O$).

cole·mouse [kóʊlmàʊs | káʊl-] *n.* (*pl.* **-mice** [-màɪs]) 〘鳥類〙 =coal tit.

co·le·o- [kóʊlioʊ | káʊlɪə(ʊ)] 〘← NL ～ ← Gk *kaleo-* ← *koleón* sheath〙「鞘(sheath); おおい(covering)」の意の連結形. ★ 母音の前では通例 cole- になる.

Co·le·o·chae·ta·ce·ae [kòʊlioʊkiːtéɪsiìː | kàʊlɪəʊ-] 〘← NL ～ ← *Coleochaete* (属名: ⇨ coleo-, chaeto-) ＋-ACEAE〙 ── *n. pl.* 〘植物〙 (緑藻植物)コレオカエテ科 (淡水産で藻体は他植物に着き盤状となる). **cò·le·ò·chae·tá·ceous** [-ʃəs] *adj.*

coleoptera *n.* coleopteron の複数形.

Co·le·op·te·ra [kòʊliáptərə, kàl- | kɔ̀lɪɔ́p-] 〘← NL ～ ← Gk *koleóptera* (pl.) ← *koleópteron* sheath winged: ⇨ coleo-, ptero-〙 ── *n. pl.* 〘昆虫〙 鞘翅(しょうし)目, 甲虫目 (カブトムシ・カミキリムシなど硬い翅(はね)で体がおおわれている昆虫の一群).

co·le·op·ter·an [kòʊliáptərən, kàl- | kɔ̀lɪɔ́p-] 〘昆虫〙 *n.* 甲虫. ── *adj.* 鞘翅目の; 甲虫の (coleopterous).

cò·le·óp·ter·ist [-rɪst, -rəst | -rɪst] *n.* 甲虫類専門家[学者], 甲虫研究者.

co·le·op·ter·ol·o·gy [kòʊliàptərálədʒi, kàl- | kɔ̀lɪɔ̀ptərɔ́lədʒɪ] 〘← COLEOPERA＋-LOGY〙 *n.* 甲虫学.

co·le·op·te·ron [kòʊliáptəràn, kàl- | kɔ̀lɪɔ́ptərɔ̀n] 〘⇨ Coleoptera〙 *n.* (*pl.* **-te·ra** [-tərə]) 〘昆虫〙 甲虫.

co·le·op·te·rous [kòʊliáptərəs, kàl- | kɔ̀lɪɔ́p-] *adj.* 〘昆虫〙 鞘翅(しょうし)目の, 甲虫類の; 甲虫の(ような).

co·le·op·tile [kòʊliáptɪl, kàl-, -təl | kɔ̀lɪɔ́ptaɪl] 〘← NL *coleoptil-um*: ⇨ coleo-, -ptile〙 ── *n.* 〘植物〙 甲柝(こう), 子葉鞘(しょう) (稲・麦など単子葉植物が発芽するとき若葉を包んで伸びる子葉の鞘).

co·le·o·rhi·za [kòʊliəráɪzə, kàl- | kɔ̀lɪə-] 〘← NL ～: ⇨ coleo-, -rhiza〙 *n.* (*pl.* **-rhi·zae** [-ziː]) 〘植物〙 根鞘(しょう) (幼根の基部をおおう鞘状のもの).

Cole·ridge [kóʊlrɪdʒ, kóʊlər- | káʊlrɪdʒ], **Samuel Taylor** *n.* (1772–1834) 英国の詩人・批評家・哲学者; 若いころ理想的平等社会を提唱 (cf. pantisocracy); 'The Rime of the Ancient Mariner' (1798), *Biographia Literaria* (1817).

cóle·sèed *n.* **1** 菜種. **2** セイヨウアブラナ (rape).

cole·slaw [kóʊlslɔː | káʊl-] 〘☐ Du. *koolsla* ← *kool* cabbage＋*sla* (《短縮》← *salade* salad)〙 ── *n.* コールスロー (生のキャベツを細かく刻みドレッシング (dressing) であえたサラダ).

Col·et [kálɪt, -lət | kɔ́l-], **John** *n.* (1467?–1519) 英国の古典学者・神学者; Dean of St. Paul's であった.

cole·tit [kóʊltɪt | káʊl-] *n.* 〘鳥類〙 =coal tit.

Co·lette [kɑlét, ko(ʊ)- | kɔ-, kə(ʊ)-; *F.* kɔlɛt] 〘☐ F ～ (fem. dim.) ← NICHOLAS¹〙 *n.* 女性名.

Co·lette [kɔːlét | kɔ-; *F.* kɔlɛt], **(Si·do·nie Ga·bri·elle Clau·dine)** [sidɔni gabriɛl klodin] *n.* コレット (1873–1954; フランスの女流小説家; *Chéri*「シェリ」(1920), *La Chatte*「猫」(1933)).

co·le·us [kóʊliəs | káʊlɪəs, -ljəs] 〘← NL ～ ← Gk *koleós* sheath〙 ── *n.* 〘植物〙 **1** [C-] コレウス属 (シソ科の一属). **2** コレウス属の葉の色の美しい観賞植物の総称 (サヤバナ (*C. blumei*) など).

cole·wort [kóʊlwɜːt | káʊlwɜːt] 〘(*c*1410) ← COLE＋WORT²〙 *n.* 〘植物〙 **1** =cole 1. **2** =kale 1. **3** 若いキャベツ.

co·ley [kóʊli | káʊlɪ] 〘(変形) ? ← COALFISH〙 *n.* (英) 〘魚類〙 タラ科ポラック属 (*Pollachius*) の下あごが突き出ている数種のタラの類の食用魚.

Col·fax [kóʊlfæks | káʊl-], **Schuy·ler** [skáɪlə | -lə(r] *n.* (1823–85) 米国の政治家, 副大統領 (1869–73).

co·li [kóʊlaɪ | káʊ-] 〘☐ L ～ 'of the colon' (gen.) ← *colon*: ⇨ colon²〙 *adj.*, *n.* 〘細菌〙 大腸菌(の).

co·li- [kóʊlɪ, kálɪ, -lə | káʊlɪ, kɔ́lɪ] colo- の異形(⇨ -i-).

cóli bacíllus *n.* 〘細菌〙 大腸菌.

col·ic [kálɪk | kɔ́l-] 〘(?*c*1421) ☐ (O)F *colique* ☐ L *cōlicus* ☐ Gk *kōlikós* ← *kólon* 'COLON²'〙 〘病理〙 *n.* 仙痛(せんつう), さしこみ. ── *adj.* =colicky.

co·li·cin [kóʊlɪsɪn, kál-, -lə-, -sən | káʊlɪsɪn, kɔ́l-] 〘← COLI＋-*c*- (連結辞)＋-IN¹〙 ── *n.* (*also* **col·i·cine** [-siːn]) 〘生化学〙 コリシン (腸内細菌が生産する抗菌性物質).

col·i·ci·no·gen·ic [kàlɪsɪnədʒénɪk, -lə-, -sən-, -sìːn-, -dʒíːn- | kɔ̀lɪsɪnə(ʊ)-, -sìːn-] 〘⇨ ↑, -genic〙 ── *adj.* 〘生化学〙 コリシン生産性の. **col·i·ci·no·ge·nic·i·ty** [kàlɪsɪnədʒənísəti, -lə-, -sən-, -sìːn- | kɔ̀lɪsɪnə(ʊ)dʒɪnísətɪ, -dʒə-, -sɪtɪ] *n.*

col·i·ci·nog·e·ny [kàlɪsɪnádʒəni, -lə-, -sə- | kɔ̀lɪsɪnɔ́dʒɪnɪ] *n.* 〘生化学〙 コリシン生産性 (コリシン (colicin) を生産する能力; 遺伝因子による).

col·ick·y [kálɪki | kɔ́lɪkɪ] *adj.* 〘病理〙 **1** 仙痛(せんつう)の; 仙痛を起こす: ～ foods. **2** 仙痛に苦しむ: a ～ child.

cólic·ròot *n.* 〘植物〙 **1 a** ソクシンラン (ユリ科ソクシンラン属 (*Aletris*) の植物の総称; ネバリノギラン (*A. foliata*), *A. aurea* など). **b** ネバリノギランの根 (疝痛 (colic) の薬といわれる). **2** その他疝痛を治すといわれる植物の総称.

cólic·wèed *n.* (米) 〘植物〙 **1** =squirrel corn. **2** =Dutchman's-breeches.

co·li·form [kóʊləfɔ̀əm, kál- | káʊlɪfɔ̀ːm, kɔ́l-] 〘← COLO-＋-FORM〙 〘生物〙 *adj.* 大腸菌の[に関する, に似た]. ── *n.* =coliform bacillus.

cóliform bacíllus *n.* 〘生物〙 腸内バクテリア (高等脊椎動物の腸に寄生するバクテリア).

Co·li·gny [kòʊliːnjíː, kɔ(ː)- | kɔ̀ʊ-; *F.* kɔliɲi], **Gaspard de** [gaspaːr də] *n.* コリニ (1519–72; フランスの海将; ユグノー (Huguenots) の指導者で Saint Bartholomew の虐殺の犠牲者).

Co·li·i·dae [kəláɪədìː | -láɪɪ-] 〘← NL ～ ← *Colius* (属名: ← Gk *koliós* green woodpecker)＋-IDAE〙 *n. pl.* 〘鳥類〙 ネズミドリ科.

co·lin [ko(ʊ)lín, -líːn, kálɪn, -lən | kə(ʊ)líːn, -lɪn, kɔ́lɪn; *Sp.* kolín] 〘☐ Sp. *colín* ☐ Nahuatl *çolin*〙 *n.* 〘鳥類〙 コリンウズラ (bobwhite); それに近縁の猟鳥.

Col·in [kálɪn, kóʊl-, -lən | kɔ́lɪn] 〘(i) ☐ F ～ (dim.) ← *Col* (《短縮》← NICHOLAS¹. // (ii) (スコット) ～ ← Gael *coileán* young dog, youth: cf. Welsh *Colluyn* / Ir. *Colán*〙 ── *n.* 男性名.

-co·line [kəlàɪn, -lɪn, -lən | -làɪn, -lɪn] 〘← NL *-colinae*: ⇨ -cola, -inae〙 =-colous.

co·lin·ear [koʊlíniə | kəʊlínɪə(r, -njə(r)] *adj.* **1** 〘数学〙 =collinear. **2** 〘生化学〙 共直線性 (蛋白質のアミノ酸残基の直線配列と DNA や RNA の塩基残基の直線配列とが 1 対 1 の対応があること). **co·lin·e·ar·i·ty** [koʊlìniǽrəṭi | kəʊlìnɪǽrətɪ, -rɪ-] *n.*

co·li·phage [kóʊləfèɪdʒ, -fɑ̀ːʒ | káʊlɪ-] 〘← COLO-＋-PHAGE〙 *n.* 〘細菌〙 大腸菌ファージ.

col·i·se·um [kàləsíːəm | kɔ̀lɪsíəm, -lə-, -síːəm] 〘☐ ML *Colisseum* ＝L *colosseum*: ⇨ colosseum〙 ── *n.* **1** (米) 大演舞場, 大演技館; 大競技場, 大体育館 (stadium). **2** [C-] =Colosseum 1.

co·lis·tin [kəlístɪn, ko(ʊ)-, -tən | kə(ʊ)lístɪn] 〘← NL *colistin-us*〙 *n.* 〘薬学〙 コリスチン (土壌芽胞菌 (*Bacillus colistins*) から得られる抗生物質).

co·li·tis [ko(ʊ)láɪṭɪs, kə-, -ṭəs | kəláɪtɪs, kə(ʊ)-] 〘← NL ～: ⇨ colo-, -itis〙 *n.* 〘病理〙 大腸炎, 結腸炎. **co·lit·ic** [ko(ʊ)líṭɪk, kə- | kɔlít-, kə(ʊ)-] *adj.*

coll. (略) collateral; colleague; collect; collection; collective; collector; college; collegiate; colloquial.

coll- [kɑl | kɔl] (母音の前に来る時の) collo- の異形.

-coll [kɑl | kɔl] 〘☐ L *-colla* ☐ Gk *-kolla* ← *kólla*〙「膠(にかわ) (glue)」の意の名詞連結形.

collab. (略) collaborate; collaborated; collaboration; collaborator.

col·lab·o·rate [kəlǽbərèɪt | kə-, kɔ-] 〘(1871) ← LL *collabōrāt-us* (p.p.) ← *collabōrāre* to work with: ⇨ co-,¹ labor〙 ── *vi.* **1** 共同して働く; 合作する, 共同制作する, 共同研究する〔*with*〕: They ～ in the research [on a book]. 共同研究をしている[共同で本を書いている] / He ～*d with* his friend in writing a play. 友人と共同して劇を書いた. **2** 〈国と国が〉(政治や経済の方面で)協調する, 提携する〔*with*〕. **3** 〔敵側・占領軍に〕(進んで)協力する, 同調する〔*with*〕.

col·lab·o·ra·tion [kəlæ̀bəréɪʃən | kə-, kɔ-] 〘(1860) ☐ F ～: ⇨ ↑, -ation〙 ── *n.* **1 a** 共同, 協力; 共同研究, 共同制作: in ～ with ...と共同して. **b** 合作, 共著, 共同制作作品. **2** (国際間の)協調, 提携. **3** (敵側・占領軍への)協力, 同調.

col·làb·o·rá·tion·ist [-ʃ(ə)nɪst, -nəst | -nɪst] *n.*, *adj.* (敵側・占領軍への)協力者(の).

col·lab·o·ra·tive [kəlǽbərèɪṭɪv, -b(ə)rəṭ- | -b(ə)rət-, -bərèɪt-] *adj.* 協力的な, 提携的な; 合作の, 共同制作の: a ～ study. **～·ly** *adv.*

col·láb·o·rà·tor [-ṭə | -tə(r)] 〘☐ F *collaborateur* ☐ ML *collabōrātor*〙 *n.* **1** 共同者, 合作者, 共同制作者; (著作への)協力者. **2** (敵側・占領軍への)協力者.

col·lage [kəlɑ́ːʒ, kɔ(ː)-, ko(ʊ)- | kɔ-; *F.* kɔlaːʒ] 〘☐ F ～ 'pasting, gluing' ← *coller* to glue ← *colle* glue: ⇨ -age〙 ── *n.* (*pl.* **col·lag·es** [～ɪz, ～əz; *F.* ～]) **1** 〘美術〙 **a** コラージュ; コラージュの技法 (新聞の切抜きや広告の断片などを組み合わせた抽象的構成法; Picasso, Braque など立体派[キュービズム]の画家の創始したもの; cf. papier collé). **b** コラージュの技法を取り入れた作品. **2** 〘写真〙 =photomontage. **3** 種々の断片の寄せ集め. **4** 〘映画〙 フィルム断片をつなぎ集めて製作されたフィルム. ── *vt.* コラージュで構成[制作]する.

col·la·gen [kálədʒɪn, -dʒən, -dʒèn | kɔ́l-] 〘← Gk *kólla* glue＋-GEN〙 ── *n.* 〘生化学〙 コラーゲン, 膠(こう)原質 (結締(けってい)組織の成分; 硬蛋白質の一つ). **col·la·gen·ic** [kɑ̀lədʒénɪk | kɔ̀l-] *adj.* **col·lag·e·nous** [kəlǽdʒənəs | -dʒɪ-] *adj.*

col·lag·en·ase [kəlǽdʒənèɪs, kɑ́lə-, -nèɪz | kəlǽdʒɪnèɪs, kɔ́lə-] 〘⇨ ↑, -ase〙 ── *n.* 〘生化学〙 コラゲナーゼ (コラーゲンやゼラチンを分解する蛋白分解酵素の働きをする毒素蛋白質の一つ; クロストリジウム属 (*Clostridium*) のような嫌気菌の中に発見される).

col·la·gen·o·lyt·ic [kɑ̀lədʒɪnəlíṭɪk, -dʒə-, -dʒèn- | kɔ̀lədʒɪnəlít-, -dʒə-, -dʒèn-] 〘← COLLAGEN＋-o-＋-LYTIC〙 *adj.* 〘生化学〙 コラーゲン分解性の.

col·lág·ist [-ʒɪst, -ʒəst | -ʒɪst] *n.* コラージュ制作者.

col·laps·a·ble [kəlǽpsəbl̩] *adj.* =collapsible. **col·làps·a·bíl·i·ty** [-səbíləṭi | -lətɪ, -lɪ-] *n.*

col·lap·sar [kəlǽpsɑə | -sɑː(r)] 〘⇨ ↓, -ar²〙 *n.* 〘天文〙 =black hole.

col·lapse [kəlǽps] 〘(1609) ← L *collāps-us* (p.p.) ← *collābī* ← *col-* 'COM-'＋*lābī* to fall〙 ── *vi.* **1** 〈建物・椅子・足場などが〉(完全に)つぶれる, くずれる, 崩壊する; 〈屋根などが〉落ち込む, 陥没する. **2 a** 〈気球などが〉(外圧を受けて急に)しぼむ; しぼんで落ちる. **b** 〈希望・計画などが〉破れる, くじける, 瓦壊する. **c** 〈事業などが〉つぶれる, 泡と消える, 失敗する. **3** 〈人が〉(過労・病気などで)倒れる, 失神する; (急に)衰弱する, 参ってしまう; 意気消沈する. **4** 〈価値・力などが〉急激に下落する, 失墜する. **5** 〈机・椅子などが〉折りたためる (cf. collapsible). **6** 〘病理〙 **a** 虚脱状態になる. **b** 〈肺が〉虚脱する (空気を含まぬ収縮状態になる). ── *vt.* **1** 崩壊させる, くずれさせる; くじけさせる. **2** 〈望遠鏡などを〉折りたたむ. ── *n.* **1** つぶれること, 倒壊; (屋根などの)陥没: the ～ of a tower, tent, roof, seat, chair, etc. **2 a** (内閣・市場・銀行・事業などの)崩壊, 総くずれ: the ～ of a ministry, business, money market, etc. **b** (希望・計画などの)挫折, 失敗. **3** (価値・力などの)下落, 失墜. **4** (健康などの)急激な衰弱; 気力の喪失. **5** 〘病理〙 **a** 虚脱. **b** 肺虚脱.

col·laps·i·ble [kəlǽpsəbl̩ | -sə-, -sɪ-] *adj.* 〈椅子など〉たためる (cf. collapse *vi.* 5): a ～ boat 組立てボート / a ～ chair [hat] 折りたたみ椅子[帽子]. **col·làps·i·bíl·i·ty** [-səbíləṭi | -sɪbílətɪ, -sə-, -lɪ-] *n.*

col·lar [kálə | kɔ́lə(r)] 〘(*c*1300) ☐ AF *coler* = OF *colier* (F *collier*) < L *collāre* (*vinculum*) neck (band) ← *collum* neck ← IE **kwel-* to revolve〙 ── *n.* **1 a** 首の回りに巻くもの. **b** (衣服の)カラー, 襟(えり): a stand-up ～ 立ち襟 / a turndown ～ 折り襟 / ⇨ Eton collar, Roman collar / seize [take] a person by the ～ 人の襟首をつかむ. **c** (婦人の短い)首飾り, チョーカー (choker). **d** (ナイト爵位を表わす)首飾り章, 首章. **e** (英) (犬などの)首輪. **f** (囚人・奴隷などの)首枷(かせ). **g** 〘馬具〙 首輪, 首枷(かせ), 首当て, はも (⇨ harness 挿絵). **2 a** 束縛; 監視 (surveillance): in the ～ 束縛されて / wear [take] a person's ～ 人の命令に従う. **b** (米俗) 逮捕, 捕獲. **3** (コップについだ)ビールの泡(の層) (head). **4** 靴の上部の回りに縫いつける飾りの革[毛皮(など)] (cuff ともいう). **5** (英) 巻肉, (豚肉などの)ロール (roll). **6** 家具の脚部の頭部や底部に近いところにつける帯[輪]状の繰形(くりかた). **7** 〘動物〙 首輪, えり状部 (動物や小鳥の首の回りの変色部またはえり状のもの). **8** 〘植物〙 頸領(けいりょう) (根と茎との境界部). **9** 〘機械〙 環 (ring), カラー, 接管; 軸つば (二本の管をつなぐのに用いる). **10** 〘建築〙 **a** 柱環 (トスカナ式柱頭下部の細くなった部分), 継ぎ輪. **b** =collar beam. **11** 〘ガラス製造〙 スリーブカラー (⇨ merese).

against the collar (1) (馬が坂を登るのに)首輪が肩にすれて. (2) 困難を冒して: work *against the* ～ 非常に骨折って働く. ***hot under the collar*** 怒った, 興奮した; 気が転倒した: No need to get *hot under the* ～. かっかすることはないぜ. ***in collar*** (1) 首輪をかけて; 〈馬が〉仕事の用意をして. (2) (口語) 〈人が〉業務に服して (cf. *out of* COLLAR). ***out of collar*** (口語) 職を失って, 失業して (out of work) (cf. *in* COLLAR (2)). ***slip (the) collar*** (口語) (困難・労力などを)免れる.

collar of SS [S's, esses] [the ―] S 字つなぎ首章 (元来は Lancaster 家の記章で, 現在では英国宮内官・London 市長・高等法院長などが官服の一部として肩に掛ける).

── *vt.* **1 a** 〈衣服〉にカラーを付ける. **b** 〈犬など〉に首輪を掛ける. **2** 〈人〉の襟首を捕える. **3** (口語) **a** 取る, つかまえる. **b** 〈気乗りしない客を〉話にひっぱりこんで引き止める. **c** 支配する, 独占する: ～ the market. **4** (料理で) 〈肉・魚を〉ロール (roll) にする. **5** (俗) 勝手に自分のものにする; 盗む, 失敬する (steal). **6** 〘ラグビー〙 相手側ボール保持者をタックルしてボールの前進を防ぐ. ── *vi.* 〘金属加工〙 〈金属素材が〉圧延機のロールに巻き付く.

cóllar bèam *n.* 〘建築〙 カラービーム, 繋ぎ小梁(こばり) (洋風小屋組の上方で棰(たるき)をつなぐ梁(はり) (beam)).

cóllar bèaring *n.* 〘機械〙 つば軸受 (軸方向の力を何個かのつばにより支持する推力軸受).

cóllar·bòne *n.* 〘解剖〙 鎖骨 (clavicle).

cóllar bùtton *n.* (米) カラーボタン ((英) collar-stud) (カラーをワイシャツに留める小さなボタン).

cóllar cèll *n.* 〘動物〙 襟(えり)細胞 (⇨ choanocyte).

coll' ar·co [koʊlɑ́əkoʊ | kaʊlɑ́ːkəʊ; *It.* kollárko] 〘☐ It. ～〙 *adv.* 〘音楽〙 弓をもって (弦楽器で piccicato の後, 再び弓で奏せよという楽譜の上の指示).

col·lard [kálə·d | kɔ́ləd] 〘(変形) ← COLEWORT〙 ── *n.* 〘園芸〙 **1** コラード (ケール (kale) の大型の種類; キャベツ様の大きな葉がゆるく結球する). **2** [通例 *pl.*] コラードの葉 (料理用).

cól·lared *adj.* **1** カラー[襟(えり)]をつけた. **2** 〘動物〙 首輪のある. **3** 〘紋章〙 〈動物が〉首輪を付けている.

cóllared lízard *n.* 〘動物〙 クビワトカゲ (*Crotaphytus collaris*) (米国南中部およびメキシコに生息するタテガミトカゲ科のトカゲ; 繁殖期になると体色が鮮やかになる).

cóllared péccary *n.* 〘動物〙 クビワペッカリー (*Tayassu tajacu*) (たてがみが短かく, 首の回りが白い体長 90 cm 位のペッカリー).

col·lar·et [kɑ̀lərét, ⌐ ⌐ ⌐ | kɔ̀lərét, ⌐ ⌐ ⌐] 〘☐ F *collerette* (dim.) ← *collier* 'COLLAR'〙 ── *n.* (*also* **col·lar·ette** [～]) **1** 小襟, 小カラー (レース・毛皮などで作る婦人服の通例タイトなカラー). **2** ネックレス.

col·la·ri·no [kɑ̀ləríːnoʊ | kɔ̀ləríːnəʊ; *It.* kollaríːno] 〘☐ It. ～ (dim.) ← *collare* 'COLLAR'〙 ── *n.* (*pl.* **～s**) 〘建築〙 トスカナ式・ドリス式・イオニア式の柱頭と柱身の接合部.

cóllar·less *adj.* **1** カラーの付いていない; 襟のない: a ～ shirt. **2** 首輪のない.

cóllar pòint *n.* 〘紋章〙 saltire の交差点の上部.

cóllar ròt *n.* 〘植物病理〙 頸領腐れ《種々の植物の根茎境界部に生じる腫状病変》.

cóllar-stùd *n.* 《英》 カラーボタン(《米》 collar button).

cóllar wòrk *n.* **1** (坂道を車を引いて上る時の馬の)上り引き. **2** ひどい骨折り仕事 (cf. *against the* COLLAR (2)).

collat. 《略》 collateral; collaterally.

col·late [kəléɪt, kɑ-, kúleɪt, kóʊl- | kəléɪt, kə-] 〘《1558》 ← L *collāt-us* (p.p.) ← *conferre* to bring together: ⇨ confer〙 ── *vt.* **1** (寄せ集めて)対照する, つき合わせる, 照し合わせる, 照合する, 校合する: a ～*d* telegram 照合電報. **2 a** (本の)落丁を調べる; (ページ順に)そろえる. **b** 〘製本〙 丁合い(取り)をする. **3** 〘書誌〙 校合する. **4** 〘キリスト教〙 〈主教が〉〈牧師を〉〈聖職禄(ろく)〉に任命する 〔*to*〕: ～ a clergyman *to* a benefice. **5** 〘ローマ法〙 (均分相続のために生前贈与財産の価額を相続財産の一部として)取り戻して組み込む.

col·lat·er·al [kəlǽṭərəl, -trəl | kəlǽt(ə)r-, kə-] 〘《*c*1378》 ⇨ ML *collaterāl-is* ← *col-* 'COM-'+L *lateralis* 'LATERAL'〙 ── *adj.* **1** (位置・時間・重要性など)並び合った, 隣り合った; 平行した. **2 a** 付随する (accompanying). **b** 補助の (auxiliary). **c** (主要でない)第二次的の, 間接の, (本筋からそれた)付随的な: a ～ circumstance 付帯事情 / ～ evidence 間接の証拠, 傍証 / a ～ surety 副保証人. **3** 直系でない, 傍系の (cf. lineal 1): a ～ family 分家 / a ～ line 傍系 / a ～ relative 傍系親族. **4** 〘解剖〙 副行の, 側副の: ～ arteries 副行動脈. **5** 〘植物〙 並生する, 並立する: ～ vascular bundles 並立維管束. **6** 〘商業〙 追加担保によって保証された, 見返りの: a ～ security 見返り担保, 根抵当, 代用証券 / a ～ loan 担保貸付金 / ～ goods 見返り物資. ── *n.* **1** 傍系親族, 傍系の縁者. **2** 付帯事実[事情]. **3** 〘解剖〙 副行物[路]《血管・神経など》: the ～*s* of nerve fiber 神経線維の副行索. **4** 〘商業〙 担保物件, 見返り物資. **col·lat·er·al·i·ty** [kəlæ̀ṭərǽləṭi | kəlætərǽlɪti, kə-, -lɪti] *n.*

colláteral fáct *n.* 〘法律〙 付随的事実.

col·lat·er·al·ize [kəlǽṭərəlàɪz, -trə- | kəlǽt(ə)r-] *vt.* **1** 担保で保証する. **2** 担保物件として使う.

col·lát·er·al·ly [-rəli | -li] 〘《?*a*1425》〙 *adv.* **1** 相並んで, 平行して. **2** 副次的に, 付帯的に, 間接的に. **3** 傍系的に.

col·lát·ing màrk [-tɪŋ- | -tɪŋ-] *n.* 〘製本〙 折標《折丁の背に印刷された長形などの印で, 階段状にならべて落丁などを調べる; niggerhead ともいう》.

col·la·tion [kəléɪʃən, kɑ-, ko(ʊ)- | kɔ-, kə-] 〘《*a*1225》 ⇨ (O)F ～ ⇨ L *collātiō(n-)* ← *collātus* (p.p.): ⇨ collate, -ation〙 ── *n.* **1 a** 照合, 校合, 対照調査. **b** (文書の)照査, 照査報告: the ～ of seals 印章照査. **2 a** (書物の)丁数調べ. **b** 〘製本〙 丁合い(取り). **3** 〘図書館〙 形態事項, 対照事項《図書館の目録中で, ページ数・大きさ・挿絵などを記載した部分》. **4** 〘書誌〙 校合《図書の状態(巻数・丁数・大きさ・活字など)を調べ図書の異同を決めること》; 校合式《書誌学的方法に従って図書の構成を記述した式》. **5 a** 〘キリスト教〙 (斎日に許される)軽食. **b** 手軽な食事: a stand-up ～ 立食. **6** 〘キリスト教〙 聖職任命, 聖職授任. **7** 〘カトリック〙 金曜日などに行なわれた一種の軽い断食.

col·la·tive [kəléɪṭɪv, kɑ-, ko(ʊ)- | kəléɪt-, kə-] 〘⇨ L *collātīv-us* ← *collātus*: ⇨ collate, -ative〙 ── *adj.* **1** 照合の, 校合的な. **2** 〘キリスト教〙 **a** (主教による)聖職任命の. **b** 聖職任命権 (collation) をもつ.

col·lá·tor [-ṭə | -tə(r)] *n.* **1** 照合者, 校合者. **2** 〘製本〙 丁合い(取り)工; 丁合い機. **3** 〘電算機〙 照合機《データの特定項目の大小関係などに基づいて仕分けを行なう装置》.

col·league [kɑ́li:g, -lɪg | kɔ́li:g] 〘《*a*1533》 ⇨ F *collègue* ⇨ L *collēga* one chosen with another ← *col-* 'COM-' +*legere* to bring together: ⇨ league²: cf. collect¹, college〙 ── *n.* (主に官職・教授・特殊な仕事の上の)同僚, 同役, 同業者 (associate). **～·shìp** *n.*

col·leagues·man·ship [kɑ́li:gzmənʃɪp, kɑ-, kɑ́li:gz-, -lɪgz- | kɔ́li:gz-] *n.* (大学などの)同僚強化主義《著名な同僚と一緒になる利点を強調して有能な人材を集めること》.

col·lect¹ [kəlékt] 〘《1563》 ← L *collēct-us* (p.p.) ← *colligere* to gather, assemble ← *col-* 'COM-' +*legere* to gather: cf. select〙 ── *vt.* **1** 〈人を〉(一かたまりに)集める; 〈物を〉寄せ集める: ～ children into groups / ～ the wastepaper lying about. **2 a** 〈標本・事実などを〉収集する: ～ birds, eggs, stamps, books, etc. / ～ facts, information, evidence, etc. **b** 〈税金・家賃・募金などを〉徴収する, 集金する: ～ bills 掛け金を集める, 集金する / ～ taxes 税金を徴収する. **3** 《口語》 **a** (預けた[置いた]場所から)取る, 取ってくる, 受け取る: Don't forget to ～ your umbrella. 預けたかさを忘れずに受け取りなさい. **b** 連れに行く, 連れ出す: ～ one's girl 女の子を連れ出す / He ～*ed* her from her apartment. 彼女をアパートから連れ出した. **4 a** 〈考えを〉集中する, まとめる; 〈心身を〉引き締める: ～ one's scattered thoughts. **b** 〈勇気を〉出す. **c** [～ *oneself* で] 心を落ち着ける, 気を取り直す. **5** 《古》 推測する. **6** 〘馬術〙 〈馬〉に収縮姿勢をとらせる. ── *vi.* **1** 集まる. **2** 〈雪・ちりなどが〉積もる, たまる. **3** 寄付を募集する, 募金する, 集金する 〔*for*〕: come to ～ *for The Times* タイムズ紙の集金に来る. **4** (切手・書物などの)収集をする, (標本などの)採集をする. **5** 〘馬術〙 〈馬が〉収縮姿勢をとる.

collect on delivery 〘商業〙 ＝CASH on delivery.

── *adv., adj.* 《米》 (電話・小包など)代金先[受取人, 受信人]払いで[の]: a ～ (telephone) call 料金受信人払い電話[通話], コレクトコール / call a person ～ 人に受信人払いで電話する / send a telegram ～ 料金受信人払いで電報を打つ.

col·lect², C- [kɑ́lɪkt, -lekt | kɔ́lekt, -lɪkt] 〘《?*a*1200》 ⇨ OF *collecte* ⇨ ML *collēcta* short prayer, (L) assemblage: ↑〙 ── *n.* 〘キリスト教〙 (カトリックの)集禱文, (英国国教会の)特禱《いろいろな場合に用いる短い祈禱文; 会衆の集まった時に用いられたので集禱文と言われたが, 特殊の場合に用いられるので特禱とも言われる》: the ～ for Christmas Day.

col·lect·a·ble [kəléktəbl] *adj.* ＝collectible.

col·lec·ta·ne·a [kɑ̀lektéɪniə | kɔ̀lektɑ́:njə, -téɪ-, -nɪə] 〘《1791》 ⇨ L *collēctānea* (neut. pl.) ← *collēctāneus* gathered: ⇨ collect¹〙 ── *n. pl.* 抜粋, 選集 (anthology, miscellany).

col·léct·ed *adj.* **1** 集められた, 集めた: ～ papers 論文集 / the ～ works of Shakespeare シェークスピア全集. **2** 落ち着いた, 自若とした (self-possessed, calm). **3** 〘馬術〙 **a** 〈行進中の馬が〉収縮した, 収縮姿勢の (cf. extended 8 a). **b** 収縮歩様の. **～·ness** *n.*

collécted edítion *n.* (一作家の)全集, 著作集.

col·léct·ed·ly *adv.* **1** 集められて, 一かたまりになって. **2** 落ち着いて, 平然として, 自若として.

col·lect·i·ble [kəléktəbl | -tə-, -tɪ-] *adj.* **1** 集められる, 収集できる; 収集に適した. **2** 徴集[募集]できる. **3** 現金化できる: a ～ bill. ── *n.* (文化的な)収集品.

col·léct·ing *n.* **1** 集金, 代金取立て. **2** [形容詞的に] 集金の, 集める: a ～ and distributing center (物産の)集散中心地 / a ～ bag [box, plate] (教会で献金を集める)献金袋[箱, 皿] / a ～ lens 集光レンズ / a ～ agent 取立て代理人[業者] / a ～ bill [note] 取立て為替手形[約束手形].

col·lec·tion [kəlékʃən] 〘《*a*1387》 ⇨ (O)F ～ // L *collēctiō(n-)*: ⇨ collect¹, -tion〙 ── *n.* **1 a** 集合; 採集; 収集: the ～ of letters, stamps, specimens, etc. / make a ～ of ...を収集する. **b** (ほこり・ごみなどの)集積, 堆積: a ～ of dust ほこりの山. **c** 取立て; 集金, 徴収; 徴税: a ～ of debts, bills, etc. / the ～ of taxes. **2 a** 収集物, 収蔵品, コレクション: a ～ of books, art treasures, birds, eggs, etc. / ⇨ Wallace Collection. **b** 集まり, 集団 (group). **3** コレクション《一デザイナーが一シーズンに売り出す, またはーファッションショーで出される衣服の全部》. **4** (思考・能力などの)集中; 落ち着きを取り戻すこと, 平静 (composure). **5** 寄付金募集, 募金; (集まった)寄付金; (教会の)礼拝献金: make [take up] a ～ for a charity 慈善事業のために寄付金を募る[金を集める]. **6** [*pl.*] 〘英大学〙 学期試験. **7** 《廃》 推測 (inference). **8** 〘馬術〙 収縮, 収縮姿勢《首が屈撓(くっとう)し, 鼻梁が垂直になり, 飛節が深く折れ曲がって重心が後躯に移動し, 全身がばねのように躍動している状態; cf. extension 12》.

colléction àgency *n.* (個人や会社への貸金回収を代行する)貸金取立て代行業者.

col·lec·tive [kəléktɪv] 〘《?*a*1425》〙 ── *adj.* **1** 集められた, 集合的な (congregate): the ～ knowledge of all ages 太古から蓄積された人知. **2** 集団の[に関する], 集団的な; 集団構成員全員がもつ, 総体の, 共通の, 共同の (common): a ～ effort 全体の力, 総力 / the ～ leadership 集団指導制 / the ～ wishes of the people 国民全体の希望[総意] / the ～ economy of a village 村落の共同経済 / a ～ note (各国の代表者が署名した)共同覚え書 / the ～ opinion of the nation 国民の大勢の意見[総意] / ～ ownership (公園・道路・運河などの)共同所有権. **3** 集産主義 (collectivism) の. **4** 〘文法〙 集合的な. **5** 〘植物〙 〈果実が〉集合果の, 多花果の (multiple): ～ fruit ＝multiple fruit. ── *n.* **1** 集団, 共同体. **2 a** 集産(主義)的社会[団体]. **b** ＝collective farm. **3** 〘文法〙 ＝collective noun. **～·ness** *n.*

colléctive agréement *n.* 〘労働〙 **1** 団体協約. **2** 労働協約《賃金・労働時間・労働条件などに関して使用人側と労働組合との間で結ばれたもの》.

colléctive bárgaining *n.* 〘労働〙 団体交渉.

colléctive behávior *n.* 〘社会学〙 集合行動《パニック・群集・社会運動のように共通の刺激によって多数の人々のうえに起こる類似した行動・反応の様式》.

colléctive biógraphy *n.* 双伝書《多くの人の伝記を集めた本》.

colléctive fárm *n.* (ソ連などの)集団農場, コルホーズ (kolkhoz).

col·léc·tive·ly *adv.* **1** 集合的に, 集合体[全体]として; 一団として, 一まとめにして: bargain ～ 団体交渉する. **2** 〘文法〙 集合名詞として, 集合名詞的に.

colléctive màrk *n.* 団体マーク《団体の商標・サービスマークで, 当該団体のメンバーのみが用いる》.

colléctive nóun *n.* 〘文法〙 集合名詞《例: my *family* / a herd of *swine* / feed *cattle*》. ★ 同一名詞でも The *majority* decides. / The *majority* were slaves. のように単・複両様に用いることがある (cf. NOUN of multitude).

colléctive pítch contròl *n.* 〘航空〙 コレクティブピッチ制御《回転翼機が垂直に離着陸またはホバーする場合に, ローター翼の揚力を加減するために, 翼のピッチ角を回転の方位角に無関係に同時に増減すること; cf. cyclic pitch control》.

colléctive psychólogy *n.* 集合[集団]心理(学).

colléctive secúrity *n.* 集団安全保障.

colléctive uncónscious *n.* 〘心理〙 集団的無意識《古代人から遺伝として受け継がれ, すべての個人が普遍的にもつとされる無意識の部分; C. G. Jung の説; racial unconscious ともいう》.

colléctive víllage *n.* 〘社会学〙 集村《ある場所に家屋が集まり, 群居生活が営まれている村落形態; cf. scattered settlement》.

col·léc·tiv·ism [-tɪvìzm, -tə- | -tɪ-] 〘⇨ F *collectivisme*〙 ── *n.* **1** 〘政治〙 集産主義《国家または私的集団が権力によって財の生産・分配およびサービスを集団的に統制する社会制度[運動]; cf. capitalism, socialism》. **2** 〘心理〙 集団主義《個人としてではなく集団として行動[思考]する傾向》.

col·léc·tiv·ist [-vɪst, -vəst | -vɪst] 〘⇨ F *collectiviste*〙 *n.* 集産主義者. ── *adj.* **1** 集産主義の[に関する]; 集産主義的な. **2** 集産主義者の.

col·lec·tiv·is·tic [kəlèktɪvístɪk, -tə- | -tɪ-] *adj.* ＝collectivist. **col·lèc·ti·vís·ti·cal·ly** *adv.*

col·lec·tiv·i·ty [kəlèktívəṭi, kɑ̀lek-, -lɪk-, -lək- | kɔ̀lektívəti, -vɪ-] *n.* **1** 集合性, 集団性. **2 a** 集産, 共有. **b** [集合的] (一単位と見なされる)民衆; 集団, 集合体.

col·lec·tiv·ize [kəléktɪvàɪz, -tə- | -tɪ-] *vt.* **1** 集産主義的にする, 集産(主義)化する. **2** 集団農場にする: ～ the land. **col·lec·ti·vi·za·tion** [kəlèktɪvɪzéɪʃən, -tə-, -və- | -tɪvaɪ-, -vɪ-] *n.*

col·léc·tor 〘《*c*1405》 ⇨ AF *collectour* (F *collecteur*) ⇨ ML *collector*〙 ── *n.* **1** 収集家; 採集者: an art ～ 美術品収集家 / a ～ of coins 貨幣収集家 / a stamp ～ 切手収集家. **2 a** 集金人, 取立人: a bill ～ 集金人, かけ取り / a tax ～ 収税人 / a ticket ～ (駅などの)集札係. **b** 徴税官. **c** (旧英領インドの)収税官《地方長官の名称》. **d** 《英》 教区慈善金募集係. **3 a** (各種の)収集器[装置]. **b** 〘電気〙 集電器. **c** 〘電子工学〙 コレクター《(トランジスターの一電極); 集電極《電子流を集取する電極》. **4** 〘鉱山〙 捕集剤, 捕収剤《浮遊選鉱法で鉱石を浮遊させるための化学薬品》.

col·lec·tor·ate [kəléktərət, -rɪt] *n.* (特に, インドの)収税官の職[管区].

colléctor elèctrode *n.* 〘電子工学〙 集電極《klystron のこと》.

colléctor rìng *n.* 〘電気〙 スリップリング, 集電環《モーター・発電機などの回転子内回路をブラシを介して外部に取り出すための導体環; slip ring ともいう》.

colléctor·shìp *n.* 集金人[収税官]の役[職].

colléctor shòe *n.* 〘電気〙 **1** 集電シュー《地下鉄などの第 3 レールからの集電装置》. **2** ＝collector ring.

colléctor's ìtem [pìece] *n.* **1** 好事家の興味を引き[欲しがり]そうなもの. **2** ＝collectible.

col·leen [kɑ́li:n, kəlí:n, kɑ- | kɔ́li:n, ─́─] 〘⇨ Ir.-Gael. *cailín* (dim.) ← *caile* countrywoman〙 ── *n.* 《アイル》 少女, 娘 (girl, maiden): a ～ bawn 色白の娘. **2** アイルランドの少女, 娘.

Col·leen [kɑli:n, ─́─ | kɔ́li:n, (*Ireland* では) ─́─] 〘↑〙 *n.* 女性名.

col·lege [kɑ́lɪdʒ | kɔ́l-] 〘《*c*1390》 ⇨ (O)F *collège* ⇨ L *collēgium* union or association of persons, guild ← *collēga*: ⇨ colleague〙 ── *n.* **1 a** 大学, カレッジ: enter [be in] ～ カレッジに入る[いる] / enter business after ～ 大学[カレッジ]を出てから実業界に入る / go to ～ 大学へ行く / Where do you go to ～? どこの大学に行っているのか. **b** 《英》 学寮《Oxford, Cambridge では多くの学寮が集まって University を構成する; 学寮は独立した自治体で伝統的な特色を誇る》: King's *College*, Cambridge / New *College*, Oxford. **c** 《米》 単科大学, 分科大学; (総合大学の)学部 (faculty, department): the *College* of Medicine 医科大学 / ⇨ community college, junior college. **d** [校名に用いて] (英国・カナダで)パブリックスクール: Eton *College*, Winchester *College* (cf. Harrow School, Rugby School). **e** 特殊専門[実業]学校: a ～ of agriculture 農業専門学校 / a ～ of theology 神学校 / a business ～ 実業専門学校 / the Royal Naval *College* 《英》 海軍兵学校. **2** [集合的にも用いて] (上記各種学校の)校舎, 寮舎. **3** (一大学[学部]の)教職員と学生全体. **4 a** (共通の利害をもつと思われる)団体, 協会, 学会: the Royal [American] *College* of Surgeons 英[米]国外科医師会 / ⇨ electoral college / the Sacred *College* ＝ the COLLEGE of Cardinals. **b** 選挙民たち. **5** (基金によって共同生活をする)修道院. **6** 集合, 群 (assemblage): a ～ of bees. **7** 《英》 (老人・孤児・病人などの)救護院 (asylum). **8** 《英俗》 刑務所 (prison), 少年鑑別所 (reformatory).

College of Arms [the ─] (英国の)紋章院《イングランド・ウェールズおよび北アイルランドの紋章認可, 紋章と家系図の記録保管などの事務を統轄し, 1484 年設立された; Heralds' College ともいう; cf. Earl Marshal 2, KING of Arms, herald 3, pursuivant 1; COURT of the Lord Lyon》.

College of Cardinals [the ─] 〘カトリック〙 枢機卿会《全枢機卿で構成する教皇の最高諮問機関で, 教皇を選挙する; Sacred College ともいう; cf. conclave 2》.

college of education 教員養成所 (cf. training college, normal school).

College of Heralds [the ─] ＝COLLEGE of Arms.

College of Justice [the ─] (スコットランドの)民事控訴院 (Court of Session) で裁判に参加する人々の総称《裁判官・弁護士・裁判所職員など》.

College of Pontiffs [the ─] (古代ローマの)皇帝の下に最高祭司, その他高位の祭司からなる枢密院《Pontifical College ともいう》.

College of Propaganda [the ─] 〘カトリック〙 宣教

院《外国宣教をつかさどり，その宣教師を養成する教皇庁の機関；単に Propaganda ともいう》.
cóllege bòards *n. pl.*《米》大学入学資格試験《大学入試委員会が行なう試験；大学によって志願者の全員，または学業成績が一定の水準に達しない者が受ける》.
cóllege-bréd *adj.* 大学教育を受けた，大学出の.
cóllege ìce *n.*《ニューイングランド》＝sundae.
cóllege lìving *n.*《英》大学が与える聖職禄(ろく).
cóllege-preparatory *adj.* 大学入学準備の.
cóllege púdding *n.* (一人一個用の)小形プラムプディング.
cól·leg·er *n.* **1**《米》大学生. **2**《英》イートン校 (Eton College) の給費生 (cf. oppidan 2). **3**《俗》＝mortar-board 2.
college trý *n.* [通例 the old ～ として]《米口語》(特に，チームや母校のために)懸命に努力すること，全力を尽くすこと: make [give] *the old* ～.
cóllege wìdow *n.*《米口語》大学町に住んで次々と学生とデートする未婚婦人.
collegia *n.* collegium の複数形.
col·le·gi·al [kəlíːdʒiəl, -dʒəl | -dʒɪəl, -dʒəl] 〘《?c1350》▭L *collēgiāl-is*〙 *adj.* **1** 大学の (collegiate). **2** (共同の事業などに従事する)団体の. **～·ly** *adv.*
col·le·gi·al·i·ty [kəlìːdʒiǽləṭi | -dʒɪǽlətɪ, -lɪ-] *n.*〖カトリック〗団体性《司教が全員で教皇と共に教会に対する教導権をもつというローマカトリック教会の第二バチカン公会議の考え方》.
col·le·gian [kəlíːdʒən, -dʒiən | kəlíːdʒɪən, kəl-] 〘《c1378》▭ML *collēgiān-us*: ⇨ -an¹〙 *n.* 大学 (college) の学生.
col·le·giate [kəlíːdʒət, -dʒɪt, -dʒiət, -dʒiɪt | kəlíːdʒɪət, kɔ-, -dʒɪɪt] 〘《1446》▭ ML *collēgiāt-us*: ⇨ college, -ate²〙 ― *adj.* **1 a** 大学の: ～ life カレッジ生活. **b** カレッジの学生の；大学生用の[向けの]: a ～ dictionary 大学生用辞書. **2** 大学組織の，大学程度の: a ～ institution, school, etc. **3** 団体組織の. **4** collegiate church の(ような). **～·ly** *adv.* **～·ness** *n.*
collégiate chúrch *n.* **1**〖英国国教会〗聖堂参事会 (chapter) の管理する教会，共住聖職者教会《London の Westminster Abbey などはその例で，この主管はしたがって主教 (bishop) でなく聖堂参事会長 (dean)》. **2**《スコット》〖キリスト教〗二人以上の牧師が共同管理する教会. **3**《米》〖キリスト教〗協同教会《二つ以上の教会が同一管理下に合同したもの》. **4**〖キリスト教〗(牧師が共同管理する)合併[合同]教会，共同教会.
col·le·gi·um [kəlégiəm, -léɪg- | -gɪ-] 〘▭L *collēgium*: ⇨ college〙 *n.* (*pl.* **-gi·a** [-giə | -gɪə], **～s**) 構成員が平等の権限をもつ委員会；(特に)ソビエトの諮問委員会.
col le·gno [koʊl-léɪnjoʊ | kɔl-léɪnjəʊ; *It.* kolléɲɲo] 〘▭It. ～〙 ― *adv.*〖音楽〗コルレーニョ，木をもって (with the wood)《弦楽器を奏するとき弓の背の木の部分で弦をたたくようにして奏せよ，という指示の語》.
Col·lem·bo·la [kəlémbələ] 〘← NL ～ ← COLLO- + Gk *émbolos* peg, wedge〙 *n. pl.*〖昆虫〗トビムシ目，粘管目. **col·lém·bo·lous** [-ləs] *adj.*
col·lem·bo·lan [kəlémbələn]〖昆虫〗*adj.* トビムシの；トビムシ[粘管]目の. ― *n.* トビムシ (springtail)《トビムシ目の昆虫の総称》.
col·len·chy·ma [kəléŋkəmə | -kɪ-] 〘← NL ～: ⇨ collo-, -enchyma〙 *n.* (*pl.* **～·ta** [～ṭə | ～tə])〖植物〗厚角組織 (cf. sclerenchyma). **col·len·chym·a·tous** [kɑ̀lənkíməṭəs, -lən-, -káɪm- | kɔ̀lɪnkímət-, -káɪm-] *adj.*
Cól·les's frácture [kɑ́lɪsɪz-, -lə-, -səz-, -liːzɪz-, -zəz-|kɔ́lɪsɪz-, -səz-] 〘← *A. Colles* (1773–1843: アイルランドの医師)〙 *n.*〖医学〗コリース骨折《前腕の橈骨(とう)下端の骨折の一種；Colles fracture ともいう》.
col·let [kɑ́lɪt, -lət | kɔ́l-] 〘《1528》▭(O)F ～ (dim.) ← *col* neck < L *collum*: ⇨ -et: cf. collar〙 *n.* **1** (指輪の)宝石の受座，玉受座，コレット. **2**〖機械〗コレット《丸棒材をつかむのに用いる》；リング. **3**〖時計〗ひげ玉《ひげぜんまいの内端をてん真に取り付ける部品》. ― *vt.* 〈宝石を〉コレット[玉受座]にはめる.
Col·lette [ko(ʊ)lét, kə- | kɔ(ʊ)-] 〘▭F ～ (fem. dim.) ← NICHOLAS¹: ⇨ -ette〙 *n.* 女性名. ★ ローマカトリックに多い.
col·lide [kəláɪd] 〘《1621》▭L *collīd-ere* to clash together ← *col-* 'COM-'+*laedere* to strike, hurt〙 ― *vi.* **1** (激しく)ぶつかる，衝突する〔*against, with*〕: The car ～*d against* the wall. 車が塀にぶつかった / They ～*d with* each other. ぶつかり合った. **2** 〈意見・利害・目的などが〉一致しない，相反する〔*with*〕: His opinion ～*d with* mine on that matter. そのことでは彼の意見は私の意見と衝突した. **3**〖物理〗〈素粒子・原子核・原子・分子などが〉(互いに)衝突する. ― *vt.* 衝突させる.
col·líd·er *n.*〖物理〗衝突器《荷電粒子ビームを磁場の中に貯蔵し，ビームとビームの衝突をさせる装置》.
col·li·dine [kɑ́lədiːn, -dɪn, -dən | kɔ́lɪdiːn, -dɪn] 〘← COLLO-+-IDINE〙 ― *n.*〖化学〗コリジン ($C_8H_{11}N$)《2, 4, 6-トリメチルピリジン，またはその異性体；溶剤に用いられる》.
col·lie [kɑ́li | kɔ́lɪ] 〘← ?《スコット》*colly* coal-black ← *coll* 'COAL': その黒毛種から: cf. colly〙 *n.* コリー《スコットランド原産の犬種のイヌ；被毛は長毛の rough と短毛の smooth との二種に区別される》.
cól·lied 〘← COLLY〙 *adj.*《英方言》すすけた (sooty)，すすけて黒い (blackened).
col·lier [kɑ́ljə | kɔ́lɪə(r), -ljə(r)] 〘《1276》*colyer* ← *col* 'COAL': ⇨ -ier〙 ― *n.* **1**《英》(炭鉱の)坑夫 (coal miner). **2 a** 石炭船，運炭船 (coal ship): a ～ master 石炭船の船長. **b** 石炭船の水夫. **3**《廃》石炭商.
Col·lier [kɑ́ljə | kɔ́lɪə(r), -ljə(r)], **Jeremy** *n.* (1650–1726) 英国の牧師・著作家；臣従拒誓者 (nonjuror).
col·lier·y [kɑ́ljəri | kɔ́ljərɪ] 〘← COLLIER+-RY〙 *n.*《英》(建物・設備などを含む)炭鉱.
col·lie·shang·ie [kɑ́liʃæ̀ŋi, kɑ́l- | kɔ́lɪʃæ̀ŋɪ] 〘← ? COLLIE + *shang* kind of meal (← ? Sc.-Gael. *seang* thin)+-IE〙 *n.*《スコット》争い，けんか (quarrel).
col·li·gate [kɑ́lɪgèɪt, -lə- | kɔ́lɪ-] 〘《1545》← L *colligāt-us* (p.p.) ← *colligāre* ← *col* 'COM-'+*ligāre* to bind (⇨ league²)〙 ― *vt.* **1** 結びつける，結合する. **2** (特に)〈個々の事実を〉(一つの概念下に，また一般原理を引き出すために)総括する，綜合する. **3**〖言語〗他の要素とともに〈語を〉類別する. ― *vi.* **1** 集団の一員になる. **2**〖言語〗類別関係にある.
col·li·ga·tion [kɑ̀lɪgéɪʃən, -lə- | kɔ̀lɪ-] *n.* **1** 結合. **2** (事実などの)総括，綜合. **3**〖言語〗類連結《統語構造において互いに結合しあう語類に属する語の連続したもの；例えば「形容詞＋名詞」の good books；cf. collocation 3》.
col·li·ga·tive [kɑ́ləgèɪṭɪv, kəlígəṭ- | kɔ́lɪgèɪt-, kəlígət-] *adj.*〖物理化学〗束一性の《組成によらず量によって定まる性質をもつ；cf. constitutive 4》.
col·li·mate [kɑ́ləmèɪt | kɔ́lɪ-] 〘《1623》← NL *collīmāt-us* (p.p.) ← *collīmāre*: L *collineāre* to bring together into line with の誤読から生じた語: cf. collinear〙 ― *vt.* **1 a** (一定線[方向]と)平行にする. **b** (レンズ・反射鏡などによって)〈光を〉平行にする: ～ rays. **2** …の視準を整正する，視準する: ～ a telescope.
col·li·ma·tion [kɑ̀ləméɪʃən | kɔ̀lɪ-] *n.* **1** 視準整正. **2** 視準，照準: the error of ～＝the ～ error 視準誤差 / the line of ～＝the ～ line 視準線，視軸(線)，視線《望遠鏡の対物レンズの中心と十字線 (cross hair) の交点を結ぶ線》. **3** (光などを)平行にすること.
cól·li·mà·tor [-ṭə | -tə(r)] *n.* **1**〖光学〗**a** コリメーター，視準器《レンズまたは反射鏡の焦点にピンホールあるいはスリットをおき，これを通過した光を平行光線束にする装置》. **b** (望遠鏡)視準儀. **2**〖物理〗コリメーター《素粒子・原子核・原子または分子のビームを細くする装置》.
col·lin·e·ar [kəlíniə, kɑ-, ko(ʊ)- | kɔlínjə(r), kə-, -nɪə(r)] 〘← *col-* 'COM-'+LINEAR〙 ― *adj.*〖数学〗同一直線上の，共線的な. **col·lin·e·ar·i·ty** [kəlìniǽrəṭi, kɑ-, ko(ʊ)- | kɔlìnɪǽrətɪ, kə-, -rɪ-] *n.* **～·ly** *adv.*
col·lins, C- [kɑ́lɪnz, -lənz | kɔ́lɪnz] 〘← *Tom Collins* (その考案者であるバーテンの名)〙 ― *n.* コリンズ《ジン[ウイスキー，ラム，ブランデー，ウォッカなど]をベースにして砂糖・レモン[ライム]ジュース・炭酸水・氷を入れて大きなタンブラーに入れて出す飲物；cf. Tom Collins》.
Col·lins [kɑ́lɪnz, -lənz|kɔ́lɪnz] 〘Jane Austen 作 *Pride and Prejudice* 中の人物名から〙 *n.*《英口語》(客からのごちそうの)礼状 (bread-and-butter letter).
Col·lins [kɑ́lɪnz, -lənz | kɔ́lɪnz], **Michael** *n.* (1890–1922) アイルランドの革命家・愛国者.
Collins, William *n.* (1721–59) 英国の詩人；*Odes* (1747).
Collins, (William) Wilkie *n.* (1824–89) 英国の小説家；*The Woman in White* (1860), *The Moonstone* (1868).
col·lin·si·a [kəlínziə, kɑ-, -siə | kəlínsɪə, kə-, -zɪə] 〘← NL ～ ← *Zaccheus Collins* (1764–1831: 米国の植物学者): ⇨ -ia¹〙 ― *n.*〖植物〗コリンソウ《ゴマノハグサ科コリンソウ属 (*Collinsia*) の植物の総称；コリンソウ (*C. bicolor*) など；通例花は輪生で色がまだら》.
col·li·sion [kəlíʒən] 〘《?a1425》▭L *collīsiō(n-)* ← *collīdere*: ⇨ collide, -sion〙 ― *n.* **1** (列車・船などの)衝突〔*with, against, between*〕: a ～ *between* the two cars 二台の車の衝突 / a ～ of the car *with* the truck 車とトラックの衝突. **2 a** (意見・利害・目的などの)衝突，対立，不一致: be in ～ *with* …と衝突している / come into ～ *with* …と衝突する. **b** (音響などの)不調和. **3**〖物理〗衝突《素粒子や原子核が原子などとぶつかり合うこと》. **～·al** [-ʒənḷ, -ʒnəl] *adj.*
collísion avòidance sỳstem *n.*〖航空〗(空中)衝突防止システム.
collísion bùlkhead *n.*〖造船〗船首隔壁《衝突して船首が破れても，船内に水が入らないように設けてある》.
collísion còurse *n.* (針路の変更がなければ衝突が避けられない)衝突針路[路線]: His policy is *on a* ～ *with* the public interests. 彼の政策は公共利害と必ずぶつかる.
collísion insùrance *n.*〖保険〗(自動車の)衝突保険.
collísion màt *n.*〖海事〗防水マット《衝突・座礁・敵弾などで生じた破孔に応急用にあてる帆布製マット》.
collísion wàrning equìpment *n.*〖航空〗(空中)衝突警報装置.
col·lo- [kɑ́lo(ʊ) | kɔ́lə(ʊ)] 〘← NL ～ ← Gk *kollo-* ← *kólla* glue〙「膠(にかわ) (glue)；コロイド (colloid)」の意の連結形. ★ 母音の前では通例 coll- になる.
col·lo·blast [kɑ́ləblæ̀st|kɔ́l-] 〘⇨ ↑, -blast〙 *n.*〖動物〗粘着細胞 (adhesive cell).
col·lo·cate [kɑ́ləkèɪt | kɔ́lə(ʊ)-] 〘《1513》← L *collocāt-us* (p.p.) ← *collocāre* to place together ← *col-* 'COM-' +*locāre* to place (⇨ locate)〙 ― *vt.* **1** 一緒に並べる. **2** (一定の順序に)配置[配列]する. ― *vi.*〖文法〗〈語が〉連結する，連語をなす〔*with*〕. ― *n.*〖文法〗連語構成語《連語関係 (collocation) をなす語；例えば bring to blows という連結は bring, to, blows という三つの連語構成語から成る》.
col·lo·ca·tion [kɑ̀ləkéɪʃən | kɔ̀lə(ʊ)-] 〘《c1450》▭L *collocātiō(n-)*: ⇨ ↑, -ation〙 *n.* **1** 一緒に並べること. **2** 配置，配列. **3**〖文法〗語の配置，連語(関係)，コロケーション (cf. colligation 3). **～·al** [-ʃənḷ, -ʃnəl] *adj.*
col·loc·u·tor [kəlɑ́kjuṭə, ko(ʊ)-, kɑ́ləkjùːṭə | kɔ́ləkjùːtə(r), kəlɔ́kjʊ-, kə-] 〘▭LL *collocūtor* ← L *collocūtus* (p.p) ← *colloquī* to converse ← *col-* 'COM-'+*loquī* to speak: ⇨ -or²〙 ― *n.* 対話[対談]の相手，対談者.
Col·lo·di [kəlóʊdi | -ləʊdɪ; *It.* kollɔ́ːdi], **Carlo** *n.* コルローディ (1826–90; イタリアのジャーナリスト・児童文学者；*Le Avventure di Pinocchio*「ピノキオの冒険」(1883)；本名 Carlo Lorenzini).
col·lo·di·on [kəlóʊdiən | -ləʊdjən, -dɪən] 〘← NL *collōdium* ← Gk *kollṓdēs* like glue ← *kólla* glue+ -*ōdēs*: ⇨ collo-, -ode¹〙 ― *n.*〖化学〗コロジオン《ピロキシリン (pyroxylin) のエーテルアルコール溶液；蒸発すれば薄膜を残すので写真のフィルム・傷口の被覆などに用いる》.
collódion cótton *n.*〖化学〗コロジオン綿 (⇨ pyroxylin).
col·lo·di·on·ize [kəlóʊdiənàɪz | -ləʊdjə-, -dɪə-] *vt.* …にコロジオンを塗る，コロジオンで処理する.
collódion pròcess *n.*〖写真〗コロジオン法，湿板写真.
col·lo·di·o·type [kəlóʊdiətàɪp | -ləʊdjə-, -dɪə-] *n.*〖写真〗コロジオン写真《感光薬の媒体としてコロジオンを使用した種々の昔の写真》.
col·lo·di·um [kəlóʊdiəm | -ləʊdjəm, -dɪəm] 〘← NL ～: ⇨ collodion, -ium〙 *n.*〖化学〗＝collodion.
col·logue [kəlóʊg | -ləʊg] 〘《変形》? ←《廃》*colleague* to conspire (⇨ colleague): F *colloque* & L *colloquī* to talk together の影響を受けた?〙 ― *vi.* **1** ひそひそ話をする；密談する. **2**《方言》しめし合わせる，共謀する.
col·loid [kɑ́lɔɪd | kɔ́l-] 〘← COLLO-+-OID〙 *n.*〖物理化学〗コロイド，膠(こう)質，膠状質 (cf. crystalloid 1). ― *adj.* ＝colloidal.
col·loi·dal [kəlɔ́ɪdḷ, kɑ- | kə-, kɔ-] *adj.* 膠質の，コロイド性の: ～ silver [gold] コロイド銀[金] / ～ solution〖物理化学〗コロイド溶液，ゾル. **～·ly** *adv.*
collóidal fúel *n.*〖化学〗コロイド燃料《石炭など固体燃料の微粉を燃料油に混合した液体燃料》.
col·lop [kɑ́ləp | kɔ́l-] 〘《a1376》*colop(p)e* an egg fried in grease ← ? ON: cf. OSwed. *kol-hup-padher* (Swed. *kollops*) cooked on coal〙 *n.* **1 a** 肉の薄片；(特に)ベーコンの薄片；小間切れ肉. **b** 小さい薄片，小さな一塊，小さな一部分. **2**《古》(肥えた人・動物の)皮膚のひだ (cf. *Job* 15:27).
col·lo·phane [kɑ́ləfèɪn | kɔ́l-] 〘← COLLO-+-PHANE〙 *n.*〖鉱物〗膠状石《潜晶質塊状の燐灰石；外観は蛋白石に似ている；collophanite ともいう》.
col·loph·a·nite [kəlɑ́fənàɪt | -lɔ́f-] 〘⇨ ↑, -ite¹〙 *n.*〖鉱物〗＝collophane.
col·lo·phore [kɑ́ləfɔ̀ə, -fòə | kɔ́ləfɔ̀ː(r)] 〘← COLLO-+-PHORE〙 ― *n.*〖昆虫〗腹管，吻状器《トビムシ類の腹部第1節から下方に突き出している太い円筒状の嚢；粘管目の昆虫に特有の器官》.
colloq. 《略》colloquial; colloquialism; colloquially.
colloquia *n.* colloquium の複数形.
col·lo·qui·al [kəlóʊkwiəl | -ləʊkwɪ-] 〘⇨ colloquy, -al¹〙 ― *adj.* **1** 日常会話の[に関する，で表現される]: a ～ knowledge of Japanese (読み書きは別として)しゃべるだけの日本語の知識 / a ～ extravagance 口数の多いおしゃべり. **2** 口語の，口語体の，談話体の (conversational) (cf. literary 3, vulgar 4, slangy 1). **3** 口語体[会話体]を用いる: a ～ poet. ― *n.* 口語表現；口語体；口語. **col·lo·qui·al·i·ty** [kəlòʊkwiǽləṭi | -ləʊkwɪǽlətɪ, -lɪtɪ] *n.*
col·ló·qui·al·ìsm [-lìzm] *n.* **1** 口語体，談話体. **2** 口語的表現；方言的表現.
col·lo·qui·al·ize [kəlóʊkwiəlàɪz | -ləʊkwɪ-] *vt.* 口語体で書く.
col·ló·qui·al·ly [-kwiəli | -kwɪəlɪ] *adv.* **1** 口語体に，談話体風に. **2** 会話で (orally): know French ～ フランス語をしゃべる程度に知っている，フランス語の会話はできる.
col·lo·quist [kɑ́ləkwɪst, -kwəst | kɔ́ləkwɪst] *n.* 談話者 (talker).
col·lo·qui·um [kəlóʊkwiəm|-ləʊkwɪ-] 〘▭L ～ (↓)〙 ― *n.* (*pl.* **～s**, **-qui·a** [-kwiə | -kwɪə]) **1** 討論会，会議；(特に，一定の題目のもとに専門家も加わって行なう)研究会，セミナー. **2**〖法律〗名誉毀損の主張《名誉毀損の訴えで原告が，原告または特定の事実に関して被告が名誉毀損的言辞を用いたと主張すること》.
col·lo·quy [kɑ́ləkwi | kɔ́ləkwɪ] 〘《1459》▭L *colloquium* conversation ← *colloquī* to converse ← *col-* 'COM-' +*loquī* to speak〙 ― *n.* **1 a** 会話，対話，対談 (talk, conversation). **b** (高度な)討論，会議，会談 (conference): hold ～ with …と会談する. **2** 対話形式の文学作品. **3**〖キリスト教〗(ある改革派教会で)教務会《長老派教会の長老会 (presbytery) に類する》.
col·lo·type [kɑ́lətàɪp | kɔ́lə(ʊ)-] 〘← COLLO-+-TYPE〙〖印刷〗 ― *n.* **1** コロタイプ《写真応用製版印刷法；albertype, artotype ともいう》；コロタイプ版. **2** コロタイプ印刷物. ― *vt.* コロタイプで印刷する.
col·lude [kəlúːd | kəlúːd, kɔ-, -ljúːd] 〘《1525》▭L

collūd-ere to play together ← *col-* 'COM-'+*lūdere* to play (← *lūdus* game)〛 ― *vi.* 《古》ひそかに結託する; 共謀する (conspire). **~·er** *n.*

col·lu·nar·i·um [kɑ̀lənέ(ə)riəm | kɔ̀ljunέəri-] 〚← NL ~ ← L *colluere* to wash+*nāris* nostril+-IUM〛 *n.* (*pl.* -i·a [-riə | -rɪə])《医学》点鼻剤, 洗鼻剤.

col·lu·sion [kəlúːʒən | -lúː-, -ljúː-] 〚《1389》□ (O)F ~ // L *collūsiō(n-)* ← *collūdere* 'to COLLUDE'〛 ― *n.* **1** 結託; 共謀 (conspiracy). **2** 《法律》通謀, なれ合い訴訟 (cf. covin 1): the parties in ~ なれ合い訴訟の当事者.

col·lu·sive [kəlúːsɪv, -zɪv | -lúːs-, -ljúː-] *adj.* 共謀的な, なれ合いの上での, 互いに気脈を通じた: a ~ agreement 共謀協定. **~·ly** *adv.*

col·lu·to·ri·um [kɑ̀lətɔ́ːriəm, -tóːr- | kɔ̀lətɔ́ːrɪ-] 〚← NL ~: ⇨ ↓, -ORIUM〛 *n.* 《薬学》=collutory.

col·lu·to·ry [kɑ́lətɔ̀ːri, -tòːri | kɔ́lətəri] 〚← NL *collutorium* ← *colluere* to rinse ← *col-* 'COM-'+*lavere* to wash: ⇨ -ory²〛 ― *n.* 《薬学》含嗽(がん)剤, うがい薬 (mouthwash).

col·lu·vi·um [kəlúːviəm | -lúːvjəm, -ljúː-, -vɪəm] 〚□ ML ~ =L *colluviēs* washings, dregs ← *colluere* to wash: ↑〛 ― *n.* (*pl.* -vi·a [-viə | -vjə, -vɪə], ~s) 《地質》傾斜地の麓に堆積した土砂や岩屑. **col·lú·vi·al** [-viəl | -vjəl, -vɪəl] *adj.*

col·ly [kɑ́li | kɔ́li] 〚《c1325》*colwe(n)* ← *col* 'COAL'〛《英方言》*vt.* (すすで)よごす, 黒くする (smut, blacken). ― *n.* すす, よごれ (soot, grime).

col·lyr·i·um [kəlíriəm | -rɪ-] 〚□ L ~ □ Gk *kollúrion* poultice, eye salve (dim.) ← *kollūrā* roll of bread〛 *n.* (*pl.* -i·a [-riə | -rɪə], ~s) 《医学》洗眼薬 (eyewash).

col·ly·wob·bles [kɑ́liwɑ̀blz | kɔ́lɪwɔ̀blz] 〚《変形》← NL *cholera morbus* 'the disease CHOLERA': ⇨ morbid: COLIC と WOBBLE の影響を受けた〛 ― *n. pl.* [通例 the ~; 単数または複数扱い]《口語》**1** (腹鳴りを伴う)腹痛, (腹痛を伴う)下痢. **2** (腹痛などを伴う精神的な)不安: get *the* ~ 怖気づく.

Col·mar [kóulmɑːr, ―´ | kɔ́lmɑː(r; *F.* kɔlmaːr] *n.* コルマール《フランス北東部の都市, Haut-Rhin 県の首都; 織物の生産地; 人口 68,000》.

Col·ney Hatch [kóuni hǽtʃ | kəunɪ-] 〚所在地の村名にちなむ〛 *n.* **1** イングランド Lothian 州にある精神病院. **2** 精神病院.

Colo. 《略》Colorado.

co·lo- [kóulo(u), kɑ́l- | kəulə(u), kɔ́l-] 〚← NL ~ ← L *colon* □ Gk *kólon*〛 ―「大腸, 結腸; 大腸菌」の意の連結形: *colo*stomy. ★ 時に coli-, また母音の前では通例 col- になる.

col·o·bus [kɑ́ləbəs | kɔ́l-] 〚← NL ~ ← Gk *kolobós* mutilated: 未発達の拇指にちなむ〛 *n.* (*pl.* -o·bi [-bàɪ, -bìː]) 《動物》=guereza.

co·lo·cate [kòulóukeɪt, -lo(u)kéɪt | kə̀ulə(u)kéɪt] *vt.* 同じ場所に配置する, ごく近接させて配置する. **co·lo·ca·tion** [kòulo(u)kéɪʃən | kə̀ulə(u)-] *n.*

col·o·cynth [kɑ́ləsìnθ | kɔ́l-] 〚□ L *colocynth-is* □ Gk *kolokunthis* wild gourd〛 ― *n.* **1 a** 《植物》コロシントウリ (*Citrullus colocynthis*)《アジア・地中海方面の温暖地方に産するウリ科の植物; colocynth apple ともいう》. **b** コロシントウリの果実《bitter apple ともいう》. **2** 《薬学》コロシント《コロシントウリの果肉で調製する下剤》.

colog. 《記号》《数学》cologarithm.

cò·lógarithm 〚← CO-¹+LOGARITHM〛 *n.* 《数学》余対数《逆数の対数; 商の対数を表わすのに使う; 記号 colog.》.

co·logne [kəlóun | -lɔ́un] 〚↓〛 *n.* オーデコロン, コローン水《eau de Cologne, cologne water ともいう》. **co·lógned** *adj.*

Co·logne [kəlóun | -lɔ́un] 〚← L *colōnia* 'COLONY'〛 ― *n.* ケルン《西ドイツの Rhine 川に臨む都市; 商工業の大中心地; 大学・大聖堂がある; 人口 1,023,000; ドイツ語名 Köln》.

Co·lom·bi·a [kəlʌ́mbiə, -lóum- | -lɔ́mbɪə, -lʌ́m-, -bjə; *Sp.* kolómbja] 〚*Columbus* (It. *Colombo*) にちなむ〛 ― *n.* コロンビア《南米北西部の共和国; 人口 25,050,000, 面積 1,138,900 km², 首都 Bogotá; 公式名 the Republic of Colombia コロンビア共和国》.

Co·lom·bi·an [kəlʌ́mbiən, -lóum- | -lɔ́mbɪən, -lʌ́m-, -bjən] *adj.* **1** コロンビアの[に関する, 特有の]. **2** コロンビア人の[に関する, に特有の]. ― *n.* コロンビア人.

Co·lom·bo [kəlʌ́mbou | -lʌ́mbəu, -lɔ́m-] *n.* コロンボ《スリランカ (Sri Lanka) の西海岸にある海港で, 同国の首都; 人口 563,000》.

co·lon¹ [kóulən, -lɑn | kə́ulən, -lɔn] 〚《1589》□ L *cōlon* □ Gk *kōlon* limb, part of a verse ← IE *skel- crooked (Gk *skélos* leg)〛 ― *n.* (*pl.* ~s, 2 では **co·la** [-lə]) **1** (句読点の)コロン (:). ★ ピリオド (.) とセミコロン (;) との中間に位する句読点で, 対句の間または説明句・引用句の前などに用いる; 引用文[句]を示す場合にはしばしば次にダッシュを添える; なお, 時(間)・分・秒を表わす数字の間, 聖書などの章句を表わす数字の間に, また, 対比を表わす数字の間に用いられる: the 10 : 15 p.m. train / 8 : 25 : 30 8 時間 25 分 30 秒 / *Luke* 2 : 3 ルカ伝 2 章 3 節 / 4 : 1 4 対 1《four to one と読む》/ 2 : 1 = 6 : 3 2 対 1 は 6 対 3《Two is to one as six is to three. と読む》. **2** 《古典詩学・修辞》コロン(単位): **a** (一つ以上の clause (節)からなる)文の一部《韻律の単位の一つ; cf. comma 3 a》. **b** (完全な clause をなす)韻文[散文]の 1 行[半行].

co·lon² [kóulən, -lɑn | kə́ulən, -lɔn] 〚□ L ~ □ Gk *kólon* large intestine〛 ― *n.* (*pl.* ~s, **co·la** [-lə]) 《解剖》結腸: the ascending [descending] ~ 上行[下行]結腸 / ⇨ transverse colon.

co·lon³ [kəlóun, ko(u)- | kə(u)lə́un; *Sp.* kolón] 〚□ Am.-Sp. *colón* ← Sp. *Cristóbol Colón* Christopher Columbus〛 ― *n.* (*pl.* **co·lo·nes** [-neɪs; *Sp.* -nes], ~s) **1 a** コロン《コスタリカの通貨単位; =100 centimos; 記号 ₡, C》. **b** コロン《エルサルバドルの通貨単位; =100 centavos; 記号 ₡, C》. **2** 1 コロン金貨; (エルサルバドルの) 1 コロン紙幣.

co·lon⁴ [kɔ(ː)lɔ́ː(ŋ), -lɔ́(ː)ŋ, kəlóun | kə(u)lɔ́ː(ŋ), -lɔ́(ː)ŋ; *F.* kɔlɔ̃] 〚□ F ~ □ L *colōnus* colonist: ⇨ colony〛 *n.* (特に, アルジェリアの)植民地農夫, 農園主.

Co·lón [kəlóun, ko(u)- | kɔlɔ́n; *Sp.* kolón] 〚□ Sp. ~ = Columbus〛 *n.* コロン《パナマ, Panama 運河の東口(大西洋岸)にある港市; 人口 68,000》.

cólon bacíllus *n.* 《細菌》大腸菌.

colo·nel [kə́ːnl | kə́ː-] 〚《1548》□《廃》F *coronel* (F *colonnel*)《異化》← It. *colonnello*《原義》column of soldiers (dim.) ← *colonna* 'COLUMN' < L *columnam*: 今の発音は古形から, また今のつづりは It. *colonnello* から〛 *n.* **1** 《軍事》《米》(陸軍・空軍・海兵隊)大佐;《英》陸軍大佐, 連隊長. **2** 《米》大佐《南部・中部の州で軍と関係のない名誉職などに対する敬称》.

Cólonel Blímp [-blímp] 〚David Low (1891-1963: 英国の風刺漫画家)の漫画中の人物から〛 ― *n.* 頑固な保守的考えの人; 中年のもったいぶった反動主義者. **~·ism** [~ɪzm] *n.*

colo·nel·cy [kə́ːnlsi | kə́ːnlsɪ] *n.* 大佐[連隊長]の地位[階級, 任務].

cólonel-in-chíef *n.* (*pl.* colonels-in-c-, ~s)《英》名誉連隊[部隊]長《通例王家の人がなる》.

cólonel·ship *n.* =colonelcy.

colones *n.* colon³ の複数形.

coloni *n.* colonus の複数形.

co·lo·ni·al [kəlóuniəl, -njəl | -lə́unjəl, -nɪəl] 〚《1776》〛 ― *adj.* **1 a** 植民地の[のための, 特有の, 風の]: a ~ policy 植民地政策 / under Portuguese ~ rule ポルトガルの植民地支配下に. **b** 植民地をもつ[から成る]: Britain's ~ empire. **2** [しばしば C-] **a** (米国における)英国植民地の, 英領植民地時代の (cf. colony 2 b): the (old) ~ days [times] 植民地時代. **b** 《建築》植民地時代風の, コロニアル風の《17-18 世紀米国における英本国 George 王朝様式の模倣にいう》: ~ architecture. **3** 《生態》群体[群落](colony) の. ― *n.* **1** 植民地人, 植民地住民. **2 a** 植民地用郵便切手[硬貨]. **b** 植民地時代風の製品. **~·ness** *n.*

colónial ánimal *n.* 《動物》群体動物 (compound animal).

colónial góose *n.* 《豪》骨を抜いた羊の脚に香料入りの詰めものをした料理.

co·ló·ni·al·ism [-lìzm] *n.* **1** (生活・風習・言語などの)植民地風, 植民地人気質[癖]. **2** 植民政策, 植民地化政策.

co·ló·ni·al·ist [-lɪst, -ləst | -lɪst] *n.* 植民地主義者. ― *adj.* =colonialistic.

co·lo·ni·al·is·tic [kəlòuniəlístɪk, -njə- | -lə̀unjə-, -nɪə-] *adj.* 植民地政策の, 植民地主義(者)の.

co·lo·ni·al·i·za·tion [kəlòuniəlɪzéɪʃən, -njə-, -lə- | -lə̀unjəlaɪ-, -nɪə-, -lɪ-] *n.* **1** 植民地化. **2** 植民; 植民地状態.

co·lo·ni·al·ize [kəlóuniəlàɪz, -njə- | -lə́unjə-, -nɪə-] *vt.* 植民地化する.

co·ló·ni·al·ly [-niəli, -njə- | -njəlɪ, -nɪə-] *adv.* **1** 植民地として, 植民地風に. **2** 《生態》群体[群落]的に.

Colónial Óffice *n.* [the ~] (英国の)植民省《現在は外務連邦省 (Foreign and Commonwealth Office) に統合》.

colónial síding *n.* 《木工》南京(ナン)下見, コロニアルサイディング《米植民地建築に見られる板を横に張った木造外壁; cf. bevel siding》.

co·lon·ic [ko(u)lɑ́nɪk, kə- | kə(u)lɔ́n-] *adj.* 《解剖》結腸 (colon) の.

cól·o·nist [-nɪst, -nəst | -nɪst] 〚《1701》〛 *n.* **1** 海外移住民, 植民者; (特に)植民地開拓者, 入植者 (settler). **2** 植民地住民.

col·o·ni·tis [kɑ̀lənáɪtɪs, -təs | kɔ̀lənáɪtɪs] 〚← COLON²+-ITIS: 語源的には COLITIS が正しい〛 *n.* 《病理》=colitis.

col·o·ni·za·tion [kɑ̀lənɪzéɪʃən, -nə- | kɔ̀lənaɪ-, -nɪ-] *n.* **1** 植民, 植民地建設; 拓殖, 移植. **2** 《米》(投票獲得のための)有権者の一時的移住.

còl·o·ni·zá·tion·ist [-ʃ(ə)nɪst, -nəst | -nɪst] *n.* 植民開拓主義者; (特に)在米黒人を Liberia に植民させようと主張したアメリカ奴隷廃止論者.

col·o·nize [kɑ́lənàɪz | kɔ́l-] 〚《1622》〛 ― *vt.* **1 a** …に植民地を建設する. **b** …に入植する, 拓植する. **2** 〈移民を〉植民地に送る, 移住させる. **3** 植物などを〈他地方〉に移植する. **4** 《米》〈有権者を〉投票獲得のため移住させる; 〈ある土地〉に不法有権者を移住させる. **5** 〈精神薄弱者などを〉特別隔離する. ― *vi.* **1** 開拓者となる; 入植する (settle). **2** 《生物》集落化する.

cól·o·nìz·er *n.* **1** 植民地開拓者; 植民者. **2** 《米》投票獲得のため有権者を移住させる人; 移入有権者.

col·on·nade [kɑ̀lənéɪd, ―― | kɔ̀lənéɪd] 〚《1718》□ F ~ □ It. *colonnato* ← *colonna* 'COLUMN': -*ade* は ARCADE, etc. の類推〛 ― *n.* **1** 《建築》コロネード, 列柱, 柱廊. **2** 並木.

còl·on·nád·ed *adj.* 《建築》列柱を備えた.

colonnade 1

co·lo·nus [kəlóunəs | -lə́u-] 〚□ L *colōnus* (↓)〛 *n.* (*pl.* **co·lo·ni** [-naɪ, -niː]) 《ローマ史》(ローマ帝国後期の)コロヌス《自由人だが, 土地に緊縛された農民》.

col·o·ny [kɑ́ləni | kɔ́lənɪ, kɔ́lnɪ] 〚《c1390》□ L *colōnia* landed estate, colony ← *colōnus* farmer ← *colere* to cultivate, dwell ← IE *kʷel- to dwell (L *inquilinus* dweller)〛 ― *n.* **1** [集合的] 植民, 移民. **2 a** 植民地: a ~ acquired by conquest [occupation] 征服[占領]植民地 / a ~ by emigration 移住植民地 / ⇨ crown colony / a ~ settlement 植民地. **b** [the Colonies] (英国が米国に最初に建設した)東部 13 植民地《New Hampshire, Massachusetts, Rhode Island, Connecticut, New York, New Jersey, Pennsylvania, Delaware, Maryland, Virginia, North Carolina, South Carolina, Georgia; cf. colonial 2 a》. **c** 《ギリシャ史》植民都市《独立した都市国家; cf. metropolis 4》. **d** 《ローマ史》征服植民地. **3 a** (国または都市の)特定外人居住地; 居留地; 租界; 居留民: the American ~ in Paris, the Italian ~ in Soho, etc. **b** (特殊な職業の人たちなどの住む)集団居住地,「村」,「町」,「街」; そこに住む人たち: a ~ of artists = an artists' ~ 美術家集団, 芸術家村 / a nudist ~ ヌーディスト村. **4 a** (治療・矯正などのため)他人から隔絶された人たち, 隔離集団: a TB ~ / a penal ~. **b** 隔離集団のための土地[建物], コロニー. **5** (鳥・アリ・ミツバチなどの)集団, 群生: a ~ of sparrows. **6** 《生態》群体, 群落, コロニー (cf. individual 4): a ~ of plants, animals, cells, etc. **7** 《生物》コロニー, 集落《微生物が固体培養基上に作った集団》. **8** 《地質》群体をなす生物の化石.

col·o·phon [kɑ́ləfən, -fɑ̀n | kɔ́ləfən, -fɔ̀n] 〚《1621》□ L ~ □ Gk *kolophṓn* summit, finishing stroke〛 ― *n.* **1** 奥書き, 刊記, 奥付《写本や刊本の巻末に示されていることの多い, 図書製作に関する記述: 書名・著者名・印刷者とか活字書体, 印刷用紙など》: from title page to ~ 標題紙から奥付まで, 全巻すっかり. **2** (本の標題紙や背などに示された)印刷者マーク, 出版社マーク.

col·o·pho·ni·um [kɑ̀ləfóuniəm | kɔ̀ləfə́unɪəm, -njəm] 〚← NL ~ ← L *colophōnia*: ↓〛 *n.* 《化学》=colophony.

co·loph·o·ny [kəlɑ́fəni, kɑ́ləfòuni | kɔlɔ́fənɪ, kɔ́ləfə̀unɪ] 〚《1345-49》□ L *Colophōnia* (*rēsina*) (resin) of Colophon (小アジア Lydia の都市)〛 ― *n.* 《化学》コロホニー (⇨ rosin).

col·o·quin·ti·da [kɑ̀ləkwíntɪdə, -tə- | kɔ̀ləkwíntɪ-] 〚《a1398》□ ML ~《変形》← L *colocynthis*: ⇨ colocynth〛 *n.* 《植物・薬学》=colocynth.

col·or, 《英》**col·our** [kʌ́lə | -lə(r] 〚*n.*: 《?c1225》□ OF *colour* (F *couleur*) < L *colōrem* ← OL *colos* covering ← IE *kel- 'to cover, CONCEAL' (Gk *khrōma* color of the skin). ― *v.*: 《c1380》□ OF *colo(u)rer* < L *colōrāre* ← *color* (n.)〛 ― *n.* **1 a** 色, 色彩: the ~s of the rainbow 虹の七色 / an ice cream in three ~s 三色アイスクリーム (cf. Neapolitan ice cream) / a sense of ~ 色彩感覚 / ⇨ primary color / What ~ is this? = What is the ~ of this? これは何色ですか. **b** 黒白のコントラスト, 色調; (光線・画・墨絵などの)明暗. **2 a** (絵画などの)着色, 彩色 (coloring): a movie in ~ カラー[色彩]映画. **b** 絵の具 (paint): ⇨ oil color, watercolor / lay on the ~s 色を塗る / paint in bright [glowing] ~s 明るい[燃え立つような]色で描く / paint in dark ~s 暗い色で描く. **c** 色素, 染料 (pigment). **3 a** 顔色; 健康な顔色: a high ~ 際立ってよい[美しい]血色 / have a good ~ 顔色がいい / have no ~ 血の気がない, 血色がよくない / change ~ 顔色を変える, 血相を変える; 顔を赤らめる / gain ~ 血色が良くなる / lose ~ 青ざめる / regain ~ 顔色がよくなる / All the ~ had gone out of her face. 彼女の顔から血の気がすっかり失せてしまった. **b** 赤面, 紅潮 (blush): Her ~ came and went as she listened. 聞き入るにつれて彼女の顔色は赤くなったり青くなったりした / *Color* showed in her face. 彼女は顔を赤らめた. **4 a** (人種的区別となる白色以外の)色; (特に)黒色: a person of ~ 有色人 / a gentleman [lady] of ~ 黒人紳士[婦人]. **b** [集合的] 黒人 (Negroes). **5** [通例 *pl.*] **a** (所属団体などを表わす)特色のある色の衣服[制服]. **b** (学校・競技団体などの標識となる)校色, 団体色; 記章のリボン, 色ジャケットなど: the ~s of a school 校色, スクールカラー / get [win] one's [give a person his] ~s 《英》(競技の)選手になる[人を選手にする]. **6 a** (徒歩の部隊・軍艦・船舶などのかかげる)旗; 軍旗, 連隊旗 (cf. standard 9 b); 軍艦旗, 船舶旗: salute the ~s 軍旗に敬礼する / ⇨ King's Colour. **b** [the Colors] 国旗 (cf. flag³ 1 a). **c** [*pl.*] 国旗・軍旗に対する敬礼, 国旗掲揚[降下]式. **d** [*pl.*] 軍隊: desert one's ~s 脱営[脱走]する; 脱党する /

join the ~s 入隊する, 軍籍に入る / serve with the ~s 兵役に服する, 軍人である. **7 a** 外見, 姿 (appearance, guise); もっともらしさ, 潤色 (plausibility): some ~ of truth 幾分の本当らしさ / without ~ 潤色なしに, ありのまま / give [lend] ~ to a story 話を潤色する, 話をもっともらしくする / give (a) false ~ to …の記事(など)を故意にゆがめる / put a false ~ on …を曲解[誤って解釈]する. **b** 口実 (pretext): under ~ of …を口実にして, …にかこつけて. **c** [通例 *pl.*] 立場 (stand); 本性, 本音 (character, nature): see things in their true ~s 事物の真相をみる / show one's (true) ~s 本性を表わす / come out in one's true ~s 本性を表わす. **8 a** (文学作品などの)生彩, 生き生きした効果 (vividness); 華麗な文体: The play has much ~. その劇はなかなか生き生きしている. **b** =local color. **c** 《米口語》『ラジオ・テレビ』(スポーツ実況放送に変化と興味を与えるためアナウンサーがつけ加える)試合の分析・統計・選手の横顔(など). **d** [*pl.*]《古》言葉の飾り, 言葉のあや. **9** 『音楽』 **a** 音色. **b** コロール《中世音楽の作曲・演奏上の工夫; coloratura はその名残》. **c** コロール《ルネサンス期の定量記符法で, 白符を黒[赤]で塗りつぶした音符; 一般に白符 2 個と黒符 3 個の時価が等しい》. **10** 『印刷』(刷り上がりの)色調. **11** 『法律』(有効性や真正性の)表見, 外見《実体がないのに, あるように装うこと》. **12** 『トランプ』 **a** 赤または黒のスーツ; (一般に)あるスーツ (suit). **b** (solo で) クラブのスーツ. **13** 《米西部》『鉱山』(選鉱なべで土砂を洗って残る)砂金の小粒(cf. pan¹ 2 e). **14** 『物理』カラー, 色《クォーク (quark) のもつ自由度で三種類ある》. **15** 『紋章』カラー《紋章に使用する gules, azure, sable, vert, purpure, sanguine, tenné などの原色の総称》. ★ 紋章の色は furs (毛皮模様), metals (金属色), color (原色)の 3 グループに分けられている. **16** 『音声』(母音の) 音色 (⇨ r color).

call to the colors 徴兵する, 〈兵を〉召集する. ***come off with flying colors*** [***colors flying***] 堂々と旗を翻して凱旋する; 見事にやってのける, 大いに面目を施す. ***lower** one's **colors*** (要求などで)譲歩[放棄]する; (議論などで)降参する. ***make colors*** 『海事』(船上に)国旗を掲げる. ***nail** one's **colors to the mast*** 旗じるしを鮮明にして固守する; 固守して譲らない. ***off color*** (1) 正常の色でない, 色がはげて. (2) 《口語》健康を損じて. (3) 《米俗》悪趣味で, 変で. ***paint in bright*** [***glowing***] ***colors*** (1) color ⇨ 2 b. (2) 華麗な文体で描写する, 華々しくほめ立てて書く. ***paint in dark colors*** (1) color ⇨ 2 b. (2) 毒筆を振う, 悪しざまに書き立てる. ***sail under false colors*** (1) 〈船が〉偽旗を掲げて(国籍を偽って)走る. (2) 〈人が〉素性[本心など]を偽(って世を渡)る. ***see the color of** a person's **money*** (支払う)金があることを確かめる. ***stick to** one's **colors*** 自己の旗印(所属の党または自己の主義など)を固守する. ***take** one's **color from*** …をまねる. ***under colors*** 『競馬』〈馬が〉(公式のレースに服色をつけて)出走して. ***with flying colors*** 立派に, 大成功を収めて, 意気揚々と (cf. *come off with flying* COLORS): pass the exam *with flying ~s*.

— *attrib. adj.* **1 a** 色の, 色彩の: a ~ term 色彩語. **b** 彩色してある, カラーの. **2** 皮膚の色の[に関する]: ⇨ color line.

— *vt.* **1 a** …に色を塗る, 彩る, 彩色する, 着色する: ~ a picture, wall, etc. / Joy ~*ed* his cheeks. うれしさにほおが紅潮した / The sun ~*ed* the clouds gold. 太陽が雲を金色に彩った. **b** …に染色する, 染める. **2** 色づける, 文飾を施す, 潤色[粉飾]する: ~ a story, the description, etc. **3 a** 〈うそを〉もっともらしくみせる: ~ a lie. **b** ゆがめる (misrepresent, distort): an account ~*ed* by prejudice 偏見の加わった記事. **4** …に影響を与える: our life ~*ed* by capitalism 資本主義に色づけられた我々の生活. — *vi.* **1 a** 色がつく[出る]: A meerschaum will not ~. 海泡石のパイプはなかなか色がつかない. **b** 〈果物などが〉(熟して)色づく. **2** 顔を赤らめる 〈*up*〉: ~ (*up*) to the temples 耳もとまでさっと赤くなる. 「きる性質.

col·or·a·bil·i·ty [kʌ̀l(ə)rəbíləṭi | -ləti, -lɪti] *n.* 着色で

col·or·a·ble [kʌ́l(ə)rəbl] 《(a1397) ▭ OF ~: ⇨ color, -able》 — *adj.* **1** 彩色[着色]できる. **2** 見かけばかりの, もっともらしい: a ~ description. **3** 偽りの, 偽造の: a ~ imitation 見かけだおしの模造品. **~·ness** *n.* **cól·or·a·bly** *adv.*

Col·o·ra·dan [kɑ̀lərǽdṇ, -rɑ́:- | kɔ̀lərɑ́:dn] *adj.* (米国) Colorado 州(人)の. — *n.* Colorado 州人.

col·o·ra·do [kɑ̀lərǽdou, -rɑ́:-, -də | kɔ̀lərɑ́:dəu] 《▭ Am.-Sp. ~ ▭ Sp. 'colored, red' (p.p.) ← *colorar* to color < L *colōrāre* ← *color* 'COLOR'》 — *adj.* 〈葉巻が〉色と強さが中程度の (cf. claro, maduro). — *n.* コロラドシガー《色と強さが中程度の葉巻》.

Col·o·ra·do [kɑ̀lərǽdou, -rɑ́:-, -də | kɔ̀lərɑ́:dəu] 《← Sp. (Rio) *Colorado* 《原義》red colored river: ↑》 — *n.* **1** 米国西部の州 (⇨ United States of America 表). **2** [the ~] 米国 Colorado 州北部から Utah 州, Arizona 州を流れて California 湾に注ぐ川 (2,320 km); 流程に Grand Canyon の峡谷, Boulder Dam などがある. **3** [the ~] 米国 Texas 州西部から南東に流れて Mexico 湾に注ぐ川 (1,450 km).

Col·o·ra·do·an [kɑ̀lərǽdouən, -rɑ́:- | kɔ̀lərɑ́:dəu-] *n.*, *adj.* =Coloradan. 「spruce.

Colorádo blúe sprúce *n.* 『植物』=Colorado

Colorádo Désert *n.* [the ~] コロラド砂漠《米国 California 州南東部の砂漠地帯; その中に Salton Sea がある; 面積 5,100 km²》.

col·o·rad·o·ite [kɑ̀lərǽdouàɪt, -rɑ́:- | kɔ̀lərɑ́:dəu-] 《← COLORADO + -ITE¹》 *n.* 『鉱物』コロラド石《テルル化水銀 (HgTe) からなる鉄黒色の鉱物》.

Colorádo potáto bèetle 《← *Colorado* (発見地)》 — *n.* 『昆虫』コロラドハムシ (*Leptinotarsa decemlineata*)《北米原産ハムシ科の昆虫で, ジャガイモの大害虫; ヨーロッパにも侵入している; Colorado beetle, potato beetle, potato bug ともいう》.

Colorádo Spríngs *n.* 米国 Colorado 州中央部の都市; Gold Rush 時代にでき, 今では観光保養地, 空軍兵学校所在地; 人口 181,000.

Colorádo sprúce *n.* 『植物』アメリカハリモミ (*Picea pungens*)《米国西部地帯に広く分布する常緑高木; blue spruce, Colorado blue spruce, silver spruce ともいう》.

col·or·ant [kʌ́l(ə)rənt] 《▭ F ~ (pres.p.): ⇨ color, -ant》 *n.* 着色剤, 絵の具, 顔料 (pigment); 染料 (dye).

col·or·a·tion [kʌ̀ləréɪʃən] 《(1612) ▭ F ~: ⇨ color, -ation》 — *n.* **1 a** 着色, 配色; 彩色; 色合い, 色彩. **b** 着色法, 彩色法. **2** (生物の)天然色, 変色: protective ~ 保護色 / sympathetic ~ 感応変色 / ⇨ warning coloration. **3** 特色, 性格, 色調; 立場(を見せる面), 傾向 (inclination); 種類 (kind): in a government of any ~ いかなる主義主張をもつ政府においても. **4** (声などの)音色.

col·o·ra·tu·ra [kʌ̀lərət(j)ú(ə)rə, kɑ̀l-, kòul- | kɔ̀lərətúərə, -tjúə-; *It.* koloratú:ra] 《▭ It. 《廃》~ 《原義》coloring ← < LL ~ = L *colōrātus* ← *colōrāre*: ⇨ color》 『音楽』 — *n.* **1 a** コロラトゥーラ《声楽のきわめて華麗な技巧的装飾》. **b** コロラトゥーラのある楽曲. **2** コロラトゥーラ歌手. — *attrib. adj.* コロラトゥーラの; コロラトゥーラ歌手の.

coloratúra sopráno *n.* コロラトゥーラ歌手《高音部を叙情的に華麗に歌うソプラノ歌手》.

col·or·a·ture [kʌ́lərətʃə | kɔ́lərətjùə(r), -tʃə(r)] *n.* 『音楽』=coloratura.

cólor bàr *n.* (白色人種・有色人種間の)人種差別の障壁.

cólor-bèarer *n.* (特に, 軍隊の)旗手.

cólor-blìnd *adj.* **1** 色盲の. **2** 気が付かない, ぼんやりした, 盲の (blind). **3** 白人と黒人の区別をしない; 人種偏見をもたない. **4** 『写真』〈フィルム・乳剤など〉青・紫・紫外光のみに感光する.

cólor blìndness *n.* 色盲: ~ test chart.

cólor bòx *n.* 絵の具箱 (paint box).

cólor·brèed *vt.* (特定の色の品種を作るため)選択育種する: ~ canaries for red.

col·or·cast [kʌ́ləkæ̀st | -ləkɑ̀:st] 《← COLOR + (TELE)CAST》 《米》『テレビ』 *n.* カラーテレビ放送. — *vt.*, *vi.* (~, ~·ed) カラーでテレビ放送する.

cólor·càster *n.* (実況などで, 統計や分析なども入れて)いきいきと多彩に放送するアナウンサー.

cólor chànge *n.* 『郵趣』 **1** 変色《不正手段・化学変化あるいは事故で切手の色が変化すること》. **2** (郵政当局により)図案や額面はそのまま刷色が変えられること. 「色切手.

cólor chàngeling *n.* 『郵趣』(化学変化による)変

cólor chàrt *n.* カラーチャート, 色表《色の標準を示す色紙を系統的に配列したもの》. 「戸棚.

cólor chèst *n.* 『海事』(船の)信号旗(格納)箱, 信号旗

cólor cinematógraphy *n.* 色彩映画, カラー映画.

cólor-códe *vt.* (識別のために)〈各事項を〉色分けする.

cólor devéloper *n.* 『写真』発色現像液.

cól·ored 《ME》 — *adj.* **1 a** 着色した, 彩色してある, 色刷りの: ~ printing 色刷り / ~ discharge printing 『染色』着色抜染 / ~ glass 色ガラス / ~ pencils 色鉛筆 / white or ~ shirts 白または色物のワイシャツ. **b** [通例複合語の第 2 構成素として] (…の)色の: cream-*colored* クリーム色の / flesh-*colored* 肉色の. **2** [しばしば C-] **a** 有色の: a ~ man / ~ people 有色人種; 黒人. **b** 黒人の: a ~ school 黒人学校. **3** [C-] (南アフリカで)黒人と混血の. **4 a** 文飾を施した, 潤色してある; 生彩のある: his ~ verse. **b** 誇張した, 偏見でゆがめられた, かたよった: a highly ~ description ひどく誇張した描写 / a ~ account 偏見でゆがんだ記述[記事, 談話]. **c** うわべを繕った, 偽りの (deceptive): a ~ friendship.

— *n.* [しばしば C-] **1** 有色人; (特に)黒人: a hospital for ~s. **2** [the ~; 集合的] 有色人; (特に)黒人.

cólored distémper *n.* 《英》=color wash.

cólored stóne *n.* カラードストーン, 色石《ダイヤモンド以外の天然宝石》.

cól·or·er [-lərə | -rə(r)] *n.* 色着け師, 彩色者.

cólor·fàst *adj.* (水や日光などにさらされても)色あせしない, 変色しない; 耐久色の. **~·ness** *n.*

cólor-fíeld *adj.* 『絵画』(抽象絵画において)色面が強調された.

cólor fìlm *n.* 天然色写真フィルム, カラーフィルム.

cólor fìlter *n.* 『写真・光学』色フィルター《光の分光分布・強度などを変化させる光学素子; color screen ともいう》.

col·or·ful [kʌ́ləfəl | -lə-] *adj.* **1** 色彩に富んだ, 色のにぎやかな. **2** 華やかな, 多彩な; 絵画的な, 生き生きした, 生彩を放つ: a ~ description, narrative, etc. **~·ly** *adv.* **~·ness** *n.*

cólor guàrd *n.* 《米》(連隊などの)軍旗衛兵, 軍旗護衛, 隊旗警衛《4 名から成る》.

col·or·if·ic [kʌ̀lərífɪk] 《⇨ -fic》 *adj.* **1** 色を生じる, 色を出す. **2** 色の[に関する]. **3** 《古》文学的色彩に富む, 華麗な.

col·or·im·e·ter [kʌ̀lərímət̬ə | -mɪtə(r), -mə-] *n.* 『光学』 **1** 測色計, 色彩計《色を表わす数値を測定する器械》. **2** 比色計《溶液の色濃度を比較することにより定量化学分析を行なう装置》.

col·or·im·e·try [kʌ̀lərímətri | -mɪtrɪ, -mə-] *n.* 比色定量, 色度測定; 測色学. **col·or·i·met·ric** [kʌ̀lərəmétrɪk | -rɪ-] *adj.* **còl·or·i·mét·ri·cal** *adj.* **còl·or·i·mét·ri·cal·ly** *adv.*

cól·or·ing [-l(ə)rɪŋ | -lər-] 《(?a1425)》 — *n.* **1 a** 着色(法), 彩色 (coloration). **b** 絵の具の使い[塗り]方. **2 a** 色彩効果. **b** 自然の色. **c** (皮膚の)色; (顔の)血色: attractive ~. **3** 着色剤, 色素, 絵の具, 染料. **4 a** 見せかけ (show). **b** 偏見, かたより. **5** (作品などの)調子, 傾向; (文章の)華やかさ. **6** 影響 (influence), (外面の)変化 (alteration).

cól·or·ist [-lərɪst, -rəst | -rɪst] 《▭ F *coloriste*: ⇨ color, -ist》 *n.* **1** 色着け師, 彩色者. **2** 色彩効果の巧みな画家. **3** 色彩を扱う人.

col·or·is·tic [kʌ̀lərístɪk] *adj.* **1** 色[色彩]に関する; 色の使用に関する. **2** 『音楽』音色[音の効果]を強調する: ~ treatment in orchestration. **còl·or·ís·ti·cal·ly** *adv.*

cólor-kéy *vt.* =color-code.

cólor·less 《(c1380)》 — *adj.* **1** 無色の: ~ liquids. **2 a** 色彩に乏しい, ぼやけた. **b** 〈空が〉どんよりした. **c** 〈顔が〉血の気のない, 青白い: one's ~ face. **3** 特色のない, 生彩を欠く; さえない, つまらない, 面白くない. **4** 公平な, かたよらない, 無色な. **~·ly** *adv.* **~·ness** *n.* 「線.

cólor lìne *n.* 白人と黒人との(社会的・政治的)境界線. ***draw the color line*** 皮膚の色の区別立てをする, 黒人との交際を拒む.

cólor·man [-mən, -mæ̀n] *n.* (*pl.* **-men** [-mən, -mèn]) **1** 絵の具屋, 塗料商人. **2** 染色工.

cólor mùsic *n.* 色彩楽《色・形・明るさの組合わせを種々に変えて音楽調を感じさせるもの》.

cólor pàinting *n.* 『絵画』(形態や明暗よりも)色面が強調された絵画.

cólor phàse *n.* **1** (一動物群に現われる)(毛)皮の不規則変色; 不規則変色した変種動物. **2** (動物の年齢・季節による)変色.

cólor photógraphy *n.* 天然色[カラー]写真術.

cólor pòint *n.* 『紋章』カラーポイント《特に, saltire の交差点の上部をいう; cf. honor point》.

cólor prìnt *n.* カラープリント《二色以上の多色刷印刷物》; カラー写真(印画).

cólor prìnting *n.* (特に三色以上の)色刷.

cólor schème *n.* (室内装飾・庭園などの)色彩の配合設計; 色彩の配合.

cólor scrèen *n.* 『写真・光学』=color filter.

cólor separàtion *n.* 『写真』色分解《像の各部の光を三原色光(青・緑・赤の 3 色光)に分けて, その割合を記録すること, また記録した像》. 「護衛軍曹.

cólor sèrgeant *n.* 『軍事』(大隊または連隊の)軍旗

cólor·slìde *n.* カラースライド.

cólor súpplement *n.* (新聞・雑誌などの)色刷り付録版. 「TV ともいう》.

cólor télevision *n.* カラーテレビ(ジョン)《color

cólor tèmperature *n.* 『光学』色温度《ある光の色度と(近似的に)等しい色度をもつ黒体(完全放射体)の温度》.

cólor tòne *n.* 色調.

cólor trìangle *n.* 『光学』色三角形 (⇨ chromaticity diagram).

cólor TV *n.* =color television.

cólor wàsh *n.* 泥絵の具, 水性塗料 《英》colored distemper).

cólor-wày *n.* 《英》色彩配合, 彩色法.

cólor whèel *n.* (各色に塗り分けられた円盤を回して)色が混ざって見えるように工夫された器具.

col·or·y [kʌ́l(ə)ri | -ləri] 《⇨ -y⁴》 *adj.* **1** 《口語》色のいい, 色のにぎやかな; 多彩な. **2** (良質品であることを示す) 色のいい: ~ hops, coffee, etc. 「手紙.

Coloss. 《略》Colossians (新約聖書の)コロサイ人への

Co·los·sae [kəlɑ́si: | -lɔ́s-] *n.* コロサイ《小アジアの Phrygia の古都》.

co·los·sal [kəlɑ́səl, -sl | -lɔ́s-] 《(1712) ▭ F ~: ⇨ colossus, -al¹》 — *adj.* **1** 巨像 (colossus) の[に関する, のような], 巨大な (gigantic): a ~ statue. **2** 〈数量・規模・効力など〉途方もなく大きな, 膨大な; 並はずれた, とてつもない: ~ stupidity 大ばか / on a ~ scale 大規模に. **3** 《口語》すばらしい, 驚くべき (splendid). **col·los·sal·i·ty** [kɑ̀ləsǽləṭi | kɔ̀ləsǽləti, -lɪti] *n.* **~·ly** *adv.*

colóssal órder *n.* 『建築』大オーダー《二階分以上の高さをもつ古典主義建築の柱 (order); giant order ともいう》.

Col·os·se·um [kɑ̀ləsí:əm | kɔ̀ləsíəm, -sí:əm] 《▭ ML *Colossēum* ← L (neut.) ← *colossēus* colossal ← *colossus* 'COLOSSUS'》 — *n.* **1** コロセウム《古代ローマの大円形劇場; 75 年 (Vespasian 帝時代)に起工して 80 年 (Titus 帝時代) に落成したという; 今もその跡が残っている; cf. amphitheater 1》. **2** [c-] =coliseum 1.

Colosseum 1

colossi *n.* colossus の複数形.

Co·los·sian [kəlɑ́ʃən, -ʃiən, -siən, -sjən | -lɔ́ʃən, -sɪən, -sjən, -ʃɪən] *n.* **1** コロサイ (Colossae) の人[住民], コロサイ人. **2** [the Colossians; 単数扱い]《新約聖書の》コロサイ人への手紙, コロサイ書 (The Epistle of Paul to the Colossians)《略 Col.》.
— *adj.* **1** コロサイの. **2** コロサイ人の.

co·los·sus [kəlɑ́səs | -lɔ́s-] 〘(*a*1398) ▭ L ～ ▭ Gk *kolossós*: もと Herodotus がエジプトの像につけた名という〙 — *n.* (*pl.* ～·es, **co·los·si** [-saɪ, -siː | -saɪ]) **1** 巨像. **2** [the C-] ＝COLOSSUS of Rhodes. **3 a** (人を威圧するような)巨大なもの. **b** 偉人, 大人物. **c** 大国. **d** 大会社.

Colossus of Rhodes [the ―] ロードス島のアポロン巨像《紀元前 3 世紀に Rhodes 港の入口に建ててあったという青銅製の Apollo の巨像; 高さ約 36 m; 世界七不思議 (Seven Wonders of the World) の一つ》.

co·los·to·my [kəlɑ́stəmi | -lɔ́stəmɪ] 〘← COLO- ＋ -STOMY〙 *n.* 〘外科〙結腸フィステル形成(術), 人工肛門形成(術).

co·los·trum [kəlɑ́strəm | -lɔ́s-] 〘▭ L ～ 'beestings'〙 *n.* 〘医学〙(産婦の)初乳. **co·lós·tral** [-trəl] *adj.*

co·lot·o·my [kəlɑ́ṭəmi | -lɔ́təmɪ] 〘← COLO- ＋ -TOMY〙 *n.* 〘外科〙結腸切開(術).

colour *n.*, *v.* ＝color.

-co·lous [← k(ə)ləs] 〘← L *-cola* inhabitant (cf. L *colere* to inhabit)＋-OUS〙「…に住んで[生えて]いる」の意の形容詞連結形: areni*colous*.

colp- [kɑlp | kɔlp] (母音の前に来る時の) colpo- の異形.

col·pi·tis [kɑlpáɪṭɪs, -ṭəs | kɔlpáɪtɪs] 〘← NL ～: ⇨ colpo-, -itis〙 *n.* 〘病理〙膣(ちつ)炎 (vaginitis).

col·po- [kɑ́lpo(ʊ) | kɔ́lpə(ʊ)] 〘← NL ～ ← Gk *kolpo-* ← *kólpos* vagina: ⇨ gulf〙「膣 (vagina)」の意の連結形: *colpo*scope. ★ 母音の前では通例 colp- になる.

col·por·tage [kɑ́lpɔəṭɪdʒ, -pɔə-, kɑ̀lpɔətɑ́ːʒ, -pɔə- | kɔ́lpɔːtɪdʒ, kɔ̀lpɔːtɑ́ːʒ; *F.* kɔlpɔrtaːʒ] 〘▭ F ～: ⇨ ↓, -age〙 *n.* (キリスト教書の)行商.

col·por·ter [kɑ́lpɔəṭə, -pɔə- | kɔ́lpɔːtə(r)] *n.* ＝colporteur.

col·por·teur [kɑ́lpɔəṭə, -pɔə-, kɑ̀lpɔəṭə́ː, -pɔə- | kɔ́lpɔːtə(r), kɔ̀lpɔːtə́ː(r); *F.* kɔlpɔrtœːr] 〘(1796) ▭ F ～ 'hawker' ← *colporter* to peddle (← *col, cou* neck＋*porter* to carry)《変形》← OF *comporter* to hawk, carry ▭ L *comportāre* to bring together (⇨comport¹)〙 — *n.* 書籍行商人; (聖書普及会などから派遣された)聖書[キリスト教書]呼売人[行商人].

col·po·scope [kɑ́lpəskòʊp | kɔ́lpəskə̀ʊp] 〘← COLPO- ＋-SCOPE〙 *n.* 〘医学〙膣(ちつ)鏡.

Col. Sergt. 《略》〘軍事〙color sergeant.

colt [kóʊlt | kə́ʊlt] 〘OE ～: cf. Swed.《方言》*kult(er)* half-grown animal, boy〙 — *n.* **1 a** 馬の子, 子馬. **b** 〘競馬〙若ごま《通例 4-5 歳までの牡馬; cf. filly 1》. **c** ロバ・シマウマの子. **d** 〘聖書〙ラクダの子 (cf. *Gen.* 32:15). **2 a** 無経験な若者, 青二才. **b** 《英口語》(特に, プロのクリケットチームの)新人. **3** 〘海事〙端に結び目のある短いロープ, 結びなわ《刑罰に用いた》. **4** [the C-]〘天文〙こうま(子馬)座 (⇨Equuleus). — *vt.* 〘海事〙結びなわで打つ.

Colt [kóʊlt | kə́ʊlt] 〘← *Samuel Colt* (1814–62: その発明者である米国人)〙 *n.* 〘商標〙コルト《コルト社製の自動拳銃の総称》.

cólt distèmper *n.* 〘獣医〙(馬の)ジステンパー (⇨strangles).

col·ter [kóʊltə | kə́ʊltə(r)] 〘OE *culter* ▭ L *culter* plowshare, knife ← IE *(s)kel- to cut〙 *n.* 犂刀(すきとう)《すき (plow) の先につけた草切り刃または円板》.

cólt·ish [-tɪʃ | -tɪʃ] 〘(*a*1395)〙 — *adj.* **1** 子馬の[に関する, のような]. **2 a** 訓練をしてない, 野性の, 御しにくい. **b** 飛びはねてふざける (frisky). **c** 《廃》気ままな (wanton). **～·ly** *adv.* **～·ness** *n.*

cólts·fòot 〘(1373)《なぞり》← ML *pēs pullī*: その葉の形にちなむ〙 — *n.* (*pl.* ～s) 〘植物〙フキタンポポ (*Tussilago farfara*)《ヨーロッパ産のフキに似た植物; 昔は薬用; 漢方ではカントウ(款冬)という; horsehoof ともいう》.

cólt's-tàil *n.* 〘植物〙 **1** ＝horseweed 1. **2** ＝fieldhorsetail.

cólt's tóoth *n.* **1** 〘獣医〙馬の異常歯. **2** 〘(*c*1390)〙若気の放蕩[道楽]: have a ～ 若気の道楽をする.

col·u·brid [kɑ́l(j)ʊbrɪd, -brəd | kɔ́l(j)ʊbrɪd] 〘↓〙 *adj.*, *n.* 〘動物〙ヘビ科の(動物).

Co·lu·bri·dae [kəlúːbrədiː | -l(j)úːbrɪ-] 〘← NL ～ ← *Coluber* (属名: ← L *coluber* snake)＋-IDAE〙 *n. pl.* 〘動物〙ヘビ科.

Col·u·bri·nae [kɑ̀l(j)ʊbráɪniː, -bríː- | kɔ̀l-] 〘← NL ～: ⇨↑, -inae〙 *n. pl.* 〘動物〙ヘビ亜科.

col·u·brine [kɑ́l(j)ʊbràɪn, -brɪn, -brən | kɔ́ljʊbràɪn] 〘(*a*1528) ▭ L *colubrin-us* like a serpent ← *coluber* snake: ⇨ -ine¹〙 — *adj.* **1** ヘビの; ヘビのような (snakelike). **2** 〘動物〙ヘビ亜科の.

co·lu·go [kəlúːgoʊ | -gəʊ] 〘←? malaya《土語》〙 *n.* (*pl.* ～s) 〘動物〙＝flying lemur.

Col·um [kɑ́ləm | kɔ́l-] 〘▭ Ir. ～ ▭ L *Columba*《原義》dove: cf. Malcolm〙 *n.* 男性名《異形 Colm》.

Colum, Pa·draic [pɔ́ːdrɪk] *n.* (1881–1972) アイルランド生れの米国の詩人・劇作家.

Co·lum·ba [kəlʌ́mbə] 〘▭ L ～ 'dove' ← IE *kel- gray, black (Gk *kelainós* black)〙 — *n.* 〘天文〙はと(鳩)座《おおいぬ座の南西にある南天の小星座; Columba Noae, the Dove ともいう》.

Co·lum·ba [kəlʌ́mbə], **Saint** *n.* コルンバ《521?–597; アイルランドの宣教師; スコットランドに伝道した; Iona 島に修道院を建てた; 祝日は 6 月 9 日》.

Co·lum·bae [kəlʌ́mbiː] 〘← NL ～ ← L ～ (pl.): ⇨ Columba〙 *n. pl.* 〘鳥類〙ハト目.

Colúmba Nó·ae [-nóʊiː | -nə́ʊ-] 〘▭ L ～ 'Noah's dove'〙 *n.* 〘天文〙＝Columba.

col·um·bar·i·um [kɑ̀ləmbɛ́(ə)riəm | kɔ̀ləmbɛ́ərɪ-] 〘(1846) ▭ L *columbārium*: ⇨ Columba, -arium〙 — *n.* (*pl.* **-i·a** [-riə | -rɪə]) **1** はと小屋 (dovecot). **2 a** (catacomb 式の)遺骨安置所, 納骨室. **b** (納骨室の壁に掘った)納骨壁龕(がん) (niche).

col·um·bar·y [kɑ́ləmbèri | kɔ́ləmbərɪ] 〘▭ L *columbārium* (↑)〙 *n.* はと小屋 (dovecot).

co·lum·bate [kəlʌ́mbeɪt, -bət, -bɪt] 〘← COLUMB(IUM)＋-ATE¹〙 *n.* 〘化学〙コロンビウム酸塩[エステル] (⇨ niobate).

Col·um·bel·li·dae [kɑ̀ləmbélədìː | kɔ̀ləmbélɪ-] 〘← NL ～ ← *Columbella* (属名: ← L *columba* dove)＋-IDAE: 貝殻の色にちなむ〙 — *n. pl.* 〘貝類〙タモトガイ科《Pyrenidae ともいう》.

Co·lum·bi·a [kəlʌ́mbiə | -bɪə, -bjə] 〘← *Christopher Columbus*: ⇨ -ia¹〙 — *n.* **1** 米国 South Carolina 州の中央部にあり同州の首都; 人口 112,000. **2** 〘この川を初めて航行した Robert Gray (18 世紀の米国の船長)の船の名前にちなむ〙[the ～] カナダ British Columbia 州の南東部から米国 Washington 州と Oregon 州の境を通って太平洋に注ぐ川 (1,950 km). **3** 〘詩・文語〙コロンビア《アメリカ大陸またはアメリカ合衆国を女性擬人化した古[雅]名; cf. Albion》. **4** コロンビア《リンカン (Lincoln) とランブイエ メリノ (Rambouillet) を交配して作った米国産の大型の一品種の羊》.

Co·lum·bi·ad [kəlʌ́mbiæ̀d | -bɪ-] 〘⇨↑, -ad¹〙 *n.* 米国建国発展を述べた叙事詩《Joel Barlow 作の叙事詩 *The Columbiad* (1807) など》.

co·lum·bi·an [kəlʌ́mbiən | -bɪən, -bjən] 〘↓〙 *n.* 〘活字〙コロンビアン《great primer と English の中間で, 16 アメリカンポイント相当の活字; ⇨ type 10 ★》.

Co·lum·bi·an [kəlʌ́mbiən | -bɪən, -bjən] 〘← COLUMBIA 3＋-AN¹〙 — *adj.* **1** アメリカ(合衆国)の. **2** コロンブス (Christopher Columbus) の. — *n.* アメリカ人, 米国人.

Colúmbia Univèrsity *n.* コロンビア大学《New York 市にある 1754 年創立の大学》.

co·lum·bic [kəlʌ́mbɪk] *adj.* 〘化学〙＝niobic.

colúmbic ácid *n.* 〘化学〙＝niobic acid.

Co·lum·bi·dae [kəlʌ́mbədìː | -bɪ-] 〘← NL ～ ← *Columba* (属名: ← L *columba* dove)＋-IDAE〙 *n. pl.* 〘鳥類〙ハト科.

col·um·bine¹ [kɑ́ləmbàɪn, -bɪn, -bən | kɔ́ləmbàɪn] 〘(*c*1300) ▭ ML *columbina* ← (fem.) ← L *columbīnus* dovelike ← *columba* dove〙 — *n.* 〘植物〙オダマキ《キンポウゲ科オダマキ属 (*Aquilegia*) の植物の総称; オダマキ (*A. flabellata*) など観賞用としてさまざまな変種がある》. ★ 米国 Colorado 州の州花.

columbine¹
(*Aquilegia* sp.)

col·um·bine² [kɑ́ləmbàɪn, -bɪn, -bən | kɔ́ləmbàɪn] 〘(*c*1395) ▭ (O)F *colombin* ▭ L *columbin-us* (↑)〙 *adj.* ハト (dove) の[に関する, のような].

Col·um·bine [kɑ́ləmbàɪn, -bìːn, -bɪn, -bən | kɔ́ləmbàɪn] 〘(1727) ▭ It. *Colombina* ← *colomba* dove: ⇨ Columba〙 — *n.* **1** 女性名. **2** コロンビーナ, コロンバイン《古いイタリア喜劇 (commedia dell'arte) や英国のパントマイムで, Pantaloon の娘で Harlequin の相手をする恋人の名》.

co·lum·bite [kəlʌ́mbaɪt, kɑ́ləmbàɪt | kəlʌ́mbaɪt, kɔ́ləmbàɪt] 〘⇨↓, -ite¹〙 — *n.* 〘鉱物〙コロンブ石, コロンバイト ($(FeMn)(Nb, Ta)_2O_6$)《コロンビウムの主原鉱》.

co·lum·bi·um [kəlʌ́mbiəm | -bɪəm, -bjəm] 〘← NL ～ ← COLUMBIA 3＋-IUM 2〙 *n.* 〘化学〙コロンビウム《主に米国で用いられているが, 正しくは niobium》.

co·lum·bous [kəlʌ́mbəs] *adj.* 〘化学〙3 価のコロンビウム (Cb^{III}) を含んだ: ～ chloride 塩化コロンビウム ($CbCl_3$).

Co·lum·bus [kəlʌ́mbəs] 〘↓〙 *n.* **1** 米国 Ohio 州の中央部にあり同州の首都; 人口 536,000. **2** 米国 Georgia 州西部の都市, 織物工業地; 人口 161,000.

Co·lum·bus [kəlʌ́mbəs], **Christopher** *n.* コロンブス《1451?–1506; イタリア生れの航海者; アメリカ大陸を発見 (1492); イタリア語名 Cristoforo Colombo [kristɔ́ːforo kolómbo], スペイン語名 Cristóbal Colón [kristóbal kolón]》.

Colúmbus Dày *n.* コロンブス(米大陸発見)記念日《米国の多くの州では 10 月の第 2 月曜日を法定休日とする》.

col·u·mel·la [kɑ̀l(j)ʊmélə | kɔ̀ljʊ-] 〘← NL ～ ← L ～ (dim.) ← *columna* 'COLUMN, pillar'〙 — *n.* (*pl.* **-mel·lae** [-liː, -laɪ | -liː]) 〘解剖・生物〙コルメラ, 小柱, 中軸《植物の蒴(さく)・動物の耳骨・巻貝の軸柱など; 特に, 蘚(せん)類の蒴の軸》. **còl·u·mél·lar** [-lə | -lə(r)] *adj.* **còl·u·mél·late** [-lət, -lɪt, -leɪt] *adj.*

col·u·mel·li·form [kɑ̀l(j)ʊméləfɔ̀əm | kɔ̀ljʊmélɪfɔ̀ːm] 〘⇨↑, -form〙 *adj.* 〘解剖・生物〙小柱[中軸]状の.

col·umn [kɑ́ləm | kɔ́l-] 〘(?*a*1425) ▭ OF *columpne* (F *colonne*) ▭ L *colum(p)na* ← IE *kel- to be prominent (L *culmen* top / Gk *kolōnós* hill)〙 — *n.* **1** 〘建築〙円柱; 支柱, 多角柱《通例石材の円筒形の柱身 (shaft) と柱頭 (capital) と柱基 (base) から成る円柱》: ～s of the Corinthian [Ionic, Doric] style コリント[イオニア, ドリス]式の円柱. **2 a** 円柱状のもの. **b** (物の)柱状部; 柱状体: the ～ of the nose 鼻柱 / the spinal ～ 脊柱. **c** (火・煙などの)まっすぐに立ちのぼる柱: a ～ of smoke まっすぐ立ちのぼる煙. **d** (鍾乳石の)石柱. **3 a** (新聞など印刷物の)縦の欄: advertisement [literary] ～s 広告[文芸]欄 / in our [these] ～s 〘新聞〙本欄において, 本紙上で. **b** (新聞・雑誌の)定期特約寄稿欄, 特別寄稿欄, コラム《署名入りの時評・随筆など; cf. feature 5 c》. **c** (新聞の)一般読物欄, 文芸娯楽欄: the sporting [sports] ～ スポーツ欄. **4 a** 縦に積み重ねたもの (stack); (人名・数字などの)縦の表: a ～ of figures [names]. **b** 《米》(党派・候補者などの)賛成者[支持者]の名簿; 後援会, 陣営: the Republican ～. **5** (部隊の)縦隊, (艦隊の)縦列, 縦陣 (cf. line² 27): march in ～ of fours [squads, platoons, companies] 四列[分隊, 小隊, 中隊]縦隊で. **6** 〘植物〙蕊柱(ずいちゅう)《雌蕊と雄蕊とが合体したもので, ラン科の花に見られる》. **7** 〘数学〙列《行列や行列式の縦の並び》. **8** 〘地学〙柱, 柱状図《積み重なっている地層や堆積物の組成・層序, または堆積年代を示すための実際のあるいは模式的な垂直断面(図)》.

dodge the column 《口語》義務を避ける, 仕事を逃げる.

co·lum·na cae·la·ta [kəlʌ́mnə-siːléɪṭə, -lɑ́ː- | -tə] 〘▭ L *columna caelāta* carved column〙 — *n.* (*pl.* **co·lum·nae cae·la·tae** [kəlʌ́mniː-siːléɪtiː, -lɑ́ː-]) 〘建築〙彫刻柱《古典建築で柱身 (shaft) に彫刻の施された柱》.

co·lum·nar [kəlʌ́mnə | -nə(r)] 〘(1728) ▭ LL *columnāris*: ⇨ -ar¹〙 — *adj.* **1 a** 円柱[支柱, 多角柱]の[に関する]. **b** 支柱[円柱, 多角柱]状の. **2** 〈新聞など〉縦欄の; 縦欄式に印刷した. **3** 〘生物〙円柱状の.

colúmnar epithélium *n.* 〘生物〙円柱上皮《側面からみて円柱状の細胞が並んでできている上皮; cf. squamous epithelium》.

colúmnar jóint *n.* 〘地質〙柱状節理《火山岩に見られる主に六角柱状の規則正しい割目》.

cól·umned *adj.* 円柱[支柱, 多角柱]を備えた[の形をした].

co·lum·ni·a·tion [kəlʌ̀mniéɪʃən | -nɪ-] 〘(変形) ← L *columnātiō(n-)*: INTERCOLUMNIATION の影響による変形〙 — *n.* 〘建築〙 **1** (建築のデザインの点から)円柱 (column) を使用すること; 円柱配置法 (cf. intercolumniation). **2** [集合的] (円柱構造の)全円柱.

co·lum·ni·form [kəlʌ́mnəfɔ̀əm | -nɪfɔ̀ːm] *adj.* ＝columnar 1.

cólumn ìnch *n.* (新聞・雑誌で)横 1 欄縦 1 インチ (72 ポイント)分の紙面.

col·um·nist [kɑ́ləm(n)ɪst, -ljəm-, -m(n)əst | kɔ́ləm(n)ɪst] *n.* (新聞・雑誌の時評・文芸・娯楽欄などの)常時特約寄稿家, 特別寄稿欄担当者, コラムニスト. **col·um·nis·tic** [kɑ̀ləmnístɪk, -ljəm- | kɔ̀ləm-] *adj.*

cólumn stìll *n.* 〘化学〙蒸留塔.

cólumn vèctor *n.* 〘数学〙列ベクトル, 縦ベクトル (cf. row vector).

co·lure [kəlúə, kóʊluə | kəljúə(r)] 〘▭ LL *colūrī* ▭ Gk *kólouroi* (pl.) ← *kólouros* truncated ← *kólos* docked, stunted＋*ourá* tail: その末端が常にかくれているため〙 — *n.* 〘天文〙分至経線, 四季線: ⇨ equinoctial colure, solstitial colure.

Col·vin [kɑ́lvɪn, -vən | kɔ́lvɪn], **Sir Sidney** *n.* (1845–1927) 英国の文芸批評家・美術批評家.

co·ly [kóʊli | kə́ʊlɪ] 〘← NL *colius* ← Gk *koliós* green woodpecker〙 — *n.* 〘鳥類〙ネズミドリ《アフリカ産ネズミドリ科の鳥の総称; 果実を食べ, 尾は長く, 羽毛は灰褐色, ネズミのように茂みの枝を走る; mousebird ともいう》.

col·za [kɑ́lzə, kóʊl- | kɔ́l-] 〘▭ F ～ ▭ Du. *koolzaad* cabbage-seed: ⇨ cole, seed〙 *n.* **1** 〘植物〙＝rape². **2** ＝rapeseed.

cólza òil *n.* ＝rape oil.

COM 《略》〘電算機〙computer-output microfilm; 〘電算機〙computer-output microfilmer.

com. 《略》comedy; comic; comma; command; commandant; commander; commanding; commentary; commerce; commercial; commission; commissioner; committee; common; commonly; commonwealth; commune; communication; communist; community.

Com. 《略》Commander; Commissary; Commission; Commodore; Commonwealth; Commune; Communist.

com- [kəm, kɑm | kəm, kɔm] 〘ME ▭ (O)F ～ / L ～ ← OL *com* (＝L *cum* with, together) < IE *kom next to, with: cf. Gk *koinós* common〙 — *pref.* **1**「…と共に (together with)」の意 (cf. syn-): *com*bine, *com*panion. **2**「全く, 完全に (altogether, completely)」など強意を表わす: *com*fort, *com*plete. ★ 通例 b, p, m などの前ではそのままの形 com-, l の前では col-, r の前では cor-, 母音および h, gn, w などの前では co-, その他の場合は con- となる. ただし例外も少なくない: *com*fort, *co*partner, *cor*respondent.

co·ma¹ [kóʊmə | kə́ʊ-] 〘← NL ～ ← Gk *kôma* lethargy, deep sleep ← IE *kem(e)- to be tired〙 — *n.* **1** (病気・毒薬・傷害などによる)昏睡(状態)《揺り起こしても起こせない程度の意識障害》: be in ～ 昏睡している / die in an alcoholic ～ アルコール中毒による昏

睡で死ぬ. **2** 精神[肉体]的不活発, たるみ, ぼんやり.

co·ma² [kóumə | kə́ʊ-] 〖⊏L ～ ⊏Gk *kómē* hair〗 **—** *n.* (*pl.* **co·mae** [-miː]) **1** 〘植物〙 **a** 葉冠《ヤシなどのように樹木の頂きに枝葉が集まって冠状になっているもの》. **b** (パイナップルなどのように苞葉の叢生した)葉叢. **c** 種髪《ワタ・トウワタなどの種子の一端にできる綿毛・毛状体, またはそれらの房》. **2** 〘天文〙 **a** コマ, 髪《彗星の頭部で核の周囲にある星雲状物》. **b** [C-] ＝Coma Berenices. **3** 〘光学〙コマ(収差)《レンズなど結像系の収差の一種で焦点面上に一点に結像すべき幾何光学的画像が彗星状になる欠点》.

-co·ma [← kəmə] 〖← NL ～ : ↑〗 〘植物〙 [属名に用いて] …の毛のあるもの (haired one)」の意の名詞連結形 : Pyenocoma.

Co·ma Ber·e·ni·ces [kóumə-bèrənáisiːz | kə́ʊmə-bèrɪ-] 〖⊏L *Coma Berenicēs*〗 **—** *n.* 〘天文〙かみのけ(髪)座《北天の星座 ; うしかい座としし座の中間にある ; the Berenice's Hair または単に Coma ともいう》.

comae ＝coma² の複数形.

cò·máker 〖← co-¹+MAKER〗 *n.* **1** 協定に関係する人. **2** 〘金融〙(約束手形の)連帯保証人.

Co·man·che [kəmǽntʃi | kə(ʊ)mǽntʃɪ] 〖⊏ Mex.-Sp ～ ⊏ Ute *komanchi* stranger : cf. Hopi *kománči* scalp lock〗 **—** *n.* (*pl.* **～, ～s**) **1 a** [the ～(s)] コマンチ族《ショショーニ族 (Shoshoni) の一支派で, 米国 Wyoming 州から Texas 州までの大平原に住んでいたが, 今は Oklahoma 州に残っている》. **b** コマンチ族の人. **2** コマンチ語《Uto-Aztecan 語族》. **—** *adj.* コマンチ族の.

Co·man·che·an [kəmǽntʃiən | kə(ʊ)mǽntʃɪ-] 〖← *Comanche* (Texas 州の町の名) : ⇨ -an¹〗 **—** *adj.* 〘地質〙初期白亜紀に属する. **—** *n.* [the ～] 初期白亜紀 (cf. Lower Cretaceous).

cò·máte¹ 〖← co-¹+MATE¹〗 *n.* 仲間, 連れ, 相棒(companion).

co·mate² [kóumeɪt | kə́ʊ-] 〖⊏L *comāt-us* ← *coma* 'hair, COMA²'〗 *adj.* **1** 毛状の (hairy). **2** 〘植物〙端に毛[房] (coma) のある.

co·mat·ic [koumǽtɪk | kəʊmǽt-] 〖← COMA²+-IC¹ : -*t*- は l との連想による挿入〗 *adj.* 〘光学〙コマ (coma) の ; コマ(収差)によってぼやけた.

co·ma·tose [kóumətòus, kám- | kə́ʊmətə̀ʊs] 〖《1755》⊏ F *comateux* : ⇨ coma¹, -ose¹〗 **—** *adj.* **1** 昏睡性の ; 昏睡状態の, 人事不省の. **2** 不活発な, 無感覚の, 鈍い, ぼんやりした. **～·ly** *adv.* **～·ness** *n.*

co·ma·tous [kóumətəs, kám- | kə́ʊmət-, kɔ́m-] *adj.* ＝comatose.

co·mat·u·la [ko(ʊ)mǽtʃʊlə | kə(ʊ)mǽtjʊ-] 〖← NL ～ ← (fem.) ← LL *comātulus* having hair nearly curled : ⇨ comate²〗 *n.* (*pl.* **-u·lae** [-lìː]) 〘動物〙＝comatulid.

co·mat·u·lid [ko(ʊ)mǽtʃʊlɪd, -ləd | kə(ʊ)mǽtjʊlɪd] 〖← NL *Comatulid-ae* : ⇨ ↑, -id²〗 **—** *n.* 〘動物〙ウミシダ《棘皮(きょく)動物門ウミシダ類の動物の総称 ; feather star ともいう》.

cóma vígil *n.* 〘病理〙開眼性昏睡《病人が目をあいたまま意識不明状態になること》.

comb¹ [kóum | kə́ʊm] 〖OE ～, *camb* < Gmc **kambaz* (G *Kamm* / Du. *kam*) < IE **gombhos* (Gk *gómphos* tooth / Skt *jambha* fang)〗 **—** *n.* **1 a** 櫛(くし). **b** 馬櫛(ぐし) (currycomb). **c** (羊毛などをすく)梳(す)き具 ; コーム《梳(そ)綿機 (comber) に用いる櫛状物 ; cf. card¹》. **2** (鶏の)とさか. **3 a** とさかを思わせるもの. **b** 波がしら (crest). **c** (屋根の)棟(むね). **4** 蜂の巣 (honeycomb). **5** (小銃・ライフル銃などの, 発射する時頬を当てる)床尾上端部 (⇨ rifle¹ 挿絵). **6** 〘石工〙(石材を粗面に仕上げるための)鋸歯状の刃をもつ工具. **7** 〘甲冑〙兜(かぶと)のとさか, 頂(いただき) (⇨ armor 挿絵); (特に, morion の)そり返ったへり (⇨ morion 挿絵).
— *vt.* **1 a** 〈髪を〉櫛で梳く ; 〈髪を〉とかす, 整える : ～ one's hair back. **b** 〈馬など〉に馬櫛をかける. **c** 〈羊毛・麻などを〉梳く. **2** 〈指などを〉櫛のように使う : ～ one's fingers through one's hair 指で髪を梳く. **3 a** (櫛状のもので)ひっかく, かき回す (rake). **b** 〈波などが〉〈岩などを〉平らにする, ならす ; 浸食する. **c** (組織的に)砲撃する : ～ the enemy line with guns 敵陣を砲撃する. **4** 〘口語〙綿密に[徹底的に, しらみつぶしに]捜索する : ～ the whole city for the criminal 犯人を捜して町中しらみつぶしに捜索する. **5** 梳き取る ; (櫛などで)〈好ましくないものを〉除去する ; 選別する 〈*out, off*〉 : ～ *out* lice / ～ dissidents *out of* the party 不平分子を党から除去する / ～ the bacon *off* eggs ベーコンを卵からかき分ける. **—** *vi.* 〈波が〉波がしらを立ててうねる, 白波を立てて躍る, 砕ける (cf. comber¹ 2).
comb out (1) 〈髪を〉ときつける. (2) ⇨ *vt.* 5. (3) (工場労働者などから)兵役適格者をかき集める, 徹底的[しらみつぶし]に徴募する. (4) 綿密に捜索する.

comb² [kúːm, kóum | kúːm] *n.* 〘英〙＝combe.

comb. 〘略〙 combination ; combined ; combining ; combustible, combustion.

com·bat [kámbæt, kám-, -bət] 〖v. : 《1564》⊏(O)F *combatt-re* to fight < VL **combattere* ← COM-+L *battuere* to beat. —n. : ⊏ F ～ (逆成)← (v.) : cf. batter¹ / Jap. '戦う' (← '叩く')〗 **—** *n.* **1 a** 戦い, 戦闘 (battle, fight) ; 格闘, 決闘. **b** 小ぜりあい : a single ～ 一騎打ち, 果し合い, 決闘. **2** 闘争 ; 論戦. **3** 〘軍事〙(非戦闘的後方勤務と区別して)実戦参加, 戦闘従事, 戦闘任務に服すること. **—** *attrib. adj.* 〘軍事〙戦闘の, 戦闘用の : a ～ jacket 戦闘服. **—** [kəmbǽt, kámbæt | kɔ́mbæt, kám-, -bət] *v.* (**com·bat·ed,** 《米》 **-bat·ted ; -bat·ing,** 《米》 **-bat·ting**) **—** *vi.* 〔…と〕戦う 〔*with, against*〕; 〔…を求めて〕戦う 〔*for*〕. **—** *vt.* **1** …と戦う. **2** 〈悪・主張・傾向・運動などを〉相手にして戦う ; 論戦する : ～ street crimes 街頭犯罪撲滅に取り組む. **3** 除去[減少]しようと努める : ～ inflation.

com·bat·ant [kəmbǽtənt, kámbæt-, -tənt | kɔ́mbətənt, kám-, -tnt] 〖《c1460》⊏(O)F *combattant* (pres.p.) ← *combattre* (↑)〗 **—** *adj.* **1** 戦闘[実戦]に臨む, 戦う, 戦闘中の : a ～ officer (戦闘員である)兵科将校《行政管理・補給・医療関係以外のもの》. **2** 戦闘的な, 好戦的な. **3** 〘紋章〙〈2 匹の動物, 特にライオンが〉向かい合って争っている (cf. addorsed). **—** *n.* **1** 闘士 ; 格闘者. **2** 〘軍事〙戦闘員 ; 戦闘部隊 (cf. noncombatant 1).

combátant bránch *n.* 〘軍事〙戦闘部門《行政管理・補給・衛生関係以外の部門 ; 歩兵隊・砲兵隊・航空隊など》.

cómbat cèiling *n.* 〘航空〙戦闘上昇限度《戦闘機などで空中戦を行ないうる限度の高度 ; それ以上の高度では旋回による高度落ちが大きくなるなどの不都合が起こる ; cf. absolute ceiling, service ceiling》.

cómbat fatìgue [exhàustion] *n.* 〘精神医学〙戦闘疲労症《前線で起こる心身の強度の疲労 ; 第二次大戦では戦争神経症 (combat neurosis) と同義に用いられた ; battle fatigue ともいう ; cf. shell shock》.

Cómbat Ìnfantryman's Bàdge *n.* 〘米〙(地上戦闘での満足すべき任務遂行を賞して歩兵隊員に与えられる)戦闘歩兵記章.

com·bat·ive [kəmbǽtɪv, kámbə-, kám- | kɔ́mbət-, kám-] *adj.* 闘争的な, 闘志の盛んな, 好戦的な. **～·ly** *adv.* **～·ness** *n.*

cómbat jàcket *n.* ＝battle jacket 1.

cómbat neuròsis *n.* 〘精神医学〙戦争神経症 (⇨ shell shock).

cómbat ràdius *n.* 〘航空〙戦闘行動半径《軍用機の航続力の表示の一種で, 侵出した先で所定の戦闘行動を行なうことを前提として得られる行動半径をいう》.

com·bat·tant [kəmbǽtənt, kámbæt-, -tənt | kɔ́mbət-, kám-] *adj.* 〘紋章〙＝combatant 3.

cómbat tèam *n.* 〘軍事〙戦闘団《歩兵・砲兵などの戦闘兵種 2 (以上)の部隊が通例歩兵 1 個連隊[大隊]を中核として連合したもの ; 同一指揮官のもとで特定の戦闘任務に服する》.

cómbat ùnit *n.* (独立の戦闘集団として訓練・装備された)戦闘単位 ; 戦闘部隊.

cómbat zòne *n.* 〘軍事〙作戦地帯《戦闘部隊が敵と接触して作戦を遂行するのに必要な地域で, 第一線から後方兵站(へいたん)地帯の境界にいたるまでの範囲》.

combe [kúːm, kóum | kúːm] 〖OE *cumb* valley ← Celt. (cf. Welsh *cwm* valley / Ir.-Gael. *cum* vessel)〗 *n.* 〘英〙(険しい)谷, (深い)谷あい, 谷間 ; (特に)氷食のカールや U 字谷のように高い岩壁に囲まれた窪地.

Cómbe-Ca·pélle màn [kóumkæpél- | kə́ʊm-] 〖← *Combe-Capelle* (フランス Dordogne 県にある岩窟)〗 **—** *n.* 〘人類学〙コウムカペル人《フランスの旧石器時代初期の Perigordian 文化の人骨》.

combed [kóumd | kə́ʊmd] *adj.* 〘紋章〙〈鶏など〉とさかの色が体の色と異なる : a cock argent, ～ and wattled gules とさかと肉垂の赤い銀の鶏.

cómbed yárn *n.* 〘紡織〙梳毛(そもう)糸, 梳綿糸, コーマ糸《梳毛[梳綿]機 (comber) にかけて短繊維を除きすじをそろえた糸》.

comb·er¹ [kóumə | kə́ʊmə(r)] *n.* **1 a** (羊毛・亜麻・綿などを)梳(す)く人, 梳き手. **b** 梳く機械[道具]; 梳毛(そもう)[梳綿]機, コーマー. **2** 寄せ波 (beachcomber), 白波, 砕け波 (breaker).

com·ber² [kámbə | kɔ́mbə(r)] 〖← ?〗 *n.* 〘魚類〙カブリラニラミ (*Serranus cabrilla*)《地中海・紅海産スズキ科ヒメスズキ属の淡水魚》.

cómb·flòwer *n.* 〘植物〙＝common sunflower.

cómb-fòoted spíder *n.* 〘動物〙ヒメグモ《ヒメグモ科のクモの総称; 第 4 歩脚の末端の節に糸をまとめる櫛状器がある》.

com·bin·a·ble [kəmbáinəbl] *adj.* 結合することができる. **com·bìn·a·bíl·i·ty** [-nəbíləti | -lətɪ, -lɪ-] *n.*

com·bi·nate [kámbənèɪt | kɔ́mbɪ-] 〖← LL *combinātus* (p.p.) ← *combināre* 'to COMBINE'〗 *vt.* **1** ＝combine¹ 1. **2** 〈錠〉の組合わせを作る.

com·bi·na·tion [kàmbənéɪʃən | kɔ̀mbɪ-] 〖《a1398》⊏ OF ～ (F *combinaison*) ∥ LL *combinātiō(n-)* : ⇨ combine, -ation〗 **—** *n.* **1 a** 組合わせ, 配合 ; 結合 : in ～ with …と結合[合同]して, と組み合って / make a good ～ いい組合わせになる / a ～ of envy and contempt 羨ましさと軽蔑の入り混じった気持ち. **b** 組合, 結党, 団結, 連合. **c** (連絡のよく保たれた)共同動作, チームワーク : show a good ～. **2 a** 結合されたもの. **b** (錠前の)数字[文字]の組合わせ ; ＝combination lock. **c** [*pl.*] コンビネーション《上下続きの下着の総称 ; 紳士用のシャツとズボン下の続き, 婦人用のスリップとパンティーの続きなど》. **d** 〘英〙サイドカー付きオートバイ. **e** (二つ以上の用途に向くように)組み合わせた機具, 兼用品 : a radio-television ～. **3** 〘生物〙(学名の)二名式分類名, 二連名. **4** 〘化学〙 **a** 化合. **b** 化合物 (compound). **5** 〘結晶〙集形《2 種以上の結晶面で囲まれた結晶形》. **6** [*pl.*] 〘数学〙組合わせ (cf. permutation 1). **7** 〘ジャズ〙＝combo 1. **8** 〘チェス〙捨て駒に始まる一連の手筋. **9** 〘トランプ〙 **a** (cribbage で)役点がつくカードの組合わせ. **b** (gin rummy で) 3 枚目がくればメルド (meld) ができる 2 枚のカード.
— *attrib. adj.* **1** 組合わせの, 配合の ; 結合の[に用いられる, から生じる]. **2** 二つ以上の目的に役立つ[に用いられる], 兼用の : ⇨ combination room. **3** 〘紡織〙 **a** 異なった繊維・太さ, 縒(よ)りからなる糸をより合わせて作った. **b** 2 種の異なった糸で織った.
～·al [-ʃənl, -ʃnəl] *adj.*

combinátion chùck *n.* 〘機械〙両用チャック《旋盤に装着するチャックで各つめを単独・連動両様に使える構造のもの》.

combinátion drùg *n.* 〘薬学〙配合抗菌薬《二つ以上の活性要素から作られた抗細菌薬》.

combinátion fràme *n.* 〘建築〙コンビネーションフレーム《木造枠組構造で, 筋かいを用いた枠組と中身のつまった枠組を併用したもの ; half frame ともいう》.

combinátion lòck *n.* (数字・文字などの)組合わせ「錠, 文字合わせ錠.

combinátion nòte *n.* 〘音楽〙＝combination tone.

combinátion plàte *n.* 異なる手法を組み合わせて作られた印刷用原版.

combinátion prìnciple *n.* 〘物理〙結合原理 (⇨ Ritz combination principle).

combinátion ròom *n.* (ケンブリッジ大学で) ＝common room.

combinátion shòt *n.* 〘玉突〙コンビネーションショット《的球を使って他のボールをポケットするショット》.

combinátion tòne *n.* 〘音響〙結合音《振動数の異なる 2 音が同時に鳴ることによって生じる派生音 ; resultant tone ともいう》.

com·bi·na·tive [kámbənèɪtɪv, kəmbáɪnət- | kɔ́mbɪnət-, -nèɪt-] *adj.* **1** 結合する, 結合力のある, 結合性の ; 集成的な. **2** 結合に関する[によって生じる]. **3** 〘数学〙組合わせの (combinatorial). **4** 〘言語〙連音変化の《音の連続によって条件づけられた変化にいう ; cf. isolative 2, assimilation 4》.

com·bi·na·to·ri·al [kəmbàɪnətɔ́ːriəl, kámbə-, -tóːr- | kɔ̀mbɪnətɔ́ːrɪ-] 〖← COMBINATORY+-AL¹〗 *adj.* **1** 結合[組合わせ]の[に関する]. **2** 〘数学〙組合わせの.

combinatórial análysis *n.* 〘数学〙＝combinatorial mathematics.

combinatórial mathemátics *n.* 〘数学〙組合わせ数学, 組合わせ論《順列, 組合わせ, 樹形図 (tree) など有限集合の性質を扱う数学の分野》.

combinatórial topólogy *n.* 〘数学〙組合わせ(論的)位相幾何学.

com·bi·na·to·rics [kəmbàɪnətɔ́ːrɪks, kámbə-, -tóːr- | -tɔ́ːr-] *n.* 〘数学〙＝combinatorial mathematics.

com·bi·na·to·ry [kəmbáɪnətɔ̀ːri, -tòːri | kɔ́mbɪnət(ə)ri, kəmbɪnéɪ-] 〖← COMBINAT(ION) + -ORY¹〗 *adj.* ＝combinative.

com·bine¹ 〖《c1408》⊏(O)F *combin-er* ∥ LL *combīnāre* ← COM- + L *bīnī* two together (cf. bi-¹)〗 **—** [kəmbáɪn] *v.* **—** *vt.* **1 a** 結びつける, 組み合わせる ; 併合する, 合同させる 〔*with*〕 : ～ work *with* interest 仕事と興味を結びつける. **b** 結合して〔…に〕する 〔*into*〕 : ～ both of them *into* a party 両者を結合して一党にする. **2** 〈別々な性質などを〉併有する, 兼備する ; 〔…と〕兼職[兼務]する 〔*with*〕 : ～ beauty and utility 美しさと便利さを兼ね備える, 美しくもあり便利でもある / ～ the office of A *with* that of B A と B の職を兼ねる. **3** 〘化学〙化合させる : be ～*d in* [*into*] …化合して…となる. **—** *vi.* **1** 結合する, 連合[合同]する (cooperate) 〔*with*〕. **2** 〘化学〙〔…と〕化合する 〔*with*〕. **—** [kámbaɪn | kɔ́mbaɪn, kəmbáɪn] *n.* **1** 結合 (combination). **2** 〘米口語〙(政治・商業上の, 時に不法の)連合, 合同 ; 企業合同. **3** 〘芸術〙コンバイン《油彩とコラージュなど, 異なる技法や素材を組み合わせて作られる芸術作品》: ～ painting 画面にさまざまなオブジェをくっつける現代美術の手法 ; その作品.

com·bine² [kámbaɪn | kɔ́m-] *n.* コンバイン《刈取り・脱穀等の機能を兼備した農機具 ; combine harvester ともいう ; cf. reaping machine》. **—** *vt.* コンバインで…を取り入れる. **—** *vi.* コンバインで取り入れる.

com·bíned *adj.* **1 a** 結合した ; 連合の ; 協力した. **b** 〘軍事〙(2 または 2 以上の連合国の部隊が協同する)連合(国)の (cf. joint 3) : the ～ fleets of England and America 英米連合艦隊. **2** 集合した, 合体した, 一緒にした. **3** 〘化学〙化合した.

combíned cárbon *n.* 〘化学〙結合炭素, 化合炭素《鉄中に含まれる炭素のうち, 鉄と化合して炭化鉄として存在するもの ; cf. graphitic carbon》.

combíned operátion *n.* [しばしば *pl.*] 〘軍事〙 **1** 連合作戦《単一の目的達成のため, 2 (以上)の連合国の部隊が協同する作戦》. **2** 〘英〙協同作戦《陸・海・空軍のうち二[三]つが協同して行なう上陸作戦など》.

combíned vóltage cúrrent transfòrmer *n.* 〘電気〙計器用変圧変流器.

cómbine hàrvester *n.* ＝combine².

com·bín·er *n.* 結合する物[人].

cómb·ing [-mɪŋ] *n.* **1 a** 髪の毛を梳(す)ること. **b** (櫛(くし)または梳毛(そもう)機などで)繊維をすくこと, 梳毛, 梳綿. **2** [*pl.*] (すき取った)抜け毛.

cómbing machìne *n.* 梳毛機, 梳綿機, コーマ.

cómbing wòol *n.* 〘紡織〙コーミングウール《梳毛

用の長い羊毛, 長さ2インチ以上; cf. clothing wool》.
combíning fòrm 〖(1884): *O.E.D.* で aero- の定義に初出〗 ― *n.* 〘言語〙連結形, 造語要素《複合語, 時に派生語を造る場合に用いられる構成要素; ギリシャ語・ラテン語系に由来するものが多く, 前部連結形(例: philo-)と後部連結形(例: -logy)の2種類がある; 連結形は自由形式 (free form) をなす語(名詞・形容詞・動詞など)の拘束異形態であり, 本来は独立語として用いられない; 連結形は接頭辞・接尾辞に比べて意味が具象的であり, 連結の関係も等位的である; また接頭辞・接尾辞が通例直接互いに連結することがないのに対して, 連結形は語や他の連結形の外, 接辞, 特に接尾辞と連結することが可能である; 例: linguist ← LINGUO-＋-IST》. ★ 本辞典では, self-, -man などのように, 本来の連結形ではないが英語内の造語要素として多用されるものも連結形として扱ってある.
cómb jèlly *n.* 〘動物〙＝ctenophore.
com·bo [kɑ́mbou | kɔ́mbəu] 〖《短縮》← COMBINATION〗 ― *n.* (*pl.* ～s) **1** 《口語》コンボ《小編成のジャズ楽団》. **2** 《俗》＝combination. **3** 《豪俗》原住民と共同生活をする白人; 原住民を妻にしている白人.
cómb-òut 〖← *comb out* (⇨ comb[1] (v.) 成句)〗 *n.* **1** (髪の毛の)セット. **2** 一斉徴募[検挙]; 徹底的な捜索[除去]; (犯人の)狩出し.
Com·bre·ta·ce·ae [kɑ̀mbrətéisiìː | kɔ̀mbrɪ-] 〖← NL ～ ← *Combretum* (属名: ← L *combrētum* ← ? (cf. ON *hvönn* wild angelica / Ir. *cuinneog* cattail)＋-ACEAE〗 ― *n. pl.* 〘植物〙(フトモモ目)シクンシ科.
còm·bre·tá·ceous [-ʃəs] *adj.*
combs [kɑ́(ː)mz | kɔ́mz] 〖《略》: ⇨ -s[1]〗 *n. pl.* 《英口語》＝combination 2 c.
com·bust [kəmbʌ́st] 〖(*c*1385) ▭ OF ～ ▭ L *combustus* (p.p.) ← *combūrere* to burn up ← COM-＋*ūrere* to burn: *-b-* は *ambūrere* to burn round との類推による挿入〗 ― *adj.* 〘古星〙〈惑星が〉太陽に近づいて光の薄れた. ― *vt.* 〈燃料を〉燃焼させる. ― *vi.* 〈燃料が〉燃焼する.
com·bus·ti·bil·i·ty [kəmbʌ̀stəbíləṭi | -təbílətɪ, -tɪ-, -lɪ-] 〖(1471)〗 *n.* 可燃性.
com·bus·ti·ble [kəmbʌ́stəbl | -tə-, -tɪ-] 〖(1529) ▭ (O)F ～: ⇨ ↓, -ible〗 ― *adj.* **1** 燃えやすい, 可燃性の; 発火しやすい. **2 a** 興奮しやすい. **b** 怒りやすい, 短気な. ― *n.* [通例 *pl.*] 可燃物, 可燃性物質.
com·bús·ti·bly *adv.*
com·bus·tion [kəmbʌ́stʃən] 〖(*a*1398) ▭ LL *combustiō(n-)* ← *combustus*: ⇨ combust〗 ― *n.* **1** 燃焼 (burning): ⇨ spontaneous combustion. **2** 激動, 騒動 (tumult). **3** 〘化学〙 **a** 燃焼《熱や光を伴う激しい酸化現象》. **b** (ゆるやかな)酸化《体内における食物などの自然燃焼; oxidation ともいう》. **c** (定量分析における)燃焼分析《combustion analysis ともいう》.
combústion chàmber *n.* **1** 〘機械〙(ボイラーの)燃焼室. **2** 〘宇宙〙(内燃機関のシリンダー内の)燃焼室《推薬を燃焼させてエネルギーを発生させる容器》.
combústion èngine *n.* 燃焼機関.
combústion tùbe *n.* 燃焼管.
com·bus·tive [kəmbʌ́stɪv] *adj.* 燃焼の; 燃焼性の.
com·bús·tor *n.* (ジェットエンジンなどの)燃焼器.
comb·y [kóumi | kə́umɪ] 〖← COMB[1]＋-Y[4]〗 *adj.* (**comb·i·er; -i·est**) はちの巣状(組織)の.
comd. 《略》command; commanding.
comdg. 《略》commanding.
Comdr. 《略》Commander.
Comdt. 《略》Commandant.
come [kʌ́m] 〖OE *cuman* < Gmc **kuman*, **kweman* (Du. *komen* / G *kommen*) ← IE **gʷem-*, **gʷā-* to go, come (L *venīre* (< **guemīre*) / Gk *bainein* to go / Skt *gamati* he goes)〗 ― *v.* (**came** [kéɪm]; **come**)
― *vi.* **1 a** 〈(一人称・二人称の)人が〉来る, やって来る. ★ go は出発点を中心に置くが, come は第一に話し手の方に, 第二に相手を中心にして相手の思うある場所 (there) から相手の思うこちらの場所 (here) へ移動する時に用いる. 従って話し手が相手の方に「行く」のも, 相手を中心に考える場合は, go ではなく come になる. その時, 日本語では「行く」になる: *Come* here. ここへ来なさい / Will you ～ nearer to me? もっと近くに来なさい / Are you *coming* my way? 私の行く方へおいでですか / Will you ～ with me to the cinema? 私と一緒に映画へ行きませんか / I will ～ to you as soon as possible. なるべく早くまいります / Yes, I'm *coming*. はい, ただ今(まいります). **b** 〈(三人称の)人・物が〉(ある特定の場所に)来る, 到着する, 届く (arrive): He hasn't ～ yet. 彼はまだ来ていません / No stranger ever ～s to this place. ここへは知らない人はだれも来ない / They *came* to the rescue. 救助に来た / In the middle of the battle, help *came*. 戦闘のなかばに援軍が来た / The shots *came* thick and fast. 弾丸が雨あられと飛んで来た. **c** [～ *to* do または ～ and で] 〈…しに〉来る: *Come and* [*to*] see me. 会いにいらっしゃい / Will you ～ *and* have dinner with us? お食事にいらっしゃいませんか. ★ 米口語では and を略すことがある: You must ～ see us in Tokyo. 東京ではぜひうちへおいで下さい. **d** [過去分詞の特別用法]: A Daniel ～ to judgement! 名裁判官ダニエル様の再来だ (Shak., *Merch* V 4. 1. 223) / It's the Arabian Nights ～ again. 今様(いまよう)アラビア夜話だ / First ～, first served. 《諺》すべて到着順, 早い者勝ち.
2 a 〈時が〉至る, 来る; 現われる, めぐって来る, 到来する: The time [Time] will ～ when he is to leave. 彼も去らねばならぬ時がやがてはやって来る / Spring has [is] ～. 春が来た / Old age ～s soon enough. 老いの来るのは早い / His hour has ～. 彼の死期が来た / I wish dinner would ～. 早く食事になればいい / There is a good time *coming*! 好い時節がやって来るぞ《だんだん景気が良くなって来たぞ》. **b** [*to* come の形で名詞に伴って] 将来の, 未来の: a pleasure *to* ～ 先の楽しみ / the world *to* ～ 来世 / for months [a long time] *to* ～ この先数か月間[長い間] / in the years *to* ～ 今後, 将来 / in years *to* ～ これから何年もたって, (遠い)将来に / in time(s) *to* ～ 将来(において). **c** [仮定法現在形] 〈…が〉来ると《★ 未来の日時を表わす語が主語として後に来る; 全体で時の副詞節に相当》: He will be fifty ～ Christmas. クリスマスが来ると彼は50歳になる / He died a year ago ～ fall. 今度の秋で死んで丸一年になる.
3 (順序に従って)来る, (順に)出て来る; 現われる, ある: After Anne ～s George I. アンの次がジョージー世である / The Revelation ～s at the end of the Bible. 黙示録は聖書の最後にある / Beyond the Alps ～s Italy. アルプスの向こうがイタリアだ / *Coming*, now, to the next section. では, 次の節に移って / With women, love always ～s first. 女は愛情をいつも第一に考える / It ～s on page 20. それは20ページに出ている / After joy ～s sadness. 喜びの後には悲しみが来る / Flowers and fruit ～ each year. 毎年花が咲き実がなる.
4 〈出来事が〉起こる (happen); 〈運命などが〉ふりかかる, (身の上に)及ぶ (fall) (cf. 13): I am ready for whatever ～s. 何事が起こっても私は覚悟ができている / ～ what may どんな事が起こっても / No harm will ～ to you. 君には何の害も及ばない《危ないことはない》/ All things ～ [Everything ～s] to those who wait. 《諺》「待てば甘露[海路]の日よりあり」/ How ～? ⇨ HOW[1] 成句 / How did it ～ that you quarreled? どうして喧嘩するようなことになったのか. ★ この事情を尋ねる疑問文には《文語》で慣用的に do を用いない形もある (cf. 10 b): How ～s it that you know it before me? 私より先に君がそれを知っているとはどうしたわけか.
5 a 〈感情・思想・表情などが〉生じて来る, 生れる, 現われる: Love will ～ in time. 時がたてば愛情が生れて来る / A smile *came* to her lips. ほほえみが彼女のくちびるに現われた / A good idea *came* to me. いい考えが浮かんだ / It *came* to me that this was a mistake. これは間違いだと思いついた / Spelling ～s naturally to her. つづりは彼女には苦もなく出て来る. **b** 〈物が〉できる, できて来る, 生産される: The butter *came* very quickly today. きょうはバターが大層早くできた. **c** 〈商品などが〉(ある形で)市場に出る, 売られる, 手に入る, 利用できる: This product ～s in tubes of three sizes. この商品は三種類の大きさのチューブ入りで売られている / The book ～s in hardbound. その本は堅表紙本で発売される. **d** 〈複数の人や物が〉(ある部類として)存在する, ある (exist): He [It] is as good as they ～. 彼[それ]は至極よい.
6 a 〔…からの〕出身である; 〔…の〕子孫である 〔*from*, *of*〕: ～ *of* a good family 良家の出である / ～ *of* sound stock 健全な血統を引いている / I ～ *from* Ohio. 私はオハイオの者だ, 出身地はオハイオ州だ. **b** (結果として)生じて来る; 生じる, 得られる 〔*of*, *from*〕: This ～s *of* disobedience. 言うことを聞かないからこういうことになる / Ill ～s *from* ill will. 災いは悪意から生じる / No good ～s *of* dishonesty. 不正直からろくなことは出て来ない / Wine ～s *from* grapes. ワインはぶどうから作られる.
7 手に入る, 所有に移る: His fortune *came* to him from his father. 彼の財産は父から伝わったものだ / His money ～s from his wife. 彼の金は細君から出る / Light [Easy] ～, light [easy] go. 《諺》得やすいものは失いやすい, 「悪銭身につかず」.
8 a (うまく)進む, 進行する, はかどる 〈*on*, *along*〉: The job is *coming* very well. 仕事はとてもうまくいっている / The crops are *coming on* [*along*]. 作物の出来は上々だ. **b** 昇進する; 進歩する, 改善される 〈*up*〉: ～ *up* in the world 出世する / ～ *up* through the ranks 下積みから出世する / His English has ～ a long way. 彼の英語はずい分進歩した. **c** やっていく, 暮らしていく 〈*along*〉: How are you *coming* (*along*) now? このごろどうしていますか / The patient is *coming along* all right. 患者は順調だ / He is *coming along* well with his study. 研究がうまくいっている.
9 a 届く, 達する, 及ぶ: Her dress ～s *to* her shoe tops. 彼女のドレスは靴の先まで来ている / Water *came over* the bridge girder. 水が橋桁(けた)の上まで来た. **b** (情緒・知性の面で)響く, こたえる, 痛感される.
10 a 〈ある状態・関係などに〉移る, 入る, なる 〔*to*〕: ～ *to* conflict 争うようになる, 衝突になる / ～ *to* an understanding 了解に達する, 話合いがつく / ～ *to* a point 先が尖る / ～ *to* (an) anchor 〘海事〙錨を降ろす, 停泊する; 落ち着く, 安住する / ～ *to* an end [a close] 終わりになる / ～ *to* blows なぐり合いになる, 格闘する / ～ *to* grief けがをする, 不幸に会う, ひどい目に会う, 失敗する / ～ *to* hand 〈手紙が〉手に入る, 届く; 出て来る, 見えて来る; 〈なくなった物が〉戻って来る / ～ *to* harm 傷つく, 憂き目をみる / ～ *to* life 生き返る, 正気づく / ～ *to* light 明白になる, 知れ渡る / ～ *to* no good ろくなことにならない, うまく行かない, 不幸に終わる / ～ *to* nothing [naught] むだに終わる, 何もなくなる / ～ *to* one's knowledge 知れる, 耳に入る / ～ *to* one's senses 正気になる, 本心に立ち帰る / ～ *to* oneself われに返る, 正気づく / ～ *to* the point 要点に来る, 要領を得る / ～ *to* the same thing つまり同じことになる / ⇨ *come to a* HEAD, *come to* TERMS. **b** 〈…するように〉なる 〈*to* do〉: They *came to* love each other. 彼ら二人は愛し合うようになった / How did you ～ *to* be such a fool? 一体どうして君はこうまでばかになったのか / How did you ～ [《古》How *came* you] *to* hurt your hand? どうして手を怪我したのですか (cf. 4). **c** 〔…の額に〕上る (amount), (結局)〔…に〕なる, 帰着する 〔*to*〕: Your bill ～s *to* $10. お勘定は10ドルになります / What you say ～s *to* this. 君の言うことはつまりこういうことになる / It ～s *to* this that... つまりこういうことになる, すなわち… / Has it ～ *to* this? こんなことになったのか / What does it all ～ *to*? 一体どうなることか, どういう結果になるのか.
11 [形容詞または過去分詞の補語を伴って] 〈…に〉なってくる, 到る (become): ～ true 〈夢などが〉事実となる, 本当になる; 〈予感・予言などが〉当たる / It ～s easy to me. それは私にはぞうさない / ⇨ *come* NATURAL *to* / It ～s expensive [cheap]. 高いものに[安く]つく / Things will ～ right. 万事はやがて正しくなる, すべてはいいようになってくるだろう / ～ undone [untied] 〈ひもなどが〉ほどけて来る, ほどける / ⇨ come CLEAN.
12 [命令法に用いて; 督促・警告・再考を表わして] さあ (now then), これ (look): *Come*, tell me what it's all about. さあ一体どうしたのか聞こう / *Come*, ～, you shouldn't speak like that! まあまあ, そんな口のきき方をするものではない.
13 [現在分詞形で] 《口語》〈来たるべきものが〉来て, 起こって; 〈罰・苦しみなどが〉当然来る[起こる, 受ける]べきで 〔*to*〕: I knew that it was *coming* (*to* me). そうなるとわかっていた / ⇨ HAVE[1] *it coming*.
14 〈種が〉発芽する (germinate).
15 《卑》オルガスムスに達する.
― *vt.* **1** 〈ある年齢〉に達する, になる: The horse is *coming* six. あの馬は今度ちょうど6歳になる. **2** 《俗》 **a** する, 行なう (do, act): ～ a joke on a person 人をからかう / ～ a hand at cards トランプに加わる / I can't ～ that. 私にはそんなこと[そんなうまいこと]はできない. **b** [定冠詞付きの名詞を伴って] …の役をする, …ぶる: ～ *the* moralist 君子ぶる / ～ *the* bully over …をいじめる.
come about (1) 起こる, 生じる (happen): How did the accident ～ *about*? その事故はどうして起こったのか. (2) 〈風が〉変わる: The wind *came about* into the east. 風は東に変わった. (3) 〘海事〙上手(うわて)回しになる (tack).
come abroad 《古》世間に出る; 知られる; 発表される.
come across (1) …に(偶然)出くわす, 見つける. (2) 〈劇・考えなどが〉人気を博する, 受ける, 理解される: ～ *across* well on TV [*as* a singer] テレビで[歌手として]受けがよい / A good poem ～s *across* even in translation. 良い詩は翻訳でもよくわかる. (3) 《口語》要求に応じる; (要求に応じて)〔物・情報を〕与える, 渡す, 口を割る, 〔真相などを〕白状する 〔*with*〕: ～ *across with* $10 10ドル支払う / He *came across* (*with* the truth). 彼は(本当のことを)白状した.
come after (1) …を求めて来る, 捜す (seek); …を取りに来る. (2) …に続いて来る, …の後から来る, …に続く (follow); …の後を継ぐ (succeed).
come again (1) また来る, 戻って来る. (2) [通例, 命令形で] 《口語》(今言った事を)繰り返す: *Come again?* もう一度言って下さい (What did you say?).
come alive (1) 生き生きしてくる, 元気がでてくる. (2) 〈写真などが〉本物に見える.
come along (1) やって来る, (道を)通(って来)る: He *came along* the street. / *Come along* and see me sometime. 《口語》いつか遊びに来なさい. (2) 一緒に行く: *Come along with* me. 私と一緒に来なさい / *Come along!* さあおいで, さあ早く; さあ(もっと)頑張って. (3) 〈事が〉起こる, やって来る. (4) ⇨ 8 a, c.
Come and get it! 《口語》食事の用意ができましたよ.
come and go 行ったり来たりする; 去来する, 移り変わる: Years *came and went*. / Her color *came and went*. 赤くなったり青くなったりした / Money will ～ *and go*. 金は天下の回り持ち / I don't know whether [if] I am *coming and going*. 何が何だかさっぱりわからない, 全く混乱している.
come apart (1) 〈物が〉ばらばらになる, 割れる, こわれる. (2) (肉体的・精神的に)だめになる.
come around (1) ＝COME *round*. (2) 《俗》(やっと)メンスが通じる (menstruate).
come at (1) …に着く, 達する, 至る. (2) …を得る, 手に入れる: ～ *at* the true knowledge of a matter 事の真相を知る. (3) …に向かって来る: The bull *came at* me with fury. その牛はえらい勢いで私に向かって来た. (4) 《豪俗》…を引き受ける.
come away (1) (向こうを離れて)こちらへ来る: *Come away from* the stove! (2) 結局〔ある感情・印象などをもって〕去る[離れる] 〔*with*〕: I *came away with* a sad feeling. (そこを去った)私には悲しい気持が残った / The reader will ～ *away* refreshed. (それ

を読んだ)読者は爽快な気分になるだろう. (3) 〈柄などが〉取れる, 抜ける. (4)《英方言》=COME *along* (2).
come back (1) 帰る, 戻る: The color *came back* to her face. 顔色が戻ってきた. (2)《口語》回復する, 復帰する, 返り咲く, 盛り返す, 立ち直る, カムバックする (cf. comeback 1): ～ *back* to power 権力を取り戻す. (3) 記憶によみがえる, 思い出される: The scene ～*s back* to my mind. その時の情景が心に浮かぶ. (4)《米俗》言い返す; しっぺい返しする (retort).
come before (1) ...より先にくる. (2) 〈物事が〉...に先立つ, ...より大切である: Work ～*s before* play. 遊びより仕事が主だ. (3) 〈問題・事件などが〉〈会議など〉に持ち出される, 提出される, ...の議題になる (cf. COME *on* (5)).
come between ⇨ between *prep.* 成句.
come by (1) ...を手に入れる, 得る: The book is difficult to ～ *by*. その本は入手しにくい. (2) ...を思いつく; =COME *across* (1). (3) 〈傷など〉を受ける. (4) (近くを)通り過ぎる. (5)《米口語》立ち寄る.
come clean ⇨ clean *adj.* 成句.
come down (1) 降る, 落ちる; 下がる, 降りる: The rain *came down* in torrents. 雨がしのを突くように降った. (2) 〈木が〉切り倒される; 〈家が〉こわされる. (3) 〈伝統・風習などが〉伝わる; The custom has ～ *down to* us from our ancestors. その風習は我々の祖先から伝わって来たものだ. (4) 〈値が〉下がる. (5) 落ちぶれる, 零落する: ～ *down* in the world 零落する. (6)《英》金を払う, 出資する: ⇨ *come down* HANDSOMELY. (7) (躊躇した後)決める, 決心する.
come down on [*upon*] (1) ...に不意に襲いかかる. (2) ...をどなりつける, しかる; ...をきびしく追求する: ～ *down* hard *on* a person for his carelessness 人の不注意をきびしく責め立てる.
come down to (1) ...に帰着する, 結局...になる: That ～*s down to* this statement. そのことは結局こういうことになる. (2) ⇨ COME *down* (3).
come down with《口語》(1) 〈病気〉になる, かかる, で倒れる: ～ *down with* a bad cold. (2) 〈金〉を出す, 支払う: ～ *down with* money 金を出す.
come for (1) 〈人・物〉を迎え[取り]に来る. (2) ...を襲う.
come home ⇨ home *adv.* 成句.
come in (1) 入って来る, (家・部屋などに)入る; 入場する: Ask him to ～ *in*. お入り下さいと言いなさい. (2) 〈船が〉港に入る, 〈列車が〉ホームに入る, 到着する, 着く: What time does the train ～ *in*? 列車は何時着ですか. (3) (競走で)ゴールに入る: The horse *came in* first [second]. その馬は一着[二着]となった. (4) 〈人が〉当選する. (5) 〈党派が〉入閣する, 政権を取る: The Democrats *came in* with a big majority. 民主党が大多数で政権を取った / when Lincoln *came in* リンカーンが大統領になった時. (6) (収入として)〈金が〉入る: He has a million pounds a year *coming in* from investments. 投資収入で年間100万ポンドある. (7) 〈季節が〉始まる. (8) 〈季節の食物が〉実る, しゅんになる; 〈油田が〉生産を始める, 採れ出す: Early potatoes *came in* very late last year. 去年はじゃがいもの走りが大分おくれた. (9) 流行してくる: Long hair has ～ *in*. ロングヘアーがはやってきた. (10) 役に立つ(ようになる); 利用される: ～ *in* handy [useful] 役立つ(ようになる), 有用になる / odds and ends that will ～ *in* some day いつかは役に立つようになるがらくたもの. (11) 役割をもつ: Where do I ～ *in*? 私の役割はどうか; 私の得るところはどれくらいか. (12) 〈冗談が〉...に面白味がある: Where does the joke ～ *in*? その冗談はどこが面白いのか. (13)《米俗》〈雌牛が〉子を生む. (14)《通信》信号に答える[応答する]. (15)《クリケット》イニングを始める.
come in for (1) ...を取りに来る. (2) 〈分け前〉をもらう. (3) 〈非難など〉を受ける (receive).
come in on [*upon*] (1) ...が痛感される, ぴんと来る. (2) ...に加わる, 参加する.
come into (1) ...に入る, 入って来る; ...になって来る: ～ *into* a person's head 頭に思い浮かぶ / ～ *into* notice 目に止まる, 注意を引く / ～ *into* play 活動し始める / ～ *into* sight 視界に入る, 見えてくる / ～ *into* the world 生れる / ～ *into* politics 政界入りする / ～ *into* use 用いられるようになる / Blue is *coming into* fashion. ブルーが今ははやってきている. (2) 〈協定〉を結ぶ; 〈計画〉に加わる. (3) 〈財産など〉をそっくりもらう, 受け継ぐ (inherit): ～ *into* a legacy [a vast fortune] 遺産[莫大な財産]を相続する / ⇨ *come into one's* OWN.
come it《口語》(目的を)果たす, やり遂げる.
come of ⇨ *vi.* 6.
come off (1) 去る, 逃げる. (2) 〈柄・ボタンなどが〉取れる, 〈髪・歯などが〉抜ける, 〈ペンキなどが〉はげる. (3) 〈人が〉...となる (turn out): ～ *off* a victor [victorious] 勝利者となる / ～ *off* a loser 負ける. (4) 〈企てが〉行なわれる (take place): The marriage never *came off* after all. 結局その結婚は成立しなかった / The match will ～ *off* next week. 試合は来週行なわれる. (5) 〈予言が〉当たる (come true): The prediction *came off*. (6)《口語》(うまく・まずく)行く; やってのける: ～ *off* badly うまく行かない, さんざんな目に会う / ～ *off* well うまく行く; うまくやる. (7) [通例命令形で]《米俗》やめる, よす (stop). (8)《クリケット》〈投手が〉その役目から下りる.
come off it《口語》[通例命令形で] ばかな[偉そうな]話[事]をやめる.
come on (1) =COME *upon* (1). (2) 〈冬・夜などが〉(徐々に)やって来る, 近づく (approach); 〈雨が〉降り出す: It *came on* to rain. 雨になった. (3) 〈風・あらし・発作などが〉起こる, 現われる; 〈病気・苦痛などが〉つのる (progress): A terrible spasm of pain *came on* just before he died. 死の直前に恐ろしい激痛の発作がきた. (4) 〈灯火が〉ともる, つく: The streetlight *came on* outside the window. 窓の外で街灯がともった. (5) 〈問題が〉論議に上る (rise); 〈事件が〉持ち出される: ～ *on* before the judge [for trial, for hearing] 公判に付せられる. (6) 〈役者が〉登場する (appear); 〈演劇・映画などが〉上演[上映]される. (7) ⇨ *vi.* 8 a. (8) [命令形で]《口語》さあ急いで, さあ早く (hurry up); [挑戦を表わして] さあ来い; [懇願などを表わして] お願い, さあさあ (please); [不信を表わして] ばかな, そんな: *Come on*, stop it! ねえ止めて. (9)《クリケット》〈新たな投手が〉投球を始める.
come out (1) 出て来る, 出る; 〈太陽・月が〉現われる: The stars *came out* one by one. 星が一つ一つ現われた / Color blindness ～*s out* in the male. 色盲は男性に出てくる / Sweat *came out* on his brow. 汗が額ににじみ出てきた. (2) 〈花が〉咲く; 〈木が〉葉を出す: The flower will ～ *out* next week. 花は来週には咲くだろう / ～ *out* in leaf 〈木が〉葉を出す. (3) 〈書物・新聞などが〉世に出る, 出版される, 発刊される: The book *came out* last month. その本は先月出版された. (4) 〈少女が〉正式に社交界に現われる. (5) 〈写真・あばた・本性・秘密などが〉現われる, 出る, 知れる, わかる: You ～ *out* well in that photo. あなたはその写真によくとれている / The picture *came out* well [poorly]. その写真はとてもよく[下手に]写った / It *came out* that ...ということがわかった. (6) (結果が)...になる (turn out); (...の成績で)及第する (come off): ～ *out* second best 二番になる / How does the play ～ *out*? その劇の結末はどんなことになるのか / The play ～*s out* well on the stage. その脚本は立派に舞台に乗る. (7) 仕事を休む[しない], ストライキをする.
come out for ...を支持する, 声明する, 証明する, 裏書きする (endorse).
come out of (1) ...から出てくる, 生じる: Nothing *came out of* all this talk. 話ばかりで何も具体化しなかった / *Out of* that discussion *came* a number of useful suggestions. その討論から多くの有益な示唆が得られた. (2) ...から離れる, 抜け出る: *Come out of* that! 《口語》そこをどきなさい; よしなさい.
come out with (1) ...をしゃべる (utter); 〈秘密など〉を口走る, 漏らす (blurt out): ～ *out with* the truth 真実を白状する. (2) ...を発表[公表]する.
come over (1) 〈雲が〉〈空〉をおおう. (2) 〈変化が〉...に起こる; 〈感情が〉〈人〉を襲う: A strange feeling has ～ *over* him. 異様な気持ちが彼を襲った. (3) ...を越して来る, 渡来する, (はるばる)やって来る. (4) (敵方から)変わって来る, 味方につく. (5) [補語を伴って]《英口語》急に...になる: She *came over* sick [queer]. 急に気分が悪く[変に]なった / The sky *came over* quite dark. 空が急に真っ暗になった. (6) ふと訪れる, 立ち寄る (drop in).
come round (1) ...の回りにやって来る. (2) 〈人〉にうまく取り入る, 〈人〉を籠絡(ろう)する (wheedle, coax): You can't ～ *round* me with such yarns. そんな話に乗せられるものか. (3) 回って来る: Xmas has ～ *round* again. クリスマスがまためぐって来た. (4)《口語》〈人が〉ぶらりとやって来る. (5) (病後)元気を回復する; 〈気絶した者が〉正気づく; 〈人が〉機嫌を直す: He took a long time to ～ *round*. 回復する[正気づく]のに長い間かかった. (6) 〈風向きなどが〉変わる; 〈人が〉意見を変える: ～ *round to* a person's view 人の意見に同意する / ～ *round to* another's way of thinking 意見を変えて別の考え方になる. (7)《海事》〈帆船が〉風に向かう.
come short (*of*) ⇨ short *adv.* 成句.
come through (1) ...を通って出て来る: Sweat *came through* his shirt. 汗がシャツを通してにじみ出た. (2) ...を耐え抜く, 切り抜ける: ～ *through* the winter. (3)《米》やり通す, 成し遂げる; 成功する. (4) 信仰に入る, 回心する. (5) すっかり打ち明ける, 白状する. (6) 〈電話などが〉つながる, 連絡がつく: The call *came through* immediately. 電話はただちにつながった.
come through with《俗》〈必要なもの〉を提供する, 支払う: ～ *through with* the loan ローンの金を払う.
come to [to は *adv.*] (1) 回復する, 正気づく: It was many hours before he *came to*. 数時間たってやっと正気づいた. (2)《海事》船を風上に向ける; 船の行きあし[惰性]をとめる. (3) ⇨ *vi.* 10 a, c.
come together (1) 集まる, 会合する (assemble). (2) 夫婦生活をする, 同棲する.
come to pass ⇨ pass[1] 成句.
come to stay ⇨ stay[1] 成句.
come to that《口語》そのことになると, そのことについては, 実のところ: *Come to that*, I have not made up my mind. そのことですが, まだ決心していません.
come true (1) ⇨ *vi.* 11. (2)《生物》⇨ true *adv.* 3.
come under (1) ...の部類[項目]に入る, ...に編入される, ...に当てはまる. (2) 〈影響・支配・法律など〉を受ける, ...に支配される: ～ *under* the influence of ...の影響を受ける / ～ *under* one's notice 目につく.
come up (1) 上がる, 昇る. (2) (つかつかと)やって来る, 近づく. (3) 芽を出す; 頭を出す, 浮かび出る. (4) 〈嵐などが〉起こる. (5) はやり出す. (6) 〈問題・話題が〉〔話・議論などに〕上る, 出る〔*in*〕: ～ *up in* conversation. (7) 上京する. (8)《英》大学に入る, 入学する. (9) ⇨ *vi.* 8 b. (10) [命令形で] (馬に)もっとはやく行け. (11)《海事》〈索など〉をゆるめる.
come up against 〈困難・反対など〉に直面する.
come upon (1) ...に出合う; ...にひょっと気づく; 偶然見つける: ～ *upon* a solution 解決策を見つける. (2) 不意に襲う. (3) ...に頼みに来る, 要求する: ～ *upon* a person *for* money. (4)《古》〈人が〉...の厄介になる: ～ *upon* the town 町の救護を受ける(身になる).
come up to (1) ...に達する, 届く (reach). (2) 〈期待〉にそう, 〈標準・見本など〉にかなう, 匹敵する, 劣らない: I doubt if this effort *came up to* his expectations. この努力が彼の期待にそうか疑わしい.
come up with (1) ...に追いつく (overtake). (2) ...に打ち勝つ, ...を負かす. (3) (問題解決などのために) 〈方法など〉を見つける, 思いつく, (持ち)出す, 示す (find): ～ *up with* an idea, a solution, a suggestion, etc.
have it coming (*to one*) ⇨ have[1] 成句.
if [***when***] ***it comes to it*** その場合, そのことだが.
Let'em [***them***] ***all come!*** (相手の挑戦を受けて)矢でも鉄砲でも持ってこい, さあ来い.
not know whether [***if***] ***one is coming or going*** 頭が混乱している, どうしたらよいか分らない.
see a person coming《口語》人の足元につけこむ.
when it comes to ...となると, にかけては: *When it comes to* playing tennis, he is next to none. テニスをすることにかけては彼はだれにも引けをとらない.
— *n.*《卑》**1** オルガスムス. **2** 精液; 愛液.

cóme-and-gó *n.* 行き来, 去来; 収縮と膨張. — *adj.* 近似の, 大体の; 変動する (variable).
come·at·a·ble [kʌmǽtəbl̩, kə- | -tə-]〘← *come at* (⇨ come 成句)+-ABLE: cf. getatable〙*adj.*《口語》**1** 近づきやすい, 容易に行ける. **2** 到達できる.
cóme·bàck〘← *come back* (⇨ come 成句)〙 — *n.* **1**《口語》(健康・人気その他失敗の後の)盛り返し, 返り咲き, 回復, カムバック: have a ～ like a cork 威勢よく立ち直る[盛り返す] / make [stage] a ～ 返り咲きする, カムバックする. **2 a** 言い返し, 辛辣(らつ)な答え, 口答え: have a ～ for everything ああいえばこう言う, へらず口を叩く. **b** 報復(行為). **c** (通例品質不満による)商品の返却; 返品. **3** 帰還者, 復帰者; 幽霊. **4**《口語》行動理由; 不平の種, 苦情. **5**《豪》**a** カムバック《メリノ (merino) $^3/_4$ の雑種の羊で, 食肉・羊毛用》. **b** カムバックの羊毛[皮]. **6**《競馬》戻し金《ブックメーカーが自分の受けた賭の賭率を下げたり, 損失を減らすために賭ける金》.
cóme·bàck·er *n.* **1**《野球》ピッチャーゴロ. **2**《アメリカンフットボール》=buttonhook 2.
COMECON, Com·e·con [kɑ́mɪkɑ̀n, -mə- | kɔ́mɪkɔ̀n]〘← *Co*(*uncil*) (*for*) *M*(*utual*) *Econ*(*omic*) (*Assistance*)〙 — *n.*《経済》コメコン, 共産圏経済相互援助協議会《1949年 Marshall Plan に対抗して設立された加盟国相互間の経済援助協力を目的とする勧告機関; 現在の加盟国はソ連・ブルガリア・ハンガリー・ポーランド・ルーマニア・チェコスロバキア・東ドイツ・モンゴル・キューバ・ベトナム; ロシヤ語略 SEV》.
co·me·di·an [kəmíːdiən | -djən, -dɪən]〘(1581) ▭ F *comédien*〙 — *n.* **1** 喜劇俳優, コメディアン, 「三枚目」: a low ～ 低級な喜劇役者, 道化役者. **2** [しばしば皮肉に] 滑稽な人物, おどけ者. **3**《古》喜劇作家.
co·me·dic [kəmíːdɪk, -méd-]〘▭ L *cōmoedic-us* ▭ Gk *kōmōidikós*: ⇨ comedy, -ic[1]〙*adj.* 喜劇の[に関する]; 喜劇風の, 喜劇的な, 滑稽な. **～·ly** *adv.*
co·me·di·cal [-dɪkəl, -də- | -dɪ-] *adj.* =comedic.
Co·mé·die-Fran·çaise [kɔ̀(ː)meɪdíː-frɑ̃ː(n)séz, -frɔ̃ː(n)-, -frɑːn-, -frɔ(ː)n- | kɔ̀m-; *F.* kɔmedifʀɑ̃sɛːz] *n.* [the ～] コメディ フランセーズ《Paris にあるフランスの国立劇場; 1680年創立; 正式名 Théâtre-Français》.
co·me·di·enne [kəmìːdién, ―◡―◡́ | kəmèɪdɪén, kə-, kəmìː-; *F.* kɔmedjɛn]〘▭ F ～ (fem.) ← *comédien*: ⇨ comedian〙*n.* 喜劇女優.
co·me·di·et·ta [kəmìːdiétə, -mèɪd- | kəmèɪdɪétə, kə-, -mìːd-; *It.* komedjétta]〘▭ It. ～ (dim.) ← *commedia* comedy: ⇨ -ette〙 — *n.* (*pl.* **～s, -et·te** [-teɪ; *It.* -te]) (通例一幕物の)小喜劇, 短編喜劇.
cóm·e·dist [-dɪst, -dəst | -dɪst] *n.* 喜劇作家.
com·e·do [kɑ́mədòu | kɔ́mɪdə̀u]〘← NL ～ ← L *comedō* glutton ← *comedere* to eat greedily ← COM- (強意)+*edere* 'to EAT'〙 — *n.* (*pl.* **com·e·do·nes** [kɑ̀mədóuniːz | kɔ̀mɪdə́u-], **～s**)《医学》コメド, 面皰(ぽう), にきび《blackhead ともいう; cf. milium》.
cóme·dòwn〘← *come down* (⇨ come 成句)〙*n.* 急な落ちぶれ, 零落 (downfall); (地位・名誉の)失墜.
com·e·dy [kɑ́mədi | kɔ́mɪdɪ, -mə-]〘(*c*1385) ▭ (O)F *comédie* ▭ L *cōmoedia* ▭ Gk *kōmōidía* ← *kōmōidós* comedian ← *kômos* revel (cf. home)+*aoidós* singer (← *aeidein* to sing: cf. ode)〙 — *n.* **1 a** 喜劇《悲劇 (tragedy) に対立する劇の一部門; cf. farce 1》. **b** 一編の喜劇; 喜劇映画: a low ～ 低級な喜劇, 茶番狂言, 道化芝居 / a musical ～ 音楽喜劇 / ⇨ light comedy. **c** 喜劇的な文芸作品《小説・物語》. **2** (実生活における)喜劇, 喜劇的場面[事件].
cut the comedy《俗》[主に命令形で用いて] ばかなこと[まね]を止める, 冗談を止める.

Comedy of Errors [The —]「間違いつづき」《Shakespeare 作の喜劇 (1592–94)》.
comedy of humors [the —] 気質喜劇《人間をその気質によって際立った性格に描いたもので 17 世紀初頭に英国で流行した; Ben Jonson の *Every Man in His Humour* (1598) はその代表的な例》.
comedy of manners [the —] 風俗喜劇《英国 17 世紀末に起こったもので, 主に社交界の軽薄・因襲・愚行などを風刺した機知に富んだ喜劇; Etherege, Wycherley, Congreve などの作が代表的; cf. high comedy》.
cómedy dràma *n.* 〘文学〙 喜劇まじりの戯曲《comedy のやや深刻なもの》.
cómedy·wrìght *n.* 喜劇作者.
come-hith·er [kʌ̀mhíðə, kəmíðə | -ðə(r] *n.* **1 a** 人を引き付けるもの (attraction). **b** 誘惑(するもの) (lure). **2** 《アイル》人を引き付ける話[仕草]; 説得 (persuasion). — *adj.* 《口語》誘惑的な, 魅惑的な.
come·ly [kʌ́mli | -lɪ] 〘OE *cȳm(e)lic̄* beautiful ← *cȳme* fine (cf. G *kaum* scarcely)+*lic̄*: 後に COME と連想された: ⇨ -ly², like〙 — *adj.* (**come·li·er, -li·est; more ~, most ~**) **1** 顔立ちの整った, みめよい. **2** 《古》品行のきちんとした, 見苦しくない, 立派な. **cóme·li·ness**
Co·me·ni·us [kəmíːniəs | kəméɪnjəs, kɔ-, -nɪəs], **John Amos** *n.* コメニウス《1592–1670; モラビア派に属したチェコの聖職者・教育学者; チェコ語名 Jan Amos Komensky》.
cóme-òn 〘← *come on* (⇨ come 成句)〙 — *n.* 《俗》 **1 a** (だまされてつまらない物など買わされる)お人よし,「かも」(dupe). **b** だます人, 詐欺師, ぺてん師 (swindler). **2 a** 誘惑,「えさ」(lure). **b** 誘惑するもの. **c** (客寄せの)目玉商品, おとり商品. **3** 〘トランプ〙(ブリッジで)カムオン《ことさら高位の札を捨てたりして, パートナーにそのスーツを続けて出すよう合図する防御側の戦術; cf. high-low signal》.
còme-óuter 〘← *come out* (⇨ come 成句)〙 *n.* 《米》 **1** (現状に不満で政治・宗教方面から飛び出した)脱退者. **2** 反体制派の人, 過激な改革家.
cóm·er 〘《*a*1376》〙 — *n.* **1 a** 来る人, 来た人: a chance ~ ひょっこりやって来る人, ふりの客 / the first ~ 先着者 / ⇨ newcomer. **b** [主に all comers として](競技などの)自発的参加者, 飛入り, だれでも来る人みんな: I stand up against *all* ~*s*. だれとでも相手になる, だれでも来い. **2** 《米口語》未来を期待される人, 有望な人[もの].
co·mes [kóumiːz, -mes | kóu-] 〘⊏ L ~ 'companion' ← COM-+*īre* to go〙 — *n.* (*pl.* **com·i·tes** [kámətìːz, -tèɪs | kɔ́mɪ-]) **1** 〘天文〙=companion¹ 7. **2** 〘解剖〙随伴動静脈《神経に随伴して走行する動静脈》. **3** 〘音楽〙(fugue の) 応答 (answer), (canon の) 追行句 (consequent) (cf. dux 3). **4** 〘カトリック〙典礼の索引書あるいは索引と式文を含む典礼書.
co·mes·ti·ble [kəméstəbl | -tɪ-, -tə-] 〘《1483》⊏ (O)F ~ ⊏ ML *comestibilis* ← L *comēstus* (p.p.) ← *comedere* to eat up: ⇨ comedo, -ible〙 *adj.* 《まれ》食べられる, 食用に適する. — *n.* [通例 *pl.*] 食料品, 食物.
com·et [kámɪt, -mət | kɔ́m-] 〘《?*a*1200》⊏ L *comēta* ⊏ Gk *komḗtēs* long-haired (star) ← *komân* to wear long hair ← *kómē* hair: cf. coma²〙 — *n.* **1** 〘天文〙彗星(すいせい), ほうき星: the tail [coma] of a ~ 彗星の尾[髪]. **2** 彗星のように急に頭角を現わし消えていくような人. **3** 〘トランプ〙 **a** コメット《1759 年 Halley 彗星の出現を機に考案された stop 系のゲーム; ダイヤの 8 を除く 51 枚の札を 3–8 人に配り, 番号順に彗星の尾のようにつなげてゆく》. **b** (コメットで)クラブかダイヤの 9.
com·e·tar·y [kámɪtèri, -mə- | kɔ́mɪtəri] *adj.* 彗星の[に関する, から出る]; 彗星状の.
cómet finder *n.* =comet seeker.
co·meth·er [kəméðə | kə(u)méðə(r] 〘《転訛》← *come hither* 牛を呼ぶ時の掛け声〙 *n.* 《英方言》=come-hither.
co·met·ic [kəmétɪk, ka- | kəmét-, kɔ-] *adj.* =cometary.
co·mét·i·cal [-tɪkəl, -tə- | -tɪ-] *adj.* =cometic.
cómet sèeker *n.* 彗星望遠鏡, 彗星捜索用望遠鏡《低倍率で広視野》.
cómet-wìne *n.* 彗星年醸造のぶどう酒《香味が特に優秀と言われる》.
cómet-yèar *n.* 彗星年《特別な大彗星の現われた年》.
come·up·pance [kʌ̀mʌ́pəns] 〘← *come up* (⇨ come 成句)+-ANCE〙 *n.* 《米口語》当然の罰 (retribution): get one's ~ 当然の報いを受ける.
com·fit [kʌ́mfɪt, kʌ́m-, -fət | kʌ́mfɪt, kɔ́m-] 〘《*c*1250》⊏ MF *confit(e)* < L *confectum* (p.p.) ← *conficere* to prepare: ⇨ confection〙 — *n.* 《まれ》コンフィット《木の実・果物などに砂糖衣をかけた糖菓》.
com·fort [kʌ́mfət | -fət] 〘《?*a*1200》*confort* ⊏ OF ← LL *confortāre* to fortify ← *con-* 'COM-' (強意)+*fortis* strong (⇨ fort)〙 — *n.* **1 a** (困っている時, 悩んでいる時などの) 慰め, 慰安 (consolation): cold ~ あまり慰めにもならぬ慰め / derive ~ from ...から慰め[慰安]を得る / take [find] ~ in reading 読書で自ら慰める. **b** [主に aid and ~ として] 援助, 救助 (assistance): give *aid and* ~ to him 彼を救ってやる. **2 a** 慰めを与える[慰めとなる]人[もの], 慰安者, 慰問品; 楽しみごと, 楽しい経験: ⇨ creature comfort / He was a great ~ to his parents in old age. 彼は老いた両親にとって大きな慰め(の種)であった / It is a ~ to me to know you are near at hand. あなたがすぐ近くにおられると知って心強い. **b** [通例 *pl.*] 生活を楽にするもの: ~*s* of home life=home ~*s* 家庭生活の楽しみ(ごと) / bodily ~*s* 肉体的に楽しみを与えるもの《食物・衣服など》. **3** 苦痛・苦悩のない状態, 安楽(な状態); 満足(な状態), 気楽, 快適: live in ~ 安楽に暮らす / be fond of ~ 安楽を好む / be of (good) ~ 元気でいる / What ~? 《古》ごきげんいかが? **4** 《米中部・南部》=comforter 3.
— *vt.* **1 a** 〈苦悩している人を〉慰める, なだめる (console): ~ oneself with the thought そう思って自ら慰める. **b** 元気づける, 励ます (cheer). **2** 〈体を〉楽にする. **3** 《廃》〘法律〙援助する (aid).
com·fort·a·ble [kʌ́mfəṭəbl, -ftə- | -f(ə)tə-] 〘《*c*1340》⊏ (O)F *confortable*: ⇨ ↑, -able〙 — *adj.* **1 a** 肉体的に不快感を与えない, 快適な, 楽な; 居心地[住み心地]のよい, 〈椅子など〉座り心地のよい, 〈衣服など〉着心地のよい: a ~ chair / ~ rooms, surroundings, etc. **b** (精神的・肉体的に)苦痛[苦悩, 不安]のない, 安らかな, 気楽な, 安楽な: ~ living 安楽な暮らし / He was ~ in an armchair. ひじかけ椅子に座って気楽にしていた / feel ~ 心地よく感じる, 気持がいい / make oneself ~ 体を楽にする, くつろぐ. **2** 《口語》 **a** (金銭的に) 不自由のない: a ~ income 不足のない[かなりの]収入 / in ~ circumstances (金銭的に)何の苦労もなく. **b** (満ち足りて)落ち着いている, 満足そうな. **3** 慰める, (心の)慰めになる, 慰め[元気]を与える: ~ words. — *n.* **1** 《米北部》=comforter 3. **2** 《英》=comforter 2. **~·ness** *n.*
Cómfortable Wórds *n. pl.* [the ~] 〘キリスト教〙慰めの言葉《聖餐式の儀(ぎ)に関連して司式者が唱える聖句; 英国国教会では赦罪 (absolution) の後に用いる次の聖句: *Matt.* 11: 28, *John* 3: 16, *1 Tim.* 1: 15, *1 John* 2: 1–2》.
cóm·fort·a·bly [-bli | -blɪ] 〘《*a*1398》〙 — *adv.* **1** 気楽に, 安らかに, 安楽に, 心地よく. **2** 何不足なく: be ~ off 何不足なく[気楽に]暮らす. **3** 満足そうに, 落ち着いて.
cóm·fort·er [-fəṭə, -fəṭə | -fətə(r] 〘《*c*1350》⊏ OF *conforteor*〙 — *n.* **1** 慰める人[もの], 慰安者 (consoler): ⇨ Job's comforter. **2** 《英》長い毛糸の襟巻. **3** 《米》羽根ぶとん, キルトの掛けぶとん. **4** 《英》(赤ん坊をなだめるための)ゴム製乳首, おしゃぶり (《米》pacifier). **5** [the C-] 〘神学〙助け主 (Advocate), 聖霊 (the Holy Ghost) (cf. *John* 14: 16, 26).
cóm·fort·ing [-tɪŋ | -tɪŋ] 〘《*a*1382》〙 *adj.* 励みになる; 元気づける; 慰める: a ~ drink. **~·ly** *adv.*
cómfort·less 〘《*a*1387》〙 — *adj.* **1** 不愉快な, 不自由な. **2** 慰安(設備)のない, 慰めのない, 楽しみのない, わびしい. **3** 《廃》慰め[援助]を与えない. **~·ly** *adv.* **~·ness** *n.*
cómfort stàtion [ròom] *n.* 《米》公衆便所 (《英》public convenience).
com·frey [kʌ́mfri | -frɪ] 〘《*a*1300》*cumfirie, conferie* ⊏ AF *cumfirie*=OF *confire* < L *confervam* ← *confervēre* to boil together, heal ← *con-* 'COM-'+*fervēre* to boil: 薬草として煎じたことから: cf. conferva〙 — *n.* 〘植物〙 **1 a** ヒレハリソウ, コンフリー (*Symphytum officinale*)《ムラサキ科ヒレハリソウ属の野草》. **b** ヒレハリソウ属の植物の総称《昔は薬草》. **2** =daisy 1, 2.
com·fy [kʌ́mfi | -fɪ] 〘《短縮》← COMFORTABLE: ⇨ -y² ★ (3)〙 *adj.* (**com·fi·er; -fi·est**) 《口語》=comfortable.
com·ic [kámɪk | kɔ́m-] 〘《*a*1387》⊏ L *cōmic-us* ⊏ Gk *kōmikós* ← *kômos* banquet, revel: ⇨ comedy, -ic¹〙 — *adj.* **1** 喜劇の (cf. tragic): a ~ actor [writer] 喜劇俳優[作者] / a ~ turn ⇨ turn *n.* 10. **2** 喜劇的な, 滑稽な, おかしい, おどけた: a ~ song 滑稽歌, コミックソング / Everything has its ~ side. 物には皆滑稽な面がある. **3** (続き)漫画の: a ~ artist (comic strips をかく)漫画家. — *n.* **1** 《口語》 **a** (寄席などの)喜劇俳優, 道化師, コメディアン. **b** おかしな人, 滑稽な人. **2** 《口語》 **a** 漫画, 漫画雑誌[新聞, 本]; 喜劇映画[テレビ番組]. **b** 続きこま漫画《数場面が続いて一まとめとなるもの; comic strip ともいう》. **c** [通例 *pl.*] (日曜日の新聞などの)漫画(欄[版]). **3** [the ~] (人生・文学などの)喜劇的要素 (cf. tragic).
com·i·cal [kámɪkəl, -mə- | kɔ́mɪ-] 〘《*a*1387》〙 — *adj.* **1** 滑稽な, おどけた, おかしい (amusing, laughable); ひょうきんな (freakish). **2** 《英口語・方言》頭のおかしい, 風変わりな. **3** 《廃》喜劇の[に関する]; 喜劇的な. **~·ly** *adv.* **~·ness** *n.*
com·i·cal·i·ty [kɑ̀mɪkǽləṭi, -mə- | kɔ̀mɪkǽlətɪ, -lɪ-] *n.* 喜劇的性質; ひょうきん, 滑稽, おかしみ.
cómic bòok *n.* 《米》漫画本《comic strip が載っているパンフレット綴じの本》.
cómic-ópera *adj.* まじめに取られない, 滑稽な, ばかばかしい: a ~ state.
cómic ópera 〘《なぞり》← F *opéra comique*〙 — *n.* 〘音楽〙喜歌劇《題材・音楽ともに軽い内容をもつオペラの総称; operetta, opera comique, opera buffa, musical comedy, vaudeville などを含む》.
cómic pàper *n.* =comic 2 c.
cómic relíef *n.* **1** 喜劇的息抜き場面《過度の緊張からの息抜き (relief) の目的で悲劇的場面の間にはさむもの》. **2** 喜劇による息抜き.
cómic strìp *n.* =comic 2 b.
Com·in·form [kámɪnfɔ̀əm, -mən- | kɔ́mɪnfɔ̀ːm, ⏤⏤⏤] 〘← *Com(munist) Inform(ation Bureau)* (共産党情報局)〙 — *n.* [the ~] コミンフォルム《1947 年ソ連など 9 か国の共産党代表者がポーランドに会合設立した共産党の情報機関で, 1956 年廃止; 本部は 1948 年までは Belgrade, その後は Bucharest にあった; cf. Comintern》.
cóm·ing 〘ME〙 — *adj.* **1** 来たるべき (approaching), 次の (next): the ~ month 来月 / the ~ election 今度の選挙 / indications of a ~ storm あらしの(来る)前兆. **2** 頭角を現わしてきた, 今売出しの, 新進の: a ~ man.
coming and going 逃れられなくなって, 出口がなくなって; 孤立無援の: He had me ~ *and going*. 彼は私をどうしようもなくしてしまった. ***coming up*** 《口語》(レストランなどで)〈食物・飲物が〉でき上がって.
— *n.* **1** 来ること, 到来 (arrival, advent): ~ of age 成年. **2** [the C-] キリストの再臨 (Second Advent (of Christ)).
comings and goings 出来事, 事件 (affairs); 行動, 活動 (activities).
cóming ín *n.* (*pl.* **comings in**) **1** 入場 (entrance); 始まり (beginning). **2** [通例 *pl.*] 収入 (income).
cóming óut *n.* (*pl.* **comings out**) (若い女性の)社交会へのデビュー.
Com·in·tern [kámɪntə̀ːn, -mən-, ⏤⏤⏤ | kɔ́mɪntə̀ːn, ⏤⏤⏤] 〘← *Com(munist) Intern(ational)*〙 — *n.* [the ~] コミンテルン, 第三インターナショナル (1919–43) (⇨ Third INTERNATIONAL; cf. Cominform).
COMISCO, Co·mis·co [kəmískou | -kəu] 〘← *Com(mittee of the) I(nternational) S(ocialist) Co(nference)*〙 — *n.* [the ~] 国際社会主義者会議(委員会), コミスコ《Cominform に対抗して結成した社会民主主義政党の組織; 1947 年 11 月創設》.
com·i·tad·ji [kòumətáːdʒi, kɑ̀m- | kə̀umɪtáːdʒɪ, kɔ̀m-] *n.* =komitadji.
com·i·ta·tive [kámətèɪṭɪv, -ṭəṭ- | kɔ́mɪtèɪt-, -tət-] 〘← L *comitātus* escort, retinue (← *comit-*, *comes* companion)+-IVE〙 〘文法〙 — *adj.* 随伴を表わす; 随格の: the ~ case 随格. — *n.* 随格.
comites *n.* comes の複数形.
co·mi·ti·a [kəmíʃiə, -ʃə | -ʃɪə, -ʃə] 〘⊏ L ~ (pl.) ← *comitium* place of assembly ← COM-+*īre* to go (⇨ itinerate)〙 — *n.* (*pl.* ~) (古代ローマの)民会《市民が共同体の成員として出席し, 法律を制定し行政官を任命した; comitia curiata, comitia centuriata, comitia tributa の三つがあった》. **co·mí·tial** [-ʃəl] *adj.*
com·i·ty [káməṭi, kóum- | kɔ́mətɪ, -mɪ-] 〘⊏ L *cōmitātem* courtesy, friendliness ← *cōmis* courteous < OL *cosmis* ← co-¹+IE *(s)mei- to smile〙 — *n.* **1 a** 礼譲, 礼節; 社交上の調和 (courtesy, civility). **b** =COMITY of nations. **2** 〘キリスト教〙教派間の礼譲《相互に他の教派に転向することを回避するアメリカプロテスタント教会間の慣行》.
comity of nations [states] 〘《なぞり》← NL *comitās gentium*〙 [the —] (1) 国際礼譲《各国が自国の領土内において他国の法律・慣習その他の制度を尊重する親交関係》. (2) 国際親交国《国際礼譲によって親交を保っている国々》: be received into [excluded out of] the ~ *of nations* 国際親交国の仲間に入れられる[から除外される].
comm. 《略》commander; commentary; commerce; commissary; commission; committee; commonwealth.
com·ma [kámə | kɔ́mə] 〘《1586》⊏ LL ~, (L) part of a sentence ⊏ Gk *kómma* clause (in a sentence) ← *kóptein* to cut ← IE *(s)kep- to cut (L *cāpō* castrated cock)〙 — *n.* **1** (句読点の)コンマ, 読点 (,): ⇨ inverted comma. **2** 休止, 中断 (pause). **3** (*pl.* ~**s**, ~**·ta** [~ṭə | ~tə]) 〘古典詩学〙 **a** コロン (colon) の小節. **b** 長短短六歩格で caesura で終わる[始まる]部分. **c** その caesura. **4** 〘音楽〙コンマ《ある音程が異なった方法で得られる時, 両者の間に生じる音程の微少な差; cf. ditonic comma, syntonic comma》. **5** 〘細菌〙=comma bacillus. **6** 〘昆虫〙=comma butterfly.
cómma bacíllus *n.* 〘細菌〙コンマ菌 (*Vibrio comma*)《アジアコレラの病原菌; 単に comma ともいう》.
cómma bútterfly *n.* 〘昆虫〙タテハチョウ科の後翅の内側にコンマ型の銀の印があるチョウの総称《シータテハ (*Polygonia c-album*), キタテハ (*P. c-aureum*) など; 単に comma ともいう》.
cómma di·tón·i·cum [kámədaɪtánɪkəm, -nə- | kɔ́mədaɪtɔ́nɪ-] 〘← NL ~〙 — *n.* (**com·ma·ta di·ton·i·ca** [kámətə-daɪtánɪkə, -nə- | kɔ́mətə-daɪtɔ́nɪ-]) 〘音楽〙=ditonic comma.
cómma fàult *n.* 〘文法〙コンマの誤用《接続詞を用いないで結びつけられている二つの等位節の間にピリオド・コロン・セミコロンなどを使うべきであるのにコンマを使う誤り; comma splice ともいう; cf. run-on sentence》.
com·mand [kəmǽnd | -máːnd] 〘《?*a*1300》⊏ OF *comand-er* (F *commander*) < VL *commandāre*=L *commendāre* to order, command ← COM- (強意)+*mandāre* (⇨ mandate): COMMEND と二重語〙 — *vt.* **1** ...に〈...するように〉命じる, 命令する, 命令[号令]を下す 〈*to* do〉: He ~*ed* us *to* do it.=He ~*ed* it *to* be done.=He ~*ed that* it *should* be done.=《米》He ~*ed that* it be done. 彼はわれわれにそれをせよと命じた. **2 a** 指揮する: ~ a ship, fleet, etc. **b**

…の支配権を握る：～ the sea [air] 制海[空]権を握る．**c** 〈自己・激情などを〉支配する，制する：～ oneself [one's temper, passions] 自制する．**d** 意のままにする，自由にできる：～ the money その金を自由に使用できる / You may ～ my service. なんなりと御用命ください．**3 a** 〈人が〉〈同情・尊敬などを〉集める，起こさせる，博する：～ attention, respect, sympathy, etc. **b** …の価値がある：～ $2,000. **4 a** 〈場所が〉〈要害の地などを〉眼下に見下ろす地にある (dominate)，〈景色を〉見渡す (overlook)：rocks *～ing* the entrance of the harbor その湾の入口の要点を占める岩 / The window *～s* a fine view of the lake. その窓は湖の景色がよく見える / The castle *～s* the town. その城は町を見下ろしている．**b** 〖軍事〗瞰制(かんせい)する．**5** 《廃》強要する，命じる (enjoin)：～ silence 静かにせよと命じる．

— *vi.* **1** 指揮権をもつ；指揮者になる：Who *～s* here? ここはだれが指揮を取っているのか，ここの指揮者はだれか．**2** 命令[号令]を下す．**3** 見渡す，見下ろす；〖軍事〗瞰制(かんせい)する．

Yours to command 《古》敬具《Yours obediently の丁寧な，または皮肉な言い方》．

— *n.* **1** 命令，言いつけ：a word of ～ 号令 / at [by] a person's ～ 命により，指図に従って / give a ～ 命令する，言いつける / You have my ～ to do so. そうするようにあなたに命じる．**2 a** 指揮；指揮権，統率(権)：an officer in ～ of …を指揮する士官 / all the personnel in one's ～ 配下の全職員 / be under (the) ～ of …の指揮の下にある，の配下に属する / take ～ (of) (…の)指揮を執る．**b** 支配権：the ～ of the sea [air] 制海[空]権．**c** (激情・行動などを)制御する力，抑制：lose ～ of oneself 自制力を失う，我慢し切れなくなる / She had full ～ of herself. 取り乱すことはなかった，自制心を失わなかった．**d** (言語を)自在に駆使する力；(金銭などを)自由に使えること：one's poor ～ of English 貧弱な英語の力 / have a great [good] ～ of English 英語が自由自在である / have unlimited ～ of money いくらでも金が自由になる．**3** (要害地を)占めていること，見下ろす位置；瞰(かん)制 (dominance)．**4 a** 〖軍事〗支配地，管轄区域；管下の部隊[船，部署，地域]；司令部．**b** 号令《Eyes right! (頭右(かしらみぎ))など》；(予令に対する)動令《Forward march! (前へ進め)の前半が preparatory command (予令)，後半が command of execution (動令)》．**c** 〖米空軍〗航空軍集団，空軍長官直属部隊《米国空軍最上位の部隊区分で，通常 2 個(以上)の航空軍からなる》：Strategic Air *Command* 戦略航空軍集団，(俗に)戦略空軍．**5** 〖電算機〗コマンド，指令《始動・停止・継続などを指示する電気パルス[信号]あるいは符号》．**6** 〖宇宙〗指令《飛翔中のロケットや衛星に点火・アンテナ出し等の動作を行なわせるための電波指令》．

at command 掌中にある，自由に使用できる；思うままになる．

— *attrib. adj.* **1** 司令の；司令官による．**2** 命令による，命令によってなされる．「察用機．

commánd àirplane *n.* 〖軍事〗(指揮官の)戦況視

com·man·dant [kɑ́məndæ̀nt, -dɑ̀ːnt, ⁓⁓⁓|kɔ̀mən-dǽnt, -dɑ́ːnt, ⁓⁓⁓] 〖◻F ～ (pres.p.) ← *commander* 'to COMMAND'〗 **— *n.*** **1 a** (ある地区・基地・部隊などの)司令(官)：the ～ of a garrison, fortress, town, etc. **b** 指揮官，隊長 (commander)．**2** 〖米陸軍〗**a** (軍関係学校の)校長．**b** 《米》(海兵隊最高位の)総司令官：the *Commandant* of the U.S. Marine Corps 海兵隊総司令官《大将で任期 4 年》．

commánd càr *n.* 〖米陸軍〗指揮(用)車両，司令車《指揮権行使のための無線装置を備えた装甲[非装甲]車で，指揮官や幕僚が用いる》．

com·man·deer [kɑ̀məndíə|kɔ̀məndíə(r] 〖◻Afrik. *kommandeer* to command ◻F *commander* 'to COMMAND'〗 **— *vt.*** **1 a** 強制的に兵役に服させる，徴集する (conscript)．**b** 〈私有物を〉(軍用または公共用に)徴発する，接収する．**2** 《口語》〈人の物を〉勝手に取る[所有する]．**— *vi.*** 人・物を(軍用[公共用]に)徴集[徴発，接収]する．

com·mánd·er 〖《*a*1325》◻OF *comandeor* (F *commandeur*)〗 **— *n.*** **1 a** 命令者，指令者；指揮者．**b** 〖陸軍〗指揮官，司令官，司令，部隊長．**c** 〖米英海軍・米沿岸警備隊〗中佐．**d** (騎士団などの)騎士分団長 (cf. commandery 1)．**e** (英国の，バス勲位などの) 3 等勲爵士，第 3 級勲功章受勲者 (cf. knight commander, dame commander)：a *Commander* of (the Order of) the Bath．**f** 《英》(ロンドン警視庁の)警視長 (⇨ police 1 ★)．**2** 大づち，かけや．

commander in chief (略 C. in C.) (1) (陸・海・空全軍の)最高司令官：the *Commander in chief* of the Army, Navy, and Air Force 全軍最高司令官《米国大統領の資格》．(2) 〖陸軍〗総[軍]司令官．(3) 〖海軍〗司令長官．

Commander of the Faithful [the ―] 〖イスラム教〗信徒の指揮者，大教主《caliph の称号》．

commánder·shìp *n.* commander の地位[職務]．

com·mand·er·y [kəmǽnd(ə)ri | -rɪ] 〖《*c*1447》◻F *commanderie*：⇨ command, -ery〗 **— *n.*** **1** 宗教騎士団 (religious military order of knights) の地方分団；(騎士分団の維持する)領地，騎士領 (cf. preceptory)．**2** (ある種の秘密結社の)支部．**3** ＝commandership.

commánd guídance *n.* 〖航空・宇宙〗(ロケットやミサイルなどの)指令誘導 (cf. inertial guidance).

com·mánd·ing 〖ME〗 **— *adj.*** **1 a** 指揮に当たっている，指揮官である (cf. command *vi.* 1)．**b** 堂々とした，犯しがたい，威厳のある：a ～ influence 堂々あたりを払う威厳 / have a ～ presence 風采が堂々としている，押出しが立派である．**2** 要害の地を占めている，ながめのきく：a ～ height. **～·ly** *adv.* **～·ness** *n.*

commánding ófficer *n.* 〖軍事〗部隊指揮官，部隊長《中隊以上の部隊の長で大佐まで；部隊長たる将官は commanding general, 小隊以下の長は leader という》．

com·mand·ment [kəmǽn(d)mənt | -mɑ́ːn(d)-] 〖《*c*1275》◻OF *comandement*：⇨ command, -ment〗 **— *n.*** **1** 命令(すること)；命令行為[権]．**2** 命令されるもの；掟，戒め (precept)．**3** 〖聖書〗モーセの十戒 (Ten Commandments) の一つ，戒律．

the eleventh commandment 《戯言》第十一戒《モーセの十戒をもじって任意の戒律を言う》．「(略 CM).

commánd módule *n.* 〖宇宙〗(宇宙船の)指令船

commánd nìght *n.* 《英》御前上演 (command performance) の夜[タベ]．

com·man·do [kəmǽndou | -mɑ́ːndəu] 〖◻Afrik. *kommando* ◻Du. *commando unit of troops* ◻Port. *commando* ← *commandar* 'to COMMAND'〗 **— *n.*** (*pl.* **～s, ～es**) **1 a** (第二次大戦で連合国側の)奇襲部隊，遊撃隊，コマンド(隊) (cf. ranger 4)．**b** 奇襲部隊[遊撃隊]員，コマンド隊員．**2** 《アフリカ》**a** (南アフリカでボーア人(Boers)が原住民の略奪隊に備えた)義勇軍．**b** 義勇軍による急襲[攻撃]．

on* [*upon*] *commando (南アフリカの)義勇軍に加わって；コマンドになって．

commándo·màn [-mæ̀n, -mən] *n.* (*pl.* **-men** [-mèn, -mən]) 奇襲部隊[遊撃隊]員，コマンド隊員．

commánd pàper *n.* 《英》勅命書《国王の命令で議会に提出される英国政府の文書；通例 Cmnd (古くは C, Cd, Cmd) と略される；cf. white paper 3》．

commánd perfórmance *n.* 《英》御前上演[演奏]《王命による上演または演奏》．

commánd pìlot *n.* 〖米空軍〗高級操縦士《操縦士または副操縦士として 15 年の飛行勤務と 3 千時間の飛行時間を必要とする高度の航空資格》．

commánd pòst *n.* 〖米陸軍〗**1** 指揮所《部隊の司令部のあるところ》．**2** (戦闘)指揮所《戦闘中，司令部が前方群(戦闘関係)と後方群(管理・補給関係)に分かれた場合の前者のことで，指揮官と戦闘関係幕僚が位置する》．

commánd sérgeant májor *n.* 〖米陸軍〗部隊最先任上級曹長．「fault).

cómma splìce *n.* 〖文法〗コンマ結合 (⇨ comma

cómma sýn·to·num [-síntənəm, -tn̩- | -tən-] 〖◻LL *comma syntōnum*〗 *n.* (*pl.* **commata syn·to·na** [-tənə, -tn̩ə | -tənə]) 〖音楽〗＝syntonic comma.

commata *n.* comma 3 の複数形．「形.

commata ditonica *n.* comma ditonicum の複数

commata syntona *n.* comma syntonum の複数形．

com·mea·sur·a·ble [kəméʒ(ə)rəbl̩] *adj.* 同じ大きさ[量，長さ]の (commensurate).

com·mea·sure [kəméʒə | -ʒə(r] *vt.* …と同量である，…と同面積[同延長]をもつ，…と量[長さ，広さ]において等しい．

comme ci, comme ça [kɔ́(ː)m-síː kɔ(ː)m-sɑ́ː | kɔ́m-síː kɔm-; *F.* kɔmsi kɔmsa] *F.* どうにかこうにか，悪くも良くもない，まあまあ．

com·me·di·a dell'ar·te [kəméɪdiə-deláəṭi, -méd- | kɔméɪdɪə-delɑ́ːtɪ; *It.* kommɛ́ːdjadellárte] 〖◻It. ～《原義》comedy of art〗 **— *n.*** (*pl.* **～s, com·me·di·as d-, com·me·die d-** [-djeɪ-; *It.* -dje-]) コメディア デラルテ《16 世紀中ごろから 18 世紀初めに栄えたイタリアの即興喜劇；用意された筋書に対して俳優が即興的に台詞・歌・所作などを入れて演じた仮面劇》．

comme il faut [kʌ́m-iːl-fóu | kɔ́m-iːl-fə́u; *F.* kɔm-ilfo] 〖◻F ～《原義》as it should be〗 *F. adj., adv.* 〈行ないなど〉礼儀にかなった[て]，上品な[に]，適切な[に]．

Com·me·li·na·ce·ae [kɑ̀məlɪnéɪsiìː, -lə- | kɔ̀mɪlɪ-] 〖← NL ～ ← *Commelina* (属名：← *K. Commelin* (オランダの植物学者))＋-ACEAE〗 **— *n. pl.*** 〖植物〗(単子葉植物ツユクサ目)ツユクサ科．**còm·me·li·ná·ceous** [-ʃəs] *adj.*

com·mem [kəmém] 〖略〗 *n.* 《英俗》＝commemoration 1 c.

com·mem·o·ra·ble [kəmém(ə)rəbl̩] 〖◻F *commémorable* ◻L *commemorābilis*〗 *adj.* 記念すべき．

com·mem·o·rate [kəmémərèɪt] 〖《1599》← L *commemorāt-us* (p.p.) ← *commemorāre* to recall to memory ← COM- (強意)＋*memorāre* to remind (⇨ memory)〗 **— *vt.*** **1** 記念する，…の記念式を挙行する，(祝辞・祝典などで)祝する．**2** 〈記念碑・日などが〉…の記念となる；…の誉れを後世に伝える：The day *～s* the event. その日はその事件の記念日である．

com·mem·o·ra·tion [kəmèməréɪʃən] 〖《*c*1390》◻L *commemorātiō(n-)*：⇨ ↑，-ation〗 **— *n.*** **1 a** (式典を挙げて行なう)記念：in ～ of …の記念のための，…を記念して．**b** 記念式[祭]，記念祝典．**c** (Oxford 大学の)創立記念祭《ラテン語演説や学位授与式を行なう；cf. commencement 2》．**2** 〖キリスト教〗(聖人などの)記念祭，祝日．**～·al** [-ʃənl̩, -ʃnəl] *adj.*

com·mem·o·ra·tive [kəmém(ə)rəṭɪv, -mərèɪṭ- | -mémərətɪv, -rèɪt-] 〖◻F *commémoratif*〗 **— *adj.*** 記念的な，記念のための；〔…を〕記念する〔*of*〕：a ～ stamp 記念切手 / a coin ～ *of* the Olymic Games オリンピック記念のコイン．**— *n.*** 記念になるもの，記念品[物]；(特に)記念切手[貨幣]．**～·ly** *adv.*

com·mém·o·rà·tor [-ṭə | -tə(r] 〖◻LL *commemorātor*〗 *n.* 記念祭挙行者，記念式参加者．

com·mem·o·ra·to·ry [kəmém(ə)rətɔ̀ːri, -tòːri | -rət(ə)rɪ, -rèɪtərɪ] *adj.* ＝commemorative.

com·mence [kəméns] 〖《? *c*1300》◻OF *comencer* (F *commencer*) < VL **cominitiāre* ← COM-＋*initiāre* to begin (⇨ initiate)〗 **— *vt.*** **1** 《文語》開始する，始める：～ hostilities 戦端を開く / ～ a lawsuit 訴訟を提起する / ～ *doing* [*to* do] something / *Commence* firing! [号令] 打ち方始め．**2** 《英》**a** 〈M.A., Dr. など〉の学位を受ける (cf. commencement 2 a)：He *～d* M.A. in 1975. 1975 年に文学修士号を受けた．**b** 《古》…になる：～ author, lawyer, etc. **— *vi.*** **1** 《文語》始まる (begin)：The work will ～ on Monday. 仕事は月曜日に開始される / School *～s* with prayer. 授業は祈りから始まる．**2** 《英》M.A., Dr. などの学位を受ける〔*in*〕：～ *in* philosophy. **com·ménc·er** *n.*

com·ménce·ment [《*c*1275》◻(O)F ～：⇨ ↑，-ment〗 **— *n.*** **1** 開始，初まり，初め．**2 a** (米国大学および Cambridge, Dublin 両大学の)学位授与式(日)，卒業式(日) (cf. commence *vt.* 2 a, commemoration 1 c, graduation 5)．**b** 《米》(大学以外の)卒業式(日)．

com·mend [kəménd] 〖《*c*1390》◻L *commend-āre* to entrust to one's charge, recommend ← COM- (強意)＋*mandāre* to entrust：COMMAND と二重語〗 **— *vt.*** **1** 〈人・ものを〉〔…に〕推薦する，推挙する〔*to*〕：I ～ him *to* your notice. 彼を御紹介申し上げます(からお見知りおき下さい)．**2** ほめる，推賞する：We *～ed* him *for* the good quality of his work. 彼の作品の質のよさで彼をほめたたえた / be highly *～ed* 大いに推賞される，激賞される．**3** [～ one*self* で] 〈物が〉〔…に〕よい印象を与える，気に入る〔*to*〕：This book doesn't ～ it*self to* me. この本は私の気に入らない，私はこの本にはあまり感心しない / This method will ～ it*self to* them. この方法は彼らに気に入られるだろう．**4** 〔…に〕任せる，委ねる，託す〔*to, into*〕：～ one's soul *to* God 神に霊魂を委ねる《委ねて安心して死ぬ》/ Father, *into* thy hands I ～ my spirit. 父よ，わが霊を御手にゆだぬ (*Luke* 23：46) / ～ a thing *to* a person's care 人に物を託する．**5** 《古》どうぞ〔…に〕よろしくという〔*to*〕：*Commend* me *to* …によろしくお伝え下さい．**6** 〖封建法〗〈自分自身・自分の土地を〉臣下として領主の保護下に置く．**— *vi.*** 推賞する；推薦する．

commend me to (1) [時に反語] (…なら)…に限る，…が一番よい[悪い]：*Commend me to* a decayed country parson for a dull dog. 間抜け者ならもうろくした田舎牧師に限る / *Commend me to* a leaky roof on a rainy day. 雨降りに一番困るのは雨もりだ．(2) ⇨ 5.

～·er *n.*

com·mend·a·ble [kəméndəbl̩] 〖《*c*1350》◻(O)F ～ ◻L *commendābilis*：⇨ ↑，-able〗 **— *adj.*** 推薦できる，推賞するに足る，称賛に値する，殊勝な，立派な．**com·ménd·a·bly** *adv.* **～·ness** *n.*

com·men·dam [kəméndæm] 〖◻ML (*dare in*) *commendam* (to give in) trust 《逆成》← L *commendāre*：⇨ commend〗 **— *n.*** 〖英国国教会〗**1** 聖職禄一時保有《正式牧師欠員中その聖職禄 (benefice) を教会職員または信者が一時的に受けること；この慣習は 1836 年以来廃止された；cf. commendatory 2》：hold a benefice in ～ (聖職空位の時)聖職禄を一時受ける．**2** (一時保有の)聖職禄．

com·men·da·tion [kɑ̀məndéɪʃən, -men- | kɔ̀men-, -mən-] 〖《? *a*1200》◻(O)F ～ ◻L *commendātiō(n-)* ← *commendātus* (p.p.)：⇨ commend, -ation〗 **— *n.*** **1** 推薦，推挙．**2 a** 称揚，称賛：terms of high ～ 称賛の言葉．**b** 賞，賞品，賞状．**3** (保護の)委託 (entrusting)．**4** [*pl.*] 《古》(手紙の)よろしくの挨拶．**5** 〖封建法〗臣従《自分自身または自分の土地を領主の保護下に置いて臣下となること》．

com·men·da·to·ry [kəméndətɔ̀ːri, -tòːri | kəmén-dət(ə)rɪ, kɔ-] 〖《1555》◻LL *commendātōri-us*＝L *commendātus*：⇨ ↑，-ory[1]〗 **— *adj.*** **1** 推称する，推薦する；ほめる：～ verses 称徳詩．**2** 〖英国国教会〗聖職禄を一時受けている (cf. commendam 1).

commendatory létter *n.* **1** 推薦状．**2** 〖キリスト教〗(主教の)推薦状《教区 (diocese) の移動信徒や他教区へ転任する牧師の人物保証のための，主教による紹介状》．

com·men·sal [kəménsəl, -sl̩] 〖《*c*1385》◻ML *commensāl-is* ← COM-＋*mensa* table：⇨ mensal[1]〗 **— *adj.*** **1** 食卓を共にする，共に食事をする．**2** 〖生物〗(寄生的に対して)共生的な．**— *n.*** **1** 食卓を共にする人，食事の仲間．**2** 〖生物〗共動生物[植物]，共卓動物[植物] (cf. parasite 2)．**～·ly** *adv.*

com·mén·sal·ism [-səlìzm] *n.* **1** (特に，食事などでの)親交．**2** 〖生物〗片利共生，コンメンサリズム《2 種類の生物が共に生活して，一方だけは他方から利益を得るが，他の一方には利害関係のないものをいう；cf. parasitism, symbiosis》．

com·men·sal·i·ty [kɑ̀mensǽləṭi | kɔ̀mensǽlətɪ, -lɪ-] *n.* **1 a** 共に食事をすること．**b** 共に食事をするグループ．**2** 〖生物〗＝commensalism 2.

com·men·su·ra·ble [kəméns(ə)rəbl̩, -ʃ(ə)r- | -ʃ(ə)rə-, -ʃʊr-, -sjʊr-] 〖《1557》◻(O)F ～ ∥ LL *commēnsūrābilis* ← COM-＋*mēnsūrābilis* measurable：⇨ measure,

-able』 ── *adj.* **1** ＝commensurate 1. **2**〖数学〗**a** 同一単位で計れる, 通約できる, 有理の (rational) : ～ quantities 通約できる量. **b** 約分できる, 公約数がある. **com·mèn·su·ra·bíl·i·ty** [-rəbíləṭi | -lətɪ, -lɪ-] *n.* **com·mén·su·ra·bly** *adv.*

com·men·su·rate [kəméns(ə)rət, -ʃ(ə)r-, -rɪt | -ʃ(ə)r-, -ʃʊr-, -sjʊr-]〖《1641》□ LL *comménsūrāt-us* equal ← COM- + *mēnsūrāre* 'to MEASURE'〗 ── *adj.* **1 a** 同一基準[数量・期間・程度]の〔*with*〕. **b** (大きさ・数量・程度などが)釣り合った, 比例した (proportionate)〔*to, with*〕: a dinner ～ *to* [*with*] one's appetite 食欲相応の食事 / clothes ～ *with* one's position in life 身分相応の衣服. **2**〖数学〗＝commensurable 2. **～·ly** *adv.* **～·ness** *n.*

com·men·su·ra·tion [kəmènsəréɪʃən, -ʃə- | -ʃʊr-, -sjʊr-]〖□ LL *commēnsūrātiō(n-)* : ⇨ ↑, -ation〗*n.* **1** 同量, 同延. **2** 均等, 釣合い, 相応.

com·ment [kάment | kɔ́m-]〖n.:《*c*1400》□ LL *commentum* exposition, L contrivance, device ← L (neut. p.p.) ← *comminisci* to contrive, devise ← COM- + *ment-, mēns* 'MIND'. ── v.:《?*a*1425》□ (O)F *commenter* □ L *commentārī* to invent〗 ── *n.* **1 a** (時事問題などに対する)評言, 短評, 論評 (criticism). **b** 所見, 見解, 意見 (remark) : without ～ とやかく言わずに / No ～.《口語》言うべきことはない《新聞記者などの質問に対して政治家などが見解表明を避ける際に用いる常套句》. **2** [集合的にも用いて] 注解, 評釈, 解説. **3** おしゃべり; うわさ話; 世評.
── [《英》ではまた kɔ́mənt] v. ── *vi.* **1** 論評する, 批評する〔*on, upon*〕: ～ *on* present-day politics 現代政治を論評する. **2** 注釈する, 解説する〔*on, upon*〕: ～ *on* 〔*upon*〕a text 本[原]文に注釈する. ── *vt.*《まれ》**1** 論評する. **2** …に注釈をつける (annotate).

com·ment al·lez-vous [kɔ(ː)mɑ́ː(n)tɑleɪvúː, -mɔ́ː(n)-, -mάːn-, -mɔ́(ː)n- | kɔ-; *F.* kɔmɑ̃talevu]〖□ F ～ 'how do you do ?'〗*F.* ごきげんいかがですか.

com·men·tar·y [kάməntèri | kɔ́mənt(ə)ri]〖《1531》□ L *commentāri-um* : ⇨ comment (v.), -ary〗── *n.* **1 a** 注解 (annotation); 評釈書 (exposition) : a ～ *on* the Bible 聖書評釈. **b** [通例 *pl.*] (ある問題に関する)評釈論文, 解説論文, コンメンタール : Blackstone's *Commentaries*. **c** 説明に役立つもの. **2 a** 論評. **b** 意見, 所見. **c**〖ラジオ・テレビ〗実況放送[解説] : ⇨ running commentary. **3** [通例 *pl.*] (歴史書より気軽に書かれた通例個人的経験による)事件の記録 : the *Commentaries* of Caesar シーザーのガリア戦記. **com·men·tar·i·al** [kὰmənté(ə)riəl | kɔ̀məntέərɪ-] *adj.*

com·men·tate [kάməntèɪt, -men- | kɔ́men-, -mən-]〖《逆成》↓〗── *vt.* **1** …の注釈[解説]をする[書く]. **2** (口頭で)…の論評をする. ── *vi.* 解説[論評]する〔*on, upon*〕; 時事解説者として働く.

com·men·ta·tor [kάməntèɪṭə, -men- | kɔ́mentèɪtə(r, -mən-]〖《*a*1398》□ LL *commentātor*〗── *n.* **1** 注釈者, 解説者; 論評者. **2** (ラジオ・テレビ番組における)解説者《時事問題・スポーツなどの報道・解説・分析などを担当する; news analyst ともいう; cf. newscaster》: ⇨ news commentator. **3**〖カトリック〗(ミサ・典礼などの)式次第を解説する信者. **com·men·ta·to·ri·al** [kəmènṭətɔ́ːriəl, kə-, -tɔ́ːr- | kɔ̀mentətɔ́ːrɪ-] *adj.*

cóm·ment·er [-ṭə | -tə(r] *n.* 評者; 注解者.

com·merce〖《1537》□ F ～ □ L *commercium* trade, traffic ← COM- + *merc-, merx* merchandise〗── [kάməːs | kɔ́məːs] *n.* **1** 商業; 通商, 貿易 (cf. trade) : world [foreign] ～ 国際[外国]貿易 / domestic [internal] ～ 国内通商. **2** (世間との)交渉, 交際. **3** 霊的交わり (communion). **4**《古》性交. ── [kάməːs, kəmə́ːs | kɔ́məːs, kəmə́ːs] *vi.*《古》交際する〔*with*〕.

com·mer·cial [kəmə́ːʃəl | -mə́ː-]〖《*a*1687》: ⇨ ↑, -ial〗── *adj.* **1** 商業の[に関する, 上の], 商事の; 通商上の, 貿易上の : ～ correspondence 商業通信(文) / a ～ museum 商品陳列館 / a ～ pursuit 商業, 商事 / a ～ transaction 商取引 / a ～ usage 商慣習. **2 a** 営利的な, 商売的な; 営利本位の, もうけ主義の : a ～ theater 商業[営利]劇場 / a ～ novel 金もうけ主義の小説. **b** 市場向きの, 市販用の, 商業向きの, 大量生産された : a ～ product. **c** (純粋に化学的でなく)工業用の, 業務用の : ～ soda. **d** 品質のよくない; 徳用の, 並の (cf. prime[1] 3) : a ～ grade of beef 並の牛肉. **3** 〈学校・教課など〉商業技術を教育する[強調する] : a ～ school 商業学校 / a ～ college 商科大学. **4 a** (ラジオ・テレビで営利会社が広告のため費用を負担する)広告[宣伝]用の : a ～ broadcast, program, etc. **b** 〈放送局が〉民営の, 民間放送の. **5 a** 〈自動車が〉営業用の, 商用の : ～ vehicles. **b** 〈飛行機・飛行機会社が〉(軍用・私用でなく)事業用の.
── *n.* **1** 広告放送, コマーシャル(番組). **2**《古》＝commercial traveller.

commércial àgency *n.*《米》商業興信所.

commércial àgent *n.*《米》(外国駐在の)貿易事務官.

commércial árt *n.* (広告などの)商業美術.

commercial attaché [-――――|-――――] *n.* (大・公使館付き)商務官.

commércial bánk *n.*〖銀行〗商業銀行《預金通貨を創出する銀行》.

commércial bróadcasting *n.*〖ラジオ・テレビ〗商業放送 (cf. public broadcasting).

com·mer·cial·ese [kəmə̀ːʃəlíːz, -líːs | -mə̀ːʃəlíːz]〖⇨ -ese〗*n.* 商業(通信)文用語.

commércial fréquency *n.*〖電気〗商用周波数《一般の電源周波数のこと; industrial frequency ともいう》.

commércial geógraphy *n.* 商業地理学.

commércial hotél *n.* 外交セールスマン用のホテル.

com·mér·cial·ìsm [-lìzṃ] *n.* **1** 商業主義; 営利主義[本位], 営利精神, コマーシャリズム. **2 a** 商慣習. **b** 商用語法.

com·mér·cial·ist [-lɪst, -ləst | -lɪst] *n.* 商業家; 営利主義者. **com·mer·cial·is·tic** [kəmə̀ːʃəlístɪk | -mə̀ː-] *adj.*

com·mer·ci·al·i·ty [kəmə̀ːʃiǽləṭi, -ʃǽl- | -mə̀ːʃɪǽlətɪ, -lɪ-] *n.* 商業主義, 営利主義[本位].

com·mer·cial·i·za·tion [kəmə̀ːʃ(ə)lɪzéɪʃən, -lə- | -mə̀ːʃəlaɪ-, -lɪ-] *n.* 商業化; 営利化.

com·mer·cial·ize [kəmə́ːʃəlàɪz | -mə́ː-] *vt.* **1 a** 商業[営利]化する : ～ Christmas. **b** …に商業を発達させる. **2** (商品として)市場に出す, 商品化する. **3** 金儲けのために…の質を落とす, 俗化させる.

commércial láw *n.* 商事法.

com·mér·cial·ly [-ʃəli | -lɪ] *adv.* 商業上, 商業的に, 商業的見地から; 通商[貿易]上.

commércial pàper *n.*〖金融〗商業手形.

commércial pílot *n.* 事業用操縦士.

commércial ròom *n.*《英》(ホテルで)外交セールスマンのための部屋.

commércial tráveller *n.*《英》(地方の得意先を回る)外交販売員, 注文取り (《米》traveling salesman).

commércial tréaty *n.* 通商条約.

com·mie, C- [kάmi | kɔ́mɪ]〖← COMM(UNIST) + -IE〗*n.*《口語》共産党員.

com·mi·nate [kάmənèɪt | kɔ́mɪ-]〖《逆成》↓〗*vt., vi.* **1** (天罰が下ると)威嚇(いかく)する, おどす. **2** のろう, 呪咀(じゅそ)する (anathematize).

com·mi·na·tion [kὰmənéɪʃən | kɔ̀mɪ-]〖《1448》□ L *comminātiō(n-)* ← *comminārī* ← COM- (強意) + *minārī* 'to MENACE'〗── *n.* **1** (天罰・復讐の)威嚇 (denunciation). **2** のろい, 呪咀(じゅそ) (anathema). **3**〖英国国教会〗(大斎懺悔(ざんげ)式の最後に読まれる)神罰の告知 : ～ service 大斎懺悔式. **com·mi·na·to·ry** [kάmənətɔ̀ːri, kəmín-, -máɪn-, -tɔ̀ːri | kɔ́mɪnətərɪ, -nèɪt-] *adj.*

Com·mines [kɔ(ː)míːn | kɔ-; *F.* kɔmin], **Philippe de** *n.* コミーヌ《1446?–?1511; フランスの歴史家・フランス国王の重臣; *Mémoires*「回想録」(年代記 1497–98)》.

com·min·gle [kəmíŋɡḷ, kɑ- | kɔ-, kə(ʊ)-]〖← COM- + MINGLE〗*vi.* 混合する. ── *vt.* **1** 混ぜ合わせる (mingle). **2** 〈資金を〉共同基金にする.

com·mi·nute [kάmən(j)ùːt | kɔ́mɪnjùːt]〖《1626》← L *comminūt-us* (p.p.) ← *comminuere* to break into pieces ← COM- (強意) + *minuere* to make small (⇨ minute[2])〗── *vt.* 細末[粉末]にする, 細かく砕く (pulverize); 細分化する. ── *adj.* 細かくした, 粉末にした. **com·mi·nu·tion** [kὰmən(j)úːʃən | kɔ̀mɪnjúː-] *n.*

cómminuted frácture *n.*〖外科〗細片[粉砕]骨折.

com·mis [kəmíː, kɔ(ː)- | kɑ-, kɔ-; *F.* kɔmi]〖□ F ～ ← (p.p.) ← *commettre* 'to COMMIT'〗*n.* (*pl.* ～ [～]) 給仕[料理長]の助手.

com·mis·er·a·ble [kəmíz(ə)rəbḷ | kə-, kɔ-] *adj.* 哀れむべき, 不憫(ふびん)な (pitiable).

com·mis·er·ate [kəmízərèɪt | kə-, kɔ-]〖《1606》← L *commiserāt-us* (p.p) ← *commiserārī* to bewail ← COM- (強意) + *miserārī* to pity : ⇨ misery〗── *vt.* 〈人を〉不憫に思う, 同情する; 〈不幸を〉哀れむ : ～ a person *for* his misfortune 人の不幸を気の毒に思う / ～ a misfortune 不幸を気の毒に思う. ── *vi.* 〈人を〉不憫に思う, 同情する〔*with*〕: ～ *with* a person *on* [*over*] the loss of his child 人の子を亡くした不幸に同情する.

com·mis·er·a·tion [kəmìzəréɪʃən | kə-, kɔ-]〖《1585》□ F *commisération* □ L *commiserātiō(n-)* : ⇨ ↑, -ation〗── *n.* **1** 不憫の情, 哀れみ; (悩んでいる人に対する)同情 (compassion). **2** [*pl.*] 同情の言葉.

com·mis·er·a·tive [kəmízərèɪṭɪv, -z(ə)rəṭ- | -z(ə)rət-, -zərèɪt-] *adj.* 哀れみ[同情心]のある, 同情的な. **～·ly** *adv.*

com·mis·sar [kάməsὰə, ―――, | kɔ̀mɪsάː(r, ―――]〖《1918》□ Russ. *komissar* □ G *Kommissar* □ ML *commissārius* : ⇨ commissary〗── *n.* **1** (ソ連の)人民委員, コミッサール《commissariat の長官で他国の「省長官」,「大臣」に当たり 1946 年以後は minister という; 人民委員全体で「内閣」に当たる Council of People's Commissars (人民委員会議; 今の Council of Ministers) を構成した》. **2** 共産党統制委員《政治的教化と党紀粛清に当たる; political commissar ともいう》. **com·mis·sar·i·al** [kὰməsέ(ə)riəl | kɔ̀mɪsέərɪ-] *adj.*

com·mis·sar·i·at [kὰməsέ(ə)riət | kɔ̀mɪsέəriət, -sǽr-, -riæ̀t]〖← NL *commissariat-us* ← ML *commissārius* : ⇨ ↓, -ate[1]〗── *n.* **1**〖軍事〗**a** 兵站(へいたん)部, 糧食部 : the commandant of ～ 兵站司令官. **b** [集合的] 兵站部将校. **2** 糧食の供給. **3** [《米》ではまた -sάːr-]〖□ Russ. *komissariat* □ G *Kommissariat*〗(ソ連の)人民委員部《他国の「省」に当たる; 1946 年以後は ministry という; ⇨ commissar 1》.

com·mis·sar·y [kάməsèri | kɔ́mɪsəri, kəmís-]〖《*a*1376》□ ML *commissāri-us* person in charge ← L *commissus* (p.p.) ← *committere* to entrust : ⇨ commit, -ary〗── *n.* **1** 職務代行者, 代理人 (deputy). **2**《米》**a** (軍隊・鉱山・採木場などで)物品販売所, 販売部, 売店. **b** (映画・テレビのスタジオ内の)食堂, 喫茶部. **3** (フランスの)上級警察官. **4** ＝commissar. **5**〖英国国教会〗主教[監督]代理. **6**〖軍事〗兵站(へいたん)[経理]将校. **7**《古》(オックスフォード大学の)副学長, (ケンブリッジ大学の)副学長補佐.

cómmissary géneral *n.* (*pl.* **commissaries g-**)〖軍事〗兵站(へいたん)総監.

com·mis·sion [kəmíʃən]〖《1344》□ (O)F ～ □ L *commissiō(n-)* letting together ← *committere* (⇨ commit) : cf. mission〗── *n.* **1 a** (職権・任務の)委任, 委託 : the ～ of powers to the governor 知事に権限を委譲すること. **b** 委任状 : a ～ of full powers 全権委任状. **2 a** 委託された任務[仕事]; (他人から託された)職権, 権限 : go beyond one's ～ (託された)権限外のこと[越権行為]をする. **b** (商取引上の)代行権, 代弁(権), 取次 (agency) : give a person ～ to buy something 人にあるものを買う権限を与える / sell goods *on* ～ 商品を委託販売にする; 委託を受けて商品を販売する. **3** (ある仕事を規定通り行なうよう発せられた)命令, (委託上の)指図 (instructions); 委託事項; [美術品製作などの]依頼, 注文; (人の好意に訴える)頼みごと : give a painter a ～ 画家に仕事[絵]を頼む / execute some little ～*s* for another 人に頼まれて小さな用事を果たす / I have a few ～*s* for you if you are going into town. 町へお出でになるのでしたら二, 三お願いしたい用件があるのですが. **4 a** (官庁などの調査・管理などの)委員会 : a ～ of inquiry 調査委員会. **b** [集合的] 委員たち. **c** (立法・行政の機能をもつ)市委員会 (⇨ commission plan). **5** (委託事務に対する)手数料, 口銭(こうせん), コミッション : an auctioneer's ～ 競売手数料 / get [allow] a ～ of 10 percent 10 パーセントの手数料を取る[出す]. **6** (過失・罪を)犯すこと, (罪の)遂行 : be charged with the ～ of murder 殺人の罪に問われる / sins of ～ 遂行した罪《積極的な罪; cf. omission 2 b》. **7**〖軍事〗将校任命辞令; 将校の地位[階級], 将校の職権 : receive a [get one's] ～ 将校に任官する / lose one's ～ 将校を免官される / resign one's ～ 将校をやめる.
in* [*into*] *commission (1) 委託されて : have it *in* ～ to do …するように委託を受けている. (2) 〈軍艦・航空機が〉就役中で, 任務についた : put [place] a ship *in* [*into*] ～ 船を公用に供する; 軍艦を任務につかせる[就役させる]. (3) 〈兵器など〉使える, 役に立つ. (4)《廃》権限を行使して.
out of commission (1) 退役して, 予備の : put [place] a ship *out of* ～ 艦を退役させる, 予備艦に編入する. (2) 〈兵器など〉役に立たない, 動かなくなった : The tank was shot up and went *out of* ～. 戦車は砲火を浴びてだめになった / The wireless plant was put *out of* ～ by the storm. あらしで無線局は機能を失った.
commission of the peace [the ―]《英》(1)〖法律〗治安判事任命書; (国王の委任を受けた)治安裁判権. (2) [C- of the P-; 集合的] 治安判事たち.
── *vt.* **1 a** 〈人〉に職権を与える (empower). **b** 〈…するように任命する〈*to do*〉: ～ him *to* do it 彼にそれをするように命ずる. **2 a** 〈芸術作品を〉注文する : ～ a painting. **b** 〈人〉に〈芸術作品を作るように〉依頼する, 頼む〈*to do*〉: I was ～*ed to* paint his picture. 彼の肖像画を描くように依頼された. **3** 将校に任命する. **4** 〈軍艦・航空機を〉就役させる; 〈兵員を〉配置につかせる.

commíssion-àgent *n.* **1** ＝commission merchant. **2**〖競馬〗＝bookmaker 2.

com·mis·sion·aire [kəmìʃənέə | -ʃənέə(r, -sjənέə(r]〖□ F *commissionnaire*〗*n.*《英》(ホテル・劇場などの制服を着た)門番, 受付, 守衛; メッセンジャー.

commíssion dày *n.*〖英法〗巡回裁判開廷日《この日国王の判事任命書 (commission of the peace) が読み上げられる》.

com·mís·sioned ófficer *n.*〖軍事〗士官, 将校《少尉以上; cf. noncommissioned officer》.

com·mis·sion·er [-ʃ(ə)nə | -nə(r]〖《1427》〗── *n.* **1 a** (委員会の)委員, 理事. **b** (政府部局や地方の)局長, 長官; (植民地の)弁務官 : the *Commissioner* of Customs《米》関税局長官 / the *Commissioner* of Patents《米》特許局長官 / ⇨ high commissioner. **2**〖スポーツ〗コミッショナー《プロスポーツの品位・秩序維持のため全権を信託された機構最高責任者》.
Commissioner of Police [the ―] (ロンドン市警察の)警察本部長 (⇨ police 1 ★).
Commissioner of Police of the Metropolis [the ―] (ロンドン警視庁の)警視総監 (⇨ police 1 ★).
Commissioners for Oaths [the ―] (1)〖法律〗宣誓管理委員《1853 年以降ソリシターが大法官によって任命され, 宣誓供述書 (affidavit) の作成に立ち会う》. (2)〖政治〗＝PARLIAMENTARY Commissoner for Administration.
～·ship *n.*

commíssion hòuse *n.*《米》**1** 手数料商《他人の委託により手数料をとって商品の売付けまたは買付けを行なう業者》. **2** 証券ブローカー業者《他人の委託により手数料をとって証券の売付けまたは買付けを行なう業者》.

commíssion mèrchant *n.* 問屋, 仲買人, 受託売買人《自己の名をもって他人のために物品の販売または買入れをなすことを業とする者》.

commíssion plàn *n.*《米》〖政治〗委員会制 (⇨ Galveston plan).

com·mis·sure [kɑ́məʃʊ̀ə | kɔ́mɪsjʊ̀ə(r, -ʃʊ̀ə(r] 〚(? a1425) ▭ L *commissūra*: ⇨ commission, -ure〛 — *n.* **1** 継ぎ目, 合わせ目 (joint, closure). **2** 〘植物〙 (2個の心皮の)接合面《セリ科植物の果実など》. **3** 〘解剖・動物〙 **a** 接合部. **b** 交連, 横連合, 横連神経, 横行連合, 神経交連《左右の神経節を横に連絡する神経線維; cf. connective 4》. **com·mis·su·ral** [kɑ̀məʃʊ́(ə)rəl | kɔ̀mɪsjʊ́ər-, -ʃʊ́ər-] *adj.*

com·mis·sur·ot·o·my [kɑ̀məʃʊrɑ́ṭəmi, -ʃə- | kɔ̀mɪsjʊ(ə)rɔ́təmɪ, -ʃʊ(ə)r-] 〚⇨↑, -tomy〛 *n.* 〘外科〙 交連切開(術) (cf. valvulotomy).

com·mit [kəmít] 〚(c1385) ▭ L *committ-ere* to let together, entrust ← COM-+*mittere* to send: cf. commission〛 — *vt.* (-**mit·ted**; -**mit·ting**) **1** 〈罪・過失などを〉犯す, 行なう, 遂げる: ~ a sin, an error, an offense, a blunder, etc. / ~ outrages 暴行をする / ~ suicide 自殺する. **2 a** 託する, 委託する〔*to*〕: ~ one's soul *to* God [*to* God's mercy] 魂を神[神の慈悲]に任せる[任せて死ぬ]. **b** 〔記録・記憶・忘却・火・地などに〕委ねる, 付する〔*to*〕: ~ the event *to* writing [paper] その事件を書き留める / ~ a person's body *to* the ground [earth] 人(のなきがら)を埋葬する / ~ the papers *to* the flames 書類を焼き捨てる / ~ it *to* memory そのことを記憶に留める, 覚える / ~ it *to* oblivion そのことを忘却に付する[忘れてしまう]. **c** 〈人を〉〔刑務所・刑罰に〕引き渡す, 拘禁する〔*to*〕: ~ a person *to* prison 人を獄に投じる / ~ a person for contempt (公職・法廷)侮辱のかどで拘禁する. **d** 〈人を〉(法的に)〔精神病院に〕収容する: ~ a patient *to* a mental house. **e** 〈法案を〉(審議のために)委員会に付託する, 委員付託にする: ~ a bill. **3 a** 〈軍隊を〉〔戦場へ〕送る, 〈兵力を〉〔戦闘に〕投入する〔*to*〕: ~ troops *to* the front 軍隊を前線に送る. **b** 危険にさらす, 危なくする: ~ a person's honor. **4 a** [~ one*self* または Passive で] (責任上)〈身を〉縛りつける, 義務づける; …に言質(げんち)を与える (pledge, bind)〔*to*〕/ 〈*to* do〉: ~ *oneself to* do something 何かしようと約束する[言質を与える] / He refused to ~ *himself to* any sort of promise. 決して約束らしいことをしようとしなかった / He *was* not ~*ted to* any one religion. どの宗教にも縛られなかった. **b** のっぴきならぬ立場に置く, 掛かり合う: That will ~ us. それではのっぴきならなくなる[立場が苦しくなる] / I was ~*ted in* the matter. そのことで引くに引けなくなった / He ~*ted himself in* the affair. 彼はその事件に連座した. **5** [~ one*self* で] 〔…について〕見解を述べる, 明らかにする〔*on*〕: He refused to ~ *himself on* the subject. その問題で自分の見解を述べようとしなかった. **6 a** 専心する, 傾倒する〔*to*〕: He was ~*ted to* the cause of world peace. 世界平和のために専念した. **b** [~ one*self* または Passive で] 〈作家などが〉政治[社会]参加をする.

com·mít·ment 〚(1611)〛 — *n.* **1** (罪・過失などを)犯すこと, 犯行, 犯罪. **2 a** 委託. **b** (議案の)委員会付託. **c** 拘留, 投獄. **d** 令状執行; (精神病院への)収容命令. **e** 埋葬. **3 a** 言質(げんち)(を与えること), 身を縛ること; 公約〔*to*〕: a political ~ 政治上の公約. **b** 掛かり合い, 引くに引けなくなること, 連座〔*in*〕. **c** 身を縛ること; 責任. **4 a** (主義・運動などへの)献身, 傾倒, コミットメント〔*to*〕: political ~. **b** 〚(なぞり) ← F *engagement*〛 (作家などの)政治[社会]参加. **5** 〘証券〙 売買契約履行の義務, その義務を負う行為.

com·mit·ta·ble [kəmíṭəbl̩ | -tə-] 〚(c1450)〛 *adj.* 〈人が〉裁判に付せられるべき, 〈犯罪が〉公判に付せられるべき; 収容されるべき, 投獄に相当する. ⌈ment.

com·mit·tal [kəmíṭl̩ | -tl̩] 〚(1625)〛 *n.* =commit-

com·mít·ted [-ṭɪd, -ṭəd | -tɪd, -təd] 〚(なぞり) ← F *engagé*〛 — *adj.* 〈作家・作品など〉(政治・社会問題などに対して)明確な態度をもった, 政治[社会]参加の (cf. commit 6 b, engaged 3 b).

com·mit·tee [kəmíṭi | -tɪ] 〚(1472–73): ⇨ commit, -ee[1]〛 — *n.* **1** 委員会; [集合的; 単数または複数扱い] (全)委員: be *in* ~ 委員会に出席している[を開いている] / go into ~ 委員会に出席する[を開く] / sit [be] on a ~ 委員会に列する, 委員である / He was a member of various ~*s*. いろいろな委員会の委員をしていた / The House goes into [resolves itself into] *Committee*. 議会が全院委員会に入る[移る] / a joint ~ 両院協議会 / a standing ~ 常置[常任]委員会 / ⇨ steering committee. **2** [kəmìṭí, kɑ̀məti:, kəmɪtí: | kɔ̀mɪtí:] 《古》〘法律〙 破産管財事務執行に対する監査委員会, (精神病者などの)補佐人.

Committee of Correspondence [the —] 連絡委員会《米国独立戦争当時緊急事態に即応するため各植民地間に設けられた》.

committee of one [the —] 〘議会〙 一人委員会《委員会の任務を一人で果たすよう任命された人》.

Committee of Selection [the —] 〘米下院〙 =COMMITTEE on Committees.

Committee of Supply [the —] 〘英議会〙 全院歳出調査委員会.

committee of the whole (**house**) [the —] 〘議会〙 全院委員会.

Committee on Committees [the —] 〘米下院〙 委員選定党委員会《下院の各種委員会委員を選定する政党幹部会の委員会; 先任順に空席を埋める慣習》.

Committee on Rules [the —] 〘米下院〙 運営委員会, 法規委員会.

Committee on [《英》 **of**] **Ways and Means** [the —] 〘議会〙 歳入委員会《英国議会では全院委員会とする》.

commíttee·man [-mən, -mæ̀n] *n.* (*pl.* -**men** [-mən, -mèn]) **1** (委員会の)一委員. **2** 党の選挙対策の指導者. **3** =shop steward.

commíttee stàge *n.* **1** 〘英議会〙 委員会審議《法案審議の過程で全議員による第二読会の後, 常任委員会または全院委員会に該当法案が送付されて審議されること》. **2** 〘米議会〙 **a** 常任委員会が政府役人もしくは一般市民の証言を求める立法手続きの一段階. **b** 議会閉会中に法案の審議修正などを行なう立法手続きの一段階.

commíttee·wòman *n.* **1** (委員会の)婦人委員. **2** 党の選挙対策の婦人指導者.

com·mix [kəmíks, kɑ- | kɔm-] 〚(逆成) ← 《廃》 *commixt* mixed together ▭ L *commixt-us*: ⇨ commixture〛 《古・詩》 — *vt.* 混ぜる (blend). — *vi.* 混ざる (mix together).

com·mix·tion [kəmíkʃən, kɑ- | kɔ-] 〚(a1387) ▭ LL *commixtiō(n-)*〛 *n.* 《廃》 =commixture.

com·mix·ture [kəmíkstʃə, kɑ-, kɑ́mɪks- | kɔmíks-tʃə(r] 〚▭ L *commixtūra* ← *commixtus* (p.p.) ← *commiscēre* ← COM-+*miscēre* 'to MIX': ⇨ -ure〛 — *n.* **1 a** 混合 (blending). **b** 混合物. **2** 〘カトリック〙 混和, 和合《聖体秘跡の礼典にキリストの聖体を意味するパンの小片をぶどう酒杯に入れること; 霊と肉との合体を象徴する》.

Commo. 《略》 Commodore.

com·mode [kəmóud | -mə́ud] 〚(a1688) ▭ F ~ ▭ L *commodus* well-adapted, convenient ← COM-+*modus* 'measure, MODE[1,2]'〛 — *n.* **1 a** 引出し付きの背の低い小型テーブル《commode table ともいう》. **b** 引出し付きの小型だんす. **2** (下に戸棚の付いた)移動式洗面台. **3** 便器付きの椅子; 室内用便器. **4** コモード《17世紀後半から18世紀前半にかけて流行した非常に丈の高い婦人用頭飾り; レースやリボンなどの装飾が施された》.

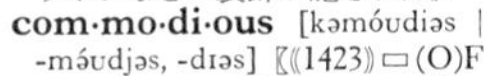

commode 4

com·mo·di·ous [kəmóudiəs | -mə́udjəs, -dɪəs] 〚(1423) ▭ (O)F *commodieux* ‖ ML *commodiōs-us* ← L *commodus*: ⇨↑, -ous〛 — *adj.* **1** 広くて便利な; 〈家・部屋など〉間取りの十分な, ゆったりとした間取りの (spacious). **2** 《古》 〔…に〕便利な (handy), 都合のよい (convenient) 〔*for, to*〕. ~·**ly** *adv.* ~·**ness** *n.*

com·mod·i·ty [kəmɑ́dəṭi | -mɔ́dətɪ, -dɪ-] 〚(1410) ▭ (O)F *commodité* ‖ L *commoditātem*: ⇨ commode, -ity〛 — *n.* **1 a** 役に立つもの, 値打ちのあるもの, 有用品. **b** (売り物として)もうかるもの, 商品; (特に, 労務奉仕と区別して農業・鉱業などの)生産品, 産物 (goods): prices of *commodities* 物価 / staple *commodities* 重要商品[産物] / household *commodities* 家庭用品. **2** 《廃》 商品の一定量, ひと包み. **3** 《廃》 **a** 便利 (convenience). **b** 利益, 利得 (advantage).

commódity exchànge *n.* 商品取引所.

commódity mòney *n.* 《米》〘経済〙 商品貨幣, 物品貨幣, 自然貨幣《一般物品をそのまま貨幣として通用させたもの; 貨幣の原始的形態》.

com·mo·dore [kɑ́mədɔ̀ə, -dɔ̀ə | kɔ́mədɔ̀:(r] 〚(1694) *commandore* ▭ ? Du. *komandeur* commander ▭ F *commandeur*〛 — *n.* **1 a** 〘海軍〙 准将, 代将《少将と大佐の間の階級; 米国では第二次大戦に復活したが, 現在はない》. **b** 〘英海軍〙 (戦隊・分遣艦隊の)首席指揮官, 司令官: the ~ of a squadron. **2** 提督《隊形を組んで行動中の諸艦の長のうち最も上席の艦長, または商船隊の最上席船長・ヨットクラブの会長・水先案内人組合の長などに対する敬称》. **3** =air commodore.

Com·mo·dus [kɑ́mədəs | kɔ́m-], **Lu·ci·us Ae·li·us Au·re·li·us** [lú:ʃəs í:liəs ɔ:rí:liəs, -ʃəs, -ljəs | lú:sjəs í:ljəs ɔ:rí:ljəs, -sɪəs, -ʃɪəs -lɪəs] *n.* コンモドゥス《161–192; ローマ皇帝 (180–192); Marcus Aurelius の子でその継承者》.

com·mon [kɑ́mən | kɔ́m-] 〚(a1300) *comun* ▭ OF (F *commun*) < L *commūnem* common to all ← IE **ko-moin-i-* held in common ← **ko-* 'co-[1]'+**moin-* (← **mei-* to change, go (L *mūnus* service / OE *gemǣne* 'MEAN[2]'))〛 — *adj.* (**more** ~, **most** ~; ~·**er**, ~·**est**) **A 1 a** (特定の一人・一集団に限らない)社会[共同社会]一般の; 公共の, 公の, 公衆の: a ~ highroad 天下の公道 / a ~ alehouse 居酒屋 / the ~ good 公益 / ~ welfare 公の福利 / ⇨ common carrier. **b** 社会[共同社会]に知られた; (特に, 悪い意味で)悪名高い, 名うての (notorious): a ~ thief. **2 a** 二つ以上のものが平等にもつ[参加する, 使用する], 共通の, 共同の; 〔…に〕共有[共通]の〔*to*〕: a ~ agreement 共同契約 / a ~ ancestor 共通の祖先 / ~ descendants 共通の祖先から出た子孫 / ~ ground (対立した議論の)共通点 / ~ interests 共通の利害, 共同利害 / ~ ownership 共有, 共有権 / a ~ table 共同食卓 / the nature ~ *to* all dogs すべての犬に共通する性質 / by ~ consent 満場一致で, 異議なく, 異口同音に, 一様に / be ~ *to* all みんなに共通である / make ~ cause with …と共同戦線を張る. **b** 人類共通の: our ~ humanity 人情 / our ~ nature 人間性. **c** 無差別に使用される: a ~ cup / a ~ woman 売春婦. **3** 〘数学〙 共通の: ⇨ common divisor, common multiple. **4** 〘文法〙 **a** 通性の, 両性共通の; 主格・目的格共通の, 通格の. **b** 普通名詞の (cf. proper 9). **5** 〘詩学〙 〈音節が〉長短共通の. **6** 〘解剖〙 〈血管・神経などの分岐する幹が〉共通の, 共幹の: ⇨ common carotid. **7** 〘キリスト教〙 公の, 公同の.

B 1 a よく起こる, 普通の, 通常の, 通例の, ありふれた; いつもの, 常習の: a ~ experience [event, accident] 日常しばしば経験すること[出来事, 事故] / ~ honesty 当たり前の正直さ. **b** (よく起こることから) だれでも知っている, 普及した, 一般的な: ~ knowledge 常識(となっている事) / a ~ saying 諺 / a ~ talk [rumor] 世間の話[うわさ]. **c** よく知られた: ⇨ common salt. **2 a** 特権をもたない, 特別の身分でない, 名も位もない: the ~ reader 一般読者 / a ~ soldier 一兵卒 / the ~ man 普通の人, 市民, 一平民 / the ~ people 人民, 民衆. **b** 並の水準の, 尋常の, 並の (ordinary, average); 平凡な, つまらない; 通俗な, 凡俗の: ~ furniture 普通品[並製]の家具 / a person of no ~ ability 非凡な技量の人. **3 a** 並以下の, 二流品の, 粗末な (inferior): ~ clothes ぞんざいな服, 安っぽい服 / a ~ make of goods 並製品, 下等な製品. **b** 〈人・態度が〉品のない, 下品な (vulgar): a ~ accent 品のない言葉遣い / a ~ man 品のない人 / ~ manners 無作法 / a ~ voice 下品な声. **c** 〈木材が〉並の《上物でない》.

common or garden 《口語》 きわめて平凡な, ありふれた (ordinary).

— *n.* **A 1** [時に *pl.*] **a** (公園として競技や催し物などに使用される市町村の中央にある)共有地, 公有地, コモン《もとは囲いのしてない牧草地・荒地などであった》: on the village ~ / ⇨ Boston Common. **b** 共有の牧草地; 荒地. **2** 〘法律〙 **a** 公有権, 共有権, 共用権, 入会(いりあい)権《right of common ともいう》: ~ of piscary [fishery] (他人の河川などにおける)漁獲入会権 / ~ of pasture (他人の牧草地における)入会放牧権. **b** 入会地. **3** 〘キリスト教〙 **a** [しばしば C-] ある種の祭儀に共通して行なわれる祈禱[礼拝] (cf. proper *n.*). **b** ミサの儀式規定書.

B 1 [the ~*s*; 単数または複数扱い] 平民, 庶民 (common people). **2 a** [*pl.*; 単数または複数扱い] 庶民から成る政治集団[団体]. **b** [the Commons; 単数または複数扱い] 下院議員(全体). **c** [the Commons; 単数または複数扱い] (英国, カナダその他英連邦諸国で)下院 (the House of Commons). **3 a** [*pl.*; 単数または複数扱い] (修道院・大学などの)食事, 定食; 食物 (food): be put on (a) short ~*s* 食物を十分に与えられない. **b** [*pl.*; 単数扱い] 共同食卓; (大学などの)食堂. **4** 《俗》 =common sense.

by common =*by* ORDINARY (2). ***in common*** 共通に, 共同に; 〔…と〕共通した[て], 同様に〔*with*〕: charges borne *in* ~ 共同負担の費用 / We have a great deal *in* ~ *with* him. 我々は彼と(趣味・意見など)共通の点が多い / *In* ~ *with* other people, I believed it was true. 他の人と同様私もそれが真実だと思った. ***out of*** (***the***) ***common*** 異常な, 非凡な (unusual).

common of fishery 〘法律〙 漁獲入会権 (cf. common fishery).

~·**ness** *n.*

com·mon·a·ble [kɑ́mənəbl̩ | kɔ́m-] *adj.* **1** 〈土地が〉共有の. **2** (動物を)共有地 (common) に放牧してよい.

com·mon·age [kɑ́mənɪdʒ | kɔ́m-] 〚← COMMON (*n.*) +-AGE〛 — *n.* **1 a** (牧草地の)共同使用権, 入会(いりあい)権. **b** 共有(していること): the ~ of the land. **2** 共有地 (common). **3** [集合的] 平民 (commonalty).

com·mon·al·i·ty [kɑ̀mənǽləṭi | kɔ̀mənǽlətɪ, -lɪ-] 〚(変形) ↓〛 *n.* **1** [the ~] 一般大衆, 平民 (commonalty). **2** 属性の共有. **3** 普通, 平凡; 平凡な出来事.

com·mon·al·ty [kɑ́mənl̩ti, -nəl- | kɔ́mənl̩tɪ, -nəl-] 〚(c1300) ▭ OF *comunalte* (F *communauté*) ← *comunal* 'COMMUNAL': ⇨ -ty〛 — *n.* **1 a** [the ~] 一般大衆, 民衆, 平民, 庶民, 庶民階級 (commonality) (cf. upper class 1). **b** (あるグループの)会員に共通な慣行[慣習]. **2 a** 共同団体, 集団: the ~ of scholars 学者グループ. **b** 社団法人, 公[私]法人 (body corporate).

cómmon álum *n.* 〘化学〙 カリ明礬 (⇨ alum 2 a).

cómmon ásh *n.* 〘植物〙 セイヨウトネリコ (*Fraxinus excelsior*) (⇨ ash[1]).

cómmon bárberry *n.* 〘植物〙 ヒロハヘビノボラズ (*Berberis vulgaris*) (cf. barberry).

cómmon béan *n.* 〘植物〙 インゲンマメ (⇨ kidney bean 1).

cómmon bónd *n.* 〘石工〙 =American bond.

cómmon bríck *n.* 普通れんが, 赤れんが《外観に対して注意を払わずに作られた建築用粘土れんが》.

cómmon búckthorn *n.* 〘植物〙 ヨーロッパ産クロウメモドキ属の落葉低木《緩下剤に用いられる》.

cómmon búckwheat *n.* 〘植物〙 =buckwheat.

cómmon búsiness òriented lànguage *n.* 〘電算機〙 ⇨ COBOL.

cómmon carótid *n.* 〘解剖〙 総頸動脈《起点から内頸動脈と外頸動脈の分岐点までの頸動脈; common carotid artery ともいう》.

cómmon cárrier *n.* (鉄道・汽船などの)運輸業者[会社]; 一般運輸業; 通信事業者.

cómmon cáse *n.* 〘文法〙 通格《主格・目的格の語形変化のないもの; 例えば英語の名詞の主格・目的格》.

cómmon cáttle grùb *n.* 〘昆虫〙 ウシバエ (*Hypoderma bovis*)《幼虫が牛類の皮下に寄生する; cf. heel fly》.

cómmon chárge *n.* 〘紋章〙 ⇨ charge *n.* 12.

cómmon chíckweed *n.* 〘植物〙 =chickweed.

cómmon chórd *n.* 〖音楽〗普通和音《いわゆるドミソの和音; 主音と, 主音から長(または短)三度, および完全5度離れた三つの音から構成されている》.
cómmon cóld *n.* ⇨ cold 2.
cómmon cómfrey *n.* 〖植物〗＝comfrey 1.
cómmon cóst *n.* 〖会計〗共通費《二つ以上の原価計算単位に, 共通に発生する原価; 例えば工場長の給料は, 工場内の各部門にとって部内共通費となる, また各事業部にとって本社費は事業部共通費となる》.
cómmon cóuncil *n.* 市[町]議会.
cómmon críer *n.* ＝town crier.
cómmon cúrlew *n.* 〖鳥類〗ダイシャクシギ (*Numenius arquata*) (⇨ curlew).
cómmon denóminator *n.* **1** (ある集団の)共通要素, 共通の特徴, (文化の)公分母. **2** 〖数学〗公分母: ⇨ lowest common denominator.
cómmon dífference *n.* 〖数学〗(等差数列や等差級数の)公差. 「common divisor.
cómmon divísor *n.* 〖数学〗公約数: ⇨ greatest
cómmon éntrance *n.* 《英》パブリックスクール普通入学試験《全国共通の問題によって13歳の生徒を対象に毎年2, 6, 11月の3回行なわれる; common entrance examination ともいう; 正式には common examination for entrance to public schools という》.
com·mon·er [kɑ́mənə | kɔ́mənə(r] 〖《?*a*1300》〗 ── *n.* **1** 貴族でない人; 平民, 庶民 (cf. peer² 3): ⇨ First Commoner. **2** 入会(いりあい)[共用]権所有者. **3** 《英》(Oxford 大学その他の大学の)自費生, 普通学生《fellow, scholar または exhibitioner でない学生; cf. pensioner 2》. **4** 《英・まれ》下院議員: ⇨ Great Commoner.
Cómmon Éra *n.* [the ~] ＝Christian Era.
cómmon fáctor *n.* 〖数学〗共通[公]因数, 共通[公]因子: ⇨ greatest common factor.
cómmon físhery *n.* 〖法律〗共同漁業権 (cf. COMMON of fishery).
cómmon fráction *n.* 〖数学〗分数 (vulgar fraction)《分子と分母を横線[斜線]の上下[左右]に書く通常の分数を小数に対していう; cf. decimal fraction》.
cómmon génder *n.* 〖文法〗通性.
cómmon gróund *n.* (利益・相互理解における)共通基盤, (見解などの)一致点. 「trope 2.
cómmon héliotrope *n.* 〖植物〗＝garden helio-
cómmon íliac ártery *n.* 〖解剖〗総腸骨動脈 (⇨ iliac artery 1).
cómmon infórmer *n.* ＝informer 3.
cómmon jóist *n.* 〖建築〗根太(ねだ).
cómmon júniper *n.* 〖植物〗セイヨウビャクシン (*Juniperus communis*) (⇨ juniper 1).
cómmon júry *n.* 〖法律〗普通陪審, 小陪審 (cf. special jury, grand jury).
cómmon lábor *n.* 不熟練労働.
cómmon-láw *adj.* 〖法律〗コモンローの[による]: ⇨ common-law marriage.
cómmon láw 〖《*c*1378》《なぞり》← L *jūs commūne*〗 ── *n.* 〖法律〗コモンロー《英米法全体をいうこともあり, 制定法 (statute law) と区別した判例法 (case law) をいうこともあり, エクイティー (equity) と対立する法をいうこともある》: at [in] the ~ コモンロー上.
cómmon-làw húsband *n.* 内縁の夫.
cómmon-làw márriage *n.* 〖法律〗コモンロー上の婚姻, 慣習法上の結婚, 内縁関係《挙式せずに単に合意のみに基づいて同棲する結婚; 米国の若干の州を除いては法律的効果は認められない》.
cómmon-làw wífe *n.* 内縁の妻, 内妻.
cómmon lódgings *n. pl.* 《英》簡易宿泊所《common lodging house ともいう》.
cómmon lógarithm *n.* 〖数学〗常用対数《底を10とするもの; cf. natural logarithm》.
cómmon lóon *n.* 〖鳥類〗ハシグロアビ (*Gavia immer*)《北米で繁殖するアビ属の大型の海鳥; ember-goose ともいう》.
cóm·mon·ly 〖《*c*1300》〗 *adv.* **1** 普通に; 一般に, 通例, 通常 (usually, ordinarily); 通俗的に. **2** 普通程度に, 世間並みに.
cómmon mállow *n.* 《英》〖植物〗ゼニアオイ (*Malva sylvestris*) (cf. mallow).
cómmon márket *n.* **1** 共同市場. **2** [the C- M-] (ヨーロッパ)共同市場《別名 Euromarket, Euromart; ⇨ European Economic Community》.
cómmon méasure *n.* **1** 〖音楽〗＝common time. **2** 〖数学〗＝common divisor. **3** 〖詩学〗＝common meter.
cómmon méter *n.* 〖詩学〗普通律《弱強格四行連の各行の音節が8, 6, 8, 6と配列されている賛美歌調; 略 c.m. C.M.》.
cómmon múllein *n.* 〖植物〗＝great mullein.
cómmon múltiple *n.* 〖数学〗公倍数: ⇨ least common multiple.
cómmon náme *n.* 〖文法〗＝common noun.
cómmon níghtshade *n.* 〖植物〗＝black nightshade. 「noun).
cómmon nóun *n.* 〖文法〗普通名詞 (cf. proper
cómmon ópal *n.* 〖鉱物〗普通蛋白石《オパールの一種で, 光沢が不十分で宝石としての価値がないもの》.
cómmon órange *n.* 〖植物〗＝sweet orange.
cómmon pártridge *n.* 〖鳥類〗ヨーロッパヤマウズラ (*Perdix perdix*) (⇨ partridge).
cómmon píke *n.* 〖魚類〗カワカマス (⇨ pike⁴ 1).
com·mon·place [kɑ́mənplèɪs | kɔ́m-] 〖《1549》《なぞり》← L *locus commūnis* passage of general application, 《原義》common place《なぞり》← Gk *koinòs tópos*〗 ── *adj.* **1** 平凡な, ありふれた: a ~ person. **2** 陳腐な, つまらない: a ~ remark 陳腐な言い草. ── *n.* **1 a** 平凡な文句, 陳腐な言い草. **b** 平凡な事[もの]: a mere ~ 全く平凡なこと. **2 a** 《古》メモに取っておく値打ちのある文句. **b** 《廃》＝commonplace book. **~·ly** *adv.* **~·ness** *n.*
cómmonplace bòok *n.* 備忘録, 抜き書き帳.
cómmon pléas 〖《?1433》□ AF *communs pletz*《なぞり》← ML *commūnia plācita*〗 ── *n. pl.* 〖英法〗 **1** 民事訴訟 (cf. PLEAS of the crown). **2** [単数扱い] ＝COURT of common pleas.
cómmon práyer *n.* 〖英国国教会〗 **1** 公禱(こうとう)《あらゆる公の教会集会における礼拝式で用いるために制定された祈禱文》. **2** [the C- P-] ＝BOOK of Common Prayer.
cómmon prívet *n.* 〖植物〗セイヨウイボタノキ (*Ligustrum vulgare*) (⇨ privet 1).
cómmon próperty *n.* **1** 共有地; 共有財産. **2** 一般大衆のものとみなされている人[もの]. **3** 知れわたった情報; 衆知のこと.
cómmon ráfter *n.* 〖建築〗椽(たるき)《屋根板を支えるために棟から軒に架け渡される部材; ⇨ queen post 挿絵》. 「公比.
cómmon rátio *n.* 〖数学〗(等比数列や等比級数の)
cómmon recóvery *n.* 〖法律〗なれ合い不動産回復訴訟.
cómmon rhýthm *n.* 〖詩学〗＝running rhythm.
cómmon ròom *n.* **1** (学校などの)控室, 休憩室, 談話室. **2** 〖英大学〗 **a** ＝senior common room. **b** ＝junior common room.
Com·mons [kɑ́mənz | kɔ́m-], **John Rogers** *n.* (1862–1945) 米国の制度学派経済学者, 米国労働運動史研究の始祖.
cómmon sált *n.* 食塩.
cómmon schòol *n.* (米国の)公立小(中)学校 (cf. grade school).
cómmon scóld *n.* 近所迷惑のがみがみ女《昔は法によって処罰された》.
cómmon séal *n.* 〖動物〗＝harbor seal.
cómmon·sénse *adj.* **1** 常識の(ある), 常識的な: ~ philosophy 常識哲学. **2** 常識でわかる, 明白な (clear): a ~ explanation.
cómmon sénse 〖《1543》《なぞり》← L *sensus commūnis*《なぞり》← Gk *koinḕ aísthēsis*〗 *n.* 常識, 良識: It is plain ~. 当然のことだ.
com·mon·sen·si·ble [kɑ̀mənsénsəbl̩ | kɔ̀mənsénsə-, -sɪ-] *adj.* 常識的な, 常識にかなった. 「*adv.*
cómmon·sénsical *adj.* ＝commonsensible. **~·ly**
Cómmon Sérjeant *n.* 〖英法〗London 市の法律顧問《市裁判官 (recorder) 補として中央刑事法院の裁判官および巡回裁判官を兼ねる》.
cómmon shréw *n.* 〖動物〗ミズトガリネズミ (*Sorex araneus*) (⇨ shrew 2).
cómmon sórghum *n.* 〖植物〗モロコシ (*Sorghum vulgare*)《イネ科モロコシ属の植物; カヒアモロコシ (kafir), ホウキモロコシ (broomcorn), アズキモロコシ (durra), スーダングラス (sudan grass) などの変種がある》.
cómmon stóck *n.* 《米》〖証券〗(優先株式 (preferred stock) に対して)普通株式.
cómmon súnflower *n.* 〖植物〗ヒマワリ (*Helianthus annus*)《米国 Kansas 州の州花》.
cómmon swíft *n.* 〖鳥類〗ヨーロッパアマツバメ (*Apus apus*)《アマツバメ科の鳥》.
cómmon támarisk *n.* 〖植物〗西ヨーロッパ産ギョリュウ属の低木 (*Tamarix gallica*).
cómmon tíme *n.* 〖音楽〗普通拍子《4/4 拍子のこと; common measure ともいう》: a piece written in ~.
cómmon tòuch *n.* [the ~] 俗受けする性質[性格].
cómmon trúst fùnd *n.* 共同運用投資信託資金.
cómmon vétch *n.* 〖植物〗カラスノエンドウ (⇨ broad bean 2 b).
com·mon·weal [kɑ́mənwìːɫ, ⏑⏑⏑ | kɔ́mənwìːl] 〖《*a*1338》〗 *n.* **1** 一般[民衆]福利, 社会福祉. **2** 《古》＝commonwealth.
com·mon·wealth [kɑ́mənwèlθ, ⏑⏑⏑ | kɔ́mənwèlθ] 〖《1445》〗 ── *n.* **1 a** (国民の暗黙の同意または契約によって共通の利益と目的で統一された)国家 (body politic, state). **b** 自治国家; 民主国 (democracy), 共和国 (republic). **c** [the C-] ＝COMMONWEALTH of England. **2 a** (共通の目的と利益で結ばれた)連邦. **b** (州または国家群の)連邦. **c** [the C-] ＝COMMONWEALTH of Australia; COMMONWEALTH of Nations. **3** 州《Massachusetts, Pennsylvania, Virginia, Kentucky について State の代わりに用いる公称語》. **4** (共同の目的・利益で結ばれた)団体, 世界 (cf. republic 4): the ~ of learning 学界 / the ~ of artists [writers] 芸術家[作家]社会. **5** 《古》＝commonweal 1.
Commonwealth of Australia [the —] オーストラリア[豪州]連邦《1901年以来オーストラリアの正式名称で, Tasmania を含む》.
Commonwealth of England [the —] 〖英史〗イギリス共和国《1649年 Charles 一世の死刑執行の後から1660年の王政復古まで; cf. Civil War 2 b》.
Commonwealth of Nations [the —] 英連邦, イギリス連邦《British Commonwealth of Nations が1949年改名し王冠への共通の忠誠を除いてよりゆるやかな結合にしたもので, 英国王を団結の象徴とする旧英国勢力圏諸国の集合体; United Kingdom を始めとして以下の独立国 (Australia, Bahamas, Bangladesh, Barbados, Botswana, Canada, Cyprus, Fiji, Gambia, Ghana, Grenada, Guyana, India, Jamaica, Kenya, Kiribati, Lesotho, Malawi, Malaysia, Malta, Mauritius, Nauru, New Zealand, Nigeria, Papua New Guinea, Seychelles, Sierra Leone, Singapore, Solomon Islands, Sri Lanka, Swaziland, Tanzania, Tonga, Trinidad and Tobago, Tuvalu, Uganda, Western Samoa, Zambia), およびそれらの保護領, 植民地などからなる; 単に the Commonwealth ともいう》.
Commonwealth of the Philippines [the —] フィリピン共和国《米国の保護領であったころの the Republic of the Philippines の呼び名 (1935–46)》.
Cómmonwealth Dày *n.* [the ~] 連邦祝日《かつては Empire Day と呼ばれ, Victoria 女王誕生日の5月24日であったが, 1958年改名され, 1966年からは現女王 Elizabeth 二世の公式誕生日である6月に変更された; cf. Victoria Day》.
Cómmonwealth préference *n.* 《英》英連邦(からの輸入品には有利な)特恵関税制度.
cómmon yèar *n.* 平年 (cf. leap year).
com·mo·ran·cy [kɑ́mərənsi | kɔ́mərənsɪ] *n.* 〖法律〗 **1** 《英》居住. **2** 《米》仮住所.
com·mo·rant [kɑ́mərənt | kɔ́m-] 〖□ L *commorantem* (pres.p.) ← *commorārī* to sojourn ← COM-＋*morārī* to stay (⇨ moratory)〗 ── *adj.* 〖法律〗(通例一時的に)居住している.
com·mo·tion [kəmóuʃən | -mə́u-] 〖《*c*1390》□ (O)F ~ □ L *commōtiō(n-)* violent movement, disturbance ← *commovēre* (↓): ⇨ -tion〗 ── *n.* **1** 継続的[周期的]な動き, 動揺: the ~ of the waves. **2 a** (政治上・社会上の)騒ぎ, 騒動 (bustle, tumult); 内乱状態, 暴動 (riot): cause [produce] a ~ 騒動を起こす / in ~ 動揺して. **b** 大騒ぎ, 混乱 (hustle). **3** (精神的な)興奮, 攪乱(こうらん): throw one's mind [nerves] into ~ 心[神経]をかき乱す. **4** 〖医学〗＝concussion 3.
com·move [kəmúːv, kɑ- | kə-, kɔ-] 〖《*c*1380》□ OF *comovoir* □ L *commovēre* to move violently ← COM- (強意)＋*movēre* 'to MOVE'〗 ── *vt.* 《文語・古》 **1** 激しく動かす, かき乱す. **2** 興奮させる, 動揺させる.
commr. 《略》commander; commissioner.
com·mu·nal [kəmjúːnl̩, kɑ́mjunl̩ | kɔ́mjunl̩, kəmjúːnl] 〖□ F ~ □ LL *commūnālis* ← L *commūnis*: ⇨ common, -al¹〗 ── *adj.* **1** コミューン (commune) の[に関する]. **2 a** 地方自治体の. **b** 共同生活体の; 原始共産社会の. **c** 共同部落の. **3** 共同の, 共有の; 共同使用する[参加する]: ~ bathing 共同入浴 / a ~ kitchen 共同炊事(場) / ~ property 共有財産. **4** 人種・宗教などを異にする共同体の[に関する]; (特に, インドの)共同体(間)の: ~ disturbances. **5** パリコミューン (Commune of Paris) の. **~·ly** *adv.*
com·mu·nal·ism [-lɪzm̩] *n.* **1** 〖政治〗コミューン主義, 地方自治主義《中央集権政治組織を排して自由都市連合国家の実現を目的とする地方分権自治主義》. **2** 共同体[生活]の信奉[実践]. **com·mú·nal·ist** [-lɪst, -ləst | -nəlɪst, -nl̩-] *n., adj.*
com·mu·nal·i·ty [kɑ̀mjunǽləṭi | kɔ̀mjunǽlətɪ, -lɪ-] *n.* **1** 共同体の状態[特徴]. **2** (グループの)連帯感, 団結心; (グループ内の)意見[感情]の一致.
com·mu·nal·i·za·tion [kəmjùːnəlɪzéɪʃən, kɑ̀mjʊ-, -lə-, -nl̩- | kɔ̀mjʊnəlaɪ-, kəmjùːn-, -lɪ-] *n.* (土地・事業などの)地方自治体への移譲.
com·mu·nal·ize [kəmjúːnəlàɪz, kɑ́mjʊ-, -nl̩- | kɔ́mjʊnəl-, kəmjúːn-, -nl̩-] *vt.* 自治体の所有に移す, 共同所有化する: ~ land, gas, electricity, etc.
com·mu·nard [kɑ̀mjunɑ́ːəd, ⏑⏑⏑ | kɔ̀mjunɑ̀ːd; *F.* kɔmynaːr] 〖□ F ~: ⇨ ↓, -ard〗 ── *n.* **1** [C-] (1871年の)パリコミューン (Commune of Paris) 支持者. **2** コミューン (commune) の居住者.
Com·mu·nau·té [*F.* kɔmynote], **la** *n.* French Community のフランス語名.
com·mune¹ [kɑ́mjuːn, kəmjúːn, kɑ- | kɔ́mjuːn] 〖《1792》□ F ~ □ ML *commūn(i)a* ← L *commūnis* 'COMMON'〗 ── *n.* **1** コミューン《フランス・ベルギー・イタリア・スペインなどの最小行政区である市町村自治体》. **2 a** (中世ヨーロッパの)市自治体. **b** 原始共同体, (自治的な)原始社会. **c** ＝mir. **d** (中国の)人民公社. **3 a** (地方利益を促進するために組織された)地方自治体, 地域社会. **b** 共同生活を営む集団, (共産主義的)共同生活体. **c** (仕事・金銭・宿泊など素朴な共同をむねとする)共同部落, ヒッピーの生活共同体. **4** [the C-] ＝COMMUNE of Paris. **5** 《古》一般庶民 (commonalty).
Commune of Paris [the —] パリコミューン, パリ革命政府: (1) 1792年から1795年までのフランス革命下のパリ市政府; ジャコバン独裁の実現に寄与. (2) 1871年3月18日パリ市に暴動を起こして5月28日まで市政を支配した革命政府.
com·mune² [kəmjúːn, kɑ-, kɑ́mjuːn | kəmjúːn, kɔ́mjuːn] 〖《1340》□ OF *comuner* to make common ← *comun* 'COMMON'〗 ── *vi.* (親しく)語る; (親しく)交わる, (心の)友とする 〔*with*〕 (cf. communion 2): ~ *with* oneself [one's own heart] 沈思内省する / ~ *with* Nature. ── *n.* 《詩》交際, 親交; (霊的)交わり: be in ~ *with* God.

com·mune[3] [kəmjúːn, kɑ-, kɑ́mjuːn | kəmjúːn, kɔ́mjuːn] 〖⊏ MF *comuni-er* ⊏ LL *commūnicāre* to receive the communion: ⇨ communicate〗 ― *vi.* 《米》聖餐を受ける; 聖体を拝領する.

com·mu·ni·ca·ble [kəmjúːnɪkəbl, -nə- | -mjúːnɪ-, -mjún-] 〖《*a*1398》⊏ LL *commūnicābil-is*: ⇨ communicate, -able〗 ― *adj.* **1 a** 〈心・思想など〉伝えられる, 伝達できる. **b** 〈病気が〉伝染性の, うつる: a ~ disease 伝染病. **2** 《古》話好きの, 明けっぱなしの. **com·mù·ni·ca·bíl·i·ty** [-kəbíləti | -lətɪ,-lɪ-] *n.* **~·ness** *n.* **com·mú·ni·ca·bly** *adv.*

com·mu·ni·cant [kəmjúːnɪkənt, -nə- | -mjúːnɪ-, -mjún-] 〖⊏ LL *commūnicant-em* (pres.p.) ← *commūnicāre* (↓)〗 ― *n.* **1** 聖餐にあずかる人, 受聖餐者, 聖体拝領者, 陪餐会員; 教会員. **2** 《まれ》(情報などの)伝達者, 報告者. ― *adj.* **1** 聖餐にあずかる. **2** 《まれ》伝達する, 伝える.

com·mu·ni·cate [kəmjúːnəkèɪt | -mjúːnɪ-, -mjún-] 〖《1526》← L *commūnicāt-us* (p.p.) ← *commūnicāre* to share with others, communicate ← *commūnis* 'COMMON'〗 ― *vt.* **1 a** 〈思想などを〉〔…に〕伝達する, 知らせる〔*to*〕: ~ information [news] *to* others. **b** 〈熱・感情などを〉〔…に〕伝える; 〈病気を〉感染させる〔*to*〕: ~ a disease *to* a person 病気を人にうつす. **c** [~ one*self* で] はっきりと表わす: The emotion ~*d itself* to him. その感情が彼にもはっきりわかった. **2** 〈人を〉聖餐にあずからせる, 〈人〉に聖体を授ける. **3** 《古》分かち合う, 共にする (share) 〔*with*〕 ― *vi.* **1 a** 通信する, 交信する; (手紙・電話などで)連絡する〔*with*〕; 意見(など)を交換する: ~ *with* a person / We ~ *with* each other on the telephone. お互い電話で連絡し合っている. **b** 理解し合う, 話が通じ合う〔*with*〕: Parents often find it difficult to ~ *with* their children. 親は子供と話が通じない[理解し合えない]ことがよくある. **2** 〈場所・家・部屋などが〉〔…と〕通じる, 連絡する〔*with*〕: three rooms *communicating* by a corridor 廊下で互いに通じる3室 / This room ~*s with* the dining room. この部屋は食堂に通じる. **3** 〖← LL *commūnicāt-us*〗聖餐にあずかる[を受ける], 聖体を拝領する. **4** 《廃》共にする, あずかる.

com·mu·ni·ca·tee [kəmjúːnɪkətíː, -nə- | -nɪ-] *n.* 伝達[通信]受取人, コミュニケーションの受け手.

com·mu·ni·ca·tion [kəmjùːnəkéɪʃən | -mjùːnɪ-, -mjùn-] 〖《*c*1390》⊏ (O)F ~ ⊏ L *commūnicātiō(n-)*: ⇨ communicate, -ation〗 ― *n.* **1 a** (思想・情報などの)伝達; 通達, 通報: ~ of a secret / ⇨ mass communication. **b** (熱・感情などの)伝達; (病気の)伝染. **2 a** (伝達・交換される)情報. **b** 通信, 交信, 文通; 手紙, 伝言: have no ~ *with* …と文通[連絡]していない / be in ~ *with* …と文通[通信, 連絡]している. **c** 学会発表論文. **3 a** コミュニケーション《言葉・記号・身振りなどによる情報・知識・感情・意志などの交換過程》. **b** (意志疎通による)親密な関係[間柄]. **4** 通信, 交通, 連絡; 通信[交通, 連絡]の方法[手段]: There is no ~ between the two places. その二つの場所の間には全く連絡がない / a means of ~ 通信[交通]機関. **5** [*pl.*] **a** 通信[交通, 連絡]機関《道路・電信・電話・ラジオ・テレビ・伝令など》. **b** 〖軍事〗(作戦基地との)後方連絡線, 兵站(ﾍｲﾀﾝ)線: cut off ~*s* 連絡を断つ / ⇨ LINE[2] of communication(s). **6** [しばしば *pl.* で単数または複数扱い] **a** (電子工学などによる)通信[情報伝達](法): a ~ engineer 通信工学者. **b** 《米》〖教育〗コミュニケーション《従来のように「作文」,「話し方」と分離せず, 言語的なものだけでなく図形・演技など非言語的なものの使用をも含めた観念・態度・知識の伝達・表現》.

communicátion cènter *n.* 〖軍事〗通信センター (⇨ message center).

communicátion còrd *n.* (列車内の)非常通報索, 「非常連絡用のひも.

communicátion engineèring *n.* 通信工学.

communicátion sàtellite *n.* 通信衛星《communications satellite ともいう》.

communicátions gàp *n.* (情報不足・世代の相違などによる)伝達欠如, 伝達上のギャップ[ずれ].

communicátions thèory *n.* = communication theory.

communicátions zòne *n.* 〖軍事〗兵站地帯, 後方地帯《作戦地域内の作戦地帯 (combat zone) の後方にあって補給, 傷病者の後送, 部隊の補充, 整備などを行なう地帯》.

communicátion thèory *n.* 伝達[コミュニケーション]理論《communications theory ともいう》.

communicátion trènch *n.* 〖軍事〗(陣地と陣地の間の連絡に使う)交通壕.

com·mu·ni·ca·tive [kəmjúːnəkèɪtɪv, -nɪkət-, -nə- | -mjúːnɪkət-, -mjún-, -kèɪt-] 〖《*a*1398》⊏ (O)F *communicatif* ∥ ML *commūnicātīv-us*: ⇨ communicate, -ative〗 ― *adj.* **1** 話好きな, おしゃべりの (talkative): She was not in a ~ mood. おしゃべりする気になれなかった. **2 a** 伝達の, 通信に関する: ~ arts. **b** 《古》伝達[通信]に適する. **~·ly** *adv.* **~·ness** *n.*

com·mú·ni·cà·tor [-tə | -tə(r)] 〖⊏ LL *commūnicātor*〗 ― *n.* **1** 伝達者, 通報者, コミュニケーションの送り手. **2** 伝達機; (特に, 電信の)発信機; (列車内の)通報機(など).

com·mu·ni·ca·to·ry [kəmjúːnɪkətɔ̀ːri, -nə-, -tɔ̀ːri | -mjúːnɪkətəri, -mjún-, -kèɪt-] 〖⊏ ML *commūnicātōri-us*〗 *adj.* 通達[伝達]する[の].

com·mu·nion [kəmjúːnjən | -njən, -nɪən] 〖《*c*1390》⊏ (O)F ~ ⊏ LL *commūniō(n-)* communion, L fellowship, common share ← L *commūnis*: ⇨ common, -ion〗 ― *n.* **1** 共にすること, 共有 (participation): a ~ of the land. **2** 思想の交換, 親しい会談; (親しい)交わり, 霊的交渉, 霊的交わり (commune): hold ~ with …と霊的に交わる, …に親しむ / hold ~ with oneself 深く内省する / seek ~ with …との交わりを求める. **3** (信仰・宗派などを共にする)仲間, 宗教団体: a religious ~ 宗教団体 / the Methodist ~ メソジスト派[教会] / be in ~ with …と同じ宗派に属している / be of the same ~ 同じ宗教[教派]に属する / be shut out from the ~ of the faithful 信者の仲間から除外される. **4** [通例 C-] 〖キリスト教〗 **a** 聖餐(式), 聖餐拝受, 陪餐; 〖カトリック〗聖体拝領《パンの形相の下で, キリストのからだを受ける行為; Holy Communion ともいう》: ⇨ close communion, open communion / ~ in both kinds 二種[両種]陪餐, 両種(パンとぶどう酒)拝受聖餐式, 両形色による聖体拝領 / ~ in one kind 一種陪餐, 一種(パン)拝受聖餐式, 一形色による聖体拝領 / receive [partake of] *Communion* / go to *Communion* / make one's Easter *Communion* イースターの聖餐式[聖体拝領]に出る. **b** 聖餐式[聖体拝領]に用いるパンとぶどう酒 (⇨ element 10). **c** 聖餐式で歌う頌歌 (antiphon) 《Communion Verse ともいう》.

communion of saints [the ―] (1) 〖キリスト教〗聖徒の交わり. (2) 〖カトリック〗諸聖人の通功.

commúnion clòth *n.* 〖キリスト教〗= corporal[3].

commúnion cùp *n.* 〖キリスト教〗聖餐杯, 聖体拝領用の杯 (cf. chalice 2).

commúnion hỳmn *n.* 〖キリスト教〗聖体拝領唱, 陪餐唱; 聖餐式聖歌, 陪餐用[前]聖歌《聖餐式[聖体拝領]直前に歌われる聖歌》.

com·mú·nion·ist [-nɪst, -nəst | -nɪst] *n.* **1** 聖餐[聖体拝領]に対して特別の説をもっている人: a strict ~. **2** 受聖餐者, 聖体拝領者 (communicant).

commúnion plàte *n.* 〖カトリック〗聖体受け《聖体拝領の際, あごの下に差し出して聖体が下に落ちないようにする金属製の皿》.

commúnion ràil *n.* 〖キリスト教〗聖体拝領台, 祭壇前部の柵[てすり]《聖堂内の聖所と会衆席との間にある低い柵; この前に跪(ひざまず)いて聖体を拝領する; altar rail ともいう》.

Commúnion sèrvice *n.* 聖餐式, 聖体拝領.

Commúnion Súnday *n.* 〖教会〗(プロテスタントの教会で聖餐式の行なわれる)聖餐日曜日.

commúnion tàble *n.* 聖卓, 祭壇, 聖餐[聖体拝領]台《英国国教会では, 特に Low Churchman の用語》.

Commúnion Vèrse *n.* = communion 4 c.

com·mu·ni·qué [kəmjúːnəkèɪ, ―⌣⌣⌣ | kəmjúːnɪkèɪ, kɔ-, -mjún-; *F.* kɔmynike] 〖⊏ F ~ (p.p.) ← *communiquer* ⊏ L *commūnicāre* 'to COMMUNICATE'〗 *n.* コミュニケ, 公報; (通例, 外交上の短い)公式発表.

com·mu·nis [kəmjúːnɪs, -nəs | -nɪs] 〖⊏ L *commūnis* 'COMMON'〗 *n.* 〖言語〗同じ機能をもって交替する二つの言語形式の中で, 同一の変わらない部分.

com·mu·nism [kɑ́mjʊnìzm | kɔ́mju-, -mjuː-] 〖《1843》⊏ F *communisme* ← *commun* 'COMMON': ⇨ -ism〗 ― *n.* **1 a** 共産主義(の理論) (cf. capitalism). **b** [C-] (ソ連・中国などの)共産主義体制, コミュニズム. **2** 共産主義社会組織[体制]. **3** = communalism.

cóm·mu·nist [-nɪst, -nəst | -nɪst] 〖《1841》⊏ F *communiste* (↑)〗 ― *n.* **1** 共産主義者, コミュニスト; 共産党支持者. **2** [C-] 共産党員. **3** [C-] = Communard 1. ― *adj.* **1** 共産主義(者)の. **2** [C-] 共産党の.

Cómmunist Chína *n.* China 1 の俗称.

com·mu·nis·tic [kɑ̀mjʊnístɪk | kɔ̀m-] *adj.* **1** [時に C-] 共産主義的な, 共産主義者の: a ~ idea 共産主義的思想 / a ~ association 共産組合. **2** 共同生活をする. **3** 〈鳥が〉共同の巣をもつ[にすむ]. **còm·mu·nís·ti·cal·ly** *adv.*

Cómmunist Internátional *n.* [the ~] 共産主義インターナショナル (⇨ International *n.* 2).

Cómmunist Manifésto *n.* [the ~] 共産党宣言《1848年 Marx と Engels の協同で発表された共産主義同盟の綱領; 科学的社会主義の歴史と理論を表明したもの》.

Cómmunist Párty *n.* [the ~] 共産党 (cf. Bolshevik).

com·mu·ni·tar·i·an [kəmjùːnətɛ́(ə)riən | -nɪtɛ́ərɪ-] 〖⇨ -arian〗 *n.* 共産社会[団体]の一員; 共産社会主義者.

com·mù·ni·tár·i·an·ìsm [-nìzm] *n.* 共産社会主義.

com·mu·ni·ty [kəmjúːnəti | -nətɪ, -nɪtɪ] 〖《*a*1382》 *comunete* ⊏ OF (F *communauté*) ⊏ L *commūnitātem* fellowship ← *commūnis* 'COMMON': ⇨ -ity〗 ― *n.* **1 a** コミュニティー, 共同社会, 共同生活体, 共同体, ゲマインシャフト (gemeinschaft) 《一単位に組織された人間集団》. **b** 地域社会: ⇨ village community. **c** (大きな社会の中にあって)共通の特徴をもつ集団: the Japanese ~ in New York ニューヨークの日本人社会 / the Jewish [foreign] ~ ユダヤ人[外人]社会 / a mercantile ~ 商人の社会. **d** 専門的職業を共にもつ集団: the ~ of scholars = the academic ~ 学者社会, 学界. **2** [the ~] 社会, 一般大衆 (the public). **3** 共用, 共有: ~ of property [goods] 財産の共有, 共産. **4 a** 親密, 交友 (friendship). **b** 他人と一緒に生活している状態. **5** 共通, 共通性; 類似性 (similarity), 一致 (agreement): ~ of interests 利害の共通 / ~ of race, religion, etc. **6** 〖生態〗(動物の)群集; (植物の)群落. **7** 〖教会〗一定の戒律に従って共同生活をする集団: a ~ of monks 修道士の集団.

commúnity anténna tèlevision *n.* 共同聴視アンテナテレビ《テレビの難視聴地域において, ビル屋上や山頂に親アンテナを立てて放送局からの電波を受信し, そこから有線で各家庭・各室などのテレビセットに送る; cable TV ともいう; 略 CATV》.

commúnity cènter *n.* コミュニティーセンター, 社会事業中心施設《多く公会堂があってそれに付随した文化・教育・厚生などの社会活動施設がある》.

commúnity chèst *n.* 《米・カナダ》共同募金.

commúnity chúrch *n.* **1** (米国・カナダの)(諸派)合同[連合]教会. **2** 地域教会《村や町などの地域社会と密接な関係をもつ教会》.

commúnity cóllege *n.* コミュニティーカレッジ《地域住民のための公立の大学; 主として2年制であるが, 時には3年または4年制のものもある; 職業教育が重視されるが, 4年制大学の前期課程のコースもある》.

commúnity hòme *n.* 《英》コミュニティーホーム, 教護院《少年犯罪者の収容施設; 1969年に approved school や remand home に代わったもの》.

commúnity organizàtion *n.* コミュニティーオーガニゼーション, 地域組織化事業《地域社会の福祉のために住民の組織・育成を図る社会福祉事業の一つ; cf. social work》.

commúnity próperty *n.* 〖法律〗夫婦共有財産《夫婦の一方または双方の取得した財産について等分の所有権と連帯責任をもつという夫婦の財産制によるもので, 米国のいくつかの州で認められている》.

commúnity recéiving sỳstem *n.* 〖通信〗共同受信方式, 共同聴取方式.

commúnity schòol *n.* 地域社会学校《学校と社会を密接に結びつけ, 広く現実の社会生活の中から課題をとらえて教育を行なう; 公民館活動も行なう》.

commúnity sínging *n.* (出席者がポピュラーな歌をみなで一緒に歌う)団体合唱.

commúnity-wíde *adj.* 地域社会全体にわたる[及ぶ]: a ~ service.

com·mu·ni·za·tion [kɑ̀mjʊnɪzéɪʃən, -nə- | kɔ̀mjʊnaɪ-, -nɪ-] *n.* (土地・財産などの)共有化, 共産制.

com·mu·nize [kɑ́mjʊnàɪz | kɔ́m-] *vt.* **1** 〈土地・財産などを〉共有にする; 国有化する. **2** [しばしば C-] 共産体制[主義]化する; 共産主義者にする.

com·mut·a·ble [kəmjúːtəbl | -tə-] 〖⊏ L *commūtābil-is* ← *commūtāre*: ⇨ commute, -able〗 ― *adj.* 交換[代替]できる. **com·mùt·a·bíl·i·ty** [-təbíləti | -təbílətɪ, -lɪ-] *n.*

com·mu·tate [kɑ́mjʊtèɪt | kɔ́mjʊ-, -mjuː-] 〖《逆成》← COMMUTATION〗 ― *vt.* 〖電気〗 **1** 〈電流〉の方向を転換する, 整流する. **2** 転流する. **3** 《まれ》〈交流を〉直流にする (rectify). 「(⇨ interpole).

cóm·mu·tàt·ing pòle [-tɪŋ- | -tɪŋ-] *n.* 〖電気〗補極

com·mu·ta·tion [kɑ̀mjʊtéɪʃən | kɔ̀mjuː-, -mjʊ-] 〖《1435》⊏ (O)F ~ ∥ L *commūtātiō(n-)* ← *commūtāre*: ⇨ commute, -ation〗 ― *n.* **1** 取換え, 代替 (exchange). **2** (支払方法または給与方法における)振替え. **3** 《米》定期券 (commutation ticket) による通勤. **4** 〖法律〗減刑. **5** 〖電気〗 **a** 整流《整流子とブラシで回路を切り換えて電機子コイルの電流の方向を転換すること; cf. commutator 1 a》. **b** 転流《ある部分に流れていた電流を他に流し換えること》. **6** 〖言語〗転換《ある言語の音素が互いに弁別的であることをテストするために行なわれる換位; 例: *k*ill-*m*ill-*t*ill》. **7** 〖数学〗交換, 転換: ⇨ commutation relation.

commutátion relàtion *n.* 〖物理〗交換関係《量子力学において, Heisenberg の不確定性原理 (uncertainty principle) を数学的に正しく表わしたもの》.

commutátion tìcket *n.* 《米》定期乗車券, 定期券 (cf. season ticket).

com·mu·ta·tive [kɑ́mjʊtèɪtɪv, kəmjúːtət- | kəmjúːtət-, kɔ́mjʊtèɪt-, -mjʊ-] 〖⊏ ML *commūtātīv-us*〗 ― *adj.* **1** 交換の, 可換性の (interchangeable); 相互的な (mutual). **2** 〖数学・論理〗可換の, 交換可能な 《$a+b=b+a$, $a \times b=b \times a$ のように, a, b, を交換しても答えが変わらない》.

cómmutative contract *n.* 〖ローマ法〗等価交換契約, 双務契約 (cf. SYNALLAGMATIC contract).

cómmutative gròup *n.* 〖数学〗可換群 (⇨ Abelian group). 「法則, 交[可]換律.

cómmutative làw *n.* 〖数学・論理〗可換法則, 交換

com·mu·ta·tiv·i·ty [kəmjùːtətívəti, kɑ̀mjʊt- | kəmjùːtətívətɪ, kɔ̀mjʊt-] *n.* 〖数学〗可換性, 交換可能性.

cóm·mu·tà·tor [-tə | -tə(r)] *n.* **1** 〖電気〗 **a** (モーター・発電機などの)整流子, 転換器《電流転換用; cf. commutation 5 a》. **b** 《まれ》整流器. **2** 〖数学〗 **a** (群の元の)交換子《群の元 a, b からつくられた元 $aba^{-1}b^{-1}$ を a, b に対していう》. **b** (作用素の)交換子, 交換作用素《作用素 X, Y から作られた作用素 $XY-YX$; 記号は $[X, Y]$》. **3** 〖物理〗= commutation relation.

cómmutator gròup *n.* 〖数学〗交換子群《群のすべての交換子 (commutator) を含む最小の部分群》.

com·mute [kəmjúːt | kə-, kɔ-] 〖《*c*1450》⊏ L *commūtāre* to change entirely ← COM- (強意) + *mūtāre* to change (⇨ mutable)〗 ― *vt.* **1 a** 取り替える, 交換する: ~ foreign money *to* domestic 外貨を国内通貨に交換する. **b** 〔…に〕変える〔*into*〕: ~ a base metal *into* gold 卑金属を金に変える. **2** 〈支払方法などを〉切り替える, 振り替える: ～ an annuity *into* a capital sum 年金をまとめて元金に繰り込む. **3** 〔重い刑罰・義務・支払などを〕〔軽いものに〕代える〔*to, into*〕: ～ a death sentence *to* life imprisonment 死刑を終身刑に代える. **4** 〖電気〗=commutate. — *vi.* **1** 〔罪などの〕償いをする〔*for*〕: ～ *for* one's sins. **2** 代わりになる, 代理をする〔*for*〕. **3** 割引きの一時払いに切り替える. **4** 定期券で通勤する; (毎日郊外から都心へ規則的に乗物に乗って)通勤する: ～ between Berkley and San Francisco. **5** 〖数学〗(位置の)交換が可能である, (位置を)交換しても結果は変わらない. — *n.* **1** (乗物に乗っての)通勤. **2** 通勤距離.

com·mút·er [-tə | -tə(r)] 〖(1865)〗 *n.* (特に, 定期券を利用する)通勤者.

commúter bèlt *n.* (大都市郊外の)通勤者居住地区, ベッドタウン地帯.

commúter plàne *n.* 《米》(都市間を結ぶ)近距離用飛行機.

commúter tràin *n.* 通勤列車[電車].

com·my, C- [kɑ́mi | kɔ́mi] *n.* 《口語》=commie.

Commy. 《略》Commissary.

Com·ne·nus [kɑmníːnəs | kɔm-] *n.* (*pl.* **-ne·ni** [-naɪ]) [the Comneni] コムネノス王朝[王家]《ビザンチン帝国 (1057–59; 1081?–1185), Trebizond 帝国 (1204–?1461) を支配した王朝》.

Co·mo [kóumou | kə́uməu; *It.* kɔ́ːmo] *n.* コモ《イタリア北部 Como 湖畔の都市; 人口 100,000》.

Como, Lake *n.* コモ湖《イタリア北部 Lombardy 地方にある風光明媚な湖; 長さ 48 km, 面積 145 km²》.

có·mo es·tá [kóumou-estáː | kə́uməu-; *Sp.* kómoestá] 〖◻ Sp. ～ 'How are you?'〗 *Sp.* ごきげんいかがですか.

cò·mónomer 〖← co-¹+monomer〗 *n.* 〖化学〗コモノマー《共重合体の一成分》.

Com·o·rin [kɑ́mərɪn, -rən, kəmɔ́ːr-, -móːr-, -mɑ́r- | kɔ́mərɪn], **Cape** *n.* コモリン岬《インド最南端の岬》.

Cóm·o·ro Archipélago [kɑ́məròu- | kɔ́mərə̀u-] *n.* [the ～] =Comoro Islands.

Cómoro Íslands *n. pl.* [the ～] コモロ諸島 (⇨ Comoros).

Com·o·ros [kɑ́məròuz | -rə̀uz] *n.* [the ～] 《インド洋西部, Malagasy とアフリカ大陸の間にある Comoro 諸島から成る共和国; もとはフランス領であったが, 1975 年に独立; 人口 260,000, 面積 2,170 km², 首都 Moroni [mə(ː)róuni | mɔrə́uni]; 公式名 the Federal and Islamic Republic of the Comoros コモロ回教連邦共和国》.

co·mose [kóumous | kə́uməus] 〖◻ L *comōs-us* ← *coma* hair: ⇨ coma², -ose¹〗 *adj.* 〖植物〗〈種子が〉綿毛をもつ.

comp¹ [kɑ́mp | kɔ́mp] 〖《略》← COMPOSITOR〗《口語》 *n.* 植字工, 組版工. — *vt.* 〈活字を〉組む. — *vi.* 植字工[組版工]として働く.

comp² [kɑ́mp, kɑ́mp | kɔ́mp] 〖略〗《口語》〖ジャズ〗 *vi., vt.* (ソロを不規則なリズムで)伴奏する (accompany). — *n.* 伴奏 (accompaniment).

comp³ [kɑ́mp | kɔ́mp] 〖略〗 *n.* 《口語》競争, 競技, コンペ (competition).

comp. 《略》 companion; comparative; compare; comparison; compensation; competitor; compilation; compiled; compiler; composer; composition; compositor; compound; comprehensive; comprising; comptroller.

com·pact¹ [kɑ́mpækt | kɔ́m-] 〖(1591) ◻ L *compactum* ← (neut. p.p.) ← *compacīscī* to make an agreement with ← COM-+*pacīscī* (⇨ pact)〗 — *n.* **1** 契約, 盟約, 約束: general ～ 一般の同意, 公認, 世論 / ⇨ Family Compact, social compact. **2** 社会契約.

com·pact² 〖(*a*1398) ◻ L *compāct-us* (p.p.) ← *compingere* to fasten together, unite ← COM-+*pangere* (⇨ pact)〗 — [kəmpǽkt, kɑm-, kɑ́mpækt | kəmpǽkt] *adj.* (～·er; ～·est) **1 a** 質の密な, 目の詰んだ: ～ knitting. **b** ぎっしり詰まった, 密集した (dense): a ～ formation 密集隊形. **c** 〈家など〉こぢんまりした. **d** 〈体格など〉よく引き締まった. **2** 〈文体など〉引き締まった, 簡潔な. **3** 〈自動車が〉小さくて経済的・機能的な: a ～ car=*n.* 2. **4** 〔…から〕できている〔*of*〕: The lunatic, the lover and the poet are *of* imagination all ～. 狂人と恋人と詩人は想像力からできている (Shak., *Mids N D* 5.1.7–8). **5** 〖数学〗《位相空間が》コンパクトな《幾つかの開集合でおおわれたとき, 必ず, そのうちの有限個でおおわれる》.
— [kəmpǽkt, kɑm- | kəmpǽkt] *vt.* **1** ぎっしり詰める, 密集させる. **2** しっかり結合させる, 堅く組み合わせる; 圧縮する, 固める. **3** [主に p.p. 形で] 構成する (compose). **4** 〖冶金〗〈金属粉などを〉型に入れて固める. — *vi.* ぎっしり詰まる; 固まる, 凝固する.
— [kɑ́mpækt | kɔ́m-] *n.* **1** コンパクト《携帯用おしろい・パフ入れ; 鏡が付いている》: a double ～ 二重コンパクト《おしろいと紅の入ったもの》. **2** コンパクトカー《欧米における大型車に対する小型車の総称; cf. subcompact》. **3** 〖冶金〗成形体《金属粉などを型に入れて固めた物》. **～·ness** *n.*

com·páct·er *n.* =compactor.

com·pact·i·ble [kəmpǽktəbl̩, kɑm-, kɑ́mpækt- | kəmpǽktə-, -tɪ-] *adj.* 固めることのできる: ～ soils.

com·pact·i·fi·ca·tion [kəmpæ̀ktəfɪkéɪʃən, kɑm-, kɑ̀mpækt-, -fə- | kəmpæ̀ktɪfɪ-] *n.* 〖数学〗コンパクト化《位相空間に点をいくつかつけ加えてコンパクトにすること》.

com·pac·tion [kəmpǽkʃən, kɑm- | kəm-] 〖(*a*1398) ◻ L *compactiō(n-)*〗 *n.* **1** ぎっしり詰めること; 詰まった状態; 圧縮. **2** 〖地質〗(堆積物の)凝固.

com·páct·ly *adv.* **1** ぎっしり(詰めて); よく引き締まって. **2** こぢんまりと; 簡潔に (concisely).

com·pác·tor *n.* **1** ぎっしり詰める人[もの]; 固める人[もの]. **2** (苗床・路床などの)突固め機.

com·pa·dre [kəmpɑ́ːdri | -drɪ; *Sp.* kompádre] 〖◻ Sp. ～ 'godfather'〗 *n.* 《米南西部》親友, 相棒.

com·page [kɑ́mpeɪdʒ | kɔ́m-] *n.* =compages.

com·pa·ges [kəmpéɪdʒiːz, kɑ́mpeɪdʒɪz, -dʒəz | kəmpéɪdʒiːz] 〖◻ L ～ 'fastening, framework' ← COM-+ *pag-* (← IE **pak-* to fasten: ⇨ pact)〗 — *n.* (*pl.* ～) (複雑な部分の集まってできた)構造, 複雑な骨組.

com·pag·i·nate [kəmpǽdʒənèɪt | -dʒɪ-] 〖← LL *compāgināt-us* (p.p.) ← *compāgināre* ← L *compāgin-*, *compāgō* a fastening (↑)〗 — *vt.* 《古》〈骨組などを〉結合する. **com·pag·i·na·tion** [kəmpæ̀dʒənéɪʃən | -dʒɪ-] *n.*

com·pand·er [kəmpǽndə | -də(r)] 〖《混成》← COM(PRESSOR)+(EX)PANDER〗 — *n.* 〖電子工学〗コンパンダー, 圧伸器《圧縮器 (compressor) と伸張器 (expander) を組み合わせたもの》.

com·pa·ñe·ro [kɑ̀mpənjé(ə)rou | kɔ̀mpənjέərəu; *Sp.* kòmpaɲéro] 〖◻ Sp. ～ 《廃》*compaña* 'COMPANY'〗 — *n.* (*pl.* ～s [～z; *Sp.* ～s]) 《米南西部》仲間, 友達 (companion).

com·pa·ñí·a [kɑ̀mpəníːə | kɔ̀m-; *Sp.* kòmpaɲía] 〖◻ Sp. ～ 'COMPANY'〗 *Sp. n.* (*pl.* ～s [～z; *Sp.* ～s]) 仲間 (company).

com·pan·ion¹ [kəmpǽnjən] 〖(*c*1300) *compai(g)noun* ◻ OF < VL **compāniō(n-)* company taking meals together (← COM-+L *pānis* bread) 《なぞり》← Gmc **ʒaxlaibaz* (Goth. *gahlaiba*) ← **ʒa-* 'Y-'+ **xlaib-* 'LOAF¹'〗 — *n.* **1 a** 仲間, 相手, 友だち: a ～ at [in] arms 戦友 / a ～ of one's youth 幼友だち / a ～ for life 一生の連れ合い / a ～ in crime 犯罪の相棒 / a ～ of one's misery 不幸[悲しみ]を分つ友 / make a ～ of … を友とする / a boon ～ ⇨ boon² 1 / a first-rate [poor] ～ とても愉快な[つまらない]相手. **b** 旅行で一緒になった人, (旅の)道連れ: traveling ～s 旅の道連れ / my ～ in a railway carriage 列車で一緒になった人. **2** (老婦人などに住込みで雇われる)話し相手, コンパニオン, 付添い. **3** (対の)一方: the ～ *to* a picture 二枚そろいの絵の一方 / ～ portraits 二枚で一そろいの肖像画 / a ～ volume 姉妹編. **4 a** [主に書名に用いて] 手引き (guide), 必携, (…の)友: The Gardener's *Companion* 園芸家の友 / A Teacher's *Companion* to English Grammar 教師用英文法必携. **b** …用の道具一式: a shaving ～ ひげそり用具一式. **5** (英国の, バス勲位などの)最下級勲爵士, 同士騎士《内部に等級のある騎士団・勲爵士団における最下位者》: a *Companion* of (the Order of) the Bath. **6 a** 《廃》やつ (fellow). **b** 悪党, ならずもの (scoundrel). **7** 〖天文〗伴星《二重星 (double star) や連星のうち光度の弱い方の星; companion star ともいう》.
Companions of Honour [the ―] ⇨ ORDER of the Companions of Honour.
— *vt., vi.* (…に)付き添う, 伴う〔*with*〕.

com·pan·ion² [kəmpǽnjən] 〖◻ Du. *kampanje*: cf. It. *camera della compagna* ship's storeroom: COMPANION¹ の影響を受けた〗 — *n.* 〖海事〗 **1** (甲板の)天窓. **2** 甲板昇降口の(木製の)風雨よけ《companion hatch [head] ともいう》. **3** =companionway.

com·pan·ion·a·bil·i·ty [kəmpæ̀njənəbíləṭi | -ləti, -lɪ-] *n.* 親しみやすさ, 人付きのよさ, 気さくなこと.

com·pan·ion·a·ble [kəmpǽnjənəbl̩] *adj.* 友とするによい, 親しみやすい, 人付きのよい, 気さくな. **～·ness** *n.* **com·pán·ion·a·bly** *adv.*

com·pan·ion·ate [kəmpǽnjənət, -nɪt] *adj.* **1** 友人の[に関する, を思わせる], 友愛的な. **2** ぴったりあった, しっくりいった, 調和した: a jacket with ～ trousers.

compánionate márriage *n.* 友愛結婚《法律上の手続きを踏まず出産を制限し合意の上で簡単に別れもする試験的なもの; アメリカの Lindsay 判事が提唱した; cf. trial marriage》.

compánion cèll *n.* 〖植物〗伴細胞, 随伴細胞.

compánion hàtch *n.* 〖海事〗=companion² 2.

compánion hàtchway *n.* 〖海事〗昇降口《甲板上に波よけの覆いがついている階段の入口》.

compánion hèad *n.* 〖海事〗=companion² 2.

compánion làdder *n.* 〖海事〗=companionway; (商船や軍艦の甲板から中下甲板への)昇降口階段.

compánion·less *adj.* 連れ[友人, 仲間, 相手]のない.

compánion pìece *n.* (文学作品の)姉妹編.

compánion sèt *n.* (炉端のスタンドに用意された)暖炉用の道具セット《鉄製または真鍮製の火かき棒・火ばさみ・シャベルなど》.

compánion·shìp *n.* **1** (親密な)交際, 交わり: enjoy the ～ of a person 人と親しく交わる. **2** 《英》〖印刷〗(一人の植字工長の下で働く)植字工仲間.

compánion stàr *n.* 〖天文〗=companion¹ 7.

compánion·wày *n.* 〖⇨ companion²〗 *n.* 〖海事〗甲板昇降口の階段《甲板から下の船室などに通じる》.

com·pa·ny [kʌ́mp(ə)ni | -nɪ] 〖(?*c*1225) *compaignie* ◻ OF ← *compain* companion < VL **compāniam* ← **compāniō(n-)* 'COMPANION¹': ⇨ -y¹〗 — *n.* **1** 交わり, 交際 (companionship, association); 同座, 同席, 同伴 (society): be fond of ～ 交際好きである / bear [keep] a person ～ 人のお付き合いをする; 人と同伴[同行]する / I cannot bear his ～. 彼と一緒にいるのが耐えられない / give a person one's ～ 人と付き合う / in a person's ～ 人と一緒に[同席して] / keep to one's own ～ 独りでいる / keep ～ with … と交わる; (異性)と親しくする / like a person's [one's own] ～ 人と交際する[独りでいる]のが好きだ / Will you favor me with your ～ at dinner? ご一緒に食事をしていただけませんか / *Company* in distress makes sorrow less. 《諺》不幸を共にする人があれば悲しみが薄らぐ. **2** [集合的にも用いて; 通例無冠詞] **a** 仲間, 連れ, 友だち: know a person by the ～ he keeps 付き合う仲間で人がわかる / be addicted to low ～ もっぱら下等な人間と交際する / be in good ～ 皆できない[下手な]のだ(から気にしないでよい) / sin [err] in good ～ 立派な人でも同じ罪[誤り]を犯している(から気にすることはない) / fall into ～ *with* … と仲間[道連れ]になる / get into bad ～ 悪友の仲間に入る / keep good [bad] ～ 良い[悪い]連中と交わっている, 仲間が良い[悪い] / He is good [bad, poor] ～. 彼は付き合って面白い[面白くない] / Two's ～, three's none [trumpery, a crowd]. 《諺》二人はよい連れ, 三人は仲間割れ. **b** 客, 来客: have ～ (present) 来客がある, 来客中である / invite ～ to tea お茶に客を招く / receive ～ 客を迎える, 訪問を受ける, 接待する. **3 a** 人々の集まり, 一座の人人 (the party): among the ～ みんなの中で / go into ～ 人中に出る / in ～ 人中で, 人前で / He is silent in ～. 人前に出るとしゃべらない / cheerful [silent, awkward] in ～ 人中で快活[無口, 不調法]な / see a great deal of ～ 多くの人と交際する, 交際が広い. **b** 一団, 一組, 一行, 一隊 (band, party): a ～ of travelers 旅行団. **c** (俳優の)一座, 劇団: a ～ of players 俳優の一座 / a strolling ～ 旅役者の一座 / a theatrical ～ 劇団 / ⇨ stock company 2. **4 a** 会社, 商会, 商社 (firm) 《縮約形 Co.; ⇨ corporation 2》: a publishing ～ 出版会社 / an insurance ～ 保険会社 / the East India *Company* 東インド会社 / ⇨ joint-stock company, limited company. **b** [集合的] (社名に名の出ない)組合員, 社員. ★ 代表組合員名のあとに and *Company* または and [&] Co. として社名に用いる: John Smith *and Company*=John Smith *and* [&] *Co.* ジョンスミス商会《John Smith と他の社員の会社の意》/ Macmillan & *Co.*=the Macmillan *Company* マクミラン出版会社《前者は英国, 後者は米国の会社名》. **c** (中世の)同業組合, ギルド (trade guild): ⇨ City Company. **5** 〖陸軍〗中隊, 歩兵中隊《陸軍の大部分の兵種における基本的な戦術単位で大尉が指揮する; cf. battery 5 a, battalion 1, troop 6》: receive [get] one's ～ 大尉に昇進する. **6** [通例 a ship's ～ として] 〖海事〗全乗組員.
for company お付き合いに. ***in company with*** … と一緒に, と共同で: *in* ～ *with* a friend. ***part company*** (1) 〔…と〕交わりを絶つ; (途中で)〔…と〕別れる〔*with*〕. (2) 〔…と〕違った[反対の]見解を示す〔*with*〕.
— *vt.* …に付き添う, …と一緒に行く (accompany).
— *vi.* 〔人と〕交わる (consort)〔*with*〕.

cómpany gráde *n.* 〖陸軍〗尉官級, 尉官クラス《少尉・中尉・大尉の位; company rank ともいう; cf. field grade》.

cómpany làw *n.* 《英》会社法 (《米》corporation law).

cómpany màn *n.* [軽蔑的に] 会社にべったりの社員, 会社の「犬」《従業員であって, 内心は仲間に対するよりも会社側についている人》.

cómpany mànners *n. pl.* よそゆきの行儀: on one's ～ 人前の[よそゆきの]作法で, 取りすまして.

cómpany òfficer *n.* 〖米陸軍・海兵隊〗 **1** 尉官《captain, first lieutenant および second lieutenant; cf. field officer》. **2** 中隊付将校.

cómpany sérgeant-májor *n.* 〖軍事〗中隊最先任上級曹長; 《英》中隊付曹長《中隊先任下士官》.

cómpany stóre *n.* 《米》(会社の)売店.

cómpany tòwn *n.* 一企業に依存する都市, 会社町.

cómpany ùnion *n.* 企業内組合, 御用組合《労働組合連合に加入せず, 雇主または会社に支配されていると思われているもの》.

compar. 《略》 comparative; comparison.

com·pa·ra·ble [kɑ́mp(ə)rəbl̩ | kɔ́m-] 〖(1410) ◻ (O)F ～ ◻ L *comparābilis*: ⇨ compare, -able〗 — *adj.* **1 a** 〔…と〕比較できる, 類似点がある〔*with*〕. **b** 〔…に〕比べてもひけを取らない, 匹敵できる〔*to*〕. **2** 比較に適した, 比較用の. **còm·pa·ra·bíl·i·ty** [-rəbíləṭi | -ləti, -lɪ-] *n.* **～·ness** *n.*

cóm·pa·ra·bly [-bli | -blɪ] *adv.* 比較[匹敵]できるほどに; 同等に (cf. incomparably).

com·par·a·tist [kəmpǽrəṭɪst, -pér-, -ṭəst | -pǽrətɪst] 〖◻ F *comparatiste*: ⇨ ↓, -ist〗 *n.* 比較研究家《言語学・文学その他の学問分野で比較研究を適用する人》.

com·par·a·tive [kəmpǽrəṭɪv, -pér- | -pǽrət-] 〖(1434) ◻ L *comparātīv-us* suitable for comparison ← *comparātus* (p.p.) ← *comparāre* 'to COMPARE': ⇨ -ative〗 — *adj.* **1 a** 比較の[に関する, 上の]: the ～ faculty 比較の能力[才能]. **b** 比較による, 比較に基づく, 比較してみての: ～ anatomy 比較解剖学 / ～ linguistics 比較言語学 / a ～ study 比較研究. **2** 他と比較しての, 相対的な, かなりの (relative); ほぼ近い (approximate): live in ～ comfort 比較的[かなり]楽に暮らす / with ～ ease 比較的容易に, かなり楽に.

3 〚文法〛比較級の (cf. positive 15, superlative 3): the ～ degree (形容詞・副詞の)比較級 / a ～ adjective [adverb] 比較級の形容詞[副詞]. ── *n.* 1 [the ～]〚文法〛a 比較級. b 比較級の語(形). 2 《廃》競争相手, ライバル. **～·ness** *n.*

compárative líterature *n.* 比較文学.

com·pár·a·tive·ly 〚《1571》〛 *adv.* 1 比較的に, 割合に, かなり (relatively): ～ well, rich, clever, etc. 2 比較上, 比較してみると: ～ speaking 比較して言えば.

compárative mèthod *n.* 比較方法.

compárative musicólogy *n.* 比較音楽学.

compárative phonétics *n.* 比較音声学《同じ語族に属する二つ(以上)の言語の音声を比較する音声学の一部門; cf. contrastive phonetics》.

compárative psychólogy *n.* 比較心理学.

compárative relígion *n.* 比較宗教学.

com·par·a·tiv·ist [kəmpǽrəṭɪvɪst, -pér-, -ṭə-, -vəst | -tɪvɪst] *n.* ＝comparatist.

com·par·a·tor [kəmpǽrəṭə, kámpərèɪṭə | kɔ́mpərèɪtə(r)] 〚□ LL *comparātor*〛 ── *n.* 1 〚機械〛コンパレーター, 比較測定器《長さ・距離・色彩などを比較する各種の精密測定機械》. 2 〚電子工学〛比較器《電気信号の大小を比較する装置》.

com·pare [kəmpέə | -pέə(r)] 〚《1402》□ (O)F *comparer* □ L *comparāre* ← *compar* like, similar ← COM-+*par* equal: cf. par¹, peer²〛 ── *vt.* 1 (類似・相違を示し相対的価値を知るために)〔…と〕比較する, 対照する, 比べる〔*with, to*〕: ～ the two cases その二つの場合を比較してみる / ～ his book *with* [*to*] hers 彼の本を彼女の本と比べる / ～*d with* [*to*] …と比較して, …に比較すれば / His drama is not to be ～*d with* Shakespeare's. 彼の劇はシェークスピアとは比べものにならない[シェークスピアよりはるかに劣る]. 2 (類似を示すために)〔…に〕なぞらえる, たとえる (liken)〔*to*〕: ～ sleep *to* death 眠りを死にたとえる / Life is often ～*d to* a voyage. 人生はよく船旅にたとえられる. 3 〚文法〛〈形容詞・副詞〉の比較変化を示す, 比較級と最上級を挙げる. ── *vi.* 1 [通例否定・疑問構文で]〔…に〕匹敵する, 比肩する, 並ぶ〔*with*〕: His skill cannot ～ *with* mine. 彼の技術は私とは比較にならない, 彼の技術は私よりはるかに劣る. 2 比較する. 3 〔…と〕同程度である, 似ている〔*with*〕: His result this year ～*s with* that last year. 今年の彼の成績は昨年と同程度だ. 4 [favorably, poorly などを伴って]〔…と〕比較して…だ〔*with*〕: The production in Japan ～*s favorably* [*poorly*] *with* that in America. 日本の生産はアメリカの生産に比べて優る[劣る].
── *n.* 《文語》比較 (comparison): He is a fool *in* ～ *with* [*to*] his friends. 友人に比べて頭が鈍い.
beyond* [*past, without*] *compare 何物も比較にならないほど, 比類のない, 無双の.

com·par·i·son [kəmpǽrəsn̩, -pér- | -pǽrɪ-] 〚《1340》□ (O)F *comparaison* < L *comparātiō(n-)* ← *comparāre* (↑)〛 ── *n.* 1 比較, 対照〔*with, to*〕: on careful ～ 入念に比較してみて[みると] / by ～ 比べると, 比較して / bear [stand] ～ *with* …と比べられる, …に匹敵する / make a ～ *with* …との比較をする / in ～ *with* …と比較すると / *Comparisons* are odious. 《諺》人(の事)を比較するものではない. 2 匹敵(するもの), 類似 (similarity): without ～ 匹敵するものがなく, 並ぶものがなく / There is no ～ between A and B. A と B とは(段違いで)比較にならない[一方が断然すぐれている]; 《まれ》両者は全く似ていない. 3 たとえる[なぞらえる]こと〔*to*〕: the ～ of life to a voyage 人生を航海にたとえること. 4 〚文法〛(形容詞・副詞の)比較(変化). 5 〚修辞〛比喩 (cf. simile, metaphor).
beyond* [*without, out of all*] *comparison 非常に違った, 比類ない; たとえようもない[なく].

compárison làmp *n.* 〚光学〛比較灯《測光において, 二つの光の強度比などを測定する時, 比較に用いる光度一定の電球》.

compárison mìcroscope *n.* 〚光学〛比較顕微鏡《2 個の対物レンズの一方に標準となるべき物体を他方に被測定物をおいて, 一個の接眼レンズを通し, 両者を同時に見ながら測定する顕微鏡》.

compárison shòpper *n.* 〚商業〛比較試買員, 同業者偵察員《他店を回って商品の価格・型・質を比較する商店の従業員; cf. shopper 3》.

compárison stàr *n.* 〚天文〛比較星《天体の位置・光度などの測定の基準として用いられる星》.

compárison tèst *n.* 〚数学〛比較判定法《あたえられた無限級数の各項を既知の無限級数の各項と比較して, 収束・発散を調べる方法》.

com·par·sa [kəmpáəsə | -páː-] 〚□ Am.-Sp. ～ □ Sp.〛 ── *n.* 1 〚ダンス〛コンパルサ《キューバの黒人から生まれた歌付きの民俗舞踊》. 2 キューバのカーニバル行列の仮面街頭舞踊家連中.

com·part [kəmpáət | -páːt] 〚□ It. *compartire* < LL *compartīrī* ← COM-+L *partīrī* to share, divide (← *part-, pars* 'PART')〛 ── *vt.* 1 区画する, 仕切る (partition). 2 〚建築〛〈建物の平面計画を〉調和を考えて区画する.

com·par·ti·men·to [kəmpɑ̀əṭəméntou | -pàːtɪméntəu; *It.* kompartiménto] 〚□ It ～ (↓)〛 ── *It. n.* (*pl.* **-men·ti** [-tiː; *It.* -ti]) (イタリアの)行政区画《全イタリアを 18 に分けている》.

com·part·ment [kəmpáətmənt | -páːt-] 〚《1564–78》□ F *compartiment* □ It. *compartimento* ← *compartire*: ⇨ compart, -ment〛 ── *n.* 1 a (仕切った)区画, 区分; 区画された部分. b (列車などの)仕切った車室, 仕切客室, コンパートメント《英国・ヨーロッパの多くの列車では, 3-5 人分の座席二つが向かい合って, ドアによって通廊 (corridor) に出る; 米国の列車では, 寝台車のトイレ・寝台付きの個室》. c (船の)区画室, 隔室: ⇨ watertight compartment. 2 《英》〚議会〛(法案通過のため, 時間制限付きで個別に審議する)特殊協議方式. 3 〚紋章〛(大紋章の)台座 (⇨ heraldry 挿絵 A). 4 〚建築〛大きな面や空間を小部分に分割すること: a ～ ceiling 格天井. ── *vt.* 区画に分ける, 区画する, 区分する.

com·part·men·tal [kəmpɑ̀ətméntl̩, kɑ̀mpaət- | kɔ̀mpɑːtméntl̩] *adj.* 区画の, 区画[区分]された. **～·ly** *adv.*

com·part·men·tal·i·za·tion [kəmpɑ̀ətmèntəlɪzéɪʃən, kɑ̀mpaət-, -ṭl̩- | kɔ̀mpɑːtmèntəlaɪ-, -lɪ-, -tl̩-] *n.*

com·part·men·tal·ize [kəmpɑ̀ətméntəlàɪz, kɑ̀mpaət-, -ṭl̩- | kɔ̀mpɑːtméntəl-, -tl̩-] *vt.* ＝compartment.

com·part·men·ta·tion [kəmpɑ̀ətmentéɪʃən, -men- | -pɑ̀ːt-] *n.* 区画化, 区分化.

com·pass [kʌ́mpəs, kɑ́m- | kʌ́m-] 〚《c1300》□ (O)F *compas* ← *compasser* to go round, measure < VL **compassāre*《原義》to measure by steps ← COM-+L *passus* 'step, PACE¹'〛 ── *n.* 1 回り, 周囲 (circuit, circumference). 2 a 囲まれた場所[空間]. b (知覚・認識・興味・処理などの)範囲, 限界 (reach, range): beyond the ～ of imagination 想像の及ぶ範囲外 / a feat beyond [within] my ～ 私にできない[できる]業 / in small ～ 小範囲に; 緊密に, 簡潔に / within the ～ of a lifetime 一生のうちに. c (声・楽器の)音域, 声域: a voice of great ～ 音域の広い声. 3 a 曲線, 曲線コース: the ～ of an arrow. b 《古》巡回, 周期; 回り道 (detour): fetch [go] a ～ 回って行く, 回り道をする / a ～ of seven day's journey 七日間の回り道の旅 (cf. *2 Kings* 3:9) / the ～ of a month 一月の周期. 4 適度の範囲; 適度 (moderation): within [out of] ～ 適度[過度]に / keep one's desires within ～ 欲望を控え目にしておく[適度に保つ] / speak within ～ 控え目に言う. 5 羅針儀, 羅針盤, コンパス, 磁石: ⇨ mariner's compass, POINTS of the compass / follow [go by] the ～ 羅針儀に従って進む / ⇨ radio compass. 6 [通例 *pl.*] コンパス, 両脚規: a pair of ～*es* コンパス一丁 / ⇨ beam compass, bow compass. 7 〚天文〛 a [the C-] らしんばん(羅針盤)座 (⇨ Pyxis). b [the Compasses] コンパス座 (⇨ Circinus).
box the compass (1) 〚海事〛羅針儀の示す 32 の方位の名称を順々にそらで唱え上げ(て元まで戻)る. (2) 〈意見・方針が〉完全に一回りして結局出発点に戻る, 堂々巡りする. ***come compass*** 〚アーチェリー〛〈弓が〉弧状に曲がる.
── *attrib. adj.* 曲がった, 弧になった: ⇨ compass timber, compass window.
── *vt.* 1 a 回って行く, 巡る: ～ the earth 地球を一周する. b 取り巻く, 囲む, 巡らす〈*about,* (*a*)*round*〉: a park ～*ed* by a wall 塀に囲まれた公園 / The crowd ～*ed* him *around*. 群衆が彼を取り囲んだ. 2 a 手に入れる, 獲得する. b 〈目的を〉達する, 遂げる: ～ one's purpose. 3 (十分に)理解する: He could not ～ the argument. その議論を理解できなかった. 4 たくらむ, 企てる, 計画する: ～ the death of a person.

com·pass·a·ble [kʌ́mpəsəbl̩, kɑ́m- | kʌ́m-] *adj.* 1 囲む[巡る]ことのできる. 2 成就[達成]できる (attainable). 3 理解できる (comprehensible).

cómpass bèaring *n.* 〚海事・航空〛コンパス方位.

cómpass bòwl *n.* 〚海事・航空〛羅盆《磁針・コンパスカードなどを入れる丸い鉢》.

cómpass càrd *n.* 〚海事〛コンパスカード, 羅牌(らはい), 指針面.

cómpass còurse *n.* 〚海事・航空〛コンパスコース, 羅針路《コンパスによる針路で, 偏差と自差の両誤差を含む》.

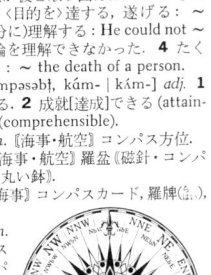

cómpass deviàtion *n.* 〚海事〛コンパスの自差《船体・積荷の鉄器の影響などによる磁気コンパスの誤差; 単に deviation ともいう》.

compass card

cómpass deviátion càrd *n.* 〚海事・航空〛コンパス自差カード《その船の各針路に対する自差を加減して, 磁針路 (magnetic course) と羅針路 (compass course) との換算が容易にできるように作ったカード》.

cómpass èrror *n.* 〚海事・航空〛コンパス違差《自差 (deviation) と偏差 (variation) の和, すなわち真方位とコンパス方位の示す差》.

cómpass hèading *n.* 1 〚航空〛飛行方位をコンパスの北を基準にして計ること. 2 〚海事〛船首方位をコンパスの方位でいうこと.

com·pas·sion [kəmpǽʃən] 〚《1340》□ (O)F ～ □ eccl.L *compassiō(n-)* ← *compassus* (p.p.) ← *compatī* to suffer with ← COM-+L *patī* to suffer (⇨ passion)〛 ── *n.* (人の不幸・苦悩に対する)哀れみ, 思いやり, 同情 (sympathy): have [take] ～ on [upon] … に同情を寄せる / with ～ 同情して. ── *vt.* 《古》＝compassionate.

com·pas·sion·ate 〚《1587》: ⇨ ↑, -ate²,³〛 ── [kəmpǽʃ(ə)nət, -nɪt] *adj.* 1 哀れみ深い, 情け深い, 同情ある (sympathetic). 2 《英》〈手当・休暇など〉(個人的不幸の理由で)情状を考慮して与えられる, 普通法規上ではできない, 特別の: a ～ allowance 特別手当, 救助金, 遺族扶助料 / ～ leave 賜暇, 恩情休暇. 3 《廃》哀れな (pitiable). ── [-ʃənèɪt] *vt.* 《古》哀れむ, 不憫(ふびん)に思う, 同情する. **～·ly** *adv.* **～·ness** *n.*

compássion·less *adj.* 同情のない, 冷酷な.

cómpass nórth *n.* 〚海事・航空〛羅北, コンパスノース《コンパスが示す北で, 真北との間には自差 (deviation) と偏差 (variation) の和だけの差がある; また磁北との間には自差の量だけの差がある》.

cómpass plàne *n.* 〚木工〛＝circular plane.

cómpass plànt *n.* 〚植物〛コンパス植物, 磁石草《葉が最も強い光に直角に出る傾向をもつ植物の総称》: a キク科ツキヌキオグルマ属の植物 (*Silphium laciniatum*). b チシャ, レタス (lettuce).

cómpass ròse *n.* 〚海事〛コンパス面図《普通は海図上にコンパスカードの面の模様が磁針方位と真方位との関係を示して描かれている図; 単に rose ともいう》.

cómpass sàw *n.* 〚木工〛回しのこ, 挽回(ひきまわ)しのこ《曲線状に切る手挽き鋸(のこ); cf. pad saw》.

cómpass tìmber *n.* 〚造船〛彎(わん)材, 彎曲材《木目が自然または人工的に曲がった木材》.

cómpass wìndow *n.* 〚建築〛(半円形の)張出し窓 (bow window).

com·pat·i·bil·i·ty [kəmpæ̀ṭəbíləṭi | -təbílətɪ, -tɪ-, -lɪ-] 〚□ F *compatibilité*〛 ── *n.* 1 適合[一致]性; 両立できること, 両立性 (congruity): a ～ of tempers 相性. 2 〚テレビ・ラジオ〛両立性 (⇨ compatible 2). 3 〚化学〛融和性, 相溶性; 混和性. 4 〚植物〛異花受精. 5 〚生物〛適合性.

com·pat·i·ble [kəmpǽṭəbl̩ | -tə-, -tɪ-] 〚《1459》□ (O)F ～ □ ML *compatibilis* ← LL *compatī* to suffer with: ⇨ compassion, -ible〛 ── *adj.* 1 a (不調和・不一致にならないで)両立する, 両立できる, 互いに相いれる, 矛盾のない (congruous, consistent)〔*with*〕: His action is ～ *with* his character. 彼の行動は性格と合っている. b (互いに)協調的な,「相性」の〔*with*〕. 2 両立式の: a 〚テレビ〛〈カラー放送が〉モノクロ受像機に白黒画像として受けられる方式の: ⇨ compatible color [system]. b 〚ラジオ〛〈ステレオ放送が〉普通の受信機ではモノラル放送として受信できる. 3 〚化学〛〈薬剤が〉融和性の, 相溶性の. 4 〚植物〛異花受精の (cf. cross-fertilization 2). 5 〚生物〛〈血液・器官など〉適合性の, 拒絶反応を起こさない. **～·ness** *n.*

compátible cólor [**sỳstem**] *n.* 〚テレビ〛両立式カラーテレビ《カラー放送を普通のモノクロ受像機に白黒画像で受像できる方式; cf. incompatible color》.

com·pát·i·bly [-blɪ | -blɪ] *adv.* 両立できるように, 矛盾しないで, 適合[一致]して.

com·pa·tri·ot [kəmpéɪtriət, kɑm-, -triɑ̀t | kəmpǽtrɪət, kɔm-, -péɪt-] 〚《1611》□ F *compatriote* □ LL *compatriōta*: ⇨ com-, patriot〛 ── *n.* 1 同国人, 同胞. 2 仲間, 同僚 (colleague).

com·pa·tri·ot·ic [kəmpèɪtriɑ́ṭɪk, kɑm- | kəmpæ̀trɪɔ́t-, kɔm-, -pèɪt-] *adj.* 同国人の, 同国人たる, 同胞的な: a ～ friend.

com·pa·tri·ot·ism [kəmpéɪtriətɪ̀zm̩ | kəmpǽtrɪə-, kɔm-, -péɪt-] *n.* 同国人であること, 同国人の親しみ.

compd. 《略》compound.

com·peer [kɑ́mpɪə, kɑmpíə, kəm- | kɔmpíə(r, ―́―] 〚《a1375》□ OF *comper* equal to another < L *compār*: ⇨ com-, peer²〛 ── *n.* 1 (地位・年齢などの)同等の人, 同輩; 同僚. 2 親友, 仲間 (comrade). ── *vt.* 《廃》…と対等である, …に匹敵する (match): ～ the best.

com·pel [kəmpél] 〚《?c1350》□ OF *compell-er* □ L *compellere* ← COM-+*pellere* to push〛 ── *v.* (**com·pelled; -pel·ling**) ── *vt.* 1 a 〈人・もの〉に強いて[無理に]〈…するように〉させる〈*to do*〉: ～ a person *to* do as one wishes 人に強いて自分の望み通りにさせる / be ～*led to* go 仕方なく[やむを得ず]行く / Poverty ～*led* him *to* give up his studies. 貧乏で彼は研究をやめなければならなかった / I was ～*led to* leave the place. どうしてもその場所を去らねばならなかった. b 〈人・ものを〉強いて〈ある行動を〉とらせる〈*to*〉: ～ a person *to* submission 人を従属させる / I was ～*led* to a reluctant admission. 不本意ながら認めざるを得なかった. 2 〈服従・沈黙・賞賛などを〉(力ずくで)強いる, 迫る, 強要する: ～ attention [applause] 注目[賞賛]しないではいられない(ようにする) / ～ tears from one's audience 聴衆[観客]に涙を絞らせる / No one can ～ obedience. だれも人に服従を強いることはできない. 3 《詩・古》駆り立てる (drive); 駆り集める (drive together). ── *vi.* 1 暴力を用いる. 2 影響力をもつ. **～·ler** *n.*

com·pel·la·ble [kəmpéləbl̩] *adj.* 強いることのできる, 強制可能の.

com·pel·la·tion [kɑ̀mpəléɪʃən, -pe- | kɔ̀m-] 〚□ L *compellātiō(n-)* ← *compellāre* to accost (cf. L *appellāre* to call)〛 ── *n.* 1 a 呼び掛け(ること). b 呼び掛けの言葉. 2 呼称, 名称, 敬称 (appellation).

com·pél·ling [-lɪŋ] *adj.* 1 やむにやまれない, 抑え難い, 強制的な (irresistible): ～ force 無理やりに引きずって行く力 / ～ ambition 抑え難い野心. 2 注目[賞賛]しないでいられないような, いやおうなしに引きつける: a ～ novel 人の注意を引きつけるような小

説 / a ～ gaze 無視できない凝視 / a ～ smile 思わずつり込まれる微笑. **～·ly** *adv.*

com·pend [kάmpend|kɔ́m-] 〘▭ML *compend-ium*〙 *n.* ＝compendium 1.

compendia *n.* compendium の複数形.

com·pen·di·ous [kəmpéndiəs|-dɪəs, -djəs] 〘(*c*1395) ▭L *compendiōs-us* abridged ← *compendium*: ⇨↓, -ous〙 ― *adj.* 簡単で要領を得た, 簡明な, 簡潔な (succinct). **～·ly** *adv.* **～·ness** *n.*

com·pen·di·um [kəmpéndiəm | -dɪəm, -djəm] 〘(1581) ▭ML ～ ← L 'a saving, shortening' ← *compendere* to weigh ← COM- + *pendere* to weigh (⇨ pendant)〙 ― *n.* (*pl.* **～s, -di·a** [-diə | -dɪə, -djə]) **1 a** 大要, 摘要 (epitome), 要約 (summary). **b** (簡単だが包含的な)解説, 概説, 概論. **c** 一覧表, 明細目録. **2** 《古》節約, 経済 (economy). **3** (卓上ゲームなどの)詰め合わせ.

com·pen·sa·ble [kəmpénsəbl̩] 〘▭F ～: ⇨↓, -able〙 *adj.* 補償できる, 埋合わせできる. **com·pèn·sa·bíl·i·ty** [-səbíləṭi | -bílətɪ, -lɪ-] *n.*

com·pen·sate [kάmpənsèɪt, -pen-|kɔ́mpen-, -pən-] 〘(1646) ← L *compensāt-us* (p.p.) ← *compensāre* to counterbalance ← *compensus* (p.p.) ← *compendere* to weigh: ⇨ compendium〙 ― *vt.* **1** 償う, 補償[賠償]する; 埋合わせする, 相殺(㊀)する: ～ a loss, an injury, etc. / ～ a person *for* damage, loss of time, etc. **2** 《米》…に報酬[給料]を払う: ～ public officers 公務員に俸給を払う / be ～*d for* one's services 奉仕に対して報酬を受ける. **3** 《米》〘経済〙(物価の変動に対し金含有量を調整して)〈貨幣〉の購買力を安定させる. **4** 〘物理〙補整[補正]する: a ～*d* pendulum＝compensation pendulum. **5** 〘心理〙補償する. ― *vi.* **1 a** 〈行為・事情などが〉〔損失などを〕償う, 補う, 〔…の〕埋合わせをする〔*for*〕: What can ～ *for* the loss of a child? 何が子供の死を償い得ようか. **b** 〔人に〕償う, 補償する〔*to*〕: ～ *to* a person *with* money. **2** 〘心理〙代償[補償]作用をする.

cóm·pen·sàt·ing [-ṭɪŋ | -tɪŋ] *adj.* **1** 補整[補正]する. **2** 補償の, 相殺(㊀)の, 埋合わせの. **～·ly** *adv.*

cómpensating bàlance *n.* 〘時計〙＝compensation balance.

cómpensating capàcitor *n.* 〘電気〙＝balancing capacitor.

cómpensating condènser *n.* 〘電気〙＝balancing capacitor.

cómpensating érrors *n. pl.* 〘測量〙消合い誤差《偶然誤差のこと》.

cómpensating gèar *n.* 〘機械〙＝differential gear.

cómpensating wind·ing [-wàɪndɪŋ] *n.* 〘電気〙補償巻線《直流電動機で電機子反作用を打ち消すために固定子側に特に設けられた巻線》.

com·pen·sa·tion [kὰmpənséɪʃən, -pen- | kɔ̀mpen-, -pən-] 〘(*a*1387) ▭L *compensātiō(n-)*: ⇨ compensate, -ation〙 ― *n.* **1** 償い, 補償, 代償, 埋合わせ, 相殺(㊀): in ～ for …の償いとして; …の報酬として / make ～ for …に対して補償する, …の埋合わせをする. **2** 補償金, 賠償 (recompense): a ～ for damage 損害賠償 / a ～ for removal 立退料 / ⇨ unemployment compensation. **3** 《米》報酬 (remuneration), 給料, 俸給 (salary). **4** 〘物理〙補整, 補正, 補償. **5** 〘造船〙補強. **6** 〘心理〙代償[補償]作用《劣等感をもつ者がその償いをして権力意志を達成しようとする心理過程》. **7** 〘生物〙代償作用《体内に欠陥がある場合, 他の部分または器官の特別な発達によってそれを補足する作用》. **～·al** [-ʃənl̩, -ʃnəl] *adj.*

compensátion bàlance *n.* 〘時計〙補正てんぷ《気温の変化があっても周期が変わらないように補正されたてんぷ; split balance, cut balance ともいう》.

compensátion pèndulum *n.* 〘時計〙補正振り子《気温の変化があっても周期が変わらないように補正された振り子》.

compensátion pòint *n.* 〘植物〙補償点《植物のガス交換において, CO_2 と O_2 との排出と吸収が等しい光の強さ》.

com·pen·sa·tive [kάmpənsèɪṭɪv, -pen-, kəmpénsəṭ-, kəm- | kəmpénsət-, kɔ́mpensèɪt-, -pən-] *adj.* ＝compensatory.

cóm·pen·sà·tor [-ṭə | -tə(r] *n.* **1** 〘法律〙補償[賠償]者. **2** 〘機械〙伸縮調正器; 補正器[板]. **3** 〘電気〙補償器《信号の歪や伝達特性の望ましくない性質を望ましい姿にするために加える回路など》. **4** 〘光学〙補償板[子]《物質によって変化した光の位相差や偏光状態を基準状態に戻すために用いる光学素子》.

com·pen·sa·to·ry [kəmpénsətɔ̀ːri, kəm-, -tɔ̀ːri | kəmpénsət(ə)rɪ, kɔ̀mpensèɪt(ə)rɪ, -pən-, ⏤⏤(⏤)⏤] *adj.* 償いの, 補いの, 補償の, 代償的な: ～ payment 賠償, 補償.

compénsatory dámages *n. pl.* 〘法律〙補償的損害賠償額 (cf. punitive damages, nominal damages).

compénsatory léngthening *n.* 〘音声〙代償延長《ある音の消失の埋合わせに母音または子音を長くすること; 例えば OE niht (ModE night) における [niːt]<[niçt]》.

com·pere [kάmpɛə | kɔ́mpɛə(r] 〘▭F *compère* 《原義》 godfather < ML *compater*: ⇨ compeer〙 (*also* **com·père** [～]) ― *n.* 《英》(キャバレーまたはラジオ・テレビ放送演芸の)司会者. ― *vt.* 《英》…の司会をする. ― *vi.* 司会者をつとめる.

com·pete [kəmpíːt] 〘(1620) ▭L *compet-ere* to strive together for ← COM- + *petere* to go, seek (⇨ petition)〙 ― *vi.* **1** 競争する, 張り合う, 競う〔*with, against*〕: ～ *with* another for a prize [position] 人と賞[地位]を競う / ～ *against* other teams 他のチームと競う / ～ *with* a person in chess [doing chess] チェスで勝負を争う. **2** (適合性・価値において)対抗する; 比肩する〔*with*〕: There is no book that can ～ *with* this. この本に対抗[比肩]する本はない.

com·pe·tence [kάmpəṭəns, -tns | kɔ́mpɪtəns, -pə-, -tns] 〘(1594) ▭F *compétence* ▭L *competentia* agreement ← *competere*: ⇨↑, -ence〙 ― *n.* **1** 能力, 力量; (適任者の)資格, 適性 (qualification): one's ～ *to do* it / one's ～ *for* a task [*as* a teacher] 仕事に対する能力[教師としての資格]. **2** 生活に不自由しない程度の資産: acquire [amass] a ～ 相当の財産を得る / enjoy [have] a modest ～ ちょっとした資産をもっている. **3** 《廃》十分, 十分な量 (sufficiency). **4** 〘法律〙(官庁・裁判所などの)権限, 権能, 管轄(権) (jurisdiction); (行為などの)合法性, 法的適格性: exceed one's ～ 権限を越える, 越権する. **5** 〘生物〙(外部の変化に応じる胚胞細胞の)反応力[性]. **6** 〘言語〙言語能力《母国語を話し理解する能力; cf. performance 6》.

cóm·pe·ten·cy [-ṭənsi | -sɪ] *n.* ＝competence.

com·pe·tent [kάmpəṭənt, -tn̩t | kɔ́mpɪtənt, -pə-, -tn̩t] 〘(*a*1398) ▭(O)F *compétent* ▭L *competentem* (pres.p.) ← *competere*: ⇨ compete, -ent〙 ― *adj.* **1** 十分の資格のある, 有能な (capable): a ～ teacher, player, etc. / a ～ liar うそのうまい人 / He is ～ *to* teach [*for* teaching]. 彼は十分教える資格がある. **2** 要求にかなう, 十分な, 相当な: a ～ income / a ～ knowledge of English 相当な英語の知識. **3** (能力・出来具合が)一応水準に達した, ほどほどの. **4 a** 〈裁判官・法廷など〉正当な権限をもつ, 管轄権のある; 〈証人など〉法定資格のある, 法的適格性のある: the ～ authorities [court] 主務官庁[管轄裁判所] / the ～ minister 主務大臣. **b** 〈人の行為が〉正当な, 合法的な (permissible): It is perfectly ～ for me to refuse. 私が拒絶することは全く正当である. **5** 〘地学〙〈地層が〉強靭な《横圧力を受けて褶曲や衝上断層を生じる時に, 自らが背斜を作るだけでなく, 上の地層の重さに耐えてそれらを押し上げ, また横圧力を衝上運動に伝えたりできるだけの強さをもつ》. **6** 〘生物〙反応力[性]をもつ. **7** 〘医学〙受容能力のある. **～·ly** *adv.*

com·pe·ti·tion [kὰmpətíʃən|kɔ̀mpɪ-, -pə-] 〘(1605) ▭LL *competitiō(n-)* rivalry ← L ← *competere*: ⇨ compete, -tion〙 ― *n.* **1** 競争, 争い, 奪い合い, 張合い (rivalry): a ～ with others for a prize 賞品の奪い合い / a great ～ for public favor 人気取りの大せり合い / in ～ with …と競争して / put a person into ～ with others 人を他と競争させる. **2** 競争試験; 試合, コンテスト: a boxing [chess] ～. **3** [集合的にも用いて] 競争相手, 競争者. **4** 〘社会学〙競争《互いに相手を損傷することなく, 限られた同じ目的をかち得ようとするもの同士の社会的対抗関係》. **5** 〘経済〙(市場における)競争. **6** 〘生態〙競争.

com·pet·i·tive [kəmpéṭəṭɪv | -tɪt-, -tət-] 〘(1829)〙 ― *adj.* **1 a** 競争の: a ～ examination 競争試験 / a ～ exhibition 共進会 / ～ sports 競技. **b** 競争を好む, 競争的な: ～ spirit 競争心. **2** 〈価格・製品など〉競争による; 他(社)に負けない: a ～ price 競争値段. **3** 〘化学〙競合的な: ～ reaction 競合反応. **～·ly** *adv.* **～·ness** *n.*

com·pet·i·tor [kəmpéṭəṭə, -tə̀ | -tɪtə(r, -tə-] 〘(1534) ▭F *compétiteur* ∥ L *competitor*〙 ― *n.* **1 a** 競争者, 競争相手 (rival): ～*s* in a race 競争参加者. **b** 商売がたき. **2** 〘生物〙競争者《互いに競争関係にある生物の一方に対して他方をいう》.

com·pet·i·to·ry [kəmpéṭətɔ̀ːri, -tɔ̀ːri | -tɪtərɪ, -tətə-] *adj.* ＝competitive.

Com·piègne [kɔ̃ː(m)pjéɪn, kɔ(ː)m-; *F.* kɔ̃pjɛɲ] *n.* コンピエーニュ《フランス北部 Oise 川に臨む都市; 人口 29,000; 1430 年 Joan of Arc が捕えられた地; 1918 年に連合国とドイツとが, 1940 年にフランスとドイツとが, この付近で休戦条約を結んだ》.

com·pi·la·tion [kὰmpɪléɪʃən, -pə-, -paɪ- | kɔ̀mpɪ-, -paɪ-] 〘(?*a*1439) ▭(O)F ～ ▭L *compilātiō(n-)* a pillaging, plundering ← *compilāre*: ⇨↓, -ation〙 ― *n.* **1** (資料などの)編纂, 編集, 収集: the ～ of an index to a book 書物の索引作成. **2** 編纂物, 編集物《dictionary, anthology, guidebook など》. **3** 蓄積されたもの (accretion). **com·pi·la·to·ry** [kəmpáɪlətɔ̀ːri, -tɔ̀ːri, kɔ́mpɪlə-, -pə- | kəmpáɪlətərɪ] *adj.*

com·pile [kəmpáɪl] 〘(?1325) ▭(O)F *compil-er* ▭L *compilāre* to plunder, plagiarize: ⇨ com-, pile[1]〙 ― *vt.* **1** 〈資料を〉(編集を目的に)収集する; (資料をまとめて)編纂する, 編集する: ～ materials from various sources / ～ materials into a book 資料をまとめて本にする. **2 a** 蓄積する; 列挙する (enumerate). **b** いっしょにする, 寄せ集める. **3** 《英》〘クリケット〙得点する (score); 〈高得点を〉重ねる. **4** 〘電算機〙〈プログラムを〉別のコード[機械語]に翻訳する, コンパイルする (cf. assemble 3).

com·pil·er [-lə | -lə(r] 〘(*a*1338) ▭AF *compilour* ＝ OF *compiteor* ▭LL *compilātor*〙 ― *n.* **1** (辞書・名簿・案内書などの)編纂者. **2** 〘電算機〙コンパイラー《FORTRAN, COBOL のような高レベル言語で書かれたプログラムを機械語に翻訳するプログラム; cf. assembler 3》.

compíler lànguage *n.* 〘電算機〙コンパイラー言語《ALGOL, COBOL, FORTRAN などの人間に親しみやすい表現でプログラムを書く言語; cf. assembly language, computer language》.

com·pil·ing routìne [-lɪŋ-] *n.* ＝compiler 2.

compl. 《略》complement; complementary; complete; completed.

com·pla·cence [kəmpléɪsn̩s] 〘(1436) ▭ML *complacentia*: ⇨ complacent, -ence〙 ― *n.* **1 a** 自己満足(の念) (self-satisfaction). **b** 不安のないこと, 安心. **2** 《廃》**a** ＝complaisance. **b** 喜び, 満足.

com·pla·cen·cy [kəmpléɪsn̩si | -sɪ] *n.* **1** 満足, 充足 (satisfaction); 自己満足, ひとりよがり. **2** 満足感を与えるもの, 充足させてくれるもの.

com·pla·cent [kəmpléɪsn̩t] 〘(1660) ▭L *complacent-em* (pres.p.) ← *complacēre* to please greatly ← COM- (強意)＋*placēre* 'to PLEASE'〙 ― *adj.* **1 a** 満足しきった; 満足そうな, (満足で)楽しそうな, ひとりよがりの, 自己満足した (self-satisfied): a ～ smile. **b** 気にしない (unconcerned): He is ～ *about* poverty. 貧乏を気にしない. **2** ＝complaisant.

com·plá·cent·ly *adv.* (ひとり)満足して, 満足そうに, 悦に入って.

com·plain [kəmpléɪn] 〘(*c*1385) ▭(O)F *complaign-* (pres. stem) ← *complaindre* < VL **complangere* to bewail ← COM- (強意)＋L *plangere* to beat the breast (⇨ plaint)〙 ― *vi.* **1** (反抗・脅迫ではなく同情を期待するかのように)不満[不平]を言う, 泣き言を言う, 愚痴をこぼす, ぶつぶつ言う〔*of, about*〕: ～ to heaven ひどく不平を言う / ～ *of* ill-treatment 虐待だと(不平を)言う / ～ *about* high prices 物価の高いのをこぼす / have something to ～ *of* 何か不満がある / How are things?—I can't ～. どうだい—まあまあです. **2** 正式に不平を訴える[苦情を言う]〔*of*〕: ～ to the authority *of* an offense 犯罪を当局に訴える. **3** 病苦[苦痛]を訴える〔*of*〕: ～ *of* a headache 頭痛を訴える, 頭痛がすると言う. **4** 《詩・文語》〈小川・風などが〉さびしい音を立てる; 〈車などが〉きしる (creak). **5** 《廃》嘆き悲しむ (lament). ― *vt.* **1** 不平[不満]をもって言う; 文句を言う 〈*that*〉: He ～*ed* to me *that* he was ill-treated. 彼は虐待されたと私に訴えた. **2** 《廃》嘆き悲しむ (lament).

com·plain·ant [kəmpléɪnənt] 〘(1415)〙 ― *n.* **1** 〘法律〙訴願人, 告訴人, 原告 (plaintiff)《元来はエクイティー上の訴訟について用いられた》. **2** 《古》不平を言う[鳴らす]人, 苦情を言う人.

com·pláin·er *n.* **1** 不平[苦情]を言う人, 不平家. **2** 《スコット》〘法律〙＝complainant 1.

com·pláin·ing·ly *adv.* 不平を[ぶつぶつ]言って, 不服そうに.

com·plaint [kəmpléɪnt] 〘(*c*1380) ▭(O)F *complainte* ← (fem. p.p.) ← *complaindre* 'to COMPLAIN'〙 ― *n.* **1** 不平, 不服, 苦情, 泣き言, 愚痴: have no ～ to make 何も不平を言うべきことがない / make a ～ *about* something [*against* a person] 何かのことで[人に対して]苦情を訴える[不平を言う] / do without a ～ 不平も言わずにする / He was full of ～*s about* his food. 食べ物のことで不平たらたらだった. **2 a** 不平[苦情]の種 (grievance): That was the ～ of all. それは皆の不平[苦情]の種であった. **b** 病気: have a ～ in one's stomach 胃が悪い / suffer from [have] a heart ～ 心臓をわずらう, 心臓が悪い / one's old ～ 持病. **c** 〘医学〙病訴, 愁訴: ⇨ chief complaint. **3** 〘法律〙**a** (治安判事に対する, 民事の)申立て, 告訴 (accusation); 《米》(民事訴訟で)原告の最初の申立て: lodge [lay, make] a ～ against …を告訴する. **b** 告訴状.

com·plai·sance [kəmpléɪsn̩s, -zn̩s, kὰmpleɪzǽns, -plɪ-, -plə-, -záːns, ⏤⏤ | kəmpléɪzəns, -zn̩s] 〘(1651) ▭F ～: ⇨↓, -ance〙 ― *n.* (人の願いをいれたり, 丁寧さや愛想のよさによって)人を喜ばせること, 愛想のよさ, 人のよさ (compliance); 従順, 丁寧, 親切.

com·plai·sant [kəmpléɪsn̩t, -zn̩t, kὰmpleɪzǽnt, -plɪ-, -plə-, -záːnt, ⏤⏤ | kəmpléɪzənt, -zn̩t] 〘(1647) ▭F ～ (pres.p.) ← *complaire* to please ▭L *complacēre*: ⇨ complacent〙 ― *adj.* (人の願いをいれたり, 丁寧さや愛想のよさで)人を喜ばそうとする, 愛想のいい, 人のいい, 従順な; 丁寧な, 親切な (obliging). **～·ly** *adv.*

com·pla·nate [kάmplənèɪt | kɔ́m-] 〘▭L *complānāt-us* (p.p.) ← *complānāre* to make level ← COM- + LL *plānāre* (← L *plānus* 'PLANE[2]')〙 *adj.* 平らになった, 平面の (flattened).

com·pla·na·tion [kὰmplənéɪʃən|kɔ̀m-] 〘▭L *complānātiō(n-)*: ⇨↑, -ation〙 *n.* 〘数学〙平面化.

com·pleat [kəmplíːt] *adj., vt.* 《古》＝complete.

Compléat Arithmetícian, The *n.* ⇨ Cocker.

com·plect [kəmplékt] 〘▭L *complect-ī*: ⇨ complex〙 *vt.* 《廃》編み合わせる, 交織する (interweave).

com·plect·ed [kəmpléktɪd, -təd] *adj.* [通例複合語の第2構成素として] 顔色が…の (complexioned): dark-*complected* (顔)色の黒い.

com·plec·tion [kəmplékʃən] *n.* ＝complexion.

com·ple·ment 〘(*a*1398) ▭L *complēment-um* that which completes ← *complēre* to fill up: ⇨ complete, -ment〙 ― [kάmpləmənt | kɔ́mplɪ-] *n.* **1 a** 補足して完全にするもの, 互いに補足し合うもの, 補足物: Love is the ～ of the law. 法律は愛の精神を加えて始めて完全になる. **b** (いっぱい[完全]にするのに)必要な数量; 充分な数[量], 全必要量. **c** 互いに補足し合うもの, 対の一方 (counterpart). **2** 〘文法〙**a** 補語

《叙述を完全にするために必要な語・句; 例: He is *a boy*. / It seems *good*. / School is *over*. / I am *in good health*.》. **b** 補文《変形文法の用語; 例: I think (*that*) *he is mad*. / I think *him to be mad*.》. **3** 〘数学〙 **a** 余角《あたえられた角と合わせて 90° になる角; complementary angle ともいう; cf. supplement 2 a》. **b** 余弧《あたえられた円弧と合わせて四半円弧になる円弧; complementary arc ともいう; cf. supplement 2 b》. **c** 補集合, 余集合《complementary set, absolute complement ともいう》. **d** 補数《あたえられた数と合わせて 1 桁多い最小数になる数; 例えば 3 の補数は 7》. **4** 〘音楽〙 補充音程《長 3 度に対する短 6 度のように, ある音程に加えると 1 オクターブとなる音程》. **5** 〘光学〙 余色, 補色 (complementary color). **6** 〘海事〙 (艦船の)定員: the ~ of a ship. **7** 〘医学〙 (血清中の)補体. **8** 〘論理〙 補集合《ある領域中の任意の集合 A に対して, A 以外の部分 $\bar{A}$; 任意の命題に対してその否定をいう時もある》.

complement of an angle [the —] 〘数学〙 =complement 3 a.

— [kάmpləmènt | kɔ́mplɪmènt, ⌐⌐⌐] *v*. — *vt*. **1** 〈不足したものを〉補充する, 補って完全なものとする; 補足する, …の補足となる: ~ each other 補足し合う. **2** 《廃》 =compliment. — *vi*. 《廃》 =compliment.

com·ple·men·tal [kὰmpləméntḷ | kɔ̀mplɪméntḷ] 〘《1602》: ⇨ ↑, -al¹〙 *adj*. **1** =complementary. **2** 《廃》 **a** 成就した. **b** 儀式的な. **c** 敬意を表する.

compleméntal mále *n*. 〘動物〙 補雄, 補助雄《ある種の蔓脚亜綱海産甲殻動物 (barnacle) の雌雄同体の個体に付着している小型の雄》.

com·ple·men·tar·i·ty [kὰmpləmentǽrəṭi, -mən-, -tέr- | kɔ̀mplɪmentǽrətɪ, -rɪ-] *n*. **1** 補足(状態), 必要な相互関係, 相補性. **2** 〘物理〙 相補性《量子力学で不確定性原理を満たす共役な二つの物理量において, 一方を確定すると他が不確定になる性質; さらに広義には波動像に基づく概念と粒子像に基づく概念との関係》. **3** 〘化学〙 相補性《対応する二種の分子の立体構造が丁度鍵と鍵穴のようにはまり合うこと》. **4** 〘生化学〙 相補性《2 本鎖を構成する核酸の各鎖の相互関係のこと》.

com·ple·men·ta·ry [kὰmpləméntəri, -tri | kɔ̀mplɪmént(ə)rɪ] 〘《1599》 ← COMPLEMENT+-ARY〙 — *adj*. **1 a** 補足の[に関する], 補充となる, 補足的な. **b** 互いに補足し合う, 相補的な. **2** 〘数学〙 余角の; 余弧の, 補集合の, 補数の (cf. complement 3, supplementary): a ~ arc=complement 3 b. **3** 〘文法〙 補語となる, 補語の. **4** 〘地質〙 〈火成岩が〉同源的な. **5** 〘論理〙 補集合の. **6** 〘生化学〙 相補性の. — *n*. 補足するもの, 相補的な関係にあるもの; (特に)補色. **com·ple·men·tar·i·ly** [kὰmpləméntrəli, -ṭərə-, -mentérəli, -mən- | kɔ̀mplɪmént(ə)rəlɪ, -rɪlɪ] *adv*. **còm·ple·mén·tar·i·ness** *n*.

compleméntary ángle *n*. 〘数学〙 =complement 3 a.

compleméntary cèll *n*. 〘植物〙 添充細胞, 填充細胞《皮目の内部を構成する細胞; cf. closing layer》.

compleméntary cólor *n*. 余色, 補色; 補色関係 (cf. primary color).

compleméntary distribútion *n*. 〘言語〙 相補(的)分布《複数の言語形式があり, 相互に重ならない異なる環境に生じる時, それらは相補分布をなすという; 例えば, cool の帯気音 [k] と school の無気音 [k], 不定冠詞の a と an》.

compleméntary mále *n*. 〘動物〙 =complemental male.

compleméntary sét *n*. 〘数学〙 =complement 3 c.

com·ple·men·ta·tion [kὰmpləmәntéɪʃən, -men- | kɔ̀mplɪmen-, -mən-] *n*. **1** 〘言語〙 **a** =complementary distribution. **b** (生成文法で)補文化《補文 (complement) を他の文に埋め込む変形操作》. **2** 〘数学〙 (あたえられた集合の)補集合を作ること (cf. complement 3 c). **3** 〘生物〙 相補性《一つの遺伝形質に関する二つまたはそれ以上の突然変異遺伝子が共存した場合, 互いに助け合って野生型やそれに近い形質を表現すること》.

cóm·ple·mènt·ed [-ṭɪd, -ṭəd | -tɪd, -təd] *adj*. **1** 補足する, 補足物の. **2** 〘数学〙 相補の: a ~ lattice 相補束.

cómplement fixàtion *n*. 〘免疫〙 補体結合《正常血清中の補体が抗原と抗体との結合物に結合すること》.

com·plete [kəmplíːt] 〘adj.: 《*c*1380》 *compleet* ◻ (O)F *complet* // L *complēt-us* (p.p.) ← *complēre* to fill up ← COM- (強意)+**plēre* to fill (← *plēnus* ‘FULL¹’). —v.: 《*c*1390》 ← (adj.)〙 — *adj*. (**more ~, most ~; com·plet·er -plet·est**) **1** 不備な点のない, 全部の (entire), 完全な, 完璧な (perfect): a ~ collection of stamps [coins] 切手[貨幣]の完全な収集 / ~ combustion 完全燃焼 / a ~ delivery of goods 品物の完全な引渡し / a ~ set 完全な一そろい / the ~ works of Shakespeare シェークスピア全集 / a yard ~ *with* a sandbox and a swing 砂箱にぶらんこの完備した庭 / The alibi was ~. アリバイは完璧だった. **2** 全然の, 全くの (absolute); 徹底した (thorough): a ~ victory [failure] 完勝[敗] / a ~ fool [ass] 全くのばか, 大ばか / a ~ stranger 全くの[赤の]他人. **3** 完結した, 完成した, でき上がった (finished, completed): My work is now ~. 私の仕事は終わった. **4** 熟達[熟練]した: a ~ angler 釣りの名人 / a ~ horseman 乗馬の達人. **5** 〘文法〙 完全の: a ~ verb 完全動詞. **6** 〘アメリカンフットボール〙 〈フォワードパスが〉レシーバーにうまく捕球された. **7** 〘植物〙 各部を完全に備えた: a ~ leaf [flower] 完全葉[花]. **8** 〘論理〙 完全な (⇨ completeness 2). **9** 〘機械・建築〙 〈トラス構造が〉完全な (perfect)《棒をピンで接合して組み立てた構造物すなわち「トラス」が, いろいろの外力の作用の下で元の形状を保持することができ, しかも各棒が受ける力を静力学的に決定できる場合にいう; cf. incomplete 5》. **10** 〘数学〙 **a** 〈順序集合が〉完備の《どの部分集合も上限および下限をもつ》. **b** 〈距離空間が〉完備の《どの基本列 (fundamental sequence) も収束する》.

— *vt*. **1** 完了[成就]する, 終わる, 仕上げる (finish): ~ a task / ~ the whole course (of a school) 学校の全課程を修了する, 卒業する / The building is now ~*d*. 建築が完成した. **2 a** 完全なものにする, 完結する, 完成する: One more volume will ~ the set. もう 1 冊で全部そろう[完結する] / That good news ~*d* my happiness. その吉報で私の幸福はゆるがぬものとなった / to ~ my misery (不幸の)あげくのはてに. **b** 〈結婚を〉(床入りにより)完成する: ~ one's marriage. **3** 〘アメリカンフットボール〙 〈フォワードパスを〉うまく行なう, 成功させる.

compléte fértilizer *n*. 完全肥料《植物に必要な窒素・リン酸・カリのすべてが入っている肥料》.

compléte íntegral *n*. 〘数学〙 =complete solution.

com·pléte·ly 〘《?*a*1425》: ⇨ -ly¹〙 *adv*. **1** 申し分なく, 十分に, 完全に. **2** 全く, 全然 (entirely).

complétely nórmal spáce *n*. 〘数学〙 完全正規空間《どの閉集合に対しても, その上で 0 を取り, その補集合上では 0 を取らない連続関数が存在するハウスドルフ空間 (Hausdorff space); 必然的に正規空間 (normal space) となる》.

complétely régular spáce *n*. 〘数学〙 完全正則空間《点とそれを含まない閉集合とがあたえられたとき, その点で 0, その閉集合で 1 を取る連続関数が存在するハウスドルフ空間 (Hausdorff space); 必然的に正則空間 (regular space) となる》.

compléte metamórphosis *n*. 〘生物〙 完全変態《昆虫類が発生してから蛹(さなぎ)の時期を経過して成体になるまでの変化》.

com·pléte·ness *n*. **1** 完全, 完全無欠; 円満; 完備; 十分, 徹底 (thoroughness). **2** 〘論理〙 完全性《任意の理論領域で真である表現をすべて導出できる公理体系またはその一群の公理について語られる性質》.

compléte númber *n*. 〘数学〙 =perfect number.

compléte quádrangle *n*. 〘数学〙 完全四辺形《どの三つも同一直線上にない四点からなる平面図形; cf. complete quadrilateral》.

compléte quadriláteral *n*. 〘数学〙 完全四辺形《どの三本も一点で交わらない四本の直線でできる平面図形; cf. complete quadrangle》.

compléte solútion *n*. 〘数学〙 (偏微分方程式の)完全解《幾つかの不定の数を含む解で, それからすべての解が得られるもの; complete integral ともいう; cf. general solution 2》.

com·ple·tion [kəmplíːʃən] 〘《*a*1398》 ◻ L *complētiō(n-)*: ⇨ complete, -tion〙 — *n*. **1 a** 完全なこと[状態]. **b** (仕事・事業などの)完成, 完結, 完了; (計画などの)成就; 達成 (fulfilment); (工事などの)落成, 竣功: be brought to ~ 完成する, 仕上がる / bring work to ~ 仕事を完成する[仕上げる] / the ~ of repairs [an education] 修理の完成[教育の完了] / reach ~ 完成の域に達する, 完成[完了]する. **2** 〘アメリカンフットボール〙 成功したフォワードパス.

complétion tèst *n*. 〘心理〙 完成(法)テスト《欠けたところを埋めさせる知能テスト》.

com·plét·ist [-tɪst, -təst | -tɪst] *n*. 完全主義者.

com·ple·tive [kəmplíːṭɪv | -tɪv] 〘《1677》 ◻ LL *complētīv-us*: ⇨ complete, -ive〙 — *adj*. **1** 完成する. **2** 〘文法〙 **a** 〈動詞の相が〉完了(的)の. **b** 補完的な: ~ minor sentence 補完的小文.

com·plex 〘《*a*1652》 ◻ L *complex-us* (p.p.) ← *complecti* to fold together, encircle, include ← COM-+*plectere* to plait, twist〙 — [kὰmpléks, kəm-, kάmpleks | kɔ́mpleks] *adj*. **1 a** いくつかの部分から構成された, 複合の: ~ machinery. **b** 錯雑した, 入り組んだ, 複雑な: a ~ argument, idea, etc. **2** 〘文法〙 **a** 〈語が〉合成の《dishonest, heroic などのようにある語 (honest, hero など) と接辞 (affix) の結合によって構成された》. **b** 〈文が〉複合の, 複文の: ⇨ complex sentence. **3** 〘数学〙 複素数の. **4** 〘化学〙 錯体の.

— [kάmpleks | kɔ́m-] *n*. **1 a** (関連した組織・部分・活動などの)連合体, 複合体. **b** (建物などの)組み立てたもの, 集合体: a housing ~ 団地. **c** (一地域の)計画的工場集団, コンビナート: a great industrial ~ 大コンビナート. **2 a** 〘精神分析〙 コンプレックス, 観念複合体《抑圧されて意識に上らないでいる情緒的な色調を帯びた観念の集まり》: ⇨ Electra complex, Oedipus complex, inferiority complex, superiority complex. **b** 〘口語〙 過度の嫌悪[恐怖]; 強迫観念 (obsession): the communist ~ 共産主義恐怖症. **3** 〘化学〙 錯体, 錯化合物, 合成物 (complex whole); 複合体: activated ~ 活性錯合体. **4** 〘数学〙 **a** 複体《いくつかの単体 (simplex) の集合で, ある条件を満たすもの》. **b** 群の部分集合. **5** 〘文法〙 複素語 (complex word)《語の構成要素として拘束形式 (bound form) を含む語; 例: boyhood, receive; cf. simplex 1, compound word》. **6** 〘生物〙 複合. **7** 〘医学〙 症候群.

— [kəmpléks, kəm- | kɔm-] *vt*. **1** 複雑にする. **2** 〘化学〙 =chelate.

com·plex·a·tion [kὰmplekséɪʃən, kəmplèk- | kɔ̀mplek-] *n*. **~·ly** *adv*. **~·ness** *n*.

cómplex cónjugate *n*. 〘数学〙 **1** [*pl*.] =conjugate complex numbers. **2** =conjugate complex matrix.

cómplex fráction *n*. 〘数学〙 繁分数, 複分数, 重分数《分子か分母の中にさらに分数をもつもの; compound fraction ともいう》.

com·plex·ion [kəmplékʃən] 〘《1340》 ◻ (O)F ~ ◻ L *complexiō(n-)* combination, complexion, LL temperament ← *complexus*: ⇨ complex, -xion: 〘原義〙 combination of humors (体液の配合: cf. humor)〙 — *n*. **1** 肌の色; (特に)顔色, (顔の)色つや: a fair ~ 色白 / a good [bad] ~ / a rosy [sallow] ~ / have a delicate [fresh] ~ 弱々しい[生き生きした]顔色をしている / The open air improves one's ~. 戸外の空気は人の顔色をよくする. **2 a** 様子, 様相, 模様, 形勢 (aspect): the threatening ~ of the sky あぶない空模様 / It puts another ~ on the matter. それで事の趣がまた変わってくる / The matter wears a strange ~. 問題は不思議な様相を呈している. **b** 心の構え, 態度; (思想などの)傾向, 立場: one's political ~ 政治的傾向, 政治信念. **3 a** 〘古生理〙 寒・暑・湿・乾 (cold, hot, wet, dry) の四性質または四体液 (humors) の組合わせ《この結合の割合によって動植物体に種々の様相の差異が生じると考えられた》. **b** 《廃》 (上の組合わせの結果と考えられた)体質; 性質, 気質. **~·al** [-ʃənḷ, -ʃnəl] *adj*.

com·pléx·ioned 〘《1413》〙 *adj*. [通例複合語の第 2 構成要素として] (…の)顔色をした: fair-[dark-]*complexioned* 色白の[黒い]顔をした.

compléxion·less *adj*. 色つやの悪い, 顔色の悪い, 血の気のない (pale).

com·plex·i·ty [kəmpléksəṭi, kəm- | kəmpléksətɪ, kɔm-, -sɪ-] 〘《*a*1721》 ← COMPLEX+-ITY〙 *n*. **1** 複雑さ, 複雑性 (intricacy). **2** 複雑なもの.

cómplex númber *n*. 〘数学〙 複素数.

com·plex·om·e·try [kὰmpleksάmətri, kəmplèk- | kɔ̀mpleksɔ́mɪtrɪ, -mə-] 〘← COMPLEX+-O-+-METRY〙 — *n*. 〘化学〙 錯滴定《錯化合物の生成を利用する滴定; 最近はキレート滴定 (chelatometry) を意味することが多い》.

cómplex pláne *n*. 〘数学〙 複素(数)平面《その上の点が複素数で表わされる平面》.

cómplex quántity *n*. 〘数学〙 =complex number.

cómplex séntence *n*. 〘文法〙 複文《従節を含む文; 例: Though he went, I remained.; cf. simple sentence, compound sentence》.

cómplex váriable *n*. 〘数学〙 複素変数《変域が複素数の集合であるような変数》.

com·pli·a·ble [kəmpláɪəbḷ] *adj*. 《古》 =compliant. **~·ness** *n*. **com·plí·a·bly** *adv*.

com·pli·ance [kəmpláɪəns] 〘《1641》 ← COMPLY+-ANCE〙 — *n*. **1 a** (申し出・要求・希望などに)従うこと, 承諾, 応諾 (conformity): in ~ with …に従って[応じて]. **b** 愛想のよさ, 屈従, 追従(ついしょう): base ~ 屈従, へつらい. **2** (人の願いなどを快くいれる)人のよさ, 親切 (complaisance). **3** 〘物理〙 コンプライアンス: **a** 機械振動系を電気的等価で表現した時, 静電容量に相当する量. **b** 蓄音機のレコード面上で針を一定距離動かすのに必要な力.

com·pli·an·cy [-ənsi | -sɪ] 〘⇨ ↑, -ancy〙 *n*. =compliance.

com·pli·ant [kəmpláɪənt] 〘《1642》 ← COMPLY+-ANT: cf. pliant〙 *adj*. **1** 人の願いをいれる, 迎合的な; 人のいい, 親切な. **2** 《廃》 しなやかな (pliant). **~·ly** *adv*.

com·pli·ca·cy [kάmplɪkəsi, -plə- | kɔ́mplɪkəsɪ] 〘⇨ ↓, -acy〙 *n*. **1** 複雑, 錯雑. **2** 複雑なもの.

com·pli·cate 〘《?*a*1425》 ◻ L *complicāt-us* (p.p.) ← *complicāre* ← COM-+*plicāre* to fold (⇨ ply¹)〙 — [kάmpləkèɪt | kɔ́mplɪ-] *v*. — *vt*. **1** 〈事を〉込み入らせる, 複雑にする, 紛糾させる: ~ a situation 事態を複雑にする / That would ~ matters. それでは事が面倒になる. **2** [通例 p.p. 形で] 〔…と〕からみ合わせる, 混ざり合わせる 〔*with*〕: His policy was ~*d with* his private interest. 彼の政策は私利にからんでいた. **3** 〘医学〙 〈病気を〉(余病の併発で)更に重くさせる, 悪化させる: a headache ~*d* by a cold 風邪の併発でひどくなった頭痛. — *vi*. 複雑[面倒]になる.

— [kάmplɪkət, -plə-, -kɪt | kɔ́mplɪ-] *adj*. **1** 《古》 =complicated. **2** 〘植物〙 〈葉や胚(はい)などが〉折り重ねられた (conduplicate): a ~ embryo. **3** 〘昆虫〙 〈翅(はね)が〉折りたたまれた.

cóm·pli·càt·ed [-ṭɪd, -ṭəd | -tɪd, -təd] *adj*. **1** 込み入った, 入り組んだ, 複雑な, 錯雑した: a ~ machine, mechanism, etc. **2** 解き[わかり]にくい; 面倒な: The Japanese are (a) ~ people. 日本人というのは複雑な[わかりにくい]国民だ. **~·ly** *adv*. **~·ness** *n*.

com·pli·ca·tion [kὰmpləkéɪʃən | kɔ̀mplɪ-] 〘《?*a*1425》 ◻ L *complicātiō(n-)*: ⇨ complicate, -ation〙 — *n*. **1 a** 複雑, 錯雑; 紛糾, こんがらかり. **b** 複雑化. **c** 複雑化[紛糾]した事柄[状態, 問題]: a serious international ~ 重大な国際問題. **2** 紛糾の種, もんちゃくのもと; 思わぬ[意外な]困難な要素. **3** 〘医学〙 (余病の)合併, 併発; 合併症, 併発症: A ~ set in. 余病が併発した. **4** 〘心理〙 複化《異なったいくつかの感覚・刺激に同時に反応させる時に起きる注意・判断の乱れ; その乱れのテストを複化実験という》.

com·plice [kάmplɪs, kάm-, -pləs | kɔ́mplɪs, kάm-] 〘《*c*1430》 ◻ (O)F ~ ◻ LL *complicem*, *complex* confederate : cf. complex, accomplice〛 ── *n.*《古》=accomplice.

com·plic·i·ty [kəmplísəṭi, -sti | kəmplísətı, kəm-, -sı-] 〚《1656》⊏F *complicité* : ⇨↑, -ity〛 *n.* 共謀関係, 連累, 連座 (partnership) : ～ *in* graft.

com·plí·er *n.* 承諾者, 応諾者.

com·pli·ment 〚《1654》⊏F ～ ⊏It. *complimento* ⊏Sp. *cumplimiento* < VL **complimentum*=L *complēmentum* : ⇨ complement〛 ── [kámpləmənt | kɔ́mplı-] *n.* **1** 賛辞 (commendation) ; お世辞, 愛想 : pay [make] a person a high ～ 人に大いに賛辞を呈する, お世辞を言う / a doubtful [left-handed] ～ 心を許せない[腹黒い]お世辞. **2** (身振り・言葉などで表わされた)敬意 : do a person the ～ of inviting him 敬意を表して人を招待する / in ～ to …に敬意を表して / return the ～ 返礼する, 答礼する / He paid me the ～ of consulting me about his personal affairs. 彼は私を信用して彼の私事について相談をした / I take it as a ～ to be asked to speak. 私に話をせよと望まれたことは私の光栄とするところです / Your presence is a great ～. ご臨席は光栄の至りです. **3** [*pl.*] (時候などの)挨拶 ; (敬意を表わす)丁重な挨拶 (respects) : the ～*s* of the season (クリスマスや元日などに取り交わす)時候の挨拶 / Give my ～*s* to …によろしくお伝え下さい / make [pay, present] one's ～*s* to a person 人に挨拶する[敬意を表する, よろしく伝える] / send one's ～*s* to a person 人によろしくと申し送る / with the ～*s* of A=with Mr. A's ～*s* 贈呈[献呈]─A より《贈呈本の見返しなどに記す文句》. **4**《古・方言》進物 (gift) ; 心付け (tip).
── [kámpləmènt | kɔ́mplımènt, ⌣⌣⌣] *v.* ── *vt.* **1** 〈人〉に〔…のことで〕お世辞を言う, ほめる〔*on*〕: ～ a woman *on* her good looks 女の器量をほめる. **2** 〈人を〉〔…のことで〕祝う, 祝辞を述べる (congratulate) 〔*on*〕: ～ a person *on* his success [the birth of a child] 人の成功[出産]を祝する. **3** 〈人〉に〔敬意の贈物を〕与える, 〔贈物などをして〕〈人〉に敬意を表する〔*with*〕: ～ a person *with* an honorary degree 人に名誉学位を贈る / ～ a person *with* a ticket for a recital 人に敬意を表して独奏会の切符を送る. ── *vi.* よろしくと言う, 挨拶をする.

com·pli·men·ta·ry [kàmpləménṭəri, -tri | kɔ̀mplıménṭ(ə)rı] 〚《1716》: ⇨↑, -ary〛 ── *adj.* **1 a** 挨拶の, 敬意を表する ; 慶賀の ; 称賛の (laudatory) : a ～ address 祝辞 / a ～ copy 贈呈本. **b** お世辞を言う (flattering). **c** 好意的な. **2** (好意としての)無料の (free): a ～ ticket 招待券. **com·pli·men·tar·i·ly** [kàmpləméntrəli, -ṭərə-, -mentérəli, -mən- | kɔ̀mplıménṭ(ə)rəlı, -rılı] *adv.* **còm·pli·mén·tar·i·ness** *n.*

cómplimentary clóse [**clósing**] *n.* (手紙の)結びの語句, 結辞《敬具に当たる部分; "Very truly yours," "Sincerely (yours)," "Cordially," など》.

com·plin [kámplın, -plən | kɔ́mplın] *n.* [しばしば Complins; 単数または複数扱い]〖カトリック〗=compline.

com·pline [kámplın, -plən, -plaın | kɔ́mplın, -plaın] 〚《?a1200》 *compli(n)* ⊏(O)F *complie* 《変形》← L *complēta* (*hōra*) completed (hour) : ⇨ complete : *-in* は MATIN(s) との連想か〛 ── *n.* [しばしば Complines; 単数または複数扱い]〖カトリック〗(聖務日課の)終課, 終禱, (夜の)勤行(ごんぎょう)《一日の最後の祈り; night song ともいう; cf. canonical hour 1》.

com·plot 〚⊏F ～ 'agreement, 《原義》crowd' ← ? COM-+*pelote* ball¹〛《古》[kámplɑt | kɔ́mplɔt] *n.* 共謀, 共同謀議. ── [kəmplát, kɑm- | kəmplɔ́t, kəm-] *vt.*, *vi.* (**-plot·ted; -plot·ting**) 共謀[共同謀議]する.

com·plu·vi·um [kəmplúːviəm, kɑm- | kəmplúːvıəm, kəm-, -vjəm] 〚⊏L ～ ← *compluere* to flow together〛 ── *n.*〖建築〗アトリウムの天窓《atrium の中央上部の明かり採りの開口部; ⇨ atrium 挿絵》.

com·ply [kəmpláı] 〚《a1333》*complie(n)* ⊏OF *compli-re* ⊏L *complēre* to fill up : ⇨ complete : cf. It. *compliре*〛 ── *vi.* **1** 〔要求・命令などに〕従う, 応じる, 承諾する ; 〔規則などに〕従って行動する〔*with*〕: ～ *with* another's wish, request, etc. / ～ *with* the rules ルールを守る. **2**《廃》礼儀正しく[丁重に]する.

com·po [kámpou | kɔ́mpəu] 〚《略》← COMPOSITION〛 *n.* (*pl.* ～**s**) 混合[合成]物 ; (特に)コンポ《モルタル・しっくいなどの一種》. ── *adj.* =composite 1.

com·po·né [kəmpóuni, -neı, kàmpənéı | kəmpə́unı, -neı, kɔ̀mpənéı] *adj.*〖紋章〗=compony.

com·po·nent [kəmpóunənt, kɑmpóu-, kɑmpóu- | kəmpə́u-] 〚《1563》⊏L *compōnent-em* (pres.p.) ← *compōnere* 'to COMPOUND¹' : ⇨ -ent〛 ── *adj.* 構成している, 構成要素である (constituent) : ～ parts 構成要素[部分]. ── *n.* **1** 構成要素, 構成部分, 成分 ; (ステレオなどの主構成部分である)コンポーネント, コンポ (ingredient). **2**〖数学〗成分《ベクトル (vector), テンソル (tensor) などを構成している数》. **3**〖物理〗分力, (ベクトルの)成分. **4**〖物理化学〗成分.

com·po·nen·tal [kàmpənénṭl | kɔ̀mpə(u)nénṭl] *adj.*

com·po·nen·tial [kàmpənénʃəl | kɔ̀mpə(u)-] *adj.*

com·po·ny [kəmpóuni | -pə́unı] 〚⊏OF *componée* ← L *compōnere* (↑)〛 *adj.*〖紋章〗〈帯図形が〉等分され2色で交互に採色された《bend, bendlet, bordure に多く, fess にも見られる ; ⇨ heraldry 挿絵 E》.

com·port¹ [kəmpɔ́ət, -pɔ́ət | -pɔ́ːt] 〚《c1385》⊏(O)F *comport-er* to behave ∥ L *comport-āre* ← COM-+*portāre* to carry, bear (⇨ port³)〛 ── *vt.* [～ *oneself* で] 身を処する, 振舞う : ～ *oneself* gracefully [with dignity] 優美に[威厳をもって]振舞う. ── *vi.* 釣り合う, ふさわしい, 適合する〔*with*〕: His behavior does not ～ *with* rank. 彼の振舞いは身分にふさわしいものでない. ── *n.*《廃》=comportment.

com·port² [kámpɔət, -pɔət | kɔ́mpɔːt] 〚《変形》← COMPOTE〛 *n.* =compote 2.

com·por·tance [kəmpɔ́əṭns, -pɔ́ə-, -ṭəns | -pɔ́ːtns, -təns] 〚⇨ comport¹, -ance〛 *n.*《廃》=comportment.

com·pórt·ment 〚《1599》〛 *n.* 態度, 振舞い (behavior).

com·pos·a·ble [kəmpóuzəbl | -pə́uz-] *adj.* **1** 構成される, 組み立てられる. **2** 作曲できる ; 作曲に向いた[適した].

com·pose [kəmpóuz | -pə́uz] 〚《?a1402》⊏(O)F *compos-er* : ⇨ com-, pose¹ : cf. composite〛 ── *vt.* **1 a** [通例 p.p. 形で]〔二つ以上の部分・要素から〕構成する, 組み立てる〔*of*〕: be ～*d of* …から成る, …で構成されている / The United States is ～*d of* 50 states. 合衆国は 50 の州から成る. **b** 〈集められた素材が〉構成する, 造る : the lines and colors that ～ this picture この絵を構成している線と色彩 / Facts alone do not ～ a book. 事実だけで本ができるものではない. **2 a** 〈詩文を〉作る, 書く, 案文する : ～ a poem [a novel, an essay] 詩[小説, 随筆]を書く / ～ a speech [sermon] 演説[説教]を案文する[作る]. **b** 〈曲を〉作る, 作曲する ; 〈歌詞などに〉曲をつける : ～ a piece of music / ～ a sonata. **3 a** 〈顔形などを〉整える, 和らげる (arrange) ; 〈心・感情を〉落ち着かせる : ～ one's features / ～ one's mind for action [to do something] 活動を始めようと[事をしようと]心構えをする. **b** [～ *oneself* で] 心を落ち着ける, 気を静める : ～ *oneself* to sleep 気を静めて眠る. **4** 〈騒動・争いなどを〉鎮める, 調停する : ～ a tumult, dispute, etc. **5**〖印刷〗植字する, 〈活字を〉組む ; 活字に組む ; 組版する ; (写植などで)植字する : ～ type, an article, a piece of printing, etc. **6**〖美術〗〈作品を〉構成する ; 構図する : ～ a picture 絵を構図する. ── *vi.* **1** ものを書く, 詩文を作る ; 作曲する. **2**〖印刷〗植字をする ; 組版をする, 版を組む. **3**《廃》調停がつく.

com·pósed 〚《1483》(p.p.)〛 ── *adj.* **1** 落ち着いた : in one's ～ voice 落ち着いた声で. **2**《古》部分から成る, 合成の (composite). **com·pós·ed·ly** [-zıdli, -zəd- | -lı] *adv.* **com·pós·ed·ness** [-zıdnıs, -zəd-, -zd-, -nəs] *n.*

composed throughout *adj.*〖音楽〗=durchkomponiert.

com·pós·er 〚《1561》〛 *n.* **1 a** 作曲家. **b** (詩文の)作者, 作家. **c** 構成者, 構図者. **2** 和解者, 調停者.

com·pós·ing fràme *n.*〖印刷〗植字台.

compósing machìne *n.*〖印刷〗鋳植機 (typesetting machine).

compósing ròom *n.*〖印刷〗植字室, 組版室.

compósing rùle *n.*〖印刷〗セッテン《植字作業で使う定規》.

compósing stànd *n.*〖印刷〗=composing frame.

compósing stìck *n.*〖印刷〗(文選用)ステッキ.

Com·pos·i·tae [kəmpázəṭiː, kɑm- | kəmpɔ́zı-, kəm-] 〚← NL ～ ← L *compositus* (↓)〛 ── *n. pl.*〖植物〗(双子葉植物)キク科.

composing stick

com·pos·ite [kɑmpázıt, kəm-, -zət | kɔ́mpəzıt, -sıt, -zàıt, -sàıt] 〚《?a1400》⊏L *composit-us* made up of parts (p.p.) ← *compōnere* to put together : ⇨ compose : cf. compound¹〛 ── *adj.* **1** 各種の要素を含む[でできた], 混成の, 合成の, 複合の (compounded) : ～ authorship (多数の人の)合同著作, 合作. **2**〖植物〗キク科の. **3**〖造船〗鉄骨木造の. **4** [C-]〖建築〗コンポジット式の : ⇨ Composite order. **5**〖宇宙〗**a** 〈ロケット・ミサイルなど〉多段式の. **b** 〈固体推薬が〉燃料と酸化剤の混合した. **6**〖数学〗**a** 〈数・整数が〉合成された《二つ以上の因数に分解できる》. **b** 〈関数が〉合成された《関数に関数を代入してできている》. **7**〖統計〗〈帰無仮説が〉複合の《仮設で仮定される値が複数である》.
── *n.* **1 a** 合成物, 複合物. **b** 合成画. **c** 合成写真, モンタージュ写真 ; 画面と音の両方を焼き付けた映画フィルム. **2**〖植物〗キク科植物. ── *vt.* 合成する. **～·ly** *adv.* **～·ness** *n.*

compósite cándle *n.* (獣脂と木蠟との)混成蠟燭(ろうそく).

compósite cárriage *n.*《英》〖鉄道〗混成車《二等と三等または荷物と乗客などの異種の用途のものを合造した車両》.

compósite depreciátion *n.*〖会計〗総合償却《異種多数の固定資産につき一括的に減価償却を行なう方法 ; cf. unit depreciation》.

compósite fúnction *n.*〖数学〗合成関数《関数に関数を代入して得られる関数; cf. composite *adj.* 6 b》.

compósite modulátion *n.*〖電気〗複合変調《同時に二種以上の変調を行なうこと》.

compósite númber *n.*〖数学〗合成数《1 とその数自身以外の約数をもつ整数; 4, 6, 8, 9 など ; cf. prime number》.

Compósite órder *n.*〖建築〗コンポジット式, 複合式 (⇨ order B 11).

compósite phótograph *n.*〖写真〗合成写真, 重ね取り写真《例えば一枚の印画紙上に数個の人像印画を焼き付けて人類学の研究などに用いる》.

compósite sáiling *n.*〖海事〗連成航法, 集成航法《great-circle sailing と parallel sailing との併用》.

compósite schòol *n.*《カナダ》総合制中等学校《普通・商業・工業コースがある学校 ; comprehensive school ともいう》.

compósite tóne *n.*〖電気〗合成音.

com·po·si·tion [kàmpəzíʃən | kɔ̀m-] 〚《c1385》⊏(O)F ～ ∥ L *compositiō(n-)* a putting together ← *compositus* (p.p.) : ⇨ composite, -tion〛 ── *n.* **1 a** 構成, 合成, 組立て, 構造 : the ～ of ministry [jury] 内閣[陪審]の構成. **b** 構成[合成]された状態. **2 a** 構成物, 合成成分 : the ～ of air [a medicine] 空気[薬]の成分 / What is its ～? それは何でできているか. **b** 混合物, 合成物, 模造品 : ～ billiard balls (玉突き用の)人造象牙玉 / ～ leather 合成皮革. **3 a** 配合, 配置 (arrangement). **b**〖美術〗構図 : the ～ of a picture. **4 a** 作文(法), 作詩(法), (文学)作品作成(法) ; (学生などの)作文 ; (教科としての)作文 : the ～ of a speech [sermon] 演説[説教]の文案 / write a ～ 作文を書く[作る] / be good at ～ 作文が上手である / Advanced English *Composition* 高等英作文《書名》/ a ～ book 作文練習帳. **b** 作曲(法). **c** (文学・美術・音楽の)作品, 楽曲 : a ～ for the violin [orchestra] バイオリン[オーケストラ]のための楽曲 / a musical ～ 音楽作品 / Latin prose ～*s* ラテン語散文(作文). **5** 気質, 性質 : He has a touch of madness in his ～. 彼の性質には少し狂気じみたところがある. **6 a** 妥協, 示談 ; (債権者との)和議, 和解 ; 和議条件 : come to (a) ～ *with* a person 人と和解[妥協]する / make a ～ *with* one's creditors 債権者と和議を整える[和解する]. **b** (債務の)一部返済金, 示談[内済]金 : a ～ of 20p in the pound 1 ポンドに付き 20 ペンスの割の返済金. **7**〖文法〗(語の)複合(法), 合成《black と bird から *blackbird* のような複合語 (compound) を造るなど》. **8**〖印刷〗植字, 組版. **9**〖化学〗組成《化合物・混合物を構成する元素や物質の割合 ; 通例原子比か百分率で表わす》. **10**〖数学〗**a** (関数の)合成《あたえられた二つの関数から合成関数 (composite function) をつくること》. **b** 結合法《加法や減法などのような演算》. **11**〖言語・論理〗構成, 合成《字母・単語などの構成要素から文などの複合体を合成すること, およびその結果》.
composition of forces〖物理〗力の合成.
composition of waves〖物理〗波動の合成.

com·po·si·tion·al [kàmpəzíʃənḷ, -ʃnəl | kɔ̀m-] *adj.* 合成[構成]の[に関係する]. **～·ly** *adv.*

composítion sèries *n.*〖数学〗組成列《群の構造を調べるために用いられる部分群のある種の列 ; principal series ともいう》.

com·pos·i·tive [kəmpázəṭıv | -pɔ́zıt-] *adj.* 合成的な ; 総合的な (synthetic). **～·ly** *adv.*

com·pos·i·tor [kəmpázəṭə, -ztə | -pɔ́zıtə(r)] 〚《1375》⊏AF *compositour*=F *compositeur* ⊏L *compositōrem* ← *compōnere* : ⇨ compose, -or²〛 *n.* 植字工, 組版工 (typesetter). **com·pos·i·to·ri·al** [kəmpɑ̀zətɔ́ːriəl, -tɔ́ːr- | -zıtɔ́ːrı-] *adj.*

com·pos men·tis [kámpəs-méntıs, -ṭəs | kɔ́mpəsméntıs] 〚⊏L ～ 'having power over the mind' : ⇨ com-, potent¹, mental〛 ── *L. adj.* [Predicative に用いて]〖法律〗正気の, 心身の健全な (sane) (cf. non compos mentis) : be judged ～.

com·pos·si·ble [kɑmpásəbl, kəm- | kɔmpɔ́sə-, kəm-, -sı-] 〚⊏ML *compossibil-is* : ⇨ com-, possible〛 ── *adj.* 両立しうる, 共存しうる〔*with*〕. **com·pòs·si·bíl·i·ty** [-səbíləṭi | -lətı, -sı-] *n.*

com·post [kámpoust | kɔ́mpɔst] 〚《a1399》⊏(O)F ～ < LL *compostum*=L *compositum* composition : ⇨ composite〛 ── *n.* **1** 合成物, 混合物 (mixture). **2** 堆肥 : ⇨ compost pile. ── *vt.* **1** 〈土地〉に堆肥を施す. **2** 堆肥にする.

cómpost pìle [**hèap**] *n.* 堆肥の山.

com·po·sure [kəmpóuʒə | -pə́uʒə(r)] 〚《1599》← COMPOSE+-URE〛 ── *n.* 落着き, 沈着, 平静 : keep [lose] one's ～ 心の平静を保つ[失う], 落着きを保つ[がなくなる], あわてない[あわて出す] / regain [recover] one's ～ 落着きを取り戻す / with (admirable, great, perfect) ～ 落ち着き払って, 泰然(自若)として, 従容として.

com·po·ta·tion [kàmpo(u)téıʃən | kɔ̀mpə(u)-] 〚⊏L *compōtātiō(n-)* ← COM- 2+*pōtātus* ((p.p.) ← *pōtāre* (↓))〛 *n.*《まれ》酒宴, 酒盛り (carousal).

com·po·ta·tor [kámpo(u)tèıṭə | kɔ́mpə(u)tèıtə(r)] 〚⊏LL *compōtātor* ← *compōtāre* ← COM- 2+*pōtāre* to drink (⇨ potation) : ⇨ -or²〛 *n.*《まれ》飲み仲間.

com·pote [kámpout | kɔ́mpɔt, -pəut ; *F.* kɔ̃pɔt] 〚《1693》⊏F ～ < OF *compost(e)* : ⇨ compost〛 ── *n.* (*pl.* ～**s** [～s ; *F.* ～]) **1** コンポート《果物の砂糖煮; 香料を加えたシロップで煮, 通例冷やしてリキュールをかけデザートに用いる》. **2** コンポート《食後の果物や菓子類を盛るガラス・磁器・銀製等の足付きの皿》.

compote 2

com·po·tier [kàmpo(u)tjéı | kɔ̀mpəu- ; *F.* kɔ̃pɔtje] 〚《1885》⊏F ～ ← *compote* (↑)〛 *n.* =compote 2.

com·pound¹ 〚《c1380》*compoune(n)* to mix ⊏OF

compon(d)-re < L *compōnere* ← COM-+*pōnere* to put : 現形の *-d* は 16 C 以来の非語源的添え字 (cf. sound¹)》 — [kɑmpáund, kəm-, kámpaund | kəm-páund, kɔm-] *v.* — *vt.* **1** (一つのものに)混ぜ合わせる, 混合[混和]する. **2 a** 混ぜ合わせて作る ; 〈薬を〉調合する : ~ a medicine. **b** 〈語を〉複合する ; 〈複合語を〉造る. **3 a** 〈利子を〉複利で払う. **b** 増す, ふやす, 倍加する : Their plight was ~*ed* by an accident. 彼らの窮状は事故のために一層ひどくなった. **4 a** 〈事を〉示談[和議]にする, 示談で済ませる. **b** (負債の一部を支払って)示談にする, 一部支払いで〈負債を〉棒引きする. **5** 〘法律〙(金銭を受けて)〈犯罪を〉宥恕(ゆうじょ)する ; 和議をする : ~ a felony 重罪を宥恕する. **6** 〘数学〙〈力・速度などを〉合成する. **7** 〘電気〙複巻にする. — *vi.* **1** 〔人と〕示談にする, 妥協する, 和議をする, 折り合う 〔*with*〕 : ~ *with* a person *for* a thing ある事柄について人と示談にする[折り合う] / ~ *with* one's creditors 債権者たちと話し合いをつける. **2** 混合する, 結合する.

— [kámpaund, kɑmpáund, kəm- | kɔ́mpaund] *adj.* **1** 合成の, 混成の, 複合の, 混合の (composite) ; 複雑な, 複式の : ⇨ compound microscope. **2** 〘文法〙 **a** 〈語が〉複合の : ⇨ compound word. **b** 〈文が〉重文の : ⇨ compound sentence. **3** 〘植物〙複合の《二つ以上の同等のものが集まって一つのものができる》: ⇨ compound leaf. **4** 〘動物〙群体を構成する : ⇨ compound animal. **5** 〘数学〙 **a** 複名数[諸等数]を含む. **b** 複合された : a ~ Poisson process 複合ポアッソン過程. **6** 〘音楽〙複合拍子の : ⇨ compound time. **7** 〘機械〙複式の, 二段膨張式の : ⇨ compound engine, compound locomotive. **8** 〘化学〙複合の (↔ simple).

— [kámpaund | kɔ́m-] *n.* **1** 混合物, 合成物. **2** 〘化学〙化合物 (cf. mixture 5). **3** 〘機械〙 **a** = compound engine. **b** = compound locomotive. **4** 〘文法〙 = compound word.

com·pound² [kámpaund | kɔ́m-] 《(1679) □ Malay *kampong* fenced enclosure : このつづりを英語に用いることもある ; *-d* は COMPOUND¹ の影響》 — *n.* **1 a** (インドなどで)囲いをめぐらした屋敷内, 構内《中には主に欧米人の邸宅や商館がある》. **b** (同族の人たちなどの住宅がある)囲いのある屋敷内. **2 a** (南アフリカの金・ダイヤモンド鉱山で)労務者を閉じこめておく囲い地. **b** (塀をめぐらした捕虜や家畜用の)収容所. **3** = kampong.

com·pound·a·ble [kɑmpáundəbḷ, kəm-, kám-paund- | kəmpáund-, kɔm-] *adj.* **1** 混合[化合]できる. **2** 示談にできる, 金銭で済まされる.

cómpound addítion *n.* 〘数学〙複名数の加法.

cómpound ánimal *n.* 〘動物〙群体動物《多くの個体が集まって群体を作り, それぞれの個体はほぼ独立した生活をしている動物; サンゴチュウやコケムシ類など》.

cómpound árms *n. pl.* 〘紋章〙合成紋章《複数の紋章を組み合わせる場合の方法の一つで, 原紋章を別の形にして組み合わせること ; cf. dimidiation, impalement 3, quartering 4 c》.

cómpound cátenary *n.* 〘鉄道〙複式架線, コンパウンドカテナリー《途中に複助吊架線を用いて二重に吊る架線 ; cf. simple catenary》. 「《従節を含む重文》.

cómpound-cómplex séntence *n.* 〘文法〙混文

cómpound cúrve *n.* 複心曲線《曲線の同一側に中心をもち, かつ相異なる半径をもつ複数の円弧が連絡してできた曲線 ; 鉄道・道路の線形に関していう ; cf. simple curve》.

cómpound divísion *n.* 〘数学〙複名数の除法.

cómpound dúple tìme *n.* 〘音楽〙偶数拍子 (⇨ duple time 2).

Cómpound É *n.* 〘生化学〙複合 E 物質 (⇨ cortisone).

cómpound éngine *n.* 〘機械〙複式機関, 二段膨張機関 (cf. simple engine).

com·póund·er *n.* **1** 混合者, 調合者. **2** 〘廃〙示談者, 内済にする人. 「⇨ insect 挿絵).

cómpound éye *n.* 〘昆虫〙複眼 (cf. ommatidium ;

Cómpound F *n.* 〘生化学〙複合 F 物質 (⇨ hydrocortisone). 「花.

cómpound flówer *n.* 〘植物〙(キク科植物の)頭状

cómpound fráction *n.* 〘数学〙繁分数, 複分数, 重分数 (complex fraction).

cómpound frácture *n.* 〘外科〙開放骨折《皮膚などの損傷を伴う骨折》. 「tion.

cómpound fúnction *n.* 〘数学〙 = composite func-

cómpound hóuseholder *n.* 《英》家賃の中に税金を含む条件で家を借りる借家人. 「terest).

cómpound ínterest *n.* 〘金融〙複利 (cf. simple in-

cómpound ínterval *n.* 〘音楽〙複音程, 複合音程《一オクターブ以上にわたる音程 ; cf. simple interval》.

cómpound láyering *n.* 〘園芸〙 = serpentine layering.

cómpound léaf *n.* 〘植物〙複葉 (cf. simple leaf).

cómpound léns *n.* 〘光学〙複合レンズ《収差を補正するため 2 個以上の単レンズを同一光軸上に近接または接合して配置したレンズ ; cf. achromatic lens》.

cómpound léver *n.* 〘機械〙複てこ《力を拡大するためいくつかのてこを順次に連結した装置; はかりなどに利用する》. 「車.

cómpound lócomotive *n.* 〘機械〙二段膨張機関

cómpound méasure *n.* 〘音楽〙 = compound time.

cómpound méter *n.* 〘音楽〙(拍子数が 3 の倍数の)複合拍子 (⁶/₈, ⁹/₈, ¹²/₈ など).

cómpound micróscope *n.* 〘光学〙複合顕微鏡《対物レンズと接眼レンズとで構成された顕微鏡》.

cómpound modulátion *n.* 〘電気〙多段変調 (cf. composite modulation).

cómpound mótor *n.* 〘電気〙複巻電動機 (cf. compound winding). 「乗法.

cómpound multiplicátion *n.* 〘数学〙複名数の

cómpound náme *n.* 複合名《二つ以上の固有名詞から成る家名・人名・地名など ; 例 : Watts-Dunton, Newcastle-upon-Tyne, Skelton and Brotton》.

cómpound nóun *n.* 〘文法〙複合名詞《二つ以上の語の複合した名詞 ; 例 : air mail, forget-me-not, barbershop ; cf. compound word》.

cómpound núcleus *n.* 〘物理〙複合核《核反応のとき衝突した二つの原子核が融合して生じた核のことで, たちまち崩壊してしまう》.

cómpound númber *n.* 〘数学〙複名数, 複合標数, 諸等数《「2 メートル 30 センチ」のように, 複数の単位を含む名数 (concrete number)》.

cómpound óvary *n.* 〘植物〙二つ以上の心皮から成る子房.

cómpound péndulum *n.* 〘物理〙複振り子 (⇨ physical pendulum).

cómpound pérsonal prónoun *n.* 〘文法〙複合人称代名詞《人称代名詞の後に -self の結合したもの ; 例 : myself, himself》.

cómpound preposítion *n.* 〘文法〙複合前置詞《例 : into, without, notwithstanding》.

cómpound propórtion *n.* 〘数学〙複比例《いくつかの量の積が, 他のいくつかの量の積に比例すること》. 「ber.

cómpound quántity *n.* 〘数学〙 = compound num-

cómpound racéme *n.* 〘植物〙複総状花序, 複散形花序.

cómpound rátio *n.* 〘数学〙複比《いくつかの数の積と他のいくつかの数の積との比》.

cómpound rélative *n.* 〘文法〙複合関係詞 : **a** 先行詞のない関係代名詞[形容詞, 副詞] (例 : *What* he says is true. / This is *where* he was born.). **b** 関係代名詞に so, ever, soever を付加した複合語 (例 : whoso, whichever, whatsoever).

cómpound rést *n.* 〘機械〙(旋盤の)複式刃物台.

cómpound séntence *n.* 〘文法〙重文《二つ以上の単文を and, but, or, for などで結合した文 ; 例 : He went, but I remained. ; cf. simple sentence, complex sentence》.

cómpound subtráction *n.* 〘数学〙複名数の減法.

cómpound ténse *n.* 〘文法〙複合時制《助動詞を含む 2 語以上の結合から成る時制 ; 主に完了時制と進行形とをいうが, また種々の時制の受動態・未来時制および do による迂言形式などを含めることもある》.

cómpound tíme *n.* 〘音楽〙複合拍子《6 拍子 = 2×3 拍子, 9 拍子 = 3×3 拍子のように, 同種の単純拍子をいくつか含むもの》.

cómpound túrbine *n.* 複合タービン《火力発電所・原子力発電所などで用いる回転羽根が 2 列以上あるタービン ; cf. cross-compound turbine》.

cómpound wínd·ing [-wàɪndɪŋ] *n.* 〘電気〙複巻き《直流電動機や直流発電機で界磁巻線として直巻きと分巻き(または他励)の 2 種の巻線をもったもの》.

cómpound wórd *n.* **1** 〘文法〙複合語, 合成語《既存の語が 2 語以上結合して新しく作られた一つの語 ; 例 : schoolgirl, nobleman, broadcast, snow-white, baby-sit ; cf. compound noun》. **2** 〘言語〙 = derivative 5.

cómpound-wóund [-wáund] *adj.* 〘電気〙複巻きの.

com·pra·dor [kàmprədɔ́ɚ | kɔ̀mprədɔ́ː(r)] 《(1615) □ Port. ~ 'buyer' < LL *comparātōrem* ← L *comparāre* to provide ← COM-+*parāre* to furnish》 — *n.* (*also* **com·pra·dore** [~]) 買弁(ばいべん)《もと, 中国にあった外国商館・領事館などで中国商人との取引交渉などに当たらせるために雇った中国人》.

com·preg [kámpreg | kɔ́m-] 《《逆成》↓》 *n.* (高圧で加熱成形した)硬化積層材《合成樹脂を含浸させた合板 ; cf. impreg》.

com·preg·nate [kɑmprégneɪt, kəm- | kɔmp-, kəm-] 《《混成》← COM(PRESSED)+(IM)PREGNATE》 *vt.* (合成樹脂で)加熱接着させて合板を成形する.

com·pre·hend [kàmprɪhénd, -prə- | kɔ̀mprɪ-] 《(*c*1340) *comprehende(n)* □ OF *comprehend-er* ∥ L *comprehend-ere* ← COM-+*prehendere* to grasp》 — *vt.* **1** …の性質[意味]を見抜く, 知的に理解する, 把握する, わかる, 悟る : ~ a question 問題を理解する / ~ what it means それの意味することを理解する. **2** (全範囲内に)包含する, 内包する (include) ; 含蓄する (imply) : The word " beauty " ~*s* many meanings. 美という言葉には多くの意味が含まれている / All this is briefly ~*ed* in this saying. これらすべては簡潔にこの言葉に含蓄されている. — *vi.* 理解する, 悟る, わかる.

com·pre·hend·i·ble [kàmprɪhéndəbḷ, -prə- | kɔ̀m-prɪhéndə-, -dɪ-] *adj.* = comprehensible.

com·pre·hénd·ing·ly *adv.* 理解して, 知りつつ ; 心得顔に (knowingly).

com·pre·hen·si·ble [kàmprɪhénsəbḷ, -prə- | kɔ̀m-prɪhénsə-, -sɪ-] 《(1529) □ L *comprehensibil-is* ← *comprehensus* (↓)》 — *adj.* **1** 理解できる, わかりやすい (intelligible) : a book ~ only to adults 大人にだけわかる本. **2** 〘古〙包含できる. **còm·pre·hèn·si·bíl·i·ty** [-səbíləṭi | -lətɪ, -lɪ-] *n.* **~·ness** *n.* **còm·pre·hén·si·bly** *adv.*

com·pre·hen·sion [kàmprɪhénʃən, -prə- | kɔ̀m-prɪ-] 《(*c*1445) □ L *comprehensiō(n-)* ← *comprehensus* (p.p.) ← *comprehendere* 'to COMPREHEND' : ⇨ -sion》 — *n.* **1 a** 理解 (understanding); 理解力 : be above [be beyond, pass] one's ~ 理解力を越えている, 理解できない. **b** (理解して得た)知識. **2 a** 包含, 包括 (inclusion) ; 含蓄 (implication) : a term of wide ~ 内包[意味]の広い語. **b** 包容力. **3** 〘論理〙内包 (connotation). **4** 〘英国国教会〙包容主義[政策]《17 世紀に非国教徒を英国国教会に包含したこと》.

com·pre·hen·sive [kàmprɪhénsɪv, -prə- | kɔ̀mprɪ-] 《(1614) □ L *comprehensīv-us* ← *comprehensus* (↑) : ⇨ -ive》 — *adj.* **1** 理解の ; 理解力ある, 幅広い理解力のある : the ~ faculty 理解力 / a ~ brain. **2 a** 包含的な, 包括的の, 範囲の広い ; 包容力の大きい : a ~ church 包容主義の教会 / ~ knowledge 広い知識 / a ~ mind 包容力の大きい[博大な]心 / a ~ survey 広範囲の調査 / a ~ term 意味の広い言葉. **b** 《英》〈中等学校など〉総合制の. **3** 〘保険〙総合担保の. **4** 〘論理〙内包的な (intensive). — *n.* **1** [しばしば *pl.*] 《米》総合試験《sophomore の終了期に行なう専門分野への進学適性を調べる試験 ; comprehensive examination ともいう》. **2** 《米》広告の詳しい割り付け《写真・図解・イラスト・コピーなどの位置・大きさを示し, 仕上がりが容易に想像できる ; 略 comp. ; cf. visual *n.*》. **3** = comprehensive school. **~·ly** *adv.* **~·ness** *n.*

comprehénsive schòol *n.* **1** 《英》総合制中等学校《全コースのある secondary school》. **2** 《カナダ》 = composite school.

com·press 《(*c*1380) *compresse(n)* □ OF *compresser* ∥ LL *compressāre* ← L *compressus* (p.p.) ← *comprimere* ← COM-+*premere* to press》 — [kəmprés] *v.* — *vt.* **1 a** 押し[締め]つけて小さくする. **b** ぐっと押し合わせる, 押しつける : ~ one's lips 唇をかたく結ぶ. **c** 押し固める, かたまりにする, 固まった状態にする. **d** 〈空気・ガスなどを〉圧搾[圧縮]する. **2** 凝縮[要約]して〔…に〕する 〔*into*〕 : ~ a long story *into* a few pages 長い物語をつめて二, 三ページにする. — *vi.* 縮む, 凝縮する. — [kámpres | kɔ́m-] *n.* **1** (綿のこり (bales) などを作る)圧搾機械. **2** 〘医学〙(止血のため血管を圧縮する)圧迫包帯 ; 湿布.

com·préssed 《(*c*1380)》 — *adj.* **1 a** 圧搾[圧縮]した, 押し縮めた. **b** (圧力などで)平らになった. **2 a** [しばしば後置的に用いて] 〘植物〙扁平の, 主軸に沿って平たい (cf. depressed 3 a). **b** 〘魚類〙側扁の《ヒラメ・タイなどのように両側が接近して平たい体にいう ; cf. depressed 3 b》. **~·ly** *adv.*

compréssed áir *n.* 圧縮[圧搾]空気.

compréssed petróleum gàs *n.* 圧縮石油ガス (⇨ liquefied petroleum gas).

compréssed scóre *n.* 〘音楽〙 = short score.

compréssed spéech *n.* 圧縮言語《自動的にある音をカットする機械に入れることによって, 理解度を失わないで通常より速いスピードで再生された言語》.

com·press·i·bil·i·ty [kəmprèsəbíləṭi | -səbílətɪ, -sɪ-, -lɪ-] *n.* **1** 圧縮性. **2** 〘物理〙圧縮率《compressibility coefficient [modulus] ともいう》.

compressibílity dràg *n.* 〘航空〙造波抗力《物体が遷音速以上の高速で気体の中を運動する時, 亜音速ではほとんど 0 であった圧力抗力が大きくなり, 特に衝撃波が現われると著増する力 ; wave making drag ともいう》.

com·press·i·ble [kəmprésəbḷ | -sə-, -sɪ-] *adj.* 圧縮できる, 圧縮性の.

com·pres·sion [kəmpréʃən] 《(*a*1400) □ L *compressiō(n-)* ← *compressus* : ⇨ compress, -sion》 — *n.* **1** 圧縮, 圧搾, 凝縮 (condensation). **2 a** 圧縮[圧搾]状態. **b** 圧縮されてできたもの[くぼみ]. **3** 〘機械〙 **a** 圧縮《内燃機関で点火に先立つシリンダー内の混合気をピストンで圧縮して圧力を増大させること》. **b** = compression ratio. **4** 〘植物〙圧縮されてできた化石植物. **~·al** [-ʃənḷ, -ʃnəl] *adj.*

compréssional wáve *n.* 〘物理〙粗密波, 圧縮波.

compréssion fáilure *n.* 〘建築〙電状もめ, 揉(も)め《風雪などによって樹幹が曲げられたりした結果, 木材の表面に生じる割れ》.

compréssion ignítion *n.* 〘機械〙圧縮着火《ディーゼル機関の場合のように燃料が着火するに十分な高温をピストンで空気を圧縮するために得る方法》.

compréssion mémber *n.* 〘工学〙圧縮材, 抗圧材《骨組を構成している部材のうち圧縮力を受けるもの》.

compréssion mòlding *n.* 〘化学〙圧縮成形《特に樹脂加工で, 材料を金型に入れ加熱・加圧して成形する方法》.

compréssion ràtio *n.* 〘機械〙(内燃機関の)圧縮比.

compréssion sprìng *n.* 〘機械〙圧縮ばね.

compréssion stròke *n.* 〘機械〙圧縮行程《内燃機関において混合気を圧縮する行程》. 「wave.

compréssion wáve *n.* 〘物理〙 = compressional

com·pres·sive [kəmprésɪv] 《(?*a*1425) ← COMPRESS +-IVE》 — *adj.* **1 a** 圧縮[圧搾]の[に関する]. **b** 圧縮する, 圧縮力のある, 圧搾的な : a ~ force 圧縮力. **2** 〘精神医学〙圧縮的な《気分の変調, 感情の誇張の目

立つ情動障害をいう》. **～·ly** *adv.*
compréssive stréngth *n.* 〘物理〙圧縮強さ, 耐圧強度 (cf. tensile strength).
compréssive stréss *n.* 〘物理〙圧縮応力《圧縮荷重によって生じる応力》.
com·pres·som·e·ter [kɑ̀mpresɑ́məṭə | kɔ̀mpresɔ́mɪtə(r, -mə-] 〘← COMPRESS(ION)＋-O-＋-METER¹〙 *n.* 〘機械〙縮み計.
com·prés·sor 〘□L ～: ⇨ compress, -or²〙 **—** *n.* **1** 圧縮[圧搾]機; 圧搾ポンプ, 圧搾機械[装置]: ⇨ air compressor. **2** 〘解剖〙圧縮筋, 収縮筋. **3** 〘外科〙血管圧迫器. **4** 〘海事〙制鎖器, コンプレッサー. **5** 〘電子工学〙圧縮器《信号帯域の圧縮器; cf. expander 3》.
com·pres·sure [kəmpréʃə | -ʃə(r] 〘⇨ -ure〙 *n.* = compression.
com·pris·a·ble [kəmpráɪzəbl̩] *adj.* 包含できる.
com·pris·al [kəmpráɪzəl, -zl̩] 〘⇨ ↓, -al¹〙 *n.* 《廃》梗概, 大要 (compendium).
com·prise [kəmpráɪz] 〘《1429》comprise(n) ← F *compris* (p.p.) ← *comprendre* < L *comprehendere* 'to COMPREHEND'〙 **—** *vt.* (*also* **com·prize** [～]) **1** 〈全体の構成部分を〉含む, 包含する, 包括する; 〈部分〉から成る: The Union ～*s* 50 states. アメリカ合衆国は50州を包含する[から成る] / The house ～*s* five rooms. この家は5室からできている / be ～*d* in ...に含まれる, に包含されている / the matter ～*d* in these few words これら数語の中に盛られた内容. **2** 〈部分が〉(集まって)構成する: a committee ～*d* of ten members 10人から成る委員会 / Ten chapters ～ Book One. 10章で第1巻ができている.
com·pro·mise [kɑ́mprəmàɪz | kɔ́m-] 〘《?1435》□(O)F *compromis* □ L *comprōmissum* mutual promise (neut. p.p.) ← *comprōmittere*: ⇨ com-, promise〙 **—** *n.* **1** (相互の折れ合いによる)問題の解決, 妥協, 歩み寄り, 互譲: a life of ～ 妥協の生活 / work out a ～ 妥協による解決を作り出す / make a ～ with one's principles 自己の主義を曲げる / Logic admits of no ～. 論理は妥協を許さない. **2 a** 妥協[歩み寄り]の結果, 折衷; 折衷説[案]: a ～ between opposite motives 対立する二動機の折衷案. **b** 中間のもの, どっちつかずのもの, あいのこ: a ～ between a fish and a snake 魚ともヘビともつかないその中間物. **3 a** (名誉・信用・利益などを)危うくすること, 危険にさらすこと: a ～ of one's honor. **b** (理想・主義などを, 便宜上)弱める[譲歩する]こと, 弱体化, 屈従: a ～ of principles 主義の譲歩.
— *vt.* **1** 相互に折れ合って[妥協して]処理[解決]する: ～ a dispute, lawsuit, etc. **2 a** (ある行為によって)〈名声・信用などを〉危うくする (endanger): ～ one's position [reputation, credit] by one's own folly 自分の愚行で地位[名声, 信望]を危うくする. **b** [～ *oneself* で] 身に累を及ぼす, 自分の体面を危うくする, 信用を落とす[疑いを受ける]ようなことをする. **c** 〈理想・主義などを〉(便宜上)弱める; 弱体化する. **3** 《廃》協定・約束などで縛る. **—** *vi.* **1** (相互の折れ合いで)解決する, 和解する: ～ on these terms こういう条件で和解する. **2** 恥ずべき譲歩をする, 屈従する〔*with*〕.
—*adj.* 妥協の(結果の).
cóm·pro·mìs·er *n.*
cómpromise jòint *n.* 〘鉄道〙異形継目《大きさや型の違う二種のレール間の継目》.
com·pro·vin·cial [kɑ̀mprəvínʃəl, -pro(ʊ)- | kɔ̀mprə-] 〘《?a1425》□ML *comprōvinciāl-is*: ⇨ com-, provincial〙 *adj.* 同一大司教区の: a ～ bishop. **—** *n.* 同一大司教区 (archiepiscopal province) の司教.
compt [kaʊnt, kɔ́:(n)t, kɔ́(:)nt; *F.* kɔ̃:t] *n.* 《古》= count².
compt. 《略》compartment.
compte ren·du [kɔ̃́:nt-rɑ̃:(n)d(j)ú:, -rɔ̃:(n)-, kɔ́(:)nt-rɑ:n-, -rɔ(:)n- | -djú:; *F.* kɔ̃:trɑ̃dy] 〘□F ～《原義》account rendered〙 **—** *F. n.* (*pl.* **comptes ren·dus** [～]) (調査などの)報告(書) (report); 書評 (review).
comp·tie [kɑ́m(p)ti | kɔ́m(p)tɪ] *n.* 〘植物〙= coontie.
Comp·tom·e·ter [kɑmptɑ́məṭə | kɔmptɔ́mɪtə(r, -mə-] 〘← *F compt(er)* 'to COUNT¹'＋-(O)METER¹〙 *n.* 〘商標〙コンプトミーター《高速度計算機の商品名》.
Comp·ton [kɑ́m(p)tən | kɔ́m(p)-, kʌ́m(p)-] 〘南カリフォルニア大学の創立者 G. D. Compton にちなむ〙 **—** *n.* 米国 California 州南西部, Los Angeles 郊外の都市; 人口 79,000.
Comp·ton [kɑ́m(p)tən | kʌ́m(p)-, kɔ́m(p)-], **Arthur Holly** *n.* (1892–1962) 米国の物理学者; いわゆる Compton effect の発見で Nobel 物理学賞 (1927) を受けた.
Compton, Karl Taylor *n.* (1887–1954) 米国の物理学者.
Comp·ton-Bur·nett [kʌ́m(p)tən-bə́:nɪt, -nət | kʌ́m(p)tən-bɔ́:-, kɔ́m(p)-], Dame **Ivy** *n.* (1892–1969) 英国の女流小説家; *A God and His Gift* (1963).
Cómpton efféct [**scàttering**] 〘← *Arthur H. Compton*〙 *n.* 〘物理〙コンプトン効果[散乱]《光子と電子の弾性散乱》.
Cómpton wàvelength *n.* 〘物理〙コンプトン波長《質量 m の素粒子に対し長さの次元をもつ量 ħ/mc をその素粒子のコンプトン波長という; ħ はプランク定数を 2π で割ったもの, c は光速度》.
Comptr. 《略》comptroller.
comp·trol·ler [kəntróʊlə, kɑ́m(p)troʊlə, ─ ─́ ─ | kəntrə́ʊlə(r] 〘《c1500》《異形》← CONTROLLER: *compt*- は《廃》*compt* (《異形》← COUNT¹) との混同による〙 **—** *n.* (会社の)経理部長, コントローラー; (会計・銀行などの)検査官, 監督官: a ～ of accounts 会計検査官.
Comptroller of the Army (米陸軍参謀本部で予算・会計の監督指導にあたる)監理部長.
Comptroller and Auditor General (英国の)会計検査院長.
Comptróller Géneral *n.* (*pl.* **Comptrollers G-**) (米国の)会計検査院長官《大統領および上院によって任命され任期15年; 両院の弾劾手続きもしくは共同決議による他は解任されない》.
comptróller·shìp *n.* comptroller の職[地位].
com·pu- [kɑ́mpju | kɔ́m-] 〘← COMPUTER〙「電算機 (computer)」の意の連結形: *compu*word.
com·pul·sion [kəmpʌ́lʃən] 〘《?a1425》□(O)F ～ ∥ LL *compulsiō(n-)* ← *compulsus* (p.p.) ← *compellere* 'to COMPEL': ⇨ -sion〙 **—** *n.* **1 a** 強制(すること), 無理強い, 強迫 (coercion); 強制された状態: by ～ 強制的に / under [on, upon] ～ 強制されて. **b** 強制するもの; 強制力. **2 a** 〘心理〙強迫(現象), 強制 (cf. obsession 2 b). **b** 強迫(観念)的な欲求: Smoking is a ～ with him. たばこは彼にとっては抑え難い欲求だ.
compúlsion neurósis *n.* 〘精神医学〙= obsessive-compulsive neurosis.
com·pul·sive [kəmpʌ́lsɪv] 〘《1600 ←《廃》*compulse* to compel (← L *compulsus* (↑))＋-IVE〙 **—** *adj.* **1** 強制力のある, 強制的な. **2 a** 〈人・欲求・行為など〉強迫観念にとらわれた(ような), (何かに)駆り立てられたような, やむにやまれぬ. **b** 〈書物など〉人の心をとらえて離さない. **3** 〘心理〙強迫行為の, 強迫(行為)的な: a ～ idea 強迫観念 / the ～ personality 強迫的人格. **—** *n.* **1** 強制力. **2** 〘心理〙強迫行為[観念]にとらわれた人. **～·ly** *adv.* **～·ness** *n.* **com·pul·siv·i·ty** [kəmpʌ̀lsívəṭi, kɑ̀mpʌl- | kɔ̀mpʌlsívətɪ, -vɪ-] *n.*
com·pul·so·ri·ly [kəmpʌ́ls(ə)rəli | -rəlɪ, -rɪlɪ] *adv.* 強制的に, いやおうなしに.
com·pul·so·ry [kəmpʌ́ls(ə)ri | -rɪ] 〘《1581》□ML *compulsōri-us* ← *compulsus*: ⇨ compulsive, -ory¹〙 **—** *adj.* **1** 強制する, 強制的な, 無理強いの: ～ execution 強制執行 / ～ measures [means] 強制手段 / ～ purchase 強制買上げ, 強制収用 / ～ sale by auction 強制競売. **2** 強制された; 義務的な, 必修の (cf. facultative 1): a ～ contribution 強制寄付 / ～ education 義務教育 / ～ (military) service 強制兵役[徴兵] / ～ subjects 必修科目. **com·púl·so·ri·ness** *n.*
com·punc·tion [kəmpʌ́ŋ(k)ʃən] 〘《c1340》□ OF ～ ∥ LL *compunctiō(n-)* remorse ← L *compunctus* (p.p.) ← *compungere* ← COM- 2＋*pungere* to prick (⇨ pungent)〙 **—** *n.* **1 a** (罪の意識から生じる)心の不安感, 良心の呵責(かしゃく); 悔い, 悔恨 (remorse): ～ for former sins 昔犯した罪に対する悔恨の情 / I have no ～ in doing so. そうしたってちっとも悪いとは思わない. **b** (軽い)気のとがめ: with some ～ いくらか悔いて, 少し気がとがめて / without (the slightest) ～ (全く)平気で. **2** 《古》同情, 憐れみ (pity).
com·punc·tious [kəmpʌ́ŋ(k)ʃəs] *adj.* **1** 後悔の[から生じる]: a ～ feeling 後悔の気持ち. **2** 悔いている, 気がとがめる: be ～ *for* one's sin. **～·ly** *adv.*
com·pur·ga·tion [kɑ̀mpə(:)géɪʃən | kɔ̀mpə:-] 〘《a1670》□LL *compurgātiō(n-)* ← L *compurgāre* to purify wholly ← COM- 2＋*purgāre* to make clean (⇨ purge)〙 **—** *n.* 《古》〘英法〙(被告の無罪・誠実などに対する友人や隣人などの)免責宣誓, 雪冤宣誓 (cf. WAGER of law): a trial by ～ 雪冤宣誓による裁判《1833年陪審制度ができて正式に廃止; 刑事事件で無罪の立証方法としては不十分とされ(1166年), 民事事件では15世紀になっても用いられた》. **com·pur·ga·to·ry** [kəmpə́:gətɔ̀:ri, -tòːri | -pɜ́:gət(ə)rɪ] *adj.*
com·pur·ga·tor [kɑ́mpə(:)gèɪṭə | kɔ́mpə:gèɪtə(r] 〘□ML *compurgātor* ← *compurgāre* (↑): ⇨ -or²〙 *n.* 《古》〘英法〙(被告の無罪を保証する)免責宣誓者.
com·put·a·ble [kəmpjú:ṭəbl̩, kɑ́mpjuṭ- | kəmpjú:t-, kɔ́mpjut-] *adj.* 計算[算定]できる. **com·pùt·a·bíl·i·ty** [-ṭəbíləṭi | -lətɪ, -lɪ-] *n.* **com·pút·a·bly** *adv.*
com·pu·ta·tion [kɑ̀mpjutéɪʃən | kɔ̀mpju:-, -pju-] 〘《?c1408》□L *computātiō(n-)* ← *computātus* (p.p.) ← *computāre* 'to COMPUTE': ⇨ -ation〙 **—** *n.* **1** 計算, 計量, 算定(法) (calculation). **2** 計算の結果. **3** 電算機の使用[操作]. **com·pu·ta·tive** [kəmpjú:ṭəṭɪv, kɑ́mpjutèɪṭ- | kəmpjú:tət-, kɔ́mpjutèɪt-, -tət-] *adj.*
còm·pu·tá·tion·al [-ʃnəl, -ʃənl̩] *adj.* **1** 計算の[による]: ～ errors. **2** 電算機の[による].
computátional linguístics *n.* 〘言語〙コンピューター言語学《コンピューターを使用して言語に関する情報を収集し処理する》.
com·pu·ta·tor [kɑ́mpjutèɪṭə | kɔ́mpju:tèɪtə(r, -pju-] *n.* = computer.
com·pute [kəmpjú:t] 〘《1631》□F *comput-er* ∥ L *comput-āre* to sum up ← COM-＋*putāre* to think (⇨ putative)〙 **—** *vt.* **1** 計算[算出]する, 算定する (reckon): ～ the number [amount, distance] at ...数[量, 距離]を...と算定する. **2** 電算機で計算する. **—** *vi.* **1** 計算する: ～ from ...から起算する. **2** 電算機を使用する. **—** *n.* 計算, 測定. ★ 主に次の句で: beyond ～ 計算できない; 測り知れない.
compúted tomógraphy [-ṭɪd, -ṭəd- | -tɪd-, -təd-] *n.* 〘医学〙コンピューター断層[撮影]法 (略 CT).
com·pút·er [-ṭə | -tə(r] 〘《1646》〙 *n.* **1** 計算者, 算定者. **2** (電子)計算機, 電算機, コンピューター: ⇨ analogue computer, digital computer.
compúter dàting *n.* 電算機による結婚[男女交際]の仲介.
com·put·er·ese [kəmpjù:ṭərí:z, -rí:s | -tərí:z] 〘⇨ computer, -ese〙 *n.* 〘電算機〙 **1** = computer language. **2** コンピューター用語.
com·put·er·ite [kəmpjú:ṭəràɪt | -tə-] *n.* = computernik.
com·put·er·ize [kəmpjú:ṭəràɪz | -tə-] *vt.* **1** 電算機で処理[制御, 分析]する, 電算機化する: ～ a system. **2** ...に電算機を備えつける. **—** *vi.* 電算機を導入する[使用する]. **com·put·er·i·za·tion** [kəmpjù:ṭərɪzéɪʃən, -rə- | -təraɪ-, -rɪ-] *n.*
compúter lànguage *n.* 電算機用言語, コンピューター言語 (cf. ALGOL, COBOL, FORTRAN, assembly language, machine language).
compúter·lìke *adj.* 電算機のような.
compúter·man [-mæ̀n] *n.* (*pl.* **-men** [-mèn]) = computer scientist.
com·put·er·nik [kəmpjú:ṭənɪk | -tə-] 〘← COMPUTER＋-NIK〙 *n.* 電算機操作係; 電算機に関心のある人.
compúter scìence *n.* 計算機科学《電子計算機ソフトウェア・データ処理・設計などを扱う科学》.
compúter scìentist *n.* 電算機科学者.
com·pu·ter·y [kəmpjú:ṭəri | -tərɪ] *n.* **1** [集合的] 電算機; 電算機システム. **2** 電算機使用[操作, 製造].
com·pu·word [kɑ́mpjuwə̀:d | kɔ́mpjuwə̀:d] *n.* 〘電算機〙電算機語.
Comr. 《略》Commissioner.
com·rade [kɑ́mræd, -rɪd, -rəd | kɔ́mreɪd, -rɪd, kʌ́m-rɪd] 〘《1591》□F *camarade* □Sp. *camarada* chamber fellow ← *cámara* room < L *cameram* (⇨ camera): 英語の *com-* は L *com-* (⇨ com- 1) の類推〙 **—** *n.* **1 a** [通例男性への呼掛けにも用いて] 僚友, 仲間, 親友 (companion, associate): a ～ in arms 戦友. **b** 戦友. **2 a** [しばしば C-; 呼掛けにも用いて] (労働[共済]組合・共産党などの)組合員, 党員, 同志: *Comrade* Peter 同志ピーター. **b** [C-] 共産党員.
cóm·rade·ly *adj.* 仲間[同志]の; 仲間[同志]に似た. **cóm·rade·li·ness** *n.*
com·rad·er·y [kɑ́mræd(ə)ri, -rɪdri, -rəd-, -reɪd(ə)ri | kɔ́mreɪdrɪ, -rɪd-, kʌ́mrɪd-] *n.* = camaraderie.
cómrade·shìp *n.* **1** 仲間[同志]であること; 戦友であること; 仲間[戦友]同士. **2** 同志間の親しい関係[交わり], 僚友関係, 友愛, 友情 (fellowship): a sense of good ～ 美しい友情の念.
Com·sat [kɑ́msæt | kɔ́m-] 〘← *com(munications) sat(ellite)*〙 *n.* 〘通信〙コムサット, 通信衛星《電波を反射または中継するための人工衛星》.
Com·so·mol [kɑ̀msəmɔ́(:)l, -mɑ́l | kɔ̀msəmɔ́l; *Russ.* kəmsamól] *n.* = Komsomol.
Com·stock [kɑ́mstɑk, kʌ́m- | kɔ́mstɔk, kʌ́m-], **Anthony** *n.* (1844–1915) 米国の狂信的な作家・社会改良家; the New York Society for the Suppression of Vice の創立者.
Com·stock·er·y [kɑ́mstɑk(ə)ri, kʌ́m- | kɔ́mstɔk(ə)rɪ, kʌ́m-] 〘⇨ ↑, -ery: G. B. Shaw の造語?〙 **—** *n.* **1** (文芸・美術作品についての)極端な道徳的批判・弾劾. **2** 道学者的偽善, (淑女風の)上品振り (prudery). **Com·stock·i·an** [kɑmstɑ́kiən, kʌm- | kɔmstɔ́kɪ-, kʌm-] *adj.*
Cóm·stock Lóde [kɑ́mstɑk-, kʌ́m- | kɔ́mstɔk-, kʌ́m-] 〘← *H.T. Comstock* (1820–70: その最初の所有者)〙 **—** *n.* コムストック脈《米国 Nevada 州西部, Virginia City の金銀の鉱脈; 1859年に発見》.
Com·symp [kɑ́msɪmp | kɔ́m-] 〘← *Com(munist) symp(athizer)*〙 *n.* 《米》共産党シンパ[共鳴者].
comte [kɔ̃:(n)t, kɔ́(:)nt; *F.* kɔ̃:t] 〘□F ～: ⇨ count²〙 *F. n.* (*pl.* ～**s** [～s; *F.* ～]) 伯爵 (count).
Comte [kɔ̃:(n)t, kɔ́(:)nt; *F.* kɔ̃:t], **Auguste** *n.* コント《1798–1857; フランスの哲学者; 実証主義哲学の唱道者・社会学の祖; *Cours de philosophie positive*「実証哲学講義」(1830–42)》.
Com·te·an [kɑ́mtiən, kɔ̃́:(n)ṭ-, kɔ́(:)nṭ- | kɔ̃́:(n)tɪən, kɔ́(:)n-, -tjən] *adj.* = Comtian.
com·tesse [kɔ̃:(n)tés, kɔ(:)n-; *F.* kɔ̃tɛs] 〘□F ～ (fem.) ← *comte*〙 *F. n.* (*pl.* **com·tess·es** [～ɪz, ～əz; *F.* ～]) 伯爵夫人; 女伯爵 (countess).
Com·ti·an [kɑ́mtiən, kɔ̃́:(n)ṭ-, kɔ́(:)nṭ- | kɔ̃́:(n)tɪən, kɔ́(:)n-, -tjən] *adj.* Comte (哲学)の.
Comt·ism, c- [kɑ́mtɪzm, kɔ̃́:(n)ṭ-, kɔ́(:)nt- | kɔ̃́:(n)t-, kɔ́(:)n-] *n.* Comte の哲学, 実証哲学 (positivism).
Comt·ist, c- [kɑ́mtɪst, kɔ̃́:(n)ṭ-, kɔ́:nṭ-, -ṭəst | kɔ̃́:(n)-tɪst, kɔ́(:)n-] *n., adj.* Comte 哲学の学徒(の), 実証哲学者(の) (positivist).
Co·mus [kóʊməs | kə́ʊ-] 〘□L *Cōmus* □Gk *kōmos* revel: cf. comedy〙 **—** *n.* 〘ギリシャ・ローマ神話〙コーモス《宴楽の神; 松明(たいまつ)をもち翼のある酔っぱらった青年として表わされる》.
con¹ [kɑ́(:)n | kɔ́n] 〘OE *cann, conn* ← *cunnan* to know: ⇨ can²〙 *vt.* (**conned**; **con·ning**) 《古》学ぶ, 学習する (study); 暗記する: ～ (over) one's lesson.
con² [kɑ́(:)n | kɔ́n] *vt., n.* (**conned**; **con·ning**) = conn.
con³ [kɑ́(:)n | kɔ́n] 〘《15C》《略》← L *contrā* against〙 **—** *adv.* 反対して, 反対で (against) (↔pro): argue a matter pro and ～ 賛否両論で問題を論ずる. **—** *n.* 反対投票; 反対論; 反対の立場: the pros and ～*s* 賛成投票と反対投票, 賛成論と反対論, 賛否両論. **—** *prep.* ...に反対して: ⇨ contra.

con⁴ [kɑ́(ː)n | kɔ́n] 〘《略》← CONFIDENCE〙《口語》 — *vt.* **1** だます, 欺く (cheat). **2** おだてて[説得して]…させる〔*into*〕: ~ a person *into* buying 人をおだてて買わせる. **3** …にお世辞を言う (blarney). — *adj.* 信用詐欺の: ⇨ con game, con man. — *n.* (金銭の)盗用, 横領.

con⁵ [kɑ́(ː)n | kɔ́n] 〘略〙 *n.* 《俗》 =convict.

con⁶ [kɑ́(ː)n | kɔ́n] 〘《略》← CONSUMPTION〙 *n.* 《俗》 **1** 肺結核, 肺病. **2** 結核を合併した硅(けい)肺症.

con⁷ [kɑ́(ː)n | kɔ́n ; *It.* kon] 〘⊏ It. ~ < L *cum*〙 *prep.* 〘音楽〙 …をもって: ⇨ con affetto, con amore.

con. 《略》 concentration; concerning; 〘音楽〙 concerto; conclusion; condense; conduct; 〘法律〙 *L.* conjunx (=wife); connection; consolidated; consort; consul; continued; contra; convenience; conversation.

con-¹ [kən, kɑn | kən, kɔn] *pref.* (b, gn, h, l, m, p, r, w 以外の子音の前に来る時の) com- の異形.

con-² [koun, kɑn | kəun, kɔn] (母音の前に来る時の) cono- の異形.

con·a·cre [kɑ́neɪkə | kɔ́neɪkə(r)] 〘《1824》《変形》←《古形》 *corn-acre*: ⇨ corn¹, acre〙《アイル》 — *n.* (耕作済み)小作地の一作間の転貸. — *vt.* (一作間だけ)〈土地を〉転貸する.

con af·fet·to [kɑ̀nəféṭou | kɔ̀nəfétəu ; *It.* kònafétto] 〘⊏ It. ~〙 *adv.* 〘音楽〙 感情をこめて.

Co·na·kry [kɑ́nəkri | kɔ́nəkrɪ ; *F.* kɔnakri] *n.* (*also* **Konakri**) コナクリ《アフリカ西部 Guinea 西部の海港で同国の首都; 人口 412,000》.

con·al·bu·min [kɑ̀nælbjúːmɪn, -mən | kɔnǽlbjumɪn, kɔ̀nælbjúː-] 〘← *con-* 'COM-' + ALBUMIN〙 — *n.* 〘生化学〙 コナルブミン《卵白蛋白質成分の約 14% を占める蛋白質; 卵白からオヴァルブミン (ovalbumin) を晶出させたあとの母液から得られる》.

con a·mo·re [kɑ̀n-əmɔ́ːri, kòun-, -mɔ́ːr-, -reɪ | kɔ̀n-əmɔ́ːrɪ, -reɪ ; *It.* konamóːre] 〘⊏ It. ~: ⇨ con⁷, amorous〙 — *adv.* **1** 〘音楽〙 愛情をこめて, やさしく. **2** 愛情をもって; 熱心に.

Co·nan [kóunən | kə́u-, kɔ́n-] 〘← ? OCelt. **kuno-* high〙 *n.* 男性名.

Conan Doyle, Sir Arthur *n.* ⇨ Doyle.

con a·ni·ma [kɑnǽnəmɑ̀ː, -ɑ́ːnɪ- | kɔnǽnɪ-, -ɑ́ːn- ; *It.* konánimà] 〘⊏ It. ~: ⇨ con⁷, anima〙 *adv.* 〘音楽〙 生き生きと《演奏上の指示》.

Co·nant [kóunənt | kɔ́n-], **James Bry·ant** [bráɪənt] *n.* (1893–1978) 米国の化学者・教育家; Harvard 大学総長 (1933–53).

co·na·tion [ko(u)néɪʃən | kə(u)-] 〘《1615》⊏ L *cōnātiō(n-)* endeavor ← *cōnātus* 'CONATUS': ⇨ -ation〙 — *n.* 〘心理〙 コーネーション《意欲・努力などに見られる行動への意識的傾向; cf. affection 2 b, cognition 1》; 意欲感[活動]. **~·al** [-ʃənḷ, -ʃnəl] *adj.*

co·na·tive [kóunəṭɪv, -neɪṭ-, kɑ́nəṭ- | kə́unət-] *adj.* **1** 〘心理〙 意志的な. **2** 〘文法〙 能動的な, 行為遂行意欲を示す. — *n.* 〘文法〙 能動動詞[接辞].

co·na·tus [ko(u)néɪṭəs, -nɑ́ːṭ- | kə(u)néɪt-, -nɑ́ːt-] 〘⊏ L *cōnātus* endeavor, effort ← L *cōnārī* to attempt〙 — *n.* (*pl.* ~) 〘哲学〙 自然の傾向, 推進力; 自然性《スピノザ哲学で事物のもつ自己維持また存在持続の努力をいう言葉》.

con bri·o [kɑn-bríːou, koun- | kɔn-bríːəu ; *It.* konbríːo] 〘⊏ It. ~: ⇨ con⁷, brio〙 *adv.* 〘音楽〙 はつらつと, 元気よく.

conc. 《略》 concentrate; concentrated; concentration; concerning; concrete.

con·ca·nav·a·lin [kɑ̀nkənǽvəlɪn, -lən | kɔ̀nkənǽvəlɪn] 〘← *con-* 'COM-' + *canavarin* (← NL *Canavalia* genus name of the jack bean)〙 — *n.* 〘化学〙 コンカナバリン《ナタマメに含まれる 2 種のグロブリン状の蛋白質; その一つのコンカナバリン A は細胞を凝集させる働きをもつ》.

con·cat·e·nate 〘《1471》⊏ L *concatēnāt-us* (p.p.) ← *concatēnāre* ← *con-* 'COM- 1' + *catēna* chain: cf. catenary〙 — [kɑnkǽṭənèɪt, kən-, -nət, -nɪt, -tṇ- | kɔnkǽtɪ-, kən-] *vt.* 鎖状につなぐ, つなぎ合わせる, 連結する. — [-ṭənət, -nɪt, -tṇ- | -tɪn-] *adj.* 連鎖状の, つながった, 連結した.

con·cat·e·na·tion [kɑnkæ̀ṭənéɪʃən, kən-, -tṇ- | kɔnkæ̀tɪ-, kən-, kɔ̀nkæt-] 〘《1603》⊏ L *concatēnātiō(n-)*: ⇨ ↑, -ation〙 — *n.* **1** 連結(すること), 連鎖. **2** (事件などの)連結, 連続 (series): a ~ of events, circumstances, etc. / put a person off from the ~ of discourse 人の話の腰を折る. **3** 〘電気〙 縦続, 縦続接続 (cascade connection).

con·cave 〘《a1398》⊏ L *concav-us* hollow, arched, curved: ⇨ com-, cave¹〙 — [kɑnkéɪv, ⸗⸗ | kɔnkéɪv, kɔŋ-, ⸗⸗] *adj.* **1** 凹面[形]の, 中低の, くぼんだ (cf. convex 1): a ~ lens 凹レンズ (⇨ lens 挿絵) / a ~ mirror 凹面鏡 / a ~ tile 雌がわら / a ~ circular saw. **2** 《廃》 中空の, 中がからっぽの. **3** 〘数学〙 凹(おう)の, 凹面の. — [⸗⸗] *n.* **1** 凹形, くぼみ, 凹面: the spherical ~ 空, 大空. **2** 〘機械〙 凹面, 凹形. — [⸗⸗] *vt.* 凹面にする, へこませる. **~·ly** *adv.* **~·ness** *n.*

cóncave gráting *n.* 〘光学〙 凹面(回折)格子.

cóncave pólygon *n.* 〘数学〙 凹多角形, 凹多辺形《少なくとも一つの角が平角 (180°) より大きい多角形》.

con·cav·i·ty [kɑnkǽvəṭi | kɔnkǽvɪtɪ, kən-, -vɪ-] 〘《a1400》⊏ (O)F *concavité* ⊏ L *concavitās*: ⇨ concave, -ity〙 *n.* **1** 中低; 凹状. **2** 凹面; 凹所, くぼみ.

con·ca·vo- [kɑnkéɪvo(u) | kɔnkéɪvə(u)] 〘← L *concavus*: ⇨ concave〙「凹面[形]の (concave); 凹面[形]に (concavely)」の意の連結形 (cf. convexo-).

concávo-concáve *adj.* 〘光学〙〈レンズが〉両凹面の, (表裏)両面中低の: a ~ lens 両凹レンズ (⇨ lens 挿絵).

concávo-convéx *adj.* **1** 凹凸(おうとつ)の《半面が凹状で他の半面が凸状のものにいう》. **2** 〘光学〙〈レンズが〉凹面の曲率が凸面より大きい《片面中低[凹状]で他面中高[凸状]のものにいう; cf. convexo-concave》: a ~ lens 凹メニスカスレンズ (⇨ lens 挿絵).

con·ceal [kənsíːl] 〘《c1325》 *concele(n)* ⊏ OF *conceler* < L *concēlāre* ← *con-* 'COM- 1' + *cēlāre* to hide〙 — *vt.* **1 a** 目に見えないようにする[置く], 隠す, 包み隠す, 隠匿する (hide): ~ one's emotions 感情をおもてに表わさない / ~ the area from aerial surveillance その地帯を空中監視されないようにする. **b** [~ *oneself* で] 身を隠す, 潜伏する, 隠れる: ~ *oneself* in the bush. **2** 人に知られないようにする, 秘密にする: ~ one's poverty, ignorance, nervousness, fear, etc. / I ~ nothing from you. 君には何も隠さない, 君に打ち明ける. **~·er** [-lə | -lə(r)] *n.*

con·ceal·a·ble [kənsíːləbḷ] *adj.* 隠せる; 秘密にできる.

concéaled wéapon *n.* 隠匿凶器.

con·céal·ment 〘《a1325》⊏ OF *concelement*: ⇨ conceal, -ment〙 — *n.* **1** 隠すこと, 隠匿, 隠蔽(いんぺい); 潜伏: ~ of birth 出産の隠匿[無届] / remain in ~ 隠れている. **2** 隠し場所, 隠匿場所; 潜伏場所.

con·cede [kənsíːd] 〘《1632》⊏ F *concéd-er* ∥ L *concēdere* to give way ← *con-* 'COM- 1' + *cēdere* to yield (⇨ cede)〙 — *vt.* **1 a** 〈権利・特権などを〉許す, 譲与する, 与える (grant): ~ a privilege *to* a person / He ~d us the right to enter. 入場の権利を許してくれた. **b** (権利・特権として)与える[許す] (allow); 譲る, 譲歩する (yield): They ~d a raise in his wages. 彼の賃上げを許した / ~ five points to him 彼に 5 点のハンディを与える / ~ a point in argument 議論である点を譲る / ~ a person the palm of victory 人に勝利を譲る. **2 a** 正しいものとする, 認める 〈*that*〉: He ~d *that* the witness was true. その証言が真実であると認めた / *Conceding*, for a moment, *that* he is right, …仮に今彼が正しいことを認めたとして. **b** しぶしぶ認める, 容認する 〈*that*〉: He ~d *that* my proposal might be better. 私の提案のほうがよいかもしれないと彼はやっと認めた. **3 a** (競技・選挙などで, 最終の結果を待たずに)〈(自分の)敗北・(相手の)勝利を〉認める; (競技・選挙などで)(相手に)敗北したと認める, …での(相手の)勝利を認める[許す]〔*to*〕: ~ defeat (in the election) / ~ victory *to* an opponent / They ~d us the victory. 我々の勝ちだと言った / ~ the game [election] *to* one's opponent 競技相手[対立候補]の勝利を認める. **b** 相手に〈ゴール[点]を〉許す: ~ a goal. — *vi.* **1** 譲歩する; 承認する. **2** 選挙の敗北を認める. **con·céd·er** *n.*

con·céd·ed·ly *adv.* 明白に (admittedly).

con·ceit [kənsíːt] 〘《c1380》 *conceyte*: DECEIT, RECEIPT などとの類推で CONCEIVE から造られた語: cf. It. *concetto* (< LL *conceptum* 'CONCEPT')〙 — *n.* **1** (自己の能力・価値などに対する)過大評価, 自負心, うぬぼれ, 慢心: be full of ~ うぬぼれが強い / take the ~ out of a person 人の高慢の鼻をくじく, 人をへこませる. **2** 〘《なぞり》← It. *concetto*〙 **a** 奇抜な着想, 奇想, (力). **b** 〘文学〙 (詩文の)機知に富んだ[凝った]表現, 奇抜な比喩, コンシート《二つの物の間に意表をつくような相似性を発見するもの; 17 世紀にはよい意味で用いられたが, 18 世紀の Johnson の時代には悪い意味で用いられた》: poetry full of artificial ~s 極端に技巧を弄した表現に富む詩. **3** 小間物, 装飾品, 意匠品 (fancy article). **4** 《古》 **a** 私見, 独断, 意見; 評価: be wise in one's own ~ 自分では賢いつもり. **b** 考え, 思考. **c** 想像力, 思考力.

out of conceit with 《古》 …にいや気がさして, 愛想がつきて: put a person *out of* ~ *with* …に対して人にいや気を起こさせる.

— *vt.* **1** [~ *oneself* で] 得意になる: ~ *oneself* over one's success 成功で得意になる. **2 a** 《廃》 理解する. **b** 《廃・方言》 想像する, 考える: a well-*conceited* play 趣向を凝らした劇. **3** 《廃・英方言》 …が気に入る, …を好む. — *vi.* 《廃・方言》 考える.

con·céit·ed [-ṭɪd, -ṭəd | -tɪd, -təd] 〘《1542》〙 — *adj.* **1** うぬぼれの強い, 思い上がった, 気取った. **2** 奇抜な[凝った]表現に富む: one's ~ wit. **3** 《廃》 〔…の〕意見をもった; 〔…に〕好意をもった 〔*to, of*〕. **4** 《廃》 賢い. **5** 《方言・廃》 気まぐれな. **~·ness** *n.*

con·céit·ed·ly *adv.* うぬぼれて, 気取って.

con·ceiv·a·bil·i·ty [kənsìːvəbíləṭi | -lətɪ, -lɪ-] *n.* 想像できること; 考えられること.

con·ceiv·a·ble [kənsíːvəbḷ] 〘《c1454》: ⇨ conceive, able〙 — *adj.* **1** 考えられる, 想像できる: a ~ theory / It is hardly ~ that he will succeed. 彼が成功することは考えられない. **2** [最上級の形容詞または every を伴って] 想像できる限りの: every ~ means (考えられる)ありとあらゆる手段 / It is the best ~. それ以上のものは思い及ばない. **~·ness** *n.*

con·céiv·a·bly [-bli | -blɪ] 〘《1625》〙 *adv.* 考えられるところでは, 想像では; あるいは, 多分 (possibly).

con·ceive [kənsíːv] 〘《?c1280》 *conceve(n)* ⊏ OF *conceiv-* (stem) ← *concevoir* < L *concipere* to take in, perceive ← *con-* 'COM- 1' + *capere* to take〙 — *vt.* **1 a** 〈考え・意見・恨み・目的などを〉心に抱く; 〈計画などを〉思いつく, 立てる (devise, form): ~ an idea, a purpose, etc. / ~ a dislike for …がいや[きらい]になる / a badly ~d scheme まずい計画 / She ~d a warm affection for him. 彼に温かい愛情を抱いた. **b** [目的語+補語または *to* do を伴って] 想像する, 考える (imagine): ~ oneself secure 自分を安全だと考える / ~ something (*to* be) possible あることを可能だと考える. **c** 〈…と〉考える (think) 〈*that*〉: I ~ *that* something is wrong in his proposal. 彼の提案はどこかいけないところがあると考える. **2 a** 〈子を〉孕(はら)む: ~ a child 子を宿す. **b** 〈父親が〉〈子を〉もうける (beget). **c** 《文語》 [通例 Passive で] (特定の方法で)始める, 創建する (originate): America *was* ~*d* in liberty. アメリカは自由という理念のもとに建国された. **3** 《文語》 [通例 Passive で] 表現する, 言い表わす (express): The notice *was* ~*d* in plain terms. その告示は平易な言葉で表現されていた. **4** 《古》 理解する, わかる (understand): I ~ you [your meaning]. 君のいうことはわかる. — *vi.* **1** [通例 ~ *of* として] 想像する, 思う (think): ~ *of* a plan 一案を思いつく / ~ *of* a person *as* the author ある人をその著者と考える / I can't ~ *of* his killing himself. 彼が自殺するなんて考えられない. **2** 妊娠する. **con·céiv·er** *n.*

con·cel·e·brant [kənséləbrənt, kɑn- | kənsélɪ-, kɔn-] 〘⇨ ↓, -ant〙 *n.* 〘カトリック〙 共同ミサを行なう司祭.

con·cel·e·brate [kənséləbrèɪt, kɑn- | kənsélɪ-, kɔn-] 〘← L *concelebrāt-us* (p.p.) ← *concelebrāre* to celebrate in great numbers: ⇨ com-, celebrate〙 — *vi.* 〘カトリック〙 (叙品・叙階の際に)〈二人以上の司祭[司教]が〉共同でミサ (Mass) を行なう.

con·cel·e·bra·tion [kənsèləbréɪʃən, kɑn- | kənsèlɪ-, kɔn-] 〘⇨ ↑, -ation〙 *n.* 〘カトリック〙 (二人以上の司祭で行なわれる)共同ミサ.

con·cent [kənsént | kɑn-, kɔn-] 〘⊏ L *concent-us* harmony ← *concinere* to sing together ← *con-* 'COM- 1' + *canere* to sing: cf. chant〙 — *n.* 《古》 (声や音の)一致, 調和 (concord).

con·cen·ter [kənsénṭə, kɑn- | kɔnséntə(r)] 〘《1598》⊏ F *concentr-er*: ⇨ com-, center〙 *vt.* 一点に集める, 集中させる. — *vi.* 一点に集まる, 集中する.

con·cen·trate [kɑ́nsəntrèɪt, -sen-, -sṇ- | kɔ́nsən-, -sṇ-, -sɪn-, -sen-] 〘《1640》← *con-* 'COM-' + L *centrum* 'CENTER' + -ATE³〙 — *vt.* **1** 一点に注ぐ, 一個所に集める, 集中する, 集結させる (focus): ~ rays of light *into* a focus 光線を焦点に集める / ~ one's attention [thought, efforts] *on* [*upon*] …に注意[思考, 努力]を集中する / ~ troops *at* one place 一個所に軍隊を集める. **2 a** 凝集[凝結, 濃縮]する, 濃くする (condense): ~ acids by evaporation. **b** …の真髄を表わす: His philosophy is ~d in this book. 彼の哲学の真髄がこの本に凝縮されている. **3** 〘鉱山〙〈鉱石を〉選鉱する: ~ ores by washing 水洗いして鉱石を選鉱する. — *vi.* **1** 一点に集まる, 集中する: ~ in cities. **2** 〈人が〉全力を注ぐ, 注意力[努力]を集中する, 専心する 〔*on, upon*〕: ~ *on* [*upon*] a subject / She ~d *on* being a good teacher. よき教師になろうと打ち込んだ. — *adj.* =concentrated. — *n.* **1** 濃縮物, 濃縮液. **2** 〘鉱山〙 精鉱《選鉱して得られた品位の高い鉱石》. **3** =concentrated feed.

cón·cen·tràt·ed [-ṭɪd, -ṭəd | -tɪd, -təd] *adj.* **1 a** 集中した: ~ fire 集中砲火. **b** 集中的な, 熱中した: ~ efforts / He read the letter with the most ~ attention. わき目もふらずその手紙を読んだ. **2** 濃厚にされた, 凝集された, 濃縮した (↔ dilute): ~ food (水分を蒸発して作った)濃厚食料 / ~ juice 濃縮ジュース / ~ spray 濃厚噴霧. **3** 〘鉱山〙 選鉱された.

cóncentrated cónstant *n.* 〘電気〙 集中定数 (cf. distributed constant).

cóncentrated féed *n.* 濃厚飼料《家畜用の穀物・豆かす・油かすなど》.

cóncentrate spráyer *n.* 濃厚噴霧機《low gallonage sprayer, mist concentrate sprayer ともいう》.

con·cen·tra·tion [kɑ̀nsəntréɪʃən, -sṇ-, -sen- | kɔ̀nsən-, -sṇ-, -sɪn-, -sen-] 〘《1634》← CONCENTRATE + -ATION〙 — *n.* **1** 集中すること; (精神・努力などの)集中, 専心, 専念 (absorption): ~ of energy, mind, etc. / the power of intellectual ~ 知的集中力. **2 a** 集中[凝集]したもの. **b** 企業の集中; 特定部門の重点化. **c** (学生の)専門分野の集中化[専攻], 重点研究. **3** 〘化学〙 (溶液の)濃度, 濃縮(したもの), 凝縮(したもの): a ~ cell 濃淡電池. **4** 〘鉱山〙 選鉱. **5** 〘軍事〙 (作戦に先だつ兵力の)集結, 集中; (砲火の)集中. **6** 〘トランプ〙 神経衰弱《52 枚のカード全部を伏せ, 2 枚ずつめくって数字合わせを競うゲーム; memory ともいう》.

concentrátion càmp *n.* (捕虜・戦犯・政治犯・敵国人の)強制収容所.

concentrátion cèll *n.* 〘電気〙 濃淡電池《電解質濃度差を利用した電池》.

con·cen·tra·tive [kɑ́nsəntrèɪṭɪv, -sṇ-, -sen- | kɔ́nsəntrèɪt-, -sṇ-, -sɪn-, -sen-] *adj.* 集中的な, 集中性の; 専心的な, 凝り性の. **~·ness** *n.*

cón·cen·trà·tor [-ṭə | -tə(r)] *n.* **1 a** 集中させるもの[装置]. **b** (弾薬筒内または銃口に備えた)発火集中装置. **c** (電信の)集信機. **d** (液体の)濃縮器, パルプ濃縮器. **e** 〘鉱山〙 選鉱機. **2** (専門分野の)専攻学生.

con·cen·tric [kənséntrɪk, kɑn- | kən-, kɔn-] 〘《c1400》⊏ (O)F *concentrique* ∥ ML *concentric-us*: ⇨ com-, centric〙 — *adj.* **1** 〘数学〙〈円・球など〉(他の円, 球と)

中心を同じくする, 同心の, 共心的な (cf. eccentric 3): ～ circles 同心円. **2** 同軸の, 共軸の (coaxial). **—** *n.* 〘数学〙円心円.

con·cén·tri·cal [-trɪkəl, -trə- | -trɪ-] *adj.* =concentric. **～·ly** *adv.*

concéntric búndle *n.* 〘植物〙包囲維管束: **a** 師部が木部を包囲する外師包囲維管束. **b** 木部が師部を包囲する外木包囲維管束.

concéntric cáble *n.* 〘通信〙=coaxial cable.

con·cen·tric·i·ty [kɑ̀nsentrísəṭi | kɔ̀nsentrísətɪ, -sɪ-] *n.* 同中心, 同心性.

Con·cep·ci·ón [kənsèpsióun, kənsépʃən | kɔ̀nsepsɪɔ́n, -sjɔ́n ; *Am. Sp.* kònsepsjón] *n.* コンセプシオン《チリ中央部, Bío-Bío 川の河口にある港市; 人口 173,000》.

con·cept [kάnsept | kɔ́n-] 〘《1556》▭ L *concept-us* (p.p.) ← *concipere* 'to CONCEIVE'〙 **—** *n.* **1** (抽象的または一般的な)概念: the ～ "man" 「人」という概念. **2** 考え (thought).

con·cep·ta·cle [kənséptɪkḷ, -tə- | -tə-] 〘▭ F ～ // L *conceptācul-um* receptacle ← *conceptus* (↑)〙 *n.* 〘植物〙(藻類の)生殖窠(ᵏ), 生殖器巣.

cóncept árt *n.* 〘美術〙=conceptual art.

concepti *n.* conceptus の複数形.

con·cep·tion [kənsépʃən] 〘《a1325》 *concepcioun* ▭ (O)F *conception* ▭ L *conceptiō(n-)* ← *conceptus*: ⇨ concept, -tion〙 **—** *n.* **1 a** 概念作用[形成]. **b** 概念, 考え (concept, notion): a clear [vague] ～ はっきりした[ぼんやりした]概念 / the ～ of the universe 宇宙という概念 / form a ～ of …について一つの考えをいだく / have too rigid a ～ of …について余りに考え方が厳格[窮屈]である / I have no ～ (of) what it is like. それがどんなものだか全然わからない / I had no ～ *that* he was dead. 彼は死んだとは知らなかった. **2** 構想, 着想, 発明, 創案, 考案 (design, plan): a grand [clever] ～ 雄大な構想[気のきいた思い付き]. **3 a** 妊娠, 懐妊, 受胎 (cf. gestation 1). **b** 胎児 (fetus). **c** 《古》発端, 始まり.

con·cép·tion·al [-ʃənḷ, -ʃnəl] 〘《1855》: ⇨ ↑, -al¹〙 *adj.* 概念の[上の, に関する].

con·cep·tive [kənséptɪv] 〘▭ L *conceptīv-us*: ⇨ concept, -ive〙 *adj.* **1** 概念形成の. **2** 《まれ》受胎できる.

con·cep·tu·al [kənséptʃuəl, kɑn-, -tʃʊl | kənséptjuəl, -tʃuəl] 〘《1662》▭ ML *conceptuāl-is*: ⇨ concept, -al¹〙 **—** *adj.* **1** 概念の, 概念に関する, 概念上の. **2** 概念美術[コンセプチュアルアート]の[に関する]. **con·cep·tu·al·i·ty** [kənsèptʃuǽləṭi, kɑn- | kənsèptjuǽlətɪ, -tʃʊ-] *n.*

concéptual árt *n.* 〘美術〙コンセプチュアル[コンセプト]アート, 概念美術《特定の完成された状態を意図せず, 創作の理念・過程を重視する; concept art, process art, impossible art ともいう; cf. empaquetage, earthwork, antiform》.

concéptual ártist *n.* 〘美術〙概念芸術家.

con·cép·tu·al·ism [-lìzm] *n.* 〘哲学〙(中世哲学の)概念論《普遍 (universal) は心的対象である概念として存するという説; nominalism と realism との中間の説》.

con·cép·tu·al·ist [-lɪst, -ləst | -lɪst] *n.* 〘美術〙 **1** 概念芸術の信奉者. **2** =conceptual artist.

con·cep·tu·al·is·tic [kənsèptʃuəlístɪk, kɑn-, -tʃʊl- | kənsèptjuəl-, -tʃuəl-] *adj.* **1** 概念論の. **2** 概念を基にする[を用いた]. **con·cèp·tu·al·ís·ti·cal·ly** *adv.*

con·cep·tu·al·ize [kənséptʃuəlàɪz, kɑn-, -tʃʊl- | kənséptjuəl-, -tʃuəl-] *vt.* 概念化する; (特に)概念的に解釈する. **con·cep·tu·al·i·za·tion** [kənsèptʃuəlɪzéɪʃən, kɑn-, -tʃʊl-, -lə- | kənsèptjuəlaɪ-, -tʃuəl-, -lɪ-] *n.* **con·cép·tu·al·ìz·er** *n.*

con·cép·tual·ly [-tʃuəli, -tʃʊli | -tjuəlɪ, -tʃuəlɪ] *adv.* 概念的に, 概念上.

con·cep·tus [kənséptəs, kɑn- | kən-, kɔn-] 〘▭ L ～: ⇨ concept〙 **—** *n.* (*pl.* ～·**es**, **con·cep·ti** [-taɪ]) 〘医学〙妊娠の所産; 胚, 胎児 (embryo)《この語は胎児だけでなくそれを包む各種の膜などの一切を含む》.

con·cern [kənsə́ːn | -sə́ːn] 〘*v.*: 《?c1408》▭ (O)F *concern-er* // LL *concern-ere* to relate to, to mix ← *con-* 'COM- 1' + *cernere* to sift, distinguish. — *n.*: 《1589》 ← (v.)〙 **—** *vt.* **1 a** …に関する, かかわる; …に関係する: Attend to what ～*s* you. (余計なことはよして)自分のことに気をつけよ / How does that ～ you? それがあなたにどんな関係があるのか / It ～*s* me only so far as …の限りにおいて私に関係がある / It doesn't ～ me. それは私には無関係だ, 私の知ったことでない / To whom it may ～ 関係当事者殿《証明書・推薦状などの宛名に用いる文句》. **b** …に影響する (affect): Political instability ～*s* us all. 政治の不安定は我々すべてに影響を与える. **2** [～ *oneself* または Passive で] 関係させる, たずさわらせる, あずからせる 〔*in, with, about*〕: *be* ～*ed in* the matter その事件に関係している / I *am* not ～*ed with* it. 私はそれにかかわりがない, 私の知ったことではない / so [as] far as I *am* ～*ed* 私の関する限りでは, 私だけは / a novel ～*ed with* the problem of juvenile delinquency 少年犯罪の問題を取り扱った小説 / ～ *oneself with* public work 公の仕事に関係する[たずさわる] / ～ *oneself about* one's own affairs 自分のことに没頭する / I shall *be* ～*ed with* the problem in later chapters. その問題を後の章で扱うことにしよう. **3** [～ *oneself* または Passive で] 心配させる, 気にかけさせる: be ～*ed for* a person [a person's welfare] 人の事[健康]を心配する / be ～*ed to* hear the news [*at* the news] その知らせを聞いて心配する / be ～*ed about* the result その結果を気にする / Don't ～ *yourself about* what he says. 彼の言うことなんか気にかけてはいけない.

as concerns …に関して, については (as regards, as to).

— *n.* **1** 関係 (relation); 利害関係 (interest, share) 〔*in, with*〕: have a ～ *in* a business ある事業に関係している / have no ～ *with* it それには無関係である. **2 a** [しばしば *pl.*] 事柄, 用事, かかわりごと: every-day ～*s* 日常の事柄 / private ～*s* of a family 家庭の私事 / worldly ～*s* 世事, 俗事 / manage one's own ～*s* 自分のことは自分で始末する / Mind [Attend to] your own ～*s*. 余計な世話を焼くな, 自分の頭のはえを追え. **b** 関心事, 問題: My greatest ～ is… 私の最大関心事は…である / It's no ～ of mine. 私の知ったことでない / What happens afterwards is of no ～ to me. あとのことは知ったことではない, あとは野となれ山となれ. **c** 《口語》(漠然と)事 (matter), 物 (thing); 人 (person): I hate the whole ～. その事は(一から十まで)全くいやだ《ちっとも好きなところがない》/ a rickety old ～ 古ぼけたぼろ建物 / a selfish ～ 利己的な男 / The war smashed the whole ～. 戦争で何もかもだめになった. **3** [無冠詞で] 関心, 懸念(ᵏᵉⁿ), 心配 (anxiety, solicitude): have ～ about some matter, for a person's welfare, over a friend's misfortune, etc. / express deep ～ at …のことがひどく心配だと言う / feel ～ about …のことを心配する / have no ～ for …に何の関心もない, 少しも心配していない / with deep [much] ～ 非常に心配[憂慮]して / without ～ 無関心に / share in a person's ～ for …人と共に…のことを心配する. **4** 重要性 (importance): a matter of some ～ 多少重要な事柄 / a matter of the utmost ～ きわめて重大な事件. **5** 事業, 営業, 業務; 会社, 商店, 商会 (firm); 財団, 財閥, コンツェルン: a going ～ 繁盛している事業[会社] / buy a shop as a going ～ 店を居抜きのままで買い取る / a flourishing ～ 繁盛する商売 / a paying ～ 引き合う[もうかる]商売 / an oil ～ 石油会社 / the Mitsui *Concern* 三井財閥.

con·cérned *adj.* **1** 心配そうな, 気づかっている: a ～ look [air] 心配そうな顔つき[様子]. **2 a** [通例, 名詞のあとで] 関係のある, 当該…: the authorities ～ 当局(者) / the person [parties] ～ 当事者, 関係者. **b** 犯罪上関係のある, 連座の (implicated). **3** 現代社会(政治)問題に関心のある: a ～ student. **con·cérn·ed·ness** [-nɪdnɪs, -nəd-, -nd-, -nəs] *n.*

con·cérn·ed·ly [-nɪdli, -nəd- | -lɪ] 〘《1654》: ⇨ ↑, -ly¹〙 *adv.* 心配して, 気づかわしそうに.

con·cérn·ing 〘《1420》(pres.p.) ← CONCERN〙 **—** *prep.* …について, に関して (regarding, about): Many things have been said ～ the glory of Christ. キリストの栄光については多くのことが言われてきた.

con·cérn·ment 〘《1610》← CONCERN + -MENT〙 **—** *n.* **1 a** 関係 (relation): a matter of general ～ 一般に関係のある事. **b** かかり合い (involvement); 関与 (participation). **2** 心配, 憂慮 (anxiety). **3** 重大, 重要性: a matter of vital ～ 非常に重大な事. **4** 関係している事, 業務.

con·cert 〘*n.*: 《1611》▭ F ～ // It. *concerto* ← *concertare*. — *v.*: 《1598》▭ F *concert-er* ▭ It. *concertare* to accord together < ? L *concentāre* to sing together ← *con-* 'COM- 1' + *cantāre* to sing (⇨ chant)〙 **—** [kάnsət, -səːt | kɔ́nsət] *n.* **1** [《英》kɔ́nsət, -səːt] 協調, 協力, 一致, 調和 (agreement, harmony). **2** 音楽会, 演奏会, コンサート (cf. recital 2), 合唱, 合奏: give a ～ 音楽会を催す. **3** 〘音楽〙協和音 (concord).

in concert (1) 声を合わせて: cry *in* ～ 異口同音に叫ぶ. (2) 力を合わせて, 協力して: *in* ～ with …と申し合わせて, と共同[提携]して.

— [kάnsət, -səːt | kɔ́nsət] *attrib. adj.* コンサート用の; コンサートで演奏される[演奏できる]: a ～ pianist / a ～ hall [room] コンサートホール[演奏室].

— [kənsə́ːt | kənsə́ːt] *v.* **—** *vt.* **1** 話し合いで解決する, 協調する, 協定する, 申し合わせる (prearrange). **2** 計画する; …の手はずを整える (arrange). **—** *vi.* 協調する, 申し合わせる 〔*with*〕.

con·cer·tan·te [kɑ̀nsətάːnṭi, kɑ̀ntʃə-, -teɪ, kɑ̀nsə-tάːnt | kɔ̀ntʃətǽntɪ, -tʃeə-, -teɪ ; *It.* kòntʃertánte] 〘▭ It. ～ (p.p.) ← *concertare* (↑)〙 〘音楽〙 **—** *adj.* 協奏曲形式の; すばらしい技巧[妙技]の示される: a ～ passage. **—** *n.* (*pl.* **-tan·ti** [-tiː ; *It.* -te]) **1** コンチェルタンテ《複数のソロ楽器をもつ 17, 18 世紀のシンフォニー》: ⇨ symphonie concertante. **2** =concertino 1.

con·cer·ta·to [kɑ̀nsətάːṭou, kɑ̀ntʃə- | kɔ̀ntʃətάːtəʊ, -tʃeə- ; *It.* kòntʃertáːto] *adj., n.* (*pl.* ～**s**, **-ta·ti** [-tiː ; *It.* -ti]) 〘音楽〙=concertante.

con·cért·ed [-ṭɪd, -ṭəd | -tɪd, -təd] *adj.* **1 a** 協調した, 協定された, 合議の, 申し合わせた: ～ schemes 協定計画. **b** 一致協力してなされた, 共同による: ～ efforts 協力 / take ～ action 共同一致の行動をとる. **2** 〘音楽〙合唱[合奏]の声部が相交錯しながら各自主要な部分となるように編成された. **～·ly** *adv.* **～·ness** *n.*

cóncert·gòer *n.* 音楽会によく行く人.

cóncert gránd *n.* (演奏会用)グランドピアノ.

cóncert gránd piáno *n.* =concert grand.

concerti *n.* concerto の複数形.

concerti grossi *n.* concerto grosso の複数形.

con·cer·ti·na [kɑ̀nsətíːnə | kɔ̀nsə-] 〘← CONCERT + -INA²: 考案者の 19 世紀の英国の物理学者 Sir Charles Wheatstone の造語〙 **—** *n.* **1** コンチェルティーナ《六角ちょうちん形のアコーディオンに似た楽器》. **2** (折りたたんで運べる有棘の)蛇腹式鉄条網《concertina wire ともいう》. **—** *attrib. adj.* コンチェルティーナのように折りたためる, 蛇腹式の. **—** *vt.* (コンチェルティーナのように)折りたたむ. **—** *vi.* 折りたためる.

concertina 1

con·cer·ti·no [kɑ̀ntʃəṭíːnou, -tʃeə- | kɔ̀ntʃətíːnəʊ, -tʃeə- ; *It.* kontʃertíːno] 〘▭ It. ～ (dim.) ← *concerto* 'CONCERT'〙 **—** *n.* (*pl.* ～**s**, **-ti·ni** [-niː ; *It.* -ni]) 〘音楽〙 **1** 小協奏曲. **2** (合奏協奏曲における)独奏楽器(群); その楽器群が演奏する楽節[句].

con·cert·ize [kάnsə(ː)tàɪz | kɔ́nsə-] *vi.* 《口語》演奏会に出演する; (特に) 演奏旅行をする.

cóncert·màster *n.* 〘音楽〙(オーケストラの)コンサートマスター《オーケストラの指導的役割を果たす主席バイオリニスト》.

cóncert·mèis·ter [-màɪstə | -tə(r)] 〘《部分訳》← G *Konzertmeister*〙 *n.* 〘音楽〙=concertmaster.

cóncert mùsic *n.* 〘音楽〙合奏[唱]曲《独奏[唱]する人々それぞれの合奏[唱]のため作曲された曲; 例えば室内楽曲, またはオペラ, オラトリオの中のアンサンブルの曲》.

con·cer·to [kəntʃéəṭou | -tʃéətəʊ, -tʃə́ː- ; *It.* kontʃérto] 〘《1730》▭ It. ～: ⇨ concert〙 **—** *n.* (*pl.* **-cer·ti** [-tiː ; *It.* -ti], ～**s**) 〘音楽〙協奏曲, コンチェルト《通例急–緩–急の 3 楽章から成る独奏楽器とオーケストラのための曲; 独奏楽器の特徴と独奏者の技巧を発揮させるように作曲されている》: a violin [piano] ～.

concérto grós·so [-gróusou, -grɔ́(ː)s- | -grɔ́səʊ ; *It.* -grɔ́sso] 〘▭ It. ～ 'big concert': ⇨ ↑, gross〙 **—** *n.* (*pl.* **concerti gros·si** [-siː ; *It.* -si]) 〘音楽〙合奏協奏曲, コンチェルト グロッソ《バロック時代の器楽協奏曲形式, 独奏楽器群 (concertino) とオーケストラ (ripieno) の対比効果が特徴》.

cóncert óverture *n.* 〘音楽〙演奏会用序曲《序曲の形式と規模で作曲されているが, オペラなどとは関係なく演奏会で独立して演奏される管弦楽作品》.

cóncert pàrty *n.* 《英》コンサートパーティー《海岸で歌・ダンスなどが中心に行なわれる特別な催物》.

cóncert pítch *n.* **1** 〘音楽〙 **a** =philharmonic pitch. **b** 演奏会用標準音, 演奏会調子 (cf. international pitch 2). **c** (トランペットなど移調楽器のために書かれた音符の)実音. **2** (緊張・調子・仕事ぶりなどの)異常に高い状態, 張り切った状態, 油の乗ってる状態.

cóncert tòur *n.* 演奏旅行.

con·ces·sion [kənséʃən] 〘《1464》▭ (O)F ～ // L *concessiō(n-)* ← *concessus* (p.p.) ← *concēdere*: ⇨ concede, -sion〙 **—** *n.* **1** 容認; 譲歩, 許与, 譲与 〔*to*〕: a ～ *to* public opinion 世論への譲歩 / mutual ～*s* 互譲 / make a (great) ～ *to* …に(大)譲歩をする. **2 a** 譲与されたもの. **b** (政府・特殊機関などが与える)免許, 特許 (grant). **c** (敷設権・採掘権・使用権などの)特権, 利権: an oil ～ 石油発掘権(のある地区). **d** 居留地, 租借地, 租界: a foreign ～ 外人居留地. **e** 《米》(公園・博覧会・野球場・劇場などでの)営業許可; 営業場所.

con·ces·sion·aire [kənsèʃənéə | -néə(r)] 〘▭ F *concessionnaire*: ⇨ ↑, -ary 2〙 **—** *n.* **1 a** (権利の)譲り受け人. **b** (政府などから)特許を得た人, 特許権所有者, 利権屋. **2** 《米》(公園・劇場などの)営業権所有者 (⇨ concession 2 e).

con·cés·sion·al [-ʃənḷ, -ʃnəl] *adj.* =concessive.

con·ces·sion·ar·y [kənséʃənèri | -nərɪ] *adj.* 譲歩の[に関する], 譲与的な. **—** *n.* =concessionaire.

con·ces·sion·er [kənséʃ(ə)nə | -nə(r)] *n.* =concessionaire.

「1 マイル離れている」.

concéssion ròad *n.* 《カナダ》郡区の平行道路《約

con·ces·sive [kənsésɪv] 〘《1711》▭ LL *concessīv-us*: ⇨ concession, -ive〙 *adj.* **1** 譲歩する, 譲歩的な. **2** 〘文法〙譲歩を表わす: a ～ conjunction [clause] 譲歩接続詞[節]. **～·ly** *adv.*

conch [kάŋk, kάntʃ, kɔ́(ː)ŋk | kɔ́ntʃ, kɔ́ŋk] 〘《1391》▭ OF *conche* // L *concha* shell ▭ Gk *kógkhē* mussel, shell-like thing〙 **—** *n.* (*pl.* ～**s** [～s], ～·**es** [-tʃɪz, -tʃəz]) **1** 〘貝類〙 **a** 巻貝《ホラガイのような腹足類の貝》; (特に)北米や西インド諸島の大西洋岸に生息するソデガイ属 (*Strombus*)・トウカムリ属 (*Cassis*) などの貝類の総称. **b** 食用になる巻貝の身. **2** 《米》kάŋk, kɔ́ːŋk] [しばしば C-] **a** バハマ諸島の原住民. **b** 《米口語》Florida 州海岸などに住む人. **3** 〘ギリシャ神話〙海神 Triton のらっぱ《ほら貝》. **4** 〘解剖〙=concha 1. **5** 〘建築〙=concha 2.

「concho- の異形.

conch- [kɑŋ, kɑn, kɔ(ː)ŋ | kɔŋ] (母音の前に来る時の)

con·cha [kάŋkə, kάn-, kɔ́(ː)ŋ- | kɔ́ŋ-] 〘▭ L ～: ⇨ conch〙 **—** *n.* (*pl.* **con·chae** [-kiː, -kaɪ]) **1** 〘解剖〙 **a** 耳甲介, 耳殻, 外耳. **b** (鼻の)甲介. **2** 〘建築〙 **a** (教会堂の後方に張り出した半円形の) 後陣 (apse) の丸屋根, コンチ. **b** 後陣 (apse).

cónch·fish *n.* 〘魚類〙大西洋産テンジクダイ科テンジクダイ属の魚 (*Apogon stellatus*).

con·chie [kάntʃi | kɔ́ntʃɪ] 〘短縮〙 *n.* 《俗》=conscientious objector.

con·chif·er·ous [kaŋkíf(ə)rəs, kantʃíf-, kɔ(ː)ŋkíf- | kɔŋkíf-, kɔntʃíf-]〘← CONCHO- + -I- + -FEROUS〙 ── *adj.* **1**〘動物〙貝殻を有する. **2**〘地質〙貝殻を含む, 貝殻を生じる (shell-bearing).

con·chi·o·lin [kaŋkáɪəlɪn, kan-, kɔ(ː)ŋ-, -lən | kɔŋkáɪəlɪn]〘← CONCHO- + -I- + -OLE[1] + -INE[3]〙 ── *n.*〘生化学〙コンキオリン, 貝殻質《貝殻の有機基質である蛋白質の一種》.

Con·chi·ta [kantʃíːṭə | kɔntʃíːtə; *Sp.* kontʃíta]〘⇨ Sp. ～ (dim.) ← *Concepción*《原義》immaculate conception〙 *n.* 女性名.

con·cho- [káŋko(ʊ), kán-, kɔ́(ː)ŋ- | kɔ́ŋkə(ʊ)]〘⇨ Gk *kogkho-* ← *kógkhē* shell〙「貝殻 (shell); 耳殻 (concha)」の意の連結形. ★ 母音の前では通例 conch- になる.

Con·cho·bar [káŋkouwə, kánəhùə, kánuə | kɔ́ŋkəuwə(r, kɔ́nəhùə(r, kɔ́nuə(r] *n.*〘アイル伝説〙コヌア《Ulster の伝説的な王; ⇨ Deirdre》.

con·choid [káŋkɔɪd, kán-, kɔ́(ː)ŋ- | kɔ́ŋ-]〘⇨ Gk *kogkhoeidēs* mussel-like: ⇨ concho-, -oid〙 ── *n.*〘数学〙コンコイド, 螺獅線(らしせん)《一点 O から一直線上の動点 X へ引いた線分を一定の長さだけ延長してえられる線分の端点 Y の描く曲線; conchoidal curve ともいう》.

con·choi·dal [kaŋkɔ́ɪdl, kan-, kɔ(ː)ŋ- | kɔŋ-] *adj.*〘鉱物・地質〙〈割れ口が〉貝殻状の. **～·ly** *adv.*

conchóidal cúrve *n.*〘数学〙= conchoid.

con·chól·o·gist [-dʒɪst, -dʒəst | -dʒɪst] *n.* 貝類学者, 貝類研究者.

con·chol·o·gy [kaŋkálədʒi, kan-, kɔ(ː)ŋ- | kɔŋkɔ́lədʒɪ]〘← CONCHO- + -LOGY〙 ── *n.* 貝類学, 貝類研究. **con·cho·log·i·cal** [kàŋkəládʒɪkəl, kàn-, kɔ̀(ː)ŋ-, -dʒə- | kɔ̀ŋkəlɔ́dʒɪ-] *adj.*

con·chy [kántʃi | kɔ́ntʃɪ] *n.*《俗》= conchie.

con·ci·erge [kànsiéəʒ | kɔ̀ː(n)sɪéəʒ, kɔ̀(ː)n-, ―́―; *F.* kɔ̃sjɛrʒ]〘《1646》⇨ F ～ < ? LL **conservium* ← *con-* ' COM- 1' + *servus* slave (⇨ serf)〙 ── *n.* (*pl.* **-ci·erg·es** [～ɪz, ～əz; *F.* ～]) **1** (フランスなどで)守衛, 門衛, 門番; (アパートの)管理人, 差配人. **2** (ホテルの)コンシアージュ, 接客係《多国語を使って客の接待をする従業員》. **3**《古》(牢獄などの)監守 (warden).

con·cil·i·a·ble [kənsíliəbl̩, -ljə- | -lɪə-, -ljə-] *adj.* **1** 慰め得る. **2** 懐柔できる. **3** 調停できる.

con·cil·i·ar [kənsíliə, -liə | -lɪə(r]〘《*a*1677》← L *concilium* 'meeting, COUNCIL' + -AR[2]〙 *adj.* (宗教)会議 (council) の[に関する, の発布する]. **～·ly** *adv.*

con·cil·i·ate [kənsílièɪt | -lɪ-]〘《1545》← L *conciliāt-us* (p.p.) ← *conciliāre* to bring together, win over ← *concilium* (↑)〙 ── *vt.* **1** 〈人〉の怒り[敵意]を静める, 〈人を〉なだめる; 〈反対者を〉懐柔する: ～ a person with a present 贈り物をして人の機嫌をとる. **2** 〔人に気に入る行為などで〕〈人の尊敬・好意・支持などを〉得る〔*with*〕: ～ a person's respect *with* service and sacrifice 奉仕と犠牲の精神で人の尊敬を得る. **3** 〈食い違った意見などを〉一致[調和]させる; 調停する, 和解させる (reconcile): ～ the views of capital and labor 労資間の意見を調停する. ── *vi.* 友好的になる, 仲よしになる. ⌈**ly** *adv.*

con·cíl·i·àt·ing [-ṭɪŋ | -tɪŋ] *adj.* = conciliatory. **～-**

con·cil·i·a·tion [kənsìliéɪʃən | -lɪ-]〘《1543》⇨ L *conciliātiō(n-)*: ⇨ conciliate, -ation〙 *n.* **1** なだめ, 慰撫; 懐柔. **2** 和解, 調停. **3** 調和; 友好[協力](状態).

con·cil·i·a·tive [kənsílièɪṭɪv, -liəṭ-, -ljəṭ- | -lɪət-, -ljət-, -lɪèɪt-] *adj.* = conciliatory.

con·cíl·i·à·tor [-ṭə | -tə(r]〘《*c*1575》⇨ L *conciliātor*: ⇨ conciliate, -or[2]〙 *n.* **1** なだめる人, 懐柔者. **2** (特に, 労資間争議の)調停者.

con·cil·ia·to·ry [kənsíljətɔ̀ːri, -liə-, -tɔ̀ːri | -lɪət(ə)rɪ, -ljə-, -lɪèɪtərɪ]〘《1576》← CONCILIATE + -ORY[1]〙 ── *adj.* なだめる(ような), 懐柔的な (propitiating). **con·cil·ia·to·ri·ly** [kənsìljətɔ́ːrəli, -liə-, -tɔ́ːr-, ―́―́―(―)―――| kənsílɪət(ə)rəlɪ, -ljə-, -lɪèɪtə-, -rɪlɪ] *adv.* **con·cíl·ia·tòri·ness** *n.*

con·cin·nate [kánsənèɪt | kɔ́nsɪ-]〘← L *concinnāt-us* (p.p.) ← *concinnāre* ← *con-* 'COM-' + *cinnus* a kind of mixed drink: ⇨ -ate[3]〙 ── *vt.* 〈部分・要素などを〉うまく調和させる, 配合する, 混合する, 整合する.

con·cin·ni·ty [kənsínəṭi | -nɪtɪ, -nɪ-]〘《1531》⇨ L *concinnitāt-em* fitness ← *concinnus* well-adjusted《逆成》← *concinnāre* (↑): ⇨ -ity〙 ── *n.* **1** (各部分の巧みな)調和 (harmony). **2**〘修辞〙(文体などの調和がとれた)優雅さ, 雅致 (elegance).

con·cin·nous [kənsínəs]〘⇨ L *concinn-us* (↑): ⇨ -ous〙 *adj.* 調和した, 上品な; (調和がとれて)優雅な.

con·cise [kənsáɪs]〘《*c*1590》⇨ L *concis-us* (p.p.) ← *concīdere* to cut to pieces ← *con-* 'COM- 2' + *caedere* to cut〙 ── *adj.* **1 a** 〈文体など〉簡潔な, 簡明な (↔ diffuse). **b** 〈人が〉言葉の簡潔な. **2** 短時間に完成された, 切り詰めた, 縮約した (brief). **～·ly** *adv.* **～·ness** *n.*

con·ci·sion [kənsíʒən]〘《*c*1384》⇨ L *concīsiō(n-)*: ⇨ concise, -sion〙 ── *n.* **1** (文体の)簡明, 簡潔: with ～ 簡明に, 簡潔に. **2**《古》**a** 分離, 分裂 (division). **b** 切断 (mutilation).

con·ci·ta·tion [kànsətéɪʃən | kɔ̀nsɪ-]〘⇨ L *concitātiō(n-)* ← *concitāre* to move violently ← *con-* 'COM- 2' + *citāre* to move (cf. cite): ⇨ -ation〙 ── *n.*《古》興奮(させること).

con·clave [kánkleɪv | kɔ́n-, kɔ́ŋ-]〘《*a*1393》⇨ (O)F ～ ⇨ L *conclāve* room that can be locked up ← *con-* 'COM- 1' + *clāvis* key〙 ── *n.* **1 a** 秘密会議; 実力者会議: a family ～ 家族会議. **b**〘カトリック〙教皇選挙会議(室), コンクラーベ. **2** [集合的] (教皇選挙会議に列席する)枢機卿一同 (⇨ COLLEGE of Cardinals).
in conclave 密議中: sit *in* ～ 秘密会を開く.

cón·clav·ist [-vɪst, -vəst | -vɪst]〘⇨ F *conclaviste*: ⇨ ↑, -ist〙 ── *n.*〘カトリック〙教皇選挙会議 (conclave) に列席する枢機卿 (cardinal) の随員《各枢機卿に 2 名の随員が伴う》.

con·clude [kənklúːd | kən-, kəŋ-]〘《*a*1325》*concluden*) ⇨ L *conclūdere* to shut up, end ← *con-* 'COM- 1' + *claudere* to shut (⇨ close[1])〙 ── *vt.* **1 a** 終える, …の結末をつける; 完了する, 完結する: ～ a speech, a letter, an argument / *Concluded*. 完結, 終わり《連載小説などの最後に書く》/ *To be* ～*d*. 次回[次号]完結(の予定). **b** 締めくくる〔*with, by*〕: ～ a party *with* a song 歌でパーティーを終わりにする / ～ one's speech *by* quoting a passage from the Bible 聖書からの一節を引用して演説を締めくくる. **2 a** 〈…と〉推論する, 推断する〈*that*〉: From what you say I ～ *that* he is innocent. お言葉から推し[察し]ますと彼は無罪ですね. **b** 〈…と〉決定[決心]する, 結論を下す〈*that*〉: We ～*d that* he was wrong. 彼は間違えていると結論した / He ～*d that* he would go. 行こうと決心した. **c** 〈…するよう〉決心する, 決意する〈*to do*〉: He ～*d* not *to* do it. それをしないことに決めた. **3** 〈条約などを〉結ぶ, 締結する (settle): ～ a treaty, bargain, etc. / ～ (a) peace 講和条約を締結する. **4**《廃》閉じ込める, 押し込める (confine). **5**〘法律〙訴訟を終決する.
── *vi.* **1 a** 終わる, 終了する: to ～ 終わりに言いますが, 終わりに臨んで…. **b** (…と言って)語を結ぶ: ～ by saying … / ～ with the remark. **2** 結論する; 決定する. **con·clúd·er** *n.*

con·clúd·ing *adj.* 終結の, 結びの, 最後の (final): a ～ remark 結びの言葉 / try to find a ～ thought 結論となる思想を見出そうとする.

con·clu·sion [kənklúːʒən | kən-, kəŋ-]〘《?*c*1370》⇨ OF ～ ∥ ⇨ L *conclūsiō(n-)* ← *conclūsus* (p.p.) ← *conclūdere* 'to CONCLUDE': ⇨ -sion〙 ── *n.* **1** 終結, 結び (end, close); 結末, 終局, 成果 (result): at the ～ of …の終わりに当たって / the ～ of the whole affair 全事件の結末 / bring a speech to a ～ 演説を終結する[終える] / ⇨ foregone conclusion. **2** 推論, 推断 (inference); 結論; 決定, 判定, 判決: come to the ～ *that* …という結論に達する / draw ～*s* 断案[推断]を下す, 結論する / form ～*s* from experiences 経験から推して判断を下す / jump to ～*s* [a ～] (一足飛びに)速断する. **3** (条約などの)締結. **4**〘論理〙(推論・推理の)結論, 帰結, 断案 (cf. condition A 6 b). **5**〘文法〙(条件文の)帰結節 (apodosis) (cf. condition A 5). **6**〘法律〙推論の結論, 訴答書面の末尾部分;〘スコット法〙召喚状の最後の項目《訴えの目的を明示してあるもの》, 判決, 弁護士の最終弁論.
come to a conclusion (1) 終結する. (2) 結論に達する. *in conclusion* (1) 終わりに臨んで, 最後に (finally). (2) 要するに (in short). *try conclusions with* …と決戦を試みる, 優劣を競う, 雌雄を決する.

con·clu·sive [kənklúːsɪv, -zɪv | kənklúːsɪv, kəŋ-]〘《1590》⇨ LL *conclūsīv-us* ← L *conclūsus* (↑): ⇨ -ive〙 ── *adj.* **1** 終結的な, 終局の (final); 決定的な, 明確な, 断固とした (decisive): a ～ answer 最後の[断固とした]回答 / ～ evidence 確証 / ～ presumption〘法律〙(反証を許さない)決定的推定 / That's ～. それで最後的だ, もう議論の余地はない. **2** 推断の; 〔…を〕結論づける〔*of*〕: proof ～ *of* mental derangement 精神錯乱を結論づける証拠. **～·ness** *n.*

con·clú·sive·ly *adv.* 終結的に, 最後的に (finally); 決定的に, 断然 (decisively).

con·coct [kənkákt, kan- | kənkɔ́kt, kəŋ-]〘《1534》← L *concoct-us* (p.p.) ← *concoquere* ← *con-* 'COM- 1' + *coquere* to cook (← *conquus* 'COOK')〙 ── *vt.* **1** (料理などで)〈異なった材料を〉混ぜ合わせて作る, 調合する, こしらえる: ～ a new dish. **2** [軽蔑的に] 〈話・計画などを〉作り上げる; 仕組む, でっち上げる: ～ a story, plot, scheme, fraud. **～·er** *n.* **con·cóc·tor** *n.* **con·cóc·tive** [-tɪv] *adj.*

con·coc·tion [kənkákʃən, kan- | kənkɔ́k-, kəŋ-]〘《1531》⇨ L *concoctiō(n-)* digestion: ⇨ ↑, -tion〙 ── *n.* **1 a** 混成, 調合, 調製. **b** 調製した物; スープ, 混合飲料, 調合薬. **2** 作り上げ(ること), でっち上げ; 作り事 (fiction); 策謀, 画策.

con·col·or·ous [kənkálərəs, kən- | kɔn-, kən-]〘← L *concolor* (⇨ com-, color) + -OUS〙 ── *adj.* 単色の, 同色の; (特に) 〈昆虫の体の部分が〉〔他の部分と〕同じ色の〔*with*〕: thorax ～ *with* abdomen.

con·com·i·tance [kənkáməṭəns, kan-, -tn̩s | kənkɔ́mɪtəns, -tn̩s]〘《*a*1535》⇨ ML *concomitantia*: ⇨ concomitant, -ance〙 ── *n.* **1 a** 付随, 随伴 (accompaniment); 併在, 共在 (coexistence). **b** 付随事情, 付随物. **2**〘カトリック〙相伴(そうはん)説, 併在《聖体の各形色(特に, パンの中)にキリストの体と血の並存すること》.

con·cóm·i·tan·cy [-ṭənsi | -sɪ] *n.* = concomitance.

con·com·i·tant [kənkáməṭənt, kən-, -tn̩t | kənkɔ́mɪtənt, -tn̩t]〘《1607》⇨ L *concomitant-em* (pres.p.) ← *concomitārī* ← *con-* 'COM- 1' + *comitārī* to accompany (← *comit-, comes* companion): ⇨ count[2], -ant〙 ── *adj.* 付随の, 共在の; 〔…と〕相伴う (concurrent)〔*with*〕: ～ circumstances 付随する[相伴う]事情. ── *n.* 付随物, 付きもの; 付随事情: Sleeplessness is often a ～ of anxiety. 心配にはしばしば不眠が付きものである.

con·cóm·i·tant·ly *adv.* 付随的に, 付随して.

con·cord [kánkɔəd, káŋ- | kɔ́ŋkɔːd, kɔ́n-]〘《*a*1325》⇨ (O)F *concorde* ⇨ L *concordia* union ← *concors* of one mind ← *con-* 'COM- 1' + *cors* 'HEART'〙 ── *n.* **1 a** (意見・利害などの)一致 (agreement); (特に, 人間同士の)調和, 和合 (harmony) (↔ discord): in ～ 和合して, 仲よく. **b** 平和, 友好. **2** (国際・民族間の)協定, 協約. **3**〘音楽〙協和; 協和音 (consonance) (cf. discord). **4**〘文法〙(数 (number)・性 (gender)・人称 (person) などの)一致, 呼応 (agreement).

Con·cord [káŋkəd, káŋ-| kɔ́ŋkɔːd, kɔ́n-] *n.* **1**〘《1635》: 初期の移住者達が土着のインディアンとうまく融和したことの記念, あるいは将来の和平を願っての命名か〙米国 Massachusetts 州東部の都市; Emerson, Hawthorne, Thoreau, Alcott などの文人が住んでいたので文学的連想が多い; Lexington と共に独立戦争発端の戦場 (1775). **2** 米国 New Hampshire 州の首都, Merrimack 川に臨む; 人口 30,000. **3**〘園芸〙= Concord grape. **4** = Concord coach.

con·cor·dance [kənkɔ́ədn̩s, kan- | kənkɔ́ːdəns, kəŋ-, -dn̩s]〘《*a*1387》⇨ OF ～ ⇨ ML *concordantia*: ⇨ concord, -ance〙 ── *n.* **1** 一致, 調和 (agreement, concord): in ～ *with* your wishes ご希望に従って / be in ～ *with* …と一致[調和]している. **2** (作家・作品・聖書・機械検索などの)用語索引, 要語索引, コンコーダンス: a ～ of Shakespeare, the Bible, etc. / a verbal [real] ～ 用語[項目]索引.

con·cor·dant [kənkɔ́ədn̩t, kan- | kənkɔ́ːdənt, kəŋ-, -dn̩t]〘《1477》⇨ F ～ ⇨ L *concordant-em* (pres.p.) ← *concordāre* to agree to ← *concors*: ⇨ concord, -ant〙 ── *adj.* **1** 調和した, 一致[合致]した (harmonious)〔*with*〕: The conclusion is ～ *with* the statistical data. その結論は統計資料と一致している. **2**〘音楽〙協和した. **～·ly** *adv.*

con·cor·dat [kənkɔ́ədæt | kɔnkɔ́ː-, kən-, kəŋ-]〘⇨ F ～ ⇨ ML *concordātum* (neut. p.p.) ← *concordāre* (↑)〙 ── *n.* **1** 協定, 協約 (compact). **2**〘キリスト教〙(ローマ教皇と国王または政府間の)協約, 政教条約, コンコルダート, 宗教協約.

Cóncord còach〘← *Concord* (米国 New Hampshire 州の都市で, その最初の製造地)〙 ── *n.*《米》コンコードコーチ《19 世紀米国西部で用いられた内部に 9 座席, 屋根の上に 5 座席ある駅馬車 (stagecoach) の一種》.

Con·corde [kankɔ́əd | kɔnkɔ́ːd; *F.* kɔ̃kɔrd]〘← F *concorde* harmony: ⇨ concord〙 ── *n.* コンコルド《英仏共同開発の超音速旅客機; 1969 年初飛行, 1976 年就航, 最大速度マッハ 2.05, 航続距離約 6,200 km》.

Cóncord grápe *n.*〘園芸〙コンコード《米国北東部に多く産するブドウの一品種; 果皮は濃紫色で大粒; ジュース・ゼリー・ぶどう酒用として重要; 単に Concord ともいう》.

Con·cor·di·a [kankɔ́ədiə | kɔnkɔ́ːdjə, -dɪə]〘⇨ L ～《原義》harmony: ⇨ concord, -ia[1]〙 *n.* **1** 女性名. **2**〘ローマ神話〙コンコルディア《平和の女神》.

con·cours [kɔ̃ː(n)kúə, kɔ(ː)n- | -kúə(r; *F.* kɔ̃kuːr]〘⇨ F ～ (↓)〙 *n. F.* (*pl.* ～ [～z; *F.* ～]) コンクール.

concóurs d'e·le·gánce [-dèɪlegáː(n)s, -gɔ̃ː(n)s, -gáːns, -gɔ́(ː)ns; *F.* -delegɑ̃ːs]〘⇨ F ～《原義》competition of elegance〙 ── *F. n.*〘自動車〙エレガンスコンテスト《主に外見・装備の見ばえを競う自動車ショーまたは競争》.

con·course [kánkɔəs, káŋ-, -kɔəs | kɔ́ŋkɔːs, kɔ́n-]〘《*c*1384》⇨ (O)F *concours* ⇨ L *concursus* (p.p.) ← *concurrere* to run together ← *con-* 'COM- 1' + *currere* to run (⇨ course[1])〙 ── *n.* **1** (人馬・河川・その他の)流動, 合流 (confluence). **2** (一個所に集まってくる)集合, 群集 (assemblage, crowd): a mighty ～ of people 大群衆. **3 a** (道などの)合するところ. **b** 大通り (boulevard). **c** (公園などの)中央広場; (駅などの)中央ホール, コンコース. **4**《米》競馬場, 競技場.

con·cres·cence [kənkrésn̩s, kan- | kən-, kən-]〘⇨ L *concrēscentia* ← *concrēscentem* (pres.p.) ← *concrēscere* ← *con-* 'COM- 1' + *crēscere* to grow (⇨ crescent)〙 ── *n.*〘生物〙**1** (部分の)合着, 合生, 癒着. **2** 胚(はい)分子の接合. **con·cres·cent** [kənkrésn̩t, kan- | kən-, kən-] *adj.*

con·crete [kankríːt, kánkriːt | kɔ́nkriːt, kɔ́ŋ-]〘《*a*1398》⇨ L *concrēt-us* (p.p.) ← *concrēscere* ← *con-* 'COM- 1' + *crēscere* to grow: ⇨ crescent〙 ── *adj.* **1 a** 抽象[一般]的でない, 具体的な, 有形の (↔ abstract): a ～ fact [example] 具体的事実[実例] / ～ ideas 具体的な考え / ～ science 自然科学 / take ～ form [shape] 具体化する. **b** 具体的な物に関する[を表示する]: a ～ word 具象語 / a ～ name [term]〘哲学・論理〙具体[具象]名辞 / ⇨ concrete noun. **c** 特定の, 特殊の, 個々の (particular). **d** 現実の, 実際の (real, actual): ～ proof of conspiracy [of one's patriotism]. **2** [《米》では kánkriːt, ―́―] コンクリート製の: a ～ pavement, etc. **3 a** 凝固[凝結]した, 固体化した (cf. liquid). **b**《古》合成した (composite). **4**〘文学〙視覚詩 (concrete poetry) の. **5**〘数学〙単位のついた, 名数の: ⇨ concrete number. ── *n.* **1 a** 具体物. **b** [the ～] 具体[具象]観念, 具体(性), 具象性. **2** [kánkriːt, ―́― | kɔ́nkriːt, kɔ́ŋ-] 結成体, 固結物. **3 a** コ

ンクリート: a road made of ～ コンクリート道路 / armored [reinforced] ～ 鉄筋コンクリート. **b** コンクリート舗道. **4** 《文学》**a** 視覚詩《文字・語・句読点などの印刷形式や語句の配列などを工夫してページ全体を図案化した現代詩; concrete poetry ともいう》. **b** 視覚詩人《concrete poet ともいう》. **5** 《植物》花から抽出される芳香性蠟(ろう)成分.
in the concrete 具体的に; 個々に (↔ *in the* ABSTRACT): He has no idea of poverty *in the* ～. 貧乏の本当の味がわかっていない.
― *vt.* **1** [kankríːt | kən-, kəŋ-] 結成させる, 固結[凝結]させる (solidify): ～*d* sugar 凝固糖. **2** [kánkriːt, ─ ─ | kɔ́nkriːt, kɔ́ŋ-] …にコンクリートを塗る[使用する]; コンクリートで固める: ～ a backyard, road, etc. **3** [kankríːt | kən-, kəŋ-] 具体化する; 実際的にする. ― *vi.* **1** 凝固する, 固まる. **2** コンクリートを使用する[打つ].
～·ness *n.*

cóncrete blóck *n.* 《建築》(コンクリート)ブロック《cement block ともいう》.

con·crete·ly [kankríːtli, ─ ─ ─ | kɔ́nkriːtli, kɔ́ŋ-, kən-kríːt-] 《(1654)》 *adv.* 具体的に, 有形的に.

cóncrete mìxer *n.* コンクリートミキサー, コンクリート混合機《cement mixer ともいう》.

concréte músic 《(なぞり)← F *musique concrète*》 *n.* 《音楽》＝musique concrète.

concréte nóun *n.* 《文法》具象名詞 (cf. abstract noun).

concréte númber *n.* 《数学》名数《ある量を単位と数値で表わしたもの; *two* boys, *five* girls など; ただの two, five は abstract number; cf. compound number》.

cóncrete pàint *n.* コンクリートペイント《コンクリートに塗装するための塗料》.

concréte póet *n.* 《文学》＝concrete 4 b.

concréte póetry *n.* 《文学》＝concrete 4 a.

concréte univérsal *n.* 《哲学》(Hegel の用語で)具体的普遍《内包が一つの具体的存在, 特に, 有機的統体を指すように特殊化されている普遍; 「人」「国」などに対する「人類」「国家(なるもの)」など》.

con·cre·tion [kankríːʃən | kən-, kəŋ-, kɔn-] 《(1541) □ F *concrétion* □ L *concrētiō(n-)*: ⇨ concrete, -tion》 ― *n.* **1 a** 凝固(すること), 凝結; 結成 (coalescence). **b** 凝固物, 固結物; 結成体. **2 a** 具象状態, 具体性; 具体化. **b** 具体例, 具体化したもの. **3** 《病理》**a** 癒着 (adhesion). **b** 石, 結石 (stone). **4** 《地質》結核《中心物 (nucleus) の外部に鉱物性の物質が固まり付いてできた石》: a calcareous ～ 石灰質結核.

con·cre·tion·ar·y [kankríːʃənèri, kən- | kənkríː-ʃ(ə)nəri, kəŋ-] 《⇨ ↑, -ary》 *adj.* **1** 凝固[凝結]してできた. **2** 《地質》結核性の.

con·cret·ism [kankríːtizm, ─ ─ ─ | kɔ́nkriːtizm, kɔ́ŋ-] *n.* 《文学》視覚詩の理論[実践].

con·cret·ist [kankríːtɪst, -təst, ─ ─ ─ | kɔ́nkriːtɪst, kɔ́ŋ-] *n.* 《文学》＝concrete 4 b.

con·cre·tive [kankríːtɪv | kənkríːt-, kəŋ-] *adj.* 《廃》凝結性の.

con·cret·ize [kankríːtaɪz, kaŋ- | kɔ́nkriːt-, kɔ́ŋ-, -krɪ-] *vt.* 具体化させる: ～ one's ideas. ― *vi.* 具体化する. **con·crét·iz·a·ble** [-zəbl̩] *adj.* **con·cret·i·za·tion** [kàŋkriːṭɪzéɪʃən, -ṭə- | kɔ̀nkriːtaɪ-, kɔ̀ŋ-, -krɪ-, -tɪ-] *n.*

con·cu·bi·nage [kankjúːbənɪdʒ, kən- | kənkjúːbɪ-, kəŋ-] 《(c1395) ← CONCUBINE＋-AGE》 *n.* **1** 内縁関係, 同棲. **2** 内縁[めかけ]の身分. **3** 精神的屈従[束縛].

con·cu·bi·nal [kankjúːbənl̩, kən- | kən-, kəŋ-] *adj.* 《廃》＝concubinary.

con·cu·bi·nar·y [kankjúːbənèri, kən- | kənkjúːbɪnəri, kəŋ-] 《⇨ ↓, -ary》 ― *adj.* 内縁関係の[に関する], で暮らしている, から生れた]. ― *n.* 内縁関係の[で暮らしている]人, 内妻, めかけ.

con·cu·bine [káŋkjubàɪn, kán- | kɔ́ŋ-, kɔ́n-] 《(c1300) □ (O)F ～ □ L *concubīna* ← *con-* ' COM- 1 ' ＋ *cubāre* to lie down (cf. incubus)》 ― *n.* **1** 内縁の妻; めかけ, 囲い者. **2** (一夫多妻制の)第一夫人以外の妻.

con·cu·pis·cence [kankjúːpəsəns, kən-, kàŋkjuːpís-, -sns | kənkjúːpɪs-, kɔ̀ŋkjuːpís-, -kjʊ-] 《(?c1350) □ (O)F ～ □ L *concupiscentia* ← *concupiscere* to long for, desire ← *con-* ' COM- 2 ' ＋ *cupere* to desire (⇨ Cupid)》 ― *n.* **1 a** 強い欲望. **b** 色欲, 情欲, 性欲. **2** 《聖書》悪欲, 現世欲 (cf. *Col.* 3: 5).

con·cu·pis·cent [kankjúːpəsənt, kən-, kàŋkjuːpís-, -snt | kənkjúːpɪs-, kɔ̀ŋkjuːpís-, -kjʊ-] 《(a1500) □ L *concupiscent-em* (pres.p.) ← *concupiscere* (↑)》 ― *adj.* **1** 色欲の盛んな, 好色の. **2** 強欲な. **～·ly** *adv.*

con·cu·pis·ci·ble [kankjúːpəsəbl̩, kən- | kənkjúː-pɪsə-, kəŋ-, -sɪ-] 《ME □ (O)F ～ □ L *concupiscibilis* ← *concupiscere* (↑): ⇨ -ible》 ― *adj.* **1** 色欲に動かされた, 好色の. **2** 《古》望まれてしかるべき.

con·cur [kənkɔ́ː, kan- | kənkɔ́ː(r, kəŋ-] 《(1410) □ L *concurr-ere* ← *con-* ' COM- 1 ' ＋ *currere* to run (⇨ course[1])》 ― *vi.* (**con·curred**; **-cur·ring**) **1** 同時に起こる〔*with*〕. **2 a** (ある共通の目的で)協力する. **b** 〈事情などが〉共同して作用する, 共に働く: Everything ～*red* to make him happy. 諸事情が相助け合って彼の幸福をもたらした. **3 a** 同意する〔*with*〕: ～ *with* a person's proposal 人の提案に同意する. **b** 認める, 是認する〔*in*〕: ～ *in* a person's statement 人の意見を是認する. **4** 《廃》〈線などが〉一点に集まる.

con·cur·rence [kənkɔ́ː(r)əns, kan- | kənkʌ́r-, kəŋ-] 《(?a1425): ⇨ ↑, -ence》 ― *n.* **1** 同時に起こること, 同時発生 (coincidence). **2 a** 協力 (cooperation). **b** (力・原因などの)共働, 同時作用. **3** 一致, 同意 (assent): ～ *in* opinion. **4** 《古》[フランス語法] コンクール, 競争 (competition). **5** 《数学》共点性《三つ以上の直線, あるいは四つ以上の平面が同一点を共有すること》. **6** 《法律》同一権利の競合[併存]《数人が同じ物に同じ権利をもつこと》.

con·cur·ren·cy [kənkɔ́ː(r)ənsi, kan- | kənkʌ́rənsɪ, kəŋ-] *n.* ＝concurrence 1-4.

con·cur·rent [kənkɔ́ː(r)ənt, kan- | kənkʌ́r-, kəŋ-] 《(a1398) □ L *concurrent-em* (pres.p.) ← *concurrere* ' to CONCUR ': ⇨ -ent》 ― *adj.* **1** 同時(発生)の, 併発の, 共在の〔*with*〕: be ～ *with* an event ある事件と同時である. **2 a** 協力する. **b** 〈努力など〉共同の, 〈原因など〉共働する: a ～ cause / ～ remedies 併用して効く薬. **c** 兼務[兼職]の: a ～ post 兼職[官] / ～ assumption of directorship 重役[所長]兼任. **3** 〈行為・意見など〉一致する. **4 a** 同じ地点に向かう[集まる]: a ～ crowd. **b** 《数学》同一点に集まる, 共点の: ～ lines 共点線. **5** 《法律》権限のせり合っている, 共通に有効の: a ～ sentence (数人の被告に共通に適用される)共通判決 / ～ jurisdiction ある事件に対し異なった裁判所が共通に有する裁判権, 競合管轄権 / a ～ lease 併存賃貸借(権). ― *n.* **1** 併発事情, 共在事情; 共働原因. **2** 《古》競争相手.

concúrrent fíre insùrance *n.* 《保険》同時[競合]火災保険《同一の財物が同じ時期に二つ以上つけられている火災保険》.

con·cúr·rent·ly 《(c1449)》 *adv.* **1** 同時に〔*with*〕: ～ *with* the accident その事件と同時に. **2** 一致[共同]して; 兼務して: hold a post ～ 兼務[官]する.

concúrrent resolútion *n.* 《米議会》(上下両院で採択された)同一決議《両院の共同決議 (joint resolution) と違って大統領の署名を要せず法的効力もたない》.

concúrring opínion *n.* 《法律》賛成意見《上級審の裁判所において, その事件についての一人の裁判官の意見とある裁判官の意見とが, 理由づけ・考え方の相違はあっても結論に賛成である場合の後者の裁判官の意見; cf. dissenting opinion》.

con·cuss [kənkʌ́s | kən-, kəŋ-] 《← L *concuss-us* (p.p.) ← *concutere* ← *con-* ' COM- 1 ' ＋ *cutere* ＝ *quatere* to shake (⇨ quash[1])》 ― *vt.* **1** (激しく)揺り動かす (shake), 動揺させる (agitate). **2** [通例 -ing 形で] …に(脳)震盪(とう)を起こさせる: a ～*ing* blow. **3** 《古》〈人を〉脅して…させる (coerce) 〔*into*〕/ 〈*to do*〉.

con·cus·sion [kənkʌ́ʃən | kən-, kəŋ-] 《(a1400) □ L *concussiō(n-)* a shaking ← *concussus* (↑): ⇨ -sion》 ― *n.* **1** (打撃・衝突などによる)震動, 激動. **2** 強い打撃, 衝撃. **3** 《医学》震盪(とう): a ～ of the brain 脳震盪.

con·cus·sive [kənkʌ́sɪv | kən-, kəŋ-] 《(?a1425) ← CONCUSS(ION)＋-IVE》 *adj.* 震盪(とう)(性)の. **～·ly** *adv.*

con·cyc·lic [kansáɪklɪk, kən-, -sík- | kənsáɪk-, kən-] 《← *con-* ' COM- ' ＋ CYCLIC》 ― *adj.* 《数学》〈いくつかの点が〉同一円周上にある; 〈いくつかの二次曲面が〉共円的な.

cond. 《略》condense; condenser; condition; conditional; 《音楽》conducted; conductivity; conductor.

Con·dé [kɔ̃(n)déɪ, kɔ(ː)n-; *F.* kɔ̃de], Prince de *n.* コンデ《1621-86; フランスの将軍; 晩年は文学に親しんだ; 称号 Louis II de Bourbon, Duc d'Enghien, 通称 "the Great Condé"》.

con·demn [kəndém] 《(1340) *condem(p)ne(n)* □ OF *condem(p)n-er* □ L *condem(p)nāre* ← *con-* ' COM- ' ＋ *damnāre* ' to DAMN '》 ― *vt.* **1** (証拠を十分考慮した上で腹蔵なく)悪い[非である]と宣言する, 非難する, とがめる (censure): ～ a person's conduct ＝ ～ a person *for* his conduct 人の行為を非難する / ～ Zionism as a form of racism シオニズムを一種の民族主義として非難する. **2 a** 〈人〉に〈刑を〉言い渡す〔*to*〕; 〈人を〉〈処刑するように〉宣告する 〈*to do*〉: ～ a person *to* death 人に死刑を宣告する / ～ a person *to* be beheaded 人に斬首の刑を宣告する. **b** 〈人〉に有罪の判決をする; 〈人〉に〔…罪の〕判決を下す〔*for*〕: be ～*ed for* murder 殺人罪の判決を受ける. **c** 《古》〈人〉に〔…の〕罪ありと認める〔*of*〕: be ～*ed of* treason. **3** (無理に)悲境・苦難に運命づける〔*to*〕: be ～*ed to* suffering, poverty, toil, woe, etc. / Misfortune ～*ed* him *to* poverty. 不運のため彼は貧乏になるはめとなった / He was ～*ed to* complete idleness. しようのない怠け者に生れついた. **4** 〈言葉・顔などが〉〈人〉に有罪らしく[と]思わせる, 災いする: His very looks ～ him. 顔つきからしていかにも罪人らしい, 悪いことをしたと顔に書いてある. **5 a** 〈医師が〉〈人〉に不治の宣告を与える, さじをなげる: be ～*ed* by physicians 医者に見放される. **b** 〈品物を〉不良品と定める; 〈船舶などに〉廃棄処分を言い渡す: ～ meat 肉を食用に不適当だと定める / ～ a building as unsafe [a ship as unseaworthy] 建物を危険と[船を航海に耐えないと]断定して使用を禁止する. **c** 〈船荷・密輸品などを〉没収と定める, …の没収を言い渡す. **6** 《米》(公共の使用に供するため法的に)〈財産〉の収用を言い渡す, 接収する: His land was ～*ed* to make a park. 公園を造るために彼の土地は接収された. **～·er, con·dem·nor** [kəndémə, kəndèmnɔ́ə, kàndem- | kəndémə(r, kɔ̀ndemnɔ́ː(r] *n.*

con·dem·na·ble [kəndém(n)əbl̩] 《□ L *condemnābil-is*: ⇨ ↑, -able》 *adj.* 非難されるべき, とがむべき, 罪[罰]すべき (blamable). **con·dém·na·bly** *adv.*

con·dem·na·tion [kàndemnéɪʃən, -dəm- | kɔ̀ndem-, -dəm-] 《(c1384): ⇨ condemn, -ation》 ― *n.* **1** 非難(すること): He merits every ～. 彼はどう非難されても仕方がない. **2** 有罪の決定, 断罪, 罪の宣告. **3** 宣告[非難]の根拠[理由]: His own conduct is his ～. 彼の行為こそが彼の罪の証拠である. **4** (不適切・不良品・没収物としての)没収, 廃棄, 《米》(公共の使用に供するための)土地収用(の申し渡し), 接収. **5** 《法律》捕獲確認裁判《海上捕獲物などの捕獲が合法的であることを確認する裁判》.

con·dem·na·to·ry [kəndémnətɔ̀ːri, -tɔ̀ːri | kəndém-nət(ə)ri, kɔ̀mdemnéɪt-, -dəm-] 《← L *condemnātus* ((p.p.) ← *condemnāre* ' to CONDEMN ') ＋ -ORY[1]》 ― *adj.* 断罪的な, 有罪申し渡しの; 非難の: a ～ sentence.

con·démned *adj.* **1** 有罪を宣告された; 非難された. **2** 死刑囚のための: a ～ cell [ward] 死刑囚監房 / the ～ pew (礼拝堂中の)死刑囚席 / a ～ sermon 死刑囚に行なう説教. **3** 没収と定められた[申し渡された]. **4** 〈土地が〉公用のために収用された.

con·démn·ing [-mɪŋ] *adj.* ＝condemnatory. **～·ly** *adv.*

con·dens·a·ble [kəndénsəbl̩] *adj.* 凝縮[圧縮, 簡約]できる. **con·dèn·sa·bíl·i·ty** [-səbíləṭi | -lətɪ, -lɪ-] *n.*

con·den·sate [kándənseɪt, -den-, kəndénseɪt | kɔ́n-densèɪt, -dən-, kəndénseɪt] 《← L *condēnsāt-us* (↓)》 ― *n.* **1** 凝縮物. **2** 《化学》(ガスや蒸気が凝縮して生じた)復水, 縮合物, 凝縮液.

con·den·sa·tion [kàndenséɪʃən, -dən- | kɔ̀n-] 《(1603) □ L *condensātiō(n-)* ← *condensātus* (p.p.) ← *condensāre* ' to CONDENSE '》 ― *n.* **1 a** 凝縮, 圧縮. **b** 凝縮状態. **c** 凝縮体. **2 a** (思想・表現・物語などの)圧縮, 短縮, 要約. **b** 要約された作品《小説など》; 要約本[版], 簡約本[版], 縮約本[版]. **3** 《物理》凝結, 凝縮, 凝集. **4** 《化学》縮合, 凝縮, 液化. **5** 《精神分析》圧縮《多くの観念・感情・記憶などが一つの言葉・物語・夢などに再現されること》. **～·al** [-ʃənl̩, -ʃnəl] *adj.*

condensátion pòint *n.* 《数学》凝集点《その点のどのような近傍もあたえられた部分集合の点を非可算個含むような点》.

condensátion polymerizàtion *n.* 《化学》重縮合, 縮合重合《縮合反応を反復しながら重合体を生成する反応; cf. addition polymerization》.

condensátion tràil *n.* ＝contrail.

con·dense [kəndéns] 《(?a1425) □ (O)F *condens-er* // L *condensāre* ← *condensus* very dense: ⇨ com-, dense》 ― *vt.* **1** 濃厚にする, 濃縮する; 凝縮する, 圧縮する. **2** 〈気体を〉液化または固体化する (cf. rarefy 1): ～ a gas *to* a liquid / ～ vapor *into* water. **3** 〈思想・表現・物語などを〉簡約する, 短縮する (abridge): ～ a paragraph *to* a sentence 一節を縮めて一文にする / ～ a story 物語を短縮[要約]する. ― *vi.* **1** 凝結[凝縮]する, 縮まる, 固まる. **2** 簡潔に表わす, 要約する. **3** 《化学》凝縮する.

con·dénsed 《(?a1425)》 ― *adj.* **1** 凝縮[濃縮]した, 縮合した; 凝結した. **2** 〈文体・言葉など〉簡約[短縮]した (↔ diffuse). **3** 《活字》コンデンスの《字幅の狭いことにいう; cf. expanded 3, extended 6》. **con·déns·ed·ly** [-sɪdli, -səd-, -st- | -lɪ] *adv.* **con·déns·ed·ness** [-sɪdnɪs, -səd-, -st-, -nəs] *n.*

condénsed mílk *n.* コンデンスミルク, 加糖練乳《全乳を濃縮して砂糖を加えたもの; cf. evaporated milk》.

condénsed sýstem *n.* 《物理・化学》凝縮系《液相・固相から成る系》.

con·déns·er *n.* **1 a** 縮約者. **b** コンデンサー係. **2** 凝縮器, (空気・蒸気などの)凝縮装置, 凝気器; (タービンなどの)復水器. **3** 《電気》コンデンサー (capacitor) 《静電容量素子》. **4** 《光学》集光レンズ[鏡]; 集光装置《光を一点に集める光学系; 顕微鏡観察のとき光源からの光を集め標本を照明する装置》.

condénser antènna *n.* 《通信》コンデンサーアンテナ《容量性アンテナ》.

condénser mìcrophone *n.* 《電気》コンデンサーマイクロホン.

con·den·ser·y [kəndéns(ə)ri | -səri] 《← CONDENSE ＋-ERY》 *n.* コンデンスミルク製造所.

con·dens·i·ble [kəndénsəbl̩ | -sə-, -sɪ-] *adj.* ＝condensable. **con·dèns·i·bíl·i·ty** [-səbíləṭi | -lətɪ, -lɪ-] *n.*

con·déns·ing èngine *n.* 《機械》復水器付き機関.

condénsing lèns *n.* 《光学》＝condenser 4.

con·dén·sive lóad [kəndénsɪv-] *n.* 《電気》＝capacitive load.

con·de·scend [kàndɪsénd, -də- | kɔ̀ndɪ-] 《(1340) *condescende(n)* □ (O)F *condescend-re* □ LL *condēscendere* ← *con* ' COM- 1 ' ＋ *dēscendere* ' to DESCEND '》 ― *vi.* **1 a** (目下の者に対して)威張らない, 腰を低くする. **b** 威張らないで…する; …して下さる (deign) 〈*to do*〉: He never ～*s to* shake hands with me. 威張っていて決して私と握手をしてくれない. **2** 身を落として…する〔*to*〕/ 〈*to do*〉: ～ *to* accept a bribe (節を捨てて)賄賂を受ける / ～ *to* the meanest employment 身を落としてきわめて下等な職につく / He does not ～ *to* such little things. そんなつまらないことをするのを潔(いさぎよ)しとしない. **3 a** [しばしば皮肉に用いて] (優越感を意識しながら)親切にする, 恩着せがましく振舞う: She seemed to be ～*ing.* 妙に恩に着せるような態度であった. **b** 偉ぶる. **4** 《廃》譲歩する, 譲る; 承諾する.

con·de·scen·dence [kàndɪséndəns, -dəs- | kɔ̀ndɪ-séndəns] 《□ F *condescendance*: ⇨ ↑, -ence》 ― *n.*

1 ＝condescension. 2 〘スコット法〙(原告作成の)訴訟事実の記述.

còn·de·scénd·ing *adj.* 1 (目下の者に対して)腰の低い, 丁寧な. 2 恩に着せるような, 保護者気取りの (patronizing): a ～ manner 恩着せがましい態度. **～·ly** *adv.* **～·ness** *n.*

con·de·scen·sion [kɑ̀ndɪsénʃən, -də- | kɔ̀ndɪsén-] 〘(1642) ◻ L *condēscēnsiō(n-)* ← *condēscēnsus* (p.p.) ← *condēscendere* 'to CONDESCEND': ⇨ -sion〙 — *n.* 1 (目下の者に対して)威張らないこと, 腰の低いこと: in ～ *to* one's inferiors 目下の者に丁寧な態度で. 2 a (優越感をもった)わざとらしい親切, 恩に着せるような態度. b 偉そうな様子. 3 〘廃〙譲歩 (concession).

con·dign [kəndáɪn, kɑn-, kɑ́ndaɪn | kəndáɪn] 〘(1410) ◻ (O)F *condigne* ◻ LL *condignus* very worthy ← *con-* 'COM-'+*dignus* worthy (cf. dignity)〙 — *adj.* 〈罰など〉相当な, 至当な: ～ punishment, vengeance. **～·ly** *adv.*

con·dig·ni·ty [kəndígnəṭi, kɑn- | kəndígnəti, -ni-] 〘◻ ML *condignitās*: ⇨ ↑, -ity〙 *n.* 〘神学〙(善行による)功徳(くどく) (cf. congruity 3).

Con·dil·lac [kɔ̃ː(n)diǽk, kɔ̀(ː)n- | -dɪ-; *F.* kɔ̃dijak], **Étienne Bon·not de** [bɔno d] *n.* コンディヤック《1715–80; フランスの哲学者》.

con·di·ment [kɑ́ndəmənt | kɔ́ndɪ-] 〘(?1444) ◻ (O)F ～ ∥ L *condīment-um* spice, seasoning ← *condīre* ← *condere* to preserve ← *con-* 'COM- 1'+*-dere, dare* to put (cf. do²)〙 — *n.* 香辛料 (seasoning)《こしょう・からしなどの自然食品によるスパイスのほか, カレー・ケチャップ・チリなどの調理した調味料にもいう》.

con·di·men·tal [kɑ̀ndəménṭl | kɔ̀ndɪméntl] *adj.*

con·di·tion [kəndíʃən] 〘(16C) ◻ LL *conditiō(n-)* agreement, stipulation, situation ∽ (a1333) *condicioun* ◻ OF *condicion* ◻ L *condiciō(n-)* ← *condictus* agreed upon (p.p.) ← *condīcere* ← *con-* 'COM- 1'+*dīcere* to point out, tell (cf. diction): ⇨ -tion〙 — *n.*

A 1 条件: the necessary and sufficient ～ 必要で十分な条件 / ⇨ condition precedent / impose ～s 条件を課する[設ける] / make it a ～ that ...を(一つの)条件とする / make no ～s 条件は何もつけない / on this ～ この条件で / on the ～ *that* he reside with his parents 両親と一緒に住むという条件で / I will not go on any ～.＝I will go on no ～. どんな条件ででも行かない. **2** (ある物事の存在・生起に必要となる)先行条件, 必要条件 (prerequisite): the ～ of all success / all ～s necessary for success. **3** 〘廃〙契約 (contract): such sum or sums as are express'd in the ～ 契約にあるとおりのかくかくの金額 (Shak., *Merch V* 1. 3. 148–49). **4** 〘法律〙(協定・契約などの)条件, 条項, 規定, 規約, 契約の基本[本質]的約款 (cf. warranty 1): the ～s of peace 講和条項. **5** 〘文法〙(条件文の)条件節 (protasis) (cf. conclusion 5). **6** 〘論理〙 **a** 条件命題の前・後件: ⇨ necessary condition, sufficient condition. **b** (条件命題・推理の)前件, 前提, 理由 (cf. conclusion 4, consequence 2). **c** 論証で成り立つと仮定された命題; 仮定 (assumption). **7** 〘哲学〙条件, 制約《一般に, ある事柄・結果を生むのに不可欠な状況・事象・根拠》.

B 1 a (人・物・財政などの)有様, 状態; 体の調子, 健康状態, 体調, コンディション: matter in a liquid ～ 液状の物質 / the human ～＝the ～ of man 人間の状態 / the ～ of affairs (天下の)形勢, 世情 / the financial ～ of New York City ニューヨーク市の財政状態 / be in a certain [a delicate, a particular, an interesting] ～ 妊娠している / be in [out of] ～ 健康状態[体の状態, コンディション]が良い[悪い]; (物の)保存状態が良い[悪い] / be in [out of] ～ to do ...するに耐える[耐えない], ...できる[できない] / be in no ～ to do ... するに耐えない, できない / in good [bad, poor] ～ 良い[悪い]状態で, 健康[不健康]で / get a person into ～ 人を良いコンディションにする. **b** 〘口語〙(身体の)異常 (illness, trouble): a man with a kidney ～ 腎臓(の調子)の悪い人 / have a heart ～ 心臓に異常がある, 心臓が悪い. **c** (障害となる, または修正を必要とする)特殊事情; 障害, 欠点: the ～ of the train 列車の事故. **2** 境遇, 身分, 地位: all sorts and ～s of men あらゆる種類・身分の人々 (*Prayer Book* から出た句) / a man of ～ 身分のある人 / men of humble ～ 身分の低い人々 / better one's ～ 境遇を改善する / change one's ～ 新生活に入る; 結婚する, 所帯をもつ / live according to one's ～ 身分に応じて生活する. **3** [通例 *pl.*] (現在の)状況, 様子, 現情, 情勢: living ～s 生活状況 / under favorable [difficult] ～s 順[逆]境に / under [in] these ～s こういう事情のもとに[こういう状況では] / under the existing [present] ～ 現在の事情では, 現状からすると. **4** 〘米〙(仮入学・仮進級の学生が受ける)再試験, 再試験科目 (cf. E): work off ～s 〈学生が〉再試験を済ませる. **5 a** 〘廃〙性質, 性格; 特性 (trait): the hot ～ of blood たぎる血潮. **b** [*pl.*] 〘古〙やり方, 様式 (ways).

***on* [*upon*] *condition* (*that*)** ...という条件の下に, 仮に...とすれば (if): I will do it *on* ～ (*that*) you help me. 君が手伝ってくれるならしよう.

— *vt.* **1** 〈...という〉条件を設ける, 〈...と〉規定する 〈*that*〉/〈*to do*〉: ～ to observe the rule 規約を守るという条件をつける / ～ *that* they (should) marry 結婚するという条件にする / It was ～*ed* between the two *that* they should marry next year. 来年結婚するという条件が二人の間に定められた. **2** 〈事物が〉...の必要条件となる, 前提となる; 〈事情などが〉限定する, 決定する, 制約する; 条件付ける, ならす: the things that ～ happiness 幸福の必要条件となるものごと / the circumstances which ～ our lives われわれの生活を決定する事情[境遇, 条件] / a people ～*ed* by long years of discipline to accept orders 長い年月の訓練で命令に服従するようにならされた民族 / Choice is ～*ed* by supply. 選択は供給によって制約される / Health and activity ～ each other. 健康と活動とは互いに依存する. **3 a** 適当な状態にする. **b** 〈室内の空気などを〉調節する: ～ the air of a room (暖房・冷房などで)室内の空気を調節する. **c** 〈部屋など〉の空気調節する: ～ the room. **d** 〈運動選手・チーム・競走馬などを〉(練習で)最良のコンディションにもっていく: ～ a horse for a race 馬を競馬に出る最良のコンディションにもっていく / ～ oneself into the best health 自己のコンディションを最高の健康にもっていく. **e** 〈家畜を〉太らせる (fatten). **4** 〘米〙〈学生〉に再試験の条件を付ける, 仮進級[入学]を許す: be ～*ed* in German ドイツ語に再試験の条件を付けられる. **5** 〈商品の品質を〉検査する: ～ silk, wool, cotton, etc. **6** 〈乾いた議論を〉適当にしめらす. **7** 〘心理〙条件付ける, ...に条件反射 (conditioned response) を起こさせる. — *vi.* **1** 〈ビールなどが〉適当な条件になる. **2** 〘古〙条件を付ける. **～·a·ble** [-ʃ(ə)nəbl̩] *adj.*

con·di·tion·al [-ʃənl̩, -ʃnəl] 〘(c1380) ◻ OF *condicionel* (F *conditionnel*) ∥ LL *condiciōnāl-is*: ⇨ ↑, -al¹〙 — *adj.* **1 a** 条件付きの[による, に従う]; 制限付きの, 制約的な; 暫定的な, 仮定的な: a ～ agreement [promise] 条件付き協定[約束] / a ～ contract 条件付き契約, 仮約定 / This offer is ～. この提供は条件付きである《無条件提供ではない》. **b** 〔...を〕条件としての, ...次第で(の) 〔*on, upon*〕: a promise ～ *on* circumstances being favorable 事情が好都合であることを条件としての約束 / It is ～ *on* your ability. それはあなたの腕次第だ / The bequest is ～ *on* your taking possession of the house. 遺産はその家をあなたが所有することを条件としている. **2** 〘心理〙〈反射が〉条件付けられた. **3** 〘文法〙条件を表わす: a ～ clause 条件節 / a ～ sentence 条件文 / the ～ mood 条件法. **4** 〘論理〙条件[仮定]的な: a ～ proposition 条件[仮定]命題. **5** 〘数学〙 **a** 〈不等式が〉条件付きの《変数のすべての値に対して成り立つとは限らない; cf. absolute 11》. **b** 〈確率が〉条件付きの: ⇨ conditional probability. **c** 〈収束が〉条件付きの: ⇨ condititional convergence. — *n.* **1** 〘文法〙 **a** 仮定語句; 条件文[節]. **b** 条件法. **2** 〘論理〙＝implication 3. **con·di·tion·al·i·ty** [kəndìʃənǽləṭi | -ləti, -lɪ-] *n.*

condítional convérgence *n.* 〘数学〙条件収束《級数が収束はするが, 項の順序を変えると収束しないことがあること; 級数が収束はするが, 各項の絶対値から成る級数は収束しないことといってもよい; cf. unconditional convergence》.

con·dí·tion·al·ly [-ʃ(ə)nəli | -lɪ] 〘(c1450)〙 *adv.* 条件付きで; 絶対的でなくて.

condítional probabílity *n.* 〘数学・統計〙条件付き確率《ある事象が起こったという条件の下での別のある事象の起こる確率》.

condítional sále *n.* 〘法律〙条件付き売買《条件が満たされた時, 所有権が買手に移転する売買》.

con·dí·tioned 〘(?a1439)〙 — *adj.* **1** 条件付きの, 制約のある. **2** [通例複合語の第 2 構成素として] (...の)状態[境遇]にある: well-*conditioned* 良好の状態にある / ill-*conditioned* 状況の悪い, 不良状態の, 悪質の. **3 a** 条件付けられた; 仕込まれた, ならされた. **b** 〘心理〙条件反射の[による]. **4** 調節(暖房または冷房)された: the ～ air of a theater. **5** 〘米〙仮入学[進級]の.

condítioned réflex [respónse] *n.* 〘生理・心理〙条件反射《無条件刺激(例えば食物)と中立刺激(例えばベル)を組み合わせて反復するとき, ベルだけでも反射(唾液分泌)が起こるようになるが, この場合ベルは条件刺激, ベルによる反射を条件反射という; cf. unconditioned reflex》.

con·dí·tion·er [-ʃ(ə)nə | -nə(r] *n.* **1** 調節する人[もの]. **2** (運動の)トレーナー, 訓練者. **3** (生糸などの)検査人[官]. **4** ＝air-conditioner. **5** 〘土壌〙土壌調節剤 (soil conditioner).

con·dí·tion·ing [-ʃ(ə)nɪŋ] *n.* **1** 条件付け: social ～ 社会的条件付け. **2** (動物などを)最良のコンディションにもっていくこと, 調教. **3** (空気の)調節. **4** (商品の)検査: a silk ～ house 生糸検査所. **5** 繊維を適切な状態に整えること.

condítion précedent *n.* 〘法律〙停止条件.

con·do [kɑ́ndou | kɔ́ndəu] 〘略〙 *n.* (*pl.* ～**s**) ＝condominium 2.

con·do·la·to·ry [kəndóulətɔ̀ːri, -tòːri | -dəulətəri] 〘⇨ ↓, -atory: CONSOLATORY からの類推〙 — *adj.* 弔慰の, 悔みの, 哀悼の: a ～ address 弔辞 / ～ compliments 悔みの挨拶 / a ～ letter 悔み状.

con·dole [kəndóul | -dául] 〘(1592) ◻ LL *condolēre* to suffer with another ← *con-* 'COM- 1'+*dolēre* to grieve〙 — *vi.* 〔人に〕弔意を表する, 悔みを言う 〔*with*〕: ～ *with* a person *in* his suffering [*on* the death of his wife] 人の苦しみを慰める[夫人の死の悔みを言う]. — *vt.* 〘古〙 **1** 〈人の死を〉悼(いた)む, 弔らう, 悲しむ. **2** 〈人〉に悔みを言う, 慰める.

con·dóle·ment *n.* ＝condolence.

con·do·lence [kəndóuləns, kɑ́ndəl- | kəndául-, kɔ́ndəl-] 〘(1603): ⇨ ↑, -ence〙 — *n.* **1** 悔み, 弔慰, 哀悼: a ～ call [caller] 弔問[弔問客] / a letter of ～ 弔慰状, 悔み状. **2** [*pl.*] 弔辞, 哀悼の言葉: present [express] one's ～s to ...に対して哀悼の言葉を送る[弔意を表する].

con·do·lent [kəndóulənt, kɑ́ndəl- | kəndául-, kɔ́ndəl-] 〘(a1500) ◻ L *condolent-em*: ⇨ condole, -ent〙 *adj.* 弔慰[弔辞]の, 哀悼を表する.

con·dól·er [-lə | -lə(r] *n.* 弔慰する人, 哀悼者.

con·dól·ing [-lɪŋ] *adj.* 弔慰する, 哀悼する. **～·ly** *adv.*

con do·lo·re [kɑ̀n dəlɔ́ːreɪ, kòun-, -lɔ́ːr- | kɔ̀n də-lɔ́ːr-; *It.* kondolóːre] 〘◻ It. ～ 'with sadness': ⇨ com-, dolor〙 *It. adv.* 〘音楽〙悲しげに (sorrowfully).

con·dom [kɑ́ndəm, kʌ́n- | kɔ́ndəm, -dɔm] 〘(c1665) *cundum*: これを考案した当時の医師 *Cundum, Conton* の名からとの説あるも不詳〙 — *n.* (性病予防・避妊用の)コンドーム.

con·dom·i·nate [kəndɑ́mənət, kən-, -nɪt | kən-dɔ́mɪ-, kən-] 〘← NL ～ ← *con-* 'COM-'+L *dominātus* ((p.p.) ← *dominārī* 'to DOMINATE')〙 — *adj.* 共同支配[統治]の[に関する].

con·do·min·i·um [kɑ̀ndəmíniəm | kɔ̀ndəmíniəm, -njəm] 〘(a1714) ← NL ～ ← *con-* 'COM-'+L *dominium* 'DOMINION'〙 — *n.* **1** 共同主権 (joint sovereignty). **2** 〘米〙 **a** 分譲アパート[マンション]. **b** 分譲アパート[マンション]の一戸[室]. **3** 〘国際法〙(二つ以上の国家による)共同統治[管理]; 共同統治[管理]地.

Con·don [kɑ́ndən | kɔ́n-], **Edward Uh·ler** [júːlə | -lə(r] *n.* (1902–74) 米国の物理学者; 原爆開発に従事したが, 後に核禁止運動を進めた.

con·do·na·tion [kɑ̀ndounéɪʃən, -do(u)- | kɔ̀ndə(u)-] 〘(1625) ◻ L *condōnātiō(n-)* giving away: ⇨ ↓, -ation〙 — *n.* **1** (罪の)容赦. **2** 〘法律〙(特に, 姦通の)宥恕(ゆうじょ) (cf. connivance).

con·done [kəndóun | -dáun] 〘(1623) ◻ L *condōnāre* to give up, forgive ← *con-* 'COM- 2'+*dōnāre* to give〙 — *vt.* **1** 〈罪を〉許す, 容赦する (pardon); (特に)大目にみる (overlook). **2** 〘法律〙〈特に, 姦通を〉宥恕(ゆうじょ)する. **con·dón·a·ble** [-nəbl̩] *adj.* **con·dón·er** *n.*

con·dor [kɑ́ndə, -dɔə | kɔ́ndɔː(r, -də(r] 〘(1604) ◻ Sp. *cóndor* ◻ Kechua *cúntur*〙 — *n.* **1** 〘鳥類〙 **a** コンドル (*Vultur gryphus*)《Andean condor ともいう》. **b** カリフォルニアコンドル (*Gymnogyps californianus*)《California condor ともいう》. **2** [また kóundɔə; *Sp.* kóndor] (*pl.* ～**s**, **con·do·res** [kəndɔ́ːreɪs, koun-, -dóːr- | kɔndɔ́ːr-; *Sp.* kondóres]) コンドル《コンドルの意匠のある南米諸国の金貨; チリでは 10 pesos, エクアドルでは 25 sucres の価値》. **3** [C-] 〘電子工学〙コンドル《電子航法の一種》.

Con·dor·cet [kɔ̃ː(n)dɔəséɪ, kɔ̀ːn- | -dɔː-; *F.* kɔ̃dɔrsɛ], **Marquis de** *n.* コンドルセ《1743–94; フランスの数学者・哲学者・政治家; Marie Jean Antoine Nicola Caritat [mari ʒɑ̃ ɑ̃twan nikɔla karita]》.

condores *n.* condor 2 の複数形.

con·dot·tie·re [kɑ̀ndətjé(ə)ri, kɑ̀ndɑtié(ə)ri, -dou- | kɔ̀ndɔtjéəri; *It.* kondottjέːre] 〘(1794) ◻ It. ～ 'captain' ← *condotto* mercenary < L *conductum* (p.p.) ← *condūcere* to hire: ⇨ -ier²〙 — *n.* (*pl.* **-tie·ri** [-riː; *It.* -ri]) **1** (14–16 世紀の主にイタリアの)傭兵隊長. **2** 傭兵.

con·duce [kənd(j)úːs | -djúːs] 〘(c1400) ◻ L *condūcere* to bring together ← *con-* 'COM- 1'+*dūcere* to lead (⇨ duct)〙 — *vi.* 〈ある事柄・事情が〉〈ある特定の, または望ましい結果に〉導く, 助けとなる, 貢献する 〔*to, toward*〕: virtues which ～ *to* success in life 出世の道に資する諸徳 / Rest ～s *to* health. 休息は健康の一助となる / Revolution generally ～s *to* much subsequent misery. 革命は概して多大の悲惨をもたらす.

con·duc·i·ble [kənd(j)úːsəbl̩ | -djúːsə-, -sɪ-] *adj.* 〘廃〙＝conducive.

con·du·cive [kənd(j)úːsɪv | -djúː-] 〘(1646) ← CONDUCE+-IVE〙 — *adj.* 〔...を〕促す, 助成する, 〔...に〕資する, 〔...の〕助けとなる 〔*to*〕: ～ *to* happiness, long life, etc. / Fresh air is ～ *to* health. 新鮮な空気は健康のためによい. **～·ness** *n.*

con·duct 〘n.: (c1441) ◻ LL *conduct-us* escort (p.p.) ← *condūcere* (⇨ conduce) ∽ (c1300) *conduit* ◻ (O)F (p.p.) < L *conductum*. — v.: (a1422) ← L *conduct-us* ∽ (c1400) *conduite(n)* ← (n.)〙 — [kɑ́ndʌkt, -dəkt | kɔ́n-] *n.* **1** [無冠詞で] (道徳上からみた, 人の)振舞い, 行ない, 品行, 操行, 行状: bad [shameful, deplorable] ～ 悪い[恥ずべき, なげかわしい]行為 / good [honorable, virtuous] ～ 良い[立派な, 有徳の]行ない / a course of ～ 一連の行為, 行状 / a prize for good ～ 善行賞 / a testimonial of good ～ 善行証明書[褒状] / the rules of ～ 処世訓. **2** 経営, 運営, 処理, 管理 (management): the ～ of a business 事業の経営 / the ～ of state affairs [of war] 国事の運営[戦争の遂行]. **3** 〘廃〙指揮, 指導; 案内, 護送 (guidance): under the ～ of ...の案内[指導]で. **4** 〘美術〙(舞台・劇などの)処置法[手法]: the ～ of the background 背景の処置法[取り扱い方].

— [kəndʌ́kt] *v.* — *vt.* **1** 導く, 指導する, 案内する, 護送する: ～ a person to a seat [a party up a mountain] 人を座席に[登山隊を]案内する / be ～*ed* around a school 校内を案内してもらう. **2** 〈軍隊・楽隊など

を〉指揮する: ～ an army, a siege, etc. / ～ an orchestra, the Ninth Symphony, etc. **3** 〈業務などを〉行なう, 処理する, 〈事業などを〉経営[管理]する; 〈授業・クラスなどを〉担任する, 受けもつ, 指導する: ～ an investigation 調査を行なう / ～ a course in [a class of] history 歴史のコース[クラス]を受けもつ / Their conversation was ～*ed* in French. 彼らの会話はフランス語で行なわれた. **4** [～ one*self* で] 身を処する, 振舞う (behave): ～ one*self* like a gentleman [without reserve] 紳士らしく[遠慮なく]振舞う. **5** 〘物理〙〈熱・光・電気・音などを〉伝導する, 伝える (transmit): ～ electricity. — *vi.* **1** 案内する. **2** 楽団の指揮をする. **3** 〈道路が〉〔…に〕通じる〔*to*〕. **4** 〘物理〙熱[電気]を伝導する.

con·duc·tance [kəndʌ́ktəns] 〘⇨↑, -ance〙 *n.* **1** 伝導(すること); 伝導力. **2** 〘電気〙コンダクタンス《電気抵抗の逆数》.

con·dúct·ed tóur *n.* ガイド付き旅行[ツアー].

con·duct·i·bil·i·ty [kəndʌ̀ktəbíləṭi | -lətɪ, -lɪ-] *n.* 伝導性.

con·duct·i·ble [kəndʌ́ktəbl | -tə-, -tɪ-] *adj.* 伝導性の, (熱・電気などを)伝える.

con·duc·ti·met·ric [kəndʌ̀ktəmétrɪk | -tɪ-] *adj.* 〘化学〙 = conductometric.

con·duc·tion [kəndʌ́kʃən] 〘《1541》□ (O)F ～ ∥ L *conductiō(n-)*: ⇨ conduct, -tion〙 — *n.* **1** (水を管などで)導くこと, 引くこと, 誘導(作用). **2** 〘物理〙(熱・電気・音などの)伝導 (cf. convection 2, radiation 1). **3** 〘生理〙(神経刺激の)伝導(作用). **4** 〘植物生理〙 = translocation 2.

condúction cùrrent *n.* 〘電気〙伝導電流 (cf. electric current).

con·duc·tive [kəndʌ́ktɪv] *adj.* 伝導(性)の, 伝導性[力]のある: ～ power 伝導力. **～·ly** *adv.*

con·duc·tiv·i·ty [kɑ̀ndʌktívəṭi, kəndʌ̀k- | kɔ̀ndʌktívətɪ, -dək-, -vɪ-] *n.* **1** 〘物理〙(熱・音の)伝導性[力]; 伝導率, 伝導度. **2** 〘電気〙電導率[度]《記号 σ; specific conductance ともいう》. **3** 〘生理〙(刺激)伝導性.

condúct mòney *n.* **1** 証人出頭費《証人に支払われる往復旅費と滞在費》. **2** (応募した新兵に支払われる)入隊旅費.

con·duc·to·met·ric [kəndʌ̀ktəmétrɪk] 〘← CONDUCT(IVITY) + -(O)METRIC[1]〙 — *adj.* 〘化学〙 **1** 電気伝導度による《滴定 (titration) の終点を判定するために溶液の電気伝導率の変化を利用する》: ～ titration (電気)伝導度滴定. **2** 伝導度滴定の[に関する].

con·duc·tor [kəndʌ́ktə | -tə(r)] 〘《15C》□ (O)F *conducteur* □ L *conductōrem* ← *condūcere* 'to CONDUCT' ∽ 《?c1450》 *cond(u)itour* □ OF *conduiteur* < L *conductōrem*: ⇨ -or[2]〙 — *n.* **1 a** 案内人, ガイド (guide); 指導者 (leader). **b** 管理人, 経営者 (manager). **c** (列車・電車・バスなどの)車掌. ★ 英国では列車の車掌は guard という. **d** (オーケストラ・合唱の)指揮者. **2 a** (熱・電気・音の)伝導体, 導体, 伝導物, 導線; (ケーブルの)心線 (cf. insulator 2, nonconductor, semiconductor): a good [bad] ～ 良[不良]導体 / Water is a good ～ of electricity. 水は電気をよく伝える. **b** 避雷針 (lightning rod). **3** 〘建築〙 = downspout.

con·duc·tor·i·al [kɑ̀ndəktɔ́ːriəl, kəndʌ̀k-, -tóːr- | kɔ̀ndəktɔ́ːriəl] *adj.* (オーケストラの)指揮者の[に関する]. **～·ly** *adv.*

condúctor ràil *n.* 〘鉄道〙導体レール, 第三レール.

condúctor·shìp *n.* conductor の職[役目].

con·duc·tress [kəndʌ́ktrɪs, -tres, -trəs] 〘⇨ -ess[1]〙 *n.* 女性の conductor; (特に)《英》(電車・バスの)女車掌.

cónduct shèet *n.* 〘軍事〙素行表, 行状表, 罰目調書 (default sheet).

con·duc·tus [kəndʌ́ktəs] *n.* (*pl.* **-duc·ti** [-taɪ]) 〘音楽〙コンドゥクトゥス《ラテン語を歌詞とする 12-13 世紀の歌; 多声のものでは各声部が同時に同じ歌詞を歌うのが特徴》.

con·du·it [kɑ́nd(j)uːɪt, -ət, -dwɪt, -dɪt, -dət | kɔ́ndɪt] 〘《c1300》□ (O)F *conduit* < ML *conductum* (⇨ conduct): 発音は ME *condit* から〙 — *n.* **1 a** 導管, 水管. **b** 水道, 溝, 導水渠(きょ), 暗渠 (aqueduct, channel). **2** [《英》ではまた -djuɪt, -dwɪt]〘電気〙コンジット, 線渠, ダクト《数本の電線を収めた管》. **3** 《古》噴水, 泉 (fountain).

cónduit sỳstem *n.* **1** 〘鉄道〙(電車の)暗渠(きょ)電路方式, コンジット式. **2** 〘電気〙(電灯線の)鉛管式.

con·du·pli·cate [kɑnd(j)úːplɪkət, -plə-, -keɪt | kɔndjúːplɪ-] 〘← *con-* 'COM-' + DUPLICATE〙 — *adj.* 〘植物〙〈芽の中の葉・花弁が〉縦に上向きに折りたたまれた, 二つ折りの, 摺合(しゅうごう)している. **con·du·pli·ca·tion** [kɑnd(j)ùːplɪkéɪʃən, -plə- | kɔndjùːplɪ-] *n.*

Con·dy, c- [kɑ́ndi | kɔ́ndɪ] *n.* 《英口語》〘化学〙 = Condy's fluid.

con·dy·larth [kɑ́ndəlɑ̀ːθ | kɔ́ndɪlɑ̀ːθ] 〘↓〙 *n.* 〘古生物〙髁節目の有蹄動物(の化石).

Con·dy·lar·thra [kɑ̀ndəlɑ́ːθrə | kɔ̀ndɪlɑ́ː-] 〘← NL ～: ⇨↓, arthro-, -a[2]〙 *n. pl.* 〘古生物〙髁節目. **còn·dy·lár·throus** [-θrəs] *n.*

con·dyle [kɑ́ndaɪl, -dl | kɔ́ndɪl, -daɪl] 〘《1634》□ F *condyle* □ L *condylus* □ Gk *kóndulos* knuckle〙 — *n.* **1** 〘解剖〙顆(か)《骨端の丸い隆起》. **2** 〘動物〙関節丘. **3** 〘歯科〙顆頭, 下顎頭《下顎の一部で上顎と関節を形作っている部分》. **cón·dy·lar** [-dələ | -dɪlə(r)] *adj.*

con·dy·loid [kɑ́ndəlɔ̀ɪd | kɔ́ndɪ-] 〘⇨↑, -oid〙 *adj.* 〘解剖〙骨頭状の.

con·dy·lo·ma [kɑ̀ndəlóumə | kɔ̀ndɪlə́u-] 〘← NL ～ ← Gk *kondúlōma* ← *kóndulos* 'CONDYLE' + -OMA〙 — *n.* (*pl.* **～s, ～·ta** [～ṭə | ～tə]) 〘病理〙コンジローム, 疣贅(ゆうぜい)《通例, 肛門や陰部にできる腫瘍; 尖形コンジロームと扁平コンジロームの 2 種がある》. **con·dy·lom·a·tous** [kɑ̀ndəlɑ́məṭəs, -lóum- | kɔ̀ndɪlɔ́mət-, -lə́um-] *adj.*

Cón·dy's flùid [lìquid], c- f- [l-] [kɑ́ndiz- | kɔ́ndɪz-] 〘《1857》← *H. B. Condy* (19 世紀の英国人製薬業者)〙 — *n.* 《英口語》〘化学〙コンディ消毒液《過マンガン酸カリウムの希薄水溶液; 消毒液》.

cone [kóun | kə́un] 〘《?a1400》□ (O)F *cône* ∥ L *cōnus* □ Gk *kônos* pine cone〙 — *n.* **1** 錐(形); 錐面: an elliptical ～ 楕円錐 / ⇨ right circular cone. **2 a** 円錐形のもの. **b** (機械の)円錐形の部分品. **c** 暴風標識 (storm-cone). **d** (円錐形の)尖峰. **e** コーン《アイスクリームを入れる円錐状のウエハース; cf. ice-cream cone a》: a ～ of ice cream. **f** 炎心《ガス炎中の出口のすぐ上にできる円錐形の部分》. **3** 〘植物〙 **a** 毬果(きゅうか)《松などの実》. **b** (シダ植物などの)円錐体 (strobilus). **4** 〘地質〙火山錐《円錐形の火山》: a parasitic ～ 寄生火山. **5** 〘解剖〙錐状体, 円錐(体)《眼球の網膜中心部にある感光細胞》. **6** 〘貝類〙イモガイ《熱帯産イモガイ科の巻貝の総称; cone shell ともいう》. **7** 〘窯業〙 = pyrometric cone. **8** 〘光学〙光錐《一点から出るまたは集まる円錐形の光線束》.

cone of silence 〘通信〙無感円錐域《ビーコン局の真上の航空機が受信できない円錐状の空域》.

— *vt.* **1 a** 円錐形にする. **b** 〈糸を〉円錐状に巻く. **2** 〈敵の飛行機を〉多数のサーチライトで照らし出す. — *vi.* **1** 円錐状になる. **2** 〘植物〙毬果をつける.

cone off (円錐形の標識を置いて)〈道路を〉区画する[閉鎖する]: ～ *off* the lane for repairs.

cóne bràke *n.* 〘機械〙円錐ブレーキ.

cóne clùtch *n.* 〘機械〙円錐クラッチ.

cóne crùsher *n.* 〘機械〙円錐砕石機《cone mill ともいう》.

cóne·flòwer *n.* 〘植物〙 = black-eyed Susan 1 a.

cóne-in-cóne *n.* 〘地質〙堆積岩中にみられるコーンを積み重ねたような構造.

cóne kèy *n.* 〘機械〙円錐キー.

Con·el·rad, CONELRAD [kɑ́nḷræd | kɔ́nl-] 〘← *con(trol of) el(ectromagnetic) rad(iation)*〙 — *n.* 《米》〘軍事〙コネルラッド方式, (防空)電波管制《電波発射器材の使用を統制し, 周波数を変更したり, 電波を不規則に出したりして敵機[ミサイル]が追尾侵入するのを防ぐ方式》.

cóne mìll *n.* = cone crusher.

cóne·nòse *n.* 〘昆虫〙オオサシガメ《半翅類サシガメ科オオサシガメ属 (*Triatoma*) の昆虫の総称; 俗に「殺し屋カメムシ」(assassin bug) と呼ばれ, 昆虫や他の動物に襲いかかる; ブラジルオオサシガメ (*T. infestans*) はシャガス病 (Chagas' disease) を伝染する; kissing bug ともいう; cf. wheel bug》.

cóne pèpper *n.* **1** 〘植物〙タカノツメ (*Capsicum frutescens* subsp. *conoides*)《辛味の強い円錐形の実をつけるトウガラシの一亜種》. **2** タカノツメの実.

cóne pùlley *n.* 〘機械〙円錐ベルト車, 段車.

cóne-shàped *adj.* 円錐形の.

cóne shèll *n.* **1** 〘貝類〙イモガイ (cone). **2** イモガイの貝殻.

con es·pres·si·o·ne [kòun-esprèsióuni, kɔ̀(ː)n-, -neɪ | kɔ̀n-esprèsɪə́unɪ, -neɪ | *It.* konèspresjóːne] 〘□ It. ～ 'with expression'〙 *adv.* 〘音楽〙表情をもって.

Con·es·to·ga [kɑ̀nɪstóugə, -nəs-, ⌐–⌐– | kɔ̀nɪstə́ugə, ⌐–⌐–] 〘← *Conestoga* (Pennsylvania 州にあるその製造地) ← ? Iroquoian〙 — *n.* 《米》コネストーガ幌馬車《鉄道のない時代に米国西部地方への移住者たち (pioneers) が大草原 (prairies) の柔らかい土の上を行くのに用いた, 幅の広い車輪の付いた大幌馬車; Conestoga wagon ともいう; cf. prairie schooner》.

cóne trèe *n.* 針葉樹, 球果植物 (coniferous tree).

co·ney [kóuni | kə́unɪ] 〘lateOE *cunin(g)* □ AF *coning* = OF *conin* < L *cunīculum* ← ? Iberian〙 — *n.* **1 a** コニー《アナウサギ (rabbit) の毛皮; 特に, 他の毛皮に似せて染められたもの》. **b** 〘動物〙アナウサギ (rabbit). **2** 〘動物〙ナキウサギ (pika). **3** 〘聖書〙 = hyrax 2. **4** 〘魚類〙コーニー (*Cephalopholis fulva*)《熱帯大西洋産の スズキ科ユカタハタ属の魚; nigger-fish ともいう》.

Có·ney Ísland [kóuni- | kə́unɪ-] 〘《なぞり》← Du. *Konynen Eyland*〙 *n.* 米国 New York 市 Long Island 西南端にある海水浴場・遊園地; 以前は島であった.

conf. 《略》〘処方〙confection; confectionery; *L.* confer (= compare); conference; confessor; confidential.

con·fab [kənfǽb, kɑ́nfæb | kɔ́nfæb, ⌐–] 〘《1701》《略》〙《口語》 — *n.* = confabulation 1 a: have a ～ with ... と相談[談笑]する. — *vi.* (**con·fabbed; con·fab·bing**) = confabulate 1 a.

con·fab·u·late [kənfǽbjulèɪt | kən-, kɔn-] 〘《1613》← L *confābulāt-us* (p.p.) ← *confābulārī* ← *con-* 'COM-' + *fābulārī* to speak (← *fābula* tale: ⇨ fable)〙 — *vi.* **1 a** 親しく談論する, 談笑する〔*with*〕. **b** 討論する, 論議する; 協議する〔*with*〕. **2** 〘精神医学〙作話する. **con·fáb·u·là·tor** [-ṭə | -tə(r)] *n.*

con·fab·u·la·tion [kənfæ̀bjuléɪʃən, kɑn- | kən-, kɔn-] 〘《a1500》□ L *confābulātiō(n-)*: ⇨↑, -ation〙 — *n.* **1 a** 懇談, 打ち解けた議論, 談笑 (chat). **b** 討論, 論議; 協議. **2** 〘精神医学〙作話(症).

con·fab·u·la·to·ry [kənfǽbjulətɔ̀ːri, -tòːri | kənfǽbjulətərɪ, kɔn-] *adj.* 談笑的な.

con·far·re·á·tion [kənfæ̀riéɪʃən, kɑn- | kənfæ̀rɪ-, kɔn-] 〘□ L *confarreātiō(n-)* ← *con-* 'COM-' + *farreum* spelt cake: 結婚の儀式で'スペルト小麦の菓子'を供物に用いたことから〙 — *n.* 〘ローマ法〙神前婚姻の儀式《夫婦が神前で神官と証人列席の上で神聖なパンを捧げるローマ貴族間の儀式; 婚姻成立とともに夫権も成立; cf. manus 2》.

con·fect 〘《a1398》← L *confect-us* (p.p.) ← *conficere* to make up ← *con-* 'COM- 1' + *facere* to make〙 — [kɑ́nfekt | kɔ́n-] *n.* 糖菓, キャンデー. — [kənfékt] *vt.* **1 a** 調製する, こしらえる (prepare, make). **b** 組み立てる; 作り上げる (concoct). **c** 砂糖漬にする, 糖菓に作る. **2** 寄せ集めて作る (put together).

con·fec·tion [kənfékʃən] 〘《1345》□ (O)F ～ ∥ L *confectiō(n-)* a making ready ← *confectus* (↑): ⇨ -tion〙 — *n.* **1** 調合(すること), 調製, 製造: jam of her ～ 彼女の作ったジャム. **2 a** 糖菓 (candy, bonbon など); (果物などの)砂糖漬 (preserve). **b** 糖(菓)剤《糖蜜・蜂蜜などに薬物を混ぜて造ったもの》. **3 a** 既製服服飾品 (cf. creation 3 c). **b** (フリルなど装飾の多い)婦人服. **c** 手のこんだ文芸作品. **d** 凝った建築. — *vt.* 《古》〈糖菓・糖(菓)剤など〉にこしらえる[作る].

con·féc·tion·àr·y [-ʃənèri | -ʃ(ə)nəri] *adj.* **1** 糖菓の, 砂糖漬の; 糖菓のような. **2** 糖菓製造の; 菓子屋の. — *n.* **1** = confectionery 1. **2** = confectionery 3. **3** 《古》 = confectioner.

con·féc·tion·er [-ʃ(ə)nə | -nə(r)] 〘《1591》〙 — *n.* 糖菓[キャンデー]製造[販売]人; 菓子製造人, 菓子商, 菓子屋.

conféctioners' súgar *n.* 《米》粉砂糖 (《英》icing sugar).

con·fec·tion·er·y [kənfékʃənèri | -ʃ(ə)nəri] 〘《1769》← CONFECTION + -ERY〙 *n.* **1** [集合的] 砂糖菓子 (confections), 菓子類 (sweetmeats). **2** 糖菓[菓子]製造(法・業). **3** 糖菓製造[販売]所, 菓子屋.

Confed. 《略》Confederate; Confederation.

con·fed·er·a·cy [kənféd(ə)rəsi | -sɪ] 〘《1384》□ AF *confederacie* □ LL *confoederātiō(n-)*: ⇨ confederate, -acy〙 — *n.* **1** (共通の目的・相互支持のための)連合, 連盟, 同盟, 結党. **2** (個人・団体・国などの)連合体; (特に)連邦. **3** (不法な企て・陰謀のための)徒党, 共謀 (conspiracy). **4** [the C-] 《米》 = Confederate States of America (⇨ confederate).

con·fed·er·al [kənféd(ə)rəl] *adj.* 連合[連盟, 同盟, 連邦(国)]の[に関する].

con·fed·er·ate 〘adj.: 《a1387》□ LL *confoederāt-us* ← *con-* 'COM- 1' + L *foederātus* ((p.p.) ← *foederāre* to league ← *foedus* league, treaty): ⇨ -ate[2,3]〙 — [kənféd(ə)rət, -rɪt] *adj.* **1 a** 同盟で結ばれた, 連盟[連合]の: ～ government. **b** 共謀した[する]; 共謀者のような. **2** [C-] 〘米史〙南部連邦(参加)の (cf. federal 3): the *Confederate* army 南(部)軍 / a *Confederate* officer [soldier] 南軍士官[兵士].

Confederate States of America [the ～] 〘米史〙南部連邦, 南部同盟諸州《南北戦争で連邦から脱退して南部同盟に参加していた 11 州 (1861-65); cf. FEDERAL States》.

— [kənféd(ə)rət, -rɪt] *n.* **1 a** 同盟者[国]. **b** 共犯者, 共謀者 (accomplice): a ～ in a robbery 強盗の共犯. **2** [C-] 〘米史〙南部連邦支持者, 南部派の人 (cf. federalist 2).

— [kənfédərèɪt] *v.* — *vt.* **1** 〈国などを〉同盟[徒党, 謀陰(など)]に引き入れる. **2** [～ one*self* で]〔同盟・陰謀などに〕参加する,〔…と〕同盟を結ぶ〔*with*〕: ～ one*self with* a person 人と徒党を組む. — *vi.* 同盟[連合]する, 同盟を結ぶ; 徒党を組む.

Conféderate Memórial Dáy *n.* (南北戦争の)南軍戦没将兵追悼の日《南部の多くの州では法定休日; 州により月日が異なり, 4 月上旬から 6 月 3 日までの間; cf. Memorial Day》.

Conféderate róse, c- r- 〘米国南部に移植したことから〙 — *n.* 〘植物〙フヨウ (*Hibiscus mutabilis*)《観賞用に植える日本・中国原産アオイ科の落葉低木; cotton rose ともいう》.

Conféderate víolet, c- v- 〘その色が南(部)軍の制服の色と似ていたところから〙 — *n.* 〘植物〙米国南部産のスミレの一種 (*Viola papilionacea* forma *albiflora*)《花は淡青色で青紫の筋がある》.

con·fed·er·a·tion [kənfèdəréɪʃən] 〘《1422》□ AF *confederacion* (F *confédération*) ∥ LL *confoederātiō(n-)*: ⇨ confederate, -ation〙 — *n.* **1** 連合(すること[している状態]); 連盟, 同盟 (league, alliance). **2** 連邦 (confederacy). **3** [the C-] **a** アメリカ連合政府《1781-89 年 the Articles of Confederation によって組織された》. **b** (カナダの)コンフェデレーション《1867 年英領北アメリカ法 (British North American Act) によりカナダ自治領 (Dominion of Canada) を形成した Ontario, Quebec, Nova Scotia, New Brunswick 各州 (province) の連合》. **4** 《古》共謀.

Confederation of the Rhine [the ～] ライン同盟《1806-13 年 Napoleon 一世によってドイツ国内に作られた諸国同盟》.

con·fed·er·a·tive [kənféd(ə)rəṭɪv, -dərèɪṭ- | -tɪv] *adj.* 同盟国の, 連合国の; 連合の, 連盟の, 同盟の.

con·fer [kənfə́ː | -fə́ː(r)] 〘《1528》□ L *confer-re* to consult, bestow ← *con-* 'COM- 1' + *ferre* to bring (⇨ bear[2])〙 — *v.* (**con·ferred; -fer·ring**) — *vt.* **1** 〈贈物・名誉などを〉〔人に〕授与する, 授ける〔*on, upon*〕: ～ a title [medal] *on* a person 人に爵位[勲章]を授け

る / Would you ~ a great favor *upon* me by coming? 来てくれませんか. **2**《廃》[命令形で] 比較する (compare) (略 cf.). — *vi.* 〔人と〕相談する, 打ち合わせる, 協議する〔*with*〕: ~ *with* a person *about* [*on*] something ある事について人と相談する.

con·fer·ee [kɑ̀nfəríː | kɔ̀n-] 〖← CONFER+-EE¹〗 *n.* **1** 相談相手, 会議の出席者. **2** 被授与者, 拝受者.

con·fer·ence [kɑ́nf(ə)rəns, -fəns | kɔ́nf(ə)rəns] 〖《1538》□ F *conférence* // ML *conferentia*: ⇨ confer, -ence〗 — *n.* **1** (通例正式に)相談すること, 相談, 協議, 会談 (consultation): have a ~ with …と協議する / meet in ~ 協議のため集まる. **2 a** 会議, 協議会 (meeting) (cf. convention 1 b): an international [economic] ~ 国際[経済]会議 / a peace ~ 平和会議 / ⇨ Imperial Conference / be in [go into] ~ with …と会議をしている[を始める] / hold a ~ 会議を催す. **b** (議会の)両院協議会. **3 a** (学校の)競技連盟. **b** (同業会社の)連合会, 同業組合; (特に)海運業組合, 海運同盟. **4** [kənfə́ː(r)əns, kɑ́nf(ə)rəns, -fəns | kənfə́ːrəns, kɔ́nf(ə)r-] (学位などの)授与 (conferment). **5 a** (メソジスト教会の)協議会. **b** (会衆派教会の)地方部会.

cónference càll *n.* 会議電話; 電話による会議.

cónference lìnes *n. pl.* 〖海運〗海運同盟航路《海運業者が共同の利益増進のため特定の期間抜けがけ的なサービスをしないことを約した航路; cf. unconference lines》.

con·fer·en·tial [kɑ̀nfərénʃəl | kɔ̀n-] 〖← ML *conferentia* 'CONFERENCE'+-AL¹〗 *adj.* 会議の[に関する]; 協議会の[に関する].

con·fér·ment *n.* (位階・学位の)授与; 叙勲.

con·fer·ra·ble [kənfə́ː(r)əbl | -fəːr-] *adj.* 授与できる.

con·fer·ral [kənfə́ː(r)əl | -fə́ːr-] *n.* =conferment.

con·fer·ree [kɑ̀nfəríː | kɔ̀n-] *n.* =conferee.

con·fer·rence [kənfə́ː(r)əns | kənfə́ːr-] *n.* =conference 4.

con·fér·rer [-fə́ː(r)ə | -fə́ːrə(r)] *n.* 授与者.

con·fer·va [kənfə́ːvə | -fə́ː-] 〖□ L ~: cf. comfrey〗 — *n.* (*pl.* -fer·vae [-viː], ~s) 〖植物〗*Tribonema* 属など淡水産の糸状の緑色または黄緑色藻類の総称.

con·fer·void [kənfə́ːvɔɪd | -fə́ː-] *adj.*

con·fess [kənfés] 〖《*c*1378》*confesse(n)* □ (O)F *confess-er* □ ML *confessāre* ← L *confessus* (p.p.) ← *confitērī* to confess ← *con-* 'COM- 1'+*fatērī* to acknowledge (⇨ fame)〗 — *vt.* **1 a** 〈罪・隠し事などを〉自白する, 白状する, 告白する: ~ one's faults [a crime] 過失[罪]を告白する / ~ oneself (to be) guilty 罪を犯したと自白する / to ~ the truth 実を言えば / He ~*ed* to me *that* he had stolen the money. 彼はその金を盗んだことを告白した. **b** 事実だと認める, 自認する; 実を言うと[正直のところ]…だ〈*that*〉: I ~ I was surprised to hear it. 実はそれを聞いて驚いたのだ / You must ~ *that* I am right. どうです, 私の言う通りでしょう. **2 a** …への信仰を告白[公言]する: ~ Christ before men 人々の前にキリストを信じると告白する / ~ Christianity キリスト教の信仰を告白する. **b** 〈カトリック信者が〉〔司祭に〕〈罪〉の告解[告白]をする〔*to*〕: ~ one's sins *to* a priest. **c** 〈カトリックの司祭が〉〈人〉の告解[告白]を聞く[聞いて罪を許す]: ~ a penitent 悔悟者の告解を聞いてやる / be ~*ed* of a crime 告解[告白]して罪を許される. **3**《古・詩》〈事情などが〉明らかにする, 証する (manifest). — *vi.* **1** 白状する, 罪を自白する. **2 a** 〈カトリック信者が〉(許しを受けるために)告解[告白]をする. **b** 〈司祭が〉告解[告白]を聞く. **3** 〔過失・欠点・弱点などのあることを〕認める〔*to*〕: ~ *to* a crime [fault, weakness] 犯罪[欠点, 弱点]を認める / ~ *to* having done it それをやったことを認める / I ~ *to* (having) a dread of snakes. 実を言うと蛇がこわい. **~·a·ble** [-səbl] *adj.*

con·fes·sant [kənfésnt] 〖← CONFESS+-ANT〗 *n.* 〖カトリック〗(司祭に罪を告白する)告解者.

con·féssed 〖《*a*1438》〗 — *adj.* **1** (本当であると)認められた, 定評のある (admitted), 明白な (evident); 自らそうだと認めた (avowed): a ~ and unconquerable difficulty 万人の認めた打ち勝ち難い困難 / a ~ thief 泥棒であることが明白な[を自認した]人 / stand ~ as …であること(の罪状)が明白である. **2** 自白[白状]した; 告解[告白]した.

con·féss·ed·ly [-sɪdli, -səd- | -lɪ] 〖《1640》〗 *adv.* **1** 明白に, 疑う余地もなく (admittedly, avowedly). **2** 自白によれば, 自ら認めるように.

con·féss·er *n.* =confessor.

con·fes·sion [kənféʃən] 〖《*c*1378》□ (O)F ~ □ L *confessiō(n-)*: ⇨ confess, -sion〗 — *n.* **1** 自白(すること), 白状, 自認: a ~ of guilt 罪の告白 / make (a) ~ 白状[自白]する. **2 a** (信仰の)告白; (告白した)信仰, 信条 (creed): the ~ of Christ キリスト信仰の告白. **b** 共通の信条[信仰]をもつ宗教団体. **3**〖カトリック〗(罪のゆるしを得るため司祭に向かって行なう)告解, 告白: public ~ 公衆の面前でする告白 / go to ~ (悔悟者が)告解[告白]に行く / hear ~(s) (司祭が)告解[告白]を聞く. **4**〖法律〗有罪の自白[承認] (cf. admission 4). **5** 殉教者[証聖者(しょうせいしゃ)]の墓; 殉教者を祭る祭壇, 殉教者の墓を覆って建てられた教会.

confession and avoidance〖法律〗承認および異議《相手方の主張事実を一応承認すると共にそれを無効にさせる新事実を主張する抗弁》.

confession of faith〖キリスト教〗信仰告白《キリスト教の信仰内容を成文化したもので, 公に用いられる; 信条 (creed)・教義問答 (catechism) などもその例》.

con·fes·sion·al [kənféʃənl, -ʃnəl] 〖《1447》: ⇨ ↑, -al¹〗 *adj.* **1** 告解[告白]の[に関する]. **2** 信仰告白の; 信仰個条の. — *n.*〖カトリック〗**1** 告解[告白]聴聞席, 告解[告白]室. **2** 告解[告白](の制度). **~·ly** *adv.*

Conféssional Chúrch *n.* [the ~]〖キリスト教〗告白教会《1933年ナチズムに反対して福音主義教会内に起こった運動》.

con·fés·sion·al·ìsm [-ʃ(ə)nəlɪzm] *n.*〖キリスト教〗信条主義《一定の信条(信仰告白)を重視する主義》.

con·fés·sion·al·ist [-lɪst, -ləst | -lɪst] *n.*

con·fés·sion·àr·y [-ʃənèri | -ʃ(ə)nərɪ] *adj.* 告解[告白]の. — *n.*《古》〖カトリック〗=confessional 1.

con·fés·sion·ist [-ʃ(ə)nɪst, -nəst | -nɪst] *n.*〖キリスト教〗特定の信仰告白を守る人, 信仰告白者; (特に) [C-] ルターのアウクスブルク信仰告白 (Augsburg Confession) を守る人, ルター派の人 (Lutheran).

con·fes·sor [kənfésə | -sə(r)] 〖?lateOE □ AF *confessur*=OF *confessour* (F *confesseur*) // L *confessor*: ⇨ confess, -or²〗 — *n.* **1** 自白者, 告白者. **2** [または kɑ́nfəsə, -sə | kənfésə(r), -sɔ̀ː(r)]〖カトリック〗告解を聞く司祭, 聴罪司祭[師]: a father ~ 聴罪師. **3** [the C-] =Edward the Confessor. **4** [または kɑ́nfesə | kɔ́nfesə(r)]〖キリスト教〗証聖者(しょうせいしゃ)《殉教はしなかったが, 迫害に屈しないで信仰を守った特に男子の聖人》.

con·fet·ti [kənféti | kənfétɪ, kən-; *It.* konfétti] 〖《1815》□ It. ~ (*pl.*) ← *confetto*: ⇨ comfit〗 — *n. pl.* [単数扱い] **1** (祝祭日・婚礼・カーニバルなどに戯れて投げ合う)細く切った色紙, 色紙片, 紙玉, コンフェッティ. **2** 糖菓, キャンデー, ボンボン (bonbons).

con·fi·dant [kɑ́nfədæ̀nt, -dɑ̀ːnt, ⌐—⌐, kɑ́nfədənt, -dn̩t | kɔ̀nfɪdǽnt, ⌐—⌐] 〖《1714》□ F *confident* □ It. *confidente* □ L *confidentem* (pres.p.) ← *confidere*: ⇨ confide〗 — *n.* (秘密, 特に恋愛問題などを打ち明けられる)信頼できる友, 腹心の友: make a ~ of a person 人に打ち明けて話す.

con·fi·dante [kɑ́nfədæ̀nt, -dɑ̀ːnt, ⌐—⌐, kɑ́nfədənt, -dn̩t | kɔ̀nfɪdǽnt, ⌐—⌐] 〖《1709》□ F *confidente* (fem.) ← *confident* (↑)〗 — *n.* **1** 女性の confidant. **2** コンフィダント《両端に小さな座席の付いている一種のソファー, または S 字型のソファー》.

con·fide [kənfáɪd] 〖《*a*1455》□ L *confid-ere* ← *con-* 'COM- 2'+*fidere* to trust (⇨ fidelity)〗 — *vi.* **1** 〔…を〕信用する, 信任する, 信頼する〔*in*〕: ~ *in* his sincerity 彼の誠実さを信用する. **2** 〔人に〕打ち明ける, 秘密(など)を話す〔*in*〕: ~ *in* one's friend. — *vt.* **1** (信用して)〔…に〕委せる, 託する, 委託する〔*to*〕: ~ a task *to* a person 人に仕事を託する / ~ a thing *to* a person's charge 人に物の保管を託する / ~ oneself *to* God 神に身をゆだねる / The children were ~*d to* her care. 子供は彼女に預けられた[託された]. **2** (信頼して)〈秘密などを〉〔人に〕打ち明ける〔*to*〕: He ~*d* his secret *to* his teacher. 先生に自分の秘密を打ち明けた / He ~*d to* me *that* he had done it. 自分がやったと私に打ち明けた. **con·fíd·er** *n.*

con·fi·dence [kɑ́nfədəns, -dn̩s, -dèns | kɔ́nfɪdəns, -dn̩s] 〖《*a*1400》□ L *confidentia*: ⇨ ↑, -ence〗 — *n.* **1** 信任, 信頼, 信用 (trust, faith): enjoy [have] one's master's ~ 主人に信頼されている / give one's ~ to …を信用する / put [have, show, place, repose] ~ in …を信任[信頼]する / win the ~ of …の信用を博する. **2 a** 自信 (↔ diffidence): have ~ *in* one's ability 自己の才能に自信がある / be full of ~ 自信に満ちている, 度胸がある / a lack of ~ 自信のなさ, 気の弱さ / with (great) ~ (非常な)自信をもって. **b** 大胆さ, 度胸 (boldness); 厚かましさ (impudence): have the ~ to do …大胆にも[厚かましくも]…する. **3** 確実性, 確信 (assurance, certitude)〔*of*〕/〈*that*〉: the ~ *of* his success=the ~ *that* he will succeed 彼の成功の確信 / We had every ~ *of* success. 大丈夫うまくいくと思った. **4 a** (秘密を打ち明けられる)信頼関係[状態]; 打ち明けること: take a person into one's ~ 人に秘密を打ち明ける. **b** (そっと打ち明ける)秘密, 内証事: exchange ~*s* 秘密を交換する[話し合う] / make a ~ [~s] 打ち明け話をする / force a ~ 無理に秘密を聞き出す. **5**《古》信頼するもの; 信頼の根拠: The Lord shall be thy ~. 主は汝の信頼する者なり (*Prov.* 3: 26). **6**〖政治〗(内閣に対する投票によって示される)信任: want of ~ in the Cabinet 内閣不信任 / a vote of ~ 信任投票 / a vote of no ~ 不信任投票.

in confidence 内々で, 内証で, 秘密に, ひそひそと: tell something *in* ~ / *in* strict ~ 極秘に, 厳秘で.

in a person's confidence 人に信任されて, 人の機密に参与して.

— *attrib. adj.* (信用させておいて)人をだます, 取込み詐欺の[に用いられる].

cónfidence gàme *n.*《米》(お人好しの信じやすさにつけこむ)信用詐欺, 取込み詐欺 (《英》 confidence trick)

cónfidence ìnterval *n.*〖統計〗信頼区間《標本から算出された区間で母集団の真の値がその中に入っている確率が与えられた値に等しいもの》.

cónfidence lìmit *n.*〖統計〗信頼限界《信頼区間 (confidence interval) の端点》.

cónfidence màn *n.* 取込み詐欺師, ぽん引き (cf. conman).

cónfidence trìck *n.*《英》=confidence game.

con·fi·dent [kɑ́nfədənt, -dn̩t, -dènt | kɔ́nfɪdənt, -dn̩t] 〖《1576》□ L *confident-em* (pres.p.) ← *confidere* 'to CONFIDE'〗: ⇨ -ent〗 — *adj.* **1** 確信して, 堅く信じて (certain)〔*of*〕/〈*that*〉: be [feel] ~ *of* success 成功を確信している / He is ~ *that* everything will go well. 万事うまく行くと確信している. **2 a** 自信のある, 自信に満ちた (↔ diffident); 度胸のある, 大胆な: a ~ manner [way of talking] 自信に満ちた態度[話しっぷり] / be ~ in oneself 自信がある. **b** 自信たっぷりの, 自信過剰の (cocksure); 独断的な; 鉄面皮な, 生意気な (impudent). **3**《廃》**a** 信用[信頼]する; 信じやすい. **b** 信頼できる (trustworthy). — *n.* = confidant.

con·fi·den·tial [kɑ̀nfədénʃəl | kɔ̀nfɪ-] 〖《1651》← L *confidentia* 'CONFIDENCE'+-AL¹〗 — *adj.* **1 a** 秘密に語られる[書かれる, 行なわれる]; 機密の, 内証の, 内々の (secret); 私的の (private): *Confidential* 親展《封筒の上書き》/ Strictly ~ 極秘《封筒の上書き》/ ~ documents [papers] 機密書類 / a ~ inquiry 信用問合わせ, 秘密調査 / a ~ letter 親展書, 密書 / a ~ opinion 内意 / a ~ file (of documents) 個人(私用)の書類入れ / a ~ price list 内示定価表. **b**〖米政治・軍事〗〈情報・書類など〉秘密扱いの,「秘」の, マル秘の (cf. classification 1 d). **2 a** 秘密を打ち明ける: ~ counsel 秘密相談 / a ~ tone (内輪話をするような)親しげな口調 / a ~ talk 打明け話 / become ~ with a person 打ち解けて人に打明け話をする. **b** 信任の厚い, 機密に参与している, 腹心の: a ~ secretary. **c** 頼みになる, 頼もしい (trustworthy). **3** 秘密の使命を帯びた, 諜報機関勤務の: a ~ agent 密使. **~·ness** *n.*

confidéntial communicátion *n.*〖法律〗=privileged communication 1.

con·fi·den·ti·al·i·ty [kɑ̀nfədenʃiǽləti, -ʃæl- | kɔ̀nfɪdenʃɪǽlətɪ, -lɪ-] *n.* 機密性, 秘密性.

còn·fi·dén·tial·ly [-ʃ(ə)li | -lɪ] 〖《*a*1834》〗 *adv.* 機密に, 内々, 内証で; 打ち明けて, 親しげに.

cón·fi·dent·ly 〖《1597》〗 *adv.* 確信[自信]をもって, 「大胆に.

con·fíd·ing *adj.* (容易に)信頼する, 信じやすい: a ~ wife 夫を信じ切っている妻 / be (as) ~ as a child 子供みたいにすぐ人を信用する. **~·ness** *n.*

con·fíd·ing·ly *adv.* 信頼して, 信用し切って.

con·fig·u·ra·tion [kənfìgjuréɪʃən, kɑn- | kənfìgjʊr-, kɔ̀nfɪg-, -gjuər-, -gər-] 〖《1559》□ LL *configūrātiō(n-)* ← L *configūrāre*: ⇨ configure, -ation〗 — *n.* **1 a** (部分・要素の)相対的配置. **b** (地表などの)形状, 地形, 地勢, 輪郭 (figure, contour): the ~ of the seabed 海底の形状 / the ~ of the earth's surface 地表の形状, 地形. **2**〖天文〗惑星現象, (天体の)配置, (天体の)配列. **3**〖化学〗(分子の)構成, (分子中の原子の)配列, 立体配置, 配置. **4**〖心理〗形態 (⇨ gestalt). **5**〖電算機〗構成《計算機システムを形成する要素の組み合わせ方》. **~·al** [-ʃənl, -ʃnəl] *adj.* **~·al·ly** *adv.* **con·fig·u·ra·tive** [kənfígjurətɪv, -gər- | -tɪv] *adj.*

con·fìg·u·rá·tion·ism [-ʃənɪzm] *n.*〖心理〗形態心理学 (⇨ Gestalt psychology). **con·fìg·u·rá·tion·ist** [-ʃ(ə)nɪst, -nəst | -nɪst] *n.*

con·fig·ure [kənfígjə | -gə(r)] 〖《*c*1384》□ L *configūrāre* ← *con-* 'COM-'+*figūrāre* to form (⇨ figure)〗 — *vt.* **1** 〔ある型に合わせて〕形造る; 適合させる〔*to*〕. **2** 〈物を〉(ある形に)配置する, 形成する.

con·fíg·ured *adj.* 〈ガラス・金属が〉模様入りの.

con·fin·a·ble [kənfáɪnəbl] *adj.* **1** 閉じ込められる; 監禁できる. **2** 限られる, 限定[制限]できる: not ~ to any limits.

con·fine 〖v.: 《1523》□ F *confin-er* to border on □ It. *confinare* ← L *confinis* bordering: ⇨ com-, finis. — n.: 《*c*1400》□ (O)F *confins* (pl.) // L *confinia* (pl.) ← *confinium* border ← *confinis*〗 — [kənfáɪn] *v.* — *vt.* **1** 限る, 制限する, 局限する, 絞る (limit, keep)〔*to, within*〕: ~ a talk *to* fifteen minutes 話を15分に限る / He ~*d himself* [his remarks] *to* the matter. 言うことをその問題の範囲に留めた / I have ~*d* myself *to* establishing one central proposition. 私の著作の内容を一中心命題を打ち立てることに限ってきた. **2 a** 閉じ込める, 幽閉する; 監禁する: ~ a person in a cell 人を監房に閉じ込める / Ill health has ~*d* her all week. 病気のため彼女は一週間外に出られなかった / be ~*d* to one's bed [room] with …にかかって寝床に引きこもって[部屋に閉じこもって]いる / be ~*d* to barracks 〈兵士が〉禁足を食う. **b** [通例 Passive で] 〈婦人を〉お産の床につかせる: She *was* ~*d* on July 10. 7月10日にお産をした / She expects to *be* ~*d* in May. 5月にお産の予定だ. — *vi.*《古》隣接する〔*on, with, to*〕. — *n.* **1** [kɑ́nfaɪn, kənfáɪn | kɔ́nfaɪn] [通例 *pl.*] **a** 境界, 国境 (border), 辺境 (frontier); 領域, 範囲 (scope): the ~*s* of a town 都市の境 / within [beyond] the ~*s* of the country 国内[外]で / on the ~*s* of death 生死の境に / on the ~*s* of the indecent 下品の一歩手前に / between the ~*s* of night and day 昼夜の境に / the ~*s* between virtue and vice 徳と悪徳の境界. **b** 領土 (territory). **2** [kənfáɪn]《詩・古》幽閉 (confinement). **3** [kənfáɪn]《廃》牢獄 (prison).

con·fine·a·ble [kənfáɪnəbl] *adj.* =confinable.

con·fined *adj.* **1 a** 閉じ込められた: the ~ air. **b** 〈場所が〉限られた, 狭い. **2** お産の床にある, お産をして (in childbed). **~·ly** *adv.* **~·ness** *n.*

con·fine·ment 〖《1646》□ F ~: ⇨ confine (v.), -ment〗 — *n.* **1** 閉じこめること[られること], 幽閉, 拘禁, 拘束, 監禁 (imprisonment): close ~ 厳重な監禁 / ⇨ solitary confinement / be placed under ~ 監

禁される；(精神病院に)幽閉される. **2** 局限, 制限. **3** (病気による)引きこもり；(特に)お産の床につくこと, 出産 (lying-in, accouchement)：be in ～.

con·firm [kənfə́ːm | -fə́ːm] 〘《15C》□ L *confirm-āre* ← *con-* 'COM- 2'+*firmāre* to make firm (← *firmus* 'FIRM[1]') ∽ 《?*a*1250》 *conferme(n)* □ OF *confermer*〙 ── *vt.* **1 a** 確か[確実]にする；確証する (verify)：～ the rumor うわさを裏書きする / The fact ～*ed* my suspicions. その事実で私の疑いが確実なものとなった / The information wants yet to be ～*ed.* その報道はこれからの確報がなければ確かとは言えない. **b** 確認する：～ reservations 予約を確認する. **c** 〈うわさ・予報などが〉主張する 〈*that*〉: The rumor ～*ed that* he was innocent. うわさでは彼は無実だということだった. **2 a** 〈決心などを〉強める,固める：～ one's determination. **b** 〈人〉に〈習癖・意志・意見などを〉ますます強くさせる, 固める 〔*in*〕：～ a person *in* his intention [opinion] 人の意図[意見]をますます強くさせる / be ～*ed in* one's habit ますます習慣が固まる / be ～*ed in* one's opinion 意見を堅持する[決して曲げない]. **3** (裁可・批准・公式文書などによって)〈仮決定などを〉確認[追認]する, 正式に認める, 承認する, 批准する：～ a treaty [an appointment] 条約[任命]を承認する / ～ a verbal promise [a telegraphic order] (正式の文書で)口約束[電報注文]を追認する / ～ possession to a person 人の所有権を確認する / ～ a functionary in his new office [place] 職員の就任を正式に認める. **4 a** 〘プロテスタント〙〈人〉に堅信礼を施す, 按手(あんしゅ)式を行なう. **b** 〘カトリック〙〈人〉に堅振を施す (cf. confirmation 3 b). **c** 〘ユダヤ教〙…に信仰確認式を行なう. **～·er** *n.*

con·firm·a·ble [kənfə́ːməbl | -fə́ːm-] *adj.* **1** 確かめられる, 確実にできる. **2** 確証[確認, 追認]できる. **con·firm·a·bíl·i·ty** [-məbíləti | -ləti, -lɪ-] *n.*

con·fir·mand [kɑ̀nfəmǽnd, ⌐―⌐ | kɔ̀nfəmǽnd, ⌐―⌐] 〘□ L *confirmand-us* fit to be confirmed ← *confirmāre* 'to CONFIRM'〙 ── *n.* 〘プロテスタント〙堅信式[礼]志願者, 信徒按手(あんしゅ)を受けようとする者；〘カトリック〙堅振志願者, 受堅者.

con·fir·ma·tion [kɑ̀nfəméɪʃən | kɔ̀nfə-] 〘《*c*1303》□ (O)F ～ □ L *confirmātiō(n-)*：⇨ confirm, -ation〙 ── *n.* **1** 確認(すること[された状態]), 追認 (corroboration)；確定, 確立：the ～ of one's statements, promise, etc. / in ～ of …の確認として[のしるしに] / The news lacks ～. そのニュースはまだ確報でない, そのニュースはまだうわさの程度だ. **2** 確証, 証拠 (proof). **3 a** 〘プロテスタント〙堅信式[礼], 堅振式[礼], (信徒)按手(あんしゅ)式 《通例, 幼児洗礼を受けた者が, 成人してその信仰を告白して教会員となる儀式》. **b** 〘カトリック〙堅信[堅振](の秘跡), 堅信礼. **c** 〘ユダヤ教〙信仰確認式 《14-16 歳の男女が信仰を告白し正式にユダヤ社会の一員として認められる儀式；通例五旬節 (Shabuoth) に会堂で行なわれる》. **4** 〘法律〙 **a** (取り消しうる行為の)追認. **b** 〘スコット法〙(裁判所による)遺言検認の命令の付与. **～·al** [-ʃənl, -ʃnəl] *adj.*

confirmátion clàss *n.* 〘キリスト教〙 **1** 堅振礼[按手式]用の授業. **2** [集合的] 堅振礼[按手式]用の授業を受ける若い人たち.

con·fir·ma·tive [kənfə́ːmətɪv | -fə́ːmət-] 〘□ L *confirmātīv-us* ← *confirmātus* (p.p.) ← *confirmāre*：⇨ confirm, -ative〙 ── *adj.* 確認[追認]の；確認的な. **～·ly** *adv.*

con·fir·ma·to·ry [kənfə́ːmətɔ̀ːri, -tòːri | -fə́ːmət(ə)ri] 〘□ ML *confirmātōri-us* ← L *confirmātus* (↑)：⇨ -ory[1]〙 *adj.* **1** 確認の, 確認的な, 確証的な (corroborative). **2** 〘キリスト教〙堅振礼[按手式]の[に関する].

con·firmed 〘《*a*1398》〙 ── *adj.* **1** 確認された, 確定した；承認された. **2 a** 凝り固まった, どうしても抜けない (established)；習性となった, 常習的な (habitual)：a ～ criminal, drunkard, smoker, etc. / a ～ fool 手のつけようのないばか者 / a ～ habit どうしても抜けない癖 / a ～ bachelor どうしても結婚しない男. **b** ますます決意を固めた, 意を強くした (fortified). **3** 〈病気が〉慢性になった, 頑固な (chronic)：a ～ invalid 慢性病患者, 長わずらいの病人. **4** 〘キリスト教〙堅信式[堅振礼]を受けた. **con·fírm·ed·ly** [-mɪdli, -məd- | -lɪ] *adv.* **～·ness** *n.*

confírmed crédit *n.* 〘銀行〙信用状 (letter of credit).

con·fir·mee [kɑ̀nfəmíː | kɔ̀nfə-] 〘← CONFIRM+-EE[1]: cf. F *confirmé*〙 ── *n.* **1** 〘法律〙追認を受ける人. **2 a** 〘プロテスタント〙堅信[按手(あんしゅ)]式を受けた者. **b** 〘カトリック〙堅振の秘跡を受けた者.

con·fir·mor [kɑ̀nfəmɔ́ə, ⌐―⌐, kənfə́ːmə | kɔ̀nfəmɔ́ː(r, kənfə́ːmə(r] *n.* 〘法律〙追認者, 確認者.

con·fis·ca·ble [kənfɪ́skəbl, kɑn- | kɔn-, kən-] 〘← L *confiscāre* (⇨ confiscate)+-ABLE〙 *adj.* 没収[押収]されるべき.

con·fis·cat·a·ble [kɑ́nfɪskèɪtəbl, -fəs- | kɔ́nfɪskèɪt-] *adj.* ＝confiscable.

con·fis·cate [kɑ́nfɪskèɪt, -fəs- | kɔ́nfɪs-] 〘《*a*1533–96》□ L *confiscāt-us* (p.p.) ← *confiscāre* to seize on for public treasury ← *con-* 'COM- 1'+*fiscus* purse：⇨ -ate[2,3]〙 ── *vt.* **1** (職権をもって)〈財産を〉取り上げる, 差し押える, 押収する, 徴発する (appropriate)：～ a gun. **2** (罰として)〈私有財産を〉(国庫に)没収する. ── *adj.* **1** 没収された, 徴発された. **2** 財産を取り上げられた.

con·fis·ca·tion [kɑ̀nfɪskéɪʃən, -fəs- | kɔ̀nfɪs-] 〘《1543》□ L *confiscātiō(n-)*：⇨ confiscate, -ation〙 ── *n.* 没収(すること[された状態]), 押収, 徴発, 収用；私有財産の没収.

cón·fis·cà·tor [-tə | -tə(r] *n.* 没収者, 押収者, 徴発者.

con·fis·ca·to·ry [kənfɪ́skətɔ̀ːri, -tòːri | kənfɪ́skət(ə)ri, kən-, kɔ́nfɪskèɪtəri, ⌐―⌐―⌐] *adj.* **1** 没収の；没収を実施する：a ～ tax. **2** 没収する.

con·fi·te·or [kənfíːtiə, -tiɔə | kənfɪ́tiɔː(r, kən-] 〘《?*a*1200》□ L ～ 'I confess' ← *confitērī* 'to CONFESS'：この祈りの最初の語〙 ── *n.* 〘カトリック〙罪の告白の祈り, コンフィテオル.

con·fi·ture [kɑ́nfətʃùə, -t(j)ùə | kɔ́nfɪtʃə(r] 〘《*c*1390》□ (O)F ～ ← *confit* 'COMFIT'〙 ── *n.* **1** (果物の)砂糖漬け (preserve), ジャム (jam). **2** 糖菓 (confection), キャンデー (candy).

con·fla·grant [kənfléɪgrənt] 〘□ L *conflagrant-em* (pres.p.) ← *conflagrāre* (↓)〙 *adj.* (盛んに)燃えている, 燃え上がる.

con·fla·gra·tion [kɑ̀nfləgréɪʃən | kɔ̀n-] 〘《1555》□ L *conflagrātiō(n-)* ← *conflagrāre* ← *con-* 'COM- 2'+*flagrāre* to burn (⇨ flagrant)〙 ── *n.* **1** 大火, 大火災. **2** ＝conflict.

con·flate [kənfléɪt, kɑ́nfleɪt | kənfléɪt, kɔn-] 〘← L *conflāt-us* (p.p.) ← *conflāre* ← *con-* 'COM-'+*flāre* to blow (⇨ flatus)〙 ── *vt.* **1** 溶合する；合成する (compose). **2** 二種の〈異本を〉一つにまとめる.

con·fla·tion [kənfléɪʃən | kən-, kɔn-] 〘《1626》□ L *conflātiō(n-)* ← *conflāre* (↑)：⇨ -ation〙 *n.* **1** 溶和, 融合 (fusion). **2** (二種の異本の)合成；(特に)合成本.

con·flict 〘n.: 《*a*1425》□ L *conflict-us* strike. ── v.: 《*a*1425》← L *conflict-us* (p.p.) ← *confligere* to strike against ← *con-* 'COM- 1'+*flīgere* to strike：⇨ afflict〙 ── [kɑ́nflɪkt | kɔ́n-] *n.* **1 a** (武力による, 特に長期にわたる)争い, 闘争, 戦い, 戦闘, 紛争 (fight, struggle)：a ～ of arms 交戦, 戦争 / a ～ between armies. **b** 論争 (controversy)；口論 (quarrel)：a wordy ～ 口論, 激論, 議論. **c** 争議, 闘争：a ～ between father and son [capital and labor, State and Church] 父と子[資本と労働, 国家と教会]との間の闘争. **2 a** (思想・感情・意見・利害などの)衝突, 対立；不一致, 両立しないこと：a ～ of evidence, ideas, etc. / come into ～ with …と衝突する / be in ～ with …と衝突[対立]している. **b** 〘心理〙葛藤 《二つ以上の欲求傾向が互いに対立して, どの欲求も充足されないでいる心理状態》：undergo a mental [inner] ～ 心理的葛藤を経験する, 煩悶する. **c** 〘文学〙(戯曲・小説で, 劇的行動を起こす)衝突, 劇的対立, コンフリクト. **3** (物体・物質の)ぶつかり合うこと, 衝突 (collision). **4** 〘法律〙＝CONFLICT of laws.

a conflict of interest (公私の)利害衝突.

conflict of laws [the ―] 〘法律〙 (1) 法律抵触. (2) 国際私法.

── [kənflɪ́kt, kɑ́nflɪkt | kənflɪ́kt] *vi.* **1** 衝突する；相いれない, 相反する 〔*with*〕：My interests ～ *with* his. 私の利害は彼と相反する / Gambling which does not ～ *with* the state law is authorized by city ordinance. 州法に抵触しない類の賭博(とばく)が市条令によって認められている. **2** 争う, 戦う 〔*with*〕.

con·flic·tive [kənflɪ́ktɪv, kɑ́nflɪk- | kənflɪ́k-] *adj.*

con·flic·tu·al [kɑnflɪ́ktʃuəl, kən-, -tʃʊl | kənflɪ́ktju-əl, -tʃʊəl] *adj.*

con·flíct·ing *adj.* 相争う, 相反する, 矛盾する, 相いれない：～ laws, views, accounts, etc. / be a prey to ～ emotions 相反する感情に苦慮する. **～·ly** *adv.*

con·flic·tion [kənflɪ́kʃən, kɑn- | kən-] 〘□ L *conflictiō(n-)*：⇨ conflict, -tion〙 *n.* 争い, 衝突.

cónflict·less *adj.* 相争うことのない；葛藤のない.

con·flu·ence [kɑ́nfluːəns, kənflúːəns, kɑn- | kɔ́nflu-əns] 〘《?*a*1425》□ L *confluentia* a flowing together ← *confluentem* (pres.p.) ← *confluere* (↓)：⇨ -ence〙 ── *n.* **1 a** (川などの)合流すること, 会流 (cf. influx 1 b). **b** 合流点 (junction). **c** 合流してできた川. **2 a** (一個所に)集まること, 集合. **b** 人の流れ, 込合い, 群衆.

con·flu·ent [kɑ́nfluːənt, kənflúːənt, kɑn- | kɔ́nfluənt] 〘《?1473》□ L *confluent-em* (pres.p.) ← *confluere* ← *con-* 'COM- 1'+*fluere* to flow：⇨ fluent〙 ── *adj.* **1** 合流する, 落ち合う：～ rivers, roads, etc. **2** 〘病理〙(いくつもの膿疱(のうほう)や発疹が合して一面にひろがる)融合性の. ── *n.* **1** 合流する川. **2** 支流 (tributary).

con·flux [kɑ́nflʌks | kɔ́n-] 〘← *con-* 'COM-'+FLUX〙 *n.* ＝confluence.

con·fo·cal [kɑnfóʊkəl | kɔnfəʊ-] 〘← *con-* 'COM-'+FOCAL〙 *adj.* 〘数学〙焦点を共有する, 共焦の, 同焦点の：～ conics 同焦点円錐曲線. **～·ly** *adv.*

con·form [kənfɔ́əm | -fɔ́ːm] 〘《*c*1340》 *conforme(n)* □ (O)F *conform-er* □ L *conformāre* to shape symmetrically ← *con-* 'COM- 1'+*formāre* 'to FORM'〙 ── *vt.* 〔模範に〕ならわせる, 〔…と〕同じようにする；〔慣習などに〕一致させる, 合わせる, 順応させる (adapt) 〔*to*〕：～ one's manners *to* those of one's associates 仲間の作法にならう / ～ oneself *to* the customs of society 社会の慣習に従う[順応する]. ── *vi.* **1** 同じ形[外形, 輪郭]をもつ；合致する, 調和する 〔*to, with*〕：～ *to* the shape of …の形通りになる. **2** 〔規則・慣習などに〕従う, 準拠する 〔*to*〕：～ *to* the rules [the ways of the world] 規則[世間の慣習]に従う. **3** 《英》国教を遵奉する, 国教の慣習に従う (cf. conformity 3, conformist 2). **4** 〘地質〙〈地層が〉整合する. ── *adj.* 《古》＝conformable. **～·er** *n.*

con·form·a·bil·i·ty [kənfɔ̀əməbíləti | -fɔ̀ːməbíləti, -lɪ-] *n.* **1** 一致(性), 順応(性). **2** 〘地質〙(地層の)整合.

con·form·a·ble [kənfɔ́əməbl | -fɔ́ːm-] 〘《1474》← CONFORM+-ABLE〙 ── *adj.* **1 a** 〔…に〕ならう；〔…に〕似た 〔*to*〕：be ～ *to* standard [pattern] 標準[定型]にならう[従う]. **b** 〔…に〕適合[一致, 調和, 相応]した 〔*to*〕. **2** 〔…に〕従順な, 従う 〔*to*〕：be ～ *to* reason, another's wishes, etc. **3** 〘地質〙整合的な (⇨ stratum 挿絵). **～·ness** *n.*

con·fórm·a·bly [-məbli | -blɪ] 〘《1447》〙 *adv.* **1** 適合[一致]するように；〔…に〕従って, 応じて 〔*to*〕. **2** 〘地質〙整合的に, 整合して.

con·for·mal [kənfɔ́əməl, kɑn- | kənfɔ́ː-, kɔn-] 〘□ L *confōrmāl-is* of the same shape：⇨ com-, formal〙 ── *adj.* **1** 〘数学〙等角の；共形の：～ geometry 共形幾何学. **2** 〘地理〙正角[等角](投影)の：⇨ conformal projection. **con·for·mal·i·ty** [kɑ̀nfɔəmǽləti | kɔ̀n-fɔːmǽləti, -lɪ-] *n.*

confórmal projéction *n.* 〘地理〙正角図法 《緯線と経線とを直交させてあり, その結果各地点における角が正しく, また小地域をとるかぎりその形も正しく表現されている投影図法；orthomorphic projection ともいう》.

con·for·mance [kənfɔ́əməns | -fɔ́ːm-] *n.* 順応, 適合, 一致 (conformity).

con·for·ma·tion [kɑ̀nfɔəméɪʃən, -fə- | kɔ̀nfɔː-, -fə-] 〘《1511》□ L *conformātiō(n-)*：⇨ conform, -ation〙 ── *n.* **1 a** (物事の各部分の)整合. **b** 構成, 形成 (shaping)：the ～ of public opinions. **2 a** 形態, 構造 (structure). **b** (動物の)外形, 輪郭 (outline). **3** 適合(させること), 一致, 順応 (adaptation) 〔*to*〕. **4** 〘地質〙整合. **5** 〘化学〙配座, コンフォーメーション, 立体配座 《分子の内部回転やねじれによって起こる原子や基の立体配置》.

còn·for·má·tion·al [-ʃənl, -ʃnəl] *adj.* 〘化学〙配座の. **～·ly** *adv.*

conformátional análysis *n.* 〘化学〙配座解析 《化合物の配座を電子線回折・X 線回折・赤外吸収などの方法によって決定すること》.

con·fórm·ism [-mɪzm] *n.* 慣習遵奉(主義), 順応主義.

con·fórm·ist [-mɪst, -məst | -mɪst] 〘《1634》← CONFORM+-IST〙 ── *n.* **1** [時に軽蔑的に] (法律・慣行などに)従う人, 順応者. **2** [しばしば C-] 《英》国教徒 (cf. dissenter 2, nonconformist 2). ── *adj.* 順応的な.

con·for·mi·ty [kənfɔ́əməti | -fɔ́ːməti, -mɪ-] 〘《?*a*1425》□ (O)F *conformité* □ LL *conformitātem*：⇨ conform, -ity〙 ── *n.* **1 a** (外形・性質・態度などの)相似, 符合 (correspondence) 〔*to*〕；類似点：*conformities* in style 文体の相似. **b** 適合, 調和, 一致 (agreement) 〔*with*〕：in ～ *with* one's tastes 趣味と一致して. **2** 〔法・慣習などの確立されたものに〕従うこと, 準拠, 遵奉, 服従 (compliance) 〔*with, to*〕：in ～ *with* [*to*] the custom 習慣に従って[応じて, 準拠して, を遵奉して]. **3** [しばしば C-] 《英》国教遵奉 (cf. conform *vi.* 3). **4** 〘地質〙(地層の)整合.

con·found [kənfáʊnd, kɑn- | kən-] 〘《*c*1300》 *confounde(n)* □ AF *confound-re*＝(O)F *confondre* < L *confundere* to mix up ← *con-* 'COM- 1'+*fundere* to pour (⇨ fuse[1])〙 ── *vt.* **1 a** 〈二つ以上のもの〉の区別ができない：～ names, ideas, words, etc. / ～ right and wrong 正邪の見分けを誤まる. **b** 〔…と〕混同する, ごっちゃにする (confuse) 〔*with*〕：～ a person *with* his brother / be ～*ed with* …と混同される / ～ the means *with* the end 手段を目的と混同する, 本末を誤まる. **c** …の混乱を増す；混乱させる：confusion worse ～*ed* ⇨ confusion 1 a. **2** 〈人を〉狼狽させる, まごつかせる, 困惑させる (perplex)：The event ～*ed* her. その事件に彼女はうろたえた / She was ～*ed at* [*by*] the sight of the accident. 事故の有様を見て面食らった / I was ～*ed* to find …と知って狼狽した. **3** 反論する, 反駁(はんばく)する：～ a person's argument. **4** [kɑ̀nfáʊnd | kən-, kɔn-] [軽いののしりの言葉として] 呪う (damn)：*Confound* him [you]! 畜生, あの[この]野郎 / *Confound* it! しまった, いまいましい, ちぇっ / He ～*ed* the proposal. 彼はそんな提案なんか勝手にしろと毒づいた. **5** 〈計画・希望などを〉破る, くじく (baffle)；…に敗北を与える, 破滅させる：～ a person's endeavors, plots, hopes, etc. / ～ an impostor 詐欺師の面皮をはぐ. **6** 《古》辱(はずか)しめる：to ～ the wise 智(ち)き者を辱しめんために (cf. *1 Cor.* 1:27). **7** 《廃》無駄にする, 浪費する. **～·er** *n.*

con·fóund·ed 〘《*a*1376》〙 ── *adj.* **1** 混乱した, まごついた, 面食らった. **2** [または kɑ́nfaund- | kɔ́n-] 《口語》[軽いののしりの言葉として] いまいましい, けしからん, いやな (accursed)：a ～ fool お話にならないばか者 / Here's your ～ hat, now be off. それ, きさまの帽子だ, さっさと行っちまえ / You ～ chatterbox! うるさいな, このおしゃべりめ. ── *adv.* ＝confoundedly：I've been kept waiting a ～ long time. べらぼうに長く待たされた.

con·fóund·ed·ly *adv.* いまいましいほど, いやに, ばかに (very, extremely)：～ cold べらぼうに[いやに, やけに]寒い / a ～ good dinner どえらいごちそう.

con·fra·ter·ni·ty [kɑ̀nfrətə́ːnəti | kɔ̀nfrətə́ːnəti, -nɪ-] 〘《*a*1475》□ OF *confraternite*：⇨ com-, fraternity〙 ── *n.* **1** (宗教・慈善・事業・職業などの)団体, 協会 (society)；同職[友愛]組合 (brotherhood). **2** 〘カトリック〙信心会 《信者の信心業・慈善業・布教活動のために組織されたもの；cf. archconfraternity》.

con·frere [kánfrɛə, kɔ́:(n)-, kɔ́(:)n-, ─ ⌐, kənfrɛ́ə | kɔ́nfrɛə(r 〖(c1425)□(O)F *confrère*□ML *confrāter* ← *con-* 'COM- 1'+L *frāter* brother (⇨ friar)〗 ── *n.* (*also* **con·frère** [～; *F.* kɔ̃frɛ:r]) **1** 同僚, 同業者, 研究仲間 (colleague). **2** 仲間, 同志 (fellow).

con·front [kənfrʌ́nt] 〖(c1568)□F *confront-er*□ML *confrontāri* ← *con-* 'COM- 1'+L *front-, frons* 'FRONT, forehead'〗 ── *vt.* **1 a** …の真向かいにある: My house ～*s* hers. 私の家は彼女の家と向かい合っている. **b** …に直面する: ～ one another お互い同士にらみ合う / be ～*ed* by [*with*] …に直面する. **c** 〈危険・死など〉にひるまず立ち向かう: ～ one's enemy, danger, etc. **2 a** 〈人を〉(…に)向かい合わせる, 対抗させる; 対決させる (oppose) 〔*with*〕: ～ a person *with* danger / ～ the accuser *with* the accused 告訴人と被告人を対決させる. **b** …(の眼前)に(…を)突きつける 〔*with*〕: ～ a man *with* the evidence of his guilt 人に罪の証拠を突きつける. **3** 〈困難などが〉…に持ち上がる, 立ちはだかる: The difficulties ～*ed* them. 困難なことが彼らの前に立ちはだかった. **4** 比較するために並べる; 対比する, 比較する. **～·al** [-tl̩ | -tl] *n.* **～·er** [-tə | -tə(r] *n.*

con·fron·ta·tion [kɑ̀nfrʌntéɪʃən, -frən- | kɔ̀n-] *n.* **1** 対立, 直面; (国家間の政治緊張をもった)にらみ合い: religious [racial] ～*s* 宗教[民族]的対立 / the international black and white ～ 黒人と白人の国際的対立 / the ～ of the two powers 二大国の対峙(たいじ). **2** (法廷の)対決 《訴訟当事者が自己に不利益な証人を反対尋問する機会》; 対審: the right of ～ 対決の権利. **～·al** [-ʃənl, -ʃnəl] *adj.*

còn·fron·tá·tion·ìsm [-ʃənɪzm] *n.* 対決主義.

còn·fron·tá·tion·ist [-ʃ(ə)nɪst, -nəst | -nɪst] *n.* 対決主義者. ── *adj.* **1** 対決主義の. **2** 伝統的価値[方法]を拒否する.

con·frónt·ment *n.* =confrontation.

Con·fu·cian [kənfjú:ʃən | -ʃɪən, -ʃən] *adj.* **1** 孔夫子の, 孔子の. **2** 儒教の. ── *n.* 孔子の学徒, 儒教徒, 儒者.

Con·fú·cian·ìsm [-ʃənɪzm | -ʃɪən-, -ʃən-] *n.* 孔子の「教え, 儒教.

Con·fú·cian·ist [-ʃ(ə)nɪst, -nəst | -ʃɪənɪst, -ʃən-] *n.* 儒者.

Con·fu·cius [kənfjú:ʃəs | -ʃɪəs, -ʃəs] 〖*K'ung Fu-tse* (孔夫子)のラテン語化〗 *n.* 孔子 《551–479 B.C.; 中国の思想家, 儒教の始祖; *The Analects*「論語」》.

con fuo·co [kɑn-fwɔ́:kou, koun-, -fuɔ́:- | kɔn-fwɔ́ukəu; *It.* konfwɔ́:ko] 〖□It. ～ 《原義》with fire〗 *adv.* 〖音楽〗 熱情をもって.

con·fuse [kənfjú:z] 〖(c1330) *confus* (p.p.)□L *confūsus* (p.p.) ← *confundere* 'to CONFOUND'〗 ── *vt.* **1 a** ごっちゃにする, 混乱させる: ～ the issue 論争点を混乱させる. **b** …の区別がつかない, 間違える; 混同する (confound) 〔*with*〕: ～ names 名前を取り違える / ～ liberty *with* licence 自由と放縦を混同する[はき違える]. **2** [通例 p.p. 形で]困惑させる, まごつかせる, 狼狽させる (perplex, disconcert): be [become, get] ～*d* 混乱する, まごつく, あわてる. **3** 《古》破滅させる. ── *vi.* 区別ができない, 混同する.

con·fúsed 〖(a1338)〗 ── *adj.* **1** 混乱した, 乱雑な, めちゃくちゃな; 見分けがつかない: ～ accounts, noises, statements, etc. **2** 途方に暮れた, 当惑した: look ～ 途方に暮れた顔つきをする. **con·fús·ed·ness** [-zɪdnɪs, -zəd-, -zd-, -nəs] *n.*

confúsed flóur bèetle *n.* 〖昆虫〗 ヒラタコクヌストモドキ (*Tribolium confusum*) 《ゴミムシダマシ科の赤褐色の昆虫; 幼虫・成虫共に小麦粉・貯蔵穀類に大害を与える》.

con·fús·ed·ly [-zɪdli, -zəd- | -zɪdlɪ, -zəd-, -zd-] *adv.* **1** 乱雑に, ごっちゃに. **2** 途方に暮れて, 当惑して, うろたえて, あわてふためいて.

con·fús·ing *adj.* **1** 混乱させる(ような), 紛らわしい. **2** 当惑させる(ような). **～·ly** *adv.*

con·fu·sion [kənfjú:ʒən] 〖(c1300)□(O)F ～ // L *confūsiō(n-)*: ⇨ confuse, -sion〗 ── *n.* **1 a** 混乱(した状態), 混雑, 乱雑, 混沌(こんとん) (disorder): a chaotic ～ 混沌とした混乱, 混沌としたありさま / the ～ of tongues (バベルの塔 (Tower of Babel) を建てた時の) 言葉の混乱 / ～ worse confounded これまで以上の混乱, 混乱の上にまた混乱 (Milton, *Paradise Lost* II. 996) / in the ～ of the occasion その時のどさくさ紛れに / leave things in ～ ものごとを混乱のままに放置する. **b** (心の)混乱, 困惑, 狼狽 (perplexity): be thrown into ～ 困惑[狼狽]させられる, 混乱に陥る / a ～ of mind [thought, ideas] 精神[思想]の混乱 / covered with ～ どぎまぎして (cf. *Jer.* 3: 25). **2** 混同(すること): the ～ of knowledge *with* wisdom 知識と知恵との混同. **3** 《古》敗北 (defeat), 破滅 (ruin). **4** 〖精神医学〗 昏蒙, 意識混濁, 錯乱. **5** 〖法律〗 混同 《相対立する二個の法律上の地位が同一人に帰すること; 債務者が債権の譲渡を受けた場合には債務は混同により消滅するなど》. **～·al** [-ʒənl, -ʒnəl] *adj.*

con·fut·a·ble [kənfjú:təbl̩ | -tə-] *adj.* 論破[論駁]できる.

con·fu·ta·tion [kɑ̀nfjutéɪʃən, -fju- | kɔ̀n-] 〖(1459)□L *confūtātiō(n-)*: ⇨↓, -ation〗 ── *n.* **1** 論破, 論駁. **2** 反論するもの, 反駁. **con·fut·a·tive** [kənfjú:tətɪv | -tət-] *adj.*

con·fute [kənfjú:t] 〖(1529)□L *confūt-āre* to put down by words, disprove ← *con-* 'COM- 2'+-*futāre* 'to BEAT'〗 ── *vt.* **1** 〈議論などを〉論破する, 〈論者を〉説破する, やり込める (silence): ～ an argument, an opponent, etc. **2** 《廃》ぶちこわす, 台なしにする (ruin). **con·fút·er** [-tə | -tə(r] *n.*

Cong [kɑ́(:)ŋ, kɔ́(:)ŋ | kɔ́ŋ] *n.* (*pl.* ～) =Vietcong.

cong. 《略》 *L.* congius (=gallon).

Cong. 《略》 Congregation; Congregational; Congregationalist; Congress; Congressional.

con·ga [kɑ́ŋgə | kɔ́ŋ-] 〖□Sp. ～ (fem.) ← *congo*: ⇨ Congo〗 ── *n.* **1 a** コンガ 《アフリカが起源と言われる Cuba 島黒人の集団的な踊り》. **b** コンガの音楽. **2** コンガドラム 《コンガの伴奏に用いる手で打つ細長い大太鼓; conga drum ともいう》. ── *vi.* コンガを踊る.

cón gàme 〖⇨ con⁴〗 *n.* 《俗》 =confidence game.

Con·ga·ree [kɑ́ŋgəri: | kɔ́ŋ-] 〖← N-Am.-Ind.〗 *n.* [the ～] 米国 South Carolina 州の川; Wateree 川と合流して Santee 川となる (84 km).

con·gé [kɔ̃:(n)ʒeɪ, kɔ(:)n-, kɑ́nʒeɪ, -dʒeɪ | kɔ́:(n)ʒeɪ, kɔ́(:)n-; *F.* kɔ̃ʒe] 〖(1703)□F ～ 'leave of absence': ⇨ congee¹〗 ── *n.* (*pl.* ～**s** [～z; *F.* ～]) **1 a** いとまごい(の挨拶) (leave-taking): take one's ～ いとまごいの挨拶をする / ⇨ pour prendre congé. **b** 別れのお辞儀[会釈]. **2** (公式の)退去許可. **3** 解職 (dismissal): get one's ～ 免職される / give a person his ～ 人を免職する. **4** 〖建築〗 (壁と床の接合部に現われる)えぐり繰形 (⇨ molding¹ 挿絵).

con·geal [kəndʒí:l] 〖(c1380) *congele(n)*□(O)F *congel-er*□L *congelāre* ← *con-* 'COM- 1'+*gelāre* to freeze (⇨ gelid)〗 ── *vt.* **1** 凍らせる (freeze): ～ the water into ice. **2** 〈液体を〉凝結[凝固]させる (coagulate): His very blood was ～*ed.* (恐怖で)全身の血が凍った. **3** 動けなくする; 固定化する, 硬直化する. ── *vi.* **1** 凍る (freeze); 凝結[凝固]する. **2 a** 〈感情が〉冷える. **b** 固定する, 硬直化する.

con·geal·a·ble [kəndʒí:ləbl̩] *adj.* 凝結[凝固]できる.

con·géal·ment 〖(c1385)← CONGEAL+-MENT〗 *n.* **1** 凝固(すること); 凍結, 凝結. **2** 凝固物.

con·gee¹ [kɑ́ndʒi: | kɔ́n-] 〖(?c1350) *congye*□OF *congié* (F *congé*) < L *commeātum* departure, leave of absence ← *con-* 'COM-'+*meāre* to pass: cf. congé〗 《古》 ── *n.* =congé. ── *vi.* **1** いとまごいをする. **2** お辞儀をする (bow).

con·gee² [kɑ́ndʒi: | kɔ́n-] 〖□Tamil *kañci*〗 *n.* **1** (インドで用いられた)米の煮汁 《衣服の糊・病人の重湯用》. **2** (中国で, 米・きびの)かゆ.

con·ge·la·tion [kɑ̀ndʒəléɪʃən | kɔ̀ndʒɪ-] 〖(a1393)□(O)F ～ // L *congelātiō(n-)*: ⇨ congeal, -ation〗 ── *n.* **1** 凝結(すること), 凝固 (congealment). **2** 凝固物, 凝結物. **3** 〖病理〗 凍傷 (frostbite).

con·gel·i·fluc·tion [kəndʒɛ̀ləflʌ́kʃən | -lɪ-] 〖← *congeli-* (↓)+L *fluctiō(n-)* a flowing〗 *n.* 〖地質〗 永久凍土帯の緩斜面で起こる土壌の側方流動.

con·gel·i·fract [kəndʒɛ́ləfræ̀kt | -lɪ-] 〖← L *congelāre* 'to CONGEAL'+L *fractus* broken (⇨ fraction)〗 ── *n.* 〖地質〗 コンジェリフラクト 《岩のすき間から出る水の凍結によって破砕された岩石》.

con·gel·i·frac·tion [kəndʒɛ̀ləfrǽkʃən | -lɪ-] 〖⇨↑, -tion: cf. fraction〗 *n.* 〖地質〗 コンジェリフラクション 《水の凍結による岩石の破砕》.

con·gel·i·tur·ba·tion [kəndʒɛ̀lətə(:)béɪʃən | -lɪtə(:)-] 〖← L *congelāre* 'to CONGEAL'+-I-+L *turbātiō(n-)* (← *turbāre* 'to DISTURB')〗 ── *n.* 〖地質〗 凍結攪乱(かくらん) 《水の凍結・融解による土壌の攪乱》.

con·ge·ner [kɑ́ndʒənə, kəndʒí:nə, kɑn- | kɔ́ndʒɪnə(r, kəndʒí:nə(r] 〖(1730–36)□L ～ 'of the same kind' ← *con-* 'COM- 1'+*gener-, genus* kind〗 ── *n.* **1 a** 同属の動植物: canaries and their ～*s* カナリアとその同属の鳥. **b** (性質・行動において)同種[同類]のもの[人]: Compare the Russian peasant with his English ～. ロシヤの農民を英国の農民と比較せよ. **2** 〖生化学〗 コンジナー 《アルコール飲料醸造中に生じるアルデヒド; エステルのような副産物で, その出来上がりの味・香りを左右するもの; congeneric ともいう》. ── *adj.* =congeneric.

con·ge·ner·ic [kɑ̀ndʒənérɪk, -dʒə- | kɔ̀n-] *adj.* 同属の; 同種[同類]の. ── *n.* 〖生化学〗 =congener 2.

con·ge·ner·ous [kəndʒí:nərəs, kɑn-, -dʒén- | kəndʒí:n-, kɔn-, -ʒén-] *adj.* =congeneric.

con·gen·ial [kəndʒí:njəl, -nɪəl | -njəl, -nɪəl] 〖(c1625) ← *con-* 'COM-'+GENIAL¹〗 ── *adj.* **1** 〈人・特質など〉同性質の, 同精神の, 同趣味の; 共鳴する, 気心の合った 〔*with, to*〕: ～ spirits [companions] 気の合った同士[仲間] / in ～ society 意気投合する仲間に交わって / a friend ～ *to* him 彼と気心の合った友. **2 a** 性分に合った; 〔性質, 趣味などに〕適している 〔*to*〕: ～ occupations [work] 性分に合った職業[仕事] / a climate ～ *to* one's health 健康に適する風土 / a soil ～ *to* roses バラの栽培に適した土. **b** 楽しい, すばらしい: ～ music. **c** 愛想のよい, 親切な (genial): a ～ host. **～·ness** *n.*

con·ge·ni·al·i·ty [kəndʒì:niǽləti, -njǽl- | -niǽlətɪ, -lɪ-] 〖(1620) ← *con-* 'COM-'+GENIALITY〗 ── *n.* **1** (性質・趣味などの)合致, 共鳴, 相性 (affinity). **2** 性分に合うこと, 適性, 適応性.

con·gé·nial·ly [-njəli, -nɪəli | -njəlɪ, -nɪəlɪ] *adv.* 気性に合って: be ～ employed 性分に合った[好きな]仕事をしている.

con·gen·i·tal [kəndʒénətl̩, kən- | kəndʒénɪtl̩, kɔn-] 〖(1796) ← L *congenit(us)* produced together with+-AL¹: ⇨ com-, genital〗 ── *adj.* **1** 〈病気・欠陥など〉生得の, 生来の, 生れつきの, 先天的な[性の] (↔ acquired): a ～ deformity 先天的奇形 / a ～ disease [idiot] 先天的な疾病[痴愚] / He had a ～ dislike of France. 生れつきフランス嫌いだった. **2** 固有の, 持ちまえの (inherent). **～·ly** *adv.*

con·ger [kɑ́ŋgə | kɔ́ŋgə(r] 〖(1310)□(O)F *congre* < L *congrum*, *conger*□Gk *góggros*〗 *n.* 〖魚類〗 =conger eel.

cónger éel *n.* 〖魚類〗 **1** アナゴ科の魚類の総称. **2** モトアナゴ (*Conger conger*) 《クロアナゴ属の魚》.

con·ge·ries [kɑ́ndʒəri:z, -riz | kəndʒíəri:z, -rɪz, -rɪ̀:z, -dʒéri:z, kɔ́ndʒərɪz] 〖(a1619)□L *congeriēs* pile, heap ← *congerere* (↓)〗 ── *n.* (*pl.* ～) 寄り集まり, 集積 (collection); (物の)かたまり, 山 (mass, heap).

con·gest [kəndʒést] 〖(1538) ← L *congest-us* (p.p.) ← *congerere* to bring together ← *con-* 'COM- 1'+*gerere* to bear, carry (cf. gesture)〗 ── *vt.* **1** (動けなくなるほど)過度に詰め込む; 込み合わせる, 混雑させる, 渋滞させる: The traffic ～*ed* the street. 町は人通りがはげしくて込み合った / The traffic was ～*ed.* 交通は渋滞していた / The streets are ～*ed.* 往来は雑踏している. **2** 《廃》集める, 積み上げる. **3** 〖病理〗 充血させる, 鬱血させる. ── *vi.* **1** 集まる, 群がる. **2** 〖病理〗 充血する, 鬱血する.

con·gést·ed 〖(?a1425)〗 *adj.* **1** 〈場所・交通など〉込み合った, 混雑した: a ～ area [district] 人口過剰区域 / ～ traffic 混雑した交通. **2** 〖病理〗 充血[鬱血]した: a ～ organ 充血した器官. **3** 〖植物〗 密集した.

con·ges·tion [kəndʒéstʃən, -dʒéʃtʃən] 〖(?a1425)□(O)F ～ // L *congestiō(n-)*: ⇨ congest, -tion〗 ── *n.* **1** 密集, 込み合い; (人口の)過剰; (街路・交通の)混雑, 雑踏: traffic ～ 交通渋滞. **2** 〖病理〗 充血, 鬱血: arterial ～ 動脈性充血 / ～ of the brain 脳充血.

con·ges·tive [kəndʒéstɪv] *adj.* 〖病理〗 充血[鬱血]性の, 充血による: ～ symptoms 充血症状 / ～ heart failure 鬱血(性)心不全.

con·ges·tus [kəndʒéstəs] 〖□L ～: ⇨ congest〗 *adj.* 〖気象〗 雄大雲の 《雲頂はカリフラワー型で鉛直方向にそそり立った雲にいう》.

con·gi·us [kɑ́ndʒiəs | -dʒɪ-] 〖(a1398)□L ～〗 *n.* (*pl.* **-gi·i** [-dʒiàɪ | -dʒɪ-]) コンギウス: **1** 古代ローマの液量の単位; 約 3 quarts. **2** 〖薬学〗 1 ガロン (gallon).

con·glo·bate [kɑŋglóubeɪt, kən-, kɑ́nglo(u)bèɪt, kɑ́ŋ- | kɔ́ŋglə(u)bèɪt, kɔ́ŋ-] 〖□L *conglobāt-us* (p.p.) ← *conglobāre* ← *con-* 'COM- 1'+*globāre* to make into a ball (← *globus* 'GLOBE')〗 ── *vt.* 球状(のかたまり)に集める, 丸くする. ── *vi.* 球状(のかたまり)に集まる; 丸くなる. ── *adj.* 丸めた, 丸まった, 球状に集められた.

con·glo·ba·tion [kɑ̀nglo(u)béɪʃən, kɑ̀ŋ- | kɔ̀nglə(u)béɪ-, kɔ̀ŋ-] 〖□L *conglobātiō(n-)*: ⇨↑, -ation〗 *n.* **1** 球状体にする[なる]こと, 団塊(形成). **2** 球形.

con·globe [kəngló ub, kən- | kəŋgləub, kɔŋ-] 〖(□(O)F *conglob-er* // L *conglob-āre* 'to CONGLOBATE'〗 *v.* = conglobate.

con·glob·u·late [kənglɑ́bjulèɪt, kən- | kɔn-, kɔŋ-] *vi.* 集まって球形になる. **con·glob·u·la·tion** [kənglɑ̀bjuléɪʃən, kən- | kɔn-, kɔŋ-] *n.*

con·glom·er·a·cy [kənglɑ́m(ə)rəsi | kəŋglɔ́mərəsɪ, kəŋ-, kɔŋ-] 〖⇨↓, -acy〗 *n.* 〖経営〗 コングロマリットの形成.

con·glom·er·ate [kənglɑ́m(ə)rət, -rɪt | kəŋglɔ́mə-, kəŋ-, kən-, kɔn-] 〖(1572)□L *conglomerāt-us* (p.p.) ← *conglomerāre* to roll together: ⇨ com-, glomerate〗 ── *adj.* **1** いろいろな物が集まってできた, 丸く固まり合った; 集塊[団塊]状の. **2** 〈果物など〉密集してなる, 密集した. **3** 〖経営〗 異業種が合併した. **4** 〖地質〗 礫岩(れきがん)質の: ～ clay 礫岩土. **5** 〖動物〗 塊状となる, 球塊状となる 《環節あるものが環節を曲げてなる状態をいう》. ── *n.* **1** (異なった種類のものが集まってできた)集塊, 集成体: a ～ of houses. **2** 〖経営〗 コングロマリット, 複合企業 《多角化をめざして自己の業種と何の関連もない業種の企業を次々に合併して急成長を遂げる巨大な企業》. **3** 〖岩石〗 礫岩, 蛮岩, 子持ち石. ── [-mərèɪt] *v.* ── *vt.* 集めて[固めて]一つの集塊[集成体]にする, 集塊状に集める. ── *vi.* 集塊[集成体]になる, 凝集する. **con·glom·er·a·tive** [kəŋglɑ́m(ə)rətɪv, -mərèɪt- | kəŋglɔ́mərət-, kəŋ-, kən-, -rèɪt-] *adj.*

con·glom·er·at·eer [kəŋglɑ̀m(ə)rətíə | kəŋglɔ̀mərətíə(r, kəŋ-, kɔŋ-] 〖⇨ -eer〗 *n.* =conglomerator.

conglómerate integrátion *n.* 〖経営〗 コングロマリット的統合 《異なった業種間の企業合併; cf. horizontal integration, vertical integration》.

con·glom·er·at·ic [kəŋglɑ̀mərǽtɪk, kən- | kəŋglɔ̀mərǽt-, kəŋ-, kɔn-] *adj.* 〖地質〗 礫岩性の.

con·glom·er·a·tion [kəŋglɑ̀məréɪʃən, kən- | kəŋglɔ̀m-, kəŋ-, kəŋglɔm-, kɔ̀nglɔm-, kɔ̀ŋglɔm-] 〖(1626)□LL *conglomerātiō(n-)*: ⇨ conglomerate, -ation〗 ── *n.* **1** 集塊状に集める[まる]こと; (異種の物の)凝塊, 集塊. **2** (塊状の)集積; (雑多なものの)寄り合い.

con·glóm·er·à·tor [-tə | -tə(r] *n.* 〖経営〗 コングロマリットの経営者.

con·glom·er·it·ic [kəŋglɑ̀mərítɪk, kən- | kəŋglɔ̀mərít-, kəŋ-, kɔn-] *adj.* 〖地質〗 =conglomeratic.

con·glu·ti·nant [kənglú:tənənt, kɑn-, -tn- | kəŋglú:tɪn-, kɔn-] 〖□F ～ // L *conglūtinant-em*: ⇨↓, -ant〗 *adj.* 癒着(ゆちゃく)させる, 膠着(こうちゃく)性の.

con·glu·ti·nate [kənglúːtənèɪt, kɑn-, -tn- | kɔnglúː-tɪn-] 〖(?a1425) ▭ L conglūtināt-us (p.p.) ← conglūtināre ← con- 'COM- 1' + glūtinare to glue (← glūten : ⇨ gluten) : ⇨ -ate[2,3]〗 — vt. **1** (にかわなどで)合着させる, 膠着(こうちゃく)させる. **2** 〘医学〙〈骨などを〉癒着(ゆちゃく)させる. — vi. **1** 合着する, 膠着する. **2** 癒着する. — adj. 合着[膠着]した[する].

con·glu·ti·na·tion [kənglùːtənéɪʃən, kɑn-, -tn- | kən-glùːtɪn-, kɔn-] 〖(?a1425) ▭ (O)F ～ ▭ L conglūtinātiō(n-) : ⇨ ↑, -ation〗 — n. **1** 合着, 膠着. **2** 〘医学〙 **a** 癒着(ゆちゃく), 癒合. **b** 〘医学〙膠着(反応), コングルチネーション.

con·glu·ti·na·tive [kənglúːtənèɪtɪv, kɑn-, -tn- | kən-glúːtɪnèɪt-, kɔn-, -nət-] 〖(a1400) ▭ (O)F ～ : ⇨ conglutinate, -ative〗 adj. 膠着(こうちゃく)性の.

con·go [kɑ́ŋgou | kɔ́ŋgəu] n. = congou.

Con·go [kɑ́ŋgou | kɔ́ŋgəu] n. **1** [(the) ～] コンゴ《アフリカ中部 Zaire の旧名》. **2** [(the) ～] コンゴ《アフリカ中西部にある共和国; もとフランス領赤道アフリカ (French Equatorial Africa) の一部で Middle Congo といったが, 1958 年フランス共同体 (French Community) 内の自治共和国となり, 1960 年独立; 人口 1,440,000, 面積 342,000 km², 首都 Brazzaville; 公式名 the People's Republic of the Congo コンゴ人民共和国》. **3** [the ～] コンゴ(川)《Zaire を流れて大西洋に注ぐ川 (4,800 km)》. — adj. = Congolese.

cóngo èel n. **1** 〘動物〙 **a** = amphiuma. **b** = mud eel. **2** 〘魚類〙 = wrymouth.

Cóngo-Kor·do·fán·i·an [-kɔ̀ədəfǽniən | -kɔ̀ːdə-fǽnɪən] adj. コンゴコルドファニア語族の《アフリカの大語族で, Niger-Congo, Kordofanian の両語族に下位区分される》.

Con·go·lese [kɑ̀ŋgə(u)líːz, -líːs | kɔ̀ŋgə(u)líːz] 〖▭ F congolais : ⇨ Congo, -ese〗 — adj. **1** コンゴの; (両)コンゴ共和国の. **2** コンゴ人の; コンゴ語の. — n. (pl. ～) **1** コンゴ共和国人, コンゴ人. **2** コンゴ語.

Cóngo réd 〖(なぞり) ← G Kongorot〗 — n. 〘化学〙コンゴレッド ($C_{32}H_{22}N_6Na_2O_6S_2$)《ベンジジン (benzidine) から誘導した直接アゾ染料 (direct azo dye); しばしば指示薬として用いる》.

cóngo snàke 〖congo : (転訛) ← CONGER〗 n. 〘動物〙 = amphiuma.

con·gou [kɑ́ŋgou, -guː | kɔ́ŋgəu, -guː; Chin. kūŋfū] 〖▭ Chin. kung-fu ch'a labor tea〗 n. 工夫紅茶(コンフーチャ)《中国産紅茶の総称》.

con·grats [kəngrǽts | kən-, kəŋ-] 〖← CONGRAT(ULATION) + -s[1]〗 int. 《口語》おめでとう.

con·grat·ters [kəngrǽtəz | kəngrǽtəz, kəŋ-] 〖⇨ ↑, -er[1]〗 int. = congrats.

con·grat·u·lant [kəngrǽtʃulənt | kəngrǽtju-, kəŋ-, -tʃu-] 〖▭ F ～ // L congrātulant-em : ⇨ ↓, -ant〗 adj. 祝賀の, 慶賀の. — n. 祝う人, 祝賀者.

con·grat·u·late [kəngrǽtʃulèɪt | kəngrǽtju-, kəŋ-, -tʃu-] 〖(1548) ← L congrātulāt-us (p.p.) ← congrātulārī to wish joy warmly ← con- 'COM-' + grātulārī to wish joy (← grātus pleasing : cf. grateful) : ⇨ -ate[3]〗 — vt. **1 a** 〔苦労してかち得たことについて〕〈人を〉祝う, 祝賀する, 〈人に〉向かって祝辞[よろこび]を述べる 〔on, upon〕. ★ 結婚を祝う場合, 新郎には使えるが, 新婦には felicitate を使う: ～ a person on [upon] his success 人の成功を祝する. **b** [～ oneself で] 幸運だと思う, 喜ぶ 〔on, upon〕 / 〈that〉: He ～d himself on finding a job. 仕事が見つかったことを喜んだ / We ～d ourselves that we were not hurt. けががなかったことを喜んだ. **2** 《古》〈ある事に満足[祝意]を表する. **3** 《廃》歓迎する (hail); …に挨拶する, 敬礼する.

con·grat·u·la·tion [kəngrӕtʃuléɪʃən | kəngrӕtju-, kəŋ-, -tʃu-] 〖(1438) ▭ L congrātulātiō(n-) : ⇨ congratulate, -ation〗 — n. **1** 祝うこと, 祝い, 祝賀 (felicitation): a matter for ～ めでたい[喜ばしい]こと. **2** [pl.] 祝辞. ★ 結婚を祝う場合, 新郎にのみ用いる: Congratulations! おめでとう / offer one's ～s お祝いを述べる / Please accept my sincere ～s on your recovery from illness [on your birthday]. 謹んで御全快[御誕生日]のお喜びを申し上げます. 「賀客.

con·grát·u·là·tor [-tə | -tə(r)] n. 祝賀者, お祝いの客,

con·grat·u·la·to·ry [kəngrǽtʃ(ə)lətɔ̀ːri, -tɔ̀ri | kən-grǽtjulət(ə)rɪ, kəŋ-, -tʃu-, -lèɪtərɪ] 〖▭ ML congrātulātōri-us : ⇨ -ory[1]〗 — adj. 祝賀の: a ～ address 祝辞 / send a ～ telegram 祝電を打つ.

con·gre·gant [kɑ́ŋgrɪgənt, -grə- | kɔ́ŋgrɪ-] 〖← L congregant-em (pres.p.) : ⇨ ↓, -ant〗 n. **1** 集まる人. **2** 会衆の一人; (特に, ユダヤ教会の)会衆の一人, 信者.

con·gre·gate [adj. : 〖(?a1425) ▭ L congregāt-us (p.p.) ← congregāre to flock together ← con- 'COM- 1' + gregāre (← greg-, grex flock: ⇨ gregarious)〗 — [kɑ́ŋ-grɪgèɪt, -grə- | kɔ́ŋgrɪ-] v. — vi. 集まる; 群がる, かたまる (assemble). — vt. 集める, 召集する (collect). — [-gət, -grt, -gèɪt] adj. **1** 集まった. **2** 集団的な, 集団用の (collective): a ～ prison. **cón·gre·gà·tor** [-tə | -tə(r)] n.

con·gre·ga·tion [kɑ̀ŋgrɪgéɪʃən, -grə- | kɔ̀ŋgrɪ-] 〖(c1380) ▭ (O)F congrégation // L congregātiō(n-) : ⇨ congregate, -ation〗 — n. **1** 集ま(ってい)ること, 集合. **2 a** (人の)集まり; (特に, 宗教的な)集会. **b** 会衆; (特定の教会の)全教会員. **c** 宗派 (sect). **d** (もの・動物などの)集まり, 集積 (collection): a foul and pestilent ～ of vapours きたない毒気のたまり (Shak., Hamlet 2. 2. 315). **3** (もと New England で)教会地区, 教区 (parish). **4** 《英》(大学の)教職員会. **5 a** [the ～] 全イスラエル人, ユダヤ民族《the Congregation of the Lord ともいう; cf. Num. 16: 3, 6; Lev. 4: 13》. **b** [the ～] キリスト教会. **6** 〘カトリック〙 **a** (ローマ教皇庁における)聖省《教皇に委託されて一定の所管事項を主宰する(常任)委員会で総数 12 省》: the Congregation of (the) Propaganda 布教聖省《教会組織の確立していない布教国の教会事項を司る; 単に the Propaganda ともいう》/ the Congregation of Rites 礼部聖省《ローマ典礼を管轄する》. **b** (単式誓願の)修道会; (ベネディクト会などにおける)修族: the Congregation of the Passion ⇨ Passionist 1.

còn·gre·gá·tion·al [-ʃənḷ, -ʃnəl] adj. **1** 集合の; 会衆の: ～ worship. **2** 会衆派[組合]教会制の. **3** [C-] 会衆派(主義)の. — n. = congregationalist. **～·ly** adv.

Congregátional Chúrch n. 会衆派(教会), 組合教会《会衆派教会主義 (Congregationalism) に基づいて 17 世紀英国に組織された教会》.

còn·gre·gá·tion·al·ism [-ʃ(ə)nəlìzm] n. 〘教会〙 **1** 会衆派[組合]教会制[主義]《個々の教会が独立自治を行ない, 教会員自ら牧師・役員を選ぶ組織》. **2** [C-] 会衆派[組合]教会主義[教義] (cf. independency 3, Brownism[1]).

còn·gre·gá·tion·al·ist [-ʃ(ə)nəlɪst, -ləst | -lɪst] n. **1** 会衆派[組合]教会制[主義]の信奉者. **2** [C-] 会衆派[組合]の信徒, 会衆[組合]派.

con·gre·ga·tive [kɑ́ŋgrɪgèɪtɪv, -grə- | kɔ́ŋgrɪgèɪt-] adj. 集まる, 集団的な, 集団相手の[に訴える]. **～·ness** n.

con·gress [kɑ́ŋgrɪs, kɔ́(ː)ŋ-, -grəs | kɔ́ŋgres] 〖(a1400) ▭ L congress-us a meeting (p.p.) ← congredī to meet together ← con- 'COM- 1' + gradī to go, step (← gradus step : ⇨ grade)〗 — n. **1** (代表者・使節・委員などの正式の)会議, 代議員会, 大会 (cf. convention A 1 a): a medical ～ 医学大会 / the International P.E.N. Congress 国際ペン大会 / the Social Science Congress 社会科学大会 / ⇨ Trades Union Congress. **2** [C-; 通例無冠詞] (米国その他中南米諸共和国の)国会, 議会; (国会の)会期 (session) (cf. parliament 1, diet[1] 2): the 83rd Congress (米国の)第 83 議会 / in Congress 議会開会中. **3** 団体, 協会, 会 (association); (団体の)会合, 大会. **4 a** 出会い, 会合 (meeting). **b** 社交. **5** 性交 (coitus). **6** 〘動物〙(両生類, 特にカエルやヒキガエルが繁殖のため季節的に集まる)生殖群集, 群婚, 蛙合戦.

Congress of Industrial Organizations [the —] (米国の)産業別労働組合会議《AFL と並び称せられた米国の労働組合連盟; 略 CIO, C.I.O.; 1955 年 AFL と合同して AFL-CIO となる》.

Congress of Vienna [the —] ウィーン会議《1814–15; Napoleon 一世の Elba 島追放後, 戦後対策のために開かれたヨーロッパ諸国の国際会議》.

— vi. 集合する, 集会する (assemble).

cóngress bòot n. 《米》コングレスブーツ《19 世紀後半 20 世紀初頭に流行した, 足首までの深さで両側にゴムが入った深めの靴; congress gaiter ともいう》.

con·gres·sion·al [kəngréʃənḷ, kɑn-, -ʃnəl | kəŋ-, kɔŋ-] adj. **1** 会議の, 集会の; 評議会の. **2** [しばしば C-] 国会[議会] (Congress) の: ～ approval 国会の承認.

Congressional Medal of Honor [the —] (米国の)名誉勲章《戦闘員としての犠牲的殊勲に対して, 議会の名において大統領が親授する星形の最高勲章; Medal of Honor ともいう》.

～·ly adv.

Congréssional dístrict, c- d- n. 〘米政治〙下院議員選挙区 (constituency) (cf. assembly district, senatorial district, parliamentary borough).

con·grés·sion·al·ist [-ʃ(ə)nəlɪst, -ləst | -lɪst] n. **1** 議会(派)支持者, 議会[会議]派の人. **2** 国会議員; (特に)下院議員.

Congréssional Récord n. (米国の)連邦議会議事録《議会開会中毎日発行される》.

cón·gress·man [-mən] n. (pl. **-men** [-mən, -mèn]) [しばしば C-] 連邦議会議員; (特に)下院議員.

cóngressman-at-lárge n. (pl. **congressmen-at-large**) 《米》全州選出連邦議会下院議員《国勢調査の結果州割当て議員が増加する場合, 全州一区で選出される》.

Cóngress Párty n. 国民会議派《インド最大の政党; 1885 年設立, 第一次大戦後 Gandhi が国民運動にまで再組織. 1920, 30 年代は英国から独立するため市民不服従運動を展開した》.

cóngress·wòman n. [しばしば C-] 連邦議会婦人議員; (特に)婦人下院議員.

Con·greve[1] [kɑ́ŋgriːv, kɑ́ŋ- | kɔ́ŋ-], **William** n. (1670–1729) 英国の劇作家, 風習喜劇 (comedy of manners) の代表的作家の一人; The Way of the World (1700).

Congreve[2] 〖← Sir William Congreve (1772–1828: その発明者である英国陸軍大佐)〗 — n. **1** (昔の)のろし式大砲《Congreve rocket ともいう》. **2** (昔の)擦りマッチ《Congreve match ともいう》.

Con·gri·dae [kɑ́ŋgrədìː | kɔ́ŋgrɪ-] 〖← NL ～ ← Congr-, Conger (属名: ← L 'CONGER') + -IDAE〗 n. pl. 〘魚類〙アナゴ科.

con·gru·ence [kəngrúːəns, kɑn-, kɑ́ŋgruː-, kɑ́ŋ-, kɑ́ŋgru- | kɔ́ŋgru-] 〖(c1443) ▭ L congruentia : ⇨ congruent, -ence〗 — n. **1** 適合, 一致, 調和 (agreement, harmony). **2** 〘数学〙(二図形の)合同; (二整数または二整式の)合同 (↔ incongruence): a ～ equation 合同式.

con·gru·en·cy [kəngrúːənsi, kɑn-, kɑ́ŋgruː-, kɑ́ŋ-, kɑ́ŋgru- | kɔ́ŋgruənsɪ] 〖(15C) : ⇨ ↓, -ency〗 n. = congruence.

con·gru·ent [kəngrúːənt, kɑn-, kɑ́ŋgruː-, kɑ́ŋ-, kɑ́ŋ-gru- | kɔ́ŋgru-] 〖(?a1425) ▭ L congruent-em (pres.p.) ← congruere to come together, agree ← con- 'COM-' + L *gruere to fall : ⇨ -ent〗 — adj. **1** (全く)一致する, 適合した, 調和する (harmonious) 〔with〕. **2** 〘数学〙合同の (↔ incongruent). **3** 〘物理〙〈融点が〉一致した《一定の温度で溶けて同じ成分の液体になる物質の融点についていう》. **4** 〘論理〙(同一主語に加えられる述語についてそれらが)一致する, 適合した《互いに異なっても同一主語に加えて真となる述語間についていわれる》. **～·ly** adv.

con·gru·i·ty [kəngrúːəṭi, kɑn-, kɑŋ- | kɔŋgrúːətɪ, kən-, kəŋ-, -grúɪ-, -ɪtɪ] 〖(a1393) ▭ (O)F congruité ▭ LL congruitātem ← congruus fit, suitable : ⇨ ↓, -ity〗 — n. **1 a** 適合, 一致 (agreement); 調和 (harmony), 適切; 全体と部分との調和[一致]. **b** 一致点; 一致例, 適合例. **2** 〘数学〙合同性 (↔ incongruity). **3** 〘神学〙自由な慈悲によって与えられる功德 (cf. condignity).

con·gru·ous [kɑ́ŋgruəs | kɔ́ŋgru-] 〖(1599) ▭ L congru-us suitable ← congruere to agree : ⇨ congruent, -ous〗 — adj. **1 a** (全く)一致する, 適合する, 調和する (conformable) 〔to, with〕. **b** 適当な, 適切な (fitting, proper). **2** 〘数学〙合同の (congruent) (↔ incongruous). **～·ly** adv. **～·ness** n.

coni arteriosi n. conus arteriosus の複数形.

con·ic [kɑ́nɪk | kɔ́n-] 〖(1570) ▭ Gk kōnik-ós cone-shaped ← kōnos 'CONE' : ⇨ -ic[1]〗 — adj. 円錐の[に関する]; 円錐形の. — n. 〘数学〙 = conic section 1.

co·nic·i·ty [ko(u)nísəṭi | kə(u)nísətɪ, kɔ-, -sɪ-] n.

con·i·cal [kɑ́nɪkəl, -nə- | kɔ́nɪ-] adj. 円錐(状)の; 円錐形の. **～·ly** adv. **～·ness** n.

cónical péndulum n. 〘時計〙円錐振子《単振子のおもりが鉛直軸の回りに円を描いて運動するもの》.

cónical refráction n. 〘光学〙円錐屈折《双軸結晶における特異な光の屈折》: external ～ (結晶内を細い平行光線束として通過した光が, 透過後一つの円錐面上に拡がる)外部円錐屈折 / internal ～ (細い平行光線束を入射すると光が結晶内を一つの円錐面上に拡がって進む)内部円錐屈折. 「面.

cónical súrface n. 〘数学〙錐面 a circular ～ 円錐

con·i·coid [kɑ́nɪkɔ̀ɪd, kóun-, -nə- | kɔ́nɪ-] 〖← CONIC + -OID : cf. ellipsoid〗 n. 〘数学〙二次曲面 (quadric).

cónic projéction n. 〘地理〙円錐投影図法.

cónic séction n. 〘数学〙 **1** 円錐曲線《円錐を平面で切って得られる曲線, すなわち楕円・双曲線・放物線などの総称》. **2** [pl.; 単数扱い] 円錐曲線論《円錐曲線に関する理論》.

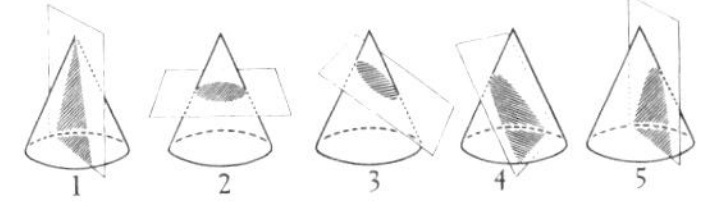

conic sections 1
1 straight lines 2 circle 3 ellipse
4 parabola 5 hyperbola

Co·ni·dae [kóunədìː | kóunɪ-] 〖← NL ～ ← L cōnus 'CONE' + -IDAE〗 n. pl. 〘貝類〙イモガイ科.

conidia n. conidium の複数形.

co·nid·i·al [kənídiəl | kə(u)nídɪ-] 〖⇨ conidium, -al[1]〗 adj. 〘植物〙分生子の[に関する, を生じる]; 分生子状の. 「nidial.

co·nid·i·an [kənídiən | kə(u)nídɪ-] adj. 〘植物〙 = co-

co·nid·i·o·phore [kənídiəfɔ̀ə, -fɔ̀ə | kə(u)nídɪəfɔ̀ː(r)] 〖← CONIDI(UM) + -O- + -PHORE〗 — n. 〘植物〙分生子柄, 子柄《分生胞子を生じる細胞を支える》. **co·nid·i·oph·o·rous** [kənìdiɑ́f(ə)rəs | kə(u)nìdɪɔ́f-] adj.

co·nid·i·o·spore [kənídiəspɔ̀ə, -spɔ̀ə | kə(u)nídɪə-spɔ̀ː(r)] 〖⇨ ↓, -spore〗 n. 〘植物〙 = conidium.

co·nid·i·um [kənídiəm | kə(u)nídɪ-] 〖← NL ～ ← Gk kónis dust : ⇨ -idium〗 — n. (pl. **-i·a** [-diə | -dɪə]) 〘植物〙分生子, 分生胞子《菌類の菌糸の先がくびれてできる無性的繁殖細胞》.

co·ni·fer [kɑ́nəfə, kóun- | kɔ́nɪfə(r), kóun-] 〖↓〗 n. 針葉樹, 球果植物《マツ・モミ・イチイ・イトスギなど針葉樹の樹木》.

Co·nif·er·ae [ko(u)nífərìː, kə- | kə(u)-, kɔ-] 〖← NL ～ (fem. pl.) ← L cōnifer ← coni- (《連結形》← cōnus 'CONE') + -FER〗 — n. pl. 〘植物〙球果植物類《針葉樹類裸子植物のうち球果を生じるもの》.

Co·nif·er·a·les [ko(u)nìfəréɪliːz | kə(u)-] 〖← NL ～ : ⇨ conifer, -ales〗 n. pl. 〘植物〙球果植物目《針葉樹類を含む一つの目》.

co·nif·er·in [ko(u)nífərɪn, kə-, -rən | kə(u)nífərɪn, kɔ-] 〖▭ G Koniferin : ⇨ conifer, -in[1]〗 — n. 〘化学〙コニフェリン ($C_{16}H_{22}O_8$)《針葉樹の形成層に見出される結晶状配糖体; かつてバニリンの製造原料になった》.

co·nif·er·ous [ko(u)níf(ə)rəs, kə- | kə(u)-, kɔ-] 〖← L cōnifer + -OUS : ⇨ Coniferae〗 adj. **1** 毬果を生じる. **2** 球果植物の, 針葉樹の: a ～ tree 針葉樹.

co·ni·form [kóunəfɔ̀ːəm, kán-|kə́unɪfɔ̀ːm] 〖← *coni-* (⇨ Coniferae) + -FORM〗 *adj.* 円錐形の.

co·ni·ine [kóuniìːn, -niɪn, -niən | kə́uniìːn, -niɪn] 〖□ G *Konin* ← LL *cōni(um)* 'CONIUM' : ⇨ -ine¹〗 ── *n.* (*also* **co·nine** [kóuniːn, -nɪn, -nən | kə́uniːn, -nɪn]) 〘化学〙コニイン ($C_3H_7C_5H_9NH$)《ドクニンジン (conium) に含まれている有毒性の液状アルカロイド》.

cón·ing àngle *n.* 〘航空〙コーニング角《フラッピングヒンジを持つ回転翼において, ローター翼に働く遠心力と空気力とのモーメントが等しくなる角度で釣り合う時の, ローター翼の回転面と水平面とのなす角》.

Co·ni·op·te·ryg·i·dae [kòuniɑ̀ptərídʒədìː | kə̀unɪɔ̀ptərídʒɪ-] 〖← NL ～ ← *Coniopteryg-, Coniopteryx* (属名 : ← Gk *kónis* dust + *ptérux* wing) + -IDAE〗 ── *n. pl.* 〘昆虫〙(脈翅目)コナカゲロウ科.

Cón·is·ton Wàter [kánɪstən-, -nəs- | kɔ́nɪs-] 〖*Coniston* : < OE *Cyningestūn* the king's manor : ⇨ king, -ton〗 ── *n.* イングランド北西部 Cumbria 州 Lake District にある湖; 長さ約 9km, 幅 0.8 km; その北西にある Coniston の村には Ruskin の墓がある.

co·ni·um [ko(u)náɪəm, kóuni- | kənáɪ-, kə́unɪ-] 〖← NL ～ ← LL *cōnīum* □ Gk *kṓneion* hemlock〗 *n.* 〘植物〙ドクニンジン (poison hemlock).

conj. 《略》conjugation; conjunction; conjunctive.

con·ject [kəndʒékt] 〖ME *conjecte(n)* □ L *conject-āre* (freq.) ← *conjicere* : ⇨ conjecture〗 *vt.* 《廃》**1** 推量する (guess). **2** たくらむ, 企てる (plan).

con·jec·tur·a·ble [kəndʒéktʃ(ə)rəbl] *adj.* 推測できる.

con·jec·tur·al [kəndʒéktʃ(ə)rəl | -tʃ(ə)r-, -tʃʊr-] 〖□ L *conjectūrāl-is* : ⇨ conjecture, -al〗 ── *adj.* **1** 推測的な, 憶測上の, 確定的でない : a ～ opinion 推測的な意見, 憶説 / ～ emendations (写本などの)推定校訂[修正]. **2** 推測[憶測]好きな : a ～ person.

con·jéc·tur·al·ly [-rəli | -lɪ] *adv.* 推量的に, 推測上, 憶測で.

con·jec·ture [kəndʒéktʃə | -tʃə(r)] 〖*n.*: (*c*1384) □ (O)F ～ ∥ L *conjectūra* a throwing together, guess ← *conjectus* (p.p.) ← *conjicere* to infer, conclude ← *con-* 'COM- 1' + *jacere* to throw (⇨ jet²) : ⇨ -ure. ── v. : (?*a*1425) □ (O)F *cojectur-er* ← (n.)〗 ── *n.* **1** 推量, 推測; 憶説 (guesswork) : a mere ～ 単なる憶測 / a well-founded ～ 十分根拠のある推測 / form [make] ～*s* upon ...に推測を下す / hazard a ～ 当てずっぽうを言ってみる. **2** (刊本・写本などの推測による)判読, 修正 (emendation), 推測による本文校訂. **3** 《廃》**a** 前兆[徴候]の解釈. **b** 考え (idea, notion). ── *vt.* **1** 推量する, 推測する (guess) ⟨*that*⟩ : We ～*d that* our team would win the victory. わがチームが勝利を収めると推測した. **2** ...に推量[推測]を下す. ── *vi.* 憶測する. **con·jéc·tur·er** [-tʃərə | -rə(r)] *n.*

con·join [kəndʒɔ́ɪn, kan- | kən-, kɔn-] 〖(*c*1380) *conjoi(g)ne(n)* □ (O)F *conjoign-* (pres.p. stem) ← *conjoindre* < L *conjungere* to join together : ⇨ com-, join〗 ── *vt.* ⟨個々のものを⟩(共通の目的に)結合する, 連接する (unite), 連合する (combine). ── *vi.* 結合する, 連合する. **～·er** *n.*

con·jóined 〖(*c*1380)〗 ── *adj.* **1** 結合した (combined). **2** 〘貨幣〙⟨二つ以上の意匠が⟩連結した. **3** 〘天文〙⟨天体が⟩合 (conjunction) になった. **4** 〘紋章〙(同図形が)連なった. **con·jóin·ed·ly** [-nɪdli, -nəd- | -lɪ] *adv.*

con·joint [kəndʒɔ́ɪnt, kan- | kɔ́ndʒɔɪnt, kəndʒɔ́ɪnt, kən-] 〖(*a*1393) □ (O)F ～ (p.p.) ← *conjoindre* : ⇨ conjoin〗 ── *adj.* **1** 結合した, 連合[合同]の (united). **2** 共同の, 連帯の (joint) : a ～ action 共同動作. ── *n.* [*pl.*] (共同財産所有者としての)夫婦.

con·jóint·ly 〖ME〗 *adv.* 結合して, 協力的に, 連帯で (jointly).

con·ju·gal [kándʒʊgəl, -dʒʊ-, kəndʒúː- | kɔ́ndʒʊ-] 〖(1545) □ L *conjugāl-is* ← *conjug-, conju(n)x* spouse ← *con-* 'COM-' + *jungere* to JOIN : ⇨ -al¹〗 ── *adj.* **1** 結婚の, 婚姻(上)の (matrimonial). **2** 夫婦(間)の (connubial) : ～ affection [love] 夫婦愛 / a ～ tie 夫婦の縁 / a ～ family 夫婦家族. **～·ly** *adv.*

Con·ju·ga·les [kàndʒʊgéɪliːz | kɔ̀n-] 〖← NL ～ ← L (pl.) ← *conjugālis* of marriage〗 *n. pl.* 〘植物〙=Zygnematales.

con·ju·gal·i·ty [kàndʒʊgǽləti, -dʒuː-, -dʒʊ- | kɔ̀ndʒʊgǽlətɪ, -lɪ-] *n.* 婚姻(状態).

cónjugal rìghts *n. pl.* 〘法律〙夫婦同居権.

con·ju·gant [kándʒɪgənt, -dʒʊ- | kɔ́ndʒʊ-] 〖□ L *conjugānt-em* ← *conjugāre* 'to CONJUGATE' : ⇨ -ant〗 *n.* 〘生物〙接合個体, 接合体.

con·ju·ga·ta [kàndʒʊgéɪṭə | kɔ̀ndʒʊgéɪtə] 〖← NL ～ (fem.) ← L *conjugātus* (↓)〗 *n.* (*pl.* **-ga·tae** [-tiː]) 〘解剖〙骨盤結合線.

Con·ju·ga·tae [kàndʒʊgéɪtiː | kɔ̀n-] 〖← NL ～ (nom. pl. fem.) ← L *conjugātus* (↓)〗 *n. pl.* 〘植物〙=Zygnematales.

con·ju·gate 〖(1471) □ L *conjugāt-us* (p.p.) ← *conjugāre* to unite ← *con-* 'COM- 1' + *jugāre* to join, marry (← *jugum* 'YOKE' : cf. join)〗 ── [kándʒʊgèɪt | kɔ́n-] *v.* ── *vt.* **1** 《古》結合させる; 結婚させる. **2** 〘文法〙⟨動詞を⟩変化[活用]させる, ...の活用形をあげる (inflect) (cf. decline *vt.* 3). **3** 〘化学〙共役する. ── *vi.* **1** 〘文法〙⟨動詞が⟩変化[活用]する. **2** 〘生物〙接合する, 交尾する. **3** 〘生化学〙抱合する《解毒の一形式で硫酸エステルやグルクロン酸と結合する》. ── [-dʒɪgət, -dʒʊ-, -gɪt, -dʒʊgèɪt | -dʒʊ-] *adj.* **1 a** 対になった, 結合した (joined, united). **b** 〘書誌〙(書物の二丁が綴じ目をはさんで)つながっている : ～ leaves 綴じ目をはさんでつながっている一対の紙葉. **2** 〘生物〙接合の. **3** 〘植物〙=bijugate. **4** 〘文法〙同根の, 同語源の《例えば peace, peaceful, pacific など》. **5** 〘数学〙共役の : ～ angles [arcs] 共役角[弧]. **6** 〘化学〙**a** =conjugated 2. **b** ⟨酸・塩基が⟩共役な. **7** 〘物理〙共役な : ⇨ conjugate point 2. ── [-dʒɪgət, -dʒʊ-, -gɪt, -dʒʊgèɪt | -dʒʊ-] *n.* **1** 〘文法〙(同一言語内の)同語源の語, 同根語. **2** 〘数学〙**a** =conjugate axis. **b** =conjugate diameter 2. **3** 〘化学〙共役根, 配合体, 抱合体. **～·ly** *adv.* **～·ness** *n.*

cónjugate áxis *n.* 〘数学〙共役軸《双曲線の焦点を通る直線と直交する対称軸》.

cónjugate cómplex mátrix *n.* 〘数学〙複素共役(な)行列《複素数を要素とする行列の各要素をその共役複素数(conjugate complex numbers)にかえたもの》.

cónjugate cómplex númbers *n. pl.* 〘数学〙共役(な)複素数《あたえられた複素数 $a+bi$ の虚数部分の符号をかえてえられる複素数 $a-bi$; complex conjugates ともいう》.

cón·ju·gàt·ed [-tɪd, -ṭəd | -tɪd, -təd] *adj.* **1** =conjugate 1. **2** 〘化学〙共役の《単結合を隔てた 2 つの二重結合のようにお互いに関連して働く》.

cónjugate diámeter *n.* **1** 〘解剖〙=conjugata. **2** 〘数学〙共役直径《楕円や双曲線の一つの直径と平行な弦をすべて二等分する直径》.

cónjugated prótein *n.* 〘生化学〙複合蛋白質《蛋白質に炭水化物や脂肪・色素体などが結合しているもの; conjugate protein ともいう; cf. simple protein》.

cónjugate númbers *n. pl.* 〘数学〙共役数《既約方程式の根》.

cónjugate póint *n.* **1** 〘数学〙共役点《あたえられた点 *P* からあたえられた円に引いた 2 本の接線の接点を結ぶ直線上の点 *Q*》. **2** 〘物理〙共役点 : **a** 打撃点と打撃中心のように互いに共役関係にある点. **b** 光学系における対応する一組の物点と像点をいう; 互いに役目を交換しうる共役関係にある点.

cónjugate prótein *n.* 〘生化学〙=conjugated protein.

cónjugate róots *n. pl.* 〘数学〙共役根 (conjugate numbers).

cónjugate solùtion *n.* 〘化学〙共役溶液《相互に部分的に溶解する二相に分かれた液体》.

cónjugating tùbe *n.* 〘植物〙接合管《接合藻や接合菌にみられる + − 両細胞を連絡する管》.

con·ju·ga·tion [kàndʒʊgéɪʃən | kɔ̀n-] 〖(*c*1450) □ L *conjugātiō(n-)* yoking together : ⇨ conjugate, -ation〗 ── *n.* **1** 結びつけること, 結合, 連結 (union). **2** 〘文法〙(動詞の)活用, 変化; 活用型 (cf. declension 4, inflection 3) : strong ～ 強[不規則]活用《母音交替によるもの》/ weak ～ 弱[規則]活用《語尾に -ed をつけるもの》. **3** 〘生物〙(菌類などの生殖細胞または原生動物の)接合. **～·al** [-ʃənḷ, -ʃnəl] *adj.* **～·al·ly** *adv.*

con·ju·ga·tive [kándʒʊgèɪtɪv | kɔ́ndʒʊgèɪt-] *adj.*

con·junct [kəndʒʌ́ŋ(k)t, kan-, kándʒʌŋ(k)t | kəndʒʌ́ŋ(k)t, kɔn-, kɔ́ndʒʌŋ(k)t] 〖(*a*1398) □ L *conjunct-us* (p.p.) ← *conjungere* to join together : ⇨ conjoin〗 ── *adj.* **1** 結合した, 連結した, 接続した (joined, united). **2** 共同の (joint). **3** 〘文法〙接続形の《I'll, cannot の 'll, not のような》. **4** 〘音楽〙順次進行の : ～ motion. ── *n.* **1** 結合[接続]した人[もの]. **2** 〘論理〙連言肢《連言命題で, 連言記号で結ばれた各命題をいう》. **～·ly** *adv.*

con·junc·tion [kəndʒʌ́ŋ(k)ʃən] 〖(*c*1380) □ (O)F *conjonction* □ L *conjunctiō(n-)* : ⇨ ↑, -tion〗 ── *n.* **1** 接合, 結合, 連結 (combination); 関連, 共同, 連絡 (connection) : in ～ with ...と共に, ...と連絡[協力]して. **2** 〖□ L *conjunctiō(n-)* 《なぞり》← Gk *súndesuros*〗 **a** (人・ものなどの)合同, 集合 (union, association). **b** さまざまな出来事の結びつき[巡り合わせ]; (事件の)同時発生. **3** 〘文法〙**a** 接続詞 : ⇨ CAUSAL conjunction, coordinate conjuction, CORRELATIVE conjunction, subordinate conjunction. **b** 接続《接続詞による文または文の要素の結合》; 接続構造. **4** 〘天文〙(二惑星などの)合《二惑星や惑星と太陽などの互いの赤経差(黄経差を使うこともある)が 0 時となること; cf. opposition 7》, (月の)朔(さく) : ⇨ superior conjunction, inferior conjunction. **5** 〘論理〙連言《構成要素となる二命題がともに真のときのみ全体が真となるような複合命題》; 連言詞《以上のような複合命題を構成する命題結合詞およびその機能》. **～·al** [-ʃənḷ, -ʃnəl] *adj.* **～·al·ly** *adv.*

con·junc·ti·va [kàndʒʌŋktáɪvə, kəndʒʌ̀ŋk-, -tíːvə, kəndʒʌ́ŋ(k)tɪvə | kɔ̀ndʒʌŋ(k)táɪvə] 〖(*a*1398) □ LL *conjunctīva* ← L *conjunctīvus* (↓)〗 *n.* (*pl.* **～s, -ti·vae** [-táɪviː, -tíːvaɪ, -tɪvìː, -tɪvàɪ | -táɪviː]) 〘解剖〙(目の)結膜 (⇨ eye 挿絵). **còn·junc·tí·val** [-vəl] *adj.*

con·junc·tive [kəndʒʌ́ŋ(k)tɪv] 〖(?*a*1425) □ L *conjunctīv-us* serving to connect : ⇨ conjunct, -ive〗 ── *adj.* **1 a** 結合する, 接合[連結]的な (connective). **b** 結合した, 連結した (conjunct). **2** 〘文法〙接続的な; 接続詞的な (cf. disjunctive 2, subjunctive) : ～ adverbs 接続副詞《therefore, however など》/ the ～ mood (ドイツ語文法などでいう)接続法《ほぼ英文法でいう subjunctive mood に当たる》/ a ～ pronoun 接続代名詞. **3** 〘論理〙連言の, 連合的な : a ～ normal form 連言標準形. ── *n.* **1** 〘文法〙接続語. **2** (ドイツ語などの)接続法 (conjunctive mood). **～·ly** *adv.*

conjúnctive tíssue *n.* 〘植物〙間充組織.

con·junc·ti·vi·tis [kəndʒʌ̀ŋ(k)təváɪtɪs | -tɪváɪt-] 〖(1835) ← NL ～ : ⇨ conjunctiva, -itis〗 *n.* 〘眼科〙結膜炎.

conjúnct mótion *n.* 〘音楽〙順次進行《ある音から音階中の隣り合った音へなめらかに移ること; cf. disjunct motion》.

con·junc·ture [kəndʒʌ́ŋ(k)tʃə | -tʃə(r)] 〖□ F *conjoncture* : ⇨ com-, juncture〗 ── *n.* **1 a** (危機を生じるような, さまざまな出来事[事情]の)結びつき, 巡り合わせ. **b** (多事の)際, 急場 (juncture), 危機 (crisis) : at [in] this ～ この(危急の)際に. **2** 《まれ》結合, 接合.

con·ju·ra·tion [kàndʒʊréɪʃən, kʌ̀n- | kɔ̀ndʒʊ(ə)r-] 〖(*a*1382) □ L *conjūrātiō(n-)* conspiracy : ⇨ conjure, -ation〗 ── *n.* **1 a** (神の名や呪文で)魔物を呼び出すこと. **b** まじない[降霊術]の呪文 (incantation); 魔法 (spell). **2** 手品, 奇術. **3** 《古》祈願, 嘆願 (adjuration).

con·jure [kándʒə, kʌ́n- | kʌ́ndʒə(r)] 〖(*c*1280) *conjure(n)* □ (O)F *conjur-er* < L *conjūrāre* ← *con-* 'COM- 1' + *jūrāre* to swear (← *jūr-, jūs* law, right : ⇨ jury')〗 ── *vt.* **1 a** (神の名・呪文で)⟨魔物・霊を⟩呼び出す (invoke) : ～ down [out] the spirit 魔物を呼び出す. **b** 魔法で[魔法にかけたように]...する (charm). **c** 魔法[手品]を使って[ったように]...する (juggle) : ～ a rabbit out of a hat 手品で帽子からうさぎを出して見せる. **2** [kəndʒúə | -dʒúə(r)] **a** ⟨人⟩に⟨...するように⟩懇願する, 嘆願する (implore) ⟨*to do*⟩ : I ～ you *to* grant my request. 後生ですから私の願いを聞き入れて下さい. **b** 《廃》熱心に頼む, 懇願する. ── *vi.* **1** 魔物を呼び出す : a name to ～ with (呪文に用いるほど)魅力に富んだ名, 重要な名. **2** 魔法を使う; 手品をする. **3** 《古》共謀する, 陰謀を企てる (conspire).
conjure away まじないで追い払う[退散させる], 魔法でも使ったように取り除く. ***conjure up*** (1) 魔法を使って⟨死霊などを⟩呼び出す, 呪文を唱えて表わす (call up, raise). (2) 眼前に思い出す, 想像に浮かばせる : ～ *up* visions of the past [a scene of horror] 過去の光景[恐ろしかった場面]をありありと目の前に思い浮かばせる.
── *attrib. adj.* **1** 魔法の[に用いられる]. **2** ⟨人が⟩魔法を使う.

cónjure màn *n.* (米国南部・西インド諸島で)魔法使い (conjuror, witch-doctor).

cón·jur·er [-dʒ(ə)rə | -rə(r)] 〖(?*c*1350)〗 ── *n.* **1** 魔法使い, 降霊術師 (magician). **2** 手品師, 奇術師 (juggler) : a ～ with words 言葉の魔術師. **3** [kəndʒú(ə)rə | -dʒúərə(r)] 懇願する人.

cónjure wòman *n.* (米国南部・西インド諸島で)女性の魔法使い.

cón·ju·ror [-dʒ(ə)rə | -rə(r)] 〖ME *conjurour*〗 *n.* = conjurer.

con·jur·y [kándʒ(ə)ri, kʌ́n- | kʌ́ndʒ(ə)rɪ] 〖← CONJURE + -Y¹〗 *n.* まじない, 魔法; 手品, 奇術.

conk¹ [káŋk, kɔ́(ː)ŋk | kɔ́ŋk] 〖(1812) □ F *conque* □ L *concha* : ⇨ conch〗 《俗》── *n.* **1 a** 頭 (head). **b** 鼻 (nose). **2** 頭[鼻]への一撃; 殴打.
off** one's **conk 《俗》気がふれて, 狂って (insane).
── *vt.* ...の頭を打つ[なぐる]; ノックアウトする.

conk² [káŋk, kɔ́(ː)ŋk | kɔ́ŋk] 〖擬音語?〗 ── *vi.* 《口語》**1** ⟨エンジン・モーターなどが⟩故障する, 止まる (stall) ⟨*out*⟩. **2 a** 気絶する; 死ぬ ⟨*out*⟩. **b** 眠る ⟨*off*⟩.

conk³ [káŋk, kɔ́(ː)ŋk | kɔ́ŋk] 〖《短縮》? ← *congolene* (コンゴ産の天然樹脂から作られた炭化水素の整髪剤) ← CONGOLESE + -ENE〗 《米俗》── *vt.* ⟨黒人などが⟩(アルカリ性の薬品を使って)⟨縮れ毛を⟩伸ばす[真っすぐにする]. ── *n.* 真っすぐにした髪《process ともいう》.

conk⁴ [káŋk, kɔ́(ː)ŋk | kɔ́ŋk] 〖《変形》? ← CONCH〗 *n.* 〘植物〙**1** サルノコシカケ (⇨ bracket 8). **2** 菌による立木の腐朽.

conk·er [káŋkə, kɔ́(ː)ŋkə | kɔ́ŋkə(r)] 〖(1847) ← 《方言》*conker* snail shell ← ? CONCH : CONQUER¹ との連想による〗 *n.* **1** [*pl.*; 単数扱い]《英》トチの実遊び《昔はカタツムリの殻を, 今はセイヨウトチノキの実 (horse chestnut) を糸に通して互いに打ち合わせ, 相手のものを割る少年の遊戯; cf. cobnut 2, conqueror 2》: play ～*s*. **2 a** (トチの実遊びに用いる)ひもに通したトチの実[カタツムリの殻]. **b** =horse chestnut b.

cónk·òut *n.* 《米俗》故障 (breakdown).

conk·y [káŋki, kɔ́(ː)ŋ- | kɔ́ŋkɪ] 〖← CONK¹ (n.) + -Y²〗 *n.* 《俗》鼻の大きい人.

con ma·e·stà [kàn-maɪstáː, -mɑ̀ːestáː | kɔ̀n-; *It.* konmaestá] 〖□ It. ～ 'with majesty'〗 *adv.* 〘音楽〙荘重に.

cón màn *n.* 《俗》=confidence man.

con·man·ner·ism [kánmæ̀nərìzm | kɔ́n-] *n.* 詐欺師的行為[態度].

con·man·ship [kánmænʃɪp | kɔ́n-] *n.* 詐欺師の技術[腕].

con mo·to [kan-móuṭou, koun- | kɔn-mə́utəu; *It.* konmɔ́ːto] 〖□ It. ～ 'with movement'〗 *adv.* 〘音楽〙コンモート, 元気よく (spiritedly).

conn [káː n | kɔ́n] 〖《変形》? ← 《廃》*cond* 《略》← 《廃》*condue* □ (O)F *conduire* to lead < L *condūcere* 'to CONDUCT'〗 〘海事・航空〙── *vt.* ⟨船・飛行機⟩の操舵(だ)を指揮する, 針路指揮をする. ── *n.* 操舵指揮 (cf. conning tower).

conn. 《略》connected; connection; connotation.

Conn. 《略》Connacht; Connaught; Connecticut.

Con·nacht [kánɔːt | kɔ́n-] *n.* アイルランド共和国北西部の一地方; 旧名 Connaught.

con·nate [kɑnéɪt, kə-, kɑ́neɪt | kɔ́neɪt] 〘《1641》▭ LL *connāt-us* born together (p.p.) ← *connāscī* ← *con-* 'COM-'＋*nāscī* to be born (⇨ natal)〙 ― *adj.* **1** 生得の (inborn), 先天的な (congenital): a ～ disease 先天病, 遺伝性の病気. **2** 同時発生の, 双生の. **3** 性質の似た, 同種類の (cognate). **4 a** 〘植物〙合着した, 癒合している《ツキヌキニンドウなど隣接する葉の一部が癒着している; cf. adnate 1》: a ～ leaf 合着葉, 癒合葉. **b** 〘動物〙(生れつき)合着している (cf. connivent). **5** 〘地質〙同生の, 堆積岩生成時に含まれた. **～·ly** *adv.*

con·na·tion [kɑnéɪʃən, kə- | kɔ-, kə-] *n.* **1** 生得, 先天. **2** 〘生物〙合着. **3** 同産, 同生.

con·nat·u·ral [kɑnǽtʃ(ə)rəl, kə- | kɔ-, kə-] 〘▭ ML *connātūrāl-is*: ⇨ com, natural〙 ― *adj.* **1** 生来の, 生得の, 固有の (inborn). **2** 同種の, 同性質の (cognate). **con·nat·u·ral·i·ty** [kənæ̀tʃərǽləṭi, kə- | kənæ̀tʃərǽləti, kɔ-, -lɪ-] *n.* **～·ly** *adv.*

Con·naught [kɑ́nɔːt | kɔ́n-] *n.* Connacht の旧名.

con·nect [kənékt] 〘《?1440》▭ L *connect-ere* ← *con-* 'COM- 1'＋*nectere* to bind (⇨ net¹)〙 ― *vt.* **1 a** 〈二つのもの〉をつなぐ; 〈一つのものを〉〔他のものと〕接続する, 連結する, 関連させる, 結びつける 〔*with, to*〕: ～ one thing *with* [*to*] another / ～ two towns by a railway / ～ science *with* industry 科学と産業を結びつける. **b** (電話で)連絡させる, つながらせる 〔*with, to*〕: You are ～*ed*. (電話で)つながりました, 出ました / Please ～ me *with* New York. ニューヨークにつないでください. **c** [通例 ～ *oneself* または Passive で] (仕事の上で)関係させる 〔*with*〕: ～ *oneself with* a firm ある会社に関係する / be ～*ed with* a newspaper ある新聞に関係している / industries ～*ed with* transport(ation) 輸送関係の産業. **2** [通例 Passive で] …に親類関係をもたせる 〔*with*〕(cf. connected 2): be well ～*ed* 親類筋がいい / be ～*ed with* the Adamses by marriage 結婚でアダムズ家の親類になっている, アダムズ家の人と結婚している / be distantly ～*ed with* …と遠戚である. **3** 結びつけて考える, 連想する (associate) 〔*with*〕: I ～*ed* his crime *with* insanity. 彼の犯罪を精神異常と結びつけ(て考え)た. ― *vi.* **1** 連続する, つながる (link up); 接続[連結]する (unite) 〔*with*〕: The train ～*s with* a steamer for X at this station. その列車はこの駅でX行きの汽船と連絡する / The train ～*s* properly [well]. その列車は乗り継ぎがうまくいく[接続がいい]. **2 a** 関係をもつ, 関連する 〔*with*〕: This subject ～*s* (up) *with* what I have said before. この問題は私が前に言ったことと関連する. **b** 意味をもつ, 通じる. **c** 《米俗》(強盗など)うまくいく. **3** 《口語》(ボクシングなどで)打つ, 殴打する. **4** 《口語》〘野球〙強打する: He ～*ed for* a home run. ホームランを打った.
connect up (*vt.*) 《口語》結合する (combine); 関係させる, つながらせる 〔*to*〕. (*vi.*) ⇨ *vi.* 2.

con·nect·a·ble [kənéktəbḷ] *adj.* 連結可能の.

con·néct·ed *adj.* **1** 連続している (joined), 関係[連絡]のある; 一貫した (coherent). **2** [複合語の第2構成素として] 縁続きの, 親戚の (cf. connect *vt.* 2): a well-*connected* family 有力者と縁故関係のある家族, 親戚筋のいい家族. **3** 〘数学〙連結な《空でない二つの開集合に分かれない》. **4** 〘チェス〙〈ポーンが〉隣の列にある, 連の: ～ pawns 連ポーン《隣の列にポーンのあるポーン》/ duo ～ rooks 相互に守りあっている味方の二つのルーク. **～·ly** *adv.* **～·ness** *n.*

connécted lóad *n.* 〘電気〙接続負荷.

con·néct·er *n.* ＝connector.

con·nect·i·ble [kənéktəbḷ | -tə-, -tɪ-] *adj.* ＝connectable.

Con·nec·ti·cut [kənéṭəkət, -ṭɪ-, -kɪt | -nétɪkət] 〘▭ Mahican *quinnitukqut*《原義》at the long tidal river〙 ― *n.* **1** 米国北東部 New England の一州 (⇨ United States of America 表). **2** [the ～] 米国 Vermont と New Hampshire の州境を流れ, Massachusetts と Connecticut 両州の中央部を南下して Long Island Sound に注ぐ川 (655 km).

Connécticut chèst *n.* コネチカットチェスト《17世紀末に Connecticut で造られたオーク製のたんす; ひまわりやチューリップを浮彫りにしてある; sunflower chest ともいう》.

Connécticut Cómpromise *n.* [the ～] 〘米史〙コネティカット妥協案《1787年の憲法制定会議で採用した連邦議会議員数に関する妥協案; 全州に上院議員選出を平等にし, 下院議員は各州の人口に応じて定めた》.

Connécticut wárbler *n.* 〘鳥類〙メジロアメリカムシクイ (*Oporornis agilis*)《北米北中部産アメリカムシクイ科の小鳥; 背が灰緑色で腹が黄色い》.

con·néct·ing ròd *n.* 〘機械〙(機関などの)連接棒, コネクティングロッド.

con·nec·tion, 《英》 **con·nex·ion** [kənékʃən] 〘《c1385》▭ L *connexiō(n-)* ← *connexus* (p.p.) ← *connectere* 'to CONNECT': 米式のつづりは CONNECT から (COLLECT → COLLECTION などからの類推): ⇨ -tion, -xion〙 ― *n.* **1** 結びつけること[ついている状態], 結合, 連結, 連絡. **2 a** (因果的, 論理的な)関係 (relation), つながり (link); 結びつけて考えること, 連想: the ～ *between* crime *and* insanity＝the ～ of crime *with* insanity 犯罪と狂気の関係 / have some [no] ～ *with* …と関係がある[ない]. **b** (文章の)前後関係, 文脈 (context); 関連 (reference): in this ～ この点については), ついでながら. **3 a** 親戚関係; 縁故,「コネ」. **b** (人事・社交・事務上の)交渉; 取引[顧客]関係 (association); 交わり (intercourse), 親しさ (intimacy): cut [break off] the ～ with …と(の)関係を断つ / enter into a ～ with …と関係を結ぶ / form a ～ 関係を結ぶ / form useful ～*s* 有力な友人関係を作る / establish [open up] a good ～ with a firm 商会とよい取引関係を作る. **c** 《古》男女関係, 情交: criminal ～ 姦通, 密通 / have ～ with …と情交関係がある, …と情を通じる. **4 a** (列車・汽船などの)連絡, 接続 (junction); 接続の列車[汽船(など)]: a good ～ of trains 便利な列車の連絡 / a ～ ticket 連絡切符 / make ～(*s*) (at) (ある地点で)連絡[接続]する / The buses run in ～ *with* the trains. バスは列車と連絡して運転する / I missed my [the] ～. 列車の連絡におくれた, 列車に乗りそこねた / The attendance was very small owing to a bad ～. 交通機関の連絡が悪くて集まりはひどく少なかった. **b** (電話の)接続: You are in ～. (電話が)つながりました, 出ました / We have a bad [terrible] ～. 電話の接続が悪い. **c** 連結部. **d** 〘機械〙連接, つなぎ. **e** 〘電気〙接続, 結線. **5 a** 親類(の人), つて (relative): a youth of good ～*s* よい親類のある青年 / hunt up ～*s* つてを求める / He is a ～ of mine. 私の縁続きの者だ / He is my intimate ～. 私の近い縁者です. **b** (商売の)得意先, 顧客: a business with a good ～ よい得意先のある商売. **c** 《俗》(麻薬の)売人(ばい). **6 a** (政治・宗教などの共通の目的で)結びついた団体, 同志. **b** 宗教団体, 宗派, 教派 (denomination): the Methodist *Connexion* メソジスト教会[教派]. **c** 政治団体, 党派: a political ～ 政党, 党派.
in connection with (1) …と関係して; …とともに. (2) …に関連して. (3) ⇨ 4 a.
～·al [-ʃənḷ, -ʃnəl] *adj.*

con·néc·tion·ism [-ʃənìzm] *n.* 〘心理〙結合説《学習行動の基本を刺激と反応の結合の形体とする Thorndike の説》.

con·nec·tive [kənéktɪv] 〘← CONNECT＋-IVE: cf. F *connectif*〙 ― *adj.* 接続的な, 結合[連接]性の. ― *n.* **1** 連結物, 連係するもの. **2** 〘文法〙接続語, 連結語《接続詞・関係詞など》. **3** 〘植物〙(葯(やく)の胞室の)葯隔. **4** 〘解剖・動物〙縦連合, 縦連神経, 神経連繋《前後の神経節を連絡する神経線維; cf. commissure 3 b》. **～·ly** *adv.*

connéctive tíssue *n.* 〘解剖〙結合組織.

con·nec·tiv·i·ty [kɑ̀nɪktívəṭi, -nək- | kɔ̀nektívəti, -vɪ-] *n.* 接続していること, 結合[連接]性.

con·néc·tor 〘← CONNECT＋-OR²〙 *n.* **1** 連結者, 連絡者, 接続物[線]. **2** 〘鉄道〙連結器 (coupling); 連結手[係]. **3** 継ぎ手. **4** 〘電気〙コネクター. **5** 接合具, コネクター《木材の接合に用いる釘・ボルトなど》.

connéctor nèuron *n.* 〘解剖〙介在ニューロン.

Con·nel·ly [kɑ́nəli, -nḷi | kɔ́nəlɪ, -nḷɪ], **Marc(us)** **(Cook)** *n.* (1890-1980) 米国の劇作家; *The Green Pastures* (1930).

connexion *n.* ＝connection.

Con·nie [kɑ́ni | kɔ́nɪ] 〘1: (dim.) ← CONSTANCE¹. ― 2: (dim.) ← CONRAD〙 *n.* **1** 女性名. **2** 男性名.

cón·ning tòwer [kɑ́nɪŋ- | kɔ́n-] 〘⇨ conn (v.)〙 *n.* 〘海事〙(軍艦・潜水艦の)司令塔.

con·nip·tion [kənípʃən] 〘ラテン語をまねた恣意的造語?〙 *n.* 《米俗》ヒステリー(の発作); ヒステリー的興奮, 癇癪(かんしゃく)《conniption fit ともいう》.

con·ni·vance [kənáɪvəns] 〘《1596》▭ (O)F *connivence* ∥ LL *conniventia*: ⇨ connive, -ance〙 ― *n.* **1** 〔悪事を〕見て見ない振りをすること, 見逃し; 黙過, 黙許 (conniving) 〔*at, in*〕: ～ *at* a person's wrong doing 人の悪事を見て見ない振りをすること / be done with his ～ 彼の黙認の下に行なわれる. **2** 〘法律〙(犯罪の)黙認, 黙許《共謀と認められることがある; また配偶者の姦通の黙許は離婚請求権を失わせる; cf. condonation 2》: in ～ with a person 人とぐるになって.

con·ní·van·cy [-vənsi | -sɪ] *n.* 《廃》＝connivance.

con·nive [kənáɪv] 〘《1602》▭ F *conniv-er* ▭ L *connīvēre* ← *con-* 'COM- 2'＋*-nīvēre* to close the eyes, 《原義》to move downwards (cf. *nictāre* to wink)〙 ― *vi.* **1** 〔道義的・法的に反対すべき悪事を〕見て見ない振りをする, 大目に見る, 見のがす; 黙許[黙認]する 〔*at*〕: ～ *at* the violation of law 法律違反を黙認する / ～ *at* a person's wrongdoing 人の悪事を見て見ない振りをする. **2** 〈人と〉黙契する, 共謀する, 〈敵側と〉陰謀を企てる, 密通する 〔*with*〕: ～ *with* a person in his crime 人と共謀して罪を犯す. **con·nív·er** *n.*

con·ni·vence [kənáɪvəns] *n.* ＝connivance.

con·ni·vent [kənáɪvənt] 〘▭ L *conniventem* (pres. p.) ← *connīvēre* 'to CONNIVE': ⇨ -ent〙 ― *adj.* 〘生物〙(次第に)湊合(そうごう)している, 輻合の (converging) (cf. connate 4 b).

con·niv·e·ry [kənáɪvəri | -rɪ] *n.* 黙認, 黙許.

con·nois·seur [kɑ̀nəsə́ː, -súə | kɔ̀nəsə́ː(r, -nɪ-, -s(j)úə(r] 〘《1714》▭ F 《廃》～ (F *connaisseur*) < OF *conoiseor* ← *conistre* < L *cognōscere* to become acquainted with: cf. cognizance〙 ― *n.* **1** (美術品などの)鑑定家, 鑑識者, 目きき (cf. amateur, dilettante): a ～ of [in] old pictures [wine] 古い絵[ぶどう酒]の鑑識家. **2** くろうと, 通(つう): play the ～ くろうとらしく振舞う / You are a real ～ to appreciate it. それがおわかりとはさすがお目が高い.

connoisséur·ship *n.* 鑑識眼.

Con·nor [kɑ́nə | kɔ́nə(r], **Ralph** *n.* (1860-1937) カナダの牧師・小説家; 本名 Charles William Gordon.

con·no·ta·tion [kɑ̀nətéɪʃən, -no(ʊ)- | kɔ̀nə(ʊ)-] 〘《?a1425》▭ ML *connotātiō(n-)*: ⇨ connote, -ation〙 ― *n.* **1 a** 言外に暗示すること. **b** 言外の(暗示的)意味, 含蓄, コノテーション (implication). **2** (語の)意義 (significance). **3** 〘論理〙内包 (intension) (↔ denotation). **～·al** [-ʃənḷ, -ʃnəl] *adj.*

con·no·ta·tive [kɑ́nətèɪṭɪv, kənóʊṭəṭ- | kɔ́nə(ʊ)tèɪt-, kənə́ʊtə-] 〘▭ ML *connotātīv-us*: ⇨ ↓, -ative〙 ― *adj.* **1** 含蓄的な; 〔…の意味を〕暗示する, 言外に含む 〔*of*〕: a ～ sense 含意, 言外の意味. **2** 〘論理〙内包的な (↔ denotative). **～·ly** *adv.*

con·note [kənóʊt, kɑ- | kənə́ʊt, kə-] 〘《a1655》▭ ML *connot-āre* ← *con-* 'COM-'＋L *notāre* 'to mark, NOTE'〙 ― *vt.* **1** 〈ある語が〉(本来の意味以外に)〈別の意味を〉含む, 含蓄する (imply): Punishment always ～*s* guilt. 罰という語は常に罪という観念を暗示する. **2 a** …の意味を暗示する (suggest). **b** (結果・付随状況として)伴う: Crime usually ～*s* punishment. 犯罪には通例罰が付きものだ. **3** 〘論理〙意味する, 内包[属性]として示す (cf. denote).

con·nu·bi·al [kən(j)úːbiəl | kənjúːbjəl, kɔ-, -bɪəl] 〘《1656》▭ L *connūbiāl-is* ← *connūbium* marriage ← *con-* 'COM- 1'＋*nūbere* to marry (cf. nuptial): ⇨ -al¹〙 ― *adj.* 婚姻の, 結婚の (conjugal): ～ bliss 結婚生活の幸福 / in ～ harmony 夫婦相和して.

con·nu·bi·al·i·ty [kən(j)ùːbiǽləṭi | kənjùːbɪǽlətɪ, kɔ-, -lɪ-] *n.* 婚姻(状態); 夫婦関係, 結婚生活.

con·nú·bi·al·ly [-biəli|-bjəlɪ, -bɪəlɪ] *adv.* 婚姻[結婚]上; 夫婦として: not ～ inclined 結婚を欲しないで.

co·no- [kóʊnoʊ, kɑ́n- | kə́ʊnə(ʊ), kɔ́n-] 〘← Gk ～ ← *kônos*: ⇨ cone〙「円錐 (cone)」の意の連結形. ★ 通例母音の前では con- になる.

co·no·dont [kóʊnədɑ̀nt, kɑ́n- | kə́ʊnədɔ̀nt, kɔ́n-] 〘▭ G *Konodont*: ⇨ ↑, -odont〙 ― *n.* 〘古生物〙古生代から三畳紀にかけての海成層から発見された, つの型やくし型などを示す重要な示準化石《微化石だが正体不明; ナメクジウオ類似の動物体中に発見されたが食われかすだという論議もある》.

co·noid [kóʊnɔɪd, kɑ́n- | kə́ʊn-] 〘▭ Gk *kōnoeid-ēs* cone-shaped: ⇨ cono-, -oid〙 *adj.* 円錐状の (cone-shaped). ― *n.* 〘数学〙擬円錐体《円錐状の立体》.

co·noi·dal [ko(ʊ)nɔ́ɪdḷ, kə-, kɑ- | kə(ʊ)-] *adj.* ＝conoid. **～·ly** *adv.*

Co·nop·i·dae [kənɑ́pədìː, ko(ʊ)- | kə(ʊ)nɔ́pɪ-] 〘← NL ～ ← *Conops* (属名: ← Gk *kṓnōps* gnat)＋-IDAE〙 *n. pl.* 〘昆虫〙(双翅目)メバエ科.

Co·no·po·phag·i·dae [kòʊnəpo(ʊ)fǽdʒədìː, kɑ̀n- | kə̀ʊnəpə(ʊ)fǽdʒɪ-, kɔ̀n-] 〘← NL ～ ← *Conopophaga* (属名: ← Gk *kṓnōps* gnat＋-O-＋-PHAGA)＋-IDAE〙 ― *n. pl.* 〘鳥類〙アリサザイ科.

co·no·scen·te [kòʊnəʃénṭi, kɑ̀n- | kə̀ʊnəʃéntɪ, kɔ̀n-; *It.* kònoʃénte] *n.* (*pl.* **-scen·ti** [-ti:; *It.* -ti]) ＝cognoscente.

co·no·scope [kóʊnəskòʊp, kɑ́n- | kə́ʊnəskə̀ʊp, kɔ́n-] 〘← CONO-＋-SCOPE〙 ― *n.* 〘光学〙コノスコープ, 偏光鏡《収束する偏光が結晶を通過することによって生じる干渉像を観察する(顕微)偏光計》. **co·no·scop·ic** [kòʊnəskɑ́pɪk, kɑ̀n- | kə̀ʊnəskɔ́p-, kɔ̀n-] *adj.*

con·quer [kɑ́ŋkə | kɔ́ŋkə(r] 〘《?c1200》 *conquere(n)* ▭ OF *conquer-re* < VL **conquerere*＝L *conquīrere* to seek for ← *con-* 'COM- 2'＋*quaerere* to seek (⇨ query)〙 ― *vt.* **1** (武力で)征服する; 武力で奪う, 戦い取る: ～ a country, a nation, the enemy, etc. **2 a** (努力して)勝ち取る, 獲得する: ～ fame, liberty, a name, a new market, etc. **b** 〈異性を〉くどきおとす, なびかせる: He ～*ed* the woman he loved. 愛する女をついになびかせた. **3** (精神力で)〈激情・誘惑などに〉打ち勝つ, 〈困難などを〉克服する, 〈習慣などを〉打破する, 〈わがままなどを〉抑制する (control): ～ passions, bad habits, difficulties, etc. **4** (困難を乗り越えて)〈高峰を〉登りきる, 征服する: ～ Mt. Everest. ― *vi.* 勝利を得る, 勝つ: stoop to ～ ⇨ stoop¹ *vi.* 3.

con·quer·a·ble [kɑ́ŋk(ə)rəbḷ|kɔ́ŋ-] *adj.* 征服できる; 勝てる.

cón·quer·ing·ly [-k(ə)rɪŋli | -lɪ] *adv.* 打ち勝って, 勝利者のように.

cón·quer·or [-k(ə)rə | rə(r] 〘《?c1300》▭ AF *conquerour*＝OF *conquereor*: ⇨ conquer, -or²〙 ― *n.* **1** 征服者, 勝利者. **2** 《英》(トチの実遊び (conkers) で相手のトチの実を割って)勝ったトチの実. **3** [the C-] William I (King of England) の異名. **4** 《廃》(トランプなどの)決勝戦 (rubber): play the ～ 決勝戦をやる.

con·quest [kɑ́nkwest, kɑ́ŋ-, -kwɪst, -kwəst | kɔ́ŋkwest] 〘《a1325》▭ OF *conquest(e)* (F *conquête*) ← *conquerre* 'to CONQUER'〙 ― *n.* **1 a** (武力による)征服, 征服すること (subjugation): the ～ of a country / a desire of ～ 征服欲. **b** [the C-] ＝Norman Conquest. **2 a** (努力による)獲得: the ～ of fame, liberty, etc. **b** (愛情・好意などの)獲得; (異性の)くどき落し. **3 a** 征服によって得たもの, 征服地, 占領地: the ～*s* of Napoleon ナポレオンの征服地 / a vast and rich ～ 広大で物資の豊富な新領土. **b** うまく抱き込んだ[くどき落とした]人, なびいて来た女[男]: make a ～ of …の愛情[好意]を得る, なびかせる.

con·qui·an [kɑ́ŋkiən | kɔ́ŋkɪ-] 〘▭ Mex.-Sp. *conquien* ← Sp. ¿*con quién*? with whom?〙 ― *n.* 〘トランプ〙コンキアン《後に rummy に発展したメキシコのゲーム; 2人で40枚の札を用い, 3枚または4枚の同位札や順位札の揃いを作る》.

con·quis·ta·dor [kɑ(ː)ŋkíːstədɔ̀ə, kɑnk(w)ís-, kən-,

kɔ(ː)n-, -ŋk-, -dɔ̀ə, ―――|kɔnkwístədɔ̀ː(r, kɔŋ-, ――; *Sp.* konkístador]〘□Sp. ～ 'conqueror' ← *conquistar*: ⇨ conquest〙 ― *n.* (*pl.* **～s, -ta·do·res** [kɔ(ː)ŋkìːstədɔ́ːriːz, -dɔ́ːr-, -reɪs, kɑnk(w)ɪs-, kən-, -ŋk- | kɔnkwìstədɔ́ːr-, kɔŋ-; *Sp.* konkistadóres]) 征服者 (conqueror); (特に) 16 世紀にメキシコ・ペルーを征服したスペイン人.

Con·rad [kɑ́nræd|kɔ́n-; *G.* kɔ́nraːt]〘□G *Konrad* ∥ F *Conrade*《原義》bold or wise in counsel □ OHG *Kuonrāt* ← *kuon* bold + *rāt* counsel〙 ― *n.* 男性名《愛称形 Connie》.

Con·rad [kɑ́nræd | kɔ́n-], **Joseph** *n.* (1857–1924) ポーランド生れの英国の小説家; もと船員で海洋小説で知られる; *The Nigger of the 'Narcissus'* (1897), *Heart of Darkness* (1899), *Nostromo* (1904); ポーランド語名 Józef Teodor Konrad Korzeniowski》.

cón ròd *n.*〘機械〙コンロッド (connecting rod).

cons., Cons.《略》consecrated; consecration; consecutive; consequence; conservation; conservative; conserve; consigned; consignment; consolidated; consonant; constable; constitution; constitutional; construction; consul; consulting.

con·san·guine [kɑnsǽŋgwɪn, -sǽn-, -gwən | kɔnsǽŋgwɪn]〘□(O)F ～〙*adj.* ＝consanguineous.

con·san·guin·e·al [kɑ̀nsæŋgwíniəl, -sæŋ- | kɔ̀nsæŋgwín-] *adj.* ＝consanguineous.

con·san·guin·e·an [kɑ̀nsæŋgwíniən, -sæŋ- | kɔ̀nsæŋgwíni-] *adj.*〘ローマ法〙父系[男系]の; 同父異母の (cf. uterine).

con·san·guin·e·ous [kɑ̀nsæŋgwíniəs, -sæŋ- | kɔ̀nsæŋgwíni-]〘□L *consanguineus*: ⇨ com-, sanguine, -ous〙 ― *adj.* (同)血族の, 血縁の, 同族の (akin) (cf. affinal). **～·ly** *adv.*

con·san·guin·i·ty [kɑ̀nsæŋgwínəṭi, -sæŋ- | kɔ̀nsæŋgwínəti, -nɪ-]〘《*c*1400》□(O)F *consanguinité* □ L *consanguinitātem*: ⇨ ↑, -ity〙 ― *n.* **1** 血族, 親族 (関係), 同族 (kinship) (cf. affinity): collateral ～ 傍系親族 / lineal ～ 直系親族 / the degrees of ～ 親等. **2** 密接な関係, 近親性 (affinity).

con·sarned [kɑnsɑ́ənd, kən- | kɔnsɑ́ːnd, kən-]〘《変形》← CONCERNED《婉曲語》← CONFOUNDED〙*adj.*《方言》いまいましい (confounded), ひどい, けしからん.

con·science [kɑ́nʃəns|kɔ́n-]〘《?*a*1200》□(O)F ～ □ L *conscientia* moral sense ← *conscientem* (pres.p.) ← *conscīre* to be conscious of ← *con-* 'COM- 1' + *scīre* to know (⇨ science) ∽ ME *inwit* (⇨ in, wit²)〙 ― *n.* **1** (個人における)善悪感, 良心, 道徳意識, 道義心, 本心; 良心的なこと; 良心の呵責 (compunction): a bad [guilty] ～ やましい心 / a good [clear] ～ やましくない心, 安らかな心 / pricks [qualms] of ～ 良心のとがめ / the voice of ～ 良心のささやき, 本心の声 / a case of ～ 良心[道義上]の問題 / a man of ～ 良心的な人 / a thief with no ～ 良心のかけらもない泥棒 / consult [scrutinize] one's ～ 自己の良心に顧みる / have no ～ どんな悪事でもしかねない / have the ～ to do ...するのを正しいと考える;《反語》...するぐらいの良心しかない, ...ぐらいのことは平気でする / have something on one's ～ 気にとがめることがある / sleep on a calm ～ まくらを高くして眠る / make a thing a matter [question] of ～ 良心の問題とする, 良心的に処理する / with an easy [uneasy] ～ 安心して[不安な気持で] / He said it was on his ～ that he had done her injustice. 彼女に不当なことをしたのが気にかかると彼は言った / A good ～ is a soft pillow.《諺》心安ければ眠りも安らか / A guilty ～ needs no accuser.《諺》心がやましければ責める人がなくても苦しむ. **2**《古》意識, 自覚 (consciousness): *Conscience* doth make cowards of us all. 分別がわれわれを臆病者にしてしまう (Shak., *Hamlet* 3. 1. 83). **3**《廃》**a** 崇敬 (reverence), 尊重 (regard)〔*of, to*〕. **b** 心の奥の考え[感情]. **4**〘精神分析〙意識《超自我の中で自我に対する道徳的な統制を行なう部分》.
for conscience [***conscience'***] ***sake*** 気がとがめて, 気やすめに; 後生だから. ***in*** (***all***) ***conscience*** 良心に顧みて, 道理上 (in reason);《口語》正に, 全くのところ, たしかに, 本当に (surely): I can't, *in* ～, do such a thing. そんなことをする気にはどうしてもなれない. ***upon*** *one's* ***conscience*** 良心にかけて, きっと.
court of conscience [the ―] ⇨ court.

cónscience clàuse *n.*〘法律〙良心条項《法律上のある規定に対し, 良心の自由を理由として服従を拒む者に, 特にその拘束を免除できるようになっているもの; 特に, 信教の自由・兵役の拒否を許容する条項; cf. conscientious objector》.

cónscience·less〘《*c*1412》〙*adj.* 良心のない, 道義観念のない, 破廉恥な (unscrupulous).

cónscience mòney *n.* (良心にとがめられて脱税者などが匿名でする)罪滅ぼしの納金, 償いの献金.

cónscience-smìtten *adj.* ＝conscience-stricken.

cónscience-strìcken[**-strùck**] *adj.* 良心に責められた, 気がとがめた.

con·sci·en·tious [kɑ̀nʃiénʃəs, -si- | kɔ̀nʃɪ-]〘《1611》□(O)F *conscientieux* □ ML *conscientiōsus*: ⇨ conscience, -ous〙 ― *adj.* **1** 良心的な, 誠実な, まじめな: a ～ man, act, etc. / He is ～ in his duty. 仕事は良心的にやる男だ. **2** 注意深い, 細心な, 小心翼々とした (meticulous). **～·ly** *adv.* **～·ness** *n.* 「否.

consciéntious objéction *n.* 良心的参戦[兵役]拒

consciéntious objéctor *n.* 良心的参戦[兵役]拒否者《信仰または良心上の理由で参戦を拒否する人; 略 C.O.; cf. conscience clause》.

con·scio·na·ble [kɑ́nʃ(ə)nəbl | kɔ́n-]〘《1549》←《廃》*conscions* (＝CONSCIENCE) ＋ -ABLE〙*adj.* 良心的な (conscientious), 正しい. **cón·sciona·bly** *adv.*

con·scious [kɑ́nʃəs|kɔ́n-]〘《1601》← L *consius* knowing, aware of (← *con-* 'COM-' + *scīre* to know) + -OUS: cf. conscience〙 ― *adj.* **1 a** 知覚のある, 意識を有する, 理性のある: Man is a ～ animal. 人間は理性のある動物である. **b** 意識的な, 意図した, 故意の: ～ imitation 意識的な模倣 / one's ～ action 意図的な行為 / a ～ smile 作り笑い. **2** 自覚[意識]する, 気づいている (aware)〔*of*〕〈*that*〉: be ～ *of* one's own folly 自己の愚かさに気づく / He was ～ *of* an extreme weariness. 極度の疲れを覚えた / I was ～ *that* something was missing. 何かなくなったものがあることに気が付いた. **3 a** 自意識の強い, 人前を気にする (self-conscious); 気取った (affected): be too ～ ひどくはにかみやである / speak with a ～ air (人前を気にして)遠慮がちに話す. **b** 自覚している, 自分にわかっている: ～ guilt 承知の上の罪 / *with* ～ superiority 優越感を意識して. **4** 寝ていない (awake), 正気の: become ～ 正気づく / He was ～ to the last. 最後まで正気[気が確か]だった. **5** [複合語の第 2 構成素として] **a** (...の)意識のある; 強い感情[考え]を特徴とする: a race-*conscious* society 民族意識の強い社会 / ⇨ class-conscious. **b** ...に関心のある; ...が気になる: a budget-*conscious* shopper 予算が気になる買物客 / camera-*conscious* カメラが気になる / fashion-*conscious* consumers 流行に敏感な消費者. **6**《廃》罪を意識している, 罪意識のある (guilty). ― *n.* [the ～]〘心理〙意識.

cón·scious·ly *adv.* 意識して, 意識的に, 知りながら.

cón·scious·ness〘《1632》〙― *n.* **1** 意識, 知覚, 自覚, 感づくこと, 感づいている状態 (awareness): the ～ of danger, duty, obligation, guilt, etc. / class [race] ～ 階級[民族]意識 / raise ～ (自己の状態・動機などの)意識[自覚]を高める / He had a dim ～ *of* being pursued [*that* someone was pursuing him]. 追跡されていることに漠然とながら気づいた. **2** 正気: lose ～ 意識[正気]を失う / regain [recover] ～ 意識を取り返す[回復する], 正気づく. **3**〘心理・哲学〙意識, 心象 (cf. subconsciousness, unconsciousness): ⇨ double consciousness / moral ～ 道徳意識 / the area of ～ 意識の範囲 / ～ of kind〘社会学〙同類意識 / ⇨ STREAM of consciousness. 「ing.

cónsciousness-expànding *adj.* ＝mind-expand-

cónsciousness-ràising *n.*〘社会学〙意識昂揚, 意識拡大《1960 年代後半のウーマンリブや黒人運動が唱えたもので, 社会変革に先行する意識や文化の革命を目指す》.

con·scribe [kənskráɪb]〘□L *conscrīb-ere* (↓)〙*vt.* **1** 兵籍に登録する, 徴集する (conscript). **2** 限る, 制限する (limit).

con·script〘《1533》□L *conscript-us* (p.p.) ← *conscrībere* to enroll, enlist ← *con-* 'COM- 1' + *scrībere* to write (⇨ scripture)〙 ― [kɑ́nskrɪpt | kɔ́n-] *adj.* **1** (強制的に)兵籍に入れられた, 徴集された: a ～ soldier 徴集兵. **2** 徴集兵から成る: a ～ army. ― [kɑ́nskrɪpt|kɔ́n-] *n.* (志願兵に対して)徴募兵, 徴集兵; (特に, 徴集による)新兵 (cf. volunteer). ― [kənskrípt] *vt.* (強制的に)官用に徴する, 徴集[徴募]する, 徴兵に取る (draft).

cónscript fáthers〘《1445》《なぞり》← L *patrēs conscriptī*〙*n. pl.* **1**〘ローマ史〙元老院議員 (senators). **2** 立法府議員 (legislators).

con·scrip·tion [kənskrípʃən]〘《*c*1390》□L *conscriptiō(n-)*: ⇨ conscript, -tion〙 ― *n.* **1** 徴兵(制度), 募兵, 徴募 (draft): the ～ system 徴兵制度. **2** (戦時の)強制徴集, 徴発: the ～ of wealth (戦時非出征者に課する)財産の徴発, 富裕税. 「義者.

con·scrip·tion·ist [-ʃ(ə)nɪst, -nəst | -nɪst] *n.* 徴兵主

con·scrip·tive [kənskríptɪv]〘← CONSCRIPT (adj.) + -IVE〙*adj.* 徴兵の: the ～ system 徴兵制度.

con. sec.《略》〘数学〙conic section(s).

con·se·crate [kɑ́nsəkrèɪt|kɔ́nsɪ-]〘《*c*1375》□L *consecrātus* (p.p.) ← *consecrāre* ← *con-* 'COM- 1' + *sacrāre* to render sacred (← *sacer* 'SACRED')〙 ― *vt.* **1 a** 神聖にする, 清める, 聖別する (hallow); 神の御用に捧げる, 奉献する (dedicate): ～ a church 献堂する / a shrine ～*d* to Confucius 孔子を祭った社. **b**〘カトリック〙〈パンとぶどう酒を〉聖変化する, 聖別する. **2**〔ある目的・用途に〕捧げる (devote)〔*to*〕: ～ one's life [oneself] *to* the cause of humanity 人類のために一生を捧げる. **3 a** (宗教的儀式を行なって)〈人を〉〈国王などに〉就任させる: ～ the young prince king 若き王子を王位に着かせる. **b** (宗教的儀式によって)確認する; 聖別する;〘英国国教会〙〈主教を〉叙階する: ～ a bishop [king] 主教[国王]を聖別する, 聖別して主教[国王]に任じる. **4** (年代・伝統などによって)尊いものにする: a custom ～*d* by time 昔から伝わった尊い慣習. ― *adj.*《古》＝consecrated.

cón·se·cràt·ed [-ṭɪd, -ṭəd | -tɪd, -təd] *adj.* 神に捧げられた, 聖別された, 神聖な (sacred): a ～ ground 聖域, 神域 / ～ lights お灯明. **～·ness** *n.*

con·se·cra·tion [kɑ̀nsəkréɪʃən | kɔ̀nsɪ-]〘《*a*1382》□ L *consecrātiō(n-)*: ⇨ consecrate, -ation〙 ― *n.* **1** 聖別, 聖別式; 奉献, 献堂(式) (dedication); 叙階(式), 祝聖式: the ～ of bishops and archbishops. **2** 捧げること, 献身, 精進 (devotion)〔*to*〕: the ～ of one's life *to* education 教育に一生を捧げること. **3** [しばしば C-]〘カトリック〙聖変化(の儀式)《ミサ聖祭においてパンとぶどう酒がキリストの体と血に変化すること[儀式]》. 「献の.

con·se·cra·tive [kɑ́nsəkrèɪṭɪv | kɔ́nsɪkrèɪt-] *adj.* 奉

cón·se·crà·tor [-ṭə | -tə(r]〘□L *consecrātor*: ⇨ consecrate, -or²〙*n.* 奉献者; 聖別者; 主教授任者.

con·se·cra·to·ry [kɑ́nsɪkrətɔ̀ːri, -sə-, -tɔ̀ːri | kɔ́nsɪkrətəri, -krèɪt-]〘← CONSECRATE + -ORY¹〙*adj.* 聖別の; 奉献の (dedicatory): a ～ prayer.

con. sect.《略》〘数学〙conic section(s).

con·se·cu·tion [kɑ̀nsɪkjúːʃən, -sə-|kɔ̀nsɪ-]〘《?*a*1425》□L *consecūtiō(n-)* ← *consequī* to follow together ← *con-* 'COM-' + *sequī* to follow: cf. consequent〙 ― *n.* **1 a** 論理的一貫性. **b** (事件などの)連続, 前後の連関 (sequence). **2**〘文法〙(語法・時制などの)一貫, 一致. **3**〘音楽〙セクウェンツ《ある旋律動機や和声進行が反復されて現われること》.

con·sec·u·tive [kənsékjuṭɪv, -kə- | -kjut-]〘《1611》□F *consécutif* ← L *consecūtus* (p.p.) ← *consequī*: ⇨ ↑, -ive〙 ― *adj.* **1 a** 連続的な, (途切れないで)引き続く (successive): ～ holidays 連休 / ～ numbers 連続番号 / for three ～ years 3 年続けて / on ～ days 毎日(引き続いて). **b** 論理的に一貫した. **2**〘文法〙結果を表わす: a ～ clause 結果節《結果を表わす副詞節; 例: He was so ill *that he could not come.*》. **3**〘音楽〙並行の: ～ fifths [eighths] 並行 5[8] 度. **～·ness** *n.*

consécutive íntervals *n. pl.*〘音楽〙並行音程.

con·séc·u·tive·ly *adv.* 連続的に, 引き続いて.

con·se·nes·cence [kɑ̀nsɪnésəns, -sə- | kɔ̀nsɪ-]〘← *consenēsc(ere)* to become old together (← *con-* 'COM-' + *senex* old) + -ENCE〙*n.* 全体衰弱; (特に)老衰.

con·sen·su·al [kənsénʃuəl | kənsénʃu-, kɔn-] *adj.* **1**〘法律〙合意上の: a ～ marriage 合意の結婚 / a ～ contract 諾成契約《文書などの形式を要せず合意のみで成立する契約》. **2**〘生理〙同感性の, 同感作用の. **～·ly** *adv.*

con·sen·sus [kənsénsəs | kən-, kɔn-]〘《1854》□L ～ 'agreement' (p.p.) ← *consentīre* (↓)〙 ― *n.* **1** (意見などの)一致; 総意, 世論, 合意, コンセンサス: a national ～ 国民の合意, ナショナルコンセンサス / a ～ of opinion 多数意見, 意見の合致, 世論 / The ～ is against the measure. 世論はその法案に反対だ / A ～ was reached on the problem. その問題で意見の一致をみた. **2**〘生理〙(器官各部の)共働, 交感 (cooperation).

con·sent [kənsént]〘v.:《*c*1300》*consente(n)* □(O)F *consent-ir* < L *consentīre* to agree ← *con-* 'COM- 1' + *sentīre* to feel (⇨ sense). ― n.:《?*a*1300》□ OF *consente* ← *consentir*〙 ― *vi.* **1** 同意する, 承諾[承認]する (accede)〔*to*〕/〈*to do, that*〉: the ～*ing* party 賛成側 / ～ *to* a proposal, a project, a request, one's daughter's marriage, etc. / ～ *to* do [doing] something あることをすることに同意する / He ～*ed that* an envoy (should) be sent. 使者を送ることに同意した. **2**《古》意見[気持]が一致する, 和合する. ― *n.* **1** 承諾, 承認, 同意 (assent): give [refuse] one's ～ to the marriage その結婚に承諾を与える[拒む] / obtain a person's ～ 人の承諾を得る / with the ～ of ...の同意を得て / Silence gives ～.《諺》沈黙は承諾の内. **2** (意見・感情などの)一致 (unanimity): by common [general, universal] ～ 皆の一致した意見で, 満場異議なく. **3**《古》和合, 調和 (harmony).
of consent《廃》共犯の (accessory).
with one consent《古》満場一致で (unanimously).

con·sen·ta·ne·ous [kɑ̀nsɪntéɪniəs, -sən-, -sen- | kɔ̀nsentéɪnjəs, -niəs]〘□L *consentāneus* ← *consentīre*: ⇨ consent, -ous〙 ― *adj.* **1**〔...に〕一致した, かなった (accordant)〔*to, with*〕: be ～ *to* truth [reason] 真理[道理]にかなっている / be ～ *with* the opinion of ...の意見に一致している. **2** (全体が)一致した, 満場一致の (unanimous). **con·sen·ta·ne·i·ty** [kɔnsèn-ṭəníːəṭi | -təníːəti, -ɪti] *n.* **～·ly** *adv.*

con·sént·er [-ṭə | -tə(r]〘《*c*1303》*consentour* □ AF ＝OF *consenteo(u)r*〙*n.* 同意[承諾]者.

con·sen·tience [kənsénʃəns | kən-, kɔn-]〘⇨ ↓, -ence〙*n.* (感覚から生じる)意識の一致, 一致感.

con·sen·tient [kənsénʃənt | kən-, kɔn-]〘□L *consentient-em* (pres.p.) ← *consentīre*: ⇨ consent, -ent〙 ― *adj.* **1**〈意見など〉一致する, 同一の (concurrent). **2** 同意する (consenting)〔*to*〕. **～·ly** *adv.*

con·sént·ing ádult [-ṭɪŋ- | -tɪŋ-] *n.*《婉曲》同性愛者, ホモ (homosexual).

con·se·quence [kɑ́nsɪkwèns, -sə-, -kwəns | kɔ́ns(ɪ)kwəns]〘《*c*1380》□(O)F *conséquence* □ L *consequentia*: ⇨ ↓, -ence〙 ― *n.* **1** (続いて起こる, または必然的な)結果 (outcome); (行為・事の)成行き, 結果 (effect): as a ～ of drinking 飲酒の結果として / take [answer for] the ～*s* (自分の行為などの)結果に責任を負う / take the ～*s* upon oneself 結果を一身に引き受ける[甘受する] / The ～ was that he lost his position. その結果彼は地位を失うということになった. **2** (論理的な)帰結, 結論 (cf. condition 6 b): It follows as a logical ～ that ...論理的な帰結として[必然の結果として] ...ということになる. **3 a** (影響などの)重

大性, 重要さ : give [attach] ~ to… に箔(はく)をつける / a matter *of* little [no] ~ ほとんど[全く]取るに足りない[ささいな]事 / an issue of the greatest [utmost] ~ きわめて重大な問題. **b** (人の)社会的重要さ, 高い地位 : a man *of* ~重要な地位の人, 著名人. **4** (態度などの)威厳 (dignity) ; (特に)尊大 (self-importance) : give oneself an air of ~ 偉そうにもったいぶる. **5** [*pl.* ; 通例単数扱い]〘遊戯〙話を作り上げるパーティーゲーム《誰々が誰それに会って何々をしてその結果どうなったという話を, 前の人が何を書いたか知らずに次々に書いてゆき, 最後に披露する遊び》.

in consequence 従って, ゆえに (consequently).

in consequence of …の結果, のゆえに (owing to).

con·se·quent [kάnsɪkwənt, -sə-, -kwènt | kɔ́ns(ɪ)-kwənt] 〘《c1390》□(O)F *conséquent* □ L *consequentem* (pres.p.) ← *consequi* ← *con-* 'COM- 1' + *sequī* to follow (⇨ sequent)〙 **— *adj.*** **1** 結果の (resultant) ; 〔…の〕結果として生じる〔*on, upon*〕: the confusion ~ *upon* a disturbance 騒動の結果起こる混乱 / a long illness and ~ absence from school 長わずらいとそのための欠席. **2 a** (論理上)必然的な, 当然の. **b** 首尾一貫した, 辻褄の合う (rational). **3**〘文法〙(条件文の)帰結を作る : a ~ clause 帰結節 (apodosis). **4**〘地理〙〈川などが〉必従する, 必従の《地表面の一般的な傾斜の方向に流れる ; cf. obsequent 2, subsequent 3》: a ~ stream 必従河川.
— *n.* **1 a** 結果. **b** (論理的な)結論, 断案, 帰結 (conclusion). **2**〘論理〙後件, 帰結 (↔ antecedent). **3**〘数学〙(↔ antecedent) **a** (比の)後項, 後率. **b** (ディヤード (dyad) の) 後の因子. **4**〘地理〙必従河川. **5**〘音楽〙(fugue または cannon における)主題の応答 (comes), 追行句.

con·se·quen·tial [kὰnsɪkwénʃəl, -sə- | kɔ̀nsɪ-] 〘《1626》← L *consequentia* 'CONSEQUENCE' + -AL¹〙 **— *adj.*** **1 a** 結果として起こる, 結果の (resultant) ; 当然の, 必然の. **b** 〔…の〕結果生じる, 〔…に〕続く〔*on, upon*〕: a result ~ *upon* his death 彼の死に続いて生じた結果. **2** 二次的結果の, 間接的な (indirect). **3** 重大な, 重要な (important) : a ~ event. **4** 〈人が〉尊大な, もったいぶる, しかつめらしい (self-important). **~·ly** *adv.* **~·ness** *n.*

consequéntial dámages *n. pl.* 〘法律〙間接損害.

con·se·quen·ti·al·i·ty [kὰnsɪkwènʃiǽləṭi, -sə-, -siǽl- | kɔ̀nsɪkwènʃiǽləti, -lɪ-] *n.* もったいぶること, 尊大 (self-importance).

consequéntial lóss *n.* 〘保険〙間接損害《火災によって生じる利益の喪失など間接の損害》.

cón·se·quent·ly 〘《c1405》〙 *adv.* **1** その結果として, 従って (accordingly). **2**《古》論理的に.

con·serv·a·ble [kənsə́ːvəbl̩ | -sə́ːv-] *adj.* 保存できる, 保存のきく : ~ foods.

con·ser·van·cy [kənsə́ːvənsi | -sə́ːvənsɪ] 〘《1755》《変形》←《廃》*conservacy* □ AF *conservacie* □ ML *conservātia* ← L *conservātiō* (↓) : ⇨ -ancy〙 **— *n.*** **1 a** (森林・河川などの)保存, 管理 ; 自然[天然資源]保護. **b** 自然保護地区 ; 自然保護団体. **2**《英》(河川・港湾の)管理委員会[事務局] : the Thames *Conservancy* テムズ川管理委員会 (cf. conservator 3). **— *attrib. adj.*** 自然保護の(ために組織された) : a ~ district [area].

con·ser·va·tion [kὰnsəvéɪʃən | kɔ̀nsə-] 〘《c1380》□(O)F ∥ L *conservātiō(n-)* a keeping, preserving ← *conservāre* : ⇨ conserve, -ation〙 **— *n.*** **1** (思慮深い, 計画的な)保存, 維持 (preservation) : the ~ of historic relics 史跡の保存 / the ~ of health [social order] 健康[社会秩序]の維持. **2 a** (河川・森林など天然資源の)保護, 管理 (conservancy) ; 環境保全. **b** 自然保護管理地区 ; 保護河川, 保安林(など). **c** (動力などの)節約 : energy ~ 省エネルギー. **3**〘物理〙保存《反応の前後で不変に保たれる(すなわち保存される)物理量に対して用いる》.

conservation of angular momentum 〘物理〙角運動量保存(法則)《外部と相互作用のない力学系の全角運動量は内部での相互作用に拘わらず一定に保たれる》.

conservation of baryon number 〘物理〙重粒子数の保存(法則)《素粒子や原子核の関与するどんな反応においても, 重粒子数には変化がない ; cf. baryon number》.

conservation of electricity [charge] 〘電気〙電荷保存(法則)《電荷の分離・合一に際し総量は不変であるという原理》.

conservation of energy 〘物理〙エネルギー保存(法則).

conservation of lepton number 〘物理〙軽粒子数の保存(法則)《素粒子反応の前後で軽粒子数が不変であること ; cf. lepton number》.

conservation of (linear) momentum 〘物理〙運動量保存(法則)《外部と相互作用のない力学系の全運動量は内部の相互作用にかかわらず一定に保たれる》.

conservation of mass [matter] 〘物理〙質量保存[不変](の法則).

~·al [-ʃənl̩, -ʃnəl] *adj.*

còn·ser·vá·tion·ist [-ʃ(ə)nɪst, -nəst | -nɪst] *n.* (天然資源・自然環境の)保護管理論者.

con·ser·va·tism [kənsə́ːvətɪzm | -sə́ːv-] 〘《1835》: ⇨ ↓, -ism〙 **— *n.*** **1 a** 保守的傾向[気質] ; 保守性. **b** 保守主義. **2** [通例 C-] **a** (英国の)保守党の主義 (cf. Toryism). **b** 保守説. **c** [集合的] 保守党員たち. **3** 現状肯定主義.

con·sér·va·tist [-ṭɪst, -ṭəst | -tɪst] *n.*

con·ser·va·tive [kənsə́ːvəṭɪv | -sə́ːv(ə)t-] 〘《c1380》□(O)F *conservatif* ← L *conservātus* (p.p.) ← *conservāre* : ⇨ conserve, -ative〙 **— *adj.*** **1** 保存力のある, 保存性の (preservative) ; 〔…を〕保存する〔*of*〕: be ~ *of* historic sites 史跡を保存する. **2 a** (進歩的に対して)保守的な, 古い風習[考え方, 態度(など)]を変えない ; 保守主義の (cf. progressive 2 a, liberal 5 a) : be ~ in one's habits 習慣をなかなか変えない / a ~ policy 保守政策. **b** [C-] (特に, 英国) 保守党の (cf. liberal 5 b, labor 6) : a *Conservative* victory 保守党の勝利. **3 a** 現状を維持する, 伝統的な (traditional) : a ~ style. **b** 控え目の, 中庸の (moderate), 慎重な (cautious) : a ~ statement 内輪の[控え目の]陳述 / a ~ figure 遠慮した数字 / by ~ estimate 控え目に見積もっても / It is ~ to say that …と言っても過言ではない. **4** [C-]〘ユダヤ教〙保守主義のユダヤ教の : ⇨ Conservative Judaism. **5**〘数学〙**a** 〈力学系が〉エネルギー一定の. **b** 渦なしの (irrotational). **— *n.*** **1 a** (趣味・習慣などの)保守的な人, 保守主義者. **b** [C-] (特に, 英国・カナダの)保守党員. **2 a** 現状肯定者, 旧弊家. **b** 穏健な人, 控え目な人. **3**《古》保存物, 防腐剤 (preservative). **~·ness** *n.*

Consérvative Jéw *n.* 保守主義のユダヤ教を信奉するユダヤ人.

Consérvative Júdaism *n.* 〘ユダヤ教〙保守主義のユダヤ教《正統派と改革派の中間の立場をとり, いくらかの変化を許しつつ, 基本的には伝統的ユダヤ教の教義と慣習を保持しようとする ; cf. Orthodox Judaism, Reform Judaism》.

con·sér·va·tive·ly *adv.* 保守的に ; 内輪に(見積もって), 控え目に : The number is ~ estimated at 20,000. その数は控え目に見積もっても 2 万である.

Consérvative Pàrty *n.* [the ~] (英国の)保守党《労働党 (Labour Party) と共に英国の二大政党の一つ ; Tories の後身》.

consérvative súrgery *n.* 〘外科〙保存外科.

con·ser·va·tize [kənsə́ːvətàɪz | -sə́ː-] *vi.* 保守的になる. **— *vt.*** 保守的にする.

con·ser·va·toire [kənsə̀ːvətwάː, ─ ─ ─ | kənsə́ː-vətwὰː(r, kən-, -sέəvə-, -twɔ̀ː(r ; *F.* kɔ̃sɛrvatwaːr] 〘《1771》□ F ~ □ It. *conservatorio* institution for "conserving" foundlings by musical education □ ML *conservātōrius* : cf. conservatory〙 **— *n.*** (主にフランスで)音楽[美術, 演劇]学校, コンセルバトワール (cf. conservatory 2).

con·ser·va·tor [kənsə́ːvəṭə, -tɔ̀ə | kənsə́ːvətə(r)] 〘《?a1400》□ AF *conservatour* (F *conservateur*) □ L *conservātōrem* keeper : ⇨ conserve, -ator〙 **— *n.*** **1** [kάnsəvèɪṭə | kɔ́nsəvèɪtə(r)] 保存者, 保護者 (protector). **2** (博物館などの美術品の補修・管理を司る)管理者, 館員 (curator). **3**《英》(河川などの)管理委員 : the ~s of a river 河川管理委員[管理局員] (cf. conservancy 2). **4**《米》〘法律〙財産管理人, 後見人《財産管理能力を欠く者のために, 本人およびその財産を保護管理する者 ; 裁判所の指名》.

conservator of the peace 〘《なぞり》← ML *custōs pācis* ∥ AF *gardein de la pees*〙[the ─]〘法律〙治安維持官《英国では国王・大法官・裁判官・警官などの総称》.

con·ser·va·to·ri·al [kənsə̀ːvətɔ́ːriəl, kαn-, -tɔ́ːr- | kənsə̀ːvətɔ́ːrɪ-] *adj.*

con·serv·a·to·ry [kənsə́ːvətɔ̀ːri, -tɔ̀ri | -sə́ːvətrɪ] 〘《1576》□ ML *conservātōri-us* ← L *conservātor* (↑) : ⇨ -ory²〙 **— *n.*** **1** (通例家屋に付属した)展示用温室, 標本植物温室《しばしば屋根の形に趣向が凝らされている》. **2**〘《変形》← CONSERVATOIRE〙《米》音楽学校, 芸術学校 (cf. conservatoire). **3**《古》貯蔵所. **— *adj.*** 《まれ》保存上の, 保存性の (preservative).

con·serve 〘《c1380》□(O)F *conserv-er* ∥ L *conservāre* to preserve ← *con-* 'COM- 1' + *servāre* to save, keep〙 **—** [kənsə́ːv | -sə́ːv] *vt.* **1** (思慮深く, 計画的に)保存[維持]する, 保護する ; 〈動力などを〉節約する (preserve) : ~ one's strength, one's health, natural resources, etc. **2** 〈果物などを〉砂糖漬けに(して保存)する, ジャムに(して保存)する (preserve). **3**〘物理・化学〙保存する, 一定に保つ. **—** [kάnsəːv | kɔ́nsəːv, kənsə́ːv] *n.* **1** [しばしば *pl.*] 果物の砂糖漬 (preserves) ; ジャム (jam). **2**《古》保存剤 (preservative). **3**〘医学〙(薬などを砂糖で練った)糖(菓)剤. **con·sérv·er** *n.*

consgt. 《略》consignment.

con·shy [kάnʃi | kɔ́nʃɪ] *n.* 《俗》= conchie.

con·sid·er [kənsídə | -də(r)] 〘《c1380》 *considere(n)* □(O)F *considér-er* □ L *considerāre* to look at closely, examine ← *con-* 'COM- 2' + *sīder-*, *sīdus* star (⇨ sidereal) : 星を観測して運勢を判断することから出た語 (cf. desire)〙 **— *vt.*** **1** (特に, ある決定・理解をするために)慎重に考える, 熟考[熟慮]する, 考察する (contemplate) ; 考究[研究]する (examine) : ~ a matter in all its aspects 事柄をあらゆる方面から考察する / Please ~ my suggestion. 私の提言をよく考えてみて下さい / We must ~ *whether* it is true. 真実かどうか考えてみなければならない / She ~*ed what to* do next. 次に何をしたらよいかと考えた / In the last lecture we ~*ed* the mediaeval university *as* an institution. この前の講義でわれわれは中世の大学を一つの制度として考察した (cf. 3 a ★ (2)) / *Consider* the lilies of the field, how they grow. 野の百合(ゆり)はいかにして育つかを思え (*Matt.* 6 : 28) 《★ the lilies of the field と how they grow は consider の二重目的語》. **2 a** 考慮に入れる, 斟酌する, 配慮する ; 〈人の感情などを〉察する, 思いやる : all things ~*ed* 万事を考慮に入れて[ると], あれこれ考えて / ~ (the feelings of) others 他人の感情を察する / We must ~ his youth. 彼がまだ若いことを忘れてはいけない. **b** (買う・採用するなどの目的で)考えてみる : ~ an apartment アパートを買おう[借りよう]かなと考える. **3 a** [目的語＋補語または *to* be [do] を伴って] 〈…と〉考える, 思う, みなす : We ~ him (*to* be) a fool. 彼をばかだと思っている / *Consider* yourself under arrest. お前は逮捕されたと考えよ《お前は逮捕された, 観念しろ》/ He wishes to be ~*ed* prudent. 彼は思慮のある男と思われたいのだ. ★ (1) We ~ him to be a fool. は We ~ him a fool. よりも形式ばった表現. (2) 同じ意味で We ~ him *as* a fool. のように as を用いることもあるが, 一般に正しくないとされる (cf. *vt.* 1). **b** [*that*-clause を伴って] 〈…だと〉考える, 思う (think) : I ~ *that* he is innocent. 彼は無実だと思う. **4** 〈人などを〉重んじる, 尊敬する (respect) : His works are well ~*ed* in Europe. 彼の作品はヨーロッパで尊重されている. **5**《古》注視する, 熟視する. **6**《廃》…に報酬を出す, 報いる (recompense).
— *vi.* **1** 考慮する, 熟慮する : Let me ~. 少し考えさせて下さい. **2**《廃》注意して見る, 熟視する.

put on one's considering cap ⇨ cap¹ 成句.

con·sid·er·a·ble [kənsíd(ə)rəbl̩] 〘《c1449》□ ML *considerābil-is* : ⇨ ↑, -able〙 **— *adj.*** **1** 考慮に入れるべき, 無視できない ; 〈人が〉注目すべき, 著名な, 重要な. **2 a** かなりの, 少なからぬ, 相当の (large) : a ~ distance よほどの距離 / a ~ expense 多大の費用 / a ~ sum of money 相当な金額. **b** たくさんの, 多量[数]の : ~ liquor《米》多量の酒 / ~ pleasure 大喜び.
— *n.* **1**《米方言》多量, たくさん (much) : He has done ~ for me. 私にずいぶん尽くしてくれた / There is ~ to do. なすべき仕事が多い / *Considerable* of his time was spent in the library. 彼は図書館にいることがずいぶん多かった / It's a ~ of a long story. ずいぶん長い話だ / They were detained a ~ at the post office. 郵便局で大へん待たされた. **2**《廃》考慮すべきこと. **— *adv.*** 《方言》= considerably : a ~ long time かなり長い時間 / He's ~ worried. ひどく心配している. **~·ness** *n.*

con·síd·er·a·bly [-bli | -blɪ] 〘《c1650》〙 *adv.* 相当に, かなり, 随分, なかなか (much) : increase ~ / He is ~ taller than Jim. ジムよりかなり背が高い.

con·sid·er·ate [kənsíd(ə)rət, -rɪt] 〘□ L *considerātus* (p.p.) ← *considerāre* 'to CONSIDER' : ⇨ -ate²〙 **— *adj.*** **1 a** 思いやりのある, 察しのよい : It was ~ *of* you not to wake me up so early. そんなに朝早く起こさないでくれたとはあなたも察しがよかった. **b** 〔相手のことを考える (thoughtful)〔*of*〕: be ~ *of* the feelings of others 他人の気持を考える. **2**《古》思慮深い, 慎重な (prudent). **~·ly** *adv.* **~·ness** *n.*

con·sid·er·a·tion [kənsìdəréɪʃən] 〘《?c1350》□(O)F *considération* ∥ L *considerātiō(n-)* : ⇨ ↑, -ation〙 **— *n.*** **1** 考慮, 考察 (deliberation) : after due ~ 十分考慮した上で / give the problem one's careful ~ 問題に対して慎重な考慮を払う, その問題を深く考える / leave the problem out of ~ その問題を度外視する / take the matter into ~ そのことを考慮に入れる. **2** (意見・行動の基礎として)考慮すべき事柄[問題] ; 要件, 理由, 動機 (reason, motive) : These are some of the ~*s* that we must take into account. これらは考えておかなければならないいくつかの問題だ / taking one ~ with another あれこれと考え合わせて / That's a ~. それは考慮すべき問題だ / In this affair money is no ~. この件においては金銭は問題でない / Time is the first ~ with me. 私には時間が第一に考慮されるべき[重要な]事だ. **3** 斟酌, 察し, 思いやり : ~ *for* a person / out of ~ *for* …を斟酌[考慮]して ; …のためを思って / show ~ *for* a person's position [old age] 人の地位を酌量[老齢に同情]する / think with ~ 同情して考える / want of ~ 思いやりのなさ. **4 a** 尊敬, 尊重 (esteem) : a man of ~ in this field この分野で尊敬を得ている人. **b**《古》重要さ (importance) : men of ~ 重要な[相当な地位の]人々 / a matter of no ~ つまらない事. **5** 報酬, 心付け (reward) : He would do anything for a ~. 金さえもらえば[得にさえなれば]どんなことでもしかねない / He sold it for a ~. 心付け程度のわずかの値段でそれを売った. **6**〘法律〙約因, 対価《それが存在しないと捺印証書 (deed) によらない限り契約は無効》: without ~ 無償の[で] / ⇨ valuable consideration.

in consideration of (1) …を考慮[斟酌]して, …に免じて : *in* ~ *of* previous good conduct 以前の善行に免じて. (2) …の報酬として : a small tip *in* ~ *of* many services 多くのサービスの報酬としては僅かのチップ. ***on [under] no consideration*** どんな事があっても[決して]…ない (never) : *On no* ~ could I consent. どうあっても承諾できない. ***under consideration*** 考慮[考究, 研究]中の[で] : a matter *under* ~ 研究中の事 / on the evening *under* ~ 問題にしてきたその夕方に.

con·síd·ered *adj.* **1** 熟慮の(上での) : a ~ opinion, judgment, etc. / a well-*considered* plan 十分考究された計画, 練りに練られた計画. **2** 尊敬されている : a highly ~ person 非常に尊敬されている人.

con·síd·er·ing [-d(ə)rɪŋ] 〘(c1395)〙 ── *prep.* …を考慮すると, …を思えば (in view of), …としては: He looks young ~ his age. 年の割に若く見える. ── *conj.* …を思えば, …だから (seeing that): That is excusable ~ how young he is [(that) he is so young]. あんなに若いのだから無理もない. ── *adv.* 《口語》〔修飾する語句のあとに用いて〕(その)割に, なかなか: He's done very well, ~. 割にうまくやった / That is not so bad, ~. それはまあ大して悪くない.

con·sign [kənsáɪn] 〘(a1449) ▭ (O)F *consign-er* ▭ L *consignāre* to mark with a seal ← *con-* 'COM- 1'+*signum* 'seal, SIGN'〙 ── *vt.* **1** 〔…に〕渡す, 引き渡す, 付する (deliver)〔*to*〕: ~ the body *to* the flames [watery grave] 死体を火葬[水葬]にする / ~ something *to* oblivion 事を忘却に付する[忘れてしまう]. **2 a** 〔他の管理・保管に〕委ねる, 託する, 任す (commit)〔*to*〕: ~ something *to* a person's care 人に物の保管を頼む / ~ a letter *to* the post 手紙を郵便で出す / ~ one's soul *to* God 霊を神に託する; 死ぬ / be ~*ed to* misery 悲惨に陥る. **b** 〈金などを〉〔銀行などに〕預ける (deposit)〔*in*〕: ~ money *in* a bank 金を銀行に預ける. **3** 〔目的・用途に〕当てる (devote), あてがう (assign)〔*to*〕: ~ a room *to* a person's private use 一室を人の専用に当てる. **4** 《古》〈真実・約束などを〉(証印などで)確認する. **5** 〘商業〙〈商品を〉委託する; (委託販売のために)積送する, 託送する, 送り付ける: ~ goods. ── *vi.* 《廃》 **1** 同意する, 承諾する. **2** 服従する. **~·a·ble** [-nəbl] *adj.*

con·sig·na·tion [kɑ̀nsaɪnéɪʃən, -sɪgnéɪ- | kɔ̀nsaɪnéɪ-] 〘▭ L *consignātiō(n-)*: ⇨ ↑, -ation〙 *n.* 《廃》 **1** (商品の)委託, 託送. **2** 引渡し, 交付.

con·sign·ee [kɑ̀nsaɪníː, -saɪ-, kənsàɪ- | kɔ̀nsaɪ-, -sɪ-] 〘← CONSIGN+-EE¹〙 *n.* (販売)受託者; 荷受人 (cf. consignor, shipper 1).

con·sign·er *n.* =consignor.

con·sígn·ment *n.* 〘商業〙 **1** (商品の)委託, 託送; 委託販売. **2** (特に, 一回の積荷の)委託貨物, 積送品; 委託販売品: a new ~ of winter hats 冬の帽子の新入荷. ***on consignment*** 委託販売(契約)で[の]: ship goods *on* ~ 委託販売で商品を積送する / goods *on* ~ 販売委託品.
── *attrib. adj.* 委託販売の[に関する]: a ~ sale 委[受]託販売 / sell on a ~ basis 委託販売で売る.

consígnment nòte *n.* 《英》(航空便の)委託貨物運送状, 航空貨物運送状 (cf. airwaybill).

con·sign·or [kɑ̀nsənɔ́ɚ, -saɪ-, kənsàɪnɔ́ɚ, kənsáɪnɚ | kənsáɪnə(r, kɔ̀nsaɪnɔ́ː(r, -sɪ-] *n.* (委託販売の)委託者; (荷物の)送り主 (shipper), 荷主 (cf. consignee).

con·sil·ience [kənsíliəns, -liəns | -ljəns, -lɪəns] 〘⇨ ↓, -ence〙 *n.* (推論の結果などの)符合, 一致.

con·sil·ient [kənsíljənt, -liənt | -ljənt, -lɪənt] 〘← *con-* 'COM-'+(RE)SILIENT〙 *adj.* 〈推論の結果など〉符合[一致]する (agree).

con·sist [kənsíst] 〘(1526) ▭ L *consistere* to stand together ← *con-* 'COM- 1'+*sistere* to place, cause to stand (← *stāre* 'to STAND')〙 ── *vi.* **1** 〔部分・要素から〕成る〔*of*〕: Water ~*s of* hydrogen and oxygen. 水は水素と酸素とから成る / The household ~*ed of* four women. その家は4人の女世帯だった. **2** 〔…に〕存する, ある (lie)〔*in*〕: Happiness ~*s in* contentment. 幸福は足ることを知るにある. **3** 〔…と〕両立する, 一致する (harmonize)〔*with*〕: Health does not ~ *with* intemperance. 健康と不節制とは両立しない / The story does not ~ *with* the evidence. その話は証拠と一致していない. **4** 《古》存在する (exist); 存在できる: By him all things ~. よろずの物は彼によりて保つことを得るなり (*Col.* 1:17). **5** 《廃》〔…を〕言い張る, 固執する, 主張する (insist)〔*on, upon*〕. ── *n.* 〘鉄道〙 **1** 車両編成. **2** 車両編成記録.

con·sis·tence [kənsístəns, -tn̩s] 〘⇨ ↑, -ence: cf. F *consistance*〙 *n.* =consistency.

con·sis·ten·cy [kənsístənsi, -tn̩- | -sɪ] 〘(1594) ← CONSIST+-ENCY〙 ── *n.* **1 a** 終始一貫していること. **b** (論理上の)一貫性, 一致性, 整合性 (harmony). **c** (ゴルフなどで, スイングの)一貫性; (打球などの)恒常性. **2** 言行一致, 志操堅固. **3** 濃度, 密度; 堅さ, 硬度; (グループなどの)粘稠(ねんちゅう)度. **4** 〘論理・数学〙(公理系の)無矛盾性.

con·sis·tent [kənsístənt, -tn̩t] 〘(1574) ▭ L *consistent-em*: ⇨ consist, -ent: cf. F *consistant*〙 ── *adj.* **1 a** 〈言行・思想など〉首尾一貫した, 終始変わらぬ, 不変の; 〔…と〕矛盾がない, 調和した (compatible)〔*with*〕: one's ~ behavior 首尾一貫した行為 / Your conduct is not ~ *with* what you say. 言行一致しないね / You are not ~ *with* yourself. 矛盾しているよ. **b** 〈人が〉言行一致の, 節操のある, 堅実な: He is ~ *in* his action. 彼の行動には節操がある. **2** 《古》固定した, 確固とした (firm). **3** 〘統計〙〈推定量が〉一致する《サンプルが大きくなるにつれて母数の真の値にどれだけでも近づく推定量 (estimator) についていう》. **4** 〘論理・数学〙〈理論が〉無矛盾の, 整合的な.

con·sis·tent·ly 〘(1706)〙 *adv.* **1** 終始一貫して, 矛盾なく〔*with*〕. **2** 堅実に; むらなく, 一様に.

con·sis·to·ry [kənsíst(ə)ri | -rɪ] 〘(?a1300) ▭ AF *consistorie* ▭ L *consistōrium* place of assembly ← *consistere*: ⇨ consist, -ory²〙 ── *n.* **1 a** 教会会議, 宗教法院. **b** 教会会議室. **2** 〘カトリック〙(教皇が召集する)枢機卿会議. **3** [C-] 〘英国国教会〙(主)教区法院《主教 (bishop) 任命の法官 (chancellor) の司る宗教法廷; Consistory Court ともいう》. **4** 〘長老派教会〙長老法院《スコットランド教会の kirk session に当たる》.

con·sis·to·ri·al [kɑ̀nsɪstɔ́ːriəl, -səs-, kənsìs-, -tɔ́ːr- | kɔ̀nsɪstɔ́ːrɪ-] *adj.*

con·so·ci·ate 〘(?1457) ▭ L *consociāt-us* (p.p.) ← *consociāre* ← *con-* 'COM- 1'+*sociāre* to associate (← *socius* companion: ⇨ society)〙 ── [kənsóuʃièɪt, kɑn-, -si- | kənsə́uʃɪ-, kɔn-, -sɪ-] *vt.* 連合させる, 合同する. ── *vi.* 合同する, 提携する〔*with*〕. ── [-ʃiət, -ʃɪɪt, -ʃièɪt, -si- | -ʃɪət, -ʃɪɪt, -ʃɪèɪt, -sɪ-] *adj.* 合同した, 提携した (associated). ── [-ʃiət, -ʃɪɪt, -ʃièɪt, -si- | -ʃɪət, -ʃɪɪt, -ʃɪèɪt, -sɪ-] *n.* 提携者, 組合員 (associate).

con·so·ci·a·tion [kənsòusiéɪʃən, kɑn-, -ʃi- | kənsə̀usɪ-, kɔn-, -ʃɪ-] 〘▭ L *consociātiō(n-)*: ⇨ ↑, -ation〙 ── *n.* **1** 連合すること, 合同, 提携. **2** 〘キリスト教〙(会衆派教会の)協議会. **3** 〘生態〙分群集, 優群集《植物群落 (vegetation) を, それを構成する植物の種類によって大分けしたものが群集 (association), それを更に細分したものが分群集》. **~·al** [-ʃənl, -ʃnəl] *adj.*

con·sol [kənsɑ́l, kɑ́nsɑl | kɔ́nsɔl, kənsɔ́l, kən-] 〘(1770) 《略》← *consolidated annuities*〙 ── *n.* [通例 *pl.*] 《英》〘証券〙コンソル公債《1751年各種公債を3分(現在は$2^1/_2$分)利付きの年金形式に統合整理した英国の整理公債》: the ~ market (London 株式取引所内の)コンソル市場.

consol. 《略》consolidated.

con·sol·a·ble [kənsóuləbl | -sə́ul-] *adj.* 慰められる, 気の休まる. **~·ness** *n.* **con·sól·a·bly** *adv.*

con·so·la·tion [kɑ̀nsəléɪʃən, -sl̩- | kɔ̀nsəl-, -sl̩-, -səul-] 〘(c1385) ▭ (O)F ~ ▭ L *consōlātiō(n-)*: ⇨ console¹, -ation〙 ── *n.* **1** 慰め, 慰藉(いしゃ): find ~ in one's work [in working] 仕事[働くこと]に慰安を見出す. **2** 慰藉となる人[もの]: A hobby is a great ~ to a man. 趣味は人に大きな慰めになる / Religion was her chief ~ in affliction. 彼女の悩みを慰めるものは主として信仰であった. **3** 〘スポーツ〙 **a** 敗者戦, 敗者慰安試合 (cf. repechage): a ~ match, race, etc. **b** =consolation prize.

consolátion prìze *n.* 残念賞《等外の人に与える賞》.

con·sol·a·to·ry [kənsóulətɔ̀ːri, -tòːri | kənsɔ́lət(ə)rɪ, -sə́ul-] 〘(1442) ▭ L *consōlātōri-us* ← *consōlātus* (p.p.) ← *consōlāri*: ⇨ ↓, -ory¹〙 ── *adj.* 慰めとなる, 慰問の: ~ words 慰めの言葉. **con·sol·a·to·ri·ly** [kənsòulətɔ́ːrəli, -tɔ́ːr-, ─ ─ ´ ─ ─ ─ | kənsɔ́lət(ə)rəlɪ, -sə́ul-, -rɪ-] *adv.*

con·sole¹ [kənsóul | -sə́ul] 〘(1693) ▭ F *consol-er* ▭ L *consōlārī* ← *con-* 'COM- 1'+*sōlārī* to comfort (⇨ solace)〙 ── *vt.* 慰める, 慰問する, 励ます (soothe): ~ a person in grief [for the loss of a child] 悲しんでいる[子を失った]人を慰める / ~ oneself *with* the thought [by thinking] that …と考えて自ら慰める.

con·sól·er [-lɚ | -lə(r] *n.*

con·sole² [kɑ́nsoul | kɔ́nsəul] 〘(1706) ▭ F ~ 'bracket' 《短縮》← *consolateur* 《原義》consoler: 軒蛇腹を支える人間の姿をした彫刻〙 ── *n.* **1** (パイプオルガンの)演奏台《手鍵盤 (manual) と足鍵盤 (pedal) を含む》: at the ~ (演奏のため)オルガンに向かって. **2 a** (ラジオ・テレビ・レコードプレーヤーなどの)コンソール型キャビネット《壁面につけて床上に置く型のものにいう》. **b** (自動車の)コンソール《フロントバケットシートの中間に設ける箱形台》. **3 a** 〘電算機〙操作卓, 制御卓, コンソール. **b** 〘電気〙(電子・電気の配電板などの)制御装置. **4** =console table. **5** 〘建築〙コンソール, 渦形持送り, ひじ木《bracket または corbel の一種》.

console² 5

cónsole-mìrror *n.* 持送りで壁に取り付けた鏡.

cónsole tàble *n.* コンソールテーブル《窓と窓の間または鏡の下などの壁にぴったり据えつけるテーブル; 脚は持送り (console) 風に作られている》.

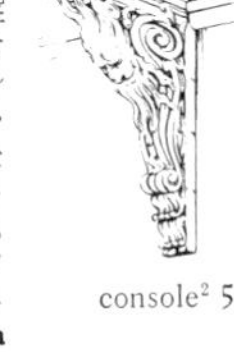

console table

con·so·lette [kɑ̀nsəlét | kɔ̀n-] 〘← CONSOLE²+-ETTE〙 ── *n.* (ラジオ・テレビ・レコードプレーヤーなどの)小型コンソール型キャビネット《普通, 壁の前に置く》.

con·sol·i·date [kənsɑ́lədèɪt | -sɔ́lɪ-] 〘(1511–12) ▭ L *consolidāt-us* (p.p.) ← *consolidāre* to make firm ← *con-* 'COM- 1'+*solidus* 'SOLID': ⇨ -ate²·³〙 ── *vt.* **1** 固める, 強固にする, 強化する (strengthen); 〈奪取した陣地・地点を〉強化する, 固める: ~ one's position [political influence] 地位[政治的勢力]を強化する. **2** 〈土地・会社・訴訟などを〉合併整理する (merge), 統合する; 統合して〔…に〕する〔*into*〕: ~ two armies [companies] *into* one 二軍[二会社]を一つに統合する. ── *vi.* **1** 固まる, 強固になる (solidify). **2** 合同する; 合併する (merge). ── *adj.* 《古》=consolidated.

con·sól·i·dàt·ed [-tɪd, -təd | -tɪd, -təd] *adj.* **1** 固めた, 強化した. **2** 合併整理した, 統合した (merged): a ~ bond 〘証券〙整理公債《既発行公債を整理統合して発行したもの》.

consólidated annúities *n. pl.* 《英》〘証券〙=consols (⇨ consol).

consólidated fináncial stàtements *n. pl.* 〘会計〙連結財務諸表《親会社 (parent company) と子会社ないし従属会社 (subsidiary company) の財務諸表を結合したもの》.

Consólidated Fúnd *n.* [the ~] (英国の)整理公債基金《各種の公債基金を併合整理したもので, 公債利子支払の基金や王室費などに当てられる》.

consólidated schòol *n.* 《米》合同学校《米国で隣接する教学区が共同で建てた辺地の小学校; centralized school ともいう》.

consólidated stóck *n.* 《英》〘証券〙=consols (⇨ consol).

con·sol·i·da·tion [kənsɑ̀lədéɪʃən | -sɔ̀lɪ-] 〘(a1400) ▭ LL *consolidātiō(n-)*: ⇨ consolidate-, ation〙 ── *n.* **1** 強固にする[なる]こと, 強化 (solidification). **2** 合同, 合併 (combination); 総合, 統合, 整理 (merger): a ~ of banks [stocks] 銀行[株式]の整理統合 / a ~ of public loans 公債の統合. **3** [C-] 《米》〘鉄道〙コンソリデーション蒸気機関車《2車輪の先台と8つの駆動輪からなる; Consolidation locomotive ともいう》. **4** 〘医学〙(肺の)硬化. **5** (証券や商品の)ぐずぐず相場.

con·sól·i·dà·tor [-tɚ | -tə(r] 〘▭ L *consolidātor*: ⇨ consolidate, -or²〙 *n.* **1** 固める[強化する]人[物]. **2** 統合整理者.

con·sól·ing·ly [-lɪŋli | -lɪ] *adv.* 慰めるように, やさしく.

con·so·lute [kɑ́nsəluːt | kɔ́nsəlùːt, -ljùːt] 〘▭ L *consolūt-us* dissolved together: ⇨ com-, solute〙 ── *adj.* 〘化学〙 **1** 共溶の《二種の液体がすべての割合で溶ける》. **2** 共溶性の液体の.

con·som·mé [kɑ̀nsəméɪ | kənsɔ́meɪ, kɔ́nsəmèɪ; *F.* kɔ̃sɔme] 〘(1824) ▭ F ~ 《原義》consummate, completed (p.p.) ← *consommer* ▭ L *consummāre* 'to CONSUMMATE'〙 ── *n.* (*also* **con·som·me** [~]) コンソメ《牛・子牛・鶏の肉と骨を煮出して澄ましたスープ (clear soup); cf. potage》.

con·so·nance [kɑ́ns(ə)nəns, -sn̩- | kɔ́n-] 〘(?a1425) ▭ (O)F ~ ▭ L *consonantia*: ⇨ consonant, -ance〙 ── *n.* **1** 一致, 調和 (agreement): the ~ of opinions / in ~ with …と一致[調和, 共鳴]して. **2** 〘詩学〙子音韻《子音だけの押韻》; 例: fail: feel / hearer: horror; cf. assonance》. **3** 〘音楽〙協和; 協和音 (cf. dissonance). **4** 〘物理・化学〙共鳴 (resonance).

con·so·nan·cy [kɑ́ns(ə)nənsi, -sn̩- | kɔ́ns(ə)nənsɪ, -sn̩-] 〘(a1398): ⇨ ↓, -ancy〙 *n.* =consonance 1.

con·so·nant [kɑ́ns(ə)nənt, -sn̩- | kɔ́n-] 〘(?a1325) ▭ (O)F ~ ▭ L *consonantem* (pres.p.) ← *consonāre* ← *con-* 'COM- 1'+*sonāre* 'to SOUND¹'〙 ── *adj.* **1** 〔…と〕一致[調和]する (harmonious)〔*with, to*〕: actions ~ *with* one's principles 主義と一致する行為. **2 a** 〈語の音が〉類似する, 類似の音をもった: ~ syllables. **b** 協和した (harmonious). **3** 〘音楽〙協和音の (concordant) (cf. dissonant 1). **4** 〘音声〙子音の (consonantal). **5** 〘物理〙共鳴する, 共鳴の (resonant). ── *n.* **1** 〘音声〙子音《口腔内において呼気が妨害されたり摩擦の音を生じるほどせばめられたりして発せられる音; cf. vowel 1》. **2** 子音字. **~·ly** *adv.*

con·so·nan·tal [kɑ̀nsənǽntl̩, -sn̩- | kɔ̀nsənǽntl̩, -sn̩-] *adj.* 〘音声〙子音の, 子音的な, 子音性の **~·ly** *adv.*

con·so·nan·tal·i·za·tion [kɑ̀nsənæ̀ntəlɪzéɪʃən, -sn̩-, -lə-, -tl̩- | kɔ̀nsənæ̀ntəlaɪ-, -sn̩-, -lɪ-] *n.* 〘音声〙子音化.

con·so·nan·tal·ize [kɑ̀nsənǽntəlàɪz, -tl̩- | kɔ̀nsənǽntəl-] 〘音声〙 *vt.* 〈母音を〉子音化する. ── *vi.* 〈母音が〉子音化する.

cónsonant clúster *n.* 〘音声〙子音結合(群)《二つ以上の隣接する子音の結合; 例えば stretched [strétʃt] の [str] や [tʃt] など》.

cón·so·nant·ism [-tɪzm] *n.* 〘音声〙(ある言語の)子音体系[組織]; 子音性 (cf. vocalism).

cónsonant shift *n.* 〘言語〙 **1** (第一)子音推移《閉鎖子音の組織的な音韻変化の現象; ゲルマン語全体にみられ, この語派を他の印欧語と区別する特徴をなす; first consonant shift, Grimm's law ともいう》. **2** (第二)子音推移《古高地ドイツ語のみに起こった音韻変化; second consonant shift ともいう》.

cónsonant sỳstem *n.* 〘音声〙子音体系[組織] (cf. vowel system).

con sor·di·no [kɑ̀n-sɔəˈdíːnou, kòun- | kɔ̀n-sɔːdíːnəu; *It.* konsordíːno] 〘▭ It. ~ 'with the mute'〙 *adv.* 〘音楽〙弱音器 (mute) を付けて.

con·sort 〘(1419) ▭ (O)F ~ 'mate' ▭ L *consortem*, *consors* sharer ← *con-* 'COM-'+*sort-*, *sors* share (⇨ sort)〙 ── [kɑ́nsɔət | kɔ́nsɔːt] *n.* **1** 連合い, 夫または妻 (spouse); (特に)皇族の配偶者: ⇨ king consort, prince consort, queen consort. **2** 僚船, 僚艦. **3** 《廃》 **a** 友, 仲間, 相手. **b** 一致, 調和. **c** (特に, 17世紀英国の)コンソート《室内楽的器楽アンサンブル; また音域の異なる同種の楽器の一揃いを指すこともある; これらのアンサンブルのための作品》. **d** 和音. ── [kənsɔ́ət, kɑn-, kɑ́nsɔət | kənsɔ́ːt, kɔn-] *v.* ── *vi.* **1** 交わる (associate)〔*with*〕. **2** 釣り合う, 調和する (agree)〔*with*〕. ── *vt.* **1** 交わらせる. **2** 《廃》 **a** …に伴う, つきそう. **b** 〈音を〉調和させる.

con·sor·ti·um [kənsɔ́əṭiəm, -ʃiəm, -ʃəm | -sɔ́ːtjəm, -tɪəm] 〘▭ L ~ 'partnership' ← *consors* (↑)〙 ── *n.* (*pl.* **-ti·a** [-ṭiə, -ʃiə, -ʃə | -tjə, -tɪə]) **1** 〘経済〙 **a** (ある国の財政援助または産業支配などのための, 国際的)資本合同, 借款団, コンソーシアム (cf. trust 7). **b** (商社などの共同目的のための)一時的提携. **2** 協会, 組合

(association, club). 3『法律』配偶者権《夫婦の一方から他方に対して, 同居・貞操保持・生活維持・扶助などを求める権利》. 4『生物』共同体《地衣類の藻類と菌類のように, 互いに接して生活するもの》.

con·spe·cif·ic [kɑ̀nspɪsífɪk, -spə- | kɔ̀n-] 〖← con-'-COM'+SPECI(ES)+-FIC〗 adj.『生物』同種(species)の.

con·spec·tus [kənspéktəs] 〖《1836–37》▭L 'look, view' (p.p.) ← conspicere to look at ← con- 'COM- 2' +spicere to look (⇨ species)〗 —— n. 1 概観, 概説. 2 梗概 (summary, outline); 摘要 (synopsis).

con·spic·u·ous [kənspíkjuəs | -kju-] 〖《1545》▭L conspicu-us visible ← conspicere (↑): ⇨ -ous〗 —— adj. 1 はっきり見える, 人目につく (manifest): a ~ star よく見える星 / some ~ errors 目立った誤り / be ~ by its [his] absence それがない[その人がいない]のでかえって目立つ. 2 (特に, 著しい特徴で)人目を引く, 異彩を放つ; 顕著な, 著名の (eminent): ~ statesmen 政界名士たち / be ~ among a distinguished company 一流人の中にまじっても特に人目を引く / cut a ~ figure 異彩を放つ / make oneself too ~ (異様な風采や振舞いなどで)いやに人目につく, 人目につくような振舞いをする. 3 度を越した; 派手な, どぎつい: a ~ expenditure, necktie, etc. **~·ness** n. **con·spi·cu·i·ty** [kɑ̀nspɪkjúːəṭi, -spə- | kɔ̀nspɪkjúːəti, -ɪti] n.

conspícuous consúmption n. 財力を誇示する浪費, 散財. 「顕著に.

con·spíc·u·ous·ly 〖《1626》〗 adv. 目立って, 著しく,

con·spir·a·cy [kənspírəsi | -sɪ] 〖《1357》▭AF conspiracie《変形》← (O)F conspiration ← L conspīrātus (p.p.) ← conspīrāre: ⇨ conspire, -acy ∽《a1325》conspiracioun ▭(O)F〗 —— n. 1 共謀, 謀議 (confederacy); 結託, 陰謀 (plot): a ~ to overthrow the government 政府を倒す陰謀 / form a ~ against ...に対して陰謀を企てる / in ~ with ...と共謀して, と徒党を組んで / take part in a ~ (陰謀団の)一味に加わる. 2 陰謀団. 3 (事情・事件などの)結合, 同時発生, 重なり合い (concurrence). 4『法律』共同謀議, 共謀罪.
conspiracy of silence 沈黙の申し合わせ; 黙殺[もみ消し]の申し合わせ.

con·spi·ra·tion [kɑ̀nspəréɪʃən | kɔ̀nspɪ-] 〖⇨ conspiracy〗 n. 1 共謀, 陰謀. 2 (ある目的への)協力. **~·al** [-ʃənḷ, -ʃnəl] adj.

con·spir·a·tor [kənspírəṭə | -rətə(r, -rɪ-] 〖《a1400》▭AF conspiratour (F conspirateur) ← L conspīrātus (p.p.) ← conspīrāre: ⇨ conspire, -or²〗 —— n. 共謀者, 陰謀人 (plotter).

con·spir·a·to·ri·al [kənspìrətɔ́ːriəl, -tóːri- | kənspìrətɔ́ːrɪəl, kɔ̀nspɪ-] 〖⇨↑, -ory¹, -al¹〗 adj. 陰謀の. **~·ly** adv.

con·spir·a·tress [kənspírətrɪs, -trəs | -trɪs, -très] 〖← CONSPIRATOR+-ESS¹: cf. F conspiratrice〗 n. 女性の共謀者.

con·spire [kənspáɪə | -spáɪə(r] 〖《1376》conspire(n) ▭(O)F conspir-er ▭L conspīrāre to agree in thought, plot together ← con- 'COM- 1'+spīrāre to breathe: cf. spirit〗 —— vi. 1 a (秘かに)共謀する; (徒党を組んで)陰謀を企てる: ~ *with* a person 人と共謀する / ~ *against* the government 政府を倒そうと企てる / ~ *against* a person's life 暗殺を企てる. b《古》計画する, たくらむ (scheme). 2 (同じ目的のために)協力する; 〈事件が〉...するように〉同時に生じる, 相助けて...する 〈*to do*〉: Events seemed to be *conspiring to* bring about his ruin. 事件が重なって彼の破滅を引き起こそうとしているようだった. —— vt. たくらむ, はかる (plot, devise): ~ a person's ruin 人の破滅をはかる. **con·spír·er** [-spáɪ(ə)rə | -spáɪərə(r] n.

con·spír·ing·ly [-spáɪ(ə)rɪŋli | -spáɪərɪŋlɪ] adv. 陰謀的に, 共謀して.

con spi·ri·to [kɑn-spíːrɪtòu, koun-, -rə- | kɔn-spíːrɪtəʊ; It. kɔnspíːrito] 〖▭It. ~ 'with vigor'〗 adv.『音楽』元気よく, 活発に.

Const. 《略》Constantine; Constantinople.

Const., const. 《略》constable; constant; constituency; constitution; constitutional; construction.

con·sta·ble [kɑ́nstəbḷ, kʌ́n- | kʌ́n-, kɔ́n-] 〖《?c1200》▭OF conestable (F connétable) ▭LL comes stabulī equerry, count of the stable ← comes 'COUNT², companion'+stabulum 'STABLE²'〗 —— n. 1《英》巡査, 警官 (policeman) (⇨ police 1 ★): / ⇨ chief constable, police constable, special constable. 2 (町・村などの)治安官: a high ~ 上級警吏, 上位治安官《hundred の治安を担当した》/ a petty ~ 下級警吏, 下位治安官《parish や town の治安を担当した》. 3《英》(昔の)城守, 城代. ★ 今も次のような官名に残っている: the *Constable* of Windsor Castle ウィンザー宮管理長官 / the *Constable* of the Tower ロンドン塔管理長官. 4 (昔の)種々の高官名: the *Constable* of France 元帥《フランス王朝時代の宮中最高官で軍総指揮官・最高軍事裁判官》/ the (Lord High) *Constable* of England (英国中古の)保安武官長, 軍総指揮官, (現在は)侍従武官長《特別の儀式の際臨時に任命される》.
outrun the constable (1) (警察の手をのがれて)逃亡する, 法の手をのがれる. (2)《古》(議論などで)行き過ぎる; 度をすごす. (3)《廃》資力以上に金を使う, 借金をこしらえる. ***overrun the constable*** =*outrun the* CONSTABLE (2). ***run the constable*** =*outrun the* CONSTABLE (1).

Con·sta·ble [kʌ́nstəbḷ, kɑ́n- | kʌ́n-], **John** n. (1776–1837) 英国の風景画家; フランスの印象主義に影響を与えた.

con·stab·u·lar·y [kənstǽbjulèri | -lərɪ] 〖《a1338》con(e)stablerie ▭ML constabulāri-a: ⇨ constable, -ary〗 —— adj. 警察の, 警官の: the ~ force 警察力. —— n. 1 a [集合的] 警察 (constables). b 警察隊: the county [city] ~. c (軍隊組織の)警察機動隊. 2 警官の管轄区域.

Con·stance¹ [kɑ́nstəns, -stṇs | kɔ́n-] 〖← L constantia 'CONSTANCY'〗 n. 女性名《異形 Constantia》.

Con·stance² [kɑ́nstəns, -stṇs | kɔ́n-] n. コンスタンツ《Rhine 川が Constance 湖から流出する地点にある西ドイツ Baden-Württemberg 州の都市; 人口 62,000; ドイツ語名 Konstanz》.

Constance, Lake n. コンスタンツ[ボーデン]湖《ドイツ・オーストリア・スイスの国境にある湖; 長さ 74 km, 面積 536 km^2, 海抜 396 m; ドイツ語名 Boden See》.

con·stan·cy [kɑ́nstənsi, -stṇ- | kɔ́nstənsɪ, -stṇ-] 〖《1526》▭L constantia firmness ← constāre: ⇨↓, -ancy〗 —— n. 1 a 志操の堅固. b 節操 (fidelity). 2 恒久, 不易, 不変 (immutability). 3『心理』恒常性《対象の物理的変化にかかわらず, 対象の知覚は比較的に恒常を保つこと; 例えば人のうしろ姿は 10 m から 20 m 先になれば $\frac{1}{2}$ に縮小するが, 知覚としてはほぼ同じ大きさに見える》. 4『生態』恒存度《植物群集を構成する種の頻度》.
for a constancy 永久なものとして.

con·stant [kɑ́nstənt, -stṇt | kɔ́n-] 〖《c1390》▭(O)F ~ ▭L constantem (pres.p.) ← constāre to stand firm ← con- 'COM- 1'+stāre 'to STAND'〗 —— adj. 1 絶えず続く, 不断の: ~ trouble 絶え間のない面倒[故障] / ~ anxiety 心配のし通し / ~ complaints のべつ幕なしの愚痴. 2 a 不変の, 一定の, 不易の: ~ temperature (各種の実験などに必要な)定温, 恒温 / a ~ wind 恒風, 常風 / It is necessary that these conditions should be ~. これらの条件が一定不変であることが必要である. b (愛情・忠誠心などの)変わらない, 忠実な, 節操の堅い (faithful): a ~ lover, wife, friend, etc. / I am in ~ admiration of her. 私は彼女を変わらず賛美しております. c 一つの事を守り通す, 志操の堅固な, 確固とした (firm): He has been ~ in his devotion to learning. ただ一筋に学問に専念してきた. 3《廃》a (意見に)確信のある (confident). b 不動の (immovable). 4『数学』定数である: Riemann space of ~ curvature 定曲率リーマン空間.
—— n. 1 不変のもの. 2『数学・統計・物理』定数; 不変数[量]; 率 (cf. variable 2): the circular ~ 円周率. 3『論理』定項. 4『教育』(中学・高校の)必修課目《required course [subject] ともいう; cf. elective》. 5『生態』恒存種《特定の生物群集に常に存在する種》.
constant of aberration『天文』光行差定数《地球公転による光行差の量をあらわす基本的な定数》.
constant of gravitation『物理』重力定数《Newton の万有引力の法則に現れる普遍定数; universal gravitation constant ともいう; cf. gravitational constant》.
constant of integration『数学』積分定数.
constant of nutation『天文』章動定数《章動を計算する上での基本的な定数》.
constant of precession『天文』歳差定数《歳差を計算する上での基本的な定数》.

Con·stant [kɑ́nstənt, -stṇt | kɔ́n-] 〖↑: cf. It. Constante〗 n. 男性名《愛称形 Connie》.

Con·stant [kɔ̃ː(n)stɑ́ː(ŋ), kɔ(ː)n-, -stɔ́ː(ŋ), -stɑ́ːŋ, -stɔ́ː(ː)ŋ; F. kɔ̃stɑ̃], **Benjamin** n. コンスタン《1767–1830; スイス生まれのフランスの政治家・著作家; 自由主義の雄弁家としても有名; *Adolphe*「アドルフ」(小説 1816); 本名 Henri-Benjamin Constant de Rebecque》.

Constant, (Jean Joseph) Benjamin n. コンスタン《1845–1902; フランスの肖像画家》.

Con·stan·ta [kənstáːntsə; Rum. konstántsa] n. コンスタンツァ《ルーマニア南東部黒海に臨む港市; 人口 257,000》.

con·stan·tan [kɑ́nstəntæ̀n | kɔ́n-] 〖← CONSTANT (adj.)+-AN¹〗 —— n.『金属加工』コンスタンタン《55% の銅と 45% のニッケルの合金; 電気の抵抗線・熱電対(つい)に用いる》.

cónstant-cúrrent chárge n. (電池の)定電流充電.

Con·stan·ti·a [kɑnstǽnʃiə, -ʃə, -tɑ́ːnsiə | kɔnstǽnʃɪə] 〖← *Constantia* (原産地名)〗 —— n. コンスタンシア(ワイン)《南アフリカ Cape Town 付近産の赤または白のぶどう酒; 食後酒 (dessert wine) として供される》.

Con·stan·tine¹ [kɑ́nstəntìːn | kɔ́nstəntàɪn; F. kɔ̃stɑ̃tin] n. コンスタンチーヌ《アルジェリア北東部の都市; 海抜 650 m の高地にある; 人口 246,000》.

Con·stan·tine² [kɑ́nstəntìːn, -tàɪn | kɔ́nstəntàɪn] 〖▭F ~ ▭L constantīnus ← constāns 'CONSTANT, firm': ⇨ -ine¹〗 n. 男性名《愛称形 Connie》.

Constantine I n. 1 コンスタンチヌス一世[大帝]《280?–337; ローマ皇帝 (306–337); キリスト教の信仰を公認し, Byzantium に新首都 Constantinople を建設した; Constantine the Great》. 2 コンスタンチノス一世《1868–1923; ギリシャの国王 (1913–17, 1920–22)》.

Con·stan·tin·i·an [kɑ̀nstəntíniən, -tíːn-, -njən | kɔ̀nstəntínɪən, -njən] n. Constantine 大帝の, Constantine 大帝時代 (306–337 年ごろ)の.

Con·stan·ti·no·ple [kɑ̀nstæntənóupḷ, -tṇ- | kɔ̀nstæntɪnə́ʊ-] 〖▭L Constantinopol-is ▭Gk Kōnstantinou pólis Constantine's polis: ⇨ -polis〗 —— n. コンスタンチノープル《Balkan 半島の南東端, 往時の Byzantium のあとに Constantine 大帝が築いた都市; 東ローマ帝国, 後にオスマン帝国 (Ottoman Empire) の首都; 現在は Istanbul という》.

cónstant-lével ballóon n.『気象』等高度面気球《一定高度面に留まるような装置のついた自由気球; 大型のものは数週間も上空を浮遊できる》.

cón·stant·ly 〖《?c1425》〗 —— adv. 1 絶えず, 始終; よく, いつも: be ~ employed 始終忙しい / He is ~ being asked for advice. よく相談を受けている. 2《古》忠実に (faithfully).

cónstant-poténtial chárge n. =constant-voltage charge.

cónstant spéed propéller n.『航空』定速プロペラ《飛行速度が変わってもプロペラ翼のピッチ角を自動的に変え, 回転速度を一定に保つプロペラ》.

cónstant-vóltage chárge n. (電池の)定電圧充電.

con·sta·ta·tion [kɑ̀nstətéɪʃən | kɔ̀n-] 〖▭F ~ ← constater ▭L constāt-, constāre to establish: ⇨ -ation〗 n. 確認, 立証; 主張 (assertion).

con·sta·tive [kənstéɪṭɪv | -tɪv] 〖← constate to assert (▭F constat-er (↑)+-IVE〗 —— n.『言語・哲学』述定的発言, 事実確認文《希望・命令・計画などに関してその実行ではなく, その主張・仮定・推測の真偽の判定が可能な表現; cf. performative》. —— adj. 述定的の, 事実確認の: ~ sentence.

con·stel·late [kɑ́nstəlèɪt | kɔ́nstə-, -ste-, -stɪ-] 〖《1621》← L constellāt-us (p.p.) ← constellāre to stud with stars ← con- 'COM-'+stellāre (← stella star: cf. stellate): ⇨ -ate³〗 —— vt. 1 星座(状)にかためる[集める]. 2 星座で[のように]ちりばめる[飾る]: a ~d sky 降るような星空. —— vi. (星座の星のように)群がる (cluster); 群がり輝く.

con·stel·la·tion [kɑ̀nstəléɪʃən | kɔ̀nstə-, -ste-, -stɪ-] 〖《c1330》▭(O)F ~ ▭LL constellātiō(n-) group of stars ← constellātus: ⇨↑, -ation〗 —— n. 1『天文』星座, 星宿《多く神話などにちなんだ名がつけてある》. 2 (人・物の)群れ; (立派に着飾った紳士淑女などの)集合, きらびやかな群れ; きら星のような群れ, 錚々(そう)たる人物の群れ: a ~ of scientists, beautiful women, buttercups, etc. 3 型, 模型, 配列 (pattern); (同一型または配列の)集合(体). 4『占星』星位, 星運《人の誕生時における星の配置で, その人の運命を支配すると考えられた》. 5『心理』(刺激)布置《環境の中でさまざまな刺激が時間的空間的に配置されている状態》.

con·stel·la·to·ry [kənstélətɔ̀ːri, -tòːri | -təri] adj.

con·ster [kɑ́nstə | kɔ́nstə(r] 〖《変形》← CONSTRUE〗 v.《古》=construe.

con·ster·nate [kɑ́nstənèɪt | kɔ́nstə-] 〖← L consternāt-us (p.p.) ← consternāre to overwhelm with terror ← con- 'COM- 2'+sternere to strew (⇨ stratum)〗 —— vt. [通例 p.p. 形で] ...の胆をつぶさせる (dismay): be ~d びっくりする, 仰天する.

con·ster·na·tion [kɑ̀nstənéɪʃən | kɔ̀nstə-] 〖《1611》▭F ~ // L consternātiō(n-) fright: ⇨↑, -ation〗 —— n. 胆をつぶすほどの驚き, 仰天: throw a person into ~ 人の胆をつぶさせる, 人をびっくり仰天させる / with [in] ~ 胆をつぶして, びっくり仰天して.

con·sti·pate [kɑ́nstəpèɪt | kɔ́nstɪ-] 〖《?a1425》← L constipāt-us (p.p.) ← constipāre ← con- 'COM- 1'+stīpāre to press (cf. stiff)〗 —— vt. 1 [通例 p.p. 形で] 便秘[秘結]させる: be ~d 便秘[秘結]している. 2 ...の働きなどを不活発にする, 沈滞させる (stultify): ~ the mind. 3《廃》(固く)つめる, 凝縮する. —— vi.《口語》便秘する.

con·sti·pa·tion [kɑ̀nstəpéɪʃən | kɔ̀nstɪ-] 〖《a1400》▭(O)F ~ // LL constipātiō(n-): ⇨↑, -ation〗 n. 1 便秘, 秘結. 2 不活発, 沈滞 (stagnation). 3《廃》凝縮.

con·stit·u·en·cy [kənstítʃuənsi | -tjuənsɪ] 〖《1831》: ⇨↓, -ency〗 —— n. 1 a [集合的] (議員選挙の)選挙区民(全体). b 選挙区 (cf. Congressional district). 2 [集合的] a 支持者, 後援会; 顧客層 (clients); (定期刊行物の)購読者層. b (会社・企業など)ある組織の中でかかわりのある[奉仕する]人たち.

con·stit·u·ent [kənstítʃuənt | -tju-] 〖《1660》▭L constituent-em (pres.p.) ← constituere: ⇨ constitute, -ent: cf. F constituant〗 —— adj. 1 組成する, 構成する (component): the ~ parts of water 水の成分《水素と酸素》. 2 a 代議士選出の; 選挙権のある: a ~ body 選挙母体. b 憲法制定および改正の権能[権利]のある: ~ power / a ~ assembly 憲法制定[改正]会議. —— n. 1 (構成)成分, (構成)要素 (component). 2 選挙人 (elector); 選挙区住民. 3『法律』代理権授与者, (代理人に対する)本人 (principal). 4『言語』(語または文の)構成要素: ⇨ immediate constituent, ultimate constituent. **~·ly** adv.

Constítuent Assémbly n. [the ~]『フランス史』=National Assembly 2.

constítuent strúcture n.『言語』構成的構造《個々の構成素による文の文法的構造の形式的な表記, またその表記の記述する構造》.

con·sti·tute [kɑ́nstət(j)ùːt | kɔ́nstɪtjùːt] 〖《a1398》← L constitūt-us (p.p.) ← constituere to construct ← con- 'COM- 1'+statuere to set up (⇨ statute)〗 —— vt. 1 a (要素として)組成する; 構成する (compose); ...の本

質を成す, 作る (frame): Twelve months ~ a year. 12か月で1年となる / What are the qualities that ~ a hero? 英雄の素質[本質]は何か / Vivacity ~*s* her main charm. 活発さが彼女の主なる魅力を成している[彼女の生命である]. **b** [Passive で] …の体質[性質]である: I am not so ~*d* that I can accept insults lying down. 私は侮辱されて黙っているような性分ではない. **2 a** 〈法律を〉制定する (enact). **b** 〈文書などを〉に法的形式を与える. **c** 〈機関などを〉設定する, 設立[設置]する (establish), 〈職・地位〉に任命する: ~ an acting committee 臨時委員会を設置する / ~ a tribunal 法廷を設置する / properly ~*d* authorities 適法に任命された政府職員. **3** [目的補語を伴って] 〈人・物を〉…に選定する; 任命[指命]する (appoint): ~ a president 会長を任命する / ~ him president 彼を会長に選定する / be ~*d* representative of …の代表者に立てられる / He ~*d* himself our leader. 彼はわれわれの指導者を買って出た. **4** 事実上…と同然である[等しい]: His action ~*s* a threat. 彼の行為は強迫に等しい. **5** 《古》配置する, 置く (place). **cón·sti·tùt·er** [-ṭə | -tə(r)] *n.* **cón·sti·tù·tor** [-ṭə | -tə(r)] *n.*

con·sti·tu·tion [kɑ̀nstət(j)úːʃən | kɔ̀nstɪtjúː-] 〚(?*c*1350) ▭ (O)F ~ ▭ L *constitūtiō(n-)*: ⇨ constitute, -tion〛 ── *n.* **1** 制定(すること), 設定, 設立, 設置 (establishment): the ~ of law. **2** 構成, 組成, 構造, 組織 (structure): the ~ of nature, the world, society, etc. **3 a** 体格, 体質 (physique) (cf. diathesis): have a cold ~ 冷え性である / have a good [strong, poor, weak] ~ 体質が健全[丈夫, 貧弱, 虚弱]だ / by ~ 生れつきの体質として, 体質上. **b** 《まれ》素質, 性質, たち (disposition): the ~ of one's mind and character / a nervous ~ 神経質. **4** 国家・社会の組織形態, 政体: a monarchical [republican] ~ 君主[共和]政体. **5 a** 国家の基本法, 憲法; 憲法文書: a written ~ 成文憲法 / ⇨ unwritten constitution / under the ~ 憲法により. **b** [the C-] 《米》 = CONSTITUTION of the United States. **6 a** 法律, 法令 (ordinance). **b** 制度, 慣習. **c** (結社・組合などの)規則, 規約.

Constitution of the United States [the ―] 合衆国憲法《1787 年憲法制定会議 (Constitutional Convention) によって制定され, 1789 年 3 月 4 日に発効した; Federal Constitution ともいう》.

còn·sti·tú·tion·al [-ʃənḷ, -ʃnəl] 〚(1682): ⇨ ↑, -al¹〛 ── *adj.* **1 a** 体質上の, 体格の, 素質上の, 生れつきの: a ~ disease 体質性疾患 / a ~ infirmity [weakness] 生来の虚弱[病弱] / a ~ peculiarity 体質上の特異性, 異常体質. **b** 保健上の, 健康のための: a ~ walk 運動のための散歩. **2** 構成[組織]上の, 本質的な (essential): the ~ part of the theory / ⇨ constitutional formula. **3 a** 憲法の[に関する, を扱う, に忠実な]: a ~ assembly 憲法制定議会 / a ~ theory 憲法(解釈上の)理論. **b** 憲法政治の, 立憲的な (cf. autocratic): a ~ government 立憲政体[政治] / a ~ monarchy 立憲君主政体 / a ~ state 立憲国. **c** 憲法によって認められた, 合憲的な: ~ rights / hold something ~ 合憲(的である)とする. ── *n.* 健康のための散歩[運動], 保健散歩[運動]: take [go for] a ~ 散歩する[に行く].

Constitútional Convéntion *n.* [the ~] (米国の)憲法制定会議《1787 年 5 月 Philadelphia で Rhode Island を除く東部 12 州代表が出席して開催; 議長 G. Washington》.

constitútional fórmula *n.* 《化学》構造式 (structural formula).

còn·sti·tú·tion·al·ìsm [-ʃ(ə)nəlìzm] *n.* **1** 立憲制度, 立憲政治. **2** 立憲主義, 憲政[憲法]擁護.

còn·sti·tú·tion·al·ist [-ʃ(ə)nəlɪst, -ləst | -lɪst] *n.* **1 a** 憲法主義[擁護]者, 立憲主義者; 憲政党員. **b** [C-] (米国の)憲法制定主義者. **2** 憲法学[論]者.

con·sti·tu·tion·al·i·ty [kɑ̀nstət(j)ùːʃənǽləṭi | kɔ̀nstɪtjùːʃənǽləti, -lɪ-] *n.* 合憲性, 立憲性, 合法性 (legality).

con·sti·tu·tion·al·i·za·tion [kɑ̀nstət(j)ùːʃ(ə)nəlɪzéɪʃən, -lə- | kɔ̀nstɪtjùːʃ(ə)nəlaɪ-, -lɪ-] *n.* 立憲制度化, 憲法施行.

con·sti·tu·tion·al·ize [kɑ̀nstət(j)úːʃ(ə)nəlàɪz | kɔ̀nstɪtjúː-] *vt.* 立憲制度化する, …に憲法を布く.

constitútional láw *n.* [the ~] 《法律》憲法, 憲法的法律《国家の組織・活動の基本的原則に関する法の全体; 英国のように成文憲法をもたない場合に用いられる》.

còn·sti·tú·tion·al·ly [-ʃ(ə)nəli | -lɪ] *adv.* **1** 体質[素質]上, 生れつき (naturally): ~ timid 生来気が弱い. **2** 根本的に, 本質上 (fundamentally). **3** 憲法上, 立憲的に; 合法的に (legally).

constitútion·less *adj.* 憲法のない.

Constitútion mìrror, c- m- *n.* 《米》長方形のシェラトン様式の鏡《軒蛇腹 (cornice) の下に球飾りを配列, 左右に壁柱 (pilaster), 上部に装飾パネルがつく; tabernacle mirror ともいう》.

Constitútion Stàte *n.* [the ~] 米国 Connecticut 州の俗称.

con·sti·tu·tive [kɑ́nstət(j)ùːṭɪv, kənstítʃʊṭ- | kɔ́nstɪtjùːt-, kənstítjuːt-, -tjʊt-] 〚(1592) ← CONSTITUTE + -IVE〛 ── *adj.* **1** 構成する, 構造の (constructive); 構成要素をなす, 本質的な (elemental). **2** 制定[設定]する, 制定[設定]権を有する. **3** 《哲学》(カント哲学で)構成的な《理性の統制的原理に対して, 範疇によって現象としての認識の対象を構成する悟性の原理を形容する語にいう; ↔ regulative》. **4** 《物理化学》構造に関する[よる]《分子構造によって決まる諸性質をもつ; cf. colligative》. **~·ly** *adv.*

constr. 《略》construction; construed.

con·strain [kənstréɪn] 〚(?*a*1325) *constrei(g)ne(n)* ▭ OF *constraign-* (stem) ← *constraindre* (F *contraindre*) < L *constringere* ← *con-* 'COM- 1' + *stringere* to bind (⇨ stringent): CONSTRINGE と二重語〛 ── *vt.* **1 a** 強いる: ~ obedience 服従を強要する. **b** [~ *oneself* で] 無理をする; 自制する. **c** 無理に[余儀なく]…させる (compel, force) 〔*to*〕 / 〈*to* do〉: ~ a person *to* do 人に強いて…させる / ~ a person *to* a course of action 人に強要してある行動を取らせる / He was ~*ed to* do it. やむを得ずそれをした. **2** 不自然[無理]に作り出す, 無理にする: ⇨ constrained. **3** 押し込める, 束縛する, 閉じこめる (confine). **4** 強く締めつける, 押しつける (squeeze). **5 a** 力ずくで抑える[控えさせる]. **b** …の自由を制限する, 抑制する, 窮屈にする. **6** 苦しめる, 圧迫する (distress). **7** 《物理》〈力が〉〈運動の自由を〉束縛する: ~*ed* motion 束縛運動. **~·er** *n.*

con·strain·a·ble [kənstréɪnəbḷ] 〚(15C): ⇨ ↑, -able〛 *adj.* 強制[抑制]できる.

con·stráined *adj.* **1** 強いられた, 強制された: a ~ confession 強制自白. **2** 不自然な, 無理な, ぎこちない: a ~ manner 不自然な[窮屈な]ようす / a ~ voice [smile] (無理に作った)苦しそうな声[微笑]. **con·stráin·ed·ly** [-nɪdli, -nəd-, -nd- | -lɪ] *adv.* **con·stráin·ed·ness** [-nɪdnɪs, -nəd-, -nd-, -nəs] *n.*

con·straint [kənstréɪnt] 〚(*c*1385) ▭ OF *constreinte* (fem.p.p.) ← *constraindre*: ⇨ constrain〛 ── *n.* **1 a** 強制, 圧迫 (compulsion): act under [in] ~ 圧迫されて(やむを得ず)行動する / by ~ 無理に, 強いて. **b** 幽閉, 監禁, 拘束. **2** 抑えること, 抑制; 束縛. **3** 圧迫感, 窮屈(な感じ), 当惑 (embarrassment); 気兼ね, 遠慮: feel [show] ~ in a person's presence 人の前に出て気兼ねを感じる[遠慮する] / without ~ 気兼ねなく / put no ~ either upon one's guest(s) or oneself 客も自分もお互いに気兼ねのないようにする, 客も自分も互いに打ち解けるようにする. **4** 強制[制限, 抑制]するもの. **5** 《言語》制約.

con·strict [kənstríkt] 〚(1732) ← L *constrict-us* (p.p.) ← *constringere*: ⇨ constrain〛 ── *vt.* **1** 引きしめる, 締めつける, すぼめる (contract); 圧縮する (compress); 収斂(しゅうれん)させる: ~ a vein [muscle] 血管[筋]を収縮させる / be ~*ed* in the middle 中くびれである. **2** 〈活動などを〉抑制する, 阻害する; 制限する (restrict). ── *vi.* 収縮する, すぼまる.

con·strict·ed *adj.* **1** 締めつけた; 圧縮した (compressed). **2** 窮屈な, 狭い (narrow): a ~ outlook 狭い展望, 窮屈な見解. **3** 《生物》くびれた: a ~ pod ところどころくびれた豆のさや.

con·stric·tion [kənstríkʃən] 〚(*a*1400) ▭ L *constrictiō(n-)*: ⇨ constrict, -tion〛 ── *n.* **1 a** 締めつけ(ること), 緊縮, 圧縮; 括約, 収斂(しゅうれん); 阻害, 圧迫. **b** 締めつけられた状態. **c** 締めつけられる感じ, 窮屈さ. **2** 圧縮された部分, くびれ, 狭窄部. **3** 締めつけるもの; 阻害[抑圧]するもの. **4** 《音声》狭窄, ふさぎ《調音器官によって呼気の通路を狭めること; 摩擦音 (fricative) などにおいて起こる; cf. closure 6》. **5** 《生理・病理》絞窄, 狭窄; 収縮.

con·stric·tive [kənstríktɪv] 〚(*a*1400) ▭ LL *constrictīv-us*: ⇨ constrict, -ive〛 ── *adj.* **1** 圧縮[締めつけ]の[に関する, による]; 締めつける, 緊縮的な, 括約的な, 収斂(しゅうれん)性の. **2** 《音声》狭窄(音)の. ── *n.* 《音声》狭窄音《摩擦音 (fricative) など》.

con·stric·tor 〚▭ L ~: ⇨ constrict, -or²〛 ── *n.* **1 a** 圧迫[緊縮]させるもの[人]. **b** (血管などの)圧迫器 (compressor). **c** 獲物をしめ殺すニシキヘビ科の大きなヘビの総称《ボア (boa constrictor), アナコンダ (anaconda) など; cf. boa 1》. **2** 《解剖》括約筋, 収縮筋.

con·stringe [kənstríndʒ] 〚(1604) ▭ L *constring-ere* to draw together: ⇨ constrain〛 ── *vt.* **1** 締めつける, 緊縮する (constrict). **2** 収縮させる (contract); 収斂(しゅうれん)させる (astringe).

con·strin·gent [kənstríndʒənt] 〚▭ L *constringent-em* (pres.p.) ← *constringere*: ⇨ constrain, -ent〛 ── *adj.* 緊縮させる; 収斂(しゅうれん)性の. **con·stríngen·cy** [-dʒənsi | -sɪ] *n.*

con·stru·a·ble [kənstrúːəbḷ | -strúːə-, -strúə-] *adj.* 解釈できる. **con·strù·a·bíl·i·ty** [-strùːəbíləṭi | -strùːəbílətɪ, -strùə-, -lɪ-] *n.*

con·stru·al [kənstrúːəl | -strúːəl, -strúəl] 〚⇨ construe, -al²〛 *n.* (事実・資料などの)解釈 (interpretation).

con·struct 〚(*c*1610) ← *construct-us* (p.p.) ← *construere* ← *con-* 'COM- 1' + *struere* to pile up, build (⇨ structure)〛 ── [kənstrʌ́kt] *vt.* **1** 〈部品などを〉組み立てる (frame); 〈建物などを〉建てる (erect), 〈道路・鉄道などを〉建設する, 敷設する (build), 〈橋・船などを〉建造する, 〈堤防などを〉築造[構築]する (↔ destroy). **2** 〈文・理論などを〉組み立てる, 構成する, 案出する: ~ a theory [an argument, a sentence] 理論[議論, 文]を組み立てる / ~ the plot of a novel 小説の筋を組み立てる[考案する] / a well-*constructed* novel 構成のうまい小説. **3** 《数学》作図する, 構成する: ~ a triangle 三角形を作図する. ── [kɑ́nstrʌkt | kɔ́n-] *n.* **1** 構造物, 構築物. **2** 《心理》構成概念. **3** 《哲学・論理》構成体, 構成思想[理論]; 論理構成. **4** 《文法》= construct state. **con·strúct·i·ble** [-təbḷ] *adj.*

con·strúct·er *n.* = constructor.

con·struc·tion [kənstrʌ́kʃən] 〚(*a*1387) *construccion* ▭ (O)F *construction* ▭ L *constructiō(n-)*: ⇨ construct, -tion〛 ── *n.* **A** (cf. construct) **1** 建造, 建設, 建築, 敷設, 架設; 建設工事[作業] (cf. destruction): be under [in course of] ~ 建設[建築]中である / *Construction* ahead [掲示] この先工事中 / ~ work 建設工事 / a ~ camp 工事現場の飯場 / a ~ crew [gang] 建設工夫の一団. **2** 建築様式, 構造法 (structure): a building of peculiar ~ 風変わりな[変わった様式の]建物 / a bridge of steel ~ 鉄骨構造の橋, 鉄橋. **3** 建造物, 構築物, 造営物; 組立式舞台装置: a solid [flimsy] ~ 堅固[きゃしゃ]な建物. **4** 《数学》作図; 図形: a ~ problem 作図問題. **5** 《美術・演劇》構成. **6** 《美術》三次元の芸術作品, 立体構成. **7** 《哲学・論理》構成《論理的に単純な要素からの複合的対象の形成の手続きおよび成果》.
B (cf. construe) **1** (語句・文・法律・行為などの)解釈 (interpretation): strict [broad, liberal] ~ (憲法などに対する)厳密な[広い, 自由な]解釈 / bear ~ (ある)解釈ができる / put a good [bad] ~ on a person's action 人の行為を善意[悪意]に解釈する / put a wrong [false] ~ on a person's remarks 人の言葉を誤解する / The sentence does not bear such a ~. この文はそんな風には解釈できない. **2** 《文法》(文・語句の)構造, 組立て; 構文.

con·strúc·tion·al [-ʃənḷ, -ʃnəl] 〚⇨ ↑, -al¹〛 *adj.* **1** 建設の[に関する, 上の]. **2** 構成的な, 構造上の (structural). **3** 解釈上の. **~·ly** *adv.*

constrúctional homonýmity *n.* 《文法》構文上の同音異義, 同音異義構文.

con·strúc·tion·ìsm [-ʃənìzm] *n.* **1** 現代美術の一傾向《構成的手法を重視する》. **2** = constructivism.

con·strúc·tion·ist [-ʃ(ə)nɪst, -nəst | -nɪst] *n.* (法律の)解釈者, (特殊の)解釈を下す人: a strict [broad] ~ (特に, 憲法に)厳正な[広い]解釈を下す人.

constrúction pàper *n.* (クレヨンやインクで描くのに適した)色画用紙 (cf. art paper).

constrúction tràin *n.* 《鉄道》建設列車《新設線の工事に使う材料を運ぶための工事列車》.

con·struc·tive [kənstrʌ́ktɪv] 〚(*a*1680) ▭ ML *constructīv-us*: ⇨ construct, -ive〛 ── *adj.* **A** (cf. construct) **1** (破壊的に対して)建設的な, 積極的な (↔ destructive): ~ criticism [advice] 建設的批評[忠告]. **2** 建設の[に関する, のための]. **3** 《美術》構築的な, 構成主義の. **B** (cf. construe) **1** 解釈に基づく, 解釈上の. **2** (他の事情・行動などからの)間接的推定による, 推定[認定]的な, 擬制の, 準…: ~ theft 推定窃盗. **~·ly** *adv.* **~·ness** *n.*

constrúctive fráud *n.* 《法律》(間接的に認定できる)推定詐欺《意識的な詐欺手段を用いなくても結果的に詐欺と同様な行為》.

constrúctive tótal lóss *n.* 《海上保険》推定[解釈]全損《現実全損に準ずる損害; cf. actual total loss》.

constrúctive trúst *n.* 《法律》法定[認定]信託《例えば土地の買主が代金未払の場合に, 先取特権 (lien) をもつ売主に対して, 買主は(法定信託上の)受託者とされる; cf. express trust》.

con·strúc·tiv·ìsm [-tɪvìzm, -tə- | -tɪ-] *n.* **1** [C-] 《美術》構成主義《構築性(手法)を重視する主義・主張で, 抒情性, 幻想性などは斥けられる; 1920 年ごろ N. Gabo らによってロシヤに起こり西欧にひろまった芸術運動; cf. suprematism》. **2** 《演劇》構成主義《写実でなく, 線による抽象的立体的な舞台構成》.

con·strúc·tiv·ist [-vɪst, -vəst | -vɪst] 〚(1928)〛 *n.* 構成主義者. ── *adj.* 構成主義の.

con·strúc·tor *n.* **1** 建設者, 建造者, 工事請負人. **2** 《海軍》造船技師, 造船監.

cónstruct stàte *n.* 《文法》構成状態[語形]《名詞屈折形の一つで, 所有者を示す名詞と共に用いられ被所有物を示す; cf. absolute state, emphatic state》.

con·strue 〚(*a*1376) *construe(n)* ▭ L *constru-ere* to build up: ⇨ construct〛 ── [kənstrúː, kɑ́nstruː | kənstrúː, kɔ́nstruː] *v.* ── *vt.* **1 a** 解釈する, …の意味に取る (interpret); …の意味を推定する (infer): His remarks were wrongly ~*d*. 彼の言葉は誤解された / His laughter was ~*d as* an insult. 彼の笑いは侮辱と解釈された / His attitude was ~*d as* unfriendly. 彼の態度は友情を欠くものと解された. **b** 口頭で訳す. **2 a** 〈語句を〉(文法的に)結合する (combine), (文法的に)〈文を〉組み立てる: In America the verb 'aim' is often ~*d* with an infinitive. 米国では動詞 aim はしばしば不定詞を伴なって用いられる. **b** 〈文を〉文法的要素に解剖する; 〈構文を〉文法的に説明する: ~ a sentence 文を解剖する《主語と述語, 動詞と目的語や補語などの関係を明らかにする》. ── *vi.* **1** 文法的に解剖[解釈]する. **2** (文法上)解剖できる, 文法的に解釈できる: This sentence does not ~. この文は文法的に解剖できない, この文は文法的に誤っている.
── [kɑ́nstruː | kənstrúː, kɔ́nstruː] *n.* **1** 構文解剖. **2** (文法的に文脈をたどる)直訳, 逐語訳.
con·strú·er *n.*

con·sub·stan·tial [kɑ̀nsəbstǽnʃəl | kɔ̀n-] 〚(*a*1398) ▭ L *consubstantiālis* (⇨ com-, substance) 《なぞり》← Gk *homooúsios* ← *homós* one and the same + *ousía* essence, substance: ⇨ -al¹〛 ── *adj.* 同質の, 同体の (coessential) 〔*with*〕: The Son is ~ *with* the Father. 子(キリスト)は父(神)と同質である. **~·ly** *adv.*

còn·sub·stán·tial·ism [-ʃəlìzm] *n.* 《神学》両体共存[共在]説, 聖体聖餐共在論, 聖体共在説《キリストの肉と血の本質が聖餐式においてパンとぶどう酒の本質に共存するという説で，Luther などの聖餐論の立場；cf. consubstantiation》.

con·sub·stan·ti·al·i·ty [kɑ̀nsəbstæ̀nʃiǽləti | kɔ̀nsəbstæ̀nʃiǽlətɪ, -lɪ-] 〚□ L *consubstantiālitās*：⇨ -ity〛 ── *n.* 同体[同質]であること，同(本)質性：the ～ of the three Persons of the Trinity (キリスト・神・聖霊を一身同体とみる)三位一体.

con·sub·stan·ti·ate [kɑ̀nsəbstǽnʃièɪt | kɔ̀nsəbstǽnʃɪ-] 〚《1597》← ML *consubstantiāt-us* (p.p.) ← *consubstantiāre* ← *con-* 'COM- 1'＋*substantia* 'SUBSTANCE'：⇨ -ate³〛 ── *vt.* 1 同体[同質]に結合させる. 2 同質[同一体]とみなす. ── *vi.* 1 (同一体に)合体する. 2 両体共存説を信じる.

con·sub·stan·ti·a·tion [kɑ̀nsəbstæ̀nʃiéɪʃən | kɔ̀nsəbstæ̀nʃiéɪ-, -siéɪ-] 〚《1597》□ ML *consubstantiātiō(n-)*：⇨ ↑, -ation〛 ── *n.* 〘神学〙両体共存，聖体聖餐共在，聖体共在 (cf. consubstantialism, transubstantiation 2, impanation).

Con·sue·la [kɑnswéɪlə | kɔn-; *Sp.* konswéla] 〚《異形》↓〛 *n.* 女性名.

Con·sue·lo [kɑnswéɪlou | kɔnswéɪləu; *Sp.* konswélo] 〚□ Sp. ～《原義》(Our Lady of) Counsel〛 *n.* 女性名.

con·sue·tude [kɑ́nswɪt(j)ùːd, -swə-, kənsúːə- | kɔ́nswɪtjùːd] 〚《1377》□ L *consuētūdo* custom ← *consuēscere* ← *con-* 'COM- 1'＋*suētus* ((p.p.) ← *suēscere* to be wont：cf. custom)：⇨ -tude〛 ── *n.* 1 慣習 (custom). 2 (法律的効力のある)慣例 (usage).

con·sue·tu·di·nar·y [kɑ̀nswɪt(j)úːdənèri, -swə-, -dn- | kɔ̀nswɪtjúːdɪnərɪ] 〚《*a*1410》□ L *consuētūdināri-us*：⇨ ↑, -ary〛 ── *adj.* 慣習の，慣例上の (customary)：～ law 慣習法，伝承の法. ── *n.* 慣例書，(修道院などの)儀式次第書.

con·sul [kɑ́nsəl, -sl | kɔ́n-] 〚《*c*1380》□ L ～：cf. counsel, consult〛 ── *n.* 1 領事 (cf. ambassador)：an acting ～ 代理領事 / an honorary ～ 名誉領事. 2 (古代ローマの)執政官《王制を倒して成立した共和制の最高官職；独裁を予防するため定員2名》. 3 〘フランス史〙執政《1799-1804年のフランスの最高行政官；定員3名で Napoleon 一世はその第一執政 (First Consul)，ついで終身執政となった》.

con·sul·age [kɑ́nsəlɪdʒ | kɔ́nsjʊl-] 〚⇨ ↑, -age〛 *n.* 〘商業〙領事証明手数料.

con·su·lar [kɑ́ns(ə)lə | kɔ́nsjʊlə(r)] 〚《?*a*1425》□ L *consulār-is*：⇨ consul, -ar¹〛 ── *adj.* 1 領事(館)の[に関する]：a ～ assistant [clerk] 領事官補[書記生] / a ～ attaché 領事館員 / be in the ～ service 領事館に勤めている. 2 フランス執政(官)の：the ～ government in France フランスの執政政治.

cónsular ágent *n.* 領事代理.

cónsular cóurt *n.* 〘法律〙領事裁判所.

cónsular ínvoice *n.* 〘商業〙領事送り状.

con·su·late [kɑ́ns(ə)lət, -sjʊ-, -lɪt | kɔ́nsjʊ-] 〚《*a*1387》□ L *consulāt-us*：⇨ consul, -ate¹〛 ── *n.* 1 領事館. 2 ＝consulship. 3 [the C-] 〘フランス史〙執政政府時代 (1799-1804).

cónsulate géneral *n.* (*pl.* **consulates g-**) 1 総領事館. 2 総領事の職[権限].

cónsul géneral *n.* (*pl.* **consuls g-**) 総領事.

cónsul·shìp *n.* 領事の職[身分，地位，期間]；執政職.

con·sult 〚*v.*：《1548》□ (O)F *consult-er* □ L *consultāre* to consider maturely ← *consultus* (p.p.) ← *consulere* to consider ← ?. ─*n.*：《1533》□ (O)F *consulte*〛 ── [kənsʌ́lt] *v.* ── *vt.* 1 a 〈専門家〉に意見を聞く[ただす]，助言を求める：～ a teacher about a person's education 教育のことで先生に相談する / ～ a doctor 医者に見てもらう，医者の診察を求める / ～ one's lawyer 弁護士の意見を聞く[に相談する] / ～ one's own reason 自己の理性にはかる[訴える]. b (知識を求めるために)〈参考書・辞書・地図などを〉調べてみる：～ a dictionary for the meaning of the word 言葉の意味を知るために辞書を引く. c 〈時計を〉見る：～ a watch for the time 時間を知るために時計を見る. 2 〈人の感情・利害・便宜などを〉考慮する，顧慮する，念頭に置く (consider)：～ one's own interests, convenience, etc. / ～ a person's pleasure 人の都合を聞く. 3 《廃》a 論議する (discuss). b 工夫する (contrive). ── *vi.* 1 a 〔人と〕相談する (confer) 〔*with*〕：～ *with* one's friends *about* [*on*] the matter その事で友人たちと相談する. b 協議する〈*together*〉：～ *together about* the matter. 2 顧問[コンサルタント]をする〔*for*〕：～ *for* the company その会社のコンサルタントをする. ── [kənsʌ́lt, kɑ́nsʌlt | kənsʌ́lt, kɔ́nsʌlt] *n.* 1 《まれ》相談 (consultation). 2 《古》陰謀.

～·er [-tə | -tə(r)] *n.*

con·sul·tan·cy [kənsʌ́ltnsi, -tən- | -tnsɪ, -tən-] *n.* 1 コンサルタント業，コンサルタントの仕事. 2 ＝consultation.

con·sul·tant [kənsʌ́ltnt, -tənt | -tnt, -tənt] 〚《1697》□ F ～ // L *consultant-em* (pres.p.) ← *consultāre*：⇨ consult, -ant〛 ── *n.* 1 (専門的な)相談相手，顧問，コンサルタント；(特に)顧問医師. 2 相談する人. 3 私立探偵. **～·shìp** *n.*

con·sul·ta·tion [kɑ̀nsəltéɪʃən, -sl- | kɔ̀nsəl-, -sl-, -sʌl-] 〚《*c*1425》□ (O)F ～ // L *consultātiō(n-)*：⇨ consult, -ation〛 ── *n.* 1 a (専門家にする)相談，協議，諮問；診察：be in [go into] ～ 相談中である[を始める] / take a person into ～ 人を相談に入れる. b (参考書・辞書などを)参考(にすること)，参照. 2 (専門家の)協議会，審議会；(病気の診断・治療に関する)医師の協議会：hold a ～ with ...と協議会を開く. 3 〘英法〙送還令状《宗教裁判所から世俗の裁判所へ移管された事件を再び宗教裁判所へ送還する令状》.

con·sul·ta·tive [kənsʌ́ltətɪv, kɑ́nsəltèɪt- | kənsʌ́ltət-] 〚⇨ ↑, -ative〛 ── *adj.* 相談の，協議の，審議の (deliberative)；諮問の (advisory)：a ～ body 諮問機関 / a ～ committee 諮問委員会.

con·sul·ta·to·ry [kənsʌ́ltətɔ̀ːri, -tòːri | kənsʌ́ltət(ə)rɪ, kɔ̀nsəltéɪ-, -sl-] 〚□ L *consultātōri-us*：⇨ consult, -atory〛 *adj.* ＝consultative.

con·súlt·ing [-tɪŋ | -tɪŋ] *adj.* 1 相談する，諮問の；専門的な助言を与える，顧問の：a ～ physician 顧問医師 / a ～ engineer 顧問技師 / a ～ chemist 化学コンサルタント. 2 相談(役)の[に関する，のための]：a ～ room 診察室.

con·sul·tive [kənsʌ́ltɪv | -tɪv] *adj.* ＝consultative.

con·súl·tor [-tə | -tə(r)] 〚□ L ～：⇨ consult, -or²〛 *n.* 1 相談役. 2 〘カトリック〙a 司教 (bishop) の相談役[助言者]. b 修道院など院長諮問会議のメンバー.

con·sum·a·ble [kənsúːməbl | -s(j)úːm-] *adj.* 消費できる，消耗されうる：Energy is ～. エネルギーは使えばなくなる. ── *n.* [通例 *pl.*] 消耗品.

con·sume [kənsúːm | -s(j)úːm] 〚《*c*1380》*consume(n)* □ (O)F *consume-r* // L *consūm-ere* to take up wholly ← *con-* 'COM- 1'＋*sūmere* to take up (← *sus-* 'SUB-'＋*emere* to take：cf. assume)〛 ── *vt.* 1 消費する，消耗する，使い尽くす；浪費する (waste)：～ one's energies, fortune, etc. / ～ much of his time in studying 勉強に大部分の時間を費やす. 2 〈火炎が〉焼き尽くす：The fire ～*d* the whole house. 火事で家は全焼した / The town was ～*d* by fire. 町は丸焼けになった. 3 食い尽くす；飲み尽くす：～ three bottles of whiskey. 4 [通例 p.p. 形で]〈嫉妬・憎悪などが〉〈人〉の心に食い入る，〈人を〉夢中にさせる (engross)：be ～*d with* envy 嫉妬に胸を焦がす / He is ～*d with* ambition [a desire to conquer, zeal for dancing]. 彼は野心[征服欲，ダンス熱]で夢中になっている. ── *vi.* 1 〈時・貯えなどが〉消費される，尽きる. 2 燃え尽きる，焼失する；消滅する. 3 衰弱する〈*away*〉.

con·súm·ed·ly [-mɪdli, -məd- | -lɪ] *adv.* 《古》途方もなく，非常に (excessively)，極度に (extremely).

con·súm·er 〚《*c*1425》〛 ── *n.* 1 消費者，使用者 (cf. producer)：an association of ～*s* 消費者組合. 2 消費[消耗]する人[もの]. 3 〘生態〙消費者《動物のように，とり入れた有機物の大部分をエネルギー準位のより低い有機物に分解するもの；cf. producer 5, food chain》. **～·shìp** *n.*

consúmer crédit *n.* 〘経済〙消費者信用《消費財の購入のため金融機関から供与される信用》.

consúmer crédit life insùrance *n.* 〘保険〙消費者信用生命保険《月賦購買者の死亡により回収不能となる債権を確保する保険》.

consúmer dúrables *n. pl.* 〘経済〙耐久消費財.

consúmer gòods *n. pl.* 〘経済〙消費財《消費者の欲望を直接満たすための商品；consumer items ともいう；cf. capital goods, producer goods》.

con·súm·er·ism [-mərɪzm] *n.* 1 (不正広告・不良商品などに対する)消費者運動. 2 消費者優先主義 (cf. Naderism). 3 〘経済〙コンシューマリズム，消費主義《消費の拡大は経済にとって好ましいとする主張》.

con·súm·er·ist [-rɪst, -rəst | -rɪst] *n.* 1 消費者運動家. 2 消費者優先主義者.

consúmer ítems *n. pl.* 〘経済〙＝consumer goods.

consúmer prìce *n.* 〘経済〙消費者価格 (cf. producers' price).

consúmer príce ìndex *n.* 〘経済〙消費者物価指数《cost-of-living index ともいう》.

consúmer resèarch *n.* 消費者調査.

consúmer resístance *n.* 消費者抵抗 (cf. sales resistance).

consúmers' crédit *n.* 〘経済〙＝consumer credit.

consúmer strìke *n.* (消費者)不買運動[同盟].

con·súm·ing·ly *adv.* 熱烈に，激しく (intently).

con·sum·mate 〚《1447》□ L *consummāt-us* (p.p.) ← *consummāre* to accomplish ← *con-* 'COM- 1'＋*summa* 'SUM' (← *summus* highest)：⇨ -ate²,³〛 ── [kənsʌ́mət, kɑ́nsə-, -mɪt | kənsʌ́m-] *adj.* 1 完璧(ぺき)な，完全な (perfect)：a man of ～ virtue 至徳の君子人. 2 有能な (proficient)：a ～ master of his craft その道の達人[名人]. 3 a 最高の，極致[極度]にある，至上の：～ skill, happiness, etc. b 全くの，極度の (extreme)：a ～ knave 途方もない悪人. 4 《古》完成した (finished). ── [kɑ́nsəmèɪt | kɔ́nsə-, -sʌ-, -sjʊ-] *vt.* 1 a 完成[成就]する，完了する (complete)：～ one's enterprise. b 極点に達せしめる；達成する (achieve)：This ～*d* their happiness [misery]. これで彼らの幸福[不幸]はその極点に達した. 2 床入りをすることで〈結婚を〉完了する：～ a marriage. ── *vi.* 完全になる.

con·súm·mate·ly *adv.* この上もなく，完全に (completely)；完全の域まで，極度に.

con·sum·ma·tion [kɑ̀nsəméɪʃən | kɔ̀nsə-, -sʌ-, -sjʊ-] 〚《*a*1398》□ (O)F *consommation* // L *consummātiō(n-)*：⇨ consummate, -ation〛 ── *n.* 1 a 仕上げ，成就，完成 (completion)；完全(の域)，完璧(ぺき) (perfection)，極致 (acme)；(目的・願望などの)達成 (attainment). b (床入りによる)結婚の完成：the ～ of a marriage. c 完成されたもの. 2 終末 (end)，死 (death).

con·sum·ma·tive [kɑ́nsəmèɪtɪv, kənsʌ́mət- | kɔ́nsəmèɪt-, -sʌ-, -sjʊ-, kənsʌ́mət-] 〚← CONSUMMATE＋-IVE〛 ── *adj.* 完成する，仕上げの (final). **～·ly** *adv.* **～·ness** *n.*

cón·sum·mà·tor [-tə | -tə(r)] 〚□ LL *consummātor*：⇨ consummate, -or²〛 *n.* 完成する人；実行者；(その道の)達人.

con·sum·ma·to·ry [kənsʌ́mətɔ̀ːri, -tòːri | -tərɪ] 〚⇨ -atory〛 ── *adj.* 1 ＝consummative. 2 〘心理〙完了行動の《欲求行動の最終段階でその充足を完了させる行動についていう；例えば食物を手に入れる段階のあと，食物を口に入れて食べる段階など》.

con·sump·tion [kənsʌ́m(p)ʃən] 〚《16C》□ L *consumptiō(n-)* ← *consumptus* (p.p.) ← *consūmere* 'to CONSUME' ∽ 《*a*1398》*consumpcioun* □ (O)F *consomption*〛 ── *n.* 1 a 消費 (cf. production)：home ～ 国内消費 / The speech was meant *for* foreign [home] ～. その演説は外国に[国民に]聞かせるのが目的であった. b 消費高[額]. 2 消尽，滅失，消耗 (waste). 3 a (体力の)消耗，衰弱. b 《俗用》肺結核 (pulmonary tuberculosis).

consúmption gòods *n. pl.* 〘経済〙＝consumer goods.

consúmption tàx *n.* 消費税.

consúmption wèed *n.* 〘植物〙1 ＝sea myrtle. 2 ＝false wintergreen.

con·sump·tive [kənsʌ́m(p)tɪv] 〚《*a*1398》□ ML *consumptīv-us* ← L *consumptus*：⇨ consumption, -ive〛 ── *adj.* 1 消費の. 2 破壊的な (destructive)，浪費的な (wasteful)；消耗的な：a ～ war 消耗戦. 3 肺病の[に関する，を思わせる]，肺病性[質]の：a ～ cough 肺病のせき. ── *n.* 肺結核[肺病]患者. **～·ly** *adv.* **～·ness** *n.*

cont. 《略》containing；contents；continent；continental；continue；continued；continuum；contra；contract；contraction；control；controller；〘処方〙L. contūsus (＝bruised).

Cont. 《略》Continental.

con·ta·bes·cence [kɑ̀ntəbésns | kɔ̀ntə-] 〚← L *contābesc(ere)* (*con-* 'COM-'＋*tābescere* to decay)＋-ENCE〛 ── *n.* 〘植物〙雄蕊や花粉の萎縮. **còn·ta·bés·cent** [-snt] *adj.*

con·tact 〚《1626》□ F ～ // L *contact-us* a touching (p.p.) ← *contingere* ← *con-* 'COM- 1'＋*tangere* to touch (⇨ tangent)〛 ── [kɑ́ntækt | kɔ́n-] *n.* 1 (二つの物体または表面の)接触，触れ合い；連絡，交渉，交際：a point of ～ 接触点，接点 / be communicated by ～ 〈病気が〉接触によって伝染する / be in [out of] ～ with ...と接触[連絡，交際]している[いない] / come into [in] ～ with ...と接触[衝突]する / be brought into ～ with ...と接触させられる / establish one's ～ with ...に接触する[連絡をとる]. 2 a 有力な知人，縁故，手づる；仲介者，情報提供者：a man with many ～*s* 顔の広い人. b 有力な人との付き合い[関係]. c (商業上の目的で)渡りをつけてある人；橋渡し役. 3 ＝contact lens. 4 〘電気〙a 接触；混線：break ～ (電流の)接触を断つ / make ～ (電流の)接触を行なう. b 接点，接触装置. 5 〘数学〙相接，接触：the path of ～ 接触点の軌跡. 6 a 〘医学〙(伝染病患者との)接触者，保菌容疑者. b 〘病理〙＝contact dermatitis. 7 〘社会学〙接触《二人以上の人との間に社会関係の生じる第一段階》：direct ～ 直接的接触《直接互いに相手の顔を見または声を聞くこと》/ indirect ～ 間接的接触《電話や手紙を通して行なわれるもの》. 8 〘通信〙交信；交信者. 9 〘航空〙(飛行機からの)肉眼による地上観察 (cf. contact flight) (cf. *adv.*)：fly by ～ 有視界飛行をする. 10 〘天文〙(天体の見かけ上の)接触. 11 〘地質〙(別種岩石の)接触.
── [kɑ́ntækt | kɔ́n-] *attrib. adj.* 1 接触の；接触によって動く[生じる]. 2 競技者の体と体が触れ合う：～ sports. 3 〘航空〙有視界飛行の：⇨ contact flight. 4 〘地理〙接している，隣接の.
── [kɑ́ntækt | kɔ́n-] *adv.* 〘航空〙有視界飛行で (cf. *n.* 9)：fly ～ 有視界飛行をする.
── [kɑ́ntækt, kəntǽkt, kɑn- | kɔ́ntækt, kəntǽkt, kɔn-] *v.* ── *vt.* 1 接触させる. 2 a ...に連絡する，渡りをつける. b 会う，会見する，...と交際する. ── *vi.* 接触する[している]；交際する[している].

con·tac·tant [kəntǽktənt, kɑn- | kən-, kɔn-] 〚⇨ ↑, -ant〛 *n.* 〘医学〙接触物，接触原《皮膚などに接触して症状を誘発する物質》.

cóntact-clàuse *n.* 〘文法〙接触節《先行詞と節との間に連結詞がなく，先行詞に緊密に結びついている節；Jespersen の用語；例；This is the boy we spoke of. / There is a man below wants to speak to you》.

cóntact dermatítis *n.* 〘病理〙接触皮膚炎.

cóntact electrícity *n.* 〘電気〙接触電気《異なる物質の接触面に発生する電気》.

cóntact flìght [**flỳing**] *n.* 〘航空〙有視界飛行《操縦士が絶えず地上または海上を視界の中に保ちながら行なう飛行；cf. instrument flight [flying]》.

cóntact inhibítion *n.* 〘生物〙接触阻止，接触阻害《培養した細胞が互いに接触したとき，それぞれの運動が止まること；正常細胞はこの性質をもつが，癌細胞にはこの性質がない》.

cóntact lèns *n.* コンタクトレンズ《薄いプラスチック製の角膜に密着させる視力矯正用レンズ》.

cóntact màker *n.* 〘電気〙接触子《電流の接触装置》.

cóntact màn *n.* (取引などの)仲介者，橋渡し役；渉外係.

cóntact metamórphism *n.* 〖地質〗接触変成作用《地殻の上層部に貫入した高温の岩漿に接触して岩石が変成すること》.
cóntact mìne *n.* 〖軍事〗(接触によって爆発する)触発機雷.
con·tac·tor [kɑ́ntæktə, kəntǽktə, kɑn- | kɔ́ntæktə(r, kəntǽktə(r, kɔn-] *n.* 〖電気〗接触器.
cóntact pàper *n.* 〖写真〗密着印画紙.
cóntact potèntial *n.* 〖電気〗接触電位差《contact potential difference ともいう; ⇨ Volta effect》.
cóntact prìnt *n.* 〖写真〗密着印画[焼付け] (cf. projection print).
cóntact prìnting *n.* 〖写真〗密着印画[焼付け]過程[作用], 密着焼付け.
cóntact pròcess *n.* 〖物理・化学〗接触法, 触媒法.
cóntact resìstance *n.* 〖電気〗接触抵抗, 接点抵抗.
cóntact transformàtion *n.* 〖数学〗接触変換《図形の接触が保持されるような変換のこと》.
cóntact twìn *n.* 〖結晶〗接合双晶.
contagia *n.* contagium の複数形.
con·ta·gion [kəntéɪdʒən | -dʒən, -dʒɪən] 〚(c1380) □ L contāgiō(n-) a touching ← con- 'COM- 1'+tangere to touch: ⇨ tangent, -ion〛 — *n.* **1 a** (病気の直接・間接の)伝染, 感染 (cf. infection 1): spread by ～ 〈病気が〉接触伝染で広まる. **b** 伝染病. **c** (伝染病の)病原体, 病菌. **2** (感情・思想などの)感化, 影響, 伝播(でんぱ); 伝染力, 感化力: the ～ of enthusiasm, fear, fanaticism, etc. **3 a** 悪感化, 悪風, 病弊: general ～ 世の弊風. **b** 毒, 害毒 (poison). **4** 〖生態〗集落, 集中分布群.
con·ta·gious [kəntéɪdʒəs] 〚(c1380) □ LL contāgiōsus: ⇨ ↑, -ous〛 — *adj.* **1 a** (接触)伝染する[性の] (cf. infectious 1); 伝染毒のある: ～ matter 伝染性の物, 伝染物 / a ～ disease (接触)伝染病 / The disease is ～ by touch. その病気は接触によって伝染する. **b** 伝染病患者用の: a ～ ward 伝染病棟[舎, 室]. **2** 病原菌を持っている, 保菌者の. **3** うつりやすい (catching): ～ religious fervor 人にうつりやすい宗教熱 / Laughter is ～. 笑いはうつりやすい, 一人笑うと皆笑う. **4** 〖生態〗集落を形成する, 集中分布の. **～·ly** *adv.* **～·ness** *n.*
contágious abórtion *n.* 〖獣医〗(ブルセラ菌による)牛の伝染性流産《infectious abortion ともいう; cf. brucellosis 2》.
contágious distribútion *n.* 〖統計〗= contagious process.
contágious écthyma *n.* 〖獣医〗**1** (羊の)壊死性(えしせい)菌症 (⇨ sore mouth 1 a). **2** = sore mouth 2.
contágious epitheliòma *n.* 〖獣医〗伝染性上皮腫, 鶏痘 (⇨ fowl pox).
contágious prócess *n.* 〖統計〗伝播過程《各時点での変数の値が, 次の時点での変数の値を増大もしくは減少させる作用をする確率過程; contagious distribution ともいう》.
con·ta·gi·um [kəntéɪdʒəm, -dʒiəm | -dʒɪəm, -dʒəm] 〚□ L contāgium: ⇨ contagion, -ium〛 — *n.* (*pl.* **-gi·a** [-dʒə, -dʒiə | -dʒɪə, -dʒə]) 〖医学〗感染[伝染]病原体, 伝染毒素.
con·tain [kəntéɪn] 〚(?a1300) coteine(n) □ (O)F contenir < L continēre ← con- 'COM- 1'+tenēre to hold (⇨ tenable)〛 — *vt.* **1 a** (内容や部分として)もつ, 入っている (hold): The nest ～s six eggs. その巣には卵が 6 つ入っている / This book ～s a bibliography. この本には関係書誌が載っている. **b** (内容・構成部分として)含む, 包含する, 含有する (include): This beverage does not ～ alcohol. この飲物にはアルコールは含まれていない / The building ～s six rooms. その建物は 6 室ある. **c** 〈人・物・容量などを〉入れる容積がある, 入れられる, (いくら)入る: This jug will ～ a quart. このびんには 1 クォート入る / The room will not ～ all of them. この部屋には皆は入り切れない. **d** …に等しい: A quart ～s two pints. 1 クォートは 2 パイントである. **2 a** 〈感情を〉押える, 制する (restrain): ～ one's passions 怒りを押える / ～ one's laughter 笑いをこらえる. **b** [～ oneself で] 我慢する, 自制する: I could not ～ myself for joy. うれしくてじっとしていられなかった / She could not ～ herself to wait. 彼女は待ちきれなかった. **c** 阻止する, 抑制する (check): ～ economic inflation. **d** 〈敵〉の前進・攻撃を阻止する; 〈敵を〉牽制する. **e** 〈敵国〉に封じ込め政策を行なう. **3** 〖廃〗保有する, 保持する (keep): what my memory cannot ～ 記憶にないこと. **4** 〖数学〗 **a** 〈辺が〉〈角を〉はさむ, 〈図形を〉包む, 囲む (enclose), 〈集合が〉〈元や集合を〉含む: a ～ed angle 夾角. **b** (ある数で)割り切れる, 〈ある数を〉因数として含む: 15 ～s 3 and 5. 15 は 3 と 5 で割り切れる / 4 is ～ed in 12 three times. 12 の中に 4 が三つある. — *vi.* 〖廃〗感情を押える, 自制する.
con·tain·a·ble [kəntéɪnəbl] *adj.* 含有できる, 入れられる.
con·táined *adj.* **1** 抑制した, 自制した (controlled). **2** 落ち着いた, 静かな (calm). **con·táin·ed·ly** [-nɪdli, -nəd- | -lɪ] *adv.*
con·táin·er 〚(c1443)〛 *n.* **1** 入れ物, 容器. **2** (貨物輸送用)コンテナ.
contáiner·bòard *n.* 容器用厚紙《段ボール・ボール紙など》.
contáiner càr *n.* コンテナ(専用)車両.
con·tain·er·i·za·tion [kəntèɪnərɪzéɪʃən, -rə- | -raɪ-, -rɪ-] *n.* (貨物の)コンテナ輸送(化).
con·tain·er·ize [kəntéɪnəràɪz] 〚⇨ container, -ize〛 *vt.* **1** 〈貨物を〉コンテナに入れる; コンテナで輸送する. **2** 〈船を〉コンテナ輸送用に装備[設計]する.
con·táin·ment *n.* **1** 抑制, 拘束 (restraint). **2 a** 牽制. **b** 封じ込め(政策): the ～ policy 封じ込め政策《現在の境界線内に相手国の勢力を封じ込めようとする政策; 米国 Truman 大統領時代 Kennan により提唱された対ソ政策》.
con·tam·i·nant [kəntǽmənənt | -mɪ-] 〚□ L contāminant-em: ⇨ ↓, -ant〛 *n.* 汚染物(質).
con·tam·i·nate 〚(?a1425) ← L contāminātus (p.p.) ← contāmināre to mingle, defile ← con- 'COM- 1'+ tangere to touch (⇨ tangent): ⇨ -ate[2,3]〛 — [kəntǽmənèɪt | -mɪ-] *vt.* **1** (接触によって)よごす, 不潔にする (defile); 廃棄物・放射性物質・病原菌・異物などで)汚染する: ～ a river with sewage 下水で川の水をよごす / ～d blood 汚血 / air ～d by radioactivity 放射能で汚染した空気 / Flies ～ food. ハエがつくと食物は不潔になる. **2** 悪に染まらせる, 堕落させる: ～ a person's morals by an evil example 悪い手本で人の道徳心を堕落させる. — [kəntǽmənət, -nɪt, -nèɪt | -mɪ-] *adj.* 〖廃〗悪に染まった.
con·tam·i·na·tion [kəntæ̀mənéɪʃən | -mɪ-] 〚(?a1425) □ LL contāminātiō(n-): ⇨ ↑, -ation〛 — *n.* **1** よごれ, 汚染, 汚濁. **2** 害毒を流すもの; 堕落させるもの (contaminant). **3** (原文・記録・物語などの)不純な混合. **4** 〖言語〗混交, 混成《例えば whirlicane は whirlwind と hurricane の混交; blending ともいう; hybridism 2》. **5** 〖地質〗= assimilation 2 b.
con·tam·i·na·tive [kəntǽmənèɪtɪv, -nət- | -tǽmɪnət-, -nèɪt-] 〚← CONTAMINATE+-IVE〛 *adj.* 汚染する, 汚濁性の, よごす.
con·tám·i·nà·tor [-tə | -tə(r] *n.* 汚染するもの[人].
con·tan·go [kəntǽŋgou | kəntǽŋgəu, kɔn-] 〚(転訛) ← ? CONTINGENT ∥ CONTINUE〛 — *n.* (*pl.* ～**s**, ～**es**) 《英》〖証券〗 **1** (London 証券取引所の 2 週間決済取引における)繰延べ取引《決済を次期の決済期日まで繰り延べるための取引; carry-over, continuation ともいう》. **2** (繰延べ取引における)買株の繰延べ料《買主から繰延べ取引の相手方に支払われる》; 繰延べ金利, 繰延べ日歩 (cf. backwardation).
contángo dày *n.* 《英》〖証券〗繰延べ取引日《繰延べ取引 (contango) が行なわれる日で, 決済処理期間 (settlement) の第 1 日; making-up day, continuation day ともいう》.
contd. 《略》continued.
conte [kɔ̃ː(n)t, kóː(ː)nt; *F.* kɔ̃ːt] 〚(1891) □ F ～ ← conter to relate〛 *F. n.* (*pl.* ～**s** [～s; *F.* ～]) コント, 短編《特に, 冒険談・誘惑話》.
con·té [kɔ̃ː(n)téɪ, kɔ(ː)n-; *F.* kɔ̃te] 〚← Nicolas-Jacques Conté (1755–1805: これを考案したフランス人)〛 — *n.* 〖美術〗 **1** コンテ《木炭より堅いデッサン用のクレヨンの一種; conté crayon ともいう》. **2** コンテによる下絵, スケッチ.
con·temn [kəntém] 〚(c1425) □ OF contemn-er ∥ L contemn-ere to despise ← con- 'COM- 2'+temnere to despise〛 *vt.* 《文語》軽蔑する, 侮辱する (despise).
con·témn·er [-témə | -mə(r] 〚□ F 《廃》contempneur〛 *n.* 《文語》軽蔑者.
con·tém·nor [-témnə, -témə | -mnə(r, -mə(r] *n.* **1** 《文語》= contemner. **2** 〖法律〗法廷侮辱罪を犯した人.
con·tem·pla·ble [kəntémpləbl] 〚□ L contemplābilis: ⇨ ↓, -able〛 *adj.* 観照[黙想, 意図]できる.
con·tem·plate [kɑ́ntəmplèɪt, -tem- | kɔ́ntem-, -təm-] 〚(1592) ← L contemplātus ← contemplārī to look upon, observe ← con- 'COM- 2'+templum 'TEMPLE[1]'〛 — *vt.* **1** じっと見る[見つめる], 熟視する, 静観する; 〈芸術品などを〉観照する: ～ the scene / They ～ed each other for some minutes. 数分間お互いじっと見つめ合った. **2** 沈思[黙考]する: ～ a problem. **3 a** 予期する, 予想する (expect); 心に描く, 夢想する (envision). **b** もくろむ, 意図する (intend): ～ a trip, a literary work, etc. / ～ doing …しようともくろむ, …するつもりだ / He ～d marrying her in the future. 将来彼女と結婚することを考えていた. — *vi.* 静観する, 沈思する, 黙考する (meditate); (宗教的に)瞑想(めいそう)する.
con·tem·pla·tion [kɑ̀ntəmpléɪʃən, -tem- | kɔ̀ntem-, -təm-] 〚(?a1200) □ (O)F ～ □ L contemplātiō(n-): ⇨ ↑, -ation〛 — *n.* **1** 熟視(すること); 静観, 観照: derive inspiration from the ～ of nature 自然の静観から霊感を得る. **2** 沈思, 黙考, 黙想 (meditation); (宗教的な)瞑想: be lost in ～ 黙想に耽っている. **3 a** 予期, 期待 (expectation). **b** 企図, 計画 (plan): an enterprise under ～ 計画中の事業 / have something in ～ 何か計画している. **4** 〖廃〗熟考 (consideration).
con·tem·pla·tive [kəntémplətɪv, kɑ́ntəmplèɪt-, -tem- | kɔ́ntemplèɪt-, -təm-, kəntémplət-] 〚(1340) □ OF contemplatif, -ive □ L contemplātīvus: ⇨ contemplate, -ative〛 — *adj.* 静観[観照]的な, 黙想に耽る (thoughtful); 瞑想(めいそう)する: a ～ life (隠者などの)黙想生活 / be ～ of …を凝視[黙考]している. — *n.* (宗教的)黙想に耽る人. **～·ness** *n.*
con·tém·pla·tive·ly 〚(a1400)〛 *adv.* 黙想的に, 沈思[黙考]して.
cón·tem·plà·tor [-tə | -tə(r] 〚(c1443) □ L contemplātor: ⇨ contemplate, -or[2]〛 *n.* 熟考者; 黙想者, 沈思する人, 静観者.
con·tem·po·ra·ne·ous [kəntèmpəréɪniəs, kɑn-, -njəs | kəntèmpəréɪnjəs, kɔn-, -nɪəs] 〚(1656) ← L contemporāneus (← con- 'COM- 1'+tempor-, tempus time)+-OUS〛 — *adj.* **1** 〈物・事件が〉同期間[時期]に存在した[起こった] 〔with〕. **2** 同時代の 〔with〕: be ～ with …と同時代[時期]に属する. **con·tem·po·ra·ne·i·ty** [kəntèmpərəníːəti, kɑn-, -néɪə- | kəntèmp(ə)rəníːətɪ, kɔn-, -níːɪ-, -níə-, -néɪə-, -néɪɪ-] *n.* **～·ly** *adv.* **～·ness** *n.*
con·tem·po·rar·y [kəntémpərèri | -p(ə)rəri] 〚(1631) □ ML contemporārius ← L con- 'COM- 1'+L temporārius 'TEMPORARY'〛 — *adj.* **1** 〈人・作品が〉同時代[時期]に存在した[起こった], 同時代[時期]に属する 〔with〕: Scott was ～ with Byron. スコットはバイロンと同時代の人であった. **2** 同時に起こる (simultaneous). **3** 現代の, 当代の, 現代的な (modern): our ～ hero 当代の英雄 / ～ opinion 時論 / ～ literature [writers] 現代文学[作家]. — *n.* **1** 同時代の人: one's contemporaries at school 同じころ学校にいた生徒, 同期生 / our contemporaries われわれと同時代の人々, 当今[現代]の人々 / plays by Shakespeare's contemporaries シェークスピアと同時代の劇作家による劇. **2** 同年輩の人. **3** 同時発行の他の新聞・雑誌: our ～ 同業紙. **con·tem·po·rar·i·ly** [kəntèmpərérəli, kɑn-, ―⌒―⌒―― | kəntémp(ə)rərəlɪ, -rɪlɪ] *adv.* **con·tém·po·ràr·i·ness** *n.*
con·tem·po·rize [kəntémpəràɪz] 〚← L contemporāre (← con- 'COM-'+tempus time)+-IZE〛 — *vt.* 同じ時代にする; …の時代を同じにする: ～ oneself with bygone times 自分の身を昔に置いて考える. — *vi.* 時代[時期]を同じくする.
con·tempt [kəntém(p)t] 〚(a1393) □ L contemptus scorn (p.p.) ← contemnere to despise: ⇨ contemn〛 — *n.* **1 a** 軽蔑(すること), 蔑視, 侮辱 (disdain, scorn): an object of ～ 侮りの的 / in ～ of …を軽蔑して / have [feel] a ～ for …を軽蔑する / hold [have] a person in ～ 人を侮って[軽蔑して]いる / show ～ 軽蔑を示す / speak with ～ 軽蔑して語る. **b** 無視, 軽視. **2** 恥辱, 不面目 (disgrace): bring a person into ～ 人に恥辱を与える, 人を卑しめる / bring the ～ of the world upon oneself 世間の侮りを(身に)招く / fall into ～ 侮辱を受ける, 侮られる / live in ～ 恥ずかしい生活をする. **3** 〖法律〗(司法・立法機関に対する)侮辱罪.
contempt of Congress 《米》議会[国会]侮辱罪.
contempt of court 〖法律〗法廷侮辱罪.
con·tempt·i·bil·i·ty [kəntèm(p)təbíləti | -tɪbílətɪ, -tɪ-, -lɪ-] 〚□ LL contemptibilitāt-em: ⇨ ↓, -ibility〛 *n.* 卑しむべき性質[こと], 卑劣, 陋劣(ろうれつ).
con·tempt·i·ble [kəntém(p)təbl | -tə-, -tɪ-] 〚(c1384) □ LL contemptibilis: ⇨ contempt, -ible〛 — *adj.* **1** 卑しむべき, 陋劣(ろうれつ)な, 卑劣な, 浅ましい, 見下げ果てた (despicable). **2** 《廃》= contemptuous 1. **～·ness** *n.* **con·témpt·i·bly** *adv.*
con·temp·tu·ous [kəntém(p)tʃuəs, -tʃəs | -tjuəs, -tʃu-] 〚(1547) ← L contemptus 'CONTEMPT'+-OUS〛 — *adj.* **1** 侮辱する(ような), 軽蔑的な, さげすみの (scornful); 傲慢な (insolent) 〔…を〕軽蔑する 〔of〕: a ～ air, look, smile, etc. / He is always ～ of my opinion. 彼は私の意見をいつも軽蔑する. **2** 《古》= contemptible 1. **～·ly** *adv.* **～·ness** *n.*
con·tend [kənténd] 〚(?1440) □ OF contendre ∥ L contend-ere to stretch, strive ← con- 'COM- 1'+tendere to stretch (⇨ tend[1])〛 — *vi.* **1** 争う, 競う (compete) 〔with〕: ～ with others for a prize 人と賞を争う / ～ing passions 相争う二つの感情. **2** 〔困難などと〕戦う (struggle) 〔with〕; 〔自由などを求めて〕戦う 〔for〕: ～ with difficulties / ～ for one's faith [existence, freedom] 信念[生存, 自由]のために戦う / have much to ～ with 多くの困難を切り抜けて行かなければならない, 前途多難である. **3** 論争する, 議論を戦わす (discuss); 言い争う: ～ against opponents 相手をやっつけようと[論破しようと]論争する / He ～s about everything. すべてのことに論を張る. — *vt.* **1** (強く)主張する (maintain) 〈that〉: I ～ that he is innocent. 彼は無実だと私は主張する. **2** 争う, 競う.
con·ténd·er *n.* **1** (特に, 優勝などをかけての)競争者 (contestant). **2** 論争者; 主張者.
con·tent[1] [kɑ́ntent | kɔ́n-] 〚(a1420) □ L contenta (pl.) ← contentum (neut. p.p.) ← continēre: ⇨ contain〛 — *n.* **1** [通例 *pl.*] **a** (容器の)中味, 内容物: the ～s of a bag, bottle, etc. **b** (書物・文書などの)内容; (内容の)目次: a table of ～s 目次, 内容目録. **2 a** (作品・論文などの)趣意, 要旨 (substance): the ～ of a chapter, statement, etc. **b** 本質的な意味, 真意. **c** (形式に対して, 実質のある)内容 (substance): the emotional ～ of a poem. **3 a** (研究分野で扱う)主題, 問題. **b** 部分を構成するもの, 部分 (part). **4** 含有量, 含量: the silver ～ of an ore 鉱石の銀含有量. **5 a** (船などの)容量 (capacity); 大きさ (size): a ship of great ～. **b** 容積, 面積: solid [cubical] ～(s) 容積, 体積 / superficial ～(s) 面積. **6** 〖言語〗内容《言語構造の意味の面; cf. expression 7》. **7** 〖数学〗容量. **8** 〖心理〗意識内容《感覚・感情などから構成される意識的な経験の内容; 構成心理学の用語》.
con·tent[2] [kəntént] 〚v.: (?a1400) □ (O)F content-er □ ML contentāre ← L contentus (p.p.) ← continēre (↑). — n. & adj.: (15C) ← (v.)〛 — *n.* **1** 満足(な状態) (contentment); (特に)不満・不安・動揺のない状態, 満足感, 安心感 (↔ discontent): to one's heart's ～ 心ゆくまで, 存分に / live in peace and ～ 心安らかに何不足なく暮らす. **2** 《英》(上院で)賛成(投票); 賛成投票者 (↔ noncontent). — *pred. adj.* **1** 満足で, 満足

して (⇨ contented ★)〔*with*〕/ 〈*to* do, *that*〉: He is ~ *with* his position. 彼の地位で満足している / He is ~ *to* live here. ここに住むことに満足している / live [die] ~ 安んじて暮らす[死ぬ] / rest ~ 満足する, 気が休まる, 甘んじる. **2 a** [be well ~ *to* do として] 喜んで, 進んで (well pleased): I am *well* ~ *to* remain here. 私は喜んでここにとどまっている. **b** [be ~ *to* do と して]《古》進んで (willing). **3**《英》(上院で)賛成で. ★ 英国上院では下院の aye, no に対して content, not content を用いる. **— *vt.*** **1** …に満足を与える, 満足させる: Nothing will ever ~ him. どんな事[物]でも彼は決して満足しないだろう. **2** [~ oneself または Passive で] 満足する[している], 甘んじる[ている] (⇨ contented)〔*with*〕: I ~ *myself* [*am* ~*ed*] *with* my position. 自分の地位に満足だ[している].

cóntent anàlysis *n.*〘社会学・心理〙内容分析《新聞記事・放送番組など主としてマスコミの送り内容を統計的に調査・分析してその意味・目的・結果などを推定・批判すること》.

con·tént·ed [-tɪd, -təd | -tɪd, -təd-]〘《15C》〙**— *adj.*** 満足して(いる)〔*with*〕/ 〈*to* do, *that*〉; 意を安んじて(いる): a ~ look 満足そうな顔つき / She is ~ *with* things as they are [*to* stay at home]. 現状に[家にいることに]満足している. ★ content (*adj.*) は Predicative にのみ用いられ, contented は Attributive にも用いられる. **~·ness** *n.*

con·tént·ed·ly *adv.* 満足して; 甘んじて.

con·ten·tion [kənténʃən]〘《*c*1384》□ (O)F ~ // L *contentiō(n-)* strife ← *contentus* (p.p.) ← *contendere*: ⇨ contend, -tion〙**— *n.*** **1** 争い, 闘争 (struggle). **2** 口論, 論争, 論戦 (dispute): a bone of ~ ⇨ bone[1] 成句. **3** 論点, 主張 (claim): His ~ was that… 彼の論点は…であった. **4** 競争 (competition). **5**《古》努力. **~·al** [-ʃənl, -ʃnəl] *adj.*

con·ten·tious [kənténʃəs]〘《1483》← L *contentiōsus* (⇨ contention)+-OUS〙**— *adj.*** **1 a** 争いを好む, 論争的な: ~ people けんか好きの人達 / be of a ~ disposition 争い好き(の性質)である. **b** 口論[けんか]に役立つ[に用いられる]: ~ language けんか言葉. **2** 〈問題など〉議論を呼びそうな, 議論[異論]のある: a ~ clause in a treaty 条約中論議の中心になる条項. **3**〘法律〙係争の, 争訟の: a ~ case 係争事件, 争訟事件. **~·ly** *adv.* **~·ness** *n.*

con·tént·ment〘《1437》□ (O)F *contentement*: ⇨ content[2], -ment〙**— *n.*** **1 a** 満足: in patient ~ with very little 乏しきに心足りて / *Contentment* is better than riches.《諺》足るを知るは富にまさる. **b** 満足させるもの. **2**《古》満足する[させる]こと.

cóntent psychòlogy *n.* 内容心理学《意識内容とその構成を研究対象とする心理学》.

cóntent sùbject *n.*〘教育〙内容教科《理科・社会などのような一定の系統的な知識をその内容とし, それらについて理解させることを目標とする教科; cf. tool subject》.

cóntent wòrd *n.*〘文法〙内容語《そのままで辞書的意味 (lexical meaning) を表わす語; cf. full word, function word》.

con·ter·mi·nal [kəntə́ːmənl, kɑn-|kɔntə́ːmɪnl, kɔn-]〘← *con-* 'COM- '+TERMINAL〙*adj.* =conterminous.

con·ter·mi·nous [kəntə́ːmənəs, kɑn- | kɔntə́ːmɪ-, kɔn-]〘《1631》← L *contermin(us)* bordering upon (← *con-* 'COM- 1'+*terminus* boundary)+-OUS〙**— *adj.*** **1** 界[境界線]を共にしている; 隣接する (adjacent)〔*with, to*〕. **2 a** 〈空間・時間・意味など〉同一境界内の, 同一延長の, 完全に重なり合う (coextensive)〔*with*〕. **b** ひとつの共通の境界に囲まれた: the ~ states of the United States. **~·ly** *adv.*

con·tes·sa [kɑntésə; *It.* kontéssa]〘□ It. ~ (fem.) ← *conte* 'COUNT[2]'〙*n.* =countess.

con·test〘《1579》□ F *contest-er* to argue □ L *contestārī* to call to witness ← *con-* 'COM- 1'+*testārī* to witness (⇨ testament)〙**—** [kəntést, kɑ́ntest | kəntést] *v.* **— *vt.*** **1** 論争する (dispute): ~ a point [suit] ある点[訴訟]を争う. **2** 〈勝敗・戦い・土地などを〉争う: ~ a position, prize, match, etc. / ~ a seat《英》(代議士の)議席を争う. **3**《米》〘選挙〙の結果に異議を唱える: ~ an election. **— *vi.*** 争う, 競う, 議論を戦わせる (strive): ~ *with* him *for* a prize 賞を得ようと彼と競う / ~ *against* the bill その法案に反対して論争する. **—** [kɑ́ntest | kɔ́n-] *n.* **1 a** 論戦, 論争. **b** 争い, 抗争 (strife): a bloody ~ *for* power 血なまぐさい権力闘争. **2** 競争, コンテスト, コンクール (competition): a musical ~ 音楽コンクール / an oratorical ~ 弁論大会 / a ~ for championship 選手権争奪戦 / win a beauty ~ 美人コンテストで優勝する. **~·er** *n.*

con·test·a·ble [kəntéstəbl, kɑ́ntest- | kəntést-] *adj.* 争われる, 論争される: a ~ statement いろいろと問題のある陳述. **con·tést·a·bly** *adv.*

con·tes·tant [kəntéstənt, kɑ́ntest- | kəntést-]〘□ F ~ (pres.p.) ← *contester* 'to CONTEST': ⇨ -ant〙**— *n.*** **1 a** 争う人, 論争者; 競争者 (competitor); (競演会などの)出演者. **b** (選挙の)競争候補者. **2**《米》(選挙結果に対する)異議申し立て人. **3**《米》〘法律〙(遺言の有効性に関する)異議申し立て人. **— *adj.*** 競争[論争]している, 論争中の.

con·tes·ta·tion [kɑ̀ntestéɪʃən | kɔ̀n-]〘□ L *contestātiō(n-)*: ⇨ contest, -ation〙**— *n.*** **1** 論争, 争論 (disputation); 争訟: in ~ 係争[論争]中の. **2** 論争点, 争点, (論争の)立脚点.

contésted eléction *n.*《米》(落選者から無効だという)異議のある選挙《議会は異議申し立てを選挙管理委員会に調査・勧告させ, 院の過半数の承認を経て決定》.

con·text [kɑ́ntekst | kɔ́n-]〘《?*a*1425》□ L *context-us* connexion (p.p.) ← *contexere* ← *con-* 'COM- 1'+*texere* to weave, join: cf. texture〙**— *n.*** **1** (文章の)前後関係, 文脈; 脈絡. **2** (事柄の)関係, 情況: in a social ~. *in this context* (1) この前後関係において, この文脈で. (2) このような関係[情況]において(は). ***out of context*** 前後関係がなく.

con·tex·tu·al [kəntékstʃuəl, kɑn-| kɔntékstjuəl, kən-, -tjʊl, -tʃuəl, -tʃʊl]〘《1812–29》← L *contextus* (↑)+-AL[1]〙*adj.* 前後関係からみた, 文脈上の. **~·ly** *adv.*

contéxtual definítion *n.*〘論理・哲学〙文脈定義.

con·tex·tu·al·ize [kəntékstʃu(ə)làɪz, kən- | kɔntékstju(ə)l-, kən-, -tʃu(ə)l-] *vt.* **1** 〈言葉を〉前後関係[文脈]に置く. **2** 〈活動を〉情況に置く. **con·tex·tu·al·i·za·tion** [kəntèkstʃu(ə)lɪzéɪʃən, kən- | kɔntèkstju(ə)laɪ-, kən-, -tʃu(ə)l-, -lɪ-] *n.*

con·tex·ture [kəntékstʃɚ | -tʃə(r)]〘《1603》□ F ~ ← L *contexere* to weave together: ⇨ context, -ure〙**— *n.*** **1** 織り合わせること; 織り方. **2** 織り混ぜた物; 織物 (fabric). **3** 組織, 構造 (structure); 構築, 構成. **4** =context. **con·téx·tur·al** [-tʃərəl] *adj.*

contg.《略》containing.

con·ti·gu·i·ty [kɑ̀ntəgjúːəti, -tɪ-|kɔ̀ntɪgjúːətɪ, -gjúɪ-, -ɪtɪ]〘《1641》□ F *contiguité* // LL *contiguitāt-em* ← L *contiguus* (↓): ⇨ -ity〙**— *n.*** **1** 接触(していること); 隣接, 近接 (proximity). **2**《まれ》連続したもの, 広がり. **3**〘心理〙接近《時間的に接近した刺激と反応との間に結合が生じること》.

con·tig·u·ous [kəntígjuəs | kəntígjʊ-, kɔn-]〘《1611》← L *contiguus* touching (← *contingere* to touch on all sides: ⇨ contingent)+-OUS〙**— *adj.*** **1 a** 接触する; 隣接する, 地続きの (adjoining)〔*to*〕: a park ~ *to* the highway 公道に隣接する公園. **b** ごく近くの, 近接した (nearby). **c** 連続した, 途切れのない (unbroken). **2** (時間的に)続いて起こる, すぐ続く; 連続的な. **~·ly** *adv.* **~·ness** *n.*

con·ti·nence [kɑ́ntənəns, -tn- | kɔ́ntɪn-]〘《*c*1378》□ (O)F ~ // L *continentia*: ⇨ continent[1], -ence〙**— *n.*** **1** 欲望・衝動を抑えること, 自制, 克己 (self-restraint). **2** (性欲の)節制, 禁欲. **3** 排泄抑制能力.

cón·ti·nen·cy [-nənsi | -sɪ]〘《15C》: ⇨ ↓, -ency〙*n.*《まれ》=continence.

con·ti·nent[1] [kɑ́ntənənt, -tn-|kɔ́ntɪn-]〘adj.: 《*a*1382》□ L *continent-em* (pres.p.) ← *continēre* to hold together, repress: ⇨ contain, -ent. — n.: 《?*c*1425》□ L *continent-em*〙**— *adj.*** **1** 自制(心)のある, 克己の, 節制を守る (temperate). **2** 性欲を節する, 禁欲の. **3** 排泄を抑制できる. **4**《古》収容力のある (capacious). **5**《廃》**a** 抑制する, 制限的な (restrictive). **b** 続いている (continuous). **— *n.*** **1**《古》**a** 容器. **b** 境界. **2**《廃》内容, 収容力 (content).

con·ti·nent[2] [kɑ́ntənənt, -tn- | kɔ́ntɪn-]〘《1559》□ L *continent-em*, (*terra*) *continēns* continuous (land): ↑〙**— *n.*** **1 a** 大陸《通例 Europe, Asia, Africa, North America, South America, Australia, Antarctica の一つ》: the New *Continent* 新大陸《ヨーロッパ・アジアおよびアフリカの旧大陸に対して南北アメリカをいう》/ ⇨ Dark Continent. **b** [the C-] (英国に対して)ヨーロッパ大陸. **2 a** (果てしなく広がる)陸地, 本土 (mainland). **b** 広大な場所; 広がり: I was amazed at the vast ~ of his ignorance. 彼の無知の世界があまりに広いのに驚いた.

con·ti·nen·tal [kɑ̀ntənéntl, -tn-|kɔ̀ntɪnéntl]〘《1760》: ⇨ ↑, -al[1]〙**— *adj.*** **1 a** 大陸の[に関する, 特有の]; 大陸性の. **b** [C-] (英国風の, に対して)ヨーロッパ大陸の, ヨーロッパ大陸風[式]の: a *Continental* tour. **c** [C-] (米国独立戦争当時の)アメリカ植民地の: ⇨ Continental Sunday. **2** [否定構文で] 無価値の (worthless): *not* worth a ~ damn 三文の値打ちもない. **— *n.*** **1** [通例 C-] (英国人に対する)ヨーロッパ大陸人. **2 a** [C-] (独立戦争当時の)アメリカ兵. **b**《俗》(独立戦争当時の無価値となった)大陸紙幣 (cf. Continental money). **3** [否定構文で] 少量 (damn): *not* care [*not* worth] a ~ ちっともかまわない[三文の値打ちもない]. **~·ly** *adv.*

continéntal bréakfast *n.* (パンとコーヒーだけの)「ヨーロッパ式朝食.

Continéntal Céltic *n.*〘言語〙大陸ケルト語《Gaulish に代表される, 古代にヨーロッパ大陸で話されていたケルト語》.

continéntal clímate *n.*〘気象〙大陸気候《大陸内部特有の気候で, 気温の年較差も日較差も共に大きく, 降水量も湿度も少ない》.

continéntal códe *n.* =international Morse code.

Continéntal Cóngress *n.* [the ~] (米国の)大陸会議《英本国に対抗して組織された 13 植民地の合議体で, 第 1 回 (1774) は Philadelphia で開かれ, 第 2 回 (1775–89) は臨時政府の役目をした; 1776 年の独立宣言 (Declaration of Independence), 1781 年の連合規約 (Articles of Confederation) などもこの会議で決議》.

continéntal divíde *n.* **1** 大陸分水界《大陸を囲む海洋のそれぞれに注ぐ河川の流域の境界線(をなす大山脈)》. **2** [the C- D-] 北米大陸分水界 (the Great Divide)《ロッキー山脈のこと》.

continéntal dríft *n.*〘地質〙大陸漂移(説), 大陸移動(説)《地球上の大陸は, かつては一続きであったが, その後幾つかに分裂してそれぞれが東から西に, また極から赤道に向かう方向に移動し, 今日のような形と配置をとるに至った(とする仮説)》.

continéntal íce *n.*〘地質〙大陸氷(河) (cf. ice sheet).

continéntal ísland *n.* 陸島, 大陸島《日本列島, メラネシア諸島のように, 大陸に近く, また大陸と同様な古い地層や岩石からなる島; cf. oceanic island》.

còn·ti·nén·tal·ism [-təlɪzm, -tl- | -təl-, -tl-] *n.* **1** (ヨーロッパ)大陸人気質; 大陸的思想傾向, 大陸風[式]. **2** 大陸主義《同じ大陸に属する国の政治・経済・軍事的協力を支持する政策または主義》. **còn·ti·nén·tal·ist** [-təlɪst, -ləst, -tl- | -təlɪst, -tl-] *n.*

con·ti·nen·tal·i·ty [kɑ̀ntənəntǽləti, -nen-, -tn- | kɔ̀ntɪnəntǽlətɪ, -nen-, -tl-, -lɪ-] *n.* **1** 大陸的なこと[性質]. **2**〘気象〙大陸度《気候に及ぼす大陸の影響の程度を数量的に表現したもの; cf. oceanicity》.

con·ti·nen·tal·i·za·tion [kɑ̀ntənèntəlɪzéɪʃən, -tn-, -lə-, -tl- | kɔ̀ntɪnèntəlaɪ-, -tl-, -lɪ-] *n.* **1** ヨーロッパ大陸化. **2**〘地質〙かつては離れていた大陸が接近し接合したという説.

con·ti·nen·tal·ize [kɑ̀ntənéntəlaɪz, -tn-, -tl- | kɔ̀ntɪnéntəl-, -tl-] *vt.* 大陸的にする; [時に C-] ヨーロッパ大陸化する.

Continéntal móney *n.*《米》大陸紙幣《独立戦争当時 Continental Congress が発行したもので, 1779 年の終わりにはほとんど無価値となった; cf. continental *n.* 2 b》.

continéntal séating *n.* [しばしば C-]〘劇場〙中央通路を設けない座席配置法.

continéntal shélf *n.*〘地理〙大陸棚, 陸棚《大陸や島の海岸線から水深約 200 メートルまでの浅海底; その先は比較的急な continental slope となる》.

continéntal slópe *n.*〘地理〙大陸斜面, 陸棚斜面《大陸棚から深海底における急斜面; cf. continental shelf》.

Continéntal Súnday *n.* 大陸的日曜日《英国の宗教的日曜日よりレクリエーションを主とする日曜日》.

continéntal sỳstem *n.* **1** フランス式紡績, 大陸式紡績《梳(そ)毛紡績法の一種; French system ともいう》. **2** [C- S-] 大陸封鎖《1806 年 Napoleon が英国に対して用いた経済封鎖政策》.

cón·ti·nent·ly〘《15C》← CONTINENT[1]+-LY[1]〙*adv.* 自制して; 性欲を抑制して

con·tin·gence [kəntíndʒəns]〘1: ← L *contingere* (⇨ contact)+-ENCE. — 2: (*c*1385) □ (O)F ~ □ ML *contingentia*: ⇨ contingent, -ence〙**— *n.*** **1** 接触 (contact): the angle of ~〘数学〙続角. **2** =contingency.

con·tin·gen·cy [kəntíndʒənsi | -sɪ]〘《1561》: ⇨ contingent, -ency〙**— *n.*** **1** (事件などの)発生の不確定性, 状況依存性; (事件・現象などの)偶然性, 偶発 (fortuity): the ~ of human affairs 人事の予測し難いこと / in the supposed ~ 万一そんな事が起こった場合に / not by any possible ~ よもや[まさか]…まい. **2 a** 偶然[不測]の出来事; 偶発的な出来事, 不慮の事変: prepare for future *contingencies* 未来の出来事[今後起こるかもしれないこと]に対して準備する / be ready for any ~ 万一の場合のことにも備えている. **b** (事件に伴う)付随的なこと, 付随事件: the *contingencies* of war 戦争に伴って起こる諸事件.

contíngency fùnd *n.* 緊急用積立金.

contíngency resèrve *n.*〘会計〙偶発損失準備金, 予備積立金.

contíngency tàble *n.*〘統計〙分割表《二つの確率変数の度数分布を縦・横に配列した表; 相関関係 (correlation) の有無を調べるのに用いる》.

con·tin·gent [kəntíndʒənt]〘《*c*1385》□ L *contingent-em* (pres.p.) ← *contingere* to touch, affect, happen: ⇨ contact, -ent〙**— *adj.*** **1** 起こるかもしれないし起こらないかもしれない, 発生の不確定な, あるいは可能な (possible). **2 a** 偶発的な, 偶然の (accidental): a ~ event 偶発事件. **b** 予測できない, 不慮の: a ~ result of a war 戦争がもたらす思いがけない結果. **c** 付随する, 伴う (incidental)〔*to*〕: risks ~ *to* the trade その商売に付随する危険. **3** 依存的な; 〈…次第で〉発生するかもしれない, 〈…を〉条件として伴う (conditional)〔*on, upon*〕: ⇨ contingent fee / a fee ~ *on* success 成功謝金 / His success is ~ *on* his perseverance. 彼の成功は忍耐次第である. **4**〘法律〙不確定の《発効が将来の不確定な事実の発生に依存する; cf. expectant 4》: ~ estate 不確定財産[不動産]権 / ~ remainder 不確定残余権. **5**〘論理〙偶然的な《命題に対して恒真式・恒偽式以外の; 経験によって真偽が蓋然的に決まる; cf. factual 2, necessary 4》. **6**〘哲学〙偶然的な, 〈人間の意志など〉決定論によらない, 自由な (free). **— *n.*** **1** 偶発事, 不慮の出来事 (contingency). **2 a** 分担額, 割り前, 分け前. **b** (同盟軍などを構成する各国が分担する)分遣隊[艦隊]: send a ~ of troops 分遣隊を派遣する. **3** 派遣団, 代表団: the Japanese ~ at the Olympics オリンピックの日本代表選手団.

contíngent beneficiary *n.*〘保険〙次順位保険金受取人《第一位の保険金受取人が死亡したような場合の保険金受取人》.

contíngent fée *n.* (弁護士・周旋人などに対する)成功謝金[報酬]《訴訟・取引の成果によって決まる》.

contíngent ínterest *n.*〘法律〙不確定財産権《条件

付きで, 不確定な財産権; cf. vested interest 1》.
contíngent liábility *n.* **1**〘法律〙不確定責任《将来の出来事の発生をまって確定する責任》. **2** [*pl.*]〘会計〙偶発債務《他人の債務を保証した時の保証義務のように, 現在は債務ではないが, 将来もしかすると発生するかも知れない債務》.
con·tín·gent·ly 〘《*a*1500》: ⇨ -ly[1]〙 *adv.* 偶然に (accidentally); 場合によって, 条件[状況]次第で.
contíngent trúth *n.*〘哲学〙偶然的真理《必然的真理に対して偶然的で可能的な真理》.
continua *n.* continuum の複数形.
con·tin·u·a·ble [kəntínjuəbl̩ | -njʊ-] *adj.* 継続できる, 続けられる.
con·tin·u·al [kəntínjuəl, -njʊl|-njuəl, -njʊl] 〘《*a*1325》 *continuele* ▭ (O)F *continuel*: ⇨ continue, -al[1]〙 ― *adj.* **1** (断続的に)しきりに起こる, 頻繁な: ~ flashes of lightning [bursts of thunder] しきりに起こる電光[雷鳴] / ~ bouts of toothache しきりに起こる歯痛 / There was ~ trouble on the front. 前線ではしきりに紛争が起こっていた. **2** 不断の, 間断ない, 連続的な (continuous): He was a ~ trouble to his father. 彼はいつも父の心労の種だった.
con·tín·u·al·ly [-njuli, -njuəli | -njuəlɪ, -njʊlɪ] 〘《*c*1300》: ⇨ ↑, -ly[1]〙 *adv.* **1** しきりに (repeatedly). **2** 間断なく; 絶えず (unceasingly).
con·tin·u·ance [kəntínjuəns | -njʊ-] 〘《*a*1349》 ▭ OF ~: ⇨ continue, -ance〙 ― *n.* **1 a** 継続(すること), 連続, 持続: the ~ of strife, bad weather, famine, etc. **b** ある場所[状態]にとどまっていること: one's ~ in happiness [prosperity, a place] いつまでも幸福で[繁栄して, ある所にとどまって]いること. **c** 継続期間 (duration): during one's ~ in office 在職中 / a custom of long ~ 長い間継続した慣習. **2** (生物などの)存続 (continuation): the ~ of species 種の存続. **3** (小説などの)続き, 続編 (sequel). **4**《廃》永続性, 永久 (permanence). **5**〘法律〙(訴訟手続きの)延期 (adjournment); (裁判の)続行.
con·tin·u·ant [kəntínjuənt | -njʊ-] 〘▭ L *continuant-em*: ⇨ continue, -ant〙 ― *adj.* **1** 継続する. **2**〘音声〙継続音の. ― *n.* **1**〘音声〙(stop consonant に対して)継続音《引き延ばして発音できる子音; 摩擦音・鼻音・側音・半母音など; cf. plosive》. **2**〘哲学〙継続[連続]体《内部構成や他の事物との関係の変化の有無にかかわらず, 有限・無限の期間存在し続ける対象》. **3**〘言語〙同じ言語の古層から継承されてきた形.
con·tin·u·ate [kəntínjuèɪt | -njʊ-] 〘《15C》 ▭ L *continuāt-us* (↓)〙 *adj.*《廃》= continuous.
con·tin·u·a·tion [kəntìnjuéɪʃən | -njʊ-] 〘《*c*1380》 ▭ (O)F ~ ▭ L *continuātiō(n-)* unbroken series ← *continuātus* (p.p.) ← *continuāre*: ⇨ continue, -ation〙 ― *n.* **1** 続けること, 継続; 続くこと, 連続; 存続, 持続 (continuance): the ~ of the monarchy in the direct line 直系継承による王国の存続. **2** (中断後の)継続, 続行 (resumption): the ~ of the work after a break 休憩後の仕事の続行. **3 a** (話などの)続き, 承前 (sequel): the ~ of the subject, the story, etc. / *Continuation* follows. 以下次号. **b** 継続出版物, 続き物, 逐次刊行物. **4 a** (線などの)延長 (prolongation). **b** 継ぎ足し, 建増し (extention): build a ~ to a room 部屋の増築をする. **5**《英》〘証券〙= contango 5.
continuátion clàss *n.* (夜間などの)補習科[クラス].
continuátion dày *n.*《英》〘証券〙= contango day.
continuátion schòol *n.* **1**《米》(働く青少年のための, 夜間などの)補習学校. **2** (カナダの僻地の)小さな中等学校.
con·tin·u·a·tive [kəntínjuèɪtɪv, -njuət̬- | -njuət-] 〘▭ L *continuātīv-us* serving to connect the discourse: ⇨ continue, -ative〙 ― *adj.* **1** 継続させる; 継続する. **2**〘文法〙継続的な, 継続用法の, 非制限的な (nonrestrictive) (cf. restrictive 2): the ~ relative clause 継続的関係節《例: I met Jones, who told me the news. ジョーンズに会ったら彼はそのニュースを知らせてくれた》/ ~ aspect 継続相. ― *n.* **1** 継続するもの. **2**〘文法〙継続語 (connective)《関係詞・接続詞・前置詞など》. **3**〘音声〙= continuant 1. **~·ly** *adv.*
con·tín·u·à·tor [-t̬ə | -tə(r)] 〘⇨ ↓, -ator〙 *n.* 継続者; 継承者, 引継ぎ人: the ~ of a story 物語の継続執筆者.
con·tin·ue [kəntínju:, -nju] 〘《*c*1340》 *continue(n)* ▭ (O)F *continu-er* ▭ L *continuāre* to make continuous ← *continuus* unbroken ← *continēre* to hold together ← *con-* 'COM- 1' + *tenēre* to hold〙 ― *vi.* **1** 続く, 続いている: This road ~s for miles. この道路は何マイルも続いている / The rain ~d (for) two days. 雨は2日降り続いた / The exploring party ~d south. 探険隊は南進を続けた. **2** 〔…を〕存続する, 永続する〔*in*〕: ~ *in* the faith of one's fathers 祖先の信仰を続ける[守る] / ~ *in* power [command] 引き続いて権力[指揮]の地位にある. **3**〔ある場所に〕留まる〔*at, in*〕: ~ *at* one's post [*in* office] 留任する. **4** [補語を伴って]引き続き[相変わらず]…である (remain): ~ single 独身のままでいる / He ~s obdurate. 相変わらず強情だ / The weather ~d foul. 天候は相変わらずぐずついていた. ― *vt.* **1 a** 続ける, 継続する: ~ one's walk for several miles 数マイル歩き続ける / ~ doing [to do] so そうし続ける. **b** (中断後また)続ける (resume); (前に)引き続いて述べる: ~ a story / *Continued* on [from] page 20. 20 ページへ[から]続く / To be ~d. 続く, 未完, 以下次号. **c** 延長する (prolong). **2** 継続[存続]させる (retain): ~ an old servant in office 年取った召使をその職に止めて置く / ~ a boy at school 子供に学校を続けさせる. **3**《米》〘法律〙〈裁判を〉延期する (adjourn), 続行する. **con·tín·u·er** *n.*
con·tín·ued 〘ME: ⇨ ↑, -ed〙 ― *adj.* **1** 続けられた, 引き続きの; 延長された, 引き延ばしの; 連続している, とぎれない (unbroken). **2** 中断後継続[続行]された: a ~ story. **~·ly** *adv.* **~·ness** *n.*
contínued báss 〘《なぞり》← It. *basso continuo*〙 *n.*〘音楽〙= continuo 1.
contínued fráction *n.*〘数学〙連分数《分母がある数と分数の和で, その分数の分母がまたある数と分数の和で, …というような分数》.
contínued propórtion *n.*〘数学〙連比例《連比 (continued ratio) が等しいという関係》.
contínued rátio *n.*〘数学〙連比《三つ以上の数量の比; 2 : 3 : 5 など》.
contínued rést *n.*〘音楽〙二分休(止)符 (breve rest).
con·tín·u·ing *adj.* **1** 継続する, 継続的な. **2** 更新の必要のない, 永久の (lasting): a ~ contract. **~·ly** *adv.*
contínuing educátion *n.*〘教育〙補習教育《広義では時代に遅れないように新しい知識・技能の補充・強化を目的とする教育; 一般には勤労青少年に対して職業に必要な知識・技能および一般教養を身につけさせるための教育》.
con·ti·nu·i·ty [kɑ̀ntɪn(j)ú:əṭi, -ṭə-, -tn̩(j)ú:- | kɔ̀ntɪnjú:ətɪ, -njúə-, -ɪtɪ] 〘《?*a*1425》 ▭ (O)F *continuité* ▭ L *continuitātem*: ⇨ continue, -ity〙 ― *n.* **1** (時間・空間的な)連続(状態), 連続性, 継続, 持続(性). **2 a** (連続した)一続き. **b** (論理上の)密接な連続的関係. **3** 連続漫画の物語[会話]の部分. **4**〘ラジオ・テレビ・映画〙**a** コンティニュイティー, コンテ《映画撮影用台本・ラジオやテレビの放送台本》. **b** 音楽番組などの間に入れる語りの部分. **5**〘数学〙(関数などの)連続(性).
continúity equàtion *n.*〘物理〙連続の方程式《流体力学において, 流体中に考えた一定体積の空間内に流入する質量と流出する質量とは等しいということを記述した方程式》.
continúity gìrl *n.*〘映画〙コンティニュイティーガール《映画の撮影順・編集順を撮影時に記録する役目の女性》.
continúity wrìter *n.*〘映画〙撮影用台本作者.
con·tin·u·o [kəntín(j)uòʊ | -njʊə̀ʊ, -nʊ-; *It.* kontínwo] 〘▭ It. (*basso*) *continuo* 'continuous (bass)'〙 ― *n.* (*pl.* ~s)〘音楽〙コンティヌオ: **1** 通奏低音《特に 17–18 世紀の音楽で, 作品の基礎をなす低声部, 通常チェロなどの低音楽器がこれを演奏し, 鍵盤楽器の左手がこれを重複, 右手は数字その他で指定された和音を演奏する; continued bass, basso continuo, figured bass, thorough bass ともいう》. **2** 通奏低音楽器.
con·tin·u·ous [kəntínjuəs | -njʊ-] 〘《1642》 ← L *continu(us)* unbroken (← *continēre* to hang together: ⇨ continue) + -OUS〙 ― *adj.* **1** (時間・空間的に)連続的な; 継続的な (unbroken); 絶え間ない, 間断ない, 続けざまの (uninterrupted) (cf. continual): a ~ sound / ~ rain ひっきりなしの雨 / a ~ series of calamities 引続きの災難, 災難続き / a ~ train of thoughts 絶え間なく流れる思想の連続 / ~ development 不断の発展. **2**〘植物〙節なしの. **3**〘数学〙連続な (↔ discontinuous): ⇨ continuous function. **4**〘文法〙= progressive 5. **~·ness** *n.*
contínuous béam *n.*〘建築〙= continuous girder.
contínuous bráke *n.*〘鉄道〙(列車の)貫通ブレーキ《運転手の操作によって列車全体に作用する制動機》.
contínuous cásting *n.*〘金属加工〙連続鋳造法.
contínuous creátion thèory *n.*〘天文〙(宇宙起源としての)連続生成説 (⇨ steady state theory).
contínuous cúrrent *n.*〘電気〙= direct current.
contínuous fúnction *n.*〘数学〙連続関数.
contínuous gírder *n.*〘建築〙連続ばり[げた]《三つ以上の支点で支えられたはり[けた]; continuous beam ともいう》.
contínuous gròup *n.*〘数学〙連続群.
contínuous hínge *n.*〘機械〙= piano hinge.
contínuous kíln *n.*〘窯業〙連続窯(ｶﾞﾏ)《一基の窯の各部で予熱・焼成・冷却を同時に連続的に行なう窯で, 焼成帯移動窯詰品静止型(室窯, 輪窯)と焼成帯静止窯詰品移動型(トンネル窯)とがある》.
con·tín·u·ous·ly *adv.* 連続的に, 連綿として; 間断なく, 絶えず.
contínuous míxer *n.*〘土木〙連続ミキサー, 連続混合機《材料を連続的に投入して混合し, 連続的に排出するミキサー; cf. batch mixer》.
contínuous pháse *n.*〘物理化学〙連続相 (⇨ dispersion medium).
contínuous ráting *n.*〘電気〙連続定格《短時間定格に対し, 連続運転する場合の定格をいう》.
contínuous spéctrum *n.*〘物理〙連続スペクトル《有限の波長域に連続的にひろがり分光器のスリットの幅をどんなに小さくしても間隙(ｹﾞｷ)を生じないスペクトル; cf. line spectrum》.
contínuous variátion *n.*〘生物〙連続変異《種子の大きさ・動物の体長等の量的形質に関する遺伝; cf. quantitative inheritance》.
contínuous vóyage *n.*〘国際法〙連続航海《中断してもその目的によって一つの航海と見なされるもの; 戦時禁制品を中立国へ輸送し, さらに交戦国へ輸送した場合, 全体を一つの連続航海とみなして反対の交戦国に捕獲されることがある; 米国で南北戦争に際して捕獲物審判所 (prize court) が採用した理論》.
contínuous wáve *n.*〘通信〙連続波, 持続波《断続波の対; 略 C.W.》.
con·tin·u·um [kəntín(j)uəm | -njʊ-] 〘《1650》 ▭ L ~ (neut.) ← *continuus* (adj.): ⇨ continuous〙 *n.* (*pl.* **-u·a** [-tín(j)uə | -njʊə]) **1** (物質・感覚・事件などの)連続; 連続体: a space-time ~ 時空連続体. **2**〘数学〙連続体: a physical [mathematical] ~ 物理的[数学的]連続体 / a number ~ 数連続体《実数系が形づくる連続体》. **3**〘生態〙群集連続, 植生連続説《生物群集が連続的に変化しているという考え》.
contínuum hypóthesis *n.*〘数学〙連続体仮説《自然数の濃度 (cardinal number) と実数の濃度との中間には濃度は存在しないという仮説》.
cont·line [kɑ́ntlaɪn, -lɪn, -lən | kɔ́ntlaɪn] 〘← ? CANT[2]〙 *n.* **1** (なわの)絢(ﾖ) (strand) と絢の間. **2** (並列した)樽と樽との隙間.
con·to [kɑ́nt̬oʊ | kɔ́ntəʊ; *Port., Braz.* kõ̃tu] 〘《1601》 ▭ Port. ~《原義》million < L *computum* computed: ⇨ count[1]〙 ― *n.* (*pl.* ~s [~z; *Port.* ~ʃ, *Braz.* ~s]) コント《ポルトガル・ブラジルの計算貨幣; ポルトガルでは 1,000 escudos, ブラジルでは 1,000 cruzeiros》.
con·toid [kɑ́ntɔɪd | kɔ́n-] 〘← CON(SONAN)T + -OID〙 ―〘音声〙*n.* コントイド, 音声学的子音《呼気が口腔内を通過する時何らかの摩擦を伴うか, 舌の中央以外を通って発せられる音; 英語の [r], [j], [w], [h] は除かれる; cf. vocoid》. ― *adj.* コントイドのような.
con·tor·ni·ate [kəntɔ́əniət, -niɪt, -nièɪt | -tɔ́:nɪət, -niɪt, -nɪeɪt] 〘▭ It. *contorniato* (p.p.) ← *contorniare* to make a circuit ← *contorno* 'circuit, CONTOUR': ⇨ -ate[2]〙 ― *adj.* 〈メダルなど〉周囲に深いみぞのある.
con·tort [kəntɔ́ət | -tɔ́:t] 〘《1622》 ← L *contort-us* (p.p.) ← *contorquēre* to twist: ⇨ com-, tort〙 ― *vt.* **1** ねじ曲げる, 引きゆがめる: ~ one's limbs 手足をねじ曲げる / ~ one's features 顔を引きゆがめる[しかめる] / a face ~*ed* with pain 苦痛でゆがめられた顔. **2** 〈語意・文意を〉歪曲(ﾜｲｷｮｸ)する, 曲解する: ~ a word out of its ordinary meaning ある語を普通の意味とは違った意味に曲げてとる. ― *vi.* 〈顔などが〉ゆがむ.
Con·tor·tae [kəntɔ́əti: | -tɔ́:-] 〘← NL ~ (fem. pl.) ← L *contortus* (↑)〙 *n. pl.*〘植物〙= Gentianales.
con·tórt·ed [-tɪd, -t̬əd | -tɪd, -təd] 〘《15C》 ← L *contort(us)* (↑) + -ED〙 ― *adj.* **1** ねじ曲げた, ゆがんだ. **2**〘植物〙〈花弁など〉回旋している, ねじれている (convolute). **~·ly** *adv.*
con·tor·tion [kəntɔ́əʃən | -tɔ́:-] 〘▭ L *contortiō(n-)*: ⇨ contort, -tion〙 ― *n.* **1** ゆがめること; ねじれ, 捻転: make ~s of the face 顔をゆがめる, しかめ面をする. **2** 曲解, こじつけ. **~·al** [-ʃənl̩, -ʃnəl] *adj.*
con·tór·tion·ist [-ʃ(ə)nɪst, -nəst | -nɪst] *n.* **1** (体を自由自在に曲げる)曲芸師, 軽業師. **2** 意味を曲解する人. **con·tor·tion·ís·tic** [kəntɔ̀əʃənístɪk | -tɔ̀:-] *adj.*
con·tor·tive [kəntɔ́ət̬ɪv | -tɔ́:-] *adj.* **1** ねじれやすい; ゆがめさせる. **2** ねじれ[ゆがみ, ひきつけ]を起こす: ~ movements, pain, etc.
con·tour [kɑ́ntʊə | kɔ́ntʊə(r)] 〘《1662》 ▭ F ~ ▭ It. *contorno* ← *contornare* to encircle ← *con-* 'COM- 2' + L *tornāre* 'to TURN'〙 ― *n.* **1 a** (海岸・山・人体などの)輪郭 (outline); 外囲, 外形 (shape): follow the ~ of …の外郭をたどる / sketch [draw] the ~s of the human body 人体の輪郭を描く. **b** [*pl.*] 女体の曲線. **c**〘地理〙= contour line. **2** [通例 *pl.*] 概略, 形勢: the ~s of discussion 討論の形勢 / the ~ of things 情勢. **3**〘数学〙**a** (描いた)グラフ. **b** 等値線[面]《変数の値が等しい点全体の作る線や面; cf. contour line》. **4**〘音声〙= intonation contour.
― *attrib. adj.* **1** 輪郭を示す; 等高を示す: ⇨ contour line. **2** 輪郭[体形]に合わせて作られた: a ~ chair. **3**〘農業〙(雨水などで表土が流失しないように)等高線に沿う: ⇨ contour farming.
― *vt.* **1 a** …の輪郭[等高線]を描く[付ける, 示す]. **b** …の輪郭[体形]に合わせて作る. **2 a** (等高線に沿って)山腹の回りに〈道を〉付ける. **b** 等高線に沿って〈傾斜地を〉耕作する.
cóntour-chàsing *n.*〘航空〙(地形の起伏に沿って飛ぶ)低空飛行.
cóntour cùrtain *n.*〘劇場〙コンツアカーテン《数か所のたくし上げ索により種々の形を表わせるカーテン》.
cóntour fàrming *n.*〘農業〙等高線栽培《風や水による土壌侵蝕を防ぐため等高線に沿って作物を帯状に植えつける栽培法》.
cóntour fèather *n.*〘鳥類〙大羽, 正羽《鳥の体表を覆う綿毛 (down) でない羽の総称; cf. flight feather》.
cóntour integràtion *n.*〘数学〙閉曲線に沿う積分《長さのある閉曲線に沿う複素関数の積分》.
cóntour ìnterval *n.*〘地理〙(高度の差を示す)等高線間隔.
cóntour lìne *n.*〘地理〙**1** 等高線. **2** (海図上の)等深線.
cóntour màp *n.* 等高線(地)図《hachures map (ケバ図)などに対し等高線を用いて地形を表現した地図》.
con·tour·né [kɑ̀ntʊənéɪ | kɔ̀ntʊə-; *F.* kɔ̃tuʀne] 〘▭ F ~ (p.p.) ← *contourner* to round off〙 ― *adj.*〘紋章〙sinister を向いた《紋章の具象図は dexter を向くのが原則であり, 単に lion といえば dexter 向きのものを指す》.

contr. 《略》 contract; contracted; contraction; 〖音楽〗 contralto; contrary; contrasted; control; controller.

con·tra [kɑ́ntrə | kɔ́n-] 〖《*a*1376》□ L *contrā* (adv., prep.) over against, facing ← *con-* 'COM-' + *-tr-* (compar. suf.): cf. after〗 ── *adv.* 反対に (con): argue a matter pro and ~ ⇨ con³. ── *prep.* …に反対して (against). ★(略形 con として) 通例次の句で: pro and ~ ＝PRO² *and con.* ── *n.* **1** 反対意見, 反対投票 (con): the pros and ~*s* ⇨ con³. **2** 〖会計〗 反対の側の項目: ⇨ per contra.

con·tra- [kɑ́ntrə | kɔ́n-] 〖ME □ L *contrā-* ← *contrā* (↑)〗 *pref.* **1** 「逆, 反 (contrary), 対 (opposite)」などの意: *contra*diction. **2** 〖音楽〗「普通の低音 (bass) より 1 あるいは 2 オクターブ低い」の意: *contra*bassoon.

con·tra·band [kɑ́ntrəbæ̀nd | kɔ́n-] 〖《17 C》□ Sp. *contrabanda* prohibited goods ∽ 《*a*1529》 *counterband* □ F *contrebande* □ It. *contrab(b)ando* ← CONTRA- + *bando* proclamation (< LL *bandum* BAN¹)〗 ── *n.* **1** 禁止[不正]取引, 密売買, 密輸出入, 密輸. **2 a** 密売買品, 輸出入禁止品, 密輸品: absolute ~ 絶対禁制品《武器弾薬など》/ conditional ~ 条件つき禁制品《交戦国の軍隊のために送られる食料・物品など》/ place on the ~ list 禁制品目中に加える. **b** 〖国際法〗 ＝CONTRABAND of war. **3** 《米》(南北戦争当時)北軍側に逃亡した[連行された]黒人奴隷.

contraband of war 〖国際法〗 戦時禁制品《戦時中中立国から交戦国へ供給を禁止されている物資》.

── *adj.* (輸出入)禁止の, (戦時)禁制の (prohibited), 不正の (illegal): ~ goods (輸出入)禁制品 / ~ trade 禁止商業, 密輸貿易 / a ~ trader 密輸商.

cón·tra·bànd·ism [-dɪzm] *n.* 禁制品売買, 秘密取引, 密輸出入.

cón·tra·bànd·ist [-dɪst, -dəst | -dɪst] *n.* 禁制品売買商, 密輸出入者 (smuggler).

con·tra·bass [kɑ́ntrəbèɪs | kɔ̀ntrəbéɪs, ⌐ー⌐] 〖□ It. *contrabasso*: ⇨ contra-, bass³〗 ── *adj.* 〖音楽〗 最低音の, コントラバスの《通常の低音 (bass) よりさらに (1 オクターブ)低い》. ── *n.* コントラバス《バイオリン属の大型最低音楽器; 床の上に立てて奏する; bass fiddle, bass viol, double bass, string bass, bull fiddle ともいう》.

cón·tra·bàss·ist [-sɪst, -səst | -sɪst] *n.* コントラバス奏者.

còntra·bassóon *n.* コントラバスーン, コントラファゴット《普通のバスーン[ファゴット]よりも 1 オクターブ低いオーボエ属の最低音楽器; contrafagotto, double bassoon ともいう》.

con·tra·cep·tion [kɑ̀ntrəsépʃən | kɔ̀n-] 〖《1886》← CONTRA- + (CON)CEPTION〗 *n.* 避妊, 産児制限.

con·tra·cep·tive [kɑ̀ntrəséptɪv | kɔ̀n-] 〖《1891》← CONTRA- + (CON)CEPTIVE ∽ *anticonceptive*〗 ── *adj.* 避妊(用)の. ── *n.* 避妊薬[用具], 受胎調節具[薬, 材料]: an oral ~ 経口避妊薬. **~·ly** *adv.*

còntra·clóckwise *adj., adv.* ＝counterclockwise.

con·tract¹ 〖《*a*1333》□ OF ~ (F *contrat*) □ L *contractus* agreement (p.p.) ← *contrahere* to draw together, conclude a bargain: ⇨ com-, tract¹〗 ── [kɑ́ntrækt | kɔ́n-] *n.* **1 a** 契約, 約定 (agreement): a ~ of insurance 保険契約 / an express [implied] ~ 明示[暗示]契約, 明[黙]約 / a verbal [an oral] ~ 口示契約, 口約 / a written ~ 成文契約 / make [enter into] a ~ with …と契約を結ぶ / be under ~ with …と契約を結んでいる. **b** 請負: a ~ for work 工事の請負 / be built by ~ 請負で建てられる / award a person a ~ 人に落札する[請け負わせる] / put out … to ~ …を請負に出す. **c** 契約書: the articles of a ~ 契約書の個条 / draw up a ~ 契約書を作成する / ⇨ social contract, NUDE contract. **2** 婚約 (betrothal). **3** 〖法律〗 **a** 契約. **b** 《古》 法律行為, 団体協約 (collective agreement). **4** 〖トランプ〗 **a** ＝contract bridge. **b** (コントラクトブリッジで)契約取決め《最後のビッド (bid) で決定したスーツ (suit) の種類(または no trump) と, それを切札として獲得する予定の組 (trick) 数》.

── [kəntrǽkt] *v.* ── *vt.* **1** [《米》kɑ́ntrækt] 契約する, 約定する, 請け負う, 引き受ける: as ~*ed* 契約通り / ~ oneself *out of* the duty 契約によってその義務を免れる / ~ build*ing* [*to* build] a bridge 橋の建設を請け負う. **2 a** 〈親交・婚姻などを〉結ぶ: ~ friendship [amity] *with* …と親交を結ぶ / ~ (a) marriage [matrimony] *with* …と婚姻を結ぶ, 結婚する. **b** 婚約させる (betroth): ~ my daughter *with* his son 彼の息子と私の娘を婚約させる / be ~*ed to* a person 人と婚約する. **3 a** 〈負債などを〉負う, 招く (incur): ~ debts, responsibilities, etc. **b** 〈力・習慣などを〉得る (acquire): ~ bad habits 悪い習慣がつく. **c** 〈病気などに〉かかる (catch): ~ a serious illness 重病にかかる / ~ a cold かぜを引く, 人のかぜがうつる / ~ TB 結核にかかる.

── *vi.* 契約を結ぶ; 請け負う: ~ *with* a carpenter *for* repairs 大工と修繕の契約を結ぶ.

contract in 《英》 (1) 参加の契約をする. (2) 〈組合員が〉労組の政治献金に正式に加入する. ***contract out*** (*vt.*) (1) 外部に請け負わせる, 下請けに出す. (2) ⇨ *vt.* 1. (*vi.*) (1) 《英》 不参加の契約をする. (2) 《英》 労組の政治献金の支払いを断わる. **~·a·ble** *adj.*

con·tract² [kəntrǽkt] 〖《1600》← L *contract-us* (p.p.) ← *contrahere* (↑)〗 ── *vt.* **1 a** 〈筋肉を〉引き締める, 緊縮する (tighten): ~ a muscle. **b** 〈額・眉を〉寄せる, しかめる (knit): ~ one's brows. **c** 狭小にする, 狭くする (narrow): His faculties have become ~*ed* by disuse. 彼の才能は使わないために衰えてきた. **2** 〖文法〗 (音を略して)〈語を〉縮める, 縮約[省約]する: The word "never" is often ~*ed* in poetry to "ne'er". never という語は詩の中ではよく ne'er と縮められる. ── *vi.* **1** 縮まる, 縮む, 収縮する: Wood ~*s* as it dries. 木材は乾燥するにつれて縮まる / The chest ~*s* and expands. 胸部は収縮拡張する. **2** 狭くなる: The valley ~*s* to a gorge. その流域は狭まって谷あいとなる.

cóntract bònd *n.* 〖法律〗 契約違反による損失補償を保証する金銭債務証書 (cf. performance bond).

cóntract brídge *n.* 〖トランプ〗 コントラクトブリッジ《今日最も普及している方式のブリッジ; プレーで獲得した組 (trick) 数のうち, 初めにビッドで契約した分の組数しか勝負の得点として認められない; cf. auction bridge》.

con·tráct·ed¹ 〖⇨ contract¹〗 *adj.* **1** 契約[協定]した: a ~ peace 協定のできた平和. **2** 婚約した (betrothed). **~·ly** *adv.* **~·ness** *n.*

con·tráct·ed² 〖⇨ contract²〗 *adj.* **1** 収縮した, 縮められた; しかめられた: a ~ brow しわを寄せた顔. **2** 〖文法〗 省略[縮約]された: a ~ form 縮約形《例: ma'am, don't, I'll など》. **3** 〈心・思想など〉狭い (narrow), 狭量の, けちな (mean): a petty ~ idea つまらないけちな考え. **~·ly** *adv.* **~·ness** *n.*

con·tract·i·bil·i·ty [kəntræ̀ktəbíləṭi | -təbílətɪ, -tɪ-, -lɪ-] *n.* ＝contractility.

con·tract·i·ble [kəntrǽktəbḷ | -təbḷ, -tɪ-] *adj.* ＝contractile. **~·ness** *n.* **con·tráct·i·bly** *adv.*

con·trac·tile [kəntrǽktḷ, -taɪl | kəntrǽktaɪl] 〖□ F ~: ⇨ contract², -ile¹〗 ── *adj.* 収縮する; 収縮性の, 収縮性のある: a ~ muscle 収縮筋 / ~ action 収縮運動 / ~ force [power] 収縮力 / the ~ horns of a snail カタツムリの伸び縮みする角.

contráctile vácuole *n.* 〖生物〗 収縮胞, 伸縮胞, 脈動胞《収縮と弛緩を繰り返す原生動物の空胞の一種》.

con·trac·til·i·ty [kɑ̀ntræktíləṭi | kɔ̀ntræktílətɪ, -lɪ-] 〖□ F *contractilité*: ⇨ -ity〗 *n.* 収縮性, 伸縮性.

con·trac·tion [kəntrǽkʃən] 〖《*a*1398》□ (O)F ~ □ L *contractiō(n-)* a drawing together: ⇨ contract¹·², -tion〗 ── *n.* **1 a** 縮める[縮む]こと; 収縮, 短縮: the ~ of iron by cold / with the ~ of the eyebrows 眉をひそめて. **b** (筋肉の)収縮, 攣縮. **c** (通貨・資金・支出などの)縮小, 節減, 制限 (restriction); (経済活動などの)収縮; 縮約, 通貨収縮: the ~ of one's expense, credit, etc. **2** 負債を作ること; 癖がつくこと; 病気にかかること: the ~ of a debt 借財 / the ~ of a bad habit 悪い習慣がつくこと / the ~ of a disease 罹病(りびょう). **3** 〖文法〗 **a** 語の縮約《never を *ne'er* に, do not を *don't* にするようなこと》. **b** 省略語[句], 縮約形《department に対する *dep't*, criminal conversation に対する *crim. con.* など》. **~·al** [-ʃənḷ, -ʃnəl] *adj.*

contráction rùle *n.* 鋳物尺《金属の縮みを考えて目盛をつけてある鋳型製作用の物差し》.

con·trac·tive [kəntrǽktɪv] *adj.* 収縮する[しやすい], 収縮性のある: ~ power 収縮力. **~·ly** *adv.* **~·ness** *n.*

cóntract nòte *n.* 〖金融〗 約束手形; 契約書; 売買契約書.

con·trac·tor [kɑ́ntræktə, kəntrǽktə | kəntrǽktə(r)] 〖《1548》□ LL ~: ⇨ contract¹, -or²〗 ── *n.* **1** 契約人; 請負人: an advertisement ~ 広告一手引受人 / an engineering ~ 土木建築請負師. **2** 〖生理〗 収縮筋. **3** 〖トランプ〗 (ブリッジで)コントラクター《最終ビッド (bid) をした人, またはそのパートナー》.

cóntract quási *n.* 〖法律〗 ＝quasi contract.

con·trac·tu·al [kəntrǽktʃuəl, kɑn- | kəntrǽktʃuəl, -tjuəl, -tjʊl, -tʃʊl] 〖← L *contractus* 'CONTRACT¹' + -AL¹〗 ── *adj.* 契約の[に関する, によって縛られる, で保証された]. **~·ly** *adv.*

con·trac·ture [kəntrǽktʃə | -tʃə(r)] 〖□ F ~ ∥ L *contractūra*: ⇨ contract², -ure〗 *n.* 〖病理〗 拘縮, 痙縮(けいしゅく)《筋肉組織の収縮固定状態》.

cóntra dànce [kɑ́ntrə- | kɔ́n-] *n.* ＝contredanse.

con·tra·dict [kɑ̀ntrədíkt | kɔ̀n-] 〖《1570–76》□ L *contrādict-us* (p.p.) ← *contrādicere* ← CONTRA- + *dicere* to say (cf. diction)〗 ── *vt.* **1** 〈報道などを〉否定する, 否認する; 〈人の説・言葉などを〉反駁(はんばく)する, …の反対を主張する (gainsay): ~ a person [a statement] 人の言うこと[陳述]を反駁する / The statement has been officially ~*ed*. その声明は公式に否定された. **2 a** 〈行動・事実が〉…に相反する, 矛盾する, 抵触する: The rumors ~ each other. これらのうわさは互いに矛盾する / The results of the experiment ~*ed* his theory. 実験の結果は彼の理論と反対であった. **b** [~ *oneself* で] 矛盾したことを言う. **3** 《廃》 …に反対する (oppose). **4** 〖論理〗 …に矛盾する《任意の命題とその否定とが同時に成り立つ》. ── *vi.* 反対の意見を述べる, 反駁する, 否認する. **~·er** *n.* **còn·tra·díc·tor** *n.*

con·tra·dict·a·ble [kɑ̀ntrədíktəbḷ | kɔ̀n-] *adj.* 反駁[否定]できる.

con·tra·dic·tion [kɑ̀ntrədíkʃən | kɔ̀n-] 〖《*a*1382》□ (O)F ~ □ L *contrādictiō(n-)*: ⇨ contradict, -tion〗 ── *n.* **1** 反駁(すること), 否定, 否認 (denial); 反対 (opposition): a ~ of rumor うわさの否定 / a spirit of ~ 反抗的精神 / in ~ to …に反対して, …と正反対に. **2** 矛盾, 不両立 (repugnancy), 抵触, 不一致, 自家撞着 (inconsistency): the law of ~ ⇨ law¹ *n.* **3** 矛盾するもの[人, 言葉, 事実など]: Woman's at best a ~ still. 女は依然矛盾(のかたまり)にほかならない (Pope, *Moral Essays* 2. 270). **4** 〖論理〗 矛盾; 矛盾対当 (contradictory opposition): a ~ in terms 名辞の矛盾《例: two-sided triangle / almost quite ready》/ Both parts of a ~ cannot be true. 矛盾対当の両項は共に真ではあり得ない.

con·tra·dic·tious [kɑ̀ntrədíkʃəs] 〖← CONTRADICT + -IOUS〗 ── *adj.* **1** 反駁(はんばく)を好む, 好んで異を立てる, 反対好きの (captious). **2** 《古》 自己矛盾的な. **3** 《廃》 矛盾する. **~·ly** *adv.* **~·ness** *n.*

con·tra·dict·ive [kɑ̀ntrədíktɪv | kɔ̀n-] *adj.* ＝contradictory. **~·ly** *adv.* **~·ness** *n.*

con·tra·dic·to·ri·ly [kɑ̀ntrədíkt(ə)rəli | kɔ̀ntrədíkt(ə)rəlɪ, -rɪ-] 〖《1605》〗 *adv.* 矛盾的に, 相抵触して, 自家撞着的に.

con·tra·dic·to·ry [kɑ̀ntrədíkt(ə)ri | kɔ̀ntrədíkt(ə)rɪ] 〖《*c*1385》□ LL *contrādictōri-us*: ⇨ contradict, -ory¹〗 ── *adj.* **1** 矛盾する, 相いれない, 両立しない, 自家撞着の: a ~ concept 〖論理〗 矛盾概念《「有」と「無」のような概念》/ ~ opposition 〖論理〗 矛盾対当 / programs ~ *to* common sense 常識では受け入れ難い計画. **2** 反駁的な, 好んで否定する (contradictious). ── *n.* **1 a** 反駁論, 否定的主張. **b** 正反対の事. **2** 〖論理〗 矛盾対当. **còn·tra·díc·to·ri·ness** *n.*

contradíctory térms *n. pl.* 〖論理〗 矛盾名辞《A と non-A, 「人間」と「非人間」とのように相互に否定し合ってその間に第三者をいれ得ないもの; cf. contrary terms》.

còntra·distínction *n.* 対照区別, 対比 (opposition): in ~ to [from] …と対照区別して, と対比的に.

còntra·distínctive *adj.* 対照的な. **~·ly** *adv.*

còntra·distínguish *vt.* 対照[比較]によって区別する: ~ one thing *from* another.

con·tra·fa·got·to [kɑ̀ntrəfəgɑ́ṭou | kɔ̀ntrəfəgɔ́təu; *It.* kòntrafagɔ́tto] *n.* (*pl.* **-got·ti** [-ti:; *It.* -ti]) **1** コントラファゴット (⇨ contrabassoon). **2** (オルガンの)コントラファゴット音栓《16 フィートまたは 32 フィートのリードストップ》.

cóntra·flòw *n.* 〖機械〗 ＝counterflow.

cóntra-guìde rùdder *n.* 〖海事〗 コントラ舵《舵板の上半分と下半分とに逆な水流誘導面を作っておき, プロペラが蹴った水の流れを真直ぐ後方に行くようにし, 船のスピードを増させるもの》.

con·tra·hier·ba [kɑ̀ntrəjɑ́:bə, kòun-, -jéə- | kɔ̀ntrəjɑ́:-, -jéə-] *n.* 〖植物〗 ＝contrayerva.

con·trail [kɑ́ntreɪl | kɔ́n-] 〖← CON(DENSATION) + TRAIL¹〗 *n.* 飛行機雲 (⇨ vapor trail).

còntra·índicate *vt.* 〖医学〗〈徴候などが〉〈ある療法〉に禁忌を示す[である]. **còntra·indícative** *adj.*

còntra·indicátion *n.* 〖医学〗 禁忌《普通なら適切な療法であるのにそれを施してはいけないような状況》.

còntra·láteral *adj.* 〖生理〗 (身体の)対側(性)の (cf. ipsilateral).

con·tral·to [kəntrǽlṭou, -trɑ́:l- | -təu] 〖《1730》□ It. ~: ⇨ contra-, alto〗 ── 〖音楽〗 *n.* (*pl.* ~**s**) **1** コントラルト《通常のアルト (alto) よりさらに低い音域; 女声の最低音部》. **2** コントラルト歌手. **3** コントラルト《バイオリン属で viola より大きな弦楽器》. ── *adj.* コントラルトの.

còntra·óctave *n.* 〖音楽〗 コントラオクターブ《中央ハ音より 3 オクターブ低いハ音から始まるオクターブ》.

còntra·órbital *adj.* 〖宇宙〗 反対[逆]軌道の.

con·tra·plete [kɑ́ntrəpli:t | kɔ́n-] 〖← CONTRA- + (COM)PLETE〗 ── *n.* 〖哲学〗 補完[補全]極《「形式と内容」, 「原因と結果」のように両極的に異なりながら相補い合う関係項の一方》.

con·tra·pose [kɑ́ntrəpòuz | kɔ́ntrəpəuz] 〖《逆成》← CONTRAPOSITION〗 ── *vt.* **1** 反対の位置におく, 対位[対置]させる. **2** 〖論理〗〈命題を〉対偶させる, 対偶関係におく.

con·tra·po·si·tion [kɑ̀ntrəpəzíʃən | kɔ̀n-] 〖□ L *contrāpositiō(n-)* ← *contrāpōnere* to place against: ⇨ contra-, position〗 ── *n.* **1** 対置, 対立 (antithesis): in ~ with [to] …に対置して. **2** 〖論理〗 対偶《条件命題「p ならば q」に対して, 「q でないならば p でない」をその対偶という; 両者は真理値が等しい》.

còntra·pósitive *adj.* **1** 対置の, 対立した. **2** 〖論理〗 対偶の; (変形推理における)換質換位の. ── *n.* 〖論理〗 対偶命題; (原判断の)換質換位. **~·ly** *adv.*

con·trap·pos·to [kòuntrəpɑ́stou | kɔ̀ntrəpɔ́stəu] 〖□ It. ~ 'contraposition' (p.p.) ← *contrappore* < L *contrāpōnere*: ⇨ contraposition〗 ── *n.* (*pl.* ~**s**) 〖美術〗 コントラポスト《人体像などで主要な部分をシンメトリックに配置することなく適当な均衡を得るように構成する手法》.

con·tra·prop [kɑ́ntrəprɑ̀p | kɔ́ntrəprɔ̀p] 〖← CONTRA- + PROP³〗 *n.* ＝contrarotating propeller.

còntra-propéller constrùction *n.* 〖海事〗 コントラプロペラ《船尾構造の一方式で, 推進効率を上げるためプロペラの蹴る水をプロペラのすぐ背後で整流する装置; 中心に対して左右反対の傾斜をもつ翼による》.

con·trap·tion [kəntrǽpʃən] 〖《1825》《混成》← CON(TRIVE) + TRAP¹ + -TION〗 ── *n.* 《口語》〖軽く軽蔑的に〗 **1** 新工夫, 新案. **2** 珍妙な考案物, 奇妙な仕掛け[機械].

con·tra·pun·tal [kɑ̀ntrəpʌ́nṭḷ | kɔ̀ntrəpʌ́ntḷ] 〖《1845》← It. *contra(p)punt(o)* counterpoint + -AL¹〗 ── *adj.*

〘音楽〙対位法(的)の (cf. counterpoint 1 a): ~ music. **~·ly** *adv.*

con·tra·pun·tist [kɑ̀ntrəpʌ́ntɪst, -ṭəst, ⸗⸗⸗ | kɔ̀ntrəpʌ́ntɪst] 〘(1776) ▭ It. *contrap(p)untista*: ⇨ ↑, -ist〙 ── *n.* 対位法 (counterpoint) の得意な作曲家, 対位法作曲家.

con·trar·i·ant [kəntrɛ́(ə)riənt, kɑn- | kəntrɛ́ərɪ-] 〘(*c*1385) ▭ (O)F ~ ▭ LL *contrāriāntem*: ⇨contrary, -ant〙 ── *adj.* 反対の, 敵対した (opposed): ~ factions 反対党派. **~·ly** *adv.*

con·tra·ri·e·ty [kɑ̀ntrəráɪəṭi | kɔ̀ntrəráɪətɪ, -ráɪɪtɪ] 〘(*a*1400) ▭ (O)F *contrariété* ▭ LL *contrārietātem* opposition ← L *contrārius*: ⇨ contrary, -ity〙 ── *n.* **1** 反対 (opposition); 不一致, 矛盾. **2** 相反するもの[こと], 矛盾点. **3** 〘論理〙=contrary opposition.

con·trar·i·ly 〘(*a*1400)〙 *adv.* **1** [kɑ́ntrèrəli, ⸗⸗⸗⸗ | kɔ́ntrərəlɪ, -rɪlɪ] 反対に, 逆に (contrariwise). **2** [または kəntrɛ́(ə)rəli | -trɛ́ərəlɪ, -rɪlɪ] 意固地に, 強情に.

con·trar·i·ness [kɑ́ntrèrinɪs, -nəs | kɔ́ntrərɪ-] 〘(*a*1398) ← CONTRARY＋-NESS〙 ── *n.* **1** 反対, 矛盾. **2** [または kəntrɛ́(ə)ri- | -trɛ́ərɪ-] 意固地, つむじ[へそ]曲がり.

con·trar·i·ous [kəntrɛ́(ə)riəs, kɑn- | kəntrɛ́ərɪ-] 〘(*c*1300) ▭ OF *contrario(u)s* ∥ ML *contrāriōs-us*: ⇨ contrary, -ous〙 ── *adj.* 《古》 **1** 意固地の, つむじ[へそ]曲がりの. **2** 反対の; 逆の, 不利な. **~·ly** *adv.*

con·trar·i·wise [kɑ́ntreriwàɪz | kɔ́ntrərɪ-] 〘ME ← CONTRARY＋-WISE〙 ── *adv.* **1** これに反して (on the contrary). **2** 反対に, 逆に, あべこべに; 反対側に, 反対方向に. **3** [または kəntrɛ́(ə)ri- | -trɛ́ərɪ-] 意固地に, 強情に (perversely). ── *adj.* 意固地の, つむじ[へそ]曲がりの (perverse): one's ~ speech.

còntra·rótating propéller *n.* 〘航空・海事〙二重反転プロペラ《互いに反対の方向に回転する同軸のプロペラの一方; counterrotating propeller ともいう》.

con·trar·y [kɑ́ntreri | kɔ́ntrərɪ] 〘(*c*1275) *contrarie* ▭ AF=(O)F *contraire* ▭ L *contrārius* opposite: ⇨ contra-, -ary〙 ── *adj.* **1 a** (性質・性格などが)反対の (opposite); 〔…に〕反する, 〔…と〕相いれない 〔*to*〕: be ~ *to* fact [one's interests] 事実[利益]に反する. **b** (方向が)正反対の; 〔…に〕反対方向の 〔*to*〕: in the ~ direction 反対方向に / a movement ~ *to* the policy 政策と逆方向の運動. **c** (位置が)反対の, 対立的な; 反対側の: the ~ sex 異性. **d** (互いに)対立している (antagonistic): a ~ concept 反対概念 / ⇨ contrary opposition, contrary terms. **2** 〈天候・風など〉逆の, 不利な (unfavorable): ~ weather 悪天候 / a ~ wind [current] 逆風[流]. **3** [または kəntrɛ́(ə)ri | -trɛ́ərɪ] 《口語》つむじ[へそ]曲りの, 片意地な, 意固地な (perverse): a ~ child [disposition] 意固地な子供[性質]. ── *n.* **1** [the ~] 正反対: prove *the* ~ of a statement 陳述の反対を立証する, 反証をあげる / He is neither tall nor *the* ~. 彼は丈は高くもないがその反対でもない. **2** [しばしば *pl.*] 相反するもの[性質]. **3** 〘論理〙 **a** 反対対当命題. **b** [*pl.*] =contrary terms.

by contraries 正反対に, 逆に; 予期に反して, 意外にも: interpret *by contraries* 逆の意味に取る《yes を no と解するように》/ Dreams go *by contraries*. 夢は逆夢(ゆめ). ***on the contrary*** (1) これに反して, それどころか: "Have you finished?" "*On the* ~, I have not yet begun.「もう終わったか」「どうしてどうして, まだ始めてもいない」. (2) 別の見方をすれば, 別の見地から. ***to the contrary*** (1) それと反対に[の], そうでないとの: evidence *to the* ~ その逆の証拠 / unless I hear *to the* ~ そうでないと聞かなければ, 反対の報道がなければ / I know nothing *to the* ~. そうでないということは何も知らない. (2) …にも拘らず (notwithstanding): He was defeated, all his boasting *to the* ~. 彼は偉そうなことを言っていたのに負けた.
── *adv.* 反対に, 逆に (contrarily); 〔…に〕反して 〔*to*〕: ~ *to* expectation(s) 予期に反して, 意外にも / act [go] ~ *to* the doctor's advice 医者の注意にそむく.
── *vt.* 《廃・方言》…に反対する (oppose).

cóntrary mótion *n.* 〘音楽〙反(進)行《2 声部で一方が上行し, 他方が下行すること; cf. parallel motion》.

cóntrary opposítion *n.* 〘論理〙反対対当《対当推理における A 判断と E 判断の関係をいう; 一方が真なら他方は偽, 一方が偽ならば他方は真偽不定》.

cóntrary térms *n. pl.* 〘論理〙反対名辞《「大」と「小」,「白」と「黒」,「賢」と「愚」のようにその間に第三者をいれる余地のあるもの; cf. contradictory terms》.

con·trast 〘n.: (1597) ▭ F *contraste* ▭ It. *contrasto* ← *contrastare*. ── v.: (1489) ▭ F *contrast-er* ▭ It. *contrastare* < ML *contrāstāre* to oppose ← CONTRA-＋L *stāre* 'to STAND'〙 ── [kɑ́ntræst | kɔ́ntrɑːst] *n.* **1** (相違を明示する)対照, 対比: the ~ *between* light *and* shade 光と陰[明暗]の対照 / by ~ 対照してみると / by ~ *with* …との対照によって / for the sake of ~ 対照のために, 対照的にきわ立たせるために / in ~ *with* [*to*] …と対照(をな)して. **2** (対照によって示される)差異: The ~ *between* the ideas is remarkable. この(二つの)考えの差異は大きい. **3** 著しい対照となるもの, 対照的に正反対なもの[人]: a provoking ~ *to* another 他と比べて腹の立つほど違っている人[もの] / What a ~ *to* the old days! 昔と比べて何という違い方だろう / be a ~ *to* …を対照的に引き立たせる / form [present] a striking [strange, singular] ~ *to* …に対して著しい[妙な, 奇異な]対照をなす / He is a great ~ *to* his brother. 彼は兄と著しく対照的な存在だ, 彼は兄と著しく違っている. **4** 〘写真・テレビ〙コントラスト《画像の強弱比または明暗比》. **5** 〘美術・修辞〙(明暗・色・形・情緒などの)コントラスト, 対照法.
── [kəntrǽst, kɑ́ntræst | kəntrɑ́ːst] *v.* ── *vt.* **1** (相違をはっきりさせるために)対照する, 対比する (cf. compare): *Contrast* the sisters [Jane *with* her sister]! この姉妹[ジェーンと妹]を比べてごらん《何という違いだろう》/ as ~*ed* 対照して見ると. **2** …と対照をなす, 対照的に引き立たせる: Her white face was well ~*ed with* [by] her dark dress. 彼女の白い顔は黒いドレスでひときわ引き立った. ── *vi.* 対照をなす, 比べて著しい相違を示す, 対比して引き立つ, よい対照をなす (set off) 〔*with*〕: ~ finely [agreeably] *with* …と相対して見事に[快く]引き立つ / His actions ~ *with* his promise. 彼のやることは約束とは大分違う.

con·trast·a·ble [kəntrǽstəbl̩, kɑ́ntræst- | kəntrɑ́ːst-] *adj.* 対照できる, 対照可能の.

con·trást·ing·ly *adv.* 対照するように, 対照的に.

contrásting stréss *n.* 〘音声〙=contrastive stress.

con·tras·tive [kəntrǽstɪv, kɑ́ntræs- | kəntrɑ́ːs-] *adj.* **1** 対比[対照]的な: a ~ function 対比機能. **2** 対比研究する, 対照する: ~ linguistics 対照言語学. **~·ly** *adv.*

contrástive phonétics *n.* 対照音声学《異なった語属内に属する二つ(以上)の言語の音声を比較してそれぞれの特徴を示そうとする音声学の一部門; cf. comparative phonetics》.

contrástive stréss *n.* 〘音声〙対照強勢《例えば háppy and únhàppy people の ún- にある強勢》.

cóntrast mèdium *n.* 〘医学〙(X 線検査の)造影剤.

con·trast·y [kɑ́ntræsti, ⸗⸗⸗ | kɔ́ntrɑːstɪ] 〘← CONTRAST (n.)＋-Y[4]〙 ── *adj.* (**-trast·i·er, -i·est; more ~, most ~**) 〘写真〙〈フィルム・印画など〉対照のきつい, 硬調な, コントラスティな (cf. soft 25).

còntra-suggéstible *adj.* 〘心理〙対抗被暗示性の《他からの暗示に抵抗して逆の反応を示す》.

con·trate [kɑ́ntreɪt | kɔ́n-] 〘(*c*1450) ← CONTRA-＋-ATE[2]〙 *adj.* 〘時計〙横歯の: a ~ wheel 横歯車.

con·tra·val·la·tion [kɑ̀ntrəvəléɪʃən | kɔ̀n-] 〘(1678) ▭ F *contrevallation*: ⇨ contra-, vallation〙 ── *n.* 〘築城〙対塁《包囲軍が守備軍の要塞地の周囲にめぐらす塹壕・砲塁など》.

còntra·váriant 〘← CONTRA-＋VARIANT〙 *adj.* 〘数学〙反変の《二つの量が双対的な (dual) 性質を保存しつつ変化する; ↔ covariant》.

con·tra·vene [kɑ̀ntrəvíːn | kɔ̀n-] 〘(1567) ▭ F *contrevenir* ∥ LL *contrāvenīre* to oppose ← CONTRA-＋L *venīre* 'to COME'〙 ── *vt.* **1** 〈法律・義務など〉に違反する, 違背する, 犯す (infringe): ~ a law [custom] 法を犯す[慣習を破る]. **2** …に反論する, 反駁する (contradict); …に反対する; …と対立[矛盾]する: ~ a principle 主義に反対する. **còn·tra·vén·er** *n.*

con·tra·ven·tion [kɑ̀ntrəvénʃən] 〘(1579) ▭ (O)F ~ ← LL *contrāventus* ← CONTRA-＋L *vent(us)* ((p.p.) ← *venīre* 'to COME'): ⇨ ↑, -tion〙 ── *n.* **1 a** 違反, 違背 (violation): in ~ of the law [rule] 法律[規則]に違反して. **b** 反対 (opposition), 反駁 (contradiction). **2** 違反行為: ~*s* to the laws of the land 国法違反. **3** 〘法律〙(ヨーロッパ諸国で)軽犯罪.

con·tra·yer·va [kɑ̀ntrəjə́ːvə, kòun-, -jɛ́ə- | kɔ̀ntrəjə́ː-, -jɛ́ə-; *Sp.* kòntrajérβa] 〘▭ Sp. ~ 'counter herb' ← CONTRA-＋*yerva* herb〙 ── *n.* 〘植物〙アメリカ熱帯地方産クワ科の草本 (*Dorstenia contrajerva*)《その根は興奮剤・強壮剤; たばこの香料に用いる》.

con·tre- [kɔ̃ː(n)trə, kɔ́(ː)n-, kɑ́n- | kɔ̃ː(n)-, kɔ́(ː)n-] 〘▭ F ~: ⇨ contra-〙 *pref.* contra- のフランス語形: *contre*temps.

con·tre·coup [kɑ́ntrəkùː, kɔ̃ː(n)-, kɔ́(ː)n-, ⸗⸗⸗ | kɔ̃ː(n)trəkùː, kɔ́(ː)n-, ⸗⸗⸗; *F.* kɔ̃trəku] 〘▭ F ~ ← *contre* against＋*coup* blow〙 ── *n.* 〘医学〙コントルクー, 対側衝撃《特に, 脳などで, 直接受けた外傷の部位でなく, 遠隔部あるいは反対側に及ぶ衝撃》.

con·tre·danse [kɑ́ntrədæ̀ns, kɔ̃ː(n)trədɑ̃ː(n)s, kɔ̀(ː)n-trədɑ́ːns | kɔ̃ː(n)trədɑ̃ː(n)s, kɔ́(ː)n-, -dɔ̃ː(n)s, -dɑ̀ːns, -dɔ̃ː(ː)ns; *F.* kɔ̃trədɑ̃ːs] 〘(1803) ▭ F ~《通俗語源》← *country-dance*: このダンスでは踊り手が互いに向かいあうことから *contre* against を連想したため〙 ── *n.* **1** コントルダンス, 対舞《踊り手は向かい合って入れ替りながら踊る $^2/_4$ 拍子のダンス》. **2** コントルダンスの曲.

con·tre·par·tie [kɔ̃ː(n)trəpɑətíː, kɔ̀ːn- | -pɑː-; *F.* kɔ̃trəparti] 〘▭ F ~ 'counterpart'〙 ── *n.* 〘家具〙(*pl.* ~ [~z; *F.* ~]) コントラパルティー《真鍮の地板にべっこうで文様を構成する象眼細工; フランスのブール象眼技法の一つ; cf. première partie》.

con·tre·temps [kɑ́(ː)ntrətɑ̃ː(ŋ), kɔ̃ː(n)-, kɔ́(ː)n-, -tɑ̀ːŋ | kɔ̃ː(n)trətɑ̃ː(ŋ), kɔ́(ː)n-, -tɔ̃ː(ŋ), -tɑ̀ːŋ, -tɔ̃(ː)ŋ; *F.* kɔ̃trətɑ̃] 〘(1684) ▭ F ~ ← *contre* against＋*temps* time〙 ── *n.* (*pl.* ~ [~z; *F.* ~]) **1** あいにくの出来事, 意外な事故 (mishap). **2** 〘音楽〙=syncopation 2.

contrib. 《略》contributed; contribution; contributor.

con·trib·ut·a·ble [kəntríbjuṭəbl̩, -bjuːṭ- | kəntríb-jʊt-, -bjuːt-, kɔ́ntrɪbjùːt-] *adj.* 貢献できる.

con·trib·ute [kəntríbjut, -bjuːt | kəntríbjuːt, -bjʊt, kɔ́ntrɪbjùːt] 〘(1530) ← L *contribūt-us* (p.p.) ← *contribuere* to bring together, add ← *con-* 'COM- 1'＋*tribuere* to bestow: cf. tribute〙 ── *vt.* **1 a** 寄付する: ~ money *to* a common fund 共同基金に金を寄付する / ~ food *for* the poor 貧民のために食物を出す. **b** 寄与する, 貢献する, 捧げる (furnish): ~ new ideas [valuable suggestions] 新しい考え[貴重な助言]を与える / ~ time and energy *to* the work その仕事に時間と精力を捧げる. **2** 〈記事などを〉寄稿する: ~ an article *to* a magazine 雑誌に執筆する. ── *vi.* **1 a** 寄付をする 〔*to*〕: ~ *to* the community chest 共同募金に寄付する. **b** 寄与する, 貢献する, 資する, 一助[一因]となる (conduce) 〔*to*〕: Hard work ~*d to* his success. 彼の成功は一つには勤勉のたまものであった / Food additives may ~ *to* cancer. 食品添加物は癌(がん)の一因となりうる. **2** 〔新聞・雑誌などに〕寄稿する, 投稿する 〔*to*〕: ~ *to* a newspaper 新聞に寄稿する.

con·tri·bu·tion [kɑ̀ntrəbjúːʃən | kɔ̀ntrɪ-] 〘(*a*1387) ▭ (O)F ~ ∥ L *contribūtiō(n-)*: ⇨ ↑, -tion〙 ── *n.* **1 a** 寄付, 出資: make a ~ *to* …に寄付[貢献]する. **b** 貢献, 助力, 寄与: his ~*s to* science 科学にたいする彼の貢献. **2** 寄付金, 義援金; 寄付品, 寄贈物: illegal political ~*s* 不法政治献金 / The smallest ~ thankfully received. 寄付はいくら少額でもありがたく受けます. **3 a** 寄稿, 投稿. **b** 寄稿作品. **4** 〘保険〙(損失または支払金の)分担; 分担額; (社会保険の)保険料. **5** 〘軍事〙(軍費を賄うために占領地の住民に賦課する)軍税, 臨時税: levy a ~ from the enemy 敵に貢物を出させる.

lay under contribution (1) …に寄付[賦課金]を課す. (2) 〈人民・町民〉に軍税を課する.

contribútion màrgin *n.* 〘会計〙貢献利益《売上高から変動費を引いた限界利益 (marginal profit) のこと; あるいは限界利益から個別固定費を引いたセグメントマージンのことをいう》.

con·trib·u·tive [kəntríbjuṭɪv | -tɪv] *adj.* 寄与する, 貢献する 〔*to*〕: be ~ *to* one's interests 利益に役立つ. **~·ly** *adv.*

con·tríb·u·tor [-bjuṭə | -tə(r)] 〘(1433) ▭ AF *contributour* (F *contributeur*) ← L *contribūtus*: ⇨ contribute, -or[2]〙 ── *n.* **1** 寄付者, 寄与者, 貢献者; 一因, 一助. **2** 寄稿家, 投稿者.

con·trib·u·to·ry [kəntríbjutɔ̀ːri, -tòːri | -bjʊt(ə)rɪ] 〘(*c*1410) ▭ ML *contribūtōri-us*: ⇨ contribute, -ory[1]〙 ── *adj.* **1 a** 寄付の[に関する]; 義援的な. **b** 貢献する, 〔…に〕資する, あずかって力ある 〔*to*〕: ~ causes 有力な原因 / be ~ *to* the result その結果をもたらすのにあずかって力がある. **2** 分担する: ~ allies. **3** 〘保険〙雇主と被用者が保険料を分担する. ── *n.* **1** 出資者; 出資義務者. **2** 《英》〘法律〙清算出資社員《会社の清算 (winding up) に際し出資または払込みをする義務のある者》.

contríbutory négligence *n.* 〘法律〙寄与過失, 助成過失《被害者[原告]の過失が被害発生に決定的な寄与をしたため損害賠償のとれないとする法理; 英国では 1945 年に廃止され, 米国の多くの州と同様に, (双方の)過失の程度に応じて責任を分担することになった》.

con·trite [kəntráɪt, kɑ́ntraɪt | kɔ́ntraɪt] 〘(?*c*1300) *contrit* ▭ (O)F *contrite* ∥ L *contrit-us* (p.p.) ← *conterere* to bruise, grind ← *con-* 'COM-'＋*terere* to rub (cf. trite)〙 ── *adj.* **1** 〘カトリック〙(神に対する愛に基づいて)罪を深く悔いている《救いに必要な痛悔の段階についていう; cf. attrite》: a ~ sinner / a broken and a ~ heart くだけたる悔いし心 (*Ps.* 51: 17). **2** 悔恨の情から出た, 悔恨の: ~ words, tears, sighs, etc. **~·ly** *adv.* **~·ness** *n.*

con·tri·tion [kəntríʃən] 〘(*c*1303) *contricioun* ▭ (O)F *contrition* ▭ L *contrītiō(n-)*: ⇨ ↑, -tion〙 *n.* **1** 悔恨, 悔悟, 痛悔 (penitence). **2** 〘カトリック〙(犯した罪に対する)痛悔 (cf. imperfect contrition, attrition4).

con·triv·a·ble [kəntráɪvəbl̩] *adj.* 考案[工夫]できる; 案出できる.

con·triv·ance [kəntráɪvəns] 〘(1627-28): ⇨ ↓, -ance〙 ── *n.* **1 a** 工夫(すること), 考案, 案出. **b** 考案[工夫]の才能 (ingenuity). **2 a** 考案物[品], 新工夫, 趣向, 発明 (invention); (機械的)仕掛け, 装置 (appliance). **b** たくらみ, もくろみ, 企図, 計略 (artifice).

con·trive[1] [kəntráɪv] 〘(*a*1338) *contreve(n)*, *controve(n)* ▭ OF *controv-er* (F *controuver*) ▭ ML *contropāre* ← *con-* 'COM- 2'＋L *tropus* 'TROPE': cf. trover〙 ── *vt.* **1** 考案する, 発明する (invent), 工夫する (devise); 設計する (plan): ~ a mask against poison gas 防毒マスクを考案する / ~ an excuse 口実を設ける. **2** 企図する, たくらむ, 謀(はか)る, 策する: ~ a plan for an escape 逃亡の計画を立てる / He is *contriving* her death. 彼女を殺害しようとたくらんでいる. **3 a** 何とかして…する, うまく…してのける, …し終える (manage) 〈*to do*〉: He ~*d to* arrive in time after all. 彼は結局どうにか間に合った / How did [could] you ~ *to* get here so early? どうしてこんなに早く来られたのですか. **b** 《反語》(努力しても)結局…すること[羽目]になる, わざわざ〈不利なことを〉しでかす 〈*to do*〉: He ~*d to* make a mess of the whole thing. 結局彼は何もかもめちゃくちゃにしてしまった / He ~*d to* make the matter worse. わざわざ手を出して事態を悪化させてしまった. ── *vi.* **1** 工夫する. **2** たくらむ. **3** (家事の)やり繰りをする: ~ well / ⇨ CUT *and contrive* / Can you ~ without it? それが無くてもやってゆけますか. **con·trív·er** *n.*

con·trive[2] [kəntráɪv] 〘(15C) ▭ L *contriv-* (pret.

stem) ← *conterere* : ⇨ contrite〗 *vt.* 《廃》〈時を〉過ごす (spend).

con·trived 〖ME〗 *adj.* 工夫[計画]の跡がみえる, 技巧を弄した, 人工的な, わざとらしい. **~·ly** *adv.*

con·trol [kəntróʊl | -tráʊl] 〖n. : 《1592》□ F *contrôle* counter register ← *contrerôle* ← *contre* against + *role* roll. — v. : 《1422》□ AF *contreroll-er* (F *contrôler*) to keep a copy of a roll of accounts ← *contrôle* : ⇨ counter-, roll〗 **—** *n.* **1 a** 支配, 取締, 統制, 管理, 指揮 監督(権); 支配力 : light ~ 灯火管制 / majority ~ 過半数持株支配 / minority ~ 少数持株支配 / management ~ 経営者支配 / traffic ~ 交通整理 / cost ~ 〘経営〙費用的管理, 原価管理 / time ~ 〘経営〙時間的管理 / budgetary ~ 〘経営〙予算管理, 予算統制 / foreign-exchange ~ 外国為替管理 / ⇨ birth control, thought control / be under the direct ~ of …の直接監督下にある, …直轄である / without ~ 統制なく, 自由に / man's ~ over nature 人間の自然の支配 / be in ~ of …を管理している / come under British ~ 英国の支配下に入る / labor's ~ of production 労働者の生産管理. **b** 道具[器具, 技術など]を自由に駆使する能力 : We admire his ~ of the technique of the violin. バイオリンの技術を自由に駆使する彼の能力に感嘆する / He has full ~ of several languages. 数か国語を自由にあやつる. **c** 〘野球〙(投手の)制球力, コントロール : The pitcher needs ~. あの投手はコントロール[制球力]がない. **d** [通例 *pl.*] (物価などの)統制 : price ~*s* 物価統制 / wage ~*s* 賃金統制. **2** 抑制(力), 制御, 鎮圧 (restraint) : be beyond ~ 抑え切れない, 手に余る / bring [keep] something under ~ 抑え付ける[付けておく], 抑制[鎮圧]する / get out of ~ 制し切れなくなる / get under ~ 制御[抑圧]する / The fire was soon got under ~. 火事は間もなく消し止められた / Everything is under ~. 万事うまくいっている / have good ~ over one's class 教室の管理がいい / have ~ of [over] oneself 己れを制する / have no ~ over one's passions 激情を抑える力がない / lose ~ of …を制しきれなくなる / a matter over which one has no ~ 力のおよばない事柄. **3 a** 統制[管制]手段. **b** [《英》ではまた kɔ́ntrəʊl] [*pl.*] (機械の)操縦[制御]装置. **c** 《英》(道路の)スピード管制区, (自動車競争などの)徐行域; (同上にある)車体検査所. **d** 支配霊 《霊媒の言行を支配する霊》. **4** 〘生物〙 **a** 対照 《実験から引き出された推定の照査規準》 : ⇨ control experiment. **b** 対照区 (⇨ control experiment). **5** 〘郵趣〙切手シートの耳に印刷された数字や文字. **6** 〘宇宙〙制御.

— *vt.* (**con·trolled** ; **-trol·ling**) **1** 統制する, 管制する (regulate); 支配する, 管理する, 監督する. **2 a** 抑制する, 制御する (command) : ~ expenditure [payments] 支出[支払い]を抑制する / ~ one's passions [emotions] 激情[感情]を制する[抑える]. **b** [~ one-*self* で] 自分の感情を抑制する, 自制する. **3** (規準に)照らし合わせて調べる, 照査する (verify) : ~ a scientific experiment. **4** …の広がりをくい止める, 〈生物〉の繁茂するのを防ぐ.

contról accòunt *n.* 〘会計〙統制勘定, 統括勘定 《複式簿記において補助元帳 (subsidiary ledger) の内訳勘定を統括する勘定; controlling account ともいう》.

contról bòard *n.* 〘電気〙(電気装置などの)制御盤, 管制盤, 操作盤 《control panel ともいう》.

contról cènter *n.* コントロールセンター, 管理センター, 管制[制御]センター.

contról chàrt *n.* 〘統計〙管理図 《品質管理に用いる図表; 標本 (sample) 中の不良品の個数を高さで記入し, それがあらかじめ引いてある限界線を超えるかどうかで工程の安定·不安定を判断するもの》.

contról clòck *n.* = master clock.

contról còlumn *n.* 〘航空〙操縦輪 《補助翼の操作を転輪の回転によって行う操縦桿(かん); cf. control stick》.

contról elèctrode *n.* 〘電子工学〙(電子管の)制御電極.

contról expèriment *n.* 〘生物〙対照実験 《実験材料となる生物を 2 群に分け, A 群には実験を加え, B 群には実験を加えず, AB を同一条件下で飼育栽培して, 実験による影響を知る方法; この場合 B 群を「対照区」(control) という》.

contról grìd *n.* 〘電子工学〙(電子管の)制御格子.

con·trol·la·ble [kəntróʊləbl | -tráʊl-] 〖《1576》← CONTROL + -ABLE〗 **—** *adj.* 支配[管制, 管理]できる; 制御[統制]できる; 操縦できる. **con·tròl·la·bíl·i·ty** [-bíləṭi | -lɪtɪ, -lɪ-] *n.* **con·tról·la·bly** *adv.*

contróllable-pítch *adj.* 〘海事·航空〙〈船·航空機のプロペラが〉可変ピッチの 《一つのプロペラで同方向に回転させたまま高低速·停止·後退などを翼の傾斜によって可能なものについていう; cf. adjustible-pitch》.

con·tróllled *adj.* **1** 抑制された, 控え目の. **2** 管理[統制, 支配]された : ~ economy 統制経済.

contrólled expériment *n.* 〘生物〙対照づきの実験 《対照を完備した実験》.

contrólled schóol *n.* 《英》管理学校 《voluntary school の一種で, 校舎·教員の任免·給与などのほとんどを地方教育当局が扱うが, 1 週に 2 時間を超えない範囲で, 自派の宗教教育を行なうことのできる学校; cf. aided school》.

contrólled sýstem *n.* 〘電気〙制御対象.

contrólled váriable *n.* 〘電気〙制御量.

con·tról·ler [-lə | -lə(r] 〖《16C》← CONTROL (v.) + -ER[1] ∽ 《?a1387》 *count(e)rollour* □ AF *countrero(u)llour* = OF *contrerolleur*〗 **—** *n.* **1 a** 取締り人, 管理人; 統制者. **b** (会社の)経理部長, コントローラー 《企業の会計担当副社長》. **c** (計算·会計の)監査官[役], 会計検査官 : a ~ of accounts. ★ 官名としては comptroller という. **d** (飛行機の飛行に指示を与える)《航空》管制官. **2** 〘電気〙(電動機などの)制御器, 操縦装置. **3** 〘海事〙= compressor 4.

contróller·shìp *n.* controller の職[地位, 機能].

contról lèver *n.* 〘航空〙操作レバー.

contról lìmit *n.* 〘統計〙管理限界 《管理限界線 (control limit line) の高さ》.

contról límit line *n.* 〘統計〙管理限界線 《管理図 (control chart) にあらかじめ引いてある限界線》.

con·tról·ling accòunt [-lɪŋ-] *n.* 〘会計〙= control account.

contrólling dèpth *n.* 〘海事〙制限水深 《ある海域内を安全航行できる船の喫水を定める水深》.

contrólling ìnterest *n.* 会社を支配するに十分な持ち株, 支配者持ち分.

con·tról·ment 〖《1454》← CONTROL + -MENT〗 *n.* 《古》取締り, 管制; 抑制 (check) : without ~ 自由に.

contról pànel *n.* **1** 〘電算機〙制御パネル, プラグボード, プラグ盤, 配線盤. **2** 〘電気〙= panel board 2.

contról ròd *n.* 〘原子力〙(原子炉の出力の制御に使用する中性子吸収性の)制御棒.

contról ròom *n.* **1** 管制室; (原子力施設などの)制御室. **2** 〘テレビ·ラジオ〙調整室.

contról stìck *n.* 〘航空〙操縦桿(かん) (cf. control column).

contról sùrface *n.* 〘航空〙操縦(翼)面 《昇降舵·補助翼·方向舵など》.

contról swìtch *n.* 〘電気〙制御スイッチ.

contról tòwer *n.* 〘航空〙コントロールタワー, 管制塔 《飛行場にあって離陸·着陸などの管制を行なう》.

contról ùnit *n.* 〘電算機〙制御装置 《電子計算機の制御部》.

contról whèel *n.* 〘航空〙操縦輪.

con·tro·ver·sial [kɑ̀ntrəvə́ːʃəl, -siəl, -ʃiəl | kɔ̀ntrəvə́ːʃəl] 〖《1583》□ LL *contrōversiāl-is* : ⇨ controversy, -al[1]〗 **—** *adj.* **1** 議論の[に関する], 論争上の; 議論の的になる[議論を呼ぶ](ような) : a ~ question, book, etc. **2** 論争癖の, 論争好きな (disputatious).

còn·tro·vér·sial·ism [-lɪzm] *n.* **1** 論争的精神, 論争癖. **2** (激しい)論争 (controversy).

còn·tro·vér·sial·ist [-lɪst, -ləst | -lɪst] 〖《a1734》← CONTROVERSIAL + -IST〗 *n.* 議論家, 論客; 論争者.

còn·tro·vér·sial·ly [-ʃəli, -siəli, -ʃiəli | -ʃəlɪ] *adv.* 論争的に; 論争上(の立場から); 議論がましく.

con·tro·ver·sy [kɑ́ntrəvə̀ːsi | kɔ́ntrəvə̀ːsɪ, -vəsɪ, kəntrɔ́vəsɪ] 〖《c1384》□ L *contrōversia* civil lawsuit, dispute ← *contrōversus* (↓)〗 **—** *n.* **1 a** 論争, 論議, 論議 : the academical [scientific] ~ 学問上[科学上]の論争 / a subject [point] of ~ 論争の主題, 争点 / beyond [without] ~ 争う余地なく, 確かに[な] / be in a long ~ with …と長く論争中である. **b** 論争の原因[実例]. **2** 〘法律〙(裁判の対象である)民事上の紛争.

in controversy 〘法律〙(裁判によらずに)話し合いによって解決されるべき.

con·tro·vert [kɑ́ntrəvə̀ːt, ←–← | kɔ́ntrəvə̀ːt, ←–←] 〖《1609》← L *contrōvers-us* turned against, disputed ← *contrō-* ((異形)) ← CONTRA-) + *versus* ((p.p.) ← *vertere* to turn) : 語尾 -*vert* は DIVERT, REVERT などとの類推〗 **—** *vt.* 論争する, 〈問題を〉争う (dispute); 論駁(ばく)する, 反駁する. **—** *vi.* 議論を戦わせる, 議論する. **~·er** *n.*

con·tro·vert·i·ble [kɑ́ntrəvə̀ːṭəbl, ←–←–– | kɔ̀ntrəvə́ːtəbl, -tɪ-, ←–←––] *adj.* 論争できる, 議論の余地のある; 論駁できる. **cón·tro·vèrt·i·bly** *adv.*

cón·tro·vèrt·ist [-ṭɪst, -ṭəst | -tɪst] *n.* = controversialist.

con·tu·ma·cious [kɑ̀nṭəméɪʃəs, -tjʊ-, -tjuː-, -tʃʊ- | kɔ̀ntjuː-, -tjʊ-] 〖《a1600》: ⇨ ↓, -ous〗 **—** *adj.* 権威[命令, 法廷の召喚]に服さ[応じ]ない; (頑強に)命令をきかない (irreconcilable). **~·ly** *adv.* **~·ness** *n.*

con·tu·ma·cy [kənt(j)úːməsi, kɑn-, kɑ́nṭəmə-, -tjʊ-, -tʃʊ- | kɔ́ntjʊməsɪ] 〖《?a1200》□ L *contumācia* haughtiness ← *contumāx* stubborn : ⇨ contumely, -acy〗 **—** *n.* **1** 頑固な不従順, 強情. **2** 〘法律〙官命抗拒, 命令不服従, 法廷侮辱; (主として宗教裁判所の)召喚無視 (cf. in contumaciam).

con·tu·me·li·ous [kɑ̀nṭəmíːliəs, -tjʊ-, -tjuː-, -tʃʊ- | kɔ̀ntjuːmíːljəs, -tjʊ-, -lɪəs] 〖《?c1425》□ (O)F *contumelieux* □ L *contumēliōsus* full of abuse, insolent : ⇨ ↓, -ous〗 **—** *adj.* **1** 傲慢無礼な, 侮辱的な (disdainful). **2** 非難する (reproachful). **~·ly** *adv.*

con·tu·me·ly [kənt(j)úːməli, kɑn-, kɑ́nṭəmìːli, -tjʊ-, -tʃʊ-, -mɪli, -məli | kɔ́ntjuːmlɪ, -tjʊm-, -tjʊmɪlɪ, -məlɪ] 〖《c1390》□ OF *contumelie* □ L *contumēlia* an abuse ← COM- + *tumēre* to swell (⇨ tumor)〗 **—** *n.* **1** (言葉遣い·態度の)傲慢無礼. **2** 侮辱 (insult). **3** 侮辱を受けること, 屈辱 (humiliation).

con·tuse [kənt(j)úːz | -tjúːz] 〖《1541》← L *contūs-us* (p.p.) ← *contundere* ← *con-* 'COM- 2' + *tundere* to beat (⇨ tund)〗 **—** *vt.* …に(皮膚を破らない程度に)打傷を負わせる (bruise); 挫傷させる : a ~*d* wound 挫傷, 打撲傷, うちみ.

con·tu·sion [kənt(j)úːʒən | -tjúː-] 〖《a1400》□ (O)F ∼ // L *contūsiō(n-)* : ⇨ ↑, -sion〗 *n.* 〘医学〙挫傷, 打撲傷 (bruise). **~ed** *adj.*

co·nun·drum [kənʌ́ndrəm] 〖《1596》 *quonundrum* pedant, pedantic whim ← ? L *quoniam* since // *quin* why not : ラテン語をまねた 16 世紀の学生俗語 (cf. quandary)〗 **—** *n.* **1** (答えにしゃれ (pun) を含む)謎(なぞ), とんち問答, 判じもの (riddle) 《例えば "When is a door not a door?" 答えは "When it's a jar."》. **2 a** 謎のような問題. **b** 難問.

con·ur·ba·tion [kɑ̀nə(ː)béɪʃən | kɔ̀nə(ː)-] 〖《1915》← *con-* 'COM-' + L *urb-, urbs* city + -ATION〗 **—** *n.* (London や Paris のように周辺の多数の都市が膨張し融合した)集合都市, 都市集団, 市街地連担地域.

con·ure [kɑ́njə | kɔ́njʊə(r] 〖← NL *Conurus* : ⇨ cono-, -urus〗 *n.* 〘鳥類〙メキシコインコ 《熱帯アメリカ産メキシコインコ属 (*Aratinga*) の鳥の総称》.

co·nus ar·te·ri·o·sus [kóʊnəs-ɑəṭì(ə)rióʊsəs | kə́ʊnəs-ɑːtɪərɪə́ʊ-] 〖← NL ∼ 《原義》arterial cone〗 **—** *n.* (*pl.* **co·ni ar·te·ri·o·si** [-naɪ-ɑəṭì(ə)rióʊsaɪ, -niː-, -siː | -ɑːtɪərɪə́ʊ-]) 〘解剖〙動脈円錐.

conv. 《略》convenient; convent; convention; conventional; conversation; converter; convertible; convocation.

con·va·lesce [kɑ̀nvəlés | kɔ̀n-] 〖《1483》□ L *convalesc-ere* to grow strong ← *con-* 'COM- 2' + *valescere* (← *valēre* to be strong : ⇨ valor)〗 **—** *vi.* (病後)徐々に健康体に返る, 健康を回復する, 快方に向かう (recover).

con·va·les·cence [kɑ̀nvəlésns | kɔ̀n-] 〖《c1489》□ F ∼ □ L *convalēscentia* : ⇨ ↓, -ence〗 *n.* **1** 病人が次第に快方に向かうこと; 回復. **2** (病気からの)回復期.

con·va·les·cent [kɑ̀nvəlésnt | kɔ̀n-] 〖《1656》□ L *convalēscent-em* : ⇨ convalesce, -ent〗 **—** *adj.* **1** 快方に向かっている, 回復期の, 病気上がりの : a ~ patient 回復期の患者 / become ~ 快方に向かう / in the ~ stage 回復期にある. **2** 回復期患者の[のための, に関する] : a ~ ward (病院の)回復期病室[病棟] / a ~ hospital (回復期患者の)療養所, 保養所. **—** *n.* 回復期患者, 病気上がりの人. **~·ly** *adv.*

con·vect [kənvékt] 〖《逆成》↓〗 *vt.* 〈熱·流体を〉対流によって伝導する. **—** *vi.* 〈流体が〉対流によって熱伝導する.

con·vec·tion [kənvékʃən] 〖《1623》□ LL *convectiō(n-)* carrying together ← L *convectus* (p.p.) ← *convehere* ← *con-* 'COM- 1' + *vehere* to carry (⇨ vehicle)〗 **—** *n.* **1** 伝達, 運搬; 伝導 (transmission). **2** (熱·大気の)対流, 還流 (cf. conduction 2, radiation 1).

con·véc·tion·al [-ʃənḷ, -ʃnəl] *adj.* **1** 対流の[に関する]. **2** 〈雨が〉対流によって生じる.

convéction cùrrent *n.* **1** 〘物理·気象〙対流; 還流. **2** 〘電気〙対流電流, 携帯電流.

con·vec·tive [kənvéktɪv] *adj.* **1** 伝達性の : the ~ force of a stream. **2** 〘物理·気象〙対流[環流]的な. **~·ly** *adv.*

convéctive actívity *n.* 〘気象〙(ひょう·雷雨などとして現われる)対流活動.

con·véc·tor *n.* コンベクター, 対流放熱器, 対流式暖房器.

con·ven·a·ble [kənvíːnəbl] *adj.* 召喚[召集]できる.

con·ve·nance [kɔ̃ː(n)vənɑ́ː(n)s, kɔ̀(ː)nvənɑ́ːns, kɑ́nvənəns, -nɑ̀ːns | kɔ́ː(n)vənɑ̀ː(n)s, kɔ́(ː)n-, -vɪ-, -nɔ̀ː(n)s, -nɑ̀ːns, -nɔ̀(ː)ns; *F.* kɔ̃vnɑ̃ːs] 〖《1483》□ (O)F ∼ 'convenience, fitness; (pl.) decency, decorum' ← *convenir* to be fitting < L *convenīre* to come together (↓)〗 **—** *n.* (*pl.* **-ve·nanc·es** [∼ɪz, ∼əz; *F.* ∼]) **1** 慣用. **2** [*pl.*] 世間の習わし; 因襲的儀礼.

con·vene [kənvíːn] 〖《1429》□ L *conven-īre* ← *con-* 'COM- 1' + *venīre* 'to COME'〗 **—** *vt.* **1** 呼び集める, 召集する : ~ an assembly, a council, etc. **2** (法廷などに)召喚する, 呼び出す (summon) : ~ a person before a tribunal. **—** *vi.* **1** 〈人が〉会合する (assemble); 集会する. **2** 〈物が〉一か所に集まる[かたまる]. **3** 〈議会·委員会などが〉開催される.

con·vén·er *n.* (委員会などの)召集者; (特に)委員会の議長.

con·ve·nience [kənvíːnjəns, -niəns | -njəns, -nɪəns] 〖《a1398》□ L *convenientia* agreement, fitness : ⇨ convenient, -ence〗 **—** *n.* **1** (自分の行動·要求充足などに)都合[勝手]のいいこと, 便, 便利, 便宜; 便益 (advantage) : ⇨ MARRIAGE of convenience / for ~ of explanation 説明の便宜上 / as a matter of ~ 都合[便宜]上 / a shelter for the ~ of travelers 旅行者のため設けた小屋. **2 a** 都合のいい時[機会], 好都合 : at one's (own) ~ 自分の都合のよい時に / at your earliest ~ なるべく早く, ご都合つき次第 / await a person's ~ 人の都合を待つ / consult [suit] one's own ~ 自分の都合[勝手]を計る / suit a person's ~ 人の都合に添う, 人にとって好都合である. **b** 好都合[便利]な事情, 利点 : It is a great ~ to live near a railway station. 駅の近くに住んでいるのは大へん便利です. **3 a** 便利なもの. **b** 有用品, (文明の)利器; [*pl.*] 衣食住の便益, 生活に便利な設備 : a house full of ~*s* of every sort あらゆる便利な設備を備えた家. **c** 便所 (toilet) : a public ~ 公衆便所. **4** 安楽 (comfort, ease).

for convenience' sake 便宜のために, 便宜上.

make a convenience of 《口語》〈人など〉を自分の勝手に使用[利用]する, 道具に使う.

convénience fòod *n.* (簡単に調理できるように包装された)インスタント食品.

convénience gòods *n. pl.* (たばこ·雑誌など)手近の店で簡単に買える品.

convénience òutlet *n.* 〘電気〙コンセント.

con·vé·nien·cy [-njənsi, -niən- | -njənsɪ, -nɪən-] 〖(1494): ⇨↓, -ency〗 *n.* 《古》=convenience.

con·ve·nient [kənví:njənt, -niənt | -njənt, -nɪənt] 〖(*c*1380) ▭ L *convenient-em* (pres.p.) ← *convenīre* to be suitable: ⇨ convene, -ent〗 ― *adj.* **1** 使いやすい, 便利な, 便宜を提供してくれる (commodious); 〔…に〕都合のよい, 便宜な 〔*to, for*〕: a place ～ *for* bathing [camping out] 水泳[キャンプ]に便利な所 / if it is ～ *to* [*for*] you ご都合がよろしければ / make it ～ to do 都合をつけて…する / I will come when ～ *to* you. ご都合のよい時に伺いましょう / It is not ～ for you now. 今は都合が悪くてお会いできません. **2** 《口語》〔…に〕手近な, 近づきやすい (accessible) 〔《米》*to*, 《英》*for*〕: His house is ～ *to* [*for*] the station. 彼の家は駅に近い. **3** 《廃》適切な (proper, pertinent).

con·vé·nient·ly 〖(*a*1398)〗 ― *adv.* 便利に, 都合よく, 丁度いい具合に: The place is ～ near school. その場所は都合のよいことに学校に近い《通学に便利だ》/ Would you come up to London as soon as you ～ can? ご都合がつき次第できるだけ早くロンドンへ来てくださいませんか.

con·vé·nor [-nə, -nɔə | -nə(r, -nɔ:(r] *n.* =convener.

con·vent [kɑ́nvənt, -vent | kɔ́n-] 〖(15 C) ▭ OF ～ (F *couvent*) < L *conventum* assembly (p.p.) ← *convenire* to come together (⇨ convene) ∽ (?*a*1200) *covent* ▭ AF: cf. Covent Garden〗 ― *n.* **1** 修道会; (特に)女子修道会, 尼僧団. **2** 修道院; (特に)女子修道院, 尼僧院 (nunnery) (cf. monastery, cloister): go into a ～ (女子)修道院に入る, 修道女[尼僧]となる. **3** 《廃》集会, 会議 (meeting). ― *v.* 《廃》=convene.

con·ven·ti·cle [kənvéntɪkḷ, -ṭə- | -tɪ-] 〖(*a*1382) ▭ L *conventicul-um* (dim.) ← *conventus*: ⇨↑, -cle〗 ― *n.* **1 a** 集会, 会合; (宗教的な)秘密会合. **b** (16-17 世紀の非国教徒またはスコットランド長老派の)秘密集会[礼拝]. **2** (非国教徒の)集会所, 会堂.

con·vén·ti·cler [-klə, -kḷə | -klə(r, -kḷə(r] *n.* **1** 秘密集合[礼拝]に集まる人. **2** [軽蔑的に] 分離派の人 (separatist).

con·ven·tion [kənvénʃən] 〖(*a*1420) ▭ (O)F ～ ▭ L *conventiō(n-)* assembly, agreement ← *conventus* (p.p.) ← *convenire* 'to CONVENE': ⇨ -tion〗 ― *n.* **1 a** 召集; 集会, 集合. **b** (政治・宗教・団体などの)大会, 集会, 代表会議 (cf. conference 2, congress 1). **c** [集合的] 大会参加者たち, 参加代表者たち. **2** 《米》党大会《候補者の指名・綱領決定などを決議する》: ⇨ National Convention 3. **3** 〖英史〗仮議会《1660 年および 1688 年に国王の召集によらないで開かれた議会》. **4 a** 約定, 協定, 申し合わせ (agreement). **b** (郵便・特許権・著作権などに関する)国際協定: a postal ～ 郵便協定 / ⇨ Geneva Convention. **5 a** (社会の)慣習, 習俗, 因襲, (伝統的な)しきたり, 社会的な約束事, 慣例: a slave to ～ 因襲の奴隷 / the ～s of daily life 日常生活のしきたり / *Convention* requires a man to do so [that a man should do so]. 世間の慣習として人はそうしなければならない. **b** 因襲尊重 (conventionalism). **6** しきたり, 約束, コンベンション: stage ～s (写実を省略し, 簡潔に表現するための)舞台の約束. **7** 〖トランプ〗(ブリッジで)コンベンション, (ビッドまたはプレー上の)定まりごと, 取決め《競技者相互でその意味が了解されている特殊なビッドやプレーの仕方》: ⇨ Blackwood convention, private convention, Stayman convention.

con·vén·tion·al [-ʃənḷ, -ʃnəł] 〖(*a*1475) ▭ LL *conventiōnāl-is*: ⇨↑, -al¹〗 ― *adj.* **1** 大会[集会]の[に関する, のような]; 代表会議の. **2** 《米》党大会の. **3 a** (法定に対して)協定の[に基づく, で作られた] (stipulated): ～ neutrality 協定中立 / a ～ rate of interest 協定利率 / a ～ tariff 協定税率. **b** =conventionary. **4** 社会的[伝統的]慣習による[に従った, に合った], 一般に行なわれている, 世間の約束となっている, 慣習的な (customary), 伝統的な (traditional): ～ signs [symbols] 定式記号 / ～ wisdom 世間一般に受け入れられている考え方. **5** 独創性[個性]を欠いた, 因襲的な, 形式的な, 紋切形の, 型にはまった (formal); 平凡な, ありきたりの, 陳腐な (trite): a ～ design for wallpaper 壁紙のありきたりの模様 / a ～ conclusion of a letter 手紙の月並みな結び文句 / ～ morality 因襲道徳 / a ～ phraseology きまり文句 / make ～ remarks 通り一遍のことを言う. **6 a** 核兵器でない[を用いない] (nonnuclear): ～ weapons (核を用いない)在来型兵器, 通常兵器 / a ～ war (核兵器を用いない) 通常戦争. **b** 原子力を用いない: a ～ power station 在来型の発電所. **7** 〖芸術〗(自由と独創を忘れた)因襲的な, 陳腐な; 様式化された.

con·vén·tion·al·ism [-ʃ(ə)nəlìzm] *n.* **1** 因襲を守ること[傾向], 慣例尊重主義. **2** [時に *pl.*] 因襲的な事物, 型にはまったしきたり, 慣例; 紋切型, きまり文句. **3** 〖哲学〗約束[規約]主義, コンベンショナリズム《論理・数学・科学一般の法則や理論は人間が便宜的に約束・取決めによってたてたものとする立場》.

con·vén·tion·al·ist [-lɪst, -ləst | -lɪst] 〖(1801)〗 *n.* **1** 因襲を固執する人, 慣習尊重者, 月並派の人. **2** 大会支持者.

con·ven·tion·al·i·ty [kənvènʃənǽləṭi | -lətɪ, -lɪ-] *n.* **1 a** 因襲的なこと[状態], 因襲性. **b** 慣例[伝統]尊重. **2** 因襲的な習慣[行動]; しきたり, 慣例.

con·ven·tion·al·i·za·tion [kənvènʃ(ə)nəlɪzéɪʃən, -lə- | -laɪ-, -lɪ-] *n.* 習俗化; 様式化.

con·ven·tion·al·ize [kənvénʃ(ə)nəlàɪz] *vt.* **1** 慣例に従わせる; 習俗化する, 因襲的にする. **2** 〖芸術〗様式化する: ～*d* flowers 様式化されて描かれた花. ― *vi.* 因襲[伝統]に従う.

con·vén·tion·al·ly [-ʃ(ə)nəli | -lɪ] 〖(*c*1800)〗 *adv.* 因襲的に, しきたり通りに; 紋切形に, 月並みに.

convéntional pérson *n.* 〖法律〗=juristic person.

con·ven·tion·ar·y [kənvénʃənèri | -ʃ(ə)nərɪ] 〖▭ ML *conventiōnāri-us*: ⇨ convention, -ary〗《英》― *adj.* (英国 Cornwall と Devonshire 州の一部で)〈借地が〉契約に基づく. ― *n.* 協定借地; 協定借地人.

con·ven·tion·eer [kənvènʃəníə | -níə(r] 〖⇨ -eer〗 *n.* 大会 (convention) の出席者.

con·vén·tion·er [-ʃ(ə)nə | -nə(r] *n.* **1** =conventioneer. **2** 大会参加者の一員.

cónvent schòol *n.* 女子修道会経営の学校.

con·ven·tu·al [kənvéntʃuəł, kan-, -tʃʊł | -tjuəl, -tjʊl, -tʃuəł, -tʃʊł] 〖(1421) ▭ ML *conventuāl-is* ← *conventus*: ⇨ convent, -al¹〗 ― *adj.* **1** 修道院[尼僧院]の[に関する, の生活にふさわしい], 修道院[尼僧院]風の. **2** [C-] コンベンツァル会の. ― *n.* **1** 修道士, 修道女. **2** [C-] コンベンツァル会の修道士《フランシスコ会 (Franciscans) の一分会 (Order of Friars Minor Conventual) で, やや緩和した規律によって修道する; cf. Observantine》. **～·ly** *adv.*

Convéntual Máss *n.* 〖カトリック・英国国教会〗**1** (毎日行なわれる)修道院(の)ミサ, 院内ミサ. **2** 大聖堂で毎日行なわれるミサ, 大聖堂ミサ.

con·verge [kənvə́:dʒ | kənvə́:dʒ, kɔn-] 〖(1691) ▭ LL *converg-ere* ← *con-* 'COM- 1'+L *vergere* to incline (⇨ verge²)〗 ― *vi.* **1** 〈線・道路などが〉(漸次近寄ってついに)一点に集まる; 互いに近づき合う: Several different streets ～ at the square. 数本の道が広場に集中している / ～ *into* a focus 焦点に集まる / *converging* fire 集中射撃. **2** 〈議論・行動などが〉一点に向けられる, 集中する. **3** 〖数学〗〈級数などが〉収束する. **4** 〖物理〗収斂(しゅうれん)する. **5** 〖生物〗相似する, 集中する. ― *vt.* 一点に集める.

con·ver·gence [kənvə́:dʒəns | kənvə́:-, kɔn-] 〖⇨ convergent, -ence〗 ― *n.* **1 a** 漸次一点に集合すること; 互いに近づき合うこと: the point of ～ 集合点. **b** 集中性. **2** 〖数学〗収束, 収斂(しゅうれん). **3** 〖物理〗(輻射(ふくしゃ)線または粒子線の)収斂. **4** 〖生物〗相近, 近似現象, 収斂現象, 集中. **5** 〖生理〗輻輳(ふくそう)《近くの物を見るための両眼の近接》. **6** 〖人類学〗収斂(しゅうれん)《異なる文化をもつものの中で, 同じような特徴が独立に生じること》. **7** 〖気象〗収束《空気が周囲から一地域に集まって来ること; ↔ divergence》.

con·vér·gen·cy [-dʒənsi | -sɪ] *n.* =convergence 1.

con·ver·gent [kənvə́:dʒənt | kənvə́:-, kɔn-] 〖(1727-51) ▭ L *convergent-em*: ⇨ converge, -ent〗 ― *adj.* **1** 漸次一点に集中する, 集中的な; 互いに近づき合う. **2** 〖数学〗収束する, 収斂(しゅうれん)する: a ～ series 収束級数. **3** 〖物理〗収斂性の (↔ divergent): a ～ pencil 収斂光束. **4** 〖生物〗近似の, 収斂の: ⇨ convergent evolution. **5** 〖心理〗収束性の. **～·ly** *adv.*

convérgent evolútion *n.* 〖生物〗近似[収斂(しゅうれん)]進化《異種の生物が同一環境にあるために外見が互いに近似してくること》.

convérgent lády bèetle *n.* 〖昆虫〗北米産鞘翅目テントウムシ科のジュウサンホシテントウの一種 (*Hippodamia convergens*)《季節的に移動し, 種々のアブラムシを食べる益虫》.

convérgent squínt *n.* 〖眼科〗=cross-eye 1.

con·vérg·er *n.* 綿密な論理思考にたけた人 (cf. diverger).

con·vérg·ing léns *n.* 〖光学〗収束レンズ, 収斂(しゅうれん)レンズ《平行光線束を収束させるレンズ; positive lens ともいう; cf. diverging lens》.

con·vers·a·ble [kənvə́:səbḷ | -və́:s-] 〖▭ F ～ ▭ ML *conversābil-is* ← *conversārī* 'to CONVERSE¹'〗 ― *adj.* **1 a** (話相手として)気のおけない, 話しやすい. **b** 話好きな. **2** 《古》談話[社交]に適する: a ～ mood 話相手がほしい気分 / The evening was quiet and ～. 当夜は静かで人と語るにいい夜だった. **con·vérs·a·bly** *adv.* **～·ness** *n.*

con·ver·sance [kənvə́:sṇs, kɑ́nvəsəns | kənvə́:səns, kɔ́nvə-, -sṇs] 〖⇨ -ance〗 *n.* 熟知, 精通; 親密 (familiarity, acquaintance): ～ *with* music.

con·ver·san·cy [kənvə́:sṇsi, kɑ́nvəsən- | kənvə́:-sənsɪ, kɔ́nvə-, -sṇ-] *n.* =conversance.

con·ver·sant [kənvə́:sṇt, kɑ́nvəsənt | kənvə́:sənt, kɔ́nvə-, -sṇt] 〖(*c*1390) ▭ L *conversant-em* (pres.p.) ← *conversāre* to turn round, turn over: ⇨ converse¹, -ant〗 ― *adj.* **1** 〔…に〕精通している, 詳しい 〔*with, in*〕: be ～ *in* two languages 2 か国語に精通している. **2** 〔…と〕親交のある 〔*with*〕. **～·ly** *adv.*

con·ver·sa·tion [kɑ̀nvəséɪʃən | kɔ̀nvə-] 〖(1340) ▭ (O)F ～ ▭ L *conversātiō(n-)* intercourse: ⇨ converse¹, -ation: 「会話」の意味は 16 世紀から〗 ― *n.* **1 a** 会話, 談話, 座談, 対談 (colloquy): a ～ room 談話室 / a topic of ～ 話題 / be in ～ *with* …と談話中である / drop [break off, interrupt, close, resume] the ～ 談話を止める[とぎらせる, さえぎる, 終える, また始める] / get [enter] into ～ *with* …と談話を始める / hold [have] a ～ *with*…と話をする / make ～ (*to*…) (…に)(社交的に)世間話[雑談]をする. **b** (政府・政党などの代表者による)非公式会談, (諸国間の)予備会談: open ～ *with*…と下(した)交渉を始める. **2** 性交, 交接. ★ 特に次の句で: ⇨ criminal conversation. **3** =conversation piece 1. **4** 《古》懇話会 (conversazione). **5** 《廃》**a** 親交, 社交. **b** 熟知, 精通 (conversance). **6** 《廃》生き方; 振舞い (behavior). **7** 〖電算機〗対話, 会話, 交信《電子計算機との間で対話的に情報のやりとりをすること》.

còn·ver·sá·tion·al [-ʃənḷ, -ʃnəł] *adj.* **1** 談話の, 会話の; 座談風の, 打ち解けた: a ～ style 会話体 / in a ～ voice くだけた口調で. **2** 話好きな. **～·ly** *adv.*

còn·ver·sá·tion·al·ist [-ʃ(ə)nəlɪst, -ləst | -lɪst] *n.* 話好きな人; 座談家, 話上手.

còn·ver·sá·tion·ist [-ʃ(ə)nɪst, -nəst | -nɪst] *n.* =conversationalist.

conversátion pìece *n.* **1** 風俗画, 団欒(だんらん)画《18 世紀の英国に流行した多くは家族の集りの群像画》. **2** 人の話題となるもの《特異な家具・服装品など》. **3** 会話の面白さを狙いとする作品[劇].

con·ver·sa·zi·o·ne [kɑ̀nvəsɑ:tsióuni, kòun-, -sæt-, -neɪ | kɔ̀nvəsætsɪə́unɪ; *It.* kònversatsjó:ne] 〖▭ It. ～ '(party for) conversation'〗 ― *It. n.* (*pl.* **～s, -o·ni** [-ni:; *It.* -ni]) (学術・文芸・美術などの話題で会話を楽しむ社交的な)座談会, 懇話会.

con·verse¹ 〖v.: (*c*1380) *converse(n)* ▭ (O)F *convers-er* to talk with, 《廃》pass one's life < L *conversārī* to associate (with) ← *con-* 'COM-' + *versārī* to abide (⇨ version)〗 ― [kənvə́:s | -və́:s] *vi.* **1** 話す, 談話を交す (talk): ～ *with* a person *about* [*on*] politics 政治について人と話す. **2** 《廃》交わる, 親しむ (associate) 〔*with*〕. **3** 《廃》性交する 〔*with*〕. **4** 〖電算機〗会話する《計算機と会話モードで交信する》. ― [kɑ́nvə:s | kɔ́nvə:s] *n.* **1** 《古》談話 (talk): hold ～ *with* a person 人と話をする. **2** 《廃》**a** 交わり; 霊的交わり. **b** 性交. **con·vérs·er** *n.*

con·verse² 〖(1570) ▭ L *convers-us* (p.p.) ← *convertere* to turn about, change: cf. convert〗 ― [kənvə́:s, kan-, kɑ́nvə:s | kɔ́nvə:s] *adj.* (順序・関係を)逆にした, あべこべの (reversed): a ～ proposition 〖論理〗換位命題 / a ～ statement 逆の陳述《if I were you を if you were I とした場合など》. ― [kɑ́nvə:s | kɔ́nvə:s] *n.* **1** 反対, 逆 (opposite). **2** 逆の言い方《例: He is happy, but not rich. に対する He is rich, but not happy.》: *Converses* are not generally true. 逆は必ずしも真ではない. **3** 〖論理〗(変形推理の)換位判断. **4** 〖数学〗逆.

con·verse·ly [kənvə́:sli, kan-, kɑ́nvə:s- | kɔ́nvə:slɪ, ―⌐―] 〖(1806)〗 *adv.* 逆に, 逆関係において; 逆に言えば; 換位的に.

conversi *n.* conversus の複数形.

con·ver·si·ble¹ [kənvə́:səbḷ | -və́:sə-, -sɪ-] 〖▭ LL *conversibil-is* ← L *conversus*: ⇨ conversion〗 *adj.* 逆にできる, 転換できる.

con·ver·si·ble² [kənvə́:səbḷ | -və́:sə-, -sɪ-] *adj.* =conversable.

con·ver·sion [kənvə́:ʒən, -ʃən | -və́:ʃən] 〖(*c*1340) ▭ (O)F ～ ▭ L *conversiō(n-)* ← *conversus* (p.p.) ← *convertere* 'to CONVERT': ⇨ -sion〗 ― *n.* **1 a** 転換(すること). **b** (形状または質の)転換, 変換, 転化: ～ of water *into* ice 水から氷への転換[変化] / ～ of goods *into* money 商品の現金化[換金]. **2 a** (銃・船体・車体・店などの)改装, 改造. **b** 改造した家[建物]. **3 a** (悪の生活から)善の生活への転向, 心の入換え, 信仰的目覚め; 回心, 発心. **b** 改宗; (特に)キリスト教への帰依: the ～ of the heathen *to* Christianity 異教徒からキリスト教への改宗. **c** (主義・宗派・党派などの)転向, 変改: the ～ of a socialist *to* liberalism 社会主義者の自由主義への転向. **4** 〖論理〗(主辞と賓辞との)換位, 換位法. **5** 〖金融〗(公債などの)借替え, 切替え; (貨幣の)兌換; (外国為替の)換算. **6** 〖会計〗(複利計算で)利子の元金への繰入れ. **7** 〖法律〗**a** (動産の)横領. **b** 財産転換《財産の性質を転換する必要が生じた時, その効果発生前にその転換があったものとみなすこと》. **8** 〖精神分析〗転換, 転化《抑圧された無意識の葛藤が知覚や身体症状に置き換えられて現れること》. **9** 〖化学〗変換, 転化. **10** 〖物理〗転換《中性子の捕獲によって核燃料物質が他の核燃料物質に変化すること》. **11** 〖数学〗**a** 転換法《いくつかの命題の前提がすべての場合をつくし, 結論が互いに排反する場合にはそれらの命題の逆がすべて成り立つという原理を用いる証明法》. **b** 転換《比例の第 2 項を第 1 項と第 2 項の差で置き換え, 第 4 項を第 3 項と第 4 項の差で置き換えること》. **12** 〖文法〗**a** 品詞の転換 (transmutation). **b** 文型の転換. **c** 語の転用. **13** コンバート: **a** 〖アメリカンフットボール〗タッチダウン後追加得点すること: ⇨ TRY for point. **b** 〖ラグビー〗トライ後のキックによって追加得点すること《バーを越えれば 2 点》. **c** コンバートによる得点. **14** 〖電算機〗変換《データ表現形式をある方法から別の方法へ変えること》. **～·al** [-ʒənḷ, -ʒnəł, -ʃənḷ, -ʃnəł | -ʃənḷ, -ʃnəł] *adj.* **～·a·ry** [-ʒənèri, -ʃən- | -ʃ(ə)nərɪ] *adj.*

convérsion hystéria *n.* 〖精神医学〗転換ヒステリー《転換症状を主とするヒステリー; conversion reaction ともいう》.

convérsion ràtio *n.* 〖物理〗転換比率《一つの原子が核分裂をして生じた多数の原子のうちでさらに核分裂することのできる原子の数》.

convérsion reàction *n.* 〖精神医学〗転換反応 (⇨ conversion hysteria).

convérsion tàble *n.* 換算表.

con·ver·sive [kənvə́:sɪv | -və́:-] 〖▭ F *conversif*: ⇨ conversion, -ive〗 ― *adj.* **1** 転換的な, 転換性の. **2**

＝convertible. **3**〘論理〙換位的な.

con·ver·sus [kənvə́ːsəs, -vɛ́ə- | -və́ː-, -vɛ́ə-] 〘□L ～: ⇨ conversion〙 ── *n.* (*pl.* **-ver·si** [-və́ːsaɪ, -vɛ́əsiː | -və́ːsaɪ, -vɛ́əsaɪ]) 〘教会〙 **1** 助修士, 平修士. **2** 教会[修道院]管財人.

con·vert 〘《*c*1300》 *converte(n)* □(O)F *convert-ir* < VL **convertīre*＝L *convertere* to change ← *con-* ' COM- 2'＋*vertere* to turn (⇨ version)〙 ── [kənvə́ːt | -və́ːt] *vt.* **1 a** 〈物・形を〉〔別な物・形に〕変える, 変えて〔…に〕する 〔*into*〕; 転換する, 変換する, 転化する (turn): ～ water *into* ice 水を氷に変化させる / ～ securities *into* cash 有価証券を現金化する. **b** 〔…に〕改変する, 改装[改造]する 〔*into, to*〕: ～ a barn *into* a garage 納屋を改造して車庫にする. **2 a** (霊的に)〈人〉の心を入れ替えさせる, 〈人を〉(罪悪から)善心に立ち返らせる, 回心させる: ～ a person *to* a religious faith 人の本心を目覚めさせて宗教的信仰を起こさせる / be [get] ～*ed* (罪を悟って)回心する. **b** 改宗させる, (特に, キリスト教に)帰依(きえ)させる 〔*to*〕: ～ a person *to* Christianity. **c** 〈人・集団などを〉〔他の主義・党派などに〕転向[転身]させる 〔*to*〕. **3** (不法に)私用に供する: ～ money *to* one's own use. **4** 〈公債などを〉借り替える; 〈紙幣・銀行券を〉兌換する; 〈外国貨幣を〉換算する, 両替する: ～ dollars *into* yen ドルを円に替える. **5** 〘会計〙〈利子を〉元金に繰り入れる. **6** 〘論理〙〈命題[判断]の主語[主辞]と述語[賓辞]の位置を〉換位する. **7** 〘法律〙〈動産を〉横領する. **8** 〘化学〙転化させる, 変換させる. **9** 〘ラグビー・アメリカンフットボール〙(トライ[タッチダウン]後)追加得点する: ～ a try. **10** 〘電算機〙変換する. **11** 〘ボウリング〙〈スペアに〉にする[をとる]. ── *vi.* **1 a** 変換する; 切り替える. **b** 転換[改装]できる: This sofa ～*s into* a bed. このソファーはベッドに変えられる. **c** 回心する; 改宗する; 転向する. **2** 〘ラグビー・アメリカンフットボール〙コンバートが成る (cf. conversion 13). **3** 〘バスケットボール〙フリースローで得点する.
── [kɑ́nvəːt | kɔ́nvəːt] *n.* 転向者; (特に, 宗教的な)回心者; 改宗者; (新)帰依者 (cf. pervert): make a ～ of a person 人を改宗[転向]させる.

con·vert·a·plane [kənvə́ːṭəplèɪn | -və́ːtə-] *n.* 〘航空〙＝convertiplane.

con·vért·ed [-ṭɪd, -ṭəd | -tɪd, -təd] *adj.* **1** 転換[改変, 変換]された; 改装[改造]の: a ～ cruiser 改装[仮装]巡洋艦 / ～ steel 鋼化鉄. **2** 改宗[回心, 転向]した: a ～ sinner 悔い改めた罪びと.

con·vért·er [-ṭə | -tə(r)] 〘《1533》〙 ── *n.* **1 a** 転換者. **b** (人を感化して)改宗[回心, 転向]させる人, (宗教上の)教化者. **c** 加工販売業者; (特に, 未加工原織物を買って完成品として売る)織物加工販売業者. **2** 〘電気〙変換器[装置], 変換機: ⇨ synchronous converter. **3** 〘冶金〙転炉: ～ steel 転炉鋼《ベッセマー鋼またはトーマス鋼》. **4** 〘原子力〙転換炉《原子炉の一種; 非核分裂性の親物質 (^{238}U など) を核分裂性物質 (^{239}Pu など) に転換する効率の高い原子炉》. **5** 〘テレビ〙コンバーター: **a** テレビ受像機に設計されている以外のチャンネルでも受像できるように付ける付属器具. **b** 受信機の一部で高周波を低周波に変換する部分[回路]. **6** 〘電算機〙変換器《データ形式を変換する装置》.

con·vert·i·bil·i·ty [kənvə̀ːṭəbíləṭi | -vəːtəbílətɪ, -tɪ-, -lɪ-] *n.* **1** 転換[変換, 改変]できること, 変換自在. **2** 改宗[回心]可能性. **3** 〘金融〙兌換性.

con·vert·i·ble [kənvə́ːṭəbḷ | -və́ːtə-, -tɪ-] 〘《*c*1385》□(O)F ～ □LL *convertibilis*: ⇨ convert, -ible〙 ── *adj.* **1 a** 変換できる: Heat is ～ *into* electricity. 熱は電気に変換できる. **b** 改造[改装]できる. **c** 言い換えられる, 同じ意味の (synonymous): ～ terms 同意語. **2** 回心させられる; 改宗[転向]可能な. **3** 切り[借り]替えられる; 兌換性のある; 換算できる: a ～ note 兌換券 / ～ paper money 兌換紙幣. **4** 〈自動車が〉幌などのかけはずしができたりして型を変えることができる, コンバーチブル型の: a ～ car. **5** 〘論理〙換位できる. **6** 〘証券〙転換可能な《同じ会社の他の種類の証券(通例は普通株)に転換できる権利の付いた証券についていう》: ～ bonds 転換社債 / a ～ preferred stock 転換優先株. ── *n.* **1** 転換できるもの. **2** コンバーチブル《折りたたみ式の幌などがついている自動車》. **～·ness** *n.* **con·vért·i·bly** *adv.*

con·ver·tin [kənvə́ːtɪn, -ṭn | -və́ːtɪn] 〘← CONVERT＋-IN[1]〙 *n.* 〘生化学〙＝serum prothrombin accelerator.

con·vért·ing énzyme [-ṭɪŋ- | -tɪŋ-] *n.* 〘生化学〙転換酵素《血液中にありプロアンギオテンシンをアンギオテンシンIIに転換する酵素》.

con·vert·i·plane [kənvə́ːṭəplèɪn | -və́ːtɪ-] 〘← CONVERT＋-I-＋PLANE[2] 5〙 ── *n.* 〘航空〙転換式飛行機《VTOL 機の一形式で普通飛行機とヘリコプターとの混合型飛行機; 垂直に上昇[離陸]した後, 回転翼軸が前傾して推進軸となり機体を前進させる; 垂直に下降[着陸]もできる》.

con·vert·ite [kɑ́nvəṭàɪt | kɔ̀nvə-] 〘← CONVERT＋-ITE[1]〙 *n.* 《古》 **1** ＝convert. **2** 更生した売春婦.

con·vér·tor [-ṭə | -tə(r)] *n.* 〘電気〙＝converter 2.

con·vex 〘《1571》□L *convex-us* arched (p.p.) ← ? *convehere* ← *con-* ' COM- 1'＋*vehere* to draw〙 ── [kɑnvéks, kən-, kɑ́nveks | kɔnvéks, ⌐⌐] *adj.* **1** 中高の, 凸(とつ)状の, 凸面の (cf. concave 1; ⇨ lens 挿絵): a ～ lens [glass] 凸レンズ / a ～ mirror 凸面鏡 / a ～ tile 雄[丸]がわら. **2** 〘数学〙凸の, 凸面の; 凸集合の.
── [kɑ́nveks | kɔ́n-] *n.* 《古》凸面, 凸状体; 天空. **～·ly** [⌐⌐ | ⌐⌐, ⌐⌐⌐] *adv.* **～·ness** *n.*

cónvex húll *n.* 〘数学〙凸包《与えられた集合を含む最小の凸集合; 与えられた集合を含むすべての凸集合の交わり (intersection)》.

con·vex·i·ty [kɑnvéksəṭi, kən- | kɔnvéksətɪ, kən-, -sɪ-] 〘□F *convexité* // L *convexitāt-em*: ⇨ convex, -ity〙 *n.* **1** 中高, 凸(とつ)状. **2** 凸面, 凸状のもの.

con·vex·o- [kɑnvéksoʊ, kən- | kɔnvéksə(ʊ)] 〘← CONVEX＋-O-〙「凸面[形]の (convex); 凸面[形]に (convexly)」の意の連結形 (cf. concavo-).

convéxo-concáve *adj.* **1** 凸凹(とつおう)の《半面が凸状で他の半面が凹状のものにいう》. **2** 〘光学〙〈レンズが〉凸面の曲率が凹面のそれより大きい (cf. concavo-convex): a ～ lens 凸メニスカスレンズ (⇨ lens 挿絵).

convéxo-convéx *adj.* 〘光学〙両凸の (⇨ lens 挿絵).

convéxo-pláne *adj.* 〘光学〙＝plano-convex.

cónvex pólygon *n.* 〘数学〙凸多角形《へこみのない多角形, すなわちどの角も平角 (180°) よりも小さい多角形》.

con·vey [kənvéɪ] 〘《*a*1325》 *conveie(n)* □ONF *conveier*＝(O)F *convoyer* to convoy < ML *conviāre* ← *con-* ' COM- '＋L *via* 'way, VIA[1]': CONVOY と二重語〙 ── *vt.* **1 a** 運ぶ, 運搬する, 運送する: ～ goods *from* the place *to* another その場所から別の場所へ品物を運ぶ / ～ passengers 乗客を運ぶ. **b** (媒体・導体として)〈音・熱などを〉伝える; 〈伝染病などを〉移す (transmit): A wire ～*s* electricity. 針金は電気を伝える / infections ～*ed* by mosquitoes 蚊で媒介される伝染病. **c** 〈意味・思想・情報などを〉伝える, 知らせる (communicate), 表わす: This picture [description] will ～ some idea of the scenery. この絵[描写]はその景色の感じをいくらか伝えるだろう / Words fail to ～ my feelings. 言葉では私の感情は表わせない. **d** (譲渡証書によって)譲る, 譲渡する (transfer) 〔*to*〕: ～ property *to* one's son 財産を息子に譲る. **2** 《廃》 **a** ひそかに持ち去る. **b** 盗む (steal). **3** 《廃》〈事を〉こっそり[うまく]処理する. **4** 《廃》導く, 案内する (lead). ── *vi.* 〘法律〙譲渡する.「る.

con·vey·a·ble [kənvéɪəbḷ] *adj.* 運搬[伝達, 譲渡]でき

con·vey·ance [kənvéɪəns] 〘《*c*1437》← CONVEY＋-ANCE〙 ── *n.* **1 a** 運搬(すること), 運輸: ～ by land [water] 陸上[水上]輸送 / ～ of goods [passengers] 貨物[旅客]運送 / means of ～ 交通[運輸]機関. **b** 運送手段, 運輸機関《船・列車・車・馬車・自動車などの総称》; 乗物 (vehicle): a public ～ 公共輸送機関. **2** (意味・思想などの)伝達 (transmission). **3** 《廃》事をうまく処すること; 不正, ごまかし (trickery). **4** 《廃》(液体・電気などを)伝えるもの, 通路. **5** 〘法律〙 **a** (不動産・権利などの)譲渡 (transference). **b** (不動産・権利などの)譲渡証書.

con·véy·anc·er *n.* **1** 運搬者; 運輸業者; 伝達者. **2** 《英》〘法律〙不動産譲渡取扱人《権利調査・証書作成等をすることが専門のバリスター》.「産譲渡手続.

con·véy·anc·ing *n.* 〘法律〙譲渡証書作成(業); 不動

con·véy·er 〘《1513》〙 *n.* **1** 運搬者; 伝達者. **2** (不動産・権利などの)譲渡者. **3** コンベヤーの運転手. **4** ＝conveyor 1.

con·véy·or *n.* **1 a** 運搬機, コンベヤー. **b** ＝conveyor belt. **c** ＝bucket conveyor. **2** ＝conveyer 1-3.

convéyor bèlt *n.* コンベヤーベルト.

convéyor chàin *n.* コンベヤーチェイン《コンベヤー用の鋳鋼製の鎖》.

con·vey·or·ize [kənvéɪəràɪz] *vt.* **1** …にコンベヤーベルトを付ける[設備する]. **2** コンベヤーで行なう; コンベヤー化する.

con·vict 〘《*c*1340》 *convicte(n)* ← L *convict-us* (p.p.) ← *convincere* to prove guilty: ⇨ convince〙 ── [kənvíkt] *vt.* **1 a** (法廷で審理の後)〈裁判官・陪審員が〉〈人を〉〔…の罪で〕有罪と決する[認める] 〔*of*〕; 〈人を〉有罪と宣告する: ～ a person *of* forgery [perjury, attempted murder] 人を偽造[偽証, 殺人未遂]につき有罪と決定する / be ～*ed of* (having committed) arson 放火につき有罪と決定される / a ～*ed* prisoner 既決囚. **b** 〈物事が〉〈人の〉〔誤りなどを〕証明する 〔*of*〕: His reasoning ～*ed* him *of* a misjudgment. 彼の論法は彼が判断の誤りを犯していることを示した. **2** 〈良心などが〉〈人に〉〔罪などを〕悟らせる 〔*of*〕: ～ a person *of* a sin 人に罪を悟らせる / He is ～*ed of* his sin. 自分の罪を悟っている / be ～*ed* by one's conscience 良心に責められる.
── [kɑ́nvɪkt | kɔ́n-] *n.* **1** 有罪の宣告を受けた人. **2** (通例長期にわたる)囚人, 服役囚: ⇨ ex-convict.
── [kənvíkt] *adj.* 《古》有罪と決定した.

cónvict gòods *n. pl.* (刑務所の)囚人製作品.

con·vic·tion [kənvíkʃən] 〘《*c*1437》□LL *convictiō(n-)*: ⇨ convict, -tion〙 ── *n.* **1** 確信(をもつこと), 説得されること; 説得(力), 納得(なっとく): be open to ～ 理に服する / This argument does not have [carry] much ～. この議論には人を心服させる力があまりない. **2** 確信, 信念: speak in the full ～ that …だと十分確信してしゃべる. **3** 罪を自覚すること, 悔悟: the ～ of sin 罪の自覚 / under ～ 罪を自覚して. **4** (裁判官・陪審の)有罪の決定[認定], 有罪判決: a summary ～ ⇨ summary 3 / previous [prior] ～*s* (*against* a person) 前科. **～·al** [-ʃənḷ, -ʃnəl] *adj.*

con·vic·tive [kənvíktɪv] 〘⇨ ↑, -ive〙 ── *adj.* 確信をいだかせる (convincing) 〔*of*〕: ～ evidence / be ～ *of* …を確信させる力がある. **～·ly** *adv.*

con·vince [kənvíns] 〘《1530》□L *convinc-ere* to convict of error or crime ← *con-* ' COM- 2'＋*vincere* to conquer, prevail over: cf. victory〙 ── *vt.* **1 a** 〈人〉に確信させる, 得心[納得]させる 〔*of*〕 / 〈*that*〉: ～ a person *that* there is no danger 危険はないと人に納得させる / ～ a person *of* the reality of UFOs 人にユーフォーの実在を確信させる. **b** [～ *oneself* または p.p. 形で] 確信する: I am ～*d of* his innocence.＝I am ～*d that* he is innocent. 彼の無罪を確信している. **2** 《廃》 **a** 圧倒する, やっつける (overcome). **b** 論破する (confute). **3** 《廃》 **a** …の罪を立証する. **b** 証明する.

con·vínced *adj.* 確信をもった (cf. convince 1 b). **con·vín·ced·ly** [-sɪdli, -səd-, -st- | -lɪ] *adv.* **con·vín·ced·ness** [-sɪdnɪs, -səd-, -st-, -nəs] *n.*

con·vínce·ment 〘⇨ convince, -ment〙 *n.* **1** 説得; 確信. **2** 改宗; 悔悟.

con·vínc·er *n.* 確信させる人[事, 物].

con·vinc·i·ble [kənvínsəbḷ | -sə-, -sɪ-] *adj.* 説得することができる.

con·vínc·ing 〘《1624》〙 ── *adj.* 納得させる, 説得力のある; なるほどと思わせる: a ～ speaker [argument] 人を納得させる[説得力のある]弁士[議論]. **～·ly** *adv.* **～·ness** *n.*

con·vive [kɔ̃ː(n)víːv, kɔ(ː)n-, kɑ́nvaɪv | kɔ̃ː(n)víːv, kɔ(ː)n-, kɔ́nvaɪv; *F.* kɔ̃viːv] 〘□F ～ □L *conviva* fellow-feaster ← *convīvere* ← *con-* ' COM- '＋*vīvere* (↓)〙 ── *n.* 宴会[会食]仲間, 会食者.

con·viv·i·al [kənvívjəl, -viəl | -vɪəl, -vjəl] 〘《*a*1668》□LL *convīviāl-is* festal ← *convīvium* feast ← *con-* ' COM- 1'＋*vīvere* to live (cf. vivid): ⇨ -al[1]〙 ── *adj.* **1** 宴会の[に関する, にふさわしい]; 懇親的な: a ～ meeting (社交的な)宴会, 懇親会. **2** 宴会好きな, 陽気な (jovial); 浮かれ気分の. **～·ly** *adv.*

con·vív·i·al·ist [-lɪst, -ləst | -lɪst] *n.* 宴席を好む人, 酒宴に興じる人, 上機嫌の[陽気な]宴客.

con·viv·i·al·i·ty [kənvìviǽləṭi | -vɪviǽlətɪ, -lɪ-] *n.* **1** 宴会に興じること, 宴会気分; 上機嫌, 陽気. **2** 宴会, 酒興 (merrymaking, festivity).

con·vo·ca·tion [kɑ̀nvəkéɪʃən, -vo(ʊ)- | kɔ̀nvə(ʊ)-] 〘《*a*1387》□(O)F ～ □L *convocātiō(n-)*: ⇨ ↓, -ation〙 ── *n.* **1** (会議・議会の)召集. **2** 集会 (assembly). **3** 《英》(Oxford または Durham 大学の)評議会. **4 a** (大学の)式典集会. **b** (カナダの大学で)学位授与式, 卒業式. **5** 〘英国国教会〙コンヴォケーション, (管区)聖職議会, 大主教区会議《中世期に始まる英国国教会最高の聖職議会で, Canterbury と York との 2 管区におかれる; 今日では従来のような権威と機能はない》: the *Convocation* of the Province of Canterbury [York] カンタベリー[ヨーク](管区)聖職議会. **6** 〘米国聖公会〙 **a** 主教区会議. **b** 主教区会議で代表される地域. **～·al** [-ʃənḷ, -ʃnəl] *adj.*

con·voke [kənvóʊk | -vóʊk] 〘《1598》□L *convoc-āre* ← *con-* ' COM- 1'＋*vocāre* to call (⇨ vocation)〙 ── *vt.* **1** 呼び集める. **2** 〈会議・議会を〉召集する (convene) (cf. dissolve 3): ～ an assembly, a general council, Parliament, etc. **con·vók·er** *n.*

con·vo·lute [kɑ́nvəlùːt, -ljùːt | kɔ́n-] 〘《1794》□L *convolūt-us* (p.p.) ← *convolvere* to roll together: ⇨ convolve〙 ── *adj.* **1** 巻き込んでいる (coiled). **2** 〘植物〙包旋形の, 回旋状の, 片巻きの (cf. involute 3, revolute[1]). **3** 〘動物〙〈貝殻が〉包旋状に巻かれた. ── *vt.* …に巻きつく[込む]. ── *vi.* ぐるぐる巻く, 巻きつく[込む]. **～·ly** *adv.*

con·vo·lut·ed [kɑ́nvəlùːṭɪd, -ljùːṭ-, -ṭəd | kɔ́nvəlùːt-, -ljùːt-] *adj.* **1** 複雑な, 込み入った (complicated). **2** 〘動物〙(羊の角のように渦巻き形に)巻き込んでいる, 回旋状の.

cónvoluted túbule *n.* 〘解剖〙曲線尿管.

con·vo·lu·tion [kɑ̀nvəlúːʃən | kɔ̀nvəlúː-, -ljúː-] 〘《1545》← L *convolūtus*＋-TION: ⇨ convolute〙 ── *n.* **1 a** 巻き合うこと, 回旋. **b** 包旋状態, 渦巻き (whorl). **2** 巻き合った[ねじれた]もの. **3** 〘解剖〙回; (特に)脳回 (gyrus). **～·al** [-ʃənḷ, -ʃnəl] *adj.*

con·volve [kənvɑ́lv, -vɔ́(ː)lv | -vɔ́lv, -vóʊlv] 〘□L *convolv-ere* ← *con-* ' COM- 1'＋*volvere* to roll (⇨ volute)〙 ── *vt.* [通例 p.p. 形で] **1** (渦巻き形に)巻く, 巻き込む, 回旋する. **2** (ぐるぐる)…に巻き付く, まとい[からみ]付く (intertwine). ── *vi.* ぐるぐる回る.

Con·vol·vu·la·ce·ae [kənvɑ̀lvjuléɪsiiː | -vɔ̀l-] 〘← NL ～: ⇨ convolvulus, -aceae〙 *n. pl.* 〘植物〙(双子葉植物)ヒルガオ科. **con·vòl·vu·lá·ceous** [-ʃəs] *adj.*

con·vol·vu·lus [kənvɑ́lvjələs | -vɔ́l-] 〘《1551》□L ～《原義》twisting thing (dim.) ← *convolvere* 'to CONVOLVE'〙 ── *n.* (*pl.* **～·es, -vu·li** [-làɪ, -lìː]) 〘植物〙＝bindweed.

con·voy 〘v.: 《1375》□(O)F *convoy-er*《異形》← *conveier* 'to CONVEY'. ── n.: 《1500-20》□(O)F *convoi* ← *convoyer*〙 ── [kɑ́nvɔɪ, kənvɔ́ɪ | kɔ́nvɔɪ] *vt.* **1 a** 〈軍艦・軍隊などが〉〈商船隊などを〉護送する, 護衛する, 警護する: ～ a fleet of merchant vessels, a train of wagons, etc. **b** 〈貴婦人・賓客などを〉送って行く (escort): ～ a lady home 婦人を家まで送って行く. **2** 《廃》運ぶ (convey). ── [kɑ́nvɔɪ | kɔ́n-] *n.* **1** 護送; 護衛, 警護 (escort): be sent under ～ of troops 軍隊に護送される. **2** [集合的] 護衛隊, 護送隊; (特に)護送部隊, 護送艦隊《非武装船団を護送する艦艇の一隊》; 護衛艦. **3** 被護送者[物](の一隊), 護送船団: a ～ of

transport ships 護衛艦付きの輸送船団.
con·vul·sant [kənvʌ́lsənt, -sn̩t] *adj.* =convulsive 1. ── *n.* 痙攣(けいれん)を起こさせる薬剤, 痙攣剤.
con·vulse [kənvʌ́ls] 〘(1643)◻L *convuls-us* (p.p.) *convellere* to tear up, pull up ← *con-* 'COM- 1'+ *vellere* to pluck, pull (⇨ vellicate)〙 ── *vt.* **1 a** (激しく)震動させる: The ground was ~*d* by an earthquake. 地震で地面が震動した. **b** 〈国など〉に大騒動を起こさせる, 震撼(しんかん)させる: The country was ~*d* with civil strife. 内乱で国中が騒然となった. **2** [通例 p.p. 形で] …に(筋肉の)痙攣(けいれん)を起こさせる; 〔激情などで〕身もだえさせる 〔*with*〕: be ~*d with* pain 苦痛で身もだえする / be ~*d with* anger (腹が立って)腹の中が煮えくり返る / be ~*d with* laughter おかしくて腹の皮をよじる / His face was suddenly ~*d with* rage. 彼の顔は急に怒りでぴりぴりふるえた. **3** 激しく笑わせる: He ~*d* the audience *with* a joke. 冗談をいって聴衆の腹の皮をよじらせた. 「身もだえして.
con·vúl·sed·ly [-sɪdli, -səd-|-lɪ] *adv.* 痙攣(けいれん)して,
con·vul·sion [kənvʌ́lʃən] 〘(1585)◻L *convulsiō(n-)*: ⇨ convulse, -sion〙 ── *n.* **1 a** [通例 *pl.*] (発作的に引き続く)痙攣(けいれん), ひきつけ; 発作 (paroxysm): fall into a fit of ~*s* 痙攣を起こす, ひきつける / throw a person into ~*s* 人に痙攣を起こさせる. **b** (笑いの)激しい発作; (感情の)激発, こみあげ: a ~ of laughter 腹をかかえる笑い / Everyone was in ~*s*. みんな腹の皮をよじって笑った. **2 a** 震動, 激動: a ~ of nature 自然界の激動《地震・噴火など》. **b** (社会・政界などの)異変, 動乱, 大動揺 (commotion): a ~ of the whole country 国中が沸きかえるような大騒動.
con·vul·sion·ar·y [kənvʌ́lʃənèri | -ʃ(ə)nəri] *adj.* **1** 痙攣(けいれん)の[に関する, 的な]. **2** [C-]〘キリスト教〙コンヴァルション派[痙攣派]の[に関する, 的な]. ── *n.* **1** 痙攣性の人. **2** [C-]〘キリスト教〙コンヴァルション[痙攣]派の信徒《18 世紀初期のフランスにおける熱狂的なヤンセン主義者 (Jansenist) の団体に属する人》.
con·vul·sive [kənvʌ́lsɪv] 〘◻F *convulsif* ← L *convulsiō(n-)*: ⇨ convulsion, -ive〙 ── *adj.* **1** 痙攣(けいれん)を起こす[を起こした]; 痙攣性の, 発作的な: ~ movements [laughter] 痙攣発作的な動作[大笑い] / with a ~ effort 発作的に努力して / have a ~ fit 痙攣発作を起こす, 急にひきつける. **2** (発作的で)急激な, 激動的な: a ~ reform 急激な改革 / ~ movements of the earth. **~·ly** *adv.* **~·ness** *n.*
co·ny [kóuni | kə́unɪ] *n.* =coney.
coo [kúː] 〘(1670) 擬音語〙 ── *n.* (*pl.* ~**s**) くーくー《はとの鳴き声》. ── *vi.* (~**ed**; ~**·ing**) **1 a** 〈はとが〉くーくー鳴く (cf. bill² *vi.* 1). **b** 〈赤ん坊などが〉くくと言って喜ぶ. **2** 〈恋人が〉甘い言葉を交わす: bill and ~ ⇨ bill² 2. ── *vt.* 甘い言葉で言う: ~ one's words caressingly. ── *int.* 《英俗》えっ, ひぇっ《驚き・不信の発声》.
cò·occúr *vi.* 同時に[共に]起こる.
cò·occúrrence *n.* **1** 同時発生. **2**〘言語〙共起《任意の構造をなす語の間には一定の選択制限があり, 共に生じる語は共起する関係 (coocurrence relation) にあるという》. **cò·occúrrent** *adj.*
cooch¹ [kúːtʃ] 〘(短縮) ← HOOTCHY-KOOTCHY〙 *n.* クーチ《オリエンタルダンスをまねて身をくねらせる女性の踊り》.
cooch² [kúːtʃ] 〘(変形) ← COUCH²〙 *n.* 〘機械〙クーチ《半固形の材料を容器等へ押し込むローラー》.
cóoch dàncer *n.* クーチの踊り手.
coo·coo [kúːkuː] *adj.* 《俗》=cuckoo 2.
coo·ee [kúːiː | kúːɪ, kúɪ, kúːiː] 〘(1790) 擬音語〙《豪》 ── *n.* おーい《注意を引くためのオーストラリア原住民のかん高い叫び声》.
within* (*a*) *cooee 《口語》呼べば聞こえる所に, 近くに.
── *vi.* (~**d**; ~**·ing**) おーいと叫ぶ.
coo·ey [kúːiː | kúːɪ, kúɪ, kúːiː] *n.*, *vi.* =cooee.
cóo·ing *adj.* くーくー鳴いている; (ひそひそと)甘い言葉をささやいている. **~·ly** *adv.*
cook [kúk] 〘OE *cōc* ◻ VL **cōc-us*=L *cocus, coquus* a cook ← *coquere* to cook ← IE **pekʷ-* to cook, ripen (Gk *péptein* to ripen, cook / Skt *pacati* he cooks)〙 ── *n.* **1** コック, 料理人[番], 板前 (⇨ father 1 a ★): a plain ~ 簡易料理人《日常の料理だけする家庭料理番》/ the head ~ コック長, 料理人頭 / a ship's ~ 船のコック / tell (the) ~ to make sandwiches 料理人にサンドイッチを作るように言いつける / be a good [bad] ~ 料理が上手[下手]である / be one's own ~ 自炊する / Too many ~*s* spoil the broth. 《諺》料理人が多過ぎると汁ができそこなう (cf.「船頭多くして船山に上る」). **2**〘チェス〙余詰め《作意と異なる problem の解; cf. dual 2》.
── *vt.* **1** (火にかけて)〈食物を〉料理する, 煮焼きする: ~ potatoes, eggs, fish, dinner, etc. / ~ one's own meals 自炊する. **2** 《口語》**a** 熱[火]にさらす, …に加熱処理をする. **b** 放射性にする. **3** 《口語》〈暑さが〉うだらす: be ~*ed* alive 暑さにうだる. **4** 《口語》〈勘定などに〉手加減を加える, (いい加減に)改める; ごまかす, 偽造する (falsify): a ~*ed* account, balance sheet, etc. / It looks as though accounts were ~*ed*. 勘定はごまかしてあるらしい. **5** 《俗》だめにする (spoil, ruin). **6** 《英俗》[通例 p.p. 形で] 疲れさせる (tire out). **7**〘チェス〙余詰めを発見する. ── *vi.* **1** 料理をこしらえる, 料理する. **2** 〈食物が〉料理される, 煮え[焼け]る: These apples ~ well. このりんごはよく煮える / I smelt onions ~*ing*. ねぎの煮える匂いがした. **3** 《口語》放射性になる[を帯びる]. **4** 《口語》〈人が〉(暑さで)うだる (swelter). **5** 《口語》起こる (occur): What's ~*ing*? 何が起こったの, どうしたの. **6** 《俗》〘ジャズ〙熱演する, のって演奏する.
cook off (過熱した薬室の中で)〈銃弾・砲弾が〉爆発[自然発火]する. ***cook on the front burner***=COOK *with gas*. ***cook out*** 《米》野外で料理する (cf. cookout). ***cook up*** 《口語》〈話・計画などを〉作り上げる, でっち上げる (concoct): ~ *up* an alibi / ~ *up* some kind of report いい加減な報告を作り上げる. ***cook with gas*** [***electricity***] 《米俗》(1) 立派に[ちゃんと]やる; まともな考え方をする. (2) 尖端的なことに通じている.
Cook [kúk], **James** *n.* (1728–79) 英国の航海家; 3 回にわたり南太平洋・南極海・オーストラリア・ニュージーランド海岸などを探検したが, ハワイ諸島で原住民に殺された; 通称 Captain Cook.
Cook [kúk], **Mount** *n.* クック山《ニュージーランド South Island にあり, ニュージーランドの最高峰; 一年中雪をいただく; 3,764 m》.
Cook, Thomas *n.* (1808–92) 英国の旅行案内業者; ホテル制度の創始者 (1866). 「て食べられるもの.
cook·a·ble [kúkəbl̩] *adj.* 料理できる. ── *n.* 料理し
cóok·bòok 〘(なぞり)? ← G *Kochbuch*〙 *n.* 《米》 **1** 料理書, 料理の手引き書 (《英》cookery-book). **2** 詳しい手引き書.
cóok chèese *n.* クックチーズ《脱脂乳から作ったチーズ; 加温して流動体となったものをカップに注ぐ; cooked cheese ともいう》.
cook·ee [kúki, kukíː | kúkɪ, kukíː] 〘← COOK (n.)+ -EE²〙 *n.* 《米》(木材伐採飯場の)コック助手.
cóok·er 〘(1869)〙 ── *n.* **1 a** 料理用の加熱器具[装置]《オーブン・レンジ・鍋など》: a pressure ~ 圧力釜 / a fireless ~ 電気などを用いた加熱器具. **b** 《英》(料理用)コンロ, レンジ (cookery-stove ともいう). **2** 煮たきをする人. **3** 《口語》(生で食べるものではなく)料理に適するもの (cf. eater 3): a good [bad] ~ 料理しやすい[しにくい]材料 / These apples are good ~*s*. このりんごは料理に向く.
cook·er·y [kúk(ə)ri | -kəri] 〘(*a*1393): ⇨ cook, -ery〙 *n.* **1** 《英》料理法[術]. **2** 《米》料理場[室], 調理室.
cóokery-bòok *n.* 《英》料理の本 (《米》cookbook).
cóokery-stòve *n.* =cooker 1 b.
cook·ey [kúki | -kɪ] *n.* =cookie¹. 「する召使.
cóok-géneral *n.* (*pl.* **cooks-g-**) 《英》料理と家事を
cóok·hòuse *n.* **1 a** 炊事場. **b** (キャンプなどの)屋外炊事場. **2** 船の料理室[厨房] (galley).
cook·ie¹ [kúki | -kɪ] 〘(*c*1703) ◻ Du. *koekie, koekje* (dim.) ← *koek* 'CAKE': ⇨ -y²〙 ── *n.* **1** 《米》クッキー《小さい平たく焼いた甘い菓子》. **2** 《スコット》菓子パン (bun). **3 a** 《口語》[呼び掛けに用いて] かわいい子ちゃん (little girl). **b** 《口語》女の人, かわいい女. **c** 《俗》人, やつ (person): a smart ~ 利口な人. **4** [*pl.*] 《俗》腹[胃]の中のもの; 食べたばかりのもの.
(***That is***) ***the way*** [***how***] ***the cookie crumbles***. 《口語》世の中はとかくうまく行かないもの.
cook·ie² [kúki | -kɪ] *n.* =cooky².
cóokie cùtter *n.* クッキーの抜き型《クッキーの生地を星形・円など種々の形にくり抜く器具》.
cóokie prèss *n.* クッキープレス《クッキーの生地を部品を替えていろいろな形に打ち出す機械》.
cóokie shèet *n.* クッキーシート《クッキー・ビスケットなどの生地をのせて焼く薄い金属製の天板》.
cóok·ing *n.* **1** 料理(法), 調理: do one's own ~ 自炊する. **2** [形容詞的に] 料理用の[向きの]: ~ apples 料理用種のりんご / ~ butter 料理用バター / a ~ range 調理用レンジ / a ~ stove 調理用コンロ, レンジ.
cóoking tòp *n.* (ガス・電気の, 4 口のバーナー付きの)キャビネット型のレンジ.
Cóok Ínlet [kúk-] 〘↓〙 *n.* [the ~] クック湾《米国 Alaska 州南部, Alaska 湾の入江; その奥に Anchorage がある; 長さ 350 km》.
Cóok Íslands [kúk-] 〘James Cook にちなんで命名〙 *n. pl.* [the ~] クック諸島《南太平洋にあるニュージーランド領の群島; 人口 22,000, 面積 241 km²》.
cóok·òut *n.* 《米》 **1** 野外の料理パーティー. **2** 野外の料理パーティーの食事, バーベキュー.
cóok·ròom *n.* **1** 炊事[調理]室, 台所 (kitchen). **2** (船の)料理室, 厨房 (cookhouse).
cóok·shàck *n.* 調理[炊事]小屋.
cóok·shòp *n.* **1** 料理店, 飲食店, 食堂 (eating house). **2** 料理した食品を売る店, 惣菜屋.
Cóok's tóur [kúks-] 〘← *Thomas Cook*〙 *n.* 《戯言》案内者付観光旅行, かけ足旅行.
cóok·stòve *n.* 《米》料理用コンロ, レンジ.
Cóok Stráit *n.* [the ~] クック海峡《ニュージーランドの南島と北島との間の海峡》.

cookstove

cóok·tòp *n.* (ガス・電気の)レンジの平たい上部.
cóok·wàre *n.* [集合的] 料理器具, 調理道具.
cook·y¹ [kúki | -kɪ] *n.* =cookie¹.
cook·y² [kúki | -kɪ] 〘← COOK+-Y²〙 *n.* **1** (キャンプ場・船などの)コック. **2** 女のコック.
cool [kúːl] 〘adj. & n.: OE *cōl* < Gmc **kōluz* (Du. *koel* / G *kühl*) ← **kol-*, **kal-* 'COLD'. ── v.: OE *cōlian* to grow cold < Gmc **kōlōjan* ← **kōluz*〙 ── *adj.* (~**·er**; ~**·est**) **1 a** ほどよく[やや]冷たい, 涼しい (cf. warm): a ~ day 涼しい日 / get ~ 涼しくなる / keep the room ~ 部屋を涼しくしておく. **b** ひやりとする, ひんやりする (chilly): a ~ wind. **c** 〈料理など〉さめた: The soup has got ~. スープがさめてしまった. **2** (見た目に)涼しそうな, さわやかな; 暑さを感じさせない: a ~ hat 涼しそうな帽子 / a thin, ~ dress 薄くて涼しいドレス. **3 a** 冷静な; 平然とした, 落ち着いている (calm), 自制した: be ~ and collected amid dangers 危険の中にあっても落ち着き払っている / a ~ debater 冷静な討論者 / a ~ head 冷静な頭(の人) / ~ judgment 冷静な判断 / (as) ~ as a cucumber 冷然として, 落ち着き払って / in ~ blood 平気で, 冷然として / remain ~ 冷静にしている, あわてない / Keep ~! 冷静にしろ, あわてるな. **b** 涼しそうな顔をした, 平気な; (感情・態度の)ひややかな, 冷淡な, よそよそしい: a ~ killer 冷酷な殺人者[殺し屋] / a ~ reception [greeting] 冷たいもてなし[挨拶] / be ~ in one's affections 情に冷たい. **c** 暴力や緊張関係のない, 平静な: keep the city ~. **4** (平然として)ずうずうしい, 小づらにくい (impudent): a ~ customer [fish, hand] ずうずうしい男 / have ~ cheek いかにも涼しい顔をしている, ずうずうしい. **5 a** 〈色が〉冷たい, 冷色の《緑・青・または紫色など; cf. warm 5》. **b** 〈音が〉反響[音色]のない. **6** [強意語に用いて]《口語》〈金額・数量が〉正味…, 全く掛け値なしの, (驚くなかれ)大枚…: a ~ 20 miles farther 掛け値なしの 20 マイルも先 / He lost a ~ thousand. 大枚 1,000 ドル[ポンドなど]なくした. **7** 《口語》すばらしい, すてきな (excellent): a real ~ picture. **8** 〈情報・報道が〉控え目の. **9**〘狩猟〙〈獲物の遺臭が〉かすかな (faint), 弱い (cf. cold 6 b): a ~ scent. **10**〘ジャズ〙クールな (cf. hot 17): ⇨ cool jazz.
── *n.* **1** 涼しい所; 涼しい時: the ~ of the forest 森の涼しい所 / in the ~ of the evening 夕方の涼しい時に. **2** 涼しさ, 涼味; 冷気. **3** 《俗》冷静さ, 落着き: blow [lose] one's ~ 興奮する / keep one's ~ 冷静さを失わない, 自制する.
── *adv.* 《口語》冷静に, 落ち着いて (coolly): play (it) ~ 冷静に構える[振舞う].
── *vt.* **1 a** 冷やす: ~ beer ビールを冷やす / ~ one's forehead 額を冷やす. **b** 涼しくする 〈*off, down*〉: ~ the room / ~ oneself 涼む, 涼しくなる. **2 a** 〈感情などを〉さます, 静める, 落ち着かせる: That will ~ your affection for her. それで彼女に対する君の熱もさめるだろう. **b** [~ it で]《俗》落ち着く, 冷静になる; 気楽に構える, 超然としている (go easy). **3** …の発達[活動]を弱める[緩める] 〈*off, down*〉: ~ *down* the economy. **4** 《米俗》殺す (kill). ── *vi.* **1** 冷却する, 涼しくなる 〈*down, off*〉. **2** 〈熱情・怒りなどが〉さめる, 静まる, 冷静になる 〈*off*〉: His passion has ~*ed* (*off*). 彼の激情がさめた.
cool out 〘競馬〙(競走または調教のあとに)〈馬を〉落ちつかせる, 鎮静させる, 逍遙させる. ***keep*** *one's* ***breath to cool*** *one's* ***porridge*** ⇨ breath 成句.
coo·la·bah [kúːləbɑ̀ː] 〘← Austral. (土語)〙 *n.* 〘植物〙オーストラリア産フトモモ科ユーカリ属の植物 (*Eucalyptus microtheca*).
cool·ant [kúːlənt] 〘← COOL (adj)+-ANT〙 *n.* (摩擦熱を減じるための, また内燃機関・原子炉などの)冷却液, クーラント.
cóol cát *n.* 《俗》 **1** ジャズ演奏家, ジャズマン; ジャズのファン (cf. hepcat). **2** (感じの)いいやつ.
cóol chàmber *n.* 冷蔵室.
cóol·er [-lə | -lə(r)] *n.* **1 a** 冷やすもの. **b** 冷却[蔵]用容器, 冷却器, クーラー. **c** 《米》冷蔵庫 (refrigerator). **d** (冷却による砂糖原液の)粒化器. **e** =wine cooler. **f** 《米》=water cooler. **g** 《口語》=air-conditioner. **2** 冷却器[剤]. **3 a** (レモネードなどの)清涼飲料. **b** 氷を入れたアルコール飲料. **4** 《俗》**a** 刑務所 (prison), 留置場 (lockup), (乱暴な囚人の)独房 (cell). **b** 〘軍俗〙営倉. **5** 《俗》〘アイスホッケー〙=penalty box. **6**〘競馬〙馬衣《レース後の鎮静運動の際に馬の体が急に冷えないように馬にかける軽い毛布[カバー]》.
Cóo·ley's anémia [kúːliz- | -lɪz-] 〘← *T.B. Cooley* (*d.* 1945: 米国の小児科医)〙 *n.* 〘病理〙クーリー貧血 (thalassemia の一型). 「**ness** *n.*
cóol-héaded *adj.* 冷静な, 沈着な. **~·ly** *adv.* **~-**
Coo·lidge [kúːlɪdʒ], (**John**) **Calvin** *n.* (1872–1933) 米国の政治家; 第 30 代大統領 (1923–29).
Cóolidge tùbe 〘← *W.D. Coolidge* (1873–1975: 米国の物理学者)〙 *n.* 〘物理〙クーリッジ管《代表的な X 線発生管》.
coo·lie¹ [kúːli | -lɪ] 〘(1598) ◻ Hindi *qulī* ← ? *kōlī* (インド西部の部族名): cf. Tamil *kūli* hire, wages〙 ── *n.* **1** クーリー(苦力)《中国・インド・マライ地方などの下層日雇労働者》. **2** (低賃金で働く)下層労働者.
coo·lie² [kúːli | -lɪ] *n.* =coulee 1.
cóolie hàt *n.* クーリー(苦力)帽《通例円錐形の麦わら製の日よけ帽》.
cóol·ing-óff [-lɪŋ-] *adj.* (争議などで)冷却させるための: a ~ period 冷却期間.
cóoling tìme *n.* 〘労働〙冷却期間《労働争議などで対立感情を冷やすための期間》.
cóoling tòwer *n.* 冷却塔. 「の, 少し冷たい.
cóol·ish [-lɪʃ] 〘⇨ -ish¹〙 *adj.* やや涼しい; 冷え気味

cóol jázz *n.* 〘ジャズ〙クール ジャズ《入り組んだハーモニーを用いて冷静な演奏をするモダンジャズ》.

cool·ly [kúː(l)li | -(l)lɪ] 〚《1580》〛 ― *adv.* **1** 涼しく；冷たく. **2** (感情など)冷ややかに, 冷淡に, よそよそしく (indifferently). **3** 冷静に, 落ち着いて, 平然として (calmly). **4** ずうずうしく (impudently).

cóol·ness 〚OE *cōlnesse*: ⇨ cool, -ness〛 *n.* **1** 涼しさ, 冷気, 涼味；冷たさ. **2** 冷ややかさ, 冷淡, よそよそしさ. **3** 冷静, 平静, 落着き, 沈着. **4** 図太さ, ずうずうしさ.

cóol stòre *n.* ＝cool chamber.

coolth [kúːlθ] 〚《1547》← COOL＋-TH²: cf. warmth〛 *n.* 《口語》＝coolness.

coo·ly¹ [kúːli | -lɪ] *n.* ＝coolie¹.

cool·y² [kúːli | -lɪ] *adv.* ＝coolly.

coom [kúːm] 〚《変形》← CULM²〛 ― *n.* (*also* **coomb** [～]) 《スコット・北英》 **1** すす (soot). **2** ごみ, くず《石炭の粉末・おがくず・かんなくず・もみがら・軸受けから出る油のかすなど》.

coomb [kúːm] 〚← OE *cumb* vessel, cup: cf. G *Kumme* deep bowl〛 *n.* 《英》クーム《英国の容積単位；＝4 imperial bushels》.

coombe [kúːm] *n.* (*also* **coomb** [～]) 《英》＝combe.

coon [kúːn] 〚《略》← RACCOON: 3 は E. Hong 作 "*All Coons Look Alike to Me*" (1896) の誤用から〛 ― *n.* **1** 《米》〘動物〙アライグマ (raccoon). **2** 《米方言》田舎者, 無骨者: an old ～ 手におえないやつ, 古だぬき / a gone ～ ⇨gone¹ 2 a. **3** 《口語》[通例軽蔑的に] 黒人 (Negro): a ～ baby 黒人の赤ん坊. **4** 《米》(独立戦争当時の)ホイッグ党員.

hunt* [*skin*] *the same old coon 《米口語》いつも同じ事ばかりやっている.

coon·can [kúːnkæn] 〚《変形》← CONQUIAN〛 *n.* 〘トランプ〙クーンキャン《conquian の米国版; double rum ともいう》.

cóon càt *n.* 〘動物〙 **1** 《ニューイングランド》＝Angora cat. **2** 《米口語》＝cacomistle 1.

cóon chèese *n.* クーンチーズ《黒いワックスで被覆されたチェダーチーズの一種》.

cóon dòg *n.* アライグマ (raccoon) 狩り用に訓練された猟犬.

cóon·hòund *n.* アライグマ (raccoon) 狩り用に改良されたイヌ (cf. black-and-tan coonhound).

cóon's àge *n.* 《米口語》ひどく長い間 (cf. donkey's years).

cóon·skìn *n.* **1** アライグマの毛皮. **2** アライグマの毛皮製品《上衣・帽子など》.

cóon sòng 〚⇨ coon 3〛 *n.* 〘音楽〙クーンソング《19世紀末期の米国に流行したポピュラーソング；黒人なまりの歌詞と鋭いシンコペーションが特徴》.

coon·tie [kúːnṭi | -tɪ] 〚□ Seminole *kunti* coontie flour〛 ― *n.* 〘植物〙フロリダソテツ (*Zamia integrifolia*)《米国 Florida 州産；この根から採った澱粉をアロールート (arrowroot) ということもある》.

coop [kúːp, kúp | kúːp] 〚《c1250》 *coupe* basket □ L *cūpa* tub: cf. cup〛 ― *n.* **1** **a** (鶏などを入れる)かご, おり. **b** 狭苦しい場所. **2** 《英》魚を捕えるかご, 筌(ᵉ) (pot). **3** 《俗》監獄, 刑務所,「ぶたばこ」(prison).

fly the coop (1) 《俗》脱獄する. (2) 《米俗》ずらかる, さっと逃げる.

― *vt.* **1** おり[かご]に入れる. **2** **a** 監禁する, 閉じ込める 〈*in, up*〉: I feel ～*ed up* in this room. この部屋にいると, おりにでも閉じ込められたような気分だ. **b** 《俗》〈投票人を〉(投票日まで)缶詰めにする.

co-op [kóuɑp, ─⌐ , kúːp | káuɔp] 〚《1861》〛 *n.* (*also* **co·op, co·öp** [～]) 《口語》＝cooperative 1.

coo·per¹ [kúːpə, kúpə | kúːpə(r] 〚《a1376》 *couper* □ ? MLG *kūper* □ LL *cūpārius* ← L *cūpa* tub〛 ― *n.* **1** 桶屋, 樽・桶類製造[修繕]者: a dry [wet] ～ 乾物用[液体用]樽類製造者 / a white ～ (白木の)たらい・手桶類製造人. **2** 《英》酒屋《酒ききとびん詰め係を兼ねる》. **3** 〘醸造所でこの酒が樽職人に毎日振舞われていたことから〙《英》混合黒ビール《porter と stout とを等分に混ぜたもの》.

― *vt.* **1** 〈桶・樽類を〉作る[修繕する]. **2** 樽に詰める. **3** 《俗》やっつける, だめにする. ― *vi.* 桶屋をする.

cooper up [*out*] 《口語》…の体裁を整える, 恰好をよくする, 着飾る (furbish up).

coo·per² [kúːpə, kúpə, kóupə | kúːpə(r, káupə(r] 〚□ ? Du. *koper* buyer ← *kopen* to buy: ⇨ cheap〛 ― *n.* 《英》うろうろ舟《19世紀に北海などで漁夫相手に海上で酒・たばこなどを魚と交換に売り回った船》.

Coo·per [kúːpə, kúpə | kúːpə(r], **Anthony Ashley** *n.* ⇨ 3rd Earl of SHAFTESBURY.

Cooper, Gary *n.* (1901-1961) 米国の映画俳優.

Cooper, James Fen·i·more [fénəmɔ̀ə, -mɔ̀ə | -nɪmɔ̀ː(r] *n.* (1789-1851) 米国の小説家；辺境開拓者およびインディアンの生活を扱った Natty Bumppo を中心とした 'Leather-Stocking Tales' で知られる; *The Last of the Mohicans* (1826).

Cooper, Leon N. *n.* (1930-) 米国の理論物理学者; Nobel 物理学賞 (1972) (cf. BCS theory).

Cooper, Peter *n.* (1791-1883) 米国の発明家・製造工業家・改革者・博愛家.

coo·per·age [kúːp(ə)rɪdʒ, kúp- | kúːpər-] 〚← COOPER¹＋-AGE〛 *n.* **1** **a** 桶屋の仕事. **b** [集合的] 桶屋の製品, 桶・樽類. **c** 桶屋の仕事場. **2** 桶屋の手間賃.

co·op·er·ate [kouɑ́pərèɪt, kəwɑ́p- | kəuɔ́p-] 〚《1604》← LL *cooperāt-us* (p.p.) ← *cooperārī* to work together ← co-¹＋*operārī* 'to OPERATE'〛 ― *vi.* (*also* **co-op·er·ate** [～], **co·öp·er·ate** [～]) **1** **a** 協力する, 協同する 〔*with*〕: ～ *with* each other *in* (doing) some work 仕事で互いに協力する. **b** 経済協力をする. **2** 〈事情などが〉助け合う (contribute) 〈*to do*〉: All these things ～*d to* make this work a success. こういうことすべてがいっしょに働いてこの事業が成功した.

co·op·er·a·tion [kouɑ̀pəréɪʃən, kəwɑ̀p- | kəuɔ̀p-, kɔ̀uɔp-] 〚《a1398》□ L *cooperātiō(n-)*: ⇨↑, -ation〛 ― *n.* **1** 協力(すること), 協同, 協働; 協調性: economic ～ 経済協力 / in ～ *with* …と協同して. **2** 協同組合: producers' [productive] ～ 生産組合 / consumers' [consumptive] ～ 消費組合. **3** 〘生態〙共働.

co·òp·er·á·tion·ist [-ʃ(ə)nɪst, -nəst | -nɪst] *n.* 協同(組合)主義者.

co·op·er·a·tive [kouɑ́p(ə)rəṭɪv, kəwɑ́p-, -pərèɪṭ- | kəuɔ́p(ə)rət-] 〚《1603》□ LL *cooperātīv-us*: ⇨ cooperate, -ative〛 ― *adj.* **1** **a** 協力的な, 協同の. **b** 進んで仕事を協力してくれる, 協調性のある. **2** (ある経済目的のために)協同する; (生活)協同組合の[に関する, による]: a ～ house (組合組織の)共同住宅 / a ～ society (生活)協同組合 / ～ savings 共同貯金 / a ～ movement 協同[消費]組合運動 / a producers' [consumers'] ～ society 協同生産[消費]組合. **3** 〘教育〙コオペラティブの, 連携方式の. ― *n.* **1** (生活)協同組合. **2** 《米》協同住宅. **～·ness** *n.*

coóperative bánk *n.* ＝SAVINGS and loan association.

coóperative crédit ùnion *n.* ＝credit union.

co·óp·er·a·tive·ly *adv.* 協力的に, 協同的に.

coóperative méthod *n.* (米国の)産学連携方式《学校での座学と企業での実習とを組み合わせる職業教育の方法; cf. distributive education》.

coóperative stóre [shóp] *n.* **1** (生活)協同組合経営の小売店, 生協ストア. **2** 農業協同組合経営の小売店.

coóperative sỳstem *n.* コオペラティブ システム, 連携教育制度《職業教育の効果を高めるため, 学校間, または学校と産業とが協力する制度》.

co·óp·er·à·tor [-ṭə | -tə(r] 〚《?a1425》□ L *cooperātor*: ⇨ cooperate, -or²〛 *n.* **1** 協力者, 協同者. **2** (生活)協同組合員.

cóo·pered jóint *n.* (樽を作るときの継ぎ手と同様)家具の曲面を作る場合に用いる継ぎ手.

Cóo·per-Héw·itt làmp [kúːpə-hjúːɪt-, -wət- | kúːpə-hjúːɪt-] 〚← *Cooper Hewitt* (商標名)〛 *n.* クーパーヒュイト灯《20世紀の初めに使われた低圧水銀灯》.

Cóoper pàir *n.* 〘物理〙クーパー対《等運動量で反対方向のスピンをもつ一対の電子; BCS theory の基礎となるもの》.

Cóoper's háwk 〚← *William Cooper* (*d.* 1864: 米国の動物学者)〛 *n.* 〘鳥類〙オオハイタカ (*Accipiter cooperii*)《米国産のハイタカの一種》.

coo·per·y [kúːpəri, kúp- | kúːpərɪ] 〚← COOPER¹ (n.)＋-Y¹〛 *n.* ＝cooperage 1.

co-opt [kouɑ́pt, ─⌐ | kəuɔ́pt] 〚《1651》□ L *coopt-āre* ← co-¹＋*optāre* to choose (⇨ option)〛 ― *vt.* **1** 〈重役会・委員会などが〉〈新会員[委員]を〉選挙する, 任命する. **2** 同僚にする, 仲間と認める. **3** **a** グループに入れる, 合併吸収する (absorb). **b** 接収する (appropriate). ― *vi.* 追加任命をする. **co-óp·tive** [kouɑ́ptɪv | kəuɔ́p-] *adj.*

co-op·ta·tion [kòuɑptéɪʃən | kəuɔp-] 〚□ L *cooptātiō(n-)*: ⇨↑, -ation〛 ― *n.* (委員会・重役会などの新会員[委員]の)選挙. **co-op·ta·tive** [kouɑ́ptəṭɪv, kòuɑptéɪṭ- | kəuɔ́ptət-, kəuɔptéɪt-] *adj.*

co-op·tion [kouɑ́pʃən | kəuɔ́p-] *n.* ＝co-optation.

cò·órdinal 〚← CO-¹＋ORDINAL〛 *adj.* 〘生物〙同目 (order) に属する.

co·or·di·nate 〚《1664》《逆成》← COORDINATION〛 (*also* **co-or·di·nate, co·ör·di·nate**) ― [kouɔ́əd(ə)nət, -nɪt, -dṇ- | kəuɔ́ː-] *adj.* **1** (身分・重要性・品格など)同格の, 同位の, 同等の 〔*with*〕: a man ～ *with* him in rank 彼と同じ階級の人. **2** 整合的な: ～ movement 整合運動. **3** 〘文法〙対等の, 等位の, 対等の要素(語・句・節)をつなぐ (cf. subordinate 4): ⇨ coordinate clause. **4** 〘数学〙座標の. **5** 〘教育〙 **a** 〈大学が〉男女別学の《教員は共通であるが男子学生と女子学生で教室やキャンパスが異なる》: a ～ university / ～ education. **b** 〈大学の学部が〉男女別学の; 女子部の. **6** 〘化学〙配位結合の: ⇨ coordinate bond. **7** 〘図書館〙(主題用語を)組み合せた, コーディネートの: a ～ index コーディネート索引, 組み合せ索引.

― [kouɔ́əd(ə)nət, -nɪt, -dṇ- | kəuɔ́ː-] *n.* **1** (身分・重要性・品格などの)同位[同等, 対等]のもの (equal); 同格者. **2** **a** [*pl.*] コーディネート《布地・色・柄・デザインに関連をもたせて作られた衣服やバッグ・靴・帽子などの服飾品で, 一緒に組み合せて着る; cf. separate 1》. **b** (取合せの効果が出せるように同じ装備, 同じ装飾に作られた)家具セット, コーディネート. **3** 〘文法〙対等[等位]語句. **4** [*pl.*] 〘数学〙座標: ⇨ Cartesian coordinates, curvilinear coordinates.

― [-dənèɪt, -dṇ- | -dənèɪt, -dɪn-, -dṇ-] *v.* ― *vt.* **1** 対等(関係)にする, 等位にする, 同等にする. **2** 〈一系統の各部を〉統制的[調和的]に働かせる, 整合する, 釣り合わせる (adjust): ～ one's movements [arms and legs] in swimming 泳ぐ時に手足の運動の調子を合わせる / ～ tops *with* pants ズボンと上着を釣り合わせる[コーディネートにする] / ～*d* work stoppage 一斉業務停止 / by the ～*d* efforts of the members 会員の協調的な努力によって. ― *vi.* **1** 対等(関係)になる, 等位になる, 同等になる. **2** 調和的に働く, 整合する. **3** 〘化学〙配位結合する. **～·ly** *adv.* **～·ness** *n.*

coórdinate bónd *n.* 〘化学〙配位結合《一方の原子の孤立電子対 (lone pair) が相手の原子に共有されて結合する一種の共有結合》.

coórdinate cláuse *n.* 〘文法〙等位節《等位接続詞で結ばれた節; cf. subordinate clause》.

coórdinate conjúnction *n.* 〘文法〙等位接続詞《and, but, or, for など; cf. subordinate conjunction》.

coórdinate cováIence *n.* 〘化学〙＝coordinate bond.

co·ór·di·nàt·ed [-ṭɪd, -ṭəd | -tɪd, -təd] *adj.* (一つの目的に)二組以上の筋肉運動を用いることのできる: a ～ athlete.

coórdinate geómetry *n.* ＝analytic geometry.

coórdinate sýstem *n.* 〘数学〙座標系.

co·ór·di·nàt·ing conjúnction [-ṭɪŋ- | -tɪŋ-] *n.* 〘文法〙＝coordinate conjunction.

co·or·di·na·tion [kouɔ̀ədənéɪʃən, -dṇ- | kəuɔ̀ːdən-, -dɪn-, -dṇ-] 〚《1605》□ F ～ // LL *coordinātiō(n-)*: ⇨ co-¹, ordination〛 ― *n.* **1** **a** 同格[同等, 同位]化; 同格[同等, 等位]を保つこと. **b** 〘文法〙対等[等位]関係. **2** **a** (作用・機能の)調整, 一致. **b** (諸種の筋肉運動の)共同作用, 整合. **3** 〘化学〙配位. **4** 〘軍事〙(軍隊の2またはそれ以上の部門にわたる権能・活動についての)調整 (cf. integration 4).

coordinátion cómplex *n.* 〘化学〙＝coordination compound.

coordinátion cómpound *n.* 〘化学〙配位化合物《配位結合によってできる化合物, あるいは配位結合によって生じるイオンを含む化合物》.

coordinátion nùmber *n.* **1** 〘化学〙配位数《錯イオン内の中心原子に結合する原子や原子団の数》. **2** 〘結晶〙配位数《結晶中のある原子を囲む最近接原子の数》.

co·or·di·na·tive [kouɔ́əd(ə)nəṭɪv, -dṇ-, -dənèɪṭ-, -dṇ- | kəuɔ́ːdənət-, -nèɪt-, -dṇ-] 〚← COORDINATE＋-IVE〛 ― *adj.* **1** 対等の. **2** 整合された, 協調の. **3** 〘文法〙等位の: a ～ conjunction＝coordinate conjunction. **4** 〘言語〙等位構造をなす, 外心的構造 (exocentric construction) を形成する《boys and girls のように統語群の二つ以上の構成要素が等位の関係にある; cf. subordinative 3》.

co·ór·di·nà·tor [-ṭə | -tə(r] 〚← COORDINATE＋-OR²〛 ― *n.* **1** 同格にするもの[人]; 一致整合するもの[人]. **2** 調整者, コーディネーター. **3** 〘文法〙等位連結詞, 等位接続詞.

Coos [kúːs] 〚□ N-Am.-Ind. *koash*《原義》pine〛 ― *n.* (*pl.* ～) **1** **a** [the ～] クース族《米国 Oregon 州に住むアメリカインディアンの一部族》. **b** クース族の人. **2** クース語《Penutian 語族に属する》.

coot [kúːt] 〚《c1300》 *cōte* ← ? LG: cf. Du. *koet*〛 ― *n.* **1** 〘鳥類〙 **a** オオバン (*Fulica atra*)《クイナ科オオバン属の水鳥; 額に白色の額板があるので bald coot ともいう》: (as) bald as a ～ オオバンのように額がはげ上って / (as) stupid as a ～ いかにも間が抜けて. **b** オオバン属の水鳥の総称. **c** [しばしば限定詞を伴って] (北米産の)クロガモ (scoter): a mud ～＝American coot. **2** 《口語》 **a** うすのろ, とんま. **b** 人, やつ.

cootch [kúːtʃ] *n.* ＝cooch¹.

coo·ter [kúːṭə, kúṭə | kúːtə(r] 〚← ? Afr.〛 ― *n.* 《米南部・中部》〘動物〙米国南部および東部産のカメの総称; (特に)淡水産アメリカヌマガメ属の食用カメ (*Pseudemys concinna*).

coo·tie [kúːṭi | -tɪ] 〚← ? Polynesian *kutu* parasitic insect＋-IE: cf. 《英方言》*coot* anything worthless: 第一次大戦の軍俗語〛 *n.* 《俗》シラミ (louse).

cò-ówner 〚← CO-¹＋OWNER〛 *n.* 〘法律〙共同所有者, 共有者, 合有者 (joint tenant).

cop¹ [kɑ́p | kɔ́p] 〚OE *cop(p)* summit, top □ LL *cuppa* 'CUP': cog. G *Kopf* head〛 ― *n.* **1** (通例木管または紙管に巻いた)紡錘[円筒]状の巻糸. **2** 《英方言》(丘などの)頂 (top); (鳥の)冠毛 (crest); (鼻の)頭.

cop² [kɑ́p | kɔ́p] 〚《1859》《略》← COPPER²: cf. cop³〛 *n.* 《口語》巡査, お巡り (policeman, policewoman).

cops and robbers 〘遊戯〙どろぼうごっこ《巡査の真似をしてどろぼうを追う子供の遊び》.

cop³ [kɑ́p | kɔ́p] 〚《1704》←《廃》*cap* to arrest, seize □ OF *cap-er* to capture □ L *capere* (⇨ capture)〛 ― *v.* (**copped; cop·ping**) ― *vt.* **1** **a** 捕える, つかまえる (catch): ～ a person at it その現場を捕える[押える]. **b** [～ it で] 《俗》つかまる, 罰を食う, しかられる; 殺される. **2** 勝つ (win): ～ first 優勝する. **3** 盗む (steal). ― *vi.* 勝つ (win).

cop a plea ⇨ plea 成句. ***cop out*** 《俗》(1) 逮捕される, つかまる. (2) 〔約束・いやな仕事などを〕取り消す, 〔…から〕手を引く 〔*of, on*〕. (3) やめる; 逃げる; 脱落する. (4) 失敗する; 死ぬ. (5) ＝*cop a* PLEA.

― *n.* 《英俗》 **1** つかまること, 逮捕: It's a fair ～. まんまとつかまった. **2** [否定構文で] つかまえたもの: It's *no* [*not* much] ～. 大したものじゃない.

cop⁴ [kɑ́p | kɔ́p] 〚《変形》←《方言》*cob* to strike: 擬音語〛 *vt.* (**copped; cop·ping**) 《英方言》〈人〉の頭をなぐる.

cop. 《略》copper; copulative; copyright; copyrighted.

Cop. 《略》Copernican; Coptic.

co·pa·cet·ic [kòupəséṭɪk, -síːṭ- | kəupəsét-, -síːt-] 〚← ?〛 *adj.* 《米俗》良い (good); 満足な, 申し分のない (satisfactory); 優秀な (excellent).

co·pai·ba [ko(ʊ)páɪbə, -péɪ-, kòupaɪ́:bə|kɔpáɪ-, kə(ʊ)-] 〖(1712)⊏Sp. ～⊏Port. *copaíba* ⊏Tupi *cupaíba*〗 ― *n.* (*also* **co·pai·va** [ko(ʊ)páɪvə, -péɪ-|kə(ʊ)-])〖植物〗 **1** コパイババルサム《南米産マメ科 *Copaifera* 属の植物から採る薬用樹脂で, 粘膜炎に効く; copaiba balsam ともいう》. **2** コパイバ《南米産マメ科 *Copaifera* 属の植物の総称》; コパイバ材.

co·pal [kóupəl, -pæl, ko(ʊ)pǽl|káupəl, kə(ʊ)pǽl] 〖(1577)⊏Sp. ～⊏Nahuatl *copalli* resin: cf. F *copal* / G *Kopal*〗 ― *n.* 〖化学〗コーパル《熱帯産の諸種の樹木から採る樹脂でワニスの原料; cf. kauri 2》.

co·pal·ite [kóupəlàɪt|káu-] 〖⇨↑, -ite¹〗 *n.* 〖鉱物〗コパル石《淡黄色の琥珀(こはく)に似た樹脂状物質》.

co·palm [kóupɑ̀:m|káu-] 〖← ? co(PAL)+PALM²: 葉の形がシュロに似ていることから〗 *n.* **1** 〖植物〗モミジバフウ (⇨ sweet gum). **2** モミジバフウ材.

Co·pán [ko(ʊ)pɑ́:n|kə(ʊ)-; *Sp.* kopán] *n.* コパン《ホンジュラス西部にあるマヤ文明の都市遺跡》.

cò·párcenary 〖(1503–04) ← co-¹+PARCENARY〗 ― *n.* **1** 共同所有. **2** 〖法律〗相続財産共有《例えば長男子相続制度のもとで男子の相続人のいない時に女子相続人たちの間で認められた》. ― *adj.* 相続財産共有の; 共同相続(人)の.

cò·párcener 〖(1503–04) ← co-¹+PARCENER〗 *n.* 〖法律〗(土地)共同相続人.

cò·párceny 〖(1556)〗 *n.* = coparcenary.

cò·pártner 〖(1503) ← co-¹+PARTNER〗 *n.* **1** 協同者, 組合員, 共同組合員 (partner). **2** 《廃》= coparcener.

cò·pártner·shìp *n.* **1** 協同; 組合制, 合資制; 《英》利潤分配制《従業員への利潤分配を株式で行ない, 従業員に出資者としての意識をもたせることを意図したもの》. **2** 協同組合. **3** 組合員の身分[責任, 権利].

co·part·ner·y [kòupɑ́ətnəri|kàupɑ́:tnəri] *n.* = copartnership.

co·pa·set·ic [kòupəsétɪk, -sí:t-|kàupəsét-, -sí:t-] *adj.* = copacetic.

cope¹ [kóup|kə́up] 〖(*c*1398) *coupe(n)* ⊏(O)F *couper* to strike ← *coup, colp* stroke, blow: ⇨ coup¹〗 ― *vi.* **1 a** (対等の立場で, または有利に)対抗する, 張り合う〔*with*〕: try to ～ *with* the enemy [a crowd] 敵[群衆]を制しようとする. **b** 〔難局・難問などを〕うまく処理する, 対処する (deal)〔*with*〕: I can't ～ *with* the problem. 私にはその問題は処理できない / The Government did not know how to ～ *with* the situation. 政府は事態に処する道を知らなかった. **2** 《古》衝突する, 出くわす, 遭遇する (encounter)〔*with*〕. **3** 《廃》戦う (fight)〔*with*〕. ― *vt.* 《廃》 **1** …と争う, 戦う. **2** …と接触するようになる, …に出合う, ぶつかる (encounter). **3** …と釣り合う.

cope² [kóup|kə́up] 〖OE *cāp* ⊏ML *cāpa* cope《異形》← *cappa* 'CAP¹': cf. cape¹〗 ― *n.* **1** 〖キリスト教〗コープ, 大外衣, カッパ《高位の聖職者が特別な礼拝や行列の際に着用するマント形の法衣; 美しい縫いとりがしてある; ⇨ vestment 挿絵》. **2 a** (大外衣のように)おおう[おおいかくす]もの. **b** 《詩》夜のとばり (cover), 天空 (canopy, vault): under the ～ of night 夜の闇に隠れて[まぎれて] / the ～ of heaven 大空. **3** 〖建築〗= coping. **4** 〖金属加工〗 **a** 上型(うわがた)《鋳型の頂部; cf. drag 18》. **b** 鐘の鋳型の外枠. ― *vt.* **1** …にカッパ[大外衣]を付ける[まとわせる]. **2** …に頂層を付ける, 冠石[笠石]を載せる. ― *vi.* 頂層を形成する, おおいかぶさる.

cope³ [kóup|kə́up] 〖⊏F *cop-er, coup-er* to cut: cf. cope¹〗 ― *vt.* **1** 〖建築〗(他の部材がぴったり合うように)〈材木など〉の接合部を切り欠く. **2** 〖鷹狩〗〈鷹のくちばし・爪を〉切りつめる.

Co·peau [kɔ(:)póu|kɔpə́u; *F.* kɔpo], **Jacques** *n.* コポー《1878–1949; フランスの演出家・劇場経営者》.

co·peck [kóupek|kə́u-, kɔ́p-] *n.* = kopeck.

cópe·màte *n.* 《廃》 **1** 対立者, 敵対者 (antagonist). **2** 仲間, 協力者.

co·pen [kóupən|kə́u-] 〖《略》↓〗 *n.* = copenhagen.

co·pen·ha·gen [kòupənhéɪgən, -hɑ́:-, ⌐⌐⌐|kàupənhéɪgən] *n.* 灰色がかった青色《copenhagen blue ともいう》.

Co·pen·ha·gen [kòupənhéɪgən, -hɑ́:-, ⌐⌐⌐|kàupənhéɪgən] *n.* コペンハーゲン《デンマークの首都, Zealand 島東岸の海港; デンマーク語名 København; 人口 626,000》.

co·pe·pod [kóupɪpɑ̀d, -pə-|kə́upɪ-] 〖↓〗〖動物〗 *adj.* 橈脚(じょうきゃく)亜綱の. ― *n.* 橈脚亜綱の動物《ケンミジンコなどの水生小動物》.

Co·pep·o·da [ko(ʊ)pépədə|kə(ʊ)-] 〖← NL ～ ← Gk *kṓpē* handle of an oar: ⇨ -poda〗 *n. pl.* 〖動物〗橈脚亜綱.

cop·er¹ [kóupə|kə́upə(r)] 〖←《廃》*cope* to buy (⊏MDu. *côpen*)+-ER¹〗 *n.* 《英》商人; (特に, 正直でない)ばくろう, 馬商人 (horse dealer).

co·per² [kóupə|kə́upə(r)] *n.* = cooper².

Co·per·ni·can [ko(ʊ)pə́:nɪkən, kə-, -nə-|kə(ʊ)pə́:nɪ-] *adj.* **1** コペルニクス(説)の (cf. Ptolemaic 2). **2** 画期的な, 徹底的な, コペルニクス的な; とても重大な: a ～ revolution. ― *n.* コペルニクス説[地動説]信奉者.

Copérnican sỳstem *n.* [the ～]〖天文〗(コペルニクスの唱えた)地動説, コペルニクスの説《太陽中心説; cf. Ptolemaic system》.

Co·per·ni·cus [ko(ʊ)pə́:nɪkəs, kə-, -nə-|kə(ʊ)pə́:nɪ-], **Ni·co·la·us** [nɪkəléɪəs] 〖《ラテン語化》← *Koppernigk, Kopernik*〗 ― *n.* コペルニクス《1473–1543; ポーランドの天文学者; 地動説の提唱者; ポーランド語名 Mikołaj Kopernik [mikɔ́waj kɔpɛ́rnik]》.

co·pe·set·ic [kòupəsétɪk, -sí:t-|kàupəsét-, -sí:t-] *adj.* = copacetic.

copes·mate [kóupsmèɪt|kə́ups-] *n.* 《廃》= copemate.

cópe·stòne 〖⇨ cope²〗 ― *n.* **1** 最後の仕上げ, 完成 (completion); 極致, 絶頂 (crown, climax): put the ～ on one's embarrassment 困っている上にさらに困らせる / the ～ of one's misfortunes [woes] 不幸[災い]の上に降りかかってくる最後の大不幸. **2** 〖建築〗= coping stone.

cop·i·er 〖(1597)〗 *n.* **1** 複写[謄写]人; 写字生 (copyist). **2** 模倣者 (imitator). **3** 複写機.

co·pi·hue [ko(ʊ)pí:weɪ|kə(ʊ)-; *Am. Sp.* kopíwe] 〖⊏Am.-Sp. ～⊏Araucan *copiu*〗 *n.* 〖植物〗= Chile-bells.

cò·pílot *n.* 副操縦士.

cóp·ing 〖← COPE² (v.)〗 *n.* 〖建築〗笠(かさ)木《へいや手すりなどの頂部の横材》; (れんがべいなどの)笠石, 頂層.

cóping sàw *n.* 糸のこ.

cóping stòne *n.* 〖建築〗(れんがべいなどの頂上の)笠石, 冠石.

1 2

copings
1 tile; 2 stone

co·pi·ous [kóupiəs|kə́upjəs, -prəs] 〖(?*c*1350)⊏(O)F *copieux* // L *cōpiōs-us* plentiful ← *cōpia* plenty ← *co-*¹+*ops* wealth (cf. opulent): ⇨ -ous〗 ― *adj.* **1** 豊富な, おびただしい (plentiful); 多量に産する: a ～ harvest 豊作 / a ～ supply of water 豊富な水(の供給) / a ～ stream 水をたたえた流れ / a ～ vocabulary 豊富な語彙(い). **2** 内容の豊富な, 情報が豊富な; 辞句の豊富な, 言葉数の多い, こまごまと述べた (exuberant): a ～ style (簡潔でない)委曲を尽くした文体 / ～ eloquence 能弁 / ～ notes 詳しい注 / a ～ writer (委細を尽くして書く)筆まめな作家 / a ～ preacher (こまごまと話す)能弁な説教者. **～·ness** *n.*

có·pi·ous·ly 〖(1447)〗 *adv.* 豊富に, おびただしく, たっぷり.

co·pi·ta [ko(ʊ)pí:tə|kə(ʊ)pí:tə; *Sp.* kopíta] 〖⊏Sp. ～ (dim.) ← *copa* 'CUP'〗 *n.* コピタ《チューリップ型のシェリー用グラス》.

cò·plánar *adj.* 〖数学〗同一平面上の, 共面の. **cò·planárity** *n.*

Cop·land [kóuplənd|kɔ́p-, kə́up-], **Aaron** *n.* (1900–) 米国の作曲家; *Appalachian Spring* (1944).

Cop·ley [kɑ́pli|kɔ́plɪ], **John Sin·gle·ton** [síŋgḷtən, -tṇ] *n.* (1738–1815) 米国の歴史画家・肖像画家.

cò·pólymer 〖← co-¹+POLYMER〗 *n.* 〖化学〗共重合体《二種以上の単量体から成る重合体; interpolymer ともいう》. **cò·polymḗric** *adj.*

cò·polymerizátion *n.* 〖化学〗共重合《2 種以上の単量体を用いて重合を行なうこと; 両種の欠点を補うような性質が得られるので, 成形品や合成ゴムなどを作るのに利用する; interpolymerization ともいう》.

cò·pólymerize 〖化学〗 *vt.* 〈異なる単量体を〉共重合する. ― *vi.* 共重合する.

cóp-òut *n.* 《俗》 **1** やめること, 逃げること. **2** (社会からの)脱落者. **3** (約束・いやな仕事などの)取消し, 手を引くこと. **4** 言い逃れ (pretext).

Cop·pée [kɔ(:)péɪ|kɔ-; *F.* kɔpe], **François (Édouard Joachim)** *n.* コペー《1842–1908; フランスの詩人・劇作家・小説家》.

cop·per¹ [kɑ́pə|kɔ́pə(r)] 〖OE *coper, copor* < Gmc **kupar* (Du. *koper* / G *Kupfer*) ⊏LL *cuprum* ← L (*aes*) *Cyprium* Cyprian (metal) ⊏Gk *kúprion* ← *Kúpros* Cyprus: 古代の銅産地 Cyprus にちなむ〗 ― *n.* **1** 〖化学〗銅《金属元素の一つ; 記号 Cu, 原子番号 29, 原子量 63.546; cf. cuprum》: red ～ 赤銅鉱 / refined ～ 精銅 / vitreous ～ 輝銅鉱 / sulphate of ～ = copper sulphate. **2 a** 銅貨《英国の penny, halfpenny, farthing, 米国の cent など》. **b** 小銭. **3 a** 銅器《銅盤・銅つぼ・銅鍋・銅管など》. **b** 《英》(炊事・洗濯用の)銅がま, 鉄がま. **c** [*pl.*] (船の料理室 (galley) の)湯がま (boilers). **4** 銅色, 赤褐色 (reddish brown). **5** [*pl.*] 銅山株. **6** 〖昆虫〗 **a** チョウセンベニシジミ, ベニシジミ, シジミ《チョウ科ベニシジミ属 (*Pergesa*) のチョウの総称》. **b** = American copper.
― *attrib. adj.* **1** 銅の, 銅製の, 銅張りの; 銅山の: a ～ coin [piece] 銅貨 / a ～ kettle 銅製湯沸かし / a ～ mine 銅山 / ～ manufactures 銅製品 / ～ ores 銅鉱 / ～ shares 銅山株 / ～ ware 銅器, 銅製品 / ～ wire 銅線. **2** 銅色の, 赤褐色の: a ～ Indian アメリカインディアン (Red Indian).
― *vt.* **1 a** 銅でおおう[くるむ], 銅張りにする, …に銅をきせる[かぶせる]. **b** 〈船底〉に銅板を張る. **2** 銅[銅化合物]で処理する. **3** 〖賭けトランプの銀行 (faro) で銅貨が用いられるところから〗《口語》 **a** …に賭(か)ける. **b** = hedge 4.

cóp·per² [kɑ́pə|kɔ́pə(r)] 〖(1859): ← COP³+-ER¹〗 *n.* 《俗》お巡り.

cópper ácetate *n.* 〖化学〗酢酸銅 ($Cu(CH_3COO)_2$)《cupric acetate ともいう》.

cópper acetoársenite *n.* 〖化学〗酢酸亜ヒ酸銅 (⇨ Paris green)《化学名としては copper (II) acetate arsenite という》.

Cópper Àge *n.* [the ～]〖考古〗銅器時代《新石器時代と青銅器時代との間で, 銅の冶金術が知られ, 利器が主に銅で作られた時代》.

cópper ársenite *n.* 〖化学〗亜ヒ酸銅 ($Cu_3(AsO_3)_2$)《黄緑色の水溶性の有毒粉末; 顔料・殺虫剤に使う》.

cop·per·as [kɑ́p(ə)rəs|kɔ́pə-] 〖(1391) *coperose* ⊏(O)F *couperose* ⊏ML (*aqua*) *cuprōsa* (water) of copper ← L *cuprum* 'COPPER¹'〗 ― *n.* 〖化学〗硫酸鉄 (II), 緑礬(ばん) (⇨ ferrous sulfate): blue ～ 硫酸銅 / white ～ 硫酸亜鉛.

cópper béech *n.* 〖植物〗ヨーロッパ産のオウシュウブナの一変種 (*Fagus sylvatica* var. *atropunicea*).

cópper bèlt *n.* (中央アフリカの)銅鉱地帯.

cópper bít *n.* はんだごての銅の先端; はんだごて.

cópper blúe *n.* = azurite blue.

cópper-bóttomed *adj.* **1** 船底に銅板を張った; 銅張り底の. **2 a** 徹底した, 本物の (genuine). **b** (財政的に)信頼できる (reliable).

cópper brácelet *n.* 銅の腕輪《関節炎・座骨神経痛などの痛みを和らげると信じて手首に付けるもの》.

cópper cítrate *n.* 〖化学〗クエン酸銅《暗緑色の結晶性粉末; 収斂剤・防腐剤に用いる; cupric citrate ともいう》.

cópper-cólored *adj.* 銅色の, 赤褐色の.

cópper cýanide *n.* 〖化学〗シアン化銅: **a** シアン化銅 (I) (CuCN)《白色結晶性粉末; 猛毒; cuprous cyanide ともいう》. **b** シアン化銅 (II) ($Cu(CN)_2$)《帯褐黄色粉末; 猛毒; cupric cyanide ともいう》.

cópper glánce *n.* 〖鉱物〗輝銅鉱 (Cu_2S)《銅鉱石の一種; chalcocite ともいう》.

cópper gréen *n.* = malachite green 2.

cópper·hèad *n.* **1** 〖動物〗アメリカマムシ (*Agkistrodon contortrix*)《北米産クサリヘビ科マムシ属のヘビ》. **2** [C-]《米》(南北戦争当時の)南部に同情した[南部びいきの]北部民主党員[の支持者].

cópper hydróxide *n.* 〖化学〗水酸化銅 (II) ($Cu(OH)_2$)《青色の粉末; 媒染剤に用いる; cupric hydroxide ともいう》.

cópper íris *n.* 〖植物〗チャショウブ (⇨ red iris).

cóp·per·ish [-pərɪʃ] *adj.* **1** 銅のような, 銅質の. **2** やや銅[赤褐]色の.

cópper·lèaf *n.* 〖植物〗エノキグサ《トウダイグサ科エノキグサ属 (*Acalypha*) の赤銅色をおびた緑色の葉をもつ観葉植物の総称; (特に) *A. virginica*》.

cópper lóss *n.* 〖電気〗銅損《銅線に電流が流れる時, 熱となって失われる電力》.

Cop·per·mine [kɑ́pəmàɪn|kɔ́pə-] *n.* [the ～] カナダの北部 Northwest Territories の Mackenzie 地区を Beaufort 海に流れる川 (845 km).

cópper náphthenate *n.* 〖化学〗ナフテン酸銅《青緑色固体; 布地用殺菌剤・殺虫剤》.

cópper níckel *n.* 〖鉱物〗紅ヒニッケル鉱 (⇨ niccolite).

cópper nítrate *n.* 〖化学〗硝酸銅, 硝酸銅 (II) ($Cu(NO_3)_2$)《酸化力の強い無色結晶で有毒; cupric nitrate ともいう》.

cópper·nòse 〖(1601)《変形》? ← F *couperose* 'COPPERAS': cf. G *Kupfernase*〗 *n.* (大酒飲みなどの)赤鼻.

cópper nùmber *n.* 〖化学〗銅価《パルプなどの品質(還元性)を表わす指数》.

cópper óxide *n.* 〖化学〗酸化銅: **a** 酸化銅 (I) (Cu_2O)《赤色の結晶性粉末; 赤色顔料として用いる; cuprous oxide ともいう》. **b** 酸化銅 (II) (CuO)《黒色粉末; 窯業で緑青色顔料, 化学分析で酸化剤として用いる; cupric oxide ともいう》.

cópper·plàte *n.* **1** (銅版用)銅板. **2** 銅版彫刻. **3** 銅版刷り: write like ～ まるで銅版のようにきれいに書く. ― *attrib. adj.* **1** 銅版の: ～ engravings. **2** 〈字体が〉銅版刷りの(ような), 鮮明な. ― *vt.* **1** 銅板に彫る. **2** 銅版で刷る.

cópper pyrítes *n.* 〖鉱物〗黄銅鉱 (⇨ chalcopyrite).

cópper·skin *n.* 《米俗》北米インディアン (redskin).

cópper·smìth 〖(1327) ← COPPER¹+SMITH〗 ― *n.* **1** 銅鍛冶(や), 銅細工人, 銅器製造人. **2** 〖鳥類〗インドに多い胸毛の赤いゴシキドリ (barbet) の一種 (*Megalaima haemacephala*)《鈴の音のように鳴く》.

cópper spót *n.* 〖植物病理〗コッパースポット《*Gloeocercospora sorghi* 菌により芝生が赤褐色になる現象》.

cópper súlfate *n.* 〖化学〗硫酸銅, 胆礬(ばん) ($CuSO_4 \cdot 5H_2O$)《染色・製革・冶金・電気めっき用; blue vitriol, cupric sulfate ともいう》.

cópper súlfide *n.* 〖化学〗硫化銅; (特に)硫化銅 (II)《cupric sulfide ともいう》.

cópper·tòp *n.* 《方言・俗》赤毛 (red head); 赤毛の人.

cópper vítriol *n.* 〖化学〗= copper sulfate.

cop·per·y [kɑ́p(ə)ri|kɔ́pərɪ] *adj.* **1** 銅を含んだ, 銅質の. **2** 銅のような: a ～ taste. **3** 銅色の, 赤褐色の.

cop·pice [kɑ́pɪs, -pəs|kɔ́pɪs] 〖(1538)⊏OF *copeiz* cut wood ← *couper, colper* to cut: cf. cope¹〗 ― *n.* **1** 低林, 矮(わい)林. **2** [集合的] = copsewood 1. **3** 〖林業〗萌芽(ほうが)林, 矮林, 低林《伐採したあとの切株から萌芽を発生させ育てた森林》. ― *vt.* 低林として生えさせる, 低林に育てる. ― *vi.* 低林になる.

cóppice-wòod *n.* = copsewood.

copr- [kɑpr|kɔpr] (母音の前に来る時の) copro- の異形.

co·pra [kóuprə, kɑ́p-|kɔ́p-] 〖(1584)⊏Port. ～⊏Malayalam *koppara* ⊏Hindi *khoprā* coconut〗 ― *n.* コプラ《ココヤシの核またはその胚乳を乾燥したもの, ヤシ油の原料; cf. coconut 1 a》.

cò·precípitate 〖化学〗 *vt.* 共沈させる. ― *vi.* 共沈する.

cò·precipitátion *n.* 〖化学〗共沈《性質の似た元素を一緒に沈澱させること》.

cop·ro- [kɑ́prə | kɔ́prə(ʊ)] 〘← Gk *kópros* dung〙「糞(ﾌﾝ) (dung); 猥褻(ﾜｲｾﾂ) (obscenity)」の意の連結形. ★ 母音の前では通例 copr- になる.

cò·prodúce *vt.* 共同製作する. **cò·prodúcer** *n.* **cò·prodúction** *n.*

cò·próduct *n.* 副産物 (by-product).

cop·ro·lag·ni·a [kɑ̀prəlǽgniə, ─ ─ ─ ─ ─ | kɔ̀prə(ʊ)lǽgnɪə] 〘← COPRO-＋-LAGNIA〙 ── *n.* 〚精神医学〛愛糞症《糞便ないし排便行為が性的快感の源泉になる性的倒錯》.

cop·ro·la·li·a [kɑ̀prəléɪliə | kɔ̀prə(ʊ)léɪlɪə] 〘← COPRO-＋-LALIA〙 *n.* 〚精神医学〛汚言, 醜語症.

cop·ro·lite [kɑ́prəlàɪt | kɔ́p-] 〘← COPRO-＋-LITE〙 *n.* 〚地質〛糞石(ﾌﾝｾｷ)《動物の糞の化石》. **cop·ro·lit·ic** [kɑ̀prəlítɪk | kɔ̀prəlít-] *adj.*

cop·rol·o·gy [kɑprɑ́lədʒi | kɔprɔ́lədʒɪ] 〘← COPRO-＋-LOGY〙 *n.* **1** ＝scatology. **2** ＝pornography. **cop·ro·log·i·cal** [kɑ̀prəlɑ́dʒɪkəl, -dʒə- | kɔ̀prəlɔ́dʒɪ-] *adj.*

cop·roph·a·gous [kɑprɑ́fəgəs | kɔprɔ́f-] 〘← COPRO-＋-PHAGOUS〙 *adj.* 〈昆虫が〉糞(ﾌﾝ)食性の.

co·proph·a·gy [kɑprɑ́fədʒi | kɔprɔ́fədʒɪ] *n.* 糞食.

cop·ro·phil·i·a [kɑ̀prəfíliə | kɔ̀prəfílɪə] 〘← COPRO-＋-PHILIA〙 *n.* 〚精神医学〛嗜糞症. **cop·ro·phil·i·ac** [kɑ̀prəfíliæ̀k | kɔ̀prəfílɪ-] *adj.*

cop·roph·i·lous [kɑprɑ́fələs | kɔplɔ́fɪ-] 〘⇨↑, -philous〙 *adj.* **1** 糞の上に生える; 糞生の: ～ fungi. **2** 糞便に異常な関心を示す; 猥褻(ﾜｲｾﾂ)好みの.

cop·ro·pho·bi·a [kɑ̀prəfóubiə | kɔ̀prə(ʊ)fə́ubjə, -bɪə] 〘← COPRO-＋-PHOBIA〙 *n.* 〚精神医学〛糞便恐怖症, 恐糞症, 病的糞便嫌忌症. 「圏.

cò·prospérity *n.* 相互繁栄, 共栄: a ～ sphere 共栄

co·pros·ta·nol [kəprɑ́stənɔ̀(ː)l, -nòuɫ | -prɔ́stənɔ̀l] 〘← COPRO-＋(*chole*)*stan*(*e*) (← CHOLEST(EROL)＋-ANE[2])＋-OL[1]〙 ── *n.* 〚生化学〛コプロスタノール ($C_{27}H_{47}OH$)《糞の中のコレステロールが腸内の細菌によって還元したもの; coprosterol ともいう》.

co·pros·ter·ol [kəprɑ́stərɔ̀(ː)l, -ròuɫ | -prɔ́stərɔ̀l] *n.* 〚生化学〛＝coprostanol. 「pice.

copse [kɑ́ps | kɔ́ps] 〘《短縮》← COPPICE〙 *n.* ＝cop-

cópse·wòod *n.* **1** (低[矮(ﾜｲ)]林の)下生え, 下草. **2** ＝copse.

cóp·shòp *n.* 《俗》警察署.

cops·y [kɑ́psi | kɔ́psɪ] 〘⇨ copse, -y[4]〙 *adj.* 林の多い.

Copt [kɑ́pt | kɔ́pt] 〘(1615) ← NL *Copt-us* ← Arab. *Qibṭ, Qubṭ* Copts ▭ Coptic *Kuptaios, Kuptios* ← Gk *Aigúptios* Egyptian〙 ── *n.* **1** コプト人《古代エジプト人の子孫であるエジプト人》. **2** コプト教徒《コプト教会 (Coptic Church) の信者》. 「ter.

cop·ter [kɑ́ptə | kɔ́ptə(r)] 〘《略》〙 *n.* 《米口語》＝helicop-

Cop·tic [kɑ́ptɪk | kɔ́p-] *adj.* **1** コプト人の. **2** コプト語の. **3** コプト教会の. ── *n.* コプト語《古代エジプト語から発達した言語であるが, 今では廃れてただコプト教会の典礼にしか用いられない》.

Cóptic Chúrch *n.* [the ～] コプト教会《アラビア人の支配を受けて以来 (639–640) 異端とされたキリスト単性論を奉じるエジプト人の国民教会》.

cò·públish *vt.* 共同出版する. **～·er** *n.*

cop·u·la [kɑ́pjulə | kɔ́p-] 〘(1650) ▭ L *cōpula* band, link ← co-[1]＋*apere* to fasten: COUPLE と二重語〙 ── *n.* (*pl.* **～s, -u·lae** [-lìː]) **1** 〚論理・文法〛繋(ｹｲ)合詞, 連辞, 繋辞《命題または文の subject と predicate とをつなぐ語; 一般的には be》. **2** 〚解剖〛接合部. **3** 〚音楽〛＝coupler 2. **4** 〚法律〛(主として夫婦間の)性交, 交接. **cop·u·lar** [kɑ́pjulə | kɔ́pjulə(r)] *adj.*

cop·u·late [〘(?*a*1425) ▭ L *cōpulāt-us* (p.p.) ← *cōpulāre* to fasten together, couple ← *cōpula* (↑): ⇨ -ate[2]〙 ── [kɑ́pjulèɪt | kɔ́p-] *vi.* **1** 交接する, 交尾する 〔*with*〕. **2** 〚生物〛〈配偶子が〉合体する. ── [-lət, -lɪt, -lèɪt] *adj.* 結合した (joined).

cop·u·la·tion [kɑ̀pjuléɪʃən] 〘(*c*1385) ▭ (O)F ～ ▭ L *copulātiō*(*n*-): ⇨ copulate, -ation〙 *n.* **1** 交接, 交尾. **2** 連結, 結合 (union). **3** 〚論理・文法〛連繫.

cop·u·la·tive [kɑ́pjulèɪtɪv, -lət- | kɔ́pjulət-, -lèɪt-] 〘(*a*1397) ▭ LL *copulātīv-us*: ⇨ copulate, -ative〙 ── *adj.* **1** 〚文法〛連繫(ﾚﾝｹｲ)的な (cf. disjunctive 2); 繫辞としての: ～ particles 連結詞 / a ～ conjunction 連結接続詞《and など》. **2** 〚解剖・動物〛交接の, 交尾の. ── *n.* 〚文法〛繫辞, 繫合詞; 繫辞的接続詞. **～·ly** *adv.* 「dvandva).

cópulative cómpound *n.* 〚文法〛連結合成語 (⇨

cópulative vérb *n.* 〚文法〛連繫(ﾚﾝｹｲ)的動詞, 繫(合)詞, 連結辞《be など》.

cop·u·la·to·ry [kɑ́pjulətɔ̀ːri, -tɔ̀ːri | kɔ́pjulət(ə)rɪ, -lèɪtərɪ] 〘← COPULATE＋-ORY[1]〙 ── *adj.* **1** 交接の, 交尾の: ～ organs 交接器. **2** 連結する, 繫辞(ｹｲｼﾞ)的な.

cop·y [kɑ́pi | kɔ́pɪ] 〘*n.*: (*a*1338) ▭ (O)F *copie* ▭ L *cōpia* plenty, (ML) transcript: cf. copious. ── *v.*: (*a*1376) *copie*(*n*) ▭ (O)F *copi-er* ▭ ML *copiāre* ← L *cōpia*〙 ── *n.* **1** 写し, 複写, 謄写, コピー: a clean ～ 清書 (cf. 3; fair copy) / a rough ～ 下書き, 草稿 / a ～ of a picture, document, letter, etc. / the acting ～ of a play 演劇の台本 / keep a ～ of …の写しを取っておく / make a ～ 複写する / take a ～ of …の控え[写し]を取る, 複写する. **2** (同一書籍・雑誌などの)部, 冊, 通, 複本 (cf. volume 2): five copies of that dictionary その辞書5冊 / a new ～ of the book その本の新本1冊. **3** [無冠詞; 単数形で] **a** (印刷)原稿 (manuscript): clean ～ (直しなどの少ない)きれいな原稿 (cf. 1) / follow ～ (活字を)原稿通りに組む / hold (one's) ～ 校正助手をする (cf. copyholder[2] 1) / The printers are waiting for more ～. 印刷工たちは次の原稿を待っている. **b** (原稿・新聞)種, 題材: The event makes good ～. その事件はいい記事[種]になる. **c** (広告の構図・絵などと区別して)コピー, 広告文(案). **4** 《英》コピー用紙《図面・筆記用紙の大きさ; 16×20 インチ; draft ともいう》. **5** 《英口語》(学校の)作文 (composition); 宿題, 課題: a ～ of verses 短い詩句《学生の作文練習課題》. **6** 《古》手本, 臨写用本 (model): paint [write] from a ～ 手本を見て描く[書く] / do one's ～ 手習いする. **7** 〚映画〛複写焼付け. **8** 〚法律〛**a** 謄本, 抄本 (cf. script 5). **b** 〚英法〛(copyhold に関する)荘園裁判所記録の謄本.

knock up copy 《英》(新聞などの)原稿を作る.

── *vt.* **1 a** 写す, 転写する (transcribe); 複写する, 謄写する 〈*out*〉: ～ a document / ～ one's composition fair 作文を清書する / ～ *out* a letter 手紙を写し取る. **b** 〈絵などを〉模写する, 複製する. **2** 手本とする, まねる, …にならう (imitate): ～ a person's good points, follies, etc. ── *vi.* **1 a** 複写する; (ノートなどに)写す, 転写する. **b** 模倣する: ～ from the original [model] 原作[手本]をまねる / ～ after bad precedents 悪い例にならう. **2** 写る: The document ～*s* well. その文書は写りがよい. **3** 《英学生語》(試験などで)人の答案を写す, カンニングする (crib).

cópy·bòard *n.* 〚印刷〛原図板《原図を製版用カメラの前面に取り付けるための板》.

cópy·bòok *n.* **1** (もと小学校で用いられた)書き方練習帳, 習字帳. **2** (手紙・文書などの)控え帳.

blot** one's **copybook 《口語》(経歴にしみをつけるような)失態[失敗]を演じる.

── *attrib. adj.* **1** お手本どおりの; 正確な (accurate). **2** 陳腐な, ありふれた (trite): ～ maxims [morality] (習字帳にあるような)陳腐で卑近な格言[教訓].

cópy·bòy *n.* (新聞社・印刷所などの)原稿係ボーイ.

cópy càmera *n.* 複写用カメラ《写真・地図・印刷物などの複写専用のカメラ》.

cópy·càt 《口語》*n.* まねる人, (特に)まねっ子. ── *vt., vi.* (やたらと)まねる.

cópy cùtter *n.* 〚新聞〛原稿仕分け係《原稿を長さに従って幾つかの部分に分け印刷(植字)部門に配分する人》.

cópy·dèsk *n.* 《米》(新聞・雑誌の)編集机.

cópy èditor *n.* **1** ＝copyreader. **2 a** 印刷所へ送る原稿を整理する編集者. **b** 編集机係り.

cópy·fìt *vt.* 〚印刷〛〈原稿〉の収行計算をする.

cópy·fìtting *n.* 〚印刷〛収行計算《印刷指定に従って原稿を組むとどのくらいのスペースをとるかを計算すること》.

cop·y·graph [kɑ́pigræ̀f | kɔ́pɪgrɑ̀ːf, -græ̀f] *n.* こんにゃく版複写器 (hectograph).

cópy·hòld 〘(1442)〙 ── *n.* 〚英法〛(cf. freehold) **1** 謄本保有権, 登録不動産保有権《荘園裁判所 (manorial court) の記録 (court roll) の謄本による土地物権;「領主の意志のままにかつその領地の慣習による」という農奴時代からの土地保有慣習に従って保有する権利; 1922 年廃止》. **2** 謄本保有権によって所有している不動産[土地]: hold an estate in ～ 謄本保有権によって土地を所有している. 「free bench).

cópy·hòld·er[1] 〘(1461)〙 *n.* 〚英法〛謄本保有権者 (cf.

cópy·hòlder[2] *n.* **1** (読合せ校正の)校正助手, (読合せ校正の助手としての)音読者[黙読者] (cf. hold one's COPY). **2** (タイプライターの)原稿台; (植字工・タイピストの使う)原稿板.

cópying ìnk *n.* (コピープレスで使う)コピーインク.

cópying rìbbon *n.* 複写用(タイプライター)リボン.

cóp·y·ist [-pɪɪst, -piəst | -pɪɪst] 〘(1699)《変形》← 《廃》*copist* ▭ (O)F *copiste* ← *copier* 'to COPY': ⇨ -ist〙 ── *n.* **1** 謄写係, 写字生, 筆耕 (copier). **2** まねる人, 模倣者 (imitator). 「＝copy cutter.

cópy·màn [-mæ̀n] *n.* (*pl.* **-men** [-mèn]) 《米》〚新聞〛

cópy nùmber *n.* **1** 限定番号, (限定本の)部数番号. **2** 〚図書館〛複本番号《同一本が2部以上ある時に付す記号》.

cópy·rèad [-rìːd] *vt.* 〈原稿を〉整理する.

cópy·rèader *n.* (新聞社・出版社などの)整理編集デスク, 編集担当記者.

cop·y·right [kɑ́piràɪt | kɔ́pɪ-] 〘(1767)〙 ── *n.* 版権, 著作権: ～ in registered designs 意匠権 / out of ～ 版権[著作権]切れの, 著作権期限の切れた / hold [own] the ～ on a book 書物の著作権[版権]をもっている / secure the ～ on a book 書物の版権を獲得する / *Copyright* reserved 版権所有《本の標題紙裏などに印刷する文句》. ── *adj.* 著作権のある, 版権所有の: His works are still ～. 彼の著作にはまだ版権が生きている. ── *vt.* …の版権を取得する: ～ a book 本の版権を取る / *Copyrighted* 版権[著作権]所有《本の標題紙の裏などに印刷する》. 「を取り得る.

cop·y·right·a·ble [kɑ́piràɪṭəbḷ | kɔ́pɪraɪt-] *adj.* 版権

cópy·rìght·er [-ṭə | -tə(r)] *n.* 版権所有者.

cópyright lìbrary *n.* 《英》納本図書館.

cópy-tàster *n.* (新聞社・出版社の)原稿審査[閲読]係.

cópy·tỳpist *n.* (印刷用に)原稿をタイプする人[係].

cópy·wrìter *n.* 広告文案作者, コピーライター.

coq [kɑ́k | kɔ́k; *F.* kɔk] 〘▭ F ～: cf. cock[1]〙 *n.* **1** 雄鶏. **2** (婦人帽に付ける)雄鶏の羽飾り.

coq au vin [kɑ́kouvǽ(ŋ), -vǽŋ | kɔ́kəu-; *F.* kɔkovɛ̃] 〘▭ F ～ 'cock in wine'〙 ── *n.* コック オーヴァン, 鶏肉のワイン煮《鶏肉をベーコン・玉ねぎ・にんにく・きのことともに赤ワインで煮込んだ料理》.

coque [kɑ́k | kɔ́k; *F.* kɔk] *n.* ＝coq.

coque·li·cot [kɑ́klɪkòu, kóuk-, -lə- | kɔ́klɪkə̀u, kə́uk-] 〘(1795) ▭ F ～ 'field poppy', 《原義》cock (花の色をとさかの色に見立てたもの): 擬音語〙 ── *n.* 〚植物〛ヒナゲシ (corn poppy).

Co·que·lin [kouklɛ̃́(ŋ), -klǽŋ | kəu-; *F.* kɔklɛ̃], **Be·noît Con·stant** [bənwa kɔ̃stɑ̃] *n.* コクラン《1841–1909; フランスの俳優; E. Rostand の *Cyrano de Bergerac* の初演で有名》.

co·quet [koukét | kə-, kə(ʊ)-] 〘*n.*: (1696) ▭ F ～. ── *v.*: (1701) ▭ F *coqueter* 《原義》to behave like a cock (before hens) ← *coquet* (dim.) ← *coq* 'COCK[1]'〙 ── *vi.* (**co·quet·ted; -quet·ting**) **1** 〈女が〉〔男に対して〕媚(ｺﾋﾞ)を見せる, じゃらつく, いちゃつく, 思わせ振りをする (flirt) 〔*with*〕. **2** (本気でなく)面白半分に手を出す, ちょっとかじってみる, もてあそぶ, いじる (dally) 〔*with*〕: ～ *with* politics [socialism] 政治にちょっと手を出す[社会主義をかじってみる]. ── *adj.* ＝coquettish. ── *n.* **1** ＝coquette. **2** 《廃》女にじゃらつく男.

co·quet·ry [kóukɪtri, -kət-, ko(ʊ)két- | kɔ́kɪtrɪ, kə́uk-, -kət-] 〘(1656) ▭ F *coquetterie*: ⇨↑, -ery〙 ── *n.* **1** (女の)媚(ｺﾋﾞ)を見せる行為, 媚態(ﾋﾞﾀｲ); しなつくり, 思わせ振り, いちゃつき (flirtation); なまめかしさ, あだっぽさ. **2** 面白半分に手を出すこと.

co·quette [ko(ʊ)két | kɔ-, kə(ʊ)-] 〘(1611) ▭ F ～ (fem.) ← *coquet*: ⇨ coquet〙 ── *n.* **1** あだっぽい女, 浮気女 (flirt) (cf. prude). **2** 〚鳥類〛ホオカザリハチドリ (*Lophornis ornata*)《冠毛のあるハチドリ (hummingbird) の一種》.

co·quét·tish [-tɪʃ | -tɪʃ] 〘⇨↑, -ish[1]〙 *adj.* 男にべたつく, じゃらじゃらする; あだっぽい, なまめかしい. **～·ly** *adv.* **～·ness** *n.*

co·quí·lla nùt [kəkíːljə, ko(ʊ)kíː(l)jə- | kəkílə-, kə(ʊ)kíː(l)jə-] 〘*coquilla*: ▭ Sp. *coquillo* // Port. *coquilho* (dim.) ← *côco* coconut, shell: ⇨ coco〙 ── *n.* 〚植物〛コキラーナット《ブラジル産のブラジルゾウゲヤシ (*Attalea funifera*) の実; その堅い胚乳は象牙代用品としてボタンなどを作る; cf. ivory nut》.

co·quille [ko(ʊ)kíːl, kə-, -kíːɫ | kə(ʊ)kíɫ, -kíːɫ; *F.* kɔkij] 〘▭ F ～ 'shell': ⇨ cockle[2]〙 ── *n.* **1** コキール, コキーユ《鶏肉や魚貝類のクリーム煮を貝殻または貝殻型の容器に盛って表面を焼いた貝焼き料理》: chicken ～. **2** (コキール用の)貝, 貝型の皿.

co·qui·na [ko(ʊ)kíːnə, kə- | kə(ʊ)-] 〘▭ Sp. ～ 'shellfish'〙 ── *n.* **1** 〚貝類〛米国東岸産のフジノハナガイ科 *Donax* 属の海産のナミノコガイの一種 (*D. variabilis*)《スープやチャウダー (chowder) にする; coquina clam ともいう》. **2** 〚岩石〛貝殻石灰岩《米国南部産の貝殻やサンゴの破片から成る石灰岩の一種; 建築用材》.

co·qui·to [ko(ʊ)kíːṭou, kə- | kə(ʊ)kíːtəu] 〘▭ Sp. ～ (dim.) ← *coco* coco palm: ⇨ coco〙 ── *n.* (*pl.* **～s**) 〚植物〛チリヤシ (*Jubaea spectabilis*)《チリ産のヤシの一種; 葉は羽状; 果実は食用となり樹液でシロップ (palm honey) を作る; coquito palm ともいう》.

cor [kɔ́ə | kɔ́ː(r)] 〘《転訛》← GOD〙 *int.* 《英卑》うわっ, おや, あら《驚きを表わす》.

cor. 《略》corner; cornet; coroner; coronet; corpus; corrected; correction; correlative; correspondence; correspondent; corresponding; corrigendum; corrugated; corrupt; corruption. 「ner; Corsica.

Cor. 《略》Corinthians (新約聖書の)コリント書; Coro-

cor- [kər, kɔ(ː)r, kɑr | kər, kɔr] *pref.* (r の前に来る時の) com- の異形: correct, correlation, correspondent.

Co·ra [kɔ́ːrə, kóːrə | kɔ́ːrə] 〘▭ L ～ ▭ Gk *Kórē* maiden〙 *n.* 女性名《愛称形 Corinna》. ★ 米国に多い.

Co·ra·ci·ae [kɔːréɪsiìː, koːr-, kər- | kɔːr-] 〘← NL ～ (pl.) ← *Coracias* (属名) ← Gk *korakías* chough〙 *n. pl.* 〚鳥類〛＝Coracii.

Co·ra·ci·i [kɔːréɪsiàɪ, koːr-, kər- | kɔːréɪsɪ-] 〘← NL ～ (pl.) ← *Coracius* ＝ *Coracias* (↑)〙 *n. pl.* 〚鳥類〛ブッポウソウ目.

Cor·a·ci·i·dae [kɔ̀ːrəsáɪədìː, kòːr- | kɔ̀ːrəsáɪɪ-] 〘← NL ～ ← *Coracias* (↑)＋-IDAE〙 *n. pl.* 〚鳥類〛ブッポウソウ科.

co·rac·i·i·form [kərǽsiəfɔ̀əm, -réɪs- | -sɪəfɔ̀ːm] 〘← NL ～: ⇨ Coracii, -form〙 *adj.* 〚鳥類〛ブッポウソウ目の.

cor·a·cle [kɔ́(ː)rəkḷ, kɑ́r- | kɔ́r-] 〘(1547) ▭ Welsh *corwgl, cwrwgl* (dim.) ← *corwg* ＝ Ir. *curach* 'CURRACH'〙 ── *n.* コラクル舟《柳の枝を編んだものに獣皮または油布を張った長円形の一人乗りの小舟; アイルランドやウェールズ地方の川や湖で用いられる》.

coracles

cor·a·coid [kɔ́(ː)rəkɔ̀ɪd, kɑ́r- | kɔ́r-] 〘(1741) ▭ Gk *korakoeid-ēs* raven-like ← *kórax* crow: ⇨ -oid〙 〚解剖・動物〛 ── *adj.* 烏口(ｳｺｳ)状の, 鳥喙(ﾁｮｳｶｲ)状の, 烏喙(ｳｶｲ)状の: the ～ bone 烏喙[鳥喙]骨. ── *n.* (肩甲骨の)烏口突起.

córacoid prócess *n.* 〚解剖・動物〛烏口(ｳｺｳ)[鳥喙(ﾁｮｳｶｲ), 烏喙(ｳｶｲ)]突起.

cor·al [kɔ́(ː)rəl, kɑ́r- | kɔ́r-] 〖(*a*1300) ▭ OF ～ (F *corail*) < L *corallum, coralium* ▭ Gk *ko(u)rállion* coral ▭ ? Heb. *gōrāl* lot, pebble (for casting lots)〗 ― *n.* **1 a** サンゴ(珊瑚)《サンゴチュウの群体の中軸骨格》. **b** 〖動物〗サンゴチュウ《腔腸動物門イシサンゴ目のサンゴの総称; アカサンゴ (red coral), シロサンゴ (white coral) など》. **2** サンゴの一片《装飾品として珍重される》; サンゴ細工. **3** エビの未受精の卵《煮るとさんご色になる》. **4** さんご色《黄色がかった赤色》. ― *adj.* **1** サンゴの, サンゴ製の: ～ ornaments サンゴ飾り / ～ beads サンゴ珠(だま). **2** サンゴのような, さんご色の, 黄赤色の.

Cor·al [kɔ́(ː)rəl, kɑ́r- | kɔ́r-] 〖↑〗 *n.* 女性名.

córal·bèlls *n.* (*pl.* ～) 〖植物〗ツボサンゴ (*Heuchera sanguinea*)《米国西部産ユキノシタ科の多年草; さんご色の小さな花が咲く》.

córal·bèrry *n.* 〖植物〗北米原産スイカズラ科の白い花と紅色または紫桃色の実をつける低木 (*Symphoricarpos orbiculatus*)《Indian currant ともいう》.

córal blòw *n.* 〖植物〗ハナチョウジ (⇨coral plant 2).

cor·al·ene [kɔ́(ː)rəlìːn, kɑ́r- | kɔ́r-] 〖← CORAL＋-ENE〗 ― *n.* 〖ガラス製造〗 **1** ガラス器の上に付けたガラスビーズのもり上った装飾. **2** ガラスビーズの玉ぶち模様のあるガラス器.

córal evergréen *n.* 〖植物〗ヒカゲノカズラ (*Lycopodium clavatum*)《running pine ともいう; cf. ground pine 2》.

córal fìsh *n.* 〖魚類〗珊瑚(さんご)礁の間に生息するチョウチョウウオ科, テンジクダイ科, スズメダイ科などの魚類の総称.

Co·ra·lie [kɔ́ːrəlìː, kɔ́ːr-, ⏑‿⏑ | kɔ́ːrəlìː, ⏑‿⏑] 〖← CORAL＋-IE〗 *n.* 女性名.

córal ísland *n.* 珊瑚(さんご)島《珊瑚礁 (coral reef) が水面上に出て島となっているもの》.

córal jásmine *n.* 〖植物〗ベニチョウジ (*Cestrum purpureum*)《メキシコ原産ナス科ヤコウボク(夜香木)属の低木; 花は紅紫色で赤い実をつける》.

cor·all- [kɔ́(ː)rəl, kɑ́r- | kɔ́r-] (母音の前に来る時の) corallo- の異形. 「(⇨ -i-).

cor·al·li- [kɔ́(ː)rəlɪ, kɑ́r-, -lə | kɔ́rəlɪ] corallo- の異形

cor·al·lif·er·ous [kɔ̀(ː)rəlíf(ə)rəs, kɑ̀r- | kɔ̀r-] 〖← CORALLO-＋-FEROUS〗 *adj.* サンゴ (coral) を生じる[含む].

cor·al·li·form [kərǽləfɔ̀əm | -lɪfɔ̀ːm] 〖← CORALLO-＋-FORM〗 *adj.* サンゴ状の.

córal lìly *n.* 〖植物〗イトハユリ (*Lilium pumilum*)《アジア原産の深紅色の花が咲くユリの一種》.

cor·al·lin [kɔ́(ː)rəlɪn, kɑ́r-, -lən | kɔ́rəlɪn] *n.* 〖化学〗＝coralline 3.

Cor·al·li·na·ce·ae [kɔ̀(ː)rələnéɪsiìː, kɑ̀r- | kɔ̀rəlɪ-] 〖← NL ～ ← *Corallina* (属名: (fem.) ← LL *corallinus* ← L *corallium* 'CORAL')＋-ACEAE〗 ― *n. pl.* 〖植物〗サンゴモ科. **còr·al·li·ná·ceous** [-ʃəs] *adj.*

cor·al·line [kɔ́(ː)rəlàɪn, kɑ́r-, -lɪn, -lən | kɔ́rəlàɪn] 〖adj.: (*a*1633) ▭ L *corallin-us*: ⇨ corallo-, -ine¹. ― n.: (1543) ← NL *corallina* ← L *corallum* 'CORAL': ⇨ -ine²〗 ― *adj.* **1** サンゴ性の, サンゴ質の. **2 a** サンゴ状の. **b** さんご色の, 黄赤色の. ― *n.* **1** 〖植物〗サンゴモ《サンゴモ科の海藻の総称》. **2** 〖動物〗サンゴに似た動物《枝分かれしたある種のヒドロムシやコケムシなど》. **3** 〖化学〗コラリン: **a** 塩基性で赤色, 油溶性染料 ($C_{19}H_{14}O_3$). **b** 写真用感光色素《数種の色素の混合物》.

cor·al·lite [kɔ́(ː)rəlàɪt, kɑ́r- | kɔ́r-] 〖CORAL＋-ITE¹〗 *n.* **1** 化石さんご. **2** 〖動物〗サンゴチュウ(1 個のポリプ)の骨格.

cor·al·lo- [kɔ́(ː)rəlo(ʊ), kɑ́r- | kɔ́rələ(ʊ)] 〖← NL ～ ← L *corallium* 'CORAL'〗 ―「サンゴ (coral)」の意の連結形. ★ 時に coralli-, また母音の前では通例 corall- になる.

cor·al·loid [kɔ́(ː)rəlɔ̀ɪd, kɑ́r- | kɔ́r-] 〖⇨ ↑, -oid〗 *adj.* サンゴ状の; サンゴ状に枝が分かれた.

cor·al·loi·dal [kɔ̀(ː)rəlɔ́ɪdḷ, kɑ̀r- | kɔ̀r-] *adj.* ＝coralloid.

córal-pèa *n.* 〖植物〗＝running postman.

córal pínk *n.* コーラルピンク《黄色がかったピンク色; cf. pink coral》.

córal plànt *n.* 〖植物〗 **1** ヤトローファ (*Jatropha multifida*)《東インド諸島原産トウダイグサ科の深紅色の花が咲く高木》. **2** ハナチョウジ (*Russelia equisetiformis*)《メキシコ原産ゴマノハグサ科の低木; 葉が無く深紅色の花をつける; coral blow ともいう》.

córal ràg *n.* 〖岩石〗珊瑚(さんご)礁からできた石灰岩.

córal réd *n.* さんご紅色《赤の強い黄赤色》.

córal rèef *n.* 珊瑚(さんご)礁.

córal·ròot *n.* 〖植物〗サンゴネラン《ラン科サンゴネラン属 (*Corallorhiza*) の無葉の腐生植物の総称》.

Córal Séa *n.* [the ～] 珊瑚(さんご)海《南太平洋の一部; オーストラリア北東部, New Guinea, Solomon 諸島, New Hebrides 諸島に囲まれた海》.

córal snàke *n.* 〖動物〗 **1** サンゴヘビ《コブラ科サンゴヘビ属 (*Micrurus*) の猛毒をもったヘビの総称; サンゴヘビ (harlequin snake), アメリカサンゴヘビ (*M. euryxanthus*) など》. **2** サンゴヘビに似た毒性のないヘビ.

córal sùmac *n.* 〖植物〗＝poisonwood.

córal trèe *n.* 〖植物〗デイコ (*Erythrina indica*)《熱帯アジア・北オーストラリア産のマメ科の植物; 赤い花をつける観賞用庭木・街路樹》.

córal·vìne *n.* 〖植物〗アサヒカズラ, ニトベカズラ (*Antigonon leptopus*)《メキシコ産のタデ科つる植物で, 葉は矢じり形か心臓形, 花はピンクまたは白; 根茎を原住民が食用とする》.

córal wédding *n.* 珊瑚(さんご)婚式《結婚 35 周年の記念式[日]; ⇨ wedding 4》.

córal·wòod *n.* 〖植物〗＝red sandalwood 2.

Co·ra·lye [kɔ́ːrəlìː, kóːr-, ⏑‿⏑ | kɔ́ːrəlìː, ⏑‿⏑] 〖《異形》← CORALIE〗 *n.* 女性名.

co·ram [kɔ́ːræm, kóːr-, -rəm | kɔ́ːr-] 〖▭ L *cōram* in the presence of〗 *L. prep.* …の面前に.

córam jú·di·ce [-dʒúːdəsìː, -júːdɪkèɪ, -də- | -dʒúːdɪsìː] 〖▭ L *cōram jūdice* before a judge〗 *L. adv.* 〖法律〗裁判官の前に, 裁判所の管轄権の内に.

córam nó·bis [-nóʊbɪs, -bəs | nə́ʊbɪs] 〖▭ L *cōram nōbis* before us (＝the sovereign)〗 ― *L. n.* 〖法律〗自己誤審命令状《同一裁判所が事実上の誤審を理由に, 自己の判決を訂正するために用いた》.

córam non júdice [-nɑn-dʒúːdəsìː, -júːdɪkèɪ, -də- | -nɔ́n-dʒúːdɪsìː] 〖▭ L *cōram non jūdice* before one not the proper judge〗 ― *L. adv.* 〖法律〗管轄権のない裁判官の前で.

cor an·glais [kɔ́ːrɑ̃ː(ŋ)gléɪ, -rɔ̃ː(ŋ)-, -rɑːŋ-, -rɔ(ː)ŋ-; *F.* kɔrɑ̃glɛ] 〖▭ F ～ 'English horn'〗 ― *n.* **1** コーラングレ (⇨ English horn). **2** (パイプオルガンの)コーラングレ音栓.

cor·an·to [kərǽntoʊ, ko(ʊ)-, -rɑ́ːn- | kərǽntəʊ, kə-] 〖▭ It. ～ ▭ F *courante*〗 ― *n.* (*pl.* **～s, ～es**) ＝courante.

cor·ban [kɔ́əbæn | kɔ́ː-] 〖(*a*1325) ▭ ML ～ ▭ Gk *korbân* ▭ Heb. *qorbān* an offering (to God), 《原義》something brought near ← *qārábh* to come near〗 ― *n.* 〖聖書〗コルバン, 神への供物《古代ユダヤ人が祈願成就の礼として神に供えたもの; cf. *Mark* 7:11》.

cor·beil [kɔ́əbəl, kɔəbéɪ | kɔ́ːbəl, kɔːbéɪ] 〖▭ F *corbeille* ← LL *corbiculam* (dim.) ← *corbis* basket〗 ― *n.* (*also* **corbeille** [～; *F.* kɔrbɛj]) 〖建築〗花かご飾り《コリント式柱頭や caryatid 頂部に果物などを盛ったかごを彫刻したもの》.

corbeil

cor·bel [kɔ́əbəl | kɔ́ː-] 〖(1360) ▭ OF ～ (F *corbeau*) < LL *corvellum* (dim.) ← L *corvus* raven: ⇨ corvus〗 ― *n.* 〖建築〗 **1** コーベル, 持送り(積み)《壁の途中で根太(ねだ)などを受けるために壁面から突き出した石またはれんがの持出し(積み)》. **2** (けた・はりの)受け材. ― *v.* (**cor·beled, -belled; -bel·ing, -bel·ling**) ― *vt.* **1** …に持送りをつける, 持出しの構えにする 〈*out, off*〉. **2** 受け材で受ける. ― *vi.* (持出しで)張り出る 〈*out, off*〉.

corbel 1

cór·bel·ing [-lɪŋ] *n.* 〖建築〗 **1** 持送り構造《次々と上に行くに従って突き出る構造》. **2** 持送りの使用(法).

córbel táble *n.* 〖建築〗送り台, 持送り棚(だな)《胴蛇腹など, 持送りで壁面から突出したれんがや石積の層》.

cor·bic·u·la [kɔəbíkjʊlə | kɔː-] 〖← NL ～ (dim.) ← *corbis* basket〗 ― *n.* (*pl.* **-u·lae** [-lìː, -làɪ]) 〖昆虫〗集粉器, 花粉槽《ミツバチ類の後肢節にある; pollen basket ともいう》. **cor·bic·u·late** [kɔəbíkjʊlət, -lɪt, -lèɪt | kɔː-] *adj.*

cor·bie [kɔ́əbi | kɔ́ːbɪ] 〖(?*a*1200) *corbin* ▭ OF (dim.) ← *corb* < L *corvum* raven: cf. corbel〗 *n.* 《スコット》〖鳥類〗 **1** ＝raven¹ 1. **2** ＝carrion crow 1.

córbie gáble 〖cf. corbiestep〗 *n.* 〖建築〗いらか段 (corbiesteps) を付けた破風(はふ).

córbie méssenger *n.* 《スコット》帰りがおそくて間に合わない[行ったきりで戻って来ない]使い,「鉄砲だま」(cf. *Gen.* 8:7).

córbie·stèp *n.* 〖建築〗(破風(はふ)の両側に付けた)いらか段 (crowstep).

cor·bi·na [kɔəbíːnə | kɔː-] 〖▭ Mex.-Sp. *corvina* (fem.) ← Sp. *corvino* < L *corvinum* CORVINE: その色にちなむ〗 ― *n.* 〖魚類〗北米西岸産ニベ科の小魚 (*Menticirrhus undulatus*)《釣の対象・食用》.

Cor·bu·li·dae [kɔəbjúːlədiː | kɔːbjúːlɪ-] 〖← NL ～ ← L *corbula* ((dim.) ← *corbis* basket)＋-IDAE〗 *n. pl.* 〖貝類〗シコロクチベニガイ科.

Corbusier, Le *n.* ⇨ Le Corbusier.

Cor·cy·ra [kɔəsáɪrə | kɔːsáɪərə] 〖▭ L *Corcȳra* ▭ Gk *Kórkura*〗 *n.* コルキラ(島)《Corfu の古名》.

cord [kɔ́əd | kɔ́ːd] 〖(?*a*1300) *corde* ▭ (O)F < L *chordam* chord, string ▭ Gk *khordḗ* catgut: CHORD² と二重語〗 ― *n.* **1 a** (糸を何本かより合わせた)太いひも, 細なわ《string より太く rope より細いもの》: ⇨ silver cord. **b** (電気の)コード, ひも線: a ～ adjuster 自在吊(つ)り. **c** 絞首刑用の綱. **2** [しばしば *pl.*] 絆(きずな), 束縛: the ～*s* of love 愛の絆 / the ～*s* of discipline 規律の拘束. **3** 〖昔纏(まと)めるのになわを用いたことから〗コード《体積単位; 長さ 8 ft. の木材(主に薪炭材)の層積の単位; cf. corded 3, cordwood 1》. **4 a** (うね織の)うね; うね織布; (特に)コール天 (corduroy). **b** [*pl.*] コール天ズボン. **5** 〖解剖〗索状構造[組織], 索, 靭帯(じんたい): ⇨ umbilical cord, spinal cord, vocal cords. ― *vt.* **1 a** ひもでくくる, …に細引を掛ける (cf. corded): ～ (up) a box 箱にひもをかける, 箱をひもでくくる. **b** ひもで飾る, …にひもをつける. **2** 〈木材を〉棚積みする (cf. *n.* 3). **～·er** *n.*

cord·age [kɔ́ədɪdʒ | kɔ́ːd-] 〖(1490) ▭ (O)F ～: ⇨ ↑, -age〗 ― *n.* **1** [集合的] **a** なわ類(ropes), 索条(cords). **b** 〖海事〗索類《各種索具の総称, 特に帆や帆柱についているもの》. **2** (材木を計る)層積 (cf. cord *n.* 3).

cor·date [kɔ́ədət, -dɪt, -deɪt | kɔ́ː-] 〖← NL *cordāt-us* ← L *cord-, cor* 'HEART': ⇨ -ate²〗 *adj.* **1** ハート形の. **2** 〖植物〗〈葉が〉心臓形の. **～·ly** *adv.*

Cor·day d'Ar·mont [kɔədéɪ-dɑəmɔ́ː(ŋ), -mɔ́(ː)ŋ, kɔ́ədeɪ- | kɔːdéɪ-dɑː-, kɔ́ːdeɪ-; *F.* kɔrdedarmɔ̃], (**Marie Anne**) **Charlotte** *n.* コルデ ダルモン (1768–93; フランス革命当時のジロンド党 (the Gironde) の支持者; Marat を暗殺ののち処刑された).

córd·ed 〖(*a*1382)〗 ― *adj.* **1 a** ひもを掛けた; なわで縛った[作った]: a ～ ladder なわばしご. **b** 〈服などが〉ひも飾りの付いた. **2** 〈筋肉・血管などが〉ぴんと張ったひも状の, すじ張った. **3** 〈材木が〉棚積みされた (cf. cord *n.* 3). **4** うね織の: ～ cloth うね織地 / ～ velveteen コール天, うね織ビロード. **5** 〖紋章〗 **a** 弓に弦を張った. **b** 〈弓が〉弦が弓の色と異なる.

Cor·de·lia [kɔədíːljə, -liə | kɔːdíːljə, -lɪə] 〖▭ ? Celt. *Creiryddlydd* 《原義》daughter of the sea〗 ― *n.* **1** 女性名. **2** コーデリア《Shakespeare 作 *King Lear* 中の人物; 王の末娘で孝子であったが, 姉たちのため父から遠ざけられた; cf. Goneril, Regan》.

Cor·de·lier [kɔ̀ədəlíə, -dḷ- | kɔ̀ːdɪlíə(r)] 〖(?*a*1400) ▭ (O)F ～ ← *cordelle* ((dim.) ← *corde* 'CORD, rope')＋-IER²: この修道士が結び目のあるなわを腰帯とすることから〗 ― *n.* **1** コルドリエ修道士, フランシスコ会員 (Franciscan friar). **2** 〖Paris のフランシスコ派修道院で会合したことにちなむ〗コルドリエクラブの会員《フランス革命の際の一政治結社の会員》.

cor·delle [kɔədél, kɔ́ədel, -dḷ | kɔːdél, kɔ́ːdel, -dḷ] 〖▭ F ～ (↑)〗 *n.* 《米》(もと Mississippi 川などで用いた)船の引き綱. ― *vt.* 引き綱で〈船を〉引く.

córd fòot *n.* 高さ 4 フィート, 幅 4 フィート, 長さ 1 フィート[16 立方フィート]に束ねたまき.

córd·gràss *n.* 〖植物〗アジアを除く北半球の湿地や水中に広く分布するイネ科 *Spartina* 属の植物の総称《marsh grass ともいう》.

cor·dial [kɔ́ədʒəl | kɔ́ːdjəl, -dɪəl] 〖(adj.: *a*1400; n.: *c*1387–95) ▭ ML *cordiāl-is* ← L *cord-, cor* 'HEART': ⇨ -ial〗 ― *adj.* **1** 心からの, 真心こめた (hearty); 誠心誠意の (sincere), 暖かい (warm): a ～ welcome 暖かい歓迎 / a ～ handshake 真心のこもった握手. **2** 強心性の; 元気づける: a ～ drink 強壮飲料 / a ～ medicine 強心剤, 強壮剤. **3** 《廃》心臓の[に関する]. ― *n.* **1 a** 元気づけるもの. **b** 強壮剤, 強心剤. **2** コーディアル《蒸留酒に果実の香味と甘味とを加えた酒; リキュールと同義に用いる》. **～·ness** *n.*

cor·di·al·i·ty [kɔ̀ədʒiǽləti, kɔədʒǽl- | kɔ̀ːdiǽlətɪ, -lɪ-] 〖(1611): ⇨ ↑, -ity〗 ― *n.* **1** 心からの気持, 誠心誠意(の現われ); 誠実, 懇篤の情, 暖かい友情 (sincerity): love [hate] with great ～ 心の底から(激しく)愛する[きらう] / the ～ between friends / one's ～ toward others. **2** 誠心誠意の言動; 真心こめた挨拶.

cór·dial·ly [-dʒəli | -djəlɪ, -dɪə-] 〖(1479)〗 ― *adv.* **1** 心から, 真心こめて (heartily); 強く (emphatically): They ～ disliked each other. 互いに相手を心底嫌っていた. **2** 誠意をもって; 懇篤に, 温情をもって: *Cordially* yours＝Yours ～ 敬具《手紙の結辞; cf. yours 3》.

cordia pulmonalia *n.* cor pulmonale の複数形.

cor·di·er·ite [kɔ́ədiəràɪt | kɔ́ːdɪə-] 〖← *P. L. A. Cordier* (1777–1861: フランスの地質学者): ⇨ -ite¹〗 ― *n.* 〖鉱物〗菫(きん)青石《アルミニウム・鉄・マグネシウムから成る珪酸塩鉱物; 斜方晶系; dichroite, iolite ともいう; cf. indialite》.

cor·di·form [kɔ́ədəfɔ̀əm | kɔ́ːdɪfɔ̀ːm] 〖← L *cordi-, cor* 'HEART'＋-FORM〗 *adj.* 心臓形の (heart-shaped).

cor·dil·le·ra [kɔ̀ədəl(j)ɛ́(ə)rə, -dḷ-, kɔədílərə | kɔ̀ːdɪl(j)ɛ́ərə; *Sp.* kɔ̀rðijéra] 〖(1704) ▭ Sp. ～ 'mountain chain' ← L *chorda* 'CORD'〗 ― *n.* **1** (大陸を走る)大山脈, 山系. **2** [the Cordilleras] コルディレラ山脈: **a** 南米西部の大山系《Andes 山脈》. **b** 北米西部の大山系《Sierra Nevada, Coast Range, Cascade Range, Rocky Mountains などを含む》. **c** 米大陸太平洋岸の全山系《Cape Horn から Alaska 半島にわたる》.

cor·dil·le·ran [kɔ̀ədəl(j)ɛ́(ə)rən, -dḷ-, kɔədílərən | kɔ̀ːdɪl(j)ɛ́ər-] *adj.* **1** 山系の. **2** [C-] コルディレラ山脈の.

córd·ing *n.* **1** ひもで飾ること; 飾りひも. **2** [集合的に] 綱索(こうさく) (cordage). **3** うね織.

cord·ite [kɔ́ədaɪt | kɔ́ː-] 〖(1889) ← CORD＋-ITE¹: その形の類似から〗 *n.* 〖化学〗コルダイト爆薬《ひも状に成形したニトログリセリン (nitroglycerin) とニトロセルロース (nitrocellulose) を基剤とする無煙火薬》.

córd·less *adj.* **1** ひも[なわ]のない. **2** (電気の)コードの必要がない; 電池で作動する: a ～ shaver.

cor·do·ba [kɔ́ədəbə, -və, -bɑː | kɔ́ːdəbə; *Sp.* kórðoβa] 〖▭ Sp. *córdoba* ← *Francisco F. de Córdoba* (1475–1526: スペインの探検家)〗 ― *n.* **1** コルドバ《ニカラグアの通貨単位; ＝100 centavos; 記号 C$》. **2** 1 コルドバ銀貨《1915 年に米ドルと同一サイズ, 等価で発行》.

Cór·do·ba [kɔ́ːdəbə, -və, -bɑː, -vɑː | kɔ́ːdəbə; *Sp.* kórðoβa] *n.* コルドバ (cf. Cordovan): **1** スペインの南部 Guadalquivir 河畔の都市; 昔ムーア人治下の同

国の首都; 有名な大寺院がある; 人口 161,000. **2** アルゼンチン中部の都市; 人口 782,000.

cor·don [kɔ́ədṇ, -dən | kɔ́:dṇ, -dən] 〖(1598) ▭ F ～ ← *corde* 'CORD'〗 ── *n.* **1 a** 飾りひも, ひも飾り. **b** (肩からわきの下へ掛ける)綬章(じゅ): the blue ～ 青綬章 / ⇨ cordon bleu / the grand ～ 大綬章. **c** (フランシスコ会修道士の)なわ帯. **2** [(米) -dṇ] **a** (軍隊の)哨兵線; 非常[警戒]線: a ～ of police (警官が立って作る)非常線 / a sanitary ～ 防疫線 / post [place, draw, throw] a ～ 非常線を張る / escape through the ～ 非常線を突破する. **b** (伝染病発生地の)交通遮断線, 防疫線 (cordon sanitaire ともいう). **3** 〚築城〛壁頂冠石 (城砦の内壁 (escarp) の頂上のふち石). **4** 〚建築〛=stringcourse. **5** 〚園芸〛コルドン[単幹]仕立て (果樹の幹または枝を一, 二本に限って縦, 水平または斜め方向に仕立てる法; 壁面または針金のわく組に仕立てる); コルドン仕立ての樹 (cf. espalier 1). ── *vt.* **1** 飾りひもで飾る. **2** 〈場所〉に非常線をはる 〈*off*〉: ～ *off* the area.

cor·don bleu [kɔ̀ədɔ̃:(m)blə́:, -dɔ(:)m- | kɔ́:- ; *F.* kɔrdɔ̃blø] 〖▭ F ～ 〈原義〉 blue cordon〗 ── *F. n.* (*pl.* ～s, **cor·dons bleus** [～]) **1** (昔フランスの Bourbon 王朝の最高勲位章であった)青綬章(じゅ); 青綬章[最高勲位]所有者 (cf. blue CORDON). **2** [(米) kɔ́ədṇblú:, -dən-] **a** 名門の人; (その道の)最高級の人. **b** 〖Louis 十五世の愛人 Madame du Barry の料理人が, ある時王をもてなした料理がすばらしかったので, 王がその女料理人に青綬章を授けたことにちなむ〗一流の料理人. ── *adj.* **1 a** 一流の料理人の[に関する]. **b** 〈料理が〉一流の料理人が作った. **2** ハムとスイスチーズを詰めた: veal ～.

cor·don·net [kɔ̀ədənét, -nét, -dṇ- | kɔ̀:- ; *F.* kɔrdɔnɛ] 〖▭ F ～ 'twisted silk' (dim.) ← *cordon* 'CORDON': ⇨ -et〗 ── *F. n.* 〚服飾〛コードネット (細いコードないしは太糸で, 房, フリンジ, レースの模様のふちどり, 刺繍に使う).

cor·don sa·ni·taire [kɔədɔ̃:(n)sæ̀nətέə, -dɔ́(:)n- | kɔ:dɔ̃:(n)-sæ̀nɪtέə(r, -dɔ́(:)n- ; *F.* kɔrdɔ̃sanitɛ:r] 〖▭ F ～ 'sanitary cordon'〗 ── *F. n.* (*pl.* ～s, **cor·dons sa·ni·taires** [～]) **1** =cordon 2 b. **2** (軍事的・イデオロギー的侵略を意図するある国に対して地理的障壁となってくれる隣接の)緩衝地帯国家群.

Cor·do·va [kɔ́ədəvə | kɔ́:-] *n.* Córdoba 1 の英語名.

Cor·do·van [kɔ́ədəvən | kɔ́:-] 〖▭ Sp. *cordovan* ← OSp. *Cordova* Córdoba〗 ── *adj.* **1** (スペインの) Córdoba の. **2** [c-] コードバン製の, コードバンの. ── *n.* **1** Córdoba の人. **2** [c-] コードバン (馬の臀(でん)部の組織の緻密な皮を植物タンニンでなめした光沢のある革; やぎ皮, 豚皮も用いる; 靴の甲革・ベルト・時計バンドなどに用いる). **3** [c-; 通例 *pl.*] コードバンの靴, コードバンシューズ.

córd switch *n.* 〚電気〛コードスイッチ (pendant switch ともいう).

córd tìre *n.* コードタイヤ (コードにゴムを浸み込ませ適当な幅に切って交互に数枚重ね合わせて造ったゴムタイヤ; cf. fabric tire).

cor·du·roy [kɔ́ədərɔ̀ɪ | kɔ́:də-, -djʊ-, ⸗⸗⸗] 〖(1795) ? ← CORD+〈廃〉 *duroy, deroy* coarse woolen fabric (← ?)〗 ── *n.* **1** コール天, コーデュロイ, うね織綿ビロード, うねビロード. **2** [*pl.*] コール天のズボン. **3** =corduroy road. ── *adj.* **1** コール天製の. **2** (外観がコール天のように)丸太を並べて作った: a ～ bridge 丸太橋. ── *vt.* (道などを作るために)〈沼地〉に丸太を並べる; …に丸太道を作る.

córduroy ròad *n.* 木道, 丸太道路 (沼地などに丸太を横に並べて作った道).

cord·wain [kɔ́ədweɪn | kɔ́:d-] 〖(a1259) *cordewan(e)* ▭ OF *cordewan, cordoan* ▭ Sp. *cordova*: ⇨ Cordovan〗 *n.* 〈古〉 コルドバ革 (⇨ Cordovan 2).

cord·wain·er [kɔ́ədweɪnə | kɔ́:dweɪnə(r] 〖(1355) *cordewaner* ▭ OF *cordewan(i)er* (F *cordonnier*) shoemaker〗 ── *n.* 〈古〉 **1** コルドバ革職人. **2** 靴屋 (shoemaker).
「造り.
cord·wain·er·y [kɔ́ədweɪnəri | kɔ́:dweɪnəri] *n.* 靴

córd·wòod *n.* **1** 4 フィートの長さに切って売られる薪(まき). **2** 薪材にのみ適した立木.

Cor·dyl·i·dae [kɔədílədì: | kɔ:dílɪ-] 〖← NL ～ ← *Cordylus* (属名: ← Gk *kordúlos* water newt)+-IDAE〗 *n. pl.* 〚動物〛ヨロイトカゲ科.

Cor·dy·lu·ri·dae [kɔ̀ədəl(j)ʊ́(ə)rədì:, -dl̩- | kɔ̀:dɪl(j)ú-ərɪ-] 〖← NL ～ ← *Cordylura* (属名: ← Gk *kordúlē* club+*ourá* tail)+-IDAE〗 ── *n. pl.* 〚昆虫〛(双翅目)フンバエモドキ科.

core[1] [kɔ́ə, kóə | kɔ́:(r] 〖(a1325) ▭ ? OF *cor* 'horn, CORN[2]' // OF *coer* (F *coeur*) heart (cf. courage)〗 ── *n.* **1 a** (通例周囲の部分と違った, ものの)中心部分, しん. **b** (ナシ・リンゴなどのような果物の)芯(しん). **c** (打ちひも・電線などの)しん; (ケーブルの)心線. **d** (索や針金をより合わせる)中心になる「こ」. **e** (鋳物の)心型, 中子(なかご). **f** 〚電気〛=magnetic core 2. **g** (合板を作る時の)心板. **h** (原子炉の)炉心 (核分裂が行なわれる部分). **2** [the ～] **a** (事物の)心髄, 核心 (pith); 心の奥底 (heart): *the* very ～ of a subject 問題の核心 / ⇨ *to the* CORE / at *the* ～ of the problem 問題の核心に. **b** 本質的意味, 要旨, 眼目 (gist): *the* ～ of the thesis. **3** 〚電算機〛(磁気)コア (リング状に形成した磁性材料で, 磁化に方向があることを利用し 1 ビットの情報を記憶する). **4 a** 〚地質・鉱山・海洋〛コア, 岩心 (コアラー (corer) で採取した土壌・岩石などの円筒形の試料). **b** 〚地質〛中心核 (地球内部の約 2,900 km 以深の部分; centrosphere ともいう; cf. mantle *n.* 10). **5** 〚物理化学〛**a** 核 (価電子をはぎ取られた原子; kernel, rumpf ともいう). **b** 内殻 (原子核に近い電子殻). **6** 〚人類学〛石核 (石器を作る際, 剝片をはがしとったあとに残った部分). **7** 〚教育〛コア, 中核 (コアカリキュラム (core curriculum) の中核; 各教科の枠にとらわれずに児童・生徒の興味や関心のあるものを基礎とする). **8** 〚土木〛=core wall. **9** 〚冶金〛被覆金属板 (clad) の中心となっている金属.
to the core しん(の底)まで, 徹底的に (cf. *to the* BACKBONE): He is a gentleman *to the* ～. きっすいの紳士だ / He was fluttered *to the* ～. すっかり取り乱していた.
── *vt.* **1** 〈果物〉の芯を取る[抜く] 〈*out*〉: ～ an apple. **2** 〈鋳型〉に中子(なかご)を入れて空洞にする. **3** 〚地質・鉱山・海洋〛…からコアをぬく (cf. *n.* 4).

core[2] [kɔ́ə, kóə | kɔ́:(r] 〖OE *chor(e)* dancers, choir (singers) ▭ L *chorus* 'CHORUS'〗 ── *n.* **1** 〈スコット〉 (curling 競技者などの)仲間. **2** 〈英方言〉鉱夫[労働者]仲間.

CORE [kɔ́ə, kóə | kɔ́:(r] 〈略〉〈米〉 Congress of Racial Equality 人種平等会議 (1942 年組織された運動で, 1960 年代に黒人の市民権要求に国民の関心を集中させるため座り込み・デモなどを行なった).

córe·bòx *n.* 〚金属加工〛中子取(なかごとり) (中子を作るために用いる木型[金型]).

cò·recípient *n.* (賞・栄誉などの)共同受領者.

córe cìty *n.* =central city.

córe currìculum *n.* 〚教育〛コアカリキュラム, 中心教育課程 (学課課程の中で中核 (core) となる課目をたてて, その他の課目をこれに総合するように編成した教育課程).

córed cárbon *n.* 〚電気〛(アーク灯用)有心炭素棒.

córe diàmeter *n.* 〚機械〛=minor diameter.

córe dràwing *n.* 〚金属加工〛マンドレル管引抜き, 心金管引抜き (細線をマンドレル (mandrel) とした小径管の引抜き).

córe drill *n.* 〚機械〛心残しぎり (cf. diamond drill).

cò·réference *n.* 〚言語〛同一指示 (文中の二つ(以上)の要素が同一の指示物 (referent) を指すと解釈される時のそれらの要素の関係; 例: *Tom* killed *himself*.).

cò·réferent *n.* 〚言語〛同一指示語.

cò·referéntial *adj.* 〚言語〛同一指示語[性]の; 〔…と〕同一指示的な 〔*with*〕.

cò·referentiálity *n.* 〚言語〛同一指示性.

Co·re·i·dae [kəríːədìː | -rí:ɪ-] 〖← NL ～ ← *Coreus* (属名: ← Gk *kóris* bedbug)+-IDAE〗 *n. pl.* 〚昆虫〛(半翅目)ヘリカメムシ科.

cò·reláte *vt.* 〈英〉 =correlate.

cò·relátion *n.* 〈英〉 =correlation. **cò·rélative** *adj.* **cò·rélative·ly** *adv.*

córe·less *adj.* しんのない; 空虚な (hollow).

cò·relígionist *n.* 同宗教信者, 同宗信徒.

co·rel·la [kərélə] 〖〈Austral. ? *ca-rall*〗 ── *n.* 〚鳥類〛オウム (オーストラリアに生息するオウム属 (*Kakatoe*) の鳥の総称; 人語をまねる); (特に)アカビタイムジオウム (*K. sanguinea*).

Co·rel·li [ko(ʊ)réli, kɔ:- | kərélɪ, kə- ; *It.* korélli], **Ar·can·ge·lo** [arkándʒelo] *n.* コレルリ (1653–1713; イタリアの作曲家・バイオリン奏者; *12 concerti grossi* op. 6).

Co·rel·li [ko(ʊ)réli, kɔ:- | kərélɪ, kə-], **Marie** *n.* (1855–1924) 英国の女流小説家; *A Romance of Two Worlds* (1886); 本名 Mary Mackay.
「力損失.
córe lòss *n.* 〚電気〛心損 (変圧器などの鉄心中での電

córe·màker *n.* 〚金属加工〛中子(なかご)工.

córe mèmory *n.* 〚電算機〛磁心記憶装置, コアメモリー (core storage ともいう).

co·re·mi·um [kəríːmiəm, ko(ʊ)- | kə(ʊ)rí:mɪəm, -mjəm] 〖← NL ～ ← Gk *korēma* broom+-IUM〗 ── *n.* (*pl.* **-mi·a** [-miə | -mɪə, -mjə]) 〚植物〛分生子梗束[束状体] (不完全菌の分生子を生じる柄が束状に集まったもの; cf. synnema).

cor·e·op·sis [kɔ̀riápsɪs, kɔ̀r-, -səs | kɔ̀rɪɔ́psɪs] 〖← NL ～ ← Gk *kóris* bug+-OPSIS: 実の形がナンキン虫に似ていることから〗 ── *n.* 〚植物〛ハルシャギク (キク科ハルシャギク属 (*Coreopsis*) の草本の総称; (特に)オオキンケイギク, コレオプシス (*C. lanceolata*).

córe òven *n.* 〚金属加工〛鋳型用中子(なかご)乾燥炉.

cò·represśor *n.* 〚生物〛コリプレッサー, 抑制補体 (リプレッサーと結合して, 自身の生成や代謝に関係する酵素の形成を抑制する物質).
「受け.
córe prìnt *n.* 〚金属加工〛鋳型用の幅木(はばき), 中子(なかご)

cò·réquisite *n.* 〚教育〛共通必修課目[コース] (他の課目とあわせて履修しなければならない課目[コース]).

cor·er [kɔ́:rə, kóːrə | kɔ́:rə(r] *n.* **1** (果物の)芯抜き, 芯取り器: an apple ～. **2** 〚地質・鉱山・海洋〛コアラー (海底・地中などから試料を採取するための試錐用の円筒形道具).

cò·respóndent 〖← CO-[1]+RESPONDENT〗 ── *n.* 〚法律〛共同被告 (特に, 離婚訴訟において被告 (respondent) である妻の姦通相手として訴えられた男).
cò·respóndency *n.*

córe stòrage *n.* 〚電算機〛=core memory.

córe tùbe *n.* 〚地質〛コアチューブ (標本を採取するために地面[月面]下に挿入される管).

coré-tỳpe *adj.* 〈変圧器が〉内鉄形の (cf. shell-type).

córe wàll *n.* 〚土木〛心壁 (ダムなどで漏水を防ぐためその中に設ける不浸透性の壁; 単に core ともいう).

corf [kɔ́əf | kɔ́:f] 〖(1340) ▭ MDu. *corf* ▭ L *corbis* basket: cf. G *Korb*〗 ── *n.* (*pl.* **corves** [kɔ́əvz | kɔ́:vz]) 〈英〉 **1** (もと, 石炭・鉱石の地上への運搬に用いた)大きな柳かご; トロッコ. **2** (エビなどをとるための桶形の)魚籠(びく); (エビ・魚を生かしておく)生簀(いけす).

Cor·fam [kɔ́əfæm | kɔ́:-] 〖(コンピューターによる)恣意的造語〗 *n.* 〚商標〛コーファム (微小孔のある弾力性人造皮革の商品名).

Cor·fu [kɔəfú:, kɔ́əf(j)u: | kɔ:fú, -fjú:] *n.* **1** ケルキラ[コルフ](島) (ギリシャ北西岸沖 Ionia 諸島の一つ; ギリシャ語名 Kérkyra, 古名 Corcyra; ぶどう酒の産地; 人口 90,000, 面積 593 km²). **2** ケルキラ (同島の港市; 人口 27,000).

cor·gi [kɔ́əgi | kɔ́:gɪ] 〖▭ Welsh ～ ← *cor* dwarf+*-gi, ci* dog〗 *n.* =Welsh corgi.

Co·ri [kɔ́:ri, kóːri | kɔ́:rɪ], **Carl Ferdinand** (1896–) *n.* チェコ生まれの米国の生化学者; 妻 Gerty Theresa Cori (1896–1957) と共同で Nobel 医学生理学賞 (1947).

coria *n.* corium の複数形.

co·ri·a·ceous [kɔ̀riéɪʃəs, kɔ̀r- | kɔ̀rɪ-] 〖(1674) ▭ LL *coriāceus* leathern ← L *corium* leather: ⇨ corium, -aceous〗 ── *adj.* 革のような (leathery); (革のように)丈夫な (tough).

co·ri·an·der [kɔ́:riæ̀ndə, kóːr-, ⸗⸗⸗⸗ | kɔ̀rɪǽndə(r] 〖(1373) *coria(u)ndre* ▭ (O)F *coriandre* ▭ L *coriandrum* ▭ Gk *koriandron, koríannon*〗 ── *n.* **1** 〚植物〛コエンドロ (*Coriandrum sativum*) (地中海地方原産のセリ科の草本). **2** コエンドロの実 (香味料・消化剤に用いる; coriander seed ともいう).

Cor·i·ci·din [kɔ̀ərəsáɪdṇ, -sídṇ, kə(ː)rísədɪn, -dən | kɔ̀rɪsáɪdṇ, -sídṇ, kərísɪdɪn] 〖← ?〗 *n.* 〚商標〛コリシジン (抗ヒスタミン性感冒薬の商品名).

cor·ing [kɔ́:rɪŋ, kóːr- | kɔ́:r-] *n.* **1** 芯(しん)[中心]をぬく[離す]こと. **2** 〚地質〛コアリング (試錐によって岩石から円筒形の部分をぬき出すこと; cf. core[1] *n.* 4).

córing tùbe *n.* 〚地質〛=core tube.

Co·rin·na [kərínə, ko:- | kə-, kɔ-] 〖▭ L ～ ▭ Gk *Kórinna* (dim.) ← *kórē* maiden: cf. Cora〗 *n.* 女性名.

Co·rinne [ko(ʊ)rín, kɔ:- | kə-, kə(ʊ)- ; *F.* kɔrin] 〖(フランス語形) ↑〗 *n.* 女性名.

Cor·inth [kɔ́(ː)rɪnθ, kár- | kɔ́r-] *n.* **1** コリント (ギリシャの古都; Corinth 地峡に臨み陸海の交通の要地として栄え商業・芸術で有名; ローマに破壊された (146 B.C.)). **2** 再建された (44 B.C.) コリント (古代 Corinth 地区の北東にありギリシャの Peloponnesus 北東の港; 1858 年の地震で壊滅). **3** コリントス (古代 Corinth 近くの現代の都市; 人口 21,000; ギリシャ語名 Korinthos).

Corinth, the Gulf of *n.* コリントス湾 (Ionia 海から入り込みギリシャ本土と Peloponnesus 半島にはさまれた細長い湾; Gulf of Lepanto ともいう).

Corinth, the Isthmus of *n.* コリントス地峡 (ギリシャ本土と Peloponnesus 半島とを結ぶ地峡; 運河で横断されている; 長さ 32 km, 幅 6–13 km).

Co·rin·thi·an [kərínθiən | kərínθɪən, -θjən] 〖← L *Corinthius* (▭ Gk *Korínthios* ← *Kórinthos* Corinth) +-IAN〗 ── *adj.* **1 a** (古代ギリシャの)コリント (Corinth) の. **b** コリント市民の[のような]; 贅沢で遊惰な. **2** 〈文体など〉優雅な, 華麗な. **3** 〚建築〛コリント式の (cf. Doric 2, Ionic 2): a ～ temple [capital] コリント式オーダー (order) をもつ神殿[柱頭] / a ～ column コリント式の柱 / the ～ order (⇨ order 挿絵). **4** 〚美術〛コリント式[スタイル]の (7–6 B.C. 頃 Corinth に盛んだった花瓶の絵; 人間・動物などを描いた).
── *n.* **1** (古代ギリシャの)コリント人. **2 a** 金持の社交家. **b** 道楽者 (profligate); 遊蕩児 (sybarite). **c** しろうと[趣味]のヨットマン. **3** [the Corinthians] (新約聖書の)コリント人への書, コリント人への手紙 (The Epistles of Paul to the Corinthians) (前・後二書から成る; 略 Cor.). **4** 〚馬術〛コリント馬術 (米国のホースショーの一つ; 乗馬狩猟クラブの会員が正装の猟騎姿で優雅に技を競い, 服装・身だしなみが判定の対象となる).

Cor·in·thus [kərínθəs] 〖▭ L ～ ▭ Gk *Kórinthos*〗 *n.* 〚ギリシャ神話〛コリントス (Zeus の子とも, Marathon の子ともいわれる, Corinth 市の建設者).

Cor·i·o·la·nus [kɔ̀(ː)riəléɪnəs, kàr- | kɔ̀rɪə(ʊ)-] *n.* 「コリオレイナス」(ローマの将軍 Coriolanus を主人公にした Shakespeare 作の悲劇 (1607–08)).

Coriolanus, Gaius [Gnaeus] Mar·ci·us [máəʃiəs | má:ʃɪ-] *n.* コリオラヌス (紀元前 5 世紀の伝説的なローマの将軍; 流刑の恨みから反軍を率いてローマに攻め寄せたが, 母と妻の願いによって引き返した).

Co·ri·ó·lis effèct [kɔ̀:rióʊlɪs-, kɔ̀r-, -ləs- | kɔ̀:rɪə́ʊ-lɪs- ; *F.* kɔrjɔlis-] 〖↓〗 ── *n.* 〚気象〛コリオリ効果 (地球自転によるコリオリの力によって, 大気の運動が偏向する効果; 北半球では, 運動方向に対し右へ, 南半球では左へ偏向する; cf. Coriolis force).

Coriólis fòrce 〖← G.G. *de Coriolis* (1792–1843: その発見者であるフランスの数学者)〗 ── *n.* 〚物理〛コリオリの力 (回転座標系の中で運動する物体には見かけ上の力として遠心力とコリオリの力が働く; 例えば, 地球の回転のため飛行中の飛行機に北半球にあっては右に南半球では左に水平運動をそらす力となる; cf. Coriolis effect, Ferrel's law).

cò-ripárian *n.* 河岸共同所有権者.

co·ri·um [kɔ́:riəm, kóːr- | kɔ́:rɪ-] 〖← NL ～ ← L 'hide, skin, leather'〗 ── *n.* (*pl.* **co·ri·a** [-riə | -rɪə]) **1** 〘解剖〙真皮 (derma). **2** 〘昆虫〙革質部《半翅類の昆虫で半翅鞘の基部から膜質部まで延びている部分》.

cork [kɔ́ək | kɔ́:k] 〖《1303》□ Du. & LG *kork* □ Sp. *corcho* ← *alcorque* cork-soled sandal《混成》? ← Arab. *al* (=the) *qurq* (□ ? L *quercus* oak)+L *cortex* bark〗 ── *n.* **1 a** コルク《コルクガシ (cork oak) の外皮》. **b** 〘植物〙=cork oak. **2 a** コルク片, コルク製品: ⇨ burnt cork. **b** コルク栓; (ゴム・ガラス製などの)栓. **c** (コルク製の釣の)浮き (float). **3** 〘植物〙栓皮(層)《樹皮の外側の堅い部分; phellem ともいう》. ── *attrib. adj.* コルク製の: a ～ sheet コルク板 / a ～ sole (靴の)コルク底 / a ～ stopper コルク栓. ── *vt.* **1** …に(コルク)栓をする ⟨*up*⟩: ～ (*up*) a bottle びんに(固く)栓をする. **2** 阻止する; 抑圧する, 抑制する: ～ one's emotions. **3** 焼きコルク (burnt cork) でくまゆなどを)描く[化粧する]: ～ one's face 焼きコルクで化粧する. ── *vi.* コルク状組織ができる[生じる].

Cork [kɔ́ək | kɔ́:k] *n.* **1** アイルランド共和国南部 Munster 地方の州; 農牧・漁業地; 人口 225,000, 面積 7,460 km². **2** 同州の首都で海港; 人口 129,000.

cork·age [kɔ́əkɪdʒ | kɔ́:k-] *n.* **1 a** コルク栓をさすこと. **b** コルク栓を抜くこと. **2** コルク抜き代, 開栓料《特に, 客がよそで買って来たぶどう酒などを飲む時にレストラン・ホテルなどで1本ごとに取る料金》.

córk·bòard *n.* 〘建築〙コルクボード, コルク板《コルクを加圧成形した板で断熱材・防振材として用いる》.

córk càmbium *n.* 〘植物〙コルク形成層.

córk càrpet *n.* コルクカーペット, コルク製敷物《コルクくずとゴムを圧搾して造ったリノリウム類似の敷物》.

corked *adj.* **1** (コルク)栓をした. **2** ⟨靴底など⟩コルク張りの. **3** 焼きコルクで黒く化粧した. **4** ⟨ぶどう酒が⟩コルクのにおいが移った, コルクくさい.

córk·er 《1723》 ── *n.* **1** (コルクの)栓をする人[機械]. **2** 《俗》 **a** 反駁(はんばく)の余地のない議論, 決め手, とどめをさすもの[状況] (settler). **b** 途方もない大ぼら. **c** [皮肉にも用いて]驚くべき人[物]; すばらしい物[美人]: play the ～ 途方もない[目に余る]振舞をする.

córk·ing 〖cf. corker (2 c)〗 ── *adj.* 《俗》 **1** すてきな, すばらしい. **2** [～ good で; 副詞的に用いて] 大変 (very): a ～ *good* dinner すばらしいごちそう.

córk jàcket *n.* 〘海事〙コルクジャケット《コルク粒を詰めた救命胴衣》.

córk lèg *n.* 義足.

córk òak *n.* 〘植物〙コルクガシ (*Quercus suber*)《スペインその他南ヨーロッパ産のカシの一種で樹皮からコルクを採る》.

córk pàint *n.* 〘海事〙コルクペイント《発汗を防ぐため船の鋼鉄部分の下塗りにコルクの細粒を吹き付けたもの》.

córk·scrèw *n.* (びんの螺旋金具付きの)コルク抜き, 栓抜き. ── *attrib. adj.* (コルク抜きのように)旋回形[状]の, 螺旋状の (spiral): a ～ staircase 螺旋階段 / ～ curls 螺旋状の巻毛. ── *vt.* **1** 螺旋[旋回]状に進める. **2** 螺旋状にねじ曲げる. **3** じりじり引き出す, かまをかけて聞き出す ⟨*out*⟩: ～ a secret *out* (*of* a person) 秘密を(人から)ほじくり出す. ── *vi.* **1** 螺旋[旋回]状に進む. **2** 螺旋状に曲がる.

córk-tìpped *adj.* 《英》⟨たばこが⟩コルク状のフィルターの付いた.

córk trèe *n.* 〘植物〙=cork oak.

córk·wòod *n.* 〘植物〙 **1** 北米南部の湿地に産するライトネリア科の低木(*Leitneria floridana*)《材はコルクよりも軽い》. **2** =balsa 1.

cork·y [kɔ́əki | kɔ́:kɪ] *adj.* (**cork·i·er**; **-i·est**) **1 a** コルク性の; コルクのような: ～ tissue コルク組織. **b** ひからびた, しなびた (withered): one's ～ arms 萎えた腕. **c** 《口語》活発な, 元気な (lively), じっとしていない, 浮き浮きした (buoyant). **2** ⟨ぶどう酒・ブランデーなど⟩コルク臭い (corked): a ～ flavor, taste, etc. **córk·i·ly** [-kɪli, -kə- | -lɪ] *adv.* **córk·i·ness** *n.*

corm [kɔ́əm | kɔ́:m] 〖← NL *corm-us* ← Gk *kormós* tree trunk ← *keírein* to shear〗 ── *n.* 〘植物〙球茎《サトイモ・クワイ・クロッカスなどの地下茎; cf. bulb 1 a》. **cor·moid** [kɔ́əmɔɪd | kɔ́:-] *adj.* **cór·mous** [-məs] *adj.*

Cor·mac [kɔ́əmæk | kɔ́:-] 〖← ? Ir.-Gael.〗 *n.* 男性名《異形 Cormick》.

cor·mel [kɔ́əməl, kɔəmél | kɔ́:məl] 〖⇨ corm, -el¹〗 *n.* 〘植物〙珠芽(しゅが)《毎年茎の一部から出る粒状物》.

cormi *n.* cormus の複数形.

Cor·mick [kɔ́əmɪk | kɔ́:-] 〖⇨ Cormac〗 *n.* 男性名.

Cor·moph·y·ta [kɔəmɑ́fətə | kɔ:mɔ́fɪtə] 〖← NL ～: ⇨ ↓, -a²〗 ── *n. pl.* 〘植物〙茎葉植物類《はっきり茎・葉・根の分かれている植物類; 昔の植物の二大分類の一つ; cf. Thallophyta》.

cor·mo·phyte [kɔ́əməfàɪt | kɔ́:-] 〖← NL ～: ⇨corm, -phyte〗 *n.* 〘植物〙茎葉植物. **cor·mo·phyt·ic** [kɔ̀əməfítɪk | kɔ̀:məfít-] *adj.*

cor·mo·rant [kɔ́əm(ə)rənt, -mərænt | kɔ́:m(ə)rənt] 〖《*c*1330》 *cormorante* □ OF *cormaran* (F *cormoran*) ← *cormareng* < ML *corvum marīnum* sea raven: ⇨ corbel, marine〗 ── *n.* **1** 〘鳥類〙ウ《ウ科の食欲な水鳥の総称; カワウ (*Phalacrocorax carbo*), ウミウ (*P. filamentosus*), ヒメウ (*P. pelagicus*) など》: eat like a ～ がつがつ食う. **2** 貪欲な[がつがつ食う]人. ── *attrib. adj.* 大食の; 貪欲な (greedy).

cor·mus [kɔ́əməs | kɔ́:-] 〖← NL ～: ⇨ corm〗 *n.* (*pl.* **cor·mi** [-maɪ, -mi:]) 〘植物〙茎葉体《茎葉と根の区別のある植物体; cf. thallus》.

corn¹ [kɔ́ən | kɔ́:n] 〖*n.*: OE ～ < Gmc **kurnam* (G *Korn*) ← IE **ĝer-* grain; ripened ⟨L *grānum* 'GRAIN' / Gk *gêras* old age)〗 ── *n.* **1** [集合的] 穀物 (cereals, grain): Up ～, down horn. 《諺》穀物が騰貴すると牛肉の値が下がる. **2** [集合的] **a** その地方の主要穀物としての穀物. **b** 《英》麦, (特に)小麦 (wheat). **c** 《スコット・アイル》からす麦 (oats). **d** 《米・カナダ・豪》トウモロコシ (⇨ Indian corn); トウモロコシの実[穂]: ～ on the cob 穂軸についたままのトウモロコシ; 穂軸についたまま調理したトウモロコシ. **3 a** [集合的]穀草《畑に生えているか, または刈り取った小麦・トウモロコシなど》: a field of ～ 穀物畑 / a sheaf of ～ 穀草一束 / cut [mow] (down) the ～ 穀草を刈り取る / grow [raise] ～ 穀物を作る / gather [reap] ～ 穀物を取り入れる. **b** 《廃》穀草の茎: play on pipes of ～ 麦笛を吹く. **4 a** [複合語の第2構成素としても用いて] (小さくて堅い)穀粒, 種: a ～ of an apple, a pepper, wheat, etc. / ⇨ peppercorn. **b** 《方言》(小さくて堅い)粒 (grain): a ～ of salt. **5** 《米口語》=corn whiskey. **6** 《口語》 **a** 陳腐[平凡]なもの, 平凡な[つまらない]出し物《音楽・演技・作品など; cf. corny¹ 2 a》. **b** 郷愁を誘うようなジャズ音楽(曲) (cf. corny¹ 2 b). **7** =corn color. **8** 〘スキー〙=corn snow.

acknowledge* [*admit, confess*] *the corn 自分の誤り[失敗]を認める, かぶとを脱ぐ. ***measure another's corn by one's own bushel*** 自分を標準として人を量る, 己をもって他を律する.

── *vt.* **1** ⟨火薬などを⟩粒にする. **2 a** ⟨食品, (特に)肉を⟩塩をすり込んで保存する, 塩蔵する. **b** ⟨肉を⟩塩水に漬けて保存する, 塩蔵する (⇨ corned). **3** ⟨畑に⟩穀物[トウモロコシ]を作る. **4** ⟨家畜⟩にトウモロコシ[穀物]を与える: ～ a horse. ── *vi.* ⟨穀草類・豆類など⟩が⟩実(み)がいる.

corn up 《俗》⟨物語などを⟩わざとらしく感傷的にする.

corn² [kɔ́ən | kɔ́:n] 〖《?*a*1425》□ AF *corne*=(O)F *cor* < L *cornū* 'HORN'〗 ── *n.* **1** (足の)うおのめ《clavus ともいう》: a soft ～ まめ. **2** 〘獣医〙挫跖(ざせき)《馬蹄の肉壁・肉底・肉叉の挫傷》.

tread* [*trample*] *on a person's corns 《口語》人の痛いところにさわる, いやがることを言う, 人を怒らせる.

Corn. 《略》Cornish; Cornwall.

-corn [kɔ̀ən | kɔ̀:n] 〖← L *-cornis* ← *cornū* 'HORN'〗「(…の)角をもった(もの)」の意の名詞・形容詞連結形: unicorn.

Cor·na·ce·ae [kɔənéɪsiì: | kɔ:-] 〖← NL ～ ← *Cornus* (属名: ⇨ cornel)+-ACEAE〗 *n. pl.* 〘植物〙(双子葉植物セリ目)ミズキ科. **cor·ná·ceous** [-ʃəs] *adj.*

córn·bàll *n.* **1** 《米》ポップコーンに糖蜜・カラメルなどをからめたもの. **2** 〖CORNY¹ などとの連想から〗田舎者, やぼ (hick); やぼくさいもの. ── *adj.* 田舎者くさい, やぼくさい; 古くさい, 陳腐な.

córn bèef *n.* =corned beef.

Córn Bèlt *n.* 《米》[the ～] トウモロコシ地帯《米国中北部にあるトウモロコシの主産地; 特に, Iowa, Illinois, Indiana の諸州》.

córn bòrer *n.* 〘昆虫〙アワノメイガ (*Micractis nubilalis*)の幼虫《トウモロコシなどの茎や実に食い入る害虫》.

córn·bràsh *n.* 〘岩石〙粗粒の石灰質砂岩.

córn brèad *n.* 《米》トウモロコシパン.

córn càke *n.* 《米》=johnnycake.

córn càmpion *n.* 〘植物〙=corn cockle.

córn càtchfly *n.* 〘植物〙=sweet william catchfly.

córn chàmomile *n.* 〘植物〙キゾメカミルレ (*Anthemis arvensis*)《ヨーロッパ原産のキク科の一年草; 白い花は切花に用いるが, 雑草としても広く分布する; field chamomile ともいう》.

córn chàndler *n.* 《英》雑穀商, 穀類小売商人.

córn chìp *n.* 《米》コーンチップ (cf. potato chip 1).

córn·còb *n.* **1** トウモロコシの穂軸. **2** =corncob pipe.

córncob pípe *n.* とうもろこしパイプ, コーンパイプ《火ざらをトウモロコシの穂軸で作ったもの》.

córn còckle *n.* 〘植物〙ムギセンノウ, ムギナデシコ (*Agrostemma githago*)《ヨーロッパ産のナデシコ科の一年草; corn campion, crown-of-the-field ともいう》.

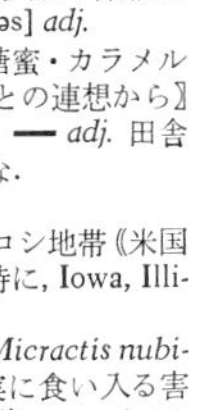

corn cockle

córn còlor *n.* コーン色, 浅黄色 (light yellow).

córn-còlored *adj.* コーン色の, 浅黄色の.

córn·cràcker *n.* 《米》 **1** 《口語》米国 Kentucky 州の住民(のあだ名). **2** [軽蔑的に] 南部の貧乏白人.

córn·cràke 〖《15C》〗 *n.* 〘鳥類〙ハタクイナ (*Crex crex*)《麦畑などにいるクイナの一種; land rail ともいう》.

córn·crìb *n.* 《米》トウモロコシを入れる納屋.

córn dànce *n.* 《米》コーンダンス《トウモロコシの種まき・収穫時のアメリカインディアンの踊り》.

córn dòdger *n.* 《米南部・中部》とうもろこしの粉で作った皮が堅いパン.

cor·ne- [kɔ́əni | kɔ́:nɪ] (母音の前に来る時の) corneo- の異形.

cor·ne·a [kɔ́əniə | kɔ́:nɪə] 〖《1527》□ ML ～ (fem. sing.) ← L *corneus* horny: ⇨ corneous〗 *n.* 〘解剖〙(目の)角膜 (⇨ eye 挿絵). **cór·ne·al** [-niəl | -nɪ-] *adj.*

córneal réflex *n.* 〘生理〙角膜反射《細い紙片・綿などで角膜に軽くふれると眼瞼が閉じる現象》.

córn èarworm *n.* 〘昆虫〙オオタバコガの幼虫 (⇨ bollworm 1).

corned *adj.* 塩漬けの; 塩で味をつけた: ⇨ corned beef.

córned béef *n.* コンビーフ《塩漬け後やわらかくゆで煮して缶詰にした牛肉》.

corne de vache [kɔ́ən-də-vɑ́:ʃ | kɔ́:n-; *F.* kɔrndəvaʃ] 〖□ F ～ 'cow's horn'〗 ── *n.* (*pl.* **cornes de vache** [～]) 〘建築〙(アーチの付け根の下端(したば)を斜めにそぎ落とした時の)三角形部分.

Cor·neille [kɔənéɪ | kɔ:néɪ, -néɪl; *F.* kɔrnɛj], **Pierre** *n.* コルネイユ《1606-84; フランスの劇作家・詩人; 悲劇 *Le Cid*「ルシッド」(1637), 喜劇 *Le Menteur*「嘘つき」(1643) などの作によって「フランス劇の父」と呼ばれる》.

cor·nel [kɔ́ənl̩, -nel | kɔ́:-] 〖《1551》← *cornel tree*《部分訳》← G *Cornell-baum* < OHG *cornulboum* ← ML *cornolium* (dim.) ← L *cornum* cornel cherry ← *cornus* cornel tree〗 ── *n.* 〘植物〙ミズキ科ミズキ属 (*Cornus*) またはそれに近類の樹木の総称《セイヨウサンシュユ (cornelian cherry), ヤマボウシ (red dogwood), ハナミズキ (flowering dogwood) など》.

Cor·ne·lia [kɔəní:ljə, -liə | kɔ:ní:ljə, -lɪə] 〖□ L *Cornēlia* (fem.) ← CORNELIUS〗 ── *n.* **1** 女性名《愛称形 Cornie, Nellie》. **2** コルネリア《121 B.C. 以後に没; Tiberius と Gaius Gracchus の母》.

cor·ne·lian [kɔəní:ljən | kɔ:ní:ljən, kə-, -lɪən] 〖《*c*1400》□ OF *corneline* (F *cornaline*) □ ML *cornelius* ← L *cornus*: ⇨ cornel〗 *n.* 〘鉱物〙=carnelian.

cornélian chérry *n.* **1** 〘植物〙セイヨウサンシュユ (*Cornus mas*)《ヨーロッパ・アジア産のミズキ科の低木》. **2** セイヨウサンシュユの実《赤くてすっぱいが食べられる》.

Cor·ne·lius [kɔəní:ljəs, -liəs | kɔ:ní:ljəs, -lɪəs; *G.* kɔrné:liʊs] 〖□ L *Cornēlius* ← *cornū* 'HORN': 古代ローマの姓〗 *n.* 男性名.

Cor·ne·lius [kɔənéɪljəs, -ní:-, -liəs | kɔ:néɪljəs, -ní:-, -lɪəs; *G.* kɔrné:liʊs], **Peter von** *n.* コルネリウス《1783-1867; ドイツの画家》.

Cor·nell [kɔənél | kɔ:-] 〖《変形》← CORNELIUS〗 *n.* 男性名.

Cor·nell [kɔənél | kɔ:-], **Ezra** *n.* (1807-74) 米国の資本家; 博愛事業に尽くした; New York 州 Ithaca 市にある Cornell University の創立者.

cor·ne·o- [kɔ́ənio(ʊ) | kɔ́:nɪə(ʊ)] 〖□ F *cornéo-* ← *corné* corneous ← L *corneus* (↓)〗 ──「角質の; 角膜(の)」の意の連結形. ★ 母音の前では通例 corne- になる.

cor·ne·ous [kɔ́əniəs | kɔ́:njəs, -nɪəs] 〖← L *corneus* horny (← *cornū* 'HORN')+-OUS〗 *adj.* 角(つの)のような, 角質の (horny).

cor·ner [kɔ́ənə | kɔ́:nə(r)] 〖《*c*1280》□ AF ～=(O)F *cornier* < VL **cornārium* ← L *cornū* 'HORN': ⇨ -er¹〗 ── *n.* **1 a** (二つの線または面が合う)角(かど) (angle): the ～ of a box, table, etc. / the ～ of one's eye 目尻 / look out of the ～ of one's eyes 横目をつかって盗み見る. **b** 交差点の角, 曲り角; 町かど (street corner). **c** かどの部分. **d** かどに付ける金具[飾り], コーナー. **e** (部屋・場所・地方などの)すみ (nook): leave no ～ unsearched くまなく捜す / put [stand] a child in the ～ (罰として)子供を部屋のすみに立たせる / The northeast ～ of the country faces the sea. 国の北東端の地方は海に面している. **2 a** 引っ込んだ所, 人目の届かない所: a quiet ～ of the village 村の静かな引っ込んだ所. **b** 秘密の場所: be done in a ～ 秘密に行なわれる (cf. *Acts* 26: 26) / have a warm [soft] ～ in one's heart for …に対してひそかに憎からず思っている / ⇨ hole-and-corner. **3 a** (世界の)果て (end); 地方 (region): all the (four) ～*s* of the earth 世界のすみずみ, 世界至る所 (cf. *Isa.* 11: 12) / to all ～*s* of the world 世界のすみずみにまで. **b** (活動分野の)領域, 場所 (area): in every ～ of science. **4** 逃げるに逃げられない立場, 窮地, 窮境, 苦しい立場: in a tight ～ 窮地に陥って, 手も足も出なくなって (cf. tight *adj.* 7) / drive a person into a ～ 人を窮地に追い詰める, 人を追究する / talk oneself into a ～ 自らしゃべって窮地に陥る. **5** [*pl.*] 特徴, 特性 (traits); (特に)気性の荒い性質[やり方]: rough ～*s* 荒削りの性格; 粗野な作法. **6** (一連の出来事の)大事な時, 危機; (特に, 失敗から成功への)転換期: turn the ～ ⟨病気・不景気などが⟩峠を越す; (無事に)危機を乗り切る / The ugly ～ has been turned. 難局が乗り越せた. **7** 〘商業〙買占め(連合): a ～ in wheat 小麦の買占め / make [establish] a ～ in cotton 綿の買占めをする. **8** 〘野球〙 **a** (ホームベースの)コーナー. **b** (ダイヤモンドの)コーナー: ⇨ hot corner. **9** 〘サッカー〙=corner kick. **10** 〘ホッケー〙コーナー《相手チームサイドのコーナーからのフリーヒット》. **11** 〘ボクシング〙コーナー《セコンドが控えていたり, 各ラウンドの間にはボクサーが体をやすめるリングのかど》. **12** 〘アメリカンフットボール〙コーナー《ディフェンスエンドゾーンの隅》. **13** 〘スクエアダンス〙コーナー《男性の左側の女性》. **14** 〘トランプ〙(4人が2組のペアーにわかれて競技するゲームで, 一方の)組, 側, 陣 (cf. side *n.* 15). **15** [the C-] 《英俗》(London の馬市場・競馬の賭(か)けの中心) Tattersall's の賭け場 (betting rooms)《Tattersall's はもと Hyde Park Corner 近くにあった》.

around the corner (1) 町かどを曲った所に; すぐ横丁に. (2) 間近に, 近づいて: Christmas is (just) (*a*)*round the* ~. もうじきクリスマスだ. ***cut corners*** ＝***cut*** (***off***) ***a corner*** (1) (かどをいくつも避けて)近道をする. (2)(金銭・労力・時間・手続きなどを)節約する, 省略する, 手を抜く. ***keep a corner*** 少しの場所[片すみ]を保つ, 僅かな地歩を占める: *keep a* ~ in the Temple of Fame 名声を千載に残す. ***round the corner*** ＝*around the* CORNER. ***within the four corners of*** …の中に囲まれて; (文書などの)文面の範囲内において[おける]: keep *within the four* ~*s of* law 法の枠内にとどまる.

— *attrib. adj.* **1** 町かどの: a ~ drugstore / a ~ shop [store] かど店. **2** かどの; かどにある; かどに使う: ⇨ corner table. **3** 〘スポーツ〙コーナーの[に関する]: ~ positions.

— *vt.* **1** [通例 p.p. 形で] 〈建物など〉にかどを付ける 〔*with*〕. **2** すみに置く; すみに押し込める. **3** 窮地に追い詰める. **4** (会見を強いるように)〈人〉の注意を引く. **5** 〘商業〙買い占める (cf. forestall 3): ~ stocks, commodities, etc. / ~ the market 市場(の物資・株)を買い占める. — *vi.* **1** 一つのかどを占める[にある]: a drugstore which ~*s on* the street 町かどにあるドラッグストア. **2** 〈運転者・自動車・馬などが〉角を曲がる; 急カーブをきる: This car ~*s* well. この車はカーブの切れがよい. **3** 〘商業〙買占めをする 〔*in*〕: ~ *in* a commodity ある商品を買い占める.

córner accéssory *n.* 〘測量〙＝accessory 5.

córner·bàck *n.* 〘アメリカンフットボール〙コーナーバック《側面を防御する防御バック》.

córner bèad *n.* 〘建築〙コーナービード《柱や壁の出隅に物が当たって損じるのを防ぐために取り付ける金属などの細棒》.

córner bòy *n.* 《アイル》＝cornerman 1.

córner càbinet *n.* (部屋のすみに収める)三隅戸棚, すみ戸棚.

córner chàir *n.* コーナーチェア《背もたれが四角の座の一つの隅からその両側の隅までのびている椅子で, 部屋の隅に置く; roundabout chair, writing chair ともいう》.

corner chair

córner chìsel *n.* 〘木工〙三角刀, 三角のみ《隅をえぐる鑿(のみ)》.

córner cùpboard *n.* コーナーカボード, 隅戸棚《部屋の隅に設置する》.

cór·nered 〘《*a*1338》〙 — *adj.* **1** [通例複合語の第 2 構成素として] **a** (…の)すみ[かど]のある: ⇨ a THREE-CORNERED hat. **b** (…の)立場[参加者]のある: a three-*cornered* contest for presidency 会長の座への三つ巴(どもえ)の選挙戦. **2** すみに追いつめられた, 進退きわまった.

córner kìck *n.* 〘サッカー〙コーナーキック《ボールがゴールライン (goal line) を通過した時その場所に近い左または右すみからフィールド内にボールをけること; ボールがゴールラインを越える直前そのボールに触れた選手の相手チームに与えられる》.

córner·màn [-mæ̀n] *n.* (*pl.* **-men** [-mèn]) **1** 《英》(町かどをぶらつく)街の不良, 与太者. **2 a** 〘アメリカンフットボール〙＝cornerback. **b** 〘バスケットボール〙前衛, フォワード. **3** 《英》＝end man 2.

córner·stòne 〘《*c*1280》〙 — *n.* **1** 〘建築〙(建物の出すみに据える)隅石 (quoin); (特に)隅の親石, 礎石《中空にして記念の文書などを入れて起工式に据える; cf. foundation stone 1》: lay the ~ of …の定礎式を挙げる. **2** 基礎, 土台 (base); 柱石: be a ~ of the State 国家の柱石となる / lay the ~ of a philosophical system 哲学体系の基礎を据える.

córner tàble *n.* (部屋のコーナーに設置する)三角テーブル《同じ大きさの垂板が付き, 拡げると方形のテーブルに変わる; handkerchief table ともいう》.

córner·wàys *adv.* ＝cornerwise.

córner·wìse 〘《1474》← CORNER＋-WISE〙 *adv.* かどをなすように[突き出して]; 筋違いに, 斜めに.

cor·net[1] [kɔənét | kɔ́:nɪt, -nət] 〘《*a*1375》 *cornette* ▭ (O)F *cornet* (dim.) ← *corn* ＜ L *cornū* 'HORN': ⇨ -et〙 — *n.* **1 a** コルネット《トランペットに似てそれよりも小型の吹奏楽用金管楽器; 三つの piston (バルブ)があるので cornet-à-pistons ともいう》. **b** コルネット《ルネサンス期の木管楽器》. **c** (オルガンの)コルネット音栓. **2** コルネット奏者 (cornetist). **3 a** コルネット[円錐]形のもの. **b** (乾物屋などで使う)三角袋. **c** 《英》＝ice-cream cone a. **d** コルネ《生クリームなどをつめた円錐形の菓子; ハムなどを円錐形に巻いた料理》.

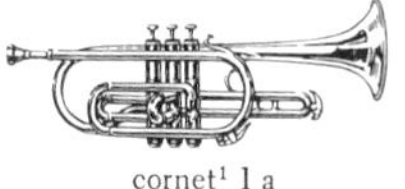

cornet[1] 1 a

cor·net[2] [kɔənét | kɔ́:nɪt, -nət] 〘▭ F *cornette* (dim.) ← *corne* ＜ VL **cornam*＝L *cornua* (pl.) ← *cornū* (↑): ⇨ -ette〙 — *n.* **1 a** (愛徳修道会 (Sister of Charity) の修道女がかぶる)大白頭巾(ずきん). **b** コルネット《婦人の頭飾りまたは帽子で, 薄布で作られレースやリボンの垂れ布の装飾がある; 15–18 世紀頃使用され, 時代によりスタイルが変わった》. **c** (コルネットの)レースやリボンの垂れ布 (lappet) (⇨ heraldry 挿絵 A). **2** 《英古》騎兵旗手 (cf. ensign). **3** 〘海事〙(海軍の)信号旗 (signal pennant).

cor·net-à-pis·tons [kɔənétæpístənz, -tɑ:-, -ṭə-, -pi:stɔ̃:(ŋ), -tɔ́(:)ŋ | kɔ́:nɪtəpístənz, -nət-; F. kɔrnɛ́apistɔ̃] 〘▭ F ~ 'cornet with piston'〙 — *n.* (*pl.* **cornets-** [~, -néts- | ~, -nɪts-, -nəts-; F. kɔrnɛzapistɔ̃]) ＝cornet[1] 1 a.

cor·net·cy [kɔ́ənɪtsi, -nət-, kɔənét- | kɔ́:nɪtsɪ, -nət-] 〘⇨ cornet[2], -cy〙 *n.* 《英古》騎兵旗手職[役].

cornét·fish 〘⇨ cornet[1]: 吻が長いところから〙 *n.* 〘魚類〙ヤガラ《熱帯海域にすむヤガラ科の吻の細長い魚の総称; flutemouth ともいう》.

cor·nét·ist [-ṭɪst, -ṭəst | -tɪst] *n.* コルネット(独)奏者.

cor·nett [kɔənét | kɔ́:nɪt, -nət] *n.* ＝cornet[1] 1 b.

cor·nette [kɔənét | kɔ:-] *n.* ＝cornet[2] 1.

cor·nét·tist [-ṭɪst, -ṭəst | -tɪst] *n.* ＝cornetist.

cor·net·to [kɔənéṭou | kɔ:nétəu; *It.* kornétto] (*pl.* **-net·ti** [-ti:; *It.* -ti]) ＝cornet[1] 1 b.

córn exchànge *n.* 《英》穀物取引所.

córn-fàctor *n.* 《英》穀物問屋, 穀類仲買商.

córn-fèd 〘《*a*1400》〙 — *adj.* **1** 〈家畜など〉トウモロコシで養った. **2** 太った, 肥えた (plump). **3** 《俗》田舎じみた; 粗野な.

córn·fìeld *n.* **1** 《英》麦畑. **2** 《米》トウモロコシ畑.

córnfield ànt *n.* 〘昆虫〙北米産の暗褐色のケアリの一種 (*Lasius alienus*) 《corn-root aphid をトウモロコシや綿に運ぶ》.

córn flàg *n.* 〘植物〙 **1** ＝gladiolus 1. **2** ＝yellow iris.

córn·flàkes *n. pl.* コーンフレーク《トウモロコシの粗挽き粉で作った薄片状の加工食品; 牛乳と砂糖をかけて通例朝食に食べる》.

córn flòur *n.* **1** トウモロコシ粉. **2** 《英》＝cornstarch.

córn·flòwer 〘穀物畑に生えることから〙 — *n.* **1** 〘植物〙 **a** ＝corncockle. **b** ヤグルマギク (*Centaurea cyanus*) 《blue bottle ともいう》. **c** ＝strawflower. **2** 赤味を帯びた青色《ヤグルマギクの花の色; cornflower blue ともいう》.

córn grìts *n. pl.* [単数または複数扱い] 《米》ひき割りトウモロコシ (hominy).

córn grómwell *n.* 〘植物〙イヌムラサキ (*Lithospermum arvense*) 《ヨーロッパ原産のムラサキ科の小さな一年草; 花は白い; bastard alkanet ともいう》.

córn·hùsk *n.* 《米》トウモロコシの皮.

córn·hùsker *n.* 《米》トウモロコシの皮をむく人[機械].

Córnhusker Státe 〘トウモロコシを多く産することから〙 *n.* [the ~] 米国 Nebraska 州の俗称.

córn·hùsking *n.* 《米》 **1** トウモロコシの皮むき **2** ＝husking bee.

cor·nice [kɔ́ənɪs, -nəs, -nɪʃ | kɔ́:nɪs] 〘《1563》 ▭ F 《廃》 ~ ▭ It. *cornice* 《混成》? ← L *cornic-, cornix* crow＋Gk *korōnis* coping stone〙 — *n.* **1** 〘建築〙 **a** コーニス, 軒蛇腹(じゃばら) 《entablature の最上部を構成する突出部; ⇨ entablature 挿絵》. **b** (室内で, 天井と壁の境の)蛇腹. **2** 〘登山〙雪庇(せっぴ) 《絶壁のがけ端にひさし状に凍りついている雪や雪氷の層》. — *vt.* …に(軒)蛇腹[コーニス]を付ける.

cor·niche [kɔəní:ʃ, kɔ́ənɪʃ | kɔ́:nɪʃ, kɔ:ní:ʃ; *F.* kɔrniʃ] 〘▭ F ~ 《原義》 cornice ▭ It. *cornice* 'CORNICE'〙 *n.* 崖っぷちの道《corniche road ともいう》.

cor·ni·cle [kɔ́ənɪkḷ, -nə- | kɔ́:nɪ-] 〘▭ L *cornicul-um* little horn ← *cornū* 'HORN': ⇨ -cle〙 — *n.* 〘昆虫〙背管《アリマキの腹部の端から出ている角状管(あやまって蜜管 (honey tube) といわれていた)で, ここから蠟質の物質が分泌して外敵を防ぐ》.

cor·nic·u·late [kɔənɪ́kjulət, -lɪt, -lèɪt | kɔ:-] 〘← L *corniculum* (↑)＋-ATE[2]〙 *adj.* 角のある; 小角状突起のある.

corníсulate cártilage *n.* 〘動物〙小角軟骨.

cor·ni·fi·ca·tion [kɔ̀ənəfɪkéɪʃən, -fə- | kɔ̀:nɪfɪ-] 〘← L *cornū* 'HORN'＋-FICATION〙 *n.* 〘動物〙角質化, 角化.

cor·ni·fy [kɔ́ənəfàɪ | kɔ́:nɪ-] 〘← L *cornū* (↑)＋-FY〙 *vi.* 角質化する.

Cor·nish [kɔ́ənɪʃ | kɔ́:-] 〘《?*a*1400》← CORN(WALL)＋-ISH[1] ∽ ME *Cornwalish*〙 — *adj.* **1** 英国コーンウォール (Cornwall) の. **2** コーンウォール人[語]の. — *n.* **1** コーンウォール語《ケルト語の方言で 18 世紀まで話されていた》. **2** コーニッシュ《英国産の肉用の一品種のニワトリ》.

Córnish créam *n.* Cornwall 地方特産の凝固した濃厚なクリーム (clotted cream).

Córnish·man [-mən] 〘《15C》〙 *n.* (*pl.* **-men** [-mən, -mèn]) コーンウォール人.

Córnish pásty *n.* 調理した肉や野菜を, 小麦粉の生地で半円形に包んで焼いた Cornwall 地方のパイ料理.

Córnish stóne *n.* コーンウォール石《英国の Cornwall と Devonshire に広範囲に産出する陶石で, 英国の陶磁器に多量に用いられる》.

córn jùice *n.* ＝corn whiskey.

córn·lànd *n.* 穀類生産に適した土地, 穀倉地.

Córn Làw *n.* [the ~] (英国の)穀物法《穀類の輸入に重税を課した法律; 15 世紀以来数回発布されたが, 特に 1815 年制定のものは国民の不満を招き, Anti-Corn-Law League が結成されて, 1846 年廃止》.

córn lèaf áphid *n.* 〘昆虫〙トウモロコシアブラムシ (*Rhopalosiphum maidis*) 《穀類の花穂に寄生し大害を及ぼす》.

córn lìly *n.* 〘植物〙＝ixia.

córn lìquor *n.* ＝corn whiskey.

córn·lòft *n.* 穀倉 (granary).

córn màrigold *n.* 〘植物〙アラゲシュンギク, リュウキュウシュンギク, クジャクギク (*Chrysanthemum segetum*) 《ヨーロッパ・アジアの畑地に生えるキク科キク属の雑草; ヒナギクに似た一年草; 花は白または黄》.

córn màrket *n.* 《英》穀物市場.

córn màyweed *n.* 〘植物〙 **1** キゾメカミルレ (field chamomile). **2** イヌカミルレ (*Matricaria inodora*) 《ヨーロッパ原産の白い花が咲くキク科の一年草》.

córn mèal *n.* **1** 《英》ひき割り穀粉《つぶし麦・ひき割り麦など》. **2** 《米》ひき割りトウモロコシ, コーンミール (Indian meal). **3** 《スコット》＝oatmeal.

córn mìll 〘《15C》〙 *n.* **1** 《英》(小麦の)製粉機 (flour mill). **2** 《米》トウモロコシ粉砕機.

córn mìnt *n.* 〘植物〙ハッカ (*Mentha arvensis*).

córn-mòth *n.* 〘昆虫〙コクガ (*Tinea granella*) 《ヒロズコガ科の昆虫; 幼虫は穀物や穀粉およびその製品を食害する; field mint ともいう》.

córn òil *n.* コーンオイル, トウモロコシ油《トウモロコシの穀粒の胚芽からとった淡黄色の油; サラダ油・石鹸などに使う; maize oil ともいう》.

cor·no·pe·an [kɔənə́piən, kɔənóupiən | kənə́upjən, kɔ:-, -pɪən] 〘▭ It. ~ ← *corno* (＜ L *cornū* 'HORN')＋*pean* (⇨ paean)〙 — *n.* **1** 《英》コルネット (cornet). **2** (オルガンの)コルネット音栓.

córn pàrsley *n.* 〘植物〙ヨーロッパ産のセリ科の野生のパセリ (parsley) の一種 (*Petroselinum segetum*).

córn pìcker *n.* 《米》トウモロコシ刈取機《立っているトウモロコシの茎から実をとり皮をはがす》.

córn pòne *n.* 《米南部・中部》トウモロコシパン (corn bread) 《特に牛乳・卵などを加えず, てのひらでまとめた素朴なパン》.

córn pòppy *n.* 〘植物〙ヒナゲシ (*Papaver rhoeas*) 《ヨーロッパ原産のケシ科の一年草; 観賞用に植えるが畑の雑草としても広がる; field poppy, Flanders poppy ともいう》.

córn-ròot àphid *n.* 〘昆虫〙北米産のオマルアブラムシの一種 (*Anuraphis maidiradicis*) 《トウモロコシや綿の根を食い, 移住や保護は cornfield ant に頼る》.

córn ròotworm *n.* 〘昆虫〙北米産ハムシモドキ科 *Diabrotica* 属のウリハムシの一種《その幼虫はトウモロコシなどの根を食害する》.

córn ròse *n.* 〘植物〙 **1** ＝corn poppy. **2** corn cockle.

corn·ròw [-ròu | -rəu] 〘← CORN[1]＋ROW[1]〙 《米》 — *vt., vi.* (髪を)コーンロー型に編む. — *n.* コーンロー型《幾つもに分けた髪を細長く編んで, 頭の左右に並べまたは垂らしたヘアスタイル》.

córn sàlad 〘穀物畑に自生することから〙 — *n.* 〘植物〙ノヂシャ (*Valerianella olitoria*) 《ヨーロッパ原産のオミナエシ科の多年草でサラダ用に栽培; lamb's-lettuce ともいう》.

córn shòck *n.* 《米》(乾燥させるための)トウモロコシの刈束の山.

córn sìlk *n.* 《米》トウモロコシの毛《絹糸状の花柱; 受粉の働きをする》.

córn smùt *n.* 《米》〘植物病理〙トウモロコシのお化け《黒穂(くろほ)菌 (*Ustilago zeae*) がトウモロコシに寄生し種子を黒変させ, 炭状のこぶができたもの》.

córn snàke 〘トウモロコシ畑によくいることから〙 *n.* 〘動物〙アカダイショウ (*Elaphe guttata*) 《北米産の無毒のヘビ; 黄または灰色の地に赤い斑点がある》.

córn snòw *n.* 〘スキー〙ざらめ雪《spring corn, spring snow ともいう; cf. powder snow》.

córn spùrry *n.* 〘植物〙ノハラツメクサ (⇨ spurry).

córn·stàlk 〘ME〙 *n.* **1** 《英》麦の茎. **2** 《米》トウモロコシの茎. **3** 《豪口語》のっぽ《オーストラリア生れの白人のあだ名》.

córn·stàrch *n.* コーンスターチ《トウモロコシからとった澱粉; プディングや煮汁, ソースなどに濃度をつける; また糊料としても用いる》.

córn·stòne *n.* 〘岩石〙コーンストーン《赤と緑の斑点のある石灰岩; 英国の旧赤色砂岩 (Old Red Sandstone) の下層にある》.

córn sùgar *n.* 〘化学〙＝dextrose.

córn sỳrup *n.* 《米》コーンシロップ《トウモロコシの澱粉を部分加水分解して作るシロップ》.

cor·nu [kɔ́ən(j)u: | kɔ́:nju:] 〘▭ L *cornū* 'HORN'〙 *n.* (*pl.* **-nu·a** [-njuə | -njuə]) **1** 角(つの) (horn). **2** 〘解剖〙角; 角状突起. **cór·nu·al** [-njuəl | -nju-] *adj.*

cor·nu·co·pi·a [kɔ̀ənəkóupiə, -nju- | kɔ̀:njukə́upjə, -pɪə] 〘《1592》 ▭ LL *cornūcōpia* ＝ L *cornū cōpiae* horn of plenty: ⇨ cornu, copious〙 — *n.* **1** 〘ギリシャ神話〙豊饒(ほうじょう)の角(つの)《幼い Zeus に乳を与えたやぎ Amalthaea の角; その所有者が欲しい物はなんでも豊富に作りだす; horn of plenty ともいう》. **2 a** 角の中から花や果物や穀物があふれ出ている形を表わした絵や彫刻《物の豊かな象徴》. **b** 豊かな貯え; 豊富, 豊穣 (abundance). **3 a** 角(つの)形[円錐形]の容器. **b** (キャンデーなどを入れる)三角形の紙袋. **còr·nu·có·pi·an** [-piən | -pjən, -pɪən] *adj.*

cornucopia 2 a

cornucópia lèg *n.* 角(つの)形脚《特に, ディレクトワール (Directoire) およびアンピール (Empire) 様式のソファーに用いられた下方へ彎曲しある点で再び巻き上げるやぎの角形をした短い脚》.

cornucópia sòfa *n.* 脚部を豊饒(ほうじょう)の角形に彫刻したアンピール (Empire) 様式のソファー.

Cór·nu spíral [kɔ́ən(j)u:- | kɔ́:nju:-; *F.* kɔrny-] 〘←

Marie A. Cornu (1841-1902: フランスの物理学者)〗 ― *n.* 〘物理〙コルニュ螺旋《Cornu が導いた, 二つのある関数の対応する積分値を直交座標の横軸・縦軸にプロットした時に, 一, 三象限に生じる原点に関し対象な螺旋図形で, フレネル回折 (Fresnel diffraction) の計算に用いられる》.

cor·nute [kɔənˈ(j)úːt | kɔːnjúːt] 〚□ L *cornūt-us* ← *cornū* 'HORN'〛 *adj.* 〘植物〙 = cornuted. ― *vt.* 《古》〈妻が〉〈夫〉に不義をする.

cor·nút·ed [-tɪd, -ṭəd | -tɪd, -təd] *adj.* **1** 角(³)のある, 角状突起のある; 角状の. **2** 《古》〈夫が〉(妻に)不義をされた, 間男された.

cor·nu·to [kɔənúːṭou | kɔːnúːtəu] 〚□ It. ~ 《原義》 the horned one ← L *cornūtus* (⇨ cornute)〛 *n.* (*pl.* ~**s**) 《古》寝取られ[間男された]男 (cuckold).

Corn·wall [kɔ́ənwɔːl, -wəl | kɔ́ːnwəl] 〚← OE *Cornwēalas* 《原義》 the Welsh people in Cornwall ← OCelt. **Kornovjos* ← L *cornū* 'HORN' (cf. Celt. *corn* horn, headland): ⇨ Welsh〛 ― *n.* イングランド南西端の州; Great Britain 島の最西端 Land's End と最南端 Lizard Point がある; 古くから Celt 文化が開け, 風光の美と歴史的遺跡に富む; 人口 414,000, 面積 3,549 km², 首都 Bodwin [bádwɪn, -wən | bɔ́dwɪn], 行政中心地 Truro [trú(ə)rou | trúərəu]; cf. Cornish.

Corn·wal·lis [kɔənwálɪs, -wɔ́(ː)l-, -ləs | kɔːnwɔ́lɪs], **Charles** *n.* (1738-1805) 英国の将軍・政治家; 米国独立戦争鎮圧に派遣されたが, 1781 年 10 月 19 日 Virginia 州の Yorktown で Washington に降伏, のちインド総督, アイルランド総督として功績を残した; 称号 1st Marquis Cornwallis.

córn whìskey *n.* 《米》コーンウイスキー《トウモロコシを原料の 80% 以上用いて発酵させ蒸留して造るウイスキー; cf. bourbon whiskey》.

corn·y¹ [kɔ́əni | kɔ́ːnɪ] 〚《*c*1390》 ← CORN¹ + -Y⁴〛 ― *adj.* (**corn·i·er, -i·est; more ~, most ~**) **1** 穀類の; 穀物の多い. **2** 《口語》 **a** つまらない, ばかげた, 古くさい (cf. corn¹ 6 a): a ~ joke. **b** 郷愁を誘うような, (わざとらしく)感傷的な, メロドラマ的な, 型通りのお涙頂戴式の (cf. corn¹ 6 b, sweet 5). **3** 《古》麦芽の味が強い. **córn·i·ly** [-nɪli, -nə-, -nḷi | -nɪlɪ, -nə-, -nḷi] *adv.* **córn·i·ness** *n.*

corn·y² [kɔ́əni | kɔ́ːnɪ] 〚← CORN² + -Y⁴〛 *adj.* (**corn·i·er, -i·est; more ~, most ~**) うおのめ[たこ]の(ような); 底まめ[たこ, うおのめ]のできた.

cor·o·dy [kɔ́(ː)rədi, kár- | kɔ́rədɪ] 〚《1412》 □ AF *corodie* ∥ ML *corrōdi-um, corrēdi-um* provision ← OF *conreer* (F *corroyer*) to prepare, furnish: cf. curry²〛 ― *n.* 《古》《英法》(国庫から支給される一定の金額または衣食住の)受領権; (衣食住の)支給.

co·ro·jo [kəróuhou | -ráuhəu; *Am. Sp.* koróxo] *n.* (*pl.* ~**s**) = corozo.

corol. 《略》 corollary.

cor·o·lit·ic [kɔ̀(ː)rəlíṭɪk, kàr- | kɔ̀rəlít-] 〚□ F *corollitique* ← *corolle* < L *corollam*: ⇨ corolla; -itic〛 *adj.* 〘建築〙〈柱が〉葉飾りの施された.

coroll. 《略》 corollary.

co·rol·la [kərálə | -rɔ́lə] 〚《1671》 □ L ~ (dim.) ← *corōna* 'CORONA, CROWN'〛 *n.* 〘植物〙花冠 (cf. calyx).

cor·ol·la·ceous [kɔ̀(ː)rəléɪʃəs, kàr- | kɔ̀r-] 〚⇨ ↑, -aceous〛 *adj.* 〘植物〙花冠のある, 花冠状の.

cor·ol·lar·y [kɔ́(ː)rəlèri, kár- | kərɔ́lərɪ] 〚《*c*1380》 *corolarie* □ LL *corollāri-um* corollary, L money paid for a garland, gift ← L *corolla*: ⇨ corolla, -ary〛 ― *n.* **1 a** 自然[当然]に引き出せる結論; (必然的な)結果 (result). **b** 付随するもの, 付随物. **2** 推論 (inference). **3** 〘数学〙系《定理から自然に引き出される付随的な結論》. ― *adj.* **1** 結果として生じる; 結果の (resultant). **2** 付随する, 付随して生じる.

co·rol·late [kərálert, kɔ́(ː)rəlèɪt, kár-, -lət, -lɪt | kərɔ́leɪt, kɔ́rəlèɪt, -lət, -lɪt] 〚← COROLLA + -ATE²〛 *adj.* 〘植物〙花冠 (corolla) のある.

co·rol·lat·ed [kərálerṭɪd, kɔ́(ː)rəlèɪṭ-, kár-, -ṭəd | kərɔ́leɪt-, kɔ́rəleɪt-] *adj.* 〘植物〙 = corollate.

cor·o·man·del [kɔ̀(ː)rəmǽndḷ, kàr- | kɔ̀rə-] 〚↓〛 ― *n.* 〘植物〙クロガキ (*Diospyros melanoxylon*)《東インド産カキノキ科コクタンの類の植物; 家具や楽器等の用材になる; coromandel ebony ともいう》.

Cor·o·man·del Coast [kɔ̀(ː)rəmǽndḷ-, kàr- | kɔ̀rə(ʊ)-] *n.* [the ~] コロマンデル海岸《インド南東海岸; Calimere [kǽləmɪə | -lɪmɪə(r)] 岬から Kistna 川の河口まで》.

co·ro·na [kəróunə | -ráʊ-] 〚《1658》 □ L *corōna* crown: CROWN と二重語〛 ― *n.* (*pl.* ~**s**, **co·ro·nae** [-niː]) **1 a** 王冠状のもの. **b** (教会堂の天井からつるす)円形のシャンデリア. **c** 聖職者の剃髪の丸い剃りあと (tonsure). **2** 〘天文〙コロナ, 光冠《太陽光球外方にひろがる高温できわめて希薄なガス体, 皆既日食で見られる》. **3** 〘気象〙光環, かさ《太陽・月のすぐ回りに見られる光輪で気象学的な現象; cf. halo 1》. **4** 〘建築〙頂冠帯, コロナ《軒のコーニス (cornice) の突出部》. **5** 〘動物・解剖〙冠(³) (crown). **6** 〘植物〙(スイセンなどにみられる)副花冠, 副冠. **7** 〘電気〙コロナ《電界の強いところだけで局部的に発生する放電現象》. **8** [C-] 〘商標〙コロナ《ハバナ葉巻の優等品》. **9** 〘カトリック〙ロザリオの五つの玄義. **10** 〘教会〙司教冠などの下部をかこむ黄金色の線. **11** 〘金属加工〙(点溶接した周辺の)盛り上り.

Coróna Aus·trá·lis [-ɔːstréɪlɪs, -ɑːs-, -ləs | -ɔːs-tréɪlɪs, -ɔs-] 〚□ L *Corōna Austrālis* Southern Crown〛 ― *n.* 〘天文〙みなみのかんむり(南冠)座《射手(³)座の南にある南天の星座; the Southern Crown ともいう》.

Coróna Bo·re·á·lis [-bɔ̀ːriǽlɪs, -bɔ̀ːr-, -éɪl-, -ləs | -bɔ̀ːriǽlɪs, -éɪl-] 〚□ L *Corōna Boreālis* Northern Crown〛 *n.* 〘天文〙きたのかんむり(北冠)座《牛飼い座とヘルクレス座との間にある小星座; the Northern Crown ともいう》.

cor·o·nach [kɔ́(ː)rənək, kár-, -nəx | kɔ́rənək, -nəx, -nǽk] 〚《1500-20》 □ Gael. *corranach* ← *comh-* together + *rànach* wailing〛 ― *n.* コロナッハ《スコットランド・アイルランドで, バグパイプで歌わ[演奏さ]れる)葬い歌[哀悼歌, 挽歌]》; その歌い手.

coróna discharge *n.* 〘電気〙コロナ放電《高圧送電線などの高電界部分の局部的な電離による放電で, 雑音や送電損失の原因となる》.

Co·ro·na·do [kɔ̀(ː)rənáːdou, kàr- | kɔ̀rənáːdəu; *Sp.* kòronádo], **Francisco Vás·quez de** [báskeθ de] *n.* コロナド《1510-?49; スペインの探検家; 米国南西部を探検》.

coronae *n.* corona の複数形.

coronae radiatae *n.* corona radiata の複数形.

co·ro·na·graph [kəróunəgræ̀f | -ráʊnəgrɑ̀ːf, -græ̀f] 〚← CORONA + -GRAPH〛 *n.* 〘天文〙コロナグラフ《皆既日食時外にコロナを観測する装置》.

cor·o·nal 〚《*c*1330》 □ AF ~ □ L *corōnāl-is* of a crown: ⇨ corona, -al¹〛 ― [kɔ́(ː)rənḷ, kár- | kɔ́rə-, kərə́ʊ-] *adj.* **1** 王冠の. **2** [kɔ́(ː)rənḷ, kár-, kəróunḷ | kərə́ʊnḷ] 〘天文〙コロナの, 光環の. **3** 〘解剖〙頭頂の; 冠の; 冠状縫合の[に沿った]. **4** 〘植物〙花冠の; 副冠の. **5** 〘音声〙 **a** = apical 2. **b** = retroflex 2. ― [kɔ́(ː)rənḷ, kár- | kɔ́r-] *n.* **1** (宝石・黄金などの)飾環, 宝冠 (circlet, coronet). **2** (頭につける)花冠.

córonal súture *n.* 〘解剖〙冠状縫合.

coróna ra·di·á·ta [-rèɪdiéɪṭə, -áːṭə | -dɪéɪtə, -áːtə] 〚← NL *corōna radiāta*: ⇨ corona, radiate〛 *n.* (*pl.* **coronae ra·di·a·tae** [-éɪtiː, -áːtaɪ]) 〘解剖〙放線冠.

cor·o·nar·y [kɔ́(ː)rənèri, kár- | kɔ́rənərɪ] 〚□ L *corōnāri-us*: ⇨ corona, -ary〛 ― *adj.* **1** 冠 (crown) の, 冠状の: a ~ laurel 月桂冠. **2** 〘植物〙花冠の; 副冠の. **3** 〘解剖〙 **a** 冠状の. **b** 冠状血管[動脈]の. **c** 心臓の: ~ trouble 心臓病. ― *n.* **1** 〘病理〙 = coronary thrombosis. **2** 〘解剖〙 = coronary artery.

córonary ártery *n.* 〘解剖〙(心臓の)冠状動脈.

córonary cúshion [bánd] *n.* 〘獣医〙蹄冠(帯), 馬蹄輪《coronary ring, hoof ring ともいう》.

córonary insuffíciency *n.* 〘病理〙冠(動脈)不全.

córonary occlúsion *n.* 〘病理〙冠(状)動脈閉塞(³)(症).

córonary ríng *n.* 〘獣医〙 = coronary cushion.

córonary sínus *n.* 〘解剖〙冠状(静脈)洞.

córonary thrombósis *n.* 〘病理〙冠(状)動脈血栓(症).

córonary véin *n.* 〘解剖〙(心臓の)冠状静脈.

cor·o·nate [kɔ́(ː)rənèɪt, kár- | kɔ́r-] 〚□ L *corōnāt-us* (p.p.) ← *corōnāre* 'to CROWN': ⇨ corona, -ate²·³〛 ― *vt.* …に冠を戴かせる (crown). ― *adj.* 〘生物〙 = coronated.

cór·o·nàt·ed [-ṭɪd, -ṭəd | -tɪd, -təd] *adj.* 〘生物〙冠または副花冠 (corona) を戴いた, 冠状部のある.

cor·o·na·tion [kɔ̀(ː)rənéɪʃən, kàr- | kɔ̀r-] 〚《*c*1400》 □ (O)F ~ ∥ ML *corōnātiō(n-)*: ⇨ coronate, -ation〛 ― *n.* **1 a** 戴冠(³); 即位. **b** (美人コンクールなどの優勝者への)冠の授与. **c** 戴冠式, 即位式. **2** 完成をもたらすもの.

coronátion óath *n.* 戴冠(³)式の宣誓《帝王が戴冠式に際して憲法および法律を守ることなどを誓う》.

Coronátion Stóne *n.* [the ~] 即位の石 (⇨ the Stone of SCONE).

cor·o·ner [kɔ́(ː)rənə, kár- | kɔ́rənə(r)] 〚《?*c*1350》 □ AF *corouner* officer of the crown ← OF *corone* 'CROWN'〛 ― *n.* **1** 検視官. ★ 米国のいくつかの州ではこの呼称は廃して medical examiner という. **2** (もと英国の)訴訟補佐官, 王室財産管理官《中世に国王裁判所関係の訴訟の準備作業を行なうとともに, 国王に帰属する変死人の財産や漂着物, 難破物などの管理にあたった》.

córoner·shìp *n.* 検視官の職[任期].

córoner's ínquest *n.* 検視《検視法廷で行なわれる死因調査》.

cor·o·net [kɔ̀(ː)rənét, kàr-, ∸∸∸ | kɔ́rənɪt, -nèt, -nət] 〚《?*a*1400》 *corounet* □ OF *coronet(t)e* (dim.) ← *corone* 'CROWN': ⇨ -et〛 ― *n.* **1** (君主の下の位の貴族・王族がつける小型の)宝冠, コロネット. **2 a** コロネット状のもの. **b** (婦人の礼装用の)冠状頭飾り. **c** 花冠. **d** (馬の)蹄冠. **e** 〘動物〙コロネット《シカの枝角の基部にある環状の部分》. **3** 〘建築〙(ドアや窓などの上の方にペディメント (pediment) のように施された)装飾. **4** 〘紋章〙宝冠図形.

coronet of rank 〘紋章〙位階(王・皇太子・王妃・公・伯等)を示す宝冠図形《achievement のアクセサリーに使用される》.

córonet bráid *n.* 編んで宝冠のように載せるヘアスタイル.

còr·o·nét·ed [-ṭɪd, -ṭəd | -tɪd, -təd] *adj.* (*also* **cor·o·net·ted** [~]) 宝冠を戴いた; 貴族の.

cor·o·ni·tis [kɔ̀(ː)rənáɪṭɪs, kàr-, -ṭəs | kɔ̀rənáɪtɪs] 〚← *coron(ary cushion)* + -ITIS〛 *n.* 〘獣医〙蹄冠炎.

co·ro·no·graph [kəróunəgræ̀f | -ráʊnəgrɑ̀ːf, -græ̀f] *n.* 〘天文〙 = coronagraph.

cor·o·noid [kɔ́(ː)rənɔ̀ɪd, kár- | kɔ́r-] 〚← Gk *korṓnē* crow + -OID〛 *adj.* 〘解剖〙 **1** 鉤状の, 烏のくちばし状の, 烏喙(³)状の. **2** 冠形の.

cor·o·plast [kɔ́(ː)rəplæ̀st, kár- | kɔ́r-] 〚← Gk *kóro* boy + -PLAST〛 ― *n.* (古代ギリシャの, テラコッタまたは蠟製の)女性小人像の製作者. **cor·o·plas·tic** [kɔ̀(ː)rəplǽstɪk, kàr- | kɔ̀r-] *adj.*

Co·rot [kəróu, kɔ(ː)- | kɔ́rəu; *F.* kɔro], **Jean Baptiste Camille** *n.* コロー《1796-1875; フランスの風景画家; cf. Barbizon school》.

cò·rótate *vi.* 同時に[同じ速さで]回転する. **cò·ro·tátion** *n.*

co·ro·zo [kəróusou | -ráusəu; *Am. Sp.* koróso] 〚《1760-72》 □ S-Am.-Ind. ~ □ Sp. *corojo* fruit〛 ― *n.* (*pl.* ~**s** [~z; *Am. Sp.* ~s]) **1** 〘植物〙ゾウゲヤシ (ivory palm). **2** ゾウゲヤシの実《ivory nut, corozo nut ともいう》.

corp., Corp. 《略》 corporal; corporation.

corpora *n.* corpus の複数形.

corpora allata *n.* corpus allatum の複数形.

corpora callosa *n.* corpus callosum の複数形.

corpora cardiaca *n.* corpus cardiacum の複数形.

corpora delicti *n.* corpus delicti の複数形.

corpora juris *n.* corpus juris の複数形.

cor·po·ral¹ [kɔ́əp(ə)rəl | kɔ́ː-] 〚《1579》 □ F ~ 《変形》 ← *caporal* □ It. *caporale* ← *capo* < L *caput* head: CORPS との連想による〛 ― *n.* **1** 〘米陸軍・海兵隊〙伍(³)長《最下位の下士官》. **2 a** (英陸軍などの)伍長. **b** 〘英海軍〙 = ship's corporal. **3** 《米》〘魚類〙 = fallfish.

cor·po·ral² [kɔ́əp(ə)rəl | kɔ́ː-] 〚《*c*1390》 □ OF ~ (F *corporel*) □ L *corporālis* bodily ← *corpor-, corpus*: ⇨ corpus, -al¹〛 ― *adj.* **1** (人間の)身体上の (bodily), 身体の[に関する]; 肉体の (physical): ~ defects 肉体的欠陥 / ~ injuries 〘法律〙身体傷害 / ~ pleasure 肉体的快楽. **2** 《まれ》個人の (personal): a ~ possession 私有物. **3** 《廃》物質的な (corporeal). **4** 〘動物〙(頭部手足を除いた)胴体の. **~·ly** *adv.*

cor·po·ral³ [kɔ́əp(ə)rəl | kɔ́ː-] 〚《1381》 □ (O)F ~ ∥ ML *corporāl-is* (*palla*), *corporale* (*pallium*) body (cloth: ⇨ pall¹) ← L *corpus* body (↑)〛 ― *n.* 〘キリスト教〙(聖餐式で聖卓上の)パンとぶどう酒をおく白布, 聖餐布; 〘カトリック〙聖体布《ミサの際に祭壇上の聖櫃の前でひろげ, その上に paten と chalice とをおく》.

cor·po·ral·cy [kɔ́əp(ə)rəlsi | kɔ́ːp(ə)rəlsɪ] *n.* = corporalship.

cor·po·ral·i·ty [kɔ̀əpərǽləṭi | kɔ̀ːpərǽlətɪ, -lɪ-] 〚《*a*1398》 □ LL *corporālitās*: ⇨ corporal², -ity〛 ― *n.* **1** 有形[体]的性状, 有体的存在, 有体性. **2** 肉体を備えていること[状態], 肉体性; 肉体 (body).

córporal óath *n.* 〘法律〙神聖な物(聖書など)に実際に手を触れてする誓い.

córporal púnishment *n.* **1** (教師・親が子供に与える)体罰. **2** 体刑《主として笞刑(³)》.

córporal's guárd *n.* **1** 伍(³)長の引率する小分隊. **2** 小人数(の部下).

córporal·shìp *n.* 伍(³)長の階級[任期, 地位].

corpora lutea *n.* corpus luteum の複数形.

corpora striata *n.* corpus striatum の複数形.

cor·po·rate [kɔ́əp(ə)rət, -rɪt | kɔ́ː-] 〚《1509》 □ L *corporāt-us* embodied (p.p.) ← *corporāre* to form into a body ← *corpor-, corpus* body: ⇨ corpus, -ate²〛 ― *adj.* **1** 団体の, 組合の; 団体的な, 集合的な (collective): ~ personality 集合人格 / ~ property 団体財産 / ~ responsibility (委員会・内閣などの全員に関する)共同責任 / ~ action 共同行為. **2** 法人組織の (incorporated): a body ~ = a ~ body 法人団体 / a ~ town (法人団体である)自治都市 / ~ right(s) 法人権 / in one's ~ capacity 法人の資格で[において]. **3** 〘政治〙 = corporative 2. **~·ness** *n.*

córporate árms *n. pl.* 〘紋章〙公共団体(都市, 教会, 教区, 同業組合, 企業)の紋章.

córporate cóunty *n.* = county corporate.

córporate ímage *n.* (従業員や世間の人がもつ)企業[会社]イメージ.

cór·po·rate·ly *adv.* 法人として, 法人の資格で.

córporate náme *n.* (法律で認められている)団体名, 会社名, 会社の商号.

cor·po·ra·tion [kɔ̀əpəréɪʃən | kɔ̀ː-] 〚《1439》 □ LL *corporātiō(n-)*: ⇨ corporate, -ation〛 ― *n.* **1 a** 〘法律〙社団法人, 法人 (corporate body) (略 corp.): an ecclesiastical [a religious] ~ 宗教法人 / ⇨ private corporation / A ~ has no soul. 《諺》法人団体には魂がない《自然人でなく artificial person だから》. **b** = public corporation. **2** 《米》有限会社, 株式会社 (《英》limited company): a business [steel] ~ 商事[鉄鋼]会社. ★ 《英》では日常語としては単に company を用いる. **3 a** (市)自治体: ⇨ municipal corporation. **b** 市[町]制地区. **4 a** 組合, 団体. **b** 〘政治〙組合《特に組合国家の構成単位となった協調組合・職業組合をさしていう》. **5** [the C-] = CORPORATION of the City of London. **6** 〚CORPULENT などとの連想による〛《口語》太鼓腹 (potbelly).

Corporation of the City of London [the ―] ロンドン市自治体《ロンドン市行政機関; 市長・市参事会・市会から成り, しばしば単に the Corporation という》.

~·al [-ʃənḷ, -ʃnəl] *adj.*

corporátion àggregate *n.* 社団法人, 集合法人.

corporátion còck *n.* 分岐栓(³)《本管から各消費者へ送る水道[ガス]の調節コック》.

corporátion làw *n.* 《米》会社法 (《英》company law).

corporátion làwyer *n.* 《米》会社顧問弁護士.

corporátion sòle *n.* 単独法人《king, pope など》.

corporátion stòp *n.* = corporation cock.

corporátion tàx *n.* 法人税.
cór·po·rat·ìsm [-rɪtìzm, -rə-] *n.* 〘政治〙協調組合主義(方式). **cór·po·rat·ist** [-tɪst, -təst | -tɪst] *n.*
cor·po·ra·tive [kɔ́ːpərèɪtɪv, -p(ə)rət- | kɔ́ːp(ə)rət-, -pərèɪt-] 〘(1833)〙: ⇨ corporate, -ive〙 *adj.* **1** 法人(団体)の. **2** 〘政治〙協調組合主義の.
córporative státe *n.* 〘政治〙組合国家《産業経済の全部門にわたって資本・労働の協調組合が組織され, それら全組合が国家的統制下に組織された国家; イタリアのファッショ国家はこの体制であった》.
cór·po·ràt·iv·ìsm [-vìzm] *n.* 〘政治〙=corporatism.
cor·po·ra·tor [kɔ́ːpərèɪtə | kɔ́ːpərèɪtə(r)] *n.* **1** (自治都市)行政機関の一員. **2** (創立時の)法人[団体]の一員, 法人[会社]設立者 (incorporator).
cor·po·re·al [kɔəpɔ́ːriəl, -pɔ́ːr- | kɔːpɔ́ːrɪ-] 〘(?a1425) ← L *corporeus* of the nature of body (← *corpus* body) + -AL¹〙 ── *adj.* **1** (精神的でない)肉体性の; 身体上の, 肉体的な (bodily). **2** 形而(じ)下の, 物質的な (material). **3** 〘古〙=corporal² 4. **4** 〘法律〙有体の, 有体財産権の[に関する], 有形の (tangible) (cf. incorporeal 3): ~ capital 有形資本 / ~ hereditament 有体相続不動産 / ~ property [movables] 有体財産[動産].
~·ly *adv.* **~·ness** *n.*
cor·po·re·al·i·ty [kɔəpɔ̀ːriǽləti, -pɔ̀ːr- | kɔːpɔ̀ːrɪǽlətɪ, -lɪ-] *n.* 有形[有体]であること[状態]; 肉体としての存在.
cor·po·re·al·ize [kɔəpɔ́ːriəlàɪz, kɔə- | kɔːpɔ́ːrɪ-] *vt.* 物質[有形, 肉体]化する.
cor·po·re·i·ty [kɔ̀əpəríːəti, -réɪə- | kɔ̀ːpəríːətɪ, -ɪtɪ, -réɪətɪ, -réɪɪ-] 〘□ ML *corporeitāt-em*: ⇨ corporeal, -ity〙 *n.* 形体のあること, 形体的存在; 物質性.
cor·po·sant [kɔ́əpəsæ̀nt, -zæ̀nt | kɔ́ː-] 〘(1561) □ Port. *corpo santo* □ L *corpus sanctum* body of a saint〙 *n.* 〘気象〙檣頭(しょうとう)電光 (⇨ St. Elmo's fire).
corps [kɔ́ə, kóə | kɔ́ː(r)] 〘(1711) □ F ~ ← *corps d'armée* army corps: ⇨ corpse〙 ── *n.* (*pl.* ~ [~z]) **1** 〘軍事〙軍団, 兵団《army corps ともいう; ⇨ army 3 ★》; (陸軍の一つの)兵科, 部, 隊: the Army Ordnance [Service] *Corps* 陸軍武器科[戦務]部隊 / the U.S. Marine *Corps* 米海兵隊 / a flying ~ 航空兵科, 航空隊, 飛行隊 / a medical ~ 衛生科 / a staff ~ 参謀部. **2 a** (共通の活動をする)団体, 団: ⇨ diplomatic corps. **b** (ドイツの大学などの)学友会《規律がきわめて厳重なので有名》. **c** 〘バレエ〙=corps de ballet. **3** 〘廃〙=corpse. **4** 〘印刷〙コール《ヨーロッパ式の活字の大きさ表示; 1 ディドーポイント (Didot point) = 0.0148 インチ》.
córps àrea *n.* 〘米軍〙軍管区《もと, 米本土を 9 軍管区に分けた; 今は army area と呼ぶ》.
corps de bal·let [kɔ́ə-də-bæléɪ, kóə- | kɔ́ː-də-bǽleɪ; *F.* kɔːrdəbalɛ] 〘□ F ~ 'company of ballet dancers'〙 ── *n.* (*pl.* ~ [kɔ́ə(z)-, -kóə(z)- | kɔ́ː(z)-; *F.* ~]) 〘バレエ〙群舞を踊る人々.
corps d'e·lite [kɔ́ə-deɪlíːt, kóə- | kɔ́ː-; *F.* kɔːrdelit] 〘□ F ~: ⇨ corps, élite〙 ── *F. n.* (*pl.* ~ [kɔ́ə(z)-, kóə(z)- | kɔ́ː(z)-; *F.* ~]) **1** 選抜隊, 精鋭部隊. **2** 最良のメンバー.
corps di·plo·ma·tique [kɔ́ə-dɪ̀pləmætíːk, kóə- | kɔ́ː-; *F.* kɔːrdiplɔmatik] 〘□ F ~ 'diplomatic corps'〙 *n.* (*pl.* ~ [kɔ́ə(z)-, kóə(z)- | kɔ́ː(z)-; *F.* ~]) 外交団.
corpse [kɔ́əps | kɔ́ːps] 〘(c1275) *cor(p)s* □ OF *cors* (F *corps*) < L *corpus* body〙 ── *n.* **1 a** (通例, 人間の)死体, 死骸, なきがら, しかばね (dead body). **b** 死物と化したもの, なきがらのようなもの. **2** 〘廃〙(人・動物の)からだ (body).
córpse càndle *n.* **1** 人魂(ひとだま) (⇨ fetch candle). **2** 埋葬前の死体の横に置く火をともした蠟燭(ろうそく).
córps·man [kɔ́ə(z)mən, kóə(z)- | kɔ́ː(z)-] *n.* (*pl.* **-men** [-mən, -mèn]) **1 a** 〘米海軍〙衛生員《医官の助手を勤める下士官》. **b** 〘米陸軍〙医務班員, 衛生隊下士官, 衛生兵《第一線に出て負傷兵の応急処置や運搬などに従事する下士官兵》. **2** 軍団[兵科, 隊]の一員.
cor·pu·lence [kɔ́əpjʊləns | kɔ́ː-] 〘(a1398) □ (O)F ~ ∥ L *corpulentia* ← *corpus* body: ⇨ corpus, -ence〙 *n.* 肥満, 肥大 (obesity).
cór·pu·len·cy [-lənsi | -sɪ] *n.* =corpulence.
cor·pu·lent [kɔ́əpjʊlənt | kɔ́ː-] 〘(a1398) □ L *corpulent-us* ← *corpus* body: ⇨ corpus, -ent〙 ── *adj.* **1 a** 肥満した, でぶでぶ太った (fat): a ~ belly 太鼓腹. **b** 大きい (massive). **2** 〘古〙物質的な. **~·ly** *adv.* **~·ness** *n.*
cor pul·mo·na·le [kɔ́ə-pʊ̀lmənáːli, -pʌ̀l-, -néli | kɔ́ː-pʌ̀lmənáːlɪ, -néːlɪ] 〘← NL ~ ← L *cor* 'HEART' + *pulmonale* (⇨ pulmono-, -al¹)〙 ── *n.* (*pl.* **cor·di·a pul·mo·na·li·a** [kɔ́ədiə-pʊ̀lmənáːliə, -pʌ̀l-, -nǽl- | kɔ́ːdɪə-pʌ̀lmənáːlɪə, -djə-, -néɪl-]) 〘病理〙肺性心.
cor·pus [kɔ́əpəs | kɔ́ː-] 〘ME *corps* □ L ~ 'body' ← IE **krep-* body (OF *hrif* belly: cf. midriff)〙 ── *n.* (*pl.* **cor·po·ra** [-p(ə)rə]) **1** 体, 身体 (body); (特に, 人間・動物の)死体 (corpse). **2** (文書などの)集成, 全集: the ~ of Latin poetry ラテン詩全集 / ⇨ corpus juris. **3** (利子・収入などに対する)元金 (principal), 資本 (capital), 基本金. **4** 〘解剖〙体 (body): a ~ adiposum 脂肪体. **5** 〘植物〙内体, コルプス. **6** 〘言語〙コーパス, 言語資料《ある言語または方言の分析・研究の基となる発話・テクストの総体》.
cór·pus al·lá·tum [-əléɪtəm, -əláːt- | -əléɪt-, -əláːt-] 〘← NL ~ 'body applied'〙 ── *n.* (*pl.* **córpora al·lá·ta** [-əléɪtə, -əláːtə | -əléɪtə, -əláːtə]) 〘昆虫〙アラタ体《昆虫の幼虫の頭部にある一種の内分泌腺》.
córpus cal·ló·sum [-kælóʊsəm, -kə- | -lóʊ-] 〘← NL ~ 'callous body'〙 *n.* (*pl.* **córpora cal·lós·a** [-sə]) 〘解剖・動物〙脳梁(りょう), 胼胝(べんち)体 (⇨ brain 挿絵).
córpus car·dí·a·cum [-kaədáɪəkəm | -kaː-] 〘← NL ~ 'cardiac body'〙 ── *n.* (*pl.* **córpora car·dí·a·ca** [-kə]) 〘昆虫〙側心体《昆虫の脳の後部にある一種の内分泌腺》.
Cor·pus Chris·ti¹ [kɔ́əpəs-krísti | kɔ́ːpəs-krístɪ] 〘↓〙 ── *n.* **1** 米国 Texas 州南部の港市; 人口 215,000. **2 a** 英国 Cambridge 大学の学寮の一つ《1352 年創立》. **b** 英国 Oxford 大学の学寮の一つ《1516 年創立》.
Cor·pus Chris·ti² [kɔ́əpəs-krísti | kɔ́ːpəs-krístɪ] 〘(c1378) □ L ~ 'Body of Christ'〙 ── *n.* 〘カトリック〙キリスト聖体の祝日《三位一体主日 (Trinity Sunday) の後の木曜日》.
cor·pus·cle [kɔ́əpʌsl, -pəsl | kɔ́ːpʌsl, ─ ∸ ─] 〘(1660) □ L *corpuscul-um* (dim.) ← *corpus* body: ⇨ corpus, -cle〙 ── *n.* **1** 〘解剖〙(血液やリンパ液に含まれている)小体, 小球: blood ~*s* 血球 / ⇨ red corpuscle, white corpuscle. **2** 〘解剖〙[通例限定詞を伴って] 小体, 微小体: ⇨ Malpighian corpuscle. **3** 〘物理化学〙微粒子, 電子 (electron), 原子 (atom). **cor·pus·cu·lar** [kɔəpʌ́skjʊlə | kɔːpʌ́skjʊlə(r)] *adj.*
corpúscular thèory *n.* [the ~] 〘光学〙(光の)粒子説《emission theory ともいう; cf. wave theory》.
cor·pus·cule [kɔəpʌ́skjuːl | kɔː-] *n.* =corpuscle.
córpus de·líc·ti [-dɪlíktaɪ, -də-, -ti | -dɪlíktaɪ, -tɪ] 〘← NL ~ 'body of the crime'〙 ── *n.* (*pl.* **córpora d-**) **1** 〘法律〙罪の主体, 罪体《犯罪の実質的事実》. **2** 〘俗用〙他殺死体.
córpus jú·ris [-dʒʊ́(ə)rɪs, -rəs | -dʒʊ́ərɪs] 〘□ LL ~ 'body of law'〙 ── *n.* (*pl.* **córpora j-**) 法規類集, 法大全《いくつかの法を集成したものを, さらに包括した書》.
Córpus Júris Ca·nón·i·ci [kənánɪsàɪ, -nə-|-nɔ́nɪ-] 〘□ L ~ 'Body of Canon Law'〙 *n.* 〘カトリック〙カノン法規, 教会法大全.
Córpus Júris Ci·ví·lis [-sɪváɪlɪs, -sə-, -ləs | -sɪváɪlɪs] 〘□ L ~ 'Body of Civil Law'〙 *n.* ローマ法大全 (Justinian Code).
córpus lú·te·um [-lúːtiəm | -tɪ-] 〘← NL ~ 'luteous body'〙 *n.* (*pl.* **córpora lú·te·a** [-tiə | -tɪə]) 〘解剖〙(卵巣の)黄体(おうたい).
córpus stri·á·tum [-straɪéɪtəm | -təm] 〘← NL ~ 'striated body'〙 *n.* (*pl.* **córpora stri·á·ta** [-éɪtə | -tə]) 〘解剖〙(脳の)線条体.
córpus ví·le [-váɪli, -liː | -lɪ] 〘← NL ~ 'worthless body': ⇨ corpus, vile〙 *n.* (*pl.* **córpora víl·i·a** [-vílɪə | -lɪə]) 実験対象として以外は無価値なもの; 実験材料.
corr. 〘略〙correct; corrected; correction; correlative; correspond; correspondence; correspondent; corresponding; corrugated; corrupt; corrupted; corruption.
Corr. 〘略〙Corrigenda.
cor·rade [kəréɪd, kɔː- | kə-, kɔ-] 〘□ L *corrād-ere* ← *cor-* 'COM-' + *rādere* to rub〙 〘地質〙 ── *vt.* 〈河流が〉〈岩石を〉すりへらす (wear away). ── *vi.* (河流・風などで)〈岩石が〉すりへる, くずれ落ちる.
cor·ral [kəræ̀t, kɔː-, -rél | kɔrάːl] 〘(1582) □ Sp. ~ 'enclosure' ← ? *corro* circle, ring of spectators ← L *currere* to run: cf. kraal〙 ── *n.* **1 a** 〘米〙(家畜を入れる)柵(さく)囲い (enclosure), おり (pen), 畜舎. **b** (象など野獣を生捕りにする)囲い柵. **2** (夜営中防御のために)荷車を周囲に配置して作った陣営, 車陣 (cf. laager). ── *vt.* (**cor·ralled**; **-ral·ling**) **1** 囲いに入れる, おりに入れる; (柵内に)閉じ込める (coop up). **2** 〈荷車を〉円陣に作る. **3** 〘米口語〙**a** 捕える, 生捕る (capture). **b** 集める (gather).
cor·ra·sion [kəréɪʒən, kɔː- | kə-, kɔ-] 〘□ L **corrāsiō(n-)* ← *corrāsus* (p.p.) ← *corrādere* 'to CORRADE': ⇨ -sion〙 ── *n.* 〘地質〙削磨(さくま)《土砂・小石などを含んだ流水などの侵食作用; cf. erosion》. **cor·ra·sive** [kəréɪsɪv, kɔː-, -zɪv | kəréɪs-, kɔ-] *adj.*
cor·rect [kərékt] 〘(adj.: 1676; v.: 1345–46) □ L *correct-us* (p.p.) ← *corrigere* to make straight, set right ← *cor-* 'COM-' + *regere* to guide (cf. regent)〙 ── *adj.* **1** 事実[真理, (論理的)原理]に合った, 正しい (right), 間違いのない, 正確な (accurate): a ~ answer 正解 / ~ judgment [views] 正しい判断[見解] / the ~ time 正確な時間 / She is ~ in her assumptions. 彼女の推定は正しい. **2** (一般に認められた, または慣習的な)標準に合った, 適切な, 穏当な (proper); 〈文体・会話など〉標準的な, 標準にかなった; 〈振舞い・服装など〉礼節にかなった, 行儀正しい: ~ behavior [manners] 正しい行儀[作法] / a ~ man 行ないの正しい人 / ~ taste いい趣味 / the ~ thing 当を得ていること / do [say] the ~ thing その場に適当なことをする[言う], へまなことをしない[言わない] / What is the ~ dress for a wedding? 結婚式にはどんな服装が正式なのか. **3** 定数[量, 価]の.
── *vt.* **1** 〈誤りを〉直す (rectify); 訂正する, 修正する (amend); 添削する, 校正する: ~ errors [mistakes] in an exercise 練習問題の誤りを直す / ~ a translation, exercises, etc. / ~ a printer's proof [the proof sheets] 校正刷りを校正する. **2** 〈人を〉(矯正しようとして)たしなめる (admonish), 懲らす, 罰する (chastise): ~ a child *for* disobedience 言うことを聞かない子をしかる[懲らす]. **3 a** 〈悪癖・病気などを〉正す, 直す (cure), 矯正する: ~ a bad habit / ~ the curvature in a child's spine 子供の脊髄の彎曲を直す / ~*ed* vision 矯正視力. **b** 感化する, 懲治(ちょうじ)する. **c** 〈悪影響などを〉抑制する. **4** 〈計測値・器械などを〉補正する (adjust): ~ the timing of a watch 時計の進みを補整する / ~ one's watch 時計を合わせる / ~ the chromatic aberration of a lens レンズの色(しき)収差を補正する / ~ a barometer reading to the sea level 晴雨計の示数を水準に合わせて補正する. ── *vi.* 訂正する; 補正する; 調整する.
stand corrected (他人からの)訂正を承認する: I *stand ~ed.* ご訂正の通りです.
~·ness *n.*
cor·rec·ta [kəréktə] 〘□ Am.-Sp. *quiniela correcta* correct quiniela〙 *n.* 〘競馬・ドッグレース〙=perfecta.
cor·rect·a·ble [kəréktəbl] *adj.* 訂正[修正, 補正]できる.
cor·réct·ed áltitude *n.* 〘航空〙修正高度《飛行機の高度計の読みに計測時点での海面上の気圧による補正を加えたもの; cf. absolute altitude》.
corrécted tíme *n.* 〘ヨットレース〙実際に経過した時間からそのボートの一定調整時間を減じたもの.
cor·réct·ing plàte [lèns] *n.* 〘天文〙補正板[レンズ]《シュミットカメラなどに用いて主鏡の収差を補正するレンズ》.
cor·rec·tion [kərékʃən] 〘(c1340) *correccion* □ (O)F *correction* □ L *correctiō(n-)*: ⇨ correct, -tion〙 ── *n.* **1** 訂正(すること), 修正 (amendment); 添削, 校正: put in a necessary ~ 必要な訂正を加える / ~ of exercises 練習問題の添削 / the ~ of proofs 校正 / marks of ~ 添削のしるし, 校正記号. **2** 訂正個所, 訂正の書入れ, 入れた朱筆: make ~*s* on the proof ゲラに訂正書入れをする. **3** 懲らしめ, 罰 (punishment). **4 a** (過誤・悪癖などの)矯正. **b** [しばしば *pl.*] 感化, 懲治(ちょうじ): ⇨ HOUSE of correction. **c** 中和: ~ of acidity in the stomach 胃の中の酸の中和. **5** 〘数学・物理〙補正; 補正項, 補正(のための)値[量]: the ~ for parallax 視差の補正. **6** 〘証券〙(株価などの急騰[急落]後の)訂正安[高].
saving correction 〘(なぞり) ← F *sauf correction*〙《まれ》私に誤りがなければ. ***under correction*** (正確は保証し難いが)誤っていたら直してもらうことにして: speak *under* ~.
~·al [-ʃənl, -ʃnəl] *adj.*
cor·rect·i·tude [kəréktət(j)ùːd | -tɪtjùːd] 〘← CORRECT (v.) + -I- + -TUDE: RECTITUDE からの類推による〙 *n.* (品行・作法などの)方正, 適正.
cor·rec·tive [kəréktɪv] 〘(1533) □ F ~ □ ML *correctīvus*: ⇨ correct, -ive〙 ── *adj.* **1** 矯正する, 矯正力のある; 補正的な (reformative): ~ lenses 補正レンズ / ~ exercises 矯正体操. **2** 〘薬〙中和する 〔*of*〕: be ~ *of* ...を中和する. ── *n.* **1** 矯正[調整]するもの[方策, 手段]: ~*s* of foreign exchange 外国為替調整策《人為的に外国為替の逆調を調整する方法》/ Penalties are ~*s* of faults. 罰があるので過失がなくなる. **2** 調整薬; 中和剤. **~·ly** *adv.* **~·ness** *n.*
corréctive tráining *n.* 〘英法〙矯正教育処分《1948 年の刑事裁判法による処分で, 1967 年法により廃止, 新たに 1973 年刑事裁判所権限法により刑務所にいる期間を延長する処分に代わった》.
cor·réct·ly *adv.* 正しく, 正確に: speak [behave] ~ / spell words ~.
cor·réc·tor 〘(c1378) □ AF *co(r)rectour* □ L *corrēctor*: ⇨ correct, -or²〙 ── *n.* **1 a** 訂正[修正]するもの[人]; 添削者. **b** 検閲官 (censor); 批評家 (critic). **2** 〘英〙=CORRECTOR of the press. **3** 矯正者, 懲治者.
「ともいう」.
corrector of the press 〘英〙校正者《単に corrector
corréctor plàte *n.* 〘天文〙=correcting plate.
Cor·reg·gio [kərédʒoʊ, -dʒiòʊ | -dʒɪòʊ, -dʒəʊ; *It.* korréddʒo], **Antonio Al·le·gri da** [allégrida] *n.* コレッジョ《1494–1534; イタリアの画家》.
correl. 〘略〙correlative; correlatively.
cor·re·late [kɔ́(ː)rəlèɪt, kάr- | kɔ́rɪ-, -rə-] 〘(1643)《逆成》← CORRELATION ∥ CORRELATIVE〙 ── *vi.* 互いに関連する, 相互的関係をもつ 〔*with, to*〕. ── *vt.* **1 a** ...の関連性を示す: ~ parts 部分部分を相関連させる. **b** ...との間の因果関係を示す. **2** 相互的に関連させる, 相関させる 〔*with*〕: ~ one thing *with* another 物を互いに関連させる. **3** 〘地質〙同一の層位学的関係を示す. ── [-lət, -lɪt, -lèɪt] *n.* **1** (親子のような)相互関係のある人[物], 相関者[物]. **2** 〘統計〙相関現象《相関関係 (correlation) のある現象》. ── *adj.* **1** = correlated. **2** 〘地質〙同じ層位の. **cór·re·làt·a·ble** [-təbl | -tə-] *adj.*
cór·re·làt·ed [-tɪd, -təd | -tɪd, -təd] *adj.* 互いに関連のある; 相関関係のある.
cor·re·la·tion [kɔ̀(ː)rəléɪʃən, kὰr- | kɔ̀rɪ-, -rə-] 〘(1561) □ ML *correlātiō(n-)*: ⇨ com-, relation〙 ── *n.* **1 a** 相関させること[する状態]. **b** 相互的関連, 相関関係: bring things into proper ~ 物を正しい相互関係に立たせる / a ~ between the advance of pornography and the decline of society ポルノの進出と社会の下落との相関関係. **2** 〘生物〙関連性, 相関作用: the ~ of growth between hair and teeth 髪と歯の成長の関連性. **3** 〘地質〙(層位の)対比. **4** 〘数学・統計〙相関(関

係)《二つの確率変数の相互の関係》. **~·al** [-ʃənl̩, -ʃnəl] *adj.*
correlátion coeffìcient *n.* 《数学・統計》相関係数《二つの確率変数の相関の程度を表わす数値; coefficient of correlation ともいう》: a ~ table 相関係数表.
correlátion ràtio *n.* 《数学・統計》相関比《相関 (correlation) の程度を表わす数値の一つ; 0 と 1 との間の値をとる》.
cor·rel·a·tive [kərélətɪv, kɔː-|kərélət-, kə-] 〖(1530) ⊏ ML *correlātīv-us*: ⇨ com-, relative〗 ― *adj.* **1** 〔…と〕相関的な, 相互的関係のある〔*with, to*〕: ~ terms 《論理》相関名辞《「父」と「子」など》. **2** 《生物》関連した, 相関の. **3** 《数学》相関的な. **4** 《文法》相関的な: a ~ conjunction 相関接続詞《either…or, neither…nor など》/ a ~ demonstrative 相関指示語《the former…the latter など》/ a ~ word 相関語《either と or, the former と the latter など》. ― *n.* **1** 相関物[者], 相似物. **2** 《文法》相関語. **~·ly** *adv.*
cor·rel·a·tiv·i·ty [kərèlətívəṭi, kɔː-|kərèlətívətɪ, kə-, -vɪ-] *n.* 相関性, 相関関係.
cor·re·spond [kɔ̀(ː)rəspɑ́nd, kɑ̀r-|kɔ̀rɪspɔ́nd, -rəs-] 〖(1529) ⊏ (O)F *correspond-re* ⊏ ML *corrēspondēre* ← *cor-* 'COM-'+L *rēspondēre* 'to answer, RESPOND'〗 ― *vi.* **1** 相応する, 符合する, 一致する (agree)〔*to, with*〕: His words and actions do not ~. 彼の言行は一致しない / Appearance and reality seldom ~. 外見と実際とはめったに一致しない / His expenditures do not ~ *to* his income. 彼の出費は収入に相応しない. **2** 当たる, 相当する; 該当する〔*to*〕: The U.S. Congress ~*s to* the British Parliament. 米国で Congress というのは英国の Parliament に当たる / The broad lines on the map ~ *to* roads. 地図の上の太い線は道路を示す. **3** 文通する〔*with*〕: We rarely meet though we ~ regularly. きまって手紙のやり取りはしているけれども会うことはめったにない. **4** 《数学》対応する〔*to, with*〕.
cor·re·spon·dence [kɔ̀(ː)rəspɑ́ndəns, kɑ̀r-|kɔ̀rɪspɔ́nd-, -rəs-] 〖(1413) ⊏ OF ~: ⇨ ↑, -ence〗 ― *n.* **1 a** 相応(すること[している状態]), 相応関係, 対応, 該当, 一致〔*to, with*〕: the ~ of one's words and actions 言行の一致 / the ~ of a bird's wing *to* a human arm 鳥の翼と人の腕の対応関係. **b** 類似点, 相似点. **2 a** (手紙の交換による)通信, 交信; 文通〔*with*〕: ~ between two persons / be in ~ *with* …と文通している / drop [let drop] one's ~ *with* …との文通を絶つ / enter into ~ *with*…と文通を始める / keep up ~ *with* …と文通を続ける / teach by ~ 通信教育をする. **b** [集合的] 往復信書, 通信文, 書簡 (letters): the ~ of Pope and Swift ポープとスウィフトが取りかわした書簡 / commercial ~ 商業通信(文), 商用文 / have a large ~ 文通が多い. **c** (新聞・雑誌への)投書. **3** 《数学》対応: inverse ~ 逆対応.
correspóndence clèrk *n.* (会社などの)通信係.
correspóndence còllege *n.* 通信教育大学.
correspóndence còlumn *n.* (新聞・雑誌の)投書欄.
correspóndence còurse *n.* 通信教育課程.
correspóndence prìnciple *n.* 《物理》対応原理《古典論によって予言される荷電粒子からの電磁放射を量子論的遷移による電磁放射と対応させること; 一般に量子論における量子数の大きな極限は古典論と一致するという原理; principle of complementarity, principle of correspondence ともいう》.
correspóndence schòol *n.* 通信教育学校 (cf. home study).
correspóndence thèory *n.* 《哲学》対応説《真理論において, 命題の真を実在との一致に求める立場; 整合説 (coherence theory) や, 真を実在解明における命題の有効性に求めるプラグマティズムの真理観と対立する》.
cor·re·spon·den·cy [kɔ̀(ː)rəspɑ́ndənsi, kɑ̀r-|kɔ̀rɪspɔ́ndənsɪ, -rəs-] *n.* ＝correspondence 1.
cor·re·spon·dent [kɔ̀(ː)rəspɑ́ndənt, kɑ̀r-|kɔ̀rɪspɔ́n-, -rəs-] 〖(adj.: *a*1425; n.: *c*1630) ⊏ (O)F ~: ⇨ correspond, -ent〗 ― *n.* **1 a** 手紙を書く人, 通信者: a good ~ 筆まめな人 / a negligent [bad, poor] ~ 通信を怠る人, 筆不精な人. **b** (新聞・雑誌・放送などの)通信員, 特派員; (新聞などへの)投書家[者]: our London ~ わが社のロンドン通信員 / a special ~ 特派(通信)員 / ⇨ war correspondent. **c** (遠い地方にある商社などの)取引先[店], 地方代理店. **2** 相応[一致, 類似]するもの; 該当物, 類似物. ― *adj.* **1 a** 対応する, 見合う, 類似の. **b** 一致[符合]する〔*to, with*〕. **2** 《廃》〔…に〕従う, 従順である (submissive)〔*to*〕. **~·ly** *adv.*
còr·re·spónd·ing 〖(1579)〗 ― *adj.* **1 a** 対応する, 相当する, 該当する, 符合する (equivalent), 類似の (similar)〔*to, with*〕: ~ angles 《数学》同位角 / the ~ sides of two triangles 二つの三角形の対応する辺 / Imports for May this year are larger than for the ~ period of last year. 本年 5 月の輸入高は昨年同期よりも大きい / The gills are ~ *to* our lungs. 鰓(えら)は人間の肺に相当する. **b** 関連する, 付随する: rights and ~ responsibilities 権利とそれに伴う責任. **2** 通信の; 通信担当の: a ~ clerk, secretary, etc. / a ~ member (of a society) (学会の)通信会員, 客員.
còr·re·spónd·ing·ly *adv.* 相対[対応]的に, 相応じて, (前者に)準じて, 同様に.
correspónding státes *n. pl.* 《物理化学》対応状態, 相応状態《異なる物質の圧力・温度・分子容をそれぞれの物質の臨界点における臨界圧・臨界温度・臨界体積で除して得られる換算圧・換算温度・換算体積が相等しい場合, それらの物質は対応状態にあるという; cf. LAW of corresponding states》.
cor·re·spon·sive [kɔ̀(ː)rəspɑ́nsɪv, kɑ̀r-|kɔ̀rɪspɔ́n-, -rəs-] *adj.* 《古》相応する; 符合する.
co·rri·da [kəríːdə; *Sp.* korrída] 〖⊏ Sp. *corrida* (*de toros*) chasing (of bulls)〗 *n.* 闘牛, コリーダ.
cor·ri·dor [kɔ́(ː)rədə, kɑ́r-, -dɔ̀ə|kɔ́rɪdɔ̀ː(r, -də(r] 〖(1591) ⊏ F ~ ⊏ It. *corridore* long passageway 《変形》← *corridojo* < VL **curritōrium* ← L *currere* to run: ⇨ current, -ory²〗 ― *n.* **1** (ビルディング・ホテル・アパートなどのいくつもの部屋が出入口をもっている)廊下; 通路, 回廊. **2 a** 狭い通路[ルート]. **b** 回廊地帯《内陸国が他国の領土を貫通して海港などに通じる細長い地域》: ⇨ Polish Corridor. **c** (人口密集地帯を貫通する)主要輸送ルート[道路]. **3** 《航空》＝air corridor. **4** 《宇宙》宇宙船が大気圏に再突入する際に通る限定されたルート. **5** 《英》《鉄道》(客車の片側に通じる)廊下《これに添って各仕切客室 (compartment) の戸が開く》: ⇨ corridor train.
corridors of power 隠れた勢力[影響力]が政治に行使される場所.
córridor càrriage [còach] *n.* 《英》通廊車両, 通廊客車.
córridor tràin *n.* 《英》通廊列車, 廊下付き列車 (《米》vestibule train).
cor·rie [kɔ́(ː)ri, kɑ́r-|kɔ́rɪ] 〖(1795) ⊏ Gael. *coire* cauldron〗 *n.* 《スコット》《地質》＝cirque 1.
Cor·rie·dale [kɔ́(ː)ridèɪl, kɑ́r-|kɔ́rɪ-] 〖原産地名〗 *n.* コリデール《ニュージーランド原産の毛肉兼用の一品種の羊》.
cor·ri·gen·dum [kɔ̀(ː)rədʒéndəm, kɑ̀r-|kɔ̀rɪdʒén-, -gén-] 〖(*a*1850) ⊏ L ~ '(something) to be corrected' (neut. gerundive) ← *corrigere* 'to CORRECT'〗 ― *n.* (*pl.* **-gen·da** [-də]) **1** 訂正されるべきもの, ミスプリント. **2** [*pl.*; 単数扱い] 正誤表.
cor·ri·gent [kɔ́(ː)rɪdʒənt, kɑ́r-, -rə-|kɔ́rɪ-] 〖⊏ L *corrigent-em* (pres.p.) ← *corrigere* (↑)〗 *n.* 《薬学》矯正薬 (corrective)《薬剤の過激な作用を緩和する薬品》.
cor·ri·gi·ble [kɔ́(ː)rɪdʒəbl̩, kɑ́r-, -rə-|kɔ́rɪdʒə-, -dʒɪ-] 〖(1451) ⊏ (O)F ~ ⊏ ML *corrigibilis* ← L *corrigere* (↑)〗 ― *adj.* **1 a** 矯正[修正]できる, 矯正[修正]可能な (correctable): a ~ fault / a ~ theory 修正可能な理論. **b** 素直な, 素直に誤りを改める (docile). **2** 《廃》矯正力のある. **còr·ri·gi·bíl·i·ty** [-dʒəbíləṭi|-dʒəbílətɪ, -dʒɪ-, -lɪ-] *n.* **cór·ri·gi·bly** *adv.*
cor·ri·val [kəráɪvəl, kɔ(ː)-, ko(ʊ)-|kə-, kɔ-] 〖⊏ F ~ // L *corrīvāl-is* joint rival: ⇨ com- 1, rival〗 ― *n.* 競争相手 (competitor): a ~ in love [one's affection] 恋敵. ― *adj.* 競争相手の, 競う (rival).
cor·rob·bo·ree [kərɑ́bəri|kərɔ́bərɪ, kɔ-, -riː] *n.* ＝corroboree.
cor·rob·o·rant [kərɑ́b(ə)rənt|-rɔ́b-] 〖⊏ F ~ // L *corrōborant-em* (pres.p.) ← *corrōborāre* (↓): ⇨ -ant〗 《古》 *adj.* **1** (薬が)補強的な, 強壮性の (invigorating). **2** (事実を)確証づける. ― *n.* 強壮剤 (tonic).
cor·rob·o·rate 〖(1530) ⊏ L *corrōborāt-us* (p.p.) ← *corrōborāre* to strengthen ← *cor-* 'COM- 2'+*rōborāre* to strengthen (← *rōbur* hard wood, strength): ⇨ -ate²,³〗 ― [kərɑ́bərèɪt|-rɔ́b-] *vt.* **1** (新事実などによって)〈所信・所説などを〉確証する, 強固にする (confirm): evidence to ~ his statement 彼の陳述を確証する証拠. **2** 《廃》強くする. ― [kərɑ́b(ə)rət, -rɪt|-rɔ́b-] *adj.* 《古》確証された.
cor·rob·o·ra·tion [kərɑ̀bəréɪʃən|-rɔ̀b-] 〖(1459) ⊏ (O)F ~ // LL *corrōborātiō(n-)*: ⇨ ↑, -ation〗 ― *n.* **1** (新事実による)確証, 確証すること: seek ~ for the news その知らせの確証を求める. **2** 確証づけるもの.
cor·rob·o·ra·tive [kərɑ́bərèɪṭɪv, -b(ə)rəṭ-|-rɔ́b(ə)rət-, -bərèɪt-] 〖⊏ F ~: ⇨ corroborate, -ive〗 ― *adj.* 確証的な (corroboratory): a ~ proof. ― *n.* 《古》強壮剤. **~·ly** *adv.*
cor·rób·o·rà·tor [-ṭə|-tə(r] *n.* 確証者[物].
cor·rob·o·ra·to·ry [kərɑ́b(ə)rətɔ̀ːri, -tòːri|-rɔ́b(ə)rət(ə)rɪ] *adj.* 確証的な (confirmatory).
cor·rob·o·ree [kərɑ́bəri|kərɔ́bərɪ, kə-, -riː] 〖(1793) ← Austral. 《土語》〗 ― *n.* **1** カラバリ: **a** オーストラリア原住民が部落の祝いなどのために, 月明りの夜またはたき火の明りで行なう歌と踊りのお祭り騒ぎ. **b** その踊り. **2** 《豪》**a** お祭り騒ぎ. **b** 大騒ぎ, 騒動 (uproar).
cor·rode [kəróud|-rə́ud] 〖(*a*1400) ⊏ L *corrōd-ere* ← *cor-* 'COM-'+*rōdere* to gnaw (⇨ rodent)〗 ― *vt.* **1** 〈さび・酸・アルカリなどが〉〈金属などを〉腐食する (cf. erode). **2** 〈煩悶・感情などが〉〈心〉に食い込む, ねじけさせる, 〈気を〉腐らせる, 〈力を〉弱らせる. ― *vi.* **1** 徐々に腐る, 腐り込む; 腐食する. **2** 〈煩悶などが〉心に食い込む: *corroding* cares [hate] 気を腐らせる心配[憎しみ]. **cor·ród·er** *n.*
Cor·ro·den·ti·a [kɔ̀(ː)rədénʃiə, kɑ̀r-|kɔ̀rədénʃɪə] 〖← NL ~ (neut. pl.) ← L *corrōdēns* (pres.p.) ← *corrōdere* (↑): ⇨ -ia²〗 *n. pl.* 《昆虫》＝Psocoptera.
cor·rod·i·ble [kəróudəbl̩|-rə́udə-, -dɪ-] *adj.* 腐食[食壊]される. **cor·ròd·i·bíl·i·ty** [-dəbíləṭi|-dəbílətɪ, -dɪ-, -lɪ-] *n.*
cor·ro·dy [kɔ́(ː)rədi, kɑ́r-|kɔ́rədɪ] *n.* 《古》《英法》＝corody.
cor·ro·si·ble [kəróusəbl̩, -zə-|-rə́usə-, -sɪ-] *adj.* ＝corrodible.
cor·ro·sion [kəróuʒən|-rə́u-] 〖(*a*1400) ⊏ (O)F ~ // LL *corrōsiō(n-)* ← L *corrōsus* (p.p.) ← *corrōdere* 'to CORRODE': ⇨ -sion〗 ― *n.* **1** 腐食すること[の経過], 腐食(作用), 腐れ込み: suffer ~ 腐食される. **2** 腐食によってできるもの; さび (rust). **3** (心配などが)心に食い入ること, 腐心; (気力などが)徐々に弱まること. **~·al** [-ʒənl̩, -ʒnəl] *adj.*
corrósion fatìgue *n.* 《冶金》腐食疲労.
cor·ro·sive [kəróusɪv, -zɪv|-rə́u-] 〖(*c*1395) ⊏ (O)F *corrosif* ⊏ ML *corrōsīvus* ← L *corrōsus*: ⇨ corrosion, -ive〗 ― *adj.* **1 a** 腐食的な, 腐食性の: ~ action 腐食作用. **b** (精神的に)消耗させる, むしばむ: ~ care. **2** 感情を傷つけるような, 痛烈な (cutting), 辛辣な (sarcastic): ~ satire. ― *n.* 腐食物, 腐食剤《酸など》. **~·ly** *adv.* **~·ness** *n.*
corrósive súblimate *n.* 《化学》＝mercury chloride 2.
cor·ru·gate 〖(1620) ⊏ L *corrūgāt-us* (p.p.) ← *corrūgāre* ← *cor-* 'COM- 2'+*rūgāre* to wrinkle (← *rūga* wrinkle): ⇨ -ate³〗 ― [kɔ́(ː)rəgèɪt, kɑ́r-|kɔ́rʊ-, -rə-] *v.* ― *vt.* **1** 〈金属板など〉に波形を付ける: ~ sheet metal. **2** …にしわを付ける, 波形に縮める: ~ the forehead 額にしわを寄せる. ― *vi.* しわが寄る; 波形になる. ― [-gət, -gɪt, -gèɪt] *adj.* 《古》＝corrugated.
cór·ru·gàt·ed [-ṭɪd, -ṭəd|-tɪd, -təd] *adj.* **1** 波状のしわ[段々]の付いた, 波形の (wrinkled): a ~ face しわの寄った顔 / a ~ tile 波形瓦. **2** なまこ板[波形鉄板]で作った.
córrugated fástener *n.* 《木工》波釘(なみくぎ)《木材の接合に用いる波形をした鉄片》.
córrugated íron *n.* なまこ板, 波形鉄板, 波板.
córrugated páper *n.* 段ボール(紙)《波形の段のついた包装用紙》.
cor·ru·ga·tion [kɔ̀(ː)rəgéɪʃən, kɑ̀r-|kɔ̀rʊ-, -rə-] 〖(1528) ⊏ ML *corrūgātiō(n-)*: ⇨ corrugate, -ation〗 ― *n.* **1** しわを付けること, 波形にすること. **2 a** しわ形 (fold). **b** (額などの)しわ (wrinkle). **c** (なまこ鉄板などの)波状, 波形.
cór·ru·gà·tor [-ṭə|-tə(r] 〖← NL *corrūgātor*: ⇨ corrugate, -or²〗 *n.* 《解剖》皺眉筋(しゅうびきん)《みけんにしわを寄せる筋》.
cor·rupt [kərʌ́pt] 〖(1340) ⊏ L *corrupt-us* (p.p.) ← *corrumpere* to destroy ← *cor-* 'COM- 1'+*rumpere* to break (⇨ rupture)〗 ― *adj.* **1 a** 背徳的な, 不正な (dishonest); (道徳的に)腐敗[堕落]した (depraved, vicious): the ~ press 悪徳新聞. **b** 賄賂のきく, 収賄する: a ~ judge 収賄判事 / ~ practices (選挙の時などの)買収[収賄]行為, 買収の悪風. **2** 汚れた, よごれた (tainted): ~ air よごれた空気. **3** 〈原稿・原文など〉(誤写・改変などのために)原形がそこなわれた, 改悪された: a ~ manuscript 不当に手を加えた原稿. **4** 《古》腐った (rotten). **5** 《俗用》〈言語が〉転訛した, なまっている: ~ language なまった言語.
― *vt.* **1 a** 〈品性などを〉汚す, 堕落させる (deprave); 〈風俗などを〉害する (pollute): ~ manners [morals] 風俗[道徳]を壊乱する / Evil communications ~ good manners. 悪しき交際(まじわり)は善き風儀(ならい)を害(そこな)うなり (*1 Cor.* 15:33), 「朱に交われば赤くなる」. **b** (賄賂で)〈人を〉堕落させる: ~ judges, voters, etc. **2** 〈原文など〉に手を入れて改悪する (debase); 不純にする: ~ the language [text] of a literary work 文学作品の言語[原文]を(書き変えて)不純にする. **3** 腐敗させる (putrefy); 腐食する (corrode). **4** 〈人〉の血統を汚す. **5** 《俗用》〈言語を〉転訛させる, なまらせる. ― *vi.* **1** 腐敗する, 腐る. **2** 堕落する. **~·ly** *adv.* **~·ness** *n.*
cor·rúpt·er *n.* 腐敗[堕落]させる人[もの]; (風俗などの)壊乱者; 贈賄者, 買収者.
cor·rupt·i·ble [kərʌ́ptəbl̩|-tə-, -tɪ-] 〖(*a*1382) ⊏ (O)F ~ // LL *corruptibil-is*: ⇨ corrupt, -ible〗 ― *adj.* **1** 腐敗しやすい; 死滅すべき (perishable). **2** 堕落しやすい; 賄賂[買収]のきく (venal). **cor·rùpt·i·bíl·i·ty** [-təbíləṭi|-təbílətɪ, -tɪ-, -lɪ-] *n.* **~·ness** *n.* **cor·rúpt·i·bly** *adv.*
cor·rup·tion [kərʌ́pʃən] 〖(1340) ⊏ (O)F ~ // L *corruptiō(n-)*: ⇨ corrupt, -tion〗 ― *n.* **1** 堕落させること, 腐敗化. **2 a** 背徳, 腐敗, 堕落 (depravity): the ~ of manners 風儀の退廃. **b** 汚職, 腐敗行為; 贈収賄 (bribery). **3** (原文・原稿の)改悪, 変造 (falsification): a ~ of style 文体の改悪. **4** 腐敗 (decomposition). **5** 《方言》膿(うみ) (pus). **6** 《古》堕落[腐敗]を起こすもの[原因]. **7** (言語の)転訛, なまり.
corruption of blood 《英法》血統汚損《反逆罪または重罪を犯した者が一切の財産の相続・被相続権を失うこと; 1870 年廃止》.
cor·rúp·tion·ist [-ʃ(ə)nɪst, -nəst|-nɪst] *n.* 贈[収]賄者; 収賄官吏.
cor·rup·tive [kərʌ́ptɪv] 〖(*c*1400) ⊏ (O)F *corruptif* ⊏ ML *corruptivus*: ⇨ corrupt, -ive〗 *adj.* 腐敗[堕落]させる; 腐敗性の. **~·ly** *adv.*
cor·rúp·tor 〖(1402) ⊏ AF *corruptour*: ⇨ corrupt, -or²〗 *n.* ＝corrupter.
corrúpt práctices àct *n.* 《米》選挙不正行為取締法.
cor·ry [kɔ́(ː)ri, kɑ́ri|kɔ́rɪ] *n.* 《スコット》＝corrie.
cor·sac [kɔ́əsæk, ―⌐|kɔ́ːsæk, ―⌐] 〖⊏ Russ. *korsak* ⊏ Kirghiz *karsark*〗 *n.* 《動物》コサックギツネ (*Vulpes corsac*)《中央アジア産の淡黄色の小ギツネ》.
cor·sage [kɔəsɑ́ːʒ, -sɑ́ːdʒ, ―⌐, kɔ́əsɑːʒ, -sɑːdʒ|kɔːsɑ́ːʒ, ―⌐; *F.* kɔrsaːʒ] 〖(1481) ⊏ (O)F ~ ← OF *cors* (F *corps*) body+-AGE: cf. corps, corse〗 ― *n.* **1** 《米》

コサージュ《婦人が胸やウェストなどにつける小さな花束》. **2** (婦人の)胴衣 (bodice).

cor·sair [kɔ́əsɛə | kɔ́ːsɛə(r] 〘《1549》▭ F *corsaire* ∥ It. *corsare* runner < LL *corsārium* ← L *cursus* a running ← *currere* to run : ⇨ current〙 ― *n.* **1 a** アフリカ北岸 Barbary 地方の私掠(しりゃく)船《もと, トルコ人・サラセン人などでキリスト教国の船を略奪することを政府から公認されていた一種の海賊船》. **b** 海賊船. **2** 海賊 (pirate).

cor·sak [kɔ́əsæk, ─ˊ | kɔ́ːsæk, ─ˊ] *n.* 〘動物〙 ＝corsac.

corse [kɔ́əs | kɔ́ːs] 〘《*c*1275》▭ OF *cors* 'CORPSE'〙 *n.* 《古・詩》死体, なきがら (corpse).

Corse [kɔ́əs | kɔ́ːs ; *F.* kɔrs] *n.* **1** コルス(県)《Corsica 島よりなるフランスの県; 人口 268,000, 面積 8,750 km², 首都 Ajaccio》. **2** コルス(島)《Corsica のフランス語名》.

Cor. Sec. 《略》 Corresponding Secretary.

corse·let¹ [kɔ́əslɪt, -lət | kɔ́ːs-] 〘《*c*1500》▭ (O)F ~ (dim.) ← OF *cors* (⇨ corset)〙 ― *n.* **1** 〘甲冑〙 (16 世紀の)半甲冑 (half-armor), (17 世紀以後の)胴鎧(どうよろい) (cuirass). **2 a** 〘動物〙 (昆虫の)胸部 (thorax). **b** 〘魚類〙 (サバなどの)胸甲.

corselet¹ 1
1 morion; 2 corselet; 3 tasset

cor·se·let² [kɔ̀əsəlét | kɔ́ːslɪt, -lət, kɔ́ːsəlèt ; *F.* kɔrslɛ] 〘《商標》: ↑〙 ― *n.* (*also* **cor·se·lette** [~; *F.* kɔrslɛt]) コースレット《ガードルまたはコルセットとブラジャーが合体したもので, 胴全体を整えるためのファンデーション; all-in-one ともいう》.

cor·set [kɔ́əsɪt, -sət | kɔ́ː-] 〘《1306》▭ (O)F ~ (dim.) ← OF *cors* body : ⇨ corse, corpse, -et〙 ― *n.* **1 a** [しばしば *pl.*] コルセット《婦人のファンデーションでバストまたはバストの下からヒップにかけて形を整えるために用いる; 鯨のひげ (whalebone) や鋼などを入れて形を作りあげたものが多い; 以前には stays とよばれた》: a pair of ~s コルセット一着. **b** (整形外科用の)コルセット. **2** (中世の)ぴったり身体についた上衣[ジャケット]. ― *vt.* **1** …にコルセットを着ける, コルセット状のものをつける. **2** きびしく規制[統制]する. **~·ed** [-ṭɪd, -ṭəd | -tɪd, -təd] *adj.*

córset còver *n.* コルセットカバー《コルセットの上に着るそでなしの下着; そでぐり・えりぐりを大きくしてレース・リボンなどの飾りを付けたもの》.

cor·se·tière [kɔ̀əsətíə, -tjɛ́ə | kɔ̀ːsetiɛ́ə(r ; *F.* kɔrsətjɛːr] 〘▭ F ~ (fem.) ← *corsetier* (mas.) : ⇨ corset, -er¹〙 *n.* (*pl.* **~s** [~z ; *F.* ~]) コルセット製造者[販売者]. ★ 男性をさすときは corsetier [~; *F.* kɔrsətje] を用いることが多い.

córset·less *adj.* コルセットをつけない.

cor·set·ry [kɔ́əsɪtri, -sət- | kɔ́ːsɪtri, -sət-] 〘⇨ corset, -ery〙 *n.* **1** コルセット製造[販売]業. **2** [集合的]コルセット類《コルセット, ガードル, ブラジャーなど》.

Cor·si·ca [kɔ́əsɪkə, -sə- | kɔ́ːsɪ-] *n.* コルシカ(島)《地中海にあるフランス領の島; Napoleon 一世の生地》.

Cor·si·can [kɔ́əsɪkən, -sə- | kɔ́ːsɪ-] *adj.* **1** コルシカ島の. **2** コルシカ島人[方言]の. ― *n.* **1** コルシカ島人: the (great [ogre]) ~ 偉大なコルシカ島人《Napoleon 一世のこと》. **2** (イタリア語の)コルシカ島方言.

Córsican sándwort *n.* 〘植物〙 ハイユキソウ (*Arenaria balearica*)《Balearic Islands 原産のナデシコ科の地面をはう多年草; 花は純白色; 観賞用》.

cors·let [kɔ́əslɪt, -lət | kɔ́ːs-] *n.* 〘甲冑〙 ＝corselet¹ 1.

cor·tege [kɔəteʒ, ─ˊ | kɔːtéɪʒ ; *F.* kɔrtɛːʒ] 〘《1679》▭ F *cortège* ▭ It. *corteggio* ← *corte* 'COURT'〙 ― *n.* (*pl.* **cor·teg·es** [~ɪz, ~əz ; *F.* ~]) (*also* **cor·tège** [~]) **1** 供奉(ぐぶ)員, 供ぞろい. **2** (葬式の会葬者の)行列.

Cor·tes [kɔ́ətez, -tes | kɔ́ːtes, -tez ; *Sp.* kórtes, *Port.* kórtəʃ] 〘《1668》▭ Sp. & Port. ~ (pl.) ← *corte* 'COURT'〙 ― *n.* (*pl.* ~) [the ~] コルテス《スペイン・ポルトガルの議会・国会; 上院・下院から成る》.

Cor·tés [kɔətéz, ─ˊ | kɔːtéz, ─ˊ ; *Sp.* kortés], **Her·nan·do** [ernándo] *or* **Her·nán** [ernán] *n.* コルテス《1485–1547; Aztec 王国を滅ぼしメキシコを征服したスペインの軍人》.

cor·tex [kɔ́əteks | kɔ́ː-] 〘《1660》▭ L ~ 'bark (of a tree), shell' ← IE **sher-* to cut (cf. shear)〙 ― *n.* (*pl.* **cor·ti·ces** [-ṭəsìːz | -tɪ-], **~·es**) **1** 〘植物〙 皮層《表皮直下の組織》. **2** 〘解剖〙 **a** 皮質, 外皮: ⇨ adrenal cortex. **b** 大脳皮質.

Cor·tez [kɔətéz, ─ˊ | kɔːtéz, ─ˊ ; *Sp.* kortéθ] *n.* ＝Cortés.

Cór·ti appáratus [kɔ́əṭi- | kɔ́ːtɪ- ; *It.* kɔ́rti-] 〘← *Alfonso Corti* (1822–76: イタリアの解剖学者)〙 *n.* 〘解剖〙 ＝ORGAN of Corti.

cor·ti·cal [kɔ́əṭɪkəl, -ṭə- | kɔ́ːtɪ-] 〘《1671》← NL *corticālis* ← L *cortic-*, *cortex* 'CORTEX' : ⇨ -al¹〙 *adj.* **1** 〘植物〙 皮層の. **2** 〘解剖〙 (大脳)皮質の. **~·ly** *adv.*

cor·ti·cate [kɔ́əṭɪkèɪt, -ṭə-, -kət, -kɪt | kɔ́ːtɪ-] 〘▭ LL *corticātus* covered with bark ← L *cortic-*, *cortex* : ⇨ cortex, -ate²〙 *adj.* 皮層のある, 外皮のある.

cor·ti·cat·ed [kɔ́əṭɪkèɪṭɪd, -ṭə-, -ṭəd | kɔ́ːtɪkèɪt-] *adj.* ＝corticate.

cortices *n.* cortex の複数形.

cor·ti·co- [kɔ́əṭɪko(ʊ) | kɔ́ːtɪkə(ʊ)] 〘← L *cortic(o)-*, *cortex* : ⇨ cortex〙「(大脳・副腎)皮質 (cortex); 皮質と…の」の意の連結形.

cor·ti·coid [kɔ́əṭɪkɔ̀ɪd, -ṭə- | kɔ́ːtɪ-] 〘⇨ ↑, -oid〙 *n.* 〘生化学〙 コルチコイド《副腎皮質から抽出されるステロイドの総称; corticosteroid ともいう》.

cor·tic·o·line [kɔətíkəlàɪn | kɔː-] *adj.* ＝corticolous.

cor·tic·o·lous [kɔətíkələs | kɔː-] 〘⇨ cortico-, -colous〙 *adj.* 〘生物〙 樹皮に生える[すむ], 樹皮生息の.

còrtico·stéroid *n.* 〘生化学〙 コルチコステロイド (⇨ corticoid).

cor·ti·co·ste·rone [kɔ̀əṭɪkɑ́stəròʊn, -ṭə-, -ko(ʊ)stəróʊn | kɔ̀ːtɪkɔ́stərəʊn, -kə(ʊ)stərə́ʊn] 〘← CORTICO-＋STER(OL)＋-ONE〙 ― *n.* 〘生化学〙 コルチコステロン ($C_{21}H_{30}O_4$)《副腎皮質から分泌され糖質代謝に関係するステロイドホルモン》.

cor·ti·co·tro·phic [kɔ̀əṭɪko(ʊ)tróʊfɪk, -ṭə-, -trɑ́f- | kɔ̀ːtɪkə(ʊ)trɔ́f-] 〘← CORTICO-＋-TROPHIC〙 *adj.* 〘生化学〙 皮質刺激性の《副腎皮質を刺激することにいう》.

cor·ti·co·tro·phin [kɔ̀əṭɪko(ʊ)tróʊfɪn, -ṭə-, -trɑ́f-, -fən | kɔ̀ːtɪkə(ʊ)trɔ́fɪn] 〘← CORTICO-＋-TROPH(IC)＋-IN¹〙 *n.* 〘生化学〙 ＝ACTH.

cor·ti·co·tro·pic [kɔ̀əṭɪko(ʊ)tróʊpɪk, -ṭə-, -trɑ́p- | kɔ̀ːtɪkə(ʊ)trɔ́p-] 〘← CORTICO-＋-TROPIC〙 *adj.* 〘生化学〙 ＝corticotrophic.

cor·ti·co·tro·pin [kɔ̀əṭɪko(ʊ)tróʊpɪn, -ṭə-, -trɑ́p-, -pən | kɔ̀ːtɪkə(ʊ)trɔ́pɪn] 〘⇨ ↑, -in¹〙 *n.* 〘生化学〙 ＝corticotrophin.

cor·ti·le [kɔətíːleɪ | kɔː- ; *It.* kortíːle] 〘▭ It. ~ ← *corte* court〙 *n.* (*pl.* **-ti·li** [-liː ; *It.* -li]) 〘建築〙 (建物で囲まれた)内庭, コルティーレ, 中庭 (courtyard).

cor·tin [kɔ́əṭn | kɔ́ːtɪn] 〘← CORT(EX)＋-IN¹〙 *n.* 〘生化学〙 コルチン《副腎皮質から分泌するホルモンの総称》.

Cor·ti·na d'Am·pez·zo [kɔətíːnə-dɑːmpétsoʊ | kɔːtíːnə-dɑːmpétsəʊ ; *It.* kortíːnadampéttso] *n.* コルティナダンペッツォ《イタリア北部の Dolomites 山脈中の村; 冬季オリンピックの開催地 (1956); 人口 9,100》.

cor·ti·sol [kɔ́əṭɪsɔ̀(ː)l, -zɔ̀(ː)l, -ṭə-, -sòʊl, -zòʊl | kɔ́ːtɪsɔ̀l, -zɔ̀l] 〘⇨ ↓, -ol¹〙 *n.* 〘生化学〙 コルチゾル (⇨ hydrocortisone).

cor·ti·sone [kɔ́əṭəsòʊn, -zòʊn | kɔ́ːtɪzəʊn] 〘← CORTI(CO)S(TER)ONE〙 ― *n.* **1** 〘生化学〙 コーチゾン ($C_{21}H_{28}O_5$)《副腎皮質ホルモンの一つ; 糖質代謝促進作用をもつ; Compound E ともいう》. **2** 〘薬学〙 コーチゾン《関節炎・リューマチ治療剤》.

Cor·tot [kɔətóʊ | kɔːtə́ʊ ; *F.* kɔrto], **Alfred** *n.* コルトー《1877–1962; フランスのピアニスト・指揮者》.

co·run·dum [kərʌ́ndəm] 〘《*a*1728》▭ Tamil *kuruntam* ruby ▭ Skt *kurnvinda* ← ?〙 ― *n.* 〘鉱物〙 コランダム, 鋼玉石 (Al_2O_3)《酸化アルミニウム; ダイヤモンドに次ぐ堅い鉱物; 透明のものは ruby, sapphire として珍重され, 半透明のものは研摩用》.

Co·run·na [kərʌ́nə | kə-, kɒ-] *n.* La Coruña の英語名.

co·rus·cant [kərʌ́skənt, kɔ́(ː)rəs-, kɑ́r- | kərʌ́s-, kɔ́rəs-] 〘《*c*1485》▭ L *coruscant-em* (pres.p.) ← *coruscāre* (↓) : ⇨ -ant〙 *adj.* きらめく, ぴかぴか光る.

cor·us·cate [kɔ́(ː)rəskèɪt, kɑ́r- | kɔ́r-] 〘《1705》← L *coruscāt-us* (p.p.) ← *coruscāre* to vibrate, flash, glitter : ⇨ -ate³〙 ― *vi.* **1** 〈星・宝玉などが〉輝く, きらめく, ぴかぴか光る. **2** 〈才気・知性・技術などが〉輝く, 光彩を放つ: *coruscating* wit きらめく才知.

cor·us·ca·tion [kɔ̀(ː)rəskéɪʃən, kɑ̀r- | kɔ̀r-] 〘《1490》▭ L *coruscātiō(n-)* : ⇨ ↑, -ation〙 *n.* **1** きらめき (flash); 光輝, 光彩 (glitter). **2** (才気などの)きらめき.

cor·vée [kɔəveɪ, ─ˊ | kɔ́ːveɪ ; *F.* kɔrve] 〘《1340》▭ (O)F ~ ▭ LL *corrogāta (opera)* requisitioned (works) (p.p.) ← L *corrogāre* to collect ← *cor-* 'COM-'＋*rogāre* to ask (⇨ rogation)〙 ― *n.* **1** (封建諸侯が人民に課した通例無報酬の)強制的労役, 賦役. **2** (道普請のような公益のための)奉仕労役, 勤労奉仕.

corves *n.* corf の複数形.

cor·vette [kɔəvét | kɔː-] 〘《1636》▭ F ~ (dim.) ← MDu. *korf* : ⇨ corf, -ette〙 ― *n.* (*also* **cor·vet** [~]) **1** (古代の)コルベット艦《平甲板・一段砲装の木造帆装軽巡洋艦》. **2** コルベット艦《高角砲・爆雷・レーダーなどを装備した輸送船団の護送を主要任務とする高速軽装の小型艦で, 英・カナダ海軍が初めて使用した; cf. destroyer escort》.

Cor·vi·dae [kɔ́əvədìː | kɔ́ːvɪ-] 〘← NL ~ ← L *corvus* (⇨ corvine)＋-IDAE〙 *n. pl.* 〘鳥類〙 カラス科.

cor·vi·na [kɔəvíːnə | kɔː-] *n.* 〘魚類〙 ＝corbina.

cor·vine [kɔ́əvaɪn | kɔ́ː-] 〘《1656》▭ L *corvīn-us* ← *corvus* 'RAVEN'〙 *adj.* カラスの(ような).

Cor·vus [kɔ́əvəs | kɔ́ː-] 〘▭ L ~ (↑)〙 *n.* 〘天文〙 からす(烏)座《おとめ座 (Virgo) の南にある南天の小星座; the Raven, the Crow ともいう》.

Cor·y·bant [kɔ́(ː)rɪbæ̀nt, -rə-, kɑ́r- | kɔ́rɪ-] 〘《*c*1380》▭ L *Corybant-*, *Corybās* ▭ Gk *Korúbās* ← ?〙 ― *n.* (*pl.* **~s**, **Cor·y·ban·tes** [kɔ̀(ː)rɪbǽntiːz, -rə-, kɑ̀r- | kɔ̀rɪ-]) **1** 〘ギリシャ神話〙 **a** コリュバース《女神 Cybele の従者; Cybele がたいまつをもって山間をさまよう時, 音楽を奏し踊りを踊って従ったという》. **b** コリュバース僧《Cybele の司祭僧で, 騒々しい酒宴と乱舞をもって儀式を行なったと伝えられる》. **2** [c-] 飲み騒ぐ人 (reveler). **Cor·y·ban·tian** [kɔ̀(ː)rɪbǽnʃən, -rə-, kɑ̀r- | kɔ̀rɪ-] *adj.* **Cor·y·ban·tine** [kɔ̀(ː)rɪbǽnṭɪn, kɑ̀r-, -rə-, -ṭən, -taɪn | kɔ̀rɪbǽntaɪn, -tɪn] *adj.*

Cor·y·ban·tic [kɔ̀(ː)rɪbǽnṭɪk, -rə-, kɑ̀r- | kɔ̀rɪbǽnt-] 〘《1642》: ⇨ ↑, -ic¹〙 *adj.* **1** コリュバース(僧)の. **2** [c-] コリュバース僧のような, 狂騒的な.

co·ryd·a·lis [kərídəlɪs, -ləs, -dḷ- | -dəlɪs] 〘← NL ~ ← Gk *korudállis* ← *kórudos* crested lark ← *kórus* helmet, crest〙 ― *n.* 〘植物〙 **1** [C-] キケマン属《ケシ科の一属》. **2** キケマン属の植物の総称《ムラサキケマン (*C. incisa*), オランダエンゴサク (*C. cava*) など; 葉は分裂していて根は塊茎またはヒゲ状, 花は特徴ある左右相称形》.

Cor·y·don [kɔ́(ː)rɪdṇ, kɑ́r-, -rə- | kɔ́rɪdən, -dṇ, -dɒ̀n] 〘▭ L *Corydōn* ▭ Gk *Korudṓn*〙 ― *n.* **1** 男性名. **2** 〘Theocritus, *Idyls* および Virgil, *Eclogues* に出ている牧羊者の名から〙 コリュドーン《牧歌に現われる羊飼いの伝統的な名称》. **3** 田舎の若者.

cor·ymb [kɔ́(ː)rɪm(b), kɑ́r-, -rəm(b) | kɔ́rɪm(b)] 〘《1776》▭ F *corymbe* ∥ L *corymb-us* ▭ Gk *kórumbos* cluster (of fruit or flowers)〙 ― *n.* 〘植物〙 繖房(さんぼう)花; 繖房花序 (cf. cyme). **~ed** [~d] *adj.*

cor·ym·bose [kɔ́(ː)rɪmbòʊs, kɑ́r-, -rəm-, kərímboʊs | kɔ́rɪmbəʊs, kərímbəʊs] 〘⇨ ↑, -ose¹〙 *adj.* 〘植物〙 繖房(さんぼう)花序の; 繖房花状の. **~·ly** *adv.*

co·rym·bous [kərímbəs, kɔː-] *adj.* 〘植物〙 ＝corymbose.

cò·ry·ne·bactérium [kɔ̀(ː)rəni-, kɑ̀r-, kərìnə- | kɔ̀rɪnɪ-, kərìnə-] 〘← NL ~ ← Gk *korúnē* club＋BACTERIUM〙 ― *n.* 〘細菌〙 コリネバクテリウム《*Corynebacterium* 属の杆菌; ジフテリア菌 (*C. diphtheriae*) など》. **cò·ry·ne·bactérial** *adj.*

coryphaei *n.* coryphaeus の複数形.

Cor·y·phae·ni·dae [kɔ̀(ː)rəfíːnədìː, kɑ̀r- | kɔ̀rɪfíːnɪ-] 〘← NL ~ ← *Coryphaena* (属名: ← Gk *koruphaina* dolphin ← ? *koruphḗ* top)＋-IDAE〙 ― *n. pl.* 〘魚類〙 シイラ科.

cor·y·phae·us [kɔ̀(ː)rəfíːəs, kɑ̀r- | kɔ̀rɪ-] 〘《1633》▭ L ~ ▭ Gk *koruphaîos* leader ← *koruphḗ* head〙 ― *n.* (*pl.* **-phae·i** [-fíːaɪ]) **1 a** (古代ギリシャ劇の)合唱隊首唱歌手. **b** (オペラなどの)合唱団の首席歌手. **2** 指導者, 首領, リーダー (leader).

cor·y·phée [kɔ̀(ː)rɪféɪ, kɑ̀r-, -rə- | kɔ́rɪfèɪ ; *F.* kɔrife] 〘▭ F ~ ▭ L *coryphaeus* (↑)〙 ― *n.* (*pl.* **~s** [~z ; *F.* ~]) **1** 〘バレエ〙 コリフェ《小群舞の主役ダンサー》. **2** ＝chorus girl.

co·ryph·o·don [kərífədɑ̀n | -dɒ̀n] 〘← NL ~ ← Gk *koruphḗ* top＋-ODON〙 ― *n.* 〘古生物〙 コリポドン《始新世前期にヨーロッパおよびアメリカに生存していた鈍足類コリポドン属 (*Coryphodon*) の哺乳動物の総称, またはその化石; 短脚で 5 本の指を有する》.

co·ry·za [kəráɪzə] 〘▭ LL ~ ▭ Gk *kóruza* a cold in the head, catarrh〙 ― *n.* **1** 〘病理〙 コリーザ, 鼻感冒, 鼻かぜ. **2** 〘獣医〙 コリーザ, 伝染性のある鼻炎《多く鳥類の場合に用いる》. **co·rý·zal** [-zəl, -zḷ] *adj.*

cos¹ [kɑ́s, kɔ́(ː)s | kɒ́s] 〘《1699》《略》〙 *n.* 〘植物〙 ＝cos lettuce.

cos² [kɔ́(ː)z, kɔ́(ː)s, kəz, kəs | kɒ́z, kəz] 〘《短縮》← BECAUSE〙 *adv., conj.* (*also* **'cos** [~]) 《口語・方言》 ＝because.

cos 《略》〘数学〙 cosine.

Cos [kɑ́s, kɔ́(ː)s | kɒ́s] *n.* ＝Kos.

cos. 《略》 companies; counties.

C.O.S., c.o.s. 《略》〘商業〙 cash on shipment 積込み払い, 船積み払い; Chief of Staff.

Co·sa Nos·tra [kóʊsə-nóʊstrə, -nɑ́s- | kə́ʊsə-nə́ʊ-, -nɒ́s-] 〘▭ It. 《原義》 our thing〙 *n.* 《米》 アメリカマフィア (Mafia) の秘密組織.

co·saque [ko(ʊ)zɑ́ːk, kə-, -zǽk | kɒzɑ́ːk, kə-] 〘▭ F *Cosaque* Cossack: コサック兵がだしぬけに射撃を行なうことにちなむ?〙 *n.* ＝cracker 1 b.

cosec [kóʊsek | kə́ʊ-] 《略》〘数学〙 cosecant.

co·se·cant [koʊsíːkænt, -kənt | kəʊsíːkənt] 〘▭ F *cosécante* ＝*co. secans* 《略》 ← NL *complementi secans* 'SECANT of the COMPLEMENT': cf. cosine〙 ― *n.* 〘数学〙 コセカント, 余割 (略 cosec, csc; cf. cosine).

co·sech [kóʊsek | kə́ʊ-] 《記号》〘数学〙 hyperbolic cosecant.

co·seis·mal [kòʊsáɪzməl | kə̀ʊ-] 〘← CO-¹＋SEISMAL〙 *adj.* 〘地震〙 等震波圏上の, 同震波線上の: a ~ line [curve, zone] 等震線[孤, 域].

co·seis·mic [kòʊsáɪzmɪk | kə̀ʊ-] *adj.* ＝coseismal.

co·set [kóʊset | kə́ʊ-] 〘← CO-²＋SET〙 ― *n.* 〘数学〙 剰余系, 剰余類《群の部分群のすべての元に群の一つの元を左[右]から掛けてえられる元全体の集合; 左から掛けた場合 left coset, 右から掛けた場合 right coset という》.

cosh¹ [kɑ́(ː)ʃ | kɒ́ʃ] 〘《1869》▭ ? Romany *kosh* 《略》 ← *koshter* stick〙《英俗》 ― *n.* 棍棒《鉛のパイプ, または金属を中につめたゴム状の棒など》. ― *vt.* 棍棒で打つ: ~ him on the head 彼の頭を棍棒でぶんなぐる.

cosh² [kɑ́(ː)ʃ | kɒ́ʃ] 〘← ?〙 *adj.* 《スコット》 **1** 静かな (quiet, still). **2** こぢんまりした, 居心地のよい (snug, comfortable). **3** こざっぱりした (trim, neat).

cosh [kɑ́(ː)ʃ | kɒ́ʃ] 《記号》〘数学〙 hyperbolic cosine.

cósh·bòy *n.* 《英俗》 棍棒をもった若者[男].

cosh·er [kɑ́ʃə | kɒ́ʃə(r] 〘← ? Ir. *cosir* feast, banquet〙 ― *vt.* …に贅沢[わがまま]をさせる, 甘やかす (pamper); 甘やかして育てる (cocker) 〈*up*〉. ― *vi.* 《アイル》 **1** (借地人の家などで)食客になる. **2** 居そうろうをする, 寄食する.

cò·sign *vt.* 〘書類〙に共同署名する, 連署する, 連帯署名する. ― *vi.* …に連署する.

cò·sígnatory *adj.* 連署の: the ~ Powers 連署国. ― *n.* 連署人, 連判者; 連署国.

cò·sígner *n.* ＝cosignatory.

Co·si·mo [kóuzɪmòu, kɔ́:-, -zə- | kə́uzɪmə̀u, kɔ́:-; *It.* kɔ́:zimo] 〘⊏It. ～〙 *n.* 男性名.

co·sine [kóusaɪn | kə́u-] 〘《1635》← NL *cosin-us*《略》← *complementi sinus* 'SINE¹ of the COMPLEMENT'〙 ── *n.* 〘数学〙コサイン, 余弦 (略 cos) (cf. sine¹, cotangent, cosecant).

cósine làw *n.* 〘物理〙余弦法則《粗い単位表面からの電磁放射の強さが, 面の法線と放射方向とのなす角の余弦に比例するという法則》.

cós léttuce [kɑ́s-, kóus- | kɔ́s-] 〘⇨ Kos〙 ── *n.* 〘植物〙コスチシャ, タチチシャ (*Lactuca sativa* var. *longifolia*)《英国で多く栽培するレタスの一変種; romaine, romaine lettuce ともいう》.

cosm- [kɑzm | kɔzm] (母音の前に来る時の) cosmo- の異形.

-cosm [kɑ̀zm | kɔ̀zm] 〘← ML *-cosmus* ← Gk *kósmos* (↓)〙「世界 (world)」の意の名詞連結形: micro*cosm*.

cos·met·ic [kɑzmétɪk | kɔzmét-] 〘《1605》⊏ Gk *kosmētik-ós* well-arranged ← *kósmos* order, ornament: ⇨ cosmos, -ic¹〙 ── *adj.* **1** **a** 化粧用の, 美容の, 美髪[美顔]用の. **b** 美容整形の. **2** **a** 表面を飾る, 装飾的な. **b** 深みのない, 表面的な (superficial): ～ compromises 表面上の妥協. ── *n.* **1** 化粧品. **2** [時に *pl.*]〘古〙美容術.

cos·met·i·cal [kɑzmétɪkəl, -ṭə- | kɔzméti-] *adj.* 化粧(用)の, 美容の. **～·ly** *adv.*

cosmétic càse *n.* 化粧品入れ.

cos·me·ti·cian [kɑ̀zmətíʃən | kɔ̀zmɪ-, -mə-] *n.* **1** 美容(術)師, メーキャップの専門家. **2** 化粧品製造[販売]人.

cos·met·i·cize [kɑzmétɪsàɪz, -ṭə- | kɔzméti-] *vt.* 〈見苦しいもの・不愉快なものを〉表面的に美しくする.

cosmétic súrgery *n.* 美容外科.

cos·me·tol·o·gist [kɑ̀zmətɑ́lədʒɪst, -dʒəst | kɔ̀zmɪtɔ́lədʒɪst] *n.* 美容師, 美容術専門家 (beautician).

cos·me·tol·o·gy [kɑ̀zmətɑ́lədʒi | kɔ̀zmɪtɔ́lədʒi] 〘← Gk *kosmētós* well-arranged (⇨ cosmetic)＋-LOGY: cf. F *cosmétologie*〙 *n.* 美容術.

cos·mic [kɑ́zmɪk | kɔ́z-] 〘《1649》⊏ Gk *kosmik-ós* ← *kósmos*: ⇨ cosmos, -ic¹〙 ── *adj.* **1** (秩序整然とした体系としての, または地球以外の天体を包括しての)宇宙の[に関する] (cf. chaotic): a ～ poet 宇宙詩人《宇宙をテーマにする》. **2** (宇宙のように)広大無辺の: through ～ ranges of time 永遠無限に. **3**〘哲学〙宇宙(進化)論の[に関する]: ⇨ cosmic philosophy. **4** 宇宙旅行の[に関する]: a ～ rocket.

cós·mi·cal [-mɪkəl, -mə- | -mɪ-] *adj.* ＝cosmic. **cos·mi·cal·i·ty** [kɑ̀zmɪkǽləṭi, -mə- | kɔ̀zmɪkǽləti, -lɪ-] *n.* **～·ly** *adv.*

cósmic dúst *n.* 〘天文〙宇宙塵《宇宙空間に浮遊している, また宇宙空間から地上に降下したと考えられるごく微細な物質》.

cósmic nóise *n.* 〘天文〙＝galactic noise.

cósmic philósophy *n.* 〘哲学〙＝cosmism.

cósmic radiátions *n. pl.* 〘物理〙＝cosmic rays.

cósmic ráys *n. pl.* 〘物理〙宇宙線《宇宙空間をただよっている高エネルギーの粒子; 陽子が大部分をしめヘリウムその他の原子核もまじっている》.

cósmic-rày shòwer *n.* 〘地球物理〙宇宙線シャワー (cf. cascade shower).

cos·mism [kɑ́zmɪzm | kɔ́z-] *n.* 〘哲学〙宇宙論, 宇宙進化論《宇宙あるいはその進化の説明を目的とする哲学》.

cós·mist [-mɪst, -məst | -mɪst] *n.* 〘哲学〙宇宙(進化)論者.

Cos·mo [kɑ́zmou | kɔ́zməu] 〘⊏It. ～ ← Gk *kósmos* order〙 *n.* 男性名《異形 Cosmio》.

cos·mo- [kɑ́zmo(u), -mə | kɔ́zmə(u)] 〘⇨ cosmos〙「世界 (world); 宇宙 (universe)」の意の連結形. ★ 母音の前では通例 cosm- になる.

còsmo·chémistry *n.* ＝astrochemistry. **còsmo·chémical** *adj.*

cos·mo·drome [kɑ́zmədròum | kɔ́zmədrə̀um] 〘⊏ Russ. *kosmodrom*: ⇨ cosmo-, -drome〙 *n.* コスモドローム《ソ連の人工衛星・宇宙船の発射基地》.

cosmog. 《略》 cosmographical; cosmography.

cos·mo·gen·ic [kɑ̀zmədʒénɪk | kɔ̀zmə-] *adj.* 〘化学〙宇宙線の作用で生じた: ～ carbon 14.

cos·mog·e·ny [kɑzmɑ́dʒəni | kɔzmɔ́dʒɪni, -dʒə-] 〘⊏ Gk *kosmogéneia*: ⇨ cosmo-, -geny〙 *n.* ＝cosmogony.

cos·mog·o·nist [-nɪst, -nəst | -nɪst] *n.* 〘天文〙宇宙進化論者; (古代ギリシャの)宇宙開闢(かいびゃく)論者.

cos·mog·o·ny [kɑzmɑ́gəni | kɔzmɔ́gəni] 〘⊏ Gk *kosmogonia* creation of the cosmos: ⇨ cosmo-, -gony〙 ── *n.* **1** 宇宙[天地]の発生[創造]; (古代ギリシャの)宇宙開闢(かいびゃく)説. **2**〘天文〙宇宙進化論, 太陽系進化論《天文学の一部門》. **cos·mo·gon·ic** [kɑ̀zməgɑ́nɪk | kɔ̀zməgɔ́n-] *adj.* **còs·mo·gón·i·cal** *adj.*

cos·mog·ra·pher [kɑzmɑ́grəfə | kɔzmɔ́grəfə(r)] *n.* 宇宙地理学者.

cos·mog·ra·phy [kɑzmɑ́grəfi | kɔzmɔ́grəfi] 〘《*a*1387》⊏ LL *cosmographia* ⊏ Gk *kosmographía*: ⇨ cosmo-, -graphy〙 ── *n.* 宇宙地理学. **cos·mo·graph·ic** [kɑ̀zməgrǽfɪk | kɔ̀zmə(u)-] *adj.* **còs·mo·gráph·i·cal** *adj.* **cos·mo·gráph·i·cal·ly** *adv.*

Cos·mo·line [kɑ́zməli:n, -lɪn, -lən | kɔ́zməli:n, -lɪn] 〘← COSM(ETIC)＋-OL²＋-INE¹〙 ── *n.* 〘商標〙コスモリン《濃厚な油で化粧油原料として, また特に銃器類のさび止めとして用いる》.

cos·mo·log·ic [kɑ̀zməlɑ́dʒɪk | kɔ̀zmə(u)lɔ́dʒ-] *adj.* 宇宙論の; 宇宙論的な.

còs·mo·lóg·i·cal [-dʒɪkəl, -dʒə- | -dʒɪ-] *adj.* ＝cosmologic. **～·ly** *adv.*

cosmológical árgument *n.* 〘哲学〙宇宙論的証明《因果関係を確実なものとみて, 因果系列の究極に無原因の原因である神が存在することを証明する議論; cf. first-cause agrument, ontological 1》.

cos·mól·o·gist [-dʒɪst, -dʒəst | -dʒɪst] *n.* 宇宙論者.

cos·mol·o·gy [kɑzmɑ́lədʒi | kɔzmɔ́lədʒi] 〘《1656》← NL *cosmologia*: ⇨ cosmo-, -logy〙 *n.* **1**〘哲学〙宇宙論. **2**〘天文〙宇宙論.

cos·mo·naut [kɑ́zmənɔ̀:t, -nɑ̀:t | kɔ́zmənɔ̀:t] 〘⊏ Russ. *kosmonavt* ← COSMO-＋*-navt* (← Gk *naútēs* sailor (⇨ nautical))〙 *n.* (ロシヤの)宇宙飛行士 (astronaut).

còs·mo·náu·ti·cal [-ṭɪkəl, -ṭə- | -tɪ-] *adj.* ＝astronautical.

cos·mo·nau·tics [kɑ̀zmənɔ́:ṭɪks, -nɑ́:ṭ- | kɔ̀zmənɔ́:t-] *n.* 〘宇宙〙＝astronautics.

cos·mo·plas·tic [kɑ̀zməplǽstɪk | kɔ̀zməplǽs-, -plɑ́:s-] 〘← COSMO-＋-PLASTIC〙 *adj.* 宇宙[世界]形成の.

cos·mop·o·lis [kɑzmɑ́pəlɪs, -ləs | kɔzmɔ́pəlɪs] 〘《1892》← COSMO-＋(METRO)POLIS〙 *n.* 国際都市.

cos·mo·pol·i·tan [kɑ̀zməpɑ́ləṭən, -ṭṇ | kɔ̀zmə(u)pɔ́lɪtən, -tṇ] 〘《1844》← COSMOPOLITE＋-AN¹: cf. F *cosmopolitain*〙 ── *adj.* **1** (一地方[国家]的感情・偏見・愛着などにとらわれない)世界主義の, コスモポリタンの: ～ ideals 世界主義的理想 / a ～ outlook 世界主義的見解 / ～ traits [indifference] コスモポリタン的特性[無関心]. **2** 全世界的な, 国際的な: a ～ city 国際都市. **3** (都会生活や広範な旅行により)視野の広い, 世才のある, 世智にたけた; 世界人の. **4**〘生態〙全世界に分布している. ── *n.* (一地方[国家]的感情・偏見・愛着などにとらわれない)世界主義者, 世界人, コスモポリタン (cosmopolite). **～·ly** *adv.*

còs·mo·pól·i·tan·ism [-ṭənɪzm, -ṭṇ- | -tən-, -tṇ-] *n.* **1** 世界(市民)主義, 四海同胞主義. **2** コスモポリタン気質. **3** [C-] コスモポリタニズム《第二次大戦後ソ連で体制に従わないユダヤ系知識人を非難してしきりに使われた言葉》.

cos·mo·pol·i·tan·ize [kɑ̀zməpɑ́ləṭənàɪz, -tṇ- | kɔ̀zməpɔ́lɪtən-] *vt.* コスモポリタン化する.

cos·mop·o·lite [kɑzmɑ́pəlàɪt | kɔzmɔ́p-] 〘《1614》⊏ Gk *kosmopolít-ēs* citizen of the world ← COSMO-＋*polítēs* citizen (← *pólis* city)〙 ── *n.* **1** ＝cosmopolitan. **2** 全世界的に分布している動植物. **b** 世界各地共通の伝説・ことわざ(など). ── *adj.* ＝cosmopolitan.

cos·mo·po·lit·i·cal [kɑ̀zmo(u)pəlíṭɪkəl, -mə-, -po(u)-, -ṭə- | kɔ̀zmə(u)pəlíti-] 〘⇨ ↑, political〙 *adj.* 世界政策的な; 全世界の利害に関係のある. **～·ly** *adv.*

cos·mo·pol·it·ism [kɑzmɑ́pəlaɪtɪzm, -lətɪzm | kɔzmɔ́plàɪtɪzm, -lətɪzm] *n.* ＝cosmopolitanism.

cos·mo·ra·ma [kɑ̀zmərǽmə, -rɑ́:mə | kɔ̀zmərɑ́:mə] 〘← COSMO-＋(PANO)RAMA〙 ── *n.* コズモラマ《世界各地の実景ののぞきめがね; cf. diorama, panorama》. **cos·mo·ram·ic** [kɑ̀zmərǽmɪk | kɔ̀zmərǽm-, -rɑ́:m-] *adj.*

cos·mos [kɑ́zməs | kɔ́zmɔs] 〘《1650》⊏ Gk *kósmos* order, world or universe ← ? IE **kens-* to proclaim〙 ── *n.* **1** [《米》ではまた -mous, -mas] **a** [the ～] (秩序整然とした体系として考えられた)宇宙 (cf. chaos 1 a). **b** (整然とした)秩序, 調和 (harmony). **2** [《米》ではまた -mous, -mas] (観念・経験などの)完全体系, 統一的組織. **3**〘植物〙コスモス《キク科コスモス属 (*Cosmos*) の植物の総称; コスモス (*C. bipinnatus*) など》.

cos·mo·tron [kɑ́zmətrɑ̀n | kɔ́zmətrɔ̀n] 〘← *cosm(ic ray)*＋-o-＋-TRON〙 ── *n.* 〘物理〙コスモトロン《30 億電子ボルトのエネルギーをもつ陽子を作る陽子シンクロトロン; 米国 New York 州 Long Island の Brookhaven 研究所にあったが, 1967 年に運転を停止した》.

COSPAR [kóuspɑə | kə́uspɑ:(r)] 《略》 Committee on Space Research 宇宙空間研究連絡委員会.

có·spònsor *n.* 共同スポンサー. ── *vt.* …の共同スポンサーになる. **～·ship** *n.*

Cos·sa [kɔ́(:)sə | kɔ́sə; *It.* kɔ́ssa], **Francesco del** *n.* コッサ《1438?–?80; イタリアのフェラーラの画家, ボローニャ派の創始者の一人》.

Cos·sack [kɑ́sæk, -sək | kɔ́sæk] 〘《1598》⊏ Russ. *kazak* ⊏ Turk. *quzzāq* adventurer, vagabond ← *qaz* to wander〙 ── *n.* **1** **a** [the ～s] コサック族《黒海の北方ステップ地方に居住するトルコ系の農耕民で, 乗馬術に長じロシヤの帝政時代には軽騎兵として活躍した》. **b** コサック族の人, コサック人, コサック騎兵. **2**《俗》(州警察騎馬隊などで労働争議や自由主義運動などの鎮圧に使われる)武装機動隊員.

Cóssack hát *n.* コサック帽《頂部の方で広くなっている毛皮・アストラカン・フェルト製のつばなし帽子》.

cos·set [kɑ́sɪt, -sət | kɔ́s-] 〘《1579》← ? OE *cot-sǣta* cot sitter, i.e. animal brought up in the house ← COT¹＋**set-* (⇨ sit): cf. G *Kossat* cottager〙 ── *n.* **1** 手飼いの子羊. **2** 愛玩物 (pet), 寵児(ちょうじ). ── *vt.* かわいがる (fondle, pet), 甘やかす (pamper) 〈*up*〉.

Cos·si·dae [kɑ́sədi: | kɔ́sɪ-] 〘← NL ～ ← L *cossus* a kind of larva＋-IDAE〙 *n. pl.* 〘昆虫〙(鱗翅目)ボクトウガ科. **cos·sid** [kɑ́sɪd, -səd | kɔ́sɪd] *adj.*

cost¹ [kɔ́(:)st, kɑ́st | kɔ́st] 〘*v.*: 《*a*1325》 *coste(n)* ⊏ OF *coster* (F *coûter*) < VL **costāre* ＝ L *constāre* to cost ← *con-* 'COM- 1'＋*stāre* 'to STAND'. ── *n.*: 《?*c*1200》 ⊏ OF *co(u)st* (F *coût*) ← *coster*〙 ── *v.* (～) ── *vt.* **1** **a** …の金[費用]を要する, …かかる, 価が〈いくら〉する: The book ～*s* five dollars. その本は 5 ドルです / It ～ a lot (of money) [too much, very little, nothing]. そのために大金がかかった[費用がかかり過ぎた, 殆どかからなかった, 何にもかからなかった]. **b** [二重目的語を伴って]〈人〉に〈いくら〉費やさせる: What will it ～ me?—It will ～ you ten dollars. いくらかかるでしょうか—10 ドルかかるでしょう. **2** [通例二重目的語を伴って] **a** 〈人〉に〈時間・労力などを〉要する, いる: The answer to this letter ～ him much careful thought. この手紙の返事に彼は随分慎重な考慮を払った / Making a dictionary ～*s* much time and care. 辞書を作るには多くの時間と苦労がいる. **b** 〈行為などが〉〈人〉に〈貴重なものを〉犠牲にさせる, 失わせる: The work ～ him his life [fortune, health]. その事業のため彼は命[財産, 健康]を失った. **c** 〈人〉に〈苦痛などを〉与える: The boy's foolish behavior ～ his mother many sleepless nights. 息子の不始末のために母親はいく晩も眠れなかった. **3** (～, ～·ed)〘会計〙〈物品〉の原価[生産費など]を見積もる: ～ leather 革の原価計算をする. ★ 現在この動詞は間接目的語(人)と直接目的語(費用など)を伴って *vt.* として用いられているが, 歴史的には *vi.* で, 現在でも Passive 形をとらないし, 直接目的語はもとは副詞的目的語であった. ── *vi.* **1** 費用がかかる. **2** 努力[労力, 損失]がいる. **3** (～, ～·ed)〘会計〙原価[生産費など]を見積もる.

cost a person dear* [*dearly*]** 〈人〉に高いものにつく; (おかげで)人がひどい目に会う. ***cost what it may (1) どんな費用がかかろうとも. (2) どんなことがあっても, ぜひ.

── *n.* **1** 代価, 値段; 原価, 元値; 費用 (expense): at ～ (生産)原価で, 仕入値段で / at a ～ of …の費用で / at a great ～ 莫大な費用[大金]をかけて / at low ～ 安い費用で, 安く / below ～ 原価以下で / the buying ～ 仕入れ原価 / the ～ of production 生産費 / the ～ of living 生活費 / free of ～ 無代で, 無償で / ⇨ prime cost / spare no ～ 費用を惜しまない / This business will not pay its ～. この商売は引き合うまい[費用倒れになるだろう] / What is the ～ of that book? その本(の値段)はいくらか. **2** (時間・労力などの)犠牲 (sacrifice), 損失 (loss): at the ～ *of* …を犠牲にして / at great ～ *of* life 多大の人命を犠牲にして / at a heavy ～ 非常な損(失)をして / at a person's ～ 人の犠牲において, 人に損害をかけて. **3** [*pl.*]〘法律〙訴訟費用《英国では弁護士に対する法定謝礼をも指す》: ⇨ BILL³ of costs / Each party to pay their own ～*s*. (判決文で) 訴訟費用は(原・被告)双方分担のこと.

at all costs*＝*at any cost どんな犠牲を払っても, ぜひとも. ***count the cost*** (1) 費用を見積もる. (2) あらかじめ危険[一切の事情]を考えてみる, 先の見通しをつける. ***to one's cost*** 迷惑[損害]をこうむって, つらい目にあって: attempt a thing *to one's* ～ 事を企ててさんざんな目にあう / As I know *to my* ～ 私のつらい経験で知っているが / He has found *to his* ～ that this kind of thing does not pay. 彼はひどい目にあってこういうことは引き合わないものだということがわかった / I learnt that *to my* ～. もうそれには懲りている.

cost and freight〘貿易〙運賃込み値段[条件](の) (略 C. & F.).

cost, insurance, and freight〘貿易〙運賃保険料込み値段[条件](の) (略 CIF).

cost of sales〘会計〙売上原価《売上品の製造原価》.

cost² [kɔ́(:)st, kɑ́st | kɔ́st] 〘⊏ OF *coste* (F *côte*) rib < L *costa*: ⇨ costa〙 *n.* 〘紋章〙＝cotise.

cost- [kɑst | kɔst] (母音の前に来る時の) costo- の異形.

cos·ta [kɑ́stə, kɔ́(:)s- | kɔ́s-] 〘⊏ L ～ 'rib': cf. coast〙 ── *n.* (*pl.* **cos·tae** [-ti:, -taɪ]) **1**〘解剖〙肋骨 (rib). **2**〘植物〙葉肋; (特に)中肋, 主脈, 中央脈 (midrib). **3**〘昆虫〙**a** (翅の)前縁脈. **b** (翅の)前縁. **cós·tal** [-tl] *adj.*

cóst-accóunt *vt.* 〘会計〙…の原価計算をする, の原価を見積もる.

cóst accóuntant *n.* 〘会計〙原価計算係; 原価計算担当者.

cóst accòunting *n.* 〘会計〙原価計算, 原価会計.

costae *n.* costa の複数形.

co·star [ˊˋ] *v.* ── *vi.* (映画・演劇で)〈スターが〉共演する. ── *vt.* (映画・演劇で)〈スターを〉共演させる. ── [ˊˋ] *n.* 共演者, 共演スター[俳優].

cos·tard [kɑ́stəd, kɔ́(:)s- | kɑ́stəd, kɔ́s-] 〘《1292》⊏ AF ～ ← OF *coste* < L *costam* rib: ⇨ costa, -ard〙 ── *n.* **1**〘園芸〙コスタード《英国種の大リンゴ; 料理用》. **2**《古・戯言》頭 (head).

Cos·ta Ri·ca [kɑ̀stə-rí:kə, kɔ̀(:)s-, kòus- | kɔ̀stə-; *Sp.* kòstarríka] 〘⊏ Sp. ～《原義》? rich coast: Columbus の命名〙 ── *n.* コスタリカ《中央アメリカの共和国; 人口 2,070,000, 面積 50,900 km², 首都 San José; 公式名 the Republic of Costa Rica コスタリカ共和国》.

Cósta Rí·can [-rí:kən] *adj.* コスタリカ(人)の. ── *n.* コスタリカ人.

Cósta Ríca níghtshade *n.* 〘植物〙ウェンドランドツルナス (*Solanum wendlandi*)《コスタリカ原産ナス科の蔓性低木; 花は淡紅紫色, 観賞用に温室で栽培》.

cos·tate [kɑ́steɪt, kɔ́(:)s-, -tət, -tɪt | kɔ́s-] 〘⊏ L *costātus* having ribs ← *costa* rib: ⇨ costa, -ate²〙 *adj.* **1**〘解剖〙肋骨のある (ribbed). **2**〘植物〙中肋 (costa) のある.

cos·tat·ed [kɑ́steɪṭɪd, kɔ́(:)s-, -ṭəd | kɔ́steɪtɪd, -təd] *adj.* ＝costate.

cóst-bénefit *adj.* 〖経営〗費用便益の, 費用対便益比の.
cóst-bénefit anàlysis *n.* 〖経営〗費用便益分析《ある目的達成のための代替案について, それに要する費用とそれから得られる便益とを比較評価し, 代替案の採否あるいは優先順位を明らかにするもの》.
cóst clèrk *n.* 〖会計〗原価計算係.
cóst contròl *n.* 〖経営〗費用的管理, 原価管理.
cóst-efféctive *adj.* 〖経営〗費用効果の, 費用対効果比の. **~·ness** *n.*
cóst-efféctiveness anàlysis *n.* 〖経営〗費用効果分析.
cos·ter [kástə, kɔ́(ː)s- | kɔ́stə(r)] *n.* 《英》=costermonger.
cos·ter·mon·ger [kástəmàŋgə, kɔ́(ː)s-, -mʌ̀ŋ- | kɔ́stəmʌ̀ŋgə(r)] 〚《1514》 *costardmonger* fruit-seller: ⇨ costard, monger〛《英》 **—** *n.* 呼売商人 (hawker)《果物・野菜・魚などを手押し車 (barrow) などに載せて売り歩く行商人》. **—** *vi.* 呼売りをする, 行商をする.
cos·ti- [kásti, -tə | kɔ́stɪ] costo- の異形 (⇨ -i-).
cóst inflátion *n.* 〖経済〗=cost-push.
cóst·ing *n.* 《英》〖会計〗原価計算. **—** *adj.* **1** 費用のかかる (costly). **2** 気ぼねの折れる, 苦労のいる. **~·ly** *adv.* **~·ness** *n.*
cos·tive [kástɪv, kɔ́(ː)s- | kɔ́s-] 〚《*a*1400》 ▭ AF **costif* =OF *costivé* (p.p.) ← *costever* to constipate < L *constipāre* to press together: ⇨ constipate〛 **—** *adj.* **1 a** 便秘の[している] (constipated). **b** 〈食物など〉便秘を起こさせる. **2** 〈意見の発表・動作など〉鈍い, のろい; 口の重い. **3** けちな, 出し惜しみをする (stingy). **~·ly** *adv.* **~·ness** *n.*
cóst kèeper *n.* 〖会計〗=cost accountant.
cóst lèdger *n.* 〖会計〗原価元帳《原価計算票がファイルされており, 仕掛品勘定の内訳を示す補助元帳》.
cóst·less *adj.* 費用のかからない. **~·ly** *adv.*
cost·ly [kɔ́(ː)stli, kást- | kɔ́stlɪ] 〚《?*c*1384》〛 **—** *adj.* (**cost·li·er; -li·est**) **1 a** (貴重なため多大な)費用のかかる, 高価な: a ~ jewel. **b** 豪奢な, 贅沢(ぜいたく)な (gorgeous). **2** 犠牲[損失]の大きい: a ~ victory. **3** 《古》〈人が〉浪費癖のある, 贅沢な (extravagant). **cóst·li·ness** *n.*
cost·mar·y [kɔ́(ː)stmὲ(ə)ri, kást- | kɔ́stmὲərɪ] 〚《1373》 ← OE *cost* (▭ L *cost-um* ▭ Gk *kóstos* aromatic plant) + *Mary* (the Virgin)〛 **—** *n.* 〖植物〗地中海地方原産のキクの一種 (*Chrysanthemum majus*)《強い香気があり, もとエールの香料または薬に用いた》.
cos·to- [kástə, -to(ʊ) | kɔ́stə(ʊ)] 〚← L *costa* rib: ⇨ costa〛〖解剖・動物〗「肋骨 (rib); 肋骨と…との」の意の連結形. ★ 時に costi-, また母音の前では通例 cost- になる.
cóst-of-líving *adj.* 生活費の.
cóst-of-líving índex *n.* 〖経済〗生計費指数 (⇨ consumer price index).
cóst-plús 〖経済〗 *n.* 標準マージン付き生産費《生産費に所定の利益を加算したもの; cf. full-cost principle》. **—** *attrib. adj.* 〈生産費計算が〉原価にマージンを加算する方式の.
cóst price *n.* 原価; 費用価格.
cóst-pùsh 〖経済〗 *n.* コストインフレ《原価上昇が生産効率の改善を上回るため生じる物価上昇: cost-push inflation, cost inflation ともいう; cf. demand-pull》. **—** *adj.* コストインフレの.
cos·trel [kástrəl, kɔ́(ː)s- | kɔ́s-] 〚《*c*1380》 ▭ OF *costerel* ← *costier* at the side ← *coste* rib: ⇨ costard, -el[1]〛 **—** *n.* 《英方言》 **1** 腰下げびん《革製・木製または陶器製の容器で, 耳がついていてそれにひもを通し, 酒などを入れて腰に下げる》. **2** 木製の小さな樽.
cos·tume [kást(j)uːm, -təm, -tʃuːm | kɔ́stjuːm, ――́] 〚《1715》 ▭ F ~ 《原義》 customary dress ▭ It. ~ 'habit, fashion' < L *consuētūdinem* custom: CUSTOM と二重語〛 **—** *n.* **1 a** (国民・階級・時代・地方などに特有の)服装; 風俗《ヘアスタイル・服装・装飾なども含める》: the ~ of the Victorian era 英国ビクトリア朝の服装 / in academic ~ 大学の正服を着て. **b** (芝居の) 時代衣装; 仮装服一そろい (fancy dress). **c** (特定の季節・目的に適した)服: a summer [winter] ~ 夏[冬]服 / a bathing [boating] ~ 水泳[ボート]着. **2** (装身具を含めた)身なり, 外出着《例えばドレスとジャケットのアンサンブル》. **—** *attrib. adj.* **1 a** 時代衣装[仮装服]を用いた[着た]: a ~ ball 仮装舞踏会. **b** 時代衣装をつけた[描いた]: a ~ piece [play] (時代衣装をつけて演じる)時代劇. **2** 特定の衣装に適した[の効果を高める]: a ~ hat. **—** *vt.* **1** …に衣装を着せる (dress). **2** 〈芝居〉の衣装を調達する: ~ a play.
cóstume jéwelry *n.* [集合的] (通例流行服に付ける金[銀]メッキや貝など安価な)人造宝石類[装身具].
cós·tum·er *n.* **1** (芝居・仮装舞踏会などの)衣装屋; (芝居の)衣装方, 衣装係. **2** 衣装掛け, 帽子掛け.
cos·tum·ey [kást(j)uːmi, -təmi, -tʃuːmi | kɔ́stjuːmɪ, ―́――] *adj.* 《米》〈服飾など〉(人目を引くように)むやみに凝った, いやに気取った.
cos·tu·mier [kast(j)úːmièɪ, -miə | kɔstjúːmɪə, -mjə(r); *F.* kɔstymje] 〚《1831》 ▭ F ~ ← *costumer* 'to COSTUME': ⇨ -ier[2]〛 **—** *n.* (芝居・仮装舞踏会などの)衣装屋; 貸衣装屋.
cós·tum·ing *n.* **1** 衣装の調達[をデザインすること]. **2** 衣装の材料, 生地. **3** [集合的] 衣装.
cóst ùnit *n.* 〖会計〗原価(計算)単位《発生する原価を関係づける製品量や作業量の量的な単位》.
cós·tus·ròot [kɔ́(ː)stəs-, kás- | kɔ́s-] 〚← Gk *kóstos* (⇨ costmary) + ROOT[1]〛 **—** *n.* 木香, 唐木香《インド Kashmir 地方原産キク科トウヒレン属の一年生草本 *Saussurea lappa* の根; 香料の原料になる》.
cò·súrety *n.* 共同保証人. **~·shìp** *n.*
cò·swéarer *n.* 共同宣誓人.
co·sy [kóuzi | kə́uzi] *adj.* (**co·si·er; -si·est**), *n.* =cozy. **có·si·ly** [-zɪli, -zəli | -lɪ] *adv.* **có·si·ness** *n.*
cot[1] [kát | kɔ́t] 〚OE *cot(e)* cottage, house, dwelling < Gmc **kutam* (ON *kot*) ← ? IE **gēu-* to bend, curve〛 **—** *n.* **1 a** (羊・鳩などを入れる)小屋, 囲い, おり (cote). **b** 《詩》小さな家, 田舎家, 小屋 (cottage, hut). **2** カバー, さや, おおい (covering): a ~ for a sore finger 傷のある指にかぶせるサック. **—** *vt.* (**cot·ted; cot·ting**) 〈羊などを〉おり[小屋]に入れる.
cot[2] [kát | kɔ́t] 〚《1634》 ▭ Hindi *khāṭ* light bed, couch, hammock〛 **—** *n.* **1 a** (台にズックを張った)折り畳み式簡易寝台. **b** 《米》キャンプ用ベッド. **2** 《英》小児用寝台, ベビーベッド (crib). **3** (病院の車付きの)ベッド, 患者運搬車. **4** 〖海事〗(もと, 高級船員や病人に用いた帆布製の)つり床.

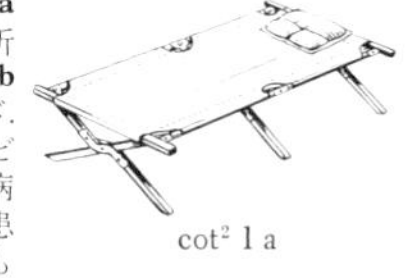
cot[2] 1 a

cot[3] [kát | kɔ́t] 〚▭ Ir. ~〛 *n.* 《アイル》小舟.
cot [kát | kɔ́t] 《略》〖数学〗cotangent.
cò·tángent 〚← CO-[2] + TANGENT〛 *n.* 〖数学〗コタンジェント, 余接 (略 cot; cf. cosine). **cò·tangéntial** *adj.*
cót bèd *n.* 軽くて狭い一人用寝台.
cót-càse *n.* 寝たっきりの重病人.
cót dèath *n.* 《英》〖医学〗乳児の突然死 (crib death).
cote [kóut | kə́ut] 〚OE ~ < Gmc **kutōn* (G *Kote*) ← IE **gēu-*: ⇨ cot[1]〛 **—** *n.* **1** (主に家畜・飼い鳥を入れる)小屋 (cot): ⇨ sheepcote, dovecote, hencote. **2** 《英方言》=cottage.
co·teau [koːtóu, ko(ʊ)- | kə(ʊ)tə́u; *F.* kɔto] 〚▭ F ~ (dim.) ← *cote* hillside < OF *costel* (dim.) ← *coste* slope〛 **—** *n.* (*pl.* **co·teaux** [~(z); *F.* ~]) 《米・カナダ》 **1** (二つの谷あいの分水界にある)高原, 高地 (plateau). **2** 谷の斜面.
Côte d'A·zur [kóut-dəzúə | kə́ut-dæz(j)úə(r; *F.* kotdazyːr] *n.* [the ~] コートダジュール《Riviera 地方に沿ったフランス南東海岸; 保養地が連なる》.
Côte d'I·voire [*F.* kotdivwaːr] *n.* [the ~] コートジボアール (⇨ Ivory Coast).
Côte-d'Or [kóut-dɔ́ə | kə́ut-dɔ́ː(r; *F.* kotdɔːr] 〚▭ F ~ 'coast of gold'〛 *n.* コートドール(県)《フランス東部の県; 人口 468,000, 面積 8,787 km², 首都 Dijon》.
cote·har·die [kout(h)ɑ́ədi | kəut(h)ɑ́ːdɪ; *F.* kotardi] 〚▭ OF ~ 《原義》 bold coat〛 **—** *n.* コトアルディー《体にぴったりとした長袖にベルトつきの中世の外套: 男子用は腿まで, 女子用は床までの丈で, 前をボタンまたはしめひも (lacing) で留める》.

cotehardies

co·tem·po·ra·ne·ous [koutèmpəréɪniəs, -njəs | kəutèmpəréɪnjəs, -nɪəs] *adj.* 《古》=contemporaneous.
co·tem·po·rar·y [koutémpərèri | kəutémp(ə)rərɪ] *adj.*, *n.* 《古》=contemporary.
cò·ténancy *n.* 不動産の共同保有(権), 共同借地(権).
cò·ténant *n.* 不動産の共同保有者, 共同借地[家]人.
co·te·rie [kóutəri, -tri, kòutəríː, ――́― | kə́utəri; *F.* kɔtri] 〚《1738》 ▭ F ~ 'set of people' ← OF **cotier* 'COTTIER': 原義は「村人の一団」〛 **—** *n.* (社交界の)常連, 同志, 連中 (set); (文芸などの)同人, グループ, 一派 (clique): a literary ~ 文学同人.
cò·términal *adj.* 〖数学〗(角が)共辺の《図形としては同じであるが, 大きさが 360° [2π] の整数倍だけ異なる二つの角についていう》.
co·ter·mi·nous [kòutə́ːmənəs | kə̀utə́ːmɪ-] *adj.* = conterminous. **~·ly** *adv.*
coth 〚《混成》 ← COT(ANGENT) + H(YPERBOLIC)〛《記号》〖数学〗hyperbolic cotangent.
co·thurn [kóuθəːn, ―́ | kə́uθəːn, ―́] *n.* =cothurnus.
co·thur·nal [ko(ʊ)θə́ːnl, kə- | kə(ʊ)θə́ː-] *adj.* **1** cothurnus の. **2** 悲劇的な, 悲壮な (tragic).
co·thur·nus [ko(ʊ)θə́ːnəs, kə- | kə(ʊ)θə́ː-] 〚《1727-51》 ▭ L ~ ▭ Gk *kóthornos* buskin ← ?〛 **—** *n.* (*pl.* **co·thur·ni** [-naɪ]) **1** [通例 *pl.*] コトルノス《昔ギリシャ・ローマの悲劇役者が用いた短靴; buskins ともいう; cf. sock[1] 2 a》. **2** (悲劇にふさわしい格調の高い)悲壮風, 悲劇調, 荘重な演技.
cot·ice [kátɪs, -ṭəs | kɔ́tɪs] *n.*, *vt.* 〖紋章〗=cotise.
cò·tídal *adj.* 〖海洋〗同潮の: a ~ line 同[等]潮時線《同時に高潮(こうちょう)[低潮]に達する海洋面を示す地図[海図]上の線》.
co·til·lion [ko(ʊ)tíljən, kə- | kə-, kɔ-] 〚《1766》 ▭ F *cotillon* 《原義》 petticoat (dim.) ← *cotte* 'COAT' < OF *cote* ▭ Frank. **kotta*〛 **—** *n.* **1** 〖ダンス〗コティヨン: **a** 2 人, 4 人または 8 人が一組になって踊る活発なフランス舞踊. **b** 各種のカドリル舞踊 (quadrille). **2** コティヨンの曲. **3** (社交界の)正式の舞踏会.
co·til·lon [ko(ʊ)tíljən, kə- | kə-, kɔ-; *F.* kɔtijɔ̃] 〚▭ F ~: ↑〛 *n.* =cotillion.
co·tin·ga [ko(ʊ)tíŋgə, kə- | kə(ʊ)-] 〚▭ F ~: cf. Tupi *coting* to wash & *tinga* white〛 **—** *n.* 〖鳥類〗カザリドリ《中・南米産スズメ目カザリドリ科カザリドリ属 (*Cotinga*) の小鳥の総称; ムネムラサキカザリドリ (*C. cotinga*) など羽毛が美しいものが多い》.
Co·tin·gi·dae [ko(ʊ)tíndʒədiː, kə- | kə(ʊ)tíndʒɪ-] 〚← NL ~: ⇨ ↑, -idae〛 *n. pl.* 〖鳥類〗カザリドリ科.
cot·ise [kátɪs, -ṭəs | kɔ́tɪs] 〚▭ F *cotice* ← OF *coste* rib: ⇨ costard, -ice〛 **—** *n.* 〖紋章〗コティス《bend, fess などの両側に配された 2 本の細帯; cf. baton 5》. **—** *vt.* 〈bend, fess など〉の両側に細い帯を加える.
cótise cóuped *n.* 〖紋章〗=baton 5.
cót·ised *adj.* 〖紋章〗コティス (cotise) を配した.
co·to·ne·as·ter [kətóuniæ̀stə, ―――́―, káṭənìːstə, -tṇ- | kətəuniǽstə(r, kɔ-] 〚《1753》 ← NL ~ ← L *cotōnea* quince + -ASTER[1]〛 **—** *n.* 〖植物〗シャリントウ, コトネアスター《北欧産バラ科シャリントウ属 (*Cotoneaster*) の低木の総称; 生け垣などに植える; ヒマラヤシャリントウ (*C. frigidus*) など》.
Co·to·pax·i [kòuṭəpǽksi, -pɑ́ːksi | kɔ̀tə(ʊ)pǽksɪ; *Am.-Sp.* kòtopáxi] *n.* コトパクシ(山)《南米エクアドルの中央部, Andes 山脈中の火山; 活火山としては世界の最高峰 (5,897 m)》.
cót·quèan 〚← COT[1] + QUEAN〛 *n.* **1** 《古》 **a** 下品な男っぽい女. **b** 家事[女の仕事]に手を出す男. **2** 《廃》農夫のかみさん.
cò·transdúction *n.* 〖細菌〗複位形質導入.
cò·trustée *n.* 共同受託人[管財人].
Cots·wold [kátswould, -wəld | kɔ́tswəuld, -wəld] 〚↓: ここで品種の改良がなされたことから〛 *n.* コッツウォルド《大型で長毛の英国原産の一品種の羊》.
Cots·wolds [kátswouldz, -wəldz | kɔ́tswəuldz, -wəldz] 〚ME *Coddeswold* 《原義》 'forest of *Cōd* (人名)': ⇨ wold[1]〛 **—** *n. pl.* [the ~] イングランド Gloucestershire 州にある低い連丘で羊の放牧地 (Cotswold Hills ともいう).
cot·ta [káṭə | kɔ́tə] 〚《1848》 ▭ ML ~ 'tunic': ⇨ coat〛 *n.* 〖教会〗 **1** =surplice 1. **2** コッタ《聖歌隊員の着る裾(すそ)の短いそでなし[そでの短い]白衣》.
cot·tage [káṭɪdʒ | kɔ́t-] 〚《*c*1390》 *cotage* ▭ AF **cotage*: ⇨ cot[1], -age〛 **—** *n.* **1 a** (農民・鉱夫などの通例 1 階または 2 階建ての)小住居, 小家屋. **b** 田舎家. **c** (羊飼いや狩猟家用の)小屋 (hut). **2** 《米》(避暑地などの)小別荘 (cf. villa 2). **3** (病院・リゾートホテル・寄宿学校などの)一戸建ての建物. **4** 《豪》平屋.
cóttage chèese *n.* カテージチーズ《rennet を用いないで curd に塩味をつけて作った白い柔らかいチーズ》.
cóttage cùrtains *n. pl.* 上下 2 段にして真直ぐに吊すカーテン《一般に薄い透き通るような布地を使う》.
cóttage hòspital *n.* **1** (小住宅風の多数の建物に分かれている)療養所. **2** 《英》(その土地の全科開業医が巡回して診療にあたる)小病院.
cóttage índustry *n.* 家内工業.
cóttage lòaf *n.* 《英》大小二つの生地のかたまりを重ねて焼き上げた白パン.
cóttage piàno *n.* (19 世紀の)竪型小ピアノ.
cóttage pìe *n.* =shepherd's pie.
cóttage pìnk *n.* 〖植物〗タツタナデシコ, トコナデシコ (*Dianthus plumarius*)《花は紫紅色から白色まであり, 芳香のある観賞用のナデシコ》.
cóttage púdding *n.* コッテージプディング《あっさりとしたケーキに果物やチョコレートのソースをかけたデザート》.
cót·tag·er [-dʒə | -dʒə(r)] *n.* **1** 小住居 (cottage) に住む人. **2** 《英》農業労働者, 作男. **3** 《米》(避暑地などの)別荘客, 別荘に住む人.
cóttage túlip *n.* 〖園芸〗コッテージチューリップ《晩生(5 月咲)チューリップ; 花は一重で長卵形, ダーウィンチューリップよりやや遅れて咲く; 草丈はやや高い》.
cot·tag·ey [káṭɪdʒi | kɔ́tɪdʒɪ] *adj.* cottage 風の[を思わせる].
Cott·bus [kátbəs, -bus | kɔ́t-; *G.* kɔ́tbus] *n.* コットブス《東ドイツ東部, Spree 河畔の工業都市; 人口 104,000》.
cot·ter[1] [káṭə | kɔ́tə(r)] 〚《1386》 *coter*: cf. ML *cotārius*〛 **—** *n.* (*also* **cot·tar** [~]) **1** (もと, スコットランドの農場付属の小屋に住んだ)日雇い農夫, 小作人. **2** = cottier 2. **3** =cottager 2.
cot·ter[2] [káṭə | kɔ́tə(r)] 〚《*a*1338》 ← ?: cf. 《方言》 *cotterel* cotter / MLG *kote* claw, joint〛 **—** *n.* **1** 〖機械〗 **a** コッター, 横くさび, くさび栓. **b** =cotter pin. **2** 〖建築〗込栓(こみせん) (key). **—** *vt.* コッターで止める.
cóttered jóint *n.* 〖機械〗コッター継手《二つの機械部品をコッターによって結合した結合部》.
cótter pìn *n.* 〖機械〗コッターピン, 割りピン《差し込んだあとで先端を割り開くピン》.
cótter·wày *n.* 〖機械〗=keyway 1.
Cót·ti·an Álps [káṭiən- | kɔ́tɪən-, -tjən-] *n. pl.* [the ~] コティアンアルプス《フランスとイタリアの国境にある Alps 連山》.
Cot·ti·dae [káṭədiː | kɔ́tɪ-] 〚← NL ~ ← Gk *kóttos* a kind of river fish + -IDAE〛 **—** *n. pl.* 〖魚類〗カジカ科.

cotter pin

cot·ti·er [káṭiə | kɔ́tɪə(r)] 〚《1125-28》 *cot(i)er* ▭ OF **cotier* ← *cote* 'COT[1]': ⇨ -ier[1]〛 **—** *n.* **1** 《英》小百姓, 小農夫 (peasant). **2** (もと, アイルランドの)入札小作人《小作料は競争入札できめる》.

cot·ton [kɑ́tn̩ | kɔ́tn̩] 〖《1286》 *coto(u)n* ◻ (O)F *coton* ◻ Sp. *cotón* ◻ Arab. *qúṭun*〗 ― *n.* **1** 綿, 綿花: ～ in the seed 実綿 / ginned ～ 繰り綿 / raw ～ 綿花, 原綿, 生綿. **2** 〖植物〗ワタ《アオイ科ワタ属 (*Gossypium*) のワタを産する植物の総称; リクチワタ (upland cotton), カイトウメン (sea island cotton) など》. **3 a** 綿布, 綿織物, 木綿: dyed ～ 色木綿 / figured ～ 紋織木綿 / in ～ 綿服を着て. **b** 綿糸, 木綿糸: ⇨sewing cotton / a needle and ～ 糸を通した縫針. **4** 綿状のもの; (植物の)わた毛.

cotton 2 (*Gossypium* sp.)

spit cotton 《米口語》(1) (口がかわいて)白いつばを吐く; ひどく口[のど]がかわく. (2) 腹を立てる.

― *attrib. adj.* 綿の, 綿糸の; 綿製の: a ～ blanket 綿毛布 / ～ canvas [duck] 綿帆布, ズック / ～ cloth 綿布 / ～ goods 綿製品 / ～ industry 綿工業 / ～ piece goods 綿布類 / ～ print(s) 綿プリント / ～ thread 綿縫糸 / ～ textile [tissue] 綿織物.

― *vi.* **1** 《口語》**a** 〔人・物を〕好きになる, 愛着する 〔*to, on to*〕. **b** 〔人と〕親しくなる (fraternize) 〔*with*〕. **2** 《口語》〔提案などに〕同調する, 賛成する (agree) 〔*with*〕. **3** 《口語》〔事実などを〕了解する (understand) 〔*to, on to*〕: ～ *on to* the fact. **4** 《廃》成功する (succeed), 繁栄する (prosper).

***cotton up to*...** 《口語》〈人〉に取り入ろうとする, 〈人〉と親しくする.

Cot·ton [kɑ́tn̩ | kɔ́tn̩], **John** *n.* (1584–1652) 英国生れの米国の初期植民時代の代表的な清教徒牧師.

cótton áphid *n.* 〖昆虫〗ワタアブラムシ (*Aphis gossypii*)《全世界に分布し各種の植物に寄生する大害虫》.

cótton bàtting [bæ̀t] *n.* 綿薄層物《吸湿し易いふわふわの綿の薄層で, 医療用》.

cótton bèlt, C- B- *n.* [the ～] (米国南部の)綿花地帯, コットンベルト.

cótton-bòll wéevil *n.* 〖昆虫〗ワタミハナゾウムシ (⇨ boll weevil).

Cótton Bówl *n.* [the ～] コットンボウル《Dallas にある Cotton Bowl Stadium でシーズン終了後の招待大学チームが行なうフットボールゲーム》.

cótton càke *n.* =cottonseed cake.

cótton cándy *n.* 《米》綿菓子, 綿あめ (spun sugar, 《英》candy floss).

cótton flánnel *n.* 綿フランネル (Canton flannel).

cótton gìn *n.* 綿繰り機《綿繊維を種から分離する機械; cf. saw gin》.

cótton gràss 〖綿花のような頭状花をつけるところから〗 ― *n.* 〖植物〗ワタスゲ《カヤツリグサ科ワタスゲ属 (*Eriophorum*) の湿原にはえる植物の総称; ワタスゲ, マユハキグサ (*E. fauriei*) など》.

cótton gùm 〖種子に綿毛状のものが生えているところから〗 *n.* 〖植物〗ヌマミズキ (*Nyssa aquatica*)《北米産オオギリ科の植物; black gum ともいう》.

cótton mìll *n.* 綿紡工場, 綿織工場.

cótton·mòuth 〖その口の内側が白いことから〗 *n.* 〖動物〗ヌママムシ (⇨ water moccasin 1)《cottonmouth moccasin ともいう》.

Cot·ton·op·o·lis [kɑ̀tənɑ́pəlɪs, -tn̩-, -ləs | kɔ̀tənɔ́pəlɪs -tn̩-] 〖← COTTON+-O-+-POLIS: METROPOLIS の類推から〗 ― *n.* 《戯言》イングランド Greater Manchester 州の Manchester 市(英国綿工業の中心地)の異名.

cótton pìcker *n.* 《米》 **1** 綿を摘む人. **2** 採綿器, (綿の)摘採機《畑のワタから綿を摘み取る器械》.

cótton-pìcking *adj.* (*also* **cótton-pìckin'**)《米俗》 **1** [軽蔑的に] ひどい, いまいましい, いやな (damned): a ～ lie ひどいうそ. **2** [強意に用いて] つまらない, くだらない: on his ～ pate やつの頭の上に.

cótton pòwder *n.* 粉末綿火薬《guncotton を主成分とする火薬》.

cótton prèss *n.* **1** 繰綿プレス《綿の包装に用いる圧搾機》. **2** 繰綿プレス工場.

cótton ròse *n.* 〖植物〗フヨウ (⇨ Confederate rose).

cótton·sèed *n.* ワタの種子, 綿実(めんじつ)《綿実油 (cottonseed oil) を採ったり, または家畜の飼料にする》.

cóttonseed càke *n.* 綿実粕《cottonseed から油を搾り取った粕を固めたもので, 飼料用》.

cóttonseed mèal *n.* 粉末にした綿実粕.

cóttonseed òil *n.* 〖化学〗綿実油(めんじつゆ)《綿の種子を圧搾して得られる半乾性脂肪油で, 食用》.

cótton spìnner *n.* **1** (綿糸)紡績工; 綿糸紡績業者, 紡績工場主. **2** 〖動物〗外敵から身を守る時に白色のキュヴィ管を排出するナマコ (*Holothuria forskali*).

cótton stàiner *n.* 〖昆虫〗ホシカメムシ科アカホシカメムシ属の昆虫 (*Dysdercus suturellus*)《摘み採る前の綿に赤黄色のしみをつける》.

Cótton Stàte 〖綿花の大産地であることから〗 *n.* [the ～] 米国 Alabama 州の俗称.

cótton·tàil *n.* **1** 〖動物〗ワタオウサギ《北米産ワタウサギ属 (*Sylvilagus*) の尾が白いウサギの総称; *S. floridanus* など》. **2** ワタオウサギの尾.

cótton thìstle *n.* 〖植物〗オオヒレアザミ (*Onopordon acanthium*)《ヨーロッパ原産キク科の二年草; 淡紫色の花が咲く; Scotch thistle ともいう》.

cótton trèe *n.* 〖植物〗カポックノキ (⇨ ceiba 2).

cótton wàste *n.* 綿糸くず, ウエス, 落綿《再生して用いるか, または機械類掃除用》.

cótton·wèed *n.* 〖植物〗=cudweed.

cótton·wòod *n.* 〖植物〗ハヒロハコヤナギ (*Populus deltoides*)《北米産ポプラの一種; 種子に綿毛がある》.

cótton wóol *n.* **1 a** 生綿, 綿花, 原綿. **b** 精製綿, ふとん綿, 詰綿 (batting). **2** 《英》脱脂綿 (《米》absorbent cotton).

be [live] in cotton wool 安逸をむさぼる, 贅沢に暮らす. ***wrap [keep] in cotton wool*** 《口語》甘やかす, 大事にする (coddle).

cot·ton·y [kɑ́tni, -təni, -tni | kɔ́tnɪ, -tənɪ] *adj.* **1** 綿のような, ふわふわした (downy); 柔らかい (soft). **2** 綿毛のある[でおおわれた], けば立っている (nappy).

cóttony-cúshion scàle *n.* 〖昆虫〗ワタフキカイガラムシ (*Icerya purchasi*)《オーストラリア原産, 半翅目ワラジカイガラムシ科の昆虫; ほとんど全世界に分布し, 種々の樹木に加害する》.

cóttony jújube *n.* 〖植物〗=Indian jujube.

cót·trell precípitator [kɑ́trɪl-, -trəl- | kɔ́t-] *n.* 〖電気〗コットレル集塵(じん)器《代表的な電気集塵器の一種》.

cot·wal [kóutwɑːl | káut-] *n.* =kotwal.

Co·ty [kɔ(ː)tíː, ko(ʊ)- | kɔ-, kə(ʊ)-; *F.* kɔti], **René Jules Gustave** *n.* コティ《1882–1962; フランスの政治家・弁護士; 大統領 (1954–59)》.

cot·yl- [kɑ́təl | kɔ́tɪl] (母音の前に来る時の) cotylo- の異形.

-cot·yl [kɑ̀tl̩ | kɔ̀tɪl] 〖↓〗「子葉 (cotyledon)」の意の名詞連結形: *dicotyl*.

cot·y·le·don [kɑ̀təlíːdn̩, -tl̩- | kɔ̀tɪlíːdən, -dn̩] 〖《1545》 ◻ L *cotylēdon* ◻ Gk *kotulēdṓn* cup-shaped cavity ← *kotúlē* anything hollow〗 ― *n.* **1** 〖植物〗子葉 (seed leaf). **2** 〖解剖〗 **a** 杯状窩(か), 髀臼(ひきゅう). **b** 絨毛叢(じゅうもうそう), 胎盤葉. **3** 〖植物〗ヨーロッパ産ベンケイソウ科コチレドン属 (*Cotyledon*) の植物の総称《navelwort など》. **～·al** [kɑ̀təlíːdn̩l, -tl̩- | kɔ̀tɪlíːdənl, -dn̩l] *adj.*

cot·y·le·don·ar·y [kɑ̀təlíːdənèri, -tl̩-, -dn̩- | kɔ̀tɪlíːdənərɪ, -dn̩-] *adj.* 〖植物〗子葉の[から成る, をもった, に似た].

cot·y·le·don·ous [kɑ̀təlíːdənəs, -tl̩-, -dn̩- | kɔ̀tɪ-] *adj.* 〖植物〗=cotyledonary.

cot·y·li- [kɑ́təlɪ, -lə, -tl̩- | kɔ́tɪlɪ] cotylo- の異形 (⇨ -i-).

cot·y·lo- [kɑ́təlo(ʊ), -tl̩- | kɔ́tɪlə(ʊ)] 〖← Gk *kotúlē* anything hollow〗 ―「杯 (cup); 杯状器官」の意の連結形. ★ 時に cotyli-, また母音の前では通例 cotyl- になる.

cot·y·loid [kɑ́təlɔ̀ɪd, -tl̩- | kɔ́tɪl-] 〖◻ Gk *kotuloeid-es*: ⇨↑, -oid〗 *adj.* 〖解剖〗 **1** 杯状の (cup-shaped); 臼状の. **2** 髀臼(ひきゅう)の.

co·ty·lo·saur [kɑ́təlo(ʊ)sɔ̀ə, -tl̩-, kətíːlə- | kɔ́tɪlə(ʊ)sɔ̀ː(r), kətíːlə-] 〖← NL *Cotylosaur-ia*: ⇨ cotylo-, -saurus〗 ― *n.* 〖古生物〗杯竜《爬虫類の祖先のグループ杯竜目の動物で, 石炭紀に両生類から由来した》.

Cot·y·lo·sau·ri·a [kɑ̀təlɑsɔ́ːriə, -tl̩- | kɔ̀tɪləsɔ́ːrɪə] 〖← NL ～: ⇨↑, -ia²〗 *n. pl.* 〖古生物〗杯竜目.

có·tỳpe 〖← co-¹+-TYPE〗 *n.* 〖生物〗コタイプ (cf. holotype): **a** 等価基準標本 (syntype). **b** 副模式標本 (paratype).

Cou·ber·tin [kùːbɛətɛ̃ː(ŋ), -tǽŋ | -bɛə-; *F.* kubɛʀtɛ̃], **Pierre de** *n.* クーベルタン《1863–1937; フランスの教育家; オリンピック競技大会を復活 (1894), 国際オリンピック委員会 (IOC) 会長 (1894–1925); 称号 Baron de Coubertin》.

cou·cal [kúːkəl] 〖◻ F ～《混成》? ← *cou(cou)* cuckoo + *al(ouette)* lark〗 ― *n.* 〖鳥類〗バンケン《ホトトギス科バンケン属 (*Centropus*) の鳥の総称; アフリカ・南アジア・オーストラリア産; 尾が長く赤褐色でキジに似ているキジバンケイ (*C. phasianinus*) など》.

couch¹ [káutʃ, kúːtʃ | kúːtʃ, káutʃ] 〖← *couch grass*〗 *n.* 〖植物〗=couch grass.

couch² [káutʃ] 〖*n.*: 《1340》 ◻ (O)F *couche* ← *coucher*. ― *v.*: 《?a1300》 *couche(n)* ◻ (O)F *couch-er* < L *collocāre* to lay: ⇨ collocate〗 ― *n.* **1 a** 寝椅子, カウチ《普通の sofa よりは背部が低くひじ掛けが一方または両端にある》. **b** (精神分析などのために患者が横たわる)枕付き寝椅子, カウチ. **2** 《詩・文語》寝床, ふしど, 床 (bed); 休息所, 休み場: a ～ of pain [fever] 苦痛[熱病]の床 / retire to one's ～ 寝床に退く / a grassy ～ 草のしとね. **3** (獣類の)隠れ場, 巣, 穴 (lair). **4** 〖醸造〗(麦こうじの)麦芽床. **5** [《米》ではまた kúːtʃ]〖絵画〗(色の)下塗り. **6** [《米》kúːtʃ]〖製紙〗クーチ, 氈床(せんしょう)《すき上った湿紙を重ねておく台》.

on the couch 精神分析を受けて.

― *vt.* **1** [通例 ～ *oneself* または p.p. 形で]《文語・詩》〈体を〉横たえる: ～ *oneself* on a bed ベッドに横たわる / be ～*ed* upon the ground 地面に身を横たえている. **2** 〈槍などを〉斜め[攻撃の構え]にする: ～ a lance [spear] 槍を構える. **3 a** 〈考えなどを〉(言葉に託して)表わす, 表現する (express): ～ one's refusal in polite terms 丁重な言葉で体よく拒絶する / a letter ～*ed* in cool terms 冷淡な文句で書かれた手紙. **b** 〈意味などを〉暗に含ませる: ～ satire under an allegory 寓話の中にそれとなく諷刺する. **4** [通例 ～ *oneself* または p.p. 形で]《古》隠す, 潜伏させる (hide). **5** 〖服飾〗(糸を布の上にのせ小さなステッチでおさえる方法で)...に縫取り細工を施す (embroider) (cf. couching 3). **6** 〖醸造〗〈穀粒を〉(こうじにするため)寝かす. **7** 〖眼科〗(白内障 (cataract) を直すために)〈人・人の目〉に発窩術を施す《白内障になった水晶体を硝子体の中へ落とす; cf. couching 2》: ～ a person [a person's eye] 人[人の目]に発窩術を施す. **8** [《米》kúːtʃ]〖製紙〗〈湿紙を〉クーチに移す, 〈湿紙を〉(毛布の上に)重ねる; (クーチロール上の)〈湿紙〉の水分を除く. ― *vi.* **1 a** 〈人が〉(ベッドなどに)横たわる, 休む (repose). **b** 〈動物が〉(寝るために)横たわる, 体をかがめる, うずくまる (crouch). **c** 性交する. **2** 〈人が〉(待機の姿勢で)身を忍ばせる, 待伏せする. **3** 〈葉が〉(腐敗する間)山積みになっている, 堆積する.

couch·ant [káutʃənt] 〖《c1405》 ◻ (O)F ～ (pres.p.) ← *coucher* to lie: ⇨ couch² (v.), -ant〗 ― *adj.* **1** うずくまった, かがみ込んだ. **2** 〖紋章〗〈獣が〉頭をもたげてうずくまっている (cf. dormant 7): a lion ～.

cou·ché [kuːʃéɪ | ―́―; *F.* kuʃe] 〖◻ F ～ (p.p.) ← *coucher* (↑)〗 ― *adj.* 〖紋章〗 **1** 〈盾を〉傾けた《紋章図形の一つで, 盾の側からみて左肩よりに傾ける》. **2** =couchant 2.

cou·chee [kuːʃéɪ, ―́― | ―́―; *F.* kuʃe] 〖◻ F *couchée* (fem.): ↑〗 *n.* (*pl.* **～s** [～(z); *F.* ～]) (王侯・貴族の)夕べ[就寝前]の接見 (cf. levee¹ 3).

couch·er 〖⇨ couch²〗 *n.* **1** 《スコット》臆病者 (coward). **2** 〖製紙〗クーチャー《すき上った紙をクーチ (couch) に移す人》.

cou·chette [kuːʃét; *F.* kuʃɛt] 〖◻ F ～ 'berth' (dim.) ← *couche* 'COUCH²'〗 ― *n.* **1** (ヨーロッパの列車の)寝台客室《寝台車の仕切部屋》. **2** 寝台客室の寝台.

couch gràss [káutʃ-, kúːtʃ- | kúːtʃ-, káutʃ-] 〖《変形》← *quitch grass*〗 ― *n.* 〖植物〗ヒメカモジグサ, シバムギ (*Agropyron repens*)《イネ科の雑草; quack grass, quake grass, dog grass ともいう》.

couch·ing 〖《1371》〗 ― *n.* **1** うずくまっていること. **2** 〖眼科〗発窩術, 水晶体転位術《白内障 (cataract) の治療で, 不透明な水晶体を転位する法》. **3** 〖服飾〗カウチング《糸やコードを布の上におき, 小さいステッチでおさえる刺し方の一種》.

couch ròll [kúːtʃ-] *n.* 〖製紙〗クーチロール《円網抄紙機で, 湿紙をフェルトへ移すためのロール》.

cou·dé [kuːdéɪ; *F.* kude] 〖◻ F ～ 'bent like an elbow' ← *coude* elbow < L *cubitum*: ⇨ hip¹〗〖光学〗 ― *adj.* **1** 〈天体望遠鏡が〉クーデ式の: ⇨ coudé telescope. **2** クーデ式望遠鏡の: a ～ focus クーデ焦点. ― *n.* =coudé telescope.

coudé mounting [―――́―] *n.* 〖光学〗クーデ取付け《最終光束を極軸上に導き焦点が極軸上にあるようにした反射天体望遠鏡取付けの一形式》.

coudé telescope [―――́――] *n.* クーデ望遠鏡《対物レンズ[対物反射鏡]からの光を反射鏡により極軸に平行にし, 天体の日周運動によって動かない焦点に集め, ここに乾板や分光器を置くようにした反射望遠鏡》.

Coué [kúːeɪ; *F.* kwe], **Émile** *n.* クーエ《1857–1926; フランスの心理学者; クーエ療法 (Couéism) の創始者》.

Cou·é·ism [kuːéɪɪzm̩, ――́―― | ――́――] 〖⇨↑, -ism〗 *n.* 〖精神医学〗クーエ療法《Coué の創始した自己暗示法 (autosuggestion) を基礎とする心理療法》.

Cou·étte flòw [kuːét-] 〖*Couette*: ← F *couette* machine bearing < OF *cuilte* quilt, mattress〗 ― *n.* 〖機械〗クエットの流れ《軸と軸受とのすきまの油の流れのように平行二面間の粘性流》.

cou·gar [kúːgə, -gɑə | -gə(r)] 〖《1774》 ◻ F *couguar* 《短縮》← Port. *cuguardo* 《変形》← Tupi *suasuarana* false deer (その色にちなむ)〗 ― *n.* (*pl.* **～s, ～**) 〖動物〗クーガー, ピューマ, アメリカライオン (*Felis concolor*) (puma, panther, mountain lion, American lion ともいう).

cougar

cough [kɔ́(ː)f, kɑ́f | kɔ́f] 〖《c1300》 *coȝe(n)* < OE **cohhian* ← **koχ-* (擬音語根) (OE *cohhetan* to shout): cf. G *keuchen* to wheeze〗 ― *n.* **1 a** せき, せき払い: a dry [hacking] ～ からぜき / give a (slight) ～ (軽い)せき払いをする. **b** せきの出る病気: have a bad ～ ひどいせきを病む, せきがひどい / ⇨ churchyard cough. **2 a** せきのような音. **b** (機関銃の)たたたたという発射音. **c** (調子の悪いエンジンの)不規則な爆発音. ― *vi.* **1** せきをする, せき払いする. **2 a** せきのような音を出す. **b** 〈機関銃が〉たたたたという. **c** 〈エンジンが〉燃焼不調でせきのような音を出す. **3** 《俗》白状する, 告白する. ― *vt.* **1 a** せきをして吐き出す[言う] 〈*out, up*〉: ～ *up* a bone せきをして骨を吐き出す / ～ *out* phlegm せきをしてたんを吐き出す. **b** せきをして...する: ～ oneself hoarse せきをして声をからす / ～ a speaker *down* 〈聴衆が〉弁士をせき払いして妨害する. **2** 《俗》**a** (うっかり・しぶしぶ)言い出す, 打ち明ける; 白状する 〈*up*〉. **b** (しぶしぶ)支払う, 渡す (hand over) 〈*up*〉: ～ *up* one's dough [money] 金を吐き出す. **～·er** *n.*

cóugh dròp *n.* **1** せき止めドロップ. **2** 《俗》不愉快[いや]な人[もの]; 変わり者, 変物 (caution).

cóugh-lòzenge *n.* せき止めドロップ.

cóugh mìxture [mèdicine] *n.* せきの薬《水薬》.

cóugh sỳrup *n.* せき止めのシロップ.

could [kəd; kʊ̀d, kʊ́d] 〖ME *coude, couthe* < OE *cūþe* (cf. OHG *konda*: ⇨ can²): *-l-* は SHOULD, WOULD との類推で 16C ごろから〗 ― *auxil. v.* (can² の過去形) **1** [過去における能力] **a** [一般動詞と共

に]: Being English, he ～ speak English. 英国人だったので英語が話せた / He ～ lift a hundredweight. 彼は 112 ポンド持ち上げることができた / He ～ not speak French. フランス語を話すことができなかった. ★ 肯定文では習慣的意味にしか用いない. **b** [感覚動詞と共に]: I listened but ～ not [～*n't*] hear any sound. 耳をすましたけれどもなんの音も聞こえなかった / I ～ see the mountain in the distance. 遠くの方にその山が見えた. ★ この場合単に I saw と言っても事実に変わりはないが I could see と言えば暗に「見ようとして努力した」ことを表わす. **2** [過去における可能性]: I ～ go for a walk in the evening. 夕方には散歩することができた / He ～ be combative on occasion. 彼は時として好戦的になることがあった / I ～*n't* catch the bus. そのバスに乗れなかった. ★ 肯定文では習慣的意味にしか用いない. **3** [過去における許可]: As he was an old friend of the family, he ～ come and go whenever he liked. 彼はその家の古い知合いだったので好きな時に来て好きな時に帰ってよかった / We ～ have breakfast in bed whenever we liked. そうしたければいつでもベッドで朝食をとってもよかった / He ～*n't* come, because his mother wouldn't allow him to. 彼は母親が許さなかったので来ることができなかった. ★ 肯定文では習慣的意味にしか用いない. **4** [目的の副詞節で might の代りに]: They sent her out of the room so that they ～ talk freely. 彼らは自由に話し合えるように彼女を部屋から出した. **5** [間接話法において]: I said (that) I ～ go. 私は行けると言った (=I said, "I can go.") / He said (that) he ～ not have said so. 彼はそんなことを言ったはずがないと言った (=He said, "I cannot have said so."). **6 a** [事実に反対の条件・想像]: How I wish I ～ go! ほんとに行きたいのだが(行かれない) / If I ～ go, I should be glad. 行けたらうれしいが(実際は行けない) / I wouldn't go even if I ～. たとえ行けても行かない / If I ～ have gone, I should have been glad. 行けたらうれしかったのだが(実際は行けなかった). **b** [事実に反対の条件・想像に対する帰結]: I ～ do it if I would. したければできるのだが(実際はしない) / I ～ have done it if I had wished to. したければできたのだが(実際はしなかった). **7** [6 の条件節の省略から生じた特殊用法]: *Could* you come and see me tomorrow? 明日おいで願えましょうか《★ Can you...? よりも丁寧な言い方》/ How ～ he possibly be right? 何だって彼が正しいなんてことがありえようか / I ～ laugh [～ have danced] for joy. 全くうれしくて笑い出したいくらいだ[踊り出したかった] / I ～*n't* sew. 私にはとても裁縫なんてできない / I ～*n't* think of allowing it. そんな事を許す気にはとてもなれない. ***could be*** 〖《略》← *it could be* (*that*)〗 たぶん, 恐らく.

could·est [kúdɪst, -dəst] *v.* 《古》=couldst.

could·n't [kúdnt] could not の縮約形.

couldst [kədst, kùdst, kúdst] *v.* 《古》can² の二人称単数直説法および仮定法過去形: Thou ～=You could.

cou·lee [kú:li | -lɪ] 〖《1807》⊏ F *coulée* ← *couler* to flow, glide < L *cōlāre* to strain ← *cōlum* strainer: ⇨ colander〗 — *n.* **1** 《米西部》 **a** 深い涸(か)れ谷《米国西部・カナダなどで大洪水のためにできた涸れ谷; 夏は水が涸れる》. **b** 間欠する小川. **c** 浅い谷; 低地. **2** 《地質》=lava flow. ⌈=coulee.

cou·lée [kú:li | -lɪ; *F.* kule] *F. n.* (*pl.* ～**s** [～z; *F* ～])

cou·leur [ku:lə́: | kú:lə:(r; *F.* kulœ:r] *F. n.* =color.

cou·léur de róse [-də-róuz | -də-ráuz; *F.* -dəro:z] 〖⊏ F ～ 'color of rose'〗 *n.* ばら色, 淡赤色. — *adj.* ばら色の, 淡赤色の (rose-colored).

cou·lisse [ku:lí:s, -lís | ku:lí:s, ku-] 〖《1819》⊏ F ～ 'passage' ← *couler*: ⇨ coulee〗 — *n.* [通例 *pl.*] **1** (水門などの戸を上げ下げするための)みぞ柱. **2** 《演劇》 **a** (舞台の)袖(そで)道具 (side scene). **b** 舞台の右[左]の袖 (wing)《袖道具の間の空所》. **c** 舞台裏のスペース. **3** (うわさ話などがされる)舞台裏, 楽屋裏: the gossip of the ～*s* 舞台裏のうわさ, 劇壇[政界]などの]消息 / be experienced in the ～*s* of ...の消息[内幕]に通じている. **4** 《証券》(パリ取引所の)非公式市場《第二次大戦前に存在した》.

cou·loir [ku:lwɑ́: | kú:lwɑ:(r, -wɔ:(r; *F.* kulwa:r] 〖《1855》⊏ F ～ 'strainer' ← *couler*: ⇨ coulee〗 — *n.* (*pl.* ～**s** [～z; *F.* ～]) **1** (アルプスなどの)クーロアール, 山腹の峡谷. **2** 通路 (passage).

cou·lomb [kú:lɑm, -loum, ―⌣ | kú:lɔm] 〖《1881》← *C. A. de Coulomb* (↓)〗 — *n.* 《電気》クーロン《電気量の実用単位; 1 アンペアの電流が 1 秒間に送る電気量; 略 C》. — *adj.* =coulombic.

Cou·lomb [kú:lɑm, -loum, ―⌣ | kú:lɔm, *F.* kulɔ̃], **Charles Augustin de** *n.* クーロン《1736–1806: フランスの物理学者》.

cou·lom·bic [ku:lɑ́m(b)ɪk, ku-, -lóum(b)- | -lɔ́m(b)-] *adj.* 《電気》クーロンの; クーロンの法則の.

cóulomb·mèter *n.* 《電気》=coulometer.

Cóulomb's láw *n.* 《電気》クーロンの法則《フランスの C. A. Coulomb によって発見された帯電物間の静電気力に関する法則; 2 電荷間に働く電気力の大きさは電荷の積に比例し, 距離の自乗に反比例する》.

cou·lom·e·ter [ku:lɑ́mətə, ku- | -lɔ́mɪtə(r, -mə-] *n.* 《電気》電量計.

cou·lom·e·try [ku:lɑ́mətri, ku- | -lɔ́mɪtrɪ, -mə-] 〖← COULO(MB)+-METRY〗 — *n.* 《化学》電量分析, クーロメトリー《電気分解の際に流れた電気量の測定によって定量する電気化学的分析法の一つ》. **cou·lo·met·ric** [kù:ləmétrɪk] *adj.* **còu·lo·mét·ri·cal·ly** *adv.*

coul·ter [kóultə | kóultə(r] *n.* =colter.

Coul·ter [kóultə | kóultə(r], **John Merle** [mə́:l | mə́:l] *n.* (1851–1928) 米国の植物学者.

Cóulter pìne 〖← *Thomas Coulter* (*d.* 1843: アイルランドの植物学者)〗 — *n.* 《植物》クールターマツ (*Pinus coulteri*)《米国南西部産の長さ 35 cm もあるマツカサをつけるマツの一種; big-cone pine ともいう》.

cou·ma·phos [kú:məfɑ̀s | -fɔ̀s] 〖← COUMA(RIN)+PHOS(PHORUS)〗 *n.* 《薬学》クマホス ($C_{14}H_{16}ClO_5PS$)《有機リン系殺虫剤》.

cou·ma·rin [k(j)ú:mərɪn, -rən, -rì:n | kú:mərɪn] 〖⊏ F *coumarine* ← *coumarou* ⊏ Tupi *kumarú* tonka bean (tree)〗 — *n.* 《化学》クマリン ($C_9H_6O_2$)《tonka bean の芳香成分; バニラに似た香りがあり, 香料に用いる; tonka bean camphor ともいう》.

cou·ma·rone [kú:məròun | -ràun] 〖⇨ ↑, -one〗 — *n.* 《化学》クマロン (C_8H_6O)《タールの軽油中にある芳香性の無色の液体で, 重合させてクマロン樹脂にする; benzofuran ともいう》.

cóumarone-índene rèsin *n.* 《化学》クマロンインデン樹脂《クマロンとインデンの重合物から成る合成樹脂; 塗料・印刷インキなどに用いる; coumarone resin, paracoumarone-indene resin ともいう》.

coun·cil [káunsəl, -sɪl, -sl̩ | -sl̩, -sɪl] 〖《*a*1126》⊏ (O)F *concile* ⊏ L *concilium* assembly, union ← *con-* 'COM-1'+*calāre* to call: すでに ME において COUNSEL と混同された〗 — *n.* **1 a** (相談・助言のための)評議会, 協議会, 審議会; 諮問会. ★ 各種機関の公式名に使うことが多い: ⇨ teachers' council, British Council. **b** [the C-]《英》枢密院 (privy council): ⇨ ORDER in Council. **c** (大学の)評議員会. **2** (英国植民地で総督・高等弁務官の)補佐機関: ⇨ executive council, legislative council. **3 a** 会議, 協議, 審議 (consultation): a Cabinet *Council* 閣議 / a family ～ 家族[親族]会議 / be summoned to ～ 会議に召集される / hold [go into] ～ 会議を開く, 協議する / take ～ of a person 人に相談する / take a person into ～ 人を相談に入れる. **b** 地方議会《州議会・市議会・町議会など》: a county ～《英》州議会 / a municipal [city] ～ 市議会. **4** 協会, 団体 (association). **5** 《キリスト教》 **a** 教会[宗教]会議, 公会議《教義・戒律などを決定する》: the general ～ 教務総会《diocese に関する》. **b** =Sanhedrin (cf. *Matt.* 10:17, 12:14, *Mark* 14:55).

in council (1) 会議中で[の]. (2) 諮問機関に諮(はか)って: the King [Queen, Crown] *in Council* (英国の)枢密院に諮問して行動する国王《勅令発布の, または植民地よりの請願を受理する主体》/ the governor [governor-general] *in* ～ (英植民地で)補佐機関 (council) の進言によって行動する総督《総督の独裁でなく民意を代表して総督の行動を表示する; cf. council 2》/ an order *in* ～=ORDER in Council.

Council of Economic Advisers [the ―] (米国の)大統領経済諮問委員会 (略 CEA).

Council of Europe [the ―] ヨーロッパ会議《ヨーロッパの統合促進を目的に 1949 年設立; 略 C. of E., C.E.》.

Council of Ministers 〖《なぞり》← F *conseil des ministres*〗 [the ―] (1) (ソ連の)閣僚会議《他国の内閣 (cabinet) に当たる; 1917 年から 46 年まで Council of People's Commissars (人民委員会議) とよんだ; cf. sovnarkom》. (2) (米国の)閣議《通常, 大統領に助言する》. (3) [c- of m-] 内閣 (cabinet).

Council of Nationalities [the ―] (ソ連の)民族会議 (cf. Supreme Soviet).

Council of Nicaea [the ―] =Nicene Council.

council of state [the ―] 《政治》国策会議《国家の高度の政策を審議する政府機関》.

Council of Trent [the ―] 《カトリック》トレント公会議《1545–63 年間不定期に開かれたカトリック教会の会議; プロテスタンティズムに対抗して近世カトリック教会の教義の確立と組織の改革を行なった》.

council of war (1) (指揮官が高級将校を集めて開く)軍事会議, 軍議, 作戦会議. (2) 行動方針の検討会議.

— *attrib. adj.* **1** 会議用の: a ～ room. **2** 《英》州[市, 町]営の: a ～ flat / ⇨ council house 1, council school.

Cóuncil Blúffs 〖昔アメリカインディアン種族の集合地であったところから〗 — *n.* 米国 Iowa 州南西部の都市; Missouri 川を隔てて Nebraska 州の Omaha 市に対する; 人口 61,000.

cóuncil bòard *n.* **1** (会議の)テーブル. **2** (開催中の)会議.

cóuncil chàmber *n.* 会議室[場].

cóuncil estàte *n.* 《英》州[市, 町]営住宅団地.

cóuncil fìre *n.* (アメリカインディアンの)会議のたき火.

cóuncil hòuse 〖ME〗 *n.* **1** 《英》州[市, 町]営住宅. **2** 《米》(アメリカインディアンの)会議所.

coun·cil·lor [káuns(ə)lə, -sɪlə, -sl̩- | -s(ə)lə(r, -sɪl-, -sl̩-] 〖ME: ⇨ counselor〗 — *n.* **1** 顧問官, 評議員; 参与官, 参事官: a ～ of an embassy 大使館参事官 / a county ～《英》州会議員 / ⇨ HOUSE of Councillors, privy councillor. **2** 州[市, 町]議会議員.

cóuncillor·shìp *n.* councillor の職[地位].

cóuncil·man [-mən] *n.* (*pl.* **-men** [-mən, -mèn]) (市会などの)議員. ★ 英国では通例 councillor という. **coun·cil·man·ic** [kàunsɪlmǽnɪk, -səl- | -sɪl-, -sl̩-] *adj.*

cóuncil-mánager plàn *n.* 《政治》市議会選任事務市長制度《市民の公選によらずに市議会が city manager (事務市長) を選任して, それに市の行政権を委任する制度で, 多数の都市で採用されている》.

coun·cil·or [káuns(ə)lə, -sɪlə, -sl̩- | -s(ə)lə(r, -sɪl-, -sl̩-] *n.* =councillor.

cóuncil schòol *n.* 《英》公立学校《州[市, 町]立の学校; 正式には county council school》.

cóuncil tàble *n.* =council board.

cóuncil·wòman *n.* 《米》市[町, 村]議会の婦人議員.

coun·sel [káunsəl, -sl̩ | -sl̩, -səl] 〖n.: ME *conseil* ⊏ OF *co(u)nseil* (F *conseil*) < L *consilium* advice, counsel ← *con-* 'COM-'+? IE **sel-* to take (⇨ sell). —v.: ME *co(u)nseille(n)* ⊏ (O)F *conseill-er* < L *consiliārī* to take counsel, consult ← *concilium*: すでに ME において COUNCIL と混同されていたが, この 2 語の区別が確立したのは 16C 以後〗 — *n.* **1** 《文語》相談, 協議, 評議 (consultation, deliberation): take [hold] ～ (*with*...) (...と) 相談する, 協議する / take ～ of one's pillow ⇨ pillow 成句 / take ～ *with* oneself 自分一人で考える / take a person into one's ～ 人に相談する. **2 a** (相談の結果として与えられる)勧告, 助言, 忠告 (advice): follow a person's ～ 人の忠言を守る / give ～ 意見を述べる, 助言する, 知恵を貸す / Good ～ never comes amiss. 《諺》よい助言はいつでもありがたい. **b** (行動の)計画, 方針 (plan): ⇨ *a* COUNSEL *of despair* / Deliberate in ～, prompt in action. 計画は慎重に実行は敏速に, 熟慮断行. **3 a** [集合的] (事件を依頼した)弁護士, 法律顧問: ⇨ King's Counsel / the ～ for the Crown 《英》検事 / ～ for the defense 被告側弁護士 / take the ～'s opinion 弁護士の意見を聞く, 弁護士に相談する / The defendant has able ～. 被告には有能な弁護人がついている. **b** =consultant. **4 a** 《廃》思慮, 分別, 慎重 (prudence). **b** 《古》目的, 意図 (purpose, intention). **5** 《廃》秘密(の考え, 計画) (secret). **6** 《神学》勧告《義務づけるのではなく, 守ることをすすめるキリスト使徒の教え》: the evangelical ～*s* 福音的勧告《清貧・貞潔・従順》.

a counsel of despair (1) とてもできそうにない提案[趣向]. (2) 窮余の策. ***darken counsel*** 《文語》(忠告などして)事を一層[かえって]混乱させる, 問題の焦点をぼかす (cf. *Job* 38:2). ***keep one's own counsel*** (心中の)意見[秘密]を胸に納めてもらさない[黙っている] (cf. *n.* 5).

counsel of perfection (1) [the ―]《神学》(永遠の生命を得て天国に入ろうとする者に対する)完徳の勧(すす)め (cf. *Matt.* 19:21). (2) 実行できそうもない助言[理想案]. (3) [the ～s of perfection] 《カトリック》(修道生活における)清貧・貞潔・従順の勧告.

— *v.* (**coun·seled, -selled; -sel·ing, -sel·ling**) — *vt.* **1** 〈人〉に〈...するように〉忠告する, 助言する (advise) 〈*to do*〉: ～ a person *to* do so そうしなさいとすすめる / I must ～ you to the contrary. 私は君にその反対を忠告しなければならない. **2** すすめる (recommend): ～ prudence [an early start] 慎重にせよと[早く立てと]すすめる. — *vi.* 相談する; 助言する: ～ *about* the problem.

coun·sel·ee [kàunsəlí:, -sl̩-] 〖⇨ ↑, -ee¹〗 *n.* カウンセリングを受ける人.

cóun·sel·ing [-s(ə)lɪŋ, -sl̩-] *n.* 《心理》カウンセリング《学校・家庭・職場などにおける個人の適応の問題に関する臨床心理学的な助言》.

coun·se·lor [káuns(ə)lə, -sl̩ə | -s(ə)lə(r, -sl̩-] 〖《?*a*1200》 *counseillour, counseiler* ⊏ OF *conseillour* (F *conseiller*) < L *consiliātōrem*: ⇨ counsel, -or²〗 — *n.* (*also* **coun·sel·lor** [～]) **1** 顧問, 助言者, 相談相手 (adviser). **2** 《米》弁護士 (advocate). **3** (大公使館付)参事官. **4 a** 《米》(学校などの, 特に学生の)カウンセラー. **b** (キャンプ生活の)指導教官. **5** 《モルモン教》副管長, 副会長, 副部長 (cf. presidency 4). **～·shìp** *n.*

Counsellor of State (英国王不在期間中の) 臨時摂政. ⌈selor 2.

cóunselor-at-láw *n.* (*pl.* **counselors-**) =coun-

count¹ [káunt] 〖v.: 《1369》 *counte(n)* ⊏ OF *conter* (F *compter*) < L *computāre* 'to calculate, COMPUTE, reckon'. — n.: 《*a*1325》⊏ OF *co(u)nte* < LL *computum* ← L *computāre*〗 — *vt.* **1 a** (総数を知るために一つ一つ)数える, 数え上げる; 算出する, 合計する (reckon) 〈*up, over*〉: ～ the pages [the number of people present] ページ[出席者]数を数える / ～ *up* the money 金を勘定する / ～ the house 入場者数を調べる / ～ one's chickens before they are hatched 捕らぬ狸の皮算用をする. **b** 〈特定の数〉まで数を順にいう: ～ five before standing 立つ前に 5 つ数える / ～ ten 《ボクシング》(ノックダウンされた選手に) 10 (秒)数える《試合を続けられなければノックアウト》. **c** 計算する, ...の総計を記録する: ～ cars passing the police station 警察署を通過する車の総計を記録する. **d** ...の在庫品を調べる (inventory). **2** 数[勘定]に入れる, 含める (include): Did you ～ the broken ones? これた分も数に入れたか / I no longer ～ him among my friends. 彼はもはや友人の数には入れない / There were forty people present, not ～*ing* the children. 子供は別にして 40 名の出席者があった. **3 a** [目的補語を伴って] 〈...と〉思う, 見なす (consider): ～ oneself fortunate in being alive 生きているのをしあわせ

だと思う / I ~ it folly to do so. そうするのは愚かなことだと思う. **b**〔…と〕思う, 見なす (regard)〔*as, for*〕: be ~*ed as* [*for*] dead 死んだと見なされる / He must be ~*ed as* a man of letters. 彼は文人として見ねばなるまい. **c**《米口語》〈…と〉思う (suppose, guess)〈*that*〉: I ~ (*that*) he will come. 彼は来ると思う. **4**《古》〔…に〕帰する, 〔…の〕せいにする (ascribe, impute)〔*to*〕. **5**〘音楽〙拍子をとる: ~ eighth notes 8 分音符を 1 拍に数えて拍子をとる. **6**〘トランプ〙**a** (あるスーツ (suit) について)〈すでに出たカードの枚数を〉数えている, 記憶する: ~ spades スペードが何枚出たか覚えている. **b** (他の競技者の手について)〈各スーツの枚数を〉読む. **c** (ブリッジで)〈手札〉の点勘定をする (cf. point count). — *vi.* **1** 数を数える, 計算する; 総計する (total)〈*up*〉: ~ from one to ten 1 から 10 まで数える / ~ on one's fingers 指を使って数える / ~ *up* to a hundred 100 まで数える. **2 a** 数に入る; 価値がある, 物の数に入る, 重きをなす: Every little ~*s*. どんなにわずかでも数になる[むだにはできない] / That does not ~. それは勘定に入らない[どうでもよい] / This book ~*s* much among his best works. この本は彼の傑作の一つだ. **b**〔…の〕価値をもつ, 価値がある〔*for*〕: A touchdown ~*s for* six points. タッチダウンは 6 点になる / Birth ~*s for* a great deal. 生れ[家柄]は大いにものを言う / Money ~*s for* little. 金などは大したことはない / Such men don't ~ *for* anything. そんな連中は全く物の数ではない. **3** 期待する, 当てにする (expect); 頼る, 力にする (rely)〔*on, upon*〕: ~ *on* fine weather for a picnic ピクニックに天気のよいのを期待する / ~ *on* Japan *for* economic assistance 日本に経済援助を期待する / May I ~ *on* your coming? お出でをお待ちしてよいでしょうか, 間違いなくお出で下さるでしょうか / I can ~ *on* you not to mention it. それを口外しないと君を信頼している / You cannot ~ *upon* the number of your supporters alone. 支持者の数(の多いこと)だけを頼りにしてはいけない. **4**《古》考える, 考慮する〔*of*〕: No man ~*s of* her beauty. だれも彼女の美しさを気にかけようとしない. **5**〘音楽〙拍子を取る.

count against …の不利となる[考えられる]: The absence ~*ed against* him. 欠席は彼の不利となった. ***count down*** (ロケット発射などで)秒読みをする, 9–8–7 …と逆に数える (cf. countdown). ***count in*** 仲間に入れる, 参加者として考える: *Count* me *in*. 私を仲間に入れてください. ***count off*** (*vt.*) (1) (数えて)分ける; 〈金などを〉数えて出す. (2) (数えて)選び出す; 班に分ける. (*vi.*)《米陸軍》[号令] 番号; 番号を順番に呼称する; (班別にするために 1, 2, 3, 4; 1, 2, 3, 4; のように)番号をとなえる[となえさせる]; 班に分かれる. ***count out*** (*vt.*) (1)〈物を〉数えて出す. (2) (数えて)〈ある番号に当たったものを〉省く (eliminate). (3)《口語》数に入れない, 除外する (exclude). (4)《米口語》〈得票の一部を〉有効票からはずす; 得票を有効票からはずして〈人を〉落選させる. (5)〘ボクシング〙〈選手〉にノックアウトを宣告する. (6)〘英議会〙〈議長が〉定足数未満(出席議員 40 人未満)を理由に〈議会〉の流会を宣する. (7)〘遊戯〙(数え歌のようなものを歌って)〈最後の音[節]に当たった人〉に特別な役割を与えるか, 遊戯から除くかする. (*vi.*)〘トランプ〙(ある種のゲームで)競技の途中で得点が上がり点に到達したことを宣言する.

— *n.* **1** 数えること, 計算, 勘定: beyond ~ 数えきれない, 無数に / by ~ 数えてみたら / by the first [second] ~ 最初[二度目]の計算によれば / keep ~ of …を数え続ける, …の数を読んで行く / lose ~ of …を数え切れなくなる, …の数を忘れる / They lost ~ of the votes. (余り多くて)投票数が分からなくなった / out of ~ 数え切れない, 無数の / take ~ of votes 投票数を数える. **2** 総数, 総計 (sum total): his ~ of years 彼の年齢 / ⇨ blood count, pollen count. **3**《古》考慮, 顧慮, 注意, 重視 (regard): take ~ [no ~] of …を重視する[しない], 顧みる[みない]. **4**〘紡織〙(紡績の)番手《糸の太さを示す》. **5**〘英議会〙(定足数不足による)流会(宣言) (⇨ COUNT *out* (6)). **6**〘ボクシング〙カウント《ノックダウンされた選手に 10(秒)を数えること; ⇨ COUNT *out* (5)》: take the ~ ノックアウトになる, ノックアウト負けする / down [out] for the ~ ノックアウト (K.O.) されて, 負けて. **7**〘野球〙(打者の)カウント. **8**〘ボウリング〙カウント《スペアの次のフレームの第一投で倒したピンの数》. **9**〘法律〙(起訴状の)訴因 (charge): He was found guilty on all four ~*s*. 彼は起訴された 4 訴因全部について有罪と判定された. **10**〘物理〙(放射線の)計数, カウント. **11**〘トランプ〙**a** 数読み《相手の手札に各スーツが何枚ずつあるかなどの推測》. **b** = point count.

down [***out***] ***for the long count***《俗》死んで, くたばって (cf. 6). ***set count on*** …を重くみる: *set* no ~ *on* the opponent 相手をものの数に入れない[眼中に置かない].

count² [káunt] 〘《?c1425》□ OF *conte* (F *comte*) < L *comitem, comes* companion ← COM- + *ire* to go (cf. itinerate)〙 — *n.* (英国以外の)伯爵 (comte, Graf などの爵位の訳語として用い英国の earl に当たる; cf. countess 1).

'count [káunt] *n.*《方言》= account: on no ~.

count·a·ble [káunṭəbl | -tə-] 〘《1447》□ OF *contable* (F *comptable*): ⇨ count¹, -able〙 — *adj.* **1** 数えられる. **2**〘数学〙可付番の, 可算の《自然数と一対一の対応がつくことにいう》. — *n.* **1** 数えられるもの. **2**〘文法〙可算名詞 (count noun)《dog, book, mile, plan, hour など; Jespersen の用語; cf. uncountable》.

coùnt·a·bíl·i·ty [-ṭəbíləṭi | -təbílətɪ, -lɪ-] *n.*

cóunt·a·bly *adv.*

cóuntably ádditive fúnction *n.*〘数学〙可算加法的(集合)関数《互いに素な可算個の集合の和集合における値がそれぞれの集合における値の和に等しいような集合関数》.

cóuntably compáct sét *n.*〘数学〙可算コンパクト集合《可算個の開集合から成る被覆が有限個の開集合から成る被覆を含むような集合; cf. compact² 5》.

cóunt·dòwn *n.* (ロケットの打上げなどの際の)秒読み; 秒読みの時間; 秒読み中の準備 (cf. COUNT *down*, zero hour 1 b); 段階点検.

coun·te·nance [káunṭənəns, -tṇ-, -tn- | -tən-, -tɪn-] 〘《c1250》□ (O)F *contenance* manner of holding oneself □ ML *continentia* demeanor, (L) self-control ← *continēre* 'to hold in, CONTAIN': ⇨ -ance〙 — *n.* **1** 顔つき, 顔の表情; (表情からみた)顔 (face): change (one's) ~ (感情のために)顔色を変える / an expressive [a cheerful, a sad] ~ 表情に富んだ[快活な, 悲しそうな]顔 / keep a good ~ いやな顔[泣き顔]を見せない / His ~ brightened into a smile. 彼の顔にはればれとした微笑が浮かんだ / His ~ fell. 顔色が沈んだ, 失望の色が見えた (cf. *Gen.* 4: 5). **2** (顔に表われた)落ち着き (composure): keep one's ~ (驚かずに)落ち着いている; (笑わずに)澄ましている / lose ~ 落ち着きを失う, あわてる / keep a person in ~ 人をあわてさせない; 人に恥ずかしい思いをさせない, 人の顔を立てる / with a good ~ 落ち着き払って. **3** 支持, 賛助, 奨励 (favor); 精神的支持: find no ~ in …の支持を受けられない / give [lend] ~ to a person [plan] 人の肩をもつ[計画を支持する] / the light of a person's ~ ⇨ light¹ 成句. **4**《古》(物の)ようす, 状態 (aspect). **5**《廃》態度, 挙動, ふるまい (demeanor).

out of countenance あわてて, 当惑して (abashed): put a person *out of* ~ 人をあわて[赤面]させる; 人の顔[面目]をつぶす / stare a person *out of* ~ 穴のあくほど見つめて人をきまりわるがらせる / laugh a person *out of* ~ 笑って人をいたたまれなくさせる.

— *vt.* **1** 〈人・行動・意見など〉に好意を示す, 賛成する, 奨励する (favor): ~ a person, plan, etc. **2** 許す (permit); 大目にみる, 黙認する (tolerate): We cannot ~ his violence. 彼の暴力は許せない.

cóun·te·nanc·er *n.* 賛助者, 援助者, 奨励者.

count·er¹ [káunṭə | -tə(r)] 〘《c1300》□ AF *count(e)our*《混成》← OF *conteoir* (F *comptoir*) counting table (< ML *computātōrium* ← L *computāre* 'to COUNT¹': ⇨ -ory²) + OF *conteor* (F *compteur*) accountant (< L *computātōrem* ← *computāre*)〙 — *n.* **1 a** (銀行・商店などの)カウンター, 勘定台, 売台: the girl behind the ~ (売台の後ろで働く)女店員 / pay over the ~ 帳場に払う (cf. *over the* COUNTER) / serve behind the ~ 店で働く, 小売店をやる, 小売店に勤める. **b** (食堂・バーなどの)カウンター, スタンド. **c** (台所の)調理台. **2** (トランプなどの得点を数える)数取り, チップス《jeton ともいう》. **3 a** (コインを模造し, ふつう黄銅・銅などの卑金属で造った)代用貨幣, トークン (token). **b** カウンター《ゲームなどで計算に使う硬貨》. **c** 粗悪貨幣. **d** 金 (money). **e** 紙幣の額面数字《幾何学的図案を下地にしたり, これで囲んでいるものが多い》. **4** (盤面を使ってするゲーム (board game) などの)駒 (piece), ペッグ (peg) (など): like ~*s* on the board 〈人・物が〉将棋(盤)の駒のように思うままに操られて[る]. **5** (取引きなどをする上での)有利な点, 「持ち駒」(asset). **6**〘言語〙= counter word.

over the counter (1) (取引所でなく証券業者の)店頭で; 売場で. (2) (薬を買うとき)処方箋なしで. ***under the counter*** 内証で, こっそり; 非合法的に (illicitly).

cóunt·er² [-ṭə | -tə(r)] *n.* **1** 計算する人, 計数係; 投票数を数える人. **2 a** 計算器, 計数器. **b** 自動速度計 (speed counter). **c** (放射線の)計数装置, 計数管: ⇨ Geiger counter. **3**〘言語〙= classifier 3.

coun·ter³ [káunṭə | -tə(r)] 〘《c1410》□ OF *countre* (F *contre*) < L *contrā* against, opposite to (adv. & prep.)〙 — *n.* **1 a** 逆, 反対, 対立物 (opposite). **b** 対立[阻止]する力[作用, 方向]; 返事, 返答. **2** 馬の前胸部《両肩と首の下部との間の部分》. **3** カウンター, 月型芯《靴の後部の表革と裏革の間に挿入する月型状の補強材; stiffener ともいう》. **4**〘□ F *contre*〙**a**〘フェンシング〙(剣先で円を描いての)受け止め. **b**〘ボクシング〙カウンター; カウンターブロー[パンチ]. **5**〘フィギュアスケート〙カウンター《三つ連続した図形を完成するすべり方; ターンした後第 2 の円に移り, その円を完成した後最初の円の残りの半分に移り, そこでターンをくり返し第 3 の円を描く; ターンの先端が真ん中の円の中心からみて外側を向く; counter-rocker, counter-rocking-turn ともいう; cf. rocker 9》. **6**〘海事〙船尾突出部, カウンター. **7**〘活字〙谷《活字面の凹所; ⇨ type 挿絵》. **8**〘土木・建築〙対材, 添控え《条件によって張力・圧縮力を受けるトラスの部材》. **9**〘アメリカンフットボール〙カウンタープレー《直進すると思わせ逆斜に走ること》. **10**〘略〙〘音楽〙= countertenor. **11**〘略〙〘機械〙= countershaft 1.

— *adj.* **1 a** 反対の, 逆の (opposite). **b** 反対(方向)に行く; 反対効果の: the ~ direction 反対の方向. **c** 反対(側)にある: the ~ side 反対側. **d** 敵対する, 敵意のある; 反対する: the ~ doctrine 反対説. **2** 前のものを撤回する, 取消し命令の: ~ orders 取消しの命令. **3** (一対の)片方の, (正に対する)副の (duplicate): a ~ list 副名簿, ひかえ名簿.

— *adv.* **1** 反対の方向に: hunt [go, run] ~ (獲物の逃げた方向と)反対の方向に狩り進む. **2** 反対に, 逆に (contrary)〔*to*〕: run [go, act] ~ *to* the rules 規則と反対の行動をとる, 規則にそむく[抵触する].

— *vt.* **1 a** …に反対する, 逆らう (oppose). **b** 無効にする, 取り消す (nullify); 阻止する (check). **2** (チェスその他で)迎え打つ, 応戦する; 〘ボクシング〙…にカウンター(ブロー)を打つ; …に逆襲する, …に反撃する. **3** …に仕返しする, 口答えする. — *vi.* **1** 反対に行動する, 反対する, 逆らう. **2** 応戦する; 逆襲する, 反撃する. **3**〘ボクシング〙カウンター(ブロー)を打つ.

coun·ter- [káunṭə | -tə(r)] 〘↑〙 — 動詞・名詞・形容詞・副詞に付いて次のような意味を表わす連結形: **1** 反対の (opposite), 対抗的な, 敵対する (rival): *coun*teract, *counter*offensive, *counter*spy. **2** 逆の (reversed): *counter*clockwise, *counter*current. **3** 反動的な; 仕返しの (retaliatory): *counter*revolution, *coun*terblow. **4** 対応の (corresponding), 相補う (complementary); 副 (sub-): *counter*tenor, *counter*part, *coun*terfoil.

còunter·accusátion *n.*〘法律〙(刑事上の)反訴, 反起訴, 反告発.

còunter·áct *vt.* …に反対に行動する, 逆らう, 妨害する (hinder); 〈計画などを〉破る, くじく (defeat); 〈薬などが〉…に反作用する, 〈効力を〉消す, 中和する (neutralize): ~ the effects of a medicine 薬の効力を消す / ~ a person's influence 人の勢力をそぐ. **~·er** *n.* **còunter·áctor** *n.*

counter·action [ˋ—ˊ—] *n.* **1** (薬の)中和作用. **2** (計画の)邪魔, 妨害. **3** [ˊ—ˋ—] 反作用, 反動, 対応: action and ~.

còunter·áctive *adj.* 反対作用の; 中和性の. — *n.* 反(対)作用剤, 中和剤. **~·ly** *adv.*

cóunter·àgent *n.* **1** 反対に作用するもの. **2** 反作用[中和]剤.

cóunter·appròach 〘□ F *contre-approche*: ⇨ counter-, approach〙 *n.* [通例 *pl.*]〘軍事〙(被包囲軍が攻撃軍の接近を阻止するための)対向塹壕, 対抗道.

cóunter·àrgument *n.* 反対論, 反論.

counter·attack [ˊ———ˋ] *n.* **1** 逆襲, 反撃. **2**〘軍事〙逆襲, 反撃《敵の襲撃を阻止するとか奪われた拠点を取り返すとか, 比較的小規模・短期間の攻撃; cf. counteroffensive》: make a ~ upon [against] the enemy 敵に反撃をする. — [ˋ——ˊ] *vt., vi.* (…に)逆襲する, 反撃する.

còunter·attráction *n.* **1** 反対[対抗]引力. **2** 他のものに向こうをはった呼び物; 他に対抗して心を引くもの.

counter·balance [ˋ—ˊ—] *vt.* **1** 釣り合わせる, 平衡させる. **2** …の効果を相殺する, 牽制する (neutralize); …の不足を補う, 埋め合わせをする (offset). **3** …に平衡錘をつける. — [ˊ—ˋ—] *n.* **1** 釣合いおもり, 平衡錘 (counterweight). **2** (他と)釣り合う力, 均衡勢力.

cóunter·blàst 〘《1567》← COUNTER- + BLAST〙 *n.* 激しい反発 (backlash); 強硬な抗議, 猛反対.

cóunter·blòw *n.* **1** 反撃, 逆襲, 報復 (retaliation). **2**〘ボクシング〙カウンターブロー.

counter·bore [ˋ—ˊ] *vt.* 〈穴の口を〉(円筒形に)広げる, 〈穴の口を〉端ぐり機で広げる (cf. countersink 1). — [ˊ—ˋ] *n.* **1** 端ぐり機, もみ下げ機. **2** 端ぐり機で広げた穴.

cóunter·bràce *n.* **1**〘海事〙カウンターブレース《帆船でフォアートップスルの風下側のブレース》. **2**〘土木・建築〙= counter³ 8. — *vt.* (強風の時停泊帆船の受ける風圧をできるだけ少なくするため)〈何本かのマストの帆桁 (yard)〉の向きを互い違いに変える.

cóunter·bùff *n.*《廃》反撃, 逆襲. — *vt.*《古》…に反撃する, 逆襲する.

còunter·chánge 〘《部分訳》← OF *contrechanger*〙 — *vt.* **1** (もとと)反対の位置に置く, 入れ替える (interchange). **2**〔対照的な色などで〕交錯させる, 碁盤目にする (checker)〔*with*〕: ~ a floor *with* several colors. **3**〘紋章〙〈紋地〉の左右[上下]の色彩を入れ違いにする. — *vi.* 入れ替わる, 交替する.

còunter·chánged *adj.*〘紋章〙〈紋章の彩色が〉左右[上下]交互に異なった.

counter·charge [ˊ—ˋ] *n.* **1** 反撃, 逆襲; 報復攻撃. **2**《古》反駁, 口答え (retort). **3**〘法律〙反訴. — [ˋ—ˊ] *vt.* **1** …に逆襲する; 反撃する, 報復する. **2**〘法律〙〈被告が〉〈原告〉に対して〔…の罪で〕反訴する〔*with*〕: Mr. A charged Mr. B with bribery, and Mr. B ~*d* Mr. A *with* slander. A 氏が B 氏を収賄罪で訴えると B 氏は A 氏を名誉毀損で反訴した.

counter·check [ˊ—ˋ] *n.* **1** 対抗[抑制]手段; 反対, 妨害. **2** 再照合. **3**《廃》さかねじ (retort). — [ˋ—ˊ] *vt.* **1** 妨害する, 抑える; …に対抗する. **2** 再照合する.

cóunter chèck *n.*《米》〘銀行〙払戻し伝票, 払戻し請求書, 相小切手《銀行のカウンターの上に置く小切手で預金者が預金の引出しに使う》.

cóunter cìrcuit *n.*〘電気〙計数回路.

counter·claim [ˊ—ˋ]〘法律〙*n.* 反訴: a ~ for damages 損害賠償の反訴. — [ˋ—ˊ] *v.* — *vi.* 反訴を提起する. — *vt.* 〈賠償などを〉反訴によって要求する.

còunter·cláimant *n.* 反対要求者, 反訴者.

còunter·clóckwise *adj., adv.* 時計の針と反対の

[に], 反時計回りの[に] (anticlockwise) (cf. clockwise).
còunter·cómpony *adj.* 〘紋章〙 compony が2列に並んだ.
còunter·conditioning *n.* 〘心理〙 反対条件付け《既成の条件づけを制止するための条件づけ》.
cóunter·còup [-kùː] *n.* 反クーデター.
cóunter·cùlture *n.* (若者の)反体制文化. **còunter·cúltural** *adj.* **còunter·cúlturist** *n.*
cóunter·cùrrent *n.* 逆流, 向流; (海流の)反流; 逆電流. — *adj.* **1** 逆流する, 向流の. **2** 〘化学〙 向流の《2液相を互いに向い合う方向に流すことにいう》: ~ distribution 向流分配法. **~·ly** *adv.*
còunter·démonstrate *vi.* 反対デモを行なう. **còunter·démonstrator** *n.* 「デモ.
còunter·demonstrátion *n.* 対抗示威運動, 反対
cóunter electromótive fórce *n.* 〘電気〙 逆起電力《back electromotive force ともいう》.
còunter·éspionage 〘《部分訳》← F *contre-espionnage*〙 *n.* (敵のスパイ活動に対する)対諜報(活動), 対抗的スパイ活動, 防諜.
cóunter·exàmple *n.* (定理・命題を反証する)反例.
còunter·fáctual 〘論理〙 *adj.* 事実に反する, 反事実的な: a ~ conditional 反事実的条件文 / a ~ inference 反事実的な推理. — *n.* 反事実的条件文[節]. **~·ly** *adv.*
coun·ter·feit [káunṭəfìt | -təfɪt, -fìːt] 〘adj.: 《*a*1393》 ▭ OF *countrefet* (F *contrefait*) (p.p.) ← *contrefaire* to imitate ▭ ML *contrāfacere* ← *contra-* 'COUNTER-' +L *facere* (⇨ do). — v.: 《*c*1300》 ▭ AF *countrefeter* ← OF *countrefet*〙 — *adj.* **1 a** 本物でない, にせの (spurious): a ~ signature にせの署名. **b** 偽造の, 模造の (forged): a ~ coin [note] 偽造貨幣[紙幣]. **2** 虚偽の, 心にもない, 偽りの: ~ virtue 偽善 / ~ grief 見せかけだけの悲しみ / ~ illness [sickness] 仮病. **3** 《古》 絵に描かれた: ~ presentation 絵姿. — *n.* **1** 偽造物, にせ物, 偽作, 贋作(がん), 模造品 (forgery), 高価なものとまちがえやすいもの: Pity is a ~ of love. 憐憫(れん)は愛と似て非なるもの. **2** 《古》 本物そっくりの絵[もの]; 肖像(画) (portrait): Fair Portia's ~. **3** 《廃》 ぺてん師 (impostor). — *vt.* **1 a** 偽造する (forge). **b** 模造する, まねる, 似せる (imitate): ~ another's voice, manner, handwriting, etc. **c** 《比喩》 …によく似る. **2** 偽る, …のふりをする, 装う (pretend): ~ death, sorrow, etc. — *vi.* **1** (貨幣などの)にせものを造る. **2** ふりをする, しらばっくれる. **~·ly** *adv.* **~·ness** *n.*
cóun·ter·fèit·er [-ṭə | -tə(r)] 〘《1418》〙 *n.* **1** 偽造者; にせ金造り (coiner). **2** 偽[贋(がん)]作者; 模倣者.
cóunter·fìre 〘《部分訳》← F *contre-feu*〙 *n.* 向かい火《山火事・野火に対抗するため風下に放つ火; cf. backfire 1》.
cóunter·flàshing *n.* 〘建築〙 水切板, 垂雨押え.
coun·ter·flo·ry [káunṭəflɔ̀ːri, -flòːri | káuntəflɔ̀ːri] 〘《部分訳》← F *contrefleuri*〙 — *adj.* (*also* **coun·ter·fleu·ry** [-flùː(ə)ri, -flə̀ː(r)i | -flùəri, -flə̀ːri]) 〘紋章〙 = flory counterflory. 「流, 逆流, 反流.
cóunter·flòw *n.* 〘機械〙 (熱交換器などにおける)向
cóunter·fòil 〘《1706》〙 *n.* 原符, 控え (stub)《小切手帳などの控えとして手許に残る部分》.
cóunter·fòrce *n.* 反対勢力[傾向].
cóunter·fòrt 〘《1590》 ▭ F *contrefort* ← *contre* against + *fort* strength, strong (⇨ fort)〙 *n.* 〘土木〙 扶壁, 控え壁 (buttress).
cóunter·glòw 〘《なぞり》← G *Gegenschein*〙 *n.* 〘天文〙 対日照 (gegenschein).
cóunter·guàrd 〘《なぞり》← F *contre-garde*〙 *n.* 〘築城〙 堡障(ほしょう), 外塁壁《城砦の濠に, 稜堡 (bastion) を護るために独立して築かれる外塁》.
còunter·guerrílla *n.* (敵のゲリラ作戦を妨げるための)対ゲリラ.
cóunter ìmage *n.* 〘数学〙 = inverse image.
còunter·insúrgency *n.* 対反乱《反乱を打ち滅ぼすための軍事的・政治的活動[作戦]》; 対ゲリラ活動[作
còunter·insúrgent *n.* 対ゲリラ戦士. ⌊戦].
còunter·intélligence *n.* **1 a** (敵のスパイ活動に対抗するための)対情報(活動), 対敵情報活動. **b** = counterespionage. **2** 対情報機関[部隊].
Counterintélligence Còrps *n.* 〘米軍事〙 対情報部隊, 調査隊 (略 C.I.C.).
còunter·intúitive *adj.* 反直観的な.
cóunter·ìon *n.* 〘物理化学〙 対イオン《反対荷電をもち溶液中に存在するイオン》.
còunter·írritant 〘医学〙 *n.* 反対刺激剤《内部または他の部分の炎症を直すために用いる刺激剤; 辛子など》. — *adj.* 反対刺激剤の, 反対刺激剤の作用をもつ.
còunter·írritate *vt.* 〘医学〙 …に反対刺激剤を与え
còunter·irritátion *n.* 〘医学〙 反対刺激(法). ⌊る.
cóunter·jùmper *n.* 《口語》 店員, 売子.
cóunter·làth *n.* 〘建築〙 野縁(のぶち); 木摺(きずり)貫.
cóunter·màn [-mæ̀n, -mən] *n.* (*pl.* **-men** [-mèn, -mən]) (簡易食堂など)カウンターで客に給仕する人.
coun·ter·mand [káunṭəmæ̀nd, ⌐⌐⌐ | kàuntəmáːnd, ⌐⌐⌐] 〘《*a*1420》 ▭ (O)F *contremand-er* ▭ ML *contrāmandāre* ← *contra-* 'COUNTER-' + L *mandāre* to command (⇨ mandate)〙 — *vt.* **1** 〈前の命令を〉取り消す, 撤回する (revoke); 〈注文を〉取り消す (cancel). **2** 反対の命令を下して[前令を取り消して]呼び返す[止める]. — [《米》⌐⌐⌐] *n.* **1** 反対[撤回]命令, 命令の取消し. **2** 注文の取消し, 注文替え.
counter·march [⌐⌐⌐] *n.* **1** 〘軍事〙 回れ右前進, 背進, 反対行進; (特に, 部隊が隊形を組んだまま回れ右前進をする)背面行進: marches and ~*es*. **2** (デモなどで別の行進を妨害するための)対抗(デモ)行進. — [⌐⌐⌐] *v.* 〘軍事〙 — *vi.* 回れ右して前進する, 背面行進をする. — *vt.* 回れ右して前進させる, 背面行進をさせる.
counter·mark 〘《なぞり》← F *contremarque*: ⇨ counter-, mark¹〙 — [⌐⌐⌐] *n.* **1** (貨物などに付ける)対号, 副標, 付加標, 二重しるし《貨物を共有する商人がすべて立ちあわなければ開けられないことを示すしるし》. **2** (製造人のマーク以外に金銀細工に付ける)極印, 検証刻印 (hallmark). **3** 〘獣医〙 (もと, 動物の年齢を偽るために付けた)人工歯窩(か). — [⌐⌐⌐] *vt.* **1** 〈貨物など〉に付加標を付ける. **2** 〈金銀細工〉に刻印を押す. 「逆手.
cóunter·mèasure *n.* 対案, 対策; 反対[報復]手段,
coun·ter·mine 〘《*a*1460》 *countremine*: ⇨ counter-, mine²〙 — [⌐⌐⌐] *n.* **1** (敵の計略の裏をかく)対抗策, 逆計 (counterplot). **2** 〘陸軍〙 対抗道《敵の地雷を事前に爆破するために掘る地下道》. **3** 〘海軍〙 (敵の機雷を事前に爆破するための)逆機雷. — [⌐⌐⌐] *v.* — *vt.* **1** 〘軍事〙 対抗道を掘って〈敵の地雷〉に対抗する, 逆機雷を流して〈敵の機雷を〉爆破する, 〈敵の地雷[機雷]を〉誘発させる. **2** (秘密手段などで)〈人〉の裏をかく, 〈敵の目的を〉対抗策でくじく. — *vi.* **1** 〘軍事〙 対抗道を設ける; 逆機雷をしかける. **2** 対抗策[逆計]をめぐらす, 計略の裏をかく.
counter·move [⌐⌐⌐] *n.* 対抗運動[動作]. — [⌐⌐⌐] *v.* — *vi.* 対抗[報復]運動をとる. — *vt.* …に対抗[報復]運動をとる.
cóunter·mòvement *n.* 反対の方向への運動.
coun·ter·mure [káunṭəmjùə | -təmjùə(r)] 〘《変形》← 《古形》 *contremear* ▭ MF *contremur* ← *contre* against + *mur* wall (cf. mure)〙 — *n.* 〘築城〙 **1** 副壁. **2** (防御壁に対して攻城側が築く)対抗壁.
còunter·offènsive *n.* 〘軍事〙 反攻, 攻勢移転《守勢から攻勢に転じ, 敵を撃滅するための大規模な全面的攻撃に出ること; cf. counterattack 2》.
cóunter·òffer *n.* 〘商業〙 反対申込, カウンターオファー《ある値段で買わないかといわれた時にこちらから逆にいくらいくらなら買いますと相手とは違った値段を提案すること》.
coun·ter·pane [káunṭəpèɪn | -təpèɪn, -pɪn] 〘《1467》 *counterpoint* cover ▭ OF *contrepointe* ← *contre* against + (*coute-*)*pointe* 《原義》 quilt stitched through: つづりの変化は *pane* 《廃》 cloth との同化〙 — *n.* (通例刺し子にした)ベッドの上掛け, 掛けぶとん (bedspread, coverlet).
cóunter·pàrt 〘《1617》〙 — *n.* **1** (割判・割符のように)ぴったり合うもの. **2** (一対の)片方, 対になるもの; 片割れ. **3 a** (形・機能など)よく似た人[物]. **b** 同等物, 等価物 (equivalent). **4** 〘法律〙 副本《2通に作った証書のうちの1通; cf. duplicate 2》.
cóunterpart fùnd *n.* 〘経済〙 見返り資金《対外援助物資の供給を受ける国がその対価を自国の貨幣で別途積み立てる資金》.
còunter·pássant 〘▭ F *contrepassant*: ⇨ counter-, passant〙 *adj.* 〘紋章〙 〈2動物が〉 passant の状態で右向きと左向きに配された.
còunter·phóbic *adj.* こわい立場を好む[を求める, に関する]; 〘心理〙 (恐怖症の人がそれに対抗しようとして)自ら恐怖の状況を選ぶ《高所恐怖症の人がパイロットになろうとするなど》.
cóunter·plàn *n.* **1** 対案. **2** 代案.
cóunter·plèa *n.* 〘法律〙 付随抗弁[答弁]《訴訟の主題に付随する事項についての原告の抗弁》.
cóunter·plòt *n.* 対抗計略, 対抗策, 逆計. — *vt.* 〈敵の計略〉に計略で対抗する; 〈敵の計略〉の裏をかく: ~ a plot, plotter, etc. — *vi.* 対抗計略[対策]を講じる.
cóunter·pòint 〘《*a*1450》 ▭ (O)F *contrepoint* 《原義》 point against point, note against note〙 — *n.* **1** 〘音楽〙 **a** 対位法 (cf. contrapuntal *adj.*): strict ~ 厳格[学習]対位法 / ⇨ double counterpoint, triple counterpoint. **b** 対(位)旋律《ある旋律に適合するように書かれた旋律》. **2 a** 対照的要素, 対立的主題; 補完[助]的要素. **b** (文学などで, 複数の要素をからませる)対位法的手法. — *vt.* **1** 対照[並列]により強調する[明確にする]. **2** 〘音楽〙 対位法で作曲[編曲]する.
cóunterpoint rhỳthm 〘G. M. Hopkins の用語〙 *n.* 〘詩学〙 対位韻律《下降律と上昇律が交錯するもの》.
coun·ter·poise 〘n.: 《16C》 ▭ F 《廃》 *contrepois* (今の形は *contrepoids*) ∞ 《*c*1400》 *countrepeis* ▭ OF *co(u)ntrepeis* ← *contre-* against + *peis, pois* weight: ⇨ counter-, poise. — v.: 《16C》 ← (n.) ∞ 《*c*1385》 *countrepese(n)* ▭ OF *contrepes-er* ← *contre-* + *peser* to weigh〙 — [káunṭəpɔ̀ɪz | -tə-] *n.* **1** 平衡錘(すい), 釣合いおもり. **2** 均衡勢力, 平衡力 (counterbalance). **3** 均衡(状態), 釣合い, 安定 (equilibrium): be in ~ 平衡を保っている. **4** 〘電気〙 カウンターポイズ, 埋没地線. — [《米》ではまた ⌐⌐⌐] *vt.* **1 a** …と平衡する. **b** …の不足を補う, 償う. **2** 平均させる, 釣り合わせる, …と平衡[均勢]を保たせる. **3** 《古》 考慮する (consider); 〔あるものと〕比較考量する 〔*with*〕.
cóunter·pòison 〘《部分訳》← F *contre-poison*〙 *n.* **1** 拮抗毒, 解毒性毒素《ある種の毒素を中和する毒素》. **2** 《廃》 = antidote.
còunter·póse 〘← COUNTER- + -POSE: COMPOSE の類推から〙 — *vt.* 〈異なった説などを〉対置する, 対立させる 〔*to*〕: ~ another answer *to* the question 問題に別の解答を対置する. **còunter·posítion** *n.*
cóunter·pótent *n.* 〘紋章〙 毛皮模様の一種.
cóunter·prèssure *n.* 反対圧力, 逆圧.
còunter·prodúctive *adj.* 目的達成を妨げようとする; (意図と)逆効果の.
còunter·prógramming *n.* 〘テレビ〙 裏番組から視聴者を奪う目的で番組を編成すること.
còunter·propagánda *n.* 〘軍事〙 (敵の宣伝に対抗してなされる)対宣伝, 対抗宣伝, 逆宣伝.
cóunter·propòsal *n.* 反対提案.
còunter·pulsátion *n.* 〘医学〙 誘動搏動法《心臓の収縮・拡張期に合わせて血圧を昇降させて心臓の負荷を軽減させる方法》. 「**~·er** *n.*
cóunter·pùnch *n.* 〘ボクシング〙 カウンターパンチ.
còunter·reformátion 〘《部分訳》← G *Gegenreformation*〙 — *n.* **1** (ある改革に対する)反対改革. **2** [通例 the Counter-Reformation] 〘カトリック〙 反宗教改革(運動)《16世紀の宗教改革に続いて起こった改革運動》.
còunter·revolútion 〘《なぞり》← F *contre-révolution*〙 *n.* (ある革命に対する)反(対)革命; 反革命政治.
còunter·revolútionary *adj.* 反(対)革命的な. — *n.* = counterrevolutionist.
còunter·revolútionist *n.* 反(対)革命主義者.
còunter·rócker *n.* 〘フィギュアスケート〙 = counter³ 5. 「= counter³ 5.
còunter·rócking·tùrn *n.* 〘フィギュアスケート〙
còunter·rótating *adj.* 〘機械〙 〈二つの対応する部分が〉反対方向に回転する.
counterrótating propéller *n.* 〘航空・海事〙 = contrarotating propeller.
còunter·sálient 〘《なぞり》← F *contre-saillant*〙 *adj.* 〘紋章〙 〈2匹の動物が〉とびかかる姿勢で交差した.
coun·ter·scarp [káunṭəskɑ̀əp | -təskɑ̀ːp] 〘《1571》 《なぞり》 ← F *contrescarpe* ▭ It. *contrascarpa*: ⇨ counter-, scarp〙 — *n.* 〘築城〙 (城塁外堀の外岸の)傾斜面[壁].
cóunter·shàding *n.* 〘動物〙 動物の体表の日陰になる部分が明るい色に, 光の当たる部分が暗い色になる現象.
cóunter·shàft *n.* 〘機械〙 **1** 中間軸, 中介軸《主軸 (main shaft) の運動を機械の運動部に伝える》. **2** (自動車などの)副軸.
cóunter·sign 〘《1591》 《なぞり》 ← F *contresigne*: ⇨ counter-, sign〙 — *n.* **1 a** (秘密結社員などが答えに使う)暗号; 応信信号 (countersignal). **b** 連署, 副署 (countersignature). **2** 〘軍事〙 (衛兵などの呼掛けに対する敵味方識別のための)合言葉 (password) (cf. parole 3). — [または ⌐⌐⌐] *vt.* **1** 〈書類〉に連署する, 副署する. **2** 確認する, 承認する (confirm).
cóunter·signature *n.* 連署, 副署.
cóunter·sìnk *vt.* (**counter·sank**; **-sunk**) **1** (通例円錐(すい)形に)〈穴〉の口を広げる, …にさら穴[埋頭孔]をあける (cf. counterbore). **2** 〈ねじなどの頭を〉さら穴に埋める. — *n.* 〘木工〙 **1** (ねじの頭を沈める)さら穴, 埋頭孔. **2** (埋頭孔をあける)さらもみ錐(きり), 菊錐(ぎり). 「スパイする人》.
cóunter·spỳ *n.* 逆[対抗]スパイ《敵方のスパイを逆に
counter·stamp [⌐⌐⌐] *n.* **1** 検証印, 連印《すでにしるしの押してある文書に押す認可の添え印》. **2** 〘貨幣〙 貨幣に公式刻印を押し, その額面を変更し, 発行国または他の国で法定通貨としたもの《広告・詐欺のために私的に押すものもある》. — [⌐⌐⌐] *vt.* **1** 〈書類〉に連印する. **2** 〘貨幣〙 〈貨幣〉に刻印する.
cóunter·stàtement *n.* 反対陳述, 反駁 (rejoinder).
cóunter stérn *n.* 〘海事〙 = fantail stern.
cóunter·strìke *n.* 逆襲, 報復攻撃.
cóunter·stròke *n.* 打返し, 反撃.
cóunter·sùbject *n.* 〘音楽〙 対主題.
cóunter·tènor 〘《?1388》 ▭ OF *contreteneur*: ⇨ counter-, tenor〙 — *n.* 〘音楽〙 **1** カウンターテナー《tenor より高い男声の最高音部; male alto とも呼ばれ裏声 (falsetto) が用いられる》. **2** カウンターテナー歌手. **3** カウンターテナー声部.
còunter·térrorism *n.* 報復的テロ行為. **còunter·térrorist** *n.*
cóunter·thrùst *n.* **1** 反撃に出た突き. **2** 相手の力に対抗する押し. 「ム.
cóunter tìmber *n.* 〘海事〙 (木船の)船尾垂直フレー
còunter·transférence *n.* 〘精神分析〙 逆転移, 対向転移《分析者が治療中に自分の抑圧された感情や願望を患者に向けること》. 「傾向.
cóunter·trènd *n.* (一つの傾向と)対立する傾向, 逆
cóunter tùbe *n.* 〘物理〙 = counting tube.
cóunter·tỳpe *n.* 対照的なもの, 類似のもの.
coun·ter·vail [kàunṭəvéɪl, ⌐⌐⌐ | kàuntəvèɪl, ⌐⌐⌐] 〘《*c*1385》 *countrevaille(n)* ▭ OF *contreval-oir* ▭ LL *contrā valēre* to be effective against ← *contra-* 'COUNTER-' + L *valēre* to be strong, avail (cf. valid)〙 — *vt.* **1** …に対抗する; 相殺(さい)する, 無効にする (counteract). **2** 補償する, 埋め合わせる. **3** 《古》 …に匹敵する (match). — *vi.* (同じ力で)対抗する, 拮抗する (prevail).
còun·ter·váil·ing dùty [-lɪŋ-] *n.* 相殺(さい)関税《外国政府の保護を受ける輸入品に課する関税》.

cóunter·vàir 〖《部分訳》← F *contrevair*: ⇨ counter-, vair〗 *n.* 〖紋章〗毛皮模様の一種.

cóunter·vìew *n.* **1** 反対意見, 逆の見解. **2** 《古》対立 (confrontation).

còunter·wéigh 〖ME〗 *vt.* 釣り合わせる. ── *vi.* 釣り合う.

cóunter·wèight *n.* = counterpoise 1.

cóunterweight sỳstem *n.* 〖劇場〗カウンターウェイト システム《釣合いおもりを使って舞台の背景や幕を上げ下ろしする装置》.

cóunter·wòrd 〖⇨ counter¹〗 *n.* 〖言語〗転用語, 代用語《その本義以外に語義が曖昧・多義化した語; 例えば, affair, awful, fix, job, nice, swell など》.

counter·work [ˊ─ ─ ˋ] *n.* **1** 対抗動作, 反対行動. **2** [*pl.*] 〖軍事〗(敵塁に対抗して設けた)対塁. ── [ˋ─ ─ ˊ] *v.* ── *vt.* 〈計画などを〉くじく, 破る, …の裏をかく (frustrate); …に対抗する. ── *vi.* 反対行動に出る.

count·ess [káuntɪs, -təs | -tɪs, -tes] 〖lateOE *cuntesse* ▭ OF *cuntesse, contesse* (F *comtesse*) < LL *comitissam* (fem.) ← L *comes* companion: ⇨ count², -ess¹〗 *n.* **1** 伯爵夫人[未亡人] (cf. count², earl 1). **2** 女伯爵.

coun·ti·an [káuntiən | -tiən, -tjən] 〖← COUNTY¹ + -AN¹〗 *n.* (特定の)州[郡]の居住者.

cóunt·ing fràme [-tɪŋ- | -tɪŋ-] *n.* = abacus 1.

cóunting·hòuse 〖(*a*1443)〗 *n.* (銀行・会社・大商店などの)会計課, 会計事務所.

cóunting nùmber *n.* 〖数学〗ゼロまたは正の整数.

cóunting ròom *n.* = countinghouse.

cóunting tùbe *n.* 〖物理〗計数管《放射線による電離現象を利用して放射性粒子を検出・計数する放電管; counter tube ともいう》.

cóunt·less *adj.* 数えきれない(ほどたくさんの), 無数の (innumerable, numberless). **~·ly** *adv.*

cóunt nòun *n.* 〖文法〗可算名詞 (countable).

cóunt pálatine *n.* (*pl.* **counts p-**) **1** 宮中伯《フランク王国の最高書記官; 中世ドイツにおいて諸国におかれた国王の代官》. **2** 王権伯《英国・アイルランドで自己の領内で民法・刑法に関する王権の一部行使を許された州の領主; cf. county palatine》.

coun·tri·fied [kʌ́ntrɪfàɪd, -trə- | -trɪ-] *adj.* **1** 田舎化した; 田舎(者)じみた, 粗野な, やぼな (rustic). **2** 〈景色など〉ひなびた, 野趣のある (rural).

coun·try [kʌ́ntri | -tri] 〖(?*a*1250) *contre(e)* ▭ OF *cuntrée* (F *contrée*) < ML *contrāta* 《原義》(land) lying opposite (the beholder) ← L *contrā* opposite〗 ── *n.* **1 a** 国, 国家 (state): an agricultural [industrial] ~ 農業[工業]国 / a civilized [barbarous] ~ 文明[未開]国 / in European *countries* ヨーロッパ諸国で / So many *countries*, so many customs. 《諺》所変われば品変わる. **b** 一国の全領土, 国土: all over the ~ 国じゅう. **c** 本国, 祖国 (fatherland): the old ~ 故国, 祖国 / the wine of the ~ 国産[特産]のぶどう酒 / die [fight] for one's ~ 国のために死ぬ[戦う] / leave the ~ 故国を後にする[去る] / My [Our] ~, right or wrong! 正しかろうが正しくなかろうが祖国は祖国《愛国のモットー》. **d** [通例 one's ~] 生国, 故郷, 郷土 (home): My ~ is Lancashire. 故郷はランカシャーです. **2** [the ~; 集合的] **a** 国民 (populace): All *the* [*The* whole] ~ opposed the plan. 国民はこぞってその案に反対した. **b** 選挙民 (electorate). **3** [通例限定詞を伴い, しばしば無冠詞; 単数形で用いて] **a** (地勢的にみた)国, 地域, 地方, 土地 (district): the fen ~ 沼沢地方 (cf. fen¹ 2) / ⇨ North Country / a flat, low-lying ~ 平らな低い土地[地方] / good ~ for sheep 羊の飼養に適した地方 / a mountainous ~ 山の多い地方 / miles of densely wooded ~ 数マイルにわたる密林地帯 / open ~ ⇨ open *adj.* 7 a / unknown ~ 未知の[初めての]土地. **b** 領域, 分野, 方面 (field, province): This subject is unknown [strange] ~ to me. この問題は私には未知の領域だ. **4** [通例 the ~] (都市に対して)田舎, 田園地方: *the* ~ round (about) London ロンドン周辺の田舎, ロンドンの郊外 / go (out) into *the* ~ 田舎へ出かける / leave *the* ~ to live in the town 都会に住むために田舎を去る / life in *the* ~ 田舎暮し, 田園生活 / people living in *the* ~ 田舎に住んでいる人々 / It is far more ~ here than there. あそこよりここの方がずっと田舎だ. **5** 〖音楽〗= country music. **6** [the ~] 《俗》〖クリケット〗外野 (outfield): in *the* ~. **7** 〖法律〗陪審 (jury)《陪審員は事件に関係の地方 (country) から選ばれた》: put [throw] oneself upon one's [the] ~ 陪審の裁断を求める / submit to trial by God and one's ~ 陪審裁判を受ける / a trial by the ~ 陪審裁判. **8** 〖海事〗**a** 水域. **b** 〖米海軍〗士官専用区域.

across country 田野を横断して (cross-country): ride *across* ~ 馬に乗って田野を横断する. ***appeal* [*go*] *to the country*** 《英》〖政治〗(国会を解散して)国民の総意を問う, 国民の審判に訴える. ***down country*** 《米》海岸(地方)で[へ]. ***up country*** 都市[海岸]から離れて.

── *attrib. adj.* **1** 田舎の, 地方の, 田舎風[式]の (rural); 粗野な, やぼな (rustic): a ~ air 田舎風の歌曲 / a ~ girl 田舎娘 / a ~ holiday (ピクニックなどして)田舎[郊外]で過す休日 / ~ life 田園生活, 田舎暮らし / ~ manners 田舎風の作法 / a ~ town 田舎町. **2** (工場ではなく)農家で作られる: ~ butter. **3** 《米》カントリーミュージックの: a ~ singer. **4** 《廃》自分の生国の, 故郷の (native).

cóuntry-and-wéstern *n.* 《米》〖音楽〗カントリーアンドウェスタン《カウボーイの歌や黒人霊歌などをもとにして米国の南部および西部に起こった大衆音楽; country music ともいう》.

cóuntry bánk *n.* 《米》(準備金市 (reserve city) 以外にある)地方銀行.

cóuntry-bréd *adj.* 田舎育ちの.

cóuntry clùb 〖(1894)〗 *n.* カントリークラブ《テニス・ゴルフ・水泳等の設備のある郊外の社交クラブ》.

cóuntry cóusin *n.* (都会の親類などに恥をかかせたりする)お上(のぼ)りさん.

cóuntry dámage *n.* 〖保険〗元地[奥地]損害《綿花・コーヒー等が船積前の内陸輸送の過程で風雨等によってこうむる損害》.

cóuntry-dànce 〖(1579)〗 ── *n.* **1** カントリーダンス《2列になって円形・方形または列を作り, 男女が互いに向かい合って踊る一種の対舞; cf. contredanse 1》. **2** カントリーダンスの曲.

coun·try·fied [kʌ́ntrɪfàɪd, -trə- | -trɪ-] *adj.* = countrified.

cóuntry·fòlk *n.* [集合的] **1** 地方人, 田舎の人々 (rustics). **2** 同国人 (fellow countrymen).

cóuntry géntleman *n.* **1** 《英》郷士(ごうし), 地方郷紳(きょうしん)《田舎に土地をもち広大な屋敷に住んで地方の指導者であった紳士階級の人》. **2** 地方地主 (squire).

cóuntry hóuse 〖(1597)〗 ── *n.* **1** 《英》カントリーハウス《貴族などの, 田舎にある本邸》, 大地主 (country gentleman) の邸宅 (countryseat) (cf. town house). **2** 田舎にある邸宅.

cóun·try·ish [-triɪʃ] *adj.* 田舎風の.

cóuntry jàke *n.* 《米口語》田舎者 (rustic).

cóuntry·man [-mən; 《米》2 ではまた -mæ̀n] 〖(1279)〗 ── *n.* (*pl.* **-men** [-mən; 《米》3 ではまた -mèn]) **1** [one's ~] 同国人 (compatriot). **2** (ある土地の)住人, 出身者 (cf. citizen 2 a): ⇨ North-Countryman. **3 a** 農民, 百姓 (farmer). **b** 田舎者 (rustic).

cóuntry míle *n.* 《米口語》長距離.

cóuntry mùsic *n.* 《米》〖音楽〗= country-and-western.

Cóuntry Pàrty *n.* [the ~] (英国の)地方派, 国民派《1670年代に宮廷派 (court party) に対抗してできた党派で, 特に非国教徒に同情的であった; のち, the Petitioners と呼ばれるようになった》.

cóuntry·pèople *n.* [集合的] = countryfolk.

cóuntry róck¹ *n.* 〖地質〗母岩.

cóuntry róck² *n.* 〖音楽〗カントリーロック《1965年頃流行した音楽で, 歌詞内容や楽器はカントリー音楽に近く, リズムはロック特有のもの》.

cóuntry·séat *n.* 《英》= country house 1.

cóuntry·sìde 〖(*c*1450)〗 ── *n.* **1** (ある)田舎, 地方, 田園: The English ~ looks its best in May and June. 英国の田舎は5, 6月が一番見事だ. **2** [集合的] (ある)地方の住民.

cóuntry stóre *n.* (保養地や田舎の)雑貨[日用品]店, よろず屋.

cóuntry·wíde *adj.* 全国的な (cf. nationwide): ~ strikes 全国的なストライキ.

cóuntry·wòman 〖(1440)〗 *n.* **1** 同国[同郷]の婦人. **2** (ある土地の)女の住人. **3 a** 百姓女. **b** 田舎女.

cóunt·shìp *n.* **1** 伯爵 (count) の地位. **2** 伯爵領.

coun·ty¹ [káunti | -ti] 〖(*c*1303) *counte* ▭ AF *counté* = OF *conté* (F *comté*) < L *comitātum* escort, retinue, company ← *comes* companion: ⇨ count², -y¹〗 ── *n.* **1 a** (英国・北アイルランド最大行政区画としての)州 (cf. shire)《イングランド・ウェールズでは administrative county, スコットランドでは civil county ともいう》: ⇨ Home Counties. ★ 州の名をいうのに, イングランドでは the County of Suffolk の形式により, 北アイルランドでは Co. Dublin のようにいう. **b** (カナダ・ニュージーランド・南オーストラリアなどの)州. **c** = county corporate. **d** = county borough. **2** (米国で, Louisiana 州を除く州 (state) の下の行政区画としての)郡《Louisiana 州では parish という》. ★ 郡の名を言うのに, 米国では Richmond County の形式による. **3** [the ~; 集合的] **a** 州民, 郡民. **b** 《英》州の素封家たち, 州の名門. **4** 《廃》(欧州の)伯爵 (count, earl) の領地.

── *attrib. adj.* **1** (英国の)州の[に関する, による]. **2** (米国の)郡の[に関する, による]. **3** 《英》州の素封家たちの[に属する, 特有の]: ⇨ county family.

coun·ty² [káunti | -ti] 〖▭ AF *counte* 'COUNT²': -y は COUNTY¹ との混同〗 *n.* 《廃》= count².

cóunty ágent *n.* 《米》郡農事顧問《連邦・州両政府に雇われて郡の農村問題の解決に協力する; agricultural agent, farm extension agent などともいう》.

cóunty attórney *n.* 《米》郡検事《cf. State attorney, district attorney》.

cóunty bóard *n.* 《米》郡委員会《数名の民選委員で構成される郡の統治機関》.

cóunty bórough *n.* 《英》特別市《人口約10万以上の都市で, 行政上 county と同格; 1974年に廃止》.

cóunty clérk *n.* 《米》郡主事《選挙によって選ばれた郡役人で, 選挙人名簿の管理・免許証発行・記録保管など, また, 郡監査役もする》.

cóunty cóllege *n.* 《英》継続教育学校, カウンティカレッジ《1944年の教育法によって生れた義務制の継続教育機関で, 15–18歳の青年男女を入れることになっているが, 義務化はまだ実現していない》.

cóunty commíssioner *n.* 《米》郡政委員《郡委員会 (county board) の委員で財政その他郡務を司る》.

cóunty córporate *n.* 《英》州自治区《付近の土地を合わせて行政上 county と同格の市町》.

cóunty cóuncil *n.* 《英》州会.

cóunty cóuncil schòol *n.* 《英》州会学校《英国では1870年から公立小学校ができ, 1902年からは公立中等学校もでき, これらを州会 (county council) が運営し (county) council school となったが, 1944年から county school となった; わが国の公立の小学校・中等学校に当たる; cf. board school》.

cóunty cóurt *n.* **1** 《英》〖法律〗州裁判所《1846年新設; 州と管轄区域とは異なる; 全国を64の区域に分け, 約400の町で開廷され, 英国の民事事件の80%以上もの事件が取り扱われる重要な裁判所》. **2** 《米》〖法律〗郡裁判所《民事および刑事事件を扱う》. **3** 《米》(ある州の)郡行政委員会.

cóunty crícket *n.* 《英》州代表チームのクリケット試合《各州において組織されたクラブの会員(一部プロ)のチームによる州対抗試合》.

cóunty fáir *n.* 《米》郡 (county) の特定地で開かれる年に一度の市《主に農作物・家畜を展示する》.

cóunty fámily *n.* 《英》州の旧家, 地方の名門.

cóunty fárm *n.* 《米》郡営救貧農園 (poor farm).

cóunty hóuse [hóme] *n.* 《米》郡営救貧院.

cóunty pálatine 〖(1436)〗 *n.* (*pl.* **counties p-**) 《英》王権伯領, 王権州《もと count palatine が領有した州; 今では Cheshire, Lancashire の2州だけをいう》.

cóunty schòol *n.* 《英》公立の小学校・中等学校 (cf. county council school).

cóunty séat *n.* 《米》郡庁所在地, 郡の首都 (cf. county town).

cóunty séssions *n. pl.* 《英》〖法律〗(州治安判事による刑事に関する)州四季裁判所《county quarter sessions が正式名; 1971年廃止; 刑事法院 (crown court) がその管轄を引き継いだ》.

cóunty tówn *n.* 《英》州の首都, 州庁所在地 (cf. county seat).

coup¹ [kú:; *F.* ku] 〖(*c*1330) ▭ (O)F ~ 'a stroke, blow' < LL *colpum* = L *colaphus* blow ▭ Gk *kólaphos*: cf. cope¹〗 ── *n.* (*pl.* ~**s** [~z; *F.* ~]) **1** (不意の)一撃. **2** (商売などの)大当たり, 大成功: make [pull off] a great ~ すばらしい(大)当たりを取る. **3** = coup d'etat: a military ~. **4** 〖玉突〗直接球を玉受けに入れること. **5** 〖トランプ〗(ブリッジで)クー《切札以外の札で敵側の切札をフィネス (finesse) する高等戦術》.

coup² [kóup | káup] 〖ME *coupe(n)* to strike: ⇨ cope¹〗 *vt.* 《スコット》 **1** ひっくりかえす (overturn). **2** 飲み干す. ── *vi.* ひっくりかえる.

cóup de fórce [kú:-də-fɔ́ɚs, -fɔ́ɚs | -fɔ́:s; *F.* kudfɔrs] 〖▭ F ~ 'stroke of force'〗 *n.* (*pl.* **coups d-** [~]) (不意の)強硬手段, 非常手段.

cóup de fóu·dre [-də-fú:dr(ə); *F.* -dfudr] 〖▭ F ~ 'clap of thunder'〗 ── *n.* (*pl.* **coups d-** [~]) **1** 晴天の霹靂(へきれき), 思いがけない出来事. **2** 一目ぼれ.

cóup de gráce [-də-grá:s; *F.* -dəgra:s] 〖▭ F *coup de grâce* stroke of grace〗 *n.* (*pl.* **coups d-** [~]) **1** 情けの一撃《死刑執行者が処刑者の苦しみを終わらせるために頭などに加える一撃》. **2** 最後[止め]の一撃.

cóup de máin [-də-mɛ́:(ŋ), -mǽŋ; *F.* -dmɛ̃] 〖▭ F ~ 'stroke of hand'〗 *F. n.* (*pl.* **coups d-** [~]) 奇襲; 奇計.

cóup de maî·tre [-də-métr(ə); *F.* -dmɛtr] 〖▭ F ~ 'masterstroke'〗 *F. n.* (*pl.* **coups d-** [~]) 偉業, 神業(わざ).

cóup de póing [-də-pwɛ́:(ŋ), -pwǽŋ; *F.* -dəpwɛ̃] 〖▭ F ~ 'stroke of fist'〗 *n.* (*pl.* **coups d-** [~]) 〖考古〗クードポワン, 握斧(あくふ) (hand ax)《旧石器時代前期, アブヴィーユ期に特有の両面加工の握斧形石器》.

cóup d'es·sái [-deséɪ; *F.* -desɛ] 〖▭ F ~ 'stroke of trial': cf. assay, essay〗 *n.* (*pl.* **coups d-** [~]) 試験, 実験; 小手調べ.

coup d'e·tat [kù:dətá:, -deɪ- | kú:deɪ-, -de-; *F.* kudeta] 〖(1646) ▭ F *coup d'état* stroke of state〗 ── *n.* (*pl.* **coups d-** [~], ~**s** [~z; *F.* ~]) クーデター《非合法的手段によって政権を奪うこと》.

cóup de thé·â·tre [-də-teɪá:tr(ə); *F.* -dteɑ:tr] 〖▭ F *coup de théâtre* stroke of theater〗 *n.* (*pl.* **coups d-** [~]) **1** (劇の)意外な劇的な展開[転換]. **2** 劇的な所作事, 芝居がかったやり方. **3** (劇の)大当たり.

cóup d'óeil [-dɔ́:i | -dɔ́:i; *F.* -dœj] 〖▭ F ~ 'stroke of eye'〗 *n.* (*pl.* **coups d-** [~]) ひと目, 一瞥; 概観.

coupe¹ [kú:p; *F.* kup] 〖▭ F ~ < LL *cuppam* 'CUP'〗 ── *n.* **1 a** クープ《足付きのグラスにアイスクリームやシャーベットを入れ, 果物・ナッツ・泡立てた生クリームなどをあしらったデザート》. **b** クープを入れて供する足付きのグラス. **2** 縁なしの深い皿[ボウル].

cou·pe² [kú:p, ku:péɪ] *n.* = coupé.

cou·pé [ku:péɪ | ˊ─; *F.* kupe] 〖(1834) ▭ F ~ (p.p.) ← *couper* to cut ← *coup*: ⇨ coup¹〗 ── *n.* (*also* **coupe**) **1** クーペ(型馬車)《二人乗り・四輪箱型の馬車》. **2** [通例 coupe] クーペ(型自動車)《普通の sedan より車体が小さくドアが二つあり, 2–5人乗り》. **3** 《英》〖鉄道〗(客車後

1 2 3 4 5 6 7 8 9 10 11 12 13 14 15

coupé 1

1 shaft; 2 splashboard; 3 footboard; 4 coach box; 5 lantern; 6 coach window; 7 fixed coach top; 8 coach body; 9 door handle; 10 coach door; 11 front wheel; 12 step; 13 brake; 14 back wheel; 15 spring

尾の)分室《片側だけに席がある》. **4**〘バレエ〙クペ《体重を片足から他の足に移すための中継ぎのステップでカットされる[切る]感じの動作》.

couped [kúːpt] 〘← F *coupé* (↑)+-ED〙 *adj.*〘紋章〙**1** 正規の図形を縮めた (cf. throughout *adj.*) **2** 直線でカットした (cf. erased).

Cou·pe·rin [kùːpəræ̃ː(ŋ), -ræ̃ŋ; *F.* kupʀɛ̃], **François** *n.* クープラン《1668-1733; フランスの作曲家・オルガン奏者》.

Cou·pe·rus [kuːpéɪrəs; *Du.* kuːpéːrəs], **Louis Marie Anne** *n.* クーペールス《1863-1923; オランダの小説家》.

cou·pla [kʌ́plə] *adj.*《口語》=*a* COUPLE *of*.

cou·ple [kʌ́pl] 〘n.: (*c*1300) ▭ OF *cople*, (O)F *couple* < L *cōpulam* band. — v.: (?*a*1200) *couple*(*n*) ▭ OF *copl-er* < L *cōpulāre* to fasten together: COPULA と二重語〙 — *n.* **1 a** (密接な関係にある)二つ, 二人, 一対: a ~ of players 二人一組の競技者 / a ~ of rogues 二人組の悪党. **b** 男女一組; (特に)夫婦, 婚約中の男女; ダンスの男女一組(など): a good old ~ むつまじい老夫婦 / a loving ~ 恋仲の二人, むつまじい夫婦 / a married [young] ~ 夫婦[若夫婦] / make a good [lovely] ~ 似合いの夫婦である / Not every ~ is a pair.=Every ~ is not a pair.《諺》合わせものは必ずしも似合いの一対とはならない,「合わせ物は離れ物」. **c** (同種類の物または人) 2 個, 二人: a ~ of apples, books, girls, rabbits, etc. ★ 人を表わす場合に動詞が複数形をとることがある: The ~ *were* dancing. 二人は踊っていた. **2 a** [通例 *pl.*] 猟犬 2 頭をつなぐ革ひも, 連結索 (leash, brace). **b** (*pl.* ~) 2 頭ずつの猟犬一組 (brace of dogs): a pack of fifteen ~ 猟犬 15 組の一群. **3** 番(つが)うこと, 交接 (copulation): birds in ~. **4**〘物理〙偶力《大きさが等しく方向が互いに反対な一組の力》. **5**〘電気〙カップル, 電対《起電力を生じる 2 種の異性金属板》: a voltaic ~ ボルタの電対. **6**〘建築〙=couple-close 2. **7**〘天文〙連星 (binary star); 二重星 (double star).

a couple of (1) ⇨ 1 a. (2)《口語》いくらか[数個, 数人, 二三(人)]の (a few): *a* ~ *of* days 二三日, 数日 / *a* ~ *of* miles 二三[数]マイル.

— *attrib. adj.* [a ~ で]《米口語》二三個[人]の (a couple of): *a* ~ peaches 桃二三個 / for *a* ~ years 二三年間.

— *vt.* **1 a** つなぐ (link). **b** (連結機で)〈車両を〉連結する. **c** (革ひもで)〈猟犬を〉2 頭ずつつなぐ. **2 a** 〈二人を〉一緒にする, 結婚させる (marry). **b** 〈動物を〉番(つが)わせる. **3** 結びつけて考える, 連想する (associate) 〔*with*〕: ~ A and B (together)=~ A *with* B / We ~ the name of Oxford *with* the idea of learning. オックスフォードといえば学問を連想する / It is not fair to ~ his name *with* that of Miss X. 彼と X 嬢を結びつけては悪い. — *vi.* **1** 一緒になる, 結合する (unite). **2 a** 結婚する (marry). **b** 〈動物が〉番(つが)う, 交尾する (mate). **3**〘電子工学〙カプラー (coupler) で接続する. **4**〘化学〙結合する.

cóuple-clóse [-klóus | -klóus] *n.* **1**〘紋章〙カップルクロース《chevronel の 2 分の 1 幅のもの; 必ず対で使用される; cf. chevron》. **2**〘建築〙合せ梁(ばり), 挟(はさ)み梁《2 材の間に飼木(かいぎ)を挟み, ボルトなどで締め合わせた梁》.

cóupled círcuit *n.*〘電気〙結合回路.

cóupled cólumn *n.*〘建築〙双柱《2 本ひと組で配置される柱》.

cóupled éngine *n.*〘鉄道〙双子機関《機関車を 2 両連結したもの》.

cóu·ple·ment 〘▭ OF ~〙 *n.*《古》結合, 連結 (union).

cóu·pler [-plə | -plə(r)] *n.* **1** 連結者, 連結手. **2** カプラー《オルガン・チェンバロの二つの手鍵盤または一つの手鍵盤とペダル鍵盤とを連結して, 一方を弾けば他方も連動するようにした装置; 自動的にオクターブや音色の異なる音を同時に演奏できる》. **3**〘鉄道〙連結器, 連結装置. **4**〘電子工学〙結合器, カプラー《2 個の回路を結合する装置》: an acoustic ~ 音響結合器. **5**〘写真〙カップラー, 発色剤《カラー写真で発色現像主薬の酸化物と結合して色素を生成する薬品; フィルムの乳剤層中または現像液中に添加する; cf. color developer》.

cou·plet [kʌ́plɪt, -plət] 〘(1580) ▭ (O)F ~ (dim.) ← *couple*: ⇨ couple, -et〙 — *n.* **1**〘詩学〙二行連句, 対句(つく)《押韻する同数の音節からなる 2 行》: ⇨ heroic couplet. **2**《まれ》一対 (pair, couple) (cf. doublet 5). **3**〘音楽〙クプレ《ロンド (rondo) 形式の曲で数回繰り返される主題と主題の間に挿入された部分》.

cóu·pling [-plɪŋ] 〘(?*c*1350)〙 — *n.* **1 a** 連結(すること), 結合. **b** 番(つが)い, 交尾. **2 a** (鉄道車両などの)連結器, 連結装置. **b** (機械・伝動軸の)継ぎ手, 軸継ぎ手. **c** 結合管, 短い鉛管《両端の内側にねじ山がきってある》. **3** (犬・馬などの)肩先から腰先を連結する部分. **4**〘化学〙**a** 結合, カップリング《ジアゾニウム塩とアミン, フェノールなどを結合させてアゾ化合物を作る反応》: ⇨ coupling dye. **b** 共役《二つの反応がエネルギーの授受を伴って関連して起こること》. **5**〘写真〙(カラー写真の)発色現象. **6**〘電気〙結合《二つの電気回路が互いに影響し合うこと》. **7**〘生物〙相引(そういん)《2 組の対立形質のそれぞれの劣性遺伝子が 1 染色体上にあり, それぞれの優性遺伝子がその相同染色体上にある状態》. **8**〘物理〙結合《素粒子間あるいはいろいろな物理量の間の相互作用》. **9** (レコードの)カップリング《A 面 B 面のまたはシリーズの収録された曲目の組合せ》.

cóupling bòx *n.*〘電気〙連結箱 (junction box).

cóupling capàcitor *n.*〘電気〙結合コンデンサー.

cóupling coeffìcient *n.*〘物理〙結合係数《二つの関連する系の関連の程度を表わす係数》.

cóupling dỳe *n.*〘化学〙カップリング染料.

cóupling pìn *n.*〘鉄道〙(車両の)連結ピン.

cóupling ròd *n.*〘機械〙(二つ以上のリンクをつなぐ)連結棒.

cou·pon [k(j)úːpɑn | kúːpɔn; *F.* kupɔ̃] 〘(1822) ▭ F ~《原義》piece cut off ← *couper* to cut ← *coup*: ⇨ coup, -oon〙 — *n.* **1** (公債・社債などの)利札: cum ~=~ on 利札付き / ex ~=~ off 利札落ち / a loan bond with ~*s* 利札付き債券. **2 a** 利札式のもの, クーポン《引き渡すとそれが表示する価値の品物・サービス・宿泊などが提供される一種の証書》. **b** 切取り切符; (鉄道の)クーポン式乗車券; 回数券の一片. **c** (販売広告に添付した)切取り申込み券, クーポン; (商品添付の)優待券, 景品引換券. **d** (切取り式の)配給券, 配給切符: a food [meat, sugar] ~ 食料[肉, 砂糖]配給券. **e**《英》クーポン《football pool の申し込み票》. **3**〘政治〙(英国で党首が一定の誓約を取って立候補者に交付する)推薦状. **4**〘冶金〙切取り試片.

cóupon bònd *n.*〘証券〙利札付き債券, 無記名債券.

cóupon clìpper《米口語》*n.* (債券や株式などで暮らしている)富裕で有閑な人.

cóu·ponned *adj.* (*also* **cou·poned** [~]) **1** 利札[クーポン]付きの. **2** 切取り式の.

cour·age [kə́ː(r)ɪdʒ | kʌ́r-] 〘(?*a*1300) *corage* ▭ OF (F *courage*) < VL **corāticum* ← L *cor* 'HEART': ⇨ core[1], -age〙 — *n.* **1** 勇気, 度胸, 剛勇, 剛胆 (bravery): blind ~ 盲目的勇気 / moral ~ 精神的勇気, 所信を曲げない勇気 / physical ~ (身の危険を恐れない)肉体的勇気, 剛勇 / ⇨ Dutch courage / *Courage!* 元気を出せ, しっかりせよ / have the ~ to do …をする勇気がある / have the ~ of one's convictions [opinions] 所信[自説]を断行する(勇気がある) / lose ~ 勇気を失う, (がっかりして)力を落す / recover [regain] one's ~ 勇気を回復する / take [muster up, pluck up, screw up] ~ 勇気を出す[奮い起こす] / take one's ~ in both hands 勇躍して立つ, 大胆に乗り出す. **2**《廃》**a** 心 (heart). **b** 気分 (disposition); 欲望 (desire), 意図 (intention).

cou·ra·geous [kəréɪdʒəs] 〘(?*a*1300) ▭ AF ~=OF *corageus* (F *courageux*): ⇨ ↑, -ous〙 *adj.* 勇気のある, 度胸のある, 勇ましい (brave). **~·ly** *adv.* **~·ness** *n.*

cou·rant [kʊ́(ː)rənt | kʌ́r-] 〘▭ F ~ (pres.p.) ← *courir* to run < L *currere*: ⇨ current〙 — *n.* **1** 新聞 (newspaper, gazette).《★ 今は新聞の名称に用いるだけ; cf. courier》: the Hartford *Courant*. **2** =courante. — [kú(ə)rənt, kuːrǽnt, -rɑ́ːnt | kurǽnt] *adj.*〘紋章〙〈馬・鹿・犬など〉走っている姿勢の.

cou·rante [kuːrɑ́ːnt, -rǽnt | -rɑ́ː(n)t, -rɔ́ː(n)t, -rɑ́ːnt, rɔ́ː(n)t, -rǽnt; *F.* kuʀɑ̃ːt] 〘▭ F ~《原義》running (dance) (fem. pres.p.) ← *courir* (↑)〙 — *n.* (*pl.* **~s** [~s; *F.* ~]) **1**〘ダンス〙クーラント《17 世紀ごろから流行した急速な三拍子のダンス》. **2**〘音楽〙クーラント(舞曲)《舞踏のための音楽から様式化されて古典組曲 (suite) の重要な構成要素となった》.

Cour·bet [kuəbéɪ | kuə-; *F.* kuʀbɛ], **Gustave** *n.* クールベ《1819-77; フランスの写実主義画家》.

cou·reur de bois [kuːrə́ː-də-bwɑ́ː | -rə́ː-; *F.* kuʀœʀdəbwɑ, -bwa] 〘▭ Canad.-F ~《原義》wood-runner〙 — *n.* (*pl.* **cou·reurs d-** [~]) (初期の北米, 特にカナダのフランス人またはフランス人とインディアンの混血の)わな猟師, 毛皮交易商人(など).

cour·gette [kuəʒét | kuə-, kɔː-; *F.* kuʀʒɛt] 〘▭ F ~ (dim.) ← *courge* gourd〙 — *n.*〘園芸〙クルゼット《フランスの一品種の vegetable marrow; 若どりして zucchini と同じく利用することができる》.

cour·i·er [kúriə, kə́ː(r)- | kúriə(r), kʌ́r-] 〘(17C) ▭ F *courrier* ▭ It. *corriere* runner ← *corre* to run < L *currere* ∞ (?*a*1300) *corour* ▭ OF *coreor* (F *coureur*) runner < VL **curritōrem* ← L *currere*: ⇨ current〙 — *n.* **1 a** 急使; (外交上の)特使. **b** 使者. **c** 秘密情報を伝えるスパイ. **2 a** ニュースや通信を規則的に伝達する人[手段]. **b** [C-] [新聞の名称に用いて] …紙 (cf. courant 1): the Liverpool *Courier*. **3** 定期便. **4 a** 旅行の案内係, 添乗員, ガイド. **b** (昔, 旅行者に随伴して雑用をした)旅行の従者, 供の者, 供衆(ともしゅう).

cour·lan [kúəlan, kuəlɑ́n | kúəlan] 〘▭ F ~ ▭ Galib *kurliri*: 擬音語〙 — *n.*〘鳥類〙ツルモドキ (*Aramus guarauna*)《熱帯アメリカ産クイナとツルの中間のようなツルモドキ科の鳥; 不快な声で鳴く; cf. limpkin》.

Cour·land [kúələnd | kúələnd, -lænd] *n.* クルランド《バルト海に臨む旧公国; 後にロシヤの一州となり, 1918 年 Latvia に併合された》.

Cour·nand [kuənɑ́ː(ŋ), -nɔ́ː(ŋ), -nɑ́ːŋ, -nɔ́(ː)ŋ | kuə-; *F.* kuʀnɑ̃], **André Frédéric** *n.* クールナン《1895- ; フランス生れの米国の生理学者; Nobel 医学生理学賞 (1956)》.

Cour·not [kuənóu | kuənóu; *F.* kuʀno], **Antoine Augustin** *n.* クルノー《1801-77; フランスの数学者, 数理経済学の先駆者》.

course[1] [kɔ́əs, kóəs | kɔ́ːs] 〘(?*a*1300) *co(u)rs* ▭ (O)F *cours* < L *cursum* course, running (p.p.) ← *currere* to run: ⇨ current: さらに 15 C に (O)F *course* running, race の影響をうけた〙 — *n.* **1 a** 進行, 運行 (progress); まっすぐに進むこと, 前進: the ~ of one's life 人生の行路, (人の)一生 / keep on the ~ 進行を続ける, まっすぐに進む. **b** 人生, 生涯 (career). **c** 競走, レース (race): win the ~. **2 a** (ものの動いていく)道, 進路: the ~ of a river, stream, etc. / the upper [lower] ~ of a river 川の上[下]流. **b** 水路 (watercourse): a river which takes its ~ to the west 西へ向かって流れて行く川. **c** (競走・競技の)コース, 走路; (特に)競馬場 (racecourse): walk over the ~ = WALK *over*. **d** ゴルフコース (golf course). **e** (船・飛行機の)コース, 針路, 航(空)路: a ship's ~ 船の針路 / be on (her [its]) ~ 針路についている / cruise on ~ 針路どおりに航行する / be off (her [its]) ~ 針路をはずれている / follow [pursue] her [its] ~ 一定の針路を進んで行く / shape her [its] ~ 針路を定める / steer one's ~ 針路を進む. **3** 過程, 経過 (duration); 成行き, 順序 (sequence, order): the ~ of an argument 議論の順序[筋道] / the ~ of a disease 病気の経過 / the ~ of events [the war] 事件[戦争]の経過 / the ~ of history 歴史の流れ / in mid ~ 中途で / in the ~ of nature 自然の成行きで / in the ordinary ~ of events [things] 自然の成行きで, 自然に / in the whole ~ of one's experience 一生の経験を通じて / leave a thing to take [run] its own ~ 事を成行きに任せる / Thirty years have run their ~. 30 年の歳月が経過した / The law must take its ~. 法は曲げることはできない. **4 a** (行動の)方針, 身のふりかた: a dangerous ~ 危険な方針 / hold [change] one's ~ 方針[方向]を保つ[変える] / adopt a middle ~ 中道を選ぶ, 中庸をとる / take one's own ~ 独自の方針をとる, 自分の勝手にする / try another ~ with …に対して別の方針を試みる / The wisest ~ will be to progress. 最も賢明な策[手段]は前進であろう. **b** [*pl.*] 行動, ふるまい (conduct,); (悪い)行状: mend one's ~*s* 行状を改める / take to evil ~*s* 放蕩を始める. **5 a** (組織的な)連続, 継続: a ~ of lectures upon Egypt エジプトに関する連続講義. **b**〘医学〙クール《治療単位》: a ~ of treatments 1 クールの治療法. **c** 1 クールの投薬: a ~ of medicine 一定回数の投薬. **d** [*pl.*] 月経 (menses). **6** (大学などの)教科課程, 科; 一定の教育課程, コース: the first ~ in French フランス語初歩 / a college [high school] ~ 大学[高等学校]の課程 / a science [literary, literature] ~ (大学の)理[文]科 / a graduate ~ 大学院(課程). **7** (食事の)一品, 一皿 (dish), コース《食事に出る一皿一皿》: a dinner of six ~*s*=a six-*course* dinner 6 品料理《普通は soup, fish, meat, sweets, cheese, dessert》/ the first [next, last] ~ 最初の[次の, 最後の]一皿[料理] / the meat ~ 肉の出るコース, 肉料理 / between ~*s* 料理の合間合間に. **8**《古》(馬上槍試合の)種目, 一勝負, 1 回の攻撃 (charge). **9**〘石工〙(石・れんがなどを積んだ)横の層 (layer), 段: lay the ~ れんがを積む. **10**〘服飾〙(ニット[編]地の段, 横の目 (cf. wale[1] 2b). **11**〘海事〙大横帆《横帆船の下桁(こう)に掛けた大帆》: the fore ~ 前檣大横帆 / the main ~ 大檣大横帆. **12**〘海事〙(羅針儀の)ポイント (point)《1 ポイントは $11\frac{1}{4}$ 度》. **13**〘狩猟〙犬(特に, グレーハウンド)を使って行なう獲物(特に, ウサギ)の追跡: the ~ *at* [*of*] the deer. **14**〘音楽〙(リュート系の楽器の)コース《音量を増大させるために同音ないしオクターブに調律された 1 組の弦》.

as of course〘法律〙当然のこととして, 権利として《裁判所の裁量外のこととして》. ***by course of*** …の手続きをふんで, …の慣例によって. ***down the course***〘競馬〙〈馬が〉後方を進む, 遅れをとる, 後方のまま終わる. ***in course*** (1) =*in due* COURSE. (2)《方言》=*of* COURSE. (3)《米》勉学と試験の結果として正規の課程を経た: a degree *in* ~ 正規の課程を経て得た学位《名誉学位 (honorary degree) に対していう》. ***in course of*** …中で[の]: *in* ~ *of* construction 建設[建築]中. ***in due course*** 事が順当に運んで[運べば], そのうちに(は), やがて. ***in full course*** 全速力で; 邪魔されないで. ***in short course*** 短時間に; 簡潔に (briefly). ***in the course of*** …(の進行)中に: *in the* ~ *of* this month 今月中に / *in the* ~ *of* time 時のたつうちに, そのうちに, やがて(は). ***lay a*** [***one's***] ***course*** (1)〘海事〙〈船が〉(目標に向かって)間切らずに進む; 針路を定める (head). (2) 方針[計画]を定める, 計画に従って進む. ***of course*** もちろん, 当然 (naturally); 確かに, なるほど (certainly). ***put a person through a course of sprouts***《米口語》〈人を〉(訓練などで)しごく; こらしめる. ***stay the course*** 最後まで続ける; 最後まであきらめない.

course of study (1) 学習指導要領《学校で教育課程を実際に展開する際の基礎となるもの》. (2) =course 6.

— *vt.* **1 a** 〈猟犬〉に(臭跡でなく目を使って)獲物を追わせる. **b** (猟犬を使って)〈獲物を〉追う: ~ a hare. **c** 〈犬などを〉レースで走らせる. **2** 〈場所を〉駆けめぐる; 乱れ飛ぶ, (急速に)横切る (traverse). **3** 〈川など〉の流れに従う; 〈水などが〉…を伝って流れる: Tears ~*d* his cheeks. 涙がほおを伝って流れた. **4**《古》追跡する, 追う (chase): ~ a person at his heels あとから人を追いかける. **5**〘石工〙〈石・れんがなどを〉成層[整層]積にする, 成層[整層]に積む. — *vi.* **1** (猟犬を使って)狩をする. **2** 〈水などが〉勢いよく流れる, めぐる: The blood ~*s* through the veins. 血液は血管を脈々と流れる / Tears were *coursing* down her cheeks. 涙が止めどもなくほおを流れていた. **3** 針路[コース]を取る[取って進む].

course[2] [kɔ́əs, kóəs | kɔ́ːs] 〘《略》← *of course*〙 *adv.* (*also* **'course** [~])《口語》もちろん (of course).

coursed *adj.* **1** 猟犬を使って狩猟された: a ~

deer. **2** 〖石工〗成層積の, 整層積の.

cours·er[1] [kɔ́əsə, kóəsə | kɔ́:sə(r] 〖cf. ME *cursur* runner (▭ OF *courseur* ← L *currere* to run)〗 *n.* **1** (猟犬を使って)狩猟をする人. **2** 猟犬.

cours·er[2] [kɔ́əsə, kóəsə | kɔ́:sə(r] 〖《?*c*1300》▭ OF *corsier* (F *coursier*) < VL **cursārium* ← L *cursus*〗 *n.* 《詩》駿馬(しゅんめ); 軍馬; 乗馬.

cour·ser[3] [kɔ́əsə, kóəsə | kɔ́:sə(r] 〖▭ L *cursōr-ius* fitted for running ← *cursus*: ⇨ course[1], -ory[1]〗 **—** *n.* 〖鳥類〗スナバシリ《ツバメチドリ科スナバシリ亜科の鳥の総称; チドリ類のように地上をよく走る; アフリカ・南アジア・オーストラリアに分布; スナバシリ (*Cursorius curor*) など》.

court [kɔ́ət, kóət | kɔ́:t] 〖?OE *c(o)urt* ▭ AF *curt* = OF *co(u)rt* (F *cour*) < L *cortem* = *cohortem, cohors* enclosure, yard ← *hortus* garden: cf. OE *ġeard* 'YARD[2]'/ Gk *khórtos* feeding-place: COHORT と二重語〗 **—** *n.* **A 1 a** (周囲に建物のある)中庭 (courtyard). **b** 《英》(Cambridge 大学の)方庭 (quadrangle). **c** (博覧会・博物館などの中庭式の)区画, …部 (section): the ～ devoted to agricultural products 農産物陳列場. **d** (テニス・バスケットボール・ハンドボール・ラケッツ (racquets) などの)コート, その一区画: a tennis ～ テニスコート / ⇨ clay court, grass court, hard court, service court. **e** (裏町の)路地, (袋)小路, 裏町: a little narrow ～ 狭い裏小路 / live in a miserable ～ みすぼらしい裏通りに住む. **f** 《英》(周囲に建物のある)裏通りの空地. **2 a** [しばしば C-] 王宮, 宮殿, 皇居 (palace): at *Court* 宮中で / go to ～ 参内(さんだい)する / the tone of [at] *Court* 宮中の意向. **b** [集合的] 皇室; (大官や廷臣たちも含めて)宮廷, 朝廷: the king and the whole ～ 王と全廷臣. **c** [しばしば C-] 朝見, 謁見, 賜謁; 御前[宮中]会議: ⇨ *hold* COURT / present…at ～ (特に, 社交界の子女などのために)宮中での拝謁の介添えを勤める / be presented at ～ 〈社交界に初めて出た子女・新任の大公使などが〉宮中で拝謁を賜わる (cf. presentation 3). **3 a** 裁判所, 法廷; 開廷 (session); 裁判, 公判 (trial): a civil [criminal] ～ 民事[刑事]裁判所[法廷] / ⇨ district court, high court, inferior court, superior court, Supreme Court / in ～ 法廷[公判廷]で / appear in [attend] ～ 出廷する / go to ～ 訴訟を起こす / hold (a) ～ 裁判を行なう[開く], 開廷する (cf. *hold* COURT) / at the next ～ 次回の公判で / be brought to ～ for trial 〈被告が〉裁判のため出廷する / contempt of ～ 法廷侮辱罪 / a ～ of justice [judicature, law] 裁判所, 法廷 / a decision of the ～ 判決 / take a case into ～ 事件を裁判ざたにする / order the ～ to be cleared 傍聴人の退廷を命じる. **b** [集合的にも用いて] 裁判官, 法官: invite the ～*'s* attention to …に全裁判官の注意を喚起する. **4 a** [集合的] (会社・大学などの)役員, 重役. **b** 役員[委員, 重役]会. **c** (友愛組合 (friendly society) などの)支部(会) (lodge). **5** 《英》(昔の, 入口に広い庭のついた)大邸宅; 荘園領主の邸宅 (manor house). ★ 今では主に固有名詞として残る: Hampton *Court*, Bowen *Court*, etc. **6** = motor court, motel. **B 1** 機嫌取り, こび (deference, homage): pay ～ to the king 王にご機嫌伺いをする. **2** (男が)女の機嫌を取る[女をくどく]こと, 求愛, 求婚 (courtship): pay [make] (one's) ～ to… 〈女〉に求愛[求婚]する, 言い寄る, くどく.

hold court (1) 謁見式を行なう; 〈王侯が〉(重臣を集めて)宮中会議を開く; 政務を行なう. (2) (人前などで)愛想を振りまく. (3) ⇨ A 3 a. ***in open court*** 隠すことなく, 堂々と (openly). ***out of court*** (1) 法廷外で: settle a case *out of* ～ 事件を示談で解決する. (2) (審理の価値がないとして)法廷から却下されて; 〈提案など〉一顧の価値もない, 問題にならない: laugh …*out of* ～ …を一笑に付してしまう, 問題にしない, 取り上げない / put oneself *out of* ～ 他人に相手にされないような事をする[言う] / put [rule] something *out of* ～ ものを問題外とする, 取り上げない. ***The ball is in your court*** ⇨ ball[1] 成句.

court of admiralty [the —] 〖法律〗 **1** 海事裁判所 (⇨ admiralty 2). **2** [C- of A-] = admiralty 2 b.

court of appeal 〖法律〗 (1) [しばしば C- of A-] (米国の州または連邦の)控訴院《連邦では 1948 年まで Circuit Court of Appeals と呼ばれた》; (New York 州の)最高裁判所《court of appeals ともいう》. (2) [the C- of A-] (英国の)控訴院《最高法院 (Supreme Court of Judicature) の一部. 民事部と刑事部とに分れる; ここで敗訴した場合は上院 (House of Lords) に上告できる》.

court of assize 〖法律〗 巡回裁判所.

court of cassation, C- of C- 〖《なぞり》← F *cour de cassasion*〗 [the —] 〖法律〗破毀(き)院《フランス・ベルギーなどの最高裁判所》.

court of chancery 〖法律〗 ⇨ chancery 1 a.

court of claims [the —] 〖法律〗 (米国の)請求裁判所《合衆国政府に対する請求権を管轄する; 各州にも同種の裁判所がある》.

court of common pleas, C- of C- P- [the —] (1) (もと, 英国の)民事訴訟裁判所《今では High Court の King's Bench Division の中に解消》. (2) (米国のいくつかの州の)中級の民事訴訟裁判所.

court of conscience [the —] 〖法律〗 良心裁判所《初め大僧正であった大法官が法律よりも衡平や良心に従って国王に対する直訴を処理したためこの名がある; やがて court of equity と呼ばれるようになった》.

Court of Criminal Appeal [the —] 〖英法〗 刑事控訴院《1966 年廃止; 現在は Court of Appeal の刑事部 (Criminal Division) となっている》.

court of domestic relations 家庭裁判所《family court ともいう》.

court of equity 〖法律〗 エクイティー裁判所《現在は高等法院のエクイティー部 (Chancery Division) として存続している; cf. COURT of conscience》.

Court of Exchequer [the —] 〖英史〗 財務裁判所《中世に税務関係の裁判所として成立し, 三つの国王裁判所の一つであったが, 1873 年廃止; その管轄権は今では高等法院の King's Bench Division に移管》.

court of first instance [the —] 第一審裁判所 (trial court).

Court of High Commission [the —] 〖英法史〗 高等宗務官裁判所 (cf. prerogative court 1 b).

court of honor (1) 《古》〖法律〗 名誉に関する事件を審理し, 救済を与えた法廷《騎士道裁判所 (court of chivalry) の機能の一つ》. (2) 〖郵趣〗(国際切手展における)名誉出品クラス《3 回以上大金賞 (large gold) を得たものが有資格者》.

court of inquiry 〖法律〗 (軍事に関する)特別審査裁判所.

Court of Justiciary [the —] 〖スコット法〗 最高法院《スコットランドの最高の刑事裁判所; High Court of Justiciary ともいう; cf. COURT of Session》.

Court of King's [Queen's] Bench [the —] 〖英法〗 王座裁判所 (⇨ King's Bench 2).

court of love (中世 Provence にあったといわれる女だけの)恋愛問題裁判所 (cf. prerogative court).

court of probate [the —] 〖法律〗 (米国 Connecticut 州などの)(遺言)検認裁判所 (略 C.P., c.p.) (⇨ probate court).

Court of Protection [the —] 〖法律〗 (英国の)無能力者保護法廷《無能力者の財産管理その他の事項を取扱い, 指名裁判官 (nominated judges) が着席する最高法院に所属する法廷》.

court of record 〖法律〗 記録裁判所《訴訟記録を作り保存してある裁判所; 裁判所侮辱 (contempt of court) で処罰する権能がある》.

court of requests 〖英法〗 少額債権裁判所《1846 年廃止され, county court がその管轄を引き継いだ》.

Court of Session [the —] 〖スコット法〗 民事控訴院《スコットランドの最高の民事裁判所; 英国全体の最高の裁判所である貴族院へ上訴の道がある; cf. I.P.D.》: a Lord of *the Court of Session* 民事控訴院判事.

Court of Star Chamber [the —] 〖英法史〗 Star Chamber の公式名.

Court of St. James('s) 〖← *St. James's Palace* (宮殿名)〗 [the —] セントジェームズ宮廷《英国宮廷の公式の呼称; 同宮廷は公式にはセントジェームズ宮に置かれている》: an ambassador (accredited) to *the Court of St. James's* 駐英大使.

Court of (the) Arches [the —] 〖教会法〗 Canterbury 大主教管轄下の控訴裁判所《単に Arches ともいう》.

Court of the Lord Lyon [the —] スコットランド紋章官事務所《Lyon Office ともいう; cf. LYON[2] King of Arms, COLLEGE of Arms》.

— *attrib. adj.* **1** 宮廷の[に関する, にふさわしい]: a ～ painter 宮廷画家 / a ～ poet 宮廷詩人. **2** 法廷の. **3** 〈スポーツなど〉コートを使ってする; コートを使ってするスポーツの: a ～ star (テニスなどの)花形選手.

— *vt.* **1** …の機嫌を伺う. **2 a** 〈男が〉〈女〉に言い寄る; 求愛する, 求婚する (woo). **b** 〈雄の動物が〉〈雌の動物〉に求愛動作をする. **3 a** 求める, 慕う (seek); 得ようと努める: ～ esteem, popularity, a person's approbation, etc. / ～ the sunbeam [breeze, shade] 日光[微風, 木陰]を求める. **b** 誘う, いざなう, 誘惑する (attract). **c** 〈災難・敗北などを〉(自ら)招く (invite), …に会う: ～ disaster, defeat, a rebuff, etc. **—** *vi.* **1** 人の愛を求める, 求婚する (woo). **2** 〈雄の動物が〉求愛動作をする.

～·er [-tə | -tə(r] *n.*

cóurt bàron 〖《1427》▭ AF ～ ← *court de baroun*〗 **—** *n.* (*pl.* **courts b-, ～s**) 〖法律〗 (もと英国の)荘園領主裁判所《領主(や執事)が裁判長となって謄本保有権者 (copyholder) たちに対して民事裁判を行なった; cf. court leet》.

cóurt bóuillon 〖▭ F ～ ← *court* short + BOUILLON〗 **—** *n.* クールブイヨン《魚や野菜を香りよくゆで煮するための煮汁; 水に香味野菜・香辛料・ワインなどを加えて煮立てる》.

cóurt càrd 〖《1641》《転訛》← *coat card*〗 *n.* **1** 〖トランプ〗 絵札 (face card)《king, queen または jack, ときに ace を含む》. **2** 社交界の有力者.

cóurt círcular *n.* [通例 C- C-] 《英》(新聞向けに英国王室府が毎日発表する)王室関係ニュース.

cóurt·cràft *n.* 宮廷事務の処理手腕, 宮廷内の術策.

cóurt cùpboard *n.* コートカバード《16-17 世紀の食器棚; 通例二層式で展示用の棚があり荘重な彫刻が特徴; cf. press cupboard》.

court cupboard

cóurt dànce *n.* 宮廷舞踊《宮廷の行事の時に踊られる荘重な舞踊; cf. folk dance》.

cóurt dày 〖《*a*1419》〗 *n.* 裁判日, 公判日, 開廷日.

cóurt drèss *n.* 宮廷服, 参内(さんだい)服《宮廷に出る時の正装》.

Cour·te·line [kùətəlíːn | kùətə-; *F.* kuʀtəlin], **Georges** *n.* クールトリーヌ《1860-1929; フランスの喜劇作者・ユーモア作家; *Boubouroche*「ブブローシュ」(喜劇, 1893)》.

Courte·nay [kɔ́ətni, kóət- | kɔ́:tni] 〖← *Courtenay* (Ile de France の地名): もと家族名〗 *n.* 男性名.

Cour·te·nay [kùətənéɪ | kùətə-; *F.* kuʀtənɛ], **Jan Bau·douin** [bodwɛ̃] **de** *n.* クルトネ《1845-1929; ポーランドの言語学者》.

cour·te·ous [kə́:tiəs | kə́:tjəs, kɔ́:-, -tɪəs] 〖《*a*1300》 *c(o)urteis* ▭ OF *curteis, corteis* ← *co(u)rt*: ⇨ court, -ous〗 **—** *adj.* **1** 宮廷人にふさわしい, 洗練された身ごなしの. **2** 礼儀正しい, 丁重な, 親切な. **～·ly** *adv.* **～·ness** *n.*

cour·te·san [kɔ́ətəzən, kóə-, kə́:-, -zn, -zæn | kɔ̀:tɪzǽn, kùə-, ⌐⌐⌐] 〖《1426》▭ (O)F *courtisane* ▭ It. 《廃》*cortigiana* (Sp. *cortesana*) strumpet, 《原義》court mistress ← *corte* 'COURT'〗 **—** *n.* (王侯・貴族・金持ちなどを相手にする)高級娼婦, 愛妾(しょう).

cour·te·sy [kə́:təsi | kə́:tɪsɪ, kɔ́:-, -tə-] 〖《?*a*1200》 *co(u)rtesie* ▭ OF *curtesie* (F *courtoisie*) ← *corteis* 'COURTEOUS'〗 **—** *n.* **1** 礼儀正しいこと, 丁重, 慇懃(いんぎん) (↔ discourtesy); 礼儀正しい振舞い[言葉]: a visit of ～ 礼儀上の訪問 / as a matter of ～ 礼儀として / to return the ～ 答礼のために / He did me the ～ to consult [of consulting]. 彼は丁重にも私に相談をもちかけた. **2** 特別扱い, 優遇, 好意 (indulgence): by ～ 好意によって, 特別に / be called Lord by ～ 特例によって Lord と呼ばれる / through the ～ of …の好意によって / by ～ of the author 著者の好意によって《記事・さし絵などの転載の場合の文句》/ be granted the ～ [*courtesies*] of the port 《米》税関の手荷物検査を優先的にしてもらう[免除してもらう]. **3** 〖法律〗 = curtesy. **4** [《英》kə́:-] = curtsy.

strain courtesy 《古》丁寧すぎる, ばか丁寧にする.

— *attrib. adj.* **1** 儀礼上の; 優遇の: a ～ visit [call] 儀礼上の訪問. **2 a** 名目上の: ⇨ courtesy title. **b** 特別の計らいを受ける」.

cóurtesy càrd *n.* 優待カード《所有者は特別の計らいを受ける》.

cóurtesy light *n.* (自動車の)カーテシーライト《ドアが開くと自動的につく室内灯》.

cóurtesy title *n.* **1** (英国で, 法律上は無資格だが慣例上貴族の子供に許す)優遇爵位[敬称]《the Duke of Devonshire の長子に与える the Marquess of Devonshire, 次男以下の氏名につける Lord, 娘の名につける Lady など》. **2** 名目的称号《先生に Professor とか一般人に Colonel と呼ぶものなど》.

cour·te·zan [kɔ́ətəzən, kóə-, kə́:-, -zn, -zæn | kɔ̀:tɪzǽn, kùə-, ⌐⌐⌐] *n.* = courtesan.

cóurt gàme *n.* (テニス・ハンドボール・バスケットボールなど)コートでする球技.

cóurt guìde *n.* 《英》紳士録《もとは拝謁を受けた紳士淑女の名を載せたが, 今では一般に上層社会人や富裕階級の人々の名を載せる》.

cóurt hànd *n.* 法廷書体, 公文書体《16 世紀から 18 世紀英国の法廷で用いた手書き書体》.

cóurt·hòuse 〖《?*c*1475》〗 *n.* **1** 裁判所庁舎. **2** 《米》 **a** 郡庁舎. **b** (Virginia 州などの)郡庁所在地 (county seat).

cour·ti·er [kɔ́ətiə, kóə-, -tjə, -tʃə | kɔ́:tjə(r, -tɪə(r] 〖《*c*1300》▭ AF **courte(i)our* ← OF *cortoyer* to be at the court of a prince ← *cort* 'COURT': cf. -ier[1]〗 **—** *n.* **1** 宮廷に仕える[出入りする]人, 廷臣. **2** ご機嫌取り (flatterer). **3** 《古》求愛者 (wooer). **～·ly** *adj.*

cóurt·ing chàir [-tɪŋ- | -tɪŋ-] *n.* = love seat.

cóurting mìrror *n.* 《米》コーティングミラー《ガラスの上に装飾を施した 18 世紀の木枠つきの小型鏡; 求愛の慣例的な贈物》.

cóurt lèet 〖《1588》: ⇨ leet[1]〗 *n.* (*pl.* **courts l-, ～s**) (もと, 英国の)領主刑事裁判所 (cf. court baron).

cóurt·like *adj.* 宮廷風の; 優雅な (elegant).

court·ly [kɔ́ətli, kóət- | kɔ́:tlɪ] 〖《*a*1475》〗 **—** *adj.* (**court·li·er**; **-li·est**) **1** (宮廷人のように)うやうやしい, 丁寧な; 〈人品・作法など〉上品な, 奥ゆかしい, 優雅な (polished): ～ manners. **2** 余りに慇懃(いんぎん)な, おもねる (flattering). **3 a** 宮廷派の. **b** 宮廷特有の[にふさわしい]. **—** *adv.* 宮廷風に; 上品に, 優雅に; へつらって. **cóurt·li·ness** *n.*

cóurtly lóve 〖《1896》《なぞり》← F *amour courtois*〗 **—** *n.* 〖文学〗 宮廷風恋愛, 愛の作法《12-14 世紀のヨーロッパに流行し, 中世文学の重要な源泉となった優雅で騎士道的な愛の教義》.

cóurt-mártial 〖《1651》〗 **—** *n.* (*pl.* **courts-, ～s**) **1** 軍法会議: ⇨ drumhead court-martial. **2** 軍法会議の審理[会期]. **—** *vt.* (**court-mar·tialed, -tialled; -tial·ing, -tial·ling**) 軍法会議に付する.

cóurt òrder *n.* 〖法律〗 裁判所の命令(書)《管轄権を有する裁判所が特定の人に対して発する一定の行為または不作為を内容とする命令(書)》.

cóurt pàrty *n.* (政治上の問題での)宮廷党, 王室派.

cóurt plàster 〖《1772》: 昔英国宮中の女官が顔の美を引き立てるために貼(は)った黒い小ぎれ (patch) にちなむ〗 **—** *n.* (もと医療・美容の目的で用いられた)絆創膏(ばんそうこう).

Cour·trai [kuətréɪ | kʊə-; *F.* kuʀtʀɛ] *n.* クルトレ, コルトライク《ベルギー西部, Lys 川に臨む都市; 中世の重要都市; 13 世紀に建造された Notre Dame 寺院が

ある；人口 266,000)。

cóurt repórter *n.* 法廷速記者《法廷の訴訟手続きを逐語的に記録作成する人》。

cóurt ròll 〖《1433》〗 *n.* 荘園記録《荘園領主に保管された土地保有を始めすべての事項に関する私的記録；cf. copyhold》。

cóurt·ròom *n.* 法廷《裁判の行なわれる部屋》。

cóurt·shìp 〖《1594》 ← COURT＋-SHIP〗 ― *n.* **1 a** (男が女に対する)求婚, 求愛；〖生物〗(鳥・動物の)求愛. **b** 求婚期間. **2** 《廃》上品な振舞い, 丁重 (courtesy)；婦人に対する慇懃(いんぎん)な行為.

cóurt shòe *n.* 《英》コートシューズ, 宮廷靴《《米》pump》《甲部をおおわず腰と前部が浅い軽い底の婦人用の靴》.

cóurt·sìde *n.* (テニス・バスケットコートなどの)コートサイド.

cóurt tènnis *n.* コートテニス《高い壁で囲まれたコートで行なう lawn tennis の原型といわれるテニス；コートの側壁に何本も横線を引き特定の線より後方, または特定の場所に打込んで得点する》.

cóurt·yàrd *n.* (一部分は建物・他方は塀(へい)などで囲まれた)中庭；(大建築・城などの)前庭.

cous·cous [kúːskuːs] 〖《1600》□ F ～ □ Arab. *kúskus*〗 *n.* クスクス《粗びき小麦を蒸したもの；肉や野菜または果物などとともに食べる北アフリカの料理》.

cous·in [kʌ́zn] 〖《16C》□ F ～ < L *consōbrīnum* child of a mother's sister ← *con-* 'COM- 1'＋*sōbrīnus* belonging to sister, cousin by the mother's side ← *soror* 'SISTER' ∞ 《?c1225》 *cosin(e)* □ OF *cusin, cosin*〗 ― *n.* **1 a** いとこ, 従兄[弟], 従姉[妹]《おじまたはおばの子；full cousin, cousin-german ともいう》. **b** (祖父母・おじおばなどを)共通の先祖とする者, またいとこ：a first ～ once [twice] removed ⇨ removed 2 / a second ～ またいとこ《親のいとこの子で, 祖父母同士が兄弟》；(俗に)いとこの子 (first cousin once removed) / a third ～ 祖父母のいとこの孫《親のまたいとこの子》；(俗に)またまたいとこ (first cousin twice removed). **c** 親類, 縁者：a distant ～ 遠戚 / ⇨ country cousin / a ～ forty times removed 遠い遠い遠縁の者. **d** 《廃》兄弟姉妹・親子以外の血族関係の者《nephew など》. **2** 密接な関係のある人[もの]；(人種的・文化的に共通点をもつ)いとこ[兄弟]分：our Canadian ～*s* われわれの兄弟分であるカナダ人たち《英国人または米国人からみて言う言葉》. **3** [国王が他国の王または自国の貴族に対する呼掛けに用いて] 卿. **4** 《米俗》特定の相手[チーム]に弱い投手[チーム],「かも」.

be (first) cousin to …によく似ている：My mind *is* ～ *to* yours. 私の考えは君のとよく似ている.

call cousin(s) (with) (…の)親類だと名乗(って出)る.

Cou·sin [kuːzɛ̃ŋ, -zæŋ；*F.* kuzɛ̃], **Victor** *n.* クザン《1792–1867；フランスの哲学者》.

cous·in·age [kʌ́znɪdʒ] *n.* ＝cousinhood.

cóusin-gérman 〖《?c1300》□ OF *cusin germain*：⇨ german〗 *n.* (*pl.* **cousins-**) ＝cousin 1 a.

cóusin·hòod *n.* **1** いとこ同士の間柄. **2** [集合的] いとこたち (cousins)；親類縁者 (relatives).

cóusin-in-làw *n.* (*pl.* **cousins-**) 義理のいとこ《いとこの妻または夫, 妻または夫のいとこ》.

Cóusin Jáck *n.* コンウォール人 (Cornishman)；(特に)コンウォール人の鉱夫.

cóus·in·ly *adj.* いとこの[らしい, のような]. ― *adv.* いとこらしく.

cous·in·ry [kʌ́znri | -rɪ] 〖⇨ -ery〗 *n.* [集合的] いとこたち (cousins)；親類縁者 (kinsfolk).

cóusin·shìp *n.* ＝cousinhood 1.

Cous·teau [kuːstóu | -tə́u；*F.* kusto], **Jacques Yves** *n.* クストー《1910– ；フランスの海軍士官, 海底探検家；aqualung の発明者》.

cou·ter [kúːtə | -tə(r)] 〖□ AF *coutere*＝OF *coute* elbow (< L *cubitum* ← *cubāre* to lie down)＋-ER¹〗 *n.* 〖甲冑〗(鎧(よろい)の)肘当(ひじあて) (⇨ armor 挿絵).

couth [kúːθ] 〖《逆成》← UNCOUTH〗 *adj.* (～·**er**；～·**est**) 洗練された, みがかれた, 気品のある：～ upbringing 上品な育ち. ― *n.* 洗練, 上品さ (refinement).

couth·ie [kúːθi | -θɪ] 〖← ME *couthe* pleasant, familiar (< OE *cūð* (p.p.) ← *cunnan* to know：⇨ can²)＋-IE〗 ― *adj.* (**couth·i·er**；**-i·est**) 《スコット》 **1** 優しい, 親切な (kindly). **2** 快適な (comfortable).

cou·ture [kuːtúə, ku- | kuːtjúə(r, ku-；*F.* kutyːr] 〖□ F ～ ← *coudre* to sew < L *consuere* ← *con-* 'COM- 1'＋*suere* 'to SEW'〗 ― *n.* **1** 高級婦人服仕立業《デザイン・販売を含む》. **2** [集合的] (デザイナーや縫製師を含めた)衣装店：⇨ haute couture.

cou·tu·rier [kuːtú(ə)riə, kuːtú(ə)rièɪ, ku- | kuːtjúərièɪ, ku-, -rɪə(r；*F.* kutyrje] 〖□ F ～ 'dressmaker'：⇨ ↑, -ier²〗 ― *n.* **1** (婦人服)洋裁店. **2** 男性婦人服デザイナー；男性洋裁師[店主].

cou·tu·riere [kuːtú(ə)riə, kuːtú(ə)rièə, ku- | kuːtjuərjɛ́ə(r；*F.* kutyrjɛːr] 〖□ F *couturière* (fem.)：↑〗 *n.* 女性洋裁師, 女性婦人服デザイナー；女性洋裁店主.

cou·vade [kuːváːd] 〖《1865》□ F ～ 'a brood' ← *couver* to hatch：⇨ covey, -ade〗 ― *n.* 〖民族学〗擬娩(ぎべん)《女が出産の床にある間, 夫が床について出産の苦しみをまねたり, 食物を制限したりする風習；世界各地の無文字社会にあるが, 韓国などにも存在する》.

Couve de Mur·ville [kùːvdəmjuəvíːl | -mjuə-；*F.* kuvdəmyrvil], **Maurice** *n.* クーブドミュルビル《1907– ；フランスの政治家, 首相 (1968–69)》.

cou·ver·ture [kùːveət(j)ʊ́ə | -veətjúər；*F.* kuvɛrtyːr] 〖□ F ～ 'covering'〗 *n.* 適温で溶かしてケーキや糖菓にかけるチョコレート.

cò·válence 〖← CO-¹＋VALENCE〗 ― *n.* 〖化学〗共有原子価《原子が結合して分子を構成するときの両原子に共有の電子対 (electron pairs) の数；cf. electrovalence》. **cò·válent** *adj.*

cò·válency *n.* 〖化学〗＝covalence. (cf. ionic bond).

covalent bónd *n.* 〖物理化学〗共有結合, 等極結合

cò·váriance 〖← CO-¹＋VARIANCE〗 ― *n.* 〖数学・統計〗共分散, 共変量《二つの確率変数とそれぞれの平均値との差の積の平均値, すなわちそれぞれの標準偏差と相関係数との積；cf. variance 6, standard deviation》.

cò·váriant *adj.* 〖数学〗共変の《基本になるものと同じ形式に従って変化することをいう；cf. contravariant》.

cò·variátion *n.* 〖統計〗共変動 (cf. covariant).

cove¹ [kóuv | káuv] 〖OE *cofa* chamber < Gmc **kuƀon* (ON *kofi* hut / G *Koben* pigsty) ← IE **gēu-* a hollow space；to bend (Gk *gúalon* hollow)〗 ― *n.* **1** (山かげなどの)小湾, (崖の間などの)入江 (cf. creek 2). **2 a** (けわしい山の)谷道；山かげ. **b** 《米》山林地帯に入り込んだ草地. **c** 小さい谷. **3** 〖建築〗 **a** へこんだ molding や vault. **b** (天井・屋根裏などの)弓形折上げ. ― *vt.* 〖建築〗 **1** 〈炉辺などを〉内側に丸味をつける, 弓形に曲げる. **2** 〈天井・屋根などを〉弓形に折り上げる.

cove² [kóuv | káuv] 〖《1567》□ ? Gipsy *kova* thing, creature：cf. 《スコット》*cofe* chapman〗 ― *n.* 《英俗》やつ, 人, 男 (chap)：a rum ～ おかしなやつ / that old ～ あのおやじ.

cóve cèiling *n.* 〖建築〗折上げ天井《壁上部と天井との連続部分が凹弧面をなすもの》.

coved [kóuvd | káuvd] *adj.* 〖建築〗弓形折上げの.

co·vel·line [ko(u)véliːn, kóuvəliːn | kə(u)véliːn, káuvəliːn] 〖⇨ ↓, -ine³〗 *n.* 〖鉱物〗＝covellite.

co·vel·lite [kouvélaɪt, kóuvəlàɪt | kəuvélaɪt, káuvəlàɪt] 〖← *Niccolò Covelli* (1790–1829：発見者であるイタリアの化学者)：⇨ -ite¹〗 ― *n.* 〖鉱物〗銅藍, 天然硫化銅 (CuS)《covelline またはその色にちなんで indigo copper ともいう》.

cov·en [kʌ́vɪn, kóuv-, -vən | kʌ́vɪn] 〖《1500–20》《転用》← ME *covine* □ OF *covin(e)* ← L *convenīre* (↓)〗 *n.* 魔女の集会.

cov·e·nant [kʌ́vənənt | -və-, -vɪ-] 〖《?a1300》□ OF ～ (F *convenant*) ← *co(n)venir* < L *convenīre* ← *co-¹*＋*venīre* 'to COME'：⇨ -ant〗 ― *n.* **1** 契約, 盟約, 誓約 (contract)：keep [break] ～ with …との契約[誓約]を守る[破る]. **2** 〖法律〗捺印証書契約；捺印証書；契約条項；捺印証書契約訴訟. **3** 〖教会〗(信者間の)盟約, (入信者の)信仰誓約. **4** 〖聖書〗(神とイスラエル人との間の)約束, 契約：⇨ ARK of the Covenant, LAND of the Covenant / the Books of the Old [New] Covenant 旧[新]約聖書.

Covenant of the League of Nations [the ―] 国際連盟規約.

covenant of warranty 〖法律〗瑕疵(かし)担保約款.

― [《米》ではまた -nǽnt] *vt.* 契約[誓約, 盟約]する〈*that, to* do〉：He ～*ed that* he would make a donation of 100 pounds to the church.＝He ～*ed to* make a donation of 100 pounds to the church. 教会に 100 ポンドの寄付をすることを誓約した. ― *vi.* 契約する：～ *with* a person *for* something.

cov·e·nan·tal [kʌ̀vənǽntl̩ | -vənǽntl, -vɪ-] *adj.* 契約の[に関する]. **～·ly** *adv.*

cóv·e·nant·ed [-ṭɪd, -ṭəd | -tɪd, -təd] *adj.* **1** 契約した, 契約によって成立した, 契約上の義務のある. **2** 〖神学〗神の約束によって与えられた：～ grace, mercies, etc.

cov·e·nan·tee [kʌ̀vənəntíː, -næn- | -vənən-, -vɪ-] 〖← COVENANT (v.)＋-EE〗 *n.* 被契約者《契約においてその履行を受ける人；cf. covenantor》.

cóv·e·nant·er [-ṭə | -tə(r)] 〖《1638》〗 ― *n.* **1** 契約[盟約, 誓約]者. **2** [または kʌ̀vənǽnṭə | -vənǽntə(r, -vɪ-] [C-] 〖スコット史〗盟約派《17 世紀の国民盟約 (National Covenant) および厳粛同盟 (Solemn League and Covenant) の盟約者；cf. wanderer 3》.

cov·e·nan·tor [kʌ́vənæ̀nṭə, -nən-, kʌ̀vənæntɔ́ə, -nən- | kʌ́vənəntə(r, kʌ̀vənəntɔ́ː(r, -vɪ-] *n.* 契約者《契約においてその履行の義務を負う人；cf. covenantee》.

cóvenant theólogy *n.* 〖キリスト教〗契約神学 (⇨ federal theology).

Cóv·ent Gárden [kʌ́vənt-, káv- | kɔ́v-] 〖*Covent* 《変形》← CONVENT：昔 *Convent of Westminster* の庭であったことから〗 ― *n.* **1** London 中央部の地区. **2** コベントガーデン(市場)《もと同所にあった青物・草花卸し市場；現在は Thames川の南側, Kennington 地区にある；Covent Garden Market ともいう》. **3** ＝Covent Garden Theatre.

Cóvent Gárden Théatre *n.* [the ～] コベントガーデン劇場《London の Covent Garden にある劇場；今は主にグランドオペラ・バレーを上演する》.

Cov·en·try [kʌ́vəntri, káv- | kɔ́vəntrɪ] 〖OE *Couæntre* 《原義》'tree of *Cofa*' (人名：← ? *cofa* 'COVE¹')〗 ― *n.* イングランド West Midlands 州の都市；人口 337,000.

send a person to Coventry 〖かつて Coventry の住民達が兵士を忌み嫌い, この地に派遣された兵士と交際しなかったことにちなむ〗〈人を〉仲間はずれにする, のけ者にする；〈人〉と絶交する (ostracize).

Cóventry bèll *n.* 〖植物〗ツリガネソウの一種 (*Campanula trachelium*)《ヨーロッパ・アジア原産キキョウ科ホタルブクロ属の青紫色釣鐘形の花が咲く多年草》.

cov·er [kʌ́və | -və(r)] 〖v.：lateOE *covere(n)* □ OF *co(u)vr-ir* (F *couvrir*) < L *cooperīre* to cover wholly ← co-¹＋*operīre* to hide (< **op-werīre* ← *op-* 'OB-'＋IE **wer-* to cover：⇨ weir). ― n.：《a1325》← OF *cuvr-ir*〗 ― *vt.* **1 a** 〈物を〉〔…で〕おおう, 包む, くるむ (wrap up)；…の上におおいかかる, …に広がる (spread over)〔*with*〕：～ one's eyes *with* a hand 手で目をおおう / ～ a plant *with* straw 植物にわらのおおいをする / a mountain ～*ed with* snow [thick woods] 雪[密林]におおわれた山 / The Roman legions ～*ed* the country. ローマの軍団が国土をおおった[国中に充満した]. **b** [p.p. 形で]〔…で〕一杯である, 一面〔…で〕ある〔*with*〕；…に点在する〔*with*, 《英》*in*〕：be ～*ed with* dust [mud] ほこり[泥]まみれである / be ～*ed with* flies ハエが群がっている[たかっている] / a face ～*ed with* freckles そばかすだらけの顔 / the land ～*ed with* [*in*] lakes 湖水の点在する土地 / a table ～*ed with* delicacies おいしい物が一杯載っているテーブル / a tree ～*ed with* fruit 実が一杯なった木. **c** [～ *oneself* または p.p. 形で]〔名誉・恥辱などを〕(余分に)身に受ける, 一身に浴びる〔*with*〕：be ～*ed with* ignominy [shame] 不面目な[恥ずかしい]思いをする / ～ *oneself with* glory [honor] 栄誉を一身に受ける. **2 a** 〈物〉におおいをする, ふたをする：～ a dish, saucepan, etc. **b** 〈体・体の一部〉に衣服をつける；〈頭〉に帽子をかぶる〔*with*〕：*Cover* your knees *with* the blanket. ひざに毛布を掛けなさい / ～ oneself *with* a coat 外套で身を包む / ～ one's head [oneself] (特に, 敬礼などのために脱いだ)帽子をかぶる / Pray be ～*ed*. 帽子をおかぶりください / remain ～*ed* 着帽のままでいる. **3 a** …におおい[カバー, 表紙]を付ける, 表装する；…に上張りを張る〔*with*〕：a book ～*ed with* [*in*] cloth クロースの表紙をつけた本 / ～ the seat of a chair *with* leather 椅子の座部を革張りにする / ～ a wall *with* paper 壁に壁紙を張る. **b** …に塗る, 塗装する〔*with*〕：～ a wall *with* paint 壁にペンキを塗る. **c** (食事の用意に)〈テーブル〉にテーブルクロス[掛け]を掛ける：～ the table. **4 a** (見えないよう, 知られないように)おおい隠す；〈感情・醜聞・犯罪などを〉押し隠す (hide)〈*up, over*〉：～ one's face *with* one's hands 両手で顔をおおい隠す / a photograph ～*ed* by a book 書物の下に隠した写真 / ～ one's confusion [shame] 狼狽[恥ずかしさ]を押し隠す[紛らす] / ～ one's mistake 間違い[失策]を隠す[ごまかす] / ⇨ *cover (up) one's* TRACKS. **b** おおい包む (envelop)：the splendor which ～*s* the poet その詩人を包む光輝. **5 a** かばう, 保護する；…に保護を与える (shield)：～ one's child *from* the attack *with* one's own body 身をもって子供を攻撃から守る / ～ oneself behind a tree 木蔭に身を寄せる. **b** 〖軍事〗掩護(えんご)する；〈後列の者が〉〈前列の者〉にならう[重なる]：～ the landing [march, retreat] of an army 軍隊の上陸[前進, 退却]を掩護する. **c** 〈砲・塁などが〉…に対する防備として役立つ；見下して制する, 瞰(かん)制する, 射程内に保つ：The fortress ～*s* the territory. その砲台はその地域を瞰制している[射程内にもっている]. **d** 〈ピストルなどを〉…に突き付ける〔*with*〕：～ a person *with* a revolver (逃げれば射つぞと)人にピストルを突き付ける. **6 a** (範囲が)…におよぶ, わたる；〈範囲・場合などを〉含む, 包含する, 網羅する (include)；〈研究・主題を〉取り扱う, 論じる (discuss)：Choice of the end ～*s* choice of the means. 目的の選択には手段の選択も含まれている / All possible circumstances are ～*ed* by this clause. あらゆる場合がこの条項に尽くされている / His studies ～ a wide field. 彼の学問[研究]は広い範囲にわたっている / This book ～*s* all common English phrases. この本には普通の英語の成句はみな出ている / The loan was ～*ed* many times over. その公債には数倍に上る応募者があった. **b** …以上に及ぶ：The park ～*s* 100 acres. その公園は 100 エーカー以上に及んでいる. **c** 《米》〈外交員などが〉〈ある地域を〉担当する：a salesman who ～*s* the district その地方を受け持つ外交員. **7 a** 〈ある距離を〉行く, 〈ある土地を〉踏破する (travel)：～ the distance in six days その距離を6日で行く[旅する] / ～ twenty miles a day 1 日に 20 マイル行く. **b** 観光に訪問する：～ three countries in a week 1 週間で 3 か国を観光して回る. **8 a** 〈費用などを〉償う(に足りる)；担保に入れる：wage increases that simply ～ consumer price rises 消費者物価の上昇分を償うだけの賃上げ / My fee barely ～*s* my expenses. 私の受ける謝礼はほとんど経費にも足りないくらいだ. **b** 〖保険〗…の危険を担保する, …に保険をつける, (保険をつけて)保護する；相殺(そうさい)する：My loss is ～*ed* by insurance. 損失は保険がかけてあるから心配ない. **9** 〈相手の賭金〉と同額の賭金を出す, 賭に応じる. **10 a** 〈雄馬が〉〈雌馬〉と交尾する, かかる. **b** 〈雌鶏が〉〈卵・ひなを〉抱(だ)く. **11** 〖新聞・放送〗 **a** (記事や写真などで)〈事件を〉報道する (report), 取材する (report)：～ a meeting, a crime, a fire, an accident, etc. / He has ～*ed* science for the *Journal* for 18 years. 18 年間ジャーナル誌で科学部門の記者をしていた. **b** 〈ニュースなどを〉発表する, 公表する, 放送する (broadcast). **12** 〖トランプ〗(ブリッジなどで)〈直前に出された札〉にかぶせる, のせる《直前の札より上位の札を出す》：～ an honor *with* an honor 絵札に絵札をのせる. **13** 〖野球〗〈塁を〉カバーする《塁手が守備位置を離れて行動する時,

他の者がその位置を守る》. **14**〘スポーツ〙…の後方を守る, カバーする (back up). **15**〘証券〙〈空(から)売りした株を〉(決済のため)買い戻す: ~ shorts [short sales] 空売りした株を買い戻す.
— *vi.* **1**〔欠席者の〕代理(役)を勤める〔*for*〕. **2**〔人のために〕(人の)失敗・犯罪などを隠してやる, かばってやる〈*up*〉〔*for*〕: ~ *up for* a negligent friend 怠慢な友人をかばってやる. **3** 帽子をかぶる. **4** 表面を塗る: The paint ~*s* well. そのペンキは塗りがよい. **5**〘トランプ〙かぶせる, 上位の札を出す. **6**〘バスケットボール〙味方選手をガードする, ポジションを守る.
cover in (1)〈穴などを〉ふさぐ, 埋める, 〈墓などに〉土をかぶせる; 〈家〉に屋根をつける. (2) =COVER *into*.
cover into〈金を〉〈銀行など〉に移す (transfer).
— *n.* **1 a** おおい(物), 外被(物), カバー: a chair [sofa] ~ / the ~ for a chair, sofa, etc. / a glass ~ for a stuffed bird 鳥の剝製のガラスのおおい. **b**(各種の用途に用いる)ふた, おおい (lid): a ~ for a kettle, saucepan, dish, etc. **c** 表紙; 表装, 表貼り; 本のカバー, ジャケット (jacket): back ~ 裏表紙 / a dust [jacket] ~ 本のカバー / a book in paper ~*s* 紙表紙の本 / read a book from ~ to ~ 全巻を通読する / This book needs a new ~. この本は表紙をつけ直す必要がある. **d**(寝具の)カバー; [*pl.*] 寝具. **e** 屋根 (roof): under ~ 屋根の下で. **f**《英》(自動車の)タイヤの踏面. **2 a**(郵便物の入った)封筒 (envelope): under ~ 封書にして; 同封して / under ~ to …あての手紙に封入して / under separate [the same] ~ 別[同]封で, 別[同]便で. **b**〘郵趣〙封筒, エンタイヤ《切手をはって消印されているもの》: a flown ~ 実際に空輸された封筒. **3**〖《なぞり》← F *couvert*〗**a** テーブルクロス (table cloth). **b**(食卓上の)一人前の食器《ナプキン・ナイフ・フォーク・スプーン・皿・グラスなど》: a dinner of twenty ~*s* 20 人前の晩餐 / *Covers* were laid for five. 5 人分の膳立てがなされた. **c** =cover charge. **4 a** 隠れ場所, 潜伏所 (shelter). **b**〘狩猟〙(獲物の)隠れ場所 (covert)《森林・やぶなど》: a fox in a ~ / beat the ~ 獲物の隠れ場をたたき出す / break ~〈獲物が〉隠れ場から飛び出す / draw a ~ 獲物をやぶから狩り[追い]出す. **5 a** 掩護(物); 掩蔽(物), 遮蔽(しゃへい)(物)《森林・くぼ地など》: ⇨ air cover / under ~ of a barrage 弾幕砲火の掩護を受けて / get under ~ 安全な所に身を置く, 避難する, 隠れる / take ~ 遮蔽物を利用する; 隠れる, 避難する. **b**(爆撃機の)掩護戦闘機隊. **6 a**(夜陰・煙などのような)遮蔽(物), 保護(物) (cloak); かこつけ, 口実 (pretense): under (the) ~ of …の掩護のもとに[を受けて] / under ~ of night [darkness] 夜陰に隠れて[紛れて, 乗じて] / under ~ of friendship 友情に事寄せて[かこつけて] / under ~ of religion 宗教の名に隠れて. **b** 秘密を隠すもの, 隠れみの: This contribution is a ~ for his unlawful activity. この寄付は彼の違法行為のかくれみのだ. **7 a** 地面をおおうもの. **b**(その土地一面に生えている)植物 (vegetation): a natural ~ of the land. **c**(特に, スキー用の)雪 (snow). **8**〘商業〙担保物, 保証金, 敷金 (deposit). **9**〘保険〙保険による担保, カバー. **10 a**〘クリケット〙=cover point 1. **b**〘テニス〙コートカバー《守備の広さ》. **11**〘気象〙雲で空が完全におおい隠されること. **12**〘数学〙被覆. **13**〘建築〙=cover plate 2. **14**〘音楽〙(ティンパニーの)弱音奏法《表面に布をかぶせる》.
under cover (1) ⇨ 1 e, 2 a, 6 a. (2) こっそりと, 秘かに.
~·er [-vərə | -rə(r)] *n.*

cov·er·age [kʌ́v(ə)rɪdʒ | -vər-]〖《1912》: ⇨ ↑, -age〗**—** *n.* **1** 適用[通用, 保証]範囲. **2**〘保険〙保険による担保, 同担保範囲. **3**〘金融〙正貨準備(金): a 40 percent gold ~ of paper currency 紙幣に対する 40% の金準備. **4**〘新聞〙**a** 取材, 報道; 放送. **b**(新聞報道の)取材範囲; 広告の到達範囲. **5**〘ラジオ・テレビ〙受信可能地域[者数], サービス区域 (service area).
cóver·àll *n.*《米》**1** [通例 *pl.*](上衣とズボンが続きになった)つなぎ服. **2** 上っ張り (overall). **~ed** *adj.*
cóver-àll *adj.* 包括的な (comprehensive).
cóver chàrge *n.* カバーチャージ, 席料, テーブルチャージ《レストランなどで飲食代以外の余興・サービス料として取る料金》.
cóver cròp *n.*〘農業〙被覆作物《肥料の流失・土壌の浸食などを防ぎ, 窒素の固定などの目的で冬期畑に作るクローバーなど; cf. catch crop》.
Cov·er·dale [kʌ́vədèɪl | -və-], **Miles** *n.* (1488-1568) 英国の聖職者; 最初の印刷本完訳(英語)聖書 (1535) の訳編者.
cóver-drìve *n.*〘クリケット〙cover point を抜く打球.
có·vered〖《15C》〗**—** *adj.* **1 a** おおいをした; ふた付きの. **b** 帽子をかぶった. **c** 掩護物[遮蔽(しゃへい)物]のある, 遮蔽した (screened, sheltered); 保護された (protected), 隠れた (hidden): a ~ position〘軍事〙掩(えん)蔽[遮蔽]陣地. **2** 保険で担保された. **3** [通例複合語の第 2 構成素として] (…で)おおわれた: moss-*covered* こけのむした / a snow-*covered* mountaintop 雪をいただいた山頂.
cóvered brídge *n.*〘建築〙有蓋橋, 屋根付橋.
cóvered-dìsh súpper *n.* 各自食物を持参する会食.
cóvered smút *n.*〘植物病理〙オオムギ堅(けん)黒穂病《穀草類の病気で *Ustilago hordei* 菌が寄生し, 子実は黒変し, 無数の厚膜胞子ができるが, 白色の被膜で包まれ, 飛散しにくい; cf. loose smut》.
cóvered wágon *n.* **1**《米》幌馬車《ズックの屋根付きの大型馬車; 初期開拓者たち (pioneers) が西部地方へ移住する時, これに家族や家財を積んで大草原 (prairie) を横断して行った; cf. Conestoga, prairie schooner》. **2**《英》〘鉄道〙=boxcar 1.
cóver gìrl *n.* 雑誌の表紙のモデル女性, カバーガール.
cóver glàss *n.* カバーグラス: **a** 顕微鏡のスライド上の標本をおおうガラスの薄片《cover slip ともいう》. **b** 映写用スライドのフィルムの保護ガラス.
cóv·er·ing [-v(ə)rɪŋ]〖《(n.: *c*1303; adj.: 1535)》〗**—** *n.* **1** おおうこと, 被覆, 表紙付け. **2** おおい(物), ふた, 外被, カバー; 屋根; 掩護, 遮蔽(しゃへい): a natural ~ of vegetation 自然に生えている一面の草木 / a thin ~ of ice 薄く張りつめた氷. **3** 買い埋め[戻し]. **4**〘数学〙=cover 12.
— *adj.* **1 a** おおう. **b**〘軍事〙掩護の: ~ fire 掩護砲火[射撃] / a ~ party 作業援護隊. **2**(手紙などに添えられて)説明・推薦文などを内容とする: a ~ letter [note](封入物に付けた)添え状, 説明書.
cóver·less *adj.* おおいのない.
cov·er·let [kʌ́vəlɪt, -lət | -və-]〖《*a*1325》 *coverlite* ▭ AF *coverelit* ← OF *covrir* 'to COVER'+(O)F *lit* (⇨ litter)〗**—** *n.* **1** ベッドの上掛け (bedspread). **2**《古》上に掛けるもの, おおい.
Cov·er·ley [kʌ́vəli | -vəlɪ], Sir **Roger de** *n.* **1** サー ロジャー ド カヴァリー《Addison と Steele の編集した *The Spectator* 誌に載った随筆中の仮想人物; 18 世紀初頭の英国の典型的な地主階級の紳士を表現したもの》. **2**〘ダンス〙⇨ Sir Roger de Coverley.
cóver·lìd *n.*《方言》=coverlet 1.
cóver nòte *n.*〘保険〙カバーノート, 保険引受証《保険証券発行まで暫定的に保険者が交付する書類》.
cóver pàper *n.* カバーペーパー, 表紙用紙《雑誌やパンフレットの表紙に適した丈夫な紙》.
cóver plàte *n.* **1** カバープレート, 当て板. **2**〘建築〙カバープレート《鉄骨構造で梁(はり)や柱のフランジの断面積を増すために重ねる鋼板; flange plate ともいう》.
cóver pòint *n.* カバーポイント: **1**〘クリケット〙point の後衛(の守備位置) (⇨ cricket² 挿絵). **2**〘ラクロス〙ポイント前の守備位置, またそのポジションの選手.
co·vers. [kóuvə:s | kə́uvə:s]《略》〘数学〙coversed sine.
có·versed síne [kóuvə:st- | kə́uvə:st-]〖← co(SINE)+*versed sine*〗*n.*〘数学〙余矢(よし)《角の正弦を 1 から引いたもの; 略 covers.》.
cóver shòt *n.*〘写真〙広角[全景]写真(撮影).
cóver slìp *n.* =cover glass a.
cóver stòry *n.* カバーストーリー《雑誌の表紙絵[写真]にまつわる記事》.
co·vert〖《(adj.: *c*1303; n.: ?*a*1300)》▭ OF *co(u)vert* (p.p.) ← *covrir* 'to COVER'〗**—** [kóuvə:t, ―́―, kʌ́vət | kʌ́vət] *adj.* **1** ひそかな, 忍びやかな, 隠密の (secret); 暗に含む; こっそりなされた[話された] (cf. overt): a ~ glance 人目をはばかる[こっそり見る]一目 / a ~ threat [sneer] それとなく暗に含めたおどかし[あざけり] / ~ intelligence actions 秘密情報活動. **2**《古》(森の中などでの)隠れた, 人目につかない (hidden): a ~ nook 人目につかないすみ《森かげなど》. **3**〘法律〙〈婦人が〉(夫の)保護の下にある: ⇨ feme covert.
— [kʌ́və(t), kóuvət | kʌ́və(r, kʌ́vət] *n.* **1 a** 隠れ場所 (shelter). **b** 獲物の隠れ場所. **2** =covert cloth. **3**〘鳥類〙雨覆(あまおおい)羽《tectrix ともいう; ⇨ bird 挿絵; ⇨ tail coverts. **~·ness** *n.*
có·vert-báron [kóuvət-, kʌ́v- | kʌ́və(t)-]〘法律〙*adj.* =covert 3. **—** *n.* (*pl.* **coverts-**) 既婚婦人である身分: a woman under ~ 妻.
có·vert clòth [kóuvət-, kʌ́v- | kʌ́və(t)-] *n.* 一種のあや織り薄地または普通の外被用毛織物《少量の綿などを混紡し, 防水してある》.
có·vert còat [kóuvət-, kʌ́v- | kʌ́və(t)-] *n.*《英》(covert cloth 製の狩猟・乗馬用などの)短い軽快なコート.
cóver tèxt *n.* 暗号文が隠されている普通の文.
cóver tìtle *n.* 表紙書名[標題], カバータイトル《出版社製本で, 図書の平や背に示された書名; cf. binder's title》.
có·vert·ly〖《?*a*1400》〗*adv.* **1** それとはなしに, 暗に (indirectly). **2** 内密に, ひそかに.
cov·er·ture [kʌ́vətʃùə, -tʃə, -t(j)ùə | -vətjùə(r, -tʃùə(r]〖《?*a*1200》▭ OF ~ (F *couverture*): ⇨ covert, -ure〗**—** *n.* **1 a** おおい, 被覆物 (covering). **b** 掩護物 (shelter); 保護. **2**〘法律〙(夫の保護下にある)妻の地位[身分], 有夫の地位[身分] (cf. discovert, feme covert): under ~ 有夫[妻]の身分で.
cóver-ùp *n.* 隠れる[隠す]こと[技術, 策略]; 隠蔽(いんぺい).
cov·et [kʌ́vɪt, -vət]〖《*a*1250》 *coveite(n)* ▭ OF *cuveitier* (F *convoiter*) < VL **cupiditāre* ← L *cupiditās* 'CUPIDITY': cf. Cupid〗**—** *vt.* **1**〈他人の物などを〉むやみ[不法]にほしがる, 自分の物にしたがる: All ~ all lose.《諺》すべてを望まばすべてを失う,「大欲は無欲に似たり」. **2** 切望する, 熱望する: ~ honors.
— *vi.* ひどくほしがる〔*for, after*〕: ~ *for* [*after*] fame 名声をほしがる. **~·er** [-tə | -tə(r] *n.*
cov·et·a·ble [kʌ́vɪtəbl, -vət-, | -tə-]〖《*a*1400》: ⇨ ↑, -able〗*adj.* ほしくてたまらない, 手に入れたい.
cov·et·ous [kʌ́vɪtəs, -və- | -vɪt-]〖《*c*1250》▭ OF *coveito(u)s* ← L *cupiditās* 'CUPIDITY': ⇨ covet, -ous〗**—** *adj.* **1**〔他人の物などを〕非常に[むやみに]ほしがる (desirous)〔*of*〕: be ~ *of* the picture その絵がほしくてたまらない. **2** ほしそうな; 欲張りの, 強欲な (greedy). **~·ly** *adv.* **~·ness** *n.*
cov·ey [kʌ́vi | -vɪ]〖《*c*1350》▭ OF *covee* (F *couvée*) ← *cover* (F *couver*) to sit or brood on < L *cubāre* to lie down〗**—** *n.* **1**(イワシャコ・ウズラなどのように生れてからしばらく母鳥と群居する鳥の)群れ (brood) (cf. flock¹ 1 a): spring [start] a ~ (of partridges)(イワシャコの)一群を飛び立たせる. **2** 一隊, 一組, 一団 (party): a ~ of children, young girls, etc.
cov·in [kʌ́vɪn, kóuv-, -vən | kʌ́vɪn]〖《*a*1375》 *covine* trick, affair ▭ OF *covin(e)* < ML *convenium* agreement ← L *convenire* to agree: ⇨ convene〗**—** *n.* (*also* **cov·ine** [~]) **1**〘法律〙詐害通謀《なれ合いの上で第三者に害をおよぼす通謀; cf. collusion 2》. **2**《古》詐欺 (fraud).
cóv·ing〖⇨ cove¹ (v.)〗*n.*〘建築〙(上の階が下より前に突き出ている)折上げ, 出張り, (弓形の)張出し.
Cov·ing·ton [kʌ́vɪŋtən]〖← *Gen. L. Covington* (1768-1813: 1812 年戦役の英雄)〗**—** *n.* 米国 Kentucky 州北部, Ohio 川に臨む都市, Ohio 州の Cincinnati の対岸にある; 人口 49,000; カトリックの大聖堂がある.
cow¹ [káu]〖OE *cū* < Gmc **kō(u)z* cow (Du. *koe* / G *Kuh*) ← IE **g*ʷ*ōus* ox, bull, cow (L *bōs* ox / Gk *boûs* / Skt *gāus*): cf. beef〗**—** *n.* (*pl.* **~s**,《古・詩》**kine** [káɪn]) **1 a** 雌牛, 乳牛《通例 3 歳以上, 子を生んだもの; cf. ox 1, bull¹》: keep ~*s* 牛を飼う / milk a ~ 牛の乳を絞る. **b** [通例 *pl.*]《米》(年齢・性に関係なく家畜としての)牛 (cattle). **2 a**(サイ・ゾウ・アザラシ・クジラなどの)雌 (cf. bull¹ 1 b). **b** [形容詞的に] 雌の (female): a ~ elephant, whale, etc. **3**《俗》[軽蔑的に] **a** 女, あま (woman). **b** 下品な[だらしのない, ふしだらな]女. **4**《豪俗》いやなやつ[物, 事, 立場].
till the cows come home《口語》長い間, いつまでも.
cow² [káu]〖《1605》▭ ON *kūg-a* to tyrannize over〗*vt.* おどかす, 恐れさせる (intimidate): be ~*ed* おじけづく, おびえる.
cow³ [káu]〖《変形》←《廃》*coll*: cf. Icel. *kollr* head〗*vt.*《スコット》**1**〈髪を〉短く刈る; 〈牛の角を〉切る (poll, clip). **2** …に卓越する (exceed).
cow·age [káuɪdʒ]〖《1640》《転訛》← Hindi *kavā̆c*〗**—** *n.*〘植物〙**1** 熱帯産マメ科のトビカズラの類の植物 (*Mucuna pruriens*); その植物のさやの毛《密生した堅い毛で刺さると耐えがたいかゆみを覚える; 時に駆虫剤に用いる》. **2** =trumpet creeper 1.
cow·ard [káuəd | -əd]〖《*a*1250》 *couard* ▭ OF *co(u)ard*, *coart* (F *couard*) ← *co(u)e* (F *queue*) tail < L *caudam*: ⇨ caudal, -ard:「尾を巻くこと, 両脚の間に隠すこと」からか〗**—** *n.* 臆病者, 腰抜け, 卑怯者 (poltroon).
— *adj.* **1** 臆病な, 腰抜けの, 卑怯な (timid); 臆病者らしい: a ~ blow だまし打ち / a ~ cry 臆病な叫び声 / ~ fear 腰抜け者らしい恐れ. **2**〘紋章〙〈ライオンなど〉尾を両足の間に入れた姿勢をとっている: a lion ~. **—** *vt.*《廃》臆病にさせる, びくびくさせる.
Cow·ard [káuəd | -əd], Sir **Noel** (**Pierce**) *n.* (1899-1973) 英国の劇作家・俳優・作曲家; *Hay Fever* (1925), *Private Lives* (1930).
cow·ard·ice [káuədɪs, -dəs | -ədɪs]〖《?*a*1300》▭ OF *couardise*: ⇨ coward, -ice〗*n.* 臆病, 卑怯, 小胆.
ców·ard·ly〖《adj.: 1551; adv.: *a*1375》〗**—** *adj.* 臆病な, 意気地のない; 卑怯な, 卑劣な (mean): ~ conduct ふがいない行為 / a ~ lie 卑劣なうそ. **—** *adv.* 臆病者らしく, 卑怯にも. **ców·ard·li·ness** *n.*
cow·ard·y [káuədi | -ədɪ]〖← COWARD+-Y⁴〗*adj.*《英口語》[通例子供があざけって用いて] 臆病な: *Cowardy*, ~, custard! やーい, やーい, いくじなし.
ców·bàne〖← COW¹+BANE〗*n.*〘植物〙牛に有毒だといわれている数種の草本の総称《(アメリカ)ドクゼリ (water hemlock) など》.
ców bèan *n.*〘植物〙=cowpea.
ców·bèll *n.* **1 a**(所在を示すため)牛の首につるした鈴. **b** カウベル《ダンス音楽に用いる打楽器の一種; 形状と音が同上の鈴に似ている》. **2**〘植物〙シラタマソウ (*Silene latifolia*)《bladder campion ともいう》.
cow·ber·ry [káubèri, -bəri | -b(ə)rɪ] *n.*〘植物〙**1** コケモモ (⇨ mountain cranberry). **2** =marsh cinquefoil. **3**《米》=partridgeberry 1.
ców·bìnd *n.*〘植物〙=bryony 1.
ców·bird *n.*〘鳥類〙コウウチョウ(香雨鳥) (*Molothrus ater*)《北米産のムクドリモドキ科の鳥; 牛の背にいて牛が動く時に飛び立つ昆虫を捕食する; cow blackbird ともいう》.
ców·bòy〖《1725》〗**—** *n.* **1** 牛の世話をする少年, 牧童. **2**《米》**a** 牛飼い, カウボーイ《米国西部地方またはカナダ・メキシコなどの牧畜農場で, 馬に乗って働く男》. **b** 西部開拓時代の無法者[ならず者]. **c** カウボーイのような技を見せる人, rodeo などの出演者; (映画などの)カウボーイ役. **3** 無鉄砲な男, (特に)乱暴な運転をするドライバー. **4**〘米史〙独立戦争当時 New York 付近の中立地区で乱暴を働いた反独立派と見なされるゲリラ隊員 (cf. skinner 5).
cowboys and Indians〘遊戯〙西部劇ごっこ.
cóẁboy bòot *n.*(カウボーイのはく)カウボーイブーツ.
cóẁboy hàt *n.* カウボーイハット《つば広で両サイドがやや上にそったクラウンの大きなソフト帽; ten-gallon hat ともいう》.
ców·càtcher *n.* **1**《米》(機関車または電車の前に取り付けて障害物を除くための)排障器. **2**〘ラジオ・テ

レビ】カウキャッチャー《番組直前に入れる短いコマーシャル》.

ców cóckle *n.* 〘植物〙=cowherb.

ców cóllege *n.* 《米俗》**1** (大学の)農科専門部; 農科大学. **2** (文化·伝統のない)田舎大学.

Cow·ell [káʊəl], **Henry** (**Dixon**) *n.* (1897–1965) 米国の作曲家.

cow·er [káʊə | káʊə(r] 〘《a1300》 *coure(n)* ▭ MLG *kūr-en* to lie in wait: cf. G *kauern* to cower, crouch〙 ── *vi.* **1** (寒さや恐怖のために)ちぢこまる, (こわくて)震え上がる, おじける (quail). **2** 《英方言》かがむ, かがみ込む. ── *vt.* 《スコット》かがめる.

Cowes [káʊz] 〘← cow¹: Wight 島沖の砂州が 'the Cow' とよばれたことから〙 ── *n.* イングランドの南岸沖, Isle of Wight 北部の海港; 海水浴場·ヨットレース地として有名; 人口 19,000.

ców·fìsh *n.* **1** 〘動物〙 **a** カイギュウ(海牛)類の各種の動物の総称《カイギュウ (sea cow), マナティー (manatee) など》. **b** クジラ目の小型の動物の総称《ネズミイルカ (porpoise), イルカ (dolphin), ハナゴンドウ (grampus) など》. **2** 〘魚類〙 (頭部に角状の突起のある)ハコフグ (trunkfish).

ców·gìrl *n.* 《米》 **1** 牛の世話をする女. **2** カウボーイの役をする女, 女のカウボーイ.

ców·gràss *n.* 《豪》〘植物〙=red clover.

cow·hage [káʊɪdʒ] *n.* =cowage.

ców·hànd *n.* 牧場労働者, カウボーイ (cowboy).

ców·hèel *n.* 長時間かけて柔かく煮込んだ牛の足《ゼラチン質が多く, シチュー·スープなどに用いる》.

ców·hèrb *n.* 〘植物〙 ドウカンソウ (*Saponaria vaccaria*)《cow cockle ともいう》. 「(cf. shepherd 1).

ców·hèrd 〘OE *cū-hyrde*: ⇨ cow¹, herd¹〙 *n.* 牛飼い

ców·hìde 〘ME〙 *n.* **1** 雌牛の皮. **2 a** 牛革のむち (cf. rawhide 2). **b** [通例 *pl.*] 牛革の靴. ── *vt.* 牛革のむちで打つ.

ców hòrse *n.* 《米》牧牛用の馬, カウボーイの乗用馬.

ców·hòuse 〘ME〙 *n.* 牛小屋, 牛舎 (cowshed).

ców·ish [-ɪʃ] *adj.* **1** 牛のような (bovine). **2** 《廃》こわがる, 臆病な (cowardly).

cow·itch [káʊɪtʃ] 〘通俗語源〙 *n.* =cowage.

ców kèeper *n.* 《米》牧牛業者.

ców kìller *n.* 〘昆虫〙 北米南部産アリバチの一種 (*Dasymutilla occidentalis*)《アリバチ科の中では大型で, 雌は毛に覆われ翅がない; これに刺されると牛が死ぬと言われる》.

cowl¹ [káʊl] 〘ME *coule* < OE *cuġ(e)le, cūle* hood ▭ LL *cucullа* cowl ← L *cucullus* hood ← ? Celt.〙 ── *n.* **1 a** (修道士 (monk) の)頭巾付き外衣. **b** (修道士の着る)外衣の頭巾 (hood). **c** 修道士の象徴; 修道士 (monk). **2 a** 僧帽状のもの. **b** 煙突帽. **c** (通風筒の頂上の)防護フード, 通風帽, 換気帽. **d** (機関車煙突の頂上の)火の粉止め《金網のかご》. **e** (自動車の)前面上部, カウル《前窓·計器板が取り付けられる》. **f** 〘航空〙=cowling. **g** カウル《cowl (1 a) を前につけたようにソフトなドレープの入ったネックライン》. ── *vt.* **1** …に僧帽をかぶせる; 修道士にする. **2** 僧帽状のものでおおう.

cowl¹ 1 b

cowl² [kóʊl, kú:l, káʊl | kóʊl, kú:l, káʊl] 〘《c1250》 *covel* ▭ OF *cuvele* ((dim.) ← *cuve* rub) < L *cūpellam* (dim.) ← *cūpa* tub, cask, vat (⇨ cup): cf. OE *cūfel* tub〙 ── *n.* 《英方言》(二つの取っ手に棒 (cowlstaff) を通して二人でかつぐ)大きな水桶(おけ).

cowled *adj.* **1** 僧帽[僧帽状のもの]を付けた[かぶった]. **2** 〘生物〙 僧帽状の (hooded, cucullate).

Cow·ley [káʊli | -lɪ], **Abraham** *n.* (1618–67) 英国の詩人·劇作家·随筆家; *Essays, in Verse and Prose* (1668).

Cowley, Malcolm *n.* (1898–) 米国の詩人·批評家; *Exile's Return* (1934).

Ców·ley·an óde [káʊliən- | -lɪən-] *n.* 〘詩学〙 カウリー風オード《A. Cowley が Pindaric ode を変形させたもの; English ode, irregular ode ともいう》.

cówl flàp *n.* 〘航空〙 カウルフラップ《ピストンエンジンのカウリング (cowling) の後端につけた可動翼片で, 離昇時などエンジンが冷えにくい時はこれを開き, 巡航·降下時には閉じるようになっている》.

ców·lìck 〘牛になめられたような形から〙 *n.* (額の上などの他と違った方向に生えている)立毛, 逆毛.

ców·lìke *adj.* 牛のような.

ców lìly *n.* 〘植物〙=spatterdock.

cowl·ing [káʊlɪŋ] *n.* 〘航空〙 カウリング《飛行機の発動機などの流線形おおい; cowl ともいう》.

ców̄l·stàff 〘《c1250》: ⇨ cowl², staff¹〙 *n.* 《英方言》大桶 (cowl) をかつぐ天びん棒.

cow·man [-mən, -mæ̀n] *n.* (*pl.* **-men** [-mən, -mèn]) **1** 《米》牧畜農場主, 牧牛業者 (ranchman). **2** 牛飼い.

có-wòrker *n.* 共働者, 協力者 (fellow worker).

ców pársley *n.* 〘植物〙=wild chervil 1.

ców pársnip *n.* 〘植物〙 ハナウド《セリ科ハナウド属の植物の総称; 日本·北米産の *Heracleum lanatum* などともいう》.

ców·pàt *n.* 牛のふんの丸いかたまり.

ców·pèa *n.* **1** 〘植物〙 ササゲ (*Vigna sinensis*)《米国南部では牛の飼料または土地を肥やすために広く栽培する》. **2** ササゲ豆《食料になる; black-eyed pea ともいう》.

ców pèn *n.* 牛の囲い.

Cow·per [kú:pə | -pə(r], **William** *n.* (1731–1800) 英国の詩人: *John Gilpin* (1782), *The Task* (1785).

Ców·per's glànd [káʊpəz-, kú:- | -pəz-] 〘← *William Cowper* (1666–1709: その発見者である英国の解剖学者)〙 ── *n.* 〘解剖〙 カウパー腺《尿道括約筋内に存在する男性の副性腺; bulbourethral gland ともいう》.

ców pìlot *n.* 〘魚類〙 スズメダイ科の小魚 (*Abudefduf saxatilis*)《体に黒い横条のある小海魚で日本南部·太平洋の熱帯部·西インド諸島および熱帯アメリカの両沿岸に多い; pintano, sergeant major ともいう》.

ców·pòke 〘← cow(puncher)+poke²〙 *n.* 《米》=cowboy 2.

ców pòny *n.* 《米》牧牛用のポニー馬, カウボーイ用のポニー馬.

ców·pòx *n.* 〘獣医〙 牛痘 (vaccinia).

ców·pùncher *n.* 《米》=cowboy 2.

cow·rie [káʊri | káʊrɪ, káʊərɪ] 〘《1662》▭ Hindi *kaurī*〙 ── *n.* (*also* **cow·ry** [~]) 〘貝類〙 **1** タカラガイ, コヤスガイ《ホシダカラ (*Cypraea tigris*) などタカラガイ科の美しい貝類の総称; 装飾に用いたり, アフリカ西部およびアジア南部の未開地ではその貝殻を貨幣に用いた》. **2** タカラガイの貝殻.

ców shàrk *n.* 〘魚類〙 カグラザメ科の魚類の総称; (特に)カグラザメ (*Hexanchus griseus*).

ców·shèd *n.* 牛小屋, 牛舎 (cowhouse).

ców·shòt *n.* 《俗》〘クリケット〙 腰をかがめて打つ強打.

ców·skìn *n.* **1** =cowhide 1. **2** =cowhide 2 a.

cow·slip [káʊslɪp] 〘OE *cūslyppe* cow dung, 《原義》cow slobber ← *cū* 'cow¹'+*slyppe* slime (⇨ slip³): cf. OE *cūsloppe* (ME *couslop*): cf. oxlip〙 ── *n.* 〘植物〙 **1** キバナノクリンザクラ (*Primula veris*)《春牧草地などに生え, 芳香のある黄色の花が咲くサクラソウの一種; English cowslip ともいう; cf. oxlip》. **2** =marsh marigold.

ców̄slip tèa *n.* 《英》キバナノクリンザクラ (cowslip) の花を煮出した飲料.

ców̄slip wìne *n.* 《英》キバナノクリンザクラ (cowslip) の花から造った酒.

ców's tàil *n.* 〘海事〙=Irish pennant 1.

ców·tòngue *n.* 〘植物〙=yellow clintonia.

ców tòwn *n.* 《米》 **1** 牧牛地の中心都市. **2** 小さな孤立した田舎町.

ców trèe *n.* 〘植物〙 樹幹から牛乳のような樹液を出す各種の樹木の総称: **a** 南米産クワ科の *Brosimum utile*. **b** =bully tree.

ców vètch *n.* 〘植物〙 クサフジ (*Vicia cracca*)《マメ科ソラマメ属の多年生つる草》.

cow·y [káʊi | káʊɪ] 〘⇨ -y⁴〙 *adj.* (**cow·i·er**; **-i·est**) **1** 牛の[に関する, を思わせる] (bovine). **2** 〈牛乳など〉(味·香りが)牛くさい: ~ milk.

cox [kɑ́ks | kɔ́ks] 〘《1869》《略》← coxswain〙 ── *n.* 《口語》(ボートの)かじ取り, コックス (coxswain). ── *vt.* 〈ボート·クルー〉のコックスを勤める: ~ a boat. ── *vi.* コックスを勤める.

cox·a [kɑ́ksə | kɔ́k-] 〘▭ L ~ 'hip': cf. cushion〙 ── *n.* (*pl.* **cox·ae** [-si:, -saɪ]) **1** 〘解剖〙 また, 股関節 (hip joint); 臀部(でんぶ) (hip). **2** 〘← NL ~ ← L〙〘動物〙 **a** 基節《昆虫の脚が胸部に接続する部分; ⇨ insect 挿絵》. **b** (甲殻類の)底節. **cóx·al** [-səl, -sl̩] *adj.*

cox·al·gi·a [kɑksǽldʒiə, -dʒə | kɔksǽldʒɪə, -dʒə] 〘← NL ~: ⇨ coxa, -algia〙 *n.* 〘病理〙 股関節痛. **cox·al·gic** [kɑksǽldʒɪk | kɔk-] *adj.*

cóxal glànd *n.* 〘動物〙 基節腺, 底節腺, 脚基腺《節足動物の脚の基部にある排出器官》.

cox·al·gy [kɑ́ksældʒi | kɔ́ksældʒɪ] *n.* 〘病理〙=coxalgia.

cox·comb [kɑ́kskòʊm | kɔ́kskəʊm] 〘《1573》← *cock's comb*〙 ── *n.* **1** しゃれ者, だて男, 気取り屋 (fop). **2 a** 《廃》(中世の道化師が用いた)鶏冠状の赤帽子. **b** 《古·戯言》頭の頂上, 頭 (head).

cox·comb·ic [kɑkskóʊmɪk, -kɑ́m- | kɔkskə́ʊm-, -kɔ́m-] *adj.* =coxcombical.

cox·comb·i·cal [kɑkskóʊmɪkəl, -kɑ́m-, -mə- | kɔkskə́ʊmɪ-, -kɔ́m-] *adj.* しゃれ者の, きざな. **~·ly** *adv.*

cox·comb·ry [kɑ́kskòʊmri | kɔ́kskəʊmrɪ] 〘⇨ -ery〙 *n.* **1** きざな態度, 気取った態度 (foppery). **2** しゃれ者の特徴; きざ, 気取り.

cox·op·o·dite [kɑksɑ́pədàɪt | kɔksɔ́p-] 〘← cox(a)+-o-+-pod²+-ite¹〙 *n.* 〘動物〙 底節《甲殻類の脚の最基部または第一関節》.

Cox·sáck·ie vírus [kʊksɑ́:ki-, -sǽki-, kɑksǽki- | kʊksɑ́:kɪ-, -sǽkɪ-, kɔksǽkɪ-] 〘← *Coxsackie* (その最初の患者が出た米国 New York 州の町の名)〙 ── *n.* 〘医学〙 コクサッキーウイルス《脊髄炎ウイルスに似ていて麻痺(まひ)その他の炎症症状を起こす》.

cox·swain [kɑ́ksən, -swèɪn|kɔ́kswèɪn, (海) -sn̩] 〘《1463》← 《廃》*cock* cockboat+swain: cf. boatswain〙 ── *n.* (ボートの)かじ取り; 艇長《通例 cox と略称する》: a ~'s box 艇長席. ── *vt.* 〈ボート〉の艇長を勤める. ── *vi.* 艇長を勤める. **cóxswain·shìp** *n.*

Cóx·well chàir, c- c- [kɑ́kswel-, -wəl- | kɔ́ks-] *n.* =Cogswell chair.

cox·y [kɑ́ksi | kɔ́ksɪ] 〘《変形》← cocky〙 *adj.* (**cox·i·er**; **-i·est**) 《英》生意気な, 気取った (conceited). **cóx·i·ly** [-sɪli, -sə- | -lɪ] *adv.* **cóx·i·ness** *n.*

coy [kɔ́ɪ] 〘《a1338》▭(O)F *coi*, OF *quei* < VL **quētum* =L *quiētus* quiet: quiet (adj.), quit (adj.) と三重語〙 ── *adj.* (~·**er**; ~·**est**) **1 a** 〈若い娘が〉恥ずかしがりの, 内気な (shy): be ~ *of* speech はにかんでろくに口もきけない. **b** 恥ずかしそうなふりをする, かまととぶった; 気取って[なまめかしく]内気な. **2** 《古》〈場所が〉人目につかない, 奥まった (secluded). **3** 《廃》静かな (quiet). **4** 《廃》軽蔑的な (disdainful); つんとすました (aloof). ── *vi.* 《古》はにかむ, 恥ずかしがる. ── *vt.* **1** [~ it として]《古》恥ずかしそうにする. **2** 《廃》(かわいがって)なでる (pat), 抱きしめる (caress). **~·ness** *n.*

Coy. 《略》〘軍事〙 Company.

coy·ish [kɔ́ɪɪʃ] *adj.* 恥ずかしそうな, ややはにかんだ.

cóy·ly *adv.* はにかんで, 恥ずかしそうに.

coy·ote [káɪoʊt, kaɪóʊṭi | kɔ́ɪəʊt, ─́─, kɔɪə́ʊtɪ] 〘《1759》▭ Mex.-Sp. ~ ▭ Nahuatl *coyotl*〙 ── *n.* (*pl.* **~s, ~**) **1** 〘動物〙 コヨーテ (*Canis latrans*)《北米の大草原 (prairie) にすむオオカミの一種; 夜間声を長く引いてほえる; prairie wolf ともいう》. **2** 《米俗》卑劣な男; (特に)ぺてん師 (cheat).

coyote 1

cóyote brùsh [bʌ̀ʃ] *n.* 〘植物〙 コヨーテブッシュ (*Baccharis pilularis*)《米国南西部の丘陵などに生えるキク科の常緑低木; kidneywort ともいう》.

Cóyote Stàte *n.* [the ~] 米国 South Dakota 州の俗称.

co·yo·til·lo [kàɪətílou, kòɪə-, -tí:(j)ou | -tíləʊ, -tí:l(j)əʊ; *Am. Sp.* kòjotíjo] 〘▭ Mex.-Sp. ~ (dim.) ← *coyote*: ⇨ coyote〙 ── *n.* (*pl.* **~s** [~z; *Sp.* ~s]) 〘植物〙 メキシコ·米国南部産クロウメモドキ科の植物 (*Karwinskia humboldtiana*)《莢のパルプ質は食用; 種子は有毒》.

coy·pu [kɔ́ɪpu:, ─́─ | kɔ́ɪpu:, -pju:] 〘▭ Am.-Sp. *coipú* ▭ Araucan *coypu*〙 ── *n.* (*pl.* **~s, ~**) **1** 〘動物〙 ヌートリア, ヌマダヌキ, カイリネズミ (*Myocastor coypus*)《南米産の湖や川に生息する; 日本でも野生化している; 肉は食用になり, その毛皮は nutria と称して珍重される》. **2** =nutria 2.

coz [kʌ́z] 〘《1559》《略》〙 *n.* (*pl.* **coz·es, coz·zes**) 《口語》=cousin.

coze [kóuz | kə́ʊz] 〘▭ F *caus-er* to chat ▭ L *causārī* to dispute ← *causa* 'cause'〙 ── *vi.* 気軽に[打解けて]話す, 閑談する. ── *n.* 打解け話, 閑談 (chat).

coz·en [kʌ́zn̩] 〘《1573》▭ ? It. 《廃》*cozzonare* to be a horse trader, cheat ← *cozzone* < L *coctiō(n-)* broker〙 ── *vt.* **1 a** 〈人を〉かつぐ, 欺く, だます (cheat). **b** [人から]〈ものを〉だまし取る [*out of*]: ~ money *out of* a person. **2 a** 〈人を〉だまして…させる [*into*]: ~ a child *into* swallowing medicine 子供をだまして薬をのませる. **b** 〈人〉から[ものを]だまし取る [*of, out of*]: ~ a person (*out*) *of* something 人から物をだまし取る. ── *vi.* だます, かつぐ. **~·er** [-znə, -zn̩ə | -zn̩ə(r] *n.*

coz·en·age [kʌ́zn̩ɪdʒ, -zn-] *n.* 詐欺 (fraud), だまし, ぺてん; かたり.

co·zey [kóuzi | kə́ʊzɪ] *adj., n.* 《古》=cozy.

COZI 《略》〘通信〙 Communications (Operation) Zone Indicator 通信帯域表示器《電離層の状態に応じて通信可能範囲を指示する装置》.

co·zie [kóuzi | kə́ʊzɪ] *adj., n.* 《古》=cozy.

co·zy [kóuzi | kə́ʊzɪ] 〘《1709》《スコット》*cosie, colsie* ← ? Scand.: cf. Norw. *koselig* (← *kose sig* to make oneself comfortable)〙 ── *adj.* (**co·zi·er**; **-zi·est**) **1** こぢんまりとして居心地[住み心地]のよい (snug); 気持のよい, 楽しい (comfortable): a small ~ room こぢんまりした部屋. **2 a** くつろいだ, 和気あいあいとした, 共謀的な. **c** [軽蔑的に]満足した (complacent). **3** 慎重な, 用心深い. ── *adv.* 慎重に. ★ 次の成句で: ***play it cozy*** (危険を避けようと)注意深く行動する. ── *vt.* 《口語》安心させる (reassure); だます (delude) 〈*along*〉. ── *vi.* [~ *up* として] [(…の)]機嫌をとろうとする, 友達になろうとする, [(…に)取り入る [*to*]: ~ *up to* the boss. ── *n.* **1** 保温カバー《ティーポット·ゆで卵などを冷やさないようにかぶせる羽毛または綿入りの厚いおおい》: ⇨ tea cozy, egg cozy. **2** =cozy corner.

có·zi·ly [-zɪli, -zə- | -lɪ] *adv.* **có·zi·ness** *n.*

cózy córner *n.* コージーコーナー《上に覆いのついた二人用のかど席》.

Coz·zens [kʌ́znz], **James Gould** [gú:ld] *n.* (1903–78) 米国の小説家; *Guard of Honor* (1948).

cp, c.p. 《略》〘光学〙 candlepower; 〘機械〙 circular pitch.

cP, cp 《略》〘物理〙 centipoise.

CP 〘記号〙 ⇨ CPA.

cp. 《略》 compare (⇨ cf.); coupon.

c.p. 《略》 carriage paid; 〘物理·航空〙 center of pressure; chemically pure; 〘化学〙 condensation product; constant pressure.

C.P. 《略》 Book of Common Prayer; Canadian Press; Cape Province; cardinal point; 〘病理〙 cerebral palsy; chemical practitioner; chief of police; chief patriarch; civil power; 〘法律〙 civil procedure 民事訴訟; Clarendon Press; 〘英法〙 clerk of the peace 治安書記; 〘法律〙 code of procedure 訴訟法典; 〘米陸軍〙 command post; 〘法律〙 Common Pleas; Communist Party; concert party; conference paper; conference proceedings; 〘カトリック〙 *L.* Congregātiō Passiōnis (=Congregation of the Passion) 御受難修道会; convict prison; Court of Common Pleas; Court of Probate; current paper; 《豪》 Country Party 農民党.

C.P., C/P 《略》charter party; custom of port.

CPA 《略》CP Air カナダ太平洋航空(記号 CP).

C.P.A., CPA 《略》Catholic Press Association; 《米》certified public accountant 公認会計士; 《英》Chartered Patent Agent; chartered public accountant; 〖電算機〗critical path analysis.

C.P.A.G. 《略》Child Poverty Action Group.

C.P.C. 《略》Clerk of the Privy Council 枢密院書記官.

C.P.C.U. 《略》〖保険〗Chartered Property and Casualty Underwriter 公認財産災害保険士.

cpd. 《略》compound.

CPFF 《略》cost plus fixed fee.

C.P.H. 《略》Certificate in Public Health 公衆衛生証明書.

CPI, c.p.i. 《略》〖経済〗consumer price index.

Cpl. 《略》Corporal.

c.p.m. 《略》cycles per minute サイクル毎分.

C.P.M. 《略》《米》Certified Property Manager 公認不動産管理士; 〖音楽〗common particular meter; 〖広告〗cost per thousand; 〖経営〗critical path method.

CPO, C.P.O., c.p.o. 《略》〖米海軍・沿岸警備隊〗Chief Petty Officer.

Ć pòwer sùpply *n.* 〖電子工学〗C 電源《真空管の格子バイアス用電源; C supply ともいう; cf. B power supply》.

CPP 《略》Convention People's Party 人民党会議《ガーナの政治家 K. Nkrumah が組織》.

C.P.R., CPR 《略》Canadian Pacific Railway.

C.P.R.E. 《略》Council for the Protection of Rural England 英国田園保護協議会.

Ć-pròtein *n.* 〖生化学〗C 蛋白質《筋原線維の A フィラメントにある蛋白質》.

c.p.s., cps 《略》cards per second; characters per second; 〖電気〗cycles per second.

C.P.S. 《略》certified professional secretary; Civilian Public Service; *L.* Custōs Prīvātī Sigillī (=Keeper of the Privy Seal).

CPSU 《略》Communist Party of the Soviet Union.

cpt. 《略》counterpoint.

Cpt. 《略》Captain.

C.P.U. 《略》〖電算機〗central processing unit.

CQ 〖← *call to quarters*〗 ── *n.* 〖無線〗**1** (一般報道・公示事項報道などの)放送開始信号. **2** 通信交換に参加するよう仲間に呼びかけるためにアマチュア無線家(ham)の用いる信号.

CQ 《略》〖軍事〗Charge of Quarters 当直下士官, 保管係下士官《24 時間勤務》; commercial quality.

Cr 《記号》〖化学〗chromium.

CR 《記号》〖貨幣〗riel(s).

cr. 《略》center; circular; commander; cream; creased; created; 〖簿記〗credit; 〖簿記〗creditor; creek; 〖音楽〗crescendo; crew; crimson; crown; cruise; *L.* crux (=cross).

c/r., C.R. 《略》company's risk.

c.r. 《略》*It.* con riserva (=with reservations); 〖証券〗cum rights.

C.r. 《略》Councillor.

C.R. 《略》*L.* Carolīna Rēgīna (=Queen Caroline); *L.* Carolus Rēx (=King Charles); 〖海運〗carrier's risk 運送人危険負担; cathode ray; central railway; central registry; chief ranger; *L.* Civis Rōmānus (=Roman Citizen); class rate 等級別運賃; coin return; Commendation Ribbon; Community of the Resurrection 復活修道会《1892 年 C. Gore [gɔ́ə, góə|gɔ́:(r)] によって設立された修道会》; 〖機械〗compression ratio; conditioned reflex; conditioned response; conference report; 〖化学〗Congo red; control relay; Costa Rica; credit rating; critical ratio; current rate; *L.* Custōs Rotulorum (=Keeper of the Rolls).

craal [krɑ́:l] *n.*, *vt.* =kraal.

crab[1] [krǽb] 〖OE *crabba* ← Gmc **krab(b)-* (Du. *krabbe*/G *Krebs*) ← IE **gerebh-* to scratch: ⇨ crawl[1], graph〗 ── *n.* **1** 〖動物〗**a** カニ《カニ類甲殻綱十脚目短尾亜目の動物の総称》. **b** ヤドカリ (hermit crab), カブトガニ (king crab) などカニに似た甲殻類の総称. **2** かにの肉[身]. **3** [the C-] **a** 〖天文〗かに座(蟹座)(⇨ cancer 3). **b** 〖占星〗巨蟹宮, かに座 (⇨ cancer 4 a). **4 a** 〖昆虫〗=crab louse. **b** [the ~s] 〖病理〗=phthiriasis. **5** 〖機械〗クラブ(クレーン), 横行車(クレーン). **6** [*pl.*] 〖ダイス〗(hazard で)一(ぴん)目ぞろい, ピンぞろ《2 個のさいがどちらも一の目が出ること; 最下点》: turn out ~*s* 駄目になる. **7** 〖航空〗(横風を受けての)斜め飛行. **8** 〖cf. G *Krebs*〗《口語》(売れ残りの)返本. ***catch a crab*** 〈ボートこぎが〉こぎ損ねる《オールが水の中に深くはまり込んだりまたは水の上を浅くすべった場合など》.
── *v.* (**crabbed; crab·bing**) ── *vi.* **1** かにを取る, かに漁をする. **2** 横ばいする, 蟹行(かいこう)する. **3** 〖海事〗〈船が〉横[斜め]に押し流される. **4** 〖航空〗(横風で)〈飛行機が〉斜め飛行する. ── *vt.* **1** 〖海事〗〈風が〉〈船を〉横[斜め]に押し流す. **2** 〖航空〗〈飛行機を〉斜め飛行させる.

crab[2] [krǽ(:)b] 〖《(?*a*1400)》《逆成》? ← CRABBED〗 ── *v.* (**crabbed; crab·bing**) ── *vt.* **1** 《口語》こきおろす; 〈人〉のあらを捜す, 批評する (criticize): ~ an employer 雇人に難くせをつける. **2** 《口語》不機嫌にする, ふくれさせる (sulk). **3** 《俗》〈人の行為・取引など〉の裏をかく, だめにしてしまう, 妨害する (ruin): ~ a person's act, a deal, etc. **4** 《英古》いらいらさせる (irritate); 怒らせる (anger). ── *vi.* **1** 不機嫌になる[である], すねる, ふくれる. **2** 不平を言う, 批評する 〔*at, about*〕: ~ *at* [*about*] a person. ── *n.* **1** 気むずかし屋, 根性曲り: that ~ of a priest あの気むずかし屋の坊さん. **2** 酷評, あら捜し, こきおろし.

crab[3] [krǽ(:)b] 〖□ Du. *krabb-en* to scratch: ⇨ crab[1]〗 ── *v.* (**crabbed; crab·bing**) ── *vt.* 〖鷹狩〗〈鷹(たか)が〉〈他の鷹を〉つめでひっかく, つかむ (scratch); つかみ合う (fight). ── *vi.* 〈鷹が〉つめでひっかき合う.

crab[4] [krǽ(:)b] 〖《(?*a*1300)》 *crabbe* 《変形》? ← 《方言》 *scrab* crab apple ← ON (cf. Swed. 《方言》 *skrabba*)〗 *n.* 〖植物〗=crab apple.

cráb àpple 〖↑〗 ── *n.* **1** 〖植物〗小粒で酸味が強い野生のリンゴ (cf. flowering crab): **a** 《英》バラ科リンゴ属の一種 *Malus sylvestris* の野生樹. **b** アメリカに分布するリンゴ属の植物《*M. ioensis, M. cornaria* など; prairie crab apple, western crab apple ともいう》. **c** (主として)エゾノコリンゴ (Siberian crab). **2** 〖園芸〗葉柄が長く小形で, 着色よく酸味の強い栽培リンゴの総称《ゼリーやジャム用》.

Crabbe [krǽ(:)b], **George** *n.* (1754–1832) 英国の詩人; *The Village* (1783).

crab·bed [krǽbɪd, -bəd] 〖《(*a*1376)》 ⇨ crab[1] (その歩き方から: cf. dogged): 後に CRAB[4] (APPLE) と連想〗 ── *adj.* **1** 意地の悪い, たちの悪い, じゃけんな, つむじ曲がりの (perverse); 気むずかしい (ill-tempered): ~ old age 気むずかしい老境(の人々). **2** 辛辣な, きびしい (bitter): ~ wit. **3 a** 〈作家・文体など〉難解な, わかりにくい (obscure): a ~ author 読みにくい作家. **b** 〈筆跡が〉判読し難い: ~ handwriting 読みにくい書体. **~·ly** *adv.* **~·ness** *n.*

cráb·ber[1] *n.* **1 a** かに漁師. **b** かに捕り船. **2** 移動ウィンチの運転手.

cráb·ber[2] *n.* 《口語》あら捜しをする人, 酷評家; 不平家.

cráb·bing *n.* 〖紡織〗クラッビング《毛織物の緊張熱湯処理》.

crab·by[1] [krǽbi | -bɪ] 〖← CRAB[1]+-Y[4]〗 *adj.* (**crab·bi·er; -bi·est**) **1** かにのような. **2** かにの多い.

crab·by[2] [krǽbi | -bɪ] 〖← CRAB[2]+-Y[4]〗 *adj.* (**crab·bi·er; -bi·est**) =crabbed 1.

cráb cáctus *n.* 〖植物〗カニバサボテン, クリスマスサボテン (*Zygocactus truncatus*)《南米原産の小型のサボテン; 節間は短く枝分かれして赤い美花をつける; Christmas cactus ともいう》.

cráb cànon *n.* 〖音楽〗蟹形カノン, 逆行カノン (retrograde canon)《後続声部が先行声部を末尾から冒頭へ逆に模倣するカノン; canon cancrizans ともいう》.

cráb-èating macáque *n.* 〖動物〗カニクイザル (*Macaca irus*)《南西アジア・ボルネオ・フィリピンなどに生息するカニや貝などを食べるオナガザル科の動物》.

cráb·gràss *n.* 〖植物〗**1** メヒシバ (*Digitaria sanguinalis*)《野原や時に芝生に生えるイネ科メヒシバ属の一年生雑草》. **2** オヒシバ (yard grass).

cráb·like *adj.* かにのような.

cráb lòuse *n.* 〖昆虫〗ケジラミ (*Phthirus pubis*)《人体, 主として陰毛に付着する》.

Cráb Nébula *n.* 〖天文〗かに星雲《かにの甲に似た形をしている牡牛座 (Taurus) の星雲; 1054 年に超新星が爆発した名残りと考えられている》.

cráb-plòver *n.* 〖鳥類〗カニチドリ (*Dromas ardeola*)《アフリカ東海岸・インドの海浜にすむチドリに似た鳥; カニを餌にする》.

cráb pòt *n.* (海中で用いる)かに取りかご.

cráb's-èye *n.* **1** ざりがにの胃中に生じる石灰質結石《もと吸収剤・制酸剤に用いた》. **2** 〖植物〗=Indian licorice.

cráb spìder *n.* 〖動物〗カニグモ《前だけでなく横にも走るカニグモ科のクモの総称; 網を張らず, 物かげにかくれて獲物を襲う》.

cráb·stìck 〖⇨ crab[4,2]〗 *n.* **1** 野生りんご材の棍棒[つえ]. **2** 意地の悪い人, じゃけんな人.

cráb trèe 〖⇨ crab[4]〗 *n.* 〖植物〗野生リンゴの木 (*Malus prunifolia*)《アジア原産で欧米でも野生化している; その実は crab apple》.

cráb·wìse *adv.* **1** (かにのように)横向きに, 斜めに (sideways). **2** にじりよるように; 慎重に回り道して.

cráb·wòod *n.* 〖植物〗熱帯地方産センダン科 *Carapa* 属の植物 (*C. guianensis*).

Crac·i·dae [krǽsədi: | -sɪ-] 〖← NL ~ ← *Crac-, Crax* (属名: ← Gk *kréx* long-legged bird)+-IDAE〗 *n. pl.* 〖鳥類〗ホウカンチョウ科.

crack [krǽk] 〖ME *crak(k)e(n)* to creak < OE *cracian* to crack, resound ← Gmc **kre-* ← IE **ger-* to cry hoarsely: cf. creak, croak, crow[1,2]〗 ── *vi.* **1** (急に)鋭い音を出す, はじけるような音を出す; 〈むちが〉ぴしゃりと鳴る; 〈銃が〉ぱーんと鳴る. **2** ぱちり[ぱちん]と砕ける[裂ける, 切れる]; 〈地面・皮膚・ガラス器などが〉割れる, ひびが入る. **3** 《口語》**a** (圧迫を受けて)だめになる, 参る, びびる (fail) 〈*up*〉: The pitcher ~*ed up* under the strain. 投手は緊張してびびってしまった. **b** (心理的圧迫などに)負ける (yield), 屈服する (succumb). **c** (コントロールを失って)自動車[飛行機など]をぶつける 〈*up*〉. **4** 〈声が〉急にかん高く[裏声に]なる, かすれる, うわずる; 声変わりする. **5** 《口語》疾走する, 急ぐ 〈*along, on*〉. ★主に get cracking の成句で用いる: ⇨ 成句. **6 a** 《方言》自慢する, 誇る (boast) 〔*of*〕. **b** 《スコット》しゃべる, 話し合う (chat). **7** 〖化学〗熱分解する. ── *vt.* **1** …に(急激な)鋭い音をさせる, 〈むちなどを〉ぴしゃりと鳴らす: ~ a pistol, rifle, whip, etc. / ~ one's knuckle 指の関節を(ぽきんと)鳴らす. **2 a** 〈堅い物を〉ぽんと割る, 砕く; 〈麦を〉碾(ひ)き割る: ~ a nut, a skull, an eggshell, etc. **b** 〈ガラス器・陶磁器など〉にひびを入らせる: The fall ~*ed* the glass. 落としてグラスにひびを入らせた. **3** 《口語》**a** 〈酒びんなどを〉あける, からにする (cf. crush 6): ~ a bottle of wine ぶどう酒のびんをあける / ~ a bottle with him 彼と一本あけて飲む. **b** 〈本を〉あけて[開いて]読む: ~ a text. **c** 《米》〈戸などを〉少し開ける: ~ a window. **d** こじ開ける: ~ a safe 金庫をこじ開ける. **e** 《英》〈家など〉に押し入る: ~ a crib ⇨ crib *n.* 2 b. **f** なんとかして…に入る[入り込む]. **4** 《口語》〈難問などを〉解く, 解決する (solve): ~ a code 暗号を解く / ~ a murder case 殺人事件を解決する. **5** 《口語》ぴしゃりと打つ (hit): ~ a homer ホームランを打つ / ~ a person on the head 人の頭をぴしゃりとたたく. **6** 〈声を〉急にかん高く[裏声に]する, かすれさす. **7 a** めちゃめちゃにこわす (ruin) 〈*up*〉: ~ a car *up*. **b** 〈信用などを〉落とす, 損じる, くじく (damage): ~ one's complacency. **c** 〈人〉の気を変にする, 狂わせる (craze): He is ~*ed*. ちと気が変だ. **d** 悲嘆で打ちひしぐ, …に深刻な打撃を与える. **8** 《俗》〈冗談を〉飛ばす (utter): ~ a joke 冗談[与太]を飛ばす. **9** 〖化学〗**a** (加圧蒸留によって)〈重油・軽油を〉分解してガソリンなどを採る, 分留する (cf. cracking). **b** [p.p. 形で] 分解して〈ガソリンなどを〉作る: ~*ed* gasoline. **c** (熱によって)〈化合物を〉より簡単な化合物に分解する. **10** 《口語》〖トランプ〗**a** =double *vt.* 8. **b** =open *vt.* 11.

crack a record [***mark***] 《米俗》記録を破る, 新記録を作る. ***crack down*** 《口語》きびしい処置をとる; 取締り[締付け]を強化する 〔*on, upon*〕. ***crack hardy*** [***hearty***] 《豪》じっと我慢する, 平気な顔をする. ***crack off*** 〖ガラス製造〗火切りする (⇨ cracking-off). ***crack on*** 〖海事〗(1) 総帆を張る. (2) (悪天候に)総帆をさっとあげて強行帆走する. ***crack up*** 《口語》(*vt.*) (1) [be ~*ed up to be* として; 通例否定文に用いて] …とほめそやす, …という評判である: The new car is *not* all it is ~*ed up to be*. その新車は評判ほどでない. (2) ⇨ *vt.* 7 a. (3) げらげら笑わせる. (*vi.*) (1) ⇨ *vi.* 3 a. (2) ⇨ *vi.* 3 c. (3) 急に笑い[泣き]出す. ***crack wise*** 《米俗》気のきいた(つもりの)ことを言う (wisecrack). ***get cracking*** 出かける; 急ぐ; (仕事を)始める; どんどんやる: *Get* ~*ing*! ぼやぼやするな.

── *n.* **1 a** (むち・雷鳴などの, ぱちっ, ぴしゃり, ぴしゃっ, ばりばりっ, などという)急激な鋭い音: a ~ of thunder 雷鳴 / a ~ of a whip むちのぱしっという音. **b** (銃の)発射の音, ぱーんという音 (bang): the ~ of a rifle ライフルの発射音. **2** ぴしゃりと打つこと: hit a person a ~ on the head 頭をぴしゃりと打つ / take a ~ *at* a person 人をなぐる. **3 a** 裂け目, 割れ目 (split, crevice); (陶器・ガラス器などの)ひび, きず, ひび割れ: a ~ in the ground 地割れ / a windowpane full of ~*s* ひびだらけの窓ガラス. **b** (戸・窓の)わずかな開き (chink): Open the window a ~. 窓をちょっぴり開けなさい. **c** 〖登山〗クラック《チムニー (chimney) より狭く身体の一部が入るほどの岩壁中の割れ目》. **4 a** ささいな欠陥[欠点]. **b** (老衰などによる)気のふれ, 心の狂い: There is a ~ in your head. 君の頭は少々変だ. **c** 気のふれた人; 変人. **5** 声のかすれ, うわずり; 声変わり. **6** 《口語》**a** 瞬間 (moment): in a ~ たちまち, またたく間に. **b** 夜明け: at ~ of day=at the ~ of dawn 夜明けに. **7** 《口語》試み, 企て (attempt) 〔*at*〕: take a ~ *at* composing music 作曲を試みる / have [get] a ~ *at* it ひとつやってみる. **8 a** 金庫破り, 強盗(行為) (burglary) (cf. cracksman). **b** 《古》強盗 (burglar). **9 a** 《口語》警句, 気のきいた言葉 (cf. wisecrack). **b** 《英方言》雑談, おしゃべり (chat); [*pl.*] 消息 (news). **c** 《英方言》自慢, ほら (boast). **10** 《英俗》(自慢の種となる)一流の人[もの], ぴかー, 一流どころ; (スポーツ・芸能の)名人; 名馬; 優秀船 (⇨ crack *adj.*). **11 a** 《卑》女性の性器, ワギナ (vagina). **b** 《古》売春婦 (prostitute). **12** 《廃》生意気な子, わんぱく小僧 (imp).

a fair crack of the whip 《英口語》公平な機会[扱い] (fair chance). ***paper over the cracks*** (組織内などの)欠陥[不一致]を取り繕う[糊塗(こと)する]. ***the crack of doom*** 最後の審判の日の雷鳴, 世界破滅の際に起こるというとどろき; 世の終わり: till [to] *the* ~ *of doom* 世の終わりまで, 最後まで (cf. Shak., *Macbeth* 4. 1. 117).

── *adj.* 《口語》優秀な, 一流の, 精鋭の (first-rate): a ~ hand 妙手, 名人 / a ~ performer 名演技[演奏]者 / a ~ regiment 精鋭連隊 / a ~ shot 名射手. ── *adv.* ぱちっと, ぴし(ゃ)りと, 鋭く (sharply): hit a person ~ in the eye 人の目をぴしゃっと打つ / The pistol went off ~. ピストルがぱちっと鳴った.

crack·a·jack [krǽkədʒæ̀k] *n.*, *adj.* 《口語》=crackerjack.

cráck·bàck *n.* 〖アメリカンフットボール〗クラックバック《ディフェンスバックが不正なブラインドサイドブロックをされること》.

cráck·bràin *n.* 頭のおかしい人, 気違い; 変人.

cráck·bràined *adj.* **1** 頭のおかしい, 気が変になった (crazy). **2** 〈事業など〉気違いざたの.

cráck·dòwn *n.* 《口語》締めつけ, 取締り(の強化), 弾圧.

cracked 〖《(15C)》〗 ── *adj.* **1** 砕けた, 砕いた; 割れ目[ひび]の入った; 割れている: ~ barley 碾(ひ)き割り大麦 / a ~ bell [cup] ひびの入った鐘[茶わん] / ~ ice

砕氷, ぶっかき氷. **2** 信用などを失った, 傷のついた: a ~ reputation 傷のついた評判. **3** 〈声が〉かん高い, かすれた (broken, harsh); 声変わりした. **4** 《口語》 **a** 気のふれた, 気が変な. **b** 夢中になった (enthusiastic) 〔*on, about*〕: All the girls are ~ *on* [*about*] him. 女の子たちは彼に首ったけである. **~·ness** *n.*

crack·er [krǽkə | -kə(r] 〘(1625)〙 —— *n.* **1 a** かんしゃく玉, 爆竹. **b** クラッカー(ボンボン)《筒形の両端を引っ張ると爆音を発して破れ, その中からキャンディー・紙帽子・おもちゃ・つじうらなどが出て来る》. **c** 《米・豪》むちの先(の鳴る部分) (snapper). **2** 《米》クラッカー《薄くてぱりぱりとした甘味を付けないビスケットの一種; cf. biscuit 1》: ⇨ graham cracker, soda cracker. **3 a** (種々な)割る器具, 破砕器. **b** [*pl.*] くるみ割り器 (nutcracker): a pair of ~*s*. **4** 《方言》 **a** うそつき (liar); ほら吹き (boaster). **b** ほら, うそ (lie). **c** 当意即妙のことばをいう人. **5** 《英》勢いのよい足どり, 猛歩調: go a ~ 全速力を出す, 疾走する. **6** 《米》 **a** [軽蔑的に] (南部, 特に Georgia, Florida 両州の山地に住む)貧乏白人. **b** Georgia 州の人. **c** Florida 州の人. **7** 《英口語》美人: a real ~.

crácker-bàrrel 〘昔の雑貨店にはソーダクラッカーを入れた大きなたるがあり, それを囲んで雑談したところからか〙 —— *adj.* 田舎の店での雑談のような; ありきたりの, 常識的な, 平凡な: a ~ philosopher.

crácker·bònbon *n.* = cracker 1 b.

crack·er·jack [krǽkədʒæ̀k | -kə-] 〘← CRACKER + JACK[1]〙 —— *n.* 《口語》すばらしい[優秀な]人[もの], 一流人, ぴかー. —— *adj.* 優秀な, 一流の, ぴかーの (excellent): a ~ musician.

Crácker Jàck *n.* 〘商標〙 クラッカージャック《糖蜜・カラメルをかけたポップコーンやピーナッツの商品名》.

cráck·ers [krǽkəz | -kəz] 〘(pl.) ← CRACKER: 意味は cracked 4 から〙 —— *adj.* 《英俗》[Predicative に用いて] **1** 頭が変な, 気のふれた (cracked): go ~ 気がふれる. **2** 夢中の (enthusiastic) 〔*about*〕: go [be] ~ *about* him 彼にうつつを抜かす[している].

Crácker Stàte *n.* [the ~] 米国 Georgia 州の俗称.

crack·ing [krǽkɪŋ] 〘(*c*1300): ⇨ -ing[1,2]〙 —— *adj.* 《口語》猛烈な, どえらい; すばらしい, すてきな: at a ~ pace 猛烈な歩調で. —— *adv.* [~ good として] 《口語》極度に, 非常に, はなはだ (unusually): a ~ *good* movie とてもいい映画 / a ~ *good* race すばらしい好レース. —— *n.* **1** 〘化学〙 クラッキング, 分解蒸留(法), 分留《重[軽]油を加圧蒸留により分解してガソリンなどを製する法》: ⇨ catalytic cracking. **2** (塗料の)深割れ.

cracking-off *n.* 〘ガラス製造〙 火切り《手吹き成形によるガラス器の不要部分をバーナーの炎をあてて切り離すこと》.

cráck·jàw *adj.* (あごがはずれそうに)言いにくい, 発音しにくい, 妙ちきりんな (jawbreaking): a ~ name.

crack·le [krǽkl̩] 〘(*a*1450): ⇨ crack (v.), -le[3]〙 —— *vi.* **1** ぱちぱち[ぱりぱり]音を立てる: A fire was *crackling* in the hearth. 火が炉の中でぱちぱち音を立てていた. **2** 〔生気・興奮・熱意などで〕生き生きする (sparkle) 〔*with*〕: His poem ~*s with* wit. 彼の詩は機知で精彩を放っている. **3** 細かいひびができる. —— *vt.* **1 a** …にぱりぱり音を立てさせる. **b** ぱりぱり音を立ててつぶす[こわす]. **2** 〈陶磁器の表面〉にひびを生じさせる, ひび焼きにする. —— *n.* **1** ぱちぱち[ぱりぱり]鳴る音. **2 a** 貫入(かんにゅう)《陶磁器の釉面にできた網状のひび; cf. craze 3》. **b** = crackleware. **c** (古い油絵の表面の)ひび. **3** 活発, 生気 (sparkle).

cráck·led *adj.* **1** ひび入りの, ひび焼きの. **2** 上皮をかりかりに焼いた: ~ roast pork 上皮をかりかりに焼いたローストポーク.

cráckled vítreous enámel *n.* ひび入り模様のほうろう.

cráckle glàss *n.* ひび入り模様のガラス器《熱いうちに水中に浸して表面に小さなひびを作り, 再加熱して一部直して装飾的効果を表わしたガラス器》.

cráckle·wàre *n.* [集合的] クラックルウェア, ひび焼き(陶磁器)《一面にひび割れのある釉を施した陶磁器; cf. craze 3》.

cráck·ling [-klɪŋ, -kl-] *adj.* **1 a** ぱちぱち音を立てる. **b** 生き生きした: ~ wit. **2** 〈ぶどう酒が〉発泡性の弱い. —— *n.* **1** ぱちぱちいう音. **2 a** (焦げ茶色に焼いたローストポークの)かりかりする上皮. **b** [通例 *pl.*] (脂肉からラードを取ったあとの)かりかりするかす. **c** 獣脂をとったあとのかす《犬のえさ》. **3** 《英》= cracknel 1. **4** 《口語》[集合的] 魅力的な女性たち: a bit of ~ 魅力的な女, かわいこちゃん.

cráck·ly *adj.* (**crack·li·er**; **-li·est**) ぱりぱり[かりかり]する (crisp).

crack·nel [krǽknl̩, -nəl] 〘(*a*1400) *crakenelle* 《変形》 ← (O)F *craquelin* ⊏ MDu. *krākelinc* ← *krāken* 'to CRACK'〙 —— *n.* **1** クラックネル《軽くてかりかりしたビスケット》. **2** [通例 *pl.*] かりかりに炒めた豚の脂肉の小片.

cráck·pòt 〘← *cracked pot*〙 《口語》 *n.* 頭のおかしい人, 常軌を逸した人. —— *adj.* 常軌を逸した.

cracks·man [krǽksmən] 〘(1812) ← CRACK + -s[2] 2 + MAN〙 *n.* (*pl.* **-men** [-mən]) 押入り強盗; 金庫破り.

cráck-ùp *n.* **1 a** (自動車などの)衝突. **b** (飛行機の)墜落 (crash). **2** 《口語》 **a** 健康を損ねること, (病気で)倒れること; (精神的に)参ること, 神経衰弱 (breakdown). **b** 崩壊 (collapse): the ~ of the organization.

cráck willow *n.* 〘植物〙 ポッキリヤナギ (*Salix fragilis*).

crack·y [krǽki | -kɪ] 〘← CRACK + -Y[4]〙 —— *adj.* (**crack·i·er**; **-i·est**) **1 a** 割れ目[ひび]が入って(いる). **b** 割れやすい. **2** 《英方言》気の変な, 狂人じみた (crazy). —— *int.* ★ 次の成句で: **by cracky** いやはや, まあ, ちぇっ《軽いののしりを表わす》.

Cra·cow [krɑ́ːkau, krǽk-, kréɪk-, -kou, -kɔ̀(ː)f | krǽkau, krɑ́ː-, -kau] *n.* = Kraków.

Crac·tic·i·dae [krӕktísədìː | -sɪ-] 〘← NL ~ ← *Cracticus* (属名: ← Gk *kraktikós* noisy) + -IDAE〙 *n. pl.* 〘鳥類〙 フエガラス科.

-cra·cy [-krəsi | -sɪ] 〘⊏ F *-cratie* ⊏ L *-cratia* ⊏ Gk *-kratia* ← *krátos* strength, rule〙 —— 次の意味を表わす名詞連結形: **1** 「政治; 政体」: demo*cracy*. **2** 「社会階級; 政治階級」: pluto*cracy*. **3** 「政治[社会組織]理論」: techno*cracy*.

cra·dle [kréɪdl̩] 〘OE *cradol* < Gmc **kradula* (G *Kratte* basket) ← IE **ger-* curving, crooked (? L *crātis* wickerwork): ⇨ cart〙 —— *n.* **1** (幼児を育てる)揺り床, 揺りかご, 小児用ベッド (crib): rock a ~ 揺りかごをゆする / watch over the ~ 発育[成長]を見守る / the ~ of the deep 《詩》(揺り床のように揺れる)海, 大海原 / The hand that rocks the ~ rules the world. 《諺》揺りかごを動かす手は(やがて)世界を動かす《米国の詩人 William Ross Wallace (1819–81) の *What Rules the World?* 中の句から》. **2** [the ~] 揺籃(ようらん)時代, 初期, 幼時 (infancy): from *the* ~ to the grave 揺りかごから墓場まで, 一生を通じて / in *the* ~ 揺籃期[初期]において / stifle in *the* ~ 初期に押えて[食い止めて]しまう / What is learned in *the* ~ is carried to the tomb. 《諺》幼時に覚えたことは死ぬまで忘れない, 「すずめ百まで踊りを忘れぬ」. **3** [the ~] (芸術・民族などを育成した)揺籃の地, (文化などの)発祥地: *the* ~ of Aryan speech [European civilization] アーリア語[ヨーロッパ文明]の発祥の地. **4 a** 揺架《砲身が発射の反動でその上を移動する砲架の部分》. **b** (フェリーボートの)上陸台. **c** (電話の受話器を使用しない時に置く)受け台. **d** 〘自動車〙 = creeper 4. **5 a** 作物, 特に穀物をそろえて刈るためにかまに付ける五本指状の枠. **b** 枠付きがま, クレードルサイズ《作物がそろえて刈れるように枠 (cradle) がついているかま; cradle scythe ともいう》. **6** 〘海事〙 **a** (建造中や進水時船底を支えている)進水台; (船体修理の時などに船を乗せて移動する)船架. **b** トラス《帆桁の中央部をマストに支える金具》. **7** 〘航空〙 (建造中や膨張時の飛行船を支える)架台. **8** 〘絵画〙 (板絵の反りやひび割れを防ぐために裏面につける)木枠. **9** 〘鉱山〙 (砂金を選り分ける)揺汰(ようた)台, 選鉱器, クレードル (rocker) (cf. cradling 1). **10** 〘医学〙 (負傷した手足や手術した部分などをおおう)離被架.

rob the cradle 《口語》ずっと年下の相手と結婚する[恋仲になる] (cf. cradle robber).

—— *vt.* **1 a** 〈赤ん坊を〉揺りかごに入れる. **b** (揺りかごに入れるように)あやす: ~ a child in one's arms 子供を抱いて揺すりながらあやす. **c** 育てる, 育成する. **2** 〈船を〉受台で支える; 進水台にのせる. **3** 枠付きがま (cradle scythe) で〈穀物を〉刈る. **4** 〘鉱山〙 〈砂金を〉選鉱器で洗う 〈*out*〉. **5** 〘絵画〙 〈パネルを〉木枠で支える. —— *vi.* **1** 枠付きがまで穀物を刈る. **2** 《古》揺り床の中にいる. **3** 〘鉱山〙 選鉱器で砂金を洗う.

crádle·lànd *n.* 揺籃(ようらん)の地, 発祥地.

crádle ròbber 〘← *rob the cradle* (⇨ cradle 成句)〙 *n.* = cradle snatcher.

crádle scỳthe *n.* = cradle 5 b.

crádle snàtcher *n.* 《口語》ずっと年の若い相手と結婚する[恋仲になる]人.

crádle·sòng 〘ME〙 *n.* 子守り歌 (lullaby).

crá·dling [-dlɪŋ, -dl̩-] *n.* **1** 〘鉱山〙 (砂金の)選鉱, 揺汰(ようた), クレードリング. **2** 育成. **3** 〘建築〙 野ぶち; 木ずり下; 下地(したじ)枠.

craft [krǽ(ː)ft | krɑ́ːft] 〘OE *cræft* skill, cunning, strength, trade < (WGmc) **kraftaz* (G *Kraft*) ← ? IE **ger-*: cf. cradle〙 —— *n.* **1** 技能, 技巧 (skill); 巧妙 (dexterity); (特殊の)技術, わざ: the builder's ~ 建築家の技術 / the ~ of the woods 木彫り術 / learn the ~ of a wood carver 木彫りの技術を学ぶ / mechanical ~*s* 機械技術 / ⇨ gentle craft. **2** (特殊の技術を要する)職業; 手工業, 工芸: ⇨ ARTS and crafts. **3** 悪知恵, 狡猾, たくらみ, 術策 (cunning). **4 a** [集合的] 同業者連中, (その道の)専門家連; 同業(者の)組合 (guild). **b** [the C-] フリーメーソン(友愛)団(体). **5** (*pl.* ~) **a** 船, 船舶, 舟艇《通例小型のものをいう》: a small ~ 小舟 / coasting ~ 沿岸貿易船. **b** 航空機 (aircraft). **c** 宇宙船 (spacecraft). —— *vt.* 《米》技能をこらして作り上げる, 念入りに作る.

-craft [krӕft | krɑːft] 〘↑〙 「…の技術[芸, 職業], …の才[術]」などの意の名詞連結形: handi*craft*, state*craft*, witch*craft*.

cráft guìld *n.* = trade guild.

cráft·i·ly [-tɪli, -tə- | -tɪ] 〘OE *craftiglīce*〙 *adv.* **1** ずるく, 悪賢く, 狡猾に (cunningly). **2** 《古》巧妙に, 巧みに (cleverly).

cráfts·man [-mən] 〘(*a*1376): cf. tradesman〙 *n.* (*pl.* **-men** [-mən]) **1** 職人, 工人 (artisan). **2** 技芸家, 技術家, 熟練した職人; 名工, 名匠 (artist). **~-like** *adj.*

cráftsman·shìp *n.* (職人の)技能; 熟練, 腕前, 技巧.

cráfts·wòman *n.* (*pl.* **-women**) 女性の craftsman.

cráft ùnion *n.* (特定の熟練職業に従事する手工的労働者を組織する)職業別組合 (cf. horizontal union, industrial union).

cráft·wòrk *n.* **1** 特殊な技術を要する仕事, 芸術的な仕事. **2** 工芸品.

craft·y [krǽfti | krɑ́ːftɪ] 〘OE *cræftiġ* powerful: ⇨ craft, -y[4]〙 —— *adj.* (**craft·i·er**, **-i·est**; **more** ~, **most** ~) **1** ずるい, 悪賢い (cunning), 悪だくみにたけた (wily): a ~ politician 狡猾な政治家 / (as) ~ as a fox すこぶるずるい. **2** 《古》巧妙な, 器用な (skillful). **cráft·i·ness** *n.*

crag[1] [krǽ(ː)g] 〘(*a*1325) ← Celt. / Ir. & Gael. *creag* / Welsh *craig* rock)〙 —— *n.* **1** ごつごつの岩, 険しい岩山. **2** 〘地質〙 介砂層《英国東部 Norfolk, Suffolk, Essex 地方からベルギーにかけて分布する》.

crag[2] [krǽ(ː)g] 〘(1469) ⊏ M Du. *crāghe*〙 *n.* 《スコット・北英》 **1** 首 (neck). **2** のど (throat).

crag·ged [krǽgɪd, -gəd] 〘(*a*1475)〙 *adj.* = craggy. **~·ness** *n.*

crag·gy [krǽgi | -gɪ] 〘(?*c*1400): ⇨ crag[1], -y[4]〙 —— *adj.* (**crag·gi·er**, **-gi·est**; **more** ~, **most** ~) **1** 岩の多い. **2** 〈顔など〉ごつごつした, いかつい (rugged): a ~ face. **crág·gi·ly** [-gɪli, -gə- | -lɪ] *adv.* **crág·gi·ness** *n.*

crags·man [krǽgzmən] 〘← CRAG[1] + -s[2] 2 + MAN: cf. craftsman, etc.〙 *n.* (*pl.* **-men** [-mən, -mèn]) 岩登りの名人, 岩壁登山家 (rock-climber).

Craig [kréɪg] 〘⊏ Sc.-Gael. *Creag* 《原義》 CRAG[1]〙 *n.* 男性名.

Craig, (Edward) Gordon *n.* (1872–1966) 英国の劇場芸術家で演出に新機軸を出した; Ellen A. Terry の息子; *On the Art of the Theatre* (1911).

Craig·av·on [kreɪgǽvən, -géɪv-], **James Craig** *n.* (1871–1940) 英国の政治家; 軍人出身で, 経理関係の各種要職を歴任したのち, 北アイルランド自治政府の初代首相 (1921–40); 称号 1st Viscount Craigavon.

Crai·gie [kréɪgi | -gɪ], Sir **William A(lexander)** *n.* (1867–1957) 英国の英語学者・辞書編集者で *New English Dictionary* (*N.E.D.* または *OED*), *Dictionary of American English* (*DAE*) 編集者の一人.

Craik [kréɪk], **Dinah Maria** *n.* = Dinah Maria Mulock.

crake [kréɪk] 〘(*c*1340) *crake* ⊏ ON *krāk-a* 'CROW[1]'〙 —— *n.* **1** 〘鳥類〙 クイナ《ハタクイナ属 (*Crex*) またはヒメクイナ属 (*Porzana*) の鳥の総称》; (特に) ハタクイナ (corncrake). **2** クイナの鳴き声. —— *vi.* (クイナのように)鳴く.

crake·ber·ry [kréɪkbèri, -bəri | -b(ə)rɪ] *n.* 〘植物〙 ガンコウラン(岩高蘭) (⇨ crowberry 1).

cra·ken [krɑ́ːkən] *n.* = kraken.

cram [krǽ(ː)m] 〘OE (*ġe*)*crammian* to stuff ← Gmc **kram-* (Du. *krammen*) ← IE **ger-* to gather (L *gremium* bosom): cf. OE (*ġe*)*crimman* to insert〙 —— *v.* (**crammed**; **cram·ming**) —— *vt.* **1 a** (必要[適切]以上に)無理にいっぱいにする; 詰め込む (pack) 〔*with*〕: ~ a bus *with* passengers バスに乗客をぎゅうぎゅう詰めにする / ~ a trunk *with* clothes 衣類でトランクをいっぱいにする / The room was ~*med with* people. 部屋にはぎっしり人が詰まっていた. **b** (無理に)押し込む 〔*into, down*〕: ~ food *into* one's mouth 食物を口に押し入れる / ~ papers *into* a drawer 書類を引出しに押し込む / ~ food *down* a person's throat 食物を人ののどに押し込む. **c** 無理に食わせる; (特に)〈鶏を〉(肥らせるために)飽食させる (overfeed): ~ poultry *with* food 鶏にたらふくえさを食べさせる / ~ oneself たらふく食う. **d** がつがつ食べる: ~ one's food. **2** 《口語》 **a** (受験などのために)〈人〉に詰め込み主義で教える 〔*for*〕: ~ a pupil *for* an exam 生徒に一夜づけの受験準備をしてやる. **b** 〈学科を〉詰め込み主義で勉強する 〈*up*〉: ~ *up* history *for* an exam 一夜づけで歴史の試験勉強をする. —— *vi.* **1** 腹一杯[がつがつ]食う: They are ~*ming* like so many cormorants. まるで鵜(う)のようにがつがつ食っている. **2** 《口語》詰め込み主義で[一夜づけで]試験勉強をする 〔*for*〕 / 〈*up*〉: ~ *for* an exam / ~ *up on* English. —— *n.* **1** (人の)すし詰め, 押合い, 人込み (crush). **2** 《口語》(受験準備の)詰め込み, にわか仕込み.

Cram [krǽ(ː)m], **Ralph Adams** *n.* (1863–1942) 米国の建築家・著述家.

cram·be [krǽmbiː] 〘⊏ L *crambē* ⊏ Gk *krámbē* cabbage: cf. rumple〙 —— *n.* 〘植物〙 アブラナ科ハマナ属 (*Crambe*) の草本の総称; (特に)野菜として栽培される Canary 諸島や西部アジア産の植物 (*C. abyssinica*).

cram·bo [krǽmbou | -bəu] 〘(1606) 《変形》 ← 《廃》 *crambe* ⊏ L *crambē* (*repetita*) cabbage (served up again), (warmed-up) cabbage, old story ⊏ Gk *krámbē* (↑)〙 —— *n.* (*pl.* ~**es**) **1** 〘遊戯〙 韻捜し遊び《相手の出した言葉に対して同韻の語を見出す遊び》: dumb ~ 同上の答を身振りで示す遊戯. **2** 下手な[不十分な]同韻語[押韻]; へぼ詩 (doggerel).

Crá·mer's rúle [kréɪməz- | -məz-; G. krá:mɐ-] 〘← *Gabriel Cramer* (1704–72: スイスの数学者)〙 —— *n.* 〘数学〙 クラーメルの規則《係数の行列式を用いて連立一次方程式の解を求める規則》.

crám-fúll *adj.* ぎっしり一杯(詰まった) 〔*of*〕: a suitcase ~ *of* clothes.

cram·mer [krǽmə | -mə(r] *n.* **1** 《英口語》受験準備の(詰め込み)教師[学校]. **2** 飼鳥に飽食させる器具.

cram·oi·sie [krǽmɔɪzi, -mə- | -mɔɪzɪ] 〘(16C) ⊏ F *cramoisi* ⊏ It. *chermesi* ⊏ Arab. *qirmiz* kermes ∽ (?*a*1437) *cremesie* ⊏ It. *cremesi*: ⇨ crimson〙 (*also* **cram·oi·sy** [~]) 《古》 —— *adj.* 深紅色の (crimson). —— *n.* 深紅色の布地.

cramp[1] [krǽmp] 〘n.: (*c*1378) ⊏ (O)F *crampe* ⊏ MDu.

krampe《原義》bent in. — v.:《c1330》▭ OF crampir: cf. crimp², crumple》 — n. 1 a (筋の)肉痙攣, 引きつり, こむらがえり. ★ 通例無冠詞; ただし《俗》には the cramp, 痙攣の一発作 (a case of cramp) の意では a cramp: bather's ~ 水泳中に起こる痙攣 / (a) ~ in the calf [leg] こむらがえり / be seized with ~ 〈水泳者が〉痙攣を起こす. b (使いすぎによる)一時的筋肉の麻痺: ⇨ writer's cramp. 2 a [通例 pl.] 急な腹痛, さしこみ. b [pl.] 月経痛. — vt. [しばしば p.p. 形で] …に痙攣[こむらがえり, 引きつけ]を起こさせる: be ~ed in the leg 脚[こむら]に痙攣を起こす. — vi. 痙攣[こむらがえり, ひきつけ]を起こす.

cramp² [krǽmp]《《1423》▭ MDu. krampe 'hook, cramp iron, clamp': cf. cramp¹》 — n. 1 a かすがい. b 締付け金具, 締め金(clamp). c 〈靴屋の使う〉弓形木. 2 a 拘束物. b 拘束, 束縛. — vt. 1 a かすがい(など)で締めつける. b 〈靴などに〉締め金をつける. 2 [しばしば p.p. 形で] (狭い所に)閉じ込める〔in〕; 束縛する (restrict): be ~ed in an apart 窮屈なアパート住いをする / ⇨ cramp a person's STYLE¹. 3 〈自動車の前輪を〉右[左]へ向ける; 操る (steer). — adj. 1 狭苦しい, 窮屈な (confined). 2 〈字体など〉読みにくい, わかりにくい, 固苦しい: ~ handwriting / a ~ word わかりにくい言葉. ~·ness n.

cramped adj. 1 痙攣を起こした. 2 締め金で締めた. 3 狭苦しい, 窮屈な (confined). 4 〈筆跡など〉いじけた(文字がびっしり並んだ), 読みづらい.

crámp·fìsh n.〘魚類〙=electric ray.

crámp ìron n. かすがい.

cram·pit [krǽmpɪt, -pət | -pɪt] n.〘スポーツ〙(カーリング (curling) で)クランピット《鉄製スチール; その上に立って丸石 (stone) を打つ》.

cram·pon [krǽmpɑn, -pən | -pən]《《1304》▭ (O)F ~ ← crampe hook ← Gmc (cf. MDu. krampe: ⇨ cramp² (n.))》 — n. [通例 pl.] 1 (氷塊・材木・石などを引き上げる)つかみ金, はさみ. 2 (登山用)アイゼン, (氷上歩行用)鉄かんじき. 3 =climbing iron 2.

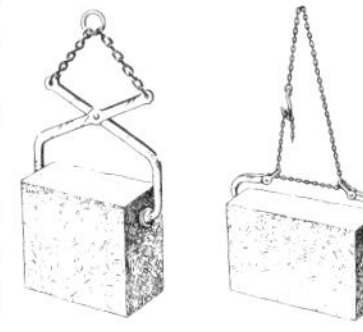
crampons 1

cram·pon·née [kræ̀mpənéɪ, -níː]《▭ F ~ (p.p.) ← cramponner to fasten with cramps ← crampon (↑)》 — adj. (also cram·po·née [~])〘紋章〙〈十字架が〉鉤の付いた: a cross ~ 鉤十字 (Hakenkreuz).

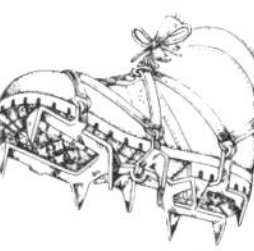
crampon 2

cram·poon [krǽmpuːn, ーˊ] n. [通例 pl.] =crampon.

cran [krǽ(ː)n]《▭ Sc.-Gael. crann lot, measure of herring: cf. Welsh prenn tree stump》 — n. クラン《英国の生にしんの量目; =37½ imperial gallons; 約750尾》.

Cra·nach [krɑ́ːnɑːk; G. kʁáːnax], **Lucas** n. クラナハ《1472–1553; ドイツルネサンスの画家・版画家》.

cra·nage [kréɪnɪdʒ]《《15C》: ⇨ crane, -age》 n. 1 起重機使用(権). 2 起重機使用料.

cran·ber·ry [krǽnbèri, -b(ə)ri | -b(ə)ri]《《1672》▭ LG kranebere: cf. G Kran(ich)-beere 'CRANE berry': もとは fen berry とよばれた》 — n.〘植物〙1 ツルコケモモ《ツツジ科コケモモ属 (Vaccinium) の低木の総称; ツルコケモモ (European cranberry), オオミノツルコケモモ (American cranberry) など》. 2 ツルコケモモの実《暗紅色で酸味の強い小粒の果実; 砂糖煮にしたり, ゼリー状のソースを作るのに用いる》.

cranberry (Vaccinium sp.)

cránberry bòg n. cranberry の生じる沼地《cranberry marsh ともいう》.

cránberry bùsh n.〘植物〙アメリカカンボク (Viburnum trilobum)《米国・カナダに分布するスイカズラ科ガマズミ属の野生の植物; bush cranberry, cranberry tree ともいう; cf. guelder rose》.

cránberry glàss n.〘ガラス製造〙青菫色の透明ルビーガラス (ruby glass).

cránberry gòurd n.〘植物〙南米原産ウリ科の香りのよい緑がかった小型の花をつけるつる植物 (Abobra tenuifolia); その実《赤い色の小型のウリ》.

cránberry màrsh n. =cranberry bog.

cránberry sáuce n. クランベリーソース《ツルコケモモに砂糖と水を加えて煮くずれるまで煮たもの; 七面鳥・鶏料理などに添える》.

cránberry trèe n.〘植物〙=cranberry bush.

crance [krǽns]《▭ Du. krans wreath》 n.〘海事〙第一斜檣先端の金属輪《crance iron ともいう》.

cran·ce·lin [krǽns(ə)lɪn, -lən | -sɪlɪn]《▭ G Kränzelin little wreath》 n.〘紋章〙花冠《bend の一種で, Saxony の紋章にあることで有名》.

crane [kréɪn]〘OE cran ← Gmc *kranu- (Du. kraan / G Kran(ich)) ← IE *ger- to cry hoarsely (L grūs crane)〙 — n. (pl. ~s, ~) 1〘鳥類〙a ツル《ツル科の鳥の総称; アメリカシロヅル (whooping crane) など》. b《米中部》オオアオサギ (great blue heron). c《俗用》サギ (heron), コウノトリ (stork). 2 a クレーン, 起重機: a derrick ~ デリック起重機 / stationary ~ 定置起重機 / ⇨ gantry crane, jib crane, traveling crane. 3 a (ツルの首のように曲がった)湾管, サイフォン (siphon). b 給水柱 (water crane). c (炉辺の)(水平)自在かぎ. 4 [pl.]〘海事〙(ボートや船荷を出し入れするために甲板に設備した)腕架. 5 [the C-]〘天文〙つる(鶴)座 (⇨ Grus). 6〘映画・テレビ〙クレーン《カメラを揚げたり動かしたりする機械[装置]; cf. boom¹ 5, dolly 7》. — vt. 1 〈首などを〉ツルのように伸ばす: ~ one's head out of the window 窓から外に首を長く突き出す. 2 (起重機で)つり揚げる, 移動させる. — vi. 1 (よく見るために)首を伸ばす. 2《口語》a〘狩猟〙〈馬が〉(障害物に出くわして)立ち止まってためらう (pull up). b (難事に当たって)しりごみする, ためらう (hesitate). 3〘映画・テレビ〙〈カメラが〉揚げたり動いたりする.

Crane [kréɪn], **(Harold) Hart** n. (1899–1932) 米国の詩人; The Bridge (1930).

Crane, Stephen n. (1871–1900) 米国の小説家・詩人; The Red Badge of Courage (1895), The Open Boat (1898).

cráne flỳ n.〘昆虫〙ガガンボ《ガガンボ科の昆虫の総称; 大型のカに似た型をしていて肢が長い; 俗に daddy longlegs ともいう》.

cráne·man [-mæ̀n, -mən]〘ME〙 n. (pl. -men [-mèn, -mən]) 起重機操縦者.

cránes·bìll《《1548》《なぞり》← Du. craenhals geranium》 — n.〘植物〙フウロソウ《フウロソウ科フウロソウ属 (Geranium) の植物の総称; ヒメフウロ (G. robertianum) など》.

Cran·gon·i·dae [kræŋgɑ́nədiː, -góun- | -gɔ́nɪ-, -gə́un-]〘← NL ~ ← Crangon (属名: ← Gk krangṓn shrimp)+-IDAE〙 — n. pl.〘動物〙(甲殻綱十脚目長尾亜目)エビジャコ科.

cra·ni- [kréɪni | -nɪ] (母音の前に来る時の) cranio- の異形.

crania n. cranium の複数形.

cra·ni·al [kréɪniəl, -njəl | -njəl, -nɪəl]〘← CRANIO-+-AL¹〙 adj. 1 頭蓋の, 頭蓋骨の: ~ bones 頭蓋骨. 2 頭部の (cephalic). ~·ly adv.

cránial fléxure n.〘動物〙脳屈曲, 脳彎曲《脊椎動物の胚の脳原基で, その前後軸の腹方や背方に向かって生じる屈曲》.

cránial índex n.〘人類学〙頭骨指数《頭蓋骨の幅の長さに対する比を100倍した数; この語は骨の場合に用い, 生体の場合には cephalic index という》.

cránial nèrve n.〘解剖・動物〙脳神経《人間には12対あり嗅・視・三叉・顔面神経などを含む》.

cra·ni·ate [kréɪniət, -niɪt, -nièɪt | -nɪət, -nɪɪt, -nièɪt]〘⇨↓, -ate¹,²〙 adj.〘動物〙1 頭蓋を有する. 2 =vertebrate. — n. 頭蓋動物《脊椎動物と同義》.

cra·ni·o- [kréɪniou | -niə(u)]〘← Gk krāníon 'CRANIUM'〙〘人類学〙「頭蓋 (cranium); 頭蓋(骨)と…との」の意の連結形: craniofacial 頭蓋と顔の / craniospinal 頭蓋と脊髄の. ★ 母音の前では通例 crani- になる.

crànio·cerébral adj.〘解剖〙頭蓋と脳との: ~ injury.

cra·ni·ol·o·gist [krèɪniɑ́lədʒɪst, -dʒəst | -niɔ́lədʒɪst] n. 頭蓋学者, 頭蓋(骨)研究者.

cra·ni·ol·o·gy [krèɪniɑ́lədʒi | -niɔ́lədʒi]《《1806》← CRANIO-+-LOGY: cf. G Kraniologie》 — n. 頭蓋学, 頭蓋(骨)研究 (cf. phrenology). **cra·ni·o·log·i·cal** [krèɪniəlɑ́dʒɪkəl, -dʒə- | -lɔ́dʒɪ-] adj.

cra·ni·om·e·ter [krèɪniɑ́mətə | -niɔ́mɪtə(r, -mə-]〘← CRANIO-+-METER¹〙 n. 頭蓋(骨)測定器 (cephalometer).

cra·ni·o·met·ric [krèɪniəmétrɪk | -niə-] adj. 頭蓋(骨)測定の.

crà·ni·o·mét·ri·cal [-trɪkəl, -rə- | -rɪ-] adj. =craniometric. ~·ly adv.

cra·ni·om·e·trist [krèɪniɑ́mətrɪst, -trəst | -niɔ́mɪtrɪst, -mə-] n. 頭蓋(骨)測定者.

cra·ni·om·e·try [krèɪniɑ́mətri | -niɔ́mɪtri, -mə-]〘← CRANIO-+-METRY〙 n.〘人類学〙頭蓋(骨)計測法 (cf. cranial index).

cra·ni·o·pha·ryn·gi·o·ma [krèɪnio(ʊ)fərìndʒióumə | -niə(ʊ)fərìndʒɪə́u-]〘← CRANIO-+PHARYNGO-+-I-+-OMA〙 n.〘病理〙頭蓋咽頭腫.

cra·ni·os·co·py [krèɪniɑ́skəpi | -niɔ́skəpɪ]〘← CRANIO-+-SCOPY〙 n.〘人類学〙頭蓋(骨)検査[観察].

cra·ni·o·scop·ic [krèɪnio(ʊ)skɑ́pɪk, -niə- | -niə(ʊ)skɔ́p-] adj. **crà·ni·o·scóp·i·cal** adj.

cra·ni·ot·o·my [krèɪniɑ́təmi | -niɔ́təmɪ] n.〘外科〙開頭(術).

cra·ni·um [kréɪniəm | -njəm, -nɪəm]《《1543》← NL ~ ← Gk kraníon skull: cf. cerebrum》 n. (pl. ~s, -ni·a [-niə | -njə, -nɪə]) 1〘解剖〙頭蓋,〘人類学〙頭蓋 (brainpan). 2 頭蓋骨 (skull).

crank¹ [krǽŋk]〘OE cranc(stæf) weaver's instrument ← IE *ger- crooked; to twist: cf. OE crincan to bend, twist〙 — n. 1〘機械〙クランク. 2 回旋盤《昔刑罰として囚人に回転させた》. 3 鐘を吊り下げる時に用いる道具. — vt. 1 クランク状に曲げる. 2 クランクで連結する; …にクランクを付ける. 3 a クランクを回転して〈エンジンを〉始動させる; 〈エンジンを〉かける 〈up〉: ~ (up) a car 自動車のエンジンをかける. b クランクで動かす[操作する]: ~ a window down. c 〈映画撮影機〉のクランクを回して撮影する. — vi. 1 a (エンジンを始動させるために)クランクを回す; エンジンをかける. b 撮影機のクランクを回す, 撮影する. 2 a (クランクを回して)始める 〈up〉. b [~ up として]《口語》始まる; スピードを上げる.
crank out《口語》機械的に作り出す: ~ out two articles a week 毎週二つの記事を書く.

crank² [krǽŋk]〘《逆成》? ← CRANKY¹〙 — n. 1《口語》a 風変わりな人, 奇癖のある人, むら気な人; 偏執狂: a gun ~ ガンマニア. b つむじ曲がり, 気むずかし屋. 2 a 言葉のもじり, 奇抜な言い回し; 奇想. ★ 主に quips and cranks で用いる (⇨ quip 1 b). b 奇癖, 酔狂, むら気 (crotchet, whim). 3《廃》(道路の)曲折, 曲がりくねり.

crank³ [krǽŋk]〘《逆成》← CRANKY¹〙 adj. (~·er; ~·est) =cranky¹.

crank⁴ [krǽŋk]《《1696》← ?: cf. Du. krengen to careen》 — adj. (~·er; ~·est)〘海事〙〈船が〉(風波を横に受けると)傾きやすい, 転覆しやすい, 重頭の (top-heavy) (↔ stiff).

crank⁵ [krǽŋk]《《a1398》← ?》 adj. (~·er; ~·est)《方言》1 活発な, 元気な (lively, brisk). 2 自信のある; 自信過剰な (confident).

cránk àrm n.〘機械〙=crank web.

cránk àxle n.〘機械〙クランク軸.

cránk·càse n.〘機械〙(内燃機関の)クランクケース, クランク室.

cran·kle [krǽŋkl]〘← CRANK¹ (v.)+-LE³: cf. crinkle〙 vi.《古》曲りくねる (twist). vt.《廃》折り曲げる, 曲がりくねらせる. — n. 曲がりくねり (bend).

crank·ous [krǽŋkəs]〘← CRANK¹+-OUS〙 adj.《スコット》いらいらした, 気むずかしい (peevish).

cránk·pìn n.〘機械〙クランクピン.

cránk plàne [plàner] n.〘機械〙クランク掛け平削り盤.

cránk·shàft n.〘機械〙クランク軸.

cránk wèb n.〘機械〙クランク腕《クランクピンと主軸, またはクランクピンとクランクピンを連結する腕》.

crank·y¹ [krǽŋki | -kɪ]《《1787》← CRANK¹+-Y⁴》 — adj. (crank·i·er; -i·est) 1 a 〈機械・建物など〉ぐらぐらする, がたがたする (unsteady). b 不安定な, 当てにならない (erratic). c《英方言》病弱な, ふらふらしている (sickly, shaky). 2 a 気むずかしい, 怒りっぽい (ill-tempered); 偏屈な, 変人の (eccentric). b 気まぐれな, むら気な (crotchety). 3 〈道路など〉曲がりくねった, 曲折した (crooked): a ~ road. 4《方言》ばかげた, 気違いじみた (crazy). **cránk·i·ly** [-kɪli, -kə- | -kɪ-] adv. **cránk·i·ness** n.

crank·y² [krǽŋki | -kɪ]〘← CRANK⁴〙 adj. (crank·i·er; -i·est) 〈船が〉傾きやすい, 転覆しやすい.

Cran·mer [krǽnmə | -mə(r], **Thomas** n. (1489–1556) 英国に生れ, 英国宗教改革の指導者で新教徒として最初の Canterbury 大主教となり, Book of Common Prayer を制定した; 化体説 (transubstantiation) を否定して火刑に処せられた.

Cránmer's Bíble n. =Great Bible.

cran·ne·quin [krǽnəkɪn, -kən | -nɪkɪn]〘《変形》← CRANNOG〙 n. 弩 (cross-bow) の弓張り歯車.

crán·nied《《1440》》 adj. 割れ目の入った, ひびの入った; 隙間だらけの.

cran·nog [krǽnɔ(ː)g, krænóug | krǽnəg, krænə́ug]《《1851》▭ Ir. ~ ← crann tree, beam》 — n. (also **cran·noge** [krǽnədʒ]) 1 古代のスコットランド・アイルランドの沼地に造られた要塞用人工島. 2〘考古〙古代スコットランド・アイルランドの湖上住居.

cran·ny [krǽni | -nɪ]《《1440》crany ← (O)F cran, cren notch < L crēnam: ⇨ crenate, -y²》 — n. 1 割れ目, ひび, 裂け目, すき間 (crevice, crack): crannies in a rock [wall] 岩[壁]の割れ目. 2 人目につかない角[隅] (recess): search every ~ くまなく捜す.

cran·reuch [krǽnrux]《《変形》← ? Gael. crannreotha ← crann to wither+reotha frost》 n.《スコット》霜 (hoarfrost).

Cran·ston [krǽnstən, -stn]〘← Samuel Cranston (1698–1727: 植民地時代の総督)〙 n. 米国 Rhode Island 州の東部, Providence 近くの都市; 人口 73,000.

crap¹ [krǽp]《《逆成》← CRAPS》《米》— n. 1《ダイス》クラップ《クラップスで振って出た2個のさいの目の合計が 2, 3, 12, 2度目以後の振りでは 7 の数で負けになる》. 2 =craps. — vi. (crapped; crap·ping)《ダイス》1 クラップを投げる. 2 (点をとろうとしているのに) 7 を投げる 〈out〉.

crap² [krǽp]《《a1425》crappe chaff ▭ OF crappe siftings (F crape filth) ← Gmc (cf. MDu. krappe)》 — n. 1《卑》a くそ (dung). b 排便 (defecation): have a ~ 排便する. 2《俗》たわごと (nonsense); つまらないこと, ばかげたこと (rubbish). 3《俗》廃物 (refuse), くず (rubbish), がらくた. — v. (crapped; crap·ping) — vi. 1《卑》排泄する (defecate). 2《俗》馬鹿なふるまいをする 〈around〉. — vt. 〈人〉にたわごとを言う; 〈人〉につまらないことをする.
crap out《米俗》(1) (疲労などで)休む, 寝る. (2) (怪我などで)気絶する. (3) 与えられた仕事[義務]を回避する. (4) 負ける, 失敗する; (ゲームなどから)手を引く.
crap up《俗》しくじる, だめにする (spoil).

crape [kréɪp]《《1633》▭ F crêpe < L crispam curled: ⇨ crisp》 — n. 1 クレープ, ちりめん (crepe). 2 a 黒色のクレープ《喪服・喪章用》: a ~ band (腕につける)喪章. b クレープの喪章《帽子や腕に巻く》. c 覆

面用のクレープの布切れ. — *vt.* …に黒クレープを巻く, 黒クレープでおおう.

crápe fèrn *n.* 〘植物〙 ニュージーランド産のシダ (*Leptopteris superba*).

crápe háir *n.* ＝crepe hair.

crápe·hànger 〘cf. crape 2〙 *n.* 〘米俗〙 悲観論者 (pessimist).

crápe jàsmine *n.* 〘植物〙 サンユウカ (*Ervatamia coronaria*) 《インド原産キョウチクトウ科の光沢のある葉と白い花をつける低木; 薬用·染料植物; Adam's apple ともいう》.

crápe mỳrtle *n.* 〘植物〙 サルスベリ (*Lagerstroemia indica*) 《中国南部原産ミソハギ科の植物; Indian lilac ともいう》.

cráp·per *n.* 〘卑〙 便所 (toilet).

crap·pie [krɑ́pi | krǽpɪ] 〘← ? Canad.-F *crapet*〙 — *n.* 〘魚類〙 クラッピー 《米国五大湖およびその南部地方に多いサンフィッシュ科 *Pomoxis* 属の魚類の総称; black crappie, white crappie など》.

crap·py [krǽpi | -pɪ] 〘⇨ crap², -y⁴〙 *adj.* (**crap·pi·er; -pi·est**) 〘俗〙 質の悪い, 低級な, くだらない (lousy).

craps [krǽps] 〘⊏F *craps, crabs* game of dice ⊏E *crabs* two aces, lowest throw at hazard (pl.) ← CRAB¹〙 — *n. pl.* 〘米〙〘ダイス〙 **1** [単数扱い] クラップス, さいころばくち《2 個のさいを用いるばくちの一種で, hazard の簡単なもの; 合計が 7, 11 なら勝ち, 2, 3, 12 なら負け, もし 4, 5, 6, 8, 9, 10 ならばさらにさいをふり, 次に 7 がでると負けになる》: shoot ～ クラップスをやる. **2** ＝crap¹ 1.

cráp·shòoter 〘⇨ crap¹〙 *n.* 〘米〙 クラップス賭博[さいころばくち]師 (cf. craps 1).

crap·u·lence [krǽpjuləns] 〘⇨↓, -ence〙 *n.* **1** 暴飲暴食; (特に)過飲, 乱酔. **2** 〘古〙 二日酔い; 食べ過ぎ.

crap·u·lent [krǽpjulənt] 〘⊏L *crāpulent-us* drunk ← *crāpula* drunkenness ⊏Gk *kraipálē* drunken headache: ⇨ -ent〙 — *adj.* 〘古〙 飲み[食い]過ぎの, 飲み[食い]過ぎて気分の悪い.

crap·u·lous [krǽpjuləs] 〘(1536) ⊏LL *crāpulōs-us* ← L *crāpula*: ⇨↑, -ous〙 — *adj.* **1** 不節制きわまる; (特に)暴飲(暴食)の. **2** 飲み過ぎで気分の悪い; 〈病気など〉暴飲による. **～·ly** *adv.*

crap·y [kréɪpi | -pɪ] *adj.* (**crap·i·er; -i·est**) クレープ(質)の, ちりめんのような: a ～ fabric.

cra·que·lure [krækl(j)ʊ́ə, ―― | krǽkəljʊə(r; *F.* krakəly:r] 〘⊏F ～ ← *craqueler* to crack(le): ⇨ -ure〙 *n.* 〘美術〙 (絵画の表面に生じた)ひび割れ, クラッキング.

crases *n.* crasis の複数形.

crash¹ [krǽ(:)ʃ] 〘(c1390) *crasshe(n)* 〘擬音語〙: cf. crush〙 — *vi.* **1** すさまじい音を立てる: a ～*ing* sound, thunder, etc. **2 a** がらがらとくずれる, 粉みじんに砕ける; 〈皿などが〉すさまじい音と共に落ちる: The dishes ～*ed* to the floor. 皿はがちゃがちゃと床に落ちた. **b** (すさまじい音響を発して)衝突する 〔*into, against*〕; (衝突)事故を起こす: ～ *against* the glass / The train ～*ed into* a goods train. 列車は貨物列車に衝突した. **c** 〈飛行機が〉(着陸の際)機体を破壊[破損]する, 墜落する. **d** 〈飛行家が〉墜落して惨死する, 墜死する. **3 a** すさまじい音を立てて動く: The door ～*ed* open. 戸はがたんといってあいた. **b** すさまじい音を立てて[立てるように]進んでいく; 突進する: ～ into the house / ～ through the door. **4** 〈事業などが〉つぶれる, ぺしゃんこになる, 破産する (collapse). **5** 〘俗〙 (一晩または一時しのぎに)泊る, 寝る: a place to ～ 一夜の宿 (cf. crash pad 2). **6** 〘俗〙 麻薬の麻酔からさめる, 正常に戻る. — *vt.* **1** がらがらと[粉みじんに]こわす, ぺしゃんこにつぶす (shatter): ～ a windowpane. **2 a** 〈飛行機を〉乱暴に着陸させて壊す. **b** 〈車などを〉(激しく)衝突させる; 〈信号などを〉無視して通過する: ～ the lights. **3 a** …にすさまじい音を立てさせる: ～ the cymbals. **b** [～ *one's* way として] すさまじい音を立てて押し進む: ～ *one's way* through the jungle ジャングルを突進する. **4** 〘口語〙 (招待を受けない会などに)押しかける, 切符[許可]なく入る: ～ a dance ダンスの会に押しかけて行く / ⇨ crash the GATE¹.

— *n.* **1 a** (重い物が衝突またはくずれる時の)すさまじい音響: fall with a ～ すさまじい音を立てて倒れる[くずれる]. **b** (雷·大砲の)とどろき: a ～ of thunder [artillery] 雷鳴[砲声] / a ～ of applause 万雷の拍手. **2 a** (衝突·墜落による)破壊, 衝撃. **b** (飛行機の)墜落. **c** (自動車·列車などの)衝突. **3** (相場·商売などの)破滅, 崩壊; 破産 (ruin): a sweeping ～ (相場の)総くずれ. **4** 〘演劇〙 (物のくずれる)擬音装置《ガラス破片や瀬戸かけなどを入れたかご》.

— *attrib. adj.* 〘口語〙 (危急対策に)全力を挙げての, 応急の, 速成の: a ～ program 緊急計画; 突貫生産計画 / take a ～ course in Spanish スペイン語の速成[特訓]コースを受ける.

— *adv.* すさまじい音響を立てて: go [fall] ～ すさまじい音を立てて倒れる[落ちる] / A stone came ～ through the window. 石ががちゃんと窓を破って飛び込んで来た.

crash² [krǽ(:)ʃ] 〘(1812) 〘短縮〙 ← ? Russ. *krashenina* colored linen〙 — *n.* **1** クラッシ《粗い麻布でタオル·夏服·テーブル掛けなどに用いる》. **2** 〘製本〙 寒冷紗《背張り (backlining) 用の非常に目の粗い布》.

Crash·aw [krǽʃɔ:], **Richard** (1612?–49) 英国の宗教詩人: *Steps to the Temple* (1646).

crásh bàrrier *n.* **1** (自動車が道路からはずれるのを防ぐ)防護柵, ガードレール. **2** 〘航空〙 非常拘束装置《滑走路端に設け飛行機がオーバーランして事故を起こすのを防ぐ; arresting barrier ともいう》.

crásh bòat *n.* 遭難救助艇, (飛行機事故の)高速救難艇.

crásh-dìve *vi.* 〈潜水艦が〉急速に潜航する. — *vt.* …に急降下して突込む[ぶつかる].

crash dìve *n.* (水上艦艇·航空機などの攻撃を避けるための, 潜水艦の)急速潜航《quick dive ともいう》.

crásh·er *n.* **1** すさまじい音を発するもの; 痛打, 痛撃. **2** 〘俗〙 ＝gate-crasher.

crásh-hàlt *n.* (自動車の)急停車.

crash hèlmet *n.* (レーサーなどが事故防止に用いる通常プラスチックまたは革製の)ヘルメット.

crásh·ing *adj.* 〘口語〙 **1** 完全な (complete), 徹底的な (thorough), 全くの (utter): a ～ bore 全く退屈な人[もの]. **2** 例外的な; 最高の, すばらしい (superlative): make a ～ success 大成功をおさめる.

crásh-lánd 〘航空〙 *vt.* 〈飛行機〉に(破損を伴うような)不時着をさせる. — *vi.* 〈飛行機が〉不時着する.

crásh·lánding *n.* 〘航空〙 (破損を伴うような)不時着《特に, 車輪を引っ込めたままの胴体着陸など》.

crásh pàd *n.* **1** (自動車などの内部の)安全パッド, 緩衝パッド. **2** 〘俗〙 (ヒッピーなどの)一夜の宿, 仮の宿 (cf. crash¹ *vi.* 5).

crásh-tàckle 〘アメリカンフットボール〙 *n.* クラッシュタックル《強烈にタックルすること》. — *vt., vi.* (…に)クラッシュタックルする.

crásh trùck [wàgon] *n.* 〘航空〙 (飛行機の不時着事故後に救助に向かう)救難車, クラッシュトラック.

crásh·wòrthy *adj.* 衝突に耐える, ぶつかっても大丈夫な. **crásh·wòrthiness** *n.*

cra·sis [kréɪsɪs, -səs | -sɪs] 〘(1602) ⊏Gk *krâsis* a mixing, blending ← *keránnūnai* to mix: ⇨ crater〙 — *n.* (*pl.* **cra·ses** [-si:z]) **1** 〘文法〙 母音縮合《複合語において最初の語の語尾の母音と次の語の語頭の母音が相合して長母音または二重母音になること; 例: L. *cōpia* < *co-opia*; Gk. *kagṓ* < *kaì egṓ*》. **2** 〘古〙 体質 (constitution); 気質 (temperament).

crass [krǽ(:)s] 〘(1545) ⊏L *crass-us* solid, gross, thick ← ?〙 — *adj.* (**～·er; ～·est**) **1** 愚鈍な, ばかな (stupid); 繊細さを欠く, 粗野な: ～ ignorance [stupidity] お話にならない無知[愚鈍]. **2** 〘古〙 〈織物が〉ぼてぼての, ざらざらの (thick). **～·ly** *adv.* **～·ness** *n.*

cras·si·tude [krǽsɪt(j)ù:d, -sə- | -sɪtjù:d] 〘(?1440) ⊏L *crassitūdō* thickness: ⇨↑, -tude〙 *n.* **1** 愚鈍. **2** 〘古〙 目のあらいこと, 粗雑.

Cras·su·la·ce·ae [kræs(j)uléɪsiì: | -sju-] 〘← NL ～ ← *Crassula* (属名: ⇨ crass, -ule)+-ACEAE〙 — *n.* 〘植物〙 (双子葉植物バラ目)ベンケイソウ科. **cràs·su·lá·ceous** [-ʃəs] *adj.*

Cras·sus [krǽsəs], **Marcus Li·cin·i·us** [lɪsíniəs, lə- | laɪsínɪəs, -njəs] *n.* クラッスス (115?–53 B.C.; ローマの将軍·政治家; Caesar および Pompey と共に第 1 回三頭政治を行なった).

-crat [←― krӕt] 〘⊏F *-crate* 〘逆成〙 ← *-cratie* '-CRACY'〙 次の意味を表わす名詞連結形: **1** 「政治理論の支持者」: aristo*crat*, demo*crat*. **2** 「…の階級の人」: pluto*crat*. **3** 「政党の支持者」: Dixie*crat*.

cratch [krǽtʃ] 〘(a1250) *cracche, crecche* ⊏OF *creche* (F *crèche*) ⊏Gmc **krippja* 'CRIB': cf. crèche〙 — *n.* **1** 〘英方言〙 飼い葉入れ (crib). **2** 〘古〙 飼い葉桶 (manger).

crate [kréɪt] 〘(1526) ⊏L *crāt-is* hurdle: cf. grate¹〙 — *n.* **1 a** (ガラス·陶器類を運ぶ)木枠. **b** (果物などを運ぶ)竹[柳]かご. **2** 〘俗〙 おんぼろ車[飛行機] (jalopy). — *vt.* 木枠に詰める.

cra·ter [kréɪtə | -tə(r] 〘(1613) ⊏L *crātēr* ⊏Gk *krātḗr* mixing bowl ← IE **kerə-* to mix (cf. rare²)〙 — *n.* **1 a** 噴火口 (⇨ volcano 挿絵). **b** (地雷や爆弾などでできた)漏斗(ろうと)孔, 弾孔; (核の破裂による地表面の)破裂口. **c** (月面などの)火口状のくぼみ, クレーター, 環状山; 隕石による穴. **d** (絵の表面にできる)凹み. **2** [C-] 〘天文〙 コップ座《南天の小星座; the Cup ともいう》. **3** 〘電気〙 火孔《アーク灯の陽極カーボンにできる穴》. **4** 〘金属加工〙 クレーター《アークなどの作用で溶接ビードの終端に生じるくぼみ》. **5** ＝krater. — *vt.* 〈爆弾などが〉…に漏斗孔をあける. — *vi.* 穴ができる, 漏斗孔を作る.

cra·ter·i·form [kreɪtərəfɔ̀:m, krətér- | kréɪtərɪfɔ:m, krətér-] 〘⇨↑, -form〙 *adj.* **1** 噴火口状の, じょうご形の. **2** 〘植物〙 さかずき状の.

cráter làke *n.* 火口湖.

Cráter Láke *n.* クレーター湖《米国 Oregon 州南西部にある死火山の噴火口にできた湖; 直径 10 km; 水深 590 m; Crater Lake National Park に含まれる》.

Cráter Láke Nátional Párk *n.* クレーターレーク国立公園《米国 Oregon 州南西部にあり, 美しい湖 (Crater Lake) で有名; 1902 年指定; 面積 649 km²》.

cra·ter·let [kréɪtəlɪt, -lət | -tə-] *n.* 小噴火口; 小弾孔; 小クレーター.

-crat·ic [←― krǽtɪk | -tɪk] 〘⊏F *-cratique*: ⇨ -crat, -ic¹〙 -crat に対応する形容詞連結形: aristo*cratic*, demo*cratic*.

-crat·i·cal [←― krǽtɪkəl, -tə- | -tɪ-] 〘⇨↑, -ical〙 ＝-cratic.

Ć ràtion *n.* 〘米陸軍〙 C 号(携行)糧食《かん詰め野戦食; cf. D ration, K ration》.

cra·ton [kréɪtɑn | -tɒn] 〘⊏G *Kraton* 〘変形〙 ← Gk *krátos* strength〙 — *n.* 〘地質〙 クラトン, 剛塊《主に先カンブリア紀岩類からなる, 地殻の比較的安定した部分; cf. shield 9》. **cra·ton·ic** [krətɑ́nɪk, kreɪ- | -tɒ́n-] *adj.*

cra·tur [kréɪtə | -tə(r] *n.* 〘スコット·アイル〙 ＝creature.

craunch [krɔ́:ntʃ, krɑ́:ntʃ | krɔ́:ntʃ] 〘擬音語〙 *v., n.* ＝crunch.

cra·vat [krəvǽt] 〘(1656) ⊏F *cravate* ← *Cravate* a Croat, Croatian ⊏G *Krabate* ⊏Serbo-Croatian *Hrvat* a Croat: もとフランス傭兵のクロアチア人がつけた首ひも〙 — *n.* **1 a** クラヴァット《レースなどの縁飾りのあるスカーフやバンド状のネッククロス (neckcloth); 17 世紀男子が首に巻きつけて蝶などに結んだ》: ⇨ HEMPEN cravat. **b** ネクタイ (necktie). **2** 〘外科〙 三角巾《包帯用》. **3** 〘海事〙 煙突頂部につけたカバー. — *vt.* (**cra·vat·ted, -vat·ed; -vat·ting, -vat·ing**) …にクラヴァット[ネクタイ]をつける.

cravat 1 a

crave [kréɪv] 〘OE *crafian* < (WGmc) **krabojan* ← ? **kraftaz* 'force, CRAFT': cf. ON *krefja* to demand〙 — *vt.* **1 a** 懇願する, 切望する (demand): ～ (a person's) pardon [leave, mercy] (人の)勘弁[許し, 慈悲]を乞う / ～ a gift [favor] from [of] a person 人の寄贈[好意]を懇願する. **b** 〘廃〙 〈人〉に〈…するよう〉願う 〈*to do*〉. **2** 欲する, 必要とする (need); 渇望する, 熱望する: I ～ a drink. 一杯飲みたくてたまらない. — *vi.* **1** 懇願する, 懇請する (beg) 〔*for*〕: ～ *for* pardon. **2** 熱望する (long) 〔*for, after*〕: ～ *for* a drink. **cráv·er** *n.*

cra·ven [kréɪvən] 〘(?a1200) *cravant* vanquished ⊏OF *cravanté* overthrown (p.p.) ← *cravanter* to overwhelm ← L *crepāre* to rattle: ⇨ crepitate〙 — *adj.* **1** 気の弱い (faint-hearted), 臆病な, 卑怯な (cowardly). **2** 〘古〙 負けた, 参った (defeated). ★ 通例次の句で: cry ～ 参ったと叫ぶ, 降参する. — *n.* 臆病者, 意気地なし (coward). — *vt.* 〘古〙 ひるませる, 臆病にする. **～·ly** *adv.* **～·ness** *n.*

Cra·ven·ette [krèɪvənét, krӕv-] 〘← *Craven Street* (London の街路名): ⇨ -ette〙 — *n.* 〘商標〙 クレバネット《元来は純毛ギャバジンに防水加工を施した布; 現在では綿ギャバジンに防水加工を施した布》.

cráv·ing 〘ME〙 — *n.* **1 a** (強い)欲求, 熱望: a natural ～ *for* recognition 世間に認められたいという自然な気持 / have a ～ *for* pleasure 快楽を渇望する. **b** あこがれ. **2** 〘廃〙 懇願, 懇請. — *adj.* **1** 熱望する: a ～ passion. **2** 〘廃〙 懇願[懇請]する. **～·ly** *adv.* **～·ness** *n.*

craw [krɔ́:] 〘(c1250) *craue* < ? OE **cræg*: cf. Du. *kraag* neck, collar〙 — *n.* **1** (鳥·虫類の)嗉嚢(そのう) (crop). **2** (下等動物の)胃(袋) (stomach).
stick in one's craw ⇨ stick 成句.

craw-craw [krɔ́:krɔ̀:] 〘⊏Afrik. ～ ← Du. *krauwen* to scratch〙 *n.* 〘病理〙 回旋糸状虫 (*Onchocerca volvulus*) による伝染性の皮膚病《西アフリカに多い》.

cráw·dàd 〘(変形) ↓〙 *n.* 〘米中部〙 ザリガニ (crayfish).

craw·fish [krɔ́:fɪʃ] 〘(変形) ← CRAYFISH〙 — *n.* 〘動物〙 **1** ザリガニ (crayfish). **2** イセエビ (spiny lobster). **3** 〘カリフォルニア〙 ＝ghost shrimp. — *vi.* 〘米口語〙 (ザリガニのように)後ずさりする; しりごみする; 手を引く 〈*out*〉.

Craw·ford [krɔ́:fəd | -fəd], **Francis Marion** *n.* (1854–1909) 米国の小説家; *A Roman Singer* (1884).

crawl¹ [krɔ́:l] 〘(c1200) *craule(n)* ⊏ON *krafl-a* to paw, scrabble with the hands: cf. Dan. *kravle* to creep〙 — *vi.* **1** はう, はって行く; 腹ばいになって動く (creep): ～ on hands and knees 四つんばいにはう. **2 a** のろのろ走る, 徐行する; そろそろ[のろのろ]歩く 〈*about*〉. **b** 〈仕事などが〉のろのろ進む; 〈時が〉徐々に過ぎる 〈*along*〉. **3** こそこそする; 平身低頭する; こそこそ取り入る: ～ into a person's favor 人の好意に取り入る. **4 a** 〈場所が〉(虫などで)うじゃうじゃ[うようよ]する (swarm) 〔*with*〕: The ground was simply ～*ing with* worms. 地面には虫がうようよしていた. **b** (虫がはうような気持で)むずむずする, ぞっとする, 身の毛がよだつ思いがする: make a person's flesh ～ ⇨ flesh 成句 / My flesh ～*ed* at the thought. 思ってみただけでぞっとした. **5** クロールで泳ぐ. **6** 〈ツタなどが〉はう, 巻きひげをのばす. **7** 〈ペンキなどが〉均等に広がらない, たまりができる, 濃い部分ができる. **8** 〘窯業〙 釉めくれを起こす. — *vt.* **1** 〈場所を〉はうように進む: ～ the earth. **2** 〘俗〙 きびしく非難する. — *n.* **1 a** はうこと, はい歩き. **b** そろそろ歩き, 徐行: go at a ～ (はうように)のろのろ歩く; 徐行する / go for a ～ ぶらぶら散歩に行く. **c** [通例限定詞を伴って] 〘英〙 はしごをすること: ⇨ pub crawl. **2** [the ～] 〘水泳〙 クロール (crawl stroke) 《American crawl, Australian crawl などがある; front crawl ともいう》. **3** 〘映画·テレビ〙 回転式タイトルパターン《轆轤回転機の表面にタイトルを書いて, それを回しながら出していくもの; crawlbox ともいう》.

crawl² [krɔ́:l] 〘(1660) ⊏Du. *kraal* ⊏Sp. *corral*: ⇨ corral〙 *n.* (海岸の浅瀬に設けた)魚囲い, 生簀(いけす).

cráwl·bòx *n.* 〘映画·テレビ〙 ＝crawl¹ 3.

cráwl·er [-lə | -lə(r] 〘← CRAWL¹ (v.)〙 — *n.* **1 a**

はうもの[人]. **b** はって歩く動物, 爬行(はこう)動物, 爬虫 (reptile). **c** ヘビトンボの幼虫 (hellgrammite); カイガラムシの最初の幼虫《成虫は全く動かないが, この時期の幼虫ははい歩くことができる》. **d** 《英口語》流しのタクシー. **e** =crawler tractor. **2** クロール泳法の泳者. **3** [通例 *pl.*] (幼児用のオーバーオールに似た)はいはい着. **4** 《豪》(卑屈な)ごきげん取り.

cráwler cràne *n.* 〘機械〙クローラークレーン, 無限軌道付きクレーン, カタピラクレーン.

cráwler tràctor *n.* クローラートラクター, 無限軌道トラクター. 「路.

cráwler·wày *n.* (ロケットや宇宙船を運ぶための)道

cráwl·ing bòard [-lɪŋ-] *n.* 〘建築〙(屋根・足場などの)登り板 (chicken ladder). 「して.

cráwl·ing·ly [-lɪŋli | -lɪ] *adv.* はうように, のろのろ

cráwling pèg *n.* 〘経済〙漸進的平価変更方式, クローリングペッグ《ある期間一定の水準に保たれる為替相場; 市場の状況を反映し少しずつ変動する》.

cráwl spàce *n.* 〘建築〙(配管[配線]作業員の入れる程の)床下[屋根裏]の空間.

cráwl stròke *n.* 〘水泳〙クロールストローク, クロール泳法.

cráwl·wày *n.* (洞穴などの, はって行ける程度の)低い通路.

crawl·y [krɔ́ːli | -lɪ] *adj.* (**crawl·i·er**; **-i·est**) むずがゆい, むずむずする; (薄気味悪くて)ぞっとする: The sight made me feel ～. それを見て私はぞっとし

cray [kréɪ] 〘《略》↓〙 *n.* 《豪口語》=crayfish. 「た.

cray·fish [kréɪfɪʃ] 〘《1311–12》 *crevise* ▭ OF *crevice* (F *écrevisse*) ▭ OHG *krebiz* ' CRAB¹ ': 今の語尾は FISH¹ との連想による〙 ── *n.* 〘動物〙 **1** ザリガニ《ザリガニ科の動物の総称; 米国産のアメリカザリガニ(俗称. エビガニ) (*Cambarus clarki*), ヨーロッパ産の *Astacus fluviatilis* など》. **2** イセエビ (spiny lobster).

cray·on [kréɪɑn, -ən, krǽ(ː)n | kréɪən, -ɔn; *F.* krɛjɔ̃] 〘《1644》 ▭ F ～ (dim.) ← *craie* < L *crētam* chalk ← ?〙 ── *n.* **1** クレヨン: an artist in ～ クレヨン画家 / a ～ sketch クレヨンのスケッチ / a picture in ～(*s*) クレヨン画. **2** クレヨン画. ── *vt.* **1** クレヨンで描く[彩色する]. **2** …の計画を立てる 〈*out*〉.

cráy·on·ist [-nɪst, -nəst | -nɪst] *n.* クレヨン画家.

cráyon mànner *n.* 〘美術〙(エッチングの)クレヨン効果《各種のニードルやルーレットを用いて原版に手を加え, 刷った時にクレヨン画のような表現効果を得る技法》.

craze [kréɪz] 〘《1369》 *crase(n)* to break ▭ ON **kras-a* (Swed. *krasa*): cf. crash¹〙 ── *vt.* **1** [通例 p.p. 形で] 〈人〉の気を狂わせる; 熱狂させる, 夢中にさせる: be ～*d about* a film star 映画スターに夢中になる / He was half ～*d with* grief. 彼は悲しみに気も狂わんばかりだった. **2 a** 〈陶磁器〉の表面[釉(うわぐすり)]に細かいひびを入れる (cf. crackle 2). **b** 《英方言》…にひびを入らせる (crack). **3** 《古》〈健康などを〉損ねる, 弱める. **4** 《廃》こわす, くだく (shatter). ── *vi.* **1** 気が狂う. **2** 貫入(かんにゅう)がでる《陶磁器釉面に細状のひびができる》. **3** 《古》こわれる (break). ── *n.* **1** (一時の)熱狂, 夢中 (mania); 熱狂的流行 (rage); 熱中するもの: have a ～ *for* stamp collecting 切手収集に夢中である / a miser's ～ *for* gold けちんぼうの黄金欲 / It is the latest ～. それは最近の大流行だ / The singer is the ～. その歌手は大もてだ. **2** 狂気. **3** (陶磁器の)貫入, (珐瑯(ほうろう)の)ひびわれ《釉面に入る小さな割れ目; cf. crackle *n.* 2 a》. **4** 《廃》 **a** 割れ, ひび (crack), きず (flaw), 欠陥 (defect). **b** 病弱 (infirmity).

cra·zi·ly [kréɪzɪli, -z(ə)li | -lɪ] 〘《1668》〙 *adv.* 狂気[狂人]のように; 熱狂的に. 「ざた.

cráz·i·ness *n.* **1** 狂気, 発狂(状態). **2** 熱狂, 気違い

cráz·ing *n.* 貫入(かんにゅう)《陶磁器の釉にできるひび》; (エナメル・ワニス・珐瑯(ほうろう)などの釉にできる)ひび割れ.

cra·zy [kréɪzi | -zɪ] 〘《1576》 ← CRAZE+-Y⁴〙 ── *adj.* (**cra·zi·er**; **-zi·est**) **1 a** 精神錯乱の, 気が狂っている, 狂気の (mad) 〔*with*〕: Are you ～? 気でも狂ったか / be ～ *with* excitement [pain] 興奮[苦痛]で気違いのようになっている. **b** 狂人の[を思わせる]: a ～ leer. **c** 常識を欠いた, 狂気じみた, 途方もない; ばかげた (foolish): a ～ action [fancy] 正気の沙汰とは思えぬ行為[空想] / He is ～ to speak to his boss like that. 上司にあんな口をきくとはばかだ / It is ～ of you to give him money. やつに金をやるなんて君もどうかしている. **d** 風変わりな (odd), 異常な (unusual): a ～ little man. **2** 《口語》 **a** 〔…に〕熱狂している, 夢中の 〔*about*〕: be ～ *about* sports cars スポーツカーに夢中である. **b** 〔人に〕のぼせ上がっている, ほれている (infatuated) 〔*about, for, over*〕: He is ～ *for* the girl. 彼はあの娘にいかれている / They were both ～ *about* each other. お互いほれ合っていた. **c** ぜひ…したがっている, 〈…するのに〉熱心である 〈*to* do〉: He is ～ *to* have a try at it. 彼はしきりにそれをやりたがっている. **3 a** 〈建物・船など〉ひび[割れ目]の入った; こわれかかっている, ぐらぐら[がたがた]の (rickety). **b** まっすぐでない, 曲がった (crooked): a ～ path. **c** 〈敷石・舗道など〉形が不正の, 不ぞろいの (irregular): ⇨ crazy quilt, crazy pavement. **4 a** 〈ジャズが〉わくわくさせる, 熱狂的な (wild). **b** 《俗》すばらしい (excellent); 申し分のない (perfect). **5** 《古》弱っている, 病弱な, か弱い (sickly). **6** 〘トランプ〙持主の自由になる (wild): ⇨ crazy eights, crazy jacks. **7** 〘畜産〙〈焼印が〉上下逆さに押された.

(***as***) ***crazy like*** [***as***] ***a fox*** ⇨ fox 成句. ***like crazy*** 《口語》猛烈に, ものすごく, ものすごい勢いで (like mad).
── *adv.* 《俗》 **1** 非常に, とても (very): a ～ mad person. **2** 激しく, 気も狂わんばかりに (furiously).
── *n.* 《口語》気の狂った人; 異常な人, 変人.

crázy bòne *n.* 《米》=funny bone 1.

crázy èights *n. pl.* [単数扱い] 〘トランプ〙8 を鬼札 (wild card) として使う stop 系のゲーム.

Crázy Hórse *n.* (1849 ?–77) 米国のインディアンの酋長; Little Big Horn で G. Custer 将軍の騎兵隊を全滅させた (1876).

crázy hòuse *n.* 《米》 **1** 精神病院. **2** (遊園地などの)びっくりハウス.

crázy jàcks *n. pl.* [単数扱い] 〘トランプ〙ジャックを鬼札 (wild card) として使う stop 系のゲーム.

crázy pàvement *n.* 乱敷き道, 乱張り《不ぞろいの石やタイルを敷いて, その間に岩生植物などをのぞかせた庭園の歩道》.

crázy quìlt *n.* **1** 寄せ切れの掛けぶとん. **2** 寄せ集め, つぎはぎしたもの (jumble).

crázy tòp *n.* 〘植物病理〙植物の先端生長部分に変化の起こる病変の総称《水分・栄養分の不足, ウイルス等により柑橘・トウモロコシ・アーモンド等の枝端に花の代わりに葉が集まり, 果実が減少または未熟に終わ 「=locoweed.

crázy·wèed 〘牛馬に有毒であることから〙 *n.* 〘植物〙

cre- [kriː] (母音の前に来る時の) creo- の異形.

Ć-reàctive prótein 〘C-: ← CARBOHYDRATE〙 ── *n.* 〘生化学〙C- 反応蛋白質《炎症や新生物発生など異常になった血清に生じる蛋白質で肺炎菌の細胞壁多糖類を沈澱させる》.

creak [kriːk] 〘《*a*1325》 *creke(n)* 《擬音語》: cf. OE *cræ̆cettan* ← *cracettan* to croak〙 ── *n.* きーきー[ぎーぎー, ぎゅーぎゅー]鳴る音, きしる音, きしみ: the ～ of rusty hinges, new boots, etc. / The box opened with a ～. 箱はきしるような音を出してあいた.
── *vi.* **1** きーきーきしる, きしむ, きゅーきゅー鳴る: New shoes are apt to ～. 新しい靴はとかくきゅーきゅー鳴る / *Creaking* doors hang the longest. 《諺》病身者は長生きしがちなもの. **2** きーきー音をさせながら動く, きしみながら進む. ── *vt.* きーきーいわせる, きしらせる: ～ a chair, one's shoes, etc.

creak·y [kríːki | -kɪ] 〘← CREAK+-Y⁴〙 ── *adj.* (**creak·i·er**; **-i·est**) **1** きーきーいう, きしむ, きしみやすい (squeaky): ～ stairs. **2** がたがたの, おんぼろの (dilapidated): a ～ house. **créak·i·ly** [-kɪli, -kə- | -lɪ] *adv.* **créak·i·ness** *n.*

cream [kríːm] 〘《1332》 *creme* ▭ OF *cre(s)me* (F *crème*) 《混成》← LL *crāmum* cream (← ? Celt.)+ *chrisma* (⇨ chrism)〙 ── *n.* **1** クリーム, 乳脂肪《牛乳を遠心分離機にかけて抽出した 18–40% の乳脂肪; 生クリーム》. **2 a** (外形・濃度など)クリーム状のもの. **b** (乳[懸]濁液の)上かす, 上皮. **c** クリーム状製品, 化粧クリーム; 乳剤 (emulsion): ⇨ cold cream. **3 a** クリーム状の菓子, デザート: ⇨ chocolate cream. **b** アイスクリーム: vanilla ～. **c** [通例限定詞を伴って] クリーム入り料理: chicken ～ / fish ～ / ～ of tomato [celery] soup. **4** こくのあるシェリー(酒)《cream sherry ともいう》. **5** [the ～] 最良の部分, 精華, 精髄, 粋 (quintessence): *the* ～ of society 最上層社会, 社交界の花とも言うべき人々 / *the* ～ of fashion 流行の粋 / *the* ～ of the story その物語の妙所[佳境] / *the* ～ of *the* ～=crème de la crème / get *the* ～ of… の粋[最良部分]を抜く. **6** =creamer 2. **7** クリーム色, 淡黄色. **8** クリーム色の動物; (特に)クリーム色の馬[ウサギ].
the cream of the crop 《口語》最上のもの, 精選した
cream of lime 石灰乳. しもの, 粋.
cream of tartar 〘化学〙酒石英 ($KHC_4H_4O_6$)《酒石を再結晶して得られる比較的純度の高い酒石酸水素カリウム》.
── *adj.* **1** クリームで作った, クリーム入りの; クリーム状の. **2** クリーム色の (cream-colored).
── *vt.* **1** 〈牛乳〉からクリームを分離する[採る]; 〈牛乳〉から乳皮[脂肪]をすくい取る. **2** 〈牛乳〉にクリームを生じさせる, 乳皮を張らせる. **3 a** 〈紅茶・コーヒーなど〉にクリームを入れる. **b** 〈肉・野菜などを〉クリーム(ソース)で煮る[あえる]; …にクリームソースを掛ける: ～*ed* chicken [fish] クリームソースを掛けた鶏肉[魚肉] / ～ oysters [vegetables] カキ[野菜]をクリームで煮る. **4 a** 〈バターなどを〉かき回してクリーム状にする. **b** …にあわを生じさせる. **5** …に(化粧用)クリームをつける: ～ one's face. **6** …から一番よい所[粋]を抜く[抜き取る] 〈*off*〉. **7 a** 《俗》したたかぶつ; ひどくやっつける. **b** ぶっこわす (wreck): ～ the car on the expressway. ── *vi.* **1 a** 〈牛乳が〉クリームを生じる, 乳皮[脂肪]が張る. **b** 〈液が〉上かす[あわ]を生じる. **2** クリーム状になる.

créam bùn *n.* 《英》=cream puff 1.

créam·bùsh 〘その葉がクリーム色をしているところから〙 *n.* 〘植物〙=ocean spray.

créam càke *n.* クリームケーキ.

créam chéese *n.* クリームチーズ《牛乳にクリームを加えて造る柔らかく味の濃厚な熟成しないチーズ》.

créam-còlored *adj.* クリーム色の, 淡黄色の.

créam-colored wáre *n.* クリーム色陶器《18 世紀の初期英国で作られたクリーム色を呈した精陶器; その後 J. Wedgwood が改良したものが有名》.

créam cràcker *n.* =cracker 2.

créam·cùps *n.* (*pl.* ～) 〘植物〙米国 California 産ケシ科の一年草 (*Platystemon californicus*).

créam·er *n.* **1** クリーム分離器 (cream separator). **2** クリーム入れ, クリーマー.

cream·er·y [kríːm(ə)ri | -mərɪ] 〘▭ F *crèmerie*: ⇨ cream, -ery〙 ── *n.* **1 a** バター・チーズ製造所, 酪農場. **b** クリーム製造所《牛乳を固めクリームを採る所》. **2** クリーム・バター・牛乳類販売店, 酪産物販売所.

créam-fàced *adj.* (こわくて)真青な顔をした (pale).

créam ìce *n.* 《英》=ice cream.

créam-láid *n.* クリーム色簀(す)の目紙《簀の目の入っているクリーム色の筆記用紙; cf. laid paper》.

créam nùt 〘その味がよいことから〙 *n.* =Brazil nut 2.

créam-of-tártar trèe *n.* 〘植物〙パンヤ科アダンソニア属の典型的な大型壺形樹 (*Adansonia gregorii*)《sour gourd ともいう》.

créam pùff *n.* **1** シュークリーム《カスタードクリームや生クリームなどを詰めた焼き菓子》: ⇨ cream puff paste. **2** 《俗》 **a** 柔弱な男, 意気地なし. **b** つまらないもの. **3** 《米俗》調子のいい中古(自動)車.

créam pùff pàste *n.* シュークリームの生地《小麦粉と水または牛乳・バター・卵を練り合わせた生地; 焼くと中が空洞になるので種々のクリームを詰めることができる; pâte à chou, chou pastry ともいう》.

créam sàuce *n.* クリームソース《生クリームを加えて濃厚にしたホワイトソース (white sauce)》.

créam sèparator *n.* クリーム分離器《牛乳から生クリームを分離採取するもの》.

créam shérry *n.* =cream 4.

créam sóda *n.* クリームソーダ《バニラで香りをつけ, 砂糖で甘味をつけたソーダ水》.

créam tèa *n.* 《英》クリームティー《ジャムや乳脂肪の多いクリームを添えたパンやスコーン (scone) を食べる午後のお茶 (afternoon tea)》.

créam·wàre *n.* [集合的] クリームウェア《素地がクリーム色あるいはわずかに黄色の陶器》.

créam-wóve *n.* クリーム色ウーブペーパー[簀(す)の目なし紙]《簀の目の入っていないクリーム色の筆記用紙; cf. wove paper》.

cream·y [kríːmi | -mɪ] 〘《1610》← CREAM+-Y⁴〙 ── *adj.* (**cream·i·er**; **-i·est**) **1** クリームを含む, クリームの多い: ～ milk. **2 a** クリーム質の, クリーム状の (creamlike). **b** なめらかで柔らかい. **c** クリーム色の. **d** つやっぽい: a woman with a ～ voice つやっぽい声の女. **créam·i·ly** [-mɪli, -mə- | -lɪ] *adv.* **créam·i·ness** *n.*

cre·ance [kríːəns] 〘《?*c*1300》 ▭ OF ～ < VL **crēdentiam* ' CREDENCE '〙 *n.* 〘鷹狩〙(訓練中鷹をつないでおく)細紐.

crease¹ [kriːs] 〘《1578》 *creast, crest* ridge (of a roof) 《転用》? ← CREST〙 ── *n.* **1 a** 折目, 畳み目 (fold, rumple). **b** [しばしば *pl.*] (ズボンの)折目. **c** [通例 *pl.*] (顔・首などの)しわ (wrinkle). **2** 〘クリケット〙クリース《投手または打手の限界線, またはその線内》: ⇨ bowling crease, popping crease. **3** 〘アイスホッケー・ラクロッス〙クリース《アイスホッケーではゴールラインの中央を中心とする長方形, ラクロッスではゴールを囲む円の区域で, いずれもゴールキーパーの特権が認められる》. **4** 〘地理〙クリース《大陸氷河の末端にできた平野に残っている干上がった河道》.
── *vt.* **1** …に折目をつける, 折る; しわにする: ～ a thing in folio 物を二つ折にする / ～ one's trousers ズボンに折目をつける / ～ one's face 顔にしわを寄せる / Her face was ～*ed with* lines. 彼女の顔はしわだらけだった. **2** 《米》 **a** 〈馬などを〉かすり弾(だま)で気絶させる. **b** 〈人〉にかすり傷を負わせる. **3** 《英俗》 **a** くたくたにさせる; 気絶させる. **b** 殺す (kill). ── *vi.* 折目がつく; しわになる: This material ～*s* very easily. この生地はしわがつきやすい / His face ～*d* into a smile. 彼は顔をしわだらけにして笑った.

crease² [kriːs] *n.* =kris.

créase·less *adj.* しわのない, 折目のない.

créas·er *n.* (製本・裁縫などでとじたり縫ったりするための)折目つけ器. 「学〙=creosol.

cre·a·sol [kríːəsɔ̀(ː)l, -sòul | kríəsɔl, kríːəsɔl] *n.* 〘化

cre·a·sote [kríːəsòut | kríəsəut, kríːəsəut] *n.* 〘化学〙=creosote 1. 「わ]だらけの.

creas·y [kríːsi | -sɪ] *adj.* (**creas·i·er**; **-i·est**) 折目[し

creat- [kríːət] (母音の前に来る時の) creato- の異形.

cre·ate [kriéɪt, kríːeɪt | kriːéɪt, krɪ-] 〘《*c*1380》 *create(n)* ← L *creāt-us* (p.p.) ← *creāre* to bring into being 《原義》cause to grow ← IE **ker-* to grow (cf. crescent, increase): ⇨ -ate³〙 ── *vt.* **1** 〈神・自然力などが〉創造する: God ～*d* the heaven and the earth. 神天地を創造(つく)りたまえり (*Gen.* 1:1). **2** 〈新事情・騒動などを〉引き起こす, 巻き起こす; 〈印象・感覚・問題などを〉与える, 起こす (cause): ～ a sensation センセーション[問題]を巻き起こす, 物議をかもす / ～ a sensation of cold [itching] 寒い感じ[かゆみ]を起こす / He ～*d* a good impression upon the jury. 彼は陪審員に好い印象を与えた / His absence ～*d* a great fuss. 彼の欠席は大騒ぎを引き起こした. **3 a** 〈人知・人力などが〉(独創的に, または新機軸で)〈芸術作品などを〉生み出す, 作り出す, 創作する (produce): ～ a drama, an epic, a new type of architecture, etc. / ～ a part [a new Hamlet] 〈俳優が〉ある役の型[新機軸のハムレッ

ト]を造り出す. **b** 〈洋裁師などが〉〈新型を〉考案する, デザインする (design): ～ a costume. **4 a** [目的補語を伴って] 〈人を〉〈位階・爵位に〉つける, 叙する (appoint): ～ a man a peer 人を貴族に列する / be ～*d* (a) baron 男爵位を授かる. **b** 〈制度・官職などを〉創設する, 設ける: ～ peers 《英》〈政府が〉新貴族を作る《上院の反対を押えるため; cf. creation 4》. **— *vi.*** **1** 創造的なことをする, 建設的なことをする (invent). **2** 《英俗》騒ぎ立てる, 大騒ぎする; 不平[文句]をいう (complain) 〔*about*〕: You needn't ～ *about* it. 何もそう大騒ぎしなくともよい. **— *adj.*** 《古》創造された.

cre·a·tine [kríːətìːn, -tɪn, -tən, -tn̩ | -tìːn, -tɪn] 〖← CREATO- + -INE[1]: 1835 年にフランスの化学者 M. E. Chevreul (1786–1889) が肉汁の中に発見したことから〗 **— *n.*** 〖生化学〗クレアチン ($NH_2C(=NH)N(CH_3)CH_2COOH$)《脊椎動物の血液および筋肉組織の中に含まれている物質》.

créatine phósphate *n.* 〖生化学〗クレアチンリン酸 (⇨ phosphocreatine).

cre·at·i·nine [kriːǽtənìːn, -nɪn, -nən, -tn̩- | -tɪnìːn, -nɪn] 〖⊏G *Kreatinin* ← *Kreatin* 'CREATINE' + -*in* '-INE[1]'〗 **— *n.*** 〖生化学〗クレアチニン ($C_4H_7N_3O$)《クレアチン (creatine) に由来する水溶性の白色小板状結晶で, 人や哺乳類の筋肉や血液中にも存在するが最終産物として尿に排泄されるアミノ酸の誘導体》.

cre·a·tion [kriéɪʃən | kriː-, krɪ-] 〖《*c*1390》 *creacioun* ⊏(O)F *création* ∥ L *creātiō(n-)* ← *creātus*: ⇨ create, -ation〗 **— *n.*** **1 a** 創造; 創始, 創設. **b** [しばしば the C-] 天地の創造, 創世. **2 a** (神の)創造物, 森羅万象, 天地万物, 宇宙: lords of ～ 万物の霊長, 人間. **b** [集合的] 創造されたもの, 被造物 (creatures): the whole ～ 万物, 生きとし生ける物; 宇宙, 全世界 (cf. *Rom.* 8:22). **3 a** 創作; 創作物; (知力・想像力の)産物, 芸術作品: the ～ of great poetry / a ～ of a great artist. **b** (俳優の)独創的な新演技法, (ある役に対する)新型の創造. **c** (衣装などの)創案, (デザイナーの創意に成る)意匠, 作品, 衣装 (cf. confection 3 a): the latest Paris ～*s* パリの最新の作品[衣装] / Madame So-and-so's ～ 某女史の新意匠. **4** (貴族に)列すること, 授爵, 叙位, 叙任 (appointment): the ～ of a peerage / a peer of recent ～ 新貴族 / the ～ of peers 《英》(上院の反対を抑圧する最後的手段として政府支持の)新貴族を乱造すること.
beat* [*lick, whip*] (*all*) *creation 《米口語》すべてにまさる: That *beats* (*all*) ～. そいつは全くもって驚いた; そりゃ愉快千万だ. ***in all creation*** 《米口語》一体全体. ***like all creation*** 《米口語》猛烈に, 一生懸命に.

cre·á·tion·al [-ʃənḷ, -ʃnəl] *adj.* 創造の[に関する].

cre·á·tion·ìsm [-ʃənìzm] *n.* **1** 特殊創造説《種の起源および物質の発生は進化 (evolution) によるのではなく, 造物主の特殊の創造によるとの説; cf. evolutionism》. **2** 〖神学〗霊魂創造説《人間の霊魂は出生の際それぞれ神により創造され, 親から生れるのは身体だけであるとの説; cf. infusionism, traducianism》.

cre·á·tion·ist [-(ə)nɪst, -nəst | -nɪst] *n.* **1** 特殊創造論者. **2** 〖神学〗霊魂創造論者.

cre·a·tive [kriéɪtɪv | kriːéɪt-, krɪ-] 〖《1678》 ← CREATE + -IVE〗 **— *adj.*** **1 a** 創造的な, 創造力のある (cf. receptive 1, retentive 3): a ～ effort 創造的努力. **b** 創作的な, 独創的な (originative): ～ talent 創作的才能 / ～ imagination (芸術家の)創作的想像力. **c** 創造[想像]力を刺激する: a ～ book. **2** 〔…を〕生み出す, 生じさせる (productive) 〔*of*〕: His statement was ～ *of* a lot of controversy. 彼の見解は物議をかもした.
～·ly *adv.* **～·ness** *n.*

creátive evolútion 〖《なぞり》← F *évolution créatrice*〗 **— *n.*** 〖哲学〗創造的進化《生命は新しいものを不断に創造する流動であるというベルグソン (Bergson) 哲学の根本思想》.

cre·a·tiv·i·ty [krìːeɪtívəṭi, krìːə- | krìːeɪtívətɪ, krìeɪ-, -vɪ-] *n.* **1** 創造性. **2** 創造力, 独創力.

cre·a·to- [kríːəṭoʊ | -tə(ʊ)] 〖⊏F *créato-* ← Gk *kréas* raw flesh: ⇨ raw〗「肉 (flesh)」の意の連結形. ★ 母音の前では通例 creat- になる.

cre·a·tor [kriéɪṭə, -tɔə | kriːéɪtə(r, krɪ-] 〖《*c*1300》⊏OF *creatour* (F *créateur*) ⊏L *creātōrem*: ⇨ create, -or[2]〗 **— *n.*** **1 a** 創造者; 創作家; 創設者. **b** [the C-] 造物主, 神 (God). **2 a** (劇の役に対する)新型創始者. **b** 新型衣装[新意匠]考案者.

cre·a·tress [kriéɪtrɪs, -trəs | kriːéɪtrɪs, krɪ-, -tres] 〖⇨ -ess[1]〗 *n.* 女性の creator.

crea·tur·al [kríːtʃ(ə)rəl] *adj.* =creaturely.

crea·ture [kríːtʃə | -tʃə(r] 〖《*c*1280》⊏(O)F *créature* ⊏LL *creātūra* a thing created: ⇨ create, -ure〗 **— *n.*** **1** (生物・無生物にかかわらず)創造物, 被造物; 所産, 産物, 子 (product): a ～ of the age 時代の子[産物]. **2 a** 生物, (特に)動物 (animal): dumb ～*s* 口のきけない動物. **b** 《米》家畜; 《米南部》馬. **c** 人間, 人 (person): fellow ～*s* われわれと同じ人間, 同胞. **d** [主に愛情・同情・軽蔑などを示す形容詞を伴って] 人, 者, 子, やつ, 女: an artless ～ 無邪気な子 / a dear [good, lovely, pretty, disgusting] ～ / Poor ～! かわいそうに / that ～ there あいつ, そいつ / What a ～! 何というやつだ. **e** 得体の知れないもの; 架空の動物; 想像物: a ～ of fantasy 空想の動物. **3 a** 隷属者; 子分, 手先 (tool). **b** 意志が自由でない人, 人に左右される人; 奴隷, とりこ (slave): the [a] ～ of circumstance(s) 境遇に左右される者, 環境の奴隷 / a ～ of habit 習慣のとりこになっている人. **4** [通例 good ～ として] 《古》肉体的快楽を与えるもの; 飲食物, 衣食類 (cf. *1 Tim.* 4:4). **5** [the ～] 《戯言》酒, (特に)ウイスキー: a drop of *the* ～ ウイスキーをちょっぴり. ★ この意味ではしばしば cratur などとつづって《アイル》の音を表わす.

créature cómfort *n.* [しばしば *pl.*] (衣・食・住など)肉体的快楽を与えてくれるもの; (特に)飲食物.

créa·ture·ly *adj.* 創造[被造]物の; 生物の, 動物の, 人間の. **créa·ture·li·ness** *n.*

crèche [kréʃ, kréɪʃ | kréɪʃ] 〖《1882》⊏F ～ 'infants' home, cradle, crib' ⊏OHG *kripja* crib〗 **— *n.*** **1** 保育所, 託児所. **2** 捨て子収容所, 孤児院. **3** キリスト生誕の活人画《ベツレヘムの馬小屋にキリストを囲んでマリア・ヨセフその他大勢が集まった場面; クリスマスの出し物》.

Cré·cy [kreɪsíː, krési | krésɪ; *F.* kresi] *n.* クレシー《フランス北部の村; 百年戦争中に Edward 三世の英軍がフランス軍に大勝した所 (1346); Crécy-en-Ponthieu [-ɑ̃pɔ̃tjø] ともいう, 英語名 Cressy》. **— *adj.*** [時に c-] 〈スープ・肉料理など〉ニンジンを使って料理された[で飾った, をあしらった].

cre·dal [kríːdḷ] *adj.* =creedal.

cre·dence [kríːdn̩s, -dəns] 〖《*a*1338》⊏(O)F *crédence* ⊏ML *crēdentia* belief ← L *crēdentem* (pres.p.) ← *crēdere* to believe, trust: ⇨ creed, -ence〗 **— *n.*** **1 a** 真実を受け入れること, 信用 (belief): find ～ with ... に信用される / give ～ to ... を信じる, ...に信をおく / refuse ～ to ... に信をおかない, ...を信じない. **b** 信頼性 (reliability): a man of ～ 信頼できる人. **2** [通例 letter of ～ として] 信任(の証): ⇨ LETTER of credence. **3** =credenza 1. **4** 〖キリスト教〗(ミサ聖祭に用いるパンやぶどう酒を安置する)祭器卓, 祭器だな《通常 sanctuary の祭壇近くの右方に固定されている; credence table ともいう》.

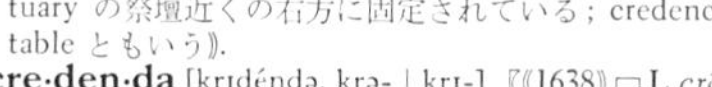
credence 4

cre·den·da [krɪdéndə, krə- | krɪ-] 〖《1638》⊏L *crēdenda* (neut. pl.) ← *crēdendus* (gerundive) ← *crēdere* (↑)〗 **— *n. pl.*** (*sing.* **-den·dum** [-dəm]) 〖神学〗信条, 信仰個条 (↔ agenda).

cre·dent [kríːdn̩t, -dənt] 〖《1600》⊏L *crēdent-em*: ⇨ credence〗 *adj.* **1** 《古》信用する, 信じる (confiding). **2** 《廃》信用できる; 当てになる.

cre·den·tial [krɪdénʃəl, krə- | krɪ-] 〖《1524》⊏ML *crēdentiāl-is* ← *crēdentia*: ⇨ credence, -al[1]〗 **— *n.*** **1 a** 信用証明書[物]. **b** 証書, 免状. **2** [*pl.*] 信任状《外国に派遣する大使・公使・使節に与えて国家の正式の代表者であることを示す資格証明書; cf. LETTER of credence》: present ～*s* 信任状を捧呈する. **— *adj.*** 信頼[信用]を証明する, 信任する: ～ letters 信任状.

cre·dén·tial·ìsm [-ʃəlìzm] *n.* (就職などで大学などでの学業成績に重点を置く)学業偏重主義.

credéntials commìttee *n.* (政党・労働組合などの全国大会などで代議員の資格を審査する)資格審査委員会.

cre·den·za [krɪdénzə, krə- | krɪ-] 〖⊏It. ～: cf. credence: 召使が毒味をするために主人の食料を食器棚に置いたことから〗 **— *n.*** **1** (ルネサンス時代の)貴重な器具を納置する戸棚; 調理用のサイドボード. **2** (これにならって作った)展示用の食器棚[本箱].

cred·i·bil·i·ty [krèdəbíləṭi | -dɪbílətɪ, -də-, -lɪ-] 〖⊏ML *crēdibilitās*: ⇨ credible, -ity〗 **— *n.*** **1** 信じられること, 真実性, (事の)真偽. **2** 〖軍事〗(脅威などの)確実らしさ.

credibílity gàp *n.* **1** (公表と実際の[予想される]事実との間に認められる)食い違い, ずれ. **2** (政治家などの言説に対する)不信度, 不信感(の度合い).

cred·i·ble [krédəbḷ | -də-, -dɪ-] 〖《*c*1380》⊏L *crēdibil-is* ← *crēdere* to believe: ⇨ -ible〗 **— *adj.*** **1** 信用[信頼]できる; 当てになる, 確かな (trustworthy) (cf. creditable): a ～ report. **2** 〖軍事〗〈攻撃の脅威など〉確実らしい, ありそうな. **～·ness** *n.*

créd·i·bly [-bli | -blɪ] 〖《1425》〗 *adv.* 信頼できるように, 確実に; 信ずべき筋から: We are ～ informed that ... だと確かな筋から聞いている.

cred·it [krédɪt, -dət | -dɪt] 〖*n.*: 《1542》⊏F *crédit* ⊏It. *credito* ⊏L *crēditum* thing entrusted to another (neut. p.p.) ← *crēdere* to believe: ⇨ creed. — *v.*: 《1541》← L *crēdit-us* (p.p.)〗 **— *n.*** **1** 信用 (belief): give ～ to a person's statement [story] 人の陳述[話]を信用する / It deserves no ～. それは信じるに足りない / His confession lent ～ to the report. 彼の告白はその報告の真実性を強めた. **2** (長所・功績のもたらす)信用, 名声, 評判 (good reputation); (信任に基づく)信望, 威信, 勢力 (influence) 〔*with*〕: have ～ *with* a person [at court] 人に[宮廷に]信用[信望]がある / gain [lose] one's ～ *with* ... に信用を得る[失う] / use [exert] all one's ～ *with* ... に対し存分に声望をふるう. **3 a** (功績などで)面目(を施すこと), 名誉 (honor); 称賛 (praise): to a person's ～ ⇨ 成句 / The ～ goes to him. それは彼の名誉[手柄]である / do ～ to a person =do a person ～ =reflect ～ on a person 人の名誉である, 人に面目を施させる / get [have, take] ～ for ... の功を認められる, ...で面目を施す; ...の評判をとる / take ～ to oneself (*for*...) (...を)自分の手柄にする. **b** [a ～] 名誉となるもの, 誉れ 〔*to*〕: be *a* ～ *to* one's family 家門の誉れとなる / Your son is *a* great ～ *to* your training. お子さんはさすがにあなたのお仕込みだけあって立派なものだ. **4 a** 〔功績・性質などがあると〕認める[信じる]こと, 帰属(させること) (recognition) 〔*for*〕: give a person ～ *for* being an honest man 正直な人だと認める / I never gave him ～ *for* such ability. 彼にそんな手腕があろうとは思いもかけなかった / He is cleverer than I gave him ～ *for*. 彼は(私が考えていたよりも)案外利口だ / have [get] the ～ of doing (名誉[感心]にも)...したと認められる. **b** [通例 *pl.*] クレジット, 謝辞 (acknowledgment) 《映画・テレビ・書物などで製作者や著作者などを明らかにして謝辞を述べること》: ⇨ credit title. **5** 《古》信頼性, 確実性, 真実性 (credibility). **6** 《米》〖教育〗**a** (ある科目の)履修[合格]証明; (履修)単位 (unit): a two-*credit* course 2 単位の科目 / He took English for four ～*s*. 英語を 4 単位取った. **b** =credit hour. **7 a** 信用, 掛け, 信用貸: on ～ 掛けで, 掛売で, 信用貸で / ⇨ LETTER of credit / buy on ～ 掛買をする, 掛けで買う / give [allow, grant] ～ 信用貸[掛売]を許す / No ～. 掛売りお断り. **b** 支払猶予期間: a month's ～ / long [short] ～ 長期[短期]信用貸. **8** 〖銀行〗貸方にもっている金, 預金; クレジット《資金の融通を許す限度》: have ～ at a bank 銀行に預金がある. **9** 〖簿記〗貸方《帳簿の右側》, 貸方記入 (略 cr.) (↔ debit); (銀行勘定における)貸越勘定: to a person's ～ ⇨ 成句.
to a person's credit (1) 人の名誉となる, 感心な; 人の名誉となるように, 感心にも: The conduct is very much *to his* ～. その行為は全く見上げたものだ / It is *to his* ～ that he carried out the plan single-handed. / 彼がその計画を独力でやり遂げたのは偉い / Much *to her* ～, she won first prize at the speech contest. 感心にも彼女は弁論大会で優勝した. (2) 〖簿記〗人の貸方に: enter [place, put] a sum *to* a person's ～ ある金額を人の貸方に記入する.
— *attrib. adj.* **1** 〖金融〗信用の, 掛売の: the ～ system 信用[掛売]制度. **2** 〖簿記〗貸方の: a ～ balance 貸方残高 / a ～ entry 貸方記入 / a ～ note 貸方票 / the ～ side 貸方欄.
— *vt.* **1** 〈話・人を〉信じる, 信用する: ～ a person's story. **2 a** 〈人を〉〔ある性質・感情などをもっていると〕信じる, 思う 〔*with*〕: ～ him *with* honesty 彼を正直だと思う / You would hardly ～ him *with* having acted so foolishly. 彼がそんなばかなことをやったとは信じない[本当にしない]でしょう / He is ～*ed with* having much imagination. 彼は想像力の豊かな男だと言われている. **b** 〈功績・名誉などを〉〔人に〕帰する (attribute) 〔*to*〕: ～ honesty *to* him 彼を正直だと思う / They ～ his queerness *to* his solitude. 彼が風変わりなのを孤独のせいだと彼らは思っている. **3** 《古》...の名誉となる, 面目を施させる. **4** 〖商業〗...に代金を貸しにする, 掛け売りする. **5** 〖簿記〗貸方に記入する (↔ debit): ～ a person *with* $50 = ～ $50 *to* a person 50 ドルをある人の貸方に記入する. **6** 《米》〖教育〗...に履修[合格]証明を与える, ...の単位取得を証明する, ...に単位を与える: I was ～*ed with* three hours in geography. 地理 3 時間の単位をもらった.

cred·it·a·ble [krédɪṭəbḷ, -də- | -dɪt-] 〖《1526》← CREDIT + -ABLE〗 **— *adj.*** **1** 名誉となる, 面目を施すような (honorable); 賞賛に値する, 立派な (praiseworthy) (cf. credible 1): ～ conduct 立派な行為 / It is ～ to your good sense. それは君の分別を恥ずかしめない《さすがに立派な分別だ》. **2** 信用に値する. **3** 〔...に〕帰することができる 〔*to*〕: Success was ～ *to* his industry. 成功は彼の勤勉のせいだった. **4** 《廃》財政状態がよい, (商売上)信用がある. **crèd·it·a·bíl·i·ty** [krèdɪṭəbíləṭi, -də- | -dɪtəbílətɪ, -lɪ-] *n.* **～·ness** *n.* **créd·it·a·bly** *adv.*

crédit àgency [bùreau] *n.* (支払能力の)信用調査所[機関], 商業興信所.

crédit càrd *n.* クレジットカード《現金を使わず信用で商品の購買を保証するカード》.

crédit hòur *n.* 《米》**1** 〖教育〗履修単位. **2** 単位時間.

crédit insùrance *n.* 貸倒れ保険, 信用保険.

crédit lìne *n.* **1** クレジットライン《テレビ番組・新聞記事・写真・絵画の複製などに添える製作者・演出者・記者・提供者・協力者などの名前などを書いたもの》. **2** 〖商業〗掛売り[貸出し]限度額.

crédit màn *n.* 《米》信用調査係.

crédit memorándum *n.* 〖商業〗信用メモ《顧客に割引を受ける資格のあることを記入したメモ》.

cred·i·tor [krédɪṭə, -də- | -dɪtə(r] 〖《?1435》⊏AF *creditour* =OF *crediteur* ⊏L *crēditor*: ⇨ credit, -or[2]〗 **— *n.*** **1** 債権者, 債主, 貸主 (↔ debtor). **2** 〖簿記〗貸方 (credit side) 《帳簿の右側; 略 cr.》: a ～ account 貸勘定 / a ～ balance 貸方残高 / the ～ side (帳簿右方の)貸方欄.

créditor nátion *n.* 債権国《国際総合収支 (overall balance) が黒字の国; cf. debtor nation》.

crédit ràting *n.* (信用調査機関による)信用度[支払能力]の評価.

crédit sàle *n.* 掛売り, クレジットセール, 分割払い式販売 (installment selling).

crédit slìp *n.* **1** 〖商業〗=credit memorandum. **2** 〖銀行〗=deposit slip.

crédit stànding *n.* 〖商業〗信用状態《債務支払能力》.
crédit tìtle *n.* 〖映画・テレビ〗クレジットタイトル《番組の初めや終わりに原作者・製作者・協力者などの名や謝辞を示す字幕》.
crédit ùnion *n.* クレジットユニオン, 信用組合.
crédit·wòrthy *adj.* (財政的に)信用のある, 信用度が高い. **crédit·wòrthiness** *n.*
cre·do [kríːdoʊ, kréɪ- | -dəʊ] 〘(?*a*1200) ▭ L *crēdō* I believe ← *crēdere* to believe (⇨ creed): ラテン語の使徒信条およびニカイア信条の最初の語〙 ― *n.* (*pl.* ~**s**) **1** 信条. **2** [しばしば C-] **a** 信条, 信経(しんきょう)《信仰告白の成文化したもので礼拝の時に読唱される》; (特に)使徒信条 (Apostles' Creed), ニカイア信条 (Nicene Creed). **b** 〖カトリック・英国国教会〗(ミサ聖祭・聖餐式で)ニケア信経, クレド. **c** 〖音楽〗クレド《2 b の文句をテクストとした音楽; ミサ曲では通例 Kyrie, Gloria に続いて 3 番目に位置する》.
cre·du·li·ty [krɪd(j)úːləṭi, krə- | krɪdjúːlətɪ, krə-, kre-, -lɪ-] 〘(?*a*1425) *credulite* ▭ (O)F *credulité* // L *crēdulitāt-em* ← *crēdulus* (↓)〙 ― *n.* 軽信的な性質[傾向]; 軽信, だまされやすいこと, ばか正直: live on the ~ of the people 世人の軽信性を食い物にする.
cred·u·lous [krédʒʊləs | -djʊ-] 〘(1576) ▭ L *crēdulus* too confiding ← *crēdere* to believe: ⇨ creed, -ous〙 ― *adj.* **1** 軽々しく信じがちな, すぐ真に受ける; 〔他人の言などを〕信じやすい, だまされやすい 〔*of*〕: He is ~ *of* rumors. 彼はうわさをすぐ信じてしまう. **2** 軽信に基づく[由来する]: ~ superstition. **~·ly** *adv.* **~·ness** *n.*
Cree [kríː] 〘(短縮) ← Canad.-F *Christinanaux* ▭ Ojibwa *Kenistenoag*〙 ― *n.* (*pl.* ~, ~**s**) **1 a** [the ~(s)] クリー族《Algonquian 族に属するアメリカインディアンの一族; もとカナダのジェームズ湾から Manitoba 地方に到る地域に住んでいたが, 次第に南下して米国の Montana, Washington 州その他の地域にひろがっている》. **b** クリー族の人. **2** クリー族の言語《Algonquian 語群に属する》.
creed [kríːd] 〘OE *crēda* ▭ L *crēdō* ← *crēdere* to believe ← IE **kred-dhə-* to place trust (cf. heart): ⇨ credo〙 ― *n.* **1 a** (キリスト教の信仰を一定形式に要約した)信条, 信経(しんきょう) (cf. dogma 1): ⇨ Athanasian Creed, Nicene Creed. **b** [the C-] ＝Apostles' Creed. **2 a** 教義, 教旨, 信条. **b** 主義, 信念, 綱領: one's political ~ 政治的信念. **c** 宗派; 宗教.
creed·al [kríːdl] *adj.* 信仰[信念, 信条]の[に関して].
creek [kríːk, krík | kríːk] 〘(*c*1220–30) *creke, crike* ▭ ON *krik-i* crack, bay, nook: cf. (O)F *crique* / Du. *kreek*〙 ― *n.* **1** 〖豪〗小川, クリーク, 細流《river と brook の中間の大きさ》; 〖米・カナダ〗川の支流. **2** 〖英〗(海・川・湖の岸にある)小さな入江 (cf. cove[1] 1). **3** 〖英方言・廃〗狭い曲折した通路; 人目につかない奥まった所.
up the creek 〖俗〗 (1) 苦境に立って, すごく困って, 難儀して (in trouble). (2) 妊娠して (pregnant). (3) 気が狂って (crazy).
Creek [kríːk] 〘この同盟地帯に無数の creek のあることから〙 ― *n.* (*pl.* ~, ~**s**) **1** [the ~] クリーク同盟《米国 Alabama 州と Georgia 州との大部分を占めていた主に Muskogean 語群に属する北米インディアンの強力な同盟; Creek Confederacy ともいう》. **2 a** [the ~(s)] クリーク族《クリーク同盟に属する者; 今は Oklahoma 州に残存する》. **b** クリーク族の人. **3** クリーク語《同種族の言語》.
créek chùb sucker *n.* 〖魚類〗＝chub sucker b.
creel [kríːl] 〘(1323–24) *crele* basket ▭ ? OF **creille* ← L *crātis* wickerwork: cf. grille〙 ― *n.* **1 a** (釣師の)びく, 魚籃(ぎょらん). **b** えび[魚]取りかご, 筌(うけ). **c** (枝編みの)しょいかご. **2** 〖紡織〗巻糸軸架.
creep [kríːp] 〘OE *crēopan* < Gmc **kreupan* (Du. *kruipen*) ← IE **ger-* curving, crooked (Gk *grūpós* curved)〙 ― *v.* (**crept** [krépt]) ― *vi.* **1 a** 〈へび・みみずなどが〉はう, 〈赤ん坊がはう, はらばう (crawl). **b** 〈虫・ねずみ・猫などが〉こそこそ[ちょろちょろ]はう, はい歩く. **c** 四つんばいで動く. **2 a** そっと歩く, 忍び足で歩く; 〈老人・病人などが〉よろよろ[よぼよぼ]歩く: ~ in 忍び込む / ~ out [away] こっそり出る[去る] / ~ up 忍び寄る / ~ about on tiptoe つま先で忍び歩く / ~ into the room 部屋にそっと入る. **b** 〈歳月・風習・思想などが〉知らないうちに[いつの間にか]入り込む[進む, 経つ]; 忍び寄る: Time *crept* on. いつの間にか時が経って行った / Abuses have *crept* in. 弊害が知らぬ間に入り込んだ / Age ~*s* upon us. 老いは知らぬ間に忍び寄ってくる / The feeling *crept* upon me. いつとはなしにそんな気がしてきた / Red *crept* up his face. 彼の顔にだんだん赤味が差してきた / A respectful tone was ~*ing* into his voice. 彼の声にいつとはなしに尊敬の調子がこもってきた. **3** 〈人が〉(こそこそ)卑屈に振舞う, ぺこぺこする (fawn, cringe); (そっと)取り入る: ~ *into* a person's favor 人にうまく取り入る, こそこそ人のご機嫌を取る. **4** (虫がはうように)〈体が〉鳥肌立つ, むしずが走る; (寒さ・心配・恐怖などで)ぞっとする (shudder, shrink): make a person ~ all over 人をぞっとさせる / make a person's flesh ~ ⇨ flesh 成句. **5 a** 〈植物が〉はう, はい広がる (spread) (cf. creeper 6): ~ over the walls 〈つたなどが〉壁にはい広がる, 壁にからみつく. **b** 〈液体が〉表面にひろがる. **6** 〈砂地・地層などが〉ずり動く, 匍(ほ)行する. **7** 〖英〗〖海事〗(探海鉤(こう) (creeper), 四つ目錨を引いて)水底を探る (drag) 〔*for*〕. **8** 〖鉄道〗〈レールなどが〉(不断の圧力のため)漸伸する. **9** 〖金属加工〗〈金属が〉クリープを起こす《一定応力および温度のもとで材料の変形が時間と共に増加する現象》. **10** 〖機械〗〈ベルトが〉クリープする《徐々に滑車の上をすべる》. ― *vt.* **1** 〈音量・光量などを〉徐々に増す 〈*in*〉: ~ *in* music. **2** 〖古〗はう, はい上がる: ivy ~*ing* the walls of a ruined castle 古城の壁にはい広がっているつた. **3** 〖俗〗盗む, くすねる.
― *n.* **1** はうこと, 腹ばい, はい歩き; のろのろ歩き, 徐行. **2** [通例 the (cold) ~s として] (体を虫がはうような)ぞっとする感じ: It gave me *the* (*cold*) ~*s*. それは私をぞっとさせた, むしずが走った. **3** ＝creep feeder. **4** (銃砲の引金が撃鉄を作動させるまでの引金機構の)遊び. **5** 〖俗〗**a** ぞっとさせるような人, いやなやつ. **b** (安ホテル・売春宿と共謀しての)こそ泥. **6** 〖地質〗(岩くず層の)漸動, はい下がり (⇨ solifluction). **7** 〖鉱山〗(坑道の)盤ぶくれ. **8** 〖金属加工〗クリープ《一定の応力, 高い温度で金属などに歪みが生じること》: ~ test クリープ試験. **9** 〖海事〗(錨形の)つかみ機, ひっかけかぎ, 四つ目錨 (grapnel). **10** [*pl.*] 〖獣医〗羊・牛の飼料中のカルシウムとリンの割合が不適当なために起こる栄養障害.
creep·age [kríːpɪdʒ] 〘⇨ ↑, -age〙 *n.* クリープ現象, (亀裂などが)徐々に伸びること.
créep·er 〘OE *crēopere*〙 ― *n.* **1** はうもの; (特に)昆虫・爬虫類のはう動物. **2** [通例 *pl.*] **a** (氷上を歩く時などに靴の底にくくりつける)鉄(てつ)かんじき, アイゼン《鋼板製で下に爪が出ている》. **b** 〖俗〗柔いゴム[フェルト]裏底の靴. **3** [*pl.*] 〖米〗(幼児の)はいはい着《ロンパースのような上下がつながっている服》. **4** 〖自動車〗クリーパー, 寝台(ねだい)《車両下面の点検・修理などのとき使用する作業台車; cradle ともいう》. **5** 〖古〗(人に取り入ろうとする)卑劣な人, 卑屈な人, 目上の人に取り入る主義者. **6** 〖植物〗つる植物《他物にからみつくもの, はい登るもの, はうものの俗称》. **7** 〖鳥類〗キバシリ《スズメ目キバシリ科の木によじ登る各種の鳥類の総称》; (特に)キバシリ (tree creeper). **8** 〖獣医〗家禽で長骨の発育不全を呈する遺伝的障害. **9** 〖海事〗探海鉤(こう)《水底を探る一種の四つ目錨》. **10** 〖機械〗(急勾配の坂などを登る際のトラックの)最低速ギヤ《creeper gear ともいう》. **11** 〖クリケット〗(投手の投げる)地をはうような低い球.
créep·ered *adj.* 〈家など〉つる植物[つた]におおわれた.
créep fèeder *n.* 〖畜産〗乳仔飼料給与柵《羊や豚などの親は出入りできないが仔だけが餌を食べられるようになっている入口の狭い囲い; 単に creep ともいう》.
créep·hòle *n.* **1** (獣の)隠れ穴. **2** 言抜け (excuse).
creep·ie [kríːpi | -pɪ] 〘← CREEP (v.)＋-IE 1〙 *n.* 〖英方言〗(17 世紀後半–18 世紀初期の)低い三脚椅子《古くはスコットランドの教会で使用された》.
créep·ing 〘OE〙 ― *adj.* **1** はう, はい回る: ~ plants はい広がる植物, 匍匐(ほふく)植物 / ~ things 爬虫類. **2** (はうように)のろい; 徐々に進行する[発達する]: ~ inflation 忍び寄るインフレ. **3** (卑屈に)こそこそ取り入る (fawning). **4** むずむずする, ぞっとする: a ~ sensation. ― *n.* **1** はうこと. **2** 徐々に[忍びやかに]動く[歩く]こと. **3** 卑屈なふるまい, へつらい. **4** むずむず[ぞくぞく]する感じ. **5** 〖海事〗探海(法) (cf. creep vi. 7).
créeping bárrage *n.* 〖軍事〗＝rolling barrage.
créeping bènt [béntgrass] *n.* 〖植物〗コヌカグサ (*Agrostis palustris*)《イネ科ヌカボ属の低木の一年草》.
créeping búttercup *n.* 〖植物〗＝creeping crowfoot.
créeping Chárlie *n.* 〖植物〗**1** ＝stonecrop. **2** ＝moneywort.
créeping crówfoot *n.* 〖植物〗ハイキンポウゲ (*Ranunculus repens*)《山間に生えるキンポウゲ科の多年草; 長いつる状の走出枝をもつ》.
créeping díscharge *n.* 〖電気〗沿面放電.
créeping erúption *n.* 〖病理〗クリーピング病, 蚓(いん)線病, 蛆埈(そしゅん)症《犬や猫の鉤虫の幼虫が皮下を潜行移動するため赤い線条を生じる人間の皮膚病; larva migrans ともいう》.
créeping férn *n.* 〖植物〗＝climbing fern.
créeping fíg *n.* 〖植物〗オオイタビ (*Ficus pumila*)《クワ科イチジク属のつる性低木; アジア暖地の原産》.
créeping forgét-me-not *n.* 〖植物〗ハナルリソウ (*Omphalodes verna*)《ヨーロッパ原産ムラサキ科のワスレナグサに似た多年草》.
créeping Jénny *n.* 〖植物〗＝moneywort.
créeping Jésus *n.* 〖英俗〗逃げ隠れする人, 卑怯者; 偽善者 (hypocrite).
créeping júniper *n.* 〖植物〗アメリカハイネズ (*Juniperus horizontalis*)《米国産ヒノキ科ビャクシン属の匍匐(ほふく)性低木; 庭園樹とする》.
créeping líly-tùrf *n.* 〖植物〗ソクシンラン (*Liriope spicata*)《アジア原産ユリ科ソクシンラン属の葉の束の中心から花茎を伸ばす匍匐性多年草; 花は淡紫色》.
créep·ing·ly *adv.* はうように, こそこそと, 徐々に, じわじわと.
créeping mýrtle *n.* 〖植物〗ヒメツルニチニチソウ (*Vinca minor*)《地中海地方原産のキョウチクトウ科の常緑つる性低木; 観賞用に栽培》.
créeping snówberry *n.* 〖植物〗米国産のツツジ科シラタマノキ属の白い実をつける匍匐(ほふく)性植物 (*Gaultheria hispidula*).
créeping thýme *n.* 〖植物〗＝wild thyme.
créep jòint *n.* 〖米俗〗**1** (毎晩場所を変える)とばく場. **2** (女に連れ込ませた客の持物を巻き上げる)いかさま宿, いんちき酒場. **3** いかがわしい場所[店].
creep·y [kríːpi | -pɪ] 〘← CREEP＋-Y[4]〙 ― *adj.* (**creep·i·er**; **-i·est**) **1** はい回る; のろのろ動く: ~ insects. **2** (虫がはうような)むずむず[ぞくぞく]する (crawly); ぞっと身の毛のよだつような, 気味の悪い (uncanny): a ~ sensation ぞくぞくする感じ / feel ~ ぞっと[ぞくぞく]する / a romance of the ~ order 身の毛のよだつような種類の小説《怪談など》. **créep·i·ly** [-pɪli, -pə- | -lɪ] *adv.* **créep·i·ness** *n.*
creep·y-crawl·y [kríːpikrɔ́ːli | -pɪkrɔ́ːlɪ] *adj.* **1** ＝creepy. **2** こそこそする, 卑屈な. ― *n.* はう虫[昆虫].
creese [kríːs] *n.* ＝kris.
creesh [kríːʃ] 〘(*a*1400) ▭ OF *cre(i)sse, craisse* < L *crassam* (fem.) ← *crassus* fat: cf. grease〙 *n., v.* 《スコット》＝grease.
cre·mains [krɪméɪnz, krə-] 〘(混成) ← CRE(MATE)＋(RE)MAINS〙 *n. pl.* (火葬にした人の)遺骨.
cre·mas·ter [krɪmǽstə, krə- | -tə] 〘← NL ~ ← Gk *kremastḗr* suspender, hanger〙 ― *n.* **1** 〖解剖〗挙睾(こう)筋. **2** 〖昆虫〗尾鉤《蛹(さなぎ)の腹部末端のかぎ状部で, 木の枝などにぶら下る時用いる》. **crem·as·te·ri·al** [krèməstí(ə)riəl | -tíəri-] *adj.* **crem·as·ter·ic** [krèməstérɪk] *adj.*
cre·mate [kríːmeɪt, krɪméɪt, krə-, kriː- | krɪméɪt, krə-] 〘(1874) ← L *cremāt-us* (p.p.) ← *cremāre* to consume by fire ← IE **ker-* fire (cf. hearth): または ↓ の逆成〙 ― *vt.* **1** 〈死体を〉火葬にする, 荼毘(だび)に付す. **2** 焼却する (burn).
cre·ma·tion [krɪméɪʃən, krə-, kriː- | krɪ-, krə-] 〘(1623) ▭ L *cremātiō(n-)*: ⇨ ↑, -ation〙 *n.* **1** 火葬, 荼毘(だび) (cf. inhumation). **2** 焼却.
cre·má·tion·ist [-ʃ(ə)nɪst, -nəst | -nɪst] *n.* 火葬論者.
cre·ma·tor [kríːmeɪṭə, krɪméɪṭə, krə-, kriː- | krɪméɪtə(r, krə-] 〘▭ LL *cremātor*: ⇨ cremate, -or[2]〙 *n.* **1** (火葬場の)死体焼却者, 火葬作業員. **2** ＝crematory.
crematoria *n.* crematorium の複数形.
cre·ma·to·ri·al [krìːmətɔ́ːriəl, krèm-, -tóːr- | krèmətɔ́ːrɪ-] *adj.* ＝crematory.
cre·ma·to·ri·um [krìːmətɔ́ːriəm, krèm-, -tóːr- | krèmətɔ́ːrɪ-] 〘(1880) ← NL *cremātōrium* ← L *cremātus*: ⇨ cremate, -orium〙 ― *n.* (*pl.* ~**s**, **-ri·a** [-riə | -rɪə]) ＝crematory.
crem·a·to·ry [kríːmətɔ̀ːri, krém-, -tòːri | krémət(ə)rɪ] 〘← CREMATE＋-ORY[2]〙 *adj.* 火葬の, 火葬上の. ― *n.* **1** 火葬炉; 火葬場. **2** 焼却炉 (incinerator).
crème [krém, kríːm, kréɪm | kréɪm; *F.* kʀɛm] 〘▭ F ~: ⇨ cream〙 *n.* (*pl.* ~**s** [~(z); *F.* ~]) **1** ＝cream 3 a. **2** クレーム《甘口のリキュール》.
crème de ca·ca·o [kríːm-də-kóʊkoʊ, krém-də-kəkóʊ, -kəkéɪoʊ | kréɪm-də-kəkɑ́ːəʊ, -kéɪəʊ; *F.* kʀɛmdəkakao] 〘▭ F ~ 'cream of cocoa'〙 ― *n.* (*pl.* **crèmes de c-** [~]) カカオリキュール《カカオとバニラで味つけした甘いリキュール》.
crème de la crème [krém-də-lɑː-krém, -lə- | kréɪm-də-lɑː-kréɪm, -lə-; *F.* -dəla-] 〘▭ F ~ 'cream of the cream'〙 ― *F. n.* 社交界の粋, 一流の人々; 最高のもの, 精髄.
crème de menthe [kríːm-də-mínt, -ménθ, krém-də-mɑ́ːnt | kréɪm-də-mɑ́ːnt, -mɔ́(ː)nt; F. kʀɛmdəmɑ̃ːt] 〘▭ F ~ 'cream of mint'〙 ― *n.* (*pl.* **crèmes de m-** [~]) クレームドマント《はっか入りリキュール》.
crème de noy·au [kríːm-də-nwáɪoʊ, krém-də-nwáɪəʊ, -nwaːjóʊ | kréɪm-də-nwáɪ, -nwaːjə́ʊ; *F.* -nwajo] 〘▭ F ~ 'cream of kernel'〙 ― *n.* (*pl.* **crèmes de n-** [~]) クレームドノワョー《ブランデーに桃・プラムなどの仁から採った精油で風味を付けたリキュール》.
crème de vi·o·lette [kríːm-də-váɪəlɪt, -lət, krém-də-vjoʊlét | kréɪm-də-vjəʊlét; *F.* -vjɔlɛt] 〘▭ F ~ 'cream of violet'〙 ― *n.* (*pl.* **crèmes de v-** [~]) クレームドヴィオレット《バニラエッセンスとスミレの植物油で香りを付けたリキュール》.
Cre·mer [kríːmə | -mə(r], Sir **William Randal** *n.* (1838–1908) 英国の平和運動家, 労働者平和協会幹事; Nobel 平和賞 (1903).
crem·o·carp [kréməkɑ̀ːp, kríːm- | -kɑ̀ːp] 〘← *cremo-* (← Gk *kremannúnai* to hang)＋-CARP〙 ― *n.* 〖植物〗双懸果, 懸痩果(けんそうか)《セリ科植物に特有な裂果で, 二つの分裂となり果柄の先端にぶら下がっている》.
Cre·mo·na [krɪmóʊnə, krə- | -máʊ-; *It.* kremóːna] *n.* **1** クレモナ《イタリア北部, Po 川に臨む古都; 人口 85,000; 16–18 世紀はバイオリン製造で有名》. **2** クレモナ製バイオリン (cf. Amati, Guarnerius, Stradivarius).
cre·móne bòlt [krɪmóʊn-, krə-, kreɪ- | -máʊn-; *F.* kremon-] 〘*cremone*: ← F *crémone* ← *Crémone* Cremona〙 ― *n.* (*also* **cre·morne b-** [-mɔ́ən- | -mɔ́ːn-; *F.* -mɔrn-]) 〖建築〗クレモンボルト《上下同時に戸締りできる両開戸 (French window) のさるかん式ボルト》.
cren- [kren, kriːn] (母音の前に来る時の) creno- の異形.
cre·nate [kríːneɪt, krén-, -nət, -nɪt] 〘(1794) ← NL *crēnāt-us* ← LL *crēna* notch: ⇨ -ate[2]〙 *adj.* 〖植物〗鈍鋸歯(きょし)状の, 円鋸歯状の. **~·ly** *adv.*
cre·nat·ed [kríːneɪṭɪd, krén-, -ṭəd | -tɪd, -təd] *adj.*

〘植物〙=crenate.

cre·na·tion [krɪnéɪʃən, krə-, kriː-] 〘← CRENATE+-ATION〙 ― *n.* **1** (葉辺・貨幣などの)鈍鋸歯(きょし)(状); 円鋸歯状物. **2** 〘解剖〙(赤血球が縮んでの)鋸歯形成, 金米糖(こんぺいとう)化. **3** 〘歯科〙歯の間のすきま.

cren·a·ture [krénətʃə, kríːn- | -tʃə(r)] 〘← CRENATE+-URE〙 *n.* 〘植物〙鈍鋸歯(きょし)構造; 鈍鋸歯間のへこみ.

cren·el [krénl̩] 〘(*a*1250) *carnel* ▭ OF *crenel* (F *créneau*) < VL **crenellum* (dim.) ← LL *crēna* notch: cf. cranny〙 ― *n.* **1** 〘築城〙狭間(はざま), 銃眼 (⇨ bartizan, bastion, battlement 挿絵). **2** 〘植物〙=crenature. ― *vt.* (**cren·el·ed, -el·led; -el·ing, -el·ling**) = crenellate.

cren·el·ate [*v.* krénəlèɪt, -nl̩- | -nəl-, -nɪl-; *adj.* -lèɪt, -lət, -lɪt] *vt., adj.* =crenellate. ⌈lated.

crén·el·àt·ed [-tɪd, -təd | -tɪd, -təd] *adj.* =crenel-

cren·el·a·tion [krènəléɪʃən, -nl̩- | -nəl-, -nɪl-] *n.* = crenellation.

cré·ne·lé [krèɪnəléɪ, -nel-, -nl̩-; *F.* krenle] 〘▭ F ~ (p.p.) ← *créneler*: ⇨ crenel〙 *adj.* 〘紋章〙=embattled[2] 2.

cren·el·et [krénəlɪt, -lət, -lèt, -nl̩- | -nəlɪt, -lət, -lèt] 〘⇨ crenel, -et〙 *n.* 小狭間(はざま), 小銃眼.

cren·el·late 〘(1823) ← (O)F *crénel-er*: ⇨ crenel, -ate[3]〙 ― [krénəlèɪt, -nl̩- | -nəl-, -nɪl-] *vt.* …に銃眼を設ける, 狭間(はざま)を付ける. ― [-nəlɪt, -lət, -lɪt, -nl̩-] *adj.* =crenellated.

crén·el·làt·ed [-tɪd, -təd | -tɪd, -təd] *adj.* **1** 〈城壁など〉銃眼を設けた, 狭間(はざま)のある (embattled). **2** 〘建築〙銃眼模様の. **3** 〘生物〙=crenulate.

crénellated mólding *n.* 〘建築〙(ノルマン建築に用いられた)銃眼模様くり形.

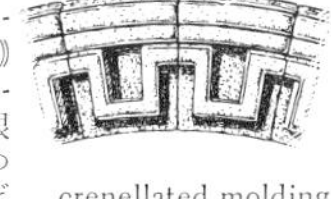
crenellated molding

cren·el·la·tion [krènəléɪʃən, -nl̩- | -nəl-, -nɪl-] 〘(1849) ▭ F *crénellation*: ⇨ crenellate, -ation〙 ― *n.* **1** 銃眼を設備すること. **2** 銃眼つき胸壁. **3** 鋸歯(きょし)状物, ぎざぎざ (notch).

cre·nelle [krɪnél, krə-] *n.* =crenel.

cren·o- [krénoʊ, kríː- | -nə(ʊ)] 〘← Gk *krēnē* fountain〙「鉱泉 (mineral spring)」の意の連結形. ★ 母音の前では通例 cren- になる.

cren·u·late [krénjʊlət, -lɪt, -lèɪt] 〘← NL *crēnulāt-us* ← *crēnula* (dim.) ← L *crēna* notch: ⇨ -ate[2]〙 *adj.* 〘生物〙小鈍鋸歯(きょし)状の. ⌈物〙=crenulate.

cren·u·lat·ed [krénjʊlèɪtɪd, -təd | -tɪd, -təd] *adj.* 〘生

cren·u·la·tion [krènjʊléɪʃən] *n.* **1** (葉辺の)小鈍鋸歯(きょし)(状). **2** 小円鋸歯状物.

cre·o- [kríː(o)ʊ, kríːə | kríːə(ʊ)] 〘← Gk *kreo-*, *kreō-kréas* raw flesh: ⇨ raw〙「肉 (flesh)」の意の連結形: *creo*phagous. ★ 母音の前では通例 cre- になる.

cre·o·dont [kríːədɑ̀nt | -dɔ̀nt] 〘← NL *Creodont-a* (pl.): ⇨ ↑, -odonta〙 ― *n.* 〘古生物〙肉歯亜目の動物 (暁新世から更新世にかけて生息した動物; そのあるものは現代の食肉獣の先祖とみなされる).

Cre·o·don·ta [krìːədɑ́ntə | -dɔ́ntə] 〘← NL ~: ⇨ creo-, -odonta〙 *n. pl.* 〘古生物〙肉歯亜目.

Cre·ole [kríːoʊl | kríːəʊl, kríəʊl] 〘(1604) ▭ F *créole* ▭ Sp. *criollo* ▭ ? Port. *crioulo* Negro born in Brazil, home-born slave ← *criar* to bring up < L *creāre* 'to CREATE'〙 ― *n.* **1** クリオール(人): **a** 〘米〙(Louisiana 州などの)フランス系移民の子孫 (特有の混交言語 (Creole) と風習を保つ). **b** 西インド諸島, Mauritius 島, 南米などに移住した白人(特に, スペイン人)の子孫. **c** (フランス語やスペイン語のなまりを話す)クリオールと黒人との混血児. **d** (俗に)米国 Louisiana 州人. **2 a** クリオール語 (米国 Louisiana 州の Creoles の話すなまったフランス語). **b** =Haitian Creole. **c** (母国語として用いられる)混合語, 混交語 (cf. pidgin 4). **3** [c-] 〘魚類〙熱帯アメリカ産スズキ科の魚 (*Paranthias furcifer*) (creolefish ともいう).
― *adj.* **1** クリオール(人)の; クリオール(人)特有の: a ~ dialect クリオール方言 (なまった英語・フランス語・スペイン語など) / ~ French (クリオールの話す)なまったフランス語. **2** [c-] 外人系でその土地に生れた. **3** 〈動植物が〉外来種だが西インド諸島などに産する: ~ animals [plants]. **4** トマト・玉ねぎ・とうがらしなどを使って料理した.

créole lànguage *n.* 〘言語〙=creolized language.

cre·o·lize [kríːəlàɪz, kríː(o)ʊl- | kríːə(ʊ)l-, kríə(ʊ)l-] *vt.* **1** クリオール風にする. **2** 〈言語を〉混交させる. **cre·o·li·za·tion** [krìːəlɪzéɪʃən, krìː(o)ʊl-, -lə- | krìːə(ʊ)laɪ-, krìə(ʊ)l-, -lɪ-] *n.*

cré·o·lized lánguage *n.* 〘言語〙混交言語 (土語と外来人の言語とが混交し, それがやがて固定した新言語となったもので植民地に多い).

Cre·on [kríːɑn | -ɔn] 〘▭ L ~ ▭ Gk *Kréōn*〙 ― *n.* 〘ギリシャ伝説〙クレオーン: **1** 義兄弟 Oedipus の没落後そのあとを継いで Thebes の王となった人. **2** Corinth の王, Creusa の父, Jason の義父; Creusa を救おうとして Medea に殺された.

cre·o·sol [kríːəsɔ̀(ː)l, -sòʊl | kríəsɒl, kríːəsɒ̀l] 〘← CREOS(OTE)+-OL[1]〙 *n.* 〘化学〙クレオソール ($CH_3O(CH_3)C_6H_3OH$) (木タールから採れる油状の液体).

cre·o·sote [kríːəsòʊt | kríəsəʊt, kríːəsəʊt] 〘(1835) ▭ G *Kreosot* ← CREO-+Gk *sōtḗr* preserver〙 ― *n.* 〘化学〙**1** クレオソート (医療および防腐用). **2** =coal-tar creosote. ― *vt.* 〈木材〉にクレオソートを注入する; クレオソートで処理する.

créosote bùsh *n.* 〘植物〙クレオソートノキ (*Larrea mexicana*) (北メキシコ産ハマビシ科の常緑低木; クレオソートのにおいのするやにの多い葉を生じる; greasewood ともいう).

créosote òil *n.* クレオソート油 (コールタールを分留して得る重油; 木材注入防腐剤).

crepe [kréɪp] 〘(1825) ▭ F *crêpe* 'CRAPE'〙 (*also* **crêpe** [~]) ― *n.* **1** クレープ, ちりめん (通例, 絹・人絹製; 喪章用黒クレープには crape を用いる). **2** クレープ (フランスのパンケーキの一種; 小麦粉またはそば粉の生地をごく薄く焼く). **3** =crepe paper. **4** = crape 2. **5** =crepe rubber. ― *vt.* **1** クレープでおおう. **2** 〈紙などを〉ちりめん状にする, しわくちゃにする (crinkle).

crepe de Chine [kréɪp-də-ʃíːn; *F.* krɛpdəʃin] 〘▭ F *crêpe de Chine* crepe of China〙 ― *n.* (*pl.* **crepes de C-** [~], **~s**) (クレープ)デシン (薄地の絹・人絹などのクレープ).

crépe háir *n.* 舞台用の人工毛 (髪・ひげなど).

crépe·hànger *n.* =crapehanger.

crépe mỳrtle *n.* 〘植物〙=crape myrtle.

crépe pàper *n.* クレープペーパー, ちりめん紙 (造花などに用いる).

crépe rùbber *n.* クレープゴム (表に縮みじわをつけた生ゴムの板で, 靴底などに用いる; 単に crepe ともいう).

crepe su·zette [kréɪp-suzét, krép-, -suː- | kréɪp-; *F.* krɛpsyzɛt] 〘▭ F *crêpe Suzette* ← *crêpe* pancake+*Suzette* (dim.) ← *Suzanne* 'SUSANNAH'〙 ― *n.* (*pl.* **crepes-** [kréɪp(s)-; *F.* krɛp-], **~s** [~s | ~; *F.* ~]) クレープシュゼット (薄いパンケーキ (crepe) を折るか巻くかしてオレンジキュラソー入りのソースで温めたデザート; ブランディーをかけ火をつけて供する).

crep·ey [kréɪpi | -pɪ] 〘← CREPE+-Y[4]〙 *adj.* (**~·er; ~·est**) ちりめん状の, ちぢれた (crinkly).

crep·i·tant [krépətənt, -tn̩t | -pɪtənt, -tn̩t] 〘▭ L *crepitānt-em* (pres.p.) ← *crepitāre* 'to CREPITATE': ⇨ -ant〙 *adj.* ぱちぱち[ぱりぱり]鳴る. ⌈一種).

crépitant râle *n.* 〘病理〙(肺の)捻髪(ねんぱつ)音 (水泡音の

crep·i·tate [krépətèɪt | -pɪ-] 〘(1623) ← L *crepitāt-us* (p.p.) ← *crepitāre* to crackle (freq.) ← *crepāre* to rattle ← IE **ker-* (cf. screak: 擬音語): ⇨ -ate[3]〙 ― *vi.* **1** ぱちぱち[ぱりぱり]いう (crackle). **2** 〘昆虫〙〈甲虫が〉発砲する (ミイデラゴミムシやクビボソゴミムシ類のように空気に触れると鋭い爆音を発する液を放射する).

crep·i·ta·tion [krèpətéɪʃən | -pɪ-] 〘(1656) ▭ F *crépitation* // LL *crepitātiō(n-)*: ⇨ ↑, -ation〙 ― *n.* **1** ぱちぱち[ぱりぱり]いうこと[音]. **2** 〘病理〙**a** =crepitant rale. **b** (折れた骨が触れ合う時などの)こつこついう音.

crep·i·tus [krépətəs | -pɪt-] 〘(1807–26) ▭ L ~ 'rattling': ⇨ crepitate〙 *L. n.* (*pl.* ~) 〘病理〙=crepitation 2.

cre·pon [kréɪpɑn, krép- | krépɔ̃ː(ŋ), kréɪp-, -pɔ(ː)ŋ, -pɒn; *F.* krepɔ̃] 〘▭ F *crépon*: ⇨ crape〙 ― *n.* クレポン (絹織・毛織または絹毛交織のクレープ類似の厚地ちぢみ).

crept 〘pret.: ME *crepte* ∽ OE *crēap*. — p.p.: (16C)〙 *v.* creep の過去形・過去分詞.

cre·pus·cle [krɪpʌ́sl̩, krə- | krɪ-, kre-] 〘▭ F *crépuscule* ▭ L *crepusculum* twilight ← *creper* dusky〙 *n.* =crepuscule.

cre·pus·cu·lar [krɪpʌ́skjʊlə, krə- | krɪpʌ́skjʊlə(r, kre-] 〘(1668) ← L *crepusculum* (↑)+-AR[1]〙 ― *adj.* **1** 薄暗い, 薄暮の, 薄明の (dim, glimmering): ~ light (たそがれの空に見られる)薄明かり / a ~ period (未だ開化の十分でない)薄明の時代. **2** 〘動物〙薄明[薄暮]に出現[活動]する: a ~ insect.

crepúscular ráy *n.* 〘気象〙薄明光 (薄明[薄暮]時に高い雲の切れ間などから空気中のちりを輝かす薄明光線; cf. *the* SUN *drawing water*).

crep·us·cule [krɪpǽskjuːl, krə-, krépəs- | krépəs-] 〘(1391) ▭ (O)F *crépuscule* // L *crepuscul-um*: ⇨ crepuscle〙 *n.* 薄明, 薄暮 (twilight).

crep·y [kréɪpi | -pɪ] *adj.* (**crep·i·er; -i·est**) =crepey.

cres. (略) 〘音楽〙crescendo.

Cres. (略) Crescent.

cresc. (略) 〘音楽〙crescendo.

cres·cen·do [krɪʃéndoʊ, krə-, -sén-, kreɪʃén-, kre- | krɪʃéndəʊ, krə-; *It.* kreʃéndo] 〘(1776) ▭ It. ~ (pres. p.) ← *crescere* to increase < L *crēscere* (↓)〙 ― *adj., adv.* (↔ decrescendo, diminuendo) **1** (感情や動作について)漸次に強まる[強めて]. **2** 〘音楽〙クレッシェンド, 次第に強い[く] (略 cres., cresc.; 記号 <). **3** 〘音声〙〈二重母音が〉上昇の (rising). ― *n.* (*pl.* **~s, ~es**) **1** (感動・勢い・動作などの)盛上がり, 漸増, 高まり. **2** 〘音楽〙クレッシェンド(の楽節). ― *vi.* 次第に強くなる.

cres·cent [krésn̩t | krés-, kréz-] 〘(17C) ▭ L *crēscent-em* (pres.p.) ← *crēscere* to grow ← IE **ker-* to grow (⇨ create) ∽ (1399–40) *cressa(u)nt* ▭ AF *cressaunt* = OF *creissant* (F *croissant*) (pres.p.) ← *creistre* to grow: ⇨ -ent〙 ― *n.* **1** 〘天文〙**a** 弦月, 三日月 (月が丸くなっていくときにもかけていくときにもいう; cf. half-moon 1, full moon, new moon). **b** 三日月状の金星[水星]. **2** 新月形(の物). **3 a** (旧オスマン帝国の)新月旗. **b** オスマン帝国, トルコ軍の威力. **c** [しばしば C-] (キリスト教の十字に相当する)イスラム教の新月章. **d** [the C-] (キリスト教に対する)イスラム教(の勢力): the Cross and *the Crescent* ⇨ cross[1] 3. **4** 〘英〙三日月形の広場[家並み, 街路], クレッセント: a ~ of houses along the beach 海岸に三日月形に並んだ家並み. **5** 三日月形のパン, 三日月形のクッキー[ビスケット]. **6** 〘紋章〙クレッセント (三日月の先 (horn) が上 (chief) を向いているもの; 次男を示す血統マーク (cadency mark); ⇨ heraldry 挿絵 G; cf. decrescent 3, increscent 3). **7** 〘時計〙月形 (てん真の小つば周上に設けられた月形の凹み; けん先がそこを通る; passing hollow ともいう). **8** トルコクレッセント (長い棒の先に新月章を模した金属板をもち, 小さな鈴が多く垂れているトルコの打楽器).

crescents 6
1 crescent; 2 crescent reversed; 3 crescent decrescent; 4 crescent increscent

― *adj.* **1** 三日月形の. **2** 〘(英) krés-〙(新月のように)次第に満ちる, 段々大きくなる, 漸次増大する. **3** 〘天文〙弦月の.

cres·cen·tic [krɪséntɪk, krə- | -tɪk] *adj.* 三日月状の, 三日月を思わせる.

créscent wíng *n.* 〘航空〙三日月翼 (高亜音機に使用される翼の平面形で, 翼の付け根から翼端に向かうに従い, 前縁の後退角を次第に小さくした翼).

cres·cive [krésɪv] 〘← L *crēscere* to increase+-IVE〙 *adj.* (漸次)増大する; 成長可能の. **~·ly** *adv.*

cre·sol [kríːsɔ(ː)l, -soʊl | -sɒl] 〘(変形) ← CREOSOL〙 *n.* 〘化学〙クレゾール ($CH_3C_6H_4OH$) (o-, m-, p- の異性体がある; 殺菌消毒剤; methyl phenol ともいう).

crésol réd *n.* 〘化学〙クレゾールレッド ($C_{21}H_{18}O_5S$) (赤色結晶粉末; 酸塩基指示薬として用いる).

cre·sót·ic ácid [krɪsɑ́tɪk, krə- | -sɔ́t-] 〘*cresotic*: ← ? CRE(O)SOT(E)+-IC[1]〙 *n.* 〘化学〙クレソチン酸 ($CH_3C_6H_3(OH)COOH$).

cres·o·tín·ic ácid [krèsətínɪk-, krìːs-] 〘*cresotinic*: ← ? CRE(O)SOT(E)+-IN[1]+-IC[1]〙 *n.* 〘化学〙=cresotic acid.

cress [krés] 〘OE *cresse* < (WGmc) **krasjōn* (G *Kresse*) ← IE **gras-* to devour (Gk *gróstis* grass)〙 ― *n.* 〘植物〙葉に辛味がありサラダ・香辛料に用いるアブラナ科の植物の総称: **a** コショウソウ (*Lepidium sativum*) (西アジア産アブラナ科コショウソウ属の植物; 特有の香りと辛味がある; 芽ばえまたは幼植物を用いる; garden cress ともいう). **b** =watercress.

cres·set [krésɪt, -sət] 〘(1370–71) ▭ OF *craisset* ← *craisse* (異形) ← *graisse* 'oil, GREASE': ⇨ -et〙 *n.* かがり火の油つぼ[火床], 篝(かがり).

cressets

Cres·si·da [krésɪdə, -sə- | -sɪ-] 〘▭ It. *Criseida* ▭ Gk *Khrusēída* (acc.) ← *Khrusēís*〙 ― *n.* **1** 女性名 (愛称形 Cressy). **2** 〘中世伝説〙クレシダ (Trojan War の話から中世以後の物語 (Chaucer, Shakespeare など)に取り入れられた女性; トロイの王子 Troilus の恋人であったが, 後ギリシャの将 Diomedes のもとに走った).

cress·y [krési | -sɪ] *adj.* (**cress·i·er; -i·est**) コショウソウ[オランダガラシ] (cress) の多い.

Cres·sy[1] [krési | -sɪ] 〘(dim.) ← CRESSIDA〙 *n.* 女性名.

Cres·sy[2] [krési | -sɪ] *n.* Crécy の英語名.

crest [krést] 〘(*c*1312) ▭ OF *creste* (F *crête*) < L *cristam* crest, cock's comb ← IE **kristā-* ← **(s)ker-* to bend: cf. shrink〙 ― *n.* **1 a** (鳥の)とさか (⇨ bird 挿絵): (鳥の)冠毛. **b** 誇り (pride); 勇気 (courage): erect [elevate] one's ~ (古) 得意になる / One's ~ falls. 意気沮喪する (cf. crestfallen). **2 a** (兜(かぶと)の)羽根飾り (plume), 飾冠 (⇨ caparison, hoplite, visor 挿絵). **b** 兜 (helmet); (兜の)頂(いただき) (apex). **3 a** (馬・犬の)首筋 (⇨ dog 挿絵). **b** (馬などの)たてがみ (mane). **c** (動物の体の部分の)隆起. **4 a** (物の)頂上 (top): pass the ~ of high prices 物価高の峠を越す. **b** 山頂, 峰, 絶頂 (top, crown); 山の背, 尾根 (ridge). **c** (波の)峰, 波頭 (cf. trough 4): on the ~ of the [a] wave 波頭に乗って; (幸運・好調の)波に乗って. **d** (川の)最高水位. **5** 最上, 極致 (acme). **6** 〘紋章〙**a** クレスト, 兜飾り (⇨ heraldry 挿絵 A). **b** 家紋 (日本の紋章と異なり, 盾の紋章は親子兄弟でも同一図形では使用できないが, crest は同一家系のものが共通して同一図形で使用できる; cf. cadency 3): a family ~ 家紋. **7** 〘建築〙(屋根の)棟飾り, 棟 (cresting). **8** 〘機械〙(ねじ山の)頂, 峰 (cf. root 12 a, flank 6 a). **9** 〘解剖〙(骨の)稜; 隆線: a frontal [occipital] ~ 前頭[後頭]稜. ― *vt.* **1** …に飾冠を付ける (crown). **2** …の飾冠となる. **3 a** 〈山〉の頂上に達する[登る]. **b** 〈波〉の波頭に乗る. ― *vi.* **1** (波が)うね立つ, 波頭を立てる. **2** 〈川が〉最

高水位に達する. **crest·al** [kréstəl, -tl] *adj.*
crést còronet *n.* 〘紋章〙＝ducal coronet.
crést·ed 〘(c1380)〙 ― *adj.* **1** [しばしば複合語の第2構成要素として] とさか[冠毛]のある: fan-*crested* (鳥が)冠毛のある / a ~ bird. **2** 〘紋章〙クレスト[(兜(かぶと))飾り]を付けた: ~ notepaper クレストを印刷した書簡箋.
crésted áuklet [áuk] *n.* 〘鳥類〙エトロフウミスズメ (*Aethia cristatella*)《北太平洋にいるウミスズメ科の鳥》.
crésted flýcatcher *n.* 〘鳥類〙ムジタイランチョウ《タイランチョウ科ムジタイランチョウ属 (*Myiarchus*) の鳥の総称; 北米中南米に分布》.
crésted íris *n.* 〘植物〙＝dwarf crested iris.
crésted lízard *n.* 〘動物〙＝desert iguana.
crésted pénguin *n.* 〘鳥類〙＝rock hopper.
crésted póppy *n.* 〘植物〙熱帯アメリカ原産ケシ科アザミゲシ属の葉や花にとげのある多年草 (*Argemone platyceras*).
crést·fàllen *adj.* **1** 〈馬が〉力なくうなだれている. **2** 失望[落胆]している, 元気のない (cf. chapfallen 2). **~·ly** *adv.* **~·ness** *n.*
crést·ing *n.* **1** 椅子の背もたれの笠木や, また一般に家具の頂部中央につけた装飾彫刻. **2** 〘建築〙＝crest 7. **3** (鋼鉄製甲冑の各部に)鎬(しのぎ)を打ち出すこと.
crést·less *adj.* **1** 飾冠のない; 家紋のない. **2** 身分の卑しい.
crést tàble *n.* 〘建築〙(壁の頂などの)笠(かさ)木[石].
crést tìle *n.* 〘建築〙棟飾り瓦 (cf. ridge tile).
crést vàlue *n.* 〘通信〙波高値.
crést vóltmeter *n.* 〘電気〙＝peak voltmeter.
cres·yl [krésɪl, kríː-, -səl | -sɪl] 〘← CRES(OL)＋-YL〙 *n.* 〘化学〙クレシル (⇨ tolyl).
cre·syl·ic [krɪsílɪk, krə-] 〘⇨↑, -ic¹〙 *adj.* 〘化学〙 **1** クレゾール (cresol) の[に関する]. **2** クレオソート (creosote) の[に関する].
cresýlic ácid *n.* 〘化学〙クレゾール酸《工業用クレゾールのこと; o-, m-, p-クレゾールのほかフェノール キシレノールを含む; 木材防腐剤などに用いられる》.
cre·ta·ceous [krɪtéɪʃəs, krə- | krɪtéɪʃəs, kre-, -ʃɪəs] 〘(c1675) ← L *crētāceus* chalklike (← *crēta* chalk: cf. crayon)＋-OUS〙 ― *adj.* **1** 白亜(質)の (chalky). **2** [C-]〘地質〙白亜紀[系]の: the *Cretaceous* period [system] 白亜紀[系]. ― *n.* [the C-]〘地質〙白亜紀[系]. **~·ly** *adv.*
Cre·tan [kríːtṇ, -tən | -tn, -tən] 〘(1579) ◻ L *Crētānus*: ⇨ Crete, -an¹〙 ― *adj.* **1** クレタ島 (Crete) の. **2** クレタ島人の. ― *n.* クレタ島人《うそつきと欲張りとで有名であった》.
Crétan béar's-tàil *n.* 〘植物〙キバナヒメモウズイカ (*Celsia arcturus*)《Crete 島産ゴマノハグサ科セルシア属の丈の高い多年草》.
Crétan búll *n.* 〘ギリシャ伝説〙クレタの雄牛《Hercules の12功業の一つで捕えられた猛牛; 後に放たれ Marathon を荒らし回ったが Theseus に退治された》.
Crétan múllein *n.* 〘植物〙ヒメモウズイカ (*Celsia cretica*)《地中海沿岸地方産ゴマノハグサ科の多年草; 花は赤い斑(ふ)点のある黄色》.
Crétan spíkenard *n.* 〘植物〙シベリアからコーカサスまでの原産のオミナエシ科の多年草 (*Valeriana phu*)《白い花が咲き, 根は薬用》.
Crete [kríːt] 〘◻ L *Crēta* ◻ Gk *Krḗtē*《原義》chalk〙 ― *n.* クレタ(島)《エーゲ海の南方, ギリシャの南東にあるギリシャ領の島; 全島白亜質の山であるが, 山間部ではオリーブを産する; 古くここにミノス文明 (Minoan civilization) が栄えた; 人口 457,000, 面積 8,380 km², 首都 Canea; Candia ともいう》.
cre·tic [kríːṭɪk | -tɪk] 〘(1603) ◻ L *Crētic-us* (*pēs*) Cretan (foot) ← *Crēta* (↑): ⇨ -ic¹〙 *n.* 〘詩学〙＝amphimacer. 「質] 白亜化, 石灰化.
cre·ti·fi·ca·tion [krìːṭəfɪkéɪʃən, -fə- | -tɪfɪ-] *n.* 〘地
cre·ti·fy [kríːṭəfàɪ | -tɪ-] 〘◻ L *crētificāre* ← *crēta* chalk: ⇨ -fy〙 *vt.* 〘地質〙白亜化する, 石灰化する.
cre·tin [kríːtṇ | krétɪn, kríː-] 〘(1779) ◻ F *crétin* ◻ Swiss-F *creitin* < L *Christiānum* 'CHRISTIAN¹' (i.e. human): 人間だけがかかる病気の意〙 ― *n.* **1** クレチン病患者. **2** 白痴, ばか (fool).
cré·tin·ism [-tənɪzm, -tṇ- | -tɪn-] *n.* 〘病理〙クレチン病, クレチニスム《甲状腺の先天性機能低下により生じる病気; 胎児期・幼児期の初期に起こり, 体が小さく皮膚が異常にむくみ白痴様となる》.
cre·tin·ous [kríːtənəs, -tṇ-| krétɪn-, kríːt-] *adj.* **1** クレチン病の[にかかった]. **2** クレチン病患者の[に関する].
cre·tonne [kríːtɑn, krɪtɑ́n, krə- | krétɔn, ―́] 〘(1870) ◻ F ~ ← *Creton* (フランス Normandy の村)〙 ― *n.* クレトンさらさ《一種の無光沢の丈夫なさらさ木綿; 椅子おおい・窓掛けなどに用いる》.
Cre·ü·sa [kriúːsə | kruːzə, -júː-] 〘◻ L *Creūsa* ◻ Gk *Kréousa*〙 ― *n.* 〘ギリシャ神話〙クレウサ: **1** Jason の妻; Medea にねたまれて殺された. **2** Priam の娘で Aeneas の妻; Troy から逃げる途中行方不明になった.
cre·val·le [krɪvǽli, krə-, -lə, -leɪ | -vǽlɪ, -lə, -leɪ] 〘(変形) ← CAVALLA〙 *n.* (*pl.* ~, **~s**) 〘魚類〙＝cavalla 1.
crevalle jáck *n.* 〘魚類〙米国 Florida 州西海岸産のシマアジ属の魚 (*Caranx hippos*)《重要な食用魚》.
cre·vasse [krɪvǽs, krə-] 〘(1819) ◻ F ~: ⇨ crevice〙 ― *n.* (*also* **cre·vass** [~]) **1** (氷河・雪原の)裂け目, 割れ目, クレバス (crack, fissure). **2** 《米》(川の堤防 (levee) の)裂け目, 破れ口 (breach). ― *vt.* …に割れ目を作る, 破れ口を生じさせる.
Crève·coeur [krevkə́ː, kriːv-, -kúə | krevkɔ́ːr, -kúər; *F.* krɛvkœːr], **Michel-Guillaume Jean de** *n.* クレーヴクール《1735–1813; 米国に住んだフランスの著述家・農業家; *Letters from an American Farmer* (1782); 筆名 J. Hector St. John》.
crev·ice [krévɪs, -vəs | -vɪs] 〘(?a1350) *crevace* ◻ OF (F *crevasse*) ← *crever* to break < L *crepāre* to crack, creak: ⇨ crepitate〙 ― *n.* (地面・岩・壁などの)裂け目, 割れ目 (crack).
crév·iced *adj.* 割れ目を生じた, 裂け目の入った.
crew¹ [krúː] 〘(c1437) *cr(e)ue* ◻ OF *creue* growth, increase (fem. p.p.) ← *croistre* (F *croître*) to increase < L *crescere* to grow (⇨ crescent): cf. accrue, increase〙 ― *n.* **1** [集合的] **a** (艦船の)乗組員《通例高級船員を除く》: officers and ~ 高級下級全乗組員. **b** (ボートの)クルー, ボートチーム. **c** (列車・電車などの)乗務員: a train ~ 列車乗務員. **d** (飛行機・宇宙船の)搭乗員, 乗務員《aircrew ともいう》. **e** (大砲・機関銃を操作する)砲[銃]手(班), 砲(側)員. **2** [集合的] **a** [しばしば軽蔑的に]仲間, 連中 (set, gang): a dissolute ~ 放蕩仲間 / a motley ~ さまざまな連中の一組 / a disreputable ~ やくざ仲間, 愚連隊. **b** (共通の目的で集まった)一団, 一組 (group). **3** ボートレース (rowing). **4** 《古》武装部隊. ― *vi.* 乗組員(の一員)を勤める. ― *vt.* **1** 〈船・飛行機など〉の乗組員(の一員)を勤める. **2** …に乗組員を配する.
crew² 〘OE *crēow*〙 *v.* 《英》crow² 1 の過去形. ★今では主に *Luke* 22:60 (While he yet spake, the cock crew. なお言い終えぬに, やがて鶏鳴きぬ)に関連して用いる.
créw cùt 〘航空機・ボートの乗員 (crew) などが用いる髪の刈り方から〙 *n.* クルーカット《角刈りの一種; crew haircut ともいう》.
Crewe [krúː] 〘lateOE *Crev* ← Welsh *cryw* ford, stepping-stones〙 *n.* イングランド北西部 Cheshire 州南部の工業都市; 人口 98,000.
crew·el [krúːəl | krúːɪl, krúːəl, -ɪl] 〘(1444)《古形》*creeal, crule* ◻ ? OF *escrouelle* (*de laine*) shreds (of wool)〙 *n.* **1** 刺繍用よりの甘い毛糸. **2** ＝crewelwork.
créwel·wòrk *n.* 毛糸刺繍《室内装飾などに用いられる》.
créw hàircut *n.* ＝crew cut.
créw·less *adj.* 〈船など〉乗組員のない.
créw·man [-mən] *n.* (*pl.* **-men** [-mən, -mèn]) (飛行機・宇宙船などの)搭乗員; (船などの)乗組員; (軍の)砲[銃]手, 砲員.
créw nèck [**nèckline**] *n.* クルーネック《船員の着ているセーターなどによくみられる首の回りにそった丸い衿ぐり; cf. boat neck》. **créw-nècked** *adj.*
créw sòck *n.* 〘ボートの乗組員達が着用したことから〙 *n.* [通例 *pl.*] ゴム編の厚手のソックス.
crib [kríb] 〘OE *crib(b)* < Gmc **krippja* (G *Krippe* manger) ← IE **ger-* curving, crooked (cf. cramp¹·², creep)〙 ― *n.* **1 a** 小児用寝台, サークルベッド《ころがり落ちないように周囲に枠が付いている》. **b** (家畜の)小屋 (stall). **c** (工場などの)道具[工具]置場. **d** 《米》(とうもろこし・塩などを入れる)箱, 入れ物 (bin), 入れ場《多く板をすかして打ったもの》. **e** 柳かご (osier). **f** 《俗》金庫 (safe). **2 a** (丸太)小屋 (hut); 狭い[小さい]部屋[家]. **b** 《俗》家, 店. ★通例次の句で: crack a ~ 人家に押し入る (cf. crib-cracker). **c** 《俗》淫売屋, 売春宿. **d** (とうもろこしなどの)穀物倉庫. **3 a** まぐさおけ (manger), 飼い葉入れ. **b** ＝crèche 3. **4 a** こそどろ, ささいな盗み. **b** (他人の作品からの)盗作, 剽窃(ひょうせつ) (plagiarism). **c** 《口語》(古典・外国語などの)直訳参考書; (特に)とらの巻 (pony). **d** カンニングペーパー. **5 a** 《英》(仕事場で弁当者が食べる)弁当. **b** 《豪》食物 (food). **6** 《米》(魚をとる)やな (wier), 魞(えり)類の魚捕(ぎょほ)り部. **7** 〘鉱山〙木(き)積み. **8** 《カナダ・米》〘土木〙枠《丸太・鋼材・コンクリートで井桁を組み, その中に土や石を詰めたもの; cf. cribwork》. **9** [the ~]〘トランプ〙**a** クリブ《cribbage で, 各自2枚の捨て札から成り, ゲーム後配り手の得点に加算される通例4枚の積み札》. **b** 《口語》＝cribbage. **10** 〘鉄道〙隣合った枕木の間の空間. ― *v.* (**cribbed**; **crib·bing**) ― *vt.* **1** (狭い所に)押し込める (shut up): But now I am cabin'd, ~*b'd*, confined. 今じゃ押しこめられ, 閉じこめられ, 監禁されている (Shak., *Macbeth* 3. 4. 24). **2 a** 〈牛小屋など〉にまぐさおけを備える. **b** 〈穀物を〉倉庫[貯蔵所]に入れる. **3** 《口語》**a** 盗む (pilfer). **b** 〈他人の作品を〉盗用する (plagiarize): ~ a line from Milton ミルトンの一行を盗用する. **4** …に(板・材木で)内張りをする. ― *vi.* **1** 《口語》**a** 他人の作品を盗用する. **b** カンニングをする; とらの巻を使う: ~ *on* a history exam 歴史の試験でカンニングする / be caught ~*bing* カンニングをつかまる[見つかる]. **2** 〘獣医〙＝crib-bite. **3** 《英口語》不平をいう, こぼす (complain).
crib·bage [kríbɪdʒ] 〘(1630): ⇨↑, -age〙 ― *n.* 〘トランプ〙クリベッジ《通常二人が6枚ずつ手札をもち, うち2枚ずつをクリブ (crib) として裏返して場に積んでから, 残りを交互に場に出して種々の組合わせを作り, その役点などを競うゲーム》. 「示盤.
críbbage bòard *n.* 〘トランプ〙クリベッジの得点表
críb·ber *n.* **1** 盗用する人; カンニングする人; とらの巻を使う人. **2** 〘獣医〙＝crib-biter.
críb·bing *n.* **1** 《口語》(他人の作品の)無断借用; カンニング(をやること), とらの巻使用. **2** 〘獣医〙＝crib-biting. **3** 〘鉱山〙＝crib 7.
críb-bìte 〘(逆成) ← CRIB-BITER〙 *vi.* 〘獣医〙(**crib-bit**; **-bitten**, **-bit**) 〈馬が〉まぐさおけをかんで荒く息を吸う悪癖がある, 齰癖(さくへき)に耽る.
críb-bìter *n.* 〘獣医〙齰癖(さくへき)のある馬《まぐさおけをかむ癖のある馬; cf. windsucker》.
críb-bìting *n.* 〘獣医〙齰癖(さくへき)《馬がまぐさおけなどにかみついたままで荒く息を吸う癖; cribbing ともいう; cf. wind sucking》.
crib·bled [kríbḷd] *adj.* (ふるいのような)孔模様の.
críb-cràcker *n.* 《俗》強盗 (burglar) (cf. crib *n.* 2b).
críb dèath *n.* 〘医学〙乳児の突然死《病名としては sudden infant death syndrome》.
cri·blé [kriːbléɪ; *F.* krible] 〘◻ F ~ ← *crible* sieve〙 ― *adj.* (*also* **cri·blée** [~]) 〘美術〙〈印刷用の彫版など〉砂目模様をつけた, 無数の小さな点を打って梨地にした. 「indigo snake.
cri·bo [kríːbou | kríbəu, kráɪb-] 〘← ?〙 *n.* 〘動物〙＝
crib·ri·form [kríbrɪfɔ̀əm, -rə- | -rɪfɔ̀ːm] 〘← L *cribrum* sieve＋-FORM〙 *adj.* 〘植物・解剖〙ふるい状の, 小孔質の.
críb·wòrk *n.* **1** 〘土木〙わく工, 井楼(せいろう)組《丸太材を井桁に組む工作[組んだ工作物]; cf. crib *n.* 8》. **2** いかだ地形(じぎょう); くさび座構造.
cri·ce·tid [kraɪsíːṭɪd -séṭ-, -ṭəd | -tɪd] 〘↓〙 *adj.*, *n.* 〘動物〙キヌゲネズミ科の(齧歯(げっし))動物).
Cri·cet·i·dae [kraɪséṭədìː, krə- | -tɪ-] 〘← NL ~ ← *Cricetus* (属名: ← Slav. (cf. Czech *kr ečeh* hamster) ＋-IDAE〙 *n. pl.* 〘動物〙キヌゲネズミ科.
Crich·ton [kráɪtṇ], **James** *n.* (1560–82) スコットランドの文武兼備で多芸多才の放浪学者; フランス・イタリアなどで論争をいどみ Mantua でけんかして殺された; 通称 the Admirable Crichton.
crick¹ [kríkk] 〘(c1424) ← ? ON〙 ― *n.* 疼痛性筋肉リューマチ, (首や背中などの)筋肉[関節]痙攣[強直], ひきつり: get a ~ in the neck 首の筋を違える. ― *vt.* **1** 〈首など〉に痙攣を起こす, …の筋を違える. **2** 〈首などを〉無理にねじる[曲げる].
crick² [kríkk] *n.* 《米方言》＝creek 1.
Crick [krík], **Francis H(arry) C(ompton)** *n.* (1916–)英国の生物・物理学者; Nobel 医学生理学賞 (1962).
crick·et¹ [kríkɪt, -kət] 〘(a1325) *criket* ◻ (O)F *criquet* ← *criquer* to creak: 擬音語〙 ― *n.* **1** 〘昆虫〙**a** コオロギ《コオロギ科の昆虫の総称; イエコオロギ (house cricket), field cricket など; cf. tree cricket, mole cricket》. **b** [限定詞を伴って] コオロギに類似したコオロギ科以外の昆虫の総称; (特に)キリギリス, バッタの類 (grasshopper): ⇨ Mormon cricket / (as) merry [lively] as a ~ (コオロギのように)至極快活[陽気]で. **2** (押すと)かちかち音を立てる金属製の玩具. **3** 低い木製の足台.
crick·et² [kríkɪt, -kət] 〘(1598) ◻ OF *criquet* bat (used in a ball game) ← ? *criquer* (↑): cf. MDu. *cricke* stick: 球を打つ音がこおろぎの鳴き声と似ているところから〙 ― *n.* **1** クリケット. ★英国国技といわれ11人ずつの二組で行なう戸外球戯; 二人の打手 (batsman) がおのおのの打手線に出て, 一方の打手が投手の投げるボール が三柱門 (wicket) に当たらないよう打ち返す(つまり投手は三柱門を攻撃し, 打手はそれを防御しながら得点を重ねる). 二人の打手は走ってそれぞれ反対側の三柱門に到達できれば1点, 長打なら何回も往復し6点まで得点できる. 到達前に野手がボールを三柱門に当ててベイル (bail) を落せばアウトになる. 10人アウトになると攻守がかわる. 得点は一人で100点 (century) にもなり試合は2日以上続くこともある: play ~ / a ~ match ＝a match at ~ クリケット試合. **2** 《英口語》公明正大なふるまい, フェアプレー (fair play): play ~ 公明正大にふるまう[行動する] / It's not (quite) ~. それは(あまり)フェア[公明正大]ではない. ― *vi.* クリケットをする.

cricket² 1
a wicket; b bowling crease; c return crease; d popping crease

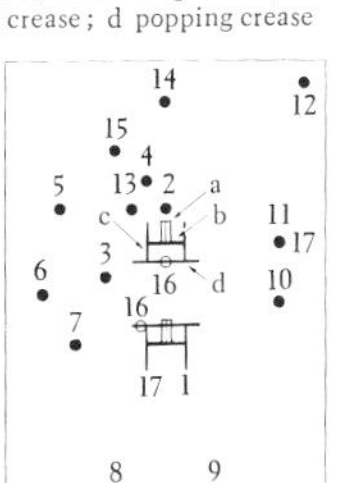

cricket field
1 bowler; 2 wicketkeeper; 3 point; 4 1st slip; 5 3rd man; 6 cover point; 7 mid off; 8 long off; 9 long on; 10 mid on; 11 short leg; 12 long leg; 13 3rd slip; 14 long stop; 15 2nd slip; 16 batsmen; 17 umpires
dimensions: a height above ground 28 in., width 9 in.; b 8 ft. 8 in.; b to b 22 yds.; b to d 4 ft.: c, d length unlimited

críck·et·er [-ṭə | -tə(r)] *n.* クリケット競技者.
crícket fròg *n.* 〘動物〙コオロギガエル (*Acris gryllus*)《米国産の鳴き声がコオロギに似ている小型アマガエルの一種》.

crick·et·y [kríkɪṭi, -kə- | -tɪ] *adj.* 〈音が〉こおろぎのような.

crick·ey [kríki | -kɪ] *int.* ＝crikey.

cri·coid [kráɪkɔɪd] 〖← NL *cricoīd-ēs* ← Gk *krikoeidḗs* ring-shaped ← *kríkos* ring: cf. circus〗 ── *adj.* 〘解剖〙輪形の, 環状の (ringlike): the ～ cartilage 輪状軟骨. ── *n.* 輪状軟骨.

cri·co·pha·ryn·ge·al [kràɪko(ʊ)fərínd͡ʒiəl, -færɪn-d͡ʒíːəl, -rən- | -kə(ʊ)færɪnd͡ʒíːəl, -fɛ̀ər-, -d͡ʒíəl, -fərínd͡ʒɪ-əl, -fær-, -fɛər-] 〖← CRICOID＋PHARYNGEAL〗 ── *adj.* 〘解剖〙輪状(軟骨と)咽頭の.

cri de coeur [kríː-də-kɜ́ː | -kɜ́ː(r; *F.* kridkœːr] 〖⊏ F ～ 'cry of the heart'〗 *F. n.* (*pl.* **cris d-** [kríː(z)- ; *F.* ～]) 苦悶の叫び; 激しい抗議[訴え, 苦情].

crí du chát sýndrome [kríː-dʊ-ʃáː-, -də- ; *F.* kridʃa-] 〖*cri du chat*: ⊏ F ～ 'cry of the cat'〗 ── *n.* 〘病理〙猫鳴き症候群《猫の鳴き声様の泣き声と奇形・精神薄弱を伴う, 染色体異常による先天性疾患》.

cri du coeur [kríː-də-kɜ́ː | -kɜ́ː(r; *F.* kridykœːr] *F. n.* (*pl.* **cris d-** [kríː(z)- ; *F.* ～]) ＝cri de coeur.

crí·er 〖(?c1350) *criour* ⊏ OF *criere*〗 ── *n.* **1** 叫ぶ人, 泣く人. **2 a** (公判廷の)廷吏 (cf. oyez). **b** (町内などの)触れ役 (town crier). **c** 広め屋, ちんどん屋; 呼売商人.

cri·key [kráɪki | -kɪ] 〖(1842)《転訛》← CHRIST〗 *int.* 《俗》いやはや, これはこれは(驚いた) (cf. cripes, crimine): By ～! いやはや.

crim. 《略》criminal.

crim. con. 《略》〘法律〙criminal conversation.

crime [kráɪm] 〖(c1250) ⊏ (O)F ～ < L *crīmen* judicial decision, charge, crime ← IE **skeri-* to separate (L *cernere* to decide)〗 ── *n.* **1** (法律上の)罪, 犯罪 (cf. vice[1]): a capital ～ 死刑に値する重罪, 死罪 / ～*s* against the State 国事犯 / be accused of a ～ 犯罪を告発される / commit a ～ 罪を犯す / put [throw] a ～ upon a person 人に罪を押しつける. **2** 違反行為; 反道徳的行為 (sin): be steeped in ～ 罪に染まっている. **3 a** 犯罪行為; 悪事, 犯行 (wrongdoing). **b** 《口語》けしからん事; 恥ずかしいこと, ばかげたこと: Such reckless spending is a ～. そのような濫費は恥ずかしいことだ.

crime against humanity 非人道的行為《人間の大量虐殺など》.

crime against nature 〘法律〙自然に対する罪《鶏姦・獣姦など, 不自然な性行為[関係]; cf. bestiality 2》. ── *vt.* 〘軍事〙軍律違反の罪に問う, (軍律違反の罪で)処罰する.

Cri·me·a [kraɪmíːə, krɪ-, krə- | kraɪmíə, krɪ-] *n.* **1** [the ～] クリミア(半島)《ソ連邦南西部 Ukraine 共和国の半島; 黒海と Azov 海とを隔てる; 面積 25,500 km²》. **2** クリミア《同半島にあったソ連邦の自治共和国; 1945 年廃止, 1954 年 Ukraine に編入》.

Cri·me·an [kraɪmíːən, krɪ-, krə- | kraɪmíən, krɪ-] *adj.* クリミア(半島)の[に関する], の発祥の].

Criméan Wár *n.* [the ～] クリミア戦争《1853–56; 英国・フランス・トルコ・サルデニャ対ロシヤの戦争》.

críme fiction *n.* 犯罪小説, 推理小説.

críme·less *adj.* 罪の無い, 無犯罪の (innocent). ～**·ness** *n.*

crime pas·sion·el [kríːm·pɑ̀ːsjənél, -pæs- | -pæsjə-; *F.* krimpasjɔnɛl] 〖⊏ F ～ 'crime of passion'〗 *n.* (*pl.* **crimes pas·sion·els** [～]) 〘法律〙痴情に基づく犯罪.

críme wàve *n.* 犯罪の波《犯罪数の急増現象》.

críme-writer *n.* 犯罪[推理]小説作家.

crim·i·nal [krímənḷ, -mnəl | -mɪnḷ, -mə-] 〖(c1400) ⊏ (O)F *criminel* ⊏ L *crīminālis* ← *crīmen* 'CRIME': ⇨ -al[1]〗 ── *adj.* **1** 犯罪の, 犯罪に関する; 刑事の (cf. civil 8 a): a ～ action 刑事訴訟 / a ～ case 刑事事件, 刑事問題 / a ～ record 前科 / ～ jurisprudence 刑法学 / a ～ offense 刑事犯罪 / ～ procedure [proceedings] 刑事訴訟[訴訟手続] / a ～ suit 刑事訴訟 / the ～ code 刑法典. **2** 犯罪的な, 罪になる, 罪を犯している: a ～ act 犯罪行為 / a ～ attempt 犯罪未遂 / ～ intent 犯罪意思 / a ～ operation 堕胎 / the ～ class 犯罪階級. **3** 《口語》**a** けしからん, 恥ずかしい, みっともない (disgraceful); 愚かな: It's ～ not to do so. そうしないとは言語道断. **b** 法外な, 途方もない (excessive): ～ prices. ── *n.* (刑事上の)罪人, 犯人 (felon): a habitual ～ 常習犯.

críminal abórtion *n.* ＝illegal abortion.

críminal assáult *n.* 〘法律〙暴行罪; (特に)強姦罪.

críminal contémpt *n.* 〘法律〙裁判所侮辱罪《裁判所の命令に服従しないなど, その権威を侵害する罪》.

críminal conversátion *n.* 〘法律〙妻の姦通(罪) (adultery) (略 crim. con.).

críminal cóurt *n.* 〘法律〙刑事裁判所, 刑事法廷.

crím·i·nal·ist [-nəlɪst, -ləst, -nḷ- | -nəlɪst] *n.* **1** 刑法学者. **2** 犯罪学者.

crim·i·nal·is·tic [krɪ̀mənəlístɪk, -nḷ-, -mnəl- | -mɪnəl-, -mə-] *adj.* **1** 犯罪人の[に関する]. **2** 犯罪を犯す傾向のある, 犯罪癖の.

crim·i·nal·is·tics [krɪ̀mənəlístɪks, -nḷ-, -mnəl- | -mɪnəl-, -mə-] 〖《なぞり》← G *Kriminalistik*: ⇨ -ics〗 *n.* (犯罪の科学的調査を取り扱う)犯罪科学.

crim·i·nal·i·ty [krɪ̀mənǽləṭi | -mɪnǽlətɪ, -mə-, -lɪ-] 〖⊏ F *criminalité* // ML *crīmināḷit-ās*: ⇨ criminal, -ity〗 ── *n.* **1** 犯罪の事実; 犯罪(行為) (guilt). **2** 犯罪性, 有罪 (guiltiness). **3** 犯罪階級.

críminal láw *n.* 〘法律〙刑法, 刑事法 (cf. civil law [1]).

críminal láwyer *n.* 刑事専門弁護士.

crím·i·nal·ly [-mənəli, -nḷi, -mnəli | -mɪnəlɪ, -nḷɪ] *adv.* **1** 法を犯して, 犯罪的に. **2** 刑法上, 刑事上: proceed against a person ～ 人を相手どって刑事訴訟を起こす.

críminal psychólogy *n.* 犯罪心理学.

críminal sýndicalism *n.* 〘法律〙犯罪的サンディカリズム《政治的変更や政府を転覆する目的で, 暴力行為を行なったり, 扇動したりする行為[主義]; 米国の多くの州で犯罪とされる》.

crim·i·nate [krímənèɪt | -mɪ-, -mə-] 〖← L *crīminat-us* (p.p.) ← *crīminārī* to bring a charge ← *crīmen* 'CRIME': ⇨ -ate[3]〗 ── *vt.* **1** 〈人〉に罪があるとする, 罪を負わせる; 告発[起訴]する. **2** …の有罪を証明する (incriminate): ～ oneself 自ら罪のあることを明らかにする. **3** (強く)咎(とが)める, 非難する (censure).

crím·i·nà·tor [-ṭə | -tə(r] *n.*

crim·i·na·tion [krɪ̀mənéɪʃən | -mɪ-, -mə-] 〖⊏ L *crīminātiō(n-)*: ⇨ ↑, -ation〗 ── *n.* **1** 罪を負わせること; 告訴, 告発 (accusation). **2** (激しい)非難 (censure): ～*s* and recriminations 罪のなすり合い.

crim·i·na·tive [krímənèɪṭɪv, -nəṭ- | -mɪnət-, -mə-, -nèɪt-] 〖⇨ -ative〗 *adj.* 罪を負わせる; 非難をこめた, 告発的な.

crim·i·na·to·ry [krímənətɔ̀ːri, -tɔ̀ri | -mɪnèɪtəri, -mə-] 〖⊏ L *crīminātōri-us*: ⇨ criminate, -ory[1]〗 *adj.* 罪を負わせる; 非難する.

crim·i·ne [krímәni, kráɪ- | -mɪnɪ, -mə-] 〖⊏ ? It. *crimine* crime // 《混成》? ← CHRIST＋JIMINY〗 ── *int.* (*also* **crim·i·ni** [～]) 《俗》これはこれは(驚いた), いやはや(とんでもない) (cf. crikey, cripes).

crim·i·nól·o·gist [-dʒɪst, -dʒəst | -dʒɪst] *n.* 犯罪学者.

crim·i·nol·o·gy [krɪ̀mənɑ́lədʒi | -mɪnɔ́lədʒɪ, -mə-] 〖(1890) ← L *crīmin-*, *crīmen* 'CRIME'＋-LOGY〗 ── *n.* 犯罪学, 刑事学. **crim·i·no·log·i·cal** [krɪ̀mənəlɑ́dʒɪkəl, -dʒə- | -mɪnəlɔ́dʒɪ-] *adj.* **crim·i·no·lóg·ic** *adj.*

crim·i·nous [krímənəs | -mɪ-, -mə-] 〖(a1460) ⊏ AF ～ ⊏ L *crīminōsus* faulty, blameworthy ← *crīmen* 'CRIME': ⇨ -ous〗 ── *adj.* 罪を犯した. ★ 主に次の句で: a ～ clerk 罪を犯した牧師, 破戒僧.

crim·i·ny [krímәni, kráɪm- | -mɪnɪ, -mə-] *int.* ＝crimine.

crim·mer [krímə | -mə(r] *n.* ＝krimmer.

crimp[1] [krímp] 〖(特殊用法)? ↓〗 ── *n.* (人を誘拐(ゆうかい)して船員や兵士として売り込む)誘拐周旋業者《通例下宿屋の主人など》. ── *vt.* (水夫または兵士にするために)〈人を〉誘拐する, 〈人を〉誘拐して船員[兵士]として売り込む.

crimp[2] [krímp] 〖OE (*ġe*)*crympan* to curl ← *crump* crooked (cog. Du. *krimpen*) ← IE **ger-* curved: cf. cramp[1,2]〗 ── *vt.* **1 a** 〈布などを〉縮らせる, …にひだ[しわ]を寄せる (wrinkle). **b** 〈毛髪を〉縮らせる, カールさせる. **c** 〈靴革などを〉(ある形に)癖をつける《特にブーツに必要》: a ～*ing* machine くせつけ機. **d** 〈取りたての魚〉に切目を入れ(て肉を縮らせ)る. **e** 〈パイの皮などの端を〉つまみ合わせる. **2** 《米口語》邪魔する, 妨害する (cramp); 禁止する (inhibit). **3** 〘金属加工〙クリンプする, 縁曲げする《帯板から UO 曲げ加工して円管を作る時の予備加工として曲げる》. ── *vi.* 縮む. ── *n.* **1 a** [*pl.*] 縮らした毛 (cf. curl 1). **b** ひだ, 折目 (fold). **c** 羊毛のような縮れ. **2** 《米口語》邪魔(物), 妨害(物). ★ 主に次の句で: put a ～ in [into] …を邪魔[妨害]する. ── *attrib. adj.* 縮れた.

crímp·er *n.* **1** 縮らす人. **2 a** 縮らすもの. **b** ひだ[しわ]付け機[装置]. **c** (頭髪の)カールごて.

crímp·ing ìron *n.* (頭髪の)カールごて.

crim·ple [krímpḷ] 〖(a1325): ⇨ crimp[2] (v.), -le[3]〗 ── *vt.* **1** 縮らせる; …にしわを寄らせる (wrinkle). **2** 〈髪を〉カールする. ── *vi.* **1** 縮れる; しわが寄る. **2** 〈髪が〉カールする. ── *n.* 《方言》しわ, ひだ, 縮れ.

crimp·y [krímpi | -pɪ] 〖← CRIMP[2]＋-Y[4]〗 *adj.* (**crimp·i·er**; **-i·est**) **1** 縮れた, 縮らした. **2** (縮み上がるほど)寒い: ～ weather. **crímp·i·ness** *n.*

crim·son [krímzṇ, -sṇ | -zṇ] 〖(1416) *cremesin* ⊏ OSp. *cremesín* ⊏ Arab. *qirmiz* 'KERMES': cf. carmine〗 ── *n.* **1** (やや紫に近い)深紅色, 濃紅色, クリムソン. **2** 深紅色顔料[染料]. ── *adj.* **1** 深紅色の, 濃紅の. **2** 血なまぐさい (bloody): a ～ crime 血なまぐさい犯罪. **3** (怒りなどで)紅潮した, 真赤になった: His face was ～ with fury. 激怒のあまり彼の顔は真赤になった. **4** 激しい; ものすごい, 恐ろしい (lurid). ── *vt.* 深紅色にする, 深紅色に染める. ── *vi.* 深紅色になる; 〈顔が〉真赤になる (blush). ～**·ly** *adv.* ～**·ness** *n.*

crímson clóver *n.* 〘植物〙ベニバナツメクサ, ベニバナウマゴヤシ (*Trifolium incarnatum*)《ヨーロッパ原産の一年生のクローバー; 米国では牧草として栽培される; Italian clover ともいう》.

crímson flág *n.* 〘植物〙アフリカ南部原産アヤメ科の深紅の花が咲く多年草 (*Schizostylis coccinea*).

crímson láke *n.* クリムソンレーキ《種々の赤色木材の抽出液から作った鮮紅色～深紅色の顔料; 熱や光に弱いので現在ほとんど使用されない》.

Crímson Rámbler *n.* 〘園芸〙クリムソンランブラー《つるバラの品種名; 花は赤》.

crímson ságe *n.* 〘植物〙米国西部原産シソ科ハッカ属の深紅の花が咲く多年草 (*Salvia spathacea* (or *Audibertia grandiflora*)).

cri·nal [kráɪnḷ] 〖⊏ L *crīnāl-is* ← *crīnis* hair: ⇨ crinite[1], -al[1]〗 *adj.* 毛髪の[に関する].

crined [kráɪnd] 〖← F *crin* hair＋-ED〗 *adj.* 〘紋章〙〈人・馬が〉頭髪[たてがみ]の色が体の色と異なる: a horse argent, ～ or 金のたてがみの銀の馬.

crin·et [krínɪt, -nət] 〖⊏ OF *crinete* ← *crin* (↑): ⇨ -et〗 *n.* 〘甲冑〙馬鎧(うまよろい)の首当て《たてがみの部分の防具》.

cringe [kríndʒ] 〖OE *crinġan* to bend ← IE **ger-* curved: cf. crinkle, crank[1]〗 ── *vi.* **1** (恐怖または卑屈さで)すくむ, ちぢこまる, 畏縮する (shrink, cower); しりごみする 〈*away, back*〉. **2** へいへいする, ぺこぺこする, へつらう (fawn). **3** 《口語》(…に)いやになる 〔*at*〕. **4** 〘生理〙筋肉を不随意に収縮させる. ── *vt.* **1** 《廃》ちぢこまらせる; ゆがめる (contort): ～ one's face. **2** 《古》ぺこぺこして出迎える[挨拶する]. ── *n.* 卑屈な態度, ぺこぺこすること: perform ～*s* and congees ぺこぺこ頭を下げる. **críng·er** *n.*

crin·gle [kríŋgḷ] 〖(1627) ⊏ LG *kringel* (dim.) ← *kring* circle, ring: ⇨ ↑, -le[1]〗 *n.* 〘海事〙(帆の縁や隅などに作り付けた)索目(さくめ)《ロープで作った小さな輪》.

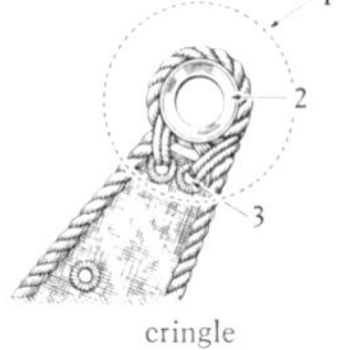

cringle
1 cringle; 2 thimble; 3 eyelet hole

cri·ni- [kráɪnɪ, -nə | -nɪ] 〖← L *crīnis* hair〗「髪(hair)」の意の連結形.

cri·nite[1] [kráɪnaɪt] 〖(1600) ⊏ L *crīnīt-us* (p.p.) ← *crīnīre* to provide with hair ← *crīnis* hair ← IE **sker-* to bend (⇨ circle)〗 ── *adj.* **1** 毛髪状の. **2 a** 〘植物〙長くて細い毛のある. **b** 〘動物〙房毛のある, 軟毛のある.

cri·nite[2] [kráɪnaɪt, krín-] 〖← Gk *krínon* lily＋-ITE[1]〗 *n.* ウミユリ (crinoid) の化石.

crin·kle [kríŋkḷ] 〖(c1386) ← OE *crincan* to bend, yield (cf. crank[1], cringe)＋-LE[3]〗 ── *vi.* **1 a** うねりくねる, 波立つ (ripple). **b** しわがよる; 縮む (shrink): He smiled, with his eyes *crinkling* at the corners. 目尻にしわを寄せて笑った. **2** かさかさ音を立てる (rustle). ── *vt.* うねり曲がらせる, …にしわを寄せる (wrinkle); 縮らせる (crimp): ～ the hair / ～ one's face / ～*d* paper ちりめん紙. ── *n.* **1** しわ (wrinkle). **2** うねりくねり, 折曲り (bend). **3** 〘植物病理〙(ジャガイモ・イチゴなどの)モザイク病の一種《葉緑が縮んで縺(もつ)状となり下巻きする》.

crínkle·ròot *n.* 〘植物〙北米産アブラナ科コンロンソウ属 (*Dentaria*) の多年草の総称《*D. diphylla*, コンロンソウ (*D. leucantha*) など》.

crin·kly [kríŋkli, -kḷi | -klɪ] 〖← CRINKLE＋-Y[4]〗 ── *adj.* (**crin·kli·er**; **-kli·est**) **1 a** しわの多い; 〈織物の生地が〉縮れている (wrinkled); 波状の. **b** 〈毛髪など〉巻毛の, 縮れた. **2** かさかさ鳴る[音を立てる].

crin·kum-cran·kum [kríŋkəmkræ̀ŋkəm] 〖⇨ crinkle, crank[1]〗 ── *adj.* うねうねした, ねじくれた (tortuous). ── *n.* 《古》うねりくねったもの, もつれ合い, 複雑な[手の込んだ]もの.

cri·noid [kráɪnɔɪd, krín-] 〖(1836) ⊏ Gk *krinoeid-ḗs* lilylike ← *krínon* lily: ⇨ crinum, -oid〗 ── *adj.* **1** ユリのような (lily-shaped). **2** 〘動物〙ウミユリ綱の. ── *n.* 〘動物〙ウミユリ (sea lily)《棘皮動物門ウミユリ綱の動物》. **cri·noi·dal** [kraɪnɔ́ɪdḷ, krɪ-, krə- | kraɪ-, krɪ-] *adj.*

Cri·noi·de·a [krɪnɔ́ɪdiə, krə-, kraɪ- | -dɪə] 〖← NL ～ ← Gk *krínon* lily: ⇨ -oidea〗 *n. pl.* 〘動物〙(棘皮動物門)ウミユリ綱.

crin·o·line [krínəlɪn, -lən, krínəlìːn, -nḷ- | krínəliːn, -lɪn, krìnəlíːn] 〖(1830) ⊏ F ～ ⊏ It. *crinolino* ← L *crīnis* hair (⇨ crinite[1]) ＋ *līnum* thread〗 ── *n.* **1** クリノリン《スカートの裾, 袖の山, 帽子のふちなどにはりをもたせるために使用する毛または堅いシルクやコットンなどの布地》. **2 a** (クリノリンでふくらました)フープスカート (hoopskirt). **b** フープを作る鋼や羽骨.

crinoline 2 a

cri·num [kráɪnəm] 〖← NL ～ ← Gk *krínon* lily ← ?〗 *n.* 〘植物〙ハマユウ《ヒガンバナ科ハマオモト属 (*Crinum*) の植物の総称; ハマユウ (*C. asiaticum*) など》.

cri·ol·la [krióʊl(j)ə | krɪáʊ-; *Am. Sp.* kriόʎa, -ója] 〖⊏ Sp. ～ (fem.) ← *criollo* (↓)〗 *n.* 女性の criollo.

cri·ol·lo [krióʊl(j)oʊ | -ɔ́ʊl(j)əʊ; *Am. Sp.* kriójo] 〖⊏ Sp. ～: ⇨ Creole〗 ── *n.* (*pl.* ～**s**) **1** 中南米生れのスペイン人(系)の子孫 (cf. Creole). **2** 中南米在来の家畜. **3** 〘園芸〙[C-] クリオロ《カカオの品種名; 品質最良, 樹の生長は遅く病虫害に弱い》. ── *adj.* criollo の.

cri·o·sphinx [kráɪəsfɪ̀ŋks] 〖← *crio-* ram-headed (← Gk *kriós* ram) ＋ SPHINX〗 ── *n.* (*pl.* ～**·es**, **-o·sphin·ges** [-sfíndʒiːz]) (古代エジプトの)雄羊の頭をもったスフィンクス (⇨ sphinx 1 a).

criosphinx

cripes [kráɪps] 〖《変形》← CHRIST〗 *int.* 《俗》おやおや, これはこれは《驚き・不安・嫌悪・軽いののしりを表わす; cf. crikey, crimine》: By ～! これはこれは.

crip·ple [krípl̩] 〖OE *crypel* : cf. creep / G *Krüppel*〗 — *n.* **1 a** 手足の不自由な人, 身体障害者. **b** 不具の動物. **2** 不完全なもの[人], 欠陥のあるもの[人]: a heart ～. **3** 《米方言》(しばしば雑木などの生えた)沼地 (bog). **4** (窓掃除などの)足場. **5** 《俗》〖野球〗(ノーストライクスリーボール後などの)球威のない投球. — *adj.* 不具の. — *vt.* **1** 不具にする: He is ～*d with* rheumatism. リューマチで体が不自由だ. **2** 損う (impair), 無力にする (disable), 弱める (weaken); …の勢いをそぐ, 戦闘力を失わせる: ～ activities 活動力をそぐ / be financially ～*d* 財政上無能力となる.

críp·pler [-plə, -plə | -plə(r, -pl-] *n.*

críp·ple·dom [-dəm] *n.* 不具; 無能力.

críp·pling [-plɪŋ, -pl-] *n.* 〖航空〗壁面座屈《軸力材と薄板から成る航空機の構造が大きい荷重で破壊する時の破壊形態の一つで, ある部分の軸力材と付近の薄板が一緒に座屈してつぶれる現象》. — *adj.* 勢いをそぐ; 害の大きい, 有害な (injurious). **～·ly** *adv.*

Cripps [kríps], Sir (**Richard**) **Stafford** *n.* (1889–1952) 英国の政治家・社会主義者; 蔵相 (1947–50).

cris de coeur *n.* cri de coeur の複数形.

cris du coeur *n.* cri du coeur の複数形.

crise de nerfs [kríːz-də-néə | -néə(r; *F.* kʀidənɛːʀ] 〖□F ～ 'crisis of nerves'〗 *n.* (*pl.* **crises d-** [～]) ヒステリー発作.

cri·sis [kráɪsɪs, -səs | -sɪs] 〖《1543》□ L ～ □ Gk *krísis* decision ← *krinein* to separate, decide ← IE **skeri-* to cut, separate (⇨ critic, scribe)〗 — *n.* (*pl.* **cri·ses** [-siːz]) **1** 転換期; 危機, 危急(の場合), 危急存亡(の時), 重大局面: a cabinet [political] ～ 内閣[政界]の危機 / a financial ～ 財界[金融界]の危機 / bring … to a ～ …を危機に陥らせる / face a ～ 危機に直面する / come through in a ～ 危機を乗り切る. **2** (劇・小説などの筋の展開上の)危機一髪の分れ目. **3** 〖医学〗 **a** 分利《病気がよくなるか悪くなるかの境目,主として軽快に向かう時期》; (病気の)危期, 峠 (cf. lysis 1): pass the ～ 〈病気が〉峠を越す, 危険期を脱する. **b** 発症, クリーゼ, 激烈な発作 (paroxysm).

crísis cènter *n.* 電話人生相談所《電話で危急の際の人生相談を行なう》.

crísis theòlogy *n.* 〖哲学〗危機神学《K. Barth, E. Brunner たちによって唱えられた一種の新正統主義 (neoorthodoxy); 人間と社会とに固有の諸矛盾から生じる人格的危機を克服するためには, 恩寵と神の言に対する信仰とが絶対に必要であることを説く; cf. dialectical theology》. **crísis theològian** *n.*

crisp [krísp] 〖OE □ L *crisp-us* curled ← IE *(s)ker- to turn (⇨ crest)〗 — *adj.* (～·**er**; ～·**est**) **1 a** 堅いが砕けやすい, もろい (brittle); さくさくする: ～ snow. **b** 〈パン・食物など〉ぱりぱりする, かりかりする; 〈野菜など〉新鮮で締まった, ぐにゃっとしていない, ぱりっとした: ～ celery / a ～ biscuit かりかりするビスケット / This cake eats ～. この菓子は(食べると)かりかりする. **c** 〈紙など〉ぱりぱり音のする (crackling), 手の切れそうな: ～ bank notes 手の切れるような(新しい)紙幣. **2 a** 〈挙動が〉てきぱきした, 生き生きした (lively); 〈抑揚・話し振りが〉歯切れのいい (brisk); 〈文体が〉引き締まっている, きびきびした, 明快な, (寸鉄的で)鋭い, 簡潔な (sharp): a ～ repartee てきぱきした応答[受け答え] / a ～ manner てきぱきした態度. **b** 〈身なり・様相が〉こざっぱりした, こぎれいな (neat), きちんとした: a ～ uniform. **c** くっきりした, 明確な: a ～ illustration. **d** 〈空気・天気など〉体の引き締まるような, ひやりとする (cold); さわやかな, すがすがしい: a ～ winter morning. **3 a** 〈髪が〉堅く縮れている. **b** 〈波が〉騒ぎ立っている, さざなみが立つ: a ～ sea 波立っている海. **c** 〈皮膚の表面など〉しわが寄った. — *vt.* **1 a** かりかりさせる, かりかりに焼く: ～ toast, pastry, etc. **b** ぱりぱりさせる. **c** 〈寒さが〉〈地面などを〉かりかりに凍らせる. **d** もろくする. **2 a** 〈毛髪などを〉(細かに)縮らせる (curl, crimp). **b** …にさざなみを立たせる. — *vi.* **1 a** かりかりになる. **b** 〈地面などが〉かりかりに凍る. **c** もろくなる. **2 a** (細かく)縮れる, くるくる巻く. **b** 〈水面が〉さざ波立つ (ripple). — *n.* **1** かりかり[ぱりぱり]のもの: be burned to a ～ かりかりに焦げる. **2** [通例 *pl.*] 《英》かりかりに揚げた薄切りのじゃがいも, ポテトチップス (potato chip). **3** 《俗》(手の切れそうな)札. **～·ly** *adv.* **～·ness** *n.*

cris·pate [kríspeɪt, -pət, -pɪt] 〖□L *crispāt-us* (p.p.) ← *crispāre* to curl ← *crispus* (↑): ⇨ -ate[2]〗 *adj.* 巻縮状の, 縮れた, へりがぎざぎざでしわになっている.

cris·pat·ed [kríspeɪtɪd, -təd | -tɪd, -təd] *adj.* ＝crispate.

cris·pa·tion [krɪspéɪʃən] *n.* **1** 縮らせる[縮れる]こと; 巻き縮れ, 巻縮. **2** (振動などで生じる液体表面の)さざ波.

crisp·en [kríspən] *v.* ＝crisp.

crisp·er *n.* **1** 縮らせる人[器械など]; (頭髪の)カールごて. **2** (冷蔵庫の野菜などを新鮮に保つ)引出し.

Cris·pi [kríspi, kríːs- | -pɪ; *It.* kríspi], **Francesco** *n.* クリスピ《1819–1901; イタリアの政治家; 首相 (1887–91, 1893–96)》.

cris·pin [kríspɪn, -pən | -pɪn] 〖↓〗 *n.* 靴職人.

Cris·pin [kríspɪn, -pən | -pɪn] 〖□L *Crispin-us* ← *crispus* curled (hair) (⇨ crisp): もとローマの家族名〗 *n.* 男性名.

Cris·pin [kríspɪn, -pən | -pɪn], Saint *n.* クリスピヌス《兄弟のクリスピニアヌス (Crispinian) と共にローマの貴族といわれ, 3世紀末 Gaul で殉教した; 靴職人・鞍づくり・製革工の守護聖人; 祝日は10月25日》.

Cris·pin·i·an [krɪspíniən | -nɪ-], Saint *n.* クリスピニアヌス (⇨ Saint CRISPIN).

crisp·y [kríspi | -pɪ] 〖《a1398》: ⇨ crisp, -y[4]〗 *adj.* (**crisp·i·er**; **-i·est**) ＝crisp. **crísp·i·ness** *n.*

crissa *n.* crissum の複数形.

criss·cross [krískrɔ̀(ː)s, -kràs | -krɔ̀s] 〖《1602》《転訛》← CHRISTCROSS: 現在では単に CROSS[1] の加重形と感じられている: cf. zigzag〗 — *n.* **1 a** 十のしるし, 十文字, 十字形 (christcross). **b** (文字を知らない人が署名の代りに用いる)×じるし. **2** 十字形交差: a ～ of streets 縦横に交差した街路. **3** 食い違い, 矛盾; 混乱. **4** 《古》〖遊戯〗三目並べ (⇨ ticktacktoe 1). **5** 〖アメリカンフットボール〗クリスクロス《バックス HB, FB が交差してボールがどちらかわからないように十文字のコースをとるプレー》; レシーバーがクリスクロスをして受ける前方パスプレー. — *adj.* 十字の; (十字形に)交差した: a ～ pattern 十字形模様. — *adv.* **1** 十字形に, 交差して (crosswise). **2** 食い違って, 矛盾して (contrarily): Everything is going ～ with me. 私のする事なす事がみな食い違う. — *vt.* **1** …に十字を記す; 十字模様にする; 〈肉などに〉十字の切込みをつける. **2** …に交差する, 交差しながら動く. — *vi.* **1** 縦横に動く, 行ったり来たりする. **2** 〖アメリカンフットボール〗(前方パスプレーなどで)クリスクロスをして走る.

crísscross-rów *n.* [the ～] 《古》アルファベット (alphabet)《昔の hornbook のアルファベットの初めに十字形が付いていたことから》.

cris·sum [krísəm] 〖← NL ～ ← L *crissāre* to move the haunches〗 — *n.* (*pl.* **cris·sa** [-sə]) 〖鳥類〗 **1** 下尾筒《尾のつけ根》. **2** [集合的] 尾のつけ根の羽毛. **crís·sal** [-səl, -sl̩] *adj.*

cris·ta [krístə] 〖□L ～ (↓)〗 *n.* (*pl.* **cris·tae** [-tiː, -taɪ]) **1** 〖解剖・動物〗櫛, 稜. **2** 〖生物〗クリスタ《ミトコンドリアの内膜が櫛の歯のように内側に突出した部分》.

cris·tate [krísteɪt, -tət, -tɪt] 〖《1661》□ L *cristāt-us* ← *crista* 'CREST (on the head of animals)': ⇨ -ate[2]〗 — *adj.* **1** 〖動物〗とさか[冠毛]のある (crested). **2** 〖植物〗とさか状の.

cris·tat·ed [krísteɪtɪd, -təd | -tɪd, -təd] *adj.* ＝cristate.

cris·to·bal·ite [krɪstóubəlàɪt | -tə́u-] 〖□G *Cristobalit* ← Mex. *Cristóbal* (Pachuca 付近の発見地): ⇨ -ite[1]〗 — *n.* 〖鉱物〗クリストバライト, 方ケイ石《白色八面体のケイ酸》.

crit [krít] 〖略〗 *n.* 《口語》＝criticism; critique; 〖原子力〗critical mass.

cri·te·ri·on [kraɪtí(ə)riən, krɪ-, krə- | kraɪtíərɪ-] 〖《1613》□ Gk *kritḗrion* means for judging ← *kritḗs* decider, judge: ⇨ critic〗 — *n.* (*pl.* **-ri·a** [-riə | -rɪə], **～s**) **1** (判断の)標準, 規準. **2** 特徴.

crith [kríθ] 〖□Gk *krith-ḗ* barley corn, small weight〗 *n.* 〖物理・化学〗クリス《気体の質量の単位; 摂氏0度・1気圧における水素1リットルの質量; ＝0.08987 g》.

crit·ic [krítɪk | -tɪk] 〖《1594》□L *critic-us* □ Gk *kritikós* able to discern and decide ← *kritḗs* judge ← *krinein* to separate, decide ← IE **skeri-* to separate, sift (⇨ certain)〗 — *n.* **1 a** 批評家, 批判者. **b** (文芸・美術などの)批評家, 評論家, (古文書などの)鑑定家; 校訂家: an art ～ 美術批評家 / a Biblical ～ 聖書批評家 / a dramatic [literary, musical] ～ 演劇[文芸, 音楽]批評家 / ⇨ textual critic. **2** 酷評家, あら捜し屋, 口やかましい人 (censurer, faultfinder). **3** 〖□F *critique*: ⇨ critique〗《古》 **a** ＝criticism. **b** ＝critique. — *attrib. adj.* ＝critical A.

crit·i·cal [krítɪkəl, -tə- | -tɪ-] 〖《1595》← CRITIC＋-AL[1]〗 — *adj.* **A** (cf. critic, criticism) **1 a** 批評の[に関する], 評論の; 批判的な, 批評的な: ～ acumen 鋭い批評眼 / a ～ analysis 批評的分析 / a ～ eye 批評眼 / a ～ opinion 批判的意見 / a ～ writer 評論家, 批評家 / ⇨ critical philosophy. **b** 〔…を〕批判する, 批評する 〔*of*〕: the article ～ *of* the system その制度を批判した記事 / They were ～ *of* their country. 彼らは自国に批判的だった. **c** 批評家の[に関する]: a ～ essay 評論. **d** 鑑識眼のある, 眼の高い: a ～ mind. **e** 異本のテキストや学問的修正を加えた, 本文校訂の: a ～ edition 校訂版. **2** きびしく批判する, 酷評的な (censorious); 口の悪い, 難癖をつけたがる, あら捜しをする (faultfinding): be ～ *about* [*of*] …に難癖をつけ(たが)る / I am nothing, if not ～. 口の悪いのだけが私の取柄だ (Shak., *Othello* 2. 1. 120). **B** (cf. crisis) **1 a** 危機の, 危機一髪の, きわどい, あぶない (crucial); 〈病気が〉峠にある, 危篤の (dangerous): a ～ day 厄日 / ～ eleven minutes 〖航空〗(航空事故が最も多発する)離着陸時の危険な11分間 / a ～ moment 危機, きわどい場合 / a ～ shortage 危機的な不足 / be in a ～ condition 危機に面している, 〈病人が〉危篤[重態]である / take a ～ turn 危機に陥る, 危篤になる. **b** 経済的危機に瀕した. **2 a** 決定的な, 重大な (decisive): ～ evidence 決定的証拠 / a ～ situation 重大な局面[形勢] / of ～ importance 非常に重要な / in a ～ measure 非常に, 大いに. **b** (危機を乗り切るために)不可欠な (indispensable): ～ materials. **3** いちかばちかの, 不確実な. **4 a** 〖物理〗臨界の: go ～ 臨界に達する. **b** 〖原子力〗臨界の《原子炉が連鎖反応を生じる限界にあることをいう》. **5** 〖数学〗臨界の: a ～ value 臨界値. **6** 〖生物〗分類の限界線にある: a ～ species 分類の困難な種. **～·ness** *n.*

crítical ángle *n.* **1** 〖光学〗臨界角《全反射の起こる最小入射角》. **2** 〖航空〗臨界角《失速迎角などのようにその角度を境に機体の特性が急変する角度》.

crítical apparátus *n.* ＝apparatus criticus.

crítical cónstant *n.* 〖物理〗臨界定数《臨界点 (critical point) における温度・圧力・体積の値》.

crítical dámping *n.* 〖電気〗臨界制動, 臨界減衰.

crítical dénsity *n.* 〖物理〗臨界密度, 限界密度.

crit·i·cal·i·ty [krɪ̀tɪkǽləti, -tə- | -tɪkǽlətɪ, -lɪ-] *n.* 〖物理〗臨界(性)《物理量が臨界状態にあること; cf. critical B 4》.

crít·i·cal·ly 〖《1654》〗 — *adv.* **1** (cf. criticism) 批評的に, 批判的に; 精密に (precisely); 酷評的に. **2** (cf. crisis) きわどく, 危く; 危篤に, 危険状態に (dangerously); 〖物理〗臨界的に: be ～ ill 〈病人が〉危篤である.

crítical máss *n.* 〖原子力〗臨界質量《原子炉で連鎖反応が持続しまたは原子爆弾が爆発を起こすのに必要最少限の核分裂物質の質量》.

crítical páth *n.* 〖電算機〗クリティカルパス, 臨界経路《critical path analysis を行なう際のスケジュールを決定する要因となる経路》.

crítical páth anàlysis *n.* 〖電算機〗クリティカルパスアナリシス, 臨界経路分析《日程計画を構成する各要素とその順序関係を分析して最短日程計画を作る時, 最も余裕のない要素に着目して検討を行なう方法; 略 CPA; cf. critical path》.

crítical páth mèthod *n.* 〖経営〗クリティカルパスメソッド《日程計画に使われるネットワーク手法; 略 C.P.M.》.

crítical philósophy *n.* (Kant の) 批判哲学.

crítical póint *n.* **1** 〖物理化学〗臨界点《気体と液体が同じ密度をもつような特定の温度・圧力・体積で記述される点》. **2** 〖数学〗(関数の)臨界点《導関数が0になる点; 偏導関数がすべて0になる点》.

crítical préssure *n.* 〖物理〗臨界圧.

crítical rátio *n.* 〖統計〗棄却限界比《標本の値と平均との差の標準偏差に対する比の限界; これを超えれば帰無仮説は棄却される》.

crítical région *n.* 〖統計〗危険域, 棄却域《標本値がそこへ落ちると帰無仮説が棄却される領域》.

crítical solútion témperature *n.* 〖物理化学〗臨界共溶温度, 臨界溶解温度, 臨界完溶点, 溶解臨界点.

crítical státe *n.* 〖物理化学〗臨界状態《物質に固有の温度・圧力の値をとった時, 液相および気相の区別がちょうどつかなくなる状態; cf. critical point 1》.

crítical témperature *n.* 〖物理化学〗臨界温度.

crítical válue *n.* 〖数学〗臨界値《関数の臨界点 (critical point) における値》.

crítical velócity *n.* 〖物理〗臨界速度, 限界速度, 限界流速.

crítical vólume *n.* 〖物理〗臨界体積.

crit·ic·as·ter [krítɪkæ̀stə, -tə- | krítɪkæ̀stə(r, ～～～] 〖← CRITIC＋-ASTER[1]〗 *n.* へぼ[三文]批評家.

crit·i·cise [krítəsàɪz, -tɪ- | -tɪ-] *v.* 《英》＝criticize.

crit·i·cism [krítəsìzm, -tɪ- | -tɪ-] 〖《1607》← CRITIC＋-ISM〗 — *n.* **1** 批評, 批判; 非難, あら捜し (faultfinding): be beneath ～ 批評の価値がない / be beyond [above] ～ 非難[批評]の余地がない / defy every ～ いかなる批評をも退ける, 批評の余地がない / suffer harsh ～ from …から酷評を受ける. **2** 文芸[美術]批評; 評論, 評論文 (critique): ⇨ New Criticism. **3** 本文[テキスト]批評, 校訂; (特に)聖書原典批評: ⇨ higher criticism. **4** 〖哲学〗批判論; 批判主義; (特に, Kant の)批判哲学.

crit·i·ciz·a·ble [krítəsàɪzəbl, -tə-, ～～～～～ | -tɪ-] *adj.* 批判できる; 批評の余地のある.

crit·i·cize [krítəsàɪz, -tə- | -tɪ-] 〖《1649》← CRITIC＋-IZE〗 — *vt.* **1** 批評する, 批判する, 評論する. **2** 非難する, 酷評する, …のあら捜しをする (censure). — *vi.* **1** 批評する, 批評家として活躍する. **2** あら捜しをする.

crít·i·cìz·er *n.* 批評家; 非難者.

crit·i·co- [krítɪko(ʊ), -tə- | -tɪkə(ʊ)] 〖← CRITIC＋-O-〗「批判的 (critical)」の意の連結形: *critico*historical 批判歴史的 / *critico*theologically 批判神学的に.

cri·tique [krɪtíːk, krɪ-, kriː- | krɪ-] 〖《1702–21》□F ～ □Gk *kritikḗ* (*tékhnē*) critical (art) (fem.) ← *kritikós* 'CRITIC'〗 — *n.* (文芸・美術作品などの)批評, 評論. — *vt.* 批評する (criticize).

crit·ter [krítə | -tə(r] 〖《転訛》← CREATURE〗 *n.* (*also* **crit·tur** [～]) 《方言・戯言》＝creature; (特に)家畜; 牛, 馬; 《軽蔑》人 (person).

Cri·vel·li [krɪvéli | -lɪ; *It.* krivélli], **Carlo** *n.* クリヴェルリ《1430?–?94; ベネチア派の画家》.

criz·zle [krízl̩] 〖← ?〗《方言》 *vi.* しわのよった状態になる, ざらざらになる. — *vt.* …の表面をざらざらにする, 表面にしわを寄らせる.

CRO 《略》〖電気〗cathode-ray oscillograph; Chief Recruiting Officer; 《英》Commonwealth Relations Office《1966年 Commonwealth Office (連邦省)に併合され, ついで68年 Foreign and Commonwealth Office に併合された》; 《英》Criminal Records Office.

croak [króuk | kráuk] 〖《16C》《擬音語》: cf. OE *crǽcettan* / ON *krāka* crow: ⇨ creak〗 — *n.* **1** (からす・かえるなどの)かーかー[があーがあー]鳴く声. **2** しわがれ声, 泣き言; うらみ言, 泣き言. — *vi.* **1** 〈からす・かえるなどが〉かーかー[があーがあー]鳴く. **2** 〈人が〉があーがあー言う, しわがれ声でものを言う, ぶつぶつ

言う; 不吉なことを言う. **3** 《俗》死ぬ, くたばる. **— *vt.*** **1** しわがれ声で告げる. **2** 《俗》殺す.

cróak·er *n.* **1** があーがあー鳴くもの《かえる・からすなど》. **2** 悲観論者, 不平家 (grumbler); (特に)不吉な予言者. **3** 〖← CROAK (vt. 2)〗《俗》医者 (doctor). **4** 〘魚類〙うきぶくろでカラスやカエルに似た音を出すニベ科の魚の総称《Atlantic croaker, freshwater drum など; cf. maigre²》.

croak·y [króuki | kráuki] 〖← CROAK+-Y⁴〗 *adj.* (**croak·i·er; -i·est**) があーがあー鳴く(ような); 〈声など〉しわがれた (hoarse).

Croat [króuæt | kráuæt, -ət] 〖← NL *Croata* ← Serbo-Croatian *Hrvat* < OSlav. *Chŭrvatinŭ* 《原義》 mountaineer〗 **— *n.*** **1** =Croatian. **2** クロアチア人よりなるアンシャンレジーム下のフランス軽騎兵連隊.

Cro·a·tia [krouéɪʃə, -ʃiə | krəuéɪʃɪə, -ʃə] *n.* クロアチア《ユーゴスラビア連邦の北西部地方で, 同連邦の一州; 面積 56,538 km², 首都 Zagreb》.

Cro·a·tian [krouéɪʃən, -ʃiən | krəuéɪʃɪən, -ʃən] *adj.* **1** クロアチアの. **2** クロアチア人[語]の. **— *n.*** **1** クロアチア人 (Croat). **2** (クロアチアで用いられる)セルボクロアチア語 (⇨ Serbo-Croatian).

croc [krák | krɔ́k] 〖略〗 *n.* 《口語》 =crocodile.

Cro·ce [króutʃeɪ | krɔ́u-; *It.* krɔ́:tʃe], **Be·ne·det·to** [bènedétto] *n.* クローチェ《1866–1952; イタリアの政治家・哲学者・歴史家》.

cro·ce·in [króusiɪn, -siən | kráusiɪn] 〖← L *croceus* saffron-colored+-IN²〗 *n.* (*also* **cro·ce·ine** [~]) 〘染色〙クロセイン《オレンジまたは赤色酸性アゾ染料》.

cro·chet [krouʃéɪ | kráuʃeɪ, -ʃɪ] 〖《1848》□ F ~ 'hooked implement' (dim.) ← *croc* hook ← Gmc (⇨ crook¹): cf. crotch〗 **— *n.*** クローシェ編み, かぎ針編み: a ~ hook [needle] クローシェ編み用かぎ針 / fillet ~ ネット編み. **— *vi.*** クローシェ編みをする. **— *vt.*** クローシェ編みに編む, かぎ針で編む: ~ a shawl クローシェ編みでショールを編む. **~·er** [~ə | ~ə(r)] *n.*

crochet
1 crochet
2 crochet hook

croci *n.* crocus¹ 1 の複数形.

cro·cid·o·lite [kro(ʊ)sídəlàɪt, -dḷ- | krə(ʊ)sídəl-] 〖《1835》← Gk *krokido-*, *krokús* nap of cloth+-LITE〗 **— *n.*** 〘鉱物〙クロシドライト, 青石綿《blue asbestos ともいう》.

crock¹ [krák | krɔ́k] 〖OE *croc*, *crocca* pot ← ?: cf. G *Krug* / ON *krukkr* jug〗 **— *n.*** **1** (陶器の)つぼ, かめ(など). **2** 瀬戸物の破片[かけら] (potsherd)《植木鉢の穴おおいなどにする》. **3** 《英方言》(鉄製の)料理なべ. **— *vt.*** **1** 〈植木鉢〉に瀬戸物のかけらを入れる. **2** 料理なべに入れる.

crock² [krák | krɔ́k] 〖《1528》□ ? MFlem. *krake* broken-down horse or person〗 **— *n.*** **1 a** 老いぼれ馬. **b** 《英方言》年取った雌羊 (old ewe). **2 a** 《口語》老朽者, 老弱者; 病弱者; 鬱(ⓤ)病患者. **b** 《俗》老朽車[船], ぽんこつ自動車[船]. **3** 《俗》信じられない話, うそ, ほら (bull). ★ しばしば次の句で: That's a ~. それはうそだ. **— *vt.*** そこなう, だめにする, 役に立たなくする (impair) 〈*up*〉: be ~*ed* だめになる; 廃人になる. **— *vi.*** よぼよぼに衰える, だめになる, もうろくする 〈*up*〉.

crock³ [krák | krɔ́k] 〖← ?〗 **— *n.*** **1** 染物から落ちる色. **2** 《俗》(なべや煙突などの)すす, 汚れ (soot). **— *vt.*** 《方言》すすでよごす (smudge). **— *vi.*** 色がはげてよごれる, 色落ちする.

crocked [krákt | krɔ́kt] 〖⇨ crock²〗 *adj.* 《俗》酔っぱらった.

crock·er·y [krák(ə)ri | krɔ́kəri] 〖← CROCK¹+-ERY〗 *n.* [集合的] (家庭用の)瀬戸物, 陶器.

crock·et [krákɪt, -kət | krɔ́k-] 〖《c1303》 *croket* □ AF *croquet* (F *crochet*): ⇨ crochet〗 *n.* 〘建築〙クロケット, 根葉飾, 唐草飾, こぶし花《ゴシック風の唐草模様の彫刻装飾》. **~·ed** [-tɪd, -ṭəd | -tɪd, -təd] *adj.*

Croc·kett [krákɪt, -kət | krɔ́k-], **David** *n.* (1786–1836) 米国の開拓者・政治家; Alamo のとりでの防衛で敗れて戦死, 伝説的英雄ともなっている; 通称 Davy Crockett.

Crock·ford [krákfəd | krɔ́kfəd] *n.* 《英口語》英国国教会聖職者名簿《正式には Crockford's Clerical Directory という》.

cróck·ing *n.* 〘染色〙クロッキング《染料が摩擦によりはげ落ちること》.

crock·y [kráki | krɔ́kɪ] 〖← CROCK²+-Y⁴〗 *adj.* (**crock·i·er; -i·est**) 《口語》老朽の, 病弱な.

crockets

croc·o·dile [krákədàɪl | krɔ́k-] 〖《16C》□ L *crocodil-us* □ Gk *krokó-deilos* lizard ← *krókē* pebble+*drîlos* earthworm∞《?a1300》 *cocodrille* □ OF (F *crocodile*)〗 **— *n.*** **1** 〘動物〙 **a** クロコダイル《クロコダイル属 (*Crocodylus*) のワニ類の総称; アフリカの Nile 川付近にいるナイルワニ (*C. niloticus*), オーストラリアおよびアジアに生息するイリエワニ (*C. porosus*), 米国南部などにいるアメリカワニ (American crocodile) など》. **b** ワニ《ワニ目のあらゆる種類のもの; アリゲーター (alligator), ガビアル (gavial) など; cf. caiman》. **2** ワニ皮. **3** 《英口語》長い列; (特に, 2 列になって歩く)小学生などの長い列: proceed in ~. **4** 《古》そら涙を流す人 (cf. crocodile tears).

crócodile bìrd *n.* 〘鳥類〙ナイルチドリ (*Pluvianus aegypticus*)《アフリカ産; 日光浴をしているワニの背にとまり, その寄生虫を食べるツバメチドリ科の鳥》.

Crócodile Ríver *n.* [the ~] クロコダイル川 (⇨ Limpopo).

crócodile shèars *n. pl.* 〘機械〙わにロシヤー (⇨ lever shears).

crócodile tèars [-tɪəz | -tɪəz] 〖クロコダイルは獲物をおびきよせるために, または自分のえじきとなる動物を食いながら涙を流すという伝説から〗 *n. pl.* そら涙 (false tears); 見せかけの悲しみ: shed [weep] ~.

Croc·o·dil·i·a [kràkədíliə | krɔ̀kədílɪə] 〖← NL ~ ← L *crocodilus* 'CROCODILE'+-IA²〗 *n. pl.* 〘動物〙ワニ目 (Loricata ともいう).

croc·o·dil·i·an [kràkədíliən | krɔ̀kədílɪ-] *adj.* **1** 〘動物〙 **a** クロコダイル (crocodile) の. **b** =loricate. **2** 偽りの, 不誠実な (insincere). **— *n.*** ワニ《ワニ目の動物の総称; crocodile, alligator, gavial など》.

Croc·o·dyl·i·dae [kràkədílədì: | krɔ̀kədílɪ-] 〖← NL ~ ← L *crocodīlus* 'CROCODILE'+-IDAE〗 *n. pl.* 〘動物〙クロコダイル科.

croc·o·ite [krákouàɪt | krɔ́kəu-] 〖← Gk *krokóeis* saffron-colored+-ITE¹〗 *n.* 〘鉱物〙紅鉛鉱 ($PbCrO_4$)《red lead ore ともいう》.

cro·cus¹ [króukəs | kráu-] 〖《a1639》□ L ~ □ Gk *krókos* saffron ← Sem. (Heb. *karkōm* / Arab. *kúrkum*)〗 **— *n.*** (*pl.* **~·es**; *1* ではまた **cro·ci** [-ki:, -kaɪ, -saɪ]) **1 a** クロッカス, ハナサフラン《クロッカス属 (*Crocus*) の植物の総称; サフラン (*C. sativus*) など》. **b** クロッカスの花《英国で春の花のさきがけ》. **c** クロッカスの球根 (bulb). **2** サフラン色 (saffron). **3** 黄[赤]色の研磨剤《酸化鉄などの粉末; cf. colcothar》.

cro·cus² [króukəs | kráu-] 〖《変形》← CROAKER〗 *n.* 《俗》やぶ医者 (quack doctor).

crócus sàck *n.* =croker sack.

Croe·sus [krí:səs] 〖□ L ~ □ Gk *Kroisos*〗 **— *n.*** **1** クロイソス (?–546 B.C.; Lydia の最後の王 (560–546 B.C.); 巨大な富を有していたと伝えられる): (as) rich as ~ 大金持ちの / ~' wealth 巨万の富 / a regular ~ まるでクロイソス王のような大金持. **2** 大金持.

croft [krɔ́(:)ft, kráft | krɔ́ft] 〖OE (cf. MDu. *kroft* field on high and dry land) ← ? IE *ger- curved (⇨ curl)〗 **— *n.*** 《英》 **1** (屋敷続きの)小さな畑, 小牧草地: a ~ of land. **2** (小作人の耕す)小作地. **— *vi.*** 小作地を耕す; 小作人となる.

cróft·er *n.* 《英》小作人, 小農 (cf. cropper A 2).

Crofts [krɔ́(:)fts, kráfts | krɔ́fts], **Freeman Wills** *n.* (1879–1957) 英国の推理小説家; *The Cask* (1921).

crois·sant [krwa:sá:(ŋ), -sɔ́:(ŋ), -sá:ŋ, -sɔ́:(ŋ) | ニー; *F.* kʀwasɑ̃] 〖□ F ~ 'CRESCENT'〗 *n.* クロワッサン《三日月形のパン》.

cro·jack [krádʒɪk | krɔ́dʒ-] *n.* 〘海事〙 =crossjack.

cró·ker sàck [króukə- | kráukə-] 〖*croker*: 《変形》← CROCUS〗 *n.* 《米南部》burlap 製のバッグ《crocus sack ともいう》.

Cro-Ma·gnon [kroumǽgnən, -nan, -mǽnjən, -má:n-, -jən | krəumǽnjɔ̃:(ŋ), -njɔ(:)ŋ; *F.* kʀomaɲɔ̃] 〖← *Cro-Magnon* (フランス南西部の Dordogne 県の洞穴の名; その中でこの原始人の遺骨が発見された)〗 **— *n.*** 〘人類学〙クロマニョン人(種)《Aurignacian 期に属する後期旧石器時代の長頭で背の高い人類》.

Crome [króum | kráum], **John** *n.* (1768–1821) 英国の近代風景画家の祖.

crom·lech [krámlek | krɔ́m-] 〖《1603》□ Welsh ~ ← *crom* curved+*llech* flat stone〗 **— *n.*** 〘考古〙 **1** = dolmen. **2** クロムレック, 環状列石《新石器時代の墳墓の一型式で, 巨大な石柱を円形に並べたもの》.

cro·mor·na [kro(ʊ)mɔ́ənə, krə- | krə(ʊ)mɔ́:-] 〖《1694–96》□ F *cromorne* □ G *Krummhorn* ← *krumm* crooked+*Horn* 'HORN'〗 **— *n.*** (オルガンの)クロモルヌ音栓《クルムホルン (krummhorn) に似た音色を出す 8 フィートのリードストップ》.

cro·morne [kro(ʊ)mɔ́ən, krə- | krə(ʊ)mɔ́:n] *n.* **1** = cromorna. **2** =krummhorn.

Crom·well [krámwel, krʌ́m-, -wəl | krɔ́mwəl, krʌ́m-, -weł], **Oliver** *n.* (1599–1658) 英国の将軍で清教徒の政治家; 清教徒革命に Ironsides を率いて活躍し, Independents の指導者となり, Charles 一世を処刑した後イギリス共和国 (the Commonwealth) の護国卿 (Lord Protector) となった (1653–58); あだ名 Old Noll, 通称 Ironsides.

Cromwell, Richard *n.* (1626–1712) 英国の軍人・政治家; Oliver Cromwell の子; 父の没後共和国の護国卿を継いだが 8 か月で辞任した (1658–59).

Cromwell, Thomas *n.* (1485?–1540) 英国の政治家; Henry 八世に仕えて修道院解散の立役者になったが, のち処刑された; 称号 Earl of Essex.

Crom·wel·li·an [kramwélian, krʌm- | krɔmwélɪən, krʌm-, -ljən] *adj.* **1** Oliver Cromwell の(時代の). **2** クロムウェル(様)式の《表面装飾を排除し, オーク材と皮を使った簡素な 17 世紀中期の家具様式にいう》. **— *n.*** Oliver Cromwell の部下[支持者, 崇拝者].

Cromwéllian cháir *n.* クロムウェル(様)式の椅子《背もたれが低く, 皮張りのシートとバックを鋲(びょう)止めし, ろくろ挽きの脚を備えたもの》.

crone [króun | kráun] 〖《c1390》□ ? MDu. *croonje* old ewe □ ONF *carogne* (F *charogne*) 'CARRION'〗 *n.* **1** 老婆, しわくちゃばあさん. **2** 老いた雌羊.

Cro·nin [króunɪn, -nən | kráunɪn], **A(rchibald) J(oseph)** *n.* (1896–1981) 英国の医師・小説家; *The Citadel* (1937), *The Keys of the Kingdom* (1941).

cronk [kráŋk, krɔ́(:)ŋk | krɔ́ŋk] 〖□ Yid. or G *krank* < MHG *kranc* weak: cf. crank¹〗 *adj.* 《豪口語》 **1** 病気の; 不適の, 不調の. **2** 不正の (dishonest).

Cro·nus [króunəs, krán- | kráu-] 〖□ L ~ □ Gk *Krónos* ← ?〗 **— *n.*** (*also* **Cro·nos** [-nas | -nɔs]) 〘ギリシャ神話〙クロノス《巨人 (Titans) の一人で Uranus と Gaea の子; 父の王位を奪ったが, 後わが子 Zeus に退けられた; ローマ神話の Saturn に当たる》.

cro·ny [króuni | kráunɪ] 〖《1663》 *chrony* □ Gk *khróni-os* lasting ← *khrónos* time (⇨ chronic): もと学生俗語〗 *n.* 古なじみ, 旧友, 親友.

cró·ny·ism [-nìɪzm] *n.* **1** 友情 (friendship). **2** 《米》(政治などで, 能力に関係なく公職に登用するなどの)えこひいき, 身びいき.

crook¹ [krúk] 〖《1190》 *croke* □ ON *krōk-r* hook, bend // < OE *crōk (cf. (*ġe*)*crōcod* crooked) ← IE *ger- curving crooked (⇨ crutch)〗 **— *n.*** **1 a** 曲がった物. **b** かぎ (hook). **c** 《スコット》(なべをつるす S 字型の)自在かぎ (pothook). **d** (牧羊者のもつ)柄の曲がったつえ. **e** =crosier 1 a. **2 a** (道・川などの)屈曲, 屈折, 湾曲 (bend): have a ~ in one's back [nose] 背[鼻]が曲がっている. **b** 曲り目, 屈曲部: the ~ of an umbrella handle かさの柄の曲がった部分. **3** 《口語》不正を働く人, ぺてん師, 詐欺師; 泥棒. **4** 〘音楽〙 **a** 調音管, 替管《金管楽器の音高を調節する》. **b** (ファゴットなどで吹口のついている曲がった)吹口管.

on the crook 不正を働いて, 不正手段で (dishonestly).

— *adj.* 曲がった; 不正な, 不正直な (crooked).

— *vt.* **1** (かぎのように)曲げる, ゆがめる, 湾曲させる (bend). **2** 《俗》 **a** 不正な手段で得る; 盗む, くすねる (steal). **b** だます (cheat). **c** 無効にする. **— *vi.*** 曲がる, 湾曲する.

crook one's elbow [little finger] 《俗》(大)酒を飲む.

crook² [krúk] 〖↑〗 **— *adj.*** 《豪》 **1 a** 病気の, 気分の悪い. **b** 不機嫌な, おこった (angry): go ~ *at* a person 人を怒る. **2 a** 故障の, 調子のおかしい. **b** 適していない, 不満足な.

cróok·bàck *n.* 《廃》 **1** せむし (humpback). **2** 曲がった背中.

cróok·bácked 〖《c1450》〗 *adj.* せむしの.

crook·ed [krúkɪd, -kəd] 〖《?a1200》: cf. OE (*ġe*)*crō-cod*〗 **— *adj.*** **1** 曲がっている (curved), ゆがんだ, ねじれた (twisted). **2 a** (年取って)腰の曲がった. **b** 奇形の (deformed). **3** 心の曲がった, 不正直な (dishonest); 不正手段で得た: ~ money 悪銭. **4** [《英》 krúkt] 〈杖など〉曲がった柄のついた. **5** =crook². **~·ly** *adv.* **~·ness** *n.*

cróoked stíck *n.* 《方言》役立たずの人, ぐうたら.

Crookes [krúks], **Sir William** *n.* (1832–1919) 英国の理化学者; 元素タリウム (thallium) の発見やクルックス管などを発明した.

Cróokes dárk spàce 〖← *Sir William Crookes*〗 **— *n.*** 〘電気〙クルックス暗部《真空放電で陰極と陰極光との間にできる暗層; cathode dark space ともいう; cf. Aston dark space》.

Cróokes gláss 〖↑〗 *n.* クルックスガラス《可視光線はほとんど吸収しない紫外線吸収ガラス》.

Cróokes ráys 〖↑〗 *n. pl.* 〘電気〙クルックス線《低圧気中放電管の陰極線; cf. cathode ray》.

Cróokes túbe 〖↑〗 *n.* 〘電気〙クルックス管《低圧放電管の一種》.

cróok·nèck *n.* 〘園芸〙くびが長く曲がった形をしたカボチャ《summer crookneck, winter crookneck など》.

croon [krú:n] 〖《?c1400》 *crone(n)* □ MDu. *krōn-en* (Du. *kreunen*) to murmur, lament: 擬音語〗 **— *vi.*** **1 a** (口をマイクに近づけて)低い押し殺した声で歌う; 小声で感傷的に歌う. **b** つぶやく: ~ to oneself 小声でひとりごとを言う. **2** 《スコット・北英》 **a** 〈牛などが〉うなる; ほえる (roar). **b** 嘆く (lament), 悲しむ (mourn). **— *vt.*** **1** 低く押し殺した声で〈歌を〉歌う: ~ a lullaby. **2** 歌を歌ってあやす (lull): ~ a baby to sleep. **— *n.*** **1** 小声のつぶやき[歌声]. **2** (低く声を押し殺して歌う)感傷的な流行歌[ジャズソング].

cróon·er *n.* 低く声を押し殺して歌う人[流行歌手], クルーナー.

crop [kráp | krɔ́p] 〖OE *cropp* sprout, bunch, ear of corn, 《原義》 round object ← Gmc (G *Kropf* / ON *kroppr*) ← IE *ger- curved (⇨ curl)〗 **— *n.*** **A** **1** (栽培, 収穫する穀物・果樹・野菜・花などの)作物, 収穫物: a ~ of corn, hay, apples, roses, etc. / a rice [wheat] ~ 米[麦]作 / a growing ~ = standing crop 1 / be in [out of] ~ 〈土地が〉作物が作ってある[ない] / land in [under] ~ 作物が作ってある[作付けてある]土地 / ⇨ catch crop, white crop. **2** (一地方・一季節の)作物の全収穫高, 産額 (total yield): an abundant [a bumper] ~ 豊作 / an average ~ 平年作 / a bad [poor] ~ 不作, 凶作. **3** (一度にまたは同時に発生する)群 (group); 集まり (collection): a large ~ of new students 大勢の新入生 / a ~ of pimples 一面にできる吹出物 / a ~ of applications どっと集まって来る申込み書 / suffer from a ~ of troubles どっと押し寄せる苦労に悩む / This produced a ~ of questions. これがもとで質問が続出した. **B** **1** (頭髪の)刈込み, 短髪; いがぐり頭: a close ~ 短い刈込み / have a ~ 短く刈り込んでもらう. **2** 耳刻《羊などの耳を切って所有主の目じるし

にした》. **3** 腹部分を切除した牛皮を背線にそって切り分けた半裁. **4 a**《スコット》(樹木・花などの)先の部分, てっぺん. **b** =finial. **c** (鉱床の)露頭 (outcrop), 鉱脈の露出. **5 a** (鳥の)嗉嚢(そ)《食道の後端のふくれた部分; cf. gizzard 1》. **b** えぶくろ (craw). **c**《方言》(人間の)胃袋 (stomach). **6 a** 鞭(ﾑﾁ)の柄 (whip handle). **b** 短い乗馬鞭《先のひも (lash) の代りに革ひもの輪が付いている; riding crop ともいう》. **7** (ある種牡馬の)産駒.

stick in** one's **crop ⇨ stick 成句.

— *vt.* (**cropped**; **crop·ping**) — *vt.* **A 1** 収穫する, 取り入れる, 刈り取る. **2** 〈畑など〉に〔種・作物を〕植え付ける, 作る (plant)〔*with*〕: ~ a field *with* seed, wheat, etc. / a ~*ped* area 農作地. **B 1 a** 〈樹木・枝・生垣・耳・尾・髪などを〉はさみ切る, 刈り込む (poll, clip): a ~*ped* head ざん切り頭, 坊主刈り頭. **b** (目じるしに)〈動物の耳〉の端を切る; (昔, 見せしめに)〈人の耳〉の端を切る. **c** …の髪を刈る. **2 a** 〈物の端を〉切り取る. **b** 〈本〉のページへりを裁ち過ぎる: ~ a book. **c** 〈写真など〉の不要部分を裁ち落とす. **3** 〈動物が〉〈草など〉の端を食い切る: ~ the meadow.
— *vi.* **A 1** 〈作物が〉できる, (よく)できる, 発芽する: The beans ~*ped* well this year. 今年は豆がよくできた. **2** 作物を作る; 小作人として働く. **B 1** 〈鉱脈が〉(地上に)頭を出す, 露出する 〈*out, up*〉. **2** 〈問題・証拠・心配などが〉突然現われる, 持ち上がる 〈*out, up*〉: The subject ~*ped up* at dinner. その話題が食事時に持ち上がった. **3** 草を食う (graze). 「く.

cróp-dùst *vt.* 〈畑〉に飛行機から殺虫剤や殺菌剤をま

cróp dùster *n.* 殺虫剤を飛行機から散布する人.

cróp-dùsting *n.* 殺虫剤[殺菌剤]の空中散布.

cróp-èar *n.* 耳の端を切り取られた人; 耳刻を入れた家畜《豚・羊など》.

cróp-éared *adj.* **1 a** 耳の端を切り取った《人間では見せしめのためにする》. **b** 耳刻を入れた《家畜では個体識別のためにする》. **2** 《清教徒など》(耳が現われるように)髪を短く刈った, 短髪の.

cróp-fúll *adj.* 腹一杯の; 一杯過ぎる (overfull).

cróp·lànd *n.* 農作物に適した土地; 耕地.

cróp-mìlk *n.*〘動物〙はと乳, 嗉嚢(そ)乳《ハトの嗉嚢から分泌される乳状のひなの餌》.

cróp·per 〘ME〙 — *n.* **A 1** 作物を植え付ける人; 作物を作る人. **2** (作物の一部分をもらう約束で他人の土地を耕作する)小作人 (cf. sharecropper, crofter). **3** 収穫のある作物: a good ~ よくできる作物 / a heavy ~ たくさん取れる作物 / a light ~ 出来高の少ない作物 / a poor ~ 貧弱な作物. **4**〘機械〙毛刈り機; (布などの)端切り機. **B**《口語》**1** (真っさかさまに落ちる)墜落, 逆落し; (特に)落馬. **2** 大失敗.

come* [*fall, get*] *a cropper 《口語》(1) (馬から)どうと落ちる. (2) 大しくじりをやる.

crop·pie [krɑ́pi | krɔ́pɪ] *n.*〘魚類〙=crappie.

crop·py [krɑ́pi | krɔ́pɪ] 〘← CROP+-Y²〙 *n.* **1** いがぐり頭の人. **2** 《英》断髪党員《1798 年フランス革命への同情の印に断髪したアイルランドの反逆者のあだ名》.

cróp rotàtion *n.*〘農業〙輪作《土地の消耗を防ぐなどの目的で異種の作物を順次に栽培すること》.

cróp shèar *n.*〘金属加工〙クロップシャー, 棒材せん断機《圧延工程中, 圧延材頭部の不良部分を切断する》.

cro·quet [kroukéɪ | krə́ukeɪ, -kɪ] 〘(1858) □ F 《方言》~《変形》← *crochet* hook: ⇨ crochet〙 — *n.* **1** クロッケー《通例二人一組(または個人)の 2 組で, 芝生の上で行なわれるゲーム; 交互に自分の木球を木づち (mallet) で打ち, 出発柱から折返柱の間に置かれた門(hoops, wickets) を順序に従ってくぐらせ, 早くゴール(出発柱に当てる)した方が勝ちとなる》. **2**〘クロッケー〙(相手の球の)駆逐打球法《相手の球に自分の球を当てた場合, 自分の球を足で押さえたまま打って相手の球を駆逐すること》. — *vt.* 〈相手の球を〉駆逐する. — *vi.* 相手の球を駆逐する.

croquet 1

cro·quette [kro(u)két | krə-, krə(ʊ)-; *F.* krɔkɛt] 〘(1706) □ F ~ ← *croquer* to crunch: ⇨ -ette〙 *n.* クロケット, コロッケ.

cro·qui·gnole [króukənòul, -njòul | krə́ukɪnə̀ul, -njə̀ul; *F.* krɔkiɲɔl] 〘□ F ~ 'fillip'〙 *n.* クロキノール《カーラーを髪先から付け根の方に巻いて髪にウェーブをつける方法》.

cro·quis [kroukí: | krəu-; *F.* krɔki] 〘□ F ~ ← *croquer* to sketch〙 — *F. n.* (*pl.* ~ [~(z); *F.* ~])〘絵画〙クロッキー (sketch)《きわめて短時間に, 見たまま, 感じたままを描く手法, およびその作品[速描]》.

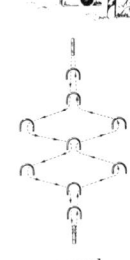

crore [krɔ́ə, króə | krɔ́:(r] 〘(1609) □ Hindi *k(a)rōṛ* < Prakrit *kroḍi* end, top〙 — *n.* (*pl.* ~**s**, ~)《インド》クローレ《インドで用いられた計算貨幣; =100 lakhs; =100,000 rupees》.

Cros·by [krɔ́(:)zbi, krɑ́z- | krɔ́zbɪ, krɔ́s-] 〘ME *Crossebi* □ ON *Krossa-bȳ-r* village with crosses: ⇨ cross¹, by-law〙 — *n.* イングランド北西部 Merseyside 州の都市; 人口 57,000.

cro·sier [króuʒə | krə́uʒə(r] 〘(1203) *cros(i)er* □ (i) OF *croisier* crossbearer ← *crois, croiz* < L *crucem* 'CROSS¹' // (ii) □ OF *crocier* bearer of a bishop's crook ← *croce* crook: cf. crutch〙 — *n.* **1**〘キリスト教〙**a** 牧杖, 司教[主教]杖, 笏杖《bishop または abbot の職標; 牧羊者のもつ先端の曲がった杖 (crook) に似たもので,「神の子羊の群れを牧する」ことを表象したもの; ⇨ vestment 挿絵》. **b** (archbishop の)十字杖 (cross). **2**〘植物〙(ゼンマイなどの)若葉の巻いた頭.

cross¹ [krɔ́(:)s, krɑ́s | krɔ́s] 〘*n.*: lateOE *cros* □ ON *kross* □ OIr. *cros* □ L *crucem, crux*: CRUX と二重語. — *v.*: (?a1200) ← (*n.*)〙 — *n.* **1 a** (昔ローマ人が処刑に用いた)はりつけ台, 十字架《元来は古代東方諸国の死刑のための道具》: die on the ~ はりつけになる. **b** [通例 the C-] (キリストがはりつけにされた)十字架: *the* true [holy, real] *Cross* (キリストがはりつけにされた)聖十字架. **2 a** はりつけ, 磔刑(たっけい) (crucifixion); [通例 the C-] (キリストの)はりつけ. **b** (キリストの)受難, 贖罪(しょくざい). **c** 試練 (trial), 受難, 苦難 (suffering): bear [take (up)] one's ~ 十字架を負う, 受難に耐える (cf. *Matt.* 16 : 24) / No ~, no crown.《諺》苦難なくして栄冠なし. **3** [the C-] (十字架に象徴された)キリスト教 (Christianity): *the Cross* and the Crescent キリスト教とイスラム教 / a follower of *the Cross* キリスト教徒 / a preacher of *the Cross* キリスト教説教師 / a soldier [warrior] of *the Cross* 十字軍の戦士; キリスト教(伝道)の闘士 / fight for *the Cross* キリスト教のために戦う. **4** (誓言・祝福などの時, 空中または額・胸などの上で切る)十字の印: make the sign of the ~ 十字を切る. **5 a** 十字形, 十字記号. **b** (墓碑として, または町の中心・境界・市場などの標識として建てる)十字標, 十字塔, 十字形の記念碑: ⇨ market cross. **c** 十字(架)飾り; 十字勲章: ⇨ grand cross, Iron Cross, Military Cross, Victoria Cross. **d** 十字[十字架]をいただく杖(つえ), 十字杖(つえ)《特に, archbishop の権標; cf. crosier 1》. **e** 十字軍の記章: take the ~ 十字軍に加わる. **f** =swastika. **6 a** 十字形の物《+, ×》. **b** (無学者の署名の代用にする)十文字: make one's ~ 〈文字の書けない者が〉十文字で署名する. **c** (kiss を表わす)十文字(×)《よく手紙の最後などに書く》: with plenty of ~*es*. **d**〘紋章〙クロス《紋章図形に使用される ordinary としての十字の総称; ⇨ heraldry 挿絵 C》: per ~ 十字に分ける. **7** 交差(点), 四つ辻. **8 a** (種族・家畜・飼鳥などの)異種交配. **b** 混血児, 雑種 (hybrid, mongrel). **c** (様式の)混交, 折衷, 中間物, あいの子, どっちつかずのもの: a ~ between a breakfast and a lunch 朝飯とも昼飯ともつかないもの. **9** 邪魔, 妨害 (thwarting): suffer from a ~ in love 恋の邪魔をされる. **10 a**《俗》(ボクシングなどの)八百長, なれ合い勝負 (collusion). **b** 不正, 瞞着, ぺてん (fraud, swindle). ★ 主に on the cross の成句で(⇨成句(2)). **11**《古》**a** (貨幣の)十字印 (cf. pile⁵). **b** 十字印のついた貨幣《裏にブルグンドの十字架のついたスペインの 8 レアル銀貨》. **12**〘電気〙交差, 混線. **13**〘機械〙十字継手《十字形の管継手》. **14**〘ボクシング〙[right [left] ~ として] クロスカウンター. **15** [the C-]〘天文〙**a** 南十字星 (the Southern Cross). **b** 北十字星 (the Northern Cross). **16**〘演劇〙舞台を横切ること. **17**〘証券〙クロス売買《証券取引所において一証券業者が一顧客の売り注文と他の顧客の買い注文との間に売買を成立させること; cross-trade ともいう》.

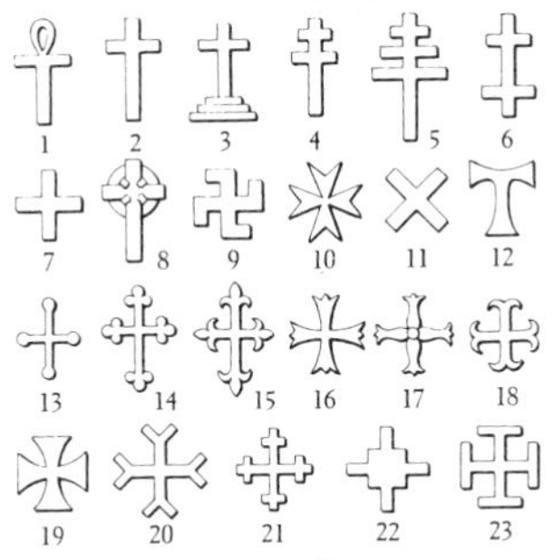

crosses 5 a

1 crux ansata; 2 Latin; 3 Calvary; 4 patriarchal; 5 papal; 6 Lorraine; 7 Greek; 8 Celtic; 9 swastika; 10 Maltese; 11 St. Andrews; 12 tau; 13 pommé; 14 botonée; 15 fleury; 16 pattée; 17 avellan; 18 cross moline; 19 formée; 20 fourchée; 21 cross-crosslet; 22 quadrate; 23 cross potent

on the cross (1) 筋違いに (diagonally). (2)《俗》不正を働いて (cf. *on the* SQUARE, *on the* CROOK¹): be [live] *on the* ~ / go [get] *on the* ~ 不正を働く.

cross and pile 《古》(1) =HEADS or tails. (2) 金 (money). 「cross.

cross of Calvary [the —]〘キリスト教〙=Calvary

cross of Lorraine [the —] =Lorraine cross.

cross of St. Patrick [the —] =St. Patrick cross.

— *adj.* (~·**er**; ~·**est**) **1** 横の, 斜めの, 横切った, 交差した (transverse, intersecting): ⇨ cross street. **2 a** 反対の (opposed), 逆の: a ~ wind 逆風. **b** 〔…と〕食い違った, 〔…に〕反する, そむく (contrary, opposed)〔*to*〕: a result ~ *to* a purpose 目的と食い違った結果 / run ~ *to* …に反する. **c**《古》不利な, 不都合な (adverse, unfavorable): ~ luck [fortune] 不運. **3** 交互的な (reciprocal): a ~ debt (両者間で相殺すべき)相互的債務 / a ~ marriage 交差結婚《兄妹が他の兄妹と結婚するような結婚》. **4** 不機嫌な, 怒りっぽい (irritable): a ~ word [reply] 意地の悪い言葉[返答] / look ~ 不機嫌な顔をする / be ~ *at* something [*with* someone] ある事で[ある人に対し]機嫌が悪い / be (as) ~ as two sticks [as a bear with a sore head, as the devil] 非常に気むずかしい, ひどく不機嫌である. **5** いくつかのグループ[階級]にわたる[を扱った]: a ~ sample from 1,000 students 千人の学生を扱った実例. **6** 異種交配の (crossbred), 雑種の (hybrid). **7**〘クリケット〙〈バットが〉傾いて《カット打法の構えにいう》.
— *adv.* **1 a** 十文字に, ぶっ違いに (crosswise). **b** [通例動詞の複合語の第 1 構成素として] 交差的に: *cross*breed. **2**《古》横切って. **3**《古》不都合に.
— *vt.* **1 a** (十文字に)交える, 交差させる, 十字に置く; 〈互い〉に交差する (intersect): The roads ~ each other. 道が交差している. **b** 一方の上に〈他のものを〉置く, 組み合わせる: ~ knife and fork, one's arms, etc. / ~ one leg over the other 脚を組む / ⇨ *cross one's* FINGERS. **c** 交差して[互い違いに]並べる: ~ dry twigs. **d** 〈馬・鞍〉にまたがる (bestride): ~ a horse, the saddle, etc. **2 a** …に十字のしるしをつける, 十字を書く. **b** (神の加護を祈る時・誓言の時・いやなものを見聞きした時などに)…に十字を切る: ~ one's brow 額に十字を切る / ~ oneself (額から胸にかけて)十字を切る / ⇨ *cross one's* HEART. **3 a** …に十字[×印]をつける. **b** 十字[×印]をつけて〔…から〕消す (cancel)〔*off, out*〕: ~ his name *off* the list 表から彼の名を消す. **4** 横切る, 横断する, 渡る, 越える (traverse): ~ a road, a river, a desert, etc. / ~ the line 赤道を横切る / A look of dismay ~*ed* her face. 当惑の表情が彼女の顔をよぎった / ~ the finish line 決勝線を越える. **5 a** …に横線を引く; …に線を引いて消す (cancel). **b**《英》〈小切手を〉線引きにする: ~ a cheque 小切手に横線を引く, 小切手を横線にする. **6** 〈人などを〉横切って運ぶ[連れていく], 渡らせる: ~ an old man at the intersection 交差点で老人を渡らせる. **7** 〈考えが〉〈心〉に浮かぶ, 〈人の胸を〉よぎる: Such an idea ~*ed* me [my mind]. そんな考えが私の胸に浮かんだ. **8 a** …とすれ違う: ~ each other on the road 道ですれ違う. **b** 〈手紙・使者が〉(途中で)…と行き違う: Our letters have ~*ed* each other in the post. 手紙は途中で[郵送中に]行き違いになった. **9 a** 妨げる, 邪魔する, 逆らう (oppose): ~ a person's will 人の意志に逆らう / ~ a person in his wishes 人の希望に反する / be ~*ed* in love 恋に邪魔が入る, 失恋する / It's bad to ~ happiness. 幸福に水をさすのはよくない. **b**《俗》裏切る (betray); だます (deceive) 〈*up*〉. **10** 〈動植物を〉交配させる, 〈動物を〉雑種にする (interbreed); 〈植物を〉異花受精させる (cross-fertilize) (cf. inbreed): ~ animals, birds, plants, etc. **11**《廃》…と対決する, …に対抗する. **12**〘海事〙〈帆げたを〉マストの適当な位置にセットする. **13**〘電気〙交差させる, 混線させる. **14**〘トランプ〙(euchre で)〈切札を〉最初にめくられたスーツとは反対色のスーツ〉に切りかえる. **15**〘競馬〙斜行する.
— *vi.* **1** 互いに横切る, 交差する. **2** 道[川など]を越えて行く, (一方から他方へ)渡る, 渡航する: ~ from Yokohama to San Francisco / ~ over to Europe ヨーロッパへ渡って行く / ~ over the mountain 山を越える. **3** 〈二つの手紙が〉行き違う: The letters ~*ed* in the post. **4** 交配する〔*with*〕; 〈動物が〉雑種になる. **5**〘演劇〙(他の役者の前を通って)舞台を横切る〈*over*〉.

cross** a person's **hand** [**palm**]* (1) (ジプシーの占い女に運勢を占ってもらうために)占い女の手に十字を描いて〔金を〕渡す〔*with*〕. (2)《俗》人に(賄賂として)金をそっとつかませる (bribe). ***cross out [***off***] (1) 棒引きにする, 抹殺する (erase). (2) 取り消す (cancel). ***cross over*** (1) ⇨ *vi.* 2. (2) ⇨ *vi.* 5. (3)〘生物〙乗り換える (⇨ crossover 6). (4)〘競馬〙交配する. ***cross the*** [*one's*] ***t's*** ⇨ DOT *the i's and cross the t's*.

~·ness *n.*

cross² [krɔ́(:)s, krɑ́s | krɔ́s] 〘(1551)《頭音消失》← ACROSS〙 *prep.* =across.

cross- [krɑs, krɔ(:)s | krɔs] (母音の前に来る時の) crosso- の異形.

cross·a·ble [krɔ́(:)səbl̩, krɑ́s- | krɔ́s-] *adj.* **1** 横断可能な. **2** 交配できる. **cròss·a·bíl·i·ty** [-səbíləṭi | -lətɪ, -lɪ-] *n.*

cróss àction *n.*〘法律〙反対訴訟《係属中の同一の事件から生じた訴訟原因に基づいて被告が原告に対して提起した別の訴訟; cf. cross-bill, counterclaim》.

cross ancrée [⌐–⌐] *n.* (*pl.* **crosses a-**)〘紋章〙錨(いかり)形十字《各先端が二叉に分かれ錨形に曲がった十字; ⇨ cross moline》.

cróss·àrm *n.* (十字架・電柱などの)横木, 腕木.

cróss·bànd *adj.*〘紡織〙右撚(よ)りかけの, S 撚りかけの (cf. openband).

cróss·bàr *n.* **1 a** 横木, かんぬき. **b** (サッカー・ラグビーなどのゴールや高跳びの)横木, バー, クロスバー. **2** 横じま, 横条. **3 a** (錨(いかり)の)横木[笄(こうがい)] (anchor stock). **b** (A, H の文字のようなアルファベットの)横の棒. **c** 自転車の横棒, バー.

cróssbar swìtch *n.* クロスバースイッチ《電話交換器の一種》.
cróss·bèak *n.* 〖鳥類〗=crossbill.
cróss·bèam *n.* **1** 〖建築〗大梁(おおはり) (girder). **2** 〖土木〗横桁(よこげた).
cróss·bèarer *n.* **1** 十字架を持つ人; (宗教的儀式や行列の)十字架奉持者 (crucifer). **2** (炉の鉄格子・橋の板張りなどを支える)横桁(よこげた), 横梁(よこばり).
cróss bèarings *n. pl.* 〖海事〗クロス方位法, 交差方位法《二つ以上の方位を測ってその交差線によって位置を求める方法》.
cróss-bèdded *adj.* 〖地質〗斜層理[偽層]のある[から成る].
cróss-bèdding *n.* 〖地質〗斜層理, 偽層 (false bedding).
cróss·bèlt *n.* 十字帯《両肩から反対側の腰に帯びた弾薬帯など; 時に一方の肩から反対側の腰に帯びたものをもいう》.
cróss·bènch 《英》 *n.* 無所属[中立]議員の議席《他の議席と直角になっている》. — *attrib. adj.* 中立の (neutral), 無所属の (independent), 不偏不党の: have the ~ mind 一党一派に偏しない, 公平無私である.
cróss·bènch·er *n.* 《英》無所属議員, 中立議員 (neutral) (cf. crossbench).
cróss·bìll *n.* 〖鳥類〗イスカ《くちばし (bill) の食い違っているヒワ亜科イスカ属 (*Loxia*) の小鳥の総称; マツカサの種子を食う》.
cróss·bìll *n.* 〖法律〗反訴状《エクイティー裁判所の被告が同一事項につき原告または他の被告に対して出す補助的訴訟の訴状; cf. cross action》.

crossbill (*L. curvirostra*)

cróss·bìrth *n.* 〖医学〗横位分娩(ぶんべん).
cróss bònd *n.* **1** 〖建築・石工〗(れんがの)十字積み (cf. diagonal bond). **2** 〖鉄道〗横ボンド, クロスボンド《相対するレールを電気的に接合するもの》.
cróss·bònes *n. pl.* 大腿骨[腕骨] 2 個を交差した図形: ⇨ SKULL and crossbones.
cróss·bòw [-bòu | -bàu] 〖《1415》← CROSS¹+BOW¹〗 *n.* 弩(いしゆみ) (arbalest ともいう; cf. handbow).
cróssbow·man [-mən] *n.* (*pl.* **-men** [-mən, -mèn]) 弩(いしゆみ)の射手; 弩で武装した兵士.

crossbow

cróss·brèd *adj.* 交配種の, 雑種の (hybrid). — *n.* 雑種, 交配種.
cróss·brèed *v.* (**cross·bred**) — *vt.* …と異種交配する, …の雑種を作る. — *vi.* 異種交配する. — *n.* =crossbred.
cróss-brìdging *n.* 〖建築〗振れ止め《根太(ねだ)などを斜めにつなぎ止めて振れを防ぐ横木》.
cróss bùck *n.* 〖アメリカンフットボール〗クロスバック《オフェンスプレーの一つでバックスの一人がボールを受け取りスクリメージ斜め前方に進むこと》.
cróss bún *n.* 《英》=hot cross bun.
cróss-bùttock *n.* 〖レスリング〗腰投げ.
cróss Cálvary *n.* 〖キリスト教〗=Calvary cross.
cróss-chèck *n.* **1** クロスチェックすること《資料・報告などを種々の角度から検討して確認すること》. **2** 〖アイスホッケー〗クロスチェック《スティックを相手の身体と交差させて阻止すること; 反則》. — *vt.* 〈資料・報告などを〉種々の角度から詳しく検討[調査]する, クロスチェックする.
cróss-cómpound tùrbine *n.* 〖機械〗クロス(コンパウンド)タービン《大型火力発電所などで用いる, 高圧タービンと低圧タービンを組み合わせたタービン》.
cróss-connéct *vt.* 〈電線を〉交差接続する. **cróss-connéction** *n.*
cróss cóunter *n.* 〖ボクシング〗クロスカウンター《相手の出鼻を交差的に相手の顔や腹めがけて打つカウンターパンチ》.
cróss-cóuntry *adj.* **1 a** クロスカントリーの, 田野横断の, 断郊の (cf. across *prep.* 1): a ~ race クロスカントリー(レース), 断郊競走. **b** クロスカントリースポーツの: a ~ champion. **2** 国を横断[縦断]する: a ~ flight 横[縦]断飛行. — *adv.* 田野を横断[縦断]して. — *n.* クロスカントリースポーツ; クロスカントリー競技.
cróss-cóuntry mìll *n.* 〖金属加工〗クロスカントリー式ロール配列《圧延機をジグザグに配列して作業しやすくした多種少量向きのレイアウト》.
cróss·cóurt *adv.* **1** 〖バスケットボール〗コートの反対側に[の方に]. **2** 〖テニス〗クロス(コート)へ《相手コートへ対角線上に, または斜めに》: bang one's backhand ~ バックハンドをクロス(コート)へ打つ. — *adj.* **1** 〖バスケットボール〗コートの反対側への. **2** 〖テニス〗クロスコートの (cf. down-the-line 3): a ~ backhand 対角線方向[クロスコート]へのバックハンド.
cróss-cóusin *n.* 交差いとこ《親同士が兄妹または姉弟の間柄で, 互いに異性のいとこ(の片方); cf. parallel cousin》.
cróss-cousin márriage *n.* 交差いとこ婚.
cróss-crósslet *n.* (*pl.* **~s, cross·es-**) 〖紋章〗十字形の各先端がそれぞれ十字形になったもの (cf. St. Julian cross) (⇨ cross¹ 挿絵).
cróss-cúltural *adj.* さまざまの文化にかかわる[わたる], 通文化の, 文化相互間の; 諸文化比較の: a ~ survey.
cróss-cúrrent *n.* **1** (川などの)逆流. **2** [通例 *pl.*] 対立する傾向, 反目: political ~*s*. **3** 〖電気〗横流.
cróss·cùt *adj.* **1** 〈のこぎりが〉横引きの; 目の交差した. **2** 横に引いた, 横[はす]に切った. **3** 〖海事〗クロスカットの《縦帆の後縁または横帆の両端の線(垂直)に対して直角に帆布の縫目が走るような方式にいう》. — *n.* **1 a** 横断路; 近道. **b** 〖鉱山〗立入(たていれ)(坑道). **2** =crosscut saw. **3** =cross section 2. **4** 〖映画・テレビ〗切りかえし《一つのシーンから他のシーンに切り換えて同時進行の二つの事件を描いたり, 過去と現在を混合させて劇的効果を高めること; cf. cutback 2》. — *v.* (**cross·cut; -cut·ting**) — *vt.* **1** 横断する, 横切る. **2** 横挽(び)きのこぎりで切る. **3** 分ける, 分断する (divide). **4** 〖映画・テレビ〗…に切りかえしをする. — *vi.* 〖映画・テレビ〗切りかえしをする.
cróssscut fíle *n.* (鋸(のこ)の目立てに用いる)半丸やすり.
cróssscut sáw *n.* 横挽(び)きのこぎり (cf. ripsaw).
cróss dáting *n.* 〖考古〗クロスデイティング, 相互編年《考古学的遺跡や層位の年代を, すでに年代の知られた他の遺跡・層位と比較することによって編成すること》.
cróss-dísciplinary *adj.* =interdisciplinary.
cróss-dréss *vi.* 異性の服を着る.
crosse [krɔ́(ː)s, krɑ́s | krɔ́s] 〖□F ~ 'hooked stick' < OF *croce*: ⇨ crosier〗 *n.* (lacrosse 用の)スティック《先の方が丸みをもった三角形で革紐製のネットがついている》.
cróssed bélt *n.* 〖機械〗クロスベルト, たすき掛けベルト《滑車 (pulley) の回転方向が逆になるように 2 個の滑車の中間で交差するように掛けたベルト》.
cróssed chéque *n.* 《英》(普通小切手 (open check) に対して)横線[線引き]小切手.
cróssed nícols, c- N- *n. pl.* 〖光学〗直交ニコル《二つのニコルを組み合わせ, 一つを他の前におき, それらの偏光面が互いに垂直になるように配置した状態をいう》.
cros·sette [krɔ(ː)sét, krɑs- | krɔs-] 〖□F ~ (dim.) ← *crosse* crutch: ⇨ crosse, -ette〗 — *n.* **1** 〖建築〗クロセット, 耳《扉や窓の開口部上のアーキトレーブ (architrave) 上端の横に突出した部分; elbow, ear ともいう》. **2** 〖石工〗迫石 (voussoir) の水平部.
cróss-examinátion *n.* **1** 詰問, 厳しい追及. **2** 〖法律〗反対尋問 (cf. direct examination).
cróss-exámine *vt.* **1** …に根掘り葉掘り質問する, 厳しく詰問[追及]する. **2** 〖法律〗〈一方の証人〉に対して反対尋問をする. **cróss-exám·iner** *n.*
cróss-èye *n.* 〖眼科〗**1** 内斜視《convergent squint, esotropia ともいう; cf. walleye 3》. **2** [*pl.*] 内斜視眼.
cróss-éyed *adj.* **1** 内斜視の, やぶにらみの (squint-eyed). **2** 〖俗〗=cockeyed 2.
cróss-fàde 〖映画・テレビ・ラジオ〗 *n.* クロスフェード《一つの音や映像を次第にはっきりさせながら同時に他の音や像を次第に消していく方法; フェードイン (fade-in) とフェードアウト (fade-out) を同時に行なうこと》. — *vt.* クロスフェードさせる.
cróss·fàll *n.* 〖土木〗(道路の)横断勾配.
cróss-fèed *n.* 〖機械〗横送り.
cróss-fértile *adj.* **1** 〖動物〗交雑[他家]受精(可能)の. **2** 〖植物〗異花[他花]受精(可能)の.
cróss-fertilizátion *n.* **1** 〖動物〗交雑受精, 他家受精. **2** 〖植物〗異花[他花]受精 (cf. self-fertilization). **3** (異なった思想・文化などの, 生産的な)相互作用, 相互交換, 交流.
cróss-fértilize *vt.* **1** 〖動物〗交雑[他家]受精させる. **2** 〖植物〗異花[他花]受精させる. **3** 〈異なった思想・文化などを〉(生産的に)相互に影響させる, 交流させる. — *vi.* **1** 〖動物〗交雑[他家]受精する. **2** 〖植物〗異花[他花]受精する. **3** 〈異なった思想・文化などが〉(生産的に)相互に影響しあう, 交流する.
cróss-fíle 《米》 *vi.* (2 政党以上, 特に民主・共和党)両党の予備選挙 (primary election) に立候補の登録をする. — *vt.* 〈人を〉2 党(以上)の予備選挙に立候補の登録をさせる.
cróss fíllet *n.* 〖紋章〗クロスフィレット《極端に幅の狭い十字; quarterly の紋章のように cross によって盾を 4 分割し, 4 分された各 quarter に紋章図が描き易いように cross を極端に細くしたもの》.
cróss fìre *n.* **1 a** 〖軍事〗十字火, 十字砲火, 交差射撃《2 点以上の地点から一つの対象をねらって交差的に浴びせる砲火》. **b** (質問などの)集中砲火; 激しいやりとり[応酬], 論戦. **c** 板ばさみの苦境: He was caught in the ~ between his feuding relatives. 反目する親戚の間の板ばさみに立たされた. **2** (マホガニーなどの光沢のある板に木目と直角にできる)斑紋. **3** 〖野球〗クロスファイア《サイドスローからのホームベースを斜めに横切る投球》.
cróss gammádion *n.* 〖紋章〗=cross CRAMPONNÉE.
cróss-gàrnet *n.* 〖古〗丁形蝶番(ちょうつがい).
cróss gràin *n.* (木材の)板目 (cf. straight grain).
cróss-gráined *adj.* **1** 〈木材が〉木目の不規則な[斜めの]. **2 a** 〈人が〉片意地の, 根性のねじけた (perverse). **b** 〈問題など〉扱いにくい. **~·ness** *n.*
cróss hàir *n.* [通例 *pl.*] 〖光学〗=cross wire.
cróss-hánded *adj.* 手を交差した; (バットを持った時などの)逆手の, 手の位置が反対の. — *adv.* 手を交差させて[して].
cróss·hàtch 〖美術〗 *vt.* 〈ペン画など〉に斜交[直交]平行線の陰影[あや目陰影]を付ける (cf. hatch³ 1). — *n.* あや目陰影.
cróss-hàtching *n.* 〖美術〗細かい平行線の交差によって陰影を入れること; あや目陰影の効果 (cf. hatching² 2).
cróss·hèad *n.* **1** 〖機械〗クロスヘッド《piston rod のピストンと反対側の端部に取り付けられるすべり子》. **2** 〖ジャーナリズム〗=crossheading. **3** 〖海事〗舵頭横木《舵の軸頭についている横木で, これを回して舵を取る》. **4** 〖建築〗クロスヘッド《二つ以上のジャッキの支持力を伝えるための横架材》.
cróss·hèading *n.* 〖ジャーナリズム〗中見出し《新聞などで欄 (column) 一つをいっぱいに使って記事本文の前または中間に置く見出し; crosshead ともいう》.
cróss-immúnity *n.* 〖医学〗交差免疫《A 菌への感染や予防接種で B 菌にも免疫ができる時, A と B は交差免疫があるという》.
cróss-immunizátion *n.* 〖医学〗交差免疫を与えること.
cróss-índex *vt.* **1** 〈参考書や索引など〉に相互参照 (cross-reference) を付ける. **2** …に相互参照(表示)をする. — *vi.* 相互参照(表示)となる[が付いている]. — *n.* 相互参照《他の個所を参照させるための表示》.
cróss·ing 〖《15C》〗 — *n.* **1** 横切ること, 横断; 渡航; 交差, 交切 (intersection): the Channel ~ 英仏海峡横断 / have a good [rough] ~ 渡航の際海が静穏で ある[荒れる]. **2 a** (道路の)交差点, 四つ辻; 横断個所, 横断歩道 (crosswalk). **b** (鉄道の)踏切. **c** (川の)渡船所, 渡河点. **3** (教会内の)交差部, 十字交差部《本堂 (nave) と翼廊 (transept) とが交差する部分》. **4** 妨害(すること), 邪魔; 反対(すること). **5 a** 横に線を引くこと; 線を引いて抹消すること. **b** 《英》(小切手の)横線引き. **6** 異種交配, 交雑, かけ合わせ. **7** 〖古〗十字を切ること, 十文字を作ること.
cróssing fìle *n.* 両丸やすり《fish back file ともいう》.
cróssing-óver *n.* 〖生物〗(染色体の)乗違い現象, 乗りかえ《一つの染色体上の因子がそれと相同の染色体上に移ること; crossover ともいう》.
cross·jack [krɑ́dʒɪk, krɔ́(ː)sdʒæ̀k | krɔ́sdʒæ̀k] *n.* 〖海事〗後檣(こうしょう)の下桁に掛ける大横帆《crojack ともいう; ⇨ sail 挿絵》.
cróss kéys *n. pl.* [単数扱い] 〖紋章〗2 個のかぎを十字交差した紋章図形《特に, St. Peter の後継者としてのローマ教皇の紋章の盾の背後に配される》.
cróss-láminated *adj.* 〖地質〗=cross-bedded.
cróss láp *n.* 〖木工〗十字形相欠き継ぎ《cross lap joint ともいう; ⇨ lap joint 挿絵》.
cross-leg·ged [krɔ́(ː)slégɪd, krɑ́s-, -gəd | krɔ́slègd, ⌐⌐] *adv., adj.* 脚[ひざ]を組んで[だ]: sit ~ / squat ~ あぐらをかく.
cross·let [krɔ́(ː)slɪt, krɑ́s-, -lət | krɔ́s-] 〖《?*a*1400》□ ONF *croiselette* (dim.) ← OF *crois* 'CROSS¹': ⇨ -let〗 *n.* 小十字架.
cróss-lícense *vt.* 他の会社に〈特許〉の相互使用を認める. — *vi.* (他の会社と)相互特許使用契約をする.
cróss lìcense *n.* (2 社が互いに特許を利用し合う)相互特許使用許可.
cróss·light *n.* **1 a** (一方の光源からの光で照らされていない部分を照らし出す)交差光, 十字光. **b** お互いに面していない光源から来る光. **2** 他の角度からの観察, 別[いろいろの人]の見解: throw a ~ on politics 政治を別の角度から見直す.
cróss·line 〖《*c*1400》〗 — *n.* **1** 交差線, 結線. **2** 〖ジャーナリズム〗(新聞の) 1 行見出し《副見出し, 小見出しにも使われる》. — *adj.* 〖生物〗(2 純系の交配による) 2 純系の交雑系の.
cróss-linguístic *adj.* さまざまの言語にかかわる[にわたる], 通言語的な; 諸言語比較の.
cróss-lìnk 〖化学〗 *n.* 架橋結合, 橋かけ結合《直鎖状の高分子同士の結合; その結果三次元網状構造となる》. — *vt., vi.* 架橋結合する.
cróss-lìnkage *n.* 〖化学〗 **1** =cross-link. **2** 橋かけ結合過程.
cróss-linked pólymer *n.* 〖化学〗橋かけ重合体.
cróss-lòts 〖⇨ cross²〗 *adv.* 《米口語》(道路によらないで)畑[野原, 空地など]を通って, 近道をして: cut ~ 近道する.
cróss-lòt strút *n.* 〖建築〗切梁(きりばり)《基礎工事で掘り取った地盤を支えるために水平に架けられる支持材; cf. strut²》.
cróss·ly *adv.* **1** 横に, 斜めに. **2** 逆に, 反対に; 不利に. **3** 不機嫌に; すねて, ぷんぷんして.
Cross·man [krɔ́(ː)smən, krɑ́s- | krɔ́s-], **Richard** *n.* (1907–) 英国労働党の政治家・著述家, 社会福祉相 (1968–70).
cróss mátching *n.* 〖医学〗交差(適合)試験《輸血の時に供血受血の適合性を検査すること》. **cróss-mátch** *vt.*
cróss modulátion *n.* 〖通信〗混変調, 相互変調.
cróss móline *n.* (*pl.* **crosses m-**) 〖紋章〗留金形十字《cross ancrée (錨形十字)とも呼ばれるが, 正しくは錨形の方が先端のカーブが深い; 八男を示す血統マーク (cadency mark); ⇨ heraldry 挿絵 G》.
cróss multiplicátion *n.* 〖数学〗たすき掛け《第 1 の分数の分子に第 2 の分数の分母を, 第 2 の分数の分子に第1の分数の分母を掛け,二つの積を求めること》.
cross múltiply 〘《逆成》↑〙 *vi.* 〘数学〙たすき掛けする.
cróss-nátional *adj.* 2国以上の[に関する].
cros·so- [krɑ́so(ʊ), krɔ́(ː)s-|krɔ́sə(ʊ)] 〘← NL ~ ← Gk *krossoi* tassels, fringe〙「ふさべり (fringe)」の意の連結形. ★ 母音の前では通例 cross- になる.
cros·sop·te·ryg·i·an [krɑsɑ̀ptərídʒiən, -dʒən | krɔsɔ̀ptərídʒiən, -dʒən] 〘⇨↓, -an¹〙 *n.* 〘魚類〙総鰭(きょ)目の魚《現生種は coelacanth のみで他は化石》.
Cros·sop·te·ryg·i·i [krɑsɑ̀ptərídʒiàɪ|krɔsɔ̀ptərídʒɪ-] 〘← NL *Crossopterygii* ← CROSSO- + Gk *pterúgion* ((dim.) ← *ptérux* wing, fin)〙 *n. pl.* 〘魚類〙総鰭(きょ)目.
cróss·òver 〘← *cross over* (⇨ cross¹ (v.) 成句)〙 ― *n.* **1** 交差路, 交差点. **2** 支持政党を別の政党に乗り換えて投票する人. **3** (両肩から掛けて胸部で交差する)婦人の肩掛け. **4** (配管で他のパイプとの交差に用いる) U 字型パイプ. **5** 〘鉄道〙渡り線. **6** 〘生物〙 **a** = crossing-over. **b** 交差型《乗り換え現象によって生じる遺伝型》. **7** 〘ダンス〙クロスオーバー《踊り手が場所を変えるのに踏むステップ; パートナーを変えるのに女性が踏むステップ》. **8** 〘ボウリング〙クロスオーバー《右[左]投げでヘッドピンの左[右]に当たったボール》. **9** 〘音楽〙クロスオーバー《ジャズ・ロック・ラテンなど様々なスタイルが交錯して生じた新しい音楽の形態》. ― *attrib. adj.* 二つの部分が交差する: a ~ shawl.
cróssover nétwork *n.* 〘電気〙クロスオーバーネットワーク《音響装置で異なるスピーカーに信号を伝えるために周波数帯を分離する回路》.
cróss·pàtch 〘← CROSS¹ (adj.) + PATCH² 2〙 *n.* 《口語》気むずかし屋.
cróss·pìece *n.* (H や十字架などの)横棒, 横木, 横材.
cróss·plỳ *adj.* 〈タイヤが〉クロスプライの《コードを対角線状に何枚か重ねて貼り合わせたタイヤにいう; cf. radial-ply》.
cróss-póllinate *vt.* 〘植物〙異花[他花]受粉させる.
cróss-pollinátion *n.* 〘植物〙異花[他花]受粉 (cf. self-pollination).
cróss-póllinize *vt.* 〘植物〙= cross-pollinate.
cróss pótent *n.* 〘紋章〙クロスポテント《先端が T 字形になった十字; ⇨ cross¹ 挿絵》.
cróss pròduct *n.* 〘数学〙外積, ベクトル積 (⇨ vector product).
cróss-púrpose *n.* **1** [通例 *pl.*] 反対の[矛盾した]目的; 意向の食い違い: be at ~*s* 互いに誤解する; 〈双方の議論・行動が〉食い違う. **2** [*pl.*; 単数扱い] とんちんかんな滑稽問答遊び.
cróss-quéstion *vt.* 〈人〉にきびしい質問をする; 反対尋問する (cross-examine). ― *n.* (反対尋問における)反問, 尋問.
cróss·ràil *n.* (椅子などの背の)横木, 横金.
cróss ràte *n.* 〘金融〙クロスレート, 第三国為替相場《一般に英米為替相場を使用》.
cróss rátio *n.* 〘数学〙十字比, 複比《一直線上の 4 点 *A, B, C, D* から得られる二つの比 *AC* : *AD*, *BC* : *BD* の比; anharmonic ratio ともいう》.
cróss-reáction *n.* 〘医学〙交差反応.
cróss-reáctive *adj.* 〘医学〙交差反応を呈する. **cróss-reactívity** *n.*
cróss-refér *vt.* 〈読者〉に(同一書中で)引照[相互参照]させる. ― *vi.* 引照[相互参照]する.
cróss-réference *n.* (同一書中の)相互参照, 引照. ― *vt.* **1** …に引照をつける. **2** 〈同一書中のある個所〉に引照[相互参照]させる. ― *vi.* 相互参照する, 引照する (cross-refer).
cróss relátion *n.* 〘音楽〙= false relation.
cróss-resístance *n.* 〘生物〙交差耐性, 随伴抵抗性《ある薬品に対する耐性の突然変異によりそれに近縁の薬品にも耐性[抵抗性]になること》.
cróss rhýthm *n.* 〘音楽〙= polyrhythm.
cróss·ròad 〘《1719》〙 ― *n.* **1** (他の道路と直角に交わる)交差道路; (本通りに交差する)横町; わき道, 間道 (by-road). **2** [通例 *pl.*; 複数または単数扱い] **a** (道路の)交差点, 四つ辻, 十字路: be buried at a ~*s* 四つ辻に葬られる《英国では昔自殺者は教会の墓地に葬られることが許されず, 田舎道の十字路に葬られた》/ a store at the ~*s* 《米》四つ辻の店《四つ辻にある村の雑貨店は村人たちが世間話に花を咲かせる場所》. **b** 集合点[地]; 焦点. **c** 重大決意をすべき十字路, 岐路: stand [be] at the ~*s* 岐路に立つ, 分れ道に立つ.
cróss·rúff 〘⇨ ruff³〙 〘トランプ〙 ― *n.* (ブリッジで)クロスラフ, 両切り作戦《味方同士が互いに片方にないスーツの札を出して切札で切らせること; またその戦法》. ― *vt.* 〈二つのスーツを〉クロスラフする. ― *vi.* クロスラフをする, 両切りでいく.
cróss séa *n.* 〘海事〙三角波《波が 2 方向から来るために生じる干渉波で, 風向が変わった時とか陸からの返し波がある時などに生じる危険な波》.
cróss-séction *vt.* **1** …の断面図を作る. **2** 横断面に切る, 二分する. **3** 〘土木〙(鉄道や道路の土工量を求めるために)…の横断をとる.
cróss sèction *n.* **1** (長軸に直角に切った)横断(面): in ~ 断面図で. **2** (社会的集合体の)代表的な面: a ~ of American society [opinion] アメリカ社会[世論]の一断面[一面]. **3** 〘測量〙横断面図《測量線に直角に切った地表の断面図》. **4** 〘造船〙断面図. **5** 〘物理〙断面積《素粒子・原子核・原子や分子などが互いに衝突する時, 衝突の起こり易さを示す量で面積の次元をもつ》. **cróss-sèctional** *adj.*
cróss-sèction pàper *n.* 方眼紙.
cróss slìde *n.* 〘機械〙(旋盤の)横送り台.
cróss-spàle [-spèɪl] *n.* (*also* **cróss-spàll** [-spɔ̀ːl]) 〘造船〙クロスポール《木造船建造の時, 肋材を何本も並べた段階で, 各肋材が定位置を保っていられるように一時的にその頂部に釘付けしておく水平帯板》.
cróss-stàff *n.* (*pl.* ~**s**, **-staves**) **1** 〘キリスト教〙= crosier 1. **2** 〘測量〙直角器, 叉桿(さかん), 矩杖(くじょう).
cróss-stérile *adj.* 〘生物〙交雑不妊の, 交雑不稔の. **cróss-sterílity** *n.*
cróss-stìtch *n.* (X 形の)十字縫い, ちどり掛け, クロスステッチ (cf. catch stitch). ― *vt.* クロスステッチに縫う. ― *vi.* クロスステッチにする.
cróss strèet *n.* 交差道路; (本通りに交差する)横町.
cróss tàg *n.* 《米》助け鬼《鬼と追われる人との間を人が通ればその人を鬼が追わなければならない鬼ごっこ》.
cróss tàlk *n.* **1** (電話・ラジオの)混線, 混信; 雑音, 漏話. **2** 会話, おしゃべり, 雑談. **3** 《英》掛合い問答; 当意即妙の言葉.
cróss·tìe *n.* 《米》(軌道の)横まくら木 (cf. sleeper 3).
cróss tòuch *n.* 《英》= cross tag.
cróss·tówn 〘← CROSS²〙 ― 《米》*adj.* **1** (町の一端から一端へ)町を横切る: a ~ road [bus] 市内横断[縦断]道路[バス]. **2** 町をはさんで反対の位置にある. ― *adv.* 町を横切って.
cróss-tràde *n.* 〘証券〙= cross 17.
cróss·trèe *n.* [通例 *pl.*] 〘海事〙檣頭(しょうとう)横材《組立マストの場合に, 下のマストの頂部に取り付ける横木; 上のマストの下部をおさえると共に静索下端を張り出してマストに対する静索の角度を広げる役も果たす》.

crosstrees

cróss-validátion *n.* 〘統計〙クロス確認《一つの標本(sample)に対して成功した方法を他の標本に適用して確認すること》.
cróss váult [**váulting**] *n.* 〘建築〙交差[十字]ヴォールト《二つの半円筒形を直交させた形の架構》.
cróss·vèin *n.* **1** 〘地質〙交差鉱脈《堆積岩の層理を横断する鉱脈》. **2** 〘昆虫〙(翅の)横脈.
cróss vine *n.* 〘植物〙ツリガネカズラ (*Bignonia capreolata*)《米国南部産ノウゼンカズラ科ツリガネカズラ属の常緑のつる性高木; 茎の横断面は十字形をなす; 観賞用に栽培》.
cróss-vóting *n.* **1** 交差投票《議会における投票の時に, 各議員を所属する政党の党議に拘束することなく, 自由に投票させる投票の形式》. **2** (自党への)反対投票. **3** 票割り《二つ以上の政党の候補者に投票を分割する行為》.
cróss·wàlk *n.* 《米》横断歩道.
cróss·wày 〘《1300》〙 *n.* [しばしば *pl.*] = crossroad.
cróss·wàys *adv.* = crosswise.
cróss·wind *n.* 横風 (cf. cross¹ *adj.* 2 a).
cróss wìre *n.* [通例 *pl.*] 〘光学〙十字線《望遠鏡などの光学器械の像面に取り付けた細い十字線で, 主軸や像の位置を決めるのに用いる; cross hair ともいう》.
cróss·wìse 〘《*c*1378》: ⇨ -wise〙 ― *adv.* **1** 十文字に, ぶっ違いに. **2** 横に, 斜めに (across, athwart). **3** 逆に, 逆らって, 意地悪く (contrarily).
cróss·wòrd *n.* = crossword puzzle.
cróssword púzzle *n.* クロスワード(パズル)《与えられたかぎ (clues) を基礎として番号付きの各方眼に文字を入れて言葉を組み立てる文字遊び》.
cro·ta·lar·i·a [kròʊtəlǽ(ə)riə, krɑ̀ṭ-, -ṭl-|kròʊtəlέəriə, krɔ̀t-] 〘← NL ~ ← L *crotalum* ▭ Gk *krótalon* clapper: ⇨ -aria¹〙 ― *n.* 〘植物〙熱帯地方産マメ科タヌキマメ属 (*Crotalaria*) の植物の総称《ヒレタヌキマメ (*C. ovalis*), ヤハズマメ (*C. alata*) など; 花が美しく観賞用》.
crotch [krɑ́tʃ | krɔ́tʃ] 〘《1539》《転用》← ? ME *croche* crosier, crook ▭ OF *croche* hook ← *croc* hook ▭ ON *krōkr* 'CROOK¹'〙 ― *n.* **1 a** フォーク状に先の分かれているもの. **b** (人間の)股(また). **c** (樹木などの)叉(また) (fork): sit in the ~ of a tree 木の叉に腰をかける. **d** 《米》(道・川の)分岐点. **e** (ズボン・パンツなどの)股下の縫い目; 股. **2** 〘海事〙= crutch 4. **3** 〘玉突〙クロッチ《台のそれぞれの角から $4^1/_2$ インチの点を結んだ区域》. **crotched** [krɑ́tʃt | krɔ́tʃt] *adj.*
crotch·et [krɑ́tʃɪt, -tʃət | krɔ́tʃ-] 〘《*c*1332》 *crochet* ▭ (O)F ← *croc*: ⇨ ↑, -et〙 ― *n.* **1 a** 気まぐれ(な考え), 奇想, 酔狂 (whim). **b** たくらみ, ごまかし, 工夫 (trick). **2** 《廃》**a** 小さなかぎ (small hook). **b** = brooch. **3** 《英》〘音楽〙四分音符 (quarter note): a ~ rest 四分休止符. **4** 〘動物〙鉤状(こうじょう)器官.
crotch·et·eer [krɑ̀tʃətíə | krɔ̀tʃɪtíə(r, -tʃə-] 〘⇨↑, -eer〙 *n.* 奇癖家, 奇想家.
crotch·et·y [krɑ́tʃəṭi | krɔ́tʃɪti, -tʃə-] *adj.* **1** 〈人が〉気まぐれな, 奇矯(ききょう)な: a ~ man. **2** 〈考えなど〉風変わりな. **crótch·et·i·ness** *n.*
-crot·ic [krɑ́ṭɪk | krɔ́t-] 〘← NL *-crotus* (← Gk *krótos* clapping) + -IC¹〙「…の鼓動をもつ」の意の形容詞連結形: poly*crotic* 多拍脈の.
cro·ton [króʊtn̩ | kráʊtən, -tn̩] 〘《1751》← NL ~ ← Gk *krotṓn* sheep tick: 形の類似から〙 ― *n.* 〘植物〙 **1** ハズ《トウダイグサ科ハズ属 (*Croton*) の熱帯植物の総称; ハズ (*C. tiglium*) など; その種子から croton oil を採る》. **2** クロトンノキ, ヘンヨウボク(変葉木) (*Codiaeum variegatum*)《熱帯産のトウダイグサ科の低木; 葉の色が美しく変化があるので, 観賞用として温室で栽培される; もとハズ属に入れられていた》.
cro·ton·al·de·hyde [kròʊṭənǽldəhàɪd, -tn̩- | krəʊtənǽldɪ-, -tn̩-] 〘← *crotonic* (⇨ crotonic acid) + ALDEHYDE〙 ― *n.* 〘化学〙クロトンアルデヒド (CH_3CH=$CHCHO$)《刺激臭のある無色の液体》.
Cróton bùg 〘← *the Croton* (1842 年 New York 市の水源となった川の名; この水源ができてから急にこの虫の数が多くなったためという)〙 ― *n.* 〘昆虫〙チャバネゴキブリ (⇨ German cockroach).
cro·tón·ic ácid [kroʊtɑ́nɪk- | krəʊtɔ́n-] 〘*crotonic*: ▭ F *crotonique*: ⇨ croton, -ic¹〙 *n.* 〘化学〙クロトン酸 (CH_3CH=$CHCOOH$)《白色結晶状の有機酸》.
cróton òil *n.* ハズ油《ハズ (croton) の種子から採る黄褐色の油脂; 下剤・皮膚の発赤剤などに用いる》.
crouch [kráʊtʃ] 〘《?*c*1395》 *crouche(n)* ▭ OF *croch-ir* to become hooked ← *croche* hook: ⇨ crotch〙 ― *vi.* **1 a** うずくまる, かがむ, しゃがむ: ~ over the fire. **b** 〈猫・短距離走者などが〉足を曲げて身をかがめる (cf. crouch start). **2** 卑屈に腰をかがめる, ぺこぺこする, へつらう (fawn): ~ to one's boss. ― *vt.* (卑屈にまたは恐怖で)〈頭・腰を〉低く下げる, すくませる. ― *n.* **1** かがむこと; (卑屈に)ぺこぺこすること. **2** うずくまった姿勢.
cróuch stàrt *n.* 〘陸上競技〙クラウチングスタート《かがんだ姿勢からのスタート; cf. standing start 2》.
croup¹ [krúːp] 〘《1765》←《スコット》~ 'to cry hoarsely, croak': 擬音語か〙 ― *n.* 〘病理〙クループ, 偽膜性喉頭炎《子供の喉頭や気管を侵す炎症; 激しい空咳(からせき)と呼吸困難を伴う》.
croup² [krúːp] 〘《?*a*1300》 ▭ (O)F *croupe* ← Gmc **kruppo*: cf. crop〙 *n.* **1** (四足獣, 特に馬の)しり (rump). **2** 《廃》(人の)しり (buttocks).
crou·pade [kruːpéɪd, ←⌐] 〘▭ F ~ ← *croupe* (↑): ⇨ -ade〙 ― *n.* 〘馬術〙クルーペイド《プザード (pesade) またはルバード (levade) の静止の状態から, 四肢を腹の下に伸ばして垂直に近く飛び上がる》.
crou·pi·er [krúːpiə, -pièɪ | -pɪə(r, -pjə(r, -pièɪ; *F.* krupje] 〘《1707》▭ F ~ 'servant, assistant, 《原義》rider on the croup (of another's horse)' ← *croupe* (↑)〙 ― *n.* (*pl.* ~**s** [~z; *F.* ~]) **1** (賭博場で)賭金を集めたり支払ったりする係. **2** (宴席で食卓の下座につく)副司会者.
croup·ous [krúːpəs] 〘← CROUP¹ + -OUS〙 *adj.* 〘病理〙クループ性[様]の: ~ pneumonia クループ性肺炎.
croup·y [krúːpi | -pɪ] 〘← CROUP¹ + -Y⁴〙 ― *adj.* (**croup·i·er**; **-i·est**) **1** クループのような, クループ性の: a ~ cough クループ性のせき. **2** クループにかかった[冒された].
crouse [krúːs] 〘《*c*1300》 *crus, crous(e)* ← ? MLG *krūs* (G *kraus*) curly, tangled〙 *adj.* 《スコット・アイル》**1** 大胆な (bold). **2** 活発な, 元気な (cheerful).
Crouse [kráʊs], **Russel** *n.* (1893–1966) 米国の劇作家・ジャーナリスト; *State of the Union* (1945).
crou·ton [krúːtɑn, ←⌐ | krúːtɔ̃ː(ŋ), -tɔ(ː)ŋ; *F.* krutɔ̃] 〘▭ F *croûton* (dim.) ← *croûte* (⇨ crust)〙 ― *n.* (*also* **croû·ton** [~]) クルトン《かりかりに焼いたり揚げたりしたパンの小片; スープに入れたり料理のつけ合わせに用いる; cf. sippet》.
crow¹ [króʊ | kráʊ] 〘OE *crāwe* ← *crāwan* (↓)〙 ― *n.* **1** 〘鳥類〙カラス《カラス属 (*Corvus*) の各種の鳥の総称; ワタリガラス (raven), ミヤマガラス (rook), コクマルガラス (jackdaw), ハシボソガラス (carrion crow) など》: (as) black as a ~ 真っ黒い / ⇨ white crow / A ~ caws. からすがかーと鳴く / The ~ thinks her own bird fairest. 《諺》からすには自分の子が一番りっぱ,「親の欲目」. ★ ラテン語系形容詞: corvine. **2** 《俗》[通例軽蔑的に] **a** 黒人 (Negro): ⇨ Jim Crow. **b** 醜い女, ぶす, ばばあ: that old ~. **3** = crowbar. **4** [the C-] 〘天文〙からす(烏)座 (⇨ Corvus).
as the crow flies 直線距離にして; 一直線に: It is about 15 miles to New York *as the* ~ *flies.* ニューヨークまで直線距離にして約 15 マイルです. ***eat crow*** 《米口語》自分の誤り[敗北]を認める; 屈辱を忍ぶ, 降参する. ***have a crow to pluck* [*pull, pick*] *with a person*** (1) 〈人〉に対して言い分がある, けちをつける. (2) 〈人〉と話をつけなければならないいやな[困った]ことがある. ***Stone* [*Stiffen*] *the crows!*** 《豪・英口語》へえ, おや (Stone me)《驚き・嫌悪を表わす》.
crow² [króʊ | kráʊ] 〘OE *crāwan* ← Gmc **kre-* (Du. *kraaien* / G *krähen*) ← IE **ger-* to cry hoarsely《擬音語》〙 ― *v.* (~**ed**, *vi.* **1** ではまた《英》**crew** [krúː]; ~**ed**) ― *vi.* **1** 〈雄鶏が〉鳴く, ときをつくる. **2 a** 〈人が〉歓声を発する, 勝どきをあげる. **b** 勝ち誇る; 大得意になる 〔*over, about*〕: ~ *over* one's enemy 敵に勝ち誇る. **3** 〈赤ん坊が〉(喜んで)声をあげる. ― *vt.* 〈雄鶏が〉ときをつくって…を起こす 〈*up*〉. ― *n.* **1** 雄鶏の鳴き声 (cf. cockcrow 1). **2** 歓喜の叫び, 歓声.
Crow [króʊ | kráʊ] 〘《なぞり》← Am.-Ind. (Siouan) *Absaroke* crow, bird people〙 ― *n.* (*pl.* ~**s**, ~) **1 a** [the ~(s)] クロー族《米国 Montana 州東部平原に居住したスー族 (Sioux) に属するアメリカインディアン》. **b** クロー族の人. **2** クロー族の言語.
crów·bàr 〘その先がカラスの足に似ているため〙 *n.* かなてこ, かじや, バール.
crow·ber·ry [króʊbèri, -bəri | kráʊbəri] 〘《なぞり》← G *Krähenbeere*〙 ― *n.* 〘植物〙 **1** ガンコウラン(岩

高蘭) (*Empetrum nigrum*)《ガンコウラン科の小低木で高山植物; crakeberry ともいう》. **2** ガンコウランの実. **3** =bearberry 1. **4** =American cranberry.

crów-bìll *n.*〘外科〙クロービル, 鳥喙(ちょうかい)鉗子(かんし)《銃弾の摘出などに使う》.

crów blàckbird *n.*〘鳥類〙=grackle 2.

crowd[1] [kráʊd]〘n.: 《1567》← (v.). — v.: OE *crūdan* to press forward < Gmc **krūdan* (Du. *kruiden*) ← IE **greut-* to push〙 — *n.* **1** 群集, 大勢 (multitude); 人込み, 込合い (throng), 鳥合(うごう)の衆. ★ 一つの集合体とみる時には単数扱いで, 個々の構成員を考える時には複数扱いとなる: large ~*s* in a park 公園の中の人込み / in ~*s* 大勢で / Two's company, three's a ~. ⇨ company 2 a. **2** [the ~] 民衆, 大衆, 庶民 (populace): follow [go with, move with] *the* ~ 俗衆に従う, 大勢に習う. **3** 多数, たくさん (multitude): a ~ of flies 群がるハエ / a ~ of papers and books on the desk 机の上の書類や書物の山 / a ~ of sail (状況の許す限り張った)たくさんの帆; 多数の帆船 / There were ~*s* of people in the streets. 町は大変な人出だった. **4** [集合的]《口語》**a** (利害・習慣・職業などを共通にする)連中, 仲間, グループ (company, set): a jolly ~ 愉快な連中 / He does not belong to that ~. 彼はあの一味ではない. **b** 聴衆, 観客 (audience), 出席者 (attendance). **c** 群衆役の役者たち.

pass (muster) in a crowd 《口語》目立って水準以下ではない: That would *pass in a* ~. それは目立って劣りはしまい, まず普通程度だろう.

— *vi.* **1** 群がる, (大勢)寄り集まる, 込み合う (throng). **2 a** 押し寄せる; 押し入る, 押し進む: ~ into a room [through a gate] 大勢の人が部屋に[門から]押し入る / ~ on [upon] = ~ in upon …に殺到する / Memories ~*ed* (in) upon me. 思い出がどっと浮かんできた / ~ together 群がる. **b** 《米口語》急ぐ, せく (hurry): ~ on one's way. — *vt.* **1 a** 〈人・物が〉〈狭い場所〉にぎっしり詰まる: ~ a house [street] 〈人が〉家[街路]に一杯になる / Students ~*ed* the lecture hall. 学生が講堂にぎっしり詰まった / 18th century paintings ~*ing* the walls 壁面を埋める 18 世紀の絵画. **b** 〈家・部屋など〉に〈人・物を〉ぎっしり詰める, 押し込む (pack)〔*with*〕: ~ a room *with* people [furniture] 部屋に人[家具]をぎっしり詰める. **c** 〈人・物を〉〔…に〕ぎっしり詰め込む, 押し込む〔*into*〕: ~ persons [things] *into* a small room 狭い部屋に人[物]をぎっしり詰める. **2 a** 押す (push): You are ~*ing* me against the wall. 君は私を壁に押しつけている. **b** 押し出す, 押しのける; 締め出す〈*out, off*〉: ~ a person *off* the platform 台から人を押しのける. **3** 《米口語》(うるさく)せがむ, 強要する; 急がせる (hurry): ~ work *upon* a person = ~ a person *with* work 人に仕事を押し付ける / ~ a person *for* an answer [the payment] 人に返事[支払]を迫る / be ~*ed with* work 仕事に忙殺される. **4 a** 〈ある年齢〉に近づく (approach): He is ~*ing* 70. そろそろ 70 に手が届く歳だ. **b** …のすぐ近くを追う: ~ a car. **c** 〘野球〙〈打者が〉〈ホームプレート〉にかぶさるように位置する: ~ the plate. **5 a** 〘海事〙〈帆を〉(速力を増すために風の許す限り)できるだけたくさん張る: ~ (on) sail. **b** 〈スピードを〉増す (increase)〈*on*〉: ~ on speed.

crowd[2] [kráʊd, krúːd]〘《?a1300》*croud* ⊏ Welsh *crwth* fiddle〙 *n.* **1** =crwth. **2** 《英方言》バイオリン.

crówd·ed *adj.* **1** 込んでいる, 込み合っている, (大入り)満員の: a ~ house, room, theater, bus, etc. / ~ passengers on a bus バスに満員の乗客 / ~ solitude 群衆の中にいて覚える孤独感 / ~ streets 込み合っている街路. **2** 群がっている: ~ freckles. **3** 経験・事件などに満ちた, 多事な: a ~ life 波瀾万丈の生涯 / a ~ day 多事な一日. **~·ness** *n.*

crow·die [kráʊdi, krúː- | kráʊdɪ, krúː-] *n.* 《スコット・北英》=crowdy. 「来事.

crówd pùller *n.* 大勢の人を引きつける人[もの, 出

crow·dy [kráʊdi, krúː- | kráʊdɪ, krúː-]〘← ?〙 *n.* 《スコット・北英》オートミールに水または牛乳などを加えた朝食用のかゆ, ポリッジ (porridge).

crów·fòot〘《a1400》〙 — *n.* (*pl.* **-feet**, 3 では **~s**) **1** [通例 *pl.*] =crow's-foot 1. **2** (建築設計図などで) V 型マーク《先端が基点や寸法の範囲を示す》. **3** 〘植物〙葉がカラスの足指のように深裂している植物の総称: **a** キンポウゲ科ウマノアシガタ属 (*Ranunculus*) の植物《ウマノアシガタ (*R. acris*), キンポウゲ (buttercup) など》. **b** フウロソウ属 (*Geranium*) の植物の総称. **4** 〘海事〙(甲板天幕 (awning) などの)つり索(一式).

Crów Jím *n.* 《米俗》(黒人の)白人に対する逆差別 (cf. Jim Crow).

crów·kèeper *n.* **1** 《英方言》からす追い《からすを追うために雇われる人》. **2** 《廃》かかし (scarecrow).

crown [kráʊn]〘n.: ? OE *crune* ⊏ OF *coro(u)ne* (F *couronne*) < L *corōnam* wreath, crown ⊏ Gk *korṓnē* anything bent. — v.: ME *coroune(n)* ⊏ AF *corun-er* = OF *coroner* < L *corōnāre*: ⇨ coronation: CORONA と二重語〙 — *n.* **1 a** (古代人が勝利・名誉の象徴として用いた)花冠, 葉冠 (wreath, garland), 栄冠: ⇨ civic crown 1 / No cross, no ~. ⇨ cross[1] 2 c. **b** 王冠, 宝冠 (diadem). **c** (スポーツのチャンピオンの)王位, タイトル. **d** (至上の)光栄, 天上の幸福: the martyr's ~ 殉教者のになう誉れ / the ~ of life 生命の冠《天上において受ける永遠の命; cf. *Rev.* 2:10》. **2** [the ~, C-] **a** 帝王の位[身分], 皇位, 帝位: succeed to [relinquish] *the* ~ 王位を継承する[捨てる]. **b** 国王, 帝王, 女王, 君主 (monarch): an officer of *the* ~ (国王任命の)官吏 / the demise of *the* ~ 国王の崩御. **c** (君主国の)主権 (sovereignty); 国王の支配[統治]. **3** 王冠の図, 王冠章[飾り]. **4 a** 王冠の図[王冠じるし]のあるもの. **b** (英国のもとの) 5 シリング銀貨, クラウン銀貨《1551–1946 まで使用》. **c** クラウン貨幣単位《デンマーク・ノルウェーの krone, スウェーデン・アイスランドの krona, チェコスロバキア・ハンガリーの koruna》. **d** 20–30 グラム 33–50 ミリの銀貨の総称; ニッケル合金貨にも用いる. **e** クラウン(判)《印刷用紙の仕上げ寸法の一つ; 《英》では 15×20 インチ [381×508 mm], 《米》では 15×19 インチ [381×482.6 mm]; 昔この大きさの紙に王冠のすかし模様があった; crown cap ともいう》. **5 a** 頂, 最頂部 (top); (特に)円頂. **b** (アーチ形の物の)最高部 (⇨ arch[1] 挿絵). **c** (車道横断面の)路頂. **d** (頭の)脳天, 頭 (head): the ~ of the head 頭のてっぺん, 脳天, 頭頂. **e** (帽子の)山, クラウン. **f** (山の)頂上, 絶頂 (summit). **6** (完成・成就・発達などの)絶頂, 極致, 最後を飾るもの (consummation): the ~ of womanhood 女盛り / the ~ of one's labors 努力の終局を飾るもの《名誉ある完成》/ the ~ of the year 一年中での収穫期《最後を飾る秋》. **7 a** 王冠状のもの. **b** (ビールびんなどの)王冠, キャップ, 栓(せん) (crown cap). **c** (時計の)りゅうず(竜頭)《button ともいう》. **d** (鳥の)とさか (⇨ bird 挿絵); (動物の)冠状部. **8 a** クラウン結び《ロープを形成する 3 本小索(ストランド)を組み結ぶ方法で, ロープの先端のほどけるのを防ぐ》. **b** ロープ端をげんこつのように結んで作る玉の仕上げの部分. **9** 〘歯科〙**a** 歯冠. **b** 金冠 (gold crown). **10** 〘海事〙=anchor crown. **11** 〘植物〙**a** 副(花)冠 (corona). **b** 樹冠《葉でおおわれた樹木の頂上》. **c** 根頭(こんとう)《根が茎へ移行する部分》. **d** (イチゴ・アフリカスミレではしばしば)株. **12** 〘ガラス製造〙=crown glass. **13** 〘宝石〙(ブリリアントカットにおいて)クラウン, 冠部《周稜より上の部分》. **14** 〘機械〙クラウン《平ベルト車の外周表面や歯車の歯面の中央につけられたわずかの突出した丸味; ベルトを中央に引きよせる効果, 歯面が中央でかみ合う効果をもつ》. **15** 〘鉱山〙クラウン《ダイヤモンドドリル (diamond drill) の先端》.

crown and anchor (王冠・錨に 1 の目の印が四つついたさいころと同じ印のついた盤とで行なう)一種の賭博.

crown of thorns (1) (キリストがかぶらされた)いばらの冠 (*Matt.* 27:29). (2) 苦難, 不当な傷害. (3) 〘植物〙Madagascar 島産針状の刺のあるトウダイグサ属の低木 (*Euphorbia milii*)《しばしば観賞用に栽培》. (4) 〘動物〙オニヒトデ (*Acanthaster planci*)《体表面は鋭い刺でおおわれ, オーストラリアや沖縄沿岸のサンゴ礁を食い荒らす; crown-of-thorns starfish ともいう》.

— *attrib. adj.* [しばしば C-]《英》国王の, 王室の: a ~ appointment (高官などの)親任 / a ~ living 王室から下賜される聖職給 / a *Crown* demesne 王室御料地 / a *Crown* forest 御料林.

— *vt.* **1 a** 〈人〉に栄冠を授ける, 王冠をいただかせる. **b** [目的補語を伴って]〈人を〉〈王位・チャンピオンなど〉につかせる: ~ a person king 人を王位につかせる / He was ~*ed* world champion. 彼は世界チャンピオンに正式に認められた. **2 a** 〈人〉に〔栄誉を〕になわせる, 〔光栄などで〕…に報いる (honor)〔*with*〕: ~ a person *with* glory 人に栄誉をになわせる / be ~*ed with* success 成功をもって報いられる, 成功の栄冠を得る. **b** 頂上に載せる, 冠する (top, cap); …の頂を飾る, 飾る (adorn)〔*with*〕: a mountain ~*ed with* snow 雪をいただいた山 / an island ~*ed with* beautiful white houses 頂上に美しい白い家のある島. **3** …の最後[有終の美]を飾る, 仕上げとなる; 完成する, 全うする: ~ one's career *with* success 成功で生涯の有終の美を飾る / His speech ~*ed* the party. 彼のスピーチがパーティーの最後を飾った. **4 a** 〈屋根・道などを〉中高にする. **b** 〈歯〉に金冠をかぶせる: teeth ~*ed with* gold 金冠をかぶせた歯. **c** 〈ロープ〉にクラウン結びを作る (cf. n. 8). **6** 《俗》〈人〉の頭をなぐる. **7** 〘チェッカー〙〈ある駒(こま)〉に(別の駒を重ねて) king にならせる. — *vi.* **1** 〘チェッカー〙king になる. **2** 〘医学〙(分娩の際)〈胎児が〉膣口に出現する.

to crown all 「画竜点睛」として, 加えるに, その上に; 《皮肉》挙句の果てに.

crówn ágent *n.* **1** (英国の)植民地財務担当官《英国内にあって植民地の財政や業務を担当する役人》. **2** [C- A-]〘スコット法〙公訴ソリシター《公訴提起の準備をするソリシター》. 「先.

crówn àntler *n.* 〘動物〙雄鹿の角の一番上の枝角の

crówn cám *n.* 〘機械〙クラウンカム《端面に凹凸のあるカム面をもつカム》.

crówn cánopy *n.* 〘林業〙林冠.

crówn càp *n.* **1** (ビールびんなどの)王冠, キャップ, 栓(せん): a ~ opener 栓抜き. **2** =crown 4 d.

crówn cólony, C- C- *n.* 《英》直轄植民地.

crówn còrk *n.* =crown cap 1.

Crówn Cóurt *n.* 〘法律〙(英国の)刑事法院《従来の巡回裁判所 (assizes) および四季裁判所 (quarter sessions) に代わって 1971 年に新設された》.

crówn dàisy *n.* 〘植物〙シュンギク (*Chrysanthemum coronarium*)《地中海沿岸原産キク科の一年草; 食用》.

Crówn Dérby *n.* =Derby china.

crowned〘? OE〙 — *adj.* **1 a** 王冠をいただいた, 王位についた; 王冠飾りのある: ~ heads 国王と女王. **b** 〘紋章〙〈動物が〉冠を着けている (cf. insigned). **c** 王冠より生じる[に基づく]: ~ authority. **2** [複合語の第 2 構成素として]…の頂部のある: a high-[low-] *crowned* hat 山の高い[低い]帽子 / a snow-*crowned* mountain 雪をいただく山.

crówned cráne *n.* 〘鳥類〙カンムリヅル《アフリカ産カンムリヅル属 (*Balearica*) の鳥の総称; 後頭部に黄金色の冠毛がある》.

crown·er[1]〘《1440》*crounere*〙 — *n.* **1** 栄誉を与える人[物]. **2** (功績などの)最後を飾るもの; 仕上げる人, 完成者. **3** 《口語》**a** (馬上などから)頭から逆さに落ちること, 逆落とし. **b** (逆落としによる)頭のけが.

crown·er[2] [krúːnə, kráʊ- | -nə(r)]〘《?c1350》⊏ AF *cor(o)uner*: ⇨ coroner〙 — *n.* 《古・英方言》=coroner: a ~'s quest 検死.

crowned crane

crown·et [kráʊnɪt, -nət] *n.* 《古》=coronet.

crówn gàll *n.* 〘植物病理〙根頭(こんとう)菌瘻(えい)病《*Agrobacterium tumefaciens* 菌によるモモ・ブドウ・バラなどの地下茎や幹がふくらむ病気》.

crówn gèar *n.* 〘機械〙クラウン[冠]歯車《かさ歯車 (bevel gear) の一種; ピッチ円錐の頂角が 180° で円板状》.

crówn glàss *n.* 〘ガラス製造〙クラウンガラス: **a** 厚さが不均一でわずかに凸面で吹管で吹いて造った手製のガラス. **b** ケイ酸と結合する二価の塩基がアルカリ土金属の酸化物であるようなガラス (cf. flint glass). **c** クラウン法で製造した板ガラス.

crówn gràft *n.* 〘園芸〙普(ふ)接《台木の茎と根の境目に穂木を接ぐこと; 台木上の接木位置による分類の一つ; cf. topworking, root graft》.

crówn impérial *n.* **1** 帝王の冠 (emperor's crown). **2** 〘植物〙ヨウラクユリ (*Fritillaria imperialis*)《イラン原産ユリ科バイモ属の植物; 観賞用に栽培される》.

crówn·ing *adj.* **1** 一番上にある, 頂上をなす: a ~ point 頂点. **2** この上ない, 無上の, 最高の (supreme): one's ~ glory / the ~ folly 愚の骨頂. — *n.* **1** 王冠を授けること; 戴冠(式). **2** 〘東方正教会〙加冠の式, 戴冠式《結婚式のこと; 東方正教会の結婚式では司式者が新郎新婦の頭に金属製の冠をおく》.

crówn jéwels *n. pl.* [the ~] 王権の象徴としての宝石類 (cf. regale[2] 2 a).

crówn·lànd〘《なぞり》← G *Kronland*〙 *n.* (ハプスブルク帝国の)州《19 世紀中葉に一時使われた名称》.

crówn lánd *n.* **1** 王領, 王室御料地. **2** (英政府の)政府管理地[国有地], 直轄(植民)地.

crówn làw *n.* 《英》刑法 (criminal law).

crówn lèns *n.* 〘光学〙クラウンレンズ《crown glass で造ったレンズ; 特に, 色消しレンズの収束レンズとして用いるものをいう》.

crówn mòlding *n.* 〘建築〙冠繰形, 蛇腹繰形.

crówn octávo *n.* 〘製本〙クラウンオクタボ(判), 八折判《本の大きさ; 5×7½ インチ [127×190.5 mm]; 略 crown 8vo》.

Crówn Òffice *n.* [the ~]〘英法〙**1** 《古》王座裁判所 (Court of King's Bench) 刑事部. **2** 大法官庁の国璽(こくじ)部 (Crown Office in Chancery).

crówn-of-the-fíeld *n.* 〘植物〙=corn cockle.

crówn-of-thórns stàrfish *n.* 〘動物〙オニヒトデ (⇨ CROWN of thorns (4)). 「め飾り.

crówn·pìece *n.* 物の頂点に付けるもの; (頂上の)止

Crówn Póint〘《誤訳》← F *Pointe à la Chevelure* scalping point〙 *n.* 米国 New York 州北東部 Champlain 湖に臨む村; 独立戦争時の戦略的重要地点.

crówn prínce *n.* **1** (英国以外の)皇太子 (cf. PRINCE of Wales). **2** (官職などの)次期有力候補.

crówn príncess *n.* **1** 皇太子妃. **2** 女性の推定(王位)継承人.

crówn quárto *n.* 《英》〘製本〙クラウンクォート(判), 四折判《本の大きさ; 7½×10 インチ [190.5×254 mm]; 略 crown 4to》.

crówn róast *n.* 王冠型ロースト《子羊・子牛・豚などの骨付きあばら肉を丸く形づくり, まん中に詰めものをしたロースト; 骨に紙飾りをつける》.

crówn ròt *n.* 〘植物病理〙裾腐(すそぐされ)病《*Phytophthora parasitica* 菌によって植物の根頭(こんとう)が腐る病気》.

crówn rùst *n.* 〘植物病理〙燕麦冠銹(さび)病《*Puccinia coronata* 菌によるカラスムギその他穀物類の病気; 葉に黄色の胞子を形成する》.

crówn sàw *n.* 冠(かん)のこぎり《円筒のふちに歯を付けた回転のこぎり》.

crówn vál·la·ry [-vǽləri | -rɪ]〘*vallary*: ⊏ L *vallāris* ← *vallum* rampart + *-āris* '-ARY'〙 — *n.* 〘紋章〙クラウンヴァレリー《敵を防ぐための柵を図形化した冠で, 敵陣に最初に突入した勇者に与えられたという》.

crown saw

crówn vètch *n.* 〘植物〙=axseed.

crówn wàrt *n.* 〘植物病理〙結瘻(けつえい)病《*Urophlyctis alfalfae* 菌によって根頭(こんとう)にこぶができるムラサキウマゴヤシの病気》.

crówn whèel *n.* **1** 〘機械〙クラウン歯車, 冠歯車《車の放射面に直角に歯をつけたもの》. **2** 〘時計〙**a**

丸穴車《ぜんまい巻上輪列の中の歯車の一つ; きち車および角穴車とかみ合う》. **b** 冠形歯車《古い機械時計の脱進機に使われる》.

crówn wítness *n.* 《英》検察側証人.

crówn·wòrk *n.* 〘築城〙冠塁《前面に突き出した中央稜堡 (bastion) から左右の小稜堡を結んだ防御堡塁》.

crów phèasant *n.* 〘鳥類〙インドおよび中国産ホトトギス科バンケン属 (*Centropus*) の鳥の総称; (特に) オオバンケン (*C. sinensis*).

crów's-fòot 〘(*c*1385)〙 ── *n.* (*pl.* **-feet**) **1** [通例 *pl.*] 目じりのしわ,「からすの足あと」. **2** 〘服飾〙かんぬき止め《三角形のサティンステッチで作り, ひだ止めや開口などの裂け止めまたは飾り刺繍として用いる》. **3** 〘航空〙クローフート《飛行船などのガス袋の吊索にかかる張力を主索から支索へと分散させる組合せ》. **4** =caltrop 1. **5** 〘海事〙=crowfoot 4.

crow's-foot 2

crów's nèst *n.* **1** 〘海事〙(捕鯨船などのマストの上部に取り付けた)檣上(しょう)見張座. **2** (陸上の)見張台. **3** 〘植物〙=wild carrot.

crów's-nèst mòdel *n.* 〘造船〙=hawk's nest model.

crów·stèp *n.* 〘建築〙いらか段 (corbiestep). **~ped** *adj.*

crów·tòe *n.* 〘植物〙 **1** 《米》=toothwort 2. **2** 《英》 **a** =wood hyacinth. **b** =buttercup.

Croy·don [krɔ́ɪdn] 〘OE *Crogedena* ← *crog* saffron＋*denu* 'DEAN[2]'〙 *n.* London 南部の自治区; 人口332,000.

croze [króuz | kráuz] 〘⇨ ? OF *croz* (F *creux*) hollow, groove〙 *n.* **1** おけ板の溝《その中に鏡板 (barrelhead) がはまる》. **2** おけ板の溝切り道具.

cro·zier [króuʒə | kráuʒə(r] *n.* =crosier.

Cr$ 《記号》〘貨幣〙cruzeiro(s).

CRT, C.R.T. 《略》〘電子工学〙cathode-ray tube.

cru [krú: ; *F.* kʀy] 〘⇨ F ~ 'producing field' ← *crû* (p.p.) ← *croître* to grow〙 ── *n.* (フランスの)ぶどう園, ぶどう酒の産地《ぶどう酒の格付けに用いられる》: a good ~ 上質のぶどう酒.

cruces *n.* crux の複数形.

cruces ansatae *n.* crux ansata の複数形.

cru·cial [krú:ʃəl | -ʃəl, -ʃɪəl] 〘(1706) ⇨ F ~ ← L *cruci-*, *crux* 'CROSS[1]': ⇨ -AL[1]〙 ── *adj.* **1** 万事を決定する, 決定的な (decisive); きわめて重大な: a ~ test 決定的な試験 / the ~ moment 重大な時機, 危機 / a thing of ~ importance きわめて重要なもの / His decision was ~ in ending the war. 終戦には彼の決断が決定的だった, 彼の決断一つで終戦になった. **2** きびしい, 困難な (severe, difficult) (cf. crux 1 a): a ~ period. **3** 《古》十字形の (cross-shaped): a ~ incision 〘外科〙十字切開(術). **~·ly** *adv.*

crú·cian cárp [krú:ʃən-] 〘*crucian*: ← ? LG *karuse* (cf. Lith. *karusis*): ⇨ -an[1]〙 ── *n.* 〘魚類〙ヨーロッパフナ (*Carassius carassius*)《ヨーロッパに生息するコイ科フナ属の魚; 単に crucian ともいう》.

cru·ci·ate [krú:ʃièɪt | -ʃɪ-] 〘← NL *cruciāt-us* (p.p.) ← *cruciāre* to crucify ← L *crux* 'CROSS[1]': ⇨ -ate[2]〙 ── *adj.* **1** 十字形の. **2** 〘植物〙〈花弁が〉十字形の: a ~ flower 十字花《ナタネなど》. **3** 〘昆虫〙(休止している時)〈翅が〉斜めに交差する. **~·ly** *adv.*

cru·ci·ble [krú:səbl̩ | -sɪ-, -sə-] 〘(?*a*1425) ⇨ ML *crucibul-um* hanging lamp, melting pot ← ? L *cruci-* cross-shaped＋*-bulum* (cf. *thūribulum* 'censer, THURIBLE'): 《原義》? 十字架像の前におかれたランプ〙 ── *n.* **1** 〘冶金〙 **a** るつぼ (melting pot). **b** (溶鉱炉の)湯だまり. **2** きびしい試練: be in the ~ of affliction 辛苦のきびしい試練を受けている.

crúcible fúrnace *n.* 〘冶金〙るつぼ炉.

crúcible stéel *n.* 〘冶金〙るつぼ鋼《るつぼで溶製した優良鋼》.

cru·ci·fer [krú:səfə | -sɪfə(r] 〘(1574) ⇨ LL ~ 'cross-bearing' ← *cruci-*: ⇨ crucial, -fer〙 ── *n.* **1** (宗教行事の行列などの)十字架奉持者 (crossbearer). **2** 〘植物〙アブラナ科の植物 (cf. cress).

Cru·cif·er·ae [kru:sífərì:] 〘← NL ~ (fem. pl.): ⇨ crucifer 2〙 *n. pl.* 〘植物〙アブラナ科《Brassicaceae ともいう》.

cru·cif·er·ous [kru:síf(ə)rəs] 〘← CRUCIFER＋-OUS〙 *adj.* **1** 十字架をになった. **2** 〘植物〙アブラナ科の.

cru·ci·fix [krú:səfìks | -sɪ-] 〘(?*a*1200) ⇨ (O)F ~ ⇨ LL *crucifixus* fixed to the cross ← *cruci-* 'CROSS[1]'＋*fixus* ((p.p.) ← *figere* 'to FIX')〙 ── *n.* **1** キリストのはりつけ像の付いている十字架, 十字架像, キリストの磔刑(たっけい)像. **2** (キリスト教の象徴としての)十字架 (cross). **3** 〘体操〙(吊輪の)十字懸垂.

cru·ci·fix·ion [krù:səfíkʃən | -sɪ-] 〘(*a*1410) ⇨ ML *crucifixiō(n-)*: ⇨ ↑, -xion〙 ── *n.* **1 a** はりつけ(にすること[の状態]); 十字架上の死. **b** [the C-] キリストのはりつけ. **c** キリストはりつけの画像, 十字架上のキリスト像. **2** 苦しい試練, 苦難; 厳罰; 激しい迫害, 拷問 (torture).

cru·ci·form [krú:səfɔ̀əm | -sɪfɔ̀:m] 〘← L *cruci-* 'CROSS[1]'＋-FORM〙 ── *adj.* 十字形の, 十字架状の: a ~ church 十字架状の聖堂《ゴシック様式その他の聖堂は通例平面が十字架状をなしている; ⇨ church 挿絵》. ── *n.* 十字架状のもの; 十字形. **~·ly** *adv.*

cru·ci·fy [krú:səfàɪ | -sɪ-] 〘(*a*1325) *crucifie(n)* ⇨ (O)F *crucifi-er* ⇨ L *crucifigere*: ⇨ crucifix, -fy〙 ── *vt.* **1** はりつけ[磔刑(たっけい)]にする. **2** 〈情欲・俗念などを〉抑制する, 殺す (mortify): ~ the lusts of the flesh 肉欲を制する (cf. *Gal.* 5: 24). **3** 責めさいなむ, 虐待する, いじめる (torture). **crú·ci·fi·er** *n.*

crú·ci·fy·ing 〘(1648)〙 *adj.* 責めさいなむ(ような), ひどく苦しい.

cruck [krʌ́k] 〘ME *crokke* ? ← *crok* 'CROOK[1]'〙 *n.* 《英》〘建築〙(中世木造建築の)扠首(さす)《小屋組を支持する一対の太い弧を描いた部材》.

crud [krʌ́d] 〘ME *crud*: ⇨ curd〙 ── *n.* **1 a** (ごみ・油などの)沈澱物, かたまり. **b** 《俗》くだらないもの, 不愉快なもの, くず (rubbish); 不愉快な人. **2** 《方言》=curd. **3** 《俗》はっきりわからない病気; 想像上の病気《非標準的な語》: jungle ~. ── *v.* 《方言》=curd.

crud·dy [krʌ́di | -dɪ] *adj.*

crude [krú:d] 〘(*c*1395) ⇨ L *crūd-us* raw, hard, unprepared, harsh: ⇨ cruel, raw〙 ── *adj.* (**crud·er**; **-est**) **1 a** (人工を加えない)天然のままの, 未加工の, 未調理の, 生(なま)の (raw): ~ copper 粗銅 / ~ materials 原料. **b** 精製してない, 粗製の: ~ salt 粗製塩 / ~ sugar 粗糖 / ~ rubber 生ゴム. **2** 〈考え・理論などが〉(分析・理解の)不十分な, 粗末な, 未熟な (immature): a ~ theory, method, etc. / a ~ opinion 幼稚な意見. **3 a** 粗野な, 無骨な, ぞんざいな, 下品な (rude): ~ manners 無作法. **b** 仕上げをしてない, ぎこちない, 雑な, 生硬な: ~ writing. **c** 教養のない, 低俗な; 卑俗な: the ~ masses / ~ taste. **d** 〈音など〉耳ざわりな. **e** 〈色が〉不快感を与える, 毒々しい (garish). **4** 雑な作りの (rough): a ~ house. **5 a** ありのままの, 露骨な, むき出しの (bald): a ~ fact. **b** 紛れもない, 全くの (sheer): ~ necessity. **6** 《古》〈果物など〉熟していない, 未熟の (unripe). **7** 《廃》未消化の (undigested). **8** 《古》〘文法〙語尾変化のない (uninflected). **9** 〘統計〙粗な, 普通の《母集団をグループ分けしないで求めた比率などについていう》.
── *n.* 原料; 原油 (crude oil). **~·ness** *n.*

crúde·ly 〘(1638)〙 ── *adv.* **1** 原料[天然]のままで, 加工しないで, 生(なま)で. **2** ありのままに; ぞんざいに; 露骨に. **3** 〘統計〙調整せずに.

crúde òil [petròleum] *n.* 原油.

cru·di·ty [krú:dəṭi | -dətɪ, -dɪ-] 〘(?*a*1425) ⇨ (O)F *crudité* // L *crūditāt-em*: ⇨ crude, -ity〙 ── *n.* **1** 生のままの状態, 未熟; 生硬; 粗雑, ぞんざい; 露骨. **2 a** 未熟[粗雑, 生硬]な物; (芸術などの)未完成品. **b** 粗野[無作法]な行為.

cru·el [krú:əl, krúəl, krú:ɫ | krúəl, krú:əl, krúɪɫ, krú:ɪɫ, krú:ɫ] 〘(?*a*1200) ⇨ (O)F ~ < L *crūdēlem* cruel ← *crūdus* 'CRUDE'〙 ── *adj.* (**cru·el·er**, **-el·ler**; **-el·est**, **-el·lest**) **1** 人に苦痛を与えて平気な, 残酷な, 無慈悲な, じゃけんな (inhuman): a ~ master 無情な主人 / be ~ to animals 動物を虐待する / be ~, only to be kind ただ人のためを思ってつらく当たる (cf. Shak., *Hamlet* 3. 4. 178). **b** 他人の苦痛を喜ぶ, 残酷好きの: ~ satire. **2 a** 〈光景・運命・苦しみなどが〉むごい, ひどい, 悲惨な, 無残な (harsh): a ~ sight むごたらしい光景. **b** 〈規則など〉きびしい, 容赦しない (severe). ── *adv.* 《方言》ひどく, べらぼうに, ばかに (very, badly): be ~ cold やけに寒い / It hurt me something ~. とても痛かった (cf. something *adv.* 2). ── *vt.* 《豪俗》...の成功のチャンスをつぶす, 台なしにする (spoil). **~·ness** *n.*

crúel·hearted *adj.* 冷酷な心をした; 無情な, 薄情な.

cru·el·ly [krú:əli, krúəli, krú:li | krúəlɪ, krú:ɪlɪ, krúɪlɪ, krú:əlɪ] 〘(*c*1375)〙 ── *adv.* **1** 残酷に, 無残に. **2** ひどく, べらぼうに: be ~ crowded いやに混んでいる.

cru·el·ty [krú:əlṭi, krúəl-, krú:ɫ- | krúəltɪ, krú:əl-, krúɪl-, krú:ɪl-, krú:ɫ-] 〘(?*a*1200) ⇨ OF *crualté* (F *cruauté*): ⇨ cruel, -ty〙 ── *n.* **1** 残虐, 無情, 残忍, 無慈悲 (inhumanity): mental ~ 精神的残忍 / the ~ of the fate 運命の冷酷[無情] / the ~ of one's sufferings 苦難のむごたらしさ. **2** 残虐な行為, 無残な仕打ち, 虐待. **3** 〘法律〙(離婚の事由となる)精神上[肉体上]の虐待; 精神的暴行.

cru·et [krú:ɪt, -ət | krú:ɪt, krúɪt] 〘(*c*1300) ⇨ AF *cruet (dim.) ← OF *crue* earthen pot ← Gmc (cf. Du. *kruik* / G *Krauche*)〙 ── *n.* **1 a** 薬味びん, 薬味入れ《酢・油などの薬味を入れる通例ガラス製の食卓用の小びん》. **b** =cruet-stand. **2** 〘キリスト教〙祭びん, 聖祭[祭壇]用びん《ミサ聖祭などに用いるぶどう酒または水を入れる小容器; ampulla ともいう》.

crúet-stànd *n.* 薬味入れの台, 薬味立て.

Cruik·shank [krúkʃæŋk], **George** *n.* (1792–1878) 英国のさし絵画家・諷刺画家; Dickens や Thackeray などの小説のさし絵で知られている.

cruet-stand
1 cruets for vinegar or oil; 2 mustard pot; 3 pepper pot

cruise [krú:z] 〘(1651) ⇨ Du. *kruiz-en* to cross, traverse ← *kruiz* 'CROSS[1]'〙 ── *vi.* **1 a** 〈遊覧船などが〉(目的地または目的を決めることなく)巡航する, 遊航する (sail about). **b** 〈軍艦が〉(敵艦を求めて)巡航[巡洋]する, 遊弋(ゆうよく)する. **2 a** (これといった目的もなく)歩き回る, 漫遊する. **b** 《俗》行く, 出かける (go): ~ over to his house. **3 a** 〈タクシー・パトカーなどが〉流す: a *cruising* taxi 流しのタクシー. **b** 《口語》ガール[ボーイ]ハントをして歩きまわる. **4 a** 〈飛行機が〉巡航する (cf. cruising). **b** (自動車で)長距離を経済速度で走る. **5** 《米》〘林業〙(木材調査のために)森林地を踏査する. ── *vt.* **1** 〈場所を〉巡航する: ~ the Mediterranean. **2 a** 〈飛行機を〉巡航速度で飛ばす. **b** 〈自動車を〉一定の速度で走らせる: ~ a car at 50 mph. **3** 《口語》〈夜の盛り場など〉でガール[ボーイ]ハントする[して歩く]. **4** 《米》〘林業〙〈森林地を〉踏査する. ── *n.* **1** 巡航; 巡洋航海: take a round-the-world ~ 世界一周航海をする / be on a ~ 巡航中である. **2** 漫歩, 漫遊, 旅行 (trip).

crúise càr *n.* 《米》パトカー (squad car).

crúise mìssile *n.* 〘軍事〙クルージングミサイル, 巡航ミサイル《地表すれすれに定められた進路を飛んで目標に命中する有翼の小型ミサイル》.

crúis·er 〘(1679) ⇨ Du. *kruiser*〙 ── *n.* **1 a** 漫遊者, 旅行者 (traveler). **b** 流しのタクシー. **c** 《米》パトカー (squad car). **d** 《俗》(客をあさって町を歩く)売春婦. **2 a** 巡洋艦: an armored [a belted] ~ 装甲巡洋艦 / a converted ~ 改装[仮装]巡洋艦 / ⇨ battle cruiser, heavy cruiser. **b** クルーザー, (居室・調理施設の完備した)行楽用のモーターボート[ヨット]《cabin cruiser ともいう》. **3** 《米》〘林業〙森林踏査者. **4** 《英》〘ボクシング〙=cruiserweight.

crúiser stèrn *n.* 〘海事〙巡洋艦形船尾《水線が長く造波抵抗の少ない高速艦用の船尾》.

crúiser·wèight 〘巡洋艦が軍艦中 2 番目に重量があるのにちなむ〙 *n.* 《英》〘ボクシング〙=light heavyweight.

crúise·wày *n.* 《英》遊覧巡航用の水路.

crúis·ing *n.* **1** 巡航[漫遊]すること. **2** [形容詞的に] 巡航(速度)の: ~ speed 巡航速度 / ~ power 巡航パワー《巡航速度におけるエンジンの出力》/ ~ performance 航続力.

crúising ràdius *n.* **1** (航空機・船の)航続半径. **2** (動物が一日の間に巣などから動き回る)行動半径.

crul·ler [krʌ́lə | -lə(r] 〘← Du. *krullen* 'to CURL'＋-ER[1]〙 ── *n.* **1** 《米》クルーラー《小形の揚げ菓子; 小麦粉・卵・砂糖・バターなどで作った生地をねじってかりかりに揚げたもの》. **2** 《米北部・中部》ドーナッツ.

crumb [krʌ́m] 〘n.: OE *crūma* < Gmc (Du. *kruim* / G *Krume*) ← IE **ger-* curving, crooked (cf. cramp[1,2]). ─ v.: OE *ġecrymman* ← (n.): *-b* は 16C 以来の添加 (cf. dumb, thumb, etc.)〙 ── *n.* **1** [通例 *pl.*] (パンやケーキなどの)小片, こなくず; パンくず, パン粉: **~s** from the table 食卓から落ちたパンくず / give **~s** to the birds パンのこなを鳥にやる. **2** パンの柔らかい中味 (cf. crust 1 a). **3** [*pl.*] (砂糖・小麦粉・バター・香料で作った)ケーキの上部の飾り. **4** わずか, 小量 (bit): a ~ of rest わずかの[ほんの少しばかりの]休息 / **~s** of learning 少しばかりの学問 / He didn't touch a ~. (料理に)少しも口をつけなかった. **5** 《米俗》 **a** しらみ (louse). **b** (人間の)くず.
to a crumb 細かに, 正確に; 完全に.
── *vt.* **1** 〈パンを〉小さくこわす, くずす (crumble). **2** 〈料理〉にパン粉を振りかける, パン粉にまぶす; パン粉を入れて〈スープなどを〉濃くする. **3** 《口語》〈食卓〉からパンくずを除く[払う]: ~ a table after a meal 食後テーブルのパンくずを払い取る.

crúmb-brùsh *n.* (食卓用)パンくず払いブラシ.

crúmb·clòth *n.* パンくず受け布《食卓の下に敷く厚織の綿布》.

crum·ble [krʌ́mbl̩] 〘(15C) *cremele(n)* (freq.) ← OE *ġecrymman* to crumble ← *crūma* 'CRUMB': ⇨ -le[3]: 今の形は CRUMB の影響で 16C から〙 ── *vt.* 粉にする, ぼろぼろにくずす 〈*up*〉: ~ bread. ── *vi.* **1** ぼろぼろに砕ける; ぼろぼろにくずれる: ~ to dust くずれてちりになる. **2** 崩壊する (collapse); 〈勢力・名声・希望などが〉もろく消失する, 無に帰する, 滅びる (perish) 〈*away*〉. ── *n.* **1 a** ぼろぼろにくだける[くだけた]もの. **b** 微片 (particle), 破片 (fragment). **2** 《方言》=crumb. **3** そぼろ状の小麦粉の生地をふりかけて, オーブンで焼いた果物の甘煮: apple ~.

crum·blings [krʌ́mblɪŋz, -bl̩-] *n. pl.* くだけた小片, 破片.

crum·bly [krʌ́mbli, -bl̩i | -blɪ, -bl̩ɪ] 〘《古形》*cromly*: ⇨ crumb, -ly[2]〙 ── *adj.* (**crum·bli·er**; **-bli·est**) ぼろぼろにくずれやすい, もろい (brittle): ~ soil. **crúmbli·ness** *n.*

crumbs [krʌ́mz] 〘cf. crummy〙 *int.* 《英》ひえっ, いやはや《驚き・当惑を表わす; by crumb(s) ともいう》.

crumb·y [krʌ́mi | -mɪ] 〘(1731) ← CRUMB＋-Y[4]〙 ── *adj.* (**crumb·i·er**; **-i·est**) **1** パンくずの多い, パンくずがたくさんついている: a ~ tablecloth. **2** パンの中味のような, (ふわりと)柔らかい (soft). **3** 《米俗》=crummy 1. **crúmb·i·ness** *n.*

crum·horn [krʌ́mhɔ̀ən | -hɔ̀:n] *n.* =krummhorn.

crum·mie [krʌ́mi | -mɪ] 〘← *crum* 《古形》(⇨ crumb)＋-IE 1〙 *n.* (*also* **crum·my** [~]) 《スコット・北英》牛 (cow); (特に)角の曲がっている牛.

crum·my [krʌ́mi | -mɪ] 〘← *crum* (↑)＋-Y[4]〙 ── *adj.* (**crum·mi·er**; **-mi·est**) **1** 《俗》 **a** みすぼらしい, うす汚い (filthy). **b** 安っぽい, 下等な (poor, inferior): a ~ bar. **2** 《英俗》〈女が〉丸ぽちゃの (plump), (肉付きがよくて)美しい (buxom). **3** 《廃》=crumbly.
── *n.* 《俗》=caboose 1 a. **crúm·mi·ness** *n.*

crump [krʌ́mp] 〘(1646) 擬音語〙 ── *n.* **1 a** ぼりぼりかむ音. **b** (踏みつけられた雪の)ばりばりいう音.

2《英口語》強打；ばったり倒れること. 3《英軍俗》a (砲弾などの)爆発音. b 爆弾, 砲弾 (bomb, shell). — vt. ぼりぼりかむ (crunch). — vi. 1〈踏みつけた雪などが〉ばりばり音を立てる. 2《英軍俗》〈爆弾・砲弾が〉ばりばり音を立てて爆発する, 炸裂(さく)する. — adj.《スコット》もろい, 砕けやすい (brittle).

crum·pet [krʌ́mpɪt, -pət]〘《1694》? ← ME *crompid* (*cake*) curled (cake) ← *crampen* to bend ← OE *crump*, *crumb* ← Gmc **krumbo-* ← IE **ger-* crooked : cf. crimp[2]〙— n. 1《英》クランペット《鉄板で焼く丸くて平たい小型のパン；通例トーストにしてバターをつけて食べる；cf. pikelet[1]》. 2《英俗》頭 (head, brain): barmy [balmy] on the ~ 頭の変な, 気の変な. 3《俗》a 性的魅力. b 性交. c [集合的にも用いて] 性的魅力のある女 : a bit [piece] of ~ いい女.

crúmp hòle n.《軍俗》爆弾でできた大穴, 弾孔.

crum·ple [krʌ́mpl̩]〘《1528》(freq.) ←《廃》*crump* to crook, curl up < ME *crampe(n)* (⇨ crumpet) : ⇨ -le[3]〙— vt. 1 しわにする, しわくちゃにする；〈紙などを〉もんでくしゃくしゃにする (wrinkle)〈*up*〉: A smile ~*d* his face. 笑って顔をしわくちゃにした / ~ the paper into a ball 紙をくしゃくしゃに丸める. 2 へばらす, 参らす, のめす (overwhelm)〈*up*〉: The obstacle ~*d* her. その障害に彼女は参ってしまった. — vi. 1 (もまれて)くしゃくしゃになる, しわくちゃになる : When her baby laughed, her face ~*d* up. 赤ん坊が笑うと彼女の顔も笑みでしわくちゃになった. 2 つぶれる, くずれる, 参る (collapse)〈*up*〉. — n. (もまれてできた)しわ.

crúm·pled adj. 1 しわくちゃの, くしゃくしゃになった : a ~ roseleaf ⇨ roseleaf 成句. 2〈牛の角など〉ねじれた, 曲がっている (bent) : a ~ horn.

crum·ply [krʌ́mpli | -lɪ] adj. (**crum·pli·er, -pli·est**) 1 しわだらけの, しわくちゃの. 2 しわになり易い, すぐしわになる.

crunch [krʌ́ntʃ]〘《1801》《変形》← CRAUNCH : cf. munch, crush〙— vt. 1 ぼりぼりかむ, ばりばり[がりがり]かみ砕く. 2 a〈砂利道・氷の張った道などを〉ざくざく踏みつける. b〈車輪が〉じゃりじゃり〈道〉にきしる : heavy wheels ~*ing* a stony road 石ころ道をじゃりじゃりときしむ重い車輪. — vi. 1 ぼりぼり(音を立てて)食う, がりがりかむ. 2 a ばりばり踏み砕く[踏み分ける]. b ざくざく砕きながら進む〈*along, up, through*〉. c〈砂利・氷などが〉ざくざく砕ける. — n. 1 かみ砕くこと[音], ばりばり, がりがり. 2 ざくざく踏み砕くこと[音], 砕き進むこと[音]. 3 [the ~] (一触即発の)緊張状態, 危機, 土壇場, 最終段階, ピンチ；経済的危機, 財政上の逼迫(ひっぱく): *the* energy ~ エネルギー危機 / New York City's fiscal ~. ***when it comes to the crunch*** = ***when the crunch comes*** いざという時.

crúnch·er n. 1 ぼりぼり[ばりばり]音を出す人[もの]. 2《俗》最後[とどめ]の一撃.

crunch·y [krʌ́ntʃi | -tʃɪ] adj. (**crunch·i·er**; **-i·est**) ぼりぼり[ばりばり, がりがり]いう. **crúnch·i·ness** n.

cru·node [krúːnoud | -nəud]〘← L *crux* 'CROSS[1]' + NODE〙n.《数学》結節点 (node).

crup·per [krʌ́pə, krúpə | krʌ́pə(r)]〘《c1330》*croupere* ⊏ AF *cropere* = OF *cropiere* (F *croupière*) ← *crope* : ⇨ croup[2]〙— n. 1 しりがい, 尻当《馬の尾の下を通して鞍(くら)に結ぶ革具；⇨ harness 挿絵》. 2 a (馬の)尻 (croup). b《戯言》(人間の)尻 (buttocks).

crura n. crus の複数形.

cru·ral [krú(ə)rəl | krúər-]〘《1599》⊏ L *crūrāl-is* ← *crūr-, crūs* leg : ⇨ -al[1]〙adj.《解剖》脚部の, 下腿(たい)の；大腿部の (femoral) : the ~ artery 下腿動脈.

crúral séptum n.《医学》大腿中隔.

crus [krúːs, krʌ́s]〘⊏ L *crūs* (↑)〙— n. (pl. **cru·ra** [krú(ə)rə | krúərə]) 1《解剖・動物》脚, 下腿(たい)《ひざとくるぶしの中間》；すね. 2 脚に似た部分, 脚部.

cru·sade [kruːséɪd]〘《1577》*crusada*《混成》← Sp. *cruzada* (← *cruzar* to bear the cross ← *cruz* 'CROSS[1]') + F *croisade* (《変形》← *croisée* (p.p.) ← *croiser* to bear the cross ← *crois* 'CROSS[1]') : ⇨ -ade〙— n. 1 [通例 C-] 十字軍《トルコ人に奪われた聖地奪還のためにヨーロッパのキリスト教徒が 11-13 世紀に派兵した遠征軍》. 2 (教皇の認可した宗教上の)聖戦. 3 (弊風などに対する)改革運動, 廓清運動 (campaign) : a ~ against drunkenness = a temperance ~ 禁酒運動 / a ~ against tuberculosis 結核撲滅運動 / vice ~ 売春撲滅運動. — vi. 1 十字軍[聖戦]に加わる. 2 改革[廓清]運動に参加する.

cru·sád·er n. 1 十字軍[聖戦]の従軍騎士, 十字軍戦士. 2 改革[廓清]運動者.

cru·sa·do [kruːséɪdou, -záː- | -séɪdəu; *Port.* kruzádu]〘⊏ Port. *cruzado* marked with the cross : ⇨ crusade〙— n. (pl. **~es, ~s** [~z; *Port.* ~s]) クルセード《ポルトガルの昔の金[銀]貨 : この金貨を発行した Alfonso 五世がトルコに対する十字軍に参加したことを記念して裏面に十字架の図案がついていた；銀貨は John 四世のときに発行》.

cruse [krúːz, krúːs | krúːz]〘ME *crouse* < OE *crūse* : cf. ON *krūs*〙n.《古》(水・油・蜂蜜などを入れる)小さなつぼ, 小びん : ⇨ widow's cruse.

crush [krʌ́ʃ]〘v. : (*a*1349) *crushe(n)* ⊏ AF *cruss-ir* = OF *cruissir* to break, crash ← ? Gmc. — n. : (*a*1338) ← (v.)〙— vt. 1 a (圧力で形が変わるほど)押しつぶす, 押し砕く : ~ a box, hat, etc. / be ~*ed* flat ぺちゃんこにつぶれる[つぶされる] / be ~*ed* to death 圧死する. b つぶす, 圧搾する, 絞る (press, squeeze)〈*out*〉: ~ grapes for wine ぶどう酒を造るためにぶどうをつぶす / ~ (*out*) the juice from the grapes ぶどうから汁を絞り取る. c〈革の粒理(きめ)を〉潰す : ~*ed* levant つや出しレバント革. 2 (ひいたり, ついたりして)粉にする, 粉砕する (pulverize)〈*up*〉: ~ rock 岩石を砕いて粉末にする / ~ *up* sugar 固まりを砕いて粉砂糖にする. 3 強く抱きしめる, 抱擁する : ~ one's child to one's breast 子供を胸に抱きしめる. 4 押し込む, 詰め込む (crowd) : ~ people *into* the train / ~ clothes *into* a box. 5 a〈敵軍・反乱などを〉壊滅させる, 打ち滅ぼす, 鎮圧する (extinguish)〈*down*〉: ~ (*down*) all opposition すべての反対を打ち破る. b ひどく圧迫する, 弾圧する (oppress). c〈人を〉(精神的に)打ちひしぐ (disconcert)；〈希望・向上心などを〉くじく (damp) : be ~*ed with* shame 恥ずかしさで小さくなる / She was ~*ed with* grief. 悲嘆に暮れた / ~ a person's ambition 人の野心を打ちくだく. 6《古》〈酒などを〉飲む；飲み干す (cf. discuss 3, crack 3) : ~ a bottle [cup] of wine. 7《製紙》〈紙の地合いを〉砕く, つぶす : ~*ed* finish 砕け模様仕上げ.

— vi. 1 つぶれる；しわくちゃになる : An egg ~*es* easily. 卵はこわれやすい. 2〈群衆が〉押し合って入る, 殺到する : ~ into …に押し入る / Please ~ up a little. どうぞ少しおつめ下さい. 3《廃》= crash[1].

— n. 1 a 押しつぶすこと, 絞り出し. b 粉砕. c 圧倒, 圧服, 壊滅, 鎮圧. 2 a 群衆 (crowd), (多数の)押合い, 殺到. b《口語》込み合った会合[宴会], 大パーティー. c《俗》仲間, 連中, グループ (group). d《俗》部隊 (unit). 3 果汁(飲料), スカッシュ (squash) : lemon [orange] ~. 4《口語》a ほれ込み, のぼせ上がり, 一目ぼれ (infatuation) : have [get] a ~ *on* a person 人にすっかりほれ込む[うつつをぬかす]. b ほれ込んだ相手 : one's ~. 5《豪》(焼印を押すために家畜を一列に通す)板囲いの通路《crush-pen ともいう》.

crush·a·ble [krʌ́ʃəbl̩] adj. 1 押しつぶすことのできる. 2〈衣服など〉(形をくずさないで)たたむ[押しつぶす]ことのできる : a ~ dress material.

crúsh bàr〘幕間(まく)に込み合うことから〙n.《英》(劇場の)バー.

crúsh bàrrier n.《英》群衆を整理するための鋼鉄製の柵[障壁].

crúshed léather n. しぼつけ革《型押し・揉み・その他の方法で革の銀面模様を強調した革》.

crúshed stráwberry n. 黄味がかった深紅色.

crúsh·er〘《1598》〙n. 1 a 押しつぶす人[物]. b (岩石などの)破砕機, クラッシャー. 2《口語》a 痛烈な一撃, 痛打. b ぎゃふんと参らせる議論[事柄].

crúsh hát n. 1 曲げたり折ったりできる柔らかい素材の帽子《ソフトなフェルト帽など》. 2 = opera hat.

crúsh·ing adj. 1 押しつぶす；押し砕く, 粉砕する. 2 圧倒的な, 散々な；決定的な, ぐうの音も出ない : a ~ defeat (再び立つことのできないような)大敗北 / a ~ sorrow 打ちひしがれるような悲しみ / a ~ retort 返す言葉もないような返答. **~·ly** adv.

crúshing stréngth n.《機械》破砕強さ.

crúsh-pèn n. = crush 5.

crúsh-ròom n.《英》(劇場などの)たまりの間, 幕間(まく)の休憩所, (遊歩できる)廊下 (foyer).

cru·si·ly [krúːsəli, -zə- | -sɪlɪ, -sə-, -zɪ-, -zə-]〘⊏ OF *crusillié* ← *croisille* (dim.) ← *croix* 'CROSS[1]'〙— adj. (*also* **cru·sil·ly** [~])《紋章》盾一面にクロス (cross) をちりばめた.

Crusoe, Robinson n. ⇨ Robinson Crusoe.

crust [krʌ́st]〘《?*a*1325》*crouste* ⊏ OF (F *croûte*) < L *crūstam* shell, crust ← ?〙— n. 1 a パンの皮[堅い外皮] (cf. crumb 2) : ⇨ upper crust. b 堅くなったパンの一片 : without a ~ パンのかけらさえなく. c 乏しい食物. d《豪俗》生活の糧 : earn one's ~ 生計をかせぐ. 2 パイの皮. 3 a 物の堅くなった[堅い]表面[外皮]. b クラスト, 雪殻, 硬雪, 堅雪《積雪の表面が風や日射などの影響によって堅くなったもの》. c (土壌の)皮殻《乾燥した時に表面にできる堅い砕けやすい土層》. d かさぶた, 痂皮(かひ) (scab). e 酒あか《ぶどう酒のびんの内側に生じる薄皮；cf. beeswing 1》. 4 a《俗》鉄面皮, 厚かましさ (impudence) : He had the ~ to order me. 厚かましくも私に命令した. b (自己防衛的な)よそおい, 仮面, 「殻」: a ~ of indifference 無関心なよそおい. 5《古》つっけんどんな人. 6《動物》甲殻, 外殻. 7《地質》地殻 (earth's crust) (cf. lithosphere). — vi. 堅い外皮を生じる；かさぶたになる；クラスト[硬結]する (cf. crusted) : Dirt ~*ed* on the glass. ちりがガラスの上に固まりついた / The snow has ~*ed* over. 雪が地面に凍りついた. — vt.〈表面〉に堅い外皮を生じる；外皮[外殻]でおおう, 外皮で包む.

Crus·ta·ce·a [krʌstéɪʃiə, -ʃə | -ʃɪə, -ʃə]〘← NL ~ (neut. pl.) ← *crustāceus* hard-shelled ← L *crūsta* (↑)〙n. pl.《動物》甲殻綱.

crus·ta·cean [krʌstéɪʃən | -ʃɪən, -ʃən]〘⇨ ↑, -an[1]〙adj., n.《動物》甲殻綱の(動物)《エビ・カニなど》.

crus·ta·ceous [krʌstéɪʃəs | -ʃɪəs, -ʃəs]〘← NL *crustāceus* hard-shelled + -OUS : ⇨ Crustacea〙— adj. 1 甲殻[皮殻]の；皮殻のような, 甲殻[皮殻]のある, 皮殻でおおわれた. 2《動物》甲殻綱の (crustacean)；甲殻綱のような. 3《植物》硬脆(ぜい)質の.

crust·al [krʌ́stl̩] adj. 1 外皮[外殻]の. 2《地質》地殻の : ~ movement 地殻変動.

crúst·ed〘《*a*1382》〙— adj. 1 外皮を生じた, 外殻[外皮]のある. 2〈ぶどう酒が〉(年数を経てびんに)酒あかを生じた, よく枯れた (matured) : ~ wine. 3 古色を帯びた, 古めかしい (antiquated)；凝り固まった, こちこちの (inveterate) : ~ habits 凝り固まった性癖 / a ~ prejudice かびの生えた[古臭い]偏見 / a ~ Tory 頑固な保守家.

crust·i·fi·ca·tion [krʌ̀stəfɪkéɪʃən, -fə- | -fɪ-] n. = incrustation.

crus·tose [krʌ́stous | -təus]〘⊏ L *crustōs-us* ← *crusta* 'CRUST'〙adj.《植物》殻状の《チズゴケなど岩石の表面に葉状体が殻状に拡がる》.

crust·y [krʌ́sti | -tɪ]〘《*a*1400》: ⇨ crust, -y[4]〙— adj. (**crust·i·er**; **-i·est**) 1 a 外皮のある. b 外皮の堅い, 堅くてもろい；〈パンが〉皮が堅い. c〈雪が〉表面が堅くなった, 硬雪状態の. 2〈ぶどう酒が〉酒あかを生じた, よく枯れた. 3 かたくなな, 怒りっぽい；つっけんどんな, ぶっきら棒な (surly) : a ~ person ぶあいそうな人. 4 下品な, 下卑た : a ~ joke. **crúst·i·ly** [-tɪli, -tə- | -lɪ] adv. **crúst·i·ness** n.

crutch [krʌ́tʃ]〘OE *cryċċ* < Gmc **krukjō(n)* (Du. *kruk* / G *Krücke*) ← IE **ger-* crooked : cf. cramp[1,2], curl, crook[1]〙— n. 1 a [通例 pl.] 松葉づえ, しゅもくづえ : a pair of ~*es* / on ~*es* 松葉づえをついて. b 支え (prop)；精神的な支え : the ~ of one's declining years 老後の頼り. 2 (婦人用鞍 (sidesaddle) の)足かけ. 3 a 松葉づえ形のもの[支え]. b (人間・動物の)股 (crotch). c (衣服の)股の部分. 4《海事》a 叉柱(さちゅう). b《英》クラッチ《叉状をしたオール受けの金具》. c 船尾肘(ちゅう)板. — vt. 1 松葉づえで支える；…につっかい棒をする. 2 支える (prop up).

crutched adj. 1 しゅもくづえにすがった. 2 支柱で支えた.

cruth [krúːθ] n. = crwth.

crux [krʌ́ks, krúks | krʌ́ks]〘《1641》⊏ L 'cross, torture, trouble' : CROSS[1] と二重語〙— n. (pl. **~·es, cru·ces** [krúːsiːz]) 1 a 難問題, (解き難い)なぞ (puzzle) (cf. crucial 2) : a textual ~ 本文の難解な個所. b 最も重要な点, 肝心なところ；中心点 : the ~ of the problem. 2 [C-]《天文》みなみじゅうじ(南十字)座《南十字星を含む；the Southern Cross ともいう》.

crúx an·sá·ta [-ænséɪtə, -sáː- | -tə]〘⊏ L *crux ansāta* ansate cross〙— n. (pl. **cru·ces an·sa·tae** [-séɪtiː, -sáːtaɪ])《考古・美術》輪頭十字, エジプト十字《古代エジプト美術で, 上に伸びた部分が輪形の十字架, 十字形；生命の象徴；ankh ともいう；⇨ cross[1] 挿絵》.

cru·zei·ro [kruːzé(ə)rou, -zéɪru: | -zéərəu; *Braz.* kruzéiru]〘⊏ Port. ~ ← *cruz* 'CROSS[1]'〙— n. (pl. **~s** [~z; *Braz.* ~s]) 1 クルゼイロ《ブラジルの通貨単位；= 100 centavos；記号 $, Cr$》. 2 1 クルゼイロ硬貨.

crwth [krúːθ] n. クルース《古代ケルト人に起源を発しウェールズ地方では前世紀まで使用されていたバイオリンに似た 6 弦の楽器；crowd ともいう》.

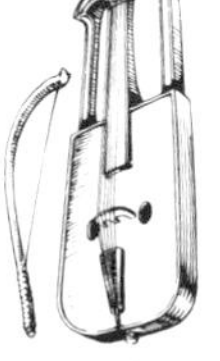
crwth

cry [kráɪ]〘v. : 《?*a*1200》*crie(n)* ⊏ (O)F *cri-er* < L *quirītāre* to wail, 《原義》implore the help of Roman citizens ← *Quirītēs* : ⇨ Quirites. — n. : 《*c*1280》⊏ (O)F *cri*〙— vi. 1 a〈人が〉大声で呼ぶ；叫ぶ, どなる (shout)〈*out*〉: ~ aloud 大声で叫ぶ / ~ (*out*) *for* help [mercy] 大声で助け[慈悲]を求める / ~ (*out*) *against* injustice 不正に対して反対の声をあげる. b (悲しみ, 苦しみの)叫び声をあげる. c〈鳥獣が〉鳴き叫ぶ. d〈猟犬が〉ほえる (yelp). 2 (悲しんで, 苦しんで)泣く, 声をあげて泣く；涙を出す (weep), すすり泣く (sob) : ~ for joy 嬉し泣きをする. 3 a 泣いて(…を)求める, (…が)欲しくて泣く〔*for*〕: ⇨ *cry for the* MOON. b〈事態などが〉(…を)大いに必要とする, (…の)改善を求める〈*out*〉〔*for*〕: This state of things *cries for* reform. この事態は改革しなければならない / This *cried out for* planning. このことは計画の改善を必要とした. — vt. 1 大声で叫ぶ (shout)；叫んで(…と)言う (*that*) : ~ 'murder' 「人殺し」と叫ぶ / He *cried that* he would not go. 彼は「行きません」と大声で言った. 2 a 大声でふれる[報じる] (proclaim)〈*out*〉: ~ the news all over the town 町中にその報道をふれ知らせる. b〈品物を〉呼び売りする : ~ muffins マフィンはいかがと呼び売りをする. 3 泣いて…する : ~ oneself blind [one's eyes out] 目を泣きつぶす / ~ oneself to sleep〈子供などが〉泣き寝入りする / ~ one's heart out 胸が張り裂けるばかりに泣く. 4《文語》哀願する (implore). ★ 次の句で : ~ (a person) pardon [mercy] (人に)許し[慈悲]を求める / ~ quarter 助命を求める (cf. quarter B 1). 5《廃》ほめる, ほめそやす (extol) (cf. CRY *up*).

cry back (1)〈猟犬が〉後戻りする, 引き返す. (2)〈動物などが〉先祖返りをする. ***cry down*** けなす, 非難する, やじり倒す (depreciate). ***cry off*** (vi.)《英》〔取引などから〕言いわけをして断わる, 手を引く〔*from*〕. (vt.)〈取引・約束などを〉取消す. ***cry over***〈不幸などを〉嘆く : ~ *over* one's misfortune(s) / It is no use ~*ing over* spilt milk. ⇨ milk 1. ***cry up*** ほめ立てる, ほめそやす (extol). ***for crying out loud***《俗》(1) おやまあ, あきれた, (そんな)ばかな : For ~*ing out loud*, who said so? 何だと, そんなこと言ったのはだれだ. (2) 後生だから : For ~*ing out loud*, stop it! 後生だからもうやめてくれ. ***give something to cry for***

[*about*]《口語》〈(大したことでもないのに)泣いている子供など〉に折檻(せっかん)する (punish): If you don't stop crying, I'll *give* you *something to* ~ *for.* 泣くのをやめないと(ほんとに)お仕置きしますよ.
— *n.* **1 a** 叫び, 大声 (shout): give [raise] a ~ 叫ぶ, 一声立てる. **b** (悲しみ・苦しみなどの)叫び声; (幼児の)泣き声: utter [give] a ~ of surprise 驚きの叫び声をあげる. **c** (鳥獣の)鳴き声. **2** 声を上げて泣くこと, 泣き叫ぶ声; すすり[しゃくり]泣き (weeping): have a good ~ 存分に[泣きたいだけ]泣く / have one's ~ out (泣けるだけ泣いて)泣きやむ / She wants a good ~. 存分に泣いたらよい, 泣いたら気が晴れるだろう. **3** 嘆願, 哀願 (appeal): be deaf to a person's *cries* 人の嘆願に耳をかさない / There were *cries* for bread. パンを求める声があった. **4 a** 呼び売りの声, ふれまわる声: the London *cries* ロンドンの呼び売りの声 / street *cries* 町の呼び売りの声. **b** 鬨(とき)の声, 雄たけび (battle cry). **c** (政党などの)標語, スローガン (slogan): an election ~ 選挙のスローガン. **5 a** 風評, うわさ (rumor): follow in the ~ 世間の言う通りに従う, わいわい連の一人である, 付和雷同する / The ~ goes *that* you will marry her. あなたがあの女と結婚するというううわさがある. **b** 世論(の声): a ~ *for* reform [*against* a measure] 改革要求[法案反対]の声. **c** [the ~]《口語》大流行, 大もて (the fashion): It's all *the* ~ this season. それはこの季節の大流行. **6 a**《廃》宣言, 告示 (proclamation). **b** [*pl.*]《スコット》結婚式予告 (banns). **7**《廃》騒ぎ, 喧噪 (clamor). **8**《狐狩》**a** (猟犬の)ほえる声. **b** (猟犬の)一群 (pack): a ~ of hounds.
a far [***long***] ***cry*** 遠距離 (a long distance); 非常な相違 [*from*]: It's *a far* ~ *to* Boston. ボストンまではほど遠い / His conduct was *a far* ~ *from* his commitments. 彼の行動は公約とは大違いだった. ***all cry and no wool*** = ***more cry than wool*** = ***much*** [***a great***] ***cry and little wool***《諺》空騒ぎ,「大山鳴動してねずみ一匹」(a fuss about nothing). ***in full cry*** (1)〈猟犬が〉一斉に(ほえ立てながら)追跡して. (2) 総がかりで, 一斉に. ***out of all cry*** 理性を越えて, 過度に (excessively). ***within cry*** (***of***) (…から)呼べば聞こえる所に, 近くに.
cry- [kraɪ] (母音の前に来る時の) cryo- の異形.
crý·bàby *n.* **1** 泣き虫, 弱虫. **2** (失敗などに)ぐちる人, ぐちをこぼす人.
crý·er *n.* ＝crier.
cry·ing《(*a*1398)》— *adj.* **1** 大声で叫ぶ; 泣き叫ぶ. **2** 緊急な, 捨てて置けない (urgent): a ~ evil ほうっておけない害悪 / a ~ need [want] 差し迫った必要. **3** はなはだしい: a ~ shame ひどい不面目. **~·ly** *adv.*
crýing bìrd *n.*《鳥類》＝limpkin.
cry·mo·ther·a·py [kràɪmo(ʊ)θérəpi | -mə(ʊ)θérəpɪ]《⇐F *crymothérapie* ← Gk *krūmós* frost, cold: ⇨ therapy》*n.*《医学》＝cryotherapy.
cry·o- [kráɪo(ʊ), kráɪə | -ə(ʊ)]《← Gk *krúos* icy cold, frost ← ?》「寒冷 (cold); 氷結 (freezing)」の意の連結形. ★ 母音の前では通例 cry- になる.
crỳo·biólogy《⇨ ↑, biology》*n.* 低温生物学. **crỳo·biológical** *adj.* **crỳo·biológically** *adv.* **crỳo·biólogist** *n.*
crỳo·chémistry *n.* 低温化学. **crỳo·chémical** *adj.* **crỳo·chémically** *adv.*
crỳo·electrónics *n.* (極)低温電子工学. **crỳo·electrónic** *adj.*
cry·o·gen [kráɪədʒɪn, -dʒən, -dʒèn]《⇨ cryo-, -gen》*n.* 寒剤, 冷凍剤 (refrigerant).
cry·o·gen·ic [kràɪədʒénɪk] *adj.* **1** 低温の, 低温に関する. **2 a** 低温を必要とする. **b** 低温貯蔵を必要とする; 低温貯蔵用の. **crỳ·o·gén·i·cal·ly** *adv.*
cry·o·gen·ics [kràɪədʒénɪks] *n.* 低温学.
crỳo·hýdrate《← CRYO-＋HYDRATE》— *n.*《化学》含水晶, 氷晶《水と塩類を混ぜて冷却した時氷晶点 (cryohydrate point) で析出する一定割合の氷と塩類の共融混合物の一つ》.
cry·o·lite [kráɪəlàɪt]《← CRYO-＋-LITE》*n.*《鉱物》氷晶石 (Na_3AlF_6).
cry·ol·o·gy [kraɪálədʒi | -5lədʒɪ] *n.* 氷雪学.
cry·om·e·ter [kraɪámətə | -5mɪtə(r, -mə-]《← CRYO-＋-METER[1]》*n.*《物理》(寒度を計る)低温(用温度)計.
cry·on·ics [kraɪánɪks | -5n-]《← CRYO(BIOLOGY)＋-*nics* (cf. electronics): ⇨ -ics》*n.*《医学》人間[人体]冷凍術. **cry·on·ic** [kraɪánɪk | -5n-] *adj.*
cry·o·phile [kráɪəfàɪl]《← CRYO-＋-PHILE》*n.*《生物》好冷性の微生物.
cry·o·phil·ic [kràɪəfílɪk] *adj.*《生物》好冷性の.
cry·o·phyte [kráɪəfàɪt] *n.*《植物》(雪や氷上に生長する)氷雪植物《赤雪藻 (red snow) など》.
crỳo·precípitate *n.*《化学》溶液を冷却してできる沈澱物. **crỳo·precipitátion** *n.*
crýo·pròbe *n.*《外科》冷凍ゾンデ.
crỳo·protéctive *adj.* 凍結から守る, 対冷却性の.
crýo·pùmp《← CRYO-＋PUMP[1]》*n.*《物理》クライオポンプ《極低温での気体の吸着凍結を利用した真空ポンプ》.
cry·o·scope [kráɪəskòʊp | -skàʊp] *n.* 氷点計, 結氷点測定器.
cry·os·co·py [kraɪáskəpi | -5skəpɪ] *n.*《医学・化学》凝固点降下法, 氷点法. **cry·o·scop·ic** [kràɪəskápɪk | -skɔ́p-] *adj.*
cry·o·sorp·tion [kràɪo(ʊ)sɔ́əpʃən | -ə(ʊ)sɔ́:p-] *n.*《物理》低温吸着《極低温での気体分子の吸着》.
cry·o·stat [kráɪəstæ̀t]《← CRYO-＋-STAT》*n.*《物理》低温保持装置《自動的に調節して常に一定の低温度を保つ装置; cf. thermostat》.
crỳo·súrgery *n.*《医学》冷凍外科, 凍結外科《患部を液体窒素などで凍結して処置する方法》. **crỳo·súrgeon** *n.* **crỳo·súrgical** *adj.*
crỳo·thérapy *n.*《医学》寒冷療法 (cf. thermotherapy).
cry·o·tron [kráɪətràn | -trɔ̀n] *n.*《電子工学》クライオトロン《磁界の有無, 強弱により極低温下で超電導性が生じたり生じなかったりすることを利用するスイッチ素子》.
cry·o·tur·ba·tion [kràɪo(ʊ)təːbéɪʃən | -ə(ʊ)tə:-] *n.*《地質》＝congeliturbation.
crypt [krɪpt]《(?*a*1425) ⇐ L *crypta* ⇐ Gk *krúptē* vault (fem.) ← *kruptós* hidden ← *krúptein* to hide ← IE **krā(u)-* to conceal》— *n.* **1** あなぐら; (特に, 教会の)聖堂[教会堂]地下室, クリプト《聖堂の地下に作られ, 小礼拝堂または納骨所として用いられる; cf. hypogeum 2》. **2**《解剖》陰窩(いんか), 凹窩, 腺窩, 歯胚洞. **~·al** [-tl] *adj.*
crypt- [krɪpt] (母音の前に来る時の) crypto- の異形.
crỳpt·análysis《← CRYPT(OGRAM)＋ANALYSIS》*n.* **1** 暗号解読. **2** 暗号解読法. **crỳpt·analýtic** *adj.* **crỳpt·analýtical** *adj.* **crỳpt·analýtically** *adv.*
crỳpt·ánalyst *n.* 暗号解読者.
crỳpt·analýtics *n.* ＝cryptanalysis 2.
crỳpt·ánalyze *vt.* 〈暗号を〉解読する.
crỳpt·esthésia《← CRYPTO-＋AESTHESIA》*n.*《心霊》(精神感応または透視による)超感覚的認識, 霊知《clairvoyance, telepathy など》.
cryp·tic [kríptɪk]《(*a*1638) ⇐ LL *cryptic-us* ⇐ Gk *kruptikós* fit for concealing ← *kruptós*: ⇨ crypt, -ic[1]》— *adj.* **1 a** 秘密の, 隠れた (secret). **b** 謎のような, 神秘的な (mysterious): a ~ remark 謎のような言葉. **2** 暗号を用いた. **3** 簡潔な, 短い (short); ぶっきら棒な (abrupt). **4**《動物》身を隠すに適した: ~ coloring 保護色. — *n.* ＝cryptogram.
crýp·ti·cal [-tɪkəl, -tə- | -tɪ-] *adj.* ＝cryptic. **~·ly** *adv.*
cryp·to [kríptoʊ | -əʊ]《↓》*n.* (*pl.* **~s**)《口語》**1** (政綱や政党の)秘密結社者. **2** ＝crypto-Communist.
— *adj.* ＝cryptographic.
cryp·to- [kríptə(ʊ) | -ə(ʊ)]《← Gk *kruptós* hidden, secret: ⇨ crypt》—「隠れた; 見えない; 秘密の; 公言してない; 神秘的な」の意の連結形: *crypto*-Christian 隠れキリシタン. ★ 母音の前では通例 crypt- になる.
crỳpto·biósis *n.*《生物》クリプトビオシス《低温のような極限状態下で, 生物の物質交代が可逆的に停止し, 一種の休眠状態になる現象》.
Cryp·to·bran·chi·dae [krɪptəbrǽŋkədì: | -kɪ-]《← NL ~ ← *Cryptobranchus* (属名: ⇨ crypto-, branchio-)＋-IDAE》*n. pl.*《動物》オオサンショウウオ科.
Cryp·to·ce·ra·ta [krɪpto(ʊ)sərɑ́:ṭə, -réɪ- | -tə(ʊ)sərɑ́:tə, -réɪ-]《← NL ~ ← CRYPTO-＋Gk *kéras* 'HORN': ⇨ -ata》— *n. pl.*《昆虫》隠角群《半翅目・半翅亜目中の1群; 触角は短く複眼下の凹みに収められる; タガメ・コオイムシ・タイコウチ・ミズカマキリなど水生半翅類のほとんどを含むがアメンボ類は含まない》.
crỳpto·clástic《← CRYPTO-＋CLASTIC》*adj.*《岩石》〈岩石が〉隠微砕屑(さいせつ)性の《肉眼には見えないような砕屑片から成るものにいう》.
cryp·to·coc·co·sis [krìpto(ʊ)kɑkóʊsɪs, -səs | -tə(ʊ)-kɔkə́ʊsɪs]《← NL ~ ← *Cryptococcus* (属名: ⇨ crypto-, -coccus)＋-OSIS》— *n.* (*pl.* **-co·ses** [-si:z])《病理》クリプトコックス症《酵母菌の一種によって皮膚・髄膜などをおかす病気》.
crỳpto·cóccus *n.*《植物》酵母状不完全菌類《人体に寄生して病害を起こす種類がある》. **crỳpto·cóccal** *adj.*
crỳpto·Cómmunist *n.* 共産主義秘密同調者, 共産党秘密党員.
crỳpto·crýstalline *adj.*《岩石》〈岩石が〉隠微晶質の, 潜晶質の《ひとつひとつの結晶が顕微鏡下でも識別できないほど微細なものにいう; cf. microcrystalline》.
cryp·to·gam [kríptəgæ̀m | -tə(ʊ)-]《⇐F *cryptogame* ← NL *cryptogamia* (↓)》*n.*《植物》隠花植物 (cf. phanerogam).
Cryp·to·gam·i·a [krɪptəgǽmiə, -géɪ- | -tə(ʊ)gǽmɪə, -géɪ-]《← NL ~: ⇨ crypto-, -gam, -ia[2]》— *n. pl.*《植物》隠花植物門《生殖器官として花をもたない植物群の総称; 羊歯・蘚苔・菌・藻類を含む; cf. Phanerogamia》.
cryp·to·gam·ic [krìptəgǽmɪk | -tə(ʊ)-] *adj.*《植物》隠花の.
cryp·tog·a·mist [krɪptágəmɪst, -məst | -tɔ́gəmɪst] *n.* 隠花植物学者.
cryp·tog·a·mous [krɪptágəməs | -tɔ́g-] *adj.*《植物》＝cryptogamic.
cryp·to·gen·ic [krìptədʒénɪk | -tə(ʊ)-]《← CRYPTO-＋-GENIC》*adj.*《医学》病因の不明な (cf. phanerogenic).
cryp·to·gram [kríptəgræ̀m | -tə(ʊ)-]《⇐F *cryptogramme*: ⇨ crypto-, gram》— *n.* **1** 暗号文. **2** 暗号記号, 暗号. **cryp·to·gram·mic** [krìptəgrǽmɪk | -tə(ʊ)-] *adj.*
cryp·to·graph [kríptəgræ̀f | -tə(ʊ)grɑ̀:f, -grǽf]《(逆成) ← CRYPTOGRAPHY》— *n.* **1** ＝cryptogram. **2** 暗号書記法, 暗号 (cipher). **3** 暗号作製[解読]装置.
— *vt.* 暗号にする.
cryp·tog·ra·pher [krɪptágrəfə | -tɔ́grəfə(r]《(1641) ← NL *cryptographia* 'CRYPTOGRAPHY'＋-ER[1]》*n.* 暗号使用[作製]者.
cryp·to·graph·ic [krìptəgrǽfɪk | -tə(ʊ)-] *adj.* **1** 暗号の[に関する, を使用した]. **2** 暗号書記法の. **crỳp·to·gráph·i·cal·ly** *adv.*
cryp·tóg·ra·phist [-fɪst, -fəst | -fɪst] *n.* ＝cryptographer.
cryp·tog·ra·phy [krɪptágrəfi | -tɔ́grəfɪ]《(1658) ← NL *cryptographia*: ⇨ crypto-, -graphy》*n.* **1 a** 暗号(書記)法. **b** 暗号解読法. **2** 暗号文.
cryp·to·lith [kríptəlìθ | -tə(ʊ)-]《← CRYPTO-＋-LITH》*n.*《病理》腺窩結石.
cryp·tol·o·gy [krɪptálədʒi | -tɔ́lədʒɪ]《← CRYPTO-＋-LOGY》— *n.* **1** 暗号学, 暗号研究. **2** ＝cryptography 1. **cryp·to·log·ic** [krɪptəládʒɪk | -lɔ́dʒ-] *adj.* **crỳp·to·lóg·i·cal** *adj.* **cryp·tól·o·gist** [-dʒɪst, -dʒəst | -dʒɪst] *n.*
cryp·to·me·ri·a [krìptəmí(ə)riə | -tə(ʊ)míərɪə]《← NL ~ ← CRYPTO-＋Gk *méros* part＋-IA[1]》*n.*《植物》＝Japanese cedar.
cryp·to·mne·sia [krìptɑmní:ʒə | -tɔmní:zɪə, -zjə, -ʒɪə]《← NL ~: ⇨ crypto-, -mnesia》— *n.*《心理》潜伏記憶《過去に経験したことを思い出した時, それが未経験のことのように感じられること》. **cryp·tom·ne·sic** [krìptɑmní:zɪk, -sɪk | -tɔm-] *adj.*
Cryp·to·ne·mi·a·les [krɪptənì:miéɪli:z | -mɪ-]《← NL ~ ← CRYPTO-＋Gk *nêma* thread＋-I-＋-ALES》*n. pl.*《植物》カクレイト目《紅藻類》.
cryp·to·nym [kríptənɪm | -tə(ʊ)-]《← CRYPTO-＋-ONYM》*n.* 匿名. **cryp·ton·y·mous** [krɪptánəməs | -tɔ́nɪ-] *adj.*
cryp·to·phyte [kríptəfàɪt]《? ⇐F ~: ⇨ crypto-, -phyte》— *n.*《植物》地中植物《芽が地中, 時には水中で生じる植物》. **cryp·to·phyt·ic** [krìptəfíṭɪk | -tɪk] *adj.*
cryp·to·pine [kríptəpàɪn]《← CRYPTO-＋OP(IUM)＋-INE[3]》— *n.*《化学》クリプトピン ($C_{21}H_{23}NO_5$)《アヘンおよびケシ科ヤブケマン属 (*Carydalis*) の植物から得られる無色結晶性アルカロイド》.
crypt·or·chid [krɪptɔ́əkɪd, -kəd | -ɔ́:kɪd]《← NL *cryptorchid-* ← *cryptorchis*: ⇨ crypto-, orchis》《医学》*n.* 潜伏睾丸患者. — *adj.* 潜伏睾丸の.
crypt·ór·chi·dism [-dɪzm]《← NL *cryptorchidismus* ← CRYPTO-＋-*orchidismus*, -*orchismus* (← Gk *órkhis* testicle (⇨ orchid)＋-*ismus* '-ISM')》— *n.* (*also* **crypt·or·chism** [-ɔ́əkɪzm | -ɔ́:-])《医学》潜伏[停留]睾丸(症), 潜睾, 睾丸下降不全.
crỳpto·volcánic *adj.*《地質》潜火山性の《狭い範囲の岩石が火山作用によって破砕されたようにみえるが, 実際には火山物質は見当たらない》: a ~ structure 潜火山性構造.
crỳpto·xánthin *n.*《化学》クリプトキサンチン ($C_{40}H_{55}OH$)《植物の果実・バター・卵黄などに含まれるカロチノイドの一つ; ビタミン A 効果がある》.
cryp·to·zo·ic [krìptəzóʊɪk | -tə(ʊ)zə́ʊ-]《← CRYPTO-＋-ZOIC》— *adj.* **1**《生態》〈昆虫・動物など〉(地中や樹木の中など)暗所に生息する, 陰性の. **2**《地質》陰生代の (Precambrian). — *n.*《地質》陰生代 (Precambrian).
cryp·to·zo·ite [krìptəzóʊaɪt | -tə(ʊ)zə́ʊ-]《← CRYPTO-＋ZOO-＋-ITE[1]》*n.*《動物》マラリア原虫などにみられるような組織型に移行するスポロゾイト[種虫].
Cryp·to·zo·ni·a [krìptəzóʊniə | -zə́ʊnɪə]《← NL ~: ⇨ crypto-, zono-, -ia[2]》*n. pl.*《動物》隠帯類.
cryp·to·zy·gous [krìptəzáɪgəs, krɪptázə- | krìptə(ʊ)-záɪ-, krɪptɔ́zɪ-]《← CRYPTO-＋-ZYGOUS》— *adj.*《人類学》頭蓋が顔幅より大きい. **cryp·to·zy·gy** [krɪptəzàɪgi, krɪptázə-, -dʒi | krìptəzàɪgɪ, krɪptɔ́zɪ-, -dʒɪ] *n.*
crys·tal [krístl]《(14C) ⇐ L *crystall-um* ⇐ Gk *krústallos* ice, crystal ← *krúos* frost (⇨ cryo-) ∽ OE *cristalla* ⇐ L》— *n.* **1** 水晶《rock crystal ともいう》: (as) clear as ~ 透み切って; 〈文意など〉全く明瞭で (cf. crystal-clear). **2 a** 水晶製品《装飾品など》: a necklace of ~*s* 水晶の首飾り. **b** (占い用)水晶球: ⇨ crystal gazing. **3 a** 水晶のように澄んだもの《水など》. **b**《廃》透明な水. **4 a** クリスタルガラス (crystal glass)《無色透明なガラス; 一般的には研磨とカット加工を施した工芸品をいう》. **b** [集合的] クリスタルガラス製品; クリスタルガラス製食器類, 高級ガラス器; (高級な)カットグラス: silver and ~ 銀とガラスの食器. **5**《時計》**a** watch case の一様式. **b** ＝watch glass. **c**《電気》＝crystal oscillator. **6**《化学・鉱物》**a** 結晶, 結晶体. **b** 結晶(物); 結晶糖《精製糖の一種》: snow ~*s* 雪の結晶. **7**《電子工学》**a** (受信機検波用)鉱石, 鉱石検波器, ダイオード検波器. **b** (高安定発振器用)水晶(振動子). **8**《薬学》粉末メタムフェタミン《覚醒剤》.
— *adj.* **1 a** 水晶の, 水晶質の, 水晶製の. **b** クリスタル[カット]グラス製の. **2** 水晶のような; 清く透明な, 透き通った, 澄んだ (clear, transparent): in the ~ water. **3** (結婚 15 年記念の)水晶婚式の: ⇨ crystal wedding. **4**《電子工学》**a** 鉱石を使用する, 鉱石式の. **b** 水晶(発振)式の: ⇨ crystal oscillator. — *vt.* (**crys·taled, -talled; -tal·ing, -tal·ling**) **1** 水晶にする, 結晶させる. **2** 水晶[結晶]でおおう.
Crys·tal [krístl]《↑》*n.* 女性名.
crystal báll *n.* **1** (水晶占いに使う)水晶[ガラス]球. **2** 未来を占う手段[方法].
crýstal-cléar *adj.* 透み切った; 全く明瞭な.
crýstal clóck *n.* 水晶時計 (quartz-crystal clock).
crýstal detéctor *n.*《電子工学》鉱石検波器.
crýstal gàzer *n.* 水晶占い者 (scryer).

crýstal gàzing *n.* **1** 水晶占い《水晶またはガラスの球などを凝視して幻像を呼び起こし未来を予言する法; cf. crystal 2 b》. **2** 十分な資料によらない予言.

crýstal glàss *n.* クリスタルガラス: **a** 無色透明なガラス. **b** 深くカットしてあるために輝きがある工芸用ガラス.

crys·tal·ize [krístəlàɪz, -tḷ-] *v.* =crystallize.

crys·tall- [krístəl, -tḷ] (母音の前に来る時の) crystallo- の異形.

crýstal làttice *n.* 〘結晶〙結晶格子《結晶の各構造単位から等価な点を選んだ時に得られる三次元周期の格子》.

crys·tal·lif·er·ous [krìstəlíf(ə)rəs, -tḷ-] 〘← CRYSTALLO- + -FEROUS〙 *adj.* 水晶を産する[含む].

crys·tal·lig·er·ous [krìstəlídʒərəs] *adj.* =crystalliferous.

crys·tal·line [krístəlɪn, -lən, -làɪn, -tḷ- | -təlàɪn, -tḷ-] 〘《*a*1398》□ (O)F *cristallin* // L *crystallin-us* □ Gk *krustállinos* of crystal: ⇨ crystal, -ine³〙 — *adj.* **1** 水晶から作られた, 水晶製の. **2** 水晶のような: **a** 透明な (transparent). **b** 輪郭のはっきりした, 明快な (clear-cut). **3 a** 結晶(質)の, 結晶状の. **b** 〈岩など〉結晶体から成る.

crýstalline cóne *n.* 〘動物〙円錐晶体, 錐状晶体, 水晶錐体《節足動物の複眼を構成する個眼の晶体》.

crýstalline héaven 〘《*a*1398》〙 — *n.* 〘天文〙(古代ギリシャのプトレマイオス説 (Ptolemaic system) で)透明球体《天の外圏と恒星界との中間に存在すると想像された二つの透明な球体の一つ; crystalline sphere ともいう》.

crýstalline léns *n.* 〘解剖〙(目の)水晶体 (⇨ eye 挿絵).

crýstalline sphére *n.* 〘天文〙=crystalline heaven.

crýstalline stýle [stýlet] *n.* 〘動物〙晶体, 晶桿《二枚貝類の消化器官としての細長い半透明の棒》.

crys·tal·lin·i·ty [krìstəlínəṭi | -nəti, -nɪ-] *n.* 結晶化(の程)度.

crys·tal·lite [krístəlàɪt, -tḷ-] 〘□ G *Kristallit*: ⇨ crystallo-, -ite¹〙 — *n.* **1** 〘鉱物〙晶子, 結晶子《顕微鏡的物体で結晶の初期的形成物》. **2** 〘物理化学〙クリスタライト, 晶子, 微結晶《結晶性高分子固体を構成する個々の小結晶》. **crys·tal·lit·ic** [krìstəlíṭɪk, -tḷ- | -tɪk] *adj.*

crys·tal·liz·a·ble [krístəlàɪzəbḷ, -tḷ-] *adj.* 結晶にすることのできる.

crys·tal·li·za·tion [krìstəlɪzéɪʃən, -lə-, -tḷ- | -təlaɪ-, -lɪ-, -tḷ-] *n.* 結晶化(過程), 晶化(作用); (液相からの)晶出, 結晶生成; (溶液からの)析出, 晶析.

crys·tal·lize [krístəlàɪz, -tḷ-] 〘《1598》← CRYSTALLO- + -IZE〙 — *vt.* **1** 結晶させる, 晶化させる. **2** 〈思想・計画などを〉明確にする, 具体化する. **3** 〈果物などを〉砂糖漬けにする: ~*d* fruit [ginger] 砂糖漬けの果物[しょうが]. — *vi.* **1** 結晶する, 晶化する 〈*out*〉. **2** 〈思想・計画などが〉明確な形を取る, 具体化する 〈*out*〉: Public opinion ~*d* slowly. 世論は徐々にまとまってきた. **crýs·tal·lìz·er** *n.*

crys·tal·lo- [krístəlo(ʊ), -tḷ- | -tələ(ʊ), -tḷ-] 〘← Gk *krústallos* 'CRYSTAL'〙「水晶の, 結晶の (crystal)」の意の連結形. ★ 母音の前では通例 crystall- になる.

crỳstallo·génic *adj.* 結晶生成[発生]の.

crys·tal·log·e·ny [krìstəlɑ́dʒəni, -tḷ- | -tələ́dʒɪni, -tḷ-] 〘← CRYSTALLO- + -GENY〙 *n.* 結晶生成論.

crys·tal·log·ra·pher [krìstəlɑ́grəfə, -tḷ- | -tələ́grəfə(r)] *n.* 結晶学者.

crys·tal·lo·graph·ic [krìstələgrǽfɪk, -tḷ-] *adj.* 結晶学的な, 結晶学(上)の.

crỳs·tal·lo·gráph·i·cal [-fɪkəl, -fə- | -fɪ-] *adj.* =crystallographic. **~·ly** *adv.*

crystallográphic áxis *n.* 〘結晶〙結晶軸.

crys·tal·log·ra·phy [krìstəlɑ́grəfi, -tḷ- | -tələ́grəfi] 〘← CRYSTALLO- + -GRAPHY〙 *n.* 結晶学.

crys·tal·loid [krístəlɔ̀ɪd, -tḷ-] 〘← CRYSTALLO- + -OID〙 — *adj.* 結晶状の. — *n.* **1** 〘物理化学〙晶質, クリスタロイド (cf. colloid). **2** 〘植物〙仮晶体《穀や豆の胡粉層に含まれる結晶状の蛋白質体》.

crys·tal·loi·dal [krìstəlɔ́ɪdḷ, -tḷ-] *adj.* **1** 〘物理化学〙晶質 (crystalloid) の. **2** 〘植物〙仮晶体の.

Crys·tal·lose [krístəlòʊs, -lòʊz, -tḷ- | -tələ̀ʊs] 〘← CRYSTALLO- + -OSE²〙 *n.* 〘商標〙クリスタローズ《saccharin sodium の商品名》.

crýstal óscillator *n.* 〘電気〙水晶発振器.

Crýstal Pálace *n.* **1** [the ~] 水晶宮《1851 年の第 1 回万国博覧会の建物として London の Hyde Park に建てられ, 後に近郊 Sydenham に移された; 主として鉄骨ガラスばりの建築物で展覧会・音楽会などに使用していたが, 1936 年焼失》. **2** 水晶宮を模倣して建てた鉄とガラス製の展覧会用の建物.

crýstal píckup *n.* (レコードプレーヤーの)クリスタルピックアップ.

crýstal sánd *n.* 〘植物〙砂晶, 結晶砂.

crýstal sèt *n.* 〘電子工学〙鉱石検波受信機.

crýstal sỳstem *n.* 〘結晶〙結晶系《結晶の対称性を表現する分類体系》.

crýstal tèa *n.* 〘植物〙 **1** 北米原産バラ科キジムシロ属の白い小花をつける三小葉の多年草 (*Potentilla tridentata*). **2** =Labrador tea.

crýstal víolet, C- V- *n.* 〘染色〙クリスタルバイオレット《トリフェニルメタン系塩基性染料》.

crýstal vísion *n.* **1** 水晶占い (crystal gazing). **2** 水晶占いに現われる幻像.

crýstal wédding *n.* 水晶婚式《結婚 15 周年の記念式[日]; ⇨ wedding 4》.

cs, cs. 〘略〙census; consciousness; consul.

cS, cs 〘略〙〘物理〙centistoke.

Cs 〘略〙〘気象〙cirrostratus.

Cs 〘記号〙〘化学〙cesium.

CS 〘略〙casein.

C/s, cs. 〘略〙cases.

C/S, c/s 〘略〙〘電気〙cycles per second.

C/S, C.S. 〘略〙colliery screened (石炭の取引で)山元精炭.

C.S. 〘略〙capital stock; 〘冶金〙carbon steel; 〘冶金〙cast steel; Certificate in Statistics; 〘英〙chartered surveyor; Chemical Society; chief of staff; chief secretary; Christian Science; City Surveyor; civil servant; civil service; 〘法律〙Clerk of Session; Clerk to the Signet; close shot; 〘陸軍〙close support 近接支援; College of Science; commissary of subsistence (軍隊の)物品[生活用品]販売所; 〘英法〙Common Serjeant; Conchological Society of Great Britain and Ireland; 〘心理〙conditioned stimulus 条件刺激; Confederate States; Congregation of Salesians; Cooperative Society; cotton seed; county seat; county surveyor; 〘スコット法〙Court of Session; cruiser squadron 巡洋艦戦隊; *L.* Custōs Sigillī (=Keeper of the Seal).

C$ 〘記号〙〘貨幣〙cordoba(s).

CSA, C.S.A. 〘略〙Confederate States of America.

csar·das [tʃɑ́ədæʃ, -dɑːʃ, zɑ́ə-, -dæs, -dəs | tʃɑ́ːdæʃ, zɑ́ːdæs, -dəs; *Hung.* tʃáːrdaːʃ] *n.* (*pl.* ~) =czardas.

csc 〘略〙〘数学〙cosecant.

CSC, C.S.C. 〘略〙Civil Service Commission; 〘カトリック〙*L.* Congregātiō Sanctae Crucis (=Congregation of the Holy Cross) 聖十字架(修道)会; Conspicuous Service Cross 殊勲十字章《今は D.S.C.》.

csch 〘記号〙〘数学〙hyperbolic cosecant.

C.S.E., CSE 〘略〙Certificate of Secondary Education.

C.S.F. 〘略〙〘解剖〙cerebrospinal fluid.

Ć Ś gàs 〘← (*B. B.*) *C*(*orson*) & (*R. W.*) *S*(*toughton*) (共に米国の化学者)〙 *n.* 〘化学〙催涙ガス《軍事または暴動鎮圧用》.

C.S.I. 〘略〙Companion of the Order of the Star of India.

csk 〘略〙cask; countersink.

C.S.M. 〘略〙Company Sergeant Major.

C.S.N. 〘略〙Confederate States Navy.

CSO, C.S.O. 〘略〙〘陸軍〙Chief Signal Officer 通信隊長; Chief Staff Officer 先任[首席]幕僚.

CSP 〘略〙Chartered Society of Physiotherapists; Council for Scientific Policy.

Ć spring *n.* (馬車の車体の下などにつける)C 字型スプリング.

CSS 〘略〙College Scholarship Service.

C.Ss.R. 〘略〙〘カトリック〙*L.* Congregātiō Sanctissimī Redemptōris (=Congregation of the Most Holy Redeemer) レデンプトール会.

CST, C.S.T. 〘略〙〘米〙Central Standard Time 中央標準時.

Ć-stàge résin *n.* 〘化学〙C 樹脂 (⇨ resite).

Ć supplỳ *n.* 〘電子工学〙C 電源 (⇨ C power supply).

CT 〘略〙〘医学〙cell therapy; computed tomography; 〘米郵便〙Connecticut (州).

ct. 〘略〙carat(s); caught; cent(s); centum; certificate; circuit; *F.* courant (=the present month); county; court; credit; current.

Ct. 〘略〙Connecticut; Count; Court.

C.T. 〘略〙〘金融〙cable transfer; Central Time; certificated teacher; certified teacher; code telegram; commercial traveller.

C.T.A., c.t.a. 〘略〙〘法律〙*L.* cum testamentō annexō (=with the will annexed) 遺言執行人のない時の遺産管理人 (administrator).

C.T.C. 〘略〙〘鉄道〙centralized traffic control; Cyclists' Touring Club.

cten- [ten, tiːn] (母音の前に来る時の) cteno- の異形.

cte·nid·i·um [tɪnídiəm, tə- | tɪnídɪ-] 〘← NL ~: ⇨ cteno-, -idium〙 — *n.* (*pl.* **-i·a** [-diə | -dɪə]) 〘動物〙櫛鰓(しさい), 本鰓《腹足類の鰓; 本来は対になっていて, その付近に嗅覚器がある》.

cten·i·zid [ténəzɪd, -zəd | -nɪzɪd] 〘↓〙 *adj., n.* 〘動物〙トタテグモ科の(クモ).

Cte·niz·i·dae [tɪnízədiː, tə- | -zɪ-] 〘← NL ~ ← *Ctenìza* (属名: ← Gk *ktenídion* (dim.) ← *kteís* comb) + -IDAE〙 *n. pl.* 〘動物〙トタテグモ科.

cten·o- [téno(ʊ), tíːn- | -nə(ʊ)] 〘← Gk *kteno-*, *kteís* comb〙〘動物〙「櫛(くし) (comb)」の意の連結形. ★ 母音の前では通例 cten- になる.

Cten·o·dac·tyl·i·dae [tèno(ʊ)dæktíləduː | -nə(ʊ)dæktílɪ-] 〘← NL ~ ← *Ctenodactylus* (属名: ⇨ ↑, dactylo-) + -IDAE〙 *n. pl.* 〘動物〙グンディ科.

cten·oid [ténɔɪd, tíːn-] 〘□ Gk *ktenoeid-és* comb-shaped: ⇨ cteno-, -oid〙 — *adj.* 〘動物〙櫛(くし)形の; へりが(櫛の歯のように)ぎざぎざの; ぎざぎざのうろこ[歯]のある: ~ scales 櫛鱗(しつりん)《櫛の歯のような刺状突起のあるうろこ》/ ~ fishes 櫛鱗をもった魚.

Cte·noph·o·ra [tɪnɑ́fərə, tə- | tɪnɔ́f-] 〘← NL ~: ⇨ cteno-, -phora〙 *n. pl.* 〘動物〙有櫛動物門.

cte·noph·o·ran [tɪnɑ́fərən, tə- | tɪnɔ́f-] 〘⇨ ↑, -an¹〙 *adj., n.* 〘動物〙有櫛動物門の(動物).

cten·o·phore [ténəfɔ̀ə, -fòə | -fɔ̀ː(r)] 〘← CTENO- + -PHORE〙 *n.* 〘動物〙有櫛動物門のクラゲ《comb jelly ともいう》.

Ctes·i·phon [tésəfɑ̀n, tíːs- | -sɪfɔ̀n] *n.* クテシフォン《イラクの Baghdad 南方 Tigris 川に臨む廃都, Seleucia の対岸; パルチア (Parthia) およびササン朝ペルシャの首都》.

ctg. 〘略〙cartage.

ctn 〘略〙carton; 〘数学〙cotangent.

cto. 〘略〙〘音楽〙concerto.

c. to c. 〘略〙center to center.

CTOL [síːtoʊl, -tɔ(ː)l, -tɑl | -tɔl] 〘(頭字語) ← *c*(*onventional*) *t*(*ake*) *o*(*ff and*) *l*(*anding*)〙 — *n.* 〘航空〙シートール《例えば 1500 m 以上といった普通の長さの滑走路で離着陸する航空機; cf. STOL》.

ctr. 〘略〙center; counter.

cts. 〘略〙carats; centimes; cents; certificates; crates.

Cu 〘略〙〘気象〙cumulus.

Cu 〘記号〙〘化学〙*L.* cuprum (=copper).

cu., cu 〘略〙cubic; cumulative; 〘気象〙cumulus.

C.U. 〘略〙Cambridge University; 〘映画・テレビ〙close-up; Cornell University; customs union.

cua·dri·lla [kwɑːdríː(l)jə; *Sp.* kwadríʎa, *Am.Sp.* kwadríja] 〘□ Sp. ~ 'division of army into four parts for distribution of booty' (dim.) ← *cuadra* square〙 — *n.* カドリーラ《闘牛場でマタドール (matador) を助ける闘牛士の一団; 3 人の banderillero と 2 人の picador から成る》.

cub [kʌ́b] 〘《1530》*cubbe* ← ? Celt.: cf. Ir. *cuib* whelp / Gael. *cū* dog〙 — *n.* **1 a** (キツネ・クマ・トラなどの)肉食獣の子, 幼獣 (whelp). **b** サメの子. **2** 若者; (特に, 無作法な, しつけの悪い)子供, 若造: a mischievous young ~ いたずら小僧 / ⇨ UNLICKED cub. **3** 〘口語〙 **a** 見習, 新米 (apprentice). **b** =cub reporter. **4** =cub scout. — *attrib. adj.* 〘口語〙見習の, 新米の, かけ出しの: a ~ engineer 新米の技師 / a ~ pilot 見習操縦士. — *vi.* (**cubbed; cub·bing**) **1** 〈母獣が〉子を産む. **2** (猟期の初めに)子狐狩りをする.

cub. 〘略〙cubic.

cub- [kjuːb] (母音の前に来る時の) cubo- の異形.

Cu·ba [kjúːbə] *n.* キューバ《米国 Florida 半島の南方にある西インド諸島中最大の島で, 付近の島と共に共和国を成す; 人口 9,460,000, 面積 114,524 km², 首都 Havana; 公式名 the Republic of Cuba キューバ共和国》.

cub·age [kjúːbɪdʒ] 〘← CUBE¹ + -AGE〙 *n.* =cubature.

cúba lí·bre [kjúːbə-líːbrə] 〘□ Sp. ~ 'free Cuba'〙 *n.* キューバリーブレ《コーラ飲料にラム酒とライムジュースを混ぜた飲み物》.

Cu·ban [kjúːbən] *adj.* **1** キューバ(島)の. **2** キューバ人の. — *n.* キューバ(島)の住民, キューバ(島)人.

Cúban éight *n.* 〘航空〙宙返り横転 8 字飛行.

Cu·ban·go [kuːbǽŋgoʊ; *Port.* kubẽgu] *n.* [the ~] クバンゴ(川)《Okovanggo のポルトガル語名》.

Cúban héel *n.* キューバンヒール《婦人靴のかかとの内側が鉛直で外側が少し湾曲した中ヒール; cf. French heel, Spanish heel, spike heel》.

Cúban líly *n.* 〘植物〙オオルリツボ, シーラ (*Scilla peruviana*)《地中海沿岸原産ユリ科ルリツボ属の球根植物》.

Cúban píne *n.* 〘植物〙カリブマツ (*Pinus caribaea*)《米国南東部, Bahama 諸島, キューバ等に産するマツ》.

Cúban róyal pálm *n.* 〘植物〙キューバダイオウヤシ (*Roystonea regia*)《熱帯アメリカ原産の大型ヤシ; 街路樹用》.

cu·ba·ture [kjúːbətʃʊ̀ə, -tʃə, -t(j)ʊ̀ə | -tjʊ̀ə(r, -tʃʊ̀ə(r, -tʃə(r] 〘← CUBE¹ + (QUADR)ATURE〙 *n.* **1** 立体求積法. **2** 体積, 容積 (volume).

cúb·bing *n.* 〘英〙=cub-hunting.

cúb·bish [-bɪʃ] 〘← CUB + -ISH¹〙 *adj.* **1** 幼獣のような. **2** 無作法な, 世間見ずの, 粗野な. **~·ly** *adv.* **~·ness** *n.*

cub·by [kʌ́bi | -bɪ] *n.* =cubbyhole 1.

cúbby·hòle 〘《1842》← (廃・方言) *cub* stall, pen (← ? LG) + HOLE〙 — *n.* **1 a** 小ぢんまりした[気持のいい]場所. **b** 狭苦しい場所[部屋, 家]; 押入れ(など). **2** (机・小だんすなどの)書類入れ用区画; 整理だな, 分類だな (pigeonhole).

cube¹ [kjúːb] 〘《1551》□ F ~ □ LL *cubus* □ Gk *kúbos* cube, die ← ? Sem. (Arab. *ka'b*)〙 — *n.* **1 a** 立方体, 正六面体. **b** 〘数学〙立方, 3 乗: the ~ of x = x³ / The ~ of 3 equals 27. 3 の 3 乗は 27 / 6 feet ~ 6 フィート立方《216 立方フィート》. **c** =cubature. **2 a** 立方形のもの《さい・敷石・木れんが・角砂糖など》: a ~ of ice 角氷 1 個. **b** [通例 *pl.*] 〘俗〙さいころ (die). **3** [*pl.*] 〘自動車〙立方インチ《自動車用エンジンの行程体積を表わすのに用いられる》. **4** 〘写真〙=flashcube. — *attrib. adj.* 〘数学〙3 乗の. — *vt.* **1 a** 小立方体にする; さいの目に切る: ~ sugar 砂糖を(圧搾して)角砂糖にする / ~ potatoes じゃがいもをさいの目に切る. **b** (筋を切ってやわらかくするために)〈肉〉にさいの目の切り目を入れる: ~ meat. **2** 〘数学〙 **a** 〈数を〉3 乗する: ~ a number ある数を 3 乗する / Three ~*d* equals twenty seven. 3³=27. 3 の 3 乗は 27. **b** …の体積を求める: ~ a solid ある立体の体積を求める. **cúb·er** *n.*

cu·be² [kjúːbeɪ, —⌣] 〘□ Am-Sp. *cubé*〙 — *n.* (*also* **cu·bé** [~; *Sp.* kubé]) 〘植物〙キューベ《熱帯アメリカ産マメ科 *Lonchocarpus* 属の植物; (特に) *L. utilis* と *L. urucu*; その根は殺虫剤の原料になるロテノン (rotenone) を含有している》.

cu·beb [kjúːbeb] 〘《?*a*1300》*cucubes, quibib(e)* □ (O)F *cubèbe* < VL **cubēbam* □ Arab. *kabāba^h*〙 — *n.* **1** クベバ《ジャワ・ボルネオなどに産するジャワコショウ (*Piper cubeba*) の未熟の実を乾燥させたもの; 薬

用または香辛料》. **2** クベバ入りの巻たばこ《cubeb cigarette ともいう》.

cúbe róot *n.* 〘数学〙立方根, 3 乗根 : The ～ of 27 is 3. = ∛27 = 3. 27 の立方根は 3.

cúbe stèak *n.* キューブステーキ《食べやすくするためにさいの目状に切り目を入れたビフテキ》.

cúbe sùgar *n.* 角砂糖.

cúb-hùnting *n.* 《狩猟期の初めに猟犬の訓練のために行なわれる》子狐狩 (cubbing).

cu·bi- [kjúːbɪ, -bə | -bɪ] cubo- の異形 (⇨ -i-).

cu·bic [kjúːbɪk] 〘《*a*1500》 ▭ (O)F *cubique* ▭ L *cubicus* ▭ Gk *kubikós* : ⇨ cube¹, -ic¹〙 ― *adj.* **1** 立方体の, 正六面体の (cube-shaped) : ～ sugar 角砂糖. **2** 〘数学〙立方の, 3 次元の, 3 乗の (略 c., cu.) : a ～ centimeter [inch, meter] 立方センチメートル[インチ, メートル] / ⇨ cubic foot. **3** 〘結晶〙立方[等軸]晶系の (isometric) : the ～ system 立方[等軸]晶系. ― *n.* 〘数学〙三次曲線 ; 三次式 ; 三次方程式 (cubic equation) ; 三次関数. **～·ly** *adv.*

cú·bi·cal [-bɪkəl, -bə- | -bɪ-] 〘《*a*1500》 : ⇨ ↑, -al¹〙 *adj.* **1** = cubic ; (特に)立方体の, 正六面体の. **2** 体積の, 容積の. **～·ly** *adv.*

cúbic cóntent *n.* 体積, 容積, 容量 (volume).

cúbic equátion *n.* 〘数学〙三次方程式.

cúbic fóot *n.* 立方フィート《体積の単位 ; 1728 立方インチ, 0.0370 立方ヤード, 0.028 m³ ; 略 cu. ft., ft.³》.

cúbic jóint *n.* 〘地質〙方状節理《花崗岩などに見られる六面体状の規則正しい割目》.

cu·bi·cle [kjúːbɪkl, -bə- | -bɪ-] 〘《*c*1450》 ▭ L *cubiculum* sleeping chamber ← *cubāre* to lie down ← IE **keu-* to bend (cf. cube¹) : ⇨ -cle〙 ― *n.* **1** (寄宿舎などの大寝室の中を仕切った)小寝室. **2 a** 小区画, 小室 : a telephone ～. **b** (図書館の)キャレル (carrel). **c** (プールなどの)脱衣場. **3** 〘電気〙キュービクル《開閉装置・制御装置を納める箱》.

cúbic méasure *n.* 〘数学〙体[容]積の単位 ; 体積の度量法《cubic inch, cubic centimeter などのような体積の単位 ; また, メートル法, ヤードポンド法などにおける体積の単位系》.

cu·bic·u·lum [kjuːbíkjələm] 〘▭ L ～ : ⇨ cubicle〙 *n.* (*pl.* **-u·la** [-lə]) 〘考古〙(地下墓地 (catacomb) の)埋葬室.

cu·bi·form [kjúːbəfɔ̀ːəm | -bɪfɔ̀ːm] 〘← CUBE¹ + -FORM〙 *adj.* 立方形の, 正六面体状の (cube-shaped).

Cub·ism, c- [kjúːbɪzm] 〘《1911》 ▭ F *cubisme* : ⇨ cube¹, -ism〙 ― *n.* 〘美術〙立体派, 立体主義, キュービズム《20 世紀初頭に起こった美術運動 ; 自然の再現的描写から脱し, 対象を分析し画面に再構成する ; Picasso, Braque, Gris などによって始められ, 現代美術に大きな影響を与えた》.

cúb·ist [-bɪst, -bəst | -bɪst] 〘▭ F *cubiste* : ⇨ cube¹, -ist〙 *n.* 立体派芸術家[画家, 彫刻家] : the ～*s* 立体派. ― *adj.* **1** 立体派の, キュービズムの : a ～ picture. **2** 幾何学的図形[模様]から成る[で飾られた].

cu·bis·tic [kjuːbístɪk] *adj.* = cubist.

cu·bis·ti·cal·ly *adv.* **1** 立体派風に. **2** 幾何学的図形で.

cu·bit [kjúːbɪt, -bət | -bɪt] 〘《*a*1338》 ▭ L *cubit-um* elbow, ell : cf. cubicle〙 ― *n.* 腕尺, キュービット《昔の長さの単位 ; ひじから中指の先端までの長さ ; 約 17-21 インチ》 : add a ～ to one's stature 身の丈 1 尺を加える (cf. *Matt.* 6 : 27).

cu·bi·tal [kjúːbɪtl, -bə- | -bɪtl] 〘《?1440》 ▭ L *cubitālis* : ⇨ ↑, -al¹〙 *adj.* 〘解剖・昆虫〙cubitus の. ― *n.* 〘鳥類〙次列風切羽 (secondary).

cubiti *n.* cubitus の複数形.

cu·bi·tiere [kjùːbətjéə | -bɪtjéə(r ; *F.* kybitjɛːr] 〘▭ F *cubitière* ← L *cubitum* (↓)〙 *n.* 〘甲冑〙(鎧(よろい)の)ひじ当て.

cu·bi·tus [kjúːbətəs | -bɪt-] 〘▭ L ～ (変形) ← *cubitum* elbow : ⇨ cubit〙 ― *n.* (*pl.* **-bi·ti** [-tàɪ]) **1** 〘解剖〙 **a** 肘(ひじ). **b** 前腕 (forearm). **c** 尺骨 (ulna). **2** 〘昆虫〙肘脈(ちゅうみゃく)《翅脈の一つ》.

cúb·màster *n.* カブ隊長《米国のボーイスカウトのカブスカウト (cub scout) の隊長》.

cu·bo- [kjúːbo(ʊ) | -bə(ʊ)] 〘← NL ～ ← Gk *kúbos* : ⇨ cube¹〙「立方形 ; 3 乗の, 3 次の」の意の連結形. ★ 時に cubi-, また母音の前では通例 cub- になる.

cu·boid [kjúːbɔɪd] 〘← NL *cuboid-es* ← Gk *kuboeidés* : ⇨ cube¹, -oid〙 ― *adj.* **1** 立方形の, 骰子(さい)形の : the ～ bone 立方骨. **2** 〘解剖〙立方骨の. ― *n.* **1** 〘解剖〙立方骨. **2** 〘数学〙直方体 (rectangular parallelepiped).

cu·boi·dal [kjuːbɔ́ɪdl] *adj.* = cuboid.

cubóidal epithélium *n.* 〘生物〙立方[被蓋]上皮.

Cùbo·medúsae 〘← NL ～ : ⇨ cubo-, medusa〙 *n. pl.* 〘動物〙(腔腸動物門)立方水母目.

cúb repórter *n.* 《口語》新米[かけ出し]の新聞記者.

cúb scòut, C- S- *n.* カブスカウト《ボーイスカウト運動の 8-10 歳の年少隊員》.

cu·chi·fri·to [kùːtʃɪfríːtoʊ | -tʃɪfríːtəʊ ; *Sp.* kùtʃifríto] 〘▭ Am-Sp. ～〙 *n.* クチフリットー《角切りにした豚肉の揚げもの》.

Cu·chu·lain [kuːkálɪn, kúːxʊl-, -lən | kúːkʊlɪn, -xʊl-] 〘▭ Ir. ～〙 ― *n.* (*also* **Cu·chul·lin** [～]) 〘アイル伝説〙クークリン《独力で祖国を外敵の侵略から守ったという英雄の名》.

cúck·ing stòol [kʌ́kɪŋ-] 〘《?*a*1189》 *cuk(inge)-stole* ← ? 《廃》 *cuck* to void excrement ▭ ON **kūka* to defecate : ⇨ stool〙 ― *n.* 懲罰椅子《もと, 口やかましい女・不貞女・不正商人などを縛りつけてその家の前にすえて置き衆人のあざけりの的にしたり, 時には水中に突っ込んだりした責め道具 ; cf. ducking stool》.

cuck·old [kʌ́kəld, kʊ́k- | kʌ́kəʊld, -kəld] 〘《*c*1250》 *cokewold* ▭ AF **cucuald* = OF *cucuault* ← *cucu* 'CUCKOO' + *-ault* (pejorative suf.) : カッコウが他の鳥の巣に卵を産むことからとも, またその雌鳥が雄鳥に不実だからともいわれる〙 ― *n.* 不貞な女の夫, 女房を寝取られた男. ― *vt.* 〈妻が〉〈夫〉に不義をする ; 〈男が〉(人妻と通じて)〈その夫を〉寝取られ男にする.

cuck·old·ry [kʌ́kəldri, kʊ́k- | kʌ́kəʊldrɪ, -kəld-] *n.* 妻に不義をされること, 妻の不義.

cúckold's knót *n.* 〘海事〙円材などをロープで縛る「結索法の一つ.

cuck·oo [kúːkuː, kʊ́k- | kʊ́k-] 〘《*a*1300》 *cucu, cukkow* ▭ OF *cucu* (F *coucou*) ∽ OE *ġēac* : cf. G *Kuckuck* / L *cucūlus* / Gk *kókkūx* : 《擬音語》〙 ― *n.* (*pl.* **～s**) **1** 〘鳥類〙 **a** カッコウ (*Cuculus canorus*)《早春のころに来て他の小鳥の巣に産卵する》 : the ～ in the nest 愛の巣の侵入者. **b** ホトトギス科の鳥類の総称《オオハシカッコウ (ani), クロハシカッコウ (black-billed cuckoo), バンケン (coucal) など》. **2** 《俗》間抜け, ばか者 (fool). **3 a** カッコウの鳴き声. **b** かっこう笛. ― *adj.* **1** カッコウのような ; カッコウの[に関する]. **2** 《俗》 **a** 間抜けな (stupid) ; 気が変で (crazy). **b** (なぐられて)意識の朦朧(もうろう)としている, 意識を失った : knock a person ～. ― *vi.* 〈カッコウが〉かっこうかっこうと鳴く ; 〈はと時計が〉かっこうかっこうと鳴る. ― *vt.* 単調に繰り返す.

cuckoo 1 a

cúckoo bèe *n.* 〘昆虫〙キマダラハナバチ《キマダラハナバチ科の, 幼虫の時は他のハナバチ類の巣に寄生するハチの総称》.

cúckoo clòck *n.* 鳩[かっこう]時計《かっこうの鳴「声で時を報じる》.

cúckoo·flòwer *n.* 〘植物〙春カッコウの鳴くころに咲く種々の草花の総称 : **a** タネツケバナ (⇨ lady's-smock). **b** = ragged robin.

cúckoo·pìnt [-pɪnt] 〘《1551》 (尾音消失) ← 《*c*1450》 *cuckoopintle* : ⇨ cuckoo, pintle〙 ― *n.* (*pl.* ～) 〘植物〙テンナンショウに似たサトイモ科の植物 (*Arum maculatum*)《根茎は生ではやや有毒だが, 焼いて食用とする ; lords-and-ladies, wake-robbin ともいう》.

cúckoo shrìke *n.* 〘鳥類〙ヨーロッパ産サンショウクイ科の鳥の総称.

cúckoo spìt [spìttle] *n.* **1** アワフキムシのあわ《幼虫は草の茎などにつけたつばきのようなあわを巣にする ; frog spit ともいう》. **2** 〘昆虫〙アワフキムシ (spittle insect).

cúckoo wàsp *n.* 〘昆虫〙セイボウ《セイボウ科のハチの総称 ; 他のハチの巣に卵を産む》.

cu. cm. 《略》 cubic centimeter(s).

Cu·cu·ji·dae [kəkúːjədìː, -k(j)úːdʒə- | -jɪ-, -dʒɪ-] 〘← NL ～ ← *Cucujus* (属名 : ← ? Sp. *cocuyo* fire beetle) + -IDAE〙 *n. pl.* 〘昆虫〙(鞘翅目)ヒラタムシ科.

Cu·cu·li [kjúːkjʊlàɪ] 〘← NL ～ (pl.) ← L *cucūlus* (↓)〙 *n. pl.* 〘鳥類〙ホトトギス目, カッコウ目.

Cu·cu·li·dae [kək(j)úːlədìː | kjuːkjúːlɪ-] 〘← NL ～ ← L *cucūlus* (↓) + -IDAE〙 *n. pl.* 〘鳥類〙ホトトギス科, カッコウ科.

cu·cu·li·form [kək(j)úːləfɔ̀ːəm | kjuːkjúːlɪfɔ̀ːm] 〘← L *cucūlus* cuckoo + -FORM〙 *adj.* 〘鳥類〙ホトトギス目の, カッコウ目の.

Cu·cu·li·for·mes [kək(j)ùːləfɔ́əmiːz | kjuːkjùːlɪfɔ́ː-] 〘← NL ～ (pl.) : ↑〙 *n. pl.* 〘鳥類〙ホトトギス目, カッコウ目.

cu·cul·late [kjúːkəlèɪt, kjuːkʌ́lət, -lɪt] 〘▭ LL *cucullāt-us* ← L *cucullus* hood : ⇨ cowl¹, -ate²〙 ― *adj.* **1** 僧帽 (cowl) をかぶった. **2** 〘昆虫〙僧帽をいただく. **3** 〘植物〙僧帽状の, ずきん状の.

cu·cul·lat·ed [kjúːkəlèɪtɪd, -ɪəd | -tɪd, -təd] *adj.* = cucullate.

Cu·cu·ma·ri·i·dae [kjùːk(j)ʊmərάɪədìː | -rάɪɪ-] 〘← NL ～ ← *Cucumaria* (属名 : ← L *cucumis* (↓) + -ARIA¹) + -IDAE〙 *n. pl.* 〘動物〙(棘皮動物門)キンコ科.

cu·cum·ber [kjúːkʌmbə, -kəm- | kjúːkʌmbə(r, -kəm-] 〘《16C》 ▭ OF *co(u)combre* (F *concombre*) ▭ L *cucumer, cucumis* (cf. Gk *kúkuos* (変形) ← *sikúē* cucumber) ∽ 《*c*1384》 *cucumer* ▭ L〙 ― *n.* 〘植物〙 **1 a** キュウリ (*Cucumis sativus*) : (as) cool as a ～ 涼しい ; 冷然とした, 涼しい顔で, 落ち着き払った. **b** キュウリ(の実). **2** = cucumber tree.

cúcumber bèetle *n.* 〘昆虫〙ハムシ科ウリハムシ属 (*Aulacophora*) の甲虫の総称《成虫はキュウリやカボチャなどウリ類の葉を, 幼虫は根や茎を食害する》.

cúcumber mosáic *n.* 〘植物病理〙ウリ類モザイク病《ウリ類がウイルスに冒され, 葉は変形, 斑点を生じ, 果実は矮小化し, 凹凸, 斑紋を生じる》.

cúcumber trèe *n.* 〘植物〙 **1** アメリカ産の黄緑色の花をつけるモクレンの一種 (*Magnolia acuminata*). **2** = tulip tree.

cu·cur·bit [kjuːkɔ́ːbɪt, -bət | -kɔ́ːbɪt] 〘《*c*1395》 *cucurbite* ▭ (O)F ▭ L *cucurbita* 'GOURD'〙 *n.* **1** ウリ科の植物の総称. **2** 〘化学〙蒸留びん.

Cu·cur·bi·ta·ce·ae [kjuːkɔ̀ːbətéɪsiìː | -kɔ̀ːbɪ-] 〘← NL ～ ← L *cucurbita* (↑) + -ACEAE〙 *n. pl.* 〘植物〙(双子葉植物ウリ目)ウリ科. **cu·cùr·bi·tá·ceous** [-ʃəs] *adj.*

cucúrbit wílt *n.* 〘植物病理〙*Erwinia tracheiphila* 菌によるキュウリ類の腐敗[腐れ]病.

cud [kʌd, kʊd | kʌd] 〘OE *cudu, cwidu* ← Gmc **kwiðu-* (G *Kitt* cement, putty) ← IE **gʷet-* ? resin (L *bitūmen* 'BITUMEN') : ⇨ quid²〙 ― *n.* **1 a** 食い戻し《反芻(はんすう)動物が第一胃から口中に戻してかむ食物》. **b** 食い戻したもの. **2** かみたばこの一かみ.

chew the cud (1) 〈牛などが〉反芻する, にれがむ (ruminate). (2) よく思案する, 反省する (ponder). ***lose one's cud*** 反芻をやめる.

cud·bear [kʌ́dbɛə | -bɛə(r] 〘《1766》 (変形) ← *Dr. Cuthbert Gordon* (18 世紀末にこの染料を発見したスコットランドの化学者)〙 ― *n.* カドベア《種々な地衣 (特に *Lecanora tartarea*) から採る紫色またはすみれ色の染料》.

cúd-chèwer *n.* 反芻(はんすう)動物《牛・羊など》.

cud·die [kʌ́di, kʌ́di | kʌ́dɪ] *n.* 《スコット》 = cuddy².

cud·dle [kʌ́dl] 〘《*c*1520》 ← ? ME *couthe* (adj.) well-known, familiar + -LE³ : cf. couthie, fondle〙 ― *vt.* (愛情をこめて)抱きしめる, 抱いてかわいがる (hug, fondle). ― *vi.* ぴったり寄りそって寝る, 抱き合って寝る, くっつき合う (nestle) 〈*together, up*〉. ― *n.* 抱きしめること, 抱擁 ; 寄りそうこと (hug).

cud·dle·some [kʌ́dlsəm] *adj.* 抱きしめたいような ; かわいい (lovable) : a ～ girl.

cud·dly [kʌ́dli, -dli | -dlɪ, -dlɪ] *adj.* (**cud·dli·er** ; **-dli·est**) **1** = cuddlesome. **2** 抱きしめるのが好きな.

cud·dy¹ [kʌ́di | -dɪ] 〘《1660》 ▭ Du. *kajute* ▭ (O)F *cahute* ← ? : cf. cubbyhole〙 ― *n.* **1** 〘海事〙 **a** (船尾の下甲板にある高級船員や一, 二等船客用の)食堂兼社交室 (saloon). **b** (小さな船の前部または後部にある)船室兼料理室. **2** 小室 ; 食器室 (cupboard).

cud·dy² [kʊ́di, kʌ́di | kʌ́dɪ] 〘《1714-15》 ← *Cuddy* (dim.) ← CUTHBERT〙 *n.* 《スコット》 **1** ろば (donkey). **2** ばか, とんま (fool) ; 無骨者 (lout).

cudg·el [kʌ́dʒəl] 〘OE *cyċġel* < ? Gmc **kuggila* (G *Kugel* ball) ← ? IE **gēu-* a round object (Gk *gūros* ring)〙 ― *n.* **1** (武器または懲罰用に用いる)棍棒 (cf. club¹ 1 a). **2** [*pl.*] = cudgel play.

take up the cudgels (1) 棍棒を取って戦う. (2) 〔…のために〕敢然と戦う ; 〔…を〕強く弁護する 〔*for*〕.

― *vt.* (**cudg·eled, -elled** ; **-el·ing, -el·ling**) 棍棒で打つ : ～ one's brain(s) ⇨ brain 成句.

cúdgel plày *n.* 棒術試合.

cúd·wèed *n.* 〘植物〙キク科ハハコグサ属 (*Gnaphalium*) の植物の総称 ; (特に)ヨーロッパ産で雑草として広く分布しているチチコグサの一種 (*G. sylvaticum*) 《草全体に軟らかい綿毛がおおう》.

cue¹ [kjúː] 〘《1553》 ← ? L *q(uando)* when (to come in) : もと役者の登場を示すのに用いられた〙 ― *n.* **1 a** 〘演劇〙きっかけ, キュー《役者の登場・発言・照明・擬音などの合図となるせりふなどの文句または仕草》. **b** 〘音楽〙演奏指示楽節《演奏を休止している楽器が再び合奏に加わりやすいように, 休止の終わりに小音符で他の楽器の旋律を書いたもの》. **2 a** きっかけ, 手掛り, 合図, 暗示 (hint) ; 指示, 手引き (lead, direction) : find a ～ *to* a mystery / give a person his ～ 人に暗示を与える, 入れ知恵する / take one's ～ from a person 人にみならう. **b** 行動をしむけるもの, 刺激 (stimulus). **3** (やらねばならない)役割, 役目. **4** 《古》気分, 機嫌 (humor) : be in good ～ 機嫌[気分]がよい / not in the (right) ～ *for* [*to do*] it 気分が向かない. **5** 〘心理〙手がかり(刺激)《生体の行動をある方向に導く手がかりとなる刺激》.

miss a cue (1) きっかけを失う, 合図に応じない. (2) 《口語》要点をつかめない. ***on cue*** ちょうどいい時に, うまいタイミングで.

― *vt.* **1** 〘演劇〙…にきっかけを与える. **2** 挿入する 〈*in*〉 : ～ *in* music.

cue a person in 《口語》人に知らせる, 情報を与える〔*on*〕.

cue² [kjúː] 〘《1731》 ▭ F *queue* 'QUEUE'〙 ― *n.* **1 a** (玉突きの)キュー. **b** (シャッフルボード (shuffleboard) で)円盤を進めるのに使う頭部が凹形の長い棒. **2** = queue. ― *vt.* **1** 組む, 編む (braid, twist) : ～ the hair. **2** 〘玉突〙キューで〈玉を〉打つ. ― *vi.* **1** 列を作る (queue) 〈*up*〉. **2** 〘玉突〙キューで打つ ; キューを使う.

cúe bàll *n.* 〘玉突〙突き玉, 手玉《通例白玉 ; cf. object「ball》.

cue-bid *vt.* 〘トランプ〙(ブリッジで)〈あるスーツのボイド (void) など〉をキュービッドで示す.

cúe bìd *n.* 〘トランプ〙(ブリッジで)キュービッド《敵側のビッドしたスーツをビッドすることにより, そのスーツを相手に 1 枚も取られないことをパートナーに伝える取決め (convention) ; 通例そのスーツがボイド (void) かエース 1 枚である場合に使われる》.

cúe càrd *n.* キューカード《テレビなどで視聴者に見えないようにセリフや指示・合図を書いて出演者らに示すカード》.

cue·ist [kjúːɪst, -əst | -ɪst] *n.* 玉突き家, ビリヤード競「技者 (billiardist).

cues·ta [kwéstə, kwés- | kwés-] 〘▭ Sp. ～ < L *costam* : ⇨ coast〙 *n.* 《米南西部》傾斜台地, ケスタ《台地の一方が急傾斜の崖をなし他方が緩傾斜をなす》.

cuff¹ [kʌf] 〘《*a*1376》 *coffe, cuffe* hand covering, glove ▭ ? ML *cuph-ia* headdress : ⇨ coif〙 ― *n.* **1 a** (ワイシャツ・ブラウスなどの)カフス. **b** (手首回りの)袖口. **c** (ずぼんのすその)折返し (《英》 turnup) : ～*s* on

[of] one's trousers. **d** カフ《靴下の上部の》折返し[上]の部分》. **2 a** (長手袋の)腕回り《手首から腕にかぶさる部分》. **b** そでカバー. **3** =collar 4. **4** [通例 *pl.*] 手錠 (handcuffs). **5** 〘医学〙(血圧計の)カフ.
off the cuff 《口語》 (1) 準備なしで, 即席で (impromptu) (cf. off-the-cuff). (2) 非公式に情報提供して. ***on the cuff*** 《口語》 (1) 掛け売りで, 掛けで (on credit), 月賦払いで. (2) ただで, 金を払わずに. ***shoot one's cuffs*** ⇨ shoot[1] 成句.
— *vt.* **1** カフスでとめる, …にカフス[袖口]をつける. **2** …に手錠をかける (handcuff).

cuff[2] [kʌ́f] 〘(1530) ← ? ON : cf. Swed. *kuffa* to knock, thrust〙 — *vt.* 〈頭・顔などを〉平手で打つ, 〈人〉の横っ面をはる, なぐる. — *vi.* 戦う, 組打ちする (fight). — *n.* ぴしゃりと打つこと, 平手打ち: be at ~*s* なぐり合いをしている / go [fall] to ~*s* なぐり合い[けんか]をする / ~*s* and kicks 打ったりけったり.

cúff bùtton *n.* [通例 *pl.*] カフスボタン.

cúff lìnk *n.* [通例 *pl.*] (飾りのついた)カフスリンク[ボタン] (《英》 sleeve link).

cu. ft. 《略》 cubic foot [feet].

Cui [kjuːíː; *Russ.* kjuí, *F.* kɥi], **César** *n.* キュイ《1835–1918; フランス系のロシヤの作曲家, 五人組 (the Five) の一人》.

cui bo·no [kwíːbóunou, kúːiː- | kwíːbɔ́nəu, kúːɪ-, kúːɪbóunəu] 〘(1604) □ L ~ 'To whom (is or was it) for a benefit (*i.e.* Who profits or profited by it)?'〙 — *L.* **1 a** それによってだれが利益を得た[得る]か. **b** だれがしでかしたか, 犯人はだれだ. **2** 《誤用》何の役に立つのか.

cu. in. 《略》 cubic inch(es).

cui·rass [kwɪrǽs, kju- | kwɪ-] 〘(17C) □ F *cuirasse* ← *cuir* hide < L *corium* 'CORIUM' ∽ (1450) *curas(se)* □ OF *curas*〙 — *n.* **1** 〘甲冑〙 **a** 胴鎧(どうよろい) (breastplate と backplate の揃ったもの; cf. corselet; ⇨ hoplite 挿絵). **b** 胸甲, 胸当て (breastplate). **2** (軍艦の)装甲. **3** 〘動物〙保護板. **4** 〘医学〙 =cuirass respirator.
— *vt.* 鎧を〈身〉につける[まとう].

cui·ras·sier [kwìrəsíə, kjù(ə)r- | kwìrəsíə(r)] 〘□ F ~ : ⇨ ↑, -ier[2]〙 *n.* (17 世紀の)重甲装騎兵, 重騎兵, 甲騎兵.

cuirass respirator *n.* 〘医学〙呼吸補助器, 人工肺.

cui·rie [kwí(ə)ri | kwíəri] 〘(15C) □ OF *cuiriée* ← *curas* 'CUIRASS'〙 *n.* 〘甲冑〙(中世の鎖帷子(くさりかたびら)の上につける)革製の胸当て.

Cui·se·náire ród [kwìːzənέə-, -zn̩- | -zənέə-; *F.* kwizənɛːr-] 〘← *Cuisenaire* 《商標》〙 — *n.* キジネアロッド, キジネア竿尺《1-10 cm の彩色の施された算数用教材; Cuisenaire colored rod ともいう》.

cuish [kwíʃ] *n.* 〘甲冑〙 =cuisse.

cui·sine [kwɪzíːn, kwə- | kwiːzíːn, kwɪ-] 〘(1786) □ F ~ 'kitchen, cooking' < L *coquīnam* kitchen ← *coquere* to cook : ⇨ kitchen〙 — *n.* **1** 料理法; 料理: an excellent ~ すばらしい料理. **2** (ホテルなどの)料理場, 調理部, 板場 (kitchen).

cuisse [kwís] 〘(15C) *cusche* 《逆成》 ← (*a*1338) *quyssewes* □ OF *cuisseaux* (pl.) ← *cuissel* ← *cuisse* thigh < L *coxam* hip〙 — *n.* 〘甲冑〙(鎧(よろい)の)もも当て (⇨ armor 挿絵).

cuit·tle [kúːtl̩, kʌ́tl̩ | -tl] 〘← ?〙 *vt.* (*also* **cui·tle** [~]) 《スコット》〈人を〉甘言で誘う, 口車に乗せる.

cui-ui [kwíːwiː] 〘← N-Am.-Ind.〙 *n.* 〘魚類〙米国 Nevada 州産サッカー科の淡水産食用魚 (*Chasmistes cujus*).

cuke [kjúːk] 〘(短縮) ← CUCUMBER〙 *n.* 《口語》キュウリ.

Cul·bert·son [kʌ́lbətsn̩ | -bət-], **E·ly** [íːlaɪ | -laɪ] *n.* (1891–1955) 米国のトランプ研究家, 著述家; contract bridge の大成者.

culch [kʌ́ltʃ] *n.*, *vt.* =cultch.

cul-de-lampe [kʌ̀ldəlǽmp, kúl-; *F.* kyldəlɑ̃ːp] 〘□ F ~ 《原義》 bottom of lamp〙 *n.* (*pl.* **culs-d-** [~]) 〘印刷〙=tailpiece 3.

cul-de-sac [kʌ̀ldɪsǽk, -də-, kúl-, ⌐⌐⌐ | kùldəsǽk, kʌ́ldəsæ̀k; *F.* kydsak, kytsak] 〘(1738) □ F ~ 《原義》 bottom of a sack〙 — *n.* (*pl.* **culs-d-** [~], **~s** [~s]) **1** 袋小路, 行止まり(道) (blind alley) (cf. thoroughfare 1). **2** (それ以上前進する術のない)窮地, 窮境. **3** 〘軍事〙三方包囲《退路の外ない窮地》. **4** 〘解剖〙盲管.

-cule [kjùːl] 〘□ F ~ // L *-culus* (masc.), *-culum* (neut.), *-cula* (fem.)〙 — *suf.* 指小辞的名詞語尾: animal*cule*, corpus*cule*. ★ -cule の異形である -cle の方には article, miracle, spectacle などのように「小」の意が失われた場合も多い.

cu·let [kjúːlɪt, kʌ́lət] 〘(1678) □ F ~ (dim.) ← *cul* bottom < L *cūlum* : ⇨ -et〙 — *n.* **1** 〘宝石〙キューレット《ブリリアントカットの宝石の底面をなす小面; ⇨ brilliant cut 挿絵》. **2** 〘甲冑〙(鎧(よろい)の)しり当て.

cu·lex [kjúːleks] 〘□ L ~ 'gnat' ← ? : cf. OIr. *cuil*〙 — *n.* (*pl.* **cu·li·ces** [-ləsiːz | -lɪ-]) 〘昆虫〙イエカ《イエカ属 (*Culex*) のカの総称; ヨーロッパ・北アメリカに最も普通なアカイエカ (*C. pipiens*) など》.

cu·lic·id [kjúːləsɪd, -səd, -sìd, kjuːlísɪd, -səd | kjuːlísɪd] 〘↓〙〘昆虫〙 *n.* カ, イエカ《カ科の昆虫の総称》. — *adj.* カ科の[に関する].

Cu·lic·i·dae [kjuːlísədiː | -sɪ-] 〘← NL ~ ← L *culic-*, *culex* gnat + -IDAE〙 *n. pl.* 〘昆虫〙(双翅目)カ科.

cu·li·cine [kjúːləsàɪn, -sɪn, -sən | -lɪsàɪn, -sɪn] 〘← L *culic-* (↑) + -INE[1]〙〘昆虫〙 *adj.* イエカ属 (*Culex*) または近似の属の[に関する]. — *n.* イエカ属のカ.

cul·i·nar·i·an [kʌ̀lənέ(ə)riən, kjùːl- | kʌ̀lɪnέəri-] 〘⇨ ↓, -an[1]〙 *n.* 料理人, コック (cook).

cul·i·nar·y [kʌ́lənèri, kjúːl- | kʌ́lɪnəri] 〘(1638) □ L *culīnāri-us* ← *culīna* kitchen : ⇨ cook, -ary〙 — *adj.* **1** 台所の[に関する]. **2** 調理[料理]の; 料理用の: ~ art 料理法, 割烹(かっぽう)術 / ~ vegetables 野菜類.

cull[1] [kʌ́l] 〘(*c*1225) *culle(n)*, *coile(n)* □ OF *cuill-ir*, *coillir* < L *colligere* 'to COLLECT': cf. coil[1]〙 — *vt.* **1** 〈花などを〉摘む (pick), 摘み集める. **2** 〈最上のものを〉えり出す[抜く, 分ける, 集める], 抜粋する (select): ~ the choicest lines from a poem. **3** 〈家畜などを〉質の悪いものを選んで殺す, 淘汰する; 品質によって選び出す. — *n.* **1** [通例 *pl.*] **a** (品質不良品として)えり除けられた家畜《羊など》. **b** (劣等物・すたれ物として)えり除けられた物, 傷もの《狂いのある材木, 小粒のカキ (oysters), 果物など》. **2** (花などの)摘み取り; 摘み集め (culling); 選び集めたもの.

cull[2] [kʌ́l] 〘(尾音消失) ← CULLY〙 *n.* 《俗・英方言》 =cully 1.

Cul·len [kʌ́lən | -lɪn] 〘ME *Coloigne* ← COLOGNE: 地名および家族名から〙 *n.* 男性名.

Cullen, Coun·tee [kauntéɪ] *n.* (1903–46) 米国の黒人詩人; *Color* (1925).

cul·len·der [kʌ́ləndə | -lɪndə(r)] *n.* =colander.

cul·let [kʌ́lɪt, -lət] 〘(1817) □ F *collet* little neck (dim.): ⇨ collet〙 *n.* 〘ガラス製造〙(溶解を助けるための)ガラスくず, カレット.

cúll·ing [-lɪŋ] 〘(1440)〙 *n.* **1** 摘み取り, 花摘み, 採集. **2 a** 選択; えり除け. **b** [通例 *pl.*] えり除けた物.

cul·lion [kʌ́ljən] 〘(*c*1390) *coill(i)on* □ OF *coillon* (F *couillon*) ← L *cōleus* testicle □ Gk *koleós* sheath〙 — *n.* **1** 《古》下等な人間. **2** 《廃》 =testis. **3** 〘植物〙ラン (orchid). — *adj.* 《古》卑劣な, 下等な.

cul·lis [kʌ́lɪs, -ləs | -lɪs] 〘(1838) □ F *coulisse*: ⇨ coulisse〙 *n.* 〘建築〙 **1** (屋根の)樋(とい) (gutter); 溝 (channel). **2** (劇場の)舞台後方の両袖の間.

Cul·lód·en Móor [kəlɑ́dn̩-, kʌ-, -lóu- | -lɔ́dn̩-, -lóu-] 〘*Culloden*: 《スコット》 ~ 《原義》 at the back of the little pool ← Gael. *cùl* back + *lodan* little pool〙 — *n.* スコットランド Highland 州南西部の沼沢地 (cf. forty-five 4).

cul·ly [kʌ́li | -lɪ] 〘(1664) 《短縮》 ← ? CULLION〙 *n.* **1** 《古》薄のろ, 間抜け (dupe, simpleton). **2** 《俗》仲間, 相棒 (mate, pal). — *vt.* 《古》だます, 欺く (cheat).

culm[1] [kʌ́lm] 〘(1657) □ L *culm-us* stalk, stem (of grain, etc.): cf. haulm〙 *n.* 〘植物〙稈(かん)《イネ・ムギ・タケのような中空で節のある茎》. — *vi.* 稈茎になる.

culm[2] [kʌ́lm] 〘(1348) *colme* ← ? *cole* 'COAL': cf. G *Qualm* / Du. *kwalm* reek, smoke〙 — *n.* **1** 炭塵(たんじん), 粉炭 (slack). **2** くず炭; (特に)無煙炭の粉炭, 下等無煙炭. **3** [しばしば C-] 〘地質〙クルム(層)《ヨーロッパの下部石炭系の頁岩(けつがん)・砂岩層; culm measures ともいう》.

cul·mif·er·ous [kʌlmíf(ə)rəs] 〘← CULM[1] + -I- + -FEROUS〙 *adj.* 〘植物〙稈(かん) (culm) をもった[生じる].

cul·mi·nant [kʌ́lmənənt | -mɪ-] 〘□ L *culminant-em* (pres.p.) ← *culmināre* (↓): ⇨ -ant〙 — *adj.* **1** 最高点[絶頂]にある. **2** 〘天文〙正中[南中]している, 子午線上の.

cul·mi·nate [kʌ́lmənèɪt | -mɪ-] 〘(1647) ← LL *culmināt-us* (p.p.) ← *culmināre* to culminate ← *culmen* top: ⇨ column, -ate[3]〙 — *vi.* **1** 最高点[極点]に達する, 絶頂に達する; 最高潮に達する, (隆盛などの)極に達する, 全盛を極める; ついに[結局]〔…と〕なる〔*in*〕: Animal life ~*s in* man. 動物が最高度に発達して人間となる / Her jealousy ~*d in* murder. 彼女の嫉妬は結局殺人となった. **2** 〘天文〙〈天体が〉正中する, 南中する. — *vt.* 完結させる, …の最後を飾る, 頂上につく[達する]; …の頂上をおおう (cap).

cul·mi·na·tion [kʌ̀lmənéɪʃən | -mɪ-] 〘(1633) ← LL *culminātus* (↑): ⇨ -ation〙 — *n.* **1 a** 最高潮(に達すること); 成就: the ~ of one's career, efforts, hopes, etc. **b** (達し得る, または達し得た)最高点, 頂上 (summit), 頂点 (acme); 真盛り, 全盛, 極致. **2** 〘音声〙頂点《音節の最強部》. **3** 〘天文〙(天体の日週運動における)子午線通過, 南中, 正中.

cúlm mèasures *n. pl.* [しばしば C- M-] 〘地質〙 =culm[2] 3.

cu·lotte [k(j)uːlɑ́t, k(j)uː- | kjuːlɔ́t, kju-; *F.* kylɔt] 〘□ F ~ (dim.) ← *cul* bottom < L *cūlum*: cf. culet〙 — *n.* (*pl.* **~s** [~s; *F.* ~]) [通例 *pl.*] キュロット《裾にフレヤーが入っていてスカートにみえるパンツ; 婦人がスポーツなどに着用する; cf. sansculotte》.

cul·pa [kúlpə, kʌ́l-] 〘□ L ~ 'fault, blame' ← ?〙 *n.* (*pl.* **cul·pae** [kúlpaɪ, kʌ́lpiː]) **1** 過失 (fault); 罪 (guilt). **2** 〘法律〙過失, 過誤 (negligence).

cul·pa·bil·i·ty [kʌ̀lpəbíləṭi | -lətɪ, -lɪ-] 〘(1675): ⇨ ↓, -ity〙 *n.* 過失あること, 咎めらるべき[罪となる]状態; 有罪性.

cul·pa·ble [kʌ́lpəbl̩] 〘(14C) □ L *culpābil-is* blameworthy ← *culpa* fault ∽ (*c*1280) *coupable* □ (O)F〙 — *adj.* **1** 過失のある, 責められるべき (blameworthy), 不埒(ふらち)な (reprehensible): ~ homicide 故殺 / ~ negligence 怠慢罪, 不行届 / hold a person ~ 人を悪い[けしからぬ]と思う. **2** 《廃》有罪の (guilty). **~·ness** *n.*

cúl·pa·bly [-bli | -blɪ] *adv.* 不届き至極に, 不埒(ふらち)にも (reprehensibly).

culpae 〘□ L ~〙 *n.* culpa の複数形.

cul·prit [kʌ́lprɪt, -prət | -prɪt] 〘(1678) □ AF *cul. prit* 《略》? ← *Culpable, prit (d'averer nostre bille.)* (You are) guilty, (I am) ready (to prove our case.) ← *culpable* 'CULPABLE' + *pri(s)t* = OF *prest* (F *prêt*) (< LL *praestum*)〙 — *n.* [the ~] **1** 〘法律〙(無罪の答弁をした)刑事被告人, 未決囚. **2** 犯罪人, 罪人 (offender).

cult [kʌ́lt] 〘(1617) □ F *culte* // L *cult-us* culture, worship (p.p.) ← *colere* to till (⇨ colony)〙 — *n.* **1 a** (宗教的な)崇拝 (worship): the ~ of Apollo アポロ崇拝 / an idolatrous ~ 偶像崇拝. **b** (体系化された)礼拝(式). **c** [集合的] 儀式, 祭式 (rites, ceremonies). **2 a** (ある人または事物に対する)崇拝, あこがれ, 礼賛; (軽蔑的に, 一時的な)流行, 熱狂, …熱: the ~ of beauty [nature] 美の礼賛[自然崇拝] / a ~ of Browning ブラウニング熱 / the ~ of the jumping cat 日和見主義 (cf. *the* CAT *jumps*) / the ~ of baseball 野球狂 / a Shakespearian ~ シェークスピア熱. **b** 崇拝[礼賛]の対象. **c** [集合的] 崇拝[礼賛]者の集まり (sect). **3 a** 邪教. **b** [集合的] 邪教徒の集団. **4** 宗教で病気を直す方法. **5** 〘社会学〙カルト《伝統的な組織宗教教団に対立する, 新宗教運動の中のゆるやかな組織性をもつ集団; 包容性・大衆性・認識論的個人主義を特徴とする; cf. sect 1》. **cult·ic** [kʌ́ltɪk | -tɪk] *adj.*

cultch [kʌ́ltʃ] 〘□ ? OF *culche* bed: ⇨ couch[2]〙 — *n.* **1** (カキの卵を付着させるために, 養殖場の水底に敷く)カキ殻や砂利. **2** (軟体動物の)卵. **3** 《ニューイングランド》ごみ, がらくた, くず (rubbish). — *vt.* 〈カキ養殖場の水底〉にカキ殻や砂利を敷く.

cul·tel·lus [kʌltéləs] 〘← NL ~ (dim.) ← L *culter* knife〙 *n.* (*pl.* **-tel·li** [-laɪ, -liː]) 〘動物〙刀状刺針《吸血バエなどの刀身状刺針》.

culti *n.* cultus[1] の複数形.

cul·ti·gen [kʌ́ltɪdʒɪn, -ṭə-, -dʒən, -dʒèn | -tɪ-] 〘← CULTI(VATE) + -GEN〙 — *n.* 〘植物〙培養種(の植物), 培養変種《原種がはっきりせず栽培によってのみ知られている植物; cf. indigene 2》.

cúlt·ism [-tɪzm] *n.* **1** 崇拝[礼賛, 熱狂]主義[傾向]. **2** 崇拝 (worship).

cúlt·ist [-tɪst, -ṭəst | -tɪst] *n.* (宗派・流行などの)崇拝者, 礼賛者.

cul·ti·va·ble [kʌ́ltəvəbl̩ | -tɪ-] 〘□ F ~ ← *cultiver* 'to CULTIVATE': ⇨ -able〙 — *adj.* **1** 〈土地・国土など〉耕作できる, 耕作に適する. **2** 〈果樹・草木など〉栽培[培養]できる. **3** 〈能力など〉啓発できる. **cùl·ti·va·bíl·i·ty** [-vəbíləṭi | -lətɪ, -lɪ-] *n.*

cul·ti·var [kʌ́ltəvɑ̀ə | -tɪvɑ̀ː(r)] 〘(混成) ← CULTI(VATED) + VAR(IETY)〙 *n.* 〘植物〙栽培変種植物.

cul·ti·vat·a·ble [kʌ́ltəvèɪṭəbl̩ | -tɪvèɪt-] *adj.* =cultivable.

cul·ti·vate [kʌ́ltəvèɪt | -tɪ-] 〘(1620) ← ML *cultivāt-us* (p.p.) ← *cultivāre* to till ← *cultivus* tilled ← L *cultus* (p.p.) ← *colere* to till: ⇨ cult, colony〙 — *vt.* **1 a** 〈田畑を〉耕す, 耕作する (till); 〈土地を〉開墾する: ~ a farm, one's fields, etc. **b** 〈栽培中の作物を〉中耕する, 〈作物〉のまわりの土地を耕耘(こううん)機で耕す. **2 a** 〈作物を〉栽培する. **b** 〈菌・魚・貝類などを〉養殖する, 培養する (raise). **3 a** 〈才能・趣味・風俗・習慣などを〉養成する, 〈品性を〉洗練する, 陶冶(とうや)する (develop, refine) (cf. cultivated 2): ~ one's abilities. **b** 〈文学・技芸を〉修める, みがく (pursue). **c** 〈人を〉教化する, 啓発する (enlighten), 〈人〉に教養をつける: ~ savages. **4** 〈芸術・学術などを〉奨励する (encourage), …の発達[助成]に努める (further). **5 a** 〈知己・交際を〉求める, 深める: ~ a person's acquaintance [friendship] 人との(一層の)交際を求める / ~ the society of a person 人と親しくなろうとする. **b** 〈人〉と親しくなろうとする, 親交を求める: ~ a person.

cúl·ti·vàt·ed [-tɪd, -ṭəd | -tɪd, -təd] *adj.* **1** 耕作された; 栽培された: ~ land 耕地 / ~ plants 栽培植物. **2** 教化[洗練]された (polished, refined); 教養のある: a ~ mind, taste, voice, etc.

cul·ti·va·tion [kʌ̀ltəvéɪʃən | -tɪ-] 〘(1700) ← CULTIVATE + -ATION〙 — *n.* **1** 耕作; 開墾: be under ~ 〈土地が〉耕作されている / bring ... under ~ 〈土地を〉開墾する. **2** 栽培 (raising); 養殖; 培養, 培養菌: the ~ of crops, oysters, bacteria, etc. **3** 養成, 教養, 教化; 洗練, 高雅, 上品 (refinement): the ~ of the mind, manners, etc. **4** 知己・交際を求めること.

cúl·ti·và·tor [-ṭə | -tə(r)] 〘(1665) ← CULTIVATE + -OR[2]〙 *n.* **1 a** 耕作人; 栽培者. **b** 養成者, 開拓者; 研究者, 修養者. **2** 中耕機, 耕耘(こううん)機, カルティベーター.

cul·trate [kʌ́ltreɪt] 〘□ L *cultrāt-us* ← *culter* knife〙 *adj.* (ナイフの刃のように)尖った, ナイフ状の.

cul·trat·ed [kʌ́ltreɪṭɪd, -ṭəd | -tɪd, -təd] *adj.* =cultrate.

cul·tur·a·ble [kʌ́ltʃ(ə)rəbl̩, -tʃʊ-] 〘← CULTURE (v.) + -ABLE〙 *adj.* =cultivable.

cul·tur·al [kʌ́ltʃ(ə)rəl, -tʃ(ə)rəl, -tʃʊ-] 〘(1868) ← CULTURE + -AL[1]〙 — *adj.* **1** 教養の[に関する]; 人文上の: ~ studies 教養科目. **2** 文化の[に関する]: a ~ area 文化地域 / a ~ attaché 文化担当外交官[大使館員] / ~ conflict 文化摩擦 / ~ contact 文化接触 / a ~ zone 文化圏 / ~ Catholicism 文化的カトリシズム, 文化現象としてのカトリシズム. **3** 培養上の; 栽培の: a ~ variety 培養変種. **4** 人工の (man-made). **~·ly** *adv.*

cúltural anthropólogist *n.* 文化人類学者.

cúltural anthropólogy *n.* 文化人類学 (cf. physical anthropology).

cúltural chánge *n.* 〘社会学〙文化変動.

cúltural lág *n.* 〘社会学〙文化的遅滞《物質文化の進展に即応しない精神文化の発展の遅れ; W.F. Ogburn の理論》.

cúltural revolútion *n.* **1** 文化革命. **2** [the C-R-] (中国の)プロレタリア文化大革命《修正主義を排し毛沢東主義の原点に帰ろうとして 1965-69 年に起こった中国の運動》.

cúltural revolútionary *n.* 文化革命の主唱[支持]者.

cúltural sociólogy *n.* 文化社会学.

cul·tu·ra·ti [kʌ̀ltʃərɑ́ːtiː, -réɪtaɪ | -rɑ́ːtiː] 〖← CULTURE: *literati* にならった造語〗 *n. pl.* 文化人たち, 文化人階級.

cul·ture [kʌ́ltʃə | -tʃə(r)] 〖《?1440》□ (O)F ～ // L *cultūra* care, cultivation ← *colere* to till: ⇨ cult, -ure〗 — *n.* **1 a** 教養《教育と修養による人間の能力の総合的発達状態》: a man of considerable ～ 教養の高い人. **b** 教化, 洗練 (refinement). **2 a** (ある国・ある時代の)文化, 精神文明 (cf. Kultur, civilization 1 a): Greek ～ ギリシャ文化 / primitive ～ 原始文明. **b** 文化, カルチャー《人間集団が社会などから習得し, 伝承される信仰・伝統・習俗などの外面的また内面的生活様式の総体》: ⇨ two cultures. **3** (心身の)訓練 (training), 修養: the ～ of mind and body 心身の修練 / intellectual [physical] ～ 知[体]育 / moral ～ 徳育. **4 a** 養殖, 飼育; 栽培 (cultivation): the ～ of oysters＝oyster ～ カキ養殖 / the ～ of silk＝silk ～ 養蚕 / the ～ of the vine ぶどう栽培 (cf. viticulture). **b** 耕作 (tillage). **5** 〖生物〗 **a** (細菌・小動物・組織の)培養: the ～ of bacteria / a ～ fluid 培養液. **b** 培養菌. — *vt.* **1** ＝cultivate. **2** 〖生物〗〈細菌などを〉培養する.

cúlture àrea *n.* 〖社会学〗文化地域《同質[類似]の文化の存在する地域》.

cúlture cènter *n.* 〖文化人類学〗文化中心点《ひとつの文化圏内において, その圏内文化の特性が最も密に分布している地域; この文化圏内の文化はそこから周辺へ拡がったものと推定される》.

cúlture còmplex *n.* 〖社会学〗文化複合(体)《culture traits の一定の組み合わせから成る複合体》.

cúl·tured *adj.* **1** 教養のある; 洗練された (refined): speak with a ～ accent. **2** 栽培された; 培養された. **3** 耕作された (cultivated).

cúltured péarl *n.* 養殖真珠 (cf. SIMULATED pearls).

cúlture fàctor *n.* 文化的要因.

cúlture fèature *n.* (一地域の)人工的特徴《道路・橋・家など》.

cúlture hèro *n.* 〖文化人類学〗文化英雄: **a** 道具の発明者・文化の創始者として伝承されている神話[伝説]的人物. **b** ある文化集団の理想を具現する伝説的人物.

cúlture làg *n.* 〖社会学〗＝cultural lag.

cúlture mèdium *n.* 〖細菌〗培養基.

cúlture mỳth *n.* 〖文化人類学〗文化神話《道具の発明その他文化の発達を物語る神話》.

cúlture pàttern *n.* 〖文化人類学〗文化様式, 文化類型《ある文化を構成する種々の文化的特徴》.

cúlture pèarl *n.* ＝cultured pearl.

cúlture shòck *n.* 文化[カルチャー]ショック《異なった文化に接した時に感じる不安または当惑》.

cúlture tràit *n.* 〖社会学〗文化特徴《文化の要素的特質; cf. culture complex》.

cúlture vùlture *n.* 《戯言》えせ文化人, 文化気違い.

cúl·tur·ist [-tʃ(ə)rɪst, -rəst | -tʃ(ə)rɪst, -tʃʊ-] *n.* **1** 栽培者[家]; 培養者[家] (cultivator). **2** 教化する人; 文化主義者[擁護者].

cul·tu·rol·o·gy [kʌ̀ltʃərɑ́lədʒi | -rɔ́lədʒɪ] 〖《1939》□ G *Kulturologie*: ⇨ culture, -logy〗 *n.* 文化学. **cul·tu·ro·log·i·cal** [kʌ̀ltʃ(ə)rəlɑ́dʒɪkəl, -dʒə- | -lɔ́dʒɪ-] *adj.*

cul·tus¹ [kʌ́ltəs | -təs] 〖□ L ～: ⇨ cult〗 *n.* (*pl.* **～·es, cul·ti** [-taɪ, -tiː]) ＝cult.

cul·tus² [kʌ́ltəs | -təs] 〖□ N-Am.-Ind. (Chinook) *kúltus* worthless〗 *n.* (*pl.* **～, ～·es**) 〖魚類〗＝lingcod.

cúltus cód *n.* 〖魚類〗＝lingcod.

cul·ver [kʌ́lvə | -və(r)] 〖OE *culfre* □ ? VL **columbra* ＝L *columbula* (dim.) ← *columba* dove: ⇨ Columba〗 *n.* 〖鳥類〗ハト (pigeon); 《英》＝wood pigeon.

cúlver hòle *n.* 〖石工〗(木材などを支承する)受穴.

cul·ver·in [kʌ́lvərɪn, -rən | -rɪn] 〖《1443》□ (O)F *coule(u)vrine* ← *couleuvre* < VL **colobram*＝L *colubra* snake: ⇨ -ine¹〗 — *n.* **1** カルバリン銃《16 世紀末期の大型火縄銃; hand culverin ともいう》. **2** カルバリン砲, 長砲, 蛇砲《17 世紀では 17 ポンド砲; 大きいものから順に culverin, demiculverin, saker》.

Cúl·ver's róot [phýsic] [kʌ́lvəz- | -vəz-] 〖← *Dr. Culver* (その根をはじめて下剤に用いた 18 世紀初頭の米国の医者)〗 *n.* 〖植物〗北米東部産のクガイソウの一種 (*Veronicastrum virginicum*)《根が下剤として用いられる》; その根.

cul·vert [kʌ́lvət | -vət] 〖考案者の名からか〗 — *n.* **1** (道路・鉄道の築堤・運河などの下を横切る)排水渠(きょ), 暗渠. **2** 〖鉄道〗カルバート, みぞ橋《極めて短い橋》. **3** 〖電気〗線渠《電線を通す地下のパイプ》, コンジット (conduit).

culvert 1

cum [kʊm, kʌm | kʌm] 〖□ L ～ 'with' < IE **kom*: cf. com-〗 — *prep.* **1** …を伴った (with), …付き (including): a dwelling-*cum*-workshop 工場付住宅 / a bed-*cum*-sitting room 寝室兼居間. **2** 〖証券〗…付き (including) (cf. ex¹ 2 b): ～ new 《英》新株引受権付きで[の] / ⇨ cum dividend, cum rights. **3** 《英》[連合教区の名に用いて] …と連合した: Stow-*cum*-Quy Stow と Quy の連合教区. — *adj., adv.* **1** ＝cum laude. **2** 〖証券〗＝cum dividend.

cum. 《略》cumulative.

Cu·ma·ce·a [kjuːméɪʃiə | -ʃɪə] 〖← NL ～ ← *Cuma* (属名: ← Gk *kūma* sprout, wave)＋-ACEA〗 *n. pl.* 〖動物〗クマ目.

Cu·mae [kjúːmiː] 〖□ L *Cūmae* □ Gk *Kúmē*〗 — *n.* クマエ, キュメ《イタリア南西部 Campania 海岸の古都; イタリアにおける最古期のギリシャ植民地といわれる》. **Cu·mae·an** [kjuːmíːən] *adj.*

Cumáean síbyl *n.* Cumae の町の女予言者《その予言力が有名であった; ローマ王 Tarquin the Proud (534-510 B.C.) がこの女予言者から Sibylline Books を買ったことは有名》.

cu·ma·rin [kjúːmərɪn, -rən | -rɪn] *n.* 〖化学〗＝coumarin.

cu·ma·rone [kjúːməròʊn | -rəʊn] *n.* 〖化学〗＝coumarone.

Cumb, Cumb. 《略》Cumberland.

cum·ber [kʌ́mbə | -bə(r)] 〖《c1300》《頭音消失》← *acumbre(n)* □ (O)F *encombr-er* 'to ENCUMBER'〗 — *vt.* **1 a** 邪魔する, 妨害する (hamper, hinder). **b** 〈場所を〉ふさぐ (block up): Stones ～*ed* the road. 石が道をふさいだ. **c** 〈人〉に余分に負担をかける〔*with*〕: ～ oneself *with* a lot of luggage たくさんの手荷物を持て余す. **2** 《古》(足手まといとなって)〈人を〉困らせる, 悩ます, 煩わす (trouble). — *n.* **1** 邪魔物, 厄介物 (encumbrance). **2** 妨害, 邪魔 (hindrance). **3** 《古》苦労, 不便; 心労 (worry). **～·er** [-bərə | -rə(r)] *n.*

Cum·ber·land [kʌ́mbələnd | -bə-] 〖OE *Cumbraland* 《原義》the land of the Cumbrians (i.e. Britons) ← *Cumbra* □ Welsh *Cymry* the Welsh〗 — *n.* **1** イングランド北西部の旧州; 面積 3,937 km²; 1974 年に Cumbria 州の一部となる; 首都 Carlisle. **2** [the ～] 米国 Kentucky 州南東部から Tennessee 州の北部を流れて Kentucky 州で Ohio 川に注ぐ川 (1,106 km).

Cúmberland Gáp *n.* [the ～] 米国 Cumberland 山脈中 Virginia, Kentucky, Tennessee 三州の境にある山道 (500 m).

Cúmberland Móuntains *n. pl.* [the ～] カンバーランド山脈《米国 Appalachian 山脈の西部の高原; 大部分は Kentucky, Tennessee 両州にある; 最高地点海抜 1,263 m》.

Cúmberland Plateáu *n.* [the ～] カンバーランド高原 (Cumberland Mountains).

cum·ber·some [kʌ́mbəsəm | -bə-] 〖《1375》: ⇨ cumber, -some¹〗 — *adj.* **1** (重くてまたはかさ張って)扱いにくい, 手におえない, 厄介な (unwieldy, clumsy). **2** 重々しい, 動きの遅い. **3** 邪魔な (burdensome); うるさい, 煩わしい (troublesome): ～ legal procedures. **～·ly** *adv.* **～·ness** *n.*

cum·brance [kʌ́mbrəns] 〖《?a1300》← CUMBER＋-ANCE〗 *n.* 邪魔, 厄介 (trouble).

Cum·bri·a [kʌ́mbriə | -brɪə] 〖↓〗 — *n.* **1** イングランド北西部の州; 1974 年に新設, 旧 Cumberland, Westmorland 両州および旧 Lancashire, Yorkshire 州の一部よりなる; 人口 474,000, 面積 6,806 km², 首都 Carlisle. **2** 中世ケルト人の王国 (⇨ Strathclyde 2).

Cum·bri·an [kʌ́mbriən | -brɪ-] 〖《1747》← ML *Cumbria* (英国 Cumberland の大部分を占めていた地域) ← Welsh *Cymry* the Welsh＋-IA¹: ⇨ -ian〗 — *adj.* **1** カンバーランド (Cumberland) (人)の. **2** (英国古代の)カンブリア王国[人]の. — *n.* **1** カンバーランド人. **2** (英国古代の)カンブリア人; カンブリア(州)の人.

cum·brous [kʌ́mbrəs] 〖《c1390》: ⇨ cumber, -ous〗 *adj.* ＝cumbersome. **～·ly** *adv.* **～·ness** *n.*

cum div. 《略》〖証券〗cum dividend.

cùm dívidend *adv., adj.* 〖証券〗配当付きで[の] (略 c.d., c. div., cum div.) (cf. ex dividend).

cum gra·no sa·lis [kʌm-gréɪnoʊ-séɪlɪs, kʊm-grɑ́ːnoʊ-sɑ́ː-, -ləs | kʌm-grɑ́ːnəʊ-sɑ́ːlɪs] 〖← L *cum grānō salis* with a grain of salt〗 — *L. adv.* いく分割引して, 控え目に: Take things ～. ものごとは話半分に聞いておけ.

cum·in [kʌ́mɪn, -mən | -mɪn] 〖《12C》□ OF *cumin* < L *cumīnum* □ Gk *kúminon* ← Sem. (Heb. *kammōn*) ∽ OE *cymen* □ L: cf. kümmel〗 — *n.* 〖植物〗ヒメウイキョウ (*Cuminum cyminum*)《セリ科のウイキョウに似たエジプト産の多年草; 果実は東洋で薬味・薬用にする》.

cùm láu·de [kʊm-láʊdə, -di, -deɪ, kʌm-lɔ́ːdi | -láʊdə, -dɪ, -deɪ, -lɔ́ːdɪ] 〖← NL ～ 'with praise'〗 — *adv., adj.* 優等で[の]《卒業証書などに用いる句で優等の下位を示す; cf. magna cum laude, summa cum laude》.

cum·mer [kʌ́mə | -mə(r)] 〖《c1303》 *commare* □ (O)F *commère* godmother, gossip < LL *commātrem*: ⇨ com-, mater〗 — *n.* 《スコット》 **1** 代母 (godmother). **2** 女の仲好し. **3** 女 (woman), 娘, 女の子 (girl); 魔女 (witch). **4** 助産婦, 産婆 (midwife).

cum·mer·bund [kʌ́məbʌ̀nd | -mə-] 〖□ Hindi & Pers. *kamarband* loin band〗 — *n.* カマーバンド: **a** インド人がベルトのかわりに用いる幅広のサッシュベルト. **b** 男子夜会服にチョッキの代用にするシルク地などの幅広サッシュベルト (cf. dinner jacket).

cum·min [kʌ́mɪn, -mən | -mɪn] *n.* 〖植物〗＝cumin.

Cum·mings [kʌ́mɪŋz], **E(dward) E(st·lin)** [éstlɪn, -lən | -lɪn] *n.* (1894-1962) 米国の詩人・小説家; *The Enormous Room* (小説, 1922); 本人は e e cummings と書いた.

cum·ming·ton·ite [kʌ́mɪŋtənàɪt] 〖← *Cummington* (米国 Massachusetts 州にあるその発見地)＋-ITE¹〗 — *n.* 〖鉱物〗カミングトン閃石 ($(Fe, Mg)_7Si_8O_{22}(OH)_2$)《暗緑色または褐色の角閃石の一種》.

cum·quat [kʌ́mkwɑt | -kwɔt] *n.* ＝kumquat.

cum ríghts *adv., adj.* 〖証券〗(新株引受)権利付きで[の] (cf. ex rights).

cum·shaw [kʌ́mʃɔː] 〖□ Pidgin-E ～ □ Chin. (Amoy) *kam sia*＝Mandarin *kan hsieh* (感謝)〗 *n.* 心付け, チップ.

cu·mul- [kjúːmjʊl] (母音の前に来る時の) cumulo- の異形.

cu·mu·lant [kjúːmjʊlənt] 〖□ L *cumulānt-em* (pres. p.) ← *cumulāre* (↓): ⇨ -ant〗 *n.* 〖統計〗累積率.

cu·mu·late 〖《1534》□ L *cumulāt-us* (p.p.) ← *cumulāre*: cf. cumulus〗 — [kjúːmjʊlət, -lɪt, -lèɪt] *adj.* 積み重ねた, 積み上げた. — [-lèɪt] *v.* — *vt.* **1** 積み重ねる, 積み上げる, 集積する (accumulate). **2** 累加する. **3** 〈既刊のカタログなどを〉次号で合併する, 一つにまとめる. — *vi.* 積もる, 堆積する.

cú·mu·làt·ed [-tɪd, -təd | -tɪd, -təd] *adj.* **1** ＝cumulate. **2** 〖化学〗集積した《allene のように同一炭素に二重結合が 2 個あるの意》.

cu·mu·la·tion [kjùːmjʊléɪʃən] *n.* 積重ね, 積重なり, 集積, 蓄積.

cu·mu·la·tive [kjúːmjʊlətɪv, -lèɪt- | -tɪv] 〖《1605》← CUMULATE＋-IVE〗 — *adj.* **1 a** 蓄積部分から成る. **b** 累積する, 累加する; 累積による, 累加によって力を増す: a ～ effect of daily study 毎日の勉強の累積的効果 / ～ labor 蓄積労働 / a ～ medicine 漸加薬《少量ずつ継続投与して後急に強い作用を起こす薬》. **2** 〈索引など〉既刊の分も組み入れた: a ～ book index 図書累積索引. **3** 〖証券〗〈優先配当が〉累積的な《優先配当の未払分の累積額が普通株配当に優先する》: ～ preferred stock [preference shares] 累積的優先株. **4** 〖法律〗〈犯罪が〉反復された, 〈投票が〉累積された: a ～ offense 反復犯罪《同種の行為を繰り返して犯すことで成立する犯罪》/ ～ evidence [proof] 重複証拠[立証] / a ～ sentence 併科刑宣告. **5** 〖統計〗累積の《確率変数のある値以下の値の度数[密度]を加えた[積分した]》. **～·ly** *adv.* **～·ness** *n.*

cúmulative distribútion fùnction *n.* 〖統計〗＝distribution function.

cúmulative érror *n.* 〖統計〗累積誤差.

cúmulative scóring *n.* 〖トランプ〗累積得点法《duplicate bridge における優劣判定法の一つで, 各テーブルでの得点の単純合計により各ペアーの順位を決める》.

cúmulative témperature *n.* 〖気象〗積算温度《1 週間または 1 か月間一定温度 (例えば 6°C) を越えた温度の総和》.

cúmulative vóting *n.* 〖政治〗累積投票法《投票権頭割制度; 各選挙人に被選区の定数と同数の投票数を与え, その投票全部を一人の候補者に投票しても, 数人の候補者に分けても, 投票者の随意とする投票法》.

cumuli *n.* cumulus の複数形.

cu·mu·li- [kjúːmjʊlɪ, -lə | -lɪ] cumulo- の異形 (⇨ -i-).

cu·mu·li·form [kjúːmjʊləfɔ̀əm | -lɪfɔ̀ːm] 〖← CUMULO-＋-FORM〗 *adj.* 積雲状の.

cu·mu·lo- [kjúːmjʊlo(ʊ) | -lə(ʊ)] 〖← NL ～ ← L *cumulus*: ⇨ cumulus〗 「積雲 (cumulus); 積雲と…との; かたまり (mass)」の意の連結形. ★時に cumuli-, また母音の前では通例 cumul- になる.

cùmulo·círrus *n.* (*pl.* ～) 〖気象〗＝cirrocumulus.

cùmulo·nímbus *n.* (*pl.* ～) 〖気象〗積乱雲, 入道雲 (略 Cb, Cn): ～ mammatus 乳房状積乱雲 (略 Cm) (⇨ cloud 挿絵).

cumulonímbus cálvus *n.* (*pl.* ～) 〖気象〗無毛積乱雲.

cumulonímbus capillátus *n.* (*pl.* ～) 〖気象〗多毛積乱雲.

cùmulo·strátus *n.* (*pl.* ～) 〖気象〗＝stratocumulus.

cu·mu·lous [kjúːmjʊləs] 〖← CUMULO-＋-OUS〗 *adj.* **1** 積雲様の. **2** ＝cumulative.

cu·mu·lus [kjúːmjʊləs] 〖《1659》□ L ～ 'heap'〗 *n.* (*pl.* **cu·mu·li** [-làɪ, -liː], ～) **1** 堆積, 蓄積, 累積 (heap). **2** 〖気象〗積雲 (⇨ cloud 挿絵).

cúmulus congéstus *n.* (*pl.* ～) 〖気象〗雄大積雲.

cúmulus fráctus *n.* (*pl.* **cúmuli fráctus**) 〖気象〗断片積雲 (⇨ fractocumulus).

cúmulus húmilis *n.* (*pl.* **cumuli hu·mi·les** [-liːz]) 〖気象〗偏平積雲.

cúmulus mediócris *n.* (*pl.* ～) 〖気象〗並積雲《雄大積雲になる前の積雲》.

Cu·nard·er [kjuːnɑ́ədə | -nɑ́ːdə(r)] 〖← *Sir Samuel Cunard* (1787-1865: この会社の創立者)〗 *n.* 英国キュナード汽船会社 (Cunard Line) の汽船.

Cu·nax·a [kjuːnǽksə] *n.* クナクサ《古代バビロニア帝国の都市; Cyrus the Younger と Artaxerxes 二世との間に有名な合戦が行なわれた (401 B.C.)》.

cunc·ta·tion [kʌŋ(k)téɪʃən] 〖□ L *cunctātiō(n-)* ← *cunctārī* to delay ← IE **konk-* 'to HANG'〗 *n.* 遅延 (delay). **cunc·ta·tive** [kʌ́ŋ(k)teɪtɪv, -tət- | -tɪv] *adj.*

cunc·ta·tor [kʌŋ(k)téɪtə | -tə(r)] 〖□ L *cunctātor*: ⇨ ↑, -ator〗 *n.* 遅延者, 緩慢な人 (delayer).

cu·ne·al [kjúːniəl | -nɪəl, -njəl] 〖← NL *cuneālis* ← L *cuneus* (↓): ⇨ -al¹〗 *adj.* くさびの; くさび形の (wedge-shaped).

cu·ne·ate [kjúːnièɪt, -niət, -niɪt | -nièɪt, -nɪət, -nɪɪt] 〖□ L *cuneāt-us* (p.p.) ← *cuneāre* to form into the shape of a wedge ← *cuneus* wedge: ⇨ -ate²〗 — *adj.*

1 くさび形の. 2 〖植物〗〈葉が〉くさび状の. **~·ly** *adv.* ⌈cuneate.

cu·ne·at·ed [kjúːnièɪtɪd, -ṭəd, | -nièɪtɪd -təd] *adj.* =

cu·ne·at·ic [kjùːniǽṭɪk | -niǽt-] *adj.* =cuneiform.

cunei *n.* cuneus の複数形.

cu·ne·i·form [kjuníːɪfɔ̀ːm, kjuː-, -níːə-, kjúːnɪɪf-, -nɪəf-, -nɪf-, -nəf- | kjúːnɪɪfɔ̀ːm, -nɪf-] 〖《1677》← L *cuneus* (↓)+-FORM〗 — *adj.* 1 くさび状[形]の : ~ bones 〖解剖〗 楔(せつ)状骨 / ~ characters 楔形文字. 2 楔形文字で書かれた : ~ writings. — *n.* 1 楔形文字《古代西アジアで使われたくさび形の字画をもった文字》. 2 〖解剖〗 楔状骨.

cu·ne·us [kjúːniəs | -nɪ-] 〖□ L ~ 'wedge' : ⇨ coin〗 — *n.* (*pl.* **cu·ne·i** [-niàɪ | -nɪ-]) 1 くさび; くさび状の物. 2 〖解剖〗 (大脳後頭葉の)楔(せつ)状葉. 3 〖昆虫〗 楔状部《半翅類の前翅にあるくさび状の部分》.

cu·nic·u·lus [kjuːníkjʊləs, -kə-] 〖□ L *cunīculus* rabbit : ⇨ coney〗 — *n.* (*pl.* **-u·li** [-làɪ, -lìː]) 1 a (うさぎの穴・鉱道のような)地下道. b (古代ローマの)暗渠(きょ). 2 〖病理〗 虫道《疥癬(かいせん)虫の潜行した皮下の隧道》.

cu·nit [kjúːnɪt, -nət | -nɪt] 〖C (100)+UNIT〗 *n.* 〖林業〗 キュニット《木材の量の単位; =100 cubic feet》.

cun·ner [kʌ́nə | -nə(r)] 〖← ?〗 — *n.* 〖魚類〗 1 イギリス海峡・地中海などに生息するベラ科の魚の一種 (*Crenilabrus melops*). 2 米国東部海岸に生息するベラ科の魚の一種 (*Tautogolabrus adspersus*).

cunni *n.* cunnus の複数形. ⌈lingus.

cun·ni·linc·tus [kʌ̀nəlíŋ(k)təs | -nɪ-] *n.* =cunni-

cun·ni·lin·gus [kʌ̀nəlíŋgəs | -nɪ-] 〖《1887》← NL ~ ← L *cunnus* vulva, 《原義》 sheath+*lingere* 'to LICK'〗 — *n.* ク(ン)ニリングス, 吸陰《女性性器接吻; cf. fellatio》. **cun·ni·lingue** [kʌ́nəlɪŋ | -nɪ-] *vt., vi.*

cun·ning [kʌ́nɪŋ] 〖《c1300》 *cunning, conning* □ ON *kunnand-i* ← *kunna* to know (cf. can²) : ⇨ -ing²: cf. OE *cunning* carnal knowledge / OE *cunnende* ((pres. p.) ← *cunnan* to know, be able)〗 — *adj.* 1 狡猾な, 悪賢い, ずるい, 陰険な (crafty, sly). 2 《米口語》〈子供・小動物など〉かわいらしい, 魅力のある (attractive); 〈物が〉気のきいた, おもしろい (dainty) : a ~ little baby, chair, etc. 3 《古》 a (目的達成に)巧妙な, 器用な (ingenious). b 老練な, 巧みな (skillful). 4 《廃》 a 学識[知識]のある. b 魔法の知識のある. — *n.* 1 狡猾, ずるさ, 悪知恵, 陰険. 2 《古》 a 巧妙 (ingenuity). b 熟練, 腕前 (skill). 3 《廃》 a 知識, 学識 (knowledge). b 魔法. **~·ly** *adv.* **~·ness** *n.*

Cun·ning·ham [kʌ́nɪŋəm, -nɪŋhæ̀m | -nɪŋəm], **Allan** *n.* (1784–1842) スコットランド生れの英国の詩人.

Cun·ning·hame Gra·ham [kʌ́nɪŋəm-gréɪəm, -nɪŋhæ̀m- | kʌ́nɪŋəm-gréɪəm, -gréəm], **Robert Bontine** [bɑntíːn | bɔn-] *n.* (1852–1936) スコットランド生れの英国の作家・政治家・社会運動家; *Scottish Stories* (1914).

cun·nus [kʌ́nəs] 〖□ L ~ 'vulva'〗 *n.* (*pl.* **cun·ni** [-naɪ, -niː]) 〖解剖〗 陰門, 陰裂.

cunt [kʌ́nt] 〖《a1325》 *cunte* ← ? LG (MDu. & MLG *kunte*) ← ? IE **gēu-* hollow space : cf. ? L *cunnus* / Egypt. *qefn-t* vagina, vulva // < OE *kunte* < Gmc **kuntōn* (ON *kunta*)〗 — *n.* 《卑》 1 女性性器; 膣 (vagina). 2 a 性交の対象としての女; [軽蔑的に] 女性 (woman). b 性交 (coitus).

cunt·line [kʌ́ntlaɪn, -lɪn, -lən | -laɪn] *n.* =contline.

cup [kʌ́p] 〖OE *cuppe* □ ML *cuppa* cup ← L *cūpa* vat, tub, cask ← IE **keu-* to bend; round or hollow object (Gk *kúpē* ship / Skt *kūpa* hollow)〗 — *n.* 1 a (茶・コーヒー用の, 通例取っ手付きの)茶碗, カップ : ⇨ teacup, coffee cup / a breakfast ~ 朝食用茶碗《普通のものの約2倍大》 / a ~ and saucer [kʌ́pənsɔ́ːsə, kʌ̀p-, -pm- | -sə(r)] 皿付きの茶碗. b (ぶどう酒などに用いた脚と基部のついた陶製または金属製の)さかずき, 洋杯 : ⇨ loving cup, standing cup. c 聖餐杯, 聖杯 (chalice). 2 茶碗[計量カップ]1杯(分の量) (cupful)《料理では ¹/₂ pint に相当する》: a ~ of coffee / ⇨ *a* [*one's*] CUP *of tea* / half a ~ of water 茶碗に半杯の水 / two ~*s* of flour 小麦粉カップ2杯. 3 a 茶碗[カップ]の中味; 中味の入った茶碗[カップ]. b (聖餐の)聖別されたぶどう酒. c カップ型の食器に盛られた食物 : a fruit ~. 4 [時に C-] (競技の)優勝杯, カップ : a ~ event 優勝試合 / the *Cup* Final 決勝戦 / the Davis ~ tournament デビスカップ(テニス)試合 / win the ~ 優勝する. 5 [通例 *pl.*] 飲酒 (drinking); 宴会 : the ~*s* that cheer but not inebriate 快く興奮させしかも酔わせない飲物《茶》(Cowper, *The Task*, "The Winter Evening") / over one's ~*s* 酒を飲みながら / ⇨ *in one's* CUPS. 6 (苦難・喜悦などの)人生の経験 (experience), 運命の杯 (cf. *Ps.* 23 : 5; *Isa.* 51 : 17; *Matt.* 20 : 22; *John.* 18 : 11) : drain [drink] the ~ of sorrow [pleasure, life] to the bottom [dregs] 悲しみの苦杯[歓楽の美酒, 浮世の辛酸]をなめつくす / drain the ~ of humiliation 屈辱の限りを受ける / drink a bitter ~ 苦杯をなめる, 苦い経験をする / His ~ of bitterness [happiness] is full. 彼は不幸のどん底にある[幸福の絶頂にある] / His ~ runs over [overflows]. 幸福が身に余る. 7 カップ《シャンペン・ぶどう酒・りんご酒などをベースにして種々の香料・甘味を加えて氷で冷したポンチに似た飲料; 通例ボールからでなく水差しで注いで飲む》: a champagne [cider] ~ / ⇨ claret cup. 8 a 杯状のもの. b (骨の)杯状窩(か) (socket). c (花の)萼(がく) (calyx). d (どんぐりの)殻斗(かくと) (cupule) (cf. acorn cup). e (地面の)くぼみ. f (ブラジャーの)カップ《A cup が最小で B, C, と順に大きさを増す》: the ~*s* of a brassiere. g (運動選手の用いる)カップ状サポーター. 9 〖数学〗 カップ《二つの集合の結び (join) を表わす ∪ の記号》. 10 [the C-] 〖天文〗 コップ座 (⇨ Crater 2). 11 〖ゴルフ〗 a カップ《グリーン上のホールにさす金属製の球受け》. b ホール. 12 〖医学〗 吸い玉 (cupping glass). 13 〖金属加工〗 (深絞り加工した)底付円筒状のカップ《特に深絞り加工の第一工程でできたもの》.

a cup of tea (1) お茶1杯. (2) ⇨ tea 成句. ***between* (*the*) *cup and* (*the*) *lip*** 達成[完成]目前で (cf. slip¹ *n.* 2 a). ***one's cup of tea*** ⇨ tea 成句. ***in one's cups*** 酔って(いる時に) (drunk).

cup and ball (1) 拳玉(けんだま); 拳玉遊び : play at ~ *and ball*. (2) 〖地質〗 火成岩の柱状節理 (columnar joint) の交差面の一方が凸形他方が凹形をなすもの.

cup and cover 《英》 (エリザベス朝・ジェームズ朝の家具の支柱を飾る)メロン[球根]形の挽(ひ)き物.

— *v.* (**cupped; cup·ping**) — *vt.* 1 茶碗[カップ]で受ける, カップ[てのひら]ですくう : ~ water from a spring 泉の水をすくい上げる. 2 杯状にする[へこませる]; カップ状に置く[のせる] : ~ one's chin in (the hollow of) one's hand あごをてのひらの中にのせる / ~ one's hands behind the ears (よく聞こえるように)耳に両手を当てる. 3 《古》 〖医学〗 〈患者〉に吸角子 (cupping glass) をつけて血を取る. 4 〖ゴルフ〗 a (打球の時)〈地面を〉打つ, すくう. b [通例 p.p. 形で] 〈ボールを〉地面のくぼみに打ち込む. 5 〖金属加工〗 絞り加工で作る《板からカップ状の製品を作る加工方法にいう; cf. deep-draw》. — *vi.* 1 杯状をなす. 2 〖医学〗 吸角子で放血する. 3 〖ゴルフ〗 クラブで地面をすくう.

C.U.P. 《略》 Cambridge University Press. ⌈bells.

cúp-and-sáucer vìne *n.* 〖植物〗 = cathedral

Cu·par [kúːpə, -pɑə | -pə(r)] *n.* スコットランド東部 Fife 州の首都; 人口 7,000.

cúp·bèarer 〖《a1425》〗 *n.* (宮廷・貴族などの宴席での)酌人(しゃくにん), 酌取り (cf. Ganymede).

cup·board [kʌ́bəd | -bəd] 〖《1375》: ⇨ cup, board (n.) : 《原義》 table, sideboard〗 *n.* 食器棚, 食器だんす; 小さな戸棚, 小押入れ.

a skeleton in the cupboard ⇨ skeleton 成句.

cúpboard lòve *n.* 欲得ずくの愛情《子供がお菓子ほしさから「おばさん大好き」などと言う場合など》.
cúpboard lòver *n.*

cúp·càke *n.* カップケーキ《材料をカップ状の型に入れて焼いたケーキ》.

cúp dày *n.* 優勝杯競馬日.

cu·pel [kjúːpéɪ, kjúːpel, -pəl | kjúːpəl] 〖《1605》□ F *coupelle* □ LL *cūpella* (dim.) ← *cūpa* cask : ⇨ cup〗 — 〖冶金〗 *n.* (金銀試金用の)灰皿, 灰吹き皿《灰吹き法で用いる骨灰製の皿》. — *vt.* (**cu·peled, -pelled; -pel·ing, -pel·ling**) 灰皿[灰吹き皿]で精製する. **~·er, cu·pél·ler** [-lə | -lə(r)] *n.*

cu·pel·la·tion [kjùːpəléɪʃən, -pe-] 〖⇨ ↑, -ation〗 *n.* 〖冶金〗 灰吹き法《灰吹き皿を使用する金銀と鉛の酸化分離法》.

cup·fer·ron [kʌ́pfəràn, k(j)úːp- | -rɔ̀n] 〖← CUP(RIC)+FERR(IC)+-ON¹〗 — *n.* 〖化学〗 クペロン, クフェロン ($C_6H_5N(NO)ONH_4$)《無色結晶性のアンモニウム塩; 鉄・チタン・ジルコニウムなどの分析試薬》.

cúp fìnal *n.* 1 (優勝杯を争う)優勝決定戦. 2 [the C- F-] 《英》 カップファイナル《サッカー優勝決定戦》.

cup·ful [kʌ́pfʊ̀l] 〖《c1150》: ⇨ cup, -ful〗 *n.* (*pl.* **~s, cups·ful**) 1 茶碗[カップ]一杯(分の量) 〔*of*〕. 2 計量カップ一杯(分の量) (=¹/₂ pint, 8 ounces).

cúp fùngus *n.* 〖植物〗 子実体は茶碗形をしているチャワンタケ科の菌類.

cúp·hòlder *n.* 優勝杯保持[獲得]者.

Cu·pid [kjúːpɪd, -pəd | -pɪd] 〖《c1350》□ L *Cupīd-ō* : *cupīdō* desire, love (← L *cupere* to desire) の擬人化〗 — *n.* 1 〖ローマ神話〗 キューピッド《Venus の子で恋愛の媒介神; 通例裸体で翼の生えた美少年が弓矢をもった姿で表わされる; その気まぐれに放つ矢に当たった者はだれでも恋に落ちるという; cf. Eros 1, Kama²》: ⇨ Cupid's bow 1. 2 [c-] キューピッドの絵姿[彫像].

Cupid

Cupid and Psyche キューピッドとサイキ《Apuleius の *Golden Ass* 中の物語の一つ; 美少女 Psyche に魅せられた Cupid が, 夜ごとに彼女を訪れるうちに, 自分の寝姿を盗み見られたのを怒って去り, Psyche がそれを追って世界をかけめぐる話; 多くの英詩文の題材になっている》.

cu·pid·i·ty [kjuːpídəṭi, kjuː- | kjuːpídətɪ, kjʊ-, -dɪ-] 〖《1436》□ (O)F *cupidité* □ L *cupiditātem* desire ← *cupidus* desirous ← *cupere* : ⇨ Cupid, -ity〗 — *n.* 1 貪欲, 強欲 (greed, avarice). 2 《古》 大欲; 色欲.

Cú·pid's bów [-bóʊ | -bə́ʊ] *n.* 1 キューピッドの弓. 2 二重弓形の形のよい(上)唇の線 : a ~mouth.

cúp lèather *n.* 〖機械〗 U パッキン《水圧シリンダーやポンプなどの, 断面が U 字[カップ]形のパッキン》.

cúp lìchen *n.* 〖植物〗 地衣類で子器が盃状をなすユゲ類の総称《レカノラ属の *Lecanora tartarea*, ハナゴケ属 (*Cladonia*) の植物など; cup moss ともいう》.

cúp·lìke *adj.* コップ状の : a ~ depression 椀状の窪地.

cúp mòss *n.* 〖植物〗 =cup lichen.

cu·po·la [kjúːpələ] 〖《1549》□ It. ~ 'dome' □ LL *cūpula* (dim.) ← *cūpa* 'CUP'〗 — *n.* 1 〖建築〗 a クーポラ, 半球天井, 小丸天井. b (屋根の上につけた)頂塔 (lantern). 2 〖解剖・動物〗 丸屋根状の隆起[器官]《cupula ともいう》. 3 〖冶金〗 溶銑炉, キューポラ《cupola-furnace ともいう》. 4 〖軍事〗 (軍艦・要塞の)(丸屋根蓋形)回転砲塔, (戦車の)天蓋. — *vt.* …に cupola をつける. **~ed** *adj.*

cup·pa [kʌ́pə] 〖《短縮》← *cup of*〗 *n.* 《英口語》 1 1杯 (cup of) : a ~ tea. 2 1杯のお茶 (cup of tea) : have a ~.

cupped *adj.* 茶碗[カップ]状の (cup-shaped).

cúp·per¹ *n.* 〖医学〗 吸角法施術者.

cúp·per² 〖← *cup* (*tie*)+-ER¹: cf. rugger〗 *n.* 《俗》 (オックスフォード大学で)優勝杯争奪学寮対抗シリーズ.

cup·per³ [kʌ́pə | -pə(r)] *n.* =cuppa.

cúp·ping 〖⇨ cup (vt.) 3〗 — *n.* 〖医学〗 すいふくべ放血法, 吸角法《吸角子[吸い玉]を掛けること; 放血を伴わない dry cupping と, 伴う wet cupping とがあるが, 現在ではほとんど用いない》.

cúpping glàss *n.* 〖医学〗 吸角子, 吸い玉.

cúp plànt *n.* 〖植物〗 ツキヌキオグルマ (*Silphium perfoliatum*)《北米東部原産キク科の多年草》.

cup·py [kʌ́pi | -pɪ] *adj.* (**cup·pi·er; -pi·est**) 1 (茶碗[カップ]のように)くぼんだ, 中低の (hollow). 2 〈地面が〉穴の多い, 穴だらけの. ⌈の異形.

cupr- [k(j)úːpr | kjuː-] (母音の前に来る時の) cupro-

cu·pram·mo·ni·um [k(j)ùːprəmóʊniəm, -njəm | kjùːprəmə́ʊnjəm, -niəm] 〖← CUPRO-+AMMONIUM〗 — *n.* 〖化学〗 1 銅アンミン錯イオン; (特に)テトラアンミン銅 (II) イオン ($Cu(NH_3)_4$). 2 =cuprammonium rayon. ⌈レーヨン.

cuprammónium ráyon *n.* 〖化学〗 銅アンモニア

cu·prene [k(j)úːpriːn | kjúː-] 〖□ F *cuprène* : ⇨ cupro-, -ene〗 *n.* 〖化学〗 クプレン《アセチレンを還元銅に通じて, 熱すると生じる固体重合体》.

cu·pre·ous [k(j)úːpriəs | kjúːprɪ-] 〖《1666》← L *cupreus* (← *cuprum* 'COPPER¹')+-OUS〗 *adj.* 銅を含んだ, 銅質の; 銅のような.

Cu·pres·sa·ce·ae [k(j)ùːprəséɪsiìː | kjùː-] 〖← NL ~ ← *Cupressus* (属名 : =LL *cypressus* : ⇨ cypress¹)+-ACEAE〗 *n. pl.* 〖植物〗 (裸子植物針葉樹目)ヒノキ科.

cu·pri- [k(j)úːprɪ, -prə | kjúːprɪ] 「銅 (copper); 第二銅を含んだ」の意の連結形.

cu·pric [k(j)úːprɪk | kjúː-] 〖← CUPRO-+-IC¹〗 *adj.* 〖化学〗 第二銅[銅 (II)] (Cu^{II}) の : ~ nitrate = copper nitrate.

cúpric ácetate *n.* 〖化学〗 =copper acetate.

cúpric cítrate *n.* 〖化学〗 くえん酸第二銅 (⇨ copper citrate).

cúpric cýanide *n.* 〖化学〗 シアン化第二銅 (⇨ copper cyanide b).

cúpric hydróxide *n.* 〖化学〗 水酸化第二銅 (⇨ copper hydroxide).

cúpric nítrate *n.* 〖化学〗 硝酸第二銅 (⇨ copper nitrate). ⌈oxide b).

cúpric óxide *n.* 〖化学〗 酸化第二銅 (⇨ copper

cúpric súlfate *n.* 〖化学〗 =copper sulfate.

cúpric súlfide *n.* 〖化学〗 =copper sulfide.

cu·prif·er·ous [k(j)uːpríf(ə)rəs | kjuː-, kjʊ-] 〖← CUPRO-+-FEROUS〗 *adj.* 銅を含有する; 銅を産する.

cu·prite [k(j)úːpraɪt | kúː-] 〖⇨ ↓, -ite¹〗 *n.* 〖鉱物〗 赤銅鉱 (Cu_2O) (red copper ore ともいう).

cu·pro- [k(j)úːproʊ | kjúːprə(ʊ)] 〖← L *cuprum* 'COPPER¹'〗「銅 (copper); 銅と…との」の意の連結形. ★ 母音の前では通例 cupr- になる.

cùpro·níckel *n.* 〖冶金〗 白銅《特に, 銅70% とニッケル30% の合金》. — *adj.* 白銅の : a ~ coin 白銅貨.

cu·prous [k(j)úːprəs | kjúː-] 〖← CUPRO-+-OUS〗 *adj.* 〖化学〗 第一銅 (Cu^I) の[に関する, を含む].

cúprous cýanide *n.* 〖化学〗 シアン化第一銅 (⇨ copper cyanide a). ⌈oxide a).

cúprous óxide *n.* 〖化学〗 酸化第一銅 (⇨ copper

cu·prum [k(j)úːprəm | kjúː-] 〖□ L ~ : ⇨ copper¹〗 *n.* 〖化学〗 =copper 1.

cúp shàke *n.* 〖林業〗 =ring shake.

cúp tìe *n.* 優勝杯争奪戦[トーナメント] (cf. tie 6 c).

cu·pu·la [kjúːp(j)ʊlə | -pjʊ-] 〖← NL *cūpula* ← LL 'small tub'〗 *n.* (*pl.* **cu·pu·lae** [-lìː]) 〖解剖・動物〗 = cupola 2.

cu·pule [kjúːp(j)uːl | -pjuːl] 〖《変形》← CUPOLA〗 *n.* 1 〖植物〗 杯状部, (ドングリなどの)殻斗(かくと) (acorn cup). 2 〖動物〗 (杯状の)吸盤. **cu·pu·late** [kjúːpjʊlèɪt, -lət, -lɪt] *adj.* **cu·pu·lar** [kjúːpjʊlə | -lə(r)] *adj.*

cur [kə́ː | kə́ː(r)] 〖《?a1200》 *curre* ← ? ON *kurr* grumbling & *kurra* to grumble〗 — *n.* 1 雑種犬, 野良犬, 野犬; (特に)かみつく性質の悪い犬 (cf. mongrel 1). 2 やくざな人間, ろくでなし.

cur. 《略》 currency; current.

cur·a·bil·i·ty [kjʊ̀(ə)rəbíləṭi | kjʊ̀ərəbílətɪ, -lɪ-] *n.* 〖医学〗 治療[根治]可能性.

cur·a·ble [kjʊ́(ə)rəbl | kjʊ́ər-] 〖《a1398》□ (O)F ~ // L *cūrābil-is* : ⇨ cure, -able〗 — *adj.* 治癒(ゆ)できる, 〈病気・悪癖など〉治せる, 治る (remediable). **~·ness** *n.* **cúr·a·bly** *adv.*

cu·ra·çao [k(j)ú(ə)rəsòu, -sàu, ←ー | kjùərəsə́u]〘(1813)← *Curaçao*(↓)〙 ― *n.* **1** キュラソー《curaçao orange の皮で味をつけたリキュール》. **2**〘植物〙＝curaçao orange.

Cu·ra·çao [k(j)ú(ə)rəsòu, -sàu, ←ー | kjùərəsə́u] *n.* **1** クラサオ[キュラソー](島)《Venezuela 北西沖にある Netherlands Antilles の主島; 人口 149,000, 面積 444 km², 首都 Willemstad》. **2** クラサオ, キュラソー《Netherlands Antilles の旧名》.

curaçáo órange *n.*〘植物〙ダイダイ(の実) (sour orange).

cu·ra·çoa [k(j)ú(ə)rəsòu, -sàu, ←ー, k(j)ù(ə)rəsóuə | kjùərəsə́uə] *n.* ＝curaçao.

cu·ra·cy [kjú(ə)rəsi | kjúərəsɪ]〘(1682)← CUR(ATE)+-ACY〙 *n.* (教区の)副牧師[補助司祭] (curate) の職[任期].

cur·age [kjú(ə)rɪdʒ, kjʊrɑ́:ʒ | kjúərɪdʒ, kju(ə)rɑ́:ʒ ; *F.* kyra:ʒ]〘□F ～← *curer* 'to CURE': ⇨ -age〙 *n.*〘外科〙＝curettage.

cu·ra·re [k(j)ʊrɑ́:ri | kju(ə)rɑ́:rɪ]〘(1777)□Port. ～□Carib *kurari*〙 ― *n.* (*also* **cu·ra·ra** [kjʊrɑ́:rə | kju(ə)-]) **1** クラーレ《フジウツギ科のマチン (*Strychnos toxifera*) またはパレーラ (pareira) から採る猛毒の黒褐色の樹脂状物質; 南米インディアンは毒矢のやじりに塗る》. **2**〘植物〙クラーレを採る植物.

cu·ra·rine [kjʊrɑ́:rɪn, -rən, -ri:n | kju(ə)rɑ́:ri:n, -rɪn]〘⇨↑, -ine¹〙 ― *n.*〘薬学〙クラリン ($C_{19}H_{26}ON_2$)《クラーレ (curare) から得られるアルカロイド; 猛毒; 筋肉緩和剤として用いられた》.

cu·ra·rize [kjʊrɑ́:raɪz | kju(ə)r-]〘← CURARE+-IZE〙 *vt.* クラーレ (curare) で麻痺させる. **cu·ra·ri·za·tion** [kjʊrɑ̀:rɪzéɪʃən, -rə- | kju(ə)rɑ̀:raɪ-, -rɪ-] *n.*

cu·ras·sow [kjú(ə)rəsòu | kjúərəsə̀u]〘(1685)← CURAÇAO〙 ― *n.*〘鳥類〙ホウカンチョウ(鳳冠鳥)《中南米産キジ目ホウカンチョウ科の鳥類の総称; メスグロホウカンチョウ (*Crax alector*) など》.

cu·rate [kjú(ə)rət, -rɪt, -reɪt | kjúərət, -rɪt]〘(?1382)□ML *cūrāt-us* one entrusted with care (of souls)←L *cūra*: ⇨ cure (n.), -ate¹〙 ― *n.* **1**〘英国国教会〙副牧師, 助任牧師;〘カトリック〙補助[助任]司祭《教区牧師の補佐または代理をする代理牧師》: a ～ in charge (教区の)代理牧師《incumbent が執務できない期間に任命される》/ a perpetual ～《古》＝vicar. **2**《古》聖職者 (ecclesiastic). **3**《英・戯言》小型火かき棒.

cúrate's égg〘主教から腐りかかった卵をもらった副牧師 (curate) が上等な (excellent) ところもあると答えたとの話から; Punch 誌の漫画に由来する〙 ― *n.* [the ～]《英・戯言》玉石混淆(こう). ★ しばしば次の句で: good in parts(, like *the* ～) (副牧師のもらった卵のように)玉石混淆で.

cur·a·tive [kjú(ə)rətɪv | kjúərət-]〘(?*a*1425)□(O)F *curatif*□ML *cūrātivus*: ⇨ curate, -ative〙〘医学〙 ― *adj.* 治療の[に関する], 病気を治す[にきく] (cf. prophylactic): ～ effect / be ～ *of* disease 病気を治す力がある. ― *n.* 医薬; 治療法. **～·ly** *adv.*

cu·ra·tor [kjʊréɪtə, kjú(ə)rətə, -reɪtə | kju(ə)réɪtə(r)]〘(?*c*1375)□AF *curatour*＝(O)F *curateur* // L *cūrātōr-em* guardian: ⇨ cure, -ator〙 ― *n.* **1 a** 監督 (overseer); 支配人 (manager). **b** (博物館・図書館などの)管理者, 館長, 主事 (keeper, custodian). **2** (大学などの)幹事, 評議員. **3**〘法律〙(未成年者・心神喪失者・浪費者などの)保佐人, 後見人 (guardian). **4**〘クリケット〙グラウンドの管理人. **cu·ra·to·ri·al** [kjù(ə)rətɔ́:riəl, -tó:r- | kjù:rətɔ́:rɪ-] *adj.*

curátor·ship *n.* curator の地位[職, 身分].

cu·ra·trix [kjʊréɪtrɪks | kju(ə)r-]〘□LL *cūrātrix* (fem.)←L *cūrātor*〙 ― *n.* (*pl.* **cu·ra·tri·ces** [kjʊréɪtrəsì:z, kjù(ə)rətráɪsi:z | kju(ə)réɪtrɪsì:z, kjùərətráɪsi:z]) 女性の curator.

curb [kə́:b | kə́:b]〘(1477)←(O)F *courb-er*＜L *curvāre* 'to CURVE'〙 ― *n.* **1** (馬具の)大勒銜(たいろくはみ), くつわ鎖, 止めぐつわ《curb bit ともいう; ⇨ bit¹ 挿絵》: a ～ rein 大勒銜に結んだ手綱(たづな), 大勒手綱(たいろくたづな) (⇨ bridle 挿絵). **2** 制御, 拘束, 抑制 (check): put a ～ on …を制限[抑制]する. **3**《米》(歩道の縁に沿って並べた)縁(ふち)石, へり石 (curbstone) (《英》kerb). **4 a** (屋根などに設けられた開口部を強化する)囲い枠組み, 化粧ぶち. **b** (井戸の)井桁(げた), 井筒. **c**《英》炉ぶち《炉 (fireplace) の火床 (hearth) の周囲の盛上がり》. **d**〘建築〙＝purlin plate. **5** [C-]〘証券〙**a** カーブ市場《街頭取引から始まったのでそう呼ばれた名称》. **b** カーブ取引所《New York にあるアメリカン証券取引所の別称》. **6**〘獣医〙(馬の後脚飛節後面に生じる)飛節後腫(しゅ)《跛行の原因となる》. ― *vt.* **1** 〈馬〉に大勒銜(たいろくはみ)[くつわ鎖]をつける; 〈馬を〉くつわ鎖で制御する. **2** 拘束する, 抑制する (restrain): ～ inflation インフレに歯止めをかける. **3** 〈歩道〉に縁石を付ける (《英》kerb). **4** 〈井戸など〉に囲い枠組みをつける. **5** 〈犬を〉(排泄のために)道端[排水溝]へ連れて行く.

cúrb bìt *n.* ＝curb 1.

cúrb bròker *n.*《米》(証券の)場外取引仲買人 (cf. curb 5).

cúrb·ing *n.* **1** 歩道の縁石 (curb) 材料. **2** [集合的] 縁石 (curbstones).

cúrb·lìne *n.* (歩道と車道の間の)縁石線.

cúrb pìn *n.*〘時計〙ひげ受 (⇨ regulator pin).

cúrb ròof *n.*〘建築〙(マンサード屋根 (mansard roof), 腰折れ屋根 (gambrel roof) などの)二段勾配屋根.

cúrb sèrvice *n.* (路傍に駐車して車内で待つ客へ品物・飲食物を届ける)お届けサービス.

cúrb·stòne《米》*n.* (歩道の)縁(ふち)石, へり石 (《英》kerbstone). ― *attrib. adj.* **1** (店をもたず)街頭で商売する: a ～ broker＝curb broker. **2** ほんの思いつきの; 経験や知識に基づかない, 素人の: ～ opinion 街の意見, 市井の声.

curch [kə́:tʃ | kə́:tʃ]〘(1447)《逆成》← *curches*□OF *couvrechés* (pl.)← *couvrechef* 'KERCHIEF'〙 ― *n.*《スコット》＝kerchief 1.

cur·cu·li·o [kəkjú:liòu | kə:kjú:lɪə̀u]〘□L *curculiō* weevil: cf. L *circulus* (⇨ circle)〙 *n.* (*pl.* ～s)〘昆虫〙ゾウムシ《ゾウムシ科の昆虫の総称》.

cur·cu·li·on·id [kəkjù:liɑ́nɪd, -nəd | kə:kjù:lɪɔ́nɪd]〘昆虫〙*adj.* ゾウムシ(科)の. ― *n.* ＝curculio.

Cur·cu·li·on·i·dae [kə:kjù:liɑ́nədì: | kə:kjù:lɪɔ́nɪ-]〘←NL ～: ⇨ curculio, -idae〙 *n. pl.*〘昆虫〙(鞘翅目)ゾウムシ科.

cur·cu·ma [kə́:kjumə | kə́:-]〘←NL ～← Arab. *kúrkum*: cf. crocus¹〙 ― *n.*〘植物〙インド産ショウガ科ウコン属 (*Curcuma*) の植物の総称; (特に)ウコン (*C. domestica*)《根茎の粉末 turmeric は黄色染料またカレー粉の着色料》.

cúrcuma pàper *n.*〘化学〙＝turmeric paper.

cur·cu·min [kə́:kjumɪn, -mən | kə́:kjumɪn]〘□G *Curcumin*←NL *Curcuma*: ⇨ curcuma, -in¹〙 ― *n.*〘化学〙クルクミン ($C_{21}H_{20}O_6$)《ウコンの根茎 (turmeric) に含まれるオレンジ色の結晶; 食品着色剤; クルクマ紙用試薬》.

curd [kə́:d | kə́:d]〘(15C) *curd*《音位転換》←(*a*1376) *crud*←?: cf. Gael. *gruth* curds〙 ― *n.* **1** [しばしば *pl.*] 凝乳《牛乳に rennet を加えて凝固させたもの; チーズの原料; cf. junket 1, whey》: ～*s* and whey 凝乳状の食品. **2** 凝乳状食品, (凝乳状の)凝結物: bean ～ 豆腐. **3** (カリフラワー・ブロッコリーなどのように)食用にする未熟な花部. ― *vt.* 凝結させる; 固める (curdle). ― *vi.* 凝結する.

cúrd chèese *n.*《英》＝cottage cheese.

cur·dle [kə́:dl̩ | kə́:-]〘(1590)← CURD (v.)+-LE³〙 ― *vi.* **1 a** 〈牛乳が〉固まって凝乳になる. **b** 〈血などが〉(凝乳状に)凝結する (coagulate): The sight made my blood ～. その光景を見て私は血の凍る思いがした. **2** 悪化する (sour). ― *vt.* **1 a** 〈牛乳を〉固まらせる, 凝乳にする. **b** 凝結させる (coagulate). **2** 悪化させる (embitter).

cúrd sòap *n.* カードソープ《獣脂を鹼(けん)化して造った硬質の石鹼》.

curd·y [kə́:di | kə́:dɪ] *adj.* (**curd·i·er**; **-i·est**) 凝乳状の, こごりのできた; 凝乳質の. **cúrd·i·ness** *n.*

cure [kjúə | kjúə(r)]〘*n.*: (?*a*1300)□(O)F ～＜L *cūram* care, healing＜OL *coisa*←?. ― v.: (*c*1378) *cure(n)*□(O)F *cur-er* to take care, heal＜L *cūrāre*← *cūra*〙 ― *n.* **1 a** 治癒(ゆ), 平癒, 回復: a complete ～ 全快. **b** 治療 (remedy); (特殊の)療法, 治療法; 治療剤: the cold-water [hot-water] ～ 水治[温湯]療法 (cf. hydropathy) / ⇨ faith cure, grape cure, rest cure / undergo a ～ 治療を受ける / be beyond ～ 治療法がない. **c** 療養; 療養期間. **d** 温泉場, 湯治場 (spa). **2** 救済法[策], 矯正法 (remedy): a ～ for unemployment 失業問題の解決法 / a good ～ for lying うそつきを治す妙法. **3** (肉類・魚類などの塩漬け・燻製などによる)保存(法). **4** (ゴムの)加硫, 硬化《vulcanization ともいう》. **5**〘キリスト教〙**a** 魂の救済; (教区における)信仰の監督. **b** 牧師職; 管轄教区;〘カトリック〙司牧; 司牧職: the ～ of souls 司牧職 / obtain [resign] a ～ (ある教区の)牧師になる[をやめる]. **6**〘海事〙商船乗組員の勤務中に生じた傷病に対しての査定による医療. ― *vt.* **1 a** 〈患者・病気を〉いやす, 治す (cf. heal): ～ a patient, disease, etc. / The treatment ～*d* his headache. その治療で頭痛が治った. **b** 〈患者〉の〔病気を〕治す〔*of*〕: ～ a patient *of* a disease / be ～*d of* a disease 病気が治る. **2 a** 〈悪癖・弊風などを〉矯正する, 直す, 〈苦悩を〉除く (remedy): ～ social ills. **b** 〈人〉の〔悪癖・弊風などを〕直す, 除く〔*of*〕: ～ a person *of* a bad habit 人の悪い癖を直す / ～ oneself *of* a bad habit 悪い癖を自分で直す. **3** 〈肉類・魚類など〉に(乾燥・燻製・塩漬けによる)保蔵処理をする; 保蔵処理によって保存する (preserve): ～ fish, beef, grapes, tobacco, etc. **4 a** 〈ゴムを〉加硫させる, 硬化する (vulcanize). **b** 〈コンクリート・プラスチックを〉固める. ― *vi.* **1** 病気を治す; (転地などをして)保養する. **2** 病気が治る, 治癒する. **3** 〈食品などが〉保存に適当な状態になる: The hay is *curing* in the sun. 干草が日なたでかわいている. **4 a** 〈ゴムが〉加硫される, 硬化する. **b** 〈コンクリート・プラスチックが〉固まる.

cu·ré [kjʊréɪ, kjú(ə)reɪ | kjúəreɪ, kjúəreɪ ; *F.* kyre]〘(1655)□F ～□ML *cūrātus*: ⇨ curate〙 *n.* (フランスの)教区司祭 (parish priest).

cúre-àll *n.* 万能薬, 万病薬 (panacea).

cúre·less〘(*c*1540)〙 *adj.* 治療法のない, 不治の (incurable); 救済[矯正]できない (irremediable).

cur·er [kjú(ə)rə | kjúərə(r)] *n.* **1 a** 乾物[燻製品]製造者: a bacon ～ / a fish ～. **b** (ゴムの)硬化業者. **2** 治療者; 治療器.

cu·ret [kjʊrét] *n.*, *vt.* (**cu·ret·ted**; **-ret·ting**)〘外科〙＝curette.

cu·ret·tage [kjù(ə)rətɑ́:ʒ, kjʊrétɪdʒ | kjʊrétɪdʒ, kjùərɪtɑ́:ʒ ; *F.* kyrta:ʒ]〘□F ～: ⇨↓, -age〙 *n.*〘外科〙掻爬(そうは)(術)《curette でかきとること》.

cu·rette [kjʊrét ; *F.* kyrét]〘(1753)□F ～← *curer* to cleanse: ⇨ cure, -ette〙〘外科〙 ― *n.* キュレット, 有窓鋭匙(ひ), 掻爬(そうは)器. ― *vt.*, *vi.* キュレットでかき取る, 掻爬する. **～·ment** *n.*

curf [kə́:f | kə́:f] *n.* ＝kerf.

cur·few [kə́:fju: | kə́:-]〘(*c*1330) *curfeu*□AF *coeverfu*←OF *cuevre-feu* cover the fire!← *covrir* 'to COVER'+*feu* fire (＜L *focum* hearth: ⇨ focus)〙 ― *n.* **1 a** (中世ヨーロッパの消灯消火の合図の)晩鐘. **b** 晩鐘用の鐘; 暮鐘 (evening bell)《ある場合にはこの鐘の後, 子供などが街路に出ていることを禁じる》. **c** 晩鐘の鳴る時刻. **2 a** (戒厳令などの際の)消灯令, 夜間の外出禁止: *Curfew* is ordered from 6.30 p.m. to 6 a.m. 夜6時半から朝6時まで消灯[夜間外出禁止]令がしかれた. **b** 夜間外出禁止時間; 外出禁止が始まる時刻, 門限. **3** 炉床にかぶせる消火・火災防止用金属カバー.

cúrfew-bèll〘ME〙 *n.* 晩鐘 (cf. curfew 1).

cúrfew làw *n.* 消灯令; 夜間外出禁止令.

cu·ri·a [kjú(ə)riə, kú(ə)riə | kjúərɪə]〘(*a*1425)□L *cūria* division of Roman tribe, ML court〙 ― *n.* (*pl.* **cu·ri·ae** [kjú(ə)riì:, kú(ə)riàɪ | kjúərɪì:, kúərɪàɪ]) **1 a** クリア族区《古代ローマの3部族の行政区; 各部族は10クリアに区分された》. **b** クリアの会合所《ここで各クリア独特の礼拝などが行なわれた》. **c** (古代ローマの)元老院議事堂 (senate house). **d** (古代イタリア各都市の)元老院 (senate). **2 a**〘英史〙(ノルマン朝時代の国王・地方領主の)法廷. **b** (中世ヨーロッパの)封臣会議, 国王評議会; 国王裁判所. **3**〘カトリック〙**a** [the C-] ローマ教皇庁 (Roman Curia); 司教区・修道会の(管区)本部. **b** ローマ教皇宮殿. **c** [集合的] 司教の行政補佐. **cú·ri·al** [-əl] *adj.*

cu·ri·age [kjú(ə)riɪdʒ, kjʊrí:ɪdʒ | kjúərɪɪdʒ]〘← CURIE+-AGE〙 *n.*〘物理〙キュリー (curie) で表わされた放射能の強さ.

cu·ri·al·ism [kjú(ə)riəlìzm | kjúərɪəl-] *n.* 教皇庁中心主義 (ultramontanism)《中央集権的で, 地方教皇庁の考え方・分権を認めない》.

Cúria Ré·gis [-rí:dʒɪs, -dʒəs | -dʒɪs]〘□ML *Cūria Rēgis* 'king's CURIA'〙 ― *n.* (*pl.* **Curiae R-**) [the ～]〘英史〙王政庁, 国王評議会《中世の国王直属の領臣 (tenants-in-chief) の会議; 直臣全員が出席する great council とそのなかの一部の側近によって構成される small council があった》.

Cúria Ro·má·na [-ro(ʊ)méɪnə, -mɑ́:- | -rə(ʊ)-]〘□L *Cūria Rōmāna*〙 *n.* [the ～] ＝Roman Curia.

cu·rie [kjú(ə)ri, kjʊrí: | kjúərɪ]〘(1910)← *Marie Curie*〙 ― *n.*〘物理〙キュリー《放射性物質の放射能の強さを表わす単位; 毎秒 370 億個の割合で崩壊する放射性物質が 1 curie で, ラジウム 1 グラムがほぼこれに当たる; 略 Ci; cf. roentgen》.

Cu·rie [kjú(ə)ri, kjʊrí: | kjúərɪ ; *F.* kyri], **Marie** *n.* キュリー《1867-1934; ポーランド生れのフランスの物理化学者; 夫 Pierre と共にラジウムを発見 (1898); Nobel 物理学賞(夫と共同で) (1903), 化学賞(単独で) (1911); Irène Jolio-Curie の母》.

Curie, Pierre *n.* キュリー《1859-1906; フランスの物理化学者; Marie Curie の夫》.

Cúrie pòint〘← *Pierre Curie*〙 *n.*〘物理〙キュリー点《磁気変態の起こる温度; Curie temperature ともいう》.

Cúrie's láw〘↑〙 *n.*〘物理〙キュリーの法則《常磁性体の磁化率は絶対温度に逆比例するという法則; 1896 年 Pierre Curie が発見》(⇨ Curie point).

Cúrie témperature〘↑〙 *n.*〘物理〙キュリー温度.

Cúrie-Wéiss làw [-wáɪs-, -váɪs-; *F.* -vajs-]〘← *P. Curie* & *Pierre-Ernest Weiss* (1865-1940: フランスの物理学者)〙 ― *n.*〘物理〙キュリーワイスの法則《キュリーの法則 (Curie's law) を一般化したもので, 磁化率の温度依存性を表わす》.

cu·ri·o [kjú(ə)riòu | kjúərɪə̀u]〘(1851)《略》← CURIOSITY〙 *n.* (*pl.* ～s) 骨董品.

cu·ri·o·sa [kjù(ə)rióusə, -zə | kjùərɪə́usə, -zə]〘□L *cūriōsa* (neut. pl.)← *cūriōsus*: ⇨ curious〙 *n. pl.* **1** 珍本; 好色本. **2** 珍しい物, 珍品.

cúrio shòp *n.* ＝curiosity shop.

curiosi〘□It. ～〙 *n.* curioso の複数形.

cu·ri·os·i·ty [kjù(ə)riɑ́səṭi, -sti | kjùərɪɔ́s(ə)tɪ, -sɪ-]〘(*c*1383)□OF *curiouseté* (F *curiosité*)□L *cūriōsitātem*: ⇨ curious, -ity〙 ― *n.* **1** 好奇心, 物好き, 穿鑿(さく)好き: intellectual ～ 知的好奇心 / out of [from] ～ 好奇心から, 物好きに / with ～ 物珍しそうに; 好奇心にかられて / She has a ～ *to* know everything. 彼女はなんでも知りたがる. **2** 珍奇, 珍しさ. **3** 珍奇な物, 珍しい物, 骨董品; 珍しい特徴[面]. **4**《古》**a** 綿密さ, 細心; 精巧. **b** 気むずかしさ.

curiósity shòp *n.* 骨董店.

cu·ri·o·so [kjù(ə)rióusou, -zou | kjùərɪə́usəu, -zəu]〘□It. ～ 'curious person'〙 *n.* (*pl.* **～s, -o·si** [-si:, -zi:]) 美術品愛好[鑑識]家, 骨董収集家 (virtuoso).

cu·ri·ous [kjú(ə)riəs | kjúərɪ-]〘(?*c*1350)□OF *curios*, *curius* (F *curieux*)＜L *cūriōsum* careful, diligent, eager← *cūra* care: ⇨ cure, -ious〙 ― *adj.* **1 a** 〔…を〕知りたがる〔*about*〕: be ～ *about* the origin of the world 世界の起源を知りたがる. **b** [通例 be ～ *to* know [learn, etc. ～] として] しきりに知りたがる: I *am* [should *be*] ～ *to know* if it is true. それが本当であるかどうか知りたいのだが. **2** ものを知りたがる; 好奇心の強い, もの好きな, もの見高い, 穿鑿(さく)好きな (inquisitive): a ～ student 知識欲旺盛な学生 / ～ neighbors もの見高い近所の人々 / hide things from ～ eyes 見たがる人の目につかぬようにものを隠す /

a man of a ~ disposition 根掘り葉掘り聞かなければすまない性質の人 / steal a ~ look at …をもの珍しそうにそっとのぞいて見る. **3** 好奇心をそそるような, 珍しい; 不思議な, 奇妙な, 変わった (odd, singular): a ~ coincidence 奇妙な暗合 / a ~ sight [spectacle] 不思議な光景 / a ~ man 変人 / ~ to say 妙な話だが, 不思議なことには / It's a very ~ thing that …とは全く妙なことだ. **4** (本屋の目録などで)〈本が〉珍書の; 好色本の (erotic). **5 a** 《古》綿密な, 入念の; 手の込んだ, 精巧な (elaborate); 精密な (subtle): a ~ research 綿密な研究 / a thing of ~ workmanship 手の込んだ細工の品物. **b** 《廃》深遠な (abstruse). **6** 《方言》好みのむずかしい (fastidious).
curiouser and curiouser 〘L. Carroll の *Alice's Adventures in Wonderland* に出る句から〙いよいよ奇妙な, 奇妙きてれつな.
~·ness *n.*

cú·ri·ous·ly 〘ME〙 — *adv.* **1** もの珍しそうに, 不思議そうに, 物好きに, 好奇心に駆られて. **2** 奇妙に, 不思議に: ~ enough 妙なことに. **3** 妙に, ひどく (very): a ~ bad accent とても[ばかに]ひどいなまり / She is ~ ugly. 実にひどい醜女だ. **4** 《古》入念に, 丹念に, 巧妙に, 精巧に (carefully, delicately).

cu·rite [kjú(ə)raɪt | kjúər-] 〘□ F ~ ← *Pierre Curie*〙 *n.* 〘鉱物〙キュライト (2PbO. $5UO_3$. $4H_2O$)《閃ウラン鉱から生じた二次的ウラン鉱物》.

Cu·ri·ti·ba [kùː(ə)rətíːbə | kù(ə)rɪ-; *Braz.* kùritʃíba] *n.* クリティバ《ブラジル南部の都市; 人口 483,000》.

cu·ri·um [kjú(ə)riəm | kjúərɪ-] 〘← NL ~ ← *Pierre & Marie Curie*: ⇨ -ium〙 *n.* 〘化学〙キュリウム《1944 年発見の放射性元素; 記号 Cm, 原子番号 96》.

Cu·ri·us Den·ta·tus [kjú(ə)riəs-dentéɪtəs, kú(ə)riəs-dentáːt̬- | kjúərɪəs-dentéɪt-, kú(ə)rɪəs-dentáːt-], **Marcus** *n.* キュリウスデンタトゥス《?–270 B.C.; ローマの執政官 (consul); 倹約有徳の模範とされている》.

curl [kɔ́ːl | kɔ́ːl] 〘n.: 《1600》← (v.). — v.: 《15C》(音位転換) ← 《c1380》*crulle(n)* to curl, bend ← *crul* curly □ (M)Du. *krul*: cf. OHG *krol* curly〙 — *n.* **1** (頭髪の)巻き毛; [*pl.*] 巻き毛の頭髪 (cf. crimp[2] 1 a): The girl has long ~*s* over her shoulders. その少女は長い巻き毛を肩に垂らしている. **2** カールする[巻く, ねじる]こと; カールした[波打った, ねじれた]状態: a ~ of the lip(s) 口をゆがめること《軽蔑の表情》/ keep one's hair in ~ 髪をカールにしておく. **3 a** 巻き毛状の物, 螺旋状(物), 渦巻き形, うねり; 流水の渦: a ~ of smoke from a cigarette たばこから上がる煙の渦巻き / the ~ of a wave 波のうねり. **b** 巻きひげ[つる] (tendril). **4** 〘植物病理〙萎縮病《ジャガイモなどがウイルスに冒されて葉が縮れて巻き上がる病気》. **5** 〘数学〙= rotation 6. **6** 〘アーチェリー〙急カーブしたそりのある弓. **7** 〘サーフィン〙波頭がせり出して砕け散る時にできる中空の波頭.
out of curl (1)〈髪が〉カールが取れて. (2)〈人が〉元気を失って, がっかりして: go *out of* ~ 元気を失う.
— *vt.* **1**〈毛髪を〉カールさせる, 巻き毛にする;〈ひげを〉ひねる. **2** ねじ曲げる, うずくまらせる (twist): ~ the [one's] lip(s) ⇨ lip 成句 / lie ~*ed* on the sofa ソファーにうずくまる. **3** 《廃》巻き毛をつけて[つけたように]飾る. — *vi.* **1 a**〈髪が〉(巻き毛状に)カールする;〈煙などが〉渦巻く;〈つるなどが〉巻き付く. **b** ちぢこまる, 丸く波打つ. **2 a**〈道が〉曲がりくねる. **b**〈ボールが〉カーブする (curve). **3**〈唇が〉ゆがむ, への字になる. **4** カーリングをする (⇨ curling).
curl up (*vi.*) (1)〈葉などが〉巻き上がる, ちぢれ上がる, まくれる. (2) 丸くなって寝る, ちぢこまる; 脚を引っ込めて坐る. (3)《口語》〈人が〉のびる, ぺしゃんこになる, 参る (collapse). (4)《口語》(恐怖・恥ずかしさで)身をよじる; いたたまれない気になる; 吐き気を催す. (*vt.*) (1) 巻き上げる, 折り曲げる, ちぢらす. (2)〈体を〉丸くする: ~ oneself *up* 丸くなって寝る, ちぢこまる. (3)《口語》〈人を〉のす, 倒す, ぺしゃんこにする. (4)《口語》(恐怖・恥ずかしさで)〈身を〉よじらす; いたたまれない気にさせる, 吐き気を催させる.

curled 〘《ME》〙 — *adj.* **1** 巻き毛の, カール状の (curly), 渦巻いた. **2 a** 〘植物〙葉がちぢれ上がった. **b** 〘植物病理〙〈ジャガイモが〉萎縮病にかかった.
cúrl·ed·ness [-lɪdnɪs, -ləd-, -ld-, -nəs] *n.*

cúrled háir *n.* 巻き毛; (ふとんの入れ毛にする)くず毛, 馬のすき毛.

cúrled mállow *n.* 〘植物〙オカノリ, ハタケナ, ノリナ (*Malva verticillata* var. *crispa*)《ヨーロッパ原産アオイ科フユアオイの栽培品種; 縁の縮れた葉をつけ, 食用となる》.

cúrl·er [-lə | -lə(r] *n.* **1 a** カールさせる人. **b** (毛髪用)カールクリップ. **2** カーリング (curling) 競技者.

cur·lew [kɔ́ːluː, -ljuː | kɔ́ːljuː, -luː] 〘《c1340》*curleu* □ (O)F *courlieu*: 擬音語〙 — *n.* (*pl.* ~**s**, ~) 〘鳥類〙ダイシャクシギ《ダイシャクシギ属 (*Numenius*) の鳥類の総称; ダイシャクシギ (common curlew), ホウロクシギ (*N. madagascuriensis*) など》.

curl·i·cue [kɔ́ːlɪkjùː, -lə- | kɔ́ːlɪ-] 〘← CURLY + CUE[2]〙 — *n.* 装飾的な渦巻き; (特に)文字の渦巻き形の飾り書き (flourish). — *vi.* 〈文字が〉渦巻き形をなす. — *vt.* 装飾的渦巻きで飾る.

cúrl·ing [-lɪŋ] 〘cf. Flem. *krullebol* curl-bowl, wooden ball used in *bolspel*〙 — *n.* 〘スポーツ〙カーリング《スコットランドで生れたボーリングに似た氷上遊戯; 4 名一組の 2 チームで行なわれ, 平円形の石または鉄 (curling stone) を標的 (tee) に向けて氷上を滑らせる; 標的のまわりのハウス (house) に入れば得点となる》.

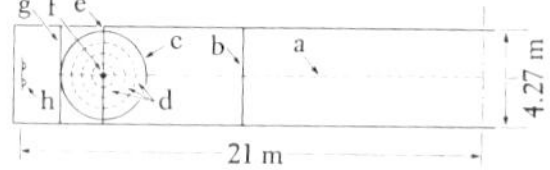

diagram of half a curling rink
a center line; b hog score; c outer circle; d house; e sweeping score; f tee; g back score; h foot score

cúrling ìron *n.* [通例 *pl.*] (頭髪用)カールごて, ヘアアイロン.

cúrling-pìns *n. pl.* (頭髪用)カールピン.

cúrling stòne *n.* カーリングストーン《カーリングに使用する曲がった柄のついた平円形の重い石, 鉄製のものもある; 15–18 kg》.

cúrling tòngs *n. pl.* = curling iron.

cúrl·pàper *n.* [通例 *pl.*] (毛巻き用)カールペーパー, 毛巻き紙《カールさせる毛髪を数時間固く巻き付けておく紙》: with one's hair in ~*s* 髪をカールペーパーに巻いて.

curling stone

curl·y [kɔ́ːli | kɔ́ːlɪ] 〘← CURL + -Y[4]〙 — *adj.* (**curl·i·er**; **-i·est**) **1** 巻き毛の, 縮れ毛の, カールする: a ~ head. **2 a**〈葉など〉渦巻き状の, うねっている. **b** 〘植物病理〙〈ジャガイモの葉など〉(萎縮病にかかって)縮れた. **cúrl·i·ly** [-lɪli, -lə-|-lɪ] *adv.* **cúrl·i·ness** *n.*

cúrly-còated retríever *n.* カーリーコーテッドレトリーバー《四つの猟犬種によって英国で作出された大種のイヌ; 短い巻き毛をもつ》.

cur·ly·cue [kɔ́ːlɪkjùː, -lə- | kɔ́ːlɪ-] *n.* = curlicue.

cúrly·hèad *n.* **1** 縮れ毛の人. **2** [*pl.*] 〘植物〙⇨ curlyheads.

cúrly·hèads *n.* (*pl.* ~) 〘植物〙米国東部産キンポウゲ科センニンソウ属の低木 (*Clematis ochroleuca*)《果実に縮れた長い毛がある》.

cúrly pálm *n.* 〘植物〙ベルモアホエア, ベルモアヤシ (*Howea belmoreana*)《Lord Howe 島原産のヤシ》.

cúrly-pàte *n.* 巻き毛頭[縮れ毛]の人.

cúrly tòp *n.* 〘植物病理〙*Ruga verrucosans* 菌によるビート(特に, 甜菜)の葉が巻縮する病気.

Curme [kɔ́ːm | kɔ́ːm], **George Oliver** *n.* (1860–1948) 米国の英語およびドイツ語学者・文法学者; *Syntax* (1931).

cur·mudg·eon [kəːmʌ́dʒən | kə(ː)-] 〘《1577》: 人名からか: cf. 《スコット》*curmurring* a source of grumbling & *curmullyit* dark, ill-favored fellow〙 — *n.* **1** 意地の悪い人[じいさん]. **2** 《古》けちんぼう.

cur·múdg·eon·ly *adj.* **1** 意地の悪い (churlish). **2** 《古》けちんぼうの.

curn [kɔ́ːn | kɔ́ːn] 〘ME *curne* (変形) ← *corne* 'CORN[1]': cf. kernel〙 *n.* 《スコット》**1** 穀粒 (grain). **2** 少数; 少量.

curr [kɔ́ː | kɔ́ː(r] 〘擬音語: cf. Dan. *kurren* to coo〙 *vi.* (鳩のように)ごろごろ言う, 低くうなる.

cur·rach[1] [kɔ́ː(r)ə(x) | kʌ́r-] *n.* 《アイル・スコット》= curragh[1].

cur·rach[2] [kɔ́ː(r)ə(x) | kʌ́rə] *n.* 《アイル》= curragh[2].

cur·ragh[1] [kɔ́ː(r)ə(x) | kʌ́r-] 〘《?c1450》*currok* □ Ir.-Gael. *currach*: cf. coracle〙 *n.* 《アイル・スコット》= coracle.

cur·ragh[2] [kɔ́ː(r)ə(x) | kʌ́rə] 〘□ Ir. *corrach* marsh // Manx *curragh* fen〙 *n.* 《アイル》沼沢地.

Cur·ragh [kɔ́ː(r)ə(x) | kʌ́rə] 〘↑〙 *n.* [the ~] アイルランド共和国にある平野《Dublin の南西約 50 km; 練兵場と有名な競馬場がある》.

cur·ra·jong [kɔ́ː(r)ədʒɔ̀(ː)ŋ, -dʒɑ̀ŋ | kʌ́rədʒɔ̀ŋ] *n.* 〘植物〙= kurrajong.

cur·ran [kɔ́ːn | kɔ́ːn] *n.* 《スコット》= curn.

cur·rant [kɔ́ː(r)ənt | kʌ́r-] 〘《1381》(*reisins of*) *corauns* □ AF *raisins de corauntz* raisins of Corinth = OF *raisins de Corinthe* grapes of Corinth: 今の形 -*t* はその原産地 *Corinth* との連想で 16C から〙 — *n.* **1** 種なしの小粒の干しぶどう《Levant 地方産で料理用; cf. raisin 1》. **2 a** 〘植物〙フサスグリ《ユキノシタ科スグリ属 (*Ribes*) の各種の低木; クロフサスグリ (black currant), アカフサスグリ (red currant) など》. **b** フサスグリの実《主にジャム・ゼリー用》.

cúrrant bòrer *n.* 〘昆虫〙スグリ (currant), セイヨウスグリ (gooseberry) などの茎に穿孔する小型黄色のスカシバガの一種 (*Ramosia tipuliformis*) の幼虫.

cúrrant tomàto *n.* 〘植物〙ペルー産小粒の実のなる野生トマトの一種 (*Lycopersicon pimpinellifolium*); その実.

cúrrant·wòrm *n.* 〘昆虫〙スグリの葉や実を食うハバチ・キトビエダシャクなどの幼虫.

cur·ren·cy [kɔ́ː(r)ənsi | kʌ́rənsɪ] 〘《1657》← ML *currentia*: ⇨ current, -ency〙 — *n.* **1 a** (貨幣の)流通, 通用 (circulation): restrict the ~ of bank notes 紙幣の通用を制限する. **b** (言語・思想・風説などの)流布, 流行 (prevalence), 通用: the ~ of a word, a phrase, ideas, reports, etc. / gain [lose] ~ 通用し出す[しなくなる] / give ~ to …を通用[流布]させる / have a general [long] ~ 一般に[長く]通用[流布]している / in common ~ 一般に通用して. **c** 流行[流布, 通用]している期間. **2 a** 現金通貨 (current money); 通貨流通額: gold ~ 金貨 / metallic ~ 金属通貨, 硬貨 / paper ~ 紙幣 / in ~ 通貨で / ⇨ hard currency. **b** 紙幣. **c** 貨幣代用物.

cúrrency bònd *n.* 〘財政〙(発行国通貨払いの)債券 (cf. gold bond).

cúrrency dòctrine *n.* 〘経済〙通貨主義《銀行券の発行は正貨準備の下でのみすべきであるという主張; currency principle ともいう; cf banking doctrine》.

cúrrency nòte *n.* = treasury note 1.

cúrrency prìnciple *n.* 〘経済〙= currency doctrine.

cúrrency ùnit *n.* 〘経済〙= monetary unit.

cur·rent [kɔ́ː(r)ənt | kʌ́r-] 〘《16C》□ L *current-em* (pres.p.) ← *currere* to run, flow ← IE **kers-* to run (⇨ car) ∞ 《?a1300》*curraunt* □ OF *corant, curant* (pres.p.) ← *courre*: ⇨ -ent〙 — *adj.* **1** 〈貨幣が〉流通している: a ~ coin 通貨, 正貨 / ~ money 流通通貨. **2** 今の, 目下の, 現在の (present): the ~ month [year] 本月[年] / the ~ issue [number] of a magazine 雑誌の最近号《今月号, 今週号》/ the 10th ~ [curt.] 本月十日 / ~ expenses 当座の費用. **3** 現在一般に行なわれている, 流布している, 今流行している (prevalent): ~ opinions, rumors, reports, etc. / ~ superstitions 今流行の迷信 / ~ English 日常英語, 時事英語 / ~ news 時事ニュース / ~ thought 時代思想 / ~ topics 今日の話題 / ~ events [affairs] 時事 / the ~ price 時価, 現在価格 / the ~ rate of interest 現行の利子率, 現在の市場金利 / pass [go, run] ~ 一般に通用する, 世間に認められる, 公然とまかり通る. **4** 《古》流れる, 流動する (flowing); 流暢な (fluent). **5** 《廃》ほんものの (genuine), 正真正銘の (authentic).
— *n.* **1** 流動, 流れ (flow, stream); 潮流, 海流; 気流: great ocean ~*s* 大洋の大海流 / a strong ~ in the river 川の強い流れ / the Japan *Current* 日本海流, 黒潮 / a violent ~ of air 激しい気流. **2** 時の流れ (course); 傾向, 風潮 (tendency): the ~ of time [the times] 時の流れ / the ~ of events 事件の推移 / the ~ of opinion 世論の大勢 / swim [go] with [against] the ~ 世の風潮[天下の大勢]に従う[逆らう]. **3** 〘電気〙**a** 電流: ⇨ alternating current, conduction current, convection current 2, direct current, galvanic current. **b** 電流の強さ. **~·ness** *n.*

cúrrent accóunt *n.* **1** 〘銀行〙当座勘定, 当座預金 (cf. deposit account). **2** 〘会計〙= book account 1.

cúrrent amplificátion *n.* 〘電気〙電流増幅.

cúrrent ámplifier *n.* 〘電気〙電流増幅器.

cúrrent ássets *n. pl.* 〘会計〙流動資産《現金および通常の営業活動で 1 年以内に現金化される資産; cf. fixed assets》.

cúrrent collèctor *n.* 〘電気〙集電装置.

cúrrent cóst *n.* 時価.

cúrrent dènsity *n.* 〘電気〙電流密度.

cur·ren·te cal·a·mo [kəréntɪ-kǽləmòʊ | -tɪ-kǽləmàʊ] 〘□ L ~ 'with a running pen'〙 *L.* すらすらと; 即座に, 無造作に (offhand).

cúrrent expénses *n. pl.* 経常費.

cúrrent intènsity *n.* 〘電気〙電流の強さ《current strength ともいう》.

cúrrent liabílity *n.* 〘会計〙流動負債《支払期限が一年以内の負債; 短期借入金・買掛金など; cf. fixed liability》.

cúrrent lìmiter *n.* 〘電気〙電流制限器.

cúrrent-lìmiting reáctor *n.* 〘電気〙限流リアクトル.

cúr·rent·ly 〘《15C》〙 — *adv.* **1** 一般に(行なわれて), 広く (generally): It is ~ believed that …と一般に信じられている. **2** 現在は, 今日 (now). **3** 流れるように, 流暢に (fluently).

cúrrent márk *n.* 〘地質〙= current ripple.

cúrrent mèter *n.* 測流器, 流速計, 流量計.

cúrrent óperating perfórmance cóncept *n.* 〘会計〙当期業績主義《期間利益の計算から, 前期損益修正や臨時損益項目を除外して, 短期の正常収益力を示す期間利益を計算すべきであるとする考え方; cf. all-inclusive concept》.

cúrrent rátio *n.* 〘経済・会計〙流動比率《流動資産の流動負債に対する割合で, 企業の短期財務安全性を判断するための比率》.

cúrrent rípple *n.* 〘地質〙カレントリップル《流れによって砂洲・平らな干潟・浜辺などに作られる非対称の砂紋; current mark ともいう》.

cúrrent stréngth *n.* 〘電気〙= current intensity.

cúrrent transfórmer *n.* 〘電気〙変流器.

cur·ri·cle [kɔ́ː(r)ɪkl̩, -əkl̩ | kʌ́rɪ-] 〘《1682》□ L *curricul-um* a running, race chariot ← *currere* to run: ⇨ -cle〙 *n.* 二頭立て二輪の屋根なし馬車.

cur·ric·u·lum [kəríkjʊləm] 〘《1633》□ L ~ '(race-) course, chariot' ← *currere* to run (⇨ current)〙 — *n.* (*pl.* **-u·la** [-lə], ~**s**) **1** 教育課程, (学校の)全教科課程, カリキュラム. **2** (学位・資格を得るための特定の)履修課程. **3** (クラブ活動・ホームルーム活動を含む)全般的学校活動. **4 a** 一般教育, しつけ. **b** 活動予定.
cur·ric·u·lar [kəríkjʊlə | -lə(r] *adj.*

curriculum vi·tae [kəríkjʊləm-váɪtiː, -kjʊləm-wíːtaɪ | kəríkjʊləm-váɪtiː] 〘□ L ~ 'course of life'〙 *n.* (*pl.* **curricula v-**) 履歴 (career); 履歴書.

cur·rie [kɔ́ː(r)i | kʌ́rɪ] *n.* = curry[1].

cúr·ried *adj.* カレー粉で調理した: ~ food カレー料理.

cur·ri·er [kɔ́ː(r)iə | kʌ́rɪə(r] 〘《c1360》*curr(e)iour* □ OF *corier* < L *coriārium* tanner ← *corium* leather:

⇨ corium, -er[1]〛 ── *n.* **1** (なめし革の)仕上げ工, 製革工, 革屋 (leather dresser). **2** 馬に櫛(くし)[ブラシ]をかける人, 馬の手入れをする人.

Cúrrier and Íves *n.* Nathaniel Currier (1813–88) と James Merritt Ives (1824–95) の石版印刷会社 (1835年ニューヨークに創設); 米国の歴史風俗事情などの版画を製作.

cur·ri·er·y [kə́ː(r)iəri | kʌ́riəri] *n.* **1** なめし革仕上げ工場; 製革所. **2** 製革職, 革なめし職.

cur·ri·jong [kə́ː(r)ədʒɔ(ː)ŋ, -dʒùŋ | kʌ́ridʒɔŋ] *n.* 〚植物〛 =kurrajong.

cur·rish [kə́ː(r)ɪʃ | kʌ́ːr-] 〚《*a*1500》: ⇨ cur, -ish[1]〛 ── *adj.* **1** 野犬[駄犬]のような. **2** 卑劣な, 下劣な (churlish, base); 軽蔑すべき (contemptible). **~·ly** *adv.* **~·ness** *n.*

cur·ry[1] [kə́ː(r)i | kʌ́ri] 〚《1598》▭ Tamil *kari* sauce〛 ── *n.* **1** カレー粉 (curry powder). **2** カレー料理: ~ and [with] rice カレーライス / vegetable ~ 野菜カレー.

give** a person **curry 《豪俗》〈人を〉どなりつける.

── *vt.* 〈肉・魚・卵・野菜などを〉カレー料理にする, カレー粉を用いて調理する.

cur·ry[2] [kə́ː(r)i | kʌ́ri] 〚《*c*1300》 *curreie(n)* ▭ OF *correi-er, conreder* (F *corroyer*) to put in order < VL **conredāre* ← *con-* ' COM- ' + **redāre* to make ready (← Gmc: cf. ready)〛 ── *vt.* **1** 〈馬など〉に馬櫛(ぐし)[櫛, ブラシ]をかける, 〈馬・牛の毛〉に櫛をかける, (櫛で)〈馬〉の手入れをする. **2** 〈なめし革〉に加脂する《植物なめし皮に油脂の塗布処理をする》. **3** 〈人を〉打つ (beat).「に馬櫛をかける.

cúrry·còmb *n.* 馬櫛(ぐし), 鉄櫛, 毛櫛. ── *vt.* 〈馬〉

cúrry pòwder *n.* カレー粉.「ソース」.

cúrry sàuce *n.* カレーソース《カレー粉で調味した

curse [kə́ːs | kə́ːs] 〚*n.*: lateOE *cūrs* a curse ← ?: cf. ONF *curuz* (=OF *coroz*) anger ← *curcier* (=OF *corocier*) to call down wrath upon < VL **corruptiāre* (⇨ corrupt). ── *v.*: lateOE *cūrsian* ← (*n.*)〛 ── *n.* **1 a** のろい (malediction): be under a ~ のろわれている, たたりを受けている / call down [lay] a ~ upon a person = lay a person under a ~ 人にのろいをかける / *Curse* upon it! 畜生, くそ / *Curses*, like chickens, come home to roost. 《諺》「人をのろわば穴二つ」. **b** のろいの言葉; 悪態, 毒舌, ののしり《Blast!, Damn!, Confound it! などの類》. **2** (宗教上の)のろい, 破門, アナテマ (anathema). **3** のろわれるもの[人]; (のろいの招いた)たたり, 災い, 災禍; (のろいとなる)災害のもと[たね]: Drink is a ~ to many. 酒は多くの人ののろい[破滅のもと]である / He is a ~ to his family. 彼は家族にとって大の厄介者だ. **4** [the ~] 《口語》 女性ののろい, 月経 (menstruation): the woman's ~.

be not worth a curse 〚curse: 《変形》 ? ← CRESS〛 《口語》 全く値打ちがない. ***not care* [*give*] *a curse for*** 《口語》 …は少しもかまわない, どうなってもよい.

curse of Cain [the ~] 永遠の流浪《カインの受けた刑罰; cf. *Gen.* 4: 11–12》: be cursed with *the* ~ *of Cain* 永遠に流浪する運命になっている.

curse of Scotland 〚その形がスコットランドの法律家で1692年の Glencoe 大虐殺に荷担した Sir John Dalrymple (*d.*1707) の紋章と類似していることからか〛 [the ~] (トランプの)ダイヤの9.

── *v.* (**cursed, curst** [kə́ːst | kə́ːst]) ── *vt.* **1 a** のろう: ~ the day one was born 生れた日を(凶日として)のろう (cf. *Job.* 3: 1–3) / *Curse* it! 《口語》 畜生, くそ / *Curse* you! くたばれ, くそくらえ. **b** …に不敬の言を吐く (blaspheme); …に悪態をつく, ののしる. **2** [通例 p.p. 形で] …にたたる, 災いする, 苦しめる, 悩ます 〔*with*〕: We were ~*d with* misfortunes. 不運に苦しめられた. **3** 〚宗教〛 破門する (excommunicate): ~ by bell, book, and candle ⇨ bell[1] 成句.

── *vi.* **1** のろう 〔*at*〕: ~ *at* a person. **2** (Blast!, Damn! などの)悪態をつく, ののしる: ~ and swear 悪口雑言する / He ~*d* loudly. 大声で悪態をついた.

curs·ed [kə́ːsɪd, -səd, kə́ːst | kə́ːsɪd, -səd] 〚ME〛 ── *adj.* **1** のろわれた, たたられた, 罰当たりの (damned): *Cursed* be a man who …する人はのろわるべきかな. **2** のろうべき, いまいましい (damnable), にくにくしい (hateful); 極悪の (wicked). ★《口語》では単にいらだちを表わす語として用いる: a ~ nuisance いまいましい迷惑, 迷惑千万. **3** [kə́ːst] 《古・方言》 意地悪の, たちの悪い (ill-tempered). ★この意味には通例 curst を用いる. **~·ness** *n.*

cúrsed crówfoot *n.* 〚植物〛 タガラシ (*Ranunculus sceleratus*) 《田に生えるキンポウゲ科の雑草》.

cúrs·ed·ly [-sɪdli, -səd- | -lɪ] 〚ME〛 *adv.* **1** のろわれて, たたられて. **2** いまいましく, ばかに, べらぼうに (confoundedly): ~ hot weather.

cúrse wòrd *n.* **1** のろいの言葉, 不敬な言葉. **2** 鼻持ちならぬ言葉, きざな[不快な]言葉.

cúrs·ing 〚OE *cursung*〛 *n.* のろい; ののしり.

cur·sive [kə́ːsɪv | kə́ː-] 〚《*adj.*: 1784; *n.*: 1861》▭ ML *cursīv-us* ← L *cursus* a running ← *currere* to run: ⇨ current, -ive〛 ── *adj.* 続け書きの (running), 筆記体の (cf. uncial): ~ characters 続け(書き文)字 / a ~ hand 続け書き, 筆記体. ── *n.* **1** 続け書き書体, 草書体, カーシブ(書体) (cursive script); 続け書きの写本[原稿など]. **2** 〚印刷〛 カーシブ《手書き書体をまねた活字書体》. **~·ly** *adv.* **~·ness** *n.*

cur·sor [kə́ːsə | kə́ːsə(r)] 〚ME ▭ L ~ ' runner ' ← *currere* (↑)〛 *n.* 滑子, カーソル《数学・天文・測量器械などの前後に滑動する部品》.

cur·so·ri·al [kəːsɔ́ːriəl, -sóːr- | kəːsɔ́ːrɪ-] 〚← L *cursōrius* ' CURSORY ' + -AL[1]〛 *adj.* 〚動物〛 走行に適した; 走行器官のある (cf. fossorial): ~ birds 走鳥類《ダチョウ (ostrich), ヒクイドリ (cassowary) など》/ ~ insects 走る昆虫《飛ばない昆虫》.

cur·so·ri·ly [kə́ːs(ə)rəli | kə́ːs(ə)rəlɪ, -rɪ-] 〚《1565》 ← L *cursōrius* (⇨ cursory) + -LY[1]〛 *adv.* (ざっと)一通り, そそくさと, ぞんざいに, ざっと.

cur·so·ry [kə́ːs(ə)ri | kə́ːs(ə)ri] 〚《1601》▭ L *cursōri-us* hasty ← *cursor* runner: ⇨ cursor, -ory[1]〛 ── *adj.* 急ぎの (rapid), そそくさとした (hasty); ぞんざいな, おおざっぱな (careless): a ~ inspection 粗略な視察, ざっと目を通す(通り一遍の)検閲 / ~ reading ざっと読むこと / give a ~ glance at …にざっと目を通す. **cúr·so·ri·ness** *n.*

curst [kə́ːst | kə́ːst] *v.* curse の過去形・過去分詞. ── *adj.* =cursed 3.

curt [kə́ːt | kə́ːt] 〚《1630》▭ L *curt-us* shortened, short, incomplete: ⇨ short〛 ── *adj.* (~·**er**; ~·**est**) **1** 〈言行など〉ぶっきらぼうな, ぞんざいな, そっけない (brusque, abrupt). **2** 〈文体が〉簡略な, 簡潔な (terse). **3** 《古》 短い (short), 短く裁った, 短縮した (shortened). **~·ly** *adv.* **~·ness** *n.*

Curt [kə́ːt | kə́ːt] 〚(dim.) ← CURTIS〛 *n.* 男性名.

curt. 《略》 current (=this month).

cur·tail[1] [kəːtéɪl | kəː-] 〚《?*c*1471》 *curtaile(n)* to restrict, limit 《混成》 ? ← OF *courtau(l)d* (F *courtaud*) shortened, decked (⇨ curtal) + ME *taille(n)* to cut (▭ OF *taillier*: ⇨ tail[2])〛 ── *vt.* **1 a** 切り詰める (shorten); 〈講演・休日・操業などを〉短縮する. **b** 〈語などを〉省略する (abbreviate). **2 a** 〈費用などを〉切りつめる, 削減する, 節減する (reduce): have one's salary ~*ed* 俸給を削減される. **b** 〈人〉から〈権利などを〉奪う, 縮小する (deprive) 〔*of*〕: ~ a person *of* his privilege 人の特権を奪う. **~·er** [-lə | -lə(r)] *n.*

cur·tail[2] [kə́ːteɪl | kə́ː-] 〚《通俗語源》 ? ← CURTAL〛 *n.* 〚建築〛 巻鼻《手摺りの端などの渦巻状になった部分》.

cur·táiled *adj.* 〈話・語など〉省略した, 短縮した: ~ words 短縮語《例: bike, bus, cinema, flu, mob, soccer など; cf. clipped form》.

cur·táil·ment *n.* 短縮, 縮少; 削減.

cúrtail stèp [kə́ːteɪl- | kə́ː-] *n.* 〚建築〛 巻鼻段《両端を親柱の回りを巻き込む形に仕上げた(階段の)最下段》.

cur·tain [kə́ːtn̩, -tən, -tɪn | kə́ːtn̩, -tən, -tɪn] 〚《?*c*1300》 *curtin(e)* ▭ OF *cortine* (F *courtine*) < LL *cortinam* little court, enclosure 《なぞり》 ← Gk *aulaia* curtain ← *aulé* court: cf. court〛 ── *n.* **1 a** カーテン, 窓掛け. **b** 幕状におおう[さえぎる]もの: a ~ of cloud [smoke] 雲[煙]の幕 / a ~ of fire = curtain-fire / ⇨ iron curtain, bamboo curtain. **2 a** (劇場の)幕, 緞帳(どんちょう): call an actor before the ~ (幕が降りた時観客が喝采して)役者を幕前に呼び出す / *Curtain!* ここで幕《話し手が今述べた劇的な場面に聞き手の注意を引くための間投詞; cf. tableau 2》/ The ~ falls [drops, is dropped]. 幕が降りる《一幕終わる, 終演となる》; 物語が終わる; (人の)一生が終わる / The ~ rises [is raised] at 6 p.m. 午後6時開幕. **b** 開演; 開演時間. **c** 終幕, 終演, 幕切れ. **d** 劇の最終場の効果: strong [weak] ~. **e** (テレビ・ラジオ番組で)場面の終わりを告げる音楽. **f** = curtain call. **3** [*pl.*] 《俗》 終わり, 一巻の終わり (end); (特に) 死 (death). **4** 〚築城〛 幕壁《二つの稜堡(りょうほ)間をつなぐ防壁; ⇨ bastion 挿絵》. **5** 〚建築〛 **a** 隔壁, 間壁. **b** = curtain wall.

behind the curtain 黒幕にいて, 秘密に, こっそり. ***draw a curtain over*** (1) カーテンを引いて〈窓・ドア〉をおおう. (2) (後は言わないで)〈話〉を幕にする, おしまいにする; …を隠す. ***draw* [*drop*] *the curtain*** (1) 幕[カーテン]を引く[降ろす]. (2) 秘密にしておく, 隠す. ***lift* [*raise*] *the curtain*** (1) 幕を引き上げる, 幕を開けて見せる. (2) 打ち明けて話す, 秘密を明かす 〔*on*〕. ***ring down the curtain*** (1) 幕を降ろす指図をする. (2) 幕を降ろす. (3) 《口語》 〔…の〕結末をつける 〔*on*〕. ***ring up the curtain*** (1) 幕を上げる指図をする. (2) 幕を上げる. (3) 《口語》 行動を開始する.

── *vt.* **1** …に幕を張る, カーテンをつける. **2** 幕[カーテン]でおおう[仕切る, さえぎる] 〈*off*〉: ~ *off* part of a room 部屋の一部を幕で仕切る / The window was ~*ed with* blinds. 窓は日よけでおおわれていた.

cúrtain bòard *n.* 防火幕 (fire curtain).

cúrtain càll *n.* カーテンコール《幕切れに喝采して役者を幕前に呼び出すこと》.「結末, 大団円.

cúrtain·fàll *n.* **1** (芝居の)幕切れ, 終幕. **2** (事件の)

cúrtain-fìre *n.* 〚軍事〛 弾幕(砲火) (barrage).

cúrtain lècture *n.* (ベッドの中などで妻が夫にこっそり言う)寝室説法[小言].

cúrtain lìne *n.* 〚演劇〛 幕を降ろすきっかけのせりふ, しめくくりのひとこと, 落ち (tag line).

cúrtain mùsic *n.* 〚演劇〛 幕間音楽《カーテンを上げる直前の前奏; 主に17–18世紀の劇場で演奏された》.

cúrtain ràiser 〚《なぞり》 ← F *lever de rideau*〛 *n.* **1** 開幕劇, 前狂言《しばしば短い一幕物》. **2** 大事の前の先ぶれになる小事.

cúrtain shùtter *n.* 〚写真〛 カーテンシャッター, フォーカルプレーンシャッター.

cúrtain spèech *n.* 〚演劇〛 **1** (芝居の)最後の台詞. **2** (芝居の終わりに役者・作者などが)幕前でする挨拶.

cúrtain-ùp *n.* 《英》 (芝居などの)幕あき, 開幕.

cúrtain wàll *n.* 〚建築〛 カーテンウォール, 非耐力壁.

cur·tal [kə́ːtl̩ | kə́ːtl̩] 〚▭ F 《古形》 *courtault, -auld* ← *court* short (< L *curtum*) + *-ault* (< LL *-aldum* ▭ Gmc **-ald* (suf.))〛 ── *adj.* **1** 《廃》 短い, 短く切った; 短く切った尾をした. **2** 《古》 短衣を着た: a ~ friar 短衣の修道士. ── *n.* **1** 《古》 尾を切った犬[馬]. **2** カートール《16世紀の複簧(ふくこう)低音木管楽器; bassoon の出現により消滅》.

cúrtal àx 〚《1579》 *courtelax, curtilax* 《変形》 ← CUTLASS〛 *n.* 《古》 =cutlass 1.

cur·ta·na [kəːtéɪnə, -tɑ́ːnə | kəː-] 〚《*a*1460》▭ Anglo-L *curtāna (spada)* curtailed (sword) ▭ AF *curtain* = OF *cortain* (Roland の剣の名: 鉄塊につきさした際に先がかけたためにこの名がある) ← *cort, curt* (F *court*) short: cf. curt〛 ── *n.* 無先刀《英国王戴冠式に仁慈の表章として王の前に奉持する先のない剣; sword of mercy ともいう》.

cur·tate [kə́ːteɪt | kə́ː-] 〚▭ L *curtāt-us* (p.p.) ← *curtāre*: ⇨ curt, -ate[2]〛 *adj.* 短縮した; 比較的短い.

cur·te·sy [kə́ːtəsi | kə́ːtɪsɪ, -tə-] 〚《変形》 ← COURTESY〛 ── *n.* 〚法律〛 鰥(かん)夫産《妻の死後土地・財産を夫が受けたその一生の間の保有権; ただし子のある時に限られた; 1925年廃止; curtesy initiate ともいう》.

cur·ti·lage [kə́ːtəlɪdʒ, -tl̩- | kə́ːtɪl-] 〚《?*c*1300》▭ AF *curtilage* = OF *co(u)rtillage* ← *co(u)rtil* small court ← *cort*: ⇨ court〛 *n.* 〚法律〛 住宅付属庭地, 宅地.

Cur·tin [kə́ːtn̩ | kə́ːtɪn, -tn̩], **John** *n.* (1885–1945) オーストラリア労働党の政治家, 首相 (1941–45).

Cur·tis [kə́ːtɪs, -təs | kə́ːtɪs] 〚▭ ONF *Curteis* = OF *Corteis*: ⇨ courteous〛 *n.* 男性名. ★ 米国に多い.

Curtis, Charles *n.* (1860–1936) 米国の政治家; 副大統領 (1929–33).

Curtis, George William *n.* (1824–92) 米国の作家・編集者・改革者; *Prue and I* (1856).

Cur·tiss [kə́ːtɪs, -təs | kə́ːtɪs], **Glenn Hammond** *n.* (1878–1930) 米国の航空機製作者・飛行家, 米国航空界の開拓者の一人.

Cur·ti·us [kúətsiəs | kúətsɪ-; *G.* kúrtsiʊs], **Ernst** *n.* クルチウス《1814–96; ドイツの考古学者・歴史家》.

cúr·tle àx [kə́ːtl̩- | kə́ːtl̩-] *n.* =curtal ax.

curt·sy [kə́ːtsi | kə́ːtsi] 〚《1528》 《短縮》 ← COURTESY〛 ── *n.* (*also* **curt·sey** [~]) **1** (ひざを少し曲げ体をちょっと下げる婦人の)会釈[おじぎ]: drop [make] a ~ 〈婦人が〉(ひざを少し曲げて)おじぎをする. **2** (婦人が高貴の人に対して左足を引きひざを曲げて体を下げる)敬礼, おじぎ: make one's ~ to the queen 〈婦人が〉(宮中で)女王に拝謁する. ── *vi.* 〈婦人が〉おじぎをする: ~ to the queen.

curtsy 2

cu·rule [kjúː(ə)ruːl, -rjuːl | kjúər-] 〚《1600》▭ L *curūlis* ← *currus* chariot ← *currere* to run (⇨ current)〛 ── *adj.* (古代ローマの)大官椅子 (curule chair) に坐る資格のある; 高位高官の: a ~ office (大官椅子に着席できる)高官職.

cúrule chàir 〚《なぞり》 ← L *sella curūlis* (↑)〛 *n.* (古代ローマの)大官椅子《象牙をはめこんだ床几(しょうぎ)形のもの》.

curule chair

cur·va·ceous [kəːvéɪʃəs | kəː-] 〚← CURVE + -ACEOUS〛 *adj.* (*also* **cur·va·cious** [~]) 《口語》 〈女性が〉曲線の美しい, 曲線美の; セックスアピールのある.

cur·va·tion [kəːvéɪʃən | kəː-] 〚▭ L *curvātiō(n-)*: ⇨ curve, -ation〛 *n.* =curvature.

cur·va·ture [kə́ːvətʃùə, -tʃə, -t(j)ùə | kə́ːvətjə(r), -tʃùə(r), -tjùə(r)] 〚《?*a*1425》▭ L *curvātūra* ← *curvāre* (↓): ⇨ -ure〛 ── *n.* **1 a** 曲げる[曲がる]こと. **b** 曲がっている状態, 彎曲, 彎曲形. **2** 〚医学〛 (体の器官の)彎曲(部); 異常な彎曲: ~ of the spine 脊柱の彎曲. **3** 〚物理・数学〛 曲率, 曲度: ~ of space (相対性原理における)空間のゆがみ / integral ~ 全曲率 / ⇨ RADIUS of curvature, CIRCLE of curvature.

curvature of field 〚光学〛 像面の彎曲収差《レンズ等の結像系の収差 (aberration) の一種; 光軸に垂直な一つの平面物体の像面が一つの曲面になる収差》.

curve [kə́ːv | kə́ːv] 〚*n.*: 《1696》 《略》 ← *curve line*; *curve*: 《廃》 《?*a*1425》 *curve* curved ▭ L *curv-us* bent ← IE **(s)ker-* to turn, bend (L *circus* ' CIRCLE ' / Gk *kurtós* curved). ── *v*: 《1594》▭ L *curv-āre* to bend, curve ← *curvus*〛 ── *n.* **1** 曲線, カーブ; 曲線運動: a catenary ~ 懸垂線 / a hyperbolic ~ 双曲線. **2** 曲り, そり, 屈曲; 彎曲部[個所]: a ~ in a road [in the course of a river] 道[川筋]の曲り / make a big ~ 大きくカーブする. **3 a** 曲線状のもの. **b** 曲線規, 雲形定規 (French curve). **c** [通例 *pl.*] 《米》 (女性の)曲線美: a woman with ample ~*s* 豊かな曲線美の女性. **d** [*pl.*] 《米》 括弧, パーレン (parentheses). **4** (野球・ボウリ

ングなどの)カーブ(ボール); カーブの球道: break [spin] a ～ カーブを投げる. 5《米》ぺてん, ごまかし, いんちき (deception). 6《統計》(統計)曲線. 7《教育》相対評価《クラス全体の成績が一定の曲線を描くように成績をつけること; cf. absolute *adj.* 12》. 8《写真》=characteristic curve 2.
curve of buoyancy《造船》浮力曲線.
curve of displacement《造船》排水量曲線.
curve of flotation《造船》浮面心曲線《一定喫水のもとで, ある角度内で傾斜した場合の浮心の移動状況を示す曲線》.
curve of loads《造船》荷重曲線.
curve of longitudinal shearing stresses《造船》縦剪断応力曲線《船体各部の受ける剪断応力を示す曲線》.
curve of resistance《造船》抵抗曲線.
curve of weights《造船》重量曲線.
— *adj.*《古》=curved.
— *vt.* 1 (曲線的に)曲げる, 彎曲させる, 曲線状にする: ～ one's mouth [lips]. 2 a〈球を〉ひねる, カーブさせる. b《野球》〈バッター〉にカーブを投げる. 3《教育》相対評価で〈試験〉の成績をつける. — *vi.* 曲がる, 彎曲する; 曲線[カーブ]を描く.
cúrve·bàll《野球》*n.* カーブ(ボール). — *vt.* =curve 2.
curved《(?a1425)》— *adj.* 曲がった, 彎曲した, 曲線状の: a ～ line 曲線 / a ～ rule 曲線規, 雲形定規 / a ～ surface 曲面. **cúrv·ed·ly** [-vɪdli, -vəd-, -vd- | -lɪ] *adv.* **cúrv·ed·ness** [-vɪdnɪs, -vəd-, -vd-, -nəs] *n.*
cúrved knífe-tòoth hárrow *n.* =acme harrow.
cúrve fìtting *n.*《数学・統計》曲線のあてはめ《二次曲線とか指数曲線などのような与えられた種類の曲線のうち, 平面上の与えられたいくつかの点にもっともよくあてはまるものを見出すこと》.
curve·some [kə́ːvsəm | kə́ːv-]《← CURVE＋-SOME[1]》*adj.* =curvaceous.
cur·vet [kəːvét, ←́—, kəvét, kə́ːvɪt, -vət | kəːvét]《(1575)□ It. *corvetta* (dim.) ← *corvo* curve＜L *curvum* curved: ⇨ curve, -et》*n.*《馬術》クルベット, 跳躍 (high levade)《高等馬術の一つ; 馬が後肢の諸関節を伸ばして前身を持ち上げ, 前肢が下りかけた時に後肢で前方に飛び上がる優美な跳躍, またはその起立した姿勢》: cut a ～ 跳躍する. — *v.* (**cur·vet·ted, -vet·ed; -vet·ting, -vet·ing**) — *vi.* 1 a〈馬が〉(クルベット姿勢で)跳躍する, 騰躍する. b〈騎手が〉馬を跳躍させる: ～ on a horse 馬で騰躍する. 2〈小児などが〉はね回る (prance). — *vt.* クルベットの姿勢で〈馬を〉跳躍させる.
cur·vi- [kə́ːvɪ, -və | kə́ːvɪ]《← L *curvus*: ⇨ curve》「彎曲した (curved)」の意の連結形.
cur·vi·form [kə́ːvəfɔ̀əm | kə́ːvɪfɔ̀ːm] *adj.* 彎曲形の.
cùrvi·líneal *adj.* =curvilinear.
cùrvi·línear《← CURVI-＋LINEAR》— *adj.* 1 曲線から成る, 曲線で囲まれた, 曲線を作る, 曲線を描いて動く (cf. rectilinear): a ～ angle《数学》曲線角. 2 曲線で作られた, 曲線型[式]の. 3 曲線を特徴とする: the ～ style《建築》(英国ゴシックの)装飾式 (decorated style) 末期の様式. **～·ly** *adv.*
curvilínear coórdinates *n. pl.*《数学》曲線座標.
curvilínear mótion *n.*《物理》曲線運動.
curv·y [kə́ːvi | kə́ːvɪ]《← CURVE＋-Y[4]》*adj.* (**curv·i·er; -i·est**) 曲がった, 曲線の; (特に)曲線美の (curvaceous): a ～ shape.
Cur·zon [kə́ːzn | kə́ː-], **George Nathaniel** *n.* (1859–1925) 英国の政治家, インド総督 (1899–1905), 枢密院議長 (1916–19), 外相 (1919–24) などを歴任; 称号 1st Marquis Curzon of Kedleston [kédlstən].
Cúrzon Lìne *n.* [the ～] カーゾン線《1920 年英国の Lloyd George がポーランドに提案し, 後に外相 G. N. Curzon が完成したポーランドとロシヤの国境線》.
Cus·co [kúːskou | -kau] *n.* =Cuzco.
cus·cus[1] [kʌ́skəs] *n.*《植物》=khuskhus.
cus·cus[2] [kʌ́skəs]《← NL ～ ← New Guinea《土語》》*n.*《動物》=phalanger.
cu·sec [kjúːsek]《← *cu(bic foot per) sec(ond)*》*n.* キュセック《流量の単位; 毎秒 1 立方フィート》.
cush[1] [kúʃ]《← ?》*n.*《米俗》金 (money).
cush[2] [kúʃ]《略》*n.*《口語》《玉突》=cushion 3 b.
Cush [kʌ́ʃ]《□ Heb. *kūš*》— *n.*《聖書》1 クシ《Ham の長男; cf. *Gen.* 10:6》. 2 クシ《Cush の子孫が住んだといわれる地方で, 紅海西岸地方と言われる; 旧約聖書では Ethiopia のこと》.
cush·at [kʌ́ʃət, kúʃ-, kúːʃ- | kʌ́ʃət, -ʃæt]《OE *cūscote* ← ?》*n.*《スコット》《鳥類》=ringdove 1.
cu·shaw [kuʃɔ́ː, kúːʃɔː, kúʃ-]《(頭音消失) ←《廃》*coscushaw* ← N-Am.-Ind. (Algonquian)》— *n.*《米》《植物》カボチャ (*Cucurbita mixta*)《pumpkin の一種; cushaw pumpkin ともいう》.
cush-cush [kúʃkuʃ]《← ?》*n.*《植物》熱帯アメリカ産のヤマノイモの一種 (*Dioscorea trifida*)《yampee ともいう》.
Cúsh·ing's disèase [kúʃɪŋz-]《← *Harvey Cushing* (1869–1939: 米国の外科医)》— *n.*《病理》クッシング病, 下垂体好塩基細胞腺腫《副腎皮質の障害・糖尿病・高血圧症・肥満症を起こす》.
Cúshing's sýndrome《↑》*n.*《病理》クッシング症状群《副腎皮質ホルモン分泌過剰による症状群》.
cush·ion [kúʃən | -ʃən, -ʃɪn]《(c1385) *qusshin* □ OF *coissin* (F *coussin*)＜VL **coxinum* hip rest ← L *coxa* hip (⇨ coxa): cf. L *culcita* 'QUILT'》— *n.* 1 a クッション, 座ぶとん. b 安楽 (ease) [ぜいたく (luxury)] の象徴. 2 a クッション状の物. b (聖書・置物などの)台ぶとん, まくら. c (レースを作る時に使う)台まくら. d =pincushion. e たぼ, 入れ毛 (rat). f (スカートの)腰当て (cf. bustle[2]). g クッション形のキャンディー. 3 a クッションのように衝撃・摩滅を防ぐもの. b (玉突台の)クッション《弾力のある縁》. c クッション《ピアノのハンマーの尖端に付いているフェルト》. d (空気入ゴムタイヤの)クッション《柔軟で弾力のあるゴムの層》. e (切断する際に)金箔を乗せる台. f (靴の中に入れる柔らかい)敷皮. g (落下する水の勢いを吸収する)人工池. h 空気クッション. i (金属プレス加工用の)クッション. 4 a 緩和するもの. b 心痛を和らげるもの. c 経済不況を和らげるもの, 緩和策, 景気対策; 準備金: provide a ～ against crop failure 不作の緩和策を講じる. d 患者の苦痛を和らげる薬[治療]. 5 a 体のクッション状の部分. b (豚・牛・馬などの)しりの軟肉部. c 馬蹄軟骨, 蹄叉 (frog). d 親指の付け根のふくらみ (ball). 6《植物》葉枕 (pulvinus). 7《建築》方円柱頭《上半が方形, 下半が半球形にすぼまっているもので, ロマネスク建築(ノルマン建築)に多い》. 8《解剖・動物》褥, 褥様構造. 9《テレビ・ラジオ》クッション《番組を予定時間通りに終らせるためにとってある音楽や放送原稿の調整部分》. 10《カナダ》《アイスホッケー》凍ったリンク面. 11《航空》(ホーバークラフトなどを浮揚させる)空気クッション.
— *vt.* 1〈人を〉座ぶとんにすわらせる; クッションで支える〈*up*〉. 2 …にクッションを備える[入れる, 当てがう]. 3 a (クッションなどで)おおう, 隠す. b〈不平などを〉そっと抑える. 4 a〈衝撃を〉緩和する, 和らげる; 〔損害などから〕保護する〔*from, against*〕: ～ the blow, shock, inflation, etc. / The city was ～*ed from* [*against*] the effects of the disaster by the precautionary measures. 予防策により市の被害が防げた. b (衝撃を避けるために)〈ピストンを〉気体のクッションでおさえる. 5《玉突》〈球を〉クッションにつけて[寄せて]置く. **～·less** *adj.*
cúshion càpital *n.*《建築》1 方円柱頭. 2 まくら付き柱頭.
cúshion cùt *n.*《宝石》クッション型《ブリリアントカットの旧型; 角を円くした四角に近い形のガードルの輪郭をもつ; 元来古い宝石のカットタイプ》.
cúsh·ioned *adj.* 1 クッションを置いた[で支えた]; 詰め物をした (padded). 2〈声が〉柔らかくなめらかな, 響きのよい (velvety): a ～ voice. 3 保護された; 快適な (comfortable). 4 空気がクッションになった; 緩和機構をもった: a ～ landing on the moon 月への軟着陸.
cúshion·flòwer *n.*《植物》オーストラリア特産の赤黄色の大型球状花をつけるヤマモガシ科の常緑低木 (*Hakea laurina*).
cúshion pìnk *n.*《植物》コケマンテマ (⇨ moss campion 1).
cúshion ràfter *n.*《建築》=auxiliary rafter 2.
cúshion spùrge *n.*《植物》ヨーロッパ原産トウダイグサ科の多年草 (*Euphorbia epithymoides*)《観賞用》.
cush·ion·y [kúʃəni | -ʃəni, -ʃɪ-]《⇨ -y[4]》*adj.* 1 クッションのような; 柔らかい, ふんわり[やんわり]した. 2 クッションをもった, クッションを備えた.
Cush·it·ic [kʌʃítɪk, ku- | -tɪk]《← CUSH＋-ITE[1]＋-IC[1]》*n.* クシト[クシ]語(群)《ハム語族の一つで Somaliland, Ethiopia などの言語》. — *adj.* 1 クシト[クシ]語(群)の. 2 クシト人の.
cush·y [kúʃi | -ʃɪ]《(1915) ← Hindi *khush* pleasant: ⇨ -y[4]》— *adj.* (**cush·i·er; -i·est**)《口語》1〈仕事などが〉たやすい, 楽な (easy), 楽しい (pleasant): a ～ job. 2《英》〈傷が〉軽い. **cúsh·i·ly** [-ʃɪli, -ʃə- | -lɪ] *adv.* **cúsh·i·ness** *n.*
cusk [kʌ́sk]《(変形) ← ? TUSK》*n.* (～, ～s)《魚類》1 =torsk. 2 =burbot.
cusp [kʌ́sp]《(1585)□ L *cusp-is* point ← ?》— *n.* 1 尖頭, 先端 (point), 尖った先. 2《天文》(三日月などの)先端. 3《建築》いばら《ゴシック風の tracery において内側の二つの曲線が出会う突出点》. 4《数学》(曲線の)尖点《曲線の二つの分枝が, 正反対の向きの接線をもつようにつながる点》. 5《生物》(葉などの)先端, 尖頂. 6《歯科》咬頭《臼歯歯冠の尖った部分》. 7《解剖》(心臓弁膜の)尖, 尖頭. **～·al** [-pəl] *adj.* **～ed** *adj.*

cusps 3

cus·pate [kʌ́speɪt, -pət, -pɪt]《⇨ ↑, -ate[2]》*adj.* 先の尖った, 尖形の.
cus·pat·ed [kʌ́speɪtɪd, -təd | -tɪd, -təd] *adj.* =cuspate.
cus·pid [kʌ́spɪd, -pəd | -pɪd]《(逆成) ← BICUSPID》*n.*《解剖》(人間の)犬歯 (canine tooth). — *adj.* 尖頭 (cusp) の;《解剖》犬歯の (cuspidate).
cus·pi·dal [kʌ́spədl | -pɪ-]《⇨ ↑, -al[1]》*adj.* 1 先の尖った (cuspidate), 尖頭のある[に似た]. 2《数学》尖点をなす, 尖点の.
cus·pi·date [kʌ́spədèɪt | -pɪ-]《(1692) ← NL *cuspidāt-us* ← L *cuspis* point: ⇨ cusp, -ate[2]》— *adj.* 先の尖っている, 尖端のある: a ～ leaf《植物》尖頭葉 / a ～ tooth《解剖》犬歯.
cus·pi·dat·ed [kʌ́spədèɪtɪd, -təd | -pɪdèɪt-] *adj.* =cuspidate.
cus·pi·da·tion [kʌ̀spədéɪʃən | -pɪ-] *n.*《建築》いばら (cusp) 装飾.
cus·pi·dor [kʌ́spədɔ̀ə, -dɔ̀ə | -pɪdɔ̀ː(r)]《(1779)□ Port. ～ ← *cuspir* ← L *conspuere* to spit ← *con-* 'COM-'＋*spuere* to spit out》*n.*《米》たんつぼ (spittoon).
cuss[1] [kʌ́s]《(1775)《転訛》← CURSE》《口語》— *n.* のろい, 悪口 (curse): not care a ～ 少しもかまわない. — *vt.* ののしる, …に悪態をつく, けなす (curse)〈*out*〉. — *vi.* のろう, 毒づく.
cuss[2] [kʌ́s]《(短縮)? ← CUSTOMER (cf. *queer customer*: ⇨ customer)》*n.* [軽蔑的に] やつ, 野郎 (fellow): a queer ～ 変なやつ.
cuss·ed [kʌ́sɪd, -səd]《(転訛) ← CURSED》*adj.*《口語》1 意地の悪い; つむじ曲がりの, 強情な (perverse). 2 =cursed. **～·ly** *adv.* **～·ness** *n.*
cus·so [kúsou, kúː-, kʌ́s- | -səu]《□ Amharic *kussu*》*n.* (*pl.* ～s)《薬学》クッソ (⇨ brayera).
cúss·wòrd *n.*《米口語》1 のろいの言葉, 悪態 (oath). 2 =cuss[1].
cus·tard [kʌ́stəd | -təd]《(c1353) *c(r)ustade* □ AF **crustade* ← *cruste*=OF *crouste* 'CRUST': ⇨ -ade: 今の形は MUSTARD などとの類推による音位転換形で 15 C から》— *n.* カスタード: a 卵・牛乳・砂糖・香味料などを合わせて混ぜたもの: またそれを焼くか蒸すか凍らせたもの. b 同様の材料を用いたデザート用のソースまたはクリーム.
cústard àpple《風味と色にちなむ》— *n.*《植物》1 a 西インド諸島産バンレイシ科半落葉性低木の総称, (特に)ギュウシンリ(牛心梨) (*Annona reticulata*) (bullock's-heart ともいう). b ギュウシンリの食用果実. 2 =sweetsop. 3 =papaw 1.
cústard cùp *n.* カスタードカップ《カスタードを焼くのに用いる耐熱性容器》.
cústard glàss *n.*《ガラス製造》淡黄色の不透明ガラス.
cústard-pìe《昔, 喜劇映画でこのパイの投げ合いをしばしば演じたところから》*adj.* どたばた道化芝居の (slapstick).
cústard pòwder *n.*《英》粉末カスタード《牛乳と砂糖を加えてデザート用のソースとして用いる》.
cústard pùdding *n.* カスタードプディング.
Cus·ter [kʌ́stə | -tə(r)], **George Armstrong** *n.* (1839–76) 米国の将軍; Little Bighorn における Sioux 族との戦いで戦死.
custodes《□ L *custōdēs*》*n.* custos の複数形.
cus·to·di·al [kʌstóudiəl, kəs- | kʌstə́udjəl, -diəl] *adj.* 保管の, 保存の; 保護管理上の. — *n.* 聖宝 (relics) の容器.
cus·to·di·an [kʌstóudiən, kəs- | kʌstə́udjən, -dɪən]《(1781) ← CUSTODY＋-AN[1]》*n.* 1 管理人, 保管者 (keeper, caretaker). 2 守衛 (janitor).
custódian·shìp *n.* custodian の任務[仕事].
cus·to·dy [kʌ́stədi | -dɪ]《(1453)□ L *custōdia* ← *custōdem, custōs* guardian: ⇨ custos, -y[1]》— *n.* 1 保管, 管理; (後見人としての)保護[監督・養育]《の義務・権利》(guardianship): be in the ～ of …に保管されている; …に保護[監督・養育]されている; 〈子供など〉…に養育されて[引き取られて]いる / have the ～ of …を保管している; …を保護[監督・養育]する(義務・権利がある). 2 拘留, 監禁: be in ～ 監禁されている, 拘留中である / keep a person in ～ 人を拘留[監禁]しておく / take a person into ～ 人を収監[拘引]する.
cus·tom [kʌ́stəm]《(?a1200) *custume, costume* □ OF (F *coutume*)＜L *consuētūdinem* custom (⇨ consuetude): COSTUME と二重語》— *n.* 1 [集合的にも用いて] (長期間にわたって繰り返し行なわれてきた個人または集団の)慣習, 風習, しきたり, ならわし (convention): the ～ of trade 商慣習 / the ～ of society 社会の慣行[ならわし] / as his ～ then was (それが)彼の当時の習慣であったが(その通りに) / as is one's ～ いつものように / It is my ～ to do so.=I make it a ～ to do so. 私はいつもそうすることにしている, そうするのが慣例だ. 2 繰り返し; 反復練習: *Custom* makes all things easy. 何事も繰り返せば容易になる. 3 a (商店などの)愛顧, ひいき, 引立て (patronage): draw ～ to one's store 店の得意先を作る / give one's ～ to …に愛顧を与える, …をひいきにする, …の得意になる / withdraw one's ～ ひいきにするのをよす, (店から)買わないようにする. b [集合的] 顧客, (団体の)得意先: have plenty of ～〈商店・ホテルなどが〉得意先が多い. 4 [*pl.*] a 関税 (import duties): ⇨ BUREAU of Customs. b [通例単数扱い] 税関 (customhouse). 5《廃》(封建時代に小作人が領主に払った)貢租 (tribute, toll). 6 カスタムカー, 注文製の自動車. 7《社会学》慣習. 8《法律》(不文法とみなされる)慣行, 慣例, 慣習.
custom of merchants [the ～] =law merchant.
— *attrib. adj.*《米》注文の, あつらえで作った (custom-made); あつらえの仕事をする, あつらえ品を売る (《英》bespoke) (cf. ready-made): ～ clothes, shirts, shoes, trousers, etc. / ～ work 注文[あつらえ]の仕事[製品] / a ～ tailor 注文服仕立屋.
cus·tom·a·ble [kʌ́stəməbl]《ME □ OF *c(o)ustumable*: cf. customary》*adj.*《古》関税を課し得る, 関税のかかる.
cus·to·mal [kʌ́stəməl] *n.* =custumal.
cus·tom·ar·i·ly [kʌ̀stəmérəli, ←́—— | kʌ́stəm(ə)rəli, -rɪli]《(1610)》*adv.* 習慣的に, 習慣上, 慣例上, 常習的に, 通例 (habitually).

cus·tom·ar·y [kʌ́stəmèri | -m(ə)rɪ] 〖adj.: 《1523》▭ ML *customāri-us* ← *custuma* ▭ AF *custume* (⇨ custom, -ary) ∞ ME *custumable* customary ▭ OF. — n.: 《1413–19》▭ ML〗 ― *adj.* **1** 慣習に従った, 習慣的な, 通例の, 常習的な, しきたりの (habitual): a ~ practice / It was ~ for me to leave at midday on Saturday. 土曜日は正午で退出するのが私のきまりだった. **2** 〖法律〗慣例による, 慣習法上の: a ~ law 慣習法. **3** 〖文法〗〈動詞(の相)が〉習慣的行為を表わす. ― *n.* **1** (荘園・都市などの)慣習法; 慣習法集. **2** 〖文法〗(動詞の)習慣相. **cús·tom·àr·i·ness** *n.*

cústomary constitútion *n.* 〖法律〗=unwritten constitution.

cústom-búilt *adj.* 〈自動車など〉注文製の, あつらえの.

cus·tom·er [kʌ́stəmə | -mə(r] 〖《a1399》▭ AF *custumer*〗 ― *n.* **1 a** 顧客, 得意先, 取引先. **b** (劇場・レストラン・図書館などに)よく行く[来る]人. **2** 《口語》[queer, awkward などの限定詞を伴って] やつ, 人 (fellow, chap): an awkward [ugly] ~ 手に負えないやつ, いやな男 / a queer ~ おかしな[変な]男 / a tough ~ 手ごわい相手. **3** 《廃》売春婦. **4** 《廃》税関吏.

cústomer's bròker [màn] *n.* 《米》〖証券〗証券外務員[セールスマン] (cf. registered representative).

cústom·hòuse 〖《15C》〗 *n.* 税関.

cústomhouse bròker *n.* 税関貨物取扱業者, 通関代理業者《荷出人・荷受人のために品物や商品の通関手続きをする人[商会]》.

cus·tom·ize [kʌ́stəmàɪz] *vt.* あつらえて作る[変える], 注文で作る. **cús·tom·ìz·er** *n.*

cústom-máde *adj.* あつらえで作った, あつらえの, オーダー(メイド)の (made-to-order).

cústom òffice *n.* 税関(事務所) (customhouse).

cústoms ùnion *n.* 関税同盟《2国以上が結合して相互の関税制限を撤廃し諸外国に対しては同一の関税政策をとる; cf. Benelux Economic Union》.

cústom-táilor *vt.* =customize.

cústom tràde 〖もと, 金持ちが自家用馬車で乗りつけたことから〗 ― *n.* **1** 上得意のひいき. **2** [the ~; 集合的] **a** (劇場・レストラン・商店などの)上得意. **b** 金持ち連, 上流人.

cus·tos [kʌ́stɑs, -tous, kʊ́stous, kúːs- | kʌ́stɒs] 〖《c1450》▭ L *custōs* keeper: ⇨ custody〗 ― *n.* (*pl.* **cus·to·des** [kʌstóudiːz, kəs-, kustóudeɪs, kuːs- | kʌstə́ʊdiːz]) **1** 監視人, 管理者 (guardian, custodian). **2** フランシスコ修道会の管区長.

cústos mó·rum [-mɔ́ːrəm, -móːr- | -mɔ́ːr-] 〖▭ L *custōs mōrum* keeper of morals〗 *L. n.* (*pl.* **custodes m-**) 風紀の監視人, 風紀監察官.

cústos rot·u·ló·rum [-rɑ̀tʃʊlɔ́ːrəm, -rɑ̀tə-, -ròutə-, -lóːrəm | -rɒ̀tjʊlɔ́ːr-] 〖▭ L *custōs rotulōrum* keeper of rolls〗 *L. n.* (*pl.* **custodes r-**) 《英法》州首席治安判事.

cus·tu·mal [kʌ́stəməɫ, -tʃʊ- | -tjʊ-] 〖《1402》▭ ML *custumāl-is* ← *custuma* ▭ OF *custome* 'CUSTOM': ⇨ -al[1]〗 *n.* =customary.

cut [kʌ́t] 〖v.: 《a1300》 *cutte(n), kitte(n), kette(n)* < lateOE **cyttan* ← ? Gmc **kut-* (cf. Swed. 《方言》 *kata* to cut & Icel. *kuta* to cut with a knife). — n.: 《1530》 ← (v.)〗 ― *v.* (~; **cut·ting**) ― *vt.* **1 a** (鋭い刃物などで)切る, 傷つける (cf. break[1] *vt.* 1): ~ oneself (誤って)身を切る, けがをする / ~ something open ものを切り開く / ~ a person's throat ⇨ throat 成句 / The knife ~ his finger. = He ~ his finger *with* the knife. ナイフで指を切った. **b** (むちなどで身を切るほど)強く打つ: ~ a horse *with* a switch むちで強く馬を打つ. **c** 〈寒風が〉…の肌をつんざく, の身を切るように痛い: The icy wind ~ me to the bone. 冷たい風が骨までしみた. **d** …に身を切られる思いをさせる, 痛切に感じさせる: ~ a person to the heart [quick] しみじみ感じさせる, 悲痛な思いをさせる / The criticism ~ me deep. その批評は痛かった. **2 a** 切断する, 切り離す (sever): ~ string 糸を切る. **b** 〈作物・草などを〉刈る, 刈り取る (mow); 〈土地が〉収穫物として産出する (yield): ~ the crop, hay, corn, etc. / The land ~*s* twenty tons of hay. その土地は 20 トンの干し草を産出する. **c** はさみ切る, 刈り込む (trim); 〈草花などを〉摘み取る, 切り取る: ~ flowers, grapes, asparagus, etc. **d** 〈木材などを〉伐る (fell): ~ timber [trees] 木を伐る. **e** 〈肉・菓子などを〉薄く切る, 切り分ける, 切り取る (carve): ~ a slice of cake, a piece of cheese, a joint of meat, etc. / ~ the cake *in* two [*into* halves] ケーキを二つ[真っ二つ]に切る / ~ meat 肉を切り分ける. **f** 《俗》〈もうけ・利得など〉の分け前を分ける; 〈分け前を〉受け取る: ~the profits. **g** 〖製本〗〈小口を〉化粧裁ちする, 裁ちそろえる; 〈袋状の小口を〉(ペーパーナイフなどで)切り開く (cf. uncut 5): ~ (the pages of) a book / This book is not ~. この本はページが切ってない. **3 a** 〈ガラス・宝石などを〉切って形を整える, カットする: ~ a diamond. **b** 〈石・像などを〉刻む, 彫る (carve): ~ stone into various forms 石を刻んでいろいろな形にする / ~ one's name on a tree 樹木に氏名を彫りつける. **c** 〈衣服を〉裁つ, 裁断する (cf. CUT *out* (2)): ~ a coat コート[上衣]を裁断する / ~ one's coat according to one's cloth 身分相応に暮らす / ~ a pattern 型紙を裁つ. **d** (岩などを)切り割って〈跡を〉つける; 〈道などを〉切り開く; 掘る, 掘りぬく: ~ steps in a rock 岩に足がかりを刻む / ~ a road through a hill 山の中に道を切り開く / ~ a dike 溝を掘る. **e** 〈レコード〉に録音する: ~ a (phonograph) record 〈歌手などが〉レコードに入れる. **4** [~ one's way として]〔水などを〕切って進む, 突き進む 〔*through*〕: The ship ~ *her way through* (the waves). 船は(波を切って)突き進んだ. **5 a** …の一部を切る[切って整える] (trim); 〈髪を〉刈る: ~ one's nails 爪を切る / have one's hair ~ 散髪する / ~ the lawn close 芝生を短く刈り込む. **b** (一部を削除して)縮める (abridge, shorten), 〈記事・談話などを〉切り除く, 切りつめる: ~ a newspaper article / ⇨ *cut* SHORT. **c** 〈費用などを〉切りつめる, 削減する (curtail); 〈値を〉切り下げる (reduce): ~ expenses, prices, rates, etc. (cf. cut-rate). **d** (映画・テレビ・ラジオで)〈ある部分を〉カットする〔*from*〕; 編集する. **e** 溶かす (dissolve): ~ grease *with* alcohol. **f** 〈酒類を〉薄める, 弱める: ~ whiskey *with* water. **6 a** 《口語》よす, やめる (stop)〈*out*〉: *Cut* the nonsense [kidding]. 馬鹿を言うのは[冗談は]やめろよ / ⇨ CUT *out* (*vt.*) (4). **b** 《口語》〈関係・交際を〉断ち切る, 断つ (sever); 〈知合いの間柄を〉無視する (ignore); …に(故意に)知らない振りをする, (知らないような顔をして)避ける: ~ the connection [acquaintance] 人と絶交する / ~ a person in the street 人と道で会って知らん顔をする / ~ a person dead (人と顔を合わせていながら)まるで知らない顔をする. **c** 《口語》〈講義などを〉(無断で)欠席する, すっぽかす, さぼる: ~ a meeting, lecture, etc. **d** 〈液体の流れ・エンジンを〉止める, 切る. **e** 〈信号を〉無視する. **f** 去勢する (castrate): This horse ought to be ~. この馬は去勢しなければならない. **g** 〖ラジオ・テレビ〗〈番組〉の放送[放映]をやめる. **h** 〖映画・テレビ〗(カメラや演技者の動きを止めて)〈シーン〉の撮影を停止[中止]する. **7 a** 〈線などが〉…と交差する, 交わる (cross): The two lines ~ each other. 2 線が交わっている. **b** 〈輸送・連絡などを〉断つ (break): ~ the transportation [supply] lines 輸送[供給]ラインを断つ. **8 a** (テニスなどで)〈ボールを〉切る, カットする《ラケットなどを上から斜めに振り降ろしてボールに逆回転を与えるように打つ》. **b** 〖クリケット〗〈ボールを〉打手の右側 (off side) の方向へカット打法で打つ. **9** 〈歯を〉生やす: ~ a tooth 歯が生える / ~ one's eyeteeth [wisdom teeth] ⇨ eyetooth 成句, wisdom tooth 成句 / ~ one's teeth on ⇨ tooth 成句. **10 a** 〈車など〉の方向を(急に)変える (turn): ~ the wheels. **b** …に近づく (skirt), のへり[近く]を通る. **11** [通例否定構文で] 処理する, 扱う (manage): I can*not* ~ the work. その仕事は扱いかねる. **12** 〖トランプ〗 **a** 〈カードの山を〉カットする《親[切札]を決めるため, あるいはカードの順序を変えて不正を防止するために, 一山のカードを二分または三分して上下を入れかえる》. **b** 〈カードを〉引く《親・パートナーなどを決めるためにカードの山から 1 枚引く》.

― *vi.* **1** 切る, 切断する; 肉[菓子など]を切る, 切り取る, 切り分ける; 裁断する. **2 a** 〈刃物が〉切れる; 切れ味が…だ: This knife ~*s* well. このナイフはよく切れる / This razor won't ~. このかみそりは切れ味が悪い. **b** 〈物が〉切られる, 切れる: The cheese ~*s* easily. そのチーズは楽に切れる. **3 a** (むち・刃物などで)〈人などを〉強く打つ, 傷つける〔*at*〕: ~ *at* the enemy. **b** (身を切るように)身に食い入る, ぴりぴりする; 〈寒風が〉肌にしみる: The lash ~ like a knife. むちは刃物のように痛かった / The wind ~*s* keenly. 風は肌にしみるようだ. **c** 〈衣服・カラーなどが〉体に食い込むような効果をもつ: The collar ~*s* at the neck. そのカラーは首に食い込んでくる. **d** 身を切られる思いをさせられる, 感情を傷つけられる: The remark ~ deep. その評言は痛烈にこたえた / That ~*s* at all my hopes. それで私の希望はめちゃめちゃだ. **4 a** 〈船などが〉押し切って進む, 通過する (pass)〔*through*〕: ~ *through* the water. **b** 〔野原などを〕突っ切って通る, 近道する〔*through, across*〕: He ~ *through* the crowd. 人込みを突き抜けた / ~ *across* the field 野原を横切って通る. **c** 《口語》急いで去る, 走り去る (make off): *Cut!* 行ってしまえ / I must ~ home. 急ぎ家へ帰らなければならない. **5** (テニス・クリケットなどで)ボールを切る, カットする, カット打法で打つ (cf. *vt.* 8 a, b). **6 a** 急に向きを変える, 曲がる, それる (turn): ~ *to* the right 右に曲がる. **b** 〖映画・テレビ・ラジオ〗〔別の場面・音声などに〕切り換える〔*to*〕(cf. cutaway *n.* 3): *Cut!* カット. **7** 〈歯が〉生える. **8 a** 授業[講義など]をさぼる[やすむ]. **b** 〈機械・エンジンが〉止まる (stop). **c** 〖映画・テレビ〗撮影をやめる. **9** 〖トランプ〗カットする (cf. *vt.* 12): ~ *for* deal [partners] カットして親[パートナー]を決める. **10** 〖絵画〗〈色などが〉きわだち過ぎる.

cut across (1) ⇨ *vi.* 4 b. (2) 〈視野などを〉遮る; 阻む. (3) …と食い違う, (…の範囲)を越える, …を無視する. (4) (広く)…に及ぶ, 影響する. ***Cut and come again.*** 《口語》何度でも好きなだけ取ってお上がりなさい《肉・パイなどがどっさりある時にいう; cf. cut-and-come-again》. ***cut and contrive*** (わずかな収入で)うまく切り盛りしてやっていく. ***cut and cover*** 〖土木〗開削埋戻しをする《地下鉄・下水渠(きょ)などの工法の一つ》. ***cut and fill*** 〖土木〗切取り盛土を行なう (cf. CUT and fill). ***cut and run*** (1) 〖海事〗〈船が〉(錨を揚げる間もなく)錨綱を切って出帆する. (2) 《口語》大急ぎで逃げ出す; 急いで行く (make off). ***cut away*** (*vt.*) (1) 切り払う, 切ってのける: ~ *away* the branches. (2) 切り続ける. (*vi.*) 《口語》逃げ出す, そそくさと立ち去る. ***cut back*** (*vt.*) (1) (端を切って)短くする, 切り詰める; 〈木の枝を〉刈り込む. (2) 〈数量などを〉切り詰める, 削減する: ~ *back* production, expenditure, etc. (3) (映画・テレビ・小説などで)切り返す (⇨ cutback 2). (*vi.*) (1) (筋がいったん切れて)〈話が〉前[元の話]へ戻る. (2) 〖アメリカンフットボール〗カットバックする (⇨ cutback 3). ***cut down*** (1) 〈木を〉伐り倒す; (刀で)切り倒す. (2) 〈人を〉殺す; 破壊する (destroy). (3) 〈衣服〉のサイズを切り詰める; 仕立て直す (remodel). (4) 〈費用などを〉削減する; 〈相手〉に〔…まで〕値下げさせる〔*to*〕. (5) …よりすぐれる, 秀でる (excel). ***cut down on*** …をへらす, 減じる: ~ *down on* air pollution 大気汚染をへらす. ***cut in*** (*vi.*) (1) 突然入って来る; 〈人・自動車などが〉(横合いから)割り込む. (2) 〔話などを〕さえぎる, さしはさむ〔*on*〕. (3) 《口語》(肩をたたいて)〔ダンス中の人に〕踊り相手との交代を求める〔*on*〕. (4) 〖トランプ〗(カットの結果高い札を引き当て)ゲームに加わる (cf. CUT *out* (*vi.*) (4)). (*vt.*) (1) 刻み込む. (2) (パイ生地などを作る時)〈バター・ラードなどを〉(ナイフ・へらで)小麦粉に刻み入れる. (3) 〈仲間を〉〔もうけなどに〕入れる, 加える; 〈人〉に〔もうけなどの〕分け前をやる (include)〔*on*〕: ~ a person *in on* the spoils 人にぶんどり品の分け前をやる. (4) 皮下脂肪を取るために〈鯨を〉切り開く. ***cut off*** (*vt.*) (1) 切り離す; 削除する (exclude): ~ a person's head *off* 人の首を斬る. (2) 中断する (stop), …の供給を絶つ; 〈通話・連絡・眺望などを〉さえぎる, 切る, 遮断する (interrupt): ~ *off* a connection on a telephone 電話の通話を切る / ~ *off* food [money] 食糧[金]の供給を絶つ / ~ oneself *off* from the world 世間との関係を絶つ. (3) 急に止める, 打ち切りにする; 〈通話中の人〉の電話を切る. (4) 〈負傷・急病などが〉〈人〉の命を絶つ, 殺す: be ~ *off* in one's prime 若い盛りに死ぬ. (5) 廃嫡(はいちゃく)する, 勘当する. (6) 〖野球〗カットする (cf. cut off 8). (*vi.*) 止まる, 停止する. ***cut on*** 《米南部》〈明かりを〉つける. ***cut out*** (*vt.*) (1) 切り抜く; 切り開く; 切り取る: ~ *out* a picture in a magazine 雑誌の絵を切り抜く. (2) 切って[刻んで, 掘って]作る; 〈衣服を〉裁断する, 裁つ (cf. *vt.* 3 c): ~ *out* a dress. (3) 取り除く, 省く. (4) 《口語》よす, やめる: ~ *out* drinking / *Cut* it [that] *out!* (そんなこと)やめ[よし]なさい; 黙りなさい. (5) 〈他人〉に取って代わる, 〈人を〉出し抜く: ~ *out* a person in a woman's affection 女性の愛を人から横取りする. (6) [p.p. 形で] 〈人・仕事を〉予定する, 準備する; 適している〔*for*〕/〈*to* do [be]〉: be ~ *out for* the job その仕事に適任である / ⇨ *have one's* WORK *cut out* (*for one*) / I am not ~ *out to* be a teacher. 私は教師には向いていない. (7) 〈敵船を〉捕獲する. (8) 〈人〉から〈物を〉奪う, だまし取る (deprive)〔*of*〕: ~ a person *out of* his money. (9) 切り離す (disconnect). (10) 《米・豪》〈家畜を〉群から離す. (11) 〈エンジンなどを〉止める. (*vi.*) (1) 〈エンジンなどが〉止まる, 停止する; 〈クーラーなどが〉自動的に止まる. (2) (追い越しなどのため)車線を突然飛び出す. (3) 《俗》逃げ出す, ずらかる. (4) 〖トランプ〗(人数が余ったとき)カットしてゲームを抜ける人を決める; カットの結果低い札を引き当ててゲームから抜ける (cf. CUT *in* (*vi.*) (4)). ***cut over*** (1) 〖林業〗〈森林を〉伐採する. (2) 〖機械〗連動開閉する《機械装置などの連結で, 一方が入れば他方は必ず外れるように安全連動する》. ***cut round*** 《米口語》これ見よがしに[得意げに]振舞う; 元気にやる. ***cut short*** ⇨ short *adv.* 成句. ***cut to pieces* [*ribbons, shreds*]** (*vt.*) (1) こなごなに切る, 切りさいなむ; 〈敵軍を〉粉砕する. (2) 〈新著などを〉酷評する, めちゃめちゃにやっつける. ***cut under*** 《口語》〈他のもの〉よりも安売り[割引]する. ***cut up*** (*vt.*) (1) 切り分ける, 切り裂く[刻む]. (2) …にひどく傷を負わせる; …の感情を傷つける. (3) 分断する: His sleep was ~ *up* by the traffic. 眠りは交通に寸断された. (4) 〈敵軍を〉壊滅させる, 粉砕する. (5) 《口語》酷評する, さんざんにやっつける (censure). (6) [通例 Passive で] 悲しませる (distress): He was terribly ~ *up at* the news. その知らせを聞いてひどく悲観した. (7) 《米》〈騒ぎ・いたずらを〉起こす (perform). (*vi.*) (1) 細かく切れる, 切り刻める: The raddish ~*s up* easily. 大根は簡単に切り刻める. (2) 裁断される, 裁てる: This cloth will ~ *up* into several suits. この切地は数着の服が裁てる. (3) 《米口語》ふざけ回る. (4) [rough, bad, nasty, ugly, rusty などを伴って] 《英口語》(ひどく)怒る, 乱暴に振舞う. (5) 《口語》分け前が(どっさり, わずか)ある; 遺産を(どっさり, わずか)残す: ~ *up for* a million dollars 百万ドルを残して死ぬ / ~ *up* fat [big, large, rich, well] 遺産をどっさり残して死ぬ.

― *n.* **1 a** 切り口 (gash), 切り傷 (cf. bruise 1); 切り目, 刻み目 (notch): a smooth ~ / a ~ in the finger 指の傷. **b** (もみじの葉などの)切れ込み. **c** 切通し, 掘割 (channel). **d** 通り抜け道, 横断路: a railway ~. **e** [通例 a short ~ として] 近道. **2 a** (ナイフ・剣・むちなどの)切りつけ, 一切り, 一撃 (blow): make a ~ with a sword 剣で切りつける / give a person a sharp ~ with a whip 人を鋭くむち打ちする. **b** 無情な仕打ち, 辛辣な皮肉: This is a ~ *at* me. これは私へのあてつけだ / the most unkindest ~ of all この上ない無情な仕打ち (Shak., *Caesar* 3. 2. 187). **c** 〖フェンシング〗カット, 切り, クードトランシャン《サーブルの刃による攻撃》. **3 a** (切り取った)切片. **b** (肉の)部位; (肉の)切り身, 肉片 (slice); 《米》(骨付きの)大きな切身 (joint)《店で売る時の単位》: have [take] a ~ —

切れの肉で食事をすます, 簡単な食事をする. **c** (くじ引き用に作った長短の)わら: draw ~*s* くじを引く. **d** 家畜の群れから離れた動物. **e** [*pl.*] 交際を断った者同士. **f** 《口語》分け前 (share), 配当, ボーナス;《野球》(チーム全体の得た特別割増金の)プレーヤー一人の分け前: take one's ~ of the spoils 戦利品の分け前をもらう / His ~ is 10%. 彼の分け前は1割だ. **4 a** カット, 挿絵; 印画, 版画 (cf. plate[1] *n.* 6). **b**《印刷》版《金属版・木版など》. **5** (木材の)伐採量; (羊毛の)刈取り高: a ~ of timber / this year's ~ of wool 今年の羊毛収穫高. **6**《口語》**a** (人を)故意に避けること, 知らない振り (slight): give a person the ~ direct (人と顔を合わせながら)全く知らない振りをする, (赤の他人のように)見向きもしない. **b** (授業などを)さぼること, すっぽかし, 欠席. **7 a** (経費の)削減, 節約, 値引き, 割引き (reduction), (賃金の)引下げ: a ~ in expenses, prices, wages, etc. / a 1 per cent ~ in income taxes 収入税の1パーセント削減. **b** (映画などの)カット, 切取り, (上演のための)台本の削除 (excision). **c** (テレビ・映画の)突然の画面の変化. **8 a** (衣服のデザインを特徴づける)裁断の仕方; 型, かっこう (style): the ~ of one's garment, hair, etc. / a garment of ancient [the latest] ~ 古風なスタイルの[斬新な型の]服. **b** (髪の)刈り方 (haircut). **c** (宝石の)カット. **d** (船の)艤装の型: the ~ of a ship's rigging. **9 a** レコード盤(の録音). **b** レコードに入れられた音楽[曲]: the best ~ in the album. **10 a**《球技》(ボールの)カット, 切ること; (カットしたボールの)回転, スピン. **b**《野球》強振: make a ~ at the ball バットを強振する. **11**《ダンス》カット《一方の足で切り除くようにして足の位置を変える動作》. **12**《トランプ》カット; カットの番《通例, 親 (dealer) の右隣》; カットして出た札[結果] (cf. *vt.* 12). **13**《紡織》違う生地を比較するのに用いる標準的な長さ. **14**《演劇》舞台の溝《背景などを上下する》.

a cut above [below]《口語》…より一段うわて[下]で: *a* ~ *above* one's neighbors 近所の人より一段高い身分 / be *a* ~ *above* doing such a mean thing そんな卑劣な行為をいさぎよしとしない. ***(the) cut and thrust*** (1) (剣で)切ったり突いたりすること; 激戦. (2) (人生などの)苦闘; (議論などの)活発なやりとり [*of*]. ***the cut of a person's jib [rig]***《口語》風采, 身なり, 人品.

cut and fill《土木》切取り盛土断面《築堤工事の場合など一つの断面で切取りと盛土とがあるような断面; cf. CUT *and fill*》.

— *adj.* **1 a** 切った, 切傷のある: a ~ cheek 切傷のあるほお. **b** 切り離した, 切り取った, 刈った, はさみを入れた: ~ nails 切ってある爪. **c** 裁断した, 裁った. **d** 切り刻んだ, 刻んだ; 短く[小さく]切った: ~ tobacco 刻みたばこ / a pile of ~ firewood 短く切ったたきぎの山. **e** 切りみがいた; 切り子細工の: a ~ diamond. **2** 〈容貌が〉くっきりした: finely ~ features くっきりと美しい容貌. **3** 切り詰めた, 削減した (curtailed): ~ expenses 切り詰めた費用 / at ~ rates [prices] 割引で. **4** 〈酒が〉薄められた. **5** 去勢した (castrated): a ~ horse 去勢馬. **6**《俗》酔った. **7**《植物》〈葉が〉鋭浅裂の, 切れ込んだ (incised).

cut and dried = cut-and-dried.

cut- [kjuːt] (母音の前に来る時の) cuti- の異形.

cùt-and-cóme-agáin *n.*《口語》**1** たっぷりあること, 豊富; 無尽蔵 (abundance) (cf. CUT *and come again*.). **2**《植物》= ten-week stock.

cút-and-dríed [-dráɪd] *adj.* 〈物事が〉予め用意[お膳立て]された; 新鮮味のない, 型にはまった, 月並みな.

cút-and-trý *adj.* 実験による; 経験的な (empirical).

cu·ta·ne·ous [kjuːtéɪniəs, kjuː- | kjuːtéɪnjəs, kjʊ-, -niəs] 〘《1578》← ML *cutāne-us* ← L *cutis* skin: ⇨ cutis, -ous〙 — *adj.* 皮膚の[に関する]; 皮膚を冒す[に存在する]. **~·ly** *adv.*

cutáneous quíttor *n.*《獣医》(有蹄動物の)化膿性感染症《蹄(ひづめ)の上部の軟骨組織の急性炎症を特徴とし, 皮膚の化膿・壊死と跛(は)行をもたらす》.

cút·awày *adj.* **1** (服飾のデザインでドレスや上着の一部を)斜めに裁った, 裁ちおとした型の. **2** 〈機械など〉切る操作をする: a ~ harrow. **3** 〈模型・図解など〉(内部が見えるように)外部の一部を切り取った. — *n.* **1** = cutaway coat. **2** (内部が見えるように)外部の一部を切り取った模型[図解]. **3**《映画・テレビ・ラジオ》画面の転換[挿入]《画面が途中で関連または同時進行中の他の画面に切り換わること; cf. cut *vi.* 6b》.

cútaway cóat *n.* = morning coat.

cút·bàck *n.* **1** 縮小, 削減 (reduction): a ~ in production. **2** (映画・テレビ・小説などの)カットバック, 切返し《空間や時間の異なる二つ以上の事件を, ショットを交互に積み重ねて平行描写する編集上の手法; cf. flashback 1 a, cutaway *n.* 3》. **3**《アメリカンフットボール》カットバック《ボールキャリアーが前面から来る相手を避けるため右後方からすばやくスクリメージラインに突入すること; cf. CUT *back* (*vi.*) (2)》. **4**《サーフィン》カットバック《波乗り板を波の方へ方向転換すること; balance》.

cút bàlance *n.*《時計》切りてんぷ (⇨ compensation balance).

cút·bànk *n.*《地質》(浸食による)けわしい川岸.

cutch [kʌ́tʃ] *n.* = catechu.

Cutch [kʌ́tʃ] *n.* = Kutch.

cut·cha [kʌ́tʃə] 〘《1834》□ Hindi *kaccā* raw, crude, uncooked〙《インド》 — *adj.* 貧弱な; 間に合わせの (cf. pukka). — *n.* 日干しれんが《天日で乾燥して作ったれんが》.

cut·cher·ry [kʌtʃéri, kʌ́tʃəri | kʌtʃéri, kə-] 〘《1610》□ Hindi *kacahrī* court-house office〙 — *n.* (*also* **cut·cher·y** [~])《インド》**1** 役所, 官庁 (public office); 裁判所 (courthouse). **2** (農園などの)事務所 (office).

cút·dòwn *n.* **1** 減少 (decrease), 節減 (reduction), 縮小 (diminution). **2**《医学》(カテーテル (catheter) の挿入を容易にするための)静脈切開.

cút dròp *n.*《劇場》舞台奥も見えるようになった切れ目のある背景幕.

cute [kjúːt] 〘《1731》《頭音消失》← ACUTE〙 — *adj.* (**cut·er; -est**)《口語》**1** 〈子供・小動物・品物など〉きれいな, かわいい (pretty): a ~ little girl, hat, etc. **2** りこうな, はしっこい, 気のきいた, 機敏な (clever). **3**《米》気取った, きざな, 不自然な (artificial). **~·ly** *adv.* **~·ness** *n.*

cutes *n.* cutis の複数形.

cutes anserinae *n.* cutis anserina の複数形.

cute·sie [kjúːtsi | -sɪ] *adj.* = cutesy.

cutes verae *n.* cutis vera の複数形.

cute·sy [kjúːtsi | -sɪ] 〘← CUTE＋-SY〙 *adj.* 利口ぶった, きざな, 気取った (mannered). **~·ness** *n.*

cut·ey [kjúːti | -tɪ] *n.*《俗》= cutie.

cút fìlm *n.*《写真》カットフィルム (⇨ sheet film).

cút flòwer *n.* 切り花.

cút glàss *n.* カットグラス(の器物).

cút·gràss *n.*《植物》葉のへりが細かいのこぎりの歯のようになっていて引けば手を切るような植物の総称《特に, イネ科サヤヌカグサ属 (*Leersia*) のサヤヌカグサ (*L. oryzoides*) など》.

Cuth·bert [kʌ́θbət | -bət] 〘OE *Cūþbeorht* ← *cūð* noted, famous ((p.p.) ← *cunnan* 'CAN[2]') + *beorht* 'BRIGHT'〙 *n.* 男性名.

Cuthbert, Saint *n.* (634?-87) イングランドの北部で布教した修道士; Lindisfarne の主教.

cút hùnter *n.*《時計》カットハンター (⇨ half hunter).

cu·ti- [kjúːtɪ, -tə | -tɪ] 〘← L *cutis* (↓)〙「皮膚 (skin); クチクラ (cuticle)」の意の連結形. ★ 母音の前では通例 cut- になる.

cu·ti·cle [kjúːtɪkl, -tə- | -tɪ-] 〘《1615》□ L *cuticula* (dim.) ← *cutis* skin: ⇨ cutis, -cle〙 — *n.* **1**《解剖・動物》クチクラ, 角皮《動物の体表をおおう上皮細胞が外表面に向かって分泌するかたい膜様物質; 外表から順に上クチクラ (epicuticle), 外クチクラ (exocuticle), 内クチクラ (endocuticle) の3層に区別される》. **2** (爪の付け根をおおう)あま皮. **3** 外膜, 外皮. **4**《植物》上皮, クチクラ《植物体の根以外の外表部をおおう表皮細胞の最外層をなすクチン質 (cutin) の薄膜》.

cu·tic·u·lar [kjuːtíkjulə, kjuː- | kjuːtíkjulə(r, kjʊ-] *adj.*

cu·ti·col·or [kjúːtəkʌ̀lə | -tɪkʌ̀lə(r] 〘← CUTI-＋COLOR〙 *adj.* 皮膚色の.

cu·tic·u·la [kjuːtíkjulə, kjuː- | kjuː-, kjʊ-] 〘⇨ cuticle〙 *n.* (*pl.* **-u·lae** [-lìː]) **1**《解剖・動物》= cuticle 1. **2**《昆虫》クチクラ《昆虫の体の外表部をおおう固い層》.

cutícular transpirátion *n.*《植物生理》クチクラ蒸散《微量に行なわれるクチクラでおおわれた植物体からの蒸散》.

cut·ie [kjúːti | -tɪ] 〘← CUTE＋-IE〙 *n.*《俗》**1** かわいらしい娘[女], かわいこちゃん. **2**《米》相手を出し抜こうとする巧妙な運動選手.

cútie pìe *n.*《俗》**1** 魅力的な人; 恋人 (sweetheart). **2**《物理》可搬型ガンマ[ベータ]線検出器.

cu·tin [kjúːtn | -tɪn] 〘← NL ~ ← L *cutis* skin, outside＋-IN[2]〙 *n.*《生化学》クチン質, 角皮素《植物体の表皮をおおうヒドロキシン C_{18} 脂肪酸》.

cút-ìn 〘← *cut in* (⇨ cut (v.) 成句)〙 — *adj.* **1** さし込みの: a ~ illustration 挿絵. **2** ダンス中に割り込まれた. — *n.* **1 a** さし込むもの. **b**《印刷》組込み(物)《組版中に組み込んだ見出しや挿絵》. **c**《映画・テレビ》きり込み画面《cut-in leader ともいう》; (画面の途中に挿入される)別の画面. **d**《ラジオ・テレビ》(ネットワーク番組に)地方局がさし込むコマーシャル. **2** (ダンスの時の)割込み《踊っている二人の間に割り込んで相手を横取りすること; cf. CUT *in* (*vi.*) (3)》.

cu·tin·i·za·tion [kjùːtnɪzéɪʃən, -nə- | -tɪnaɪ-, -nɪ-] *n.* **1**《生化学》クチクラ化. **2**《植物生理》クチン化《植物細胞膜がクチクラ化する現象》.

cu·tin·ize [kjúːtənàɪz, -tn- | -tɪn-] 〘← CUTIN＋-IZE〙 *vt., vi.*《生化学》クチン化する.

cú·tin·ized *adj.* クチン化した: ~ epidermal cells.

cu·tis [kjúːtɪs, -təs | -tɪs] 〘□ L ~ '(true) skin' ← IE *(s)keu- to cover (⇨ hide[1, 2])〙 *n.* (*pl.* **cu·tes** [-tiːz], ~·**es**)《解剖》皮膚; 真皮.

cútis an·ser·í·na [-æ̀nsəráɪnə] 〘← NL *cutis anserina* '〜 ANSERINE skin'〙 *n.* (*pl.* **cutes an·ser·i·nae** [-niː])《医学》鳥肌(とりはだ), 鵞皮(がひ) (gooseflesh).

cú·tis vé·ra [-ví(ə)rə | -víərə] 〘□ L ~ 'true skin'〙 *n.* (*pl.* **cutes ve·rae** [-riː])《解剖》= cutis.

cut·lass [kʌ́tləs] 〘《1594》□ F *coutelas* ← L *cultellus* (dim.) ← L *culter* knife: ⇨ colter〙 — *n.* (*also* **cut·las** [~]) **1** カットラス, 舶刀《backsword または saber の一種; 18 世紀では船乗りが用いた》. **2** = machete 1.

cutlass 1

cútlass fish *n.*《魚類》タチウオ科の魚の総称; (特に)タチウオ (*Trichiurus lepturus*)《hairtail, scabbard fish ともいう》.

cút·lèaf bláckberry *n.*《植物》ヨーロッパ原産の葉に深い切れ込みがある常緑のキイチゴの一種 (*Rubus laciniatus*).

cut·ler [kʌ́tlə | -lə(r] 〘《a1400》 *cuteler* □ (O)F *coutelier* knife-maker ← OF *coutel* (F *couteau*) < L *cultellum* (dim.) ← *culter* 'COLTER'〙 *n.* 刃物師, 刃物屋.

Cut·le·ri·a·ce·ae [kʌtlì(ə)riéɪsiiː | -lɪərɪ-] 〘← NL ~ ← *Cutleria* (属名: ← *Manasseh Cutler* (19 世紀米国の牧師・植物学者))＋-IA[1])＋-ACEAE〙 — *n. pl.*《植物》(褐藻類)ムチモ科.

Cut·le·ri·a·les [kʌtlì(ə)riéɪliːz | -lɪərɪ-] 〘← NL ~ ← *Cutleria* (↑)＋-ALES〙 *n. pl.*《植物》ムチモ目.

cut·ler·y [kʌ́tləri | -rɪ] 〘《1340》□ (O)F *coutellerie*: ⇨ cutler, -y[1]〙 *n.* **1** [集合的] (家庭用の)刃物類: plate and ~. **2** 刃物職.

cut·let [kʌ́tlɪt, -lət] 〘《1706》□ F *côtelette* < OF *costelette* (dim.) ← *coste* (F *côte* rib) < L *costam*: ⇨ -let: 英語では CUT と連想された〙 — *n.* **1 a** (焼いたりフライにするための子牛や羊の)薄い切身. **b** (薄い肉の切身を卵とパン粉にまぶして揚げた)カツレツ. **2** (ひき肉で作った)カツレツ形のコロッケ.

cút·lìne *n.*《新聞》(写真・挿絵などの)説明文 (legend, caption).

cút·lips mínnow *n.*《魚類》米国北東部産の下唇が三つに裂けているコイ科の魚 (*Exoglossum maxillingua*)《単に cutlips ともいう》.

cút·mèter *n.*《機械》削り速度計《工作機械の切削速度を示す回転速度計》.

cút mòney *n.*《米》分割貨幣《18 世紀から 19 世紀初めごろまで西インド諸島や米国のある地方などでスペインドルを二分・四分・八分・十二分して小銭代用に使ったもの》.

cút nàil *n.* 切りくぎ, 船くぎ《頭のない長方形のくぎで, 鋼板から切って作る》.

cút·òff *n.* **1 a** 切断; 遮断. **b** (運転・供給などの)中断, 停止, 打切り. **2** 近道 (shortcut). **3** (会計の)締切り日, 中断の期限; 決算日. **4 a** 切断[遮断]装置. **b** (連発ライフル銃の)弾薬供給停止装置《これによって連発銃が単発銃になる》. **5**《機械》(蒸気などの通過の)締切り; (弁の)締切り. **6**《地理》**a** (曲流の)切断《川の湾曲部が切り離されて上流と下流が直通路で接続すること》. **b** 切断曲流 (cutoff meander). **7**《電子工学》カットオフ《電子管・半導体素子などの電流が流れなくなること》. **8**《野球》カット《外野手の本塁送球を内野手が途中で中断すること》. — *adj.* **1** 切断された; 遮断[除外]された. **2** 近道の.

cútoff fréquency *n.*《電子工学》遮断周波数《著しい減衰なく伝送される周波数の限界》.

cút·òut *n.* **1 a** 切抜き. **b** [通例 *pl.*] (映画などに用いる)切抜き絵; 切抜き細工. **c** (脚本・映画フィルムなどの)カットされた部分, 削除部分. **2 a** (家畜などを)引き離すこと. **b** 離した動物を集める場所. **3**《機械》(内燃機関の)排気弁, 排気切替器. **4**《電気》カットアウト, 安全器.

cútout bòx *n.*《電気》安全器箱, カットアウトボックス《中にヒューズ付のスイッチを取りつけた箱》.

cútout swìtch *n.*《電気》カットアウトスイッチ, 安全器.

cút·òver *n.* **1** 材木を伐採した土地. **2**《電気》(直流から交流への, また電話交換方式で古いものから新しいものへの)切換え. **3**《フェンシング》クーペ《相手の剣先を通過させて反対側を攻撃すること》. — *adj.* 材木を伐採した: a ~ forest.

cút-price *adj.* **1** 〈品物が〉安売りの, 特価の. **2** 〈店が〉特価品を扱う.

cút·pùrse 〘ME〙 *n.* **1** すり (pickpocket). **2**《古》きんちゃく切り.

cút-ràte *adj.* **1** 〈品物・店など〉割引の, 安売りの: ~ fares 割引運賃[料金] / a ~ drugstore 安売りのドラッグストア. **2** 安っぽい, 二流どころの; まがいの.

cút stóne *n.*《石工》切石《特定の大きさに加工済みの石材》.

cút súgar *n.* = cube sugar.

cut·ta·ble [kʌ́təbl | -tə-] *adj.* 切ることのできる, カットのできる.

cut·tage [kʌ́tɪdʒ | -tɪdʒ] *n.*《園芸》さし木, さし木(による繁殖)技術.

cút·ter [-tə | -tə(r] 〘《1177》〙 — *n.* **1 a** 切る人. **b** 石工; 彫刻家. **c** ガラス切り工. **d** 宝石研磨工. **e** (仕立屋の)裁断師: a tailor's ~. **f** (映画などの)フィルム編集者. **2 a** 切る道具. **b** 裁断器, (裁断機の)刃. **c** = cutting head. **d** = cutting stylus. **3** 切歯, 門歯 (incisor) (cf. grinder 3). **4**《米》小型馬そり《一頭または二頭立てで一・二人乗り》. **5** 砂の多い粘土を用い比較的低温で焼成した軟質れんが《どのような形にでも切断できるのでこの名称がある; cutter-brick, rubber, rubber-brick ともいう》. **6 a** 下等な牛肉. **b** 下等な食肉動物. **7**《海事》**a** カッター《軍艦付属のオールを備えた雑役艇; 帆も張れる》. **b** (1 本マストの前後に比較的大きい縦帆をかけた)快走帆艇の一種. **c**《米》監視船《coast guard に属する軽武装の沿岸警備用小型船》.

cútter bàr *n.*《機械》刃物棒《裁断機の歯を保護する細長い板》.

Cútter classificàtion 〘← *C. A. Cutter* (1837–1903: 米国の司書)〙 *n.*《図書館》カッター分類法 (⇨ expansive classification).

cútter·hèad *n.* 〚機械〛カッターヘッド《旋盤等で工具をしっかりと保持する部分品》.
Cútter nùmber 〚⇨ Cutter classification〛 *n.* 〚図書館〛カッター著者番号《著者の姓のつづり字を簡易な記号に置き替え, それに従って図書を配列する》.
cútter-rigged *adj.* 縦帆式の, カッター型帆装の.
cút·thròat *n.* **1** 人殺し (murderer); 人非人, 殺し屋. **2** 西洋かみそり (cf. safety razor). **3** 〚トランプ〛三つ巴(ﾄﾞﾓｴ)戦《ペアーを組まず各自が単独勝利を狙うゲームの総称; 特に, 本来4人が2組に分れて争うゲームを3人で行なう場合にいう》. **4** 〚魚類〛=cutthroat trout. ― *adj.* **1** 人殺しの, 殺人の (murderous). **2 a** 乱暴な, 凶暴な (cruel); むごい, 無慈悲な (ruthless). **b** 〈競争など〉激烈な: a ～ competition. **3** 〈かみそりが〉西洋かみそり式の: a ～ razor 西洋かみそり. **4** 〚トランプ〛三つ巴(ﾄﾞﾓｴ)の, 3人でする (three-handed): ～ bridge [euchre].
cútthroat tròut *n.* 〚魚類〛北米西海岸の湖や川にすむニジマスに近縁のマスの一種 (*Salmo clarki*)《あごの下に切り傷のような斑紋がある》.
cút tìme *n.* 〚音楽〛=alla breve.
cút·ting [-tɪŋ | -tɪŋ] 〚n.: (? *c*1350)〛 ― *n.* **1 a** 切断; 裁断(法). **b** 切取り; 伐採. **2 a** 切り取ったもの. **b** 裁ちくず; 刈毛. **c** 《英》(新聞などの)切抜き (《米》 clipping): a newspaper [press] ～ 新聞の切抜き. **d** 《英》(鉄道・道路用の)切通し (excavation); 堀割, 切取り, 根切り《基礎となる地盤面以下を掘削すること》. **3** 〚園芸〛(さし木にする)切穂, さし穂. **4** 〚映画〛フィルムの編集. ― *adj.* **1** (よく)切れる, 鋭利な: a ～ blade. **2** 身を切るような, 肌をつんざくような, 骨にしみ入る, ひどく寒い: a ～ wind. **3** 痛烈な, 皮肉な: a ～ remark, reply, etc. **4** 激しい, 鋭い: a ～ pain 激痛. **～·ly** *adv.*
cútting àngle *n.* 〚機械〛削り角.
cútting blòwpipe *n.* 〚機械〛=cutting torch.
cútting bòard *n.* 裁断台; まな板.
cútting gràss *n.* 〚植物〛**1** 《豪》カヤツリグサ科ヒトモトススキ属の植物 (*Cladium psittacorum*). **2** カヤツリグサ科シンジュガヤ属の植物 (*Scleria flagellum-nigrorum*).
cútting hèad *n.* (円盤録音の際に録音針 (cutting stylus) を駆動する)カッター.
cútting hòrse *n.* 《米》牛を群れから分けるために調教された馬.
cútting òil *n.* 〚機械〛切削油《金属材料を切削加工する時に用いる潤滑油》.
cútting plìers *n. pl.* [しばしば単数扱い] ペンチ, プライヤー.
cútting stỳlus *n.* (レコード原盤に音溝を刻む)録音針.
cútting tòrch *n.* 〚機械〛切断トーチ.
cut·tle[1] [kʌ́tl̩ | -tl] 〚OE *cudele* cuttlefish ← Gmc **k(e)ud-* ← IE **geu-* a hollow space or object (⇨ cod[2]): その墨袋から〛 ― *n.* **1** 〚動物〛=cuttlefish. **2** =cuttlebone.
cut·tle[2] [kʌ́tl̩ | -tl] 〚← ?〛 *vt.* **1** 〈布を〉仕上げがすんだ後, 表を中心にしてたたむ. **2** 〈布を〉縮充ののち広げておく.
cúttle·bòne *n.* イカの甲《みがき粉などの材料》.
cúttle·fìsh *n.* 〚動物〛**1** イカ《十腕形類コウイカ科の厚い石灰質の甲をもつ軟体動物の総称》; (特に)コウイカ (*S. esculenta*), モンゴウイカ (*S. officinalis*) などコウイカ属 (*Sepia*) のイカ. **2** タコ (octopus), イカ (squid) など頭足類の軟体動物の総称.
cut·ty [kʌ́ti | -tɪ] 〚(1660) 《スコット》 ～ ← CUT (v.)+-Y[2,4]〛 ― *adj.* 《スコット・北英》**1** 短く切った (curtailed); 短い (short). **2** 怒りっぽい (testy). ― *n.* **1** 《英》(陶製の)短いパイプ. **2** 《スコット・アイル》短いさじ. **3 a** ずんぐりした女. **b** いたずらっぽい女, おてんば娘. **c** 《口語》身持ちの悪い女, あばずれ女.
cútty sàrk *n.* 《スコット》**1** (婦人用の)短い外衣または下着《シャツやスリップなど》. **2** 女; 蓮っぱな女, おてんば娘 (hussy).
Cút·ty Sárk [kʌ́ti-sɑ́ək | -tɪ-sɑ́:k] 〚船首部に刻まれた Burns の *Tam O' Shanter* の一節 (Whene'er... *cutty-sarks* run in your mind / Think...) から; 帆檣(ﾊﾝｼｮｳ)の先端に cutty sark をなびかせたこともあった〛 ― *n.* [the ～] カティサーク号《南中国から茶の輸入に従事して快速の記録を立てた英国の大型快速帆船; 1869 年建造; cf. tea clipper》.
cútty stòol *n.* 《スコット》**1** 低い三脚式腰掛. **2** (昔スコットランドの教会で不貞の女などを罰する時に着席させた)腰掛《stool of repentance ともいう》.
cút·ùp *n.* 《口語》おどけ者, ちゃめ; 見せびらかす人.
cút vélvet *n.* **1** けばの輪が切ってあるビロード. **2** カットベルベット《シフォン・ボイルなどの地紕織がすけて見えるブロケード柄のビロード》.
cút·wàter *n.* **1** (船首の)水切り, 水押(ﾐｵｼ). **2** (橋脚の)水よけ.
cút·wòrk 〚(15C)〛 ― *n.* **1** カットワーク(刺繍)《ボタンホールステッチで模様のふちを刺繍したのち, 模様の地を切り抜いて, 透かし模様を作る》. **2** カットワーク《洋裁の装飾的な細工; 素材の地を図案に従い切り抜いたあとに別に作った模様をはめ込む》. **3** 〚服飾〛=point coupé 1. **4** 透かし彫.
cút·wòrm *n.* 〚昆虫〛ヨトウムシ(夜盗虫)《ヤガ科数種のガの幼虫の総称; 夜間活動し植物の根元を食い切る害虫》.
cu·vée [kju:véɪ; *F.* kyve] 〚□F ～ ← *cuve* (↓)〛 *n.* (*also* **cu·vee** [～]) キュヴェ《樽詰めの混合ぶどう酒; フランスのぶどう酒にいう》.
cu·vette [kju:vét; *F.* kyvɛt] 〚□F ～ (dim.) ← *cuve* < L *cūpam* vat: ⇨ cup, -ette〛 ― *n.* (*pl.* ～**s** [～s; *F.* ～]) **1** 浅い水ばち. **2** キュヴェット《カメオのような浮き彫りをした準宝石または宝石; cf. chevee》.
Cu·vi·er [k(j)ú:vièɪ | -vɪ-; *F.* kyvje], Baron **Georges** (**Léopold Chré·tien** [kretjɛ̃] **Frédéric Da·go·bert** [dagɔbɛ:r]) *n.* キュヴィエ (1769–1832; フランスの博物学者; 古生物学・比較解剖学の創始者).
cu. yd. 《略》cubic yard(s).
Cuyp [kɔ́ɪp | káɪp; *Du.* kœip], **Ael·bert** [á:lbərt] *n.* コイプ (1620?–91; オランダの風景・動物画家).
Cuz·co [kú:skoʊ | -kəʊ; *Am. Sp.* kúsko] *n.* クスコ《ペルー南部の都市; Inca の遺跡がある; 人口 122,000》.
cv. 《略》convertible.
c.v. 《略》*F.* cheval-vapeur (=horsepower); chief value; *L.* crās vespere (=tomorrow evening); *L.* curriculum vītae, cursus vītae (=course of life).
C.V. 《略》〚物理〛calorific value.
c.v.a. 《略》〚医学〛cerebrovascular accident 脳血管発作, 脳卒中.
C.V.A. 《略》Columbia Valley Authority.
C.V.O. 《略》Commander of the Victorian Order.
cvt. 《略》convertible.
cw. 《略》〚通信〛clockwise.
C.W. 《略》chemical warfare; chief warrant officer; 〚通信〛continuous wave.
CWA 《略》Civil Works Administration (米国)土木事業局.
C.W.B. 《略》Central Wages Board (英国)中央賃金委員会.
Cwlth. 《略》Commonwealth.
cwm [kú:m | kú:m, kʊ́m] 〚□ Welsh *cwmm* valley: ⇨ combe〛 *n.* 〚地質〛=cirque 1.
C.W.O., c.w.o. 《略》〚商業〛cash with order 注文時現金払い; chief warrant officer.
CWS, C.W.S. 《略》〚陸軍〛Chemical Warfare Service 《米》化学戦研究部; Cooperative Wholesale Society.
cwt. 〚← L *c(entum)* hundred+w(EIGH)T〛 《略》hundredweight(s).
CX 《記号》〚航空〛⇨ CATHAY.
Cy [sáɪ] 〚(dim.) ← CYRIL // CYRUS〛 *n.* 男性名.
Cy 《略》〚化学〛cyanide.
CY 《略》calendar year.
cy. 《略》capacity; currency; 〚電算機〛cycle.
Cy. 《略》County.
-cy [si | sɪ] 〚ME *-cie* □ OF □ ML *-cia*=L *-tia* □ Gk *-k(e)ia, -t(e)ia*: cf. -acy, -ancy, -ency〛 ― *suf.* 性質・状態・階級・身分などを表わす抽象名詞を造る (cf. -hood, -ship). **1** -t または -n で終わる名詞に付く: bankrupt*cy*, captain*cy*. **2** 動詞から名詞を造る (cf. -ancy): occupancy (← occupy) / vacancy (← vacate). **3** -ant, -ent, -te, -tic などで終わる形容詞に対応する名詞を造る (cf. -ce): ascendancy (← ascendant) / expediency (← expedient) / adequacy (← adequate) / lunacy (← lunatic).
cy·an [sáɪæn, -ən] 〚□ Gk *kúan-os* dark blue〛 *n.* 青緑色, シアン. ― *adj.* 青緑[シアン]色の.
cy·an- [sáɪən, saɪǽn] (母音または h の前に来る時の) cyano- の異形.
cy·an·am·ide [saɪǽnəmɪd, -məd, -màɪd | -màɪd] 〚← CYANO-+AMIDE〛 ― *n.* (*also* **cy·an·am·id** [saɪǽnəmɪd, -məd | -mɪd]) 〚化学〛**1** シアン化アミド, シアナミド ($CNNH_2$). **2** カルシウムシアナミド《calcium cyanamide の商用語》.
Cy·a·nan·throl [sàɪənǽnθrɔ(:)l, -θroʊl | -θrɔl] 〚← CYANO-+ANTHRA-+-OL[1]〛 *n.* 〚商標〛シアナントロール《青色のアントラキノン系酸性染料の商品名》.
cy·a·nate [sáɪənèɪt, -nət, -nɪt] 〚← CYANO-+-ATE[1]〛 *n.* 〚化学〛シアン酸塩[エステル].
cýan blúe *n.* 穏やかな緑がかった青[青がかった緑], シアンブルー.
cy·an·ic [saɪǽnɪk] 〚← CYANO-+-IC[1]〛 *adj.* **1** 〚化学〛シアンの, シアンを含む. **2** 〚植物〛青色の (blue)《花の色の二大別の一つ; cf. xanthic 1》.
cyánic ácid *n.* 〚化学〛シアン酸 (HOCN).
cy·a·nide [sáɪənàɪd, -nɪd, -nəd | -nàɪd] 〚← CYANO-+-IDE[2]: cf. G *Cyanid*〛 〚化学〛 ― *n.* **1** シアン化物, 青酸塩 (prussiate). **2 a** =potassium cyanide. **b** =sodium cyanide. ― *vt.* シアンで処理する.
cýanide pròcess *n.* 〚冶金〛青化法, シアン化法《シアン化物の水溶液を利用して鉱石中の金・銀を溶解させ亜鉛粉を加えて沈澱させて金銀を抽出する法》.
cy·a·nine [sáɪənì:n, -nɪn, -nən | -nì:n, -nɪn] 〚← CYANO-+-INE[3]〛 ― *n.* (*also* **cy·a·nin** [sáɪənɪn, -nən | -nɪn]) 〚化学〛**1** シアニン, キノリンブルー ($C_{29}H_{35}IN_2$)《紫青色素》. **2** シアニン染料 (cyanine dye)《$(-CH=CH-)_n$ の構造をもつ染料, 色増感色素として用いられる》.
cy·a·nite [sáɪənàɪt] 〚← CYANO-+-ITE[1]〛 *n.* 〚鉱物〛藍(ﾗﾝ)晶石, カイアナイト (Al_2SiO_5).
cy·a·nize [sáɪənàɪz] 〚← CYANO-+-IZE〛 *vt.* 〚化学〛シアン化する.
cy·a·no [sáɪənòʊ, saɪǽnoʊ | sáɪənəʊ, saɪǽnəʊ] 〚↓〛 *adj.* 〚化学〛シアノ基 (-CN) を含む.
cy·a·no- [sáɪəno(ʊ), saɪǽn- | -nə(ʊ)] 〚← Gk *kúanos* dark-blue substance〛 ― 次の意味を表わす連結形: **1**「青の (blue), あい色の (dark-blue)」. **2** 〚化学〛**a**「シアン化物 (cyanide)」. **b**「シアン基 (-CN)」. ★ 母音の前では通例 cyan- になる.
cỳano·ácrylate 〚← CYANO-+ACRYLATE〛 *n.* 〚薬学〛シアノアクリラート《傷口をふさぐのに使用する医療用の重合形接着剤》.
cỳano·bénzene *n.* 〚化学〛シアノベンゼン (⇨ benzonitrile).
cy·a·no·chroi·a [sàɪəno(ʊ)krɔ́ɪə | -nə(ʊ)-] 〚← CYANO-+Gk *khroia* skin〛 *n.* 〚病理〛=cyanosis.
cỳano·cobálamin 〚← CYANO-+COBALAMIN〛 *n.* 〚生化学〛シアノコバラミン (⇨ vitamin B_{12}).
cỳano·dérma 〚← CYANO-+-DERMA〛 *n.* 〚病理〛=cyanosis.
cỳano·éthylate *vt.* 〚化学〛シアノエチル化する. **cỳano·ethylátion** *n.*
cy·an·o·gen [saɪǽnədʒən, -dʒɪn, -dʒèn | -dʒɪn, -dʒèn] 〚□F *cyanogène*: ⇨ cyano-, -gen〛 ― *n.* 〚化学〛**1** シアン, ジシアン ($(CN)_2$)《可燃性有毒ガス》. **2** シアン (-CN)《1 価の基》.
cy·a·no·gen·a·mide [sàɪəno(ʊ)dʒénəmàɪd | -nə(ʊ)-] 〚⇨ ↑, amide〛 *n.* 〚化学〛=cyanamide.
cyánogen brómide *n.* 〚化学〛臭化シアン, ブロムシアン (CNBr)《無色の有毒揮発性の結晶でわずかに水に溶ける; 殺虫剤に使う》.
cyánogen chlóride *n.* 〚化学〛塩化シアン (CNCl)《無色の気体, 有毒; 記号 CC》.
cỳano·génesis 〚← CYANO-+-GENESIS〛 *n.* 〚化学・植物〛(ビワ・ウメなどの果実による)シアン化物の形成.
cỳano·genétic *adj.* 〚化学・植物〛=cyanogenic.
cỳano·génic *adj.* 〚化学・植物〛シアン化物を作ることのできる.
cýano gròup *n.* 〚化学〛シアン群[基] (-CN).
cỳano·guánidine 〚← CYANO-+GUANIDINE〛 *n.* 〚化学〛シアノグアニジン (⇨ dicyandiamide).
cy·a·no·hy·drin [sàɪəno(ʊ)háɪdrɪn, -drən | -nə(ʊ)háɪdrɪn] 〚← CYANO-+HYDRO-+-IN[1]〛 *n.* 〚化学〛シアノヒドリン《シアノ基 (-CN) と水酸基とを含む化合物》.
cy·a·nom·e·ter [sàɪənɑ́mətə | -nɔ́mɪtə(r, -mə-] 〚← CYANO-+-METER[1]: cf. *F. cyanomètre*〛 *n.* シアン計《空などの青さを計る青度測定器》.
cy·a·nop·a·thy [sàɪənɑ́pəθi | -nɔ́pəθɪ] 〚← CYANO-+-PATHY〛 *n.* 〚病理〛=cyanosis.
Cy·a·no·phy·ce·ae [sàɪəno(ʊ)fáɪsiì:, -fís- | -nə(ʊ)-] 〚← NL ～: ⇨ cyano-, -phyceae〛 *n. pl.* 〚植物〛藍藻類《Myxophyceae ともいう》.
Cy·a·noph·y·ta [sàɪənɑ́fəṭə | -nɔ́fɪtə] 〚← NL ～ ← CYANO-+Gk *phuta* ((pl.) ← *phuton* plant)〛 *n. pl.* 〚植物〛藍藻植物門.
cỳano·plátinite *n.* 〚化学〛シアン化白金 (II) 酸塩 (⇨ platinocyanide).
cy·a·nose [sáɪənòʊs, -nòʊz | -nəʊs] 〚□F ～: ⇨ cyano-, -ose[2]〛 *n.* 〚鉱物〛胆礬(ﾀﾝﾊﾞﾝ) (⇨ chalcanthite).
cy·a·nosed [sáɪənòʊst, -nòʊzd | -nəʊst] *adj.* 〚病理〛チアノーゼになった[かかった].
cy·a·no·sis [sàɪənóʊsɪs, -səs | -nóʊsɪs] 〚← NL ～ ← Gk *kuánōsis*: ⇨ cyano-, -osis〛 ― *n.* (*pl.* **-no·ses** [-si:z]) 〚病理〛チアノーゼ, 青色症《酸素欠乏のために皮膚・粘膜が暗紫色を呈する状態; cf. blue baby》.
cy·a·not·ic [sàɪənɑ́ṭɪk | -nɔ́t-] *adj.*
cy·an·o·type [sáɪənətàɪp] 〚← CYANO-+-TYPE〛 *n.* 青写真(法) (blueprint).
cy·a·nu·rate [sàɪən(j)ʊ́(ə)rèɪt, -rət, -rɪt | -njʊ́ər-] 〚⇨ ↓, -ate[1]〛 *n.* 〚化学〛シアヌル酸塩[エステル].
cy·a·nu·ric [sàɪən(j)ʊ́(ə)rɪk | -njʊ́ər-] 〚← CYANO-+URIC〛 *adj.* 〚化学〛シアヌル酸の, シアヌル酸から誘導された.
cyanúric ácid *n.* 〚化学〛シアヌル酸 ($C_3N_3(OH)_3$)《尿から得られる》.
cy·ath- [sáɪəθ] (母音の前に来る時の) cyatho- の異形.
Cy·ath·e·a·ce·ae [saɪæθiéɪsiì: | -θɪ-] 〚← NL ～ ← *Cyathea* (← Gk *kuátheion* (dim.) ← *kúathos* cup)+-ACEAE〛 ― *n. pl.* 〚植物〛(シダ類)ヘゴ科. **cy·ath·e·á·ceous** [-ʃəs] *adj.*
cyathia *n.* cyathium の複数形.
cy·ath·i·form [saɪǽθəfɔ̀əm | -θɪfɔ̀:m] 〚⇨ ↓, -form〛 *adj.* 〚生物〛杯状の.
cy·ath·i·um [saɪǽθiəm | -θɪ-] 〚← NL ～ ← Gk *kuátheion* (dim.) ← *kúathos* cup: ⇨ -ium〛 *n.* (*pl.* **-i·a** [-θiə | -θɪə]) 〚植物〛杯状花序.
cy·a·tho- [sáɪəθo(ʊ) | -θə(ʊ)] 〚← NL ～ ← Gk *kúathos* (↑)〛「杯 (cup); 杯状の (cup-shaped)」の意の連結形. ★ 母音の前では通例 cyath- になる.
Cyb·e·le [síbəli: | -bɪ-] 〚□ L *Cybelē* □ Gk *Kubélē*〛 ― *n.* 〚神話〛キュベレ《Phrygia その他小アジア地方の女神; 神々の母である大神で the Great Mother of the Gods と呼ばれ, 穀物の実りを表象する; ギリシャ神話では Rhea と同一視されることもある》.
cy·ber·cul·ture [sáɪbəkʌ̀ltʃə | -bə(:)kʌ̀ltʃə(r] 〚← CYBER(NETICS)+CULTURE〛 *n.* サイバカルチュア《サイバネーション (cybernation) による社会[文化]》. **cy·ber·cul·tur·al** [sàɪbəkʌ́ltʃ(ə)rəl | -bə(:)-] *adj.*
cy·ber·nate [sáɪbənèɪt | -bə(:)-] 〚← CYBERNET(ICS)+-ATE[3]〛 *vt.* サイバネーション化する.
cý·ber·nàt·ed [-tɪd, -təd | -tɪd, -təd] *adj.* サイバネーションによる[にかかわる]: a ～ society.
cy·ber·na·tion [sàɪbənéɪʃən | -bə(:)-] 〚← CYBER-

N(ETICS)+-ATION〗 *n.*〘電算機〙サイバネーション《電子計算機などを使用した高度な自動制御》.

cy·ber·net·ic [sàɪbənéṭɪk | -bə(:)nét-] *adj.* 人工頭脳学の. 「ic. **~·ly** *adv.*

cỳ·ber·nét·i·cal [-ṭɪkəl, -ṭə- | -tɪ-] *adj.* =cybernet-

cy·ber·ne·ti·cian [sàɪbə(:)nətíʃən | -bə(:)-] *n.* =cyberneticist. 「学者.

cỳ·ber·nét·i·cist [-ṭəsɪst, -səst | -tɪsɪst] *n.* 人工頭脳

cy·ber·net·ics [sàɪbənéṭɪks | -bə(:)nét-] 〘《1948》← Gk *kubernḗtes* steersman (← *kubernân* to steer: ⇨ govern) + -ICS〙 ── *n.* サイバネティクス, 人工頭脳学《生物の制御機構と機械の制御機構の共通原理を究明する学問; 米国 MIT の Norbert Wiener 教授が提唱した; cf. bionics》.

cy·borg [sáɪbɔəg | -bɔ:g] 〘《混成》← CYB(ERNETIC)+ORG(ANISM)〙 ── *n.* サイボーグ, 改造人間《宇宙空間のような特殊な環境に適合するように器官が一部電子器械で作られた人工的な人間》.

cyc. 《略》cycles; cycling; cyclopedia; cyclopedic.

cy·cad [sáɪkəd, -kæd] 〘《1845》← NL *Cycad-*, *Cycas* ← Gk *kúkas*=*kóïkās* (acc. pl.) ← *kóïx* an Egyptian palm tree〙 ── *n.*〘植物〙ソテツ科の植物の総称; (特に)ソテツ (*Cycas revoluta*).

Cy·ca·da·ce·ae [sàɪkədéɪsiì:, sìk-] 〘← NL ~: ⇨ ↑, -aceae〙 *n.pl.*〘植物〙ソテツ科. **cỳ·ca·dá·ceous** [-ʃəs] *adj.*

Cy·ca·da·les [sàɪkədéɪli:z, sìk-] 〘← NL ~: ⇨cycad, -ales〙 *n.pl.*〘植物〙(裸子植物)ソテツ目.

cy·cad·e·oid [saɪkǽdiɔ̀ɪd | -dɪ-] 〘← NL *Cycadeoidea*: ⇨ cycad, -oid〙 ── *n.*〘植物〙キカデオイデア《中生代に栄えて絶滅したソテツの仲間; *Cycadeoidea, Bennettites* 属などの化石植物》.

cy·cad·o·phyte [saɪkǽdəfàɪt] 〘← NL *Cycadophytae*: ⇨ Cycadales, -phyte〙 ── *n.*〘植物〙ソテツ植物《現生のソテツ (cycas) を始め, 中世代に栄えたソテツ類の化石植物を含む一群》.

cy·cas [sáɪkæs, -kəs] 〘⇨ cycad〙 *n.*〘植物〙ソテツ《ソテツ属 (*Cycas*) の植物の総称; ソテツ (*C. revoluta*) など》.

cy·ca·sin [sáɪkəsɪn, -sən | -sɪn] 〘⇨ ↑, -in[1]〙 *n.*〘化学〙サイカシン ($C_8H_{16}N_2O_7$)《ソテツ (cycad) 中に存在するグルコシド; 有毒》.

Cy·chre·us [sáɪkriəs, -kru:s | -krɪəs, -kru:s] 〘□ L ~ □ Gk *Kukhreús*〙 *n.*〘ギリシャ神話〙キュクレウス《Poseidon と Salamis の子; 半人半蛇の Salamis 王》.

cy·cl- [sáɪkl] (母音の前に来る時の) cyclo- の異形.

Cyc·la·des [síklədi:z] *n.* [the ~; 複数扱い] キクラデス諸島《Delos 島を中心とするエーゲ海南部のギリシャ領の諸島; 人口 87,000, 面積 2,572 km², 首都 Hermoupolis [hermúpolis]》.

Cy·clad·ic [sɪklǽdɪk, sək-, saɪk- | sɪk-, saɪk-] *adj.* **1** キクラデス諸島 (Cyclades) の. **2** (青銅器時代の)キクラデス (Cyclades) 文明の.

cy·cla·mate [sáɪkləmèɪt, sík-] 〘《混成》← CY-CL(OHEXYL) + (*sulf*)*amate* (← SULF(ANIL)AM(IDE) + -ATE[1])〙 *n.*〘化学〙シクラメイト《甘味剤の一種》.

cy·cla·men [sáɪkləmən, sík-, -klə-, -lɪ-] 〘《*c*1550》← NL ~ ← Gk *kukláminos* ← ? *kúklos* circle (その球根の形からか)〙 ── *n.*〘植物〙シクラメン《サクラソウ科シクラメン属 (*Cyclamen*) の観賞用植物の総称; シクラメン (旧名ブタノマンジュウ) (*C. persicum*) など》.

cýclamen áldehyde *n.*〘化学〙シクラメンアルデヒド ($C_3H_7C_6H_4CH_2CH(CH_3)CHO$)《無色の液体; スズランのような香りがある; 石鹸などの香料にする》.

Cyc·lan·tha·ce·ae [sɪklænθéɪsiì:, sàɪk-] 〘← NL ~ ← *Cyclanthus* (属名: ⇨ cyclo-, -anthus)+-ACEAE〙 ── *n.pl.*〘植物〙(単子葉植物)パナマソウ科. **cỳc·lan·thá·ceous** [-ʃəs] *adj.*

cy·clase [sáɪkleɪs, -kleɪz | -kleɪs] 〘← CYCLO-+-ASE〙 *n.*〘生化学〙チクラーゼ《有機化合物を環状化させる酵素; adenyl cyclase など》.

cy·claz·o·cine [saɪklǽzəsì:n, -sɪn, -sən | -sì:n, -sɪn] 〘← CYCLO-+*azocine* (C_7H_7N)〙 ── *n.*〘薬学〙シクラゾシン ($C_{18}H_{25}NO$)《モルヒネなど習慣性鎮痛剤の効果を抑える鎮痛剤》.

cy·cle [sáɪkḷ] 〘《*a*1387》*cicle* □ (O)F *cycle* // LL *cyclus* □ Gk *kúklos* circle ← IE **kwel-* to revolve (⇨ wheel)〙 ── *n.* **1 a** (一連の現象が完成する)循環期, 周期: the ~ of eclipses 日月食の循環期《約 6,585 日》/ ⇨ Metonic cycle, solar cycle / move in a ~ 周期的に循環する. **b** (季節・事件などの)反覆, 一回り (round): the ~ of the seasons [the year] 季節[年]の一回り[循環] / a ~ of events 事件の反覆 / a ~ of human life (生れては死に生れては死ぬ)人生の変転. **2** 長年月 (age). **3** [《米》ではまた síkḷ] **a** 自転車 (bicycle). **b** 三輪車 (tricycle). **c** オートバイ (cf. motorcycle). **4 a** 同一テーマを扱う文学作品群: a sonnet ~. **b** (神話・伝説などの英雄を主題とする)一群[一団]の詩歌, 伝説[物語]群: the Arthurian ~ of romances アーサー王(をめぐる)伝奇物語集成 / the Trojan ~ トロイ戦争詩歌群. **5**〘植物〙(輪生葉序の)一回旋. **6**〘物理〙循環過程 (cyclic process); (一周期を完成する)周期的現象; 周期. **7**〘電気〙周波; サイクル (cycles per second): ~*s* per second サイクル毎秒《振動数・周波数の単位; 記号 c/s; 現在は hertz を用いる》. **8**〘数学〙**a** サイクル, 輪体; 循環, 巡回置換 (cyclic permutation). **b** 自閉線, 閉括線. **9**〘野球〙サイクルヒット《打者が一試合中に単打・二塁打・三塁打・本塁打を打つこと; hat trick ともいう》: hit for the ~ サイクルヒットを放つ. **10**〘天文〙天体の軌道上の一周. **11**〘電算機〙周期, サイクル《1組の事象が完了する時間間隔, また同一順序で繰り返される一連の動作; 略 c., cy.》.

cycle of indiction [the ―] (ローマ暦の) 15 周年, 15 年紀 (cf. indiction 1).

── *vi.* **1** 循環する, 輪回する, 回帰する, 周期運動[変化]をする. **2** 自転車[三輪車, オートバイ]に乗る (cf. cycling 1 a). ── *vt.* 循環させる.

cý·cle·càr [sáɪkḷ-, síkḷ- | sáɪkḷ-] *n.* サイクルカー《無蓋のオート三輪[四輪]車》.

cý·cler [-klə, sík-, -kḷə | sáɪklə(r, -kḷə(r] *n.* =cyclist.

cy·cle·ry [sáɪkḷri, sík-, -kləri | sáɪklərɪ] *n.* 自転車屋[店].

cýcle-tràck *n.* =cycle way.

cýcle wày *n.* 自転車用道路.

cy·clic [sáɪklɪk, sík-] 〘《1794》□ F *cyclique* // L *cyclicus* □ Gk *kuklikós* circular: ⇨ cycle, -ic[1]〙 ── *adj.* **1** 循環する; 循環(期)の[に関する]; 周期的な[に動く, に起こる] (cf. secular 2 b): twenty ~ years 20 年周期. **2** (同一の神話・伝説などを主題とする)物語[詩歌]群の[に関する, に属する]: a ~ narrative / ⇨ cyclic poets. **3**〘植物〙輪状の: a ~ flower 輪生花 / ~ arrangement (葉の)輪状配列. **4**〘化学〙環式の: ~ compounds 環式化合物. **5**〘数学〙巡回の, 円の. **cy·clic·i·ty** [saɪklísəṭi, sɪk- | -sɪti, -sɪ-] *n.* **~·ly** *adv.*

cy·cli·cal [sáɪklɪkəl, sík-, -klə- | -lɪ-] *adj.* **1** =cyclic. **2**〘経済〙循環的な, 景気変動と関連した. **~·ly** *adv.*

cýclic ÁMP *n.*〘生化学〙サイクリック AMP《アデニル酸 (adenyl acid) のリン酸が 3′, 5′ の双方と結合し環状となっているもの; ホルモン作用の仲介をする; 略 C AMP; adenosine monophosphate ともいう》.

cýclic chórus *n.*〘古代ギリシャ〙輪舞唱《Dionysus の祭壇の回りを輪になって踊りながらする頌歌(しょうか)合唱》.

cýclic gróup *n.*〘数学〙巡回群《そのすべての元が一つの元の累乗の形に書けるような群》.

cýclic permutátion *n.*〘数学〙巡回置換《*a* を *b* に, *b* を *c* に, *c* を *a* に変えるというふうに, 円環状に変える置換; 物の個数がもっと多いときも同様》.

cýclic pítch contròl *n.*〘航空〙サイクリックピッチ制御《回転翼機が前進飛行をする時に, ローター翼の揚力を釣合わすため翼のピッチ角を回転方位角に合わせて周期的に変化させること; cf. collective pitch control》.

cýclic póets *n.pl.* **1** Homer に次いで Troy 戦争を歌った詩人たち. **2** 同一主題で書く詩人群.

cýclic shíft *n.*〘電算機〙循環桁送り《電子計算機中のデータの桁を移動し, はみ出した桁は他方の端に移すこと》.

cy·cling [sáɪklɪŋ, sík-, -kḷ- | sáɪklɪŋ] *n.* **1 a** 自転車[三輪車, オートバイ]を乗り回すこと, サイクリング (cf. cycle *vi.* 2). **b** 自転車競走 (bicycle race, bicycle racing ともいう). **2** 円運動. **3**〘物理〙繰返し, サイクル: thermal ~ 熱サイクル.

cý·clist [-klɪst, -kḷ- | -klɪst] *n.* 自転車[三輪車, オートバイ]乗り, サイクリスト (cf. bicyclist).

cy·cli·tol [sáɪklətɔ̀(:)l, síklətòul | sáɪklɪtɔ̀l] 〘← CYCLO-+(INOS)ITOL〙 *n.*〘化学〙シクリトール, 環状糖《イノシットなどのように環状の糖アルコールを意味する》.

cy·cli·za·tion [sàɪklɪzéɪʃən, sìk-, -lə-, -kḷ- | sàɪklaɪ-, -klɪ-] *n.*〘化学〙環化. 「する.

cy·clize [sáɪklaɪz, sík-, -kḷ- | sáɪ-] *vt., vi.*〘化学〙環化

cý·clized rúbber *n.*〘化学〙環化ゴム《接着剤・印刷インク・塗料などに用いる; cyclorubber ともいう》.

cy·cli·zine [sáɪkləzì:n | -klɪ-] 〘← CYCLO-+-I-+(PIPERA)ZINE〙 *n.*〘薬学〙シクリジン ($C_{18}H_{22}N_2$)《吐き気・動揺病用抗ヒスタミン剤》.

cy·clo [sí:klou, sík- | -kləu] 〘↓〙 *n.* (*pl.* **~s**) 三輪タクシー《三輪の原動機付タクシー》.

cy·clo- [sáɪklo(u), sík-, -klə | sáɪklə(u)] 〘← Gk *kúklos* circle: ⇨ cycle〙 ── 次の意味を表わす連結形: **1** 「円; 環」: *cyclo*tron. **2** 「(車輪の)回転」. **3**〘化学〙「環式(化合物)」. **4**〘解剖〙「毛様体」. ★ 母音の前では通例 cycl- になる.

cỳclo·acétylene *n.*〘化学〙シクロアセチレン《環式炭化水素で三重結合が 1 個あるもの》.

cỳclo·addítion *n.*〘化学〙付加環化《付加して環式の化合物をつくるような反応》.

cỳclo·aliphátic *adj.*〘化学〙=alicyclic.

cỳclo·bútane *n.*〘化学〙シクロブタン (C_4H_8)《4 員環の炭化水素; tetramethylene ともいう》.

cy·clo·ceph·a·ly [sàɪklo(u)séfəli, sìk-, -klə- | sàɪklə(u)kéfəlɪ, -séf-] *n.*〘病理〙輪状脳症.

cýclo-cròss *n.* シクロクロス《自転車に乗って行なうクロスカントリーレース; 途中自転車をかかえて障害を乗り越えたりもする》.

cỳclo·díene 〘← CYCLO-+-DIENE〙 *n.*〘薬学〙サイクロダイエン《塩素系殺虫剤》.

cy·clo·genesis [sàɪklo(u)-, -klə- | -klə(u)-] 〘← NL ~ ← CYCLO(NE)+-GENESIS〙 *n.*〘気象〙低気圧の発生[発達] (cf. cyclolysis).

cy·clo·graph [sáɪklo(u)græf, sík-, -klə- | sáɪklə(u)grɑ̀:f, -græf] 〘← CYCLO-+-GRAPH〙 *n.*〘数学〙円弧規 (arcograph).

cỳclo·héxane 〘← CYCLO-+HEXANE〙 *n.*〘化学〙シクロヘキサン (C_6H_{12})《無色の液体; 6 員環飽和炭化水素; 溶剤, アジピン酸の製造に用いる》.

cỳclo·héxanol 〘⇨ ↑, -ol[1]〙 *n.*〘化学〙シクロヘキサノール ($C_6H_{11}OH$)《無色の液体; 溶剤として用いる》.

cỳclo·héxanone 〘← CYCLO-+HEXA(NE)+-ONE〙 *n.*〘化学〙シクロヘキサノン ($C_6H_{10}O$)《芳香を有する無色の液体; 溶剤用》.

cỳclo·héxene *n.*〘化学〙シクロヘキセン (C_6H_{10})《無色の液体; 6 員環不飽和炭化水素; tetrahydrobenzene ともいう》.

cy·clo·hex·i·mide [sàɪklo(u)héksəmàɪd, sìk-, -klə-, -məd, -mɪd | sàɪklə(u)héksɪmàɪd, -mɪd] 〘← CYCLO-HEX(ANONE)+IMIDE〙 *n.*〘薬学〙シクロヘキシミド ($C_{15}H_{23}NO_4$)《ある種の土壌細菌から得た農薬用殺菌剤》.

cỳclo·héxyl 〘← CYCLO-+HEXYL〙 *n.*〘化学〙シクロヘキシル (C_6H_{11})《シクロヘキサンから水素を 1 個除いた基》.

cy·clo·hex·yl·a·mine [sàɪklo(u)heksíləmì:n, sìk- | sàɪklə(u)-] 〘⇨ ↑, amine〙 *n.*〘化学〙シクロヘキシルアミン ($C_6H_{11}NH_2$)《有機合成などに用いられる薬品》.

cy·cloid [sáɪklɔɪd] 〘□ F *cycloïde* □ Gk *kukloeidḗs* like a circle: ⇨ cycle, -oid〙 ── *n.* **1 a**〘数学〙サイクロイド, 擺線(はいせん)《円が一つの直線上をすべらずにころがるとき, その周上の 1 点が描く曲線; cf. trochoid 1》. **b** 円状[形]のもの: a cloud ~. **2**〘魚類〙円鱗(えんりん)魚. **3**〘精神分析〙=cyclothyme. ── *adj.* **1** 丸い, 円形の (circular). **2**〘動物〙〈魚の鱗(うろこ)が〉円形の; 円形の鱗のある. **3**〘精神分析〙=cyclothymic.

C
P
O

cycloid 1 a
C cycloid
P point on circle O
O rolling circle

cy·cloi·dal [saɪklɔ́ɪdḷ] *adj.* **1**〘数学〙サイクロイドの, 擺線(はいせん)(状)の. **2**〘魚類〙=cycloid 2.

cyclóidal péndulum *n.*〘物理〙サイクロイド振子.

cyclóidal propéller *n.*〘海事〙サイクロイド推進器《可変ピッチプロペラーを使い, その方向も変えられる; 船外機で, これによって操舵も楽にできる》.

cy·clol·y·sis [saɪklɑ́ləsɪs, -səs | -klɔ́lɪsɪs] 〘← CY-CLO(NE)+-LYSIS〙 *n.* (*pl.* **-y·ses** [-si:z]) 〘気象〙低気圧の消滅[衰弱] (cf. cyclogenesis).

cy·clom·e·ter [saɪklɑ́məṭə | -klɔ́mɪtə(r, -mə-] 〘← CYCLO-+-METER[1]〙 ── *n.* **1** 円弧測定器. **2** 車輪回転記録器, 走行距離計《自転車などに取り付ける; cf. odometer, speedometer 2》.

Cy·clo·my·ar·i·a [sàɪklo(u)maɪɛ́(ə)riə, sìk-, -klə- | sàɪklə(u)maɪɛ́ərɪə] 〘← NL ~ ← CYCLO-+L *mya* mussel+-ARIA[1]〙 ── *n.pl.*〘動物〙(原索動物門)環筋亜目《ウミタル (*Doliolum denticulatum*) など》. **cỳ·clo·my·á·ri·an** [-riən | -rɪ-] *adj.* 「[のような].

cy·clo·nal [saɪklóunḷ | -kləu-] *adj.* 旋風 (cyclone) の

cy·clone [sáɪkloun | -kləun] 〘《1848》□ Gk *kuklōn* (pres.p.) ← *kuklóein* to circle round, whirl ← *kúklos* 'CYCLE'〙 ── *n.* **1**〘気象〙**a** 温帯性低気圧, 旋風, サイクロン. ★ ただし, インド洋方面では熱帯性低気圧のことを cyclone という. **b** 暴風. **c** 《米中西部》大たつまき (tornado). **2** サイクロン, 遠心分離機[装置] (cyclone collector, cyclone separator ともいう).

cýclone cèllar *n.* 《米》(草原地帯における)旋風[大たつまき]避難用地下室.

cýclone cènter *n.* 旋風の中心.

cy·clon·ic [saɪklɑ́nɪk | -klɔ́n-] *adj.* **1** 旋風の, 旋風性の, 旋風的な. **2** 〈怒りなど〉激しい, 強烈な.

cy·clón·i·cal [-nɪkəl, -nə- | -nɪ-] *adj.* =cyclonic. **~·ly** *adv.*

cyclónic stórm *n.*〘気象〙=cyclone 1.

cy·clo·nite [sáɪklənàɪt, sík- | sáɪ-] 〘《略》← CYCLO-(TRIMETHYLENETRI)NIT(RAMIN)E〙 ── *n.* サイクロナイト《爆弾・砲弾などに用いる強力高性能爆薬; hexogen, RDX ともいう》.

cyclo·oc·ta·tet·ra·ene [sàɪklo(u)ɑ̀ktətétrəì:n, sìk- | sàɪkləuɔ̀k-] 〘← CYCLO-+OCTA-+TETRA-+-ENE〙 ── *n.*〘化学〙シクロオクタテトラエン (C_8H_8)《黄色の液体; 環式の炭化水素でアセチレンの重合でつくられる; スチレンに異性化する》.

cỳclo·ólefin 〘← CYCLO-+OLEFIN〙 ── *n.*〘化学〙シクロオレフィン, シクロアルケン《オレフィン二重結合 1 個を有し環式構造をなす不飽和炭化水素の総称; 一般式 C_nH_{2n-2}》. **cỳclo·olefínic** *adj.*

cy·clo·pae·di·a [sàɪkləpí:diə | -klə(u)pí:djə, -dɪə] *n.* =cyclopedia. 「pedic.

cy·clo·pae·dic [sàɪkləpí:dɪk | -klə(u)-] *adj.* =cyclo-

cỳ·clo·páe·dist [-dɪst, -dəst | -dɪst] *n.* =cyclopedist.

cỳclo·páraffin 〘← CYCLO-+PARAFFIN〙 *n.*〘化学〙シクロパラフィン, シクロアルカン《3 個以上のメチレン基をもつ脂環式化合物の総称; 一般式 C_nH_{2n}》.

cy·clo·pe·an [sàɪkləpí:ən, saɪklóupiən, saɪklóupjən, -piən, sàɪkləpí:ən] 〘← L *Cyclōpēus* (□ Gk *Kuklṓpeios*)+-AN[1]: ⇨ Cyclops〙 ── *adj.* **1** [しばしば C-] (一つ目の巨人)キュクロープス (Cyclops) の(ような). **2** 巨大な (huge, gigantic): a ~ task. **3**〘建築〙巨石の, サイクロプス式の《巨大な石がモルタルを用いないで積んである太古の遺跡の石積み法をキュクロープス族の仕業だという伝説に従っていう》. **4**〘病理〙単眼症の.

cyclopéan cóncrete *n.*〘土木〙巨石コンクリート《大石を埋め込んだコンクリート》.

cy·clo·pe·di·a [sàɪkləpíːdiə | -klə(ʊ)píːdjə, -dɪə] 〘(1636)《頭音消失》← ENCYCLOPEDIA〙 *n.* 百科全書, 百科事典.

cy·clo·pe·dic [sàɪkləpíːdɪk | -klə(ʊ)-] *adj.* **1** 百科事典[全書]的な. **2** 広範な, 該博な, 多種多様な : ~ knowledge 該博な知識. **cỳ·clo·pé·di·cal·ly** *adv.*

cỳ·clo·pé·dist [-dɪst, -dəst | -dɪst] *n.* 百科事典編集者.

cỳclo·pentadíene 〘← CYCLO- ＋ PENTADIENE〙 ― *n.* 〘化学〙シクロペンタジエン (C_5H_6)《コールタールの分留によりできる無色の液体; 合成原料・プラスチックの製造に用いる》.

cỳclo·péntane 〘← CYCLO-＋PENTANE〙 *n.* 〘化学〙シクロペンタン (C_5H_{10})《石油原油から得られる無色の液体; pentamethylene ともいう》.

Cyclopes *n.* Cyclops の複数形.

cỳclo·phós·pha·mide [-fɑ́sfəmàɪd, -mɪd, -məd | -fɔ́sfəmàɪd] 〘← CYCLO-＋PHOSPHO-＋AMIDE〙 ― *n.* 〘化学〙シクロフォスファミド ($C_7H_{15}Cl_2N_2O_2P$)《リンパ腫などの抗腫瘍剤》.

cy·clo·pi·a [saɪklóupiə | -klə́upjə, -pɪə] 〘← NL ～ : ⇨ Cyclops, -ia[1]〙 *n.* 〘病理〙一つ目奇形, 単眼症.

cy·clo·pi·an [saɪklóupiən | -klə́upjən, -pɪən] *adj.* ＝cyclopean.

cy·clop·ic [saɪklɑ́pɪk | -klɔ́p-] *adj.* 〘病理〙＝cyclopean 4.

cy·clo·ple·gi·a [sàɪkləplíːdʒiə, sìklə-, -dʒə | sàɪklə(ʊ)plíːdʒɪə, -dʒə] 〘← CYCLO-＋-PLEGIA〙 ― *n.* 〘病理〙毛様体筋麻痺. **cy·clo·ple·gic** [sàɪkləplíːdʒɪk, sìk- | sàɪklə(ʊ)-] *adj.*

cỳclo·própane 〘← CYCLO-＋PROPANE〙 *n.* 〘化学〙シクロプロパン (C_3H_6)《無色のガス; 麻酔剤として用いる; trimethylene ともいう》.

Cy·clops [sáɪklɑps | -klɔps] 〘(1513) ▭ L *Cyclōps* ▭ Gk *kúklōps* round eye ← *kúklos* 'CYCLE'＋*ōps* eye〙 ― *n.* (*pl.* **Cy·clo·pes** [saɪklóupiːz | -klə́u-]) **1** 〘ギリシャ伝説〙キュクロープス《一つ目の巨人; この種族はもと Sicily に住んでいたが, 後 Etna 山のふもとで Vulcan の助手となり Zeus の火矢を作ったと伝えられる; cf. Polyphemus》. **2** [c-] 単眼症患者; 一つ目小僧. **3** [c-]〘動物〙節足動物門キクロプス科 *Cyclops* 属のケンミジンコ類の動物の総称 (cf. water flea).

Cy·clop·ter·i·dae [sàɪklɑptérədìː | -klɔptérɪ-] 〘← NL ～ ← *Cyclopterus* (属名: ⇨ cyclo-, -pterous)＋-IDAE〙 *n. pl.* 〘魚類〙ダンゴウオ科.

cy·clo·py [sáɪkləpi | -pɪ] *n.* 〘病理〙＝cyclopia.

cy·clo·ra·ma [sàɪklərǽmə, -rɑ́ːmə | -rɑ́ːmə] 〘← CYCLO-＋Gk (*h*)*órama* sight〙 ― *n.* **1** 円形パノラマ. **2** 〘劇場〙(空の効果を出すために舞台奥に張る) 空バック, 空幕, ホリゾント (cf. sky-dome). **cy·clo·ram·ic** [sàɪklərǽmɪk, -rɑ́ːm- | -rɑ́ːm-] *adj.*

cỳclo·rúbber *n.* 〘化学〙＝cyclized rubber.

cỳclo·sérine 〘← CYCLO-＋SERINE〙 *n.* 〘生化学〙サイクロセリン《糸状菌 *Streptomyces* で生産される抗生物質》.

cycloses *n.* cyclosis の複数形.

cỳclo·silicate *n.* 〘鉱物〙サイクロケイ酸塩 (SiO_4 四面体の頂点の共有が環状をなしているもの; ring-silicate ともいう; cf. inosilicate, nesosilicate, phyllosilicate, sorosilicate, tectosilicate》.

cy·clo·sis [saɪklóusɪs, -səs | -klə́usɪs] 〘▭ Gk *kúklōsis* : ⇨ cyclo-, -osis〙 ― *n.* (*pl.* **cy·clo·ses** [-siːz]) 〘生物〙原形質環流, 細胞質環流《植物細胞内で見られる原形質流動》.

Cy·clo·sto·ma·ta [sàɪklo(ʊ)stóumətə, -klə- | -klə(ʊ)stə́umətə] 〘← CYCLO-＋STOMO-＋-ATA〙 *n. pl.* 〘魚類〙＝Cyclostomi.

cy·clos·to·mate [saɪklɑ́stəmət, -mɪt, -mèɪt | -klɔ́s-] 〘← CYCLO-＋STOMO-＋-ATE[2]〙 *adj.* ＝cyclostomatous.

cy·clo·stom·a·tous [sàɪkləstɑ́mətəs, -stóum- | -stɔ́mət-, -stə́um-] 〘⇨ ↑, -ous〙 *adj.* **1** 丸い口をもった. **2** 〘魚類〙円口綱の (cf. cyclostome).

cy·clo·stome [sáɪkləstòum, -klo(ʊ)- | -klə(ʊ)stə̀um] 〘← CYCLO-＋-STOME〙 *adj.*, *n.* 〘魚類〙円口綱の(魚).

Cy·clos·to·mi [saɪklɑ́stəmàɪ | -klɔ́s-] 〘← NL ～ ← CYCLO-＋-STOMI〙 *n. pl.* 〘魚類〙円口綱《ヤツメウナギ (lamprey) など》.

cy·clos·to·mous [saɪklɑ́stəməs | -klɔ́s-] *adj.* ＝cyclostomatous.

cy·clo·stroph·ic [sàɪklo(ʊ)strɑ́fɪk, sìk-, -klə- | sàɪklə(ʊ)strɔ́f-] *adj.* 〘気象〙旋衡の《回転性の風に働く遠心力を表わす》.

cýclo·stỳle[1] 〘← CYCLO-＋-STYLE[2]〙 *n.* 先に小さな歯車の付いたペンを用いる謄写器. ― *vt.* cyclostyle で謄写する.

cýclo·stỳle[2] 〘← CYCLO-＋-STYLE[1]〙 *n.* 〘建築〙(中庭などを囲む)円周列柱.

cy·clo·thyme [sáɪkləθàɪm, sík-, -klo(ʊ)- | sáɪklə(ʊ)-] 〘《逆成》↓〙 *n.* 〘精神分析〙循環気質(の患)者.

cy·clo·thy·mi·a [sàɪkləθáɪmiə, sìk-, -klo(ʊ)- | sàɪklə(ʊ)θáɪmɪə, -mjə] 〘← NL ～ ← G *Zyklothymie* : ⇨ cyclo-, -thymia〙 ― *n.* 〘精神分析〙循環気質《気分が交互に興奮したり沈んだりする状態を特徴とする気質; cf. MANIC-DEPRESSIVE psychosis》.

cy·clo·thy·mic [sàɪkləθáɪmɪk, sìk-, -klo(ʊ)- | sàɪklə(ʊ)-] *adj.* 〘精神分析〙循環気質の.

cy·clo·tom·ic [sàɪklo(ʊ)tɑ́mɪk, sìk-, -klə- | sàɪklə(ʊ)tɔ́m-] *adj.* **1** 〘外科〙毛様体切開(術)の. **2** 〘数学〙円分の, 円分法の (⇨ cyclotomy 2) : a ～ polynomial 円分多項式《p が素数の時の $x^{p-1}+x^{p-2}+\ldots+x+1$ という形の多項式》.

cy·clot·o·my [saɪklɑ́təmi | -klɔ́təmɪ] *n.* **1** 〘外科〙毛様体切開(術). **2** 〘数学〙円分法《円周を等分することに関する数学的理論》.

cỳclo·triméthylene·trinitramíne 〘← CYCLO-＋TRIMETHYLENE＋TRINITRAMINE〙 *n.* 〘化学〙シクロトリメチレントリニトロアミン (cyclonite).

cy·clo·tron [sáɪklətrɑ̀n | sáɪklətrɔ̀n] 〘← CYCLO-＋-TRON : その中での荷電粒子の螺旋状運動にちなむ〙 ― *n.* 〘物理〙サイクロトロン, イオン加速装置《イオンを高エネルギーに加速して, 標的物質にあてることにより核反応を起こさせたり人工放射能を作りだしたりする装置》. **cy·clo·tron·ic** [sàɪklətrɑ́nɪk | -trɔ́n-] *adj.*

cýclotron résonance *n.* 〘物理〙サイクロトロン共鳴《磁場の中を軌道運動している荷電粒子が, その軌道の振動数に等しい周波数の電磁波を(共鳴的に)吸収すること》.

cy·der [sáɪdə | -də(r)] *n.* 《英》＝cider.

Cy·dip·pe [saɪdípi | -pɪ] 〘▭ L *Cȳdippē* ▭ Gk *Kudíppē*〙 *n.* 〘ギリシャ神話〙キュディッペー : **a** Argos の Hera の女神官. **b** 海のニンフ.

Cy·dip·pi·da [saɪdípədə | -pɪ-] 〘← NL ～ ← L *Cȳdippē* (↑)＋-IDA〙 *n. pl.* 〘動物〙(有櫛動物門)フウセンクラゲ目.

Cy·dip·pid·e·a [sàɪdəpídiə | -dɪpídɪə] 〘← NL ～ ← L *Cȳdippē* (↑)＋NL *-idea* ((pl.) : ⇨ -id[2])〙 *n. pl.* 〘動物〙＝Cydippida.

Cyd·ni·dae [sídnədìː | -nɪ-] 〘← NL ～ ← *Cydnus* (属名: ← Gk *kúdnos* glorious ← *kûdos* glory)＋-IDAE〙 *n. pl.* 〘昆虫〙(半翅目)ツチカメムシ科.

Cyd·nus [sídnəs] 〘▭ L ～ ▭ Gk *Kúdnos* (↑)〙 *n.* [the ～] キュドノス(川)《小アジア南東部の古国 Cilicia の歴史上の川で古代の都 Tarsus を貫流した》.

cy·e·sis [saɪíːsɪs, -səs | -sɪs] 〘← NL ～ ← Gk *kúēsis* ← *kúein* to be pregnant : ⇨ -sis〙 *n.* (*pl.* **cy·e·ses** [-siːz]) 妊娠 (pregnancy).

cyg·net [sígnɪt, -nət] 〘(*c*1430) *signett* ▭ AF **cignet* ← OF *cigne* (F *cygne*) < ML *cicinum*＝L *cȳgnus*, *cycnus* swan ▭ Gk *kúknos* (? 擬音語) : ⇨ -et〙 ― *n.* 白鳥のひな, 白鳥の子.

Cyg·nus [sígnəs] 〘▭ L ～ (↑)〙 *n.* 〘天文〙はくちょう(白鳥)座《北天の大星座; α 星はデネブ (Deneb) (1.3 等); the Swan ともいう; cf. Northern Cross》.

cyk, C.Y.K. 《略》consider yourself kissed.

cy·klus [tsúːklʊs; G. tsýːklʊs] 〘▭ LL *cyclus* ▭ Gk *kírklos* circle〙 ― *n.* 〘音楽〙 **a** 連続演奏会, ツィクルス《例えばベートーベンのピアノソナタ全曲演奏など, 特定の目的をもった一連の演奏会》. **b** 連作(歌)曲集 (song cycle)《いくつかの小品が集まって一つのテーマをもつ作品になっているもの》.

cyl. 《略》cylinder; cylindrical.

cylices *n.* cylix の複数形.

cyl·in·der [sílɪndə, -lən- | -lɪndə(r)] 〘(1570) ▭ F *cylindre* ▭ L *cylindrus* ▭ Gk *kúlindros* roll, roller ← *kulíndein* to roll ← IE **skel-* to bend, twist (cf. calender)〙 ― **1** 〘数学〙円柱, 円筒, 円柱[円筒]面; 柱, 筒, 柱[筒]面 : an oblique ～ 斜柱 / ⇨ right cylinder. **2** **a** 円柱[円筒]形の物. **b** (ポンプ・エンジンなどの)シリンダー, 気筒 : a steam ～ 蒸気シリンダー. **c** (輪胴[回転]式ピストルの)回転弾倉, シリンダー. **d** (昔の蓄音機の円筒形の)ろう管. **e** 〘印刷〙(輪転印刷機の)圧胴 (impression cylinder). **f** シリンダー錠の円筒形の部分. **3** 〘考古〙(西アジアで用いた)シリンダーシール, 円筒印章《石などの円筒に模様を陰刻したもので, 柔らかい粘土板 (clay tablet) 上にころがして捺印し浮彫のような図柄を得る; cylinder seal ともいう》. **4** 〘紡織〙シリンダー《たてメリヤス織, ジャカード織, カード織などに用いる部品》.
on all [*four, six*] *cylinders* エンジンを全開して; 全力を挙げて[出して], 快調に : work [operate] *on all* ～*s*.

cýlinder blòck *n.* 〘機械〙シリンダーブロック《数個のシリンダーを一体としてつくったもの》.

cýl·in·dered *adj.* [通例複合語の第 2 構成素として] …気筒の, …シリンダー付きの : a 4-*cylindered* engine.

cýlinder escàpement *n.* 〘時計〙シリンダー脱進機《てん真に切り欠き円筒をもつ直進脱進機; horizontal escapement ともいう; cf. deadbeat escapement》.

cýlinder hèad *n.* 〘機械〙シリンダーヘッド《往復動内燃機関のシリンダー上部に取り付けられる蓋で, これに吸気弁・排気弁・点火栓または燃料噴射弁等が装着される》.

cýlinder lòck *n.* シリンダー錠.

cýlinder machìne *n.* 〘製紙〙丸網抄紙機.

cýlinder òil *n.* 〘化学〙シリンダー油《蒸気機関のシリンダーに用いる潤滑油》.

cýlinder prèss *n.* 〘印刷〙円圧印刷機, シリンダー印刷機.

cýlinder-relèasing bólt *n.* (輪胴式ピストルの)遊底.

cýlinder sàw *n.* ＝crown saw.

cýlinder sèal *n.* 〘考古〙＝cylinder 3.

cy·lindr- [sílɪndr, sə- | sɪ-] (母音の前に来る時の) cylindro- の異形.

cy·lin·dric [sɪlíndrɪk, sə- | sɪ-] *adj.* ＝cylindrical.

cy·lin·dri·cal [sɪlíndrɪkəl, sə-, -drə- | sɪlíndrɪ-] 〘(1646) ← NL *cylindricus* (⇨ cylinder, -ic[1])＋-AL[1]〙 ― *adj.* 円柱の; 円筒形の, 円柱[円筒]状の : a ～ lens 円柱レンズ / a ～ surface 円柱面 / a ～ condenser 円筒形コンデンサー. **～·ly** *adv.* **～·ness** *n.* **cy·lin·dri·cal·i·ty** [sɪlìndrɪkǽləti, sə-, -drə- | sɪlìndrɪkǽlətɪ, -lɪtɪ] *n.*

cylíndrical coefficient *n.* 〘造船〙＝longitudinal coefficient.

cylíndrical coórdinates *n. pl.* 〘数学〙円柱座標.

cylíndrical projéction *n.* 〘地図〙円筒[投影]図法《地球に外接する円筒面を投影面とした図法》.

cyl·in·drite [sílɪndràɪt, sɪlíndraɪt, sə- | sílɪndràɪt, sɪlíndraɪt] 〘▭ G *Kylindrit* : ⇨ cylinder, -ite[1]〙 *n.* 〘鉱物〙円柱錫鉱 ($Pb_3Sn_4Sb_2S_{14}$).

cy·lin·dro- [sɪlíndro(ʊ), sə- | sɪlíndrə(ʊ)] 〘← NL ～ ← Gk *kúlindros* : ⇨ cylinder〙 ―「円筒形の; 円筒形と…との」の意の連結形. ★ 母音の前では通例 cylindr- になる.

Cy·lin·dro·cap·sa·ce·ae [sɪlìndro(ʊ)kæpséɪsiì, sə- | sɪlìndrə(ʊ)-] 〘← NL ～ ← *Cylindrocapsa* (属名: ← CYLINDRO-＋L *capsa* box)＋-ACEAE〙 ― *n. pl.* 〘植物〙(淡水産緑藻植物)キリンドロカプサ科.

cyl·in·droid [sílɪndrɔ̀ɪd | -lɪn-] 〘← CYLINDRO-＋-OID〙 〘数学〙 *n.* 準円柱《円柱状の立体; 楕円柱など》. ― *adj.* 円柱状の, 円柱様の.

cyl·in·dro·ma [sìləndróumə | -lɪndrə́u-] 〘← CYLINDRO-＋-OMA〙 *n.* 〘病理〙円柱腫, ビルロート腫. **cyl·in·drom·a·tous** [sɪ̀ləndrɑ́mətəs | -lɪndrɔ́mət-] *adj.*

cy·lix [sáɪlɪks, síl- | sáɪl-] 〘▭ Gk *kúlix*〙 *n.* (*pl.* **cyl·i·ces** [síləsìːz | sáɪlɪ-]) ＝kylix.

Cyl·le·ne [sɪlíːni, sə- | sɪlíːnɪ] 〘▭ L *Cyllēnē* ▭ Gk *Kullḗnē*〙 ― *n.* 〘ギリシャ神話〙 **1** キュレーネー《Hermes を育てたとされるニンフ》. **2** キュレーネー(山)《Arcadia の山; Hermes の誕生地》.

Cyl·le·ni·an [sɪlíːniən, sə- | sɪlíːnjən, -nɪən] 〘⇨ ↑, -ian〙 *adj.* **1** キュレーネー (Cyllene) (山)の. **2** 〘ギリシャ神話〙《Cyllene 山で生れたと伝えられる》Hermes の.

Cym. 《略》Cymric.

cym- [saɪm] (母音の前に来る時の) cymo- の異形.

cy·ma [sáɪmə] 〘(1563) ← NL ～ ← Gk *kûma* wave, 《原義》something swollen (cf. cyesis)〙 ― *n.* (*pl.* **cy·mae** [-miː], **～s**) **1** 〘建築〙シーマ, キュマチウム (cymatium); 反曲線 (ogee). **2** 〘植物〙＝cyme.

cy·ma·graph [sáɪməgræ̀f | -grɑ̀ːf, -græ̀f] *n.* 〘医学〙＝cymograph.

cy·mar [sɪmɑ́ə, sə- | sɪmɑ́ː(r)] 〘(1697)《変形》← SIMAR〙 *n.* ＝simar 1 b.

cýma réc·ta [-réktə] 〘▭ L *cyma rectā* right wave〙 *n.* 〘建築〙正シーマ《凹曲線に凸曲線のつながる反転曲線繰形; Doric cyma ともいう; ⇨ molding[1] 挿絵》.

cýma re·ver·sa [-rɪvə́ːsə, rə- | rɪvə́ː-] 〘▭ L ～ 'inverted wave'〙 *n.* 〘建築〙反シーマ《凸曲線に凹曲線のつながる反転曲線繰形; Lesbian cyma ともいう; ⇨ molding[1] 挿絵》.

cymatia *n.* cymatium の複数形.

Cy·ma·ti·i·dae [sàɪmətáɪədìː, sìm- | -táɪɪ-] 〘← NL ～ : ⇨ ↓, -idae〙 *n. pl.* 〘貝類〙フジツガイ科.

cy·ma·ti·um [sɪméɪʃiəm, sə-, -ʃəm | sɪméɪʃɪəm, -ʃəm] 〘▭ L *cȳmatium* ▭ Gk *kumátion* (dim.) ← *kûma* wave : ⇨ cyma〙 ― *n.* (*pl.* **-ti·a** [-ʃiə, -ʃə | -ʃɪə, -ʃə]) 〘建築〙キュマチウム《じゃばらの上部装飾で正シーマ (cyma recta) の形をしているもの》.

cym·bal [símbəl] 〘OE *cimbala* ▭ L *cymbal-um* ▭ Gk *kúmbalon* ← *kúmbē* cup, hollow vessel ← IE **keu-* to bend; hollow vessel : cf. (O)F *symbale*〙 *n.* [通例 *pl.*] シンバル《真鍮または青銅製の打楽器》.

cým·bal·ist [-lɪst, -ləst | -lɪst] *n.* シンバル奏者.

cym·ba·lom [símbələm] 〘▭ Hung. *cimbalom* ▭ It. *cembalo* : ⇨ cembalo〙 *n.* ＝cimbalom.

Cym·be·line [símbəliːn | -bɪ-, -bə-] *n.*「シンベリーン」《Shakespeare 作のロマンス劇 (1609–10)》.

cym·bid·i·um [sɪmbídiəm | -dɪ-] 〘← NL ～ ← L *cymba* (▭ Gk *kúmbē* boat : ⇨ cymbal)＋-IDIUM〙 ― *n.* (*pl.* **～, -i·a** [-diə | -dɪə]) 〘植物〙シンビジウム《ユーラシア大陸産のラン科シュンラン属 (*Cymbidium*) の植物の総称; 園芸界では, 特に温室で栽培する一群の種をさす》.

cym·bi·form [símbəfɔ̀əm | -bɪfɔ̀ːm] 〘← Gk *kúmbē* (↑)＋-FORM〙 *adj.* 〘解剖・植物〙ボート形の, 舟形の (boat-shaped).

cym·bo·ceph·a·ly [sìmbo(ʊ)séfəli | -bə(ʊ)kéfəlɪ, -séf-] 〘← *cymbo-* (《連結形》← Gk *kúmbē* boat : ⇨ cymbal)＋CEPHALO-＋-Y[1]〙 ― *n.* 〘人類学〙(頭の)舟形; 舟状頭《前頭部が斜めで後頭部は後方に突き出し, かつ異常に長い頭》. **cym·bo·ce·phal·ic** [sìmbo(ʊ)səfǽlɪk, -sə- | -bə(ʊ)ke-, -kɪ-, -se-, -sɪ-] *adj.* **cỳm·bo·céph·a·lous** [-ləs] *adj.*

cyme [sáɪm] 〘(1725) ▭ F *cime*, *cyme* top, summit < VL **cimam*＝L *cyma* young sprout of a cabbage ▭ Gk *kûma* anything swollen, wave : ⇨ cyma〙 ― *n.* 〘植物〙 **1** 集散花序《頂端がまず開花, 順次に下方に及ぼす方式の花のつき方をする花序; cf. umbel, raceme》. **2** 集散花.

cy·mene [sáɪmiːn] 〘▭ F *cymène* ← Gk *kúminon* 'CUMIN' : ⇨ -ene〙 ― *n.* 〘化学〙シメン, シモール ($(CH_3)_2CHC_6H_4CH_3$)《o-, m-, p- の 3 種の異性体がある; 種々の植物芳香油の中に存在する》.

cym·ling [símlɪŋ, símlɪn, -lən | símlɪŋ] 〘《変形》? ← SIMNEL〙 ― *n.* 〘園芸〙果形はホタテガイのように縁どりされ, 通例円盤状をなすカボチャの一種《summer squash の一種; 未熟果を食用とする; pattypan squash ともいう》.

cy·mo- [sáɪmo(ʊ) | -mə(ʊ)] 〘← F ～ ← Gk *kûma* wave〙 ― 次の意味を表わす連結形 : **1**「波 (wave)」: *cymoscope*. **2** 〘植物〙「集散花序 (cyme); 房 (cluster)」. ★ 母音の前では通例 cym- になる.

cy·mo·gene [sáɪmədʒìːn | -mə(ʊ)-] 〘⇨ ↑, -gene〙 *n.* 〘化学〙シモゲン《石油から採れる揮発油》.

cy·mo·graph [sáɪməgræ̀f | -mə(ʊ)grɑ̀ːf, -græ̀f] *n.* 〘医学〙 = kymograph. **cy·mo·graph·ic** [sàɪməgrǽfɪk | -mə(ʊ)-] *adj.* 「ーマ (cyma) 状の.

cy·moid[1] [sáɪmɔɪd] 〘← CYMA + -OID〙 *adj.* 〘建築〙 シ

cy·moid[2] [sáɪmɔɪd] 〘← CYMO- + -OID〙 *adj.* 〘植物〙 集散花序 (cyme) 状の.

cy·mo·phane [sáɪməfèɪn] 〘← CYMO- + -PHANE: cf. phantasm〙 *n.* 〘鉱物〙 金緑石 (chrysoberyl)《特に, 蛋白光を有するものをいう》.

cy·mo·scope [sáɪməskòʊp | -skə̀ʊp] 〘← CYMO- + -SCOPE〙 *n.* 〘電気〙 検波器.

cy·mose [sáɪmoʊs | -məʊs] 〘□ L *cȳmōs-us* full of shoots: ⇨ cyme, -ose[1]〙 *adj.* 〘植物〙 集散花(序)の; 集散状の. **~·ly** *adv.*

cy·mous [sáɪməs] *adj.* 〘植物〙 = cymose.

Cym·ric [kímrɪk, kʌ́m- | kím-] 〘《1839》: ⇨ ↓, -ic[1]〙 — *adj.* **1** キムリック人 (Cymry) の, ウェールズ種族の. **2** ウェールズ語の. — *n.* ブリトン語群 (Brythonic); (特に)ウェールズ語 (Welsh).

Cym·ry [kímri, kʌ́m- | kímri] 〘□ Welsh ~ 'the Welsh' (pl.) ← *Cymro* < OWelsh **kombrog* fellow-countryman ← *kom-* 'COM-' + **brog* (Welsh *bro*) region: cf. Cambrian〙 — *n.* [複数扱い] キムリック人, ウェールズ種族《ケルト族の分派で, コーンウォール人 (Cornish) やブルターニュ人 (Bretons) もこれに属する》.

cyn- [saɪn, sɪn] (母音の前に来る時の) cyno- の異形.

Cyn·a·ra [sínərə] 〘□ Gk *kinára* artichoke: Ernest Dowson の詩で一般的になった〙 *n.* 女性名.

Cyn·e·wulf [kínəwʊ̀lf | -nɪ-, -nə-] 〘OE ~ ← *cyne-* kingly + *wulf* 'WOLF'〙 *n.* キュネウルフ《恐らく英国 Northumbria の人; 8 世紀末から 9 世紀の詩人》.

cyng·ha·nedd [kəŋhɑ́ːneð] 〘□ Welsh ~ ← *cym-* 'COM-' + *canu* 'to CHANT'〙 — *n.* (*pl.* **cyng·a·nedd·ion** [kʌ̀ŋənéðjən]) 〘詩学〙 カンハネズ《ウェールズ詩でアクセント, 頭韻, 行中韻などに関する技法; G. M. Hopkins の詩法に影響を与えた》.

Cyn·ic [sínɪk] 〘《1547–64》□ L *cynic-us* □ Gk *kunikós* doglike ← *kúōn* dog ← IE **kwon-* dog (OE *hund* 'HOUND[1]' / L *canis* dog): ⇨ -ic[1]〙 — *n.* **1** **a** キニク[犬儒]学派の人. **b** [the ~s] 〘哲学〙 キニク[犬儒]学派《Socrates の門下 Antisthenes を祖とする小 Socrates 学派の一つ; Socrates が理想とした「独立自由な人格」という考えを一方的に発展させて原始的・反文化的な禁欲的消極主義を唱え, ついにこじきの生活を理想としてこれを実行する者ができたので, その「犬のような生活」から「犬儒学派」という名も生まれたという》. **2** [c-] (人間の行為をすべて利己心に帰するような)皮肉屋, 冷笑家, すねもの. — *adj.* **1** 犬儒学派の, 犬儒学派的な: the ~ School 犬儒学派. **2** [c-] = cynical 1. **3** [c-] 〘医学〙 犬のような. ★ 主に cynic spasm の句で用いる.

cyn·i·cal [sínɪkəl, -nə- | -nɪ-] 〘《1588》: ⇨ ↑, -al[1]〙 — *adj.* **1** **a** 人間の行為をすべて利己心に帰するような, 人間の善性を信じない. **b** 皮肉な, 冷笑的な, 世をすねた, シニカルな: be ~ about sincerity 誠実ということを信じない[冷笑する]. **2** [C-] 〘哲学〙 キニク学派の. **~·ly** *adv.*

cýn·i·cìsm [-nɪsɪzm, -nə- | -nɪ-] 〘《1672》← CYNIC + -ISM〙 — *n.* **1** [C-] 〘哲学〙 キニク主義, 犬儒哲学 (⇨ Cynic 1 b). **2** **a** 皮肉, 冷笑(癖). **b** 皮肉な言葉[振舞].

cýnic spásm *n.* 〘医学〙 痙笑, 笑筋痙攣.

cy·no- [sáɪno(ʊ), sín-] 〘← Gk *kúōn* dog: ⇨ Cynic〙 「犬 (dog)」の意の連結形: *cynocephalous*. ★ 母音の前では 通例 cyn- になる.

cynocephali *n.* cynocephalus の複数形.

cỳno·cephálic *adj.* = cynocephalous.

cỳno·céphalous 〘⇨ cyno-, -cephalous〙 *adj.* 大頭の; 犬づらの.

cy·no·ceph·a·lus [sàɪno(ʊ)séfələs, sìn-, -nə- | sàɪnə(ʊ)séf-, -kéf-] 〘《?*a*1300》 *cinocephales* (pl.) □ L *cynocephalus* □ Gk *kunoképhalos*: ⇨ cyno-, -cephalous〙 — *n.* (*pl.* **-a·li** [-làɪ]) **1** 〘伝説〙 犬頭種族の人. **2** 〘動物〙 ヒヒ (baboon).

Cyn·o·cram·ba·ce·ae [sìno(ʊ)kræmbéɪsiìː, sàɪn-, -nə- | -nə(ʊ)-] 〘← NL ~ ← *Cynocrambe* (属名: ← Gk *kunokrámbē* 《原義》 dog-cabbage: ⇨ cyno-, crambo) + -ACEAE〙 — *n. pl.* 〘植物〙 (双子葉植物アカザ目) ヤマトグサ科. **cỳn·o·cram·bá·ceous** [-ʃəs] *adj.*

Cyn·o·glos·si·dae [sìno(ʊ)glɑ́sədìː, sàɪn-, -nə-, -glɔ́(ː)s- | -nə(ʊ)glɔ́sɪ-] 〘← NL ~ ← *Cynoglossus* (属名: ← Gk *kunoglōssós* ← CYNO- + *glōssa* tongue) + -IDAE〙 — *n. pl.* 〘魚類〙 ウシノシタ科《アカシタビラメ (*Areliscus joyneri*) などを含む》.

cyn·o·glos·sum [sìno(ʊ)glɑ́səm, sàɪn-, -nə-, -glɔ́(ː)s- | sàɪnə(ʊ)glɔ́s-] 〘← NL ~ ← CYNO- + Gk *glōssa* tongue〙 — *n.* 〘植物〙 オオルリソウ《ムラサキ科オオルリソウ属 (*Cynoglossum*) の植物の総称; シナワスレナグサ (*C. amabile*), hound's-tongue など》.

cy·no·mol·gus [sàɪnəmɑ́lgəs, sìn- | sàɪnəmɔ́l-] 〘← NL ~ 《変形》 ← *cynamolgus* ← L *Cynamolgi* a wild tribe of Ethiopia □ Gk *Kunamolgoi* 《原義》 dog-milkers〙 — *n.* (*pl.* **-mol·gi** [-gaɪ, -dʒaɪ]) 〘動物〙 マカクザル (macaque); (特に)カニクイザル (crab-eating macaque) 《南西アジア・ボルネオなどに生息するカニの好きなサル; cf. machin》.

cy·noph·i·list [saɪnɑ́fəlɪst, sɪ-, sə-, -ləst | saɪnɔ́fɪlɪst] 〘← CYNO- + -PHIL + -IST〙 *n.* 愛犬家.

cy·no·sure [sáɪnəʃʊ̀ə, sín- | sínəzjʊ̀ə(r, sáɪn-, -ʒʊ̀ə(r, -sjʊ̀ə(r, -ʃʊ̀ə(r] 〘《1596》□ F ~ // L *Cynosūra* □ Gk *Kunósoura* Ursa Minor, 《原義》 dog's tail ← *kunós* dog's ((gen.) ← *kúōn* dog) + *ourá* tail〙 — *n.* **1** 衆目注視の的, 万人嘆賞の的, 注目の焦点: the ~ of all eyes [the world] 世間の注目を集めているもの (cf. Milton, *L'Allegro* 80). **2** 《古》 道しるべとなるもの, 指針, 目標.

Cyn·thi·a[1] [sínθiə | -θɪə, -θjə] 〘↓〙 *n.* 女性名.

Cyn·thi·a[2] [sínθiə | -θɪə, -θjə] 〘□ L *Cynthia* (*dea*), the Cynthian (goddess) □ Gk *Kunthíā* ← *Kúnthos* Cynthus (Artemis すなわち Diana の誕生の地である Delos 島の山の名)〙 — *n.* **1** = Artemis, Diana. **2** 《詩》 月 (moon).

Cyn·wulf [kínwʊlf] *n.* = Cynewulf.

CYO 《略》 Catholic Youth Organization カトリック青年会.

Cyp·er·a·ce·ae [sìpəréɪsiìː, sàɪp-] 〘← NL ~ ← *Cyperus* (属名: ← L *cypērος* □ Gk *kúpeiros* a kind of marsh plant) + -ACEAE〙 — *n. pl.* 〘植物〙 (単子葉植物イネ目)カヤツリグサ科. **cỳp·er·á·ceous** [-ʃəs] *adj.*

cy·pher [sáɪfə | -fə(r] *n., v.* 《英》 = cipher.

cy·pho·nau·tes [sàɪfənɔ́ːtiːz, sɪf-] 〘← NL ~ ← Gk *kūphós* crooked + *naútēs* sailor (← *naûs* ship)〙 — *n.* (*pl.* **-nau·tae** [-teɪ]) 〘動物〙 キフォナウテス《コケムシ類の浮遊性幼生》.

Cy·prae·i·dae [saɪpríːədìː | -príːi-] 〘← NL ~ ← *Cypraea* (属名: ← L *Cypria, Cypris* Aphrodite ← Gk *Kúpros* 'CYPRUS') + -IDAE〙 — *n. pl.* 〘貝類〙 タカラガイ科.

cy pres [sáɪ-préɪ, síː- | síː-] 〘《*c*1481》□ AF ~ = F *si près* as nearly as may be〙 〘法律〙 — *adj., adv.* (遺言書などの解釈の場合, 作成者の意思に)なるべく近い[く]. — *n.* = cy pres doctrine.

cý prés dòctrine *n.* [the ~] 〘法律〙 近似の原則《違法などの理由により遺言書などによる財産処分の実行ができない場合, それに最も近い合法的で相当な方法を採るというエクイティー (equity) 上の解釈原則》.

cy·press[1] [sáɪprəs, -prɪs] 〘《17 C》□ LL *cypress-us* □ Gk *kupárissos* ∽ (?*a*1300) *cipres(se)* □ OF *cipres* (F *cyprès*)〙 — *n.* **1** **a** 〘植物〙 ヒノキ科シダレイトスギ属 (*Cupressus*) の植物の総称《セイヨウヒノキ (Italian cypress), アリゾナイトスギ (Arizona cypress), シダレイトスギ (*C. funebris*) など; しばしば喪の象徴として墓地に植えられる》. **b** [集合的] (喪の象徴としての)シダレイトスギの枝[小枝]. **2** 〘植物〙 類似の針葉樹数種の総称《ヒノキ (Japanese cypress), ラクウショウ (bald cypress) など》. **3** シダレイトスギ材.

cy·press[2] [sáɪprəs, -prɪs] 〘《1398》 *cipre(s)* fine gauze □ AF *cipres* ← OF *Cypre* (F *Chypre*) Cyprus〙 *n.* 《廃》 絹または綿の紗(しゃ)《昔は黒く染めて喪服に用いた》.

cýpress mòss *n.* 〘植物〙 ヨーロッパやアメリカの山岳地帯に分布するヒカゲノカズラの一種 (*Lycopodium alpinum*).

cýpress vìne *n.* 〘植物〙 ルコウソウ (*Quamoclit pennata*) 《熱帯原産のヒルガオ科の観賞用蔓性植物》.

Cyp·ri·an[1] [síprɪən | -rɪ-] 〘《1598》← L *Cypri(us)* 'of CYPRUS' + -AN[1]: この島は恋の女神 Aphrodite の生地で, その祭式で有名であった〙 — *adj.* **1** キプロス (Cyprus) 島の (Cypriot): the ~ goddess キプロス(島)の女神《Aphrodite (= Venus) のこと》. **2** **a** Aphrodite 崇拝の. **b** [しばしば c-] みだらな (lewd). — *n.* **1** キプロス島人 (Cypriot). **2** [the ~] = CYPRIAN[1] goddess. **3** みだらな人; 売春婦.

Cyp·ri·an[2] [síprɪən | -rɪ-] 〘□ L *Cypriān-us* of Cyprus: Saint Cyprian の名より〙 *n.* 男性名.

Cyprian, Saint *n.* キプリアヌス《200?–258; カルタゴの司教・殉教者》.

cyp·ri·nid [síprənɪd, sɪprínɪd, sə-, -práɪn-, -nəd | síprɪnɪd, sɪpráɪnɪd] 〘← L *cyprīnus* (□ Gk *kuprînos* carp) + -ID[2]〙 *n., adj.* 〘魚類〙 コイ科の(魚).

Cy·prin·i·dae [sɪprínədìː, sə-, -práɪn- | sɪprínɪ-, -práɪ-] 〘← NL ~ ← *cyprinus* (↑) + -IDAE〙 *n. pl.* 〘魚類〙 コイ科.

cy·prin·o·dont [sɪprínədɑ̀nt, sə-, -práɪn- | sɪprínədɔ̀nt, -práɪn-] 〘← L *cyprinus* (↑) + -ODONT〙 *n., adj.* 〘魚類〙 キプリノドン科の(魚).

Cy·prin·o·don·ti·dae [sɪprìnədɑ́ntədìː, səpràɪ- | sɪprìnədɔ́ntɪ-, -pràɪ-] 〘← NL ~: ⇨ ↑, -idae〙 *n. pl.* 〘魚類〙 (トウゴロウイワシ目)キプリノドン科.

Cyp·ri·ot [sípriət, -ɑ̀t | -rɪət, -ɔ̀t] 〘《1599》□ Gk *Kupriṓtēs*〙 (*also* **Cyp·ri·ote** [-òʊt, -ət | -əʊt]) — *adj.* **1** キプロス島 (Cyprus) の. **2** キプロス島人[語]の. — *n.* **1** キプロス島人. **2** キプロス島語《ギリシャ語のキプロス島方言》.

Cýpriot sýllabary *n.* 〘言語〙 キプロス音節文字《紀元前 1000 年代にギリシャ語および未知の言語を表記するためにキプロス島で用いられた音節文字》.

cyp·ri·pe·di·um [sìprɪpíːdiəm, -rə- | -dɪəm, -djəm] 〘← NL ~ ← L *Cypris* (□ Gk *Kúpris* Aphrodite) + *ped-, pēs* foot + -IUM〙 — *n.* (*pl.* **-di·a** [-diə | -dɪə, -djə]) 〘植物〙 アツモリソウ, シプリペジウム《ラン科アツモリソウ属 (*Cypripedium*) の植物の総称; アツモリソウ (*C. macrathum*) など; 園芸界ではシプという; cf. lady's slipper》.

Cy·pro- [sáɪpro(ʊ) | -prə(ʊ)] 〘← Gk *Kúpros*: ⇨ Cyprus〙 「キプロス島の (Cyprian)」の意の連結形.

cy·pro·hep·ta·dine [sàɪpro(ʊ)héptədiːn | -prə(ʊ)-] 〘← CY(CLIC) + *pro-* (← ?) + HEPTA- + (PIPERI)DINE〙 — *n.* 〘薬学〙 シプロヘプタジン《ヒスタミンおよびセロトニン拮抗薬; 喘息・アレルギー疾患に使用する》.

cy·prot·er·one [saɪprɑ́tərὸʊn | -prɔ́tərəʊn] 〘← ? *cypro* ? Aphrodite (cf. Cypro-) + (ANDROS)TERONE〙 — *n.* 〘生化学〙 キプロテロン《男性ホルモン分泌を抑制する合成ステロイド》.

Cy·prus [sáɪprəs] 〘□ L ~ □ Gk *Kúpros* 《原義》? the island of cypress trees〙 — *n.* キプロス《トルコの南方に当たる地中海東部の島で英連邦内の共和国; もとは英国の植民地であったが, 1960 年独立; 女神 Aphrodite (= Venus) は海の泡から生まれたのちにこの島に上陸したと伝えられる (cf. Cyprian[1], Kithira); 人口 690,000, 面積 9,251 km², 首都 Nicosia; 公式名 the Republic of Cyprus キプロス共和国》.

cyp·se·la [sípsələ] 〘← NL ~ ← Gk *kupsélē* hollow vessel〙 *n.* (*pl.* **-se·lae** [-liː]) 〘植物〙 下位痩果(そうか), 菊果, 小粒果《痿合心皮, 下位子房から生じる単稜子果》.

Cyr·a·no [sírənòʊ | -nəʊ] 〘□ Gk *Kurḗnē* from Cyrene〙 *n.* 男性名.

Cy·ra·no de Ber·ge·rac [sírənòʊ-də-bə́ːdʒəræ̀k | -nəʊ-də-bɑ́ː-; *F.* siʀanodbɛʀʒəʀak], **Sa·vi·nien de** [savinjɛ̃ d] *n.* シラノ ド ベルジュラック《1619–55; フランスの作家・軍人; *Histoire comique des états et empires de la Lune* 「月世界旅行記」(1656); Edmond Rostand 作の同名の劇の主人公として有名》.

Cy·re·na [saɪríːnə] 〘↓〙 *n.* 女性名.

Cyr·e·na·ic [sìrənéɪɪk, sàɪr- | sàɪ(ə)rə-, -rɪ-] 〘□ L *Cȳrēnaic-us* □ Gk *Kūrēnaikós* of Cyrene ← *Kurḗnē*: ⇨ -ic[1]〙 — *adj.* **1** キレナイカ (Cyrenaica) の; (特に)その主都キレネ (Cyrene) の. **2** キレネ学派の: ~ philosophy キレネ哲学 / the ~ school キレネ学派. — *n.* **1** キレナイカの人. **2** **a** キレネ学派の人. **b** [the ~s] 〘哲学〙 キレネ学派《小 Socrates 派の一つ; Socrates が唱導した「独立自由な人格的価値」の内容が「幸福」にあるとし,「快楽」を道徳原理として信奉実践した; 紀元前 4 世紀ごろ Cyrene の哲学者 Aristippus の創唱による》. **Cỳr·e·ná·i·cìsm** [-néɪəsɪzm | -néɪɪ-] *n.*

Cyr·e·na·i·ca [sìrənéɪəkə, sàɪr- | sàɪ(ə)rənéɪɪkə, -rɪ-, -náɪɪ-] *n.* キレナイカ《北アフリカ, リビア北東部に当たる古代の一地方; 紀元前 7 世紀ギリシャ人が植民, のちローマ領となる; cf. Barca》.

Cy·re·ne [saɪríːni | saɪríːnɪ, sàɪər-] *n.* キュレーネ《北アフリカ Cyrenaica 地方にあった古代ギリシャの植民都市》.

Cyr·il [sírəl | -rəl, -rɪl] 〘□ L *Cȳrill-us* □ Gk *kúrillos* ← *kúrios* lord: cf. church〙 *n.* 男性名《愛称形 Cy》.

Cyril, Saint キュリロス《827–869; Moravia 人に布教したギリシャの伝道者; スラブ語の表記のためにギリシャ文字を変形した Cyrillic alphabet を創案したと伝えられる; Apostle of the Slavs ともいう》. 「名.

Cy·ril·la [sɪrílə, sə- | sɪ-] 〘《fem.》← CYRIL〙 *n.* 女性

Cy·ril·lic [sɪrílɪk, sə- | sɪ-] 〘← *Saint Cyril* + -IC[1]〙 *adj.* **1** Saint Cyril の. **2** キリル文字[字母] (Cyrillic alphabet) の[で書かれた].

Cyríllic álphabet *n.* [the ~] 〘言語〙 キリル文字[字母]《もと古期教会スラブ語 (Old Church Slavonic) に用いられた文字[字母]で, 今のロシヤ語・ブルガリア語・セルビア語の字母のもととなった; Saint Cyril の創案によると伝えられる; cf. Glagolitic》.

cyrt- [sə̀ːt | sə̀ːt] (母音の前に来る時の) cyrto- の異形.

Cyr·ti·dae [sə́ːtədìː | sə́ːtɪ-] 〘← NL ~ ← *Cyrtus* (属名: ← Gk *kurtós* (↓)) + -IDAE〙 *n. pl.* 〘昆虫〙 (双翅目) コガシラアブ科.

cyr·to- [sə́ːṭo(ʊ) | sə́ːtə(ʊ)] 〘← Gk *kurtós* curved〙 「彎曲した (bent); 弓状の (curved); 弓状のもの」の意の連結形. ★ 母音の前では通例 cyrt- になる.

cyr·tom·e·ter [sətɑ́məṭə | sə(ː)tɔ́mɪtə(r, -mə-] 〘⇨ ↑, -meter[1]〙 *n.* 〘医学〙 (胸部・手などを計る)彎曲度計.

cyr·to·sis [sətóʊsɪs, -səs | sə(ː)táʊsɪs] 〘← NL ~: ⇨ cyrto-, -osis〙 *n.* 〘病理〙 尖峰症 (kyphosis) 《背柱の後彎》.

Cy·rus [sáɪrəs | sáɪər-] 〘□ L *Cȳrus* □ Gk *Kûros* □ OPers. *Kūrush* sun〙 *n.* 男性名《愛称形 Cy》.

Cy·rus [sáɪrəs | sáɪər-] *n.* キュロス, キルス: **1** キルス二世 (?–529 B.C.), アケメネス朝ペルシャ王 (559–529 B.C.); ペルシャ帝国の建設者; 通称 Cyrus the Elder [Great]. **2** (424–401 B.C.) ペルシャの州長官; 大軍を率いて兄であるペルシャ王 Artaxerxes 二世と戦ったが, Cunaxa で戦死した; 通称 Cyrus the Younger.

cyst [síst] 〘《1713》← NL *cyst-is* □ Gk *kústis* bladder, bag ← IE **kwes-* 'to WHEEZE'〙 — *n.* **1** 〘生物〙 包嚢(ほうのう), 被嚢, 嚢子: the urinary ~ 〘解剖〙 膀胱(ぼうこう). **2** 〘病理〙 嚢胞, 嚢腫.

cyst- [sɪst] (母音の前に来る時の) cysto- の異形.

-cyst [sɪst] 〘← Gk *kústis* bladder: ⇨ cyst〙 「袋; 包嚢(ほうのう) (bladder)」の意の名詞連結形.

cys·ta·mine [sístəmìːn, -mɪn, -mən | -mìːn, -mɪn] 〘← CYST(INE) + AMINE〙 *n.* 〘薬学〙 シスタミン ($(H_2NCH_2CH_2)_2S_2$) 《放射線障害防御薬》.

cys·ta·thi·o·nine [sìstəθáɪəniːn] 〘← CYST(EINE) + (ME)THIONINE〙 — *n.* 〘生化学〙 シスタチオニン ($S(CH_2CH_2CH(NH_2)COOH)_2$) 《システインからメチオニンが生合成される時の中間体; シスタチオナーゼが欠損するとこの濃度が高まる》.

cys·te·a·mine [sɪstíːəmɪn, səs-, -mən | sɪstíːəmɪn] 〘← CYSTE(INE) + AMINE〙 — *n.* 〘生化学〙 システアミ

ン ($(HS)CH_2CH_2(NH_2)$)《癌治療の際の放射線障害予防に用いられた》.

cys·tec·to·my [sistéktəmi | -mɪ] 〘← CYSTO-＋-ECTOMY〙 *n.* 〘外科〙 **1** 嚢胞(のう)切除(術). **2** 膀胱(ぼう)切除(術). **3** 胆嚢切除(術).

cys·te·ine [sístiì:n, -tɪn] 〘← CYST(INE)＋-EINE〙 *n.* 〘生化学〙 システイン ($HSCH_2CH(NH_2)COOH$)《cystine が還元 (s-s 結合が切れて)されて生じるアミノ酸》.

cys·ti- [sístɪ, -tə | -tɪ] cysto- の異形 (⇨ -i-).

cyst·ic [sístɪk] 〘▭ F *cystique* ← NL *cysticus*: ⇨ cysto-, -ic[1]〙 ― *adj.* **1** 包嚢(のう)の(ある); 嚢胞性の(ある). **2** 〘解剖〙 胆嚢 (gallbladder) の; 膀胱(ぼう) (urinary bladder) の.

cysticerci *n.* cysticercus の複数形.

cys·ti·cer·coid [sìstɪsə́:kɔɪd, -tə- | -tɪsə́:-] 〘⇨ cysticercus, -oid〙 ― *n.* 〘動物〙 キスチケルコイド, 擬嚢尾虫《円葉条虫類の幼生(中間宿主である節足動物などに寄生する嚢虫)の一形態》.

cys·ti·cer·co·sis [sìstəsə:kóusɪs, -sək-, -səs | -tɪsə(:)-kə́usɪs] 〘← NL ～: ⇨↓, -osis〙 *n.* 〘医学〙 嚢虫症.

cys·ti·cer·cus [sìstɪsə́:kəs, -tə-, -kéəkəs | -tɪsə́:-] 〘← NL ～ ← CYSTO-＋Gk *kérkos* tail〙 ― *n.* (*pl.* **-cer·ci** [-sə́:saɪ, -kéə:ki: | -sə́:saɪ]) 〘動物〙 キスチケルクス, 嚢尾虫《テニア属条虫などの幼生(中間宿主である脊椎動物に寄生する嚢虫)の一形態》.

cýstic fibrósis *n.* 〘病理〙 嚢胞性線維症 (⇨ mucoviscidosis).

Cys·tid·e·a [sɪstídiə | -dɪə] 〘← NL ～: ⇨ cysto-, -id[2]〙 *n. pl.* 〘動物〙 ＝Cystoidea.

cys·tid·i·um [sɪstídiəm | -dɪ-] 〘← NL ～: ⇨ cysto-, -idium〙 ― *n.* (*pl.* **-i·a** [-diə | -dɪə], **～s**) 〘植物〙 剛毛体, 嚢状体《キノコの傘の子実層の上に突き出るふくれた菌糸端》.

cys·tine [sísti:n, -tɪn, -tən | -ti:n, -tɪn] 〘← CYSTO-＋-INE[3]: はじめ尿石の中に発見されたことから〙 ― *n.* 〘生化学〙 シスチン ($[-SCH_2CH(NH_2)COOH]_2$)《硫黄含有アミノ酸で骨格性蛋白質中に多い》.

cys·tin·u·ri·a [sìstɪn(j)ú(ə)riə, -tə- | -tɪnjúərɪə] 〘← NL ～: ⇨↑, -uria〙 *n.* 〘病理〙 シスチン尿(症). **cys·ti·nu·ric** [sìstɪn(j)ú(ə)rɪk, -tə- | -tɪnjúər-] *adj.*

cys·ti·tis [sɪstáɪtɪs, -tɪs | -tɪs] 〘← CYSTO-＋-ITIS〙 *n.* (*pl.* **cys·tit·i·des** [sɪstíṭədì:z | -tɪd-]) 〘病理〙 膀胱炎.

cys·to- [sístə, -to(ʊ) | -tə(ʊ)] 〘← Gk *kústis* bladder〙 胆嚢(のう); 膀胱(ぼう); 包嚢 (sac)」の意の連結形. ★ 時に cysti-, また母音の前では通例 cyst- になる.

cys·to·carp [sístəkàəp, -to(ʊ)- | -tə(ʊ)kà:p] 〘⇨↑, -carp〙 *n.* 〘植物〙 嚢(のう)果. **cys·to·car·pic** [sìstəkáəpɪk, -to(ʊ)- | -tə(ʊ)ká:-] *adj.*

cys·to·cele [sístəsì:ł, -to(ʊ)- | -tə(ʊ)-] 〘← CYSTO-＋-CELE[1]〙 *n.* 〘病理〙 膀胱(ぼう)瘤.

Cỳsto·flagelláta 〘← NL ～: ⇨ cysto-, flagellum〙 ― *n. pl.* 〘動物〙 胞状鞭毛虫亜目《*Leptodiscus* 属, *Craspedotella* 属に属する海産の原生動物; その体形は特異なクラゲ型》. **cỳsto·flágellate** *adj., n.*

cys·tog·ra·phy [sɪstágrəfi | -tɔ́grəfɪ] 〘← CYSTO-＋-GRAPHY〙 *n.* 〘医学〙 膀胱(ぼう) X 線造影[撮影](法).

cys·toid [sístɔɪd] 〘← CYSTO-＋-OID〙 *adj., n.* 嚢胞(のう)状の(組織).

Cys·toid·e·a [sɪstɔ́ɪdiə | -dɪə] 〘← NL ～: ⇨ cysto-, -id[2]〙 *n. pl.* 〘動物〙(棘皮動物門)ウミリンゴ綱. **cys·toi·de·an** [sɪstɔ́ɪdiən | -dɪ-] *adj., n.*

cys·to·lith [sístəlɪθ, -to(ʊ)- | -tə(ʊ)-] 〘▭ G *Zystolith*: ⇨ cysto-, -lith〙 ― *n.* **1** 〘病理〙 膀胱(ぼう)結石. **2** 〘植物〙 鐘乳体《細胞内壁につく柄をもった石灰化した分泌物の塊》. **cys·to·lith·ic** [sìstəlíθɪk] *adj.*

cys·to·ma [sɪstóumə | -tə́ʊ-] 〘← NL ～: ⇨ cysto-, -oma〙 *n.* (*pl.* **～s**, **～·ta** [～ṭə | ～tə]) 〘病理〙 嚢(のう)腫.

cys·to·scope [sístəskòup | -skə̀ʊp] 〘← CYSTO-＋-SCOPE〙 〘医学〙 *n.* 膀胱鏡. ― *vt.* 膀胱鏡で調べる.

cys·to·scop·ic [sìstəskápɪk | -skɔ́p-] *adj.* 膀胱鏡の.

cys·tos·co·py [sɪstáskəpi | -tɔ́skəpɪ] *n.* 膀胱(ぼう)鏡検査(法).

cys·tot·o·my [sɪstáṭəmi | -tɔ́təmɪ] 〘← CYSTO-＋-TOMY〙 *n.* 〘外科〙 膀胱切開(術); 胆嚢(のう)切開(術).

cyt- [saɪt] (母音の前に来る時の) cyto- の異形.

cy·tase [sáɪteɪs, -teɪz | -teɪs] 〘⇨ cyto-, -ase〙 ― *n.* 〘生化学〙 サイターゼ: **a** 白血球から出される細菌崩壊物質 alexin のこと. **b** いろいろの植物の種子中にみられる細胞壁を分解する酵素類.

cy·tas·ter [sáɪtæstə, ―⌐―| -tə(r)] 〘← CYTO-＋-ASTER[2]〙 *n.* 〘生物〙 細胞質星状体.

-cyte [⌐―sàɪt] 〘← Gk *kútos* receptacle, jar〙「細胞 (cell)」の意の名詞連結形: leuco*cyte*.

Cy·the·ra [sɪθí(ə)rə, sə-, saɪ- | sɪθíərə] 〘▭ L *Cythēra* (↓)〙 ― *n.* キュテラ(島)《ギリシャの Peloponnesus 半島の南端にある島; Aphrodite (＝Venus) はこの島の近くの海上で生れたのちに, この島に上陸したと伝えられ古来この女神の聖地とされる; ギリシャ語名 Kíthira》.

Cyth·er·e·a [sìθərí:ə | -rí:ə, -ríə] 〘▭ L *Cytherēa* ← *Cythēra* ▭ Gk *Kúthēra* (Aphrodite 崇拝で知られるエーゲ海の島)〙 ― *n.* 〘ギリシャ・ローマ神話〙 キュテレイア, Cythera の女神《Aphrodite (＝Venus) の別名》.

Cyth·er·e·an [sìθərí:ən | -rí:ən, -ríən] 〘← L *Cytherēa*: ⇨↑, -an[1]〙 ― *adj.* **1** 恋の女神 Aphrodite (＝Venus) の. **2** 金星 (Venus) の. ― *n.* Aphrodite (＝Venus) の崇拝者.

cy·ti·dine [síṭədì:n, sáɪṭ- | -tɪ-] 〘← CYT(OSINE)＋-IDINE〙 *n.* 〘生化学〙 シチジン《チトジンにリボースが加わったヌクレオシド》.

cy·ti·dýl·ic ácid [sìṭədílɪk-, sàɪṭ- | -tə-] 〘← CYTID(INE)＋-YL＋-IC[1]〙 ― *n.* 〘生化学〙 シチジル酸 ($C_9H_{14}N_3O_8P$)《チトジンのリン酸エステル; リボ核酸を構成するピリミジンヌクレオチド》.

cy·to- [sáɪṭo(ʊ), -ṭə | -tə(ʊ)] 〘← Gk *kútos* receptacle, etc.: cf. -cyte〙「細胞 (cell); 細胞質 (cytoplasm)」の意の連結形. ★ 母音の前では通例 cyt- になる.

cỳto·árchitecture *n.* 〘生物〙 細胞構造.

cỳto·chémistry *n.* 細胞化学. **cỳto·chémical** *adj.*

cỳto·chiméra 〘⇨ cyto-, chimera〙 *n.* 〘生物〙 細胞キメラ《種々の染色体数の細胞がまざっている個体》.

cýto·chròme *n.* 〘生化学〙 チトクローム《血色素・葉緑素などの色素蛋白質で, 細胞呼吸の酸化還元反応を助ける; 少なくとも A, B, C の 3 種がある》.

cýtochrome C *n.* 〘生化学〙 チトクローム C《チトクローム系で容易に可溶化する細胞色素》.

cýtochrome óxidase *n.* 〘生化学〙 チトクローム酸化酵素《チトクローム系最後の還元チトクローム A を酸化する酵素またはそれらの複合体; 直接 O_2 分子をとらえ水にする; respiratory enzyme ともいう》.

cýtochrome sỳstem *n.* 〘生化学〙 チトクローム系《数段階の酸化還元の共軛反応を連鎖した好気呼吸の末端の系》.

cy·toc·la·sis [saɪtákləsɪs, sàɪṭəkléɪ-, -səs | saɪtɔ́kləsɪs, sàɪtəkléɪ-] 〘← CYTO-＋-CLASIS〙 *n.* 〘病理〙 細胞破壊. **cy·to·clas·tic** [sàɪṭəklǽstɪk | -tə(ʊ)-] *adj.*

cỳto·differentiátion *n.* 〘生物〙 細胞分化.

cỳto·génesis *n.* 〘生物〙 細胞形成[発生].

cỳto·genétic *adj.* 細胞遺伝学の.

cỳto·genétical *adj.* ＝cytogenetic. **～·ly** *adv.*

cỳto·genéticist *n.* 細胞遺伝学者.

cỳto·genétics *n.* 細胞遺伝学.

cỳto·kinésis *n.* 〘生物〙 細胞質分裂《有糸核分裂などに続いて起こる細胞質の分裂; cf. mitosis》. **cỳto·kinétic** *adj.*

cỳto·kínin 〘← CYTO-＋KININ〙 *n.* 〘生化学〙 サイトカイニン, シトキニン《植物の細胞分裂を促進する物質の総称; cf. kinetin》.

cy·tól·o·gist [-dʒɪst, -dʒəst | -dʒɪst] *n.* 細胞学者.

cy·tol·o·gy [saɪtáləʤi | -tɔ́ləʤɪ] 〘← CYTO-＋-LOGY〙 ― *n.* **1** 細胞学. **2** [集合的] 細胞現象[進展]. **cy·to·log·ic** [sàɪṭəláʤɪk | -təlɔ́ʤ-] *adj.* **cỳ·to·lóg·i·cal** *adj.* **cỳ·to·lóg·i·cal·ly** *adv.*

cy·to·ly·sin [sàɪṭəláɪsɪn, -tḷ-, -sən, -sṇ | sàɪtəláɪsɪn] 〘⇨↓, -in[1]〙 *n.* 〘生化学〙 シトリシン, 細胞溶解素《細胞を溶解する性質をもつ物質あるいは抗体》.

cy·tol·y·sis [saɪtáləsɪs, -səs | -tɔ́ləsɪs] 〘← CYTO-＋-LYSIS〙 *n.* 〘生理〙 細胞溶解, 細胞崩壊, 細胞分解. **cy·to·lyt·ic** [sàɪṭəlíṭɪk | -təlít-] *adj.*

cy·to·me·gal·ic [sàɪṭo(ʊ)mɪgǽlɪk | -tə(ʊ)-] 〘← CYTO-＋MEGALO-＋-IC[1]〙 *adj.* 〘生物〙 巨細胞化の.

cyto·mègalo·vírus 〘← CYTO-＋MEGALO-＋VIRUS〙 ― *n.* 〘生物〙 サイトメガロウイルス《感染により, 核内に封入体を生じたり, 巨細胞化を起こさせたりする一群のウイルス》.

cỳto·mémbrane *n.* 〘生物〙 細胞にある膜, 生体膜《細胞膜・小胞体膜・核膜・ゴルジ体膜などをいう》.

cỳto·morphólogy *n.* 〘生物〙 細胞形態学. **cỳto·morphológical** *adj.*

cy·ton [sáɪtɑn | -tɔn] 〘← CYTO-＋-ON[1] (cf. proton)〙 *n.* (*also* **cy·tone** [-toun | -təʊn]) 細胞 (cell); (特に) 神経細胞体.

cỳto·pathólogy *n.* 〘病理〙 細胞病理学. **cỳto·pathológic** *adj.* **cỳto·pathológical** *adj.*

cy·to·pe·ni·a [sàɪṭo(ʊ)pí:niə, -ṭə- | -tə(ʊ)pí:njə, -nɪə] 〘← CYTO-＋-PENIA〙 *n.* 〘病理〙 血球減少(症). **cy·to·pe·nic** [sàɪṭo(ʊ)pí:nɪk, -ṭə- | -tə(ʊ)-] *adj.*

cy·toph·a·gy [saɪtáfəʤi | -tɔ́fəʤɪ] *n.* 〘生理〙 食細胞作用《一細胞内に他の細胞を食食する現象》.

cỳto·phárynx *n.* (*pl.* **-pharynges**, **～·es**) 〘動物〙 細胞咽頭《繊毛虫類や鞭毛虫類の摂食用の細胞器官》.

cỳto·phílic *adj.* 〘生物〙 好細胞性の.

cỳto·photómetry *n.* 〘生物〙 細胞測光法. **cỳto·photométric** *adj.* **cỳto·photométrical** *adj.* **cỳto·photométrically** *adv.*

cy·to·plasm [sáɪṭo(ʊ)plæ̀zṃ, -ṭə- | -tə(ʊ)-] 〘▭ G *Zytoplasma*: ⇨ cyto-, -plasm〙 ― *n.* 〘生物〙 細胞質. **cyto·plasmic** [sàɪṭo(ʊ)plǽzmɪk, -ṭə- | -tə(ʊ)-] *adj.* **cyto·plásmically** *adv.*

cytoplásmic herédity [inhéritance] *n.* 〘生物〙 細胞質遺伝.

cy·to·plast [sáɪṭo(ʊ)plæ̀st, -ṭə- | -tə(ʊ)-] *n.* 〘生物〙 細胞質体, サイトプラスト, 細胞原形質 (cf. protoplast 2). **cy·to·plas·tic** [sàɪṭo(ʊ)plǽstɪk, -ṭə- | -tə(ʊ)-] *adv.*

cy·to·sine [sáɪṭəsì:n, -ṭo(ʊ)-, -zì:n, -sɪn, -sən | -tə(ʊ)-sì:n, -zì:n] 〘← CYTO-＋-OSE[2]＋-INE[3]〙 ― *n.* 〘生化学〙 チトジン, サイトシン ($C_4H_5N_3O$)《RNA, DNA などの核酸に含まれる白色の板状結晶のピリミジン; 細胞の物質交代に関与する》.

cy·to·sol [sáɪṭəsɔ̀ł, -sɔ̀(:)ł | -təsɔ̀ł] 〘← CYTO-＋SOL[4]〙 *n.* 〘生化学〙 ゾル性細胞質《ホモジェネートした組織の超遠心分離した上澄部分で, 細胞質の液状部》.

cy·to·some [sáɪṭo(ʊ)sòum, -ṭə- | -tə(ʊ)səʊm] 〘▭ G *Zytosom*: ⇨ cyto-, -some[3]〙 *n.* 〘生物〙 ＝cytoplast.

cy·to·stome [sáɪṭo(ʊ)stòum, -ṭə- | -tə(ʊ)stəʊm] 〘▭ G *Zytostom*: ⇨ cyto-, -stome〙 ― *n.* 〘動物〙 細胞口《原生動物の摂食用開口部》. **cy·tos·to·mal** [saɪtɑ́stəməł | -tɔ́s-] *adj.*

cy·to·tax·is [sàɪṭo(ʊ)tǽksɪs, -ṭə-, -səs | -tə(ʊ)tǽksɪs] *n.* 〘生物〙 細胞走性, 走細胞性《細胞どうしが相互に引き合ったり, 反発し合ったりする性質》.

cỳto·taxónomy *n.* 〘生物〙 細胞分類学. **cỳto·taxonómic** *adj.* **cỳto·taxonómically** *adv.*

cyto·tech [sáɪṭətèk, -ṭo(ʊ)- | -tə(ʊ)-] 〘略〙 〘医学〙 *n.* ＝cytotechnologist.

cỳto·techníciаn *n.* 〘医学〙 ＝cytotechnologist.

cỳto·technólogist 〘← CYTO-＋TECHNOLOGIST〙 *n.* 〘医学〙 細胞検査技師.

cỳto·tóxic *adj.* **1** 〘医学〙 細胞毒(素)の[に関する]. **2** 細胞に有毒な. **cỳto·toxícity** *n.*

cỳto·tóxin *n.* 〘医学〙 細胞毒(素)《細胞に毒性の影響を与える物質》.

cỳto·tróphoblast 〘← CYTO-＋TROPHOBLAST〙 *n.* 〘生物〙 細胞栄養芽層《哺乳動物で胎児に一番近い胎盤; cf. syntrophoblast》.

cy·to·trop·ic [sàɪṭo(ʊ)trápɪk, -ṭə- | -tə(ʊ)trɔ́p-] *adj.* 〘生物〙 **1** 向細胞性の《細胞がお互いに成長することにいう》. **2** 細胞親和性の《ウイルスなどが細胞に親和性をもつことにいう》.

cy·to·vi·rin [sàɪṭəváɪ(ə)rɪn, -ṭo(ʊ)-, -rən | -tə(ʊ)váɪərɪn] 〘← CYTO-＋VIR(US)＋-IN[1]〙 ― *n.* サイトビリン《放線菌の一種 (*Streptomyces olivochromogenes*) の生産する抗生物質; タバコモザイク病ウイルスに効果がある》.

cy·to·zo·on [sàɪṭo(ʊ)zóʊɑn, -ṭə- | -tə(ʊ)zə́ʊɔn] 〘← CYTO-＋-ZOON〙 *n.* 〘生物〙 細胞寄生原虫.

C.Z. 《略》 Canal Zone (Panama).

czar [záə | zá:(r)] 〘(1555) ▭ Russ. *tsar'* < OSlav. *tsěsarĭ* ▭ L *Caesar*: cf. Caesar[1], Kaiser〙 ― *n.* **1 a** 皇帝, 国王 (emperor, king). **b** [C-] (帝政時代の)ロシヤ皇帝, ツァー. **2** [しばしば C-] 専制君主 (autocrat); 独裁者. **3** 《口語》 第一人者, …王 (leader): a financial ～ 財界の大立物.

czar·das [ʧáədæʃ, -dɑ:ʃ | ʧá:dæʃ, zá:dæs, -dəs; *Hung.* ʧá:rda:ʃ] 〘▭ Hung. *csárdás*〙 ― *n.* (*pl.* ～) **1** 〘音楽〙 チャルダーシュ《ハンガリーの民俗舞曲; ゆるやかなテンポの導入部と, 急速で激しいリズムの主部からなる》. **2** 〘ダンス〙 チャルダーシュの舞踏.

czár·dom [-dəm] 〘← CZAR＋-DOM〙 *n.* **1** czar の地位[権力]. **2** czar の国土.

czar·e·vitch [zá:rəvɪʧ, -rɪ-] 〘(1710) ▭ Russ. *tsarevich* Czar's son〙 *n.* (帝政時代の)ロシヤ皇子.

cza·rev·na [zɑ:révnə] 〘(1880) ▭ Russ. *tsarevna* Czar's daughter〙 *n.* (帝政時代の)ロシヤ皇女; ロシヤ皇太子妃.

cza·ri·na [zɑ:rí:nə] 〘(1717) ▭ It. ～ ▭ G *Czarin*, *Zarin* (fem.) ← *Czar*, *Zar* Czar ▭ Russ. *tsar'* 'CZAR'〙 *n.* (帝政時代の)ロシヤ皇后.

czar·ism [zá:rɪzṃ] *n.* 専制[独裁]政治; (特に)ロシヤの帝政.

czár·ist [-rɪst, -rəst | -rɪst] *n.* 専制[独裁]政治支持者, 皇帝支持者. ― *adj.* **1** [C-] (ロシヤ)帝政の; ロシヤ皇帝の: *Czarist* Russia 帝政ロシヤ. **2** 独裁(者)の, 独裁的な (autocratic), 専制的な (dictatorial).

czar·is·tic [zɑrístɪk] *adj.* ＝czarist.

cza·rit·za [zɑ:rítsə, -rí:-] *n.* ＝czarina.

Czech [ʧék] 〘(1841) ▭ Pol. ～ ▭ Czech *Čech* of the people of Bohemia〙 ― *n.* **1 a** チェック人《主に Bohemia および Moravia に住むスラブ族の人》. **b** チェコスロバキア人. **2** チェコ語, チェック語《Bohemia や Moravia で用いられているスラブ語で, Slovak に近い》. ― *adj.* **1** チェコスロバキアの. **2** チェック人の; チェコスロバキア人の. **3** チェコ語の.

Czech. 《略》 Czechoslovak; Czechoslovakia.

Czech·ish [ʧékɪʃ] *adj.* ＝Czech.

Czech·o·slo·vak [ʧèkəslóuvɑ:k, -ko(ʊ)-, -væk | -kə(ʊ)sləʊvæk] *n.* チェコスロバキア人. ― *adj.* チェコスロバキア(人)の. ★ 以前は Czecho-Slovak と書いた.

Czech·o·slo·vak·i·a [ʧèkəslo(ʊ)vá:kiə, -ko(ʊ)-, -vǽk- | -kə(ʊ)slə(ʊ)vǽkɪə, -vá:k-, -kjə] 〘← CZECH＋-O-＋SLOVAKIA〙 ― *n.* チェコスロバキア《ヨーロッパ中部の共和国; Bohemia, Moravia, Slovakia の三地方に分かれる; 人口 14,974,000, 面積 127,870 km², 首都 Prague; 公式名 the Czechoslovak Socialist Republic チェコスロバキア社会主義共和国; 以前は Czecho-Slovakia と書いた; チェコ語名 Československo》.

Czech·o·slo·vak·i·an [ʧèkəslo(ʊ)vá:kiən, -ko(ʊ)-, -vǽk- | -kə(ʊ)slə(ʊ)vǽkɪən, -vá:k-, -kjən] *n., adj.* ＝Czechoslovak.

Czekh [ʧék] *n., adj.* ＝Czech.

Czer·ny [ʧéəni, ʧə́:- | ʧə́:nɪ, zə́:-; *G.* ʧérni], **Karl** *n.* チェルニー《1791–1857; オーストリアのピアニスト・作曲家・ピアノ教則本編集者》.

Cze·sto·cho·wa [ʧènstəkóuvə | -kə́ʊ-; *Pol.* ʧɛ̃stəxɔ́va] *n.* チェンストホバ《ポーランド南部, Warta 河畔の都市; 人口 202,000》.

D

D, d [díː]〘OE *D, d* ◁ L (Etruscan を経由) ◁ Gk *Δ, δ* (délta) ◁ Phoenician △; cf. Heb. ד (dāleth)《原義》door: ⇨ A¹ ★〙— *n.* (*pl.* **D's, Ds, d's, ds** [~z]) **1** 英語アルファベットの第4字 (cf. delta). **2** (活字・スタンプなどの) D または d 字. **3** [D] D 字形(のもの): a *D*-trap〖機械〗D 形防臭弁 / a *D* valve〖機械〗D 形すべり弁. **4** 文字 d が表わす音《dog, sad などの [d]》. **5** (連続したものの)第4番目(のもの): vitamin *D*. **6 a** (ローマ数字の)500《M の半分の意から》: *CD*=400 / *DCC*=700 / *MDLXIV*=1564. **b** (D̄ という記号で) 500,000; (時として) 5,000. **7**〖音楽〗**a** ニ音, (ドレミ唱法の)レ音; ニ音の弦[鍵], (パイプオルガンの)パイプ: *D* sharp 嬰ニ音《記号は D♯》/ *D* flat 変ニ音《記号は D♭》. **b** ニ調: *D* major [minor] ニ長[短]調 (cf. key¹ 9 a). **8**〖玉突〗ディー《snooker に用いる玉突台上の直径約 22 インチの半円の部分》.

d《記号》〖化学〗dextro;〖物理〗deuteron;〖数学〗differential operator;〖数学〗第4の既知数[量] (cf. a, b, c).

d, d.《略》deci-; day; diameter; departure.

D《記号》**1** (富裕度が第4位の) D 階層. **2** [時に d]〖教育〗(学業成績の評語として)可, 4 級《最低合格点》. **3** (サイズ番号の) D: **a** 靴幅を示す《C より幅広く E より狭い》. **b** ブラジャーのカップのサイズを示す《C より大きく, DD より小さい》. **c** (男子用パジャマの)特大. **4**〖電気〗debye. **5** derivative. **6**〖化学〗**a** deuterium. **b** didymium. **7**〖数学〗differential coefficient. **8**〖貨幣〗dalasi(s); dinar(s); dong. **9**〖電気〗electric displacement.

D, D.《略》December; Democrat; Democratic; dimensional.

d.《略》〖系図〗dam; damn; date; daughter; dead; deceased; deciduous; decree; degree; dele; delete; delta; *L.* dēnārius (=penny), dēnāriī (=pence); density; depth; desert(ed);〖音楽〗*It.* destra (=right hand);〖トランプ〗diamonds; died; dime; director; distance; dividend; dollar(s); drama; drive; driving; drizzle; drizzling;〖音楽〗*F.* droite (=right hand); duke; dump; dyne.

D.《略》Dame; *G.* Damen (=Ladies);〖製紙〗demy; Department; destroyer; *L.* Deus (=God); Deutschland; dimensional (⇨ 3-D); *It.* Diretto (=slow train); distinguished; division〖米陸軍〗師団,〖米海軍〗隊; Doctor; *L.* Dominus (=Lord); Don; Dowager; Duchess; Duke; Dutch.

d., D.《略》〖処方〗*L.* da ((imper.) ← *dare* to give); deacon; decision; deliver(ed); deputy; depart(s); departure; deserter; dialect; dialectal;〖光学〗diopter;〖演劇〗door; dorsal; dose; drachma(s), drachmae.

d' [d] *v.*《口語》助動詞 do または did の二人称の縮約形: What *d'*you (=do you) mean? / *D'*you (=Did you) go there yesterday?

'd [d] *v.*《口語》**1** had または would (最近ではしばしば should) の縮約形 (cf. 'ld): I'*d* (=I would) like to go. / You'*d* (=You had) better go. **2** 助動詞 did の縮約形: Where'*d* you go yesterday?

d- [diː]〘← DEXTRO-〙— *pref.*〖化学〗**1** [通例イタリック体で]「右旋(光)性の (dextrorotatory)」の意: *d*-limonene. **2** [通例小型頭文字 D- で] 一番簡単な光学活性糖の D- グリセリンアルデヒドと同じ立体配置をもつことを示す: D-glucose.

d— [díː, dǽ(ː)m] ⇨ damn *vt.* 4 b. ★ damn の語をはばかる書き方; d—n [dǽ(ː)m, díːn] ともする; damned は d—d [díːd, dǽ(ː)md] とする (cf. blank *adj.* 7 b).

-d¹ [d] 過去形・過去分詞語尾 -ed の縮約形: hear*d*.

-d² (略語において) =-ed: rec*d*. (=received) / lt*d*. (=limited).

-d³ (序数の 2, 3 を表わすとき) =-nd³, -rd: March 2*d* / 33*d* Street.

-'d [d] =-ed. ★ 通例語幹が母音で終わる語に用いる (cf. -d¹): toga'*d*, O.K.'*d*.

da¹ [dáː] *n.*《英口語》=dad.

da² [dáː; *Russ.* dá]〘◁ Russ. ~〙*Russ. adv.* はい (yes), ええ (cf. nyet).

da《略》deca-, deka-.

DA《記号》〖貨幣〗Algerian dinar(s).

da.《略》daughter; day(s).

Da.《略》Danish.

D/A《略》days after acceptance; deposit account;〖貿易〗documents against [for] acceptance (手形)引受書類渡し (cf. D/P).

D.A.《略》Defence Act; delayed action (bomb); deposit account; deputy advocate; deputy assistant; dissolved acetylene; district attorney; Doctor of Arts; do(es)n't answer.

dab¹ [dǽ(ː)b]〘(?a1300)《擬音語》: cf. Norw. *dabba* to tap with the foot / G *tappe* footprint / MDu. *dabben* to tap〙— *vt.* (**dabbed; dab·bing**) **1** (手などで)軽くたたく, 軽くとんとん打つ; 〈鳥などが〉つつく: ~ a person *on* the shoulder 人の肩を軽くたたく / ~ (the sweat from) one's forehead *with* a handkerchief (汗を取るために)額をハンカチではたく. **2** …に〔柔らかい物・湿った物などを〕軽くはたくように当てる; …に〔リント布などを〕べっとり当てる〔*with*〕; 〈柔らかい物などを〉〔…に〕当てる〔*on, against*〕: ~ a brush *against* paper = ~ paper *with* a brush 紙に筆を当てる / ~ a sore *with* fine lint 傷口に柔らかいリントを当てる / a plaster to be wetted and ~*bed on* ぬらしてべっとり張りつける膏薬. **3** 〈ペンキ・バター・香水などを〉(こすりつけないで)べたべた塗る: ~ butter *on* the bread パンにバターをべたべた塗る / ~ gum *over* paper 紙にゴムのりをべったり塗る. **4** 〈石細工を〉(のみなどでつついたりして)表面の仕上げをする. — *vi.* 〔…を〕軽くたたく, はたく〔*at*〕; 〈鳥などが〉〔…を〕つつく〔*at*〕: ~ *at* a person / She ~*bed at* her nose *with* a puff. 鼻をパフではたいた.

— *n.* **1** 軽くこつこつ[ぱたぱた, とんとん]たたくこと, 軽打; (くちばしでの)一つつき, ついばみ: a ~ with the beak. **2** (海綿・ハンカチなどでの)軽いたたきつけ, 押し当て: a ~ *of* powder 粉おしろいの一はたき. **3** (ペンキ・膏薬などの)少量, 小さいかたまり, 一塗り: a ~ *of* butter バターの小片. **4** (一般に)小量, ちょっぴり: a ~ *of* peas 一つまみのえんどう. **5** 穴あけ機, 打印機. **6** [通例 *pl.*]《英俗》指紋 (fingerprints).

dab² [dǽ(ː)b]〘(1419) ← ?: cf. dab¹〙*n.*〖魚類〗マコガレイ《マコガレイ属 (*Limanda*) の魚類の総称; マガレイ (*L. herzensteini*)・スナガレイ (*L. punctatissima*) など》.

dab³ [dǽ(ː)b]〘(1691) ◁ ? F《俗》*dabe* king ← *dabo* boss ← L *dabō* I will give: cf. dabster〙《英口語》*n.* じょうず, 名人, 達人: a ~ *at* tennis, cooking, mending tools, etc. — *adj.* じょうずな, 名人の.

DAB, D.A.B.《略》Dictionary of American Biography 米国人名辞典 (cf. D.N.B.).

dáb·ber *n.* **1** 軽打する人[もの]; (インク・絵の具などの)塗り手. **2** タンポン《版画家などが版面にインクや絵の具を付けるための道具》. **3**〖印刷〗(刷毛の)打ち刷毛《組版の上に置いた湿式紙型原紙をたたくための刷毛》. **4**〖印刷〗=ink-ball.

dab·ble [dǽbl]〘(1557) ◁ Du.《廃》*dabbel-en* (freq.) ← MDu. *dabben*: cf. dab¹, -le³〙— *vt.* **1** 〈水などを〉はねかす; はねかしてぬらす: be ~*d with* mud 泥をはねかけられる. **2** 〔水などの中で〕〈手足などを〉ぱちゃぱちゃさせる〔*in*〕: ~ one's hands *in* the water. — *vi.* **1 a** 水いじり[遊び]をする, 泥いじりする. **b** 〈鴨などが〉餌をとるために水の底をつつく. **2** 〔…を〕(道楽に)ちょっとやる, やって[かじって]みる〔*in, at, with*〕: ~ *in* [*at, with*] politics, poetry, art, Greek, etc.

dáb·bler [-blə, -blə | -blə(r, -blə(r] *n.* **1 a** 水いじりする者. **b** (mallard や shoveler のような) 水面ガモ類 (cf. diving duck). **2** 道楽半分[物好き]に事をする人, …道楽, へたの横好き, しろうと: a ~ *in* [*at*] wood engraving しろうと木版家.

dáb·bling [-blɪŋ, -blɪŋ] *n.* (道楽に)ちょっとやること, ちょいとかじり.

dáb·chìck〘(1557) *dapchick* ← ? ME *doppe* diving bird (cf. OE *dopened* diver, waterfowl & *dopfugel* moorhen, waterfowl: ⇨ deep, dip)+CHICK¹〙— *n.*〖鳥類〗(小型の)カイツブリ《特に, 英国ではカイツブリ (*Podiceps ruficollis*), 米国ではオビハシカイツブリ (*Podilymbus podiceps*) をいう》.

dáb·hànd *n.* =dab³: I'm a ~ when it comes to cars. 車のことならお手のもの.

Dabs [dǽ(ː)bz]〘⇨ dab¹ (n.) 6〙*n.*《英俗》ロンドン警視庁指紋部 (Fingerprint Department of New Scotland Yard).

dab·ster [dǽbstə | -stə(r]〘(1708) ← DAB³+-STER〙*n.* **1**《方言》じょうず, 達人 (dab). **2**《米口語》=dabbler 2. **3**《英》=daubster.

da ca·po [dɑːkɑ́ːpou, də- | dɑːkɑ́ːpəu; *It.* dakáːpo]〘(1724) ◁ It. ~ '(repeat) from the head' ← *da* from + *capo* beginning〙— *adv.*〖音楽〗ダカーポ, 初めから(繰り返して)(略 D.C., d.c.).

Dac·ca [dǽkə, dɑ́ːkə] *n.* ダッカ《バングラデシュ中部にある同国の首都; 人口 1,731,000》.

d'ac·cord [dækɔ́ə | -kɔ́ː(r; *F.* dakɔːr]〘◁ F ~ 'in ACCORD'〙*F. adv.* 同意[一致]して, 調子が合って. — *int.* よろしい, それできまった, 承知した.

dace [déɪs]〘(a1450) *darse* ◁ OF *darz, dars* (nom. sing. or acc. pl.) ← *dart* 'DART': この魚の泳ぎ方にちなむ〙— *n.* (*pl.* ~, **dac·es**)〖魚類〗**1** ヨーロッパ産のコイ科の魚 (*Leuciscus leuciscus*). **2** 米国産のコイ科のアブラハヤに似た魚の総称.

da·cha [dɑ́ːtʃə, dǽtʃə; *Russ.* dátʃə]〘◁ Russ. ~《原義》act of giving〙*n.* ダーチャ《ロシヤの田舎の邸宅, 別荘》.

Da·chau [dɑ́ːkau; *G.* dáxau] *n.* ダハウ《西ドイツ Munich 付近の都市; 人口 33,000; ここのナチスの外国人捕虜収容所で多数の捕虜が殺された (1933–45)》.

dachs·hund [dɑ́ːks(h)ùnt, -sənt, dǽks(h)ʌ̀nd | dǽkshùnd; *G.* dákshʊnt]〘(c1881) ◁ G ~ ← *Dachs* badger + *Hund* 'dog, HOUND'〙— *n.* (*pl.* **~s, dachs·hun·de** [-hùndə; *G.* -hʊndə]) ダックスフンド《胴が長く足が短いドイツ原産の犬種のイヌ》.

Da·cia [déɪʃə, -ʃiə | -sjə, -siə, -ʃiə, -ʃə] *n.* ダキア《南ヨーロッパ, カルパチア (Carpathian) 山脈と Danube 川との間の地域; 古代の王国で後ローマの属州 (106–270 年)》.

Da·cian [déɪʃən, -ʃiən | déɪsjən, -siən, -ʃiən, -ʃən] *adj.* ダキア(人)の. — *n.* ダキア人.

da·coit [dəkɔ́ɪt]〘(1810) ◁ Hindi *ḍakāit* ← *ḍākā* gang robbery ← Skt *daṣṭaka* crowded〙*n.* (インド・ビルマの)強盗団員, (徒党を組んで人を襲う)強盗.

da·coit·age [dəkɔ́ɪtɪdʒ | -tɪdʒ] *n.* =dacoity.

da·coit·y [dəkɔ́ɪṭi | -ti]〘◁ Hindi *ḍakāitī*: ⇨ dacoit, -y¹〙*n.* (インド・ビルマの徒党を組んで行なう)強盗行為, 強奪.

Da·co·ta [dəkóuṭə | -kə́utə] *n., adj.* =Dakota.

Da·cron [déɪkrɑn, dǽk- | dǽkrɔn, déɪ-] *n.*〖商標〗ダクロン《ポリエステル繊維の一種; 英国の Terylene, 日本のテトロンに同じ》.

dac·ry- [dǽkrə | -rɪ] (母音の前に来る時の) dacryo- の異形.

dacrya *n.* dacryon の複数形.

dac·ry·a·gogue [dǽkriəgɔ̀(ː)g, -gɑ̀g | -rɪəgɔ̀g]〘← DACRYO- + -AGOGUE〙〖医学〗*adj.* 催涙性の. — *n.* 流涙促進薬, 催涙剤.

Dac·ry·my·ce·ta·ce·ae [dæ̀krəmàɪsətéɪsiìː | -rɪmàɪsɪ-]〘← NL ~ ← *Dacrymycet-, Dacrymyces* (属名: ⇨↓, -myces)+-ACEAE〙*n. pl.*〖植物〗ベニキクラゲ科.

dac·ry·o- [dǽkrio(u) | -rɪə(u)]〘← NL ~ ← Gk *dákru, dákruon* 'TEAR¹': cf. lachry(mal)〙「涙」の意の連結形: *dacryo*cyst. ★ 母音の前では通例 dacry- になる.

dac·ry·o·cyst [dǽkrio(u)sɪst, -riə- | -rɪə(u)-]〘⇨↑, -cyst〙*n.*〖解剖〗涙嚢.

dàcryo·cystítis〘← NL ~: ⇨↑, -itis〙*n.*〖病理〗涙嚢炎.

dac·ry·on [dǽkriɑ̀n | -rɪɔ̀n]〘← NL ~ ← Gk *dákruon*: ⇨ dacryo-〙*n.* (*pl.* **-ry·a** [-riə | -rɪə])〖解剖〗涙点, ダクリオン《鼻根で涙骨と前頭骨が出合う点》.

dac·ry·or·rhe·a [dæ̀kriəríːə | -rɪə(u)-]〘← DACRYO- + -RRHEA〙*n.*〖病理〗流涙(過多).

dac·tyl [dǽktl̩ | -tɪl]〘(a1382) *dactile* ◁ L *dactyl-us* ◁ Gk *dáktulos* finger, toe, date¹, dactyl: 指関節と同じく音節数が三つあることから〙— *n.* **1**〖詩学〗(古典詩の)長短短格 (—∪∪); (英詩の)強弱弱[揚抑抑]格 (´××)《例: Trávelling | páinfully | óver the | rúgged road — Southey; cf. foot *n.* 10》. **2 a**〖動物〗手指; 足指. **b**〖昆虫〗=dactylus.

Dac·tyl [dǽktl̩ | -tɪl]〘◁ L *Dactyli* ◁ Gk *dáktuloi* (pl.) ← *dáktulos* (↑): その数が 10 人だったことから〙— *n.* (*pl.* **~s, -tyl·i** [-təlàɪ, -tl̩- | -tɪl-])〖ギリシャ神話〗ダクテュロス《Crete 島の Ida 山に住む冶金の術にすぐれた山の精》.

dac·tyl- [dǽktəl, -tl̩ | -tɪl] (母音の前に来る時の) dactylo- の異形.

dactyli *n.* dactylus の複数形.

-dac·tyl·i·a [dæktíliə, -ljə | -lɪə, -ljə]〘← NL ~ ← Gk *dáktulos* finger, toe + NL *-ia* '-Y¹'〙「の指・足指が…である[…本ある]こと[状態]」の意の名詞連結形.

dac·tyl·ic [dæktílɪk]〘◁ L *dactylic-us*: ⇨ dactyl, -ic¹〙〖詩学〗*adj.* 強弱弱[長短短]格の (cf. dactyl 1). — *n.* [通例 *pl.*] 強弱弱[長短短]格の詩.

dac·tyl·i·o- [dæktílio(u) | -lɪə(u)]〘← Gk *daktúlios* finger ring ← *dáktulos* finger〙「指輪, 宝石」の意の連結形.

dac·tyl·i·o·glyph [dæktíliəglɪf | -lɪə-]〘◁ Gk *daktulioglúph-os*: ⇨↑, glyph〙*n.* **1** 指輪宝石彫刻師. **2** (指輪の宝石に刻んだ)彫刻師の銘.

dac·tyl·i·og·ra·phy [dæktìliɑ́grəfi | -lɪɔ́grəfi]〘← DACTYLIO- + -GRAPHY〙*n.* 指輪(宝石)彫刻法.

dac·ty·li·tis [dæ̀ktəláɪtɪs, -ṭəs | -tɪláɪtɪs]〘⇨↓, -itis〙*n.*〖病理〗(手・足の)指炎.

dac·ty·lo- [dǽktəlo(u) | -tɪlə(u)]〘← Gk *dáktulos* finger〙「指・足指」の意の連結形: *dactylo*nomy [dæ̀ktəlɑ́nəmi | -tɪlɔ́nəmi] 指上計算法. ★ 母音の前では通例 dactyl- になる: *dactyl*itis.

dac·tyl·o·gram [dæktíləgræ̀m, dǽktəlo(u)-, -lə- | dæktílə(u)-, ———]〘⇨↑, -gram〙*n.* 指紋.

dac·ty·log·ra·phy [dæ̀ktəlɑ́grəfi | -tɪlɔ́grəfi]〘←

DACTYLO-＋-GRAPHY】 *n.* 指紋学, 指紋研究.

dac·ty·lol·o·gy [dæ̀ktəlɑ́lədʒi | -tɪlɔ́lədʒɪ] 〖← DACTYLO-＋-LOGY〗 *n.* 手話(法)《指文字 (manual alphabet) を用いて行なう》.

dàctylo·mégaly 〖← DACTYLO-＋-MEGALY〗 *n.* 〘病理〙(手・足の)巨指(症).

dac·ty·lop·o·dite [dæ̀ktəlɑ́pədàɪt | -tɪlɔ́p-] 〖← DACTYLO-＋-POD¹＋-ITE¹〗 *n.* 〘動物〙(節足動物の関節肢の末端にある)指節.

Dac·ty·lo·pter·i·dae [dæ̀ktəlo(ʊ)térədì: | -tɪlə(ʊ)térɪ-] 〖← NL ～ ← *Dactylopterus* (属名: ⇨ dactylo-, -pterous)＋-IDAE〗 *n. pl.* 〘魚類〙セミホウボウ科.

dac·ty·los·co·py [dæ̀ktəlɑ́skəpi | -tɪlɔ́skəpɪ] 〖← DACTYLO-＋-SCOPY〗 *n.* 指紋鑑定[分類].

-dac·ty·lous [dǽktɪləs, -tə- | -tɪ-] 〖⇨ dactylo-, -ous〗「…の指[足指]を有する」の意の形容詞連結形.

dac·ty·lus [dǽktɪləs, -tə- | -tɪ-] 〖← NL ～: ⇨ dactyl〗 *n.* (*pl.* **-ty·li** [-làɪ]) 〘昆虫〙指, 趾(ᵛ).

-dac·ty·ly [dǽktɪli, -tə- | -tɪlɪ] ＝-dactylia.

dad¹ [dǽ(:)d] 〖《?a1500》 *dadde* 《小児語》: cf. L *tata* father / Gk *táta* / Skt *tata* (*tāta*)〗 ── *n.* 《口語》《特に呼び掛けで》おとうちゃん (daddy) (cf. mom). ★ 単に親愛の意をこめて他の人にも用いられる.

dad² [dǽ(:)d] 〖《変形》← GOD〗 ── *int.* 《米口語・婉曲》＝God 4: *Dad* blame it! えい, いまいましい. ★次のように連結形で用いることも多い: *dad*-blasted, *dad*-blamed, *dad*-burned, etc.

dad·a [dǽdə, dɑ́:dɑ:] *n.* 《口語・小児語》＝dad¹.

Da·da, d- [dɑ́:dɑ:; *F.* dada] 〖《1920》□ F ～ 'hobby (horse)' 《変形》← *dia dia* gee-gee, gee-ho: あらゆる既成観念を追い散らすという意味からか; 一説に評論雑誌 *Dada* から: ⇨ Tzara〗 ── *n.* 〘文学・芸術〙ダダ, ダダイズム (Dadaism)《1916 年から 22 年ごろにかけてヨーロッパで一時的に流行した虚無主義的文芸運動, 知性の支配を離れた本能的表現を唱え, 後に超現実派に転じた》.

Da·da·ism, d- [dɑ́:dɑ:ìzṃ, dɑ́:dɪzṃ | dɑ́:dəɪzṃ] 〖□ F *dadaisme*: ⇨ ↑, -ism〗 *n.* 〘文学・芸術〙ダダイズム (⇨ Dada).

Dá·da·ist, d- [-ɪst, -əst | -ɪst] *n.* ダダイズム派の芸術家, ダダイスト, ダダ. **Da·da·is·tic** [dɑ̀:dɑ:ístɪk | -də-] *adj.*

dád-blámed [**-blásted**] *adj., adv.* ＝dad-burned.

dád-búrned 〖← DAD²〗 ── *adj., adv.* 《米口語》[怒り・驚き・嫌悪などを表わして] ひどい, いまいましい; いまいましくも (damned): a ～ fool 大ばか者 / It's ～ cold. やけに寒い.

dad·dle [dǽdḷ] 〖《1787》← 《方言》*dadder* to quake＋-LE³: cf. dawdle〗 *vt., vi.* 《英方言》(時間などを)むだにすごす, ぶらぶらして費やす.

dad·dy [dǽdi | -dɪ] 〖《?a1500》← DAD¹＋-Y²〗 *n.* **1** 《口語》**a** ＝dad¹. **b** 最も古い[重要な]人[物]. **2** 《俗》＝sugar daddy.

dáddy lónglegs *n.* (*pl.* ～) **1** 〘動物〙＝harvestman 2. **2** 〘昆虫〙＝crane fly. **3** 《戯言》足の長い人, 「足ながおじさん」.

da·do [déɪdou | -dəu] 〖《1664》□ It. ～ 'die, cube, pedestal' < L *datum* given: cf. die¹〗 ── *n.* (*pl.* ～**es**, ～**s**) **1** 〘建築〙腰羽目《壁の下部を板材と桟で張ったもの》. **2** 〘建築〙ダド, 台胴《円柱下部の方形台座の腰羽目の部分; die ともいう》. **3** 〘木工〙**a** 大入れ, 追入れ《柱・かまちなどに切り込んだ細い溝》. **b** 大入れ継ぎ《溝に板を差し込む接合法; dado joint ともいう》. ── *vt.* **1** …に腰羽目[柱趾(ᵛ)]を付ける. **2** 〈板・柱を〉大入れに差し込む. **3** 〈板・柱〉に大入れをつける.

dádo hèad *n.* 〘木工〙羽目切りの刃物《板に溝をつけるための 2 枚の丸のこと削り機 (chipper) から成る動力木工機》.

DAE, D.A.E. 《略》Dictionary of American English.

dae·dal [dí:dḷ] 〖《1590》□ L *daedal-us* □ Gk *daidalos* skillful〗 ── *adj.* 《詩》**1** 巧みな, 巧妙な (ingenious): the ～ hand of Nature 自然の巧妙な手. **2** 複雑な, 手の込んだ. **3** さまざまの, 変化に富んだ.

Dae·da·la [dí:dələ, -dḷə | -dələ] *n.* [時に複数扱い] ダイダラ《古代 Boeotia で行われた Hera と Zeus の和解をたたえる祭り; 6 年毎の小ダイダラ (Little Daedala) と 59 年毎の大ダイダラ (Great Daedala) がある》.

Dae·da·lian [di:déɪljən, -liən | -lɪən, -ljən] 〖⇨ Daedalus, -ian〗 *adj.* (*also* **Dae·da·lean** [～]) (Daedalus の作った)迷路のような, 複雑な, 手の込んだ.

Dae·da·li·on [dí:déɪliɑ̀n | -lɪɔ̀n] 〖□ L *Daedaliōn* □ Gk *Daidaliōn*〗 ── *n.* 〘ギリシャ神話〙ダイダリオーン《暁の明星 Phosphor の子; 娘 Chione の死を悲しみ自殺し, Apollo によって禿げ鷹に変えられた》.

Daed·a·lus [dédələs, -dḷ- | dí:dəl-] 〖□ L ～ □ Gk *Daidalos* 《原義》cunning worker: cf. daedal〗 ── *n.* 〘ギリシャ神話〙ダイダロス《Crete 島の迷宮 Labyrinth を作ったアテネの名工匠; ⇨ Icarus》.

dae·mon [dí:mən] 〖□ L *daemōn* □ Gk *daímōn*: ⇨ demon¹〗 *n.* **1** 〘ギリシャ神話〙＝demon¹ 5. **2** ＝demon¹ 4. **3** 《古》＝demon¹ 1. 「＝demonian.

dae·mo·ni·an [di:móuniən | -məunɪən, -njən] *adj.*

dae·mon·ic [dɪmɑ́nɪk, də-, di:-, -móun- | di:mɔ́n-, dɪ-] 〖□ L *daemonic-us*: ⇨ daemon, -ic¹〗 *adj.* ＝demonic. 「monology.

dae·mo·nol·o·gy [dì:mənɑ́lədʒi | -nɔ́lədʒɪ] *n.* ＝de-

dae·va [déɪvə | déɪ-, dí:-; *Hindi* deva] *n.* 〘ヒンズー教〙＝deva².

d.a.f. 《略》described as follows.

daff¹ [dǽ(:)f] 〖《1596》《変形》← DOFF〗 *vt.* **1** 《古》押しのける (thrust aside): ～ the world aside 浮世を捨てる (cf. Shak., *1 Hen VI* 4. 1. 96). **2** 《廃》＝doff 1.

daff² [dǽ(:)f] 〖← ME *daffe* fool, coward: cf. daft〗 *vi.* 《スコット》おもしろ半分に話す, 戯れる.

daf·fa·dil·ly [dǽfədɪli | -lɪ] *n.* 《詩・方言》＝daffodilly.

daf·fa·down·dil·ly [dǽfədaundɪli | -lɪ] 〖DAFFODILLY の戯言的変形〗 *n.* 《詩・方言》＝daffodil.

daf·fo·dil [dǽfədɪl] 〖《1548》□ ? Du. *de affodil* ← *de* the＋*affodil* (□ OF *affrodille* □ L *asphodelus* 'ASPHODEL') ∽ ME *affodil* □ ML *affodill-us*＝L〗 ── *n.* **1** 〘植物〙スイセン属 (*Narcissus*) の植物の総称; (特に)ラッパズイセン (*N. pseudo-narcissus*)《淡黄色でらっぱ状の花をつける; ウェールズの国花; cf. narcissus, jonquil》. **2** すいせん色, カナリヤ色《明るい黄色; jonquil ともいう》. ── *adj.* すいせん色をした, 淡黄色の.

Daf·fo·dil [dǽfədɪl] 〖↑〗 *n.* 女性名.

dáffodil gàrlic *n.* 〘植物〙南ヨーロッパ原産の白い花の咲くユリ科ネギ属の植物 (*Allium neapolitanum*).

daf·fo·dil·ly [dǽfədɪli | -lɪ] 〖《変形》← DAFFODIL: LILY の影響による〗 *n.* 《詩・方言》＝daffodil.

daf·fo·down·dil·ly [dǽfədaundɪli | -lɪ] *n.* 《詩・方言》＝daffadowndilly.

daf·fy¹ [dǽfi | -fɪ] 〖《1884》← 《廃》*daff* fool＋-Y⁴: cf. daff²〗 ── *adj.* (**daf·fi·er; -fi·est**) 《米口語・英俗》**1** ばかな; うすのろの; 気の狂った, 気違いじみた (crazy): be ～ *about* a woman 女に血道を上げている. **2** 浮かれ[狂い]騒ぐ. **dáf·fi·ness** *n.*

daf·fy² [dǽfi | -fɪ] *n.* 《口語》＝daffodil.

Daf·fy [dǽfi | -fɪ] 〖(dim.) ← DAFFODIL // DAPHNE〗 *n.* 女性名.

daf·fy·down·dil·ly [dǽfɪdaundɪli | -fɪdaundɪlɪ] *n.* 《詩・方言》＝daffadowndilly.

daft [dǽ(:)ft | dɑ́:ft] 〖ME *daffte* mild, stupid < OE *ġedæfte* gentle, meek < Gmc **ʒadaftjaz* ← **ʒadafti* fitting ← IE **dhabh-* to fit together: cf. deft〗 ── *adj.* (**more～, most～; ～·er, ～·est**) **1** 《口語》ばかな, 愚かな, 間抜けの (silly); 気違いじみた, 気のふれた (crazy): go ～ 気がふれる, 発狂する. **2** 《スコット》狂い騒ぐ (frivolously gay): ⇨ daft days. **～·ly** *adv.* **～·ness** *n.*

dáft dàys *n. pl.* 《スコット》お祭騒ぎの期間; (特に)クリスマスシーズン.

dag¹ [dǽ(:)g] 〖《c1378》*dagge* ← ?: cf. OF *dague* dagger〗 ── *n.* **1** 《古・廃》**a** たれ下がった先端[断片]. **b** (中世の衣服などの)縁飾り《木の葉形や鋸歯状に切込みを入れたものや花びらや木の葉形の布片をアップリケしたもの》. **2** [通例 *pl.*] 《英・豪》＝daglock. **3** 《豪》変わった面白い人, 変人, 奇人. ── *vt.* **1** 〈衣服など〉に(ぎざぎざの切込み模様やアップリケの)縁飾りをする. **2** 《英》〈羊など〉のよごれた垂れ毛を刈り取る.

dag² [dǽ(:)g] 〖← ?〗 *n.* (17 世紀の)騎兵用ピストル.

dag. 《略》decagram(s).

da·ga·ba [dɑ́:gəbə] *n.* ＝dagoba.

da Gama, Vasco *n.* ⇨ Gama.

Da·gan [dɑ́:gɑ:n] 〖□ Akkad. *Dagān*: cf. Dagon〗 ── *n.* 〘バビロニア神話〙ダガン《古代メソポタミアで崇拝された神で, バビロニアでは水神であったが, ヘブライ, フェニキアでは穀物神とされた》.

Dag·en·ham [dǽg(ə)nəm] 〖OE *Dæccanhaam* 'the village of *Dæcca* (人名)'〗 *n.* イングランド Greater London の Barking 区の一部, 人口 109,000.

Da·ge·stan [dæ̀gəstǽn, dɑ̀:gəstɑ́:n; *Russ.* dagistán] *n.* **1** ダゲスタン《ソ連邦ロシヤ共和国南西部, カスピ海に臨む自治共和国; 人口 1,616,000, 面積 50,300 km², 首都 Makhachkala; 公式名 the Dagestan Autonomous Soviet Socialist Republic ダゲスタン自治ソビエト社会主義共和国, 略称 Dagestan A.S.S.R.》. **2** ダゲスタン(織)《Dagestan の産で, ぎざぎざのへりで通例パステル調の花模様, 緻密な織り・幾何学的模様を特色とする絨毯(じゅうたん)の一種》.

dag·ga [dǽgə, dɑ́:xə] 〖□ Afrik. ～ 'hemp' □ Hottentot *dageb*〗 ── *n.* 《アフリカ》〘植物〙**1** ＝hemp 1. **2** カンエンキセワタ (*Leonotis leonurus*)《アフリカ産シソ科の植物》; その近縁の植物 (*L. orata*)《毒性がなくタバコの代りとして用いる》.

dag·ger [dǽgə | -gə(r] 〖《c1387》*daggere* ← ? (O)F *dague* dagger □ Prov. or It. *daga* < VL **Dacam* Dacian knife ← L *Dācus* Dacian: ⇨ -er¹〗 ── *n.* **1** 短剣, 短刀, あいくち. **2** 〘印刷〙ダガー, 短剣符 (†)《第 2 番目の参照記号とか死去したことを示す記号として用いる; obelisk ともいう》: ⇨ double dagger.

at daggers drawn 〔…と〕互に剣を抜き合って, 今にも戦いそうな状態で, 睨(にら)みあいの姿で, 〔…に〕はなはだしい敵意を抱いて〔*with*〕. ***look daggers at*** 〈人〉をすごい目で睨みつける. ***speak daggers to*** 〈人〉に(胸を刺すように)辣々(らつらつ)しく言う, …に毒舌を吐く (cf. Shak., *Hamlet* 3. 2. 414).

── *vt.* **1** 短剣で刺す. **2** 〘印刷〙…に短剣符をつける.

dágger bòard [**plàte**] *n.* 〘海事〙小型垂下竜骨《ヨットなどにつけて船体の重心の位置を調節し併せて横流れを防ぐ; 上下に移動ができ, また取り外すことのできる重板》.

dag·gle [dǽgḷ] 〖(freq.) ← 《方言》*dag* to bemire (cf. dag¹): ⇨ -le³〗 《古》 ── *vt.* **1** (泥の中を引きずって)よごす. **2** (水をふりかけたりはねかけたりして)ぬらす. ── *vi.* (泥の中を)引きずって歩く.

Da·ghe·stan [dæ̀gəstǽn, dɑ̀:gəstɑ́:n; *Russ.* dagistán] *n.* ＝Dagestan.

dág·lòck 〖← DAG¹＋LOCK¹〗 *n.* (羊などの)よごれた垂れ毛.

Dag·mar [dǽgmɑə | -mɑ:(r] 〖□ Dan. ～ 《原義》? glory of the Danes〗 *n.* 女性名.

da·go, D- [déɪgou | -gəu] 〖《1888》*dego* □ Sp. *Diego* 'JAMES'〗 ── *n.* (*pl.* ～**s**, ～**es**) 《俗・軽蔑》色の浅黒い外国人; (特に)イタリア[スペイン, ポルトガル]系の人 (cf. spik).

da·go·ba [dɑ́:gəbə] 〖《1806》□ Singhalese *dāgaba* < Pali *dhātugabbha* ← Skt *dhātugarbha* ← *dhātu* ashes ＋*garbha* inner chamber〗 *n.* 《インド》〘仏教〙ダゴバ《仏舎利を安置する堂》; 卒塔婆(そとば) (cf. stupa).

Da·gon [déɪgɑn | -gɔn, -gən] 〖ME □ L ～ □ Gk *Dagṓn* □ Heb. *dāghōn* ← ? *dāghān* corn: Heb. *dāgh* fish と連想〗 ── *n.* 〘聖書〙ダゴン《ペリシテ人 (Philistines) の半人半魚の主神; 農業の神; cf. *Judges* 16 : 23》.

dágo réd, D- r- 〖イタリア人が好んで飲む大衆酒であることから: ⇨ dago〗 *n.* 《俗》(特に, イタリアの)安い赤ぶどう酒, 安物のキャンティ (Chianti).

Da·guerre [dəgéə | -géə(r; *F.* dagɛ:r], **Louis Jacques Man·dé** [mɑ̃de] *n.* ダゲール《1789–1851; フランスの画家; daguerreotype 写真術を発明 (1838)》.

da·guerre·o·type [dəgérətàɪp, -ro(ʊ)-, -riə-, -rio(ʊ)- | -rə(ʊ)-] 〖《1839》□ F *daguerréotype*: ⇨ ↑, -type〗 ── *n.* (昔の)銀板写真(法), ダゲレオタイプ. ── *vt.* 銀板写真にとる. **da·guerre·o·typ·y** [dəgérətàɪpi, -ro(ʊ)-, -riə-, -rio(ʊ)- | -rətàɪpɪ] *n.*

da·guérre·o·tỳp·er *n.* 銀板写真師.

da·guérre·o·tỳp·ist [-pɪst, -pəst | -pɪst] *n.* ＝daguerreotyper.

dah¹ [dɑ́:] 〖□ Burm. *dā*〗 *n.* (ビルマ人の)大型ナイフ《木などを切るのに用いる》.

dah² [dɑ́:] 〖擬音語〗 *n.* 〘通信〙ダー《モールス信号で使うトンツーのツー; 無線信号や電信で長点 (dash) を口頭で言い表わすための表現; cf. dit²》.

DAH 《略》Dictionary of American History.

da·ha·be·ah [dɑ̀:(h)əbí:ə] 〖《1877》□ Arab. *dhahabíyaʰ* the golden (i.e. gilded barge)〗 ── *n.* (*also* **da·ha·bee·yah** [dɑ̀:(h)əbí:jə], **da·ha·bi·ah** [～], **da·ha·bi·eh** [～]) ナイル川の屋形船《もとは三角帆つきの船であったが, 今では蒸気機関またはエンジンで動く》.

Dahl·berg [dɑ́:lbə:g | -bə:g], **Edward** *n.* (1900–) 米国の小説家・評論家; *Bottom Dogs* (1930).

dahl·ia [dǽljə, dɑ́:l- | déɪljə, -lɪə] 〖《1804》← NL ～ ← *A. Dahl* (18 世紀スウェーデンの植物学者): ⇨ -ia¹〗 ── *n.* **1** 〘植物〙ダリア《キク科ダリア属 (*Dahlia*) の多年草の総称》; ダリアの花[球根]: ⇨ blue dahlia. **2** ダリア色《濃紫色》. ── *adj.* ダリア色の.

Da·ho·me·an [dəhóumiən | -háumɪən, -mjən] 〖⇨ ↓, -ean〗 *adj.* (*also* **Da·ho·man** [-mən]) **1** ダオメー共和国の. **2** ダオメー人の. ── *n.* ダオメー人.

Da·ho·mey [dəhóumi | -háumɪ; *F.* daɔmɛ] *n.* ダオメー《Benin の旧名》.

da·hoon [dəhú:n] 〖← ?〗 *n.* 〘植物〙米国南部産モチノキ属の半常緑低木 (*Ilex cassine*)《高さ 9 m に及ぶ; 葉は茶の代用; cf. yaupon》.

da·hú·ri·an lárch [dəh(j)ú(ə)riən- | -h(j)úərɪən-] 〖*dahurian*: ← *Dahuria* (Siberia 南部の一地方)＋-AN¹〗 ── *n.* 〘植物〙グイマツ (*Larix gmelini*)《シベリア原産カラマツ属の落葉高木》.

dai [dáɪ] 〖□ Hindi ～〗 *n.* 《インド》乳母(うば) (wet nurse).

Dail Eir·eann [dɔ̀:l-έ(ə)rə(:)n, -rən | dàɪl-έərən, dɔ̀ɪl-] 〖□ Ir. ～ ← *dāil* assembly＋*Eireann* ((gen.) ← *Eire* Ireland, Erin)〗 ── *n.* [the ～] (アイルランド共和国の)下院《単に Dail ともいう; cf. Seanad Eireann, Oireachtas》.

dai·ly [déɪli | -lɪ] 〖《1421》: ⇨ day, -ly¹,²〗 ── *adj.* **1** 毎日の, 日々の: a ～ event 日々の出来事 / a ～ help [maid, girl, woman] 通いのお手伝いさん / ⇨ daily bread. **2** 〈新聞など〉日刊の. **3** 1 日ごとの, 1 日勘定の: ～ instalments 日掛け / ～ interest 日歩(ひぶ). ── *adv.* 毎日, 日々, 日ごとに, 不断に, しばしば: This happens ～. ── *n.* **1** 日刊新聞 (daily newspaper). **2** [しばしば *pl.*] 〘映画〙＝rush² n. 8. **3** 《英口語》＝DAILY help (⇨ *adj.*). **dái·li·ness** *n.*

dáily bréad *n.* [通例 one's ～] 日々の糧(かて), 生計: earn *one's* ～ 生活費をかせぐ / Give us this day *our* ～. 我らの日用の糧を今日も与えたまえ (*Matt.* 6 : 11).

dáily-bréad·er [-brédə | -də(r] *n.* 《英口語》賃金生活者, 勤労者, サラリーマン.

dáily dóuble *n.* 〘競馬〙重勝式の賭け, 二重勝《2 レース(通例第 1-2 レース)連続の勝馬を選んで 2 レースとも当った者が払い戻し金をもらうという方式の賭け; cf. twin double》.

dáily dózen *n.* [one's ～, the ～] 《口語》**1** (体格をよくするため通例朝行なう)毎日の体操《もと 12 種類の組み合せから成っていた》. **2** 毎日の仕事.

dáily ráte *n.* 〘海事〙(クロノメーターの)日差《クロノメーターの数日にわたる遅速の量を平均して 1 日の遅速量としたもの》.

Dáily Télegraph, The *n.* 「デイリーテレグラフ」《1855 年 London に創刊された新聞名, 保守党系》.

dai·mi·o [dáɪmiòu, -mjou | -mɪə̀u, -mjəu] *n.* (*pl.* ～**s**, ～) ＝daimyo.

Daim·ler [déɪmlə | -lə(r] 〖← *Gottlieb Daimler* (1834–

1900 : はじめて自動車に内燃機関をとりつけた (1885) ドイツ人技師)》 — *n.* 〖商標〗ダイムラー《ドイツ製高級自動車 ; ⇨ Benz》.

dai·mon [dáɪmoun | -məun] *n.* =daemon 1, 4.

dai·mon·ic [daɪmάnɪk, -móun- | -mɔ́n-, -məún-] *adj.* =daemonic.

dai·my·o [dáɪmiòu, -mjou | -mɪəu, -mjəu] 〖◻ Jap.〗 *n.* (*pl.* **~s**, ~) (日本の)大名.

dáin·ti·ly [-tl̩i, -tə-, -ti | -tɪlɪ, -tə-] 〖ME〗 — *adv.* **1** 優美に ; 繊細に : be ~ dressed 優雅な服装をしている. **2** 風味よく. **3** (食物の選択に対して)きわめて潔癖に, えり好みして, 凝って : eat ~ 食べ物に凝る. **4** きちょうめんに.

dáin·ti·ness *n.* **1** 味のよいこと, うまさ. **2** きれい, 優美, 優雅, 雅趣. **3** (感情・趣味の)繊細, 潔癖, 贅沢(ぜいたく)好み, 気むずかしさ. **4** きちょうめん.

dain·ty [déɪnti | -tɪ] 〖(*a*1250) *deinte* dignity ◻ AF *dainté*=OF *deintié* delicacy, dignity, honor < L *dignitātem* 'worthiness, DIGNITY'〗 — *adj.* (**dain·ti·er** ; **-ti·est**) **1** 《文語》おいしい, 美味な, 風味のよい (delicious) : ~ bits 美味, 珍味. **2** きゃしゃで美しい, 上品な, 優美な, 繊細な, 優雅な (elegant); さっぱりした, きれいな : a ~ flower, costume, hand, etc. **3** 〈人・動物が〉(好みについて)潔癖な, えり好みする, 気むずかしい (fastidious); (趣味の)凝った, (服装などを)いやに気にする (finical) 〔*about*〕: a ~ feeder 口のおごった人 / be ~ *about* one's food 食べ物の好みがむずかしい / be born with a ~ tooth 生れつき食物の好みが贅沢(ぜいたく)だ. — *n.* おいしい物《菓子など》; 珍味の食品, 美味.

dai·qui·ri, D- [dáɪkəri, dǽk- | -rɪ] 〖← *Daiquiri* (Cuba 島にあるラム酒の産地名)〗 *n.* ダイキリ《ラム・ライム[レモン]ジュース・砂糖・氷で作るカクテル》.

Da·i·ra [deɪáɪrə] *n.* 〖ギリシャ神話〗ダイラ《大洋神 Oceanus の娘》.

Dai·ren [dàɪrén] *n.* 大連《中国東北部遼寧省 (Liaoning) にある黄海 (Yellow Sea) に臨む港市; 旅順 (Lüshun) とともに旅大市 (Lüta) に含まれたが, 旅大を大連と改称 (1981); 中国語名 Talien》.

dair·y [dέ(ə)ri | déəri] 〖(*c*1300) *deierie* ← *dei, deie* dairymaid, female servant < OE *dǣge* breadmaker (cf. lady) < Gmc **daizjōn* ← IE **dheigh-* to knead clay : ⇨ dough, -ery〗 — *n.* **1** (酪農場内の)搾乳場, バター・チーズ製造場. **2** 搾乳; 製酪業, 酪農. **3 a** 酪農場 (dairy farm) : ~ cows 酪農場の乳牛 / ~ stock=dairy cattle. **b** [集合的] (酪農場の)乳牛 (dairy cows). **4** (都市の)乳製品販売所《クリーム・バター・チーズなどを取り扱う》; 牛乳店. **5** [集合的] 乳製品 (dairy products)《ユダヤ人の宗教上の食事で肉と区別して用いる》.

dáiry brèed *n.* 〖畜産〗乳用種.

dáiry càttle *n.* [集合的] (beef cattle と区別して) 乳牛.

dáiry fàrm *n.* 酪農場.

dáiry fàrmer *n.* 酪農業者.

dáiry fàrming *n.* 酪農業.

dáir·y·ing *n.* 酪農場の仕事; 酪農場経営, 酪農業.

dáiry·màid *n.* 酪農場で働く女, 乳しぼり娘.

dáiry·man [-mən, -mæ̀n] *n.* (*pl.* **-men** [-mən, -mèn]) **1 a** 酪農場で働く男; 乳しぼりの男. **b** 酪農場主, 酪農経営者. **2** 酪産物販売商人, 牛乳屋.

dáiry pròducts *n. pl.* 乳製品, 酪産品.

dáiry·wòman *n.* **1** 酪農場で働く女. **2** 乳製品を売る女.

da·is [déɪɪs, dáɪ-, -əs | déɪɪs, déɪs] 〖(?*a*1300) *deis* ◻ OF (F *dais*) table < LL *discum* 'table, (L) DISK, DISH' : ⇨ discus〗 — *n.* **1** (大広間・客間・食堂などで貴賓用に室の一端に設けた)台座, 上段, 壇, 高座,「ひな壇」. **2** (講堂の)教壇, 演壇.「た : a ~ lawn.

dái·sied *adj.* ヒナギクの咲いている, ヒナギクで飾っ

dai·sy [déɪzi | -zɪ] 〖ME *dayesye, daies eie* < OE *dæges-ēage* day's eye, i.e. the sun (その花が朝開き, 形も太陽に似ていることにちなむ) : ⇨ day, eye〗 — *n.* **1** 〖植物〗ヒナギク, エンメイギク (*Bellis perennis*)《米国では English daisy ともいう》. **2** 〖植物〗ヒナギクに似た植物 : **a** フランスギク (*Chrysanthemum leucanthemum*). **b** キク科シオン属 (*Aster*) の各種野生植物の総称 : ⇨ Michaelmas daisy. **3** 《俗》第一級品, すてきなもの, 逸品; 第一級の人物 : a dainty ~ とびきりおいしいもの / He is a real ~. 彼は真に第一級の人だ. **4** 《米》=daisy ham. **5** 円形のチーズの一種《通例直径 30-35 cm, 重さは 8-11 kg》.

(*as*) ***fresh as a daisy*** 元気でぴちぴちしている, 全然疲れていない. ***pushing*** [***kicking***] ***up*** (***the***) ***daisies***=***under the daisies*** 《米俗》葬られて, 死んで. ***turn*** (***up***) ***one's toes to the daisies*** ⇨ toe 成句.

— *attrib. adj.* **1** ヒナギクのような. **2** 《米俗》りっぱな, すてきな : a ~ girl.

Dai·sy [déɪzi | -zɪ] 〖↑ : cf. F *Marguerite* 《原義》 daisy (⇨ Margaret)〗 *n.* 女性名. ★ 19 世紀に多い.

dáisy chàin *n.* **1** ヒナギクの花輪[花綵(はなづな)]《鎖のようにつないだヒナギク, 子供が首飾りなどにする》. **2** 《米》(女子大学で祝賀の日などに選抜された学生たちが持つ)ヒナギクの大花綵 ; 選ばれて大花綵を持つ女学生. **3** (事件・項目・段階などの)連鎖 : a ~ of anecdotes 一連の逸話.

dáisy cùtter *n.* **1** 跑(だく)を踏むとき足をわずかしか上げない馬. **2** (野球・クリケット・テニスなどの)地をかすめて飛ぶ強烈な球. **3** 《軍俗》(人員殺傷を目的とした)破片爆弾, 対人爆弾.

dáisy flèabane *n.* 〖植物〗キク科ムカシヨモギ属 (*Erigeron*) の植物の総称《ヒメジョオン (*E. annuus*), ヘラヒメジョオン (*E. strigosus*) など》.

dáisy hàm *n.* 《米》デイジーハム《骨を抜いて燻(くん)製にした豚の肩肉》.

dak [dɔ́:k, dά:k | dά:k] 〖◻ Hindi *dāk*〗 — *n.* (*also* **dâk** [~]) 《インド》(汽車・かごなどによる)リレー輸送; 駅伝; (郵便物や旅客の)交代輸送人[馬]; (駅伝で運ばれる)郵便物. ***travel dak*** 継ぎ馬[かご]で旅行する.

Da·kar [dǽkɑə, dəkɑ́ə, dɑ:-, dæ- | dǽkɑ:(r, dǽkɑ:(r ; *F.* daka:r] *n.* ダカール《アフリカ中部 Senegal 西部の海港で同国の首都; 人口 799,000 ; もと French West Africa の首都》.

dák bòat *n.* 《インド》郵便船.

dák búngalow *n.* 《インド》(駅前の)旅人宿.

dá·ker-hèn [déɪkə- | -kə-] 〖*daker* : ← ?〗 *n.* 《英方言》=corncrake.

dakh·ma [dά:kmə] 〖◻ Pers. ~ ← Avest. *daxma*- funeral place〗 *n.* =TOWER of silence.

Dá·kin's solùtion [déɪkɪnz-, -kənz- | -kɪnz-] 〖← *Henry D. Dakin* (1880-1952 : 英国の化学者でその発明者)〗 — *n.* 〖薬学〗(希)デーキン液《次亜塩素酸ナトリウム (NaClO) の 0.5 % 液で防腐剤, 消毒剤 ; 第一次大戦中に化膿(のう)した傷口の処置に用いられた》.

da·koit [dəkɔ́ɪt] *n.* =dacoit.

da·koit·y [dəkɔ́ɪti | -tɪ] *n.* =dacoity.

Da·ko·ta [dəkóutə | -kə́utə] 〖◻ Dakota *dakóta* allies ← *da* to regard as + *koda* friend〗 — *n.* (*pl.* ~, **~s**) **1 a** [the ~(s)] ダコタ族《北米インディアンのスー族 (Sioux) の一支族》. **b** ダコタ族の人. **2** ダコタ語. **3** ダコタ《米国の中西部の地方, 1889 年 North Dakota と South Dakota の 2 州に分れた ; ⇨ United States of America 表》; [the ~s] 南北両ダコタ州. — *adj.* **1** ダコタ族の ; ダコタ語の. **2** ダコタ地方の ; 南[北]ダコタ州の ; 南北両ダコタ州の.

Da·ko·tan [dəkóutn, -tən | -kə́utn, -tən] *adj., n.* ダコタ(州)の(人).

daks [dǽks] *n.* 〖商標〗ダックス《フランネル製のスポーツスラックスの商品名》.

dal[1] [dά:l] *n.* 〖植物〗=dhal.

dal[2] [dά:l] *n.* ダール《アラビア語アルファベットの第 8 字 ; ⇨ alphabet 表》.

dal., dal 《略》decaliter(s).

Da·la·di·er [dəlά:dièr, dæ̀lədjéɪ | dəlά:dɪèr, dæ̀lədjéɪ ; *F.* daladje], **Édouard** *n.* ダラディエ《1884-1970 ; フランスの政治家 ; 首相 (1933, 1934, 1938-40)》.

Dal·ai La·ma [dά:laɪ-lά:mə, dǽl- | dǽlaɪ-lά:mə, dά:laɪ-] 〖◻ Tibetan ~ ← Mongolian *dalai* ocean + Tibetan *blama* chief priest (⇨ lama[1])〗 — *n.* ダライラマ《チベットのラマ教の教主で統治者 ; 17 世紀ごろからの称号で当世 (1934-) は第十四世》.

da·lan [dəlά:n] 〖◻ Pers. *dālān* vestibule, covered way〗 *n.* 〖建築〗(ペルシャ・インド建築で, 客を迎えるための)ベランダ, 玄関.

da·la·si [dəlά:si | -sɪ] 〖← Gambia 《土語》〗 *n.* **1** ダラシ《ガンビアの通貨単位 ; =100 bututs ; 記号 D》. **2** 1 ダラシ硬貨[紙幣].

dale [déɪl] 〖OE *dæl* valley < Gmc **dalam* (Du. *dal* / G *Tal*) ← IE **dhel-* a hollow〗 — *n.* **1** 《詩・北英》(特に北部の)谷 (valley) : o'er hill and ~ 山越え谷越えて. **2** 《米》(連丘に一部囲まれた)小谷 (⇨ vale[1] 1).

Dale [déɪl] 〖↑〗 *n.* **1** 男性名. **2** 女性名.

Dale, Sir Henry Hal·lett [hǽlɪt, -lət] *n.* (1875-1968) 英国の生理学者 ; Nobel 医学生理学賞 (1936).

Dale, Sir Thomas *n.* (?-1619) Virginia 植民地の英国総督 (1614-16).

d'A·lem·bert [dæ̀ləmbέə | dæ̀ləmbὲə(r ; *F.* dalɑ̃bɛ:r], **Jean Le Rond** [-lə rɔ̃] *n.* ダランベール《1717-83 ; フランスの数学者・哲学者・著述家 ; Diderot と共に *Encyclopédie*「百科全書」の編者》.

d'A·lem·bert·i·an [dæ̀ləmbǽ:tiən | -bə́:tjən, -tɪən] 〖⇨ ↑, -ian〗 *n.* 〖物理〗ダランベルシャン, ダランベール演算子《波動運動を表わす微分演算子 ; 記号 □》.

d'Alembért's páradox [-béəz- | -béəz-] *n.* 〖力学〗ダランベールのパラドックス《静止している完全流体中を物体が一定の速度で運動する時には, その物体には抵抗力が働かないという流体力学的な結果をいう》.

d'Alembért's prínciple *n.* 〖物理〗ダランベールの原理《慣性力という概念を用いて動力学を静力学的に取り扱えるという原理》.

Da·lén [dəléɪn, dæ- ; *Swed.* dalé:n], **Nils Gustaf** *n.* グレーン《1869-1937 ; スウェーデンの物理学者 ; Nobel 物理学賞 (1912)》.

dáles·fòlk 〖*dales* : (gen.) ← DALE〗 *n. pl.* =dalespeople.

dáles·man [-mən, -mæ̀n] *n.* (*pl.* **-men** [-mən, -mèn]) 《英》(イングランド北部, 特に Yorkshire, Cumbria, Derbyshire などの丘陵地帯の)谷間の住人 ; (同地方谷間の)小地主.

dáles·pèople *n. pl.* 谷間に住む人たち.

da·leth [dά:leθ, -lɪt, -lət | -leθ] 〖◻ Heb. *dāleth* ← *déleth* door : cf. D, d〗 — *n.* ダーレス《ヘブライ語アルファベット 22 字中の第 4 字 : ד (ローマ字の D に当る) ; ⇨ alphabet 表》.

Dal·hou·sie [dælhú:zi, -háu- | -háuzɪ], 1st Marquis and 10th Earl of *n.* J. A. B. Ramsay の称号.

Da·li [dά:li, dɑ:lí: | dά:lɪ, dɑ:lí: ; *Sp.* dalí], **Salvador** *n.* ダリ《1904- ; スペインの超現実主義画家 ; 1940 年以来米国に在住》. ★ 本人の発音は [dɑ:lí:].

Da·li·lah [dəláɪlə] *n.* (*also* **Da·li·la** [~]) 〖聖書〗=Delilah.

dal·lan [dəlά:n] *n.* 〖建築〗=dalan.

Dal·la·pic·co·la [dὰ:ləpí:ko(u)lə | -kə(u)- ; *It.* dàllapíkkola], **Luigi** *n.* ダラピッコラ《1904- ; 主に十二音音楽 (twelve-tone music) 技法に立つイタリアの作曲家 ; *Volo di notte*「夜間飛行」(歌劇, 1940 年初演)》.

Dal·las[1] [dǽləs, -lɪs | -ləs] 〖← *G. M. Dallas*〗 *n.* 米国 Texas 州北東部の都市 ; 石油中心地で大綿花市場 ; 1963 年 J. F. Kennedy 大統領暗殺の地 ; 人口 823,000.

Dal·las[2] [dǽləs, -lɪs | -ləs] 〖← ? Sc.-Gael. *dail-eass* (from the) ravine : または地名 (Sc.-Gael. 《原義》 meadow stance) から〗 *n.* 男性名.

Dallas, George Miff·lin [míflɪn, -lən | -lɪn] *n.* (1792-1864) 米国の弁護士・外交官 ; 副大統領 (1845-49).

dalle [dά:l ; *F.* dal] 〖◻ LDu. ~ = Du. *deel* 'DEAL[1]'〗 *n.* 《米・カナダ》《古》舗装用板石.

dalles [dǽ(:)lz] 〖◻ Canad.-F ~ (pl.) ← F *dalle* gutter ← Gmc **del-* ← IE **dhel-* a hollow : cf. dale〗 *n. pl.* (峡谷の両側の)絶壁 ; (岩底が平らな)峡谷を流れる急流.

dal·li·ance [dǽliəns, -ljəns | -lɪəns, -ljəns] 〖(*a*1349) : ⇨ dally, -ance〗 *n.* 《詩・文語》**1** ふざけ, いたずら. **2** 恋のたわむれ, いちゃつき. **3** 時間の浪費.

Dáll shéep [dɔ́:l-] 〖← *W. H. Dall* (1845-1927 : 米国の博物学者)〗 — *n.* 〖動物〗ドールシープ (*Ovis dalli*)《北米北西部山岳地方の白い大きな野生羊 ; Dall's sheep ともいう》.

dal·ly [dǽli | -lɪ] 〖(?*a*1300) *dalie(n)* ◻ OF *dali-er* to chat, talk ← ? Gmc (cf. G 《廃》 *dallen, tallen* to talk foolishly)〗 — *vi.* **1** 〔…と〕ふざける, 戯れる, 〔特に, 女といちゃつく〕〔*with*〕. **2** 〔…を〕もてあそぶ〔*with*〕; 〔誘惑などに〕手を出す〔*with*〕: ~ *with* temptation, danger, etc. **3** ぶらぶら過ごす ; 〔仕事・食事などで〕ぐずぐずする〔*over*〕. — *vt.* 〈時間を〉ぶらぶらして費やす, 浪費する : ~ *away* one's time. **dál·li·er** *n.*

Dal·ma·tia [dælméɪʃə, -ʃiə | -ʃɪə, -ʃə] *n.* ダルマチア《ユーゴスラビア南西部アドリア海沿岸の一地方》.

Dal·ma·tian [dælméɪʃən, -ʃiən | -ʃɪən, -ʃən] *adj.* ダルマチア (Dalmatia) の. — *n.* **1** ダルマチア人. **2** ダルメシアン《短毛のポインターに似た, 全身白色で黒または赤褐色の小さな斑点がある大種のイヌ》: spotted like a ~ ダルメシアンのように斑点におおわれた ; 移り気の, 気分にむらがある. **3** ダルマチア語《ラテン口語から発達したロマンス語 (Romance) の一つ ; 19 世紀末に死語となった》.

dal·mat·ic [dælmǽtɪk | -tɪk] 〖(1415) ◻ (O)F *dalmatique* // L *dalmatica* (*vestis*) (robe) of Dalmatian wool : ⇨ -ic[1]〗 — *n.* **1** ダルマチカ《ビザンチンの服装の一部で広袖の丈の長いゆるやかな外衣》. **2** 〖カトリック〗ダルマチカ《ミサの時 deacon が, また特殊な儀式に bishop が chasuble の下に着用する聖職者用祭服》. **3** ダルマチカ《英国(女)王などが国家的儀式に着用する豪華なローブ》.

Dal·rym·ple [dælrímpl̩, ←——], **Sir James** *n.* (1619-95) スコットランドの法律学者 ; 称号 1st Viscount Stair. ★ 家族の発音は [dælrímpl̩, dəl-].

dal se·gno [dɑ:l-séɪnjou, dæl- | -njəu ; *It.* dal-séɲɲo] 〖◻ It. ~ '(go back to repeat) from the sign'〗 *It. adv.* 〖音楽〗ダルセーニョ, 𝄋 記号の所から繰り返せ《略 D.S., d.s.》: *D.S.* al fine 𝄋 印から終りまで(繰り返せ).

Dal·ton [dɔ́:ltn, dά:l- | dɔ́:ltən, dɔ́l-, -tn] 〖← OE *dæl-tūn* 《原義》 (from the) valley estate : ⇨ dale, -ton〗 *n.* 男性名.

Dalton, John *n.* (1766-1844) 英国の化学者・物理学者, 原子論の創唱者 ; 赤緑色盲であったが, その発見者となった (cf. daltonism).

Dal·to·ni·an [dɔ:ltóuniən, dɑ:l- | dɔ:ltə́unjən, dɔl-, -nɪən] *adj.* **1** John Dalton (の原子論)の. **2** daltonism の[に関する].

dál·ton·ism, D- [-tn̩ìzm | -tən-] 〖◻ F *daltonisme* : ⇨ John Dalton, -ism〗 *n.* **1** 〖病理〗赤緑色盲. **2** (一般に)色盲.

Dálton plàn 〖← Dalton (この方式が初めて試みられた Massachusetts 州の町)〗 — *n.* 〖教育〗ドルトン案[式]《1920 年米国の Helen Parkhurst [pάəkhə:st | pά:khə:st] (1887-1973) が初めて試みた教授方式で ; 生徒は能力に応じて 1 か年の学業を 1 か月分ずつ割り当てられ, それを各自が自発的に学習する ; Dalton System ともいう》.

Dálton's làw 〖← *John Dalton*〗 — *n.* 〖物理〗ドルトンの法則, 分圧の法則《混合気体の圧力は, 各成分気体がその混合気体と同じ温度や容積において示す圧力の総和に等しいという法則 ; 正式には Dalton's law of partial pressures という》.

Da·ly [déɪli | -lɪ], **(John) Augustin** *n.* (1838-99) 米国の劇作家・批評家・劇場経営者.

dam[1] [dǽ(:)m] 〖(*c*1340) ◻ (M)LG & (M)Du. ~ (cf. Amsterdam) ← Gmc **dammjan* to dam : cf. OE *fordemman* to stop up〗 — *n.* **1** 堰(せき) ; ダム : a storage ~ 貯水ダム / water over the ~ ⇨ water 成句. **2** 堰止め水《ダム内の貯水》. **3** 堰止めるもの, 障害 (barrier). **4** 〖歯科〗=rubber dam. — *vt.* (**dammed** ; **dam·ming**) **1** 〈川・谷など〉に堰を設ける, 堰止める 〈*up, out*〉. **2** 〈流れなどを〉さえぎる, 堰止める ; 〈感情などを〉抑える 〈*up, back*〉: ~ *up* a person's eloquence 人の雄弁をさえぎる / ~ *back* one's tears 涙を抑える.

dam[2] [dǽ(:)m] 〖ME *dam(me)* 《変形》 ← DAME〗 *n.* **1** (四足獣の)母獣, 雌親 (略 d.) (cf. sire 1 a). **2** 《古》子持ち女, 女親, 母.

Dam [dǽ(:)m, dά:m ; *Dan.* dάm], **(Carl Peter) Henrik** *n.* ダム《1895- ; デンマークの生化学者 ; Nobel 医学生理学賞 (1943)》.

dam. 《略》 decameter.

dam·age [dǽmɪdʒ] 〚n.: 《?a1300》 ▭ OF ～ (F *dommage*) ← *dam(me)* < L *damnum* harm, loss: ⇨ -age. — v.: 《c1330》 ▭ OF *damag-ier* ← (n.)〛 **—** *n.* **1** 損害, 損傷 (injury); 損失, 被害 (loss): cause [do, inflict] ～ 損害を与える / sustain great ～ 大損害を受ける / severe [slight] ～ done to one's property [reputation] 財産[名誉]に加えられた大[軽微な]損害 / smoke ～ 煙害 / war ～(s) 戦争の被害. **2** [*pl.*] 《法律》 損害賠償(金): claim [pay] ～s 損害賠償を請求する[支払う] / a claim for ～s 損害賠償の請求 / direct [general] ～s (損害の直接的結果のために支払われる)直接的[一般的]損害賠償金 / indirect [special] ～s (損害の間接的結果のために支払われる)間接損害賠償金. **3** [the ～(s)] 《口語》 勘定, 費用, 代価: What's *the* ～? = What are *the* ～s? 費用はいくらか / stand *the* ～ (飲食店などで)勘定を払う. **—** *vt.* **1** 〈有形物・無形物〉に損害を与える, 害する: ～ a person's property, appearance, prospects, reputation, etc. / a badly ～*d* trunk ひどく壊れたトランク / war-*damaged* cities 戦災都市 / My luggage was ～*d* in transit. 荷物は運送中に破損した / ⇨ damaged goods. **2** 〈人など〉の体面[名声]を傷つける, 中傷する. **3** 〈身体を〉傷つける: His nose was rather ～*d* by the blow. その打撃で鼻にかなりひどいけがをした. **—** *vi.* 傷つく, 痛む. **dám·ag·er** *n.*

dam·age·a·ble [dǽmɪdʒəbl̩] 〚《15C》 ▭ OF ～ ← *damagier*: ⇨ damage, -able〛 *adj.* いたみやすい, 損害を受けやすい.

dámage contròl *n.* 《軍事》 (応急)被害対策, 被害応急法 《艦艇・飛行機などに損傷を受けた場合即座に被害を最小限度に食い止めること, またはその方法; この任務の士官を damage-control officer という》.

dám·aged *adj.* **1** 損傷[損害]を受けた, いたんだ. **2** 《俗》 **a** 〈女が〉傷物にされた[なった]. **b** 酔った.

dámaged góods *n. pl.* **1** 傷物, いたんだ商品. **2** 《俗》 傷物(の女); 再婚者《女》: She is ～.

dám·ag·ing *adj.* 損害を与える, 有害な, 中傷的な; めちゃめちゃにする, ひどい: a ～ statement / a ～ admission ～ 自分が不利になることを認めること. **～·ly** *adv.*

da·man [dǽmən] 〚▭ Arab. *damán* (*Isrā'īl*) sheep (of Israel)〛 **—** *n.* 《動物》 **1** シリアハイラックス (*Procavia syriaca*) 《パレスチナ・シリア産のウサギ大の草食有蹄(㋢)動物ハイラックス (hyrax) の一種》. **2** 数種のハイラックスの総称.

Da·man [dəmáːn] *n.* ダマン 《インド北西部 Gujarat の海岸の小地方, もとポルトガル領インドの一地区で, 1962 年インドに併合; 人口 39,000, 面積 72 km²; 首都 Daman; ポルトガル語名 Damão [dɐmɐ̃ũ]; ⇨ Goa》.

Da·man·hūr [dæ̀mənhúə | -húə(r)] *n.* ダマンフール 《エジプト北部の Alexandria 近くの都市; 人口 180,000》.

dam·ar [dǽmə | -mə(r)] *n.* 《化学》 = dammar.

Dam·a·scene [dǽməsìːn, ⌐⌐⌐] 〚(adj.: 1541; n.: c1375) ▭ L *Damascēn-us* ▭ Gk *Damaskēnós* of Damascus ← *Damaskós* (↓)〛 **—** *adj.* **1** ダマスカス (Damascus) の. **2** [d-] (ダマスカス刀剣のような)銑(㋢)[波状模様]のある. **—** *n.* **1** ダマスカス人. **2** [d-] (ダマスカス刀剣の)波状の銑. **3** [d-] 《植物》 = damson plum. **—** *vt.* [d-] [主に p.p. 形で] 〈ダマスカス刀剣の刃〉に波状の銑を浮かせる; 〈鉄〉の地に金銀の象眼細工で模様をあしらう.

Da·mas·cus [dəmǽskəs | -máːs-, -mǽs-] 〚▭ L ～ ▭ Gk *Damaskós* ← Sem. (cf. Heb. *Damméśeq*)〛 **—** *n.* **1** ダマスカス 《シリアの南西部にある同国の首都, 世界に現存する最古の都市; 人口 1,098,000; フランス語名 Damas [damɑ:s]》. **2** = Damascus steel. **—** *adj.* ダマスカス製[産]の.

Damáscus bláde *n.* ダマスカス刀剣 《Damascus steel で作った刀剣; Damascus sword ともいう》.

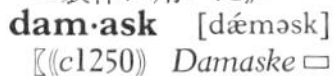

Damascus blades

Damáscus stéel *n.* ダマスカス鋼 《ダマスカス産の鋼で波状の紋様[銑(㋢)]があり刀剣の製作に用いた》.

dam·ask [dǽməsk] 〚《c1250》 *Damaske* ▭ L *Damasc-us*: ⇨ Damascus〛 **—** *n.* **1** ダマスク(織) 《繻子(㋢)で紋様を表わした緞子(㋢)に似た紋織物; テーブルクロス・カーテン・服地などに用いる》. **2 a** = Damascus steel. **b** ダマスカス鋼の波状模様[銑(㋢)]. **3** ダマスクバラ色, 鴇(㋢)色, 淡紅色. **4** [D-] 《園芸》 ダマスク 《欧亜系ヨーロッパスモモ (*Prunus domestica*) に属するスモモの品種名; 最古の品種の一つで干スモモ用に今でも広く栽培される》. **—** *adj.* **1** ダマスク織の, 紋織の: ～ cloth ダマスク織, 紋織 / a ～ towel 花模様タオル. **2** ダマスカス鋼製の, 波状模様のついた: a ～ sword (刃に波状の紋様のある)ダマスカス鋼刀 (cf. Damascus blade). **3** ダマスクバラ色の, 淡紅色の. **—** *vt.* **1** = damascene. **2** …にダマスク織風の花模様をつける. **3** 〈ほおを〉赤らめる.

dam·as·keen [dǽməskìːn, ⌐⌐⌐] 〚▭ F *damasquiner* ← *damasquin* 'of DAMASCUS'〛 *vt.* = damascene.

Dámask róse *n.* 《園芸》 ダマスク系バラ (*Rosa damascena*) 《最古のバラの一系統で, 現在のバラの重要な祖先》.

dámask stéel *n.* = Damascus steel.

dam·as·sin [dǽməsɪn, -sən | -sɪn] 〚← F *damas* 'DAMASK' + -INE²〛 *n.* ダマシン(織) 《金糸・銀糸の花模様のついたダマスク織》.

Dam·a·vand [dǽməvæ̀nd] *n.* = Demavend.

dame [déɪm] 〚《?c1200》 ▭ (O)F ～ < L *dominam* lady, mistress (fem.) ← *dominus* lord ← IE **dem-* house(hold): cf. Dan⁴, danger, timber〛 **—** *n.* **1** 《古・詩・戯言》 **a** (女子修道院長など権力や身分のある)貴婦人, 淑女 (lady). **b** [D-] (一般に)身分のある婦人に対する敬称. ★ 今は次のように擬人化した場合に限られる: *Dame* Fortune / *Dame* Nature. **2** 《古・方言》 (一家の)主婦. **3** (昔 dame school を経営した)女教師. **4** [D-] 《英》 knight または baronet の夫人の正式の敬称 (cf. sir 2): Sir George and *Dame* Alice X. **5** [D-] dame grand cross または dame commander に叙せられた女性に対する敬称 《Sir の場合と同様必ず Christian name の前に付ける》: *Dame* Ellen Terry. **6** (ベネディクト会・シトー会などの)修道女, デイム. **7** (年輩の)既婚婦人: an old ～ 老婦人. **8** 《英》 (Eton 校で)寮母 《もとは男子の舎監にも用いた》; (教師の)夫人, 奥さん. **9** 《米俗》 女. **10** 《英》 (パントマイムで通例男優の演じる)喜劇の女形. **11** 《英》 (Primrose League の) 上流婦人会員.

dáme commánder *n.* (英国の, バス勲位などの)(女性の)2 等勲爵士, 第 2 級勲功章受勲者: a *Dame Commander* of (the Order of) the Bath.

dáme gránd cróss *n.* (英国の, 大英帝国勲位などの)(女性の)一等勲爵士, 最上級勲功章受勲者: a *Dame Grand Cross* of (the Order of) the British Empire.

dáme schòol *n.* デームスクール 《英米で昔婦人が私宅を解放して近所の児童を対象に経営した簡易な初等教育施設》.

dáme's víolet [rócket] *n.* 《植物》 ハナスズシロ, ハナダイコン (*Hesperis matronalis*) 《ヨーロッパ原産アブラナ科の多年草; 花は淡紫色か白色》.

dám·fóol [dǽm-] 〚← *damned fool*〛 《口語》 *n.* 大ばか. **—** *adj.* 大変にばかな, この上なく間の抜けた.

dám·fóol·ish [dǽm-] *adj.* 《口語》 = damfool.

Da·mi·an [déɪmiən | -mjən, -mɪən] 〚▭ Gk *Damianós* 《原義》 tamer: 303 年に Syria で殉教した聖人の名〛 *n.* 男性名. ★ カトリック教徒に多い.

dam·i·an·a [dæ̀miǽnə, -áːnə, -éɪnə | -mɪ-] 〚▭ Am.-Sp. ～〛 **—** *n.* 《薬学》 ダミアナ 《熱帯アメリカ・米国 California 州・Texas 州産トルネラ科の植物 (*Turnera diffusa*) の乾燥した葉; 以前は強精[催淫]剤, 利尿剤として用いられた》.

Da·mi·en de Veus·ter [déɪmiən-də-vjúːstə, -mjən- | -mjən-, -mjən-, -stə(r; *F.* damjɛ̃dvœstɛːr], **Joseph** *n.* ダミアン ド ブステール (1840–89; ベルギーのカトリックの宣教師; 1873 年より Molokai 島でハンセン病患者に布教し, 後この病気に感染して死亡; 通称 Father Damien).

Dam·i·et·ta [dæ̀miétə | -miétə] *n.* ダミエッタ 《エジプト北部, Nile 川の三角洲上の都市, 人口 114,000》.

dam·mar [dǽmə | -mə(r)] 〚▭ Malay *damar* resin〛 **—** *n.* 《化学》 **1** ダンマル, ダマール 《東南アジアや東インド諸島産フタバガキ科のラワンに類する *Shorea* 属・*Hopea* 属・*Balanocarpus* 属の木から主に得られる硬質の樹脂で無色ワニスの原料》. **2** オーストラリア・ニュージーランド・東インド諸島産の *Agathis* 属の木から得られる同様の樹脂.

dam·me [dǽmi | -mɪ] 〚(変形) ← *damn me!*〛 *int.* 《俗》 = dammit.

dam·mer [dǽmə | -mə(r)] *n.* 《化学》 = dammar.

dam·mit [dǽmɪt, -mət | -mɪt] 〚(変形) ← *damn it!*〛 *int.* 《俗》 畜生, くそ.

damn [dǽ(ː)m] 〚《?c1200》 ▭ (O)F *damn-er* ▭ L *damnāre* to condemn, doom ← *damnum* loss, harm: cf. damage〛 **—** *vt.* **1 a** 不幸に運命づける, 不運に陥れる; 〈神が〉〈人を〉永遠の罰に処する, 地獄に落とす: They were ～*ed to* be slaves. 彼らは奴隷になるように運命づけられていた. **b** 《廃》 有罪と判決する. **2** けしからぬ[不道徳だ, 非合法的だ, 有害だ]と判定する, よくないときめつける; 〈文芸作品を〉だめ[失敗作]だと評する, 評して葬る: ⇨ *damn with faint* PRAISE. **3** …の破滅のもととなる, 破滅させる: That ～*ed* all his prospects. そのために前途を棒に振ってしまった. **4 a** ('damn' と言って)のろう, ののしる: He ～*ed* his men right and left. 部下に八つ当りに当り散らした. **b** 《俗》 [仮定法または命令法で, 間投詞的にののしりに用いて]: May God ～ them! 神様が彼らをのろいたまわんことを. ★ はばかって d—n [dǽ(ː)m, díːn] または d—[díː, dǽ(ː)m] と書くことがある: God ～ it! = *Damn* it! いまいましい, くそ, 畜生 (cf. goddam) / *Damn* you! = Be ～*ed to* you! こん畜生 / *Damn* this rain! いまいましい雨だ. **—** *vi.* **1** 'damn' という語を使う, のろう, ののしる: curse and ～ (「いまいましい」とか「畜生」とか言って)のろう, ののしる. **2** [間投詞的に] 《俗》 いまいましい, しまった, 畜生 (cf. *vt.* 4 b): Oh, ～!

damn all = damn-all. ***I'll be [I'm] damned!*** 《口語》 これは驚いた; いまいましい: Well, *I'll be* ～*ed!* ***I'll be [I'm] damned if…*** 《口語》 [if 節の内容を強く否定して] 絶対に…しない[でない]: *I'll be* ～*ed if* I do such a thing. 死んでもそんなことはせんぞ / *I am* ～*ed if* it is true. それが本当でたまるものか.

— *n.* **1** (のろいとして) 'damn' と言うこと; ののしり. **2** 《口語》 [a ～; 否定構文で] ほんの少し[ちょっと](も): *not* worth *a* ～ 何の価値もない / I *don't* care [give] *a* ～. 少しも構わない. **—** 〚← DAMNED〛 *adj.*, *adv.* 《口語》 = damned.

damn well 《口語》 実にはっきりと, 確かに.

damna *n.* damnum の複数形.

dam·na·ble [dǽmnəbl̩] 〚《c1303》 ▭ (O)F ～ ▭ LL *damnābilis*: ⇨ damn, -able〛 **—** *adj.* **1** 地獄に落ちるべき. **2** のろわしい, 忌まわしい, けしからぬ, 憎むべき: ～ heresy. **3** 《口語》 いまいましい, ひどい (confounded). **～·ness** *n.*

dám·na·bly [-bli | -blɪ] 〚ME〛 **—** *adv.* **1** 地獄に落ちるほどに. **2** のろわしく (detestably), 忌まわしく, 言語道断に. **3** 《口語》 いまいましく, ひどく, べらぼうに, やけに: It's ～ hot.

dámn·áll *n.* 《英俗》 全く(何も)ない (nothing at all) (cf. all *pron.* 3): I did ～. 全く何もしなかった / He knows ～. 全然知らない.

dam·na·tion [dæmnéɪʃən] 〚《?c1300》 ▭ (O)F ～ ▭ L *damnātiō(n-)*: ⇨ damn, -ation〛 **—** *n.* **1 a** 《神学》 永罰, (永遠の)定罪[断罪], 天罰 (cf. salvation 3): *Damnation* [May ～] take it [you]! こん畜生. **b** 破滅, 滅亡. **2** 地獄に落ちる罪, 永遠の罰を受けるべき罪. **3** 〔…を〕ののしること, 悪評によって葬ること, 酷評〔*of*〕: the ～ *of* a book, play, etc.

in damnation 《俗》 [怒りを強調して] 一体(全体): What *in* ～ are you talking about? 一体全体何の話だ. **—** *int.* = damn *vi.* 2 (cf. botheration).

dam·na·to·ry [dǽmnətɔ̀ːri, -tòːri | -t(ə)rɪ] 〚《1682》 ← L *damnātus* ((p.p.) ← *damnāre* 'to DAMN') + -ORY〛 **—** *adj.* **1 a** 地獄に落とす, のろいの. **b** 《神学》 永罰の, 天罰の. **2** 非難を表わす, 難詰するような; 不利な: ～ evidence.

damnd·est [dǽmdɪst, -dəst] *adj.* = damnedest (⇨ damned *adj.* 2 c, d).

damned [dǽ(ː)md] 〚ME (p.p.) ← DAMN〛 **—** *adj.* (～·**er**; ～·**est**, **damnd·est**) **1 a** 永遠の罰に定められた, 地獄に落とされた: ～ souls 地獄に落ちて永遠に救われない霊魂. **b** [the ～; 名詞的に] 地獄に落ちた亡者たち. **2** 《口語》 **a** 忌まわしい, いやでたまらない, 憎むべき: It's a ～ shame. 実にいやらしいことだ. **b** [しばしば強意的な添え語として] いまいましい, ばかばかしい; 全くの, 底なしの, 途方もない (cf. goddamned). ★ しばしばはばかって d—d [díːd, dǽ(ː)md] と書く (cf. bloody): a ～ lie 途方もない嘘, しらじらしい嘘 / None of your ～ nonsense! そんなばかなことはよしてくれ / You ～! こん畜生. **c** [最上級で強意的に]: That's the ～*est* [*damndest*] story you ever heard. そんな途方もない話は聞いたこともない. **d** [最上級で名詞的に] 最大限度, 最善: do [try] one's ～*est* [*damndest*] 精一杯にやる, 最善を尽くす. **—** *adv.* 《口語》 [強意語として] いまいましいほど, いやに, ものすごく, 実に. ★ しばしばはばかって d—d と書く: ～ funny / a ～ silly remark とんでもないたわごと / It was so ～ hot. べらぼうに暑かった.

dámned yánkee *n.* 《米戯言》 = damyankee.

dam·ni·fi·ca·tion [dæ̀mnɪfɪkéɪʃən, -nə-, -fə- | -nɪ-fɪ-] 〚▭ F ～ ← LL *damnificātus* (p.p.): ⇨ ↓, -ation〛 *n.* 《法律》 損傷(行為), 侵害(行為).

dam·ni·fy [dǽmnɪfàɪ | -nɪ-] 〚▭ OF *damnifi-er* ▭ L *damnificāre* to injure: ⇨ damn, -fy〛 *vt.* 《法律》 損傷する, 侵害する.

damn·ing [dǽmɪŋ] 〚ME〛 **—** *adj.* 地獄に落ちる(ような), 破滅となる; 罰を免れない: A ～ bit of evidence against him was discovered. 彼に対するのっぴきならない一つの証拠が発見された. **～·ly** *adv.*

dam·no·sa he·red·i·tas [hae·red·i·tas] [dæmnóusə-hərédɪtæ̀s, -də- | -nóusə-hɪrédɪ-] 〚▭ L *damnōsa hērēditās* damaging inheritance〛 **—** *L. n.* 《ローマ法》 利益にならぬ[負担の多い]相続財産 《破産管財人が債権者に対して利益にならぬとして否認する財産をさす場合に用いられる》.

dam·num [dǽmnəm] 〚▭ L ～: ⇨ damn〛 *n.* (*pl.* **dam·na** [-nə]) 《法律》 損失, 損害.

damn·yan·kee [dǽmjǽŋki | -kɪ] *n.* 《米戯言》 = damned yankee.

Dam·o·cle·an [dæ̀məklíːən] *adj.* ダモクレス (Damocles) の(ような).

Dam·o·cles [dǽməklìːz] 〚▭ L *Damoclēs* ▭ Gk *Dāmoklēs* ← *dēmos* people + *kléos* fame〛 **—** *n.* 《ギリシャ伝説》 ダモクレス 《Syracuse の Dionysius 王の廷臣; ある時あまり王の幸福を讃美したので, 王は宴席で彼を王座につかせその頭上に毛髪1本で抜身の剣をつるし, 王の身辺には絶えず危険の迫っていることを悟らせたという》: the sword [Sword] of ～ = *Damocles'* sword (一髪にかかっている)ダモクレスの頭上の剣; 常に身に迫る危険.

dam·oi·selle [dæ̀məzél, ⌐⌐⌐ | -mə(ʊ)-] *n.* = damsel.

Da·mon [déɪmən | -mən, -mɒn] 〚▭ L *Dāmon* ▭ Gk *Dámōn* (↓)〛 *n.* 男性名.

Dámon and Pýth·i·as [-píθiəs | -θɪæ̀s] *n.* [複数扱い] **1** 《ギリシャ伝説》 ダモンとピュティアス 《Pythias は Syracuse の Dionysius 王によって死刑を宣告されたが, 家事の整理をするために帰宅している間彼の友人 Damon がその代りに獄に入り忠実に友の戻るのを待った. 王は彼らの信義の厚いのに感じてその罪を許したという》. **2 a** 信義に厚い二人の友; 無二の親友. **b** [形容詞的に] 〈友・友情など〉信義に厚い, 無二の親友の: ～ friendship 刎頸(㋢)の交わり.

dam·o·sel [dǽməzèl, ⌐⌐⌐ | -mə(ʊ)-] *n.* (*also* **dam·o·zel** [～]) = damsel.

damp [dǽmp] 〚《1316》 ▭ (M)LG ～ 'vapor' ← (WGmc) **þamp-* (G *Dampf* steam)〛 **—** *n.* **1** 水気,

湿り, 湿気;《古》もや, 霧. **2** [通例 *pl.*] (地面から発する)毒気; (鉱山の)有毒ガス: black ～ 炭酸ガス / ⇨ chokedamp, firedamp. **3** [通例 a ～]《古》落胆, 失望, 元気を無くさせるもの, 邪魔もの: cast [strike] *a* ～ over [on, into] trade 貿易に暗い影を投じる / strike *a* ～ into company 座をしらけさせる.

— *adj.* (～·er; ～·est) **1** 湿気のある, 湿っぽい (moist): ～ air / a ～ cellar / a ～ day じめじめした日. **2**《古》気をくじかれた, 心の沈んだ (depressed).

— *vt.* **1** …に毒気をかける; 息詰まらせる. **2** 〈火・音などを〉鈍らせる, 弱める, …の火を消す: ～ a furnace 暖炉の火を消す (⇨ DAMP *down*). **3** 〈人〉の気を腐らせる, 〈意気・熱意・希望・勇気などを〉鈍らす, くじく: ～ a person, a person's spirits, ardor, etc. **4** 湿らせる: ～ clothes. **5** 《音楽》〈弦・太鼓〉の振動を止める; 〈ピアノの弦〉に止音器 (damper) を付ける. **6** 《物理・電気》…の振幅を減衰させる, 制動させる: ～*ed* oscillation 減衰振動. — *vi.* **1** 湿る. **2** 《物理・電気》(振幅が)減衰する.

damp down (1) (炉の口を締めたりぬれた石炭や灰などを火にのせて)…の火力を落とす; 〈火を〉いける. (2) 〈洗濯物〉に霧を吹いてたたんでおく《湿りを行きわたらせるため》. (3) 静める, 弱める: ～ *down* inflations インフレを鎮静させる. ***damp off*** 《植物病理》〈植物が〉(湿気が多すぎて)立枯れ病にかかって枯れる (⇨ damping-off).

dámp còurse *n.* 《建築》防湿層《壁体の下部に設けるスレートなど防湿材料の層》.

dámp-drý *vt.* 〈洗濯物を〉少し湿気を残して乾かす; 生乾きにする. — *adj.* 〈洗濯物が〉生乾きにした.

damp·en [dǽmpən] 〖《*c*1630》← DAMP+-EN[1]〗《米》 — *vt.* **1** 湿らせる: ～*ing* weather じめじめした天候. **2** 〈人〉の気を腐らせる, 〈意気・熱意などを〉鈍らせる, 弱める, 静める: ～ a person's enthusiasm / ～ inflations インフレを鎮静させる. **3** 《音楽》〈弦・太鼓〉の振動を止める. **4** 《物理・電気》= damp 6. — *vi.* **1** 湿る. **2** 〈熱意などが〉さめる. **～·er** *n.*

dámp·er *n.* **1** 湿らす人[物]. **2** 勢いをくじくもの[人], 水をさす人[事]; やじ, まぜっかえし, けち, けちをつけるもの: put a ～ on …の勢いをそぐ, …にけちをつける. **3** (切手やレッテルなどの)湿し具; (ストーブの)節気弁, (炉の)風戸(ﾌｳﾄﾞ) (⇨ fireplace 挿絵), ダンパー; (電気ストーブの)温度調節器. **4** 《楽器》(ピアノ・チェンバロの)ダンパー, 止音器《弦の振動を止める装置》, (弦楽器・金管楽器・打楽器などの)弱音器 (mute). **5 a** 《工学》(機械・電気計器などの)制動子, ダンパー《振動を減衰させるもの》. **b** 《英》= shock absorber 1 a. **6** 《米俗》= cash register. **7** 《豪》パンの一種《イーストが入らない簡単な生地を平たくまとめ熱い灰の中で焼いて作る; cf. devil-on-the-coals》. **8** 《米俗》酒; 飲物.

dámper pèdal *n.* ダンパーペダル《ピアノのすべての damper を上げ, 弦を自由に振動させる用をするペダル; loud pedal, sustaining pedal ともいう; cf. soft pedal》.

dámper wìnd·ing [-wàɪndɪŋ] *n.* 《電気》制動巻線《同期発電機・磁気増幅器などに安定化の目的で加えられる巻線または導体; 同期電動機では誘導機として始動トルクを出す目的の導体; amortisseur ともいう》.

Dam·pi·er [dǽmpiə, -pjə | -pjə(r, -pɪə(r], **William** *n.* (1651–1715) 英国の航海家・探検家・海賊; *A New Voyage Round the World* (1697).

dámp·ing *n.* **1** 湿気をかけること: a ～ machine (織物のつや出しや幅出し用の)加湿機. **2** 《電気》制動, (振動の)減衰: a ～ coil 制動コイル / a ～ constant [factor] 減衰定数[率] / a ～ device 制動[緩衝]装置.

dámping-óff 〖← *damp off* (⇨ damp (v.) 成句)〗 *n.* 《植物病理》立枯れ病, 腰折れ病《苗や若木が寄生菌によって多く茎の基部が侵されやがて枯死する》.

dámp·ish [-pɪʃ] *adj.* 湿り気味の, 湿っぽい, しっとりした. **～·ness** *n.*

dámp·ly *adv.* しっとりと湿って, じとじとして.

dámp·ness *n.* 湿気, 湿り気(ｹ).

dámp-próof 〖← DAMP+-PROOF〗 *adj.* 耐湿性の, 防湿性の: a ～ course = damp course. — *vt.* 耐湿[防湿]性にする.

damp·y [dǽmpi | -pɪ] 〖← DAMP+-Y[4]〗 *adj.* = dampish.

Dam·rosch [dǽmrɑʃ | -rɔʃ], **Walter (Johannes)** *n.* ダムロッシュ (1862–1950; ドイツ生まれの米国の作曲家・指揮者).

dam·sel [dǽmzəl, -zl] 〖《*c*1230》 *dam(e)isele* ⇐ OF *damisele* (F *demoiselle*) young lady《変形》← *danzele* < VL **dominicellam* (dim.) ← L *domina* mistress, lady: ⇨ dame〗 — *n.* **1** 《古・詩》(身分のある)少女, おとめ. **2** 女の子, 娘.

dámsel bùg *n.* 《昆虫》マキバサシガメ《半翅目マキバサシガメ科の昆虫の俗称; 褐色または黒色の小さなカメムシ類で, 小昆虫を捕食する益虫》.

dámsel·fish *n.* 《魚類》スズメダイ科の熱帯魚の総称《鮮やかな色彩のものが多く, さんご礁に生息する》.

dámsel·flỳ *n.* 《昆虫》均翅亜目のトンボの総称《カワトンボやイトトンボなど; 一般のトンボ (dragonfly) と異なり静止時に翅を閉じる》.

dám·sìte *n.* ダムサイト, ダム建設用地.

dam·son [dǽmzən, -zn] 〖《15C》《変形》←《*c*1375》 *damascene* ⇐ L *damascēn-um* (*prūnum*) (plum) of Damascus: ⇨ Damascene〗 — *n.* **1 a** 《植物》インシチチアスモモ (*Prunus insititia*)《欧亜系スモモの一種》. **b** インシチチアスモモの実. **2** 《園芸》[D-] **a** ダムソン《インシチチアスモモに属し, 紀元前に小アジアで生じた古い品種; 黒紫色, 果皮に渋味あり干スモモ用》. **b** [the Damsons] ダムソン群《インシチチアスモモに属する園芸品種群の一つ; cf. bullace 1》. **3** 暗紫色. — *adj.* 暗紫色の.

dámson chéese *n.* 西洋スモモの一種インシチチアスモモ (damson plum) のジャム《チーズと同様の固さであることからこう呼ばれる》.

dámson plúm *n.* = damson 1.

dam·yan·kee [dæmjǽŋki | -kɪ] 〖← *damned Yankee*〗 — *n.* 《米戯言》(特に) New England 出身の米国人; (一般に)米国人, ヤンキー. ★ もと南北戦争後に南部人が北部人を軽蔑して用いた語.

dan[1] [dǽ(ː)n] 〖← ?〗 *n.* = dan buoy.

dan[2] [dɑ́ːn] 〖⇐ Jap.〗 *n.* (日本の柔道・将棋などの)段.

Dan[1] [dǽ(ː)n] *n.* ダン《古代パレスチナ北端の都市》.

from Dan (even) to Beersheba 果てから果てまで《Beersheba はもとパレスチナの南端; cf. *Judges* 20: 1; *2 Sam.* 24: 2》.

Dan[2] [dǽ(ː)n] 〖(dim.) ← DANIEL〗 *n.* 男性名.

Dan[3] [dǽ(ː)n] 〖⇐ Heb. *Dān*《原義》judge ← *dīn* to judge〗 — *n.* 《聖書》 **1** ダン《Jacob の第 5 子; cf. *Gen.* 30: 6》. **2** ダン族《ダンを祖とするイスラエルの十二支族の一つ; cf. *Josh.* 19: 40》.

Sons of Dan [the —] = Danite.

Dan[4] [dǽ(ː)n] 〖《*a*1300》⇐ OF ～ < L *dominum* master, lord: cf. don[2]〗 *n.* 《古》Master, Sir に相当する敬称: ～ Cupid.

Dan. 《略》 Daniel (旧約聖書の)ダニエル書; Danish; Danzig.

Da·na [déɪnə, dǽnə] 〖《原義》man from Denmark or descendant of Daniel〗 *n.* **1** 男性名. **2** 女性名. ★ 米国では [déɪnə] が, カナダでは [dǽnə] が普通.

Dana, Charles Anderson *n.* (1819–97) 米国のジャーナリスト・編集者・著述家 (cf. Brook Farm).

Dana, Edward Salisbury *n.* (1849–1935) 米国の鉱物学者・物理学者.

Dana, James Dwight *n.* (1813–95) 米国の地質学者・鉱物学者; E. S. Dana の父.

Dana, Richard Henry, Jr. *n.* (1815–82) 米国の法律家・著述家; *Two Years Before the Mast* (1840).

Dan·a·ë [dǽnəiː | -ne(ɪ)iː, -nɪiː] 〖⇐ L *Danaē* ⇐ Gk *Danáē*《原義》she who judges: cf. Danaus〗 — *n.* (*also* **Dan·a·e** [～]) 《ギリシャ神話》ダナエー《Argos の王 Acrisius の娘; 父のために青銅の塔の中に閉じ込められていたが, Zeus が金のにわか雨となって彼女を訪れ, Danaë は Perseus を産んだ》.

Danaid *n.* Danaides の単数形.

dan·a·id [dǽniɪd, -neɪ-] 〖↓〗 *n.* 《昆虫》マダラチョウ《マダラチョウ科のチョウの総称》.

Da·na·i·dae[1] [dənéɪədiː | -néɪɪ-] 〖← NL ～: ⇨ Danaus, -idae〗 *n. pl.* 《昆虫》(鱗翅目)マダラチョウ科.

Da·na·i·dae[2] [dənéɪədiː | -néɪɪ-] *n. pl.* 《ギリシャ神話》= Danaides.

Da·na·i·des [dənéɪədiːz | -néɪɪ-] 〖⇐ L ～ ⇐ Gk *Danaídes* (pl.) ← *Danaós* 'DANAUS'〗 — *n. pl.* (*also* **Da·na·ids** [dənéɪɪdz, -ədz | -ɪdz]) (*sing.* **Dan·a·id** [dǽnɪɪd, -neɪ-]) 《ギリシャ神話》ダナイスたち, ダナイデス《Danaus の 50 人の娘; Aegyptus の 50 人の息子に嫁いだが, Hypermnestra を除く 49 人は父の命令で婚礼の夜自分たちの夫を殺したために, Hades で底のない器に永遠に水を汲み込む刑に処せられた》.

Da Nang [dɑ̀ːnɑ́ːŋ] *n.* (*also* **Da·nang** [～]) ダナン《ベトナム中東部にある港市; 人口 493,000; 旧フランス語名 Tourane [tuːrɑ́ːn; *F.* turan]》.

Dan·a·us [dǽnɪəs | -nɪ-] 〖⇐ L ～ ⇐ Gk *Danaós* ← ? Heb. *Dān*: ⇨ Dan[3]〗 *n.* 《ギリシャ神話》ダナオス《Argos の王家の祖; ⇨ Danaides》.

dán búoy *n.* **1** (漁場で使われる一時的な)目印ブイ, 標識浮標. **2** 《海軍》(掃海作戦・対潜作戦で使われる一時的な)標識浮標, 浮標標識旗 (cf. dan layer).

dan·bur·ite [dǽnbəràɪt] 〖← *Danbury* (米国 Connecticut 州の地名)+-ITE[1]〗 *n.* 《鉱物》ダンビュライト ($CaB_2(SiO_4)_2$)《黄色から無色の柱状結晶をなす鉱物, トパーズに似ている》.

dance [dǽns | dɑ́ːns] 〖v.: 《?*a*1300》 *daunse(n)* ⇐ (O)F *dans-er* ⇐ ? Frank. **dintjan* to move here and there: cf. OHG *dansōn* to stretch out (one's limbs). — n.: 《?*a*1300》⇐ OF ～ ← (v.)〗 — *vi.* **1** (ステップを踏み音楽につれて)踊る, 舞う, ダンス[舞踏]をする: ～ about 踊り回る[まくる] / ～ away どんどん踊る, 踊り続ける / ～ off 踊りながら行ってしまう / Will you ～ with me? 踊っていただけますか / ～ *to* a tune 曲に合わせて踊る. **2** はね回る, こおどりする, 踊る: ～ *for* [*with*] joy, pain, etc. / ～ up and down あちこちはね回る. **3** 〈木の葉・波・ごみなどが〉舞う, 踊る, ゆらゆら揺れる, ちらちらする; 〈心臓・血液などが〉躍動[鼓動]する: leaves *dancing* in the wind 風に揺れる[舞う]木の葉 / shadows *dancing* on the grass 芝生の上にゆらゆらする影 / His heart ～*d* with joy. 嬉しくて胸が躍った. — *vt.* **1** 〈舞を〉舞う, 〈あるダンスを〉踊る: ～ the waltz. **2** …に踊らせる: ～ a bear / He ～*d* her out of the room. 踊りながら彼女を部屋から連れ出した. **3** 〈子供を〉揺すってあやす. **4** 踊って〔…に〕なる, 踊って…させる〔*into, to*〕: ～ *oneself into* a person's favor 踊って人の機嫌を取り結ぶ / She ～*d herself to* exhaustion. 踊ってくたくたになった, くたくたになるまで踊った / ～ a night away 一夜を踊り明かす.

dance attendance (up)on a person ⇨ attendance 成句. ***dance away [off]*** (1) ⇨ *vi.* 1. (2) 〈時・金などを〉踊りに費やす; 踊って〈気力・機会などを〉失う: ～ one's chance *away* / ～ one's head *off* 頭がばかになるほど踊る. ***dance on a rope = dance upon nothing [air]*** 絞首刑に処せられる. ***dance to a person's pipe [piping]*** 人の言うなりになる, 人の扇動に乗る (cf. *Matt.* 11: 17). ***dance to a person's tune [whistle]*** = DANCE *to a person's pipe*.

— *n.* **1 a** ダンス, 舞踊, 舞踏; (ダンスの)旋回運動; 1 回のダンス, ひと踊り: a stage ～ 舞台舞踊 / May I have your next ～? 次は私と踊っていただけますか / ⇨ country-dance, folk dance, social dance, sword dance. **b** (動物・鳥の求愛行動や蜜蜂が蜜の在りかを示す)踊るような動作, 旋回運動. **2** 舞踏会, ダンスパーティー (cf. dancing party): give [go to] a ～ 舞踏会を催す[に行く]. ★ 正式で華やかなものは ball という. **3** 《音楽》ダンス曲, 舞曲. **4** [the ～] **a** 舞踊術. **b** (モダン)バレエ, 舞踊劇.

lead a person a (pretty [jolly, merry]) dance (1) 〈人〉をさんざん引き回す. (2) 〈人〉にさんざん迷惑をかける. ***lead the dance*** (1) (複雑な)ダンスの先導をする, 先に立って踊る. (2) (行動の)先頭に立つ, 率先する.

dance of death [しばしば D- of D-] [the —] 死の舞踏 (danse macabre)《死神が人間の列の先頭に立って墓場に導くところを表わした骸(ｶﾞｲ)骨の舞踏; 中世絵画にしばしば見られる主題》; これを主題とする(中世の)絵画.

dance of joy [the —] 喜びのダンス《米国で 5 月 1 日の花祭りに野外で踊る folk dance の一種》.

Dance [dǽns | dɑ́ːns, dǽns], **George** (1741–1825) 英国の古典主義建築家.

dance·a·ble [dǽnsəbl̩ | dɑ́ːns-] 〖⇨ dance, -able: cf. F *dansable*〗 *adj.* 踊りに適した: a ～ song.

dánce dràma *n.* 舞踊劇.

dánce fòrm *n.* 《音楽》舞曲形式《18 世紀の組曲で大部分の楽章に用いられた二部形式》.

dánce hàll *n.* ダンスホール, 舞踏場.

dánce hòuse *n.* 《米》(いかがわしい)ダンスホールのある家[店].

dánce mùsic *n.* ダンス曲, 舞曲.

dánce pàlace *n.* (華やかな)ダンスホール, 舞踏場.

dánc·er 〖《15C》〗 *n.* **1** 踊る人, 踊り手; (専門の)舞踊家, ダンサー, 踊り子 (cf. danseuse). **2** [*pl.*] 《俗》階段 (stairs). **3** [the ～s] 《英方言》北極光 (aurora borealis).

dánce stèp *n.* ダンスのステップ.

dan·cette [dænsét, ←–] 〖↓〗 — *n.* 《建築》山形繰形, 雁木(ｶﾞﾝｷﾞ)飾り, 雁木繰形《ロマネスク装飾に多く見られるジグザグ形の繰形山形 (zigzag molding)》.

dan·cet·té [dænséteɪ, dæ̀nsətéɪ | dænséteɪ, dænsɪtéɪ] 〖《1610》《転訛》← F *danché* indented < LL **denticātum* ← L *dēns* 'TOOTH'〗 — *adj.* (*also* **dan·cet·tée** [～], **dan·cet·ty** [dǽnséṭi | -tɪ]) 《紋章》山形の (⇨ heraldry 挿絵 F).

dánc·ing 〖ME〗 *n.* ダンス(の練習), 舞踊(法), 舞踏(法).

dáncing disèase *n.* 《病理》(一種の)舞踏狂.

dáncing gìrl *n.* (職業的)女性ダンサー; (特に東洋の)踊り子 (nautch girl), 舞子.

dáncing hàll *n.* = dance hall.

dáncing mània [màlady] *n.* 《病理》(一種の)舞踏狂《中世のヨーロッパで蔓延した流行性の状態で, しばしば宗教的興奮を伴った》.

dáncing màster *n.* (男の)ダンス教師, 舞踊の先生, 踊りの師匠.

dáncing mìstress *n.* 婦人ダンス教師, 踊りの女師匠.

dáncing pàrtner *n.* ダンス[踊り]の相手, (ダンスの)パートナー.

dáncing pàrty *n.* ダンスパーティー, 舞踏会. ★ 今は dance のほうが普通.

dáncing plàgue *n.* 《病理》= dancing mania.

dáncing ròom *n.* 舞踏室, 舞踏場.

dáncing schòol *n.* ダンス教習所, 舞踊学校.

dáncing shòe *n.* ダンス靴.

D. and C. 〖← *d(ilation) and c(urettage)*〗 *n.* 《医学》(子宮頸管の)拡張と(内膜の)掻爬(ｿｳﾊ)《診断・治療またはしばしば妊娠中絶の目的で行なう》.

dan·de·li·on [dǽndɪlàɪən, -dəl-, -dḷ- | -dɪl-] 〖《1373》 *dent de lion* ⇐ (O)F *dent de lion* lion's tooth《なぞり》← ML *dēns leonis*: 葉の形から: ⇨ dental, lion〗 — *n.* **1** 《植物》 **a** セイヨウタンポポ (*Taraxacum officinale*). **b** タンポポ《キク科タンポポ属 (*Taraxacum*) の植物の総称》. **2** 鮮やかな黄色.

dan·der[1] [dǽndə | -də(r] 〖《短縮?》〗 *n.* (頭の)ふけ (dandruff).

dan·der[2] [dǽndə | -də(r] 〖《1837》《変形・転用?》←《スコット》 *dunder* resounding〗 — *n.* 《口語》かんしゃく, 怒り (temper): get one's [a person's] ～ up かんしゃくを起こす[起こさせる].

dan·der[3] [dǽndə | -də(r] 〖← ? (cf. daddle): ⇨ -er[4]〗 *n.* **1** 《スコット》ぶらぶら歩き, 散歩 (stroll). **2** 《英方言》震えの発作.

dan·di·a·cal [dændáɪəkəl] 〖← DANDY[1]+(DEMON)IACAL〗 *adj.* しゃれ男 (dandy) らしい, しゃれ者の, めかし込んだ, しゃれた. **～·ly** *adv.*

Dán·die Dín·mont térrier [dǽndi-dínmɑnt- | -dɪ-dínmɒnt-] 〖← *Dandie (Andrew) Dinmont*: Scott 作 *Guy Mannering* 中の人物; その飼犬である 6 頭の

テリアを祖とみたもの》 ── n. ダンディーディンモントテリア《イングランドとスコットランド国境の, 長毛のテリアの地犬から作出された, 胴が長く肢の短いテリア; Dandie Dinmont または Dandie ともいう》.

dan·di·fi·ca·tion [dændɪfɪkéɪʃən, -də-, -fə- | -dɪfɪ-] *n.* 《口語》めかし, しゃれ(たなり).

dán·di·fìed *adj.* 《しばしば軽蔑》めかし込んだ, (いきに)しゃれた, スマートな: a ~ costume, gentleman.

dan·di·fy [dǽndəfàɪ, -dɪ- | -dɪ-] 〖← DANDY[1]+-FY〗 *vt.* しゃれ男(dandy)風に装わせる, しゃれさせる.

dan·di·prat [dǽndipræ̀t | -dɪ-] 〖← ?〗 ── *n.* **1** ダンディプラット《16 世紀初頭英国の小型銀貨; 約 2 ペンスに相当》. **2** 《古》 **a** 子供(のような大人); ちび, 一寸法師. **b** 精神年齢の低い人, つまらない人.

dan·dle [dǽndḷ] 〖《1530》▭ ? It. *dandolare* to dandle: cf. Flem. *danderen* to bounce a ball〗 ── *vt.* **1** 〈赤ん坊などを〉(抱いたり膝の上でゆすぶったり上下させて)あやす (dance): ~ a child in one's arms. **2** 甘やかす, かわいがる, 愛撫する (fondle). **dán·dler** [-dlə, -dḷə | -dlə(r, -dḷ-] *n.*

dan·driff [dǽndrɪf, -drəf | -drɪf] *n.* =dandruff.

dan·druff [dǽndrəf | -drʌf, -drəf] 〖《1545》← *dand-* (← ?)+ME *roufe* scab (▭ ON *hrufa*)〗 *n.* (頭の)ふけ (scurf): a galloping ~ 《米俗》けじらみ.

dan·druff·y [dǽndrəfi | -drʌfɪ, -drə-] *adj.* ふけの多い, ふけのような.

dan·dy[1] [dǽndi | -dɪ] 〖《c1780》《略》← ? JACK-A-DANDY〗 ── *n.* **1** しゃれ男, めかし屋, ハイカラ, ダンディ; 身なりのよい男. ★ やや軽蔑的でだんだん用いられなくなった. **2** 《口語》すばらしいもの; [the ~] あつらえ向きのもの, 当を得ていること: The race was a ~. レースは実にすばらしかった / It's *the* ~. **3** 《英》〖海事〗ダンディ艇《艇尾に小さいマストを付加しこれにラグスル (lugsail) を張った cutter または sloop》; ダンディ艇の艇尾の lugsail; ダンディ艇の最後部の補助帆 (jigger). **4** 《英》=dandy cart.
── *adj.* (**dan·di·er, -di·est; more ~, most ~**) **1** 《まれ》〈人が〉おしゃれな, ハイカラな; きちんとした. **2** 《口語》すばらしい, すてきな: fine and ~ とてもすてきな.
── *adv.* 《米口語》すばらしく.

dan·dy[2] [dǽndi | -dɪ] 〖▭ Hindi *ḍāṇḍī* ← *ḍāṇḍ* oar, staff ← Skt *daṇḍa*〗 *n.* 《インド》(竹竿につるして二人でかつぐ山地用の)布製のかご.

dan·dy[3] [dǽndi | -dɪ] 〖▭ Skt *daṇḍin* 《原義》 having a staff (↑)〗 *n.* (小さな杖(つえ)を持った)シバ教 (Sivaism) の行者(ぎょうじゃ).

dan·dy[4] [dǽndi | -dɪ] 〖《1828》《転訛》← DENGUE〗 *n.* 《口語》〖病理〗=dandy fever.

dándy brùsh 〖← ? DANDY[1]〗 ── *n.* (馬の手入れに使う)根櫛(ねぐし), 根ブラシ《木の台に丈夫な剛毛やナイロンなどの毛を植えつけたブラシで乾いた泥や汚物を取り除くのに用いる》.

dándy càrt 〖← DANDY[1]〗 *n.* 《英》(牛乳配達の用いる)ばね付き荷車, 牛乳配達車.

dándy féver 〖← DANDY[4]〗 *n.* 《口語》〖病理〗=dengue.

dán·dy·ish [-diɪʃ] *adj.* めかし屋の, おしゃれな. **~·ly** *adv.*

dán·dy·ìsm [-diìzm] 〖← DANDY[1]+-ISM〗 ── *n.* **1** ひどいおめかし, ハイカラ好み, 粋(いき): affect ~ ハイカラぶる. **2** 〖文学・美術〗ダンディズム《19 世紀末に流行した技巧的情緒的な一傾向》.

dándy ròll [ròller] 〖← DANDY[1]〗 *n.* 〖製紙〗ダンディーロール《紙面を滑らかにしたり, 漉入れをするために, 長網抄紙機にとりつけた金網張中空のロール》.

Dane [déɪn] 〖《a1338》▭ ON *Dan-ir* (pl.) ← *Danr* ← ? Gmc **dan-* low ground ← IE **dhen-* ∞ OE *Dene* (*pl.*) the Danes (cf. Denmark)〗 ── *n.* **1** デンマーク人; デンマーク系の人. **2** デーン人《9-11 世紀に英国を侵略したスカンジナビア人》. **3** =Great Dane.

Dane [déɪn], **Clemence** *n.* (1888-1965) 英国の女流小説家・劇作家; 本名 Winifred Ashton.

Dan·e·brog [dǽnəbrɔ̀g | -nɪbrɔ̀g; *Dan.* dánəbrɔ̀g] *n.* =Dannebrog.

Dane·geld [déɪngèld] 〖OE ▭ ON **Danagjald* ← *Dana* ((gen.) ← *Danir* 'DANES')+*gjald* tribute (cf. yield)〗 ── *n.* (*also* **Dane·gelt** [-gèlt]) 〖英史〗デーン税《本来は 991 年から 1012 年の間デーン人 (Dane) に貢ぐためまたはデーン人の侵入を防ぐための軍費として課せられた租税であったが, 後には地租として, ノルマン人によって 1163 年まで引き続き課せられた; 税率は一般的には 1 ハイド (hide) につき 2 シリング; ⇨ geld[1]》.

dáne·hòle *n.* 〖考古〗=denehole.

Dane·law [déɪnlɔ̀ː] 〖ME *Dene lawe* < OE *Dena lagu* law of the Danes ← *Dena* ((gen.) ← *Dene* 'DANES') +*lagu* 'LAW[1]'〗 ── *n.* (*also* **Dane·la·ga** [-lɑ̀ːgə], **Dane·lagh** [-lɔ̀ː]) [the ~] 〖英史〗 **1** デーン法《9-11 世紀にデーン人に占領されたイングランド北東部地方に行なわれた》. **2** デーン法の施行された地方《イングランドの半分近くにおよんだ》.

dang[1] [dǽŋ] 〖《1793》《混成》← DAMN + HANG〗 《俗》 *vt.* =damn: *Dang* me! ── *n.* =damn. ── *adj., adv.* 《婉曲》=damned.

dang[2] *v.* ding[2] の過去形.

danged *adj., adv.* 《俗・婉曲》=damned.

dan·ger [déɪndʒə | -dʒə(r] 〖《a1250》 *daunger* ▭ AF *da(u)nger*=OF *dangier* power, domination < VL **dominiārium* ← L *dominium* lordship, power ← *dominus* lord: 《原義》「領主の権力」から「危害を加え得る力」さらに「危険」の意に転義〗 ── *n.* **1** 危険(にさらされること), 危険状態, 危難: the ~*s* of a journey 旅行に伴う危険 / escape from ~ 危険から脱する / be exposed to great ~ 非常な危険にさらされる / Out of debt, out of ~. 《諺》借金がなくなれば危険もなくなる / The ~ past and God forgotten. 《諺》危険が去れば神様も忘れられる, 「喉元過ぎれば熱さを忘れる」. **2** 危険の原因となるもの; 脅威; 〖海事〗(航海上の)危険物, 暗礁: ~*s* to health 健康に対する脅威 / a permanent ~ to society 社会に対する永久の脅威 / ~*s* of the sea 海の危険. **3** 危険警戒指示: The signal is *at* ~. 信号は危険と出ている, 信号は赤だ. **4** 《古》(特に害悪をもたらす)権力, 支配; 《廃》(飛び道具などの)届く範囲.
in danger 危険にさらされて; 〔...の〕危険[恐れ]があって 〔*of*〕: put a person *in* ~ 人を危険に陥らせる / His life is *in* ~. 彼の生命はあぶない / They are *in* ~ *of* death. 死の危険にさらされている / He is *in* ~ *of* his life. 生命を失う恐れがある, 生命が危険だ / The boat was *in* constant ~ *of* sinking. ボートは始終沈没の恐れがあった / You are *in* no ~ *of* robbery. 泥棒にあう心配はない. ***out of danger*** 危険を脱して; 〔...の〕危険がない 〔*of*〕.
── *vt.* 《古》危険にさらす[陥らせる] (endanger).

dánger àngle *n.* 〖海事〗危険角《既知の 2 点間の角度を船から水平または垂直に測って危険水域を避ける, その限界角》.

dánger lìne *n.* 危険線《安全地域から危険地域に入る境界線》.

dánger lìst *n.* (病院の)重患名簿, 危篤患者リスト. ***on the danger list*** 《口語》〈入院患者など〉危篤で.

dánger mòney *n.* 危険手当《危険な作業に従事する場合に支払われる特別手当》.

dan·ger·ous [déɪndʒ(ə)rəs] 〖《?a1200》▭ AF *da(u)ngerous*=OF *dangereus* (F *dangereux*): ⇨ danger, -ous〗 ── *adj.* **1** 〈事物が〉危険を伴う, 危険な, あぶない: a ~ road, voyage, etc. / ~ driving 危険な運転 / a ~ drug 危険薬物, (特に)麻薬 / The river is ~ *to* swim in. あの川は泳ぐには危険だ. **2** 〈人・動物など〉(危)害を加える恐れのある, 危険な, 物騒な: a ~ dog [man] / a ~ object [thing] 〖法律〗危険物 / Such men are ~. あんな[そんな]人間は危険だ (Shak., *Caesar* 1. 2. 194). **3** 《古・方言》〈病気が〉(危険なほど)重い, 〈人が〉危篤の, 重態の: a ~ illness. **~·ness** *n.*

Dángerous Drúgs Àct *n.* 危険薬物取締法, (特に)麻薬取締法.

dán·ger·ous·ly 〖《c1540》〗 ── *adv.* 危険なほど, 危く, あぶなく, きわどく: drive ~ 危険な運転をする / be ~ near the edge きわどい縁の所にある / be ~ ill 危篤である / live ~ いつも危険なことをする, 身の危険を顧みないでいる.

dánger pòint *n.* 危険地点.

dánger sìgnal *n.* **1** 危険信号, 赤信号. **2** 《英俗》赤鼻.

dánger zòne *n.* 〖軍事〗危険区域[空域].

dan·gle [dǽŋgḷ] 〖《c1590》← ? Scand.: cf. Dan. *dangle* / Swed. 《方言》*dangla* to swing, dangle, bob up and down〗 ── *vi.* **1** ぶら下がる: ~ in the wind 風に吹かれてぶらぶらする / Apples ~ on the tree. りんごが木にぶら下がっている. **2** (誘惑などの目的をもって)〈人に〉つきまとう 〔*after, about, round*〕: ~ *after* a person 人の後につきまとう / ~ *about* [*round*] a person 人の回りにつきまとっている. **3** 〖文法〗ぶら下がる, 懸垂する《文中の他の構造と統語論的に関係なく生起することをいう》. ── *vt.* ぶら下げる; 〈人の欲しいものを〉(目の前で)ぶらぶらさせて見せる, 見せびらかす 〔*before, in front of*〕: ~ a toy *before* a child / ~ bright prospects *before* a person [a person's eyes] はなやかな前途を人の目の前にちらつかせる. ── *n.* 《まれ》 **1** ぶら下がる[下げる]こと. **2** =dangler.

dan·gle·ber·ry [dǽŋgḷbèri, -bəri | -bəri] 〖⇨ ↑, berry〗 *n.* 〖植物〗アメリカホツツジ (*Gaylussacia frondosa*) 《北米原産の落葉低木, 実は甘くて芳香がある》.

dán·gler [-glə, -gḷə | -glə(r, -gḷə(r] *n.* **1** (ぶらぶら)ぶらさがる物. **2** 後をつけまわす人, (腰ぎんちゃくみたいに)つきまとう人, 女の尻を追う男.

dán·gling [-glɪŋ, -gḷ-] *adj.* **1** ぶら下がる. **2** 〖文法〗懸垂の: ⇨ dangling participle. **~·ly** *adv.*

dángling partíciple *n.* 〖文法〗懸垂分詞 (Curme の用語; 文の主語と文法的に結合されずに副詞的に用いられた分詞; 例: *Sitting* on the porch, a beautiful moon can be seen.; cf. pendent 5).

Dan·iel [dǽnjəl, -nḷ | -njəl; *F.* danjɛl, *G.* dáːnjeːl, -njɛl] 〖▭Heb. *Dānī'ēl* 《原義》God is my judge〗 ── *n.* **1** [(英)ではまた -nɪəl] 男性名《愛称形 Dan[2], Danny: ★ Irish の Domhnall, Welsh の Deiniol の代りに用いられる》. **2** 〖聖書〗 **a** ダニエル《紀元前 6 世紀のヘブライの預言者》. **b** (旧約聖書の)ダニエル書 (The Book of Daniel) (略 Dan., Danl.). **3** (ダニエルのような)公正な名裁判官(cf. *Susanna* 45-64; Shak., *Merch V* 4. 1. 223, 333).

Daniel and Susanna 〖聖書〗=Susanna 1.

Daniel, Samuel *n.* (1562-1619) 英国の詩人・劇作家; *Delia* (1592), *Civil Wars* (1595, 1609).

Dan·iel·a [dænjélə] 〖(fem.) ← DANIEL〗 *n.* 女性名《異形 Danella, Daniella, Danielle》.

Dán·iell cèll [dǽnjəl-, -nḷ- | -njəl-] 〖← *John F. Daniell* (1790-1845: 英国の化学者・物理学者, その発明者)〗 ── *n.* 〖電気〗ダニエル電池《硫酸銅の溶液中に銅板(陽極), 硫酸亜鉛の溶液中に亜鉛棒(陰極)を用いた電池で, 起電力は約 1.1 ボルト》.

da·ni·o [déɪniòʊ | -nɪəʊ] 〖← NL *Danio* (属名) ← ? E. Ind. 《土語》〗 ── *n.* (*pl.* **~s**) 〖魚類〗ダニオ《東南アジア産コイ科の小型の観賞用熱帯魚の総称; 銀と青の縞のあるものをゼブラダニオ (zebra danio), 美しい光沢のあるものをパールダニオ (pearl danio) という》.

Dan·ish[1] [déɪnɪʃ] 〖ME *dan(a)is* ▭ AF *danes*=OF *daneis* (F *danois*) < ML *Danēnsis* ∞ OE *Denisc* < Gmc **daniskaz* (Dan. *dansk*): ⇨ Dane, -ish[1]〗 《略 Dan., Da.》 ── *adj.* デンマーク(人, 語)の, デーン人[族]の: a ~ dog=Great Dane. ── *n.* デンマーク語《ゲルマン語派の北ゲルマン語群に属する; 略 Dan.; cf. Old Danish》.

Dan·ish[2], d- [déɪnɪʃ] *n.* =Danish pastry.

Dánish módern *n.* (1960 年以後世界的人気を博した)無装飾・簡潔で機能的なデンマークの家具様式.

Dánish pástry *n.* デニッシュペストリー《バターを多く用いたパン生地を焼き上げたパイ状のもの; フルーツやナッツ, チーズなどを加えることが多い》.

Dánish Wèst Índies *n. pl.* [the ~] デンマーク領西インド諸島《Virgin Islands of the United States の旧名》.

Dan·ite [dǽnaɪt] 〖← DAN[3]+-ITE[1]〗 ── *n.* **1** (イスラエルの十二支族の一つ)ダン族の人 (cf. *Judges* 13: 2). **2 a** [the ~s] ダナイト団《1838 年頃米国 Missouri 州でモルモン教徒によって結成され, 暴力による非モルモン教徒迫害を目指したと言われる秘密結社; Danite Band [Society] ともいう》. **b** ダナイト団員.

dank [dǽŋk] 〖《?a1400》← ON: cf. Swed. *dank* marshy spot, *danka* to moisten / Icel. *dökk* pit, pool〗 ── *adj.* (**~·er; ~·est**) 湿った, びしょびしょした, 湿っぽい; (いやに)じめじめした, じめじめして気持が悪い: a ~ wind / the cold ~ climate of England イングランドの寒いじめじめした気候. ── *n.* **1** 湿っぽいこと. **2** 沼沢地. **~·ly** *adv.* **~·ness** *n.*

dan·ke [dɑ́ːŋkə; *G.* dáŋkə] 〖▭ G ~ ← *danken* 'to THANK'〗 *G. int.* ありがとう (thank you).

danke schön [-- ʃɔ́ːn, -ʃéɪn | -ʃɔ́ːn; *G.* -- ʃǿːn] 〖▭ G ~〗 *G. int.* どうもありがとう (thank you very much).

Danl. 《略》 Daniel (旧約聖書の)ダニエル書.

dán làyer *n.* 《英》標識敷設船 (cf. dan buoy 2).

Dan·mark [*Dan.* dánmarg] *n.* ダンマルク《Denmark のデンマーク語名》.

Dan·ne·brog [dǽnəbrɔ̀ːg | -brɔ̀g; *Dan.* dánəbrɔ̀g] 〖▭ Dan. ~ ← *Danne* Danes (< ON *Dana* (gen. pl.) ← *Danr* 'DANE')+*brog* cloth〗 ── *n.* **1** デンマーク国旗《赤地に白十字; 赤い角形のデンマークの商船旗をさすこともある》. **2** デンマークの勲位[勲章]の一種.

Dán·ner pròcess [dǽnə- | -nə-] 〖← *Edward Danner* (d. 1952: 米国の発明家)〗 *n.* 〖ガラス製造〗ダンナー法《一様な太さのガラス管を自動的に量産する方法》.

D'An·nun·zio [dɑːnúːntsiòʊ | -tsɪəʊ; *It.* dannúntsjo], **Gabriele** *n.* ダヌンツィオ《1863-1938; イタリアの詩人・小説家・劇作家・軍人; 第一次大戦中 Fiume を占領統治した (1919-21); *Canto Nuovo*「新しき歌」(1882), *Il Trionfo della Morte*「死の勝利」(1894)》.

Dan·ny [dǽni | -nɪ] 〖1: (dim.) ← DANIEL. ─2: (dim.) ← DANIELA〗 *n.* **1** 男性名. **2** 女性名.

Da·no- [déɪnoʊ | -nə(ʊ)] 〖← LL *Danī* Danes+-o-〗 「デンマークと...との (Danish and...)」の意の連結形: *Dano*-Eskimo.

Dáno-Norwégian *n.* (デンマーク語に基づいた)ノルウェー標準語. ── *adj.* ノルウェー標準語の.

danse du ven·tre [dɑ́ː(n)s-d(j)uː-vɑ́ː(n)tr(ə), dɔ́ː(n)s-, dɑ́ːns-, dɔ́(ː)ns-, -vɔ́ː(n)-, -vɑ́ːn-, -vɔ́(ː)n- | -djuː-; *F.* dɑ̃sdyvɑ̃ːtr] 〖▭ F ~〗 ── *F. n.* (*pl.* **danses du ventre** [~]) =belly dance.

dánse ma·cá·bre [-məkɑ́ːbr(ə); *F.* -makɑːbr, -kabr] 〖▭ F ~〗 *F. n.* (*pl.* **danses macabres** [~]) =DANCE of death.

dan·seur [dɑ̃ː(n)sə́ː, dɔ̃ː(n)-, dɑːn-, dɔ(ː)n- | -sə́ː(r; *F.* dɑ̃sœːr] 〖▭ F ~ 'dancer': cf. danseuse〗 *F. n.* (*pl.* **~s** [~z; *F.* ~]) (バレエの)男子ダンサー.

danséur nó·ble [-nóʊbḷ | -nə́ʊ-; *F.* -nɔbl] 〖▭ F ~〗 *F. n.* (*pl.* **danseurs nobles** [~]) (ballerina の相手役としての)男子ダンサー.

dan·seuse [dɑ̃ː(n)sə́ːz, dɔ̃ː(n)- dɑːn-, dɔ(ː)n-, -súːz; *F.* dɑ̃søːz] 〖《1845》▭ F ~ (fem.) ← *danseur* ← *danser* 'to DANCE'〗 ── *F. n.* (*pl.* **~s** [~ɪz, ~əz; *F.* ~]) (バレエの)女子ダンサー.

Dan·te[1] [dǽnti, dɑ́ːnteɪ | -tɪ, -teɪ; *It.* dánte] 〖▭ It. ~ (dim.) ← *Durante* ← L *dūrāntem* lasting (pres.p.) ← *dūrāre* to last, endure〗 *n.* 男性名.

Dan·te[2] [dǽnti, dɑ́ːnteɪ | -tɪ, -teɪ; *It.* dánte] *n.* ダンテ《1265-1321; イタリアの詩人; *La Vita Nuova*「新生」(1290-94), *Il Covivio*「饗宴」(1304-08), *La Divina Commedia*「神曲」(1307-21); Dante Alighieri [æ̀ləgjé(ə)ri | æ̀lɪgjéəri; *It.* àligjéːri]》.

Dan·te·an [dǽntiən, dɑ́ːn-, dæntíːən, dɑːn- | dǽntɪən, -tjən, dɑ́ːn-, dæntíːən, dɑːn-] *adj.* =Dantesque. ── *n.* ダンテ(Dante)の学徒[研究家, 崇拝者].

Dánte cháir 〖← DANTE[2]〗 *n.* ダンテチェア《イタリアルネサンス様式の椅子, 脚が X 型で肘掛けと背もたれがある》.

Dan·tés·ca cháir [dæntéskə-, dɑːntéskɑː-; *It.* dantéska-]

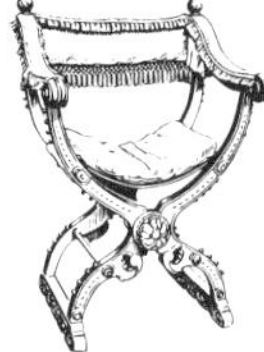
Dante chair

〘Dantesca: ⊏ It. dantesca (fem.) (↓)〙 n. ＝Dante chair.

Dan·tesque [dæntésk, dɑːn-] 〘⊏ It. dantesco: ⇨ Dante², -esque〙 adj. ダンテの(作品, 文体の)ような《寓意的で想像力に富み学識のある》; ダンテ風の.

Dan·tist [dǽntɪst, -təst | -tɪst] 〘⊏ It. dantista: ⇨ Dante², -ist〙 n. ダンテ学者.

Dan·ton [dɑ̃ː(n)tɔ̃ː(ŋ), dɔ̃ː(n)-, dɑːntɔ́(ː)ŋ, dɔ(ː)n- ; F. dɑ̃tɔ̃], **Georges Jacques** n. ダントン《1759–94; フランスの法律家で革命指導者の一人; 1792年司法大臣として恐慌時代に暴威をふるった; 後 Robespierre に憎まれ断頭の刑に処せられた》.

Da·nu [dɑ́ːnuː, dɑ́ː-] 〘⊏ Ir. ～: cf. Welsh Don〙 n. 〘アイル伝説〙ダヌー《Tuatha De Danann の母である女神の名》.

Dan·ube [dǽnjuːb] 〘⊏ LL Dānub-ius＝L Dānuvius ← Celt. ← IE *dā- river〙 ── n. [the ～] ドナウ(川), ダニューブ(川)《ヨーロッパ第二の大河, ドイツの南西部に源を発し東流して黒海に注ぐ (2,860 km); ドイツ語名 Donau》.

Dan·u·bi·an [dæn(j)úːbiən, də- | -njúːbjən, -bɪən] 〘← LL Dānubius (↑)＋-AN¹〙 adj. ドナウ (Danube) 川の, ダニューブ川の.

Dan·ville [dǽnvɪl] 〘1: ← Dan Beckwith (その建設者). ── 2. ← Dan River ← ? N-Am-Ind. dannaha muddy water: ⇨ -ville〙 ── n. **1** 米国 Illinois 州東部の都市; 人口 43,000. **2** 米国 Virginia 州南部の都市; 人口 47,000.

Dan·zig [dǽnsɪg, dɑ́ːn-, -tsɪg | dǽntsɪg, -tsɪk ; G. dántsɪç] n. **1** ダンチヒ《Gdańsk の旧[ドイツ語]名》. **2** [the Free City of ～] ダンチヒ自由市《1920年ベルサイユ条約によってできた国際連盟管理下の自治地域; ダンチヒ港を含み面積 1,893 km²; 後ドイツに併合され (1939–45) 今はポーランド領》.

Dan·zig·er Gold·was·ser [dǽntsɪgə-góultvɑ̀ːsə, dɑ́ːn- | dǽntsɪgə-gə́ultvɑ̀ːsə(r ; G. dántsɪgɐ-gɔ́ltvàsɐ] 〘⊏ G ～ 'goldwater of Danzig': 金箔は万病の薬と信じられたことから〙 ── n. ダンチヒ ゴールトワッサー《柑橘(かんきつ)類の皮や薬草で風味をつけた金箔入りの無色のリキュール》.

dap [dǽp] 〘《変形》← ? DAB¹〙 v. (**dapped ; dap·ping**) ── vi. **1** (魚釣りで)餌をそっと水の上に浮き沈みさせて魚を釣る. **2 a** 〈(水面に沿って投げられた)小石などが〉水を切る, はずむ. **b** 〈ボールが〉(地面に)はずむ. **3** 〈鳥が〉ちょいともぐる. ── vt. **1** 〈餌を〉水面にちょっと入れたり出したりする. **2 a** 〈石を〉(水面に)はずませる: ～ stones 水切り遊びをする. **b** 〈ボールを〉(地面に)はずませる. **3** (他の木材をはめこむため)〈木材〉に切り欠き[切り込み]をつける. ── n. **1** (ボールの)はずみ; (水切りの小石などの)はずみ. **2** 〘木工〙(木材につける)切り欠き, 切り込み. **3** (水中にちょっと落とす)魚釣りの餌.

daph·ne [dǽfni | -nɪ] 〘《15C》⊏ L ～ ⊏ Gk dáphnē laurel〙 ── n. 〘植物〙ジンチョウゲ《ジンチョウゲ科ジンチョウゲ属 (Daphne) の植物の総称; 香りがよいので sweet-smelling daphne ともいう》.

Daph·ne [dǽfni | -nɪ] 〘↑〙 n. **1** 女性名. **2** 〘ギリシャ神話〙ダフネー, ダフネ《Apollo に追われて月桂樹に化したという nymph》.

daph·ni·a [dǽfniə | -nɪə] 〘← NL ～: ⇨ ↑, -ia²〙 n. 〘動物〙ミジンコ《ミジンコ属 (Daphnia) の鰓脚類の総称; ミジンコ (D. pulex) など; cf. water flea》.

Daph·nis [dǽfnɪs, -nəs | -nɪs] 〘⊏ L ～ ⊏ Gk Dáphnis: cf. Gk dáphnis bayberry ← dáphnē 'DAPHNE'〙 ── n. 〘ギリシャ神話〙ダフニス, ダフニス《Hermes の息子で Sicily 島の羊飼い, 牧歌の創始者という》.

Dáphnis and Chlóë n. [複数扱い] ダフニスとクロエー《2世紀または3世紀頃のギリシャの Longus の作といわれる牧歌的ロマンスに出てくる二人の純真な恋人たち》.

Da Pon·te [dɑːpɑ́ntei | -pɔ́n- ; It. dapónte], **Lorenzo** n. ダ ポンテ《1749–1838; イタリアの詩人・歌劇台本作者; 本名 Emanuele Conegliano [kòneʎʎáːno]》.

dap·per [dǽpə | -pə(r] 〘《1440》daper pretty, elegant ⊏ MLG & (M)Du. dapper heavy, brave, sprightly〙 ── adj. **1 a** 〈風采(ふうさい)・服装が〉きりっとした, こざっぱりした: be ～ in dress [appearance] 服装[風采]が粋(いき)だ. **b** いやにめかし込んだ. **2** 〈人が〉小柄ですばしこい; (特に)〈小柄な人が〉すばしこい, ちょこまかした. **～·ly** adv. **～·ness** n.

dap·ple [dǽpl] 〘《略》← DAPPLE-GRAY: cf. ON depill spot, dot ← dapi pool〙 ── adj. ＝dappled. ── n. **1** まだら, 斑(ぶち). **2** (毛に)斑のある動物《馬・鹿・ろばなど》. ── vt., vi. まだらにする[なる], ぶちにする[なる]: Sunlight ～d the leaves. 陽が当って木の葉はまだらになった.

dápple báy 〘dapple-gray にならった語〙 n. 栗色に斑(ぶち)のある馬, 連銭(れんぜん)栗毛(の馬).

dáp·pled 〘《15C》: ⇨ ↓, -ed〙 adj. まだらの, ぶちの: a ～ shade (陽が洩れて)まだらになった日陰 / a ～ horse [deer] (毛に)ぶちのある馬[鹿].

dápple-gráy 〘《c1390》《変形》← ? *appel-gray apple-gray《なぞり》← ON apalgrár ← apall-, epli 'APPLE'＋grār 'GRAY'〙 ── adj., n. 灰色に黒斑のある(馬), 連銭(れんぜん)芦毛(あしげ)の(馬).

dap·sone [dǽpsoun | -səun] 〘← d(i)a(minodi)p(henyl) s(ulf)one〙 n. 〘薬学〙ダプソーン《ハンセン病治療薬の商品名》.

DAR, D.A.R. 《略》Daughters of the American Revolution.

darb [dɑ́əb | dɑ́ːb] 〘《変形》← ? DAB³〙 n. 《米・カナダ俗》素晴らしいもの[人], 目覚しいもの[人]: a ～ of a story [lulu] 素晴らしい話[美人].

dar·bies [dɑ́əbiz | dɑ́ːbɪz] 〘《1673》《略》← ? Father Derby's [Darby's] bands a rigid form of usurer's bond ← Darby (人名・地名)〙 ── n. pl. 《英俗》手枷(かせ), 手錠: clap on the ～ 手錠をかける.

d'Ar·blay [dɑ́əbleɪ | dɑ́ː-], Madame n. ダーブレー夫人, マダム ダルブレー《F. Burney の結婚後の呼び名》.

dar·by [dɑ́əbi | dɑ́ːbɪ] 〘← DARBY〙 n. (塗ったしっくいをならす左官屋の)こて.

Dar·by [dɑ́əbi | dɑ́ːbɪ] 〘⊏ Ir. Diarmaid freeman: DARBY AND JOAN との連想もある〙 n. 男性名.

Dar·by, John Nelson n. (1800–82) 英国の神学者; Plymouth Brethren の創始者.

Dárby and Jóan 〘1735 年 Gentleman's Magazine に出た物語詩の中の主人公老夫婦〙 ── n. [複数扱い] (高砂(たかさご)の)尉(じょう)と嫗(うば)のような好一対の(仲睦まじい)老夫婦, 偕(かい)老同穴の夫婦.

Dar·by·ite [dɑ́əbiàɪt | dɑ́ːbɪ-] 〘← John Nelson Darby ＋-ITE¹〙 n. **1** [pl.] ダービー派 (⇨ Plymouth Brother). **2** ダービー派の一員.

「Arc.

d'Arc [dɑ́ək | dɑ́ːk ; F. dark], **Jeanne** n. ＝Joan of

Dar·cy [dɑ́əsi | dɑ́ːsɪ] 〘← AF (Norman) d'Areci ← Arcy (フランス北西部の La Manche の地名)〙 n. 男性名《異形 Darsey》.

Dard [dɑ́əd | dɑ́ːd] n. (pl. ～, ～s) **1 a** [the ～(s)] ダルド族《Indus 川上流地域に住むインドアリアン人》. **b** ダルド族の人. **2** ダルド語群《アフガニスタン北東部, パキスタン北西部, カシミールにわたる Indus 川上流地域で話される言語群で, インド語派に属す》.

Dar·dan [dɑ́ədṇ | dɑ́ː-] 〘⊏ L Dardan-us, Dardanius ⊏ Gk Dárdanos, Dardánios: ⇨ Dardanus, -an¹〙 adj., n. 《古》＝Trojan.

Dar·da·nelles [dɑ̀ədənélz, -dṇ- | dɑ̀ː-] n. pl. [the ～; 単数または複数扱い] ダーダネルス(海峡)《Marmara 海とエーゲ海を結ぶ海峡でヨーロッパとアジアの境をなす; 長さ約61 km, 幅1.2–6.4 km; 古名 Hellespont》.

Dar·da·ni·an [dɑədéɪniən, -njən | dɑːdéɪnjən, -nɪən] 〘⇨ ↓, -ian〙 adj., n. ＝Trojan.

Dar·da·nus [dɑ́ədənəs | dɑ́ː-] 〘⊏ L ～ ⊏ Gk Dárdanos〙 ── n. 〘ギリシャ神話〙ダルダノス《Zeus の息子; トロイ人の先祖で Troy の近くに都市 Dardanus を建てたといわれる》.

Dar·dic [dɑ́ədɪk | dɑ́ː-] n. ＝Dard.

dare [déə | déə(r] 〘ME dar (3rd sing. pres.) < OE dear(r) (pret.-pres.) ← durran to dare ← Gmc *ders-, *durs- ← IE *dhers- to venture, be bold (L infestus 'hostile, INFEST' / Gk tharsein to be bold ; cf. OHG giturran): dare は元来過去形であるため, 三人称・単数・現在形も dare であるが, 今日では dares をも用いる〙 ── v. (**dared**, 《古》 **durst** [də́ːst | də́ːst]; **dared**) ── vt. **1** あえて…する勇気がある, 思い切って[恐れずに]…する, 生意気にも[ずうずうしくも]…する. ★ 疑問・否定構文では助動詞としても用い, またその場合本動詞でも to のない Infinitive を用いることがあるが, 今日では肯定文はもちろんすべての場合に本動詞として to のある Infinitive を用いる傾向がある: Dare he go?＝Does he ～ (to) go? 彼は行く勇気があるのか / He ～ not [～n't] come.＝He does not ～ (to) come. 彼は来る勇気がない / How ～ you say such a thing! よくもそんなことが言えるもんだね / They ～d not come.＝They did not ～ (to) come. 来る勇気がなかった / He knew it was true, but he ～d not say so. それが本当だということは知っていたが, そう言う勇気がなかった / He won't ～ (to) deny it. あえてそれを否定しようとしまい / You ～ to come now!—I do. よくもまあ来たもんだね—そうともさ / I have never ～d (to) contradict him. 彼にあえて反対したことは一度もない / None durst speak.＝None ～d to speak. あえて口をきく者はいなかった / Don't (you) ～ (to) touch me! この私に手が触れられるものなら触れてみろ / I would do if I ～d. できればするのだが(こわくて手が出せない) / He ～s to insult me. 失礼にも私を侮辱する / I ～ not be seen with her. 彼女と一緒にいるところを人に見られる勇気はない.
2 〈危険などに〉勇敢に立ち向かう, 物ともしない; 断じてする: ～ any danger どんな危険をも冒す / ～ a person's anger 人の怒りを物ともしない / ～ a leap 思い切って飛んでみる.
3 a (できるものならやってみろと)〈人〉に挑(いど)む (defy): He ～d me to my face. 私に面と向かって挑んだ / I cannot suffer to be ～d by any. だれにでも挑まれては黙っていられない / He ～d me to a fight. 私にけんかを吹っかけた. **b** [to 不定詞を伴って]〈人〉に…してみろと挑む: I ～ you to jump over the stream. 小川が飛び越せるものなら越してみろ / I will do it if I am ～d to. (人から)挑まれるならすることは辞さない.
── vi. (…する)勇気がある: Wouldn't you ～? 君はやってみる勇気はないのか / How ～ you! よくもまあ厚かましい / Let him do it if he ～ [～s]! やれるものならやらせてみろ. ★ これは不定詞を落とした用法から.
I dare say [that-clause を伴って] 恐らく…だろうと思う, 多分 (cf. daresay) ★ (1) that-clauseの that は常に省略される. (2) しばしば挿入句として用いられる. (3) しばしば皮肉に用いられる: I ～ say this is the best of the kind.＝This is the best of the kind, I ～ say. 多分これはこの種のもので最上のものだろう. ***I dare swear*** 《英》[that-clause を伴って] …と確信する.
── n. **1** 危険な[無暴な]ことをやれるならやって見ろと挑むこと, 挑戦, 思い切ったこと[行為]: give a ～ やれるならやってみろという / accept a ～ 挑戦に応じる / take a ～ 思い切ったことをする / do something for a ～ 無茶なことをやれるならやってみろと言われてやる. **2** 勇気, 気力: I would do so if I had the ～. 私にその勇気があればそうするのだが.

Dare [déə | déə(r], **Virginia** n. (1587–?) 英国人を両親としてアメリカ大陸で最初に生まれた人.

dáre·dèvil 〘← (one ready to) dare (the) devil〙 adj., n. (特に見せびらかしのために)向こう見ずの[命知らずの, がむしゃらな](人).

dáre·dèvilry 〘⇨ -ry〙 n. ＝daredeviltry.

dáre·dèviltry n. 向こう見ず, がむしゃらな勇気.

daren't [déə(ə)rənt, déənt | déənt] 《口語》dare not の縮約形.

dar·er [dé(ə)rə | déərə(r] n. 向こう見ずの人; 挑む人.

dàre·sáy 〘ME〙 vt. ＝dare say (⇨ dare 成句).

Dar es Sa·laam [dɑ̀ːressəlɑ́ːm] n. ダルエスサラーム《アフリカ東部の Tanzania 東部にある海港で同国の首都; 人口 397,000》.

Dar·fur [dɑəfúə | dɑːfə́(r, dɑːfɜ́ː(r] n. ダルフル《Sudan 西部の地方; もと王国で 1874 年 Egypt に征服され 1898 年 Anglo-Egyptian Sudan (⇨ Sudan) に統合された; 人口 1,825,000, 面積 496,369 km², 首都 Al Fasher [æl-fǽʃɪə | -ʃɪə(r)]》.

darg [dɑ́əg | dɑ́ːg] 〘ME dawerk < OE dæ̀gweorc: ⇨ day, work〙 n. 《スコット・北英》**1** 1日の仕事. **2** 一定量の割当て仕事, (作業)ノルマ.

dar·ga [də́ːgə | də́ː-] 〘⊏ Hindi dargāh ⊏ Pers. 《原義》royal gate ← dar door, gate〙 n. 〘ヒンズー教〙聖地《聖人の埋葬[火葬]された土地》; (そこに建てられた)聖堂.

dargue [dɑ́əg | dɑ́ːg] n. ＝darg.

Da·ri·a [dəráɪə] 〘(fem.) ← DARIUS〙 n. 女性名.

dar·ic [dǽrɪk] 〘⊏ Gk dāreik-ós ← ? Dāreios Darius I: ⇨ -ic¹〙 ── n. **1** ダリック《古代ペルシャの通貨単位》. **2** 1ダリック金貨《ダリウス一世が発行, 表面にダリック王の像を描く》.

Dar·i·en [dɛ̀(ə)rién, ←–– | déərɪən, dǽr- ; Sp. darjén], **the Gulf of** n. ダリエン湾《パナマとコロンビアの間のカリブ海にある湾》.

Darien, the Isthmus of n. ダリエン地峡: **1** パナマ地峡 (Isthmus of Panama) の旧名. **2** 東の Darien 湾と西の San Miguel 湾との間のパナマ東部の地峡.

dar·ing [dé(ə)rɪŋ | déər-] 〘《1582》: ⇨ dare, -ing¹·²〙 ── n. (冒険的な)勇気; 大胆不敵さ, 豪胆. ── adj. **1** 勇敢な, 大胆な; 向こう見ずの, ずぶとい: a ～ adventurer 勇敢な冒険者 / a ～ attempt 大胆な[思い切った]企て. **2** 斬新(ざんしん)な, 急進的な, 前衛的な: a ～ dress designer. **～·ness** n.

dár·ing·ly adv. 勇敢に, 大胆[不敵]に, 敢然と.

Da·rí·o [dɑːríːou | -əu ; Sp. darío], **Ru·bén** [rru-bén] n. ダリオ《1867–1916; ニカラグアの詩人・外交官; スペイン語文学 modernism の創始者; 本名 Félix Rubén García Sarmiento; Azul (詩文集 1888), Obras escogidas「自選集」(1910)》.

dar·i·ole [dǽriòul | -rɪəul ; F. darjɔl] 〘《1345》⊏ (O)F dariole: ⇨ -ole²〙 ── n. ダリオール: **1** 小さなパイケースの中にクリームなどを詰めた菓子. **2** (ダリオールを焼くときの)型.

Da·ri·us [dəráɪəs, dǽriəs | dəráɪəs ; F. darjys] 〘⊏ L Dārius ⊏ Gk Dāreîos ⊏ OPers. Dārayava(h)ush he who holds firm the good〙 n. 男性名.

Da·ri·us I [dəráɪəs-] n. ダリウス一世《558?–?486 B.C.; ペルシャ王 (521–?486 B.C.), 2回ギリシャに侵入したが Marathon の戦いで敗れた (490 B.C.); 通称 Darius the Great; Darius Hystaspis [hɪstǽspɪs, -pəs | -pɪs] ともいう》.

Darius II n. ダリウス二世《?–404 B.C.; ペルシャ王 (424–404 B.C.); Artaxerxes 一世の子; Darius Ochus [óukəs | ə́u-] ともいう》.

Darius III n. ダリウス三世《380 ?–330 B.C.; アケメネス朝 (Achaemenid) 最後のペルシャ王 (336–330 B.C.); Alexander 大王のために征服された; Darius Codomannus [kɑ̀dəmǽnəs | kɔ̀d-] ともいう》.

Dar·jee·ling [dɑədʒíːlɪŋ | dɑː-] n. **1** ダージリン《インド West Bengal 州にある避暑地; 海抜 2,286 m; 人口 43,000》. **2** ダージリン紅茶《上記の土地でとれる紅茶; Darjeeling tea ともいう》.

dark [dɑ́ək | dɑ́ːk] 〘OE deorc dark ← Gmc *derk-, *dark- (OHG tarnjan (G tarnen) to conceal) ← IE *dher- to make muddy; darkness (Gk trākhús rough: ⇨ trachea)〙 ── adj. (～·er; ～·est) **1 a** 暗い, 暗黒の, 闇(やみ)の: ～ weather 薄暗い天気 / a ～ night 闇夜 / (as) ～ as Erebus ⇨ Erebus 2. **b** 《米》(照明が消されていることから)〈劇場・競技場など〉締められた, 閉鎖している (closed): This theater is ～ tonight. この劇場は今夜は休みだ. **2 a** 〈色彩が〉薄黒い, 黒ずんだ (↔ light, pale): a ～ blue 暗青色, 紺 / a ～ red 深紅. **b** 〈人・皮膚・目・毛髪など〉色の黒い (cf. brunet, blond, fair²): a ～ complexion 浅黒い顔色. **3** (知的・道徳的に)暗黒の, 暗愚な, 無知文盲の: ～ souls 暗愚な心[人たち] / the ～est ignorance 極度の無知. **4** 秘した, 隠

した; 一般に知られていない, 不明な (obscure); 秘密主義の, 無口な: a ~ secret だれにもわからない秘密 / a ~ purpose 秘密の目的 / keep a thing ~ 事を秘しておく / keep ~ 隠れている / ⇨ dark horse. **5** 腹黒い, 陰険な, 凶悪な (evil): ~ deeds 悪事, 非行. **6** (顔色の)曇った, 喜びのない, 憂鬱(ゆう)な (gloomy); 陰気な (dismal); 陰険な, けわしい (threatening): ~ frowns 陰気なしかめつら / a ~ scowl 険を含んだこわい顔 / look on the ~ side of things 物事の暗黒面を見る, 事物を暗く[悲観的に]考える (cf. sunny 3) / in a ~ humor [temper] 不機嫌で / His face was ~ with anger. 怒りでけわしい表情をしていた. **7** 意味が明らかでない, 謎のような, わかりにくい: a ~ saying 曖昧な言葉, 謎めいた言葉 (cf. *Ps.* 78: 2; *Prov.* 1: 6) / a ~ passage 意味のはっきりしない個所. **8** 〈声・音が〉深みのある, 沈んだ: a beautifully ~ contralto 大変深みのあるコントラルト. **9** 〖音声〗 **a** 〈[l] の音が〉暗い (↔ clear): ⇨ dark l [-ɫ]. **b** 〈母音が〉後舌の, 後舌母音の. **10** 〖ラジオ・テレビ〗〈放送局が〉放送していない, 放送停止の.

— *n.* **1 a** [通例 the ~] 闇, 暗がり: be afraid of *the* ~ 暗がりをこわがる. **b** [通例無冠詞] 夜, 夕暮れ: after [before] ~ 暗くなってから[ならないうちに] / at ~ 夕暮れ時に. **2** 秘密, 不分明; 無知. **3** 〖美術〗暗い色, 濃い陰, 陰影, くま: the lights and ~*s* of a picture 絵の明暗. **4** 《俗》刑務所 (prison).

in the dark 暗がりで; 知らずに, わからずに; 秘密[内密]に: a shot *in the* ~ ⇨ shot[1] 成句 / be *in the* ~ about a person's intentions 人の意図がわからない / keep [leave] a person *in the* ~ 人に知らさずにおく, 人をつんぼさじきに置く / take a leap [step] *in the* ~ 向う見ずなことをする / whistle *in the* ~ 《米口語》(窮地にありながら)強がってみせる, やせ我慢をする.

dark of the moon [the —] 〖天文〗1か月のうち月が見えない期間.

— *vt., vi.* 《廃・詩》=darken.

dárk adaptàtion *n.* 〖生理〗暗順応《暗い所に入ったとき次第に眼の光感受性が増す現象; cf. light adaptation》.

dárk-adàpted *adj.* 〈眼が〉暗がりに馴れた, 暗順応した.

Dárk Áges *n. pl.* **1 a** [the ~] 暗黒時代《西ローマ帝国の滅亡 (476 年) から紀元 1000 年頃までのヨーロッパ中世初期の旧称; この期間を知的暗黒時代と考えたことによる; 時には文芸復興期までのヨーロッパ中世全体を指す; cf. Middle Ages》. **b** (一般に)暗黒時代. **2** 青銅器時代と歴史時代との間の空白期《Dark Age ともいう》.

dárk cómedy *n.* **1** 暗黒喜劇《Shakespeare の中期の喜劇; *All's Well That Ends Well, Measure for Measure, Troilus and Cressida* など悲観的な傾向を示す作品》. **2** 現代の不条理でグロテスクな面を扱った喜劇作品.

Dárk Cóntinent *n.* [the ~] 暗黒大陸《アフリカ大陸の実状がヨーロッパ人にほとんど知られずにいた時代の呼称》.

dárk cúrrent *n.* 〖電気〗暗流, 暗電流《光電管や光電池で光入射量零の状態で流れる電流》.

dárk dáy *n.* **1** (密雲や濃霧のための)暗黒日. **2** [*pl.*] (日暮れの早い)冬の日. **3** [*pl.*] 不吉の日, 悲運の時, 失意の時代.

dark·en [dáːəkən | dáːk-] 〖(?*a*1300): ⇨ dark, -en[1]〗 **—** *vt.* **1** 暗くする: ~ a room / a ~*ed* room 暗くした部屋. **2** 薄黒くする, 黒ずませる: ~ the color 色をくすませる. **3** 〈意味などを〉ぼんやりさせる, 曖昧にする. **4** …の目を見えなくする, 盲にする. **5** 〈顔などを〉(悲しみなどで)陰気[陰鬱]にする, 〈心・希望などを〉暗くする, 憂鬱にする, 〈名声などを〉けがす: ~ mirth. **—** *vi.* **1** 〈空などが〉黒くなる, 黒ずむ; 暗くなる. **2** 〈顔などが〉暗くなる, 陰気になる. **3** ぼんやりする; 曖昧になる, 不明瞭になる. **4** 盲人になる.

darken counsel ⇨ counsel 成句. ***darken a person's [the] door [doors]*** ⇨ door 成句.

dárk·en·er [-k(ə)nə | -nə(r] *n.* 暗くする人[もの].

dark·ey [dáːəki | dáːkɪ] 〖⇨ -ey〗 *n.* =darky.

dárk-fìeld *adj.* 〈顕微鏡など〉暗視野の (cf. bright-field).

dárk fìeld *n.* (顕微鏡の)暗視野《照明光が直接対物レンズに入らないようにした場合の視野》.

dárk-field illuminátion *n.* (顕微鏡の)暗視野照明《照明光が直接対物レンズに入らないように光軸に傾いた光束で標本を照らし, 散乱光のみを観察する照明法で微小粒子の存在の観察に適する》.

dárk-field micróscope *n.* =ultramicroscope.

dárk-field micróscopy *n.* 〖細菌〗暗視野顕微鏡法《照明のくふうで細菌などが暗い背景の中に輝いて見える観察法》.

dárk hórse *n.* (競馬での)ダークホース; (政界・選挙などで)意外な力量をもった新候補者, 思いがけない有力な競争相手.

dark·ie [dáːəki | dáːkɪ] *n.* =darky.

dárk·ish [-kɪʃ] 〖(15C)〗 *adj.* やや暗い, 薄暗い (dusky); 黒ずんだ.

dárk l [-ɫ] *n.* 〖音声〗暗い 'l'《軟口蓋化された (velarized) l; 後舌面が軟口蓋へ向かってもり上って後舌母音の暗い響きを伴って調音される; 母音の後や音節主音的な (syllabic) [l] がこれで [ɫ] で表わされる; feel [fíːɫ], old [óuɫd | áuɫd], saddle [sǽdɫ] など; cf. clear l》.

dárk lántern *n.* (半球レンズ付きの)手さげランプ《一方向だけを照らし, また, 必要に応じて遮光できるようにした角燈》.

dar·kle [dáːəkɫ | dáː-] 〖《1800》《逆成》← DARKLING (adv.)〗 **—** *vi.* 《文語》 **1** 暗闇の中に潜む, ぼんやり見える. **2** 暗くなる, 黒ずむ, うす暗くなる, 曇る. **3** 〈顔色・気持が〉暗くなる, 険悪になる.

dark·ling [dáːəklɪŋ | dáːk-] 〖(?*a*1400): ⇨ dark, -ling[2]〗 《文語》 **—** *adv.* 暗中に, (薄)暗がりに: sit ~ / go ~. **—** *adj.* **1** (薄)暗い, (次第に)暗くなってゆく; 暗い陰のある, くすんだ: a ~ wood, forest, path, etc. **2** 暗がりの中での, 暗中の: a ~ journey.

dárkling bèetle *n.* 〖昆虫〗ゴミムシダマシ《ゴミムシダマシ科の甲虫(こう)の総称; この科に属するコメノゴミムシダマシの幼虫を mealworm と称し, 小鳥・小型哺乳類などの餌にする》.

dárk·ly 〖OE *deorclīce*: ⇨ dark, -ly[1]〗 **—** *adv.* **1** 暗く; 黒く, 黒ずんで. **2** 陰気に; 険悪に, おどすような顔つきで: look ~ at a person 陰気な[険悪な]顔をして人を見る. **3** ひそかに (secretly): an idea held ~ in one's mind ひそかにいだいている考え. **4** ぼんやりと, 曖昧に; それとなく, どことなく, おぼろげに: see through [as in] a glass ~ 鏡で見るようにおぼろに見る (cf. *1 Cor.* 13: 12).

dárk mèat *n.* 黒っぽい赤身肉: **1** 猟鳥獣 (game) の肉 (cf. white meat, red meat). **2** 鶏・七面鳥などの腿(もも)肉のように色の濃い肉 (cf. light meat).

dárk mìneral *n.* 〖鉱物〗有色鉱物, 鉄苦土鉱物《鉄・苦土(マグネシウム)を主成分として含み, 肉眼で認められる程度以上の結晶粒で暗色に見える鉱物の総称》.

dárk·ness 〖OE *deorcnes*: ⇨ dark, -ness〗 **—** *n.* **1** 暗さ, 黒さ, 暗黒, 暗闇; 暗黒界: in the ~ / palpable ~ (手でさわれるほどの)真暗闇, 真の闇 (cf. *Exod.* 10: 20) / make ~ visible あたりの暗さをかえって引き立たせる (⇨ *the* DARKNESS *visible*) / The windows were all in ~ save one on the lower floor. 窓は一階の一つを除いてすべて明りが消えていた / ⇨ PRINCE of Darkness. **2** 心の闇, 暗愚, 無知: walk in ~ 盲目的な行動をする, 無知な生活をする (*John* 12: 35). **3** 腹黒さ, 邪悪: deeds of ~ 悪事, 罪悪. **4** 不明瞭, 曖昧: the ~ of a subject 主題の曖昧さ. **5** 盲目. **6** 秘密. **7** 〖音声〗 **a** ([l] 音の)暗さ (⇨ dark l [-ɫ]). **b** (母音の)後舌性.

cast into outer darkness 真暗闇の中に放り出す, 追い出す, 追放する (*Matt.* 25: 30). ***lighten a person's darkness*** 人を元気づける. ***the darkness visible*** 真暗闇 (J. Milton, *Paradise Lost*).

dárk ráys *n. pl.* (紫外線や赤外線のような目に見えない)暗輻射線, 不可視光線.

dárk reàction *n.* 〖植物〗暗反応《光合成の過程で光とは直接関係しない反応段階》.

dárk·ròom *n.* 〖写真〗(写真現像用の)暗室.

dárk-skínned *adj.* 皮膚の黒い.

dárk slíde *n.* 〖写真〗取枠; (露光を行なうための)滑動するシャッター.

dárk smóke *n.* (工場の煙突などから出る)黒煙.

dark·some [dáːəksəm | dáːk-] 〖《1530》: ⇨ dark, -some[1]〗 *adj.* 《詩》 **1** 暗い, 薄黒い. **2** 陰気な, 陰鬱な. **3** 邪悪な. **4** 意味の曖昧な, 解し難い.

dárk spáce *n.* 〖電気〗(放電における)暗黒部: ⇨ Aston dark space, Crookes dark space.

dárk stár *n.* 〖天文〗暗黒星《連星系などの一員で暗いため見えない星》.

dárk·tòwn *n.* 《軽蔑》(都市の)黒人居住地域.

dárk-tràce túbe *n.* 〖電子工学〗ダークトレース管《ブラウン管の一種で普通のものとは逆に電子ビームの当ったところが黒くなるもの; skiatron ともいう》.

dark·y [dáːəki | dáːkɪ] 〖← DARK+-Y[2]〗 *n.* **1** 《口語・軽蔑》黒んぼ, 黒人 (Negro). **2** 《英俗》=dark lantern.

Dar·lene [daːlíːn | daː-] 〖cf. Darrel〗 *n.* 女性名《異形 Darleen》. ★ 米国に多い.

dar·ling [dáːəlɪŋ | dáː-] 〖ME *derling* < OE *dēorling*: ⇨ dear[1], -ling[1]〗 **—** *n.* かわいい人, いとしい人, 最愛の人; お気に入り(の人[動物, 物]); かわいらしい人: a perfect ~ 全くかわいい者 / My ~! [呼掛け]ねえお前[あなた] / the ~ of the town=the town ~ 町の人気者 / the ~ of all hearts 万人の愛情を一身に集めている人 / the ~ of fortune 運命の寵児(ちょうじ), 幸運児. **—** *adj.* **1** 〈人が〉最愛の, いとしい; お気に入りの. **2** 《まれ》切望する; 心にいだいている: one's ~ hopes, aspirations, etc. **3** 《口語》〈人・物など〉魅力的な, かわいい, すてきな: a ~ baby, boy, dress, etc. **~·ly** *adv.* **~·ness** *n.*

Dar·ling [dáːəlɪŋ | dáː-] *n.* [the ~] オーストラリア南東部を流れる川; 2,700 km; Murray 川に合流.

Dar·ling [dáːəlɪŋ | dáː-], **Grace** *n.* (1815–42) 1838 年に Northumberland 州 Farne 諸島で難破した船の水夫たちを灯台守の父と一緒に救った勇敢な英国の婦人.

Dárling Ránge *n.* [the ~] ダーリング山脈《オーストラリア Western Australia 州南西岸沿いの低い山脈》.

Dar·ling·ton [dáːəlɪŋtən | dáː-] 〖OE *Dearþingtun* 《原義》'the village of the people of *Dēornōþ* (人名)': ⇨ -ing[3], -ton〗 **—** *n.* イングランド北部 Durham 州の工業都市; Stephenson の最初の汽車はここと Stockton-on-Tees との間を走った (1825); 人口 97,000.

Dar·mes·te·ter [dàːəmestətéə | dàːmestətéə(r; *F.* darmestətɛːr], **Arsène** *n.* ダルメステテール《1846–88; フランスの言語学者》.

Darm·stadt [dáːəmʃtaːt, -stæt | dáːmstæt; *G.* dármʃtat] *n.* ダルムシュタット《西ドイツ南西部 Hesse 州の都市; 人口 142,000》.

darn[1] [dáːən | dáːn] 〖(*c*1600) ▭ ? F 《方言》*dern-er, darn-er* to mend // 《変形》← 《廃》*dern* < ME *dernen* < OE *diernan* to hide〗 **—** *vt.* 〈布地・編物など(のほころび)を〉繕う, かがる: ~ a sock, hole. **—** *vi.* ほころびを繕う. **—** *n.* (ほころびの)繕い, かがり(細工), かがったところ.

darn[2] [dáːən | dáːn] 〖《1809》《変形》← DAMN〗 《口語・婉曲》 **—** *vt., vi.* =damn: *Darn* it! ちえっ, いまいましい. **—** *adj., adv.* =darned. **—** *n.* [a ~] [否定構文で]ちっとも: I *don't* give [care] *a* ~. そんな事へいちゃらだ. **—** *int.* =damn.

dar·na·tion [daənéɪʃən | daː-] *int.* 《口語・婉曲》= damnation.

darned [dáːənd | dáːnd] 〖(p.p.) ← DARN[2]〗 《俗・婉曲》 *adj., adv.* (時に **~·er**; 通例 **darnd·est, ~·est**) = damned.

dar·nel [dáːənɫ | dáː-] 〖(*c*1300) ← ? OF: cf. F 《方言》*darnelle* ← Gmc (cf. OE *dysig* 'foolish, DIZZY'): 知覚を麻痺させるところから〗 **—** *n.* 〖植物〗イネ科ドクムギ属 (*Lolium*) の一年生または多年生草本数種の総称; (特に)ドクムギ (*L. temulentum*).

Dar·nell [dáːənɫ, daənél | dáːnɫ, daːnél] 〖← OE *derne-healh* (from the) hidden nook〗 *n.* 男性名.

dárn·er 〖← DARN[1]+-ER[1]〗 *n.* **1** ほころびを繕う人; かがる人. **2** かがり針; かがり道具.

dárn·ing *n.* ほころび繕い, かがり細工; かがり物.

dárning bàll [ègg] *n.* かがりまり[卵]《卵形の木製品で靴下などをかがる時に用いる》.

dárning-làst *n.* かがり台《松たけ型の木製品で darning ball と同様に用いる》.

dárning nèedle *n.* **1** かがり針. **2** 《米口語》トンボ (dragonfly).

dárning stìtch *n.* ダーニングステッチ《日本の刺し子に使う縫い方で, 刺繍の模様をうめたり, ほころびを縫う時などに用いる; cf. running stitch》.

Darn·ley [dáːənli | dáːnlɪ], Lord *n.* (1545–67) スコットランドの貴族で女王 Mary Stuart の二人目の夫, 英国王 James 一世の父; 妻の寵臣 Rizzio, David の殺害に加わり, その翌年 Edinburgh 郊外の家で爆殺された. Bothwell が下手人と考えられている; 本名 Henry Stewart [Stuart].

Dar·rell [dǽrəl, dér- | dǽr-] 〖《原義》little dear or brave one〗 *n.* 男性名《異形 Daryl》.

Dar·row [dǽrou, dér- | dǽrəu], **Clarence (Seward)** *n.* (1857–1938) 米国の弁護士・作家.

dar·shan [dáːəʃən, dɚ́ː- | dáː-, dɜ́ː-] 〖▭ Hindi *darśan* ← Skt *darśana* act of seeing〗 **—** *n.* **1** 古代インドの哲学体系. **2** 〖ヒンズー教〗(偉人や聖者を見て得られる)功徳.

D'Ár·son·val galvanómeter, d'A- g- [dáːəsn̩vɔ̀ːl-, -væ̀l- | dáː-; *F.* darsɔ̃val-] 〖← *J. A. d'Arsonval* (1851–1940: フランスの物理学者)〗 *n.* 〖電気〗ダルソンバール検流計, 可動コイル形検流計《固定された永久磁石の間に可動コイルを吊した最も普通の検流計》.

dart [dáːət | dáːt] 〖n.: (?*a*1300) ▭ OF ~ (F *dard*) ▭ Gmc **daroðaz* spear, lance (OHG *tart* / OE *daroþ*). — v.: (*c*1385) *darte(n)* ← (n.)〗 **—** *n.* **1 a** 《古》(特に, 軽く短い)投げ槍. **b** (投げ矢遊びなどの)投げ矢, ダート (cf. bolt[1] 1 a): (as) straight as a ~ 矢のようにまっすぐな[に]. **2 a** 投げ槍のように突きさすもの《昆虫の針など》. **b** 〖動物〗交尾矢, 恋矢《カタツムリ類の石灰質の針状の交尾補助器; love arrow ともいう》. **3** [*pl.*; 単数扱い] 投げ矢遊び, ダーツ《丸い木盤 (dartboard) の的におもりの付いたダート(矢)を投げる》. **4** 急激な動き; 投射: make a ~ for …に向かって突進する. **5** [通例 *pl.*] 〖洋裁〗ダーツ. **6** (刺すような)鋭い言葉, けわしい顔つき. **7** 《豪俗・廃》計画 (plan).

Old Dart 《豪》グレートブリテン, 英国.

— *vi.* (投げ矢のように)飛ぶ, 飛んで行く; 突進する: ~ *away* [*off*] 駆け去る / ~ *at* an opponent 相手に向かって突進する / ~ *into* a room 部屋に駆け込む / ~ *through* the air 空中を矢のように飛んで行く. **—** *vt.* 〈槍・矢などを〉投げる, 射る; 〈光・視線などを〉放つ, 射出する: ~ a glance [an angry look] *at* a person 人を一目[怒った目で]じろりと見る / ~ *out* a spear 槍を突き出す / The sun ~*s* (*forth*) its beams. 太陽は光線を放射する.

dárt·bòard *n.* ダート盤《投げ矢遊び (darts) の標的となるコルクなどの木盤》.

dárt·er [-tə | -tə(r] *n.* **1** 素早く動くもの; 槍[矢]投げ兵. **2** 〖魚類〗矢魚《北米産スズキ目パーチ科のうち *Etheostoma* 属(85 種)と *Percina* 属(うち 4 種)の小淡水魚の総称; 岩の間や砂の中から矢のように飛び出してくる》: ⇨ snail darter. **3** 〖鳥類〗=snakebird.

dartboard

Dart·ford [dáːətfəd | dáːtfəd] 〖OE *Tarentefort* 《原義》'FORD over the Darent River'〗 *n.* イングランド南東部 Kent 州北西部の都市; 人口 82,000.

dar·tle [dáːəṭɫ | dáːtɫ] 〖(freq.) ← DART: ⇨ -le[3]〗 *vt., vi.* 何度も投げる[射る, 飛ぶ, 突進する], 連射する.

Dart·moor [dáːətmuə, -mɔə, -moə | dáːtmuə(r, -mɔː(r] 〖ME *Dertemora* 《原義》'the MOOR on the Dart River'〗 **—** *n.* **1** イングランド南西部 Devon 州の岩の多い不毛の高原; 海抜 430 m, 面積 946 km^2; 一

帯は国立公園に指定されている. **2** [the ～] (同地にある)ダートムーア刑務所. **3** ダートムーア: **a** 英国原産の一品種の羊《角がなく毛が長い》. **b** 英国で改良された一品種のポニー.

Dártmoor Nátional Párk *n.* ダートムーア国立公園《イングランド Devon 州にあり, 花崗岩の岩山・有史前の遺物などで有名. 1951 年指定; 面積 945km^2》.

Dártmoor príson *n.* [the ～] ＝Dartmoor 2.

Dart·mouth [dɑ́ətməθ | dɑ́:t-] 〖OE *Dertamuða*《原義》'the MOUTH of the Dart River'〗 — *n.* **1** イングランド南西部 Devon 州南部の海港; 人口 7,000. **2** [the ～] ダートマス海軍兵学校《同地にある英国海軍兵学校 (Royal Naval Cadet Training College)》. **3** カナダ Nova Scotia 州南部にある都市; 人口 65,000.

dárt thròwer *n.* 〖文化人類学〗＝throwing-stick 1.

Dar·win [dɑ́əwɪn, -wən | dɑ́:wɪn] *n.* オーストラリア Northern Territory の首都; Timor 海に面する港市; 人口 36,000.

Dar·win [dɑ́əwɪn, -wən | dɑ́:wɪn], **Charles Robert** *n.* (1809–82) 英国の博物学者, 進化論の提唱者 (cf. A. R. Wallace); *Zoology of the Voyage of the Beagle* (1840), *On the Origin of Species by means of Natural Selection* (1859).

Darwin, Erasmus *n.* (1731–1802) 英国の博物学者・医師・詩人; C. R. Darwin の祖父で, 進化論の先駆者のひとり.

Darwin, Sir **George Howard** *n.* (1845–1912) 英国の物理学者・天文学者, C. R. Darwin の次男.

Dar·win·i·an [dɑəwíniən | dɑ:wíniən, -njən] 〖← *C. R. Darwin*〗 *adj.* **1** ダーウィンの. **2** ダーウィン説の. — *n.* ダーウィン説の信奉者.

Darwínian théory *n.* ＝Darwinism.

darwínian túbercle 〖← *C. R. Darwin*〗 — *n.* 〖解剖〗ダーウィン結節[隆起]; 耳介(じ)結節《特に耳輪 (helix) の後上部に見られる鈍い突起, 目立つのは異常とされる》.

Dár·win·ìsm [-nìzm] 〖(1856): ← *C. R. Darwin*〗 *n.* ダーウィン説, ダーウィニズム《自然選択と適者生存を根底とする生物進化論》; (一般に)生物進化論.

Dár·win·ist [-nɪst, -nəst | -nɪst] *n., adj.* ダーウィン学徒(の).

Dar·win·is·tic [dɑ̀əwɪnístɪk, -wə- | dɑ̀:wɪ-] *adj.* ダーウィン風の, ダーウィン説の.

Dar·win·ite [dɑ́əwɪnàɪt, -wə- | dɑ́:wɪ-] 〖⇨ -ite[1]〗 *n.* **1** ＝Darwinist. **2** Darwin 市民.

Dárwin's fìnch *n.* 〖鳥類〗ダーウィンフィンチ (⇨ Galápagos finch).

Dárwin túlip 〖← *C. R. Darwin*〗 *n.* 〖園芸〗ダーウィンチューリップ《チューリップの品種名, 花は大輪でコップ形》.

dar·zi [dəːzíː, dɑ́əzi: | dɑ:zí:, dɑ́:zi:] 〖⊏ Hindi *darzī*〗 *n.* 〖ヒンズー教〗仕立て屋 (tailor).

das. 《略》decastere(s).

Da·se·hra [dɑ́sərə] 〖⊏ Skt *daśaharā*《原義》that which takes away ten (sins) ← *daśa* ten＋*harā* ((fem.) ← *hara* carrier)〗 — *n.* (*also* **Da·sa·ra** [～], **Dusserah, Da·sa·ha·ra** [dɑ̀səhɑ́rə, dʌ̀ʃ-], **Da·sa·hra** [～]) ダサラ《ヒンズー教の 10 日間の祭り; 悪に対する善の勝利を象徴する; もとは Ganges 川を, 後には Durga を称えて 9 月から 10 月に相当する Asin の月に行なわれる》.

dash[1] [dǽ(:)ʃ] 〖(?*a*1300) *dashe(n)* ← ? ON (cf. Dan. *daske* / Swed. *daska* to beat, drub, slap, flap): または擬音語か〗 — *vt.* **1** (激しく)打ちつける, ほうりつける, はねとばす, 投げつける 〈*away, down, off, out,* etc.〉: ～ *away* one's tears 手早く涙を払う[ぬぐう] / ～ something *to* the ground [*against* the wall] 物を地面[壁]に打ちつける. **2 a** 打ち砕く, 粉砕する: ～ a mirror *to* pieces 鏡を粉々に打ち砕く. **b** 〈希望・計画などを〉打ち砕く, くじく: ～ a person's spirits. **3 a** 〈水などを〉勢いよくかける; はねかける, はね散らす: ～ water *in* [*over*] a person's face 人の顔に水をぶっかける / ～ color *on* a canvas カンバスの上にぞんざいに色をなすりつける. **b** 〔…を〕…にはねかける 〔*with*〕: a landscape ～*ed with* sunlight さっと日の差している景色. **4** …に〔…を〕混ぜる, さす (mix) 〔*with*〕: ～ milk *with* water 牛乳に水を混ぜる / milk ～*ed with* brandy ブランデーを少し入れた牛乳 / joy ～*ed with* pain 幾分の苦しみを伴う喜び. **5** 恥じさせる, 赤面させる, まごつかせる (confuse). **6** 《英口語・婉曲》＝damn 《damn を d— と略書するならわしから》: *Dash* it! いまいましい / I'll be ～*ed* if …死んでも…はしない (cf. dashed).

— *vi.* **1** (激しく)突進する, 猛進する, 急行する 〈*along, up, down, on,* etc.〉: He ～*ed upstairs.* 二階へ駆け上がった. **2** 打ちつける, 衝突する: waves ～*ing on* [*against*] the rocks 岩に打ちつける波. **3** 威勢よくふるまう, さっそうとやる, 派手な服装をする.

be dashed to the ground ⇨ ground[1] 成句. ***dash off*** [***down***] (1) ⇨ *vt.* 1, *vi.* 1. (2) 〈絵・文などを〉書きなぐる[飛ばす, まくる]; 〈仕事などを〉さっと仕上げる: ～ *off* an essay 小論を一気に書き上げる / ～ *off* a drink 一杯ぐいと飲みほす. ***dash out*** (1) ⇨ *vt.* 1, *vi.* 1. (2) 水を掛けて消す; 《古》削除する (strike out).

— *n.* **1 a** 突進, ダッシュ, 猛進; 突貫, 突撃: make a ～ *for* the goal [*at* the enemy] 決勝点に向かって突進[敵をめがけて突撃]する. **b** 《古》猛烈な一撃. **c** 《廃》(希望・元気などを)くじくもの. **2** 《米》〖競技〗短距離競走: a 100-yard ～ 百ヤード競走. **3** (水が)激しく(ざーっと)ぶつかること, 水の打ちつける音: a ～ of rain ざーっと降り注ぐ雨(の音) / the ～ of the waves on the rocks 岩を打つ波の音. **4** 鋭気, 気力, 元気: He has both skill and ～. 技能もすぐれ気力も十分だ. **5** さっそうとした風采, 見栄え. ★ 通例次の句で: cut a ～ 派手なふりをする, 精彩を放つ, ひときわ目立つ; 見栄を張る. **6** (ペン・毛筆による)さっと書いた一筆, 筆勢; 抹消(の線). **7 a** (句読点の)ダッシュ (—). ★ 文を途中で切って他の語句を挿入する場合などに用いる. ほぼコンマに相当するが, コンマより分断力が強い. **b** 〖音楽〗ダッシュ (▼) 《staccato 奏法[唱法]を指示する記号, 符頭の上または下につける》. **c** 〖通信〗(モールス符号の)長符, 長点, ツー (—) (cf. dot[1] 2 c). **8** [a ～] **a** (さっとたらし込む)注入, 少量の加味: add *a* ～ *of* salt 少量の塩を加える / tea with *a* ～ *of* whisky ウイスキーを少量混ぜた紅茶. **b** 少量, 気味 (touch): red with *a* ～ *of* purple 紫がかった赤 / There is *a* ～ *of* eccentricity in his character. 彼の性格には少々奇抜な所がある / I don't care *a* ～. 《口語》ちっとも構わない. **9** ＝dashboard 2 b.

at a* [*one*] *dash* ＝*at first dash 一撃のもとに; 一気に, 一気呵成(かせい)に: go off *at a* ～ さーっと突進する.

dash[2] [dǽ(:)ʃ, dɑ́:ʃ] 〖⊏ Port. *das* (2nd pers. sing.) ← *dar* to give < L *dare*: cf. date[2]〗 *n.* (アフリカで原住民の召使などに与える)心付け, チップ.

DASH, Dash [dǽ(:)ʃ] 〖《頭字語》← *Drone Anti-Submarine Helicopter*〗 — *n.* 対潜(水艦)無人ヘリコプター《小型・軽量の遠隔操縦ヘリコプターで, 駆逐艦から行動し, 対潜水艦兵器を投下することができる》.

dásh·bòard *n.* **1** (馬車などの)泥よけ, (そりなどの)雪よけ (splashboard); (船首の)波よけ板; (壁端の)雨よけ板. **2 a** 仕切板. **b** (自動車・飛行機の操縦席前の)計器盤, ダッシュボード《単に dash ともいう》.

dashed [dǽ(:)ʃt] 〖(p.p.) ← DASH[1] (vt. 6)〗 《英口語》[強意語として] *adj.* ＝damned *adj.* 2. — *adv.* ＝damned.

da·sheen [dæʃí:n, də-] 〖⊏ F *de Chine* of China〗 *n.* 〖植物〗サトイモ (*Colocasia antiquorum* var. *esculenta*) 《アジア原産; taro ともいう》.

das heisst [dɑ:s-háɪst; G. das-háɪst] 〖⊏ G ～ 'that is (called)'〗 G. すなわち (that is) 《略 d. h.》.

dásh·er *n.* **1** 突進 (dash) する人. **2** 《口語》さっそうとした人, 派手な男[女]. **3** バター製造用の攪乳(かくにゅう)器, アイスクリーム製造器, 攪拌(かくはん)器, 泡立て器. **4** 《米口語》泥よけ (dashboard).

da·shi·ki [dɑʃí:ki, də- | -kɪ] 〖← Afr. (Yoruba) *danshiki*〗 *n.* ダーシーキ《アメリカ黒人の着用するゆったりとした派手な色のワンピースの衣服》.

dásh·ing 〖ME: ⇨ -ing[2]〗 — *adj.* **1** 打ちつける, はね散らす: ～ waves. **2** 威勢のいい, はやり立つ, 勇み肌の: a ～ spirit 勇敢な気性の人. **3** さっそうとした, 派手な, 粋(いき)な. **～·ly** *adv.*

dásh lìght *n.* (自動車の)計器盤の照明灯.

dásh·pòt *n.* 〖機械〗ダッシュポット, はじきつぼ《機械部分の衝撃的な運動を緩和する装置で空気・油などの液体を封入したシリンダーとピストンから成る》.

Dasht-e-Ka·vir [dɑ́:ʃtɪkɑ:víə | -víə(r)] *n.* (*also* **Dasht-i-Ka·vir** [～]) [the ～] カビール砂漠《イラン北部中央の大きな鹹(かん)[塩]砂漠; 面積 47,000 km^2》.

Dasht-e-Lut [dɑ́:ʃtɪlú:t] *n.* (*also* **Dasht-i-Lut** [～]) [the ～] ルート砂漠《イラン中央から東南にかけて広がる一大砂漠; 面積 52,000 km^2》.

dash·y [dǽʃi | -ʃɪ] 〖⇨ -y[4]〗 *adj.* (**dash·i·er**; **-i·est**) 派手な, 派手好みの, 粋(いき)な (showy).

das·n't [dǽsnt, dǽz-] (*also* **dass·n't** [dǽsnt], **das·sent** [dǽsnt]) 《米方言》dare not の縮約形.

das·sie [dǽsi, dɑ́:si | -sɪ] 〖⊏ Afrik. ～ (dim.) ← *das* hyrax〗 — *n.* 〖動物〗アフリカ産のケープハイラックス属 (*Procavia*) のイワダヌキの総称《ケープハイラックス (*P. capensis*) など》.

das·tard [dǽstəd | dǽstəd, dɑ́:s-] 〖(1440) ← ? ON *dæst(r)* exhausted ((p.p.) ← *dæsa* to groan)＋-ARD〗 *n.* 卑怯者, 腰抜け, 卑劣漢.

dás·tard·ly *adj.* 卑怯な, 卑劣な: a ～ crime. **dás·tard·li·ness** *n.*

da·stur[1] [dəstúə | -túə(r)] 〖⊏ Hindi *dastūr* custom〗 *n.* 《インド》 **1** 慣例, 慣習. **2** (周旋人などの)(一定の)手数料.

da·stur[2] [dəstúə | -túə(r)] 〖⊏ Pers. *dastūr*〗 *n.* パルシー教 (Parsiism) の高僧.

das·y- [dǽsi | -sɪ] 〖← NL ～ ← Gk *dasús* hairy, thick: cf. dense〗「密な (thick), 荒い (rough), 毛深い (shaggy)」の意の連結形.

Das·y·at·i·dae [dæ̀siǽtədì: | -sɪǽtɪ-] 〖← NL ～ ← DASY-＋Gk *batís* ray, skate＋-IDAE〗 *n. pl.* 〖魚類〗(ガンギエイ目)アカエイ科.

Das·y·cla·da·ce·ae [dæ̀sɪklədéɪsiì:, -sə- | -sɪ-] 〖← NL ～ ← DASY-＋Gk *kládos* young branch＋-ACEAE〗 *n. pl.* 〖植物〗(クダモ目)カサノリ科.

da·sym·e·ter [dæsímət̬ə, də- | -mɪtə(r), -mə-] 〖⇨ dasy-, -meter[1]〗 *n.* (昔の)ガス密度計.

das·y·phyl·lous [dæ̀səfíləs | -sɪ-] 〖⇨ dasy-, -phyllous〗 *adj.* 〖植物〗 **1** 葉がこんだ[密な]. **2** 密毛のある葉をもった.

da·syp·o·did [dæsípədɪd, də-, -dəd | -dɪd] 〖↓〗 *adj., n.* 〖動物〗アルマジロ科の(動物).

Das·y·pod·i·dae [dæ̀səpɑ́dədì: | -pɔ́dɪ-] 〖← NL ～: ⇨ dasy-, -pod[1], -idae〗 *n. pl.* 〖動物〗アルマジロ科.

das·y·ure [dǽsijùə | -sɪjùə(r)] 〖(1839) ← NL *Dasyūrus*: ⇨ dasy-, -urus〗 *n.* 〖動物〗フクロネコ《オーストラリア・Tasmania 産の地上生の肉食有袋類》.

das·y·u·rid [dæsijú(ə)rɪd, -rəd | -júərɪd] 〖↓〗 — *n.* 〖動物〗フクロネコ科の動物.

Das·y·u·ri·dae [dæ̀sijú(ə)rədì: | -júərɪ-] 〖← NL ～: ⇨ dasy-, -urus, -idae〗 — *n. pl.* 〖動物〗(有袋目)フクロネコ科.

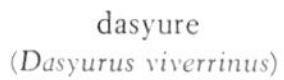

dasyure
(*Dasyurus viverrinus*)

DAT 《略》differential aptitude test 適性判別テスト.

dat. 《略》〖文法〗dative.

da·ta [déɪt̬ə, dǽt̬ə, dɑ́:t̬ə | déɪtə, dɑ́:tə] 〖⊏ L ～: ⇨ datum〗 — *n.* **1** datum の複数形. **2** [複数または単数扱い]資料, データ; (観察によって得られた)事実, 知識, 情報 (facts), 覚え書 (notes). ★ 最近では特に《米》では単数扱いが多くなってきた: gather ～ on …に関する資料を集める / a ～ book 参考資料書 / *These* ～ *are* [*This* ～ *is*] incorrect. このデータは不正確だ. **3** 〖電算機〗データ《電算機に打込む何らかの意味をもった数字・文字・記号など》: ⇨ data bank, data processing.

dáta bànk *n.* 〖電算機〗データバンク《情報要求者を対象にして情報を提供するよう構成された電子計算機システムあるいは情報提供機関; cf. data base》.

dáta bàse *n.* 〖電算機〗データベース (cf. data bank): **a** 特定のプログラムで使用するのではなく, 一般的用途に使用できるように構成されたデータの集合. **b** 情報提供のために収集整理されたデータの集まり, またこれを用いた情報提供サービス.

dat·a·ble [déɪt̬əbl̩ | -tə-] *adj.* **1** 時日[時代]を推定[測定]できる. **2** 《口語》デートしたくなるような: a ～ girl.

dáta communicátion tèrminal *n.* 〖電算機〗データ通信端末 (⇨ terminal *n.* 8).

da·tal [déɪt̬l̩ | -tl] 〖(1560) *daytale*: ⇨ day, tale[1]〗 *n.* (主に炭鉱の)日給制, 日払い制.

dáta lìnk *n.* 〖電算機〗データリンク《電子計算機などの通信のために設けられた通信線; 略 D/L》.

da·tal·ler [déɪt̬ələ | -tələ(r)] 〖⇨ datal, -er[1]〗 *n.* 《英方言》日雇い労働者, (特に炭鉱の)日雇い.

da·ta·ma·tion [dèɪt̬əméɪʃən | -tə-] 〖← DATA＋(AUTO)MATION〗 *n.* 〖電算機〗自動データ処理.

dáta pròcessing *n.* 〖電算機〗データ処理《電子計算機などにより, データを処理する過程; 略 DP, D.P.; cf. information processing》.

dáta pròcessor *n.* 〖電算機〗データ処理装置.

da·ta·ry [déɪt̬əri | -tərɪ] 〖⊏ ML *datāri-us* (the officer), *datāri-a* (the office) ← *data* 'DATE[2]': ⇨ -ary〗 — *n.* 〖カトリック〗 **1** ローマ教皇庁掌璽(しょうじ)院《聖職禄付き聖職を志望する者の適格審査に当る教皇庁の部局》. **2** ローマ教皇庁掌璽院長.

dat·cha [dɑ́:tʃə; *Russ.* dátʃə] *n.* ＝dacha.

date[1] [déɪt] 〖(*c*1300) ⊏ OF ～ < L *dactylum* ⊏ Gk *dáktulos*《原義》finger: その形から: ⇨ dactyl〗 — *n.* **1** 〖植物〗ナツメヤシ (*Phoenix dactylifera*) 《date palm ともいう》. **2** ナツメヤシの実.

date[2] [déɪt] 〖(*c*1330) ⊏ (O)F ～ ⊏ ML *data* (things) given, announced (fem. p.p.) ← *dare* to give ← IE **dō-* to give (Gk *didōmi* I give / Skt *dadāti* he gives)〗 — *n.* **1** 日付, 年月日(の表示)《しばしば場所も含む》: the ～ of birth 生年月日 / under ～ (of) Jan. 5 1 月 5 日付の / What's the ～ today? きょうは何日ですか (cf. What day is (it) today?). ★ 日付の書き方として代表的なものを次に示す: (1) April 10, 1981《現代の正式な書き方》. (2) Apr. 10th, 1981《やや旧式な書き方》. (3) Apr. 10, 1981《現代の最も普通な書き方; 米国では 1st, 2nd, 3rd, 4th… とせずに単に 1, 2, 3, 4… と記す方がよいとされている》. (4) 10 April 1981《特に米国の軍関係者・科学者が好んで用いる書き方》. (5) 4/10/1981; 4/10/81《米国式の簡略な書き方; 月・日・年の順》. (6) 10/4/1981; 10/4/81 [時に X-4-81]《英国および北欧式の簡略な書き方; 日・月・年の順》.

2 期日, 日取り; 期限: at an early ～ 近々 / without ～《米》日をきめずに, 無期限に (without day) / The ～ is set for May 10. 日は 5 月 10 日ときめられた.

3 a 年代, 時代: antiquities of Roman ～ ローマ時代の遺物. **b** 期間; 生存期間. **c** 《古》終り, 終末.

4 [*pl.*] (人の)生没年, (物事の)始まりと終りの年; (王などの)統治期間: Milton's ～*s* are 1608 to 1674.

5 〖商業文〗当日, 同日; 《口語》本日 (today): The *Times* of ～ 本日のタイムズ紙.

6 《口語》**a** (日時を指定した, 特に異性との)会う約束, デート; (一般に)会合の約束: a coffee ～ コーヒーを飲むデート / ⇨ blind date 1 / go *on* a ～ デートに行く / have [make] a ～ for dinner *with* a person 人と食事の約束がある[をする] / break [keep] a ～ *with* …とのデート[会合の約束]を破る[守る]. **b** デートの相手: Bessy is his ～. / his occasional dinner ～ 時々夕食を共にする相手.

7 《口語》出演契約; 出演.

bring up to date 最新のものにする, 現代化する; 〈人〉に〔…について〕最新の情報を与える〔*on*〕. ***down to date*** ＝*up to* DATE. ***of even date*** 〈手紙など〉同じ日付の: your letter *of even* ～ 同日付のお手紙. ***out of date*** 時代遅れの, すたれた, 旧式の (cf. out-of-date): go *out of* ～ すたれる. ***to date*** 今日まで(のところ): the progress made *to* ～ 今日までになされた進歩.

up to date (1) 今日まで(の), 今まで(の). (2) 最新式に[の] (cf. up-to-date).
date of record [the —]〘商業〙(配当などの)権利確定期日, 割当日, 基準日.
— *vt.* **1** …に年月日を書く, 日付を記入する: a bill ~*d* the 30th of January 1月30日付の手形 / The letter is ~*d* from Paris. その手紙はパリ発になっている. **2** …の時日を定める; …の年代を算定[推定]する: It is very hard to ~ this vase. この壺の年代をきめることはきわめて困難だ. **3**《口語》**a**〈文学作品・絵画など〉の時代[時期]を示す: The characteristic style ~*s* his works. 独特な文体で彼の作品の時期がわかる. **b**〈芸術家・芸術作品などを〉古く[時代遅れに, 一時的なものに]する, …の新鮮味を失わせる. **c**〈人〉の年をはっきりと示す: His language surely ~*s* him. 言葉づかいで彼の年がわかる. **4**《口語》〈特に, 異性〉とデートする, 会う約束をする: be ~*d up* 約束でいっぱいである / She ~*d* David on Saturday night. 土曜日の夜デイビッドとデートした. **—** *vi.* **1** 日付がある: The letter ~*s from* London *on* New Year's Day. この手紙はロンドン発, 元日の日付になっている. **2 a**〔ある時代から〕始まる〔*from*〕: This custom ~*s from* before the war. この慣習は戦前に始まったものだ. **b** [~ *back* として](起源を推定して年代が)〔ある時代に〕さかのぼる〔*to*〕: The foundations of Oxford and Cambridge ~ *back to* the 12th century. **3**〈芸術・文体などが〉ある時代のものと認められる;《口語》古臭くなる, 時代遅れになる[である], 時代がかる. **4**《口語》〔異性と〕デートする, 会う約束をする〔*with*〕.
date·a·ble [déɪṭəbl | -tə-] *adj.* =datable.
dáte·bòok *n.* (新聞記者の)予定などをメモしておく手帳; (一般に)予定帳: check on one's ~.
dáte-còding *n.* 日付表示《食品をいつまでに食べればよいかを包装物に略記日付で記すこと》.
dát·ed [-tɪd, -ṭəd | -tɪd, -təd]〘(p.p.) ← DATE²〙 **—** *adj.* **1** 日付のある, 日付のついた: a ~ document. **2** 時代遅れの[になった], 旧式の: a ~ novelist. **~·ly** *adv.* **~·ness** *n.*
Da·tel, d- [deɪtél, ⸗⸗] *n.* デイテル《英国の郵政公社 (Post Office) が加入企業に提供する高速度の viewdata; cf. Prestel》.
dáte·less〘⇨ -less〙 **—** *adj.* **1** 日付のない; 年代[時期]のわからない. **2**《詩》無限の, 永遠の (endless). **3** いつごろのものかわからないほど古い, 太古からの: ~ hills. **4** いつまでも興味の失せない, 古臭くならない. **5**《米口語》(デート・会合の)約束のない, 約束[交際]相手のない. **6**《英方言》頭の変な, ばかな; もうろくした, ぼけた.
dáte·lìne *n.* **1** (新聞記事・手紙などの冒頭の)日付記入線《日付や場所を書く所》; (執筆・発行などの)日付と場所. **2** =date line. **—** *vt.* …に日付[発信地など]を付ける: a London ~*ed* dispatch ロンドン発電報.
dáte lìne *n.* 日付変更線《180度の子午線; 東から西にこの線を過ぎる時は日付を一日進ませ逆の場合には同じ日を二日繰り返す; 実際には Bering 海付近および Samoa, New Zealand 付近においてこの線とは多少出入りのあるものを国際日付変更線 (international date line) としている》.
「れ出す手腕.
date·man·ship [déɪtmənʃɪp] *n.* デートに女性を連
dáte·màrk *n.* 日付印; 製造年月日印.
dáte mùssel〘← DATE¹: この貝が指の形をしていることから; また, 海岸の岩石中に穴をあける習性があり隆起した岩にこの穴が残り, かつてそこが海岸であったことを示すことから得た名ともいう〙 **—** *n.*〘貝類〙イシマテガイ《*Lithophaga* 属の二枚貝; ナツメヤシの実に似たヨーロッパシギノハシ (*L. lithophaga*)
dáte pàlm *n.*〘植物〙=date¹ 1.
「など》.
dáte plùm *n.*〘植物〙カキ (persimmon), (特に)マメガキ (*Diospyros lotus*)《アジア産で黄色または紫色の小さい食用の実をつける》.
dát·er [-ṭə | -tə(r)] *n.* 日付印字器, 日付スタンプ.
dáte shèll *n.*〘貝類〙=date mussel.
dáte slìp *n.*〘図書館〙日限票《帯出日または返却日を記載するために図書館資料に張り付けられた紙片》.
dáte-stàmp *vt.*〈郵便物〉に日付印を押す.
dàte stámp *n.* 郵便日付印.
dáte trèe *n.*〘植物〙=date¹ 1.
dát·ing [-ṭɪŋ | -tɪŋ]〘⇨ -ing¹〙 **—** *n.* **1** 日付記入;〘商業〙(特に)先日付: a ~ machine [perforator] 日付印字[打抜き]器. **2**《口語》(異性と)会うこと, デート.
dáting bàr *n.*《口語》デート向きの酒場.
da·tiv·al [deɪtáɪvəl, də- | də-, deɪ-]〘⇨ ↓, -al¹〙 *adj.*〘文法〙与格の, 与格的な.
da·tive [déɪṭɪv | -tɪv]〘(*c*1434) ◻ L *dativ-us* given, of giving ← *dare* to give: ⇨ date², -ive〙〘文法〙 **—** *adj.* 与格の(略 dat.): the ~ case 与格《名詞・代名詞が間接目的語となっている時の格》/ a ~ verb ⇨ verb. **—** *n.* 与格, 与格形, 与格の語《例: I gave the boy an apple. における boy》: ⇨ ethical dative.
dátive ábsolute *n.*〘文法〙絶対与格, 独立与格構文《ラテン語の ABLATIVE ABSOLUTE を模倣したもので, OE から ME にかけて多く用いられた; 例: *Him sprecrendum*, hīe cōmon. (=He speaking, they came)》.
dátive bónd *n.*〘物理化学〙供与結合.
dá·tive·ly *adv.*〘文法〙与格的に, 与格として.
da·to [dáːṭou | -təu]〘◻ Sp. ~ ◻ Tagalog *datò*〙 *n.* (*pl.* **~s**) (フィリピン諸島南部や中央マレーシアなどのある種族の)社会的・宗教的指導者[貴族層]の称号.
dat·o·lite [déɪṭəlàɪt, -ṭl- | -təl-, -tl-]〘◻ G *Datolith* ← Gk *dateisthai* to divide: ⇨ -ite¹〙 **—** *n.*〘鉱物〙ダトーライト, ダトー石(せき) ($Ca_2B_5SiO_9(OH)_5$)《単斜晶系の鉱物, 塩基性火成岩中の二次的鉱物として産出する》.
dat·to [dáːṭou | -təu] *n.* (*pl.* **~s**) =dato.
da·tu [dáːtuː] *n.* =dato.
da·tum [déɪṭəm, dǽṭ-, dáːṭ- | déɪt-, dáːt-]〘(1646) ◻ L ~ 'given' (neut. p.p.) ← *dare* to give: ⇨ date²〙 **—** *n.* (*pl.* **da·ta** [-ṭə | -tə], 3, 4 では通例 **~s**) **1** [*pl.*] ⇨ data. **2** [通例 *pl.*]〘論理〙与件, 所与, 既知の事実. **3**〘数学〙既知数. **4**〘測量〙=datum plane. **5**〘心理〙=sense-datum.
dátum lèvel *n.*〘測量〙=datum plane.
dátum lìne *n.*〘測量〙基本水準線.
dátum plàne *n.*〘測量〙基本水準面《海図の基準面》.
dátum pòint *n.*〘測量〙基準点.
da·tu·ra [dəṭ(j)ú(ə)rə | -tjúərə]〘← NL ~ ← Hindi *dhatūra* < Skt *dhattūra* ← ?〙 *n.*〘植物〙ナス科チョウセンアサガオ属 (*Datura*) の植物の総称《有毒》.
daub [dɔ́ːb, dáːb | dɔ́ːb]〘(?*c*1380) *daube(n)* ◻ OF *daub-er* < L *dealbāre* to whitewash, plaster ← DE-¹+*albus* white (cf. album)〙 **—** *vt.* **1**〔…に〕〈泥や塗料を〉塗りつける〔*on*〕;〔…を〕〈壁など〉に塗る, なすりつける〔*with*〕: ~ plaster *on* a wall = ~ a wall *with* plaster 壁にしっくいを塗りつける. **2**〔泥・絵具などで〕よごす〔*with*〕. **3**〈絵〉に絵の具をまずく塗る, 塗りたくる; へたに描く: a poor picture carelessly ~*ed over* ぞんざいに絵の具をなすりつけたまずい絵. **—** *vi.* へたな絵をかく. **—** *n.* **1** 塗ること. **2** (泥のような)塗料. **3** 塗りつけたもの; へたな絵; よごれ, 斑点. **4** 粗悪な塗料用材料, (特に)安物のしっくい. **5**《俗》へぼ絵描き.
daube [dóub | dɔ́ub; *F.* doːb]〘◻ F ~ ← ? It. *addobbo* seasoning, sauce // ◻ Sp. *doba ← *dobar* to stew〙 **—** *n.* ドーブ《赤ワインを加えて蒸し煮にした牛肉・野菜のシチュー》.
dáub·er〘ME〙 *n.* **1** 壁に壁土を塗る人; へぼ絵かき. **2** 塗り刷毛(はけ), 塗り道具.
daub·er·y [dɔ́ːbəri, dáːb- | dɔ́ːbəri]〘← DAUB+-ERY〙 *n.* **1** 絵の具の塗りたくり, へぼ絵. **2** いいかげんなやりかた, ごまかし.
Dau·bi·gny [dòubinjíː | dàubɪ-; *F.* dobiɲi], **Charles François** *n.* ドービニ《1817-78; フランスのバルビゾン派 (Barbison school) の風景画家》.
daub·ry [dɔ́ːbri, dáːb- | dɔ́ːbrɪ] *n.* =daubery.
daub·ster [dɔ́ːbstə, dáːb- | dɔ́ːbstə(r)]〘← DAUB+-STER〙 *n.* へぼ絵かき.
daub·y [dɔ́ːbi, dáːbi | dɔ́ːbɪ]〘⇨ -y⁴〙 *adj.* (**daub·i·er, -i·est; more ~, most ~**) **1**〈絵が〉絵の具をなすりつけた, へたな. **2** べたべたする, べたつく.
Dau·det [doudéɪ | dáudeɪ; *F.* dodɛ], **Alphonse** *n.* ドーデ《1840-97; フランスの小説家: *Lettres de mon moulin*「風車小屋便り」(1868), *Tartarin de Tarascon*「タルタラン タラスコン」(1872)》.
Daudet, Léon *n.* ドーデ《1867-1942; フランスの小説家・ジャーナリスト; Alphonse Daudet の子》.
dau·er·schlaf [dáuəʃlàːf | dáuə-; *G.* dáuɐʃlàːf]〘◻ G ~ ← *dauern* to last+*Schlaf* 'SLEEP'〙 *n.*〘医学〙持続睡眠(療法).
daugh·ter [dɔ́ːṭə, dáː- | dɔ́ːtə(r)]〘OE *dohtor* < Gmc **doxtēr, *dhuktēr* (Du. *dochter* / G *Tochter*) < IE **dhug(h)əter* (Gk *thugátēr*)〙 **—** *n.* **1 a** 娘 (cf. son): She is the ~ of a merchant [a merchant's ~]. **b** 義理の娘 (daughter-in-law, stepdaughter); 養女 (adopted daughter). **2** (女子の)子孫: a ~ *of* Abraham アブラハムの娘, ユダヤ女 / a ~ *of* Eve イブの娘, 女性. **3** (ある国・土地などの)女: ~*s of* Jerusalem エルサレムの女たち (*Song of Solomon* 1:5, etc.). **4 a** (精神的な意味などでの)娘 (cf. *adj.* 1): a ~ *of* the church 教会の女性信者 / the ~*s* of Smith College スミス女子大の出身者たち. **b**〔事件などの〕生んだ女性〔*of*〕: a ~ *of* the French Revolution フランス革命の生んだ女性. **5**《古》おとめ (maiden). **6 a**〘物理〙=daughter element. **b**〘生物〙第一世の子.
a daughter of the horseleech (ヒルのように)ひどく貪欲な人, 飽(あ)くなき人 (cf. *Prov.* 30:15).
Daughters of the American Revolution [the —] 米国愛国婦人会《1890年首都 Washington で組織; 会員は独立革命の参加者の子孫; 略 DAR; cf. SAR》.
— *attrib. adj.* **1** 娘としての, 娘らしい; 娘のような関係にある: a ~ nation / ~ languages 分系的言語, 派生言語《ラテン語から出たフランス語・スペイン語など》. **2**〘生物〙(性にかかわらず)第一世の子の.
~·less *adj.*
dáughter céll *n.*〘生物〙娘細胞, 嬢細胞《細胞分裂の結果生じた2個の新しい細胞をもとの細胞 (mother cell) に対していう》.
dáughter cómpany *n.* 子会社.
dáughter élement *n.*〘物理〙娘元素《放射性元素の崩壊によって生じる元素; cf. parent element》.
dáughter·hòod *n.* **1** 娘としての身分; 娘のころ, 娘時代. **2**〘集合的〙娘たち (daughters).
dáughter-in-làw〘(*a*1382)〙 *n.* (*pl.* **dáughters-in-làw**) **1** 義理の娘, 嫁, (親からみて)息子の妻 (cf. son-in-law). **2**《俗用》=stepdaughter.
dáugh·ter·ly *adj.* 娘としての; 娘らしい, 娘のような: ~ affection. **dáugh·ter·li·ness** *n.*
dáughter núcleus *n.*〘医学〙(核分裂で新しく生れた)娘核.
dauk [dɔ́ːk, dáːk | dɔ́ːk] *n.*《インド》=dak.
Dáu·li·an bírd [dɔ́ːliən- | -liən-, -ljən-]〘*Daulian*: ← NL *Daulias* ◻ Gk *Daulías* woman of Daulis (= Procne): ⇨ -an¹〙 **—** *n.*〘鳥類〙=nightingale 1.
Dau·mier [doumjéɪ | dəu-; *F.* domje], **Honoré** *n.* ドーミエ《1808-79; フランスの画家・版画家, 諷刺的な作品で知られる》.
daun·cy [dɔ́ːnsi, dáːn- | dɔ́ːnsɪ]〘《変形》← DONSIE〙 *adj.*《米・方言》病身の, 虚弱な (sickly).
daunt [dɔ́ːnt, dáːnt | dɔ́ːnt]〘(?*a*1300) *daunte(n)* ◻ AF *daunt-er*=OF *danter*《異形》← *donter* (F *dompter*) < L *domitāre* to tame (freq.) ← *domāre* 'to TAME, vanquish, subdue'〙 **—** *vt.* **1** 威圧する, おどかす: ~ a bully with a look あばれ者をにらみつけておどす. **2** おじけづかせる, 恐れさせる; ひるませる, …の鋭気[気力]をくじく: be ~*ed* by the difficulty その困難におじけづく. **3**《英》〈塩漬けのニシン (herring) を〉樽に押し詰める.
nothing daunted《文語》少しも恐れず.
dáunt·less〘(1590)〙 *adj.* びくともしない, 豪胆な; 不屈の: ~ courage. **~·ly** *adv.* **~·ness** *n.*
dau·phin [dɔ́ːfɪn, -fən | -fɪn; *F.* dofɛ̃]〘(1418) ◻ F ~ ← *Dauphiné* (Counts of Vienne の家名) < ML *dalphīnum*=L *delphīnus* 'DOLPHIN': もとは中世南東フランスの領主の家名〙 **—** *n.* **1**〘フランス史〙ドーファン《フランス王太子の称号; 1349-1830年の王朝において王統第一王子》. **2** [D-]〘紋章〙フランス王太子の紋章.
dau·phine [dɔ́ːfíːn, dou-, ⸗⸗ | dɔ́ːfɪn, -fiːn; *F.* dofin] *n.*〘フランス史〙=dauphiness.
Dau·phi·né [dòufinéɪ | dáufɪnèɪ, -nɪ; *F.* dofine] *n.* ドーフィネ《フランス南東部の地方で Provence の北方; かつての州》.
dau·phin·ess [dɔ́ːfɪnɪs, -fə-, -nəs | dɔ́ːfɪnɪs, -nès]〘(fem.) ← DAUPHIN〙 *n.*〘フランス史〙フランス皇太子妃の称号.
daut [dɔ́ːt, dáːt | dɔ́ːt]〘← ?〙 *vt.*《スコット》やさしく撫でる, 愛撫する; 大事にする, かわいがる.
Dau·zat [douzáː | dəu-; *F.* doza], **Albert** *n.* ドーザ《1877-1955; フランスの言語学者》.
DAV, D.A.V.《略》Disabled American Veterans 米国傷痍(い)軍人団.
Da·vao [dáːvau, dəváu] *n.* ダバオ《フィリピン諸島中の Mindanao 島南東部の海港; 人口 393,000》.
Dave [déɪv]〘(dim.) ← DAVID〙 *n.* 男性名.
da·ven [dáːvən, dɔ́ːv-]〘◻ Yid. *davnen* to pray, worship〙 *vi.* (儀式的性格を帯びた)ユダヤ人特有の祈りを唱える.
D'Av·e·nant [dǽv(ə)nənt | -v(ɪ)-] (*also* **Dav·e·nant** [~]), Sir **William** *n.* (1606-68) 英国の劇作家・詩人, *The Siege of Rhodes* (1656) により英国オペラを創始; *The Wits* (1636).
dav·en·port [dǽvənpɔ̀ət, -pòət | -pɔ̀ːt]〘← ? *Davenport* (その製造者)〙 **—** *n.* **1**《米》(寝台にもなる)長椅子, 大型ソファー. **2**《英》(19世紀前期のちょうつがい式の傾斜蓋と側面に引き出しを備えた)書き物机.
Dav·en·port [dǽvənpɔ̀ət, -pòət | -pɔ̀ːt]〘19世紀の毛皮交易商 *Col. G. Davenport* にちなむ〙 *n.* 米国 Iowa 州東部の都市, Mississippi 川に臨む; 人口 99,000.
Davenport, John *n.* (1597-1670) 清教徒の牧師で米国 Connecticut 州 New Haven の創建者の一人.
Dav·en·try [dǽvəntri | -trɪ]〘OE *Daventrei* ← ?〙 *n.* イングランド Northamptonshire 州の古い町で BBC の放送局がある; 人口 55,000.
Da·vey [déɪvi | -vɪ]〘(dim.) ← DAVID〙 *n.* 男性名.
Da·vid [déɪvɪd, -vəd | -vɪd; *Du.* dáːvɪt, *F.* david, *G.* dáːfɪt, -vɪt, *It.* dáːvid, *Sp.* dabíd, *Russ.* davjít]〘◻ L *Dāvīd* ◻ Heb. *Dāwīdh*《原義》? beloved, friend〙 **—** *n.* **1** 男性名《愛称形 Dave, Davey, Davy, (ウェールズ) Taffy; 異形(ウェールズ) Daffyd, Dafod, Dai, Dawfydd》. **2**〘聖書〙ダビデ《ベツレヘムの Jesse の末子, Goliath を殺した; サウル (Saul) のあとを継ぎ国都を Jerusalem に定め約40年間イスラエルの王となる(紀元前約1000年頃); 旧約聖書中の「詩篇 (Psalms)」の作者と伝えられる》.
David and Jonathan 無二の親友 (cf. *1 Sam.* 18:1).
Da·vid·ic [dəvídɪk, deɪ-] *adj.*
Da·vid [déɪvɪd, -vəd | -vɪd], Saint *n.* (?-?601) ウェールズの司教, 同地方の教化に尽くし多数の会堂を建てた; ウェールズの守護聖人, 七守護聖人 (SEVEN Champions of Christendom) の一人; 祝日3月1日.
Da·vid [daːvíːd; *F.* david], **Jacques Louis** *n.* ダビッド《1748-1825; フランスの新古典主義画家》.
David I *n.* (1084-1153) スコットランド王 (1124-53); 英王 Henry 一世の死後, 同王の娘 Matilda を擁立して Stephen 王と争ったが失敗した.
Da·vi·da [dəvíːdə]〘(fem.) ← DAVID〙 *n.* 女性名《愛称形 Vida, 異形 Davina》.
Da·vid·son [déɪvɪdsən, -vəd-, -sn | -vɪd-], **Jo** or **Joseph** *n.* (1883-1952) 米国の彫刻家.
Davidson, John *n.* (1857-1909) スコットランド出身の詩人・劇作家; *Fleet Street Eclogues* (1893).
Da·vies [déɪvɪz, -vəz | -vɪs, -vɪz], **William Henry** *n.* (1871-1940) ウェールズ生れの英国の叙情詩人; *The Autobiography of a Super-Tramp* (自伝, 1908).
da Vignola, Giacomo *n.* ⇨ Vignola.
Da·vi·na [dəvíːnə]〘(fem.) ← DAVID〙 *n.* 女性名. ★ スコットランドに多い.

da Vin·ci [də víntʃi | -tʃɪ, -tʃiː; *It.* davíntʃi], **Leonardo** *n.* ダビンチ《1452–1519; イタリア盛期ルネッサンスの画家・彫刻家・建築家・科学者; *Mona Lisa* (*La Gioconda*) (1503), *The Last Supper* (1495–98?)》.

Da·vis[1] [déɪvɪs, -vəs|-vɪs] 〖もと家族名《縮約》← ME *Davyson* 'SON[1] of DAVID'〗 *n.* 男性名.

Da·vis[2] [déɪvɪs, -vəs|-vɪs] 〖← *Sir R. H. Davis* (1870–1965: その発明者)〗 — *attrib. adj.* **1** 潜水艦脱出のための: the ~ (submarine) apparatus. **2** (深海潜水における)減圧のための: the ~ chamber 減圧室.

Da·vis [déɪvɪs, -vəs|-vɪs], **Jefferson** *n.* (1808–89) 米国の政治家, 南北戦争時の南部連邦大統領 (1861–65).

Davis, John *n.* (1550?–1605) 英国の航海家: Falkland 島発見 (1592).

Davis, Richard Harding *n.* (1864–1916) 米国のジャーナリスト・小説家・編集者.

Dávis Cúp *n.* デビスカップ《1900 年米国の政治家 D. F. Davis (1879–1945) が英米対抗テニス試合の優勝賞杯として寄贈した大銀杯で, 1904 年以来他の国々をも含めてその争奪戦が行なわれている》: [the ~] デビスカップ争奪戦, デ杯戦.

Da·vis·son [déɪvɪsən-, -və-, -sn | -vɪ-], **Clinton Joseph** *n.* (1881–1958) 米国の物理学者; Nobel 物理学賞 (1937).

Dá·vis·son-Gér·mer expèriment [-gə́ːmə- | -gə́ːmə(r)-] 〖← *C. J. Davisson*+*L. H. Germer*: ともに米国の物理学者〗 — *n.* 《物理・結晶》デービソンガーマーの実験《結晶による電子線回折により電子線が波の性質をもつことを証明した実験 (1927)》.

Dávis Stráit 〖← *John Davis* (その発見者)〗 *n.* [the ~] デービス海峡《Greenland と Baffin Island との間の海峡》.

dav·it [déɪvɪt, dǽv-, -vət | dǽvɪt] 〖《1373》□ AF & OF *daviot* (dim.) ← *Davi* David: cf. *1 Sam.* 19: 12〗 — *n.* 《海事》 **1** ダビット, 鈎(ぎ)柱《ボートや錨などを上げ下ろしするための吊り柱, 2 本一組》. **2** 《古》= fish davit.

davits 1

Dav·itt [dǽvɪt, -vət | -vɪt], **Michael** *n.* (1846–1906) アイルランドの政治家; Land League の創設者.

Da·vout [dəvúː; *F.* davu], **Louis Nicolas** *n.* ダヴー《1770–1823; フランスの軍人, Napoleon 一世の元帥の一人; 称号 Duc d'Auerstaedt [dyk dawərstet], Prince d'Eckmühl [prɛ̃sdekmyl]》.

da·vy [déɪvi | -vɪ] 〖《縮約》← AFFIDAVIT〗 *n.* 《俗》= affidavit: take one's ~ *that*... [*to* the fact] ...と[その事実を]誓う.

Da·vy [déɪvi | -vɪ] 〖(dim.) ← DAVID〗 *n.* 男性名.

Davy, Sir **Humphry** *n.* (1778–1829) 英国の化学者 (cf. Davy lamp).

Dávy Jónes 〖《1751》← ?: cf. *Jonah* 2: 3, 5〗 *n.* 《俗》《海事》(伝説上の)海魔, 海の悪霊《船員のつけたユーモラスな名称》.

Dávy Jónes's lócker 〖↑〗 *n.* 海底; (特に海で死ぬ人の墓場としての)海: go (down) [be sent] to ~ 海底の藻屑(ず)となる.

Dávy lámp 〖← *Sir H. Davy* (その発明者)〗 *n.* デービー灯《初期の鉱山用安全灯の一種で炎のまわりを金網で囲ってメタンの着火温度以上にならないようにしたもの》.

Dávy's lócker *n.* = Davy Jones's locker.

daw[1] [dɔ́ː] 〖《?a1425》 *dawe* < ? OE *dāwe* < (WGmc) **dǣgw-* (OHG *tāha*)〗 *n.* = jackdaw.

daw[2] [dɔ́ː, dáː] *vi.* (~**ed**; ~·**en** [~ən]) 《廃・スコット》= dawn.

daw·dle [dɔ́ːdḷ] 〖《a1656》← ?: cf. 《方言》*daddle* to totter like a baby〗 — *vi.* **1** ぶらぶらして時を過ごす, ぐずぐずする: ~ *over* one's work だらだら仕事をする. **2** ぶらぶら歩く. — *vt.* 〈時を〉空費する 〈*away*〉: ~ *away* the hours. — *n.* **1** ぶらぶら(時を空費)すること. **2** = dawdler.

dáw·dler [-dlə, -dḷə | -dlə(r), -dḷə(r)] *n.* のろま, ぐず; 怠け者.

Dawes [dɔ́ːz], **Charles Gates** [géɪts] *n.* (1865–1951) 米国の政治家・財政家, 副大統領 (1925–29), Dawes plan の立案者; Nobel 平和賞 (1925).

Dáwes plàn *n.* [the ~] ドーズ案《第一次大戦後のドイツ賠償案が支払能力を超えていたために作成された改定案, 1924–29 年実施; cf. Young plan》.

dawg [dɔ́ːg] *n.* 《口語》= dog.

dawk [dɔ́ːk, dáːk | dɔ́ːk] *n.* = dak.

dawn [dɔ́ːn, dáːn | dɔ́ːn] 〖《1449》《逆成》← DAWNING: cf. ME *daue(n)* < OE *dagian* to dawn〗 — *n.* **1** 夜明け, あけぼの, 黎明(れい): at ~ 明け方に / from ~ till dusk [dark] 夜明けから夕暮れまで / *Dawn* is breaking. 夜が明けようとしている. ★ ラテン語系形容詞: auroral. **2** [通例 the ~] (ものごとの)発端, 始め, 始まり; 黎明, 曙(しょ)光, 夜明け: *the* ~ *of* intelligence [civilization, hope, peace] 人知[文明, 希望, 平和]の曙光 / before [since] *the* ~ of history 有史以前[以来]. **3** 《口語》突然の悟り, ひらめき, ぴんとくること.

came the dawn (1) (苦難のあとで)光りが見えてきた, 峠を越した. (2) わかってきた, ぴんときた.

— *vi.* **1** 夜が明ける, 空が白む: the ~*ing* light 夜明けの光 / It [Day, Morning] ~*s.* 夜が明ける, 空が白む. **2 a** 〈才知・意識・文化などが〉(徐々に)発達し始める, 現われ始める, 兆す: ~*ing* consciousness [intelligence] 現われ始めた意識[理知] / At once a suspicion ~*ed* in my mind. たちまち私の胸に疑いの念が兆した. **b** 〈物が〉現われ出す, 見え出す: a ~*ing* mustache そろそろ生え出した口ひげ. **3** 〈事が〉〔人(の心)に〕わかり始める 〔*on, upon*〕: *It* has ~*ed upon* me *that* ... ということが私にわかってきた.

~·**lìke** *adj.*

Dawn [dɔ́ːn, dáːn | dɔ́ːn] 〖↑〗 *n.* 女性名. ★ 19 世紀末から使われ始めた.

dawn·ing [dɔ́ːnɪŋ, dáːn- | dɔ́ːn-] 〖《c1250》 *dauninge* 《変形》← *dauinge* < OE *dagung* ← *dagian* ← (WGmc) **daʒa* (cf. day): ⇨ -ing[1]: -n- は ON (cf. Swed. & Dan. *dagning*) または evening の影響〗 — *n.* **1** 夜明け, あけぼの; 東天, 東方. **2** (ものごとの)兆し, 出現, 始まり: the ~ *of* a new era [culture] 新時代[文化]の黎明(れい).

dáwn patròl *n.* **1** 《軍事》払暁偵察(飛行)《早朝にその日の敵軍の位置や動きを偵察するために行なう》. **2** (ラジオ・テレビの)早朝番組担当職員.

dáwn rèdwood *n.* 《植物》中国産のヌマスギ科の針葉樹 (*Metasequoia glyptostroboides*)《米国 California 産のアメリカスギに似ている; 長い間絶滅したと考えられていたが今では米国にも広まっている》.

Daw·son [dɔ́ːsn] 〖カナダの地質学者 *G. M. Dawson* (1849–1901) にちなむ〗 — *n.* カナダ北東部の都市; Yukon 川と Klondike 川の合流点; もと Yukon Territory の首都; 人口 800.

Dawson, Sir **John William** *n.* (1820–99) カナダの地質学者・博物学者.

Dáwson Créek *n.* カナダ British Columbia 州北東部の町, Alaska Highway の起点; 人口 12,000.

dawt [dɔ́ːt, dáːt | dɔ́ːt] *vt.* 《スコット》= daut.

day [déɪ] 〖OE *dæg* < Gmc **daʒaz* 《原義》? time when the sun is hot (Du. *dag* / G *Tag* / Dan. & Swed. *dag*) ← IE **dhegh-* to burn (L *fovēre* to warm / Gk *téphra* ashes / Skt *nidāgha* heat, summer) // ← IE **agher-* day〗 — *n.* **1 a** 日中, 昼(間); 日光: in broad ~ 昼日中に, 真っ昼間に / before ~ 夜明け前に / all ~ (long) = all the ~ 日中ずっと, 終日, 一日中 / ~ and night = night and ~ ⇨ night 成句 / (as) clear as ~ 昼のように明るい; きわめて明白で / *Day* breaks [dawns]. 夜が明ける. **b** [D-] 《ギリシャ神話》昼の神《Nyx の子; cf. Hemera》.

2 a 一日, 一昼夜, 日: every ~ 毎日 / every other ~ = every second ~ 一日置きに / one (fine) ~ (過去, 時に未来の)ある日, 他日 / the other ~ 先日, 過日 / the previous ~ = the ~ before その前日 / some ~ いつかそのうちに, 他日 / in a ~ 一日で, 短日月に, 一朝一夕に / (the) ~ after tomorrow 明後日, あさって / (the) ~ before yesterday 一昨日, おととい《★ 上の 2 例で the を略すのは《米》》 / a creature of a ~ 一日限りの(短命の)動物 / ⇨ day's work / There was a furious storm the ~ we crossed the channel. 我々が海峡を渡った日に猛烈な嵐に出くわした《★ the day は 'on the day when' の意》 / I never know what will happen from one ~ to another [the next]. (毎日)明日は何が起こるかとおちおちできない. ★ ラテン語系形容詞: diurnal. **b** 《天文》(地球以外の)天体の 1 日《その 1 回の自転に要する時間》: The moon's ~ is 27 solar ~*s.* 月の 1 日は 27 太陽日である.

3 a 特定の日; 祭日, 祝日; 催し日; 期日, 約束の日, 日取り: assign [fix, set] a ~ 日を定める / one's ~ (毎週 1 回の)面会日 / keep one's ~ 期日[約束]を守る / name the ~ (特に女性が自分の結婚の)日取りを決める / ⇨ Christmas Day, Armistice Day, Memorial Day, New Year's Day, payday, red-letter day. **b** [the ~] 《スコット》きょう, 今日 (today).

4 労働[勤務]時間の 1 日: an eight-hour ~ 8 時間労働日 / by the ~ 1 日いくらで / ⇨ working day.

5 1 日の行程: The boat was seven ~*s* out of port. 船は港を出て 7 日たっていた.

6 [通例 the ~] (ある日に起こる)戦い, 勝負: win [carry, save] *the* ~ 勝つ / lose the ~ 負ける / *The* ~ is against us. 我が軍[我が方]不利 / *The* ~ is ours. 勝利はこちらのもの.

7 [しばしば *pl.*] 時代; [the ~] 現代, 当代 (cf. hour 3): *in* the ~*s* of Queen Elizabeth エリザベス女王の時代に / *in* ~*s* to come 将来において / *in* ~*s* gone by = *in* (the) olden ~*s* 昔 / *in* those ~*s* そのころ / these ~*s* 当今は / *at the* present ~ 現今 / men of *the* ~ 時の人《当代の重要人物》 / *in* the ~*s* of the telephone and telegraph 電話と電報の時代に / It is incredible that some people should still believe in ghosts *in* this ~ and age. この現代になってまだ幽霊の存在を信じているものがいるとは信じられない.

8 a [しばしば *pl.*] (人の)一生: end one's ~*s* 一生を終える / in one's last ~*s* 晩年において. **b** 活動時代, 盛りの時代; 幸運の時, 景気のよい時: He was a great singer *in* [*on*] his ~. 彼は若い頃はすばらしい歌手だった / I read much *in* [*on*] my ~. 若い頃は大の読書家だった / It's not your ~ today. もう君の時代ではない / Every dog has his [its] ~. 《諺》だれでも悪いことばかりはない《いい時もある》.

9 (窓の)一区切り.

10 初め, すべり出し, スタート: a new ~ for the two 二人にとって新しい出発.

be named on [***in***] ***the same day*** = *be mentioned in the same* BREATH. ***between two days*** 夜通し. ***by day*** 昼間(に), 日中(は) (cf. *by* NIGHT): work *by* ~. ***call it a day*** 《口語》これで 1 日分の仕事だと言う, それで今日は終りにする; 仕事を一応お仕舞いにする, やめる: Let's *call it a* ~. これで今日の仕事は終りにしよう. ***day about*** 隔日に, 一日置きに (every other day). ***day after day*** (同じ状態が)次の日も次の日も, 毎日毎日. ★ day by day と同様に副詞句として用いるほかに, 名詞的に主語としても用いる: *Day after* ~ went by, and still no answer arrived. 一日一日が過ぎて行ったが返事が来なかった. ***day and night*** ⇨ night 成句. ***day by day*** (変化が)一日一日と, 日毎に, 日々 (cf. NIGHT *by night*): *Day by* ~ things are going worse. 一日一日事態が悪化してきている. ***day in***(,) ***day out*** = ***day in and day out*** 明けても暮れても, 毎日毎日. (***from***) ***day to day*** 一日一日と; その日その日で, 当座しのぎに (cf. day-to-day): The weather changes *from* ~ *to* ~. 天気は一日一日変わる / He just made his plans *from* ~ *to* ~. (将来の見通しがなく)その日その日で計画を立てるだけだった. ***from one day to another*** [***the next***] ⇨ 2 a. ***have seen better*** [*one's* ***best***] ***days*** 〈人が〉(今は落ちぶれているが)昔はよい時もあった; 〈衣服・家などが〉今では着古されてくたびれて[がたがきて]いる: He *has seen better* ~*s.* 彼にも全盛時代が一度はあった / The old house *had seen its best* ~*s.* その古びた家は今は見る影もなかった. ***late in the day*** ⇨ late *adj.* 成句. ***make a day of it*** 《口語》一日楽しく遊ぶ[浮かれ騒ぐ]. ***one of these*** (***fine***) ***days*** いつか, そのうちに, 近日中に. ***one of those days*** 《口語》運命の日, 不幸の日. ***That will*** [***That'll***] ***be the day.*** 《口語》待つだけの価値がある; 《反語》そんなことは信じられない[ありそうもない], まさか. ***the day of small things*** 小さき事の日, 物事がすべて小規模な時代 (*Zech.* 4: 10). ***this day week*** [***month, year***] 来週[来月, 来年]のきょう; 先週[先月, 昨年]のきょう. ***Those were the days.*** 昔はよかった; 《反語》昔はひどかった. ***to a day*** 1 日たがわず, きっかり: five years ago *to a* ~ ちょうど 5 年前. ***to this*** [***that***] ***day*** 今日[その日]に至るまで: *To this* ~ no one knows [has found out] the truth. 今日までだれも真相を知らない[を突きとめたものはない]. ***turn night into day*** ⇨ night 成句. ***without day*** 日限を切らずに, 無期限に (sine die) 《《米》では without date ともいう》.

day in court (1) 《法律》法廷出頭日《法廷で弁論をするために指定された日》. (2) 意見[論証]を述べる機会, 適正な裁判を受ける機会: prepare for one's ~ *in court* 自分の見解を表明する日に備える.

Day of Atonement [the —] = Yom Kippur.

Day of Judgment [the —] = Judgment Day.

day of reckoning [the —] (1) (過去に犯した誤り・罪の)報いを受けねばならない日. (2) 最後の審判日 (Judgment Day).

days of grace 〖《なぞり》← L *diēs grātiae*〗 (手形などの支払期日後の)猶予日, 恩恵日《通例 3 日間》.

Day [déɪ], **Clarence** (**Shep·ard**) [ʃépəd | -pəd] *n.* (1874–1935) 米国のユーモア小説作家; *Life With Father* (1935).

Day·ak [dáɪæk, -ək] 〖□ Malay *dayak* up-country ← *darat* land〗 — *n.* (*pl.* ~, ~**s**) **1 a** [the ~(s)] ダヤク族《Borneo 原住民の一種族》. **b** ダヤク族の人. **2** ダヤク語.

da·yan [daːjáːn, daɪ-, -jɔ́ːn] 〖□ Heb. *dayyān* judge: ⇨ Dan[3]〗 *Heb. n.* (*pl.* **da·ya·nim** [-nɪm, -nəm | -nɪm]) ユダヤ人の宗教裁判官.

dáy bèacon *n.* 《海事》昼標《点灯装置のない航路標識》.

dáy·bèd *n.* デイベッド《壁に沿って置かれる昼間の休息用の長椅子; 17 世紀後期から 18 世紀にヨーロッパ諸国で流行した》.

daybed

dáy·bìll *n.* 芝居などの広告[宣伝]ポスター (cf. playbill).

dáy blìndness *n.* 《病理》= hemeralopia (↔ night blindness).

dáy bòarder *n.* 《英》通学生《寄宿舎にはいらないで食事だけを学校のまかないでする》.

dáy·bòok *n.* 日誌, 日記 (diary).

dáy bòy *n.* 《英》 **1** (寮生に対し)男の通学生, 通学男子生徒 (cf. boarder 1 a). **2** (住み込みに対し)通いの男の使用人[店員, 召使].

dáy·brèak 〖《1530》〗 *n.* 夜明け: at [toward] ~ 夜明けに[頃に].

dáy-by-dáy *adj.* 毎日毎日の, 日ごとの: the ~ entries of one's diary 日記の毎日毎日の書き込み事項.

dáy càmp *n.* (子供用の)昼間キャンプ《宿泊設備がなく平日の日中だけ使われる; cf. summer camp》.

dáy-càre *adj.* 《米》(昼働く婦人の子を預かる)託児の, 保育の: ~ services 託児機関.

dáy-care cènter *n.* = day nursery 1.

dáy clòck *n.* 日巻き時計.

dáy còach *n.* 《米》(列車の)普通客車 (cf. lounge car, parlor car).

dáy·drèam 〖《1685》〗 *n.* 白日夢, 空想. — *vi.* 空想に耽る. — *vt.* [~ *oneself* で] 空想に耽る. ~·**lìke** *adj.*

dáy·drèamer *n.* 空想家.

dáy·flòwer *n.* 《植物》咲いたその日のうちにしぼむ花の総称《ツユクサ (*Commelina communis*)・ムラサキツユクサ (spiderwort) など》.

dáy·flỳ *n.* 〘昆虫〙カゲロウ《蜉蝣(ふゆう)目に属する昆虫の俗称》.

dáy gìrl *n.* 《英》 **1** 女の通学生, 通学女子生徒. **2** 通いのお手伝い[女店員など].

dáy-glòw *n.* 〘気象〙昼間大気光.

Day-Glow [déɪglòu|-glàu] *n.* 〘商標〙デイグロー《螢光顔料を含んだ印刷用インクの一種》.

dáy jèssamine *n.* 〘植物〙ナス科ヤコウボクの一種 (*Cestrum diurnum*)《西インド諸島産; その白い花は日中に芳香を放つ》.

dáy làbor 〘《15C》〙 *n.* **1** 日雇い労働[仕事]. **2** [集合的] 日雇い労働者たち.

dáy làborer *n.* 日雇い労働者, 日かせぎ労務者.

dáy lètter *n.* 《米》昼間発送電報《低料金だが少し配達が遅くなる; cf. lettergram, night letter》.

Day Le·wis [déɪ-lúːɪs, -lúːəs | lúːɪs, -ljúː-, -lúɪs, -ljúɪs], **C**(**ecil**) *n.* (1904–72) アイルランド生れの英国の詩人・批評家, Nicholas Blake の筆名で推理小説家; 桂冠詩人 (1968–72); *Collected Poems, 1929–1933* (1935).

dáy·light 〘《?1200》 *dæi liht*〙 — *n.* **1 a** 昼光, 日光 (cf. sunlight, sunshine). **b** 〘写真〙デーライト, 昼光《太陽の直射光と空からの光の混合された光》. **2** 昼, 昼間; 夜明け: at ~ 夜明けに / in broad ~ 真っ昼間に, 白昼; 公衆の面前で. **3** 明らさまであること, 周知. **4** はっきり見えるすき間, あき《ボートレースのボートとボートの間隔, 酒と杯の縁の間, 乗馬者と鞍のすき間など》. **5** [*pl.*]《俗》目 (eyes); 視力; 頭の働き, 気転; (誇張的に)意識, 活動力, 生命: The horse worked his ~*s* out. 馬は働き疲れて死んでしまった.

beat [***knock, scare***] ***the*** (***living***) ***daylights out of*** *a person*《俗》〈人を〉(気絶するほど)ひどくたたきのめす[びっくりさせる] (cf. *n.* 5). ***burn daylight*** (1)《古》明るいうちにともしびをともす. (2) 時[精力]を浪費する, むだなことをする. ***let daylight into*** (1) …に光を入れる; …に穴を明ける. (2) …を明るみに出す, 世間に知らせる. (3)《口語》〈人〉を撃つ, 刺す, (撃ち・刺し)殺す: He said he would *let* ~ *into* me. 彼は土手っ腹に風穴を明けてやるぞと言った. ***No daylight!*** なみなみと(縁まで)つぎましょう《乾杯の前に toastmaster の言う言葉; cf. *n.* 4, heeltap 2 a》. ***see daylight*** (1)《口語》解決[完成]の曙光(しょこう)を認める, やまが見える; 理解する (*into, through*). (2)〈本などが〉日の目を見る, 出版[公表]される.

— *attrib. adj.* 〘写真〙〈フィルムが〉昼光用の, デーライトの.

— *vt.* **1** …に日光を与える, 日光にさらす. **2** …の見通しをよくするため(樹木などの)障害物を取り除く. — *vi.* 日光を与える.

dáylight fàctor *n.* 〘光学〙昼光率《直射日光を除く全天空光による屋外水平面照度に対する, 屋内のある場所における天空光による水平面照度の比》.

dáylight làmp *n.* 昼光電球.

dáylight-lóading *adj.* 〘写真〙〈カートリッジなどが〉日中装填の《暗室を必要とせず, 明るい所で取り扱えるものにいう》.

dáylight róbbery *n.* **1** 白昼の強盗. **2** = highway robbery 2.

dáylight sàving *n.* 《米》日光節約[利用]《夏季に時計を1時間進めて昼間時間を有効に利用する制度》.

dáylight-sáving tìme *n.* 《米》(夏季に時計を1時間進めてする)日光節約[利用]時間, 夏時間《英国では通例 summer time という; 略 DST》.

dáy lìly *n.* 〘植物〙 **1** ユリ科キスゲ属 (*Hemerocallis*) の植物の総称《1日で花がしぼむのでこの名がある; ワスレグサ (*H. aurantiaca*) など》. **2** = plantain lily.

dáy lòan *n.* 当日貸付け《通例無担保の約束手形だけで貸付け, その当日に満期支払いが行なわれる》.

dáy·lòng *adj.* 終日の: a ~ search [session]. — *adv.* 終日 (cf. all DAY long).

dáy·man [-mən, -mæ̀n] *n.* (*pl.* **-men** [-mən, -mèn]) **1** = day laborer. **2** 〘海事〙デイマン, 直外員《昼間引き続き働く代りに夜の当直を免ぜられている乗組員; carpenter, cook, steward, storekeeper など; idler ともいう》.

day·mare [déɪmɛ̀ə|-mɛ̀ə(r] 〘← DAY+(NIGHT)MARE〙 *n.* 覚醒夢, 白昼夢.

dáy·màrk *n.* 〘航空〙(日中操縦士に見える)昼間航空標識, 昼標.

dáy néutral *adj.* 〘植物生理〙〈植物が〉中日(ちゅうにち)性の《日照量の変化に関係なく発育・開花する; cf. long-day, short-day》.

dáy nùrsery *n.* **1** 保育所, 託児所. **2** 《英》(上流家庭の)昼の子供部屋.

dáy óff *n.* 《口語》非番, 休日.

dáy-ón *n.* 《俗》〘英海軍〙日直(士官).

dáy óut *n.* 外出日, (雇人の)休暇日.

dáy òwl *n.* 〘鳥類〙昼行性のフクロウ《オナガフクロウ (hawk owl) など》.

dáy relèase *n.* 《英》(学校に出席のため)労働者を昼間の仕事から解放する制度: the ~ course.

dáy retúrn *n.* 《英》通用当日限りの(割引)往復切符. **dáy-retúrn** *adj.*

dáy·ròom *n.* (寄宿学校・兵舎などで読書・書きものなどのできる)日中娯楽室.

days [déɪz] 〘ME *daies* < OE *dæges* (gen.) ← *dæg* 'DAY': ⇨ -s² 1〙 — *adv.* 《米口語》(いつも)昼間(に), 日中; いつでも: They sleep ~ and work nights. 昼間寝て夜働く.

dáy schòlar *n.* = day student.

dáy schòol *n.* 昼間学校 (cf. night school); 通学学校 (cf. boarding school).

dáy shàpe *n.* 〘海事〙昼標《昼間の航路標識としての形象やブイなど》.

dáy shift *n.* (昼夜交替制度の)昼間勤務, 昼番(時間) (cf. night shift).

dáy·sìde *n.* **1** 〘新聞〙昼番, 昼間勤務組《夕刊を出すために日中働く記者・職員; cf. nightside》. **2** 〘天文〙惑星の太陽に面した側.

days·man [déɪzmən] 〘《15C》 ← *day* (*fixed for trial*) + -s² 2 + MAN: cf. craftsman, etc.〙 *n.* (*pl.* **-men** [-mən, -mèn])《古》 **1** 仲裁人, 調停者 (arbiter). **2** = day laborer.

dáy·sprìng 〘ME〙 *n.* 《古・詩》= dawn.

dáy·stàr 〘OE *dæġ steorra*〙 *n.* **1** 明けの明星 (morning star). **2** [the ~]《詩》太陽.

dáy stùdent *n.* (宿泊設備のある大学 (residential college) の, 寄宿生に対して)通学生.

dáy's wórk *n.* **1** 1日(分)の仕事. **2** 〘海事〙日誌算法《毎日船の位置を推測するため, 日誌記載事項をもとに行なう計算》.

a good day's work 1日たっぷりの仕事, 十分な仕事: We have done *a good* ~. (今日は)たっぷり仕事をやってのけた. ***all in the*** [***a***] ***day's work*** [しばしば皮肉に] (いやなことだが)全く日常の[普通の, 当り前の]ことで, 珍しくもないことで: It's *all in the* ~.

dáy tànk *n.* 〘ガラス製造〙データンク《24時間で仕込みと成形を終るように設計された不連続操業の溶融装置》.

dáy tìcket *n.* 《英》= day return; 通用当日限りの切符.

dáy·tìme *n.* 昼, 昼間 (↔ nighttime): the ~ population (都心などの)昼間人口 / in the ~ 昼間に. — *adj.* 昼間に行なわれる: ~ flights 昼間飛行.

dáy·tìmes 〘⇨ -s² 1〙 *adv.* 《米》昼間に.

dáy-to-dáy *adj.* **1** 日々の: ~ work 〘土木〙日割勘定仕事 / ~ occurrences 日々の出来事. **2** 〘商業〙当座の, 日切りの: a ~ advance 当日貸, 当座貸. **3** その日暮しの: an aimless ~ existence 当てのないその日暮しの生活.

dáy-to-dáy lóan [**móney**] *n.* 《英》〘金融〙= call loan.

Day·ton [déɪtn] 〘米国の将軍 *Elias Dayton* (1737–1807) または創設者の一人 *Jonathan Dayton* (1760–1824) にちなむ〙 — *n.* 米国 Ohio 州南西部の工業都市; 人口 206,000.

Day·tó·na Béach [deɪtóunə- | -tə́u-] 〘建設者の *Mathias Day* にちなむ: ⇨ -ton, -a¹〙 — *n.* 米国 Florida 州北東部の都市で冬期観光地; 海浜のレーシングサーキットでも有名; 人口 46,000.

dáy-trìpper *n.* 日帰りの旅行者.

dáy·wòrk 〘OE *dæġweorc*〙 *n.* **1** 昼間の仕事 (↔ nightwork). **2** 日雇い仕事.

dáy·wòrker *n.* **1** 昼間働く人 (↔ nightworker). **2** 日雇い労働者.

daze [déɪz] 〘《?c1380》 *dāse*(*n*) ▭ ON *dasa-sk* to become weary: cf. Dan. *dase* doze, mope〙 — *vt.* **1** 〈打撃・恐怖・突然の事などが〉〈人〉に気が遠くなる思いをさせる, ぼーっとさせる (stupefy); まごつかせる, 困惑させる: be ~*d with* grief [happiness] 悲しみに打ちひしがれる[幸福で有頂天になる]. **2** 〈光が〉…の目をくらませる, まぶしくする (dazzle): ~ a person blind まぶしくして目をくらませる. — *n.* [a ~] ぼーっとした状態, 眩惑: be in *a* ~ ぼーっとして[気を失って]いる, 目がくらんでいる.

dáz·ed·ly [-zɪdli, -zəd- | -lɪ] 〘ME〙 *adv.* ぼーっとして; 目がくらんで.

daz·zle [dǽzl] 〘《1481》 (freq.) ← DAZE: ⇨ -le³〙 — *vt.* **1** 〈光などが〉まぶしくする, 〈人〉の目をくらませる. **2** 〈船体などに〉迷彩を施す, カモフラージュする. **3** 〈美しい物・はなやかな光景などが〉…の目をくらませる, 眩惑させる, 驚嘆させる. — *vi.* **1** 《古》(光やはでやかさで)目がくらむ, 眩惑される. **2** (美しく輝かしい有様で)印象的である, 感嘆する. **3** 輝く, 照り映える. — *n.* **1** 目をくらますこと, 目がくらむこと, 眩惑. **2** まぶしさ; まぶしい光. **~·ment** *n.* **dáz·zler** [-zlə, -zlə | -zlə(r, -zl-] *n.*

dázzle pàint *n.* (船体などに施す)迷彩.

dázzle sỳstem *n.* 〘造船〙迷装法, 迷彩塗装法.

dáz·zling [-zlɪŋ, -zl-] *adj.* 目もくらむばかりの, まぶしいほどの, 眩惑的な: a ~ smile. — *adv.* 目もくらむばかりに: ~ white. **~·ly** *adv.*

dB, db 《略》decibel(s).

D/B, d.b. 《略》daybook.

D.B. 《略》dark blue; day book; deals and battens; *L.* Dīvīnitātis Baccalaureus (= Bachelor of Divinity); Domesday Book; double-barreled.

dBA, DBA 《略》decibel A. ★ A は音量の大きさを示す.

d.b.a, dba 《略》doing business as [at].

D.B.A. 《略》Doctor of Business Administration.

D.B.E. 《略》Dame Commander of (the Order of) the British Empire.

D.B.H., d.b.h. 《略》〘林業〙diameter at breast height, diameter breast high 胸高直径.

DBI *n.* 〘商標〙ディービーアイ《phenformin の商品名》.

D. Bib. 《略》Douay Bible.

dbl. 《略》double.

DC 《略》〘米郵便〙District of Columbia.

DC, D.C., d.c., d-c 《略》〘電気〙direct current (cf. AC).

d.c. 《略》dead center; double column; double crochet; 〘海事〙drift correction 偏流値修正.

D.C. 《略》death certificate; decimal classification; decimal currency; depth charge; deputy chief; deputy commissioner; deputy consul; deputy counsel; 〘図書館〙Dewey Classification; diagnostic center; diplomatic corps; Disarmament Conference; Disciples of Christ; District Commissioner; District Court; District of Columbia; Doctor of Chiropractics.

D.C., D/C 《略》〘海事〙deviation clause 航路変更約款.

D.C., d.c. 《略》〘音楽〙da capo.

D.C.B. 《略》Dame Commander of (the Order of) the Bath.

DCF 《略》〘経営〙discounted cash flow method 割引現金流入法.

D.Ch.E 《略》Doctor of Chemical Engineering.

D.C.L. 《略》Doctor of Canon Law; Doctor of Civil Law.

D.C.M. 《略》〘英陸軍〙Distinguished Conduct Medal 功労章; District Court Martial 地方軍法会議.

D.C.V.O. 《略》Dame Commander of the Victorian Order.

DD 《記号》ブラジャーのカップサイズの一つ《最大でDの上》.

d/d, D/D 《略》〘手形〙…days after date 日付後…日払; demand draft 要求払手形, 送金小切手 (demand bill).

dd. 《略》dated; dedicated; delivered; drilled.

d.d. 《略》…days after date 日付後…日払; delayed delivery; delivered dock; *L.* dōnō dedit (= gave as a gift); 〘造船〙dry dock; due date.

D.D. 《略》Department of Defense; deputy director; Diploma in Dermatology; *It.* direttissimo (= fast train); discharged dead; dishonorable discharge; *L.* Dīvīnitātis Doctor (= Doctor of Divinity); 〘製紙〙double demy.

d—d [díːd, dǽ(ː)md] *adj., adv.* ⇨ damned *adj.* 2 b, *adv.* (cf. d—).

D dày, D Dày 〘*D* は *day* の頭文字から?, または *the day* の転訛?〙 — *n.* 〘軍事〙 **1** (第二次大戦で連合軍による)北フランス攻略開始日《1944年6月6日》. **2** 作戦計画実施日, 行動開始予定日, D日《行動開始予定日をDとし, その翌日, 2日目, 3日目…をそれぞれ D+1, D+2, D+3 …で表わす》. **3** 復員日 (day of demobilization). **4** 《英》= Decimal Day.

D.D.C. 《略》〘図書館〙Dewey Decimal Classification; 〘電算機〙direct digital control.

DDD 〘《頭字語》← *d*(*ichloro-*)*d*(*iphenyl-*)*d*(*ichloro-ethane*)〙 — *n.* 〘化学〙ディーディーディー ($(ClC_6H_4)_2CHCHCl_2$)《無色・結晶性の殺虫剤; DDT に近い関係にあるがこの方が動物に及ぶ害が少ないと考えられている; TDE ともいう》.

D.D.D. 《略》deadline delivery date; direct distance dialling.

D.D.D., d.d.d. 《略》*L.* dat, dicat, dēdicāt (= he gives, devotes, and dedicates); *L.* dono dedit dēdicāvit (= he gave and consecrated as a gift).

DDE 〘《頭字語》← *d*(*ichloro-*)*d*(*iphenyl-dichloro-*)*e*(*thylene*)〙 *n.* 〘化学〙ディーディーイー ($(ClC_6H_4)_2C_2Cl_2$)《DDT より毒性の少ない殺虫剤》.

D.D.S. 《略》Doctor of Dental Surgery.

D.D. Sc. 《略》Doctor of Dental Science.

DDT, D.D.T. 〘《頭字語》← *d*(*ichloro-*)*d*(*iphenyl-*)*t*(*richloro-ethane*)〙 — *n.* 〘化学〙ディーディーティー ($(ClC_6H_4)_2CHCCl_3$)《無色・結晶性の防疫用・農業用殺虫剤》.

DDVP 〘《頭字語》← D(IMETHYL) + D(ICHLORO-) + V(INYL) + P(HOSPHATE)〙 *n.* 〘化学〙= dichlorvos.

de¹ [dɪ, də] 〘▭ L *dē*: ⇨ de-¹〙 — *prep.* down from, from, off などの意で副詞句を造る: *de* facto (in fact; actual) / *de* jure (by right; legal) / *de* profundis (out of the depths (of sorrow, etc.)).

de² [də; *F.* d(ə), *It., Sp.* de, *Port.* də] 〘▭ F, It., Sp. & Port. ~ < L *dē* (↑)〙 — *prep.* of, from の意 (cf. von): coup *de* main. ★ (1) 次に母音がくると d' となる: coup *d'*état. (2) (特に貴族出身の)フランス系の人名の姓(元来は出身地名)に付ける (cf. von, van⁵): Guy *de* Maupassant / Jeanne *d'*Arc / *d'*Alembert.

DE 〘《頭字語》← *d*(*estroyer*) *e*(*scort vessel*)〙 *n.* 〘海軍〙護衛駆逐艦.

DE 《略》〘米郵便〙Delaware (州).

D.E. 《略》deflection error; Doctor of Engineering; Doctor of Entomology; 〘製紙〙double elephant; dynamical engineer; dynamite engineer.

de-¹ [dɪ, də] 〘ME ▭ OF *de-* // L *dē-* ← *dē* (away) from < ? IE *de-, *do- (OE *tō* 'TO' / L **dēter* bad (cf. deteriorate)): cf. de¹〙 — *pref.* ラテン語系の動詞[名詞, 形容詞]に付いて次の意味を含む動詞[名詞, 形容詞]を造る. **1** 下降 (down from): *de*bus, *de*train / *de*pend (= hang down) / *de*scend (= climb down). **2** 分離 (off, aside, away from): *de*cline (= turn aside) / *de*duce (= lead away) / *de*sist (= stand off) / *de*legate (= send away from oneself) / *de*throne (= remove from a throne). **3** 強意 (completely, thoroughly): *de*clare, *de*finite, *de*relict, *de*nude. **4** 悪化, 低下; 非難, 軽蔑: *de*value, *de*ceive, *de*lude, *de*ride, *de*test. **5** 除去: *de*flower, *de*frost, *de*hydrate. **6** 〘化学〙1個以上の原子を除去して得られる分子を含む: *de*oxyribose. **7** [dìː, díː]「反…, 非… (un-)」《特に -ize, -ify で終る動詞に付いて動詞の意味を反対にすることが多い》: *de*centralize, *de*vocalize, *de*calcify; *de*code, *de*compose, *de*control, *de*merit. **8** [dìː, díː] (特に -al, -ative で終る文法用語で)「…由来の, …派生の」の意: *de*adjectival, *de*verbative.

de-[2] [dɪ, də] 〖ME ◻ OF *de(s)-* (F *dé-*) < L *dis-*: ⇨ dis-[1]〗 ― *pref.* 分離・離脱の意を表わすフランス語系の接頭辞: *de*fy, *de*range, *de*velop. ★ 一般には de-[1] と混同されている.

dea [díː] *n.* 《米口語》=deacon 1.

deac [díːk] *n.* 《米口語》=deacon 1.

de·a·cet·y·late [dìːəsétəlèɪt, -tḷ- | -əsétɪl-, -æs-, -təl-] 〖← DE-[1]+ACETYLATE〗 *vt.* 〖化学〗(加水分解によって)…からアセチル基を脱離させる, 脱アセチルする.

de·a·cid·i·fy [dìːəsídəfàɪ, -æs- | -dɪ-] 〖← DE-[1]+ACIDIFY〗 *vt.* 〖化学〗脱酸する. **de·a·cid·i·fi·ca·tion** [dìːəsìdəfɪkéɪʃən, -fə-, -æs- | -dɪfɪ-] *n.*

dea·con [díːkən] 〖OE *dēacon, dīacon* ◻ LL *diāconus* ◻ Gk *diākonos* servant, minister, deacon ← *dia-* thoroughly+*-konos* (cf. *egkonein* to be active)〗 ― *n.* **1** 司祭 (priest) の下の聖職位: **a** 〖カトリック〗助祭. **b** 〖英国国教会・聖公会〗執事, ディーコン. **c** 〖東方正教会〗補祭, 輔祭. **2 a** 〖長老派教会〗執事〖長老(elders)と区別して教会の俗事を扱う平信徒〗. **b** 〖組合教会など〗牧師補佐役. **c** 〖モルモン教〗執事〖アロン神権 (Aaronic priesthood) の職のひとつ〗. **3** 《スコット》(職業組合の)組合長. **4** 《米口語》生れて間もない若い子牛; その皮. ― *vt.* **1** 《米口語》〈詩篇や賛美歌などを〉歌う前に1行ずつ朗読する〈*off*〉. **2** 《米俗》〈果物・野菜などを〉良いものを上にしてさも上等に見えるように荷造りする; …に粗悪品をまぜる, ごまかす. **3** 《ニューイングランド》〈豚などを〉去勢する.

Dea·con [díːkən], **Henry** *n.* (1822–76) 英国の科学者; 塩酸の接触酸化作用で塩素を製造した.

dea·con·ate [díːkənət, -nɪt] 〖⇨ deacon, -ate[1]〗 *n.* deacon の地位[職].

dea·con·ess [díːkənɪs, -nəs | -nɪs, -nès] 〖(15C) 《なぞり》← LL *diāconissa*: ⇨ deacon, -ess〗 *n.* 〖プロテスタント〗女(子)執事, 婦人牧師補; (教会雑務を助ける)婦人執事; (教会の)社会事業婦人会員, 女子奉仕団員.

déacon·hòod 〖ME〗 *n.* deacon の職[身分].

dea·con·ry [díːkənri | -rɪ] 〖(15C)〗 *n.* deacon の職; deacon および deaconess による救済事業.

déacon's bénch *n.* ろくろ挽きの細長い肘掛と背もたれから構成された教会の執事用のベンチ.

déacon·ship *n.* =deaconhood.

de·ac·ti·vate [dìːǽktəvèɪt | -tɪ-] *vt.* **1** 〈軍隊〉の現役任務を解く, 解隊する, 復員させる. **2** 〖化学〗〈化学薬品・触媒・酵素を〉不活性にする, …から活性をなくする, 不旋光性にする. **3** 〈爆発物など〉の効力をなくする, 爆裂しないようにする, 無害にする. **de·ac·ti·va·tion** [dìːæ̀ktəvéɪʃən | -tɪ-] *n.* **dè·ác·ti·và·tor** [-tə | -tə(r)] *n.*

dead [déd] 〖OE *dēad* < Gmc **dauðaz* (Du. *dood* / G *tot*) < IE **dhautós* (p.p.) ← **dheu-* 'to DIE[2]'〗 ― *adj.* **1** 〈人・動植物が〉死んだ, 死んでいる (↔alive, living); 死者の; 生命のない, 死物の; 枯死した, 枯れた: a ~ body 死体 (cf. *over one's* DEAD *body*) / ~ leaves 枯葉 / a ~ hedge 枯枝などで作った垣根 (cf. quick hedge ⇨ quick *adj.* 8) / be ~=have died / be ~ and gone 死んでしまった / be ~ and done for 死んで片づいた / fall ~ 死ぬ (cf. 5) / shoot a person ~ 人を射殺する / (as) ~ as mutton [as a doornail, as a herring, as four o'clock, as a nit] 全く死んで / (as) ~ as the [a] dodo ⇨ dodo 1 / *Dead* men tell no tales. 《諺》死人に口なし《秘密を知る者は殺せ; cf. Stonedead hath no fellow. ⇨ stone-dead》.

2 a 〈人・感覚などが〉麻痺した, 無感覚の, 感じない, 感応しない: ~ fingers (寒さなどで)無感覚になった[しびれた]指 / in a ~ faint 全く気を失って / be ~ *to* reason 理屈を言っても通じない, 理屈がわからない, 理性がない / be ~ *to* pity あわれみの心がない / be ~ *to* sin 罪の意識がない, 罪悪感がない / ⇨ *dead to the* WIDE, *dead to the* WORLD / He is ~ from the neck up. 《口語》頭の方はまるで空っぽだ. **b** 〈通信などが〉麻痺した, 不通の: The telephone has gone ~. 電話が不通になった.

3 a 生気[気力, 活力, 活気]のない, (精神的に)死んだ: a ~ description 精彩のない描写 / ~ forms (精神のない)死んだ形式, 虚礼 / a ~ party 楽しいところの全然ない会. **b** 〈市場など〉沈滞した: a ~ market / a ~ season (社交・取引などの)さびれた季節, 夏枯れ時.

4 《口語》(死んだように)ぐったり疲れた, 疲れきった.

5 (死んだように)動かない, 静まり返っている; 死んだも同様な / a ~ river よどんで流れない川 / the ~ hours (of the night) 人の寝静まった時刻, 真夜中, 丑(うし)三つどき / fall ~ 〈風が〉風(な)ぐ (cf. 1) / a ~ sleep (死んだ人のように)ぐっすり眠った眠り / ⇨ dead water.

6 共鳴[反響]のない; 〖ラジオ・テレビ〗〈スタジオが〉音の残響が残っていない, 吸音性の (cf. live[2] 10): a ~ floor 反響のない床 / ⇨ dead room, dead wall.

7 a 〈法律など〉効力を失った, 空文の: a ~ law. **b** 〈飲料など〉気の抜けた: a ~ beer. **c** 〈ボールなど〉弾力を失った, 弾まない; 〈ボールが〉(着地してから)すぐ止まる: a ~ ball. **d** 〈火が〉消えた; 〈マッチ・たばこなど〉火の消えた[つかない]: a ~ cigar [coal] 火の消えた葉巻[石炭] / a ~ match 火のつかないマッチ. **e** 〈火山が〉活動をやめた (extinct): a ~ volcano 死火山.

8 a 〈言語・慣習など〉すたれた, 古くなった, 死滅した (obsolete) (↔ living, active): ~ customs 今はすたれた習慣 / ⇨ dead language. **b** 使い切った, 機能を停止した: a ~ mine 廃坑.

9 a 非生産的な, もうからない, 売れない: ⇨ dead stock. **b** 〈土地が〉不毛の (barren): ~ soil.

10 出入口のない, ふさがった: a ~ hole 突き抜けていない穴 / a ~ street 行き止りの街路, 袋小路 / ⇨ dead end, dead wall.

11 〈音・色・光・香りなど〉鈍い, さえない, 重苦しい (dull): a ~ sound 鈍い音 / ~ yellow さえない黄色 / ~ gold いぶし金 / a ~ eye どんよりとした目.

12 a 絶対に確実な, 正確な: ⇨ *the dead* SPIT[2] *of* / ⇨ dead center 1, dead shot. **b** 全く高低のない, まっすぐな: a ~ level 少しの凹凸もない水平面; 完全な画一性 / in a ~ line 一直線に. **c** 突然な, 唐突な: come to a ~ stop [halt, stand] ぱったり止まる. **d** 取り返しのつかない, 絶対的な; 完全な, 全くの: a ~ silence 完全な沈黙, 全くの静けさ / a ~ blackout (舞台の)完全な消灯 / a ~ secret 全くの秘密 / a ~ calm 全くの無風, 大凪(なぎ) / with ~ certainty 確信をもって; きっと, 間違いなく / in ~ earnest 大まじめで, 真剣に / ⇨ dead loss.

13 〖電気〗電源に接続していない, 電流の通じていない: a ~ wire.

14 〖法律〗市民権を奪われた; (特に)財産権を失った.

15 〖印刷〗**a** 使用済みの; 不用の: ~ type 使用済みの活字 / ⇨ dead matter 1. **b** (印刷インクが付かないように)補刻された, 補刻の: ⇨ dead metal.

16 〖球技〗**a** (試合で)〈ボールが〉死んで(いる), アウトの (out of play) (cf. 7 c): a ~ ball 試合(一時)停止のボール (cf. live[2] 13). **b** 〈競技者が〉一時的にプレーを停止された.

17 〖ゴルフ〗〈ボールが〉(次のパットで)ホールイン確実な(位置にある).

18 〖トランプ〗=*out of* PLAY (2).

over one's dead body 《米俗》自分の目の黒いうちは[だれが何と言っても, 絶対に]…させない: *Over my* ~ *body* you will! 絶対にいけない.

― *adv.* **1** 全く, 完全に: ~ asleep ぐっすり眠って / ~ straight まっすぐに[な] / ~ tired ぐったり疲れて / ~ serious 大まじめな / ~ sure 絶対に確かで, 信じきって / ~ easy 《英口語》いとも容易で / cut a person ~ 人に会って全然知らぬ顔をする / His face was ~ white. 彼の顔は真青だった. **2** 真向から, まっすぐに; 正に, ちょうど: The port was ~ *ahead*. 港は真っ正面に見えた / They were ~ (set) *against* the plan. 彼らはその計画に真向から反対した / He is ~ set on becoming a scholar. 学者になろうと固く決心している (cf. dead set). **3** ぴたりと, ぱったりと: stop ~.

dead slow 〖海事〗極微速で[の].

― *n.* **1** [the ~] [通例集合的] 死者: *the* ~ and the living 死者と生者 / rise from *the* ~ 復活する. **2** (死のように)静寂な[陰気な, 寒々とした]時, 最も生気のない時間: in [the] ~ of night 真夜中に, 「丑(うし)三つ時」に / in the ~ *of* winter 真冬に. **3** 《米俗》=dead letter 2. **4** 〖金属加工〗押し湯〖鋳物が冷却し収縮する時に鋳引けができないようにするための湯だまり〗.

déad áir *n.* **1** 〖鉱山〗酸欠空気. **2** 《俗》〖ラジオ・テレビ〗デッドエアー〖送信機械の故障などによる放送の中断状態〗; 沈黙の時間.

déad-àir spáce *n.* 〖建築〗断熱空気層.

déad-alíve *adj.* 〈人・場所・事業など〉死んだも同様な, 活気[刺激]のない, 退屈な, 不景気な.

déad-and-alíve *adj.* =dead-alive.

déad ángle *n.* 〖軍事〗死角〖射程距離内にありながら直接射撃のできない角度; cf. dead space 1〗.

déad-annéal *vt.* 〖冶金〗〈鋼などを〉(その靭性(じんせい)・延性をよくするために)きわめてゆっくり焼きなます.

déad áxle *n.* 〖自動車〗固定車軸, 死軸〖荷重を支持するが, 回転はしない車軸; cf. live axle〗.

déad-bàll lìne *n.* 〖ラグビー〗死球線〖ゴールラインの後方25ヤード以内にゴールラインと平行に引かれた線〗.

déad bánd *n.* 〖電気〗=neutral zone 2.

déad·bèat[1] 〖← DEAD (adv.)+BEAT[1] (v.)〗 ― *n.* **1** 資産のない人, 一文なし. **2** 《米口語》ふだつきの(勘定の)踏み倒し屋; 居候 (sponge). **3** 《米口語》なまけ者, のらくら者 (loafer). ― *adj.* 一文なしの.

déad·bèat[2] 〖← DEAD+BEAT[1] (n.)〗 ― *adj.* **1** 〖機械〗速示の〖計器の指針が余り振れずにすぐに目盛を示すような〗: a ~ instrument 速示計器. **2** 〖時計〗直進の.

déad béat 〖← DEAD (adv.)+BEAT[1] (p.p.)〗 《口語》 *adj.* 疲れきった; 落ち目の, 惨敗した (cf. beat[1] *adj.*). ― *n.* 疲れきった人, 落ち目の人.

déadbeat escápement *n.* 〖時計〗直進脱進機〖脱進機の動作中がんぎ車に後退を生じない形式の脱進機; cf. anchor escapement; ⇨ escapement 挿絵〗.

déad bólt *n.* =deadlock 3.

déad·bòrn 〖OE *dēad-boren*〗 *adj.* 死産の.

déad cát *n.* 批判, 酷評; 非難.

déad cénter *n.* **1** (平らなものの)真々中 (cf. dead *adj.* 12 a): the ~ *of* a circle 円のちょうど中心. **2** 〖機械〗**a** (クランクの)死点. **b** 止まりセンター, 不動中心〖旋盤の心押軸のセンター (center)〗.

déad cólor [cóloring] *n.* (油絵の)下塗り.

déad dóg *n.* **1** 無用の長物. **2** 《米俗》くだらないやつ.

déad-drúnk *adj.* 酔いつぶれた.

déad-drúnkenness *n.* 泥酔.

déad dúck *n.* 《俗》全く役に立たなくなった[だめな]人[物], 望みのない人[物].

déad éarth *n.* 〖電気〗=dead ground 2.

dead·en [dédn] 〖(1665) ← DEAD+-EN[1] ∽ ME *deden* < OE *dēadian*〗 ― *vt.* **1** 〈活気・感受性・感情などを〉殺す, そぐ, 減殺する, 無感覚にする: ~ the senses. **2** 〈音・光沢・香り・苦痛などを〉消す, 弱める, 〈振動・音響などを〉鈍くする; 〈酒などの〉気を抜く: ~ the polish みがきを鈍らせる / ~ beer ビールの気を抜く / ~ the footfall 足音を消す. **3** 〈速力を〉落とす: ~ a ship's headway. ― *vi.* **1** 死滅する. **2** 〈音・活気などが〉消滅する, 弱まる. **~·er** [-dnə, -dṇə | -dṇə(r), -dn-] *n.* **~·ing·ly** [-dnɪŋli, -dṇ- | -dṇɪŋlɪ, -dn-] *adv.*

déad-énd *attrib. adj.* **1** 〈道路など〉行き止りの: a ~ street 袋小路. **2** 〈政策・行動など〉行き詰まりの, 進歩[発展]の見込みのない: a ~ plan 将来の展望のない計画 / a ~ job 将来性のない職. **3** 〖New York の貧民街を扱った Sidney Kingsley の戯曲 *Dead End* (1935) より〗《米口語》貧民窟の, どん底生活の: a ~ kid (貧民窟や裏町に住んでいるような汚ないなりをした)浮浪児; ちんぴら. ― *vt., vi.* 行き止りにする[なる].

déad énd *n.* **1** (管などの)閉じた一端; (通路などの)行き止り, 袋小路; (鉄道支線の)終端. **2** (政策・行動などの)行き詰まり, 窮境. **3** 〖ラジオ・テレビ〗スタジオ内で高効率の吸音材が施してある(音の反響がない)部分 (cf. live end).

dead·en·ing [-dnɪŋ, -dṇ- | -dṇ-, -dn-] 〖⇨ -ing[1]〗 *n.* **1** 防音[つや消し]材料. **2** 《米》木を枯らして作った森林の開墾地.

déad·er *n.* 《口語》死体 (corpse).

déad·èye *n.* **1** 〖海事〗三つ目滑車, デッドアイ〖マストの支索下端で, これを締めつけるための車のない一種のテークル装置〗. **2** 《俗》射撃の名手 (dead shot).

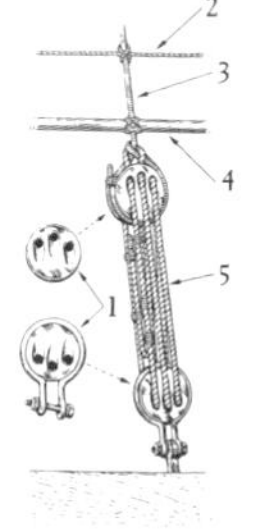

deadeyes
1 deadeyes; 2 ratline; 3 shroud; 4 sheer pole; 5 lanyard.

déad·fàll *n.* 《米》**1** (上から丸太などが落ちてきて野獣を取る)罠(わな) (cf. downfall). **2** (森林の)倒れ木; 倒れ木でふさがった地帯. **3** 《俗》低級な酒場, 秘密の賭博場.

déad fìre *n.* 〖気象〗=St. Elmo's fire.

déad flát *n.* 〖造船〗デッドフラット, (船体中央)平行部〖船体の横断面で相当の距離の間変化がない部分〗.

déad fréight *n.* 〖海運〗空荷運賃, 不積み運賃〖予約したよりも船荷の量が少なかった時に, 不足分に対して支払われる違約賠償金〗.

déad-frònt swítchboard *n.* 〖電気〗死面盤〖盤面に通電部分が露出しないようにした配電盤〗.

déad gróund *n.* **1** 〖軍事〗=dead space 1. **2** 〖電気〗完全地気, 全地気〖抵抗などを経ずに直接接地してしまう事故; dead earth ともいう〗.

déad hánd *n.* **1** 〖法律〗死手譲渡 (⇨ mortmain 1.) **2** (現在に対する)過去の圧迫感, (生者に対する)死者の圧迫感. **3** [D- H-] 〖病理〗=Raynaud's disease.

déad·hèad 《口語》 *n.* **1** 無賃乗客; (招待券持参の)無料入場者 (cf. paper *n.* 11). **2** 能なし; ばか, のろま; 退屈な人. **3** 回送(列)車; 無乗客機. **4** 《米》(ほとんど水面には現われない)漂流丸太材. **5** 《英》枯れた(頭状)花. **6** 〖海事〗=bollard. **7** 〖冶金〗押湯(おしゆ)〖鋳物の巣の発生を防ぐための部分, 凝固後本体から切り離す〗. ― *vi.* **1** 無料切符を使う, 無賃乗車する. **2** 《米口語》〈列車・飛行機などが〉無乗客無賃物運行する, 空回送[飛行]する, 空車で走る. ― *vt.* **1** 〈人を〉無賃乗車させる. **2** 《米口語》空車で走らせる[引っ張る]. **3** 《英》〈草花〉の枯れた花を取り除く[切り取る]. ― *adv.* **1** 無賃乗車で, 金を払わずに. **2** 《米》空車で.

Déad Héart *n.* [the ~] 《豪口語》(オーストラリアの)奥地.

déad-héat *vi.* (競走で)〔優勝または同位を〕分け合う〔*for*〕. **~·er** *n.*

déad héat 〖(1796)〗 *n.* (競走で)引き分け; (一般に)「タイ, 無勝負.

déad hórse *n.* (死んだ馬のように)役に立たないもの, 古臭い話題, つまらない問題. ★ 主に次の成句で: ***flog a dead horse*** (1) 話[話題]をむし返す. (2) むだ骨を折る. ***pay for a dead horse*** 古い借金を返す. ***work for a dead horse***=***work the dead horse*** (賃金先払いの)後働きをする.

déad·hòuse *n.* (病院・警察署の)死体仮置場.

De·a Di·a [díːə-dáɪə, déɪə-díːə] *n.* 〖ローマ神話〗デアディーア〖農業の女神; Arval Brothers によって祭られる; 主な祭日は5月〗.

déad lánguage *n.* 死語〖過去のある時期以後まったく使用されなくなった言語; ヒッタイト語・エトルリア語など; ↔ living language〗.

déad-lèaf bútterfly *n.* 〖昆虫〗コノハチョウ (*Kallima inachus*) 〖羽の裏の模様が枯葉に似ている〗; コノハチョウ属 (*K.*) のチョウ数種の総称.

déad létter *n.* **1** 〖法律〗空文, 死文. **2** (宛先不明の)配達不能郵便物.

déad-létter òffice *n.* (郵便本局の)配達不能郵便課.

déad lìft *n.* **1** (てこも滑車も用いない)力一杯の引揚げ. **2** 《古》必死の努力(を要するような仕事[状況]). ★ 通例次の成句で: ***at a dead lift*** 《古》救いようのない状態で, 窮地にあって, せっぱ詰まって(いる).

déad·lìght *n.* **1** 〖海事〗**a** 盲蓋(めくらぶた), 内蓋〖ガラスを保護し浸水を防ぎまたは灯光の漏れるのを防ぐための舷窓の蓋, 木製または鋼鉄製〗. **b** (甲板・船体などにはめ込んだ厚ガラスの)明かり取り. **2** あけることのできない天窓. **3** [*pl.*] 《俗》目 (eyes).

déad·lìne 〘(1860)〙 — *n.* **1** 死線, 射殺線《監獄や営倉の内部またはその周囲に画した限界線でそれを越えると射殺される》. **2** (新聞・雑誌の)原稿締切り時間; (一般に)最終期限: the five o'clock ~ 5 時の締切り / The ~ nears. 締切りが近づく / set no specific ~ 特に締切り期限を設けない. **3** 〘銀行〙 準備金限界線《銀行の準備金が不足となる限界》. **4** 越えてはならない線, 越えられない線, デッドライン. **5** 〘軍事〙 修理待機器材[車両]《修繕または定期整備のため集めた戦車などの車両または火砲群》. — *vt.* 〘軍事〙 修理待機させる, (修理・定期整備のため)〈戦車・火砲など〉の使用を禁止する.

déad·li·ness 〘ME〙 *n.* **1** 致命的なこと. **2** (殺さねばやまないほどの)執念深さ. **3** 猛烈さ.

déad lóad *n.* **1** 〘工学〙 死荷重, 静荷重, 固定荷重《構造物・車両・飛行機などのそれ自身の重さ; cf. live load》. **2** (工場のまだ応じていない)注文, 受注残高. **3** [*pl.*] 〘米口語〙 たくさん 〔*of*〕 (cf. load 6 a): ~*s of* houses [money].

déad lóan *n.* 貸倒れ金, 廃滞貸金.

déad·lòck 〘(1779)〙 — *n.* **1** (交渉などの)行き詰まり; 停頓: at a ~ 行き詰まって / come to a ~ 行き詰まる / bring a ~ to an end 行き詰まりを打開する / resolve [break] the ~ between ...の間の行き詰まりを打開する / The armies were checked in ~. 両軍は対峙(たいじ)したまま動きがとれなかった. **2** (ゲーム・競技などの)同点 (tie score). **3** 本締め錠《ドアの内側についている安全錠; cf. snap lock, spring lock》. — *vt., vi.* 停頓させる[する], 全く行き詰まらせる[行き詰まる].

déad lóss *n.* **1** 丸損. **2** 〘口語〙 全くつまらない人[物], 全然駄目な人[物], 少しも役に立たない仲間.

dead·ly [dédli | -lɪ] 〘OE *dēadlīc*: ⇨ dead, -ly[1,2]〙 — *adj.* (**dead·li·er; -li·est**) **1** 致命的な, 致死の: a ~ blow / ~ bacteria / a ~ disease 命取りの病気 / a ~ poison 猛毒, 劇毒 / a ~ weapon 凶器. **2** はなはだ有害な, 破壊的な: ~ influence 非常な悪影響. **3** (憎しみのため)相手の命をねらう[を絶対に許そうとしない]; 執念深い: a ~ enemy [foe] / be ~ enemies to each other (互いに)不倶戴天の敵同士である / a ~ combat 互いに命をかけての戦い, 死闘. **4** 来世で救われない, 地獄に落ちる (cf. venial 1): ⇨ deadly sins. **5** 死のような (deathlike), 死人のような: ~ paleness / a ~ silence. **6** はなはだしい (excessive); 全くの, 徹底的な (utter); 耐え難い: ~ dullness たまらない退屈 / in ~ haste 恐ろしく急いで / with ~ gravity きわめて真面目に / It's perfectly ~. 全くやり切れない. **7** 全く正確な: with ~ aim 寸分たがわぬ狙いを定めて. **8** 〘口語〙 うんざりする, 退屈な (boring). — *adv.* **1** 〘古〙 致命的に. **2** 死人のように, 死んだように: ~ pale. **3** 恐ろしく, ひどく: ~ dull.

déadly níghtshade *n.* 〘植物〙 **1** =belladonna 1 a. **2** =black nightshade.

déadly síns 〘ME〙 — *n. pl.* [the ~] 〘神学〙 罪源, 大罪, 地獄に落ちる罪悪《pride, covetousness, lust, anger, gluttony, envy, sloth の七つで seven deadly sins ともいう; cf. deadly 4, cardinal virtues》.

déad·màn [-mæ̀n, -mən] *n.* (*pl.* **-men** [-mɛ̀n, -mən]) **1** (柱[マスト]を立てる[倒す]際に一時的にそれを支える, 松葉づえ形の)支柱. **2** 〘海事〙 デッドマン《荷物を船外に降ろした後, デリックを内側に引っ張る単索》. **3** 〘機械〙 デッドマン装置《運転者がハンドルやペダルから手や足を離した場合に列車や機械を自動的に停止させる非常制御装置; deadman control ともいう》.

déad mán 〘ME〙 *n.* **1** 死人. **2** がに《かにのえら, 食用にはならない》. **3** [通例 *pl.*] 〘口語〙 (酒の)空き瓶(びん); ビールの空き罐(かん).

déadman contról *n.* 〘機械〙 =deadman 3.

déad-màn's-fìngers *n.* (*pl.* ~) **1** 〘植物〙 ヨーロッパ産の青白い指状根のあるラン科ハクサンチドリ属 (*Orchis*) の数種のランの総称. **2** =dead man 2.

déad màn's flóat *n.* 〘水泳〙 伏浮き《特に初歩の水泳で顔をうつ向け, 両脚を後方に開き, 両腕を前方に広げて浮かぶこと; prone float ともいう》.

déadman's hànd *n.* **1** 〘植物〙 **a** =male orchis. **b** =male fern 1. **2** 〘トランプ〙 (ポーカーで)エースと8のツーペアー《Wild Bill Hickok がこの手を持っていて暗殺されたことからといわれる》.

déadman's hándle *n.* 〘機械〙 (列車などの)デッドマンハンドル (cf. deadman 3).

déadman's pédal *n.* 〘機械〙 デッドマンペダル (cf. deadman 3).

dead march [ˊˋ | ˋˊ] *n.* 葬送曲, 葬送行進曲.

déad maríne *n.* 〘俗〙 (酒の)空き瓶(びん).

déad mátter *n.* **1** 〘印刷〙 (解版直前の)廃版. **2** 〘化学〙 無機物.

déad méat *n.* 死体 (corpse).

déad-mèn's-fìngers *n.* (*pl.* ~) =dead-man's-fingers.

déad métal *n.* 〘印刷〙 枕, デッドメタル《紙型や電型取りをする時, 原版の空白部分に入れる活字と同じ高さの金具》.

déad-métal àrea *n.* 〘印刷〙 (インクが付かないように補刻された凹版面の)空白部分.

déad métaphor *n.* 〘修辞〙 死んだ隠喩《ひんぱんに使用されるため比喩であると意識されなくなった常套(とう)的隠喩; cf. living metaphor》.

déad múzzler *n.* 〘海事〙 =muzzler 2.

déad·ness 〘(1607)〙 *n.* **1** 死, 死の状態. **2** (死んだような)生気のなさ, 無活気, 無感覚. **3** (光沢・色などの)どんよりとしていること; (酒など)気の抜けたこと.

déad néttle *n.* 〘植物〙 オドリコソウ属 (*Lamium*) の植物の総称《葉がイラクサ (nettle) に似ているが茎にとげがない》.

déad-on-arríval 〘(転用) ← *dead on arrival* (*at a hospital*): cf. D.O.A.〙 〘電子工学〙 (電子回路などの)初期不動作.

déad·pàn 〘口語〙 *adj., adv.* **1** 〈人・顔・表情など〉無表情な[に] (expressionless(ly)), もったいぶった[て]. **2** (話などをするのに)感情を表わさない(で), くそまじめな[で]: a ~ account of a child's death. — *vi.* 無表情な顔をする. — *vt.* 無表情な顔で言う.

déad pàn *n.* **1** 〘口語〙 無表情な顔(をした人) (cf. poker face). **2** 無表情な顔での振舞い, 無表情なコメディアンなどがする喜劇のスタイル. **~·ner** *n.*

déad pláte *n.* 口板《ボイラーの火格子前端, たき口部分に取り付けられた鉄板》.

déad póint *n.* 〘機械〙 (クランクの)死点.

déad púll *n.* =dead lift.

déad·réckon *vi.* 〘海事・航空〙 推測航法をとる. **~·er** *n.*

déad réckoning *n.* **1** 〘海事・航空〙 推測航法《既知の一地点を基準として, その地点通過後の速度と航海[飛行]時間とから現在位置を推算する航法》. **2** 推測航法で測った位置. **3** =guesswork.

déad ríse *n.* 〘造船〙 船底勾配《船体中央横断面において船底部フレームラインが基線(水平)に対してもつ傾斜》.

déad róasting *n.* 〘冶金〙 完全焙焼(ばいしょう)《硫化鉱を完全に酸化物に変える焙焼》.

déad róom *n.* 〘音響〙 無響室《壁・床・天井などからの音の反射をほとんどなくした音響実験室》.

Déad Séa 〘(c1250)《なぞり》← LL *mare mortuum* 《なぞり》← Gk *nekrà thálassa*〙 — *n.* [the ~] 死海《イスラエルとヨルダンとの間の湖面の海抜が世界で最も低い塩湖; 長さ 82 km, 幅 18 km, 面積 1,020 km², 湖面の高さ海面下 397 m; 塩分 25%》.

Déad Séa ápple [frúit] *n.* [the ~] =APPLE of Sodom (1).

Déad Séa Scrólls *n. pl.* [the ~; 単数扱い] 死海写本, 死海文書《1947 年死海付近の Qumran で偶然発見された, 旧約聖書本文の古い写しの一部を含む重要な資料》.

déad sét 〘← *dead set*: ⇨ dead (adv.) 2〙 — *n.* **1** [ˊˊ] 〘狩猟〙 (猟犬が獲物をねらう)不動の姿勢. **2** 〔...を得ようとしての〕真正面からの攻撃; ねばり強い努力; 熱心な求婚 〔*at*〕: make a ~ *at* a person (特に議論・嘲笑で)人を猛烈に攻撃する; 〈特に女性が〉異性に熱心に求婚する / make a ~ *at* winning the game 試合に勝とうとねばり強い努力をする. **3** 強い反抗的態度. **4** (故障による事情などの)行き詰まり: be at a ~. — *adj.* [通例 be ~ で] 堅く心を決めた 〔*on, against*〕.

déad shéave *n.* 〘海事〙 デッドシーブ《ロープにかかる力の方向だけを変える回転部分のない半滑車》.

déad shórt círcuit *n.* 〘電気〙 完全短絡.

déad shót *n.* **1** 命中弾, 必中弾. **2** (百発百中の)射撃の名手.

déad sóldier *n.* 〘俗〙 =dead marine.

déad-smóoth *adj.* **1** 非常に滑らかな. **2** (やすりなどの用具が同一種類の他のものに比較して)一段とすべすべした.

déad spáce *n.* **1** 〘軍事〙 死界, 死角《射程距離内にありながら射撃することのできない地区; cf. dead angle, dead water》. **2** 〘生理〙 死腔《呼吸器の中で酸素と炭酸ガスの交換に関与せぬ部分》. **3** 〘外科〙 死腔《手術や傷の処置後に消滅せずに残った洞状の部分》. **4** 〘造船〙 (船腹の)空所《他の荷物を引き出すためなどの理由で荷物を積むことのできない空所》. **5** 〘建築〙 デッドスペース《柱のまわりなどの利用できない空間; 集会場などで音の聞こえない部分》.

déad spòt *n.* 〘ラジオ・テレビ〙 **1** デッドスポット《受信不可能な地帯; cf. blind spot 3》. **2** 放送の休止状態; 受信機の故障や送信の中断でブラウン管に映像の出ない現象 (cf. blackout 5).

déad stéel *n.* 〘冶金〙 死鋼《溶融点近くまで加熱し, 燃焼組織 (burnt structure) となった鋼で, 再溶解しないかぎり使用できない》.

déad stíck *n.* (エンジン停止のため)回転が止まったプロペラ.

déad-stìck lànding *n.* エンジン停止の状態で行なう着陸.

déad stóck *n.* **1** ねている資本, 売れ残り品. **2** 農場施設[設備], 農具 (cf. livestock).

déad tíme *n.* 〘電気〙 不動時間《指令を与えてから動作が始まるまでの時間》.

déad wágon *n.* 〘米〙 霊柩車.

déad wáll *n.* **1** 窓のない壁, 平壁. **2** 吸音性の壁.

déad wáter *n.* **1** 死水, 静水, 止水, 流れない水. **2** 〘海事〙 航跡渦流. **3** 〘海事〙 小潮 (neap tide). **4** 〘軍事〙 砲火の届かない水面 (cf. dead space 1).

déad·wéight *n.* **1** 重荷, 重量品. **2** 〘工学〙 =dead load. **3** 〘海事〙 (船の)載貨重量. **4** 資産でまかなえない借金; 重荷, 厄介なもの; 役に立たない人: the ~ of debt.

déadweight capácity *n.* 〘海事〙 載貨重量トン数《満載状態の排水量と, 軽荷状態の排水量との差》.

déadweight sáfety vàlve *n.* 〘機械〙 おもり安全弁.

déadweight tónnage *n.* 〘海事〙 =deadweight capacity.

déad whíte *n., adj.* **1** 艶(つや)のない[輝きのない]白(の). **2** 純白(の). **3** 顔面蒼(そう)白(の); 真っ青(の): He went ~. 顔面蒼白になった.

déad wínd *n.* **1** 〘廃〙 〘海事〙 真向かい風, 逆風 (head wind). **2** 無風《台風の目の中など》.

déad·wòod *n.* **1** (立木の)枯枝; 枯木. **2** 使用に耐えないもの; 無用の物[人], 厄介もの; 無意味な語句. **3** [*pl.*] 〘造船〙 力材《木船の船首材および船尾材の各根もとと竜骨の末端とを固く連結させるための埋木材》. **4** 〘ボウリング〙 レーン上に倒れているピン.
have the deadwood on 〘米西部俗〙 ...を支配する, 自由にする, ...に対して有利な立場に立つ.

déad wòrk *n.* 〘鉱山〙 採鉱以外で必要な仕事.

de·aer·ate [diːέ(ə)reɪt, -éɪərèɪt | -é(ɪ)ərèɪt, -ɛ́əreɪt] 〘← DE-[1]+AERATE〙 — *vt.* **1** ...から気体(酸素など)を取り除く. **2** (真空での機械的撹拌とか常圧での加熱などによって)〈液体〉から気泡を取り除く[抜く].

de·aer·a·tion [dìːɛ(ə)réɪʃən, -èɪər- | -è(ɪ)ər-, -ɛər-] *n.* 脱気《液体中の気体を除去すること》.

dè·áer·a·tor [-tə | -tə(r)] *n.* 脱気器.

deaf [déf] 〘OE *dēaf* < Gmc *daubaz (Du. *doof* / G *taub*) ← IE *dheu- to rise in a cloud (L *fūmus* smoke / Gk *tuphlós* blind & *tū́phein* to smoke)〙 — *adj.* (**~·er; ~·est**) **1** 耳の不自由な, 耳の聞こえない: ⇨ deaf-and-dumb / the ~ 耳の聞こえない人々 / be ~ *in* one ear [〘文語〙 *of* an ear] 片方の耳が聞こえない / (as) ~ as an adder [a door, a door post, a post, a stone] 全く耳が聞こえない. **2** 耳が遠い, よく聞こえない. **3** 〔嘆願・忠告などに〕耳を傾けない, 聞こうとしない 〔*to*〕: be ~ *to* all appeal [advice] / ⇨ *fall on deaf* EARS, *turn a deaf* EAR. **4** 〘英方言〙 実ってない, 実のはいっていない, 粃(しいな)の. **~·ish** *adj.*

déaf-àid *n.* 補聴器 (hearing aid).

déaf-and-dúmb *adj.* 聾唖(ろうあ)の; 聾唖者(用)の.

déaf-and-dúmb àlphabet *n.* =manual alphabet.

deaf·en [défən] 〘(1598) ← DEAF+-EN[1]〙 — *vt.* **1** 〈人〉の耳を聞こえなくする. **2** 〘古〙 〈音・声などを〉(他の一層大きな音・声などで)消す, 鈍くする, 聞こえなくする. **3** 〈壁・床などに〉防音装置を施して音響を防ぐ. — *vi.* [通例 ~*ing* で] 耳を聞こえなくする.

déaf·en·ing [-f(ə)nɪŋ] 〘⇨ -ing[1,2]〙 — *n.* (壁・床などに施す)防音(装置); 防音材料, 音響止め. — *adj.* 耳を聾(ろう)するばかりの, 耳をつんざくほど(高音)の, ものすごく騒々しい: ~ applause. **~·ly** *adv.*

déaf·ly 〘ME〙 *adv.* 耳が聞こえないで[かのように].

déaf-múte *n.* 聾唖(ろうあ)者. — *adj.* 聾唖の.

déaf-mútism *n.* 聾唖状態.

déaf·ness 〘ME〙 *n.* 耳の聞こえない[遠い]こと.

déaf nút *n.* **1** 〘植物〙 仁 (kernel) のない堅果. **2** 利益にならないもの, 無価値なもの.

deal[1] [díːl] 〘(1393) *dele* ▭ MLG & MDu. *dele* board < Gmc *þelaz: ⇨ thill〙 — *n.* **1** 〘林業〙 松あるいは樅(もみ)の厚板. **2** [集合的] 松[樅]板. **3** 松[樅]材. — *adj.* 松[樅]材の: a ~ table / a ~ coffin 樅材の柩.

deal[2] [díːl] 〘OE *dǣlan* to divide, share < Gmc *dail-jan (Du. *deelen* / G *teilen*) ← *dail- (↓)〙 — *v.* (**dealt** [délt]) — *vt.* **1** [通例二重目的語を従えて] 〈人〉に〈打撃・仕打ちなどを〉加える, 与える: ~ a person a blow 人に一撃を加える, 人を打つ; 人に打撃を加える, 人を苦しい[不幸な]目にあわす / I *dealt* him a scolding. 私は彼をしかりつけた. **2 a** [通例 ~ *out* として] 〔...に〕(分け前として)与える, 授ける 〔*to*〕: ~ *out* alms *to* the poor 貧民に施しをする. **b** 〘トランプ〙 〈札を〉配る, 分ける: ~ five cards *to* each player 一人に5枚ずつ札を配る. **3** 〘口語〙 〈人を〉〈トランプ・仕事などに〉仲間入りさせる, 仲間に加える 〔*in*〕: Father *dealt* me *in* the business. 父は私を事業に参加させてくれた / He asked me to ~ him *in*. 彼は自分も加えてくれと言った. **4** 〘米口語〙 売る. — *vi.* **1** 〔人に対し〕行動する, 振舞う 〔*with, by*〕: ~ kindly [fairly] *with* others 他人に対して親切に[公平に]振舞う / Let us ~ justly in this case. この事件には公正に行動しよう. **2 a** 〔問題・人を〕処理する, 扱う 〔*with*〕; 〔人を〕処置する, 処罰する 〔*with*〕: ~ *with* a difficult problem 難問題を処理する / ~ harshly *with* the rebels 叛乱者を厳しく処分する / He is hard to ~ *with*. 彼はつき合いにくい[始末におえない]. **b** 〈本・講演などが〉〔主題を〕扱う, 論じる 〔*with*〕: This book ~*s with* medieval history. この本は中世史を扱っている. **3** 〘古〙 〔...と〕(しばしば秘密の[腹黒い])関係を結ぶ, 取引をする 〔*with*〕: ~*ing with* witches and *with* conjurers 魔女や魔法師と相計り (Shak., *2 Hen VI* 2. 1. 172). **4** 〔...に〕従事する, 関係する 〔*in*〕: ~ *in* politics 政治に従事[関係]する. **5** 〈人・会社が〉〔品物を〕商う, 売買する 〔*in*〕; 〈場所・店で〉商売をする 〔*at*〕; 〔人・会社と〕取引きする 〔*with*〕: He ~*s in* silk goods. 絹織物を商っている / We refused to ~ *with* the firm. その商会との取引きをことわった. **6** 〘トランプ〙 札を配る: It's my turn to ~. 私が配る番だ / ~ *off* (ポーカーで)手札を配り終わる.
— *n.* **1** 〘口語〙 **a** (協定による)売買行為, (特に有利な)取引き: ⇨ *a big* DEAL[2] / ⇨ package deal. **b** (取引き上などの)取扱い: a rough ~ (境遇・運命などの)ひどい仕打ち, つらい目, 不運 / ⇨ raw deal, square deal. **c** (相互の利益を計った)協約; (訴訟などでの)示談(じだん); 〘米〙 不正取引き, 密約 (job): do a ~ with ...と協定[取引き]をする / a good ~ 有利な取り決め; 〘米俗〙 楽な仕事, 快適な事 / Good ~! 〘米俗〙 そりゃうれしい; よろしい, 承知した (I agree.) / It's a ~. 〘口語〙 よし決まった, 約束したぜ. **2** [通例 D-] (政治・経済上の)政策：⇨ Fair Deal, New Deal. **3** 〘トランプ〙 **a** 札を配ること, 配る行為. **b** 配る番[権利]：Whose ~ is it? だれの配る番か. **c** [集合的]配られた札, 手札 (hand). **d** 札が配られてからそのゲームが終わるまで：Four ~*s* were played. ゲームが4回行なわれた.
a big deal 《口語》 (1) 大きな[大事な]取引き. (2) [皮肉にも用いて] 重大事, おもしろいこと[もの], 大したもの：make *a big* ~ out of nothing 何でもない事をひどく問題視する, つまらぬ事にから騒ぎをする. ★ しばしば冠詞を省き皮肉・嘲笑の意をこめ感嘆詞的に用いる：*Big* ~! 大したものさ, 驚かせるね, いやご立派. (3) 《米》 大人物, 大物, 名士.

deal³ [díːl] 〘OE *dǣl* part < Gmc **dailiz* (Du. *deel* / G *Teil*) ← **dail-* ← IE **da-* to divide：⇨ dole¹〙 **—** *n.* 《口語》 **1** [通例 a good [great] ~ として] 分量, 額 (amount)：He reads *a good* [*great*] ~. 相当な[大変な]読書家だ / He took *a good* ~ *of* trouble to find the house. その家を見つけるのに大変手間取った / He is *a great* ~ *of a* walker. よく歩く人だ. ★ (1) a good [great] ~ は副詞句をなすことがある：I feel *a great* ~ better this morning. けさはいつもよりもずっと気分がよい. (2) 《口語》では, 特に肯定平叙文の場合, a good [great] ~ (of) が much に代わって好んで用いられる (cf. a good [great] MANY). **2** [a ~] 多量 (a lot)：talk *a* ~ *of* nonsense ひどくばかなことを言う.

de·a·late [diːéɪleɪt, -lət, -lɪt] 〘← DE-¹+ALATE〙 *n.* 〘昆虫〙 棄翅(きし)昆虫 《アリ・シロアリなどのように婚姻飛行 (nuptial flight) 後, 自分で翅を剝奪する昆虫》.

de·a·lat·ed [diːéɪleɪtɪd, -təd | -tɪd, -təd] *adj.* 〘昆虫〙 棄翅する, 棄翼した.

de·a·la·tion [dìːeɪléɪʃən] *n.* 〘昆虫〙 棄翅, 棄翼.

déal·er [-lə | -lə(r] 〘OE *dǣlere*：⇨ deal², -er¹〙 **—** *n.* **1** (他人に対して)ある特定の行動[ふるまい]をする人：a fair [plain] ~ 正直に行動する人 / ⇨ double-dealer. **2** 商う人, 商人, …商, ディーラー, 扱い業者, 問屋：a furniture ~ = a ~ *in* furniture 家具商 / a horse ~ 馬喰(ばくろう) / a ~ *in* tobacco たばこ商 / a wholesale [retail] ~ 卸[小売]商. **3** 《米》〘経済〙 ディーラー 《自己売買を専門とする証券業者; cf. broker 1》. **4** [the ~] 〘トランプ〙 配り手, 「親」.

déaler·shìp 〘⇨ -ship〙 *n.* **1** (ある生産品のある地域における)販売業[権] 〔*for*〕. **2** (販売権のある)販売(代理)店, 配給者.

déal·fish 〘← DEAL¹+FISH：死骸が板に似ているところから〙 **—** *n.* 〘魚類〙 フリソデウオ科の一種 (*Trachypterus arcticus*) 《体はリボン状で全長25mに達するものもある》.

déal·ing [-lɪŋ] 〘ME：⇨ -ing¹〙 **—** *n.* **1** (他人に対する)行動, 仕打ち：⇨ double-dealing. **2** [通例 *pl.*] (他人との)つき合い, 交際; 交渉, 関係; 取引き, 売買 (transactions)：have [have no] ~*s with* …と(取引)関係がある[ない]. **3** (トランプ札などの)配り分け.

déaling bòx *n.* 〘トランプ〙 = box² 16.

dealt *v.* deal² の過去形・過去分詞.

Dé·a Marí·ca [díːə-, déɪə-] *n.* 〘ローマ神話〙 ディアマリカ (⇨ Marica).

de·am·bu·la·tion [dìːæ̀mbjʊléɪʃən] 〘⊏ L *deambulātiō(n-)*：⇨ de-¹, ambulation〙 *n.* 《まれ》 出歩くこと, 散歩 (promenade).

de·am·bu·la·to·ry [dìːæ̀mbjʊlətɔ̀ːri, -tòːri | -lətəri] 〘(15C) ⊏ LL *deambulātōri-um*：⇨ de-¹, ambulatory〙 *n.* = ambulatory 1.

de-A·mer·i·can·ize [dìːəmérɪkənàɪz, -rə- | -rɪ-] *vt.* 〈戦争など〉へのアメリカの介入を縮少する, 非アメリカ化する, …のアメリカ色を排除する (cf. desovietize).

de A·mi·cis [dèɪ-əmíːtʃɪs, -tʃəs | -tʃɪs; *It.* deàmíːtʃis], **Edmondo** *n.* デアミーチス 《1846–1908; イタリアの小説家・旅行記作者; *Il Cuore* 「クオーレ」(1886)》.

de·am·i·dase [diːǽmədèɪs, -dèɪz | -ǽmɪdèɪs] *n.* 〘生化学〙 デアミダーゼ 《酸アミドを酸とアンモニアに加水分解する反応を触媒する酵素; desamidase ともいう》.

de·am·i·nase [diːǽmənèɪs | -ǽmɪ-] 〘← DE-¹+AMINO-+-ASE〙 *n.* 〘生化学〙 デアミナーゼ 《脱アミノ反応を触媒する酵素の総称; desaminase ともいう》.

de·am·i·nate [diːǽmənèɪt | -mɪ-] 〘← DE-¹+AMINATE〙 *vt.* 〘化学〙 〈アミノ化合物〉からアミノ基 (NH_2) を取り去る, 脱アミノする. 「アミノ.

de·am·i·na·tion [dìːæ̀mənéɪʃən | -mɪ-] *n.* 〘化学〙 脱

de·am·i·nize [diːǽmənàɪz | -mɪ-] 〘← DE-¹+AMINO-+-IZE〙 *vt.* 〘化学〙 = deaminate. **de·am·i·ni·za·tion** [dìːæ̀mənɪzéɪʃən, -nə- | -mɪnaɪ-, -nɪ-] *n.*

dean¹ [díːn] 〘(*c*1330) *deen, dene* ⊏ OF *deien* (F *doyen*) < LL *decānum* superior set over ten (monks) ⊏ Gk *dekānós* chief of a division of ten (monks) ← *déka* 'TEN'：cf. doyen〙 **—** *n.* **1 a** 〘英国国教会〙 (大聖堂 (cathedral) や参事会管理の聖堂 (collegiate church) の) 首席[主任]司祭, (大)聖堂参事会長 《bishop のすぐ下の地位》. **b** 〘カトリック〙 地方司教代理 《管区内の一地域において司教権の一部を代理する》. **2** 《英》 = rural dean. **3 a** (大学の)学部長. **b** 《米》 (大学の)学生[補導]部長; 学部事務長：the ~ of men [women] 男子[女子]部学生部長. **4** 《英》 (Oxford, Cambridge 両大学の)学生監. **5** 《米》 (団体の)最古参者, 長老, 重鎮：the ~ of the diplomatic corps. **—** *vi.* dean となる.

dean² [díːn] *n.* 《英方言》 = dene².

Dean [díːn] 〘← OE *dene, denu* (dweller in the) valley // ME *deen* 《原義》 the dean's son：⇨ dean¹〙 *n.* 男性名 《異形 Deane》.

Deane [díːn], **Silas** *n.* (1737–89) アメリカの法律家・外交官; アメリカ独立のために外国の援助を得ることに成功した.

dea·ner [díːnə | -nə(r] *n.* = deener.

dean·e·ry [díːn(ə)ri | -nəri] 〘(15C)：⇨ dean¹, -ery〙 *n.* **1** dean の職. **2** dean の邸宅. **3** 〘英国国教会〙 = rural deanery.

de·an·gli·cize [diːǽŋgləsàɪz | -lɪ-] *vt.* 非英国化する, …の英国色を排除する. **de·an·gli·ci·za·tion** [dìːæ̀ŋgləsɪzéɪʃən, -sə- | -glɪsaɪ-, -sɪ-] *n.*

déan·shìp 〘⇨ -ship〙 *n.* dean の職[位].

déan's list *n.* (大学の)優等生名簿 《通例学期末または学年末に大学で作成する》.

dear¹ [díə | díə(r] 〘OE *dēore*, (WS) *dīere* precious, beloved < Gmc **deurjaz* (Du. *dier* / G *teuer* / ON *dýrr*) ← ?〙 **—** *adj.* (~·**er**; ~·**est**) **1** 親愛な, かわいい, いとしい; 愛らしい：my ~ children [country] 私の愛する子供たち[国] / a ~ little thing かわいらしい赤ん坊[子供] / My ~ fellow! おい君 / hold a person ~ 人をかわいいと思う.
2 (手紙などの敬称として)…様：*Dear* Sir / My ~ Sir / *Dear* Mrs. Jones ジョーンズ夫人様. ★ 手紙の書出しの常用形式文句：(1) Dear Sir は面識のない人や目上の人に, Dear Sirs は団体や会社あてに用いる. (2) Dear Mr. …は英国では形式的, 米国では親愛的であり, My ~ Mr. …は英国では親愛的, 米国では形式的である; 口語の呼掛けとして用いるときには時に皮肉の意を含む, また名詞の後に用いれば親愛または滑稽の意を表わす：Auntie ~.
3 a [通例 Predicative に用いて] 〈商品が〉(ばかに)高い, 割高な (↔ cheap)：~ rice / Beef is very ~ now. 牛肉は今とても高い. **b** [通例 Predicative に用いて] 〈値段が〉高すぎる, 高い：a ~ price / Even one pound is too ~ *for* this vase. この花びんは1ポンドでも高すぎる. **c** 〈店(の商品)が〉ひどく高い. **d** 〈借金が〉高利の：~ money 高利の金 (↔ cheap money). **e** 〈勝利など〉多大の犠牲を払った.
4 心からの; 大事な, 貴重な：one's ~*est* wish 心からの願い / one's ~ possessions 大事な所有物 / Nothing is ~*er* to me. 私にはこれ以上大事なものはない.
for dear life (1) 命あっての物種と, 命からがら：run *for* ~ *life*. (2) 一所懸命に, 猛烈に：work *for* ~ *life*.
— *n.* **1** 愛する者, かわいらしい人[もの], 大事な[ありがたい]人[もの]; 愛人, 恋人：a shepherd and his ~ 羊飼いと彼の恋人 / What ~*s* they are! なんてかわいらしいこと / There's [That's] a ~. ね, いい子だから(しておくれ), (よくしてくれて)いい子だね. **2** [呼掛け]いとしい人, かわいい人 (darling)：O my ~ [~*est*]! / Do you promise?—Yes, my ~ [~*est*]. 約束してくれる—ええ, するわよ.
dear knows ⇨ know¹ 成句.
— *adv.* **1** 《詩・文語》 = dearly 1. **2** 高く, 高価に (cf. dearly 3)：buy cheap and sell ~ 《この場合通例 dearly は用いない》 / pay ~ for one's experience [errors] 自分の経験[あやまち]のために高価な犠牲を払う[ひどい目にあう] / It will cost him ~. 高いものにつくだろう, ひどい目にあうだろう.
— *int.* おや, まあ 《驚き・哀れみ・あせり・困惑・軽蔑・同情などを表わす》：*Dear*, ~! = *Dear* me! = Oh ~! おやおや, あらまあ; しまった / Oh ~, no! いやはや, とんでもない.

dear² [díə | díə(r] 〘OE *dēor* brave, severe ← ?〙 *adj.* (~·**er**; ~·**est**) 《古》 つらい, きびしい.

Dear·born [díəbɔən, -bən | díəbɔːn, -bən] 〘Jefferson 大統領当時の陸軍大臣 *Henry Dearborn* にちなむ〙 **—** *n.* 米国 Michigan 州南東部 Detroit 市付近の都市; Ford 自動車工場がある; 人口 105,000.

dear·ie [dí(ə)ri | díəri] *n.* 《口語》 = deary.

Déar Jóhn 〘手紙の書出しの *Dear John* にちなむ〙 **—** *n.* 《米口語》 **1** (妻から兵役中の夫にあてた)離婚要求書; 他の男との結婚を通知する恋人からの手紙. **2** (一般に)絶交状 《Dear John letter ともいう》.

déar·ly 〘OE *dēorlīċe*〙 **—** *adv.* **1** 愛情をこめて, いとおしく, 深く：love a person ~. **2** 心から, 熱心に：We ~ want peace. **3** 高価に (cf. dear¹ *adv.* 2)：It has been ~ bought. 大きい犠牲を払って得たのだ.

déar·ness 〘ME〙 *n.* **1** 高価であること (costliness). **2** かわいさ, 愛すべき性質. **3** 親愛の情.

dearth [dɔ́ːθ | dɔ́ːθ] 〘(*c*1250) *derth(e)* dearness (in price)：⇨ dear¹, -th²〙 **—** *n.* [単数形で] **1** (人・物の)不足, 欠乏 (scarcity)：a ~ *of* food / a water [paper] ~ 水[紙]飢饉(ききん). **2** 食物の不足, 飢饉 (famine)：in time of ~ 飢饉の時に. **3** 《廃》 高価.

dear·y [dí(ə)ri | díəri] 〘(dim.) ← DEAR¹：⇨ -y²〙 *n.* 《口語》 [通例呼掛け] かわいい人. ★ 通例女性が用い, 現在では時に皮肉または滑稽の意味合いを含む.
Deary me! おやおや, あらまあ; しまった.

dea·sil [díːzəl | -zɪl] 〘⊏ Sc.-Gael. *deiseil* ← *deas* right hand〙 *adv.* 右回りに (clockwise).

de·as·pi·rate [dìːǽspərèɪt | -pə-, -pɪ-] *vt.* 〘音声〙 非帯気(音)化する, 気音で発音する.

de·as·pi·ra·tion [dìːæ̀spəréɪʃən | -pə-, -pɪ-] *n.* 〘音声〙 非帯気(音)化.

death [déθ] 〘OE *dēaþ* < Gmc **dauþuz* (Du. *dood* / G *Tod* / ON *dauðr*) ← **dau-* 'to DIE²'：⇨ -th²〙 **—** *n.* **1 a** 死ぬこと, 死, 死亡; 死に方, 死にざま. ★ 時には比喩的にも用いる：spiritual ~ 精神的死 / ⇨ ACCIDENTAL death, civil death / a field of ~ 戦場, 修羅(しゅら)場 / die the ~ ⇨ 成句 / a natural ~ ⇨ natural 3 a / a violent ~ ⇨ violent 2 b / A great many ~*s* are reported. 大勢の人が死んだとのことだ. ★ ラテン語系形容詞：lethal, mortal. **b** (植物の)枯死. **2** 死んでいること, 死んだ状態：lie still in ~ 死んで動かない / (as) pale as ~ (死人のように)真っ青で / (as) silent as ~ 死のように沈黙して. **3** 死の原因：⇨ *be the* DEATH *of* (1). **4** [the ~] 滅亡, 破滅, 終り：*the* ~ *of* a language ある言語の死滅 / *the* ~ *of* one's hopes 希望の喪失 / ⇨ *be the* DEATH *of* (2). **5** 殺人, 人殺し, 流血. **6** [D-] 死神 《手に鎌 (scythe) を持った黒服の骸骨で表わされる》：⇨ DANCE of death. **7** 《廃》 疫病 (pestilence)：⇨ Black Death. **8** 非現実的で本当と思えないこと, 幻影.
a fate worse than death ⇨ *worse than* DEATH. ***(as) sure as death*** ⇨ sure *adv.* 成句. ***at death's door*** 死に瀕して; 重病で：be [lie] *at* ~*'s door* 死に瀕している, 重態である. ***be death on*** 《俗》 (1) …にかけてはすごい腕をもっている; …に大いにききめがある：This medicine *is* ~ *on* colds. (2) …が大好きである：They *were* ~ *on* their uncle. おじさんが大好きだった. (3) …をひどくきらう, …にひどく反対する. ***be in at the death*** (1) (猟犬がきつねなど獲物を嚙み殺す時その場にいて)獲物の死を見届ける. (2) (出来事の)結末[完成]を見極める. ***be the death of*** (1) …の死因となる, …を殺す; …を死ぬほど苦しめる, …に憂き目を見せる. (2) …の破滅である：Self-complacency *is the* ~ *of* the artist. 自己満足にひたるようになったら芸術家はおしまいだ. ***catch*** [***take***] ***one's death*** (***of cold***) 《口語》 (無理をしたりして)風邪を引いて死ぬ, ひどい風邪を引く, 風邪を引き込む：You will *catch your* ~ *of cold*. ***death in life*** 生きながらの死, 死同様の命 (living death). ***die the death*** 《古》 死ぬ, 往生する; 処刑される. ***do to death*** (1) 《古》 〈人を〉死刑にする, 殺す. (2) 何回も繰り返し過ぎておもしろくなくする：This sort of story has been *done to* ~. この種の話はもうたくさんだ[うんざりする]. ***God's death!*** = (略して) ***'s death!*** 《古》 やっ, 驚いた, しまった. ***in the death*** 《俗》 とうとう, 遂に (in the end). ***like death*** (***warmed up***) 《口語》 死にそうなぐらい具合が悪い[疲れ切って]. ***like grim death*** 頑強に：hang [hold] on *like grim* ~ しっかりしがみつく, 死んでも放さない. ***sick to death*** (1) 重病で, 危篤で (cf. *2 Kings* 20 : 1). (2) 〔…に〕すっかり飽き飽き[うんざり]して 〔*of*〕. ***to death*** (1) 死ぬまで：ride a horse *to* ~ 馬を乗りつぶす / be burned [frozen, starved] *to* ~ 焼死[凍死, 餓死]する / put a person *to* ~ 人を死刑にする, 人を殺す / shoot [strike] a person *to* ~ 人を射[なぐり]殺す / stone a dog *to* ~ 石をぶっつけて犬を殺す / ⇨ TALK *to death*, TICKLE *to death*. (2) 死ぬほど, 耐えられないほど, とても：love a person *to* ~ / be bored [tired] *to* ~ ひどくうんざりする[疲れ切る] / laugh oneself *to* ~ 死にそうになるほど[腹をかかえて]笑う. ***to the death*** 命のある限り, 最後まで, あくまで：fight *to the* ~ 最後まで戦う, 戦って死ぬ. ***worse than death*** 〈不幸など〉死ぬよりも悪い[つらい]：a fate *worse than* ~ 《戯言》 死よりも悪い運命 《特に女性が処女を奪われたり暴行を加えられたりした時に用いる》.

déath àdder *n.* 〘動物〙 デスアダー (*Acanthophis antarctica*) 《オーストラリア産のコブラ科の毒ヘビ》.

déath ágony *n.* 死[断末魔]の苦しみ.

déath·bèd 〘OE *dēað-bed(d)* grave〙 *n.* 死の床; 臨終：one's ~ confession 《軽蔑》 臨終の告白 / *on* [*at*] one's ~ 死に臨んで, 死にかかって.

déathbed repéntance *n.* 臨終の懺悔(ざんげ), 遅すぎた後悔, おそまきの政策転換.

déath bèll *n.* = passing bell.

déath bènefit *n.* 〘保険〙 死亡保険金 《被保険者が死亡した場合に支払われる保険金》.

déath·blòw *n.* 致死の打撃, 命取り; 致命的打撃.

déath càmas *n.* 〘植物〙 米国西部産で羊などの草食動物に中毒をおこさせる球根植物の総称 《ユリ科リシリソウ属の一種 (*Zigadenus venenosus* や *Z. glaucus* など)》.

déath càp *n.* 〘植物〙 タマゴテングタケ (*Amanita phalloides*) 《キノコのうち最も猛毒の種》.

déath certìficate *n.* (医師の署名入りの)死亡証明書 《死亡時刻および場所・死因などが記入されている》.

déath chàir *n.* 《米》 = electric chair.

déath chàmber *n.* **1** 人の死んだ部屋. **2** (刑務所内の)処刑室.

déath cùp *n.* **1** 毒杯. **2** 〘植物〙 = destroying angel 1 a.

déath dàmp *n.* 死汗 《死の直前のひや汗》.

déath·dày 〘OE *dēaþdæg*〙 *n.* 死亡の日, 命日.

déath dùty *n.* 《英》〘法律〙 = inheritance tax.

déath fèud *n.* 殺さずにはおかれない恨み.

déath fìre *n.* 鬼火.

death·ful [déθfəl] 〘ME〙 *adj.* **1** 死のような. **2** 《古》 必ず死ぬ (mortal). **3** 《古》 致命的な, 殺人的な.

déath hòuse *n.* **1** (人の)死場所. **2** 《米口語》 (刑執行前の)死刑囚監房.

déath ìnstinct *n.* 〘精神医学〙 死の本能, 自己破壊の本能.

déath knèll *n.* **1** = passing bell. **2** (死・終末・破滅の)前触れ, 前兆.

déath·less *adj.* 不死の (immortal), 不滅の, 永久の. **~·ly** *adv.* **~·ness** *n.*

déath light *n.* ＝death fire.

déath·lìke *adj.* 死のような, 死んだような: a ～ silence.

death·ly [déθli | -lɪ] 〘OE *dēaþlic* : ⇨ death, -ly[1,2]〙 ── *adj.* **1** 死のような (deathlike): a ～ silence. **2** 致死の, 致命の (fatal); 残忍な. **3** 《詩》死の. ── *adv.* **1** 死のように, 死んだように: be ～ pale 死人のように青白い. **2** 非常に, 全く (utterly): be ～ afraid.

déath màsk 〘《1877》〙 *n.* デスマスク, 死面《石膏に取った死者の面型; cf. life mask》.

déath·plàce *n.* (人の)死に場所 (cf. birthplace).

déath pòint *n.* 〘生物〙致死点《生物や原形質が生存できない限界温度》.

déath ràte *n.* 死亡率: the ～ from heart disease 心臓病による死亡率.

déath ràttle *n.* 臨終喉声(こう), 死前喘鳴(ぜんめい)《臨終の際にのどの中で鳴る音》.

déath rày *n.* (遠距離で人を殺すと想像される)殺人光線.

déath ròll *n.* 《英》(ある団体などの戦争・事故などによる)死亡者名簿, (巻物式の)過去帳.

déath ròw *n.* 処刑を待つ囚人の独房の列.

déath sànd *n.* 〘軍事〙殺人砂《放射能を含む砂・塵など》, (放射能の)死の灰.

déath sèntence *n.* 死刑宣告.

déath's-hèad *n.* しゃれこうべ《死の表象》; 頭蓋(ずがい)骨の画[彫刻].

déath's-head mòth *n.* 〘昆虫〙 **1** ドクロメンガタスズメ (*Acherontia atropos*)《ヨーロッパ産スズメガ科のガ; 胸背にどくろ状の斑紋がある》. **2** メンガタスズメ《メンガタスズメ属のガの総称》.

death's-head moth 1

déaths·man [-mən] *n.* (*pl.* **-men** [-mən, -mèn]) 《古》死刑執行人 (executioner).

déath tàx *n.* 《米》〘法律〙＝inheritance tax.

déath thròe *n.* 断末魔の苦しみ.

déath·tràp *n.* 死の落し穴《人の気づかない危険個所・建築物・危険物・危険な環境など》: the ～ of sailing vessels (よく船が遭難する)船の難所.

Déath Válley *n.* 米国 California 州南東部の木のない乾燥盆地; 南北約 225 km, 幅 10-30 km; 西半球で最も低い土地で海面下 86 m.

déath wàrrant *n.* **1** 〘法律〙死刑執行令状. **2** (医者の)臨終の宣言; (生命・幸福・予想などを絶望とする)致命的事件[打撃], 止(とど)め, 引導.
sign one's own death warrant (愚行などによって)自ら死[損失]を招く.

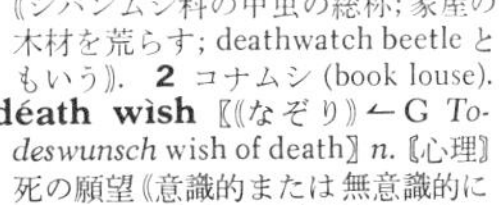

déath·wàtch[1] *n.* **1** 臨終の見取り; (死者の)通夜 (vigil). **2** 死刑囚の監視人. **3** 《米》(重大発表などのため待機している)記者団.

déath·wàtch[2] 〘← WATCH (n.) 6: 雄が雌を呼ぶときに木材に頭を打ちつけて出すカチカチという音が死を予報するとの俗説から〙 ── *n.* 〘昆虫〙 **1** シバンムシ《シバンムシ科の甲虫の総称; 家屋の木材を荒らす; deathwatch beetle ともいう》. **2** コナムシ (book louse).

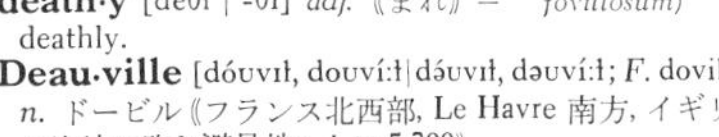

deathwatch[2] 1 (*Xestobium rufovillosum*)

déath wìsh 〘《なぞり》← G *Todeswunsch* wish of death〙 *n.* 〘心理〙死の願望《意識的または無意識的に他人または自分の死を願うこと》.

déath wòund *n.* 致命傷.

death·y [déθi | -θɪ] *adj.* 《まれ》＝deathly.

Deau·ville [dóuvɪl, douví:l | dáuvɪl, dəuví:l; *F.* dovil] *n.* ドービル《フランス北西部, Le Havre 南方, イギリス海峡に臨む避暑地; 人口 5,300》.

deave [dí:v] 〘OE *dēafian* ← *dēaf* 'DEAF'〙 *vt.* 《スコット》 **1** (騒音などで)〈人〉の耳を聞こえなくする (deafen). **2** 悩ます, 苦しめる (worry).

deb [déb] 〘《略》← DEBUTANTE〙 *n.* **1** 《口語》＝debutante. **2** 《米俗》街の非行少年仲間の少女, 「ずべ公」.

Deb [déb] 〘(dim) ← DEBORAH〙 *n.* 女性名.

deb. 《略》debenture; debit; debut; debutante.

de·ba·cle [dɪbá:kḷ, də-, deɪ-, -bǽkḷ | deɪ-, de-, dɪ-] 〘《1802》□F *débâcle* ← *débâcler* to unbar ← *dé-* 'DIS-[1]' ＋*bâcler* to bar (← L *baculum* stick, rod)〙 ── *n.* (*also* **dé·bâ·cle** [～; *F.* deba:kl]) **1** (川の)氷が割れること. **2** 〘地質〙(川の氷が割れて起こる)大出水, (岩が割れるなどして起こる)山津波. **3** (政府などの)瓦解; (軍勢の)総くずれ (rout); (市場の)崩潰, 崩落, 暴落.

de·bag [dì:bǽg] *vt.* (**de·bagged; de·bag·ging**) 《英俗》(冗談・罰・新入生いじめなど)…にズボンを脱がせる, …のズボンをはぎとる.

de·bar [dɪbáə, də- | -bá:(r] 〘《?*a*1405》□OF *desbar-rer* (F *débarrer*) ← *des-* 'DIS-[1]'＋*barrer* 'to BAR[1]'〙 ── *vt.* (**de·barred; de·bar·ring**) **1** 〈人を〉〔…から〕除外する, 締め出す〔*from*〕: ～ a person *from* a place, condition, etc. **2** 〈人〉に〔…することを〕禁じる; 妨げる〔*from*〕: ～ a person *from* doing something.

de·bark [dɪbáək, də- | -bá:k] 〘《1654》□F *débarquer* ← *dé-* 'DIS-[1]'＋*barque* 'BARK[3]'〙 *v.* ＝disembark.

de·bar·ka·tion [dì:baəkéɪʃən | -ba:-] *n.* ＝disembarkation.

de·bár·ment *n.* 除外, 禁止, 防止.

de·base [dɪbéɪs, də- | dɪ-] 〘《1565》← DE-[1]＋BASE[1]〙 ── *vt.* **1** 〈品性・人格などを〉落とす, 〈人を〉卑しくする (degrade); [～ *oneself* で] 品性を落とす, 面目を失う. **2** 〈物〉の質・価値などを下げる, 低下させる. **3** (卑金属含有物をふやすことによって)〈貨幣〉の価値を下げる; 〈貨幣単位〉の交換価値を下げる.

de·básed 〘(p.p.) ↑〙 *adj.* **1** 品位[品質]の低下した, 劣悪な, 卑しい. **2** 〘紋章〙逆になった, 逆様の.

de·báse·ment *n.* (品位・品質の)低下, 堕落 (degradation): ～ *of* coinage [currency] (混ぜ物による)貨幣[通貨]の品質低下.

de·bás·er *n.* (商品などの)質を落とす人; 変造者.

dé·bat [deɪbá:; *F.* deba] 〘□F ～ 'DEBATE'〙 *n.* 〘詩学〙論争詩《寓意的人物がある問題について議論を交わす中世詩の一形式; cf. tenson》.

de·bat·a·ble [dɪbéɪṭəbḷ, də- | dɪbéɪtə-] 〘《1492》□ML *debatābil-is* ← ME *debate(n)* (↓): ⇨ -able〙 ── *adj.* **1** (正規の)討論にふさわしい, 両者に十分言い分のある. **2** 論争の余地のある, 異論のある. **3** 論争[係争]中の (disputed): ～ ground [land] 係争の(起こりやすい)国境地帯, 係争地; 論争点.

de·bate [dɪbéɪt, də- | dɪ-] 〘*v.*: 《*c*1380》 *debate(n)* □(O)F *débatt-re* to fight ← DE-[1]＋*battre* to beat (□ L *battere* 《変形》← *batuere*: ⇨ battle[1]). ― *n.*: 《*a*1325》□(O)F *débat* ← *débattre*〙 ── *vi.* **1 a** (特に議会や集会で)〈問題などを〉討論する, 討議する〔*on, upon, about*〕: ～ *on* a question [proposal] 問題[提案]について討論する. **b** 討論に参加する. **2** 熟慮する: ～ with oneself＝～ in one's own mind 熟考する. **3** 《廃》戦う, 争う (fight). ── *vt.* **1 a** 〈問題などを〉討議する (argue). **b** 〈人〉と論争する: I ～*d* him on the issue. その問題について彼と討論した. **2** 熟考する: ～ a matter in one's mind. **3** 《古》争う, 抗争する: ～ the victory. ── *n.* **1** (特に議会などの)討論, 討議; 論争: give a ～ *upon* public affairs 公事を論じる / open the ～ 討論の皮切りをする. **2** 熟慮,熟考: hold ～ with oneself ひとりで熟考する. **3** (賛成・反対の双方に分かれてする正規の)討論会, 討論コンテスト; (学校の教科としての)討論法, 論議術. **4** 《古》争い, 闘争 (strife). **～·ment** *n.*

de·bát·er [-ṭə | -tə(r] 〘ME〙 *n.* 討論(参加)者, 討議者.

de·bát·ing society [-ṭɪŋ- | -tɪŋ-] *n.* (練習のための)討論会.

de·bauch [dɪbɔ́:tʃ, də-, -bá:tʃ | dɪbɔ́:tʃ] 〘《*a*1595》□F *débauch-er* < OF *desbauchier* 《原義》to rough-hew (timber) into a beam ← *des-* 'DE-[1]'＋*bauch* beam〙 《文語》 ── *vt.* **1** 〈人を〉(道徳的に)堕落させる; 〈趣味・判断などを〉不純にする, 汚す. **2** 〈女を〉たらし込む, 誘惑する (seduce). **3** 《古》(そそのかして)裏切らせる (make disloyal). ── *vi.* 酒色に耽(ふけ)る, 放蕩する. ── *n.* 酒色に耽ること, 道楽, 放蕩.

de·báuched *adj.* 堕落した; 放蕩な, 身を持ちくずした. **de·báuch·ed·ly** [-tʃɪdli, -tʃəd- | -lɪ] *adv.*

deb·au·chee [dɪbɔ:tʃí:, də-, -bɑ:-, dèbəʃí:, -bou-, -bɔ:-, -ʃéɪ, dɪbɔ:tʃí:, -bá:-, -tʃi | dèbɔ:tʃí:, -ʃí:] 〘《*a*1661》□F *débauché* (p.p.) ← *débaucher* 'to DEBAUCH'〙 ── *n.* 放蕩者, 道楽者.

de·báuch·er *n.* 道楽者; 誘惑者 (seducer).

de·bauch·er·y [dɪbɔ́:tʃ(ə)ri, də- | -rɪ] 〘《1642》: ⇨ debauch, -ery〙 ── *n.* **1** 放蕩, 酒色に耽(ふけ)ること, 道楽. **2** [*pl.*] 飲めや歌えのどんちゃん騒ぎ. **3** 《古》背任, 背徳, 不徳, 堕落.

de·báuch·ment 〘□F *débauchement*: ⇨ debauch, -ment〙 *n.* 堕落; 放蕩; 誘惑.

deb·by [débi | -bɪ] 〘← DEB＋-Y[4]〙 *n.* (*also* **deb·bie** [～]) 《口語》＝deb 1.

Deb·by [débi | -bɪ] 〘(dim.) ← DEBORAH〙 *n.* 女性名.

de be·ne es·se [di:-bí:ni-ési | -nɪ-ésɪ] 〘□ML *dē bone esse* of well being〙 *adv.* 〘法律〙暫定的効力を有して, 条件付きで.

de·ben·ture [dɪbéntʃə, də- | -tʃə(r] 〘《1437》□L *dēbentur* (they) are due (3rd pers. pres. pass.) ← *dēbēre* to owe: cf. debt〙 ── *n.* 〘経済〙 **1** 債務証書《特に政府担当官の署名のあるものをいう》. **2** 《英》社債, 社債券. **3** 《米》〘証券〙＝debenture bond. **4** 《古》(税関の)もどし税証明書. (略 deb., deben.)

debénture bònd *n.* 《米》〘証券〙無担保社債《単に debenture ともいう; cf. mortgage bond》.

debénture stòck *n.* 《英》〘証券〙無償還社債《社債の一種であるが一般に無期限であって, その点が株式に似ている》.

de Bergerac, Cyrano *n.* ⇨ Cyrano de Bergerac.

de·bil·i·tate [dɪbílətèɪt, də- | dɪbílɪ-, -lə-] 〘《1533》← L *dēbilitāt-us* (p.p.) ← *dēbilitāre* to render weak ← *dēbilis* weak〙 *vt.* 〈人・体を〉衰弱させる, 弱らせる.

de·bíl·i·tàt·ed [-ṭɪd, -ṭəd | -tɪd, -təd] *adj.* 衰弱した, 消耗した.

de·bíl·i·tàt·ing [-ṭɪŋ | -tɪŋ] *adj.* 〈病気・天候など〉衰弱させる.

de·bil·i·ta·tion [dɪbìlətéɪʃən, də- | dɪbìlɪ-, -lə-] 〘《?*a*1425》□(O)F *débilitation* □L *dēbilitātiō(n-)*: ⇨ debilitate, -ation〙 *n.* 虚弱にする作用; 衰弱, 虚弱.

de·bil·i·ty [dɪbíləṭi, də- | dɪbílɪti, -lɪ-] 〘《?*a*1425》 *debylite* □(O)F *débilité* □L *dēbilitātem* weakness ← *dēbilis* weak: ⇨ -ity〙 ── *n.* (肉体的機能の)弱質, 衰弱 (weakness): nervous ～ 神経衰弱.

deb·it [débɪt, -bət | -bɪt] 〘《*a*1455》□L *dēbit-um* something owed (neut. p.p.) ← *dēbēre*: ⇨ debt〙 ── *n.* **1** 〘簿記〙借方《帳簿の左側》(略 dr.) (↔ credit): a ～ memorandum [memo] 借方票 / a ～ entry 借方記入 / a ～ slip 支払い伝票 / the ～ side 借方欄 / enter an item to a person's ～ [to the ～ of a person's account] 人名勘定の借方に記入する. **2** 短所, 欠点 (drawback). ── *vt.* 〘簿記〙…の借方に〔ある金額を〕記入する〔*with*〕; 〈ある金額を〉〔…の〕借方に記入する〔*against, to*〕(↔ credit): ～ a person [a person's account] *with* a sum＝～ a sum *against* [*to*] a person ある金額を人名勘定の借方に記入する.

dé·boî·té [dèɪbwɑ:téɪ; *F.* debwate] 〘□F ～ 'dislocated'〙 ── *n.* (*pl.* **～s** [～(z); *F.* ～]) 〘バレエ〙デボアテ《足をそろえてつま先で立ち, 跳躍して一方の足を他方の足の後ろに回すステップ; cf. emboîté》.

deb·o·nair [dèbənέə | -bənέə(r, -bɔn-] 〘《?*a*1200》 *debonere* □OF *debonaire* (F *débonnaire*) ← *de bon aire* of good breed (of hawks): ⇨ bonne, air[1]〙 ── *adj.* (*also* **deb·o·naire** [～]) **1** 〈特に若い人が〉やさしくてあいそのよい; 《古》丁重な, 礼儀正しい. **2** 〈人・態度など〉愉快な, 快活な, 晴れやかな; のんきな, 屈託のない, こともなげな (nonchalant). **～·ly** *adv.* **～·ness** *n.*

de·bone [di:bóun | -bə́un] 〘← DE-[1]＋BONE〙 *vt.* …の骨を除く. **dè·bón·er** *n.*

de bo·nis non [deɪ-bóunɪs-nán, di:-, -nəs- | -bə́u-nɪs-nɔ́n] 〘□L *dē bonis non* (↓)〙 ── *L. adj.* 〘法律〙承継遺産管理の, 未管理遺産の《de bonis non administratis の省略形》: an administrator ～ 承継遺産管理人.

de bónis non ad·min·i·stra·tis [-nɑn-ædmìnə-stréɪtɪs, -təs | -nɔn-ædmìnɪstréɪtɪs] 〘□L *dē bonis non administrātis* of the goods not administered〙 ── *L. adj.* 〘法律〙＝de bonis non.

de bonne grâce [də-bɔ́(:)n-grá:s | -bɔ́n-; *F.* dbɔn-grɑ:s] 〘□F ～ 'of good grace'〙 *F. adv.* 丁重に, あいそよく (graciously).

Deb·o·rah [débərə] 〘□LL *Debbora* □Heb. *Dᵉbhōrā[h]* 《原義》bee〙 ── *n.* **1** 女性名《愛称形 Deb, Debby; 異形 Debra》. **2** 〘聖書〙デボラ《イスラエル人の解放に尽くしたヘブライの女預言者; cf. *Judges* 4-5》.

de·bouch [dɪbú:ʃ, də-, -báutʃ | dɪbáutʃ, -bú:ʃ] 〘《1745》□F *déboucher* to pour out ← DE-[1]＋*bouche* mouth (< L *buccam* cheek, mouth: ⇨ buccal)〙 ── *vi.* **1** 〈川・流れなどが〉(狭い所から広い所へ)流れ出る, 展開する: The river ～*es into* a larger river. **2** 〘軍事〙〈軍隊が〉(森林・谷間などから平地へ)進出する. **3** 〈人が〉(狭い所, 特に地下鉄などから広い所へ)出て来る[現われる]. ── *vt.* 流出させる. ── *n.* ＝débouché.

dé·bou·ché [dèɪbu:ʃéɪ; *F.* debuʃe] 〘□F ～ (p.p.) ← *déboucher* (↑)〙 ── *n.* **1** 〘軍事〙(要塞などの)進出口. **2** 出口: a ～ *for* the crowd. **3** (商品の)はけ口, 販路 (market): a ～ *for* goods.

de·bóuch·ment 〘□F *débouchement*: ⇨ debouch, -ment〙 *n.* **1 a** 流出. **b** 〘軍事〙進出. **2 a** (河川の)流出口. **b** 〘軍事〙進出個所.

de·bou·chure [dɪbù:ʃúə, də-, ―‐―́ | dɪbú:ʃuə(r, ―‐―́] 〘《混成》? ← DEBOUCH(MENT)＋(EMBOUCH)URE〙 ── *n.* ＝debouchment 2 a.

Deb·ra [débrə] 〘《異形》← DEBORAH〙 *n.* 女性名.

De·bre·cen [débrətsèn; *Hung.* dɛbrɛtsɛn] *n.* デブレツェン《ハンガリー中東部の商業都市; 人口 196,000》.

De·brett [dəbrét, dɪ-] 〘← *John Debrett* (*c*1750-1822: その編纂者)〙 *n.* デブレット貴族年鑑《1802 年発刊; cf. Burke》.

de·bride [dɪbrí:d, də-, deɪ- | dɪ-, deɪ-] 〘□F *débrider* ← DE-[1]＋*bride* 'bridle'〙 ── *vt.* 〘外科〙…に創面切除(術)をほどこす, 創傷清拭[清浄化]をする, 〈挫滅(ざめつ)[壊死]組織を〉(健康部より)除去する.

de·bride·ment [dɪbrí:dmənt, də-, deɪ-, -mɑ:nt, -mɑ̃:(ŋ), -mɑ:ŋ | dɪbrí:dmɑ̃:(ŋ), -mɔ̃:(ŋ), -mɑ:ŋ, -mɔ(:)ŋ; *F.* debridmɑ̃] 〘□F ～: ⇨ ↑, -ment〙 ── *n.* 〘外科〙創面切除(術).

de·brief [dɪbrí:f, də-, di:- | di:-] 〘← DE-[1]＋BRIEF〙 ── *vt.* [通例 Passive で] 《口語》〈特定の任務を帯びた軍人・飛行士・外交官など〉から(帰還・帰任後)報告を受ける, 結果を報告させる, 情報を受ける; 情報を受けて公表の制限を指令する.

de·bríef·ing *n.* (特定任務終了後の)体験資料の聴取.

de·bris [dəbrí:, deɪ-, déɪbri:, débr-, -brɪ | *F.* dəbri] 〘《1708》□F *débris* ← *débriser* to break down ← DE-[1]＋*briser* to break: cf. bruise〙 ── *n.* (*pl.* ～ [～z; *F.* ～]) (*also* **dé·bris** [～]) **1 a** 破壊の跡, 残骸, (破壊物の)砕片, 破片, 瓦礫(がれき), がらくた. **b** 〔国家・体制などの〕滅亡[崩壊]の跡〔*of*〕. **2 a** 〘地質〙(山または絶壁のふもとに積もった)岩石の砕片, 岩屑(がんせつ) (cf. detritus). **b** 〘登山〙(なだれ落ちて)積もった氷塊. **c** 廃石. **3** 〘病理〙破片, 挫滅[壊死]組織片. **4** 〘歯科〙残渣(ざんさ).

de Bro·glie [dəbrɔ́ɪ; *F.* dəbrɔj], **Louis Victor** *n.* ⇨ Broglie.

de Bróglie equàtion 〘← *L. V. de Broglie*〙 *n.* 〘物理〙ドブロイの方程式《ドブロイ波の運動を記述する方程式》.

de Bróglie wàve 〘↑〙 *n.* 〘物理〙ドブロイ波, 物質波.

dé·brouil·lard [dèɪbru:jáə | -já:(r; *F.* debrujaːr] 〘□F ～: ⇨ -ard〙 *F. n., adj.* 困難を切り抜けるのが巧みな(人), 困難を乗り切る才覚のある(人).

de·bruised [dɪbrú:zd, də- | dɪ-] 〘(p.p.) ← 《廃》*debruise* to break down □ONF *debruis-ier*＝OF *debrisier*: ⇨ de-[1], bruise〙 ── *adj.* 〘紋章〙図形の上に ordinary (fess, bend などの幾何学的図形)を重ねた (oppressed).

Debs [débz], **Eugene Victor** *n.* (1855-1926) 米国の

労働運動の指導者; 米国社会民主党 (Social Democratic Party of America) を創設 (1898).

debt [dét] 〖(15C) □F 《廃》 debte ∽ 《?a1200》 det □ (O)F dette < VL *dēbitam = L dēbitum what is due, obligation (neut. p.p.) ← dēbēre to owe ← DE-¹ + habēre to have (← IE *ghebh- to give or receive : ⇨ give, habit¹)〗 ── *n.* **1** 借金, 負債; 債務; 借金状態: a floating ~ 一時借入金 / ⇨ funded debt, GOOD debt, national debt / collect a ~ 貸金を取り立てる / contract [incur] ~s 債務を負う / pay off a ~ 借金を払い終える / be deep *in* ~ ひどい借金がある (cf. 2) / be *in* a person's ~ 人に借金している (cf. 2) / get [run] *into* ~ = fall [go] *in* ~ 借金する / get *out of* ~ 借金から足を洗う / keep *out of* ~ 借金せずに暮らす / Short ~s make long friends. ⇨ short *adj.* 1. **2** (他人に)負うているもの, おかげ, 恩義; 恩義のあること: I owe you a ~ of gratitude. 君には恩義がある / be deep *in* ~ 大恩を負うている (cf. 1) / be *in* a person's ~ 人に恩を受けている (cf. 1) / be *out of* ~ 負うところがない. **3** 〖神学〗負債(ふさい), 罪 (trespass): Forgive us our ~s. われらの負債を許したまえ (*Matt.* 6:12).

a debt of honor 面目にかけて支払うべき借金《法律的には取り立てることができないものでその支払義務は面目上のもの, 賭博の借金など》. ***pay the debt of nature*** = ***pay** one's **debt to nature*** 〖《なぞり》← L dēbitum nātūrae reddere〗死ぬ.

~·less *adj.*

débt collèctor *n.* 貸金取立て人.

débt mànagement *n.* 〖財政〗国債[公債]管理.

debt·or [détə | -tə(r] 〖(16C) ← DEBT + -OR² ∽ 《?a1200》 dettur □ OF detor < L dēbitōrem ← dēbitum〗 ── *n.* **1** 借主, 負債者, 債務者 (↔ creditor): a ~ country = a debtor nation. **2** 〖簿記〗借方《帳簿の左側》(略 dr.): ~ and creditor 借方と貸方 / a ~ balance 借方残高 / the ~ side (左方の)借方欄. **3** 義理[義務]を負う人.

débtor nàtion *n.* 債務国 (cf. creditor nation).

de·bug [dìːbʌ́g] 〖← DE-¹ + BUG¹〗 ── *vt.* (**de·bugged**; **de·bug·ging**) **1** …から害虫を除く, 除虫する. **2** 《機械・計画など》から欠陥[誤り]を発見して取り除く《たとえば計算機のプログラムの誤りを取り除く》. **3** 《俗》〈部屋・建物〉の盗聴器を摘発して没収する.

de·bunk [dìːbʌ́ŋk] 〖(1927) ← DE-¹ + BUNK³〗 *vt.* 《口語》〈名士・制度・慣習など〉の正体を暴露する, 仮面をはぐ; 〈学説など〉の虚偽をあばく. **~·er** *n.*

de·bus [dìːbʌ́s] 〖(1915) ← DE-¹ + BUS: cf. detrain〗 ── *vt., vi.* (**de·bused, de·bussed**; **~·ing, de·bus·sing**) 《俗》(自動車・バス・トラックなどから)(人・品物などを)降ろす; 降りる.

De·bus·sy [dèbjuːsíː, dèɪb-, dəbjúːsiː | dəbúːsiː, -búːs-, -bjúːs-, -sɪ; *F.* dəbysi], **Claude A·chille** [aʃíl] *n.* ドビュッシー (1862–1918; フランスの印象主義の作曲家; *Pelléas et Mélisande*「ペレアスとメリザンド」(歌劇, 1902), *L'Après-midi d'un faune*「牧神の午後への前奏曲」(1892–94)).

De·bus·sy·an [dèbjuːsíːən, dèɪb-, ─ ─ ─ ─ | dəbúsiən, -búːs-, -bjúːs-, -sɪən] 〖⇨ ↑, -an¹〗 *adj.* ドビュッシー風の. ── *n.* ドビュッシーの信奉者[崇拝者].

de·but [déɪbjuː, ─ ─, dɪbjúː, də- | déɪbuː, déb-, -bjuː, ─ ─; *F.* deby] 〖(1751) □F *début* ← *débuter* to make the first stroke in a game, make one's first appearance ← DE-¹ + *but* 'goal, BUTT²'〗 (*also* **dé·but** [~]) ── *n.* 女性が初めて正式に社交界に出ること; (歌手・俳優などの)初舞台, 初出演, デビュー; 社会生活の第一歩, 初仕事, 就職のし初め; 初登場: make one's ~ デビューする, 初舞台を踏む; 初登場する. ── *vi.* デビューする, 初登場する. ── *vt.* 初めて公けにする, 初舞台に出す, 初演する: They will ~ their new models at the spring show. 春の展示会で新型を披露する予定だ.

deb·u·tant [débjutàːnt, -tænt, ─ ─ ─ | -tàː(ŋ), -tɔ̀ː(ŋ), -tàːŋ, -tɔ̀(ː)ŋ; *F.* debytɑ̃] 〖□F *débutant* (pres.p.) ← *débuter* (↑)〗 ── *n.* (*pl.* **~s** [~s | ~z; *F.* ~]) (*also* **dé·bu·tant** [~]) 初めて社交界に出る男性; 初舞台を踏む俳優, 初出演の音楽家.

deb·u·tante [débjutàːnt, -tænt, ─ ─ ─ | -tùːnt, -tænt, -tɑ̃ː(n)t, -tɔ̀(ː)nt; *F.* debytɑ̃ːt] 〖□F *débutante* (fem.): ↑〗 ── *n.* (*pl.* **~s** [~s; *F.* ~]) (*also* **dé·bu·tante** [~]) 初めて社交界に出る年頃の女性, (特に英国で)初めて宮廷に伺候する上流家庭の娘; 初舞台を踏む女優, 初出演の女性歌手《《口語》では deb, debby ともいう》.

de·bye [dɪbáɪ, də-] 〖↓〗 *n.* 〖電気〗デバイ (⇨ debye unit; 記号 D).

De·bye [dɪbáɪ, də-; *Du.* dəbéiə], **Peter J(oseph) W(ilhelm)** *n.* デバイ (1884–1966; オランダ生れのドイツの物理学者・化学者, 1940 年以降米国に在住した; Nobel 化学賞 (1936)).

Debýe léngth 〖↑〗 *n.* 〖物理〗デバイの長さ《電解質溶液やプラズマ中での静電遮蔽の生じる長さ》.

Debýe-Schérrer mèthod 〖← *P. J. W. Debye, P. Scherrer*〗 *n.* 〖物理・結晶〗デバイ シェラー法《粉末結晶を用いる X 線回折法》.

Debýe témperature 〖← *P. J. W. Debye*〗 *n.* 〖物理化学〗デバイ温度《それぞれの固体に固有な特性温度; characteristic temperature ともいう》.

debýe ùnit 〖← *P. J. W. Debye*〗 *n.* 〖電気〗デバイユニット《双極子モーメントの大きさを表わす単位, 10^{-18} 静電単位に等しい; debye ともいう》.

dec. 《略》decade; 〖処方〗*L.* dēcantā (= pour off); deceased; decimal; decimeter(s); declaration; declared; declension; declination; decorated; decoration; decorative; decrease; decrescendo.

Dec. 《略》December.

dec- [dek] (母音の前に来る時の) deca- の異形.

dec·a- [dékə] 〖□L ~ ← Gk *déka* 'TEN'〗「十 (ten), 十倍 (tenfold)」の意の連結形 (cf. decem-). ★ 母音の前では通例 dec- になる.

dec·a·dal [dékədl̩] 〖⇨ ↓, -al¹〗 *adj.* 十の, 十から成る; 十年間の.

dec·ade [dékeɪd, dekéɪd, dɪ-, də- | dékeɪd, -kəd, -kɪd, dɪkéɪd, de-] 〖(?c1451) □(O)F *décade* □ L *decadem*, *decas* □ Gk *dekás* a group of ten ← *déka* 'TEN'〗 ── *n.* **1** 十個[人]の一組; 十巻, 十編. **2** 十年(間): several ~s 数十年(間). **3** [米では dékəd] 〖カトリック〗ロザリオ (rosary) を構成する 15 組の一つ《小珠 10 個と大珠 1 個でできている》. **4 a** 〖電子工学〗(分圧・信号発生などのための) 10 個一組の抵抗[スイッチなど]. **b** (計数などのための) 10 個一組の電子デバイス. **c** (周波数特性を表わす時の周波数の) 1 桁.

dec·a·dence [dékədəns, -dn̩s, dɪkéɪdn̩s, də- | dékədəns, dɪkéɪd-, de-, -dn̩s] 〖(1549) □(O)F *décadence* □ ML *dēcadentia* falling down ← L *dēcadere* 'to DECAY': ⇨ -ence〗 ── *n.* **1** 衰微, 衰退, 退歩, 堕落, 頽廃(たいはい): moral ~ 道徳の頽廃 / an age of ~ 退廃の世. **2** 〖芸術〗(文芸上の)デカダン運動, デカダンス《19 世紀末にフランスを中心にヨーロッパに広まった風潮で頽廃的文化に美的動機を求めた官能主義; 後に象徴主義 (symbolism) に発展》.

déc·a·den·cy [-dənsi, -dn̩- | -dənsɪ, -dn̩-] 〖⇨ -ency〗 *n.* = decadence.

dec·a·dent [dékədənt, -dn̩t, dɪkéɪdn̩t, də- | dékədənt, dɪkéɪd-, de-, -dn̩t] 〖(1837) □F *décadent*: ⇨ decadence, -ent〗 ── *adj.* **1** 堕落[衰退]に向かっている, 頽廃(たいはい)的な. **2** 〖芸術〗頽廃期の, デカダン派の. ── *n.* **1** 頽廃的な人. **2** デカダン派の作家・詩人・芸術家《この派に属する著名な作家・詩人は Baudelaire, Verlaine, Rimbaud など》. **~·ly** *adv.*

de·caf·fein·ate [dìːkǽfi(ə)nèɪt, -kǽfɪn-, -fɪn- | -kǽfɪn-] 〖⇨ de-¹〗 *vt.* 〈コーヒなど〉からカフェインを取り除く[減らす]: ~d coffee.

dec·a·gon [dékəgɑ̀n | -gən] 〖← NL *decagōn-um*: ⇨ deca-, -gon〗 *n.* 〖数学〗十角形, 十辺形.

de·cag·o·nal [dekǽgənl̩] 〖⇨ ↑, -al¹〗 *adj.* 十角形の; 十辺を有する.

dec·a·gram [dékəgræ̀m] 〖□F *décagramme*: ⇨ deca-, gram²〗 *n.* デカグラム (= 10 grams).

dec·a·he·dron [dèkəhíːdrən | -héd-, -híːd-] 〖← NL ~: ⇨ deca-, -hedron〗 *n.* (*pl.* **~s, -he·dra** [-drə]) 〖数学・結晶〗十面体. **dèc·a·hé·dral** [-drəl] *adj.*

decahedron

dec·a·hy·drate [dèkəháɪdrət, -drɪt, -dreɪt] 〖← DECA- + HYDRATE〗 *n.* 〖化学〗十水化物, 十水和物《化学式中に水分子を 10 含んだ水化物》.

dèca·hỳdro·náphthalene 〖← DECA- + HYDRO- + NAPHTHALENE〗 *n.* 〖化学〗デカヒドロナフタリン ($C_{10}H_{18}$)《無色の液体, 溶剤に用いる》.

de·cal [díːkæl, dɪkǽl, də-, dékəl | díːkæl, dɪkǽl, dékəl] 〖略〗 *n.* 《米》 = decalcomania.

de·cal·ci·fi·ca·tion [dìːkæ̀lsəfɪkéɪʃən, -fə- | -sɪfɪ-] *n.* 脱灰, カルシウム除去.

de·cal·ci·fy [dìːkǽlsəfàɪ | -sɪ-] 〖← DE-¹ + CALCIFY〗 *vt.* 〈骨などを〉脱灰する, 〈骨など〉からカルシウムを除去する.

de·cal·co·ma·ni·a [dìːkæ̀lkəméɪniə, -njə | -njə, -nɪə] 〖□F *décalcomanie* ← *décalco-* (← *décalquer* to transfer a tracing of) + *manie* 'MANIA': ⇨ -ia¹〗 ── *n.* **1** デカルコマニア《磁器などに転写するための絵や模様が印刷されている紙》; 転写紙 (transfer paper). **2** デカルコマニア《移し絵用の転写紙に印刷されている絵や模様》. **3** デカルコマニア, 移し絵, 転写印刷《移し絵用の転写紙に印刷された絵や模様を磁器などに転写する方法》.

de·ca·les·cence [dìːkəlésn̩s] 〖← DE-¹ + CALESCENCE〗 *n.* 〖物理〗(加熱中の金属が一定の温度を越えるとき急に起こる)熱の吸収.

dec·a·lin [dékəlɪn, -lən | -lɪn] 〖(縮約・変形): ⇨ -in¹: 商標名〗 *n.* 〖化学〗 = decahydronaphthalene.

dec·a·li·ter [dékəlìːtə | -tə(r] 〖□F *décalitre*: ⇨ deca-, liter〗 *n.* デカリットル (= 10 liters).

Dec·a·logue, d- [dékəlɔ̀(ː)g, -lɑ̀g | -lɒg] 〖(c1384) □(O)F *décalogue* ∥ LL *decalogus* □ Gk *dekálogos* ← *deka-* 'DECA-' + *lógos* word (⇨ logos)〗 ── *n.* (*also* **Dec·a·log, d-** [~]) **1** [the ~] (モーセの)十誡(じっかい) (the Ten Commandments) (cf. *Exod.* 20:2–17; *Deut.* 5:6–21). **2** [d-] 拘束力を持っている一連の基本的規則.

De·cam·er·on [dɪkǽmərən, də-, dɪ-, de-] 〖□ It. *Decamerone* ← Gk *déka* ten + *hēméra* day〗 ── *n.* **1** [The ~]「デカメロン」,「十日物語」(Giovanni Boccaccio 作 *Il Decamerone* (1353) の英訳名, 百話集). **2** [d-] (デカメロン式の)風流譚.

Dec·a·mer·on·ic, d- [dɪkæ̀mərɑ́nɪk, də-, de- | dɪkæ̀mərɔ́n-, də-] *adj.* デカメロン式の, 好色文学的な.

de·cam·er·ous [dɪkǽmərəs, də-, de- | dɪ-, de-] 〖← DECA- + -MEROUS〗 ── *adj.* 十の部分から成る; 〖植物〗〈花が〉十の部分から成る, 十数性の《通例 10-merous と書く》.

dec·a·me·ter¹ [dékəmìːtə | -tə(r] 〖□F *décamètre*: ⇨ deca-, meter¹〗 *n.* デカメートル (= 10 meters).

de·cam·e·ter² [dɪkǽmətə, də- | -kǽmɪtə(r, -mə-] 〖□F *décamètre* □ Gk *dekámetron*: deca-, -meter²〗 ── *n.* 〖詩学〗十歩格(の詩)《1 行 10 詩脚からなる詩行; cf. meter² 1 b》.

décameter wàve *n.* 〖電気〗デカメートル波, 短波《波長が 10 m–100 m の電波》.

dec·a·me·tho·ni·um [dèkəmɪθóuniəm, -mə- | -mɪθə́uniəm, -njəm] 〖← DECA- + METHONIUM〗 ── *n.* 〖化学〗デカメトニウム ($C_{16}H_{38}N_2I_2$)《骨格筋弛緩の目的で外科手術に用いる》.

dec·a·met·ric [dèkəmétrɪk] *adj.* 〖電気〗デカメートル波の, 短波の.

de·camp [dɪkǽmp, də-, dìː- | dɪ-, dìː-] 〖(1676) □F *décamp-er*: ⇨ de-¹, camp¹〗 ── *vi.* **1** 《軍隊が》(ひそかにまたは急に)野営を引き払う. **2** (一般に)(ひそかに)逃亡する, 出奔(しゅっぽん)する, 逐電(ちくでん)する (abscond). **~·ment** *n.*

dec·an [dékən] 〖□L *decān-us*: ⇨ dean¹〗 *n.* 〖占星〗十分角《黄道十二宮 (signs of the zodiac) の各々の宮 (30 度)の 3 分の 1 (10 度)》.

de·ca·nal [dɪkéɪnl̩, də-, dékə- | dɪkéɪnl̩, de-] 〖(1707) ← ML *decānus* 'DEAN¹' + -AL¹〗 *adj.* **1** dean¹ の; deanery の. **2** = decani 2.

dec·ane [dékeɪn] 〖← DECA- + -ANE²〗 *n.* 〖化学〗デカン ($C_{10}H_{22}$); (特に) n- デカン ($CH_3(CH_2)_8CH_3$).

de·ca·ni [dɪkéɪnaɪ, də- | dɪ-, de-] 〖□ ML *decānī* of the dean (gen.) ← *decānus* 'DEAN¹'〗 ── *adj.* **1** = decanal 1. **2** (↔ cantoris) **a** 〖教会〗内陣 (chancel) の南側の (cf. *n.* 1). **b** 〖音楽〗南側聖歌隊の歌うべき. ── *n.* (↔ cantoris) 〖教会〗 **1** (内陣の) dean の席《祭壇に向かって右側》; (内陣の)南側. **2** 南側聖歌隊.

dec·a·nó·ic ácid [dèkənóuɪk- | -nə́u-] 〖decanoic ← DECANE + -OIC〗 *n.* 〖化学〗デカン酸《カプリン酸 (capric acid) の正式名》.

de·cant [dɪkǽnt, də- | dɪ-, diː-] 〖(1633) □ ML *dēcanthāre* ← DE-¹ + *canthus* (□ Gk *kánthos* angular beak of a jug: ⇨ cant²)〗 ── *vt.* **1** 〈溶液の〉上澄みを静かに注ぐ. **2** 〈液体を〉一つの瓶から他の瓶へ注ぐ, 〈特に, 瓶詰めのぶどう酒を〉デカンター (decanter) に移す. **3** 静かに[そっと]移す[動かす].

de·can·ta·tion [dìːkæntéɪʃən] 〖□ ML *dēcantātiō(n-)*: ⇨ ↑, -ation〗 *n.* 傾瀉(けいしゃ)法, デカンテーション《容器を傾け溶液の上澄みを静かに流し去ること》.

de·cant·er [dɪkǽntə, də- | dɪkǽntə(r] *n.* デカンター《栓付きの装飾的な食卓用細首のぶどう酒びん》.

decanter

dec·a·phyl·lous [dèkəfíləs] 〖← DECA- + -PHYLLOUS〗 *adj.* 〖植物〗十葉の.

de·cap·i·tate [dɪkǽpətèɪt, də- | dɪkǽpɪ-, dìː-] 〖(1611) ← LL *dēcapitāt-us* (p.p.) ← *dēcapitāre* to behead ← DE-¹ + L *capit-*, *caput* head: ⇨ -ate³〗 ── *vt.* **1** (罰として)〈人〉の首を切る, 打ち首にする. **2** 《米口語》(主に政治的な理由で突然)免職にする, 首[お払い箱]にする. **3** 〈攻撃などを〉粉砕[破壊]する.

de·cap·i·ta·tion [dɪkæ̀pətéɪʃən, də- | dɪkæ̀pɪ-, dìː-] 〖□ ML *dēcapitātiō(n-)*: ⇨ ↑, -ation〗 *n.* 斬(ざん)首; 《米口語》(突然の)免職, 罷免(ひめん).

de·cáp·i·tà·tor [-tə | -tə(r] 〖⇨ -or²〗 *n.* 首切り人; 《米口語》(突然)免職[罷免]する人.

dec·a·pod [dékəpɑ̀d | -pɒd] 〖↓〗 ── *adj., n.* 十脚[十腕]目の(動物). **de·cap·o·dal** [dɪkǽpədl̩, də- | dɪ-, de-] *adj.* **de·cap·o·dan** [dɪkǽpədən | dɪ-, de-] *adj.* **de·cáp·o·dous** [-dəs] *adj.*

De·cap·o·da [dɪkǽpədə, də- | dɪ-, de-] 〖← NL ~: ⇨ deca-, -poda〗 *n. pl.* 〖動物〗 **1** 十脚目《エビ・カニなどの節足動物》. **2** 十腕目《イカなどの軟体動物》.

De·cap·o·lis [dɪkǽpəlɪs, də- | dɪ-, de-] 〖□ deca-, -polis〗 ── *n.* [the ~] デカポリス《古代 Palestine の北東部にあった一地方; 紀元前 1 世紀の Damascus を含む 10 の都市連盟があったところ; cf. *Matt.* 4:25》.

de·cap·su·late [dìːkǽpsəlèɪt, -sju- | -sju-] 〖← DE-¹ + CAPSULE + -ATE³〗 *vt.* **1** 〖外科〗〈特に腎臓〉の被膜を剝離する. **2** …の被膜をはぐ. **de·cap·su·la·tion** [dìːkæ̀psəléɪʃən, -sju- | -sju-] *n.*

de·car·bon·ate [dìːkɑ́ːbənèɪt | -kɑ́ː-] *vt.* 〖化学〗 **1** …から二酸化炭素[炭酸]を除去する, 脱炭酸する. **2** 《まれ》= decarbonize. **de·car·bon·a·tion** [dìːkɑ̀ːbənéɪʃən | -kɑ̀ː-] *n.* **dè·cár·bon·à·tor** [-tə | -tə(r] *n.*

de·car·bon·i·za·tion [dìːkɑ̀ːbənɪzéɪʃən, -nə- | -kɑ̀ːbənaɪ-, -nɪ-] *n.* (石油精製などの際の)炭素除去, 脱炭素; 炭素脱失.

de·car·bon·ize [dìːkɑ́ːbənàɪz | -kɑ́ː-] *vt.* (石油精製などの際に)…から炭素を除く, 脱炭素処理をする. **dè·cár·bon·ìz·er** *n.*

de·car·box·yl·ase [dìːkɑəbɑ́ksəlèɪs | -kɑːbɔ́ksɪ-] 〖← DE-¹ + CARBOXYL + -ASE〗 *n.* 〖生化学〗カルボキシル基分解酵素, 脱炭酸酵素《カルボキシル基 (-COOH) から CO_2 を取り除く酵素の総称》.

de·car·box·yl·ate [dìːkɑəbɑ́ksəlèɪt | -kɑːbɔ́ksɪ-] 〖← DE-¹ + CARBOXYLATE〗 *vt.* 〖化学〗…から炭酸基[カルボキシル基] (-COOH) を除去する.

de·car·box·y·la·tion [dìːkɑəbɑ̀ksəléɪʃən | -kɑː-bɔ̀ksɪ-] n. 〚化学〛炭酸基除去, 脱カルボキシル化.

de·car·bu·ri·za·tion [dìːkɑəbjʊrɪzéɪʃən, -rə- | -kɑ̀ːbjʊraɪ-] n. 〚冶金〛(鉄合金の表面などから)炭素を除去すること, 脱炭.

de·car·bu·rize [dìːkɑ́əbjʊràɪz | -kɑ́ːbju(ə)r-] 〚← DE-¹+CARBURIZE〛 vt. 〚冶金〛〈鉄合金の表面など〉から炭素を除去する, 脱炭する.

dec·are [dékɛə, -kɑə | -kɑː(r; F. dekaːr] 〚□F décare: ⇨ deca-, are²〛 n. デカール (=10 ares).

de·car·te·li·za·tion [dìːkɑətèlɪzéɪʃən, -lə-, -kɑ̀ətə-lɪ-, -lə-, -tḷ- | -kɑːtèlaɪ-, -kɑ̀ːtəl-, -lɪ-, -tḷ-] n. 〚経済〛(独占禁止法による)企業集中排除, カルテルなどの解体[解散].

de·car·te·lize [dìːkɑətélaɪz, -kɑ́ətəl-, -tḷ- | -kɑːtél-, -kɑ́ːtəl-, -tḷ-] 〚← DE-¹+CARTELIZE〛 — vt. 〚経済〛〈巨大なトラスト・独占などを〉排除する, …のカルテルを解体[解散]する.

dec·a·stere [dékəstɪə | -stɪə(r] 〚□F décastère: ⇨ deca-, stere〛 n. デカステール (=10 steres=10 m³).

dec·a·style [dékəstàɪl] 〚□L decastȳl-us □Gk dekástulos: ⇨ deca-, -style²〛〚建築〛 — adj. 〈portico など〉(正面に)十本の円柱をもつ, 十柱式の (cf. distyle). — n. 十柱式の portico.

de·cas·u·a·lize [dìːkǽʒuəlàɪz, -ʒul- | -ʒuəl-, -ʒul-, -zjuəl-, -zjul-] 〚← DE-¹+CASUAL+-IZE〛 — vt. 《英》〈労働・仕事など〉から臨時雇いの雇用をやめる: ~ labor. **de·cas·u·a·li·za·tion** [dìːkæ̀ʒuəlɪzéɪʃən, -ʒul-, -lə- | -ʒuəlaɪ-, -ʒul-, -zjuəl-, -zjul-, -lɪ-] n.

dec·a·syl·lab·ic [dèkəsɪlǽbɪk, -sə- | -sɪ-] 〚← DECA-+SYLLABIC《なぞり》← F décasyllabique □Gk dekasúllabos〛 — adj. 10音節(の詩行)からなる. — n. 10音節の詩行.

dec·a·syl·la·ble [dékəsɪləbḷ] adj. =decasyllabic. — n. 10音節語[詩行].

de·cath·lete [dɪkǽθliːt, də-] 〚《混成》← DECATHLON+ATHLETE〛 n. 〚スポーツ〛十種競技選手 (cf. pentathlete).

de·cath·lon [dɪkǽθlən, də-, -lɑn|dɪkǽθlən, de-, -lɔn] 〚□F décathlon ← DECA-+Gk áthlon contest (cf. athlete)〛 n. 〚スポーツ〛十種競技 (cf. pentathlon).

de·ca·thol·i·cize [dìːkəθɑ́ləsàɪz | -θɔ́l-] vt. …のカトリック的性質を除く[脱する].

dec·at·ing [dékətɪŋ | -kət-] 〚← F décatir to steam (← DE-¹+catir to press)+-ING¹〛 — n. 〚紡織〛デカタイジング《毛織物などに熱湯や蒸気をあてて行なう仕上げ工程の一種; 幅・長さを整え, 光沢・柔軟性を与える》.

dec·at·ize [dékətàɪz] 〚← F décatir (↑)+-IZE〛 vt. 〚紡織〛〈毛織物〉にデカタイジングを施す.

déc·at·iz·ing n. 〚紡織〛=decating.

De·ca·tur [dɪkéɪtə, də- | -tə(r] 〚米国海軍士官 Stephen Decatur (1779–1820) にちなむ〛 n. 米国 Illinois 州中東部の商工業都市; 人口 100,000.

De·cáu·ville tráck [dɪkóuvɪl-, də-, -viːl-, -kɔ́ːvɪl- | -kóuvɪl-] 〚← Paul Decauville (1846–1922: この装置を考案したフランスの技師)〛 n. 〚鉄道〛軽便鉄道.

de·cay [dɪkéɪ, də- | dɪ-] [v.: 《1475》 decaie(n) □ OF decai-r 《異形》← dechaoir (F déchoir) to fall < VL *decadēre ← DE-¹+L cadere to fall (⇨ case¹). — n.: 《1442》 □ AF decai] — vi. 1 腐る, 腐敗する, 朽ちる; (くずれて)ぼろぼろになる: The bruised apples ~ed quickly. 2 齲食(うしょく)になる, 虫歯になる: a ~ing tooth (進行中の)虫歯. 3 〈質・体力・活動などが〉衰える, 衰退する; 堕落[退化]する. 4 〚物理〛〈放射能・原子核・素粒子が〉放射崩壊する. 5 〚宇宙〛〈人工衛星が〉(大気摩擦で)速度を落とす. — vt. 腐敗[衰弱]させる; 〚物理〛〈放射能・原子核・素粒子を〉放射崩壊させる. — n. 1 a 腐れ, 腐朽, 腐蝕; (特に)好気的腐敗. b 腐敗[腐朽]物質. c 齲食, 虫歯. 2 (国家・一家などの)衰微, 衰亡; (体力・活力などの)減退, 衰弱, 衰え: senile ~ 老衰 / be in ~ 朽ち[衰えて]ている / go to [fall into] ~ 朽ち果てる, 荒れ果てる, 衰微する. 3 〚物理〛(放射能・原子核・素粒子の)自然崩壊: ⇨ radioactive decay. 4 a 《廃》(数・量・力などの)減少. b 〚宇宙〛(大気摩擦による人工衛星の)速度減少. ~·er n.

de·cay·a·ble [dɪkéɪəbḷ, də-|dɪ-] adj. 腐敗する, 朽ちやすい.

decáy cónstant n. 〚物理〛崩壊定数《放射性原子核や不安定な素粒子などの単位時間あたりの崩壊確率; disintegration constant ともいう》.

de·cáyed adj. 1 腐った, 朽ちた (rotten): a ~ piano おんぼろピアノ / a ~ house 朽ちてぼろぼろになった家. 2 衰微した, 落ちぶれた. 3 齲食(うしょく)になった, 虫歯になった: a ~ tooth 虫歯.

decáy sèries n. 〚物理・化学〛=radioactive series.

Dec·ca [dékə] 〚← Decca Co.(この航法を開発した英国の会社名)〛 n., adj. 〚海事・航空〛デッカ航法(の).

Dec·can [dékən, -kæn] n. [the ~] 1 デカン(半島)《インドの Narbada 川以南の半島》. 2 デカン(高原)《Narbada, Kistna 両河川間の高原; Deccan Plateau ともいう》.

Décca sỳstem n. [the ~] 〚海事・航空〛デッカ航法方式《数個の地上発信局が同時に発する電波を利用して行なう長距離航法》.

decd. 《略》 deceased.

de·cease [dɪsíːs, də- | dɪ-] 〚《a1338》 deces □ (O)F décès □ L dēcessus departure, death (p.p.) ← dēcēdere to depart: ⇨ de¹, cede〛《文語》〚法律〛 — n. 死去, 死亡《法律上の死亡 (civil death) を含まない》. — vi. 死亡する.

de·ceased [dɪsíːst, də- | dɪ-] 〚《c1489》〛《文語》〚法律〛 — adj. 故人となった, 死去した; 故…; (特に)最近なくなった: the ~ father [wife] 亡父[妻]. — n. (pl. ~) [通例 the ~] 死者, 故人: the remains of (the) ~ 故人の遺骸[遺骨] / the names of the ~ 死(亡)者たちの名前.

de·ce·dent [dɪsíːdn̩t, də- | dɪ-] 〚□L dēcēdent-em (pres.p.) ← dēcēdere to die: ⇨ decease〛 n. 《米》〚法律〛死者, 故人 (deceased person).

decédent estáte n. 〚法律〛遺産.

de·ceit [dɪsíːt, də- | dɪ-] 〚《?a1300》 deceite □ OF < L dēceptam (p.p.) ← dēcipere 'to DECEIVE'〛 — n. 1 欺瞞(ぎまん)(性), ぺてん, ごまかし, 偽り; 策略 (trick): practice ~ on …をぺてんにかける, 裏切る. 2 人を誤らせるような外見.

de·ceit·ful [dɪsíːtfəl, də- | dɪ-] 〚《15C》〛 adj. 1 〈人が〉人をだます, ぺてんの, 詐欺の; 〈行為・言語など〉偽りの, ずるい. 2 〈外見が〉人を誤らせるような.

de·céit·ful·ly [-fəli | -lɪ] 〚《15C》〛 adv. 偽って, 欺いて; 欺くように, だますつもりで.

de·céit·ful·ness 〚《15C》〛 n. ぺてん師根性; ずるさ, 不実.

de·ceiv·a·ble [dɪsíːvəbḷ, də- | dɪ-] 〚ME □ OF decevable: ⇨ ↓, -able〛 adj. だますことのできる, だまされやすい, 詐欺にかかりやすい. **de·céiv·a·bly** adv. ~·ness n.

de·ceive [dɪsíːv, də- | dɪ-] 〚《c1300》 deceive(n) □ OF deceiv-re (F décevoir) < L dēcipere to beguile, catch, ensnare ← DE-¹+capere to take〛 — vt. 1 だます, 欺く, ぺてんにかける, 惑わす: I have been ~d in him. あの男を見そこなっていた / be ~d by appearances 外見に惑わされる / ~ oneself 思い違いをする, 空頼みをする / ~ a person into doing 人をだまして…させる / His ears did not ~ him. 聞き違いではなかった. 2 《古》〈期待などを〉裏切る. 3 《古》〈時を〉過ごす (while away); 〈気を〉紛らす (beguile). — vi. 人を偽る, 詐欺を行なう: Advertisements must not ~. 広告に偽りがあってはならない.

de·céiv·er 〚ME deceivour □ OF deceveor: ⇨ ↑, -or²〛 n. 詐欺師 (impostor): Men were ~s ever. 男心は変りやすいが常だ,「男心と秋の空」(Shak., Much Ado 2. 3. 65).

de·céiv·ing·ly adj. 欺いて, 偽って.

de·cel·er·ate [dìːséləreɪt] 〚← DE-¹+(AC)CELERATE〛 — vt. 1 〈機関など〉の速度を落とす, 減速する (↔ accelerate). 2 〈計画など〉の進行の速度を遅らす. — vi. 速度を落とす.

de·cel·er·a·tion [dìːsèləréɪʃən] n. 減速, 減速度 (↔ acceleration).

decelerátion làne n. (高速道路の)減速車線 (cf. acceleration lane).

dè·cél·er·à·tor [-tə | -tə(r] n. 減速機.

de·cel·er·on [dìːsélərɑ̀n | -rɔ̀n] 〚← DECELER(ATE)+(AILER)ON〛 n. 〚航空〛制動兼補助翼《エアブレーキ兼用の補助翼》.

de·cem- [dɪsém, də- | dɪ-, diː-] 〚□F ~ // L ~ ← decem (↓)〛「10 (ten)」の意の連結形 (cf. deca-).

De·cem·ber [dɪsémbə, də-, diː- | dɪsémbə(r, diː-] 〚lateOE ~ □ L December (mēnsis) 《原義》 the tenth month (F décembre) < *decem-ri-s ← decem 'TEN': 古代ローマ暦では3月を年始として計算したので12月は第10月であった〛 — n. 12月 (略 Dec., D).

De·cem·brist [dɪsémbrɪst, də-, diː-, -brəst | dɪsémbrɪst, diː-] 〚《なぞり》← Russ. dekabrist〛 — n. 〚ロシヤ史〛十二月党員, デカブリスト《1825年12月, ロシヤの専制政治の打倒と農奴制の廃止を目ざして武装蜂起を企てた貴族出身のエリート》.

de·cem·vir [dɪsémvə, də- | dɪsémvə(r, -vɜː(r] 〚《?a1439》 □ L ~ 《逆成》← decemvirī (pl.) ← decem 'TEN'+virī men (cf. virile)〛 — n. (pl. ~s, -vir·i [-vəràɪ]) 1 〚ローマ史〛十大官の一人《特に紀元前451–450年法典編纂(へんさん)にあずかった執政官》. 2 十名で構成する(権威ある)団体[委員会]の一員.

de·cem·vi·ral [dɪsémvərəl, də-|dɪ-] 〚□L decemvirāl-is: ⇨ ↑, -al¹〛 adj. 〚ローマ史〛十大官の.

de·cem·vi·rate [dɪsémvərət, də-, -rɪt, -rèɪt | dɪsémvɪrət, -v(ə)r-, -rɪt] 〚□L decemvirāt-us: ⇨ dicemvir, -ate¹〛 — n. 〚ローマ史〛十大官の職; 十頭政治; 執政官の十人団.

decemviri n. decemvir の複数形.

de·cen·a·ry [dɪsénəri, də- | dɪsénərɪ, de-, diː-] 〚□ ML decenāri-us ← decēna, decenna tithing ← decem 'TEN': ⇨ -ary〛〚英史〛 n., adj. 十家組(の).

de·cen·cy [díːsn̩si | -sɪ] 〚《1567》 □ L decentia: ⇨ decent, -ency〛 — n. 1 行儀よさ, 礼儀正しさ, 上品; 体裁, 品位: for ~'s sake 体面上 / a breach of ~ 無礼, 無作法 / offenses against public ~ 風俗壊乱 / Decency forbids. 《掲示》小便無用(など) / He has no sense of ~. 彼は恥知らずだ. 2 [the decencies (of life)] a 礼儀, 作法 (proprieties). b 人並みの暮しに必要なもの, 恒産. 3 《口語》親切, 寛大さ: have the ~ to do 親切にも…する. 4 《古》適切.

de·cen·na·ry¹ [dɪsénəri, də- | dɪsénərɪ, de-, diː-] 〚← L decennis of ten years (⇨ decennium)+-ARY〛 adj. =decennial. — n. 十年間.

de·cen·na·ry² [dɪsénəri, də- | dɪsénərɪ, de-, diː-] n. adj. 〚英史〛=decenary.

decennia n. decennium の複数形.

de·cen·ni·ad [dɪséniæ̀d, də- | dɪsénɪ-, de-, diː-] 〚← L decennis (⇨ decennium)+-AD¹〛 n. =decennium.

de·cen·ni·al [dɪséniəl, də- | dɪsénjəl, de-, diː-, -nɪəl] 〚《1656》← L decennium 'DECENNIUM'+-AL¹〛 — adj. 十年間の, 十年ごとの: a ~ period 十年の期間 / a ~ census 十年ごとの人口調査 / ~ games 十年に1回の競技会. — n. 《米》十年祭; その祝典.

de·cén·ni·al·ly [-niəli | -nɪəlɪ, -njə-] adv. 十年期に, 十年ごとに.

de·cen·ni·um [dɪséniəm, də- | dɪsénjəm, de-, diː-, -nɪəm] 〚《1685》 □ L ~ ← decennis of ten years ← decem 'TEN'+annus year (cf. annual): cf. centennium〛 — n. (pl. ~s, -ni·a [-niə | -nɪə, -njə]) 十年間.

de·cent [díːsn̩t] 〚《1539》 □ (O)F décent // L decent-em becoming, seemly, fitting (pres.p.) ← decēre to be proper〛 — adj. 1 a 〈人・言語・思想・行状・服装など〉穏当な, 慎みのある, 上品な; 下品なところのない: a ~ suit of clothes 上品な衣服 / ~ language (みだらでない)上品な言葉 / He is ~ in conduct [conversation]. 行儀[会話]が上品である. b 《口語》(人に見られても恥ずかしくない程度に)着物を身につけた, ちゃんとした: She looked ~ on the beach. 浜辺でちゃんと着物を着ているようだった / Are you ~ now? 着物をきちんと着ましたか, 着換えはすみましたか / Get ~. ちゃんと服を着なさい. 2 相当な身分の, かなりりっぱな: a ~ family 相当な身分の家 / quite a ~ house 相当りっぱな家 / live in ~ conditions かなりりっぱな生活をする. 3 a まあまあの, 人並みの, 世間並みの, 恥ずかしくない程度の, 適当な: a ~ income [salary] 世間並みの収入[給料] / at a ~ distance from here ここからまあまあの距離の所に / He got a ~ grade on the exam. 彼は試験でまあまあの成績を収めた. b 《口語》結構な, 中々よい, 好ましい: a very ~ fellow なかなかいい男 / a ~ meal 結構な食事. 4 《口語》親切な; 寛大な, やかましくない (generous): a ~ headmaster / It's awfully ~ of you. これは御親切さま. **~·ness** n.

de·cen·ter [dìːséntə | -tə(r] vt. …の中心をはずす; 中心からそらす.

dé·cent·ish [-tɪʃ | -tɪʃ] adj. 《英》やや上品な.

dé·cent·ly 〚《16C》〛 — adv. 1 見苦しくないように, 相当に (becomingly): be ~ clothed 見苦しくない服装をしている. 2 正しく, 上品に, 端正に (properly). 3 《口語》やさしく, 親切に; 気前よく.

de·cen·tral·i·za·tion [dìːsèntrəlɪzéɪʃən, -lə- | -laɪ-, -lɪ-] n. 1 分散, 分立制; 集中排除; 権限委譲, 分権化, 地方分権. 2 (人口・産業などの)(地方)分散化, 都市集中排除: economic ~ 経済力集中排除.

de·cen·tral·ize [dìːséntrəlàɪz] 〚cf. F décentraliser〛 vt., vi. 1 (行政権・組織などを)分散させる, (…の)中央集権を解く. 2 (人口・都市などを)分散する.

de·cep·tion [dɪsépʃən, də- | dɪ-] 〚《c1412》 decepcioun □ (O)F déception // L dēceptiō(n-) ← dēceptus (p.p.) ← dēcipere 'to DECEIVE': ⇨ -tion〛 — n. 1 だます[だまされる]こと, だまし, 欺き, 惑わし: practice ~ on a person 人をだます. 2 詐欺, ぺてん (fraud); うそ, ごまかし: There is no ~. 種も仕掛けもありません. 3 ごまかし物, まやかし物, 贋(がん)物 (sham). 4 期待はずれ, 幻滅. **~·al** [-ʃənḷ, -ʃnəl] adj.

de·cep·tive [dɪséptɪv, də- | dɪ-] 〚← NL dēceptīv-us ← L dēceptus (↑): ⇨ -ive〛 — adj. 人を欺くような, 人を誤解させる; あてにならない, ごまかしの, 見かけによらない, 人を迷わす: Appearances are ~. ⇨ appearance 4 a.

decéptive cádence n. 〚音楽〛偽終止《属和音から主和音以外の和音へ進む終止形》.

de·cép·tive·ly adv. 欺くように; 偽って.

de·cép·tive·ness n. 偽りの多いこと, 当てにならないこと.

de·cer·e·brate [dìːsérəbrèɪt | -rɪ-] 〚← DE-¹+CEREBRO-+-ATE³〛 — vt. …から大脳を切除する, 除脳する; 脳の活動を不可能にする. — adj. 除脳した, 除脳症状を呈する. **de·cer·e·bra·tion** [dìːsèrəbréɪʃən | -rɪ-] n.

de·cern [dɪsə́ːn, də- | -sə́ːn] 〚ME □ (O)F décerner □ L dēcernere 'to decide, DECREE'〛 — vt. 1 《まれ》=discern. 2 〚スコット法〛判決する. — vi. 《廃》はっきり見分ける (discern).

de·cer·ti·fy [dìːsə́ːtəfàɪ | -sə́ːtɪ-] vt. …から証明[保証]を取り消す. **de·cer·ti·fi·ca·tion** [dìːsə̀ːtəfɪkéɪʃən, -fə- | -sə̀ːtɪfɪ-] n.

dé·ché·ance [dèɪʃeɪɑ́ː(n)s, -ɔ̃ː(n)s, -ɑ́ːns, -ɔ́ː(n)s; F. deʃeɑ̃ːs] 〚□F ~ ← déchoir to fall < VL *decadēre〛 F. n. (財産などの)没収 (forfeiture).

dech·en·ite [dékənàɪt] 〚□G Dechenit ← Heinrich von Dechen (1800–89: ドイツの地質学者): ⇨ -ite¹〛 n. 〚鉱物〛=descloizite.

de·chlo·ri·da·tion [dìːklɔ̀ːrədéɪʃən, -klòːr-|-klɔ̀ːrɪ-] n. 〚医学〛塩素[食塩]除去, 脱塩素(作用), 無塩療法《食餌から塩分を除去する療法》.

de·chlo·ri·dize [dìːklɔ́ːrədàɪz, -klóːr- | -klɔ́ːrɪ-] 〚← DE-¹+CHLORIDIZE〛 vt. 〚医学〛…に脱塩素[無塩療法]を行なう.

de·chlo·ri·nate [dìːklɔ́ːrənèɪt, -klóːr- | -klɔ́ːrɪ-] 〚← DE-¹+CHLORINATE〛 vt. 〚化学〛…から塩素を除去する.

de·chlo·ri·na·tion [dìːklɔ̀ːrənéɪʃən, -klòːr-|-klɔ̀ːrɪ-] n. 〚化学〛脱塩素.

de·chris·tian·ize [dìːkrístʃənàɪz | -tʃən-, -tjən-, -tɪən-] 〚□ ? F déchristianis-er ← DE-²+christianiser to Christianize (← L chrīstiānus 'CHRISTIAN')〛 vt. …のキリスト教的特質を失わせる, 非キリスト教化する.

dec·i- [désə, -sɪ | -sɪ] 〖□ F *déci-* ← L *decimus* tenth ← *decem* ten: ⇨ deca-〗 メートル法で単位の $^{1}/_{10}$ の意の連結形: *decigram, decimeter.*

Dé·ci·an persecútion [díːʃən-, déʃ- | díːʃɪən-, -sjən-, -sɪən-, dékɪən-, désɪən-] *n.* [the ~] デキウスの迫害《ローマ皇帝 Decius 時代(249–51)のキリスト教徒の迫害》.

dec·i·are [désiɛ̀ə, -siὰə | -ɪὰː(r); *F.* desjaːr] 〖□ F *déciare*: ⇨ deci-, are[2]〗 *n.* デシアール(=$^{1}/_{10}$ are=10 m^2).

dec·i·bar [désəbὰə | -sɪbὰː(r)] 〖← DECI-+BAR[3]〗 *n.* 〖気象〗デシバール《気圧の単位; =$^{1}/_{10}$ bar》.

dec·i·bel [désəbèl, -bəl | -sɪ-] 〖← DECI-+BEL[2]〗 ── *n.* 〖電気・物理〗デシベル《量の大きさを対数的に計る単位; 基準パワー P_0 に対し P のパワーを持つ量を 10 log P/P_0 デシベルと表現し, 電力・音などの大きさの表現に用いる; 略 dB, db.; cf. bel[2], dBA》.

de·cid·a·ble [dɪsáɪdəbl̩, də- | dɪ-] *adj.* 決定できる. **de·cìd·a·bíl·i·ty** [-dəbíləṭi | -lɪtɪ, -lɪ-] *n.*

de·cide [dɪsáɪd, də- | dɪ-] 〖(*a*1393) *decide*(*n*) □ (O)F *décid-er* // L *dēcīd-ere* to cut off, determine ← DE-[1]+*caedere* to cut〗 ── *vt.* **1 a** [しばしば *wh*-word+*to* do を伴って] 決心する, 決意する: He ~*d which* way *to* take. どちらの道を通るかを決めた. **b** [*to* do を伴って] 〈…しようと〉決心する, 〈…すること〉にする: She ~*d to* stay at home. 彼女は家にいることにした. **c** [*that*-clause を伴って] 〈…と〉判定[推定]する, 考える: I ~*d that* there would be nothing for it but to obey him. この際彼の言いなりになるより仕方がないと考えた. **2** 〈問題・争議・訴訟事件など〉に決着をつける, 判決[裁定]する; 〈戦争を〉終結させる: ~ the case against [in favor of] the plaintiff その事件を原告に不利[有利]に判決する / The atomic weapon ~*d* the war. その原子兵器により戦争は終結した. **3** 〈人を〉決定させる, 決意させる: That ~*d* me *to* go. それで出かけようという決心がついた. ── *vi.* 決定する, 決める, 決心する: ~ *between* the two ways 二つの道のどちらをとるかを決める / ~ *about* the date 日取りのことを決める / ~ *on* [*upon*] a course of action ある行動を決意する / What date have you ~*d on*? 何日にすると決めましたか / He has ~*d against* (mak*ing*) a trip to Europe. ヨーロッパ旅行をしないことに決めた.

de·cid·ed *adj.* **1** 決定的な, 断固とした, 果断の (resolute): a ~ answer [opinion] 断固たる返答[意見] / a man of ~ character 果断な性格の人. **2** はっきりした, 明確な: a ~ victory [success] 明確な勝利[成功] / a ~ difference はっきりした相違. **~·ness** *n.*

de·cíd·ed·ly *adv.* 決定的に, 断然; 確かに, 疑いなく.

de·cíd·er *n.* **1** 決定者, 裁決者. **2** 決勝競技.

de·cíd·ing *adj.* 決定的な (decisive).

de·cid·u·a [dɪsídʒuə, də- | -djuə] 〖← NL *dēcidua* (fem.) ← L *dēciduus*: ⇨ deciduous〗 ── *n.* (*pl.* **~s, -u·ae** [-dʒuìː | -djuː-]) 〖解剖・動物〗脱落膜《分娩のとき失われる子宮粘膜》. **de·cíd·u·al** [-dʒuəl | -djuː-] *adj.*

de·cid·u·ate [dɪsídʒuèɪt, də- | -dju-] 〖⇨ ↑, -ate[2]〗 *adj.* 〖解剖・動物〗 **1** 子宮脱落膜 (decidua) のある. **2** 〈胎盤が〉一部分子宮脱落膜からできた.

de·cid·u·ous [dɪsídʒuəs, də- | -dju-] 〖(1656) □ L *dēcidu-us* falling down ← *dēcidere* to fall off ← DE-[1]+*cadere* to fall: ⇨ -ous〗 ── *adj.* **1** 〖動物〗脱落性の; 〈葉・歯・角など〉(ある時期に)落ちる, 抜ける, 抜け変る (↔ persistent): a ~ tooth=milk tooth. **2** 〖植物〗落葉性の (↔ evergreen): a ~ tree 落葉樹. **3** 束(つか)の間の, はかない (ephemeral). **~·ly** *adv.* **~·ness** *n.*

dec·i·gram [désɪgræ̀m, -sə- | -sɪ-] 〖□ F *décigramme*: ⇨ deci-, gram[2]〗 *n.* デシグラム(=$^{1}/_{10}$ gram).

dec·ile [désaɪl, -sɪl, -səl | -saɪl, -sɪl] 〖← L *decem* ten+-ILE[2]〗 〖統計〗 ── *n.* デシル, 十分位数《全度数を 10 等分する 9 個の数値の任意の一つ; cf. percentile》. ── *adj.* デシルの.

dec·i·li·ter [désəlìːṭə | -sɪlìːtə(r)] 〖□ F *décilitre*: ⇨ deci-, liter〗 *n.* デシリットル(=$^{1}/_{10}$ リットル).

de·cil·lion [dɪsíljən, də- | dɪ-, diː-] 〖← DECI-+(M)ILLION〗 *n.* 《米》10^{33}; 《英》10^{60} (⇨ million 表). ── *adj.* decillion の.

de·cil·lionth [dɪsíljənθ, də- | dɪ-, diː-] *adj., n.* decillion 分の一(の).

decim. 《略》 decimeter(s).

dec·i·mal [dés(ə)məl | -sɪ-, -sə-] 〖(1608) □ LL *decimāl-is* ← L *decimus* tenth ← *decem* 'TEN': ⇨ -al[1]〗 ── *adj.* **1 a** 〖数学〗十[十分の一]を基礎とする, 十進法の; 小数の (cf. duodecimal). **b** 〈通貨が〉十進法の[による], 十進制の: ~ coinage / go ~ 十進法を採用する. **2** 十部門の: ⇨ decimal classification. ── *n.* 〖数学〗小数; [*pl.*] 十進算: an infinite ~ 無限小数 / to 3 places of ~*s* 小数第3位まで / ⇨ circulating decimal, recurring decimal, repeating decimal.

décimal aríthmetic *n.* 〖数学〗十進算, 小数算術.

décimal classificàtion *n.* 〖図書館〗十進分類法《すべての主題を 10 区分し, 0–9 の数字をあてた図書分類法; 1876 年に M. Dewey が創案; Dewey decimal classification, decimal system ともいう》.

Décimal Dày *n.* 《英》十進法の日《英国の通貨制度が十進法に移行した日; 1971 年 2 月 15 日; D day, D Day ともいう》.

décimal fràction *n.* 〖数学〗小数 (cf. common fraction).

déc·i·mal·ìsm [-lɪzm] *n.* 十進法, 十進制.

déc·i·mal·ist [-lɪst, -ləst | -lɪst] *n.* 十進制主張[主義]者.

dec·i·mal·i·za·tion [dès(ə)məlɪzéɪʃən, -lə- | -sɪməlaɪ-, -sə-, -lɪ-] *n.* 十進法化, 十進制[メートル法]採用.

dec·i·mal·ize [dés(ə)məlàɪz | -sɪ-, -sə-] *vt.* 十進法[制]にする; (特に)メートル法にする: ~ the currency.

déc·i·mal·ly [-məli | -lɪ] *adv.* 〖数学〗十進法で; 小数的に, 小数(の形)で.

décimal notátion *n.* 〖数学〗十進記数法, 十進表記(法).

décimal numerátion *n.* 〖数学〗十進法.

décimal plàce *n.* 〖数学〗小数位: to the third ~ 小数第3位まで.

décimal pòint *n.* 〖数学〗小数点.

décimal sỳstem *n.* [the ~] **1** (度量衡・通貨などの)十進制. **2** (記数法や命数法としての)十進法. **3** 〖図書館〗=decimal classification.

dec·i·mate [désəmèɪt | -sɪ-] 〖(1600) ← L *decimāt-us* (p.p.) ← *decimāre* to take the tenth man ← *decimus* tenth ← *decem* 'TEN': ⇨ -ate[3]〗 ── *vt.* **1** (特に古代ローマの軍隊で上官抵抗などの処罰として)〈反乱グループなど〉の 10 人に 1 人を(抽選で)選んで殺す. **2** 〈疫病・戦争などが〉…の多くの人を殺す: Famine ~*d* the population. 飢饉で大多数の住民が死んだ. **déc·i·mà·tor** [-ṭə | -tə(r)] *n.*

dec·i·ma·tion [dèsəméɪʃən | -sɪ-] 〖(1549) □ LL *decemātiō(n-)*: ⇨ ↑, -ation〗 ── *n.* **1** (特に古代ローマでの) 10 人に 1 人の処刑 (cf. decimate 1). **2** 多数の人の死亡; 多くの動物の絶滅.

dec·i·me·ter [désəmìːṭə | -sɪmìːtə(r)] 〖□ F *décimètre*: ⇨ deci-, meter[1]〗 *n.* デシメートル (=$^{1}/_{10}$ meter=10 cm).

dec·i·mil·li- [désəmɪlə, -lɪ | -sɪmɪlɪ] 〖⇨ deci-, milli-〗「10^{-4} 倍, 一万分の一」の意の連結形.

dec·i·mo·sex·to [dèsəmo(ʊ)sékstou | -sɪmə(ʊ)sékstəʊ] 〖□ L ~ (abl.) ← *decimus sextus* sixteenth: ⇨ ↓, sext〗 *n.* (*pl.* **~s**) 〖製紙〗=sixteenmo.

dec·i·mus [désəməs | -sɪ-] 〖□ L ~ 'tenth' ← *decem* 'TEN'〗 *adj., n.* **1** (処方で)第十(の) (cf. primus[1] 1). **2** 《英》〖教育〗(男子同姓生徒中) 10 番目(の).

de·ci·pher [dɪsáɪfə, də- | dɪsáɪfə(r)] 〖(1528) ← DE-[1]+CIPHER: cf. F *déchiffrer*〗 ── *vt.* **1** 〈暗号文を〉普通の文に書き直す, 翻訳する, 解読する (↔ encipher): ~ a coded message 暗号化されたメッセージを解読する. **2** 〈難解な文字や文を〉判読する, 読み解く: ~ an old manuscript 古文書を判読する. **3** 〈謎・神秘などを〉解く, 悟る: ~ a riddle / ~ the mystery of nature 自然の秘密を悟る. ── *n.* **1** 暗号文で書かれた秘密通信. **2** 暗号文の翻訳, 解読. **~·er** [-fərə | -rə(r)] *n.*

de·ci·pher·a·ble [dɪsáɪf(ə)rəbl̩, də- | dɪ-] *adj.* 解きうる, 判読できる.

de·cí·pher·ment *n.* (暗号文の)解読, 翻訳; (象形文字・記銘などの)判読.

de·ci·sion [dɪsíʒən, də- | dɪ-] 〖(*c*1454) □ (O)F *décision* // L *dēcīsiō(n-)* ← *dēcīsus* (p.p.) ← *dēcīdere* 'to DECIDE': ⇨ -sion〗 ── *n.* **1 a** 決定, 判定, 解決: the ~ *of* a question 問題の解決 / ~ by majority 多数決 / come to a ~ 解決がつく, 決定する. **b** 〖ボクシング〗判定勝ち: win (on) a ~ 判定勝ちをする. **2** 決議, 決定書, 判決(例): a juridical ~=a ~ of the court 判決. **3** 決心, 決意 (determination): He was forced to make a grave ~. 彼は重大な決断を迫られた. **4** 決断(力), 果断 (firmness): a man of ~ 果断の人 / He answered *with* ~. 彼はきっぱりと答えた / He lacks ~ of character. 果断な性格を欠く《決断力に欠ける》. **~·al** [-ʒənl̩, -ʒnəl] *adj.*

decísion-màker *n.* 意思決定者.

decísion-màking *n., adj.* 意思決定(の).

decísion tàble *n.* 〖数学〗決定表, 算定条件表.

decísion thèory *n.* 〖商業〗意思決定理論.

de·ci·sive [dɪsáɪsɪv, də-, -zɪv | dɪ-] 〖(1611) □ ML *dēcīsīv-us* ← L *dēcīsus*: ⇨ decision, -ive; cf. F *décisif*〗 ── *adj.* **1 a** (問題に)解決を与えるような, 決定的な: a ~ vote [ballot] 決定(投)票 / a ~ battle [action] 決戦 / be ~ of …を決する, を終局に導く / ~ proof [evidence] 確証, 決定的証拠. **b** 将来を決定する, 運命を決める, きわめて重大な: a ~ moment in his career 彼の生涯の決定的瞬間. **2** 〈差違など〉はっきりとした, 明確な; 〈返事など〉きっぱりとした: ~ superiority はっきりした優越 / give a ~ answer きっぱり答える. **3** 〈性格・思想など〉断固とした, 果敢な. **~·ness** *n.*

de·ci·sive·ly *adv.* 決定的に, 断固として; 断然.

dec·i·stere [désɪstɪə, -sə- | -sɪstɪə(r)] 〖□ F *décistère*: ⇨ deci-, stere〗 *n.* デシステール (=$^{1}/_{10}$ stere).

Dec·i·us [díːʃəs, déʃ-, -ʃɪəs | díːʃɪəs, -sjəs, -sɪəs, dékɪəs, désɪəs] *n.* デキウス《201–51; ローマ皇帝 (249–51); キリスト教徒を迫害 (⇨ Decian persecution); Gaius Messius Quintus Trajanus Decius》.

de·civ·i·lize [dìːsívəlàɪz | -vɪ-] *vt.* …から文明を奪う, (文明状態から)未開状態に戻す.

deck [dék] 〖[*n.*: (1466) □ MDu. *dec* covering, roof < Gmc *þakjam 'THATCH'. ── *v.*: (1513) □ MDu. *dekken* to cover < Gmc *þakjan (OE *þeccan* to thatch / G *decken*)〗 ── *n.* **1** 〖海事〗デッキ, 甲板(かんぱん): the middle ~ 中甲板 / ⇨ forecastle deck, lower deck, main deck, upper deck. **2** 《米》陸(ろく)屋根; (列車の客車・昔の駅馬車の)屋根. **3 a** (電車・建物などの)階層, 階; (バスなどの)床, 客室; 橋床《人や車の通る部分》. **b** (図書館の書庫の)床. **c** 雲の層. **4** 《米》(トランプの)一組 (《英》pack): a ~ *of* cards / ⇨ cold deck. **5** 〖電算機〗(特定の目的のために穿孔(せんこう)した)一連のプログラム[データ]カード. **6** 《米俗》(ヘロインなどの)麻薬を入れた小さな包み[箱]《特に 3 グレイン (grain) はいった》. **7** 〖印刷〗デッキ《上下に積み重ねた形式の輪転機の各層》. **8** 〖新聞〗そで見出し (cf. bank[3] *n.* 5, subhead 2). **9** [the ~] 《英俗》地面, 地; 《俗》〖英空軍〗陸地 (cf. ditch 4 a). **10** 〖野球〗ウェイティングサークル《次打者の待機する所定の場所》: ⇨ *on* DECK (2). **11** =tape deck 1 b.

below decks 〖海事〗正甲板の下(へ), 船倉(へ). ***between decks*** 二つの甲板の間(の). ***clear the decks*** (*for action*) (1) 〖海事〗〈軍艦が〉(戦闘準備のため)甲板を片付ける, 戦闘準備をする. (2) 作業[活動]の準備をする. ***hit the deck*** 《米俗》(1) ベッドから起き上がる, 起床する. (2) 行動準備をする. (3) (けがなどを避けるために, 地面・床などに)身を投げかける. (4) 打ちのめされる. ***on deck*** (1) 上甲板上に(出て), 当直[作業]用意をして: go *on* ~ 甲板に出る; 当直する (cf. below *adv.* 3 b) / All hands *on* ~! 総員甲板へ. (2) 《口語》(いざという時の)用意を整えて, 待機して; 〖野球〗次の打者として順を待って: Jones is at bat and Smith *on* ~. ジョーンズが打席にはいり次打者スミスが控えている. (3) 《俗》生きている: be still *on* ~ まだ生きている. ***stack the decks*** ⇨ stack 成句. ***sweep the deck(s)*** (1) 〈波が〉甲板を洗う. (2) 〈砲火が〉甲板の上を一掃する, 甲板を掃射する.

── *vt.* **1** [しばしば ~ one*self* または Passive で] 美しく装う, 飾る; 装飾する 〈*out, up*〉: ~ a street *with* flags [a room *with* flowers] 街路を旗で[部屋を花で]飾る / The girls ~*ed themselves* [*were* ~*ed*] *out with* jewels. 少女たちは宝石で身を飾り立てた[立てていた] (cf. bedeck). **2** 〖造船〗…に甲板を張る[設ける]. **3** 《古》おおう, かぶせる (cover). **4** 《米俗》打ち倒す. ── *adj.* 〖土木〗橋構造の上方に路面のある (cf. through *adj.* 3): ⇨ deck bridge.

déck bèam *n.* 〖造船〗甲板ビーム《甲板を支える梁材》.

déck bòlt *n.* 〖造船〗甲板ボルト《木甲板を鋼甲板面または甲板ビーム上にとりつけるボルト》.

déck brìdge *n.* 〖土木〗上路橋(じょうろきょう)《通路が支持桁などの上方にあるもの; cf. through bridge》.

déck càbin *n.* 甲板船室.

déck càrgo *n.* 甲板積貨物.

déck chàir *n.* デッキチェア《甲板・庭園などの折りたたみ椅子》.

déck depàrtment *n.* 〖海事〗甲板部《商船の乗員のうちで, 船の操縦・航海・荷役・船体の整備などに従事する部員》.

deck·el [dékl̩] *n.* 〖製紙〗=deckle.

déck·er 〖← DECK (v., n.)+-ER[1]〗 ── *n.* **1** 装飾者[物]: a table ~. **2** 《口語》甲板水夫; 甲板船客. **3** [複合語の第 2 構成素として] (…層の)甲板のある船[艦]; …階の乗物[建物]: a single-*decker* 単層船 / a double-*decker* 二階付電車[バス] / a three-*decker* 三層艦 (cf. deck *n.* 3 a) / a three-*decker* novel 3 巻ものの小説. **4** アパート. **5** 〖製紙〗=wet machine.

Deck·er [dékə | -kə(r)], **Thomas** *n.* ⇨ Thomas DEKKER.

déck·hànd *n.* **1** 〖海事〗甲板員, 水夫. **2** 〖劇場〗舞台係.

déck·hèad *n.* 〖海事〗甲板の裏面.

déck hòok *n.* 〖海事〗デッキフック《甲板に取り付けてあるフック; 甲板上の作業のとき索端や滑車などを止めるのに用いる》.

déck hòrse *n.* 〖海事〗デッキホース《ヨットなどで後檣(こうしょう)縦帆 (spanker) などのブームのすべり環をはめるための甲板上に設けた ⊓ 型鉄棒》.

déck·hòuse *n.* 〖海事〗甲板室《甲板上に作られた室で, 船側から他の船側に達するほどの大きさはないもの; cf. cabin house》.

déck·ing 〖⇨ -ing[1]〗 *n.* 〖土木〗敷板, 橋床 (deck) の表面仕上げ材料; 根太板・屋根葺き材料《コンクリート・石綿・鋼・鉄など》.

deck·le [dékl̩] 〖(1810) □ G *Deckel* (dim.) ← *Decke* cover: ⇨ deck〗 〖製紙〗 ── *n.* **1 a** デッケル, 定型器《漉桁(すけた)に取り付ける木製の枠; これによって手漉紙の大きさが決まる》. **b** デッケル《紙幅を一定に保つために, 抄紙機のワイヤーの両側に取り付けたエンドレスのゴムバンド》. **2** 抄紙機のデッケル間の紙幅; ウェブ(巻取紙)の幅. **3** =deckle edge. ── *vt.* **1 a** (デッケルで)〈紙〉の幅を決める. **b** …にデッケル耳を付ける. **2** 〈製紙機〉にデッケルを装填する[取り付ける].

déckle édge *n.* 〖製紙〗耳付き, デッケル耳《手漉の紙のぎざぎざのへり; 機械漉紙に人工的に付けたぎざぎざのへり》.

déckle-édged *adj.* 〖製紙〗〈紙・写真など〉耳付きの.

déckle stràp *n.* 〖製紙〗=deckle 1 b.

déck lìght *n.* 〖海事〗甲板明り取り《甲板の一部に厚いガラスをはめ込んで, 甲板下に明りを取る装置》.

déck lòad *n.* 〖海事〗上甲板積荷, 甲板積み(貨物).

déck lòg *n.* 〖海事〗甲板部(航海)日誌.

déck òfficer *n.* 甲板部士官《一・二等航海士など》.

déck pàssage *n.* 甲板渡航 (cf. deck passenger).

déck pàssenger *n.* 甲板船客《船室を取らずに甲板の上にいる最低運賃の船客》, 三等船客 (cf. steerage passenger).

déck pìpe *n.* **1** 〖海事〗=chain pipe. **2** 〖海軍〗=monitor 6.

déck ròof *n.* 〖建築〗陸(ろく)屋根《屋根面が水平またはそれに近い屋根》.

déck stòpper *n.* 〖海事〗(甲板上の)錨鎖止め.

déck stringer *n.* 〖造船〗デッキストリンガー, 梁上側板.

déck tènnis *n.* デッキテニス《しばしば客船の甲板でするテニスやバドミントンに類似した遊び》.

déck wàtch *n.* 〘海事〙 **1** ＝hack watch. **2** 甲板当直員《甲板上の諸作業を担当する当直者》.

decl. 《略》〘文法〙 declension.

de·claim [dɪkléɪm, də- | dɪ-] 〘《*c*1385》 *declame(n)* ◻ (O)F *déclam-er* ∥ L *dēclām-āre* to cry aloud : ⇨ de-¹, claim〙 ― *vt.* 〈詩文を〉(劇的に)朗読[暗誦]する, 修辞的効果を考えて発音する. ― *vi.* **1** (美辞麗句を連ねて)演説する, 熱弁をふるう. **2** 〔…を〕激しく非難[抗議]する〔*against*〕: ～ *against* a person [the government]. **3** 修辞的朗読法を練習する: We ～ twice a week. **～·er** *n.*

dec·la·ma·tion [dèkləméɪʃən] 〘《*a*1387》 ◻ (O)F *déclamation* ∥ L *dēclāmātiō(n-)* : ⇨ ↑, -ation〙 ― *n.* **1** 劇的朗読(法), 暗誦, 雄弁術. **2** (美辞麗句を連ね劇的所作を伴う)演説, 熱弁; (形式張った)挨拶(ᵃⁱˢᵃᵗˢᵘ). **3** 〘音楽〙デクラマション《歌の音楽的な面よりも, 歌詞の意味・自然な言いまわし・抑揚・韻律を尊重し, それを忠実に守る朗唱》.

de·clam·a·to·ry [dɪklǽmətɔ̀:ri, də-, -tɔ̀:ri | dɪklǽmət(ə)ri] 〘《1581》 ◻ L *dēclāmātōri-us* ← *dēclāmātus* (p.p.) : ⇨ declaim, -ory¹〙 ― *adj.* **1** 雄弁術的な, 劇的朗誦風の, 熱弁的な. **2** 〈文が〉修辞的に凝った, 凝り過ぎてぎこちない.

de·clar·a·ble [dɪklɛ́(ə)rəbl̩, də- | dɪklɛ́ər-] *adj.* **1** 宣言[言明]できる. **2** 〘税関〙〈品物が〉申告すべき.

de·clar·ant [dɪklɛ́(ə)rənt, də- | dɪklɛ́ər-] 〘← DECLARE ＋-ANT〙 ― *n.* 〘法律〙正式に宣言する人, 申告者; 請求趣旨申し立てをする人, 原告 (cf. declaration 3); 《米》米国帰化申請者《米国帰化を署名宣誓する人》.

dec·la·ra·tion [dèkləréɪʃən] 〘《*c*1380》 ◻ L *dēclārātiō(n-)* ← *dēclārātus* (p.p.) : ⇨ declare, -ation〙 ― *n.* **1** 布告, 告知〔*of*〕; (愛の)告白; 宣言(書): make a ～ 布告[宣告]する / a ～ *of* war 宣戦布告 / a ～ *of* a state of emergency 非常事態宣言 / a ～ *of* intention 〘法律〙意思表示 / the ～ *of the poll* 選挙投票結果公表. **2** 〘税関〙(課税品の)申告; 〘税法〙(所得税の)申告. **3** 〘法律〙 **a** (第一審において原告の行なう)請求趣旨申し立て(書), 申告(書)《英国では statement of claim という》. **b** 原告の最初の訴答 (cf. plea). **c** (法廷外で宣誓にしばられずに行なった証人の)供述, 宣言《情況によって証拠にされうる; oath と区別される》. **d** (裁判の)宣言部分《裁判で, 法律上の問題について, 裁判所の判断を述べた部分》. **4** 〘トランプ〙 **a** (一般にゲームの種類・切札・手役・上がり・得点などの)宣言, 申告. **b** (1) (whist で) 切札の宣言; その切札 (cf. make *n.* 7 c). (2) (ブリッジで)最終取決め: a heart ～ ハートを切札にするという取決め. **c** (rummy 系, pinochle 系のゲームで)さらし宣言《競技中特定の組合せの札をさらしてその種類あるいは得点を宣言すること》.

Declaration of Human Rights [the ―] 世界人権宣言《1948 年 12 月国連第 3 回総会で採択された宣言で, 人間はすべて平等であり差別されてはならないことおよび言論・集会・教育の自由を規定》.

Declaration of Independence [the ―] (米国の)独立宣言(書)《1776 年 7 月 4 日大陸会議で採択; 主に T. Jefferson が起草; この日は米国の独立記念日 (the Fourth of July) となる》.

Declaration of Indulgence [the ―] (英国の)信仰寛容の宣言《1662, 1672 年に Charles 二世が, 1687, 1688 年に James 二世が発布したもの》.

Declaration of Rights [the ―] (英国の)権利(の)宣言《1689 年名誉革命の際, 仮議会 (Convention) が William 三世と Mary 二世に対し, 即位の条件の一つとして提出した国民の権利の宣言, 同年秋, 改めて BILL of Rights として制定された》.

de·clar·a·tive [dɪklǽrəṭɪv, də-, -klér- | dɪklǽr-, -klɛ́ər-] 〘《15C》 ◻ L *dēclārātīv-us* ← *dēclārātus* : ⇨ ↑, -ive〙 〘文法〙 ― *adj.* 平叙の: a ～ sentence 平叙文《単にある事実を述べる文; cf. INTERROGATIVE sentence, IMPERATIVE sentence, EXCLAMATORY sentence》. ― *n.* 平叙文. **～·ly** *adv.*

de·clar·a·to·ry [dɪklǽrətɔ̀:ri, də-, -klér-, -tɔ̀:ri | dɪklǽrət(ə)ri, -klɛ́ər-] 〘《1440》 ◻ ML *dēclārātōri-us* : ⇨ declaration, -ory¹〙 ― *adj.* **1** 宣言[布告]する, 陳述的な, 断定的な (assertive). **2** 〘法律〙既存のものを確認(宣言)する (cf. enactory): a ～ act [statute] 宣言的制定法《判例法の抵触・矛盾・疑義などを統一的に解決する目的で制定され, 新たな規定を含まないもの》/ a ～ judgment 確認[宣言]判決《権利の存在を確認するにとどまる判決》. **3** 〘文法〙平叙の (declarative).

de·clare [dɪklɛ́ə, də- | dɪklɛ́ə(r] 〘《*a*1338》 *declare(n)* ◻ L *dēclār-āre* to make clear ← DE-¹＋*clārāre* (← *clārus* 'CLEAR')〙 ― *vt.* **1** [しばしば目的語＋補語を伴って] **a** 宣言する, 布告する, 公表する: ～ independence / ～ war upon [against] …に対して宣戦を布告する / ～ an interest 〈議員が〉企業団体などと関係していることを告白する / She was ～*d* guilty. 有罪と宣告された. **b** [～ *oneself* として] 自分の所信[態度, 立場]を表明する, 意思表示をする; 自ら名乗る, 身の証(ᵃᵏᵃˢʰⁱ)を立てる; 愛の告白をする; 党員として登録[公示]する: He ～*d himself* king. 自ら国王だと宣言した[名乗った]. **2** [しばしば *that*-clause または目的語＋*to* do を伴って] 言明する, 断言する: He ～*d* his innocence [～*d* himself *to* be innocent, ～*d that* he was innocent]. 自分の潔白なことを言明した / "No, it's a lie," he ～*d*.「いや, それはうそだ」と彼は強く言った. **3** 示す, 表わす (reveal): The heavens ～ the glory of God. もろもろの天は神の栄光を表わす (*Ps.* 19:1). **4** 〈配当〉の支払いを公表[告知]する: ～ a dividend ⇨ dividend 1. **5** 〈所得額などを〉申告する; (税関で)〈課税品を〉申告する: ～ one's income [a camera] 所得額を[カメラを課税品として]申告する / Anything to ～? 課税品をお持ちですか. **6** 〘トランプ〙 **a** (一般に)〈手役・得点などを〉宣言する, 申し出る. **b** (ブリッジで)…と言う, …とビッド (bid) する; (特に contract が成立した場合)〈そのスーツ[ノートランプ]を〉最初に宣言する. **c** ＝meld¹. **7** 〘クリケット〙〈キャプテンが〉中途で…の終止を宣する. ― *vi.* **1** 宣言する; 断言する, 言明する: ～ *for* [*against*] a proposal 提案に賛成[反対]を唱える / I ～ (to goodness)! 《口語》全くその通りだ / Well, I ～! 《口語》[感嘆詞的に] これは驚いた, まさか, これは困った. **2** 〘トランプ〙 **a** (一般に)手役・得点などを宣言する, 申告する. **b** (ブリッジで)何かビッドする. **c** ＝meld¹. **3** 〘クリケット〙中途でイニングの終止を宣する. ***declare off*** 《口語》 (*vt.*) 〈契約などを〉解消する, 取り消す (cancel); (*vi.*) 解約[取消し]を申し出る, (争いなどから)手を引く.

de·cláred *adj.* 宣言[言明]した, 自ら認めた, 公然の (professed); 申告した: one's ～ intentions 表明した意思 / ～ trust 明示信託 / The President is a ～ candidate for re-election. 現大統領は公然たる再選候補者である. ｢*adv.* 公然と.

de·clár·ed·ly [-klɛ́(ə)rɪdli, -rəd- | -klɛ́ərɪdli, -rəd-]

de·clár·er [-klɛ́(ə)rə | -klɛ́ərə(r] 〘《15C》〙 ― *n.* **1** 宣言[言明]者, 発表者; 申告者. **2** 〘トランプ〙宣言者, 申告者; (特にコントラクト ブリッジで)デクレアラー《最終ビッドで決定した切札[ノートランプ]を最初に宣言した人; パートナーの手を卓上に開き, 自分の手と合わせて一人で二人を相手にプレーする; cf. dummy 9 a》.

de·class [dì:klǽs | -klɑ́:s] 〘◻ F *déclass-er* : ⇨ de-¹, class〙 *vt.* 〈人を〉社会的地位から落とす, …の身分を剥奪する. **～ed** *adj.*

dé·clas·sé [dèɪklæséɪ, -klɑ:s- | deɪklǽseɪ; *F.* deklase] 〘◻ F ～ (p.p.) ↑〙 (*also* **dé·clas·sée** [～]) ― *adj.* (社会の)落伍者である, 零落した. ― *n.* 社会的地位を失った人, 落ちぶれた人, 落伍者. ★ 女性をさすときは déclassée を用いることが多い.

de·clas·si·fy [dì:klǽsəfàɪ | -sɪ-] *vt.* 〈書類・暗号などを〉機密情報のリストから除く, …の秘密を解除する: newly *declassified* documents 新たに機密リストから除かれた文書. **de·clas·si·fi·ca·tion** [dì:klæ̀səfɪkéɪʃən, -fə- | -sɪfɪ-] *n.*

de·clen·sion [dɪklénʃən, də- | dɪ-] 〘《*c*1434》 *declenson* 《変形》 ← (O)F *déclinaison* ◻ L *dēclīnātiō(n-)* ← *dēclīnāre* 'to DECLINE' : ⇨ -sion〙 ― *n.* **1** 傾くこと. **2** 傾斜, 下り坂. **3** 転落, 堕落; 衰微, 頽廃(ᵗᵃⁱʰᵃⁱ): the ～ of virtue 道徳の頽廃. **4** 〘文法〙 **a** 語形変化《名詞・代名詞・形容詞の性・数・格による屈折変化のこと; 略 decl.; cf. conjugation 2, inflection 3》. **b** (個々の名詞・形容詞などの)語尾変化形表. **c** 同一・類似の語尾変化をする名詞・形容詞の語類: the first ～ in Latin ラテン語の第一変化型. **5** 《まれ》(ていねいな)辞退. **6** (標準などからの)逸脱, それ.

de·clén·sion·al [-ʃ(ə)nəl, -ʃnəl] *adj.* 〘文法〙語形変化の, 語尾屈折の.

de·clin·a·ble [dɪkláɪnəbl̩, də- | dɪ-] 〘《*a*1449》 ◻ (O)F *déclinable* : ⇨ decline, -able〙 〘文法〙 *adj.* 語尾変化をする, 格変化をもつ (↔ indeclinable). ― *n.* 変化詞.

dec·li·nate [dékləneɪt, -nət, -nɪt | -lɪ-] 〘◻ L *dēclīnāt-us* (p.p.) ← *dēclīnāre* 'to DECLINE' : ⇨ -ate²〙 *adj.* 〈植物など〉下[わき]に曲がった[傾いた].

dec·li·na·tion [dèklənéɪʃən | -lɪ-] 〘《*c*1395》 ◻ L *dēclīnātiō(n-)* : ⇨ decline, -ation〙 ― *n.* **1** (下方に)傾く[傾ける]こと, 傾き. **2 a** 〘測量〙磁気偏角《magnetic declination ともいう》. **b** 偏差《磁針が真北から偏倚(ʰᵉⁿ'ⁱ)する水平角》. **3** 〘天文〙赤緯《天球上で赤道からある天体へ測った角距離》. **4** 《米》(官職などの)正式の辞退. **5** 逸脱. **6** 《文語》衰退, 下落. **dèc·li·ná·tion·al** [-ʃ(ə)nəl, -ʃnəl] *adj.*

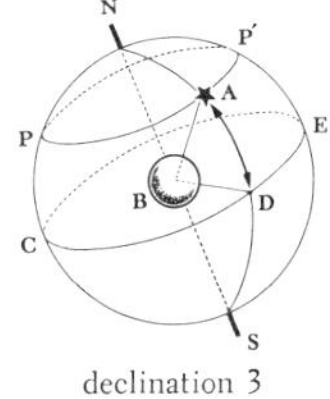

declination 3
CE celestial equator; N North celestial pole; S South celestial pole; A star; B Earth; AD declination of star; PAP′ parallel of declination

dec·li·na·tor [déklənèɪtə | -lɪnèɪtə(r] *n.* 〘測量〙＝declinometer.

de·clin·a·to·ry [dɪkláɪnətɔ̀:ri, də-, -tɔ̀:ri | -təri] 〘◻ ML *dēclīnātōri-us* : ⇨ decline, -atory〙 *adj.* 辞退の.

de·clin·a·ture [dɪkláɪnətʃə, də- | -tʃə(r] 〘⇨ ↑, -ure〙 *n.* (官職などの)正式の辞退.

de·cline [dɪkláɪn, də- | dɪ-] 〘v.: 《*a*1376》 *decline(n)* ◻ (O)F *déclin-er* ◻ L *dēclīnāre* to bend down, deviate from ← DE-¹＋*clīnāre* to bend (⇨ lean²). ― n.: 《*a*1325》 ◻ (O)F *déclin* ← *décliner*〙 ― *vi.* **1** 〔…の方へ〕傾く, 下を向く, 垂れる〔*to, toward*〕. **2** 〈夕日が〉傾く (sink); 〈一生・一年・一日などが〉終り[暮]に近づく: The day was fast *declining* (*to* its close). 日はずんずん傾いていた / the *declining* day 傾く日, 日暮れ / one's *declining* years 晩年. **3 a** 〈地位・勢力・人(の健康)などが〉下り坂になる, 衰微する, 衰える, 堕落[退歩]する; 減退する: be in *declining* circumstances 身代が傾きつつある / one's *declining* fortune 衰運 / The country ～*d to* a second-class power. その国は(衰微して)二流国に転落した. **b** 卑しい[不道徳な]行動に身を落とす, 身を持ちくずす. **4** (ていねいに)断わる (↔ accept): ～ with thanks 《しばしば反語》せっかくだがと断わる, ていよく断わる. **5** 逸(ˢᵒ)れる. **6** 〘経済〙値下がりする, 下落する. **7** 〘文法〙格[語形]変化がある. ― *vt.* **1** (下方へ)傾ける, 〈頭を〉がっくりたれる. **2** 〈挑戦・招待・申し出などを〉(ていねいに)断わる, 辞退する, 応じない: ～ a challenge, an invitation, a proposal, etc. / ～ *to* do [*doing*] something. **3** 〘文法〙〈名詞・代名詞・形容詞を〉格変化させる (cf. conjugate *vt.* 2); 格変化を暗誦する[示す].
― *n.* **1** 下り傾斜, 下り坂. **2** [通例 the ～] (日が)傾くこと, (人生の)終りごろ: in *the* ～ of one's life 晩年に. **3** 衰微, 衰え, 退歩, 堕落: the ～ of [in] health 健康の衰え / the ～ of art [faith, civilization] 芸術[信仰, 文明]の衰微. **4** 減退; 下落: a ～ in prices 物価の下落. **5** 衰弱, 消耗; 《古》消耗病, (特に)肺病: fall [go] into a ～ 肺病になる; 衰える / die of ～ 肺病で死ぬ. ***on the decline*** 下向きで; 下り坂で.

de·clin·er *n.* 辞退者.

declining-bálance mèthod *n.* 〘経営〙＝fixed percentage method.

dec·li·nom·e·ter [dèklənɑ́məṭə | -lɪnɔ́mɪtə(r, -mə-] 〘← *declino-* (← L *dēclīnāre* 'to DECLINE')＋-METER¹〙 *n.* 〘測量〙方位角計, 磁針偏差計.

de·cliv·i·tous [dɪklívəṭəs, də- | dɪklívɪt-] *adj.* 下傾の, 下向き傾斜の, 斜降的な, 下り坂の, かなり急勾配の.

de·cliv·i·ty [dɪklívəṭi, də- | dɪklívəti, -vɪ-] 〘《1612》 ◻ L *dēclīvitāt-em* slope ← *dēclīvis* sloping down ← DE-¹＋L *clīvus* slope : ⇨ -ity〙 ― *n.* 下向き傾斜, 下り勾配; 下り坂 (↔ acclivity).

de·cli·vous [dɪkláɪvəs, də- | dɪ-] 〘← L *dēclīvis* (↑)＋-OUS〙 *adj.* 〈特に動物の外形が〉下に(急に)傾いた, 下方傾斜面のある. ｢す[切る].

de·clutch [dì:klʌ́tʃ, ⌐⌐] *vi.* (自動車の)クラッチを放

de·coct [dɪkɑ́kt, də- | dɪkɔ́kt] 〘《?*a*1425》 ← L *dēcoct-us* (p.p.) ← *dēcoquere* to boil down ← DE-¹＋*coquere* 'to COOK'〙 ― *vt.* 〈薬草などを〉煮出す, 煎(ˢᵉⁿ)じる, …のエキスを煮出す.

de·coc·tion [dɪkɑ́kʃən, də- | dɪkɔ́k-] 〘《1373》 ◻ (O)F *décoction* ∥ LL *dēcoctiō(n-)* : ⇨ ↑, -tion〙 ― *n.* **1** 煎(ˢᵉⁿ)じ出し. **2** 煎じ汁, 浸出液; 振出し薬, 煎薬; 煮出し物.

de·code [dì:kóud | -kə́ud] 〘《1896》 ← DE-¹＋CODE〙 ― *vt.* 〈暗号電報などを〉普通文に翻訳する, 復号する《符号化した信号をもとに戻す》. 〘電算機〙解読する (↔ encode). ― *vi.* 解読(作業を)する.

dè·cód·er *n.* **1 a** (暗号文の)解読者. **b** 符号解読器; (電話暗号の)自動解読装置. **2** 〘通信・電算機〙復号器, デコーダー《符号列として送られた信号をもとの信号に戻す装置; cf. encoder 2》.

de·coke [dì:kóuk | -kə́uk] 〘← DE-＋COKE¹〙 《英口語》 *vt.* ＝decarbonize. ― *n.* ＝decarbonization.

de·col·late [dɪkɑ́leɪt, də-, dékəlèɪt | dɪkɔ́l-, dékəlèɪt] 〘← L *dēcollāt-us* (p.p.) ← *dēcollāre* to behead ← DE-¹＋*collum* neck (⇨ collar) : ⇨ -ate³〙 ― *vt.* …の首をはねる.

de·cól·lat·ed [-ṭɪd, -ṭəd | -tɪd, -təd] *adj.* 頭の取れた[摩滅した]; 〈巻き貝が〉端が取れた.

de·col·la·tion [dì:kɑléɪʃən | -kɔl-] 〘《?*c*1308》 ◻ (O)F *décollation* ∥ LL *dēcollātiō(n-)* : ⇨ decollate, -ation〙 *n.* 首をはねること, 斬(ᶻᵃⁿ)首.

de·cól·la·tor [-ṭə | -tə(r] *n.* 首切り執行人.

de·colle·ment [dèɪkɔ(:)lmɑ́:(ŋ), -mɔ́:(ŋ), -mɑ́:ŋ, -mɔ́(:)ŋ | -kɔl-; *F.* dekɔlmɑ̃] 〘◻ F ～ ← *décoller* to unstick ← DE-²＋*coller* to stick〙 ― *n.* **1** 〘医学〙(骨端・胎盤・網膜などの)離解, 剝離, デコルマン. **2** 〘地質〙デコルマン《ある地層が横圧力によってその下の地層から分離し, 横方向に滑動してできた構造; cf. nappe》.

dé·col·le·tage [deɪkɑ̀lətɑ́:ʒ, dèk(ə)lə- | dèɪkɔltɑ́:ʒ, ⌐⌐⌐; *F.* dekɔlta:ʒ] 〘◻ F ～ ← *décolleter* (↓)〙 ― *F. n.* (*also* **de·col·le·tage** [～]) 〘服飾〙 **1** デコルタージュ《衣服のネックラインを大きく刳(ᵏᵘ)って襟元と肩あるいは背をあらわにすること》. **2** デコルタージュのドレス (cf. décolleté).

dé·col·le·té [deɪkɑ̀lətéɪ, dèk(ə)lə- | deɪkɔ́lteɪ, de-, dɪ-; *F.* dekɔlte] 〘《1831》 ◻ F ～ (p.p.) ← *décolleter* to bare the neck of ← DE-¹＋*collet* collar (← *col* neck)〙 ― *F. adj.* (*also* **de·col·le·te** [～]) **1** 〘服飾〙〈婦人服が〉デコルテした, ネックライン[襟ぐり]を大きく刳った: a robe ～ ローブデコルテ《婦人の正装用夜会服》. **2** 〈婦人が〉襟元を刳った服を着た. ― *n.* ＝décolletage.

de·co·lo·ni·al·i·za·tion [dì:kəlòuniəlɪzéɪʃən, -njə-, -lə- | -ləunjəlaɪ-, -nɪə-, -lɪ-] *n.* ＝decolonization.

de·col·o·ni·za·tion [dì:kɑ̀lənɪzéɪʃən, -nə- | -kɔ̀lənaɪ-, -nɪ-] *n.* 非植民地化. ｢する.

de·col·o·nize [dì:kɑ́lənàɪz | -kɔ́l-] *vt., vi.* 非植民地化

de·col·or [dì:kʌ́lə | -lə(r] 〘◻ L *dēcolōr-āre* to deprive of color ← DE-¹＋*colorāre* 'to COLOR' : cf. discolor〙 ― *vt.* …から色を抜く, 漂白する. **de·col·or·a·tion** [dì:kʌ̀ləréɪʃən] *n.*

de·col·or·ant [dì:kʌ́lərənt] 〘← DECOLOR＋-ANT〙 *adj.* 脱色の, 漂白する. ― *n.* 脱色[漂白]剤.

de·col·or·i·za·tion [dì:kʌ̀lərɪzéɪʃən, -rə- | -raɪ-, -rɪ-] *n.* 〘染色〙 **1** 色抜き(法), 脱色(法). **2** 褪色(ᵗᵃⁱˢʰᵒᵏᵘ).

de·col·or·ize [diːkʌ́lərὰɪz] *vt.* ＝decolor.
de·cól·or·iz·er *n.* 脱色[漂白]剤.
de·com·mis·sion [diːkəmíʃən] *vt.* 〈船など〉の就役を解く, 退役させる.
decomp. 《略》decomposition.
de·com·pen·sate [dìːkɑ́mpənsèɪt, -pen- | -kɔ́mpen-, -pən-] *vi.* 〘医学〙〈心臓が〉代償不全になる. **de·com·pen·sa·to·ry** [dìːkəmpénsətɔ̀ːri, -tòːri | -təri] *adj.*
de·com·pen·sa·tion [dìːkɑ̀mpənséɪʃən, -pen- | -kɔ̀mpen-, -pən-] *n.* 〘医学〙(心臓の)代償不全《欠陥を補っていた機能上のやりくりがつかなくなって, 呼吸困難や浮腫などが現われること》.
de·com·plex [dìːkɑmpléks, -kəm- | -kɔ́mpleks] 〚← DE-¹ 3＋COMPLEX〛 *adj.* 非常に複雑な部分[要素]から成り立った.
de·com·pos·a·ble [dìːkəmpóuzəbl | -páuz-] *adj.* 分解できる, 分析できる. **dè·com·pòs·a·bíl·i·ty** [-zəbíləṭi | -ləti, -lɪ-] *n.*
de·com·pose [dìːkəmpóuz | -páuz] 〚《*a*1751》⊏ F *décompos-er* ← DE-¹＋*composer* 'to COMPOSE'〛 — *vt.* **1** 〈物質を〉〔成分・元素に〕分解[還元]する〔*into*〕: ～ water *into* hydrogen and oxygen 水を水素と酸素に分解する. **2** 変質[腐敗]させる, 腐朽させる. **3** 〈思想・動機などを〉分析する. — *vi.* 分解する; 変質する, 腐敗する: Fallen leaves ～. 落葉は腐る.
dè·com·pósed *adj.* **1** 分解[腐敗]している: a ～ body 腐乱死体. **2** 〈鳥の冠毛や羽根が〉羽枝がくっついていない, 分岐した (separate).
dè·com·pós·er *n.* **1** 分解[腐敗]する人[もの]. **2** 〘生態〙分解者《かびや細菌のように緑色植物 (生産者 producer)・動物 (消費者 consumer) の死体などに含まれる有機物を分解して無機物にする非緑色植物》.
de·com·po·site [dìːkɑmpɑ́zɪt, -kəm-, -zət | -kɔ́mpəzɪt, -sɪt, -zàɪt, -sàɪt] 〚⊏ LL *dēcomposit-us* 《なぞり》← Gk *parasúnthetos*: ⇨ de-¹, composite〛 — *n.*, *adj.* ＝decompound.
de·com·po·si·tion [dìːkɑ̀mpəzíʃən | -kɔm-] 〚⊏? F *décomposition*: ⇨ ↑, -tion〛 *n.* **1** 分解, 解体, 還元. **2** 腐敗, 腐朽, 変質. **～·al** [-ʃənḷ, -ʃnəl] *adj.*
decomposítion poténtial [vóltage] *n.* 〘物理・化学〙分解電圧《定常的に電気分解を維持するのに必要な最低電圧》.
de·com·pound 〚《*c*1450》← DE-¹＋COMPOUND〛 — [dìːkɑmpáund, -kəm- | -kəm-] *vt.* **1** 分解する. **2** 《廃》混合物と混ぜあわせる, 複合する, 重ねて混合する. — [dìːkɑ́mpaund | -kɔ́m-] *n.* 複混合物; 二重複合語, 再合成語, 合成語由来派生語 (例: newspaperman, railroader). — [dìːkɑ́mpaund, dìːkɑmpáund, -kəm- | dìːkəmpáund] *adj.* **1** 複[再]混合の, 混合物と混ざった. **2** 〘植物〙〈葉が〉数回複葉の, 再複葉の.
de·com·press [dìːkəmprés] 〚《なぞり》← F *décomprimer*: ⇨ de-¹, compress〛 *vt.*, *vi.* (風堰(ふうえん) (air lock) で)減圧する.
de·com·pres·sion [dìːkəmpréʃən] 〚⊏ F *décompression*: ⇨ ↑, -sion〛 — *n.* **1** 減圧《潜水夫などを作業後に通常の大気圧にもどすこと》. **2** 〘医学〙開頭減圧(術)《脳圧下降を目的として頭蓋骨の一部を除去すること》.
decompréssion chàmber *n.* 減圧室, 気圧調節室 (cf. Davis²).
decompréssion sìckness *n.* 〘病理〙減圧症.
de·com·prés·sor *n.* (エンジンの)圧力軽減装置, 減圧装置.
de·con·cen·trate [dìːkɑ́nsəntrèɪt, -sen- | -kɔ́nsən-, -sɪn-, -sen-] *vt.* **1** ＝decentralize. **2** 〈カルテルなどを〉集中排除する. **de·con·cen·tra·tion** [dìːkɑ̀nsəntréɪʃən, -sen- | -kɔ̀nsən-, -sɪn-, -sen-] *n.*
de·con·di·tion [dìːkəndíʃən] *vt.* 〘心理〙〈人〉の条件反射を除去する[転換する].
dè·con·dí·tion·ing [-ʃ(ə)nɪŋ] *n.* 〘心理〙脱条件付け《条件反射の除去》.
de·con·gest [dìːkəndʒést] *vt.* **1** 〘医学〙…の充血を緩和する. **2** 〈往来・都市など〉の混雑[過密]をなくする[緩和する]. **de·con·ges·tion** [dìːkəndʒéstʃən] *n.* **de·con·ges·tive** [dìːkəndʒéstɪv] *adj.*
de·con·ges·tant [dìːkəndʒéstənt] *n.* 〘薬学〙充血緩和剤.
de·con·se·crate [dìːkɑ́nsɪkrèɪt, -sə- | -kɔ́nsɪ-] 〚《なぞり》← F *déconsacrer*: ⇨ de-², consecrate〛 — *vt.* 〈教会堂などを〉俗用に使う. **de·con·se·cra·tion** [dìːkɑ̀nsɪkréɪʃən, -sə- | -kɔ̀nsɪ-] *n.*
de·con·tam·i·nate [dìːkəntǽmənèɪt | -mɪ-] *vt.* **1** …の汚染を除く, 浄化する, 〈地域・建物・衣服〉の毒ガスを消去する. **2** 〈放射を受けた物質〉の放射能を除去する. **3** (出版に際して)〈機密文書〉の極秘個所を削除する. **de·con·tam·i·na·tion** [dìːkəntæ̀mənéɪʃən | -mɪ-] *n.* **dè·con·tám·i·nà·tor** [-ṭə | -tə(r)] *n.*
de·con·trol [dìːkəntróul | -tráut] *vt.* (**de·con·trolled; -trol·ling**) (政府などによる)〈物価など〉の管理を解く, 統制解除する. — *n.* 管理[統制]解除.
de·cor [deɪkɔ́ə, ーー | déɪkɔː(r), dék-, dɪkɔ́ː(r; *F.* dekɔːr] 〚⊏ F ← *décorer* to decorate ⊏ L *decorāre* (↓)〛 — *F. n.* (*also* **dé·cor** [～]) **1** 装飾; 舞台装置: interior ～ 室内装飾. **2** 装飾品. **3** (室内の)装飾設計, 装飾様式.
dec·o·rate [dékərèɪt] 〚《?*a*1425》← L *decorāt-us* (p.p.) ← *decorāre* to decorate ← *decorem*, *decus* ornament: ⇨ -ate³〛 — *vt.* **1** 飾る, 装飾する, (特に)〈教会を〉〈花で〉飾る〔*with*〕; 〈部屋など〉に壁紙を張る, 〈家など〉にペンキ[しっくい]を塗る: ～ a cake ケーキに飾り付けをする / ～ a room *with* flowers [pictures] 部屋を花[絵]で飾る, 部屋に花[絵]を飾る. **2** …の飾りとなる: the old picture which ～*s* the room 部屋の飾りとなっている古い絵. **3** …に勲章を授ける, 叙勲する: ～ a soldier *with* a medal *for* his services 功により軍人に勲章を授ける.
déc·o·ràt·ed [-tɪd, -ṭəd | -tɪd, -təd] *adj.* **1** 装飾された. **2** 勲章を授けられた, 叙勲された: a much-*decorated* general 多くの勲章を受けている将軍.
décorated stýle, D- s- *n.* 〘建築〙装飾式《英国 14 世紀頃のゴシック様式で曲線に富むトレーサリー (tracery) と花模様を特色とする》.
dec·o·ra·tion [dèkəréɪʃən] 〚《?*a*1425》⊏ (O)F *décoration* // LL *decorātiō(n-)*: ⇨ decorate, -tion〛 — *n.* **1 a** 飾り, 装飾, 装飾法: ～ display (店の)装飾陳列. **b** ＝interior decoration. **2** 装飾物, (特に部屋などに張った)壁紙, (家などに塗った)ペンキ; [*pl.*] (祝賀の際の式場・街路などの)飾り付け《旗・花輪など》. **3** (武勲をたてた軍人に贈られる)勲章.
Decorátion Dày *n.* ＝Memorial Day 1.
dec·o·ra·tive [dék(ə)rəṭɪv, -kərèɪt- | -k(ə)rət-] 〚《?*a*1425》← DECORATE＋-IVE〛 — *adj.* **1** 装飾の, 装飾的な: ～ art [painting] 装飾美術[画] / ～ illumination [light] 電飾. **2** 〈婦人服など〉派手な. **～·ness** *n.*
déc·o·ra·tive·ly *adv.* 装飾として; 装飾的に.
déc·o·rà·tor [-ṭə | -tə(r)] *n.* 装飾者; (特に)室内装飾家; 室内装飾業者《ペンキ屋・壁紙張り職人など; cf. upholsterer》. — *adj.* 〈家具・色など〉室内装飾に向いた: ～ fabrics.
dec·o·rous [dékərəs, dɪkɔ́ːr-, də-, -kóːr- | dékər-, (古・詩) dɪkɔ́ːr-] 〚《1664》⊏ L *decōr-us* becoming, proper ← *decor* grace: ⇨ -ous〛 — *adj.* 〈風采・態度・言語など〉礼儀正しい, 端正な, 丁重な, 上品な (decent): a ～ mansion 瀟洒(しょうしゃ)な邸宅. **～·ly** *adv.* **～·ness** *n.*
de·cor·ti·cate [dìːkɔ́əṭəkèɪt, dɪ-, də- | -kɔ́ːtɪ-] 〚《1611》← L *dēcorticāt-us* (p.p.) ← *dēcorticāre* ← DE-¹＋*cortex* bark: ⇨ -ate³〛 — *vt.* **1** …から樹皮[鞘(さや), 殼など]をはぎ取る, …の皮をむく. **2** 〘外科〙〈器官など〉から皮質を取り除く, 剝皮する. **de·cor·ti·ca·tion** [dìːkɔ̀əṭəkéɪʃən, dɪ-, də- | -kɔ̀ːtɪ-] *n.* **de·cór·ti·cà·tor** [-ṭə | -tə(r)] *n.*
de·co·rum [dɪkɔ́ːrəm, də-, -kóːr- | dɪkɔ́ːr-] 〚《*a*1568》⊏ L *decōrum* (neut.) ← *decōrus*: ⇨ decorous〛 — *n.* **1** (風采・態度・言語などの)上品, 端正. **2** (りっぱな)行儀作法, エチケット; [しばしば *pl.*] (社交場などの)礼儀: disturb the ～ of a meeting. **3** 〘文学〙(古典と自然の規範に則した)端正な節度.
de·cou·page [dèɪkuːpɑ́ːʒ, ーーー; *F.* dekupaːʒ] 〚⊏ F *découpage* ← DE-¹＋*couper* to cut: ⇨ -age〛 — *n.* (*also* **dé·cou·page** [～]) **1** 切り抜きで装飾する技術. **2** 切り抜き《貼り絵・デザインなど》.
de·cou·ple [dìːkʌ́pḷ] *vt.* **1** (地下で行なうことにより)〈核爆発〉の衝撃[爆音]を和らげる[吸収する]. **2** 〘電気〙…の結合を減らす: a *decoupling* circuit 減結合回路《増幅器の出力側の影響が入力側に及んで発振してしまうような現象を防ぐための回路》. **3** 〘物理〙…の相互作用[結合]を断つ.
de·coy 〚《1625》⊏ Du. *de kooi* the cage ← *de* the＋*kooi* (⊏ LL *cavea* 'CAGE')〛 — [díːkɔɪ, dɪkɔ́ɪ, də- | díːkɔɪ, dɪkɔ́ɪ, də-] *n.* **1** (鴨などを)罠におびき寄せる仕掛け, 誘引物; 囮(おとり), 媒鳥, (囮に使う)模型の鳥: a ～ bird. **2** 囮に使われる物[人], えさ: a police ～ 囮の刑事 / a ～ girl (客引きの)囮の女. **3** (鴨猟などの)囮池, おびき場所. **4** 〘軍事〙 **a** 偽構築物, 囮《敵の攻撃をそらすためのもの》. **b** (レーダー探知機を混乱させるための)囮《囮(飛行)機・ミサイル・金属片など》. — [dɪkɔ́ɪ, də-, díːkɔɪ | dɪkɔ́ɪ, də-] *v.* — *vt.* 〈人などを〉おびき寄せる, 囮で誘う, 誘惑する: ～ ducks *into* a net / ～ troops *into* an ambush / ～ *out* [*away*] おびき出す, 釣り出す. — *vi.* おびき寄せられる, 罠にはまる, 誘惑される.
décoy-dùck *n.* **1** 〘狩猟〙囮(おとり)鴨. **2** 囮役.
de·cóy·er *n.* 囮を仕掛ける人.
décoy shìp *n.* ＝Q-boat.
decr. 《略》decrescendo.
de·crab [dìːkrǽb] 〚← DE-¹＋CRAB¹ (v.)〛 *n.* 〘航空〙デクラブ《横風中で着陸しようとする飛行機が, 接地の直前機首を振って滑走路の方向に向けること》.
de·crease 〚《*c*1380》*decrese(n)* ⊏ OF *de(s)creiss-* (stem) ← *de(s)creistre* (F *décroître*) < VL *discrēscere ＝L *dēcrēscere* to grow less ← DE-¹＋*crēscere* to grow (cf. crescent)〛 (↔ increase) — [dɪkríːs, də-, diː-, díːkriːs | diːkríːs, dɪ-, díːkriːs] *v.* — *vi.* 減少する, 減じる; 縮小する; 〈力などが〉衰える; 〈寒暖計の温度などが〉下がる: ～ *in* size [extent, number] 大きさ[広さ, 数]が減る / The population of the country is *decreasing*. その国の人口は減少してきている. — *vt.* **1** 減少させる, 低下させる; 〈力などを〉衰えさせる: It is necessary to ～ the number of the employees. 従業員の数を減らすことが必要だ. **2** 〘編物〙(二目を一緒に編み合わせて)〈目数を〉減らす.
— [díːkriːs, dɪkríːs, də-, diː- | díːkriːs, diːkríːs, dɪ-] *n.* **1** 減少; 縮小, 減退: a small ～ *in* production 少しばかりの生産減少 / a 2% ～ in the death rate 死亡率の 2% 減. **2** 減少量, 減少額.
on the decrease 減少しつつ, 減少して: Cases of this nature are *on the* ～. こういう種類の事件は減少しつつある.
de·créas·ing *adj.* **1** 減少する, 減少していく: a ～ population. **2** 〘数学〙減少の (cf. increasing): a ～ function 減少関数.
de·créas·ing·ly *adv.* 漸減的に.
decréasing retúrns *n. pl.* 〘経済〙収穫逓減 (↔ increasing returns): the law of ～ 収穫逓減の法則 / ～ to scale 規模に関する収穫逓減.
de·cree [dɪkríː, də- | dɪ-] 〚《*c*1303》*decre* ⊏ OF (F *décret*) ⊏ L *dēcrētum* (neut. p.p.) ← *dēcernere* to determine ← DE-¹＋*cernere* to separate, decide (cf. certain)〛 — *n.* **1** 法令, 律令, 制令, 布告. **2** 〘法律〙(衡平法裁判所の)命令, 判決 (cf. judgment 1): the final ～ 終局判決 / an Imperial [a Royal] ～ 勅令. **3** 〘キリスト教〙(教皇・教会会議・司教などの発する)教令, 法令, 宗令; [D-; しばしば *pl.*] 教書, 教[法]令集. **4** 〘神学〙神の意志, 神意, 神慮, 天命; (運命などの)定め, 掟(おきて): a divine ～ 神慮, 天命. — *vt.* (～**d**; ～·**ing**) **1** (法令として)布告する. **2** 〘法律〙判決する. **3** 〈天が〉命じる, 〈運命が〉定める (ordain): Fate ～*d that* he (should) die. 彼は死ぬ運命であった. — *vi.* 法令[布告]を発する. **de·cré·er** *n.*
decrée·láw *n.* 法令, 省令, 政令.
decree ní·si [-náɪsaɪ, -níːsiː | -náɪsaɪ, -sɪ] 〚*nisi*: ⊏ L ～ 'unless' ← *nē*- not＋*sī* if〛 — *n.* 〘法律〙離婚[婚姻無効]仮判決《一定期間内 (通例 6 か月, 裁判所の裁量で 3 か月に短縮できる)に相手方の異議がなければ確定判決 (decree absolute) となる》.
dec·re·ment 〚《1610》⊏ L *dēcrēment-um* ← *dēcrē-* (stem) ← *dēcrēscere* 'to DECREASE': ⇨ -ment〛 — [dékrəmənt | -rɪ-] *n.* (↔ increment) **1** 漸減, 減少; 消耗. **2** 減り高, 減少量. **3** 〘数学〙減分, 減少値. **4** 〘物理・電気〙減衰率. **5** 〘紋章〙下弦の月. — [-mènt] *vt.* …の減少を示す. **de·cre·men·tal** [dèkrəméntḷ | -rɪméntḷ] *adj.*
de·crem·e·ter [dékrəmìːṭə, dɪkréməṭə, də- | dékrɪmìːtə(r, dɪkrémɪtə(r, -mə-] *n.* 〘電気〙減衰計, 減幅計《振動電流の減衰率を測定するもの》.
de·crep·it [dɪkrépɪt, də- | dɪ-] 〚《*a*1439》⊏ L *dēcrepit-us* broken down, worn out, infirm ← DE-¹＋*crepitus* noise: ⇨ crepitus〛 — *adj.* **1** 〈人が〉老いぼれの, 老衰した, よぼよぼの. **2** 〈建物など〉(古くなって)がたがたの: ～ tables. **～·ly** *adv.*
de·crep·i·tate [dɪkrépətèɪt, də- | dɪkrépɪ-] 〚← NL *dēcrepitāt-us crackled down ← DE-¹＋L *crepitātus* ((p.p.) ← *crepitāre* to crackle ← *crepāre* to rattle)〛 — *vt.* 〈塩などを〉ぱちぱち焼く. — *vi.* 〈塩などが〉ぱちぱち焼ける. **de·crep·i·ta·tion** [dɪkrèpətéɪʃən, də- | dɪkrèpɪ-] *n.*
de·crep·i·tude [dɪkrépət(j)ùːd, də- | dɪkrépɪtjùːd] 〚《1603》⊏ (O)F *décrépitude*: ⇨ decrepit, -tude〛 *n.* おいぼれ(の状態), 老衰, 耄碌(もうろく); 老朽.
decresc. 《略》decrescendo.
de·cres·cence [dɪkrésns, də- | dɪ-] 〚⊏ L *dēcrēscentia*: ⇨ decrescent, -ence〛 *n.* **1** 減少. **2** 〘天文〙(月の)欠けること (waning).
de·cre·scen·do [dèɪkrɪʃéndou, dìː-, -krə-, -sén-, -kreɪʃén-, -kre- | dìːkrɪʃéndəu, dèɪ-; *It.* dekreʃɛ́ndo] 〚⊏ It. ～ (ger.) ← *decrescere* 'to DECREASE'〛 — *It. adj.*, *adv.* (↔ crescendo) **1** 〘音楽〙次第に弱い[く], デクレシェンド (diminuendo) (略 decr., decresc.; 記号 >). **2** (感情や動作について)漸次に弱まる[弱めて]. **3** 〘音声〙〈二重母音が〉下降の. — *n.* (*pl.* ～**s**) **1** 〘音楽〙デクレシェンド(の楽節). **2** 下降進展 (anticlimax), (感動などの)漸降.
de·cres·cent [dɪkrésnt, də- | dɪ-] 〚《1610》⊏ L *dēcrēscent-em* (pres.p.) ← *dēcrēscere* 'to DECREASE'〛 — *adj.* (↔ increscent) **1** 漸減的な. **2** 〘天文〙〈月が〉段々欠けていく. **3** 〘紋章〙〈月が〉三日月でその先が盾の側から見ての左側 (sinister side) を向いている (⇨ crescent 挿絵). — *n.* 〘天文〙下弦の月.
de·cre·tal [dɪkríːṭḷ, də- | dɪkríːtḷ] 〚《*a*1338》*decretale* ⊏ (O)F *décrétal* ⊏ L *dēcrētālis* 'of a DECREE': ⇨ -al¹〛 — *adj.* 法令の, 法令的な. — *n.* 〘カトリック〙教皇令, ローマ教皇の教書; [*pl.*] 教令集, 教皇書簡, 大勅書《教会法 (canon law) の一部をなす》.
de·cre·tist [dɪkríːṭɪst, də-, -ṭəst | dɪkríːtɪst] 〚《?*a*1387》⊏ OF *décrétiste* // ML *dēcrētista*: ⇨ decree, -ist〛 — *n.* 教会法 (canon law) に明るい人, 教会法学者 (canonist); (中世の大学の)法学生.
de·cre·tive [dɪkríːṭɪv, də- | dɪkríːt-] 〚← L *dēcrēt-* (↓)＋-IVE〛 *adj.* 法令の性質を持った, 法令的な. **～·ly** *adv.*
dec·re·to·ry [dékrɪtɔ̀ːri, -krə-, -tòːri, dɪkríːṭəri | dékrɪtəri] 〚⊏ LL *dēcrētōri-us* ← L *dēcrē-*: ⇨ decree, -ory¹〛 — *adj.* 法令 (decree) の性質を持った, 法令によって定められた.
de·cri·al [dɪkráɪ(ə)l, də- | dɪ-] *n.* (口汚ない公然たる)非難, 罵倒(ばとう).
de·crí·er *n.* 非難者.
de·crim·i·nal·ize [dìːkrím(ə)nəlàɪz, -nḷ- | -mɪnəl-, -mə-] *vt.* 犯罪の枠[処罰の対象]から外す, 「解禁」する.
de·crus·ta·tion [dìːkrʌstéɪʃən] 〚← LL *dēcrustātus* ((p.p.) ← *dēcrustāre* to remove the crust of: ⇨ de-¹, crust)＋-ATION〛 *n.* 外皮[殻]の除去 (↔ incrustation).
de·cry [dɪkráɪ, də- | dɪ-] 〚⊏ F *décri-er*: ⇨ de-¹, cry〛

vt. **1** (公然と)非難する, けなす (censure). **2**〈貨幣など〉の価値を下げる.

de·crypt [diːkrípt, dɪ-, də- | diː-, dɪ-] 〖cf. It. *decriptare*〗 *vt.* 〈暗号を〉(通例鍵 (key) を知らないで)解読する. **de·cryp·tion** [diːkrípʃən, dɪ-, də- | diː-, dɪ-] *n.*

de·cryp·to·graph [dìːkríptəgræ̀f | -grɑ̀ːf, -græ̀f] *vt.* ＝decrypt.

-dec·tes [déktiːz] 〖← NL ～ ← Gk *déktēs* biter ← *dáknein* to bite〗〖動物〗(分類学上の名称として)「…を噛むもの (biter)」の意の名詞連結形.

de·cu·bi·tus [dɪkjúːbɪtəs, də-, -bə- | dɪkjúːbɪtəs] 〖← NL ～ ← L *dēcumbere* to lie down: ⇨ decumbent〗 ── *n.* (*pl.* **-bi·ti** [-tàɪ]) **1**〖医学〗臥位. **2**〖病理〗褥瘡(じょくそう), 床ずれ.

dec·u·man [dékjʊmən] 〖(1659) □ L *decumān-us* ← *decimānus* of the tenth, the tenth part or cohort ← *decimus* tenth part ← *decem* 'TEN': ⇨ -an[1]〗 ── *adj.* **1** 第十番目の;〈波が〉巨大な《第十番目の波が一番大きいと考えられていたので》: a ～ wave 大波. **2** (古代ローマの)第十(歩兵)隊 (cohort) の: the ～ gate (第十隊営舎の)大きな営門.

de·cúm·bence [-bəns] *n.* ＝decumbency.

de·cum·ben·cy [dɪkʌ́mbənsi, də- | dɪkʌ́mbənsɪ] 〖← L *dēcumbere* (↓)＋-ENCY〗 *n.* 横臥(おうが)の状態[姿勢].

de·cum·bent [dɪkʌ́mbənt, də- | dɪ-] 〖□ L *dēcumbent-em* (pres.p.) ← *dēcumbere* to lie down ← DE-[1]＋*cumbere* to lie〗 ── *adj.* **1** 寝ころんだ, 横臥(おうが)の. **2**〖植物〗〈枝や幹が〉偃臥(えんが)状の, 傾状の《地を這いながら先は立っている; cf. erect 3》. **3**〈動物の毛が〉ねている.

dec·u·ple [dékjʊpl̩, -kə- | -kjʊ-] 〖(15C) □ F *décuple* □ L *decuplus* tenfold: ⇨ deca-, -ple: cf. double〗 *adj.* 10倍の. ── *n.* 10倍(量). ── *vt., vi.* 10倍にする[なる].

de·cu·ri·on [dɪkjʊ́(ə)riən, də- | dɪkjʊ́ərɪ-] 〖(c1384) □ L *decuriō(n-)* ← *decuria* 'DECURY'〗 ── *n.* 〖ローマ史〗十人隊 (decury) の長; (古代ローマのイタリアや属州の都市の)参事会議員.

de·cur·rent [dɪkʌ́ː(r)ənt, də- | dɪkʌ́r-] 〖(15C) □ L *dēcurrent-em* running down: ⇨ de-[1], current〗 ── *adj.* 下方に伸びた; (特に)〖植物〗(アザミなどのように)〈葉が〉沿下の, 沿着の《翼状に茎の付着点を越えて下に伸びている》: ～ leaves 沿下葉.

de·cur·sive [dɪkə́ːsɪv, də- | dɪkə́ː-] 〖← NL *decursivus* ← L *dēcursus* (p.p.) ← *dēcurrere* ← DE-[1]＋*currere* to run: ⇨ -ive〗 *adj.* ＝decurrent.

de·curved [dìːkə́ːvd | dɪkə́ːvd] 〖(部分訳) ← LL *dēcurvātus* ← DE-[1]＋*curvātus* ((p.p.) ← *curvāre* 'to CURVE')〗 ── *adj.* 〈鳥のくちばしなど〉下方に曲がった: a ～ bill.

dec·u·ry [dékjʊri | -kjʊ(ə)rɪ] 〖□ L *decuria* a company of ten ← *decem* 'TEN'〗 ── *n.* **1**〖ローマ史〗十人隊《10人の男子から成る集団》. **2** 裁判官・クリア (curia) などの集団[区分].

de·cus·sate 〖(1825) □ L *decussāt-us* (p.p.) ← *decussāre* to divide crosswise in the form of X ← *decussis* the figure X ← *decem* 'TEN'＋*assem*, *ās* copper coin (⇨ as[2])〗 ── [dékəsèɪt, dɪkʌ́seɪt, də- | dékəsèɪt, dɪkʌ́seɪt] *vt., vi.* (…に)X形に交わる. ── [dékəsèɪt, dɪkʌ́seɪt, də-, -sət, -sɪt | dɪkʌ́seɪt, -sət, -sɪt] *adj.* **1** 直角に交わる, X形の. **2**〖植物〗十字対生の: ～ leaves 十字対生葉. **～·ly** *adv.*

de·cus·sa·tion [dèkəséɪʃən, dìːk-] 〖□ L *decussātiō(n-)*: ⇨ ↑, -ation〗 *n.* **1** 十字形[X状]の交わり. **2**〖解剖〗交叉, キアスマ.

ded. 《略》 dedicate; dedication; deduce; deduct; deduction.

D. Ed. 《略》 Doctor of Education.

de·dal [díːdl̩] *adj.* 《古》 ＝daedal.

De·da·li·an [diːdéɪliən, -ljən | -lɪən, -ljən] *adj.* 《古》 ＝Daedalian.

de·dans [dədɑ́ː(ŋ), -dɔ́ː(ŋ), -dɑ́ːŋ, -dɔ́(ː)ŋ; *F.* dədɑ̃] 〖□ F ～ 'inside'〗 ── *F. n.* (*pl.* ～) (コートテニス場のサーブ側の後方の)観覧席; [the ～] (コートテニスの)観覧者たち.

De·de·kind [déɪdəkɪnd; *G.* déːdəkɪnt], **(Julius Wilhelm) Richard** *n.* デーデキント《1831–1916; ドイツの数学者》.

de·den·dum [dɪdéndəm, də- | dɪ-] 〖□ L *dēdendum* (a thing) to be delivered (gerundive) ← *dēdere* ← DE-[1]＋*dare* to give (⇨ date[2]): cf. addendum〗 ── *n.* (*pl.* **-den·da** [-də], ～**s**) 〖機械〗(歯車の)歯元 (cf. addendum, pitch[2] 6 a); 歯元のたけ《ピッチ円より内側にある歯の部分の高さ》.

dedéndum cìrcle *n.* 〖機械〗(歯車の)歯元円, 歯底円 (cf. addendum circle).

ded·i·cate [dédɪkèɪt, -də- | -dɪ-] 〖(c1390) □ L *dēdicāt-us* (p.p.) ← *dēdicāre* to set apart ← DE-[1]＋*dicāre* to proclaim (← *dīcere* to say: cf. diction): ⇨ -ate[3]〗 ── *vt.* **1**〈教会などを〉〔神に〕奉納する, 献納する〔*to*〕: ～ a church *to* God 会堂を神にささげる / ～ a memorial 記念物を献じる, 記念碑を建てる. **2**〈時・一生などを〉〔事業などに〕ささげる, ゆだねる〔*to*, *to doing*〕: ～ one's time [one's life, oneself] *to* business [politics] 事業[政治]に専念する. **3**〈書物・作曲などを〉〔人に〕献題する, 献呈する〔*to*〕: *Dedicated to* Mr. A 本書をA氏にささぐ. **4**《米》〈新築の建造物などを〉公式に開く, 開所する;〈記念碑など〉の除幕式を行なう. **5**〖法律〗〈私有地を〉公共の用に供する. ── *adj.* 《詩・古》＝dedicated.

déd·i·càt·ed [-tɪd, -təd | -tɪd, -təd] *adj.* 〈人など〉(ある理想・主義・目的に)打ち込んだ, ひたむきな, 熱心な: a ～ linguist 熱心な語学者 / a life of ～ patience 専心忍耐の一生. **～·ly** *adv.*

ded·i·ca·tee [dèdɪkətíː, -də- | -dɪ-] *n.* 献呈を受ける人.

ded·i·ca·tion [dèdɪkéɪʃən, -də- | -dɪ-] 〖(a1382) □ (O)F *dédication* ∥ L *dēdicātiō(n-)*: ⇨ dedicate, -ation〗 ── *n.* **1** 奉納, 献納; 奉献日[祭]: the Feast of *Dedication*＝Hanukkah. **2** 献身: a ～ *to* one's job. **3** (書物・作曲などの)献呈(の辞), 献題. **4**《米》開所(式). **5**〖法律〗献地《私有地を公共の目的に提供すること》.

ded·i·ca·tive [dédɪkèɪtɪv, -də-, -kət- | -dɪkət-, -kèɪt-] *adj.* ＝dedicatory.

déd·i·cà·tor [-tə | -tə(r)] 〖□ L *dēdicātor*: ⇨ dedicate, -or[2]〗 *n.* **1** 奉納者, 献納者, 寄進者. **2** (著書・作曲などの)献呈者.

ded·i·ca·to·ry [dédɪkətɔ̀ːri, -də-, -tɔ̀ːri | -dɪkət(ə)rɪ, -kèɪt(ə)rɪ, dèdɪkéɪt(ə)rɪ] *adj.* **1** 奉献の, 奉納[献納]の(ための). **2** 献呈の.

de·dif·fer·en·ti·ate [dìːdɪfərénʃièɪt | -ʃɪ-] 〖(逆成) ↓〗 *vi.* 〖生物〗脱分化[逆分化]する.

de·dif·fer·en·ti·a·tion [dìːdɪfərènʃiéɪʃən | -ʃɪ-] 〖← DE-[1]＋DIFFERENTIATION〗 ── *n.* 〖生物〗脱分化, 逆分化《分化により生じた固有の性質や形態が失われて, 分化しない一般的な状態に戻ること》.

de·do·lo·mit·ize [dìːdóʊləmaɪtàɪz, -mət- | -dɔ́ləmaɪt-, -mɪ-] 〖← DE-[1]＋DOLOMITE＋-IZE〗 ── *vt.* 〖化学〗脱ドロマイト化する《白雲石の炭酸マグネシウムが, マグネシウムの酸化物・水酸化物・珪酸塩に変化する》.

de·duce [dɪd(j)úːs, də- | dɪdjúːs] 〖(1410) □ L *dēdūcere* to lead down, derive ← DE-[1]＋*dūcere* to lead: ⇨ duct〗 ── *vt.* **1**〖論理〗演繹(えんえき)する, (演繹的に)推論[推断, 推理]する (↔ induce; cf. deduction): ～ *from* the fact *that*… という事実から…と推論する. **2**《古》…の系統[年代]を跡づける, 由来を尋ねる: I ～*d* my descent *from* 1873 *to* the present time. 1873年から現在までの祖先をたどってみた.

de·duc·i·ble [dɪd(j)úːsəbl̩, də- | dɪdjúːsəbl̩, -sɪ-] *adj.* (演繹(えんえき)的に)推論[推理, 推断]できる, 推定[推知]できる〔*from*〕.

de·duct [dɪdʌ́kt, də- | dɪ-] 〖(c1412) ← L *dēduct-us* (p.p.) ← *dēdūcere* to lead down, withdraw: ⇨ deduce〗 ── *vt.* **1**〔給料などから〕〈一部を〉差し引く, 天引きする, 控除する〔*from*, *out of*〕(cf. deduction): ～ 15% *from* the royalties 印税から1割5分引く. ★ 単なる数には今は subtract を用いる: *subtract* 3 *from* 10. **2** (演繹(えんえき)的に)推論する. ── *vi.* 〔値打ちなどを〕減じる, 減らす作用をする〔*from*〕: This does not ～ *from* his merit. このために彼の真価が落ちるものではない.

de·duct·i·ble [dɪdʌ́ktəbl̩, də- | dɪdʌ́ktə-, -tɪ-] *adj.* **1** 差し引くことのできる, 控除できる. **2**《米》(所得税の計算において)税控除を受けうる: items ～ *from* taxable income 課税収入から控除できる品目. ── *n.* 〖保険〗控除免責歩合《保険者が損害を填補する場合に控除する一定金額; その金額までの損害は被保険者が負担する》: a ～ clause 控除約款《控除免責歩合を定めた約款; cf. franchise clause》. **de·dùct·i·bíl·i·ty** [-təbíləti | -lətɪ, -lɪ-] *n.*

de·duc·tion [dɪdʌ́kʃən, də- | dɪ-] 〖(?a1425) □ (O)F *déduction* ∥ L *dēductiō(n-)* drawing off: ⇨ deduct, -tion〗 ── *n.* **1** 差引(高), 控除(額) (cf. deduct). **2 a** 〖論理〗演繹(えんえき)(法), 演繹法による結論[推論] (↔ induction). **b** (一般に)推論, 結論.

dedúction thèorem *n.* 〖論理〗演繹定理.

de·duc·tive [dɪdʌ́ktɪv, də- | dɪ-] *adj.* **1**〖論理〗演繹の, 演繹的な (↔ inductive): ～ inference [reasoning] 演繹的推論[演繹推理]. **2** (一般に)推理的な, 推論の.

de·dúc·tive·ly *adv.* 推定[推理]的に; 演繹的に.

dedúctive mèthod *n.* 〖論理〗演繹的方法, 演繹法.

dee [díː] *n.* **1** Dの字. **2** (馬具の)D字形金具, D形託鐶(たくかん), むながい託鐶《鞍の前橋部両側についているD型金具, むながいを取り付けたり, 狩猟の際, ラッパ・水筒・弁当箱・猟犬を2頭ずつ繋ぐひもなどを取り付ける》. **3**《婉曲》'd—' の発音. **4**〖物理〗(サイクロトロンの)D形電極. **5** D字形のもの.

Dee[1] [díː] 〖□? Celt. *Dēvā* the goddess; the holy river: cf. L *dīvus* god〗 ── *n.* [the ～] **1** スコットランド北東部の川; Aberdeen で北海に注ぐ (145 km). **2** ウェールズの北部に発しイングランド西部を流れる川; Irish Sea に注ぐ (110 km).

Dee[2] [díː] 〖← Welsh *du* dark one〗 *n.* 女性名.

deed [díːd] 〖OE *dǣd*, *dēd* < Gmc **dǣdiz* (Du. *daad* / G *Tat*) ← IE **dhē-*: ⇨ do[2]〗 ── *n.* **1** 行為, 行動; 実行, 行ない: a good [noble] ～ 立派な[高潔な]行為 / be kind in word and ～ 言行共に親切である. ★ act, conduct よりは重要な行為をさす. **2** 功績, 偉業, 勲功: a ～ of arms 武勲. **3** 事実: in ～ and not in name 名義上ではなくて実際上 / in ～ as well as in name 名実共に. **4**〖法律〗捺(なつ)印証書, 証文: a ～ of contract 契約書 / a ～ of transfer 譲渡証書 / a trust ～ 信託証書 / the ～ of association《英》株式会社の定款 / ⇨ title deed.

in deed 実行上, 事実上 (cf. 1, 3). ***in (very) deed*** 《古》実際に (in fact) (cf. indeed).

deed of covenant 〖法律〗約款捺印証書.

── *vt.* 《米》捺印証書を作成して〈財産を〉譲渡する.

déed·less *adj.* 《古》行動的でない; 功績のない; 活動しない.

déed pòll 〖この方式の証書は端の切取り線が歯型でなく平らになっていることから: cf. poll[2], indenture 1〗 ── *n.* (*pl.* ～**s**, **deeds p-**) 〖法律〗(一方の当事者が一枚の紙に作成する)単独[平型]捺印証書, 平型《代理権の付与・姓名の変更などの際に用いられる》.

deed·y [díːdi | -dɪ] 〖(15C): ⇨ deed, -y[4]〗 *adj.* (**deed·i·er, -i·est**) 《英方言》 **1** 活動的な, よく働く, 勤勉な. **2** 熱心な, まじめな.

dee·jay [díːdʒèɪ] 〖略称 D.J. の発音〗 *n.* (*also* **dee-jay** [～]) 《口語》＝disc jockey.

deem [díːm] 〖OE *dēman* < Gmc **dōmjan* (Du. *doemen* / Goth. *dōmjan*) ← **dōmaz* 'DOOM'〗 ── *vt.* **1** 《文語》〈…だと〉思う, みなす: ～ it one's duty to do …することを自分の義務と思う / I ～ it a favor if you will do so. そうしていただければありがたく存じます / It was ～*ed to* be enough. 十分だと思われた. **2** 《古》〈…することを〉期待する, 望む (hope) 〈*to do*〉. ── *vi.* 《文語》〔…のことを〕考える〔*of*〕: ～ highly *of* …を尊敬する, 高く買う.

de-em·pha·sis [dìːémfəsɪs, -səs | -sɪs] *n.* **1**〔…を〕あまり重視[強調]しないこと〔*on*〕. **2**〖通信〗ジエンファシス《エンファシス通信系の受信側で特定の周波数が強調された信号をもとの信号に戻すこと; cf. emphasis 5, preemphasis》.

de-em·pha·size [dìːémfəsàɪz] *vt.* 重要でなくする, あまり強調しない[重きを置かない]ようにする.

deem·ster [díːmstə | -stə(r)] 〖(a1325) *demester(e)*: ⇨ deem, -ster〗 *n.* (英国の Man 島の)裁判官《2名の chief justices の中の一人》.

dee·ner [díːnə | -nə(r)] 〖← ?: cf. denarius, denier[2]〗 *n.* 《豪俗》1シリング貨.

de-en·er·gize [dìːénədʒàɪz | -nə-] *vt.* 〈電気器具〉の電気を切る.

deep [díːp] 〖adj., n.: OE *dēop* < Gmc **deupaz* (Du. *diep* / G *tief*) ← IE **dheu-b-* deep, hollow: cf. dip, dive. ── adv.: OE *dēope*〗 ── *adj.* (～**·er**; ～**·est**) **1** 深い, 底深い (↔ shallow); [数詞付きの名詞を伴って] 深さが…ある: a ～ river, sea, etc. / a ～ spring of water 深い地下からわいて来る泉 / wade ankle-*deep* in mud 足首まで没して泥の中を歩く / a ditch 6 feet ～ 深さ6フィートの溝 / a lane ～ in snow 深く雪に埋まった小道 / How ～ is the pond? その池の深さはどのくらいか / The lake is ～*est* here.

2 奥行のある[深い], かなり厚さのある; 幅広い; [数詞付きの名詞を伴って] 奥行が…の, …重の, …列の: a ～ shelf / a ～ border 幅の広いへり / a ～ forest 奥深い森林 / a plot of land 100 ft. ～ 奥行100フィートの地所 / drawn up eight ～ 8列に並んで / soldiers four rows ～ 四列に並んだ兵士 / She's inches ～ in makeup. 彼女は厚化粧している / I am three ～ already. 《英口語》(会などの)約束がすでに三つ重なっている.

3 a 奥まった, 人里遠く離れた: a house ～ in the valley 谷の奥深くにある家 / ～ in the mountains [country] 遠く山奥[田舎]に. **b** (地球・太陽から)遠く離れた (cf. deep space). **c** 遙か昔の: the ～ past 遠い過去.

4 a 深く[低く]まで達する: a ～ dive 深い潜水. **b** 低く身体を曲げた: a ～ bow [curtsy] 深いおじぎ.

5 a 〈意味・学問・知識など〉深遠な, 奥底の計り知れない: a ～ thought, problem, etc. / ～ learning / the ～*er* causes (表面的でない)もっと内にひそんだ原因 / a ～ mystery 計り知れない不可思議 / the ～*er* meaning of his statement 彼の言葉のもっと奥の意味. **b** はっきりしない, 神秘的な: ～ dark secrets / The affair was very ～. この事件には神秘的なところがあった.

6 a 〔考えなどに〕(深く)没頭した;〔借金などに〕深くはまり込んだ (involved) 〔*in*〕: be ～ *in* thought 深い思いに耽っている / ～ *in* talk [a book] 話[本]に夢中になっている / be ～ *in* debt 借金で首がまわらない. **b** (飲酒が)度を越した (excessive) (cf. *adv.* 1): ～ drinking 深酒 / a ～ drinker 大酒飲み.

7 a 〈眠り・呼吸など〉深い: ～ breathing 深呼吸 / a ～ sleep 熟睡 / fetch [heave] a ～ sigh 深いため息をつく. **b** 〈夜・季節など〉深まった, 進んだ (↔ young): It was ～ night. 夜も更けていた / A ～ dusk descended over the street. 色濃い夕闇が街路に降りてきた.

8 〈感情など〉深く感じる, 非常に大きい; 痛切な, 深刻な, 心からの, 根深い: ～ sorrow, gratitude, etc. / ～ disgrace 大恥辱 / ～ affections 心からの情愛.

9 ずる賢い, たくらみの深い, 腹黒い (artful): a ～ plot [design] 深いたくらみ / a ～ one 《俗》ずるい[食えない]やつ.

10 〈音響・声など〉太く低い, 低音の, 荘重な: a ～ voice.

11 〈色など〉濃い (rich), ふかい《彩度が高く明度が低い; ↔ pale, faint, thin》: ～ blue.

12 〖医学〗深部の, 皮下の (subcutaneous).

13 〖言語〗深層の: ⇨ deep structure.

14 〖野球〗本塁から遠い[遠く離れた], 深い: a hit to ～ right field 右翼の深いところへのヒット.

15 〖クリケット〗 **a** 〈野手(の位置)が〉通常の守備位置よりも打者から離れた, 深い位置の. **b** その位置を守る野手の.

16 〖アメリカンフットボール〗自分のチームのフロントラインから遠い.

── *n.* **1** [通例 *pl.*] 《文語》(海や川の)深み, 深い所, ふち, 深淵; 深い谷; 奥まった所. **2** [the ～] 《詩》 **a** わだつみ, 海原(うなばら): *the* great [mighty] ～ 大海原 / monsters [wonders] of *the* ～ 海の怪物[驚異]. **b** 空, 大空: *the* azure ～ 紺碧(こんぺき)の空, 青穹(せいきゅう). **c** (夜や季節な

どの)さなか, 真ん中, 最中 (depth): in *the* ~ of winter [night] 真冬[真夜中]に. **3** 〚海事〛測鉛線 (lead line) 上の目盛りの付けてない水深を得た時に冠する言葉 (cf. mark[1] *n.* 11): (By the) ~ four [six, eight...]! (目盛りを飛んで)四つ[六つ, 八つ...]. ★ 測鉛線上の 2, 3, 5, 7, 10, 13, 15, 17, 20, 25 尋(ひろ)の個所の目盛り (mark) の水深を得た時は 'Mark' を冠して水深を唱える: (By the) mark, two [three, five...]! (目盛りの)二つ[三つ, 五つ...]《ただし日本では単にメートル単位の数のみ唱える》. **4** 〚地理〛海淵(えん)《海溝 (trench) 中の特に深い部分》. **5** [the ~]〚クリケット〛投手の後方の境界線付近にある野手の位置.

— *adv.* (~·er; ~·est) **1** 深く (deeply): dig ~ / go ~ into the subject 問題を深く掘り下げる[研究する] / be ~ asleep ぐっすり眠っている / drink ~ 大酒を飲む / Still waters run ~. 《諺》音なし川は水深し (cf.「浅き瀬にこそ徒浪(あだなみ)は立て」), 賢者はむやみにしゃべらない《思慮深いことだけでなく, ずる賢いことについていうこともある》. **2** 〚野球〛本塁から遠い距離のところで, 深いところに (cf. *adj.* 14): The center fielder was playing ~. センターは深く守っていた. **3** 遅くまで (late): ~ into the night 夜更けまで.

in deep 《口語》深くはまり込んだ[で], のっぴきならずかかわり合って.

déep-brówed *adj.* (知力を示して)額が広くりっぱな: *deep-brow'd* Homer (Keats, *On First Looking into Chapman's Homer*).

déep-chésted *adj.* 胸の厚い; 〈声が〉太い, 胸声の, 胸の奥底からの.

déep-dìsh píe *n.* (天火を使って)深皿で焼いたパイ.

déep-dráw *vt.* 〚金属加工〛深絞り加工する《金属板をコップ状に成形する》.

déep-dráwing *n.* 〚金属加工〛深絞り (cf. cup 13).

déep-dráwn *adj.* **1** 〈ため息など〉深く吸い込んだ. **2** 〚金属加工〛〈金属が〉深絞り加工された[に適した].

déep-dýed *adj.* 濃く染まった; 〈人が〉深く悪に染まった, 全く(極悪の): a ~ villain.

deep·en [díːpən] 〚《*a*1605》: ⇨ deep, -en[1]〛 — *vt.* 深くする, 深める; 奥行を深める; 〈色を〉濃くする; 〈印象・知識・悲しみなどを〉深める, 深刻にする; 〈音などを〉低める. — *vi.* 深くなる; 〈色が〉濃くなる; 〈暗さ・不安などが〉深まる; 〈音・声が〉太く低くなる; 〈戦など が〉深刻になる; 〚気象〛気圧が下がる: The interest ~*s*. 興味がつのる, 益々佳境に入る / The dusk ~*ed* into night. 夕闇が濃くなって夜となった.

déep-ètch pláte *n.* 〚印刷〛平凹版《耐刷力を高めるために, 画線の部分をほんの少し凹ませた平版; cf. albumen plate》.

déep fát *n.* (材料が十分つかるくらいの)熱した揚げ油: fry in ~.

déep-fát-frý *vt., vi.* =deep fry. **~·er** *n.* **~·ing** *n.*

déep-félt *adj.* (衷心から)深く感じた, 深刻な: ~ unhappiness.

déep fíeld *n.* 〚クリケット〛=long field.

déep flóor *n.* 〚海事〛深肋板, ディープフロア《船の前後部ピークタンク (peak tanks) 内の肋板》.

déep·fréeze *n.* **1 a** 急速冷凍[冷蔵]庫《低温による食品の長期冷蔵用》. **b** [D-] ディープフリーズ《急速冷凍[冷蔵]庫の商標名》. **2** (急速冷凍庫による)貯蔵, 冷蔵. **3** 停止[中止, 休止]状態, 凍結: a bill in ~ 凍結中の法案.

déep-fréeze *vt.* **1** =quick-freeze. **2** 〈食物を〉冷凍[冷蔵]する. **déep-fréezing** *n.*

déep-fréezer *n.* (deep-freeze 式の)冷蔵庫, 冷凍庫.

déep frý *vt., vi.* 油をたっぷり使って(食品を)揚げる (cf. sauté). **~·ing** *n.*

déep fríer *n.* (deep frying 用の)深なべ《しばしば中に網かごがつく; deep frying pan ともいう》.

déep frýing bàsket *n.* deep frying 用の手付きの金属製のかご《材料を中に入れ, 油に浸して揚げ, そのままひきあげる》.

déep-góing *adj.* 根本的な, 基本的な (fundamental).

deep·ie [díːpi | -pɪ] 〚cf. -ie〛 *n.* 《口語》立体映画.

deep·ish [-pɪʃ] *adj.* 少し深い, (やや)深目の.

déep-kíss *vt., vi.* (...に) deep kiss をする.

déep kíss *n.* ディープキス《舌などを用いた濃厚な接吻; soul kiss, French kiss ともいう》.

déep-láid *adj.* 〈陰謀など〉深くたくらんだ, 深い魂胆のある: a ~ plot, scheme, etc.

déep lítter *n.* 《英》〚養鶏〛堆積敷藁法《鶏舎に泥炭などを敷いて行なう養鶏法》.

deep·ly 〚OE *dēoplīċe*: ⇨ deep, -ly[1]〛 — *adv.* **1** 深く: dig ~. **2** (色が)濃く: ~ red. **3** (音調が)太く低く: hounds baying ~. **4** 徹底的に, 深刻に, 非常に, 深く (profoundly); (陰謀など)深くたくらんで, 巧妙に: sleep [think] ~ / be ~ versed in ...に精通している / feel ~ 痛感する / ~ in debt 借金で首が回らない / a ~ planned murder 巧妙に計画された殺人.

déeply róoted *adj.* =deep-rooted.

déep·mòst *adj.* 《古》最深の (deepest).

déep móurning *n.* 正式喪服《第一期の服喪中に着る光沢のない全黒色の喪服; cf. half mourning》; 黒ずくめの喪服で表わされる深い哀悼[喪]. 「dogs.

déep-móuthed *adj.* 〈猟犬が〉ほえ声の低く太い: ~

déep·ness 〚OE *dēopnes*: ⇨ deep, -ness〛 *n.* **1** 深さ, 深度. **2** 奥深さ. **3** 深奥, 深遠, 玄妙. 「[in].

déep-réad [-réd] *adj.* 学識の深い, [...に]精通した

déep-róoted 〚《15C》〛 *adj.* **1** 根の深い, 深く根ざした. **2** 〈感情・習癖・確信・偏見など〉根深い, 根底の深い: ~ hatred. **~·ness** *n.*

déep scáttering láyer *n.* 〚海洋〛深海散乱層, 幻海底, 幽霊海底《深い海のあちこちに見られる組成未知の音響散乱層》.

déep-séa *adj.* 深海の, 遠洋の: a ~ fish 深海魚 / ~ fishery [fishing] 深海[遠洋]漁業 / a ~ diver 深海潜水夫 / a ~ fisherman 遠洋漁民.

déep-sèa léad [-léd] *n.* 〚海事〛(深海用)重測鉛《重錘とひもを使って人の手で直接水深を測る装置のうち, 特に重い錘を使って深い水深を測るためのもの》.

déep-sèa smélt *n.* 〚魚類〛深海性のソコイワシ科の魚類の総称 (cf. smoothtongue).

déep-séated *adj.* **1** 〈原因・病気・感情など〉根深い, 根底の深い: a ~ abscess / a ~ disease 慢性病. **2** 深層の: ~ earthquakes.

déep sensibílity *n.* 〚精神医学〛深部知覚《身体内部に存在する受容器によって起こる感覚》.

déep-sét 〚ME〛 *adj.* **1** 深くくぼんだ: ~ eyes / a ~ fireplace 壁に深くはめ込んだ暖炉. **2** 根深い, 根強い.

déep-síx *vt.* 《俗》放棄する (discard), 打ち捨てる.

déep síx 〚← DEEP + ? *six* (*fathoms*)〛 — *n.* 《俗》**1** 水葬: give a person a ~ 人を水葬にする. **2** 放棄, 打ち捨てること. ★ 特に次の句で用いられる: give it the ~ 打っちゃってしまう, 放り出す.

déep-slót mòtor *n.* 〚電気〛深みぞ電動機《誘導電動機の一種で始動特性のすぐれたもの》.

Déep Sóuth, d- S- *n.* [the ~] ディープサウス, 深南部《米国 Georgia, Alabama, Mississippi, Louisiana の最南部諸州; 保守的で典型的な南部的 (Southern) 特徴をもつと考えられている》.

déep spáce *n.* (通常の地球圏から離れた, または宇宙の)遥か遠い所[宇宙空間].

déep strúcture *n.* 〚言語〛深層構造《(変形)生成文法 (transformational-generative grammar) で現実の発話の背後にあると考えられる心理的実在としての基底構造; cf. surface structure》.

déep tánk *n.* 〚海事〛ディープタンク《水・油などを積むため船内や甲板間に設けられた深い水槽》.

déep tránce *n.* 深い催眠状態.

déep wéll *n.* 深井戸《深さ 6–7 m 以上の井戸で普通の揚水ポンプでは汲上げ困難なもの》.

deer [díə | díə(r)] 〚OE *dēor* beast, animal < Gmc **deuzam* (Du. *dier* / G *Tier* / Goth. *diuzam* (dat. pl.)) < IE **dheusom* 《原義》breathing creature (cf. animal) ← **dheu-* to rise in a cloud: cf. deaf, dust, fume〛 — *n.* (*pl.* ~, 時に ~**s**) 〚動物〛シカ《シカ科の動物の総称; cf. stag, hart, buck[1]; hind[1], doe, red deer; calf[1], fawn[1]; venison》: a herd of ~ 鹿の一群 / run like a ~ すばしこく走る / stalk ~ (そっと忍び寄って)鹿を狩る / small ~ [集合的]《古》小動物; つまらない物 / and such small ~ その他つまらないもの[人たち], その他大勢, 等々 (cf. Shak., *Lear* 3. 4. 143). ★ ラテン語系形容詞: cervine.

déer·bèr·ry [-bèri | -bəri, -bèri] *n.* 〚植物〛米国東部産ツツジ科コケモモ属 (*Vaccinium*) の植物の総称《乾燥地の林や低木林に生じる》; 食用になるその果実.

déer fènce *n.* 鹿猟場のへい.

déer fèrn *n.* 〚植物〛シシガシラの一種 (*Blechnum spicant*)《ヨーロッパ・北アメリカ西部にみられる常緑のシダ; しばしば鹿の食用に栽培される》.

déer flỳ *n.* (ウシアブ類やメクラアブ類など家畜や人間などにつく)吸血性アブ類の俗称.

déer-fly fèver *n.* 〚病理・獣医〛=tularemia.

déer fòrest *n.* 鹿猟用森林.

déer·hòund *n.* ディアハウンド《スコットランド原産で鹿狩りに多く用いられた大種のイヌ》.

déer lìck *n.* 《米》鹿が塩分を求めてなめに来る場所《湿地・泉など; cf. salt lick》.

déer mòuse *n.* 〚動物〛=white-footed mouse.

déer nèck *n.* 鹿首(しかくび)(の馬)《やせて不恰好な馬の首; 上縁が凹に下縁が凸に彎曲している首で, 騎乗しにくいといわれる》. 「猟園.

déer pàrk *n.* (狩猟用に鹿を放し飼いにしてある)鹿

déer·skìn 〚ME〛 *n.* 鹿皮(の服). — *adj.* 鹿皮製の.

déer·stàlker *n.* **1** (こっそり忍び寄ってしとめる)鹿猟師. **2** (前と後にひさしのついた)ハンチングキャップ《狩猟用; deerstalker hat ともいう》.

déer·stàlking *n.* (こっそり忍び寄ってしとめる)鹿

déer·yàrd *n.* 冬に鹿の集まる所. 「猟.

de·es·ca·late [diːéskəlèɪt] *vt.* 〈戦争・計画などの規模・範囲・広がりなど〉を段階的に縮小する; 〈緊張などを〉緩和する: ~ tension. — *vi.* (範囲・規模などを)段階的に縮小する. **de-es·ca·la·tion** [dìːèskəléɪʃən] *n.* **dè-és·ca·là·tor** [-tə | -tə(r)] *n.*

de-es·ca·la·to·ry [diːéskələtɔ̀ːri, -tɔ̀ːri | -éskəlèɪt(ə)rɪ, -lət-] 〚← DE-ESCALATE + -ORY[1]〛 *adj.* (規模・範囲などを)段階的に縮小する, 縮小を唱える, 縮小的な.

de·e·sis [diːiːsɪs, -səs | -sɪs] 〚□ Gk *déēsis* entreaty, prayer ← *deîn* to lack, miss〛 — *n.* (*pl.* **de·e·ses** [-siːz]) 〚キリスト教〛デエシス《聖母マリアとバプテスマのヨハネの間の王座についているキリストの聖画像; 特に東方教会において重視》.

deet [díːt] 〚← *d*(*iethyl*) *t*(*oluamide*)〛 *n.* 《米》ディート《防虫剤 diethyl toluamide の俗称》.

de-ex·ci·ta·tion [dìːèksaɪtéɪʃən, -sə- | -sɪ-] *n.* 〚物理〛下方遷移《原子または分子などがエネルギーの低い状態に遷移すること》.

de-ex·cite [dìːɪksáɪt, -ek-] *vt.* 〚物理〛下方遷移させる.

def [déf] 〚《略》← DEFINITELY〛 *adv.* 《米俗》全く, しる.

def. 《略》defective; defendant; defense; deferred; deficit; defined; definite; definition; *L.* defunctus (= deceased).

de·face [dɪféɪs, də- | dɪ-] 〚《1340》*deface*(*n*) □ (O)F 《廃》*defac-er* 《異形》← *desfacer*: ⇨ de-[1], face〛 — *vt.* **1** ...の外観を汚損する, 醜くする. **2** 〈銘刻などを〉摩損する, すり消す, (すり消して)読みにくくする. **3** 〈価値・影響力などを〉損なう. **de·fác·er** *n.*

de·face·a·ble [dɪféɪsəbl, də- | dɪ-] *adj.* (外観を)汚損しがちな[されやすい].

de·fáce·ment *n.* 破損(物).

de fac·to [dɪ-fǽktoʊ, diː-, deɪ-, deɪ-fáːk- | diː-fǽktəʊ, deɪ-] 〚《1602》□ L *dē factō* from the fact: ⇨ de-[1], fact〛 — *L. adv.* (↔ de jure) 事実上. — *adj.* (合法的でないが)事実上の: a ~ government, president, etc.

de·fal·cate [dɪfǽlkeɪt, -fɔ́ːl-, défəl- | díːfælkèɪt, diː-fǽlkeɪt] 〚《1540》← ML *dēfalcāt-us* (p.p.) ← *dēfalcāre* to cut off: ⇨ de-[1], falcate〛 — *vt.* 《古》削減する, 切り詰める. — *vi.* 〚法律〛委託金を使い込む, 横領する.

de·fal·ca·tion [diːfælkéɪʃən, dɪ-, də-, -fɔːl-, dèfəl- | diːfælkéɪʃən, -fɔːl-] 〚《?*c*1451》□ ML *dēfalcātiō*(*n*-): ⇨ ↑, -ation〛 — *n.* **1** 〚法律〛**a** 使い込み, 委託金着服; 背任. **b** (不当流用による)欠損; 不当流用額, 私消金. **2** 約束を果たさないこと, 期待にそむくこと.

de·fál·ca·tor [-tə | -tə(r)] *n.* 〚法律〛委託金着服者.

def·a·ma·tion [dèfəméɪʃən | dèf-, diːf-] 〚《*c*1303》□ (O)F *diffamation* // ML *diffāmātiō*(*n*-) ← L *diffāmātus* (p.p.) ← *diffāmāre*: ⇨ defame, -ation〛 — *n.* 名誉毀損(きそん), 侮辱 (calumny)《法律上は libel と slander を含む》: ~ of character 名誉毀損 / file ~ suits against ... に対し名誉毀損の訴訟を起こす.

de·fam·a·to·ry [dɪfǽmətɔ̀ːri, də-, -tɔ̀ːri | dɪfǽmə-t(ə)rɪ] 〚《1592》□ ML *diffāmātōri-us* ← L *diffāmātus*: ⇨ ↑, -ory[1]〛 *adj.* 名誉を傷つけるような, 中傷的な.

de·fame [dɪféɪm, də- | dɪ-] 〚《*c*1303》*defame*(*n*), *diffame*(*n*) □ OF *diffam-er*, *def*(*f*)*amer* □ L *diffāmāre* to spread an evil report: ⇨ dis-[1], fame〛 — *vt.* **1** (悪意のまたは虚偽の評判を立てて)〈人・団体など〉の名誉を傷つける, 中傷する. **2** 《古》...の面目を失わせる, 侮辱する. **3** 《古》訴える, 責める (accuse).

de·famed [dɪféɪmd, də- | dɪ-] *adj.* 〚紋章〛〈ライオンなど〉尾のない.

de·fám·er 〚ME〛 *n.* 悪口を言う人, 誹毀(ひき)者.

de·fang [diːfǽŋ] 〚← DE-[1] + FANG〛 *vt.* 〈毒蛇など〉の牙を抜く.

de·fat·ted [diːfǽtɪd, -təd | -tɪd, -təd] 〚⇨ de-[1]〛 *adj.* 脂肪(分)を取った[除いた], 脱脂した: ~ milk powder 脱脂粉乳.

de·fault [dɪfɔ́ːlt, də- | -fɔ́ːlt, -fɔ̀lt] 〚n.: 《15C》∽《*a*1250》*defaut*(*e*) □ OF *defaute* ← *défaillir*. — v.: 《1375》*defaut*(*en*) □ OF *defaut* (3rd sing. pres.) ← *défaillir* to be wanting ← DE-[1] + *fallir* 'to FAIL': cf. fault〛 — *n.* **1** (義務などの)怠慢, 不履行, 違約. **2** 〚法律〛懈怠(けたい), 債務不履行, 遅滞: go into ~ 債務不履行に陥る. **3** 〚法律〛(裁判期日の)欠席: judgment by ~ 欠席判決 / make ~ (出廷すべき場合に)欠席する / suffer a ~ 欠席判決を申し渡される. **4** 不足, 欠乏, 欠如. **5** 《古》過失, 誤り. **6** (競技への)不出場, 欠場, 試合放棄, 棄権, 退場.

in default of ...不履行の場合には, ...がない場合には; ...がないので.

— *vi.* **1** 〔義務・債務・約束などの〕履行を怠る [*in, on*]. **2** 〚法律〛(裁判に)欠席する; 欠席裁判にする. **3** (競技に)欠席[欠場]する; 不戦敗になる, 棄権して負ける. — *vt.* **1** 〈義務などを〉履行しない, 〈債務を〉怠る, 滞納する: ~ a dividend 配当の支払を怠る / the ~*ed* loan 焦げつき融資. **2** 〚法律〛〈法廷〉に欠席する; 〈人を〉欠席裁判に付する. **3** 〈競技〉に欠場する; 〈競技〉で不戦敗になる, 棄権して〈試合〉に負ける: The team ~*ed* the game [race]. そのチームは不戦敗となった.

de·fáult·er [-tə | -tə(r)] *n.* **1** 怠慢者, 不履行者 (delinquent); (特に)契約不履行者, 債務不履行者, 滞納者. **2** 背任行為者; 委託金着服者 (defalcator). **3** (裁判の)欠席者. **4** 〚英軍〛軍規違犯者, 軍事裁判有罪者.

default shèet *n.* 《古》〚英軍〛=conduct sheet.

de·fea·sance [dɪfíːzns, də-, -zəns | dɪ-] 〚《1428》□ OF *defesance* ← *defesant* (pres.p.) ← *de*(*s*)*faire* to undo: ⇨ defeat, -ance〛 — *n.* 〚法律〛**1** 無効にすること, (権利などの)廃棄, 破棄. **2** 権利消滅条件, 契約解除条件; その証書, 書類.

de·fea·si·bil·i·ty [dɪfìːzəbíləṭi, də- | dɪfìːzəbílətɪ, -zɪ-, -lɪ-] *n.* 廃棄[破棄]の可能性; 被解除性.

de·fea·si·ble [dɪfíːzəbl, də- | dɪ-, -zɪ-] 〚《1586》□ AF ~ ← OF *desfais-*, *de*(*s*)*faire*: ⇨ defeasance, -ible〛 — *adj.* 無効にできる; 廃棄[破棄, 解除]できる. **~·ness** *n.*

de·feat [dɪfíːt, də- | dɪ-] 〚《*c*1380》*defete*(*n*) □ AF *defet-er* ← OF *de*(*s*)*fait* (p.p.) ← *de*(*s*)*faire* (F *défair*) < ML *disfacere* to undo ← DIS-[1] + L *facere* to do〛 — *vt.* **1** 〈敵・相手を〉破る, 負かす. **2** 〈計画・希望・議論などを〉くつがえす, くじく; 〈法案を〉否決する: ~ one's plans [object, ends] 計画[目的]をだめにする / ~ one's own purpose みずから失敗を招く. **3** 〚法律〛〈条件などを〉破棄する, 無効にする. **4** 《古》損なう, 破壊する. — *n.* **1** 打ち負かすこと, 打破, 勝利. **2** 打ち負かされること, 負け, 敗戦, 敗北 (↔ victory): suffer

(a) ～ 敗北する. **3** (希望・計画・議論などの)失敗, 挫折(ざせつ), 頓挫(とんざ). **4** 〘法律〙破棄, 無効. **5** 《古》破壊: make a ～ *on* …を破壊する.

de·féat·ism [-tɪzm] 〘《1918》□ F *défaitisme*〙 *n.* (戦争中の)敗北主義, 敗北主義運動[行動]; (一般に)敗北主義.

de·féat·ist [-tɪst, -təst | -tɪst] 〘《1918》□ F *défaitiste*〙 *n.* 敗北主義者. — *adj.* 敗北主義の: a ～ attitude.

de·fea·ture [dɪfíːtʃə, də- | dɪfíːtʃə(r)] 〘□ OF *deffaiture* unmaking: ⇨ defeat, -ure〙 — *vt.* (見てわからないほど)…の形を傷つける. — *n.* 《古》形[外観]を傷つけること.

def·e·cate [défɪkèɪt, -fə-] 〘《1575》← L *dēfaecāt-us* (p.p.) ← *dēfaecāre* to cleanse from dregs ← DE-[1] + *faex* dregs: ⇨ -ate[3]〙 — *vt.* **1** …から不純物(など)を取り除く, 清める. **2** (腸から)排便する. — *vi.* **1** 清くなる, 澄む. **2** 便通する, 脱糞(だっぷん)する.

def·e·ca·tion [dèfɪkéɪʃən, -fə-] 〘□ LL *dēfaecātiō(n-)*: ⇨ ↑, -ation〙 *n.* **1** 清浄化, 浄化. **2** 排便, 脱糞(作用).

déf·e·cà·tor [-tə | -tə(r)] *n.* 清浄器, 濾(ろ)過装置.

de·fect[1] [díːfekt, dɪfékt, də- | díːfekt, dɪfékt] 〘《?a1425》← L *dēfect-us* (p.p.) ← *dēficere* to be wanting ← DE-[1] + *facere* to make (⇨ fact)〙 — *n.* **1** 欠陥, 欠乏, 不足; 欠けていること: in ～ 欠けている / *in* ～ *of* …がないので, …がない場合は. **2** 欠点, 短所, 弱点; 疵(きず) 〔*of, in*〕: a ～ in a mechanism メカニズムにありがちな[つきものの]欠陥.

de·fect[2] [dɪfékt, də- | dɪ-] 〘← L *dēfect-us* (↑)〙 — *vi.* 〔国・党・主義などから〕逃げる, 逃走[脱走, 脱会]する; (特に)共産主義国から非共産主義国[またはその逆]へ脱出[亡命]する 〔*from*〕; 〔敵に〕走る, 逃げる 〔*to*〕.

de·fec·tion [dɪfékʃən, də- | dɪ-] 〘《1429》□ L *dēfectiō(n-)*: ⇨ ↑, -tion〙 — *n.* **1** 欠点, 落度, 義務不履行, 怠慢. **2** 〔党などからの〕退脱, 脱党, 脱会 〔*from*〕; 亡命 〔*from*〕; 〔指導者・主義などに対する〕背反, 背教, 背信, 変節 〔*from*〕.

de·fec·tive [dɪféktɪv, də- | dɪ-] 〘《1345》□ (O)F *défectif* // LL *dēfectīv-us*: ⇨ defect[1], -ive〙 — *adj.* **1** 欠点[欠陥]のある, 不備な, 不完全な: ～ hearing [sight] 不完全な聴力[視力] / ～ packing 不完全荷造[包装] / a thing of ～ quality 疵(きず)物. **2** (肝要な点が)欠けている, 足りない: ～ *in* humor ユーモアが欠けて. **3** 〘文法〙〈動詞が〉活用[変化] (conjugation) のある部分の欠けた: ～ verbs 欠如動詞 (語形変化の不完全な may, can, will, shall など). **4** 〘心理〙身体と精神に欠陥のある: a ～ child 欠陥児. — *n.* **1** (身体と精神に)欠陥のある人. **2** 〘文法〙欠如動詞. **3** 〘統計〙不良品. **～·ly** *adv.* **～·ness** *n.*

deféctive númber *n.* 〘数学〙 = deficient number.

deféctive yéar *n.* 〘ユダヤ暦〙353 日の平年; 383 日の閏(うるう)年.

de·féc·tor 〘□ *dēfector* ← *dēfectus*: ⇨ defect[2], -or[2]〙 *n.* **1** 脱走[脱会]者; 亡命者. **2** 〘法律〙召喚されて出頭しない人.

de·fec·to·scope [dɪféktəskòup, də- | dɪféktəskàup] 〘← DEFECT + -(O)SCOPE〙 *n.* 〘鉄道〙レール探傷器.

de·fem·i·nize [dìːfémənàɪz | -mɪ-] *vt.* …から女性の特質を奪う, …の女らしさを失わせる, 非女性化する, 男性化する.

defence *n., vt.* = defense.

de·fend [dɪfénd, də- | dɪ-] 〘《c1250》*defende(n)* □ (O)F *défend-re* < L *dēfendere* to ward off ← DE-[1] + *-fendere* to strike: cf. offend〙 — *vt.* **1** 守る, 防御[防衛]する, 守備する: The sea ～*s* Britain *from* invasion. ブリテン島は海によって侵入から守られている / You must ～ your country *against* the enemy. **2** 〈行為・意見・主義などを〉正当だと論じる, 弁護[擁護]する: ～ a theory, one's conduct, etc. / He ～*ed* himself *against* the false accusation. 自分の立場を弁護して誤った非難をはねのけた. **3** 〘法律〙 **a** 〈弁護人が〉〈被告〉のため抗弁[答弁]する, 〈被告〉の弁護人を勤める. **b** 〈告訴・請求など〉に対抗する; 〈訴訟を〉争う: ～ a suit. **4** 《古》禁止する, 禁じる (forbid): God ～ *that* I should ever do such a thing! そのような事は絶対にしない. — *vi.* 防御する; 弁護[抗弁]する.

de·fend·a·ble [dɪféndəbl, də- | dɪ-] *adj.* = defensible.

de·fen·dant [dɪféndənt, də- | dɪ-] 〘《n.: c1390; adj.: ?c1300》□ (O)F *défendant*: ⇨ -ant〙 *n.* 〘法律〙被告(人) (cf. accused; ↔ plaintiff). — *adj.* 被告方[側]の.

de·fénd·er 〘《c1300》□ AF *defendour* = OF *defendeor* (F *défendeur*)〙 — *n.* **1** 防御者, 守備者. **2** 守護者, 擁護者. **3** 〘スポーツ〙選手権保持者 (cf. challenger). **4** 〘スコット法〙 **a** 被告(人) (defendant) (↔ pursuer). **b** 被告弁護士.

Defender of the Faith [the ―] 信仰の擁護者 (英国国王の伝統的称号; もと Henry 八世が Luther に反対する論文を書いて, 1521 年ローマ教皇から与えられた称号; 一時廃棄されたが後また議会に承認されて今日に及んでいる; cf. D.F.).

de·fen·es·trate [dìːfénəstrèɪt | -nɪ-] 〘《逆成》↓〙 *vt.* 〈物・人を〉窓から外へほうり出す.

de·fen·es·tra·tion [dìːfènəstréɪʃən | -nɪs-] 〘← NL *defenestratio(n-)* ← DE-[1] + L *fenestra* window: ⇨ -ation〙 *n.* (物・人を)窓から外へほうり出すこと.

Defenestration (of Prague) [the ―] (三十年戦争のきっかけとなった)プラハ王宮窓外放出事件(1618)(ボヘミアのプロテスタントたちがカトリックの代官を宮殿の窓から突き落とした).

de·fense, 《英》**de·fence** [dɪféns, də-, díːfens | dɪféns] 〘《?a1300》*defense* □ OF *defens*, (O)F *défense* □ LL *dēfēnsum, dēfēnsa* prohibition ← *dēfensus* (p.p.) ← L *dēfendere* to ward off: ⇨ defend〙 — *n.* **1 a** 防ぐこと, 防御, 防衛, 守備 〔*of*〕 (↔ attack, offense): *in* ～ *of* …を守るため / speak *in* ～ *of* …の弁護をする / a ～ *against* an enemy, an attack, etc. / legal ～ 正当防衛 / national ～ 国防 / offensive ～ 攻勢防御 / fix [establish] a line of ～ 防御線を設定する / the cheap ～ of nations 金のかからない国防 (E. Burke, *Reflections on the Revolution in France*) / put oneself in the state of ～ 防御の身構えをする / He came to my ～. 彼は私の弁護に回ってくれた / He stood firm in my ～. 彼は断固として私の味方についてくれた / Offense is the best ～. 《諺》攻撃は最上の防御, 機先を制するが勝ち / the *Defense* Agency (日本の)防衛庁 / the Department [Secretary] of *Defense* (米国の)国防総省[長官] / the Ministry [Minister] of *Defence* (英国の)国防省[大臣]. **b** 防御されていること[状態]. **2 a** 防御物; [*pl.*] 〘軍事〙防備, 防御施設 (堡(ほ)塁・砲台・塹壕(ざんごう)など): It is in the minds of men that the ～*s of* peace must be constructed. 人間の心の中にこそ平和の防壁を築かなければならない (UNESCO 憲章中の一節). **b** [通例 *pl.*] 防御[防衛]計画[政策], 防備体制; 国防: the inadequate ～*s* of the land 国土の不十分な防備体制. **3 a** 弁明. **b** [通例 *sing.*] 〘法律〙弁護; (被告の)答弁書, 抗弁. **4 a** [the ～; 集合的] 〘法律〙被告側 (被告とその弁護士; ↔ prosecution). **b** (原告の最初の訴答に対する)被告の第一の訴答 (cf. pleading 2 c). **5** 護身術 (フェンシング・ボクシング・柔道など): the science [art] of ～ 護身術. **6** 〘スポーツ〙防御, ゴールの守備(員); ディフェンス (守備側のチームまたはプレーヤー); 守備位置. **7** 〘クリケット〙投手(側)の攻撃に対する打者(側)の防御, 打者側一体; 打撃. **8** 〘チェス〙 **a** 防御すること. **b** 黒が選択する布局の駒組.

defense in depth 〘軍事〙縦深防御 (防御施設を幾重にも重ねた複雑な抵抗線).

Defence of the Realm Act [the ―] 〘英法〙戦時国土防衛法 (第一次大戦中政府に国防上広範な権限を委任したもの; 1914–21; 略 D.O.R.A.).

— *vt.* 《口語》(フットボールなどの競技で)〈相手の攻撃を〉防ぐ, …に対する防御体制をとる.

defénse bònd *n.* 〘経済〙国防債券 (国土防衛のために政府が発行する).

defénse·less, 《英》**defénce·less** *adj.* 防御のすべ[防備]のない. **～·ly** *adv.* **～·ness** *n.*

defénse·man [-mən, -mæ̀n] *n.* (*pl.* **-men** [-mən, -mèn]) 《北米・カナダ》(ホッケー・ラクロッスなどの)ディフェンス, 守備員.

defénse mèchanism *n.* **1** 〘生理〙防御機構 (抗毒素を作って病原菌に対抗する類の有機体の防御活動). **2** 〘心理〙防衛機制 (不快な観念や衝動が意識圏内にはいることを防ごうとする心理的なメカニズム; cf. escape mechanism).

de·fen·si·bil·i·ty [dɪfènsəbíləti, də- | dɪfènsɪbíləti, -sə-, -lɪ-] *n.* 防御[弁護]の可能性.

de·fen·si·ble [dɪfénsəbl, də- | dɪfénsə-, -sɪ-] 〘《15C》□ LL *dēfēnsibil-is* ← *dēfensus* ∽ 《1297》*defensable* □ (O)F *défensable* ← LL *dēfēnsāblilis*: ⇨ defense, -ible〙 — *adj.* **1** 防御[守備]できる. **2** 擁護[弁護]できる. **～·ness** *n.* **de·fén·si·bly** *adv.*

de·fen·sive [dɪfénsɪv, də-, díːfens- | dɪféns-] 〘《a1400》□ (O)F *défensif* // ML *dēfēnsīv-us*: ⇨ defense, -ive〙 — *adj.* (↔ offensive) **1** 防御的な, 防衛用の, 自衛上の: a ～ alliance 防御同盟 / ～ arms 防御武器 / ～ war [warfare] 防御戦 / ～ works 防御工事. **2** 〈言葉・態度など〉守勢の, 守備の, 受け太刀の. **3** 〘心理〙防衛的な. **4** 〘経済〙食糧品など市況の影響は受け難いが消費者に欠くことのできない必需品を生産する産業の. **5** 〘トランプ〙 **a** (ブリッジで)防衛側の: ～ bidding 相手がオープンしたあとのビッドの仕方 (cf. overcall *n.* 1). **b** 防衛側の戦力となる. — *n.* **1** [the ～] 守勢; 弁護: assume *the* ～ 守勢をとる / be [stand, act] *on the* ～ 守勢をとる / put…*on the* ～ …に守勢をとらせる. **2** 防御物. **～·ly** *adv.* **～·ness** *n.*

defénsive grenáde *n.* 〘軍事〙防御用手榴弾 (強い爆発力を有し, 掩蓋の中などより投げるのに用いる; 破片手榴弾 (fragmentation grenade) に対するもの).

defénsive tríck *n.* 〘トランプ〙(ブリッジで)防御札, 防衛側の必勝札 (winner) (cf. playing trick).

de·fen·so·ry [dɪféns(ə)ri, də-, | dɪféns(ə)rɪ] 〘《15C》□ LL *dēfēnsōri-us*: ⇨ defense, -ory[1]〙 *adj.* 《まれ》 = defensive.

de·fer[1] [dɪfə́ː, də- | dɪfə́ː(r)] 〘《c1375》*differre(n)* □ L *differ-re* ← DIS-[1] + *ferre* to carry: cf. differ〙 — *v.* (**de·ferred; de·fer·ring**) — *vt.* **1** 延ばす, 延期する (delay); 据え置く. **2** 《米》一時的に…の徴兵を延期する. — *vi.* 延びる, 長びく, ぐずぐずする.

de·fer[2] [dɪfə́ː, də- | dɪfə́ː(r)] 〘《a1447》□ (O)F *déférer* □ L *dēferre* to report, accuse ← DE-[1] + *ferre* to carry〙 — *v.* (**de·ferred; de·fer·ring**) — *vi.* 〔…に〕敬意を払う, 敬意を払って譲る, 〔人(の意見)に〕従う (submit) 〔*to*〕: ～ *to* a person [his opinion] 人[彼]の意見に従う. — *vt.* 〔人などに〕…の決定を任せる 〔*to*〕.

de·fer·a·ble [dɪfə́ː(r)əbl, də- | dɪfə́ːr-] *adj.* = deferrable.

def·er·ence [déf(ə)rəns, défəns | -f(ə)rəns] 〘《1647》□ F *déférence*: ⇨ defer[2], -ence〙 — *n.* **1** 〔目上の人やその意見などに〕服すること, 服従 〔*to*〕: blind ～ 盲従. **2** 敬意, 尊敬: *in* ～ *to* your wishes 御希望に従って[敬意を払って] / with all due ～ *to* you お言葉ではございますが, 失礼ながら / pay [show] ～ *to* …に敬意を払う[表する] / treat with ～ 恭しく取り扱う.

def·er·ent[1] [déf(ə)rənt] 〘《逆成》↑〙 *adj.* 《まれ》 = deferential.

def·er·ent[2] [déf(ə)rənt] 〘□ L *dēferent-em* (pres.p.) ← *dēferre* to carry down: ⇨ defer[2], -ent〙 *adj.* **1** 送り出す, 輸出の. **2** 〘解剖〙精管の: a ～ duct 精管.

def·er·en·tial [dèfərénʃəl] 〘《1822》← DEFERENCE: *prudence*–*prudential* などとの類推〙 *adj.* 敬意を表する, 恭しい. **～·ly** *adv.*

de·fer·ment [dɪfə́ːmənt, də- | -fə́ː-] 〘← DEFER[1] + -MENT〙 *n.* **1** 延期, 繰延べ; 据置き. **2** 《米》徴兵延期[猶予].

de·fer·ra·ble [dɪfə́ː(r)əbl, də- | -fə́ːr-] *adj.* 延期できる; 《米》(徴兵制度で)猶予できる. — *n.* 《米》徴兵猶予有資格者.

de·fer·ral [dɪfə́ː(r)əl, də- | -fə́ːr-] *n.* 延期, 据置き: a ～ of wages.

de·férred *adj.* **1** 延ばした, 繰延べの. **2** 〘証券〙(株式が, 配当について)後配の, 据置きにした. **3** 《米》徴兵を猶予されている.

deférred annúity *n.* 据置き年金 (cf. immediate annuity).

deférred ássets *n. pl.* 〘簿記〙繰延資産.

deférred íncome *n.* **1** (退職または不時の際の用意になされる)据置き所得. **2** 〘簿記〙前受け収益 (地代・家賃・利息などすでに支払いを受けたが, 決算日になって, まだ役務を提供していない前受分).

deférred páy [páyment] *n.* **1** 《英》退官賜金, 据置き払い (下士官兵の給料の一部を積立て, 除隊または死亡の際の用意にするもの). **2** 〘経済〙延べ払い.

deférred révenue *n.* 〘簿記〙 = deferred income 2.

deférred sávings *n. pl.* 据置き貯金.

deférred sháre [stóck] *n.* 〘証券〙後配株, 劣後株: **a** 《英》配当について普通株より後順位にある株式 (cf. preferred share). **b** 《米》発行後, 一定期間または一定条件が満たされるまでの間, 配当が支払われない株式.

deférred télegram *n.* 間送電報 (局で事務の閑散な時に送る料金の安い電報).

de·fér·rer [-fə́ːrə | -fə́ːrə(r)] *n.* 延期する人, 長引かせる人.

de·fer·vesce [dìːfəːvés, dèfə- | dìːfəː-, dèfə-] 〘《逆成》↓〙 *vi.* 熱が下がる.

de·fer·ves·cence [dìːfəːvésns, dèfə- | dìːfəː-, dèfə-] 〘□ G *Deferveszenz* □ L *dēfervēscens* (pres.p.) ← *dēfervēscere* to stop boiling ← DE-[1] + *fervēscere* to begin to boil〙 — *n.* 〘医学〙下熱期.

de·feu·dal·ize [dìːfjúːdəlàɪz, -dl-] *vt.* …の封建制度を撤廃する, 封建的性質を除く.

de·fi·ance [dɪfáɪəns, də- | dɪ-] 〘《?a1300》□ (O)F *défiance* ← *défier* 'to DEFY': ⇨ -ance〙 — *n.* **1** いどみ, 挑戦 〔*to*〕. **2** (目上・権威などに対する)公然の反抗, 反対: be at open ～ with …に公然と反抗している. **3** 無視, 蔑視 〔*of*〕: *in* ～ *of* convention [danger] 慣習[危険]を無視して[にかかわずに].

bid defiance to …にいどみかかる; …を無視する.

set at defiance 無視する.

de·fi·ant [dɪfáɪənt, də- | dɪ-] 〘《a1837》□ F *défiant* (pres.p.) ← *défier* (↑)〙 — *adj.* **1** 反抗的な, けんか腰の; 大胆な, 傲慢な: a ～ look, attitude, manner, etc. **2** 無視する: be ～ *of* …を無視する. **～·ly** *adv.* **～·ness** *n.*

de·fib·ril·late [dìːfíbrəlèɪt, -fáɪb- | -rɪ-] 〘← DE-[1] + FIBRILLATE〙 *vt.* 〘医学〙〈心臓〉の細動を除去する.

de·fib·ril·la·tion [dìːfìbrəléɪʃən, fàɪb- | -rɪ-] *n.*

de·fi·bril·la·tive [dìːfáɪbrəlèɪtɪv, -fíb- | -fáɪbrɪ-] *adj.* **de·fib·ril·la·to·ry** [dìːfíbrələtɔ̀ːri, -fáɪb-, dìː-faɪbrílə- | -fíbrɪlət(ə)ri, -fáɪb-, -faɪbríl-] *adj.*

de·fib·ril·là·tor [-tə | -tə(r)] *n.* 〘医学〙(心臓の)細動除去器[剤].

de·fib·rin·ate [dìːfíbrənèɪt, -fáɪb- | -rɪ-] 〘← DE-[1] + FIBRIN + -ATE[3]〙 — *vt.* 〘医学〙〈血液〉から線維素を除去する. **de·fib·rin·ation** [dìːfìbrənéɪʃən, -fàɪb- | -rɪ-] *n.*

de·fi·cience [-ʃəns] *n.* = deficiency.

de·fi·cien·cy [dɪfíʃənsi, də- | dɪfíʃənsɪ] 〘《1634》□ LL *dēficientia*: ⇨ deficient, -ency〙 — *n.* **1** 不足, 欠乏 〔*of, in*〕: a ～ *of* food. **2** (精神的・肉体的)欠陥: moral ～. **3** 不足分[量], 不足額: a ～ of $100 / make good [make up for, fill up] a ～ 不足分を補う. **4** 欠損. **5** 〘生物〙欠失 (染色体の一部が欠けて失われること).

defíciency accòunt *n.* 〘経営〙欠損金勘定, 欠損金計算書 (赤字企業の貸借対照表を補う計算書; 資産の評価額と債権者の請求額に対する不足額とを示し, 時には財政困難の原因を明らかにする).

defíciency disèase *n.* 〘病理〙欠乏(症), 欠乏(性)疾患 (アミノ酸・無機物・ビタミン類などの欠乏から生じる病気); 欠失, 欠損.

defíciency jùdgment *n.* 〘法律〙不足金判決 (抵当物処分後さらに残った債権者のための不足金に関する判決).

defíciency pàyment *n.* 《英》不足払い (農産物などの生産水準の維持拡大のために, 政府が農家に基準取引価格(最低価格)と標準的生産価格(保証価格)との差額を支払う制度).

defíciency stàtement *n.* 〘経営〙 = deficiency account.

de·fi·cient [dɪfíʃənt, də- | dɪ-] 〘《1581》□ L *dēficient-em* (pres.p.) ← *dēficere* to be wanting: ⇨ defect[1]〙 — *adj.* **1** 〔肝要なあるものが〕不足している, 不十分な

〔in〕: be ~ in energy [intellect] 精力[知力]が欠けている. 2 欠陥のある: be mentally [bodily, morally] ~ 知能的[身体的, 道徳的]に欠陥がある. 3 《英》標準以下の; まぬけの. 4 〘生物〙欠失がある. — n. 欠陥のある人[物]: a bodily ~ 身体的欠陥のある人.

de·fí·cient·ly adv. 不十分に, 不完全に.

deficient númber n. 〘数学〙輸数, 不足数《その正の約数の和が自分自身より小であるような自然数, 例えば 8 など; cf. abundant number, perfect number》.

def·i·cit [défəsɪt, -sət | défɪsɪt, díːf-, -fə-, dɪfísɪt] 〘《1782》□ F *déficit* □ L *dēficit* it is wanting ← *dēficere*: ⇨ defect¹〙 — n. 1 不足額, 赤字, マイナス勘定, (資産に対する)負債額の超過, (収入額に対する)支出額の超過, 欠損金, 損失金《未処分利益 a/c がマイナスになる場合》: a ~ of $800 millon 8億ドルの赤字 / cover the ~ 欠損を埋める. 2 不利, 劣勢.

déficit fináncing n. 〘財政〙(政府の)赤字財政.

déficit-rídden adj. 赤字に悩まされている.

déficit spénding n. 〘財政〙(政府の)超過支出.

de fi·de [deɪ-fíːdeɪ, diː-fáɪdi | deɪ-fíːdeɪ, diː-fáɪdɪ] 〘□ L *dē fide* according to faith: ⇨ de¹, fidelity〙 *L. adj.* 〘カトリック〙〈教義が〉信仰個条として守るべき.

de·fí·er 〘← DEFY+-ER¹〙 n. いどむ人; 無視する人.

def·i·lade [défəlèɪd, -làːd, ←―⌒ | dèfɪléɪd] 〘← DE-¹+(EN)FILADE〙 〘築城〙 — vt. 遮蔽(ぺい)する, 〈堡塁(ほう)を〉砲火が防げるように配置する. — n. 遮蔽, (縦射に対して)堡塁を守ること.

de·file¹ [dɪfáɪl, də-, diː-, díːfaɪl | díːfaɪl, dɪfáɪl, diː-] 〘v.: 《1705》□ F *défil-er* ← DE-¹+*file* 'FILE¹'. — n.: F *défilé* ← (v.)〙 — vi. 〘軍事〙〈軍隊が〉縦列行進する, 一列縦隊で進む. — n. (縦列行進で通れる程度の)狭い道, 隘路(あい), (特に山・岩壁などの間の)狭い谷道.

de·file² [dɪfáɪl, də- | dɪ-] 〘《a1400》 *defile(n)* 《混成》? ← *befile(n)* (< OE *befȳlan* to befoul ← *fūl* 'FOUL')+ ME *defoulen* to pollute (□ OF *defoul-er* to trample)〙 — vt. 1 よごす, 汚染する, 不潔にする. 2 〈名誉・評判などを〉汚す. 3 …の神聖を汚す, 冒瀆する: ~ a holy place with blood. 4 《古》〈婦人を〉凌辱する, 暴行する. **~·ment** n. **de·fíl·er** [-lə | -lə(r)] n.

de·fin·a·ble [dɪfáɪnəbl̩, də- | dɪ-] adj. 1 (範囲を)限定できる. 2 定義[説明]できる. **de·fìn·a·bíl·i·ty** [-nəbíləṭi | -lətɪ, -lɪ-] n. **de·fín·a·bly** adv.

de·fine [dɪfáɪn, də- | dɪ-] 〘《c1380》 *diffyni(n)* □ OF *defin-er* □ VL **dēfināre*=L *dēfīnīre* to limit, determine: ⇨ de-¹, finis〙 — vt. 1 〈語・概念などの〉定義をする, 定義を下す, 意味を明確にする: ~ a word 語(の意味)を定義する. 2 〈境界・範囲などを〉限定する; 〈物の輪郭・形状などを〉定める, はっきり示す: ~ a boundary 境界を定める. 3 〈真意・本務・立場などを〉明らかにする, 明示する: ~ one's meaning [position] 自分の言う意味[立場]を明らかにする. 4 〈性質などが〉定義づける, …の定義[弁別的特徴]となる: Bravery ~s the soldier. 軍人の特徴とするところは勇気である. — vi. (語などの)定義を下す, 意味を明確にする. **de·fín·er** n. **~·ment** n.

de·fin·i·en·dum [dɪfìniéndəm, də- | dɪfìnɪ-] 〘□ L *dēfīniendum* (neut. ger.) ← *dēfīnīre* (↑)〙 — n. (pl. **-en·da** [-də]) (↔ definiens) 1 定義[限定]された[されるべき]もの; 辞書の見出し語. 2 〘論理〙定義される項; 被定義項《定義において定義される方の語句》.

de·fin·i·ens [dɪfíniènz, də- | dɪfínɪ-] 〘□ L *dēfīniens* (pres.p.) ← *dēfīnīre* (↑)〙 — n. (pl. **-i·en·ti·a** [dɪfìniénʃiə, -ʃə | -niénʃɪə]) (↔ definiendum) 1 定義するもの; (辞書の)定義. 2 〘論理〙定義する項; 定義項.

def·i·nite [déf(ə)nət, -nɪt | -fɪn-, -f(ə)n-] 〘《a1500》□ L *dēfīnīt-us* (p.p.) ← *dēfīnīre* (↑)〙 — adj. 1 明確に限定された, 一定の: a ~ term [time, place] / a ~ aim in life 確たる人生目標. 2 〘数学〙定符号の. 3 明確な (↔ vague): a ~ answer 確答. 4 〘植物〙 a 〈花序が〉定数の, 有限の: ~ inflorescence 有限花序. b 〈花が〉有限花序の, 集散花序の. 5 〘文法〙〈形容詞が〉限定的な, 限定する《this, that, the など》. **~·ness** n.

définite árticle n. 〘文法〙定冠詞《英語では the; cf. indefinite article》.

définite íntegral n. 〘数学〙定積分《積分する区間の上端が定まっている積分; ↔ indefinite integral》.

déf·i·nite·ly adv. 1 限定的に; 確定的に; 明確に. 2 《口語》 a 確かに, 全く, 断然 (positively). b [返答詞的に] 全くその通り; [~ not として] 全く違うよ, とんでもない (certainly not). 「形式.

définite quadrátic fórm n. 〘数学〙定符号二次

définite ténse n. 〘文法〙定時制《確定した時期を表わす動詞の形で progressive form のこと; cf. indefinite tense 1》. 「時の.

définite-tíme adj. 〘電気〙〈継電器[リレー]が〉定限

def·i·ni·tion [dèfəníʃən | -fɪ-] 〘《c1384》□ (O)F *définition* □ L *dēfīnītiō(n-)*: ⇨ definite, -tion〙 — n. 1 定義, 限定: give a ~ to …に定義を下す / ~s in use = contextual ~s 文脈的定義. 2 (境界などの)限定; (輪郭などの)明確さ. 3 a 〘光学〙(レンズの)描写力, 解像力. b (ラジオ・テレビなどの)鮮明度, 精細度; (無線通信の)感応度.

by definition (1) 定義によれば[よって]; 当然. (2) 《皮肉》定義上は, 当然: A painter *by* ~ can paint pictures. 画家という以上は絵をかけるはずだ.

~·al [-ʃnəl, -ʃənl] adj.

de·fin·i·tive [dɪfínəṭɪv, də- | dɪfínɪ-, de-, -nə-] 〘《c1390》□ (O)F *définitif* □ L *dēfīnītīvus*: ⇨ definite, -ive〙 — adj. 1 限定的な; (性格などを)明示する: a ~ name. 2 決定的な, 最後的な; 〈テクストなど〉最も権威のある, 完全で正確な: a ~ answer [sentence] 決定的[最終的]な返事[判決]. 3 一定の, 明確な. 4 〘生物〙 a 〈形質など〉完全に発達した形態を持った (cf. primitive, primordial). b (種々の変化を経て)最後に完成した, 最後の, 終結の: ~ organs 完全器官 / ⇨ definitive host. 5 〘郵趣〙(記念切手や特殊切手と区別して)普通切手の (cf. commemorative). — n. 1 〘文法〙限定語. 2 〘郵趣〙普通切手. **~·ness** n.

definitive edítion n. (著書の)決定版, 定本.

definitive hóst n. 〘生物〙終結宿主《寄生動物が成体期に寄生するもの; cf. intermediate host》.

de·fin·i·tive·ly adv. 限定的に, 決定的に; 終局的に.

definitive plúmage n. 〘鳥類〙完羽《一度生えると死ぬまで変化しない羽毛》.

de·fin·i·tize [déf(ə)nɪtàɪz, -nə-, dɪfín-, də- | déf(ɪ)nɪ-, -nə-] 〘← DEFINITE+-IZE〙 vt. 明確化する, 具体化する.

de·fin·i·tude [dɪfínət(j)ùːd, də- | -nɪtjùːd, -nə-] 〘← DEFINITE+-(T)UDE〙 n. 明確さ, 精確さ.

def·la·grate [défləgrèɪt | déf-, díːf-] 〘← L *dēflagrātus* (p.p.) ← *dēflagrāre* ← DE-¹+*flagrāre* to blaze: cf. flagrant〙 — vt., vi. 〘化学〙(急激に)爆燃させる[する], 突燃させる[する].

def·la·gra·tion [dèfləgréɪʃən | dèf-, dìːf-] 〘□ L *dēflagrātiō(n-)*: ⇨ ↑, -ation〙 — n. 〘化学〙爆燃, 突燃《木炭と硝石の混合物を熱した時のように強い光と熱とを発して急激に燃焼すること》.

de·flate [dɪfléɪt, də-, diːfleɪt | dɪfléɪt, diː-] 〘《1891》 ← DE-¹+(IN)FLATE〙 — vt. 1 〈ふくれた物を〉すぼませる; 〈タイヤ・気球などから空気[ガス]を抜く: ~ a tire / become ~d (空気・ガスなどが抜けて)収縮する. 2 〘経済〙〈膨脹した通貨を〉収縮させる, 〈物価を〉引き下げる (↔ inflate; cf. reflate, disinflate), 〈貨幣価値表示の経済量を〉実質化する. 3 〈希望・自信などを〉そぐ, くじく, 〈人を〉意気消沈させる; 参らせる. — vi. 1 空気が抜ける, 収縮する, 〈ふくれた物が〉すぼむ; 自信を失う. 2 〘経済〙金融引締め[デフレ]政策を敷く.

de·fla·tion [dɪfléɪʃən, də-, diː- | diː-, dɪ-] 〘《1891》↑〙 n. 1 空気[ガス]を抜くこと; (気球の)ガス放出; (膨張物の)収縮. 2 [dìːfléɪʃən, dɪ-, də-] 〘経済〙デフレーション, デフレ, 通貨収縮, (物価の)引き下げ, 金融梗塞(こう), 不況 (↔ inflation; cf. disinflation). 3 〘地質〙乾食, デフレーション, 風食(作用) (⇨ wind erosion).

de·fla·tion·ar·y [dɪfléɪʃənèri, diː-, də- | dɪfléɪʃ(ə)nərɪ, diː-] adj. 通貨収縮的な: ~ policy デフレ政策 / a ~ spiral ⇨ spiral n. 6. 「論者(の).

de·flá·tion·ist [-ʃ(ə)nɪst, -nəst | -nɪst] n., adj. デフレ

de·flá·tor [-ṭə | -tə(r)] n. 1 deflate させる人[もの]. 2 〘経済〙デフレーター, 実質化因子《物価変動による貨幣価値の変化を修正するために用いられる物価指数》.

de·flect [dɪflékt, də- | dɪ-] 〘《c1555》□ L *dēflectere* ← DE-¹+*flectere* to bend: cf. flex〙 — vt. 1 〈光線などを〉(一方に)逸(そ)らす, 偏向させる, かたよらせる 〔from〕. 2 歪める (swerve): ~ a person's thoughts / ~ the judgment by hope, fear, etc. — vi. 〈光線などが〉〔進路から〕逸れる, かたよる 〔from〕.

de·fléct·ed adj. 下に曲がった, 下に歪んだ.

de·fléct·ing còil n. 〘電気〙偏向コイル《テレビ用ブラウン管中の電子流を曲げるためのコイル》.

defléctìng fòrce n. 〘気象〙=Coriolis effect.

defléctìng plàte n. 〘電気〙偏向板《ブラウン管中の電子流を曲げるための電極》.

de·flec·tion, 《英》**de·flex·ion** [dɪflékʃən, də- | dɪ-] 〘《1603》□ L *dēflexiō(n-)*: ⇨ deflect, -tion〙 — n. 1 逸(そ)れ, 反(そ)り, 歪み, かたより. 2 〘物理〙たわみ, 偏差, 偏向, 振れ. 3 〘航空〙(主翼の)屈撓(とう). 4 〘電子工学〙偏向《電子ビームに磁界や電界をかけてその進む方向を曲げること》.

defléction yòke n. 〘電子工学〙偏向ヨーク《電子線を磁界で偏向させるためのコイルを巻く鉄心またはコイル群全体》. 「(させ)る.

de·flec·tive [dɪfléktɪv, də-] adj. 逸(そ)れ[歪み]を生じ

de·flec·tom·e·ter [dɪflektɑ́məṭə, də- | dɪflektɔ́mɪtə(r), -mə-] n. 〘機械〙たわみ計《試験片のたわみを測定する; cf. extensometer》.

de·fléc·tor n. 1 〘機械〙(気流・燃焼ガス調節用)デフレクター, そらせ板, 変流器, 転向装置[器]. 2 〘海事〙(コンパス自差修正用)偏針儀《船首方位の変化によって変わるコンパスの指北力を比較する計器》.

de·flexed [díːflekst, dɪflékst, də- | díːflekst, dɪflékst] adj. 1 =deflected. 2 〘生物〙下曲の, 反捲の, 反(そ)り返った.

deflexion n. =deflection.

de·floc·cu·lant [dìːflɑ́kjʊlənt | -flɔ́k-] 〘⇨↓, -ant〙 — n. 〘窯業〙解膠(こう)剤, 解凝剤《泥漿(しょう)を分散させるために加える電解質, 例えば水ガラスや炭酸ソーダなど》. 「解膠する.

de·floc·cu·late [dìːflɑ́kjʊlèɪt | -flɔ́k-] vt. 〘物理・化学〙

de·floc·cu·la·tion [dìːflɑ̀kjʊléɪʃən | -flɔ̀k-] n. 〘物理・化学〙解膠(こう)《凝結したコロイド粒子をコロイド溶液の状態に戻すこと》.

de·floc·cu·lent [dìːflɑ́kjʊlənt | -flɔ́k-] 〘← DEFLOCCUL(ATE)+-ENT〙 n. 〘窯業〙=deflocculant.

def·lo·rate [défləréɪt, dɪflɔ́ːreɪt, də-, -flɔ́ːr- | défləreɪt, dɪflɔ́ːreɪt, də-] 〘《15C》 ← L *dēflōrāt-us* (p.p.) ← *dēflōrāre* to deflower ← DE-¹+*flōs* 'FLOWER'〙 — vt. =deflower.

def·lo·ra·tion [dèfləréɪʃən, dɪflɔːr-, də-, dìː-, -floːr- | dìːflɔːr-, dèf-] 〘《16C》□ LL *dēflōrātiō(n-)* ∽ 《a1387》 *defloracion* □ OF: ⇨ ↑, -ation〙 — n. 1 花をもぎ取る[摘む]こと, 摘花; 美を奪うこと. 2 《古》(名文句などの)抜粋; (その抜粋した)詞華集. 3 処女を奪うこと.

de·flow·er [dìːfláuə, dɪ-, də- | dìːfláuə(r), dɪ-] 〘《a1382》 *deflore(n)* □ (O)F *déflor-er* to remove the flowers from, ravish ∥ LL *dēflōr-āre*: ⇨ deflorate〙 — vt. 1 …から花をもぎ取る, 花を散らす: Last night's wind ~ed the trees. 昨夜の風で木の花が散ってしまった. 2 …の美を奪う, (…の新鮮味などを)そこなう. 3 …の処女性を奪う, 〈処女を〉犯す. **~·er** [-fláu(ə)rə | -fláuərə(r)] n.

def·lu·ent [défluːənt, -fluənt | défluənt] 〘□ L *dēfluent-em* (pres.p.) ← *dēfluere* to flow down: ⇨ de-¹, fluent〙 adj., n. (氷河の下端など)切れて落ちる(部分).

de·foam [dìːfóum | -fóum] vt. …のあわを取り除く, 消泡する. **~·er** n.

de·fo·cus [dìːfóukəs | -fóu-] 〘← DE-¹+FOCUS¹〙 — v. (**de·fo·cused, de·fo·cussed**; **~·ing, de·fo·cus·sing**) — vt. 〈レンズなどが〉焦点をぼかす. — vi. 〈レンズなどが〉焦点がぼける. — n. (特に, 映画の画面などのわざと)ぼかした映像.

De·foe [dɪfóu, də- | -fóu], **Daniel** n. (1660?–1731) 英国の小説家・ジャーナリスト; *Robinson Crusoe* (1719), *Moll Flanders* (1722).

de·fog [dìːfɔ́(ː)g, -fɑ́g | -fɔ́g] 〘← DE-¹+FOG¹〙 vt. 〈自動車の窓ガラスなど〉のくもりを取り除く《熱線入りのガラスを用いる》. **de·fóg·ger** n.

de·fo·li·ant [dìːfóuliənt | -fóulɪənt, -ljənt] 〘← DEFOLI(ATE)+-ANT〙 — n. 1 (落葉植物の)落葉準備(期). 2 枯葉剤, 落葉剤《人工的に植物の葉を落とす薬剤; ゲリラ戦を防ぐために森林地帯にまく化学剤など; cf. defoliation 2》.

de·fo·li·ate 〘□ LL *dēfoliāt-us* (p.p.): ⇨ de-¹, foliate〙 — [dìːfóulièɪt | -fóulɪ-] v. — vt. …に枯葉剤をまく. — vi. 落葉する. — [-liət, -lɪɪt, -lièɪt | -lɪət, -lɪɪt, -lɪèɪt] adj. 葉を失った; 葉の落ちた. **dè·fó·li·à·tor** [-ṭə | -tə(r)] n.

de·fo·li·a·tion [dìːfòuliéɪʃən | -fàulɪ-] n. 1 葉の脱落; 落葉. 2 〘軍事〙枯葉作戦《化学剤を森林地帯に散布して葉を枯らす; 米国がベトナム戦争で行なった》.

de·force [dìːfɔ́əs, -fóəs | -fɔ́ːs] 〘《15C》□ AF *deforcer*=OF *deforcier* ← DE-¹+*forcier* 'to FORCE¹'〙 — vt. 〘法律〙1 〈他人の不動産を〉不法に占有する. 2 〈他人〉の不動産の適法な占有を不法に侵奪する.

de·fórce·ment 〘□ AF ~: ⇨ ↑, -ment〙 n. 〘法律〙不動産の不法占有《適法な占有の侵害, 価額を低下させる行為などを含む》.

de·for·ciant [dìːfɔ́əʃənt, -fóə- | -fɔ́ː-] 〘□ AF ~ (pres.p.) ← *deforcer* 'to DEFORCE'〙 — n. 〘英法〙1 不法占有者《正当な所有者を排除してその財産(主として土地)を占有する人》. 2 和解譲渡人《土地の和解譲渡 (fine) が行なわれる時, その仮装の契約違反に基づく訴訟の被告とされる者 (1833 年廃止)》.

de·for·est [dìːfɔ́(ː)rɪst, -fɑ́r-, -rəst | -fɔ́rɪst] vt. 〈土地〉から山林[樹木]を切り払う, 〈森林地を〉切り開く.

De For·est [dɪfɔ́(ː)rɪst, də-, -fɑ́r-, -rəst | dəfɔ́rɪst], **John William** n. (1826–1906) 米国の小説家; *Miss Ravenel's Conversion from Secession to Loyalty* (1867).

De Forest, Lee n. (1873–1961) ラジオ・トーキー・テレビ・電信・電話などに改良を加えた米国の発明家.

de·for·est·a·tion [dìːfɔ̀(ː)rɪstéɪʃən, -fɑ̀r-, -rəs- | -fɔ̀r-] n. 森林伐採, 山林開拓.

dè·fór·est·er n. 森林伐採[開拓]者.

de·form [dɪfɔ́əm, də-, diː- | dɪfɔ́ːm] 〘《c1400》□ OF *de(s)form-er* (F *déformer*) □ L *dēfōrmāre* to disfigure: ⇨ de-¹, form〙 — vt. 1 醜悪にする, 醜くする. 2 形状を損なう, 不恰好にする; 〈顔つきなどを〉ゆがめる; 不具[かたわ]にする. 3 〘物理〙(力を加えて)〈物体を〉変形させる, ひずませる. 4 〘芸術〙デフォルメする. — vi. 形が損われる. **~·a·ble** [-məbl̩] adj. **de·form·a·bíl·i·ty** [-məbíləṭi, də- | -lətɪ-, -lɪ-] n.

de·for·mal·ize [dìːfɔ́əməlàɪz | -fɔ́ː-] vt. …の固苦しさをより少なくする, よりくだけたものにする.

de·for·ma·tion [dìːfɔəméɪʃən, dèfə- | dìːfɔː-] 〘《a1449》□ (O)F *déformation* ∥ L *dēfōrmātiō(n-)*: ⇨ deform, -ation〙 — n. 1 形のくずれること, (形の)醜悪化, 不恰好. 2 不具, かたわ, 奇形, いびつ. 3 〘物理〙変形, ひずみ. 4 〘芸術〙デフォルマシオン《対象の自然[本来]の調和を無視して表現すること》. **~·al** [-ʃnəl, -ʃənl] adj. 「醜くなる傾向のある.

de·for·ma·tive [dɪfɔ́əməṭɪv, də- | dɪ-, -fɔ́ːmət-] adj.

de·fórmed 〘ME〙 — adj. 1 形状を損じた, かたわ[不具]の, 不恰好な, 醜い: a ~ head [foot] かたわの頭[足] / a ~ child 奇形児. 2 不快な, 醜悪な, 不自然な: a ~ personality 実に不快な性格. **de·fórm·ed·ly** [-mɪdli, -məd-, -md- | -lɪ] adv. **de·fórm·ed·ness** [-mɪdnɪs, -məd-, md-, -nəs] n.

defórmed bár n. 〘建築〙異形鉄筋《鉄筋コンクリートで結合力を強めるため表面に凹凸をつけた鋼鉄棒》.

de·for·me·ter [dɪfɔ́əmɪṭə, də- | -fɔ́ːmɪtə(r)] 〘← DEFOR(MATION)+-METER¹〙 n. ひずみ測定器《模型を用いて建築構造物などの僅かなひずみを測る器械》.

de·for·mi·ty [dɪfɔ́əməṭi, də- | dɪfɔ́ːmɪtɪ, -mɪ-] 〘《1413》□ OF *deformité* □ L *dēformitās*: ⇨ deform, -ity〙 — n. 1 不恰好, 醜状. 2 奇形, 不具; 奇形物, 不具者. 3 醜悪, いやらしさ. 4 (人格・制度・道徳・芸術上などの)欠陥, 歪み: the ~ of one's nature / *de-*

formities of the representative system.

de·fraud [dɪfrɔ́:d, də- | dɪ-] 〘《a1376》 *defraude(n)* ◻ OF *defraud-er* ∥ L *dēfraud-āre*: ⇨ de-¹, fraud〙 ── *vt.* 〔権利・物などを〕…から欺いて巻き上げる, 詐取する〔*of*〕: ~ a person *of* something 人から物をだまし取る / be ~*ed of* …を詐取される. ── *vi.* 詐取する: with intent to ~ 〘法律〙詐取の意思をもって. **de·frau·da·tion** [dì:frɔ:déɪʃən, dɪfrɔ:-, də- | dì:-frɔ:-, dɪfrɔ:-] *n.* **~·er** [-ʃ(ə)nɚ | -nə(r)] *n.*

de·fray [dɪfréɪ, də- | dɪ-] 〘《1543》 ◻ F *défray-er* < OF *desfraier* to pay costs ← *des-* 'DIS-¹' + *frai* cost, 《原義》 damage caused by breaking something (< L *fractum*: ⇨ fraction)〙 ── *vt.* **1** 〈経費・費用などを〉支払う, 負担する, 支出する: The expenses are ~*ed* by the company. 費用は会社もちである. **2** 《古》〈人などの〉費用を払う. **~·er** *n.* 「担[支出]できる.

de·fray·a·ble [dɪfréɪəbḷ, də- | dɪ-] *adj.* 支払える, 負

de·fray·al [dɪfréɪəl, də- | dɪ-] 〘⇨ defray, -al²〙 *n.* 支払, 負担, 支出.

de·fráy·ment 〘◻ OF *deffrayement*: ⇨ defray, -ment〙 *n.* =defrayal.

de·freeze [dì:frí:z] *vt.* (**de·froze** [-fróuz | -frə́uz]; **de·froz·en** [-fróuzṇ | -frə́u-]) =defrost.

de·frock [dì:frɑ́k | -frɔ́k] *vt.* …に聖服を脱がせる, …から聖職を奪う.

de·frost [dì:frɔ́(:)st, -frɑ́st | -frɔ́st] 〘← DE-¹+FROST〙 ── *vt.* **1** 〈自動車・飛行機の窓ガラスなど〉から霜[氷]を取り除く (cf. demist). **2** 〈冷凍食品〉の冷凍を解く[戻す], 解凍する. **3** 〈冷却装置〉から付着氷を除去する, 霜取りする. ── *vi.* 〈氷・霜などが〉解ける; 〈冷凍食品が〉解凍する.

dè·fróst·er *n.* 霜[氷]を取り除く人[装置]; (自動車のフロントガラスや飛行機の翼などに取り付ける)デフロスター, 霜取り装置, 除霜装置 (cf. demister); (冷蔵庫の)霜取り器[装置].

defroze *vt.* defreeze の過去形.

defrozen *vt.* defreeze の過去分詞.

deft [déft] 〘ME *defte* < OE (*ge*)*dǣfte* meek, gentle: ⇨ daft〙 ── *adj.* (**~·er; ~·est**) 〈人・行為など〉巧みな, 手際のよい, 器用な (↔ awkward): ~ fingers 器用な指先 / a ~ performance 巧妙な演技.

déft·ly 〘《15C》〙 *adv.* 手際よく, 器用に, 巧みに.

déft·ness *n.* 手際のよさ, 器用さ, 巧妙: ~ in typewriting.

de·funct [dɪfʌ́ŋ(k)t, də- | dɪ-] 〘《1548》 ◻ L *dēfunct-us* (p.p.) ← *dēfungī* to accomplish one's duty ← DE-¹+*fungī* to perform (cf. function)〙 《文語》 ── *adj.* **1** この世を去った, 故人となった. **2** 今はない, 消滅した; すたれた, 通用しない: a ~ company 抹消会社《業務を中止し登記簿から消された会社》 / a newspaper now ~ 今はなくなった新聞 / a ~ practice すたれた慣習 / a ~ theory 通用しなくなった理論. ── *n.* [the ~] (今話題になっている)故人.

de·func·tive [dɪfʌ́ŋ(k)tɪv, də- | dɪ-] *adj.* =funereal.

de·fuse [dì:fjú:z] 〘← DE-¹+FUSE²〙 ── *vt.* **1** 〈爆弾・機雷など〉から信管を取り除く. **2** 〈危機・緊迫した状態など〉から起こる不安を取り除く, 平穏化する, 〈緊張などを〉静める, 緩和する: ~ the tense mood 緊張状態を和らげる.

de·fu·sion [dì:fjú:ʒən] 〘← DE-¹+FUSION〙 *n.* 〘精神分析〙衝動分離《普通は一つの衝動に融合している生の本能と死の本能が分離すること》.

de·fuze [dì:fjú:z] *vt.* =defuse.

de·fy [dɪfáɪ, də- | dɪ-] 〘《?a1300》 *defie(n)* ◻ (O)F *défi-er* ← DE-²+*fier* (< VL **fīdāre*=L *fīdere* to trust: ⇨ -fy)〙 ── *vt.* **1** 《古》〈人〉に戦いをいどむ, 挑戦する (cf. defier). **2** [通例, 目的語+*to* do を伴って] (…をすることができるならやってみよと)〈人〉にいどむ: He *defied* me *to* answer his question. 彼は私に質問に答えられるものなら答えてみろと言った. **3** 〈人・秩序・伝統などを〉物ともしない, 無視する, 侮る; …に公然と反抗する: ~ convention 因襲にさからう / ~ the law [public opinion] 法[世論]を無視する / ~ one's parents 親を侮る, 親を親とも思わない. **4** 〈物・事が〉〈解決・企図などを〉拒む, 不可能にする: ~ every criticism いかなる批評をもしりぞける, 批評の余地がない / The problem *defies* solution. その問題はどうしても解決できない / The door *defies* all attempts to open it. その戸はどうしても開かない / Her beauty *defies* description. 彼女の美しさは筆舌に尽くしがたい. ── [(米) ではまた dí:fàɪ] *n.* 《米口語》挑戦.

deg. 《略》 degree(s).

dé·ga·gé [dèɪgɑ:ʒéɪ; *F.* degaʒe] 〘《1697》 ◻ F ~ (p.p.) ← *dégager* to disengage: ⇨ de-², gage¹〙 ── *adj.* **1** 〈態度など〉堅苦しくない, ゆったりした, くつろいだ. **2** (一般の関心事などに)係わらない, 超然とした, 無関心な (detached). **3** 〘バレエ〙デガジェの《第5ポジションからポアント (pointe) を滑らせ前方[側方, 後方]へと伸ばす脚にいう》.

de·gas [dì:gǽs] 〘← DE-¹+GAS¹〙 *vt.* **1** …からガスを取り去る; 〈真空管〉のガスを抜く, 真空にする. **2** 〈ガスまたはその有害性を〉化学処理する.

De·gas [dəgɑ́: | dəgɑ́:, déɪgɑ:; *F.* dəgɑ], (**Hi·laire Ger·main** [ilɛ:r ʒɛrmɛ̃]) **Edgar** *n.* ドガ《1834–1917; フランスの画家; 踊り子などの絵で有名》.

de·gas·i·fy [dì:gǽsəfàɪ | -sɪ-] *vt.* =degas. **de·gas·i·fi·ca·tion** [dì:gæ̀səfɪkéɪʃən, -fə- | -sɪfɪ-] *n.*

dè·gás·sing *n.* 〘冶金〙脱ガス処理《鋳造する前に金属中に溶解しているガスを除く工程》.

de Gaulle, De G- [dɪgóul, də-, -gɔ́:l | dəgə́ul; *F.* dəgo:l], **Charles** (**André Joseph Marie**) *n.* ド ゴール《1890–1970; フランスの将軍・政治家; 第二次大戦中 London に置かれた自由フランス政府の首席 (1940–45), 首相 (1958), 第五共和国初代大統領 (1958–69)》.

de Gáull·ism [-lɪzṃ] *n.* =Gaullism.

de Gáull·ist [-lɪst, -ləst | -lɪst] *n.* =Gaullist.

de·gauss [dì:gáus] 〘← DE-¹+GAUSS〙 ── *vt.* **1** 〘海事〙(磁気機雷を防ぐために)〈船体〉の鋼鉄に排磁[消磁]装置を施す (cf. deperm): a ~*ing* belt [cable, girdle] 排磁帯《船体のまわりに電線を巻き電流を通して船体磁場を中和する》. **2** 〈テレビの受信機など〉に排磁装置を施す.

dè·gáuss·er *n.* 〘海事〙排磁[消磁]装置, ディガウサー.

de·gen·er·a·cy [dɪdʒén(ə)rəsi, də- | dɪdʒén(ə)rəsɪ] 〘⇨ ↓, -acy〙 ── *n.* **1** 退化; 堕落, 退歩; 衰退, 頽廃. **2** 〘物理〙縮退: **a** 複数個の量子力学的固有状態が共通の固有値をもつこと. **b** ボーズ粒子・フェルミ粒子が低温で古典統計と著しく異なる性質を示す状態. **3** 性的倒錯.

de·gen·er·ate 〘《1494》 ◻ L *dēgenerāt-us* departed from its race (p.p.) ← *dēgenerāre* ← DE-¹+*gener-*, *genus* birth, race: cf. kind¹〙 ── [dɪdʒén(ə)rət, də-, -rɪt | dɪ-] *adj.* **1 a** 退化[退歩]した; 堕落した: a ~ priest. **b** 変質した. **2** 〘物理〙〈固有値が〉縮退の〈フェルミ粒子が〉縮退の (cf. degeneracy 2). **3** 縮退の《二つ以上の遺伝暗号が一つのアミノ酸に対応する》. **4** 〘数学〙退化した《本質的な要素の幾つかが 0 に等しいため, 一般のものよりも簡単であることについていう》. ── [-n(ə)rət, -rɪt] *n.* **1 a** 退化物; 退化動物. **b** 堕落[退歩]者. **c** 変質した物. **2** 《俗用》変質者. ── [-nərèɪt] *vi.* **1** 〔…から〕退歩する〔*from*〕; 〔…へ〕堕落する, 頽廃する, 悪くなる〔*into*〕: Liberty often ~*s into* lawlessness. 自由はややもすると放縦になる / The meeting ~*d into* a shouting match. 会合はもめてどなり合いになってしまった. **2** 〘生物〙**a** 〔…へ〕退化する〔*to*〕. **b** 退行的進化をする. **3** 〘病理〙変性[変質]する. **4** 〘物理〙〈固有値・フェルミ粒子が〉縮退する. **~·ly** *adv.* **~·ness** *n.*

degénerate státe *n.* [通例 *pl.*] 〘物理〙縮退状態.

de·gen·er·a·tion [dɪdʒènəréɪʃən, də- | dɪ-] 〘《1607》 ◻ F *dégénération* ∥ LL *dēgenerātiō(n-)*: ⇨ degenerate, -ation〙 ── *n.* **1** 堕落, 退歩, 頽廃. **2** 〘生物〙退化. **3** 〘病理〙(細胞・組織の)変性, 変質: ⇨ fatty degeneration. **4** 〘数学・物理〙縮退, 退化.

de·gen·er·a·tive [dɪdʒénərèɪṭɪv, də-, -n(ə)rəṭ- | dɪ-dʒén(ə)rətɪv, -nərèɪt-] *adj.* 退化的な, 退行性の; 堕落した, 退歩的な; 〘病理〙変性の: ~ syphilis 変性梅毒.

de-Ger·man·ize [dì:dʒə́:mənàɪz | -dʒə́:-] *vt.* 《米》〈場所など〉からドイツ人を撤去させる. 「力を奪う.

de·glam·or·ize [dì:glǽmərὰɪz] *vt.* 〈女性など〉の魅

de·glu·ti·nate [dì:glú:ṭənèɪt, -tṇ- | dɪglú:tɪn-] 〘《1609》 ← L *dēglūtināt-us* (p.p.) ← *dēglūtināre* to deglutinate ← DE-¹+*glūtināre* to glue (← *glūten* glue)〙 ── *vt.* 〈小麦粉など〉から麩(ふ)質を抜き出す. **de·glu·ti·na·tion** [dì:glù:ṭənéɪʃən, -tṇ- | dɪglù:tɪn-] *n.*

de·glu·ti·tion [dì:glu:tíʃən, dèglu:- | dì:glu:-] 〘《1650》 ◻ F *déglutition* ← L *dēglūtītus* (p.p.) ← *dēglūtīre* to swallow down ← DE-¹+*glūtīre* to swallow: ⇨ -tion〙 ── *n.* 《古》〘生理〙嚥下(えんか)(力), 飲み下す作用.

dé·gour·di [dèɪguədí: | -guə-; *F.* degurdi] 〘◻ F ~ ← *dégourdir* to remove the stiffness of ← DE-²+*gourd* numb (< L *gurdum*)〙 ── *n.* 〘窯業〙素焼(すやき)《長石質磁器を予め低温で焼くこと; cf. full fire》.

dé·goût [deɪgú:; *F.* degu] 〘◻ F ~: ⇨ disgust〙 *F. n.* 嫌い, 嫌気 (distaste). 「分解できる.

de·grad·a·ble [dɪgréɪdəbḷ, də- | dɪ-] *adj.* (化学的に)

deg·ra·da·tion [dègrədéɪʃən] 〘《a1535》 ◻ (O)F *dégradation* ∥ LL *dēgradātiō(n-)*: ⇨ ↓, -ation〙 ── *n.* **1** 段階を下げること, 降職, 左遷; 罷免: the ~ *of* a general / advancement and ~ 昇進と左遷. **2** (名誉・地位・価値などの)低落, 下落. **3** (性質・品質などの)低下, 頽廃, 堕落. **4** (発達などの)退歩, 衰退. **5** 〘生物〙退化, 退行. **6** 〘地質〙(風化作用・浸食作用による岩石の)崩壊, デグラデイション; 地表の低下; (河底の)減均作用 (cf. aggradation). **7** 〘化学〙(複合化合物の)分解, 減成, 変質. **8** 〘物理化学〙(エネルギーの)劣化, 散逸. **9** 〘カトリック〙聖職位剥奪.

degradation of energy 〘物理化学〙エネルギー劣化の原理《有効エネルギーの漸減法則》.

de·grade [dɪgréɪd, də- | dɪ-] 〘《a1387》 *degrade(n)* ◻ (O)F *dégrad-er* ◻ LL *dēgradāre* reduce in rank: ⇨ de-¹, grade〙 ── *vt.* **1** [(米) ではまた dì:-] 〈人〉の位[地位]を下げる, 降職する, 降格させる, 左遷する; 退ける, 罷免する: ~ a person *from* a position of honor [*to* a lower position] 人を名誉ある地位から退ける[低い地位に下げる]. **2** [しばしば ~ *oneself* で] 〈人を〉卑しくする, 堕落させる: Don't ~ *yourself* by telling a lie. 嘘を言って自分の品位を下げるな / It ~*s* a man to think too much about money. 余り金銭のことを考えると人間の品性が下劣になる. **3** …の面目を失わせる, 評判を落とさせる, 不人気にする. **4** 〈価値・価格などを〉落とす, 下げる. **5** 〘生物〙退化[退行]させる. **6** 〘物理化学〙〈エネルギーを〉(役に立たない形に)劣化[散逸]させる. **7** 〘化学〙〈化合物を〉分解する, 減成する. **8** 〘地質〙(風化・浸食作用によって)崩壊させる. ── *vi.* **1** 地位[身分]が下がる; 位階を失う. **2** 堕落する, 品位を落とす. **3** 〘生物〙退化[退行]する. **4** 《英》(ケンブリッジ大学で)優等学位志願の受験を 1 年延ばす. ── *n.* 〘生物〙退化, 退行. **de·grád·er** *n.*

de·grád·ed 〘《15C》〙 ── *adj.* **1** [(米) ではまた dì:-] 位を落とされた, 位が下がった; 左遷された. **2** 品格の落ちた, 堕落した (debased); 卑俗化した, 下劣な: a ~ taste. **3** 〘生物〙退化[退行]した. **4** 〘地質〙崩壊した. **~·ly** *adv.* **~·ness** *n.*

de·grád·ing *adj.* 品位を落とす, 品格を下げる(ような), 下劣な, 不面目な (debasing): a ~ motive 下劣な動機. **~·ly** *adv.*

de·gras [deɪgrɑ́:; *F.* degrɑ] 〘◻ F *dégras* 《逆成》 ← *dégraisser* to remove the fat: ⇨ de-¹, grease〙 *n.* (*pl.* ~ [-grɑ́:z; *F.* ~]) 〘化学〙デグラス《天然メロン油 (moellon) と他の油脂との混合物; 皮革の加脂用》.

de·grease [dì:grí:s, -grí:z] *vt.* 〘← DE-¹+GREASE (n.)〙 **1** …の油[脂]などを取り去る: ~ a stove. **2** 〘化学〙(化学的処理によって)…の油を除去する.

de·gree [dɪgrí:, də- | dɪ-] 〘《?c1200》 *degre* ◻ (O)F *degré* < VL **dēgradum*: ⇨ de-¹, grade〙 ── *n.* **1** 度合, 程度: *in* a ~ 少しは / *in* some ~ 幾分か / not *in* the slightest ~ 少しも…ない / *in* a greater or less ~ 程度の差はあるが多少とも / *to* a certain ~ ある程度まで / *to* a high ~ 高度に, 非常に / *to* the last ~ 極度に / *to* a ~ previously unknown 以前には知られなかった程に[の] / *To* what ~? どの程度? / You should also accept some ~ *of* responsibility. 君もある程度の責任を負うべきである / a burn of the third ~ =third-degree burn / ⇨ third degree. **2** 相対的条件, 資格, あり方, 度合: Each of them is useful *in* his ~. 彼らはそれぞれ自分なりの度合において有用である. **3** 親等: ~*s* of consanguinity [kinship] 親等 / a relation *in* the fourth ~ 四親等 / ⇨ forbidden degree, prohibited degree. **4** 〘法律〙(罪の)軽重の程度, 犯罪の等級: murder *in* the first [second] ~ ⇨ murder 1 a. **5** 《文語》階級, 位階, 地位: a man *of* high [low] ~ 身分の高い[低い]人 / people *of* every ~ あらゆる階級の人々. **6** 学位, 称号: a B. Sc. ~ 理学士の学位 / the ~ of doctor [Ph. D.] 博士号 / an honorary ~ 名誉学位 / the doctor's [master's, bachelor's] ~ 博士[修士, 学士]号 / He took his three ~*s* at Harvard. 彼は学位を 3 つ(学士・修士・博士)ともハーバードで取得した. **7** (角・弧・経緯度・温度計などの)度《45° のようにして表わす; 0° は zero degrees と読む》; 率: 50 ~*s* of latitude [longitude] 緯度[経度] 50 度 / ⇨ DEGREE of frost. **8** 〘数学〙次; 次数: a term of the third ~ 3 次の項. **9** 〘音楽〙度《音階における音の順位, 音程を表わす単位》. **10** 〘文法〙(形容詞・副詞の比較変化形の)級: the ~*s* of comparison 比較の級 / the positive [comparative, superlative] ~ 原[比較, 最上]級. **11 a** 《廃》(階段の)一段. **b** 〘紋章〙(Calvary cross などの)段.

by degrees 次第に, だんだん. ***to a degree*** (1) 《英口語》非常に, 大層, かなりに. (2) 《米》ある程度までは, 幾分, 多少.

degree of freedom (1) 〘物理・化学〙自由度《物体や物質体系の位置状態などを規定する変数のうち自由に変えられるものの数, たとえば, n 個の質点系の力学的自由度は 3n, 熱平衡状態にある気体の熱力学的自由度は 2 (温度と圧力) である》. (2) 〘統計〙自由度《標本分布を表わす式に含まれ, 自由に変えうる自然数》.

degree of frost 《英》〘気象〙氷点下.

de·gréed *adj.*

degrée-dày *n.* 〘気象〙度日(どにち)《ある日の度日とは, その日の平均気温と基準温度との差; ある期間についていう時は, その期間の各日の度日の代数和》.

degrée·less *adj.* **1** 度の目盛りがついていない, 度で測りえない. **2** 学位のない, 無称号の.

de·green·ing [dì:grí:nɪŋ] *n.* 〘園芸〙催色《レモン等の果実の緑色を人工的になくし, 果実特有の色を出す》.

de·gres·sion [dɪgréʃən, di:-, də- | dɪ-, di:-] 〘《1486》 ◻ ML *dēgressiō(n-)* ← L *dēgressus* (p.p.) ← *dēgredī* to descend ← DE-¹+*gradī* to go〙 ── *n.* **1** 下降. **2** (課税の)逓減(ていげん), 累減.

de·gres·sive [dɪgrésɪv, di:-, də- | dɪ-, di:-] *adj.* 逓減的な, 累減の: ~ taxation 逓減課税. **~·ly** *adv.*

de·grin·go·lade [deɪgrɛ̃:(ŋ)gəlɑ́:d, -græ̀ŋ- | -gə(ʊ)-; *F.* degrɛ̃gɔlad] 〘◻ F *dégringolade* ← *dégringoler* to tumble: ⇨ -ade〙 ── *F. n.* (勢力・地位などの急激な)下降, 急落; (急激な)衰え, 没落.

de·grin·go·ler [deɪgrɛ̃:(ŋ)go(ʊ)léɪ, -græ̀ŋ- | -gə(ʊ)-; *F.* degrɛ̃gɔle] 〘↑〙 *F. vi.* (急激に)下降する, 急落する.

de·gum [dì:gʌ́m] *vt.* (**de·gummed; -gum·ming**) …からゴム(質)を取り除く; 〈絹・毛糸など〉からセリシン (sericin) を除いて精練する. **dè·gúm·mer** *n.*

de·gust [dɪgʌ́st, də-] 〘◻ L *dēgust-āre* to taste ← DE-¹+*gustāre* to taste〙 *vt., vi.* 《まれ》賞味する, (…の)味をみる.

de·gus·tate [dɪgʌ́steɪt, də-, di:-] 〘← L *dēgustāt-us* (p.p.) ← *dēgustāre* (↑)〙 *v.* =degust. **de·gus·ta·tion** [dì:gʌstéɪʃən] *n.*

de haut en bas [də-óutɑ̃:(m)bɑ́:, -tɔ̃:(m)-, -tɑ:m-, -tə(ː)m- | -ə́u-; *F.* dəotɑ̃bɑ] 〘◻ F ~ 'from top to bottom'〙 ── *F. adv., adj.* **1** 上から下まで(の). **2** 威張った[尊大な]態度で(の). 「絶つ, やめさせる.

de·hire [dì:háɪə | -háɪə(r)] *vt.* 《米》〈人〉と雇用関係を

de·hisce [dɪhís, də-, di:- | dɪ-, di:-] 〘《1657》 ◻ L *dēhīscere* ← DE-¹+*hiscere* to open slightly (← *hiāre* 'to gape, YAWN')〙 ── *vi.* **1** 口を開く. **2** 〘生物〙〈特に

草木の種皮または果実が〉裂開する. **3** 〖外科〗縫合創が哆開(しかい)する. ── *vt.* …に口を開かせる.

de·his·cence [dɪhísns, də-, diː- | dɪ-, diː-] 〖← NL *dehiscentia*: ⇨↓, -ence〗 *n.* 〖生物〗裂開.

de·his·cent [dɪhísnt, də-, diː- | dɪ-, diː-] 〖《1649》□ L *dēhiscent-em* (pres.p.) ← *dēhiscere*: ⇨dehisce, -ent〗 *adj.* 〖生物〗裂開性の, 先端が開いた: a ～ fruit 裂開果.

de·horn [dìːhɔ́ən | -hɔ́ːn] *vt.* **1** 〈牛〉から角を取る; …の角の成長を妨げる; 〈果樹などを〉強く刈り込む. **2** 〖軍俗〗=defuse. **～·er** *n.*

de·hort [dìːhɔ́ət | -hɔ́ːt] 〖□ L *dēhort-ārī* ← DE-[1]+ *hortārī* to urge (cf. hortation)〗 ── *vt.* 《古》〔…を〕思いとどまるように〈人〉に説きつける, 諫(いさ)める, 諫止(かんし)する 〔*from*〕; 〈行動を〉避けるように忠告する. **～·er** [-tə | -tə(r)] *n.*

de·hor·ta·tion [dìːhɔətéɪʃən | -hɔː-] 〖□ LL *dēhortātiō(n-)* ← *dēhortātus* (p.p.): ⇨↑, -ation〗 *n.* 《古》諫言(かんげん), 諫止.

de·hor·ta·tive [dìːhɔ́ətətɪv | -hɔ́ːtət-] 〖□ L *dēhortātīv-us*: ⇨↑, -ive〗 *adj.* 《まれ》諫(いさ)めの, 諫言(かんげん)の.

de·hor·ta·to·ry [dìːhɔ́ətətɔ̀ːri, -tɔ̀ːri | -hɔ́ːtətəri] 〖□ L *dēhortātōri-us*〗 *adj.* =dehortative.

de·hu·man·ize [dìːhjúːmənàɪz, dìːjúː- | dìːhjúː-] *vt.* …の人間性[人間らしさ]を失わせる, 獣的[冷酷]にする. **de·hu·man·i·za·tion** [dìːhjùːmənɪzéɪʃən, dìːjùː-, -nə- | dìːhjùːmənaɪ-, -nɪ-] *n.*

de·hu·mid·i·fi·ca·tion [dìːhjuːmìdəfɪkéɪʃən, dìːjuː-, -fə- | dìːhjuːmɪdɪ-] *n.* 除湿, 減湿; (軍艦の内部などの)脱湿.

dè·hu·míd·i·fì·er *n.* 除湿[脱湿]器[剤].

de·hu·mid·i·fy [dìːhjuːmídəfàɪ, dìːjuː- | dìːhjuːmídɪ-] *vt.* 〈大気など〉から湿気を取り除く; 〈軍艦の内部などを〉乾燥させる.

de·hydr- [dìːháɪdr] (母音の前に来る時の) dehydro- の異形.

de·hy·drant [dìːháɪdrənt] *n.* 脱水剤.

de·hy·drase [dìːháɪdreɪs, -dreɪz | -dreɪs] 〖⇨dehydro-, -ase〗 ── *n.* 〖生化学〗脱水素酵素 (有機物の嫌気的酸化分解をする酵素の一つ; 現在は dehydrogenase と dehydratase とに区別して用いられる).

de·hy·dra·tase [dìːháɪdrətèɪs, -tèɪz | -tèɪs] 〖⇨↓, -ase〗 ── *n.* 〖生化学〗デヒドラターゼ (脱水化物酵素ともいうべきで, 例えば homoserine や threonine の脱アミノを触媒する).

de·hy·drate [dìːháɪdreɪt] 〖← DE-[1]+HYDRATE〗 ── *vt.* **1** 〖化学〗脱水する: ～ alcohol. **2 a** (貯蔵のため)〈野菜など〉から水分を抜く. **b** 〈身体・組織〉から水分を取り除く. **3** …の活力[妙味・風味]をなくさせる, つまらなくする. ── *vi.* **1** 水分[湿気]が抜ける. **2** 脱水症になる. **dè·hý·dra·tor** [-tə | -tə(r)] *n.*

dè·hý·drat·ed [-tɪd, -təd | -tɪd, -təd] *adj.* **1** 脱水した: ～ tar 脱水タール (コールタールを脱水したもの; 防水剤・道路舗装用). **2** 水分を抜いた: ～ eggs [vegetables] 乾燥卵[野菜] / ～ milk 粉乳.

de·hy·dra·tion [dìːhaɪdréɪʃən] *n.* **1** 脱水(作用). **2** (特に嘔吐などによる身体の異常な)脱水(症).

de·hy·dro- [dìːháɪdro(ʊ) | -drə(ʊ)] 〖← DE-[1]+HYDRO-〗「脱水素の; 脱水した」の意の連結形. ★ 母音の前では通例 dehydr- になる.

de·hy·dro·chlo·ri·nase [dìːhàɪdrəklɔ́ːrənèɪs, -klɔ́ːr-, -nèɪz | -drə(ʊ)klɔ́ːrɪnèɪs] 〖← DE-[1]+HYDRO-+CHLORINE+-ASE〗 ── *n.* 〖化学〗デヒドロクロリナーゼ (DDT のような塩素化された炭化水素から塩化水素を取り除く酵素).

de·hy·dro·chlo·ri·nate [dìːhàɪdrəklɔ́ːrənèɪt, -klɔ́ːr- | -drə(ʊ)klɔ́ːrɪ-] 〖⇨↑, -ate[3]〗 *vt.* 〖化学〗脱塩化水素反応をする. **de·hy·dro·chlo·ri·na·tion** [dìːhàɪdrəklɔ̀ːrənéɪʃən, -klɔ̀ːr- | -drə(ʊ)klɔ̀ːrɪ-] *n.*

dehỳdro·fréezing 〖← DEHYDRO-+FREEZING〗 *n.* 脱水急速冷凍法 (食品貯蔵のため, 水分を一部除去し, 急速凍結させる冷凍法).

de·hy·dro·ge·nase [dìːhaɪdrɑ́dʒənèɪs, -nèɪz | -drɔ́dʒɪnèɪs] 〖← DE-[1]+HYDROGEN+-ASE〗 ── *n.* 〖生化学〗デヒドロゲナーゼ, 脱水素酵素 (有機化合物の水素が除去される反応を触媒する酵素).

de·hy·dro·ge·nate [dìːhaɪdrɑ́dʒənèɪt, -háɪdrə-, -drɪ- | dìːháɪdrədʒə-, -drɪ-, -dʒɪ-, -haɪdrɔ́dʒə-, -dʒɪ-] 〖⇨↑, -ate[3]〗 ── *vt.* 〖化学〗〈水素化合物〉から水素を除去する.

de·hy·dro·ge·na·tion [dìːhaɪdrɑ̀dʒənéɪʃən, -hàɪdrə, -drɪ- | dìːhàɪdrədʒə-, -drɪ-, -dʒɪ-, -haɪdrɔ̀dʒə-, -dʒɪ-] *n.* 〖化学〗脱水素.

de·hy·dro·gen·ize [dìːhaɪdrɑ́dʒənàɪz, dìːháɪdrə-, -drɪ- | dìːháɪdrədʒə-, -drɪ-, -dʒɪ-, -haɪdrɔ́dʒə-, -dʒɪ-] *vt.* 〖化学〗=dehydrogenate.

de·hyp·no·tize [dìːhípnətàɪz] *vt.* …から催眠術を解く, 催眠状態から目ざめさせる.

De·ia·ni·ra [dìːjənáɪ(ə)rə | -náɪərə] 〖□ L ～ □ Gk *Dēiáneira* (原義) destroyer of her husband ← *dḗïos* hostile+*anḗr* man, husband〗 ── *n.* 〖ギリシャ神話〗デーイアネイラ (Hercules の妻; cf. Nessus).

de·ice [dìːáɪs] 〖← DE-[1]+ICE〗 *vt.* 防氷[除氷]する; 〖航空〗〈翼〉に除氷[防氷]装置を施す, ディアイサーを付ける.

dè·íc·er *n.* 氷結防止器; 〖航空〗(特に翼の)防氷[除氷]装置, ディアイサー (cf. anti-icer, boot[3] 8).

de·i·cide [díːəsàɪd, déɪə- | díːɪ-, déɪɪ-] 〖《1611》□ (eccl.) L *deicīda* ← L *deus* god: ⇨ -cide〗 ── *n.* **1** 神を殺すこと; キリストの磔(たっけい). **2** 神を殺す[殺した]人; キリストの磔に関与した人. **de·i·ci·dal** [dìːəsáɪdḷ, dèɪə- | dìːɪ-, dèɪɪ-] *adj.*

De·ic·o·ön [dìːíkoʊɑ̀n | -kəʊɔ̀n] 〖□ Gk *Dēikóōn*〗 *n.* 〖ギリシャ神話〗デーイコーン (Hercules と Creon の娘 Megara の息子, 狂った父親 Hercules に殺された).

deic·tic [dáɪktɪk, déɪk-, diːɪk- | dáɪk-] 〖□ Gk *deiktik-ós* direct ← *deiktós* capable of proof ← *deiknúnai* to show: ⇨ -ic[1]〗 ── *adj.* **1** 〖論理〗直接証明[直証]的な (cf. elenctic). **2** 〖文法〗対象指示的な, 直示的な (代名詞 (it, that など), または定冠詞 the が特定の観念を初めて表示するのに用いられる場合の用法についていう; cf. anaphoric). ── *n.* 対象指示語[用法].
déic·ti·cal·ly *adv.*

De·i·da·mi·a [dìːədəmáɪə | dìːɪ-] 〖□ L *Dēidamīa* □ Gk *Dēidámeia*〗 ── *n.* 〖ギリシャ神話〗デーイダメイア (Lykomedes の娘, Achilles との間に息子 Neoptolemus を生んだ).

de·if·ic [diːífɪk, deɪ-] 〖《15C》□ (O)F *déifique* // (eccl.) L *deific-us* god-making, sacred ← *deus* god: ⇨ -fic〗 ── *adj.* **1** 神化する; 神として祭る. **2** 神の(ような), 神性の.

de·i·fi·ca·tion [dìːəfɪkéɪʃən, dèɪə-, -fə- | dìːɪfɪ-, dèɪɪ-] 〖《*a*1393》□ LL *deificātiō(n-)*: ⇨ deify, -fication〗 ── *n.* **1** 神としてあがめる[祭る]こと; 神聖視, 神格化. **2** 神格化の状態.

de·i·form [díːəfɔ̀əm, déɪə- | díːɪfɔ̀ːm, déɪɪ-] 〖□ ML *deiform-is* ← L *deus* god: ⇨ -form〗 *adj.* 神の姿の; 神のような.

de·i·fy [díːəfàɪ, déɪə- | díːɪ-, déɪɪ-] 〖《*c*1340》 *deifye(n)* □ (O)F *déifi-er* □ (eccl.) L *deificāre* ← L *deus* god: ⇨ -fy〗 ── *vt.* **1** 神として祭る[あがめる]; 神格化する. **2 a** 神のように扱う[崇拝する], 偶像視する. **b** 理想化[視]する (idealize): ～ science. **dé·i·fì·er** *n.*

deign [déɪn] 〖《*c*1300》 *deine(n)* □ OF *degn-ier* (F *daigner*) < L *dignārī* to deem worthy ← *dignus* worthy: cf. dignity〗 ── *vi.* [*to* do を伴い] **1** 〈貴人・目上の人がもったいなくも[かたじけなくも]…したもう, …して下さる, …遊ばされる: The King *～ed to* accept the offer. 国王はおそれ多くもその提案をお受けになった. **2** [しばしば否定構文で] あえて身を低くして[誇りを捨てて, 恥を忍んで]…する: He *doesn't ～ to* acknowledge his old friends. 旧友を顧みようともしない. ── *vt.* [主に否定構文で] (下し)賜わる: ～ *no* reply お答え下さらない.

De·i gra·ti·a [díːaɪ-gréɪʃiə, déɪiː-grɑ́ːtiùː | -ʃɪə, -tɪùː] 〖□ L *Deī grātiā* by the grace of god: cf. deity, grace〗 *L. adv.* 神の恵み[神恩]によって (略 D.G.).

deil [díːl] 〖《変形》← DEVIL〗 *n.* 《スコット》 **1** =devil. **2** いたずら好きの人.

Dei·mos [dáɪmɑs | -mɒs] 〖□ Gk *Deimós* (原義) fear〗 ── *n.* **1** 〖ギリシャ神話〗デイモス (恐怖の神; 争いの女神 Ares の息子で Phobos と兄弟). **2** 〖天文〗デイモス (火星 (Mars) の第 2 衛星で, 小さい方の衛星; cf. Phobos).

dein- [deɪn] (母音の前に来る時の) deino- の異形 (⇨ dino-[1]).

de·in·dus·tri·al·i·za·tion [dìːɪndʌ̀striəlɪzéɪʃən, dìːən-, -lə- | -ɪndʌ̀strɪəlaɪ-, -lɪ-] *n.* (敗戦国などの)工業力を破壊[縮減]すること.

dei·no- [dáɪno(ʊ) | -nə(ʊ)] =dino-[1].

dei·no·the·ri·um [dàɪnə(ʊ)θí(ə)riəm | -nə(ʊ)θíəri-] 〖← NL ～: ⇨ dino-[1], -therium〗 ── *n.* 〖古生物〗ディノテリウム, 恐獣 (ヨーロッパとアジアの中新世・鮮新世に栄えた長鼻目恐獣亜目ディノテリウム科ディノテリウム属 (*Deinotherium*) のゾウに似た動物の総称).

de-in·sti·tu·tion·al·ize [dìːɪnstət(j)úːʃ(ə)nəlàɪz | -stɪtjúː-] *vt.* …から制度化を解く, 非制度化する. **de-in·sti·tu·tion·al·i·za·tion** [dìːɪnstət(j)ùːʃ(ə)nəlɪzéɪʃən, -lə- | -stɪtjùːʃ(ə)nəlaɪ-, -lɪ-] *n.*

De·ï·on [díːən | díːɪɒn] 〖□ Gk *Dēïōn*〗 *n.* 〖ギリシャ神話〗デーイオーン (Aeolus と Enarete の息子, Phocis の王となった).

de·i·on·i·za·tion [dìːàɪənɪzéɪʃən, -nə- | -naɪ-, -nɪ-] *n.* 〖化学〗消イオン (放電管中のイオンが消滅すること).

de·i·on·ize [dìːáɪənàɪz] *vt.* 〖化学〗 **1** …からイオンを除去する. **2** 〈イオン化した気体を〉イオン化のないもとの状態に戻す. **dè·íon·ìz·er** *n.*

De·ï·o·pe [diːáɪəpìː] 〖□ Gk *Dēïópē*〗 *n.* 〖ギリシャ神話〗デーイオペー (Triptolemus の娘).

De·ïph·i·lus [diːífələs | -fɪ-] 〖□ Gk *Dēíphilos*〗 *n.* 〖ギリシャ神話〗=Thoas 2.

De·ïph·o·be [diːífəbiː] 〖□ L *Dēiphobē* □ Gk *Dēiphobē*〗 *n.* デーイポベー (*Aeneid* において, Glaucus の娘).

De·ïph·o·bus [diːífəbəs] 〖□ L *Dēiphobus* □ Gk *Dēíphobos*〗 ── 〖ギリシャ伝説〗デーイポボス (Priam と Hecuba の間の息子, Paris の死後 Troy の Helen と結婚し, Menelaus に殺された).

De·i·phon·tes [dìːəfɑ́ntiːz | dìːɪfɔ́n-] 〖□ Gk *Dēiphóntēs*〗 *n.* 〖ギリシャ神話〗デーイポンテース (Argos 王 Temenus の娘 Hyrnetho の夫, 王から実子をさしおいて王権を譲られた).

deip·nos·o·phist [daɪpnɑ́səfɪst, -fəst | -nɔ́səfɪst] 〖《1656》□ Gk *deipnosophist-ḗs* ← *deîpnon* dinner+*sophistḗs* (⇨ sophist): Athenaeus の作品 *Deipnosophistae* (*c.* A.D. 228) から〗 ── *n.* 食事の席で話の上手な人.

De·ïp·y·le [diːípəliː] 〖□ Gk *Dēïpúlē*〗 *n.* 〖ギリシャ神話〗デーイピューレ (Adrastus の娘, Tydeus の妻で Diomedes の母).

De·ïp·y·lus [diːípələs] 〖□ Gk *Dēípulos*〗 *n.* 〖ギリシャ神話〗デーイピュロス (Priam の孫息子).

Deir·dre [díədri, déə- | díədrɪ, -dreɪ; *Ir.* dérdrɪ] 〖□ OIr. *De(i)rdru* (原義) the raging one〗 ── *n.* **1** 女性名. ★ Celtic Revival 後女優の芸名によく使われる. **2** 〖アイル伝説〗デイルドレ (Ulster の王 Conchobar の妻となる直前恋人と共にスコットランドに逃げ, 後許されて帰ったが恋人を殺され, 自殺した; しばしばアイルランドの象徴とされる).

de·ism [díːɪzm, déɪ-] 〖《1682》← L *deus* god+-ISM: cf. F *déisme*〗 ── *n.* 〖哲学〗理神論, 自然神論[神教] (キリスト教からその神秘性, 反[超]理性的伝承性を除去し, 神・啓示等のすべてを理性や自然と両立する限りにおいて容認・擁護しようとする立場; 17-18 世紀英国・ヨーロッパ大陸の自由思想家たちの所説; cf. theism[1] 2).

dé·ist [-ɪst, -əst | -ɪst] 〖《1621》□ F *déiste* ← L *deus* god: ⇨ -ist〗 *n.* 〖哲学〗理神論者, 自然神教信奉者 (cf. theist).

de·is·tic [diːístɪk, deɪ-] *adj.* 〖哲学〗理神論(者)的な, 自然神教上の. **de·ís·ti·cal·ly** *adv.*

de·ís·ti·cal [-tɪkəl, -tə- | -tɪ-] *adj.* 〖哲学〗=deistic.

de·i·ty [díːəti, déɪə- | díːɪtɪ, -ətɪ, díətɪ, déɪɪtɪ, -ətɪ] 〖《?*c*1300》 *deite* □ (O)F *déité* □ LL *deitā* ← L *deus* god ← IE **dei-* to shine (Skt *deva* god & *dyaus* sky, day): ⇨ -ity〗 ── *n.* **1** [しばしば D-] 神位, 神格, 神性. **2** 神: pagan *deities* (種々の)邪神, 異教の神々. **3** [the D-] (特に, 自然神教用語として)宇宙創造の神, 天帝 (the Supreme Being). **4** この上なく善[強力, 偉大]であるもの, 神としてたたえられる[崇拝される]人[もの]; (ある分野で)強大な力[影響力]をもつ人[もの].

deix·is [dáɪksɪs, -səs | -sɪs] 〖□ Gk *deiksis* reference〗 *n.* 〖文法〗ダイクシス, 対象指示, 直示 (cf. deictic *adj.* 2).

dé·jà vu [dèɪʒɑːvjúː; *F.* deʒavy] 〖□ F ～ 'already seen'〗 ── *n.* (*also* **dé·jà vue** [～]) **1** (話の場面・映画技法などが)ありふれたもの, 時代遅れのもの. **2** 〖心理〗既視, 既視感 (実際は一度も経験したことがないのに, ある体験を以前にしたことがあるという感じがするような錯覚; cf. paramnesia).

de·ject [dɪdʒékt, də- | dɪ-] 〖《*a*1420》□ L *dēject-us* (p.p.) ← *dējicere* to cast down ← DE-[1]+*jacere* to throw〗 ── *vt.* **1** [通例 Passive で] …の元気をくじく, 気力を落とさせる, 落胆させる: They were *～ed* at the news. その知らせを聞いてがっくりした (cf. dejected). **2** 《古》投げ捨てる, 打ち倒す. ── *adj.* 《古》=dejected.

de·jec·ta [dɪdʒéktə, də- | dɪ-] 〖← NL ～ (neut. pl.) ← L *dējectus* (↑)〗 *n. pl.* 排泄(はいせつ)物, 糞便(ふんべん).

de·jéct·ed *adj.* 〈人・顔つきなど〉気落ちした, 落胆した, 元気がない: a ～ expression がっくりした表情 / He felt sad and ～. 悲しい滅入った気分だった. **～·ness** *n.*

de·jéct·ed·ly *adv.* すごすごと, 落胆して.

de·jec·tion [dɪdʒékʃən, də- | dɪ-] 〖《15C》□ L *dējectiō(n-)*: ⇨ deject, -tion〗 *n.* **1** 失意, 落胆, 憂鬱(ゆううつ). **2** 〖医学〗排便, 便通; 排泄物, 糞便.

dé·jeu·ner [déɪʒənèɪ, ―⌣― | déɪʒənèɪ, -ʒəːn-; *F.* deʒœne] 〖《1787》□ F ～ < OF *desjeuner* to break one's fast ← *des-* 'DIS-[1]'+*jeun* a fasting (< L *jējūnum* 'JEJUNE'): cf. dine〗 ── *F. n.* (*pl.* **～s** [～z; *F.* ～]) **1** (特に, 遅い)朝食. **2** (ヨーロッパ大陸で)昼食.

de ju·re [dɪ-dʒú(ə)ri, deɪ-dʒú(ə)reɪ, deɪ-jú(ə)reɪ | -dʒúəri] 〖□ L *dē jūre* ((ablat.) ← *jūs* law): ⇨ de[1], jus[2]〗 ── *adv.* (↔ de facto) 道理上, 権利上; 正当に; 法律上. ── *adj.* **1** 法律上の; 道理上の. **2** 正しい, 正義に基づく; 適法[合法]の.

dek- [dek] (母音の前に来る時の) deka- の異形.

dek·a- [dékə] =deca-. ★ 母音の前では通例 dek- になる.

De Kalb [dəkǽlb; *G.* dakálb], **Johann** *n.* ディカルブ (1721-81; 米国独立戦争に参加したドイツ生れのフランスの将軍; 通称 Baron De Kalb).

Dek·ker [dékə | -kə(r)], **Thomas** *n.* (1572?-?1632) 英国の劇作家; *The Shoemaker's Holiday* (1599 初演).

dek·ko [dékoʊ | -kəʊ] 〖□ Hindi *dekho* (imper. pl.) ← *dekhnā* to look ← Skt *dṛś*: cf. dragon〗 《英俗》 ── *n.* (*pl.* **～s**) 一目見ること: Let's have a ～ *at* it. それをちょっと見よう. ── *vt.* 一目見る, のぞく, 見る.

de Koo·ning [dəkóʊnɪŋ | -kə́ʊ-], **Willem** *n.* デクーニング (1904- ; オランダ生れの米国の画家).

De Ko·ven [dɪkóʊvən, də- | -kə́ʊ-], **(Henry Louis) Reginald** *n.* (1859-1920) 米国の作曲家.

de Kruif [dəkráɪf], **paul (Henry)** *n.* (1890-1971) 米国の細菌学者・著述家; *Microbe Hunters* (1926), *Hunger Fighters* (1928).

del[1] [del; *Sp.* del] *prep.* **1** スペイン語で前置詞 de+定冠詞 el との縮約形で人名に使う: Salvador ～ Campo. **2** イタリア語で前置詞 di+定冠詞 il の縮約形で人名に使う: Mario ～ Monaco.

del[2] [dél] 〖《略》← DELTA〗 *n.* 〖数学〗微分作用素(記号 Γ).

del. 《略》 delegate; delegation; delete; delineavit; deliver; delivery.

Del. 《略》 Delaware.

de·la·bi·a·li·za·tion [dìːlèɪbiəlɪzéɪʃən, -lə- | -bɪəlaɪ-, -bjə-, -lɪ-] *n.* 〖音声〗非円唇化 (唇のまるめ (rounding) を除くこと).

de·la·bi·al·ize [dìːléɪbiəlàɪz | -bɪə-, -bjə-] *vt., vi.* 〖音声〗非円唇化する.

De·la·croix [dèləkrwɑ́ː; *F.* dəlakrwa], **(Ferdinand Victor) Eugène** *n.* ドラクロワ (1798-1863; フランスのロマン派の代表的な画家).

Dèl·a·gó·a Báy [dèləgóuə-, ⏤⏤⏤ | dèləgóuə-, ⏤⏤⏤] *n.* デラゴア湾《アフリカ南東部 Mozambique 南部のインド洋に面した入江, 奥に Lourenço Marques がある》.

de·laine [dəléin, dɪ-] 〚《1840》《略》← *muslin delaine* □F *mousseline de laine* ‘MUSLIN of wool’〛 ── *n.* **1** モスリン, メリンス. **2** 上等な梳毛糸織物に用いられる羊毛. **3** [D-] デレーヌ(メリノ)《米国産のメリノ系の一品種の羊; Delaine Merino ともいう》.

de la Mare [dèləméə | -méə(r], **Walter** (**John**) *n.* (1873–1956) 英国の詩人・小説家; *Songs of Childhood* (1902), *Peacock Pie* (1913).

de·lam·i·nate [dìːlǽmənèɪt | -mɪ-] 〚← DE-¹+LAMINATE〛 *vi.* **1** 薄片[薄い層]に裂ける. **2** 《生物》葉裂する.

de·lam·i·na·tion [dìːlæ̀mənéɪʃən | -mɪ-] *n.* **1** 薄片[薄い層]に裂けること. **2** 《生物》葉裂《胚の表面にある細胞層が内部に新しい細胞層を作ること》, 葉裂法.

De·land [dɪlǽnd, də- | díːlənd], **Margaret** *n.* (1857–1945) 米国の女流小説家; *John Ward, Preacher* (1888); 本名 Margaretta Wade Deland.

De·la·roche [dèləróuʃ, -rɔ́ːʃ | -rɔ́ʃ; *F.* dəlarɔʃ], (**Hip·po·lyte**) **Paul** [ipɔlit] *n.* ドラローシュ《1797–1856; フランスの画家》.

dé·lasse·ment [dèlæsmɑ́ː(ŋ), -mɔ́ː(ŋ), -mɑ́ːŋ, -mɔ́(ː)ŋ; *F.* delɑsmɑ̃] 〚□F ~ ← *délasser* ← DE-²+*las* weary〛 *F. n.* くつろぎ, 休養 (relaxation).

de·late [dɪléɪt, də- | dɪ-] 〚《1515》← L *dīlāt-us* (p.p.) ← *dēferre* ‘to DEFER²’: ⇨ -ate³〛 ── *vt.* 《古》 **1** 〈人を〉密告する, 告発する; 告訴する (accuse). **2** 言いふらす; 広く知らせる.

de·la·tion [dɪléɪʃən, də- | dɪ-] 〚□L *dēlātiō(n-)*: ⇨ ↑, -ation〛 *n.* 密告, 告発; 告訴.

de·la·tive [dɪléɪtɪv, də- | dɪléɪt-] 〚← L *dēlātus* (⇨ delate)+-IVE〛 *adj.* 《文法》降格の《ある位置から下に向う運動を示す》.

de·lá·tor [-tə | -tə(r] 〚《15C》□L *dēlātor*: ⇨ delate, -or²〛 *n.* 《スコット》密告者; (特に)密告を商売にする人, 密告屋.

De·lau·nay [dəlounéɪ | -ləu-; *F.* dəlonɛ], **Robert** *n.* ドローネ《1885–1941; フランスの画家; オルフィスム (Orphism) の創始者》.

De·la·vigne [dèlaviːnj(ə); *F.* dəlaviɲ], (**Jean François**) **Ca·si·mir** [kazimiːr] *n.* ドラビーニュ《1793–1843; フランスの劇作家・詩人》.

Del·a·ware¹ [déləwèə, -wə | -wɛ̀ə(r] 〚← *Thomas W. De La Warr*〛 ── *n.* **1** 米国東部の大西洋岸の州 (⇨ United States of America 表). **2** Cherry Hill の旧名. **3** [the ~] 米国 New York 州南東部に発する川; Pennsylvania 州と New Jersey 州との境を流れ Delaware 湾に注ぐ (451 km).

Del·a·ware² [déləwèə, -wə | -wɛ̀ə(r] 〚↑〛 ── *n.* **1** (*pl.* ~, ~**s**) **a** [the ~(s)] デラウェア族《アメリカインディアンの Algonquian 族の一部族; もと Delaware 川流域と New Jersey 州の大部分, Manhattan 島などに住んでいた; インディアン語名では Lenape ともいう》. **b** デラウェア族の人. **2** デラウェア語《Algonquian 語族に属する》. **3** 《園芸》デラウェア《赤味がかった小粒の米国産ブドウの品種名》. ── *adj.* デラウェア族[語]の.

Del·a·war·e·an [dèləwɛ́(ə)riən | -wɛ́ərɪ-] *adj.* (米国) Delaware 州(人)の. ── *n.* Delaware 州人.

Délaware Báy *n.* デラウェア湾《米国 Delaware 州東部と New Jersey 州南部の中間にある入江; 長さ約 113 km》.

Délaware Wáter Gàp *n.* [the ~] デラウェア峡谷《米国 Pennsylvania 州東部と New Jersey 州北西部の境で Delaware 川が Appalachian 山脈を横断する深さ約 457 m, 長さ 3 km の峡谷, 風景がよい》.

Del·a·war·i·an [dèləwɛ́(ə)riən | -wɛ́ərɪ-] *adj., n.* = Delawarean.

De La Warr [déləwɛ̀ə | -wɛ̀ə(r], **Thomas West** *n.* (1577–1618) 北米 Virginia 植民地初代の英国総督 (1610–11); 称号 3rd (or 12th) Baron De La Warr; 通称 Lord Delaware.

de·lay [dɪléɪ, də- | dɪ-] 〚v.: 《?a1300》 *delaie(n)* □OF *delay-er* 《変形》← *deslaier* ← *des-* ‘DIS-¹’ + *laier* to leave (← ? *laissier* < L *laxāre* to slacken ← *laxus* ‘LAX²’). ── n.: 《a1250》□(O)F *délai* ← (v.)〛 ── *vt.* **1** …の進行[到着など]を遅らせる: The train was ~*ed* by a heavy snowfall. 列車は大雪のために延着した. **2** 延期する, 繰り延べる: ~ one's journey [departure] / Don't ~ answering this letter. この手紙の返事をすぐ下さい. **3** 《古》〈人を〉待たせる. ── *vi.* **1** ぐずぐずする, 手間取る, 遅れる. **2** ちょっと休む[立ち止る]. ── *n.* **1** 遅滞, 遅延; 猶予, 延引: without (a moment's) ~ 〚《なぞり》← OF *sans délai*〛(一刻の)猶予なく, ぐずぐずせずに, 即刻 / Circumstances admit of no ~. 事態は一刻の猶予も許さない. **2** 遅延[延引]時間[期間]: a ~ of 30 minutes 30 分の遅延. **3** 《アメリカンフットボール・サッカー・ラグビー》ディレー《ボール保持者またはパスを受けるプレーヤーが一瞬タイミングをはずすトリックプレー》. **~·a·ble** [~əbl] *adj.* **~·er** *n.* **~·ing** *adj.* **~·ing·ly** *adv.*

deláyed-áction *attrib. adj.* **1** 〈弾丸・ロケットなど〉遅延作動の, 延期作用の, 遅発[時限]爆発の《目標に当たってから一定の間隔を置いて爆発する》: a ~ bomb 延期爆弾, 遅発爆弾, 時限爆弾 (time bomb). **2** 《写真》時限装置の: Most cameras are equipped with a ~ adjustment. たいていのカメラには時限装置[セルフタイマー]がついている.

deláyed álpha pàrticle *n.* 《物理》遅発アルファ「粒子」.

deláyed dróp [**júmp**] *n.* 《航空》開傘遅延(降下)《パラシュートで降りる際, 着地までの時間を短縮するため, 開き綱を引くのを意図的に遅らせて行う降下》.

deláyed néutron *n.* 《物理》遅発中性子《核分裂後やや遅れて放出される中性子》.

deláyed spéech *n.* 《精神医学》言語遅滞《言語生活の発達が遅れている子供の言語障害の一つ》.

deláying àction *n.* 《軍事》遅滞行動《撤収する際に敵との決戦を避けながら, その前進を妨害し時間をかせごうとするもの》.

deláy lìne *n.* 《電気》遅延線《信号を一定時間遅れさせるための線路》.

deláy scrèen *n.* 《電子工学》(ブラウン管の電子ビームによる画像情報を蓄積する)残光スクリーン.

Del·brück [délbrʊk], **Max** *n.* デルブリュック《1906–81; ドイツ生れの米国の微生物学者(初めは物理学者); Nobel 医学生理学賞 (1969)》.

del cre·de·re [del-kréɪdəri | -krédərɪ] 〚《1797》□It. ~ ‘of belief or trust’〛 ── *adj.* 《商業》買主の支払い(能力)保証の(下に): a ~ account 保証金勘定 / a ~ agent 買主支払い能力[売先資力]保証代理人 / a ~ commission 代金支払い保証手数料.

de·le [díːli, -liː | -liː, -lɪ] 〚《1841》□L *dēlē* (imper. sing.) ← *dēlēre* ‘to wipe off, DELETE’〛 《印刷・校正》 ── *vt.* (~**d**; ~**·ing**) **1** [命令法で] 〈指示した文字・語を〉トル, 削除する. **2** …に「トル」の記号をつける. ── *n.* (欄外に示す)「トル」の記号 (ℓ, ℓ).

de·lec·ta·bil·i·ty [dɪlèktəbíləṭi, də- | dɪlèktəbílətɪ, -lɪ-] 〚⇨ ↓, -ity〛 *n.* **1** 《文語》 = delectableness. **2** [通例 *pl.*] 快いもの, 楽しいこと.

de·lec·ta·ble [dɪléktəbl, də- | dɪ-] 〚《a1396》□(O)F *délectable* □L *dēlectābilis* ← *dēlectāre* ‘to DELIGHT’ (⇨ -able) ∞ ME *delitable* □OF〛 ── *adj.* **1 a** 《文語》(大いに)楽しい, 愉快な (delightful); すばらしい. **b** 《英》[皮肉的に] 不愉快な, いやな. **2** 《文語》美味な, おいしい (delicious). ── *n.* 《米》楽しいもの; おいしいもの. **~·ness** *n.* **de·léc·ta·bly** *adv.*

Deléctable Móuntains *n. pl.* [the ~] 喜びの山々《Bunyan 作 *Pilgrim's Progress* に出てくる景勝の連山; Celestial City がその上から見えたという》.

de·lec·tate [dɪléktert, də- | dɪ-] 〚← L *dēlectāt-us* (p.p.) ← *dēlectāre* ‘to DELIGHT’〛 *vt.* 《文語・戯言》喜ばせる, 楽しませる (entertain).

de·lec·ta·tion [dìːlektéɪʃən] 〚《?c1350》□(O)F *délectation* ∥ L *dēlectātiō(n-)*: ⇨ ↑, -ation〛 ── *n.* 《文語》楽しむこと, 楽しみ (enjoyment), 愉快 (pleasure): for a person's ~.

de·lec·tus [dɪléktəs, də- | dɪ-] 〚《1828》← L *dēlectus* (p.p.) ← *dēligere* to pick out ← DE-¹+*legere* to choose (⇨ legend)〛 ── *n.* (学習用)ラテン[ギリシャ]作家抜粋書, ラテン[ギリシャ]文抄本.

De·led·da [dəlédə; *It.* delédda], **Gra·zia** [grá:tsja] *n.* デレッダ《1875–1936; イタリアの女流小説家; Nobel 文学賞 (1926)》.

del·e·ga·ble [délɪgəbl, -lə- | -lɪ-] *adj.* 〈職権など〉代理人に委任しうる, 委託できる.

del·e·ga·cy [délɪgəsi, -lə- | -lɪgəsɪ] 〚《c1460》← DELEGA(TE)+-CY〛 ── *n.* **1** 代表任命, 代表委任, 代表権, 代表派遣. **2** [集合的] 代表者団, 代表委員団, 使節団. **3** [集合的] (Oxford 大学の)常任委員会.

de·le·gal·ize [dìːlíːgəlàɪz] *vt.* …の(法的)認可を取り消す, 非合法化する.

del·e·gant [délɪgənt, -lə- | -lɪ-] 〚□L *dēlēgant-em* (pres.p.) ← *dēlēgāre* (↓)〛 *n.* 《法律》(債務の)転付者.

del·e·gate [〚《?a1425》← L *dēlēgāt-us* sent, deputed (p.p.) ← *dēlēgāre* to transfer, commit to ← DE-¹+ *lēgāre* to appoint as deputy (⇨ legate¹)〛 ── [délɪgèɪt, -lə- | -lɪ-] *v.* ── *vt.* **1** 〈人を〉代表[代理]者に任じる, 代表として派遣する. **2** 〈職権などを〉〈代表者などに〉委任する, 委託する 〔*to*〕: ~ power *to* the envoy 使節に権限を委任する. **3** 《法律》〈債務を〉転付する. ── *vi.* 職権を付与する. ── [-gət, -gɪt, -gèɪt] *n.* **1** (政治的会議などに派遣する)代表者, 派遣団員, 使節, 代議員; 委員: a ~ from Japan 日本代表委員. **2** 《米史》(もと下院における準州 (Territory) の)代議士《発言権はあるが投票権はない》. **3** (米国 Virginia, West Virginia, Maryland 各州の)下院 (House of Delegates) の議員 (cf. burgess 3).

dél·e·gàt·ed legislátion [-ṭəd-, -ṭɪd- | -tɪd-, -təd-] *n.* 《英》委任立法《法律の委任により行政部の行なう立法》.

del·e·ga·tion [dèlɪgéɪʃən, -lə- | -lɪ-] 〚《1611》□L *dēlēgātiō(n-)*: ⇨ delegate, -ation〛 ── *n.* **1** 代表任命, 代表派遣. **2** [集合的] (派遣)代表団; 《米》一州の下院議員団.

de·lete [dɪlíːt, də-, diː- | dɪ-, diː-] 〚《1495》← L *dēlēt-us* (p.p.) ← *dēlēre* to destroy, 《原義》wipe out ← DE-¹+ *linere* to smear〛 ── *vt.* **1** 〈印刷または書かれた語・文などを〉トル, 削除する; 消す, 抹殺(ﾏｯｻﾂ)する. ★ 校正用語として del. または ℓ と略す (cf. dele). **2** 《文法》削除[消去]する. ── *vi.* 《文法》削除[消去]される.

del·e·te·ri·ous [dèlətí(ə)riəs, -lə- | -lɪtíərɪ-, dìːl-, dɪl-] 〚《1643》□ML *dēlētērius* □Gk *dēlētḗrios* ← *dēléesthai* to hurt: ⇨ -ous〛 ── *adj.* (精神的・肉体的に)有害な; 有毒の (noxious). **~·ly** *adv.* **~·ness** *n.*

de·le·tion [dɪlíːʃən, də-, diː- | dɪ-, diː-] 〚《1590》□L *dēlētiō(n-)*: ⇨ delete, -tion〛 ── *n.* **1** 削除; 抹消. **2** (書き物などの)削除部分. **3** 《生物》 = deficiency. **4** 《文法》削除, 消去《例えば, John is sick and Mary is, too. における Mary is は sick が削除されて派生された, という》.

delf [délf] *n.* = delft.

delft [délft] 〚↓〛 ── *n.* **1** デルフト焼き《古い型の多孔性陶器で, 酸化錫を加えた乳白釉(ﾕｳ)と青で彩色してある》. **2** デルフト焼きに似た焼き物.

delft 1

Delft [délft; *Du.* délft] 〚□Du. ~ ← 《古形》 *Delf* 《原義》 canal: cf. delve〛 ── *n.* デルフト《オランダ西部の都市, もとは陶器で有名であった; 旧名 Delf [délf]; 人口 87,000》.

délft·wàre *n.* = delft.

Del·hi [déli | -lɪ] *n.* **1** デリー《インド北部の政府直轄地; 人口 4,066,000, 面積 1,484 km^2》. **2** デリー《1 の首都; Mogul 帝国の旧都; 首都がその南部に建設された New Delhi に移されるまで英国のインド政庁の所在地 (1912–29); 今は New Delhi に対して Old Delhi という; 人口 3,288,000》.

del·i [déli | -lɪ] 〚《略》〛 *n.* (*pl.* ~**s**) 《口語》 = delicatessen.

De·li·a¹ [díːliə, -ljə | -ljə, -lɪə] 〚(fem.) ← DELIUS¹〛 *n.* 女性名.

De·li·a² [díːliə, -ljə | -ljə, -lɪə] *n.* [時に複数扱い] デーリア《古代ギリシャで 4 年ごとに Delos 島で開催された Apollo の祭; 音楽コンクールで有名であった》.

De·li·an [díːliən, -ljən | -ljən, -lɪən] 〚← L *Dēlius* (⇨ Delius¹)+-AN¹〛 *adj.* デロス (Delos) 島の: ⇨ Delian League. ── *n.* デロス島の(原)住民.

Délian Léague [**Conféderacy**] *n.* [the ~] (古代 Athens に率いられたギリシャ都市国家の対ペルシャ)デロス同盟 (478–404 B.C., 378–338 B.C.).

de·lib·er·ate 〚(v.: 1550; adj.: ?a1425) □L *dēlīberāt-us* (p.p.) ← *dēlīberāre* to weigh in one's mind ← DE-¹+*lībrāre* to balance (← *libra* scale, pound)〛 ── [dɪlíbərèɪt, də- | dɪ-] *v.* ── *vi.* **1** 熟考する, 熟慮する, 思案する, とくと考える: He ~*d on* what to do with the money. その金をどうしたらよいかといろいろ考えた. **2** 〈委員会などが〉(正式に)討議する, 評議する, 審議する: ~ *on* [*upon, about, over*] a matter ある件を協議する. **3** 考慮[思案]に手間取る. ── *vt.* **1** 思いめぐらす, 熟考する: I am *deliberating what to* do. どうしたらよいものかと思案しているところです. **2** 審議する, 討議する (discuss): ~ a matter. ── [-b(ə)rət, -rɪt] *adj.* **1** 熟考された, よく考慮した上での; 故意の, 計画的な (intentional): a ~ insult, lie, etc. / ~ murder 計画的殺人, 謀殺. **2** (言動・思考など)慎重な, 思慮ある: be ~ *in* one's action [speech] 行動[言葉]に慎重である. **3** ゆっくりした, 落ち着いた, 悠々(ﾕｳﾕｳ)とした: ~ steps ゆったりした足取り. **~·ness** *n.* **de·lib·er·à·tor** [-tə | -tə(r] *n.*

de·lib·er·ate·ly 〚《15C》〛 *adv.* **1** 熟考して, 慎重に; 審議の上で. **2** あらかじめ考えた上で; 故意に, わざと. **3** 落ち着いて, ゆっくりと.

de·lib·er·a·tion [dɪlìbəréɪʃən, də- | dɪ-] 〚《c1385》□(O)F *délibération* ∥ L *dēlīberātiō(n-)*: ⇨ deliberate, -ation〛 ── *n.* **1** 熟考, 熟慮, 思案. **2** [しばしば *pl.*] 審議, 討議: be taken into ~ 審議される / bring ... under ~ …を討議にかける. **3** 故意. **4** (行動の)慎重; (動作の)緩慢: *with* ~ 慎重に; ゆっくりと, 悠長に.

de·lib·er·a·tive [dɪlíbərèɪṭɪv, də-, -b(ə)rəṭ- | dɪlíb(ə)rət-] 〚《1553》□L *dēlīberātīv-us*: ⇨ -ative〛 ── *adj.* **1** 熟慮的な, 慎重な: a ~ speech. **2** 審議[討議]する; 審議権のある: a ~ body [assembly] 討議団体, 審議機関《議会など》/ ~ functions 討議機能, 審議権 / have a ~ voice 討議上の発言権がある. **~·ness** *n.*

de·lib·er·à·tive·ly *adv.* 討議[審議]的に, 審議して; 熟考の上で, 慎重に.

De·libes [dəlíːb; *F.* dəlib], (**Clément Philibert**) **Léo** *n.* ドリーブ《1836–91; フランスの作曲家; *Coppélia*「コッペリア」(1870), *Sylvia*「シルビア」(1876)》.

del·i·ble [déləbl] 〚《変形》← 《廃》 *deleble* □L *dēlēbil-is* ← *dēlēre* ‘to DELETE’〛 *adj.* 消す[削る]ことのできる.

del·i·ca·cy [délɪkəsi, -lə- | -lɪkəsɪ] 〚《c1375》 *delicacie*: ⇨ ↓, -acy〛 ── *n.* **1** (機械などの)精巧. **2** (彫刻・顔形・色彩などの)繊細, 優美: the ~ of color 色彩の微妙な美しさ. **3** (手際・表現・筆づかいなどの)うまさ, 美妙. **4** (感情・趣味などの)優雅, 上品; (感覚などの)鋭さ, 敏感, 繊細: ~ of feeling 優しい感情 / the ~ of one's sense of right and wrong 正邪感の鋭さ / the ~ of his taste in art 彼の芸術に対する繊細な趣味. **5** (人に対する)細かな心遣い, 思いやり; たしなみのよさ, 慎み: give a proof of one's ~ *about* [*in*] …に思いやりのあることを示す / *Delicacy* kept her from asking personal questions. 彼女は慎み深いから個人的な質問をするようなことはしなかった. **6** (取扱いの)細心な心遣い, 慎重さ, 扱いのうまさ; (問題などの)微妙さ, 扱いにくさ, 気兼ね: feel a ~ *in* [*about*] …に気後れを感じる[気骨が折れる]. **7** きゃしゃ, もろさ; (健康・体質の)虚弱, か弱さ: a ~ of constitution, lungs, etc. **8** (計器などの)鋭敏な感度, 精巧度. **9** おいしい物,

ごちそう, 珍味: all the *delicacies* of the season 季節のあらゆる珍味 / table *delicacies* 色々のごちそう. **10** 〘言語〙精度, 詳細度《ロンドン学派の抽象の尺度の一つ, 英語における文・節・群・語・形態素の五つの単位をいう; cf. exponence, rank[1] 10》.

del·i·cate [délɪkət, -lə-, -kɪt | -lɪ-] 〘《c1375》▭(O)F *délicat* ∥ L *dēlicāt-us* delightful, charming, soft ← **dēlicāre*=*dēlicere* ← DE-[1]+*lacere* to snare: cf. delicious, delight〙 ―― *adj.* **1** 〈機械など〉精巧な, 精密な: a ~ machine [instrument] 精巧な機械[器具]. **2** 繊細な, 優美な, 優雅な, きゃしゃな, たおやかな: a ~ flower, hand, woman, etc. **3** 〈物が〉もろい, こわれやすい; 〈人・体質など〉虚弱な, 弱々しい (↔ robust, rude): ~ china こわれやすい陶器 / a ~ web of a spider もろいくもの巣 / a ~ child 弱々しい子供 / be in ~ health 身体が虚弱である / be in a ~ condition 《古》〘婉曲的〙身重(ﾐｵﾓ)である. **4** 〈色・光など〉柔らかい, 淡い, ほのかな (subdued): a ~ hue ほのかな色 / a ~ blue light かすかな青い光. **5** 〈食物・味など〉(上品で)おいしい, 美味な: ~ food. **6** 感度の鋭い, 敏感な: a ~ balance 鋭敏な天秤 / have a ~ ear for music 音楽に対して鋭い耳[感覚]を持っている. **7** (ほとんどわからないほど)かすかな, 微妙な; 巧みな, 手際のよい (deft): ~ differences [nuances] 微妙な差違[ニュアンス] / a ~ phrase 微妙な言いまわし / a ~ touch 巧妙な筆づかい. **8** 〈問題など〉細心の注意[手際]を要する, 取扱い[言い, やり]にくい, きわどい: a ~ affair [operation, point] (へたをするとやりそこなうような)むずかしい事件[手術, 点] / a ~ situation きわどい立場[情況]. **9** 〈趣味・感情・言葉など〉優雅な, 上品な (↔ coarse): a conversation which is not over ~ 余り上品でない談話. **10** 心遣いの細かい, 慎み深い, 思いやりのある: ~ attentions, treatment, etc. / a ~ refusal 相手の感情を害さないような拒絶 / a ~ hint それとなく[婉曲に]言った暗示. ―― *n.* delicate な人[もの]; 《古・詩》おいしいもの, ごちそう; 《廃》喜びを与えるもの, 快楽. **~·ness** *n.*

dél·i·cate·ly 〘ME〙 ―― *adv.* **1** 精巧に, 美妙に. **2** 繊細に; 優雅に: be ~ shaped 優美な形をしている. **3** かすかに: be ~ pale かすかに青白い. **4** たおやかに, 虚弱に: be ~ weak. **5** 静かに, 優しく. **6** 微妙に, 巧妙に, 婉曲に: shun a thorny subject ~ 難問をうまく避ける. **7** 敏感に: work ~.

del·i·ca·tes·sen [dèlɪkətésn, -lə- | -lɪ-] 〘▭G *Delikatessen* (pl.) ← *Delikatesse* ▭F *délicatesse* delicacy ▭It. *delicatezza* ← *delicato* < L *dēlicātum* 'DELICATE': ドイツ語における異分析 (*delikat* delicate+*Essen* food)〙 ―― *n.* **1 a** [集合的] (ハム・ソーセージ・かん詰・サラダなどの)調理済み食品. ★《米》では通例複数扱い, 《英》では単数扱い. **b** [形容詞的]: a ~ store [shop]. **2** 調理済み食品店 (delicatessen store).

de·li·cious [dɪlíʃəs, də- | dɪ-] 〘《?a1300》▭OF ~ (F *délicieux*) ▭LL *dēliciōsus* ← L *dēlicia(e)* charm, delight: ⇨ delight, -ous〙 ―― *adj.* **1** 実においしい, きわめて美味な, 甘美な; 香りのいい, 芳しい; 爽快な, 気持ちのよい: a ~ dinner / ~ to taste 美味の / a ~ perfume [coolness] 気持ちのいい香り[涼しさ] / a ~ morning 気持ちのいい朝. **2** 実におもしろい, きわめて楽しい: a ~ story, book, etc. ―― *n.* (*pl.* **~·es**, ~) [しばしばD-]〘園芸〙デリシャス《米国産のリンゴの品種名, 果皮は赤く, 品質優秀; Golden Delicious 等多くの枝変り品種を生じた》.

de·lí·cious·ly 〘ME〙 *adv.* **1** 非常においしく[美味に], 甘美に. **2** 楽しく, 心地よく. 「妙味.

de·li·cious·ness 〘ME〙 *n.* 甘美, 芳香; 快感, 爽快;

de·lict [dɪlíkt, də-, díːlɪkt | díːlɪkt] 〘《1523》▭L *dēlict-um* fault (of omission) (neut. p.p.) ← *dēlinquere*: ⇨ delinquent〙 ―― *n.* 〘法律〙不法[違法]行為, 犯罪 (offense): in flagrant ~ 現行犯で.

de·light [dɪláɪt, də- | dɪ-] 〘《16C》~ (*light*, *flight* との類推) ∽《?a1200》*delite(n)* ▭OF *delit-ier* < L *dēlectāre* to delight, allure (freq.) ← *dēlicere* to entice away ← DE-[1]+*lacere* to allure: cf. delectable〙 ―― *vt.* 大いに喜ばせる, うれしがらせる, 楽しませる: Beautiful pictures ~ the eye. 美しい絵は目を楽しませる. ★ しばしば人を主語として受動態で用いる: He *was* ~*ed with* the scene [*at* the news]. その景色が気に入った[その知らせを聞いて喜んだ]《★ 動作主が感じられる時は 2 例とも by も可能》/ I am ~*ed* [*Delighted*] *to* meet you. お会いしてうれしいです《初めて会った人に対する挨拶》/ I shall be ~*ed to* come. 喜んでお伺いさせていただきます. ―― *vi.* **1** 〔…を〕大いに喜ぶ, 楽しむ 〔*in*〕; [*to* do を伴って] 喜んで…する: He ~*ed in* music [teasing his dog]. 彼は音楽を楽しんだ[おもしろがって犬をいじめた] / To whom would the king ~ *to* do honour more than to myself? 王の尊ばんとする者は我にあらずしてたれぞや (*Esth.* 6: 6). **2** 人の心[目]を楽しませる, 歓喜のもととなる.
―― *n.* **1** 大喜び, 歓喜, 愉快: take (a) ~ *in* …を喜ぶ[楽しむ], 楽しみにする / to one's great ~ 大いに喜んだことには / with ~ 大喜びで. **2** 歓喜のもと, 楽しみ(となるもの): Dancing is my ~. / the ~*s* of city life 都会生活の楽しみ. **3** =Turkish delight. **4** 《廃》喜びを与える力. **~·er** [-tə | -tə(r] *n.*

de·líght·ed [-tɪd, -ṭəd | -tɪd, -təd] *adj.* **1** 喜んでいる, うれしい, うれしそうな: at ~ look. **2** 《廃》楽しい (delightful). **~·ness** *n.*

de·líght·ed·ly *adv.* 歓喜して, 喜んで, うれしがって.

de·light·ful [dɪláɪtfəl, də- | dɪ-] 〘《a1400》← DELIGHT+-FUL[1]〙 ―― *adj.* **1** 〈物・事などが〉(人に)喜びの気持を起こさせる, (大いに)喜ばしい, うれしい, 楽しい, 非常に愉快な, とても気持のいい: ~ books, reading, etc. **2** 〈人・性格など〉惚れ惚れするような, 愛嬌(ｱｲｷｮｳ)のある: a ~ personality / make oneself ~ to …に愛嬌をふりまく. **~·ness** *n.* 「快に.

de·líght·ful·ly [-fəli | -lɪ] *adv.* 楽しく, うれしく, 愉

de·light·some [dɪláɪtsəm, də- | dɪ-] 〘← DELIGHT+-SOME[1]〙 *adj.* 《文語・古》=delightful. **~·ly** *adv.* **~·ness** *n.*

De·li·lah [dɪláɪlə, də- | dɪ-] 〘▭Heb. *Dᵉlīlā*ʰ《原義》delicate, amorous, ? with flowing locks〙 ―― *n.* **1** 女性名. **2 a** 〘聖書〙デリラ《Samson の愛人, 彼を欺いてペリシテ人に渡した; cf. *Judges* 16》. **b** 裏切り女, 妖婦.

de·lim·it [dɪlímɪt, də-, dìː-, -mət | dìːlímɪt, dɪ-] 〘▭F *délimit-er* ▭L *dēlīmitāre*: ⇨ de-[1], limit〙 *vt.* …の範囲[限界, 境界]を定める.

de·lim·i·tate [dɪlímətèɪt, də-, dìː- | dɪlímɪ-, dìː-] 〘← L *dēlīmitāt-us* (p.p.) (↑)〙 *vt.* =delimit. **de·lím·i·tà·tive** [-tèɪṭɪv | -tɪv] *adj.*

de·lim·i·ta·tion [dɪlìmətéɪʃən, də-, dìː- | dɪlìmɪ-, dìː-] *n.* **1** 境界画定, 限界決定. **2** 限界, 分界.

de·lím·it·er [-ṭə | -tə(r] *n.* 〘電算機〙区切り記号, デリミッター《一連のデータの初めと終りを示す記号》.

de·lin·e·ate [dɪlínièɪt, də- | dɪlíni-] 〘《1559》← L *dēlineāt-us* (p.p.) ← *dēlineāre* to sketch out: ⇨ de-[1], line[2], -ate[3]〙 ―― *vt.* **1** (正確に線で)描く, …の輪郭を描く. **2** (詳細に, 特に鋭く生き生きと言語で)描写する, 叙述する: ~ character 性格描写をする. **de·lín·e·à·tive** [-ṭɪv | -tɪv] *adj.*

de·lin·e·a·tion [dɪlìniéɪʃən, də- | dɪlìnɪ-] 〘《1570》▭LL *dēlineātiō(n-)*: ⇨ ↑, -ation〙 ―― *n.* **1** (正確な)線描写. **2** 輪郭, 図形; 設計, 図解, 略画; (裁縫用)雛(ﾋﾅ)形. **3** 叙述, 記述, 描写: character ~ = ~ of character 性格描写.

de·lín·e·à·tor [-ṭə | -tə(r] *n.* **1** (概要を)描写[説明]する人. **2** 輪郭・見取り図を書く人[器具], 写出器. **3** 〘服飾〙(裁縫用伸縮)自在型紙《いろいろな寸法の衣服の裁断に用いる》.

de·li·ne·a·vit [dɪlìniéɪvɪt, də-, -vət | dɪlìnɪéɪvɪt] 〘▭L *dēlineāvit*=he or she drew (it): cf. delineate〙 *L.* …筆[画]《絵画の作者名の表記; 略 del.》.

de·lin·quen·cy [dɪlíŋkwənsi, də- | dɪlíŋkwənsɪ] 〘《1636》▭LL *dēlinquentia*: ⇨ ↓, -ency〙 ―― *n.* **1 a** (義務・職務の)不履行, 怠慢: ~ *in* payment 滞納. **b** 《米》支払い期間過ぎの借金, 税金滞納(など). **2** 過失, 非行, (crime にならない軽度の)犯罪: ⇨ juvenile delinquency.

de·lin·quent [dɪlíŋkwənt, də- | dɪ-] 〘《1603》▭L *dēlinquent-em* (pres.p.) ← *dēlinquere* to fail, commit fault ← DE-[1]+*linquere* to leave (cf. lend): ⇨ -ent: cf. 《15C》*delynquaunt* ▭(O)F *délinquant*〙 ―― *adj.* **1** 義務を怠る, 罪過のある; 義務不履行者の; 〈未成年者など〉(criminal に至らない)非行(者)の: a ~ boy, schoolchild. **2** 《米》〈借金・税金など〉支払い期日を過ぎた, 滞納の; 滞納者の: ~ taxes 滞納租税 / ~ taxpayers =people ~ *in paying* their taxes 納税を怠っている人々. ―― *n.* (義務などの)怠慢者, 不履行者; 過失者; 犯罪者, 非行者: ⇨ juvenile delinquent. **~·ly** *adv.*

del·i·quesce [dèlɪkwés, -lə- | -lɪ-] 〘《1756》▭L *dēliquesc-ere* to dissolve ← DE-[1]+*liquescere* to melt (cf. liquid)〙 ―― *vi.* **1** 溶ける. **2** 〘化学〙潮解する, 潮解により溶液化する. **3** 〘植物〙**a** 枝分幹する. **b** 〈葉脈が〉分岐して先が消える. **c** 〈キノコなどが〉成熟して液体になる[融化する].

del·i·ques·cence [dèlɪkwésṇs, -lə- | délɪ-] 〘⇨ ↑, -ence〙 *n.* **1** 〘化学〙潮解, 潮解性. **2** 〘植物〙枝分幹《根本ないし地下部で幹が数本に分れること》.

del·i·ques·cent [dèlɪkwésnt, -lə- | -lɪ-] 〘▭L *dēliquescent-em* (pres.p.) ← *dēliquescere* 'to DELIQUESCE': ⇨ -ent〙 *adj.* **1** 〘化学〙潮解性の. **2** 〘植物〙枝分幹した.

deliria *n.* delirium の複数形.

de·lir·i·ous [dɪlí(ə)riəs, də- | dɪlíri-, -líər-] 〘⇨ delirium, -ous〙 ―― *adj.* **1** 〘病理〙譫妄(ｾﾝﾓｳ)状態の, (一時的に)精神が錯乱した, うわごとを言う: be ~ *from* fever =be in a ~ fever 高熱でうわごとを言う. **2** 猛烈に興奮した, 狂乱的な, 無我夢中の: be ~ *with* delight, despair, etc. **~·ness** *n.*

de·lír·i·ous·ly *adv.* 譫妄(ｾﾝﾓｳ)状態で, 精神が錯乱して, 無我夢中になって: ~ happy 無性にうれしい[楽しい].

de·lir·i·um [dɪlíriəm, də- | dɪlíri-, -líər-] 〘《1599》▭L *dēlīrium* ← *dēlīrāre* to deviate ← DE-[1]+*līra* furrow, track〙 ―― *n.* (*pl.* **~s**, **-i·a** [-riə | -rɪə]) **1** 〘病理〙譫妄(ｾﾝﾓｳ)(状態), (うわごと・幻覚などを伴う)一時的精神錯乱, うわごと: lapse into ~ 譫妄状態に陥る, うわごとを言い出す. **2** 猛烈な興奮(状態), 狂躁, 狂乱, 狂気; 熱狂, 狂喜: a ~ of joy 狂喜.

delirium tré·mens [-tríːmənz, -trém- | -tríːmenz] 〘← NL ~ 'trembling delirium'〙 ―― *n.* 〘病理〙振戦譫妄(ｾﾝﾓｳ), 飲酒家譫妄《慢性アルコール中毒に伴う震えや精神障害; 俗に d.t.'s, D.T.'s, DT's ともいう》.

de·list [diːlíst] 〘← DE-[1]+LIST[2]〙 *vt.* **1** 表[リスト]から除外する. **2** 〘証券〙〈取引所が〉〈ある証券〉の上場を廃止する.

De·li·us [díːliəs, -ljəs | -ljəs, -lɪəs] 〘▭L *Dēlius* of Delos, Delian ▭Gk *Délios* ← *Dēlos* Delos〙 ―― *n.* 〘ギリシャ神話〙デリオス《Apollo の別名; Delos で生れたのでこう呼ばれる》.

Delius, Frederick *n.* (1862–1934) 英国の作曲家.

de·liv·er [dɪlívə, də- | dɪlívə(r] 〘《?a1200》*delivre(n)* ▭(O)F *délivr-er* < VL **dēliberāre* ← DE-[1]+L *liberāre* 'to LIBERATE'〙 ―― *vt.* **1** 〔…から〕救う, 救い出す, 解放する 〔*from*〕: ~ a person *from* danger [bondage] 人を危険[奴隷の境遇]から救う / *Deliver* us *from* evil. 我らを悪より救い出(ｲﾀﾞ)したまえ (*Matt.* 6: 13). **2** 〈証書などを〉引渡す, 交付する, 〈人の〉身柄を引渡す, 〈城などを〉明渡す 〈*up, over*〉〔*to*〕: ~ a deed 証書を交付する / ~ oneself *up to* the police 警察に自首する / They decided to ~ him *into* the hands of the enemy. 彼らは彼を敵の手に渡すことにした / ⇨ *deliver a* JAIL. **3** 〈品物・手紙などを〉送達する, 配達する; 〔人に〕〈伝言などを〉伝える 〔*to*〕: ~ the mail 郵便物を配達する / ⇨ *deliver the* GOODS / We'll ~ the article *to* your house. その品はお宅までお届けします. ★ p.p. で商業文に用いる: ~*ed* at pier [station] 桟橋[駅]渡し / ~*ed* on rail 貨車積込渡し / ~*ed* to order 指図(ｻｼｽﾞ)人渡し. **4 a** 〈医師・助産婦などが〉〈妊産婦〉の分娩(ﾌﾞﾝﾍﾞﾝ)を助ける, …に分娩させる, 〔…を〕出産させる 〔*of*〕; 〈子供を〉取りあげる, 生ませる: The docter ~*ed* (her *of*) a set of quintus. 医者は彼女に五つ子を出産させた. ★ しばしば Passive で用いる: She *was* ~*ed of* a boy last night. 彼女は昨晩男の子を生んだ. **b** 〈女が〉〈子を〉分娩する, 生む. **5 a** [通例 ~ *oneself of* として]〔意見などを〕述べる, 〔詩などを〕唱え出す[作る]: He ~*ed himself of* a good joke. 彼はうまい冗談を言った / He ~*ed himself* [was ~*ed*] *of* a sonnet. 彼はソネットを作った[唱え出した]. **b** 〈演説・説教などを〉述べる, 口演する; 〈判決を〉言い渡す: ~ a judgment 判決を申し渡す / The sermon was badly ~*ed*. その説教はまずいものだった. **6 a** 〈打撃・攻撃などを〉加える: ~ one's blow (at…) (…に)殴りかかる / ~ battle 攻撃を開始する. **b** 〘野球〙〔打者に〕〈ボールを〉投げる 〔*to*〕. **c** 放つ, 射出する: The oil well ~*s* more than 500 barrels a day. その油井は 1 日に 500 バレル以上の原油を産出する. **7** 《米口語》(候補者・主義を支持するために)〈票などを〉確保する, 集める.
―― *vi.* **1** 品物などの配達(サービス)をする; 物などを引渡す: Stand and ~! ⇨ stand *vi.* 5. **2** 《米》期待にそむかない; 〔約束・誓いなどを〕立派に果たす 〔*on*〕: The Governor must ~ *on* his pledge. 知事は公約を果たさなければならない. **3** 演説する, 話をする, (見解を)表明する. **4** 子供を生む.
―― *adj.* 《古》敏速な, 活発な (active).

de·liv·er·a·ble [dɪlív(ə)rəbḷ, də- | dɪ-] *adj.* **1** 救出できる. **2** (ただちに)引渡すことのできる. **de·liv·er·a·bíl·i·ty** [-rəbíləṭi, də- | -lətɪ, -lɪ-] *n.*

de·liv·er·ance [dɪlív(ə)rəns, də- | dɪ-] 〘《c1300》▭(O)F *délivrance*: ⇨ deliver, -ance〙 ―― *n.* **1** 《文語》救出, 救助; 釈放, 解放: one's ~ *from* the bondage of sin. **2** 《古》陳述, 口述; 《文語》(意見の)公表; (公表した)意見, 公式意見. **3** 〘法律〙(陪審の)評決; 〘スコット法〙(暫定強制管理令状に関して裁判所の下す)命令《令状・判決・中間命令を含む》.

de·liv·ered price *n.* 〘商業〙持込み値段《売手が買手に指定された場所で商品を引渡す時の相場; 一般に運賃込み値段となる》.

de·lív·er·er [-v(ə)rə | -rə(r] 〘《c1340》▭OF *delivre-re*: ⇨ deliver, -er[1]〙 *n.* **1** 救助する人, 救出者; 釈放者, 解放者. **2** 引渡し人, 配達者.

de·lív·er·ly 〘ME〙 *adv.* 《古》すばやく; 手際よく (deftly).

de·liv·er·y [dɪlív(ə)ri, də- | dɪlív(ə)rɪ] 〘《1425》▭AF *délivrée* (fem. p.p.) ← *délivrer* 'to DELIVER': ⇨ -y[5]〙 ―― *n.* **1** 受渡し; (要塞などの)明け渡し: the ~ of a fort. **2** 〘法律〙譲渡, 交付, 引渡し. **3 a** (手紙などの)配達, 送達, …便; 配達物: the early ~ 早朝配達 / the two o'clock ~ 2 時の配達便 / a ~ certificate 配達証明書 / by the first ~ 第一便で / 《米》special ~ =《英》express ~ 速達便 / There are two *deliveries* a day. 1 日 2 回配達がある / a home ~ service 自宅への配達. **b** 〘商業〙(買手への)引渡し: ~ on arrival 着荷渡し / payment on ~ 現品引換払い / make ~ 受渡しをする / take ~ of …を引取る[受取る]. **4** 分娩(ﾌﾞﾝﾍﾞﾝ), 出産: The mother [child] had an easy [difficult] ~. そのお母さん[子]は安産[難産]だった. **5** 演述, 話しぶり, 講演[論述]ぶり: a clear ~ 明快な弁舌 / a good [poor] ~ 上手[下手]な話しぶり / a telling ~ 効果のある話しぶり. **6** 放出, 発射; 送り出し, 繰出し; 配給, 配水. **7** ボールの投げ方, 投球法; 〘野球〙(投手の打者に対する)投球. **8** 《まれ》救助, 解放.

delivery bòy *n.* (小売店の)配達人[少年]. 「台.

delivery dèsk *n.* (図書館の)図書受け渡し台, 貸出

delivery·man [-mæ̀n, -mən] *n.* (*pl.* **-men** [-mèn, -mən]) (通例定期便トラックを使っての)商品配達人, 配達夫.

delivery nòte *n.* 《英》〘商業〙(商品配達)受領証《通例 2 通になっていて 1 通に受領者がサインする》.

delivery ròom *n.* **1** (病院の)産室, 分娩室. **2** (図書館の)図書受け渡し室.

dell [dél] 〘OE < Gmc **daljō* (Du. *del* / G《方言》*Telle*) ← IE **dhel-* a hollow: cf. dale〙 *n.* (両側に木などが茂った)小谷 (small valley).

Dell [dél], **Floyd** *n.* (1887–1969) 米国の小説家・左翼ジャーナリスト; *Moon-Calf* (1920).

dell' [deł; *It.* del] 〘《略》← DELLA〙 *prep.* della の縮約形で元来イタリア人の名前に用いる.

del·la [dèlə; *It.* dèlla] 〘⊏ It. ~ ← *di* of + *la* the〙 *prep.* イタリア人の名前に用いる (cf. dell'): Luca ~ Robbia.

Del·la [délə] 〘(dim.) ← ADELAIDE² //《混成》← DEL(IA)¹ + (BEL)LA〙 *n.* 女性名.

Del·la Crus·ca [délə-krúskə] 〘← It. *Accademia della Crusca*《原義》Academy for shifting away its 'chaff'〙 ━ *n.* デラクルスカ学会《1582 年 Florence に設立されたイタリア語純化主義者の集り》.

Del·la-Crus·can [délə-krúskən] 〘↑(2: この派の代表的詩人がこの学会に属し, Della Crusca の筆名を用いたのにちなむ)〙 ━ *adj.* **1** デラクルスカ学会の. **2** デラクルスカ派(詩人)の《18 世紀後半に感傷的・技巧的な詩を書いた英国詩人の一派にいう》. ━ *n.* デラクルスカ学会の会員[派の詩人].

della Robbia, Luca *n.* ⇨ Robbia.

Dél·la Rób·bia [délə-rúbiə, -róub-|-róbɪə, -ráub-; *It.* dellaróbbja] *n.* ＝Della Robbia ware.

Délla Róbbia wàre *n.* デラロビア焼《Luca della Robbia, 甥の Andrea della Robbia らが製作した装飾陶器で, 石灰質陶器に錫釉をかけたテラコッタ》.

Dél·lin·ger phenòmenon [délɪndʒə-, -lən-|-lɪn-dʒə-] 〘← *John Howard Dellinger* (1886-1962: 米国の物理学者, その発見者)〙 ━ *n.* デリンジャー現象《太陽活動に原因し, 太陽黒点の出現と密接な関係のある通信電波の異常減衰》.

dells [délz] 〘《変形》← DALLES〙 *n. pl.* ＝dalles.

Del·luc [delúk, -lík; *F.* dəlyk], **Louis** *n.* デリュック《1890-1924; フランス生れの映画監督・評論家》.

del·ly [déli|-lɪ] 〘《短縮》← DELICATESSEN〙 *n.* 《口語》＝deli.

Del·mar [délmɑə|délmɑ:(r, ━́ ━] 〘⊏ OF *de la mare* from the sea〙 *n.* 男性名《異形 Delmer, Delmore》.

Del·már·va Península [delmáəvə-|-má:-] 〘← DEL(AWARE) + MAR(YLAND) + V(IRGINI)A〙 ━ *n.* [the ~] デルマーバ半島《米国東部, Chesapeake 湾と Delaware 湾との間の半島(の非公式名称); Delaware 州の大部分と Maryland, Virginia 両州の一部を含む》.

Del·mer [délmə|-mə(r)] 〘⇨ Delmar〙 *n.* 男性名.

Del·more [délmɔə, -moə|-mɔ:(r)] 〘⇨ Delmar〙 *n.* 男性名.

de·lo·cal·ize [dì:lóukəlàɪz|-ləu-] *vt.* **1** その本来の場所から移す. **2** …の地方性を除く; …の範囲をひろげる. **3**〘物理〙非局在化する《原子の中の特定の軌道にある(すなわち局在化している)電子を取り出すことなどに用いる》. **de·lo·cal·i·za·tion** [dì:lòukəlɪzéɪʃən, -lə-|-lə̀ukəlaɪ-, -lɪ-] *n.*

De·lo·ney [dɪlóuni, də-|dɪlə́unɪ], **Thomas** (1543?-?1600) 英国のバラッド作者・小説家; *Jack of Newbury* (小説) (1597).

De·lorme [dəlɔ́əm|-lɔ́:m; *F.* dəlɔrm] (*also* **de l'Orme** [~]), **Philibert** *n.* ドロルム《1515-70; フランスのルネサンス期の建築家》.

De·los [dí:lɑs|-lɔs] 〘⊏ Gk *Dêlos*〙 ━ *n.* デーロス(島)《エーゲ海 (Aegean Sea) 南西部にある Cyclades 諸島中のギリシャ領の小島; Apollo と Artemis はこの島で生れたと言われる; Apollo の託宣所として有名; Delian League の中心地; 面積 5 km²》.

de·louse [dì:láus, -láuz] *vt.* **1** …から虱(しらみ)[不快なもの]を駆除する. **2** …から地雷[機雷など]を撤去する.

Del·phi [délfaɪ|-faɪ, -fɪ] 〘⊏ L *Delphi* ⊏ Gk *Délphoi*〙 ━ *n.* デルポイ, デルフィ《ギリシャ中部, Phocis の古都; Parnassus 山のふもとにあり託宣で有名な Apollo の神殿があった》.

Del·phi·an [délfiən|-fɪən, -fjən] 〘⇨ ↑, -ian〙 ━ *adj.* **1** (ギリシャの古都)デルポイ (Delphi) の. **2 a** デルポイの (Apollo の)神殿の: a ~ oracle デルポイ神殿の託宣. **b** デルポイ神殿の託宣の(ような); 曖昧(あいまい)な; 謎めいた: a ~ utterance (デルポイの託宣のように)曖昧な言葉. ━ *n.* デルポイ人.

Del·phic [délfɪk] 〘《1599》⊏ L *Delphic-us* ⊏ Gk *Delphikós*: ⇨ Delphi, -ic¹〙 *adj.* ＝Delphian. **dél·phi·cal·ly** *adv.*

Délphic Amphictýony *n.* [the ~]〘ギリシャ史〙デルポイのアンフィクチオン同盟 (⇨ amphictyony).

Del·phin [délfɪn, -fən|-fɪn] 〘《1775》⊏ ML *delphinus* 'DAUPHIN': 文集の題扉に記された *in usum Serenissimi Delphini* (＝for the use of the most serene Dauphin) から〙 ━ *adj.* **1** フランス皇太子 (dauphin) の: the ~ classics [text] フランス皇太子文集《Louis 十四世の時, 王子教育のために編集されたラテン文集》. **2** フランス皇太子文集の.

Del·phine [delfí:n] 〘⊏ Gk *delphínion* ? larkspur〙 *n.* 女性名.

delphinia *n.* delphinium の複数形.

Del·phin·i·dae [delfínədì:|-nɪ-] 〘← NL ~ *Delphinus* (属名: ⇨ dauphin): ⇨ -idae〙 *n. pl.*〘動物〙(クジラ目)イルカ科.

del·phi·nin [délfənɪn, -nən|-fɪnɪn] 〘← DELPHIN(IUM) + -IN¹〙 *n.*〘化学〙デルフィニン ($C_{41}H_{39}ClO_{21}$)《larkspur の花から採る赤褐色の小板状晶》.

del·phi·nine [délfəni:n, -nɪn, -nən|-fɪnɪn] 〘← DELPHIN(IUM) + -INE³〙 *n.*〘化学〙デルフィニン ($C_{33}H_{45}NO_9$)《stavesacre の種子から採る結晶性アルカロイド; 有毒; 神経痛治療に用いられる》.

del·phin·i·um [delfíniəm|-fínɪəm, -njəm] 〘《1664》← NL *Delphinium* ← Gk *delphínion* larkspur (dim.) ← *delphin* 'DOLPHIN': この花の形をイルカに見立てたもの〙 ━ *n.* (*pl.* ~**s**, **-i·a** [-niə|-nɪə, -njə])〘植物〙キンポウゲ科ヒエンソウ属 (*Delphinium*) の各種草本の総称 (cf. larkspur).

Del·phi·nus [delfáɪnəs] 〘⊏ L *delphīnus* 'DOLPHIN'〙 *n.*〘天文〙いるか座《わし座とペガスス座の中間にある北天の小星座; the Dolphin ともいう》.

Del·sárte mèthod [sỳstem] [delsáət-|-sá:t-; *F.* dɛlsart-] 〘← *François A.N.C. Delsarte* (1811-71: フランスの音楽家・教育家)〙 ━ *n.* デルサルト式体操《音楽的で劇的な表現の発達を目的とした体操》.

Del·sar·ti·an [delsáətiən|-sá:tɪ-] *adj.* デルサルト(体育法)風の.

del Sarto, Andrea *n.* ⇨ Sarto.

del·ta [délṭə|-tə] 〘《?c1200》⊏ Gk *délta*: ⇨ D〙 ━ *n.* **1** デルタ《ギリシャ語アルファベット 24 字中の第 4 字: Δ, δ (ローマ字の D, d に当る); ⇨ alphabet 表》. **2** (デルタ大文字状の)三角形のもの; (河口の)三角洲(す), デルタ(地帯): the ~ of the Ganges, the Nile, etc. **3** [the D-] デルタ《ナイル河口三角洲》. **4** [通例 D-; 星座名の属格を伴って]〘天文〙デルタ (δ) 星《一つの星座の中で 4 番目に明るい星》. **5**〘数学〙変数の増分 (記号 Δ). **6**〘化学〙[形容詞的に] デルタの, δ-, 第 4 の (⇨ alpha¹ 5).

délta connèction *n.*〘電気〙三角[デルタ]結線, デルタ接続《三相交流で三つの変圧器巻線やインピーダンスを三角形の三辺に結んだ結線方式; cf. star connection》.

délta-délta connèction *n.*〘電気〙三角三角結線《三相変圧器の結線法で 1 次側, 2 次側のそれぞれが三角[デルタ]結線のもの》.

délta frèquency *n.*〘医学〙＝delta wave.

délta fùnction *n.*〘数学〙デルタ関数《0 以外で 0, 0 で +∞ となり, −∞ から +∞ までの定積分が 1 となる超関数》.

del·ta·ic [deltéɪɪk] *adj.* デルタ (Δ) 形の, 三角形の; 三角洲(す)の(ような); 三角洲性の.

délta ìron *n.*〘化学〙デルタ鉄《鉄の変態の一つで 1400°C と融点の間で安定, 非強磁性体心立方晶系; cf. alpha iron》.

délta mètal *n.*〘冶金〙デルタメタル《銅・鉄・亜鉛の合金》.

délta plàin *n.* 三角洲(す)平野.

délta rày *n.*〘物理〙デルタ線《高速度の β 線と区別した速度の小さい電子線》.

délta rhỳthm *n.*〘医学〙デルタリズム (⇨ delta wave).

délta wàve *n.*〘医学〙デルタ波《最も深い眠りを示す大きなゆっくりとした脳波; delta frequency, delta rhythm ともいう》.

délta wìng *n.*〘航空〙(ジェット機などの)三角翼, デルタ翼.

délta-wìnged *adj.*〘航空〙〈ジェット機など〉三角翼の: a ~ plane.

délta-wýe connèction *n.*〘電気〙三角星形結線《三相変圧器の結線法で 1 次側が三角[デルタ]結線, 2 次側が星形 [Y] 結線のもの》.

del·tic [délṭɪk|-tɪk] *adj.* ＝deltaic.

del·ti·ol·o·gy [dèlṭiáləd͡ʒi|-tɪɔ́lədʒɪ] 〘← Gk *deltíon* ((dim.) ← *déltos* writing tablet) + -LOGY〙 ━ *n.* (趣味としての)郵便はがき収集. **dèl·ti·ól·o·gist** [-dʒɪst, -dʒəst|-dʒɪst] *n.*

del·toid [déltɔɪd] 〘《1741》⊏ Gk *deltoeid-ḗs* delta-shaped: ⇨ delta, -oid〙 ━ *adj.* **1** デルタ (Δ) 状の, 三角形の: a ~ leaf. **2** 三角洲状の. ━ *n.*〘解剖〙三角筋. **del·toi·dal** [deltɔ́ɪdl] *adj.*

del·toi·de·us [dèltɔɪdiəs] 〘← NL ~《変形》← Gk *deltoeidḗs* (↑)〙 *n.* (*pl.* **-de·i** [-diàɪ])〘解剖〙＝deltoid.

de·lude [dɪlú:d, də-|dɪlú:d, -ljú:d] 〘《?c1408》⊏ L *dēlūd-ere* to play false ← DE-¹ + *lūdere* to play (cf. ludicrous)〙 ━ *vt.* **1** 〈人を〉惑わす, だます, だまして〔…〕させる〔*into*〕: ~ oneself 思い違いする; 妄想に駆られる. **2**《廃》だめにする, 落胆させる. **3**《廃》よける, のがれる. **de·lúd·er** *n.*

de·lúd·ing *adj.* 惑わす, 幻惑的な. **~·ly** *adv.*

del·uge [dél(j)u:dʒ, -lju:dʒ|-lju:dʒ, -ljudʒ] 〘《c1380》⊏ (O)F *déluge*《変形》← *diluvie* ⊏ L *dīluvium* ← *diluere* to wash away: ⇨ dilute〙 ━ *n.* **1** 大水, 大洪水; 大雨, 豪雨: a ~ of rain どしゃ降り, 豪雨 / a ~ of tears あふれる涙 / a ~ of fire (一面の)火の海. **2** [the D-] ノア (Noah) の大洪水 (cf. *Gen.* 6-9). **3** 〔手紙・問題・要求などの〕(洪水のような)圧倒的な殺到〔*of*〕: a ~ *of* mail [inquiries, applications] 郵便[問合わせ, 申込み]の殺到, 殺到する郵便[問合わせ, 申込み] / a ~ *of* visitors 押し寄せる訪問客.

After us [me] the deluge! (わがなき)後は野となれ山となれ (⇨ après nous le déluge (巻末)).

━ *vt.* **1** 〈豪雨などが〉〈地域など〉に氾濫(はんらん)する; 〈人を〉びしょ濡れにする. **2** [通例 Passive で] (大水のように)…に殺到する, どっと来る, 〔…で〕圧倒する〔*with*〕: ~ a person *with* invitations 人を招待攻めにする / be ~*d with* letters [applications] 手紙[申込み]が殺到する / be ~*d* in tears 涙の雨にぬれる / The White House is ~*d* by a great inpouring of mail. ホワイトハウスには大水のように郵便物が流れ込む.

de·lu·sion [dɪlú:ʒən, də-|dɪlú:-, -ljú:-] 〘《?c1421》⊏ L *dēlūsiō(n-)* ← *dēlūsus* (p.p.) ← *dēlūdere* 'to DELUDE': ⇨ -sion〙 ━ *n.* **1** 惑わし, だまし: a juggler's ~. **2** 気の迷い, 幻想, 間違った信念, 思い違い: fall into a ~ 間違った考えを抱く(ようになる) / be under no ~ as to …に関しては何の思い違いもしていない / labor under a ~ 思い違いをして悩んでいる. **3**〘精神医学〙妄想: ~*s* of persecution [grandeur] 被害[誇大]妄想 / be obsessed [tormented] by ~*s* 妄想に憑(つ)かれる[苦しめられる]. **~·ar·y** [-ʒənèri|-ʒ(ə)nəri] *adj.*

de·lu·sion·al [dɪlú:ʒənl, də-, -ʒnəl|dɪlú:-, -ljú:-] *adj.* 幻想的な, 妄想性の.

de·lu·sive [dɪlú:sɪv, də-, -zɪv|dɪlú:sɪv, -ljú:-] 〘← DELUS(ION) + -IVE〙 ━ *adj.* ごまかしの; まぎらわしい, 人を誤らせる; 妄想的な, ありもしない. **~·ly** *adv.* **~·ness** *n.*

de·lu·so·ry [dɪlú:s(ə)ri, də-, -z(ə)ri|dɪlú:sərɪ, -ljú:-, -zə-] 〘《c1475》← DELUS(ION) + -ORY¹〙 *adj.* ＝delusive.

de·lus·ter [di:lʌ́stə|-tə(r)] 〘← DE-¹ + LUSTER²〙 *vt.* 〈織物〉の光沢を除く.

de·luxe [dɪlʌ́ks, də-, -lʌ́ks, -lú:ks|dəlʌ́ks, dɪ-, -lú:ks, -lʌ́ks; *F.* dəlyks] 〘《1819》⊏ F ~ 'of LUXURY'〙 ━ *adj.* (*also* **de luxe** [~]) 豪華な, 贅沢な, デラックスな (cf. luxe), 特等の: a ~ edition 豪華版 / an apartment ~＝a ~ apartment / articles ~ 贅沢品. ━ *adv.* 豪華に, 贅沢に.

delv. 《略》deliver.

delve [délv] 〘v.: OE *delfan* < (WGmc) **delban* (Du. *delven*) ← IE **dhelbh-* to dig (Russ. *dolbit'* to chisel). ━ n.: OE (*ge*)*delf* hole, ditch ← (v.)〙 ━ *vi.* **1**《古》掘る; 《英方言》(鋤(すき)で)土を掘る: dig and ~. **2** (資料などを求めて)〔書物・記録などを〕丹念に[徹底的に]調べる, (深く)探究する; ほじくる: ~ *into* documents 文書を丹念に調べる / ~ *among* the relics of antiquity 古代の遺物の研究に没頭する / Don't ~ *in* the past (済んでしまった)過去をほじくりかえすな. **3** 〈道路などが〉急に下る, 窪む. ━ *vt.*《古》**1** 掘る; 《英方言》〈土地を〉鋤で掘る. **2** 〈宝石・文書などを〉掘り出す[当てる]. ━ *n.* **1**《古》掘った穴, 洞穴. **2** 窪み, 窪地. **3** 掘ること, 発掘.

délv·er 〘OE *delfere*: ⇨ ↑, -er¹〙 *n.* 掘る人[機械]; 探究者〔*into*〕.

dely. 《略》delivery.

dem [dém] *int.*《英》＝demn.

dem. 《略》demand; demurrage; 〘製紙〙demy.

Dem. 《米》《略》Democrat; Democratic.

dem- [di:m] (母音の前に来る時の) demo- の異形.

-de·ma [━́ dəmə|-dɪ-] 〘← NL ~ ← Gk *démas* body〙〘昆虫〙(分類学上の名称として)「…のような体をもつもの」の意の名詞連結形: Chryso*dema* ムネスジタマムシ属.

de·mag·net·i·za·tion [dì:mæ̀gnəṭɪzéɪʃən, -ṭə-|-nɪtaɪ-, -nə-, -tɪ-] *n.*〘電気〙(帯磁した磁性体の)磁気除去[消去], 減磁, 消磁, 滅磁.

de·mag·net·ize [dì:mǽgnətàɪz|-nɪ-, -nə-] 〘← DE-¹ + MAGNETIZE〙 *vt.*〘電気〙減磁する, 消磁する, 滅磁する, …の磁化された状態をもとに戻す.

de·mág·net·iz·er *n.*〘電気〙減磁器, 消磁器, 滅磁器.

dem·a·gog [déməgàg, -mɪ-|-məgɔ̀g] *n.*《米》＝demagogue.

dem·a·gog·ic [dèməgádʒɪk, -mɪ-, -gág-|-məgɔ́g-, -gɔ́dʒ-] 〘《1831》⊏ Gk *dēmagōgik-ós*: ⇨ demagogue, -ic¹〙 ━ *adj.* 扇動的な, アジ(テーション)の, デマの: a ~ speech. **dèm·a·góg·i·cal** *adj.* **dèm·a·góg·i·cal·ly** *adv.*

dem·a·gog·ism [déməgàgɪzm, -mɪ-, ━━━━|-məgɔ̀g-] *n.* ＝demagoguery.

dem·a·gogue [déməgàg, -mɪ-|-məgɔ̀g] 〘《1648》⊏ Gk *dēmagōg-ós* leader of the people ← *dēmos* people (⇨ demos) + *agōgós* leader (cf. agent)〙 ━ *n.* **1**〘歴史〙民衆の指導者. **2** 扇動政治家, (自派のために民衆を扇動する)アジの演説家. ━ *vi.* demagogue として振舞う; 扇動する.

dem·a·gogu·er·y [déməgàg(ə)ri, -mɪ-, ━━━(━)━|-məgɔ̀g(ə)rɪ] 〘⇨ ↑, -ery〙 ━ *n.* 扇動主義; (民衆をそそのかして引き入れる)扇動, アジ(テーション), デマを飛ばすこと, 悪宣伝.

dem·a·gogu·ism [déməgàgɪzm, -mɪ-|-məgɔg-] *n.* ＝demagoguery.

dem·a·gog·y [déməgàgi, -gàdʒi, -gòudʒi|-məgɔgɪ, -gɔdʒɪ] 〘⊏ Gk *dēmagōgía*: ⇨ demagogue, -y¹〙 *n.* **1**《英》＝demagoguery. **2** 扇動者集団.

de mal en pis [də-má:l-ɑ̃:(m)-pí:, -ɔ̃:(m)-, -ɑ:m-, -ɔ(:)m-; *F.* dəmalɑ̃pi] *F.* 悪から一層の悪へ, ますます悪く (from bad to worse).

de·mand [dɪmǽnd, də-|dɪmá:nd] 〘n.: 《c1280》⊏ (O)F *demande* ← *demander* ⊏ L *dēmandāre* to give in charge, entrust ← DE-¹ + *mandāre* to enjoin, order (⇨ mandate). ━ v.: 《a1382》⊏ (O)F *demand-er*〙 ━ *n.* **1 a** (権利としての)要求, 請求; 要求物, 請求額: a ~ *for* higher wages 賃金引上げの要求 / make a ~ *for* money (*up*)*on* a person 人に金を要求する / present one's ~*s* 要求を提出する. **b**〘法律〙請求(権): hold a ~ *against* a person 人に対し請求権がある. **2 a** 〔商品・人に対する〕需要, 要求, 売れ口〔*for*〕: We find a big ~ *for* tobacco. たばこの需要が大きい / There is now an increased ~ *for* typists. 今タイピストを求めている所が多い / This type of machine is *in* great [high] ~. この型の機械は需要が多くなっている. **b**〘経済〙需要 (↔ supply): ⇨ demand and supply (⇨ supply¹ 5). **3** 必要, 〔必要なものに対する〕要求〔*on*〕: There are many ~*s on* my purse [time]. 私には金のいる[時間の潰れる]ことがたくさんある. **4**《古》問合わせ, 質問.

on demand 要求[請求]次第: payable *on* ~ 参着払い.

━ *vt.* **1** 〔人に〕要求する, 強要する〔*from, of*〕: He even ~*ed* money *from* me. 彼は私に金まで要求した /

You should do what the law ~*s of* you. 法律の要求することはしなければならない / He ~*ed to* know why we had done it. 我々がそれをした理由を知らせてほしいと要求した / I ~*ed that* he let me go with him. いっしょに連れて行ってほしいと要求した. ★ demand, command, insist, suggest, request, move, propose 等の動詞が目的語として伴う *that*-clause 内の述語動詞としては, 特に《米》では仮定法現在形を用いる; 《英》でも最近ではこの形は従来の "should＋原形不定詞" に取って代わりつつある. **2** 知ることを強要する, (高飛車に[形式的に])尋問する: ~ a person's business [name] 何の用か[姓名を言えと]聞きただす / "What's that?" he ~*ed*.「それは何だ」と彼は尋ねた. **3** 〈人〉の現われることを要求する, 姿を見ることを求める: The audience ~*ed* the singer once more. 聴衆はその歌手がもう一度姿を表わすことを求めた. **4** 〘法律〙 **a** 請求する. **b** (法廷に)召喚する. **5** 〈事物・情況が〉必要とする, 要する: This operation ~*s* great care. この手術には慎重な注意が必要である. — *vi.* 〔人に〕要求する, 尋ねる〔*of*〕.

de·mand·a·ble [dɪmǽndəbl, də- | dɪmɑ́ːnd-] 〘《15C》〙 *adj.* 要求[請求]できる.

de·man·dant [dɪmǽndənt, də- | dɪmɑ́ːnd-] 〘《15C》□ OF ~: ⇨ demand, -ant〙 *n.* **1** 要求者. **2** 〘法律〙 (不動産訴訟の)原告.

demánd bíd *n.* 〘トランプ〙 ＝forcing bid.

demánd bìll *n.* 〘商業〙 ＝sight draft.

demánd chàrge *n.* 需用電力料金.

demánd depòsit *n.* 〘銀行〙 **1** 要求払い預金《預金者の要求次第払い渡される短期性預金; 普通預金・当座預金などの総称》. **2** 別段預金.

demánd dràft *n.* 〘商業〙 ＝sight draft.

de·mánd·er 〘《15C》〙 *n.* 要求者.

demánd fàctor *n.* (電力)需用率.

de·mánd·ing *adj.* 〈人・仕事など〉過重要求をする, 過酷な, 注文の多すぎる: one's ~ master. **~·ly** *adv.*

demánd lòan *n.* 〘金融〙 ＝call loan.

demánd nòte *n.* **1** 《米》〘商業〙 一覧払い約束手形, 要求払い手形. **2** 《英》請求書, 支払い要求書.

demánd-pùll 〘経済〙 *adj.* 超過需要によって起こされた (cf. cost-push): ~ inflation 需要インフレーション. — *n.* ＝DEMAND-PULL inflation.

dem·an·toid [dɪmǽntɔɪd] 〘□ G ~ ← 《廃》 *Demant* diamond: ⇨ -oid〙 *n.* 〘鉱物〙 (宝石用の)翠(ｽｲ)ざくろ石.

de·mar·cate [dɪmɑ́əkeɪt, də-, diː-, díːmɑəkeɪt | díːmɑːkeɪt] 〘《1816》: 《逆成》↓〙 — *vt.* **1** …に境界を画する, …の限界を定める; …に一線を画する. **2** 分離する, 区別する, 区分する.

de·mar·ca·tion [dìːmɑəkéɪʃən | -mɑː-] 〘《1727–52》□ Sp. *demarcación* ← *demarcar* to mark out the bounds of ← DE-¹＋*marcar* to mark: ⇨ -ation〙 — *n.* **1** 分界, 境界: a line of ~ *between* …間の境界線. **2** 境界画定, 限界決定. **3** 限界, 区画, 区分. **4** 〘労働〙 同業組合(員)と他の同業組合(員)との作業の縄張り: a ~ dispute 縄張り争い.

de·mar·ca·tive [dɪmɑ́əkətɪv, də-, diː- | diːmɑ́ːkə-] 〘⇨ ↑, -ative〙 — *adj.* 〘言語〙 (書記上・音声上・文法上)示差的な, 弁別的な, 境界の《たとえば ice cream [áɪs kriːm] に対して I scream [aɪ skríːm] における強勢・連接など》: a ~ feature 境界特徴《形態素・語などの言語要素の境界を示す音韻的・音声的・韻律的素性; 例えば英語の /h/ は常に形態素の頭音として現われる》 / a ~ function.

de·march [díːmɑək | -mɑːk] 〘□ Gk *dḗmarkh-os*: ⇨ deme, -arch¹〙 *n.* **1** (古代ギリシャの)市区 (deme) の首長. **2** (現代ギリシャの)市長.

dé·marche [deɪmɑ́əʃ, ―́― | déɪmɑːʃ, ―́―; *F.* demarʃ] 〘《1658》□ F ~ ← DE-¹＋*marcher* 'to MARCH¹'〙 — *F. n.* (*pl.* **dé·march·es** [~ɪz, ~əz; *F.* ~]) **1** 手段, 処理, 手続. **2** (特に外交上の)手段; 転換策, 新政策. **3** 外交上の申し立て[抗議]; (一般に)当局に対する申し立て[抗議].

de·mark [dɪmɑ́ək, də-, diː- | dɪmɑ́ːk] *vt.* ＝demarcate.

de·mar·ka·tion [dìːmɑəkéɪʃən | -mɑː-] *n.* ＝demarcation.

de·ma·te·ri·al·ize [dìːmətí(ə)riəlàɪz | -tɪ́ərɪə-] *vt., vi.* (…の)物質的性質[特性, 形態]を奪う, 物質性を失わせる[失う], 非物質化する, 見えなくする[なる]. **de·ma·te·ri·al·i·za·tion** [dìːmətì(ə)riəlɪzéɪʃən, -laɪ- | -tɪərɪəlaɪ-, -lɪ-] *n.*

De·mat·i·a·ce·ae [dɪmæ̀tiéɪsiìː, də- | dɪmæ̀tɪ-] 〘← NL ~ ← *Dematium* (属名: ← Gk *dḗmation* small cord (dim.) ← *dḗma* band)＋-ACEAE〙 — *n. pl.* 〘植物〙 (不完全糸状菌目)デマチウム科. **de·màt·i·á·ceous** [-ʃəs] *adj.*

Dem·a·vend [déməvènd] *n.* デマベンド(山)《イラン北部 Elburz 山脈中の最高峰 (5,604 m)》.

deme [díːm] 〘《1833》□ Gk *dêm-os* district, people: ⇨ demos〙 — *n.* **1** 〘ギリシャ史〙 (紀元前 508 年頃 Cleisthenes が 100 区に分けた Attica の)市区. **2** (現代ギリシャの)市, 地方自治体. **3** 〘生態〙 デーム《個体群に重点を置く分類学上の単位; cf. gamodeme》.

de·mean¹ [dɪmíːn, də- | dɪ-] 〘《1601》← DE-¹＋MEAN²: DEBASE にならった造語〙 — *vt.* [通例 ~ *oneself* で] 身分を落とす (debase), 品位を傷つけるような卑しいことをする: He ~*ed himself by* marrying [*to* marry] the girl. 身を落としてその少女と結婚した.

de·mean² [dɪmíːn, də- | dɪ-] 〘《?a1300》 *deme(i)ne(n)* to manage □ (O)F *démen-er* < VL **dēmināre* ← DE-¹＋L *mināre* to drive (← *minārī* to threaten: cf. minatory)〙 — *vt.* [~ *oneself* で] 《文語》振舞う, (身を)処する. ★ 常に副詞(句)を伴う: ~ *oneself* well [ill] りっぱに[まずく]振舞う / He ~*ed himself* like a man [as a gentleman]. 男らしく[紳士的に]振舞った. — *n.* 《古》＝demeanor.

de·mean·or, 《英》 **de·mean·our** [dɪmíːnə, də- | dɪmíːnə(r)] 〘《?1472》 *demenure* ← *demene(n)*: ⇨ ↑, -ure〙 *n.* **1** 行状, 振舞い, 品行. **2** 態度, 物腰; 表情.

de·ment [dɪmént, də- | dɪ-] 〘《1545》□ L *dēment-āre* to deprive of mind ← *dēmentem* ← DE-¹＋*mēns* 'MIND'〙 — *n.* 気が狂った人, 気違い. — *vt.* 《古》発狂させる, …の理性を奪う (cf. demented).

de·mént·ed [-tɪd, -təd | -tɪd, -təd] *adj.* **1** 気が狂った, 発狂した: It will drive me ~. (心配などで)気が狂いそうだ. **2** 気違い沙汰の, 気違いじみた: one's ~ conduct. **~·ly** *adv.* **~·ness** *n.*

dé·men·ti [dèɪmɑ̃ː(n)tíː, -mɔ̃ː(n)-, -mɑːn-, -mɔ(ː)n-, ―́―; *F.* demɑ̃ti] 〘《1698》□ F ~ ← *démentir* to give a lie to ← DE-¹＋*mentir* (< L *mentīrī* to tell a lie)〙 — *F. n.* (*pl.* ~*s* [~z; *F.* ~]) 〘外交〙 (風説などに対する)公式の否認.

de·men·tia [dɪménʃə, də-, -ʃiə | dɪménʃɪə, -ʃə] 〘□ L *dēmentia* insanity ← *dēmentem* out of one's mind: ⇨ dement〙 — *n.* **1** 〘精神医学〙 痴呆(ﾁﾎｳ)《後天性の回復不能な知的障害; cf. amentia》: precocious ~ 早発性痴呆症《精神分裂症の旧称; cf. schizophrenia》 / ⇨ senile dementia. **2** 気違い, 発狂. **de·mén·tial** [-ʃəl, -ʃiəl | -ʃɪəl, -ʃəl] *adj.*

deméntia práe·cox [pré·cox] [-príːkɑks | -kɒks] 〘□ L ~ 'precocious insanity'〙 — *n.* (*pl.* **de·men·ti·ae prae·co·ces** [dɪménʃiìː-príːkəsìːz, də-]) 〘精神医学〙 早発性痴呆(ﾁﾎｳ) (cf. schizophrenia).

Dem·e·rar·a [dèmərɛ́(ə)rə, -rɑ́ːrə | -réərə] 〘南米ガイアナの原産地名〙 *n.* デメララ《サトウキビから採る黄褐色の粗糖; Demerara sugar ともいう》.

de·mer·it [dɪmérɪt, də-, dìː-, -rət | dìːmérɪt, ―́―́―] 〘《1399》□ OF *de(s)merite* // L *dēmerit-um* (ML) fault, 《原義》 merit (強意の *de-* が打消しの *de-* と混同された) (neut. p.p.) ← *dēmerērī* to deserve (well) ← DE-¹＋*merērī* 'to MERIT'〙 — *n.* **1 a** 落度, 欠点: the merits and ~*s* [dìːmérɪts] of …の長所短所[功罪, 得失]. **b** 取り柄のなさ. **2** 《米》〘教育〙 ＝demerit mark.

demérit màrk *n.* 《米》〘教育〙 罰点《不行状などのため学籍簿に記入される》.

de·mer·i·to·ri·ous [dìːmèrətɔ́ːriəs, -tɔ́ːr- | -rɪtɔ́ːrɪ-] 〘← DE-¹＋MERITORIOUS〙 *adj.* 責められるべき, 非難さるべき (blameworthy).

Dem·e·rol [démərɔ̀(ː)l, -ròʊl | -rɒl] 〘← ?〙 *n.* 〘商標〙 デメロール《鎮痛剤 meperidine の商品名》.

de·mer·sal [dɪmɜ́ːsəl, də-, -sl | -mɜ́ː-] 〘← L *dēmersus* ((p.p.) ← *dēmergere* to sink ← DE-¹＋*mergere* 'to MERGE')＋-AL¹〙 — *adj.* 〈海洋[水中]生物が〉海[湖]底などにすむ, 深海にいる (cf. pelagic).

de·mesne [dɪméɪn, də-, -míːn] 〘《?a1300》 *demeyne* □ OF *demeine* (⇨ domain): *-s-* は AF *mesnee* household との連想で, 17C 以来のもの〙 — *n.* **1** 〘法律〙 (自己の権利に基づく土地の)占有: hold estates in ~ 所有者として土地を保有する. **2** (所有者の)占有地, 私有地. **3** (国王または国家の)領地: a ~ of the crown＝royal demesne / a ~ of the State＝a State ~ 官有[国有]地. **4** 《英》領主直営地《農民への貸付地と区別される領主自身のための土地》, (地方大地主の)邸宅付属地《邸宅付近の park, chase, home, farm などを含む; cf. barton 2》. **5** [通例 *pl.*] 地所, 土地. **6** 地方. **7** (活動の)範囲, 領域.

De·me·ter [dɪmíːtə, də- | dɪmíːtə(r)] 〘□ Gk *Dēmḗtēr*, (Doric) *Dāmā́tēr* 《原義》 earth-mother ← Doric *dā* (＝Gk *gē*) earth＋*mā́tēr* (＝Gk *mḗtēr*) 'MOTHER¹'〙 — *n.* 〘ギリシャ神話〙 デーメーテール《大地・穀物・麦・社会秩序の女神; ローマ神話の Ceres に当たる; Persephone の母》.

dem·e·ton [démətɑ̀n | -mɪtɒn, -mə-] 〘← ? D(I)E(THYL)＋ME(RCAPTO-)＋T(HI)ON(ATE)〙 *n.* 〘薬剤〙 デメトン《有機リン化合物で殺虫剤》.

De·me·tri·a [dɪmíːtriə, də- | dɪmíːtrɪə] 〘(fem.) ↓〙 *n.* 女性名.

De·me·tri·us [dɪmíːtriəs, də- | dɪmíːtrɪ-] 〘□ L *Dēmētrius* □ Gk *Dēmḗtrios* 《原義》 'belonging to DEMETER'〙 *n.* 男性名.

Demetrius I *n.* デメトリオス一世 (337?–283 B.C.; マケドニア (Macedonia) の王 (*c.* 294–283 B.C.); Antigonus I の息子; Poliorcetes [pɑ̀liɔəsíːtiːz | pɒ̀lɪɔː-] (攻城者)と呼ばれた》.

dem·i- [démi, -mɪ, -mə | -mɪ] 〘ME □ (O)F ~ ← *demi* half < ML *dimedium*＝L *dimidius* half ← *dis* apart ＋*medius* 'MIDDLE'〙 — 「半, 部分的, 準…」などの意の連結形 (cf. semi-, hemi-): demigod, demitasse.

démi·bàstion *n.* 〘築城〙 (一正面と一側面とから成る)半稜堡(ﾘｮｳﾎ) (cf. bastion).

démi·cúlverin 〘□ F *demi-couleuvrine*: ⇨ demi-, culverin〙 *n.* 〘銃砲〙 半カルヴェリン砲《culverin 砲の第 2 番目; 17 世紀のものは 9 ポンド砲》.

dem·i·glace [démiglèɪs, -mɪ-, -mə- | -mɪ-] 〘□ F ~ 《原義》 half glaze: ⇨ demi-, glacé〙 — *F. n.* ドゥミグラ(ソース): **1** ブラウンソース (brown sauce) を煮つめマデラ酒を加えたソース. **2** (子牛肉などを主材料とした)茶色のだし汁を煮つめたもの.

démi·gòd 〘《なぞり》 ← L *semideus*〙 *n.* **1** 半神半人《神と人との間に生れた子》, 神人. **2** 神に祭られた人, 偉大な英雄, 崇拝される人物.

démi·gòddess *n.* 女性の demigod.

démi·hùnter *n.* 〘時計〙 デミハンター (⇨ half hunter).

dem·i·john [démɪdʒɑ̀n | -dʒɒn] 〘《1769》 《通俗語源》 ← F *dame-jeanne* Dame Jane: その形を hoop で腰をふくらませた婦人に見立てたもの〙 — *n.* 籠(ｶｺﾞ)入り大ガラスびん《酒や薬品用のガラス容器で, 首が細く 2 ガロン以上入る》.

demijohn

dem·i·jour [dəmiʒúə | -ʒúə(r); *F.* dəmiʒuːr] 〘□ F ~ 《原義》 half day〙 *F. n.* 薄明かり.

de·mil·i·ta·ri·za·tion [dìːmɪlətərɪzéɪʃən, -rə- | -lɪtəraɪ-, -rɪ-] *n.* 非武装化, 非軍事化.

de·mil·i·ta·rize [dìːmɪ́lətəràɪz | -lɪt-] *vt.* **1 a** 〈ある国・地域など〉に武装を解除させる. **b** 〈特定の地域〉の非武装を指定する, 非武装化する: a ~*d* zone 非武装地帯 (略 DMZ). **2** 〈原子力などを〉非軍事化する. **3** 軍政から民政に移す.

De Mille [dɪmɪ́l, də-], **Agnes (George)** *n.* (1909–) 米国の舞踊家・振付師; Cecil B. De Mille の姪.

De Mille, Cecil B(lount) [blʌ́nt] *n.* (1881–1959) 米国の映画製作者・監督.

dem·i·lune [démɪlùːn] 〘□ F ~: ⇨ demi-, lune¹〙 — *n.* **1** 《原義》 半月, 三日月. **2** 〘築城〙 半月堡(ﾎ)《堀に囲まれた V 字形の外堡; half-moon, ravelin ともいう》. **3** 半月[三日月]形. — *adj.* 半月[三日月]形[状]の.

dèmi·míni 〘← DEMI-＋MINI-〙 *n., adj.* デミミニ(の), 超ミニスカート(の).

dem·i·mon·daine [dèmɪmɑndéɪn, ―́―́― | dèmɪmɒndéɪn, ―́―́―; *F.* dəmimɔ̃dɛn] 〘□ F ~ *demi-monde* (↓)〙 — *n.* (*pl.* ~*s* [~(z); *F.* ~]) 日陰の女, 妾, 魔窟(ﾏｸﾂ)の女, 売春婦 (cf. demirep). — *adj.* 花柳界[日陰の世界]の.

dem·i·monde [démɪmɑ̀nd, ―́―́― | dèmɪmɔ́ː(n)d, -mɔ́(ː)nd, ―́―́―; *F.* dəmimɔ̃ːd] 〘《1855》□ F ~ 'half-world' (⇨ demi-, monde): 小 Dumas の造語〙 — *n.* **1** [the ~] いかがわしい女たちの世界, 日陰の世界, 花柳界; [集合的] いかがわしい女たち, 花柳界の女性たち, 売春婦たち. **2** ＝demimondaine. **3** [the ~] (ある職業や団体の中での)日陰の[日の当らない]人々; いかがわしい活動をしている連中: *the* ~ of letters＝*the* literary ~ 日陰の文士連中.

de·min·er·al·ize [dìːmɪ́n(ə)rəlàɪz] *vt.* 脱塩する, 脱イオンする. **de·min·er·al·i·za·tion** [dìːmɪ̀n(ə)rəlɪzéɪʃən, -lə- | -laɪ-, -lɪ-] *n.* **dè·mín·er·al·ìz·er** *n.*

dèmi·offícial *n.* 《インド》 公事に関する私書簡《demi-official letter ともいう》.

de·mi·pen·sion [dəmipɑ̃ː(n)sjɔ̃ː(ŋ), -pɔ̃ː(n)sjɔ̃ː(ŋ), -pɑːn-, -pɔ(ː)n-, -sɪ-, -sjɔ̃(ː)ŋ | -sj-, -sɪ-; *F.* dəmipɑ̃sjɔ̃] 〘□ F ~〙 — *F. n.* (通例フランスや他のヨーロッパ諸国で)下宿・ホテルなどの一泊二食制《宿泊・朝食ともう一食》; その料金.

Dem·i·phon [déməfɑ̀n | -mɪfɒn] 〘□ Gk *Dēmiphōn*〙 — *n.* 〘ギリシャ神話〙 デミポン《神託によって生け贄(ﾆｴ)となる娘の名をくじで引いた王; 自分の娘たちはくじから除いたことがばれて彼女たちは殺された》.

dem·i·pique [démɪpìːk, -mɪ-, -mə- | -mɪ-] 〘← DEMI-＋*pique* (《変形》 ← PEAK¹)〙 *n.* 〘馬具〙 18 世紀の前橋 (pommel) の低い軍事用の鞍.

de·mi·plié [dèmipliéɪ, dəmìːpljéɪ | dèmɪplɪéɪ, dəmìːpljéɪ; *F.* dəmiplje] 〘□ F ~ 《原義》 halfbent ← DEMI-＋*plié* ((p.p.) ← *plier* to bend)〙 — *adj.* 〘バレエ〙 ドゥミプリエ《バレエの技の一つで, 基本の五つのポジションのいずれかで床から踵(ｶｶﾄ)をあげることなく両膝を半分もしくは少し曲げる動作にいう》.

dem·i·qua·ver [démɪkwèɪvə, -mə- | -mɪkwèɪvə(r)] *n.* 〘音楽〙 ＝semiquaver.

dèmi·relíef 〘⇨ demirilievo〙 *n.* 〘美術〙 半肉彫り, 中浮彫り《high relief と low relief との中間》.

dem·i·rep [démɪrèp] 〘《1749》 ← DEMI-＋REP²〙 *n.* 《古》 ＝demimondaine.

dèmi·rilíevo 〘□ It. ~: ⇨ demi-, rilievo〙 *n.* 〘美術〙 ＝demirelief.

de·mis·a·ble [dɪmáɪzəbl, də- | dɪ-] *adj.* 譲れる, 譲渡されるべき, 遺贈できる.

de·mise [dɪmáɪz, də- | dɪ-] 〘《1442》□ AF ~ (fem. p.p.) ← OF *de(s)mettre* (F *démettre*) 'to DISMISS'〙 — *vt.* **1** 〘法律〙 〈不動産〉の権利を一定期間譲渡する; 遺贈する. **2** 〘政治〙 (主権者の死去・退位などによって)〈主権を〉譲る: ~ the Crown 王位[帝位]を譲る, 譲位する. — *vi.* **1** 〘法律〙 〈財産などが〉遺言[継承]によって譲渡される[伝わる]. **2** 〈王が〉崩御される; (一般に)〈人が〉死亡する. — *n.* **1** 〘法律〙 (遺言または賃借による)不動産権利譲渡[設定]; それをもたらす死亡. **2** 〘政治〙 (王位の)継承《★ 通例次の句で用いる》: the ~ of the crown (王の崩御または退位による)王位継承. **3 a** 崩御. **b** (普通人の)死去, 死亡. **4** 消滅; 活動停止[終了].

dem·i·sec [démɪsék, -mɪ-, -mə- | -mɪ-] 〘□ F ~: demi-, sec¹〙 — *adj.* 〈シャンパンが〉やや辛口の, ドゥミセックの (semidry)《糖量 5–7% のものにいう; cf. champagne》.

démi·sèmi *adj.* 半々の; 四半分の: ~ statesmen 群小政治家.

demi·semiquaver [ˊ--ˋ-ˋ--|ˊ-ˋ-ˋ--ˋ-] *n.*《英》『音楽』三十二分音[音符].

de·mis·sion [dɪmíʃən, də-]〖⊏F *démission* < OF *desmission* ← *desmettre*: ⇨demise: cf. L *dīmissiō(n-)*〗 — *n.*《古》**1** 辞職, 退職; 退位. **2**《まれ》解雇, 免職.

de·mist [dìːmíst]〖← DE-¹+MIST〗 *vt.*《英》〈自動車・飛行機の窓ガラスなど〉からくもりを取り除く(cf. defrost).

de·mist·er [dìːmístə | -tə(r)]〖⇨↑, -er¹〗 *n.*《英》デミスター《暖かい空気を吹き付けるなどして自動車・飛行機などの窓ガラスのくもりを取り除く装置; cf. defroster》.

de·mit [dɪmít, də-|dɪ-]〖《15C》⊏(O)F *démett-re* to send away《混成》← OF *desmettre* (← *des-* 'DIS-¹'+L *mettere* to send)+L *dīmittere* to send away〗 — *v.* (**de·mit·ted; -mit·ting**) — *vt.* **1**〈職を〉辞する. **2**《古》免職する. — *vi.* 辞職する.

dem·i·tasse [démɪtæ̀s, -tàːs|-tàːs; *F.* dəmitɑːs]〖⊏F ~ 'half cup'〗 — *n.* (*pl.* **-i·tass·es** [~ɪz, ~əz, ~; *F.* ~]) デミタス《小型のカップで食後に通例ブラックで飲むコーヒー》; 「しの部分.

démi·tìnt *n.*『美術』間色, 半調ぼかし; (絵画の)ぼか

dem·i·urge [dèmiə́ːdʒ | dímiəːdʒ, dém-]〖《1678》⊏LL *dēmiūrg-us* ⊏Gk *dēmiourgós* maker of the world ← *dêmios* of the people (⇨demos)+*érgon* 'WORK'〗 — *n.* **1** [D-] **a**『プラトン哲学』(Plato が世界の製作者と考えた)デミウルゴス. **b**『グノーシス派』創造者[神], デミウルゴス, 造物主《最高神と区別して, 物質的世界[この世]の創造者を意味する; キリスト教的グノーシス派もこの神を認めた》. **2** (古代ギリシャの地方国家の)行政官. **3** (制度・思想・個人など)支配[創造]力を持つもの. 「=demiurgic.

dem·i·ur·geous [dèmiə́ːdʒəs | dìːmiə́ː-, dèm-] *adj.*

dem·i·ur·gic [dèmiə́ːdʒɪk | dìːmiə́ː-, dèm-]〖⊏Gk *dēmiourgik-ós*: ⇨demiurge, -ic¹〗 — *adj.* デミウルゴスの; 造化的な; (世界)創造的な.

dèm·i·úr·gi·cal *adj.* =demiurgic. **~·ly** *adv.*

de·mi-vierge [dèmiːviέəʒ, də- | -viέəʒ; *F.* dəmivjɛrʒ]〖⊏F ~ 'half virgin': ⇨virgin〗 *n.* 半処女《肉体的には処女であるが精神的にはそうでない女》.

démi·vòlt〖⊏F *demi-volte*: ⇨demi-, volt²〗 *n.*『馬術』半巻き乗り《直線行進から直径 6-8 m の半円を描いて U ターンし, もとの軌跡に戻ること; cf. volt² 2》.

dém·i·wòrld [démi-, -mɪ-, -mə-|-mɪ-]〖《部分訳》← F *demimonde*〗 *n.* 日の当らない世界, 裏社会, 花柳界.

demn [dém] *int.*《英》=damn (cf. dem).

dem·ni·tion [demníʃən]〖《変形》〗 *attrib. adj., adv.*《米》=damnation.

dem·o [démou | -məu]〖《略》← DEMONSTRATION〗 — *n.* (*pl.* **~s**)《口語》**1** デモ: go on a ~ デモに参加する. **2 a** デモレコード[テープ], 試聴盤《歌手などの志望者がレコード会社・放送局などに自分を売り込むために送る録音》. **b** (展示用などの)試作自動車, モデルカー. 「ocrat 2.

Dem·o [démou | -məu] *n.* (*pl.* **~s**)《米口語》=dem-

de·mo- [díːmo(u)|-mə(u)]〖← Gk *dêmos*: ⇨demos〗「民衆 (populace); 人口 (population)」の意の連結形. ★ 母音の前では通例 dem- になる.

de·mob [dìːmɑ́b|-mɔ́b]〖《略》〗《英口語》— *n.* **1** 復員: a ~ suit (第二次大戦後復員兵に与えられた復員服. **2** 復員者. — *vt.* (**de·mobbed; de·mob·bing**) =demobilize.

de·mo·bi·li·za·tion [dìːmòubəlɪzéɪʃən, -lə-|-məubəlaɪ-, -bɪ-, -lɪ-] *n.*『軍事』復員, 動員解除; 解隊, 除隊.

de·mo·bi·lize [dìːmóubəlàɪz | -mə́ubə-, -bɪ-]〖← DE-¹+MOBILIZE〗 — *vt.*『軍事』**1**〈人員・船舶など〉の動員を解除する, 戦時編制を解く. **2**〈人・部隊など〉を復員させる, 解隊する, 除隊させる.

de·moc·ra·cy [dɪmɑ́krəsi, də- | dɪmɔ́krəsi]〖《1574》⊏(O)F *démocratie* ⊏ML *dēmocratia* ⊏Gk *dēmokratía* ← *dêmos* people+*-kratia* '-CRACY'〗 — *n.* **1 a** 民主制, 民主政体; 民主政治: absolute [pure] ~ 絶対[純粋]民主制 / direct ~ 直接民主制[主義] / ⇨representative democracy. **b** 多数支配原理. **2** 民主(主義)国[社会]; (特に)直接民主制をとる国家 (cf. republic). **3** 民主主義, 政治的[社会的, 法律的]平等; 民主的精神. **4** [D-]《米》『政治』民主党の政綱; 民主党 (Democratic Party); [集合的] 民主党員. **5** [the ~] (特に政治のよりどころとしての)平民階級, 民衆, 庶民. **6** 世襲的な階級的区別[特権]のないこと.

dem·o·crat [déməkræ̀t]〖《1790》⊏F *démocrate*: ↑〗 — *n.* **1** 民主主義者; 民主政体論者. **2** [D-]《米》民主党員 (cf. republican 2);『米史』民主共和党員 (略 D, D., Dem.). **3**《古》=democrat wagon.

dem·o·crat·ic [dèməkrǽtɪk | -tɪk]〖《1602》⊏(O)F *démocratique* ⊏ML *dēmocraticus* ⊏Gk *dēmokratikós*: ⇨demo-, -cratic〗 — *adj.* **1** 民主制体の; 民主制の; 民主(主義)的な: ~ government 民主政治. **2** 平民的な, 大衆的な: ~ art 民衆芸術 / the ~ price of one quarter 25 セントという大衆的な値段. **3** 政治的に平等な. **4** [D-]《米》民主党の;『米史』民主共和党の. **dèm·o·crát·i·cal·ly** *adv.*

dèm·o·crát·i·cal [-tɪkəl, -tə-|-tɪ-]〖← (O)F *démocratique* (↑)+-AL¹〗 — *adj.* =democratic.

democrátic céntralism *n.*『政治』民主集中制《共産党上部機関による党の政策と意思決定に党員が参加し, その決定に下部組織および党員の服従[集中]が厳しく求められる方式》.

Democrátic Párty *n.* [the ~] (米国の)民主党《Republican Party と共に現在米国の二大政党; 1828 年結成》.

Democrátic-Repúblican Párty *n.* [the ~] (米国の)民主共和党《Federalist Party に対抗した政党; 1800 年 Jefferson を大統領に送り込んだ》.

de·moc·ra·tism [dɪmɑ́krətɪzṃ, də- | dɪmɔ́k-] *n.* 民主主義の原理[理論, 体制].

de·moc·ra·ti·za·tion [dɪmɑ̀krəṭɪzéɪʃən, də-, -ṭə- | dɪmɔ̀krətaɪ-, -tɪ-] *n.* 民主化.

de·moc·ra·tize [dɪmɑ́krətàɪz, də- | dɪmɔ́k-]〖⊏F *démocratis-er*: ⇨democrat, -ize〗 *vt., vi.* 民主[平民]化する; 大衆化する. **de·mòc·ra·tìz·er** *n.*

démocrat wàgon *n.*《米》(座席が二つ(以上)で通例 2 頭立ての農場用の昔の)軽量馬車.

De·moc·ri·te·an [dɪmɑ̀krətíːən, də-|dɪmɔ̀krɪ-] *adj.* デモクリトス (Democritus) の(ような), デモクリトス哲学の(ような).

De·moc·ri·tus [dɪmɑ́krəṭəs, də-|dɪmɔ́krɪt-] *n.* デモクリトス《460?-?370 B.C.; ギリシャの哲学者; あだ名は the Laughing Philosopher; cf. atomism 2 a》.

dé·mo·dé [dèɪmo(u)déɪ | -mə(u)-; *F.* demɔde]〖⊏F ~ (p.p.) ← (*se*) *démoder* to go out of fashion: ⇨de-², mode²〗 — *F. adj.* (*also* **de·mo·de** [~]) すたれた, 流行遅れの, 旧式な.

de·mod·ed [dìːmóudɪd, -dəd|-mə́ud-]〖《なぞり》← F *démodé* (↑)〗 *adj.* =démodé.

de·mod·u·late [dìːmɑ́dʒulèɪt | -mɔ́dju-] *vt.*『通信』復調する; 検波する. 「信」復調; 検波.

de·mod·u·la·tion [dìːmɑ̀dʒuléɪʃən | -mɔ̀dju-] *n.*『通

dè·mód·u·là·tor [-ṭə | -tə(r)] *n.*『通信』復調器《変調された信号をもとの信号に戻す作用をするもの》.

De·mo·gor·gon [dìːməgɔ́əgən, dèm- | dìːmə(u)gɔ́ː-]〖⊏LL *Dēmogorgōn* ← ? *dēmo-* 'DEMO-'+Gk *gorgós* terrible (⇨Gorgon)〗 — *n.* 魔王《冥府の鬼神または原始の創造神として文学に現われる》.

de·mog·ra·pher [dɪmɑ́grəfə, də- | diːmɔ́grəfə(r)] *n.* 人口学者, 人口統計学者.

de·mo·graph·ic [dìːməgrǽfɪk, dèm-]〖⊏F *démographique*: ⇨demography, -ic¹〗 — *adj.* 人口学の, 人口統計[調査]の, 人口統計的な: ~ adjustment 人口調節. **dè·mo·gráph·i·cal·ly** *adv.* 「pher.

de·mog·ra·phist [-fɪst, -fəst | -fɪst] *n.* =demogra-

de·mog·ra·phy [dɪmɑ́grəfi, də- | diːmɔ́grəfɪ]〖⊏F *démographie*: ⇨demo-, -graphy〗 — *n.* 人口学《出生・死亡・結婚などに関する人口の動態統計や社会統計をする学問》.

dem·oi·selle [dèm(w)əzél, -mwɑː-, ˊ-ˋ-|-mwɑː-; *F.* dəmwazɛl]〖⊏F ~ 'DAMSEL'〗 — *n.* **1**《古》若い婦人, 令嬢. **2**『鳥類』アネハヅル (*Anthropoides virgo*)《北アフリカ・アジア・ヨーロッパ南東部産のツルの一種; demoiselle crane ともいう》. **3**『昆虫』=damselfly. **4**『魚類』=damselfish. **5**『地質』=earth pillar.

De Mói·vre's théorem [dɪmɔ́ɪvəz-, də-, mwɑ́ːvr(ə)z- | dəmɔ́ɪvəz-, dɪ-; *F.* dmwaːvr]〖← *Abraham De Moivre* (1667-1754: 英国で活躍したフランスの数学者)〗 — *n.*『数学』ド モアヴルの定理《$(\cos\theta+i\sin\theta)^n=\cos n\theta+i\sin n\theta$ が成り立つという定理》.

de·mol·ish [dɪmɑ́lɪʃ, də- | dɪmɔ́l-]〖《1570》⊏(O)F *démoliss-* (stem) ← *démolir* ⊏L *dēmōlīrī* to pull down, destroy ← DE-¹+*mōlīrī* to construct (← *mōlēs* 'mass, MOLE³')〗 — *vt.* **1**〈建物などを〉取り壊す; 破壊する. **2**〈計画・制度・議論などを〉くじく, くつがえす, 粉砕する. **3** …の信用を傷つける, 不信用を招く. **4**《英口語》(がつがつと)食い尽す, 平らげる. **~·er** *n.* **~·ment** *n.*

dem·o·li·tion [dèməlíʃən, dìːm-]〖《1549》⊏(O)F *démolition* // L *dēmōlītiō(n-)*: ⇨↑, -tion〗 — *n.* **1** 取り壊し, 破壊; 壊滅状態; 爆破; (特権などの)破棄: ~ work 取り壊し作業 / a ~ squad 爆破工作隊. **2** [*pl.*]《古》廃墟. **3** [*pl.*] (特に戦時軍事施設などの目標破壊に用いる大型の)爆薬, 爆発物. **~·ist** [-ʃ(ə)nɪst, -nəst | -nɪst] *n.* 「弾, 破壊用爆弾.

demolítion bòmb *n.*『軍事』(施設破壊用の)普通爆

demolítion dèrby *n.* 自動車破壊競技《熟練ドライバーが古い自動車を運転し, 最後に走行可能な一台が残るまで車同志をぶつけ合う競争》.

de·mon¹ [díːmən]〖《?*a*1200》⊏LL *dēmōn, daemōn* evil spirit, (L) spirit ⊏Gk *daímōn* genius, deity,《原義》distributor (of men's destinies) ← IE **dā-* to divide (⇨tide¹, time): cf. L *daemonium* ⊏Gk *daimónion* thing of divine nature (ユダヤ教・キリスト教では「悪霊」)〗 — *n.* **1** 鬼, 鬼神, 悪魔, 悪霊. **2** 鬼のような人[動物], (利欲・情欲など)悪の権化(ごん): a regular ~ 全くの鬼, 全く鬼のような人 / the little ~ (of a child) いたずらっ子 / a ~ *of* jealousy 嫉妬の鬼. **3** 精力家, 名人: a ~ *of* accuracy 正確無比の人 / a ~ *for* work すごい働き手, 仕事の鬼 / a ~ *at* golf ゴルフの名人. **4** 守護神. **5**『ギリシャ神話』ダイモン《神をも意味しまた時には神と人との間に位する二次的な神をさす; 時に daemon ともいう》. — *attrib. adj.* **1** 鬼神[悪魔]の, 鬼神に関する: ~ worship 鬼神崇拝. **2** 鬼神[悪魔]に取り憑(つ)かれた; 鬼神のような.

de·mon² [díːmən]〖《変形》← *Diemen* (Tasmania の旧名)〗 *n.*《豪俗》**1** 警官; 刑事. **2**《古》囚人; =bushranger 2.

demon.《略》『文法』demonstrative. 「異形.

de·mon- [díːmən] (母音の前に来る時の) demono- の

de·mon·ess [díːmənɪs, -nəs, -nès | -nɪs, -nès] *n.* 女性の demon.

de·mon·e·ti·za·tion [dìːmɑ̀nəṭɪzéɪʃən, -ṭə- | dìː-mʌ̀nɪtaɪ-, dɪ-, -mɔ̀n-, -tɪ-]〖⊏F *démonétisation*: ⇨↓, -ation〗 — *n.*『経済』本位貨幣たる機能を失わせること, (本位貨幣・印紙・切手としての)通用廃止; 廃貨.

de·mon·e·tize [dìːmɑ́nətàɪz | dìːmʌ́nɪ-, dɪ-, -mɔ́nɪ-]〖《1852》⊏F *démonétis-er* ← DE-¹+L *monēta* 'MONEY': ⇨-ize〗 — *vt.*『経済』**1**〈金などの金属〉から本位貨幣たる資格を奪う[失わせる]. **2**〈貨幣・印紙・切手など〉の通用を廃止する.

de·mo·ni·ac [dɪmóuniæ̀k, də-, -mɑ́n- | dɪmə́unɪ-]〖《*c*1395》⊏(O)F *démoniaque* // LL *daemoniac-us* ⊏Gk *daimoniakós* ← *daimónios* ← *daímōn* 'DEMON¹': ⇨-ac〗 — *adj.* **1** =demonic 1. **2** 悪魔に取り憑(つ)かれた, 狂乱の. — *n.* 悪魔に取り憑かれた人; 狂人.

de·mo·ni·a·cal [dìːmənáɪəkəl | -mə(u)-] *adj.* **dè·mo·ní·a·cal·ly** *adv.*

de·mo·ni·an [dɪmóuniən, də-, -njən | dɪmə́unjən, -nɪən] *adj.* =demonic 1.

de·mon·ic [dɪmɑ́nɪk, də-, diː-, -móun- | diːmɔ́n-, dɪ-]〖《1662》⊏L *daemonic-us* ⊏Gk *daimonikós*: ⇨demon¹, -ic¹〗 — *adj.* **1** 鬼神の(ような); 悪魔の(ような), 悪魔的な: ~ energy. **2** [通例 daemonic] 守護神のような働きをする, 神通力を持つ. **de·món·i·cal** *adj.* **de·món·i·cal·ly** *adv.*

dé·mon·ism [-nɪzṃ] *n.* **1** 魔神[鬼神]信仰, 鬼神崇拝. **2** 鬼神学.

dé·mon·ist [-nɪst, -nəst | -nɪst] *n.* 魔神信仰者.

de·mon·ize [díːmənàɪz]〖⊏ML *daemoniz-āre*: ⇨demon¹, -ize〗 — *vt.* **1** 悪魔に化する, 鬼にする. **2** 悪魔に取り憑かせる. **de·mon·i·za·tion** [dìːmənɪzéɪʃən, -nə- | -naɪ-, -nɪ-] *n.*

de·mo·no- [díːməno(u)|-nə(u)]〖← Gk *daímōn* 'DEMON¹'〗 demon の意の連結形. ★ 母音の前では通例 demon- になる.

de·mon·oc·ra·cy [dìːmənɑ́krəsi | -nɔ́krəsɪ]〖⇨↑, -cracy〗 *n.* 魔神[鬼神]の支配.

de·mon·ol·a·ter [dìːmənɑ́ləṭə | -nɔ́lətə(r)]〖← DEMONO-+-LATER〗 *n.* 魔神[鬼神]崇拝者.

de·mon·ol·a·try [dìːmənɑ́lətri | -nɔ́lətrɪ]〖← DEMONO-+-LATRY〗 *n.* 魔神[鬼神]崇拝.

de·mon·ol·o·gy [dìːmənɑ́lədʒi | -nɔ́lədʒɪ]〖← DEMONO-+-LOGY〗 *n.* 鬼神学, 悪魔研究, 妖(よう)怪学, 悪魔学; 鬼神論. **dè·mon·ól·o·gist** [-dʒɪst, -dʒəst | -dʒɪst] *n.*

de·mon·o·man·cy [díːməno(u)mæ̀nsi | -nə(u)mæ̀n-sɪ]〖← DEMONO-+-MANCY〗 *n.* 悪魔占い.

de·mon·o·pho·bi·a [dìːməno(u)fóubiə | -nə(u)fə́u-bjə, -bɪə]〖← DEMONO-+-PHOBIA〗 *n.* 鬼神恐怖(症).

dem·on·stra·bil·i·ty [dɪmɑ̀nstrəbíləṭi, də-, dèm-ən- | dèmənstrəbílətɪ, dɪmɔ̀n-, -lɪ-] *n.* 論証可能性.

dem·on·stra·ble [dɪmɑ́nstrəbḷ, də-, démən- | dém-ənstrə-, dɪmɔ́n-]〖《?*a*1400》⊏L *dēmonstrābil-is*: ⇨demonstrate, -able〗 — *adj.* **1** 論証でき[されうる]る. **2** 明らかな, 明白な. **~·ness** *n.*

dem·ón·stra·bly [-bli | -blɪ] *adv.* 論証でき[されうる]るように; はっきり示されるように.

de·mon·strant [dɪmɑ́nstrənt, də- | dɪmɔ́n-]〖⇨↓, -ant〗 *n.* =demonstrator 3.

dem·on·strate [démənstrèɪt]〖《1552》← L *dēmonstrāt-us* (p.p.) ← *dēmonstrāre* ← DE-¹+*monstrāre* to show (← *mōnstrum* 'divine portent, MONSTER'): ⇨-ate³〗 — *vt.* **1**〈学説・真理などを〉論証する, 立証[証明]する. **2**〈事物が〉…の証拠となる, 証明する, 明らかに示す: This ~*s* his integrity. この事が彼の正直さを証明する. **3**〈感情を〉あらわに示す. **4** (模型・実験などの助けをかりて)説明[明示]する, 実地教授をする, 実際にやって見せる;〈商品など〉の実物宣伝をする. — *vi.* **1** 示威運動[(街頭)デモ]をする[に参加する]: They ~*d against* [*for*] the treaty. 彼らはその条約に反対[賛成]のデモをした. **2**『軍事』〔…に対し〕牽制(けん)行動をする, 陽動作戦をとる〔*against*〕. **3** 公開実験[模範授業]をする[に参加する].

dem·on·stra·tion [dèmənstréɪʃən]〖《*c*1380》⊏(O)F *démonstration* // L *dēmonstrātiō(n-)*: ⇨↑, -ation〗 — *n.* **1** 論証, 立証, 証明; 例証(となるもの), 実例, 証拠. **2**『論理』論証; 証明: direct [indirect] ~ 直接[間接]論証 / to ~ 明確に, 決定的に. **3**『数学』証明. **4**〔感情などの〕表明, 明示, 表示〔*of*〕: give a ~ *of* love 愛情を表示する. **5** 実物教授; 公開実験, 実演公開実験[授業], デモンストレーション: a cooking ~ 料理の実演 / teach by ~ 実物教授をする, 実際にやって見せる[教える]. **6** (商品などの)実物宣伝, 実演. **7** 示威運動, (街頭)デモ《《口語》では demo ともいう》: stage [mount] violent ~*s* 激しいデモを行なう[始める]. **8**『軍事』牽制(けん)行動, 陽動(作戦), 陽功.

dèm·on·strá·tion·al [-ʃənḷ, -ʃnəl] *adj.* **1** 論証(的)の; 表示(的)の; 公開実験(的)の. **2** 示威運動の.

demonstrátion effèct *n.*『経済』デモンストレーション効果《他人の行動によって個々人の消費支出が左右されること》.

dèm·on·strá·tion·ist [-ʃ(ə)nɪst, -nəst|-nɪst] *n.* 示威運動者, (街頭)デモ参加者.

de·mon·stra·tive [dɪmɑ́nstrəṭɪv, də- | dɪmɔ́nstrət-]〖《*c*1395》⊏(O)F *démonstratif* // L *dēmonstrātīv-us*:

⇨ demonstrate, -ive』 ── *adj.* **1** 明示[指示]的な. **2** 『文法』指示の (略 demon.) : a ～ adjective [adverb, pronoun] 指示形容詞[副詞, 代名詞]. **3** 例証的な, 論証的な, 〔…を〕例証[論証]しうる 〔*of*〕: a ～ truth 論証となる真理. **4** 〈人・行動など〉表現的な, 表情の強い, 感情をあらわに示す, (慎みがなくて)あらわな (effusive) : a ～ person / ～ affection, behavior, etc. **5** 示威的な. ── *n.* 『文法』指示詞《明白にそれと指定する語, that, this など; 略 demon.》. **～·ness** *n.*

de·món·stra·tive·ly *adv.* **1** 論証的に. **2** 明示的に, あらわに. **3** 指示的に, 示威的に.

dém·on·strà·tor [-tə | -tə(r] 〘▭L *dēmonstrātor* : ⇨ demonstrate, -or²〙 *n.* **1** 論証者, 証明者. **2** (英国の大学で)実地[実験]教授者; (解剖学の)実地授業の助手. **3** 示威運動者, (街頭)デモの参加者. **4** (商品[製品]などの)実地宣伝をする人[係]. **5** 実物宣伝に用いられる(自動車などの)製品[商品].

dem·o·pho·bi·a [dèməfóubiə | -fə́ubjə, -biə] 〘← DEMO- ＋-PHOBIA〙 *n.* 『精神医学』群集恐怖(症).

de·mor·al·i·za·tion [dɪmɔ̀(ː)rəlɪzéɪʃən, də-, diː-, -mɑ̀r- , -lə- | dɪmɔ̀rəlaɪ-, -lɪ-] *n.* **1** 風俗壊乱, 道徳頽廃(㕝), 堕落. **2** 士気阻喪(㐂).

de·mor·al·ize [dɪmɔ́(ː)rəlàɪz, də-, diː-, -mɑ́r- | dɪmɔ́r-] 〘《*c*1793》▭F *démoralis-er* : ⇨ de-¹, moral, -ize〙 ── *vt.* **1** 《古》…の風紀を乱す, 風俗を壊乱する, 堕落させる. **2** 〈軍隊など〉の士気をくじく. **3** 〈人を〉まごつかせる, 混乱させる : He was badly ～*d* by fright. 恐怖のためひどく取り乱した. **de·mór·al·ìz·er** *n.* **de·mór·al·ìz·ing·ly** *adv.*

De Mor·gan [dɪmɔ́əgən, də- | dəmɔ́ː-], **William Frend** [frénd] *n.* (1839-1917) 英国のステンドグラスや陶器の製作者, 後に小説家; *Joseph Vance* (1906).

De Mórgan's láws 〘← *Augustus De Morgan* (1806-71 : 英国の数学者)〙 ── *n. pl.* 『論理・数学』ド・モーガンの法則《連言と選言は否定を媒介として互いに交換可能であることをいう四つの法則; De Morgan's theorems ともいう》.

de·mos, D- [díːmɑs | -mɒs] 〘《1776》▭Gk *dêmos* deme, the people of a country, (the common) people, 《原義》a division of the people ← IE **dā-* to divide : cf. demon¹〙 ── *n.* (*pl.* **～·es**) **1** (古代ギリシャの)市区, 市. **2** (古代ギリシャの)市民, 平民; (一般に)大衆, 民衆, 庶民階級. **3** 『社会学』(民族・種族を超越する政治単位としての)国民, 地域共同体.

De·mo·spon·gi·ae [dìːmɑspɑ́ndʒiìː | -spɒ́n-] 〘← NL ～ 《変形》← *Desmospongiae* ← DESMO- ＋L *spongiae* ((pl.) ← *spongia* 'SPONGE')〙 ── *n. pl.* 『動物』尋常[普通]海綿綱.

De·mos·the·nes [dɪmɑ́sθəniːz, də- | -mɒ́sθə-, -θɪ-] *n.* デモステネス《384?-322 B.C.; Athens の政治家で雄弁家; 反 Macedonia 派の中心人物》.

De·mos·then·ic [dìːməsθénɪk, dèm-] 〘▭L *Dēmosthenic-us* ▭Gk *Dēmosthenikós* ← *Dēmosthénēs* : ⇨ -ic¹〙 ── *adj.* デモステネス (Demosthenes) 流の, デモステネスの弁舌のような, 雄弁な; 愛国的熱弁の.

de·mote [dɪmóut, də-, diː- | diːmə́ut, dɪ-] 〘← DE-¹＋(PRO)MOTE〙 *vt.* …の階級[官位]を〔ある地位へ〕下げる, 降等[降格]する 〔*to*〕 (↔ promote).

de·moth·ball [diːmɔ́(ː)θbɔ̀ːl, -mɑ́θ- | -mɒ́θ-] *vt.* 『軍事』〈非現用の艦船・飛行機・大砲などを〉再び現役に復帰させる, 現役にもどす.

de·mot·ic [dɪmɑ́tɪk, də-, diː- | diːmɒ́t-, dɪ-] 〘《1822》▭Gk *dēmotik-ós* for the people, plebeian ← *dēmótēs* one of the people ← *dêmos* : ⇨ demos, -ic¹〙 ── *adj.* **1** 〈通例, 言語が〉民衆の, 人民の, 通俗の. **2** 『考古』(古代エジプトの)民衆文字の : ～ writing [script] 民衆文字, ディモティック《神官文字 (hieratic) を早く書けるように簡略化し, また数個の文字を連字のようにつなぎ合わせて書く草書体文字; cf. HIERATIC writing, enchorial》. **3** [しばしば D-] 現代ギリシャ語通俗体の[に関する]. ── *n.* **1** (古代エジプトの)民衆文字. **2** [D-] 現代通俗ギリシャ語 (Romaic) (↔ Katharevusa).

de·mo·tion [dɪmóuʃən, də-, diː- | diːmə́u-, dɪ-] *n.* 降位, 降等, 降職, 降格.

de·mount [diːmáunt] *vt.* **1** 〈砲などを〉(取付け場所から)取り外す, おろす : ～ a gun [an airplane motor] 大砲を砲座から[飛行機の発動機を]取り外す. **2** 〈機械を〉分解する. **～·a·ble** [-təbl | -tə-] *adj.*

demp·ster [dém(p)stə | -stə(r] 〘《*a*1325》: ⇨ deem, -ster〙 *n.* 『スコット古法』(法廷の)判決 (doom) を宣言する役人.

Dems [démz] 〘《頭字語》← *D(efensively) E(quipped) M(erchant) S(hip)*〙 *n.* 防備を施した商船; その砲手.

de·mul·cent [dɪmʌ́lsənt, də-, -sənt | dɪ-] 〘《1732》▭L *dēmulcent-em* (pres.p.) ← *dēmulcēre* to stroke down, soften ← DE-¹＋*mulcēre* to soothe : ⇨ -ent〙 『医学』 ── *adj.* 鎮痛の, 刺戟を緩和する. ── *n.* 粘滑薬.

de·mul·si·bil·i·ty [dɪmʌ̀lsəbíləti, də- | dɪmʌ̀lsɪbílɪti, -lɪ-] *n.* 『物理化学』抗乳化度, 抗乳化性.

de·múl·si·fì·er *n.* 『物理化学』解乳化剤, 抗乳化剤.

de·mul·si·fy [dɪmʌ́lsəfàɪ, də- | dɪmʌ́lsɪ-] 〘← DE-¹＋(E)MULSIFY〙 *vt.* 『物理化学』〈乳状化物質を〉(再結合せぬように)別々の物質に分離する, 解乳化する.

de·mur [dɪmə́ː, də- | dɪmə́ː(r] 〘《?*a*1200》 *demure(n)* ▭OF *demour-er* (F *demeurer*) to tarry, linger ＜ VL **dēmorāre* ＝L *dēmorārī* ← DE-¹＋*morārī* to delay (← *mora* delay : cf. moratorium)〙 ── *vi.* (**de·murred; de·mur·ring**) **1** 反対する, 異議[苦情]を唱える : ～ *to* [*at*] a statement 陳述に対して異議を唱える. **2** 『法律』妨訴抗弁をする. **3** 《古》決定を留保する, ためらう, 躊躇(ちゅうちょ)する 〈*to* do〉. ── *n.* **1** [通例, 否定的意味の語と共に用いて] 異議(の申し立て), 反対 (objection) : without [with no] ～ 異議なく[なし]. **2** 《古》躊躇 (hesitation).

de·mure [dɪmjúə, də- | dɪmjúə(r] 〘《1377》▭AF *demuré*＝OF *demoré* (p.p.) ← *demourer* (↑) : cf. OF *mur* (F *mûr*) ＜ L *mātūrum* 'MATURE'〙 ── *adj.* (**de·mur·er; -mur·est**) **1** (よい意味で)平静な, 落着いた; 〈特に, 女性・服装など〉でしゃばらない, 遠慮がちな, 地味な (modest). **2** (悪い意味で)つんとすました, 謹直を装った, 上品ぶった, まじめくさった (prudish). **～·ly** *adv.* **～·ness** *n.*

de·mur·ra·ble [dɪmə́ː(r)əbl, də- | dɪmʌ́r-] *adj.* 『法律』妨訴抗弁できる, 異議を唱えられる.

de·mur·rage [dɪmə́ː(r)ɪdʒ, də- | dɪmʌ́r-] 〘《1641》← DEMUR ＋-AGE〙 ── *n.* **1** 『商業』滞船; 滞船料, デマレージ《船積陸揚期間の日数超過に対し用船者から船主に支払う割増金》. **2** 『鉄道』貨車[車両]留置き料. **3** 《まれ》留置き, 遅滞. **4** 《英》(イングランド銀行における)地金引換料.

de·mur·ral [dɪmə́ː(r)əl, də- | dɪmʌ́r-] *n.* 異議; 遅滞.

de·mur·rant [dɪmə́ː(r)ənt, də- | dɪmʌ́r-] 〘← DEMUR ＋-ANT〙 *adj.* 《まれ》異議を唱える. ── *n.* 『法律』＝ demurrer 2.

de·mur·rer [dɪmə́ː(r)ə, də- | *1* では dɪmʌ́rə(r, *2* では -mə́ːrə(r] 〘《1533》▭AF＝OF *demo(u)rer* (不定詞の名詞用法) : ⇨ demur, -er³〙 ── *n.* 『法律』 **1** (事実は争わないが, その事実から相手方の主張する法律的な効果は生じないとする)妨訴抗弁, (被告の)抗弁; 異議(の申立て) : put in a ～ 抗弁を提出する; 異議を申し立てる. **2** 妨訴抗弁者, 異議を申し立てる人.

de·my [dɪmáɪ, də-] 〘《1431》: DEMI- の独立形〙 ── *n.* **1 a** デマイ(判)《英国の印刷用紙の標準寸法の一つ; $22^1/_2 \times 17^1/_2$ インチ [571.5×444.5 mm]》. **b** (筆記用紙類の)デマイ(判)《米国では 21×16 インチ [533.4×406.4 mm], 英国では $20 \times 15^1/_2$ インチ [508×393.7 mm]》: ～ quarto デマイクォート(判)《$11^1/_4 \times 8^3/_4$ インチ》/ ～ octavo デマイオクタボ(判)《$8^3/_4 \times 5^5/_8$ インチ》. **2** 《英》(Oxford 大学 Magdalen College の)奨学生, 給費生 (cf. demyship).

de·my·e·lin·ate [diːmáɪəlɪnèɪt, -lə- | -lɪ-] 〘← DE-¹ ＋MYELIN＋-ATE³〙 *vt.* 『医学』…から脱髄する, 〈神経〉の髄鞘を破壊する.

de·my·e·li·na·tion [diːmàɪəlɪnéɪʃən, -lə- | -laɪ-, -lɪ-] *n.* 『医学』脱髄, 髄鞘脱落[除去].

demý·ship 〘← DEMY＋-SHIP〙 ── *n.* 《英》(Oxford 大学 Magdalen College の)奨学資金《もとは, 貧しい卒業生が fellowship の半額を在学研究費として与えられたことにちなむ》.

de·mys·ti·fy [diːmístəfàɪ | -tɪ-] *vt.* 〈曖昧な考えなどを〉明らかにする; 〈人〉の迷い(など)を取り除く, 啓発する, 教化する. **de·mys·ti·fi·ca·tion** [diːmìstəfɪkéɪʃən, -fə- | -tɪfɪ-] *n.*

de·myth·i·cize [diːmíθəsàɪz | -θɪ-] *vt.* 〈伝説など〉の神話(性)を取り除く. **de·myth·i·ci·za·tion** [diːmìθəsɪzéɪʃən, -sə- | -θɪsaɪ-, -sɪ-] *n.*

de·my·thol·o·gi·za·tion [diːmɪθɑ̀lədʒɪzéɪʃən, -mə- | -mɪθɒ̀lədʒaɪ-, -dʒɪ-] *n.* 『神学』非神話化《神話的形式からの解放によって, 新約聖書の使信の本来的意味を解明しようとする試み》.

de·my·thol·o·gize [diːmɪθɑ́lədʒàɪz, -mə- | -mɪθɒ́l-, -maɪ-] 〘《1950》《なぞり》← G *Entmythologisierung* (Rudolf Bultmann の用語)〙 ── *vt., vi.* 『神学』非神話化する, (…の)神話的形式を除去する. **dè·my·thól·o·gìz·er** *n.*

den [dén] 〘OE *denn(e)* ＜ Gmc **danjam, *danjō* low ground (MDu. *denne* / G *Tenne* threshing floor) ← IE **dhen-* open or flat place〙 ── *n.* **1** (野獣のすむ)穴; (動物園の猛獣の)檻(おり). **2** (隠遁(いんとん)者の住む)ほら穴, 洞窟. **3** 不潔な住居, (盗賊などの)巣, 根城, 隠れ家, アジト : a gambling ～ 賭博部屋 / opium ～s 阿片窟 / a ～ *of* thieves 強盗の巣 (*Matt.* 21 : 13). **4** 《口語》(こぢんまりして気持のいい)私室《書斎・仕事部屋など》. **5** 《米》(カブスカウト (cub scout) の)組《4-6 人くらいの単位; cf. den chief》. ── *vi.* (**denned; den·ning**) **1** ほら穴に住む. **2** 〈熊・蛇などが〉穴で冬眠する 〈*up*〉. ── *vt.* 〈動物を〉穴に追い込む 〈*up*〉.

Den. 《略》Denbighshire; Denmark; Denver.

de·nar·i·us [dɪnέ(ə)riəs, də-, -nάːr- | dɪnέərɪ-, denάːr-] 〘《*a*1398》▭L *dēnārius (nūmus)* (coin) of ten (asses) ← *dēnī* ten each ← *decem* 'TEN' : ⇨ -ary〙 ── *n.* (*pl.* **-i·i** [-riàɪ, -riiː | dɪnέərɪàɪ, denάːriiː]) **1** デナリウス《古代ローマの銀貨(の名), 10 asses に相当; 新約聖書に penny と記されているもので, 英国の旧 penny, pence の記号 (d) はこの頭字に由来する》. **2** デナリウス《古代ローマの金貨(の名); 銀貨で 10 denarii に相当》.

de·na·ry [díːnəri, dén- | díːnəri] 〘▭L *dēnāri-us* (↑)〙 *adj.* 十を含む, 十倍の; 十進の.

de·na·sal·ize [diːnéɪzəlàɪz] *vt.* 『音声』〈鼻音〉から鼻音性を除く, 非鼻音化する.

de·na·tant [diːnéɪtənt | -tənt] 〘← DE-¹＋NATANT〙 *adj.* 〈魚類が〉水流に従って動いて[游いで]いる.

de·na·tion·al·i·za·tion [diːnæ̀ʃ(ə)nəlɪzéɪʃən, -lə- | -laɪ-, -lɪ-] *n.* **1** 国民権剥奪, 国籍削除; 国籍喪失. **2** 非国有化, 非国営化. **3** 独立国家としての資格剥奪, (国家の)独立性の撤廃; 国際化.

de·na·tion·al·ize [diːnǽʃ(ə)nəlàɪz] 〘《1807》▭F *dénationalis-er* : ⇨ de-², nationalize〙 ── *vt.* **1** …から国民としての特権を奪う, 国籍をはぐ; …から国民性を奪う. **2** 〈国営企業など〉の国有[国営]を廃する. **3** …から独立国家としての資格を奪う; 国際化する.

de·nat·u·ral·i·za·tion [diːnæ̀tʃ(ə)rəlɪzéɪʃən, -tʃʊr-, -lə- | -laɪ-, -lɪ-] *n.* **1** (本来の性質の)変性, 不自然化. **2** 国籍[帰化権]剥奪, 除籍.

de·nat·u·ral·ize [diːnǽtʃ(ə)rəlàɪz, -tʃʊr-] *vt.* **1** …の本来の性質[本性, 特質]を変える, 変性させる; 不自然にする. **2** …から市民[帰化]権を奪う, 国籍を除く, 除籍する.

de·na·tur·ant [diːnéɪtʃ(ə)rənt] 〘← DENATURE＋-ANT〙 *n.* 変性剤.

de·na·tur·a·tion [diːnèɪtʃəréɪʃən] *n.* 『化学』(蛋白質・アルコールの)変性. **～·al** [-ʃənl, -ʃnəl] *adj.*

de·na·ture [diːnéɪtʃə | -tʃə(r, dɪ-] 〘▭F *dénatur-er* : ⇨ de-², nature〙 ── *vt.* **1** 〈物質など〉の特性[本性]を失わせる, 変性させる. **2** 『化学』〈飲食用に用いられる工業原料〉にある物質を加えて(工業原料としての性質は保存して飲食用に適さないように)変性させる : ⇨ denatured alcohol. **3** 『生化学』(熱・酸・アルカリなどで)〈蛋白質を〉変性させる. **4** 『医学』〈抗原〉に特質を失わせる. **5** 『原子力』〈核燃料を〉変性させる《核兵器への使用に適さないように核分裂性物質に他の物質を混入させる》. **6** ＝dehumanize. ── *vi.* 『生化学』〈蛋白質が〉変性する. (cf. denature 2).

dè·ná·tured álcohol *n.* 『化学』変性アルコール

de·na·tur·i·za·tion [diːnèɪtʃərɪzéɪʃən, -rə- | -raɪ-, -rɪ-] *n.* 『化学』＝denaturation.

de·na·tur·ize [diːnéɪtʃəràɪz] *vt.* ＝denature.

de·ná·tur·ìz·er *n.* ＝denaturant.

de·na·zi·fi·ca·tion [diːnɑ̀ːtsɪfɪkéɪʃən, -nǽts-, -tsə-, -fə- | -nɑ̀ːtsɪfɪ-, -nɑ̀ːzɪ-] *n.* 非ナチ化.

de·na·zi·fy [diːnɑ́ːtsɪfàɪ, -nǽts-, -tsə- | -nɑ́ːtsɪ-, -nɑ́ːzɪ-] *vt.* …からナチズム (Nazism) の影響を取り除く, 非ナチ化する.

Den·bigh·shire [dénbɪʃɪə, -ʃə | -bɪʃə(r, -ʃɪə(r] 〘← *Denbigh* (▭Welsh *Dinbych* ← *din* fort＋*bych* small)＋-SHIRE〙 *n.* ウェールズ北部の旧州; 1974 年以後 Clwyd 州, Gwynedd 州の一部となる; 面積 1,735km², 首都 Ruthin [ríθɪn, rúːθɪn]; 単に Denbigh ともいう.

dén chìef *n.* 《米》デンチーフ《団内のボーイスカウト隊からカブ隊の各組 (den) に派遣されるスカウト》.

dén dàd 《米》デンダッド《カブスカウト (cub scout) の各組 (den) ごとに置かれる父親役の指導者; cf. den mother》.

den·dr- [dendr] (母音の前に来る時の) dendro- の異形.

den·dri- [déndrə, -drɪ | -drɪ] dendro- の異形 (⇨ -i-).

den·dri·form [déndrəfɔ̀əm | -drɪfɔ̀ːm] 〘⇨ dendro-, -form〙 *adj.* (形が)樹木状の.

den·drite [déndraɪt] 〘《1727》▭Gk *dendrít-ēs* of a tree : ⇨ dendro-, -ite¹〙 ── *n.* **1 a** 『化学・結晶』樹枝状結晶《結晶の成長や電着の際の金属析出の形の一つ》. **b** 『鉱物』模樹石, しのぶ石. **2** 『解剖』(神経の)樹状突起 (⇨ neuron 挿絵).

den·drit·ic [dendrítɪk | -drít-] *adj.* 模樹石様の; 樹木状の(模様のある). **den·drít·i·cal** *adj.* **den·drít·i·cal·ly** *adv.*

den·dro- [déndro(ʊ) | -drə(ʊ)] 〘← Gk *déndron* 'TREE'〙「樹木 (tree)」の意の連結形. ★時に dendri-, また母音の前では通例 dendr- になる.

dèndro·chronólogy *n.* 『植物』年輪年代学《樹木の年輪を研究して過去の事象の日付けを推定する》. **dèndro·chronológical** *adj.* **dèndro·chronológically** *adv.*

den·dro·co·lap·tid [dèndrəkəlǽptɪd, -təd | -drə(ʊ)kəlǽptɪd] 〘↓〙 *adj., n.* オニキバシリ科の(鳥).

Den·dro·co·lap·ti·dae [dèndrəkəlǽptədiː | -drə(ʊ)kəlǽptɪ-] 〘← NL ～ ← *Dendrocolaptes* (属名) ← DENDRO-＋*-colaptes* (← Gk *koláptein* to peck) : ⇨ -idae〙 *n. pl.* 『鳥類』(スズメ目)オニキバシリ科.

den·dro·glyph [déndrəglɪf] 〘← DENDRO-＋GLYPH〙 *n.* 木に彫った古代彫刻.

den·dro·gram [déndrəgræ̀m] 〘← DENDRO- ＋-GRAM〙 *n.* 『生物』系統樹, 樹状図《生物の系統を樹状に描いた図》.

den·droid [déndrɔɪd] 〘▭Gk *dendroeid-ḗs* treelike; ⇨ dendro-, -oid〙 *adj.* 樹木状の; 樹枝状の.

den·droi·dal [dendrɔ́ɪdl] *adj.* ＝dendroid.

den·drol·a·try [dendrɑ́lətri | -drɒ́lətri] 〘← DENDRO-＋-LATRY〙 *n.* 樹木崇拝.

den·dro·lite [déndrəlàɪt] 〘← DENDRO-＋-LITE〙 *n.* 『地質』樹木の化石.

den·drol·o·gist [dendrɑ́lədʒɪst, -dʒəst | -drɒ́lədʒɪst] *n.* 樹木学者.

den·drol·o·gous [dendrɑ́ləgəs | -drɒ́l-] *adj.* 樹木研究の.

den·drol·o·gy [dendrɑ́lədʒi | -drɒ́lədʒi] 〘← DENDRO-＋-LOGY〙 ── *n.* 樹木学《植物学・林学の一分科》. **den·dro·log·ic** [dèndrəlɑ́dʒɪk | -lɒ́dʒ-] *adj.* **dèn·dro·lóg·i·cal** *adj.*

den·drom·e·ter [dendrɑ́mətə | -drɒ́mɪtə(r, -mə-] 〘← DENDRO-＋-METER¹〙 *n.* 樹木測定器, 測樹器《樹木の高さあるいは直径を測る器具》.

-den·dron [déndrən, -drɑn | -drən, -drɒn] 〘← Gk *déndron* 'TREE'〙「樹木 (tree), 樹枝状構造; 茎 (stem)」の意の名詞連結形 : Lirio*dendron*.

den·droph·a·gous [dendrɑ́fəgəs | -drɒ́f-] 〘← DENDRO-＋-PHAGOUS〙 *adj.* 〈昆虫など〉樹木を食物源とする, 食樹性の.

den·dro·phile [déndrəfàɪl] 〚← DENDRO-＋-PHILE〛 *n.* 樹木愛好.

den·droph·i·lous [dendráfələs | -drɔ́fɪ-] *adj.* **1** 樹木を愛好する. **2** 〘動物〙樹上生息性の. **3** 〘植物〙樹上[樹木内]に好んで生える. 「砂浜, 砂丘.

dene[1] [díːn] 〚《1278》← ?: cf. dune〛 *n.* 《英》(海岸の)

dene[2] [díːn] 〚OE *denu* valley〛 *n.* 《英方言》(樹木の茂った)深い谷.

Dé·né [déni | déni, deɪnéɪ; *F.* dene] 〚□F ～〛 ― *n.* (*pl.* ～**s**, ～ [～z; *F.* dene]) **1 a** [the ～(s)] デネ族《Alaska 内陸部およびカナダ北西部に住む Athapaskan 族の一部》. **b** デネ族の人. **2** デネ語.

Den·eb [déneb, -nəb | -neb] 〚□Arab. *dhánab* (*ad-dajāja^h*) tail (of the hen)〛 *n.* 〘天文〙デネブ《はくちょう座 (Cygnus) の α 星で 1.3 等星》.

Déneb Kái·tos [-káɪtəs, -kéɪ-, -tɑs | -tɔs] 〚□Arab. *dhánab qīṭūs* 《原義》tail of whale ← *dhánab* (↑)＋Gk *kētos* whale〛 ― *n.* 〘天文〙デネブカイトス《くじら座 (Cetus) の β 星で 2 等星》.

De·neb·o·la [dɪnébələ, də-, de- | dɪ-, de-, də-] 〚□Arab. *dhánab al-'ásad* tail of the lion〛 *n.* 〘天文〙デネボラ《しし座 (Leo) の β 星で 2 等星》.

de·ne·ga·tion [dènɪgéɪʃən, -nə-] 〚《15C》□L *dēnegātiō(n-)* ← *dēnegāre* 'to DENY': ⇨ -ation〛 *n.* 否認, 否定 (denial); 《廃》拒絶 (refusal).

déne·hòle 〚《1768》← ? DENE[2]〛 ― *n.* 〘考古〙白堊(はくあ)坑《イングランドの南部地方などの白堊層中に発見されるたて坑遺跡でその下部は広がって部屋になっている; 新石器時代の貯蔵室と想像される》.

de·ner·vate [díːnəːveɪt, dɪnə́ːveɪt, də- | díːnəvèɪt, dɪnə́ːveɪt] 〚← DE-[1]＋NERVATE〛 ― *vt.* 〘病理〙…から神経を除去する, 除神経[脱神経]状態にする. **de·ner·va·tion** [dìːnəːvéɪʃən | -nəː-] *n.*

de·neu·tral·ize [dìːn(j)úːtrəlàɪz | -njúː-] *vt.* 〈国家・領土などを〉非中立化する. **de·neu·tral·i·za·tion** [dìːn(j)ùːtrəlɪzéɪʃən, -lə- | -njùːtrəlaɪ-, -lɪ-] *n.*

den·gue [déŋgi, -geɪ, déŋi | déŋgi] 〚《1847》□W-Ind.-Sp. ～ ← ? Afr. (cf. Swahili *kidinga* (*popo*) dengue)〛 ― *n.* 〘病理〙デング熱《高熱・関節激痛・発疹を伴う熱帯・亜熱帯のウイルス性伝染病, 蚊が媒介する; dengue fever, breakbone fever ともいう; cf. aedes》.

Den·ham [dénəm], Sir **John** *n.* (1615-69) Dublin 生れのイギリスの詩人・劇作家; *The Sophy* (悲劇, 1642), *Cooper's Hill* (詩, 1642).

de·ni·a·ble [dɪnáɪəbl̩, də- | dɪ-] *adj.* 否認[否定]できる; 拒絶できる.

de·ni·al [dɪnáɪ(ə)l, də- | dɪ-] 〚《1528》: ⇨ deny, -al[2]〛 ― *n.* **1** 否定 (↔ affirmation): make a ～ of＝give a ～ to …を否定する / I have not a word in ～. 否定のしようもない. **2** 否認: general [specific] ～ 〘法律〙全部[部分]否認. **3** 拒否, 拒絶, 不同意 (↔ compliance): the ～ of a request for help 援助の求めに対する拒絶 / take no ～ 否応(いやおう)をいわせない / give a flat ～ きっぱり断る. **4** 節制, 自制, 克己 (abstention) (↔ indulgence): ～ of oneself 克己, 自制 (self-denial).

de·nic·o·tin·ize [dìːníkətɪnàɪz, ―――――] *vt.* 〈たばこ〉からニコチンを取り除く.

de·ni·er[1] 〚《15C》: ⇨ deny, -er[1]〛 *n.* 否定者; 否認者.

de·nier[2] [dɪníə, də-, dənjéɪ | dɪníə(r, dénɪə(r; *F.* dənje] 〚《c1425》□AF *dener*＝(O)F *denier* < L *dēnārium* 'DENARIUS'〛 ― *n.* **1** ドゥニエ貨《8-18 世紀に用いられたフランスの古貨幣の名; もとは銀貨で 1/12 sou》. **2** [主に否定構文で]《英古》わずかの額 (small sum). **3** [dénjə, -niə, -njeɪ, -nièɪ | déniə(r, -njə(r, -nièɪ] 〘紡織〙デニール《生糸・化学繊維の太さを測定するのに用いる繊度単位; 長さ 450 m の糸が 0.05g である時 1 デニールという; 従って 9000 m で 100 g あれば 100 デニール, 150 g あれば 150 デニール》.

den·i·grate [dénɪgrèɪt, -nə- | dénɪgrèɪt] 〚← L *dēnigrāt-us* (p.p.) ← *dēnigrāre* ← DE-[1]＋*nigrāre* to blacken (← *niger* black): ⇨ Negro, -ate[3]〛 ― *vt.* **1** 《まれ》黒くする. **2** 〈人格などを〉汚す, 汚辱する, 〈名誉を〉傷つける. **3** 軽視する, 無視する. **den·i·gra·tion** [dènɪgréɪʃən, -nə- | -nɪ-] *n.* **den·i·gra·tive** [dénɪgrèɪtɪv, -nə- | dénɪgrèɪt-] *adj.* **dén·i·grà·tor** [-tə | -tə(r] *n.* **den·i·gra·to·ry** [dénɪgrətɔ̀ːri, -nə-, -tɔ̀ːri | dénɪgrət(ə)ri] *adj.*

De·ni·ker [dènɪkέə | -kέə(r; *F.* dənikɛːr], **Joseph** *n.* ドゥニケール《1852-1918; フランスの人類学者・博物学者》.

den·im [dénɪm, -nəm | -nɪm] 〚《1864》《略》← *serge de Nim*□F *serge de Nîmes*: 南フランスの町 Nîmes 産サージの意〛 ― *n.* **1** デニム《太糸を用いた綾(あや)織の厚地の綿布; 作業着・運動着用》. ★ 室内装飾品に用いられ, より上質の布地についていうこともある. **2** [*pl.*] デニム製衣服, (特に)作業用ズボン, オーバーオール: dressed in ～*s*.

Den·is [dénɪs, -nəs | -nɪs; *F.* dəni] 〚□F ～ □L *Dionȳsius*□Gk *Dionúsios* 'of DIONYSUS'〛 ― *n.* 男性名《愛称形Denny; 異形 Dennis, Dion, (コーンウォールで) Denzil》.

Denis, Saint *n.* ドニ《?-?A.D. 280; Paris の最初の司教・殉教者, フランスの守護聖人, 七守護聖人 (SEVEN Champions of Christendom) の一人》.

De·nise [dəníːz, -níːs | dəníːz, den-; *F.* dəniz] 〚□F ～ (fem.) ← DENIS〛 *n.* 女性名. 「する, 脱硝する.

de·ni·trate [dìːnáɪtreɪt] *vt.* 〘化学〙…から硝酸を除去

de·ni·tra·tion [dìːnaɪtréɪʃən] *n.* 〘化学〙脱硝.

de·ni·tri·fi·ca·tion [dìːnàɪtrəfɪkéɪʃən, -fə- | -trɪfɪ-] *n.* 〘化学〙脱窒(素).

de·ni·tri·fy [dìːnáɪtrəfàɪ | -trɪ-] *vt.* 〘化学〙 **1** …から窒素[硝化物]を除去する, 脱窒する. **2** 〈ニトロ基・硝酸塩・亜硝酸塩を〉低酸化化合物に還元する, 脱硝する.

den·i·zen [dénəzn, -sn | -nɪzn] 〚《1419》*denisein*□AF *deinzein* one living within (a city or country) ← OF *deinz* (F *dans*) within (< L *dē intus* from within) ＋*-ein* (< L *-āneum* '-AN[1]')〛 ― *n.* **1** 《文語》(ある特定の土地・国・地方の)居住者, 住民. **2** 《文語》森・空などに住むもの《鳥獣・樹木など, 特定の場所の生息者》: the winged ～*s* of the woods 森に住む鳥. **3 a** 〘生態〙帰化動植物. **b** 外来語. **4 a** (公民権を与えられた)居留民. **b** 〘英法〙国籍取得者. **5** 特定の場所によく出入りする人, 常連〔*of*〕. ― *vt.* **1 a** 〈外来人〉に公民権を与える. **b** 〘英法〙…に国籍を取得させる. **2** 《まれ》移植する, 〈外来物を〉定着させる. **～·ship** *n.*

Den·mark [dénmaək | -maːk] 〚□Dan. *Danmark* 《原義》the territory of the Danes: ⇨ Dane, march[2]〛 ― *n.* デンマーク《ヨーロッパ北西部の王国; 人口 5,080,000, 面積 43,069 km², 首都 Copenhagen; 公式名 the Kingdom of Denmark デンマーク王国; デンマーク語名 Danmark [*Dan.* dánmarg]》.

Dénmark sátin *n.* デンマークサテン《皮革のように滑らかな表面の仕上げをしたウーステッド地; 婦人靴用》.

Dénmark Stráit *n.* [the ～] デンマーク海峡《Iceland と Greenland との間の海峡; 幅 290 km》.

dén mòther *n.* 《米》デンマザー《カブスカウト (cub scout) の各組 (den) ごとに置かれる母親役で den chief を助けて組の指導に当たる; cf. den dad》.

den·ne·bol [dénəbɑ̀l | -bɔ̀l] 〚□Afrik. ～ ← *den* pine ＋*bol* ball, bulb〛 *n.* 《アフリカ南部》モミの毬果(きゅうか).

Den·nis [dénɪs, -nəs | -nɪs] 〚《変形》← DENIS〛 *n.* 男性名.

Den·nis [dénɪs, -nəs | -nɪs], **John** (1657-1734) 英国の批評家・劇作家, A. Pope の論敵; *An Essay on the Genius and Writings of Shakespeare* (1712).

Den·ny [déni | -ni] 〚(dim.) ← DENIS〛 *n.* 男性名.

de·nom·i·nate [dɪnámənèɪt, də- | dɪnɔ́mɪ-] 〚《1464》□L *dēnōmināt-us*: ⇨ de-[1], nominate〛 ― *vt.* …に名をつける, 命名する; 〈…を〉〈…と〉称する, 呼ぶ: ～ the length a mile その長さを 1 マイルと呼ぶ. ― *adj.* 特定の名のある: ～ numbers 名数《5 feet の 5 のように単位語につく数》.

de·nom·i·na·tion [dɪnɑ̀mənéɪʃən, də- | dɪnɔ̀mɪ-] 〚《a1398》□(O)F *dénomination* ∥ LL *dēnōminātiō(n-)*: ⇨ ↑, -ation〛 ― *n.* **1** 命名; 名称, 呼称, 名目. **2** 種類, 種目, 部類 (class): plants falling under different ～*s* 種々の名称に区分される植物, 種々の植物. **3** 教派, 宗派《キリスト教では, ルター派教会, メソジスト教会など, 主としてプロテスタント教会内の各派を指す; したがって分派 (sect) よりも正統性, 独立性の強い概念として用いられることが多い》; 分派; 門派《sect より大きいもの》: all sects and ～*s* あらゆる宗派 / What ～ do you belong to? 君は何宗派ですか. **4** (数値・度量衡などの)単位(名); (貨幣の)単位(名), 金種; (証券の)券種: the ～*s* of United States money 合衆国貨幣の単位(名)[種類]《1¢, 10¢, $1, $5, $10 など》/ money of small ～*s* 小額貨幣 / reduce feet and inches to one [the same] ～ フィートとインチを同単位にする《例えば 1 ft. 6 in. を 1.5 ft. または 18 in. とすること》/ What ～*s*? どの金種にしますか《銀行員が渡す金の内訳についての希望を客に聞くときに言う》. **5** 《トランプ》札の順位を示す記号や数字《ace, king, 10, 8, 3 など》; (特に, ブリッジで)ビッド (bid) で決定される切札のスーツ (suit) の種別《spades, hearts, diamonds, clubs または no-trump のいずれか》.

de·nom·i·na·tion·al [-ʃənl̩, -ʃnəl] *adj.* **1** 《まれ》名称上の, 名目上の. **2** 分派的な, 派閥的な. **3** 宗派(的)の, 教派の, 門派の: a ～ school 宗派(立)学校 / ～ education 特定の宗派の教義に基づく教育. **4 a** 《米》(監督教会の人から見て)監督教会以外の宗派の. **b** 《英》国教会以外の宗派の. **～·ly** *adv.*

de·nòm·i·ná·tion·al·ism [-ʃ(ə)nəlìzm] *n.* **1** 名目主義. **2** 分派[派閥]主義; 教派心. **3** (教育上の)教派[宗派]主義.

de·nòm·i·ná·tion·al·ist [-ʃ(ə)nəlɪst, -ləst | -lɪst] *n.* 名目主義者; 分派主義者; 教派主義者.

de·nòm·i·ná·tion·al·ize [-ʃ(ə)nəlàɪz] *vt.* 〈教育などを〉宗派的にする.

de·nom·i·na·tive [dɪnám(ə)nətɪv, də-, -mənèɪt- | dɪnɔ́mɪnət-, -nèɪt-] 〚adj.: 《1614》← DENOMINATE ＋ -IVE. ― n.: 《1589》← DE-[1]＋L *nōmin-*, *nōmen* name, noun＋-ATIVE〛 ― *adj.* **1** 名称的な, 名の役をする; 名を示す. **2** 《文法》名詞[形容詞]から出た: a ～ verb 名詞・形容詞由来動詞《例えば *man* a ship, *head* a delegation における man, head とか *sweet* に対する sweeten など》. ― *n.* 《文法》名詞[形容詞]転用語《名詞[形容詞]から出た語》. **～·ly** *adv.*

de·nóm·i·nà·tor [-tə | -tə(r] 〚《1542》□F *dénominateur* ∥ ML *dēnōminātor*: ⇨ denominate, -or[2]〛 ― *n.* **1** 《古》命名者; 名の起源. **2** 〘数学〙分母 (↔ numerator): ⇨ common denominator, least common denominator. **3** 共通の特徴[要素]. **4** (好み・意見などの)平均的[一般的]水準, 基準 (standard).

de nos jours [də-nou-ʒúə | -nəu-ʒúə(r; *F.* dnoʒuːr] 〚□F ～ 'of our days'〛 *F. adj.* 当代の, 現代の.

de·not·a·ble [dɪnóuṭəbl̩, də- | dɪnáutə-] *adj.* 表示[指示]できる.

denotata *n.* denotatum の複数形.

de·no·ta·tion [dìːno(u)téɪʃən | -nə(u)-] 〚《c1532》□F *dénotation* ∥ L *dēnōtātiō(n-)*: ⇨ denote, -ation〛 ― *n.* **1** 表示, 指示, 指定. **2 a** 表章, しるし, 記号. **b** 《まれ》名称. **3** (辞句の, 特に直接的・明示的)意味. **4** 《論理》外延 (↔ connotation); 指示作用[対象].

de·no·ta·tive [díːno(u)tèɪtɪv, dɪnóuṭəṭ-, də- | dɪnáutət-, díːnə(u)tèɪt-] 〚《1611》← L *dēnōtātus* (↓)＋-IVE〛 ― *adj.* **1** 表示的な, 指示的な, 〔…を〕示して〔*of*〕. **2** 《論理》外延的な, 指示的な (↔ connotative). **～·ly** *adv.* **～·ness** *n.*

de·no·ta·tum [dìːno(u)téɪṭəm | -nə(u)téɪt-] 〚□L *dēnōtātum* (neut.) ← *dēnōtātus* (p.p.) (↓)〛 *n.* (*pl.* **-ta·ta** [-ṭə | -tə]) 〘言語〙実在被指示物 (cf. designatum).

de·note [dɪnóut, də- | dɪnáut] 〚《1595》□(O)F *dénoter* ∥ L *dēnot-āre* ← DE-[1]＋*notāre* 'to mark, NOTE'〛 ― *vt.* **1** (記号などで)表わす, 指示する. **2** 〈記号などが〉示す, …のしるし[象徴]である; 〈文字・語が〉表示する, 意味する 〈*that*〉: A red flag ～*s* danger [*that* there is danger]. 赤旗は危険を示す. **3** 《論理》…の外延を示す (↔ connote); 指示する. **～·ment** *n.*

de·no·tive [dɪnóuṭɪv, də- | dɪnáut-] *adj.* **1** 指示する, 表示する. **2** 《論理》外延的な; 指示的な (denotative).

de·noue·ment [dèɪnuːmɑ́ː(ŋ), -mɔ́ː(ŋ), -mɑ́ːŋ, -mɔ́ːŋ, ―――, ―――|―――; *F.* denumɑ̃] 〚□F *dénouement* ← *dénouer* to unravel ← *dé-* 'DIS-[1]'＋*nouer* to tie (< L *nōdāre* ← *nōdus* 'knot, NODE')〛 ― *n.* **1** 《文学》(劇・小説などの)大団円; (すべてのプロットが)解決を見るところ. **2** (連続した事件・紛糾・神秘などの)やま, 終局, 大詰; 解決, けり.

de·nounce [dɪnáuns, də- | dɪ-] 〚《a1325》*denounse(n)* □OF *denonc-ier* (F *dénoncer*) < L *dēnuntiāre* to threaten ← DE-[1]＋*nuntiāre* to declare, inform against (← *nūntius* messenger)〛 ― *vt.* **1** 公然と非難する, (法廷などで)弾劾[攻撃]する: ～ a person *as* a coward 人を臆病者だと非難する. **2** 〔警察などへ〕密告[告発]する〔*to*〕: ～ a confederate in crime 共犯者を密告する. **3** 《古》(威嚇(いかく)的警告として)宣言する: ～ war [vengeance] *against* …に対して戦い[復讐(ふくしゅう)]を宣言する. **4** 〈条約など〉の終了通告を発する, 廃棄する (repudiate). **de·nóunc·er** *n.*

de·nóunce·ment *n.* ＝denunciation.

de nou·veau [dənuːvóu | -vəu; *F.* dnuvo] 〚□F ～: ↓〛 *F. adv.* ＝de novo.

de no·vo [dɪ-nóuvou, deɪ- | diː-náuvəu, deɪ-] 〚□L *dē novō* from that which is new: cf. de[1], new〛 *L. adv.* 初めから, 新たに, 新規に (anew).

Den·pa·sar [dənpáːsaə, den- | -saː(r] *n.* (*also* **Den Pa·sar** [～]) デンパッサル《インドネシア Bali 島南部の海港, 人口 57,000》.

dens [dénz] 〚□L *dēns*: cf. tooth〛 *n.* (*pl.* **den·tes** [déntiːz]) 〘動物〙歯, 歯牙.

dense [déns] 〚《?a1425》□F ～ ∥ L *dens-us* thick, thick-set: cf. Gk *dasús* thick, hairy〛 ― *adj.* (**dens·er; -est**) **1** 密集した, 込んだ (↔ sparse, thin): a ～ crowd 非常な人込み / a ～ forest. **2** (密度の)密な: a ～ metal 密度の高い金属. **3** 理解するのに集中力を必要とする, 晦渋(かいじゅう)な: a ～ poem. **4** 〈液体・蒸気など〉濃密な, 濃厚な: a ～ fog. **5** 〈人・頭など〉悪い, 愚か[鈍]な; 〈愚かさなど〉ひどい, 全くの: a ～ brain 鈍い頭 / ～ ignorance (*of* [*on*] …) (…についての)はなはだしい無知. **6 a** 〘写真〙〈現像した陰画・透明陽画が〉肉の乗り過ぎた, 濃い, 不透明な: a ～ negative. **b** 〈光学ガラスなどが〉屈折率の大きい. **7** 〘数学〙〈集合が〉稠密(ちゅうみつ)な, 密な (↔ nondense). **～·ness** *n.*

dénse·ly 〚《1836》〛 *adv.* 密に, 込んで; 隙(すき)間なく, 濃く; 茂って.

den·si·fy [dénsəfàɪ | -sɪ-] 〚⇨ dense, -fy〛 ― *vt.* …の濃度を濃密にする, 密度を高める; 〈材木を〉樹脂で強化する. **den·si·fi·ca·tion** [dènsəfɪkéɪʃən, -fə- | -sɪfɪ-] *n.* **dén·si·fi·er** *n.*

den·sim·e·ter [densímətə | -mɪtə(r, -mə-] 〚← L *densi-*, *densus* 'DENSE'＋-METER[1]〛 *n.* デンシメーター, 密度計. **den·si·met·ric** [dènsəmétrɪk | -sɪ-] *adj.*

den·si·tom·e·ter [dènsətɑ́məṭə | -sɪtɔ́mɪtə(r, -mə-] 〚← DENSIT(Y)＋-O-＋-METER[1]〛 ― *n.* **1** ＝densimeter. **2** 〘光学〙濃度計 (cf. density 3 b). **den·si·to·met·ric** [dènsəṭəmétrɪk | -sɪtə-] *adj.* **den·si·tom·e·try** [dènsətɑ́mətri | -sɪtɔ́mɪtri, -mə-] *n.*

den·si·ty [dénsəṭi, -sti | -sətɪ, -sɪtɪ] 〚《1603》□F *densité* ∥ L *dēnsitās*: ⇨ dense, -ity〛 ― *n.* **1** 密集(度), 込合い(程度), 濃さ, (霧などの)深さ; (森林などの)繁茂(度); (人口の)密度: high ～ 高密度 / ⇨ traffic density. **2** 〘物理〙密度, 比重. **3 a** 〘光学〙光学(的)濃度《物体が光を吸収する度合を表わす値》. **b** 〘写真〙(写真画像の)濃度《現像したフィルム・乾板の不透明度, または印画の黒化度》; 写真濃度. **4** 全くの愚鈍さ.

dénsity cùrrent *n.* 〘地質〙密度流 (cf. turbidity current).

den·som·e·ter [densɑ́məṭə | -sɔ́mɪtə(r, -mə-] 〚← DENSE＋-O-＋-METER[1]〛 ― *n.* **1** 〘製紙〙デンソメーター《空気を通して紙の多孔性を計る器具》. **2** ＝densimeter. 「spissatus.

den·sus [dénsəs] 〚□L *dēnsus* 'DENSE'〛 *adj.* 《廃》＝

dent[1] [dént] 〚ME *dente* 《変形》← DINT〛 ― *n.* **1** 窪み(跡), へこみ, 打った跡: a ～ *in* a helmet. **2** (特に,

減削・弱化させる)効果, 影響; (得意の鼻などを)へこませること: a ～ *in* a person's pride / make a ～ *in* one's savings 貯金に食い込む. **3** 《口語》前進, 進歩. ***make a dent*** (1)〔…に〕窪み跡をつける〔*in*〕;〔…に〕衝撃を与える, 注意させる〔*in*, *on*〕. (2) ⇨ 2. (3)《口語》〔作業・課題解釈などに〕とっかかりを作る, 多少の進歩[前進]をみせる, …を緒(ちょ)につかせる〔*in*, *into*〕.
— *vt.* **1** …に打ち跡を付ける, 窪ませる: ～ a fender. **2** …に減少効果を及ぼす. **3** 〈感情・評判などを〉少々傷つける, …に多少の損傷を与える. — *vi.* **1** 窪む, へこむ. **2**〔…に〕食い込む〔*into*〕.

dent[2] [dént] 〘▭ (O)F ～ < L *dentem* 'TOOTH'〙 *n.* 〘機械〙 **1** (櫛(くし)・歯車などの)歯. **2** デント, 筬羽(おさば)《織機の筬を構成する竹片[鋼片]; またこの間隔》.

dent. 《略》dental; dentist; dentistry; denture.

dent- [dent] (母音の前に来る時の) dento- の異形.

den·tal [dénṭl | -tl] 〘《1594》▭ ML *dentāl-is* ← L *dēns* 'TOOTH': ⇨ -al[1]〙 — *adj.* **1** 歯の; 歯科の; 歯科用の: ～ cement / ～ instruments 歯科医療器具 / a ～ office 歯科医院 / ～ surgery 歯科(医学). **2** 〘音声〙歯音の: ～ consonants 歯子音. — *n.* **1** 〘音声〙歯音《上の前歯と舌先や舌端で調音される音; [t], [d], [θ], [ð], [n], [l] など》. **2** 歯. **3** 〘建築〙=dentil. **～·ly** *adv.*

déntal éngine *n.* 歯科用エンジン.

déntal flòss *n.* 〘歯科〙デンタルフロス, 塗蠟絹糸《歯間の汚物除去などに用いられる蠟を塗った絹糸》.

déntal fòrmula *n.* 〘歯科・動物〙歯式《口の中に生えている歯の種類, 数を示す書式》.

déntal hygíenist *n.* 歯科衛生士《歯科診療の補助, 口腔衛生の指導などをする》.

dentalia *n.* dentalium の複数形.

Den·ta·li·i·dae [dènṭəláɪədiː, -ṭl- | -təláɪɪ-] 〘← NL ～: ⇨ ↓, -idae〙 *n. pl.* 〘貝類〙ツノガイ科.

den·ta·li·um [dentéɪliəm | -ljəm, -lɪəm] 〘← NL ～ ← L *dentālis* (⇨ dental)+-IUM〙 — *n.* (*pl.* **～s, -ta·li·a** [-liə | -ljə, -lɪə]) 〘貝類〙 **1** ツノガイ《ツノガイ属 (*Dentalium*) の貝の総称》. **2** =tooth shell 1.

den·tal·ize [dénṭəlàɪz, -ṭl- | -təl-, -tl-] *vt.* 〘音声〙歯音化する.

déntal·man [-mən] *n.* (*pl.* **-men** [-mən, -mèn]) 《米海軍》歯科医助手の役をする水兵.

déntal mechànic *n.* =dental technician.

déntal pláte *n.* 〘歯科〙 **1** 義歯床. **2** =denture 1.

déntal pórcelain *n.* 〘歯科〙歯科用陶材《人工歯を作るのに適した長石質磁器の一種》.

déntal púlp *n.* 〘解剖〙歯髄.

déntal sùrgeon *n.* 歯科医, (特に)口腔外科医.

déntal technìcian *n.* 歯科技工士.

den·ta·ry [dénṭəri | -təri] *n.* 〘動物〙歯骨《下顎にある一対の膜骨の一つ》.

den·tate [dénteɪt] 〘▭ L *dentāt-us* ← *dēns* 'TOOTH': ⇨ dento-, -ate[2]〙 *adj.* **1** 〘動物〙歯のある. **2** 〘植物〙(葉の周辺に)ぎざぎざのある, 歯状の. **～·ly** *adv.*

-den·tate [dénteɪt] 〘↑〙「…の歯をもつ, 歯状の…のある; 歯のある」の意の形容詞連結形: multi*dentate*.

den·ta·tion [dentéɪʃən] *n.* **1** 〘動物〙歯状構造[突起]. **2** 〘植物〙(葉の周辺の)ぎざぎざ, 歯牙(しが)状, 刻み目.

dént còrn *n.* 〘園芸〙馬歯種トウモロコシ, デントコーン (*Zea mays* var. *indentata*)《トウモロコシの一変種; 飼料用》.

dént·ed[1] [-ṭɪd, -ṭəd | -tɪd, -təd] 〘ME: ⇨ dent[1]〙 *adj.* 窪みのある; ぎざぎざ[でこぼこ]のある.

dént·ed[2] [-ṭɪd, -ṭəd | -tɪd, -təd] 〘← DENT[2]〙 *adj.* 歯のある, 歯状物のある.

den·telle [dentél, dɑ̃ː(n)-, dɔ̃ː(n)-, dɑːn-, dɔ(ː)n-; *F.* dɑ̃tɛl] 〘▭ F ～ (dim.) ← *dent* < L *dentem* 'TOOTH'〙 — *n.* 〘製本〙(型押し飾りの)レース模様《本の表紙の縁に箔押しされた装丁用柄の一種; レース状・歯状のものがある》.

dentes *n.* dens の複数形.

den·tex [dénteks] 〘← NL ～ L *dentex, dentrix*〙 *n.* 〘魚類〙ヨーロッパキダイ (*Dentex dentex*)《地中海や北アフリカ大西洋海岸に産するタイ科の食用魚》.

den·ti- [dénṭɪ, -ṭə | -tɪ] dento- の異形 (⇨ -i-).

den·ti·care [dénṭɪkèə, -ṭə- | -tɪkèə(r] *n.* 《カナダ》(児童の歯に対する)無料保健施策.

den·ti·cle [dénṭɪkl̩, -ṭə- | -tɪ-] 〘《c1400》▭ L *denticul-us* (dim.) ← *dēns* 'TOOTH': ⇨ -cule〙 *n.* **1** 〘動物〙 **a** 小歯. **b** 小歯状突起. **2** 〘建築〙歯飾り.

den·tic·u·lar [dentíkjulə | -lə(r] 〘⇨ ↑, -ar[1]〙 *adj.* 小歯状の.

den·tic·u·late [dentíkjulət, -lɪt, -lèɪt] 〘← L *denticulāt-us*: ⇨ denticle, -ate[2]〙 — *adj.* **1** とがった小突起におおわれた. **2** 〘植物〙(葉の周辺に)小さいぎざぎざのある, 小歯状の, 小歯牙(しが)状の. **3** 〘建築〙歯飾りのある. **～·ly** *adv.*

den·tic·u·lat·ed [dentíkjulèɪṭɪd, -ṭəd | -tɪd, -təd] *adj.* =denticulate.

den·tic·u·la·tion [dentìkjuléɪʃən] *n.* 小歯状突起; 歯状装飾; [通例 *pl.*] 一揃いの小歯.

den·ti·form [dénṭəfɔ̀əm | -tɪfɔ̀ːm] 〘← DENTO-+-FORM〙 *adj.* 歯の形をした, 歯状の.

den·ti·frice [dénṭəfrɪs, -frəs | -tɪfrɪs] 〘《1558》▭ F ～ ▭ L *dentifricium*: ⇨ dento-, friction〙 *n.* 歯みがき《歯みがき粉, 練り[液体]歯みがきなどの商用語》.

den·tig·er·ous [dentídʒ(ə)rəs] 〘← DENTO-+-GEROUS〙 *adj.* 歯を生じる, 歯状物を持った.

den·til [dénṭl̩, -ṭɪl | -tɪl] 〘《1663》▭ OF *dentille* (fem. dim.) ← *dent* tooth: cf. denticle〙 *n.* 〘建築〙(軒蛇腹の下などの)歯飾り, 歯状装飾.

dènti·lábial *adj., n.* 〘音声〙=labiodental.

den·ti·lat·ed [dénṭəlèɪṭɪd, -ṭl-, -ṭəd | déntɪlèɪt-] *adj.* 〘建築〙歯飾り (dentils) のある.

déntil bànd *n.* (古代建築で)歯飾りに似た軒蛇腹の下の繰形(くりがた).

dènti·língual 〘音声〙*adj.* 歯舌音の, 歯間音の (interdental). — *n.* 歯舌音, 歯間音.

den·tin [déntn̩, -tɪn, -tən | -tɪn, -tn] 〘← DENTO-+-IN[1]〙 — *n.* (*also* **den·tine** [déntiːn, ―´ | déntiːn]) 〘解剖〙(歯の)象牙質. **den·tin·al** [dentíːnl̩, dénṭə-, -tn̩l | dentíːnl̩, déntɪ-] *adj.*

dènti·násal 〘音声〙*adj.* 歯鼻音の. — *n.* 歯鼻音 ([n]).

dènti·róstral 〘← DENTO-+ROSTRAL〙 *adj.* 〘鳥類〙歯嘴(し)の《歯状突起のあるくちばしをもった》.

den·tist [dénṭɪst, -ṭəst | -tɪst] 〘《1759》▭ F *dentiste*: ⇨ dento-, -ist〙 *n.* 歯医者, 歯科医 (略 dent.).

den·tist·ry [dénṭɪstri, -ṭəs- | -tɪstrɪ] *n.* **1** 歯科医学, 歯科医療 (略 dent.). **2** 《まれ》歯科技工.

den·ti·tion [dentíʃən] 〘▭ L *dentītiō(n-)* ← *dentitus* (p.p.) ← *dentīre* to cut teeth ← *dēns* 'TOOTH': ⇨ -tion〙 — *n.* **1** 歯のはえること, 歯牙(しが)発生; 生歯期. **2** 〘動物〙歯の状態《歯の質・数・種類など歯全般に関する》; 歯列. **3** [集合的] (個人の)歯 (teeth).

den·to- [dénṭoʊ | -təʊ] 〘← L *dent-*, *dēns* 'TOOTH, point, spike'〙 — 「歯 (tooth); 歯と…との」の意の連結形: *dento*lingual 歯舌音(の). ★ 時に denti-, また母音の前では通例 dent- になる.

den·toid [déntɔɪd] 〘⇨ ↑, -oid〙 *adj.* 歯のような, 歯状の.

dènto·súrgical *adj.* 歯科外科の.

D'Èn·tre·cás·teaux Íslands [dɑ̃ː(n)trəkǽstoʊ-, dɔ̃ː(n)-, dɑːn-, dɔ(ː)n- | -təʊ-; *F.* dɑ̃trəkasto-] *n. pl.* [the ～] ダントルカストー諸島《太平洋西部, New Guinea の東部にある Papua New Guinea の諸島; 面積 3,142 km²》.

den·tu·lous [déntʃuləs | -tju-] 〘《逆成》← EDENTULOUS〙 *adj.* 歯をもった (↔ edentulous).

den·ture [déntʃə | -tʃə(r] 〘▭ F ～: ⇨ dento-, -ure〙 — *n.* 〘歯科〙 **1** [通例 *pl.*] (一組の)義歯《歯あるいはその周囲組織の欠損を補う人工物》. **2** 義歯床: a full ～ 総義歯 / a partial ～ 部分床義歯. **3** 歯列.

de·nu·cle·ar·ize [diːn(j)úːkliəràɪz | -njúːklɪə-] 〘《1958》← DE-[1]+NUCLEAR+-IZE〙 — *vt.* 〈ある地域・国家を〉非核化する《核兵器などの保有を防ぐ[禁じる]》: a ～*d* zone 非核武装地帯. **de·nu·cle·ar·i·za·tion** [diːn(j)ùːkliərɪzéɪʃən, -rə- | -njùːklɪəraɪ-, -rɪ-] *n.*

de·nu·date 〘《15C》▭ L *dēnūdāt-us*: ⇨ denude, -ate[2,3]〙 [díːn(j)udèɪt, dénjʊ- | díːnjuː-, -njʊ-] *vt.* = denude. — [-dèɪt, -dət, -dɪt] *adj.* 裸の.

de·nu·da·tion [dìːn(j)udéɪʃən, dènjʊ- | dìːnjuː-, -njʊ-] 〘《15C》▭ L *dēnūdātiō(n-)*: ⇨ ↑, -ation〙 — *n.* **1** 裸にすること, 裸であること, 赤裸(の状態), 裸出. **2** 〘地質〙 **a** (侵食作用などによる)削剝(さくはく), 削磨(さくま). **b** (一般的に)侵食. **3** 森の焼尽 (burnout). **～·al** [-ʃənl, -ʃnəl] *adj.*

de·nude [dɪn(j)úːd, də- | dɪnjúːd] 〘《1513》▭ L *dēnūdāre* to lay bare: ⇨ de-[1], nude〙 — *vt.* **1 a** 裸にする, …から〈外被物を〉剝(は)ぐ〔*of*〕: ～ a person of clothes 人から着物を剝ぐ. **b** 〈土地〉から〈樹木を〉(伐採・火などで)剝ぎとる〔*of*〕; 〈ある地域〉のすべての動植物を滅ぼす: The land is ～*d of* all vegetation. その土地には一本の草木もない / a ～*d* hill 禿(はげ)山. **2** …から〔特性・感情・希望・所有物などを〕取り除く, 奪い取る〔*of*〕: He was ～*d of* political rights [all decent feelings, all hope]. 政治的権利[上品な感情, 希望]を全く失った. **3** 〘地質〙(侵食によって)…の岩石表を露出させる, 削剝(さくはく)する. **de·núd·er** *n.* **～·ment** *n.*

de·nu·mer·a·ble [dɪn(j)úːm(ə)rəbl̩, də- | dɪnjúː-] 〘← DE-[1]+NUMERABLE〙 — *adj.* 〘数学〙可算の, 可付番の. **de·nù·mer·a·bíl·i·ty** [-rəbíləṭi | -lətɪ, -lɪ-] *n.* **de·nú·mer·a·bly** *adv.*

de·nun·ci·ate [dɪnʌ́nsièɪt, də- | dɪnʌ́nsièɪt, -ʃièɪt] 〘《1593》← L *dēnuntiāt-us*, *-ciāt-us* (p.p.) ← *dēnuntiāre*, *-ciāre*: ⇨ denounce, -ate[3]〙 *v.* =denounce.

de·nun·ci·a·tion [dɪnʌ̀nsiéɪʃən, də- | dɪnʌ̀nsɪ-, -ʃɪ-] 〘《?a1425》▭ L *dēnunciātiō(n-)*: ⇨ ↑, -ation〙 — *n.* **1** 公然の非難, 弾劾(だんがい). **2** (罪の)摘発, 告発. **3** 《古》威嚇(いかく), (警告的・威嚇的)宣言. **4** (条約などの)廃棄通告, 終結の通告.

de·nun·ci·a·tive [dɪnʌ́nsièɪṭɪv, də- | dɪnʌ́nsɪèɪt-, -ʃɪ-, -sɪət-, -ʃɪət-] *adj.* =denunciatory. **～·ly** *adv.*

de·nún·ci·à·tor [-ṭə | -tə(r] 〘《15C》▭ (O)F *dénonciateur* ▭ L *dēnūntiātor*: ⇨ denounce, -or[2]〙 *n.* (公然の)非難[弾劾]者; 告発人, 摘発者; 威嚇[警告]者.

de·nun·ci·a·to·ry [dɪnʌ́nsiətɔ̀ːri, də-, -tɔ̀ri | dɪnʌ́nsɪət(ə)rɪ, -ʃɪə-, -sjə-, -sɪèɪtərɪ, -ʃɪ-] 〘⇨ -atory〙 *adj.* 非難の, 弾劾する; 威嚇的な, 警告的な.

Den·ver [dénvə | -və(r] 〘← *J. W. Denver* (1817–94: Kansas 州知事): 命名当時は Colorado 東部も Kansas 州の一部であった〙 — *n.* 米国 Colorado 州の首都, 同州の中部にあり, 鉱業の中心地; 人口 498,000.

de·ny [dɪnáɪ, də- | dɪ-] 〘《a1325》*denie(n)* ▭ (O)F *dénier* < L *dēnegāre* to gainsay, reject ← DE-[1]+*negāre* to deny (cf. negation)〙 — *vt.* **1** 否定する, (…でないと)打ち消す (↔ affirm, admit): ～ a statement [fact, report] 言説[事実, 報道]を否定する / ～ the truth of what is said 言われたことの真実性を否定する / ～ a possibility とうていあり得ないと言う / He *denied* having said so. そんなことを口にした覚えがないと言った / do not ～ *that* ... *not*=do not ～ (*but*) *that* [*but what*] …でないとは言わない, でないとも限らない. **2** (…との関係を)否認する, …に関係がないと言う, 知らないと言う; (誤った観念として)排斥する: ～ a knowledge of it それを知らないと言う / ～ one's signature 自分の署名を認めない[ではないと言う] / ～ one's faith 信仰を否認する / ～ man's free will 人間に自由意志があることを認めない / Thou shalt ～ me thrice. なんじ三度(みたび)我をいなまん (*Matt.* 26:75). **3 a** [しばしば二重目的語を伴って]〈人・願いなどを〉拒絶する; 〈物事を〉〔人に〕(与えること・許すことを)拒む〔*to*〕: ～ petitioners 嘆願者を拒絶する / ～ a person's request 人の要求を拒絶する / He can ～ nothing *to* his son. 息子には何でもいやとは言えない / This was *denied* (*to*) me.=I was *denied* this. これは私には許され[与えられ]なかった. **b** 《古》〈…するのを〉断る〈*to* do〉. **c** 《廃》…の受け取りを断る. **4 a** 〔…に〕…との接近[面会]を拒む〔*to*〕: I told the servant to ～ me. 客があっても面会謝絶だよと召使に言いつけた / He *denied* himself *to* all visitors. だれが訪ねて来ても面会を謝絶した. **b** 《廃》…に(はいることを)禁じる. **5 a** [～ one*self* で] 欲望を抑える, 自制する, 克己する: He always *denies himself*. **b** [one*self* を間接目的語として]〈楽しみなどを〉断念する: ～ one*self* fun in life 人生の楽しみを捨てる. **～·ing·ly** *adv.*

De·nys [dénɪs, -nəs | -nɪs; *F.* dəni], Saint *n.* ⇨ Saint DENIS.

deoch an dor·is [dɔ́(ː)x-ən-dɔ́ːrɪs, -dɔ́ːr-, -rəs | dɔ́x-ən-dɔ́rɪs, -dɔ́ːr-] 〘▭ Gael. *deoch an doruis* 《原義》a drink at the door〙 *n.* 《スコット・アイル》別れの杯.

de·o·dand [díːədæ̀nd | díə(ʊ)-] 〘《1523》▭ AF *deodande* ▭ ML *deōdandum* (thing) to be given to God ← L *deō* ((dat.) ← *deus* deity)+*dandum* ((gerundive) ← *dare* to give)〙 — *n.* 〘古英法〙贖罪(しょくざい)奉納物《誤って人命の直接死因となったために官に没収され信仰・慈善などの用に供された物品[動物]; 1846 年廃止》.

de·o·dar [díːədàə | díə(ʊ)dàː(r] 〘《1842》▭ Hindi *dē'odār* ← Skt *devadāru* wood of the gods ← *deva* 'DIVINE'+*dāru* wood (← IE *deru- 'TREE')〙 — *n.* 〘植物〙ヒマラヤスギ (*Cedrus deodara*)《ヒマラヤ地方原産のマツ科の大高木》.

de·o·dor·ant [dióʊdərənt | diːə́ʊdər-, diə́ʊ-] 〘← DE-[1]+ODOR+-ANT〙 — *adj.* 防臭の(効果のある): ～ soap 防臭剤入り石鹸《わきがなどに効果がある》. — *n.* (特に, 体臭の)臭気止め, 脱臭剤, 防臭剤.

de·o·dor·i·za·tion [diòʊdərɪzéɪʃən, -rə- | diːə̀ʊdəraɪzéɪʃən, dɪə̀ʊ-, -rɪ-] *n.* 臭気除去(作用), 脱臭, 防臭.

de·o·dor·ize [dióʊdəràɪz | diːə́ʊdə-, dɪə́ʊ-] 〘← DE-[1]+ODOR+-IZE〙 — *vt.* **1** …から悪臭を除去する, …の臭気を止める, 防臭する. **2** 〈不快なもの・いまわしいものを〉(ごまかしによって)きれいに見せる.

de·ó·dor·ìz·er *n.* 臭気止め, 防臭剤, 脱臭剤, 除臭物.

De·o fa·ven·te [déɪoʊ-faːvénteɪ | déɪəʊ-] 〘▭ L *Deō favente* God favoring ← *Deō* ((abl.) ← *Deus* God) + *favente* ((abl. pres.p.) ← *favēre* 'to FAVOR')〙 — *L.* 神のみ恵みによって, 神のみ恵みがあれば.

Déo grá·ti·às [-grάːtiɑːs | -grάːtɪəs, -ʃɪəs] 〘▭ L *Deō grātiās* ← *Deō* ((dat.) ← *Deus* God)+*grātiās* (we give) thanks to God ((acc. pl.) ← *grātia* gratitude: cf. grace)〙 — *L.* 神のおかげで, ありがたいことに (略 D. G.).

Déo ju·ván·te [-dʒuvάːnṭi, -juvάːn- | -dʒuvάːntɪ, -juvάːn-] 〘▭ L *Deō juvante* God helping ← *Deō* ((abl.) ← *Deus*) + *juvante* ((abl. pres.p.) ← *juvāre* to help)〙 — *L.* 神助あらば, 神の助けのおかげで.

de·on·tic [diάnṭɪk | -ɔ́nt-] 〘← Gk *deont-* (⇨ deontology)+-IC[1]〙 *adj.* **1** 義務に関する, 義務を論じた: ～ logic, proposition, etc. **2** 義務論的な.

de·on·to·log·i·cal [diːὰnṭəlάdʒɪkəl, -dʒə- | -ɔ̀ntəlɔ́dʒɪ-] *adj.* 義務論的な (cf. teleological).

deontológical éthics *n.* 〘倫理〙義務的倫理(学)《義務や行為の義務・正邪は結果・目的(時には動機)の善悪に還元できないとする説; cf. axiological ethics》.

de·on·tol·o·gist [diːɑntάlədʒɪst, -dʒəst | -ɔntɔ́lədʒɪst] *n.* 義務論者.

de·on·tol·o·gy [diːɑntάlədʒi | -ɔntɔ́lədʒɪ] 〘《1826》← Gk *deont-*, *déon* that which is binding ((pres.p. stem) ← *dei* it behooves one, it ought)+-LOGY〙 — *n.* 〘倫理〙義務論: **a** 徳論・価値論に対して義務を論じる倫理学の分野. **b** 目的論 (teleology) と対立する立場.

De·o Op·ti·mo Max·i·mo [déɪoʊ-άptəmoʊ-mǽksəmoʊ, diːoʊ- | déɪəʊ-ɔ́ptɪməʊ-mǽksɪməʊ, diː-əʊ-] 〘▭ L *Deō optimō maximō* to God the best and greatest〙 — *L.* 神には最善のものを, 最大のものを《ベネディクト教団の motto》.

de·or·bit [diːɔ́əbɪt, -bət | -ɔ́ːbɪt] 〘← DE-[1]+ORBIT〙 〘宇宙〙 — *vt.* 〈宇宙船・人工衛星を〉軌道から外す. — *vi.* 〈宇宙船・人工衛星が〉軌道から外れる. — *n.* 宇宙船[人工衛星]を軌道から外すこと, 宇宙船[人工衛星]が軌道から外れること.

De·o vo·len·te [déɪoʊ-vo(ʊ)lénteɪ, diːoʊ-vo(ʊ)lénṭi, -və- | déɪəʊ-və(ʊ)lénteɪ, diːəʊ-və(ʊ)léntɪ] 〘▭ L *Deō volente* God willing ← *Deō* ((abl.) ← *Deus* God)+*volente* ((abl. pres.p.) ← *velle* 'to WILL[1], wish')〙 — *L.* 神のみ心[天意]にかなえば, 事情が許せば (略 D.V.).

de·ox·i·date [diːάksədèɪt | -ɔ́ksɪ-] *vt.* 《古》〘化学〙=deoxidize.

de·ox·i·da·tion [dìːɑksədéɪʃən | -ɔ̀ksɪ-] *n.* 〘化学〙酸

素除去, 脱酸; (酸化物の)還元.

de·ox·i·di·za·tion [diːɑ̀ksədɪzéɪʃən, -də-|-ɔ̀ksɪdaɪ-] *n.* 〘化学〙 =deoxidation.

de·ox·i·dize [diːɑ́ksədàɪz|-ɔ́ksɪ-] 〖← DE-¹+OXIDIZE〗 *vt.* 〘化学〙 **1** …から酸素を除去する, 脱酸する. **2** 〈酸化物を〉還元する.

dè·óx·i·dìz·er *n.* **1** 脱酸剤. **2** 還元剤.

de·ox·y- [diːɑ́ksɪ, -sə|-ɔ́ksɪ] 〖← NL ~: ⇨ de-¹, oxy-¹〗 ― 〘化学〙「類似の化合物より分子中の酸素が少ない; 水酸基を除去することによって他の化合物より得られる」の意の連結形.

deòxy·chólic ácid *n.* 〘生化学〙 デオキシコール酸 ($C_{23}H_{37}(OH)_2COOH$) 《哺乳動物の胆汁中に存在する胆汁酸の一種で, いろいろの有機化合物と安定した化合物をつくる》.

deòxy·corticósterone 〖cf. G *Desoxykortikosteron*〗 ― *n.* 〘生化学〙 デオキシコルチコステロン ($C_{21}H_{30}O_3$) 《副腎皮質からでる無色のステロイド系ホルモン; 合成が可能であり, 各種ストレスに対する抵抗力の増大に用いられる》.

de·ox·y·gen·ate [diːɑ́ksɪdʒɪnèɪt, -sə-, -dʒə-, -ɑksídʒə-|-ɔksídʒɪ-, -ɔ́ksɪ-, -dʒə-] 〖← DE-¹+OXYGENATE〗 ― *vt.* 〘化学〙 〈水・血液など〉から(分子状の)酸素を取る. **de·ox·y·gen·a·tion** [diːɑ̀ksɪdʒɪnéɪʃən, -sə-, -dʒə-, -ɑksìdʒə-|-ɔksìdʒɪ-, -ɔ̀ksɪ-, -dʒə-] *n.* **dè·óx·y·gen·àt·ed** [-tɪd, -təd|-tɪd, -təd] *adj.*

de·ox·y·gen·ize [diːɑ́ksɪdʒɪnàɪz, -sə-, -dʒə-, -ɑksídʒə-|-ɔksídʒɪ-, -ɔ́ksɪ-, -dʒə-] *vt.* =deoxygenate. **de·ox·y·gen·i·za·tion** [diːɑ̀ksɪdʒɪnɪzéɪʃən, -sə-, -dʒə-, -nə-, -ɑksìdʒə-|-ɔksìdʒɪnaɪ-, -ɔ̀ksɪ-, -dʒə-, -nɪ-] *n.*

de·ox·y·ri·bo·nu·cle·ase [diːɑ́ksɪràɪbo(ʊ)n(j)úːkliːèɪs, -èɪz|-ɔ́ksɪràɪbə(ʊ)njúːklɪ-] *n.* 〘生化学〙 デオキシリボヌクレアーゼ 《デオキシリボ核酸 (DNA) を加水分解して, ヌクレオチド類を生成する加水分解酵素》.

dè·ox·y·rì·bo·nu·clé·ic ácid [-ɑ́ksɪràɪbo(ʊ)n(j)uːklíːɪk-|-ɔ́ksɪràɪbə(ʊ)njuː-] 〖← DEOXYRIBO(SE)+*nucleic* (*acid*)〗 ― *n.* 〘生化学〙 デオキシリボ核酸 《deoxyribose を含む核酸で, 主に細胞核に含まれ遺伝子の本体を成す; 略 DNA; cf. ribonucleic acid, thymonucleic acid》.

de·ox·y·ri·bo·nu·cle·o·pro·tein [diːɑ́ksɪràɪbo(ʊ)n(j)ùːklio(ʊ)próʊtiːn, -tɪin, -tiən|-ɔ́ksɪràɪbə(ʊ)njùːklɪə(ʊ)prə́ʊtiːn, -tiːɪn, -tiɪn] 〖⇨ ↑, -o-, protein〗 ― *n.* 〘生化学〙 デオキシリボ核蛋白質 《デオキシリボ核酸と蛋白質との複合体; 略 D.N.A.P.》.

de·ox·y·ri·bo·nu·cle·o·tide [diːɑ̀ksɪràɪbo(ʊ)n(j)úːkliətàɪd|-ɔ̀ksɪràɪbə(ʊ)njúːklɪə-] 〖⇨ ↓, nucleotide〗 ― *n.* 〘生化学〙 デオキシリボヌクレオチド 《nucleotide のうち糖部分が 2′-オキシリボースのものの総称》.

deòxy·ríbose *n.* 〘生化学〙 **1** デオキシリボース ($C_5H_{10}O_4$) 《リボース (ribose) の水酸基を水素で置き代えられている五炭糖 ($HOCH_2(CHOH)_2CH_2CHO$), デオキシリボ核酸から加水分解によって得られる; desoxyribose ともいう》.

Dep., dep. 《略》 depart; department; departure; dependant; dependency; dependent; deponent; depose; deposed; deposit; depositor; depot; deputy.

de·pal·a·tal·ize [diːpǽlətəlàɪz, -tḷ-|-pǽlətəl-, -pəlǽt-, -pəléɪt-, -tḷ-] *vt.* 〘音声〙 非(硬)口蓋(音)化する. **de·pal·a·tal·i·za·tion** [diːpæ̀lətəlɪzéɪʃən, -lə-, -tḷ-|-pæ̀lətəlaɪ-, -pəlæ̀t-, -pəlèɪt-, -təlɪ-, -tḷ-] *n.*

de·part [dɪpɑ́ət, də-|dɪpɑ́ːt] 〖(*c*1250) *departe*(*n*) ▭ (O)F *départ-ir* < VL **dēpartīre*=L *dispertīre* to divide: ⇨ de-¹, dis-¹, part (v.)〗 ― *vi.* **1** 《古・文語》 (遠くに)去る; 暇乞(いとま)いする. **2** 〈人・列車などが〉出発する 〔*from*〕 (↔ arrive): ~ at 6:30 6 時半発 《時刻表では通例 dep. 6:30 a.m. のように略す》. **3** 死ぬ, 死去する. ★ 今は主に次の句に用いる: ~ *from* (this) life この世を去る, 死去する. **4** 〔常道・習慣・本題などから〕はずれる, 逸(そ)れる 〔*from*〕: ~ *from* custom 慣習に反する / ~ *from* one's word [promise] 約束を違える / ~ *from* one's principle [main subject] 主義を変える[本題をはずれる]. ― *vt.* **1** 去る: ~ Japan *for* the United States 日本を発(た)って合衆国に向う. ★ 《英》 では今は次の句に用いる以外は《まれ》: ~ this life この世を去る, 死ぬ (die). **2** 〘航空〙 〈空港を〉出発する (cf. arrive 2). ― *n.* 《古》 **1** 出発, 出立. **2** (あの世への)旅立ち, 死去.

de·pàrt·ed [-tɪd, -təd|-tɪd, -təd] 〖ME〗 *adj.* 《文語》 **1** 過ぎ去った, 今はない, (特に, 最近)死んだ: ~ glory 今はなしい栄誉. **2** [the ~] 故人; 死者(たち).

de·párt·ing pòint [-tɪŋ-|-tɪŋ-] *n.* 〘海事〙 起程地 《航海計算の出発地点; ↔ arrival point》.

de·part·ment [dɪpɑ́ətmənt, də-|dɪpɑ́ːt-] 〖(*a*1500) ▭ (O)F *département*: ⇨ depart, -ment〗 ― *n.* **1** (会社・百貨店などの複雑な機構の)部門, …部[課] (branch): the export [shipping] ~ 輸出[発送]部 / the fancy goods ~ 小間物販売部 / the accountant's [accounting] ~ 会計部[課]. **2 a** (米国の行政組織の)省 (cf. ministry 5): the *Department* of Agriculture [Commerce] 農[商]務省 / the *Department* of the Interior 内務省 / the *Department* of State 国務省 / the *Department* of Justice [Labor] 司法[労働]省 / the *Department* of Defense 国防総省 《略 DOD; 通称 Pentagon》 / the *Department* of the Army [Navy, Air] 陸[海, 空]軍省 《いずれも国防総省に統轄されている》 / the *Department* of the Treasury 財務省 / the Post Office *Department* 郵政省. **b** (英国の行政組織の)局, 課; 省 (cf. bureau, office): the Appointments [Factory, Statistics] *Department* (労働奉仕省の)任免[工場, 統計]局 / the *Department* of Inland Revenue 内国税務局 / the *Department* of Trade [Transport] 貿易[運輸]省. **3** (学校機構の)…学部, …科: the physics [literature] ~ 物理学[文学]部, 物理[文]科 / the ~ of history 史学部. **4** 《英口語》 (学問などの)部門, 分野; 《口語》 専門知識[活動]領域: What ~ are you in? 専門は何ですか. **5** 雑誌などの(特定テーマについての)定期特別記事(欄). **6** (フランス・ラテンアメリカの一部の国などの)行政区, 県. **7** 《米》 〘軍事〙 軍管区 《もと国防上の目的のために区切った地理上の区画》.

de·part·men·tal [dɪpɑ̀ətméntḷ, də-, diːpɑət-|diːpɑːtméntḷ] *adj.* 部門別の; 各部[局, 省, 県]の, 各分科の. **~·ly** *adv.*

de·pàrt·mén·tal·ìsm [-təlɪzm, -tḷ-|-təl-, -tḷ-] *n.* **1** 部門主義, 分課制; (行政上の)省局主義. **2** 《軽蔑》 官僚的形式主義, うるさいお役所式 (red tape).

de·part·men·tal·ize [dɪpɑ̀ətméntəlàɪz, də-, diːpɑət-, -tḷ-|diːpɑːtméntəl-, -tḷ-] *vt.* 部門別に分ける. **de·part·men·tal·i·za·tion** [dɪpɑ̀ətmèntəlɪzéɪʃən, də-, diːpɑət-, -lə-, -tḷ-|diːpɑːtmèntəlaɪ-, -lɪ-, -tḷ-] *n.*

departméntal stòre *n.* 《英》 =department store.

depártment stòre 〖(1887)〗 *n.* デパート, 百貨店.

de·par·ture [dɪpɑ́ətʃə, də-|dɪpɑ́ːtʃə(r] 〖(1441) ▭ OF *departeure*: ⇨ depart, -ure〗 ― *n.* **1** 出発; 出立, 門出 (↔ arrival): a ~ platform 発車ホーム / take one's ~ 出立する; 発足する. **2** (方法・方針などの)新発展: a new ~ 新発展, 新方針, 新案, 新機軸 / a point of ~ ⇨ point. **3 a** 〔常軌・伝統などからの〕逸脱, 背反 〔*from*〕: a ~ *from* truth 事実から逸脱すること. **b** 〘法律〙 訴答逸脱. **4** 《古》 死去 (death). **5** 〘海事〙 **a** 東西距 《緯線に沿って計った子午(しご)線間の距離》. **b** 起程点 《航海術的な計算の起算点》.

depárture lòunge *n.* (空港の)搭乗待合室, 出発ロビー.

depárture tràck [yàrd] *n.* 〘鉄道〙 (貨車操車場における)出発線.

de·pas·tur·age [dɪpǽstʃərɪdʒ, də-, diː-|diːpɑ́ːstjʊr-, -tjər-, -tʃər-] *n.* 放牧; 放牧権.

de·pas·ture [dɪpǽstʃə, də-, diː-|diːpɑ́ːstʃə(r] 〖⇨ de-¹, pasture (v.)〗 ― *vi.* 〈家畜が〉牧草を食う. ― *vt.* **1** 〈家畜を〉放牧する; 〈土地が〉〈家畜〉に牧草を供給する: The land will ~ 40 sheep. **2** 《古》 〈家畜が〉…の牧草を食い尽くす. **3** 《古》 〈土地を〉牧養地に使用する.

de·pau·per·ate 〖(15C) ▭ ML *dēpauperāt-us* ← *dēpauperāre* to make poor: ⇨ de-¹, pauper, -ate²˒³〗 ― [dɪpɔ́ːpərèɪt, də-|diː-] *vt.* **1** 貧乏にする; 〈土地を〉やせさせる. **2** 〘生物〙 貧弱にする; (滋養分の不足などのために)衰弱させる. ― [dɪpɔ́ːp(ə)rət, də-, -rɪt|diː-] *adj.* 〘生物〙 発育不全の, 萎縮(いしゅく)した.

de·pau·per·a·tion [dɪpɔ̀ːpəréɪʃən, də-|diː-] *n.* **1** 貧民化. **2** 〘生物〙 萎縮(いしゅく), 変質, 発育不全.

de·pau·per·ize [dɪpɔ́ːpəràɪz, də-|diː-] 〖← DE-¹+PAUPERIZE〗 ― *vt.* **1** 貧乏でなくする; 《古》 貧乏にする. **2** 〘生物〙 発育不全にする, 萎縮(いしゅく)させる. **de·pau·per·i·za·tion** [dɪpɔ̀ːpərɪzéɪʃən, də-, -rə-|diːpɔ̀ːpəraɪ-, -rɪ-] *n.*

de·pend [dɪpénd, də-|dɪ-] 〖(1410) ▭ (O)F *dépend-re* < VL **dēpendere*=L *dēpendēre* to hang from or upon ← DE-¹+*pendēre* to hang: cf. pendant〗 ― *vi.* **1 a** 〔…を〕頼み[たより]にする, 当てにする, 信頼する 〔*on, upon*〕: You may ~ *on* our cooperation. 我々の協力を当てにしてもよい / The report is not to be ~*ed upon*. その報告は当てにならない. ★ *on* の目的語として *that* clause が続くとき《口語》ではしばしば *on* と共に *that* も省かれる: You may ~ he will do it. 彼はきっとそれをする. **b** (扶養・援助を求めて) 〔…に〕頼る 〔*on, upon*〕: I ~ *on* my pen *for* a living. 私はペンを頼りに生きている, 文筆を業としている. **c** 〘文法〙 〔主要素に〕従属する, 依存する 〔*on*〕. **2 a** 〔…に〕よる, 依存する, 〔…〕次第である 〔*on, upon*〕: Success ~*s on* your own exertions. 成否は君自身の努力次第だ / Much ~*s upon* the issue of the battle. この戦いの勝敗は影響するところが多大だ. ★ *on* の目的語が疑問詞で始まる節であり, 《口語》や, 主語が it の場合はしばしば *on* が省かれる: It ~*s* (*on*) how you handle it. 君の扱い方次第でどうにでもなる. **b** 《口語》 [あとに *on* circumstances を省いて] 事情による, 時と場合による: He may stay here, or he may not. It all [That (all)] ~*s*. 行くかもしれないし, 行かないかもしれない. (すべて)情況次第だ. **3** [通例 be ~*ing* で] 〈訴訟・議案などが〉懸案[未決]となっている: An important matter was still ~*ing*. 重要な案件が未決となっていた. **4** 《古》 …にかかる, 〔…から〕垂(た)れ下がる 〔*from*〕: a chain ~*ing from* a hook かぎに垂れ下がる鎖.

depend upon it 《口語》 [文の前または後につけて, その陳述内容を強めて] 確かに, きっと: *Depend upon it*, the war will ruin the country. きっと戦争は国を滅ぼすだろう 《cf. You may ~ (*upon it that*) the war will … ⇨ 1a ★》.

de·pend·a·bil·i·ty [dɪpèndəbíləti, də-|dɪpèndəbílətɪ, -lɪ-] *n.* 頼み[たより]になること, 確実性; 信憑(しんぴょう)性, 信頼性.

de·pend·a·ble [dɪpéndəbḷ, də-|dɪ-] *adj.* 頼み[たより]になる, たのもしい, 信頼すべき (reliable): a ~ man. **de·pénd·a·bly** *adv.* **~·ness** *n.*

de·pen·dance [dɪpéndəns, də-|dɪ-] *n.* 《まれ》 =dependence.

de·pen·dant [dɪpéndənt, də-|dɪ-] *n.* =dependent.

de·pen·dence [dɪpéndəns, də-|dɪ-] 〖(17C) ← DEPEND+-ENCE ∽ (1414) *dependance* ▭ (O)F *dépendance*〗 ― *n.* **1** 〔人などを〕たより[頼み]にすること; 依存すること; 依存[従属]状態, 依存関係 〔*on, upon*〕 (↔ independence): live in ~ *on* another 人に依存した生活をする. **2** 信頼, 信用: place [put] ~ on a person 人を信頼する. **3** たよりとなるもの, 頼みの綱: You are my sole ~. **4** (因果などの)依存関係: a chain of ~ 因果の連鎖. **5** 〘法律〙 従属(状態). **6** 〘医学〙 依存(症): drug ~ 薬物依存(症). **7** 《古》 未決, 宙ぶらりん.

de·pén·den·cy [-dənsi|-sɪ] 〖⇨ ↑, -ency〗 ― *n.* **1** 《まれ》 依存(の状態). **2** 依存物, 従属物. **3** 属国, 属地, 属領, 保護領 (略 Dep., dep.). **4** (母屋の)付属建物 《馬屋・犬小屋など》.

depéndency grámmar *n.* 〘言語〙 依存文法 《言語要素間の依存関係に基づき言語構造を説明する文法》.

de·pen·dent [dɪpéndənt, də-|dɪ-] 〖(16C) ▭ L *dēpendent-em* (pres.p.) ← *dēpendēre* 'to DEPEND' ∽ (*a*1398) *dependaunt* ▭ (O)F *dépendant*: ⇨ -ant〗 ― *adj.* **1** 〔…に〕頼って[依存して]いる 〔*on, upon*〕: ~ *on* a cane 杖にたよって(歩く) / The hospital is ~ *for* resources *upon* the contributions of the public. その病院は資金を公衆の寄付に仰いでいる. **2** 〔…に〕よる, 〔…〕次第の 〔*on, upon*〕: The reward is ~ *on* your success. 報酬は成功次第である. **3** 〈領土・人民が〉従属した: a ~ domain 属領地. **4** 〘文法〙 従属関係の: a ~ clause 従属節, 従節. **5** ぶら下がる, 垂(た)れ下がる: ~ leaves. **6** 〘数学〙 従属の 《他のもので表現されうることについていう》. ― *n.* (*also* **dependant**) **1 a** 他人にたよって生活する人; 食客; 家来, 従者. **b** (世帯主をも含めて)扶養家族の一員, 世帯員. **2** [通例 dependant] 《古》 依存物, 従属物. ★ dependent, dependant の両つづりのうち, 《米》 では *adj.* としても *n.* としても前者が一般に用いられ, 時に *n.* として後者が用いられるのに対し, 《英》 では *adj.* としては前者が, *n.* としては後者が好んで用いられる.

de·pén·dent·ly *adv.* 依存的に, (他に)たよって, 従属的に (↔ independently).

depéndent váriable *n.* 〘数学〙 従属変数, 他変数. (↔ independent variable).

de·peo·ple [diːpíːpḷ] 〖cf. F *dépeupler*〗 *vt.* =depopulate.

de·perm [diːpə́ːm|-pə́ːm] 〖← DE-¹+*perm*(*anent magnetism*)〗 ― *vt.* 〘海事〙 (磁気機雷を防ぐため) 〈鋼船〉に排磁[消磁]装置を施す, 〈船体〉から磁気を除く (cf. degauss 1).

de·per·son·al·i·za·tion [diːpə̀ːs(ə)nəlɪzéɪʃən, -sṇ-, -lə-, -nḷ-|-pə̀ːs(ə)nəlaɪ-, -sṇ-, -lɪ-, -nḷ-] *n.* **1** 非個人化, 非人格化. **2** 〘精神医学〙 離人症.

de·per·son·al·ize [diːpə́ːs(ə)nəlàɪz, -sṇ-, -nḷ-|-pə́ː-] *vt.* **1** 〈人・感情など〉を非人間的にする. **2** 〈人〉から人格を奪う, 非人格化する, 非個人化する.

dep·e·ter [dépətə|-pɪtə(r] *n.* 〘建築〙 =depreter.

De·pew [dɪpjúː, də-], **Chauncey Mitchell** *n.* (1834–1928) 米国の弁護士・政治家; テーブルスピーチの名手として有名.

de·phleg·ma·tor [diːflégmeɪtə|-tə(r] 〖← DE-¹+PHLEGM+-ATE³+-OR²〗 *n.* 〘化学〙 デフレグメーター, 分縮器 《混合蒸気の一部分のみを凝縮分離する装置》.

de·phos·phor·i·za·tion [diːfɑ̀sfərɪzéɪʃən, -rə-|-fɔ̀sfəraɪ-, -rɪ-] *n.* 〘冶金〙 リン分の除去, 脱リン.

de·phos·phor·ize [diːfɑ́sfəràɪz|-fɔ́s-] 〖← DE-¹+PHOSPHOR(US)+-IZE〗 *vt.* 〘冶金〙 〈鉱石・銑鉄〉からリン分を除去する, 脱リンする.

de·pict [dɪpíkt, də-|dɪ-] 〖(*a*1420) ← L *dēpict-us* (p.p.) ← *dēpingere* to portray, paint ← DE-¹+*pingere* 'to PAINT'〗 ― *vt.* **1** (絵画・彫刻などに)写し出す, 描く, 描写する: ~ a scene [battle]. **2** (言葉で)描写する, (絵画的に)叙述する. **de·píc·ter, de·píc·tor** *n.*

de·pic·tion [dɪpíkʃən, də-|dɪ-] 〖▭ LL *dēpictiō*(*n*-): ⇨ ↑, -tion〗 ― *n.* **1** (絵画・彫刻などに)表現すること, 描写. **2** (絵画的な)記述, 描写. **de·píc·tive** [dɪpíktɪv, də-|dɪ-] *adj.*

de·pic·ture [dɪpíktʃə, də-|dɪpíktʃə(r] 〖← DE-¹+PICTURE〗 *vt.* **1** =depict. **2** 想像する (imagine).

de·pig·men·ta·tion [diːpɪgməntéɪʃən, -men-] *n.* 〘生物〙 色素脱失, 脱色 《皮膚・羽根などから正常な色どりが消えること》.

dep·i·late [dépəlèɪt|-pɪ-] 〖(1560) ← L *dēpilāt-us* (p.p.) ← *dēpilāre* ← DE-¹+*pilus* hair: ⇨ -ate³〗 *vt.* …から毛を抜き取る, 脱毛する.

dep·i·la·tion [dèpəléɪʃən|-pɪ-] *n.* 抜毛, (特に皮革製造の際の化学的・物理的)脱毛 (cf. epilation).

dép·i·là·tor [-tə|-tə(r] *n.* 脱毛する人; 脱毛器.

de·pil·a·to·ry [dɪpílətɔ̀ːri, də-, -tòːri|dɪpílət(ə)ri, de-] 〖(1601) ← DEPILATE+-ORY¹˒²: cf. F *dépilatoire*〗 ― *adj.* 〈薬品など〉脱毛の効ある, 脱毛に効く. ― *n.* **1** (むだ毛などを一時的に除く)化粧用脱毛剤. **2** (皮革製造の際の化学的・物理的)脱毛剤.

de·plane [diːpléɪn] *vi.* (着陸した)飛行機から降りる (↔ enplane). ― *vt.* 〈人を〉飛行機から降ろす.

de pla·no [diːpléɪnoʊ, deɪ-plɑ́ːn-|-nəʊ] 〖▭ L *dē plānō* ← *dē* 'DE¹'+*plānō* ((abl.) ← *plānus* 'plain¹')〗 ― *adv.* 〘法律〙 **1** 議論なしに, (正式の審理をせず)略式に. **2** 明らかな権利によって, 明らかに.

de·plas·mol·y·sis [diːplæzmɑ́ləsɪs, -səs|-mɔ́lɪsɪs,

-lə-] 〖← NL ～: ⇨ de-[1], plasmolysis〗 n. 〘植物〙 原形質分離回復.

de·plen·ish [dɪplénɪʃ, də- | dɪ-] 〖← DE-[1]+PLENISH〗 vt. 空(から)にする (↔ replenish): a ～ed house.

de·plete [dɪplíːt, də- | dɪ-, diː-] 〖《1807》← L *dēplētus* (p.p.) ← *dēplēre* to empty out ← DE-[1]+*plēre* to fill: cf. complete〗 — vt. **1** …の(満ちている)中味を減らす; 〈容器などを〉空(から)にする; 〈体力・資源などを〉枯渇させる: ～ one's strength / a lake recklessly ～*d* (of fishes) 魚類を乱獲した湖. **2** 〘医学〙(放血などによって)…の充血を散じる, 放血する, 瀉血(しゃけつ)する, 失血させる. **de·plét·a·ble** [-ṭəbl | -tə-] adj.

de·plét·ed uránium [-ṭɪd-, -ṭəd- | -tɪd-, -təd-] n. 〘原子力〙 **1** 減損ウラン《使用済み核燃料中のウランのように ^{235}U の含有率の低下したもの》. **2** 劣化ウラン《核分裂性核種 ^{235}U が天然の存在比よりも少ないウラン; cf. natural uranium, enriched uranium》.

de·ple·tion [dɪplíːʃən, də- | dɪ-, diː-] 〖《1656》□ LL *dēplētiō(n-)*: ⇨ deplete, -tion〗 — n. **1** (資源・資産・精力などの)枯渇, 消耗 (exhaustion); 資源破壊. **2** 〘医学〙(充血した器官の)放血; (高度の)失血(性消耗)状態. **3** 〘簿記〙 **a** 減耗償却《鉱山のように, 天然資源の採掘によって遂には枯渇する減耗性資産 (wasting assets) の償却; cf. depreciation 2》. **b** 減耗控除.

deplétion làyer n. 〘電子工学〙 空乏層《半導体中にできる導電性をもたない層》.

de·ple·tive [dɪplíːṭɪv, də- | dɪplíːt-, diː-] adj. 枯渇[消耗]させる; 血液[体液]を減少させる, 減液性の.

de·ple·to·ry [dɪplíːṭəri, də- | dɪplíːtəri, diː-] adj. = depletive.

de·plor·a·bil·i·ty [dɪplɔ̀ːrəbíləṭi, də-, -plòːr- | dɪplɔ̀ːrəbílɪti, -lɪ-] n. 嘆かわしさ, 痛ましさ, 哀れさ, 悲惨.

de·plor·a·ble [dɪplɔ́ːrəbl, də-, -plóːr- | dɪplɔ́ːr-] 〖《1612》□ F *déplorable*: ⇨ deplore, -able〗 — adj. **1** 嘆かわしい, 悲しむべき. **2** 悲惨な, 哀れな, みじめな, 全くひどい (wretched). **3** 遺憾な. **～·ness** n.

de·plór·a·bly [-bli | -blɪ] adv. 嘆かわしい[遺憾な]ほど; 哀れにも; 全くひどく.

de·plore [dɪplɔ́ə, də-, -plóə | dɪplɔ́ː(r)] 〖《1559》□ (O)F *déplor-er* // L *dēplōr-āre* ← DE-[1]+*plōrāre* to lament〗 — vt. **1** 〈自己の過失・罪などを〉深く悔いる, 遺憾に思う: He ～*d* his imprudence [*that* he had been imprudent]. 自分の軽率さ[軽率であったこと]を嘆いた. **2** 〈不正・不満な状態などを〉遺憾とする, 慨嘆する, 非難する: The author ～*s* social injustice. 著者は社会的不正を慨嘆[非難]している / It is to be ～*d* that there is a conflict between the two nations. 両国間に紛争があるということは遺憾なことだ. **3** 〈人の死などを〉嘆き悲しむ, 深く悼(いた)む: ～ the death of one's friend. ★ この動詞は今では通例, 人を目的語にとらない. **de·plór·er** [-plɔ́ːrə, -plóːrə | -plɔ́ːrə(r)] n.

de·plór·ing·ly [-plɔ́ːrɪŋli, -plóːr- | -plɔ́ːrɪŋli] 〖《1594》〗 adv. 嘆き悲しんで.

de·ploy [dɪplɔ́ɪ, də- | dɪ-] 〖《c1477》□ (O)F *déploy-er* < L *displicāre* 'to unfold, DISPLAY'〗 — vt. **1** 〘軍事〙〈軍隊を〉展開する; 配置[配備]する; 〈船・戦車を〉戦闘体形にする. **2** 〈人員などを〉(部署に)配備する; 〈資源・才能などを〉有効に利用する. **3** 〘チェス〙〈駒を〉動かす. — vi. 〘軍事〙〈軍隊が〉展開[散開]する; 〈落下傘が〉開傘する. **～·a·ble** [～əbl] adj. **～·ment** n.

de·plu·ma·tion [dìːpluːméɪʃən] 〖← ML *dēplūmātus* ((p.p.) ← *dēplūmāre* (↓))+-ATION〗 n. **1** 羽毛をむしること; 羽毛の脱落. **2** (財産・名誉などの)剝奪(はくだつ).

de·plume [dìːplúːm] 〖《?a1425》□ (O)F *déplum-er* // ML *dēplūm-āre* ← DE-[1]+L *plūma* feather: ⇨ plume〗 — vt. **1** …から羽毛を抜き取る, 羽毛をむしる. **2** 〈人〉から財産[名誉など]を剝奪(はくだつ)する.

de·po·lar·i·za·tion [dìːpòulərɪzéɪʃən, -rə- | -pə̀ulərаɪ-, -rɪ-] n. **1** 〘電気・磁気〙 分極防止作用, 消極作用, 復極, 消極(したもの). **2** 〘光学〙 偏光の偏りの度合の減少.

de·po·lar·ize [dìːpóuləràɪz | -pə́u-] 〖← DE-[1]+POLARIZE〗 — vt. **1** 〘電気・磁気〙 …の極性[成極作用]を減らす, 復極[消極, 減極]する. **2** 〘光学〙〈偏光された光〉の偏(かたよ)りをなくす, 偏りの度合を減らす. **3** 〈確信・偏見などを〉撹(か)き乱す, くつがえす, 解消させる.

dè·pó·lar·ìz·er n. 〘電気・磁気〙 復極[消極]剤.

de·po·lit·i·cal·ize [dìːpəlíṭɪkəlàɪz, -ṭə- | -tɪ-] vt. = depoliticize.

de·po·lit·i·cize [dìːpəlíṭəsàɪz | -tɪ-] vt. 非政治化する, 政治的影響から脱却させる.

de·pol·lute [dìːpəlúːt | -lúːt, -ljúːt] 〖← DE-[1]+POLLUTE〗 vt. …の汚染を除去する. **de·pol·lu·tion** [dìːpəlúːʃən | -lúː-, -ljúː-] n.

de·po·lym·er·i·za·tion [dìːpəlìmərɪzéɪʃən, -rə- | -pɔlɪmərаɪ-, -pə-, -rɪ-] n. 〘化学〙 解重合.

de·po·lym·er·ize [diːpəlímərаɪz | -pɔ-, -pə-] vt. 〘化学〙〈重合体・異量体を〉単量体 (monomer) に分解する, 解重合する.

de·pone [dɪpóun, də- | dɪpə́un] 〖《?a1425》□ L *dēpōnere* to put down, (ML) testify ← DE-[1]+*pōnere* to place: cf. deposit〗 — vt., vi. 《古》〘法律〙 宣誓の上(…と)証言する《現在では, 証言録取書 (deposition) の方法による供述の場合に用いられる》.

de·po·nent [dɪpóunənt, də- | dɪpə́u-] 〖n.: 《1548》□ ML *dēpōnent-em* (pres.p.) ← *dēpōnere* (⇨ ↑, -ent). — adj.: 《c1450》□ LL *dēpōnent-em* 《なぞり》← Gk *apothetikós*〗 — n. **1** 〘法律〙 宣誓供述者, 宣誓証人《宣誓供述書 (affidavit) または証言録取書 (deposition) の方法で供述する者》. **2** 〘文法〙 = deponent verb. — adj. 〘文法〙 異態の: ⇨ deponent verb.

depónent vérb n. 異態動詞《ギリシャ語・ラテン語において形は Passive で意味は Active の動詞》.

de·pop·u·late 〖《1531》□ L *dēpopulāt-us* (p.p.) ← *dēpopulārī* to lay waste: ⇨ de-[1], populate〗 — [diː-pɑ́pjulèɪt | -pɔ́p-] v. — vt. 〈戦争・病気が〉〈地域〉の住民を絶やす, 人口を減らす. — vi. 人口が減少する. — [-lət, -lɪt] adj. 《古》 人口の減少した.

de·pop·u·la·tion [dìːpɑ̀pjuléɪʃən | -pɔ̀p-] 〖《?a1425》□ L *dēpopulātiō(n-)*: ⇨ ↑, -ation〗 n. **1** 住民絶滅[滅亡]; 人口減少, 過疎. **2** 《古》 荒廃 (devastation).

de·póp·u·là·tor [-ṭə | -tə(r)] 〖《15C》□ L *dēpopulātor* devastator: ⇨ depopulate, -or[2]〗 n. 住民を絶やす[人口を減らす]人[戦争, 飢饉, 病気など].

de·port [dɪpɔ́ət, də-, -póət | dɪpɔ́ːt] 〖《1474》□ F *déport-er* □ L *dēportāre* to carry away ← DE-[1]+*portāre* to carry (cf. port[3])〗 — vt. **1** [～ *oneself* で] 身を処する, ふるまう. ★ 常に副詞(句)を伴う: ～ *oneself* well [ill, properly] in a matter ある事でりっぱに[へたに, 適切に]ふるまう. **2** 運ぶ, 輸送する. **3** 〈外国人などを〉国外に退去させる, 追放する, 流刑に処する.

de·port·a·ble [dɪpɔ́əṭəbl, də- | dɪpɔ́ːtə-] adj. (国外)追放[流刑]を受けるべき; 〈犯罪など〉(国外)追放[流刑]に当たる.

de·por·ta·tion [dìːpɔətéɪʃən, -poə-, -pə- | -pɔː-] 〖□ OF ～ // L *dēportātiō(n-)*: ⇨ deport, -ation〗 — n. **1** 移送, 輸送. **2** 〘法律〙 流刑, 国外追放[退去]: a ～ order (国外)退去命令.

de·port·ee [dìːpɔətíː, -poə-, dɪpɔ̀ə-, də-, -pòə- | diː-pɔː-] n. **1** 被追放者, 流刑者. **2** 移送[追放]を待つ人.

de·pórt·ment 〖《1601》□ OF *dēportement*: ⇨ deport, -ment〗 — n. (行為の基準・しきたりから見た, 主に若い女性の)態度, 振舞い, 行動; (小学校などで評点の対象となる生徒の)品行, 行状. ★ 英国では立居振舞, 米国では人前での行動について用いられる.

de·pos·a·ble [dɪpóuzəbl, də- | dɪpə́uz-] adj. **1** 廃しうる, 廃位を免れない, 退けられるべき. **2** 証言し得る.

de·pos·al [dɪpóuzəl, də-, -zl | dɪpə́uz-] 〖ME □ ? AF *deposaille*: ⇨ ↓, -al[2]〗 n. 王位剝奪(はくだつ), 廃位; 解任, 罷免(ひめん).

de·pose [dɪpóuz, də- | dɪpə́uz] 〖《?a1300》 *depose(n)* □ (O)F *dépos-er* to put or lay down 《混成》← L *dēpōnere* 'to DEPONE'+(O)F *poser* to pose (cf. pose[1])〗 — vt. **1** 〔高位から〕退ける, 罷免[解任]する; 〈王を〉廃する, 退位させる 〔*from*〕: ～ a person *from* office 人を免職する. **2** 《古》 おろす (lay down), 落とす, 置く. **3** 〖《15C》← ML *dēpos-* (perf. stem) ← *dēpōnere* to assert under oath〗 宣誓の上証言する, 供述する 〈*that*〉: He ～*d that* he had not been there. そこに居なかったと証言した. — vi. (通例法廷外で文書によって)〔…を〕宣誓証言する 〔*to*〕: ～ *to* a fact [having seen it] ある事実を[それを見たと]証言する.

de·pós·er n. **1** 位を下げる[退位させる]人. **2** 証言者.

de·pos·it [dɪpɑ́zɪt, də-, -zət | dɪpɔ́zɪt] 〖n.: 《1624》□ L *dēposit-um* that which is put down (neut. p.p.) ← *dēpōnere* to lay down: ⇨ depone〗 — n. **1** 沈殿(物), 堆積(物), 沈積物; (酒などの)澱(おり); 産み置きの卵: glacial ～*s* 氷河堆積物. **2** 〘地質〙 堆積物, (鉱石・石油などの)鉱床: oil ～*s* 埋蔵石油. **3** 預け入れ, 預り, 保管, 寄託: a ～ of valuables [title deeds] 貴重品[地券]の預け入れ[保管] / money *on* ～ 預金 / have [place] money *on* ～ 金銭を預かっている[預ける]. **4** 銀行預金: current ～ 当座預金 / time ～ 定期[有期]預金 / a ～ in trust 信託預金 / make a ～ of $1,000 in cash 現金千ドルを預金する. **5** (支払充当などのための)積立金, 証拠金, 手付金, 前渡金, 保証金, 敷金, 頭金, 供託金. **6** 《米》 = depository; depot 2 a. **7** 〘病理〙 沈着物(質)《組織・器官にたまった定着性物質》.

on deposit 預け(られ)て, 保管されて, 預金して (cf. n. 3).

— vt. **1 a** 〔通例, 特定の場所に〕置く 〔*on, in*〕. **b** 〈硬貨を〉(自動販売器などの硬貨投入口に)入れる. **2** [通例, 副詞(句)を伴って] 〈鳥・魚・昆虫が〉〈卵を〉生む, 生んで置く (lay). **3** 〈川・風などが〉沈殿[沈積]させる, 堆積させる: mud ～*ed on* the fields by a flood 大水によって田畑に堆積した泥. **4 a** 〔…に〕…の保管を託する, 供託する, 預ける; 預金する 〔*in, with*〕: ～ a thing *with* a person 人に物を預ける / ～ money *in* a bank 銀行に預金する / ～*ed* articles 寄託物. **b** 〘政治〙〈条約の批准書を〉寄託する. **5** (支払に当てて)積み立てる, 手付金として払う, …の手付けを置く. — vi. **1** 沈殿[沈積]する, 沈む (settle). **2** 預金[供託]する.

depósit accòunt n. **1** 《米》 預金勘定. **2** 《英》 貯蓄預金勘定 (《米》 savings account) (cf. current account).

de·pos·i·tar·y [dɪpɑ́zətèri, də- | dɪpɔ́zɪt(ə)ri] 〖《1605》□ L *dēpositārius*: ⇨ deposit, -ary〗 — n. **1** 預り人, 保管人, 受託者, 被寄託者 (↔ depositor). **2** 受託所, 保管所, 倉庫 (depository).

depósit còpy n. 〘図書館〙 納本《法律に従って所定の図書館に納められた新刊の図書・雑誌類》.

depósit cùrrency n. 〘銀行〙 預金通貨《預金が小切手の授受を通じて支払人から受取人へ移転し, 支払手段の役割を果たす》.

de·pos·it·ee [dɪpɑ̀zɪtíː, də-, -zə- | dɪpɔ̀zɪ-] n. = depositary 1.

dep·o·si·tion [dèpəzíʃən, dìːp-] 〖《1399》□ LL *dēpositiō(n-)*: ⇨ deposit, -tion〗 — n. **1** 官職剝奪(はくだつ), 罷免, 解任, 降位; 廃位. **2** [the D-] 〘美術〙 = DEPOSITION from the Cross. **3** 〘法律〙 (通例, 文書による)証言録取書, 宣誓証言書. **4** 沈殿(物), 沈積物 (sediment). **5** 〘動物〙 託卵《鳥が繁殖の際, 営巣・抱卵・育雛などを他鳥に託する習性》. **6** (有価証券などの)寄託, 供託. **7** 〘病理〙 沈着. **～·al** [-ʃənl, -ʃnəl] adj.

Deposition from the Cross [cross] [the —] 〘美術〙 キリスト降架の絵[彫刻].

depósit mòney n. 〘銀行〙 預金貨幣, 通貨.

de·pós·i·tor [-ṭə | -tə(r)] 〖□ LL *dēpositor*: ⇨ deposit, -or[2]〗 n. **1** 預金者, 預け主; 供託者, 寄託者 (↔ depositary). **2** 沈殿器; 電気めっき器.

de·pos·i·to·ry [dɪpɑ́zətɔ̀ːri, də-, -tòːri | dɪpɔ́zɪt(ə)ri] 〖1: 《1656》□ LL *dēpositōrium*: ⇨ deposit, -ory[2]〗 — n. **1 a** 供託所, 受託所; 保管所, 貯蔵所; 置場, 倉庫: a ～ of learning 学問の宝庫. **b** 《米》 政府印刷物保管所; (政府の基金を保管する)国立銀行. **2** 保管人.

depósitory lìbrary n. 《米》 官庁出版物保管図書館.

depósit slìp n. 《米》〘銀行〙 預入伝票.

depósit stàtion n. 〘図書館〙 停本所, 図書停留所《学校・工場・研究所などに設置された図書館の出張所》; そこに置かれている図書類.

dep·ot [dépou, díːp- | dépəu] 〖《1794》□ F *dépôt* □ L *dēpositum* 'DEPOSIT (n.)'〗 — n. **1** [(米) díːpou] 《米》 鉄道駅, 停車場; バス発着所[乗客待合所]; (空港の)ターミナル, 空港駅. ★ 元来は貨物駅 (freight station) に用いられた; 《米》 でも今は長距離バスの場合を除き station のほうが普通. **2 a** 《英》 貯蔵所, (終着駅にある)貨物置場, 倉庫; 中央市場: a coal ～ 貯炭所 / a wine ～ ワイン貯蔵所. **b** 〘商業〙 物的流通拠点, デポー. **3** 〘軍事〙 補給処, 補給廠(しょう), 廠, 兵站(へいたん)部; 物資集積所; 《古》 新兵訓練[編成]所; 《英》 連隊本部留守(るす)部隊; 捕虜収容所. **4** 〘医学〙 **a** 貯蔵所, 蓄積所《特定の細胞・物質が体内で蓄積・貯蔵される場所》. **b** 貯留物, 蓄積物. **c** デポー製剤《体内での作用時間が特に長期にわたるくふうをした注射液などの製剤》.

dépot shìp n. (駆逐艦・潜水艦などの)母艦.

depr. 《略》 depreciation; depression.

dep·ra·va·tion [dèprəvéɪʃən, dìːpreɪ- | dèprə-] 〖□ (O)F *dépravation* □ L *dēprāvātiō(n-)*: ⇨ ↓, -ation〗 n. **1** 悪変, 悪化; 腐敗. **2** (道徳的)腐敗, 堕落.

de·prave [dɪpréɪv, də- | dɪ-] 〖《a1376》 *deprave(n)* □ (O)F *déprav-er* // L *dēprāv-āre* to distort, corrupt ← DE-[1]+*prāvus* crooked, vicious〗 — vt. **1** 〈人などの〉質を悪くする, 悪化させる; (特に)堕落[腐敗]させる. **2** 《廃》 …の悪口を言う, けなす. **～·ment** n. **de·prav·er** n.

de·práved adj. 腐敗[堕落]した; 邪悪な, 不良の (vicious): ～ ideas. **～·ly** adv. **～·ness** n.

de·prav·i·ty [dɪprǽvəṭi, də-, -préɪv- | dɪprǽvəti, -vɪ-] 〖《1641》《混成》← DEPRAVE+PRAVITY〗 — n. **1** 堕落, 腐敗, 邪悪. **2** 〘神学〙 人間の堕落性《原罪のために生来罪深いこと》. **3** 邪悪な行為, 不行跡, 悪行.

dep·re·cate [déprɪkèɪt, -rə-] 〖《1624》← L *dēprecātus* (p.p.) ← *dēprecārī* to pray against ← DE-[1]+*precārī* 'to PRAY'〗 — vt. **1** 非難する, …に反対論を唱える, 反対する; …をせぬようにと嘆願[哀願]する: ～ war 戦争に反対する / Such a rash measure is much to be ～*d*. こういう軽率な手段ははなはだよろしくない / ～ a person's anger どうかおこらないで下さいと頼む. **2** 《古》〈災い・怒りなど〉から免れることを祈る, …のないように祈る: ～ the wrath of God. **3** 《米》 軽視する, けなす, みくびる. **dép·re·cà·tor** [-ṭə | -tə(r)] n.

dép·re·càt·ing·ly [-ṭɪŋ- | -tɪŋ-] adv. 非難するように, 恨めしそうに; なだめるように.

dep·re·ca·tion [dèprɪkéɪʃən, -rə-] 〖《c1425》□ (O)F *déprécation* // L *dēprecātiō(n-)*: ⇨ deprecate, -ation〗 — n. **1** 非難, 反対; 抗議, 不賛成. **2** 嘆願, 哀願, なだめようとすること. **3** 《古》(害悪・災いを)免れたいという祈願[念願].

dep·re·ca·tive [déprɪkèɪṭɪv, -rə-, -kəṭ- | -kət-, -kèɪt-] 〖《15C》□ LL *dēprecātīvus*: ⇨ -ive〗 adj. = deprecatory. **～·ly** adv.

dep·re·ca·to·ri·ly [dèprɪkətɔ́ːrəli, -rə-, -tóːr-, ――――― | déprɪkət(ə)rəli, -rɪ-, -kèɪt-] adv. 非を唱えて; 嘆願するように; 弁解的に.

dep·re·ca·to·ry [déprɪkətɔ̀ːri, -rə-, -tòːri | -kət(ə)ri, -kèɪt-] 〖《1586》□ LL *dēprecātōrius*: ⇨ -ory[1]〗 — adj. **1** 非難の, 不賛成の. **2** 嘆願的な; 弁解的な: a ～ letter 言いわけの手紙.

de·pre·ci·a·ble [dɪpríːʃiəbl, də-, -ʃə- | dɪpríːʃɪəbl, -ʃə-] 〖⇨ ↓, -able〗 adj. 値下りのありうる; 《米》(課税上)減価見積りができる.

de·pre·ci·ate [dɪpríːʃièɪt, də- | dɪpríːʃièɪt, -sièɪt] 〖《1464》← L *dēpretiātus* (p.p.) ← *dēpretiāre* to lower the price of ← DE-[1]+*pretiāre* to prize (← *pretium* 'PRICE')〗 — vt. **1 a** …の価値を低下させる[減じる]; (特に)…の価格を低下させる (↔ appreciate). **b** 《米》(課税上)〈財産〉に減価見積りをする. **2** 〈貨幣〉の購買力を減じる. **3** 見くびる, 軽視する (disparage): ～ oneself 卑下する. — vi. 〈貨幣などが〉価値が低下する[減る], 価格が下落する (↔ appreciate).

de·pré·ci·àt·ing [-ṭɪŋ | -tɪŋ] adj. 軽視するような, 見くびるような.

de·pré·ci·àt·ing·ly adv. 軽視するように, 見くびるように, 軽んじて: speak ～ of …をけなす.

de·pre·ci·a·tion [dɪprìːʃiéɪʃən, də- | dɪprìːʃiéɪ-, -sieɪ-] 〖← DEPRECIATE+-ATION: cf. F *dépréciation*〗 — n. **1 a** 価値の低落, 価格の低下 (↔appreciation):

～ in price 物価低落, 値下り / a ～ of the currency 貨幣の価値低落. **b** 《米》課税上の(財産の)減価見積り. **2** 〚簿記〛減価償却《機械・建物など有形固定資産の償却をいう; cf. depletion 3》: ～ expenses 減価償却費 / allowance [reserve] for ～ 減価償却引当金. **3** 見くびること, 見くびられること, 軽視, 軽侮.

depreciátion insùrance *n.* 〚保険〛新価保険《火災によって焼失した建物の再築費用のように, 損害をこうむった被保険物の再調達費用(新価)を支払う保険; replacement insurance ともいう》.

de·pre·ci·a·tive [dɪpríːʃət̬ɪv, də-, -ʃiət̬-, -ʃièɪt̬- | dɪpríːʃièɪt-, -ʃɪət-, -ʃət-] *adj.* =depreciatory. **～·ly** *adv.*

de·pré·ci·à·tor [-t̬ə | -tə(r] *n.* 価値を低下させる人; 軽視する人.

de·pre·ci·a·to·ry [dɪpríːʃətɔ̀ːri, də-, -ʃiət-, -tɔ̀ːri | dɪpríːʃɪət(ə)rɪ, -ʃət-, -ʃɪèɪtərɪ] 〚⇨ depreciate, -ory[1]〛 — *adj.* (↔ appreciative) **1** 価値低下[減少]的な, 減価的な, 下落傾向の. **2** 軽視[軽侮]的な: ～ comments 軽蔑するような言葉.

dep·re·date [dépradèɪt | -rɪ-, -rə-] 〚← L *dēpraedātus* (p.p.) ← *dēpraedāre* to plunder ← DE-[1]+*praedāre* (← *praeda* 'booty, PREY')〛 — *vt., vi.* 《古》(国土などを)強奪する, 略奪する (plunder).

dep·re·da·tion [dèprədéɪʃən | -rɪ-, -rə-] 〚《1483》□ (O)F *déprédation* ∥ LL *dēpraedātiō(n-)*: ⇨ ↑, -ation〛 — *n.* **1** 略奪すること[されること], 強奪; 略奪行為. **2** [通例 *pl.*] 浸蝕, 破壊(の跡): the ～*s* of the sea (海岸における)海水[波]の浸蝕(の跡).

dép·re·dà·tor [-t̬ə | -tə(r] 〚□ LL *dēpraedātor*: ⇨ depredate, -or[2]〛 *n.* 略奪者.

dep·red·a·to·ry [dɪprédətɔ̀ːri, də-, déprəd-, -tɔ̀ːri | dɪprédət(ə)rɪ] 〚⇨ ↑, -ory[1]〛 *adj.* 強奪的な.

De·prés [deɪpréɪ; *F.* depre, dɛ-] *n.* ⇨ des Prés.

de·press [dɪprés, də- | dɪ-] 〚《?c1380》 *depresse(n)* □ OF *depress-er* □ LL *dēpressāre* ← L *dēpressus* (p.p.) ← *dēprimere* ← DE-[1]+*premere* 'to PRESS'〛 — *vt.* **1 a** 下に押す, 押し下げる: ～ a handle / ～ the keys of a piano ピアノのキイを押す[叩く]. **b** 低める: ～ the eyes 目を下に向ける. **2** 〈力・調子・声などを〉下げる, 落とす: ～ the voice. **3** 〈機能・活動などを〉弱める, 衰えさせる (weaken). **4** 〈商況などを〉不景気にする, 不振にする; 〈相場・事業などを〉下落[低下]させる: Those stocks are ～*ed*. 株は低下している / The trade is ～*ed*. 商況は不振だ. **5** 〈物事が〉〈人(の元気[気力])を〉なくさせる, 意気沮喪(そう)[消沈]させる, 憂鬱にする: He is ～*ed* by the bad news. その悪い知らせを聞いて彼は気が滅入っている. **6** 〈発芽などを〉抑制する; 〈収穫などを〉減らす. **7** 〚音楽〛…のピッチ[調子]を下げる. **8** 《まれ》〈人を〉(位などから)引き降ろす; …の(高慢の)鼻を折る (humble): ～ the proud.

de·pres·sant [dɪprésnt, də- | dɪ-] 〚⇨ ↑, -ant〛 — *adj.* **1** 〚医学〛(身体や精神機能を)抑圧[低下]させる; 鎮静の効のある (sedative) (↔ stimulant). **2** 意気消沈させる, 落胆させる. **3** 不景気にする, 不況にする. — *n.* **1** 〚薬学〛抑制薬, 鎮静剤 (sedative), 降下剤. **2** 〚化学〛抑制剤.

de·préssed 〚《15C》〛 — *adj.* **1** 元気のない, 意気消沈した, 塞(ふさ)いでいる: He felt ～. 気が滅入った. **2 a** 不況の, 不景気の, 不振の: a ～ industry 不況産業. **b** 窮乏の, 貧困の: ⇨ depressed classes. **3 a** 〚植物〛圧扁の, 上から押しつぶして平偏になった (cf. compressed 2 a). **b** 〚魚類〛縦扁の《コチ・アンコウなどのように背腹に平たい体にいう》. **4** (地面など)低下した, 窪んだ, 平たい: the ～ center of a crater 噴火口の窪んだ中心部. **5** 〈成績など〉標準以下の.

depréssed árch *n.* 〚建築〛=drop arch 1.

depréssed área *n.* 不況地域[地方].

depréssed clásses *n. pl.* [the ～] 《英》(インドの) 最下層民.

de·press·i·ble [dɪprésəbḷ, də- | dɪprésə-, -sɪ-] *adj.* 押しつぶすことができる, 押し下げられる.

de·préss·ing *adj.* 元気を落とさせるような, 気の滅入るような, 憂鬱な, 重苦しい (dismal): the dark, ～ weather 暗い陰鬱な天候. **～·ly** *adv.*

de·pres·sion [dɪpréʃən, də- | dɪ-] 〚《c1400》□ (O)F *dépression* ∥ L *dēpressiō(n-)*: ⇨ depress, -sion〛 — *n.* **1** 押し下げること, 押下げ; 降下, 沈下. **2** (地盤の)陥没, 窪み; 窪地; 凹地(おうち). **3** 意気消沈, (気分の)塞(ふさ)ぎ, 憂鬱: mental ～ 意気消沈 / nervous ～ 神経衰弱 / He sank into a deep ～. 彼はひどく塞ぎこんでしまった. **4 a** (商況の)不振, 不景気, 不況; (相場の)下落: ～ in trade 不景気. **b** [the D-] =Great Depression. **5** 〚気象〛(気圧の)降下, 低気圧: an atmospheric [a barometric] ～ 低気圧. **6** 〚天文〛(天体の)地平線から下への角距離, (水平)俯角(ふかく). **7** 〚測量〛水平俯角. **8** 〚解剖〛陥凹. **9** 〚病理〛機能低下, 抑制, 抑圧. **10** 〚精神医学〛鬱病, (抑)鬱状態《不快沈鬱な精神状態; cf. melancholia, hypochondria》. **11** 〚外科〛(緑内障の)減圧(手術). **12** 〚音楽〛(音程の)低下.

de·pres·sive [dɪprésɪv, də- | dɪ-] *adj.* **1** 押し下げるような; 憂鬱な: a ～ day 陰鬱な日. **2** 〚精神医学〛抑鬱(症)の, 鬱病の, 鬱状態の. — *n.* 〚精神医学〛鬱病[鬱状態]の人. **～·ly** *adv.* **～·ness** *n.*

de·prés·sor 〚□ LL *dēpressor*: ⇨ depress, -or[2]〛 — *n.* **1** 抑圧者. **2** 〚医学〛(診断・手術時に邪魔にならないように舌などを抑える)圧低器, 圧迫具: a tongue ～ 圧舌子. **3** 〚解剖〛抑圧筋, 制圧筋, 下引筋《depressor muscle ともいう》. **4** 〚生理〛=depressor nerve. **5** 〚薬学〛降圧剤, 抑圧剤.

depréssor nérve *n.* 〚生理〛減圧神経 (cf. pressor nerve).

de·pres·sur·ize [dìːpréʃəràɪz] *vt.* 〈船室・機内など〉の受けている圧力を除く, 減圧する. **de·pres·sur·i·za·tion** [dìːprèʃərɪzéɪʃən, -rə- | -raɪ-, -rɪ-] *n.*

dep·re·ter [déprət̬ə | -rɪtə(r] 〚← ?〛 *n.* 〚建築〛しっくい壁の仕上げ塗りの一種《モルタルがまだ乾燥しないうちに小石を押し込んで行なう》.

de·priv·a·ble [dɪpráɪvəbḷ, də- | dɪ-] *adj.* 奪いうる; 剥奪(はくだつ)を免れない.

de·priv·al [dɪpráɪvəl, də- | dɪ-] *n.* 《まれ》=deprivation 1.

dep·ri·va·tion [dèprɪvéɪʃən, -rə-, dìːpraɪ- | dèprɪ-, dìːpraɪ-] 〚《1445》□ ML *dēprīvātiō(n-)*: ⇨ ↓, -tion〛 — *n.* **1** (官職・位階・特権などの)剥奪(はくだつ), 褫奪(ちだつ). **2** (相続人の)廃除. **3** 聖職剥奪[停止]. **4** 損失, 惜しい損失; (偉人などの)死去, (肉親の)死. **5** (生活必需品などの)欠乏, 欠如.

de·prive [dɪpráɪv, də- | dɪ-] 〚《a1338》 *deprive(n)* □ OF *depriv-er* ∥ ML *dēprīv-āre* ← DE-[1]+L *prīvāre* to rob, deprive (cf. private)〛 — *vt.* **1** …から[…を]奪う, 奪い取る 〔*of*〕; …に(権利などの行使を)許さない, 拒む 〔*of*〕; …に[…を]得させない 〔*of*〕: Age ～*d* him *of* his hearing. 老齢のため耳が聞こえなくなった / They were ～*d of* all enjoyment in life. 彼らは人生の楽しみをすべて失った. **2** …から職を奪う, 〈特に, 牧師〉の聖職を停止する: The clergyman was ～*d* for three years. 牧師は3年間その職を停止された. **3** 《廃》除去する, 滅ぼす.

de·prived *adj.* 〈人など〉(社会的・経済的に)恵まれない, 貧困地域出身の, 権利を十分認められていない: the ～ 恵まれない人たち / one's ～ childhood.

de pro·fun·dis [dèɪ-pro(ʊ)fúndɪs, -prə-, -dəs, -fʌ́n-, dìː-pro(ʊ)fʌ́n-, -prə- | dèɪ-prə(ʊ)fúndɪs, -fʌ́n-, dìː-prə(ʊ)fʌ́n-] 〚《?a1300》□ L *dē profundīs* out of the depths: ⇨ de[1], profound〛 — *L. adv.* (悲惨・絶望などの)深い淵(ふち)から, どん底から. — *n.* **1** [a ～] (悲惨・絶望などの)どん底からの叫び. **2** [the D- P-] 〚聖書〛詩篇第130篇(ラテン語訳聖書(Vulgate)では第129篇)《*De profundis clamavi ad te, Domine.* (Out of the depths have I called unto thee, O Lord.)「ああ主よ, われ深き淵よりなんじを呼べり」の最初の文句から》.

de·pro·le·tar·i·an·ize [dìːpròulət̬é(ə)riənàɪz | -prəulɪtéəriə-, -le-, -lə-] *vt.* …のプロレタリア的性格を取り除く, 非プロレタリア化する. **de·pro·le·tar·i·an·i·za·tion** [dìːpròulət̬è(ə)riənɪzéɪʃən, -nə- | -prəulɪtèəriənaɪ-, -le-, -lə-, -nɪ-] *n.*

depropagátion reàction *n.* 〚化学〛反生長反応《重合反応中の生長反応の逆反応; cf. propagation reaction》.

de pro·pri·o mo·tu [dìː-próupriòu-móut(j)uː, deɪ-próupriòu-móutuː | dìː-práupriəu-máutjuː] 〚□ L *dē prōpriō mōtū* of one's [its] own motion: cf. de[1], proper, motion〛 — *L. adv.* みずから, おのずから.

de·pro·tein·ize [dìːpróutiːnàɪz, -t̬iːn-, -t̬iən- | -práutiːn-, -tiːn-, -tiɪn-] *vt.* 〚生化学〛…の蛋白質 (protein) を取り除く.

dep·side [dépsaɪd, -sɪd, -səd | -saɪd, -sɪd] 〚← Gk *dépsein* to tan+-IDE[2]〛 — *n.* 〚化学〛デプシド《数個のフェノールカルボン酸が一方のカルボキシル基と他方のヒドロキシル基とでエステル結合をした化合物の総称; タンニンはその一例》.

dep·si·done [dépsədòun | -sɪdəun] 〚⇨ ↑, -one〛 *n.* 〚化学〛デプシドン《地衣成分に見出される一群の化合物; depside と関係が深い》.

dept. 《略》department; deponent; deputy.

Dept·ford [détfəd | -fəd] 〚⇨ deep, ford〛 *n.* London の旧自治区; 現在は Lewisham の一部.

depth [dépθ] 〚《a1382》: ⇨ deep, -th[2]〛 — *n.* **1** 深さ, 深み, 深度: sound the ～ of water 水深を計る / a lake ten meters *in* ～ 水深10メートルの湖. **2 a** (建物などの)奥深さ, 奥行き (cf. breadth): the ～ of a building, room, etc. **b** (絵画などでの)奥行き, 遠近のあること. **3** (色・影・闇などの)深さ, 濃さ: the ～ of color [shade] 色[陰]の濃さ. **4** (音の)低調: the ～ of sound. **5** (人物・性格などの)深み: a man *of* great ～. **6** (感情の)深さ, 強さ (intensity): with a great ～ of feeling 深い感情をこめて. **7 a** (学識などの)深み, 深遠さ (profundity): the ～ of a theory [one's thought] 学理[人の思想]の深さ[深遠さ]. **b** (物事の)徹底していること, 完全性. **8** [the ～; 通例 *pl.*] 深い所, 深み, 深い底; 深海, 海: *the* ～*s of* the ocean 海の深み / to *the* ～*s of* one's heart 心魂に徹するまで / from *the* ～ *of* one's mind 心の底から, 真心から. **9** [the ～; 通例 *pl.*] (悲惨・絶望などの)深み, 底なしの淵(ふち) (abyss): in [from] *the* ～*s of* sorrow 悲しみのどん底に[から]. **10** [しばしば *pl.*] きわめて低い社会的[道徳的, 知的]状態, 低劣なこと. **11** [the ～; 通例 *pl.*] (季節・夜などの)たけなわ, 最中, 真中: *in the* ～*(s) of* winter [night] 真冬に[真夜中に]. **12** [the ～; 通例 *pl.*] 奥まった所, 奥地: *in the* ～*(s) of* the forest 森林の奥に. **13** 〚スポーツ〛(チームに適当な控えの[補欠]選手がいることによる)選手層の厚さ.

beyond** one's **depth (1) 深くて渡れない; 背の立たない深みに. (2) 理解できない, 力が及ばない. ***in depth*** (1) 水深[奥行き]が…ある (⇨ 1.). (2) 〚軍事〛〈防衛線が〉幾重にも厚みのある: defense *in* ～ 縦深[深層]防御《陣地を縦に深く重ねた抵抗線》. (3) 〈研究・批評など〉徹底して[した], 詳細に[な] (cf. in-depth): a study in ～ 詳細な研究. ***out of** one's **depth*** =beyond one's DEPTH. ***out of the depths*** (悲惨・絶望などの)深い淵から, どん底から 〔*of*〕 (*Ps.* 130: 1; cf. de profundis).

depth of field 〚写真〛被写体深度, 被写界深度.

depth of focus 〚写真〛焦点深度.

depth of hold 〚海事〛倉内の深さ《tonnage deck 下面から船倉の床内張までの船体中央における深さ》.

～·less *adj.*

dépth-bòmb *vt.* =depth-charge.

dépth bòmb *n.* 〚軍事〛=depth charge.

dépth-chàrge *vt.* …に爆雷攻撃を行なう, 爆雷で破壊する.

dépth chàrge *n.* 〚軍事〛(水中)爆雷《調整深度で爆発するような仕掛けの対潜水艦用の大型爆弾; 艦艇または飛行機から投下する; 飛行機から投下されるものを depth bomb ともいう》.

dépth gàuge *n.* 〚機械〛深さゲージ, 測深器《穴や溝の深さを測るゲージ》.

dépth ìnterview *n.* 〚心理〛深層面接《深層心理を探る面談法》.

dépth-kèeping *n.* (潜水艦・魚雷などを)ある深さに保つこと.

dépth percèption *n.* 〚心理〛奥行知覚《対象物との距離やその遠近関係の知覚》.

dépth psychòlogy 〚《なぞり》← G *Tiefenpsychologie*〛 — *n.* **1** 〚心理〛深層心理学《無意識の内容の研究, または意識生活を無意識によって説明しようとする心理学》. **2** 《俗用》精神分析 (psychoanalysis).

dépth recòrder *n.* 〚海事〛自記測深機.

dépth sociòlogy *n.* 〚社会学〛深層社会学.

dépth-sòunder *n.* 〚海事〛音響測深機.

dep·u·rant [dépjʊrənt] 〚□ ML *dēpūrant-em*: ⇨ ↓, -ant〛 *n.* 清浄剤[手段].

dep·u·rate [dépjʊrèɪt] 〚← ML *dēpūrāt-us* (p.p.) ← *dēpūrāre*: ⇨ de-[1], pure, -ate[3]〛 *vt.* 浄化する (purify). — *vi.* 浄化される.

dep·u·ra·tion [dèpjʊréɪʃən] 〚□ F *dépuration* ∥ ML *dēpūrātiō(n-)*: ⇨ ↑, -ation〛 *n.* 浄化作用; 浄血作用.

dep·u·ra·tive [dépjʊrèɪt̬ɪv | -tɪv] 〚□ ML *dēpūrātīvus*: ⇨ -ive〛 *adj.* 浄化する; 浄血作用の. — *n.* 浄化剤 (depurant).

dép·u·rà·tor [-t̬ə | -tə(r] *n.* **1** 浄化器, 浄化装置. **2** 浄化剤.

de·purge [dìːpə́ːdʒ | -pə́ːdʒ] 〚← DE-[1]+PURGE〛 *vt.* …の追放を解除する, パージを解く.

de·pur·gee [dìːpəːdʒíː | -pəː-] 〚⇨ ↑, -ee[1]〛 *n.* 追放解除になった人.

dep·u·ta·tion [dèpjʊtéɪʃən | -pju-, -pjuː-] 〚《a1393》□ LL *dēputātiō(n-)*: ⇨ ↓, -ation〛 — *n.* **1** 代理(行為), 代表(すること). **2** 代表派遣 (delegation). **3** 代表団, 代表団員: a ～ to the conference.

de·pute [dɪpjúːt, də- | dɪ-] 〚《?c1350》 *depute(n)* □ (O)F *députer* □ LL *dēputāre* to destine, (L) to reckon ← DE-[1]+*putāre* to regard as (cf. putative)〛 — *vt.* **1** 代理者とする, …に代理を命じる; 〈人〉に代理として…させる 〈*to do*〉. **2** 〈任務・職権などを〉〔代理者に〕委任する 〔*to*〕: ～ one's work *to* a substitute 仕事を代理に委任する.

dep·u·tize [dépjʊtàɪz] 〚⇨ ↓, -ize〛 *vt.* 《米》…を代理に任命する. — *vi.* 《口語》〔人の〕代理を勤める 〔*for*〕.

dep·u·ti·za·tion [dèpjʊt̬ɪzéɪʃən, -t̬ə- | -taɪ-, -tɪ-] *n.*

dep·u·ty [dépjʊt̬i | -ti] 〚《1406》 *depute* □ (O)F *député* (p.p.): ⇨ depute, -y[3]〛 — *n.* **1** 代理者, 代理人. **2** (選挙区の)代表者, 議員; [D-] (フランス・イタリアなどの)代議士: ⇨ CHAMBER of Deputies. **3** 代理官[役], 副官, 副役《本官[本役]欠員の場合に後任者となる》. **4** 《米》=deputy sheriff.

by deputy 代理で, 代理人として.

— *adj.* 代理の, 副の (acting, vice-): a ～ chairman 議長[会長]代理, 副議長[会長] / a ～ consul [governor] 副領事[知事] / a ～ judge [prosecutor] 予備判事[検事] / a ～ lieutenant 《英》州副統監 (cf. Lord Lieutenant) / a ～ mayor (市の)助役 / a ～ speaker (議会の)議長代理, 副議長 / a ～ chief 副長官, 次長 / a ～ premier [prime minister] 副首相.

deputy chief of police 《米》(警察の)本部長補佐 (⇨ police 1 ★).

députy assístant commíssioner *n.* 《英》(ロンドン警視庁の)副警視監 (⇨ police 1 ★).

députy commíssioner *n.* 《英》(ロンドン警視庁の)警視副総監 (⇨ police 1 ★).

députy inspéctor *n.* 《米》警視 (⇨ police 1 ★).

députy shériff *n.* 《米》(郡)保安官代理, 執行官代理《単に deputy ともいう》.

députy·shìp *n.* deputy であること; その任務[職権, 任期].

députy superinténdent *n.* 《米》(警察の)副本部長 (⇨ police 1 ★).

De Quin·cey [dɪkwɪ́nsi, də-, -zi | dəkwɪ́nsɪ], **Thomas** *n.* (1785–1859) 英国の随筆家・批評家; *Confessions of an English Opium-Eater* (1821).

der. 《略》derivation; derivative; derive; derived.

der- [der] (母音の前に来る時の) dero- の異形.

de·rac·i·nate [dɪrǽsənèɪt, də-, -sn̩- | dɪrǽsɪn-] 〚《1599》← F *déraciner* to pull up by the roots (← *dé-* 'DIS-[1]'+*racine* root (< LL *rādīcīnam* ← L *rādix* root)) +-ATE[3]: cf. radical〛 — *vt.* 《文語》**1** 根こぎにする; 根絶する. **2** 〈人を〉自然な環境から離す; 孤立させる. **de·rac·i·na·tion** [dɪræ̀sənéɪʃən, də-, -sn̩- | dɪræ̀sɪn-] *n.*

dé·ra·ci·né [deɪræ̀sənéɪ | -sɪ-; *F.* derasine] 〚□ F ～ 'uprooted'〛 (*also* **dé·ra·ci·née** [～]) — *adj.* 〈人が〉自然環境を奪われた, 生れ故郷[祖国]を亡くした[去っ

た], 国外に追われた. ── *n.* 祖国[故郷]を失った人. ★ 女性をさすときは déracinée を用いることが多い.

de·raign [dɪréɪn, də-|dɪ-] 〘《c1225》 dereine(n) ◻ OF *derai(s)n-ier* to allege, plead ← DE-¹+*raisnier* to speak (< VL **rationāre* ← L *ratiō(n-)* 'REASON'): cf. arraign〙 ── *vt.* 《廃・古》 **1** 〘法律〙(決闘裁判で)争う, 立証する; 〈権利・要求などを〉主張する. **2** (訴訟で)解決する. **3** 〈戦闘など〉のため軍隊を配置する.

de·rail [dɪréɪl, də-, diː-|dɪ-, diː-] 〘《1850》 ◻ F *dérailler* ← DE-¹+*rail* (◻ E RAIL¹)〙 ── *vt.* **1** [通例 Passive で]〈列車などを〉脱線させる: be [get] ~*ed* 脱線する. **2** 〈計画などを〉狂わせる. ── *vi.* 《まれ》脱線する. ── *n.* =derailer. **~·ment** *n.*

de·ráil·er [-lə|-lə(r)] *n.* 〘鉄道〙脱線器《衝突などの危険のある時に車両を脱線させる装置》.

de·rail·leur [dɪréɪlə, də-|dɪréɪlə(r)] 〘◻ F *dérailleur*: ⇨ derail, -or²〙 ── *n.* **1** (自転車の)変速機, チェーン掛替装置: a 10-speed ~ 10段変速機. **2** 変速機つき自転車.

De·rain [dərɛ̃ː(ŋ), -rǽŋ; *F.* dəʀɛ̃], **André** *n.* ドラン《1880-1954; フランスの画家》.

de·range [dɪréɪndʒ, də-|dɪ-] 〘《1776》 ◻ F *déranger* < OF *desrengier* to put out of order: ⇨ de-¹, range〙 ── *vt.* **1** 乱す, 混乱させる; 〈常態・機能などを〉狂わせる; 妨げる, 妨害する: ~ the functions, thoughts, plans, etc. **2** [主に p.p. 形で (⇨ deranged)]〈人(の精神)を〉錯乱させる, 発狂させる: be [become] ~*d* 精神が錯乱する, 発狂する.

de·ránged *adj.* 乱れた (disordered); 狂った (insane): his ~ mother 心を取り乱した母.

de·ránge·ment 〘◻ F *dérangement*: ⇨ derange, -ment〙 ── *n.* **1** 乱すこと, 攪(こう)乱. **2** 乱れ, 混乱, 狂い. **3** 〘医学〙障害; 錯乱, 発狂: mental ~ 精神錯乱, 乱心《insanity より軽いもの》.

de·rate [diːréɪt] 〘← DE-¹+RATE¹〙 *vt.* **1** (英国で)〈産業など〉に対する地方税を軽減[免除]する. **2** 〘電気〙…の出力を定格より下げる. ── *vi.* 地方税を減免する.

de·ra·tion [diːrǽʃən, -réɪʃ-|-rǽʃ-] 〘← DE-¹+RATION〙 *vt.* 〈日用品などを〉配給のわくから除外する.

de·rat·i·za·tion [diːrǽtɪzéɪʃən, -tə-|-tɪ-] *n.* 〘海事〙(特に, 商船内の)ねずみ駆除.

de·ray [dɪréɪ, də-|dɪ-] 〘《?a1300》 *de(s)rai* ◻ AF *de(s)rei*=OF *desroi* ← *desreer* to put out of order: ⇨ dis-¹, array〙 ── *n.* 《廃・古》 **1** 動乱, 無秩序, 混乱. **2** (無秩序な)浮かれ騒ぎ, 乱痴気騒ぎ: dancing and ~.

Der·bent [də(ː)bént, dɛə-|də(ː)bént, dɛə-; *Russ.* dʲirbʲént] *n.* (*also* **Der·bend** [-bénd]) デルベント《ソ連邦ロシヤ共和国南西部, カスピ海に臨む Dagestan 自治共和国の都市; 人口 69,000》.

Der·by¹ [dɑ́ːəbi, dɜ́ː-|dɑ́ːbɪ] 〘OE *Dēor(a)bȳ* ◻ ON *diur(a)bȳ* homestead with a deer-park ← *dȳr* 'DEER'〙 ── *n.* **1** イングランド Derbyshire 州の首都; Derwent 川に臨む工業都市, 有名な磁器を産する; 人口 216,000. **2** =Derbyshire. **3** [d-] =Derby china.

Der·by² [dɑ́ːbi|dɑ́ːbɪ] 〘《1838》: その発案者第12代 *Earl of Derby* の名にちなむ〙 ── *n.* **1** [the ~]〘競馬〙ダービー《英国五大競馬の一つ; イングランドの Epsom 競馬場で, 毎年 Whitsunday 直前または以後の第二(5月最後または6月最初の)水曜日に, 明け4歳馬によって行なわれる; 距離 1½ マイル; 1780 年第12代 Derby 伯が創設; cf. classic races 1, triple crown 3, Derby day》. **2** (ダービー競馬に類する)大競馬: ⇨ Kentucky Derby. **3** [d-] (だれでも参加できる大きな)レース, トーナメント, 競技: a trout ~ 鱒(ます)釣競技 / a bicycle ~ / ⇨ air Derby / a local ~ ⇨ local¹ 2 a. **4** [《英》 dɑ́ː-, dɑ́ː-] [d-] =derby hat. **5** [通例 *pl.*] **a** [時に d-] 低いかかとの男性用スポーツ靴. **b** 《英》(古風な編上げの)半長靴 (blucher). **6** 《英》=Derby recruit.

Der·by³ [dɜ́ːbi|dɑ́ːbɪ] 〘《変形》 ← DARBY〙 *n.* 男性名.

Dérby chéese *n.* ダービーチーズ《イングランドの Derbyshire で作られる堅く圧縮したチーズ; Derbyshire cheese ともいう》.

Dérby chína *n.* ダービーチャイナ《イングランドの Derby で 18 世紀以来製作されている骨灰磁器; Chelsea の職人が Derby に移り王室認可の証として王冠のしるしを付けたので Royal Crown Derby ともいう; cf. Chelsea china》.

Dérby dày *n.* [the ~] ダービー競馬日 (⇨ Derby² 1).

Dérby dòg *n.* 《口語》競馬の走路をうろつく犬; くだらない突然の邪魔物.

dérby hàt, D- h- *n.* 《米》ダービーハット, 山高帽《固いフェルト製の丸型帽子, 両縁がそり返っている》.

Dérby recrùit 〘第17代 *Earl of Derby* (1865–1948) の案 (Derby scheme) による〙 *n.* (第一次大戦当時の英国の)臨時義勇兵.

Derbys. 《略》 Derbyshire.

Der·by·shire [dɑ́ːəbiʃɪə, dɜ́ː-, -ʃə|dɑ́ːbɪʃə(r), -ʃɪə(r)] *n.* イングランド中部の州; 人口 897,000, 面積 2,631 km², 首都 Derby.

Dérbyshire cháir *n.* (英国 17 世紀中頃地方で流行した)ダービーシャーチェア《オーク材製で背にアーチ形の笠木と背板をもったもの》.

Dérbyshire chéese *n.* =Derby cheese.

Dérbyshire néck *n.* 〘病理〙(特に, イングランド Derbyshire 州に多い)甲状腺腫(せんしゅ).

Dérbyshire spár *n.* 〘鉱物〙ほたる石 (fluorite).

de·re·al·i·za·tion [diːriːəlɪzéɪʃən, -rìəl-, -riːl-, -lə-|-rɪəlaɪ-, -lɪ-] *n.* 〘精神医学〙現実感消失.

de·rec·og·nize [diːrékɪgnàɪz, -kəg-|-kəg-] *vt.* …の資格認定を取り消す.

de règle [dərégl̩, -réɪgl̩; *F.* dʀɛgl] 〘◻ F ~: ⇨ de², rule〙 *F. adj., adv.* 規則通り(の), 常例に従って.

de·reg·u·late [diːrégjʊlèɪt] *vt.* 〈価格・生産など〉の規制を解く[解除する] (decontrol). **de·reg·u·la·tion** [diːrègjʊléɪʃən] *n.*

de·re·ism [diːríːɪzm̩, deɪréɪ-] 〘L *dē rē* away from reality (cf. de¹, real¹)+-ISM〙 *n.* 現実を離れ論理に従わない考え; 〘心理〙非現実性.

de·re·is·tic [diːriːístɪk, dèɪreɪ-] *adj.* 非現実的な. **dè·re·ís·ti·cal·ly** *adv.*

Der·ek [dérɪk] 〘◻ Du. *Dirck, Diederick* =G *Diederich*: ⇨ Theodoric〙 *n.* 男性名《愛称形 Derry, Rick, Rickie; 異形 Deryk, Deric, Derrick, Drik》.

der·e·lict [dérəlìkt|-rɪ-, -rə-] 〘《1649》 ◻ L *dērelictus* (p.p.) ← *dērelinquere* to forsake: ⇨ de-¹, relinquish〙 ── *adj.* **1** 〈船・家屋など〉遺棄[放棄]された; 破滅[荒廃]に瀕した; 顧みられない; おんぼろの: a ~ ship 漂流船 / a ~ company ぼろ会社. **2** 《米》義務怠慢の, 不忠実な, 無責任な: be ~ *of* …を怠る. ── *n.* **1** 遺棄物; (特に)(海上の)遺棄船, (遺棄された)漂流船《付近航行の船にとって危険な物》. **2** 社会から見捨てられた人, 社会の落伍者, 浮浪者, ルンペン. **3** 《米》職務怠慢者. **4** 〘法律〙海水減退露出地《海・湖・川などの水の減退によってできた土地; 急激にできた場合は官有地に編入され, 徐々にできた場合には隣接地主の所得となる; cf. dereliction 4》.

der·e·lic·tion [dèrəlíkʃən|-rɪ-, -rə-] 〘《1597》 ◻ L *dērelictiō(n-)*: ⇨ ↑, -tion〙 ── *n.* **1** 放棄, 遺棄. **2** 遺棄された状態. **3 a** (義務・職務の)怠慢: a ~ of duty. **b** 欠点, 短所. **4** 〘法律〙海水の減退による新陸地取得 (cf. derelict *n.* 4).

de·re·press [diːrɪprés, -rə-] 〘← DE-¹+REPRESS〙 *vt.* 〘生物〙〈遺伝子を〉(閉塞状態から解放して)活動的にする. **de·re·pres·sion** [diːrɪpréʃən, -rə-] *n.*

dè·re·prés·sor *n.* 〘生物〙=inducer 2.

de·req·ui·si·tion [diːrèkwəzíʃən|-kwɪ-] 《英》 *n.* 軍政から民政への転換; 接収解除. ── *vt., vi.* 軍政から民政に返す[返る]; (…の)接収(を)解除する (free).

de·ride [dɪráɪd, də-] 〘《1530》 ◻ L *dērīd-ēre* to laugh, to scorn ← DE-¹+*rīdēre* to laugh: cf. ridiculous〙 ── *vt.* 〔…だと〕あざける, あざ笑う, ばかにする, 愚弄(ぐろう)する 〔*as*〕: ~ a person's efforts 人の努力をあざ笑う.

de·ríd·er *n.* あざける人.

de·ríd·ing·ly *adv.* あざけって, 嘲笑的に.

de ri·gueur [dəriːgə́ː|-gə́ː(r); *F.* dʀigœːʀ] 〘◻ F ~: cf. de², rigor〙 ── *F. adj., adv.* 礼式[流儀]に従って, 礼式上必要で(ある); ぜひとも: Evening dress is ~. 必ず夜会服着用のこと.

der·in·ger [dérɪndʒə, -rən-|-rɪndʒə(r)] *n.* =derringer.

de·ris·i·ble [dɪrízəbl̩, də-] 〘⇨ ↓, -ible〙 *adj.* 嘲笑に値する, 物笑いの種となる.

de·ri·sion [dɪríʒən, də-] 〘《?c1408》 ◻ (O)F *dérision* ◻ L *dērisiō(n-)* ← *dērīsus* (p.p.): ⇨ deride, -sion〙 ── *n.* **1** あざけ(られ)ること, あざけり, 嘲笑, 愚弄(ぐろう): an object of ~ 嘲笑の的, 物笑いの種 / be the ~ of …からばかにされる / be in ~ 嘲笑されている / bring…into ~ …を物笑いの種にする / hold [have]… in ~ 《古》〈人・言葉などを〉あざける, 愚弄する / in ~ *of* …をばかにして. **2** 《まれ》物笑いの種.

de·ri·sive [dɪráɪsɪv, də-, -zɪv, -ríz-] *adj.* **1** あざけりの, 嘲笑的な, 愚弄(ぐろう)的な: ~ cheers, laughter, etc. **2** 嘲笑を招くような, 取るに足らない, 滑稽な: a ~ effort つまらない努力. **~·ness** *n.*

de·rí·sive·ly *adv.* 嘲笑的に, ばかにして, あざけるように.

de·ri·so·ry [dɪráɪsəri, də-, -ráɪz-|-rɪ] 〘◻ LL *dērīsōri-us*: ⇨ derision, -ory¹〙 *adj.* =derisive.

deriv. 《略》 derivation; derivative; derive; derived.

de·riv·a·ble [dɪráɪvəbl̩, də-] *adj.* **1** 〔…から〕導き出せる, 誘導できる, 引き出せる (deducible) 〔*from*〕. **2** (本源にさかのぼって)由来をたどることができる, 推究できる (traceable) 〔*from*〕.

der·i·vate [dérəvèɪt, -vət, -vɪt|-rɪ-] 〘← L *dērīvātus* (↓)〙 *n.* =derivative.

der·i·va·tion [dèrəvéɪʃən|-rɪ-] 〘《?a1425》 ◻ (O)F *dérivation* ∥ L *dērīvātiō(n-)* ← *dērīvātus* (p.p.): ⇨ derive, -ation〙 ── *n.* **1** 誘導. **2** 由来, 起源: the theory of man's ~ (人間は下等動物から派生したものだという)人間派生論[進化論]. **3** 派生; 派生物. **4 a** 〘言語〙(語の)派生 (cf. cognation); (語の)起源, 出所, 語源; 語源探求: a word of Greek ~. **b** 〘文法〙派生(形)《変形文法の用語; 文法規則の適用により記号列 (string) を導き出すこと, および導き出されたもの》. **5** 〘数学〙**a** (定理などの)誘導. **b** 微分. **6** 〘医学〙(心電図をとる際の)誘導. **~·al** [-ʃənl̩, -ʃnəl] *adj.*

de·riv·a·tive [dɪrívətɪv, də-|-tɪv] 〘《?a1425》 ◻ (O)F *dérivatif, -ive* ∥ LL *dērīvātīv-us*: ⇨ ↑, -ive〙 ── *adj.* **1** 誘導的な. **2 a** (本源から)引き出した, 派生的な (cf. original). **b** 〈作品など〉他人のものを模倣した. **3** 〘法律〙伝来的な, 継受的な, 派生的な: ~ acquisition, action. **4** 〘経済〙派生的な: ~ income, deposit, etc. **5** 〘言語〙派生による: a ~ word 派生語. ── *n.* **1** 誘導物, 派生物. **2** 〘化学〙誘導体. **3** 〘数学〙導関数; 微分係数. **4** 〘医学〙誘導法, 誘導剤《病的な産物や機転を別の場所に誘導することで治癒をはかるもの》. **5** 〘言語〙派生語《既存の語と接辞が結合してできた語; 例えば dishonest, friendly, happiness, quickly; cf. radical 4 a, root¹ 7, primitive 3 a》. **~·ly** *adv.* **~·ness** *n.*

derívative depósit *n.* 〘金融〙派生的預金《銀行が本源的預金を支払準備として信用創造により創り出した預金; cf. primary deposit》.

de·rive [dɪráɪv, də-] 〘《c1385》 ◻ (O)F *dériv-er* ∥ L *dērīv-āre* to draw off (liquid) ← DE-¹+*rīvus* small stream: cf. rival〙 ── *vt.* **1** 〈利益・性質などを〉〈他の物または根源から〉引き出す, 得る 〔*from*〕: ~ pleasure *from* reading 読書から楽しみを得る / ~ one's character *from* one's father 性格を父から受ける / ~ itself *from*=be ~*d from* …から出る[出ている] / a word ~*d from* Greek / knowledge ~*d from* experience. **2** 〘化学〙〈化合物を〉誘導する: ~ a compound. **3** (源にさかのぼって)…の由来をたずねる (trace); …の由来をたずねて〔…から〕出ていることを明らかにする, …の起源を〔…に〕跡づける 〔*from*〕: ~ a family *from* …に家の由来をさかのぼる, 家が…から出ているとわかる / ~ a word *from* Latin ある語がラテン語から出たことを示す[出たと説く]. **4** (推理によって)引き出す, (演繹(えんえき)的に)推論する. **5** 《古》〔…へ〕〈流れを〉水源から引く, 〈水を〉呼ぶ 〔*to, into, upon*〕. ── *vi.* 〔…に〕由来する, 〔…から〕出ている, 発する; 派生する 〔*from*〕: This word ~*s from* Hebrew. この語はヘブライ語に由来している. **de·rív·er** *n.*

de·rived cúrve *n.* 〘数学〙導関数のグラフ[曲線].

deríved demánd *n.* 〘経済〙派生需要.

deríved fúnction *n.* 〘数学〙導関数《関数 $f(x)$ の各点 x における変化率を値とする関数; $f'(x)$ と書く》.

deríved sét *n.* 〘数学〙導集合《位相空間の部分集合の集積点全体の集合; cf. accumulation point, strong derived set》.

deríved únit *n.* 〘物理〙誘導単位, 組立て単位《基本単位の組合わせで定められた単位》.

derm¹ [dɜ́ːm|dɜ́ːm] *n.* 〘解剖・動物〙=derma¹.

derm² [dɜ́ːm|dɜ́ːm] 〘《頭字語》 ← *d(elayed) e(cho) r(adar) m(arker)*〙 *n.* 〘航空〙レーダースコープ上に近接の物体を目立つように映し出すための装置.

derm. 《略》 dermatitis; dermatologist; dermatology.

derm- [dəːm|dəːm] (母音の前に来る時の) dermo- の異形.

-derm [←(─)dɜːm|-dɜːm] 〘◻ F *-derme* ◻ Gk *-dermos* having a skin, skinned ← *dérma* (↓)〙 ──〘生物〙「皮 (skin)」の意の名詞連結形: blasto*derm*, ecto*derm*, endo*derm*, epi*derm*.

der·ma¹ [dɜ́ːmə|dɜ́ː-] 〘← NL ~ ← Gk *dérma* skin ← *dérein* to skin: cf. tear²〙 *n.* 〘解剖・生物〙真皮 (corium) (cf. epidermis); (一般に)皮膚 (skin).

der·ma² [dɜ́ːmə|dɜ́ː-] 〘◻ Yid. *derme* (pl.) ← *darm* intestine〙 *n.* 〘ユダヤ料理〙 **1** 牛の腸《中に詰め物をして調理する》. **2** 牛の腸を用いたキシュク (kishke).

der·ma- [dɜ́ːmə|dɜ́ː-] dermo- の異形.

-der·ma [dɜ́ːmə|dɜ́ː-] 〘← NL ~ ← Gk *dérma*: ⇨ derma¹〙 ── (*pl.* **~s**, **~·ta** [~tə|~tə]) 次の意を表わす名詞連結形: **1** 「皮膚; 皮膚病」: sclero*derma*. **2** 「…の皮膚を持つもの」: Helo*derma*.

der·mal [dɜ́ːməl|dɜ́ː-] *adj.* 〘解剖・生物〙皮膚に関する, 皮膚上の; 真皮の (cf. epidermal).

der·ma·nys·sid [dəːmənísɪd, -səd|dəːmənísɪd] 〘↓〙 *adj.* 〘動物〙サシダニ科の.

Der·ma·nys·si·dae [dəːmənísədiː|dəːmənísɪ-] 〘← NL ~ ← *Dermanyssus* (属名) ← DERMO-+*-nyssus* (← Gk *nússein* to prick): ⇨ -idae〙 ── *n. pl.* 〘動物〙サシダニ科.

Der·map·ter·a [dəːmǽptərə|dəː-] 〘← DERMO-+-PTERA〙 *n. pl.* 〘昆虫〙革翅目. **der·máp·ter·an** [-rən] *adj., n.* **der·máp·ter·ous** [-rəs] *adj.*

der·mat- [dɜ́ːmət|dɜ́ː-] (母音の前に来る時の) dermato- の異形.

-der·ma·ta [dɜ́ːmətə|dɜ́ːmətə] 〘← NL ~ (pl.) ← -DERMA〙 -derma の複数形.

der·mat·ic [dəːmǽtɪk|dəːmǽt-] *adj.* 皮膚の[に関する].

der·ma·ti·tis [dəːmətáɪtɪs, -təs|dəːmətáɪtɪs] 〘⇨ ↓, -itis〙 *n.* (*pl.* **-ti·ti·ses**, **-ma·tit·i·des** [-títədìːz|-tɪd-]) 〘病理〙皮膚炎.

der·ma·to- [dɜ́ːmətoʊ, dəːmǽtə|dɜ́ːmətəʊ, dəːmǽtə] 〘← Gk *dérmatos* (gen.) ← *dérma* 'DERMA¹'〙 ──「皮膚に関する, 皮膚の」の意の連結形 (dermo-). ★ 母音の前では通例 dermat- になる.

der·mat·o·gen [dəːmǽtədʒɪn, dɜ́ːmətə-, -dʒən, -dʒèn|dəːmǽtədʒɪn, dɜ́ːmətə-, -dʒèn] 〘⇨ ↑, -gen〙 ── *n.* 〘植物〙原表皮《生長点の最外部の分裂組織層で後に外皮 (epidermis) となる》.

der·ma·to·glyph·ics [dəːmətoʊglífɪks, dəːmæ̀tə-|dəːmətə(ʊ)-, dəːmæ̀tə-] 〘← DERMATO-+GLYPH+-ICS〙 ── *n.* 〘人類学〙 **1** [複数扱い] 皮膚紋理《特に, 手足の表面に生じる皮膚隆線の形態》. **2** 皮膚紋理の研究. **dèr·ma·to·glýph·ic** [-fɪk] *adj.*

der·ma·to·graph·i·a [dəːmətoʊgrǽfiə, dəːmæ̀tə-|dəːmətə(ʊ)grǽfɪə, dəːmæ̀tə-] *n.* 〘病理〙=dermographia.

der·ma·tog·ra·phy [dəːmətɑ́grəfi|dəːmətɔ́grəfɪ] 〘← DERMATO-+-GRAPHY〙 *n.* 皮膚の解剖学的記述.

der·ma·toid [dɜ́ːmətɔ̀ɪd|dɜ́ː-] 〘← DERMATO-+-OID〙 *adj.* 皮膚状の.

der·ma·to·log·ic [dəːmətəlɑ́dʒɪk, dəːmæ̀t-|dəːmətə(ʊ)lɔ́dʒ-, dəːmæ̀tə-] *adj.* =dermatological.

der·ma·to·log·i·cal [dəːmətəlɑ́dʒɪkəl, dəːmæ̀t-, -dʒə-|dəːmətə(ʊ)lɔ́dʒɪ-, dəːmæ̀tə-] *adj.* 皮膚科の; 皮膚病学の.

dèr·ma·tól·o·gist [-dʒɪst, -dʒəst|-dʒɪst] *n.* 皮膚病学者, 皮膚科医.

der·ma·tol·o·gy [dɚ̀ːmətɑ́lədʒi | dɚ̀ːmətɔ́lədʒi] 〖← DERMATO-＋-LOGY〗 *n.* 〘医学〙皮膚病学, 皮膚科学.

der·ma·tome [dɚ́ːmətòum | dɚ́ːmətəum] 〖← DERMO-＋-TOME〗 ― *n.* **1** 〘解剖〙皮(膚分)節, 皮板《脊(せき)髄後根によって支配される皮膚知覚領域》. **2** 〘外科〙(植皮用の)ダーマトーム, 採皮刀, 皮膚採取器. **3** 〘生物〙真皮節《脊椎動物の胚の背側にある体節で, 将来真皮に発達する部分》. **der·ma·to·mic** [dɚ̀ːmətóumɪk | dɚ̀ːmətəum-] *adj.*

der·mat·o·phyte [dəːmǽtəfàɪt, dɚ́ːmə- | dəːmǽtə-, dɚ́ːmətə(ʊ)-] 〖← DERMATO-＋-PHYTE〗 ― *n.* 〘病理〙皮膚糸状菌《皮膚病の原因になるカビ》. **der·mat·o·phyt·ic** [dəːmæ̀təfítɪk, dɚ̀ːmət- | dəːmæ̀t-, dɚ̀ːmət-] *adj.* 「状菌病.

dèrmato·phytósis 〖⇨↑, -osis〗 *n.* 〘病理〙皮膚糸

der·mat·o·plas·ty [dəːmǽtəplæ̀sti, dɚ́ːmətə(ʊ)- | dəːmǽtəplæ̀stɪ, dɚ́ːmətə(ʊ)-] 〖← DERMATO-＋-PLASTY〗 *n.* 〘外科〙(皮膚移植による)皮膚形成術.

der·ma·to·sis [dɚ̀ːmətóusɪs, -səs | dɚ̀ːmətə́usɪs] 〖← NL ～ : ⇨ dermato-, -osis〗 *n.* (*pl.* **-to·ses** [-siːz]) 〘病理〙皮膚病.

der·ma·to·trop·ic [dɚ̀ːmətətrɑ́pɪk | dɚ̀ːmətə(ʊ)trɔ́p-] 〖← DERMATO-＋-TROPIC〗 *adj.* ＝dermotropic.

-der·ma·tous [dɚ́ːmətəs | dɚ́ːmətəs] 〖← -DERMATA＋-OUS〗「…の皮膚を有する, …皮症の」の意の形容詞連結形: sclero*dermatous*.

dèrmato·zóon 〖← DERMATO-＋-ZOON〗 *n.* 〘生物〙皮膚寄生微小動物.

der·mes·tid [dəːméstɪd, -təd | dəːméstɪd] 〖↓〗〘昆虫〙 ― *adj.* カツオブシムシ(科)の. ― *n.* カツオブシムシ《カツオブシムシ科の甲虫の総称; 幼虫も成虫も獣皮・毛皮・羊毛・動物標本などの乾燥した動物質を食い荒らす》.

Der·mes·ti·dae [dəːméstədìː | dəːméstɪ-] 〖← NL ～ ← *Dermestes* (属名: ← DERMO-＋Gk *esthíein* to eat)＋-IDAE〗 *n. pl.* 〘昆虫〙(甲虫目)カツオブシムシ科.

der·mic [dɚ́ːmɪk | dɚ́ː-] 〖← DERMO-＋-IC¹〗 *adj.* ＝dermal.

der·mis [dɚ́ːmɪs, -məs | dɚ́ːmɪs] 〖↓〗 *n.* ＝derma¹.

-der·mis [dɚ́ːmɪs, -məs | dɚ́ːmɪs] 〖← LL ～ ← Gk *dérma* (↓)〗「皮膚; 繊維層」の意の名詞連結形: epi*dermis*.

der·mo- [dɚ́ːmo(ʊ) | dɚ́ːmə(ʊ)] 〖← NL ～ ← Gk *dérma* 'DERMA¹'〗 ―「皮 (skin), 皮膚に関する」の意の連結形 (dermato-). ★ 時に derma- (⇨ -a-), また母音の前では通例 derm- になる: *dermology* (＝dermatology) / *dermographia* (＝dermatographia).

der·mo·graph·i·a [dɚ̀ːməgrǽfiə | dɚ̀ːməgrǽfɪə] 〖← NL ～ : ⇨↑, -graphy〗 *n.* 〘病理〙皮膚紋画症, 皮膚描記症.

der·moid [dɚ́ːmɔɪd | dɚ́ː-] *adj.* ＝dermatoid. ― *n.* 〘病理〙＝dermoid cyst.

dérmoid cýst *n.* 〘病理〙皮様嚢腫, 類皮嚢胞.

Der·mop·ter·a [dəːmɑ́ptərə | dəːmɔ́p-] 〖← NL ～ : ⇨ dermo-, -ptera〗 *n. pl.* 〘動物〙皮翼目《東南アジア産のヒヨケザル (flying lemur) など》. **der·móp·ter·ous** [-rəs] *adj.*

der·mop·ter·an [dəːmɑ́ptərən | dəːmɔ́p-] *adj., n.* 〘動物〙皮翼目の(動物).

Der·mot [dɚ́ːmət | dɚ́ː-] 〖▭ Ir. *Diarmaid, Diarmuit* ← OIr. *di-fharmait* 《原義》free from envy〗 *n.* 男性名.

der·mo·tro·pic [dɚ̀ːmətróupɪk, -trɑ́p- | dɚ̀ːmətrɔ́p-] 〖← DERMO-＋-TROPIC〗 *adj.* 〈ウイルスなど〉(好んで)皮膚をおかす[に寄生する]: ～ viruses.

dern [dɚ́ːn | dɚ́ːn] *v.* 《米方言》＝darn².

der·nier [dɚ́ːniə, dɛənjéɪ | dɚ́ːnɪə(r, dɛənjéɪ; *F.* dɛrnje] 〖▭F ～ 'last, final'〗 *F. adj.* 《文語》最後の; 最近の.

der·nier cri [dɛ́ənjeɪkríː | dɛ́ə-; *F.* dɛrnjekri] 〖▭F ～ 'last cry'〗 ― *F. n.* [the ～] **1** 最後のことば, 決定的意見; 最高権威. **2** 最新のもの, 最新流行 (cf. last word 3).

der·nier res·sort [dɛ́ənjeɪrəsɔ́ə | dɛ́ənjeɪrəsɔ́ː(r; *F.* dɛrnjerəsɔːr] 〖▭F ～ 'last refuge'〗 *F. n.* (*also* ～ **re·sort** [～]) 最後の手段 (last resort).

der·o- [déro(ʊ), -rə | -rə(ʊ)] 〖← NL ～ ← Gk *dérē* neck〗「首, 喉」の意の連結形. ★ 母音の前では通例 der- になる.

der·o·gate 〖《*a*1420》← L *dērogāt-us* (p.p.) ← *dērogāre* to detract from ← DE-¹＋*rogāre* to ask (cf. rogation)〗 ― [dérəgèɪt | -rə(ʊ)-] *v.* ― *vi.* **1** 〔名声・品位・価値などを〕減じる, 損じる; 〔祖先などの〕名誉を傷つける, 名を落とす〔*from*〕: Such conduct will ～ *from* his reputation [dignity]. そういう行為は彼の名声[威厳]を損じるだろう / He ～*d from* his ancestors. 祖先の名を恥ずかしめるような行為をした. **2** 〔標準・原理などから〕逸脱する, 堕落する〔*from*〕. ― *vt.* **1** 《古》〔…から〕取り去る, 奪う (take away)〔*from*〕. **2** 《まれ》けなす, …の評判を落とさせる. ― [-gət, -gɪt, -gèɪt] *adj.* 《まれ》損じた, 名を落とした (debased).

der·o·ga·tion [dèrəgéɪʃən | -rə(ʊ)-] 〖《1422》▭(O)F *dérogation* ‖ L *dērogātiō(n-)* : ⇨↑, -ation〗 ― *n.* **1** 〔価値・名声などの〕減損, 低下〔*of, from*〕. **2** 〔標準などからの〕逸脱, 堕落〔*of, to*〕; 非難, 軽蔑. **3** (法律・契約・条約などの)部分的取り消し, 適用制約.

de·rog·a·tive [dɪrɑ́gətɪv, də-, dérəgèɪt- | dɪrɔ́gət-, də-] 〖《1477》▭OF *derogatif, -ive* ‖ LL *dērogātīv-us* : ⇨ derogate, -ive〗 ― *adj.* 〔…の〕品格を下げる, 名声[価値]を傷つけるような〔*of, to*〕. **～·ly** *adv.*

de·rog·a·to·ri·ly [dɪrɑ̀gətɔ́ːrəli, də-, -tɔ́ːr-, ―⌣―⌣ ― ― | dɪrɔ́gət(ə)rəlɪ, də-, -rɪlɪ] *adv.* 軽蔑的に.

de·rog·a·to·ry [dɪrɑ́gətɔ̀ːri, də-, -tɔ̀ːri | -rɔ́gət(ə)rɪ] 〖《1502》▭LL *dērogātōri-us* : ⇨ derogate, -ory¹〗 ― *adj.* **1** 〔名誉・人格などを〕傷つけるような〔*to*〕: be ～ *to* one's rank, dignity, etc. **2** 〈言葉の意味など〉軽蔑的な: 'Politician' is often used in a ～ sense.「政治屋」という言葉はしばしば軽蔑的な意味に用いられる.

de·róg·a·tò·ri·ness *n.*

der·rick [dérɪk] 〖《*c*1600》《原義》hangman, gallows ← *Derrick* (1600 年頃の Tyburn の死刑執行人): ↓〗 ― *n.* **1** デリック, デリック起重機《船などの貨物吊り上げ装置》. **2** (石油坑などの)油井やぐら. ― *vt.* **1** derrick で吊り上げる[吊り上げておろす]. **2** 《米俗》〘野球〙〈投手を〉(救援投手 (relief pitcher) と交代させるために)ゲームからおろす, 降板させる.

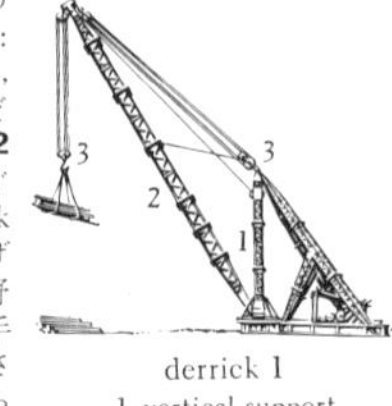

derrick 1
1 vertical support
2 boom
3 hoisting tackles

Der·rick [dérɪk] 〖《変形》← DEREK〗 *n.* 男性名.

dérrick pòst *n.* 〘海事〙デリックポスト《デリックを取りつけた柱; 通例, 通風筒をかねる》.

der·riere [dèriέə | -riέə(r; *F.* dɛrjɛːr] 〖▭F *derrière* 'behind, back' < LL *dē retrō*〗 *F. n.* (*also* **der·rière** [～]) 《口語》(人間の)尻, 臀部(でんぶ) (buttocks).

der·ring-do [dérɪŋdúː] 〖《1579》《転訛》← ME *dorryng don* daring to do ← *durre(n)* 'to DARE'＋*don* 'to DO¹': Spenser が誤って名詞句と考えたことによる〗 ― *n.* (*pl.* **der·rings-do**) 《文語》大胆な行動, 必死の勇: deeds of ～.

der·rin·ger [dérɪndʒə, -rən- | -rɪndʒə(r] 〖《1854》← *Henry Deringer* (1786–1868: その発明者である米国人)〗 ― *n.* 《米》デリンジャー《口径が太く銃身の短い 2 連のポケットピストル》.

der·ris [dérɪs, -rəs | -rɪs] 〖← NL ～ ← Gk *dér(r)is* a covering ← *dérein* to skin〗 ― *n.* **1** 〘植物〙デリス (*Derris elliptica*)《東インド諸島産のマメ科デリス属のつる植物》. **2** デリス《デリスの根から採った液状または粉末の毒薬; 殺虫剤などに用いる》.

der·ry¹ [déri | -rɪ] 〖← ?〗 *n.* バラッドなどの折返しに用いられる意味のない文句[はやし言葉].

der·ry² [déri | -rɪ] 〖← *derry down*: 歌の折返し句から か〗 *n.* 《豪》嫌悪, 毛嫌い (prejudice): have a ～ *on* …を毛嫌いする. 「された建物, 廃屋.

der·ry³ [déri | -rɪ] 〖← DER(ELICT)＋-Y²〗 *n.* 《俗》遺棄

Der·ry [déri | -rɪ] *n.* ＝Londonderry.

dérry·dòwn *n.* ＝derry¹.

der Tag [dɛətɑ́ːk | dɛə-; *G.* deːɐtáːk] 〖▭G ～ 'the day': cf. D-day〗 ― *G. n.* **1** ドイツが「東方への進出」(Drang nach Osten) を開始する日, (旧ドイツ国家主義者たちが)世界征服に着手する日. **2** 決行の日, 重要な日, 記念すべき開始の日: *Der Tag* will never be realized. 決行の日は決して実現しないだろう.

de·rust [dìːrʌ́st] *vt.* …の錆(さび)をとる.

derv [dɚ́ːv | dɚ́ːv] 〖《頭字語》← *d(iesel) e(ngined) r(oad) v(ehicle)*〗 *n.* 《英》ディーゼル用燃料油[重油].

der·vish [dɚ́ːvɪʃ | dɚ́ː-] 〖《1585》▭Turk. *dervīsh* ▭ Pers. *darvīsh* beggar, religious mendicant〗 ― *n.* **1** イスラム教の熱狂派修道僧《神秘主義 (Sufism) から出発し, 12 世紀頃から神と神秘的に強く結びつく宗教上の指導者の下に一団の修行僧が集まり, 神を念じつつ恍惚状態に入り, 信徒達をひきつけた; 殊に中世においては宗教的・政治的に大きな役割を果たした. 今日でも正統派イスラムからは必ずしも認められない形で, なおもイスラム地域に根強く存続している》. **2** 激情に身を任せて踊り狂う人.

Der·went [dɚ́ːwənt, -went | dɑ́ːwənt, dɑ́ːw-, -went, -wɪnt] 〖OE *Deorwente* 《原義》river where oaks grow abundantly ▭Brit. *Derventiō* ← **dervā* oak (cf. Welsh *derw* oak)〗 ― *n.* [the ～] **1** イングランド North Yorkshire 州の川 (92 km). **2** イングランド Derbyshire 州の川 (97 km). **3** イングランド Cumbria 州の川 (54 km). **4** Tasmania 島南部の川 (172 km).

Derwent Water [dɚ́ːwəntwɔ̀ːtə, -went-, -wɑ̀tə | dɑ́ːwəntwɔ̀ːtə(r, -went-, -wɪnt-] *n.* イングランド Cumbria 州湖畔地方の湖の一つ (周囲約 5 km).

des [deɪ; *F.* de] 〖▭F ～ 《縮約》← *de les*〗 フランス語の人名に現われる: François ～ Adrets.

des- [dez, des] 〖▭F *dés-* : ⇨ de-²〗 *pref.* (母音の前に来る時の) de-¹,² の異形: *des*aminate, *des*oxy.

de·sa·cral·ize [dìːséɪkrəlàɪz, -sǽk-] 〖← DE-¹＋SACRAL²＋-IZE〗 ― *vt.* 〘文化人類学〙非神聖化する, …のタブーを解く《例えばすべての収穫は神聖で触れるべからざるものであるが, その初穂を神に捧げることによって他の残りのものが非神聖化されて自由にそれを食することができるようになるなど》.

dés·ag·ré·ment [dèɪzægreɪmɑ́ː(ŋ), -mɔ́ː(ŋ), -mɑ́ːŋ, -mɔ́(ː)ŋ; *F.* dezagremɑ̃] 〖▭F ～ 'disagreement'〗 *F. n.* 不愉快[いや]なこと.

de·sal·i·nate [dìːsǽlənèɪt, -séɪl- | -lɪ-] *vt.* ＝desalt. **de·sal·i·na·tion** [dìːsæ̀lənéɪʃən, -sèɪl- | -lɪ-] *n.* **dè·sál·i·nà·tor** [-tə | -tə(r] *n.*

de·sal·i·ni·za·tion [dìːsæ̀lənɪzéɪʃən, -sèɪl-, -nə- | -lɪnaɪ-, -nɪ-] 〖← DE-¹＋SALINIZATION〗 ― *n.* (海水などを飲用に供するための)塩分の除去, 淡水化; (土壌などに水を通して)塩分をなくすこと.

de·sal·i·nize [dìːsǽlənàɪz, -séɪl- | -lɪ-] *vt.* ＝desalt.

de·salt [dìːsɔ́ːlt | -sɔ́ːlt, -sɔ́lt] *vt.* 〈海水など〉から塩分を除く. **～·er** [-tə | -tə(r] *n.*

des·am·i·dase [desǽmədèɪs, -dèɪz | -mɪdèɪs] 〖← DES-＋AMIDO-＋-ASE〗 *n.* 〘生化学〙デスアミダーゼ (⇨ deamidase).

des·am·i·nase [desǽmənèɪs | -mɪ-] 〖← DES-＋AMINO-＋-ASE〗 *n.* 〘生化学〙デスアミナーゼ (⇨ deaminase).

De·sárgues's théorem [deɪzɑ́əgz- | -zɑ́ːgz-; *F.* dezarg-] 〖← *Gérard Desargues* (1593–1662: フランスの数学者)〗 ― *n.* 〘数学〙デザルグの定理《二つの三角形の対応する頂点を結ぶ直線が一点に会すれば, 対応する辺またはその延長の交点は一直線上にあるという定理》.

de·sat·u·rate [dìːsǽtʃərèɪt, -tʃʊ-] *vt.* 〘化学〙飽和されないようにする, 不飽和にする.

de·scale [dìːskéɪl] *vt.* …の湯垢(あか)[錆(さび)]を除去する.

des·ca·mi·sa·do [deskæ̀məsɑ́ːdou | -mɪsɑ́ːdəu; *Sp.* deskàmisáðo] 〖▭Sp. ～ 《原義》shirtless: cf. sansculotte〗 ― *n.* (*pl.* **～s**) **1** 1820–23 年のスペイン革命のときの極端な自由主義者; (一般的に)過激な革命家. **2** アルゼンチンの労働者, (特に)貧しく社会的・経済的に恵まれない者.

des·cant 〖《*c*1400》▭OF *deschant* (F *déchant*) ▭ML *discantus* ← DIS-¹＋*cantus* melody (cf. chant)〗 ― [déskænt, deskǽnt, dɪs-, dəs- | dɪskǽnt, des-] *vi.* **1** 〔…について〕(特にほめて)色々と述べ立てる, 詳しく説く, 論じる (dwell)〔*on, upon*〕. **2** 〘音楽〙 **a** 《古》ディスカントゥス[ディスカント]を歌う[演奏する]. **b** (讃美歌などの)主旋律を高音域で装飾する. **3** 歌う (sing). ― [déskænt] *n.* **1** 〘音楽〙 **a** ディスカントゥス, ディスカント《中世ルネッサンスの多声音楽で, テノール声部の定旋律 (cantus firmus) の上にしばしば即興的に歌われる対位声部(旋律)》. **b** (中世における)多声音楽の書法[唱法]. **c** 多声音楽のソプラノまたは最高声部. **d** (讃美歌の)主旋律を装飾する高声部. **2** 論評: a ～ *on* a theme. **3** 《詩》調べ, 歌曲, 歌. ― [déskænt] *adj.* 《英》〘音楽〙最高音部の, ソプラノの: a ～ viol ディスカント[トレブル]ヴィオール / a ～ recorder ソプラノリコーダー[縦笛].

déscant clèf *n.* 〘音楽〙ソプラノ記号《五線の第一線上, すなわち最下線上に置いたハ音記号》.

Des·cartes [deɪkɑ́ət | deɪkɑ́ːt, ―⌣; *F.* dekart], **René** *n.* デカルト《1596–1650; フランスの哲学者・数学者, 近世哲学の祖; *Les Discours de la Méthode*「方法叙説」(1637)》. ★ ラテン語系形容詞: Cartesian.

de·scend [dɪsénd, də- | dɪ-] 〖《?*a*1300》*descende(n)* ▭(O)F *descend-re* < L *dēscendere* to sink ← DE-¹＋*scandere* to climb (⇨ scan)〗 ― *vi.* **1 a** 下る, 降りる (↔ ascend): ～ *from* a hill [carriage, tree] / The river ～*ed to* the lake. 川は下って湖に注いでいた / The rain ～*ed.* **b** 〈雲・霧・蒸気などが〉降りる, たゆたう. **c** 〈神などが〉(天などから)現われる; 〈死・恐怖などが〉襲う. **2** 〈丘・道などが〉下りになる, (下方に)傾斜する: The hill ～*s* abruptly *toward* the south. 山は南の方に急に下りになる. **3** 〔概略から詳細に, または重要なことからそうでないものに〕説き及ぶ〔*from, to*〕: ～ *from* generals *to* particulars 概論から各論にはいる. **4** 《まれ》〈人が〉〔…から〕系統を引く〔*from, of*〕. ★ この意味では今は *vt.* 2 の用法の方が普通. **5** 〈性質・財産・特権などが〉〔祖先から子孫などへ〕伝わる, 伝来する, 遺伝する〔*from, to*〕: ～ *from* ancestors *to* offspring 祖先から子孫に伝わる / ～ *from* father *to* son 父子相伝である. **6** 身を下す, 身を屈して…する, 〔卑劣な手段などを〕用いる (stoop)〔*to, to doing*〕: He never ～*s to* such meanness. 決してそんなけちなことはしない / He ～*ed to* begging. 彼はこじきをするほど身を落とした. **7 a** 〈鳥が〉〔…に〕舞い降りる; 飛びかかる; 〈人などが〉〔…を〕不意に襲う, 襲来する〔*on, upon*〕: ～ *upon* an enemy 敵を急襲する. **b** (突然)〔…に〕押しかけて行く, 〔…を〕訪問する〔*on, upon*〕: He ～*ed upon* me with a large party. 彼は大勢で私の所に押しかけてきた. **c** 〈激怒などが〉〔人を〕見舞う〔*on, upon*〕: His anger ～*ed upon* us. 彼の怒りはわれわれの上に落ちて来た. **8** 〘天文〙〈天体が〉地平線に近づく. **9** 〈数が〉少なくなる; 〈音が〉低くなる. **10** 〘印刷〙〈活字が〉並び線より下に出る: ⇨ descending letter. ― *vt.* **1** 〈坂・階段・川などを〉下る, 降りて行く (↔ ascend): ～ a hill [staircase, river]. **2** [Passive に用いて]〔…の〕子孫である〔*from*〕: He *is* ～*ed from* an ancient family. 彼は古い家柄の出である.

de·scend·a·ble [dɪséndəbl̩, də- | dɪ-] 〖《15C》▭OF ～ : ⇨↑, -able〗 *adj.* ＝descendible.

de·scen·dant [dɪséndənt, də- | dɪ-] 〖《1572》▭F ～ (pres. p.): ⇨ descend, -ant〗 ― *n.* **1** 子孫, 後裔(こうえい) (↔ ancestor, ascendant): a direct ～ 直系卑属(の人) / the ～*s* of a respectable family 立派な家柄の人たち. **2** (慣習・思考などの)もとの形[初期の形]に(機能・性格などが)由来するもの, 後期の姿 (cf. precursor, prototype): The present-day type of concerto is a ～ of the cocerto grosso prevalent in the 17th and 18th centuries. 今日のコンチェルトの形式は 17-18 世紀に流行したコンチェルトグロッソに由来している. **3** (学問・芸術などの)師の忠実な祖述者, 信奉者, 弟子.

in [*on*] *the descendant* 衰えかけて, 下り坂で: His fortune was *on the* ~.
— *adj.* =descendent.

de·scen·dent [dɪséndənt, də- | dɪ-] 〖□ L *dēscendent-em* (pres.p.): ⇨ descend, -ent〗 — *adj.* **1** 下降の, 落下する (↔ ascendant). **2** (祖先)伝来の; 〔…から〕派生の 〔*from*〕. — *n.* 《まれ》=descendant.

de·scénd·er *n.* **1** 降りる人. **2** (高所から物を下に運ぶ)直立コンベヤー. **3** 〖活字〗 **a** =descending letter. **b** ディセンダー《p, q, j, y などの, エックスハイト (x height) より下に出る部分; cf. ascender》.

de·scend·i·ble [dɪséndəbl̩, də- | dɪ-, -dɪ-] 〖《変形》← DESCENDABLE: ⇨ -ible〗 *adj.* (子孫に)伝えられる, 伝承される, 遺贈できる (devisable).

de·scénd·ing *adj.* 下って行く, 降下的な, 落下の, 下向きの (↔ ascending); 〖植物〗下行の; 〖医学〗下行する, 下行性の: ~ aestivation 〖植物〗下行の芽層 / ~ powers 〖数学〗降冪(ᵏ) / a ~ scale 〖音楽〗下降音階.

descénding aórta *n.* 〖解剖〗下行大動脈 (cf. ascending aorta).

descénding létter *n.* 〖活字〗ディセンダー文字(descender)《エックスハイト (x height) より下に出た部分を持つ小文字; p, q, j, y など; cf. ascending letter》.

descénding nóde *n.* 〖天文〗降交点 (cf. ascending node).

descénding rhýthm *n.* 〖詩学〗=falling rhythm.

de·scen·sion [dɪsénʃən, də- | dɪ-] 〖《1391》□ OF ~ □ L *dēscensiō(n-)* ← *dēscensus* (p.p.): descend, -sion〗 — *n.* **1** 降等, 格下げ (abasement). **2** 〖占星〗最低星位《人の運命を支配する星(とりわけ惑星)の影響が最も少ないと考えられている黄道上の位置; ↔ exaltation》. **3** 《古》降下, 下降 (descent).

de·scent [dɪsént, də- | dɪ-] 〖《?a1300》□ (O)F *descente* ← *descendre* 'to DESCEND'〗 — *n.* **1** 降下, 下山 (↔ ascent): a sudden ~ 急降下 / make a slow ~ 徐々に降りる / during the ~ of the mountain 下山中に. **2** (下向)急斜面, 下り坂, 下り道; 下り階段[通路]: a gradual ~ *toward* the sea 海の方へのゆるやかな傾斜 / There is a steep ~ in the road. 道路は険しい下り坂になっているところがある. **3** (地位などの)転落, 身を落とすこと: a ~ *from* the sublime *to* the ridiculous 崇高から滑稽への転落. **4 a** 〔…への〕(特に, 海からの)襲来, 急襲, 不意の侵入; (警官隊などの)突然の手入れ, 臨検 (raid) 〔*on, upon*〕: make a ~ *upon* the coast 沿岸を急襲する. **b** (人の)突然の訪問, 押しかけ: the ~ *of* a friend. **5** 家系, 血統 (lineage): be in direct ~ *from* …の直系(卑属)である / trace one's ~ *to* …まで血統を溯(さかのぼ)る, …の子孫である(と言う) / a man of Irish ~ アイルランド系の人 / a man of noble [high] ~ 高貴な家柄の人 / by ~ 生れ[家系]は. **6** 〖法律〗不動産相続: the ~ of property *from* father *to* son. **7** 遺伝: the ~ of ancestral characters 先祖の特性の遺伝. **8** 《廃》(系統中の)一世代 (generation): a lineal succession of four ~*s* 四代続き. **9** 〖解剖〗下降. **10** 〖病理〗下垂. **11** [集合的]《古》子孫 (descendants).

Descent from the Cross 〖美術〗[the —] =DEPOSITION from the Cross.

de·school [dìːskúːl] 〖← DE-¹+SCHOOL¹〗 *vt.* 〈社会など〉から伝統的な学校制度を廃止する.

Des·chutes [deɪʃúːt] 〖← F *rivière des chutes* river of the falls〗 *n.* [the ~] 米国 Oregon 州中部を流れ Columbia 川に注ぐ川 (402 km).

des·cloi·zite [deɪklɔ́ɪzaɪt, dɪ-, də-] 〖□ F ~ ← *A. L. O. L. Des Cloizeaux* (1817-97: フランスの鉱物学者): ⇨ -ite¹〗 — *n.* 〖鉱物〗バナジン鉛鉱 ($(ZnCu)Pb(VO_4)(OH)$)《主として鉛と亜鉛の塩基性バナジン酸塩を成分とする鉱物; 色は深紅色から褐色, 黒色に及ぶ》.

de·scrib·a·ble [dɪskráɪbəbl̩, də- | dɪ-] *adj.* 記述[叙述]できる, 描写できる.

de·scribe [dɪskráɪb, də- | dɪ-] 〖《?a1425》□ L *dēscrībere* to copy or sketch off: ⇨ de-¹, scribe¹〗 — *vt.* **1** 〈人物・景色・戦況など〉の特徴[状態]を述べる, …を記述[叙述]する, (言葉で)描写する; 〈人を〉〔…と〕評する, 〔…であると〕述べる 〔*as*〕: ~ a scene [a man] 場面[人物]を描写する / He ~*d* the thief [accident] *to* the police. 彼は賊の様子[事故の模様]を警察に説明した / They ~*d* themselves *as* poets. 彼らは詩人だと自称した / He is ~*d as* (being) a great scholar. 彼は大学者だといわれている / I can't ~ it *as* pleasant. それが愉快であるとは言いかねる. **2** 表示する (denote), …の兆候である: Aggressiveness often ~*s* inferiority complex. 喧嘩腰はしばしば劣等感の現われである. **3 a** 〖数学〗〈線・図形を〉描く, 作図する: ~ a triangle [circle]. **b** 〈天体などが〉〈円形などを〉描いて動く; 〈円形・長円形に〉動く: The sun ~*s* a circle. 太陽は円を描いて動く / ~ a rather curved line homeward かなり曲がった線を描いて[道をたどって]家へ帰る. **4** 《古・俗用》=descry. **de·scríb·er** *n.*

de·scrí·er 〖← DESCRY+-ER¹〗 *n.* 発見者.

de·scrip·tion [dɪskrípʃən, də- | dɪ-] 〖《c1380》□ (O)F ~ // L *dēscrīptiō(n-)* ← *dēscrīptus* (p.p.): ⇨ describe, -tion〗 — *n.* **1** 記述, 叙述, 説明, 描写; 叙述的描写, 叙事文: a detailed ~ *of* the locality その場所の詳細な記述 / give [make] a short verbal ~ *of* what one has seen 見てきたことを手短かに口述する / beyond ~ 言い尽くせない / beggar (all) ~ ⇨ beggar *vt.* 2. **2** (物品の)説明書, 解説; 人相書: a ~ *of* a person's appearance / a man answering (to) that ~ その人相書にぴったりの男. **3** 種目, 種類; 等級; (商品の)銘柄: a sale on ~ 銘柄取引 / a person of that ~ そのような人 / bicycles *of* every ~ [all ~*s*] あらゆる種類の自転車 / a speech *of* the poorest ~ お粗末きわまりない演説. **4** 〖数学〗〔図形を〕描くこと, 作図 〔*of*〕: the ~ *of* a circle. **5** 〖哲学〗=KNOWLEDGE by description.

de·scrip·tive [dɪskríptɪv, də- | dɪ-] 〖《1751》□ LL *dēscrīptīv-us*: ⇨ ↑, -ive〗 — *adj.* **1** 記述的な, 叙述的な, 描写する, 叙景的な, 記事(文)体の; 図形描写の; 説明的な: a ~ style 記述体 / a ~ passage in a book 本の中の描写[叙景]的な一節 / a ~ science (観察による事象の記述を主とする)記述科学 (cf. EXPLANATORY science) / ~ writing [poetry] 叙景文[詩] / a ~ writer 叙景的作家 / a ~ catalogue 解説付目録 / a book ~ *of* adventures 冒険を描いた本. **2** 〖哲学〗観察[経験]の, 事実に関する[基づく]; 記述的な: ~ judgments 記述(的)判断. **3** 〖文法〗 **a** 記述的な《normative, prescriptive, historical, comparative などに対して, 現在あるがままの言語の構造記述にいう》: ~ grammar 記述文法. **b** 説明的な, 記述的な (cf. limiting).
~·ly *adv.* **~·ness** *n.*

descríptive ádjective *n.* 〖文法〗記述形容詞《a *red* rose, a *useful* book の red, useful のように名詞の意味内容の範囲を制限するよりはその形状・性質などを説明するもの; cf. limiting adjective》.

descríptive cátaloging *n.* 〖図書館〗記述目録法《図書館資料の目録を作成するために, 著者・書名・出版者・ページ数などを記述する作業; cf. subject cataloging》.

descríptive cláuse *n.* 〖文法〗記述節《This year, *which has been dry*, is bad for the crops. 中の形容詞節のように名詞を限定しないで説明するもの; cf. restrictive clause》.

descríptive geómetry *n.* 画法幾何学《空間図形を平面上に正確に描く方法を研究し, 機械・建築物の設計・空中写真測量などに役立てる学問》; (一般に)投影法を利用する幾何学.

descríptive linguístics 〖《1927》〗 — *n.* 記述言語学《特定時期における特定言語を歴史的起源や発達とは無関係に記述する言語学の一分野; cf. historical linguistics》.

descríptive notátion *n.* 〖チェス〗英米式記譜方式《駒の位置を表わす列を QR, QB, KP, K, Q などとする方式》.

de·scrip·tiv·ism [-vɪzm, -tə- | -tɪ-] 〖← DESCRIPTIVE+-ISM〗 *n.* **1** 〖哲学〗経験主義, 記述[事実]主義. **2** 〖言語〗記述主義.

de·scrip·tiv·ist [-tɪvɪst, -tə-, -vəst | -tɪvɪst] 〖《1952》〗 — *n.* **1** 〖哲学〗記述[事実]主義者. **2** 〖言語〗記述主義者. **de·scrip·tiv·is·tic** [dɪskrɪ̀ptɪvístɪk, də-, -tə- | dɪskrɪ̀ptɪ-] *adj.* **de·scrip·tiv·ís·ti·cal·ly** *adv.*

de·scry [dɪskráɪ, də- | dɪ-] 〖《a1338》*descrie(n)* □ OF *descri-er* 'to DECRY'〗 — *vt.* 《文語》**1** 〈遠くにあるものを〉(肉眼で)かすかに認める; (海上で)〈遠い陸地などを〉はるかに認める: ~ an island far away はるかに島影を認める. **2** (観測・調査によって)見出す, 見つける (detect). — *n.* 《古》遠くから見つける[見る]こと.

Des·de·mo·na [dèzdəmóunə | -dɪmə́u-] 〖← ? Gk *dusdaimonía* misery, the ill-fated〗 — *n.* **1** 女性名. **2** Shakespeare 作の悲劇 *Othello* の主人公 Othello の若い貞淑な妻; 夫は誤った嫉妬から彼女を殺す.

des·e·crate [désɪkrèɪt, -sə- | -sɪ-] 〖《1674》← DE-¹+(CON)SECRATE〗 *vt.* …の神聖さを汚す; …からその神聖さをはぎとる; 〈神聖な物を〉俗用に供する.

dés·e·cràt·er [-tə | -tə(r)] *n.* (*also* **dés·e·crà·tor** [~]) 神聖を汚す人.

des·e·cra·tion [dèsɪkréɪʃən, -sə- | -sɪ-] 〖《a1717》〗 *n.* 神聖を汚すこと, 冒瀆(ぼうとく).

de·seg·re·gate [dìːségrɪgèɪt, -rə-] *vt., vi.* 《米》(軍務・教育などで)(…の)黒人差別待遇を廃止する (cf. integrate, segregate). **de·seg·re·ga·tion** [dìːsègrɪgéɪʃən, -rə- | -rɪ-] *n.*

de·se·lect [dìːsɪlékt, -sə-] *vt.* 《米》(平和部隊などで)〈訓練生を〉訓練中に落第にする.

de·sen·si·tize [dìːsénsətàɪz | -sɪ-] 〖← DE-¹+SENSITIZE〗 — *vt.* **1** 〖写真〗〈感光材料〉の感(光)度を減じる, 減感する. **2** 〖生理〗 **a** (外的刺激に対して)…の敏感性を軽減する; 鈍感にする, 知覚を鈍麻させる. **b** 脱感作(かんさ)する, 除感作する. **3** 〖精神医学〗…を(不安刺激に対して)脱感作する, 不感性にする, 正常の精神状態に戻す; 催眠術にかからないようにする. **4** (感情面で)無感覚[無頓着]にする, 冷淡にする. **5** 〖印刷〗〈平板の非画線部を〉不感脂化する. **de·sen·si·ti·za·tion** [dìːsènsəṭɪzéɪʃən, -ṭə- | -sɪtaɪ-, -tɪ-] *n.*

de·sén·si·tìz·er *n.* 〖写真〗減感剤.

de·ser·pi·dine [dɪzə́ːpədɪn, də-, -dən, -diːn | -zə́ːpɪ-] 〖← NL (*Rauwolfia*) *serpentina* (この薬剤の原料植物の学名)〗 — *n.* 〖薬剤〗デセルピジン《ジャボクの一種より抽出したアルカロイドで血圧降下剤・鎮静剤》.

de·sert¹ [dɪzə́ːt, də- | dɪzə́ːt] 〖《c1300》□ OF *des(s)ert(e)* (p.p.) ← *deservir* 'to DESERVE'〗 — *n.* **1** [通例 *pl.*] 当然受けるべき賞[罰], 当然の報い: give [get] one's ~*s* 当然の賞[罰]を与える[受ける]. **2 a** 賞[罰]を受けるべき資格; 功罪. **b** [集合的]功労者たち. **3** 功績, 美点.

des·ert² [dézət | -zət] 〖《?a1200》□ (O)F *désert* □ LL *dēsertum* ← (neut. p.p.) ← *dēserere* to forsake ← DE-¹+*serere* to join together (cf. series)〗 — *n.* **1** 砂漠; 《古》荒野, 不毛の[無人の]土地: the Sahara *Desert* =the *Desert* of Sahara / ⇨ desert ship. **2** 荒れ地《もと米国の Mississippi 川から Rocky 山脈間の不毛で人が住めないと考えられていた地域》. **3** 海洋生物がいないと考えられる海域. **4** (ひどく)殺風景な[無味乾燥な, 近寄り難い]場所; 寂しい心の世界; 単調な[おもしろ味のない, 不活発な]場所[時代, 主題など]: lost in a ~ *of* doubt どうしようもない疑いにとらわれて / a cultural ~ 文化的砂漠. — *adj.* **1** 砂漠のような; 不毛の; 住む人のない, 寂しい: a ~ island 無人島, 孤島 / a ~ area 不毛の地域, 未開墾地帯. **2** 砂漠に生息する; 砂漠に適した: a ~ plant 砂漠植物.

de·sert³ [dɪzə́ːt, də- | dɪzə́ːt] 〖《1539》□ F *désert-er* □ LL *dēsertāre* (freq.) ← L *dēserere* (↑)〗 — *vt.* **1** 〈家族・友・土地・党派・地位・服務などを〉捨てる, 見捨てる: ~ one's wife / ~ one's village / The street was completely ~*ed* at that time of the night. 夜のその時刻にはその通りはだれ一人通ってはいなかった. **2** 〈軍人・船員が〉…から脱走する: ~ the service [a ship] 軍隊[船]から脱走する / ~ one's colors 〈兵士が〉脱営する. **3** 〈信念などが〉〈人〉から去る, 抜ける: His presence of mind ~*ed* him. 彼は心の落着きを失った[あわてた]. — *vi.* 義務[職務]を捨てる, (無断で)地位[持場]を去る; 〔艦船・軍隊などから〕脱走する 〔*from*〕.

désert bòot *n.* デザートブーツ《ゴム底のついた足首までおおうスエード皮の靴》.

de·sért·ed [-tɪd, -təd | -tɪd, -təd] *adj.* 人のいなくなった, さびれた; 捨てられた: a ~ street 人通りのなくなった街路 / a ~ village さびれた村 / a ~ wife 夫に捨てられた妻. **~·ness** *n.*

de·sért·er [-tə | -tə(r)] *n.* **1** (義務・家族などを)捨てた人, 遺棄者. **2** 逃走者, 逃亡者; 〖軍事〗逃亡兵, 脱走兵; 脱船者, 脱艦兵; 職場放棄者, 戦線離脱者.

de·ser·tic [dɪzə́ːtɪk, də- | dɪzə́ːt-] *adj.* 砂漠(特有)の.

des·er·tic·o·lous [dèzətíkələs | -zə-] 〖← DESERT²+-I-+-COLOUS〗 *adj.* 〖生物〗砂漠に住む[生育する].

désert iguána *n.* 〖動物〗サバクイグアナ《アメリカ南西部およびメキシコ北西部の砂漠地帯に生息する長い尾をもったサバクイグアナ属 (*Dipsosaurus*) のトカゲ数種の総称; サバクイグアナ (*D. dorsalis*) など》.

de·ser·tion [dɪzə́ːʃən, də- | dɪzə́ː-] 〖《1591》□ (O)F *désertion* // L *dēsertiō(n-)*: ⇨ desert³, -tion〗 — *n.* **1** 捨て去ること, 遺棄, (不法)放棄. **2** 〖法律〗(夫婦または親子の)地位放棄, 遺棄, 同居拒否. **3** 逃走, 逃亡; (特に軍人の)脱走, 脱艦 (cf. ABSENT without leave); 職場放棄. **4** (同志などを)捨てること, 脱党, 脱会. **5** 荒廃(状態). **6** 遺棄者; 脱走者.

desért·less *adj.* 《まれ》その資格のない, ふさわしくない; 賞賛に値しない.

désert lòcust *n.* 〖昆虫〗サバクトビバッタ (*Schistocerca gregaria*)《アフリカ北部から中央アジアにかけてすみ, 淡紅色, 大群で移動飛行し農作物に大きな害を与える》.

désert pòlish *n.* =desert varnish.

désert ràt *n.* **1** 〖動物〗砂漠地帯に生息する小型で灰色の活発な齧歯(げっし)類数種の総称《カンガルーネズミなど》. **2** 《英口語》(1941-42 年に北アフリカの砂漠戦で活躍した)英国の装甲第七師団兵《この師団は jerboa (トビネズミ)を師団標とした》. **3** 《米西部》(探鉱者としての)荒原の住人; 放浪の試掘者.

désert shìp *n.* 砂漠の船《ラクダの俗称》.

désert sòil *n.* 〖地質〗砂漠土《温帯—暖温帯の砂漠地方の土壌》.

désert vàrnish *n.* (砂漠の岩石の表面の)黒光り《鉄・マンガン酸化物による; desert polish ともいう》.

de·serve [dɪzə́ːv, də- | dɪzə́ːv] 〖《c1225》*deserve(n)* □ OF *deserv-ir* (F *desservir*) < L *dēservīre* to serve diligently, deserve ← DE-¹+*servīre* 'to SERVE'〗 — *vt.* 〈賞罰など〉に値する, …を受ける価値がある, 受けるに足る; [*to do, doing* を伴って] 〈…する〉に値する: ~ a reward [punishment] 報い[罰]に値する / ~ more attention [sympathy] もっと注意[同情]されて然るべきだ / These people ~ *to be* rewarded [punished]. =These people ~ reward*ing* [punish*ing*]. これらの人々は当然報いられて[罰せられて]よい《★《英》では不定詞の方が普通》. — *vi.* 値する; [~ well [ill] として] 〔…から〕(当然)報いを受けるに足る, 賞[罰]せられるだけのことがある, …に対して功績[罪科]がある 〔*of*〕.

de·sérved *adj.* 功罪に応じた, 当然の(報いの): a ~ promotion 当然の昇進. **de·sérv·ed·ness** [-vɪdnɪs, -vəd-, -nəs] *n.*

de·sérv·ed·ly [-vɪdli, -vəd- | -lɪ] 〖《1548》〗 *adv.* (功罪に応じて)当然, 正当に, よろしく (justly).

de·sérv·er 〖《15C》〗 *n.* 適格者.

de·sérv·ing 〖*n.*: ME〗 — *adj.* **1** 〔…に〕相当する, 値する (worthy) 〔*of*〕: be ~ *of* death [credit] 死[信用]に値する《★ deserve death [credit] のほうが普通》. **2** 功労[功績]のある; (財政的)援助に値する. — *n.* 当然の賞罰, 功労, 功績; 功罪, 得失.

de·sérv·ing·ly *adv.* 功があって, 当然.

-deses -desis の複数形.

de Se·ver·sky [dəsəvέəski, -sə- | -vέəskɪ], **Alexander P(rocofieff)** *n.* ドセベルスキー《1894-1974; ロシヤ生まれの米国の航空宇宙技師》.

de·sex [dìːséks] 〖← DE-¹+SEX〗 *vt.* **1** 去勢する, …の卵巣を取り去る. **2 a** …の性的特質を取り除く, 無性化する. **b** …の性的な魅力を取り除く[最小限にする]. **3** 《米》〈言語など〉から性[男女]差別を取り除く.

de·sex·u·al·ize [dìːsékʃuəlàɪz, -ʃəl- | -sjuəl-, -sjʊl-,

-ʃʊəl-, -ʃʊl-] *vt.* **1** 〘精神分析〙…の性的欲望[関心]を非性的欲望[関心]に向けさせる, リビドーを抑える[弱める, 奪う], 無性化する. **2** ＝desex. **de·sex·u·al·i·za·tion** [dìːsèkʃuəlɪzéɪʃən, -ʃəl-, -lə- | -sjuəlaɪ-, -sjul-, -ʃʊəl-, -ʃʊl-, -lɪ-] *n.* ⌈*n.* ＝dishabille.

des·ha·bille [dèsəbíːl, -zɑː-, -bíl, -bíː| dèzæbìːl, -zə-]

dés·ha·billé [dèɪzəbìːjéɪ, dèz-, -zæ-, -zɑː- | dèɪzæbíːeɪ, dèz-, -zə-, -bíːleɪ ; *F.* dezabije] 〘□F ～〙 *n.* ＝dishabille.

des·ic·cant [désɪkənt, -sə- | -sɪ-] 〘□L *dēsiccant-em* (pres.p.) ← *dēsiccāre* (↓): ⇨ -ant〙 *adj.* 〈薬剤など〉乾燥させる(力のある). — *n.* 乾燥剤.

des·ic·cate [désɪkèɪt, -sə- | -sɪ-] 〘(1575) ← L *dēsiccāt-us* (p.p.) ← *dēsiccāre* to dry up ← DE-[1]＋*siccāre* to dry (← *siccus* dry): ⇨ -ate[3]〙 — *vt.* **1** よくかわかす, 乾燥させる. **2** 〈食物を〉乾物にする, 乾燥保存する, 脱水(して粉状に)する: a *desiccating* agent 乾燥剤. **3** (知的・感情的に)ひからびさせる, …の若さ[生彩]を失わせる, 無気力にする, 無味乾燥にする. — *vi.* **1** かわく, 乾燥する. **2** 無気力になる, 生彩を失う. — *n.* 乾燥製品(など).

dés·ic·càt·ed [-tɪd, -təd | -tɪd, -təd] *adj.* **1** 脱水した; 乾燥した; 粉末になった: ～ milk 粉ミルク. **2** 活気のない; 生き生きしていない, ひからびた: a ～ woman ひからびた感じのする[魅力のない]女.

des·ic·ca·tion [dèsɪkéɪʃən, -sə- | -sɪ-] 〘(?*a*1425) □ L *dēsiccātiō(n-)*: ⇨ desiccate, -ation〙 — *n.* **1** 乾燥(作用), 脱水. **2** かわき(具合), 乾燥状態. **3** (知的・感情的な)無気力(化, 状態), 無味乾燥. **4** (液体などの)乾燥したかす[おり].

des·ic·ca·tive [désɪkèɪtɪv, -sə-, -kət-, dɪsíkət-, də- | desíkət-, dɪ-, désɪkət-] 〘(*a*1400) □ ML *dēsiccātīv-us*: ⇨ ↑, -ive〙 *adj.*, *n.* ＝desiccant.

dés·ic·cà·tor [-tə | -tə(r] 〘⇨ -or[2]〙 — *n.* **1** 乾燥者, 乾物製造人. **2** (通例, 熱と真空による果物・ミルクなどの)乾燥器. **3** 〘化学〙(化学物質中の湿気を吸収するためのガラス製)除湿器, 乾燥器.

desiderata *n.* desideratum の複数形.

de·sid·er·ate [dɪsídərèɪt, də-, -zíd- | dɪzíd-, -síd-] 〘(1645) ← L *dēsīderāt-us* (p.p.) ← *dēsīderāre* 'to DESIRE'〙 — *vt.* 〘古〙所望[渇望]する, 切に求める. **de·sid·er·a·tion** [dɪsìdəréɪʃən, də-, -zìd- | dɪzìd-, -sìd-] *n.*

de·sid·er·a·tive [dɪsídərèɪtɪv, də-, -d(ə)rət- | dɪzíd(ə)rət-, -síd-] 〘□LL *dēsīderātīv-us*: ⇨ ↑, -ive〙 — *adj.* **1** 願望の, 希求的な. **2** 〘文法〙〈インドヨーロッパ語族の動詞から派生的に生じた動詞が〉願望[希求]を示す: a ～ verb 願望[希求]動詞《例えば, Skt の pát-ati 'he flies' から派生した pi-pat-is-ati》. — *n.* 〘文法〙(ラテン語文法などで動詞の)願望形[法]; 願望[希求]動詞.

de·sid·er·a·tum [dɪsìdərɑ́ːtəm, də-, -zìd-, -réɪt- | dɪzìdəréɪt-, -sìd-, -rɑ́ːt-] 〘(1652) □L *dēsīderātum* (neut. p.p.) ← *dēsīderāre*: ⇨ desiderate〙 — *n.* (*pl.* **-a·ta** [-tə | -tə]) なくて困っている事物, (ないために)特に必要を感じる事物, ぜひほしいもの; 切実な要求.

de·sign [dɪzáɪn, də- | dɪ-] 〘*v.*: (*a*1398) □ (O)F *dé-sign-er* // L *dēsign-āre* 'to mark out, (fig.) DESIGNATE.' — *n.*: (1593) □ OF *desseing* (F *dessin*, *dessein*) ← (*v.*)〙 — *vt.* **1** 企画[計画]する, 立案する, …の構想をまとめる: ～ a policy 政策を立てる / ～ a musical composition 楽曲のプランを立てる / a book ～*ed* primarily *as* a college textbook [*for* college students] 主に大学教科書[大学生]用に書かれた本.
2 〈絵画などの〉下図[図案]を作る; 〈建築・衣服などを〉設計する, デザインする: ～ a house [an engine] / ～ a picture [sculpture] 絵[彫刻]の構図を描く.
3 a 〈人・物を〉〈ある目的に〉予定する, 〔…に〕当てる, 添うように意図する (intend) 〔*as, to*〕; [目的語＋*to* do を伴って] 〈ある役目を果たすように〉〈人を〉指定する: He ～*ed* his friend *to* act *as* agent. 友人を代理人として行動させることにした / God ～*ed* the city *to* destruction. 神はその町を破滅させようと定められた. **b** [しばしば *to* do を伴って] 企てる, 志す: ～ an attack 攻撃を企てる / He ～*ed to* get on in business. 事業で一旗上げようと考えた.
4 〘古〙指示する.
— *vi.* **1** 〔…を〕企画する, 立案する, 設計する 〔*for*〕: ～ *for* motion pictures 映画製作の企画をする. **2** 意匠図案を作る, (衣服などの)デザインをする; デザイナーとして働く. **3** 〔旅行先・人生などの〕計画をする, 〔…を〕目差す, 志す 〔*for*〕: young men ～*ing for* law 法曹界を目差す若者たち.
— *n.* **1 a** (建築・機械などの)設計, デザイン, レイアウト; (芸術品の)構想, 着想, 趣向: the ～ of a house, machine, poem, etc. / furniture of simple ～ 簡単なデザインの家具. **b** 設計図, デザイン (plan): a ～ for a bridge 橋の設計. **c** 設計法[術]: machine ～ 機械設計法. **2 a** 図案, 下絵, デザイン; 意匠, 模様; (完成した)芸術作品, 美術装飾: the ～ *in* a rug 毛氈(もうせん)の模様. **b** 意匠(図案)術, デザイン法: dress ～ 婦人服デザイン法. **3 a** 計画, 企画, 企図 〔*for*〕. **b** 意図, 意向; 深慮: by ～ 故意に, 意図的に, 計画的に (↔ by accident). **4** [通例 *pl.*] 〔…に対する〕危害の意図, 陰謀 (plot) 〔*on, upon, against*〕: dark ～*s* 陰謀 / He had ～*s on* his brother's money. ひそかに兄の金を手に入れようとたくらんでいた / They had no ～*s against* the government. 政府に対する不穏な計画はいだいていなかった.

de·sign·a·ble[1] [dɪzáɪnəbl̩, də- | dɪ-] *adj.* 設計できる; 立案[企図]できる.

des·ig·na·ble[2] [dézɪgnəbl̩] 〘← L *dēsignāre* (⇨ designate)＋-ABLE〙 *adj.* 〘古・まれ〙(はっきり)指示[区別]できる.

designata *n.* designatum の複数形.

des·ig·nate 〘(?*a*1425) □ L *dēsignāt-us* (p.p.) ← *dēsignāre* to mark out ← DE-[1]＋*signāre* 'to SIGN': cf. design〙 — [dézɪgnèɪt] *vt.* **1** (明確に)示す, 指示する, 指摘する: ～ the boundaries of a country 国境を明示する / dress *designating* a rank 位階を示す服装. **2** [しばしば Passive で] 〔…に〕選定する, 指名する, 名ざす, 任ずる 〔*to, for, as*〕: ～ a person *to* [*for*] an office / The President ～*d* him *as* the next Secretary of Defense. 大統領は彼を次期の国防長官に指名した. **3** 〔…と〕呼ぶ, 称する (name) 〔*as*〕: a person ～*d as* …と呼ばれ(ている)人. — [-nèɪt, -nət, -nɪt] *adj.* [名詞の後に置いて] 指名を受けた, (特に, 英国ケンブリッジ大学で)指定された: a bishop ～ 指名された(まだ就任していない)主教[司教]. **des·ig·na·tive** [dézɪgnèɪtɪv, -nət- | -nət-, -nèɪt-] *adj.* **des·ig·na·to·ry** [dézɪgnətɔ̀ːri, -tòːri | -nətəri, -nèɪt-] *adj.*

dés·ig·nàt·ed [-tɪd, -təd | -tɪd, -təd] *adj.* 名ざされた, 指定の; 官選の.

désignated hítter *n.* 〘野球〙指名代打者《通例, 投手に代わって打席に入る; 略 D.H.》.

des·ig·na·tion [dèzɪgnéɪʃən] 〘(*a*1398) □ (O)F *désignation* // L *dēsignātiō(n-)*: ⇨ designate, -ation〙 — *n.* **1** 指示, 指定. **2** 指名, 任命, 選任, 選定 〔*of, as*〕. **3** 名称, 称呼, 称号 (title); 〘哲学・論理〙(名称などの)指示, 指示の作用[対象].

dés·ig·nà·tor [-tə | -tə(r] 〘□LL *dēsignātor*: ⇨ designate, -or[2]〙 *n.* 指名者.

des·ig·na·tum [dèzɪgnéɪtəm | -təm] 〘□L *dēsignātum* (neut.): ⇨ designate〙 — *n.* (*pl.* **-na·ta** [-tə | -tə]) 〘言語〙内的被表示物, 被指示物《実在物であろうとなかろうと言語によって表現される事物をいう; cf. denotatum》.

de·sígned *adj.* **1** 計画的な, 故意の. **2** 図取りした; 意匠図案によった.

de·sígn·ed·ly [-nɪdli, -nəd- | -lɪ] *adv.* 計画的に, 故意に (↔ accidentally).

des·ig·nee [dèzɪgníː] 〘← DESIGN(ATE)＋-EE[1]〙 *n.* 指名された人, 被指名者.

design engineer *n.* 設計技師.

de·sign·er 〘(1649) ← DESIGN＋-ER[1]〙 — *n.* **1** 設計者, 設計技師, 考案者, 立案者; (特に)意匠図案家, (衣服の)デザイナー: a dress ～ (ドレス)デザイナー, 洋裁意匠専門家. **2** (悪事の)計画者, 陰謀者 (schemer).

de·sígn·ing *n.* 設計; 意匠図案(術); (衣服を)デザインすること. — *adj.* 計画的な, 先を見通す (foreseeing); たくらみのある, 陰謀的な, 腹黒い (scheming): a ～ man 野心家. **～·ly** *adv.*

de·sígn·ment *n.* 〘古〙計画, 目的.

de·silt [dìːsílt] 〘← DE-[1]＋SILT〙 *vt.* 〈川など〉のシルト (silt) を取り除く, 浚渫(しゅんせつ)する.

de·sil·ver [dìːsílvə | -və(r] *vt.* ＝desilverize.

de·sil·ver·ize [dìːsílvəràɪz] *vt.* …から銀を除去[抽出]する: ～ lead.

des·i·nence [dézənəns, -sə- | -sɪ-] 〘□ (O)F *désinence* □ ML *dēsinentia* ← L *dēsinere* to desist: ⇨ -ence〙 — *n.* 〘まれ〙 **1** (詩の)終り, 末行. **2** 〘文法〙語尾 (ending), 接尾辞 (suffix).

de·sip·i·ence [dɪsípiəns, də- | dɪ-] 〘□L *dēsipientia* ← *dēsipere* to act foolishly ← DE-[1]＋*sapere* to know (cf. sapient): ⇨ -ence〙 — *n.* 〘文語〙たわいもないこと, ばからしいこと.

de·síp·i·en·cy [-piənsi | -piənsɪ] *n.* ＝desipience.

des·i·pra·mine [dèzəprǽmən, -mən, dɪzíprəmìːn, də- | dèzɪprǽmɪn, dɪzíprəmìːn] 〘← DES(METHYL)＋I(MI)PRAMINE〙 — *n.* 〘薬学〙デシプラミン ($C_{18}H_{22}N_2$)《三環系うつ病薬の一種》.

de·sir·a·bil·i·ty [dɪzàɪ(ə)rəbíləti, də- | dɪzàɪərəbílətɪ, -lɪ-] 〘⇨ -ability〙 *n.* 望ましさ, 願わしさ; 好ましさ; [しばしば *pl.*] 望ましい事[状態].

de·sir·a·ble [dɪzáɪ(ə)rəbl̩, də- | dɪzáɪər-] 〘(*c*1384) □ (O)F *désirable*: ⇨ desire, -able〙 — *adj.* **1** 求めるに値する; 望ましい, 願わしい; 好ましい, 感じのよい; 立派な: *It is* ～ *that* he should take a rest. 彼は休養を取ることが望ましい. **2** 望む[する]に値する; 勧めてよい, 推賞すべき; 有利な. — *n.* 望ましい人[物].

de·sír·a·bly *adv.*

de·sír·a·ble·ness *n.* ＝desirability.

de·sire [dɪzáɪə, də- | dɪzáɪə(r] 〘(?*c*1200) *desire(n)* □ (O)F *désir-er* < L *dēsīderāre* to desire《原義》? to await away from the stars ← DE-[1]＋*sīder-, sīdus* star: 占星術由来の語か?: cf. consider〙 — *vt.* **1 a** (強く)欲求する; 望む, 願う, 希望する: ～ fame [happiness] 名声[幸福]を求める / The project leaves nothing [much] to be ～*d*. その企画は申し分ない[(まだ)不完全な点が多い] / He ～*d* to return home immediately. すぐ家に帰りたいと思った. **b** …に情欲を起こす. **2** 〘文語〙[目的語＋*to* do を伴って] 〈人〉に希望を述べる, 〈…してほしいと〉要求する; [しばしば *that*-clause を伴って] 要望する: I ～ you *to* go at once. 君にすぐ行ってもらいたい / His mother ～*d that* he should be more careful of himself. 母は息子にもっと体に気をつけてくれと言った. — *vi.* 欲望[欲求]を感じる, 希望を抱く: He may be able to get the grand prize, if he so ～*s*. 彼は望みさえすれば大賞を獲得できよう.
— *n.* **1** 〈…したい〉欲望, 欲求 〈*to do, that*〉: a ～ *to* do [*to* be] something 何かしたい[何かになりたい]という欲望 / have a [no] ～ *for* more money もっと金がほしい[ほしいとも思わない] / the ～ of the moth for the star 高遠の思想, 高望み (Shelley, *To*—: "*One Word is Too Often Profaned*" ii) / My life-long ～ *of* living in the country has been realized. 田舎に住みたいという長い間の願いが叶(かな)えられた. **2** (口に言い表された)願い, 要求, 請願 (request): The meeting was held *at* his ～. 彼の要望により会が開かれた / according to a person's ～ 人の要求に従って[どおりに]. **3** 〘文語〙望みのもの: one's heart's ～＝the ～ of one's heart 心からの願い (cf. *Ps.* 10: 3) / I take away from thee the ～ of thine eyes with a stroke. 我頓死をもてなんじの目の喜ぶものを取り去らん (*Ezek.* 24: 16). **4** 情欲, 性欲 (lust).

de·síred 〘ME〙 *adj.* 要望されている, 待望の; 望ましい, 必要な, 適切な: attain the ～ level 理想的水準に達する.

Dé·si·rée [dèzəréɪ | deɪzíəreɪ, de-; *F.* dezire] 〘□F ～ 《原義》desired〙 *n.* 女性名.

de·sir·ous [dɪzáɪ(ə)rəs, də- | dɪzáɪər-] 〘(?*a*1300) □ AF ～＝OF *desireus* (F *désireux*): ⇨ desire, -ous〙 — *pred. adj.* 〔…を得たいと〕望んで[願って](いる) (covetous) 〔*of*〕; 〈…したい[でありたい]と〉欲して(いる) (eager) 〈*to do*, 《まれ》*that*〉: Everybody is ～ *of* success [*to* succeed]. 成功を望まない者はない / They are ～ *that* you should accept the proposal. 彼らはあなたが提案を受け入れてくれることを願っている. **～·ly** *adv.* **～·ness** *n.*

-de·sis [⌐dəsɪs, -səs | -dɪsɪs] 〘← NL ～ ← Gk *désis* ← *dein* to bind〙 — (*pl.* **-de·ses** [-sìːz]) 「縛ること (binding)」の意の名詞連結形.

de·sist [dɪzíst, -síst, də- | dɪ-] 〘(1509) □ (O)F *désister* □ L *dēsistere* to leave off ← DE-[1]＋*sistere* to stop〙 — *vi.* 〘文語〙〔…を〕止める, 思いとどまる (cease) 〔*from*〕: ～ *from* talking [a scheme] 話[企て]をやめる.

de·sís·tance [dɪzístəns] *n.*

des·i·tive [dézətɪv, -sə- | -zɪt-, -sɪt-] 〘⇨ ↑, -ive〙 *adj.* 〘論理〙結論となる, 結論を表わす: a ～ proposition.

de Sitter, Willem *n.* ⇨ Sitter.

desk [désk] 〘(1363) □ ML *desca* ← It. *desco* < L *discum* disk, dish, (ML) table: ⇨ discus〙 — *n.* **1** (事務・勉強用の)机: on a ～ / *in* a ～ 机の(引出しの)中に / be [sit] at one's [the] ～ 書きものをしている; (書記・事務員として)事務を執る, 仕事をする / go to the ～ 執務を始める. **2** (教会の)聖書台; [the ～] 牧師の職, 聖職. **3** [the ～] (政治機関・官庁などの)事務[管理]職[部門]: the State Department's Northeast Asian ～ (米国の)国務省東北アジア担当部. **4** 譜面台; 管弦楽団で同じ譜面台を使用する二人の弦楽器奏者; (管弦楽団の)奏者席: the first ～ 首席奏者 / a first ～ flutist 首席フルート奏者. **5** [the ～] 《米》(新聞社の)編集部, デスク, 編集主任: the city ～ 地方記事編集部. **b** 文筆の職. **6 a** (ホテルなどの)受付け, フロント; (外勤に対して警察などの)内勤部: an information ～ 案内係(の席). **b** [集合的] 受付け[フロント]勤務の人; 内勤の人. **7** 《英》(文房具・文書・書状などを入れる)手箱, 文庫.
— *attrib. adj.* **1** 卓上用の: a ～ dictionary (大型の)机上版辞書 / a ～ fan 卓上扇風機 / a ～ lamp (卓上)電気スタンド / a ～ set 机上文房具一式 / a ～ telephone 卓上電話. **2** 机でする, 内勤の; 机上の: a ～ sergeant 内勤の軍曹 / a ～ job 書きもの, 事務 / a ～ theory 机上の空論.

désk·bound *adj.* **1** 机にしばられた, 机上で行なう; 机上のことしか知らない: a ～ bureaucrat. **2** 非戦闘員の.

désk clèrk *n.* 《米》(ホテルの)フロント係, 受付係, 帳場, 室予約係.

désk còpy *n.* (教師用)献本.

desk·ful [déskfʊ̀l] *n.* 机一杯のもの, 机の中一杯 〔*of*〕.

désk jòbber *n.* ＝drop shipper.

désk·man [-mæ̀n, -mən] *n.* (*pl.* **-men** [-mèn, -mən]) **1** 机にすわって執務する人, 事務員. **2** 管理者, 運営者. **3** 新聞編集者, 編集主任 (cf. desk *n.* 5 a). **4** (ホテルなどの)フロント係, 受付係. **5** (警察の)内勤係.

désk pàd *n.* **1** 机の上に置く敷物《しばしば上辺に吸取紙がつく》. **2** 机上で使用する(一端をのりで張り付けた)はぎとり式の帳面・便箋など《しばしば一枚毎に使用者の名前[頭文字]を印刷してある》. ⌈上研究.

désk stùdy *n.* 《英》(野外調査なしで行なわれる)机

désk·tòp *adj.* 〈ミシン・電算機など〉机上の, 小型の.

désk wòrk *n.* デスクワーク《事務・研究・文筆など》.

desm- [dezm] (母音の前に来る時の) desmo- の異形.

des·man [dézmən, dés-] 〘《略》← Swed. *desmanråtta* muskrat ← *desman* musk＋*råtta* rat〙 — *n.* (*pl.* ～**s**) 〘動物〙デスマン《食虫目モグラ科デスマン亜科の水生に適応し, みずかきがある動物の総称》: **a** ロシ

desman
(*D. moschata*)

ヤデスマン (*Desmana moschata*)《ロシヤ南東部産》. **b** ピレネーデスマン (*Galemys pyrenaicus*)《ピレネー山脈産》.

Des·ma·res·ti·a·les [dèmərèstiéɪliːz, dèɪm- | -tɪ-] 〘← NL ～ ← *Desmarestia* (属名: ← A. G. Desmarest (1784–1838: フランスの博物学者)＋-IA¹)＋-ALES〙 — *n. pl.* 〘植物〙(褐藻綱)ウルシグサ目.

des·mid [dézmɪd, dés-, -məd | -mɪd] 〘← NL *Desmid-ium* (dim.) ← Gk *desmós* chain, band ← *deîn* to bind: ⇨ -ian〙 — *n.* 〘植物〙チリモ科の藻類(そうるい).
des·mid·i·an [dezmídiən, des- | -dɪ-] *adj.*

Des·mid·i·a·ce·ae [dezmìdiéɪsiiː | -dɪ-] 〘← NL ～ *Desmidium* (↑)＋-ACEAE〙 *n. pl.* 〘植物〙(接合藻目)チリモ科.

des·mo- [dézmo(ʊ), dés-, -mə | -mə(ʊ)] 〘← NL ～ ← Gk *desmós* band, chain ← *deîn* to bind〙 —「帯, 結合(bond)」の意の連結形. ★ 母音の前では通例 desm- になる.

des·mo·dont [dézmədɑ̀nt | -dɔ̀nt] 〘↓〙〘動物〙*adj., n.* チスイコウモリ科の(コウモリ).

Des·mo·don·ti·dae [dèzmədɑ́ntədiː | -dɔ́ntɪ-] 〘← NL ～ ← *Desmodus* (属名: ⇨ desmo-, -odus)＋-IDAE〙 *n. pl.* 〘動物〙(翼手目)チスイコウモリ科.

des·moid [dézmɔɪd, dés-] 〘← DESMO-＋-OID〙 *adj.* 〘解剖〙靱帯(じんたい)状の; 線維(性)の. — *n.* 〘病理〙デスモイド, 類腱腫.

Des Moines [dɪmɔ́ɪn, də-, -mɔ́ɪnz | dɪ-] 〘□ F (*Rivière*) *Des Moines* (← *Moings* □ N-Am.-Ind. *Moingona* (インディアンの部族名))《原義》river of the monks: カトリックの宣教師たちがこの地方を開拓したことから連想して *Moings* が *Moines* 'monks' となった〙 — *n.* **1** 米国 Iowa 州の首都で同州の中部にあり Des Moines 川に臨む; 人口 195,000. **2** [the ～] Minnesota 州南西部に発し, Iowa 州を南東に貫き Mississippi 川に合流する川 (845 km).

Des Móines squásh *n.* ＝acorn squash.

des·mo·lase [dézməlèɪs, -lèɪz | -lèɪs] 〘← DESMO-＋-L(YSIS)＋-ASE〙 *n.* 〘生化学〙デスモラーゼ《炭素結合の生成・開裂に関与する酵素の総称》.

Des·mond [dézmənd] 〘□ Ir. *Deas-Mumhain*《原義》South Munster: もと家族名〙 *n.* 男性名. ★ 19 世紀以後使われるようになった.

des·mo·some [dézməsòʊm | -sə̀ʊm] 〘← DESMO-＋-SOME³〙 — *n.* 〘生物〙デスモソーム, 接着斑《隣接した細胞を結合するのに働いている細胞膜が特殊に肥厚した部分》.

des·mot·ro·pism [dezmɑ́trəpìzm | -mɔ́t-] 〘← DESMO-＋-TROPISM〙 *n.* 〘化学〙＝tautomerism.

des·mot·ro·py [dezmɑ́trəpi | -mɔ́trəpɪ] 〘⇨ -tropy〙 *n.* 〘化学〙＝desmotropism.

Des·mou·lins [dèɪmuːlɛ̃ː(ŋ), -lǽŋ; *F.* demulɛ̃], **(Lu·cie Sim·plice) Ca·mille (Be·noît)** [lysi sɛ̃plis kamij bənwa] *n.* デムラン《1760–1794; フランス革命の指導者の一人でジャーナリスト》.

des·o·late 〘(?c1350) □ L *dēsōlāt-us* left alone (p.p.) ← *dēsōlāre* to make solitary ← DE-¹＋*sōlus* 'SOLE³'〙 — [désələt, déz-, -lɪt | dés-] *adj.* **1** 〈土地・国など〉荒涼とした, 荒れ果てた, 住む人もない; わびしい: be ～ *of* all vegetation 草木が全く生えていない. **2** 〈建物・家庭など〉打ち捨てられた, 見る影もない, みじめな. **3** 〈人・生活など〉孤独な, 心細い, 寂しい: a ～ life. — [-lèɪt] *vt.* **1** 〈国・町などを〉荒らす, 荒廃させる; …に住民をいなくする. **2** 見捨てる, 顧みない. **3** [通例 Passive で]〈人・心などを〉わびしくする, 心細くする: He *was* ～*d to* hear the news.

dés·o·late·ly *adv.* **1** 荒涼として, 住む人もなく. **2** わびしく, 心細く, 味気なく.

dés·o·late·ness *n.* 荒廃(の状態), 荒涼としたさま; (やるせない)寂しさ, わびしさ.

dés·o·làt·er [-tə | -tə(r)] *n.* 荒廃させるもの[人].

dés·o·làt·ing [-tɪŋ | -tɪŋ] *adj.* **1** 荒廃させる. **2** わびしくさせる, 心細くさせる, 悲しませる. **～·ly** *adv.*

des·o·la·tion [dèsəléɪʃən, dèz- | dès-] 〘(c1395) □ LL *dēsōlātiō(n-)*: ⇨ desolate, -ation〙 — *n.* **1** 荒らす[荒廃させる]こと. **2** 荒廃(の状態), 荒涼としたさま; 荒涼とした場所, 荒地, 廃虚, 無人状態(の土地): a boundless ～ 果てしない荒地. **3** 悲しみ, (やるせない)心細さ, 寂しさ; わびしさ, みじめさ.

Desolátion Íslands *n. pl.* [the ～] ＝Kerguelen Islands.

dés·o·là·tor [-tə | -tə(r)] *n.* ＝desolater.

de son tort [dəsɔ̃ː(n)tɔ́ə, -sɔ(ː)n- | -tɔ́ː(r; *F.* dəsɔ̃tɔːr] 〘□ F ～ 'of his wrong'〙 *adj.* 〘法律〙無権限の: ⇨ executor de son tort.

de·sorb [dìːsɔ́əb, -zɔ́əb | -sɔ́ːb, -zɔ́ːb] 〘(逆成) ← DESORPTION〙 *vt.* 〘物理化学〙〈吸着した物質を〉(化学的または物理的方法で)脱着する, 脱離する.

dé·so·rien·té [deɪzɔ̀ːriɑ̃ː(n)téɪ, -ɔ̃ː(n)-, -ɑːn-, -ɔ(ː)n- ; *F.* dezɔrjɑ̃te] 〘□ F ～ (p.p.) ← *désorienter* to confuse: ⇨ des-, orient〙 *F. adj.* 〈人が〉取り乱した, うろたえた.

De·sór lárva [dɪzɔ́ə-, də- | -zɔ́ː-] *n.* 〘動物〙＝LARVA of Desor.

de·sorp·tion [dìːsɔ́əpʃən, -zɔ́əp- | -sɔ́ːp-, -zɔ́ːp-] 〘← DE-¹＋(AB)SORPTION〙 *n.* 〘物理化学〙(吸着物の)脱着, 脱離.

De·sór's lárva *n.* 〘動物〙＝LARVA of Desor.

De So·to [dɪsóʊtoʊ, də- | -sə́ʊtəʊ; *Sp.* desóto] (*also* **de Soto** [～]), **Hernando** *or* **Fernando** *n.* デソート《1500 ?–42; スペインの探検家: 1541 年 Mississippi 川に達した》.

de·so·vi·et·ize [dìːsóʊvietàɪz, -sɑ́v-, -viɪt-, -viət-, -sòʊviét- | -səʊviət-, -sɔ́v-, -vjət-, -vjet-, -səʊvjét-, -sɔv-] *vt.* 非ソ連化する, ソ連の影響力から脱却させる (cf. de-Americanize).

des·ox·y- [dezɑ́ksi, -sɑ́k- | -zɔ́ksɪ, -sɔ́k-] 〘← DES-＋OXY-¹〙〘化学〙＝deoxy-.

desòxy·corticósterone 〘⇨↑, corticosterone〙 *n.* 〘生化学〙＝deoxycorticosterone.

desòxy·ribonucléic ácid 〘⇨ desoxy-, ribonucleic acid〙 *n.* 〘生化学〙＝deoxyribonucleic acid.

desòxy·ríbose *n.* 〘生化学〙＝deoxyribose.

de·spair [dɪspɛ́ə, də- | dɪspɛ́ə(r)] 〘v.: (c1340) *despeire(n)* □ OF *desper-er* < L *dēspērāre* to be hopeless ← DE-¹＋*spērāre* to hope (← *spēs* hope: cf. speed). —n.: (c1300) □ AF **despair* ＝ OF *desespeir* (F *désespoir*) (← (v.))〙 — *vi.* [...への]望みを失う, 絶望[断念]する [*of*]: ～ *of* success [one's future] 成功[将来]の望みを失う / I ～*ed of* finishing the work. その仕事を仕上げることをあきらめた / His life is ～*ed of*. 彼の生命は絶望視されている. — *vt.* 《廃》…の望みを失う, を断念する.
— *n.* **1** 絶望(状態): in ～ 絶望して / in his ～ at the news その知らせに接して絶望のあまり / abandon oneself to ～ 絶望に身を任せる / drive a person to ～ 人を絶望に追い込む / He was *in* ～ *of* winning the race. レースに勝つ望みを失っていた / ⇨ COUNSEL of despair. **2** [the ～ of として] 絶望のもと; 全く見放された者; 及びもつかないもの; (他人に)まねのできないもの: He is *the* ～ *of* his friends. 友人に見放されてしまっている / Her rapid talking is *the* ～ *of* interpreters. 彼女の早口は通訳泣かせである / Trying to translate that poem was *the* ～ *of* my life. 《口語》あの詩を翻訳しようなどと企てたことは私にとって一生の不覚だった《身の程も知らぬことだった》. **3** [通例 *pl.*] (突然に襲いかかる)絶望感.
～·er [-pɛ́(ə)rə | -pɛ́ərə(r)] *n.*

de·spáir·ing [-spɛ́(ə)rɪŋ | -spɛ́ər-] 〘ME: ⇨↑, -ing²〙 *attrib. adj.* 絶望している, 絶望的な: a ～ look 絶望的なまなざし. **～·ly** *adv.*

des·patch [dɪspǽtʃ, dəs- | dɪs-] *v., n.* ＝dispatch.

des·pátch·er *n.* ＝dispatcher.

de·spe·cial·ize [dìːspéʃəlàɪz] *vt.* 〈人・職業・科目などを〉非専門化する, 一般的な形に切り換える.

des·per·a·do [dèspərɑ́ːdou, -réɪd- | -rɑ́ːdəʊ, -réɪd-] 〘(1610) ← ? DESPERATE＋-ADO: cf. OSp. *desperado* < L *dēspērātum* 'DESPERATE'〙 — *n.* (*pl.* ～**es**, ～**s**) (向こう見ずの)無法者, (特に, 開拓時代の米国西部の)ならず者; 命知らずの悪党, 暴漢.

des·per·ate [désp(ə)rət, -rɪt, -pət | -p(ə)rət, -rɪt] 〘(?c1400) □ L *dēspērāt-us* hopeless, despaired of (p.p.): ⇨ despair, -ate²〙 — *adj.* **1** 〈事態など〉(ほとんど)絶望的な; 〈病気など〉(ほとんど)回復の見込みがない, 重病の: a ～ state of affairs 絶望的な事態 / *Desperate* diseases must have desperate remedies. 《諺》重病には荒療治が必要だ. **2** 〈行動など〉必死の, 死物狂いの, 一か八かの, 乾坤一擲の, 窮余の, 命がけの; ほしく[したく]てたまらない [*for*] / 〈*to* do〉: ～ efforts 必死の努力 / ～ remedies 乗るかそるかの非常手段 (cf. 1) / be ～ *for* a cup of water 水が一杯飲みたくてたまらない / He is ～ *to* see her. 彼女に会いたくてたまらない. **3** 〈人が〉向こう見ずの, 自暴自棄の, やけの: a ～ villain (命知らずの)暴漢 / become [grow] ～ *at* a failure 失敗してやけになる. **4** 《口語》全くひどい, すさまじい, 極端な (awful): a ～ fool 大ばか者 / a ～ storm [night] すさまじい暴風雨[一夜]. **5** 《古》絶望している, 望みを失った (despairing). — *adv.* 《口語・方言》＝desperately.

dés·per·ate·ly 〘(*a*1500)〙 — *adv.* **1** 絶望的に, 見込みがないほど. **2** (破れかぶれで)向こう見ずに, 乱暴に, 自暴自棄的に, 思いあまって; 死物狂いに, 必死に. **3** 《口語》やけに, ひどく, すさまじく, 猛烈に, 極端に (excessively): ～ busy.

dés·per·ate·ness *n.* **1** 絶望(状態). **2** (破れかぶれの)やけっぱち, 死物狂い(の乱暴).

des·per·a·tion [dèspəréɪʃən] 〘(c1370) □ OF ～ // L *dēspērātiō(n-)*: ⇨ desperate, -ation〙 — *n.* **1** (絶望からくる)破れかぶれ, やけっぱち, 死物狂い, 自暴自棄: in ～ 必死に; やけになって / drive a person to ～ 人をやけにさせる; 《口語》人をめちゃくちゃに怒らせる. **2** 《まれ》絶望 (despair).

de·spi·ca·ble [dɪspɪ́kəbl̩, də-, déspɪk-, -pək- | déspɪk-, dɪspɪ́k-] 〘□ LL *dēspicābil-is* ← L *dēspicārī* to despise: ⇨ -able〙 — *adj.* 卑しむべき, 見下げ果てた, 卑劣な, さもしい (↔ honorable, respectable).
de·spíc·a·bly *adv.* **～·ness** *n.*

de·spin [dìːspɪ́n] 〘← DE-¹＋SPIN〙 *vt., vi.* 〘航空・宇宙〙(人工衛星や航空機の機体の)回転を減じる[停止する].

de·spir·i·tu·al·ize [dìːspɪ́rɪtʃuəlàɪz, -rə-, -tʃʊl- | -rɪtjuəl-, -tjʊl-, -tʃuəl-, -tʃʊl-] *vt.* …の精神的性格[要素]を除く, 脱精神化する.

de·spise [dɪspáɪz, də- | dɪ-] 〘(?*a*1300) *despise(n)* □ OF *despis-* (stem) ← *despire* < L *dēspicere* to look down on: ⇨ de-¹, spy〙 — *vt.* 見下(くだ)す, 蔑(さげす)む, 軽蔑する, 侮る; 嫌悪する, 忌みきらう: I ～ a liar. 私は嘘をつく人を軽蔑します / ～*d* and rejected of men 人に侮られて捨てられ (*Isiah* 53:3) (*of* は by の意).
～·ment *n.*

de·spís·er 〘ME〙 *n.* 侮蔑する人, 軽んじる人.

de·spite [dɪspáɪt, də- | dɪ-] 〘(?*a*1300) *despit* □ OF (F *dépit*) < L *dēspectum* (p.p.) ← *dēspicere* 'to DESPISE': prep. は *in despite of* の略〙 — *n.* **1** 《古》悪意, 恨み: He died of mere ～. ただひとえに恨みから死んだ. **2** 《古》危害; 侮辱, 無礼: do ～ to a person 人を侮辱する, 人に無礼な仕打ちをする. **3** 《古》軽蔑: meet danger with ～ 危険を物ともせずに立ち向かう / hold [have] in ～ …を軽蔑する.
(in) despite of 〘《なぞり》← OF *en despit de*〙 …にもかかわらず (in spite of): He seized my hand *in* ～ *of* my efforts to the contrary. そうさせまいとしたのに私の手をつかんだ. ***in one's own despite*** 《古》不本意ながら: He has become famous *in his own* ～. 彼は不本意ながら有名人になった.
— *prep.* …にもかかわらず《★ in spite of よりも意味が弱い》: We failed ～ our efforts. 努力の甲斐もなく失敗した.
— *vt.* **1** 《古》軽蔑する (despise). **2** 《廃》怒らせる.

de·spite·ful [dɪspáɪtfəl, də- | dɪ-] 〘(15C): ⇨↑, -ful¹〙 *adj.* **1** 《古》意地の悪い. **2** 《廃》軽蔑的な, 無礼な. **～·ly** *adv.* **～·ness** *n.*

de·spit·e·ous [dɪspɪ́tiəs, dəs-, des- | dɪspɪ́tɪəs, des-] 〘(15 C)《変形》← ME *despitous* □ OF *despitos* (F *dépiteux*) ← *despit* 'DESPITE': cf. piteous〙 — *adj.* 《古》**1** 悪意のある, 意地の悪い (spiteful). **2** 軽蔑的な, 侮辱的な, 無礼な; 無情な, 冷酷な. **～·ly** *adv.*

Des·poe·na [despíːnə] 〘□ Gk *Déspoina*《原義》mistress of the house〙 — *n.* 〘ギリシャ神話〙デスポイナ《古代ギリシャの女神; Poseidon と Demeter の娘; Persephone と同一視されることがある》.

de·spoil [dɪspɔ́ɪl, də- | dɪ-] 〘(?*a*1200) *despoile(n)* □ OF *despoill-ier* (F *dépouiller*) < L *dēspoliāre* to plunder: ⇨ de-¹, spoil〙 — *vt.* **1** [所有物・貴重な物を]〈人・場所〉から奪い[はぎ]取る, …から強奪[略奪]する [*of*]: ～ a village 村を略奪する / ～ a person *of* his goods 人の財貨を奪い取る. **2** 〈無形なものを〉奪う, 破壊する.

de·spóil·er [-lə | -lə(r)] 〘(15C)〙 *n.* 略奪[強奪]者.

de·spóil·ment *n.* ＝despoliation.

de·spo·li·a·tion [dɪspòʊliéɪʃən, də- | dɪspə̀ʊlɪ-] 〘□ LL *dēspoliātiō(n-)*: ⇨ despoil, -ation〙 *n.* 略奪, 強奪.

de·spond [dɪspɑ́nd, də- | dɪspɔ́nd] 〘(1655) □ L *dēspond-ēre* to give up ← DE-¹＋*spondēre* to promise (cf. spouse)〙 — *vi.* [...に]失望[落胆]する, 力を落とす [*of*]: ～ *of* the future 将来を悲観する. — *n.* 《古》失望, 落胆 (despondency).

de·spón·dence [-dəns] 〘⇨ -ence〙 *n.* ＝despondency.

de·spon·den·cy [dɪspɑ́ndənsi, də- | dɪspɔ́ndənsɪ] 〘⇨↓, -ency〙 *n.* 失望, 落胆 (dejection): fall into ～ 意気消沈する.

de·spon·dent [dɪspɑ́ndənt, də- | dɪspɔ́n-] 〘(*a*1699) □ L *dēspondent-em* (pres.p.): ⇨ despond, -ent〙 — *adj.* 気の沈みがちな, 元気のない, 落胆した: be ～ over one's ill health 病気を苦にしている. **～·ly** *adv.*

de·spónd·ing *adj.* **1** 意気消沈した, 落胆した. **2** 絶望的な, 悲観的な. **～·ly** *adv.*

des·pot [déspət, -pɑt | -pɔt, -pət] 〘(1562) □ OF ～ (F *despote*) □ Gk *despótēs* lord, despot《原義》master of the household ← IE **dem-* house (L *domus* 'DOME')〙 — *n.* **1** 独裁[専制]君主. **2** (圧制的な)暴君. **3** 君主《ビザンチン皇帝や後期ローマ皇帝たちの称号》.

des·pot·ic [despɑ́tɪk, dɪs-, dəs- | despɔ́t-, dɪs-] 〘□ F *despotique* □ Gk *despotikós*: ⇨↑, -ic¹〙 *adj.* **1** 独裁的な, 専制的な. **2** 横暴な (tyrannical).

des·pót·i·cal [-tɪkəl, -tə- | -tɪ-] *adj.* ＝despotic. **～·ly** *adv.*

dés·po·tism [-tìzm] 〘(1727) □ F *despotisme*: ⇨ despot, -ism〙 — *n.* **1** 独裁[専制]君主制. **2** 独裁政治, 君主専制政治; (独裁的な)暴政; 圧制. **3** 独裁君主国; 専制政府.

dés·po·tist [-tɪst, -təst | -tɪst] *n.* 独裁君主制論者, 独裁[専制]政治支持者.

des Prés [deɪpréɪ; *F.* depre, dɛ-] (*also* **Deprés, Desprez** [～]), **Jos·quin** [ʒɔskɛ̃] *n.* (ジョスカン) デプレ《1450?–1521; フランドルの作曲家》.

des·pu·mate [déspjuːmèɪt | dɪspjúːmeɪt] 〘← L *dēspūmāt-us* (p.p.) ← *dēspūmāre* to skim: ⇨ de-¹, spume〙 《古》 — *vt.* 〈ぶどう酒・蜂蜜など〉の上皮を取る. — *vi.* 泡[上皮]を捨てる.

des·qua·mate [déskwəmèɪt] 〘← L *dēsquāmāt-us* (p.p.) ← *dēsquāmāre* to remove the scales from: ⇨ de-¹, squama〙 — *vi.* 〘病理〙〈表皮が〉(うろこやぬかのようになって)脱落する, 表皮脱落現象を呈する; 剥離(はくり)する, 落屑(らくせつ)する, 鱗(りん)剥する.

des·qua·ma·tion [dèskwəméɪʃən] 〘(1565–73) □ F *disquamation* // ← NL *dēsquāmātiō(n-)*: ⇨↑, -ation〙 — *n.* **1** 剥離(はくり) (ablation); 落屑(らくせつ), 剥落. **2** 脱皮, 脱痂(か); 脱鱗.

Des·sa·lines [dèɪsəlíːn, dès-; *F.* desalin], **Jean Jacques** *n.* デサリーヌ《1758–1806; ハイチの黒人革命家; フランスから独立し共和国を建設, 皇帝となる (1804–06); Jacques I とも呼ぶ》.

Des·sau [désaʊ; *G.* dɛ́sau] *n.* デサウ《東ドイツ Halle 州の Mulde 河畔の都市; 人口 101,000》.

des·say [déseɪ] dare say (⇨ dare 成句) の縮約形.

des·sert [dɪzə́ːt, də- | dɪzə́ːt] 〘(1600) □ F ～ (p.p.) ← *desservir* to clear the table: ⇨ dis-¹, serve〙 — *n.*

デザート《米国では食事の最後に出るパイ・プディング・ゼリー・アイスクリーム・果物など, 英国では菓子類 (sweets) の後に出る果物・ナッツなどをいう》.
— *attrib. adj.* デザート用の: a ~ fork, knife / ~ claret [sherry] デザート用赤ぶどう酒[シェリー酒].

dessért àpple *n.* なまで食べるりんご.

dessért sèrvice *n.* デザート用食器類一式《12 枚の皿 (plates) と 6 枚の深皿 (dishes) とから成る》.

dessért·spòon *n.* デザートスプーン《tablespoon と teaspoon との中間型》.

des·sert·spoon·ful [dɪzə́ːtspùːnfùl, də- | dɪzə́ːt-] *n.* (*pl.* **~s, -spoonsful**) **1** デザートスプーンに一杯分(の量)〔*of*〕. **2** 約2 1/2 fluidrams に相当する液量の単位.

dessért wine *n.* デザートワイン, 食後酒《デザートまたは時に食間に飲む通例, 甘口のアルコール分 14–21% を含むぶどう酒で, port, Tokay, muscatel など; cf. aperitif wine, table wine》.

des·sia·tine [désjətìːn] 〘◻Russ. *desyatina*《原義》tenth, tithe ← *desyat'* 'TEN'〙 *n.* デシャチーナ《メートル法以前のロシヤの地積単位; =10,925 m^2》.

des·sous [dəsúː; *F.* dəsu] 〘◻F ~《原義》lower part〙 *F. n. pl.* [集合的] (婦人の)下着, 肌着.

de·sta·bi·lize [dìːstéɪbəlàɪz | -stéɪbɪ-, -stǽb-, -bə-] *vt.* 不安定にする, 変動[動揺]させる, …の平衡を破る (unbalance). **de·sta·bi·li·za·tion** [dìːstèɪbəlɪzéɪʃən, -lə- | -bɪlaɪ-, -stæ̀b-, -bə-, -lɪ-] *n.*

de Staël, Madame *n.* ⇨ Staël.

de·stain [dìːstéɪn] *vt.* (検鏡のため)〈標本(の一部)〉から着色を取り除く.

de·sta·li·ni·za·tion [dìːstɑ̀ːlɪnɪzéɪʃən, -stæ̀l-, -lən-, -nə- | -stɑ̀ːlɪnaɪ-, -nɪ-] *n.* 非スターリン化《1956 年のスターリン批判以後, ソ連や国際共産主義運動において彼の思想・政策を排除・修正していく過程》.

de·sta·lin·ize [dìːstɑ́ːlɪnàɪz, -stǽl-, -lən- | -stɑ́ːlɪn-] *vt.* 非スターリン化する.

de·ster·il·i·za·tion [dìːstèrəlɪzéɪʃən, -lə- | -rəlaɪ-, -rɪ-, -lɪ-] *n.* **1** 遊休物資の利用. **2** 《米》封鎖解除.

de·ster·il·ize [dìːstérəlàɪz | -rə-, -rɪ-] 〘← DE-^{1} + STERILIZE〙 — *vt.* **1** 〈遊休物資を〉活用する. **2** 《米》…の封鎖を解く: ~ gold 国庫に死蔵されている金塊を基礎にして貨幣を増発する.

de Stijl [dəstáɪl, də-, -stéɪl; *Du.* dəstéil] 〘◻Du. ~《原義》the Style (1917 年にオランダで発刊された雑誌名)〙 — *n.* 〘美術〙デスティール運動《P. Mondrian などの抽象絵画運動; 正方形・長方形を使用し, 原色に灰色と黒の色面を強調する; ひろく 20 世紀の美術・建築に影響を与えた; cf. neo-plasticism》.

des·ti·na·tion [dèstənéɪʃən | -tɪ-] 〘(1598) ◻ L *dēstinātiō(n-)*: ⇨ ↓, -ation〙 — *n.* **1** (旅行の)目的地, 行先, 到着地[港]: arrive at one's ~ / be carried beyond one's ~ 乗り越す / What's your ~? 行先はどこ. **2** 〘商業〙仕向け先[地, 港], 届け先: the port of ~ 仕向け港, 目的港. **3** 目的; 用途. **4** 《まれ》予定, 指定.

des·tine [déstɪn, -tən | -tɪn] 〘(c1340) *destene(n)* ◻ (O)F *destin-er* ◻ L *dēstināre* to make fast, appoint ← DE-^{1} + **stanāre* to fix ((caus.) ← *stāre* 'to STAND'): cf. obstinate〙 — *vt.* [通例 p.p. 形で] **1** 〈神意・宿命が〉あらかじめ…の未来を〈…するように〉定める, 予定する 〈*to do*〉, 〔…に〕運命づける〔*to*〕: They were ~*d* never *to* meet. 彼らはそれっきり二度と会えない運命だった / Their souls were ~*d to* eternal punishment. 彼らの魂は永遠の罰を受けるべく運命づけられていた. **2** 〔ある目的・用途に〕〈人・物を〉前もって定めておく, 予定する (intend)〔*for*〕: a building ~*d for* that purpose その目的のために予定された建物 / a ship ~*d for* Hong Kong 香港行きの船 / He was ~*d for* a doctor [the church]. 医者になる[聖職につく]ことになっていた.

dés·tined *adj.* (神・運命によって)予定されている, 運命づけられた; 前もって定められた, 予定の (intended): one's ~ course of life 宿命的に決められた人生行路 / a ~ goal 予定の目標.

des·ti·ny [déstəni | -tɪni, -tə-] 〘(c1350) *destinee* ◻ (O)F *destinée* (fem. p.p.) ← *destiner* 'to DESTINE': ⇨ -y^3〙 — *n.* **1** 運命, 宿命, (前世からの)約束; 不可抗力, 必然: rebel *against* ~ 運命に反抗する / ⇨ MAN of Destiny. **2** **a** [D-] 運命の支配者, 神意; 運命の神: if *Destiny* orders it so もし運命[神意]がそう命じるなら. **b** [the Destinies] 運命の三女神 (the three Fates).

des·ti·tute [déstət(j)ùːt | -tɪtjùːt] 〘(c1384) ◻ L *dēstitūt-us* (p.p.) ← *dēstituere* to forsake ← DE-^{1} + *statuere* to put (⇨ statute)〙 — *adj.* **1** 生活に困っている, 貧困な, 貧窮している: a ~ family 極貧の一家 / the ~ 貧困者 (destitute person(s)) / be in ~ circumstances 窮乏している. **2** 〔…が〕欠乏して, なくて, 〔…を〕持たない〔*of*〕: They are ~ *of* sympathy. 彼らは同情心に欠けている. **3** 《廃》見捨てられた (forsaken). — *vt.* **1** 《まれ》**a** 〔…を〕…から奪う (deprive)〔*of*〕. **b** 貧困にする. **2** 《古》(官位から)退ける, 免職する. **3** 《古》荒らす. **4** 《廃》見捨てる. **~·ness** *n.*

des·ti·tu·tion [dèstət(j)úːʃən | -tɪtjúː-] 〘(c1425) ◻ (O)F ~ // L *dēstitūtiō(n-)*: ⇨ ↑, -tion〙 — *n.* **1** 生活困難, 赤貧 (extreme poverty): suffer [get into] ~ 貧窮に悩む[陥る]. **2** 欠乏, 不足 (want).

de·stool [dìːstúːl] *vt.* (西アフリカで)〈首長を〉免職する (↔ enstool). **~·ment** *n.*

de·stress [dìːstrés] *vt.* …の重圧[圧迫]を取り除く.

des·tri·er [déstriə, destríə | déstrɪə(r)] 〘(?a1300) *destrer* ◻ AF=(O)F *destrier* < VL **dextrārium* (*equum*) (horse) led by the right hand ← L *dextra* (*manus*) right (hand) (⇨ dexter): squire が右手で引いたことから〙 — *n.* 《古》**1** 軍馬. **2** (中世, 騎士の)乗馬, 馬.

de·stroy [dɪstrɔ́ɪ, də- | dɪ-] 〘(?a1200) *destruye(n)* ◻ OF *destrui-re* (F *détruire*) < VL **dēstrūgere*=L *dēstruere* to pull down ← DE-^{1} + *struere* to construct (cf. structure)〙 — *vt.* **1** 〈建物・市街・平和などを〉打ちこわす, 破壊する; そこなう, 台無しにする (↔ construct): ~ a building [document] by fire 建物を(火で)焼き尽す[文書を焼き捨てる] / ~ the peace [beauty] of the place その場所の平和[美しさ]を破壊する. **2** 〈敵などを〉滅ぼす, 全滅させる; 〈害虫・雑草などを〉撲滅する, 駆除する; 〈人・動物を〉殺す: ~ the enemy / ~ oneself 自殺する / The earthquake ~*ed* more than 100,000 lives. その地震で 10 万以上の人が死んだ. **3** 〈計画・望み・夢などを〉砕く, だめにする, 消滅させる. **4** 〈説などを〉論破する (refute). **5** 〈文書などを〉無効にする, 破棄する: ~ a document. **6** 〈毒などを〉中和する. — *vi.* 破壊を来たす; 壊れる.

de·stroy·a·ble [dɪstrɔ́ɪəbl̩, də- | dɪ-] 〘(15C)〙 *adj.* 破壊[壊滅]できる; 駆逐できる, 滅ぼすことができる.

de·stróy·er 〘(a1382)〙 *n.* **1** 破壊する人[物]; 撲滅者, 駆除者. **2** 〘軍事〙駆逐艦《水雷艇や潜水艦の駆逐に従事する; cf. torpedo-boat destroyer》.

destróyer èscort *n.* 《米》〘軍事〙(主に爆雷を武器とする)護衛駆逐艦, 軽[小型]駆逐艦《潜水艦の駆逐に従事する; cf. corvette, frigate》. 「駆逐艦.

destróyer lèader *n.* 《米》重[大型]駆逐艦, 嚮導(きょうどう)

destróying ángel *n.* **1** 〘植物〙**a** タマゴテングダケ (*Amanita phalloides*)《猛毒のキノコ; death cup ともいう》. **b** シロタマゴテングダケ (*A. verna*)《猛毒》. **2** 《米》=Danite 2b.

de·struct [dɪstrʌ́kt, də- | dɪ-] 〘《逆成》← DESTRUCTION〙 — *n.* 《米》**1** 自爆, 破壊, 空中爆破《ミサイルまたは類似の運搬体 (vehicle) を安全またはその他の理由で故意に爆発させること》. **2** (敵の手に渡ることや機密漏洩防止などのための新兵器・資材などの)緊急破壊. — *attrib. adj.* 破壊用の: a ~ button (ミサイルを空中爆発させる)破壊ボタン / a ~ system 自爆装置. — *vt.* 〈飛行中のロケットなどを〉自爆させる, 破壊する. — *vi.* 自爆する.

de·struc·ti·bil·i·ty [dɪstrʌ̀ktəbíləṭi, də- | dɪstrʌ̀ktɪbílətɪ, -tə-, -lɪ-] *n.* 破壊できる性質[傾向], 被破壊性.

de·struc·ti·ble [dɪstrʌ́ktəbl̩, də- | dɪstrʌ́ktə-, -tɪ-] 〘◻ LL *dēstructibil-is*: ⇨destructive, -ible〙 — *adj.* 壊すことができる, 壊れやすい, (容易に)破壊できる, 駆除できる. **~·ness** *n.*

de·struc·tion [dɪstrʌ́kʃən, də- | dɪ-] 〘(?c1300) ◻ (O)F ~ ◻ L *dēstructiō(n-)* ← *dēstruere* 'to DESTROY': ⇨ -tion〙 — *n.* **1** 破壊 (cf. construction). **2** (文書の)破棄(罪). **3** 絶滅, 撲滅, 駆除; (人の)殺害, 大量殺人. **4** 滅亡, 破滅, 打破: Broad is the way, that leadeth to ~. 滅びに至る道は広い (*Matt.* 7: 13). **5** 破滅のもと; 破壊手段: Overconfidence was his ~. うぬぼれが彼を破滅させる原因であった.

de·strúc·tion·al [-ʃənl̩, -ʃnəl] *adj.* 破壊の(行なわれる), (特に, 露出による)破壊作用の: a ~ landscape, plain, etc.

de·strúc·tion·ist [-ʃ(ə)nɪst, -nəst | -ʃ(ə)nɪst] *n.* **1** 破壊を喜ぶ人. **2** 破壊主義者《現在の政治・社会制度などの破壊を主張する無政府主義者・革命党員など》.

de·struc·tive [dɪstrʌ́ktɪv, də- | dɪ-] 〘(1490) ◻ (O)F *destructif, -ive* ◻ LL *dēstructīvus* ← L *dēstructus* (p.p.) ← *dēstruere* 'to DESTROY': ⇨ -ive〙 — *adj.* **1** 〔…に〕対し破壊的な, 破滅的な, 有害な〔*of, to*〕: ~ animals 有害な動物 / a ~ range (砲弾・爆弾などの)威力半径 / a habit ~ *to* health 健康を損ねるような習慣. **2** 破壊主義的な (↔ constructive): ~ criticism 破壊的批評《破壊的に論破することのみを主眼として少しも建設的な意図のない批評》. **~·ly** *adv.*

destrúctive distillátion *n.* 〘化学〙分解蒸留.

des·trúc·tive·ness *n.* 破壊的性質[傾向]; 有害性.

de·struc·tiv·i·ty [dìːstrʌktívəṭi, dɪstrʌk-, də- | dìːstrʌktívɪti, -vɪ-] *n.* 破壊力, 破壊性.

destrúct lìne *n.* 〘宇宙〙破壊限界線《ロケットの飛翔中に許される軌道限界線; この線を越えたら破壊指令を出す》.

de·strúc·tor 〘◻ LL *dēstructor* ← L *dēstruere* 'to DESTROY': ⇨ -or^2〙 — *n.* **1** 塵芥(じんかい)焼却炉 (incinerator). **2** 《米》破壊薬, 破壊具, 破壊装置《危害防止または機密保護のためミサイル・航空機・その構成部分・装備品をわざと破壊するための爆薬または器材》. **3** 《まれ》破壊者. 「化する.

de·sub·stan·tia·lize [dìːsəbstǽnʃəlàɪz] *vt.* 非実体

de·suete [dìːswíːt] 〘◻F *désuète* ◻ L *dēsuētus* (↓)〙 *adj.* 時代遅れの, 旧式の.

des·ue·tude [déswɪt(j)ùːd, -swə-, dɪsúːə-, də- | dɪsjúːɪtjùːd, -sjúɪ-, déswɪ-, díːs-] 〘(a1460) ◻ (O)F *désuétude* // L *dēsuētūdō* disuse ← *dēsuētus* (p.p.) ← *dēsuēscere* to discontinue ← DE-^{1} + *suēscere* to become accustomed: ⇨ -tude〙 — *n.* 廃止(状態), 不用, すたれること (disuse): fall [pass] into ~ 〈習慣・風俗などが〉すたれる.

de·sul·fur [dìːsʌ́lfə | -fə(r)] *vt.* 〘化学〙=desulfurize.

de·sul·fur·ate [dìːsʌ́lfjʊrèɪt, -fə-] *vt.* 〘化学〙=desulfurize. 「desulfurization.

de·sul·fur·a·tion [dìːsʌ̀lfjʊréɪʃən, -fə-] *n.* 〘化学〙=

de·sul·fur·i·za·tion [dìːsʌ̀lfjʊrɪzéɪʃən, -fə-, -rə- | -raɪ-, -rɪ-] *n.* 〘化学〙硫黄質遊離[脱失], 硫黄分除去(作用), 脱硫.

de·sul·fur·ize [dìːsʌ́lfjʊràɪz, -fə-] 〘← DE-^{1} + SULFURIZE〙 *vt.* 〘化学〙…から硫黄質[分]を抜く[除去する, 分離する], 脱硫する.

de·súl·fur·ìz·er *n.* 脱硫器.

de·sul·phur [dìːsʌ́lfə | -fə(r)] *vt.* 〘化学〙=desulfur.

des·ul·to·ri·ly [dèsəltɔ́ːrəli, -sl̩-, dèz-, -tɔ́ːr-, ⌐–⌐⌐–– | désəlt(ə)rəlɪ, -sl̩-, -rɪlɪ] *adv.* 散漫に, 漫然と, 飛び飛びに. 「のなさ.

dés·ul·to·ri·ness *n.* 散漫, 漫然; 移り気; 取り留め

des·ul·to·ry [désəltɔ̀ːri, déz-, -tɔ̀ːri | -səlt(ə)rɪ, -sl̩-] 〘(1581) ◻ L *dēsultōri-us* of a leaper, superficial ← *dēsultor* circus rider ← *dēsilīre* to leap down ← DE-^{1} + *salīre* to leap (⇨ sally)〙 — *adj.* **1** 漫然とした, 取り留めのない, 散漫な (aimless): a ~ conversation 雑談 / ~ reading 気まぐれな読書, 乱読 / a ~ walk 目当てのない散歩, 漫歩. **2** 突飛な, 脱線した (random): a ~ remark 唐突な言葉, 随評 / a ~ project (突然思いついたような)突飛な企て.

de·su·per·heat [dìːsùːpəhíːt | -s(j)ùːpə-] *vt.* 〈過熱した蒸気〉の温度を下げる.

dè·sù·per·héat·er [-ṭə | -tə(r)] *n.* 〘機械〙過熱低減器《過熱水蒸気を冷却して水蒸気の温度を調整する》.

de·syn·on·y·mize [dìːsɪnɑ́nəmàɪz, -sə- | -sɪnɔ́nɪ-, -nə-] 〘← DE-^{1} + SYNONYM + -IZE〙 — *vt.* 〈数個の同義語〉の意味の区別を生じさせる, 意義を分化させる; …に同義的性質を失わせる.

DET 《略》〘薬学〙diethyltryptamine.

det. 《略》〘軍事〙detach; detached; 〘軍事〙detachment; detail; detector; detective; determine; determiner; 〘処方〙*L.* detur (=let it be given).

de·tach [dɪtǽtʃ, də- | dɪ-] 〘(1684) ◻ F *détach-er* < OF *destachier* ← *des-* 'DIS-^{1}' + (*a*)*tachier* 'to ATTACH'〙 — *vt.* **1** 〔全体・大きなものから〕引き離す, 取り外す, 分離する〔*from*〕(↔ attach): ~ a locomotive *from* a train 機関車を列車から切り離す / ~ a person *from* a party 人を脱党させる / ~ oneself *from* …から離れる[分かれる]. **2** 〈軍隊・軍艦などを〉分遣する, (特別任務に)派遣する. — *vi.* 離れる, 分かれる.

de·tach·a·ble [dɪtǽtʃəbl̩, də- | dɪ-] *adj.* **1** 分離できる, 取り外しのできる. **2** 分遣できる. **de·tách·a·bly** *adv.* **de·tàch·a·bíl·i·ty** [-tʃəbíləṭi | -lətɪ, -lɪ-] *n.*

de·táched *adj.* **1** 〈家が〉分離した, 離れている, 孤立している: a ~ house (独立した)一軒家, 独立住宅 (cf. semidetached) / a ~ palace 離宮. **2** 分遣された: a ~ force 分遣隊, 別働隊. **3** 〈人・意見など〉捕われない, 私心のない, 公平な; 超然とした: a ~ mind, opinion, view, etc. / a ~ listener 公平な聞き手. **de·tach·ed·ness** [-tʃɪdnɪs, -tʃəd-, -tʃtnəs] *n.*

detáched escápement *n.* 〘時計〙分離式脱進機《がんぎ車とてんぷとの間に中間部品を設け, 両者が直接接触しないように, そして両者の係合が必要最小限の短時間で行なわれるように工夫された脱進機》.

de·tách·ed·ly [-tʃɪdli, -tʃəd- | -lɪ] *adv.* 離れて, 分立して; 孤立的に, 私心を離れて.

detáched sérvice *n.* 〘軍事〙派遣勤務, 臨時派遣業務《所属する原隊を離れ他の部隊で勤務すること》.

de·tách·er *n.* 引き離す人; 分遣する人.

de·tách·ment 〘(1669) ◻F *détachement*: ⇨ detach, -ment〙 — *n.* **1** 分離, 脱離; 分離された状態. **2** **a** 超脱, (世俗の外に)超然としていること, 無関心, 冷淡. **b** 偏見のないこと, 公平, 無私. **3** 〘軍事〙**a** 分遣, 派遣: on ~ 特別任務中で. **b** 独立班, 特別班, 班《特別任務のために編成される永続的な小さな部隊; platoon よりも小さいのが普通》; 派遣隊, (臨時編成の)混成部隊: a medical ~ 医療班[部隊]. **c** 分遣艦隊.

de·tail [dɪtéɪl, də-, díːteɪl | díːteɪl, dɪtéɪl] 〘(1603) ◻ F *détail* ← *détailler* to cut in pieces ← DE-^{1} + *tailler* to cut (cf. tail^2, tailor^1)〙 — *n.* **1** (細かな)部分, 細部, 細目, 項目: omit some ~*s* 細かい点をいくつか省略する / discuss [work out] the ~*s* of a plan 計画の細目を協議[作製]する. **2** 《古》委細, (局部的)詳説, 詳記. **3** [しばしば *pl.*] 詳細, 委曲: give a full ~ of …を詳説する / go [enter] into ~(s) 詳細にわたる, 詳述する. **4** (重要性のない)末梢(まっしょう)的な[枝葉の]こと, つまらないこと, 些細(ささい)なこと: a matter *of* ~ 些細な事柄 / But that is a (mere) ~. 《英》だがそれはどうでもよい(つまらない)ことだ《反語的に「実は重要な点だ」の意を含めることもある》. **5** 〘軍事〙**a** 《英》行動指令[命令]. **b** (小部隊の)分遣, 特派; 特派部隊(員), (特別任務の)選抜隊(員): defeat *in* ~ 各個撃破(する). **c** 任務, 仕事. **6** (警察官・新聞社員などの)特派小団. **7** 〘建築・美術・機械〙ディテール, デテール, 詳細図, 細部(描写); (精密な研究のため複写される絵などの)一部分; 細かく手のこんだ飾り[細工].

in detail (1) 詳細に, 詳しく; 項目ごとに: *in* more [further] ~ もっと詳しく. (2) ⇨ 5 b.

— *vt.* **1** 詳しく述べる, 詳細に説く, …の委細を説く; 列挙する: ~ particulars of an event 事件の詳細を説く. **2** 〘軍事〙選抜する; 分遣する, 特派する〈*off*〉: be ~*ed to* some duty [*on* special service] ある職務[特別任務]を担当して[に派遣されて]いる. **3** …に細かな模様[飾り]をつける. — *vi.* 詳細図を作る.

~·er [-lə | -lə(r)] *n.*

detail drawing [– ⌒ –, ⌒ – ⌒] n. 〘建築・機械〙詳細図.

de·tailed [dɪtéɪld, də-, díːteɪld | díːteɪld, dɪtéɪld] adj. 〈説明など〉詳細な, 明細な, 委曲を尽くした, 細目にわたる (↔broad): a ~ account 詳細な記述 / a ~ report 詳報. **de·táil·ed·ly** [-lɪdli, -ləd-, -ld- | -lɪ] adv. **de·táil·ed·ness** [-lɪdnɪs, -ləd-, -ld-, -nəs] n.

detail man [– ⌒ –, ⌒ – ⌒] 〘米〙(製薬会社の)販売員,「プロパー」《新薬の説明紹介や売込みに医師・歯科医・病院・薬局などを戸別訪問する》.

de·tain [dɪtéɪn, də- | dɪ-] 〘(c1425) ⊏ (O)F déten-ir < VL *dētenēre = L dētinēre to keep back ← DE-¹ + tenēre to hold (cf. tenant)〙 — vt. **1** 〈人を〉抑止する, 引き留める, …にひまを取らせる, 待たせて置く; 〈生徒を〉(放課後)留めて置く: be ~ed by an accident 事故のために待たされる[遅れる] / Sorry, ~ed for the night. [電報文で] スマヌ, コンヤカエレヌ / The question need not ~ us longer. その問題にこれ以上時間をかける必要はない. **2** 留置する, 〈特に, 政治犯を〉拘留する, 監禁する: ~ a person as a suspect 人を容疑者として留置する. **3** 〘廃・古〙〈当然渡すべき物を〉保留する, 抑えて置く (withhold); 〈船などを〉抑留する.

de·tain·ee [dìːteɪníː, də-, dɪteɪníː | dìːteɪníː, dɪteɪníː] 〘⇨ ↑, -ee¹〙 n. (主に政治犯の, 敵性外国人として)抑留されている者.

de·táin·er 〘⊏ AF detener ← F détenir 'to DETAIN': 不定詞の名詞用法〙 n. 〘法律〙 **1** (不動産の)不法占有; (動産の)不法留置. **2** 監禁, 拘禁, 留置; 監禁[拘禁]続行令状[手続].

de·táin·ment n. = detention.

de·tas·sel [dìːtǽsəl, -tɑ́s-, -tɔ́(ː)s-, -sl̩ | -tǽs-] 〘← DE-¹ + TASSEL¹〙 vt. (自花受粉を避けるため)〈トウモロコシ〉の雄穂を除去する.

detd. 《略》 determined.

de·tect [dɪtékt, də- | dɪ-] 〘(?a1425) ← L dētect-us (p.p.) ← dētegere to uncover ← DE-¹ + tegere to cover: cf. tegument〙 — vt. **1** 〈人〉の〈悪事などを〉見つける, 見届ける 〔in〕: ~ a person in [doing] a dishonest act 人が不正をしているのを見つける. **2** 〈過失・誤りなどを〉発見する, 看破する; 〈人〉の性格を見破る, …であることがわかる: ~ a spy スパイであることを看破する / ~ a fault in the system その組織の欠陥を見出す. **3** 〈見えないもの〉(の存在)を感知する, 探り当てる; 〈…があることを〉見出す, 認める: ~ a sign of disease 病気の徴候を発見する. **4** 〘化学〙検出する. **5** 〘通信〙 **a** 検波する. **b** 復調する. — vi. 〈刑事・探偵が〉探索する, 刑事[探偵]をする.

de·tect·a·ble [dɪtéktəbl̩, də- | dɪ-] adj. 見つけられる, 看破できる; 見出せる, 検出できる. **de·tèct·a·bíl·i·ty** [-təbíləṭi | dɪtèktəbílətɪ, -lɪ-] n.

de·tec·ta·phone [dɪtéktəfòun, də- | dɪtéktəfəun] 〘← DETECT + -a- (添え字) + -PHONE〙 n. (隠しマイクと小型送信機などからなる)盗聴器.

de·tect·i·ble [dɪtéktəbl̩, də- | dɪtéktə-, -tɪ-] adj. = detectable.

de·tec·tion [dɪtékʃən, də- | dɪ-] 〘(1427) ⊏ LL dētectiō(n-): ⇨ detect, -tion〙 — n. **1** 見破ること, 看破, 探知; 見破られること, 発覚, 露見; 発見: without ~ だれにも見られずに. **2** 〘化学〙検出. **3** 〘通信〙検波; 復調.

detéction stàtion n. (核実験の)監視所.

de·tec·tive [dɪtéktɪv, də- | dɪ-] 〘(1843) ← DETECT + -IVE〙 — adj. 探知[検出]用の: a ~ device 探知装置, 探知器 / a ~ agency 秘密探偵社, 人事興信所. — n. **1 a** 刑事(巡査); 探偵: an amateur ~ しろうと探偵 / ⇨ private detective. **b** [形容詞的に] 刑事[探偵]の[に関する]: a ~ story [novel] 推理[探偵]小説 / ~ fiction 推理小説《総称》. **2** 〘俗〙推理小説.

de·téc·tor 〘(1541) ⊏ LL dētector: ⇨ detect, -or²〙 — n. **1** 看破者, 発見者; 探知器: a lie ~ うそ発見器 / an explosive ~ 爆発物探知器. **2** 〘通信〙検波器: a crystal [transistor] ~ 鉱石[トランジスター]検波器. **3** 〘電気〙(漏電の)検電器; (電流の方向を示す)検流計. **4** 〘物理・化学〙検出器[装置]. **5** (ボイラーの)水量計.

detéctor bàr n. 〘鉄道〙ディテクターバー, 轍査桿(てっさかん)《列車の通過中分岐器が転換できないようにするため転轍器の先端付近に取り付けられた桿》.

de·tem·por·al·ize [dìːtémp(ə)rəlàɪz] vt. = detemporize.

de·tem·po·rize [dìːtémpəràɪz] 〘← DE-¹ + L tempor-, tempus time + -IZE〙 — vt. (文学作品などで)〈人物・背景を〉超時間的なものにする, 時間との関係を失わせる.

de·ten·sion [dìːténʃən] n. 不安を和らげること, 緊張を解くこと. — vt., vi. (…の)緊張を緩和する.

de·tent [díːtent, dɪtént, də- | dɪtént] 〘(1688) ⊏ F détente ← détendre to relax ← dé- 'DIS-¹' + tendre to stretch (cf. tend¹)〙 — n. 〘機械〙止め金, 戻り止め, 回転止め, (つめ車 (ratchet) の)つめ.

dé·tente [deɪtɑ́ː(n)t, -tɔ́ːnt, -tɑ́ːnt, -tɔ́(ː)nt; F. detɑ̃ːt] 〘(1908) ⊏ F ~ (↑)〙 — F. n. (pl. ~s [~s; F. ~]) (also **de·tente** [~]) (国際間の)緊張緩和, デタント: the Soviet-American ~ 米ソ間の緊張緩和.

detént escàpement n. 〘時計〙かけがね脱進機《がんぎ車によるてんぷへの衝撃が一方向にだけ加えられる形式の脱進機; がんぎ車の止め, 外れにかけがね (detent) が用いられるのでこの名がある; 航海用クロノメーターに使われるので chronometer escapement ともいう》.

de·ten·tion [dɪténʃən, də- | dɪ-] 〘(1443) ⊏ (O)F détention ∥ LL dētentiō(n-): ⇨ detain, -tion〙 — n. **1** 抑止, 阻止; 延滞. **2 a** 拘留, 留置, 拘禁; (船舶の)抑留: illegal ~ 不法監禁[抑留] / under ~ 拘禁中, 拘留[抑留]されて / the ~ of shipping / a house of ~ 未決檻(かん), 留置場. **b** (生徒の)放課後の留置き. **3** 〘法律〙(他人の財産の)不法占有; 不法監禁[抑留].

deténtion bàrrack n. [通例 pl.] 〘英〙〘軍事〙営倉.

deténtion càmp n. 〘英〙(第一次大戦中の外国人の)仮収容所 (cf. internment camp).

deténtion cènter n. 〘英〙非行少年短期収容所, 少年院《14 歳から 21 歳までの非行者を 6 か月までの期間収容する》.

deténtion hòme n. 〘米〙非行少年収容所, 少年鑑別所.

deténtion hòspital n. (伝染病の)隔離病院.

dé·te·nu [dèɪtən(j)úː, -tn̩- | -tənjúː; F. detny] 〘⊏ F ~ (p.p.) ← détenir 'to DETAIN'〙 — F. n. (pl. ~s [~z; F. ~]) 被拘留者; (特に, インドで)(拘留中の)政治犯.

de·ter [dɪtə́ː, də- | dɪtə́ː(r)] 〘(1579) ⊏ L dēterr-ēre to frighten from ← DE-¹ + terrēre to frighten (cf. terrible)〙 — vt. (**de·terred; de·ter·ring**) (恐怖・懸念などを起こさせ)(行為を)躊躇(ちゅうちょ)させる, 思いとどまらせる, 妨げる 〔from〕: ~ a person from acting [an action] 人に行動をためらわせる. **~·rer** [-tə́ːrə | -tə́ːrə(r)] n.

de·terge [dɪtə́ːdʒ, də- | dɪtə́ːdʒ] 〘(1623) ⊏ F déterger ∥ L dēterg-ēre to wipe off ← DE-¹ + tergēre (cf. terse)〙 — vt. **1** 浄化する; 〈悪を〉一掃する, 粛清する. **2** 〈傷口を〉きれいにする. **de·térg·er** n.

de·tér·gence [-dʒəns] n. = detergency.

de·ter·gen·cy [dɪtə́ːdʒənsi, də- | dɪtə́ːdʒənsɪ] n. 洗浄性, 浄化力.

de·ter·gent [dɪtə́ːdʒənt, də- | dɪtə́ː-] 〘(1616) ⊏ F détergent ∥ L dētergent-em: ⇨ deterge, -ent〙 — adj. 洗浄性の, 洗浄力のある: ~ oil. — n. **1** (皮膚・傷口などの)洗浄剤. **2** (石鹸を含めて, 一般に)洗剤; (石鹸以外の)中性[アルカリ]洗剤, 合成洗剤 (cf. soapless soap); クレンザー. **3** (潤滑油・ドライクリーニングに用いる)溶剤.

de·te·ri·o·rate [dɪtí(ə)riərèɪt, də- | dɪtíərɪər-] 〘(1572) ← LL dēteriōrāt-us (p.p.) ← dēteriōrāre to make worse ← L dēterior worse (compar.) ← *dēter (compar.) ← dē 'DE-¹': ⇨ -ior¹, -ate³〙 (↔ameliorate) — vt. 〈質を〉悪くする, 悪化させる; 下等にする, …の質[価値]を低下させる, 堕落させる. — vi. 〈物(の質)が〉悪くなる, 悪変する; 〈素質が〉低下する, 堕落する, 頽廃(たいはい)する; 〈健康が〉衰える. **de·té·ri·o·rà·tor** [-ṭə | -tə(r)] n.

de·te·ri·o·ra·tion [dɪtì(ə)riəréɪʃən, də- | dɪtɪərɪə-] 〘(1658) ⊏ F détérioration ∥ LL dēteriōrātiō(n-): ⇨ ↑, -ation〙 — n. **1** 悪化, 劣化, 悪変, 改悪; 変質, 素質低下: the ~ of one's memory 記憶力の低下[減退]. **2** 堕落, 退歩, 頽廃(たいはい).

de·tè·ri·o·rá·tion·ist [-ʃ(ə)nɪst, -nəst | -nɪst] n. 人類・社会が堕落[退歩]しつつあると唱える人.

de·te·ri·o·ra·tive [dɪtí(ə)riərèɪṭɪv, də-, -rəṭ- | dɪtíərɪərət-, -rèɪt-] adj. 悪変的な, 劣悪化的な(傾向のある); 堕落[退化]的な.

de·tér·ment 〘← DETER + -MENT〙 n. 制止, 阻止(するもの).

de·ter·min·a·ble [dɪtə́ːm(ə)nəbl̩, də-, -mɪn- | dɪtə́ːmɪn-] 〘(?c1380)〙 — adj. **1** 確定できる, 決定できる. **2** 〘法律〙(一定のことが生じた時に)終結すべき. **de·tér·min·a·bly** adv. **~·ness** n. **de·tèr·min·a·bíl·i·ty** [-m(ə)nəbíləṭi | -mɪnəbílətɪ, -lɪ-] n.

de·ter·mi·na·cy [dɪtə́ːmɪnəsi, də-, -mə- | dɪtə́ːmɪnəsɪ] 〘← DETERMINA(TE) + -CY〙 — n. **1** 確定(性), 限定. **2** (因果的に)決定されていること; 確実さ: the conflict between freedom of the will and universal ~ 意志の自由と普遍的決定との矛盾.

de·ter·mi·nant [dɪtə́ːm(ə)nənt, də-, -mɪ- | dɪtə́ːmɪn-] 〘(1610) ⊏ L dēterminant-em: ⇨ determine, -ant〙 — adj. 決定の, 決定力のある, 限定的な. — n. **1** 決定者[物], 決定因, 決定要素. **2** 〘生物〙デテルミナント, 決定子, 決定素. **3** 〘論理〙限定辞. **4** 〘数学〙行列式, デターミナント. **de·ter·mi·nan·tal** [dɪtə̀ːmənǽnṭl̩, də- | dɪtə̀ːmɪnǽntl̩] adj.

detérminant rànk n. 〘数学〙(行列の小行列式)階数《与えられた行列から同じ個数の行と列とを任意に選んで作った行列式のうち, 値が 0 でないものの最高次数; 単に rank ともいう》.

de·ter·mi·nate [dɪtə́ːm(ə)nət, də-, -mɪ-, -nɪt | dɪtə́ːmɪn-] 〘(1391) ⊏ L dēterminăt-us (p.p.): ⇨ determine, -ate¹,²,³〙 — adj. **1** (明確に)限定された, 明確な: the ~ meaning of a word ある語の明確な意味. **2** 確定的な, 既決の: a ~ obligation 確定義務[債務]. **3** 決定的な, 最後的な. **4** 決然[断固]とした: ~ a reply 確答. **5** 〘数学〙確定数[量]の, 既知(数)の: ~ a quantity 定量. **6** 〘植物〙= definite 4. **7** 〘機械〙〈支点反力が〉静力学理論で分析できる[決定できる], 静定の.
— n. 〘生物〙= determinant 2.
— [-mɪnèɪt, -mə- | -mɪ-] vt. **1** 確かめる. **2** 確認する, 同定する.
~·ness n.

detérminate cléavage n. 〘動物〙決定的卵割《モザイク卵のように, それぞれ発生運命の定まった割球を生じる卵割; cf. indeterminate cleavage》.

detérminate grówth n. 〘植物〙 **1** 有限生長《つぼみが形成されるために茎の生長が早く止まること; cf. indeterminate growth》. **2** 一定時期だけに限られている植物の生長.

de·tér·mi·nate·ly 〘(1509)〙 adv. **1** 確定的に, 明確に. **2** 決定的に, 決然と.

de·ter·mi·na·tion [dɪtə̀ːmɪnéɪʃən, də-, -mə- | dɪtə̀ːmɪ-] 〘(1350) ⊏ (O)F détermination ∥ L dēterminātiō(n-): ⇨ determinate, -ation〙 — n. **1 a** 決定, 確定; 限定. **b** (重量・強度・位置などの精密な)測定, 定量, 鑑定 〔of〕. **2 a** (争議などの)裁断, 裁決: They came to a ~. 彼らは妥結した. **b** (問題の論議などによる)解決. **3 a** 決断; 決心, 決意: make a fresh ~ 新たに決意する / with a firm ~ to win academic success 学界で成功を収めようと固く決心して. **b** 決断力, 果断: a man of great ~ 決断力の強い人. **4** 〘古〙(ある目的に向かっての)行動方針, 傾向. **5** 〘論理〙(概念)規定, 限定 (↔generalization). **6** 〘法律〙不動産権の満了; 終結, (裁判所の)決定, 判決; 終止. **7** 〘生物〙決定《発生で, 胚の部分の発生運命が決まること》.

de·ter·mi·na·tive [dɪtə́ːmənèɪṭɪv, də-, -nəṭ- | dɪtə́ːmɪnət-] 〘(1655) ⊏ LL dēterminātīv-us: ⇨ determinate, -ive〙 — adj. 決定力のある, 確定的な, 限定的な: a ~ adjective 〘文法〙限定形容詞.
— n. **1** 決定[限定]因. **2** 〘文法〙決定詞, 限定詞: **a** 例えば英語の指示代名詞・冠詞など (cf. determiner 2). **b** 日本語の「筆 1 本, 本 2 冊」などの「1 本」「2 冊」など (cf. classifier 3). **3** 〘言語〙(表意文字で)意味分類の項目を表示するために添えられた要素《偏(へん), 冠など》. **4** 〘言語〙(語根)限定辞, 語根拡大辞《語根に添えて用いられる接尾辞的要素. ただし母音交替を伴わない; 例: 印欧語の語根 *plē- to fill に付けられた -dhw- (→ Gk plēth-os great number, plēth-ein to be full)》. **~·ly** adv. **~·ness** n.

de·tér·mi·nà·tor [-ṭə | -tə(r)] 〘⊏ OF determinateur: ⇨ determinate, -or²〙 n. = determiner.

de·ter·mine [dɪtə́ːmɪn, də-, -mən | dɪtə́ːmɪn] 〘(c1380) determine(n) ⊏ (O)F détermin-er ⊏ L dētermināre to limit ← DE-¹ + termināre 'to TERMINATE'〙 — vt. **1 a** 〈人が〉定める, 決定する《★ decide より意味が強い》; 〈…しようと〉決心する 〈to do〉: We must ~ what is to be done [that the measure should be taken]. 何をなすべきか[その方策をとるべきだと]決めなければならない / When did you ~ to become a scientist? いつ科学者になろうと決心しましたか. **b** (原因となって)決定する: Meaning ~s use. 用法は意味によって定まる. **2 a** 確定する, (決定的に)定める: ~ the date [the meaning of a word]. **b** …の境界を定める (limit): A stream ~s the estate. 小川がその土地の境界になっている. **c** 〈程度・範囲を〉定める, 〈重量・強度・位置などを〉(精密に)測定する: ~ the velocity 速度を測定する. **d** 〘数学〙…の位置[形状]を決定する. **3 a** (推論などによって)確める, 確認する. **b** 〈問題などを〉解決する; 〈争議などを〉裁決[裁定]する. **4** [しばしば目的語 + to do を伴って] 〈人〉に決心[決意]させる: This has ~d me to act [for action]. このために私は実行することに決めた / What ~d him to leave the country? 何で彼は国を後にする気になったのか. **5** 〘古〙一定の方向に向かわせる, 促す, 推進する (impel): A decision sometimes ~s the future. 一つの決断によって未来の方向が定められることがある. **6** 〘論理〙〈概念を〉限定する, 規定する. **7** 〘法律〙終結させる; 判決する.
— vi. **1** 〔行動方針などを〕決定する, 決心する 〔on〕: ~ on a different course 別の方法を取ることに決める / She ~d on becoming an actress. 彼女は女優になろうと決心した. **2** 〘法律〙終止する, …の効力が終る.

de·tér·mined adj. **1** [通例 Predicative に用い to do を伴って] 固く決心して: I am ~ to maintain the principle. あくまでその主義を貫く決心[覚悟]だ. **2** 決然とした, 断固とした; 決定[確定]した: a ~ character 断固とした人物, 果断な性格 / in a ~ manner きっぱりと. **de·tér·min·ed·ly** [-mɪndli, -mən-, -əd-, -nd- | -mɪndlɪ] adv. **de·tér·mined·ness** [-mɪn(d)nɪs, -mən(d)-, -nəs | -mɪn(d)nɪs] n.

de·tér·min·er n. **1** 決定する人[物]. **2** 〘文法〙決定詞, 限定詞[辞]《英語を例にあげれば a, this, his, John's, many a など, その他一般に名詞修飾語としての形容詞を含めてもいう; cf. determinative 2》.

de·ter·min·ism [dɪtə́ːmɪnɪzm, də-, -mə- | dɪtə́ːmɪn-] 〘(1846) ⊏ F déterminisme: ⇨ determine, -ism〙 — n. 〘哲学〙決定論《人間の意志に基づく行為も含めて, この世の出来事はその生起に先立って決定されているとする考え; 意志の自由を全面的に否定する極端な立場からそれを容認する折衷的立場がある; 倫理では ethical determinism ともよばれるが, 決定要因の違い(自然法則の因果性, 神など)に応じて cosmological determinism, theological determinism などの名称がある; ↔ indeterminism; cf. fatalism》.

de·tér·min·ist [-nɪst, -nəst | -nɪst] n. 決定論者. — adj. 決定論者の.

de·ter·min·is·tic [dɪtə̀ːmɪnístɪk, də-, -mə- | dɪtə̀ːmɪn-] adj. 決定論の, 決定論的な. **de·tèr·min·ís·ti·cal·ly** adv.

de·ter·ra·ble [dɪtə́ː(r)əbl̩, də- | dɪtə́ːr-] adj. 思いとどまらせることができる. **de·tèr·ra·bíl·i·ty** [-tə̀ːrəbíləṭi | -tə̀ːrəbílətɪ, -lɪ-] n.

de·ter·rence [dɪtə́ː(r)əns, də-, -tér- | dɪtér-] 〘⇨ ↓, -ence〙 — n. **1** 制止, 防止, 引き留め. **2** (おじけづか

せる)妨害物, 故障. **3 a** 抑止, 戦争抑止(政策): graduated ～ 段階的戦争抑止政策. **b** =nuclear deterrence.

de·ter·rent [dɪtə́ː(r)ənt, də-, -tér-|dɪtér-] 〚(1829)□ L *dēterrent-em*: ⇨ deter, -ent〛 ― *adj.* 妨げる, 引き留める, おじけづかせる. ― *n.* **1** 引き留める事物, 妨害[抑止]物: Punishment acts as a ～ *to* crime. 罰は犯罪に対する引き留め役をする. **2** 戦争抑止物[手段]; (特に)核兵器; 水爆: ⇨ nuclear deterrent. **～·ly** *adv.*

de·ter·sive [dɪtə́ːsɪv, də-, -zɪv|dɪtə́ːs-] 〚□ F *détersif, -ive* ← L *dētersus* (p.p.) ← *dētergēre* 'to DETERGE': ⇨ -ive〛 ― *adj.* 洗浄性の, 洗浄の効のある. ― *n.* 洗浄剤.

de·test [dɪtést, də-|dɪ-] 〚(1533)□ L *dētest-ārī* to curse by calling God to witness ← DE-¹+*testārī* to invoke as witness (← *testis* witness)〛 ― *vt.* ひどく憎む[嫌う]: ～ evil. **～·er** *n.*

de·test·a·bil·i·ty [dɪtèstəbíləṭi, də-|dɪtèstəbílɪti, -lɪ-] *n.* =detestableness.

de·test·a·ble [dɪtéstəbl̩, də-|dɪ-] 〚(1415)□(O)F *détestable* □ L *dētestābilis*: ⇨ detest, -able〛 ― *adj.* (大いに)憎むべき, いやでたまらない, 忌わしい: a ～ crime 憎むべき犯罪 / be ～ *to* …にいやがられる.
de·tést·a·bly *adv.*
de·tést·a·ble·ness *n.* 憎らしさ, 面(つら)憎さ, 忌わしさ.

de·tes·ta·tion [dìːtestéɪʃən, dɪtes-, də-|dìːtes-, dɪtes-] 〚(?a1425)□(O)F *détestation* ∥ L *dētestātiō(n-)*: ⇨ detest, -ation〛 ― *n.* **1** 大きらい, たまらないいやさ: be *in* ～ ひどく憎まれている / have [hold]…*in* ～ …をひどくきらう. **2** いやでたまらないもの[人].

de·throne [dɪθróʊn, də-, dìː-|dɪθrə́ʊn, dìː-] 〚(1609) ← DE-¹+THRONE〛 ― *vt.* **1** 〈国王などを〉帝位[王位]から退ける, 廃位する. **2** 〈人を〉(権威ある地位などから)引きずり降ろす, 押しのける 〔*from*〕. **de·thrón·er** *n.*
de·thróne·ment *n.* 廃位, 強制退位.

de·tick [dìːtík] *vt.* 〈犬など〉からダニを駆除する. **～·er** *n.*

de·tin [dìːtín] 〚← DE-¹+TIN〛 *vt.* 〈スクラップなど〉から(回収のため)錫(すず)(tin)を除去する.

det·i·nue [détən(j)ùː, -tṇ-|détɪnjùː] 〚(c1435)□(O)F *détenue* detention (fem. p.p.) ← *détenir* 'to DETAIN'〛 ― *n.* 〘法律〙 **1** 《まれ》(他人の動産の)不法占有. **2** 動産返還請求訴訟.

detn. 《略》detention; determination.

det·o·na·ble [détənəbl̩, -tṇ-|-tən-, -tṇ-] 〚← DETONATE+-ABLE〛 *adj.* 爆発[爆裂]させうる. **det·o·na·bil·i·ty** [dètənəbíləṭi, -tṇ-|-tənəbílɪti, -tṇ-, -lɪ-] *n.*

det·o·nat·a·ble [détənèɪṭəbl̩, -tṇ-|-tən-, -tṇ-] *adj.* =detonable.

det·o·nate [détənèɪt, -tṇ-|détən-, díːt-] 〚(1729) ← L *dētonāt-us* thundered forth (p.p.) ← *dētonāre* ← DE-¹+*tonāre* 'to THUNDER'〛 ― *vt.* **1** (突然大きな音を立てて)爆発させる, 爆裂させる: ～ the dynamite / *detonating* powder 爆薬 / a *detonating* cap [fuse] 雷管[爆発信管] / a *detonating* hammar (銃の)撃鉄. **2** 急に活気づける, 突然活動的に[活発化]する. ― *vi.* 爆発[爆裂]する: The bomb ～*d*.

dét·o·nàt·ing gàs [-ṭɪŋ-|-tɪŋ-] *n.* 〘化学〙爆鳴気, 爆鳴ガス《酸素 1 と水素 2 の割合の混合気体》.

detonating tùbe *n.* 〘爆発用〙測気管(cf. eudiometer).

det·o·na·tion [dètənéɪʃən, -tṇ-|-tən-, dìːt-] 〚(1677–86)□ F *détonation* ← L *dētonātus*: ⇨ detonate, -ation〛 ― *n.* **1** 爆発(作用), 爆裂; 爆鳴, 爆音, 爆裂音響. **2** (内燃機関内に起こる)爆燃, 異常爆発, デトネーション (cf. knocking). **～·al** [-ʃənl̩, -ʃnəl] *adj.*

det·o·na·tive [détənèɪṭɪv, -nəṭ-, -tṇ-|détənət-, díːt-, -nèɪt-] *adj.* 爆発性の, 爆裂作用を起こす(力のある).

dét·o·nà·tor [-ṭə|-tə(r)] 〚(1822)〛 *n.* **1** 雷管, 起爆[発火]装置, 起爆筒; 起爆薬. **2** 《英》〘鉄道〙=torpedo 2.

de·tort [dɪtɔ́ət, də-|dɪtɔ́ːt] 〚← L *dētort-us* (p.p.) ← *dētorquēre* to turn away: cf. de-¹, distort〛 *vt.* 《古》=distort.

de·tour [díːtʊə, dɪtʊ́ə, də-|díːtʊə(r, déɪ-, deɪtʊ́ə(r, dɪ-; *F.* detuːr] 〚(1738)□ F *détour* ← *détourner* to turn aside: ⇨ de-², turn〛 (*also* **dé·tour** [～]) ― *n.* **1** 迂回(うかい), 遠回り: make a ～ 迂回する, 遠回りする, 回り道をする. **2** 迂回路, 回り道《特に, 本道路故障のため設けられた臨時道路》. ― *vi.* 迂回する, 回り道をする 〈*around, round*〉. ― *vt.* **1** 迂回[遠回り, 回り道]させる. **2** (迂回路などで)…をさけて通る, 迂回する: ～ storms 嵐を避けて通る.

de·tox·i·cant [dìːtáksəkənt|-tɔ́ksɪ-] 〚⇨ ↓, -ant〛 *n.* 解毒剤.

de·tox·i·cate [dìːtáksəkèɪt|-tɔ́ksɪ-] 〚← DE-¹+L *toxicum* poison (⇨ toxic)+-ATE³〛 *vt.* 〘医学〙=detoxify.

de·tox·i·ca·tion [dìːtàksəkéɪʃən|-tɔ̀ksɪ-] 〚⇨ ↑, -ation〛 *n.* 〘医学〙解毒.

de·tox·i·fi·ca·tion [dìːtàksəfɪkéɪʃən, -fə-|-tɔ̀ksɪfɪ-] 〚⇨ ↑, -fication〛 *n.* 〘医学〙=detoxication.

de·tox·i·fy [dìːtáksəfàɪ|-tɔ́ksɪ-] 〚《逆成》↑〛 *vt.* 〘医学〙…から毒を除去する; …から毒気を抜く, 解毒する.

de·tract [dɪtrǽkt, də-|dɪ-] 〚(?a1425) ← L *dētract-us* (p.p.) ← *dētrahere* to take away ← DE-¹+*trahere* 'to DRAW'〛 ― *vt.* **1** 《古》〈価値・名誉・評判などを〉減じる, 落とす: This will ～ much [something] *from* his fame. これで彼の名声が大いに[幾分]落ちるだろう. **2** 《古》減じる, 引く, 控除する. **3** 逸(そ)らす, 転じる. ― *vi.* 〔…を〕減じる, 引く; 落とす, (特に)〔価値・名声を〕落とす, けなす (derogate) 〔*from*〕: That does not ～ *from* his merit. それは彼の真価を落としはしない.

de·trac·tion [dɪtrǽkʃən, də-|dɪ-] 〚(1340)□(O)F *détraction* □ L *dētractiō(n-)*: ⇨ ↑, -tion〛 *n.* **1** 《まれ》減損, 毀損(きそん) 〔*from*〕. **2** (名誉毀損となる)悪口, 非難.

de·trac·tive [dɪtrǽktɪv, də-|dɪ-] 〚(15C)□ OF *detractif, -ive* ∥ ML *dētractīv-us*: ⇨ detract, -ive〛 ― *adj.* 〔…の〕減損的な; 悪口の, 非難の: make ～ statements 人の悪口を言う. **～·ly** *adv.*

de·trác·tor 〚(c1384)□ AF *detractour*=OF *detracteur* □ L *dētractor*: ⇨ detract, -or²〛 *n.* (名誉毀損(きそん)の目的で)悪口を言い触らす人, けなす人.

de·trac·to·ry [dɪtrǽkt(ə)ri, də-|dɪtrǽktəri] 〚□ LL *dētractōri-us*: ⇨ ↑, -ory¹〛 *adj.* 減損的な, 非難の.

de·trac·tress [dɪtrǽktrɪs, də-, -trəs|dɪ-] *n.* 女性の detractor.

de·train [dìːtréɪn] *vt.* **1** 〘軍事〙〈軍隊・軍需品などを〉(列車から)下車させる. **2** 〘気象〙吐出[分流]させる. ― *vi.* 〘軍事〙下車する (↔ entrain). **～·ment** *n.*

dé·tra·qué [dèɪtrɑːkéɪ; *F.* detrake] 〚□ F ～ (p.p.) ← *détraquer* to put out of order〛 (*pl.* **～s** [～z; *F.* ～]) *F. n.* 発狂者, 気違い. ― *adj.* 発狂した, 気違いの.

de·trib·al·ize [dìːtráɪbəlàɪz] 〚← DE-¹+TRIBAL+-IZE〛 ― *vt.* (他の文化との接触によって)〈無文字文化の人など〉に固有の文化を捨てさせる, 部族の風習を脱却させる, 部族的忠誠を失わせる. **de·trib·al·i·za·tion** [dìːtràɪbəlɪzéɪʃən, -lə-|-laɪ-, -lɪ-] *n.*

det·ri·ment [détrəmənt|-rɪ-] 〚(c1425)□(O)F *détriment* ∥ L *dētriment-um* a rubbing off *dētritus* (p.p.) ← *dēterere* to wear away ← DE-¹+*terere* to rub (cf. trite)〛 ― *n.* **1** 傷害; 損害, 損失: *to* the ～ of a person=*to* a person's ～ 人に損害を与えて / work hard *to* the ～ of one's health 猛勉強をして健康を害する / I know nothing *to* his ～. 彼の不利になるようなことは何も知らない / without ～ *to* one's property 財産に損害なく. **2** 有害物, 損害のもと, 損失の原因となるもの 〔*to*〕.

det·ri·men·tal [dètrəménṭl̩|-trɪméntl̩] *adj.* 〔…に〕有害な; 〔…に〕不利益な 〔*to*〕: be ～ *to* peace 平和を害する. ― *n.* 好ましくない[歓迎されない]人[物]; 《俗》(貧乏などで女にとって)好ましくない求婚者《もと次男坊など》.

dèt·ri·mén·tal·ly [-ṭəli, -ṭḷi|-təli, -tḷi] *adv.* 有害[不利益]に: speak of a person ～ 人の不利なことを言う.

de·tri·tal [dɪtráɪṭl̩, də-|dɪtráɪtl̩] 〚⇨ detritus, -al¹〛 *adj.* 〘地質〙岩屑(せつ)の[による], 砕岩質の.

de·trit·ed [dɪtráɪṭɪd, də-, -ṭəd|dɪtráɪtɪd, -təd] 〚⇨ detritus, -ed〛 *adj.* **1** 摩損[摩滅]した. **2** 〘地質〙=detrital.

de·tri·tion [dɪtríʃən, də-|dɪ-] 〚□ ML *dētrītiō(n-)*: ⇨ ↓, -ion〛 *n.* 摩滅(作用), 損耗, 摩損.

de·tri·tus [dɪtráɪṭəs, də-|dɪtráɪt-] 〚(1795)□ F *détritus* ∥ L *dētritus* a rubbing away (p.p.) ← *dēterere* to rub away: cf. detriment〛 ― *n.* (*pl.* ～) **1** 〘地質〙岩屑(せつ), 砕岩《風化作用によってできた岩石の破片》. **2** (くずれてできた)破片(の山): the ～ of an earthquake 地震の跡(の瓦礫(がれき)の山). **3** 名残り, 痕跡: the ～ of primitive culture 古代文化の痕跡.

detrítus tànk *n.* 〘土木〙(下水道の)沈砂池.

De·troit [dɪtrɔ́ɪt, də-] 〚← F *détroit* strait: もと川の名〛 ― *n.* **1** 米国 Michigan 州南東部 Detroit 川に臨む大都市; 自動車工業の大中心地; 人口 1,336,000. **2** [the ～] 米国とカナダの境を流れる川; St. Clair 湖と Erie 湖とを結ぶ (50 km).

De·tróit·er [-ṭə|-tə(r)] *n.* 米国 Detroit 市民.

de trop [dətróʊ|-trə́ʊ; *F.* dətro] 〚□ F ～ 'too many or much; not wanted'〛 *F. pred. adj.* 多すぎて, 余計な; 無用で, (かえって)邪魔で.

de·trude [dɪtrúːd, də-|dɪ-] 〚(a1460)□ L *dētrūdere* ← DE-¹+*trūdere* to thrust, push〛 *vt.* 打ち倒す; 押し出す, 投げ出す; 投げ捨てる.

de·trun·cate [dɪtrʌ́ŋkeɪt, də-|dìːtrʌ́ŋkeɪt, ⌐⌐⌐] 〚← L *dētruncāt-us* (p.p.) ← *dētruncāre* to lop: ⇨ de-¹, truncate〛 ― *vt.* **1** …の一部を切り落とす. **2** 切り詰める. **de·trun·ca·tion** [dìːtrʌŋkéɪʃən] *n.*

de·tru·sion [dɪtrúːʒən, də-|dɪ-] *n.* 押し倒し; 突き出し.

de·tu·mes·cence [dìːt(j)uːmésṇs|-tjuː-, -tʃuː-] 〚← L *dētumēscere* to cease swelling: ⇨ de-¹, tumescence〛 ― *n.* 〘病理〙(特に, 勃起状態からの)腫脹(しゅちょう)減退[消退], 腫(は)れがひくこと.

de·tu·mes·cent [dìːt(j)uːmésṇt|-tjuː-, -tʃuː-] *adj.* 腫脹(状態)がひく.

Deu·ca·lion [d(j)uːkéɪljən, -liən|djuːkéɪliən, djuː-, -lɪən] 〚□ L ～ □ Gk *Deukaliōn*〛 ― *n.* 〘ギリシャ神話〙デューカリオン《Prometheus の子で Thessaly の王; Zeus が大地に洪水を起こしたとき妻の Pyrrha と共に生き残って人類の祖となったという; cf. Noah 2》.

deuce¹ [d(j)úːs|djúːs] 〚(c1475)□ OF *deus* (F *deux*) two < L *duōs* (acc.) ← *duo* 'TWO'〛 ― *n.* **1** (トランプの)2 の札, (1 個のさい, または 2 個のさいで出した)2 の目; (トランプ・さいの)2 点 (cf. ace 1 a); [*pl.*] (ポーカーで)2 のペアー. **2** 〚cf. F *être à deux de jeu* to be a match for each other〛〘テニス〙ジュース《1 ゲームで 40–40, またはその後のタイの状態; 一方が 2 点連取すれば勝ちとなる; cf. deuce-set》. **3** 《米俗》2 ドル札[紙幣]; 《英俗》2 ペンス. ― *adj.* (特に, スポーツ・ゲーム・賭などで)二つの. ― *vt.* 〘テニス〙〈ゲームを〉ジュースにする.

deuce² [d(j)úːs|djúːs] 〚(1651)□ LG (*de*) *duus!*, (*wat de*) *duus* what the deuce!=G (*was der*) *Daus!* ← L *duōs* (↑): 「もっとも低いさいの目, すなわち 2」→「不運」に転義した: cf. ME *dewes* god □ OF *deus* (⇨ Deus)〛 ― *n.* 《古・口語》 **1** わざわい, 厄病神; 厄介. **2** [the ～] 悪魔. **3** [通例 the ～; 強意語として] ★ 以下の例での ～ は *devil* で置き換えても同義 (⇨ devil 成句). **a** 嫌悪・怒り・驚きなどの意を表わす通例軽いののしりの言葉として: *The* ～ it! (そうとは)驚いた[実にひどい, けしからん] / *The* (very) ～ is in them. やつらはほんとにどうかしている / *The* ～! [間投詞的に] 畜生, ちぇっ, へえー驚いた / (*The*) ～ take it. 畜生, しまった, くそっ(いまいましい) 《★ *Devil* take it! のほうが普通》. **b** [強い否定を表わして] 全く[断じて]…ない: (*the*) ～ a bit 少しも(…しない) (not at all) / *The* ～ [*Deuce*] a bit I care. かまうもんか / (*the*) ～ a man ただの一人も(…ない) (no one) / (*the*) ～ a one ただの一つも(…ない) (nothing) / *the* ～ and all 何もかも一切; 何一つろくなものは(…ない) / *The* ～ is in it if I can not. 私にできないでどうする《きっとできる》/ *The* ～ you are! 君がそうでたまるもんか, まさか / *The* ～ he isn't. 彼がそうでなくてたまるもんか, まさか / *Deuce* knows. だれにもわからない (cf. GOD knows.). **c** [疑問詞を強めて; しばしば *in the* ～ として]: *What* [*Who*] *the* ～ is that! 一体それは何[だれ]だ / *Where in the* ～ is she? 一体彼女はどこにいるのだ. **d** [*a* [*the*] ～ *of a* …として] 実にひどい[いやな, どえらい, 愉快な]…: It was *a* ～ *of a* lovely day. ものすごく天気のよい日だった.

déuce-áce 〚(15C) ← DEUCE¹〛 *n.* **1** (2 個のさいを投げて出た)2 の目と 1 の目《最も悪い目》. **2** 《古》凶, 不運, 貧乏くじ.

deuc·ed [d(j)úːsɪd, -səd, d(j)úːst|djúːst, djúːsɪd, -səd] 〚← DEUCE²+-ED 2〛 ― *adj., adv.* 《古口語》 **1** 実にいまいましい. **2** ひどく(…な), べらぼうに(…な). ★ 軽いののしりや驚きの表現に用いる: ～ bad / in a ～ hurry ばかに急いで / a ～ fine girl すごくきれいな女の子.

déuc·ed·ly [-sɪdli, -səd-|-lɪ] *adv.* 《古口語》べらぼうに, とても.

déuce-sét *n.* 〘テニス〙ジュースセット《1 セットで 5 ゲームオール(またはそれ以上)のタイの状態; またはそのセットのこと; セットを取るためには 2 ゲーム連取しなければならない; cf. deuce¹ 2, tie breaker》.

déuces wíld *n.* 〘トランプ〙(ポーカーなどで)2 の札を万能札 (wild card) として使う方式.

de·ur·ban·ize [dìːə́ːbənàɪz|-ɔ́ː-] 〚← DE-¹+URBAN+-IZE〛 *vt.* **1** 〈ある地域を〉非都市化する, 田舎風にする. **2** 〈人心などを〉低俗化する, 荒れさせる.

De·us [déɪəs, díːəs, déɪʊs] 〚□ L ～ ← IE **dei-* to shine: cf. Jupiter, Zeus〛 *L. n.* 神 (God) (略 D.).

de·us ex ma·chi·na [déɪəs-eks-máːkɪnə, déɪʊs-, -kə-, -nɑː, déɪəs-eks-mǽkənə, díːəs-|déɪʊs-eks-mǽkɪnə, díːəs-] 〚(1697) ← NL ～ 'god (let down) from the machine' 《なぞり》← Gk *theós ek mēkhanês*: ギリシャ劇で神が突然機械仕掛けで舞台に現われて結末をつけたことから〛 ― *n.* **1** 〘演劇〙(終幕でもつれた事件を解決する)超写実的な力(を持つ人物[出来事]) (cf. machine 6 b). **2** (小説などに用いる)急場凌(しの)ぎの解決策.

De·us Mi·se·re·a·tur [déɪʊs-mìːseɪreɪáːtʊə|-tʊə(r)] 〚□ L *Deus Misereātur* ← *miserērī* to pity: ラテン語訳聖書 *Ps.* 66:1 (英訳では 67:1) の起句から〛 ― *L.* 神われらをあわれみたまえ (God be merciful!).

deut- [d(j)uːt|djuːt] (母音の前に来る時の) deuto- の異形.

Deut. 《略》Deuteronomy (旧約聖書の)申命(しんめい)記.

deu·ter-¹ [d(j)úːṭər|djúːt-] (母音の前に来る時の) deutero-¹ の異形.

deu·ter-² [d(j)úːṭər|djúːt-] (母音の前に来る時の) deutero-² の異形.

deu·ter·ag·o·nist [d(j)ùːṭərǽgənɪst, -nəst|djùːtərǽgənɪst] 〚□ Gk *deuteragōnist-ēs* ← DEUTERO-¹+*agōnistḗs* actor (← *agōnizesthai* 'to AGONIZE')〛 ― *n.* **1** 〘ギリシャ劇〙第二俳優《主役 (protagonist) に次ぐ役》, わき役 (cf. tritagonist). **2** 引き立て役.

deu·ter·a·nom·a·ly [d(j)ùːṭərənáməli|djùːtərənɔ́məli] 〚← NL *deuteranomalia*: ⇨ deutero-¹, anomaly〛 ― *n.* 〘眼科〙第二色弱, 緑色弱《緑は第二の原色とされることから; cf. protanomaly, trichromat》.

deu·ter·an·o·pi·a [d(j)ùːṭərənóʊpiə|djùːtərənə́ʊpjə, -piə] 〚← NL ～: ⇨ deutero-¹, anopia〛 ― *n.* 〘眼科〙第二色盲, 緑色盲 (cf. protanopia). **dèu·ter·an·óp·ic** [-nóʊpɪk, -náp-|-nə́ʊp-, -nɔ́p-] *adj.*

deu·ter·ate [d(j)úːṭərèɪt|djúːt-] 〚← DEUTER(IUM)+-ATE³〛 *vt.* 〘化学〙重水素化する, 〈化合物〉に重水素を入れる. **deu·ter·a·tion** [d(j)ùːṭəréɪʃən|djùːt-] *n.*

déu·ter·àt·ed [-ṭɪd, -ṭəd|-tɪd, -təd] *adj.* 〘化学〙重水素を含む.

deu·ter·ide [d(j)úːṭəràɪd|djúːt-] 〚⇨ deutero-², -ide²〛 *n.* 〘化学〙重水素化物.

deu·te·ri·um [d(j)uːtí(ə)riəm|djuːtíəri-, djuː-] 〚(1933) ← NL ～: ⇨ deutero-², -ium〛 ― *n.* 〘化学〙ジュウテリウム, 二重水素, 重水素《heavy hydrogen ともいう; 記号 ^2H または D》.

deutérium óxide *n.* 〘化学〙重水, 酸化ジュウテリウム (D_2O) (heavy water).

deu·ter·o-¹ [d(j)úːṭəroʊ|djúːtərəʊ] 〚← Gk *deúteros* second, 《原義》falling short of something〛 ―「第二の, 再 (second), 第二義的 (secondary)」の意の連結形: *deutero*canonical, *deutero*gamy. ★ 母音の前では通例 deuter- になる.

deu·ter·o-[2] [d(j)úːtəro(ʊ) | djúːtərə(ʊ)] 〘← DEUTERIUM〙 〘化学〙 ―「ジュウテリウム[重水素](deuterium)(を含む)」の意の連結形. ★ 母音の前では通例 deuter- になる.

dèutero·canónical 〘⇨ deutero-[1], canonical〙 ― *adj.* 第二正経の: ～ books 第二正経, 第二聖典《プロテスタントが外典 (Apocrypha) と呼ぶものの大部分, 旧約聖書中ギリシャ訳聖書 (Septuagint) に含まれヘブライ語聖書に含まれなかった部分》.

dèu·ter·óg·a·mist [-mɪst, -məst | -mɪst] *n.* 再婚者.

deu·ter·og·a·my [d(j)ùːṭərάgəmi | djùːtərɔ́gəmɪ] 〘◻Gk *deuterogamía* second marriage: ⇨ DEUTERO-[1], -GAMY〙 *n.* 再婚 (cf. monogamy).

deu·ter·on [d(j)úːṭərὰn | djúːtərɔ̀n] 〘← DEUTER(IUM)＋-ON[2]〙 ― *n.* 〘物理〙 重陽子, 重水素核《陽子と中性子の結合したもので, 水素の同位元素 ²H の原子核である; 記号 d, ²₁H》.

Dèu·ter·ón·o·mist [-mɪst, -məst | -mɪst] 〘⇨ ↓, -ist〙 ― *n.* 「申命(しんめい)記」(Deuteronomy) の著者[編者]. **Deu·ter·on·o·mis·tic** [d(j)ùːṭərὰnəmístɪk | djùːtərɔ̀n-] *adj.*

Deu·ter·on·o·my [d(j)ùːṭərάnəmi | djùːtərɔ́nəmɪ, djúːt(ə)rənəmɪ] 〘ME ◻ LL *Deuteronomi-um* ◻ Gk *Deuteronómion* the second law ← DEUTERO-[1] ＋ *nómion* (← *nómos* law): Heb. *mišnê hattōrā^h hazzō̄th* (＝copy of this law) の誤訳〙 ― *n.* (旧約聖書の)申命(しんめい)記 (The Book of Deuteronomy)《モーセ五書 (Pentateuch) の第五書; 略 Deut.》. **Deu·ter·o·nom·ic** [d(j)ùːṭərənάmɪk | djùːt(ə)rənɔ́m-] *adj.*

deu·ter·o·stome [d(j)úːṭərəstòʊm | djúːtərə(ʊ)stə̀ʊm] 〘← NL *deuterostomia* ← DEUTERO-[1] ＋ Gk *stóma* mouth (⇨ stomach)〙 ― *n.* 〘動物〙 後口動物, 新口動物.

deu·to- [d(j)úːṭo(ʊ) | djúːtə(ʊ)] ＝deutero-[1,2]. ★ 母音の前では通例 deut- になる.

deu·to·plasm [d(j)úːṭəplæ̀zm | djúːtə-] 〘← DEUTERO-[1]＋-PLASM〙 ― *n.* 〘生物〙 卵黄質《卵黄 (yolk) の中の栄養質》, 副形質《細胞質内の貯蔵物質》. **deu·to·plas·mic** [d(j)ùːṭəplǽzmɪk | djùːtə-] *adj.*

Déut·sche màrk, d- m- [dɔ́ɪtʃə-mὰək | -mὰːk; *G.* dɔ́ʏtʃə-màrk] 〘◻G *Deutsche Mark* German mark〙 ― *n.* (*pl.* ～, ～**s**) **1** ドイツマルク《1948 年施行されたドイツ連邦共和国の通貨単位; ＝100 pfennigs; 東ドイツの Deutsche mark East に対して時に Deutsche mark West と呼ばれる; 記号 DM》. **2** 1 ドイツマルク貨.

Deut·sches Reich [dɔ́ɪtʃəs-ráɪk; *G.* dɔ́ʏtʃəs-ráɪç] 〘◻G ～ 'German Empire'〙 ― *n.* [the ～] ドイツ国《1871-1918 年のドイツの正式の国名; cf. Reich》.

Deutsch·land [dɔ́ɪtʃlɑːnt; *G.* dɔ́ʏtʃlant] *n.* ドイチェラント《Germany のドイツ語名》.

Deutsch·land ü·ber al·les [*G.* dɔ́ʏtʃlant-ýːbɐ-áləs] 〘◻G ～ 'Germany over all'〙 ― *G.* ドイツ至上主義,「世界に冠たるドイツ」《旧ドイツ国歌の一部; 国家主義的スローガン; Hoffmann von Fallersleben の詩 (1841) の一節》.

Deutsch·mark [dɔ́ɪtʃmὰək | -mὰːk] *n.* ＝Deutsche mark.

deut·zi·a [d(j)úːtsiə, dɔ́ɪt- | djúːtsjə, dɔ́ɪt-, -sɪə] 〘《1837》← NL ～ ← *Jan Deutz* (18 世紀のオランダの植物学研究の後援者): ⇨ -ia[1]〙 ― *n.* 〘植物〙 ウツギ《ユキノシタ科ウツギ属 (*Deutzia*) の植物の総称; アジア・中央アメリカ原産の庭園用低木; 春に多くの白またはピンクの花をつける》.

deux·ième [dəːzjém; *F.* døzjɛm] 〘◻F ～ 'second' ← *deux* 'TWO'〙 *F. n.* (*pl.* ～**z** [～]) (演劇などの)初日[初演]につづく 2 回目の興業[公演].

Deux·ième Bùreau [dəːzjém-] *F. n.* (フランスの)軍情報部.

Deux-Sè·vres [dəːsévr(ə); *F.* døsɛːvr] *n.* ドゥセーヴル(県)《フランス西部の県; 人口 335,000, 面積 6,004 km², 首都 Niort [njɔːr]》.

dev. 《略》 develop; developer; development; deviate; deviation.

Dev. 《略》 Devonshire.

de·va[1] [déɪvə | déɪ-, díː-; *Hindi* deva] 〘◻Skt *deva* god, 《原義》 a shining one (⇨ deity): cf. Deus〙 *n.* 〘ヒンズー教・仏教〙 神.

de·va[2] [déɪvə | déɪ-, díː-; *Hindi* deva] 〘◻Aves. *dǝēvō*: cf. Skt *deva* (↑)〙 ― *n.* 〘ヒンズー教〙 悪神《元来ヴェダ (Veda) においては多神教的な神々をさしていたが, 後に Ishvara と呼ばれる最高神に従属するものとなった》.

De·va [déɪvə | déɪ-, díː-; *Hindi* deva] 〘⇨ deva[1]〙 ― *n.* 〘仏教〙 **1** 提婆(だいば), アーリヤデーバ《170?-?270; 竜樹の弟子で『百論』『四百論』の著者》. **2** 提婆(達多(だった))《釈尊の弟子であったが, 後に反逆して別に一派を作った. 仏教の伝説では極悪人とみなされる》.

de·va·da·si [dèɪvədάːsi | -sɪ] 〘◻Skt *devadāsī* ← *deva* 'DEVA[1]'＋*dāsī* slave girl〙 ― *n.* **1** 娘を寺院に舞子として捧げた古代インドのカストの一員. **2** ヒンズー寺院の舞子[遊女].

de Va·le·ra [dèvəlɛ́(ə)rə, -lí(ə)rə | dəvəlɛ́ərə, dèv-], **Ea·mon** [éɪmən] *n.* (1882-1975) アイルランドの政治家; 首相 (1937-48, '51-54, '57-59), 大統領 (1959-73).

de Val·ois [dəvǽlwɑː], Dame **Ni·nette** [nɪnét, nə- | nɪ-] *n.* (1898-) 英国の女流舞踊家・振付師; 本名 Edris Stannus [édrɪs stǽnəs, -rəs- | -rɪs-].

de·val·u·ate [diːvǽljuèɪt | -lju-] 〘← DE-[1]＋VALUE (n.)＋-ATE[3]〙 *v.* ＝devalue.

de·val·u·a·tion [dìːvæ̀ljuéɪʃən | dìːvælju-, dɪvæ̀l-] 〘《1914》: ⇨ ↑, -ation〙 ― *n.* **1** 〘経済〙 (通貨の)平価切下げ: the ～ *of* the Danish krone against the Deutsche mark ドイツマルクに対するデンマーククローネの平価切下げ. **2** 価値・地位・重要性の低下[を減ずること] (decline).

dè·vàl·u·á·tion·ist [-ʃ(ə)nɪst, -nəst | -nɪst] *n.* 平価切下げ論者.

de·val·ue [diːvǽljuː, -lju] 〘← DE-[1]＋VALUE〙 *vt.* **1** …の価値を減じる. **2** 〘経済〙 〈通貨〉の平価を切り下げる.

De·va·na·ga·ri [dèɪvənάːgəri | dèɪvənάːgərɪ, dèv-] 〘《1781》◻Skt *devanāgarī* Nagari of the gods: cf. deva[1], Nagari〙 ― *n.* デヴァナーガリー(文字)《サンスクリットおよびヒンディー語その他の現代インドの諸言語を書き表わすのに用いる; Brahmi 文字の系統に属する》.

dev·as·tate [dévəstèɪt] 〘《1634》← L *dēvastāt-us* (p.p.) ← *dēvastāre* ← DE-[1]＋*vastāre* to make desolate (cf. vast): ⇨ -ate[3]〙 ― *vt.* **1** 〈国土を〉荒らす, 荒廃させる, 略奪する: the ～*d* place 被害地. **2** 《口語》圧倒する, 無力にする. **dév·as·tà·tor** [-ṭə | -tə(r)] *n.*

dév·as·tà·tive [-tèɪṭɪv | -tɪv] *adj.*

dév·as·tàt·ing [-ṭɪŋ | -tɪŋ] *adj.* **1** 荒廃させる, 荒らす, 破壊的な: a ～ typhoon. **2** 《口語》〈議論・不幸など〉圧倒的な, 驚くほどの; 〈話・演奏など〉すばらしい, 〈女性など〉素敵な: a ～ effect. **～·ly** *adv.*

dev·as·ta·tion [dèvəstéɪʃən] 〘《1461》◻LL *dēvāstātiō(n-)*: ⇨ devastate, -ation〙 ― *n.* **1** 荒らすこと, 蹂躙(じゅうりん), 破壊. **2** 荒らされること, 荒廃(状態); [しばしば *pl.*] 略奪の跡, 惨害. **3** 〘法律〙 (遺言執行者または遺産管理人が行なう)遺産費消.

de Vega, Lope *n.* ⇨ Vega.

dev·el [dévəl] 〘← ?〙 《スコット》 *n.* 強打. ― *vt.* 強く打つ, 殴り倒す.

dè·vèlarizátion *n.* 〘音声〙 非軟口蓋(音)化.

dè·vélarize *vt.* 〘音声〙 非軟口蓋(音)化する.

de·vel·op [dɪvéləp, də-] 〘《1656》◻F *développer* < OF *desveloper* ← DE-[2]＋*voloper, veloper* to wrap: ⇨ envelop〙 ― *vt.* **1** 発育[発達, 発展]させる: Only sixty years ～*ed* the Wrights' primitive plane *into* the modern jumbo jet. わずか 60 年の間にライト兄弟の原始的な飛行機は現代のジャンボジェットへと発展した. **2 a** 〈隠れたものを〉発現させる, 明るみに出す, (潜在的なまたは初期の状態から)引き出す, 発揮させる; 〈知能などを〉啓発する, 伸ばす; 〈品性を〉陶冶(とうや)する: ～ the mind 精神を陶冶する / ～ one's faculties 才能を伸ばす / The boy is gradually ～*ing* a tendency to obstinacy. 少年は段々強情な性質を現わしてきている / This motor will ～ 100 horsepower. この発動機は 100 馬力を出す / The car ～*ed* a squeak on the trip. 車は途中(故障などで)キーキー音を立てた. **b** 〈症状などを〉明らかにする; 〈病気〉にかかる: ～ a stammer どもりになる / He has begun to ～ a wobble. 足もとがよろめき始めた / I seem to have ～*ed* tuberculosis. どうやら結核にかかったらしい. **3** 〈資源などを〉開発する; 〈鉱山などを〉開く; 〈土地を〉(宅地などに)造成する, 開発する: ～ the natural resources of an area 地域の天然資源を開発する / ～ a mine 鉱山を開く《すぐにも発掘できるようにする》. **4** 〈議論・思索などを〉展開する, 詳しく説く. **5** 〘写真〙 現像する: ～ a film [plate] フィルム[種板]を現像する. **6** 〘音楽〙 〈主題を〉展開する. **7 a** 〘軍事〙 〈戦線を〉徐々にひろげる, 展開する; 〈敵状などを〉解明する, 明らかにする. **b** 〘チェス〙 〈駒を〉(もとの位置から活用しやすい位置に)展開する. **8** 〘数学〙 〈面・関数・式を〉展開する. ― *vi.* **1 a** 〔…から〕発育する, 発達する (grow) 〔*from*〕; (自然な過程を経て)発展する (evolve); 発育[発展]して〔…と〕なる〔*into*〕: A fever ～*s*. 熱が出てくる / An acorn ～*s into* an oak. / The meeting ～*ed into* a heated discussion. 会は興奮した議論に発展した / Nervousness ～*s into* a disease. 神経過敏が高じて病気になる. **b** 〘生物〙 発生する, 分化する, 進化する, 発達する. **c** 〘生物〙 第二次性徴を獲得する. **2 a** 〈局面・劇・物語の筋などが〉展開する, 進展する: The situation ～*ed* rapidly. 局面が急速に展開した. **b** 〈関心などが〉次第に生じて来る, 発揮される. **c** 《米》 〈事態などが〉明らかになる, 起こる: *It* ～*s that* neither of us paid the money. 結局我々のどちらもその金を払っていないということになった. **3** 〘写真〙 現像される.

de·vel·op·a·ble [dɪvéləpəbl̩, də-] *adj.* 発達[発展]させられる, 開発[啓発]できる, 発展性のある; 展開可能の; 現像できる.

devélopable súrface *n.* 〘数学〙 展開可能な曲面, 可展面《円錐・円柱の面のように平面の上に展開できる曲面》.

de·vel·ope [dɪvéləp, də-] *v.* 《まれ》 ＝develop. **～·ment** *n.*

de·vél·op·er *n.* **1** 開発者, 啓発者. **2** 不動産[宅地, 都市]開発業者, ディベロッパー. **3** エキスパンダー《人の筋肉などを発達させる器具》. **4** [形容詞を伴って]成長が…な人: I was a late [slow] ～. 私は知恵が遅れていた. **5** 〘写真〙 現像液[剤], 現像主薬; 現像技師[工]. **6** 〘染色〙 顕色剤.

de·vél·op·ing *adj.* 〈新興国など〉(経済・社会・政治上で)発展途上にある: a ～ country [nation] 発展途上国 (cf. UNDERDEVELOPED country).

devéloping àgent *n.* 〘写真〙 現像主薬.

devéloping-óut pàper *n.* 〘写真〙 現像(印画)紙 (略 D.O.P.).

devéloping pàper *n.* 〘写真〙 現像(印画)紙.

devéloping tànk *n.* 〘写真〙 現像タンク.

devéloping trày *n.* 〘写真〙 現像皿.

de·vél·op·ment 〘《1756》← DEVELOP＋-MENT〙 ― *n.* **1 a** 発達, 発育, 成長, 進化; 発展, 進展: the ～ *of* the human mind [*of* civilization] 人間精神[文明]の発達. **b** 発達した状態; 進歩発達の段階. **2 a** (資源・事業などの)開発, 拡張, 発展: the ～ *of* backward regions 未開発地域の開発 / be engaged in the ～ *of* one's business 事業の発展[拡張]に従事する / bring land under ～ 土地を開墾する. **b** (不動産開発業者 (developer) が開発・建築した広大な地域の)住宅群[団地], 集団住宅 (cf. housing development, housing project). **3** 〘生物〙 発生; (動物・植物の)進化. **4** 〘哲学〙 発展, 発達《素質または潜在的可能性が低級から高級の段階へ移行・進展すること》. **5** 発生体, 進化の結果, 発展の所産: The butterfly is the ～ *of* the caterpillar. 蝶は毛虫の成育したもの. **6** (新)事実, (新)事情; 事態・状況の進展; 事件, 出来事: Here are the latest ～*s*. (ニュースの報道で)最近の出来事をお知らせします / new political ～*s* 新しい政治情勢 / a new ～ *in* the social problem 社会問題の新事実. **7** 〘数学〙 展開. **8** 〘写真〙 現像. **9** 〘染色〙 顕色. **10** 〘音楽〙 (ソナタ形式の)展開部. **11** 〘鉱山〙 開坑《新しい坑口を掘ったり必要な施設を設けること》.

de·vel·op·men·tal [dɪvèləpméntl̩, də- | -tl̩] *adj.* 発達上の, 発育上の; 開発的な, 発展的な; 啓発的な; 発生上の, 進化的な. **～·ly** *adv.*

developméntal biólogy *n.* 〘生物〙 発生生物学.

developméntal diséase *n.* 〘病理〙 (身体の発育・成長の時期過程に従って起こる)発育病.

devélopment àrea *n.* 《英》 開発地域 (cf. grey area, special area b).

de·vel·op·men·ta·ry [dɪvèləpméntəri, də- | -tərɪ] *adj.* ＝developmental.

devélopment pàper *n.* 〘写真〙 現像(印画)紙.

devélopment sèction *n.* 〘音楽〙 ＝development 10.

de·vel·op·pé [dɪvèləpéɪ, də-, dèvəlo(ʊ)- | dɪvèləpéɪ, dèvələ(ʊ)-; *F.* devlɔpe] 〘◻F ～ (p.p.): ⇨ develop, -ee[1]〙 ― *n.* (*pl.* ～**s** [～z; *F.* ～]) 〘バレエ〙 デヴロペ《軸足のそばに片足を上げてからその脚を空中に広げる動作》.

de·ver·bal [dìːvə́ːbəl | -vɔ́ː-] *adj.*, *n.* 〘文法〙 ＝deverbative.

de·verb·a·tive [dìːvə́ːbəṭɪv | -vɔ́ːbət-] 〘← DE-[1]＋VERB＋-ATIVE〙 〘文法〙 ― *adj.* **1** 動詞に由来する, 動詞から派生した: Worker is a ～ noun derived from the verb work. worker は動詞 work に由来する名詞である. **2** 動詞からの派生[由来]を示す, 動詞由来語に用いられる《例えば teacher, developer などの接尾辞 -er》. ― *n.* 動詞派生[由来]語; 動詞派生指示要素.

de Vere [dəvíə, dɪ- | -víə(r)], **Aubrey Thomas** *n.* (1814-1902) アイルランド出身の詩人; *The Waldenses and Other Poems* (1842), *English Misrule and Irish Misdeeds* (1848).

Dev·e·reux [dévərùː, -rùːks], **Robert** *n.* ⇨ 2nd Earl of Essex.

de·vest [dɪvést, də- | dɪ-] 〘《1563》◻OF *devest-er* 'to DIVEST'〙 ― *vt.* **1** 《廃》〈人〉の着物を脱がせる (undress). **2** 〘法律〙 〈称号・権限・財産などを〉…から奪う, 取り上げる 〔*of*〕 (⇨ divest 2).

De·vi [déɪvi | -vɪ] 〘◻Skt *devī* (fem.) ← *deva* 'DEVA[1]'〙 ― *n.* **1** 〘インド神話〙 デービー《ヒンズー教の女神; 特に Siva の配偶者》. **2** [d-] 〘ヒンズー教〙 母なる女神《既婚婦人の名前に冠して用いられる》.

de·vi·ance [díːviəns | -vjəns, -vɪəns] 〘⇨ deviant, -ance〙 *n.* (性欲)異常(の行動).

dé·vi·an·cy [-viənsi | -vjənsɪ, -vɪənsɪ] 〘⇨ ↓, -ancy〙 *n.* ＝deviance.

de·vi·ant [díːviənt | -vjənt, -vɪənt] 〘◻LL *dēviant-em* (pres.p.) ← L *dēviāre* 'to DEVIATE': ⇨ -ant〙 ― *adj.* (常軌を)逸脱した, 常道を逸した: ～ social behavior. ― *n.* **1** (知能的・社会的または性的に)常軌を逸した人, 変わった人, 異常者. **2** 偏向者. **3** 〘言語〙 逸脱形, 例外.

de·vi·a·scope [díːviəskòʊp | -vɪəskə̀ʊp] 〘← DEVIA(TION)＋-SCOPE〙 ― *n.* 〘海事〙 デビエスコープ, 自差修正実験装置《磁気コンパスに影響を与える船体磁気を作り, そのために起きるコンパス自差の修正法を学ぶための装置》.

de·vi·ate 〘《a1633》◻LL *dēviāt-us* (p.p.) ← *dēviāre* ← DE-[1]＋*via* 'way, VIA[1]': cf. devious〙 ― [díːvièɪt | -vièɪt, -vjeɪt] *v.* ― *vi.* 〔道から〕逸(そ)れる, 外(はず)れる 〔*from*〕; 進路を〔…へ〕転じる 〔*to*〕; 〈話が〉脱線する, 脇道にそれる; 〔正道・規準・主義・党則などを〕離れる, 逸脱する 〔*from*〕: ～ *from* syntactical rules 文章構成の法則に外れる. ― *vt.* 逸脱させる 〔*from*〕. ― [-viət, -vɪɪt, -vièɪt | -vɪət, -vɪɪt, -vièɪt] *adj.* 〘社会学〙 (常軌より)逸脱した. ― [-viət, -vɪɪt, -vièɪt | -vɪət, -vɪət, -vɪèɪt, -vjeɪt] *n.* **1** 〘心理〙 逸脱者. **2** 〘統計〙 偏差値. **de·vi·a·to·ry** [díːviətɔ̀ːri, -tòːri | -vɪətərɪ, -vjə-, -vɪèɪt-] *n.*

de·vi·a·tion [dìːviéɪʃən | -vɪ-] 〘《c1385》◻LL *dēviātiō(n-)*: ⇨ ↑, -ation〙 ― *n.* **1** 〔方針・方法・法則・標準などから〕外(はず)れること, 脱線, 逸脱 〔*from*〕. **2** 脱線行為. **3** 歪み, かたより, ふれ, 偏向. **4** 〘光学〙 光線のふれ, 偏向. **5** 〘砲術〙 (発射弾の)弾着誤差, 破裂誤差《弾着点または破裂点と目標との距離》. **6** 〘生物〙 (個体変異における)偏向, 偏差. **7** 〘海事〙 (船内磁気コンパスの)自差 (cf. variation 5). **8** 〘統計〙 (平均からの)偏差: ⇨ mean deviation, standard deviation. **9**

〘海上保険〙(船舶の)離路《航路外航行, 順路外航行》. **10**〘社会学〙逸脱. **11**〘政治〙(政党などの教条・イデオロギーからの)逸脱, 離脱. **～·al** [-ʃənḷ, -ʃnəl] *adj.*

deviátion càrd *n.*〘海事・航空〙(船・航空機の)磁気コンパスの自差記録カード.

dè·vi·á·tion·ism [-ʃənìzm] *n.* 偏向; (特に, 共産党の規定方針からの)逸脱.

dè·vi·á·tion·ist [-ʃ(ə)nɪst, -nəst | -nɪst] *n., adj.* (共産党路線を)逸脱する(人), 分離[分派]主義の(人).

dé·vi·à·tor [-ṭə | -tə(r] *n.* **1** 逸(そ)れる[逸脱する]人. **2** (気球の)方向転換装置.

de·vice [dɪváɪs, də- | dɪ-] 〘《c1300》 *devis(e)* ▭ (O)F *devis* division, discourse & *devise* heraldic device ▭ L *dēvīsus* (masc.) & *dēvīsa* (fem.) (p.p.) ← *dīvidere* 'to DIVIDE': cf. devise〙 ── *n.* **1** 工夫, 仕組み, 方策, 趣向. **2** [しばしば *pl.*] 策略, 計略, 謀計 (trick). **3 a** 工夫を凝らした物, 考案物, 装置, 仕掛け: a new ～ *for catching* flies 新案はえ取り器 / a mechanical ～ 機械装置[仕掛け] / a safety ～ 安全装置. **b**〘演劇〙特別の舞台効果を出すために用いられる(ささやき声などの)演出上の技巧. **4** (文学的効果をねらう)語句(の特別使用), 文学的手法. **5** 意匠, 図案, 模様; 記章, 商標; (特に, 題銘・銘句などが付いていて紋章のように用いる)象徴的図案. **6**〘印刷〙印刷者[出版者]マーク. **7** [*pl.*] 意志, 望み, 気まま (desire): leave a person to his own ～*s* (忠告・援助などを与えず)人に思うように[勝手に]させる. **8**《古》発明[工夫]の才, 発明力.

dev·il [dévəl] 〘OE *dēofol* ▭ L *diabol-us* ▭ Gk *diábolos* devil, 《原義》slanderer (《なぞり》) ← Heb. *śāṭān* 'SATAN') ← *diabállein* to slander: ⇨ dia-, ballista〙 ── *n.* **1 a** 悪魔, 悪鬼; [通例 the D-] 魔王, 人類の誘惑者, 神の敵, サタン (Satan): Needs must when the ～ drives. 《諺》背に腹は変えられぬ / Talk [Speak] of the *devil*, and he will [is sure to] appear. 《諺》うわさをすれば影(がさす)《しばしば and 以下を略して用いる; また婉曲的に devil の代わりに angel を用いることもある》. **b** 特異な偶像, 邪神; 《豪》魔力, 呪文; 魔神. **2** (悪魔のような)悪人, 外道(げどう), 人非人, ひとでなし; 扱いにくい[人間に対して悪意をいだく]動物. **3**《口語》**a** (体を持てあましている)無軌道な若者, 向こう見ずな人: a ～ *of a* fellow 元気な[威勢のいい]男 (cf. *a* [*the*] DEVIL *of a*...). **b** 物事にがむしゃらに打ち込む人, 凝り性の人; 凄腕の人, ...の鬼: a ～ *for* golf ゴルフ狂. **c** 闘志, 攻撃力; 情熱. **4**《口語》[修飾語を伴って] 不幸[不運]な人, みじめな[あわれな]やつ; ...なやつ (fellow): a poor ～ かわいそうなやつ / a clever ～ 利口なやつ / The boy, poor ～, is an orphan. かわいそうに, あの子はみなしごだ. **5 a** 欲[嫉妬心]の強い人, 〔...の〕塊, 鬼〔*of, for*〕: the ～ *of* avarice [jealousy] 強欲[嫉妬]の鬼. **b** [the (very) ～] 扱いにくい人[物]; 難問: That's *the* ～ (of it). そこが大変[厄介]な点だ. **6 a** 他人のために働く人, 人に利用される男. **b** 下受けの文筆業者; 下働きの弁護士《無給》. **c**《古》(印刷所の)小僧, 使い走り: a printer's ～. **7** [通例 the ～]《口語》**a** [嫌悪・怒り・驚き・否定などの強い感情を表わす間投詞的用法として]: *The* ～! 畜生, まさか. **b** [強意語として; cf. deuce² 3]: Who *the* ～ is he? あいつは一体だれだ (cf. blaze¹ 4 b) / *The* ～ he is! 彼がそうでたまるもんか / *The* ～ you did! 君がしたって, まさか (Did you really?). **8**〘機械〙(ぼろなどを裂くのに用いる)裂断機, 切断機; (木ねじ)製造機. **9** (屋外使用のための, 携帯用の)炉, 火かご. **10** (こしょうなどの)刺激の強い香辛料をきかせた料理《主に家禽をあぶり焼きしたもの; cf. *vt.* 1》. **11**《インド・アフリカ》=dust devil. **12**〘造船〙船の水線付近外板の継ぎ目.

a [*the*] *devil of a*... 《口語》ひどい..., どえらい..., とんでもない... (a damned): a ～ *of a* fellow 途方もない男 (cf. 3 a) / *a* ～ *of a* fine house すごくいい家 / *a* ～ *of a* time [mess] ひどい目[混乱] / I'm in *a* [*the*] ～ *of a* trouble. とんでもないもめごとに巻き込まれている. ***beat the devil*** =*beat the* BAND². ***beat the*** [***a***] ***devil's tattoo*** ⇨ devil's tattoo. ***between the devil and the deep*** (***blue***) ***sea*** 〘《c1620》: ⇨ n. 12: 水夫が船体の継ぎ目 (devil) にタールを塗る時に舷側と水面の中間にぶら下がることから〙二つの危難にはさまれて, 進退きわまって (between Scylla and Charybdis). ***Devil take it!*** えいくそ, 畜生. ***give the devil his due*** どんなに気に食わない人間でも認めるべき点は認める. ***go to the devil*** (1) 破滅する, おちぶれる; 堕落する. (2) [命令文で] くたばってしまえ; 行っちまえ. ***have a devil*** 《口語》神がかりになっている. ***in the devil*** [疑問を強めて]《口語》一体全体: Where *in the* ～ did he go? 一体どこへ行ったのか. ***like the devil*** ひどく, 猛烈に, 猛烈な勢いで: I miss her *like the* ～. ***paint the devil blacker than he is*** 輪をかけて悪くいう. ***play the devil with*** 《口語》(1) ...をさんざんに荒らす, めちゃくちゃにする (upset). (2) 《英》〈人〉をひどくしかる[怒る]. ***Pull devil, pull baker!*** (綱引きなどで)どっちもしっかり. ***raise the devil*** ⇨ raise v. 成句. ***say the devil's paternoster*** ⇨ devil's paternoster. ***tell*** (***the***) ***truth and shame the devil*** ⇨ truth n. 成句. (***the***) ***devil a bit*** 少しも(...ない) (not at all). ***the devil among the tailors*** 《英》(1) 大騒ぎ, 乱闘. (2) 花火の一種. ***the devil and all*** 《口語》なにもかも一切; 何一つろくなものは(...ない). (***the***) ***devil a one*** ただの一つも(...ない) (nothing). ***the devil of a***... =*a* DEVIL *of a*.... ***the devil's own*** 《口語》とてもひどい[難かしい, 厄介な]; 非常な (devilish): *the* ～*'s own* task / have *the* ～*'s own* time with proofreading 校正でひどく苦労する. ***the devil's own luck*** 《口語》(1) ひどい悪運. (2) 大変な好運. (***the***) ***devil take the hindmost*** (遅れた者は鬼に食われろとばかり)われがちに[だ], 早い者勝ちに[だ] (each man for himself). ★ take は仮定法現在形. ***the devil to pay*** 《俗》後難, こわい結果: There will be *the* ～ *to pay*. 後がこわい. ***whip the devil round the post*** [《米》***around the stump***] 口実をつくって困難を避ける, うまく法網をくぐる. ***wish a person at the devil*** ⇨ wish *vt.* 3 a.
devils on horseback =devils-on-horseback.
── *v.* (**dev·iled, dev·illed; dev·il·ing, dev·il·ling**) ── *vt.* **1** [今は通例 p.p. 形で]〘料理〙(こしょうなど刺激の強い香辛料をきかせて)あぶり焼きする. **2**《米口語》いじめる, 困らす (annoy). **3** 〈ぼろを〉裂断機[切断機] (devil) にかける. ── *vi.* 〔弁護士・著述家などの〕下受け仕事をする, 〔印刷所の〕使い走りとして働く〔*for*〕: ～ *for* a barrister, an author, etc.

dévil-dòdger *n.* 《戯言》悪魔をごまかして翻弄(ほんろう)する人; 《口語》(大声でどなる)説教師, (特に)軍隊付きの牧師.

dévil dòg *n.* 《米口語》米国海兵隊員.

dev·il·dom [dévəldəm] *n.* 魔界, 悪魔の国; 悪魔の支配力[位, 身分].

dév·iled *adj.* 辛く味をつけた: ～ ham.

dévil·fish *n.* (*pl.* ～, ～·es) **1** 《米》〘魚類〙暖海産イトマキエイ科の魚類の総称《イトマキエイ (*Manta birostris*) など》. **2**〘魚類〙オニダルマオコゼ (*Synanceja verrucosa*)《オニオコゼ科の魚》. **3** タコ (octopus); (一般に)大きな頭足類の動物《イカ (cuttlefish) など》.

dévil gràss *n.*〘植物〙=Bermuda grass.

dévil-in-a-búsh *n.*〘植物〙**1** =love-in-a-mist 1. **2** =herb Paris.

dévil-in-the-búsh *n.*〘植物〙=devil-in-a-bush.

dév·il·ish [-v(ə)lɪʃ] 〘《?a1439》: ⇨ -ish¹〙 ── *adj.* **1** 悪魔の(ような), 呪わしい; (悪魔のように)大胆不敵な, 放逸な; (悪鬼のように)凶悪な, 極悪非道の. **2**《口語》[強意語として] ひどい, すごい; 極端な, 非常な: in a ～ hurry ものすごく急いで. ── *adv.* 《口語》[強意語として] ひどく, ばかに, 恐ろしく: ～ funny, nice, etc. / It's ～ cold out here. 外は滅法寒い. **～·ness** *n.*

dév·il·ish·ly 〘《1531》〙 *adv.* **1** 悪魔のように, 邪悪に. **2**《古口語》[不快さを示して] 猛烈に, とてもひどく, はなはだしく.

dév·il·ism [-vəlìzm] *n.* **1** 悪魔性, 魔性. **2** 悪魔のような振舞い. **3** 悪魔崇拝.

dev·il·kin [dévəlkɪn, -kən | -kɪn] 〘← DEVIL + -KIN〙 *n.* 小悪魔, 小鬼.

dévilled *adj.* =deviled.

dévil-may-cáre *adj.* **1** がむしゃらな, 向こう見ずの. **2 a** 陽気な, ふざけ回る. **b** 〈様子など〉無造作な.

dév·il·ment 〘← DEVIL (v.) + -MENT〙 ── *n.* **1**《古》悪魔の所行. **2** 悪魔的[怪奇]な考案; (気まぐれな)いたずら. **3** 陽気, 元気: be full of ～.

dévil-on-the-cóals *n.* 《豪俗》小型のパン (⇨damper 6).

dev·il·ry [dévəlri | -rɪ] 〘《?c1400》: ⇨ devil, -ry〙 ── *n.* **1** 悪魔のいたずら[しわざ], 極悪非道の行為. **2**《戯言》むちゃないたずら, ばかはしゃぎ. **3** 悪魔的魔術. **4** 悪魔学. **5** 魔界; [集合的] 悪魔 (devils).

dév·il's ádvocate 〘《なぞり》← L *advocātus diabolī*〙 ── *n.* **1**〘カトリック〙列聖[列福]調査審問検事《聖人・福音に列すべき候補者の奇跡・徳行に関する証拠の信頼性を検査する役; cf. postulator》. **2 a** けちをつける人, あまのじゃく. **b** (論争などのために)わざと反対の立場を取る人.

Dévil's Bíble *n.* [the ～] =devil's picture book.

dévil's-bónes *n. pl.* 《俗》さいころ (dice).

dévil's bóok *n.* [the ～]《口語》=devil's picture book.

dévil's-cláw *n.*〘海事〙デヴィルクロー《錨鎖(びょうさ)のリンクをつかむ 2 爪鉄型のフック》.

dévil's cóach·horse *n.* 《英》〘昆虫〙数種の大型のハネカクシ (rove beetle) の総称.

dévil's dárning nèedle *n.*〘昆虫〙**1** =dragonfly. **2** =damselfly.

dévil's dózen *n.* 《方言》13 個 (long dozen) (cf. baker's dozen).

dévil's dùng *n.*〘植物〙=asafetida 2.

dévil's fòod *n.* =devil's food cake.

dévil's fòod càke 〘angel cake との色の違いから〙 *n.* 《米》(味・色ともに濃厚な)チョコレートケーキ.

dévil's grìp *n.* 《口語》**1**〘植物〙=carpetweed. **2**〘獣医〙メンヨウの鬐甲(きこう)部と肩甲後背部が糸で縛りつけられたように陥凹している奇形. **3**〘病理〙=epidemic pleurodynia.

dévil's-gúts *n.* (*pl.* ～)〘植物〙=dodder¹.

dévil's hórse *n.* 《米南・中部》=praying mantid.

Dévil's Ísland 〘《なぞり》← F *Île du Diable*〙 ── *n.* 悪魔島《南米フランス領 Guiana 北岸沖, Safety Islands の一島, 不毛の島; フランスはもとここへ犯罪人を送った (1852-1951)》.

dévil's màrk *n.* 悪魔の印《魔女が悪魔の手下になる時の契約の印; あざや傷痕のようなもので痛覚がないと信じられた; cf. witch's mark》.

dévils-on-hórseback *n.* =angels-on-horseback.

Dévil's Ówn *n.* [the ～] **1** (英国の)歩兵第 88 連隊の俗称. **2** (英国の) Inns of Court の義勇銃兵隊の俗称.

dévil's paintbrush *n.*〘植物〙=orange hawkweed.

dévil's páternoster *n.* **1** 逆に読んだ主の祈り《中世の魔法使いが唱えた》. **2** 不平, 呪い: say the ～ ぶつぶつ不平をこぼす.

dévil's pícture bòok [**gàllery**] *n.* [the ～]《口語》トランプ (playing cards)《New England の清教徒が言い始めたもの》.

dévil's píctures *n. pl.* [the ～] =devil's picture book.

dévil's-píncushion *n.*〘植物〙北米南西部産サボテン科コリファンタ属の小さな球状のサボテン (*Coryphantha robustispina*)《多数のからみあった刺を有し鮭肉色の花をつける; pineapple cactus ともいう》.

dévil's tattóo *n.* 指太鼓《いらいらした時など指先や足で机や床などをこつこつ叩くこと; ほぼ「貧乏ゆすり」に当たる》: beat the [a] ～.

dévil's-tòngue *n.*〘植物〙ヘビイモ (*Hydrosme rivieri*)《大きな葉と長い肉穂花をとりまく派手な暗赤色の仏炎包(ぶつえんほう) (spathe) を持ち, 悪臭のあるサトイモ科の多肉球根植物》.

dévil's twíne *n.*〘植物〙=devil's-guts.

dévil's-wálking-stìck *n.*〘植物〙=Hercules'-club 1.

dev·il·try [dévəltri | -trɪ] 〘《転訛》← DEVILRY〙 *n.* =devilry.

dévil·wòod *n.*〘植物〙米国南部産モクセイ属の低木 (*Osmanthus americanus*).

dévil wòrship *n.* 悪魔崇拝, 魔神崇拝.

de·vi·ous [díːviəs, -vjəs | -vjəs, -vɪəs] 〘《1599》← L *dēvius* out of the way (⇨ de-¹, via¹) + -OUS〙 ── *adj.* **1** 〈道など〉遠回りの, 曲がりくねった. **2** 引込んだ, 辺鄙(へんぴ)な, 遠い. **3** 方向の一定しない: ～ breezes. **4** よこしまな, 誤った, 迷った; 遠回りした: a ～ argument 誤った議論 / a ～ procedure 回りくどいやり方 / a ～ explanation 持ってまわった説明. **5** 率直でない, 人をあざむく; 心がまっすぐでない, 不正な: by ～ means 不明朗な手段で. **～·ly** *adv.* **～·ness** *n.*

de·vís·a·ble [dɪváɪzəbḷ, də- | dɪ-] 〘《15C》▭ AF ～: ⇨ devise, -able〙 *adj.* **1** 工夫[発明]できる. **2**〘法律〙遺贈できる.

de·vís·al [dɪváɪzəl, də-, -zḷ | dɪ-] *n.* 工夫, 考案.

de·vise [dɪváɪz, də- | dɪ-] 〘《?c1225》 *devise(n)* ▭ (O)F *devis-er* ← L *dīvīsus* (p.p.) ← *dīvidere* 'to DIVIDE': cf. device〙 ── *vt.* **1** 〈計画・手段・方法などを〉工夫する, 案出する; 創案する, 〈新案品を〉発明する. **2**〘法律〙〈不動産を〉遺贈する《しばしば動産についても用いられる》: give and ～ 遺産として与える《遺言書の法律用語》. **3**《古》思う, 推量する. **4**《古》〈悪事を〉謀(はか)る, 企てる, たくらむ. ── *vi.* [今は主として現在分詞で]工夫する, 案出する: the *devising* spirit 創意工夫の精神(の持主). ── *n.*〘法律〙(不動産の)遺贈, 遺贈財産 (cf. *vt.* 2); (遺言状の)贈与条項.

dev·i·see [dèvəzíː, dɪvaɪzíː, də- | dèvɪzíː, dɪvaɪzíː] 〘← DEVISE + -EE¹〙 *n.*〘法律〙(不動産の)受遺者 (cf. devisor).

de·vís·er 〘《15C》▭ AF *devisour* = OF *deviseor*: ⇨ devise, -er¹〙 *n.* **1** 考案者, 案出者. **2**〘法律〙=devisor.

dev·i·sor [dèvəzɔ́ə, dɪváɪzə, də-, dèvəzɔ́ə | dèvɪzɔ́ː(r, dɪvaɪzɔ́ː(r, dɪváɪzə(r] 〘▭ AF *devisour* (↑)〙 *n.*〘法律〙(不動産の)遺贈者 (cf. devisee).

de·vi·tal·i·za·tion [dìːvàɪṭəlɪzéɪʃən, -lə-, -ṭḷ- | -təlaɪ-, -lɪ-, -tḷ-] *n.* 活力脱失, 無気力化.

de·vi·tal·ize [dìːváɪṭəlàɪz, -ṭḷ- | -təl-, -tḷ-] *vt.* 〈人〉から活力[活気]を奪う, 無気力にする.

de·vi·ta·min·ize [dìːváɪṭəmɪnàɪz, -mə- | -vítəmɪn-, -váɪt-] 〘← DE-¹ + VITAMIN + -IZE〙 *vt.* (料理するときなど)...からビタミンをなくする.

de·vit·ri·fi·ca·tion [dìːvìtrəfɪkéɪʃən, -fə- | -trɪfɪ-] *n.*〘窯業〙失透(現象)《ガラス状態または溶化状態を一部または全部失うこと, またはその状態にする工程; ガラス状態から結晶状態に変ること》.

dè·vit·ri·fied gláss *n.* 結晶化ガラス《溶融ガラスを成形し, 次に調節しながら最終製品が結晶からなるようにつくられた窯業製品》.

de·vit·ri·fy [dìːvítrəfàɪ | -rɪ-] 〘▭ F *dévitrifi-er*: ⇨ de-¹, vitrify〙 ── *vt.*〘窯業〙...から溶化状態を(一部あるいは完全に)失わせる; 〈ガラスを〉失透させる.

dè·vít·ri·fi·a·ble [～əbḷ] *adj.*

de·vo·cal·ize [dìːvóukəlàɪz | -vóu-] 〘《1877》← DE-¹ + VOCAL + -IZE〙 *vt.*〘音声〙=devoice.

de·voice [dìːvɔ́ɪs] *vt.*〘音声〙〈有声音を〉無声音化する.

de·void [dɪvɔ́ɪd, də- | dɪ-] 〘《?c1400》(p.p.) ← ME *devoide(n)* to remove ▭ OF *devoidier* (F *dévider*) ← DE-¹ + *voidier* 'to empty, VOID'〙 ── *adj.* [通例 predicative に用いて] 〔...が〕欠けている〔*of*〕: walls ～ *of* bookshelves 本棚の置いてない壁 / He is ～ *of* humor. 彼にはユーモアがない.

de·voir [dəvwáə, -vwɔ́ə, dévwaə, -vwɔə | dəvwáː(r, dévwaː(r; *F.* dəvwaːr] 〘《15C》▭ F ～ < L *dēbēre* to owe ∽ (*a*1333) *dever* ▭ AF = OF *deveir*〙 ── *n.* **1**《古》本分, 義務; 最善: do one's ～ 本分[最善]を尽す. **2** [*pl.*] 礼儀, 敬意 (respects): pay [tender] one's ～*s* to ...に敬意を表する.

de·vol·a·til·ize [dìːvɑ́ləṭəlàɪz, -ṭḷ- | -vəlǽtɪl-, -və(ʊ)-, -vɔ́lət-]〘化学〙*vt.* 〈蒸気を〉液化させる. ── *vi.* 〈蒸気が〉液化する.

dev·o·lu·tion [dèvəlúːʃən, dìːv-, -ljúː- | dìːv-, dèv-] 〘《1545》▭ ML *dēvolūtiō(n-)* ← L *dēvolūtus* (p.p.): ⇨ ↓, -tion〙 ── *n.* **1** 相伝. **2** (官職・権利・義務などの)移転, 移譲, 伝承. **3**〘法律〙法定移転《死亡・破産・支払不能などの場合, 権利が法の効力によって人格代表者 (personal representative)・公任収益管理人 (official receiver)・破産管財人 (trustee) などに移転すること》. **4 a**〘議会〙委員会付託. **b**〘アイル政治〙アイルラン

ド自治(Home Rule)に代るアイラルンド自治計画: a ~ bill for Scotland & Wales スコットランド・ウエールズ新自治法案. **5**〘生物〙退化 (↔ evolution). **~·ar·y** [-ʃənèri | -ʃ(ə)nərɪ] *adj.* **~·ist** [-ʃ(ə)nɪst, -nəst | -nɪst] *n.*

de·volve [dɪvɑ́lv, də-, -vɔ́(ː)lv | dɪvɔ́lv, -váʊlv] 〚(?1440)▭L *dēvolv-ere* to roll down ← DE-¹+*volvere* to roll: cf. voluble〛 ― *vi.* **1** 〈官職・義務などが〉〔人に〕移る, 帰属する, 帰する (fall) 〔*on, upon*〕; 〈土地・財産などが〉〔人の〕所有となる〔*to*〕: That duty ~*d on* him. その役目は彼にかかっていった / It ~*s upon* you *to* do it. それをすることはあなたの任務だ. **2**《古》ころがり落ちる. ― *vt.* **1** 〈仕事・義務などを〉〔人に〕譲り渡す, 移す〔*to, upon*〕. **2**《古》ころがり落とす.

Dev·on¹ [dévən] 〚OE (*on*) *Def(e)num* ▭Brit. *Dumnonii*〛 *n.* イングランド南西部の州; 人口 948,000, 面積 6,711 km², 首都 Exeter.

Dev·on² [dévən] 〚↑〛 *n.* デボン《英国 Devon 州原産の一品種の牛; cf. South Devon》.

De·vo·ni·an [dɪvóʊniən, də-, -njən | devóʊnjən, dɪ-, -niən] 〚(1612) ← DEVON¹+-IAN〛 ― *adj.* **1** イングランド Devon 州の. **2**〘地質〙デボン紀[系]の: the ~ period [system] デボン紀[系]《シルリア紀と石炭紀との中間》. ― *n.* **1** [the ~]〘地質〙デボン紀[系]. **2** イングランド Devon 州の人.

Dev·on·shire [dévənʃɪə, -ʃə | -ʃə(r, -ʃɪə(r] 〚OE *Def(e)nascīr*: ⇨ Devon¹, -shire〛 *n.* **1** =Devon¹. **2** =Devonshire cream.

Dévonshire créam *n.* デボンシャークリーム《Devon 州特産の凝固した濃厚なクリーム; 果物・デザートなどに添えて食べることが多い》.

Dévonshire wáinscot *n.*〘昆虫〙ヨーロッパ産ヤガ科キョトウ属のガの一種 (*Leucania putrescens*).

de·vote [dɪvóʊt, də- | dɪváʊt] 〚(1586) ← L *dēvōt-us* (p.p.) ← *dēvovēre*: ⇨ de-¹, vow¹〛 ― *vt.* **1 a** 〈時間・金・精力などを〉〔研究・仕事・目的などに〕捧げる, 向ける, 当てる, 任せる〔*to*〕: He ~*d* his time *to* the study of [*to* studying] economics. もっぱら経済学の研究に時間を当てた. **b** [~ oneself または Passive で]〔…に〕一身をささげる, 専念する, 熱中する, ふける〔*to*〕: He ~*d himself* [He *was* ~*d*] *to* his sick wife. 彼は寝食も忘れて病妻のために尽くした[尽くしていた]. **2** 〔神に〕奉献する〔*to*〕; 〔…に〕ゆだねる〔*to*〕: ~ a city *to* destruction 都会を破壊にまかせる. **3**《廃》呪う (curse). ― *adj.*《古》=devoted.

de·vót·ed [-tɪd, -təd | -tɪd, -təd] *adj.* **1** (願を立てて)誓った; 献身的な, 熱心な; 篤信な: a ~ Christian / ~ Christianity 熱烈なキリスト教信仰. **2** 熱愛している, 愛情の深い〔*to*〕: a ~ husband, wife, friend, etc. / a ~ mother ひたむきに[献身的に]子を愛する母. **3**《古》運命づけられた, 呪われた. **~·ness** *n.*

de·vót·ed·ly *adv.* 献身的に, 専心して; 熱愛的に.

dev·o·tee [dèvətíː, -téɪ, dɪvòʊtíː, də- | dèvə(ʊ)tíː] 〚← DEVOTE+-EE¹〛 ― *n.* **1** 〔…の〕信者, 愛好者, 帰依(き)者〔*of*〕: a ~ *of* religion, learning, photography, baseball, etc. **2** 〔…の〕熱中者, 凝り屋〔*to*〕: a ~ *to* research work 調査研究に熱心な人.

de·vóte·ment *n.*《まれ》献身, 専念; 奉献, 奉納.

de·vo·ti·o mo·der·na [dɪvóʊtɪòʊ-mo(ʊ)dɚ́ːnə, də-, -vóʊʃiòʊ- | dɪváʊtɪəʊ-mə(ʊ)dɜ́ː-, -vóʊʃɪəʊ-] 〚▭L *dēvōtiō moderna* modern devotion〛 ― *n.*〘カトリック〙デボシオモデルナ《14 世紀末 Groot によってオランダで始められた信仰運動; キリストの生涯について瞑想し, 個人の内面生活を深めることを重視した》.

de·vo·tion [dɪvóʊʃən, də- | dɪváʊ-] 〚(?a1200)▭(O)F *dévotion* // L *dēvōtiō(n-)*: ⇨ devote, -tion〛 ― *n.* **1 a** 献納, 奉献. **b** 献身, 専念, 傾倒; 〔ある目的・主義のために〕捧げる[当てる]こと, 傾注, 提供〔*to*〕; 熱情, 愛着: the ~ of a mother *for* her child 子供への母親の献身的な愛情 / ~ *to* the cause of freedom 自由のための献身. **2** 信心, 信仰, 帰依(き). **3** [*pl.*] 祈禱(式), 勤行(ぎょう): a book of ~*s* / be at one's ~*s* お祈りをしている.

de·vó·tion·al [-ʃənḷ, -ʃnəl] *adj.* **1** 信心深い, 敬虔な. **2** 礼拝[勤行]の, 祈りの. ― *n.* 短い[簡単な]礼拝《特にクラブなどの会合の前とか途中に行なわれる》. **~·ly** *adv.*

de·vó·tion·al·ìsm [-ʃ(ə)nəlɪzm̩] *n.* 信心(中心)主義, 形式的礼拝主義. **de·vó·tion·al·ist** [-lɪst, -ləst | -lɪst] *n.*

de·vour [dɪváʊə, də- | dɪváʊə(r] 〚(a1333) *devoure(n)* ▭(O)F *dévor-er* ▭L *dēvorāre* to swallow down ← DE-¹+*vorāre* to swallow up: cf. voracious〛 ― *vt.* **1** 〈猛獣などが〉むさぼり食う; 〈人間が〉むさぼるように食う, がつがつ食う. **2** 〈疫病・火事などが〉滅ぼす; 〈海・淵・闇・時・忘却などが〉飲み込む, 呑(の)む. **3 a** 〈本などを〉むさぼり読む; むさぼるように眺める, 熱心に[穴のあくほど]見入る, 見詰める; (一言も聞き漏らすまいと)熱心に聞入る: ~ novel after novel 次から次へと小説をむさぼり読む / He listened ~*ing* every word. 一言も聞き漏らすまいと傾聴した. **b**《詩》〈馬・車などが〉〈道を〉急ぐ, ぐんぐん進む: ~ the way [road]. **4** [通例 Passive で] 〈好奇心・心配などが〉〈人〉の注意を奪う, 夢中にさせる, 悩ます: *be* ~*ed by* 〔*with*〕 anxiety 心配で気が気でない.

de·vóur·er [-váʊ(ə)rə | -váʊərə(r] 〚(c1384)〛 *n.* むさぼり食う人[者]; むさぼる人.

de·vóur·ing [-váʊ(ə)rɪŋ | -váʊər-] 〚ME〛 *adj.* むさぼり食う; むさぼるような, 熱烈な, 激しい: a ~ passion, desire, etc. **~·ly** *adv.* **~·ness** *n.*

de·vout [dɪváʊt, də- | dɪ-] 〚(?a1200)▭(O)F *dévot* ▭L *dēvōtus*: ⇨ devote〛 ― *adj.* **1 a** 〈人が〉篤信の, 信心深い, 敬虔な: a ~ Catholic. **b** [the ~; 名詞的] 信心深い人たち, 信者. **2** 献身的な, 真心のこもった, 誠実な. **3** 熱烈な, 心からの: a ~ hope. **~·ness** *n.*

de·vóut·ly *adv.* **1** 信心深く; 献身的に. **2** [hope, believe などの動詞を修飾して] 心から, 切に.

De Vries [dəvríːs; *Du.* dəvríːs], **Hugo** *n.* ドフリース《1848–1935; オランダの植物学者; オオマツヨイグサの交雑実験の結果をまとめて突然変異説を提唱》.

dew [d(j)úː | djúː] 〚OE *dēaw* < Gmc **dauwaz, -am* (Du. *dauw* / G *Tau*) ← IE **dheu-* to flow (Gk *theîn* to run)〛 ― *n.* **1** 露: drops of ~ 露のしずく. **2** [通例 the ~] (朝・青春などの)新鮮味, さわやかさ: *the* ~ *of* one's youth さわやかな青年時代 (cf. *Ps.* 110: 3). **3** (露滴のような)しずく; 涙; 汗: the ~ of tears [sweat] 涙の露[汗の粒] / *dew*-lit eyes《詩》涙に光る目 / have got a ~ on《英俗》汗をかいている. **4**《口語》=mountain dew. **5**〘植物〙露《茎中の水上昇によって葉の上などにつく》. ― *vt.*《詩》露(のようなしずく)で潤す. ― *vi.* [it を主語として]《古》露が降りる: *It* began to ~. ★ 今は Dew began to fall. という. **~·less** *adj.*

De·wa·li [dɪwɑ́ːli, də- | dɪwɑ́ːlɪ] *n.*〘ヒンズー教〙=Diwali.

de·wan [dɪwɑ́ːn, də- | dɪ-] 〚(1690)▭Hindi *dīwān* ▭Arab. & Pers. 'register': ⇨ divan〛 ― *n.*《インド》**1** 州財務長官. **2** 州総理大臣. **3** (ベンガル地方で商館などの)現地人の支配人.

Dew·ar [d(j)úːə, d(j)úə | djúːə(r, djúə(r] 〚← *Sir James Dewar* (1842–1923: スコットランドの化学者・物理学者)〛 *n.* デュワーフラスコ, デュワー瓶《液化ガスの容器として, また低温実験に用いる魔法瓶》.

Déwar flàsk [**vèssel**] *n.* =Dewar.

de·wa·ter [diːwɔ́ːtə, -wɑ́tə | -wɔ́ːtə(r] *vt.* …から水を除く, 排水する. **~·er** [-t(ə)rə | -tərə(r] *n.*

déw·bèr·ry [-bèri, -b(ə)ri | -bərɪ, -bərɪ] *n.* **1**〘植物〙匍匐(ほふく)または斜上性のキイチゴ属 (*Rubus*) のイチゴ《ヨーロッパ産の *R. caesius*, アメリカ産の *R. hispidis* など》. **2**〘園芸〙デューベリー《植物学上 blackberry であるが, 匍匐性と花序の相違などから園芸学上区別される植物群; 概して早熟・多汁・豊産》.

déw bòw [-bòʊ | -bàʊ] *n.* 露虹《露の降りた地面に生じる虹のようなもの》.

déw cèll *n.*〘電気〙露点計《露点温度を測定する電気「器具」.

déw·clàw 〚← ? DEW+CLAW: 草などの露に触れるだけで地面には触れぬところから?〛 ― *n.* **1** (犬の足の地に接触しない無機能の)上指, おおかみづめ. **2** (牛・ヤギ・鹿などの)無機能のけずめ. **~ed** *adj.*

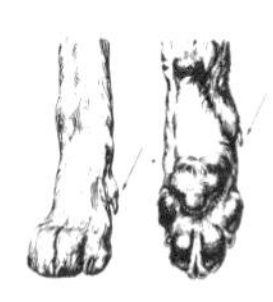

dewclaws 1 (on a dog's legs) dewclaws 2 (on a goat's leg)

déw-cùp[**-drìnk**] *n.*《英方言》(仕事前に刈入れ人に与える)早朝のビール.

déw·dròp 〚(a1420)〛 *n.* **1** 露滴, 露のしずく[玉]. **2**《英戯言》(鼻先にたれた)水洟(みずばな).

De Wet [dəvét; *Du.* dəwét], **Chris·ti·aan** [krístian] **Rudolph** *n.* デウェット《1854–1922; ボーア人 (Boer) の将軍・政治家》.

Dew·ey [d(j)úːi | djúːɪ, djúɪ] 〚▭OWelsh *Dewī* beloved one: cf. David〛 *n.* 男性名.

Dewey, George *n.* (1837–1917) 米国の提督; 米西戦争の際 Manila 湾でスペイン艦隊を破った (1898).

Dewey, John *n.* (1859–1952) 米国の哲学者・教育学者; pragmatism の継承・大成者 (cf. Deweyism).

Dewey, Melvil *n.* (1851–1931) 米国の図書館員; 十進分類法を創案した (cf. decimal classification).

Déwey classificàtion 〚← *Melvil Dewey*〛 *n.*〘図書館〙デューイ分類法 (⇨ decimal classification).

Déwey décimal classificàtion [**sỳstem**] *n.*〘図書館〙デューイ十進分類法 (⇨ decimal classification).

Dew·ey·ism [d(j)úːiìzm | djúː-] 〚← *John Dewey*〛 ― *n.* **1**〘哲学〙デューイ (Dewey) の哲学説; デューイズム, 実用主義 (pragmatism). **2**〘教育〙プラグマティズム, 実用[実利]主義, 道具[器具]主義.

déw·fàll *n.* **1** 露の降りること, 結露; 結露量. **2** 露の降りる時刻《夕暮れ時》.

dew·i·ly [d(j)úːəli, -əli | djúːɪlɪ, djúɪ-] *adv.* 露のように, 静かに, はかなく, しっとりと.

déw·i·ness *n.* 露深さ, 露けさ; 露を帯びた[露にぬれ「た]状態.

De Witt [dəwít; *Du.* dəwít], **Jan** *n.* デウィト《1625–72; オランダの政治家》.

déw·làp 〚(c1350) ← DEW + OE *læppa* 'pendulous piece, LAP¹'〛 ― *n.* **1** (牛などの)喉袋, 露払い《喉の下に垂れている皮のたるみ》. **2** (犬などの)喉皮のたるみ; (鳥の喉下の)肉垂(にくすい). **3**《俗》(脂肪太りの人の)喉のだぶだぶ肉.

déw·làpped 〚(15C)〛 *adj.* 喉袋のある.

DÉW lìne [d(j)úː- | djúː-] 〚← *D(istant) E(arly) W(arning)*〛 ― *n.* [the ~] (米国・カナダの)デューライン, 遠隔防空[遠距離早期]警戒線《北極圏の北部北緯約 70° 線に沿い 4,800 km にわたって設けられた敵の飛行機やミサイルの接近を警告するレーダー網》.

de·worm [diːwɚ́ːm | -wɜ́ːm] *vt.* 〈犬など〉から寄生虫を駆除する.

déw plànt *n.*〘植物〙**1** =ice plant. **2** モウセンゴケ (*Drosera rotundifolia*).

déw pòint *n.*〘気象〙露点《大気中の水蒸気が冷却して露滴を結ぶ温度; dew-point temperature ともいう; cf. relative humidity》.

déw-point sprèad [**déficit, depréssion**] *n.*〘気象〙気温露点温度差《気温と露点の差》.

déw pònd *n.* 露池《イングランド南部, 草丘地帯 (Downs) にある通例人工の浅い池; 露や霧の水分を溜めて牛などの飲み水とする》.

déw·rèt *vt.* (**-ret·ted**; **-ret·ting**) 〈麻・亜麻などを〉露にさらしてふやけさせる.

Dews·bur·y [d(j)úːzbèri, -b(ə)ri | djúːzb(ə)rɪ] 〚OE *Deusberia* ← *Dewi* David (cf. Dewey) // *Dēaw* 'DEW' (川の名?): ⇨ -burg〛 ― *n.* イングランド West Yorkshire 州の都市; 人口 52,000.

déw wòrm 〚← DEW+WORM: cf. OE *dēaw-wyrm* ringworm〛 *n.* =night crawler.

dew·y [d(j)úːi | djúːɪ, djúɪ] 〚(a1387) ← DEW+-Y⁴: cf. OE *dēawig*〛 ― *adj.* (**dew·i·er**; **-i·est**) **1** 露を帯びた, 露で濡れた, 露の降りた: a ~ landscape / in the ~ meadow / a ~ night / from morn to ~ eve 朝(あした)より露おく夕(ゆうべ)まで. **2** 涙に濡れた: ~ eyes. **3**《詩》露のような; 〈眠りが〉(露のように)さわやかな: ~ tears / ~ slumbers さわやかな眠り.

déwy-éyed *adj.* (子供のように)無邪気な目をした, 純真な, 純情な (naïve).

dex [déks] 〚《略》← DEXTROAMPHETAMINE〛 *n.*〘薬学〙=dextroamphetamine sulfate.

dex·a·meth·a·sone [dèksəméθəsòʊn, -zòʊn | -sàʊn] 〚← *dexa-* (《混成》← DECA-+HEXA-)+METH(YL)+-A-+(CORTI)SONE〛 ― *n.*〘薬学〙デクサメタゾーン ($C_{22}H_{29}FO_5$)《水溶性ステロイド (steroid); 気管支喘息(ぜんそく)・リューマチ性関節炎などの治療剤》.

dex·am·phet·a·mine [dèksæmfétəmìːn, -mɪn, -mən | -təmìːn, -mɪn] 〚← DEX(TRO-)+AMPHETAMINE〛 *n.*〘薬学〙デキサムフェタミン《覚醒剤》.

Dex·a·myl [déksəmɪl, -məl | -mɪl] *n.*〘商標〙デクサミル《dextroamphetamine と amobarbital の混合剤; 覚醒剤・やせ薬》.

Dex·e·drine [déksədrìːn, -drɪn, -drən | -sɪdrìːn, -drɪn] 〚← DEX(TRO-)+(EPH)EDRINE〛 *n.*〘商標〙デキセドリン《dextroamphetamine の商品名; 覚醒剤》.

dex·ies [déksiz | -sɪz] 〚← DEX+-IE+-S¹〛 *n. pl.*〘薬学〙デクシズ《覚醒剤, 硫酸デキストロアンフェタミンの錠剤[カプセル]》.

dex·i·id [déksiɪd, -əd | -ɪd] 〚↓〛〘昆虫〙 *adj.* アシナガヤドリバエ(科)の. ― *n.* アシナガヤドリバエ《アシナガヤドリバエ科のハエの総称》.

Dex·i·i·dae [deksáɪədìː | -sáɪɪ-] 〚← NL ~ ← *Dexia* (属名): ← Gk *dexiá* right hand (fem.) ← *dexiós* on the right hand, fortunate, clever+-IDAE〛 ― *n. pl.*〘昆虫〙(双翅目)アシナガヤドリバエ科.

dex·i·o·tro·pic [dèksiətróʊpɪk, -trɑ́p- | -sɪətrɔ́p-] 〚← Gk *dexiós* (↑)+-TROPIC〛 *adj.* 右向きの.「tropic.

dex·i·ot·ro·pous [dèksiɑ́trəpəs | -sɪɔ́t-] *adj.* =dexio-

dex·ter [dékstə | -tə(r] 〚(1562)▭L ~ 'on the right, adroit, fovorable': cf. sinister / Gk *dexiós* (cf. Dexiidae)〛 ― *adj.* **1** 右側の. **2**〘紋章〙盾の右側の《盾に向って左側 ⇨ heraldry 挿絵 B》. ★ 盾に描かれた図形の左右についてもこの語が用いられるが, 人間・動物の場合はたとえ sinister の側にあっても右足は dexter leg という: the ~ side 盾の向って左側《盾の ¹/₆ 幅をいう》. **3**《古》幸運の, めでたい.

Dex·ter¹ [dékstə | -tə(r] 〚↑〛 *n.* 男性名.

Dex·ter², **d-** [dékstə | -tə(r] 〚この種の牛をはじめて飼育したといわれる人の名〛 *n.* デキスター《アイルランド産の小さな頑丈な乳肉兼用の一品種の牛》.

déxter báse *n.*〘紋章〙(盾の側から見て)盾の右下部 (⇨ heraldry 挿絵 B).

déxter chíef *n.*〘紋章〙(盾の側から見て)盾の右上部 (⇨ heraldry 挿絵 B).

déxter flánk *n.*〘紋章〙(盾の側から見て)盾の中央部右側 (⇨ heraldry 挿絵 B).

dex·ter·i·ty [dekstérəṭi | -rətɪ, -rɪ-] 〚(1527)▭F *dextérité* // L *dexteritās*: ⇨ dexter, -ity〛 ― *n.* **1** 手際よさ, 手先の器用さ, 巧妙さ (↔ clumsiness): manual ~ 手先の器用さ. **2** (才知などの)鋭敏さ, 機敏; 利口さ, 抜け目なさ. **3**《まれ》右きき (right-handedness).

Déxter Kérry *n.* =Dexter².

dex·ter·ous [dékst(ə)rəs] 〚(1605) ← L *dexter* 'DEXTER'+-OUS〛 ― *adj.* **1** 手先の器用な; 上手な: be ~ *in* [*at*] doing …するのがうまい. **2** 機敏な, 利口な, 抜け目のない. **3** 手際よくできた, 器用な, 精巧な. **4**《まれ》=dextral 2. **~·ly** *adv.* **~·ness** *n.*

dextr- [dekstr] (母音の前に来る時の) dextro- の異形.

dex·tral [dékstrəl] 〚▭ML *dextrāl-is*: ⇨ dexter, -al¹〛 ― *adj.* (↔ sinistral) **1** 右側にある, 右向きの. **2** 〈手が〉右ききの (right-handed). **3**〘動物〙**a** 〈巻貝など〉右巻きの, 右向きの, 右の. **b** 〈カレイなど〉身体の右側が上向きの. ― *n.* 右ききの人. **~·ly** *adv.*

dex·tral·i·ty [dekstrǽləṭi | -lətɪ, -lɪ-] *n.* **1** 右にあること; (手・目などの)右きき. **2**〘動物〙(巻貝などの)

右巻き.

dex·tran [dékstræn, -trən] 〚← DEXTRO-＋-AN[2]〛 — *n.* 〖化学〗デキストラン (($(C_6H_{10}O_5)_n$))《澱粉や繊維素その他ぶどう糖の天然の重合物の総称, この塩水溶液は血漿の代用品》.

dex·tran·ase [dékstrənèɪs, -nèɪz | -nèɪs] 〚⇨↑, -ase〛 *n.* 〖生化学〗デキストラナーゼ《デキストラン分解酵素》.

dex·trin [dékstrɪn, -trən | -trɪn] 〚《1838》□ F *dextrine* ← L *dexter* right : ⇨ dextro-, -in[1]〛 *n.* (*also* **dex·trine** [-triːn, -trɪn, -trən | -triːn, -trɪn]) 〖化学〗デキストリン, 糊精(こせい); (澱粉性)のり《British gum ともいう》.

dex·tro [dékstrou | -trəʊ] 〚□ L *dextrō* (dat.) ← *dexter* right : ⇨ dexter〛 *adj.* 〖化学〗右旋の (記号 d).

dex·tro- [dékstro(ʊ) | -trə(ʊ)] 〚↑〛次の意味を表わす連結形 (↔ levo-). **1** 右(側)の; 右方へ(偏する): *dextro*cardia. **2** [通例イタリック体で] 〖化学〗右旋回の《化学記号 (＋)-》: *dextro*-glucose. ★ 母音の前で時に dextr- になる.

dèxtro·amphétamine 〚← DEXTRO-＋AMPHETAMINE〛 — *n.* 〖薬学〗デキストロアンフェタミン ($C_6H_5CH_2CH(NH_2)CH_3$)《覚醒剤・中枢神経興奮剤・交感神経興奮剤》.

dextroamphétamine súlfate *n.* 〖薬学〗デキストロアンフェタミン硫酸塩 (($[C_6H_5CH_2CH(NH_2)CH_3]_2H_2SO_4$))《中枢神経刺激剤・覚醒剤》.

dex·tro·car·di·a [dèkstro(ʊ)káədiə | -trə(ʊ)káːdjə, -dɪə] 〚← DEXTRO-＋-CARDIA〛 *n.* 〖病理〗右心(症), 心臓右位, 右側心臓.

dèxtro-glúcose *n.* 〖化学〗＝dextrose.

dèxtro·gýrate *adj.* 〖化学〗＝dextrorotatory.

dex·trón·ic ácid [dekstrɑ́nɪk- | -trɔ́n-] *n.* 〖化学〗＝gluconic acid.

dèxtro·rótary *adj.* 〖化学〗＝dextrorotatory.

dèxtro·rotátion *n.* 〖光学・化学〗右旋(光)性 (↔ levorotation).

dèxtro·rótatory *adj.* 〖光学・結晶・化学〗右旋(光)性の (↔ levorotatory): ～ crystals.

dex·tror·sal [dekstrɔ́əsəl, -sl | -trɔ́ː-] *adj.* 〖植物〗＝dextrorse.

dex·trorse [dékstrɔəs | -trɔːs] 〚□ L *dextrors-um*, *dextrorsus* toward the right ← *dexter* 'DEXTER'＋*versus* (⇨ version)〛 — *adj.* 〖植物〗《つるなど》時計の針と同方向に巻き上がる, 右巻きの (↔ sinistrorse). **～·ly** *adv.*

1 2
dextrorse
1 dextrorse; 2 sinistrorse

dex·trose [dékstrous, -trouz | -trəʊs] 〚← DEXTRO-＋-OSE[2]〛 *n.* 〖化学〗右旋糖, 精製グルコース, ぶどう糖 ($C_6H_{12}O_6 \cdot H_2O$) (d-glucose ともいう; cf. glucose).

dèxtro·sínistral *adj.* **1** 右から左へ延びた: a ～ line. **2** 〖医学〗右手使いに慣れた左ききの《生来左ききの人が書きものなどに右手を使う場合》. **～·ly** *adv.*

dex·tro tem·po·re [dékstrou-témpəri | -trəʊ-témpəri] 〚□ L ～〛 *L. adv.* 好機に, 運のよい時に.

dex·trous [dékstrəs] *adj.* ＝dexterous. **～·ly** *adv.*

dey [déɪ] 〚《1659》□ F ～ □ Turk. *dayi* maternal uncle〛 — *n.* **1** アルジェリア太守の称号《1830 年フランスの征服以前フランス人が用いた》. **2** オスマントルコの下における Tunis や Tripoli の太守の称号.

Dezh·né·va Cápe [deʒnjóuvə- | -njə́ʊ-; *Russ.* dʲiʒnʲóvə-] 〚発見者であるロシヤの探検家 *S. I. Dezhnev* (1605–73) にちなむ〛 — *n.* デジネフ岬《ソ連邦ロシヤ共和国北東端, Bering 海に突き出た岬》.

de·zinc·i·fi·ca·tion [diːzɪ̀ŋkəfɪkéɪʃən, -fə- | -kɪfɪ-] 〚← DE-[1]＋ZINC＋-I-＋-FICATION〛 *n.* 〖冶金〗脱亜鉛《黄銅に生じる腐食現象》.

DF, D/F, D.F. 《略》direction finder; direction finding (⇨ huff-duff).

D.F. 《略》damage free; Dean of the Faculty (大学の)学部長; *L.* Dēfensor Fideī (＝Defender of the Faith) 信仰の擁護者《英国王の伝統的称号; cf. defender》; *Sp.* Distrito Federal (＝Federal District); Doctor of Forestry; 〖製紙〗double foolscap; drop forging.

D.F.A. 《略》Department of Foreign Affairs; Diploma in Foreign Affairs; Doctor of Fine Arts.

D.F.C., DFC 《略》Distinguished Flying Cross.

D.F.M. 《略》Distinguished Flying Medal.

dft. 《略》defendant; draft.

dg, dg. 《略》decigram(s).

D.G. 《略》*L.* Deī grātiā (＝by the grace of God); *L.* Deō gratiās (＝thanks to God); director general; Dragoon Guards.

dghai·sa [dáɪsə] 〚□ Maltese ～〛 *n.* ダイサ《地中海マルタ島で用いられるゴンドラに似た舟》.

d-glúcose [díː-] *n.* 〖化学〗＝dextrose.

DH 《記号》〖貨幣〗dirham(s).

d.h. 《略》das heisst.

D.H., DH 《略》〖野球〗designated hitter; Doctor of Humanities.

dhak [dɑ́ːk, dɔ́ːk] 〚□ Hindi *ḍhāk*〛 *n.* 〖植物〗ダーク (*Butea frondosa*)《インド産マメ科の高木; 黄色の花から美しい染料がとれる》.

dhal [dɑ́ːl] 〚□ Hindi *dāl*〛 *n.* 〖植物〗＝pigeon pea.

Dham·ma·pa·da [dʌ́məpədə] 〚□ Pali ～ & Skt *dharmapada*〛 *n.* 〖仏教〗法句経(ほっくきょう)《釈尊の金言を集録した初期仏教のパーリ語の一経典》.

dha·ra·na [dɑ́ːrənɑ̀ː] 〚□ Skt *dhāraṇā* ← *dhārayati* he holds〛 *n.* 〖ヒンズー教〗執持, 総持《ヨーガの修行段階の一つ; 心を一定の場所に結びつけること》.

dhar·ma [də́ːmə, dɑ́ə- | dɑ́ː-, dɔ́ː-] 〚□ Skt *dharma* law〛 — *n.* 〖ヒンズー教・仏教〗 **1** 法, 徳; (守るべき)規範. **2** 法に叶った[正しい]行動, 法帰依. **3** 仏陀の教え(た真理). **dhar·mic** [də́ːmɪk, dɑ́ə- | dɑ́ː-, dɔ́ː-] *adj.*

Dhar·ma·pa·da [də́ːməpədə, dɑ́ə- | dɑ́ː-, dɑ́ː-] *n.* 〖仏教〗＝Dhammapada.

dharm·sa·la [dəːmsɑ́ːlə | dəː-] 〚□ Skt *dharmaśālā* ← *dharma* 'DHARMA'＋*śālā* house〛 — *n.* (*also* **dharm·sha·la** [-ʃɑ́ːlə]) 《インド》(慈善的または宗教的な)旅人休息所《無料または安く宿泊できる》.

Dhar·ma·shas·tra, d- [dəːməʃɑ́ːstrə | dəː-] 〚□ Skt *dharmaśāstra*《原義》law of teaching: ⇨ dharma, shastra〛 — *n.* (*also* **Dhar·ma·sas·tra, d-** [-sɑ́ːs-]) 《ヒンズー教》ダルマシャーストラ《しばしば韻律で書かれた法律書の形の生活規律集》.

Dhar·ma·su·tra, d- [dəːməsúːtrə | dəː-] 〚□ Skt *dharmasūtra* : ⇨↑, sutra〛 — *n.* 〖ヒンズー教〗ダルマスートラ《初期の散文で書かれた法律書; 主に倫理・信仰・生活規範に関する書》.

dhar·na [də́ːnə, dɑ́ə- | dɑ́ː-, dɔ́ː-] 〚□ Hindi *dharnā* a placing ← Skt *dhārayati* he holds : cf. dharana〛 — *n.* 《インド》(食を断ち死をもいとわず相手の門前にすわり続けて)正当な裁きを主張すること.

Dhau·la·gi·ri [dàulɑgíː(ə)ri | -gɪ́əri] *n.* ダウラギリ(山)《ネパールにある Himalaya 山脈中の高峰 (8,172 m)》.

D.H.E.W. 《略》《米》Department of Health, Education and Welfare.

dhikr [díkə | -kə(r)] 〚□ Arab. ～ 'recitation, remembrance'〛 — *n.* (*pl.* **～s, ～**) 〖イスラム教〗ズイクル: **a** 神の言葉を唱え神を念じること. **b** (Sufism において)神秘的・冥想的に心の奥深く神を念じそれを通して遂には神との合一の恍惚境に達すること.

dho·bi [dóubi | dəʊbi; *Hindi* dhobi] 〚《1860》□ Hindi *dhobī*〛 *n.* (*also* **dho·bie** [～]) 《インド》洗濯人; [*pl.*] 洗濯人の階級[カースト]《下層階級》.

dhóbie ítch 〚↑: 洗濯したての衣服が伝染源であるとの俗信から〛 — *n.* 〖病理〗洗濯屋湿疹《インドの洗濯人が植物油の入った洗濯液を使うために起こるアレルギー性の接触性皮膚炎》.

dhol [dóul | dəʊl] 〚□ Skt *ḍhola*〛 *n.* (インドの)太鼓.

dhole [dóul | dəʊl] 〚□? Kanarese *tōḷa* wolf〛 *n.* (*pl.* **～s, ～**) 〖動物〗ドウル (*Cuon dukhunensis*)《インド Deccan 地方の獰猛(どうもう)な野性の犬》.

dhoo·tie [dúːti | -tɪ] *n.* ＝dhoti.

D-horízon [díː-] *n.* 〖土壌〗D 層位《R-horizon に同じ; 1960 年まで米国の土壌学会で用いられた語で今は廃語》.

dho·ti [dóuṭi | dəʊtɪ] 〚《1622》□ Hindi *dhotī*〛 *n.* **1** (インドの男子が用いる)腰布 (cf. sari). **2** 腰布用の綿織物《模様の入ったものもある》.

dhow [dáu] 〚《1802》□ Arab. *dāwa* ← ?〛 — *n.* 〖海事〗ダウ《元来アラビア海で使われた 1 本マストに大三角帆を張った 200 トン位の帆船; 後には 2 本, 3 本マストさらに広く各種アラビア船の総称; cf. lateen sail》.

dhow

dhru·pad [drúːpəd] 〚□ Skt *dhraupada* a kind of dance〛 — *n.* 《インド》〖音楽〗ドルパッダ《ゆっくりしたテンポで歌われる北インドの古典的な声楽形式の一つ; ラーガ (raga) を発展させてゆく四つの部分と前奏から成る》.

Dhu'l-Hij·ja [duːlhídʒɑː] 〚□ Arab. *dhū-l-ḥijjaʰ*《原義》the owner of the pilgrimage〛 *n.* (イスラム暦の) 12 月 (⇨ Islamic calendar).

Dhu'l-Qa'·dah [duːlkɑ́ːdɑː] 〚□ Arab. *dhū-l-qáʻdaʰ*《原義》the owner of the sitting〛 *n.* (イスラム暦の) 11 月 (⇨ Islamic calendar).

dhur·na [də́ːnə | dɑ́ː-] *n.* 《インド》＝dharna.

dhur·rie [də́ː(r)i | dʌ́rɪ] 〚□ Hindi *darī*〛 *n.* (インド産)厚織綿布《窓掛・じゅうたん・椅子張り用》.

dhú stòne [d(j)úː-, dʒúː- | djúː-, dʒúː-] 〚← Welsh *du* black＋STONE〛 *n.* 〖岩石〗(イングランド Salop 州に産する)粗粒玄武岩.

dhu·ti [dúːṭi | -tɪ] *n.* ＝dhoti.

D.Hy. 《略》Doctor of Hygiene.

dhya·na [diɑ́ːnə, djɑ́ː- | dɪɑ́ː-, djɑ́ː-] 〚□ Skt *dhyāna* ← *dhyāti* he thinks〛 — *n.* 〖ヒンズー教・仏教〗ディヤーナ, 禅那, 禅, 禅定《ヨーガの修行段階の一つ; 念ずる対象にのみ心が集中すること》.

di [díː] 〚《変形》← DO[1]〛 *n.* 〖音楽〗ディー《英米の階名唱法で上昇半音階の do と re との間の音》.

Di 《記号》〖化学〗didymium.

DI, D.I. 《略》《英》Defence Intelligence; Department of the Interior; 〖経済〗diffusion index; discomfort index; drill instructor.

di-[1] [dàɪ] 〚ME □ (O)F *di-* // L & Gk *di-* ← Gk *dís* twice, double < IE *dwis (L *bis*: cf. bi-[1], twi-)〛 — 次の意味を表わす連結形. **1**「二つの, 二倍の, 二重の」: *di*chromatic, *di*cotyledon. **2** 〖化学〗「2 原子[分子, 基]の」(cf. bi-[1] 2): *di*acid.

di-[2] [dɪ, də, daɪ | dɪ, daɪ] 〚ME □ (O)F *di-* // L *di-* : ⇨ dis-[1]〛 — *pref.* dis-[1] の異形; 分離の意を表わす; b, d, g, l, m, n, r, v, s＋子音の前で通例この形が用いられ, また j の前に用いられることもある: *di*lute, *di*gest, *di*rect, *di*verge.

di-[3] [daɪ] *pref.* (母音の前に来る時の) dia- の異形: *di*optric.

dia. 《略》diameter.

di·a- [dáɪə] 〚ME □ (O)F ～ // L & Gk ～ ← Gk *diá* through, thorough, across (cf. *dúo* two): ⇨ di-[1]〛 — *pref.*「横切って, 完全な[に], 離れて, …の間の[に]」などの意; ギリシャ語系の学術用語に用いられる: *dia*gonal, *dia*gnosis, *dia*lysis, *dia*phragm.

di·a·base [dáɪəbèɪs] 〚□ F ～ □ Gk *diábasis* : ⇨ dia-, basis: その剪開(せんかい)線にちなむ〛 — *n.* 〖岩石〗 **1** 輝緑(きりょく)岩《米国では粗粒玄武岩, 英国ではその変質したもの》. **2** 《古》閃緑(せんりょく)岩.

di·a·ba·sic [dàɪəbéɪsɪk] *adj.* 輝緑岩性[質]の.

di·a·be·tes [dàɪəbíːtiːz, -ṭɪs, -ṭəs | -tiːz, -tɪz] 〚《?a1425》□ L *diabētēs* □ Gk *diabḗtēs*《原義》siphon, passer through ← DIA-＋-*bētēs* flowing〛 — *n.* (*pl.* ～) 〖病理〗糖尿病, (特に)真性糖尿病 (diabetes mellitus).

diabétes in·síp·i·dus [-ɪnsípədəs | -pɪ-] 〚⇨↑, insipid〛 *n.* 〖病理〗尿崩症《下垂体後葉の障害により多尿を伴う病気》.

diabétes mél·li·tus [-méləṭəs | -lɪt-] 〚← NL ～ 'honey diabetes'〛 *n.* 〖病理〗(真性)糖尿病.

di·a·bet·ic [dàɪəbéṭɪk, -bíː- | -tɪk] 〚□? F *diabetique*: ⇨ diabetes, -ic[1]〛 *adj.* 糖尿病(性)の; 糖尿病にかかった. — *n.* 糖尿病患者.

di·a·be·to·gen·ic [dàɪəbìːṭədʒénɪk | -tə-] 〚← DIABET(ES)＋-GENIC〛 *adj.* 〖病理〗糖尿病を起こす, 糖尿病誘発性の.

di·a·ble·rie [diɑ́ːbləri, -ǽb-, -rìː, diɑ̀ːbləríː, -æ̀b- | dɪɑ́ːblərɪ; *F.* djɑbləri] 〚《1751》□ F ～ ← *diable* □ L *diabolus* 'DEVIL': ⇨ -ery〛 — *n.* (*also* **di·a·ble·ry** [diɑ́ːbləri, -ǽb- | dɪɑ́ːblərɪ]) **1** 悪魔のしわざ, 悪魔術, 魔法; 魔力; 大いたずら. **2** 鬼神学, 悪魔研究, 悪魔学. **3** 悪魔の国[世界], 魔境, 魔界.

di·ab·ol- [daɪǽbəl, dɪ- | daɪ-, dɪ-] (母音の前に来る時の) diabolo- の異形.

di·a·bol·ic [dàɪəbɑ́lɪk | -bɔ́l-] 〚《c1399》□ (O)F *diabolique* □ LL *diabolicus* □ Gk *diabolikós* : ⇨ devil, -ic[1]〛 — *adj.* **1** 悪魔の, 悪魔に関する; 悪魔のような(性質の), 魔性の: a ～ grin 悪魔のような笑い. **2** 《まれ》＝diabolical 2. **3** 〖文芸〗悪魔主義的な (⇨ diabolism 4).

dì·a·ból·i·cal [-lɪkəl, -lə- | -lɪ-] *adj.* **1** 《まれ》＝diabolic 1. **2** 悪魔的な, (悪魔のように)極悪な, 非道な, 全くひどい: ～ cruelty 鬼畜のような残虐. **～·ness** *n.*

dì·a·ból·i·cal·ly *adv.* 悪魔的に, 悪魔のように, 凶悪に.

diabólical príncíples *n. pl.* 〖文学〗＝diabolism 4.

di·ab·o·lism [daɪǽbəlɪzm] 〚《1608》← Gk *diábolos* 'DEVIL'＋-ISM〛 — *n.* **1** (悪魔の力による)魔術. **2** 魔性; 悪魔らしいしわざ. **3** 悪魔崇拝, 魔神信仰, 魔道. **4** 〖文学〗悪魔主義《19 世紀末の文学的傾向の一つ; 怪異・凄惨・邪悪などを唯美主義的に表現しようとする極端な頽廃主義; Poe, Baudelaire, Wilde 等がその代表者》.

di·áb·o·list [-lɪst, -ləst | -lɪst] *n.* 悪魔信仰家; 悪魔研究家; 悪魔主義者.

di·ab·o·lize [daɪǽbəlàɪz] *vt.* 悪魔化する, 悪魔的にする[表現する].

di·ab·o·lo [daɪǽbəlòu, di- | dɪɑ́ːbələ̀ʊ, -ǽb-] 〚《1907》← *Diabolo* (商標名) ← DIA-＋Gk *bolḗ* throwing: It. *diavolo* 'DEVIL' と連想〛 — *n.* (*pl.* **～s**) **1** ディアボロ, 空中ごま《つづみ形のこまを 2 本の棒の間に張った糸で投げたり受けたりする遊び》. **2** この遊びに使うこま.

diabolos

di·ab·o·lo- [daɪǽbəlo(ʊ), di- | daɪǽbələ(ʊ), dɪ-] 〚← L *diabolus* 'DEVIL': ⇨ -o-〛「悪魔」の意の連結形. ★ 母音の前では通例 diabol- になる.

di·a·caus·tic [dàɪəkɔ́ːstɪk | -kɔ́ːs-, -kɔ́s-] 〖数学・光学〗 *adj.* 屈折火線[焦線]の, 屈折火面[焦面]の (cf. catacaustic). — *n.* 屈折火線[焦線] (diacaustic curve), 屈折火面[焦面] (diacaustic surface).

di·a·ce·tin [dàɪǽsəṭn, -ṭɪn, -ṭən | -ǽsɪtɪn] *n.* 〖化学〗ジアセチン (⇨ acetin b).

di·ác·e·tone álcohol [dàɪǽsətòun- | -sɪtəʊn-] 〚← DI-[1]＋ACETONE〛 — *n.* 〖化学〗ジアセトンアルコール ($CH_3COCH_2C(OH)(CH_3)_2$)《無色芳香性の液体, アセトンの分子縮合物》.

di·a·ce·tyl [dàɪəsíːṭl, -əséṭ-, daɪǽsəṭl, -tìːl | daɪǽsɪtɪl] 〚⇨ di-[1], acetyl〛 *n.* 〖化学〗ジアセチル (⇨ biacetyl).

diacètyl·mórphine *n.* 〖薬学〗ジアセチールモルフィン (⇨ heroin).

di·a·chron·ic [dàɪəkrɑ́nɪk | -krɔ́n-] 〚《1927》□ F *diachronique* (⇨ dia-, chronic): F. de Saussure の用語 (*a*1916)〛 — *adj.* 〖言語〗通時的な《言語事実をその歴史的発達に従い各時期を通じて変遷過程を動的に研

究する方法にいう；↔ synchronic〗. **dì·a·chrón·i·cal·ly** *adj.* **~·ness** *n.*

di·ach·ron·ism [daɪǽkrənɪzm]〖(1926)〗 **—** *n.* **1**〖地質〗ある同一の地層が, 化石による分帯(時代分け)から見れば幾つかの異なる時代に属すること. **2**〖言語〗通時的研究法.

di·a·chro·nis·tic [dàɪəkrənístɪk] *adj.* ＝diachronous.

di·ach·ro·nous [daɪǽkrənəs] *adj.* **1**〖地質〗一続きの地層が所によっていくらか時代の異なる化石を含んでいる. **2**〖言語〗＝diachronic.

di·ach·ro·ny [daɪǽkrəni | -nɪ]〖← DIA-＋CHRONO-＋-Y[1]〗 *n.*〖言語〗 **1** 通時態, 通時相 (cf. synchrony). **2** 時の経過に伴う変化. **3** 通時的分析[研究].

diachyla *n.* diachylum の複数形.

di·ach·y·lon [daɪǽkəlɑ̀n, -lən, | -lɔ̀n, -lən]〖(17C) ▭ L *diachȳlōn* ▭ Gk *dià khūlōn* (something) made of juices ∽ ME *diaculon diaquilon* ▭ OF *diaculon, diachilom* ▭ LL *diachylon*＝L: ⇨ dia-, chyle〗 **—** *n.*〖薬学〗ダイアキロン, 単鉛[鉛丹]硬膏(ミㇴ)《diachylon plaster ともいう》.

di·ach·y·lum [daɪǽkələm | -kɪ-]〖▭ ML ~〗 *n.* (*pl.* **-y·la** [-lə])〖医学〗＝diachylon.

di·ac·id [daɪǽsɪd, -səd | -sɪd] *adj.*〖化学〗酸度二の：a ~ base 二酸塩基.

di·a·cid·ic [dàɪəsídɪk, -æs-] *adj.*〖化学〗＝diacid.

di·a·cli·nal [dàɪəkláɪnl̩] *adj.*〖地質〗〈谷・川など〉地層の褶曲(ﾟ)を通る.

di·ac·o·nal [daɪǽkənl̩, di- | daɪ-]〖(1611) ▭ LL *diāconāl-is*: ⇨ deacon, -al[1]〗 *adj.*〖キリスト教〗deacon [deaconess] の.

di·ac·o·nate [daɪǽkənət, di-, -nɪt, -nèɪt | daɪǽkənèɪt, -nət, -nɪt]〖▭ LL *diāconāt-us*: ⇨ deacon, -ate[1]〗 **—** *n.*〖キリスト教〗 **1** deacon [deaconess] の職[地位, 任期]. **2** deacons の団体；[集合的] ＝deacons.

di·a·con·i·con [dàɪəkɑ́nɪkɑ̀n, -nə-, -kən | -kɔ́nɪkɔ̀n, -kən]〖▭ Gk *diākonikón* (neut. adj.) ← *diákonos* 'servant, DEACON'〗 **—** *n.* (*pl.* **-i·ca** [-kə])〖東方正教会〗(内陣の右手または南側にある)聖器・聖物保管室, 聖具室 (cf. prothesis 2 c).

di·a·con·i·cum [dàɪəkɑ́nɪkəm, -nə- | -kɔ́nɪ-]〖▭ L *diāconicum* ▭ Gk (↑)〗 *n.* (*pl.* **-i·ca** [-kə])〖東方正教会〗＝diaconicon.

di·a·crit·ic [dàɪəkrítɪk | -tɪk]〖(1699) ▭ Gk *diakritikós* able to distinguish or separate: ⇨ dia-, critic〗 **—** *adj.* **1** ＝diacritical. **2**〖医学〗＝diagnostic. **—** *n.*〖言語〗＝diacritical mark.

di·a·crit·i·cal [dàɪəkrítɪkəl, -tə- | -tɪ-]〖(1749): ⇨ ↑, -al[1]〗 *adj.* 区分的な, 区別的な；区別[弁別]できる. **—** *n.*〖言語〗＝diacritical mark. **~·ly** *adv.*

diacrítical márk [sígn] *n.*〖言語〗分音符号《同一文字の発音上の別を示すために文字に付ける記号；ā, ă, ä, â のように文字の上につける ¯ ˘ ¨ ˆ または ç のように下につける符号；cf. mater lectionis》.

di·ac·tin·ic [dàɪæktínɪk]〖← DIA-＋Gk *aktin-, aktís* ray＋-IC[1]〗 *adj.*〖物理〗活性線 (actinic ray) 透射性能のある.

di·ac·tin·ism [daɪǽktənɪzm | -tɪ-] *n.*〖物理〗活性線透射性能.

di·a·del·phous [dàɪədélfəs]〖← DI-[1]＋-ADELPHOUS〗 **—** *adj.*〖植物〗 **1** 〈雄蕊(ﾟ)が〉二体[両体]の, 二体雄蕊の (cf. monadelphous): ~ stamens 二体雄蕊. **2** 二体雄蕊を持つ.

di·a·dem [dáɪədèm, -dəm]〖(*c*1300) ▭ (O)F *diadème* ▭ L *diadēma* ▭ Gk *diádēma* headband, fillet ← *diadeîn* to bind round ← DIA-＋*deîn* to bind〗 **—** *n.* **1**〖詩・文語〗王冠；飾り, はち巻き《特に, 東洋諸国の王が頭に巻いて王位を象徴した》. **2** 王位, 王権；頭上に輝く光栄. **3**〖紋章〗光輪《神聖ローマ皇帝の紋章にある双頭の鷲が付けている》. **—** *vt.* diadem で飾る；…に王冠[栄誉]を授ける.

dí·a·dèmed *adj.* 王冠をいただいた.

díadem spìder *n.*〖動物〗ヨーロッパ産コガネグモ科オニグモ属のクモの一種 (*Aranea diadema*).

di·àd·o·cho·kinésia [daɪæ̀dəkoʊ- | -kə(ʊ)-]〖← NL ~ ← Gk *diádokhos* succeeding, successor＋-KINESIA〗 **—** *n.*〖医学〗拮抗(ﾟ)運動反復, 変換運動, 交互運動機能《内転外転のような交互運動を迅速に行なうこと；cf. adiadochokinesia》.

diàdocho·kinésis〖⇨ ↑, -kinesis〗〖医学〗＝diadochokinesia.

di·ad·o·chy [daɪǽdəki | -kɪ]〖(変形) ← Gk *diadokhḗ* succession: cf. -y[1]〗 **—** *n.*〖地球化学〗ジアドキー《結晶内の特定の原子またはイオンが他の原子またはイオンにより置換されること》.

diàdoko·kinésia〖変形〗 *n.*〖医学〗＝diadochokinesia.

di·ad·ro·mous [daɪǽdrəməs]〖← DIA-＋-DROMOUS〗 *adj.* **1**〖植物〗扇状の葉脈のある. **2**〖魚類〗〈魚が〉淡水・塩水間を移住する (cf. anadromous, catadromous).

di·aer·e·sis [daɪérəsɪs, -səs | daɪíərɪsɪs, daɪér-, -rə-]〖(1611) ▭ L ~ ▭ Gk *diaíresis* division (of a diphthong into two syllables) ← *diaireîn* to divide ← DIA-＋*haireîn* to take (cf. heresy)〗 **—** *n.* (*pl.* **-e·ses** [-siːz]) **1**〖文法〗(音節の)分切, 分節《二重音を二音節に分けるなど；↔ syneresis》. **2**〖音声〗分音符《二つの母音が連続する場合に後者の上につけて前の母音とは別音節であることを示す ¨ の符号；例: coöperate, zoölogy》. **3**〖詩学〗一致分切, 一致分節《行中で詩脚の区分と語の区分とが一致すること》. **di·ae·ret·ic** [dàɪərétɪk | -tɪk] *adj.*

diag.《略》diagnose；diagonal；diagram.

di·a·gen·e·sis [dàɪədʒénəsɪs, -səs | -nɪsɪs, -nə-]〖← DIA-＋-GENESIS〗 **—** *n.* (*pl.* **-e·ses** [-siːz])〖地質〗続成作用《堆積物が定着してから地層となるまでの物理的および化学的変化》. **di·a·ge·net·ic** [dàɪədʒɪnétɪk, -dʒə- | -dʒɪnét-, -dʒe-, -dʒə-] *adj.* **dì·a·ge·nét·i·cal·ly** *adj.*

di·a·ge·o·trop·ic [dàɪədʒìːətrɑ́pɪk | -dʒìə(ʊ)trɔ́p-] *adj.*〖植物〗横地(ﾟ)[屈地]性の.

di·a·ge·ot·ro·pism [dàɪədʒiɑ́trəpìzm | -dʒiɔ́t-] *n.*〖植物〗横地(ﾟ)[屈地]性《ある種の植物で幹・枝・根茎などが地表の水平面に沿って生長する傾向》.

Dia·ghi·lev [diɑ́ːgɪlèf, djɑ́ː-, -gə- | dɪǽgɪ-; *Russ.* djágʲilʲɪf], **Sergei Pavlovich** *n.* ディアギレフ《1872–1929；ロシアのバレエ演出家, ロシヤバレエ団を組織し, 近代バレエの革新に貢献した》.

di·a·glyph [dáɪəglɪf]〖▭ Gk *diágluph-os*: ⇨ dia-, glyph〗 *n.* ＝intaglio.

di·ag·nose [dáɪəgnòʊs, -əg-, -nòʊz, ⌐–⌐ | dáɪəgnəʊz, ⌐–⌐]〖(逆成) ↓〗 **—** *vt.* **1**〖医学〗〈病気・症状を〉診断する：The doctor ~*d* the child's illness *as* measles. 医師はその子の病気をはしかと診断した. **2** 〈問題・情勢など〉(の原因・本質)を判断[分析]する, 究明する. **—** *vi.* 診断する；判断を下す, 究明する. **di·ag·nòs·a·ble** [~əbl̩] *adj.*

di·ag·no·sis [dàɪɪgnóʊsɪs, -əg-, -səs | dàɪəgnə́ʊsɪs]〖(1681) ← NL ~ ← Gk *diágnōsis* a distinguishing: ⇨ dia-, -gnosis〗 **—** *n.* (*pl.* **-no·ses** [-siːz]) **1**〖医学〗 **a** 診断(法) (cf. prognosis 1): an erroneous ~ 誤診 / make a ~ 診断する (diagnose) / ⇨ differential diagnosis. **b** 診断書. **2** 究明, (問題・情勢などに対する)判断, 分析；分析結果, 見解〔*of*〕: according to my ~ of the circumstances 私の情況判断によれば. **3**〖生物〗記相, 記相文《分類学上, ある群の形質について, 他の群から区別できる特徴を最少限の文字や図で表わしたもの》；標徴, 特性《他の種から区別すべき特徴》.

di·ag·nos·tic [dàɪɪgnɑ́stɪk, -əg- | dàɪəgnɔ́s-]〖▭ Gk *diagnōstikós*: ⇨ ↑, -ic[1]〗 **—** *adj.* **1**〖医学〗診断(上)の；診断に役立つ；〔病気の〕症状を示す〔*of*〕. **2**〖生物〗特性表示的な, 標徴的な. **—** *n.* **1** (病気の)徴候, 特殊症状；(一般に)特徴. **2** ＝diagnosis 1: a false ~. **3** [*pl.*] ⇨ diagnostics.

di·ag·nós·ti·cal·ly *adv.* 診察によって, 診断に役立つように.

di·ag·nos·ti·cate [dàɪɪgnɑ́stɪkèɪt, -əg-, -tə- | dàɪəgnɔ́stɪ-] *v.* ＝diagnose.

di·ag·nos·ti·cian [dàɪɪgnɑstíʃən, -əg- | dàɪəgnɔs-] *n.* 診察(専門)医, 診断の得意な医師；診断学者.

di·ag·nos·tics [dàɪɪgnɑ́stɪks, -əg- | dàɪəgnɔ́s-]〖← DIAGNOSTIC＋-ICS〗 *n.* 診断(法), 診断学.

di·ag·o·nal [daɪǽgənl̩]〖(1541) ▭ L *diagōnāl-is* ← Gk *diagṓnios* from angle to angle ← DIA-＋*gōnía* angle〗 **—** *adj.* **1** (直線形の)対角の, 対角的な；対角線の, 中斜線の：a ~ line 対角線 / a ~ plane 対角面 / a ~ scale 斜(線)尺. **2** 斜めの, はすの, 斜行的な, 筋違いの：a ~ fault〖地質〗斜行断層. **3**〖紡織〗〈織り方・模様が〉斜め模様の, 綾(ﾟ)の：~ cloth 綾織. **—** *n.* **1**〖数学〗対角線. **2** 斜行物. **3** 斜線, 斜線のしるし. ★ 主な用法: (1)「または」の意: and / or. (2)「…につき」の意: feet / second. (3) 分子・分母の区分を示す: $^3/_5$＝three-fifth(s). (4) 年月日の区分を示す: $^3/_5$＝《米》March 5th,《英》May 3rd (⇨date). (5) 詩行の追い込みを示す: The curfew tolls the knell of parting day, / The lowing herd wind slowly o'er the lea, / The ploughman…—T. Gray. **4**〖紡織〗ダイアゴナル(クロス), 綾織 (diagonal cloth). **5**〖建築〗斜材. **6**〖造船〗ダイアゴナル線《船体線図の正面線図の上で甲板中心点からビルジサークルへ斜めに引いた線》. **7**〖チェス〗斜の直線上にあるマス目のつながり：long ~ 対角線.

diágonal bònd *n.*〖建築・石工〗(れんがの)斜め積み《厚い石壁の間に設けるれんが積みの層で, れんがの小口(headers)を斜めに敷く積み方；cf. raking bond》.

diágonal brácing *n.*〖建築〗筋かい.

diágonal-búilt *adj.*〖造船〗〈木造船の外板が〉斜め張りの.

diágonal-cút *adj.*〖海事〗〈三角帆の縫合わせ帆布が〉斜めカットの.

di·ag·o·nal·ize [daɪǽgənəlàɪz, -nl̩-] *vt.*〖数学〗〈行列を〉対角化する《対角行列になおす》. **di·ág·o·nal·ìz·a·ble** [-zəbl̩] *adj.* **di·ag·o·nal·i·za·tion** [daɪæ̀gənəlɪzéɪʃən, -lə-, -nl̩- | -nəlaɪ-, -lɪ-, -nl̩-] *n.*

di·ág·o·nal·ly [-nəli, -nl̩i | -nəli, -nl̩i]〖(*a*1425) ← L *diagōnālis* 'DIAGONAL'＋-LY[1]〗 *adv.* 対角線的に；筋違いに；斜めに, はすに.

diágonal mátrix *n.*〖数学〗対角行列《対角線以外のところの要素がすべて 0 である行列》.

diágonal pítch *n.*〖造船〗斜めピッチ《中心点をつなぐとジグザグになるようなリベットの打ち方》.

di·a·gram [dáɪəgræ̀m]〖(1619) ▭ L *diagramma* ∥ Gk *diágramma* what is marked out by lines: ⇨ dia-, -gram〗 **—** *n.* **1**〖数学〗作図. **2 a** 図形, 図解；図表, 一覧図, 線図, 図式, ダイヤ：*in* ~＝by a ~ 図表で[によって] / *in Diagram* 2 第 2 図に. **b**〖数学・統計〗図表 (chart). **—** *vt.* (**di·a·gramed, -grammed; -gram·ing, -gram·ming**) 図表で示す, 図解する. **dí·a·gràm·ma·ble** [-məbl̩] *adj.*

díagram fàctor *n.*〖機械〗線図係数.

di·a·gram·mat·ic [dàɪəgrəmǽtɪk | -tɪk]〖(1853) ← Gk *diagrammat-, diágramma* 'DIAGRAM'＋-IC[1]〗 **—** *adj.* **1** 図形の；図表の, 図解的な, 図式の. **2** 概略の, 輪郭だけの, 大ざっぱな.

dì·a·gram·mát·i·cal [-tɪkəl, -tə- | -tɪ-] *adj.* ＝diagrammatic.

dì·a·gram·mát·i·cal·ly *adv.* 図表[図解]によって, 図式的に.

di·a·gram·ma·tize [dàɪəgrǽmətàɪz]〖← Gk *diagrammat-* (⇨ diagrammatic)＋-IZE〗 *vt.* 図形[図式]にする, 図表に作る.

di·a·graph [dáɪəgræ̀f | -grɑ̀ːf, -græ̀f]〖▭ F *diagraphe* ← Gk *diagráphein* to mark out by lines: ⇨ dia-, -graph: cf. diagram〗 **—** *n.* **1**〖測量〗分度尺《分度器と尺度とを併有するもの》. **2** 活写器, 拡大写図器.

dia·kinésis〖← NL ~: ⇨ dia-, -kinesis〗 *n.*〖生物〗ディアキネシス, 移動期《減数分裂前期の一時期》. **dia·kinétic** *adj.*

di·al [dáɪ(ə)l]〖(1338) ← ML *diāl-is* daily ← L *diēs* day ← IE* *dei-* to shine: ⇨ diary, -al[1]〗 **—** *n.* **1** (時計・羅針(ﾟ)盤などの)指針面, 文字盤；(各種計器類の)面板, 目盛盤. **2** (ラジオ・テレビ・電話の)ダイヤル. **3** 日時計. **4**〖鉱山〗ダイヤルコンパス, 坑内羅針器. **5** 宝石を固定する万力, 切削器. **6**〖英俗〗顔. **—** *v.* (**di·aled, -alled; -al·ing, -al·ling**) **—** *vt.* **1** ダイヤルで計る[指示する]；…の度合い[程度]を示す. **2** (ダイヤルを回して)〈ラジオ・テレビ〉の波長を合わせる, 〈番組〉に(波長を)合わせる：~ a radio [a program]. **3** 〈電話〉のダイヤルを回す, 〈番号を〉回す, 呼び出す；〈人・場所など〉に電話をかける：~ a number (電話の)ダイヤルで番号を回す, (ダイヤルを回して)電話をかける, 呼び出す / ~ a person [an office] 人[会社]に電話をかける / ~ 999 ⇨ nine 成句. **4**〖鉱山〗ダイヤルコンパスで測量する. **—** *vi.* **1** ダイヤルで(ラジオ・テレビの波長を)調整する；番組を選ぶ. **2** (電話の)ダイヤルを回す, (ダイヤルを回して)電話をかける. **~·er** [dáɪələ | -lə(r)] *n.*

Di·al [dáɪəl, dáɪæl]〖(略) ← DIALLYLBARBITURIC ACID〗 *n.*〖商標〗ダイアル (allobarbital の商品名).

dial.《略》dialect；dialectal；dialectic；dialectical；dialogue.

-di·al [dáɪæl]〖← DI-[1]＋-AL[3]〗 *suf.*〖化学〗「2 個のアルデヒド基をもつ化合物」の意の名詞を造る.

díal clòck *n.* ダイアル時計《ケース全体が円い形をした掛時計；office dial, kitchen dial ともいう》.

di·a·lect [dáɪəlèkt]〖(1551) ▭ F *dialecte* ∥ L *dialectus* ▭ Gk *diálektos* discourse, articulate or local speech ← *dialégesthai* to talk with ← DIA-＋*légein* to speak: cf. logos〗 **—** *n.* **1** (ある言語の中の)方言：the Scottish ~ スコットランド方言 / a local [class] ~ 地域[階級]方言 / the literary ~ 文学方言 / A language splits up into ~*s*. 一言語はいくつかの方言に分割される. **2** (発音・語法などに関して標準語からはずれたとされる)方言, 国なまり；方言的特徴：~ pronunciations 国なまりの発音. **3** 一階級[職業, 集団など]の特有の方言, 通語 (jargon): the lawyer's ~ / the Negro ~. **4** 共通祖語から分岐したと考えられる言語；派生言語：the Indo-European ~*s* 印欧諸語. **5** 自己表現法[手段], 言い廻し (phraseology), 文体.

di·a·lec·tal [dàɪəléktl̩]〖(1831): ⇨ ↑, -al[1]〗 *adj.* **1** 方言的な, 方言の. **2** 転訛音の, なまりの；通語的な.

di·a·léc·tal·ly [-təli, -tl̩i | -təli, -tl̩i] *adv.* 方言的に, なまって, 通語で.

díalect àtlas *n.* 方言地図 (⇨ linguistic atlas).

díalect geógraphy *n.* 方言地理学 (⇨ linguistic geography). **díalect geógrapher** *n.*

di·a·lec·tic [dàɪəléktɪk]〖*n.*: (17C) ▭ L *dialectica* dialectics ▭ Gk *dialektikḗ* (*tekhnē*) (the art) of debate (fem.) ← *dialektikós* ← *diálektos* ∽ (*a*1382) *dialetik* ▭ OF *dialetique* (F *dialectique*): ⇨ dialect, -ic[1]〗 **—** *n.* **1**〖哲学〗弁証法《一般に討論・弁証[論]を通じて共在・対立する議論を調整し真理への到達をめざす営為・方法・理論》: **a** (古代ギリシャの)ディアレクティケー《ソクラテスの問答法, イデア探究の方法としてのプラトンの弁証法など》. **b** (Kant の)仮象の論理. **c** (認識における低次の契機の定立・反定立の対立を止揚し綜合に導く Hegel の)弁証法. **d** [通例 ~s] ＝dialectical materialism. **2** (巧みな)論法, 論証, 解明. **3** [時に ~s] (共存する勢力・要素などの)相互間の対立[緊張, 矛盾], 相剋(ﾟ)〔*between*〕. **—** *adj.* **1**〖哲学〗(以上の意味で)弁証法的な. **2** 〈人が〉弁証[論法]の巧みな. **3** 〈対立・緊張など〉相互間の (cf. *n.* 3). **4**〖← DIALECT＋-IC[1]〗＝dialectal.

di·a·léc·ti·cal [-tɪkəl, -tə- | -tɪ-]〖(*a*1529)〗 *adj.* **1** 弁証法に関する；弁証的な. **2** ＝dialectal.

di·a·léc·ti·cal·ly *adv.* 弁証(法)的に.

dialéctical matérialism *n.*〖哲学〗弁証法的唯物論《K. Marx および F. Engels によって創始された, マルクス主義の世界観の基礎をなす哲学学説；cf. historical materialism》.

dialéctical theólogy *n.*〖哲学〗弁証法(的)神学《既成の神学に反対して神の言葉・行為のみを典拠とし, さらには人間の実存・社会・歴史・政治性を主題とするプロテスタント神学の傾向；第一次大戦後ドイツに興った；cf. crisis theology》.

di·a·lec·ti·cian [dàɪəlektíʃən]〖(*a*1693) ▭ F *dialecticien*: ⇨ dialectic, -ian〗 *n.* **1** 弁証家；論法家 (logician). **2** 方言学者[研究家].

di·a·lec·ti·cism [dàɪəléktəsìzm | -tɪ-]〖← DIALECTIC＋-ISM〗 *n.* **1** 方言の特質[効果]；方言(的表現), なまり言葉. **2** 弁証法的論法. **3** 弁論, 弁証.

di·a·lec·tics [dàɪəléktɪks]〖(1641)《なぞり》← L *dialectica* ‘DIALECTIC’: ⇨ -ics〗 — *n.* [単数または複数扱い] **1**〖哲学〗**a** =dialectic 1 c. **b** =dialectical materialism. **2** (対立する考えを並置し, それを巧みに解決する)説明, 議論; 観念の遊戯; 巧緻な議論.

dì·a·lec·tól·o·gist [-dʒɪst, -dʒəst | -dʒɪst] *n.* 方言研究家[学者].

di·a·lec·tol·o·gy [dàɪəlektálədʒi | -tɔ́lədʒi]〖(1879) ← DIALECT＋-LOGY〗 — *n.*〖言語〗**1** 方言学, 方言研究. **2** [集合的] 方言研究のための言語データ, 方言特徴. **di·a·lec·to·log·i·cal** [dàɪəlektəládʒɪkəl, -dʒə- | -lɔ́dʒɪ-] *adj.* **dì·a·lec·to·lóg·i·cal·ly** *adv.*

díal gàuge [indicator] *n.*〖機械〗ダイヤルゲージ.

díal ìmpulse *n.*〖通信〗ダイヤルインパルス《電話器のダイヤルを回すことにより発生する電気信号》.

di·al·ing [dáɪəlɪŋ] *n.* **1** 日時計製作(法). **2** 日時計による(時間)測定. **3** 坑内羅針儀による鉱区測量(法). **4**《米》(電話の)局番, 地域番号.

di·al·lage [dáɪəlɪdʒ]〖▭ F ～ ▭ Gk *diallagḗ* change ← *diallássein* to exchange ← DIA-＋*allássein* to change (← *állos* other)〗 *n.*〖鉱物〗異剥(ﾊｸ)石《輝石の一種》.

di·al·lel [dáɪəlèl]〖▭ Gk *diallēl-ós* reciprocating,《原義》crossed one another〗 — *adj.*〖生物〗総当り交雑の《家畜などで, 親の環境への適応能力が子孫にどのように伝わるかを調べるときに使う交雑で, 雌 2 頭またはそれ以上に, 各系統の雄を交雑し, またはその逆の交雑を行なう》.

di·al·ling [dáɪəlɪŋ] *n.* =dialing.

díalling còde *n.*《英》=dialing 4.

díalling tòne *n.*《英》=dial tone.

di·àl·lyl·barbitúric ácid [dàɪəlɪl-, -ləl- | -lɪl-]〖← *diallyl* containing two allyl groups (← DI-[1]＋AL-LYL)＋BARBITURIC〗 — *n.*〖薬学〗ジアリルバルビツール酸 ($C_{10}H_{12}N_2O_3$)《鎮静剤・催眠剤として用いる allobarbital の化学名》.

di·a·log [dáɪəlɔ̀(ː)g, -lɑ̀g | -lɔ̀g] *n.*《米》=dialogue.

di·a·log·ic [dàɪəládʒɪk | -lɔ́dʒ-]〖▭ LL *dialogic-os* ▭ Gk *dialogikós* of discourse: ⇨dialogue, -ic[1]〗 — *adj.* **1** 対話的な; 対話体の, 問答体の. **2** 対話[問答]する, 対話に加わっている. 〖～·ly *adv.*

dì·a·lóg·i·cal [-dʒɪkəl, -dʒə- | -lɔ́dʒɪ-] *adj.* =dialogic.

di·a·lo·gism [daɪǽlədʒɪzm]〖▭ LL *dialogism-us* ▭ Gk *dialogismós* consideration: ⇨ dialogue, -ism〗 *n.* 対話式討論法.

di·a·lo·gist [-dʒɪst, -dʒəst | -dʒɪst]〖▭ LL *dialogista* ▭ Gk *dialogistḗs*: ⇨dialogue, -ist〗 — *n.* **1** 対話者. **2** 対話文執筆者, 対話作者; 対話劇作者. **di·a·lo·gis·tic** [dàɪəlo(ʊ)dʒístɪk | -lə(ʊ)-] *adj.*

di·al·o·gite [daɪǽlədʒàɪt]〖▭ G *Dialogit* ← Gk *dialogḗ* selection ← *dialégein* to select ← DIA-＋*légein* to speak: ⇨ -ite[1]〗 *n.*〖鉱物〗=rhodochrosite.

di·al·o·gize [daɪǽlədʒàɪz, -ləgàɪz, dáɪəlɔg- | daɪǽlədʒ-]〖▭ Gk *dialogíz-esthai* to converse〗 *vi.* 対話する.

di·a·logue [dáɪəlɔ̀(ː)g, -lɑ̀g | -lɔ̀g]〖(16C) ▭ F ～ ▭ L *dialogus* ▭ Gk *diálogos* ← *dialégesthai* (⇨ dialect) ∽ (?*a*1200) *dialoge* ▭ OF〗 — *n.* **1** 問答, 対話 (cf. monologue): the *Dialogues* of Plato プラトンの「対話編」. **2** 対話体作品. **3** (劇・小説などの)会話の部分, ダイアローグ. **4 a** (双方からの代表者による政治上などの)話し合い, 意見交換: a ～ debate 立会演説会. **b** 有益な話し合い,「対話」. **5**〖音楽〗**a** ディアローグ《2 人の歌手が交互に歌う声楽曲の形式》. **b** (2 つ以上の声部が同じ動機, または対照的な動機を交互に演奏する)対話風楽句. — *vi.* 対話する. — *vt.* 対話体に表現する. **dí·a·lògu·er** *n.*

Dialogue Máss, d- m- *n.*〖カトリック〗共誦ミサ.

díal phòne *n.* ダイヤル式(自動)電話.

díal plàte *n.* (時計の)文字盤, (羅針盤などの)指針面, 「面板.

díal tèlegraph *n.* ダイヤル式(自動)電信機[装置].

díal tèlephone *n.* =dial phone.

díal tòne *n.*〖電話〗発信音(《英》dialling tone).

díal tràin *n.* **1**〖電話〗ダイヤルインパルス列《これにより交換機が動作する》. **2**〖時計〗日の裏輪列 (⇨ motion work).

di·a·ly- [dáɪəli]〖← NL ～ ← Gk *dialúein*: ⇨ dialysis〗「分離した (separated)」の意の連結形.

di·al·y·sate [daɪǽləzèɪt, -sèɪt] *n.*〖物理化学〗=dialyzate.

di·a·lyse [dáɪəlàɪz] *vt.*《英》=dialyze.

dí·a·lỳs·er *n.*《英》=dialyzer.

di·al·y·sis [daɪǽləsɪs, -səs | -lɪsɪs, -lə-]〖(1586) ← NL ～ ← Gk *diálusis* separation ← *dialúein* to separate, dissolve ← DIA-＋*lúein* to loosen (cf. -lysis)〗 — *n.* (*pl.* **-y·ses** [-sìːz]) **1**〖物理化学〗透析, 隔膜[濾膜(ﾛﾏｸ)]分析. **2**〖医学〗透析《血液中の好ましからぬ成分を透析装置で純化すること》. **3**〖生物〗分離, 分解.

di·a·lyt·ic [dàɪəlítɪk | -tɪk]〖▭ Gk *dialutik-ós* able to sever: ⇨ ↑, -ic[1]〗 *adj.*〖物理化学〗透析的な; 透膜性の. **dì·a·lýt·i·cal·ly** *adv.*

dialýtic méthod *n.*〖数学〗消去法《二つの方程式から未知数を消去する方法; Sylvester's dialytic method ともいう》. 「透析物.

di·al·y·zate [daɪǽləzèɪt]〖⇨ ↓, -ate[1]〗 *n.*〖物理化学〗

di·a·lyze [dáɪəlàɪz]〖← DIALYSIS: cf. -ize〗 — *vt., vi.*〖物理化学・医学〗透析する, (…の)隔膜[濾膜(ﾛﾏｸ)]分析をする. **di·a·lyz·a·bil·i·ty** [dàɪəlàɪzəbíləti | -lətɪ, -lɪ-] *n.* **dí·a·lỳz·a·ble** [-zəbl] *adj.*

dí·a·lỳz·er *n.* 透析器; 濾膜分析器.

diam.《略》diameter.

día·màgnet〖《逆成》↓〗 *n.*〖磁気〗反磁性体.

dìa·magnétic〖← DIA-＋MAGNETIC〗〖磁気〗*adj.* 反磁性の, 反磁性的な (cf. paramagnetic). — *n.* 反磁性体. **dia·magnétically** *adv.*

dìa·mágnetism *n.*〖磁気〗反磁性, 逆磁気《加えた磁界と逆方向に磁化する性質; cf. paramagnetism》.

di·a·man·tane [dáɪəmæntèɪn]〖← L *diamant*- ‘DIAMOND’＋-ANE[2]〗 *n.*〖化学〗ジアマンタン《ダイヤモンドと共通の空間的構造をもつ炭化水素の一種》.

dia·man·té [dìːəmɑ̃ː(n)téɪ, -mɑːn- | dɪəmɔ́nteɪ, dàɪə-; *F.* djamɑ̃te]〖(1904) ▭ F ～ (p.p.) ← *diamanter* to set with diamonds ← *diamant* ‘DIAMOND’〗〖服飾〗 — *n.* (*pl.* **～s** [～z; *F.* ～]) **1** ディアマンテ(装飾)《模造ダイヤ・ガラス粉末などによる服飾品などの装飾》. **2** (ディアマンテによって)きらきら光る布地[服飾品]. — *attrib. adj.* ディアマンテの, (ディアマンテで)きらきら光る: a ～ brooch, evening gown, etc.

di·a·man·tif·er·ous [dàɪəmæntíf(ə)rəs, dìːə- | dàɪə-]〖← F *diamantifère* ← *diamant* (↑): ⇨ -ferous〗 *adj.* =diamondiferous.

di·am·e·ter [daɪǽməṭə | -mɪtə(r, -mə-]〖(*a*1387) *diametre* ▭ (O)F *diamètre* ▭ L *diametrus* ▭ Gk *diámetros*: ⇨ dia-, meter[2]〗 — *n.* **1 a**〖数学〗(円・円錐曲線・球体などの)直径, 径, さしわたし (cf. radius): 10 ft. in ～ 直径 10 フィート. **b** (主に丸い物の)幅, 厚さ, 太さ (width, thickness). **2**〖光学〗(拡大単位の)…倍: a telescope magnifying 250 ～s (倍率) 250 倍の望遠鏡. **3**〖建築〗(円柱の柱脚部の)直径《古典主義建築のオーダーの各部の標準尺度; cf. module 2》.

di·am·e·tral [daɪǽmətrəl | -mɪ-, -mə-]〖(*c*1392) ▭ (O)F *diamétral*: ⇨↑, -al[1]〗 *adj.* 直径の, 径の.

di·ám·e·tral·ly〖(15C)〗 *adv.* 直径で, 直径として.

diámetral pítch *n.*〖機械〗直径ピッチ《歯車の直径 1 インチ当りの歯数》.

di·a·met·ric [dàɪəmétrɪk]〖(1802) ← Gk *diametrikós* (← *diámetros* ‘DIAMETER’)＋-AL[1]〗 — *adj.* **1** 直径の. **2** 〈相違・矛盾など〉(直径の両端のように)正反対の, 対立的な: ～ opposites 正反対のもの.

dì·a·mét·ri·cal [-rɪkəl, -rə- | -rɪ-] *adj.* =diametric.

dì·a·mét·ri·cal·ly *adv.* **1** 直径の方向に. **2** 正反対に, 正に, 全然: He is ～ opposed [opposite] to your opinion. 彼は君の意見と正反対である.

di·a·mide [dáɪəmàɪd, daɪǽmɪd, -məd | dáɪəmàɪd, daɪǽmɪd]〖← DI-[1]＋AMIDE〗 *n.*〖化学〗ジアミド《アミド基 2 個をもつ化合物》.

di·am·i·dine [dàɪǽmədìːn, -dɪn, -dən | -mɪdìːn, -dɪn]〖← DI-[1]＋AMIDINE〗 *n.*〖化学〗二つのアミジン (amidine) 基 (-C(NH)NH_2) をもつ化合物.

di·am·ine [dáɪəmìːn, dàɪǽmìːn, -ǽmɪn, -æmən | dáɪəmìːn, dàɪəmìːn]〖← DI-[1]＋AMINE〗 *n.*〖化学〗ジアミン《アミノ基 (NH_2) を 2 個有するアミン》.

di·a·mi·no·pro·pyl·tet·ra·meth·yl·ene·di·a·mine [dàɪəmìːno(ʊ)próʊpɪltètrəmèθəlìːndàɪəmíːn, daɪæ̀məno(ʊ)-, -pəl-, -daɪǽmɪn, -mən | daɪəmìːnə(ʊ)-próʊpɪltètrəmèθɪlìːndaɪəmíːn, daɪæ̀mɪnə(ʊ)-, -daɪǽmɪn]〖← DI-[1]＋AMINO-＋PROPYL＋TETRA-＋METHYL-ENE＋DIAMINE〗 — *n.*〖生化学〗=spermine.

dì·am·mó·ni·um phósphate [dàɪəmóʊniəm- | -móʊnjəm-, -nɪəm-]〖⇨ di-[1]〗 — *n.*〖化学〗リン酸二アンモニウム, (正式には)リン酸一水素二アンモニウム (($(NH_4)_2HPO_4$)《無色の結晶; 肥料》.

di·a·mond [dáɪ(ə)mənd | dáɪə-]〖(*c*1325) *diama(u)nt* ▭ (O)F *diamant* ▭ LL *diamant*- (stem) ← *diamas*《変形》← L *adamas* ‘ADAMANT, diamond’〗 — *n.* **1 a** ダイヤモンド, 金剛石 (⇨ birthstone); 人工ダイヤ: a ～ of the first water 最上等のダイヤモンド; 第一級の人物 / a ～ in the rough＝rough diamond / ⇨ black diamond. **b** ダイヤをはめた装身具; (特に, ダイヤの)婚約指輪. **c** ダイヤモンドのように輝くもの: ～*s* of snow きらきら光る雪(片). **2** (ダイヤのくずの小片を先端につけた)ガラス切り: a glazier's [cutting] ～ ガラス切り. **3** ダイヤ(モンド)形, 菱(ﾋｼ)形. **4**〖トランプ〗**a** ダイヤ(の印). **b** ダイヤ札: a small ～ 小さい数字のダイヤ札. **c** [*pl.*; 単数または複数扱い] ダイヤ札の一揃い (suit). **5**〖野球〗内野, ダイヤモンド; 野球場: a star of the ～ 野球の花形[人気]選手 / on the ～ 野球場[界]の. **6**〖▭ Du. *diamant*: 考案者の命名〗〖活字〗ダイヤモンド《活字の大きさの古い呼称; 4½ アメリカポイントに相当; ⇨ type 10 ★》. **7** [*pl.*; 単数扱い]〖獣医〗=diamond-skin disease.

diamond cut diamond〖← *let diamond cut diamond*〗(弁舌・悪知恵などで)しのぎを削る[火花を散らす]戦い, 腕きき同士のいい勝負: It was (a case of) ～ *cut* ～.

— *attrib. adj.* **1** ダイヤモンド(製)の, ダイヤモンドをちりばめた, ダイヤ入りの: a ～ brooch, ring, etc. **2** ダイヤモンドのように輝く. **3** ダイヤモンドを産する: a ～ mine ダイヤモンド鉱山. **4** 菱形の: ～ panes 菱形窓ガラス. **5** (結婚) 60[時に 75]周年記念の, ダイヤモンド婚の: ⇨ diamond anniversary.

— *vt.* ダイヤモンドで飾る[を入れる], (露の玉などがダイヤモンドをちりばめたように)きらめかす (cf. impearl).

diamond anniversary *n.* (結婚の) 60[ときに 75]周年記念日[祝い], ダイヤモンド婚の祝い.

díamond·bàck *attrib. adj.* 〈カメなど〉背にダイヤ(モンド)形[菱形]の紋のある. — *n.* **1**〖動物〗=diamondback rattlesnake. **2**〖動物〗=diamondback terrapin. **3**〖昆虫〗=diamondback moth.

díamondback móth *n.*〖昆虫〗コナガ (*Plutella xylostella*)《世界中に分布する褐色と白の小さいガ; 羽根はたたむと菱形をなす》.

díamondback ráttlesnake *n.*〖動物〗ヒシモンガラガラヘビ (*Crotalus adamanteus*)《米国南部にすむ菱紋のある猛毒ヘビ》.

díamondback térrapin *n.*〖動物〗ダイヤモンドテラピン (*Malaclemys terrapin*)《北米東南部産のイリエガメ属の淡水ガメ; 甲に菱形の模様がある; 肉が美味なので食用にされ, 養殖も行なわれている》.

díamond bìrd *n.*〖鳥類〗=pardalote.

díamond cemènt *n.* ダイヤモンドを台にはめこむためのセメント.

díamond cróssing *n.*〖鉄道〗菱形交差.

díamond-cùt *adj.* 〈宝石など〉ダイヤ(モンド)形[菱形]に切った[磨いた].

díamond-cùtter *n.* ダイヤモンド研磨工.

díamond díe *n.*〖機械〗ダイヤモンドダイス《ダイヤモンド製の線引きダイス》.

díamond dríll *n.*〖鉱山〗ダイヤモンドドリル《ダイヤモンド試錐(ｽｲ)機》.

díamond dùst *n.* **1** ダイヤモンド粉末《研磨用》. **2**〖気象〗細氷.

díamond-fìeld *n.* ダイヤモンド産地[産出地域].

díamond hàmmer *n.* =bushhammer.

Díamond Hèad *n.* 米国 Hawaii 州 Oahu 島, Honolulu 南東岸の岬; 陸標となりかつ Waikiki からの眺めは景観とされる.

di·a·mond·if·er·ous [dàɪ(ə)məndíf(ə)rəs | dàɪə-]〖← DIAMOND＋-FEROUS〗 *adj.* ダイヤモンドを産する[生じる, 含む].

díamond júbilee *n.* **1** =diamond anniversary. **2** [the D- J-] (1897 年に行なわれた) Victoria 女王の即位 60 年祝典.

díamond knòt *n.*〖海事〗ダイヤモンドノット《ロープの先端処理の結び方ですべり止めや装飾に使う》.

díamond-lèaf láurel *n.*〖植物〗オーストラリア産トベラ属の木 (*Pittosporum rhombifolium*)《ピラミッド状になる習性をもち菱形の葉と白い花をつける》.

díamond-mátched *adj.*〖木工〗ダイヤモンド張りの《合板の張り板が菱形模様になるように切り合わせた》.

diamond knot (single)

di·a·mond·oid [dáɪ(ə)məndɔ̀ɪd | dáɪə-]〖← DIAMOND＋-OID〗 *adj.* ダイヤ(モンド)形をした.

díamond péncil *n.* ダイヤモンドペンシル《ダイヤモンドを先端につけた工具; 金属板の罫(ｹｲ)引きなどに使う》.

díamond pláte *n.*〖造船〗ダイヤモンドプレート, 菱形板《フレーム類の 2 本が交差する部分を結合補強するためのダイヤモンド形の鉄板》.

díamond pòint *n.* **1** (蓄音機・彫刻器具などの)ダイヤ尖頭(ｾﾝﾄｳ)のとがり針, 剣バイト. **2**〖鉄道〗(菱形交叉, ダイヤモンドポインツ《鉄道線路が斜めに交差している所》.

díamond pòwder *n.* =diamond dust 1.

díamond ríng effèct *n.*〖天文〗(日食の直前直後に起こる)ダイヤモンドリング効果.

díamond sáw *n.*〖土木〗ダイヤモンドソー《ダイヤモンドカッターを使用する円形のこぎり, 石など固いものを切る》.

díamond-skín dìsease *n.*〖獣医〗ダイヤモンド皮膚病, 豚丹毒 (swine erysipelas)《皮膚にダイヤ形の炎症の起こる豚の皮膚病; 単に diamonds ともいう》.

Díamond Stàte *n.* [the ～] 米国 Delaware 州の俗称《小さいことから》.

díamond stìtch *n.*〖服飾〗ダイヤモンドステッチ《ダイヤモンドの形に刺す刺繍のステッチ》.

díamond wédding *n.* ダイヤモンド婚式《結婚 60 [ときに 75]周年の記念式[日]; diamond wedding anniversary ともいう; ⇨ wedding 4》.

díamond-wìse *adv.* 菱(ﾋｼ)形に.

di·a·mor·phine [dàɪəmɔ́əfiːn | -mɔ́ː-]〖← DIA(CETYL)＋MORPHINE〗 *n.*〖薬学〗ジアモルフィン (⇨ heroin).

di·am·yl [daɪǽməl | -mɪl] *adj.*〖化学〗二つのアミル基 (C_5H_{11}-) からなる.

diámyl súlfide *n.*〖化学〗硫化ジアミル (($(C_5H_{11})_2S$)《amyl sulfide ともいう》.

Di·an [dáɪən] *n.*《詩》=Diana 2, 3.

Di·an·a [daɪǽnə]〖(?*a*1200) ▭ L *Diāna* ← IE **dei-* to shine: cf. Deus〗 — *n.* **1** 女性名《異形 Deana, Deanna, Dyana, Dyane》. **2**〖ローマ神話〗ディアーナ, ダイアナ《月の女神で処女性と狩猟の守護神; ギリシャ神話の Artemis に当たる: cf. Cynthia 2, Luna》. **3**《詩》月 (moon). **4** 狩をする婦人, 乗馬婦人; 独身を守る女; 容姿端麗な若い女.

Diana 2

di·an·drous [daɪǽndrəs]〖← NL *diandrus*: ⇨ di-[1], androus〗 *adj.*〖植物〗**1** 雄

蕊(ずい)が 2 個ある． **2** 二雄蕊花の．

di·a·net·ics [dàɪənétɪks | -tɪks] 〖《変形》← DIANOETIC: ⇨ -ics〗 — *n.* 〖精神医学〗ダイアネティックス《出生前の経験に主因がある疾病を治療すると称する一種の心理療法》．

di·a·nis·i·dine [dàɪənísədiːn, -dɪn, -dən | -sɪdiːn, -dɪn] 〖← DI-[1]＋(BI)ANISIDINE〗 *n.* 〖化学〗ジアニシジン (⇨ bianisidine).

di·a·no·et·ic [dàɪənouétɪk | -nəuét-] 〖□Gk *dianoētikós* pertaining to thinking: ⇨ ↓, -etic〗 *adj.* 推論的な.

di·a·noi·a [dàɪənɔ́ɪə] 〖□ Gk *diánoia* ← DIA-＋*noûs* mind〗 *n.* 〖ギリシャ哲学〗科学的(特に数学的)認識[思考] (cf. noesis).

di·an·thus [daɪǽnθəs] 〖← NL ～ ← Gk *Diós* ((gen.) ← *Zeús* 'ZEUS')＋*ánthos* flower (cf. -anthous)〗 — *n.* 〖植物〗 **1** [D-] ナデシコ属《ナデシコ科の一属》. **2** ナデシコ《ナデシコ属の植物の総称; アメリカナデシコ (*D. barbatus*)・カーネーション (*D. caryophyllus*) など》.

diap. 《略》 diapason.

di·a·pa·son [dàɪəpéɪzn̩, -sn̩ | -sn̩, -zn̩] 〖《a1387》□ L *diapāsōn* □ Gk *diapāsōn* ← (*hē*) *dià pāsōn* (*khordōn sumphonía*) (the concord) through all (the strings): ⇨ dia-, pan-〗 — *n.* **1** 《まれ》〖音楽〗 1 オクターブ[8 度]の音程; その協和(音). **2** 《廃》〖音楽〗完全協和(音). **3** 〖音楽〗 **a** (一楽器の)全音域(のすべての音). **b** (声の)全声域. **c** 標準調子, 標準音高: ⇨ diapason normal. **4** 〖音楽〗旋律, メロディー (melody). **5** 〖楽器〗 **a** ダイアペーソン《パイプオルガンの基本的な音栓; この種の音栓には開管 (open diapason) と閉管 (closed [stopped] diapason) との二つがある》. **b** (一般に)オルガンの音栓. **6** 〖物理〗音叉(さ). **7** どっと上がる音: a ～ of opposition どっと上がる反対の声. **8** (活動・感情・現象などの)全範囲, 領域分野. **～·al** [-zənl̩, -sə-, -znl̩, -snl̩ | -sənl̩, -zə-, -snl̩, -znl̩] *adj.*

diapáson nórmal 〖□F ～〗 — *n.* 〖音楽〗ディアパゾン ノルマル, フランスピッチ, 国際標準音, 標準音高, コンサートピッチ《1859 年フランス政府が採用した A' (イ音)が 1 秒間 435 の振動をするピッチ(日本の標準ピッチは A'＝440); French pitch, international pitch, low pitch ともいう; cf. philharmonic pitch》.

di·a·pause [dáɪəpɔ̀ːz] 〖□ Gk *diápaus-is*: ⇨ dia-, pause〗〖生物〗 — *n.* 休眠, 休止《寒冷・酷暑などの不適環境で生物の発生過程における成長・活動がある期間停止する現象》.

di·a·paus·ing *adj.* 〖動物〗休眠の, 休眠状態の.

di·a·pe·de·sis [dàɪəpədíːsɪs, -səs | -pɪdíːsɪs] 〖← NL ～ ← Gk *diapḗdēsis* ← *diapēdein* to ooze through〗 — *n.* (*pl.* **-deses** [-siːz]) 〖生理〗血管外遊出, 漏出《特に白血球が血管壁のすき間から外に遊出すること》. **di·a·pe·det·ic** [dàɪəpədétɪk | -pɪdét-] *adj.*

Di·a·pen·si·a·ce·ae [dàɪəpènsiéɪsiːː | -siéɪ-] 〖← NL ～ ← *Diapensia* (属名: ← Gk *dià pénte* by fives＋-IA[2])＋-ACEAE: がく (calyx) に葉が 5 枚あることから〗 — *n. pl.* 〖植物〗イワウメ科. **dí·a·pèn·si·á·ceous** [-ʃəs] *adj.*

Di·a·pen·si·a·les [dàɪəpènsiéɪliːz | -sɪ-] 〖← NL ～ ← *Diapensia* (↑)＋-ALES〗 *n. pl.* 〖植物〗イワウメ目.

di·a·per [dáɪ(ə)pə | dáɪəpə(r)] 〖《c1330》□ OF *dia(s)pre* □ ML *diasprum* □ MGk *diaspros* ? pure white ← DIA-＋*áspros* white, rough〗 — *n.* **1** 菱(ひし)形の地紋のある布《タオル・ナプキンに用い, 綿布または麻布》. **2** (赤ん坊用)おむつ (《英》 nappy): a ～ cover (ゴム製)おむつカバー. **3** 生理用ナプキン (sanitary towel). **4** 菱形模様, 寄せ木模様: a ～ pattern. **5** 〖紋章〗地模様《紋章の彩色に関係なく, 色の下から浮き出たような模様》. — *vt.* **1** 菱形模様で飾る, 寄せ木模様で飾る. **2** 《米》〈赤ん坊〉におむつを当てる, …のおむつをかえる.

diaper 4

dí·a·pered 〖ME〗 *adj.* **1** 菱形模様入りの. **2** 〖紋章〗地模様を施した.

díaper ràsh *n.* 《米》(赤ん坊の)臀部紅斑(でんぶこうはん), おむつかぶれ.

díaper sèrvice *n.* 《米》貸しおむつ業; 貸しおむつ屋.

di·aph·an- [daɪǽfən] (母音の前に来る時の) diaphano- の異形.

di·a·phane [dáɪəfèɪn] 〖□ (O)F ～ □ ML *diaphanus*: ⇨ diaphanous〗 *n.* 顕微鏡標本封入剤.

di·a·pha·ne·i·ty [daɪæ̀fəníːəti, dàɪəfə- | -níːətɪ, -níːɪ-] 〖《1660》□ F *diaphanéité*: ⇨ diaphanous, -ity〗 — *n.* **1** 透明度[性]. **2** 〖鉱物〗透明度《透過光線の吸収される程度》.

di·aph·a·no- [daɪǽfəno(ʊ) | -nə(ʊ)] 〖⇨ diaphanous, -o-〗「透明(な)」の意の連結形. ★ 母音の前では通例 diaphan- になる.

di·aph·a·nom·e·ter [daɪæ̀fənɑ́mətə | -nɔ́mɪtə(r), -mə-] *n.* (気体・液体などの透明度を測定する)測透計.

di·aph·a·nous [daɪǽfənəs] 〖《1614》□ ML *diaphanus* □ Gk *diaphanḗs* ← DIA-＋*phaínein* to show: ⇨ -ous〗 — *adj.* **1** 〈繊維物・昆虫の羽根などが〉(薄くて)透明な, 半透明な: ～ cloth. **2** 〈風景など〉かすかな, ぼんやりした, 縹緲(ひょうびょう)とした: a ～ landscape うすもやのかかったような景色 / a ～ possibility はっきりしない可能性. **～·ly** *adv.* **～·ness** *n.*

di·a·phone [dáɪəfòun | -fəʊn] 〖← DIA-＋-PHONE〗 — *n.* **1** (二つの音調の音を出す)霧笛, 濃霧号笛. **2** ダイアフォーン《パイプオルガンの 16 ft や 32 ft のペダルストップ[音栓]; 力強い低音を出す》. **3** 〖音声・言語〗類音《同一音の個人的・地方的・文体的変種の総称, 例えば home, go の母音には [oː] [ou] [əu] [ʌu] などの変種があるが同一の diaphone に属する; cf. phoneme》.

di·aph·o·ny [daɪǽfəni | -nɪ] 〖□ ML *diaphōnia* □ Gk *diaphōnía*: ⇨ dia-, phone[2], -ia[1]〗 *n.* **1** 〖ギリシャ音楽〗不協和音. **2** 〖音楽〗＝organum 2.

di·aph·o·rase [daɪǽfərèɪs, -rèɪz | -rèɪs] 〖□ G ～ ← Gk *diáphoros* different: ⇨ -ase〗 — *n.* 〖生化学〗ジアホラーゼ《フラビン蛋白質でチトクロームやメチレン青などの色素を還元する酵素》.

di·a·pho·re·sis [dàɪəfəríːsɪs, daɪæ̀fə-, -səs | -sɪs] 〖□ LL *diaphorēsis* □ Gk *diaphórēsis* sweat ← DIA-＋*phorein* to carry: ⇨ -sis〗 *n.* 〖医学〗発汗療法.

di·a·pho·ret·ic [dàɪəfərétɪk, daɪæ̀fə- | -tɪk] 〖《?a1425》□ LL *diaphorētic-us*: ⇨ ↑, -ic[1]〗 *adj.* 発汗性の, 発汗(効)のある). — *n.* 発汗剤; 発汗処置.

di·a·phragm [dáɪəfræ̀m | -fræm, -frəm] 〖《a1398》□ LL *diaphragma* □ Gk *diáphragma* midriff, barrier ← DIA-＋*phrágma* fence (← *phrássein* to fence)〗 — *n.* **1** 〖解剖〗 **a** 横隔(膜). **b** 隔膜, 隔壁. **2** 〖植物〗(茎の節にある)隔膜. **3** 〖貝類〗(内部の)分壁. **4** 〖化学〗隔壁, 隔膜. **5** (機械類の)隔盤, 隔板, 仕切板, ダイヤフラム. **6** (電話機・マイクロホンなどの)振動板. **7** 〖光学・写真〗絞り (stop). **8** (避妊用)ペッサリー (pessary). — *vt.* **1** …に diaphragm を取り付ける. **2** 〈写真機〉の絞りを絞る. **～·al** [-məl] *adj.*

di·a·phrag·mat·ic [dàɪəfrə(g)mǽtɪk, -fræg- | -fræg-mǽt-, -frəg-] 〖□F *diaphragmatique* ← Gk *diaphragmat-*: ⇨ ↑, -ic[1]〗 — *adj.* 横隔膜性の; 隔壁[隔膜]状の. **dì·a·phrag·mát·i·cal·ly** *adv.*

diaphragm pùmp *n.* 〖機械〗膜ポンプ《ピストンの代りに膜を上下させるポンプ》.

di·aph·y·sis [daɪǽfəsɪs, -səs | -fɪsɪs] 〖← NL ～ ← Gk *diáphusis* a growing through ← DIA-＋*phúein* to bring forth: ⇨ -sis〗 *n.* (*pl.* **-y·ses** [-siːz]) 〖解剖〗(長骨)骨幹 (cf. epiphysis). **di·aph·y·se·al** [daɪæ̀fəsíːəl, -zíː-əl] *adj.* **di·a·phys·i·al** [dàɪəfíziəl | -zɪəl, -zjəl] *adj.*

di·a·pir [dáɪəpɪə | -pɪə(r)] 〖← Gk *diapeirainein* to pierce through〗 — *n.* 〖地質〗ダイアピル《比較的比重の小さな岩層が上方の岩層中へ押し上ってできたドーム状構造; 岩塩層などによくみられる》. **di·a·pir·ic** [dàɪəpírɪk] *adj.*

di·ap·la·sis [daɪǽpləsɪs, -səs | -sɪs] 〖← NL ～ ← Gk *diáplasis* setting of a limb ← *diaplássein* to form〗 *n.* (*pl.* **-la·ses** [-siːz]) 〖外科〗(骨折・脱臼などの)整復.

di·a·poph·y·sis [dàɪəpɑ́fəsɪs, -səs | -pɔ́fɪsɪs] 〖← NL ～: ⇨ dia-, apophysis〗 — *n.* (*pl.* **-y·ses** [-siːz]) 〖解剖・動物〗脊椎(せきつい)横突起の上部関節面. **di·ap·o·phys·i·al** [daɪæ̀pəfíziəl | -zɪəl, -zjəl] *adj.*

dia·pósitive 〖← DIA-＋POSITIVE〗 *n.* 〖写真〗透明陽画《スライドなど》.

di·arch [dáɪɑək | -ɑːk] 〖← DI-[1]＋Gk *arkhḗ* origin〗 *adj.* 〖植物〗二原型の《放射維管束の構成が二つの木部から成る; cf. monarch[3]》.

di·ar·chi·al [daɪɑ́əkiəl | -ɑ́ːkjəl, -kɪəl] *adj.* ＝dyarchial.

di·ar·chic [daɪɑ́əkɪk | -ɑ́ː-] *adj.* ＝dyarchic.

di·arch·y [dáɪɑəki | -ɑːkɪ] *n.* ＝dyarchy.

di·ar·i·al [daɪé(ə)riəl | -ɛ́ərɪ-] *adj.* 日記(形式)の, 日記体の.

di·a·rist [dáɪərɪst, -rəst | -rɪst] 〖《1818》← DIARY＋-IST〗 *n.* 日記をつける人; 日記担当者, 日誌係.

di·a·ris·tic [dàɪərístɪk] *adj.* 日記式の, 日記体の.

di·a·rize [dáɪəràɪz] *vi.* 日記をつける. — *vt.* 日記に記入する[つける].

di·ar·rhe·a [dàɪəríːə | -ríə] 〖《a1398》□ LL *diarrhoea* □ Gk *diárrhoia* a flowing through: ⇨ dia-, -rrhea〗 — *n.* 〖病理〗下痢: have ～ 下痢をする. **di·ar·rhe·ic** [dàɪəríːɪk] *adj.* **di·ar·rhet·ic** [dàɪərétɪk | -tɪk] *adj.*

di·ar·rhe·al [dàɪəríːəl | -ríəl] *adj.* 下痢の, 下痢状の.

di·ar·rhoe·a [dàɪəríːə | -ríə] *n.* 〖病理〗＝diarrhea. **di·ar·rhoe·al** [-ríːəl | -ríəl] *adj.* **di·ar·rhóe·ic** [-ríːɪk] *adj.* **di·ar·rhóet·ic** [-rétɪk | -tɪk] *adj.*

di·ar·thro·sis [dàɪɑəθróusɪs, -səs | -ɑːθrə́usɪs] 〖← NL ～ ← Gk *diárthrōsis* division by joints: ⇨ dia-, arthrosis〗 — *n.* (*pl.* **-thro·ses** [-siːz]) 〖解剖〗可動関節. **di·ar·thro·di·al** [dàɪɑəθróudiəl | -ɑːθrə́udɪəl, -djəl] *adj.*

di·a·ry [dáɪ(ə)ri | dáɪərɪ] 〖《1581》□ L *diāri-um* daily allowance, journal ← *diēs* day: ⇨ -ary〗 — *n.* 日記, 日誌 (cf. journal 1); 日記帳; (ポケット用)手帳日記; (会合などの予定を記入するための)卓上日記, 日ごよみ: keep a ～ 日記をつける.

Di·as [díːəs, -ɑːʃ; *Port.* díɐʃ], **Bar·tho·lo·me·u** [bàrtuluméu] *n.* ディアス《1466–1500; ポルトガルの航海者; 喜望峰発見 (1487)》.

di·as·chi·sis [daɪǽskəsɪs, -səs | -kɪsɪs] 〖← NL ～ ← G ～ □ Gk *diáskhisis* division ← *diaskhízein* to sever: スイスの神経学者 C. von Monakow (1853–1930) の造語〗 *n.* (*pl.* **-chi·ses** [-siːz]) 〖医学〗(神経連合)機能解離.

di·a·scope [dáɪəskòup | -skəup] *n.* 〖医学〗ガラス圧診器.

Di·a·sone [dáɪəsòun | -səun] *n.* 〖商標〗ダイアソーン《ハンセン病治療剤 sulfoxone sodium の商品名》.

di·as·pid [daɪǽspɪd, -pəd | -pɪd] 〖↓〗〖昆虫〗 *adj.* マルカイガラムシ(科)の. — *n.* マルカイガラムシ《マルカイガラムシ科の昆虫の総称》.

Di·as·pi·di·dae [dàɪæspídədìː | -pɪ-] 〖← NL ～ ← *Diaspid-*, *Diaspis* (属名: ← DIA-＋-ASPIS)＋-IDAE〗 *n. pl.* 〖昆虫〗(半翅目)マルカイガラムシ科.

Di·as·po·ra [daɪǽsp(ə)rə | -pə-] 〖《1876》□ Gk *diasporá* a scattering ← DIA-＋*speirein* to sow (cf. spore)〗 — *n.* **1** [the ～] ディアスポラ《バビロン捕囚後, ユダヤ人が異邦人の間に四散したこと; Dispersion ともいう》. **2** [the ～; 集合的] (以上のように)四散した全ユダヤ人《今はイスラエル以外の土地に住むユダヤ人についていう》; 四散した場所[土地], Palestine 以外のユダヤ人の居住地: in Israel or in *the* ～. **3** [the ～; 集合的] (Palestine 以外の地に住んだ)初期ユダヤ人キリスト教徒. **4** [d-] (起源・背景・信仰・職業などを共通にする人々の)四散, 国外離散; (一国の文化などの)伝播; 移住, 移動; [the d-; 集合的] 移住[四散]した人々.

di·a·spore [dáɪəspɔ̀ə, -spɔ̀ə | -spɔ̀ː(r)] 〖← NL ～ ← Gk *diasporá* (↑): 熱せられると強くとび散ることから〗 *n.* 〖鉱物〗ダイアスポア (AlO(OH)).

di·a·stase [dáɪəstèɪs, -stèɪz | -stèɪs] 〖《1838》□ F ～ □ Gk *diástasis* separation: ⇨ diastasis〗 *n.* 〖生化学〗 **1** ジアスターゼ, 澱粉糖化酵素 (amylase). **2** 酵素 (enzyme).

di·a·sta·sic [dàɪəstéɪsɪk] *adj.* 〖化学〗＝diastatic.

di·as·ta·sis [daɪǽstəsɪs, -səs | -sɪs] 〖← NL ～ ← Gk *diástasis* separation: ⇨ dia-, -stasis, -ose〗 — *n.* (*pl.* **-ta·ses** [-siːz]) **1** 〖医学〗縫合離開, 骨端(線)離開《骨折によらずに起こるもの》. **2** 〖生理〗(収縮直前の)心拍静止期.

-di·as·ta·sis [daɪǽstəsɪs, -səs | -sɪs] 〖↑〗 (*pl.* **-ta·ses** [-siːz]) 「分解; 転位」の意の名詞連結形.

di·a·stat·ic [dàɪəstǽtɪk | -tɪk] 〖□ Gk *diastatik-ós* separating: ⇨ diastase, -ic[1]〗 *adj.* 〖生化学〗ジアスターゼ性の, 糖化性の: ～ enzyme 糖化酵素.

di·a·stem [dáɪəstèm] 〖↓〗 *n.* 〖地質〗ダイアステム《堆積の中断・再侵食・海底風化などによって起こる堆積のわずかな間隙(かんげき)》; cf. disconformity, unconformity》.

di·a·ste·ma [dàɪəstíːmə] 〖ME □ LL *diastēma* □ Gk *diástēma* space between〗 — *n.* (*pl.* ～**·ta** [～tə | ～tə]) **1** 〖生物〗隔膜質《細胞分裂に際して新しい細胞境界が生じるべき細胞質の部分に生じる構造》. **2** 〖歯科〗歯間離開《隣り合った歯の間に生じた間隙》. **di·a·ste·mat·ic** [-stɪmǽtɪk, -stə- | -stɪmǽt-] *adj.*

di·as·ter [dàɪǽstə | -tə(r)] *n.* 〖生物〗(核分裂の)双星, 両星. **di·as·tral** [daɪǽstrəl] *adj.*

di·a·ster·e·o·i·so·mer [dàɪəstèrio(ʊ)áɪso(ʊ)mə, -stì(ə)r-, -áɪsə- | -stèrɪə(ʊ)áɪsə(ʊ)mə(r), -stɪər-] 〖← DIA-＋STEREOISOMER〗 — *n.* 〖化学・結晶〗ジアステレオ(イソ)マー《分子の一部分だけが互いに鏡像の関係にあるような異性体; cf. enantiomorph 2》. **dia·stèr·eo·ìsoméric** *adj.* **dia·stèreo·isómerism** *n.*

di·a·ster·e·o·mer [dàɪəstériəumə, -stí(ə)r- | -stér-ɪəumə(r), -stíər-] *n.* 〖化学・結晶〗＝diastereoisomer.

di·as·to·le [daɪǽstəliː, -li | -lɪ] 〖《1578》□ LL ～ □ Gk *diastolḗ* expansion, the lengthening of a syllable ← *diastéllein* to expand ← DIA-＋*stéllein* to place, send〗 — *n.* **1** 〖生理〗心(臓)拡張(期) (cf. systole 1). **2** 〖古典詩学〗音節延長 (cf. systole 2). **di·as·tol·ic** [dàɪəstɑ́lɪk | -stɔ́l-] *adj.*

di·as·tro·phism [daɪǽstrəfìzm̩] 〖← Gk *diastrophḗ* dislocation (⇨ dia-, strophe)＋-ISM〗 — *n.* 〖地質〗地殻変形, 地殻変動 (cf. epeirogeny, orogeny). **di·a·stroph·ic** [dàɪəstrɑ́fɪk | -strɔ́f-] *adj.* **dì·a·stróph·i·cal·ly** *adv.*

di·a·style [dáɪəstàɪl] 〖□ L *diastȳl-os* □ Gk *diástūlos* ← DIA-＋*stûlos* pillar (⇨ -style[1])〗 — *n.* 〖建築〗隔柱式《柱と柱との内法(うちのり)間隔を柱の基部の直径の 3 倍にする柱割り (intercolumniation)》.

día·sỳstem *n.* 〖言語・文法〗共通言語素《一組の方言において共通して存在する言語体系》.

di·a·tes·sa·ron [dàɪətésərən, -rɑ̀n | -rən, -rɔ̀n] 〖《a1387》□ L *diatessarōn* □ Gk *dià tessárōn* 《原義》 by or through four ← *téssares* 'FOUR': ⇨ dia-〗 — *n.* **1** 〖古代ギリシャ, 中世音楽〗完全 4 度音程. **2** [the D-] 「ディアテッサロン」《150 年頃 Tatian が四福音書の記事を一貫的に調和させて編集したもの》.

di·a·ther·man·cy [dàɪəθə́ːmənsi | -θə́ːmənsɪ] 〖□ F *diathermansie* ← DIA-＋Gk *thérmansis* a heating: ⇨ thermo-, -ancy〗 *n.* 〖物理化学〗透熱性.

di·a·ther·ma·nous [dàɪəθə́ːmənəs | -θə́ː-] 〖⇨ ↑, -ous〗 *adj.* 〖物理化学〗熱線透過性の, 透熱性の, 熱を通す (↔ athermanous).

di·a·ther·mi·a [dàɪəθə́ːmiə | -θə́ːmɪə, -mjə] 〖⇨ diathermy, -ia[1]〗 *n.* 〖医学〗＝diathermy.

di·a·ther·mic [dàɪəθə́ːmɪk | -θə́ː-] 〖□ F *diathermique*: ⇨ dia-, thermic〗 — *adj.* **1** 〖物理化学〗＝diathermanous. **2** 〖医学〗ジアテルミーの; 温熱療法の: ～ treatment 温熱療法.

di·a·ther·mize [dàɪəθə́ːmaɪz | -θə́ː-] *vt.* 〖医学〗ジアテルミー (diathermy) で治療する.

di·a·ther·my [dáɪəθə̀ːmi | -θəːmɪ] 〖← DIA-＋-THERMY〗 *n.* 〖医学〗ジアテルミー《高周波利用の温熱療法; cf. radiothermy》; ジアテルミー装置.

di·ath·e·sis [daɪǽθəsɪs, -səs | -θɪsɪs, -θə-] 〖← NL ～ ← Gk *diáthesis* arrangement ← *diatithénai* to arrange: ⇨ dia-, thesis〗 — *n.* (*pl.* **-e·ses** [-siːz]) **1** 〖病理〗(身

体の)(病的)素質, 体質, 素因《ある種の病気にかかりやすい素質》. **2** (ある発達に対する)特性. **3** 〘文法〙(動詞の)態.

di·a·thet·ic [dàɪəθétɪk | -tɪk] *adj.* **1** 〘病理〙素質上の, 特異体質の. **2** 〘文法〙(動詞の)態の[に関する].

di·a·tom [dáɪətɑ̀m | -təm, -tɔ̀m] 〚← NL *Diatoma* ← Gk *diátomos* cutting through ← *diatémnein* to cut through ← DIA-+*témnein* to cut (cf. tome)〛 **—** *n.* 〘植物〙珪藻(けいそう)植物《珪藻類に属する顕微鏡的植物》.

di·a·to·ma·ceous [dàɪətəméɪʃəs, daɪæ̀t- | -tə-] *adj.* **1** 〘植物〙珪藻(けいそう)類の. **2** 〘地質〙ケイ藻土の.

diatomáceous éarth *n.* 〘化学〙=diatomite.

di·a·tom·ic [dàɪətɑ́mɪk, -æt- | -ətɔ́m-] *adj.* 〘化学〙 **1** 二原子の. **2** 〈化合物が〉二つの置換し得る原子[基]をもつ, 2 価の: ~ alcohol 2 価アルコール.

di·at·o·mite [daɪǽtəmàɪt | -tə-] 〚← DIATOM+-ITE[1]〛 *n.* 〘地質〙ケイ藻土 (cf. kieselguhr, tripoli).

di·a·ton·ic [dàɪətɑ́nɪk | -tɔ́n-] 〚《1603》□ (O)F *diatonique* // LL *diatonic-us* □ Gk *diatonikós* ← *diátonos*: ⇨ dia-, tone, -ic[1]〛 **—** *adj.* 〘音楽〙全音階的な: the ~ scale 全音階. **di·a·tón·i·cal·ly** *adv.*

di·a·ton·i·cism [dàɪətɑ́nəsɪzm | -tɔ́nɪ-] *n.* 〘音楽〙全音階主義[使用]; 全音階的和声の使用; 全音階法《全音階に基づく作曲法; cf. chromaticism》.

di·a·ton·ism [dàɪətɑ́nɪzm, daɪǽtənɪzm | dàɪətɔ́nɪzm, daɪǽtənɪzm] *n.* 〘音楽〙=diatonicism.

di·a·treme [dáɪətrìːm] 〚← DIA-+Gk *trêma hole*〛 *n.* 〘地質〙ダイアトリーム《火山ガスの爆発によって作られた火道》.

di·a·tribe [dáɪətràɪb] 〚《1581》□ F ~ □ L *diatriba* □ Gk *diatribḗ* waste of time, study ← DIA-+*tríbein* to rub〛 **—** *n.* **1 a** 痛烈な非難[攻撃]; 激しい非難文[演説]〔*against*〕. **b** 皮肉, 風刺. **2** 《古》長広舌.

dí·a·trib·ist [-bɪst, -bəst | -bɪst] *n.* 痛烈な悪口屋[非難者; 風刺家].

di·at·ro·pism [daɪǽtrəpɪ̀zm] 〚⇨ dia-, -tropism〛 **—** *n.* 〘植物〙横屈性, 横屈(曲)性《刺激の方向に対して直角の位置を取ろうとする植物器官の傾向》. **di·a·tro·pic** [dàɪətróupɪk, -trɑ́p- | -trɔ́p-] *adj.*

Di·az [díːəs, -ɑːʃ; *Port.* díɐʃ], **Bartholomeu** *n.* = Bartholomeu DIAS.

Dí·az [díːɑːs, -ɑːz; *Am.Sp.* días], **(José de la Cruz) Por·fi·rio** [pɔrfírjo] *n.* ディアス《1830–1915; メキシコの将軍·政治家; 大統領 (1877–80, 1884–1911)》.

Di·az del Cas·til·lo [díːɑːs-del-kɑːstíːljou | -ljəu; *Sp.* díasdelkastíʎo], **Ber·nal** [bernál] *n.* ディアス デル カスティーリョ《1492–1581?; スペインの年代記作者·軍人; メキシコ征服の時 Cortés と行動を共にした》.

di·az·e·pam [daɪǽzəpæ̀m | -zɪ-] 〚← DIAZO-+EP(OXIDE)+? AM(MONIA)〛 *n.* 〘薬学〙ダイアゼパム《精神安定剤》.

di·a·zine [dáɪəziːn, daɪǽzɪn, -zən, -zn̩ | dáɪəziːn, daɪǽzɪn] 〚← DIAZO-+-INE[1]〛 **—** *n.* 〘化学〙ジアジン ($C_4H_4N_2$)《複素 6 員環化合物で環内に 2 個の窒素原子を含むものをいう; cf. azine》.

di·az·i·non [daɪǽzənɑ̀n | -zɪnɔ̀n] 〚⇨↑, -on[1]〛 *n.* 〘化学〙ジアジノン ($C_{12}H_{21}O_3N_2PS$)《農業用および防疫用殺虫剤として使用される無色の液体》.

di·az·o [daɪǽzou, -éɪz- | -zəu] 〚↓〛 **—** *adj.* **1** 〘化学〙ジアゾ基 (-N=N-) を含んだ. **2** ジアゾニウム (diazonium) に関する[を含む]. **3** ジアゾタイプ (diazotype) の. **—** *n.* 《商用語》=diazo compound.

di·az·o- [daɪǽzo(u), -éɪz- | -zə(u)] 〚← DI-[1]+AZO-〛 〘化学〙「2 個の窒素をもつ」の意の連結形.

diàzo·amíno 〚⇨↑, amino-〛 *adj.* 〘化学〙ジアゾアミノ基 (-N=N-NH-) をもつ.

diazoamíno gròup [ràdical] *n.* 〘化学〙ジアゾアミノ基 (-N=N-NH-).

diázo còmpound *n.* 〘化学〙ジアゾ化合物《ジアゾ基 (-N=N-) をもつ化合物》.

diázo dýe *n.* 〘化学〙ジアゾ染料《分子にジアゾ基 (-N=N-) を含む鮮明な色のアゾ化合物; 綿·レーヨンの染色に用いる》.

diázo gròup *n.* 〘化学〙ジアゾ基 (-N=N- 基).

di·a·zole [dáɪəzòul, daɪǽzoul | dáɪəzəul] 〚← DIAZO-+-OLE[1]〛 *n.* 〘化学〙ジアゾール《複素 5 員環化合物で環内に 2 個の窒素原子を含むもの》.

diàzo·méthane *n.* 〘化学〙ジアゾメタン (CH_2N_2)《黄色·無臭·有毒の気体; 液化したものおよび濃溶液は爆発しやすい》.

di·a·zo·ni·um [dàɪəzóuniəm | -zə́uniəm, -njəm] 〚← DIAZO-+-ONIUM〛 **—** *n.* 〘化学〙ジアゾニウム《芳香族アミンと亜硝酸との作用でできる; $-N^+{\equiv}N$ の基を有する》.

diazónium cómpound *n.* 〘化学〙ジアゾニウム化合物《一般に $-N^+{\equiv}N$ 形の陽イオンを含む化合物》.

diazónium sált *n.* 〘化学〙ジアゾニウム塩《一般式 ArN_2X で表わされる化合物》.

diázo pròcess *n.* 〘写真〙ジアゾ法《ジアゾ化合物の感光性を利用した複写法》.

diázo ràdical *n.* 〘化学〙=diazo group.

di·az·o·ti·za·tion [daɪæ̀zətɪzéɪʃən, -tə- | -taɪ-, -tɪ-] *n.* 〘化学〙ジアゾ化《芳香族第一アミンと亜硝酸の反応によりジアゾ化合物をつくる反応》.

di·az·o·tize [daɪǽzətàɪz] 〚← DI-[1]+AZOTE+-IZE〛 *vt.* 〘化学〙ジアゾ化する.

di·az·o·type [daɪǽzətàɪp] 〚← DIAZO-+-TYPE〛 *n.* 〘写真〙ジアゾタイプ《ジアゾ法 (diazo process) で作った写真またはその方法》.

dib[1] [díb] 〚《変形》? ← DAB[1]〛 *vi.* (**dibbed; dib·bing**) 餌を水面に軽く浮き沈みさせて釣る.

dib[2] [díb] 〚《略》← *dibstone* ←《廃》*dib* (《変形》← DAB[1]) +STONE〛 **—** *n.* **1** [*pl.*] 《俗》(少額の)金, 小銭; ぜに. **2** [*pl.*] 《米俗》《ある物に対する》分け前(の要求), 〔ある物を使う, またはある事をする〕権利(の主張)〔*on*〕 (cf. dibs *int.*): I have ~*s on* (riding) the bicyle. 今度はぼくが自転車に乗る番だ. **3** [*pl.*] 《英》〘遊戯〙 **a** = jack[1] 10 a. **b** [単数扱い] =jack[1] 10 b. **4** 《英古》〘トランプ〙数取り (counter).

di·ba·sic [daɪbéɪsɪk] 〚⇨ di-[1], basic〛 *adj.* 〘化学〙二塩基の, 二塩基性の, 塩基度二の: ~ acids 二塩基酸.

di·ba·sic·i·ty [dàɪbeɪsísəti | -səti, -sɪ-] *n.* 〘化学〙二塩基性.

dibásic sódium phósphate *n.* 〘化学〙=sodium phosphate b.

dib·a·tag [díbətæ̀g] 〚□ Somali ~〛 *n.* 〘動物〙ディバタグ (*Ammodorcas clarkei*)《アフリカのソマリーランドだけにいる小型のレイヨウ; 首が長く, 尾は細長い》.

dib·ber [díbə | -bə(r)] *n.* =dibble[1].

dib·ble[1] [díbl̩] 〚《?*a*1450》: ⇨ dib[1], -le[1]〛 **—** *n.* 点まき器《苗や種を植える時に使う細いとがった道具》. **—** *vt.* dibble で〈地面〉に穴を掘る; dibble で(穴を掘って)〈苗や種を〉植え付ける, 点まきする: ~ *in* 〔*into*〕 potatoes じゃが芋を植え付ける. **—** *vi.* dibble を使う[で穴を掘る].

dibbles

dib·ble[2] [díbl̩] 〚← DIB[1]+-LE[3]〛 *vi.* =dib[1].

dib·bler [díblə, -blə | -blə(r, -bl-] 〚← DIBBLE[1]+-ER[1]〛 **—** *n.* 〘動物〙アンテキヌスモドキ (*Parantechinus apicalis*)《19 世紀に死滅したと見なされていたが 1967 年にオーストラリア西 Western Australia 州で再発見された有袋目フクロネコ科に属する動物; 外形は食虫目ジャコウネズミに似ている》.

dib·buk [díbək] *n.* =dybbuk.

di·benz- [daɪbénz] 〘化学〙(母音の前に来る時の) dibenzo- の異形.

di·benz·an·thra·cene [daɪbenzǽnθrəsiːn] 〚⇨↓, anthracene〛 **—** *n.* 〘化学〙ジベンゾアントラセン ($C_{22}H_{14}$)《ベンゼン核が 5 個結合した構造の炭化水素; 数個の異性体がある》.

di·ben·zo- [daɪbénzo(u) | -zəu] 〚← DI-[1]+BENZO-〛 〘化学〙「二つのベンゼン環 (benzene ring) を含む」の意の連結形. ★ 母音の前では通例 dibenz- になる.

d'I·ber·ville [díːbəvɪl, -vìːl, dáɪbəvɪl | -bə-; *F.* dibɛrvil], **Sieur** *n.* ディベルビル《1661–1706; カナダ生れのフランスの海軍軍人, Louisiana 植民地を建設 (1699); 本名 Pierre Le Moyne [lə mwan]》.

di·brach [dáɪbræk] 〚□ LL *dibrach-ys* □ Gk *dibrakhus* ← DI-[1]+*brakhús* short (cf. brachy-)〛 *n.* 〘詩学〙=pyrrhic 2.

Di·bran·chi·a [daɪbrǽŋkiə | -kɪə] 〚← NL ~: ⇨di-[1], branchia〛 *n. pl.* 〘動物〙二鰓(さい)亜綱《イカ·タコの類を含む》.

di·bran·chi·ate [daɪbrǽŋkiət, -kiɪt, -kièɪt | -kɪət, -kɪɪt, -kɪèɪt] 〚← NL *dibranchiāta* (pl.): ⇨↑, ate[1,2]〛 〘動物〙 **—** *adj.* 二鰓(さい)亜綱の. **—** *n.* 二鰓亜綱の動物《タコ·イカのような八腕目 (Octopoda)·十腕目 (Decapoda) の軟体動物》.

di·bro·mide [daɪbróumaɪd | -brə́u-] 〚← DI-[1]+BROMIDE〛 *n.* 〘化学〙ジブロミド, 二臭化物.

dibs [díbz] 〚《18C》(pl.) ← DIB[2]〛 *n. pl.* ⇨ dib[2]. **—** *int.* 《米》[主に小児語] 僕の(もの)だ〔*on*〕《権利や分け前を主張する時の言葉; ⇨ dib[2]》.

di·bu·caine [daɪbjúːkeɪn] 〚← DI-[1]+BU(TOXYL)+-CAINE〛 *n.* 〘薬学〙ジブカイン ($C_{20}H_{29}N_3O_2$)《局部麻酔剤》.

di·bu·tyl [daɪbjúːtl̩, -tɪl | -tɪl] 〚← DI-[1]+BUTYL〛 *adj.* 〘化学〙二つのブチル (butyl) 基から成る[を持つ].

dibútyl óxalate *n.* 〘化学〙蓚(しゅう)酸ジブチル ($C_2O_4(C_4H_9)_2$)《蓚酸のブタノールエステル; ニトロセルロースの溶剤》.

dibútyl phthálate *n.* 〘化学〙フタル酸ジブチル ($C_6H_4(COOC_4H_9)_2$)《無色無臭の油状液体; 合成樹脂の可塑剤·溶剤·防虫剤》.

Di·cae·i·dae [daɪsíːədìː | -síːɪ-] 〚← NL ~ ← *Dicaeum* (属名)+-IDAE〛 *n. pl.* 〘鳥類〙(スズメ目)ハナドリ科.

di·car·box·ýl·ic ácid [daɪkɑ̀əbɑksílɪk- | -kɑ̀ːbɔk-] 〚*dicarboxylic*: ← DI-[1]+CARBOXYL+-IC[1]〛 *n.* 〘化学〙ジカルボン酸.

di·cast [dáɪkæst, dík- | dík-] 〚《1822》□ Gk *dikast-ēs* juryman ← *dikázein* to judge ← *díkē* judgement〛 **—** *n.* (古代 Athens で, 年々市民の中から選ばれた 6,000 人に 1 人の)裁判官.

di·cas·ter·y [daɪkǽst(ə)ri, dáɪkæs-, dɪkǽs- | -rɪ] 〚□ Gk *dikastḗri-on* court of law: ↑〛 **—** *n.* (古代 Athens の) dicasts が出席する法廷, その場所; [集合的] アテネ裁判官団.

di·cas·tic [daɪkǽstɪk, dɪ-] *adj.* dicast の(ような).

dice [dáɪs] 〚n.: ME *dees* (pl.) ← DIE[1]. — v.: 《*a*1399》 ← (n.)〛 **—** *n. pl.* **1** さい, さいころ, ダイス (cf. die[1]): two ~ / play (at) ~ さいころ遊び[賭博]をする. ★《英》では今は die とは無関係と感じられ one die の代わりに one ~ または one of the ~ を用いる. **2** [単数扱い] さいころ遊び[賭博]. **3** 〘遊戯〙=poker dice. **4** (*pl.* 時に **dies**) (食品などの小さな)立方形, さいの目形: cut potatoes into ~ じゃが芋をさいの目に切る.

load the dice (1) 結果をゆがめる. (2) (有利または不利な)立場におく: *load the* ~ *against* [*in favor of*] a person 人を不利[有利]な立場におく. (3) 一方に偏した議論をする. ***no dice*** 《口語》(1) [間投詞的に] いやだ, だめだ (no)《craps でさいころを振り出すのを禁じるときの言葉から》. (2) 不首尾で, やっても無駄で: But it is *no* ~. しかしそれはだめだ. ***with loaded dice*** (1) いんちきなさいころを用いて (cf. loaded 1 c). (2) ずるい手を用いて.

— *vi.* **1** さいで遊ぶ, さいころ賭博をする: ~ *with* a person 人とさいころをする / ~ *for*... さいを振って〈物〉の取りっこをする. **2** 危険を冒す, 大ばくちを打つ: ~ *with* death (命がけの)大冒険をやる. **—** *vt.* **1** さいの目に切る: ~ bread, meat, etc. **2 a** (さいの目形·菱形などの)市松模様にする. **b** 〈革表紙などを〉市松[さいの目]模様にする, 菱形模様にする. **3 a** さいを振って(ばくちで)失う 〈*away*〉: ~ *away* a fortune ばくちで財産[大金]をすってしまう. **b** さいころを振って〈時間を〉つぶす 〈*away*〉. **4** 〈人〉とさいを振る, 賭博をする〔*for, into, out of*〕: ~ a person *for* ...人とさいを振って〈物〉の取りっこをする / ~ a person *out of* his money ばくちで人から金を巻き上げる. **5** 《豪俗》はねつける, 捨てる; うっちゃっておく.

Di·ce [dáɪsi | -sɪ] *n.* 〘ギリシャ神話〙=Dike.

díce bòard *n.* さいころ台, ダイス盤.「り出す円筒」.

díce·bòx *n.* ダイスボックス, さい筒《さいを入れて振

dícebox insulator *n.* (電柱の)さい筒形碍子(がいし).

díce cùp *n.* ダイスカップ《さいを入れて振り出す小さな容器》.

di·cen·tra [daɪséntrə] 〚← NL ~ ← DI-[1]+Gk *kéntron* spur〛 **—** *n.* 〘植物〙 **1** ケマンソウ (*Dicentra spectabilis*)《ケシ科コマクサ属の植物》. **2** ケシ科コマクサ属の植物の総称.

di·cen·tric [dàɪséntrɪk] *adj.* 〘生物〙二つの動原体 (centromere) を持つ.

di·ceph·a·lous [dàɪséfələs | -kéf-, -séf-] 〚← DI-[1]+-CEPHALOUS〛 *adj.* 〘医学〙両頭の, 頭の二つある.

di·ceph·a·lus [dàɪséfələs | -kéf-, -séf-] 〚← NL ~ (↑)〛 *n.* 〘病理〙二頭体.

díce·plày 〚《15C》〛 *n.* さいころ遊び[賭博].

díc·er 〚《15C》〛 *n.* **1** さいをもてあそぶ人, ばくち打ち. **2** (食品を)さいの目に切る機械. **3** 《米俗》かんかん帽, 山高帽など.

dic·ey [dáɪsi | -sɪ] *adj.* (**dic·i·er; -i·est**) 《俗》運まかせの, 一か八かの, 危険な (risky); 予測できない, あやふやな (uncertain): a ~ operation.

dich- [daɪk] (母音の前に来る時の) dicho- の異形.

di·cha·si·um [daɪkéɪʒiəm, -ziəm, -ʒəm | -zɪəm, -zjəm] 〚← NL ~ ← Gk *dikhasis* division ← *dikha*: ⇨ dicho-, -ium〛 **—** *n.* (*pl.* **-si·a**) [-ʒiə, -ʒə | -zɪə, -zjə] 〘植物〙二枝集散花序, 岐繖(きさん)花序 (cf. monochasium, polychasium). **di·chá·si·al** [-ʒiəl, -ʒəl | -zɪəl, -zjəl] *adj.*

di·chla·myd·e·ous [dàɪkləmídiəs | -dɪ-] *adj.* 〘植物〙〈花が〉両被性の, 二重花被の《萼(がく)と花冠との二被蓋(がい)のある》: a ~ flower 両被花, 二被花.

di·chlor- [daɪklɔ́ːr, -klóːr | -klɔ́ːr] (母音の前に来る時の) dichloro- の異形.

di·chlo·ra·mine [dàɪklɔːrǽmiːn, -kloːr-, -mɪn, -mən | dàɪklɔːrǽmiːn, -mɪn] *n.* 〘化学〙ジクロラミン ($NHCl_2$).

dichlorámine-T́ *n.* 〘化学〙ジクロラミン T ($CH_3C_6H_4SO_2NCl_2$)《消毒剤; cf. chloramine-T》.

di·chlo·ride [daɪklɔ́ːraɪd, -klóːr-, -rɪd, -rəd | -klɔ́ːraɪd] *n.* 〘化学〙二塩化物 (bichloride).

di·chlo·ro- [daɪklɔ́ːro(u), -klóːr- | -klɔ́ːrə(u)-] 〚← DI-[1]+CHLORO-〛 〘化学〙「二塩化」の意の連結形. ★ 母音の前では通例 dichlor- になる.

dichlòro·bénzene *n.* 〘化学〙ジクロロベンゼン ($C_6H_4Cl_2$)《o-, m-, p- の 3 種の異性体がある; 殺虫剤》.

dichlòro·diéthyl súlfide *n.* 〘化学〙硫化ジクロロジエチル (⇨ mustard gas).

dichlòro·dì·flù·o·ro·méthane [-dàɪflù(ə)ro(u)- | -flùərə(u)-] 〚← DICHLORO-+DI-[1]+FLUORO-[1]+METHANE〛 **—** *n.* 〘化学〙ジクロロジフルオルメタン (CCl_2F_2)《無色でほとんど無臭の気体, 冷凍剤》.

dichlòro·diphényl·dichlòro·éthylene 〚⇨↓, ethylene〛 *n.* 〘化学〙=DDE.

dichlòro·diphényl·trichlòro·éthane 〚← DICHLORO-+DI-[1]+PHENYL+TRICHLOROETHANE〛 *n.* 〘化学〙=DDT.

dichlòro·éthyl fórmal *n.* 〘化学〙ジクロロエチルフォルマール ($CH_2(OCH_2CH_2Cl)_2$)《合成ゴムなどの製造用》.

dichlòro·méthane *n.* 〘化学〙ジクロロメタン (⇨ methylene chloride).

dichlòro·phenòxyacétic ácid 〚← DICHLORO-+PHENOXY+ACETIC〛 **—** *n.* 〘化学〙ジクロロフェノキシ酢酸 ($Cl_2C_6H_3OCH_2COOH$)《植物生長調整物質としての作用をもち, 広葉植物の除草剤として用いられる; 通例 2, 4-dichlorophenoxyacetic acid の形で用いる; 略称 2, 4-D》.

di·chlor·vos [daɪklɔ́əvɑs, -klɔ́ə-, -vəs | -klɔ́:vɔs] 〖← (*dimethyl*) *dichlor(o)v(inyl)* (← DICHLORO-＋VINYL)＋(PH)OS(PHATE)〗 ―― *n.* 〘化学〙ジクロルボス ($(CH_3O)_2POOCH{:}CCl_2$)《有機リン酸系殺虫剤の一種; DDVP ともいう》.

di·cho- [dáɪko(ʊ) | -kə(ʊ)] 〖□ LL ～ ← Gk *dikha* in two, asunder〗「二つに(分れて) (in two, asunder)」の意の連結形. ★ 母音の前では通例 dich- になる.

di·cho·gam·ic [dàɪko(ʊ)gǽmɪk | -kə(ʊ)-] *adj.* 〘植物〙＝dichogamous.

di·chog·a·mous [dàɪkɑ́gəməs | -kɔ́g-] *adj.* 〘植物〙〈両性花が〉雌蕊(ずい)・雄蕊の成熟期が異なる, 雌雄両蕊異時花の (cf. homogamous).

di·chog·a·my [dàɪkɑ́gəmi | -kɔ́gəmɪ] 〖□ G *Dichogamie*: ⇨ dicho-, -gamy〗 ―― *n.* 〘植物〙雌雄異熟《成熟期を異にするため雌蕊と雄蕊とが同一花内で受精できないこと》.

di·chon·dra [daɪkɑ́ndrə | -kɔ́n-] 〖← NL ～ ← DI-[1]＋-*chondra* (← Gk *khóndros* grain)〗 ―― *n.* 〘植物〙アオイゴケ《アサガオ科アオイゴケ属 (*Dichondra*) の熱帯性の匍匐(ほふく)性雑草の総称; アメリカ南部などの暖かいところで芝代わりに栽培されるアオイゴケ (*D. repens*) など》.

dich·ot·ic [daɪkóʊṭɪk, -kɑ́ṭ- | -kɔ́ʊt-, -kɔ́t-] 〖← DICHO-＋-OTIC[2]〗 *adj.* 同時に左右の耳に異なる音を聞かせる: ～ listening 2 語[音]同時聴取テスト.

di·chót·o·mist [-mɪst, -məst | -mɪst] *n.* 〘論理〙二分論者.

di·chot·o·mi·za·tion [daɪkɑ̀ṭəmɪzéɪʃən, dɪ-, də-, -maɪ- | daɪkɔ̀təmaɪ-, dɪ-, -mɪ-] *n.* 両断; 分岐, 叉(さ)生.

di·chot·o·mize [daɪkɑ́ṭəmàɪz, dɪ-, də- | daɪkɔ́t-, dɪ-] 〖《1606》← DICHOTOMY＋-IZE〗 *vt., vi.* **1** 二分する[される]〔*into*〕. **2** 分岐する, 叉(さ)生する.

di·chot·o·mous [dàɪkɑ́ṭəməs, dɪ-, də- | daɪkɔ́t-, dɪ-] 〖□ LL *dichotomos*: ⇨ ↓, -ous〗 ―― *adj.* **1** 両分的な: ～ division. **2** 〘植物・解剖〙叉(さ)状の, 叉状に分岐[分枝]する: ～ branching 叉状分枝. **～·ly** *adv.* **～·ness** *n.*

di·chot·o·my [daɪkɑ́ṭəmi, dɪ-, də- | daɪkɔ́təmɪ, dɪ-] 〖《1610》□ Gk *dikhotomía* cutting in two: ⇨ dicho-, -tomy〗 ―― *n.* **1** 〘哲学・論理〙**a** 二分法, 両分法《物事を対立的な概念に二分する論法》. **b** 二分, 両分: a ～ *into* right *and* wrong. **2** (物事の二分による)対立的な分裂[分離]〔*into, between*〕: a ～ *between* nature *and* art 自然と人工との分離[対立]. **3** 〘生物〙叉(さ)状分岐, 二叉生. **4** 〘植物〙叉生, 叉状分枝. **5** 〘天文〙半月, 上弦, 下弦《ちょうど真半分日光に照らされた月または内惑星の位相》. **di·cho·tom·ic** [dàɪkətɑ́mɪk | -tɔ́m-] *adj.* **di·cho·tóm·i·cal·ly** *adv.*

di·chro·ic [daɪkróʊɪk | -krɔ́ʊ-] 〖⇨ dichroism, -ic[1]〗 *adj.* **1** 〘結晶〙二色性の (cf. pleochroic). **2** ＝dichromatic.

dichróic filter *n.* 〘写真〙干渉フィルター.

dichróic fóg *n.* 〘写真〙二色カブリ《透過光と反射光で色の異なるカブリ》.

di·chro·ism [dáɪkroʊɪzm | -krəʊ-] 〖← Gk *dikhroos* of two colors (← DI-[1]＋*khrós* color)＋-ISM〗 ―― *n.* **1** 二色性: **a** 〘結晶〙二種の異なる軸方向から見ると異なる色を示す性質 (cf. pleochroism). **b** 〘物理〙物質による光の吸収・反射等が光の偏光状態によって異なる現象. **2** 〘染色〙二色性. **3** 〘動物〙二変色性.

di·chro·ite [dáɪkroʊàɪt | -krəʊ-] 〖□ F ～ ← Gk *dikhroos* (↑): ⇨ -ite[1]〗 *n.* 〘鉱物〙菫(きん)青石.

di·chro·it·ic [dàɪkroʊíṭɪk | -krəʊít-] *adj.* ＝dichroic.

di·chro·mat [dáɪkro(ʊ)mæ̀t | -krə(ʊ)-] 〖《逆成》← DICHROMATIC〗 ―― *n.* 〘眼科〙二原色視の人, 二色性色覚者《二原色だけしか弁別できない人; cf. monochromat, trichromat》.

di·chro·mate [dàɪkróʊmeɪt, dáɪkro(ʊ)mèɪt | dàɪkrə́ʊmeɪt, dáɪkrə(ʊ)mèɪt] *n.* **1** 〘化学〙重クロム酸塩[エステル], 二クロム酸塩[エステル]《bichromate ともいう》. **2** 〘眼科〙＝dichromat.

di·chro·mat·ic [dàɪkro(ʊ)mǽṭɪk, -krə- | -krə(ʊ)mǽt-] 〖← DI-[1]＋CHROMATIC〗 ―― *adj.* **1** 二色の; 二色性の. **2** 〘動物〙二変色性の《年齢・性・季節に無関係に二様の変色を示す鳥・昆虫などにいう》. **3** 〘眼科〙二色性[型]色覚の.

di·chro·mat·i·cism [dàɪkro(ʊ)mǽṭəsɪzm, -krə- | -krə(ʊ)mǽtɪ-] *n.* ＝dichromatism.

di·chro·ma·tism [daɪkróʊmətɪzm | -krɔ́ʊ-] 〖← DICHROMATI(C)＋-ISM〗 ―― *n.* **1** 〘動物〙二色性, 二変色性. **2** 〘眼科〙二色性色覚《三原色のうち二原色のみ識別する色弱, 赤緑盲と黄青盲とがある; cf. trichromatism》.

di·chro·mic[1] [daɪkróʊmɪk | -krɔ́ʊ-] 〖← Gk *dikhrōmos* two-colored (⇨ di-[1], -chrome)＋-IC[1]〗 *adj.* 〘眼科〙二原色視の.

di·chro·mic[2] [daɪkróʊmɪk | -krɔ́ʊ-] 〖← DI-[1]＋CHROMIC〗 *adj.* 〘化学〙重クロム酸の, 二クロム酸の.

dichrómic ácid *n.* 〘化学〙重クロム酸, 二クロム酸 ($H_2Cr_2O_7$).

di·chro·o·scope [daɪkróʊəskòʊp | -krɔ́ʊəskɔ̀ʊp] *n.* 〘結晶〙＝dichroscope.

di·chro·scope [dáɪkrəskòʊp | -skɔ̀ʊp] 〖← Gk *dikhroos* of two colors (⇨ dichroism)＋-SCOPE〗 ―― *n.* 〘結晶〙二色鏡《結晶体の二色性を試験するのに用いる; dichrooscope ともいう》. **di·chro·scop·ic** [dàɪkrəskɑ́pɪk | -skɔ́p-] *adj.*

díc·ing 〖《15C》(ger.) ← DICE〗 *n.* **1** さいころ遊び, さいころ賭博; ばくち: a ～ board ＝dice board. **2** (革表紙などの)市松模様, 菱(ひし)形装飾.

dick[1] [dík] 〖← DICK〗 ―― *n.* **1** 《口語》[通例修飾語を伴って] 男, 奴 (fellow): a queer ～ 変な奴. **2** 〖《縮約》← DETECTIVE〗《俗》刑事,「でか」, 探偵: a private ～ 私立探偵 / *Dick Tracy* ディックトレーシー《米国の漫画の主人公の探偵》. **3** 《卑》＝penis.

dick[2] [dík] 〖《1861》《短縮》← DECLARATION〗 *n.* 《英俗》断言. ***take one's dick*** 誓う〈*to* do, *that*〉. ***up to dick*** (1) 抜け目のない. (2) 申し分のない, すてきな.

Dick [dík] 〖(dim.) ← RICHARD[1]〗 *n.* **1** 男性名. **2** 男性の一般的名称: clever ～ 自分を実際より賢いと思っている人, お利口さん / ⇨ TOM, *Dick, and Harry*.

dick·cis·sel [dɪksísəl, ⸗⸗⸗] 〖擬音語〗 *n.* 〘鳥類〙ムナグロノジコ (*Spiza americana*)《北米に多いホオジロに似た渡り鳥》.

dick·en [díkɪn, -kən | -kɪn] 〖《変形》↓〗 *int.* 《豪俗》うるさい, やめろ: *Dicken on* that! それはよしてくれ, そんなばかなこと.

dick·ens [díkɪnz, -kənz | -kɪnz] 〖《1600》: *Dickon* ((dim.) ← RICHARD[1]) または姓 *Dickens* を DEVIL の頭韻的婉曲語としたものか〗 ―― *n., int.* 《口語》[通例 the ～] ＝devil《強意的意味の婉曲語》: like *the* ～ すごく, がむしゃらに / What *the* ～ is it? 一体全体何だ (cf. blaze[1] *n.* 4 b / *The* ～ of it is that it is true. それについて最も困ることはそれは本当だということだ / The ～! おや, くそ, 畜生《驚き・不快などを表わす》.

Dick·ens [díkɪnz, -kənz | -kɪnz], **Charles (John Huffam)** *n.* (1812–70) 英国の小説家; 筆名 Boz; *Pickwick Papers* (1836–37), *David Copperfield* (1849–50), *Bleak House* (1852–53), *Great Expectations* (1860–61).

Dick·en·si·an [dɪkénziən, -siən | -zɪən, -zjən, -sɪən, -sjən] 〖⇨ ↑, -ian〗 ―― *adj.* ディケンズ (Dickens) の(作品の); ディケンズの作品にあるような, ディケンズ流の: ～ humor. ―― *n.* ディケンズ研究家[愛好家].

dick·er[1] [díkə | -kə(r)] 〖ME *dyker* < OE *dicor < (WGmc) *decura (G Decher) □ L *decuria* set of ten: cf. decurion〗 ―― *n.* 〘商業〙10 (ten); 10 個の一組 (set of ten); (特に) 10 枚の皮革.

dick·er[2] [díkə | -kə(r)] 〖《1823》← ? DICKER[1]〗 《口語》 ―― *vt.* 〈ある物を〉物と換える[交換する]: sell or ～ a horse 馬を金か物に換える. ―― *vi.* **1** (物々交換で)取引する; 値切る (haggle); 〔…を得ようと〕かけ合う, 交渉する〔*for*〕: ～ *with* a person *for* his support 人に援助を求めてかけ合う. **2** 〘政治〙(互いに交換条件を出して)協定[妥協]する. **3** ぐらつく, 迷う, ためらう. ―― *n.* **1** 物々交換; 小商売, 小取引; 交換[取引]品(目). **2** 〘政治〙妥協. **～·ing** [-k(ə)rɪŋ] *n.*

dick·ey[1] [díki | -kɪ] 〖《1753》← ? *Dicky* (dim.) ← DICK〗 ―― *n.* **1** 《英方言》(雄の)ロバ. **2** ＝dickeybird. **3** 〘服飾〙**a** ディッキー, いか胸《取りはずしできるワイシャツの胸当て》. **b** 《ニューイングランド》(取りはずしできる)シャツカラー. **c** ディッキー《ドレスやジャケットの下に着てブラウスのように見せる前飾り》. **4** (皮製の)前掛け, よだれ掛け; 油布衣. **5** 《英口語》(馬車内の)御者席《dickey box ともいう》; (古風な馬車の)後部従者席; (自動車の)後部臨時席[折りたたみ補助席].

dick·ey[2] [díki | -kɪ] 〖《1810》← ? DICK: cf. 《俗》*Dick's hatband* makeshift〗 ―― *adj.* 《英口語》〈足元など〉(よろよろして)危っかしい; 〈健康など〉心もとない, 弱い, おぼつかない; なさけない: have a ～ heart 心臓が悪い / He is very ～ on his pins. 足元がふらふらしている / It's all ～ with him. 彼はもう全くだめだ.

díckey·bìrd 〖← DICKEY[1]〗 *n.* 《英口語・小児語》小鳥. ***not say a dickeybird*** 黙っている, 一言も言わない.

dick·ie [díki | -kɪ] *n.* ＝dickey[1].

Díck·in médal [díkɪn-, -kən- | -kɪn-] 〖← *Maria E. Dickin* (動物施療院の創立者)〗 ―― *n.* デキン賞《英国で 1943 年に設けられた軍馬・軍用犬など動物の戦時功労賞》.

Dick·in·son [díkɪnsn̩, -kən- | -kɪn-], **Emily (Elizabeth)** *n.* (1830–86) 米国の女流詩人.

Dickinson, John *n.* (1732–1808) 米国の政治家.

dick·ite [díkaɪt] 〖← *Allan B. Dick* (*d.* 1926: 英国の鉱物学者)＋-ITE[1]〗 *n.* 〘鉱物〙ディッカイト ($Al_2Si_2O_5(OH)_4$)《カオリナイト (kaolinite) の同質異像》.

Díck tèst [dík-] 〖← *George Frederick Dick* (1881–1967) & *Gladys Rowena Henry Dick* (1881–1963): 米国の医師夫妻〗 ―― *n.* 〘医学〙ディック反応, 猩紅(しょうこう)熱皮膚テスト[反応].

dick·y[1] [díki | -kɪ] *n.* ＝dickey[1].

dick·y[2] [díki | -kɪ] *adj.* ＝dickey[2].

dícky·bìrd *n.* ＝dickeybird.

di·cli·nism [dàɪkláɪnɪzm] 〖⇨ ↓, -ism〗 *n.* 〘植物〙雌雄異花《雄蕊と雌蕊とが異なった花にあること》.

di·cli·nous [dàɪkláɪnəs] 〖← DI-[1]＋-CLINOUS[1]〗 ―― *adj.* 〘植物〙〈植物が〉雌雄異花の; 〈花が〉異花的な, 単性の (cf. monoclinous): a ～ flower. **di·cli·ny** [dáɪklaɪni | -nɪ] *n.*

di·co·phane [dáɪkəfèɪn] 〖← DIC(HLOR)O-＋(DI)PH(ENYL)＋(ETH)ANE〗 *n.* 〘化学〙＝DDT.

di·cot [dáɪkɑt | -kɔt] *n.* 〘植物〙＝dicotyledon.

di·cot·yl [dáɪkɑṭl̩ | -kɔtl̩] *n.* 〘植物〙＝dicotyledon.

di·cot·y·le·don [dàɪkɑ̀ṭəlí:dn̩, -ṭl̩- | dàɪkɔ̀tɪlí:dən, -tə-, -dn̩] 〖《1727》← NL *dicotylēdones*: ⇨ di-[1], cotyledon〗 *n.* 〘植物〙双子葉植物 (cf. monocotyledon).

Di·cot·y·le·do·ne·ae [daɪkɑ̀ṭələdóʊniì:, -ṭl̩- | -kɔ̀tɪlɪdə́ʊ-] 〖《変形》← NL *dicotylēdones* (↑)〗 *n. pl.* 〘植物〙双子葉亜綱.

Di·cot·y·le·do·nes [daɪkɑ̀ṭəlí:dənì:z, -ṭl̩-, -dn- | -kɔ̀tɪ-] *n. pl.* 〘植物〙＝Dicotyledoneae.

di·cot·y·le·don·ous [dàɪkɑ̀ṭəlí:dənəs, -ṭl̩-, -dn̩- | -kɔ̀tɪ-] *adj.* 〘植物〙子葉が二つある, 双子葉植物の.

di·cou·ma·rin [daɪkú:mərɪn, -rən | -rɪn] 〖← DI-[1]＋COUMARIN〗 *n.* 〘薬学〙ジクマリン ($C_{19}H_{12}O_6$)《血液凝固防止剤・殺鼠剤; bishydroxycoumarin ともいう》.

di·cou·ma·rol [daɪkú:mərɔ̀(:)l, -ròʊl | -kú:mərɔ̀l] 〖⇨ ↑, -ol[1]〗 *n.* 〘薬学〙＝dicoumarin.

di·crot·ic [dàɪkrɑ́ṭɪk | -krɔ́t-] 〖← Gk *dikrotos* double beating (← DI-[1]＋*krotein* to beat)＋-IC[1]〗 *adj.* 〘病理〙重拍(性)の: a ～ pulse 重拍脈.

di·cro·tism [dáɪkrəṭɪzm] *n.* 〘病理〙重拍脈.

Di·cru·ri·dae [daɪkrú(ə)rədì: | -krúərɪ-] 〖← NL ～ ← *Dicrurus* (属名: ← Gk *dikroos* forked)＋-IDAE〗 *n. pl.* 〘鳥類〙(スズメ目)オオチュウ科.

dict. 《略》dictated; dictation; dictator; dictionary.

dicta *n.* dictum の複数形.

Dic·ta·phone [díktəfòʊn | -fɔ̀ʊn] 〖《1907》← DICTA(TE)＋-PHONE〗 *n.* 〘商標〙ディクタフォン《録音と再生ができる速記用口述録音機》.

dic·ta pro·ban·ti·a [díktə-pro(ʊ)bǽnʃiə, -bǽnṭiə | -prə(ʊ)bǽnʃɪə, -tɪə] 〖□ L ～ 'proving words'〗 *L. n.* 〘神学〙校正本文《神学上の教義・所信の例証として引用された聖書の一節》; 校正用の原文.

dic·tate 〖v.: 《1592》← L *dictāt-us* (p.p.) ← *dictāre* to say often, dictate (freq.) ← *dicere* to say: cf. diction〗 ―― [díkteɪt, ⸗⸗ | ⸗⸗] *v.* ―― *vt.* **1** 〈手紙などを〉書き取らせる, 〔筆記者・タイピストに向かって〕口述する, 口授(くじゅ)する〔*to*〕: ～ a letter *to* one's typist. **2** 〈条件などを〉(権威をもって)命令する, 指令する: ～ terms *to* …に対して条件を指令する. ―― *vi.* **1** 〔…に〕書取りをさせる, 要件を書き取らせる〔*to*〕: ～ *to* a class, one's typist, etc. **2** [しばしば否定語とともに Passive で]〔…に〕指図する〔*to*〕: It is not for you to ～ *to* me. あなたからあれこれ指図されるいわれはない / I will not [I refuse to] be ～*d to*. 指図はごめんだ. ―― [⸗⸗] *n.* [通例 *pl.*] **1** 命令, 指図, 指令. **2** (理性・良心などの)命じるところ, 命令: the ～*s* of reason, common sense, prudence, etc. **dic·tat·ing·ly** [-ṭɪŋli | -tɪŋlɪ] *adv.*

dictáting machìne [-ṭɪŋ- | -tɪŋ-] *n.* 口述録音機.

dic·ta·tion [dɪktéɪʃən] 〖《a1656》□ LL *dictātiō(n-)*: ⇨ dictate, -ation〗 ―― *n.* **1** **a** 口述, 口授(くじゅ); 書取り, ディクテーション: take (a person's) ～ 〈秘書などが〉口述されたものを書き取る / give ～ (授業などで)書取りをさせる / have ～ 書取りをする[がある] / write *at* [*to, from, under*] a person's ～ 人の口述を書き取る. **b** 書き取った[取らせた]もの. **2** **a** 命令, 指令, 指図, 指揮: do something *at* the ～ *of* …の指図のままに事をする. **b** 命令[指図]された事柄. **～·al** [-ʃənl̩, -ʃnəl] *adj.*

dic·ta·tor [díkteɪṭə, ⸗⸗⸗ | dɪktéɪtə(r)] 〖《a1387》□ L *dictātor*: ⇨ dictate, -or[2]〗 ―― *n.* **1** 指令者; (特に)独裁者, 執権: a ～ of fashion 流行の支配者. **2** 〘ローマ史〙(非常時に任命される任期半年の)臨時独裁官, ディクタトル. **3** 口授(くじゅ)者, 書き取らせる人[物].

dic·ta·to·ri·al [dìktətɔ́:riəl, -tó:r- | -tɔ́:rɪ-] 〖← L *dictātōrius* (⇨ dictator, -ory[1])＋-AL[1]〗 ―― *adj.* **1** (独裁)執政官の, 執権職の. **2** 独裁の, 独断的な, 専横な, 専断の: a ～ regime 独裁政権. **3** (高飛車で)指図(さしず)がましい, 権柄(けんぺい)ずくの, 尊大な. **～·ness** *n.*

dic·ta·tó·ri·al·ly [-riəli | -rɪəlɪ] *adv.* 執政官らしく; 専断的に, 独裁的に; 指図(さしず)がましく, 尊大に.

dictator·ship [⸗⸗⸗⸗, ⸗⸗⸗⸗ | ⸗⸗⸗⸗] 〖《1586》← DICTATOR＋-SHIP〗 ―― *n.* **1** 執権職[執政官]の職[任期]. **2** 独裁(権), 絶対的権力; 独裁制の国: a military ～ 軍国主義的独裁国 / the ～ of the proletariat プロレタリア独裁, プロレタリアートの執政.

dic·ta·to·ry [díktəṭɔ̀:ri, -tòri | -tərɪ] *adj.* ＝dictatorial.

dic·ta·tress [díkteɪtrɪs, -trəs, ⸗⸗⸗ | dɪktéɪtrɪs] *n.* 女性の dictator.

dic·ta·ture [dɪktéɪtʃə, díktətʃʊ̀ə | dɪktéɪtʃə(r), díktətjʊ̀ə(r)] 〖□ L *dictātūra*: ⇨ dictate, -ure〗 *n.* ＝dictatorship.

dic·tion [díkʃən] 〖《1450》□ (O)F ～ // L *dictiō(n-)* a speaking, (LL) word ← *dictus* (p.p.) ← *dicere* to show, tell: ⇨ -tion〗 ―― *n.* **1** (文を書く人・作家の)用語選択; 言葉づかい, 言いまわし, 語法: poetic ～ 詩的語法, 詩語法. **2** 《米》発声法, 話法, 朗読法, 口調. **～·al** [-ʃənl̩, -ʃnəl] *adj.* **～·al·ly** *adv.*

dic·tio·nar·y [díkʃənèri | díkʃənrɪ, -ʃ(ə)nərɪ] 〖《1526》□ ML *dictiōnāri-um* 《原義》wordbook ← L *dictiō(n-)* phrase, (in LL) word: ⇨ ↑, -ary〗 ―― *n.* **1** 辞書, 辞典, 字引き: an English-Japanese ～ 英和辞典 / consult a ～ 辞書を引く / a walking ～ 生き字引. **2** **a** (種々の)特殊辞典, 専門辞典, 事典: an encyclopedic ～ 百科辞典[事典] / a ～ of architecture [music] 建築[音楽]辞典. **b** 一覧表: a ～ of dates 年代日付便覧[辞典]. **3** 〘電算機〙(電算機で参照するための主に外部記憶上に形成された)対照表. ―― *attrib. adj.* 辞書の; 辞書的な; 〈用語法・文体など〉ひどく堅苦しい: ～ English [style] 辞書のような堅苦しい英語[文体].

díctionary càtalog *n.* 〘図書館〙辞書体目録《著者・書名・件名などのすべての記入 (entry) と参照を一つのアルファベット順の下に排列した目録》.

Dic·to·graph [díktəgræ̀f | -grɑ̀:f, -grǽf] 〖← L *dictum* (↓)＋-GRAPH〗 *n.* 〘商標〙ディクトグラフ《(室内用)高声電話機; 盗聴用の録音式のものもある》.

dic·tum [díktəm] 〖《1670》□ L ～ 'something said,

word, maxim, order' ← *dictus* (p.p.) ← *dicere*: cf. diction》 — *n.* (*pl.* **dic·ta** [-tə], **~s**) **1** (権威的な)断定, 断言. **2** 《法律》=obiter dictum. **3** 格言, 金言(saying).

dic·ty [díkti | -tɪ] 《← ? DICTATORIAL: ⇨ -y²》《米俗》 *adj.* (**dic·ti·er; -ti·est**) 横柄な, 高慢な; 〈音楽など〉高級な. — *n.* 横暴な[権柄(ぺい)ずくの]人; 貴族(的な人).

dic·ty- [díkti | -tɪ] (母音の前に来る時の) dictyo- の異形.

Dic·tyn·i·dae [dɪktínədìː | -nɪ-] 《← NL ~ ← *Dictyna* (属名: ← Gk *diktuon* (↓))+-IDAE》 *n. pl.* 《動物》ハグモ科.

dic·ty·o- [díktiə | -tɪə(ʊ)] 《← NL ~ ← Gk *diktuon* net ← *dikeîn* to throw》「網 (net)」の意の連結形. ★母音の前では通例 dicty- になる.

dic·ty·o·some [díktiəsòum | -tɪəsə̀um] 《⇨ ↑, -some³》 *n.* 《解剖》(細胞の)ゴルジ体 (Golgi body).

dic·ty·o·stele [díktiəstìːl, dìktiəstíːli | díktɪəstìːl, dìktɪəstíːlɪ] 《⇨ dictyo-, stele¹》 *n.* 《植物》網状中心柱.

Dic·ty·o·ta·ce·ae [dìktiətéɪsiìː | -tɪə-] 《← NL ~ ← *Dictyota* (属名: ← Gk *diktuōtḗ* (fem.) ← *diktuōtós* net-like ← *diktuon* net)+-ACEAE》 — *n. pl.* 《植物》アミジグサ科.

Dic·ty·o·ta·les [dìktiətéɪliːz | -tɪə-] 《← NL ~ ← *Dictyota* (↑): ⇨ -ales》 *n. pl.* 《植物》アミジグサ目.

Di·cu·ma·rol [daɪk(j)úːmərɔ̀(ː)l, -ròul | -rɔ̀l] 《⇨ dicoumarin, -ol¹》 *n.* 《商標》ジクマロール《血液凝固防止剤; dicoumarin の商品名》.

di·cy·an·di·am·ide [dàɪsàɪændaɪǽmaɪd, -mɪd, -məd | -maɪd, -mɪd] 《⇨ di-¹, cyano-, amide》 — *n.* 《化学》ジシアンジアミド ($H_2NC(NH)NHCN$)《シアナミドを重合して作る; cyanoguanidine ともいう》.

di·cy·clic [dàɪsáɪklɪk, -sík-] *adj.* **1** 《植物》 **a** 〈中心柱が〉二環の. **b** 2 年性の. **2** 《動物》2 輪廻(ね)の《プランクトンの雄虫の出現が年 2 回ある》. **di·cy·cly** [dáɪsaɪkli | -klɪ] *n.*

di·cy·clo·pen·ta·di·ene [dàɪsàɪklo(ʊ)pèntədáɪiːn, -daɪíːn | -klə(ʊ)pèntə-] 《← DI-¹ + CYCLO- + PENTADIENE》 — *n.* 《化学》ジシクロペンタジエン ($C_{10}H_{12}$)《化学薬品・樹脂などの合成原料》.

Di·cy·e·mi·da [dàɪsaɪíːmədə | -mɪ-] 《← NL ~ ← *Dicyema* (属名: ← DI-¹+Gk *kúēma* embryo)+-IDA》 — *n. pl.* 《動物》二胚虫目《中生動物に属し, イカやタコの腎臓中に寄生する; cf. Orthonectida》. 「形.

did 《OE *dyde*》 *v., auxil. v., substitute v.* do¹·² の過去

DID 《略》 densely inhabited district 人口集中地区.

Did·a·che [dídəkìː, -ki | -kiː, -kɪ] 《⇨ Gk *didakhḗ* teaching ← *didáskein* to teach》 — *n.* **1** [the ~]「ディダケー」《紀元 1 世紀末か 2 世紀初めに未詳の作者によって書かれた使徒教父文書の一つ; *The Teaching of the Twelve Apostles*「十二使徒の教訓」の通称》. **2** [d-] (新約聖書中の)教え, ディダケー (cf. kerygma).

Did·a·chist [dídəkɪst, -kəst | -kɪst] *n.*「ディダケー (Didache)」の作者. 「=Didachist.

Did·a·chog·ra·pher [dìdəkágrəfə | -kɔ́grəfə(r] *n.*

di·dact [dáɪdækt] 《《逆成》↓》 *n.* 教師然とした人.

di·dac·tic [daɪdǽktɪk, dɪ-, də- | dɪ-, daɪ-] 《《1644》 ⇨ Gk *didaktik-ós* skilled in teaching ← *didaktós* taught ← *didáskein* to teach》 — *adj.* **1** 〈書き物・話など〉教訓的な: ~ poetry 教訓詩. **2** 《軽蔑》〈人が〉道学者的な, 学者ぶる, 人に物を教えるような態度の. **3 a** 〈教科が〉(実験などを含まず)学科一本の. **b** 〈文法が〉規範的な. 「*adv.*

di·dác·ti·cal [-tɪkəl, -tə- | -tɪ-] *adj.* =didactic. **~·ly**

di·dac·ti·cism [daɪdǽktəsìzm, dɪ-, də- | dɪdǽktɪ-, daɪ-] *n.* **1** 教訓主義; 啓蒙(もう)(主義)的な教訓癖. **2** 《文学》啓蒙主義.

di·dac·tics [daɪdǽktɪks, dɪ-, də- | dɪ-, daɪ-] 《⇨ didactic, -ics: cf. F *didactique* / G *Didaktik*》 *n.* **1** 教授法. **2** 教訓, 教え (teachings).

di·dap·per [dáɪdæpə | -pə(r] 《《1440》 *dydoppar* 《変形》 ← OE **dȳfedoppa*=*dūfedoppa* pelican ← *dūfan* 'to DIVE'+*dyppan* 'to DIN'》 — *n.* 《米方言》=dabchick.

did·di·kai [dídəkàɪ | -dɪ-] 《⇨ Romany ~》 *n.* ジプシーの血の混じった人.

did·dle¹ [dídl] 《← ?: cf. dodder²》 — *vi.* **1** 《英方言》ひょいとはずみをつけて踊る. **2** 《方言》急に前後に動く. **3** 《卑》性交[交接]する. — *vt.* **1** 《スコット》急に早く動かす. **2** 《卑》…と性交[交接]する.

did·dle² [dídl] 《《1806》《逆成》← (*Jeremy*) *Diddler* (英国の James Kenney (1780-1849) の戯曲 *Raising the Wind* (1803) 中の人物)》 — *vt.* 《俗》 **1** だます, かたる: ~ a person *out of* his money 人をだまして金を巻き上げる. **2** 《cf. diddle¹》〈時間などを〉むだに費やす 〈*away*〉. — *vi.* 《口語》時間(など)をむだに費やす.

díd·dler [-dlə, -dlə | -dlə(r, -dlə(r] *n.* だます人; (時間などを)空費する人.

did·dums [dídəmz] 《← *did 'em* did they (tease you)?: ⇨ -s¹》 — *int.* あぁいいよいいよ, さあ元気をお出し《子供に呼び掛ける同情の言葉》. ★ 大人に対し戯言的に用いられることもある.

did·dy [dídi | -dɪ] 《《変形》← TITTY²》 *n.* 《英方言》(女性の)乳首, おっぱい (teat).

Di·del·phes [daɪdélfiːz] *n. pl.* 《動物》=Didelphia.

Di·del·phi·a [daɪdélfiə | -fɪə] 《← NL ~ ← DI-¹+ Gk *delphús* womb: ⇨ -ia²》 *n. pl.* 《動物》二子宮目, 双子宮目. 「=marsupial.

di·del·phic [daɪdélfɪk] *adj.* 《動物》 **1** 双子宮目の. **2**

di·del·phid [daɪdélfɪd, -fəd | -fɪd] 《↓》 *adj., n.* 《動物》オポッサム科の(有袋動物).

Di·del·phi·dae [daɪdélfədìː | -fɪ-] 《← NL ~ ← DI-¹ +Gk *delphús* womb: ⇨ -idae》 *n. pl.* 《動物》(有袋目)オポッサム科.

Di·de·rot [dìːdróu, díːdəròu | díːdərə̀u; *F.* didro], **Denis** *n.* ディドロ《1713-84; フランスの哲学者・啓蒙思想家, d'Alembert と共に *Encyclopédie*「百科全書」の編者; 愛称 Pantophile Diderot》.

did·ger·i·doo [dìdʒəridúː] 《擬音語》 *n.* (*pl.* **~s**) (オーストラリア原住民の)大型の竹製管楽器.

did·i·coi [dídəkɔ̀ɪ | -dɪ-] 《⇨ Romany ~》 *n.* (*also* **did·i·coy** [~]) 《英俗・方言》 **1** ジプシー. **2** 地方を巡回する鋳掛け屋.

di·die [dáɪdi | -dɪ] *n.* =didy.

did·jer·i·doo [dìdʒəridúː] *n.* (*pl.* **~s**) =didgeridoo.

did·n't [dídn(t)] did not の縮約形.

di·do [dáɪdou | -dəu] 《← ? DIDO》 — *n.* (*pl.* **~es, ~s**) [通例 *pl.*] 《米口語》ふざけ, おどけ, ふざけ騒ぎ (prank): cut (up) ~*es* ふざけ散らす, 大騒ぎをする / act ~ ばかなまねをする, ふざける.

Di·do [dáɪdou | -dəu] 《⇨ L *Dīdō* ⇨ Gk *Didṓ*: cf. Heb. *dōdh* beloved》 — *n.* 《ローマ伝説》ディド《カルタゴの創設者といわれる女王; Virgil の *Aeneid* ではトロイ戦争後漂着した Aeneas をもてなし彼がイタリアに去ったのを悲しみ自殺したとされている》.

Dído's próblem 《DIDO が一枚の牛皮で蔽えるだけの地面の譲渡を受けた時, 機知を働かせて皮を細く刻み大きな面積の土地を得, ここにカルタゴの城市を築いたという故事から》 — *n.* 《数学》ディドウの問題, 等周問題《与えられた長さの曲線の囲む最大の面積を求めよという問題で, 答は円》.

Di·dot [dɪdóu | -dəu; *F.* dido], **François Ambroise** *n.* ディドー《1730-1804; フランスの印刷・出版業者; 彼の提唱した活字のポイントシステムで有名; cf. Didot point system》.

Di·dót póint sỳstem *n.* [the ~] 《印刷》ディドー式ポイントシステム《ヨーロッパで用いられている欧文活字の大きさを表わす方式の一つ; 1 ポイント =0.0148 インチ =0.3759 mm》.

didst 《OE *dydest*》 *v., auxil. v., substitute v.* 《古》do¹·² の二人称単数 (thou) 過去形.

di·dy [dáɪdi | -dɪ] 《《加重形》← *di* ← DIAPER》 *n.* 《米口語》(赤ん坊の)おむつ.

did·y·mate [dídəmət, -mɪt, -mèɪt | -dɪ-] 《← NL ~ ← Gk *didumos* (↓): ⇨ -ate²》 *adj.* 《生物》=didymous.

di·dym·i·um [daɪdímiəm | -mɪ-] 《← NL ~ ← Gk *didumos* twin ← *dúo* 'TWO' ⇨ -ium: スイスの化学者 C.G. Mosander (1797-1858) の造語》 — *n.* 《化学》ジジム, ディディミアム《もと元素の一つと考えられていたが neodymium と praseodymium とに分離された; 記号 D, Di》.

did·y·moid [dídəmɔ̀ɪd | -dɪ-] 《⇨ ↑, -oid》 *adj.* 《生物》=didymous.

did·y·mous [dídəməs | -dɪ-] 《← Gk *didumos* two-fold, twin+-OUS》 *adj.* 《生物》双生の, 対の.

di·dyn·a·mous [daɪdínəməs] 《← DI-¹+Gk *dúnamis* power+-OUS》 — *adj.* 《植物》長短一対ずつ 4 本の雄蕊(ずい)のある: ~ stamens 二長雄蕊. **di·dyn·a·my** [daɪdínəmi | -mɪ] *n.*

die¹ [dáɪ] 《《?a1300》 *de* (pl. *dees*) ⇨ (O)F *dé* (pl. *dés*) < L *datum* what is given by fortune(p.p.) ← *dare* to give: ⇨ date²》 — *n.* (*pl.* *1-3* では **dice** [dáɪs]; *4-6* では **~s** [~z]) **1** 《古・米》さい, さいころ (cf. dice 1): (as) straight [true] as a ~ 全く正直[誠実・忠実]で. **2** [*pl.*] さいころ遊び[賭博] (⇨ dice 2). **3** [通例 *pl.*] (食物など)さいの目に切ったもの, さいの目形(⇨dice 4). **4** 《機械》ダイス: **a** (プレスなどで型打ちに用いる)型; (貨幣・切手などの刻印用の)型. **b** (雄ねじを切る)ねじ型. **5** 《金属加工》ダイ: **a** 溶融した金属または他の材料を鋳込む型. **b** 金属・プラスチックなどを深絞り加工したり, 押出して成形するためのくぼみのついた型. **6** 《建築》台胴 (⇨ dado 2). **7** 《歯科》歯型《金冠などを作る時に用いる歯の模型》.

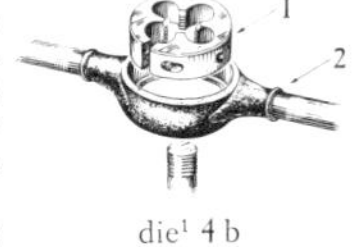

die¹ 4 b
1 die; 2 diestock

The die is cast. 《《なぞり》← L *jacta est alea*: cf. Rubicon》さいは投げられた; 火ぶたは切られた, 事[運命]は既に決した. ***upon the die*** 危機に立って, のるかそるかで. 「する 〈*out*〉.

— *vt.* (**died; die·ing**) 《機械》ダイスで切る, 型打ち

die² [dáɪ] 《? OE *degen* ⇨ ? ON *dey-ja* to die < Gmc **dawjan* (OHG *touwan*): ⇨ dead, death》 — *v.* (**died; dy·ing**) — *vi.* **1** 〈人・動物が〉死ぬ; 〈植物が〉枯れる: ~ *of* a disease [hunger, thirst, sorrow] 病気[飢え, 渇き, 悲しみ]がもとで死ぬ / I shall ~ *of* boredom. この分じゃ退屈で死んでしまう / I nearly ~*d* (*of*) laughing. おかしくて死にそうだった / ~ *from* wounds けがもとで死ぬ / ~ *for* love 愛[恋]のために死ぬ, 恋患いで死ぬ / He ~*d* a very rich man. 彼は大金持となって死んだ / He ~*d from* swallowing a fishbone. 彼は魚の骨がつかえて死んだ / ~ *at* one's post 殉職する / ~ *at* one's enemy's hand 敵の手にかかって死ぬ / ~ *by* the sword 剣に倒れる / ~ *through* carelessness 不注意のため命を落とす / ~ *by* one's own hand 自殺する / ~ *in* agony [*in* peace] 苦しんで[安らかに]死ぬ / He ~*d* young. 若くして亡くなった / Nobody would like to ~ a beggar. だれだってのたれ死にしたくはあるまい.

2 a 《聖書》死ぬような苦しみを味わう; 《神学》精神的に死ぬ: I ~ daily. 我は日日(ひ)に死す (*1 Cor.* 15: 31) / Whosoever liveth and believeth in me shall never ~. おおよそ生きて我を信ずる者はとこしえに死なざるべし (*John* 11: 26). **b** 強くあこがれる, 思い[恋い]焦がれる, 思い悩む. **c** 《口語》[通例 be *dying* として] […が]ほしくてたまらない 〔*for*〕, たまらなく(…し)たいと思う 〈*to do*〉: He's *dying for* a drink. のどを鳴らして一杯飲みたがっている / I am *dying to* see him [*to* be a singer]. 彼に会い[歌手になり]たくてたまらない.

3 無気力となる, めいる, 〈心臓が〉止まりそうになる; ぐったりする: My heart fairly ~*d* at the ghastly cry. その物凄い叫び声を聞いて全く心臓が止まりそうになった.

4 〔…に対して〕無感覚になる, 〔…に〕左右されなくなる 〔*to*〕: ~ *to* self 己を捨てる / ~ *to* shame 恥を忘れる / ~ *to* the world 世間のことに無頓着になる / ~ (*un*)*to* sin 罪を超越する (cf. *Rom.* 6: 2).

5 a 〈制度・名声・思い出・感情などが〉消滅する, 滅びる, 消える 〈*out, off*〉: This memory will never ~. この思い出は決して消え去ることはあるまい. **b** 〈灯火・音響などが〉かすかになる, 次第に消滅する, 薄らぐ 〈*away, down*〉: You must not let the fire ~. 火を絶やしてはいけない / The sound of the bell is *dying* on the air. 鐘の音が次第に消えてゆく / The day ~*s into* night. 昼が終って夜となる.

6 動き[働き]が止まる, やむ: The motor has ~*d*. モーターが止まった.

7 〈酒・酒の芳香などが〉気が抜ける.

8 《野球》残塁になる.

— *vt.* [同族目的語として death を伴って]: ~ a dog's *death* ⇨ dog 成句 / ~ a violent *death* ⇨ violent 2 b / ~ the *death* ⇨ death 成句 / The general ~*d* the *death* of a hero [~*d* a hero's *death*]. 将軍は英雄らしい死を遂げた.

die away (1) 〈音響などが〉静まる, かすかになる, (次第に)消えてゆく (cf. *vi.* 5 b). (2) 気が遠くなる, 失神する: She fainted and ~*d away* at the sight. 彼女はそれを見て気が遠くなった. ***die back*** 〈草木が〉枝の先から根元に向って枯れる, 根元まで枯れる. ***die down*** (1) 〈騒音・火炎などが〉消失する, 〈嵐・騒ぎなどが〉静まる (subside) (cf. *vi.* 5 b). (2) =DIE *back.* (3) 枯れて倒れる. ***die game*** ⇨ game¹ *adj.* 成句. ***die hard*** 〈通例, 慣習・意見・信念などが〉(不利の情勢にあくまでも強硬に抵抗して)なかなか消滅しない, 頑強に持続する, 容易に絶えない (cf. die-hard): Age-long habits ~ *hard.* 長年の習慣というものはなかなか止められるものではない. ***die in harness*** ⇨ *in* HARNESS (1). ***die in*** (*one's*) ***bed*** ⇨ bed *n.* 成句. ***die in one's boots*** [***shoes***]=***die with one's boots*** [***shoes***] ***on*** (靴をはいたまま死ぬの意から)変死[急死]する, 横死をとげる (cf. *die in* (*one's*) BED). ***die in the last ditch*** ⇨ last ditch. ***die off*** 〈一家・一族の人々などが〉次から次へと死んでゆく, 死に絶える; 〈動物が〉絶滅する; 〈草木が〉順次に枯死する (cf. *vi.* 5 a). ***die out*** 〈種族などが〉死に絶える, 死滅する; 〈風習などが〉すたれる (become extinct) (cf. *vi.* 5 a). ***Never say die!*** 弱音を吐くな, しっかりしろ.

díe-away *adj.* (とても感傷的になって)消え入るような, 気の滅入(い)りそうな, 思い悩んだ: a ~ look. — *n.* (映像・音・光の)漸次消えてゆくこと.

dieb [díːb] 《⇨ Afrik. *dhi'b* wolf, jackal》 *n.* 《動物》ディーブ (*Canis anthus*)《北アフリカ産のジャッカル》.

díe·bàck *n.* 《植物病理》(病・虫害・寒気などのため)枝先から枯れてくる状態; 胴枯れ病, 寒枯れ.

dieb. alt. 《略》《処方》*L.* diebus alternīs 一日置きに, 隔日に (every other day).

dieb. secund. 《略》《処方》*L.* diebus secundis 二日目ごとに, 一日置きに (every second day).

dieb. tert. 《略》《処方》*L.* diebus tertius 三日目ごとに, 二日置きに (every third day).

díe-càst *vt.* 《冶金》ダイカストで作る[形造る].

díe càster *n.* 《冶金》ダイカスト機.

díe càsting *n.* 《冶金》ダイカスト, ダイ鋳物, ダイカストを造る操作《亜鉛・アルミニウム等の合金鋳物を金型に注いで量産する方式; cf. injection molding》.

di·e·cious [daɪíːʃəs] *adj.* 《生物》=dioecious. **~·ly** *adv.*

dief·fen·bach·i·a [dìːfənbǽkiə, ⌐ ⌐ ⌐ ⌐ ⌐ | -kɪə] 《← NL ~ ← *Ernst Dieffenbach* (1784-1847: ドイツの植物学者): ⇨ -ia¹》 — *n.* 《植物》シロガスリソウ《熱帯産のサトイモ科シロガスリソウ属 (*Dieffenbachia*) の植物の総称; 幹は節目で分れ多網で葉は大きい, 有毒だが庭木にする》.

Die·go [djéɪgou | -gəu; *Sp.* djégo] 《⇨ Sp. ~ 'JAMES'》 *n.* 男性名.

díe·hàrd 《← *die hard* (⇨ die² 成句)》 — *n.* **1** (倒れるまで奮闘する)頑強な抵抗者. **2** (政治問題などで)保守的で最後まで妥協しない人, 頑固[強情]な人. **3** スコッチテリアの俗称.

díe-hàrd *adj.* 最後まで頑張る, 頑強[頑固]な: なかなか滅びない: ~ rightists 頑固な保守派の人 / his ~ determination 彼の強固な決意. 「固な保守主義.

díe-hàrd·ism [-hɑ̀ədɪzm | -hɑ̀ːd-] *n.* (政治上の)頑

Die-hards [dáɪhɑ̀ːdz | -hɑ̀ːdz] *n.* [the ~] (英国の)歩兵第 57 連隊の俗称 (Peninsular War 中の Albuera の戦い (1811) で頑強に戦ったことから).

di·el [dáɪəl, -el] 〚← L *diēs* day＋-AL[1]〛 *adj.* 〘生態〙日周的な, 一昼夜の《夜間を含む 24 時間の》.

diel·drin [díːldrɪn, -drən|-drɪn] 〚← DIEL(S-AL)D(E)R (REACTION)＋-IN[2]〛 *n.* 〘化学〙ディールドリン ($C_{12}H_8Cl_6O$)《農業用殺虫剤》.

di·e·lec·tric [dàɪɪléktrɪk, dàɪəl- | -ɪl-] 〚⇨ di-[3], electric〛〘電気〙 **—** *adj.* 誘電性の ; 電媒質の ; 不伝導性の, 絶縁の (insulating). **—** *n.* [*pl.*] 誘電体《電界を加えると分極を生じる物体》; 電媒質, 絶縁体. **di·e·léc·tri·cal·ly** *adv.*

dieléctric absórption *n.* 〘電気〙誘電吸収 (⇨ absorption 3).

dieléctric cónstant *n.* 〘電気〙誘電率.

dieléctric héating *n.* 〘電気〙(高周波の電磁界により絶縁体を通して行なう)誘電加熱《電子レンジなど ; cf. induction heating》.

dieléctric lóss *n.* 〘電気〙誘電損(失).

dieléctric polarizátion *n.* 〘電気〙誘電分極, 電気分極.

dieléctric stréngth *n.* 〘電気〙絶縁耐力.

dieléctric súbstance *n.* 〘電気〙誘電体.

díe·lìnk 〚← DIE[1]＋LINK[1]〛 *n.* 〘貨幣〙同一極印を用いて造った 2 種またはそれ以上のコインの関係.

Diels [díːlz, díːls ; G. díːls], **Otto** *n.* ディールス《1876–1954 ; ドイツの化学者 ; Nobel 化学賞 (1950)》.

Diels-Ál·der reàction [-ɑ́ːldə- | -də- ; G. áldɐ-] 〚← *O. Diels & K. Alder* : ドイツの化学者〛 **—** *n.* 〘化学〙ディールス アルダー反応《二重結合や三重結合を有する化合物がジエンと 1, 4 付加を行なって六員環のヒドロ芳香環をつくる反応》.

Dien Bien Phu [djén-bjèn-fúː] *n.* (*also* **Dien-bien·phu** [~]) ディエンビエンフー《インドシナの東部, ベトナム北部の要塞都市 ; 1954 年 5 月 Ho Chi Minh の ベトミン (Vietminh) 軍に占領され, フランスのインドシナ支配が終った》.

di·en·ceph·a·lon [dàɪɪnséfəlɑ̀n, -ən-, -en-, -lən | -enkéfəlɔ̀n, -ɪn-, -séf-, -lən] 〚⇨ di-[3], encephalon〛 **—** *n.* 〘解剖〙間脳《左右大脳半球の連結部で視床と視床下部から成る ; betweenbrain ともいう》. **di·en·ce·phal·ic** [dàɪɪnsɪfǽlɪk, -ən-, -en-, -sə- | -enkəf-, -ɪn-, -kɪf-, -sef-, -sɪf-] *adj.*

di·ene [dáɪiːn, ─́─] 〚↓〛 *n.* 〘化学〙ジエン, (特に)共役ジエン (⇨ diolefin).

-di·ene [dáɪiːn, ─́─] 〚← DI-[1]＋-ENE〛〘化学〙二重結合の 2 個ある有機化合物の名に用いられる名詞連結形 : buta*diene*.

díe-òff *n.* (ウサギ・猟鳥などの)突然の減少.

die plàte *n.* 〘機械〙＝diestock.

Di·eppe [diép | diː-, dɪ- ; F. djɛp] *n.* ディエップ《イギリス海峡に面するフランスの港市 ; 人口 30,000》.

di·er·e·sis [daɪérəsɪs, -səs | daɪíərɪsɪs, daɪér-, -rə-] *n.* (*pl.* **-e·ses** [-sìːz]) ＝diaeresis.

di·es [dáɪiːz, díːeɪs] 〚▭ L *diēs* day〛 *L. n.* (*pl.* ~) 日 (day).

die·sel, D- [díːzḷ, -sḷ | -zḷ] 〚(1894) : ↓〛 **—** *n.* **1** ＝diesel engine. **2** ディーゼル機関車[トラック, 船など]. **—** *adj.* ディーゼル機関の ; ディーゼル機関によって動く[を備えた].

Die·sel [díːzḷ, -sḷ | -zḷ ; G. díːzl], **Rudolf** *n.* ディーゼル《1858–1913 ; ドイツの機械技師, ディーゼル機関の発明者》.

díesel cỳcle, D- c- *n.* 〘機械〙ディーゼルサイクル《断熱圧縮・定圧加熱・断熱膨張・定容冷却の 4 ストロークから成るディーゼル機関のサイクル ; cf. diesel engine, Otto cycle》.

díesel-eléctric *adj.* [時に D-] ディーゼル(エンジン)発電機を装備した. **—** *n.* ＝diesel-electric locomotive.

díesel-eléctric locomótive *n.* 〘鉄道〙ディーゼル電気機関車.

díesel èngine *n.* ディーゼル式重油内燃機関, ディーゼル機関.

díesel fùel *n.* ＝diesel oil.

díe·sel·ize [díːzəlàɪz, -zḷ-, -səl-, -sḷ- | -zəl-, -zḷ-] *vt.* 〈船など〉にディーゼル機関を取り付ける. **—** *vi.* 〈鉄道などが〉ディーゼル(機関)化される.

díesel locomótive *n.* 〘鉄道〙＝diesel-electric locomotive.

díesel òil *n.* ディーゼル油.

di·es faus·tus [dáɪiːz-fɔ́ːstəs, díːeɪs-fáustʊs] 〚▭ L *diēs faustus*〛 *L. n.* 吉日 (day of favorable omen).

di·es fes·ti [dáɪiːz-féstaɪ, díːeɪs-féstiː] 〚▭ L *diēs festī*〛 *L. n.* 祭日 (days of festival).

dies in·faus·tus [dáɪiːz-ɪnfɔ́ːstəs, díːeɪs-ɪnfáustʊs] 〚▭ L *diēs infaustus*〛 *L. n.* 凶日, 悪日(あくび) (day of unfavorable omen).

díe·sìnker *n.* 打ち型[極印]彫刻者, 型彫り, 型工.

díe·sìnking *n.* 打ち型彫刻, 型彫り.

Di·es I·rae [díːeɪs-íːreɪ, dìːez-, ɪ(ə)riː | dìːeɪz-íəraɪ, dìːez-, dìːes-, -íəreɪ] 〚▭ L *diēs īrae* day of wrath : cf. ire〛 **—** *L. n.* **1** ディエス イレー, 「怒りの日」《この句で始まる中世にできた有名なラテン語の賛美歌 ; 死者ミサ中の続誦》. **2** [d- i-] 最後の審判の日.

di·e·sis [dáɪəsɪs, -səs | dáɪɪsɪs, dáɪəs-] 〚(*a*1398) ▭ L ~ ▭ Gk *díesis* sending through ← DIA-＋*hiénai* to send〛 *n.* (*pl.* **-e·ses** [-sìːz]) 〘印刷〙＝double dagger.

di·es ju·ri·di·cus [dáɪiːz-dʒʊrídəkəs, díːeɪs-jʊrídəkʊ̀s | dáɪiːz-dʒʊ(ə)rídɪkəs] 〚▭ L *diēs jūridicus* court day〛 *n.* (*pl.* **dies ju·ri·di·ci** [-dʒʊrídəsàɪ, -jʊrídəkìː | -dʒʊ(ə)rídɪsàɪ]) 〘法律〙開廷日 (↔ dies non).

di·es non [díːeɪs-nóʊn, dáɪiːz-nɑ́n | dáɪiːz-nɔ́n] 〚(1825) ▭ L *diēs nōn* (*jūridicus*) day on which the law courts do not sit〛 **—** *n.* (*pl.* ~**s**) **1** 〘法律〙休廷日 (↔ dies juridicus). **2** 休業日《法律的に一般の仕事が行なわれない日》.

di·es·ter [dáɪestə | -tə(r] 〚← DI-[1]＋ESTER〛 *n.* 〘化学〙ジエステル《エステル基 2 個をもつ化合物の一般名》.

díe·stòck 〚← DIE[1]＋STOCK[2]〛 *n.* 〘機械〙ダイス回し《ねじ切り用ダイスの保持柄 ; ⇨ die[1] 挿絵》.

di·es·trous [daɪéstrəs | -íːs-] *adj.* 〘動物〙発情間期の, 休情期の.

di·es·tru·al [daɪéstruəl | -íːstrʊ-] *adj.* 〘動物〙＝diestrous.

di·es·trum [daɪéstrəm | -íːs-] 〚← NL ~ : ↓〛 *n.* 〘動物〙＝diestrus.

di·es·trus [daɪéstrəs | -íːs-] 〚← NL ~ : ⇨ dia-, estrus〛 *n.* 〘動物〙発情間期, 休情期《哺乳類の雌の発情期と発情期の中間期 ; cf. estrus》.

di·et[1] [dáɪət] 〚(?*a*1450) ▭ ML *diēta, diaeta* public assembly, day's work ← L *diēs* day : cf. G *Tag* 'parliamentary assembly; DAY'〛 **—** *n.* **1** (スコット)会合の日, 会(期). **2** [the D-] 立法会議, (デンマーク・スウェーデン・プロイセン・パラグアイ・日本などの)議会, 国会 (cf. congress 2, parliament) : *The Diet* is now sitting. 議会は開会中 / be approved in *the Diet* 議会の承認を得る / the Japanese *Diet* 日本の国会.

di·et[2] [dáɪət] 〚(?*a*1200) *diete* ▭ (O)F *diète* ▭ L *diaeta* ▭ Gk *díaita* way of life ← *diaitân* to govern, lead one's life ← DIA-＋*aîsa* destiny〛 **—** *n.* **1 a** (栄養価などから考えた人の)食物 (food); 常食, 日常の飲食物 : ideal articles of ~ 理想的な食物 / be luxurious in ~ 食物が贅沢(ぜいたく)だ. **b** (家畜の)常用飼料. **2** (治療・体重調節目的・刑務所の)特定食事, 規定食 ; 食養生, 食餌療法 (regimen) : a ~ of nuts and hot water / a meat [vegetable] ~ 肉[菜]食 / a nourishing [frugal] ~ 栄養に富む[質素な]食事, 栄養[粗]食 / an invalid ~ 病人用の食事 / a subsistence ~ 最低保健食 / a diabetic ~ 糖尿病食 / keep [observe] a strict ~ 厳重な食餌療法を守る / be *on* a ~ 食物を決められている, 食餌療法をしている / go *on* a ~ 食餌療法を始める / put a patient *on* a special ~ 患者に規定食を取らせる[食養生させる]. **3** (食事のように)定まって当てがわれるもの《読物・娯楽など》: a daily ~ of television shows. **—** *vt.* **1** ...の食事を規定する, ...に規定食を取らせる, 食餌療法を守らせる, 食養生をさせる : ~ *away* a lot of weight 食餌療法で体重を大いに減らす / His doctor ~*ed* him rigorously. 医者は彼の食事を厳重に規定した / ~ oneself *on* vegetables 菜食を実行する. **2** ...に食物を取らせる[与える] (feed). **—** *vi.* **1** 規定食を取る, 食養生をする, 食餌療法をする. **2** 食事をする ; (...を)常食する 〔*on*〕.

di·et·al [dáɪətḷ | dáɪətḷ, dáɪɪ-] *adj.*

diet. 《略》dietary ; dietetics, dietician.

di·e·tar·i·an [dàɪətéːriən | dàɪətéəri-, dàɪɪ-] 〚⇨ ↓, -ian〛 *n.* 規定食を取っている人, 食餌療法をしている人, 規定食厳守主義者.

di·e·tar·y [dáɪətèri | dáɪət(ə)ri, dáɪɪ-] 〚(*c*1450) ▭ ML *diaetāri-um* : ⇨ diet[2] (v.), -ary〛 **—** *adj.* 飲食の, 食物の ; 規定食の, 食餌療法の : a ~ cure 食餌療法. **—** *n.* (医師が指示する)規定食 ; (病院・刑務所などの)日々の食物の規定量 ; 飲食規定書. **di·e·tar·i·ly** [dàɪətérəli, ─́─────── | dáɪət(ə)rəli, dáɪɪ-, -rɪli] *adv.*

díetary làw *n.* 〘ユダヤ教〙食物規定《聖書に規定されている汚れた動物の禁止, 肉と乳の組合わせ禁止, また潔い動物でも法にかなって屠殺されたものに限るなどの規定で, 正統派ユダヤ教徒に守られる ; cf. *Lev.* 11, *Deut.* 14 ; kosher》.

dí·et·er [-tə | -tə(r] *n.* 規定食を取る人, 食餌(じ)療養者.

di·e·tet·ic [dàɪətétɪk | dàɪətét-, dàɪɪ-] 〚▭ L *diaetēticus* ▭ Gk *diaitētikós* ← *díaita* 'DIET[2]' : ⇨ -etic〛 **—** *adj.* **1** 飲食物に関する, 食餌の, 栄養の. **2** (糖分・塩分を制限した)特別食(用)の. **~·ly** *adv.*

di·e·tét·i·cal [-tɪkəl, -tə- | -tɪ-] *adj.* ＝dietetic. **~·ly** *adv.*

di·e·tet·ics [dàɪətétɪks | dàɪətét-, dàɪɪ-] 〚(なぞり) ← Gk *diaitētikḗ* : ⇨ dietetic, -ics〛 *n.* 食餌療法学.

di·eth·a·nol·a·mine [dàɪèθənɑ́(ː)ləmìːn, -nóʊl- | -nɔ́l-] 〚← DI[1]＋ETHANOLAMINE〛 *n.* 〘化学〙ジエタノールアミン ($(HOCH_2CH_2)_2NH$)《白色結晶 ; 溶剤・乳化剤》.

di·eth·yl [daɪéθɪl, -θəl | -éθɪl, -íːθaɪl] 〚← DI-[1]＋ETHYL〛 *adj.* 〘化学〙ジエチルの《二つのエチル (ethyl) 基を含む》. ★ しばしば連結形としても用いられる.

di·eth·yl·am·ide [daɪèθəlǽmaɪd, -mɪd, -məd | -θɪlǽmaɪd, -mɪd] *n.* 〘薬学〙ジエチルアミド ($(C_2H_5)_2NH$)《医薬品の合成原料および試薬》.

di·eth·yl·am·i·no·eth·a·nol [daɪèθɪlæ̀mìːnoʊéθənɔ̀(ː)l, -θəl-, -æm-, -nòʊl | -èθɪlæ̀mìːnəʊéθənɔ̀l, -ɪ̀ːθaɪl-, -æm-] 〚← DIETHYL＋AMINO-＋ETHANOL〛 *n.* 〘化学〙ジエチルアミノエタノール ($(C_2H_5)_2NCH_2CH_2OH$)《無色の液体, 局部麻酔剤の合成に用いる》.

di·éth·yl·ene glýcol [daɪèθəlìːn- | -θɪ-] *n.* 〘化学〙ジエチレングリコール ($O(CH_2CH_2OH)_2$)《無色無臭, 吸湿性の粘り気のある液体, 溶剤・合成樹脂原料 ; diglycol ともいう》.

dièthyl·ethanólamine *n.* 〘化学〙＝diethylaminoethanol.

diéthyl éther *n.* 〘化学〙ジエチルエーテル (⇨ ether 1 b).

diéthyl kétone *n.* 〘化学〙ジエチルケトン (⇨ pentanone).

diéthyl málonate *n.* 〘化学〙マロン酸ジエチル (⇨ ethyl malonate).

diéthyl óxide *n.* 〘化学〙ジエチルオキシド (⇨ ether 1 b).

diéthyl phthálate *n.* 〘化学〙フタル酸ジエチル ($C_6H_4(COOC_2H_5)_2$)《無色の液体, 香料の溶剤・可塑剤》.

dièthyl·stilbéstrol 〚← DIETHYL＋STILBESTROL〛 **—** *n.* (*also* **dièthyl·stilbóestrol**) 〘化学〙ジエチルスチルベストロール ($[HOC_6H_4C(C_2H_5)=]_2$)《合成女性発情ホルモンの一種 ; stilbestrol ともいう ; cf. caponette》.

diéthyl toluámide *n.* 〘薬学〙ジエチルトルアミド ($C_{12}H_{17}NO$)《防虫剤》.

dièthyl·trýptamine 〚← DIETHYL＋TRYPTAMINE〛 *n.* 〘薬学〙ジエチルトリプタミン《幻覚剤 ; 略 DET》.

di·e·ti·tian [dàɪətíʃən | dàɪə-, dàɪɪ-] 〚← DIET[2] : PHYSICIAN との類推による〛 *n.* (*also* **di·e·ti·cian** [~]) 栄養士.

díet kìtchen *n.* ダイエットキッチン《患者のために栄養士が特別食の献立をする病院などの調理場》.

díet pìll *n.* 《米》〘薬学〙ダイエット錠《代謝促進により体重を減らすホルモン剤・利尿剤など》.

Die·trich [díːtrɪk, -trɪx ; G. díːtrɪç] 〚▭ G ~ : ⇨ Theodoric〛 *n.* 男性名.

Dietrich, Marlene *n.* ディートリッヒ《1901– ; ドイツ生まれの米国の映画女優・歌手》.

Dieu et mon droit [djɔ́ː-et-mɔ̃ː(n)-drwɑ́ː, -mɔ(ː)n- ; *F.* djœmɔ̃drwa] 〚▭ F ~ 'God and my right'〛 **—** *F.* 神とわが権利《Henry 六世の頃から用いられた英国王室紋章の motto; Richard 一世が 1195 年に戦陣で使った合言葉》.

dif [díf] 《口語》 *n.* ＝difference. **—** *adj.* ＝different.

dif. 《略》differ ; difference ; different ; differential.

dif- [dɪf] *pref.* (f の前に来る時の) dis-[1] の異形 : *dif*fer.

diff [dɪf] *n., adj.* ＝dif.

diff. 《略》differ ; difference ; different ; differential.

dif·fer [dífə | -fə(r] 〚(*c*1380) *differe(n)* ▭ (O)F *différer* ▭ L *differre* to put off, differ ← *dif-* 'DIS-[1]'＋*ferre* 'to BEAR[2]' : ⇨ -ferous, defer[1]〛 **—** *vi.* **1** (...と)違う, 異なる 〔*from*〕; 相異なる (vary) : The climate ~*s from* country to country. 気候は国によって異なる / These hats ~ *in* size, but not *in* shape. これらの帽子は大きさは違うが, 形は違わない / Tastes ~. 趣味は人によって異なる. **2** (人と)意見を異にする (disagree) 〔*with, from*〕: I must ~ *with* you on that point. その点については賛同しかねます / He often ~*s from* me in opinion. 彼はよく私と意見がくい違うことがある / I beg to ~. 失礼だが私は意見が違う / ⇨ AGREE *to differ*. **3** 《古》(...と)口論する, 争う (dispute) 〔*with*〕.

dif·fer·ence [díf(ə)rəns, -fəns | -f(ə)rəns] 〚(1340) ▭ (O)F *différence* ▭ L *differentia* ← *differentem* : ⇨ different, -ia[1]〛 **—** *n.* **1** 相違, 違い, 差異 : numerical ~ 数字上の差 / the ~ *of* a goat *from* a sheep やぎと羊の違い / There is some ~ *in* quality *between* the two things. その二つの物には幾分質的な相違がある. **2** (取扱いなどの)差別 : the religious and class ~*s* 宗教的・階級的差別. **3** 相違した所, 相違点 ; 特色 : an individual ~ 個人差 / Shaw was an artist with a ~. ショーは一風変った芸術家だった. **4** 意見の相違 ; 不和, 争い, 仲違(なかたが)い ; [しばしば *pl.*] (国際間の)紛争 : We had a serious ~ of opinion. 意見の重大な食い違いがあった / bury the ~*s* 意見の違いを水に流す / They have had few ~*s*. あまり喧嘩をしたことはない / Let's live with our ~*s*. お互いの意見の食い違いは食い違いと認めて仲良くやっていこうではないか. **5** 差額, 差, ひらき ; (株式の価格高下の)さや : a ~ of 5 pounds [a yard] 5 ポンド[1 ヤード]の差 / meet [pay] the ~ 差額を補償する[支払う]. **6** 〘数学〙 **a** 差 ; 差分. **b** ＝relative complement. **7** 〘論理〙差違 ; 相違 : a specific ~ 種差 / be true with a ~ 特別の意味では真. **8** 〘紋章〙父あるいは本家の紋章と区別するためのマーク (⇨ cadency 3 ★).

make a difference 相違を生じる, (結果など)重要である (matter); 差別をつける 〔*between*〕. ★ 次のように修飾語を伴ったり形を変えることも多い : It *makes a* great ~. 大変な相違を来す / *make* little [no] ~ ほとんど[全然]差異を生じない, ほとんど[少しも]違わない, (どちらにしても)大差はない[かまわない] / That *makes* all the ~. それではすっかり違ってしまう, それなら話は別だ. ***split the difference*** 額差の中間を採る, 残りを等分する ; 〈双方が〉歩み寄る, 折れ合う, 妥協する. ***the same difference*** 《カナダ口語》(違っているようでも)結局は同じこと : It's *the same* ~. 結局は同じことだ. ***What's the difference?*** 《口語》かまわないではないか (What does it matter?).

— *vt.* **1** 《まれ》...に区別を立てる (differentiate); 差別する (discriminate). **2** ...の相違点を見積る. **3** 〘紋章〙〈父や本家の紋章〉に違いを示すマークをつける.

dífference equàtion *n.* 〘数学〙差分方程式, 階差方程式, 定差方程式《未知関数の差分を含む方程式》.

dífference lìmen *n.* 〘心理〙弁別閾(いき) (⇨ just-noticeable difference).

dífference rìng *n.* 〘数学〙＝quotient ring.

dífference thrèshold 〚(なぞり) ← G *Unterschiedsschwelle*〛 *n.* 〘心理〙＝difference limen.

dífference tòne *n.* 〘音響〙差音《周波数の異なる二つの音の差の周波数をもつ音 ; cf. summation tone》.

dif·fer·ent [díf(ə)rənt, -fənt | -f(ə)rənt] 〚(*c*1384) ▭ (O)F *différent* ▭ L *differentem* : ⇨ differ, -ent〛 **—** *adj.* **1** 異なる, 違う : My plan is very [much, far]

~ *from* yours. 私の案はあなたの(案)とは非常に違う[別だ]. ★(1) different を強調する副詞は肯定文では very, much, far, 否定文で叙述用法では much が普通. (2) 前置詞は通例 *from* を用いるが,《英》ではまた *to* を用いることもある. (3) また《米》では *than* を用いることもある; ただし, 次のように *than* が接続詞として(省略)節を導き, 特に different から離れた位置に用いられる場合には《英》でも容認されている: The village is now quite ~ *than* it was ten years ago. その村は10年前とはすっかり変わってしまった / How ~ things seem today *than* yesterday! きょうの物事はきのうと何と変わったものに見えることだろう. **2** それぞれ異なった, 別々の; 様々の, 種々の (various): He has been to a lot of ~ places in Europe. 彼は今までにヨーロッパのいろいろ異なった場所に旅行している. **3**《口語》風変りな (unusual); 独特な, 飛び切りの (special). — *adv.*《米》=differently. ★《英》では今は非標準的な用法. **~·ness** *n*

dif·fer·en·ti·a [dìfərénʃiə, -ʃə | -ʃɪə] 〚L ~ 'DIFFERENCE'〛 — *n.* (*pl.* **-ti·ae** [-ʃiì:, -ʃiàɪ | -ʃiː]) **1** 相違点; (特に)本質的差異. **2**〖論理〗種差 (specific difference)《ある種を, それと同一の類に属する他の種から区別する差異》.

dif·fer·en·ti·a·ble [dìfərénʃiəbl, -ʃə- | -ʃɪə-, -ʃə-] 〚← DIFFERENTI(ATE)+-ABLE〛 — *adj.* **1** 区別[弁別]できる. **2**〖数学〗微分可能な. **dif·fer·en·ti·a·bil·i·ty** [dìfərènʃiəbíləṭi, -ʃə- | -ʃɪəbílətɪ, -lɪ-] *n.*

differentiae *n.* differentia の複数形.

dif·fer·en·tial [dìfərénʃəl] 〚(1647) □ F *différentiel* // ML *differentiālis*: ⇨ different, -al¹〛 — *adj.* **1** 特異の (distinctive): ~ characteristics. **2** 差別的な: ~ wages 差別的賃金 / the ~ rate system 差別的賃率制度 / ⇨ differential duties. **3**〖数学〗微分の (cf. integral). **4**〖物理・機械〗差動の, 応差の, 示差的な: ⇨ differential motion, differential screw. — *n.* **1**〖数学〗微分. **2**〖機械〗**a** =differential gear. **b** ディファレンシャルギアボックス《differential gear を入れる箱》. **3**〖労働〗(同一業種間で熟練・非熟練工の)賃率差. **4**〖商業〗(差別的料率の結果としての)差額. **5**〖鉄道〗(同一地点に達する二つの経路の)運賃差《その低運賃の方を differential rate という》.

differéntial áileron *n.*〖航空〗差動補助翼《操舵に対する左右の補助翼の角度が下げの側で小さく, 上げの側で大きくとれるようにして, 補助翼操舵に伴う偏揺れモーメントの性質が良くなるようにしたもの》.

differéntial ámplifier *n.*〖電気〗差動増幅器《直流増幅器の代表的なもので, 2入力の差に比例する出力が得られる》.

differéntial ánalyzer *n.*〖電算機〗微分解析機《常微分方程式を解くためのアナログ電子計算機の一種》.

differéntial bráke *n.*〖機械〗差動ブレーキ.

differéntial cálculus *n.*〖数学〗微分学.

differéntial coefficient *n.*〖数学〗微(分)係数 (記号 D).

differéntial compáction *n.*〖地質〗差別的圧密《場所によって異なる圧密を起こす現象》.

differéntial cósts *n. pl.*〖会計〗差額原価《意思決定によって将来その発生額が変化する原価; incremental costs, marginal costs ともいう; cf. sunk costs》.

differéntial cóunt *n.*〖医学〗白血球百分率(算定).

differéntial diagnósis *n.*〖医学〗鑑別診断.

differéntial dúties *n. pl.* 差別的関税.

differéntial equátion *n.*〖数学〗微分方程式《未知関数の導関数を含む方程式》.

differéntial géar [géaring] *n.*〖機械〗(自動車などの)差動歯車, 差動装置, ディファレンシャルギア《単に differential ともいう》.

differéntial geómetry *n.*〖数学〗微分幾何学.

differéntial léveling *n.*〖測量〗直接水準測量.

dìf·fer·én·tial·ly [-ʃəli | -ʃəli] *adv.* **1** 特異的に; 区別的に, 差別的に. **2**〖物理・機械〗差動的に.

differéntial méaning *n.*〖言語〗示差的意味《意味内容は問わず意味の違いの有無のみを問題にした場合の意味をいう; cf. referential meaning》.

differéntial mótion *n.*〖機械〗差動運動.

differéntial óperator *n.*〖数学〗微分作用素, 微分演算子.

differéntial psychólogy *n.*〖心理〗差異心理学《個人差・性差や集団・民族などの心理的差異を研究対象とする心理学の一分野》.

differéntial púlley *n.*〖機械〗差動滑車《半径の違う2個の滑車を同じ軸に固定し1個の動車と組み合わせた装置》.

differéntial quótient *n.*〖数学〗微分商.

differéntial ráte *n.*〖鉄道〗特定低(運)賃率 (cf. differential *n.* 5).

differéntial scréw *n.*〖機械〗差動ねじ.

differéntial táriff *n.* 差別的税率; 差等賃率.

differéntial thermómeter *n.*〖計器〗(2点間の温度差を測定する)示差温度計.

differéntial thréshold *n.*〖心理〗弁別閾(いき).

differéntial tóne *n.*〖音楽〗差音《二つの異った音程の音を同時にならした時, 両者の振動数の差の振動が生じて聞こえる音, 結合音の一種》.

differéntial transfórmer *n.*〖電気〗差動変圧器《二次コイルを分割し, 鉄心の変位を誘導起電力を用いて測定する装置》.

differéntial wéathering *n.*〖地質〗差異風化《異なった種類の構成をもつ岩石が同一環境にさらされた際の鉱物の変色・分解などの進行程度の相違》.

differéntial wíndlass *n.*〖機械〗差動巻揚げ機, 差動ウィンドラス《Chinese windlass ともいう》.

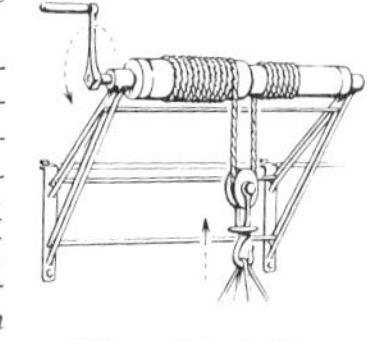
differential windlass

dif·fer·en·ti·ate [dìfərénʃièɪt | -ʃɪ-] 〚(1816) ← ML *differentiātus* (p.p.) ← *differentiāre*: ⇨ differentia, -ate³〛 — *vt.* **1** …に差違を認める, 区別を立てる, 弁別する (discriminate): ~ one thing *from* another. **2**〈特徴などが〉…に〔他との〕区別[差違]を生じさせる, 違わせる〔*from*〕. **3** 変更する, 改める. **4**〖生物・言語〗分化[変異]させる, …に特殊の発達をさせる. **5**〖数学〗微分する. — *vi.* **1** 区別を生じる; 〈器官・種・言語などが〉分化する, 特殊化する. **2** 〔…の間に〕差別を認める〔*between*〕.

dif·fer·én·ti·àt·ed plúral [-ṭɪd-, -ṭəd- | -tɪd-, -təd-] *n.*〖文法〗分化複数《color (色) と colors (軍旗) のように複数形が単数形と違った意味を持つもの》.

dif·fer·en·ti·a·tion [dìfərènʃiéɪʃən | -ʃɪ-, -sɪ-] 〚(1802) ← ML *differentiātus* (⇨ differentiate) + -ATION〛 — *n.* **1** 差違を認めること, 弁別; 差別を設けること, 差別待遇. **2**〖生物・言語〗分化, 変異, 分化派生. **3**〖数学〗微分(すること); 微分法 (cf. integration).

differentiátion círcuit *n.*〖電気〗微分回路《入力信号の時間微分を出力とする回路》.

dif·fer·én·ti·à·tor [-ṭə | -tə(r)] *n.* **1** 区別するもの. **2**〖電算機・電子工学〗微分回路, 微分器.

díf·fer·ent·ly 〚(*a*1398)〛 — *adv.* **1** 〔…とは〕異なって, 異なるように〔*from, to, than*〕; 不同に: She sings ~ *from* me. 彼女は私とは歌い方が違う. **2** それとは違って, 別様に (otherwise): Someday you may feel ~. そのうちに気持が変わるかもしれない.

dif·fi·cile [dìːfɪsíːl, dìf-, -fə- | dìfɪsìːl; *F.* difisil] 〚(1477) □ (O)F ~ 'difficult' □ L *difficilis* (↓)〛 — *adj.* (↔ docile) **1** 扱いにくい, (頑固で)手に負えない, 気むずかしい. **2** [《米》dɪfɪsəl, də-] 困難な (difficult).

dif·fi·cult [dífɪkʌlt, -fə-, -kəlt | -kəlt] 〚(*a*1400)《逆成》← DIFFICULTY ∽ (15C) *difficil* □ L *difficil-is* ← *dif-* 'DIS-¹' + *facilis* 'easy, FACILE'〛 — *adj.* **1** 骨の折れる, 困難な, めんどうな (↔ easy): a ~ problem *to* solve = a problem ~ *to* solve = a problem ~ *of* solution 解決の困難な問題 / a man ~ *to* please 気むずかしい人 / It is ~ *for* me [I find it ~] *to* answer. 私にはそれが容易に答えられない / *It was* ~ *for* her [She found *it* ~] *to* follow the explanation. その説明を理解することは彼女にはむずかしかった / He is ~ *of* access. 近づきにくい. **2** 理解[修得, 解答]しにくい, むずかしい: a ~ passage, subject, question, etc. **3** 〈人・性質が〉扱いにくい, 気むずかしい, 偏屈な, 頑固(がんこ)な: a ~ old man / She was at a ~ age. 彼女は(子供から女になる中間の)むずかしい年頃だった. **4** 〈事情・立場など〉困難な, 厄介な (awkward); (経済的に)窮迫した: a ~ situation 困難な[厄介な]事態.

díf·fi·cult·ly 〚(1515)〛 *adv.* 困難を伴って, むずかしく. ★ 通例 -able, -ible で終わる化学用語の形容詞などの前に用いる: a ~ soluble salt 溶解しにくい塩(えん).

dif·fi·cul·ty [dífɪkʌ̀lti, -fə-, -kəl- | -kəltɪ] 〚(*c*1380) □ (O)F *difficulté* // L *difficultās*: ⇨ dis-¹, faculty〛 — *n.* **1** むずかしさ, 困難 (↔ ease, facility): a task of great ~ 非常にむずかしい仕事 / the ~ of English usage 英語語法のむずかしさ / with ~ かろうじて, やっとのことで / without (any) ~ (何らの)困難もなく, 楽々と / be in ~ 難儀している, 苦労している / We knew the ~ *of* climbing that mountain. あの山に登るのは大変なことは知っていた / I find [have] (some) ~ (*in*) understanding him. 彼の言うことを理解するのに(多少)骨が折れる. **2** 困難なもの, 難事; 難点; 障害: overcome every ~ あらゆる困難を克服する / put *difficulties* in the way 邪魔を入れる. **3** 故障, 苦情, 異議: make [raise] *difficulties* 苦情を言う, 故障を唱える / I won't make any ~ *in* granting his request. 彼の願いをかなえてやることには異存がない. **4** [しばしば *pl.*] 窮境, (特に)財政的困難: be in *difficulties* 財政的に困っている / tide over *difficulties* 窮地を切り抜ける. **5** 紛糾, 争議 (controversy): labor *difficulties* 労働争議.

dif·fi·dence [dífədəns, -dn̩s, -dèns | -fɪdəns, -dn̩s] 〚(*a*1400) □ L *diffidentia*: ⇨ ↓, -ence〛 — *n.* **1** 自信のなさ, 気おくれ (↔ confidence). **2** 遠慮がち, はにかみ: with nervous ~ おずおずと / with seeming ~ 見かけだけはしおらしそうに. **3**《古》不信 (distrust).

dif·fi·dent [dífədənt, -dn̩t, -dènt | -fɪdənt, -dn̩t] 〚(*a*1460) □ L *diffident-em* (pres.p.) ← *diffidere* to distrust ← *dif-* 'DIS-¹' + *fidere* to trust〛 — *adj.* **1** 〔…に〕自信がない, 気おくれを感じている〔*of, about*〕(↔ confident): be ~ *of* one's success 成功に自信がない. **2** 臆病な, おずおずとした, 内気な, はにかみがちな (shy): a ~ smile. **3**《古》(人などを)信じない, 疑い深い (distrustful). **~·ness** *n.*

díf·fi·dent·ly 〚(1613)〛 *adv.* 自信がなさそうに, 遠慮がちに, おずおずと.

dif·flu·ence [díflu:əns, -fluəns | -fluəns] *n.* 流出, 分流速度; 流動性; 溶解, 融解.

dif·flu·ent [díflu:ənt, -fluənt | -fluənt] 〚□ L *diffluent-em* ← *diffluere* to flow away: ⇨ dis-¹, fluent〛 — *adj.* 流出性[分流性]の; 溶けて流れる (fluid); 融解[溶化]性の (melting).

dif·fract [dɪfrǽkt, də- | dɪ-] 〚《逆成》↓〛 *vt.* **1** 分散させる, 分解する (break up). **2**〖物理〗〈光線・音波・電波などを〉回折する. — *vi.* 回折する.

dif·frac·tion [dɪfrǽkʃən, də- | dɪ-] 〚(1671) □ F ~ // ← NL *diffractiō(n-)* ← L *diffractus* (p.p.) ← *diffringere* to break to pieces ← *dif-* 'DIS-¹' + *frangere* to break (cf. fraction)〛 — *n.*〖物理〗(光線・光波・音波・電波・物質波などの)回折 (cf. deflection 2).

diffráction gràting *n.*〖光学〗回折格子(こうし)《光を回折させスペクトルを得るために用いる装置; 単に grating ともいう》.

diffráction pàttern *n.*〖結晶・物理〗回折図形 (cf. Laue pattern).

dif·frac·tive [dɪfrǽktɪv, də- | dɪ-] *adj.*〖物理〗回折的な, 回折性の. **~·ly** *adv.* **~·ness** *n.*

dif·frac·tom·e·ter [dɪfræktɑ́məṭə, də- | dɪfræktɔ́mɪtə(r), -mə-] 〚← DEFRACT + -o- + -METER¹〛 *n.*〖結晶・物理〗回折計《X線または中性子線の回折を用いて結晶の性質を調べる装置; X線回折計を指す場合が多い》.

dif·fu·sate [dɪfjú:zeɪt, də- | dɪ-] *n.* **1**〖物理化学〗拡散壁[膜]を通過して出て来るもの《ふつうは気体》. **2**〖物理〗拡散体《同位元素分離の気体拡散による方式の場合, 拡散壁を通り抜けて同位元素の軽い成分が濃くなっている気体》.

dif·fuse 〚(1413) □ (O)F *diffus* // L *diffūs-us* (p.p.) ← *diffundere* to pour forth, spread: ⇨ dis-¹, fuse¹〛 — [dɪfjú:z, də- | dɪ-] *v.* — *vt.* **1** 〈光・熱・臭気などを〉放散する (spread). **2** 〈学問などを〉広める, 普及させる; 〈富・幸福・情味・感じなどを〉(周囲に)まき散らす, 満ちわたらせる: ~ one's riches / ~ rumor / ~ geniality (a)round one (人柄などに)温情がただよう[春風たちこめる]. **3**〖物理〗〈気体・溶液を〉拡散させる. — *vi.* **1** 散らされる, 散る, 広がる, 満ちわたる (spread abroad). **2**〖物理〗拡散する.
— [-fjú:s] *adj.* **1** 広く散った, 広がった (widespread). **2** 〈文体など〉締まりがない, (簡潔でなくて)散漫な, まわりくどい, 言葉数が多い (wordy) (↔ concise, condensed): a ~ speech [writer] 締りのない演説[冗漫な作家]. **3**〖医学〗広汎性の, 瀰漫(びまん)性の; 散在性の.

dif·fúsed [-zd] 〚(*a*1400)〛 — *adj.* 広く散った, 行きわたった, 普及した; 拡散[散開]した: a ~ lighting 拡散照明, 散光 / a widely ~ rumor. **dif·fús·ed·ly** [-zɪdli, -zəd- | -zɪdlɪ, -zəd-, -zd-] *adv.* **dif·fús·ed·ness** [-zɪdnɪs, -zəd-, -nəs | -zɪd-, -zəd-, -zd-] *n.*

dif·fúse·ly [-fjú:sli | -lɪ] 〚(15C)〛 *adv.* 散漫に, 締まりなく, 冗漫に; 広く(普及して).

diffúse nébula [-fjú:s-] *n.*〖天文〗拡散星雲, 散光星雲.

dif·fúse·ness [-fjú:s-] *n.* 散漫, 冗長, 冗漫; 拡散性.

dif·fúse-pórous [-fjú:s-] *adj.*〖植物〗散孔材の《春材と秋材の導管の大きさがほぼ同じで全体に散在する; cf. ring-porous》.

dif·fús·er [-zə | -zə(r)] *n.* **1** 散布者, 普及者. **2** 散布器; 放散器, 拡散器, 噴散装置, 散気装置; 散光器. **3**〖航空〗拡散筒, ディフューザー《流体の運動エネルギーを圧力に変える筒で, 速度が音速以下の気体[液体]の場合には末広管, 音速以上の気体では先細管の形となる》. **4**〖音響〗拡散体《音波を拡散反射させて音響効果をよくするために使う物体》. **5**〖写真〗軟焦点アタッチメント; (照明)光を柔らげるもの《白色無光沢板・すりガラス・オパールガラスなど》.

diffúse refléction [-fjú:s-] *n.*〖光学〗拡散反射《光の波長と同程度あるいはそれより大きい微小な凹凸をもつ粗面による反射で, 鏡面による反射の法則に従わず各方向に光を拡散する; cf. specular reflection》.

dif·fus·i·bil·i·ty [dɪfjù:zəbíləṭi, də- | dɪfjù:zəbílətɪ, -zɪ-, -lɪ-] *n.* 分散力[性], 普及力[性];〖物理〗拡散率[性].

dif·fus·i·ble [dɪfjú:zəbl̩, də- | dɪfjú:zə-, -zɪ-] *adj.* 散らされる; ひろがる; 拡散できる.

dif·fu·sion [dɪfjú:ʒən, də- | dɪ-] 〚(*c*1385) □ LL *diffūsiō(n-)*: ⇨ diffuse, -sion〛 — *n.* **1** 散布; 普及. **2** (文体などの)散漫. **3**〖物理〗拡散(作用). **4** 放散, (すりガラスなどによる光の)乱反射, 散乱, 散光;〖写真〗(焦点の)ぼけ, 軟焦点《画像の輪郭は明確だが, ハローがあり, 柔らかな感じを与える状態》, 光の散乱; (分子・イオンの)拡散. **5**〖気象〗拡散. **6**〖人類学〗(文化・言語・遺伝子・形質の)拡散, 伝播; (ある事実が) 2か所以上の地域に存在すること. **~·al** [-ʒənl̩, -ʒnəl] *adj.*

diffúsion coefficient [cònstant] *n.*〖物理化学〗拡散率, 拡散係数 (diffusivity ともいう).

diffúsion ìndex *n.*〖経済〗景気動向指数《株価・生産指数・卸売物価等々の動きから合成した景気指標》.

dif·fu·sion·ism [dɪfjú:ʒənɪzm, də- | dɪ-] *n.*〖社会学〗伝播論《文化や社会の発展を内部要因の進化に求める立場に反対して, 相異なる文化や社会の間の接触(戦争や貿易など)に基づく優位文化の支配・伝播と相互浸透の結果だとする説》.

diffúsion pùmp *n.*〖機械〗拡散ポンプ.

dif·fu·sive [dɪfjú:sɪv, də-, -zɪv | dɪfjú:s-] 〚(*a*1614)〛 — *adj.* **1** 散布的な, 普及しやすい, 普及力のある. **2** 拡散的な, 拡散性の: a ~ substance. **3** 散漫な, 冗漫な; 〈お世辞など〉くどい. **~·ly** *adv.* **~·ness** *n.*

dif·fu·siv·i·ty [dɪfju:sívəṭi, də- | dɪfju:sívətɪ, -vɪ-] *n.*〖物理化学〗=diffusion coefficient.

dif·fú·sor [-zə | -zə(r)] *n.* =diffuser.

di·func·tion·al [daɪfʌ́ŋ(k)ʃənḷ, -ʃnəl] *adj.* 〘化学〙二官能性の.
di·func·tion·al·i·ty [daɪfʌ̀ŋ(k)ʃənǽləṭi | -lətɪ, -lɪ-] 〘化学〙二官能性.
dig [díg] 〘(?a1200) *digge(n)* < ? OE **dīcigian* ← *dīc* 'DITCH': または擬音語か: cf. (O)F *diguer* to make a dike〙 ── *v.* (**dug** [dʌ́g], 〘古・詩〙 **digged**; **dig·ging**) ── *vt.* **1** 〈地を〉掘る; 〈畑などを〉掘り起こす[返す] 〈*up*〉: ~ the ground / ~ a field for planting 畑を掘り起こして植え付けをする. **2** 〈穴・溝・井戸・鉱山などを〉掘る, 掘って作る: ~ a hole, ditch, well, mine, etc. / ~ a tunnel *through* トンネルを掘り抜く / ~ a pit *for* a person 人を陥れようと企てる (cf. *Eccles.* 10:8). **3 a** 〈埋まっているものを〉掘る, 掘り出す: ~ potatoes / ~ a cigar *out of* one's pocket ポケットから葉巻を取り出す. **b** (苦心して)調べ上げる, (丹念に)捜し出す, 発見する 〈*up, out*〉: ~ *up* facts from books 書物から事実を捜し出す. **4** 〘口語〙〈指先・ひじ・足などを〉突っ込む, 突き立てる; 〈人を〉小突く, つっつく: ~ one's feet firmly *into* the snow しっかと雪の中に足を突き立てる / ~ one's spurs *into* a horse 馬に強く拍車を入れる / ~ a person *in* the ribs (with one's elbow) (冗談などに注意させるために)人のあばらをひじで小突く. **5** 〘俗〙 **a** …に気付く, 注意する, 見る: *Dig* that hat she's wearing. 彼女のかぶっているあの帽子を見てごらん. **b** …がわかる, 理解する; …が気に入る, を好む: I just don't ~ that haircut of his. 彼のあの髪の形がどうも気にくわない.
── *vi.* **1** 地を掘る: ~ deep / ~ *for* gold 金を求めて地を掘る. **2** 〔…を〕掘り下げ(て調べ)る, (深く)探求する, 研究する〔*into, through, under*〕: ~ *into* documents 文書を調べる / ~ *down into* a person's mind 人の心中を深く探究する. **3** 〘米口語〙こつこつ勉強する: ~ (*away*) *at* a subject 学科をこつこつと勉強する. **4** 〘英口語〙(下宿[宿泊]して, または借家人として)住む.
dig at 〈人〉にいやな話し方をする. ***dig down*** (1) 掘り下げる; 深く調べる (cf. *vi.* 2). (2) 下を掘ってくつがえす, 掘り倒す (undermine). (3) 〘米俗〙金を払う, 身銭を切る: Customers will not ~ *down for* such a fake. 客はそんなまやかし物のために金を払いはしない. ***dig in*** (1) 〈肥料などを〉土を掘って埋め込む (bury). (2) 突っ込む, 突き立てる (cf. *vt.* 4). (3) = DIG *oneself in*. (4) 〘口語〙勢いよく[せっせと]仕事にとりかかる, 猛勉強しだす; 食べにかかる. (5) 懸命に走る. (6) (野球などで)〈打者が〉(足場の安定をはかるため)地面を掘る. ***dig into*** (1) …を掘り進む[下げる]; 深く調べる (cf. *vi.* 2). (2) 〘口語〙〈仕事〉に精力的に取り組む, …を猛勉強する; …をがつがつ食う, …にかぶりつく (eat into). (3) 〈資金など〉に手を付ける, 食いこむ. ***dig oneself in*** (1) 塹壕(ざんごう)を掘って身をかくす. (2) 〘口語〙仕事に腰を据える, 地位を確保する; 主題に精通する. ***dig out*** (1) 掘りあける: ~ *out* a hole / ~ one's way *out*. (2) 掘り出す, 発掘する; 土を掘って狩り出す: ~ *out* a fox, badger, etc. (3) 発見する, 調べ出す (cf. *vt.* 3 b). (4) 〘米俗〙〈動物などが〉〔…へ〕大急ぎで逃げ出す〔*for*〕; そそくさと立ち去る. ***dig over*** 〈問題などを〉再考する. ***dig up*** (1) 〈道路・荒地などを〉掘り返す, 掘り起こす, 掘り出す: ~ *up* potatoes. (2) (苦心して)発見する, 手に入れる (cf. *vt.* 3 b); 〈真相などを〉明るみへ出す, 明らかにする: Where on earth did you ~ *up* the information? いったいどこでその情報を手に入れたのですか. (3) 〘米俗〙(目的のために)金を出す[払う].
── *n.* **1 a** ひと掘り. **b** 〘口語〙(考古学上の)発掘現場; 発掘(作業). **2** 〘口語〙小突き, つっつき: give a person a good ~ in the ribs 人のあばらをいやというほど小突く. **3** 〘口語〙当てこすり, 皮肉, 風刺 (taunt): have [get in] a sly ~ *at* a person それとなく人に当てこすりを言う. **4** 〘米俗〙猛勉強家. **5** 〘豪口語〙= digger 6. **6** 〘*diggings* の短縮形〙[*pl.*; しばしば単数扱い] 〘英口語〙下宿 (lodgings): Are your ~*s* comfortable? 下宿は快適かね. ★ 今は diggings は〘まれ〙で, 通例この短縮形を用いる.
dig. 〘略〙digest; digestion; digestive; digit; digital.
Di·gam·ba·ra [dɪgǽmbərə] 〘⊏ Skt ~ 'sky-clad, naked'〙 ── *n.* 〘ジャイナ教〙空衣派《紀元前3世紀に作られたジャイナ教の主要宗派; 元来「四方を衣とする者(=裸)」の義で厳格な修行を旨とした; cf. Svetambara》.
di·ga·met·ic [dàɪgəmétɪk | -tɪk] 〘⇨ di-¹, gamete, -ic¹〙 *adj.* 〘生物〙2種の生殖細胞を生じる.
dig·a·mist [dígəmɪst, -məst | -mɪst] *n.* 再婚者.
di·gam·ma [daɪgǽmə, ―́―] 〘(1698) ⊏ L ~ ⊏ Gk *digamma*: ⇨ di-¹, gamma: その形を二重の gamma (Γ) とみて〙 ── *n.* ディガンマ《初期ギリシャ文字の Ϝ, [w] と発音する》.
dig·a·mous [dígəməs] 〘⊏ LL *digamus*: ⇨ di-¹, -gamous〙 *adj.* **1** 再婚の. **2** 〘植物〙雌雄同花序の.
dig·a·my [dígəmi | -mɪ] 〘(1635) ⊏ LL *digamia* ⊏ Gk *digamia* second marriage: ⇨ di-¹, -gamy〙 *n.* 再婚 (deuterogamy) (cf. bigamy 1, monogamy).
di·gas·tric [dàɪgǽstrɪk] 〘← NL *digastricus*: ⇨ di-¹, gastric〙〘解剖〙 ── *adj.* 〈筋肉が〉二腹の, 筋腹が二つある (cf. belly 4): a ~ muscle 二腹筋《下顎の筋肉》. ── *n.* = DIGASTRIC muscle.
Di·ge·ne·a [daɪdʒíːniə | -nɪə] 〘← NL ~ ← DI-¹+Gk *geneá* race, descent〙 *n. pl.* 〘動物〙(扁形動物門)二生目.
di·ge·ne·ous [daɪdʒíːniəs | -nɪ-] *adj.* 〘動物〙二生目の.
di·gen·e·sis [daɪdʒénəsɪs, -səs | -nɪsɪs] 〘← NL ~: ⇨ di-¹, genesis〙 *n.* 〘生物〙世代(せだい)交代.
di·ge·net·ic [dàɪdʒɪnétɪk, -dʒə- | -dʒɪnét-, -dʒe-, -dʒə-] *adj.* **1** 〘生物〙世代交代の. **2** 〘動物〙二生目の.
di·gest 〘*v.*: (a1398) ← L *digest-us* separated, dissolved (p.p.) ← *digerere* ← DI-²+*gerere* to carry. ── *n.*: (a1387) ⊏ L *digesta* matters digested (neut. pl.) ← *digestus*〙 ── [daɪdʒést, dɪ-, də- | dɪ-, daɪ-] *v.* ── *vt.* **1** 〈食物を〉消化する. **2** 〈薬・ワインなどが〉…の消化を助ける[促す]. **3** 〈計画などを〉よく考えて頭に入れる, 会得する; 〈本などを〉よく理解して心の糧(かて)にする, 読みこなす; 〈意味などを〉かみしめる, よく味わう: read, mark, learn, and inwardly ~ them これ(聖書)を読み, 考え, 覚え, 心の糧とする (*Prayer Book*, Collect). **4** (系統を立てて)整理する, 分類する, 摘要する; 〈法律を〉法典化する (codify). **5** 〈新領土などを〉同化する. **6** 〈攻撃・侮辱などを〉忍ぶ, 耐える (endure). **7** 〘化学〙温浸する, 熟成する. ── *vi.* **1** 〈人・動物が〉食物を消化する. **2** 〈食物が〉消化する, こなれる, 消化が…だ: These sweets ~ well [ill]. この菓子は消化が良い[悪い].
── [dáɪdʒest] *n.* **1 a** (法律・文学・歴史・科学書などの)摘要, 要約, あら筋, まとめ, ダイジェスト: the complete book, not a ~ 完本であってダイジェストではない. **b** (他の出版物の記事)要約(などを集録した)雑誌[本]. **2** 〘法律〙判例要録, 法規類纂(るいさん). **3** 〘ローマ法〙[the D-] = pandect 1.
di·ges·tant [daɪdʒéstənt, dɪ-, də- | dɪ-, daɪ-] *n., adj.* = digestive.
di·gést·er 〘(c1477)〙 ── *n.* **1** 消化剤. **2** スープ煮出し器, 蒸し煮器, 高圧釜. **3** 〘製紙〙蒸解釜, 木釜, ダイジェスター《化学パルプを作るための高圧ガマ》. **4** ダイジェスト記者[編集者].
di·gest·i·bil·i·ty [daɪdʒèstəbíləṭi, dɪ-, də- | dɪdʒèstəbílətɪ, daɪ-, -stɪ-, -lɪ-] *n.* 消化性[率], 消化のよしあし.
di·gest·i·ble [daɪdʒéstəbḷ, dɪ-, də- | dɪdʒéstə-, daɪ-, -tɪ-] 〘(c1390) ⊏ (O)F ~ // LL *digestibilis*: ⇨ digest, -ible〙 ── *adj.* **1** 消化できる, こなれやすい. **2** 摘要できる. **~·ness** *n.*
di·gést·i·bly [-bli | -blɪ] *adv.* 消化しやすく.
di·ges·tion [daɪdʒéstʃən, dɪ-, də-, -dʒéʃtʃən | dɪ-, daɪ-] 〘(c1395) ⊏ (O)F ~ ⊏ L *digestiō(n-)*: ⇨ digest, -tion〙 ── *n.* **1** 消化(作用), こなれ; 消化力: have a good [weak] ~ 胃が良い[弱い] / The food is easy [hard] of ~. その食物は消化しやすい[しにくい]. **2** (精神的な)同化吸収, 理解(力); 同化力. **3** 〘化学〙温浸, 熟成. **4** (バクテリアによる)汚水[活物]分解. **~·al** [-tʃənḷ, -tʃnəl] *adj.*
di·ges·tive [daɪdʒéstɪv, dɪ-, də- | dɪ-, daɪ-] 〘(*adj.*: ?a1425; *n.*: c1390) ⊏ (O)F *digestif* ⊏ L *digestīvus*: ⇨ digest, -ive〙 ── *adj.* **1** 消化(性)の; 消化力のある, 消化を助ける: ~ juice [fluid] 消化液 / ~ organs 消化器 / ~ glands 消化腺 / the ~ system 消化器系統. **2** 〘化学〙温浸の. ── *n.* **1** 消化剤. **2** = digestive biscuit. **~·ly** *adv.* **~·ness** *n.*
digéstive bíscuit *n.* 〘英〙全粒粉を使ったビスケット.
di·gés·tor *n.* = digester 2.
dig·ger 〘(1440)〙 ── *n.* **1** 掘る人, 坑夫, (特に)採金鉱夫. **2** 掘る道具[機械], 採掘具, 浚渫(しゅんせつ)機; じゃが芋掘器. **3** [D-] 根掘りインディアン《農耕を未だ知らず, 草木の根を掘って常食としていた米国西部の Paiute インディアンなど; Digger Indian ともいう》. **4** [D-] **a** 〘英国史〙ディガーズ (Diggers) の一員《1649年英国 Surrey 州の共有地で耕作を始めた共産主義的な私有財産反対運動をした人》. **b** (昔のディガーズのように)困っている仲間などに食物・持ち物などを与え合うヒッピーの一人. **5** 〘昆虫〙= digger wasp. **6 a** 〘口語〙(第一次・第二次大戦のときの)オーストラリア[ニュージーランド]兵; オーストラリア[ニュージーランド]人. **b** 〘豪〙[しばしば呼掛けとして] 兄弟, 君 (buddy). **7** 〘米口語〙勉強家. **8** 〘米俗〙 **a** = gold digger 2. **b** だふ屋 (scalper). **c** すり.
Dígger Índian *n.* = digger 3.
dígger wàsp *n.* 〘昆虫〙ジガバチ, アナバチ《土中に巣を作る膜翅目ジガバチ科に属するハチの俗称; 単に digger ともいう》.
dig·ging 〘ME〙 ── *n.* **1** [*pl.*] 発掘物. **2** [*pl.*; しばしば単数扱い] 発掘, 採掘; 採鉱地, 金鉱 (gold field). **3** [*pl.*] [(しばしば) dígənz] 〘口語〙 **a** (もと)採金鉱夫の住居. **b** 〘まれ〙= dig *n.* 6.
dight [dáɪt] 〘OE *dihtan* to compose, arrange ⊏ L *dictāre* 'to DICTATE'; cf. G *dichten* to compose〙 ── *vt.* (**dight**, **~·ed**) **1** 〘古〙備える, 装備する. **2** [通例 p.p. 形で] 〘古〙装う, 飾る〔*with*〕 (cf. bedight). **3** 〘スコット〙きれいに拭く; 修繕する.
dig·it [dídʒɪt, -dʒət | -dʒɪt] 〘(a1398) ⊏ L *digit-us* finger, toe, inch. 〘原義〙pointer: cf. teach, toe〙 ── *n.* **1** (手・足の)指. **2** 指幅《長さの単位, 約 $^3/_4$ inch》. **3** アラビア数字 (0, 1, 2…9): add a few ~*s* 数字を二三加える(二桁(けた)三桁ふやす) / dial three ~*s* (電話番号の)三けたの数字を回す / double-*digit* inflation 二桁インフレ《インフレ率が10%以上》/ the most [least] significant ~ 〘数学〙有効数字の第一番目[最後]の桁の数字 (cf. significant figures). **4** 指標(となる木片・金属など). **5** 〘天文〙太陽・月の視直径の $^1/_{12}$《日月食の食分を表わすのに用いる》: an eclipse of six ~*s*.
dig·i·tal [dídʒəṭḷ | -dʒɪtḷ] 〘(?c1425) ⊏ L *digitāl-is*: ⇨ ↑, -al¹〙 ── *adj.* **1** 指の; 指を使っての, 指による: ~ examination. **2** 指状の; 指状のものをもった. **3** 数字を使う; デジタル[計数]型の: a ~ watch / ⇨ digital computer. ── *n.* **1** 〘戯言〙指 (finger). **2** (鍵盤楽器の)鍵(けん), キー. **3** デジタル式腕時計 (digital watch). **~·ly** *adv.*
dígital compúter *n.* 〘電算機〙デジタル計算機, 計数型[数字式](電子)計算機 (cf. analogue computer).
dig·i·tal·in [dìdʒətǽlɪn, -téɪl-, -lən | -dʒɪtéɪlɪn] 〘⇨ ↓, -in¹〙 ── *n.* 〘薬学〙ジギタリン ($C_{36}H_{56}O_{14}$)《キツネノテブクロ (digitalis) の葉から抽出した有毒物質, 強心剤用》.
dig·i·tal·is [dìdʒətǽlɪs, -téɪl-, -ləs | -dʒɪtéɪlɪs] 〘(1664) ← NL ~《なぞり》← G *Fingerhut* thimble, foxglove: その花冠の形状が指に似ていることから, L *digitālis* 'DIGITAL' にもとづいて1542年に L. Fuchs (1501–66: ドイツの植物学者)が命名したもの〙 ── *n.* **1** 〘植物〙ゴマノハグサ科ジギタリス属 (*Digitalis*) の植物の総称; (特に)キツネノテブクロ (*D. purpurea*)《foxglove ともいう》. **2** ジギタリス製剤《キツネノテブクロの乾葉で強心剤》.
dig·i·tal·ism [dídʒəṭəlɪzm, -ṭḷ- | -dʒɪtəl-] *n.* 〘病理〙ジギタリス中毒(症).
dig·i·ta·li·za·tion [dìdʒəṭəlɪzéɪʃən, -lə- | -laɪ-, -lɪ-] 〘← DIGITALIS+-IZATION〙 *n.* 〘医学〙ジギタリス投与.
dig·i·ta·lize¹ [dídʒəṭəlàɪz, -ṭḷ- | -dʒɪtəl-, -tḷ-] *vt.* 〘医学〙〈人〉にジギタリス(剤)を投与する.
dig·i·tal·ize² [dídʒəṭəlàɪz, -ṭḷ- | -dʒɪtəl-, -tḷ-] 〘← DIGITAL+-IZE〙 *vt.* 〘電算機〙= digitize.
dígital sígnal *n.* 〘電子工学〙デジタル信号《モールス信号のように, 離散的な量により構成される信号》.
dígital-to-ánalogue convérsion *n.* 〘電子工学〙DA 変換《デジタル信号を対応するアナログ信号に変換すること; cf. analogue-to-digital conversion》.
dig·i·tate [dídʒəṭèɪt | -dʒɪ-] 〘← DIGIT+-ATE³〙 *adj.* **1** 指のある. **2** 〘動物〙指状の: a ~ ray 指状突起. **3** 〘植物〙〈葉が〉掌状の: ~ leaves. **~·ly** *adv.*
dig·i·tat·ed [dídʒəṭèɪṭɪd, -ṭəd | -tɪd, -təd] *adj.* = digitate.
dig·i·ta·tion [dìdʒəṭéɪʃən | -dʒɪ-] *n.* 〘生物〙 **1** 指状分裂. **2** 指状組織[突起].
dig·i·ti- [dídʒəṭɪ, -ṭə | -dʒɪtɪ] 〘← L *digitus* 'DIGIT'〙「指 (finger)」の意の連結形.
dig·i·ti·form [dídʒəṭəfɔ̀ːm | -dʒɪtɪfɔ̀ːm] 〘⇨ ↑, -form〙 *adj.* 指の形をした (finger-shaped).
dig·i·ti·grade [dídʒəṭəgrèɪd | -dʒɪtɪ-] 〘⊏ F ~: ⇨ digiti-, -grade〙〘動物〙 ── *adj.* 足指で歩く, 趾(し)行の, 指先歩きの (cf. pinnigrade, plantigrade). ── *n.* 趾行動物《イヌ・ネコなど》.
dig·i·ti·ner·vate [dìdʒəṭənə́ːveɪt | -dʒɪtɪnə́ː-] 〘← DIGITI-+NERVATE〙 *adj.* 〘植物〙〈葉が〉掌状脈の.
dig·i·ti·pin·nate [dìdʒəṭəpíneɪt, -nət, -nɪt | -dʒɪtɪ-] *adj.* 〘植物〙〈葉が〉掌状羽状の.
dig·i·tize [dídʒətàɪz | -dʒɪ-] 〘← DIGIT+-IZE〙 *vt.* 〘電算機〙デジタル化する, 計数化する. **dig·i·ti·za·tion** [dìdʒəṭɪzéɪʃən, -ṭə- | -dʒɪtaɪ-, -tɪ-] *n.*
díg·i·tiz·er *n.* 〘電算機〙デジタル[計数]化装置.
dig·i·to·nin [dìdʒətóunɪn, -nən | -dʒɪtə́unɪn] 〘← DIGIT(ALIS)+(SAP)ONIN〙 ── *n.* 〘化学〙ジギトニン ($C_{56}H_{92}O_{29}$)《ジギタリスの葉に含まれるサポニンの一種; コレステロールの分離, 定量に用いられる》.
dig·i·tox·i·gen·in [dìdʒətɑ̀ksədʒénɪn, -tɑksídʒə-, -nən | -dʒɪtɔ̀ksɪdʒénɪn, -tɔksídʒɪ-] 〘⇨ ↓, -gen〙 ── *n.* 〘化学〙ジギトキシゲニン ($C_{23}H_{34}O_4$)《ステロイドの一種; 代表的な植物心臓毒》.
dig·i·tox·in [dìdʒətɑ́ksɪn, -sən | -dʒɪtɔ́ksɪn] 〘← DIGI(TALIS)+TOXIN〙 *n.* 〘薬学〙ジギトキシン ($C_{41}H_{64}O_{13}$)《強心剤》.
dig·i·tron [dídʒətrɑ̀n | -dʒɪtrɔ̀n] 〘← DIGI(T)+-TRON〙 *n.* 〘電気〙ディジトロン《文字表示用の冷陰極放電管で, 文字・数字・記号の表示をするもの》.
di·glos·si·a [daɪglɑ́siə | -glɔ́sɪə] 〘← NL ~: ⇨ di-¹, -glossia〙 ── *n.* 〘言語〙二言語変種分用, 二種方言使用《同一社会内で二つの言語変種が使用場面に応じて使い分けられること; 例えばギリシャ語の文語と口語》. **di·glós·sic** [daɪglɑ́sɪk | -glɔ́s-] *adj.*
di·glot [dáɪglɑt | -glɔt] 〘⊏ Gk *diglōtt-os* speaking two languages: ⇨ di-¹, -glot〙 *adj.* 二国[両国]語の (bilingual). ── *n.* (本などの)二国語版 (diglot edition).
di·glyc·er·ide [dàɪglísəràɪd, -rɪd, -rəd | -ràɪd, -rɪd] 〘⇨ di-¹〙 ── *n.* 〘化学〙ジグリセリド《グリセリンの脂肪酸エステルのうち結合している脂肪酸基が2個のものをいう; cf. glyceride》.
di·glyc·er·in [dàɪglís(ə)rɪn, -rən | -sərɪn] *n.* 〘化学〙= diglycerol.
di·glyc·er·ol [dàɪglísəròː(ː)l, -ròul | -rɔ̀l] 〘← DI-¹+GLYCEROL〙 *n.* 〘化学〙ジグリセロール ($O(CH_2CHOHCH_2OH)_2$)《ポリエステル樹脂原料》.
di·gly·col [dàɪgláɪkɔ(ː)l, -koul | -kɔl] 〘⇨ di-¹〙 *n.* 〘化学〙ジグリコール (⇨ diethylene glycol).
di·gly·cól·ic ácid [dàɪglaɪkɑ́lɪk- | -kɔ́l-] *n.* 〘化学〙ジグリコール酸 ($O(CH_2COOH)_2$)《白色柱状晶, 可塑剤および合成樹脂原料》.
di·glyph [dáɪglɪf] 〘⊏ Gk *digluph-os* doubly indented: ⇨ di-¹, glyph〙 ── *n.* 〘建築〙ダイグリフ, 複溝, 二本溝《通常のトライグリフ (triglyph) の両端の半溝(はんこう)がなく, 2本の溝だけになった軒飾り》.
dig·ni·fied *adj.* 威厳のある, いかめしい (stately), 高貴な, 品位のある (noble): There is something ~ about him. 彼にはどことなく威厳[気品]がある. **díg·ni·fi·ed·ly** [-fàɪdli, -fàɪəd-, -fàɪd- | -lɪ] *adv.*
dig·ni·fy [dígnəfàɪ | -nɪ-] 〘(?a1425) ⊏ (O)F *dignifi-*

er ◻ LL *dignificāre* ← L *dignus* worthy＋-*ficāre* (← *facere* to make)：⇨ -fy】 ── *vt.* **1** …に威厳をつける, おごそかにする, いかめしくする, 尊く[高貴に]する (ennoble). **2** (誇称的に)もったいをつける, えらそうな名で呼ぶ：～ a school with the name of an academy 学校を「学院」とえらそうな名で呼ぶ.

dig·ni·tar·y [dígnətèri | -nɪt(ə)ri] 【《1672-73》：⇨↓, -ary】 *n.* 高位[高官]の人；(特に)高僧. **dig·ni·tar·i·al** [dìgnətέ(ə)riəl | -nɪtéəri-, -nə-] *adj.*

dig·ni·ty [dígnəti | -nəti, -nɪ-] 【《?*a*1200》◻ (O)F *dignité* ◻ L *dignitās* worth, grandeur, power ← *dignus* worthy, fitting ← IE **dek-* to take, accept：⇨ -ity：cf. decent】 ── *n.* **1 a** (精神・人格などの)尊さ, 尊厳, 高貴：the ～ of labor 労働の尊さ[神聖さ] / All human beings are born free and equal in ～ and rights. すべての人間は自由に生れひとしく尊厳と権利を享有する《国連の世界人権宣言》. **b** 高い評価, 尊敬(されること), 威信；敬意のしるし[表われ]：the ～ of a professorship. **2** (風采(ふう)・態度などの)威厳, 威風；重々しさ, 荘重：a man of ～ 威厳[貫禄]のある人 / behave *with* ～ 威厳をもって行動する, 厳然とふるまう / His height gave him ～. 背が高いので彼は立派に見えた / stand [be] *upon* one's ～ (故意に)威厳を示そうとする, もったいぶる, いばる. **3** 高位, 顕職；(それに伴う)威信, 体面：a place of the highest ～ 最高位の地位 / It is *beneath* a person's ～ to do …するのは人の威信[体面]にかかわる[人にふさわしくない]. **4** 位階, 爵位：confer the ～ of a peerage [knighthood] 貴族[ナイト]の位を授ける. **5** 《古》高位高官の人, 高僧；[集合的] 貴顕, 顕官：the *dignities* of the state その国の顕官たち.

di·gox·in [dɪgáksɪn, daɪ-, -sən | -gɔ́ksɪn] 【← DIG(ITALIS)＋(T)OXIN】 ── *n.* 《薬学》ジゴキシン ($C_{41}H_{64}O_{14}$) 《ケジギタリス (*Digitalis lanata*) からとれる強心利尿作用のある薬剤》.

di·graph [dáɪgræf | -grɑ̀ːf, -græf] 【← DI-¹＋-GRAPH】 ── *n.* **1** 《音声》二字一音, 二重音字《2字で1音をなすもの, 例えば ship の *sh* [ʃ], teach の *ch* [tʃ], broad の *oa* [ɔː], head の *ea* [e] など；cf. ligature 3, trigraph》. **2** 《活字》(二)重母音活字《合字 (ligature) の中の æ, œ, Æ, Œ；diphthong ともいう》. **di·graph·ic** [daɪgrǽfɪk] *adj.* **di·gráph·i·cal·ly** *adv.*

di·gress [daɪgrés, dɪ-, də- | daɪ-, dɪ-] 【《1529》← L *digress-us* (p.p.) ← *digredī* to step aside ← DI-²＋*gradī* to step】 ── *vi.* **1** 脇道へ逸(そ)れる. **2** 〈人が〉(議論・談話などで)〔本題[主題]から〕逸れる, 脇道へ逸れる, 脱線する〔*from*〕：～ *from* the point 要点を逸れる, 脱線する / ～ *into* a topic (本題を逸れて)別の話題にはいる. **～·er** *n.*

di·gres·sion [daɪgréʃən, dɪ-, də- | daɪ-, dɪ-] 【《*c*1385》◻ (O)F ～ ◻ L *digressiō(n-)*：⇨↑, -sion】 ── *n.* **1** 主題[本題]から逸(そ)れること, (主題を離れて)脇道へはいること, 脱線 (deviation)：make a ～ 脱線する / to return from the ～ 本題に立ち帰って, 閑話休題. **2** 枝葉の話, 余談. **3** 《天文》＝elongation 3. **di·grés·sion·àr·y** [-ʃənèri | -ʃən(ə)ri] *adj.*

di·grés·sion·al [-ʃənḷ, -ʃnəl] *adj.* 問題外の, 枝葉の, 脱線的な.

di·gres·sive [daɪgrésɪv, dɪ-, də- | daɪ-, dɪ-] 【◻ L *digressīv-us*：⇨ digress, -ive】 ── *adj.* 枝葉にわたりがちな, 枝葉的な, 問題外に出やすい, 脱線的な. **～·ly** *adv.* **～·ness** *n.*

di·guan·ide [dàɪgwǽnaɪd, -nɪd, -nəd | -naɪd, -nɪd] 【⇨ di-¹】 *n.* 《化学》ジグアニド ($NH(C(NH)NH_2)_2$)；その誘導体.

di·guan·i·dine [dàɪgwǽnədìːn, -dɪn, -dən | -nɪdìːn, -dɪn] 【⇨ di-¹】 *n.* 《化学》ジグアニジン ($NH:C(NH_2)$-$NHC(NH_2):NH$)；その誘導体. 「形.

di·hal- [dàɪhǽl] (母音の前に来る時の) dihalo- の異

di·hal·o- [dàɪhǽlo(ʊ) | -lə(ʊ)] 【← DI-¹＋HALO-】「ハロゲン (halogen) 2原子を含む, 二ハロゲン化…」の意の連結形. ★ 母音の前では通例 dihal- となる.

dihedra *n.* dihedron の複数形.

di·he·dral [dàɪhíːdrəl | -héd-, -híːd-] 【← DIHEDR(ON)＋-AL¹】 ── *adj.* 《数学・結晶》二平面から成る, 二面の. ── *n.* **1** 《数学》＝dihedral angle 1. **2** 《航空》上反角《飛行機を正面から見た時, 左右の翼が水平面に対して上に反り上っている角度；cf. anhedral》.

dihédral ángle *n.* **1** 《数学・結晶》二面角, 稜角(りょうかく)《相交わる二平面のなす角》. **2** 《航空》＝dihedral 2.

di·he·dron [dàɪhíːdrən | -héd-, -híːd-] 【← NL ～：⇨ di-¹, -hedron】 ── *n.* (*pl.* **-he·dra** [-drə]) 《数学・結晶》 **1** 正二面体《空間内の正多角形》. **2** 相交わる二平面のなす図形. **3** ＝dihedral angle 1.

di·hy·brid [dàɪháɪbrɪd, -brəd | -brɪd] 【← DI-¹＋HYBRID】 《生物》 *n.* 両性雑種, 二遺伝子雑種. ── *adj.* 両性雑種の. 「の異形.

di·hy·dr- [dàɪháɪdr] (母音の前に来る時の) dihydro-

di·hy·dro- [dàɪháɪdro(ʊ) | -drə(ʊ)] 【← DI-¹＋HYDRO-】 《化学》「水素原子2個を含む」の意の連結形. ★ 母音の前では通例 dihydr- になる.

dihỳdro·chlóride 【⇨ di-¹】 *n.* 《化学》二塩酸化合物《塩酸2分子を含む化合物》.

di·hy·dro·gen [dàɪháɪdrədʒɪn, -drə-, -dʒən] *adj.* 《化学》二水素の《水素を2原子含む》.

dihỳdro·mórphinone 【← DIHYDRO-＋MORPHINE＋-ONE】 ── *n.* 《薬学》ジヒドロモルフィノン ($C_{17}H_{19}NO_3$) 《モルヒネのケト誘導体, 鎮痛剤・麻薬；商品名 Dilaudid》.

dihỳdro·streptomýcin *n.* 《化学・薬学》ジヒドロストレプトマイシン《結核治療薬, ストレプトマイシンの誘導体》.

dihỳdro·tachýsterol *n.* 《薬学》ジヒドロタキステロール ($C_{28}H_{45}OH$) 《タキステロールの誘導体で低カルシウム血症の治療に用いる》.

di·hy·drox·y [dàɪhaɪdráksi | -drɔ́ksi] 【← DI-¹＋HYDROXY-】 *adj.* 《化学》〈分子が〉2個の水酸基 (OH) をもつ.

dihydròxy·ácetone *n.* 《化学》ジヒドロキシアセトン ($CH_2OHCOCH_2OH$).

Di·ip·o·li·a [daɪɪpəlíːə] *n.* ＝Dipolia.

di·i·so·bu·tyl phthálate [dàɪàɪso(ʊ)bjúːtəl-, -sə-, -zo(ʊ)-, -zə-, -tɪl- | -sə(ʊ)bjúːtɪl-] 【← DI-¹＋ISO-＋BUTYL】 ── *n.* 《化学》フタル酸ジイソブチル (C_6H_4-$(COOCH_2CH(CH_3)_2)_2$) 《可塑剤の一種》.

di·i·so·cy·a·nate [dàɪàɪso(ʊ)sáɪənèɪt, -sə-, -zo(ʊ)-, -zə-, -nət, -nɪt | -sə(ʊ)-] 【← DI-¹＋ISO-＋CYANATE】 ── *n.* 《化学》ジイソシアン酸エステル《分子中にイソシアナート基 (-N=C=O) を2個有する化合物, 2価アルコールのイソシアン酸エステルに相当する；ウレタンゴムの原料》.

Di·jon [diːʒɔ̃ː(ŋ), -ʒɔ́(ː)ŋ | ─ ─; *F.* diʒɔ̃] *n.* ディジョン《フランス東部の要害(ようがい)都市, Côte-d'Or 県の首都；大学と大聖堂がある；人口 151,000》.

di·kar·y·on [dàɪkǽriàn | -riɔn] 【◻ F ～ ← DI-¹＋Gk *káruon* nut】 *n.* 《生物》二核体《担子菌類の菌糸の細胞内に両親からきた2核が存在する状態》.

di·kast [dáɪkæst, dɪ́- | dɪ́k-] *n.* ＝dicast.

dik-dik [dɪ́kdɪk] 【◻ Afrik. ～ ←《土語》】 ── *n.* 《動物》ディクディク《ローヤルアンテロープ亜科ディクディク属 (*Madoqua*) のレイヨウの総称；アフリカ東部産, 大きさはウサギ位で角が小さい》.

dike¹ [dáɪk] 【《?*a*1200》◻ ON *dík, díki* 'dike, DITCH'】 ── *n.* **1** 溝, 堀 (ditch). **2** 《英方言》水路 (watercourse). **3** 堤防, 堤《特にオランダ海岸にある》. **4 a** 《英方言》(土を盛り上げた)土手. **b** 土手道 (causeway). **5** 《英方言》芝土[石]の低い境界壁, あぜ. **6** 防壁, 障壁, 障害物；防御手段〔*against*〕. **7** 《地質・鉱山》岩脈. **8** [通例 dyke] 《俗》小便所；屋外便所. ── *vt.* **1** …に堤防を築く；堤防で囲む[防ぐ]. **2** …に堀をめぐらす, 堀を設けて排水する. 「*adj.*

dike² [dáɪk] *n.* 《俗》＝dyke². **dik·ey** [dáɪki | -kɪ]

dike³ [dáɪk] 【《変形》← ? DECK：cf. dight / 《方言》*dick* to deck, adorn】 *vt.* 《米中部》盛装させる (dress up)：～*d out* [*up*] 着飾って, めかして.

Di·ke [dáɪki | -kɪ] 【◻ Gk *Díkē*】 *n.* 《ギリシャ神話》ディケー《ホーライ (Horae) の一人で正義の女神, Astraea と同一視されることもある》.

dike·grave [dáɪkgrèɪv] 【◻ MDu. *dijcgrave* ← *dijc* dike＋*graaf* earl (cf. G *Graf*)】 *n.* **1** (オランダの)堤防監視官. **2** 《英方言》＝dikereeve.

dík·er 【《1238》：⇨ dike¹, -er¹】 *n.* 堤防を築く人.

díke·rèeve 【《変形》← ? DIKEGRAVE：cf. reeve¹】 *n.* 《英》治水監理官《イングランドの沼沢地方の下水・水門・堤防を監視する人》.

di·ke·ri·on [dɪkíːrjɔ(ː)n | -rjən] 【◻ NGk *dikērion* ← DI-¹＋LGk *kērion* wax candle (◻ Gk *kērós* wax)】 ── *n.* 《東方正教会》二本立燭台(しょくだい)《キリストの神性と人性とを表象する》.

di·ke·tone [dàɪkíːtoun | -təun] 【⇨ di-¹, ketone】 *n.* 《化学》ジケトン《分子中にケトン基 (CO) を2個以上もつ有機化合物》.

dik·ing *n.* 築堤.

dik·kop [dɪ́kɑp | -kɔp] 【◻ Afrik. ～ ← *dik* thick＋*kop* head】 *n.* 《アフリカ南部》《鳥類》＝stone-curlew.

dik·tat [dɪktɑ́ːt | dɪ́ktɑːt, -tæt；G. dɪktáːt] 【◻ G ～ 'DICTATE'】 *n.* (特に, 被征服民に対する)絶対的命令, 有無を言わさぬ命令[布告].

dil. 《略》dilute.

di·lac·er·ate [dɪlǽsərèɪt, dɪ-, də- | daɪ-, dɪ-] 【← L *dilacerāt-us* (p.p.) ← *dilacerāre* to tear to pieces：⇨ di-², lacerate】 *vt.* 《まれ》ばらばらに引き裂く.

di·lac·er·a·tion [dɪlæ̀səréɪʃən, dɪ-, də- | daɪ-, dɪ-] *n.* **1** (ばらばらに)引き裂くこと, 引き裂かれた状態. **2** 《歯科》歯根彎曲《発育期に外傷などによって起こる歯根の奇形》.

di·lap·i·date [dɪlǽpədèɪt, də- | dɪlǽpɪ-] 【《1570》← L *dilapidāt-us* (p.p.) ← *dilapidāre* to demolish, pull out the stones of a structure：⇨ di-², lapidate】 ── *vt.* **1** [通例 p.p. 形で] 〈家屋・建物などを〉荒らす, 荒廃させる, 〈家具・衣服などを〉破損させる, 傷める (ruin). **2** 《古》〈身代を〉つぶす, 〈財産を〉乱費する. ── *vi.* 荒れる, 荒廃する, 破損する. **di·láp·i·dà·tor** [-tə | -tə(r)] *n.*

di·láp·i·dàt·ed [-tɪd, -təd | -tɪd, -təd] *adj.* 〈家などが〉荒れ果てた, (ぼろぼろに)くずれかかった, 荒廃した, 落ちぶれた (ruinous)：a ～ house あばら屋.

di·lap·i·da·tion [dɪlæ̀pədéɪʃən, də- | dɪlæ̀pɪ-] 【《*c*1425》◻ LL *dilapidātiō(n-)*：⇨ dilapidate, -ation】 ── *n.* **1** 荒廃, 腐朽, 破損状態. **2** 山[崖]崩(くず)れ, (山[崖]崩れによる)岩かけ (debris). **3** 《英法》(権利者である僧侶による)教会財産の毀損(きそん)[荒廃]. **4** [*pl.*] 《英》《法律》(家具付き借家の賃借人の支払う)損耗料.

di·lat·a·bil·i·ty [daɪlèɪtəbɪ́ləti, dɪ-, də- | daɪlèɪtəbɪ́lɪti, dɪ-, -lɪ-] *n.* 膨張性[率].

di·lat·a·ble [daɪléɪtəbḷ, dɪ-, də-, dáɪleɪt- | daɪléɪt-, dɪ-] *adj.* ひろがる, ふくれる, 膨張性の (expansible).

di·lat·an·cy [daɪléɪtnsi, dɪ-, də- | daɪléɪtnsi, dɪ-] *n.* 《物理化学》ダイラタンシー《濡れた砂を指で押すと乾いて固くなるように外力の作用で懸濁物の粒子間隙が増大し液体を内部に吸込んで膨張・固化する現象》.

di·lat·ant [daɪléɪtnt, dɪ-, də- | daɪ-, dɪ-] 【◻ L *dilātant-em*：⇨ dilate, -ant】 ── *adj.* **1** 〈固体・液体など〉膨張性の, 拡張性の. **2** 《物理化学》ダイラタンシー的な. ── *n.* 膨張性[力]のあるもの.

dil·a·tate [dɪ́lətèɪt, dáɪ- | dáɪleɪtèɪt] 【◻ L *dīlātāt-us*：⇨ dilate】 *adj.* (ある部分の)ふくれた, 膨張した.

dil·a·ta·tion [dɪ̀lətéɪʃən, dàɪ- | dàɪleɪtéɪʃən, -lə-] 【《*c*1390》◻ OF ～ ◻ LL *dīlātātiō(n-)*：⇨ dilate, -ation】 ── *n.* **1** 膨張, 張開(ちょうかい), 拡張 (expansion). **2** 《病理》拡張(症)：～ of the heart [stomach] 心臓[胃]拡張(症). **3** 《医学》拡張法. **4** 《機械》体積膨張率, 伸び. **5** 《数学》膨張変換《与えられた図形を相似に拡大もしくは縮小する変換》. **～·al** [-ʃənḷ, -ʃnəl] *adj.*

di·la·ta·tive [daɪléɪtəṭɪv, dɪ-, də-, dɪ́lətèɪṭ-, dáɪl- | daɪléɪtət-, dɪ-, dáɪleɪtèɪt-] *adj.* ＝dilative.

dil·a·ta·tor [dɪ́lətèɪṭə, dáɪ- | dáɪleɪtèɪtə(r)] 【◻ L *dīlātātor*：⇨↓, -or²】 *n.* 《解剖》＝dilator 2.

di·late [daɪléɪt, dɪ-, də-, dáɪleɪt | daɪléɪt, dɪ-] 【《*a*1393》◻ (O)F *dilat-er* ◻ L *dīlātāre* to spread out ← DI-²＋*lātus* wide (cf. latitude)：⇨ -ate³】 ── *vt.* **1** 張りひろげる；膨張させる, 拡張させる. **2** 《古》詳しく述べる, 敷衍(ふえん)する (enlarge on). ── *vi.* **1** 張りひろがる, 膨張する, 張開(ちょうかい)する：Her eyes ～*d with* horror. 彼女は恐怖で目を大きく見開いた. **2** 〔…を〕詳しく説く〔*on, upon*〕：～ *on* one's view 意見を詳述する. **di·lát·er** [-tə | -tə(r)] *n.*

di·lát·ed [-tɪd, -təd | -tɪd, -təd] *adj.* **1** 張りひろげた, 膨張した：with ～ eyes 目を見張って. **2** 《昆虫》〈器官が〉幅広となった, 拡大した. **～·ly** *adv.* **～·ness** *n.*

di·la·tion [daɪléɪʃən, dɪ-, də- | daɪ-, dɪ-] *n.* **1** 膨張, 拡張. **2** 《医学》拡延, 拡大, 伸展 (cf. D. and C.).

di·la·tive [daɪléɪṭɪv, dɪ-, də-, dáɪleɪṭ- | daɪléɪt-, dɪ-] *adj.* 膨張性の, 張開(ちょうかい)的な.

dil·a·tom·e·ter [dɪ̀lətɑ́məṭə, dàɪl- | -tɔ́mɪtə(r, -mə-] 【← DILATE＋-O-＋-METER¹】 *n.* 《物理》膨張計.

dil·a·to·met·ric [dɪ̀ləṭo(ʊ)métrɪk, dàɪl- | -tə-] *n.* 《物理》膨張計の[で計った]. **dìl·a·to·mét·ri·cal·ly** *adv.*

dil·a·tom·e·try [dɪ̀lətɑ́mətri, dàɪl- | -tɔ́mɪtri, -mə-] *n.* 《物理》膨張計測定(法)[学, 術].

di·lá·tor [-tə | -tə(r)] *n.* **1** 《外科》拡張器：a urethral ～ 尿道拡張器. **2** 《解剖》拡張筋, 散大筋.

dil·a·to·ri·ly [dɪ̀lətɔ́ːrəli, -tɔ́ːr-, ─ ─ ─ ─ | dɪ́lət(ə)rəlɪ, -rɪ-] *adv.* 遅れがちに, (わざと)ぐずぐずして.

dil·a·to·ry [dɪ́lətɔ̀ːri, -tɔ̀ːri | -t(ə)ri] 【《?*a*1450》◻ L *dīlātōri-us*：⇨ dilate, -ory¹】 ── *adj.* **1** 〈人・行動など〉(ぐずぐずして)手間取る, (じれったいほど)緩慢な, のろい (slow)；遅れた (belated)：～ *in* answering questions 質問にすぐ答えない. **2** (時をかせぐための)引延ばしの：a ～ measure 引延ばし策. **díl·a·tò·ri·ness** *n.*

dílatory defénse [pléa] *n.* 《法律》遷延的答弁《訴訟の実体によらずに, 原告の救済を遅延させる答弁；管轄権・無能力・訴え却下などの答弁を含む；cf. peremptory exception》.

Di·lau·did [daɪlɔ́ːdɪd, dɪ-, də-, -dəd | daɪlɔ́ːdɪd, dɪ-] *n.* 《商標》ジラウジッド《dihydromorphinone の商品名》.

dil·do [dɪ́ldou | -dəu] 【← ? It. *diletto* delight：⇨ dilettante】 *n.* (*pl.* **～s**) (*also* **dil·doe** [～]) 張形(はりかた).

di·lem·ma [dɪlémə, də-, daɪ- | dɪ-, daɪ-] 【《1523》◻ LL ～ ◻ Gk *dílēmma* double proposition：⇨ di-¹, lemma¹】 ── *n.* **1** 《論理》ジレンマ, 両刀論法《推論形式の一種；三段論法の特殊形態；cf. polylemma, trilemma》：⇨ HORNS of a dilemma. **2** 板ばさみ, 窮地, ジレンマ (difficulty)：be *in* a ～ 進退きわまる, 板ばさみになる / put [place] a person *in* (*to*) a ～ 人を窮地に置く / face [be caught in] a ～ (二者択一の)ジレンマに陥る.

dil·em·mat·ic [dɪ̀ləmǽṭɪk, dàɪl- | -tɪk] 【← Gk *dilēmmat-* (stem) ← *dilēmma* (↑)：⇨ -ic¹】 ── *adj.* ジレンマの(ような), 両刀論法的な；板ばさみになった. **dìl·em·mát·i·cal** *adj.*

dil·et·tan·te [dɪ̀lɪtɑ́ːnti, -lə-, -tǽn-, -tɑ́ːnt, -tǽnt | -lɪtǽnti; *It.* dilettánte] 【《1733》◻ It. ～ (pres.p.) ← *dilettare* < L *dēlectāre* 'to DELIGHT'】 ── *n.* (*pl.* **～s, -tan·ti** [-ti | -tɪ; *It.* -ti]) [通例軽蔑的に] ディレッタント《しろうとの美術・文学・学術などの愛好家》, 芸術愛好家, しろうと評論家. ── *adj.* ディレッタントの, 芸術好きの；しろうとと芸の, なまかじりの.

dìl·et·tán·te·ish [-tiɪʃ | -ti-] *adj.* ＝dilettantish.

dìl·et·tán·te·ism [-tiɪzm | -ti-] *n.* ＝dilettantism.

dilettanti *n.* dilettante の複数形.

dìl·et·tánt·ish [-tɪʃ | -tɪʃ] *adj.* ディレッタント風の, 好事家(こうずか)的で浅薄な, 道楽的気分の.

dìl·et·tán·tism [-tɪzm] 【《1809》← DILETTANTE＋-ISM】 ── *n.* (芸術・文学・科学の)ディレッタント風, 享楽気分[道楽半分]の芸術趣味, (芸術上の)低徊(ていかい)趣味；半可通的[上すべりの]知識, 道楽. **dìl·et·tán·tist** [-tɪst, -ṭəst | -tɪst] *adj.*

dil·i·gence¹ [dɪ́lədʒəns | -lɪ-] 【《1340》◻ (O)F ～ ◻ L *diligentia* scrupulous attention：⇨ diligent, -ence】 *n.* **1** 勤勉, 精励；努力, 勉強. **2** 《法律》注意(義務). **3** 《スコット法》金銭債務回収のための強制執行手続.

di·li·gence² [dɪ́lɪʒɑ̀ː(n)s, -ʒɔ̀ː(n)s, -ʒɑ̀ːns, -ʒɔ̀(ː)ns, -dʒəns; *F.* diliʒɑ̃ːs] 【《1742》◻ F ～ (↑) ← *carrosse* *de diligence* coach of speed: その「のろい」速力を皮肉って名づけたもの〗 ── *n.* (*pl.* **-genc·es**[~ɪz, ~əz; F. ~]) (以前フランス・スイスなどで使用された)駅馬車, (長距離)乗合馬車 (stagecoach).

dil·i·gent [dílədʒənt | -lɪ-] 〖(1340) □(O)F ~ □L *diligentem* (pres.p.) ← *diligere* to value highly, love ← DI-²+*legere* to choose, gather〗 ── *adj.* **1** 〈人が〉勤勉な, (業務に)精励な (↔ idle, lazy, negligent): He is ~ *in* his studies. 精出して勉強をする. **2** 〈行為・仕事・仕事ぶりなど〉苦心した, 骨折った, 刻苦の.

díl·i·gent·ly 〖(1340): ⇨ ↑, -ly¹〗 *adv.* 勤勉に,精を出して, 刻苦して, こつこつと.

dill¹ [dɪl] 〖OE *dile* < ? (WGmc) **dilja* (Du. *dille* / OHG *tilli*)〗 ── *n.* **1** 〖植物〗イノンド (*Anethum graveolens*)《セリ科の植物でその実や葉は香味料; 聖書にいう anise》. **2** =dill pickle.

dill² [dɪl] 〖ME *dillen* ← *dil* stupid < *OE *dyll*: cf. dull〗 *vt.* 《英方言》静める (calm), 和らげる.

dill³ [dɪl] 〖↑〗《豪俗》*adj.* とんまな, ばかな (stupid). ── *n.* とんまな人, ばか.

díll píckle *n.* イノンドの実で味をつけたきゅうりの酢づけ.

díll wàter *n.* いのんど水《イノンドの実をせんじた健胃剤》.

dil·ly¹ [díli | -lɪ] 〖《縮約》← SAPODILLA: ⇨ -y²〗 *n.* 〖植物〗西インド諸島産アカテツ科の小木 (*Mimusops emarginata*)《家具用の良材を産する》.

dil·ly² [díli | -lɪ] 〖← 《廃・俗》*dilly* delightful ← DEL(IGHTFUL)+-Y²〗 *n.* 《俗》すばらしい[驚異的な]もの[人, 出来事]: a ~ of a mystery novel 推理小説の傑作.

dil·ly³ [díli | -lɪ] *adj.* 《豪》=dill³.

dil·ly⁴ [díli | -lɪ] *n.* 《豪口語》=dilly bag.

díl·ly bàg [díli- | -lɪ-] 〖← Austral. *dhilla* hair〗 *n.* 《豪口語》合財袋, バスケット《以前原住民があしや樹皮で作った小籠(ご); 単に dilly ともいう》.

dil·ly·dal·ly [dílidæ̀li, ⌣⌣⌣⌣ | dílɪdæ̀lɪ] 〖《加重》← DALLY〗 *vi.* 《口語》ぐずぐずする, ぐずぐずして決心がつかない (dally); ぶらつく (loiter).

Dil·they [díltaɪ; G. díltaɪ], **Wilhelm** *n.* ディルタイ《1833–1911; ドイツの哲学者》.

dil·u·ent [díljuənt | -lju-] 〖□L *diluent-em* (pres.p.) ← *diluere* (↓)〗 *adj.* (血液などの)希釈用の, 薄める. ── *n.* 〖医学〗賦形(ふ)剤, 希釈剤.

di·lute [daɪlúːt, dɪ-, də-, -ljúːt | daɪ-, dɪ-] 〖(*c*1555) ← L *dilūt-us* (p.p.) ← *diluere* to wash away, dilute ← DI-²+-*luere* (← *lavāre* to wash)〗 ── *vt.* **1** 〈液体を〉(水などを加えて)薄める, 希薄にする, 希釈する: ~ wine *with* water ぶどう酒を水で薄める. **2** 〈色を〉淡く[薄く]する. **3** (異種のものを混ぜて)薄弱にする, 弱める (weaken): ~ one's zeal 熱意を弱める. **4** 《英》〖労働〗〈工場など〉の労働の希釈化 (dilution) を行なう: ~ labor. ── *vi.* 希薄になる, 薄く[淡く]なる. ── *adj.* 希釈された, 薄められた; 希薄な, 淡い, 弱い, 水っぽい (↔ concentrated): ~ sulfuric [nitric] acid 希硫[硝]酸. **~·ly** *adv.* **~·ness** *n.* **di·lút·er, di·lú·tor** [-tə | -tə(r)] *n.* **di·lú·tive** [-tɪv | -tɪv] *adj.*

di·lu·tee [dìljuːtíː, dàɪluːtíː, -ljuː- | dàɪluːtíː, -ljuː-] 〖⇨ ↑, -ee²〗 *n.* 〖労働〗希釈工《労働の希釈化 (dilution) の際, 熟練工の代りに使用される不熟練工》.

di·lu·tion [daɪlúːʃən, dɪ-, də-, -ljúː- | daɪ-, dɪ-] 〖(1646)〗 ── *n.* **1** 薄めること, 希釈, 希薄; 希釈度. **2** 薄弱化 (weakening). **3** 《英》〖労働〗労働の希釈化《従来熟練工が行なっていた作業を合理化して不熟練工にやらせること》. **4** 〖証券〗希薄化《新株の発行や株式分割などにより 1 株の中身, 特に 1 株当り利益が減ること》. **5** 希釈物.

diluvia *n.* diluvium の複数形.

di·lu·vi·al [dɪlúːviəl, də-, daɪ-, -ljúː-, -vjəl | daɪlúː-vjəl, dɪ-, -ljúː-, -vɪəl] 〖(1656) □LL *diluviāl-is*: ⇨ diluvium, -al¹〗 ── *adj.* **1** 洪水の, (特に) Noah の大洪水の. **2** 洪水の作用による: ~ changes. **3** [通例 D-] 〖地質〗洪積期[層]の (cf. alluvial): ~ deposits [formations] 洪積土[層].

Dilúvial àge [èpoch] *n.* [the ~] 〖地質〗洪積世.

di·lú·vi·al·ist [-lɪst, -ləst | -lɪst] *n.* 〖地質〗洪水論者.

dilúvial théory *n.* 〖地質〗洪水説《化石は世界的な大洪水によって死滅した生物の遺体であるという説》.

di·lu·vi·an [dɪlúːviən, də-, daɪ-, -ljúː-, -vjən | daɪlúː-vjən, dɪ-, -ljúː-, -vɪən] *adj.* =diluvial.

di·lú·vi·an·ism [-nɪzm] *n.* 〖地質〗洪水論《多くの地質現象は世界的な大洪水によって起こったという説》.

di·lu·vi·um [dɪlúːviəm, də-, daɪ-, -ljúː-, -vjəm | daɪ-lúːvjəm, dɪ-, -ljúː-, -vɪəm] 〖(1819) □L *diluvium* flood: cf. deluge〗 ── *n.* (*pl.* **~s, -vi·a** [-viə, -vjə | -vjə, -vɪə]) 〖地質〗洪積層.

Dil·ys [dílɪs, -ləs | -lɪs] 〖□Welsh ~ 'genuine, sincere'〗 *n.* 女性名.

dim [dím] 〖OE *dim(m)* ← Gmc **dim-* (OFris. *dim* / ON *dimmr*): cf. OIr. *dem* black, dark / Gk *thémeros* grave, austere〗 ── *adj.* (**dim·mer; dim·mest**) **1** 〈光が〉うす暗い, ほの暗い (↔ clear, bright). **2** 〈物・音・目など〉よく見えない, かすんだ, かすかな, はっきりわからない, ぼんやりした; 〈耳が〉遠い: a ~ sound ぼんやりした音 / a ~ smell かすかな匂い / eyes ~ with tears 涙でかすんだ目 / an island ~ in the distance 遠くの方にぼんやり見える島. **3** 〈知識・記憶など〉おぼろげな, 曖昧な, 不明確な (faint) (↔ clear): a ~ memory かすかな記憶. **4** 光沢の鈍い, 曇った, くすんだ (lusterless). **5 a** 《口語》〈人が〉(理解力の)鈍い, のろい (cf. dim-witted). **b** 〈人が〉有名でない, 目立たない. **6 a** 《口語》見込み薄の, 実現しそうもない, 不首尾に終わりそうな: ~ prospects あまり明るくない見通し. **b** 《米俗》うんざりさせる, 退屈な.

take a dim view ⇨ view 4.

── *v.* (**dimmed; dim·ming**) ── *vt.* **1** 〈灯火などを〉薄暗く[ほの暗く]する; 〈目を〉ぼんやりさせる, 曇らせる, かすませる; 〈愛情などを〉弱める: ~ the light 灯火を薄暗くする / ~ the eyes 目をかすませる / The moon shone brightly, ~*ming* the stars. 月が明るいので星がかすんでしまった. **2** 《米》(対向車のために)〈自動車のヘッドライト〉の光線を下げる, 減光する (《英》dip). ── *vi.* 薄暗く[ほの暗く]なる; 微かになる, おぼろになる, 〈目が〉かすむ; 〈愛情などが〉弱まる: ~ with tears 〈目が〉涙でくもる / The sky ~*med* in the east. 東の空が薄暗くなった.

dim out (1) (空襲に備えて)〈船・都市など〉の灯火を薄暗くする, (部分的)灯火管制をする, 警戒管制にする (cf. dimout, BLACK *out*). (2) 〈劇場の照明を〉弱くする.

── *n.* **1** 《古・詩》薄暗さ (dimness), 薄明かり (dusk). **2** [しばしば *pl.*] =dimmer 2 b.

dím·ma·ble [-məbl] *adj.*

dim. 《略》dimension; 〖処方〗L. *dimidius* (=one-half); diminished; diminuendo; diminutive.

dime [dáɪm] 〖(*c*1378) □(O)F ~ < L *decimam* a tenth part (fem.) ← *decimus* tenth: cf. decimal〗 ── *n.* **1** (米国・カナダの) 10 セント硬貨, ダイム ($^1/_{10}$ ドル). **2** 《米》**a** [a ~] びた一文: be without a ~ 一文なしである / do not care a ~ 少しも気にしない / ⇨ IF *a dime*. **b** [*pl.*] 《米口語》金, もうけ.

a dime a dozen 《米口語》ありあまるほどある, ありふれた, すぐに求められる; 安物の, 二束三文の.

on a dime 《米》(1) ごく狭い場所で. (2) 直ちに.

díme muséum *n.* 《米》(けばけばしいげてものなどを安い入場料で見せる)「大衆的博物館」, 安っぽい見世物.

di·men·hy·dri·nate [dàɪmenháɪdrɪnèɪt, -drə- | -drɪ-] 〖← DIME(THYL)+(AMI)N(E)+HYDRO+(AM)INE+-ATE¹〗 ── *n.* 〖薬学〗ジメンヒドリナート ($C_{17}H_{22}NO \cdot C_7H_6ClN_4O_2$)《船酔防止薬・抗ヒスタミン剤》.

díme nóvel *n.* 《米》10 セント小説, 三文小説, 安価で扇情的な小説《1860 年頃から第一次大戦にかけて米国で流行した; cf. penny dreadful》. **~ist** *n.*

di·men·sion [dɪménʃən, də-, daɪ- | dɪ-, daɪ-] 〖(*a*1398) □(O)F ~ □L *dīmensiō(n-)* ← *dīmensus* (p.p.) ← *dīmētīrī* to measure out ← DI-²+*mētīrī* 'to MEASURE'〗 ── *n.* **1** (長さ・厚さ・幅などの)寸法: *of* one ~ 一次元の, 線の / *of* two ~*s* 二次元の, 平面の / the three ~*s* 長さ・幅・厚さ[たて・横・高さ]の三つの寸法 / *of* three ~*s* 三次元の 立体の. **2** [通例 *pl.*] 広がり, 面積; 容積, 大きさ, かさ; 規模, 範囲; 重要性: take the ~*s of* a field [room] 畑の大きさ(面積)[部屋の大きさ(容積)]を計る / the ~ *of* a plan 計画の規模 / the vast ~*s of* the damage 広範囲にわたる被害 / a house *of* considerable ~*s* かなりの大きさの家 / *of* great ~*s* 非常に大きい; 非常に重要な. **3** [しばしば *pl.*] 《口語》女性のバスト・ウエスト・ヒップの寸法《この順に並べて 36–22–35 (インチ) などという》. **4** [しばしば *pl.*] 特性, 特質; 要因, 要素; 面, 相 (aspect). **5** 〖数学〗次元, …次元: ⇨ fourth dimension. **6** 〖物理〗次元, ディメンション: **a** 空間の性質を指定する量, 例えば三次元空間. **b** ある量が基本量(長さ L, 質量 M, 時間 T)をどのように含むかを示す関係, 例えば速度の次元は $[LT^{-1}]$ であるという.

── *attrib. adj.* 〈木材・石材など〉特定の寸法に切られた: ⇨ dimension lumber, dimension stone.

── *vt.* [通例 p.p. 形で] 特定の寸法に合わせて作る; …の寸法を測る[示す].

di·mén·sion·al [-ʃənl, -ʃnəl] *adj.* [しばしば複合語の第二構成要素として] (長さ・幅・厚さの)寸法のある; 広がり[大きさ]のある, 寸法で計られる; 次元の, ディメンションの: two-*dimensional* 二次元の, 平面の / three-*dimensional* 三次元の, 立体の / a three-*dimensional* picture [film] 立体映画 (3–D picture) / four-*dimensional* space 四次元空間 / a ~ equation 〖物理〗ディメンション方程式 / a ~ relation 〖物理〗ディメンション関係. **~·ly** *adv.* **di·mèn·sion·ál·i·ty** [-ʃənǽləti | -lətɪ, -lɪ-] *n.*

diménsional análysis *n.* 〖数学〗次元解析《物理量をそのディメンションで表わして, 量相互の関係を分析する代数的方法》.

diménsion·less *adj.* 大きさのない《長さも幅も厚さもない「点」にいう》, 無次元の.

diménsion lùmber *n.* 〖建築〗規格材《ふつう厚さ 2–5 inches, 幅 4–12 inches の標準寸法に製材された建築用材; dimension stuff ともいう》.

diménsion stòne *n.* 〖建築〗規格石材《建築用に規格寸法に仕上げた石材》.

diménsion stùff *n.* 〖建築〗=dimension lumber.

di·mer [dáɪmə | -mə(r)] 〖← DI-¹+-MER〗 *n.* 〖化学〗二量体《同一の分子 2 個の重合体; cf. oligomer, monomer》.

di·mer·cap·rol [dàɪməːkǽprɔ(ː)l, -roul | -məːkǽp-rɒl] 〖← DI-¹+MERCA(PTO)-+PR(OPANE)+-OL¹〗 ── *n.* 〖化学〗ジメルカプロール ($CH_2(SH)CH(SH)CH_2OH$)《不快な匂いのする無色の液体, 解毒剤; BAL, British anti-lewisite ともいう》.

di·mer·ic [dàɪmérɪk] 〖← DI-¹+-MERIC〗 *adj.* **1** 二部分から成る; 二要素を含む. **2** 〖化学〗二量体の.

dim·er·ism [dímərɪzm] *n.* **1** 〖昆虫〗二分岐(性). **2** 〖植物〗二数性.

di·mer·i·za·tion [dàɪmərɪzéɪʃən, -rə- | -raɪ-, -rɪ-] *n.* 〖化学〗二量重合, 二量化《二量体を生成すること, またはその反応》.

di·mer·ize [dáɪməràɪz] 〖← DIMER(IC)+-IZE〗 *vi., vt.* 〖化学〗二量重合をする[させる].

dim·er·ous [dímərəs] 〖← NL *dimerus*: ⇨ di-¹, -merous〗 ── *adj.* **1** 〖昆虫〗二節の跗節を有する, 二跗節の. **2** 〖植物〗〈花など〉二数性の器官をもつ: a ~ flower 二数花《花弁・萼(がく)・雄蕊の心皮が各 2 個から成る花》. **3** 〖昆虫〗〈昆虫の跗節が〉2 部分より成る, 二節の.

díme stòre *n.* **1** 《米》10 セント(雑貨)店《もとは 5 セントや 10 セント均一の品を売る雑貨店; 今日では 5 セントから数ドルの品物を売る; cf. five-and-ten》. **2** 《俗》〖ボウリング〗ダイムストア《5 番と 10 番のピンの残っているスプリット》.

dim·e·ter [dímətə | -mɪtə(r), -mə-] 〖(1589) □LL ~, *dimetr-um* □Gk *dimetron*: ⇨ di-¹, -meter²〗 〖詩学〗 ── *n.* **1** (英詩の)二歩格(の詩)《1 行 2 詩脚から成る詩行; cf. meter² 1 b》. **2** (古典詩の)二複詩脚(の詩), 四歩格: trochaic ~ 長短二複詩脚 (─∪─∪). ── *adj.* (英詩で)二歩格の.

di·meth·o·ate [dàɪméθouèɪt | -θəu-] 〖← DIME(THYL)+TH(I)O-+-ATE¹〗 *n.* 〖薬学〗ジメトエート《殺虫用有機リン剤》.

di·me·thox·y·meth·ane [dàɪməθɑ̀ksɪméθeɪn, dàɪmeθ- | -meθɔ̀ksɪmíːθeɪn] 〖← DI-¹+METHOXY-+METHANE〗 *n.* 〖化学〗ジメトキシメタン (⇨ methylal).

di·meth·yl [dàɪméθɪl, -θəl | -méθɪl, -míːθaɪl] 〖⇨ di-¹〗 *adj.* 〖化学〗ジメチル《2 個のメチル基 (CH_3) を含む》.

dimèthyl·acétylene *n.* 〖化学〗ジメチルアセチレン (⇨ butyne b).

dimèthyl·ániline 〖← DIMETHYL+ANILINE〗 *n.* 〖化学〗ジメチルアニリン ($C_6H_5N(CH_3)_2$)《黄褐色がかった油状液体; 染料の中間体として用いる》.

diméthyl arsínic ácid *n.* 〖化学〗ジメチルアルシン酸 (⇨ cacodylic acid).

dimèthyl·bénzene *n.* 〖化学〗ジメチルベンゼン (⇨ xylene).

dimèthyl·dikétone *n.* 〖化学〗ジメチルジケトン (⇨ biacetyl).

dimèthyl·glyóxal 〖← DIMETHYL+GLYOXAL(INE)〗 *n.* 〖化学〗ジメチルグリオキサール (⇨ biacetyl).

dimèthyl·glyóxime *n.* 〖化学〗ジメチルグリオキシム ($CH_3C(NOH)C(NOH)CH_3$)《無色の結晶, ニッケル・パラジウムなどの定量試薬》.

dimèthyl·hýdrazine *n.* 〖化学〗ジメチルヒドラジン ($C_2H_8N_2$)《ロケット燃料に用いられる》.

dimèthyl·kétol 〖⇨ ↓, -ol¹〗 *n.* 〖化学〗ジメチルケトール (⇨ acetoin).

dimèthyl·kétone 〖← DIMETHYL+KETONE〗 *n.* 〖化学〗ジメチルケトン (⇨ acetone).

dimèthyl·òl·u·ré·a [-ɔ̀(ː)ljuríːə, -òul- | -ɔ̀lju(ə)ríːə, -ríə] 〖← DIMETHYL+-OL¹+UREA〗 ── *n.* 〖化学〗ジメチロール尿素 ($CO(NHCH_2OH)_2$)《無色の結晶, 接着剤・樹脂加工剤として用いる》.

diméthyl súlfate *n.* 〖化学〗硫酸ジメチル (⇨ methyl sulfate).

dimèthyl·sulfóxide *n.* 〖化学〗ジメチルスルホキシド ($(CH_3)_2SO$)《無色・無臭の液体, 製紙業の副産物, 溶剤; DMSO ともいう》.

di·met·ric [dàɪmétrɪk] 〖← DI-¹+METRO-¹+-IC¹〗 *adj.* 〖結晶〗=tetragonal.

di·mid·i·ate 〖□L *dimidiāt-us* (p.p.) ← *dimidiāre* to halve: ⇨ di-¹, middle〗 ── [dɪmídièɪt, də- | dɪmídɪ-] *vt.* 《古》二分する (halve), 半分に減らす. ── [-diət, -diɪt | -dɪət, -dɪɪt, -djət, -djɪt] *adj.* (半々に)二分された, 折半の (halved); 折半形の, 半分だけ発達した.

di·mid·i·a·tion [dɪmìdiéɪʃən, də- | dɪmìdɪ-] *n.* 〖紋章〗2 個の紋章を一つの盾に組み合せる初期の方法《結婚・相続等で父の紋章に母方[妻の生家]の紋章を加える時, それぞれをそのまま半切して一つの盾に収める方法; cf. impalement 3》.

dimin. 《略》diminuendo; diminutive.

di·min·ish [dɪmíniʃ, də- | dɪ-] 〖(1417)《混成》← ME *diminue(n)* (□(O)F *diminu-er* □L *dēminuere* to make smaller ← DI-²+*minuere* to lessen)+minishe(n) 'to MINISH'〗 ── *vt.* **1** 減らす, 少なくする (reduce) (↔ increase, augment). **2** 〖建築〗〈柱など〉の先端を細くする. **3** 〖音楽〗〈音程を〉半音減らす, 減音程にする. **4** 〈人〉(の名声・信用など)を落とす[しめる], 傷つける, けなす (disparage). ── *vi.* 減少する, 縮小する (dwindle); 〖建築〗先が細くなる. **~·ment** *n.*

di·min·ish·a·ble [dɪmíniʃəbl, də- | dɪ-] *adj.* 減少[縮小]できる, 減じられる.

di·mín·ished *adj.* **1** 減少した, 減損した: hide one's ~ head 小さくなって姿を隠す. **2** 〖音楽〗減音程の, 減…度の (cf. augmented, perfect¹ 8 b): the ~ fifth 減 5 度.

dimínished árch *n.* 〖建築〗下心アーチ《半円より低いアーチ》.

dimínished chórd *n.* 〖音楽〗減和音《和音の最高音と最低音の音程が減音程 (diminished interval) である和音》: a *diminished* seventh *chord* 減七の和音.

dimínished ínterval *n.* 〖音楽〗減音程《完全音程または短音程をなす 2 音のうち一方を動かして半音狭くされた音程》.

dimínished responsibílity *n.* 〖法律〗責任軽減

《精神薄弱・精神異常などの理由により犯罪者の刑法上の責任を減じること》.
diminished stíle *n.* 〘建築〙=diminishing stile.
diminished tríad *n.* 〘音楽〙減三和音《主音上の短3度と減5度からなる三和音》.
di·mín·ish·ing *adj.* 漸減する. **~·ly** *adv.*
diminishing retúrns *n. pl.* 〘経済〙収穫[報酬]逓減: the law of ~ ⇨ law[1] *n.*
diminishing rúle *n.* 〘石工〙柱心定規《柱の先細りのカーブを決めるための型板》.
diminishing stíle *n.* 〘建築〙上細框(うえほそがまち)《ガラス戸などの上下の一方が幅の狭い縦框》.
di·min·u·en·do [dɪmɪ̀n(j)uéndou, də- | dɪmɪ̀njuéndəu; *It.* diminwéndo] 〘□It. ~ (pres.p.) ← *diminuere*: cf. crescendo, diminish〙 〘音楽〙 — *adj., adv.* ディミヌエンド, 漸次弱声の[に], 次第に弱い[く]《略 Dim., Dimin.; 記号 ＞》(↔ crescendo). — *n.* (*pl.* ~s, ~es [~]) 漸次弱奏; 漸次弱声楽句, ディミヌエンドの楽節.
dim·i·nu·tion [dìmən(j)úːʃən | -mɪnjúː-] 〘《c1303》□(O)F ~ □L *dīminūtiō(n-)* ← *dēminūtiō(n-)* ← *dēminuere* 'to DIMINISH': ⇨ -tion〙 — *n.* **1** 減少, 減損, 減縮, 縮小 (decrease). **2** 減少額. **3** 〘建築〙(柱などの先端の)先細り, 先削. **4** 〘音楽〙 **a** 縮小《主題または音型を原型よりも音価の短い音符を用いて一定の比率で短縮し反復したり模倣したりすること; ↔ augmentation》. **b** 旋律中の音を音価の短い音符に細分する装飾的技法. **~·al** [-ʃənl, -ʃnəl] *adj.*
di·min·u·ti·val [dɪmɪ̀njutáɪvəl, də- | dɪ-] *adj.* 縮小的な, 指小辞[性]の. — *n.* 〘文法〙指小形語尾.
di·min·u·tive [dɪmínjuṭɪv, də- | dɪmínjut-] 〘《a1398》□ML *dīminūtīv-us* ← L *dēminūtus*: ⇨ diminution, -ive〙 — *adj.* **1** 小さい, 小形の, 小柄の (small, little); (特に)ちっぽけな (tiny): a ~ child, nose, apple, etc. / a man ~ in stature 背の低い男. **2** 〘文法〙指小の: a ~ suffix 指小接尾辞. — *n.* **1** 〘文法〙指小辞[語], 美小辞《例えば bird*ie*, duck*ling*, stream*let*, lamb*kin* などのように指小接尾辞 -ie, -ling, -let, -kin などで終る語; cf. augmentative》; 指小接尾辞. **b** 愛称, 親称 (pet name)《Tom, Dick など》. **2** 縮小形; 小さい人[物]. **~·ness** *n.*
di·mín·u·tive·ly *adv.* **1** 縮少的に; 指少辞として, 愛称として. **2** わずかに, 少し.
dim·is·so·ry [dímәsɔ̀ːri, -sòːri | -mɪsəri] 〘《1581》□ML *dimissōri-us* ← L *dimissus* (p.p.) ← *dimittere* 'to DISMISS': ⇨ -ory[1]〙 — *adj.* 去らせる, 退職させる; 去るのを許す; (特に)他の教区への転出を許可する: a letter ~ =dimissory letter.
dimissory létter *n.* 〘キリスト教〙(bishop の出す)牧師転出許可状, (他区での)受品許可状.
dim·i·ty [díməṭi | -mɪti, -mɪ-] 〘《1440》□It. *dimito* coarse cotton // ML *dimit-um* □Gk *dímitos* of double thread ← DI-[1]+*mitos* warp thread〙 — *n.* ディミテー《太い糸を使って細いうねを縞または格子状に表わした地の薄い軽目の織物》.
dim·ly 〘ME〙 *adv.* 薄暗く, ぼんやり, かすかに.
dím·mer *n.* **1** 薄暗くする人[物]. **2 a** (自動車の)前照灯減光装置; (舞台照明に使う)調光器. **b** [*pl.*]《米》(自動車の)駐車灯; 減光した前照灯 (cf. bright *n.* 1 b).
dim·mish [dímɪʃ] 〘← DIM+-ISH[1]〙 *adj.* やや薄暗い, ほの暗い, ややぼんやりした.
dím·ness 〘OE ~: ⇨ dim, -ness〙 — *n.* 薄暗さ, ほの暗さ, ほのか, かすか; 不明確さ: the ~ of a room [one's memory] 部屋の薄暗さ[記憶の曖昧さ].
Dim·net [dɪmnéɪ; *F.* dimnɛ], **Ernest** *n.* ディムネ《(1869–1954; フランスの司祭・著述家; 英米で講演した; *The Art of Thinking* (1928); 別称 Abbé Dimnet》.
di·morph [dáɪmɔəf | -mɔːf] 〘《逆成》? ← DIMORPHISM〙 *n.* 〘結晶〙同質二形の一つ《例えば C の化学成分を有する石墨とダイヤモンド; cf. dimorphism》.
di·mor·phic [dàɪmɔ́əfɪk | -mɔ́ː-] 〘← Gk *dímorphos* (⇨ di-[1], -morphous)+-IC[1]〙 — *adj.* **1** 〘結晶〙=dimorphous. **2** 〘生物〙二形性の, 両形の: a ~ flower 両形花. **3** 〘化学〙二形の《「2 種の結晶構造をもつ」の意味》.
dì·mór·phism [-fɪzm] 〘← Gk *dimorphos* (↑)+-ISM〙 — *n.* **1** 〘生物〙二形性, 二型性《同一または同種の植物であって二様の花・葉などがあり, または同種動物で二様の形態または体色のあるような性質》. **2** 〘結晶〙同質二形 (⇨ dimorph).
di·mor·pho·the·ca [daɪmɔ̀əfəθíːkə | -mɔ̀ː-] 〘← NL ~ ← Gk *dímorphos* (⇨ dimorphic)+THECA〙 — *n.* 〘植物〙アフリカキンセンカ《キク科アフリカキンセンカ属 (*Dimorphotheca*) の植物の総称; African daisy, Cape marigold ともいう》.
di·mor·phous [dàɪmɔ́əfəs | -mɔ́ː-] 〘⇨ dimorphic, -ous〙 *adj.* **1** 〘結晶〙同質二形の. **2** 〘生物〙=dimorphic 2.
dím·òut 〘← *dim out* (⇨ dim (v.) 成句)〙 *n.* (灯火を)薄暗くすること; 灯火管制, 部分的灯火管制《船・都市などの灯火を薄暗くすること; cf. blackout 1 a》.
dim·ple [dímpl] 〘《?a1400》 *dimpel* < OE **dympel* ← Gmc **dump-* (G *Tümpel* pool) ← **d(e)up-* 'DEEP'〙 — *n.* **1** (体の表面の)小さなくぼみ; (特に)えくぼ: a ~ in her cheek. **2 a** (地面の)小さいくぼみ. **b** (水面の)小波紋, さざ波 (ripple). **3** 〘ゴルフ〙(ボール表面の小さな)くぼみ, ディンプル. — *vt.* **1** …にえくぼを作る[生じさせる]. **2** へこませる. **3** …にさざ波を起こす. — *vi.* **1** えくぼができる, えくぼを見せる: ~ *with* a smile / She ~*d at* him. **2** へこむ. **3** さざ波が立つ.
dím·pled *adj.* えくぼができた; さざ波の立っている.
dim·ply [dímpli, -pli | -pli] *adj.* (more ~, most ~; dim·pli·er, -pli·est) **1** えくぼのある. **2** 波紋の多い, さざ波の立つ.
dím-sìghted *adj.* 視力の弱い; 知覚の鈍い, 見通しのきかない, ぼんやりした.
dim sum [dím-sʌ́m] 〘□Chin.《広東》点心〙 *n.* ディム サム《小麦粉の生地で, 肉・野菜などを包み込み, 蒸した中国料理の点心の一つ; シューマイなど》.
dím·wìt *n.* 《口語》うすのろ, ばか.
dím-wítted *adj.* 《口語》うすのろな. **~·ly** *adv.* **~·ness** *n.*
din [dín] 〘n.: OE *dyne, dynn* < Gmc **duniz* (OHG *tuni* / ON *dynr*) ← IE **dhwen-* to make noise《擬音語》: cf. dint〙 — *n.* (じゃんじゃん・がんがん)やかましく響く騒音, (耳ががんがんするほどの)騒々しさ: make (a) [kick up a] ~ じゃんじゃん音をたてる.
— *v.* (dinned; din·ning) — *vt.* **1** …に[騒々しい音・叫び声などを]立てる 〔*with*〕. **2** やかましく言う[繰り返す]: ~ something *into* a person's ears [head] ある事をやかましく言い聞かせる / ~ the facts *into* a boy その事実を少年にたたきこむ. — *vi.* (耳が聞こえなくなるほど)鳴り響く, 轟(とど)く: ~ in a person's ears.
Din 《記号》〘貨幣〙dinar(s).
DIN, Din [dín; *G.* díːn] 《略》G. Deutsche Industrie Normen ドイツ工業規格 (German Industry Standard) (cf. ASA, JIS).
din- [daɪn] (母音の前に来る時の) dino-[1] の異形.
Di·nah [dáɪnə] 〘□Heb. *Dīnāh*《通俗語源》judgment〙 *n.* **1** 女性名. ★ 米国に多い. **2** 〘聖書〙デナ《Jacob と Leah との間にできた娘; cf. *Gen.* 30: 21》.
di·nan·de·rie [dɪnǽndəri, də-, dìːnændríː | dɪnǽndəri, dìːnændríː] 〘□F ← *dinandier* coppersmith ← *Dinand* (原産地名; 今のベルギー南部の Dinant)〙 — *n.* (13–15 世紀頃に作られた)銅[青銅]細工台所用具類.
di·nan·tian [dɪnǽnʃən, də- | dɪnǽnʃɪən, -ʃən] 〘□F *dinantien* ← *Dinant* (↑): ⇨ -ian〙 *adj.* 〘地質〙ディナント統の《ヨーロッパの下部石炭系の》.
di·nar [dɪnɑ́ə, də-, -nɔ́ə, díːnɑə, -nɔə | díːnɑː, (1, 3 ではまた) dɪnɑ́ː] 〘《1634》□Arab. *dīnār* □LGk *dēnárion* □L *dēnārius* 'DENARIUS'〙 — *n.* **1 a** ディナール《アルジェリア (=100 centimes; 記号 DA)・バーレーン (=1000 fils; 記号 D)・イラク (=1000 fils; 記号 ID)・ヨルダン (=1000 fils; 記号 JD)・クウェート (=1000 fils; 記号 KD)・チュニジア (=1000 milliemes; 記号 D)・南イエメン (=1000 fils; 記号 £SY)・ユーゴスラビア (=100 paras; 記号 Din)・リビア (=1000 dirhams; 記号 LD) の通貨単位》. **b** 1 ディナール硬貨. **2 a** ディナール《イランの通貨単位, $=1/100$ rial》. **b** 1 ディナール硬貨. **3** ディナール《7 世紀末から数世紀間イスラム教国の基本貨幣とされた金貨》.
Di·nar·ic Álps [dɪnǽrɪk-, də- | dɪ-] *n. pl.* [the ~] ジナル アルプス《ユーゴスラビア南西部, ダルマチア海岸に沿う山脈, 東アルプス山系の支脈》.
Dí·nas brick [díːnəs- | dín-] 〘← *Dinas* (Wales の産地名)〙 *n.* 〘窯業〙ディナスれんが《珪石れんがの最初の名称》.
dinch [díntʃ] 〘← ?〙 *vt.* 〈たばこなどを〉もみ消す.
din·dle [dín(d)l] 〘《15C》: 擬音語?: cf. dingle, tinkle〙 《スコット・英方言》 — *vi., vt.* 鳴る; 鳴らす (ring); 震える; 震わせる (vibrate); しびれる, うずく (tingle). — *n.* 戦慄(せんりつ) (thrill); しびれ, うずき.
d'In·dy [dæ̃ː(n)díː, dændíː, ⌐⌐; *F.* dɛ̃di], **Vincent** *n.* ダンディ《(1851–1931; フランスの作曲家》.
dine [dáɪn] 〘《c1300》 *dine(n)* □(O)F *din-er*, OF *disner* < VL **disjūnāre*《変形》← **disjējūnāre* to break one's fast ← DIS-[1]+LL *jējūnāre* to fast (← L *jējūnus* fasting, hungry): cf. déjeuner, jejune〙 — *vi.* 正餐(せいさん)[晩餐]を食べる[取る]; (一般に)食事をする《★ have dinner のほうが普通》: ~ forth 晩餐を食べに出かける / ~ in (外食でなく)家で食事をする (↔ dine out) / ~ late 定時よりおそい晩餐を取る. — *vt.* **1** …に正餐[晩餐]を供する, 正餐[晩餐]に招待する: ~ and wine a person 人に酒食のもてなしをする / He ~*d* me handsomely. 私をりっぱな晩餐に招いてくれた. **2** …分の食事の設備がある: This table ~*s* twelve comfortably. この食卓で 12 人が楽に食べられる.
dine off (1) =DINE *on.* (2) (人)に食事の金を出してもらう. (3) =DINE *out on.* ***dine on…*** で正餐[晩餐]をすます, 食事に…を食べる. ***dine out*** (1) (ホテル・レストランなど)よそで食事をする (eat out) (↔dine in). (2) 正餐[晩餐]に招待されて出かける (cf. DINE *out on*). (3) 《俗》食事を抜きにする. ***dine out on*** 〈興味あること〉を知っているので正餐[晩餐]に招待される. ***dine with Duke Humphrey*** 〘dinner の時刻に文なしの連中が London セントポール寺院の Duke Humphrey's Walk をよくぶらついた故事にちなむ: Duke Humphrey は Henry IV の末子で気前のよさで知られ, その記念碑が St. Paul's に建立されたと誤解された〙正餐を抜きにする.
— *n.* 《スコット・古》=dinner.
dín·er *n.* **1** 食事をする人, 正餐[晩餐]の客. **2** (列車の)食堂車 (dining car). **3** 《米・カナダ》食堂車式のレストラン. **4** 小さな食堂.
di·ner·gate [daɪnɔ́ːgət, -gɪt | -nɔ́ː-] 〘← DINO-[1]+ERGATE〙 *n.* 〘昆虫〙兵隊蟻.
di·ner·ic [daɪnérɪk, dɪ-, də- | daɪ-, dɪ-] 〘← DI-[1]+LGk *nērós* wet+-IC[1]〙 *adj.* 〘物理化学〙(混り合わない)二液相界面の.
di·ner·o [dɪnérou, də- | dɪnérəu] 〘□Sp. ~ < L *dēnārium* 'DENARIUS'〙 *n.* (*pl.* ~s) **1** 《米西南部俗》金 (money). **2** デネロ《ペルーの古い銀貨; sol の $1/10$》.
díner-óut 〘← *dine out* (⇨ dine 成句)〙 *n.* (*pl.* diners-out) 外食する人, (特に, しばしば社交性に富んでいるため招かれて)よそで食事をする人.
Di·ne·sen [díːnəsn, dín-, -sən; *Dan.* díːnəsən], **I·sak** [íːsɑk] *n.* ディネセン《(1885–1962; デンマークの女流作家; *Seven Gothic Tales* (1934); Karen Blixen-Finecke [blégsənfinəkə] 男爵夫人の筆名》.
di·nette [daɪnét] 〘← DINE+-ETTE〙 — *n.* **1 a** (部屋の隅や入込み (alcove) を利用した)略式食堂. **b** 略式食堂セット《4 人用食卓椅子のセット》. **2** 《英》小料理店.
di·neu·tron [dàɪn(j)úːtrɑn | -njúːtrɒn, -trən] 〘← DI-[1]+NEUTRON〙 — *n.* 〘物理〙重中性子《2 個の中性子がある条件のもとでは相互の引力により結合して 1 個の粒子のようにふるまうもの; 仮説的なものでまだ実験的に確められていない. 理論的には, 重中性子の安定した結合状態は存在しないと考えられる》.
ding[1] [díŋ] 〘《1582》: 《擬音語》: cf. din〙 — *vi.* 〈鐘などが〉がんがん鳴る (ring, sound). — *vt.* **1** がんがん鳴らす. **2** 《口語》くどくどとしゃべる, うるさく繰り返す: ~ something *into* the ears ある事を(うるさいほど)くどくどと言う. — *n.* [しばしば歌の折り返しとして] (がんがんという)音.
ding[2] [díŋ] 〘《c1300》? ON: cf. ON *dengja* to hammer, whet a scythe / OE *denċġan* to beat〙 — *v.* (dinged, dang [dǽŋ]) 《古・方言》 — *vt.* **1** (激しく)打つ, なぐる: ~ to death なぐり殺す. **2** 投げつける, 追い出す 〈*away, down, in, out, over*〉. — *vi.* 《スコット》〈雨が〉激しく[ひどく]降る 〈*on*〉. — *n.* 《米》(波乗り板 (surfboard) などの)損傷を受けた部分.
ding-a-ling [díŋəlɪŋ, ⌐⌐⌐] 〘擬音語〙 *n.* 《米俗》気違い, 正気でない人 (crazy person).
Ding an sich [díŋ-ɑ́ːn-zíç, -zík; *G.* díŋ-an-zíç] 〘《1865》□G ~〙 *G. n.* (*pl.* **Din·ge an sich** [díŋə-; *G.* díŋə-]) 〘カント哲学〙物(それ)自体 (thing-in-itself).
ding·bat [díŋbæ̀t] 〘← DING[2]+BAT[2] (n.)〙 — *n.* **1** 《米口語》投げる物《石・棒切れなど; cf. brickbat 1》. **2** 《米口語》=doohickey; thingamy. **3** 〘印刷〙(縁飾り・小節の区切り・小見出しの代用などに用いるアステリスク (*) などの)活字オーナメント, 装飾活字. **4** 《米俗》銭(ぜに) (money). **5** 《豪》陸軍将校の当番兵 (batman). **6** 《米俗》ばか, うすのろ.
be [have the] dingbats 《豪》(1) 気が狂っている, どうかしている, ばかだ. (2) アルコール中毒による譫妄(せんもう)症にかかっている. ***give a person the dingbats*** 《豪》〈人を〉いらいらさせる.
ding·dong [díŋdɔ̀(ː)ŋ, -dɑ̀ŋ | dìŋdɔ́ŋ, ⌐⌐] 〘《1560》: 《擬音語》: cf. ding[1]〙 — *n.* **1** ごーんごーん, がんがん, じゃんじゃん《鐘の鳴る音》. **2** 《口語》激しい議論, 喧嘩(けんか) (quarrel). **3** 《口語》騒がしいパーティー[集会]. — *adv.* 《口語》せっせと, じゃんじゃんと: go [be, hammer away] at it ~ せっせと[懸命に]働く. — *adj.* 《口語》激戦の, 激しい: a ~ race [fight] 追いつ追われつの競走[激戦].
— *vi.* **1** ごーんごーん[がんがん]鳴る. **2** 単調にある音[行為]を繰り返す. — *vt.* 〈話・動作を〉しつこく繰り返す.
díngdong thèory *n.* [the ~] 〘言語〙ごーんごーん[どんどん]言語起源説《言語の原始的要素はちょうど鐘が物に触れて音を発するように, ある概念が頭に浮んだとき自然に漏れる発声に由来するという説; cf. bowwow theory, pooh-pooh theory》.
dinge[1] [díndʒ] 〘← DINGY[2]〙 *n.* 《米俗・軽蔑》黒人 (Negro).
dinge[2] [díndʒ] 〘← ?〙 *n.* 窪み, へこみ. — *vt.* (~d, ~·ing) 《英方言》打ってへこませる.
Dinge an sich *n.* Ding an sich の複数形.
din·gey [díŋ(g)i | -(g)ɪ] *n.* 《古》=dinghy.
din·ghy [díŋ(g)i | -(g)ɪ] 〘□Hindi *ḍiṅgī* (dim.) ← *ḍiṅgā* boat〙 — *n.* **1** 〘海事〙ディンギー《現在はヨットの一つの型; もとインド沿岸で用いられた各種の小舟・小ボート・伝馬船・娯楽用ボートなど》. **2** 艦載小艇. **3** (飛行機の)ゴム製の救命いかだ《空気を入れてふくらませる》.
din·gle [díŋgl] 〘《?c1200》 *dingel* deep hollow ← ? OE *ding* dungeon: ⇨ -le[1]〙 *n.* 狭い谷; (樹木でおおわれた)小さな峡谷.
din·gle·ber·ry [díŋglbèri, -b(ə)ri | -b(ə)rɪ] 〘← *dingle*(← ?)+BERRY〙 — *n.* **1** 〘植物〙ディングルベリー (*Vaccinium erythrocarpus*)《米国南東部産ツツジ科コケモモ属の低木》. **2** ディングルベリーの果実《食用》.
díngle-dàngle 〘《加重》← DANGLE〙 *adv.* ぶらぶらと, 揺れて. — *adj.* ぶらぶらする, 揺れる (dangling).
din·go [díŋgou | -gəu] 〘《1789》← Austral.《土語》〙 — *n.* (*pl.* ~es) **1** 〘動物〙ディンゴ (*Canis familiaris dingo*)《オーストラリア産の野性のイヌ; 毛色は黄褐色, 赤褐色, 灰色, ときに黒色をおびる》. **2** 《米俗》(仕事ぎらいの)浮浪者, ルン

dingo 1

ペン (tramp), なまけ者. **3** 《豪俗》ぺてん師 (cheat), 悪党, やくざ者, 裏切り者, 卑怯者 (coward). **—** 《豪俗》 *vt.* 〈約束などを〉取り消す, …から責任のがれをする (shirk). **—** *vi.* 約束などを取り消す, 卑怯なことをする, 裏切る.

din·gus [díŋ(g)əs] 〚◻Du. *dinges* (gen.) ◻G *Dings* ← *Ding* 'THING[1]'〛 **—** *n.* **1** 《口語》しかけ, 装置, からくり (gadget); (何とかいう)もの, あれ (cf. thingumbob, doohickey, dingbat, jigger). ★ 品物の名がわからないときとか, 忘れたとき用いるユーモラスな代用語. **2** 《卑》=penis.

din·gy[1] [díŋ(g)i | -gɪ] *n.* 《古》=dinghy.

din·gy[2] [dínʤi | -ʤɪ] 〚《1736》← ? DUNG+-Y[4,2]〛 **—** *adj.* (**din·gi·er, -gi·est; more ~, most ~**) **1** 〈物・場所が〉黒ずんだ, 薄暗い; すすけた, 陰気な (smoky). **2** うすぎたない, みすぼらしい (shabby). **3** 評判の悪い. **—** *n.* 《米方言・軽蔑》黒人 (dinge). **dín·gi·ly** [-ʤɪli, -ʤə- | -lɪ] *adv.* **dín·gi·ness** *n.*

dín·ing càr *n.* 食堂車 (diner). ★ 《英》では restaurant car ともいう.

díning còat *n.* 《米》ディナージャケット (dinner jacket).

díning hàll *n.* (正餐(せい)に使う)大食堂.

díning ròom *n.* 食堂, 食事室.

díning tàble *n.* =dinner table.

di·ni·tro- [dàɪnáɪtro(ʊ) | -trə(ʊ)] 〚← DI-[1]+NITRO-〛 《化学》「2 個のニトロ基 (NO_2) をもつ」の意の連結形.

dinìtro·bénzene *n.* 《化学》ジニトロベンゼン ($C_6H_4(NO_2)_2$) 《オルト (ortho-), メタ (meta-), パラ (para-) の 3 種の異性体がある, 染料合成の中間原料》.

dinìtro·phénol *n.* 《化学》ジニトロフェノール ($(NO_2)_2C_6H_3OH$) 《無色または黄色の結晶, 6 種の異性体がある; 硫化染料・ピクリン酸などの製造原料》.

dinìtro·tóluene *n.* 《化学》ジニトロトルエン ($CH_3C_6H_3(NO_2)_2$) 《青黄色の結晶, 6 種の異性体がある; 染料・爆薬の原料》.

dink[1] [díŋk] 〚《鼻音化》? ← *decked* (p.p.) ← DECK〛 《スコット》 *adj.* 〈服装が〉(こざっぱりと)きちんとした, 着飾った. **—** *vt.* 装う, 飾る.

dink[2] [díŋk] *n.* 《海事》=dinghy; (特に)鴨猟に用いる小舟.

dink[3] [díŋk] 〚《逆成》← DINKY[1]〛 *n.* 《米》ディンク《大学 1 年生がかぶるぴったり縮まった小さな帽子》.

dink[4] [díŋk] 〚← ?〛 《豪》 *n.* 自転車に乗せる[乗せて行く]こと. **—** *vt.* 自転車に乗せる[乗せて行く].

dink[5] [díŋk] 〚← ?〛 *n.* 《俗・軽蔑》《米陸軍》ベトナム人 (Vietnamese).

dink[6] [díŋk] 〚擬音語〛 *n.* 《米》(テニスでネット際に落ちる)ドロップショット (dropshot).

dink[7] [díŋk] 〚cf. 《英方言》 *dink* to toss / ding-dong (vi.)〛 *n.* 《卑》=penis.

Din·ka [díŋkə] 〚← Dinka *Jieng* people〛 **—** *n.* (*pl.* **~, ~s**) **1 a** [the ~(s)] ディンカ族《スーダンに住む牧畜種族》. **b** ディンカ族の人. **2** ディンカ語《東スーダン系》. **—** *adj.* ディンカ族の.

din·key [díŋki | -kɪ] 〚⇨ dinky[1]〛 *n.* 《口語》小さい物; (特に, 操車・荷役・木材切出しなどに用いる)小型機関車[電車].

din·kum [díŋkəm] 〚← ?〛 《豪口語・方言》 **—** *adj.* 本物の, 正真正銘の (genuine); 公正な: fair ~ 本物の. **—** *n.* **1** 仕事, (特に)激しい労働 (toil); 当然やるべき仕事. **2** 真実. **—** *adv.* ほんとうに, 正直なところ (honestly): fair ~ 正直なところ.

dínkum óil *n.* [the ~] 《豪俗》偽らない真実.

din·ky[1] [díŋki | -kɪ] 〚《1788》← DINK[1]+-Y[4]〛 **—** *adj.* (**dink·i·er, -i·est; more ~, most ~**) 《口語》 **1** 《米》小型の (tiny); 貧弱な (poor). **2** 《英》小ぎれいな, こざっぱりした, 粋(いき)な (neat) 《★ 主に女性が用いる》. **—** *n.* 《米》=dinkey.

din·ky[2] [díŋki | -kɪ] 〚変形〛 *n.* =dinghy.

din·ky-di [dìŋkidáɪ | -kɪ-] 〚《変形》← DINKUM〛 *adj.* (*also* **din·ky-die** [~]) 《豪俗》=dinkum.

din·ner [dínə | -nə(r)] 〚《*c*1300》 *diner* ◻(O)F *dîner*, OF *disner* 'to DINE': 不定詞の名詞用法 (⇨ -er[3])〛 **—** *n.* **1 a** 正餐(せい)《一日のうちの主要な食事; 晩餐 (evening dinner) または午餐 (midday dinner)》; (一般に)食事, その食べ物: an early ~ 午餐; 早い食事 / a late ~ 晩餐; おそい食事 / have [《米》eat] ~ 食事する; 正餐[晩餐]を食べる / It's time for ~. 食事の時間です / make a good [poor] ~ 十分な[物足りない]食事をする / at ~ 食事中で / sit down to ~ 正餐の卓につく / ask a person to ~ 人を正餐[ご馳走]に招く. **b** 公式の晩餐[午餐]会, 饗宴: give a ~ for [in honor of] …を正客にして[…のために]晩餐会を催す. **2** 定食 (table d'hôte): five ~*s* at $4 a head 1 人前 4 ドルの定食 5 人分. **3** (パッケージされた半調理の)弁当.
lose a [one's] dinner ⇨ lose *v.* 成句. ***dinner without grace*** 《婉曲》婚前交渉.
— *attrib. adj.* ディナー用の: ~ claret [sherry] ディナー用赤[白]ぶどう酒《デザート用より品質が悪い》.
~·less *adj.*

dínner bèll *n.* (正餐の)食事を知らせる鐘[鈴].

dínner bùcket *n.* 《米》=dinner pail.

dínner càll *n.* **1** 食事の知らせ《通例 gong を鳴らす》. **2** (晩餐会の招待を受けた人の)お礼訪問.

dínner clòthes *n. pl.* 公式の[なかば公式の]晩餐(会)用の服 (cf. evening dress).

dínner còat *n.* 《英》ディナージャケット, タキシード《略式夜会服または正式な晩餐会衣服の上着》.

dínner dànce *n.* ディナーダンス《食後にダンスをする晩餐会》.

dínner drèss *n.* 《英》ディナードレス, 婦人用略式夜会服《袖付きまたは上衣をその上に着る; 男性の dinner jacket に相当》.

dínner fòrk *n.* 食事用フォーク.

dínner hòur *n.* 正餐[晩餐]の時刻; 食事時間.

dínner jàcket *n.* 《英》 **1** =dinner coat. **2** ディナージャケット《夏用の男子略式夜会服の上着で, 通例白っぽい色》. **3** ディナージャケット, 男子用略式夜会服《上衣のほかに両サイドに絹のすじの通った黒のズボン・蝶ネクタイ・カマーバンド (cummerbund) などを含む; 女性の dinner dress に相当》.

dínner knìfe *n.* 食事用ナイフ《通例, 刃はスチールまたは銀製》.

dínner pàil *n.* 《米》(労働者などの)弁当箱.

dínner pàrty *n.* 晩餐[午餐]会, 祝賀会.

dínner plàte *n.* (通例, 直径 25 センチの)大きな皿《食事の主要料理用》.

dínner rìng *n.* (正式な)夜会用指輪《通例, 台の大きいはなやかなもの》.

dínner sèrvice [sèt] *n.* 正餐用食器類一式.

dínner spèech *n.* 《米》(晩餐後の)テーブルスピーチ.

dínner tàble *n.* 食卓.

dínner tìme *n.* =dinner hour.

dínner wàgon *n.* ディナーワゴン, (脚輪付きの)移動食器台, 食事用ワゴン.

dínner·wàre *n.* **1** ディナーウェア《正餐の全コースそろいの絵柄を施した陶磁器》. **2** 食器一揃い.

di·no-[1] [dáɪno(ʊ) | -nə(ʊ)] 〚← Gk *deinós* terrible ← IE **dwei-* to fear (L *dīrus* 'fearful, DIRE')〛 **—** 「恐ろしい (terrible); 巨大な (huge)」の意の連結形. ★ 母音の前では通例 din- になる.

di·no-[2] [dáɪno(ʊ) | -nə(ʊ)] 〚← Gk *dînos* whirling, rotation〛「渦巻き; 渦潮」の意の連結形.

di·noc·er·as [daɪnásərəs | -nɔ́s-] 〚← NL ← DINO-[1] +Gk *kéras* horn〛 *n.* 《古生物》=uintatherium.

Di·no·flag·el·la·ta [dàɪno(ʊ)flæʤəlá:tə, -léɪ- | -nə(ʊ)-flæʤəlá:tə, -léɪ-] 〚← NL ~: ⇨ dino-[2], Flagellata〛 *n. pl.* 《動物》(原生動物門)渦鞭毛虫目.

di·no·flag·el·late [dàɪno(ʊ)flǽʤələt, -lɪt, -lèɪt, -fləʤélət, -lɪt | -nə(ʊ)-] 〚← NL ~: ⇨ ↑, -ate[1]〛 *n.* 《動物》渦鞭毛虫.

di·nor·nis [daɪnɔ́ənɪs, -nəs | -nɔ́:nɪs] 〚← NL DINO-[1] +Gk *órnis* bird〛 **—** *n.* 《古生物》恐鳥《今は絶滅したモア科オオモア属 (*Dinornis*) の鳥類の総称; オオモア (*D. maxmus*) など; cf. moa》.

din·or·ni·thid [daɪnɔ́ənəθɪd, -θəd | -nɔ́:nɪθɪd] 〚↓〛 *adj., n.* 《古生物》モア科の(鳥) (cf. moa).

Din·or·nith·i·dae [dàɪnɔəníθədi: | -nɔ:níθɪ-] 〚← NL ~ ← *Dinornith-*, *Dinornis* (属名: ⇨ dinornis)+ -IDAE〛 *n. pl.* 《古生物》モア科.

di·no·saur [dáɪnəsɔə | -nə(ʊ)sɔ:(r)] 〚《1841》: ↓〛 *n.* 《古生物》恐竜《中生代の巨大な爬(は)虫類の動物; 分類学的には竜盤目と鳥盤目を指す; cf. Iguanodon》.

Di·no·sau·ri·a [dàɪnəsɔ́:riə | -nə(ʊ)sɔ́:rɪə] 〚← NL ~: ⇨ dino-[1], -saur, -ia[2]〛 *n. pl.* 《古生物》恐竜類《かつて分類学的に目名として提案されたが, 現在では竜盤目と鳥盤目を合わせた通俗語》.

di·no·sau·ri·an [dàɪnəsɔ́:riən | -rɪ-] 《古生物》 *adj.* 恐竜の. **—** *n.* =dinosaur.

di·no·sau·ric [dàɪnəsɔ́:rɪk | -nə(ʊ)-] *adj.* 恐竜のような; 巨大な.

di·no·there [dáɪnəθɪə | -nə(ʊ)θɪə(r)] 〚《1835》: ↓〛 *n.* 《古生物》=deinotherium.

di·no·the·ri·um [dàɪnəθí(ə)riəm | -nə(ʊ)θíərɪ-] 〚← NL *dinother-ium*: ⇨ dino-[1], -therium〛 *n.* 《古生物》=deinotherium.

d. in p. aeq 《略》《処方》 *L.* dīvidātur in partēs aequālēs 等分に分けること.

dint [dínt] 〚OE *dynt* ← Gmc (《擬音語》: cf. dent[1])〛 **—** *n.* **1** (打って作った)窪み, へこみ (dent). **2** 《古》一撃, 打撃 (stroke). **3** 暴力 (violence), 力 (force).
by dint of 《文語》…の力で, …によって.
— *vt.* **1** (叩いて)へこます. **2** (強く)打ち込む; 押印する (imprint).

di·nu·cle·o·tide [daɪn(j)ú:kliətàɪd | -njú:klɪə-] *n.* 《生化学》ジヌクレオチド《一つのヌクレオチドの糖がもう一つのヌクレオチドとリン酸エステル結合しているもの》.

dioc. 《略》diocesan; diocese.

di·oc·e·san [daɪásɪsən, -sə-, -ásn̩, -zən, -zn̩, dàɪəsí:zən, -zn̩ | daɪɔ́sɪsən, -ɔ́sə-, -sn̩] 〚《*a*1443》◻ML *diocēsān-us*: ⇨ diocese, -an[1]〛 **—** *adj.* diocese の. **—** *n.* **1** diocese の教会員[聖職者]. **2** (diocese の統轄者としての) bishop.

diócesan bíshop *n.* 教区長である bishop (cf. ordinary 5).

diócesan príest *n.* 教区の司祭.

di·o·cese [dáɪəsɪs, -səs, -sì:z, -sì:s | -sɪs, -səs, -sì:s, -sì:z] 〚《*a*1338》 *diocise* ◻OF (F *diocèse*) ◻LL *diocēsis* 《変形》← L *dioecēsis* district ◻ Gk *dioíkēsis* administration, province ← *dioikeîn* to keep house ← DIA-+ *oikeîn* to inhabit (← *oîkos* house)〛 **—** *n.* 《キリスト教》教区, 司教[主教, 監督]区《一人の bishop の管轄下にある中教区》.

Di·o·cle·tian [dàɪəklí:ʃən | -ʃɪən, -ʃən] *n.* ディオクレティアヌス《245–313; ローマ皇帝 (284–305); キリスト教徒を迫害した; ラテン語名 Gaius Aurelius Valerius Diocletianus [gérəs ɔ:rí:liəs vəlí(ə)riəs dàɪəkli:ʃiéɪnəs | gáɪəs ɔ:rí:ljəs vəlíərɪəs, -lɪəs-]》.

Dìoclétian wíndow *n.* 《建築》ディオクレティアヌス窓《半円形の開口部を竪に 2 本の方立てで仕切った窓; therm window ともいう》.

di·óc·tyl phthálate [daɪáktɪ̬l- | -ɔ́ktɪl-] 〚*dioctyl*: ⇨ di-[1], octyl alcohol DI-[1]+OCTYL〛 **—** *n.* 《化学》フタル酸ジオクチル ($C_6H_4(COOC_8H_{17})_2$) 《油状液体, 合成樹脂の可塑剤; 略 DOP》.

di·ode [dáɪoʊd | -əʊd] 〚《1919》← DI-[1]+-ODE[2]〛 **—** *n.* 《電子工学》 **1** ダイオード《2 端子の電子素子; 代表的なものは半導体整流素子》. **2** 二極管《二極真空管と二極放電管の総称》.

di·o·done [dáɪədòʊn | -dəʊn] 〚← DI-[1]+(I)OD(INE)+(PYRID)ONE〛 *n.* 《化学》ジオドン (⇨ iodopyracet).

Di·o·don·ti·dae [dàɪədántədi: | -dɔ́ntɪ-] 〚← NL ~ ← *Diodont-*, *Diodon* (属名: ⇨ di-[1], -odon)+-IDAE〛 *n. pl.* 《魚類》(フグ目)ハリセンボン科.

di·oe·cian [daɪí:ʃən | -ʃɪən, -ʃən] *adj.* 《生物》=dioecious.

di·oe·ci·o- [daɪí:ʃio(ʊ) | -ʃɪə(ʊ)] 〚↓〛「雌雄異株[異体]」の意の連結形.

di·oe·cious [daɪí:ʃəs] 〚← NL *dioecia* (← DI-[1]+Gk *oíkos* house)+-OUS〛 *adj.* 《生物》雌雄異株[異体]の (cf. monoecious). **~·ly** *adv.*

di·oe·cism [daɪí:sɪzm] 〚← NL *dioecia* (⇨ dioecious) +-ISM〛 *n.* 《生物》雌雄異株[異体]性 (cf. monoecism).

di·oe·cy [dáɪi:si | -sɪ] *n.* 《生物》=dioecism.

di·oes·trum [daɪéstrəm | -í:s-] 〚← NL ~: ⇨ di-[1], estrus〛 *n.* 《動物》=diestrum.

di·oes·trus [daɪéstrəs | -í:s-] *n.* 《動物》=diestrus.

di·óes·trous [-trəs] *adj.*

Di·og·e·nes [daɪáʤənì:z | -ɔ́ʤɪ-, -ʤə-] *n.* ディオゲネス《412?–323 B.C.; ギリシャのキニク学派の哲学者; 粗衣粗食し大樽(たる)の中に住み奇行に富み, ことに Alexander 大王との問答で有名》. **Di·o·gen·ic** [dàɪəʤénɪk] *adj.* **Di·og·e·ne·an** [daɪàʤəní:ən | -ɔ̀ʤɪ-, -ʤə-] *adj.*

di·oi·cous [daɪɔ́ɪkəs] *adj.* 《生物》=dioecious.

di·ol [dáɪoʊl, -ɔ(:)l | -ɔl] 〚← DI-[1]+-OL[1]〛 *n.* 《化学》ジオール, 二価アルコール《2 個の水酸基をもつアルコールの一般名》.

di·o·le·fin [dàɪóʊləfɪn, -fən, -fì:n | -əʊlɪfɪn, -fi:n] 〚← DI-[1]+OLEFIN〛 **—** *n.* 《化学》ジオレフィン《一般式 C_nH_{2n-2} で表わされ, 分子内に 2 個の二重結合をもつ炭化水素; alkadiene, diene ともいう》.

Di·o·mede [dáɪəmì:d] *n.* (*also* **Di·o·med** [-mèd]) 《ギリシャ伝説》=Diomedes.

Di·o·me·de·i·dae [dàɪəmədáɪədi: | -mɪdáɪɪ-] 〚← NL ~ ← *Diomedea* (属名: (fem.) ← L *diomēdēus* 'of DIOMEDES')+-IDAE: Diomedes の友人達が鳥に変えられた話にちなむ〛 **—** *n. pl.* 《鳥類》(ミズナギドリ目)アホウドリ科.

Dí·o·mede Íslands [dáɪəmì:d-] *n. pl.* [the ~] ダイオミード諸島《Bering 海峡にある諸島; ソ連領の Big Diomede 島と米国領の Little Diomede 島がありその間を国際日付変更線が通る》.

Di·o·me·des [dàɪəmí:di:z] 〚◻L *Diomēdēs* ◻Gk *Diomḗdēs* 《原義》advised by Zeus ← *Diós* ((gen.) ← *Zeús* 'ZEUS')+*mḗdos* counsel〛 **—** *n.* 《ギリシャ伝説》ディオメーデース《トロイ遠征のギリシャ軍中で Achilles に次ぐ勇士; Odysseus が Rhesus の馬とトロイの Palladium 像を盗むのを手伝った》.

Di·on [dáɪən, -ɑn | -ən] 〚《変形》← DENIS〛 *n.* 男性名.

Di·o·ne[1] [daɪóʊni | -əʊnɪ] 〚(fem.) ← DION〛 *n.* 女性名.

Di·o·ne[2] [daɪóʊni | -əʊnɪ] 〚◻L *Diōnē* ◻Gk *Diṓnē* 《原義》pertaining to Zeus ← *Diós* (gen.) ← *Zeús* 'ZEUS'〛 **—** *n.* **1** 《ギリシャ神話》ディオーネー《Oceanus の娘》. **2** 《天文》ディオネ《土星 (Saturn) の第 4 衛星》.

-di·one [dáɪoʊn | -əʊn] 〚← DI-[1]+-ONE〛 *suf.* 《化学》「カルボニル基 (=CO) 2 個を含む化合物」の意の名詞を造る: butane*dione*.

di·o·nin [dáɪənɪn, -nən | -nɪn] 〚◻G ~〛 *n.* (*also* **di·o·nine** [-nì:n, -nɪn, -nən | -nì:n, -nɪn]) 《薬学》ジオニン《鎮痛剤・麻薬》.

Di·o·ny·si·a [dàɪəníʒiə, -ʒə, -ziə, -ʃiə, -ʃə, -siə, -náɪsiə, -ní:-, -ziə | -nízɪə, -zjə, -ʒɪə, -sɪə, -sjə] 〚◻L *Dionȳsia* ◻Gk *Dionúsia* ← *Diónūsos* 'DIONYSUS': ⇨ -ia[2]〛 **—** *n. pl.* 《ギリシャ伝説》ディオニュソス祭, 酒神祭《Dionysus または Bacchus の祭礼でギリシャ全土各地で行なわれたが Attica では特に盛大に行なわれ, その催しとして演劇が発達した; cf. Bacchanalia》.

Di·o·ny·si·ac [dàɪəníʒiæ̀k, -zi-, -ʃi-, -si-, -náɪzi-, -ní:-, -si- | -nísɪ-, -zɪ-] 〚《*c*1830》◻LL *dionȳsiac-us*: ⇨ ↑, -ac〛 **—** *adj.* **1** (酒神)ディオニュソスの, ディオニュソス(祭)の(ような) (cf. Bacchic). **2** =Dionysian[2] 2, 3.

Di·o·ny·si·an[1] [dàɪəníʒiən, -ʒən, -ziən, -ʃiən, -ʃən, -siən, -náɪsiən, -ní:-, -ziən | dàɪənízɪən, -zjən, -ʒɪən, -sɪən, -sjən] 〚⇨ Dionysius, -an[1]〛 **—** *adj.* **1** (歴史上の人物としての) Dionysius の(ような); (特に) Syracuse 王 Dionysius のように残忍な. **2** アレオパゴスのデオニュシオス (Dionysius the Areopagite) に帰せられた神学書の.

Di·o·ny·si·an[2] [dàɪəníʒiən, -ʒən, -ziən, -ʃiən, -ʃən, -siən, -náɪsiən, -ní:-, -ziən | dàɪənízɪən, -zjən, -ʒɪən, -sɪən, -sjən] 〚⇨ Dionysia, -an[1]〛 **—** *adj.* **1** (酒神)ディオニュソスの (Dionysiac). **2** 飲めや騒げの (orgiastic). **3** 自制心のない, 自由奔放な (↔ Apollonian).

Di·o·ny·si·us [dàɪəníʃiəs, -ʃəs, -siəs, -náɪsiəs | dàɪənísɪəs, -sjəs] *n.* ディオニュシオス：**1** (430?–367 B.C.) 古代 Sicily 島のギリシャの都市 Syracuse の僭主 (405–367 B.C.); 通称 Dionysius the Elder. **2** (395?–?340 B.C.) Syracuse の僭主 (367–356 B.C.; 347–343 B.C.); 前者の息子; 通称 Dionysius the Younger.

Dionýsius Ex·íg·u·us [-egzígjuəs, -eksíg- | -zígjʊ-, -síg-] *n.* ディオニュシオス エクシグウス《530?–?; ローマの学僧, キリスト生誕の暦年を決定したといわれる》.

Dionýsius of Alexándria, Saint *n.* アレクサンドリアのディオニュシオス《190?–?265; Origen の弟子, 神学者・Alexandria 司教》.

Dionýsius of Halicarnássus *n.* ハリカルナッソスのディオニュシオス《紀元前 1 世紀のギリシャの歴史家; ローマで歴史・修辞学を講じた》.

Dionýsius the Areópagite *n.* アレオパゴス[アレオパギタ]のデオニュシオス《紀元 1 世紀のアテネの裁判官; St. Paul によりキリスト教に改宗 (*Acts* 17:34)》.

Di·o·ny·sus [dàɪənáɪsəs, -níːs- | -náɪs-] 〖▭L *Dionȳsus, -sos* ▭Gk *Diónūsos* ← ?〗 — *n.* (*also* **Di·o·ny·sos** [~]) 〖ギリシャ神話〗ディオニュソス《Zeus と人間の女 Semele との間に生れたぶどう酒と演劇の神; Bacchus ともよばれる; ⇨ Bacchus 挿絵》.

di·o·phán·tine equátion [dàɪəfǽntaɪn-, -tn-] 〖↓〗 *n.* 〖数学〗ディオファントス方程式, 不定方程式.

Di·o·phan·tus [dàɪəfǽntəs | -təs] *n.* ディオファントス《3 世紀頃 Alexandria に住んだギリシャの数学者; 最初の代数学者と言われる》.

di·op·side [daɪάpsaɪd, -sɪd, -səd | -ɔ́psaɪd, -sɪd] 〖▭F ~ ← Gk *diopsis* a view through ← DIA-+-OPSIS: ⇨ -ide²〗 — *n.* 〖鉱物〗透輝(とうき)石《灰緑または緑白色の準宝石》. **di·op·sid·ic** [dàɪɑpsídɪk | -ɔp-] *adj.*

di·op·sim·e·ter [dàɪɑpsímәṭә | -ɔpsímɪtə(r, -mə-] 〖← DIA-+-OPSIS+-METER¹〗 *n.* 〖眼科〗視野計.

di·op·tase [daɪάpteɪs, -teɪz | -ɔ́p-] 〖▭F ~ ← DIA-+Gk *optós* visible〗 *n.* 〖鉱物〗翠(すい)銅鉱 ($CuSiO_2(OH)_2$).

di·op·ter, 《英》**di·op·tre** [daɪάptə, ⏑–⏑ | daɪɔ́ptə(r] 〖▭F *dioptre* // L *dioptra* ▭Gk *dioptra* a kind of levelling instrument: ⇨ dia-, -opsis〗 — *n.* **1** 〖光学〗ジオプトリー《レンズの屈折力 (refractive power) を表わす数値; レンズの焦点距離をメートル単位で表わした数の逆数; 略 D.; cf. power 17》. **2** (古代ギリシャの)経緯儀《Hipparchus が発明し, 月・太陽の大きさや遠方の物体の大きさをはかる》.

di·op·tom·e·try [dàɪɑptάmətri | -ɔptɔ́mɪtrɪ, -mə-] *n.* 〖眼科〗＝refractometry 2.

di·op·tral [daɪάptrəl | -ɔ́p-] *adj.* ジオプトリー (diopter) の.

dioptre *n.* 〖光学〗＝diopter 1.

di·op·tric [daɪάptrɪk | -ɔ́p-] 〖▭Gk *dioptrik-ós* ← *dioptra* optical instrument: ⇨ diopter, -ic¹〗 — *adj.* **1** 屈折光学(上)の (cf. catoptric): the ~ system 屈折光学系. **2** 《レンズが》(視力補正上)光線屈折応用の, 光線の屈折矯正で視力を助ける, 視力矯正用の. **3** 光線屈折の[による] (refractive); ジオプトリーの (dioptral). — *n.* ＝diopter.

di·óp·tri·cal [-trɪkəɫ, -trə- | -trɪ-] *adj.* ＝dioptric. **~·ly** *adv.*

di·op·trics [daɪάptrɪks | -ɔ́p-] 〖《なぞり》← Gk *dioptriká* (neut. pl.) ← *dioptrikós*: ⇨ dioptric, -ics〗 *n.* 屈折光学 (cf. catoptrics).

Dior [diɔ́ə | díɔː(r, dɪ́ɔː(r; *F.* djɔːr], **Christian** *n.* ディオール《1905–57; フランスの服飾デザイナー》.

di·o·ra·ma [dàɪərǽmə, -rάːmə | -rάːmə] 〖▭F ~ ← DIA-+Gk (*h*)*órāma* spectacle〗 — *n.* **1 a** ジオラマ, 透視画《半透明の絵に各色の光線を投射したものをのぞき見る仕掛け; cf. cosmorama》. **b** ジオラマ館. **2** (小型模型に各色の光線を投射して見せる)実景見せ物; (博物館での野生生物の生息状態などを模した)復元[保存]動物などの見本展示; (映画撮影に用いる大場面の)縮小セット.

di·o·ram·ic [dàɪərǽmɪk] *adj.* ジオラマ的な.

di·o·rite [dáɪəràɪt] 〖▭F ~ ← Gk *diorízein* to distinguish ← DIA-+*horízein* to separate: ⇨ -ite¹〗 — *n.* 〖岩石〗閃(せん)緑岩《深成岩の一種》. **di·o·rit·ic** [dàɪərítɪk | -tɪk] *adj.*

Di·os·co·re·a·ce·ae [dàɪəskɔ̀ːriéɪsiìː, -skɔ̀ːr- | -skɔ̀ːrɪ-] 〖▭NL ~ ← *Dioscorea* (属名) ← *Pedanius Dioscorides* (⇨ diosgenin): ⇨ -aceae〗 — *n. pl.* 〖植物〗ヤマノイモ科.

Di·os·cu·ri [dàɪəskjú(ə)ràɪ, daɪάskjʊràɪ | dàɪəskjúəraɪ] 〖▭Gk *Dióskouroi* ← *Diós* ((gen.) ← *Zeús* 'ZEUS')+ *koûros, kóros* boy, son〗 — *n. pl.* [the ~] 〖ギリシャ神話〗＝Castor and Pollux. **Di·os·cu·ric** [dàɪəskjú(ə)rɪk | -kjúər-] *adj.*

di·os·gen·in [dàɪɑzdʒénɪn, daɪάzdʒə-, -nən | dàɪɔzdʒénɪn, daɪɔ́zdʒɪ-] 〖← *Pedanius Dioscorides* (紀元 1 世紀のギリシャの医者): ⇨ -genin〗 — *n.* 〖生化学〗ジオスゲニン ($C_{27}H_{42}O_3$)《メキシコ産のヤマノイモ (yam) から作られ, 黄体ホルモンの合成に使われる》.

di·os·mose [daɪάzmous, -άs- | -ɔ́zməʊs] 〖← DIA-+ OSMOSE〗 *n., v.* 〖物理化学〗＝osmose.

di·os·mo·sis [dàɪɑzmóusɪs, -ɑs-, -səs | -ɔzmə́ʊsɪs] *n.* (*pl.* **-mo·ses** [-siːz]) ＝osmosis.

di·ox·ane [daɪάkseɪn | -ɔ́k-] 〖← DI-¹+OXO-+-ANE²〗 *n.* (*also* **di·ox·an** [-sæn, -sən]) 〖化学〗ジオキサン ($C_4H_8O_2$)《樹脂・塗料などの溶剤》.

di·ox·ide [daɪάksaɪd, -sɪd, -səd | -ɔ́ksaɪd] 〖← DI-¹+ OXIDE〗 — *n.* 〖化学〗 **1** 二酸化物 (binoxide): carbon ~ 二酸化炭素. **2** 《俗用》過酸化物 (peroxide): ~ of hydrogen 過酸化水素.

di·ox·in [daɪάksɪn, -sən | -ɔ́ksɪn] 〖← DI-¹+OXY(GEN) +-IN¹〗 *n.* 〖化学〗ダイオクシン《除草剤にある極めて有毒で持続性の強い有害物質》.

dip [díp] 〖OE *dyppan* to dip, immerse < Gmc **duppjan* (G *taufen* to baptize) ← IE **dheu-b-* 'DEEP': cf. Gk *baptizein* 'to BAPTIZE'〗 — *v.* (**dipped,** 《まれ》**dipt** [dípt]; **dip·ping**) — *vt.* **1 a** 〈液体に〉ちょっと浸す[漬(つ)ける] 〔*into, in*〕: ~ one's fingers *in* water / ~ one's hands *in* blood 手を血でぬらす; 人殺しをする / ~ one's pen *into* the ink. **b** (すくい取ろうとして)〈手・ひしゃくなどを〉〔容器などの中へ〕入れる〔*into*〕; 〈液体・穀物などを〉〔容器などで〕すくい出す, 汲(く)み出す, 汲み取る 〈*up, out*〉〔*with*〕: ~ a bucket *into* a pond / ~ one's hand *into* one's pocket *for* change 小銭を取り出そうとしてポケットに手を入れる / ~ *out* the soup *with* a spoon スプーンでスープをすくう / ~ hot water *out of* a boiler かまから湯を汲み出す. **2** 《詩》(浸したように)ぬらす; 《古》〈人〉に浸礼を施す. **3** 〈衣類などを〉浸して染める: ~ cloth *in* dye 布を染料に浸して染める. **4** (溶かした蠟(ろう)に芯(しん)を浸けて)〈蠟燭(ろうそく)を〉造る: ~ candles. **5** 〈羊・豚を〉殺虫液に浸して洗う: ~ sheep. **6** 鍍金(めっき)する (plate). **7** 〈旗・帆などを〉(敬礼または信号のために)ちょっと下げる, 急に下げてすぐ上げる: ~ a flag in salute 敬礼に旗をちょっと下げる / ~ a curtsey ちょっとひざをかがめて会釈(えしゃく)する. **8** 《英》 **a** 質に入れる, 抵当に入れる. **b** 《口語》[通例 Passive で] 借金させる: I am a little ~*ped.* 少し借金している. **9** 《英古》[通例 Passive で]〔事件などに〕巻き込む, 連座させる (involve)〔*in*〕. **10** 《米》〈かぎたばこを〉歯・歯茎にこすりつける. **11** 《英》＝dim *vt.* 2. **12** 《俗》〈人・ポケットなど〉から金品をする.

— *vi.* **1** ちょっと浸る[漬かる, 潜(もぐ)る]: ~ *in* the ocean / ~ *into* [*under*] water. **2 a** 沈下する (sink), 〈磁針・天秤(てんびん)の皿などが〉下がる, (下方に)傾く, 〈日が〉沈む: A bird rises and ~*s* in its flight. 鳥はすいすい上下しながら飛ぶ / The sun ~*ped* below the sea. 太陽が海のかなたに没した. **b** 〈売上げ・値段などが〉(一時的に)少し下がる: Prices [Sales] ~*ped* in May. / The magazine's circulation has ~*ped to* 70,000. 雑誌の発行部数が 7 万部に落ち込んだ. **3 a** (すくい取ろうとして手やひしゃくなどを)〔容器などの中へ〕突っ込む, 突っ込んで取り出す〔*into*〕: ~ *into* a bag [barrel] 袋[樽(たる)]の中へ手[ひしゃく]を突っ込む. **b** [~ into として] 〈金や資金を〉使う, 使い込む: ~ *into* one's legacy [savings] 遺産[貯金]に手をつける / ~ deeply *into* one's pocket [purse] 大枚の金をはたく. **4 a** 〈土地・道路などが〉徐々に傾斜する: The road ~*s* there. そこでその道は下り坂になっている / The land ~*s into* a valley. 土地は傾斜して谷になっている. **b** 〖地質〗(地層が傾斜して)傾角をなす, 沈下する. **5** 〈女性が〉ちょっとひざをかがめて会釈(えしゃく)する. **6** [~ into として] …を研究する, 探る (penetrate): ~ *into* the future 将来を探求[予測]する. **7** (ちょいちょい)のぞく, (おもしろ半分に)ちょっとやってみる; ざっと読む〔*in, into*〕: ~ *into* books [a newspaper] 本[新聞]に目を通す / ~ *into* a problem 問題をちょっと研究してみる. **8** 〖航空〗(上昇の前に)がくっと下る, 急降下する. **9** 《俗》金をする, すりを働く.

dip into pockets 懐中物を取る.

— *n.* **1** 浸す[漬ける]こと (dipping); 《口語》ちょっと漬かる[浸る]こと, (ざっとした)一浴び: have [take] a ~ in the sea 海で一浴びする. **2** ＝bob² 2. **3** (スープ・アイスクリームなどの)一すくい(の分量), 一汲み. **4 a** (パン・ビスケットなどを浸して食べる)クリーム状の液体, (特に, 肉をいためた後にフライパンに残る)脂肪を含んだ肉汁. **b** (プディング・パイなどの)掛けソース, ドレッシング. **5** 浸液, (特に)洗羊液 (sheep-dip). **6** 糸心; 《俗用》蠟燭: a farthing ~ 一銭蠟燭, 小蠟燭. **7 a** (土地・道路の)沈下, (下向の)傾斜 (slope), 窪み (depression); (地層・鉱脈の)傾斜; (電線の)垂下度, たるみ: a ~ in the ground [road]. **b** (物価などの)多少の[一時的]下降, 下落; 貨幣価値の下落: a ~ in price 値の下落. **8** 〖磁気・測量〗ディップ, 俯(ふ)角, (磁針の)伏角 (inclination ともいう): the ~ of the horizon 水平俯角 (depression). **9** 〖体操〗平行棒を使っての屈伸運動. **10** 〖航空〗(上昇前の)急降下. **11** 〖詩学〗(頭韻詩 (alliterative verse) の行中の)無強勢の部分. **12** 《俗》すり (pickpocket). **13** 《俗》＝dipsomaniac. **14 a** (旗の)縦幅. **b** 《米俗》男の帽子.

at the dip 〖海事〗〈旗などが〉(敬意のしるしに)少し下げられて, 半揚で.

~·pa·ble [dípəbɫ] *adj.*

Dip. 《略》Diploma.

di·par·tite [dàɪpάətaɪt | -pάː-] 〖← DI-¹+L *partitus* 'PARTITE'〗 *adj.* 部分に分かれた.

di·pe·na·tes [dàɪpɪnéɪtiːz, -pə-, -nάː- | -penάːteɪs, -pɪ-, -pə-, -néɪtiːz] 〖← L *di penātēs* 'the guardian gods, PENATES'〗 *L. n. pl.* 家の守り神 (household gods).

di·pen·tene [dàɪpéntiːn] 〖⇨ di-¹〗 *n.* 〖化学〗ジペンテン ($C_{10}H_{16}$)《レモン様の香気のある液体, 溶剤分散剤; cajeputene ともいう》.

di·pep·ti·dase [dàɪpéptədèɪs, -dèɪz | -tɪ-] 〖▭G ~ ⇨ ↓, -ase〗 *n.* 〖生化学〗ジペプチダーゼ《ジペプチドのペプチド結合のみを加水分解する酵素》.

di·pep·tide [dàɪpéptaɪd] 〖⇨ di-¹〗 *n.* 〖生化学〗ジペプチド《2 個のアミノ酸がペプチド結合したもの》.

di·pet·al·ous [dàɪpétələs, -tɫ- | -təl-] *adj.* 〖植物〗＝bipetalous.

di·phase [dáɪfèɪz] *adj.* 〖電気〗二相性の.

di·pha·sic [dàɪféɪzɪk] *adj.* 〖電気〗＝diphase.

di·phen·hy·dra·mine [dàɪfenháɪdrəmìːn, -mɪn, -mən | -mìːn, -mɪn] 〖← DI-¹+PHENO-+HYDRO-+AMINE〗 *n.* 〖薬学〗ジフェンヒドラミン ($C_{17}H_{21}NO$)《抗ヒスタミン剤》.

di·phen·yl [dàɪfénɫ, -fíː-] 〖⇨ di-¹〗 〖化学〗 *n.* ＝biphenyl. — *adj.* 分子内にフェニル基 (C_6H_5) を 2 個もつ.

diphènyl·acétylene *n.* 〖化学〗ジフェニルアセチレン (⇨ tolan).

di·phen·yl·a·mine [dàɪfènɪləmíːn, -fìːn-, -nəl-, -nɫ-, -æm- | -fènɪləmíːn, -fìːn-, -æm-] *n.* 〖化学〗ジフェニルアミン ($(C_6H_5)_2NH$)《染料の原料》.

diphenylamíne·chlo·rár·sine [-klɔːrάəsiːn, -klɔːr-, -sɪn, -sən | -klɔːrάːsiːn, -sɪn] 〖⇨ chloro-, arsine〗 *n.* 〖化学〗＝adamsite.

diphènyl·guánidine *n.* 〖化学〗ジフェニルグアニジン ($(C_6H_5NH)_2C{=}NH$)《針状晶; 加硫促進剤としてゴムの製造に用いる》.

diphènyl·hydántoin 〖⇨ hydantoin〗 *n.* 〖薬学〗ジフェニルヒダントイン ($C_{15}H_{12}N_2O_2$)《癲癇(てんかん)の発作を抑制するのに用いる, 抗痙攣(けいれん)剤》.

diphényl kétone *n.* 〖化学〗＝benzophenone.

diphènyl·thì·o·cárbazone [-θàɪo(ʊ)- | -θàɪə(ʊ)-] 〖← DIPHENYL+THIO-+CARBO-+AZO-+-ONE〗 *n.* 〖化学〗ジフェニルチオカルバゾン (⇨ dithizone).

diphènyl·thiouréa 〖⇨ thiourea〗 *n.* 〖化学〗ジフェニルチオ尿素 (⇨ thiocarbanilide).

di·pho·ni·a [daɪfóʊniə | -fə́ʊnjə, -nɪə] *n.* 〖病理〗＝diplophonia.

di·phos·gene [dàɪfάzdʒiːn | -fɔ́z-, -fɔ́s-] 〖← DI-¹+ PHOSGENE〗 *n.* 〖化学〗ジフォスゲン ($ClCOOCCl_3$)《第一次大戦に毒ガスとして用いられた》.

di·phos·phate [dàɪfάsfeɪt | -fɔ́sfeɪt, -fət, -fɪt] 〖⇨ di-¹〗 *n.* 〖化学〗二リン酸塩 (⇨ pyrophosphate). **di·phos·phor·ic** [dàɪfɑsfɔ́(ː)rɪk, -fάr- | -fɔsfɔ́r-] *adj.*

di·phòs·pho·gly·cér·ic ácid [dàɪfάsfo(ʊ)glɪsérɪk- | -fɔ̀sfə(ʊ)-] 〖⇨ ↑, glyceric〗 *n.* 〖化学〗ジフォスフォグリセリン酸 ($C_3H_8O_{10}P_2$)《肝臓・筋肉などに存在; 光合成などの重要な中間体》.

diphòspho·pýridine núcleotide 〖*diphosphopyridine*: ← DI-¹+PHOSPHO-+PYRIDINE〗 — *n.* 〖生化学〗ジフォスフォピリジン ヌクレオチド ($C_{21}H_{27}N_7O_{14}P_2$)《生体組織に広く分布している酸化型の補酵素の一つ; 略 DPN; coenzyme I, nicotinamide-adenine dinucleotide ともいう》.

diphòspho·thíamine 〖← DI-¹+PHOSPHO-+THIAMINE〗 *n.* 〖生化学〗ジフォスフォチアミン (⇨ cocarboxylase).

diph·the·ri·a [dɪfθí(ə)riə, dɪp- | -θíərɪə] 〖《1857》← NL ~ ← F *diphthérie* ← Gk *diphthérā* skin, leather: ⇨ -ia¹: のどの粘膜が皮革のように見えることから〗 — *n.* 〖病理〗ジフテリア《ジフテリア杆菌 (*Corynebacterium diphtheriae*) によって引き起こされる伝染病》. **diph·the·ri·al** [dɪfθí(ə)riəl, dɪp- | -θíərɪ-] *adj.* **diph·thé·ri·an** [-riən | -rɪ-] *adj.*

diph·ther·ic [dɪfθérɪk, dɪp-, -θí(ə)r- | -θér-, -θíər-] *adj.* 〖病理〗＝diphtheritic. — *n.* ジフテリア患者.

diph·the·rit·ic [dɪ̀fθərítɪk, dɪ̀p- | -tɪk] 〖▭F *diphthéritique* ← 《古形》*diphthérite* ← Gk *diphthérā* 'DIPHTHERIA': ⇨ -ic¹〗 — *adj.* 〖病理〗ジフテリア(性)の; ジフテリアにかかっている.

diph·the·roid [dífθərɔ̀ɪd, díp-] 〖← DIPHTHER(IA)+ -OID〗 — *adj.* 〖病理〗ジフテリア症状の, ジフテリア様の. — *n.* **1** 〖病理〗類ジフテリア. **2** 〖細菌〗類ジフテリア菌.

diph·thong [dífθɔ(ː)ŋ, díp-, -θɑŋ | -θɔŋ] 〖《?c1475》 ▭OF *diptongue* (F *diphthongue*) ▭LL *diphthongus* ▭Gk *díphthoggos* having two sounds ← DI-¹+ *phthóggos* voice, vowel〗 — *n.* **1** 〖音声〗二重母音 (bite, out における [aɪ], [aʊ] など; cf. monophthong, triphthong). **2 a** 《俗》＝digraph 1. **b** 〖活字〗＝digraph 2. — *vt., vi.* 〖音声〗＝diphthongize.

diph·thon·gal [dɪfθɔ́(ː)ŋ(g)əɫ, dɪp-, -θάŋ(g)- | -θɔ́ŋ(g)-] *adj.* **1** 〖音声〗二重母音(性)の. **2** 二重字的な. **~·ly** *adv.*

diph·thon·gi·a [dɪfθɔ́(ː)ŋgiə, dɪp-, -θάŋ- | -θɔ́ŋgɪə] *n.* 〖病理〗＝diplophonia.

diph·thong·i·za·tion [dɪ̀fθɔ(ː)ŋ(g)ɪzéɪʃən, dɪ̀p-, -θɑŋ(g)-, -ŋ(g)ə- | -θɔŋ(g)aɪ-, -ŋ(g)ɪ-] *n.* 〖音声〗(単母音や三重母音の)二重母音(性)化.

diph·thong·ize [dífθɔ(ː)ŋ(g)àɪz, díp-, -θɑŋ(g)- | -θɔŋ(g)-] *vt., vi.* 〖音声〗〈単母音や三重母音を〉二重母音(性)化する.

diph·y- [dífi | -fɪ] (母音の前に来る時の) diphyo- の異形.

diph·y·cer·cal [dɪ̀fɪsə́ːkəɫ, -fə- | -fɪsə́ː-] 〖← DIPHYO- +-CERCAL〗 *adj.* 〖動物〗原尾形の, 原正形の. **diph·y·cer·cy** [dífɪsə̀ːsi, -fə-, -sə̀ːki | -fɪsəːsɪ] *n.*

di·phy·let·ic [dàɪfaɪléṭɪk | -tɪk] 〖← DI-¹+PHYLETIC〗 *adj.* 二つの系統[個人]に由来する, 起源が 2 か所におよぶ.

Di·phyl·lo·both·ri·um [daɪfìlo(ʊ)bάθriəm | -lə(ʊ)bɔ́θrɪ-] 〖← NL ~: ⇨ di-¹, phyllo-, bothrium〗 *n.* 〖動物〗裂頭条虫属《扁形動物門の条虫, 広節裂頭条虫 (*D. latum*) を含む》.

di·phyl·lous [dàɪfíləs] 〖← DI-¹+-PHYLLOUS〗 *adj.* 〘植物〙二枚の葉のある.
diph·y·o- [dífio(ʊ)|-fɪə(ʊ)] 〖← NL ~ ← Gk *diphuḗs* double ← DI-¹+*phúein* to bring forth〗「二重の (twofold), 二倍の (double), 二部分から成る (bipartite)」の意の連結形. ★ 母音の前では通例 diphy- になる.
di·phy·o·dont [dàɪfáɪədɑ̀nt|-dɔ̀nt] 〖⇨↑, -odont〗〘動物〙 ― *adj.* 一換歯性の《哺乳類のように 2 回発生する歯をもった; cf. monophyodont, polyphyodont》; 歯の抜け換わる, 抜け換わる歯のある. ― *n.* 一換歯性の動物.
dipl. 《略》diplomacy; diplomat; diplomatic.
dip·l- [dípl] (母音の前に来る時の) diplo- の異形.
dip·la·cu·sis [dɪpləkjú:sɪs, -səs|-sɪs] 〖← NL ~: ⇨ diplo-, -acusia, -sis〗 *n.* (*pl.* **-cu·ses** [-si:z])〘病理〙複聴《一つの音を高さの違う二つの音として感じること》.
di·ple·gi·a [daɪplí:dʒiə, -dʒə|-dʒɪə, -dʒə] 〖← NL ~: ⇨ di-¹, -plegia〗 *n.* 〘病理〙(手足や顔面などの)両(側)麻痺.
di·plex [dáɪpleks] 〖← DI-¹+(DU)PLEX〗 *adj.* 〘通信〙二重通信のできる: ~ telegraphy 二信電信 / a ~ circuit 二信回路.
di·plex·er [dáɪpleksə|-sə(r] *n.* 〘通信〙ダイプレクサー《画像搬送波と音声搬送波を一つのアンテナから発射するための結合装置》.
dip·lo- [díplo(ʊ)|-plə(ʊ)] 〖← Gk *diplóos* twofold ← DI-¹+*pl- -fold: cf. double〗 ―「二重…, 双, 複 (two, twice, double, twin)」の意の連結形. ★ 母音の前では通例 dipl- になる.
diplo·bacíllus 〖⇨↑, bacillus〗 *n.* 〘細菌〙双杆菌《杆菌が 2 個で 1 菌体をなす》.
dip·lo·blas·tic [dìplo(ʊ)blǽstɪk|-plə(ʊ)-] 〖← DIPLO-+-BLASTIC〗 ― *adj.* 〘生物〙二胚(はい)葉性の《クラゲ・イソギンチャクのように内胚葉 (endoderm) と外胚葉 (ectoderm) の二つの胚葉しかない動物にいう; これより高等な動物はすべて三胚葉性; cf. triploblastic》.
dip·lo·car·di·ac [dìplo(ʊ)kɑ́ədiæ̀k|-lə(ʊ)kɑ́:drɪæk, -djæ̀k] *adj.* 〘生物〙複心臓性の《鳥類・哺乳類など》.
dip·lo·coc·cal [dìplo(ʊ)kɑ́kəl|-plə(ʊ)kɔ́k-] *adj.* 〘細菌〙双球菌(性)の.
diplococci *n.* diplococcus の複数形.
dip·lo·coc·cic [dìplo(ʊ)kɑ́k(s)ɪk|-plə(ʊ)kɔ́k(s)ɪk] *adj.* 〘細菌〙=diplococcal.
dip·lo·coc·cus [dìplo(ʊ)kɑ́kəs|-plə(ʊ)kɔ́k-] 〖← NL ~: ⇨ diplo-, -coccus〗 ― *n.* (*pl.* **-coc·ci** [-kɑ́k(s)aɪ, -kɑ́k(s)i:|-kɔ́k(s)aɪ]) 〘細菌〙双球菌《球菌 2 個 1 組で 1 菌体をなす *Diplococcus* 属の細菌; 肺炎球菌など》.
di·plod·o·cus [dɪplɑ́dəkəs, də-, daɪ-, -dəkəs|dɪplɔ́də-] 〖← NL ~ ← DIPLO-+Gk *dokós* beam〗 ― *n.* 〘古生物〙ディプロドクス《竜盤目竜脚亜目 *Diplodocus* 属のジュラ紀後期の巨大な恐竜の総称; 米国 Colorado や Wyoming 地方で化石が発見された》.
dip·lo·ë [díploui:|-pləʊ-] 〖← NL ~ ← Gk *diplóē* fold: cf. diplo-〗 ― *n.* (*also* **dip·lo·e** [~]) 〘解剖〙(頭頂骨などの)板間層. **di·plo·ic** [dɪplóʊɪk, də-, daɪ-|dɪpləʊ-] *adj.*
dip·lo·hap·lont [dìplo(ʊ)hǽplɑnt|-lə(ʊ)hǽplɔnt] 〖← DIPLO-+HAPLONT〗 ― *n.* 〘植物〙複単相植物, 単複相植物《生活環の上で体に配偶体と胞子体とがあり, それらが核相的に単相 (*n*) と複相 (2*n*) であるもの》.
dip·loid [díplɔɪd] 〖← DIPLO-+-OID〗 ― *adj.* **1** 二重の (double). **2** 〘生物〙〈細胞・核など〉(染色体が)全数の, 倍数の, 二倍性の《染色体数が基本数の 2 倍の; 減数分裂をすると数がその半分, すなわち半数 (haploid) となる; cf. diplosis》. ― *n.* **1** 〘生物〙二倍体, 倍数[両数]染色体 (cf. haploid). **2** 〘結晶〙偏方二十四面体.
dip·loi·dy [díplɔɪdi|-dɪ] *n.* 〘生物〙(染色体の)二倍性, 倍数性.
di·plo·ma [dɪplóʊmə, də-|dɪpláʊ-] 〖《*c*1645》□ L *diplōma* □ Gk *diplōma* folded paper ← *diploûn* to double ← *diplóos* double: cf. diplo-〗 ― *n.* (*pl.* **~s**, 3 ではまた **~·ta** [~ṭə|~tə]) **1** 免状, 資格免許状 (certificate); 特許状 (charter); (大学の)卒業証書, 修業証書; 学位免状, 学位記: a ~ *in* education 教育学学位記 / get one's ~ (大学[大学院]を)卒業する. **2** 賞状, 褒(ほう)状, 感状: a ~ of merit. **3** 公文書, 官文書 (official document); [*pl.*] (考古学上の)古文書.
― *vt.* (**~ed, ~d; ~·ing**) …に diploma を与える.
di·plo·ma·cy [dɪplóʊməsi, də-|dɪpláʊməsɪ] 〖《1796》□ F *diplomatie* ← *diplomatique* 'DIPLOMATIC': ⇨↑, -cy〗 ― *n.* **1** 外交, 外交術: armed ~ 武力外交. **2** 外交的手腕, 折衝的才能, 駆け引き: use ~ 外交手腕をふるう, 駆け引き(を)する / settle by ~ 外交手腕で解決する.
di·pló·maed *adj.* diploma を有する: a ~ physician 免状のある医師.
di·plo·ma·ism [dɪplóʊməɪzm, də-|dɪpláʊ-] *n.* (就職における)学歴偏重(主義).
diplóma mìll *n.* 《米口語》学士製造所, マスプロ大学, (無認可の)専門学校(など).
dip·lo·mat [dípləmæ̀t] 〖□ F *diplomate* 《逆成》← *diplomatique* 'DIPLOMATIC'〗 *n.* **1** 外交官, 外交家. **2** =diplomatist 1.
dip·lo·mate [dípləmèɪt] 〖← DIPLOMA+-ATE¹ 2〗 ― *n.* 免状[特許] (diploma) を授与された者《特に, 医者・弁護士・技師などについていう》; (国の専門委員会から認証を受けている)専門医 (specialist).
dip·lo·mat·ic [dìpləmǽṭɪk|-tɪk] 〖1, 2: 《1787》□ F *diplomatique* ← NL *diplomaticus* ← L *diplōmat-*: ⇨ diploma, -atic. 3: ← NL〗 ― *adj.* **1** 外交の, 外交上の, 外交官に関する: the ~ body =diplomatic corps / ⇨ diplomatic service / maintain ~ relations with … と外交関係を続ける / a ~ break with …との国交断絶 / settle disputes by ~ means 外交的手段によって紛争を解決する. **2** 外交的な, 外交的手腕のある, 人扱いの巧みな, 如才のない. **3** 古文書学の; 原文の: a ~ copy 原文のままの書写し / ~ evidence 文献上の証拠. **dip·lo·mát·i·cal·ly** *adv.*
diplomátic bág *n.* =diplomatic pouch.
diplomátic còrps *n.* [通例 the ~] 外交団《一国に駐在している全外交官》.
diplomátic immúnity *n.* 外交官免除特権《関税・逮捕・家宅捜索・荷物検査などを免除されること; 国際法上相互に決められている場合が多い》.
diplomátic póuch *n.* (外務省と在外大使[公使]館との間の)外交通信文書入りの郵便袋《封印されたまま検閲なしに送られる; diplomatic bag ともいう》.
dip·lo·mat·ics [dìpləmǽṭɪks|-tíks] 〖⇨ diplomatic, -ics〗 *n.* **1** 《古》=diplomacy. **2** 古文書(こもんじょ)学《勅許状・法令やその他種々の公文書を解読し, その真偽や年代を決定する; cf. paleography 1》.
diplomátic sèrvice *n.* 外交官勤務; [集合的]大使[公使]館員: go into the ~ 外交官になる.
di·plo·ma·tist [dɪplóʊməṭɪst, də-, -ṭəst|dɪpláʊmətɪst] 〖《1815》← DIPLOMAT(IC)+-IST〗 *n.* **1** 折衝に巧みな人, 外交的手腕のすぐれた人. **2** =diplomat 1.
di·plo·ma·tize [dɪplóʊmətàɪz, də-|dɪpláʊ-] *vi.* 外交折衝を行なう; 外交的手腕をふるう.
dip·lont [díplɑnt|-lɔnt] 〖□ G ~: ⇨ diplo-, -onto〗 *n.* 〘生物〙二倍体, 複相生物 (cf. haplont). **dip·lon·tic** [dɪplɑ́nṭɪk|-lɔ́nt-] *adj.*
dip·lo·phase [díplo(ʊ)fèɪz|-lə(ʊ)-] 〖← DIPLO-+PHASE¹〗 *n.* 〘生物〙複相《核相交代をする生物で, 染色体数が二倍数の相》.
dip·lo·pho·ni·a [dìpləfóʊniə|-fəʊnjə, -nɪə] 〖← NL ~: ⇨ diplo-, -phony〗 ― *n.* 〘病理〙二重声, 複音《会話の際, 二つの違った音声を生じる状態; diphonia, diphthongia ともいう》.
di·plo·pi·a [dɪplóʊpiə, də-|dɪpləʊpjə, -pɪə] 〖← NL ~: ⇨ diplo-, -opia〗 ― *n.* 〘眼科〙複視《double vision ともいう》. **di·plo·pic** [dɪplóʊpɪk, də-, -plɑ́p-|dɪplɔ́p-, -pləʊp-] *adj.*
dip·lo·pod [dípləpɑ̀d|-pɔ̀d] 〖↓〗 *adj., n.* 〘動物〙倍脚綱の(動物).
Di·plop·o·da [dɪplɑ́pədə, də-|dɪplɔ́p-] 〖← NL ~: ⇨ diplo-, -poda〗 *n. pl.* 〘動物〙倍脚綱《ヤスデ (millipede) など》.
di·plop·o·dous [dɪplɑ́pədəs, də-|dɪplɔ́p-] *adj.* 〘動物〙倍脚綱の.
di·plo·sis [dɪplóʊsɪs, də-, -səs|dɪpləʊsɪs] 〖← NL ~ ← Gk *diplōsis* a doubling: ⇨ diplo-, -sis〗 ― *n.* (*pl.* **di·plo·ses** [-si:z]) 〘生物〙全数復元《授精により雌雄の生殖細胞のそれぞれ持つ半数染色体が合一して倍数となること; cf. haplosis》.
dip·lo·ste·mo·nous [dìplo(ʊ)stí:mənəs, -stém-|-plə(ʊ)-] 〖← DIPLO-+Gk *stḗmōn* warp+-OUS〗 ― *adj.* 〘植物〙(外輪は花弁を互生し内輪は萼片と互生するような)内外二輪の雄蕊(ゆうずい)を有する.
dip·lo·tene [díplətì:n|-lə(ʊ)-] 〖□ F *diplotène*: ⇨ diplo-, -tene〗 ― *n.* 〘生物〙複糸期, ディプロテン期, 二重期, 双糸期《減数分裂前期の厚糸期に続く時期で, 密着した 2 本の相同染色糸が多少離れて複糸構造が現われる; cf. leptotene, pachytene》.
Di·plu·ra [dɪplúərə, də-|dɪplúərə] 〖← NL ~: ⇨ diplo-, -ura〗 *n. pl.* 〘昆虫〙=Entotrophi.
díp nèedle *n.* 〘測量〙伏角計.
díp nèt *n.* たも網, たも.
dip·neust [dípn(j)u:st|-nju:st] 〖← DIPNEUSTI〗 *n.* 〘魚類〙肺魚亜綱の魚.
dip·neus·tal [dɪpn(j)ú:stl̩|-njú:s-] 〖⇨↓, -al¹〗 *adj.* 〘魚類〙肺魚亜綱の.
Dip·neus·ti [dɪpn(j)ú:staɪ|-njú:s-] 〖← NL ~ ← DI-¹+-*pneusti* (← Gk *pneîn* to breathe)〗 *n. pl.* 〘魚類〙肺魚亜綱.
dip·neus·tid [dɪpn(j)ú:stɪd, -təd|-njú:stɪd] 〖⇨↑, -id²〗 *adj.* 〘魚類〙=dipneustal.
dip·no·an [dípnoʊən|-nəʊ-] 〖⇨↓, -an¹〗〘魚類〙 *adj.* 肺魚亜綱の. ― *n.* 肺魚 (cf. ceratodus).
Dip·noi [dípnɔɪ, -noʊàɪ|-nɔɪ, -nəʊàɪ] 〖← NL ~ (pl.) ← *dipnous* having two apertures for breathing □ Gk *dípnoos* ← DI-¹+*pnoḗ* breath〗 ― *n. pl.* 〘魚類〙肺魚亜綱.
di·pód·ic rhýthm [daɪpɑ́dɪk-|-pɔ́d-] 〖*dipodic*: ⇨ dipody, -ic¹〗 *n.* 〘詩学〙複歩句韻律 (cf. dipody).
dip·o·did [dípədɪd, -dəd|-dɪd] 〖↓〗 *adj., n.* 〘動物〙トビネズミ科の(動物).
Di·pod·i·dae [daɪpɑ́dədì:|-pɔ́dɪ-] 〖← NL ~ ← *Dipod-* (属名: ⇨ dipus)+-IDAE〗 *n. pl.* 〘動物〙(齧歯目)トビネズミ科.
dip·o·dy [dípədi|-dɪ] 〖□ LL *dipodia* □ Gk *dipodia* ← *dipod-*, *dipous* having two feet: ⇨ di-¹, -pod¹〗 *n.* 〘詩学〙二歩格, 複脚律.
di·po·lar [dáɪpòʊlə, ―́―̀―|dáɪpə̀ʊlə(r, ―́―̀―] *adj.* 〘電気・化学〙〈磁石・分子など〉二極性の, 両性の.
dípolar íon *n.* 〘物理〙双生イオン, 両性イオン《両性電解質の分子内で酸性および塩基性の原子団が同時に解離して生じる電気的双極子; zwitterion ともいう》.
di·po·lar·ize [dàɪpóʊləràɪz|-pə́ʊ-] *vt.* 〘電気・磁気〙〈磁石・分子などを〉二極性[両性]にする, 磁化する.
di·pole [dáɪpòʊl|-pəʊl] *n.* **1** 〘電気〙二重極, 双極子 (cf. octupole, quadrupole). **2** 〘通信〙=dipole aerial.
dípole áerial [anténna] *n.* 〘通信〙ダイポール空中線, 双極アンテナ《使用周波数の半波長にほぼ等しい導線を空中に架設し, 中央または一端から饋電(きでん)すると両端に符号反対の最大電位を生じるようにしたアンテナ; 単に dipole または doublet antenna ともいう; cf. folded dipole》.
dípole móment *n.* 〘電気〙双極子モーメント, 双極子効率.
Di·pol·i·a [daɪpóʊliə|-pɔ́lɪə, -ljə] 〖□ Gk *Di(i)pó-leia*〗 ― *n.* [しばしば複数扱い] 古代アテネの祭《Athens の守護神 Zeus をたたえて, 6 月の終り頃 Acropolis の丘で行ない, 雄牛を生贄(いけにえ)にする; Buphonia ともいう》.
Díp·pel's oil [dípəlz-, -pl̩z-] 〖← *Johann K. Dippel* (1672–1734: ドイツの錬金術師, その調合者)〗 *n.* 〘化学〙=bone oil.
dip·per [dípə|-pə(r] 〖《*c*1395》〗 ― *n.* **1** (水などに)浸す人[物]. **2** [D-] 〘キリスト教〙浸礼教徒 (Baptist, Anabaptist, Dunker). **3** すくう物, 汲(く)み揚げる道具, ひしゃく, しゃもじ. **4** [the D-] 《米》〘天文〙 **a** 北斗七星《おおぐま座 (Ursa Major) 中の七つの主星; Triones, the Big Dipper ともいう》. **b** 小北斗七星《こぐま座 (Ursa Minor) 中の七つの主星; the Little Dipper ともいう》. **5** 〘機関〙ディッパー《連接棒端部の潤滑油すくい》. **6** 〘写真〙湿板銀浴や製版腐食液などにガラス板を浸す時ガラス板を支えるかぎ状の器. **7** 〘鳥類〙水中にもぐる鳥類の総称《カワガラス・ヒメハジロなど》; (特に)カワガラス (*Cinclus pallasii*). **8** おもしろ半分に本を読む人. **9** 《俗》すり (pickpocket).
dip·per·ful [dípəfʊ̀l|-pə-] *n.* ひしゃく一杯(の量).
díp·ping chàir *n.* =ducking stool.
dípping lùg *n.* 〘海事〙ディピングラグ《ラグスル (lugsail) のうちで, 帆の前縁がマストと平行になる形のもの; cf. standing lug》.
dípping nèedle *n.* 〘測量〙=dip needle.
dípping tànk *n.* 〘畜産〙浸漬(しんし)タンク《家畜の全身を殺虫剤の液に浸すための設備》.
dip·py [dípi|-pɪ] 〖← ? DIP〗 ― *adj.* (**dip·pi·er; -pi·est**) 《俗》 **1** (少し)気がふれて: ~ *about* money [*with* love] 金で[恋で]おかしくなって. **2** ばかげた, 途方もない, 道理にはずれた: a ~ thought.
Dip·ri·on·i·dae [dìpriɑ́nədì:|-rɪɔ́nɪ-] 〖← NL ~ ← *Diprion* (⇨ di-¹, priono-)+-IDAE〗 *n. pl.* 〘昆虫〙(膜翅目)マツハバチ科.
díp ròpe *n.* 〘海事〙ディップロープ, 解錨索《2 本の錨鎖が互にからみ合った時, これを解きほぐすために用いるロープ》.
di·pro·pel·lant [dàɪprəpélənt] 〖← DI-¹+PROPELLANT〗 *n.* 〘宇宙〙=bipropellant.
di·prot·ic [dàɪprɑ́ṭɪk|-prɔ́t-] 〖← DI-¹+PROT(ON)+-IC¹〗 *adj.* 〘化学〙二陽子の; 塩基度二の.
Di·pro·to·don·ti·a [dàɪpròʊṭədɑ́nʃiə, -ʃə|-prəʊtədɔ́nʃɪə] 〖← NL ~ ← *Diprotodont-*, *Diprotodon* (属名: ⇨ di-¹, proto-, -odon)+-IA²〗 ― *n. pl.* 〘動物〙草食有袋類 (cf. Phytophaga).
Dip·sa·ca·ce·ae [dìpsəkéɪsiì:] 〖← NL ~ ← *Dipsacus* (属名: ← Gk *dípsakos* teasel ← *dípsa* thirst)+-ACEAE〗 ― *n. pl.* 〘植物〙マツムシソウ科. **dip·sa·cá·ceous** [-ʃəs] *adj.*
díp·shìt 〖cf. shit〗 *n.* 《卑》ごくつぶし, 能なし野郎.
dip·so [dípsoʊ|-səʊ] 〖略〗 *n.* (*pl.* **~s**) 《口語》アル中 (dipsomaniac).
dip·so·ma·ni·a [dìpsəméɪniə, -so(ʊ)-, -njə|-sə(ʊ)méɪnjə, -nɪə] 〖《1843》← NL ~ ← Gk *dipso-*, *dipsa* thirst+-MANIA〗 ― *n.* 〘病理〙 **1** 飲酒癖, 渇酒癖. **2** =alcoholism.
dip·so·ma·ni·ac [dìpsəméɪniæ̀k, -so(ʊ)-|-sə(ʊ)méɪnɪæk] 〖⇨↑, -ac〗 *n.* 〘病理〙飲酒狂(患者). **dip·so·ma·ni·a·cal** [dìpso(ʊ)mənáɪəkəl, -sə-|-sə(ʊ)-] *adj.*
díp·stìck *n.* 〘自動車〙計深器, 計量棒, ディップスティック《エンジンのクランクケース内の潤滑油量を計る》.
díp swìtch *n.* 《英》〘自動車〙前照灯減光スイッチ.
dip·sy doo [dípsi·dú:|-sɪ-] 〖← ?〗 *n.* (*pl.* **~s**) 《俗》=dipsy doodle.
dípsy dóodle *n.* 《俗》ごまかし, 腹黒いやり方.
dipt [dɪpt] *v.* 《まれ》dip の過去形・過去分詞.
Dip. Tech. 《略》Diploma in Technology.
dip·ter- [díptər] (母音の前に来る時の) diptero- の異形.
diptera *n.* dipteron の複数形.
Dip·ter·a [dípt(ə)rə|-tərə] 〖《1819》← NL ~ ← Gk *dípteros* two-winged (⇨ di-¹, ptero-): cf. dipterous〗 *n. pl.* 〘昆虫〙双翅目《アブ・ハエ類》.
dip·ter·al [dípt(ə)rəl|-tər-] *adj.* **1** 〘昆虫〙=dipterous. **2** 〘建築〙二重周翼式の《前後にポーティコ (portico) をもち, 側面に二重の列柱が回る神殿の形式》.
dip·ter·an [díptərən] 〘昆虫〙 *adj.* =dipterous. ― *n.* =dipteron.
dip·ter·o- [díptəro(ʊ)|-rə(ʊ)] 〖← Gk *dípteros*: ⇨ Diptera〗「双翼の; 双翅類の」の意の連結形. ★ 母音の前では通例 dipter- になる.
dip·ter·o·carp [díptəro(ʊ)kɑ̀əp|-rə(ʊ)kɑ̀:p] 〖↓〗 *n.* 〘植物〙東南アジア原産フタバガキ科の高木の総称.
Dip·ter·o·car·pa·ce·ae [dìptəro(ʊ)kɑəpéɪsiì:|

-rə(ʊ)kɑ:-] 〘← NL ～ ← *Dipterocarpus* (属名: ⇨ diptero-, -carpus) + -ACEAE〙 ── *n. pl.* 〘植物〙フタバガキ科. **dìp·ter·o·car·pá·ceous** [-ʃəs] *adj.*

dipteroi *n.* dipteros の複数形.

dip·ter·on [díptərɑ̀n | -rɔ̀n] 〘▭ Gk *dipteron* (neut.) ← *dipteros* two-winged (↓)〙 *n.* (*pl.* **-ter·a** [-t(ə)rə | -tərə]) 〘昆虫〙双翅目の昆虫.

dip·ter·os [díptərɑ̀s | -rɔ̀s] 〘▭ Gk *dipteros* (↓)〙 *n.* (*pl.* **-ter·oi** [-rɔ̀ɪ]) 〘建築〙二重周翼式神殿.

dip·ter·ous [dípt(ə)rəs | -tər-] 〘(1773) ← NL *dipterus* two-winged ← Gk *dipteros* (⇨ Diptera): ⇨ -ous〙 ── *adj.* **1** 〘昆虫〙双翅目の. **2** 〘植物〙〈種子が〉二翅のある, 双翼の.

dip·tych [díptɪk] 〘(1622) ▭ LL *diptycha* ▭ Gk *díptukha* double tablet ← *diptukhos* folded double ← DI-[1] + *ptukhḗ* fold〙 ── *n.* **1** (古代ローマで)二枚折り書字板, ジプチカ《蝶番(ちょうつがい)で折りたためる仕掛けになった書字板, その蠟(ろう)引きした内面に尖筆(せんぴつ) (stylus) で文字を書いた; cf. triptych》. **2** [通例 *pl.*] 〘教会〙 **a** (聖餐(せいさん)式のとき祈念する生者と死者の名前をそれぞれ分けて記した金属または木製の)二つ折り板. **b** 二つ折り板に記された人達の名簿. **c** 二つ折り板に記された人達の名前を読み上げて行なう代禱 (intercession). **3** (祭壇背後に立てる)二枚折りの絵[彫刻], 二連祭壇画 (cf. triptych). **4** 二つの対照的な部分からなる(文学)作品.

di·pus [dáɪpəs] 〘← NL ～ ← Gk *dípous* jerboa, 《原義》having two feet: ⇨ di-[1], -pus〙 ── *n.* 〘動物〙ミユビトビネズミ《アジア産トビネズミ科の後足に 3 指があるミユビトビネズミ属 (*Dipus*) の哺乳類の総称》.

dip·y·lon, D- [dípəlɑ̀n | -pɪlɔ̀n] 〘▭ L ～ ▭ Gk *dípulon* (neut.) ← *dípulos* double-gated ← DI-[1] + *púlē* gate〙 ── *n.* (古代ギリシャの建築で)二重門. ── *adj.* ディピュロン様式(陶器)の: ⇨ Dipylon ware / a *Dipylon* vase (前 8 世紀の)ギリシャの墓地用壺.

Dípylon wàre *n.* ディピュロン式陶器《Athens の Dipylon 門付近で出土した幾何学模様式中一後期の陶器の総称》.

di·quat [dáɪkwɑt | -kwɔt] 〘← DI-[1] + QUAT(ERNARY)〙 *n.* 〘化学〙ジクワット《除草剤の一種》.

dir. 《略》direct; direction; director.

Di·rac [dɪrǽk], **Paul Adrien Maurice** *n.* (1902–) 英国の物理学者; Nobel 物理学賞 (1933).

Dirác délta fùnction 〘↑〙 *n.* 〘数学〙= delta function.

Dirác equàtion 〘↑〙 ── *n.* 〘物理〙ディラック方程式《スピン $^1/_2$ の粒子に対する相対論的波動方程式; 電子の状態を記述する方程式として Dirac によって最初に導かれた》.

Dir·ce [dɚ́:si | də́:sɪ] 〘▭ L *Dircē* ▭ Gk *Dírkē*〙 ── *n.* 〘ギリシャ神話〙ディルケー《Thebes の王 Lycus の 2 番目の妻; 彼の前妻 Antiope を虐待したため彼女の子 Amphion と Zethus のために髪を牛の角に結びつけられ, その牛に引きずられて死んだ》.

dir·dum [díədəm, dɚ́:- | díə-, də́:-] 〘(15C) *durdan* ← ? Celt.: cf. Gael. *durdan* anger / Ir. *deardan* storm〙 *n.* 《スコット・英方言》 **1** 非難 (blame), 叱責, 罰 (punishment). **2** 騒ぎ (uproar). **3** 不幸 (misfortune).

dire [dáɪə | dáɪə(r)] 〘(1567) ▭ L *dīr-us* fearful, ill-omened ← IE **dwei-* to fear (Gk *deinós* fearful)〙 ── *adj.* (**dir·er**; **dir·est**) **1** 恐ろしい, 物凄い (dreadful); 凄まじい, 悲惨な (disastrous): a ～ accident 恐ろしい事故 / the ～ sisters = the Furies. **2** 極端な, ひどい: ～ poverty / be in ～ straits 全くひどく困っている. **3** 極めて緊急を要する: in ～ need of ...をすぐ必要とする[として]. **～·ly** *adv.* **～·ness** *n.*

di·rect [dɪrékt, də-, daɪ-] 〘(c1385) *directe(n)* ← L *dīrect-us* (p.p.) ← *dīrigere* to set straight ← DI-[2] + *regere* to set straight (⇨ regent): cf. dress〙 ── *vt.* **1** 〈人〉に指示する, 〔...までの〕道を教える 〔*to*〕: Can you ～ me *to* the station? 駅へ行く道を教えて下さいませんか / He ～*ed* me *to* the chair. 彼はここに坐りなさいと椅子を示した. **2 a** 〈進路・注意・言葉・努力などを〉〔ある方向または目的物に〕向ける 〔*at, to, toward*〕: ～ one's steps *toward* home 家路に向かう / The speaker ～*ed* his remarks *to* some of the audience. 講師は聴衆のうちの何人かに言葉をかけた / He ～*ed* my attention *to* the fact. 彼はその事実に私の注意を向けた. **b** 〔...に向けて〕〈軍事行動・政策・協定などを〉行なう 〔*against, at*〕: Government policies are ～*ed at* reducing inflation. 政府の諸政策はインフレの抑制に向けられている. **3** 〈手紙・小包などを〉〔...に〕宛てる, 〔...に向けて〕...に宛名を書く (superscribe) 〔*to*〕: ～ a letter *to* a person [place] 手紙を人[所]に宛てる. **4 a** 指導する, 指揮する, 支配する (govern); 〈仕事・職人などを〉取り締まる, 監督する, 管理する (control): as ～*ed* 指図(さしず)[処方]通りに / Duty ～*s* my actions. 私は義務の命ずるところに従って行動する / The soul ～*s* the body. 精神は身体を支配する. **b** [通例, 目的語 + *to* do または *that* 節を伴って] (特に, 権威をもって)...に〈...するように〉指図する, 命じる (order): The chairman ～*ed* him *to* submit the paper. 議長は彼にその書類を提出するように命じた. **c** 〈オーケストラ・合唱隊・バンドを〉指揮する; (劇・映画で)〈俳優を〉指導する, 〈劇・映画を〉監督する, 演出する (produce): a film ～*ed* by ...監督の映画.
── *vi.* **1** 指揮をとる, 指導する. **2** (オーケストラ・合唱隊・劇・映画などの)指揮をする, 監督する.
── [または dáɪrekt] *adj.* **1** まっすぐな (straight); 直行[直進]する, 直通の; 直射する; 最も近道の: a ～ road [route] まっすぐな道, 最も近い道 / ～ rays 直射光線 / a ～ train 直行列車 / a ～ flight (飛行機の)直行便 / a ～ hit 直撃 / a ～ shot 直撃弾 / ～ vision 直視 / She cast a ～ look at me. 私をまともにみつめた. **2** 直系の (lineal): a ～ ancestor [descendant] 直系の先祖[子孫]. **3** 直接の, じきじきの (immediate): ～ influence [intervention] 直接の影響[干渉] / on the ～ line 直通電話で. **4** 〈費用など〉(原価計算で事業の特定過程・項目に)直接結びつけられる: ⇨ direct cost, direct labor. **5** 全くの (exact); 絶対的な (absolute): the ～ opposite [contrary] 正反対 / a ～ order 至上命令. **6** 〈行動・人など〉あからさまな, 露骨な; 率直な (straightforward) (↔ indirect): a ～ question, answer, etc. / a ～ mind 竹を割ったような気性(の人). **7 a** もとの言葉そのままの, 正確な. **b** 〘文法〙直接の《話し手の言葉をそのまま伝えた; ↔ indirect》: ⇨ direct discourse. **8** 〘政治〙(代表者を介さぬ)直接投票の; 直接人民の投票による: ～ legislation 直接立法 / ⇨ direct initiative. **9** 〘天文〙〈惑星など〉順行の《恒星に対し天球上を西から東に進む(ように見える)》; ↔ retrograde》. **10** 〘染色〙直接の, 媒染剤によらない (substantive) (cf. mordant 5): ⇨ direct dye. **11** 〘電気〙一方向だけに流れる, 直流の (cf. alternating 3). **12** 〘数学〙正...(↔ inverse), 直...: ⇨ direct proportion, direct ratio / ～ product 直積. **13** 〘音楽〙並行...《多声音楽において二つまたはそれ以上の声部が同方向に進行することについていう》.
── *adv.* **1** まっすぐに; 直進的に, 直行で: go ～ to Paris パリへ直行する. **2** 直接に, じきじきに, じかに: Send this book ～ to me. この本を直接私のところへ送って下さい. ★ *adv.* としての direct は特に空間的方向を含意する場合に多く用いられる (cf. directly).

diréct-ácting *adj.* 〈エンジン・ポンプなど〉(他の運動部分の介在なしに)直接作動する.

diréct áction *n.* **1** 直接行動《暴力行為による社会改革, または政治的交渉によらない罷業・怠業などによる労働攻勢; cf. political action》. **2** 直接作用.

diréct-árc fùrnace *n.* 〘電気〙直接アーク炉, アーク炉.

diréct bláck *n.* 〘染色〙ダイレクトブラック《木綿を黒く染める直接染料》.

diréct cárving *n.* 〘彫刻〙じか彫り《粘土で原型をつくったりせずに直接木や石に彫る彫刻法》.

diréct chárges *n. pl.* 〘経済〙= direct costs.

diréct cósting *n.* 〘経済〙直接原価計算.

diréct cósts *n. pl.* 〘経済〙 **1** 直接費《製品との関連でその発生が直接的に認識される原価; 例えば直接材料費・直接労務費など; cf. indirect cost》. **2** 個別費《部門との関連でその発生が直接的に認識される単価; 例えば部門管理者の給料》.

diréct-cóupled *adj.* **1** 〘機械〙〈回転軸が〉(ベルトや歯車を用いず)直結の. **2** 〘電気〙直結の《変圧器やコンデンサーなどを介せずに導電的に結合している》.

diréct cúrrent *n.* 〘電気〙直流《略 D.C., d.c.; cf. alternating current》: a ～ dynamo 直流発電機.

diréct débiting *n.* 〘銀行〙直接借方記入扱い《債権者が支払い者の口座から直接支払いを要求できる》.

diréct demócracy *n.* **1** (国民発議権・国民投票による)直接民主制. **2** (市民運動・市民参加など)計画決定過程への市民の行動 (cf. grass-roots-democracy).

diréct devélopment *n.* 〘動物〙直接発生, 直達発生《変態を経過しない発生; ↔ indirect development》.

diréct dígital contról *n.* 〘電算機〙ダイレクトデジタルコントロール, 直接デジタル制御《電子計算機などにより機械装置を制御すること; 略 DDC》.

diréct díscourse *n.* 《米》〘文法〙= direct narration.

diréct dríve *n.* 〘機械〙直接駆動, 直結駆動《ベルトドライブ・リムドライブ・歯車式などに対し, モーター軸の回転をそのまま用いる方法》.

diréct dýe *n.* 〘染色〙直接染料.

di·réct·ed *adj.* **1** 指示されている; 管理[指導]された: a ～ economy 統制経済. **2** 〘数学〙 **a** 正負の二方向を考慮に入れた: a ～ number 正負の符号をもった数. **b** 〈集合が〉有向の: a ～ set 有向集合《どの二元をとっても, それら以上の元があるような順序集合 (partially ordered set)》.

diréct évidence *n.* 〘法律〙(主要事実に対する)直接証拠, 供述証拠 (cf. circumstantial evidence).

diréct examinátion *n.* 《米》〘法律〙直接尋問, 主尋問《証人に対して証人喚問を要求した側の弁護士がする; examination in chief ともいう; cf. cross-examination》.

diréct fíre *n.* (射撃位置から直接見える目標に対して行なう)直接照準射撃 (↔ indirect fire).

diréct gránt schòol *n.* 直接補助学校《イングランド・ウェールズで教育科学省から直接補助金を受ける私立の中等学校; 同時に生徒の入学に関してある程度の制約を受ける》.

di·réct·ing pòst *n.* = finger post.

diréct inítiative *n.* 〘政治〙直接発議権 (cf. direct *adj.* 8; ↔ indirect initiative).

di·rec·tion [dɪrékʃən, də-, daɪ-] 〘(c1385) ▭ (O)F ～ // L *dīrectiō(n-)*: ⇨ direct, -tion〙 ── *n.* **1** 方向, 方角, 方位, 方面: a sense of ～ 方向感覚, 方角感 / the angle of ～ 方位角 / *in* all ～*s* = *in* every ～ 四方八方に, 各方面に / *in* a southerly ～ 南の方へ / go [proceed] *in* the ～ of the sound 声[音]のする方へ向かって行く / take a new ～ 新しい方向へ進む / I followed the ～ of his eyes. 彼の視線の方向に私も目を向けた. **2** (思想などの)方向, 方面, 傾向; (行動の)方針; (表現の)趣旨, 題目: the ～ of movement 運動の方針[方向] / a new ～ in language teaching 語学教育の新傾向 / be active *in* many ～*s* 多方面に活躍する / write *in* a general ～ 一般的に書く. **3** 指揮, 指導, 監督, 管理: work under the ～ of ...の指揮[指導]のもとに働く. **4** [通例 *pl.*] 指示, 指図(さしず), 指令, 訓令 (instruction): according to your ～*s* お指図に従って / obey a person's ～*s* 人の指示に従う / give ～*s* 指図を与える / ask ～*s* *to* a place 《米》ある場所への道順をきく. **5** [しばしば *pl.*] 指図書, 使用法, 心得書き, 処方箋: Full ～*s* inside. 詳しい使用法が中にはいっている / ～*s* for use 使用法. **6** 《古》(手紙などの)名宛, 表書き, 所書き. **7** 〘映画〙監督(すること); 《米》〘演劇〙演出(すること). **8** 〘音楽〙 **a** (テンポ・気分・強弱などの楽譜上の)指示. **b** (オーケストラ・合唱団などの)指揮. **9** = directorate.

direction of labour [the ～] (第二次大戦時, 英国政府が戦争目的遂行のため軍務に服している以外のある年齢層の人に対して行なった)強制労働指導《日本の「徴用」のようなもので 1945 年に解除された》.

～·less *adj.*

di·rec·tion·al [dɪrékʃənl̩, də-, daɪ-, -ʃnəl] 〘(1612)〙 ── *adj.* **1** 方角の, 方向上の; 方向を示す: a ～ arrow [marker, post] 道標, 案内標識 / a ～ indicator (自動車の)方向指示器. **2** 指向的な; 指導的な: play a ～ role 指導的な役割を果たす. **3** 〘通信〙指向性の, 方向探知の: a ～ antenna 指向性空中線[アンテナ]. ── *n.* (自動車の)方向指示器. **～·ly** *adv.*

diréctional derívative *n.* 〘数学〙方向微分係数《定義域内の与えられた点における与えられた方向への関数の変化率》.

diréctional fílter *n.* 〘通信〙方向フィルター.

diréctional gýro *n.* 〘航空〙ディレクショナルジャイロ, (ジャイロ)定針儀.

di·rec·tion·al·i·ty [dɪrèkʃənǽləti, də-, daɪ- | -lətɪ, -lɪ-] *n.* 〘通信〙指向性; 方向維持.

diréctional stabílity *n.* 〘航空〙方向安定, 風見安定.

diréction àngle *n.* 〘数学〙方向角《ベクトルが各座標軸の正の方向となす角》.

diréction còsine *n.* [通例 *pl.*] 〘数学〙方向余弦《ベクトルの方向角 (direction angle) すなわちベクトルと座標軸との間の角の余弦》.

diréction fìnder *n.* 〘通信〙方向探知器, 方位測定器《電波の来る方向を測る受信装置》.

diréction ìndicater *n.* **1** 〘航空〙方向計, 方向指示器. **2** (自動車などの)方向指示器.

diréction nùmber *n.* 〘数学〙方向比《ベクトルの方向余弦 (direction cosine) に等しい比》.

diréction theòdolite *n.* 〘測量〙方向経緯儀 (cf. repeating theodolite).

diréction wòrd *n.* つなぎ語 (⇨ catchword 2 b).

di·rec·tive [dɪréktɪv, də-, daɪ-] 〘(c1454) ▭ (O)F *directif* // ML *dīrectīv-us*: ⇨ direct, -ive〙 ── *adj.* **1** 指示的な; 〘通信〙指向性の. **2** 方向に従う. **3** 指揮的機能の, 指導的な, 支配的な: rules ～ *of* our actions われわれの行動を支配する法則. ── *n.* **1** 命令, 指令(書). **2** 〘軍事〙 **a** 令達, 指令《方針を示し, またはある行動を命じる口述または筆記によるもの》. **b** あらかじめの指示《必要に応じ直ちに実行に移すことを命じた計画》. **c** 指示《一般に広く用いられる》. **d** 作戦命令. **～·ly** *adv.* **～·ness** *n.*

diréctive anténna *n.* 〘通信〙指向性空中線[アンテナ].

di·rec·tiv·i·ty [dɪrèktívəti, də-, dàɪrek- | -vətɪ, -vɪ-] *n.* **1** = directiveness. **2** 〘通信〙(電波や音波の)指向性.

diréct lábor *n.* 〘労働〙 **1** 直接労働《生産に直接用いられ原価計算のしやすい労働; ↔ indirect labor》. **2** 直接労働者の賃金.

diréct líghting *n.* 直接[直射]照明 (↔ indirect lighting).

di·rect·ly [dɪréktli, də-, daɪ- | -lɪ] 〘(1395): ⇨ direct, -ly[1]〙 ── *adv.* **1** まっすぐに, 一直線に, 直行的に: The road leads ～ *to* the park. 道はまっすぐ公園に通じている / Their eyes met ～. ふたりは真向からみつめ合った. **2** 直接に, じかに (immediately): be ～ affected 直接に影響を受ける / He quoted the sentence ～ from the Latin original. 彼はその文を直接ラテン語の原典から引用した. **3** (空間的・時間的に)直接続いて, すぐ次に; 正に, 全く (exactly): ～ opposed 正反対で / The table stood ～ in [at] the center of the room. テーブルは部屋のまん真ん中にあった / The event occurred in the year ～ after his death. その事件は彼が死んだすぐ次の年に起こった. **4** [しばしば drékli | -lɪ] すぐ, 直ちに; やがて, じきに (soon): I will come ～. / We shall deal with this subject ～. この問題はすぐ後で取り上げることにする. **5** 〘数学〙正比例で.
── [しばしば drékli | -lɪ] *conj.* 《口語》...するとすぐ (cf. immediately): We'll get up ～ the bell rings. ベルが鳴ったらすぐ起きることにしよう.

diréct máil *n.* ダイレクトメール, 直接郵送広告.

diréct méthod *n.* [the ～] (外国語の)直接教授法, ディレクトメソッド《母国語による文法的説明や翻訳の媒介なしに外国語そのものによる教授法》.

diréct mótion *n.* **1** 直進運動. **2**〘天文〙順行.
diréct narrátion *n.*〘文法〙直接話法《例: He said, 'I know it.'; ↔ indirect narration》.
di·réct·ness〘《1598》〙*n.* **1** まっすぐ, 一直線. **2** 直接, じか. **3** あからさま, 率直: the ~ of manner, speech, etc.
diréct óbject *n.*〘文法〙直接目的語《例: He gave his son a watch. における *a watch*; cf. indirect object》.
Di·rec·toire [dɪrèktwáə, dì:rek- | dì:rektwá:(r, -twɔ́:(r; *F.* dirɛktwa:r]〘□F ~: ⇨ directory〙 **—** *n.*〘フランス史〙総裁政府《フランス革命時代の終末期 1795–99 年に成立した政府; 5 人の総裁で組織した》. **—** *adj.*〈服装・家具など〉総裁政府時代風の.
di·réc·tor〘《1477》□ AF *directour* (F *directeur*) □ LL *director*: ⇨ direct, -or²〙 **—** *n.* **1** 指揮者, 指導者; 管理者, 支配人. **2** (高等程度の学校の)校長, 主事, (官庁などの)長官, 局長; (団体などの)理事; (研究所などの)所長; (会社の)重役, 取締役: a managing ~ 専務取締役 / ⇨ BOARD of directors. **3 a**〘映画〙監督;《米》〘演劇〙演出家, ディレクター(《英》producer) (cf. stage director);〘ラジオ・テレビ〙演出責任者, ディレクター; (オーケストラ・合唱団の)指揮者: an assistant ~ (映画の)助監督. **b** (大学の)指導教授. **c** (個人または団体の)相談相手, コンサルタント, アドバイザー. **4** (フランス革命政府の)総裁《Directoire の 5 人のうちの 1 人》. **5**〘機械〙指導子, 働子. **6**〘外科〙(有溝(ゆう))探子. **7**〘通信〙導波器《空中線[アンテナ]に入射する電波の位相をそろえて受信しやすくするもの》. **8**〘軍事〙**a** (電気)算定具《高射砲射撃の射撃諸元を算定する装置》. **b** 指揮官. **c** 統監, 統裁官《演習などにおける用語》. **~·ship** *n.*
di·rec·tor·ate [dɪréktərət, də-, daɪ-, -rɪt]〘□F *directorat* ← LL *director* (↑): ⇨ -ate¹〙 **—** *n.* **1** director の職[権能]. **2** [集合的] 重役会, 理事会, 幹部会. **3** 重役[理事]であること, その地位. **4** 局長, 部長, (プロジェクトなどの)長, 責任者.
diréct orátion *n.*〘文法〙= direct narration.
diréctor général *n.* (*pl.* **directors g-, ~s**) (政府官庁などの)長官, 総裁; (大企業などの)社長.
di·rec·to·ri·al [dɪrèktɔ́:riəl, də-, dàɪrek-, -tɔ́:r- | dàɪrektɔ́:rɪ-]〘⇨ directory, -al¹〙 **—** *adj.* **1** 指揮[指導]上の; 指揮者の, 校長[長官]の, 理事[主事]の, 取締役会の. **2** [D-] (フランス革命の)総裁政府の.
diréctor's chàir〘映画監督が撮影中に用いることから〙 **—** *n.* ディレクターズチェア《通例綿の帆布製の背と座の軽量折畳み肘掛け椅子》.

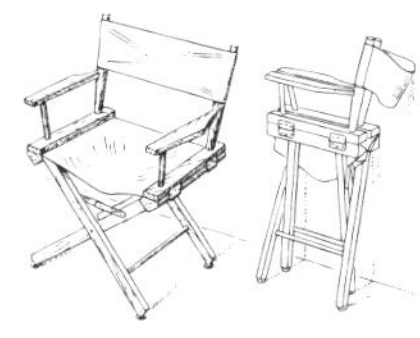
director's chairs

di·rec·to·ry [dɪréktəri, də-, daɪ- | -t(ə)rɪ]〘adj.: 《*a*1449》□ LL *directōri-us* directive ← L *dīrectus*: ⇨ direct, -ory¹. — n.: 《*a*1449》□ ML *directōri-um* (neut.) ← LL *directōrius*〙 **—** *adj.* **1** 指揮の, 指示的な;〘法律〙指示的な, 訓令的な (cf. mandatory). **2** [D-] = Directoire. **—** *n.* **1** 指令[訓令]集. **2 a** (一地方の)住所氏名録; 商工人名録, 商工人名鑑[案内]; 人事興信録: a telephone ~ 電話帳 / a business ~ 商工人名録. **b** (ビルの入口の壁にかけられた居住者氏名とその階・室号などを示す)案内板. **3** = directorate 2. **4** (教会の)礼拝規則書;〘カトリック〙聖務案内. **5** [the D-]〘フランス史〙= Directoire.
diréct pósitive *n.*〘写真〙直接ポジ, 直接陽画《単に現像するだけで, 非感光部が現像され, 感光するほど現像されないで陽画となる》.
diréct prímary *n.*《米》〘政治〙直接予選《選挙民直接の投票による政党候補者の予選会; cf. indirect primary, closed primary, open primary》.
diréct prímary eléction *n.*《米》〘政治〙= direct primary.
diréct prínting *n.*〘染色〙直接捺(なつ)染, 写し染め.
diréct próduct *n.*〘数学〙直積《いくつかの集合 *A*, *B*, *C*, … から一つずつ要素 *a*, *b*, *c*, … を取り出して作った組 (*a*, *b*, *c*, …) の全体から成る集合; 記号 *A*×*B*×*C*×…; *A*, *B*, *C*, が加群, 群, 環などの時は, *A*×*B*×*C*×… をも加群, 群, 環にすることができる》.
diréct propórtion *n.*〘数学〙正比例 (↔ inverse proportion).
diréct rátio *n.*〘数学〙正比 (↔ inverse ratio).
diréct réalism *n.*《まれ》〘哲学〙= naïve realism.
di·rec·tress [dɪréktrɪs, də-, daɪ-, -trəs]〘⇨ director, -ess¹〙*n.* 女性の director.
di·rec·trix [dɪréktrɪks, də-, daɪ-]〘□ ML *directrix*: ⇨ director, -trix〙 **—** *n.* (*pl.* **~·es, di·rec·tri·ces** [dɪrèktráɪsi:z, də-, daɪ-, dɪrèktráɪsi:z, də-, dàɪrek-]) **1**《まれ》= directress. **2**〘数学〙準線《円錐曲線に付随する定直線; その曲線上の各点から焦点への距離と準線への距離との比は一定となる》.
diréct spéech *n.*《英》〘文法〙= direct narration.
diréct súm *n.*〘数学〙直和《共通部分のない集合の和集合; 加群や環の直積》.
diréct táx *n.*〘財政〙直接税 (↔ indirect tax).
diréct-vísion prism *n.*〘光学〙直視プリズム《分散の異なるプリズムを組み合わせて特定の波長の光の偏角を零にしたプリズム》.
diréct-vísion spèctroscope *n.*〘光学〙直視分光器.
dire·ful [dáɪəfəl | dáɪə-] *adj.* 恐ろしい, 凄まじい, 悲惨な, 悲しい; 憂鬱(ゆう)な, 陰気な (dismal); 不吉な (ominous). **~·ly** *adv.* **~·ness** *n.*
dir·et·tis·si·ma [dìrətísəmə | -sɪ-]〘□ It. ~《原義》most direct〙*n.*〘登山〙直登行, 直登《岩壁・氷壁・滝などを巻かないでまっすぐに登ること》.
dirge [dɚ́:dʒ | dɔ́:dʒ]〘《?*a*1200》← L *dirige* make thou straight (ラテン語訳聖書「詩篇」5: 9 (英訳では 5: 8) に基づく公禱の冒頭の語) (imper.) ← *dirigere*: ⇨ direct〙 **—** *n.* **1** 葬送歌, 哀悼歌, 挽(ばん)歌 (cf. elegy). **2**〘カトリック〙**a** 埋葬式の朝課と賛歌の公禱. **b** 埋葬式聖歌, 葬送歌の物悲しい(重々しい)音[調べ].
dirge·ful [dɚ́:dʒfəl | dɔ́:dʒ-] *adj.* 葬送の, 悲しい.
dir·ham [dɪrǽm, də- | dɪ́əhæm, dɪəhǽm]〘□ Arab. *dirham* □ L *drachma* 'DRACHMA'〙 **—** *n.* (*also* **dir·hem** [dɪrém, də- | dɪ́əhem, dɪəhém]) **1** ディルハム《イスラム教国の重さの単位》. **2** ディルハム《通貨単位; 記号 DH》: モロッコ (= 100 francs), クウェート (= $^1/_{10}$ dinar, 100 fils), アラブ首長国連邦 (= 100 fils), チュニジア (= $^1/_{10}$ dinar, 100 milliemes), カタール (= $^1/_{100}$ riyal), リビア (= $^1/_{1000}$ dinar). **3** ディルハム《マホメット教徒の間で用いられた通貨単位; = $^1/_{10}$ dinar》; 1 ディルハム銀貨.
di·rhin·ous [dàɪráɪnəs]〘← DI-¹ + RHINO- + -OUS〙*adj.*〘動物〙一対の鼻孔を持った.
Di·ri·chlét ìntegral [dɪrəklér, -rɪ-; *G.* dìːrɪklé:-]〘← *Peter Gustav Dirichlet* (1805–59: ドイツの数学者)〙 **—** *n.*〘数学〙ディリクレ積分《ディリクレ問題 (Dirichlet problem) に関連して現われる一つの積分; フーリエ積分に関連して現われる一つの積分》.
Dirichlét pròblem *n.*〘数学〙ディリクレ問題《あたえられた領域上の調和関数 (harmonic function) で, 境界上であたえられた値をとるものを見出す問題》.
dir·i·gi·bil·i·ty [dìrədʒəbíləti, dɪrɪdʒ-, də- | dìrɪdʒɪbílətɪ, dɪrɪdʒ-, -dʒə-, -lɪ-] *n.* 操縦可能(性).
dir·i·gi·ble [dírədʒəbl, dɪrídʒ-, də- | dírɪdʒə-, dɪrídʒ-, -dʒɪ-]〘《1581》← L *dīrigere* 'to DIRECT' + -IBLE〙*adj.* 操縦できる: a ~ balloon. **—** *n.* 飛行船 (airship).
di·ri·gisme [dì:riʒí:sm, -ʒí:zm; *F.* diriʒism]〘□F ~ ← *diriger* to direct: ⇨ -ism〙*F. n.*〘経済〙統制政策.
dir·i·ment [dírəmənt | -rɪ-]〘《1848》□ L *diriment-em* (pres.p.) ← *dirimere* to interrupt ← *dir-* 'DIS-¹' + *emere* to take〙*adj.*〘法律〙無効とする (nullifying).
díriment impédiment *n.*〘法律〙絶対的婚姻障害《重婚のように最初から婚姻を無効にする障害》.
dirk [dɚ́:k | dɔ́:k]〘《1602》*dork, durk* ← ?: 今の語形は Dr. Johnson の辞書に採用された形: cf. Du. *dolk* / G *Dolch*〙 **—** *n.* (スコットランド高地人が正装につける, または英国海軍初級士官がかつて帯びていたような)短剣 (dagger). **—** *vt.* 短剣で突き刺す.
Dirk [dɚ́:k | dɔ́:k]〘《変形》← DEREK〙*n.* 男性名.
dirl [díəl, dɚ́:l | díəl, dɔ́:l]〘《変形》← THIRL¹〙《スコット・北英方言》 **—** *vt.* 突き刺す (pierce); 鋭くゆする[痛める]. **—** *vi.* がたごとと鳴り響く; 振動する, うち震える (tremble); うずく (tingle).
dirn·dl [dɚ́:ndl, díən- | dɔ́:n-]〘□G ~ (dim.) *Dirne* girl: cf. G *Dirndlkleid* peasant dress〙 **—** *n.* **1** ダーンドル《オーストリア Tyrol 地方の農婦が着用した衣装で, ぴったりした身頃と dirndl skirt とから成る》. **2** = dirndl skirt.
dírndl skirt *n.* ダーンドルスカート《ギャザーなどを入れてゆったりしたスカート; またはダーンドルのスカートの部分》.
dirt [dɚ́:t | dɔ́:t]〘《15C》《音位転換》← 《?*a*1300》*drit* □ ON *drit* excrement ← Gmc **drit-* (Du. *dreet*)〙 **—** *n.* **1** 不潔物, 汚物; 泥 (mud); ほこり, ごみ (dust): a ~ pie (子供の作る)泥まんじゅう / a ~ wagon《米・英方言》ごみ収集車. **2** 土 (earth);《方言》ばら土;《俗》れんが土;《軽蔑》土地, 地所 (land). **3** 軽蔑すべき人間;《古》ちりのように無価値なもの: treat a person like ~ 人をまるでちりあくたのように[二束三文に]扱う / ~ under one's feet くだらないもの / (as) cheap as ~〈物が〉二束三文で[の] (dirt cheap),〈女性が〉下層階級の / yellow ~《軽蔑》金, 黄金 (gold). **4** 不潔(状態): in a beastly state of ~ とてもひどい不潔な状態で. **5**《米俗》金銭 (money). **6 a**《米・豪》悪口, 中傷 (slander), うわさ話, 世間話, ゴシップ, スキャンダル; 猥(わい)談; けがらわしいもの (muck), 下劣な考え[行為]: fling [throw] ~ *at* [*on*] …に悪態をつく / Fling ~ enough and some will stick.《諺》悪口をいろいろ言っておけば本当にされるものも出てくる / spread ~ 悪いうわさを広める / talk ~ 口汚く話す; 猥談をする. **b** (暴露されると非常な不利益になるため, 特に政府機関が)隠している秘密[情報]. **7**〘鉱山〙**a** 廃泥, 土塊, ぼた. **b** (砂金採掘で金が洗い出される)材料土.
cut dirt《米俗》走る, 逃げる, 急いで立ち去る. ***do a person dirt***《俗》〈人に〉卑劣な仕打ちをする, 悪意をもって危害を加える. ***eat dirt*** ⇨ eat 成句. ***hit the dirt*** (1)〘野球〙ベースにすべり込む. (2)《俗》地面に伏せる. ***rub a person's nose in the dirt*** ⇨ nose 成句.
dírt bèd *n.*〘地質〙泥土層.
dírt chéap *adj., adv.*《口語》捨値の[で] (exceedingly cheap), 二束三文の[で].
dírt-èating *n.* **1** 土を食う風習 (geophagy). **2**〘病理〙食土癖.
dírt fàrm *n.*《米口語》(酪農場 (dairy farm) などに対して)普通の農場, 畑.
dírt fàrmer *n.*《米口語》(酪農業者 (dairy farmer) などに対して実際に自ら農耕する)普通の農夫; 耕作農 (cf. gentleman farmer).
dírt·hèap *n.* **1** はきだめ. **2**〘鉱山〙(廃泥を捨ててできた)ぼた山.
dírt·i·ly [-təli, -tļi | -tɪlɪ, -tə-] *adv.* **1** きたなく, 不潔に (filthily). **2** けがらわしく; 卑しく (meanly).
dírt·i·ness *n.* **1** きたなさ, 不潔. **2** けがらわしさ, 下品, 猥褻(わい); 卑劣, 下劣. **3**《口語》核兵器の「きたなさ」《放射性降下物の多いこと》.
dírt póor *adj.* 生活資力の全くない, 極貧の.
dírt róad *n.*《米・カナダ》無舗装道路, ダート道.
dírt tràck *n.*〘スポーツ〙**1** ダートトラック《泥土または石炭の燃えがらの走路; オートバイなどの競走路》. **2** (芝生と区別して)土の走路.
dirt·y [dɚ́:ti | dɔ́:tɪ]〘《*a*1398》*dritty*: ⇨ dirt, -y⁴〙 **—** *adj.* (**dirt·i·er; -i·est**) **1 a** よごれた, きたない, 不潔な (soiled) (↔ clean);〈道が〉ぬかるみの;〈風など〉ほこりっぽい;〈傷が〉膿(う)んだ: a ~ face, room, etc. / ~ water / a ~ wound 化膿(のう)した傷. **b**〈仕事・作業など〉よごれがつきがちな, 不潔になりやすい: a ~ occupation [job] / ⇨ dirty work. **2**〈天気など〉荒模様の, いやな (stormy): a ~ night. **3 a** けがらわしい, 淫(いん)らな; 下品な, 卑劣な, きたない; 不正な: a ~ book 春本, エロ本 / a ~ talk 猥(わい)談 / a ~ joke 下卑た冗談 / a ~ old man 好色なおとな, いやらしい中年男 / a ~ thing《英口語》エッチな男の子 / a ~ trick 奸策 / a ~ player きたない[ずるい]選手. **b** 極めて残念な, 嘆かわしい (grievous): a ~ shame 極めて恥しいこと, とてもみっともないこと. **4** いじわるな; 軽蔑的な, 口汚い: make a ~ crack about …についていじわるなことを言う. **5**〈色が〉よごれた, 濁った, うすぎたない, くすんだ: ~ red. **6**《俗》**a** (音・音色が)かすれた, きしる (rasping): a ~ trumpet. **b** やや調子を外す. **7**《口語》〈核兵器が〉放射性降下物の多い, 「きたない」(cf. clean 11). **8**《米俗》麻薬を常用[所持]する (↔ clean).
do the dirty on《口語》(1)〈人〉に対して卑劣な[きたない]手を使う. (2)〈女〉をだましておいて捨てる.
— *vt.* **1**〈手足・衣類などを〉よごす, きたなくする, 不潔にする (soil). **2**〈名声・人格などを〉汚す (sully). **3**〈土地・海などを〉放射性物質で汚染する. **—** *vi.* よごれる; けがれる.
— *adv.* **1**《口語》卑劣に: play ~ 卑劣なことをする. **2**《俗》とても, すごく (very): a ~ big [great] house とても[ばかに]でかい家.
dírty állan *n.*〘鳥類〙= parastic jaeger.
dírty dóg *n.*《俗》卑劣な奴, 信頼できぬ人; 好色漢.
dírty línen *n.* (特に外聞の悪い)秘密, 問題, 内輪の恥: wash one's ~ at home [in public] 内輪の恥を外に出さない[さらけ出す].
dírty lóok *n.*《口語》(相手に対して)意地の悪そうな顔(付き), しかめつら.
dírty-mínded *adj.* 心のきたない, 考えの卑しい, 卑猥(わい)に解釈しがちな.
dírty móney *n.* **1** 不正な金[もうけ]. **2 a** 汚(お)れ仕事に対する報酬. **b** (波止場の荷降ろし作業で)厄介な船荷に対する特別料金.
dírty póol *n.*《米俗》不正な策略[やり方].
dírty wásh *n.* = dirty linen.
dírty wórd *n.* **1** 卑猥(わい)な[みだらな]言葉. **2** 口にしてはいけない言葉, 禁句: Abortion is a ~ *to* many Catholics. 人工中絶はカトリック教徒の多くにとってはタブーだ.
dírty wórk *n.* **1** 人のいやがる仕事, 下働き. **2** 卑劣な陰謀, 恥ずべき策略: ~ at the crossroads《口語》(重大な岐路に立っての)卑劣な策略, 謀略. **3**《俗》不正行為[手段], ぺてん, ごまかし.
dis¹ [dís]〘《略》← *distribute*〙《俗》〘印刷〙*vt.* (*also* **diss**) 解版する. **—** *n.* 解版.
dis² [dís]〘《略》← *disconnected*〙《口語》*adj.* 絶縁された, 切れた. **—** *vt.* 絶縁する, 切る.
Dis [dís]〘□L *Dis*《なぞり》← Gk *Ploútōn* 'PLUTO': cf. Dives〙 **—** *n.*〘ローマ神話〙**1** ディス《地下界の神; ギリシャ神話の Pluto に当たる》. **2** 地下界, 冥(めい)府, 冥界, 死者の国 (Orcus), 黄泉(よみ)の国 (Hades).
dis.《略》discharge; disciple; discipline; disconnect; discontinue; discount; dispense; distance; distant.
dis-¹ [dɪs, dəs, dìs, dís | dɪs, dìs, dís]〘ME □ OF *dis-*, *des-* □ L *dis-*, *di-*: cf. Gk *dis* in twain, twice: ⇨ di-¹〙 **—** *pref.* **1** 動詞に付いてその動詞と逆または正反対の動作を示す動詞またはその派生語を造る: *dis*believe, *dis*embark(ation), *dis*engage, *dis*hearten(ment), *dis*own, *dis*unite. **2** 名詞に付いてその名詞の意味するものを「除く, はぐ, 奪う」などの意の動詞を造る: *dis*bar, *dis*frock, *dis*horn, *dis*people. **3** 形容詞に付いてその形容詞の意味する性質を「失わせる, 逆にする, 不…にする」の意の動詞・形容詞を造る: *dis*able; *dis*honest, *dis*pleasing. **4** 名詞・形容詞またはそれぞれの派生語に付いて「不…, 非…, 無…」の意を加える: *dis*advantage, *dis*honest(y), *dis*similar(ity), *dis*trust(ful). **5**「分離」の意: *dis*cern, *dis*join, *dis*solve. **6** 否定的意味をもつ語の強意: *dis*annul. ★ (1) しばしば di-, dif-, de- に変わる (⇨ di-²). (2) 次に来る母音にアクセントがあるときは [dɪz, dəz | dɪz] となることがある: *dis*cern, *dis*ease, *dis*solve.
dis-² [dɪs] *pref.*《まれ》di-¹, dys- の異形: *dis*azo 二窒素の / *dis*syllable《disyllable の俗用形》/ *dis*trophy.
dis·a·bil·i·ty [dìsəbíləti | dìsəbílətɪ, dìz-, -lɪ-]〘《1580》

←《廃》*disable* (adj.) unable＋-ITY》 ── *n.* **1** 無能, 無力 (incompetency). **2**〘医学〙(身体上の)廃疾《通常の生活・生業ができない》; 作業不能. **3** (法律上の)行為無能力, 無資格 (disqualification). **4** (一般に)制限(するもの), 不利(な条件), ハンディキャップ.

disability clàuse *n.*〘保険〙廃疾条項《被保険者が不具廃疾となった場合に生命保険料の支払を免除し, または保険金を支払うことを定めた条項》.

disabílity insùrance *n.*〘保険〙廃疾保険.

dis·a·ble [dɪséɪbl̩, dɪz-] 《(1444) ← DIS-¹＋ABLE》 ── *vt.* **1**〈事が〉〈人を〉無能[無力]にする: Age ~*d* him *from* working [*for* work]. 彼は年をとって仕事ができなくなった. **2** [通例 Passive で]〈人〉に怪我(ɡ)をさせる (injure), (負傷などで)…の手足などをきかなくする, 不具にする (cripple);〘海事〙〈船〉の航行[運転]を不能にする: *be* ~*d* (手足などが)きかなくなる, 不具になる;〈船艦が〉戦闘力を失う, 航行できなくなる. **3** (法律的に)無能力[無資格]にする (disqualify).

dis·á·bled 《(15C)》 *adj.* 不具になった (crippled), 無能力にされた (incapacitated): a ~ person [soldier] 身体障害者[傷痍(しょうい)軍人].

dis·á·ble·ment 《(15C) ← DISABLE＋-MENT》 *n.* **1** 無力, 無能力, 無能(化) (disability). **2** 無資格(化);〘医学〙＝disability 2.

dis·a·buse [dìsəbjúːz] 《(1611) ▭ F *désabus-er*: ⇨ dis-¹, abuse》 ── *vt.*〈人〉の迷いを解く; …の〔迷い・誤解などを〕正す (relieve)〔*of*〕: ~ a person *of* illusion [superstition] 人の迷いを解く[迷信を取り除く].

di·sac·cha·ride [dàɪsǽkəràɪd, -rɪd, -rəd | -ràɪd, -rɪd] 《← DI-¹＋SACCHARIDE》 ── *n.*〘化学〙二糖類《加水分解により 1 分子から単糖類 (monosaccharide) の 2 分子を生じるもの; 蔗(しょ)糖 (sucrose)・乳糖 (lactose)・麦芽糖 (maltose) など; disaccharose ともいう》.

di·sac·cha·rose [dàɪsǽkəròus, -ròuz | -rəus] 《← DI-¹＋SACCHAROSE》 *n.*〘化学〙＝disaccharide.

dis·ac·cord [dìsəkɔ́ɚd | -kɔ́ːd] 《(c1385) *disacorde(n)* ▭ OF *desac(c)cord-er*: ⇨ dis-¹, accord》 *n.* 不一致, 不和. ── *vi.*〔…と〕一致[和合]しない, 争う〔*with*〕.

dis·ac·cred·it [dìsəkrédɪt, dìsæ-, -dət | -səkrédɪt] *vt.* …の資格を奪う, …の認定[信任]を取り消す; …の権威を奪う.

dis·ac·cus·tom [dìsəkʌ́stəm, dìsæ- | dìsə-] 《(15C) ▭ OF *desaco(u)stum-er*: ⇨ dis-¹, accustom》 ── *vt.* [~ *oneself* または Passive で] …に習慣をやめさせる,〔習慣から〕引き離す (wean)〔*to*〕: ~ *oneself* [*be* ~*ed*] *to* the use of a sleeping drug 睡眠薬を用いる習慣をやめる.

dis·ad·van·tage [dìsədvǽnṭɪdʒ, -æd- | -ədváːnt-] 《(?1384) ▭ (O)F *désavantage*: ⇨ dis-¹, advantage》 ── *n.* 不利(な事情[情況]), 不便(な状態); 不利な立場, 損, (評判・信用・金銭などの)損失, 障害 (handicap): *to* the ~ of a person＝*to* a person's ~ 人の不利となるように / sell goods *to* ~ 不利な条件で[損をして]品物を売る / *under* great ~*s* 大変に不利な情況の下に / be *at* a ~ 不利な立場にある, わりが悪い / take a person [be taken] *at* a ~ 不意打ちを食わせる[食う]; 人の弱味につけこむ[こまれる]. ── *vt.*〈人〉に損害を与える, 不利な立場[情況]におく.

dis·ad·ván·taged *adj.* **1** (貧困などのために)不利な境遇の, 環境に恵まれない: ~ boys and girls. **2** [the ~; 名詞的に] (文化的・教育的・社会的に)恵まれない人々[住民]. **~·ness** *n.*

dis·ad·van·ta·geous [dɪsædvæntéɪdʒəs, -vən-, ⌐⌐ ⌐⌐⌐ | dìsædvən-, -vaːn-, -væn-] *adj.* **1**〔…に〕不利益な, 不利な, ためにならない, 不都合な〔*to*〕. **2** 軽蔑的な, 侮辱的な. **~·ly** *adv.* **~·ness** *n.*

dis·af·fect [dìsəfékt, -sæ- | -sə-] 《(1621) ← DIS-¹＋AFFECT³》 ── *vt.*〈人〉に不満をいだかせる, 不平を起こさせる (dissatisfy); (特に政府・当局などに, あいそをつかして)そむかせる, 離反させる.

dis·af·féct·ed *adj.*〔政府などに〕不平[不満]をいだいている (discontented), あいそをつかして[嫌気がさして]いる, あきたらない, 離反した (disloyal)〔*to, toward, with*〕: ~ elements 不平分子. **~·ly** *adv.*

dis·af·fec·tion [dìsəfékʃən, -sæ- | -sə-] *n.* あきたらない気持, 〔特に, 政府に対する〕不満, (人心の)離反, 不忠誠 (disloyalty)〔*to, towards, with*〕: There is no evidence of ~ *with* the government. 政府に対して人心が離れているという証拠はない.

dis·af·fil·i·ate [dìsəfílièɪt, -sæ- | -səfílɪ-] *vt.* 連盟から除名する. ── *vi.*〈人・組織が〉連盟[提携]を断つ, 連盟から脱退する,〔…から〕縁を切る〔*from*〕. **dis·af·fil·i·a·tion** [dìsəfìliéɪʃən, -sæ- | -səfìlɪ-] *n.*

dis·af·firm [dìsəfə́ːm, -sæ- | -səfə́ːm] *vt.* **1** 否定する, 拒否する (deny). **2**〘法律〙否認する,〈契約・同意などを〉取り消す, 破棄する.

dis·af·fir·mance [dìsəfə́ːməns, -sæ- | -səfə́ːm-] *n.* 拒否, 否定;〘法律〙(契約・同意などの)否認, 破棄, 取消し (repudiation). ⌈affirmance.

dis·af·fir·ma·tion [dìsæfəméɪʃən | -fə(ː)-] *n.* ＝dis-

dis·af·for·est [dìsəfɔ́(ː)rɪst, dìsə-, -fɑ́r-, -rəst | -fɔ́rɪst] 《(1598) ▭ ML *disafforest-āre*: ⇨ dis-¹, afforest》 ── *vt.* **1**〘英法〙〈森林地を〉(森林法の制約を解いて)一般の土地[原野]とする, 廃林にする; 森林法の制約から解く. **2** ＝deforest. **~·ment** *n.*

dis·af·for·es·ta·tion [dìsəfɔ̀(ː)rɪstéɪʃən, dìsə-, -fɑ̀r-, -rəs- | -fɔ̀rɪs-] *n.*〘英法〙(森林地に対する)森林法適用解除[免除]; 森林取払い《森林地を一般の土地 (common ground) に戻すこと》.

dis·ag·gre·gate [dìsǽgrɪgèɪt, -rə- | -rɪ-] *vt., vi.* 分解する. **dis·ag·gre·ga·tion** [dìsægrɪgéɪʃən, -rə- | -rɪ-] *n.* **dis·ág·gre·gà·tive** [-gèɪṭɪv | -tɪv] *adj.*

dis·a·gree [dìsəgríː] 《(1473) ▭ (O)F *désagré-er*: ⇨ dis-¹, agree》 ── *vi.* (↔ agree) **1**〈陳述・報告などが〉〔…と〕一致しない, 違う〔*with*〕: His conduct ~*s with* his words. 彼の言行は一致しない. **2**〈人が〉〔人と〕合わない, 意見を異にする; 仲違(たが)いする, 口論する; …に異議を唱える〔*with*〕: He ~*s with* his relatives. 親類と折り合わない / They ~*d* among themselves. 仲間割れした / ⇨ AGREE *to disagree* / when doctors ~ 学者たちの意見がくい違った時には (Pope, *Moral Essays* 3.1). **3**〈気候などが〉〔…(の身体)に〕合わない, 適合しない;〈食物が〉〈人を〉中毒させる〔*with*〕(cf. agree *vi.* 5): This close atmosphere ~*s with* my health. この うっとうしい陽気は私の健康によくない / This food ~*s with* me. 私はこの食べ物が合わない《食べるとおなかをこわしたりする》.

dis·a·gree·a·ble [dìsəgríːəbl̩ | -gríə-, -gríːə-] 《(?a1400) ← DIS-¹＋AGREEABLE》 ── *adj.* **1** 不愉快な, 不快な, いやな: What ~ weather! **2**〈人・性質など〉いやな, 気にくわない, 気むずかしい, つきあいにくい〔*to*〕: a ~ sort of fellow いやな男. ── *n.* **1** [通例 the ~] 不愉快な[いやな]もの[人, 状況, 性質など]. **2** [通例 *pl.*] 不愉快なもの[人, 経験], いやな面[事情]: the ~*s* of life この世のいやなこと. **dis·a·grèe·a·bíl·i·ty** [-bíləṭi | -bíləti] *n.* **~·ness** *n.*

dis·a·grée·a·bly [-bli | -blɪ] *adv.* 不愉快に; いやになるほど.

dis·a·grée·ment 《(1495) ← DISAGREE＋-MENT》 ── *n.* **1** 不一致, 不適合, 不調和: ~ *between* two objects 二つの物の不一致. **2** 相違; 意見の相違, 不同意, 異存 (dissent): I am *in* ~ *with* you about it. 私はそれについてあなたと意見が違います. **3** 不和, 仲違(たが)い, けんか: have a ~ *with* …と仲違いしている[争論する]. **4** (体質に)合わないこと, (食物に)あたること.

dis·al·low [dìsəláu] 《(c1378) ▭ OF *desalou-er*: ⇨ dis-¹, allow》 ── *vt.* **1** 許さない, 認可しない, 承認しない;〈要求などを〉却下する (reject). **2**〈報告など〉の真実性を認めない, 否定する (deny). **3**〘英議会〙〈議案・提案などを〉拒否する (veto).

dis·al·low·ance [dìsəláuəns] *n.* 不認可, 却下, 拒否.

dis·am·big·u·ate [dìsæmbígjuèɪt | -gjʊ-] 《← DIS-¹＋AMBIGU(OUS)＋-ATE³》 ── *vt.*〈文章・陳述など〉の曖昧(あいまい)さを取り除く, 明確にする. **dis·am·big·u·a·tion** [dìsæmbìgjuéɪʃən | -gjʊ-] *n.*

dis·an·nul [dìsənʌ́l] 《(15C): ⇨ dis-¹, annul》 *vt.* (**dis·an·nulled; -nul·ling**) 取り消す (cancel). **~·ment** *n.*

dis·a·noint [dìsənɔ́ɪnt] *vt.* …の聖別を取り消す.

dis·ap·pear [dìsəpíə | -píə(r)] 《(a1420) ← DIS-¹＋APPEAR》 ── *vi.* **1** 見えなくなる, 失せる; 行方不明になる: He soon ~*ed* in the crowd. 間もなく群衆の中に姿を消した. **2** (消えて)なくなる, 消滅する: Many social evils have ~*ed*. 多くの社会的悪弊が消え失せた.

dis·ap·pear·ance [dìsəpí(ə)rəns | -píər-] 《(1712): ⇨ ↑, -ance》 *n.* 見えなくなること, 消失, 消滅;〘法律〙失踪(そう): ~ from home 家出.

dis·ap·point [dìsəpɔ́ɪnt] 《(1434) ▭ (O)F *désappointer*: ⇨ dis-¹, appoint》 ── *vt.* **1**〈人を〉失望させる, …の期待にそむく: His lecture ~*ed* us. 彼の講演にはがっかりした / He was agreeably ~*ed*. 杞憂(きゆう)にすぎなかったので安心した / He was ~*ed with* the result of the examination. 試験の結果に落胆した / We are ~*ed in* the new maid. 新しい女中に失望している / He was not ~*ed* in his expectations. 彼の期待は裏切られなかった, 期待どおりに事が運んだ / Everybody is sometimes ~*ed of* his purpose [hopes]. だれでも時には目的[希望]達成のあてがはずれることがある / I am greatly ~*ed to* hear that your son has failed in the enterprise. 息子さんが事業に失敗されたと聞き本当にがっかりしました. **2**〈約束・期待を〉破る,〈希望・目的などを〉くじく, むなしくする: It ~*ed* my plans [hopes]. そのため私の計画[希望]がくじけた. ── *vi.* (人を)失望させる.

dis·ap·póint·ed [-ṭɪd, -ṭəd | -tɪd, -təd] *adj.* 失望した;〈希望・期待など〉むなしくなった, 当てはずれの: her ~ suitor 彼女に袖にされた求婚者 / his ~ hope 彼のかなえられない希望. **~·ly** *adv.*

dis·ap·póint·ing [-ṭɪŋ | -tɪŋ] *adj.* 失望[がっかり]させる, 思ったほどでない, 案外つまらない: a ~ marriage / His lecture was quite ~. **~·ly** *adv.*

dis·ap·póint·ment 《(1614) ← DISAPPOINT＋-MENT》 ── *n.* **1** 失望; 失望状態, 期待はずれ: ~ in love 失恋 / to one's ~ 失望したことには / to save ~ あとで残念がらないように. **2** 失望のもと, 案外つまらない物[人]: The girl was a great ~ to her mother. 少女は母を非常に失望させた. ⌈disapproval.

dis·ap·pro·ba·tion [dìsæprəbéɪʃən | -rə(ʊ)-] *n.* ＝

dis·ap·pro·ba·tive [dìsǽprəbèɪṭɪv, -bəṭ-, -əpróubəṭ-, -əpráb- | -ǽprəbèɪt-] *adj.* ＝disapprobatory.

dis·ap·pro·ba·to·ry [dìsǽprəbətɔ̀ːri, -əpróub-, -əpráb-, -tɔ̀ːri | -sǽprəbèɪtəri] *adj.* 非[不可]とする(ような), 不賛成の, 不満の意[非難]を示す, あきたらない.

dis·ap·prov·al [dìsəprúːvəl] *n.*〔…を〕非[不可]とすること〔*of*〕; 不同意, 不賛成, 不満: shake one's head in ~ いけない[不賛成]と首を横にふる.

dis·ap·prove [dìsəprúːv] 《(1481) ← DIS-¹＋APPROVE》 ── *vt.* **1** 不可とする, …に賛成しない; 非難する (condemn): We all ~*d* his conduct. 我々はみな彼の行為を非難した. **2** 否認する, 却下する (reject): The bill [scheme] was ~*d* by the city council. その議案[計画]は市議会で否認された. ── *vi.* 不賛成の意見を抱く, 不同意を唱える,〔…を〕不可とする〔*of*〕(↔ approve): Mother ~*d of* my going out after dark. 母は私が日が暮れてから外出するのはいけないと言った. **dis·ap·próv·er** *n.*

dis·ap·próv·ing·ly *adv.* 不賛成の意を表して, (いかにも)わが意を得ないというように, 否認的に.

dis·arm [dìsáɚm, dɪz-, dəz- | dɪsáːm, dɪz-] 《(c1380) ▭ (O)F *désarm-er*: ⇨ dis-¹, arm²》 ── *vt.* **1** …から〔武器を〕取り上げる[奪い取る]〔*of*〕: ~ a person *of* his weapons 人から武器を取り上げる. **2**〈敵・都市・艦船など〉の武装を解除する, 防備を撤去する: ~ the rebels. **3** …から(危害・恐ろしさなどの)力を奪う, 無力にする; …から〔疑いや敵意を〕取り除く, 和らげる〔*of*〕: ~ criticism 批評の力を奪う / His gentle manner ~*ed* me. 彼の穏やかな態度に接して腹の立てようがなかった / Religion ~*s* death *of* its terrors. 宗教は死の恐怖を取り去ってくれる. ── *vi.* 武器を捨てる, 武装解除をする;〈国家などが〉軍備を縮小する. **~·er** *n.*

dis·ar·ma·ment [dìsáɚməmənt, dɪz-, dəz- | dɪsáːm-, dɪz-] 《(1795) ▭ F *désarmement*: ⇨ ↑, -ment》 ── *n.* **1** 軍備縮小: a ~ conference [agreement] 軍縮会議[協定]. **2** (軍隊・艦船などの)武装解除.

dis·ármed *adj.*〘紋章〙〈紋章図形の動物が〉爪・歯・嘴(くちばし)などをつけていない.

dis·árm·ing *adj.* 敵意や怒りを静める; きげんを取る (ingratiating); 無邪気な (ingenuous): a ~ smile それを見るとおこれなくなるような微笑. **~·ly** *adv.*

dis·ar·range [dìsəréɪndʒ] *vt.* 乱す, かき乱す, 混乱させる: The wind ~*d* her hair. 風で彼女の髪が乱れた. **dis·ar·ráng·er** *n.*

dis·ar·ránge·ment *n.* かき乱すこと; 混乱(状態), 乱脈.

dis·ar·ray [dìsəréɪ, -sæ- | -sə-] 《(a1387) ▭ OF *desaroy-er*: ⇨ dis-¹, array》 ── *vt.* **1** ＝disarrange. **2**《古》…に〔着物を〕脱がせる〔*of*〕; …から〔付属物を〕奪う〔*of*〕. ── *n.* **1** 混乱, 乱雑《★ disorder よりもひどい混乱をいう》: walk in ~ 入り乱れて歩く / a ~ of houses ごちゃごちゃと立ち並ぶ家 / fall into ~ 混乱する, 乱雑になる. **2** いいかげんな服装, 着ながし.

dis·ar·tic·u·late [dìsɑɚtíkjulèɪt, -sə- | -sɑː-]〘外科〙*vt.* …の関節をはずす; 解体する (disjoint). ── *vi.* 関節の部分で分離する, 関節がはずれる.

dis·ar·tic·u·la·tion [dìsɑɚtìkjuléɪʃən, -sə- | -sɑː-] *n.*〘外科〙関節離断(術).

dis·as·sem·ble [dìsəsémbl̩] *vt.* 取りはずす, 分解する: ~ a watch, motor, etc. ── *vi.* **1**〈機械などが〉分解される. **2**〈群集などが〉解散する, ちらばる. **dis·as·sém·bla·ble** [-bləbl̩] *adj.*

dis·as·sem·bly [dìsəsémbli | -blɪ] *n.* 分解, 取りはずし; 取りはずした状態.

dis·as·sim·i·la·tion [dìsəsìməléɪʃən | -mɪ-] *n.*〘生物・生理〙＝catabolism. ⌈＝dissociate.

dis·as·so·ci·ate [dìsəsóuʃièɪt, -si- | -əsóuʃɪ-, -sɪ-] *vt.*

dis·as·so·ci·a·tion [dìsəsòusiéɪʃən, -ʃi- | -əsəusɪ-, -ʃɪ-] *n.* ＝dissociation.

di·sas·ter [dɪzǽstə, də-, -sǽs- | dɪzáːstə(r)] 《(1591) ▭ F *désastre* ‖ It. *disastro*《原義》unfavorable aspect of a star ← DIS-¹＋*astro* (< L *astrum* ▭ Gk *ástron* 'STAR'): cf. ill-starred》 ── *n.* **1** 天災, 災害; (突然の)大きな不幸; 凶事, 災難: a flood ~ 大水害 / natural [manmade] ~*s* 天災[人災]. **2**《口語》大失敗: The report was a ~. そのリポートはひどいものだった.

disáster àrea *n.* 被災地; (水害・爆発・地震などの)災害救助法適用地区.

di·sas·trous [dɪzǽstrəs, də-, -sǽs- | dɪzáːs-] 《(1586) ▭ (O)F *désastreux* ‖ (O)It. *disastroso*: ⇨ disaster, -ous》 ── *adj.* **1** 不幸をもたらす, 災害[災難]の, 悲惨な〔*to*〕: a ~ earthquake 惨事をもたらす地震 / suffer a ~ defeat 惨敗する. **2**《古》不吉な, 不運の (illboding). **~·ly** *adv.* **~·ness** *n.*

dis·a·vow [dìsəváu] 《(?a1387) *desavoue(n)* ▭ (O)F *désavou-er*: ⇨ dis-¹, avow》 *vt.* 拒否する, 否認する (disown). **~·a·ble** [~əbl̩] *adj.*

dis·a·vow·al [dìsəváu(ə)l] *n.* 拒否, 否認.

dis·band [dìsbǽnd] 《(1591) ▭ OF *desband-er* (F *débander*): ⇨ dis-¹, band²》 ── *vt.* **1**〈隊・集団・法人などを〉解散させる, 解隊する: ~ an army. **2**《古》解放する. ── *vi.*〈軍隊などが〉解散する: The demonstrators ~*ed*. デモ行進者は解散した.

dis·bánd·ment *n.* 解散, 解隊, 除隊.

dis·bar [dìsbáɚ | -báː(r)] *vt.* (**dis·barred; -bar·ring**)〘法律〙…からバリスター (barrister) の資格[特権]を剥奪する, 免許を取り消す, 除名する. **~·ment** *n.*

dis·be·lief [dìsbɪlíːf, -bə-] 《(1672) ← DIS-¹＋BELIEF》 ── *n.* **1**〔…を〕信じないこと, 不信〔*in*〕: one's ~ *in* ghosts / He shook his head in ~. 彼は信じられないというふうに首を振った. **2** 信じようとしないこと; 信仰否認, 不信仰, 不信心, (教義などに対する)疑惑: one's ~ *in* the dogma.

dis·be·lieve [dìsbɪlíːv, -bə-] 《(1644) ← DIS-¹＋BE-

LIEVE】 ── *vt.* 信じない, …に信をおかない, 信用しない (★ don't believe のほうが普通): ～ a story. ── *vi.* 信用をおかない, 〔人・人の言葉を〕信じない 〔*in*〕: I ～ *in* him. 「否認者.
dis·be·liev·er *n.* 信じない人; (特に)不信仰者, 信仰
dis·bench [dɪsbéntʃ] *vt.* 《英》…から法学院幹部 (bencher) の特権を奪う.
dis·ben·e·fit [dɪsbénəfɪt | -nɪfɪt] *n.* 利益がないこと, 利益にならないこと.
dis·bos·om [dɪsbúzəm, -bú:z- | -búz-] *vt.* 告白する, 打ち明ける (unbosom).
dis·bound [dɪsbáund] *adj.* 〈本など〉装釘が破損した, ばらばらになった[なりかけた]; (製本した書物から)外した, 切り離した: a ～ pamphlet / I'm sending you a ～ chapter from the book. その本から一章だけ抜き取って送ります.
dis·bow·el [dɪsbáu(ə)l | -báuəl, -báuel, -bául] *vt.* (**dis·bow·eled, -elled; -el·ing, -el·ling**) ＝disembowel.
dis·branch [dɪsbrǽntʃ | -brá:ntʃ] 【▭ OF *desbrancher*: ⇨ dis-¹, branch】 *vt.* **1** …から枝を除く[切り落す, 切り払う, 折り取る]. **2** (枝のように)切り離す.
dis·bud [dɪsbʌ́d] *vt.* (**dis·bud·ded; -bud·ding**) **1** …から芽を摘み取る, つぼみをまびく. **2** 〈牛など〉からはえたばかりの角を取り除く.
dis·búd·ding *n.* 【園芸】摘芽, 芽かき, 摘蕾(らい).
dis·bur·den [dɪsbə́:dn | -bə́:-] 【《1531》← DIS-¹+BURDEN¹】 ── *vt.* **1 a** …から荷を降ろす (unload): ～ a donkey ろばの荷を降ろす. **b** 〈荷物などを〉降ろす, 除く: The ship was ～*ing* its cargo into lighters. 積荷をはしけに降ろしていた. **2 a** 〈人・心など〉から〔重荷になるものを〕降ろす, ほっとさせる 〔*of*〕: ～ oneself [one's mind] 心の重荷を降ろす, 心中を打ち明ける / ～ a person of grief 人の悲しみを除く. **b** 〔人に〕〈秘密などを〉打ち明ける 〔*to*〕: ～ one's heart *to* one's friend 友人に気持を打ち明ける. **c** 〔人に〕〈怒り・不満などを〉ぶちまける 〔*on, upon*〕: ～ one's discontent *upon* a person. ── *vi.* 積荷を降ろす; 心の重荷を降ろす, 安心する. **～·ment** *n.*
dis·burs·a·ble [dɪsbə́:səbl̩, dəs- | dɪsbə́:-] *adj.* 支払うことのできる.
dis·burse [dɪsbə́:s, dəs- | dɪsbə́:s] 【《1530》▭ OF *desbo(u)rs-er* (F *débourser*): ⇨ dis-¹, burse】 ── *vt.* **1** 〈金を〉使う, 費す; 〈費用を〉負担する, 支払う: ～ money / ～ the bill, cost, etc. **2** 分配する (distribute), 配る: ～ property by will 遺言で財産を分配する. ── *vi.* (金を)支払う. **dis·búrs·er** *n.*
dis·búrse·ment 【▭ OF *desboursement*: ⇨ ↑, -ment】 ── *n.* **1** 支払い, 支出 (outlay). **2** 支出金, 支払金 (expenditure); [しばしば *pl.*]【法律】(遺言執行者・後見人などの)職務執行費用. (米国では弁護人報酬と裁判所手数料以外の)訴訟必要費用.
disc [dísk] *n., vt.* ＝disk. **～·like** *adj.* 「discovered.
disc. (略) disciple; discipline; discount; discover;
disc- [dɪsk] (母音の前に来る時の) disco- の異形.
dis·caire [dɪskéə, dəs- | dɪskéə(r)] 【▭ F ～ ← DISCO-+-*aire* '-ARY'】 *n.* ディスコテック (discotheque) で演奏するレコードを選ぶ人.
dis·cal [dískəl] *adj.* 円板の, 円板状の.
dis·cal·ce·ate [dɪskǽlsiət, -siɪt, -sièɪt | -sɪət, -sɪɪt, -sièɪt] 【← L *discalceāt-us* ← DIS-¹+*calceatus* ((p.p.) ← *calceāre* to furnish with shoes ← *calceus* shoe ← *calx* heel)】 ── *adj.* ＝discalced. ── *n.* 【カトリック】(フランシスコ会・カルメン会などの)跣足(せんそく)修道士[女].
dis·calced [dɪskǽlst] 【(部分訳) ← L *discalceātus* (↑)】 *adj.* 〈ある修道会の修道士が〉靴をはいていない, はだしの, 跣足の (cf. calced).
dis·cant [*v.* dískænt, dɪskǽnt, dəs- | dɪskǽnt; *n., adj.* dískænt] *vi., n., adj.* ＝descant.
dis·card 【《*a*1586》← DIS-¹+CARD²】 ── [dɪskáəd, dəs-, dɪskaəd | dɪská:d] *v.* ── *vt.* **1** (トランプなどで)〈手のうちから不用な手札を〉捨てる: ～ a tile (麻雀で)パイを一つ捨てる. **2** 〈不用物・習慣・意見などを〉捨てる, 放棄する; 〈雇人を〉解雇する (discharge): ～ a lover 恋人を捨てる / ～ one for another 甲を捨てて乙を取る. ── *vi.* (トランプなどで)不用な手札を捨てる. ── [dískaəd | díska:d, ─ ─] *n.* **1** 【トランプ】不用な手札を捨てること (cf. jettison 4); [集合的] 捨てられた札. **2** 捨てられた物[人]; 解雇された人. **3** 【図書館】廃棄本(図書館の蔵書のうち, 焼却などの不用処分をした図書資料). **4** (不用物の)放棄.
go into the discard すたれる; 忘れ(去)られる. ***in discard*** 捨てられて; 忘れられて. ***throw into the discard*** 《米》(不用として)捨てる, 放棄する.
～·a·ble [-dəbl̩] *adj.* **～·er** *n.*
dis·car·nate [dɪskáənət, dəs-, -nɪt, -neɪt | dɪská:-] 【← DIS-¹+L *carn-, carō* flesh+-ATE²】 *adj.* 肉体のない, 無形の (incorporeal) (↔ incarnate).
dis·case [dɪskéɪs] *vt., vi.* (…の)ケース[さや]をはずす.
dis·cept [dɪsépt, də- | dɪ-] 【▭ L *discept-āre* to contend ← DIS-¹+*captāre* to try to catch (⇨ catch)】 *vt.* 《古》議論する, 争う (dispute).
dis·cep·ta·tion [dɪsèptéɪʃən] 【ME ▭ (O)F ～ ▭ L *disceptātiō(n-)*: ⇨ ↑, -ation】 *n.* 《古》議論, 論争.
dis·cern [dɪsə́:n, də-, -zə́:n | dɪsə́:n, -zə́:n] 【《*c*1380》▭ (O)F *discern-er* ▭ L *discernere* ← DIS-¹+*cernere* to sift, perceive (cf. certain)】 ── *vt.* **1** (五感, 特に, 視覚で)認める (detect), (はっきり)見分ける: ～ a distant object. **2** (心で)認める, 認識する; 《古》識別する, 弁別する: ～ good *and* [*from*] bad 善悪を見分ける / ～ no difference 相違を認めない. ── *vi.* 識別する, 見分ける: ～ *between* good *and* bad 善悪の見分けをする. **～·er** *n.*
dis·cern·a·ble [dɪsə́:nəbl̩, də-, -zə́:n- | dɪsə́:n-, -zə́:n-] *adj.* ＝discernible.
dis·cern·i·ble [dɪsə́:nəbl̩, də-, -zə́:n- | dɪsə́:nə-, -zə́:n-, -nɪ-] 【《17C》▭ L *discernibil-is* (⇨ discern, -ible) ∽《1561》▭ F *discernable*】 ── *adj.* 認められる, 見分けられる; 認識[識別]できる: give no ～ reason はっきりした理由を言わない / A look of impatience was ～ on his face. いらだちの色が彼の顔に現われていた. 「に, 認識できるほどに.
dis·cérn·i·bly [-bli | -blɪ] *adv.* 見分けがつくぐらい
dis·cérn·ing *adj.* 認識の鋭い, 明敏な: a ～ critic / ～ eyes 炯眼(けいがん), よく利く目. **～·ly** *adv.*
dis·cérn·ment 【▭ F *discernement*: ⇨ discern, -ment】 *n.* 認識, 識別; (認識の)明敏, 洞察力.
dis·cerp·ti·ble [dɪsə́:ptəbl̩, də-, -zə́:p- | dɪsə́:p-, -zə́:p-, -tɪ-] 【← L *discerptus* (p.p.) ← *discerpere* ← DIS-¹+*carpere* to pluck: ⇨ -ible】 ── *adj.* 《文語》分離できる, 引き裂ける, もぎ取りやすい. **dis·cèrp·ti·bíl·i·ty** [-təbíləti, -lətɪ, -lɪ-] *n.*
dis·cerp·tion [dɪsə́:pʃən, də-, -zə́:p | -dɪsə́:p-, -zə́:p-] 【▭ LL *discerptiō(n-)* ← *discerptus* (↑): ⇨ -tion】 *n.* 《古》引き裂くこと, 分離; 分離片.
dis·charge 【《*a*1338》▭ OF *descharg-er* (F *décharger*) < VL **discarricāre*: ⇨ dis-¹, charge】 ── [dɪstʃáədʒ, dəs-, dístʃaədʒ | dɪstʃá:dʒ] *v.* ── *vt.* **1** 〈船〉から荷揚げする, 荷降ろしする; 〈荷を〉降ろす, 陸揚げする; 〈乗組員を〉下船させる; (一般に)〈乗り物が〉〈乗客を〉降ろす: ～ a ship 船の荷降ろしをする / ～ a cargo 船荷を陸揚げする / ～ a ship of her cargo＝～ a cargo *from* a ship 船から荷を降ろす / The bus ～*ed* passengers. バスは乗客を吐き出した. **2 a** 〈水などを〉(管などから)放出する, 注ぎ出す; 〈銃砲を〉射つ, 〈弾丸を〉放つ, 発砲する, 〈弓・矢を〉射る; 排出する, 吐き出す, 排泄(はいせつ)する; 〈傷・はれ物が〉〈うみを〉出す: ～ hormones (腺が)ホルモンを分泌する / ～ (an arrow from) a bow 弓(から矢)を射放つ / ～ a shot from a gun / ～ a gun 発砲する / A chimney ～*s* smoke. / The Sumida ～*s* itself into Tokyo Bay. 隅田川は東京湾に注ぐ (cf. *vi.* 3). **b** 【電気】〈電気を〉放つ, 放電する. **c** 〈抑えていた感情・悪口などを〉言い放つ, 漏らす, 発する (utter): ～ a string of oaths 悪口雑言を連発する. **3** 〈人を〉〔束縛・義務・勤務などから〕免じる, 解除する; 〈軍人を〉解任する, 〈患者などを〉〔病院から〕退院させる, 〈生徒を〉〔学校から〕帰らせる, ひかせる; 【法律】〈罪人などを〉〔…から〕放免する, 釈放する 〔*from*〕: ～ a soldier, prisoner, patient, etc. / ～ a bankrupt 破産者の債務を消滅させる / ～ a person *from* his duties 人の任務を免ずる / The patient was ～*ed from* (the) hospital as cured. 患者は全快して退院を許された. **4 a** 解雇する, 解職する, 免職する: be ～*d from* the service 解雇される: be honorably ～*d* (満期・病気などのため)除隊になる; 円満退職する. **b** 〈立法府の特別委員会を〉報告終了後解任する. **5** 〈負債を〉弁済する, 支払う (pay out). **6** 〈職務などを〉果たす, 尽くす (perform), 〈約束を〉履行する (fulfill): ～ one's duties 職責を果す. **7** 【染色】(化学処理によって)色抜き[脱色]する, 抜染(ばっせん)する. **8** 【建築】〈下圧重量を〉均分する; 〈壁など〉にかかる重量の負担を軽くする. **9** 〈貸し出された図書〉の返納を記録する.
── *vi.* **1** 〈船が〉荷降ろしする, 陸揚げする. **2** 排出する; 〈銃が〉発射する. **3** 〈川が〉注ぐ, 流入する (cf. *vt.* 2 a): The river ～*s into* the bay. **4** 〈はれ物が〉うみを出す. **5** 〈色が〉散る, にじむ.
── [dístʃaədʒ, dɪstʃáədʒ, dəs- | dɪstʃá:dʒ, ─ ─] *n.* **1** 射出 (emission), 発射: the ～ of a gun 発砲 / a ～ of shots (from a gun) 弾丸の発射. **2** 【電気】放電 (electric discharge): ⇨ corona discharge, spark discharge. **3 a** 排出, 放出 (ejection), 流出, 投射: the ～ of water. **b** 流量, 流率: a ～ regulator 流量調整器. **4** 【機械】吐出し: a ～ valve 吐出し弁. **5** 【医学】**a** 排泄, 分泌. **b** 〔…からの〕排泄物, 分泌物, 放出物 〔*from*〕: the ～ *from* the ears [eyes, nose] 耳だれ[目やに, 鼻水]. **6** 荷揚げ, 陸揚げ, 荷降ろし (unloading): a ～ of cargo / a port of ～ 陸揚げ港 / a ～ afloat 沖荷降ろし, 沖取り(船荷を海上ではしけに取り降ろすこと). **7 a** 〔…からの〕解除, 解放, 放免, 釈放 (release) 〔*from*〕: the ～ of prisoners *from* a prison. **b** 退院. **8 a** 除隊; 解雇, 解職 (dismissal): get one's ～ 解雇される / give a person a ～ 人を解雇する / ⇨ honorable discharge. **b** 解任状; 釈放書, 解雇状; 免除状; 除隊証明書. **9** 〔職務・責任・約束などの〕遂行, 履行 (performance); 〔負債の〕弁済, 償却, 償還 (payment) 〔*of*〕: the ～ *of* an obligation [duties] 債務[職務]の履行. **10** 【法律】責任解除; 取消し (annulment); 放免, 免責: a person's ～ *from* an obligation 免責 / the ～ *of* a bankrupt 破産者の免責[債務消滅] / the ～ *of* contract 契約の消滅, 解消. **11** 【染色】色抜き, 抜染.
dis·chárge·a·ble [-dʒəbl̩] *adj.* **dis·charg·ee** [dɪstʃaədʒí:, dɪstʃàə-, dəs- | dɪstʃa:-] *n.*
díscharge làmp *n.* 放電灯(気体中または蒸気中で放電させたときに生じる発光を利用した電灯; ネオン灯・蛍光灯など).
díscharge prìnting *n.* 【染色】抜染(あらかじめ無地染めした糸や布に, 抜染剤を含む糊を印捺し, その部分の地色を脱色して白模様をあらわす染色法; extract printing ともいう; cf. resist printing).
dis·chárg·er *n.* **1** 荷降ろし人; 荷降ろし具. **2** 発射者, 放出者; 放出具, 射出装置. **3** 放免者; 履行者. **4** 【電気】放電子, 放電叉(さ). **5** ＝discharging agent.
díscharge ràte *n.* 【労働】(経営者に解雇される従業員の)解雇率 (cf. quit rate, layoff, separation rate).
díscharge tùbe *n.* 【電気】放電管(低圧の気体を封入した電子管).
dischárging àgent *n.* 【染色】脱色剤, 抜染剤.
dischárging àrch *n.* 【建築】＝relieving arch.
dischárging pàllet *n.* 【時計】＝exit pallet.
disci *n.* discus の複数形.
dis·ci- [dís(k)ɪ, -s(k)ə | -s(k)ɪ] disco- の異形 (⇨ -i-).
dìsci·flóral 【⇨ disco-, floral】 *adj.* 【植物】**1** 花盤のある花の. **2** (キク科の頭状花序の舌状花を除いた)筒(つつ)状花の. 「形の.
dis·ci·form [dís(k)əfɔ̀əm | -s(k)ɪfɔ̀:m] *adj.* 丸形の, 卵
dis·ci·ple [dɪsáɪpl̩, də- | dɪ-] 【OE *discipul* ▭ L *discipul-us* ← *discere* to learn ← IE **dek-* to take, accept (L *docēre* to teach): cf. OF *deciple*】 ── *n.* **1** 門弟, 弟子, 門人, 門下生 (follower): a ～ of Confucius 孔子の弟子. **2 a** キリストの十二使徒 (the Apostles) の一人 (cf. *Matt* 10:1), または七十人使徒(一説には七十二人)の一人 (cf. *Luke* 10:1): the (twelve) ～*s* キリスト十二使徒 (the Apostles). **b** (一般に)キリストの弟子. **3** [D-] ディサイプル教会の会員(Campbellite と呼ばれる).
Disciples of Christ [the ─] ディサイプル教会(米国の宗教家 Alexander Campbell (1788–1866) とその父 Thomas Campbell (1763–1854) が 1811 年 Pennsylvania 州に創始した新教の一派).
── *vt.* 《古》弟子にする.
disciple·ship *n.* disciple の地位[身分, 期間].
dis·ci·plin·a·ble [dísəplɪnəbl̩, dísəplɪn-, -plən-, -plɪn- | dísɪplɪn-] 【《15C》▭ (O)F *disciplinable*: ⇨ discipline, -able】 ── *adj.* **1** 訓練できる, 教え導かれる. **2** 〈罪など〉懲戒になるべき: ～ offences.
dis·ci·plin·al [dísəplɪnl̩, -plə-, -plɪnl̩, dɪsɪplɪ-, də-, -plə- | dísɪplɪ-, dɪsɪpláɪ-] *adj.* 訓練上の; 規律[風紀]上の; 懲罰の.
dis·ci·pli·nant [dísəplɪnənt, -plə-, -plɪn- | dísɪplɪ-] 【▭ Sp. & It. *disciplinante* ▭ ML *disciplinantem*: ⇨ discipline, -ant】 ── *n.* **1** 修行者. **2** [D-]【カトリック】鞭打(べんだ)苦行者(特に, 昔スペインにあった厳格な修道会に属する苦行者; cf. flagellant 2 b).
dis·ci·pli·nar·i·an [dìsəplɪné(ə)riən, dìsp-, -plə- | dìsɪplɪnéəri-, -sə-] *adj.* 訓練的な, 訓練上の. ── *n.* 訓練主義者, (厳重な)規律励行者, 厳格な教師.
dis·ci·plin·ar·y [dísəplɪnèri, -plə- | dísɪplɪn(ə)ri, -sə-, dɪsɪplɪn-, -sə-, -pláɪn-] 【《1585》▭ ML *disciplināri-us*: ⇨ ↓, -ary】 ── *adj.* **1** 訓練上の, 訓育の. **2** 風紀取締りの, 規律上の; 懲戒的な, 矯正的な (corrective); (しつけの)厳格な (strict): ～ action 懲戒処分 / a ～ committee [court] 懲戒委員会[裁判所] / ～ punishment [measures] 懲戒処分[手段] / a ～ transfer 懲戒的な転勤, 左遷. **3** 修道上の. **4** 学科の, 学問[専門科目]としての. **dis·ci·plin·ar·i·ly** [dìsəplɪnérəli, -plə-, ─ ─ ─ ─ ─ | dísɪplɪn(ə)rəli, -sə-, dɪsɪplɪn-, -sə-, -pláɪn-, -rɪ-] *adv.* **dis·ci·plin·ar·i·ty** [dìsəplɪnǽrəti, -plə-, -nér- | -sɪplɪnǽrətɪ, -sə-, -rɪ-] *n.*
dis·ci·pline [dísəplɪn, -plən, -plɪn | -sɪplɪn, -sə-] 【《?*a*1200》▭ OF ～ ∥ L *disciplīna* instruction (of disciples): ⇨ disciple, -ine²】 ── *n.* **1** 訓練, 鍛練, 修養; 教練 (drill): military ～ 軍隊訓練; 軍紀 / the ～ of hard work つらい仕事の与える訓練 / be under perfect ～ 訓練が完全に行き届いている. **2** (心身機能の)制御 (control): keep one's passions under ～ 情欲を制する / courage without ～ 蛮勇. **3** (経験・逆境などから得た)修練, 試練: the harsh ～ of war. **4** しつけ: persons of proper ～ 正しいしつけを受けた人々. **5 a** 規律正しさ, 秩序, 統制 (orderliness); (軍隊・学校・工場などにおける)規則, 隊規, 軍律, 風紀 (order): monastic ～ / loose official ～ ゆるんだ官紀 / enforce [maintain] ～ 規律を励行[維持]する / *Discipline* in the armed forces was breaking down. 軍隊内部の秩序が崩壊しつつあった. **b** 秩序維持; (下部組織などに対する)権威維持. **6** 訓練の方法, 修養法. **7** 懲戒, 懲罰; 懲罰道具, (特に)むち (scourge). **8** 【キリスト教】**a** 教会法規[規則]. **b** (修道会などの)会則, 戒律, 規律. **c** 修業, 苦行, ディシプリン. **d** 苦行用のむち. **9** (教授・教育的立場からみた)学問(分野), 学科, 教科; 研究[専門]科目, 研究分野: a required ～ 必修学科[教科] / Semantics is a ～ of linguistics. 意味論は言語学の一研究分野である.
── *vt.* **1** 〈人〉に訓練を受けさせる, 規律に服させる. **2** 〈人を〉訓練する, 鍛練する (drill): ～ a person in the school of adversity 人を逆境という学校で訓練する. **3** 懲らす, 懲戒する (chastise).
dís·ci·plined *adj.* 訓練[鍛練]された; 規律正しい: Hemingway's terse ～ style ヘミングウェイのむだがなくて練れた文体.
dís·ci·plin·er *n.* 訓練する人; 懲戒する人.
dis·cip·u·lar [dɪsípjʊlə, də- | dɪsípjʊlə(r)] 【← L *discipulus* 'DISCIPLE'+-AR¹】 *adj.* 弟子の, 門弟の(ような); 門弟らしい.

dis·cis·sion [dɪsíʃən, də- | dɪ-] *n.* 〘外科〙切割(術)《白内障などの際の水晶体切開》.

disc jòckey 〘《1941》〙 ― *n.* 〘ラジオ・テレビ〙ディスクジョッキー《軽い話題・広告放送を間にはさんだレコード音楽番組担当のアナウンサー; 略 D.J.; deejay ともいう》.

dis·claim [dɪskléɪm, dəs- | dɪs-] 〘《1434》□ AF *disclaim-er*＝OF *desclamer*: ⇨ dis-¹, claim〙 ― *vt.* **1** 〘法律〙…への請求権を放棄する, 棄権する. **2** 〈関係・責任・請求などを〉拒否する, 〈自作のものを〉(自分のものではないと)否認する (disavow): ～ knowledge of a person's identity 人の身元を知らないと言う. **3** 〈要求・権利などを〉拒絶する (renounce). ― *vi.* **1** 〘法律〙請求権を放棄する. **2** 《古》関心[関係]を否認する.

dis·cláim·er 〘《*c*1436》□ AF ～ (↑)〙 *n.* **1** 〘法律〙(権利)放棄, 棄権; (権利)放棄文書. **2** (関係・責任・請求等の)否認(行為, 抗弁, 文書). **3** 否認[拒否, 放棄]者.

dis·cla·ma·tion [dìskləméɪʃən] 〘□ ML *disclāmātiō(n-)*: ⇨ disclaim, -ation〙 *n.* 否認(行為), 拒否(行為); (権利の)放棄.

dis·cli·max [dɪsklάɪmæks] 〘⇨ dis-¹〙 ― *n.* 〘生態〙妨害極相《人間・家畜などによって遷移の進行がある段階で抑えられている相; 水田や畑などの耕作地が好例; cf. climax 3》.

dis·cli·na·tion [dìsklənéɪʃən | -klɪ-] 〘⇨ dis-¹, inclination〙 ― *n.* 〘物理・結晶〙回位《高分子結晶などに生じる欠陥, 例えば結晶の一部をくさび状に取去り, 縫い縮めたような欠陥》.

disc lòading *n.* 〘航空〙円板荷重《プロペラやヘリコプターのローターなど回転する翼について, それぞれの回転面の単位面積あたりの推力を指す》.

dis·close [dɪsklóuz, dəs- | dɪsklə́uz] 〘《*a*1393》*desclose(n)*□ OF *desclos-* (stem) ← *desclore* to unclose: ⇨ dis-¹, close¹〙 ― *vt.* **1** 表わす, 〈隠れた物を〉取り出す (uncover): ～ a hidden treasure. **2** 〈秘密などを〉さらけ出す, 暴露する, 口外する, 摘発する, あばく: ～ a secret 秘密をすっぱぬく. **3** 明らかにする, 発表する (make known): ～ one's intentions *to* a person 人に自分の意図を明らかにする / They ～*d that*… 彼らは…ということを明らかにした. **dis·clós·er** *n.*

dis·clo·sure [dɪsklóuʒə, dəs- | dɪskləuʒə(r)] 〘《*a*1598》: ⇨ ↑, -ure〙 ― *n.* **1** 暴露, 摘発, 露顕: ～ policy [tactics] 暴露政策[戦術] / make a ～ *of* …を暴露する. **2** 発表, 公表. **3** 発覚[暴露]したもの; 打ち明け話. **4** (特許申請に記した)明細書.

dis·co [dískou | -kəu] *n.* (*pl.* ～**s**), *vi.* 《口語》＝discotheque.

dis·co- [dísko(u) | -kə(u)] 〘□ L ～ ← Gk *diskos* 'DISCUS'〙 ― **1** 「円形, 円板状 (disk-shaped, discoid) の」の意の連結形. **2** 「レコードの, 録音の」の意の連結形: *discography*, *discophile*. ★ 時に disci-, また母音の前では通例 disc- になる.

dis·cob·o·lus [dɪskάbələs, dəs- | dɪskɔ́b-] 〘《1727》□ L ～ □ Gk *diskobólos* ← *dískos* (↑)＋-*bolos* throwing〙 ― *n.* (*pl.* **-o·li** [-lὰɪ, -lìː | -lὰɪ]) **1** (古代の)円盤投技者. **2** [the D-] 「円盤投げ」《Myron 作の円盤投技者の彫刻》.

the Discobolus

dis·co·glos·sid [dìsko(u)glάsɪd, -səd | -kə(u)glɔ́sɪd] 〘↓〙 ― *adj.*, *n.* 〘動物〙スズガエル科の(カエル).

Dis·co·glos·si·dae [dìsko(u)glάsədìː | -kə(u)glɔ́sɪ-] 〘← NL ～ ← *Discoglossus* (属名: ⇨ disco-, -glossa)＋-IDAE〙 ― *n. pl.* 〘動物〙(カエル目)スズガエル科.

dis·cog·ra·pher [dɪskάgrəfə, dəs- | dɪskɔ́grəfə(r)] *n.* (収集のための)レコード分類記録者[分類表製作者].

dis·cog·ra·phy [dɪskάgrəfi, dəs- | dɪskɔ́grəfi] 〘← DISCO-＋-GRAPHY〙 ― *n.* (収集家の行なう)レコード分類(記載法); 作曲家[演奏家など]の吹込みレコード一覧表; レコード音楽研究[解説, 歴史]. **dis·co·graph·i·cal** [dìskəgrǽfɪkəl, -fə- | -fɪ-] *adj.* **dis·co·gráph·ic** *adj.* **dis·co·gráph·i·cal·ly** *adv.*

dis·coid [dískɔɪd] 〘□ LL *discoid-ēs*: ⇨ disco-, -oid〙 ― *adj.* **1** 平円盤状の. **2** 〘植物〙 **a** 〈キク科の小花がつく花托が〉円盤状の. **b** 〈小管状花をもったキク科の頭状花が〉円盤状の. ― *n.* 平円盤状の物《貝など》.

dis·coi·dal [dɪskɔ́ɪdl̩, dəs-, dískɔɪ- | dɪskɔ́ɪ-] *adj.* ＝discoid.

discóidal cléavage *n.* 〘動物〙盤割《卵割が胚盤の部分でのみ進行し, 卵割面はほとんど卵黄中に進入しないもの; cf. superficial cleavage》.

dis·col·or [dɪskʌ́lə, dəs-, dìs- | dɪskʌ́lə(r)] 〘《*c*1380》□ OF *descolor-er*: ⇨ dis-¹, color〙 ― *vt.* 変色させる; …の色を損じる[よごす], 褪(た)色させる: a roll of newspapers ～*ed* with age 古くなって変色した新聞紙の束. ― *vi.* 変色する, 色があせる. **～·ment** *n.*

dis·col·or·a·tion [dɪskʌ̀ləréɪʃən, dəs-, dìskʌl- | dìskʌl-] *n.* **1** 変色, 褪色. **2** 汚染, しみ (stain).

dis·cól·ored 〘《15C》〙 *adj.* **1** 変色した, 色のあせた (stained): one's ～ teeth 変色した歯. **2** 《廃》まだら色の (variegated).

dis·com·bob·er·ate [dìskəmbάbərèɪt | -bɔ́b-] *vt.* ＝discombobulate.

dis·com·bob·u·late [dìskəmbάbjulèɪt, bάbə- | -bɔ́b(j)u-] 〘《1834》: *discompose, discomfort, discomfit* などからラテン語をもじって作った戯言的造語〙 ― *vt.* 《米戯言》〈人〉の度肝を抜く, まごつかせる, 当惑させる (disconcert); 〈計画などを〉乱す, 混乱させる, ひっくり返す, 失敗させる (upset): The project was ～*d* by the unforseeable event. 計画は不慮の事件でだめになった. **dis·com·bob·u·la·tion** [dìskəmbὰbjuléɪʃən, -bὰbə- | -bɔ̀b(j)u-] *n.*

dis·com·fit [dɪskʌ́mfɪt, dəs-, -fət | dɪskʌ́mfɪt] 〘《?*a*1200》← OF *desconfit* defeated (p.p.) ← *desconfire* ← DIS-¹＋*confire* to make (＜L *conficere*: cf. confect)〙 ― *vt.* **1** 〈人〉の計画[目的]をくつがえす, 裏をかく; 〈計画などを〉くつがえす. **2** たじろがせる (baffle); まごつかせる, 当惑させる (disconcert): He was ～*ed at* being seen by someone. だれかに見られたのでまごついた. **3** 《古》打ち破る, 負かす (defeat). ― *n.* 《古》敗北 (defeat). **～·er** [-tə | -tə(r)] *n.*

dis·com·fi·ture [dɪskʌ́mfətʃùə, dəs-, -tʃə, -t(j)ùə | dɪskʌ́mfɪtʃə(r, -fə-] 〘《*a*1338》□ OF *desconfiture*: ⇨ ↑, -ure〙 ― *n.* **1** (計画・希望などの)挫折(ざ), 失敗. **2** 当惑, 狼狽(ろう). **3** (戦争の)全敗, 完敗, 大敗走.

dis·com·fort [dɪskʌ́mfət, dəs- | dɪskʌ́mfət] 〘《*c*1300》□ OF *desconfort-er*: ⇨ dis-¹, comfort〙 ― *n.* **1** 不快, 不愉快, 不安. **2** 人を不愉快にする事情, いやなこと, (種々の)不便, 困難: endure many ～*s* いろいろな不便を忍ぶ. ― *vt.* …の幸福[安楽]を妨げる, 不(愉)快にする, 不安にする, 苦しめる. **～·er** [-tə | -tə(r)] *n.*

dis·com·fort·a·ble [dɪskʌ́mfətəbl̩, dəs-, -ft- | dɪskʌ́mf(ə)t-] 〘《*c*1350》□ OF *desconfortable*: ⇨ ↑, -able〙 ― *adj.* 《古》 **1** 安楽でない, 不愉快な, いやな. **2** 悩ましい. **dis·cómfort·a·bly** *adv.*

discómfort index *n.* 不快指数《略 DI; 今は使わない; cf. Temperature-Humidity Index》.

dis·com·mend [dìskəménd] 〘《15C》← DIS-¹＋COMMEND〙 ― *vt.* 《まれ》 **1** …に賛成しない, 非難する (disapprove). **2** ほめない, すすめない (↔ recommend). **3** …の好感を失わせる. **～·a·ble** [-dəbl̩] *adj.* **～·er** *n.* **dis·com·men·da·tion** [dìskὰməndéɪʃən, -men- | -kɔ̀m-] *n.*

dis·com·mode [dìskəmóud | -məud] 〘□ F 《廃》 *discommod-er*: ⇨ dis-¹, commode〙 *vt.* 〈人を〉不便[不自由]にする; …に迷惑をかける, 困らせる.

dis·com·mod·i·ty [dìskəmάdəti | -mɔ́dətɪ, -dɪ-] 〘← DIS-¹＋COMMODITY〙 ― *n.* **1** 《古》不利, 不便 (inconvenience). **2** 〘経済〙非商品, 非財《人間に不便や損害を与えるもの, 例えば病気・地震・火災・商品獲得のための骨折りなど》.

dis·com·mon [dɪskάmən | -kɔ́m-] 〘《1478》← DIS-¹＋COMMON〙 ― *vt.* **1** 〘法律〙〈入会(いり)地 (common) を〉囲って私有地にする; 〈入会地〉の放牧権を取り上げる. **2** 〘英大学〙(特に, Oxford, Cambridge 大学で)〈商人〉から在学生と取り引きする権利を奪う. **3** …から入会権 (right of common) を取り上げる.

dis·com·pose [dìskəmpóuz | -pə́uz] 〘《1483》← DIS-¹＋COMPOSE〙 ― *vt.* **1** 〈人〉の平静[落ち着き]を失わせる, 不安にする, …の心を騒がせる (ruffle). **2** 《まれ》かき乱す, 散らかす (disarrange).

dis·com·pósed *adj.* 平静[落ち着き]を失った, 気を取り乱した: a ～ countenance 取り乱した顔つき. **dis·com·pós·ed·ly** [-zɪdli, -zəd- | -lɪ] *adv.*

dis·com·pós·ing *adj.* 心を乱す[騒がす](ような), 不安を感じさせる(ような). **～·ly** *adv.*

dis·com·po·sure [dìskəmpóuʒə | -pə́uʒə(r)] *n.* 心の動揺, 不安, 当惑, 狼狽(ろう) (embarrassment).

dis·con·cert [dìskənsə́ːt | -sə́ːt] 〘《1687》□ F 《廃》 *desconcert-er* (F *déconcerter*): ⇨ dis-¹, concert〙 ― *vt.* **1** [しばしば Passive で] 〈人〉の冷静を失わせる, まごつかせる, 当惑させる (embarrass): be ～*ed* 心が動揺する, 当惑する, まごつく. **2** 〈計画などを〉狂わす, 乱す, 挫折させる, …の裏をかく (upset).

dis·con·cért·ed [-tɪd, -təd | -tɪd, -təd] *adj.* 当惑した, 混乱した (discomposed). **～·ly** *adv.*

dis·con·cért·ing [-tɪŋ | -tɪŋ] *adj.* まごつかせる(ような), 当惑させる(ような), 混乱させる(ような): his ～ stare どぎまぎさせるような彼の凝視. **～·ly** *adv.*

dis·con·cer·tion [dìskənsə́ːʃən | -sə́ː-] *n.* **1** 混乱(状態), 困惑, 当惑 (confusion). **2** 挫折(ざ), 攪乱(かく).

dis·con·cért·ment *n.* ＝disconcertion.

dis·con·firm [dìskənfə́ːm | -fə́ːm] *vt.* 〈仮説など〉の誤りを証明する (↔ confirm). **dis·con·fir·ma·tion** [dìskὰnfəméɪʃən | -kɔ̀nfə-] *n.*

dis·con·form·a·ble [dìskənfɔ́əməbl̩ | -fɔ́ːm-] *adj.* 〔…に〕適合していない; 準拠していない 〔*to*〕. **dis·con·fórm·a·bly** *adv.*

dis·con·form·i·ty [dìskənfɔ́əməti | -fɔ́ːmətɪ, -mɪ-] *n.* **1** 《古》＝nonconformity. **2** 〘地質〙(地層の)平行不整合[非整合].

dis·con·gru·i·ty [dìskəngrúːəti, -kan-, -kaŋ- | -kɔŋgrúːətɪ, -kən-, -kəŋ-, -ɪtɪ] *n.* ＝incongruity.

dis·con·nect [dìskənékt] *vt.* 〈二物〉の連絡[接続]を断つ; 〔…から〕分離する, 分つ (separate) 〔*from*, *with*〕; 〈電話などを〉切る; 〈電気器具〉の電源を切る: ～ an electric fan 扇風機の電源を切ってとめる / ～ oneself *from* …との関係を断つ. ― *vi.* **1** 連絡を断つ. **2** 離れる, 引き退がる: ～ into silences 黙りこくってしまう.

dis·con·néct·ed *adj.* **1** 離れ離れの, 分断された (disunited): a set of ～ units いくつかのばらばらの単位から成る一組. **2** 〈談話・文章・思想など〉連絡のない, まとまりのない (incoherent): He merely put down some ～ lines. 支離滅裂な文章を数行書いただけであった. **～·ly** *adv.* **～·ness** *n.*

dis·con·néct·ing *n.* 連絡切断; 〘電気〙断線, 断路: a ～ gear 掛けはずし装置 / a ～ switch 〘電気〙断路器 / a ～ plug 〘電気〙断路プラグ.

dis·con·nec·tion [dìskənékʃən] *n.* **1** (連絡の)切断, 絶縁, 分離, 断絶 (separation); 〘電気〙断線, 断路. **2** (思想・表現などの)まとまりのないこと, 支離滅裂.

dis·con·sid·er [dìskənsídə | -də(r)] *vt.* 不評にする, 信用を落とす (discredit).

dis·con·so·late [dɪskάns(ə)lət, dəs-, -lɪt | dɪskɔ́n-] 〘《*c*1385》□ ML *disconsōlāt-us* ← DIS-¹＋*consōlātus* ((p.p.) ← *consolārī* 'to CONSOLE¹')〙 ― *adj.* **1** 〈人・人情など〉何の楽しみ[心の慰め]もない, わびしい, やるせない. **2** 〈場所・物など〉うら悲しい, 陰気な. **～·ly** *adv.* **～·ness** *n.*

dis·con·so·la·tion [dɪskὰnsəléɪʃən, dəs- | dɪskɔ̀n-] *n.* 心の慰めのない状態, やるせなさ.

dis·con·tent [dìskəntént] 〘《?*a*1400》← DIS-¹＋CONTENT²〙 ― *n.* **1** 不満, 不平, 不服 (↔ content) 〔*with*〕; 不興, 不快 (displeasure); [通例 *pl.*] 不平のもと[理由]. **2** 《まれ》＝malcontent. **3** (向上・変わったものなどへの)欲求, 渇望 (yearning). ― *pred. adj.* 不満で, 不平で: He left the firm, ～ *with* his position. 地位に不満でその商会をやめた. ― *vt.* [通例 Passive で] 〈人に〉不満[不平]をいだかせる; …の機嫌をそこねる: I *am* ～*ed with* my salary. 私は給料に不満だ.

dis·con·tént·ed [-tɪd, -təd | -tɪd, -təd] 〘《15C》: ⇨ ↑, -ed〙 ― *adj.* 不平をいだいている, 不満[不足]に思っている, 不満な: a ～ face 不満そうな顔. **～·ness** *n.*

dis·con·tént·ed·ly *adv.* 不平[不満]に思って, あきたらなく思って, 不満らしく, 不機嫌に (sullenly).

dis·con·tént·ment *n.* ＝discontent *n.* 1.

dis·con·tig·u·ous [dìskəntígjuəs | -kɔntígju-, -kən-] *adj.* 〈部分が〉接着[隣接, 接触]していない, 離れた.

dis·con·tin·u·ance [dìskəntínjuəns | -nju-] 〘《*a*1398》□ AF ～: ⇨ dis-¹, continuance〙 *n.* **1** 途切れ, 中絶; 中止, 停止 (cessation); 廃止, 断絶: the ～ of business 廃業, 営業停止. **2** 〘法律〙(訴訟の)取下げ; (係争の)中絶; (占有の)中断.

dis·con·tin·u·a·tion [dìskəntìnjuéɪʃən | -nju-] 〘□ (O)F ～: ⇨ ↓, -ation〙 *n.* ＝discontinuance 1.

dis·con·tin·ue [dìskəntínjuː, -nju | -nju] 〘《*a*1398》□ (O)F *discontinu-er*: ⇨ dis-¹, continue〙 ― *vt.* **1 a** (続けることをしだいに)やめる (stop); 中途でよす, 中止[停止]する, 中断[中絶]する (interrupt), (一時)休止する 〈*doing*〉: ～ one's habit 習慣をやめる / ～ attending church 教会への出席をやめる. **b** …の出版をやめる; …の購読を解約する: ～ publication 廃刊する / ～ a newspaper 新聞を(取ることを)やめる. **2** 〘法律〙〈訴訟を〉取り下げる. ― *vi.* 取りやめになる[する], 中止[休止]になる: Publication will ～ soon. 出版はまもなく中止になる[する]. **dis·con·tín·u·er** *n.*

dis·con·ti·nu·i·ty [dìskὰntɪn(j)úːəti, -tn̩- | -kɔ̀ntɪnjúːətɪ, -njúə-, -ɪtɪ] 〘《1570》□ ML *discontinuitās*: ⇨ discontinuous, -ity〙 ― *n.* **1** 不連続(性); (思想などの)無連絡, 支離滅裂. **2** 途切れ, 中絶; 切れ目, 裂け目. **3** 〘数学〙(関数などの)不[非]連続性.

discontinúity làyer *n.* 〘生態〙不連続層《海水または湖水がある水深を境にして飛躍的に水温の変わる層》.

dis·con·tin·u·ous [dìskəntínjuəs | -nju-] 〘《1667》□ ML *discontinuus*: ⇨ dis-¹, continuous〙 ― *adj.* **1** 不連続の, 非連続性の, 途切れている, 中絶的な, 断続的な (intermittent). **2** 〘数学〙不連続な (↔ continuous). **～·ness** *n.*

dis·con·tín·u·ous·ly *adv.* 不連続的に, 断続的に; とぎれとぎれに.

discontínuous pháse *n.* 〘物理化学〙不連続相 (⇨ dispersed phase).

dis·co·phile [dískəfàɪl] 〘← DISCO-＋-PHILE〙 *n.* レコード収集家[研究家], レコードファン.

dis·cord 〘*n.*: 《*c*1230》□ OF *descorde* □ L *discordia* ← *discors* discordant ← DIS-¹＋*cor* 'HEART'. ― *v.*: 《*a*1325》□ OF *discord-er* □ L *discordāre* to differ〙 ― [dískɔəd | -kɔːd] *n.* **1** 不一致, 意見の対立[相違]; (事物の)不調和, 不和, 仲違(たが)い, 内輪もめ, 軋轢(あつ) (↔ concord): be in ～ (with) (…と)不和になっている, 一致しない / sow ～ among …の間に不和の種をまく. **2** 〘音楽〙(音の)不調和, 不協和; 不協和音 (dissonance) (↔ accord; cf. harmony, concord). **3** 耳ざわりな音, 騒音. ― [dískɔəd, dɪskɔ́əd, dəs- | dɪskɔ́ːd] *vi.* **1** 〔…と〕一致しない (disagree), 不和である 〔*with*, *from*〕. **2** 〘音楽〙協和しない.

dis·cor·dance [dɪskɔ́ədn̩s, dəs-, dískɔə-, -dəns | dɪskɔ́ːdəns, -dn̩s] 〘《1340》□ OF *descordance*: ⇨ ↑, -ance〙 ― *n.* **1** (音の)不協和性, 耳ざわりな音 (dissonance). **2** (感情などの)不一致, 不和, 軋轢(あつ) (disagreement). **3** 〘地質〙(地層の)不整合.

dis·cór·dan·cy [-si | -sɪ] *n.* ＝discordance.

dis·cor·dant [dɪskɔ́ədn̩t, dəs-, -dənt | dɪskɔ́ːdənt, -dn̩t] 〘《*c*1380》□ OF *descordant*: ⇨ discord, -ant〙 ― *adj.* **1** 〈物・考えなどが〉〔…と〕一致しない, 不調和の, 似合わない; 〈感情が〉しっくりしない, 合わない, 仲が悪い 〔*to*, *from*, *with*〕. **2** 〈音が〉不協和な, 〈音声が〉調子はずれの, 耳ざわりな: the ～ croak of a frog かえるの耳障りな鳴き声. **3** 〘地質〙不整合の.

dis·cór·dant·ly *adv.* 不調和的に, 一致を欠いて; 不協和的に, 耳ざわりに.

Dis·cor·di·a [dɪskɔ́ədiə, dəs- | dɪskɔ́:diə, -djə] 〖□L ～: ⇨ discord〗 *n.* 〖ローマ神話〗ディスコルディア《不和・争いの女神; ギリシャ神話の Eris に当たる》.

dis·co·theque [dískətèk, dìskətèk, dì:s-, -ko(ʊ)- | dískə(ʊ)tèk, -tèɪk, dìskətèk; *F.* diskɔtɛk] 〖《1954》□F *discothèque*《原義》record library ← *disque* disk, record + (*bibli*)*othèque* library〗 ── *n.* (*also* **dis·co·thèque** [～]) ディスコ(テック)《レコードの音楽に合わせて踊るバー・キャバレー・ナイトクラブ・ダンスホールなど; 《口語》では disco ともいう; cf. discaire》. ── *vi.* ディスコ(テック)で踊る.

díscotheque drèss *n.* ディスコ(テック)ドレス《もとディスコ(テック)でゴーゴーガール (go-go girl) が着たえりぐりの大きい短い婦人服; すその線にひだがありしばしば黒色》.

dis·count 〖n.: 《1622》《変形》← F《廃》*descompte* ← 《廃》*descompter*: ⇨ dis-[1], count[1]〗 ── [dískaʊnt] *n.* **1** 割引, 減価; 値引き (reduction) 〔*on*〕: a ～ of 3% / at 25% ～ 2 割 5 分引きで / give [allow] a ～ (*on* the price of goods) (商品の定価から)割引をする / a five percent ～ *on* books 書籍類 5 分引. **2** (手形などの)割引(額); 割引歩合[率]: a banker's ～ = bank discount / a cash ～ 現金(払い)割引. **3** (貸金の)利子の先払い, 先払い利子, 利子天引き貸借. **4** 割引, 斟酌(しんしゃく), 手心: accept a story with some ～ 話をいくらか割引[斟酌]して聞く. **5** 〖玉突〗点数割引.

at a discount (1) (額面以下に)割引して (below par) (cf. *at a* PREMIUM). (2) 価格が低下して: Cotton stocks are *at a* ～. (3) 売れ口がない: These goods are *at a* ～. (4) 評判が悪い: Bureaucratism is *at a* sad ～. 官僚主義は至極評判を悪くしている.

── [dískaʊnt, dɪskáʊnt, dəs- | dískaʊnt, ─⌐] *v.* ── *vt.* **1 a** 割引する: ～ 10% for cash 現金払いには 1 割の割引をする. **b** 安売りする, 割引して売りに出す. **2** 〈手形を〉割引して手放す[買い入れる]: ～ a bill / get a bill ～*ed* 手形の割引をしてもらう. **3** (利子の前取りをして)…に金を貸す. **4** …の価値・効果を減ずる, 減少する, 失う: ～ one's gains by subsequent losses あとからの損失でもうけを減らす. **5 a** 〈話などを〉割引して聞く[受け取る]: ～ a rumor / ～ half of what others say 他人の言うことは話半分に聞く. **b** (誇張や信頼性の欠如のため)…の真実性を割引く, 計算に入れない, 無視する (disregard): ～ the fundamental points. **6** 〈将来の不利な影響・出来事などを〉あらかじめ考慮する, 見込む. **7** 〖玉突〗〈相手〉に差しを与える. ── *vi.* 利子を引いて貸し付ける.

dis·count·a·ble [dɪskáʊntəbl, dískaʊnt-, dəs- | -tə-] *adj.* **1** 割引できる. **2** 割引のための: during the ～ period 割引期間中.

díscount bròker *n.* 手形割引仲買人.

dis·coun·te·nance [dɪskáʊntənəns, dəs-, -tn-, -tn- | -tɪn-, -tən-] 〖《1580》← DIS-[1]+COUNTENANCE: cf. F《廃》*descontenancer*〗 ── *vt.* **1** 賛成しない, 反対する, …にいい顔をしない. **2** 恥ずかしめる, 面くらわせる. ── *n.* 不賛成, 反対.

dis·count·er [-tə | -tə(r)] *n.* **1** 割引する人. **2** = discount house.

díscount hòuse *n.* **1** 《米》ディスカウントハウス, 割引屋, 「ばった屋」《1940 年代に始った米国の安売り小売商店》. **2** 《英》為替手形の割引商会 (bill broker).

díscount màrket *n.* 〖商業〗割引市場《手形や政府短期証券の売買[割引]が行われる公開市場》.

díscount ràte *n.* 〖金融〗手形割引歩合, 手形割引率.

díscount sàle *n.* 特売, 割引販売, ディスカウントセール.

díscount stòre [shòp] *n.* = discount house 1.

dis·cour·age [dɪskɔ́:(r)ɪdʒ, dəs- | dɪskʌ́r-] 〖《1437》□OF *descorag-er*: ⇨ dis-[1], courage〗 ── *vt.* (↔ encourage) **1** [しばしば Passive で]〈人〉の勇気を失わせる, 落胆させる: *be* ～*d* がっかりする. **2** …の邪魔をする, …に水をさす (thwart); (不賛意を表明したり反対したりして)〈人〉に〔…するのを〕思い止まらせる (dissuade)〔*from*〕: ～ industry, a person's plans, etc. / ～ a person *from* making the attempt 人にその企てをすることを思いとどまらせる / ～ consumer buying 消費者の購売欲に水を差す / A pot of basil is said to ～ flies. 鉢植のメボウキを置いておくとハエ除けになるといわれている. **3** …に不賛意を表わす, よしとしない: ～ the slangy expression / He ～*d* their marriage. 彼は彼らの結婚には不賛成だった. ── *vi.* 《まれ》落胆[がっかり]する. **～·a·ble** [-dʒəbl] *adj.* **dis·cóur·ag·er** *n.*

dis·cóur·age·ment 〖□OF *desco(u)ragement*: ⇨ ↑, -ment〗 *n.* **1** 落胆, 失意. **2** 意気をくじく[がっかりさせる]ような支障[邪魔, 事情].

dis·cóur·ag·ing *adj.* がっかりさせる, 元気をくじく, 悲観的な, 思わしくない: a ～ report. **～·ly** *adv.*

dis·course 〖《c1380》*discours* □LL *discurs-us* discourse, (in L) a running to and fro: ⇨ dis-[1], course[1]〗 ── [dískɔəs, -koəs, dɪskɔ́əs, dəs-, -kóəs | dískɔ:s, ─⌐] *n.* **1** 《文語》説話; 講話, 講演 (lecture), 説教 (sermon)〔*on, upon*〕. **2** 《文語》談話, 談論: hold ～ *with*…と語る. **3** 《文語》論説, 論文 (treatise). **4** 《米》〖文法〗= narration 3. **5** 〖言語〗談話, 文章: ～ analysis 談話分析. **6** 《古》推理[推論]能力, 合理性.

── [dɪskɔ́əs, dəs-, -kóəs, dískɔəs, -koəs | dɪskɔ́:s] *v.* ── *vi.* **1** (継続的に, 形式ばって)〔…について〕話す, 語る, 演説する; (論文で)説く, 論述する〔*on, upon, of*〕. **2** 《文語》談話をかわす, 談論する. ── *vt.* 《古》物語る, 論ずる; 《古》〈音楽などを〉奏する.

dis·cóurs·er *n.* 談話者, 議論家, 論客.

dis·cour·te·ous [dɪskɔ́:ṭiəs | -kɔ́:tjəs, -kɔ́:-, -tɪəs] *adj.* 失礼な; ぶしつけな, 無作法な (rude). **～·ness** *n.*

dis·cóur·te·ous·ly *adv.* 失礼にも, ぶしつけに, 無作法に.

dis·cour·te·sy [dɪskɔ́:ṭəsi | -kɔ́:tɪsɪ, -kɔ́:-, -tə-] *n.* **1** 非礼, 失礼 (incivility) (↔ courtesy); ぶしつけ, 無作法 (rudeness). **2** 失礼な言行, 無礼.

dis·cov·er [dɪskʌ́və, dəs- | dɪskʌ́və(r)] 〖《?c1300》□OF *desco(u)vr-ir*: ⇨ dis-[1], cover〗 ── *vt.* **1** 〈未知の物事を〉発見する, 見つける, 見出す (find out): ～ a gold mine. **2** 〈事実・答などが〉わかる, 悟る (realize): ～ the facts / He ～*ed that* he had made a mistake. 彼は間違いをしたことを悟った. **3 a** 〔人に〕〈隠れたものを〉あらわに示す; 《古》表わす, 明かす (reveal): ～ a secret *to* a friend 友人に秘密を明かす. **b** [p.p. 形で]〖演劇〗(開幕とともに)〈俳優を〉舞台に表わす: At curtain a young man and a girl are ～*ed* sitting on a bench. 幕が開くと一人の青年と一人の少女がベンチに腰をかけているところが見える. **c** [～ *oneself* で]《まれ》〔…に〕名を明かす, 名乗る〔*to*〕: He ～*ed himself to* the girl as her father. 彼は少女に父親だと名乗った. **d** 《古》〈特質などを〉露顕させる; うっかり暴露する, もらす (betray). **4** 《古》…のおおいをとる. ── *vi.* 発見する: as far as I can ～ 私のわかる限りでは.

discover check ⇨ check *n.* 成句.

dis·cov·er·a·ble [dɪskʌ́v(ə)rəbl, dəs- | dɪs-] *adj.* 発見できる, 見出せる, 〈効果など〉認められる.

dis·cóv·ered chéck *n.* 〖チェス〗開(あ)き王手《攻め駒と王との間の駒を移動してチェックすること; cf. *discover* CHECK》.

dis·cóv·er·er [-v(ə)rə | -v(ə)rə(r)] 〖ME〗 *n.* 発見者.

dis·cov·ert [dɪskʌ́vət, dəs-, -kóʊv- | dɪskʌ́vət] 〖ME《原義》unprotected □OF *desco(u)vert* (p.p.) ← *descouvrir* 'to DISCOVER'〗 ── *adj.* 〖法律〗〈女が〉婚姻関係にない, 夫のない《未婚・寡婦または離婚した女性にいう; cf. coverture, feme covert》.

dis·cov·er·ture [dɪskʌ́vətʃʊ̀ə, dəs-, -tʃə | dɪskʌ́vətjʊ̀ə(r), -tʃʊ̀ə(r)] 〖⇨ ↑, -ure〗 *n.* 〖法律〗〈女が〉婚姻関係にない状態[身分]《未婚・寡婦・離婚した女性にいう》.

dis·cov·er·y [dɪskʌ́v(ə)ri, dəs- | dɪskʌ́v(ə)rɪ] 〖《1553》: ⇨ discover, -y[5]〗 ── *n.* **1** 発見されること, 〔…の〕発見, 創見〔*of*〕: make a ～ / the ～ *of* America by Columbus コロンブスのアメリカ発見 / I am safe from ～. 人に見つけられる心配はない. **2** 発見物: a recent ～. **3** (秘密などの)暴露, 露見. **4** 〖法律〗(事実・書類の)開示《訴訟の相手方に対し自己に有利な事実または文書の発表を要求すること[手続き]》. **5** 〖演劇〗 **a** 人物の正体や事件の真相が明らかになること. **b** (幕が上る時)人物がすでに舞台にいること.

Discóvery Dày *n.* 《米》= Columbus Day.

discóvery procédure *n.* 〖言語〗発見の手順《与えられた資料のみに基づいてその言語の正しい文法を自動的・機械的に発見する手順》.

dísc plòw *n.* 〖農業〗円板プラウ, ディスクプラウ.

dis·cre·ate [dìskriéɪt | -kri:-, -krɪ-] *vt.* 絶やす (annihilate); (創世以前のような)混沌(こんとん)状態に戻す.

dis·cre·a·tion [dìskriéɪʃən | -kri:-, -krɪ-] *n.*

dis·cred·it [dɪskrédɪt, dəs-, dɪs-, -dət | dɪskrédɪt, dɪs-] 〖《1565》← DIS-[1]+CREDIT: cf. It. *discredito* / F *discrédit*〗 ── *n.* **1** 不信用; 不面目, 不名誉: according to one's credit or ～ 信用不信用に応じて / bring [reflect] ～ on oneself 不信用[不面目, 不評]を招く[にする] / fall into ～ 不評判になる. **2** 不信, 疑惑: suffer ～ 疑惑をかけられる, 不信を招く / throw ～ on [upon] …に疑惑を投じる. **3** 不信用[不面目]を招くもと, 不名誉になるもの, つらよごし: Don't be a ～ *to* our family. 一家のつらよごしになってくれるな. ── *vt.* **1** 信用しない, 信じない; 疑う (doubt). **2** …の正しさをくつがえす, 信用に値しないとする. **3** …の信用[名声, 評判]を落とさせる (disgrace): His behavior will ～ him hopelessly *with* the public. あんな振舞いをしては彼も世間の信用を落としてしまう.

dis·cred·it·a·ble [dɪskrédɪṭəbl, dəs-, -dəṭ- | dɪskrédɪtə-, dɪs-] *adj.* 〈行動など〉信用を傷つけるような, 評判を悪くするような; 不名誉[不面目]な, 恥ずべき (shameful).

dis·créd·it·a·bly [-bli | -blɪ] *adv.* 信用を傷つけるように, 不名誉[不面目]にも.

dis·creet [dɪskrí:t, dəs- | dɪs-] 〖《1386》*discret* □(O)F □L *discrētus* separated (p.p.) ← *discernere* 'to DISCERN'〗 ── *adj.* **1** 〈人・行動など〉考え深い, 思慮[分別]のある (judicious); 用意周到な, 慎重な (prudent) (cf. discretion)〔*in, in doing*〕. **2** 控え目な, 目立たない (unobstrusive). **～·ly** *adv.* **～·ness** *n.*

dis·crép·ance [-pəns] 〖《a1464》□OF *discrepance* □L *discrepantia* (↓)〗 *n.* 《まれ》= discrepancy.

dis·crep·an·cy [dɪskrépənsi, dəs- | dɪskrépənsɪ] 〖《1623》□L *discrepantia*: ⇨ ↓, -ancy〗 ── *n.* 不合, 不一致, 矛盾; 食違い; (突き合わせた数字などの)相違: ～ *in* age 年令の相違 / There was great ～ [There were many *discrepancies*] *between* their opinions. 彼らの意見には大きな[多くの]食違いがあった / She became conscious of the ～ *between* her furs *and* her inexpensive dress. 彼女は毛皮と安っぽいドレスがふつりあいなことを意識するようになった.

dis·crep·ant [dɪskrépənt, dəs- | dɪs-] 〖《?c1450》□L *discrepant-em* (pres.p.) ← *discrepāre* to differ (in sound) ← DIS-[1]+*crepāre* to rattle: ⇨ -ant〗 ── *adj.* 〈数個の事物が〉相いれない, つじつまが合わない, 食い違う, 矛盾している. **～·ly** *adv.*

dis·crete [dɪskrí:t, dəs-, dískri:t | dɪskrí:t] 〖《c1385》□L *discrētus*: ⇨ discreet〗 ── *adj.* **1** 分離している, 別々の, 個々別々の, ばらばらの. **2** 別個の部分から成る, 不連続の, 非連関の. **3** 〖植物〗非合生的な, 離れた. **4** 〖数学〗離散の: ～ valuation 離散付値 / ～ topology 離散位相. **5** 〖哲学・論理〗 **a** 逆接的接続語 (but, though, yet など)でつながれた節を含む. **b** (個体として同類中の他の個体から)明確に区別された; 共通[重複]する部分を持たない. ── *n.* (独立した)部分品, 部品, 部.

dis·créte·ly *adv.* 別々に, ばらばらに; 不連続的に.

dis·créte·ness *n.* 分離性; 不連続, 非連関.

discréte quántity *n.* 〖数学〗離散量, 分離量.

dis·cre·tion [dɪskréʃən, dəs- | dɪs-] 〖《c1303》□(O)F ～ // L *discrētiō(n-)*: ⇨ discrete, -tion〗 ── *n.* **1** 思慮分別, 慎重 (prudence) (cf. discreet): act with ～ 慎重に行動する / show ～ *in* carrying it out その実施には慎重である, 慎重に実施する / use ～ 分別をめぐらす / I can trust your ～? 口は堅いでしょうね / *Discretion* is the better part of valor. 《諺》用心は勇気の大半, 「君子危きに近寄らず」《しばしば卑怯(ひきょう)な行為の口実となる》. **2** 行動[判断, 選択]の自由[随意, 任意], 自由裁量: leave…*to* the ～ of a person …を人に一任する / use [act on] one's (own) ～ 自分がよいと思うようにする[決める] / It is *within* [*in*] a person's ～ to do …するのは…の任意である / the age of ～ ⇨ age. **3** 〖法律〗(裁判所の)量刑の裁量. **4** 分離 (disjunction); 不連続 (discontinuity). **5** 《古》認識力, 明敏 (discernment).

at discretion (1) 任意に, 随意に, 勝手に. (2) 相手の言いなりに, 無条件で: surrender *at* ～ 無条件で降服する. ***at the discretion of***…= ***at a person's discretion*** …の自由で: That is *at your* ～. それはどうしようと君の自由だ. **～·ly** *adv.*

dis·cré·tion·al [-ʃənl, -ʃnəl] *adj.* = discretionary.

dis·cré·tion·àr·y [-ʃənèri | -ʃ(ə)nəri] *adj.* 任意の, 自由裁量の, 裁量的な, 一任された: ～ fiscal policy 〖財政〗自由裁量的財政政策 / ～ orders 〖商業〗成行注文 / ～ powers to act 任意な行動のできる権能 / a ～ principle 独断主義 / ～ income 裁量所得.

dis·cre·tive [dɪskrí:ṭɪv, dəs- | dɪskrí:t-] 〖□LL *discrētīv-us*: ⇨ discrete, -ive〗 *adj.* **1** 〖哲学・論理〗= discrete 5. **2** 《古》区別[識別]する (discriminative).

dis·crim·i·na·ble [dɪskrím(ə)nəbl, dəs- | dɪskrímɪ-] *adj.* 区別[識別]可能な. **dis·crím·i·na·bly** *adv.*

dis·crim·i·na·bíl·i·ty [-nəbíləṭi | -lətɪ, -lɪ-] *n.*

dis·crim·i·nance [dɪskrím(ə)nəns, dəs- | dɪskrímɪ-] *n.* 識別法, 弁別手段.

dis·crim·i·nant [dɪskrím(ə)nənt, dəs- | dɪskrímɪ-] 〖□L *discriminant-em*: ⇨ ↓, -ant〗 *adj.* = discriminating. *n.* **1** 〖数学〗判別式. **2** 〖統計〗判別.

dis·crim·i·nate [《1626》□L *discrīmināt-us* divided (p.p.) ← *discrīmināre* ← *discrīmen* distinction ← *discernere* 'to DISCERN'〗 ── [dɪskrímənèɪt, dəs- | dɪskrímɪ-] *v.* ── *vi.* **1** 〔二者間を〕区別する〔*between*〕; (差異を)識別する, 弁別する (distinguish): ～ *between* A *and* B A と B とを区別[識別]する (=discriminate A *from* B). **2** 明敏である, 洞察力が働く. **3** 分け隔てをする, 差別して扱う, 差別待遇する: ～ *against* [*in favor of*] …を冷遇[優遇]する. ── *vt.* 〔…から〕識別する, 弁別する, 区別する〔*from*〕: ～ one thing *from* another. ── [-m(ə)nət, -nɪt | -mɪ-] *adj.* **1** 《古》識別された, 明確な. **2** 差別的な; 識別力のある, 判断力のすぐれた, 慧(けい)眼な. **～·ly** *adv.*

dis·crím·i·nàt·ing [-ṭɪŋ | -tɪŋ] *adj.* **1** 区別できる, 差別がわかる; 識別力のある, 鑑賞力の鋭い, 目のきく: a ～ palate (味をききわける)すぐれた舌[味覚] / a ～ critic 識別力に富んだ批評家 / a ～ buyer 目の高い買い手. **2 a** 区別[識別]的な, 分析的な: a ～ test 分析試験. **b** 〈関税など〉差別的な: a ～ tariff 差別関税 / ～ rates 差別的料率[運賃]. **3** 区別を示す, 特徴的な, 特有の: ～ features 示差的特徴. **～·ly** *adv.*

discríminating dúties *n. pl.* = differential duties.

dis·crim·i·na·tion [dɪskrìmənéɪʃən, dəs- | dɪskrìmɪ-] 〖《1646》□LL *discrīminātiō(n-)*: ⇨ discriminate, -ation〗 ── *n.* **1** 区別, 差別: make a ～ *between* A *and* B. **2** 相違点. **3** 識別, 識別力, 弁別力, 鑑識眼: He shows great ～ *in* the choice of books. 本の選択にかけてはなかなか目が肥えている. **4** 分け隔て, 差別待遇; (特に)人種差別: racial ～ 人種差別 / sexual ～ 性別による差別 / without ～ 区別[分け隔て]なく, 平等に / practise a ～ *against* the country その国に対して差別を行なう. **5** 《古》(物の区別をする)差違. **6** 〖辞書〗同義語の区別. **7** 〖心理〗一定の刺激に対してだけ反応しその他の刺激には反応しないこと. **～·al** [-ʃənl, -ʃnəl] *adj.*

dis·crim·i·na·tive [dɪskrímənèɪṭɪv, dəs-, -m(ə)nəṭ- | dɪskrímɪnət-, -nèɪt-] 〖《a1638》← L *discrīminātus* (⇨ discriminate)+-IVE〗 ── *adj.* **1** 区別[差別]的な (differential). **2** 識別[弁別]する, 識別力のある (discerning). **3** 《古》区別を示す, 示差的な. **～·ly** *adv.*

dis·crím·i·nà·tor [-ṭə | -tə(r)] 〖□LL *discrīminātor*:

⇨ discriminate, -or²〗 n. 1 識別[差別]する人. 2〘通信〙弁別器《周波数変調における検波装置》.
dis·crim·i·na·to·ry [dɪskrím(ə)nətɔ̀ːri, dəs-, -tɔ̀ːri | dɪskrímɪnət(ə)rɪ, -krɪmɪnéɪt-] adj. 1 区別[差別]的な (discriminative); (特に)えこひいきする, 公平に扱わない (preferential): ~ practices 差別的慣行 / a ~ price〘商業〙(地域的・時間的などの)差別価格. 2 区別する, 識別力のある (discriminating). **dis·crim·i·na·to·ri·ly** [dɪskrìm(ə)nətɔ́ːrəli, dəs-, -tɔ́ːr-, ―⁻― (―)―⁻―― | dɪskrímɪnət(ə)rəlɪ, -krɪmɪnéɪt-, -rɪlɪ] adv.
dis·crown [dɪskráʊn, dəs- | dɪs-] vt. …の王冠を奪う[取り上げる]; 退位させる (depose).
dis·cul·pate [dískʌlpèɪt, dɪskʌ́lpeɪt, dəs- | dískʌlpèɪt, ――⁻―] 〖← ML disculpāt-us (p.p.) ← disculpāre to clear from blame ← DIS-¹+L culpāre to blame (← culpa 'CULPA'): ⇨ -ate³〗 ― vt. =exculpate.
dis·cur·sion [dɪskə́ːʒən, dəs- | dɪskə́ːʃən] 〖□ OF ~ □ LL discursiō(n-) ← L discursus (↓): ⇨ -sion〗 ― n. 1 散漫な[取りとめのない]議論[論談]; 脱線 (digression); 話題があっちこっちにわたること, 見当はずれ (irrelevance). 2 推論, 推理力.
dis·cur·sive [dɪskə́ːsɪv, dəs-, -zɪv | dɪskə́ːsɪv] 〖《1599》□ ML discursīv-us ← L discursus: ⇨ discourse, -ive〗 ― adj. 1 〈題目など〉広範囲にわたる; 〈話など〉あちこち飛ぶ, 散漫な; 〈人が〉取りとめのない話をする (desultory): a ~ talk, talker, etc. 2〘哲学〙推論[論証]的な (↔ intuitive). **~·ly** adv. **~·ness** n. **dis·cur·siv·i·ty** [dɪskə̀ːsívəṭi, dəs-, -zív- | dɪskə̀ːsívətɪ, -vɪ-] n.
dis·cus [dískəs] 〖《1656》□ L ~ □ Gk diskos 'quoit, DISH'〗 n. (pl. ~·es, dis·ci [dís(k)aɪ | dískaɪ])〘競技〙1 (投擲(てき)用の)円盤. 2 [the ~] 円盤投げ (discus throw).
dis·cuss [dɪskʌ́s, dəs- | dɪs-] 〖《c1380》← L discussus (p.p.) ← discutere to shake to pieces ← DIS-¹+quatere to shake (cf. quash¹)〗 ― vt. 1 (幾人かで)論じる, 審議[討議]する (debate); (種々の角度から)検討する, 吟味する: ~ literature, politics, business, a problem, etc. 2 …について語り合う, 相談する: We ~ed what we would do [what to do] during the vacation. 休暇中に何をする[すべき]かということを相談した. 3《古》〈飲食物などを〉楽しんで食べる[飲む] (cf. crush vt. 6): ~ a glass of wine. 4〘法律〙〈主債務者〉に対して検索の抗弁をする. 5《廃》明らかにする, 説明する. 6《廃》散らす, 消散させる. **~·er** n.
dis·cuss·a·ble [dɪskʌ́səbl̩, dəs- | dɪs-] adj. 《英》= discussible.
dis·cus·sant [dɪskʌ́snt, dəs- | dɪs-] 〖《1927》: ⇨ discuss, -ant〗 n. (シンポジウム・パネル討論会などの)討論者, 討論参加者.
dis·cuss·i·ble [dɪskʌ́səbl̩, dəs- | dɪskʌ́sə-, -sɪ-] adj. 論議[討論]できる.
dis·cus·sion [dɪskʌ́ʃən, dəs- | dɪs-] 〖《c1340》□ (O)F ~ ∥ L discussiō(n-): ⇨ discuss, -sion〗 ― n. 1 論議, 討議, 討論, 審議: after much ~ ずいぶん討論したあとに / come up for ~ 討議に持ち出される / liberty of ~ 討論の自由 / a lively [hot, stormy, friendly] ~ 活発な[熱した, 激しい, なごやかな]討論 / a question under ~ 審議中の問題. 2〘法律〙(主債務者に対する)検索の抗弁. 3 〔…に関する〕論文, 論考〔on〕. 4《古》賞味: the ~ of a bottle of wine. 5 [形容詞的] 討論の: a ~ group, program, etc.
díscus thròw n. [the ~]〘競技〙円盤投げ.
díscus thròwer n. 円盤投げ選手.
dis·dain [dɪsdéɪn, dəs- | dɪs-, dɪz-] 〖n.: 《c1300》disdein(e) □ OF desdeigne. ― v.: 《a1338》□ OF desdeign-(i)er < VL *disdignāre=L dēdignārī to scorn ← dē- 'DIS-¹'+dignārī to think as worthy (⇨ deign)〗 ― vt. 1 軽蔑する, 侮る (despise): ~ popularity 俗受け[世評]を蔑視する. 2 〈…することを〉潔(いさぎよ)しとしない, 〈…する〉ようなけちな事はしない 〈to do, doing〉: We might well ~ to notice such criticism. こんな批評など無視して取り上げないほうがよい / He ~ed asking for help. 助けを求めるのを潔しとしなかった. ― n. 1 (そんなことは取り上げる価値がないとする)軽蔑感, 軽侮の念〔for〕: He cast a look of ~ in my direction. 彼は私の方に侮蔑の眼差しを向けた. 2 侮蔑の色[態度]; 尊大.
dis·dain·ful [dɪsdéɪnfəl, dəs- | dɪs-, dɪz-] adj. 〔人に〕尊大な, 軽蔑的な (scornful); 〔卑しいことを〕無視する〔of, toward〕: a ~ glance / ~ of risk 危険をものともしない / ~ of one's appearance 服装に無頓着な / He is ~ of social position. 社会的地位など問題にしていない. **~·ness** n. 「に, 高ぶって.
dis·dáin·ful·ly [-fəli | -lɪ] adv. 軽蔑して[するよう
dis·ease [dɪzíːz, də- | dɪ-] 〖《a1338》disese □ AF disease=OF desaise: ⇨ dis-¹, ease〗 ― n. 1 (人・動物の)病気, 疾病(しっぺい), 疾患 (↔ health): an acute [a chronic] ~ 急性[慢性]の病気 / a bad [foul] ~ 悪疾《性病など》/ a mental ~ 精神病 / a serious ~ 重病 / heart ~ 心臓病 / catch [suffer from] a ~ 病気にかかる[をわずらう] / die of (a) ~ 病死する / There was much ~ in the village. 村には病気が多かった. 2 (精神・道徳・社会制度などの)不健全状態, 病弊: Poverty is a social ~. 3〘植物〙異常[変則]状態《病原体・微生物・寄生虫・不良環境などが原因する》. 4《古》不快, 不安. ★ 通例 dis-ease の形で復活しつつある. 5 (酒の)変質. ― vt. [通例 p.p. 形で] 病気にかからせる; 乱す, 狂わせる.
dis·éased〖ME〗adj. 1 病んでいる, 病気にかかった: the ~ part 患部. 2 病的な, 不健全な: a ~ mind.
diséase gèrm n. 病原菌.
dis·e·con·o·my [dìsɪkɑ́nəmi, -ək-, -iːk- | -ɪkɔ́nəmɪ, -iːk-] n. [しばしば pl.]〘経済〙不経済, 経済的でないこと; コストの高くつく要因. 「鈍くする.
dis·edge [dɪséʤ] vt. …のへりを落とす; …の鋭さを
di·se·gno [diːséɪnjoʊ | -njəʊ; It. diséɲɲo] 〖□ It. ~〗 ― It. n. (pl. di·se·gni [-njiː; It. -ɲɲi])〘美術〙構図, デザイン《視覚芸術の対象の理想的フォルム, 特に芸術作品の線形構造に表現されるようなフォルムの表現に要求されるフォルム上の規律を言い表わすのに 16–17 世紀に用いた》.
dis·em·bar·go [dìsɪmbɑ́ːəgoʊ, -səm-, -sem- | -sɪmbɑ́ːgəʊ, -sem-] vt. …の出港停止を解く.
dis·em·bark [dìsɪmbɑ́ːək, -səm-, -sem- | dìsɪmbɑ́ːk, -sem-] 〖《1582》□ (O)F désembarqu-er: ⇨ dis-¹, embark〗 ― vt. 〔船から〕陸揚げする, 〈兵などを〉上陸させる (land). ― vi. 〈人が〉上陸する (land); 〔乗り物から〕降りる〔from〕. **~·ment** n.
dis·em·bar·ka·tion [dìsèmbɑəkéɪʃən, -bə- | dìsembɑː-, -sɪm-] n. 陸揚げ, 上陸.
dis·em·bar·rass [dìsɪmbǽrəs, -səm-, -sem-, -bér- | -sɪmbǽr-, -sem-] vt. 困難から解放する (free); 〔心配・重荷・責任などを〕〈人〉から免れさせる (rid); 〔ほっと〕安心させる (relieve)〔of〕: ~ a person of his burden 人の重荷をおろしてやる, ほっとさせる / ~ oneself of a burden 重荷をおろす, ほっとする.
dìs·em·bár·rass·ment n. 解放, 離脱.
dis·em·bod·y [dìsɪmbɑ́di, -səm-, -sem- | -sɪmbɔ́dɪ, -sem-] vt. 1 [主に p.p. 形で] 〈霊魂などを〉肉体から分離[離脱]させる. 2《古》〈軍隊を〉解散する, 解隊する (disband). **dìs·em·bód·i·ment** n.
dis·em·bogue [dìsɪmbóʊg, -səm-, -sem- | -sɪmbə́ʊg, -səm-] 〖《1595》□ Sp. desembocar ← des- 'DIS-¹'+embocar to enter (by) the mouth (← en- 'IN-¹'+boca mouth (< L buccam))〗 ― vt. [しばしば ~ itself で] 〈川・湖が〉〈水を〉〔…へ〕注ぎ出す, (河口で)放出する (discharge)〔into〕. ― vi. 1 〈川・湖が〉〔…に〕注ぐ〔into〕. 2 (流水のように)(容器の)中味を流出する. **~·ment** n.
dis·em·bos·om [dìsɪmbúzəm, -səm-, -sem-, -búːz- | -sɪmbúz-, -sem-] vt. 1 〈秘密などを〉洩らす, 暴露する, すっぱ抜く (disclose). 2 [~ oneself で] 〔秘密などを〕胸襟(きょうきん)を開いて打ち明ける (unbosom)〔of〕: ~ oneself of a secret 秘密を打ち明ける. ― vi. 秘密を打ち明ける, 胸襟を開く.
dis·em·bow·el [dìsɪmbáʊ(ə)l, -səm-, -sem- | -sɪmbáʊəl, -sem-, -báʊel, -báʊl] 〖《1603》← DIS-¹+EMBOWEL〗 ― vt. (**dis·em·bow·eled, -elled; -el·ing, -el·ling**) 1 …の腸を除去する[抜き出す], 腸(はらわた)抜きをする; [~ oneself で] 切腹する. 2《まれ》〈クモが〉〈糸を〉腹部から出す. 「~ 切腹する.
dìs·em·bów·el·ment n. 腸(はらわた)抜き; 切腹: commit
dis·em·broil [dìsɪmbrɔ́ɪl, -səm- | -sɪm-, -sem-] vt. …のもつれを解く.
dis·em·ployed [dìsɪmplɔ́ɪd, -səm-, -sem- | -sɪm-, -sem-] adj. (特に技術・教育などが身についていないために)職のない, 未就労[失業]の.
dìs·em·plóy·ment n. 失業(状態), 無職.
dis·en·a·ble [dìsɪnéɪbl̩, -sən-, -sen-, -sn̩- | -sɪn-, -sen-] vt. 無能力にする, 無力[無能]にする; …から資格を奪う.
dis·en·chant [dìsɪntʃǽnt, -sən-, -sen-, -sn̩- | -sɪntʃɑ́ːnt, -sen-] 〖□ (O)F désenchant-er: ⇨ dis-¹, enchant〗 ― vt. 1 …の魔法を解く, 魔法の力から解放する. 2 [通例 Passive で] …の迷い[迷夢]をさます, 目ざめさせる〔with〕: be ~ed 迷いがさめる, 幻滅を感じる. **~·ing** [-tɪŋ | -tɪŋ] adj. **~·ing·ly** adv. **~·ment** n.
dìs·en·chánt·er [-ṭə | -tə(r)] n. 魔法を解く人.
dis·en·cum·ber [dìsɪnkʌ́mbə, -sən-, -sen-, -sn̩- | dìsɪnkʌ́mbə(r, -sən-] 〖□ (O)F désencombr-er: ⇨ dis-¹, encumber〗 ― vt. 〈人を〉〔苦労や邪魔物から〕解放する, …の厄介払いをする (disburden)〔of, from〕: ~ a person of [from] a burden 人から重荷を取り除く.
dis·en·dow [dìsɪndáʊ, -sən-, -sen-, -sn̩- | -sɪn-, -sen-] vt. …から寄付財産を取り上げる; (特に)〈教会〉の基本財産を没収する: ~ a church. **~·er** n. **~·ment** n.
dis·en·fran·chise [dìsɪnfrǽntʃaɪz, -sən-, -sen-, -sn̩- | -sɪnfrǽn-, -sen-] vt. =disfranchise. **~·ment** n.
dis·en·gage [dìsɪngéɪʤ, -sən-, -sen-, -sn̩- | -sɪn-, -sɪŋ-, -sen-] 〖□ F désengag-er: ⇨ dis-¹, engage〗 ― vt. 1 〔…から〕解く, 放す, はずす〔from〕: She ~d her hand from his. 手を彼の手から振りほどいた. 2 [通例 ~ oneself または Passive で] 〔義務・誓約・責任などから〕解放する〔from〕: ~ oneself from one's promise 約束を取り消す. 3〘化学〙遊離させる (isolate). 4〘軍事〙(敵と)〈戦闘を〉やめる, 離脱する; 〈部隊を〉戦闘からはずす: ~ action 交戦をやめる[回避する], [時として「退却」の婉曲語として] 撤退する. ― vi. 1 離れる, 絶縁する. 2〘フェンシング〙剣先を相手の剣の反対側にはずして変える.
― n.〘フェンシング〙剣先を相手の剣の反対側にはずし交えること[動作].
dis·en·gáged adj. 1 離脱している (detached); 〈機械が〉連動をはずれている (not in gear). 2 〈人・時が〉約束[予約]がない, 手があいている, ひまで (free); 〈場所などが〉あいている (vacant): I am ~. 今暇です / We have Sept. 13–15 ~. 9月13–15日はあいている.
dis·en·gáge·ment n. 1 a 解放(状態); 離脱, 遊離 (detachment): his ~ from the world 彼の俗世間からの離脱. b (義務・拘束などからの)解放状態, 自由, ひま: one's hours of ~ ひまな時間. 2 解約, (特に)婚約解消. 3 (政策・態勢などの)解除, 撤回, 回避. 4 撤退〔from〕(cf. disengage vt. 4).
disengáging àction n.〘軍事〙戦闘離脱, 交戦回避, 自発的撤兵《時には「退却」の婉曲語》.
dis·en·tail [dìsɪntéɪl, -sən-, -sen-, -sn̩- | -sɪn-, -sen-] vt.〘法律〙〈財産〉の限嗣(げんし)封土権を廃除する, 限嗣相続から解く.
dìs·en·táil·ment n.〘法律〙限嗣封土権廃除《限嗣封土権 (estate tail) の保有者が, 限嗣封土権を廃除して単純封土権に変えること》.
dis·en·tan·gle [dìsɪntǽŋgl̩, -sən-, -sen-, -sn̩- | -sɪn-, -sen-] vt. 1 〈髪・ロープなど(のもつれ)を〉ほどく, 解きほぐす: ~ a knot. 2 〔もつれ・紛争などから〕解き放す〔from〕: ~ oneself from political affairs 政治と絶縁する. ― vi. ほどける, ほぐれる. **~·ment** n.
dis·en·thral [dìsɪnθrɔ́ːl, -sən-, -sen-, -sn̩- | -sɪn-, -sen-] vt. (**-en·thralled; -thrall·ing**) =disenthrall.
dis·en·thrall [dìsɪnθrɔ́ːl, -sən-, -sen-, -sn̩- | -sɪn-, -sen-] vt. …の束縛を解く, 〈人を〉〔奴隷状態から〕解放する〔from〕. **~·ment** n.
dis·en·throne [dìsɪnθróʊn, -sən-, -sen-, -sn̩- | -sɪnθrə́ʊn, -sən-] vt. =dethrone. **~·ment** n.
dis·en·ti·tle [dìsɪntáɪṭl̩, -sən-, -sen-, -sn̩- | -sɪntáɪtl̩, -sen-] vt. …から権利[資格]を剥奪(はくだつ)する.
dis·en·tomb [dìsɪntúːm, -sən-, -sen-, -sn̩- | -sɪn-, -sen-] vt. 墓から取り出す; 掘り出す, 発掘する (disinter). **~·ment** n.
dis·en·trance [dìsɪntrǽns, -sən-, -sen-, -sn̩- | -sɪntrɑ́ːns, -sen-] vt. 〈人を〉〔夢中[恍惚(こうこつ)]状態から〕目ざめさせる〔from〕. **~·ment** n.
dis·en·twine [dìsɪntwáɪn, -sən-, -sen-, -sn̩- | -sɪn-, -sen-] vt. …のもつれを解く. ― vi. ほどける, 解ける.
di·sep·a·lous [dàɪsépələs] 〖← DI-¹+-SEPALOUS〗 adj.〘植物〙萼片(がくへん)が二つある.
dis·e·quil·i·brate [dìsɪkwíləbrèɪt, -sək- | dìsìːkwɪláɪb-, -líb-, dìsiːkwílɪb-, -sɪk-] vt. …の均衡を崩す, 不安定にする. **dis·e·quil·i·bra·tion** [dìsɪkwìləbréɪʃən, -sək- | dìsìːkwɪlaɪb-, -lɪb-, dìsiːkwɪlɪb-, -sɪk-] n.
dis·e·qui·lib·ri·um [dìsìːkwəlíbriəm, dəs-, -sèk- | dɪsìːkwɪlíbrɪ-] n. (特に経済の)不均衡, 不安定.
dis·es·tab·lish [dìsɪstǽblɪʃ, -səs-, -ses- | -sɪs-, -ses-] vt. 1 〈既成事物・制度などを〉廃止する, 廃する; 〈人〉の官職を解く, 解職する. 2 〈教会〉の国教制を廃する. **~·ment** n.
dis·es·tab·lish·men·tar·i·an [dìsɪstæ̀blɪʃmentɛ́(ə)riən, -səs-, -ses-, -mən- | -sɪstæ̀blɪʃmentéəri-, -ses-, -mən-] n. 国教制度廃止論者.
dìs·es·tàb·lish·men·tár·i·an·ìsm [-nìzm] n. 国教制度廃止論.
dis·es·teem [dìsɪstíːm, -səs-, -ses- | -sɪs-, -ses-] vt. 侮る, 軽んじる (slight). ― n. 軽蔑, 冷遇 (disregard).
dis·es·ti·ma·tion [dɪsèstəméɪʃən, dəs- | dɪsèstɪ-] n. =disesteem.
di·seur [diːzə́ː, dɪ- | -zə́ː(r; F. dizœːr] 〖□ F ~ 'one who tells' ← OF dis- ((stem) ← dire < L dicere to say)+-eur '-OR²'〗 ― n. (pl. ~s [~z; F. ~]) (演芸の)話し家, (音楽に合わせて詩を朗読する)朗詠者.
di·seuse [diːzə́ːz, dɪ-, -zúːz; F. dizøːz] 〖□ F ~ (fem.): ↑〗 F. n. (pl. **di·seus·es** [~ɪz, ~əz, ~; F. ~]) 女性の diseur.
dis·fa·vor [dìsféɪvə | -féɪvə(r)] 〖□ ? OF desfaveur: ⇨ dis-¹, favor〗 ― n. 1 疎外, 冷遇, 嫌悪; 不賛成 (disapproval): incur the ~ of …に嫌われる, …の不評を買う / look upon a plan with ~ 計画に好意を示さない. 2 不人望, 不人気: be in ~ (with) (…に)きらわれて[人気を落として]いる, 受けがよくない / bring a person into ~ 人に不興をこうむらせる, 人を不人気にする / fall [come] into ~ 人気を失う, 不首尾になる. 3 無愛想, 不親切 (unkindness). ― vt. うとんじる, 冷遇する; 嫌う. 「ment n.
dis·fea·ture [dɪsfíːtʃə | -tʃə(r)] v. =disfigure. ~·
dis·fig·u·ra·tion [dɪsfìgjʊréɪʃən, dəs- | dɪsfìgjʊ(ə)r-, dìsfɪ-] n. =disfigurement.
dis·fig·ure [dɪsfígjə, dəs- | dɪsfígə(r)] 〖《?c1375》□ OF desfigur-er: ⇨ dis-¹, figure〗 ― vt. 1 …の形状[外形]を損じる, 醜くする (deface): His face is ~d with a scar. 顔に醜い傷がある. 2 …の美点[価値]を損じる, 〈評判などを〉傷つける. **~·ment** n.
dis·for·est [dɪsfɔ́(ː)rɪst, -fɑ́r-, -rəst | -fɔ́rɪst] 〖《変形》← DISAFFOREST: ⇨ dis-¹, forest〗 vt. =disafforest. **dis·for·est·a·tion** [dɪsfɔ̀(ː)rɪstéɪʃən, -rəs- | -fɔ̀rɪs-] n.
dis·fran·chise [dɪsfrǽntʃaɪz] 〖《15C》← DIS-¹+《廃》franchise 'to grant a FRANCHISE to'〗 ― vt. 1 〈人〉から公民権[選挙権, 公職就任権]を奪う. 2 〈都市など〉から特権を取り上げる.
dis·fran·chise·ment [dɪsfrǽntʃaɪzmənt, -tʃɪz-, -tʃəz- | -tʃɪz-] n. 公民[選挙]権剥奪(はくだつ), (都市の)特権剥奪[喪失].
dis·frock [dìsfrɑ́k | -frɔ́k] v. =unfrock.
dis·func·tion [dɪsfʌ́ŋ(k)ʃən] n., vi. =dysfunction.
dis·fur·nish [dɪsfə́ːnɪʃ | -fə́ː-] 〖□ OF desfourniss- (stem) ← desfournir: ⇨ dis-¹, furnish〗 ― vt. 〈建物

など〉から〔造作・設備などを〕取りはずす，〈人〉から〔所有物などを〕はぎ取る (divest)〔*of*〕. **～·ment** *n.*
dis·gav·el [dɪsgǽvəl] *vt.* 〖英法〗男子均分相続制を廃除する《均分制を慣習法上の制度とするガヴェルカインド (gavelkind) を制定法によって廃除する》.
dis·gen·ic [dɪsdʒénɪk, dəs- | dɪs-] *adj.* ＝dysgenic.
dis·gorge [dɪsgɔ́ədʒ, dəs- | dɪsgɔ́:dʒ] 〘《*c*1477》□ OF *desgorg-er*: ⇨ dis-¹, gorge¹〙 ― *vt.* **1** 〈食べ物などを〉吐き出す (eject). **2** 〈不正な所得などを〉吐き出す, いやいやながら出す[返す]. **3** 〈乗り物などが〉〈人を〉吐き出す; 〈川などが〉注ぐ (discharge): The river ～*s* itself [its waters] *into* the lake. その川は湖に注ぐ.
― *vi.* **1** 〈川が〉注ぐ: The river ～*s into* the lake. **2** 中味を吐き出す, からになる; (特に) 不正利得を吐き出す. **～·ment** *n.* **dis·górg·er** *n.*
dis·grace [dɪsgréɪs, dəs- | dɪs-, dɪz-] 〘n.: 《1581》□ F *disgrâce* □ It. *disgrazia*: ⇨dis-¹, grace. ― v.: 《*c*1550》□ (O)F *disgrac(i)-er* □ It. *disgraziare*〙 ― *n.* **1** 不名誉, 不面目, 恥辱: bring ～ *on* one's school 学校に恥辱をもたらす. **2** 面目を失っている状態, 不人気, 不評: be in ～ 面目を失って[勘気を蒙って]いる / fall into ～ *with* one's master 主人の寵(ちょう)を失う, 不興を招く. **3** 〔…の〕恥を招くもと, 体面を汚すもの, つらよごし, 恥〔*to*〕: be a ～ *to* one's country [one's school, the house] 国[学校, 家]の恥[つらよごし]になる.
― *vt.* **1** …の恥となる; 恥ずかしめる, 〈名を〉汚す (dishonor): ～ one's family 家の恥になる / ～ one's name 名を汚す / ～ oneself 恥をかく. **2** 〈人〉に寵(ちょう)を失わせる; (官位をはいで)しりぞける, 解職する.
dis·grác·er *n.* 恥をかかせる人, 体面を汚す人.
dis·grace·ful [dɪsgréɪsfəl, dəs- | dɪs-, dɪz-] *adj.* 〈人・言行など〉恥ずかしい, みっともない (shameful), 不面目な, 不名誉な. **～·ness** *n.*
dis·gráce·ful·ly [-fəli | -li] *adv.* 恥ずかしくも, 不面目[不名誉]にも.
dis·gre·gate [dísgrəgèɪt | -grɪ-] *vt.* 分離させる, 分解させる, 散らす. ― *vi.* 分離する, 分解する, 散る.
dis·gre·ga·tion [dɪsgrəgéɪʃən | -grɪ-] *n.*
dis·grun·tle [dɪsgrʌ́ntḷ, dəs- | dɪsgrʌ́ntl] 〘← DIS-¹＋(廃・方言) *gruntle* to grunt, complain ((freq.) ← GRUNT)〙 ― *vt.* [しばしば p.p. 形で] …の機嫌(きげん)を悪くさせる, …に不満をいだかせる, むっとさせる〔*at, with*〕: She was ～*d* by her meager share. 彼女は分け前の少ないのにむっとした. **～·ment** *n.*
dis·guise [dɪsgáɪz, dəs- | dɪs-, dɪz-] 〘《?*a*1300》 *desgise(n)* □ OF *desguis-ier*: ⇨ dis-¹, guise〙 ― *vt.* **1 a** 〔…の姿に〕変装する, 偽装する〔*as*〕: ～ oneself *as* a monk 修道士の姿に身をやつす / a door ～*d as* a bookcase 本箱に偽装したドア. **b** 他のものに見せかける: ～ one's voice 作り声をする. **2** 〈意志・感情を〉〈何かに〉(仮託して)隠す〔*with*〕; 〈事実を〉偽る, おおう: ～ the fact / ～ one's age 年齢を偽る / I can't ～ *from* you *that* your father's condition is serious. お父さんが重態であるということをあなたに隠していることができない. **3** 《古》[p.p. 形で] 酔わす (intoxicate): be ～*d in* [*with*] drink [liquor] 酔っている.
― *n.* **1** 変装, 仮装(服), 仮面. **2** 見せかけ, かこつけ, ごまかし: make no ～ of one's feelings 感情を少しも隠さない / throw off one's ～ 仮装を脱ぎ捨てる, 正体を表わす / in [*under*] the ～ of …にかこつけて, 仮託して / without ～ あからさまに.
in disguise 変装して, 仮装の: a prince *in* ～ おしのびの王子 / *in* female ～ 女に化けて / a blessing *in* ～ 姿を変えた幸《不幸に見えるが実はあとで幸運となる事態や経験》.
～·ment *n.* **dis·guís·er** *n.*
dis·guised *adj.* 変装[偽装]した, 身をやつした. **dis·guís·ed·ly** [-zɪdli, -zəd-, -zd- | -li] *adv.*
dis·gust [dɪsgʌ́st, dəs- | dɪs-, dɪz-] 〘n.: 《1598》□ OF *desgoust* ← *des-* 'DIS-¹'＋*goust* (＜L *gustum* flavor). ― v.: 《1601》□ OF *desgoust-er* (F *dégoûter*) ← *des-* 'DIS-¹'＋*gouster* (＜L *gustāre* to taste): ⇨ gusto〙 ― *n.* (むかつくような)いや気, (吐き気を催すほどの) 嫌悪(けんお), うんざり, あいそづかし (repugnance)〔*at, for, toward, against*〕: take a ～ *at* …に対していや気を起こす, にあいそをつかす / to one's ～ 全くいやになったことには / in ～ いやになって, うんざりして. ― *vt.* 〈人〉に胸を悪くさせる, (いやで)うんざりさせる; 〈人〉にあいそをつかせる: This smell ～*s* me. このにおいはたまらなくいやだ / This failure ～*ed* him *against* further efforts. この失敗に彼はいや気がさしてもう努力する気になれなかった / I'm ～*ed*! ああ, いやだ / be ～*ed at* [*by, with*] …にあいそをつかす. **～·ed** *adj.* **～·ed·ness** *n.*
dis·gúst·ed·ly *adv.* 胸が悪くなるほどいやになって, うんざりして, あいそをつかして.
dis·gust·ful [dɪsgʌ́stfəl, dəs- | dɪs-, dɪz-] *adj.* **1** 胸が悪くなるような, 気持ちの悪い (sickening); いやでたまらない, 実にいやな, うんざりする. **2** 《古》不(愉)快な, おもしろくない (unpleasing). **3** いや気のさす, 嫌悪感を伴う. **～·ly** *adv.*
dis·gúst·ing *adj.* 胸が悪くなるような, むかつくような; 実にいやな, いまいましい〔*to*〕: ～ weather.
～·ly *adv.*
dish [dɪʃ] 〘OE *disc* dish, bowl ＜(WGmc) **diskaz* (Du. *disch* / G *Tisch* table) □ L *discus* 'DISK, dish, DISCUS' □ Gk *diskos* 《原義》 that which is thrown ← *dikein* to throw ← IE **deik-* to show: cf. desk〙 ― *n.* **1 a** 鉢(はち), 深皿《金属または陶器の大皿でこれから浅い plate に取り分けて銘々に供する》. **b** [通例 the ～*es*] (漠然と食卓用)皿(類), 食器(類)《plates, bowls, saucers, cups など; 通例銀器・ガラス器は含まない》: clear away *the* ～*es* (食卓の)皿類を片づける / wash up *the* ～*es* =《米》do *the* ～*es* 皿洗いをする. **c** (食器以外の)皿: a developing ～ (写真の)現像皿. **2** 一皿(の量): a ～ *of* beans [meat] 一皿の豆[肉]. **3** (皿に盛った)食物, 食品, 料理: a plain [dainty] ～ 簡単な[おいしい]料理 / one's favorite ～ 好きな料理, 好物 / a cold ～ 冷たい料理 / a standing ～ おきまりの料理; おきまりの話の種 / ⇨ a MADE dish / a ～ for a king 王の召し上がり物; 最上のごちそう / enjoy the ～*es* offered 出されたごちそうをおいしく食べる. **4** (鉢(はち)状の)くぼみ, 鉢形(のもの): the ～ of a wheel 車輪の(スポークからハブ (hub) に至る部分の)へこみ(の程度). **5** 《英古》＝cup: a ～ *of* tea / a ～ *of* gossip 茶飲み話 (chat). **6** 《口語》 **a** [one's ～ として] ＝*one's* DISH *of tea.* **b** 魅力的な異性《特に女》: The operator is quite a ～. あの交換手はとてもかわいい子だ. **7** 〖通信〗(マイクロ波用の椀(わん)形アンテナの)反射板. **8** 《俗》〖野球〗ホームベース, ホームプレート (home plate).
one's dish of tea ⇨ tea 成句.
― *vt.* **1** 鉢[皿]に盛る: ⇨ DISH *up* (1). **2 a** 〈穴の口などを〉鉢形にくぼませる〈*in*〉. **b** くりぬく, えぐる〈*out*〉. **3** 《俗》〈相手を〉出し抜く, (上手に)だます (cheat); 〈人・計画などを〉くつがえす, くじく, だめにする (frustrate); (特に)〈政党が〉〈他党〉の政策を横取りして負かす. ― *vi.* **1** 皿形[中くぼみ]になる. **2** 〖馬術〗〈馬が〉(速歩の時)前脚を外にすくうように横に出す.
dish it out 《米俗》罰を見舞う, しかる. ***dish out*** (1) 《口語》〈食物を〉(鉢から取って)配る, 分ける; (一般に)分配する, 供給する: ～ *out* potatoes 皿に芋をつけ分ける. (2) ⇨ *vt.* 2 b. (3) べらべらしゃべる. ***dish up*** (1) 〈食物を〉鉢に盛る, (鉢に盛って)出す. (2) 〈話などを〉まことしやかにつくろう: ～ *up* news, an old story, etc.
dis·ha·bil·i·tate [dìshəbílətèɪt | -lɪ-] *vt.* ＝disqualify.
dis·ha·bille [dìsəbíːl, dìs(h)æ-, -(h)ɑː-, -bíl, -bíːl, -bíː | dìsæbíːl, -sə-] 〘《1673》□ F *déshabillé* (p.p.) ← *déshabiller* to undress ← *dés-* 'DIS-¹'＋*habiller* to dress: cf. habiliment〙 ― *n.* **1** 略装: in ～ 《特に, 女が》身づくろいもしないで. **2** 《まれ》平服, ふだん着; 化粧着. **3** だらしのない精神[身体]状態, 取乱し, (心身の)乱れ, (思考などの)支離滅裂.
dis·hal·low [dìshǽloʊ | -ləʊ] *vt.* …の神聖を汚す.
dis·hal·lu·ci·na·tion [dìshəlùːsənéɪʃən, -ljùː-, -sṇ- | -sɪn-] *n.* 幻覚[錯覚]破壊; 幻滅 (disillusionment).
dísh anténna *n.* 〖通信〗椀(わん)形アンテナ《椀形の反射板と一つまたはそれ以上の引込み線からなる送信用または受信用アンテナ》.
dis·har·mon·ic [dìshɑəmɑ́nɪk | -hɑːmɔ́n-] *adj.* ＝disharmonious.
dis·har·mo·ni·ous [dìshɑəmóʊniəs, -njəs | -hɑːmə́ʊnɪəs, -njəs] *adj.* 調子の整わない, 不調和な, 非調和的な, 不協和の (inharmonious). **～·ly** *adv.*
dis·hár·mo·nism [-nìzṃ] *n.* 不調和, 不協和.
dis·har·mo·nize [dìshɑ́əmənàɪz | -hɑ́ː-] *vt.* …の調和[一致]を乱す, 不調和にする. ― *vi.* 不調和になる.
dis·har·mo·ny [dìshɑ́əməni | -hɑ́ːmənɪ] *n.* **1** 調和[一致]を欠くこと, 不調和; 不和. **2** 不協和(音), 調子はずれ (dissonance); 不調和なもの.
dísh·clòth *n.* **1 a** 皿洗い布. **b** 《英》ふきん (＝《米》dish towel, dishrag). **2** 〖植物〗＝dishcloth gourd.
díshcloth gòurd *n.* **1** ヘチマ《ヘチマ属 (*Luffa*) の植物の総称; (特に)ヘチマ (*L. cylindrica*)》. **2** ヘチマの果実《単に dishcloth, または luffa, sponge gourd ともいう》.
dísh·clòut *n.* 《英》＝dishcloth 1 a.
dísh còver *n.* (取手つきの半球形または卵形の銀製や陶製の)皿蓋(ぶた), 皿おおい《料理が冷えるのを防ぐ》.
dísh cròss *n.* (卓上で銀製や陶製の皿をのせる低い四脚式の)十字型銀製皿台.

dish cross

dis·heart·en [dɪshɑ́ətn, dəs- | dɪshɑ́ːt-] 〘《1599》← DIS-¹＋HEARTEN〙 ― *vt.* 〈人〉の気力[自信, 勇気]を奪う; …の意気をくじく, 落胆させる (discourage): feel ～*ed at* … を見て[聞いて]がっかりする.
dis·héart·en·ing [-tnɪŋ, -tn-] *adj.* がっかりする(ような), 気が滅入る(ような). **～·ly** *adv.*
dis·héart·en·ment *n.* 気力挫折, 意気喪失, 気落ち, 落胆 (despondency).
dished *adj.* **1** へこんだ, くぼんだ (concave): a ～ face (動物などの)しゃくれた顔. **2 a** 〖機械〗〈車輪・自動車のハンドルが〉皿型の《スポーク (spoke) やディスクがハブ (hub) の方向に皿型にくぼんでいる》. **b** 〖自動車〗〈一対の車輪の間隔が〉接地点よりも上方向に広い (cf. camber 4).
díshed kéel *n.* 〖海事〗皿状龍骨《横断面が凹形の龍骨》.
dis·helm [dìshélm] 〘《15C》: ⇨dis-¹, helm²〙 *vt.* 《古》〈人〉にかぶと (helmet) を脱がせる.
dísh·er *n.* ディッシャー (scoop)《アイスクリームすくい》.
dis·her·i·son [dɪshérəsn, -zṇ | -hérɪzn, -sṇ] 〘ME *disheritesoun* □ OF *dis(h)eriteison* ← *des(h)eriter* (↓)〙 〖法律〗 ― *n.* 《古》＝disinheritance. ― *vt.* 《まれ》＝disinherit.
dis·her·it [dɪshérɪt, dəs-, -rət | dɪshérɪt] 〘ME *disherite(n)* □ OF *des(h)erit-er*: ⇨ dis-¹, inherit〙 *vt.* 《古》＝disinherit.
di·shev·el [dɪʃévəl, də- | dɪ-] 〘《1598》《逆成》↓〙 ― *vt.* (**di·shev·eled, -elled; -el·ing, -el·ling**) **1** 〈髪を〉ぼさぼさにする; 〈物を〉乱雑にする, 乱す. **2** 〈人〉の髪[衣服]を取り乱す, だらしなくする.
～·ment *n.*
di·shév·eled 〘《?*c*1450》← ME *dischevele* □ OF *deschevelé* ← *des-* 'DIS-¹'＋*chevel* hair (＜L *capillum*): ⇨ -ed〙 ― *adj.* (*also* **di·shev·elled** [～]) **1** 〈髪が〉もじゃもじゃした, ぼうぼうの (tousled); 〈服装が〉取り乱した: ～ hair もじゃもじゃの(乱れ)髪 / his ～ dress 彼の取り乱した服装. **2** 〈人が〉ぼうぼうの髪をした, 服装を取り乱した; (一般に)だらしない.
dish·ful [díʃfʊ̀l] 〘ME〙 *n.* 皿一杯(の量)〔*of*〕.
dísh gàrden *n.* ミニガーデン《浅い鉢に植木などを植えて並べた小型庭園》.
dísh·màt *n.* 皿敷き《熱い料理の皿とテーブルの間に敷くマット》.
dísh nìght *n.* 《米》(もと地方の映画館が客集めのために, 週に一度行なった)無料で皿を配る平日の夜.
dis·hon·est [dɪsɑ́nɪst, dəs-, -nəst | dɪsɔ́nɪst, dɪz-] 〘《*c*1390》□ OF *deshoneste*: ⇨ dis-¹, honest〙 ― *adj.* 〈人が〉不正直な, 不誠実な (insincere); 〈行為・手段など〉不正な, 悪辣(あくらつ)な; 〈仕事など〉いい加減な: a ～ man / ～ conduct / ～ profits 不正な収益. **～·ly** *adv.*
dis·hon·es·ty [dɪsɑ́nɪsti, dəs-, -nəs- | dɪsɔ́nɪstɪ, dɪz-, -nəs-] 〘《*c*1390》□ OF *deshonesté*: ⇨ dis-¹, honesty〙 ― *n.* **1** 不正直, 不誠実. **2** 不正(行為), 詐欺 (fraud): a piece of ～ 一つの不正行為.
dis·hon·or [dɪsɑ́nə, dəs- | dɪsɔ́nə(r, dɪz-] 〘v.: 《*c*1250》□ OF *deshonor-er.* ― n.: 《?*a*1300》□ OF *deshonor* (F *déshonneur*) ＜VL **dishonōrem*: ⇨ dis-¹, honor〙 ― *n.* **1** 不名誉, 不面目; 恥辱: live in ～ 不面目な[屈辱の]生活をする. **2** 不面目を招くもと, つらよごし: be a ～ *to* …の不名誉となる. **3** 恥辱, 侮辱. **4** 〖商業〗(手形・小切手の)不渡り, 支払拒絶: a notice of ～ ⇨ notice *n.* 1. ― *vt.* **1** 〈人〉の名誉を奪う[失わせる]; 〈人〉に恥辱を与える. **2** …に不面目をもたらす, 恥ずかしめる, …の名誉を汚す. **3** 《古》〈女〉の貞操を汚す, 辱(はずか)しめる. **4** 〖商業〗〈銀行が〉〈手形など〉の支払いを拒む, 不渡りにする (↔ accept): ～ a bill 手形を不渡りにする / a ～*ed* check 不渡り小切手.
～·er [-nərə | -nərə(r] *n.*
dis·hon·or·a·ble [dɪsɑ́n(ə)rəbl, dəs-, -nəbḷ | dɪsɔ́n(ə)rəbl, dɪz-] 〘□ ? OF *déshonorable*: ⇨ dis-¹, honorable〙 ― *adj.* 〈行為が〉不名誉な, 不面目な, 面よごしの, 恥ずべき; 不徳義な, 道ならぬ; 下等な, 卑劣な.
～·ness *n.*
dishónorable díscharge 1 懲戒免職. **2** 〖軍事〗 **a** 懲戒[不名誉]除隊《米軍下士官兵が高等軍法会議で有罪の判決と刑の宣告を受けた時に行なわれる》. **b** 懲戒[不名誉]除隊証明書 (cf. honorable discharge).
dis·hon·or·a·bly [-bli | -blɪ] *adv.* 不名誉に, 不面目に; 不徳義に, 面よごしとなるように: be ～ discharged 不正行為のため解雇される.
dis·hon·our [dɪsɑ́nə, dəs- | dɪsɔ́nə(r, dɪz-] *n., vt.* 《英》＝dishonor.
dis·horn [dìshɔ́ən | -hɔ́ːn] *vt.* 〈動物〉の角を除く[取る] (dehorn).
dis·house [dɪsháʊz] *vt.* **1** 〈人を〉家から追い出す, …に住居を立ちのかせる. **2** 〈土地〉から家を取り払う.
dísh·pàn *n.* 《米》皿洗い容器, 洗い桶.
díshpan hànds *n. pl.* [単数または複数扱い] 《米》(特に, 主婦の皿洗いなどの家事のため)手の赤く荒れた状態.
dísh·ràg *n.* 《米》＝dishcloth.
dísh tòp *n.* (上向きの縁つきの)円形のテーブル面.
dísh tòwel *n.* 《米》ふきん (《英》dishcloth).
dísh·wàre *n.* (食物を出すための陶器などの)食卓用器具.
dísh·wàsher 〘《15C》〙 ― *n.* **1** 皿洗い人; ディシュウォッシャー, 自動皿洗い器. **2** 〖鳥類〗オーストラリア産のヒタキの一種 (*Seisura inquieta*)《scissors-grinder ともいう》.
dísh·wàter 〘《15C》〙 ― *n.* **1** 食器を洗ったあとのよごれ水: (as) dull as ～＝(as) dull as DITCHWATER. **2** つまらなさ, 力のなさ, きたならしさにおいて dishwater に似たもの.
dish·wa·ter·y [díʃwɔ̀ːtəri, -wɑ̀ṭ- | -wɔ̀ːtərɪ] *adj.* dishwater のような; つまらない, 力のない, きたならしい.
dish·y [díʃi | -ʃɪ] 〘← DISH (n.) 7＋-Y⁴〙 *adj.* 《俗》〈異性が〉魅力的な; 性的魅力のある.
di·sil·ane [dàɪsíleɪn] 〘⇨ di-¹〙 *n.* 〖化学〗ジシラン (Si_2H_6)《無色の気体, 空気中で自然に発火する》.
dis·il·lu·sion [dìsɪlúːʒən, -səl-, -ljúː- | -sɪl-] 〘《1598》← DIS-¹＋ILLUSION〙 ― *vt.* **1** 〈人〉に迷い (illusion) をさまさせる; 幻想[迷夢]から…の目をさまさせる (disenchant). **2** [通例 Passive で] 〈人〉に幻滅を感じさせる: be [*get*] ～*ed at* [*about, with*] …に幻滅を感じる. ― *n.* ＝disillusionment. **～·ize** [dìsɪlúːʒənàɪz, -səl-, -ljúː- | -sɪl-] *vt.*
dis·il·lú·sion·àr·y [-ʒənèri, | -ʒ(ə)nəri] *adj.* ＝disillusive.
dis·il·lú·sion·ment *n.* 幻滅(感).
dis·il·lu·sive [dìsɪlúːsɪv, -səl-, -ljúː-, -zɪv | -sɪlúːsɪv, -ljúː-] *adj.* 幻想[迷夢]から目をさまさせるような, 幻滅的な.
dis·im·pas·sioned [dìsɪmpǽʃənd, -səm- | -sɪm-] *adj.* 冷静な, 落ち着いた (dispassionate).

dis·im·pe·ri·al·ism [dìsɪmpí(ə)riəlìzm, -səm- | dìs-ɪmpíəriəl-] *n.* (被支配地の独立達成を主張する)反[非]帝国主義.

dis·im·pris·on [dìsɪmprízn, -səm- | -sɪm-] *vt.* (監禁から)釈放する. **~·ment** *n.*

dis·in·cen·tive [dìsɪnsénṭɪv, -sən-, -sn̩- | -sɪnsént-] *adj., n.* 行動を抑制する(もの); 意欲をくじく(もの)〔*to*〕.

dis·in·cli·na·tion [dìsɪnklənéɪʃən, dəs-, -sìŋ- | dìs-ɪnklɪ-, -sɪŋ-, -klə-] 〘(1647): ⇨ dis-¹, inclination〙 — *n.* [a *or* one's ~] いや気, 気が進まない[向かない]こと, 気乗りうす〔*for, to*〕/〈*to* do〉: have *a* ~ *for* an occupation [*to* work] 職業[仕事]に対して気乗りがしない / his ~ *to* form new friendships (人間関係の煩しさから)新しい交友関係を結びたがらない彼の性癖.

dis·in·cline [dìsɪnkláɪn, -sən-, -sn̩- | -sɪn-, -sɪŋ-] 〘(1647): ⇨ dis-¹, incline〙 — *vt.* [通例, 目的語+*to* do を伴って] 気乗りうすにする, …にいや気を起こさせる, …したくない気にさせる: This ~*d* him *to* visit her again. このことで二度と彼女を訪ねようという気が起こらなくなった. ★ しばしば p.p. 形で形容詞的に用いられる (⇨ disinclined). — *vi.* 気乗りしなくなる, …したくなくなる〈*to* do〉.

dis·in·clined *adj.* …したくない〈*to* do〉, 〔…に〕気が向かない〔*for*〕: I am [feel] ~ *to* work this morning. けさは仕事をする気にならない / They are rather ~ *for* talk. 彼らはどうも話はしたくないようだ.

dis·in·cor·po·rate [dìsɪnkɔ́ɚpərèɪt, -sən-, -sn̩- | -sɪnkɔ́:-, -sɪŋ-] *vt.* …の法人[社団]組織を解く[消滅させる]; …の合同[共同]性を奪う.

dis·in·fect [dìsɪnfékt, -sən-, -sn̩- | -sɪn-] 〘(1598) ▭ (O)F *désinfect-er*: ⇨ dis-¹, infect〙 — *vt.* **1** (滅菌)消毒する: ~ a wound, room, etc. **2** …から〔好ましくない要素を〕除く〔*of*〕.

dis·in·fec·tant [dìsɪnféktənt, -sən-, -sn̩- | -sɪn-] 〘▭ F *désinfectant*: ⇨ ↑, -ant〙 — *adj.* 殺菌性の, 消毒の効力のある. — *n.* 殺菌剤, 消毒薬: lavatory ~ トイレの消毒剤.

dis·in·féct·ing càndle *n.* 殺菌筒《点火すると消毒作用のある煙を発生する燃焼筒》.

dis·in·fec·tion [dìsɪnfékʃən, -sən-, -sn̩- | -sɪn-] *n.* 消毒(法), 殺菌(作用).

dis·in·féc·tor *n.* 消毒する人; 消毒器.

dis·in·fest [dìsɪnfést, -sən-, -sn̩- | -sɪn-] *vt.* 〈人・建物など〉から害虫・鼠(ねずみ)などを駆除する. **dis·in·fes·ta·tion** [dìsɪnfestéɪʃən] *n.*

dis·in·fes·tant [dìsɪnféstənt, -sən-, -sn̩- | -sɪn-] *n.* 害虫駆除剤, 除虫剤, 鼠駆除剤.

dis·in·flate [dìsɪnfléɪt, -sən-, -sn̩- | -sɪn-] *vt.* 〘経済〙〈物価〉のインフレ緩和[ディスインフレ]を行なう.

dis·in·fla·tion [dìsɪnfléɪʃən, -sən-, -sn̩- | -sɪn-] *n.* 〘経済〙ディスインフレーション, ディスインフレ政策《インフレを収め, かつ不景気を避けるように財政・金融政策を運営すること; cf. reflation》.

dis·in·flá·tion·àr·y [-ʃənèri | -ʃ(ə)nəri] *adj.* インフレ緩和に役立つ; ディスインフレの.

dis·in·for·ma·tion [dìsɪnfɚméɪʃən | -fə-, -fɔ:-] 〘(なぞり) ← Russ. *dezinformatsiya*〙 *n.* (敵の秘密情報組織を欺くための)反情報, 逆情報.

dis·in·gen·u·ous [dìsɪndʒénjuəs, -sən-, -sn̩- | -sɪn-dʒénju-] *adj.* 〈人・行動が〉率直でない, 包み隠しのある, 陰険な; 不正直な, 不誠実な, 表裏のある (dishonest). **~·ly** *adv.* **~·ness** *n.*

dis·in·her·i·son [dìsɪnhérəsn̩, -zn̩, -sn̩- | -ɪnhérɪzn̩, -sn̩] 〘(変形) ← DISHERISON〙 *n.* 〘法律〙 =disherison.

dis·in·her·it [dìsɪnhérɪt, -sən-, -rət, -sn̩- | -sɪnhérɪt] 〘(?*c*1450) ← DIS-¹+INHERIT〙 — *vt.* **1** 〘法律〙〈嫡出子を〉廃除する; …から相続権を奪う. **2** …から人権[権利]を奪う; 〈よくない事・物を〉やめさせる, あとを絶たせる: the ~*ed* millions 権利を奪われた何百万の人々 / ~ feudalism 封建制度を廃止する.

dis·in·her·i·tance [dìsɪnhérəṭəns, -sən-, -sn̩-, -tn̩s | -sɪnhérɪtəns, -tn̩s] *n.* 〘法律〙相続権廃除.

dis·in·hi·bi·tion [dìsɪn(h)əbíʃən, dəs-, -ìn(h)ɪ- | dìs-ìn(h)ɪ-] *n.* 〘心理〙脱抑制《条件反射の制止が無関係な刺激で一時的に除去されること》.

dis·in·hume [dìsɪnhjú:m, -sən-, -sn̩- | -sɪn-] *vt.* 掘り出す, 発掘する.

dis·in·sec·tion [dìsɪnsékʃən, -sən-, -sn̩- | -sɪn-] *n.* =disinsectization.

dis·in·sect·i·za·tion [dìsɪnsèktɪzéɪʃən, -sən-, -tə-, -sn̩- | -sɪnsèktaɪ-, -tɪ-] *n.* (航空機などによる)害虫駆除.

dis·in·te·gra·ble [dɪsínṭəgrəbl̩, dəs- | dɪsíntɪ-] *adj.* 崩壊させうる, 分解できる.

dis·in·te·grate [dɪsínṭəgrèɪt, dəs- | dɪsíntɪ-] *vt.* (ばらばらに)崩壊させる, (部分または元素に)分解させる. — *vi.* **1** 〔…に〕分解する; くずれる, 崩壊する; 〘地質〙風化する〔*into*〕: Peaceful marches ~*ed into* rioting. 穏やかなデモ行進がばらばらに崩れて暴動と化した. **2** 〘物理〙〈放射性原子核が〉崩壊する. **dis·in·te·gra·tive** [dɪsínṭəgrèɪṭɪv | dɪsíntɪgrèɪt-] *adj.*

dis·in·te·gra·tion [dɪsìnṭəgréɪʃən, dəs- | dɪsìntɪ-] *n.* **1** 分解, 分裂, 崩壊: political ~ 政界の分裂. **2** 〘天文〙(彗星(すいせい)の)崩壊. **3** 〘地質〙(岩石などの)崩壊; 風化作用. **4** 〘物理〙(放射性原子核や素粒子の)壊変, 崩壊(作用) (⇨ radioactive decay).

disintegrátion cònstant *n.* 〘物理〙 =decay constant.

dis·ín·te·grà·tor [-ṭə | -tə(r)] *n.* **1** 分解[崩壊]作用を起こさせるもの. **2** 〘機械〙ジスインテグレーター, (原料などの)砕解機, (製紙用)打解機. **3** 〘薬学〙崩壊剤《錠剤などの崩壊を促進するため添加される薬物》.

dis·in·ter [dìsɪntə́:, -sən-, -sn̩- | -sɪntə́:(r)] 〘(1611) ← DIS-¹+INTER〙 — *vt.* (**dis·in·terred**; **-ter·ring**) **1** 〈うずもれた物を〉掘り出す, 発掘する (dig up): ~ a body from a grave 死体を墓から掘り出す. **2** 〈隠れた事物・世にうずもれている人を〉明るみに出す; あばく.

dis·in·ter·est [dɪsíntrɪst, dəs-, -ṭərɪst, -rəst, -rèst | dɪsíntrəst, -t(ə)rest, -trɪst] 〘v.: (1612) ← DIS-¹+INTEREST〙 — *n.* **1** 公平無私 (disinterestedness). **2** 《米口語》無関心, 冷淡 (indifference). **3** 不利, 不利益. — *vt.* [通例 p.p. 形で (⇨ disinterested)] **1** …に利害関係をなくさせる; …に私心をなくさせる, 公平にさせる: ~ oneself (外交的に)干渉などの意志[権利]を捨てる. **2** 《米口語》無関心にさせる.

dis·ín·ter·èst·ed 〘(*a*1612) ← DIS-¹+INTEREST+-ED ∽ (廃) *disinteressed* ▭ F *désintéressé*〙 — *adj.* **1** 〈人・行為など〉私心のない, 公平な, 廉直な (unselfish): a ~ decision, report, etc. **2** 《米口語》興味[関心]のない, 冷淡な (indifferent)〔*in*〕. ★ 2 の意味では uninterested が普通. **~·ly** *adv.* **~·ness** *n.*

dis·in·ter·me·di·a·tion [dɪsìnṭəmì:diéɪʃən, dəs- | dɪsìntəmì:dɪ-] 〘⇨ dis-¹〙 — *n.* 《米》〘金融〙(インフレ防衛のため証券市場に直接投資しようとして)銀行預金を大量に引き出すこと, 金融機関離れ.

dìs·in·tér·ment *n.* **1** 発掘 (exhumation), 発掘物. **2** (隠れた事物の)摘発(物).

dis·in·tox·i·cate [dìsɪntάksɪkèɪt, -sən-, -sn̩-, -sək- | -ɪntɔ́ksɪ-] 〘⇨ dis-¹〙 — *vt.* 酔いをさまさせる; (麻薬などの)中毒状態を脱せしめる. **dis·in·tox·i·ca·tion** [dìsɪntὰksɪkéɪʃən, -sən-, -sn̩-, -sək- | -ɪntɔ̀ksɪ-] *n.*

dis·in·vest¹ [dìsɪnvést, -sən- | -sɪn-] *vt.* …からはぎ取る, 奪う (divest).

dis·in·vest² [dìsɪnvést, -sən-, -sn̩- | -sɪn-] 〘経済〙 *vt.* …の投資をやめる. — *vi.* 資本を食いつぶす, 投資を引き上げる.

dìs·in·vést·ment *n.* 〘経済〙負の投資, 資本の食いつぶし.

dis·in·vol·tu·ra [dɪsìnvɑltú(ə)rə, dəs- | dɪsìnvɔltúərə; *It.* dizinvoltú:ra] 〘▭ It. ~ ← *disinvolto* unembarrassed ← *disinvolgere* to unwind ← DIS-¹+*volgere* to wrap〙 — *It. n.* 気安さ, ゆとり; 落着き, 沈着.

dis·jas·kit [dɪsdʒǽskɪt, dəs-, -kət | dɪsdʒǽskɪt] 〘(変形) ← ? *dejected*〙 — *adj.* (*also* **dis·jas·ked** [~]) 《スコット》荒れ果てた, 崩壊した (broken-down).

dis·ject [dɪsdʒékt, dəs- | dɪs-] 〘← L *disject-us* thrown asunder (p.p.) ← *disjicere* ← DIS-¹+*jacere* to hurl〙 *vt.* 〈四肢などを〉引き裂く; 投げ散らす, 散乱させる.

dis·jec·ta mem·bra [dɪsdʒéktə-mémbrə, dəs- | dɪs-] 〘▭ L 'scattered limbs or portions' ← *disjecta* ((neut. pl. p.p.) ← *disjicere* (↑))+*membra* ((pl.) ← *membrum* 'MEMBER')〙 — *L. n. pl.* (散乱した)断片 (fragments); 断片的な引用.

dis·join [dɪsdʒɔ́ɪn, dəs- | dɪs-] 〘(1410) ▭ OF *desjoign-* (stem) ← *desjoindre* < L *disjungere* to disunite: ⇨ dis-¹, join〙 — *vt.* 引き離す, 分離する. — *vi.* 分離する, 離れる. **~·a·ble** [-nəbl̩] *adj.*

dis·joint [dɪsdʒɔ́ɪnt, dəs- | dɪs-] 〘(?1440) ▭ OF *desjoint* (p.p.) ← *desjoindre* (↑)〙 — *vt.* **1** …の関節をはずす, 脱臼(だっきゅう)させる (dislocate). **2** (つながった所を離して)ばらばらにほぐす, 解体する. **3** 支離滅裂にする, ちぐはぐにする. — *vi.* **1** 結び目から離れる; ばらばらになる. **2** 関節がはずれる, 脱臼する. — *adj.* 〘数学〙〈集合が〉互いに共通元をもたない[素な].

dis·jóint·ed [-ṭɪd, -ṭəd | -tɪd, -təd] *adj.* **1** 関節のはずれた, 脱臼した; 解体された, ばらばらの: a ~ hip 脱臼した腰. **2** 〈思想・文体など〉連絡のない, 筋道の立たない, 支離滅裂な (disconnected): ~ words. **3** 〘昆虫〙 =disjunct 3. **~·ly** *adv.* **~·ness** *n.*

dis·junct [dɪsdʒʌ́ŋ(k)t, dəs- | dɪs-] 〘(15C) ▭ L *disjunct-us* (p.p.) ← *disjungere* 'to DISJOIN'〙 — *adj.* **1** 分離した; 〘統計〙〈団体群が〉不連続な. **2** 〘音楽〙跳躍の: ⇨ disjunct motion. **3** 〘昆虫〙頭・胸・腹の 3 部が深くくびれて分離している, 分画している. — *n.* 〘論理〙選言肢《選言命題を構成する各命題》.

dis·junc·tion [dɪsdʒʌ́ŋ(k)ʃən, dəs- | dɪs-] 〘(*a*1400) ▭ L *disjunctiō(n-)*: ⇨ ↑, -tion〙 — *n.* **1** 分離, 分裂 (disunion). **2** 〘論理〙選言, 選立; 選言命題: ⇨ inclusive disjunction. **~·al** [-ʃənl̩, -ʃnəl] *adj.*

dis·junc·tive [dɪsdʒʌ́ŋ(k)tɪv, dəs- | dɪs-] 〘(*c*1450) ▭ L *disjunctīv-us*: ⇨ disjunct, -ive〙 — *adj.* **1** 分離する, 分離性の, 分離的な. **2** 〘文法〙離接的な (cf. copulative 1): a ~ conjunction 離接的接続詞《either... or, although, but, or など》/ a ~ adverb 離接的副詞《else, otherwise, or else など》. **3** 〘論理〙選言[選立]的な: a ~ normal form 選言[選立]標準形 / a ~ proposition 選言[選立]命題 / a ~ syllogism 選言(的)三段論法. — *n.* **1** 〘文法〙離接的接続詞. **2** 〘論理〙選言命題. **~·ly** *adv.*

disjúnct mótion *n.* 〘音楽〙跳躍進行《声部進行が 3 度以上の音程跳躍(leap)によって行なわれること; cf. conjunct motion》.

dis·junc·ture [dɪsdʒʌ́ŋ(k)tʃɚ, dəs- | dɪsdʒʌ́ŋ(k)tʃə(r)] 〘(*a*1400) ▭ ML *disjunctūra*: ⇨ disjunct, -ure〙 *n.* 分離(状態).

disk [dísk] 〘(1664) ▭ L *disc-us* quoit: ⇨ dish〙 — *n.* **1** 平円形の表面: the sun's [moon's] ~ 太陽[月]の輪郭面. **2** 平円盤; 平円盤状の物《メダル・貨幣など》: ⇨ flying disk. **3** (投擲(とうてき)用)円盤. **4** [通例 disc] (蓄音機の)レコード, 音盤. **5** 〘生物〙平円盤状組織[構造]. **6** 〘植物〙盤, 花盤. **7** 〘解剖〙 **a** 円板. **b** 椎間板 (intervertebral disk). **8** 《古》 =discus. **9** 〘電算機〙ディスク《円板状の磁性媒体上にデータを記録する電子計算機の外部記憶装置の一種》. — *vt.* **1** 平円形に作る[切る]. **2** 《米・ニュージーランド》円板すき (disk harrow) で耕す. **3** [通例 disc] 《口語》音盤[レコード]に吹き込む[録音する]. **~·like** *adj.*

dísk bràke *n.* (自動車などの)ディスク[円板]ブレーキ.

dísk clùtch *n.* 〘自動車〙ディスククラッチ, 円板クラッチ, 板クラッチ《摩擦面が複数個の円板から成っている摩擦クラッチ; plate clutch ともいう》.

dísk crànk *n.* 〘機械〙ディスク[円板]クランク《回転運動を往復運動に変えるのによく使われる》.

disk·ette [dísket, ─́─] *n.* 〘電算機〙 =floppy disc.

dísk flòwer [flòret] *n.* 〘植物〙(キク科植物などの花の中心の円をなす)中心花 (cf. ray flower).

dísk hàrrow *n.* 〘農業〙円板すき, ディスクハロー《多数の刃の鋭い皿状の円板で土をかき切るトラクター用農具》.

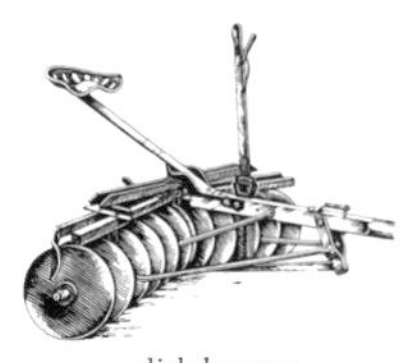
disk harrow

dísk jòckey *n.* =disc jockey.

dis·ko·phile [dískəfàɪl] *n.* =discophile.

dísk pàrking *n.* 《英》(自動車の)ディスク駐車法《時計の文字盤のついた円盤によって, 道路脇に駐車した車が止まった時と離れる時を表示する駐車法》.

dísk whèel *n.* (自動車の)ディスクホイール, 円板車輪, 鋼板車輪《スポークの代りに胴部に凹(おう)面または凸(とつ)面のプレス鋼を用いた車輪》.

dis·lik·a·ble [dɪsláɪkəbl̩, dəs- | dɪs-] *adj.* きらいな, 好きになれない.

dis·like [dɪsláɪk, dəs- | dɪs-] 〘(*c*1555) ← DIS-¹+LIKE²: cf. mislike〙 — *vt.* いやがる, 好かない, きらう. ★ detest より意味が弱い: I ~ this kind of work. このような種類の仕事はきらいです / I ~ your work*ing* at that factory. お前があの工場で働くのは気にくわない / He ~*s going* [(米) *to* go] to school. 彼は学校へ行くのをいやがる. — *n.* きらい, いや, けぎらい: likes and ~*s* [dísláɪks] 好ききらい / his ~ *of* politics [hospitals] 彼の政治[病院]ぎらい / He took a ~ *to* her. 彼女が嫌いになった / He had a ~ *for* noise [crowds] 彼は騒音[人込み]をきらった《★《米》では He *disliked* noise [crowds]. のほうが普通》. **dis·lík·er** *n.*

dis·like·a·ble [dɪsláɪkəbl̩, dəs- | dɪs-] *adj.* =dislikable.

dis·limn [dɪslím, dəs- | dɪs-] *vt., vi.* 《古・詩》(絵など)消す[消える]; (色など)褪(あ)せさせる[褪せる].

dis·lo·cate [díslo(ʊ)kèɪt, -lə-, dɪslóʊkeɪt, dəs- | dísl ə(ʊ)kèɪt] 〘(1605) ← ML *dislocāt-us* (p.p.): ⇨ dis-¹, locate〙 — *vt.* **1** …の位置を変える, …の順序を狂わせる[乱す] (displace). **2** 〘医学〙転位させる, 脱臼(だっきゅう)させる: have [get] one's shoulder ~*d* 肩の骨がはずれる. **3** 〈事情・機械など〉の正常な状態を乱す[狂わせる]; 〈活動などを〉混乱させる: ~ business relations 取引関係を混乱させる / The traffic is ~*d*. 交通が混乱している. **4** 〘地質〙〈地層などを〉変位させる.

dis·lo·ca·tion [dìslo(ʊ)kéɪʃən | -lə(ʊ)-] 〘(*a*1400) ▭ OF ~ // ML *dislocātiō(n-)*: ⇨ ↑, -ation〙 — *n.* **1** 位置の移動[狂い], 転位, 転置. **2** 〘医学〙転位, 脱臼(だっきゅう). **3** 〘地質〙断層 (fault), 地すべり《褶曲(しゅうきょく) (fold) などによる変位》. **4** (事情・活動などの)混乱 (disarrangement). **5** 〘物理・結晶〙転位《結晶内の隣接した原子面の間の部分的な滑りによって生じた欠陥》.

dis·lodge [dɪslάdʒ, dəs- | dɪslɔ́dʒ] 〘(?*c*1408) ▭ OF *deslog(i)er*: ⇨ dis-¹, lodge〙 — *vt.* 〔固定した位置から〕〈人・物を〉除去する[移す, くつがえす]; 移転[移動]させる; 〈人・動物を〉〔すみかから〕追い立てる, 追い出す; 〈敵を〉〔陣地から〕駆逐する, 撃退する〔*from*〕: ~ a fox / ~ people *from* their own country 人々を自分の国から追い立てる. — *vi.* (今まで居た所から)移動する; 宿営[宿舎]から出る.

dis·lódg·ment *n.* (*also* **dis·lodge·ment** [~]) 除去; 移転, 移動(される状態).

dis·loy·al [dɪslɔ́ɪ(ə)l, -lɔ́:jəl | -lɔ́ɪ(ə)l] 〘(*c*1477) ▭ OF *desloial*: ⇨ dis-¹, loyal〙 — *adj.* 不忠な, 不義の; 不実な, 裏切りの (unfaithful): be ~ *to* one's country [friend] 国に不忠[友人に不実]である. **~·ly** *adv.*

dis·lòy·al·ist [-lɪst, -ləst | -lɪst] *n.* 不忠者; 裏切り者.

dis·loy·al·ty [dɪslɔ́ɪ(ə)lṭi, -lɔ́:jəl- | -lɔ́ɪ(ə)lti] 〘(15C) ▭ OF *desloyaute*: ⇨ disloyal, -ty²〙 — *n.* **1** 不忠, 不義, 不実; 〔国家などに対する〕忠誠[義務]違背〔*to*〕. **2** 不忠[不信, 不実]な行為.

dis·mal [dízməl] 〘(*c*1300) ▭ AF *dis mal* < ML *diēs malī* ill-omened days ← L *diēs* ((pl.) ← *diēs* day)+*malī* ((pl.) ← *malus* evil, bad)〙 — *adj.* (**more** ~, **most** ~; ~·**er**, ~·**est**) **1** 陰気な, 陰鬱(いんうつ)な; 〈気分が〉憂鬱な, 暗い: a ~ room [face, mood] / ~ prospects 暗い前途. **2** 物すごい, 気味の悪い, 恐ろしい: the ~ howlings of wolves. **3** 《口語》(才能・技術などを欠いて)情けないほどの, みじめな, だらしのない: play a ~ game 惨憺(さんたん)たる試合をする / The result was ~ failure. みじめな失敗に終わった.
— *n.* **1** 陰気な人[物]. **2** 《米南部》(特に, 陰気な)沼,

湿地 (swamp). 3 [the ~s] 憂鬱 (the blues): be in *the* ~*s* 沈んでいる.
Dísmal Désmond *n.* 1 ディズマルデスモンド《両耳の垂れた愛玩用小型犬》. 2 陰気な人.
Dísmal Jímmy *n.* 《英俗》陰気な人.
dís·mal·ly [-məli | -lɪ] *adv.* 陰気に, 陰鬱に; 物すごしく, 無気味に.
dís·mal·ness *n.* 陰鬱; 無気味.
dismal scíence *n.* [the ~]《古》陰気な学問《Thomas Carlyle が経済学を皮肉ってこう呼んだ》.
Dísmal Swámp *n.* [the ~] ディズマル湿地帯《米国南部大西洋岸, Virginia 州南東部から North Carolina 州北東部にわたる長さ 48 km, 幅 16 km の湿地帯》.
dis·man·tle [dɪsmǽntḷ, dəs- | dɪsmǽntl] 〖《1579》□ OF *desmanteler* (F *démanteler*): ⇨ dis-[1], mantle〗 — *vt.* 1 〔装備・設備・備品・装具などを〕〈家・部屋などから取り除く, 〈船〉の艤(ぎ)装を解く〔*of*〕: ~ a house *of* its roof 家から屋根を取りのける / ~ a ship [fortress] 船[要塞(さい)]の装備を撤去する. 2 〈機械などを〉分解する, 取りこわす. 3 〔衣服・おおい物などを〕…からはぐ, 裸にする〔*of*〕: ~ a tree *of* its leaves 木の葉をもぎ取る. **~·ment** *n.*
dis·mask [dɪsmǽsk | -mɑ́ːsk] 〖□ OF *desmasquer*: ⇨ dis-[1], mask〗 *v.* =unmask.
dis·mast [dɪsmǽst | -mɑ́ːst] *vt.* 〈嵐・砲火などが〉〈船〉のマストを奪い取る[折り倒す, 吹き飛ばす].
dis·may [dɪsméɪ, dəs-, dɪz-, dəz- | dɪs-, dɪz-] 〖《c1300》 *dismaie(n)* □ OF **desmaier* ← DIS-[1]+(*es*)*maier* to dismay (< VL **exmagāre* ← EX-[1]+Gmc **mag-* 'to be able, MAY[1]')〗 — *vt.* 1 (心配・恐怖などで)びっくり仰天させる, 狼狽させる, 度を失わせる: We were ~*ed* by the gravity of the situation. 我々は事態の重大さにあわてふためくばかりだった. 2 …の心をかき乱す, 不安がらせる (perturb): The boy's radical ideas ~*ed* his mother. 少年の過激な思想は母の心を悩ませた. 3 がっかりさせる, すっかり気落ちさせる, 意気消沈させる; …に幻滅を感じさせる. — *n.* 1 うろたえ, 狼狽(ろうばい), 仰天, 動転 (consternation); 心の動揺, 不安: be struck *with* ~ at the news その知らせを聞いて度を失う / *in* ~ あわてふためいて, 狼狽のあまり / *to* one's ~ 仰天したことには / face truth without ~ うろたえることなく, 事実に直面する. 2 意気阻喪, 失望, 落胆; (突然の)熱意[自信]喪失, 幻滅.
~·ing·ly *adv.*
disme [dáɪm] 〖← 《廃》~ 'tenth' □ MF *disme*: ⇨ dime〗 *n.* 《米》(1792 年に鋳造された) 10 セント貨幣.
dis·mem·ber [dɪsmémbə | -bə(r)] 〖《c1300》□ OF *desmembrer*: ⇨ dis-[1], member〗 — *vt.* 1 …の手足を切り離す. 2 〈国などを〉分割する, ばらばらにする. 3 《古》〈会員を〉除名する. **~·ment** *n.*
dis·mém·bered *adj.* 1 手足を切り離した, ばらばらにした. 2 〖紋章〗ばらばらになった.
dis·miss [dɪsmís, dəs- | dɪs-, dɪz-] 〖《c1432》← ML *dismissus* = L *dimissus* (p.p.) ← *dimittere* ← DI-[2]+*mittere* to send: ⇨ mission〗 — *vt.* 1 (面前などから)〈人を〉去らせる, …に退出を許す: After telling the servant to do so I ~*ed* him. 召使にそう言いつけてから部屋を去らせた. 2 〔…から〕免職する, 解雇[解任]する, 退校させる, 放逐する (discharge)〔*from*〕: ~ a man *from* his post 人を免職する / ~ a boy *from* school 生徒を放校する / He was ~*ed* (*from*) the service [the army]. (軍隊から)除隊を命じられた《★ 受動態のあとでは from は時々省かれる》. 3 〈集会・隊などを〉解散する, 退散させる (disperse): ~ the class, meeting, etc. 4 〈求婚者などを〉振り捨てる, ふる (discard). 5 a 〔心から〕退ける, 捨てる, (きれいに)忘れてしまう (banish)〔*from*〕: ~ doubts *from* one's thoughts 疑いを捨てる / What he said was ~*ed as* unrealistic. 彼の言ったことは非現実的だとしてしりぞけられた / The police ~*ed* him *as* a suspect. 警察は彼を容疑者のリストからはずした. b 〈討議中の問題などを〉さっさと片付けてしまう, しまいにする (put aside): First let's ~ this subject. まずこの問題を片付けてしまおう. c 〖法律〗〈判事が〉〈請求・訴訟などを〉却下する, 棄却する (reject); 〈検察側が〉〈被告に対する〉〈起訴を〉取り下げる〔*against*〕: The case was ~*ed*. 事件[訴訟]は却下[棄却]になった, 起訴は取り下げられた. 6 〖クリケット〗〈打者・チームを〉アウトにする (put off). — *vi.* 〈軍隊などが〉解散する, 分かれる (break up): *Dismiss!* [号令] 分かれ.
dis·miss·al [dɪsmísəl, dəs-, -sḷ | dɪs-, dɪz-] 〖《1818》: ⇨ ↑, -al[2]〗 — *n.* 1 退去, 退散. 2 解散; 放校, 退会, 除隊, 免職, 解雇; 解雇状: ~ *from* office 免官, 解職. 3 〖法律〗(訴訟・上訴の)却下, 棄却; (起訴の)取り下げ.
dis·miss·i·ble [dɪsmísəbḷ, dəs- | dɪsmísə-, dɪz-, -sɪ-] *adj.* 解雇できる; 解雇を免れない.
dis·mis·sion [dɪsmíʃən, dəs- | dɪs-, dɪz-] 〖《1547》: ⇨ dismiss, -sion〗 *n.* 《古》=dismissal.
dis·mis·sive [dɪsmísɪv, dəs- | dɪs-, dɪz-] *adj.* 1 却下する, 拒否する(ような); やめさせる[退ける](ような) (rejecting). 2 横柄な, 軽蔑的な, 見下すような.
dis·mis·so·ry [dɪsmísəri, dəs- | dɪsmísərɪ, dɪz-] *adj.* 解雇通知の.
dis·mount [dɪsmáʊnt, dəs- | dɪs-] 〖《1544》← DIS-[1]+MOUNT[1]: cf. OF *desmonter*〗 — *vi.* 〔馬・自転車などから〕降りる (get down)〔*from*〕. — *vt.* 1 〈台などを〉降りる (get off): ~ a horse. 2 〈馬・人などが〉〈馬などに乗っている〉人を〉降ろす; 落とす, 振り落とす (unhorse): be ~*ed* 馬から落とされる. 3 〈台などに乗った物を〉降ろす, 〈宝石などを〉〔台から〕取りはずす, 〈絵などを〉〔枠(わく)から〕取りはずす〔*from*〕: ~ a statue *from* its pedestal. 4 〈機械・銃などを〉分解する. — *n.* 下馬, 下車. **~·a·ble** [-ṭəbḷ | -tə-] *adj.*
dis·mu·ta·tion [dɪsmjuːtéɪʃən | -mjuː-, -mjʊ-] *n.* 〖化学〗=disproportionation.
dis·na·ture [dɪsnéɪtʃə | -néɪtʃə(r)] 〖《15C》□ OF *desnaturer*: ⇨ dis-[1], nature〗 *vt., vi.* 不自然にする[なる]. **dis·ná·tured** *adj.*
Dis·ney [dízni | -nɪ], **Walt(er Elias)** *n.* (1901–66) 米国の映画製作者・実業家; 漫画映画などで有名; *Snow White and the Seven Dwarfs* (1938).
Dis·ney·esque [dɪzniésk | -nɪ-] 〖⇨ ↑, -esque〗 *adj.* Disney の作った漫画映画的な[風の].
Dísney·lànd *n.* 1 ディズニーランド《1955 年に Walt Disney が Los Angeles 郊外, Anaheim 市に設立した大児童遊園》. 2 おとぎの国, 空想[架空]の土地; 現実ばなれした状態.
dis·o·be·di·ence [dɪso(ʊ)bíːdiəns, -sə- | -sə(ʊ)bíːdjəns, -dɪəns] 〖《?a1400》□ OF *desobedience*: ⇨ dis-[1], obedience〗 — *n.* 〔…への〕不従順, 反抗; 不孝〔*to*〕(↔ obedience); 〔命令・法律・規則などに対する〕違反, 背反 (violation)〔*to*〕.
dis·o·be·di·ent [dɪso(ʊ)bíːdiənt, -sə- | -sə(ʊ)bíːdjənt, -dɪənt] 〖《c1412》□ OF *desobedient*: ⇨ dis-[1], obedient〗 *adj.* 〈人・行動が〉〔…に〕不従順な, 不孝な〔*to*〕; 言うことをきかない, 強情でわがままな (↔ obedient); 命令[法律]にそむく, 反抗的な.
dis·o·bé·di·ent·ly *adv.* 不従順に; 命令[法律]にそむいて.
dis·o·bey [dɪso(ʊ)béɪ, -sə- | -sə(ʊ)-] 〖《c1390》□ (O)F *désobéir*: ⇨ dis-[1], obey〗 — *vt., vi.* (親などの)言うことをきかない, (親などに)従順でない; (命令などに)従わない, そむく: ~ one's parents / ~ the commands. **~·er** *n.*
dis·o·blige [dɪsəbláɪdʒ] 〖□ F *désobliger*: ⇨ dis-[1], oblige〗 — *vt.* 1 〈人〉の希望にそむく, 意に逆らう, 依頼を断る, 望むことをしてやらない, 〈人〉に不親切にする. 2 〈人を〉侮辱する (slight), 立腹させる (offend). 3 〈人〉に不便を感じさせる, 迷惑をかける.
dis·o·blíg·ing *adj.* 不親切な, 思いやりのない; ありがたくない, 迷惑な: The action was somewhat ~ *to* him. その行為は彼には少々迷惑なものだった.
~·ly *adv.* **~·ness** *n.*
di·só·di·um hýdrogen phósphate [dàɪsóʊdiəm- | -sə́ʊdjəm-, -dɪəm-] 〖*disodium*: ← DI-[1]+SODIUM〗 *n.* 〖化学〗=sodium phosphate b.
disódium phósphate *n.* 〖化学〗=sodium phosphate b.
di·so·mic [daɪsóʊmɪk | -sə́ʊ-] 〖← DI-[1]+-SOMIC〗 *adj.* 〖生物〗二染色体の《生物が相同染色体をもつ》.
dis·op·er·a·tion [dɪsɑ̀pəréɪʃən, dəs- | dɪsɔ̀p-] *n.* 〖生態〗相害作用《関係個体すべてに不利な結果を生じる作用》.
dis·or·der [dɪsɔ́ədə, dəs-, dɪz-, dəz- | dɪsɔ́ːdə(r), dɪz-] 〖v.: 《1477》← DIS-[1]+ORDER ∞ ME *disordeine(n)* □ OF *desordener* (⇨ dis-[1], ordain)〗 — *n.* 1 不整頓, 乱脈 (confusion); 混乱, 乱雑: be *in* ~ 乱れる, 乱れている. 2 (社会的・政治的)無秩序, 不穏, 騒動, 動乱 (disturbance): fall [throw a person] *into* ~ 無秩序[混乱]に陥る[人を落とし込む]. 3 (心身機能の)不調, 障害; (軽微な)病気, 疾患: a mental and physical ~ / a nervous ~. — *vt.* 1 〈秩序などを〉乱す, 乱雑にする (upset): ~ arrangements. 2 〈心身〉の調子を狂わせる, 加減を悪くする: ~ a person's health.
dis·ór·dered *adj.* 1 乱れている, 混乱した, 乱雑になった, 狂乱状態の: a ~ country 動乱の国 / his ~ hair. 2 調子の狂った, 病気の: a ~ brain, mind, stomach, etc. **~·ly** *adv.* **~·ness** *n.*
dis·ór·der·li·ness *n.* 1 無秩序, 混乱の状態, 乱雑さ. 2 暴状; 秩序紊乱(びんらん), 風俗壊乱, 公安妨害, 無法.
dis·or·der·ly [dɪsɔ́ədəli, dəs-, dɪz-, dəz- | dɪsɔ́ːdəli, dɪz-] 〖《adj.: 1585; adv.: 1564》← DIS-[1]+ORDERLY〗 — *adj.* 1 〈場所が〉無秩序の, 乱雑な, 混乱した. 2 〈人・行為が〉無法な, 乱暴な; 騒々しい. 3 〖法律〗治安紊乱(びんらん)の, 公安妨害の, 風俗を乱す: a ~ person 治安紊乱者, 猥褻(わいせつ)犯 / ⇨ disorderly conduct, disorderly house / drunk and ~ ⇨ drunk 1. — *adv.* 無秩序に, 乱雑に, でたらめに. — *n.* 無法者, 治安紊乱者.
disórderly cónduct *n.* 〖法律〗治安[風紀]紊乱(びんらん)行為 (cf. public nuisance).
disórderly hóuse *n.* 〖法律〗治安紊乱所《売春宿のこと》.
dis·or·ga·ni·za·tion [dɪsɔ̀əg(ə)nɪzéɪʃən, dəs-, -nə- | dɪsɔ̀ːgənaɪ-, dɪz-, -nɪ-] 〖□ F *désorganisation*: ⇨ ↓, -ation〗 — *n.* 組織[秩序]の破壊; (組織体の)解体, 分裂; 混乱 (confusion).
dis·or·ga·nize [dɪsɔ́əgənàɪz, dəs- | dɪsɔ́ː-, dɪz-] 〖《1793》□ F *désorganiser*: ⇨ dis-[1], organize〗 — *vt.* …の組織[秩序]を破壊する, 〈国家など〉(の組織・統制をこわして)混乱させる.
dis·ór·ga·nized *adj.* 〈国・団体など〉組織[秩序]が破壊された, 混乱に陥った: ~ management 乱脈経営.
dis·ór·ga·nìz·er *n.* 1 組織[秩序]の破壊者. 2 〖法律〗治安紊乱(びんらん)者 (disorderly person).
dis·o·ri·ent [dɪsɔ́ːrìent, -óːr- | -ɔ́ːrɪ-, -ɔ́r-] 〖□ F *désorienter*: ⇨ dis-[1], orient〗 — *vt.* 《米》[通例 Passive で] 1 〈人〉に方向感覚を失わせる, 方角をわからなくさせる, 道に迷わせる; 〖精神医学〗〈人〉に見当識[部位感覚]を失わせる. 2 (風俗・習慣などの規準がなくなったりなどして)〈人・社会などを〉混乱させる, まごつかせる, …に分別を失わせる; …に方角を見失わせる, 向きを狂わせる.
dis·o·ri·en·tate [dɪsɔ́ːriəntèɪt, -óːr-, -rièntèɪt | -ɔ́ːrɪentèɪt, -ɔ́r-, -rɪən-] 〖← DIS-[1]+ORIENT+-ATE[3]〗 — *vt.* 1 〈教会を〉聖壇が東向きでないように建てる. 2 《英》=disorient.
dis·o·ri·en·ta·tion [dɪsɔ̀ːriəntéɪʃən, -rien-, -òːr- | -ɔ̀ːrɪen-, -ɔ̀r-, -rɪən-] *n.* 1 方向の感覚を失うこと. 2 〖精神医学〗失見当(識), 見当識[指南力]障害《時間・空間・関係・性質・人物鑑別などの感覚が混乱[喪失]した状態》.
dis·own [dɪsóʊn, dɪs-, dəs- | dɪsə́ʊn, dɪs-] 〖《c1620》← DIS-[1]+OWN〗 — *vt.* 〈著作など〉(の所有権・責任などを)否認する; 〈人など〉(と自己との関係を)承認しない, 否認する; 〈子供などを〉勘当する: ~ a letter 自分の書いた手紙でないと言う / ~ any intention going 行くつもりなど毛頭ないという / ~ a person *as* one's child 人を自分の子として認めない. **~·ment** *n.*
disp. 《略》dispensary; dispensation; dispense; dispensed; disperse; dispersion.
dis·par·age [dɪspǽrɪdʒ, dəs-, -pér- | dɪspǽr-] 〖《a1375》 *desparage(n)* □ OF *desparagier* to degrade by an unequal match ← DIS-[1]+*parage* equality (< VL **parāticum* ← L *par* equal: ⇨ peer[2], -age)〗 — *vt.* 1 軽蔑する, 見下げる, 見くびる (belittle). 2 そしる, けなす, 悪く言う, 非難する. **dis·pár·ag·er** *n.*
dis·pár·age·ment 〖《1486》□ OF *desparagement*: ⇨ ↑, -ment〗 *n.* 1 侮り, 悪評, 非難 (depreciation). 2 汚名, 不面目 (disgrace).
dis·pár·ag·ing·ly *adv.* 軽蔑して; 非難して, けなして.
dis·par·ate [dɪspərət, dəs-, -pér-, dɪsp(ə)r-, -rɪt | dɪ́spərət, -rɪt-, -rèɪt] 〖□ L *disparātus* (p.p.) ← *disparāre* to separate ← DIS-[1]+*parāre* to prepare: ⇨ pare, -ate[2]〗 — *adj.* 1 〈考えなど〉(本質的に)異なる, 全く共通点のない. 2 〖論理〗全く異種[異類]の, 不同等の: a ~ concept 乖離(かいり)[異類]概念. — *n.* [通例 *pl.*] 全然比較できないもの[言語概念など]. **~·ly** *adv.* **~·ness** *n.*
dis·par·i·ty [dɪspǽrəṭi, dəs-, -pér- | dɪspǽrətɪ, -rɪ-] 〖《c1555》□ F *disparité*: ⇨ dis-[1], parity[1]〗 — *n.* 不同, 不等 (inequality), 〔年齢・数量・質などの〕相違, 懸隔, 不釣合い, 不均衡; 食い違い〔*in*〕: a great ~ *between* the rich *and* the poor 金持ちと貧乏人との間の大きな隔り / ~ *in* age [social standing] 年齢[身分]の相違.
dis·park [dɪspɑ́ək | -pɑ́ːk] *vt.* 〈私園・猟園 (park) を〉開放する.
dis·part [dɪspɑ́ət, dəs- | dɪspɑ́ːt] 〖《1590》□ It. *dispartire* to divide < L *dispartire* ← DIS-[1]+*partire* 'to PART'〗 《古》 — *vt.* 分ける, 分割する, 分離する. — *vi.* 分裂する, 裂ける, 裂開する. **~·ment** *n.*
dis·pas·sion [dɪspǽʃən, dəs- | dɪs-] *n.* 冷静, 無感動; 公平 (impartiality).
dis·pas·sion·ate [dɪspǽʃ(ə)nət, dəs-, -nɪt | dɪs-] *adj.* 〈人・行為が〉感情に動かされない, 感情的でない; 冷静な (calm); 私心のない, 公平な (impartial): ~ criticism. **~·ly** *adv.* **~·ness** *n.*
dis·patch [dɪspǽtʃ, dəs- | dɪs-] 〖《1517》□ It. *dispacciare* to hasten // Sp. *despachar* to expedite □ OF *despeechier* to remove impediments ← DIS-[1]+(*em*)*peechier* to impede (⇨ impeach)〗 — *vt.* 1 〈軍隊・急使などを〉特派する, 急派する; 〈通信・手紙などを〉急送する〔*to*〕: ~ a letter, a messenger, troops, etc. 2 (接見などのあとで)退出させる (dismiss). 3 〈仕事などを〉手早く処理する, さっさと片付ける, やっつける; 《口語》〈食物を〉平らげる, 〈食事を〉さっさと済ませる. 4 〈死刑囚などを〉片付ける, 処刑する, 殺す (kill). — *vi.* 《古》急ぐ (hasten). — *n.* 1 急派, 特派, 急送, 発送; 至急便, 速達便: *by* ~ 速達で. 2 急送公文書; ニュース電報; 電報 (telegram). 3 (処理などの)手早さ; 手早い処理: a prompt ~ *of* this matter この事件の急速な解決 / require ~ 至急[迅速な処理]を要する / do something *with* ~ [*with* all possible ~] 急いで[大至急で]事を処理する. 4 死による解決; 殺すこと: a happy ~ (日本の)切腹 (harakiri). 5 〖商業〗商品の(迅速(じんそく)な)配達; 速達貨物取扱店[運送会社].
be mentioned in dispatches 《英》〈軍人が〉殊勲報告書に名を挙げて公表される.
dispátch bòat *n.* (昔の)通報艦, 公文書送達用船.
dispátch bòx [càse] *n.* 1 (公文書の)送達箱[ケース]. 2 《英》=attaché case.
dis·pátch·er *n.* 1 (使などを)急派する人, (手紙などの)発送者. 2 a (列車・電車・バス・トラックなどの)発車係, 操車係, 発着係, (航空機の)運航管理者. b ディスパッチャー《運転操作指示器》. 3 [*pl.*]《俗》仕掛けのある一対の(いかさま)さいころ.
dispátch nòte 〖郵便〗(外国向け小包郵便につける)小包送票.
dispátch rìder *n.* 〖軍事〗(古くは騎馬, 今は通例オートバイで)急使, 伝令.
dispátch tùbe *n.* =pneumatic tube 1.
dispátch vèssel *n.* =dispatch boat.
dis·pau·per [dɪspɔ́ːpə, dəs- | dɪspɔ́ːpə(r)] *vt.* 〖法律〗…から貧窮者資格を剝奪する.
dis·pel [dɪspél, dəs- | dɪs-] 〖《a1631》□ L *dispellere* to drive asunder ← DIS-[1]+*pellere* to drive (cf. pulse[1])〗 — *vt.* (**dis·pelled**; **-pel·ling**) 1 〈風・太陽などが〉〈霧・雲などを〉追い散らす, 消散させる. 2 〈暗い考え・

心配などを〉追い払う, 払いのける, 晴らす (disperse): This book will ～ these doubts. この本はこれらの疑いを一掃してくれるでしょう.

dis·pend [dɪspénd, dəs- | dɪs-] 〚ME *despende(n)* ▭ OF *despend-re* < L *dispendere* to weigh out: ⇨ dispense〛 *vt.* 《古》 費やす (spend); 支払う (pay out).

dis·pens·a·bil·i·ty [dɪspènsəbíləṭi, dəs- | dɪspènsɪbíləti, -sə-, -lɪ-] *n.* **1** 強いて必要でないこと. **2** 〘カトリック〙 免除できること (cf. dispensation 7).

dis·pens·a·ble [dɪspénsəbl̩, dəs- | dɪs-] 〚▭ ML *dispensābil-is*: ⇨ dispense, -able〛 ── *adj.* **1** なくても済む, 必ずしも必要でない (↔ indispensable). **2** 〈金銭など〉分与できる, 施せる. **3** 〘カトリック〙 免除できる. **～·ness** *n.*

dis·pen·sa·ry [dɪspéns(ə)ri, dəs- | dɪspéns(ə)rɪ] 〚《1699》▭ ML *dispensāri-us* pantry: ⇨ dispense, -ary〛 ── *n.* **1** 薬局, 医局; (学校・工場などの)診察室, 診療所. **2** 《米》 (州の禁酒法のもとに)アルコール類の販売される店.

dis·pen·sa·tion [dìspənséɪʃən, -pen- | -pen-, -pən-] 〚《*c*1380》▭ L *dispensātiō(n-)* ← *dispensātus* (p.p.) ← *dispensāre* 'to DISPENSE': ⇨ -ation〛 ── *n.* **1** 分与, 分配; 施与 (distribution): the ～ of food. **2** 〘処方〙 調剤, 処方: the ～ of medicines. **3** (法令などの)適用免除. **4** 施与物, 施し, 天与の物; (特に)(運命の)定め, 天の配剤, 天道, (神の)摂理: mysterious ～*s* of Providence 不思議な神の摂理 / a happy ～ of Nature 巧みな自然の定め. **5** 統治 (rule), 制度 (régime), (管理などの)体制 (order): under the new ～ 新制度では. **6** **a** 〘神学〙 (天啓に基づく)律法, 天啓法; 天啓法の行なわれる時代: the Christian ～ キリスト教天啓法; その行なわれる時代 / the Mosaic ～ モーセの律法; その行なわれた時代. **b** 〘モルモン教〙 神権時代《神が預言者を通して人類に福音の教えを与える時代》. **7** 〘キリスト教〙 (法の適用の)緩和, 免除; 〘カトリック〙 免除《特定の場合に教皇・司教などの意志により(教会)法の力を一時停止すること》; 免除状. **8** 〔…を〕なしに済ますこと 〔*with*〕. **～·al** [-ʃənl̩, -ʃnəl] *adj.*

dis·pen·sá·tion·al·ism [-ʃ(ə)nəlɪzm] *n.* 〘歴史〙 天啓的史観《歴史はすべて天の配剤によるという説[主義]》.

dis·pen·sa·tor [díspənsèɪṭə, -pen- | -pensèɪtə(r, -pən-] 〚《*c*1382》▭ L *dispensātor*: ⇨ dispense, -ator〛 ── *n.* 《廃》 **1** ＝dispenser 1, 2. **2** 支配者, 執政者.

dis·pen·sa·to·ry [dɪspénsətɔ̀ːri, dəs-, -tɔ̀ːri | dɪspénsət(ə)ri] 〚《1566》▭ ML *dispensātōri-um*: ⇨ dispensation, -ory²〛 ── *n.* **1** (一般向けの)薬局方, 薬品解説書 (cf. pharmacopoeia). **2** 《古》 ＝dispensary 1.

dis·pense [dɪspéns, dəs- | dɪs-] 〚《?*c*1350》▭ OF *dispens-er* (F *dépenser* to spend) ▭ L *dispensāre* to pay out, weigh out (freq.) ← *dispendere* ← DIS-¹＋*pendere* to weigh (⇨ pension)〛 ── *vt.* **1** 分与する, 分配する 〔*to*〕. **2** 〈慈善などを〉施す, 〈聖餐(さん)式などを〉施行する (administer). **3** 〈人を〉〔義務などから〕免じる 〔*from*〕. **4** 〘カトリック〙〈人〉に免除を与える《他宗教の信徒との婚姻・断食の日の結婚披露などを特に許す》. **5** 〘処方〙〈薬を〉調剤する; 〈処方箋を〉書く: ～ medicines. ── *vi.* **1** 〘カトリック〙 特に免除する (cf. dispensation 7). **2** 〘処方〙 調剤する.

dispense with (1) 〘法律・キリスト教〙 …を特に免除する: ～ *with* a law 法の適用を特に免除する, 法律を緩和する. (2) 〈手数を〉省く, 不要にする: Machinery ～*s with* much labor. 機械は多大の労力を省く. (3) [通例 can, could と共に] …なしに済ませる: You cannot be ～*d with*. 君なしにはやって行けない.

dis·péns·er 〚《*a*1400》: ⇨ ↑, -er¹〛 ── *n.* **1** 薬剤師, 調剤者. **2** 施与者, 分与者. **3** [修飾語をつけて] ディスペンサー《ティッシュペーパーや砂糖などを適量ずつ取り出せる入れ物》; 自動販売機: a paper-cup ～.

dis·peo·ple [dìspíːpl̩] 〚《*a*1425》▭ OF *despeupl-er* (F *dépeupler*): ⇨ dis-¹, people〛 *vt.* 〈国など〉の住民を絶やす, 人口を減少させる (depopulate).

di·sper·mous [dàɪspə́ːməs | -spə́ː-] 〚← DI-¹＋SPERMO-＋-OUS〛 *adj.* 〘植物〙 種子の二つある.

di·sper·my [dáɪspə̀ːmi | -spə̀ːmɪ] *n.* 〘生物〙 二精《一つの卵子が二つの精子を受精すること; cf. monospermy, polyspermy》. **di·sper·mic** [dàɪspə́ːmɪk | -spə́ː-] *adj.*

dis·pers·al [dɪspə́ːsəl, dəs-, -sl̩ | dɪspə́ː-] *n.* **1** 散布, 四散, 消散, 疎解 (dispersion). **2** 〘化学〙 (コロイド粒子などの)分散(作用).

dis·per·sant [dɪspə́ːsənt, dəs-, -sn̩t | dɪspə́ː-] *n.* **1** disperse するもの. **2** 〘化学〙 分散剤.

dis·perse [dɪspə́ːs, dəs- | dɪspə́ːs] 〚《*a*1393》▭ (O)F *dispers-er* ← L *dispersus* scattered (p.p.) ← *dispergere* ← DIS-¹＋*spargere* 'to SPARGE'〛 ── *vt.* **1** 散らす, 散乱させる; 〈敵兵などを〉追い散らす, 敗走[潰走]させる, 潰乱させる; 〈会衆を〉解散する; 〈軍隊・飛行機・船などを〉(敵の攻撃から被害を少くするため)分散[散開]させる, 分散配置する: ～ the demonstrators. **2** 〈病気などを〉(方々に)まき散らす; 〈知識・うわさなどを〉広める, 伝播させる: ～ knowledge. **3** 〈雲・霧などを〉消散させる; 〈幻影などを〉追っ払う. **4** 〘物理〙 〈光・波動を〉分散する. ── *vi.* **1** (方々に)散る, 離散する, 散逸する. **2** 〈雲・霧などが〉消散する. **dis·pérs·er** *n.*

dis·pérsed *adj.* 散らされた; 分散した, 散らばった.

dispérsed dýe *n.* 〘化学〙 ＝disperse dye.

dispérsed hármony *n.* 〘音楽〙 開離和声 (⇨ open harmony).

dis·pérs·ed·ly [-sɪdli, -səd-, -st- | -lɪ] *adv.* 散らばって; 点々と; ちりぢりに.

dispérsed pháse *n.* 〘物理化学〙 分散相《分散系において分散媒中に散在している微細粒子; disperse phase, discontinuous phase, internal phase ともいう; cf. disperse system》.

dispérse dýe *n.* 〘化学〙 分散染料《溶液とならず, 水に分散させた懸濁(だく)状態でアセテートなどを染める染料; dispersed dye ともいう》.

dispérse sýstem *n.* 〘物理化学〙 分散系《一つの相にある物質内にほかの物質が微粒状になって散在する物質系; 前者を分散媒 (dispersion medium), 後者を分散相 (dispersed phase) という》.

dis·pers·i·bil·i·ty [dɪspə̀ːsəbíləṭi, dəs-, | dɪspə̀ːsəbílətɪ, -sɪ-, -lɪ-] *n.* 〘物理化学〙 分散性.

dis·pers·i·ble [dɪspə́ːsəbl̩, dəs- | dɪspə́ːsə-, -sɪ-] *adj.* 散らせる, 分散させうる.

dis·per·sion [dɪspə́ːʒən, dəs-, -ʃən | dɪspə́ːʃən] 〚《*c*1384》▭ (O)F ～ // L *dispersiō(n-)*: ⇨ disperse, -sion〛 ── *n.* **1** 四散; 散乱, 離散; (うわさなどの)伝播. **2** [the D-] ＝Diaspora 1. **3** **a** 〘物理〙 (光その他波動の)分散《波の位相速度が周波数に依存する現象》. **b** 〘物理化学〙 分散. **c** 〘物理化学〙 ＝disperse system. **4** 〘病理〙 **a** (病巣の)散布. **b** (炎症などの)消散 (dissipation). **5** 〘統計〙 ばらつき, 散布度, 散らばり. **6** 〘軍事〙 分散, 疎開; (弾着の)ばらつき, 射弾の散布, 破裂点の分布: a ～ pattern 射弾の散布型《同一の条件下で砲から発射された一連の射弾の分布》/ ～ on the ground 疎開, 分散配置 / the zone of ～ (砲弾の)散飛界 / the angle of ～ 散飛角.

dispérsion èrror *n.* 〘軍事〙 (射弾の)散布誤差《ある特定の射弾の弾着点または破裂点から平均弾着点または破裂中心までの距離》.

dispérsion mèdium *n.* 〘物理化学〙 分散媒《分散系 disperse system において媒質をなす均質な物質; continuous phase, external phase ともいう》.

dis·per·sive [dɪspə́ːsɪv, dəs-, -zɪv | dɪspə́ːsɪv] *adj.* 散布的な; 分散的な, 散乱[消散]する; 伝播性の. **～·ly** *adv.* **～·ness** *n.*

dispérsive pówer *n.* 〘光学〙 分散率, 分散能《光学ガラスの光の分散の度合を表わす量; 通例アッベ数 (Abbe number) の逆数で表わす》.

di·sper·soid [dɪspə́ːsɔɪd, dəs- | dɪspə́ː-] 〚⇨ -oid〛 *n.* 〘物理化学〙 **1** 分散系 (disperse system). **2** 分散相 (dispersed phase).

di·sphe·noid [dàɪsfíːnɔɪd] 〚⇨ di-¹〛 ── *n.* 〘結晶〙 両楔(くさび)体《4 個の三角形の面で囲まれ, 両端がくさびの刃に似た形; bisphenoid ともいう》.

di·spir·it [dɪspírɪt, də-, -rət | dɪspírɪt] 〚← DIS-¹＋SPIRIT〛 ── *vt.* [通例 p.p. 形で] …の気力[意気]をくじく, 意気消沈させる, 落胆させる: ～ a person *from* future exertions 人が努力しようという気持をくじく.

di·spír·it·ed [-ṭɪd, -ṭəd | -tɪd, -təd] *adj.* 気力がくじけた, 意気消沈した, 打ちしおれた (dejected): a ～ man. **～·ly** *adv.* **～·ness** *n.*

dis·pit·e·ous [dɪspíṭiəs, dəs- | dɪspítɪəs, -tjəs] 〚《変形》← DESPITEOUS: ⇨ dis-¹〛 *adj.* 《詩・古》 無慈悲な, 残酷な (cruel).

dis·place [dɪspléɪs, dəs- | dɪs-] 〚《1551》▭ OF *des-plac-er* (F *déplacer*): ⇨ dis-¹, place¹〛 ── *vt.* **1** 置き換える, 別の所へ置く[移す], 転置する; 〔国・生地などから〕(無理に)立ちのかせる, 追い出す 〔*from*〕: Copernicus ～*d* the earth *from* its position at the center of the solar system. コペルニクスは地球を太陽系の中心の位置から放逐した. **2** 〔官職・位から〕押しのける, 免官する, 解職する. **3** (押しのけて)入れ代わる, …に取って代わる (supplant): Buses are *displacing* streetcars. バスが市電に取って代わりつつある. **4** 〈艦船が〉排水する, 排水量が〈幾トン〉ある (cf. displacement 6): The ship ～*s* 25,000 tons. **5** 〘化学〙 置換する.

dis·place·a·ble [dɪspléɪsəbl̩, dəs- | dɪspléɪsə-] *adj.* **1** 転置できる; 〘化学〙 置換できる. **2** 排除できる.

dis·pláced pérson *n.* **1** 追放流民, 強制移住者《ナチやファッショ政権によって国外に追放されまたは強制移住させられた人》. **2** (戦争・動乱などによる)流民, 難民《略 DP, D.P.; cf. refugee》.

displáced spéech *n.* 〘言語〙 転位言語《その場にないものを話題にして伝達を行なう場合に, そのものを示す言語記号をいう; うそ・詩などもその一種; L. Bloomfield の用語》.

dis·pláce·ment 〚《1611》〛 ── *n.* **1** 置き換え(る[られる]こと), 転置; 取り換え(ること). **2** **a** 排除, 排出; 罷免, 解職. **b** (生地などからの)立ちのき, 追い出し. **3** 〘物理〙 変位. **4** 〘地質〙 転位, 移動. **5** 〘薬学〙 浸出《ティーバッグのようにした生薬から薬効分を浸出させること》. **6** 〘海事〙 排水《船が浮かぶとき排除する水線下の船の体積と同量の水》; 排水量, (総トン数ではなく)排水トン数: a battleship with a ～ of 30,000 tons / a cruiser of 10,000 tons ～ 排水トン数1万トンの巡洋艦. ★ displacement は通例軍艦の場合に使い, 商船には通例 gross tonnage または net tonnage を使う. **7** **a** 〘機械〙 行程容積, 行程体積, 排気量《内燃機関やポンプのピストンの動きによって排除されるガスまたは液体の容積》. **b** 〘自動車〙 (エンジンの)排気量: a car of 2,000 cc ～ 排気量 2,000 cc の車. **8** 〘精神分析〙 置き換え, 移動《抑圧された感情が本来の対象から他の対象へと向けられること》.

displácement cùrrent *n.* 〘電気〙 変位電流, 電束電流.

displácement hùll *n.* 〘海事〙 排水型船体《水中翼や滑走などによらず, 水の浮力によって支持される形の船体; cf. planing hull》.

displácement làw *n.* 〘物理・化学〙 **1** (ウィーン (Wien) の)変位則《黒体において輻射エネルギー密度が最大となる波長は絶対温度に逆比例するという法則》. **2** (放射性元素の)変位則《放射性元素の崩壊に伴う原子番号・質量数の変化を示す法則》.

displácement tòn *n.* 〘海事〙 排水トン (⇨ ton¹ 3 e).

displácement tònnage *n.* 〘海事〙 排水トン数 (⇨ tonnage 1).

dis·plác·er *n.* **1** 〘薬学〙 (調剤用)浸出器 (percolator). **2** 〘建築〙 ＝plum¹ 4.

dis·plant [dɪsplǽnt, dəs- | dɪsplɑ́ːnt] *vt.* 《廃》 ＝transplant.

dis·play [dɪspléɪ, dəs- | dɪs-] 〚《?*a*1300》▭ OF *despleier, desploier* (F *déployer*) to unfold < L *displicāre* ← DIS-¹＋*plicāre* 'to PLY¹': ⇨ deploy〛 ── *vt.* **1** 展覧[陳列, 展示]する, 飾る (exhibit): ～ goods for sale / When he laughs he ～*s* long yellow teeth. 彼は笑うと大きな黄色い歯が見える. **2** 〈旗・帆・新聞などを〉掲げる, 〈翼を〉広げる (spread out). **3** 〈感情などを〉表に出す, 〈能力などを〉発揮する (reveal): ～ bravery, emotion, surprise, great intelligence, etc. / ～ oneself [itself] 現われる / He ～*ed* no curiosity. 彼はなんの好奇心も示さなかった. **4** 〈誠意などを〉表示[表明]する; 〈知識などを〉誇示する, 見せびらかす. **5** 〘印刷〙 (普通より大き目の活字を使うなどして)〈ある語を〉特に目立たせる, 目立つように組む. ── *vi.* 展示する; 表示する; 誇示する.

── *n.* **1** 展覧, 陳列, 見もの (exhibition): a ～ *of* summer hats 夏帽子の陳列 / a great ～ *of* fireworks 花火大会 / be *on* ～ 陳列[展示]してある. **2** **a** (良い意味で)表現, 表示 (manifestation): a notable ～ *of* loyalty 忠誠の見事な発揮. **b** (悪い意味で)うわべだけの表示: a ～ *of* sorrow いかにも悲しそうに見せかけること / make a ～ *of* obedience いかにも従順に振舞う. **3** 見せびらかし, 誇示 (ostentation): make a ～ *of* wealth 富を見せびらかす / be fond of ～ 見栄(え)坊だ / out of ～ これ見よがしに. **4** 〘印刷〙 意匠組版《広告とか図書の標題紙類を, 人目を引くように組付けること》; 意匠[ディスプレー]物《人目を引くような組付けをした印刷物》. **5** **a** (観覧・広告・客寄せなどのために工夫した)ディスプレー商品・芸術品・花などの陳列[飾り付け]. **b** ＝display advertising. **6** 〘電算機〙 ディスプレー, 表示装置《ブラウン管上に文字や図形を出力として映し出す装置; cf. light pen》. **7** 〘海事〙 表示《レーダーなどの画面・映像》. **8** 〘動物〙 誇示《動物が相手を威嚇したり, また, 求愛の際に相手を興奮させる場合などに行なう特別な行動》.

displáy àd *n.* 《口語》 (新聞・雑誌などの)ディスプレー広告 (cf. classified ad).

displáy àdvertising *n.* [集合的] ディスプレー広告《新聞・雑誌などの人目をひく派手な広告, 項目別に集められてなくそれぞれ独自のスペースを占めている; cf. display ad, classified advertising》.

displáy càse *n.* 陳列箱, 飾り棚.

displáy desìgner *n.* ディスプレー広告考案者.

dis·pláyed 〚ME〛 *adj.* 〘紋章〙 **1** 〈鳥が〉体を正面に向け翼と脚を広げた (cf. overt). **2** 〈旗が〉広がった形の.

displáy tỳpe *n.* 〘活字〙 ディスプレータイプ《見出し・広告用などの大型・肉太の活字; cf. body type》.

displáy wìndow *n.* 陳列窓.

dis·please [dɪsplíːz, dəs- | dɪs-] 〚《*c*1378》▭ OF *desplais-* (stem) ← *desplaisir* < VL **displacēre*＝L *displicēre*: ⇨ dis-¹, please〛 ── *vt.* 不快[不機嫌(きん)]にする, …の気にさわる, 怒らせる (offend); He has apparently been ～*d by* something. 彼は何かで機嫌を損ねているようだ / Your teacher is very ～*d with* your work. 先生はお前の勉強ぶりにとても腹を立てていらっしゃる / I am ～*d about* the whole affair. こんどの事全体が気にくわない. ── *vi.* 人の気持を害する.

dis·pléas·ing 〚《15C》〛 ── *adj.* 不快な, 気持が悪くなる(ような): his ～ voice / Her behavior is ～ *to* me. 彼女の振舞いはどうも気にくわない. **～·ly** *adv.*

dis·plea·sure [dɪspléʒə, dəs-, -pléɪ- | dɪspléʒə(r] 〚《1427》 *displesir(e)* ▭ OF *desplaisir*: ⇨ dis-¹, pleasure〛 ── *n.* **1** 不快, 不満, 不興; 不機嫌, 立腹 (anger): feel [show] ～ 不快を感じる[示す] / with ～ 不満げに; 腹を立てて / incur the ～ of …の機嫌を損ねる, の不興を招く / take (a) ～ 《古》 気を悪くする, 不快に思う, 怒る / do a ～ to… 《古》 …の感情を害する, を怒らせる, に無礼なことをする. **2** 《古》 不快, 苦痛(の種). ── *vt.* 《古》 …の気を悪くさせる.

dis·plode [dɪsplóud, dəs- | dɪsplə́ud] 〚▭ L *displōdere* to burst asunder ← DIS-¹＋*plaudere* to clap: cf. explode〛 ── *vt., vi.* 《古》 爆発する (explode).

dis·plume [dɪsplúːm, dəs- | dɪs-] 〚《15C》: ⇨ dis-¹, plume〛 *v.* 《まれ》 ＝deplume.

dis·plu·vi·a·tum [dɪsplùːviéɪṭəm, dəs-, -ɑ́ːṭ- | dɪsplùːviéɪt-, -ɑ́ːt-] 〚▭ L *displuviātum* ← DIS-¹＋*pluvia* rain＋-ATE¹〛 ── *n.* 〘建築〙 (古代ローマの住宅の中庭 (atrium) の)屋根が開口部 (compluvium) から外側に向って傾斜した形式. **dis·plu·vi·ate** [dɪsplúːvièɪt, dəs- | dɪsplúːvɪ-] *adj.*

dis·port [dɪspɔ́ət, dəs-, -pɔ́ət | dɪspɔ́ːt] [*v.*: 《*c*1385》 ▭ AF *desport-er* (F *déporter*) ← *des-* 'DIS-¹'＋*porter* 'to PORT³'. ― n.: 《c1303》▭OF *desport*: cf. deport》《文語》 ― *vt.* **1** [通例 ～ *oneself* で] 楽しませる, 慰める, 遊び戯れさせる: ～ *oneself at* tennis テニスをして遊ぶ. **2** 楽しんで[喜んで]見せびらかす, 誇示する. **3** 〈身を〉処する, 振舞う. ― *vi.* 遊ぶ, 戯れる. ― *n.* 《古》遊び, 戯れ, 慰み, 息抜き. **～·ment** *n.*

dis·pos·a·ble [dɪspóʊzəbḷ, dəs-｜dɪspə́ʊz-] *adj.* **1** 処置[処分]できる, 自由になる, 随意に使用できる: ⇨ disposable income. **2** 使い捨て(式)の: ～ towels. ― *n.* 《米》使い捨て用品《紙袋・タオル・瓶・缶など》. **dis·pòs·a·bíl·i·ty** [-zəbɪ́ləṭi｜-lətɪ, -lɪ-] *n.*

dispósable íncome *n.* 《経済》 **1** (国民所得計算で)可処分所得《個人所得から個人税を除き移転所得を加えたもの》. **2** (税を払ったあとの)手取り所得.

dispósable lóad *n.* 《航空》積卸し可能な荷重《乗員・有料積荷・燃料など》.

dis·pos·al [dɪspóʊzəl, dəs-, -zḷ｜dɪspə́ʊ-] 《(1630)》: ⇨↓, -al²》 ― *n.* **1** 配置, 排列 (arrangement): the ～ of troops / divine ～ 神の摂理, 天の配剤. **2** (事柄の)処理, 処分, 整理; (財産などの)処分の仕方, 譲渡, 売却; (官職などの)授与 (bestowal): the ～ of the matter [body] 問題[死体]の処理 / ～ by sale 売却処分. **3** 処分の自由, 思いどおりにできること: My car is *at* your ～. 私の車を自由にお使い下さい / put [leave] something *at* a person's ～ 人に物の処分を任せる, 物を自由に処分させる / I have the full ～ of my own property. 私は自分の財産を自由にできる権利をもっている. **4** =disposer 2.

dis·pose [dɪspóʊz, dəs-｜dɪspə́ʊz] 《(1373)》▭(O)F *dispos-er* ← DIS-¹+*poser* to put (⇨ pose¹) ∽ 《廃・方言》 *dispone* ▭OF *despon-dre* < L *dispōnere*: cf. disposition》 ― *vt.* **1 a** 配置する, 排列する. **b** 〈事務などを〉処理[処置]する. **c** 《古》(ある用途に)当てる, 使用する; 仕舞う, 片付ける. **2** 〔…へ〕気分を向けさせる〔*to*〕; 〔行動に移る〕心構えをさせる〔*for*〕; [目的語+*to* do を伴って] …に〈…したい〉と思わせる: My temperament ～*d* me *to* be solitary. 私の性分から孤独を好みがちとなった / His manners ～*d* her in his favor. その態度を見て彼女は彼に好感を抱いた. ★ しばしば p.p. 形で形容詞的に用いられる (⇨ disposed).
― *vi.* **1** 〔…を〕処置[処分]する〔*of*〕; (最終的に)解決する〔*of*〕: ～ *of* oneself 身のふりかたを決める / That ～*s of* your point. それで君の主張点は解決する. **2** 〔…を〕譲り渡す, 売り払う, (人手に)まかせる〔*of*〕: ～ *of* one's property *to* a person 人に財産を譲渡する / a house to be ～*d of* 売却処分に付せられる家 / ～ *of* a daughter (in marriage) 娘を片付ける[結婚させる]. **3 a** 〔…を〕取り除く, 捨てる, 処分する〔*of*〕: ～ *of* backlogs 滞貨[在庫]を一掃する / ～ *of* nuclear wastes 核廃棄物を処理する. **b** 〔敵などを〕打ち破る, 一掃する, 片付ける〔*of*〕; 〔食物を〕平らげる〔*of*〕: ～ *of* one's meal, enemy, etc. **4** 成り行きを定める, (適当に)処置をつける: Man proposes, God ～*s*. ⇨ propose *vi.* 1. **5** 《廃》協定する, 折り合いがつく.
― *n.* 《廃》 **1** 処分, 処理, 整理. **2** 気質, 性癖.

dis·pósed 《ME》 ― *adj.* **1** [複合語の第 2 構成素として] …な気質の; …な性癖の〔*toward*〕: ⇨ well-disposed, ill-disposed. **2** 〔…に〕気が向いている, 傾向[性向]がある (inclined)〔*to, toward*〕; [*to* do を伴って]〈…したい〉気がする, 〈…する〉性癖がある: be well [ill] ～ *toward* …に対し好意的である[ない] / He is very cheerful and ～ *to* laughter. 彼は実に陽気でよく笑う / I am ～ *to* think so. そう考えたい気がする / a dog ～ *to* bite 咬み癖のある犬.

dis·pós·er *n.* **1** 《古》 **a** 処理者, 監理者 (manager). **b** =dispenser. **2** ディスポーザー, 厨芥処理機《流し台に取り付け, 野菜くず・ごみなどを電気で粉砕して廃水と共に下水に流す機械》.

dis·po·si·tion [dɪ̀spəzɪ́ʃən] 《(c1380)》▭(O)F ～ ▭L *dispositiō(n-)* 《なぞり》← Gk *diathékē*: ⇨ dis-¹, position》 ― *n.* **1** (適当な)排列, 配置: the ～ *of* troops 軍隊の配備 / the ～ *of* rooms 部屋の配置. **2** 整理, 処分; (財産の)譲渡, 贈与 (bestowal); 処分権: a testamentary ～ 遺言で指定した財産譲渡 / a ～ for public sale 公売処分. **3 a** 処理, 支配(権); 最後の決定. **b** 《古》天の定め, (神の)摂理 (dispensation): a ～ of Providence 天の配剤, 天意, 神慮 / God has the supreme ～ *of* all things. 神は万物の最高支配権を有する. **4** 〖惑星に関する占星学上の用法から〗 **a** 気質, 性癖, 性向; 意向 (inclination)〔*to*〕/〈*to* do〉: a man of (a) gentle [with a gentle] ～ 温和な気質の人 / have a ～ *to* the drink 飲酒癖がある / They all showed a ～ *to* put it off. 一同はそれを延期したいという意向を示した. **b** (物理的・自然的)傾向, 性質: an economic ～ *to* develop 経済の発展傾向. **c** 〖医学・生物〗素因, 素質 (predisposition).

dis·po·sí·tion·al [-ʃənḷ, -ʃnəl] *adj.* 気質[性癖, 性向]に関する; 傾向的な, ある傾向のある. **～·ly** *adv.* **dis·po·sì·tion·ál·i·ty** [-ʃənǽləṭi｜-lətɪ, -lɪ-] *n.*

dis·pos·i·tive [dɪspɑ́zəṭɪv, dəs-｜dɪspɔ́zɪt-] *adj.* (事件・問題などの)方向を決定する.

dis·pos·sess [dɪ̀spəzés, -sés｜-zés] 《(15C)》▭OF *despossess-er*: ⇨ dis-¹, possess》 *vt.* 〔財産を〕…から取り上げる, 奪う; 〔土地から〕〈人を〉追い立てる, 立ちのかせる〔*of*〕: ～ a person *of* property, land, etc.

dis·pos·séssed *adj.* (土地・家などから)追い出された, 追放された (ousted); 地位[財産, 公民権]を奪われた; 見込みも寄るべもなくなった, 根なし草の; 廃嫡(はいちゃく)[勘当]された (disinherited): a ～ man.

dis·pos·ses·sion [dɪ̀spəzéʃən, -séʃ-｜-séʃ-] *n.* **1** 追い立て; 強奪, 奪取. **2** 〖法律〗不動産の不法占有《占有の意思をもって, 他人の不動産を不法かつ現実に占拠する行為》.

dis·pos·sés·sor *n.* 侵奪者; (不動産の)不法占有者.

dis·po·sure [dɪspóʊʒə, dəs-｜dɪspə́ʊʒə(r)] 《⇨ dispose, -ure》 *n.* 《古》処置 (disposal).

dis·praise [dɪspréɪz, dəs-｜dɪs-] 《(a1325) *dispreise(n)* ▭OF *despr(e)is-ier*: ⇨ dis-¹, praise》 ― *vt.* けなす, 悪く言う (disparage); 非難する (blame). ― *n.* けなすこと; そしり, 非難 (blame): speak in ～ *of* …を悪く言う, けなして言う. **dis·práis·er** *n.*

dis·práis·ing·ly *adv.* けなして, あしざまに.

di·spread [dɪspréd, də-｜dɪ-] *vt., vi.* (～) 《古》広げる, 開く (spread out).

dis·prize [dɪspráɪz, dəs-｜dɪs-] 《(15C)》▭OF *despris-(i)er*: ⇨ dispraise》 *vt.* 《古》軽んじる; けなす.

dis·prod·uct [dɪsprɑ́dəkt, -dʌkt｜-prɔ́d-] 《⇨ dis-¹》 *n.* (生産者の怠慢による)有害産物[物質, 製品].

dis·proof [dɪsprúːf] 《(1531)》: ⇨ dis-¹》 *n.* **1** 反証, 反駁(はんばく): in ～ of …の反証として. **2** 反証物件.

dis·pro·por·tion [dɪ̀sprəpɔ́ɚʃən, -pɔ́ɚ-｜-pɔ́ː-] 《(1555)》: ⇨ dis-¹》 ― *n.* 不釣り合い, 不平均, 不均衡; 不釣り合いなもの: ～ *in* age / ～ *of* something *to* another. ― *vt.* …の均衡を破る, 不釣り合いにする: be ～*ed to* …と不釣り合いである.

dis·pro·pór·tion·al [-ʃənḷ, -ʃnəl] *adj.* =disproportionate. **～·ly** *adv.* **～·ness** *n.*

dis·pro·por·tion·ate [dɪ̀sprəpɔ́ɚʃ(ə)nət, -pɔ́ɚ-, -nɪt｜-pɔ́ː-] 《(1555)》: ⇨ dis-¹》 ― *adj.* 〔…と〕釣り合い[均衡]を失した, 不釣り合いな, 均衡がとれない〔*to*〕: be ～ *to* one's means 資力と釣り合いが取れない, 身分不相応である. ― *vi.* 〖化学〗不均化する. **～·ness** *n.*

dis·pro·pór·tion·ate·ly *adv.* 釣り合いを失って, 不釣り合いに, 不相応に.

dis·pro·por·tion·a·tion [dɪ̀sprəpɔ̀ɚʃənéɪʃən, -pɔ̀ɚ-｜-pɔ̀ː-] *n.* 〖化学〗不均化, 不均等化《酸化と還元が同時に起こって一つの物質が異なる2物質に変化すること; 例: $2C_2H_4 \rightarrow C_2H_2+C_2H_6$》.

dis·prov·a·ble [dɪsprúːvəbḷ, dəs-｜dɪs-] *adj.* 論破[反証]できる.

dis·prov·al [dɪsprúːvəl, dɪs-, dəs-｜dɪs-, dɪs-] *n.* = disproof.

dis·prove [dɪsprúːv, dɪs-, dəs-｜dɪs-, dɪs-] 《(?1382) *dispreve(n)* ▭OF *desprov-er*: ⇨ dis-¹, prove》 ― *vt.* …が誤りであることを証する, …の反証を挙げる, 論破する (refute): ～ a hypothesis, theory, etc.

dis·put·a·ble [dɪspjúːṭəbḷ, dəs-, dɪ́spjʊṭ-, -pjʊṭ-｜dɪspjúːt-, dɪ́spjʊt-, -pjʊt-] 《▭OF ～: ⇨ dispute, -able》 ― *adj.* 議論[疑問]の余地のある; 疑わしい, 不確かな (questionable) (↔ indisputable). **dis·put·a·bíl·i·ty** [-ṭəbɪ́ləṭi｜-lətɪ, -lɪ-] *n.* **dis·pút·a·bly** *adv.* **～·ness** *n.*

dis·pu·tant [dɪspjúːṭənt, dəs-, dɪ́spjʊṭ-, -tnt｜dɪspjúː-tənt, -tnt, dɪ́spjʊt-] 《▭L *disputant-em*: ⇨ dispute, -ant》 *n.* (特に, 公の)論争者. ― *adj.* 論争の.

dis·pu·ta·tion [dɪ̀spjʊtéɪʃən, -pjuː-｜-pjuː-, -pjʊ-] 《(a1387) ▭L *disputātiō(n-)* ∽ ME *desputeisun* ▭OF *desputeisun*: ⇨ dispute, -ation》 ― *n.* **1** 論争, 議論. **2** (特に, 大学で訓練として行なう)討論 (debate).

dis·pu·ta·tious [dɪ̀spjʊtéɪʃəs, -pjuː-｜-pjuː-, -pjʊ-] *adj.* 論争的な, 議論がましい, 論争好きな (controversial). **～·ly** *adv.* **～·ness** *n.*

dis·pu·ta·tive [dɪspjúːṭəṭɪv, dəs-｜dɪspjúːtət-] 《▭LL *disputātīv-us*: ⇨↓, -ative》 *adj.* =disputatious.

dis·pute 《(c1300) ▭OF *desput-er* // L *disput-āre* to calculate, discuss ← DIS-¹+*putāre* to reckon》 ― [dɪspjúːt, dəs-｜dɪs-] *vt.* **1** 〔…について(感情的に)論じる, 討議する (discuss): ～ *how* to do どうやるかについて討議する. **2** 〈主張などに〉反対する, 論駁(ろんばく)する; 〈事実などに〉疑いをさしはさむ; 異議を唱える: ～ a statement / ～ the fact / I don't ～ *that* it may be true. それは本当であるかもしれないと思います. **3** …に抵抗する, 阻止しようとして争う: ～ the enemy's advance 敵の進撃に抵抗する. **4** 〈所有・勝利などを〉競う, 得ようと争う (contest): ～ every inch of ground 一歩も譲るまいと争う / ～ a victory [prize] *with* a person 人と勝利[賞]を争う / ～ preeminence *with* a person 人と優劣を争う. **5** 〈人〉に反駁する.
― *vi.* **1** 議論する: I ～*d with* [*against*] him *about* [*on, over*] the matter. 私はその件について彼と論争した / We ～*d as to whether* he would succeed or not. 彼が成功するかどうかについて議論した. **2** 激論する, けんかする: They are always *disputing*.
― [dɪspjúːt, dəs-, dɪ́spjuːt｜dɪspjúːt, ⌐⌐] *n.* 論争, 議論; 口論, けんか: a labor ～ 労働争議 / settle ～*s* between nations 国家間の争いを解決する.
beyond* [*past, without*] *dispute 論争の余地なく, 疑問の余地なく. ***in dispute*** 論争中の[で], 未解決の[で]: a point *in* ～ 争点, 論点.

dis·pút·ed [-ṭɪd, -ṭəd｜-tɪd, -təd] *adj.* **dis·pút·er** [-ṭə｜-tə(r)] *n.*

dis·qual·i·fi·ca·tion [dɪskwɑ̀ləfɪkéɪʃən, -fə-｜-kwɔ̀l-ɪfɪ-] *n.* **1** 資格剥奪(はくだつ); 無資格, 不合格, 欠格. **2** 失格理由, 欠格条項.

dis·qual·i·fy [dɪskwɑ́ləfàɪ｜-kwɔ́lɪ-] 《(1723) ← DIS-¹+QUALIFY》 ― *vt.* **1** 〔…に関して〕〈人〉の資格を奪う, 失格させる, 欠格者[不適任]と判定[認定]する〔*for, from*〕: ～ a person *for* a post [*as* an heir] ある地位に対して[相続人として]の資格を奪う[失格させる] / be *disqualified from* doing …する資格を失う / a *disqualified* person 失格者 / Some people think that excessive drinking *disqualifies* a man *for* parenthood. 大酒飲みの男は父親として失格だ[ふさわしくない]と考える人もある. **2** 〈病気などが〉〔…することを〕不能にさせる (disable)〔*for*〕: ～ a person *for* work(ing) 人に仕事ができなくする. **3** 〖スポーツ〗(規則違反などで)〈人〉の出場資格を取り上げる.

dis·quan·ti·ty [dɪskwɑ́nṭəṭi｜-kwɔ́ntətɪ, -tɪtɪ] *vt.* 《廃》減らす, 少なくする (diminish).

dis·qui·et [dɪskwáɪɪt, dəs-, -ət｜dɪskwáɪət] 《(1530) ← DIS-¹+QUIET》 ― *vt.* 〈人〉の心の平静を乱す, 不安をいだかせる: I am much ～*ed about* him. 私は彼のことがとても気がかりです. ― *n.* 不安; 不穏, 動揺 (restlessness); 胸騒ぎ, 心配. ― *adj.* 《古》不安な, 不穏な; 心配な. **～·ly** *adv.* **～·ness** *n.*

dis·quí·et·ed [-tɪd, -ṭəd｜-tɪd, -təd] *adj.* 不安な, 落ち着かない: with ～ eyes 不安げな目をして. **～·ly** *adv.* **～·ness** *n.*

dis·quí·et·ing [-ṭɪŋ｜-tɪŋ] *adj.* 不安を与える, 気がかりな: the ～ sounds / a ～ piece of news 不安なニュース. **～·ly** *adv.*

dis·qui·e·tude [dɪskwáɪɪt(j)ùːd, dəs-, -kwáɪə-｜dɪs-kwáɪətjùːd, -kwáɪɪ-] 《⇨ disquiet (adj.), -tude》 ― *n.* 《文語》不安(状態); 不穏(な状態), 動揺 (restlessness); 心配: feel a vague ～ かすかな不安を感じる.

dis·qui·si·tion [dɪ̀skwəzɪ́ʃən｜-kwɪ-] 《(1605) ▭L *disquisitiō(n-)* ← *disquisitus* (p.p.) ← *disquīrere* to inquire carefully: ⇨ dis-¹, query》 ― *n.* **1** 《古》(組織的な)探求, 考究 (investigation)〔*into*〕. **2** (組織的で精細な長い)論文, 論考, 講演: a learned ～ *on* a subject. **～·al** [-ʃənḷ, -ʃnəl] *adj.*

Dis·rae·li [dɪzréɪli｜dɪsréɪli, dɪz-], **Benjamin** *n.* (1804–81) 英国の政治家・小説家; 首相 (1868, 1874–80); *Vivian Grey* (1826), *Coningsby* (1844), *Sybil* (1845); 称号 1st Earl of Beaconsfield; 通称 Dizzy.

Dis·rae·li·an [dɪzréɪliən｜dɪsréɪliən, dɪz-, -ljən] *adj.* ディズレイリ的な[らしい].

dis·rate [dɪsréɪt] *vt.* 〖海事〗〈人・船〉の等級[階級など]を下げる.

dis·re·gard [dɪ̀srɪgɑ́ɚd, -rə-｜-gɑ́ːd] 《(1641) ← DIS-¹+REGARD》 ― *vt.* 無視する, (度外視して)顧みない, 閑却する. ― *n.* 無視, 軽視: have a ～ *for* [*of*] …を無視する.

dis·re·gard·ful [dɪ̀srɪgɑ́ɚdfəl, -rə-, dəs-｜-gɑ́ːd-] *adj.* 〔…を〕無視[軽視]する〔*of*〕.

dis·re·lat·ed [dɪ̀srɪléɪṭɪd, -rə-, -ṭəd｜-tɪd, -təd] *adj.* 関係のない.

dis·re·la·tion [dɪ̀srɪléɪʃən, -rə-] *n.* 無関係.

dis·rel·ish [dɪsrélɪʃ, dəs-｜dɪs-] *vt.* きらう, 忌む (dislike). ― *n.* きらい, 嫌悪(けんお): have a ～ *for* fish.

dis·re·mem·ber [dɪ̀srɪmémbə, -rə-｜-bə(r)] *vt.* 《方言》思い出せない, 覚えていない, 忘れる (forget).

dis·re·pair [dɪ̀srɪpéɚ, -rə-｜-péə(r)] *n.* (修理・手入れの不足による)破損状態, 荒廃: be in (a state of) ～ (修繕を怠って)荒れている / fall into ～ 破損する, 荒れる; 顧みられなくなる.

dis·rep·u·ta·bil·i·ty [dɪsrèpjʊṭəbɪ́ləṭi, dəs-｜dɪsrèp-jʊtəbɪ́lətɪ, -lɪ-] *n.* 悪評.

dis·rep·u·ta·ble [dɪsrépjʊṭəbḷ, dəs-｜dɪsrépjʊt-] *adj.* **1** 〔…に〕評判のよくない, いかがわしい; 不面目な〔*to*〕: a ～ friend. **2** 見苦しい, よごれた. **dis·rép·u·ta·bly** *adv.* **～·ness** *n.*

dis·rep·u·ta·tion [dɪsrèpjʊtéɪʃən, dəs-｜dɪs-] *n.* 《古》=disrepute.

dis·re·pute [dɪ̀srɪpjúːt, -rə-] *n.* 不評判, 不人気 (disfavor); 悪評, 汚名 (discredit): incur ～ 不評を招く / be in ～ 評判が悪い / bring…into ～ …の評判を落とさせる / fall into ～ 評判が悪くなる.

dis·re·spect [dɪ̀srɪspékt, -rə-] *n.* **1** 敬意[尊敬]を欠くこと〔*for*〕. **2** 無礼, 失礼な行為[言葉]〔*to*〕. ― *vt.* …に失礼をする, 無礼な態度をとる[言葉をはく].

dis·re·spect·a·ble [dɪ̀srɪspéktəbḷ, -rə-] *adj.* 伝統的作法[規律]に従っていない; 尊敬に値しない. **dis·re·spèct·a·bíl·i·ty** [-təbɪ́ləṭi｜-lətɪ, -lɪ-] *n.*

dis·re·spect·ful [dɪ̀srɪspéktfəl, -rə-] *adj.* 無礼な, 失礼な; 〔…を〕尊敬しない〔*of*〕. **～·ness** *n.*

dis·re·spéct·ful·ly [-fəli｜-lɪ] *adv.* 無礼に(も), 軽蔑して.

dis·robe [dɪsróʊb｜-rə́ʊb] 《(1581) ▭OF *desrob-er*: ⇨ dis-¹, robe》 ― *vt.* **1** …の衣服(特に公服・礼服など)を脱がせる: ～ oneself 着物を脱ぐ, 裸になる. **2** 〈人〉から〔地位・権威などを〕剥奪(はくだつ)する, 奪う〔*of*〕. ― *vi.* 衣服を脱ぐ. **dis·rób·er** *n.* **～·ment** *n.*

dis·root [dɪsrúːt, -rʊ́t｜-rúːt] *vt.* 根こぎにする (uproot); 〔…から〕取り除く〔*from*〕.

dis·rupt [dɪsrʌ́pt, dəs-｜dɪs-] 《(1657) ▭L *disrupt-us* (p.p.) ← *disrumpere* to break to pieces: ⇨ dis-¹, rupture》 ― *vt.* **1** 〈制度・国家などを〉分裂させる, 粉砕する, 崩壊させる. **2** (社会的業務・集会などについて)…の正常な[正規の]運びを(一時的に)乱す; 中断させる, 途絶させる; つぶす: ～ telephone service [traffic] 電話業務[交通]を乱す. ― *adj.* 分裂した, 粉砕された; 混乱した; 途絶した. **～·er, dis·rúp·tor** *n.*

dis·rup·tion [dɪsrʌ́pʃən, dəs-｜dɪs-] 《(1646) ▭L *disruptiō(n-)*: ⇨↑, -tion》 ― *n.* **1** 分裂, 破裂. **2** (特に, 国家・制度の)分裂, 崩壊; 分裂状態. **3** [the D-] 〖スコットランド教会〗スコットランド教会の分裂《1843 年スコットランドに起こった教会分裂; その結

果国教長老教会から独立して独立長老教会 (Free Church) が組織された》.

dis·rup·tive [dɪsrʌ́ptɪv, dəs- | dɪs-] *adj.* **1** 分裂的な, 破裂的な; 崩壊させる: ~ tendencies. **2** 分裂性の, 壊裂の; 分裂によって生じた. **~·ly** *adv.* **~·ness** *n.*

disrúptive díscharge *n.* 〘電気〙破裂放電.

diss [dís] 〘□ Arab. *dīs*〙 *n.* 〘植物〙ディース(*Ampelodesma tenax*)《地中海辺のイネ科の叢状の草; かご・綱などの材料》.

diss. 《略》dissenter; dissertation; dissolve.

diss- [dɪs] (母音の前に来る時の) disso- の異形.

dis·sat·is·fac·tion [dì(s)sæ̀tɪsfǽkʃən, -təs- | -tɪs-] *n.* 〔人・物に対する〕不満足, 不満, 不平〔*with, at*〕.

dis·sat·is·fac·to·ry [dì(s)sæ̀tɪsfǽkt(ə)ri, -təs- | -tɪs-fǽkt(ə)rɪ] *adj.* 不満足な (unsatisfactory).

dìs·sát·is·fìed *adj.* 不満を表明している, 不満そうな: ~ elements 不満分子 / a ~ look 不満そうな顔つき. ★ unsatisfied よりは強い不満を示す. **~·ly** *adv.*

dis·sat·is·fy [dì(s)sǽtɪsfàɪ, -təs- | -tɪs-] *vt.* [通例 Passive で]〔…で〕満足させない, …に不満をいだかせる〔*with, at*〕: He *is dissatisfied with* his salary. 俸給に不満である.

dis·sát·is·fỳ·ing *adj.* 満足させない, 不満な: The film was stimulating but ~. その映画は興味をかき立てるものだったが出来栄えは不満足なものだった.

dis·save [dì(s)séɪv] *vi.* 収入以上の金を使う.

dis·seat [dì(s)síːt] *vt.* 《古》=unseat.

dis·sect [dɪsékt, də-, daɪ-, dáɪsekt | dɪsékt] 〘《1607》← L *dissect-us* (p.p.) ← *dissecāre* to cut in pieces ← DIS-[1] + *secāre* to cut (⇨ section)〙 ― *vt.* **1** (構造などを調べるために)切り裂く, (特に)〈人体・動植物を〉解剖する (anatomize)〈*out*〉. **2** 〈問題・理論などを〉分析する, (分析的に)細かく調べる (analyze), 詳細に批評する.

dis·séct·ed *adj.* **1** 切開した, 解剖した; (細かく)切り分けた, 区切った: a ~ map. **2** 〘植物〙(数片に)深く裂けた, 全裂の: a ~ leaf. **3** 〘地理〙〈地形が〉河流や氷河によって刻まれた, 多くの谷のある, 開析された: a ~ plateau 開析台地.

dis·sect·i·ble [dɪséktəbl̩, də-, daɪ-, dáɪsekt- | dɪséktə-, -tɪ-] *adj.* 解剖できる.

dis·séct·ing *n.* 解剖; [形容詞的に] 解剖用の: a ~ knife [table] 解剖刀[台].

dissécting ròom *n.* (病院・医科大学などの)解剖室.

dis·sec·tion [dɪsékʃən, də-, daɪ-, dáɪsek- | dɪsék-] 〘《1581》□ ? (O)F ~ ← L *dissectus*: ⇨ dissect, -tion〙 ― *n.* **1** 〔…の〕切開; 解剖, 解体〔*of*〕: ~ *of* a human body. **2** 解剖されたもの[部分]; 解剖体, 解剖模型. **3** (調査研究のための)解剖的[精密な]吟味, 分解. **4** 《英》〘商業〙(商品の)口分け. **5** 〘地理〙開析, 開析作用.

dis·sec·tive [dɪséktɪv, də-, daɪ-, dáɪsek- | dɪsék-] *adj.* 解剖の, 解剖に関する.

dis·séc·tor 〘← L *dissectus* (⇨ dissect) + -OR[2]〙 *n.* **1** 解剖者, 解剖学者. **2** 解剖器具.

dis·seise [dɪ(s)síːz, də(s)- | dɪsíːz] 〘《*a*1338》*disseise(n)* ← AF *disseis-ir* to dispossess = (O)F *dessaisir*: ⇨ dis-[1], seize〙 ― *vt.* 〘法律〙〈人〉から〔不動産の〕占有を侵奪する〔*of*〕.

dis·sei·see [dɪ(s)sìːzíː, də(s)-, dìssiːzíː | dìssiːzíː] 〘□ AF *disseisi* (p.p.) ← *disseisir* (↑): ⇨ -ee[1]〙 *n.* 〘法律〙不動産占有被侵奪者 (↔ disseisor).

dis·sei·sin [dɪ(s)síːzɪn, də(s)-, -zən, -zn̩ | dìssíːzɪn] 〘《*a*1400》← AF *disseisine* = OF *dessaisine*: ⇨ dis-[1], seisin〙 *n.* 〘法律〙(不動産の)占有侵奪.

dis·sei·sor [dɪ(s)sìːzɔ́ə, də(s)-, dì(s)siː- | dìssiːzɔ́ː(r)] 〘《15C》□ AF *disseisour*: ⇨ disseise, -or[2]〙 *n.* 〘法律〙不動産占有侵奪者 (↔ disseisee).

dis·seize [dɪ(s)síːz, də(s)- | dìssíːz] *vt.* 〘法律〙=disseise.

dis·sei·zee [dɪ(s)sìːzíː, də(s)-, dìssiːzíː | dìssiːzíː] *n.* 〘法律〙=disseisee.

dis·sei·zin [dɪ(s)síːzɪn, də(s)-, -zən, -zn̩ | dìssíːzɪn] *n.* 〘法律〙=disseisin.

dis·sei·zor [dɪ(s)sìːzɔ́ə, də(s)-, dì(s)siː- | dìssiːzɔ́ː(r)] *n.* 〘法律〙=disseisor.

dis·sem·blance[1] [dɪsémbləns, də- | dɪ-] 〘《15C》□ OF *dessemblance* ← *dessembler* to be unlike: ⇨ dis-[1], resemble, -ance〙 *n.* 《古》似ていないこと, 相異.

dis·sem·blance[2] [dɪsémbləns, də- | dɪ-] 〘⇨ ↓, -ance〙 *n.* 《古》偽り, 偽装, しらばくれ (dissimulation).

dis·sem·ble[1] [dɪsémbl̩, də- | dɪ-] 〘《*a*1420》《混成》? ← ME *dissimule(n)* (□ (O)F *dissimul-er* □ L *dissimulāre* 'to DISSIMULATE') + OF *dessembler* (⇨ dissemblance[1])〙 ― *vt.* **1** 〈意志・感情などを〉隠す, 偽る, ごまかす. **2** 《古》…のふりをする, 装う (feign). **3** 《古》見ない振りをする, 無視する (ignore). ― *vi.* しらを切る, とぼける, しらばくれる.

dis·sem·ble[2] [dɪsémbl̩, də- | dɪ-] 〘□ OF *dessembler* to separate ← DIS-[1] + (*as*)*sembler* 'to ASSEMBLE'〙 *vt.* ばらばらにする.

dis·sém·bler [-blə, -bl̩ə | -blə(r)] *n.* しらばくれる人, 偽善者 (hypocrite).

dis·sém·bling·ly [-blɪŋli, -bl̩- | -blɪŋlɪ] *adv.* 偽って, 「しらばくれて.

dis·sem·i·nate [dɪsémənèɪt, də- | dɪsémɪ-] 〘《1603》← L *dissēmināt-us* (p.p.) ← *dissēmināre* to scatter seed ← DIS-[1] + *sēmināre* to sow (← *sēmen* 'SEMEN')〙 ― *vt.* **1** 〈種を〉まき散らす. **2** 〈報道・教義などを〉広める, 宣伝する, 普及させる (diffuse). ― *vi.* 広まる, 普及する. **dis·sem·i·na·tive** [dɪsémənèɪtɪv, də- | dɪsémɪnèɪt-] *adj.*

disséminated sclerósis *n.* 〘病理〙散在性硬化症.

dis·sem·i·na·tion [dɪsèmənéɪʃən, də- | dɪsèmɪ-] 〘《1646》□ L *dissēminātiō(n-)*: ⇨ disseminate, -ation〙 *n.* **1** 種まき, 散布. **2** 流布, 普及, 宣伝 (propagation).

dis·sém·i·nà·tor [-tə | -tə(r)] 〘□ LL *dissēminātor*: ⇨ disseminate, -or[2]〙 *n.* 種をまく人; 散布器; (報道・教義などを)広める人, 宣伝者.

dis·sem·i·nule [dɪsémən(j)ùːl, də- | dɪsémɪnjùːl] 〘⇨ dissemin(ate) + -ule〙 *n.* 〘植物〙散布体《芽・種子・胞子等次代の植物体の幼生となり得るものの総称》.

dis·sen·sion [dɪsénʃən, də- | dɪ-] 〘《*a*1325》□ (O)F ~ □ L *dissensiō(n-)* ← *dissensus* (p.p.) ← *dissentīre* (↓): ⇨ -sion〙 ― *n.* **1** 不一致 (disagreement); 意見の相違. **2** 意見の衝突, 不和(の種), 軋轢(あつれき), 悶着, 紛争.

dis·sent [dɪsént, də- | dɪ-] 〘《?*a*1439》□ L *dissent-īre* to disagree ← DIS-[1] + *sentīre* to feel (cf. sense)〙 ― *vi.* **1** 〔…と〕意見が違う, 違った意見をいだく (disagree)〔*from*〕: ~ *from* a person's view 人の意見に反対する. **2** 《英》〔国教(の教義)と〕意見を異にする, 〔国教に〕反対する〔*from*〕: ~ *from* the Church of England. ― *n.* **1 a** 不同意, 意見の相違, 異議. **b** =dissenting opinion. **2** [通例 D-]《英》国教反対 (nonconformity); [集合的] 国教反対者, 非国教徒: *Dissent* is strong in Wales.

dis·sént·er [-tə | -tə(r)] 〘《1639》: ⇨ ↑, -er[1]〙 ― *n.* **1** 異議を唱える者, 反対者. **2** [通例 D-]《英》国教反対者 (cf. conformist 2); (イングランドまたはスコットランドの主としてプロテスタントの)非国教徒[派] (Nonconformist).

dis·sen·tience [dɪsénʃəns, də-, -ʃiəns | dɪsénʃɪəns, -ʃəns] *n.* 不同意, 反対.

dis·sen·tient [dɪsénʃənt, də-, -ʃiənt | dɪsénʃɪənt, -ʃənt] 〘《1621》□ L *dissentient-em* (pres.p.): ⇨ dissent, -ent〙 ― *adj.* 〈多数の人と〉意見を異にする, 〔…に〕異議を唱える, 反対する〔*with*〕: *with* one ~ voice [vote] 一人の異議[1票の反対投票]だけで. ― *n.* 意見を異にする人, 不同意者, 反対者.

dis·sént·ing [-tɪŋ | -tɪŋ] *adj.* **1** 異議を唱える: ~ views 異見 / without a ~ voice 一人の異議もなく. **2** 《英》国教に反対する: a ~ minister [chapel] 非国教派の牧師[会堂]. **~·ly** *adv.*

dissénting opínion *n.* 〘法律〙(合議法廷で, 多数意見で定まった判決に対する)反対意見.

dis·sen·tious [dɪsénʃəs, də- | dɪ-] 〘《1560》《変形》← DISSENSI(ON) + -OUS〙 *adj.* けんか好きの, 党派争いを事とする (factious). **~·ly** *adv.*

dis·sep·i·ment [dɪsépəmənt, də- | dɪsépɪ-] 〘《1727》□ L *dissaepiment-um* that which separates ← *diss(a)epīre* to separate ← DIS-[1] + *s(a)epīre* to fence in: ⇨ septum, -ment〙 ― *n.* 〘生物〙隔壁, 隔膜 (partition); 〘植物〙子房中隔. **dis·sep·i·men·tal** [dɪsèpəméntl̩, də- | dɪsèpɪméntl̩] *adj.*

dissepiment

dis·sert [dɪsə́ːt, də- | dɪsə́ːt] 〘← L *dissert-us* (p.p.) ← *disserere* to discuss ← DIS-[1] + *serere* to place: ⇨ series〙 ― *vi.* 《まれ》=dissertate.

dis·ser·tate [dísətèɪt | -sə-] 〘← L *dissertāt-us* (p.p.) ← *dissertāre* to discuss a matter (freq.) ← *disserere* (↑)〙 *vi.* 《まれ》論じる (discuss).

dis·ser·ta·tion [dìsətéɪʃən | -sə-] 〘《1611》□ L *dissertātiō(n-)*: ⇨ ↑, -ation〙 ― *n.* **1** 論文, (特に)学位論文 (thesis)〔*on, upon, concerning*〕: a doctoral ~ 博士論文. **2** 論説, 論述《口頭のものも含む》. **~·al** [-ʃənl̩, -ʃnəl] *adj.*

dís·ser·tà·tor [-tə | -tə(r)] *n.* 論じる人; 論文執筆者.

dis·serve [dɪ(s)sə́ːv, də(s)- | dɪ(s)sə́ːv] *vt.* …にひどい仕打ちをする, あだをする, 危害を加える.

dis·ser·vice [dɪ(s)sə́ːvɪs, də(s)-, -vəs | dɪ(s)sə́ːvɪs] *n.* ひどい仕打ち, あだ, 害 (harm): do a person (a) great ~ ひどい仕打ちをする, 大損害を与える.

dis·sev·er [dɪsévə, də- | dɪ(s)sévə(r)] 〘《*c*1275》□ AF *des(s)ever-er*: ⇨ dis-[1], sever〙 ― *vt., vi.* 分ける, 分離する (separate); 分割する (divide). **dis·sev·er·ance** [dɪsév(ə)rəns | -vər-] *n.* **~·ment** *n.*

dis·si·dence [dísədəns, -dn̩s | -sɪ-] 〘□ L *dissidentia*: ⇨ ↓, -ence〙 *n.* (意見・性格などの)相違, 不一致 (difference); 不同意, 異議 (dissent).

dis·si·dent [dísədənt, -dn̩t | -sɪ-] 〘《*c*1534》□ L *dissident-em* sitting apart (pres. p.) ← *dissidēre* to disagree ← DIS-[1] + *sidēre* to sit〙 ― *adj.* 〔…と〕意見[性質など]を異にする; 〔…に〕異論[異説]をもつ〔*from*〕: ~ people. ― *n.* 意見を異にする人, 反対者〔*from*〕; (特に, 政府などへの)反対者, 反体制派の人.

dis·sight [dɪ(s)sáɪt, də(s)- | dɪ(s)-] *n.* 《まれ》見苦しいもの, 目ざわり (eyesore).

dis·sil·ien·cy [dɪsíljənsi, də-, -liən- | dɪsíljənsɪ, -lɪən-] 〘⇨ ↓, -ency〙 *n.* 《まれ》裂開, 分裂(的傾向).

dis·sil·ient [dɪsíljənt, də- | dɪsíljənt, -lɪənt] 〘□ L *dissilient-em* (pres.p.) ← *dissilīre* to leap asunder ← DIS-[1] + *salīre* to leap (⇨ salient)〙 ― *adj.* **1** 飛び散る, ぱっと破れる[離れる]. **2** 〘植物〙〈ホウセンカの蒴果など〉切れ切れに裂開する.

dis·sim·i·lar [dɪ(s)sím(ə)lə, də(s)- | dɪ(s)símɪlə(r), -mə-] 〘《1621》← DIS-[1] + SIMILAR〙 ― *adj.* 〔…と〕似ていない, 異類の, (品質・性質・外観など)〔…と〕同様でない (unlike)〔*to, from*〕. **~·ly** *adv.*

dis·sim·i·lar·i·ty [dɪ(s)sìməlǽrəti, də(s)- | dì(s)sɪmɪlǽrəti, -mə-, -rɪ-] *n.* **1** 似ていないこと; 不同性 (unlikeness). **2** 違い, 相違点 (difference).

dis·sim·i·late [dɪsíməlèɪt, də- | dɪsímɪ-, -mə-] 〘← DIS-[1] + (AS)SIMILATE〙 ― *vt., vi.* (↔ assimilate) **1** 異化する. **2** 〘言語・音声〙異化する (⇨ dissimilation 1).

dis·sim·i·la·to·ry [dɪ(s)sím(ə)lətɔ̀ːri, də-, -tòːri | dɪsímɪlèɪt(ə)rɪ, -lət-] *adj.*

dis·sim·i·la·tion [dɪsìməléɪʃən, də- | dɪ̀sɪmɪ-, dɪsìm-, -mə-] 〘《1830》← DIS-[1] + (AS)SIMILATION〙 ― *n.* (↔ assimilation) **1** 〘言語・音声〙異化《類似の音が近接する時, 一方が類似性の少ない音に変化すること; 例えばアメリカ英語において surprise [səpráɪz] の [ɚ] のそり舌性が後続の [r] との関係で失なわれて [səpráɪz] となることなど》. **2** 〘生理・生物〙=catabolism.

dis·sím·i·là·tive [-lèɪtɪv, -lət- | -lèɪt-, -lət-] *adj.* 異化の, 異化を起こす.

dis·si·mil·i·tude [dì(s)sɪmílət(j)ùːd, -sə- | dì(s)sɪmílɪtjùːd] 〘《?*a*1425》□ L *dissimilitūdō* ← *dissimilis* unlike ← DIS-[1] + *similis* like: ⇨ -tude〙 ― *n.* **1** 不同, 相違 (unlikeness). **2** 相違点. **3** 〘修辞〙対比.

dis·sim·u·late [dɪsímjulèɪt, də- | dɪ-] 〘《?*a*1425》← L *dissimulāt-us* (p.p.) ← *dissimulāre* to disguise ← DIS-[1] + *simulāre* 'to SIMULATE': ⇨ -ate[3]〙 ― *vt.* 〈感情などを〉偽る, 偽り隠す, (そうでない)ふりをする: ~ fear こわいのにそうでないふりをする. ― *vi.* そらとぼける, しらばくれる, ねこをかぶる. **dis·sim·u·la·tive** [dɪsímjulèɪtɪv, də-, -lət- | dɪsímjulèɪt-, lət-] *adj.* **dis·sím·u·là·tor** [-tə | -tə(r)] *n.* **dis·sim·u·la·to·ry** [dɪsímjulətɔ̀ːri, də-, -tòːri | dɪsímjulətərɪ, -lèɪt-] *adj.*

dis·sim·u·la·tion [dɪsìmjuléɪʃən, də- | dɪ-] 〘《*c*1380》□ OF ~ □ L *dissimulātiō(n-)*: ⇨ dissimulate, -ation〙 ― *n.* **1** しらばくれ, 偽り, (感情・動機などの)偽装, ねこかぶり. **2** 〘精神医学〙疾患隠蔽(いんぺい), 匿(とく)狂《精神病者が偽って普通人を装うこと; cf. simulation 4》.

dis·si·pate [dísəpèɪt | -sɪ-] 〘《*c*1425》← L *dissipāt-us* (p.p.) ← *dissipāre* to scatter ← DIS-[1] + *supāre* to throw〙 ― *vt.* **1** 〈群集・雲・霧などを〉散らす, 消散させる (dispel): ~ darkness. **2** 〈憂鬱・悲しみ・こわさなどを〉消す, 払う, 晴らす: ~ ignorance. **3** 〈時・精力・財産などを〉浪費する (waste). ― *vi.* **1** 〈雲・霧などが〉消える, 消散する (vanish). **2** 放蕩(ほうとう)する, (放蕩して)浪費[散財]する: People go there to ~.

dís·si·pàt·er, dís·si·pà·tor [-tə | -tə(r)] *n.*

dís·si·pàt·ed [-tɪd, -təd | -tɪd, -təd] *adj.* 〈人・生活など〉道楽[歓楽, 酒色]にふける, 放蕩の: lead a ~ life 放蕩生活を送る. **~·ly** *adv.* **~·ness** *n.*

dis·si·pa·tion [dìsəpéɪʃən | -sɪ-] 〘《?*a*1425》□ L *dissipātiō(n-)*: ⇨ dissipate, -ation〙 ― *n.* **1** 〔エネルギーなどの〕消散(すること, 状態), 消滅, 消失 (cf. conservation)〔*of*〕. **2** 〔財産などの〕浪費〔*of*〕. **3** 気晴らし, 散財; 遊興, 放蕩. **4** 〘物理〙散逸《物体系の力学的エネルギーが摩擦または粘性により熱に変わる現象》.

dis·si·pa·tive [dísəpèɪtɪv | -sɪpèɪt-] *adj.* 消散的な; 浪費的な, 放蕩性の.

dis·so- [dísou | -sə(u)] 〘← NL ~ ← Gk *dissós*〙「二重の (double)」の意の連結形. ★ 母音の前では通例 diss- になる.

dis·so·cia·bil·i·ty [dɪsòuʃəbíləti, də-, -siə-, -ʃiə- | dɪsə̀uʃɪəbílətɪ, -lɪ-] *n.* 分離できること, 分離性.

dis·so·cia·ble [(*1* では) dɪsóuʃəbl̩, də-, -siə-, -ʃiə- | dɪsə́uʃɪə-; (*2, 3* では) -sóuʃə- | -səu-] 〘□ L *dissociābil-is* ← *dissociāre* 'to DISSOCIATE': ⇨ -able〙 ― *adj.* **1** 分離できる (separable). **2** 非社交的な (unsociable). **3** 調和しない, 和しない (unreconcilable).

dis·so·cial [dɪ(s)sóuʃəl, də(s)- | dɪ(s)sə́u-] *adj.* 反社会的な, 非社交的な; 利己的な, わがままな (selfish).

dis·so·cial·ize [dɪ(s)sóuʃəlàɪz, də(s)- | dɪ(s)sə́u-] *vt.* 非社交的[交際ぎらい]にする.

dis·so·ci·ant [dɪsóuʃiənt, də-, -siənt, -ʃənt | dɪsə́uʃɪənt, -sɪ-] *adj.* 分離から起こる; (特に)突然に変化した.

dis·so·ci·ate [dɪsóuʃièɪt, də-, -si- | dɪsə́uʃɪ-, -sɪ-] 〘《1611》← L *dissociāt-us* (p.p.) ← *dissociāre* to disunite ← DIS-[1] + *sociāre* to associate (← *socius* companion): ⇨ -ate[3]〙 ― *vt.* **1** 〔…から〕引き離す, 分離する (disunite), 〔…と〕分離して考える〔*from*〕(↔ associate): ~ the two ideas 二つの観念を分離する / ~ oneself *from* …との関係[交際]を絶つ[否認する]. **2** 〘心理〙〈意識・人格を〉解離させる (cf. dissociated 2). **3** 〘化学〙解離させる. ― *vi.* **1** つき合わない, 絶交する. **2** 〘化学〙解離する.

dis·só·ci·àt·ed [-tɪd, -təd | -tɪd, -təd] *adj.* **1** 分離した, 無関係の. **2** 〘心理〙〈意識・人格が〉分裂した, 解離した (cf. integrated 3): a ~ personality 解離した人格.

dis·so·ci·a·tion [dɪsòusiéɪʃən, də-, -ʃi- | dɪsə̀usɪ-, -ʃɪ-] 〘《1611》□ L *dissociātiō(n-)*: ⇨ dissociate, -ation〙 ― *n.* **1** 分離(作用, 状態). **2** 〘心理〙(意識・人格の)分裂, 解離 (cf. integration 5): ~ of consciousness [personality] 意識[人格]の分裂. **3** 〘物理化学〙**a** (分子の)解離. **b** 電気解離, 電離. **4** 〘医学〙(本来なら平行すべき2現象間の)解離. **5** 〘生物〙解離《細菌などの株が, 二つあるいはそれ以上の性質の違う, 比較的永続した株に分れること》.

dissociátion cónstant *n.* 〘化学〙解離定数.

dis·so·ci·a·tive [dɪsóuʃièɪtɪv, də-, -si-, -ʃət-, -siət-,

-ʃiət- | dɪsáʊʃɪət-, -ʃɪèɪt-, -sjət-, -sɪət-, -sɪèɪt-] *adj.* 分離的な, 分裂性の；〘化学〙解離的な.

dis·sog·e·ny [dɪsɑ́dʒəni, də- | dɪsɔ́dʒɪnɪ] 〘□G *Dissogonie*: ⇨ disso-, -geny〙 ― *n.* (*also* **dis·sog·o·ny** [dɪsɑ́gəni, də- | dɪsɔ́gənɪ])〘動物〙反復生殖, 反復発生《幼生の時期に生殖腺が成熟して産卵し, さらに変態を終えた成体で2回目の生殖が行なわれること；クシクラゲ類のある種に見られる》.

dis·sol·u·bil·i·ty [dɪsɑ̀ljubíləṭi, də- | dɪsɔ̀ljubílətɪ, -lɪ-] *n.* 融解[分解, 解除, 解消]の可能性.

dis·sol·u·ble [dɪsɑ́ljubḷ, də-|dɪsɔ́l-] 〘(1534)□L *dissolūbil-is*: ⇨ dissolve, -ble〙 ― *adj.* **1** 分解できる, 融解性の. **2** 〈集会などが〉解散できる；〈責任・契約・婚約などが〉解除できる, 解消できる.

dis·so·lute [dísəlù:t, -lət, -ljù:t|-lù:t, -ljù:t] 〘(*a*1382)□L *dissolūt-us* (p.p.) ← *dissolvere* to loosen: ⇨ dissolve〙 ― *adj.* 〈人・生活など〉自堕落な, ずぼらな, 放縦な, 放埒(ほうらつ)な；身をもちくずした, 放蕩(ほうとう)な (licentious). **~·ly** *adv.* 「の)放埒さ；放蕩.

dís·so·lùte·ness *n.* 自堕落(な生活の仕方), (行ない

dis·so·lu·tion [dìsəlú:ʃən, -ljú:-] 〘(?1348)□(O)F ~ // L *dissolūtiō(n-)*: ⇨ dissolute, -tion〙 ― *n.* **1** 分離, 分解. **2** 〘化学〙溶解, 融解. **3** 〔国会・団体・会社などの〕解散, (事業の)清算〔*of*〕. **4** 〔責任・契約・婚約などの〕解除, 解約, 解消〔*of*〕. **5** (生活力・機能の)消滅, 死滅. **6** 〔国などの〕崩壊, 滅亡；終結〔*of*〕.

dis·sol·u·tive [dɪsɑ́ljuṭɪv, də-, dísəlù:ṭ-, -ljù:ṭ- | dɪsɔ́ljut-, dísəlù:t-, -ljù:t-] 〘(*a*1398)□LL *dissolūtīv-us*: ⇨↑, -ive〙 *adj.* 分離性の；溶解性の；解除の.

dis·solv·a·ble [dɪzɑ́lvəbḷ, də-, -zɔ́(:)lv- | dɪzɔ́lv-, -zəʊlv-] *adj.* **1** 分解できる. **2** 解散[解除]できる, 解消できる.

dis·solve [dɪzɑ́lv, də-, -zɔ́(:)lv | dɪzɔ́lv, -zəʊlv] 〘(*c*1380)□L *dissolv-ere* to loosen ← DIS-¹+*solvere* to loosen (⇨ solve)〙 ― *vt.* **1** 〈物質・物体などを〉(要素・部分などに)分解する[させる] (disintegrate). **2** 溶かす, 融解させる (liquefy): ~ sugar *in* hot water 砂糖を湯に溶かす / be ~*d in* tears さめざめと泣く, 泣きくずれる / ~ itself *into*... 溶けて...となる, 結局...に帰する. **3** 〈議会・会社などを〉解散する (break up) (cf. adjourn 1, prorogue 1, convoke 2): ~ partnership 組合を解散する / ~ the Cabinet 内閣を解散させる. **4** 〈契約・束縛などを〉解く, 解除する (undo)；〈婚約などを〉解消する, 取り消す (cancel)；〈関係などを〉終了させる: ~ one's marriage. **5** 〈童貞などを〉なくする；〈魔力などを〉破る, 解く；〈希望などを〉失わせる, 〈気力などを〉くずす. **6** 〈なぞを〉解き明かす, 解明する, 解決する: ~ a mistery. **7** 〘法律〙無効にする, 廃棄する (annul), 取り消す. **8** 〘映画・テレビ〙〈画面を〉ディゾルブにする: ~ a picture *into* another.
― *vi.* **1** 分解する: ~ *into* ...に分解する, 分解して...になる. **2** 溶ける, 溶解する；崩壊する: ~ *to* water 溶けて水になる / ~ *in* water 水に溶ける / ~ *into* tears=be ~*d in* tears (⇨ *vt.* 2) / His lifetime's work ~*d into* nothingness. 彼の一生をかけた仕事が無に帰してしまった / Earlier agreements ~*d into* warefare within days. 前に結んだ協定が日を経ずして崩壊し, 戦争となった. **3** 〈議会などが〉解散になる. **4** 〈契約・結婚などが〉解消する. **5** 〈幻影・恐れなどが〉次第に消失する, 薄れてゆく (fade away)；力を失う, 弱くなる, 〈気力などが〉くずれる. **6** 〘映画・テレビ〙〈画面が〉ディゾルブになる.
― *n.* 〘映画・テレビ〙ディゾルブ《画面がだんだん暗くなって消えていくと同時に, 次の画面が重なってだんだん現われてくる場面転換法》, オーバーラップ. 「(cf. overlap).

dis·sólv·er *n.*

dis·sol·vent [dɪzɑ́lvənt, də-, -zɔ́(:)l- | -zɔ́l-, -sɔ́l-, -zəʊl-] 〘□L *dissolvent-em*: ⇨↑, -ent〙 *adj., n.* = solvent.

dis·sólv·ing víew *n.* 〘映画〙二重写しの状態の映像

dis·so·nance [dísənəns | -sən-, -sṇ-] 〘(?*a*1425)□(O)F ~ // LL *dissonantia*: ⇨ dissonant, -ance〙 ― *n.* **1** 〘音楽〙不協和；不協和音 (cf. consonance). **2** 不調和な音. **3** 不一致, 不調和, 不和.

dís·so·nan·cy [-nənsi | -sɪ] *n.* =dissonance.

dis·so·nant [dísənənt|-sən-, -sṇ-] 〘(?*a*1425)□(O)F ~ // L *dissonānt-em* (pres.p.) ← *dissonāre* to disagree in sound: ⇨ dis-¹, sonant〙 ― *adj.* **1** 〘音楽〙不協和(音)の (cf. consonant 3). **2** 〈音が〉不調和な (discordant). **3** 〔...と〕調和しない, 非協和的な, 相いれない〔*from, to*〕. **~·ly** *adv.* 「spirit.

dis·spir·it [dɪ(s)spírɪt, dəs-, -rət | dɪspírɪt] *vt.* =di-

dis·spread [dɪspréd, də- | dɪ-] *v.* (~) =dispread.

dis·suade [dɪswéɪd, də- | dɪ-] 〘(1513)□(O)F *dissuad-er* // L *dissuād-ēre* to advise against ← DIS-¹+*suādēre* to persuade〙 ― *vt.* **1** 〔...しないよう〕しない方がいいと〈人〉に忠告する, 説いて〔...を〕思い切らせる, 説いて〔...から〕転向させる (divert)〔*from*〕(cf. persuade): ~ a person *from* (making) the attempt 人を説いてその企てを(することを)思い切らせる / be ~*d from*... 説かれて...をやめる気になる. **2** 〘廃・古〙〈行動などを〉望ましくないと言う: ~ an action / His friends anxiously ~*d* a journey so full of peril. 友人達は心配してそんな危険な旅はよした方がよいと言った. **dis·suád·er** *n.*

dis·sua·sion [dɪswéɪʒən, də- | dɪ-] 〘(*a*1420)□(O)F ~ // L *dissuāsiō(n-)* ← *dissuāsus* (p.p.) ← *dissuādēre* (↑): ⇨ -sion〙 ― *n.* 思いとどまらせること, 忠告, 諫止(かんし).

dis·sua·sive [dɪswéɪsɪv, də-, -zɪv | dɪ-] *adj.* 〔...を〕思いとどまらせる, 制止的な〔*of*〕: ~ advice / be ~ *of* ...を制止する[止める]. **~·ly** *adv.* **~·ness** *n.*

dis·syl·lab·ic [dìsɪlǽbɪk, dàɪs-, -sə- | -sɪ-] *adj.* =disyllabic.

dis·syl·la·ble [dísìləbḷ, dɪ(s)síl-, dáɪsìləbḷ, ⌐⌐⌐⌐ | dɪsíləbḷ, dáɪsìləbḷ, ⌐⌐⌐⌐] *n.* =disyllable.

dis·sym·met·ric [dì(s)sɪmétrɪk, -sə- | dì(s)sɪ-] *adj.* =dissymmetrical.

dis·sym·met·ri·cal [dì(s)sɪmétrɪkəl, -rə- | -rɪ-] *adj.* **1** 不釣り合いの, 不均整の. **2** 反対[左右]対称の. **~·ly** *adv.* 「網.

dissymmétrical nétwork *n.* 〘電気〙非対称回路

dis·sym·me·try [dì(s)símətri | -mɪtrɪ, -mə-] *n.* **1** 不釣り合い, 不均整. **2** 反対[左右]対称《左右の手のように形状が同様で向きが反対》.

dist. 《略》distance; distant; distilled; distinguish; distinguished; district.

dist- [dɪst] (母音の前に来る時の)disto- の異形.

dis·taff [dístæf | -tɑ:f] 〘OE *distæf* ← *dis-* (cf. LG *diesse* bunch of flax on a distaff: ⇨ dizen) + *stæf* 'STAFF¹'〙 ― *n.* (*pl.* **~s**) **1** 〘紡織〙糸巻棒[竿]《昔この棒に羊毛や亜麻をからみ付けて指で糸を操った》；糸車に取り付けた同様の棒. **2** [the ~] (昔の女の代表的な仕事としての)糸紡ぎ, 女の仕事, 婦人の分野. **3 a** [the ~; 集合的] 女性 (the female sex). **b** 女, 婦人. ― *adj.* 女性の[に関する]；(特に, 家系の)母方の(出の): ~ athletes 女流選手 / cooking, sewing, and such ~ matters 料理, 裁縫およびそうした女性の領分に関すること / ⇨ distaff side.

distaff 1
1 distaff; 2 spindle.

dístaff sìde *n.* [the ~] (家の)母方, 母系 (maternal side) (cf. spear side).

dis·tain [dɪstéɪn, dəs- | dɪs-] 〘(*c*1386) *disteine(n)* ← OF *desteign-* (stem) ← *desteindre* to take away color < VL **distingere* ← DIS-¹+L *tingere* 'to TINGE'〙 ― *vt.* **1** 〘古〙変色させる (discolor), よごす (stain). **2** ...の名誉をけがす[顔に泥を塗る], 辱(はずかし)める.

dis·tal [dístḷ] 〘← DIST(ANT)+-AL¹〙 *adj.* **1** 遠位的な. **2** 〘解剖〙遠位の, 末端の, より末梢(しょう)(部)の (cf. proximal). **3** 〘歯科〙遠心の (cf. mesial 2). **~·ly** *adv.*

dis·tance [dístəns|-təns, -tṇs] 〘(?*a*1300)□(O)F ~ □L *distantia*: ⇨ distant, -ance〙 ― *n.* **1 a** 距離, 隔たり, 道のり: What is the ~ *from* here *to* Aomori? **b** 〘米陸軍〙(前後の)距離《隊形内における人員・車両・動物または部隊間の前後の空間をいう; cf. interval 5》; 〘米海軍〙距離《隣接した個々の艦艇の前檣と前檣の間の空間で, 方向は問わない》. **c** (特に一望のもとに見渡せる)広がり (expanse): a country of great ~*s* 広大な土地のある国 / a vast ~ of water どこまでも広がる海原. **2** かなり[非常に]離れた隔たり, 遠隔, 遠方(の地点): a good ~ *off* かなりの遠方に[で] / Her husband is a great ~ *away.* 彼女の夫は遠く離れた所にいる / The office is quite a ~ *from* here. 役所はここから相当遠方にある / It is some ~ [no ~ at all]. ちょっと遠い[すぐ近くにある] / *at a* ~ (*from* ...) (...から)かなり[やや]離れて / Keep *at* a ~! 近寄るな (cf. 5) / *in* the ~ 遠くに, はるかかなたに, 遠方に (far away) / *to* a ~ (かなり)遠くへ / be *within* striking [hailing, walking] ~ 打てば手が当る[呼べば聞こえる, 歩いて行ける]所にある / I just saw her *from* a ~. ちょっと遠くから彼女を見ただけだ / 'Tis ~ lends enchantment to the view. 遠くから見れば景色は魅力的となる (Campbell, *Pleasures of Hope*). **3** (時間の)間隔 (interval); 遠く隔たった時点: *at* a (great) ~ of time 時を(遠く)隔てて / *At* this ~ we cannot tell what sort of life Neanderthal men led. (こう長い時間を隔てた)今日ではネアンデルタール人がどんな生活をしたか知りえない / I can look back at those things *from* a great ~. 長い歳月を隔てた今あのころの事を振り返って見ることができる. **4 a** (二段階間の)進歩の程度: They have come a long ~ since then. 彼らはその後長足の進歩を遂げた. **b** 懸隔, (非常な)相違: the social ~ *between* these two men この二人の男の間の社会的な隔たり. **c** (血縁・身分・位階などの)隔たり, 遠さ (remoteness): know one's ~ 身のほどを知る. **5** 隔て, 隔意, 疎遠, 遠慮, よそよそしさ (reserve): keep a person *at* a ~ (よそよそしくして)人を遠ざける / He is usually kept *at* a respectful ~. 彼はふだん敬遠されている / keep *at* a ~ 遠慮する, なれなれしくしない(近づこうとしない) (cf. 2) / He ignored the ~ she had placed between them. 彼女のとったよそよそしい態度を気にもかけなかった. **6 a** 走路, コース (course): a ~ of five furlongs 5 ファーロングのコース. **b** 〘競馬〙ゴールからの一定距離《通例 ¹/₈ マイルでここに旗または走程標の棒 (distance pole) を立てる; 予選で勝ち馬がゴールに着く前にこの地点に達しない馬は失格》. **7** (絵画の)遠見, 遠景 (perspective): the extreme ~ 最遠景 / the middle ~ 中景. **8** 〘数学〙距離《平面上の2点間の距離の概念を一般の集合の上へ拡張したもの》. **9** 〘音楽〙音程 (interval) 《2音間の音高のへだたり》. **10** 〘廃〙不和, 仲たがい (discord).
go* [*last*] *the distance 最後までやり抜く；〘野球〙〈投手が〉完投する；〘ボクシング〙最終ラウンドまで戦い抜く. ***keep one's distance*** (1) 常に隔てを設ける, 遠慮して[よそよそしくして]いる (cf. 5). (2) 〈護衛車などが〉一定の間隔を保って進む.
― *vt.* **1** (二者間に)間隔を置く；遠くに隔てる[出現させる], 〔...から〕遠のける〔*from*〕: ~ oneself *from* ... に近寄らない. **2** (競走・競争で)〈相手を〉抜く, 追い越す, (はるか)後に引き離す；...に先んずる, (はるかに)出し抜く (★ outdistance のほうが普通).

dístance màde góod *n.* 〘海事〙直航航程《ある時刻以後次のある時刻まで船がいろいろの針路で走った場合, 最初の位置から最後の位置まで直線的に走ったものとして求めた航走距離》.

dístance mèdley *n.* 〘競技〙ディスタンスメドレー《第一走者 440 ヤード, 第二走者 880 ヤード, 第三走者 1320 ヤード, 第四走者は 1760 ヤードを走る競技》.

dístance pòle *n.* 〘競馬〙走程標, ハロン棒 (cf. distance 6 b).

dístance pòst *n.* 〘英〙=distance pole.

dístance recèptor *n.* 〘生理〙(遠くからの刺激に反応する目・耳などの)遠隔受容器.

dístance sìgnal *n.* 〘海事〙遠距離信号《球形・円筒形・円錐(すい)形の物体を上下色々に組み合わせて行なう遠距離用の信号, 風の状況などで信号旗が有効でない場合に使う形象信号》.

dis·tant [dístənt | -tənt, -tṇt] 〘(1391)□(O)F ~ // L *distant-em* (pres.p.) ← *distāre* to stand apart ← DIS-¹+*stāre* 'to STAND'〙 ― *adj.* **1 a** (距離が)遠い, 遠くの, 遠方の (remote): a ~ country 遠くの国 / a ~ view 遠景. **b** 遠方からの[への]: a ~ sound 遠くから聞こえる物音 / a ~ voyage 遠洋航海 / a ~ letter [telephone] from London はるばるロンドンからの来信[電話]. **c** 遠くに及ぶ, 遠くのものに向けられた；ぼんやりした, 夢見るような (dreamy): ~ thoughts 遠い思い / a ~ look in the eye 夢見るような目付き. **2 a** 距離が...ある, (幾マイル)離れて: a village 10 miles ~ *from* here ここから 10 マイル離れた村 / We saw a milestone about two miles ~ *from* the hut. 小屋から約 2 マイル来た所に里程標を見た. **b** [複数名詞を伴って] 離れ離れにある, 間のあいた, 不揃いの: a grove of ~ trees まばらな木立. **3** (時間が)遠い, (時間的に)間遠の；遠い昔への: ~ ages 遠い昔 / at no ~ date 遠からず, そのうちに / a ~ recollection [memory] 遠い昔の思い出 / in the not too ~ future そう遠くない将来に / The trial was eight days ~. 公判は 8 日後に予定されていた. **4** 〈類似の度合・関係など〉遠い, かすかな (faint)；遠縁の；(質的に)異なる (different): a ~ resemblance かすかな類似 / a ~ relative [cousin] 遠い親類 / make a ~ allusion 遠回しにほのめかす. **5** 〈態度など〉隔てのある, よそよそしい, 冷やかな, 隔意のある (reserved): a ~ air [nod] よそよそしいそぶり[会釈] / with a ~ politeness 丁重ではあるがよそよそしく. **~·ness** *n.*

dístant blóck sìgnal *n.* 〘鉄道〙=distant signal.

dís·tant·ly 〘(15C)〙 ― *adv.* **1** 遠く(隔たって, 離れて), 遠くに, はるかに(遠方に). **2** よそよそしく, 冷淡に. **3** かすかに, 遠回しに；遠縁に: be ~ related 遠縁にあたる.

dístant sìgnal *n.* 〘鉄道〙遠方信号機《場内信号機 (home signal) などに従属してその外方で主体の信号機の現示を予告するもの》.

dis·taste [dɪstéɪst, dəs- | dɪs-] 〘(16C) ← DIS-¹+TASTE: cf. It. *disgusto* & OF *desgoust*〙 ― *n.* [通例 a ~] 食物[飲物]を嫌うこと；きらい, いや気 (dislike): have a ~ *for* fish [music] 魚[音楽]がきらいだ / He replied with ~. 彼は吐いて棄てるように[言うのも嫌だというふうに]答えた. ― *vt.* **1** 〘廃〙きらう (dislike). **2** 〘古〙不快にする (displease), 嫌わせる (offend). **3** 〘廃〙...の味をそこなう, 味を悪くする. ― *vi.* 〘廃〙まずい, いやな味がする.

dis·taste·ful [dɪstéɪstfəl, dəs- | dɪs-] *adj.* **1** (味が)まずい. **2** 〈物・事がいやな (offensive): Work is ~ *to* him. 仕事ぎらいの男だ. **~·ly** *adv.* **~·ness** *n.*

Dist. Atty. 《略》District Attorney (⇨ D.A.).

dis·tel·fink [dístḷfɪŋk, díʃ-] 〘□ Pennsylvania-Du. *dischdelfink*《原義》goldfinch □G *Distelfink* ← *Distel* 'THISTLE'+*Fink* 'FINCH'〙 ― *n.* 〘図案〙装飾モチーフの一つ《オランダ系ペンシルバニア人 (Pennsylvania Dutch) の伝統的な模様に見られる様式化した鳥の形の意匠主要素 (motif)》.

dis·tem·per¹ [dɪstémpə, dəs-|dɪstémpə(r)] 〘(*c*1390) □OF *destempr-er* (F *détremper*) LL *distemperāre* ← DIS-¹+L *temperāre* 'to TEMPER'〙 ― *n.* **1** 〘獣医〙 **a** ジステンパー《幼犬がかかりやすい急性伝染病》; (馬の)腺疫(せんえき) (strangles). **b** =panleucopenia. **2** (精神・肉体の)異状, 不調, 不健全, 病；不機嫌(きげん). **3** 〘古〙(社会の)不安, 不穏, 騒乱. ― *vt.* **1** 〘古〙[通例 p.p. 形で] 病的にする, 〈人〉の(心身の)調子を狂わせる: a ~*ed* fancy 病的空想. **2** 〘古〙不機嫌にする, いらだたせる. **dis·tem·per·ate** [dɪstémp(ə)rət, dəs-, -rɪt | dɪs-] *adj.*

dis·tem·per² [dɪstémpə, dəs- | dɪstémpə(r)] 〘v.: (*a*1398)□OF *destempr-er* // LL *distemper-āre* (↑)〙 ― *n.* 〘絵画〙 **1** ディステンパー, デトランプ, 泥絵の具, にかわ絵の具《にかわや卵の黄味(時には白味)で溶

かして舞台の書割りなどに用いる》. **2 a** ディステンパー画法;《古》テンペラ画法. **b** ディステンパー画. **3**《英》水性塗料 (calcimine)《壁・天井用のペンキ》. ── *vt.* **1**〈絵の具を〉溶いてディステンパー[泥絵の具]を作る; ディステンパーで描く: ～ colors ディステンパー[泥絵の具]を溶く. **2**《英》〈天井・壁〉に水性塗料を塗る. **3**《古》薄める; 浸す, つける.

dis·tem·per·a·ture [dɪstémpətʃùə, dəs-, -p(ə)rə-, -tʃə, -t(j)ùə | dɪstémp(ə)rətʃə(r, -rɪtʃ-] 〖□ ML *distemperātūra* : ⇨ dis-¹, temperature〗 ── *n.*《古》(精神・肉体の)病的状態 (distempered condition).

dis·tem·per·oid [dɪstémpərɔ̀ɪd, dəs- | dɪs-] *adj.*《獣医》弱毒ジステンパーウイルスの.

dis·tend [dɪsténd, dəs- | dɪs-] 〖《*a*1400》□ L *distendere* : ⇨ dis-¹, tend¹〗 ── *vt.* 広げる, 拡張させる, 張り広げる; ふくらませる, 膨張させる (expand). ── *vi.* 広がる, 膨張する (swell out).

dis·ten·si·bil·i·ty [dɪstènsəbíləṭi, dəs- | dɪstènsəbílətɪ, -sɪ-, -lɪ-] *n.* 膨張性.

dis·ten·si·ble [dɪsténsəbḷ, dəs- | dɪsténsə-, -sɪ-] 〖← L *distensus* ((p.p.) ← *distendere* 'to DISTEND') + -IBLE〗 *adj.* 膨張させられる, 膨張性の.

dis·ten·sion [dɪsténʃən, dəs- | dɪs-] 〖⇨ distend, -sion〗 *n.* =distention.

dis·tent [dɪstént, dəs- | dɪs-] 〖□ L *distent-us* (p.p.) ← *distendere* : ⇨ distend〗 *adj.*《廃・詩》膨張した.

dis·ten·tion [dɪsténʃən, dəs- | dɪs-] 〖□ L *distentiō(n-)* ← *distentus* (↑)〗 *n.* 膨張(作用); 膨張状態 (expansion);《病理》拡延, 拡張; 膨満.

dis·ti- [dístɪ, -tə | -tɪ] disto- の異形 (⇨ -i-).

dis·tich [dístɪk] 〖《1553》□ L *distich-on* ← Gk *distíkhon* (verse) consisting of two lines (neut. adj.) : ⇨ di-¹, stich¹〗 ── *n.*《詩学》連句, 対句 (couplet). **dis·tich·ic** [dɪstíkɪk, dəs- | dɪs-] *adj.*

dis·ti·chous [dístɪkəs, -tə- | -tɪ-] 〖← L *distichus* of two rows (□ Gk *distikhos* (↑))+-OUS〗 ── *adj.* **1**《植物》二列生の《互生葉の開度が 180° であることなど》. **2**《昆虫》二分した《触角などが二部分に分かれた》. **～·ly** *adv.* ｢=distill.

dis·til [dɪstíl, dəs- | dɪs-] *v.* (**dis·tilled, dis·till·ing**)

dis·till [dɪstíl, dəs- | dɪs-] 〖《?*c*1378》□ (O)F *distiller* ∥ L *distill-āre*=*dēstillāre* to drip ← DE-¹+*stillāre* to drop (← *stilla* drop)〗 ── *vt.* **1**〈液体を〉蒸留する; 蒸留して〈アルコール・香油などを〉抽出する〈*off, out*〉: ～ fresh water *from* sea water 蒸留法によって海水から淡水を取る / ⇨ distilled water. **2 a** 蒸留法で〈ウイスキー・香水などを〉製造する; 蒸留作用で〔…に〕化する〔*into*〕. **b**〈不純物などを〉蒸留して取り除く〈*off, out*〉: ～ *off* the impurities. **3** したたらせる, 降らせる, 滴下する. **4** 放散する (give forth). **5** 抽出する, …の粋を抜く; 〔…から〕引き出す, 学び取る〔*from, out of*〕: ～ wisdom *from* a person's writings / ～ the meaning of a poem 詩の真の意味を引き出す. **6** (不純なものを除いて)純化する (purify), 洗練する, みがく: ～ one's style. ── *vi.* **1** したたり落ちる, 滴下する; しみ出る, にじみ出る. **2 a** 蒸留作用を受ける. **b** (蒸留器 (still) から)蒸留物となって落ちる[凝結する]; エキスとして作られる.

dis·till·a·ble [dɪstíləbḷ, dəs- | dɪs-] *adj.* 蒸留できる.

dis·til·land [dìstəlǽnd, ⸗⸗⸗ | -tɪ-] 〖□ L *distillandum* (neut.) ← *distillandus* (gerundive) ← *distillāre* 'to DISTILL'〗 ── *n.*《化学》蒸留物《蒸留されるまたは蒸留中の物質; cf. distillate》.

dis·til·late [dístəlèɪt, -lət, -lɪt, dɪstílət, dəs-, -lɪt | dístɪlət, -lɪt, -lèɪt] 〖← DISTILL+-ATE¹〗 ── *n.* **1**《化学》留出物, 蒸留液 (cf. distilland): the ～ from molasses. **2** 抽出物 (extract); 粋 (refined essence).

dis·til·la·tion [dìstəléɪʃən | -tɪ-] 〖《*a*1393》□ L *distillātiō(n-)* : ⇨ distill, -ation〗 ── *n.* **1** 蒸留(作用), 蒸留法: fractional ～《化学》分留《沸騰点の異なる2種以上の混合液体の分離法》/ ⇨ destructive distillation, dry distillation. **2** 蒸留物, 蒸留液. **3** =distillate 2.

dis·til·la·to·ry [dɪstílətɔ̀ːri, dəs-, -tòːri | dɪstílət(ə)rɪ] 〖⇨ distill, -atory〗 *adj.* 蒸留の, 蒸留用の.

dis·tilled 〖《15C》〗 *adj.* 蒸留した.

distilled líquor *n.* 蒸留酒, 火酒(ᵏᵃˢʰᵘ)《brandy, whiskey, rum, gin など; hard liquor ともいう》.

distilled wáter *n.* 蒸留水.

dis·till·er [-lə | -lə(r] *n.* **1** 蒸留者; (特に)アルコール蒸留業者, 酒造家: a whiskey ～ ウイスキー製造業者. **2** 蒸留器; (蒸留装置の)凝結器.

dis·till·er·y [dɪstíləri, dəs-, -tíflri | dɪstílərɪ] 〖《1677》← DISTILL+-ERY〗 *n.* **1** (特に, ウイスキー・ジンなどの)蒸留酒製造場 (cf. brewery). **2**《古》蒸留.

dis·till·ing [-lɪŋ] *n.* 蒸留; 蒸留酒製造業. ｢tion.

dis·till·ment *n.* (*also* **dis·tíl·ment**)《古》=distilla-

dis·tinct [dɪstíŋ(k)t, dəs- | dɪs-] 〖ME *distincte* □ (O)F ～ ∥ L *distinct-us* (p.p.) ← *distinguere* 'to DISTINGUISH'〗 ── *adj.* (**more ～, most ～; ～·er, ～·est**) **1** 他と全く別な, 別個の, 独特な; 〔…と〕(性質・種類などが)異なる〔*from*〕: a man of ～ personality 独特な個性をもった人 / These two things are quite ～ *from* each other. これら二つの物は全く別物だ. **2 a** はっきりした, 明瞭な, 明確な, 紛れもない (↔ vague): a ～ pronunciation / a ～ difference 明確な差異 / There is a ～ improvement in his health. 彼の健康が目立ってよくなってきた. **b**《哲学》判明な: clear and ～ 明晰判明な. **3** 著しい, 異常な, 珍しい, めったにない: a ～ achivement 注目すべき成果. **4**《詩》(特別に)飾られた; 雑色の (variegated).

dis·tinc·tion [dɪstíŋ(k)ʃən, dəs- | dɪs-] 〖《16C》□ L *distinctiō(n-)* ← *distinctus* (↑) ∽ 《?*a*1200》 *distinccioun* □ (O)F □ L : ⇨ -tion〗 ── *n.* **1** 区別, 差別; 区別立て[づけ] (discrimination); 〔…との, …の間の〕差違 (difference)〔*from, between*〕: a class ～ 階級差別 / a ～ without a difference 差違のない区別, 無用の区別立て / treat people without ～ 人々を無差別[平等]に取り扱う / in ～ *from* …と区別して / draw a ～ *between* A *and* B A と B との間に区別を設ける / make no ～ *between* the two 両者の間に区別[差別]をつけない. **2** (区別となる)特質, 特徴, 特異性, 個性 (individuality): the chief ～ of Japanese poetry 日本詩歌の主要な特色 / a style lacking ～ 平凡な文体. **3** (精神・態度・性格などの)優秀性, 傑出, 非凡, 卓越 (excellence); 著名, 高貴 (eminence); 目立つ出現: a person possessing great ～ of manner 態度の極めて立派な人 / a writer of ～ 非凡[著名]な作家 / rise to ～ 名を揚げる, 有名になる. **4** 殊勲, 殊功: serve with ～ 殊勲を立てる / pass with ～ 立派な成績で合格する. **5** (殊勲に報いる)殊遇, 栄誉; 栄誉の印, 称号, 勲章: award a ～ 栄誉[殊遇]を授ける / gain [win] ～ 殊勲を立てる, 名を揚げる / graduate with ～ 優等で卒業する / be loaded with ～*s* にないきれないほどの栄誉を一身ににな う. **6**《テレビ》鮮明度. **7**《廃》分割 (division); 部分 (section). **～·less** *adj.*

dis·tinc·tive [dɪstíŋ(k)tɪv, dəs- | dɪs-] 〖《?*a*1425》□ ML *distinctīv-us* : ⇨ distinct, -ive〗 ── *adj.* **1** 区別的な, (判然とした)区別のある, 示差的な. **2** 〔…に〕独特の, 特殊の, 特色ある (characteristic) 〔*of*〕: a way that is ～ *of* sailors 船乗り特有のやり方. **3**《言語・音声》〈ある音声的特性が〉弁別的な, 示差的な, 意味の違いを示す (↔ nondistinctive).

distínctive féature *n.*《言語・音声》弁別的素性, 弁別的[示差的]特徴《ある音素を他の音素から弁別するのに役立つ音声的な性質; 音素 /b/ の弁別的特徴は, /d/, /g/ と弁別するときには唇音性, /p/ と弁別するときには有声, /v/ と弁別するときには閉鎖, /m/ と弁別するときには口音声》.

dis·tínc·tive·ly *adv.* 区別的に, 特徴的に, (明白に)他と異なって, 明示的に, はっきりと, 特殊的に, 独特に.

dis·tínc·tive·ness *n.* 区別性, 差別性, 特殊性.

dis·tínct·ly [-tíŋ(k)tli, -tíŋkli | -tlɪ] 〖ME〗 ── *adv.* **1** (輪郭などが)はっきりと, 明瞭(ᵐᵉⁱʳʸᵒ)に: pronounce ～. **2** 確かに, 疑いもなく, 断然: That is ～ annoying. そいつは全くうるさい.

dis·tínct·ness *n.* **1** 別であること (separateness), 差別 (difference). **2** 明瞭, 明確さ (precision): state with scientific ～ 科学的明確さをもって述べる.

dis·tin·gué [dìːstæŋgéɪ, dɪ̀s-, dɪstǽŋgeɪ, dəs- | dɪstǽŋgeɪ, diːstæŋgéɪ; *F.* distɛ̃ge] 〖□ F ～ (p.p.) ← *distinguer* 'to DISTINGUISH'〗 ── *F. adj.* (*also* **dis·tin·guée** [～]) 〈態度・容貌・服装・人物など〉高貴な, 気品のある, すぐれた (distinguished). ★ 女性をさすときは distinguée を用いることが多い.

dis·tin·guish [dɪstíŋgwɪʃ, dəs- | dɪs-] 〖《1561》□ (O)F *distinguiss-* (stem) ← *distinguer* □ L *distinguere* to distinguish ← DIS-¹+*stinguere* to quench : ⇨ -ish²: cf. extinguish〗 ── *vt.* [通例 can ～ で] **1** 判然と認める[見分ける, 聞き取る], 識別[弁別]する: I *cannot* ～ a distant object. 遠くのものがはっきり見えない. **2** …に〔…との〕区別[差別, 差違]を認める, 〔…と〕見分ける, 区別する〔*from*〕, 〈二者〉の区別を認める: ～ gold *from* iron [good *from* evil] 金と鉄[善と悪]とを見分ける. **3** 〈特徴などが〉〔…と〕…の区別となる〔*from*〕; 〈性質が〉〈人など〉の特色を示す: the geniality that ～*es* him 彼の特徴である温情 / Color alone ～*es* A *from* B. 色だけが A と B の区別となる, A と B の区別は色だけ. **4** [通例 ～ oneself または Passive で] (何らかの点で)目立たせる, 抜きんでさせる, 顕著にする: ～ *oneself by* scholarship 学問で有名になる[名を揚げる] / ～ *oneself by* bravery 武勲を立てる / be ～*ed for* one's virtues [vices] 高徳の誉れが高い[悪名が高い]. **5** 区分する, 〔…に〕分類する〔*into*〕. ── *vi.* 〔二者の〕区別を立てる, 弁別する〔*between*〕.

as distinguished from …と区別して(の).

dis·tin·guish·a·ble [dɪstíŋgwɪʃəbḷ, dəs- | dɪs-] *adj.* **1** 区別できる〔*from*〕: scarcely ～ words なんと言っているのかほとんど分からない言葉. **2** (はっきりと)見分けのつく. **dis·tìn·guish·a·bíl·i·ty** [-bíləṭi | -lətɪ, -lɪ-] *n.*

dis·tín·guish·a·bly [-bli | -blɪ] *adv.* 区別できるように; はっきりと認められるように.

dis·tín·guished *adj.* **1** 顕著な, きわ立ってすぐれた, 抜群の (eminent); 名高い, 著名な〔*as, for*〕; 殊勲のある: a ～ statesman 著名な政治家 / a ～ school 名門校 / ～ visitors 貴賓 / ～ services 殊勲. **2** =distingué.

Distínguished Cónduct Mèdal *n.*《英陸軍》功労章《地上作戦における格別な功績に対して与えられる; 略 D.C.M.》.

Distínguished Flýing Cròss *n.*《米空軍・英空軍》空軍殊勲十字章《勲章順位は米軍で第6位, 英軍で第1位; 略 D.F.C.; cf. Air Force Cross》.

Distínguished Flýing Mèdal *n.*《英空軍》空軍殊勲章《下士官兵に与えられる; 略 D.F.M.》.

Distínguished Sérvice Cròss *n.*《米陸軍・英軍》(青銅の)殊勲十字章《敵に対する作戦において非常な英雄的行動のあったことを示す; 略 D.S.C.》.

Distínguished Sérvice Mèdal *n.*《米軍》殊勲章《重い責任を伴う任務における功績に対して与えられる; 略 D.S.M.》;《英海軍》殊勲章《海軍・海兵隊下士官兵の殊勲に対して与えられる; 略 D.S.M》.

Distínguished Sérvice Òrder *n.*《英軍》殊勲章《戦闘における殊勲に対して与えられる; 略 D.S.O.》

dis·tín·guish·ing *adj.* きわ立って特徴的な, 特色のある (distinctive): a ～ characteristic 著しい特性.

distn. 《略》distillation.

dis·to- [dístoʊ, -tə | -tə(ʊ)] 〖← DISTANT : ⇨ -o-〗「末端の (distal)」の意の連結形 (↔ proximo-). ★ 時に disti-, また母音の前では通例 dist- になる.

dis·to·ma [dístəmə | -tə(ʊ)-] 〖← NL ～ : ⇨ di-¹, -stoma¹〗 ── *n.*《動物》二生吸虫, ジストマ《雌雄同体の吸虫類; 体の前端と腹面とにおのおの 1 個の吸盤があり これを口とまちがえてジストマ(二つの口をもつ虫)と名づけた》.

di·sto·ma·to·sis [daɪstòʊmətóʊsɪs, -səs | -stəʊmətə́ʊsɪs] 〖← NL ～ ← *Distomata* (⇨ di-¹, stomato-, -a²) +-OSIS〗 ── *n.* (*pl.* **-to·ses** [-siːz])《病理・獣医》ジストマ症, 吸虫症 (fluke infestation).

di·stome [dáɪstoʊm | -stəʊm] 〖← DI-¹ + -STOME〗 *adj., n.*《動物》二生吸虫類の(吸虫).

di·sto·mi·a·sis [dàɪsto(ʊ)máɪəsɪs, -səs | -stə(ʊ)máɪəsɪs] 〖⇨ distoma, -iasis〗 *n.* (*pl.* **-a·ses** [-siːz])《病理・獣医》=distomatosis.

dis·tort [dɪstɔ́ət, dəs- | dɪstɔ́ːt] 〖《*c*1586》← L *distortus* (p.p.) ← *distorquēre* ← DIS-¹+*torquēre* to twist : ⇨ tort〗 ── *vt.* **1** 〈自然の形を〉ゆがめる, ねじる: a mirror which ～*s* the features 顔がゆがんで映る鏡 / a face ～*ed* by [with] pain 苦痛でゆがんだ顔. **2** 〈事実・真理などを〉曲げる, ゆがめる; 〈意味を〉曲解する (pervert): ～ the fact / ～ his suggestion 彼の提案を曲解する. **3** 〈ラジオ・テレビ・映写機などが〉〈音・映像などを〉歪(ʸᵃ)ませる. **～·er** [-ṭə | -tə(r] *n.*

dis·tórt·ed [-tɪd, -təd | -tɪd, -təd] *adj.* ゆがめられた: ～ views ゆがめられた見解, 偏見. **～·ness** *n.*

dis·tórt·ed·ly *adv.* ゆがめられて, 曲解して.

dis·tor·tion [dɪstɔ́əʃən, dəs- | dɪstɔ́ː-] 〖《1581》□ L *distortiō(n-)* : ⇨ distort, -tion〗 ── *n.* **1** ゆがめること; ゆがめられた状態[部分, 話]; ゆがみ, ねじれ: undergo a sudden ～ 〈顔などが〉急にゆがむ. **2** (事実などの)歪曲(ʷᵃⁱᵏʸᵒᵏᵘ), こじつけ (perversion)〔*of*〕: a ～ *of* the truth / his ～ *of* my statement 私の言葉に対する彼の曲解. **3 a** ゆがんだ形[像], ゆがめられたもの. **b**《写真》(レンズの作る像の)歪曲《球面収差の一種, 円の像がたる形や糸巻き形になる》. **c**《病理》歪(ʸᵃ)《正常または自然状態からの変異》, (骨格などの)彎曲. **4**《電気》歪《電気装置の非線形性などで信号の忠実な再生ができなくなること; その度合》.

dis·tór·tion·al [-ʃənḷ, -ʃnəl] *adj.* ゆがんだ, 変形した.

distórtion fàctor *n.*《電気》歪(ʸᵃ)率《波形の正弦波からのずれの程度を表わす量》. ｢tributor.

distr. 《略》distribute; distributed; distribution; dis-

dis·tract [dɪstrǽkt, dəs- | dɪs-] 〖(v.: *c*1380; adj.: *c*1340) □ L *distract-us* pulled asunder (p.p.) ← *distrahere* ← DIS-¹+*trahere* 'to DRAW': cf. distraught〗 ── *vt.* **1** 〈人・心・注意などを〉〔…から〕散らす, (他に)そらす, まぎらす, 転じる (divert)〔*from*〕(↔ attract); あれこれに〈注意などを〉向けさせる: ～ one's attention [mind] *from* reading 読書から注意をそらす. **2** [主に Passive で] **a** 〔色々なことで〕〈人・人の心を〉悩ます, 当惑させる, 混乱させる, 気が気でなくする (confuse)〔*with, by, at, over*〕: Her mind *is* ～*ed by* doubts [grief]. 彼女の心は疑惑[悲しみ]のために乱れている[気が狂いそうだ] / *be* ～*ed over* …のことで気も狂わんばかりである. **b**《古》…の気を狂わせる, 正気を失わせる (craze). **3** …の退屈をまぎらす, 楽しませる. **4** (意見が合わないで)分裂させる. ── *adj.*《古》=distracted. **～·i·ble** [-təbḷ | -təbḷ, -tɪbḷ] *adj.*

dis·tràct·i·bíl·i·ty [-təbíləṭi | -lətɪ, -lɪ-] *n.*

dis·tráct·ed *adj.* (悲しみ・心配などで)心を取り乱した, 狂気の(ような) (mad): That drove her ～. その事で彼女はすっかり取り乱してしまった. **～·ly** *adv.*

dis·tráct·ing *adj.* 気を散らす(ような); 気を狂わす[気も狂わん]ばかりの (maddening). **～·ly** *adv.*

dis·trac·tion [dɪstrǽkʃən, dəs- | dɪs-] 〖《1447》□ L *distractiō(n-)* : ⇨ distract, -tion〗 ── *n.* **1** 気の散ること, 注意が乱れること; 注意を乱すもの: Television is a ～ when we are reading. 読書しているときにはテレビは邪魔になる. **2** 気をまぎらすもの, 気晴らし, 娯楽: Golf is his only ～. / He sought ～ in his work. 彼は仕事に気晴らしを求めた. **3** (狂気のような)心の混乱, 動揺; 乱心, 精神錯乱, 逆上: love a person to ～ 気も狂わんばかりに[熱狂的に]人を恋する / drive a person [be driven] to ～ 狂気にする[なる]; 気が狂いそうにする[なる]. **4** (内部の紛争による)騒乱, 動乱.

dis·trac·tive [dɪstrǽktɪv, dəs- | dɪs-] *adj.* 狂気にする(ような).

dis·train [dɪstréɪn, dəs- | dɪs-] 〖《*c*1300》 *distreine(n)* ← OF *destreign-* (stem) ← *destreindre* to constrain < L *distringere* to draw asunder, hinder ← DIS-¹+*stringere* 'to STRAIN¹' (cf. stringent)〗《法律》 ── *vt.* (未払金・賠償金などの取り立て方法として)〈財産を〉差し押さえる, 〈動産を〉留置する: ～ goods for arrears of rent 地代(など)の延滞に対して動産を差し押さえる. ── *vi.*

〔人に対して〕差し押えをする;〔動産を〕差し押える〔*on, upon*〕: ～ *on* a person [a person's goods]. **～·a·ble** [-nəbl] *adj.*

dis·train·ee [dìstreiníː, dɪstrèɪ-, dəs- | dìstreɪ-] *n.* 〘法律〙(動産)被差し押え人 (↔ distrainer). 「trainee).

dis·tráin·er *n.* 〘法律〙(動産)差し押え人 (↔ dis-

dis·tráin·ment *n.* 〘法律〙動産差し押え(行為).

dis·train·or [dɪstréɪnə, dəs-, dɪstrèɪnɔ́ə, dəs-, dìstreɪnɔ́ə | dìstreɪnɔ́ː(r] *n.* 〘法律〙=distrainer.

dis·traint [dɪstréɪnt, dəs- | dɪs-] 〘← DISTRAIN: cf. constraint〙 *n.* 〘法律〙動産差し押え (distress).

dis·trait [dɪstréɪ, dəs-|dɪstréɪ, ⸗⸗; *F.* distrɛ] 〘(1748) ▭F ～ (p.p.) ← *distraire* < L *distrahere* 'to DISTRACT'〙 — *adj.* (*also* **dis·traite** [～]) (不安・心痛などで)ぼんやりした, 上(うわ)の空の, 放心した. ★ 女性については distraite を用いることが多い.

dis·traught [dɪstrɔ́ːt, dəs- | dɪs-] 〘(*a*1393)《変形》← DISTRACT (adj.)〙 — *adj.* **1** 〈人が〉〈悔み・悲しみなどで〉心を取り乱した (distracted)〔*with*〕: ～ *with* terror 恐怖で気が狂いそうな[で]. **2** 気が狂った, 狂気の (crazy): He ran about like a man ～. 狂ったように走り回った / He was in a ～ frame of mind. 彼の精神は錯乱していた. **～·ly** *adj.*

dis·tress [dɪstrés, dəs-|dɪs-] 〘(*c*1280) ▭OF *destrece* (F *détresse*) < VL **districtiam* ← L *districtus* distrained (p.p.) ← *distringere*: ⇨ distrain〙 — *n.* **1** 苦悩, 悲痛, 悲嘆 (anguish); 苦悩のもと[理由], 悩みの種: suffer ～ 悲嘆に暮れる / The world was *in* tension and ～. 世界は緊張と苦悩のただ中にあった / He is a great ～ to his family. 彼は一家の大きな悩みの種だ. **2** 苦痛 (pain); 疲労 (exhaustion): respiratory ～ 呼吸困難 / show signs of ～ 苦痛[疲労]のようすを示す. **3** **a** 危難, 災難 (calamity); 難渋, 困窮: relieve ～ among the poor 貧民の窮乏を救う. **b** 〘海事〙難船, 遭難: a signal of ～ 遭難信号 / a ship *in* ～ 遭難船, 難破船. **4** 〘法律〙(自救的動産)差し押え; 差し押え財産.
— *vt.* **1** 苦しめる, 悩ませる, 悲しませる (afflict); 苦労させる, 疲労させる (exhaust): He was ～*ed* [He ～*ed* himself] *at* the failure. その失敗にひどく悲観した / It ～*es* me to hear the news. その知らせを聞いて心を痛めている. **2** (特に, 財政的に)窮迫させる (strain): ⇨ distressed area. **3** (古びた感じを出すために)〈家具や木材〉にわざと傷(など)をつける (cf. antique *vt.* 1). **4** 《古》苦しめて…させる, 強制する (constrain). **5** 《古》〘法律〙差し押える (distrain).
— *adj.* **1** 〈商品が〉損をして売られる, 投売り[出血販売]の: ⇨ distress merchandise, distress goods. **2** 投売商品の: a ～ sale 投売, 出血販売.

distréss càll *n.* **1** 〘通信〙遭難信号《SOS, Mayday などのあらかじめ定められた救援信号; cf. distress signal 1》. **2** 難儀[難渋]していることを示す声, 救援などの要請.

dis·tréssed *adj.* **1** 苦しんでいる, 悩んだ, 困窮した (troubled, suffering): ⇨ distressed area. **2** 〈家具・革製品など〉わざと傷つけて古びた感じを与えた: ～ walnut. **3** 〘商業〙(安値で売られる)投売商品の (cf. distress merchandise): ～ prices 投売価格.

distréssed área *n.* **1** 《英》窮乏地区《失業者が多く生活水準の低い地域; cf. special area》. **2** 《米》=disaster area. 「げた旗など》.

distréss flàg *n.* 〘通信〙遭難信号旗《半旗とか逆に掲

distréss frèquency *n.* 〘通信〙遭難信号用周波数《遭難した航空機・船舶の緊急合図用のもの》.

dis·tress·ful [dɪstrésfəl, dəs- | dɪs-] *adj.* 苦悩[困苦]の多い, 苦しい, つらい, 悲惨な; 困窮している; 悲しみを示す[表わす]: the ～ country 困窮の国《アイルランドの異名》. **～·ness** *n.*

dis·tréss·ful·ly [-fəli | -lɪ] *adv.* 苦しく, つらく, 悲惨に.

distréss gòods *n. pl.* 破産(など)の整理品.

distréss gùn *n.* 〘海事〙遭難号砲《遭難を知らせるために約1分間隔で行なう発砲》.

dis·tréss·ing *adj.* 苦悩を与える(ような), 悲惨な (afflicting): ～ news (人に苦悩を与えるような)大変なニュース, 悲報 / be in ～ circumstances ひどく窮乏している. **～·ly** *adv.*

distréss mèrchandise *n.* 〘商業〙 **1** (現金獲得のため相場より安く売る)投売商品. **2** (荷ずれ・しみ, その他「少々難あり」のため正規の値段より安く売る)投売商品.

distréss ròcket *n.* 〘海事〙遭難信号用炎火ロケット《船舶の遭難を知らせ, 救助を求めるために発する落下傘のついた赤色の一種の花火》.

distréss sìgnal *n.* **1** 遭難信号《火炎, 旗, SOS などの信号電波; cf. distress call 1》. **2** (救助・協力などを求める, 特に)言葉によらない合図.

distréss wàrrant *n.* 〘法律〙差し押え令状.

dis·trib·ut·a·ble [dɪstríbjʊtəbl, dəs- | dɪstríbjʊt-] *adj.* **1** 分配[配布]できる. **2** 区分できる.

dis·trib·u·tar·y [dɪstríbjʊtèri, dəs- | dɪstríbjʊtəri] 〘⇨↓, -ary²〙 *n.* 〘地理〙(本流から分かれた)分流 (cf. tributary 2).

dis·trib·ute [dɪstríbjʊt, dəs-, -bjuːt | dɪstríbjuːt, -jʊt, dɪstrɪbjùːt] 〘(?*a*1425) ← L *distribūt-us* (p.p.) ← *distribuere* ← DIS-¹+*tribuere* to assign (⇨ tribute)〙 — *vt.* **1** **a** 〔…に〕割り当てる, 分配する, 貧民に配給する〔*among, to*〕: ～ blankets *to* the poor 貧民に毛布を配る / ～ circulars ちらしを配る / ～ the population of the capital *to* each of the provinces 首都の人口を各地方に分散する. **b** 〈郵便物を〉配達する, 配る. **2** 〔ある場所に〕分布[散布]する, まく (scatter)〔*at, in, over*〕: ～ manure *over* a field 畑に肥料を散布する[まく] / a widely ～*d* species 広く分布した動植物の種. **3** 分解する; 分類[区分, 類別]する (assort). **4** 〘論理〙〈命題の連言と選言[集合の交と結]を〉(相互に)分配する; 〈概念を〉周延[拡充]する. **5** 〘印刷〙 **a** 解版する; 〈母型を〉母型庫に戻す. **b** 〈インクを〉(インク練り盤の上で)練る, 練りならす. **6** 《古》施す, 施行する (dispense): ～ justice. — *vi.* 分配[配給]を行なう; 分布[散布]する.

dis·trib·ut·ed cónstant [-tɪd-, -təd- | -tɪd-, təd-] *n.* 〘電気〙分布定数.

dis·trib·u·tee [dɪstrìbjʊtíː, dəs- | dɪs-] *n.* 〘法律〙遺産の分与にあずかる人.

dis·tríb·ut·er [-tə | -tə(r] *n.* =distributor.

dis·tríb·ut·ing [-tɪŋ | -tɪŋ] *attrib. adj.* 分配の, 配給の, 流通の: a ～ agent 配給業者 / a ～ board 配電盤 / a ～ center (生産物の)集散地 / a ～ station 配電所; 配給所 / a ～ substation 配電変電所.

dis·tri·bu·tion [dìstrəbjúːʃən | -trɪ-] 〘(*c*1350) ▭(O)F ～ // L *distribūtiō(n-)*: ⇨ distribute, -tion〙 — *n.* **1** **a** 分配, 配給, 配布, 散布〔*of*〕; (法律による基金・財産などの)分配: the ～ *of* posts 配役. **b** (郵便物・新聞などの)配達. **2** **a** 配給物, 配給品. **b** 配布[配達, 販売]総数. **c** 〘トランプ〙(ブリッジなどで手札の)分布状態[割れ方] (cf. void 4). **3** (軍隊などの)配置, 配列. **4** 〘経済〙分配; 配分; (商品の)流通(機構): the ～ *of* wealth 富の分配 / the ～ *of* profits 利潤の配当 / ～ upheaval 流通革命. **5** 分類, 区分, 類別. **6** 分布; 分布状態, 分布区域: ⇨ GEOGRAPHICAL distribution / have a wide ～ 分布が広い. **7** **a** 〘機械〙配水, 配電, 配気. **b** 〘電気〙配電. **8** 〘論理〙(命題算・集合算における)分配; 周延, 拡充. **9** 〘印刷〙解版. **10** 〘数学・統計〙 **a** (確率)分布 (cf. probability distribution). **b** (度数)分布 (frequency distribution). **11** 〘数学〙(シュワルツの)超関数《部分積分法の考えを用いて得られる, 関数概念の拡張》. **～·al** [-ʃənl, -ʃnəl] *adj.*

distribútion bòard *n.* 〘電気〙=panelboard 2.

distribútion bòx *n.* 〘電気〙分電箱, 配電箱《引込線と幹線の分岐点にあって両線を連絡する開閉器を入れた箱》.

distribútion clàss *n.* 〘言語〙=form class.

distribútion cùrve *n.* 〘統計〙分布曲線《統計量や資料の分布を表わす曲線》.

distribútion fùnction *n.* 〘統計〙分布関数《統計量の値が x 以下である確率を $F(x)$ とおいて得られる関数》.

distribútion lìne *n.* 〘電気〙配電線, 配電線路.

distribútion nètwork *n.* 〘電気〙配電網.

distribútion ràtio *n.* 〘化学〙分配係数, 分配率.

distribútion vòltage *n.* 〘電気〙配電電圧.

dis·tríb·u·tìsm [-bjʊtìzm] 〘⇨ distribute, -ism〙 *n.* 〘政治〙私有財産分配論; 土地均分論. **dis·tríb·ut·ist** [-tɪst, -təst | -tɪst] *n., adj.*

dis·trib·u·tive [dɪstríbjʊtɪv, dəs- | dɪstríbjʊt-] 〘(*c*1450) ▭(O)F *distributif* ▭LL *distribūtīvus*: ⇨ distribute, -ive〙 — *adj.* **1** 分配[配給]の[に関する]; 配分的な. **2** 〘文法〙配分[個別]的な: a ～ adjective 配分形容詞《配分詞のうち形容詞用法をもったもの》. **3** 〘論理〙分配の; 周延[拡充]する, 周延[拡充]的な: ～ law 分配(法)則. **4** 〘数学〙分配の: ～ law 分配法則《例えば加法に対する乗法の $x(y+z)=xy+xz$》. — *n.* 〘文法〙配分詞《例えば英語の each, every, either など》.

dis·trib·u·tiv·i·ty [dɪstrìbjʊtívəti, dəs-|dɪstrìbjʊtívəti, -vɪ-] *n.* **～·ness** *n.*

distríbutive educátion *n.* (米国の)販売・広告宣伝など商業を中心とした職業教育《産学連携方式 (cooperative method) を導入していることが多い》.

dis·tríb·u·tive·ly *adv.* 分配的に; 各個に, 別々に.

dis·tríb·u·tor [-tə | -tə(r] *n.* **1** 分配者, 配布係; 配給(業)者. **2** 〘商業〙(生産物の)配給業者, 卸売業者, 元売りさばき人, 流通業者, 配送業者. **3** 〘印刷〙 **a** 解版工. **b** デストリビューター《ライノタイプの母型を母型庫の溝に戻す装置》. **c** (印刷機の)インク練りローラー《インク移しローラーからのインクをよく練りならし, それをインク着けローラーに送るローラー》. **4** (内燃機関の)配電器, 分配器, ディストリビューター. **5** (下水処理の)散水装置.

distríbutor bàr *n.* 〘印刷〙=distributor 3 b.

distríbutor·shìp *n.* (配給者のもつ)一手配給[販売]権: sole ～ for Kanto district.

dis·trict [dístrɪkt] 〘(1611) ▭F ～ ▭ML *districtus* district, (power of) exercising justice (p.p.) ← L *distringere*: ⇨ distrain〙 — *n.* **1** (行政・軍事・教育・選挙などの目的で区分された)地区, 管轄区域, 管区; 行政区, 市区, 郡区: a police ～ 警察管轄区 / a military ～ 軍管区 / a postal ～ 郵便区 (cf. zone *n.* 4 b) / a judicial ～ 裁判区 / an election ～ 《米》(州会議員などの)選挙区 / ⇨ Congressional district, Federal District, school district. **2** 《英》 **a** 〘英国国教会〙教会地区《教会区 (parish) の一区域; district visitor が受け持つ》. **b** 州自治区《county の行政区で独自の議会 (district council) をもつ; cf. metropolitan district, urban district, rural district》. **3** (ある特色をもった)地域, 地方: the town's business ～ 町の商業地区 / a mountainous [an agricultural] ～ 山岳[農業]地帯 / a coal ～ 炭坑地方 / ⇨ Lake District.

District of Columbia [the ―] コロンビア特別区《米国東部 Potomac 川に沿う一地区; この全面積に首都 Washington がある; 特別行政区で各州とは別個に連邦議会の直接管轄下にある; 人口 674,000, 面積 174 km²; 略 D.C.》. 「に分ける.
— *vt.* 《米》地区に分ける, 管区に分ける; 《米》選挙区

dístrict attórney *n.* 《米》地方検事《各連邦裁判管轄区の合衆国検察官; 州が幾つかの裁判管轄区 (judicial districts) に分かれている場合の呼称で, 分かれていない時には, county attorney や state attorney と呼ばれる; 略 D.A.》.

dístrict clérk *n.* 《米》地方裁判所書記.

dístrict cóuncil *n.* 《英》地方議会. 「所》.

dístrict cóurt *n.* 《米》地方裁判所《連邦第一審裁判

dístrict héating *n.* 地域暖房《ある地域内の暖房を一つの機関室で供給する》.

dístrict júdge *n.* 《米》地方裁判所判事.

dístrict léader *n.* 《米》(政党の)地方支部長.

dístrict núrse *n.* 《英》地区看護婦.

dístrict superinténdent *n.* 〘プロテスタント〙《メソジスト教会の》(教会)地区監督者 (cf. superintendent 2 b).

dístrict vísitor *n.* 〘英国国教会〙(教会)地区世話人《教区 (district) を受け持ち, 牧師の指示の下にその仕事を助ける人》.

di·strin·gas [dɪstríŋgəs, dəs-, -gæs | dɪs-] 〘▭ML ～ 《原義》that thou distrain〙 *n.* 〘商業〙=stop order.

dis·trust [dɪstrʌ́st, dəs- | dɪs-] 〘(1430) ← DIS-¹+TRUST (v.)〙 — *n.* 不信用, 不信任; 疑惑, 疑念, 邪推: have a ～ *of* 〔*for*〕…について[に対して]不信の念をもつ. — *vt.* 信じない, 信用しない; …について疑惑をもつ, あやしむ, 邪推する: ～ a person, his words, etc.

dis·trust·ful [dɪstrʌ́stfəl, dəs- | dɪs-] *adj.* **1** 疑い深い, (容易に)信じない, 〔…に〕自信[確信]がもてない (diffident)〔*of*〕: a ～ person / with ～ eyes 疑りぶかい目で / be ～ *of* …を疑う; …に自信がない. **2** 《まれ》疑わしい, あやしい. **～·ly** *adv.* **～·ness** *n.*

dis·turb [dɪstə́ːb, dəs-|dɪstə́ːb] 〘(?*a*1200) ▭OF *desto(u)rb-er* ▭L *disturbāre* to throw into disorder ← DIS-¹+*turbāre* to agitate: ⇨ turbid〙 — *vt.* **1** かき乱す (disarrange): The wind was ～*ing* the surface of the lake. 風で湖面が波立っていた / Don't ～ the papers on the desk. 机の上の書類を動かさないでくれ. **2** 〈静穏・平安・人などを〉乱す, 騒がす, 妨げる, 邪魔する (disquiet); 〈人〉に迷惑をかける (inconvenience): ～ the serenity of one's mind 心の平安を乱す / ～ the peace 平和を乱す / ～ a person *in* his sleep [study] 人の睡眠[勉強]を邪魔する / Don't ～ yourself to come with us. わざわざご一緒下さらなくて結構です, どうぞそのままに. **3** 当惑させる, まごつかせる, 狼狽(ろうばい)させる (perplex): I was very ～*ed* by his attitude. 彼の態度にとてもとまどった. **4** **a** 〈計画・仕事などを〉妨害する (hinder); 混乱させる: His plans were ～*ed* by the storm. 嵐のために彼の計画は打撃を受けた / Her incompetence ～*ed* the course of our work. 彼女の無能さのため仕事の進行が狂ってしまった. **b** 〘法律〙〈権利を〉侵害する; 〈治安などを〉妨害する. — *vi.* (他人の眠り・平安などの)妨げをする: Don't ～ (睡眠中につき)入室ご遠慮下さい《ホテルなどの部屋のドアに掛ける掲示》. **～·er** *n.*

dis·tur·bance [dɪstə́ːbəns, dəs-|dɪstə́ː-] 〘(*c*1280) ▭OF *desto(u)rbance*: ⇨↑, -ance〙 — *n.* **1** **a** 乱すこと, 騒がすこと〔*of*〕, 乱れた状態, 攪乱(かくらん); 妨害, 障害, 邪魔: ⇨ atmospheric disturbance. **b** 〘医学〙障害: a functional ～ 機能障害 / a gastric ～ 胃の障害, 胃病 / an autonomic ～ 自律神経障害. **2** (心の)不安, 心配; (情緒・人格などの)乱れ: a nervous and emotional ～ 神経と情緒の乱れ. **3** (常軌・常態からの)逸脱, 変動, 変調. **4** (社会上の)不安, 動乱, 騒動, 暴動 (tumult): cause [raise] a ～ 騒動を起こす / a school ～ 学園紛争. **5** 〘法律〙(権利の)侵害, (治安の)妨害: the ～ *of* the public peace 治安妨害. **6** 〘地質〙(微弱で小範囲の)造山運動. **7** 〘気象〙攪乱(じょうらん)《大気の一般的な流れを乱すもの》; (特に)低気圧, トルネード (tornado) など.

dis·túrbed *adj.* **1** かき乱された, 動揺した, 不穏な: the ～ state of the country その国の不穏な状態. **2** 〘病理〙ノイローゼ徴候のある, 精神症の: a ～ personality.

dis·túrb·ing *adj.* 心をかき乱す(ような), 騒がしい, 不穏な: The times are quite ～. 世相は全く騒々しい. **～·ly** *adv.*

di·style [dáɪstàɪl, dís-|dís-, dáɪs-] 〘← DI-¹+-STYLE¹〙 — *adj.* 〘建築〙〈portico など〉(正面に)二本の円柱をもつ, 二柱式の (cf. decastyle, dodecastyle, enneastyle, heptastyle, hexastyle, octastyle, pentastyle, tetrastyle).

dístyle in ántis [-ǽntɪs, -təs | -tɪs] 〘← L *in antis* between antas〙 — *adj.* 〘建築〙二柱構成の, インアンティス式の《portico などが両端を壁端柱 (anta) にはさまれて, 中に二本の円柱をもつ様式にいう》.

di·sub·sti·tut·ed [dàɪsʌ́bstət(j)ùːtɪd, -təd | -stɪtjùːt-] *adj.* 〘化学〙2個の置換基をもった.

di·sul·fate [dàɪsʌ́lfeɪt | -feɪt, -fət, -fɪt] 〘⇨ di-¹〙 *n.* 〘化学〙二硫酸塩, ピロ硫酸塩: sodium ～ 二硫酸ナトリウム ($Na_2S_2O_7$).

di·sul·fide [dàɪsʌ́lfaɪd, -fəd, -fɪd] 〘⇨ di-¹〙 *n.* 〘化学〙二硫化物.

di·sul·fi·ram [dàɪsʌ́lfəræ̀m | -fɪ-] 〘← DISULFI(DE)+(TETRAETHYLTHIU)RAM (DISULFIDE)〙 *n.* 〘薬学〙 ジスルフィラム (⇨ tetraethylthiuram disulfide).

di·sul·fo·ton [daɪsʌ́lfətɑ̀n | -tɔ̀n] 〘← DI(ETHYL)+SULFO-+*-ton* (cf. thionate)〙 — *n.* 〘化学〙 ジスルフォトン ($(C_2H_5O)_2P(S)SCH_2CH_2SCH_2CH_3$)《有機リン系殺虫剤》.

di·sul·fú·ric ácid [dàɪsʌlfjú(ə)rɪk- | -fjúər-] 〘← DI-[1]+SULFURIC〙 *n.* 〘化学〙 二硫酸 (⇨ pyrosulfuric acid).

dis·u·nion [dɪsjú:njən, dəs- | -njən, -nɪən] 〘← DIS-[1]+UNION〙 *n.* **1** 分離, 分裂. **2** 不統一; (内部の)不和, うちわもめ, 軋轢(あつれき), いざこざ (discord).

dis·ú·nion·ìsm [-nɪ̀zṃ] *n.* 分離主義.

dis·ú·nion·ist [-nɪst, -nəst | -nɪst] *n.* 分離主義者; (特に, 米国南北戦争当時の)分離主義者.

dis·u·nite [dɪ̀sju:náɪt, -ju-] *vt.* **1** 分離させる, 引き離す, 分裂させる. **2** 不和にする, 反目させる (alienate). — *vi.* 離れる, 分離する, 分裂する; 離反する.

dis·u·nit·ed [-ṭɪd, -ṭəd | -tɪd, -təd] *adj.* **1** 分離した; 反目している: ~ nations. **2** 〘馬術〙 (キャンターまたはギャロップで)〈馬・馬の歩調が〉(足の)不ぞろいな, 乱調の, 不規則な.

dis·u·ni·ty [dɪsjú:nəṭi, dəs- | dɪsjú:nətɪ, -nɪ-] *n.* 不統一; 不調和.

dis·use 〘(v.: ?c1378; n.: ?c1408) ← DIS-[1]+USE[1,2]〙 — [dɪsjú:z, dəs- | dɪs-] *vt.* …の使用をやめる: a ~*d* meaning すたれた意味. — [-jú:s] *n.* **1** 不使用: become rusty from ~ 使わないためにさびる. **2** 廃止, 廃棄: fall [come] into ~ すたれる.

dis·u·til·i·ty [dɪ̀sju:tɪ́ləṭi | -ju:tɪ́lətɪ, -ju-, -lɪ-] *n.* **1** 疲労[不便, 不快, 苦痛]を引き起こすもの, 不便, 不利益. **2** 〘経済〙 不効用 (↔ utility).

dis·val·ue [dɪsvǽlju:, -lju] *n.* **1** 価値否認; 軽視, 無視, 侮り (disparage). **2** 負[マイナス]の価値 (negative value). — *vt.* **1** 《古》軽視する (undervalue). **2** けなす, 侮る (disparage).

dis·syl·lab·ic [dàɪsɪlǽbɪk, dɪ̀s-, -sə- | dɪ̀sɪ-, dàɪs-] *adj.* 二音節から成る; 二音節語の: a ~ foot 二音節詩脚.

dis·syl·la·ble [dáɪsɪləbḷ, ⌐⌐⌐, dɪ́sɪləbḷ, dɪ(s)sɪ́l- | dɪsɪ́ləbḷ, dáɪsɪ̀ləbḷ, ⌐⌐⌐] 〘(1589) ← DI-[1]+SYLLABLE (なぞり) ← (O)F *dissyllabe* ⇐ L *disyllabus* ⇐ Gk *disúllabos*〙 — *n.* 二音節語[詩脚] (cf. monosyllable, trisyllable).

dis·yoke [dɪsjóuk | -jə́uk] *vt.* 《まれ》 =unyoke.

dit[1] [dɪ́t] 〘OE *dyttan* < Gmc **duttjan* ← **dutt-* 'DOT[1]'〙 *vt.* (**dit·ted**; **dit·ting**) 《方言》ふさぐ, さえぎる (obstruct).

dit[2] [dɪ́t] 〘擬音語〙 *n.* 〘通信〙 ディット《モールス信号で使う短点 (dot) を口頭で言い表わすための表現; cf. dah[2]》.

di·tal [dɪ́ṭḷ, dɪ́tḷ, dáɪṭḷ | -tl] 〘← It. *dito* finger (< L *digitum*)+(PED)AL〙 *n.* ハープギターで半音程上げるのに使う鍵.

dítal hàrp 〘↑〙 *n.* =harp guitar.

ditch [dɪ́tʃ] 〘OE *dīc* ← ? Gmc **dīk-* (Du. *dijk* / G *Teich* / ON *díki* 'ditch, DIKE[1]') ← IE **dheigʷ-* to stick, fix (L *figere* 'to FIX')〙 — *n.* **1** 溝, どぶ. **2** 排水溝, 掘割 (trench); (天然の)水流, 水路. **3** (昔の塹濠(ざんごう)の)濠. **4 a** [the ~] 《英海軍俗》海 (the sea) (cf. deck[1] 9, drink *n.* 4). **b** [the D-] 《英空軍俗》イギリス海峡; 北海; [しばしば the Big D- で] 《米戯言》パナマ運河 (the Panama Canal).
die in a ditch 溝に落ちて死ぬ; のたれ死にする.
die in the last ditch ⇨ last ditch.
— *vt.* **1** …に溝を掘る, 溝をめぐらす ⟨*in*, *up*⟩. **2** [Passive で] **a** 〈車などを〉溝にはまらせる. **b** 《米》〈列車を〉脱線させる (derail): The train was ~*ed*. 列車が脱線した. **c** 《俗・比喩》〈人を〉失敗させる (frustrate), 没落させる (ruin). **3** 《俗》**a** 〈人を〉見捨てる; 〈物事を〉うっちゃる (abandon), 処分する. **b** 隠匿する, 隠しておく (hide). **c** 〈人を〉まく, 途方に暮れさせる; 〈仕事・責任〉から逃げる, 避ける (avoid), 〈学校などを〉さぼる: He's ~*ed*. 彼は途方に暮れている / ~ school. **4** 〘航空〙〈飛行機を〉不時着水させる. — *vi.* **1** 溝を掘る; 溝を掃除[修繕]する: hedging and ~*ing* ⇨ hedging. **2** 《俗》溝に落ちる; 《俗》〈列車が〉脱線する. **3** 〘航空〙〈飛行士が〉不時着水する.

dítch crówfoot *n.* 〘植物〙 タガラシ (*Ranunculus sceleratus*)《キンポウゲ科の草》.

dítch·digger *n.* **1** 溝[どぶ]掘り人(夫). **2** 単調ないやな仕事に従事する人, 重労働者. **3** =ditching machine.

dítch·er 〘ME〙 *n.* **1** 溝掘り人, 溝を修理する人夫 (cf. hedger 1). **2** =ditching machine.

dítch·ing machìne *n.* 溝掘り機.

dítch rèed *n.* 〘植物〙 アシ (*Phragmites communis*)《湿地に生えるイネ科の多年草; 世界中に産する》.

dítch·wàter 〘ME〙 *n.* 溝のたまり水: (as) dull as ~ 沈滞しきって[た], 実につまらない[退屈な].

dite [dáɪt] 〘《変形》← DOIT〙 *n.* 《方言》ごくわずか, 少量, 少し (bit).

di·ter·pene [daɪtə́:pi:n | -tə́:-] 〘⇨ di-[1]〙 — *n.* 〘化学〙 ジテルペン《炭素数 20 のテルペンをいう; 植物に含まれる炭化水素 ($C_{20}H_{32}$) またはその誘導体で, 構造に共通性がある一群の化合物》.

di·the·ism [dáɪθi:ɪ̀zṃ, ⌐⌐⌐⌐] 〘⇨ di-[1]〙 — *n.* (特に Zoroastrianism および Manichaeism の)二神教, 善悪二神信仰; (相反する)善悪二原理存在論. **di·the·ís·tic** [dàɪθi:ɪ́stɪk] *adj.*

dí·the·ist [-ɪst, -əst | -ɪst] *n.* 二神教信徒.

dith·er [dɪ́ðə | -ðə(r)] 〘(1649)《変形》←《方言》*didder* < ME *diddir* ← ?: cf. diddle[1], dodder[2]〙 — *n.* **1** 《英方言》(特に寒さによる)震え (trembling). **2** [しばしば the ~s] 《口語・方言》(興奮・恐怖による)身震い: all of a ~ (恐ろしさで)からだが震えて / have the ~*s* 身震いする. **3** 《口語・方言》動揺, うろたえ: throw a person into a ~ 人を混乱させる. — *vi.* 《口語》**1** (興奮や恐怖で)震える, おろおろする. **2** 〈考えなどが〉ぐらつく, 迷う (vacillate) 〔*about*〕. — *vt.* [通例 Passive で] 《口語・方言》震えさせる; 混乱させる.

dith·er·y [dɪ́ðəri | -rɪ] *adj.* **~·er** [-ðərə | -rə(r)] *n.*

di·thi- [dàɪθaɪ] (母音の前に来る時の) dithio- の異形.

di·thi·o- [dàɪθáɪo(ʊ) | -ə(ʊ)] 〘← DI-[1]+THIO-〙 — 〘化学〙「(通例酸素原子を置き換えた形で)イオウ 2 原子を含む」の意の連結形. ★ 母音の前では通例 dithi- になる.

dithìo·cárbonate 〘← DITHIO-+CARBONATE〙 *n.* 〘化学〙 ジチオ炭酸塩.

di·thi·ol [daɪθáɪɔ(:)l, -oʊl | -ɔl] 〘⇨ dithio-, -ol[1]〙 〘化学〙 *n.* ジチオール ($C_7H_8S_2$). — *adj.* -SH 基 2 個をもつ.

di·thi·o·nate [daɪθáɪənèɪt, -nət, -nɪt] 〘⇨ ↓, -ate[1]〙 *n.* 〘化学〙 ジチオン酸塩[エステル].

di·thi·on·ic [dàɪθaɪɑ́nɪk | -ɔ́n-] 〘← DI-[1]+THIONIC〙 *adj.* 〘化学〙 ジチオンの.

dithiónic ácid *n.* 〘化学〙 ジチオン酸 ($H_2S_2O_6$)《水溶液としてのみ存在する無色無臭の二塩基酸》.

di·thi·o·nite [daɪθáɪənàɪt] 〘← DI-[1]+THIONO-+-ITE[3]〙 *n.* 〘化学〙 亜ジチオン酸塩, 次亜硫酸塩.

di·thi·o·nous [daɪθáɪənəs] 〘← DI-[1]+THIONO-+-OUS〙 *adj.* 〘化学〙 亜ジチオン酸の, 次亜硫酸の.

dithíonous ácid *n.* 〘化学〙 亜ジチオン酸 ($H_2S_2O_4$).

di·thi·zone [daɪθáɪzoun | -zəun] 〘← DI(PHENYL)THI(OCARBA)ZONE〙 — *n.* 〘化学〙 ジチゾン ($C_6H_5N{=}NCSNHNHC_6H_5$)《青黒色の結晶; 重金属の抽出比色試薬に用いる; diphenylthiocarbazone ともいう》.

dith·y·ramb [dɪ́θɪræ̀m(b), -θə- | -θɪ-] 〘(1603) ⇐ L *dithyrambus* ⇐ Gk *dithúrambos* ← ?〙 — *n.* **1** (古代ギリシャの)酒神 Bacchus の讃歌《不定形で熱狂的な合唱歌》. **2** 《文語》熱狂的な詩歌[演説, 文章].

dith·y·ram·bic [dɪ̀θɪrǽmbɪk, -θə- | -θɪ-] 〘(1603) ⇐ L *dithyrambic-us*: ⇨ ↑, -ic[1]〙 — *adj.* dithyramb 風の; 熱狂的な; 不定形極まりない. — *n.* =dithyramb. **dìth·y·rám·bi·cal·ly** *adv.*

dit·o·kous [dɪ́ṭəkəs | -tə-] 〘⇐ Gk *ditókos* having two at a birth ← DI-[1]+*tókos* act of bringing forth: ⇨ -ous〙 — *adj.* 〘動物〙 **1** 一回に二卵[二子]を産む. **2** 〈虫など〉二種の子を産む.

di·tone [dáɪtòun | -tə̀un] 〘⇐ Gk *díton-on* (neut.) ← *dítonos*: ⇨ di-[1], tone〙 *n.* 〘音楽〙 (ギリシャの, また中世の)二全音, ディトーヌス《長三度》.

di·tón·ic cómma [daɪtɑ́nɪk- | -tɔ́n-] 〘← NL *comma ditonicum* (⇨ ↑, -ic[1]): ⇨ comma〙 — *n.* 〘音楽〙 ディトニックコンマ《12 個の純正 5 度と 7 オクターブの間に生じる音程の差; Pythagorean comma ともいう; cf. comma 4》.

di·trán·si·tive vérb [dàɪtrǽnsəṭɪv-, -zə- | -trǽnsɪt-, -trɑ́:n-, -zɪt-, -sət-, -zət-] *n.* 〘文法〙 二重他動詞《目的語を 2 個とる他動詞》.

di·tri·glyph [daɪtráɪglɪf] 〘⇐ F *ditriglyphe*: ⇨ di-[1], triglyph〙 — *n.* 〘建築〙 **1** (ドリス式建築で)複トライグリフ《柱と柱の間に, 二つのトライグリフ (triglyph) を収める柱の配置法》. **2** メトープ (metope) の中心線から一つ置いて次の中心線までの距離. **3** メトープとその両側のトライグリフを含む区分.

dit·ta·ny [dɪ́ṭəni, -tṇi | -tənɪ, -tṇɪ] 〘lateOE *ditanne* ⇐ OF *dita(i)n* < L *dictamnum* ⇐ Gk *diktam(n)on* ← *Diktē* (産地 Crete の山名)〙 — *n.* 〘植物〙 **1** Crete 島産ハナハッカの類 (*Origanum dictamnus*)《昔は薬草として重んじられた》. **2** 北米産ハッカの類 (*Cunila origanoides*). **3** =fraxinella.

Dit·ters·dorf [dɪ́ṭəzdɔ̀əf | -təzdɔ̀:f; *G.* dɪ́təsdɔrf], **Karl Dit·ters** [dɪ́təs] **von** *n.* ディッタースドルフ《1739–99; オーストリアの作曲家・バイオリニスト》.

dít·tied *adj.* 小歌 (ditty) に作った[として歌われる].

dit·to [dɪ́ṭou | -təu] 〘(1625) ⇐ It. ~ aforesaid < L *dictum* (p.p.) ← *dīcere* to say: cf. diction〙 — *n.* (*pl.* **~s**, **~es**) **1** 同上, 同断, 同前《同一文句の省略に用いる; do. または d° と略す, またはその代用として ″ 符号 (ditto marks) または — を用いる. **2 a** 同一事[物]: do ~ 同様のことをする / say ~ to …に同意見だと言う, 賛成する. **b** 《口語》複写, 複製; よく似た物, 生き写し (close copy): He is the ~ *of* his father. **3** 同一服地; 《英古》[*pl.*] 上下同一生地の服: be in (a suit of) ~*s* [a ~ suit] 上下そろいの服を着ている. — *adv.* 同様に; 前述の通りに: act ~ 同様の行動をする. — *adj.* 同様の (similar). — *vt.* **1** 写す (copy). **2** ditto marks を用いて…の反復を示す. **3** 同じ事をする[言う], 繰り返す.

dit·to·graph [dɪ́ṭo(ʊ)græ̀f | -tə(ʊ)grɑ̀:f, -græ̀f] 〘← Gk *dittós* (↓)+-GRAPH〙 *n.* (誤写の)重複文字[語句], 重複語.

dit·tog·ra·phy [dɪtɑ́grəfi | -tɔ́grəfɪ] 〘(1876) ⇐ Gk *dittographia* ← *dittós* double: ⇨ -graphy〙 — *n.* 重複誤写《古文書などの複写で筆記者が無意識的に陥る文字[語句]の重複誤写; 例えば literature を literatature とするなど; cf. haplography》. **dit·to·graph·ic** [dɪ̀ṭəgrǽfɪk | -tə-] *adj.*

dítto machìne *n.* (特に, インク転写式の)複写器.

dítto màrk *n.* [通例 *pl.*] ⇨ ditto *n.* 1.

dit·ty [dɪ́ṭi | -tɪ] 〘(?a1325) *dite* ⇐ OF *dité* < L *dictātum* thing recited: ⇨ dictate〙 *n.* (主に歌うための)歌, 小曲; 民謡 (folk song).

dítty bàg 〘← ? 《廃》*dutty* coarse calico ⇐ Hindi *dhotī* loincloth: ⇨ dhoti〙 *n.* (水夫が針・糸など小物を入れる)雑嚢(ざつのう), 手入れ袋.

dítty bòx 〘↑〙 *n.* **1** (水夫の)小物箱《ditty bag と同じように用いる》. **2** 〘映画〙 撮影技師の道具箱.

Di·u [dí:u:; *Port.* díu] *n.* ディウ(島)《インド北西部 Gujarat 沖の小島で, もとポルトガル領インドの一地区であったが, 1961 年インドに併合された; ⇨ Goa》.

di·u·re·sis [dàɪjurí:sɪs, -səs | -jʊ(ə)rí:sɪs] 〘← NL ~ ← LL *diūrēticus* (↓): ⇨ -sis〙 *n.* (*pl.* **-re·ses** [-si:z]) 〘医学〙 利尿.

di·u·ret·ic [dàɪjuréṭɪk | -jʊ(ə)rét-] 〘(a1400) ⇐ (O)F *diurétique* ∥ LL *diūrētic-us* ⇐ Gk *diourētikós* ← *dioureîn* to urinate ← DIA-+*oureîn* to urinate (← *oûron* 'URINE'): ⇨ -ic[1]〙 〘医学〙 — *adj.* 利尿の, 排尿促進の. — *n.* 利尿薬. **di·u·rét·i·cal·ly** *adv.*

di·ur·nal [daɪə́:nḷ | -ə́:-] 〘(c1390) ⇐ LL *diurnāl-is* daily ← *diurnus* daily ← *diēs* day: ⇨ -al[1]: JOURNAL と二重語〙 — *adj.* **1** 日々の, 日毎の (daily); 《まれ》一日間の, 一日だけの. **2** 昼間の, 日中の (↔ nocturnal). **3** 〘植物〙〈花・葉など〉昼間開く, 一日[一日以内]開花する. **4** 〘動物〙 昼間活動性の, 昼行性の (↔ nocturnal): a ~ animal 昼行動物. **5** 〘天文〙 日周の. — *n.* **1** 《廃》〘キリスト教〙 (時間ごとの祈りを書いた)日課書. **2** 《古》日記 (diary); 日刊新聞. **~·ly** *adv.*

diúrnal árc *n.* 〘天文〙 日周弧.

diúrnal círcle *n.* 〘天文〙 日周圏《天体が日周運動によって動く天球上の行路》.

diúrnal mótion *n.* 〘天文〙 日周運動《地球の自転のため天体が東から西へ動くように見える見かけの運動》.

diúrnal párallax *n.* 〘天文〙 日周視差 (⇨ geocentric parallax).

di·u·ron [dáɪjurɑ̀n | -jʊ(ə)rɔ̀n] 〘← DI-[1]+UR(EA)+-ON[1]〙 *n.* 〘薬学〙 ダイユロン ($C_9H_{10}Cl_2N_2O$)《除草剤》.

div. 《略》 divergence; diversion; divide; divided; dividend; divine; divinity; division; divisor; divorced.

di·va [dí:və; *It.* dí:va] 〘(1883) ⇐ It. ~ < L *divam* goddess (fem.) ← *dīvus* god: cf. deity〙 — *n.* (*pl.* **~s**, **di·ve** [-veɪ; *It.* -ve]) 女性の大歌手, (歌劇の)主役の女性歌手, プリマドンナ (prima donna).

di·va·gate [dáɪvəgèɪt, dɪ́v-] 〘(1599) ← L *dīvagāt-us* (p.p.) ← *dīvagārī* ← *dī-* 'DIS-[1]'+*vagārī* to wander (cf. vagary)〙 — *vi.* 《文語》**1** さまよう. **2** 〈話が〉枝葉にわたる, 岐路にはいる, それる (digress) 〔*from*〕. **di·va·ga·tion** [dàɪvəgéɪʃən, dɪ̀v-] *n.*

di·va·lent [dàɪvéɪlənt | ⌐⌐⌐, ⌐⌐⌐] 〘← DI-[1]+-VALENT〙 *adj.* =bivalent.

Di·va·li [dɪvɑ́:li | -lɪ] *n.* =Diwali.

di·van [dáɪvæn, dɪvǽn, də-, -vɑ́:n, daɪvǽn | dɪvǽn, daɪvǽn, dáɪvæn] 〘(1586) ⇐ Turk. *divān* ⇐ Pers. *dīwān* brochure, council〙 — *n.* **1** [(米) dáɪvæn] **a** (壁に沿って設置された背もたれのない トルコ風の低い)クッション付き長椅子. **b** (低い)寝椅子, ソファー. **2 a** (トルコ・ペルシャ・イランなどの)御前会議, 国政会議, 枢密院. **b** 会議. **3** (トルコなどで)国政会議室; 法廷; 謁見(えっけん)室; 官庁, (特に)税関. **4** 《古》 **a** (divan のある)喫茶室[店], 喫煙室. **b** 《商店語》たばこ屋: a cigar ~. **5** (ペルシャ・アラビアなどの 1 人の作者の)詩集.

di·var·i·cate 〘(1623) ⇐ L *dīvāricāt-us* spread apart (p.p.) ← *dīvāricāre* ← DIS-[1]+*vāricāre* to stand with legs apart (← *vāricus* straddling ← *vārus* bent)〙 — [daɪvǽrəkèɪt, dɪ-, də- | daɪvǽrɪ-, dɪ-] *v.* — *vi.* **1** 《文語》二又に分かれる (fork). **2** 〘生物〙 開出する, 分岐する. — *vt.* 分け離す, 広げる. — [-rɪkət, -rə-, -kɪt | -rɪ-] *adj.* 〘生物〙〈枝が〉等しく分かれた, 開出の, 分岐した, 離れた; 〈翼が〉大きく広がった. **~·ly** *adv.*

di·var·i·ca·tion [daɪvæ̀rəkéɪʃən, dɪ-, də- | daɪvǽrɪ-, dɪ-] *n.* **1** 二又分岐. **2** 意見の分かれ[相違].

di·vár·i·cà·tor [-ṭə | -tə(r)] *n.* 〘動物〙 開筋.

dive [dáɪv] 〘OE *dȳfan* (vt.) to dip < Gmc **dūbjan* (ON *dȳfa*) ← IE **dheub-* 'DEEP': cf. OE *dūfan* (vi.) to sink, plunge〙 — *vi.* (~**d**, 《米口語・英方言》**dove** [dóuv | dáuv]; ~**d**) **1** 〈人・動物などが〉(頭を先に水中へ)飛び込む, もぐる; 潜水する: ~ deep 深く水にもぐる / ~ *for* pearls 真珠を取りにもぐる. **2** 〈潜水艦が〉潜水する. **3** (水泳で)ダイビングする; (高所から)飛び降りる, 急降下する. **4** 突然姿を消す; 〔やぶの中などに〕もぐり込む 〔*into*〕: ~ *into* the bushes [*under* the table] / ~ *down* an alley 路地にかけ込む. **5** 〔…に〕手を突っ込む 〔*into*〕: ~ *into* a bag, pocket, etc. **6** 〔問題・事業・娯楽などに〕打ち込む, 没頭する 〔*into*〕: ~ *into* a book, politics, etc. **7** 〘航空〙〈急降下爆撃機などが〉急降下する, 突っ込む. — *vt.* **1** 突っ込む. **2** 〈急降下爆撃機などを〉急降下させる. **3** 水にもぐらせる, 潜水させる. **4** 《古》(潜水して)探査する. — *n.* **1** 飛込み, 潜水; 突進 (dash): take a ~ (*into*) (…に)飛び込む, 没頭する / make a ~ *for* …を取ろうと[へ逃げ込もうと]飛び込む[突進する]. **2** (水泳の)

飛込み, ダイビング: ⇨ fancy dive. **3**〚航空〛急降下. **4**〔問題などへの〕没頭, 探究〔*into*〕: take a ~ *into* a study 研究に没頭する. **5**（株などの）急落, 暴落: take a ~ 暴落する. **6 a**〚英〛（名物料理などの）地下食堂, 一品料理店; 特殊なものを売る地階;（地下にある）酒場: an oyster ~. **b**〘米俗〙（地下室などにある）安料理店, 居酒屋, あいまい屋; 賭博宿: an opium ~ アヘン窟(くつ) / a gambling ~ 賭博宿. **7** 隠れ家, 隠れ場所. **8**〘俗〙（ボクシングなどでの）八百長のノックアウト: He took a ~ in the second round. 第二ラウンドでなれあいのノックアウトになった. **9**〚アメリカンフットボール〛攻撃チームのボールを持ったプレイヤーが少しでも前進しようとラインを越えて中に飛び込むように突進すること.

díve-bòmb *vt., vi.*〚空軍〛急降下爆撃する (cf. glide-bomb).

díve bòmber *n.*〚空軍〛急降下爆撃機.

díve bòmbing *n.*〚空軍〛急降下爆撃.

díve bràke *n.*〚航空〛ダイブブレーキ《戦闘機・高等練習機などで急降下中に速度が制限を越さないように装備した制動板》.

dív·er 〚《16C》〛 **—** *n.* **1** 水に飛び込む[もぐる]人,（水泳の）ダイバー;（高所から）飛び下りる人 (cf. sky-diver): a good ~ 飛込みの名人. **2** 潜水業者, 潜水夫; あま: ⇨ pearl diver. **3**〔問題などの〕探求者, 研究者〔*into*〕. **4**〚鳥類〛**a**〚英〛水にもぐる鳥類の総称《アビ・カイツブリ・ウミスズメ・ペンギンなど》. **b** アビ属 (*Gavia*) のカモの類の水鳥の総称《アビ (*G. stellata*), オオハム (*G. arctica*) など》. **5**〘俗〙潜水艦. **6**〚空軍〛＝dive bomber. **7**〘英俗〙すり (pickpocket).

di·verge [dɪvə́ːdʒ, də-, daɪ- | daɪvə́ːdʒ, dɪ-] 〚《1665》⊏ ML *diverg-ere* ← DIS-[1]＋L *vergere* 'to bend, VERGE[2]'〛 **—** *vi.* **1**〈線路・道路などが〉分岐する,〔一点から〕分出する〔*from*〕;〔いくつかのものに〕(放射状に)散開する (↔ converge)〔*into*〕: The two roads ~ here. **2**〈意見などが〉〔進路などから〕それる (turn off); 常形[常態]から離れる, それる (deviate)〔*from, to*〕: ~ *to* another topic / ~ *from* the beaten track 常道からはずれたことをする[言う]. **3**〈意見などが〉分かれる,〔…と〕異なる〔*from*〕. **4**〚数学〛〈数列・級数・積分などが〉発散する ↔ converge).
— *vt.* そらす, 脇に向ける.

di·ver·gence [dɪvə́ːdʒəns, də-, daɪ- | daɪvə́ː-, dɪ-] 〚《1656》← ML *divergere* (↑)＋-ENCE〛 **—** *n.* (↔ convergence) **1** 分岐, 分出;（末広形の）放散; 放散性. **2**〔常態・規準などからの〕逸脱〔*from*〕;（意見などの）相違: a ~ of views / ~ *from* the normal 常態からの逸脱. **3**〚気象〛発散. **4**〚数学〛**a** 発散《ベクトル場の *x, y, z* 成分をそれぞれ *x, y, z* で偏微分したものの和》. **b**（数列・級数・積分などの）発散. **5**〚植物〛葉や果実の)開度, 葉距. **6**〚生物〛分岐《ある生物群が種・亜種・変種などに進化し分かれていくこと》. **7**〚心理〛拡散《問題解決に多くの解答を求めようとする思考法》.

di·vér·gen·cy [-dʒənsi | -sɪ] *n.* ＝divergence.

di·ver·gent [dɪvə́ːdʒənt, də-, daɪ- | daɪvə́ː-, dɪ-] 〚《1696》⊏ ML *divergent-em*: ⇨ diverge, -ent〛 **—** *adj.* (↔ convergent) **1**（一点から末広形に)分岐する; 放散する. **2**〚数学〛発散する: a ~ series 発散級数. **3**〚物理〛(輻射(ふくしゃ)的)散開の;（光線を)発散させる: a ~ pencil 散開束線, 発散光束. **4**（分かれて)異なる: ~ opinions. **5**〚心理〛拡散的な. **~·ly** *adv.*

divérgent squínt *n.*〚眼科〛＝walleye 3.

di·vér·ger *n.* 拡散的思考をする人, 視野が広く想像力の豊かな人 (cf. converger).

di·vérg·ing *adj.* ＝divergent. **~·ly** *adv.*

divérging léns *n.*〚光学〛発散レンズ《平行光線束を発散させるレンズ; negative lens ともいう; cf. converging lens》.

di·vers [dáɪvəz, -vəːz | -vəːz, -vəz] 〚《*c*1275》⊏ (O)F *divers(e)* ⊏ L *diversus* different (p.p.) ← *divertere*: ⇨ divert〛 **—** *adj.* **1**〘古・戯言〙二三の, 数個[数人]の (several): in ~ places 所々に. **2**〘廃〙＝diverse.
— *pron.*〘古・戯言〙[複数扱い] 二三のもの[人], 数個のもの, 数人.

di·verse [daɪvə́ːs, dɪ-, də-, dáɪvəːs | daɪvə́ːs, dɪ-, dáɪvəːs] 〚《変形》← DIVERS; ただし今では L *diversus* (↑) との連想が強い〛 **—** *adj.*〘文語〙**1**〔…と〕別種の, 異なった (different)〔*from*〕: be of a ~ nature *from* … と違った性質をもつ. **2** 種々の, いろいろな, 多様の (multiform): at ~ times 時々 / ~ topics さまざまな話題 / a man of ~ interests 多趣味の人. **~·ness** *n.*

di·vérse·ly *adv.* 種々に, さまざまに, まちまちに.

di·ver·si·fi·ca·tion [dɪvə̀ːsəfɪkéɪʃən, də-, daɪ-, -fə- | daɪvə̀ːsɪfɪ-, dɪ-] 〚⊏ ML *diversificātiō(n-)*: ⇨ diversify, -fication〛 **—** *n.* **1** 多様化, 多角化. **2** 雑多の状態;（多種多様の)変化, 変形. **3**〚経済〛多角経営.

di·vér·si·fied *adj.* **1** さまざまな, 変化の多い, 雑多の (varied): a ~ program 多彩なプログラム. **2**〚経済〛種々の証券[事業]に投資した; 多種類の作物[製品]を生産する: ~ investments 分散投資 / ~ agriculture 多角的農業.

di·ver·si·form [dɪvə́ːsəfɔ̀əm, də-, daɪ- | daɪvə́ːsɪfɔ̀ːm] 〚← L *diversus* (⇨ divers)＋-FORM〛 *adj.* 多様の, 種々な形状の.

di·ver·si·fy [dɪvə́ːsəfàɪ, də-, daɪ- | daɪvə́ːsɪ-, dɪ-] 〚《?*a*1430》⊏ OF *diversifi-er* ⊏ ML *diversificāre*: ⇨ diverse, -fy〛 **—** *vt.* **1**〈事・物〉に変化を与える[を生じさせる],（…の形状・外観を）さまざま[雑多]にする (variegate); …の単調さを破る. **2**〚経済〛〈投資を〉種々の証券[事業]に分配して行なう;〈企業などが〉多方面に〈生産活動などを〉拡げる. **—** *vi.*〚経済〛多角経営をする,（生産)活動を多方面化する, 投資を分散[多様化]する: ~ *into* new fields 新部門に手を拡げる.

di·vér·si·fì·a·ble [-fàɪəbl] *adj.* **di·vér·si·fì·er** *n.*

di·ver·sion [dɪvə́ːʒən, də-, daɪ-, -ʃən | daɪvə́ːʃən, dɪ-] 〚《?*a*1425》⊏ LL *diversiō(n-)*: ⇨ diverse, -sion: cf. divert〛 **—** *n.* **1** わきへそらせる[向ける]こと,〔…からの, …への〕転換〔*from, into*〕;（資金の)流用: ~ *of* attention *from* study 勉強から注意をそらすこと. **2**〚軍事〛牽制(けんせい), 陽動(作戦); 進路の変更《主攻撃目標地点の変更を意味しない》: create a ~ 牽制行動を起こす / make a ~ 牽制する. **3** 水の流れを変える[排水する]ために作られた水路, 分水. **4**〚英〛（道路の故障による)回り道, 迂回路 (detour): traffic ~s 交通迂回路. **5** 気散じ, 気晴らし, 慰み, 娯楽. **~·al** [-ʒənl, -ʒnəl, -ʃənl, -ʃnəl | -ʃənl, -ʃnəl] *adj.*

di·ver·sion·ar·y [dɪvə́ːʒənèri, də-, daɪ-, -ʃən- | daɪvə́ːʃ(ə)nəri, dɪ-] *adj.* **1**〚軍事〛牽制(けんせい)の: ~ tactics. **2** 注意をそらせる[転換させる].

di·vér·sion·ist [-ʒ(ə)nɪst, -ʃ(ə)n-, -nəst | -ʃ(ə)nɪst] *n.*〚軍事〛牽制的活動[陽動戦術]に従事する人.

di·ver·si·ty [dɪvə́ːsəti, də-, daɪ- | daɪvə́ːsɪti, dɪ-, -sɪ-] 〚《*c*1340》⊏ (O)F *diversité* ⊏ L *diversitās*: ⇨ diverse, -ity〛 **—** *n.* **1** 同一でない[違っている]こと, 相違, 不同; 相違点: ~ *in* disposition 性質の不同[相違]. **2** さまざま[多様, 雑多]なこと, 多様性, 変化 (variety): a great ~ *of* methods 非常に多くの違った方法 / There is a ~ *of* opinion as to the matter. その事については種々の意見がある. **3**〘詩〙雑色, 色とりどり.

divérsity fàctor *n.*〚電気〛不等率《ある配電系統中で個々の最大需要の和の合成最大需要に対する比率》.

divérsity recèption *n.*〚通信〛ダイバーシティー受信《最上の受信状態を自動的に選ぶようにした受信法》.

díver's pálsy [**parálysis**] *n.*〚病理〛＝caisson disease.

di·vert [dɪvə́ːt, də-, daɪ- | daɪvə́ːt, dɪ-] 〚《*a*1420》⊏ (O)F *divert-ir* // L *divert-ere* to turn aside ← *di-* 'DIS-[1]'＋*vertere* to turn (cf. version)〛 **—** *vt.* **1 a**〔他の方向・興味・目的などに〕転じる, 向ける, そらす;〈資金などを〉流用[転用]する〔*from, to, into*〕: ~ *from* one object *to* another / ~ the course of a stream＝~ a stream *from* its course 水流の進路を変える / ~ funds *to* …に資金を流用[転用]する / ~ the conversation 話題を変える / ~ suspicion *from* oneself 疑いを自分からそらす. **b**〚英〛〈交通を〉回り道[迂回]させる. **2**〚軍事〛〈敵の注意を〉(他に)牽制する. **3**〔まじめな仕事などから〕〈人〉の気を転じさせる〔*from*〕; 楽しませる, 慰める: ~ a person *from* his cares 心配事から人の気を紛らせる / ~ children by telling stories 話をして子供らを楽しませる / be greatly ~*ed* by a play 芝居を見て大いに楽しむ / ~ oneself *in*…〘まれ〙…で楽しむ, 遊ぶ, 気を紛らす. **—** *vi.* それる, 転じる. **~·i·ble** [-təbl | -tə-, -tɪ-] *adj.*

di·vért·er [-tə | -tə(r)] *n.* **1** divert する人[物]: Sport is a ~ *of* youth. スポーツは青春を楽しませるものだ. **2**〚電気〛分流加減器《直流機の界磁などを分路して界磁電流を調整するもの》.

diverticula *n.* diverticulum の複数形.

di·ver·tic·u·lar [dàɪvətíkjulə | -və(ː)tíkjulə(r)] 〚⇨ diverticulum, -ar[1]〛 *adj.*〚解剖〛憩室の.

di·ver·tic·u·li·tis [dàɪvətìkjuláɪtɪs, -təs | -və(ː)tìkjuláɪtɪs] 〚← NL ~: ⇨ diverticulum, -itis〛 *n.*〚病理〛憩室炎.

di·ver·tic·u·lo·sis [dàɪvətìkjulóusɪs, -səs | -və(ː)tìkjulə́usɪs] 〚← NL ~: ⇨ ↓, -osis〛 *n.*〚病理〛(多発性)憩室症.

di·ver·tic·u·lum [dàɪvətíkjuləm | -və(ː)-] 〚《1647》⊏ L *diverticulum* byway《変形》? ← *dēverticulum* ← *dēvertere* to turn aside ← DE-[1]＋*vertere* to turn〛 **—** *n.* (*pl.* **-u·la** [-lə])〚解剖〛憩室《動物の消化管などの一部にできた袋状の付属物》.

di·ver·ti·men·to [dɪvə̀ːṭəméntou, də-, dɪvɛ̀ə- | dɪvə̀ːtɪméntəu, -vɛ̀ə-; *It.* divèrtiménto] 〚⊏ It. ~ 'diversion' ← *divertire* (⊏ F *divertir* 'to DIVERT')＋*-mento* '-MENT'〛 **—** *It. n.* (*pl.* **-men·ti** [-tiː; *It.* -ti], **~s**) **1**〚音楽〛嬉遊曲, ディヴェルティメント. **2** ＝divertissement 1.

di·vért·ing [-tɪŋ | -tɪŋ] *adj.* 気晴らしになる, 楽しい, おもしろい (entertaining): a ~ game. **~·ly** *adv.*

di·ver·tisse·ment [dɪvə́ːtɪsmənt, də-, -təs-, -tɪz-, -təz- | dìːvɛətiːsmɑ̃ː(ŋ), -və(ː)tɪ-, -mɔ̃ː(ŋ), -mɑːŋ, -mɔ(ː)ŋ; *F.* divɛrtismɑ̃] 〚⊏ F ~ ← *divertiss-* (stem) ← *divertir* 'to DIVERT'〛 **—** *F. n.* (*pl.* **~s** [~s | ~z; *F.* ~]) **1** 娯楽. **2**〚音楽〛ディヴェルティスマン (entr'acte)《オペラで筋書とは関係なく幕間(まくあい)や劇中に挿入される短いバレエ・舞曲・器楽曲など》. **3**〚音楽〛(フーガの)エピソード. **4**〚音楽〛(オペラなどから抜粋した旋律の)ポプリ, 接続曲 (potpourri). **5**〚音楽〛＝divertimento.

di·ver·tive [dɪvə́ːtɪv, də- daɪ- | daɪvə́ːt-, dɪ-] *adj.* ＝diverting.

di·vér·tor [-tə | -tə(r)] *n.* ＝diverter.

Di·ves [dáɪviːz] 〚《*c*1378》⊏ L *dives* rich (man): cf. divine〛 **—** *n.* **1**〚聖書〛ディーヴェス《「富める人とラザロ (Lazarus)」のたとえ話の中の「富める人」を表わすラテン語が固有名詞と考えられたもの; cf. *Luke* 16: 19–31》. **2** 富者, 金持.

Díves còsts 〚↑〛 *n. pl.*〘古〙〚英法〛通常の訴訟費用 (cf. pauper costs).

díve spèed *n.*〚航空〛急降下速度.

di·vest [daɪvést, dɪ-, də- | daɪ-, dɪ-] 〚《1605》⊏ ML *divest-ire* ← *di-* 'DIS-[1]'＋L *vestire* 'to VEST' ∽《廃》devest ⊏ OF *de(s)vest-ir*〛 **—** *vt.* **1** [しばしば ~ oneself または Passive で] …に〔着物などを〕脱がせる, …からはぐ (strip); …から〔財産・地位・権利などを〕はぎ取る, 奪う (deprive); …から〔いやなものを〕除く, …に〔…から〕のがれさせる (rid)〔*of*〕: ~ a person *of* his coat 人に上着を脱がせる / ~ *oneself of* one's apron エプロンをはずす[とる] / He will be ~*ed of* the duty. 彼はその義務を免れるであろう. **2**〚法律〛〈職権・財産権などを〉剝奪(はくだつ)する, 取り上げる《遺贈について用いられることが多い》. ★ 法律用語としては通例 devest を用いる.

di·vest·i·ble [daɪvéstəbl, dɪ-, də- | -tə-, -tɪ-] *adj.* 取り上げられる, 剝奪(はくだつ)できる.

di·vest·i·ture [daɪvéstətʃùə, dɪ-, də-, -tʃə | daɪvéstɪtʃə(r), dɪ-] 〚← NL *divestitura*: ⇨ divest, -ure: cf. investiture〛 *n.* **1**（所有物・権利などの)剝奪. **2** 脱衣.

di·vést·ment *n.* ＝divestiture.

di·ves·ture [daɪvéstʃə, dɪ-, də- | daɪvéstʃə(r), dɪ-] *n.* ＝divestiture.

div·i [dívi | -vɪ] 〚← DIVIDEND: cf. divvy[1]〛 **—** *n.*〘英俗〙（購買組合の)配当, 割り戻し (cf. divvy[1]).

di·vid·a·ble [dɪváɪdəbl, də- | dɪ-] *adj.* ＝divisible.

di·vide [dɪváɪd, də- | dɪ-] 〚《?*a*1325》⊏ L *divid-ere* to force asunder, distribute ← *di-* 'DIS-[1]'＋**videre* (← IE **weidh-* to separate (L *viduus* bereft / (fem.) *vidua* 'WIDOW'))〛 **—** *vt.* **1** 分割する,〔幾つかに〕割る, 裂く (split up);〔…に〕種別する, 分類する (classify)〔*into*〕: ~ a thing *into* two equal parts [*into* halves] 物を二等分[折半]する / ~ a genus *into* species 属を種に分ける / He had his hair ~*d* in the middle. 彼は髪を真中から分けていた / Passengers ~*d* themselves *into* two lines. 来客は2列に分かれた. **2 a**（分割して)分ける,〔…の間で〕分ける, 分配する (distribute)〈*up*〉;〈時間などを〉割り振る (allot)〔*among, between*〕: ~ the profits *among* the stockholders 利益を株主間に分ける / They ~*d* the household chores *between* them. 彼らは2人で家事を分担した / His time is ~*d between* philosophy and agriculture. 彼は哲学的思索に耽ったり農業をやったりする, 晴耕雨読. **b**〔…と〕共に分かつ (share in)〔*with*〕: You should have ~*d* the blame *with* your co-worker. 君は責めを協力者と分かち合うべきだった. **3 a**〔…から〕離す, 分離する (set apart); 隔離する〔*from*〕: ~ the sick *from* the rest 病人を他の者から隔離する. **b**〈道路・川・垣などが〉分かつ, 分界する, 区画する (separate): The equator ~*s* the earth *into* two hemispheres. 赤道により地球は二つの半球に分かれる. **4** …の仲[関係]をさく;〈意見などを〉分かれさせる,〈心を〉分裂させる: a house ~*d against* itself うちわもめしている家[党など] (cf. *Mark* 3: 25) / A small matter ~*d* the friends. 小さな事でその友人たちの仲が悪くなった / Opinions are ~*d* on the issue. その問題で意見が分かれている / My mind is ~*d* on the point. その点に関して私の心は迷っている. **5**〚英〛（議会で)二派に分けて賛否の決を採る: ~ the House on the point その点を議会の採決に問う. **6**〚数学〛**a**〈ある数を〉〔他の数で〕割る〔*by*〕;〈ある数〉で〔他の数を〕割る〔*into*〕: *Divide* 7 *by* 2 [2 *into* 7] and you get 3 and a half. 7 を 2 で割れば $3^1/_2$ となる. **b** 割り切る: 9 ~*s* 36. 36 は 9 で割り切れる. **7**〚機械〛〈計器〉に度盛り[目盛り]をつける.
— *vi.* **1** 分かれる, 割れる;〔…から〕分離する〔*from*〕;〈道路・川・鉄道などが〉〔二つ以上に〕分かれる (branch out)〔*into*〕: There the river ~*s into* two tributaries. そこでその川は二つの支流に分かれる. **2** 意見が分かれる, 割れる: The committee ~*d* on the issue. 委員会はその問題で意見が割れた. **3**〚英〛（議会などで)賛否の決を採る, 採決する: *Divide! Divide!* 採決, 採決. **4**〔…と〕分かち持つ〔*with*〕: He always ~*s* equally *with* others. 彼はいつも物を他の人たちと等分する. **5**〚数学〛割算をする;〈ある数が〉〔…を〕割る〔*into*〕: 9 ~*s into* 36 four times. 36 を 9 で割れば 4 が立つ.
— *n.* **1**〘口語〙分割; 分配. **2**〚米〛**a**〚地理〛分水界: ⇨ Great Divide 1. **b**〔二者間の〕分界線, 分岐点〔*between*〕.

divide and rule ＝divide et impera.

di·víd·ed *adj.* **1** 分かたれた, 分割された; 分離した: ~ ownership (土地の)分割所有 / ~ payments 分割払込み / ⇨ divided highway. **2** 区々に分かれた; 意見が割れた, 分裂した: ~ allies. **3**〚植物〛〈葉が〉(基部または中肋(ちゅうろく)まで)深く割れた, 分裂した (cf. cleft[1] 2, parted 3): ~ leaves.

divíded híghway *n.*〚米〛(中央分離帯で分けた)高速道路《dual highway ともいう》.

divíded skírt *n.*〚服飾〛＝culotte.

divíded úsage *n.*〚文法〛慣用のゆれ, 分割語法《catalogue と catalog; sing の過去形が sang, sung などのように, つづり・発音・構文などで同一水準の人の間でも流儀が異なるもの》.

di·vi·de et im·pe·ra [dívɪdèɪ-et-ímpərɑ̀ː | -vɪ-] 〚L *divide, imperā* はそれぞれ *dividere* 'to DIVIDE' *imperāre* to rule (⇨ imperative) の命令法〛 **—** *L.* 分割支配(策),「各個撃破」(divide and rule)《Machiavelli などの政治標語》.

div·i·dend [dívədènd, -dənd | -vɪdènd, -dənd, -dn̩d] 〚(1557) ▭ AF *dividende* ▭ L *dividendum* (thing) to be divided (neut. gerundive) ← *dividere* 'to DIVIDE'〛 — *n.* **1 a** (出資者への)配当, 利益配当 (cf. principal 5); 配当額, 配当金: declare a ～ (on shares) (株式に対する)配当を発表する / pass a ～ 無配当にする / ⇨ stock dividend. **b** 利益 (advantage): pay ～*s* 利益をもたらす, (将来)役に立つ / Staying abroad gives us the ～ of knowing one's own country better. 海外に滞在することは自国をよく知るという利益もある. **2** 〘法律〙(破産清算の)分配金: a ～ in liquidation 清算分配金. **3** 《米》〘保険〙(契約者への)利益配当金 (《英》bonus). **4** 〘数学〙被除数, 実 (cf. divisor). **5** 分け前; (余分の)報酬, おまけ (bonus).

dívidend strìpping *n.* 《英》〘税法〙(支払者と課税者とが共謀して)配当課税をのがれること.

di·vid·er 〚(1526)〛 — *n.* **1** 分割者, 分配者. **2** 分裂のもと, 離間者: money, the great ～ of the world 人人の心を離反させる大きなものである金 (Swift, *The Drapier Letters*). **3** (部屋などの)仕切り《ついたて・カーテン・戸棚など; しばしば room divider ともいう》. **4** [通例 *pl.*] ディバイダー, 割りコンパス, 両脚規 (compasses): a pair of ～*s*. **5** 〘鉱山〙立坑の坑枠の部材《横からの圧力を支え, 同時に立坑の枠間の間仕切りを形成する; bunton ともいう》. 「bars 格子(こう)骨.

di·vid·ing *adj.* 分ける, 分割[区分]する, 分画的な: ～

divíding èngine *n.* 〘機械〙(計器の)目盛機, 分割機.

divíding hèad *n.* 〘機械〙＝index head.

divíding machine *n.* 〘機械〙＝dividing engine.

divíding plàte *n.* 〘機械〙＝index plate.

divíding rìdge *n.* 〘地理〙分水嶺(れい), 分水山稜(りょう).

di·vi-di·vi [dí:vidí:vi, dívidívi | dívɪdívɪ] 〚▭ Sp. ～ ← Carib.〛 — *n.* (*pl.* ～, ～**s**) 〘植物〙 **1 a** ディビディビ (*Caesalpinia coriaria*) 《熱帯アメリカ産マメ科ジャケツイバラ属の植物》. **b** ディビディビに近い種 (*C. tinctoria*) の植物. **2** ディビディビのさや《皮なめしや染色に用いる》.

di·vid·u·al [dɪvídʒuəl, də- | dɪvídju-] 〚← L *dividuus* divided＋-AL¹: cf. individual〛 — *adj.* 《古》 **1** 分離的な, 分かれた (separate). **2** 分けられる, 分割できる. **3** 分配された (shared). **～·ly** *adv.*

Di·vi·na Com·me·dia [di:ví:nə-kɔ(:)méɪdjə | -kəm-; *It.* diví:nakommé:dja], **La** 〚▭ It. ～《原義》the divine comedy〛 — *It. n.* 「神曲」(⇨ The DIVINE COMEDY).

div·i·na·tion [dìvənéɪʃən | -vɪ-] 〚(*a*1382) ▭ L *dīvīnātiō(n-)*: ⇨ divine, -ation〛 — *n.* **1** 占い, 易断. **2** 前兆, 予示. **3** [しばしば *pl.*] 予言 (prediction); (本能的)予知, 予見, 適確な予測[推量], 直観的察知, 明察.

div·i·na·tor [dívənèɪtə | -vɪnèɪtə(r)] 〚▭ L *dīvīnātor* ← *dīvīnātus* (p.p.) ← *dīvīnāre* 'to DIVINE'〛 *n.* ＝diviner 1.

di·vin·a·to·ry [dɪvínətɔ̀:ri, də-, -váɪn-, dívən-, -tɔ̀:ri | dɪvínətəri] 〚⇨ divination, -ory¹〛 *adj.* 占いの; 予言的な; 本能的予知の, 直観的察知の: ～ lots.

di·vine [dɪváɪn, də- | dɪ-] 〚adj.: (*c*1375) ▭ (O)F *divin(e)* ▭ L *dīvīnus* ← *dīvus* divine, god(like): cf. deity. — n.: (?*a*1300) ▭ L *dīvīn-us* soothsayer. — v.: (*a*1338) ▭ (O)F *devin-er* // L *dīvīn-āre* ← *dīvīnus*〛 — *adj.* (**di·vin·er; -est**) **1** 神の, 神に関する, 神による; 神性の (cf. human): the ～ Being [Father] 神, 天帝 / ～ acts 神業 / ～ aid 神助 / ～ grace 神の恵み / the ～ will 神意 / ～ judgments 神の裁き. **2** 神授の, 天与の, 天来の: a ～ inspiration 天与の霊感 / the ～ weed 《戯言》たばこ. **3 a** 神に捧げた; 神をたたえる; 神聖な (holy); 宗教的な (religious): ⇨ divine service / a ～ song 神の賛歌. **b** 《廃》神学(上)の, 神学に関する. **4** 神のような (godlike); 神々しい, この世のものならぬ; 超人的にすぐれた, 非凡な: ～ beauty [purity] 神々しい美しさ[純潔]. **5** 《口語》たまらなくいい, すばらしい, すてきな. ★ 主に女性の用いる強意語: What ～ weather!

divine right of kings [the —] 帝王神権, 王権神授説《英国史では, 特に 17 世紀に Stuart 朝の王たちや Filmer が主張したもの》.

— *n.* **1** 《まれ》神学者; 聖職者, 牧師. **2** [しばしば the D-] 神; (人間にみられる)神性, 神性を有するもの.
— *vt.* **1** 占う, (超自然的な力で)予知する, 予言する (foretell). **2** 予測する, 察知する, 推測する, 見抜く: ～ a person's thoughts 人の胸中を看破する / ～ the meaning その意味を察知する. **3** 占い杖 (divining rod) で〈水・金属などを〉発見する, …の在り場所をつきとめる[見つける]. — *vi.* **1** 占いをする; 予言する (prophesy); 予測する, 推測する 〔*for*〕. **2** 《古》〈将来の出来事などを〉予告[予示]する (portend).

Divíne Cómedy, The *n.* 「神曲」《イタリアの詩人 Dante 作の大叙事詩 *La Divina Commedia* の英訳名; 1307 年ごろ書き始められ, 死の直前(1321 年)に完成した; *Inferno* (＝Hell), *Purgatorio* (＝Purgatory), および *Paradiso* (＝Paradise) の三部から成る》.

divíne héaling *n.* (信仰などに対する感応に基くという)神力による病気の治癒(ゆ)[療法] (cf. faith cure).

Divíne Líturgy, d- l- *n.* 〘東方正教会〙聖体礼儀, 聖餐(さん)式 (cf. liturgy 3).

di·víne·ly 〚(15C)〛 *adv.* **1** 神(の力[徳])によって; 神のように, 神々しいまでに. **2** 《口語》すばらしく; とてもよく[うまく]: He sang [played] ～. 「11.

Divíne Mínd *n.* 〘クリスチャンサイエンス〙＝mind

Divíne Móther *n.* 〘ヒンズー教〙聖なる母《ヒンズー教の三大主神 (Brahma, Vishnu, Siva) の創造的・活力的な面を表わした神妃 Shakti》.

di·víne·ness 〚(15C)〛 *n.* 神性; 神聖さ; 神々しさ.

divíne óffice, D- O- *n.* 〘カトリック〙聖務日課《一定の時刻, 一定の形式で捧げられる日々の祈禱(とう)の務め); cf. breviary》; 〘英国国教会〙朝夕の祈り, 早禱と晩禱.

di·vín·er *n.* **1 a** 占者, 易(断)者; 予言者. **b** (適確な)推測者. **2** ＝waterfinder. **3** ＝divining rod. 「拝.

divíne sérvice *n.* (教会の)礼拝式, 勤行; (神の)礼

dív·ing *n.* **1** 潜水. **2** 〘水泳〙飛込み, ダイビング.
— *adj.* 水にもぐる; 潜水(性)の: ⇨ diving duck.

díving bèetle *n.* 〘昆虫〙ゲンゴロウ《ゲンゴロウ科の水生甲虫の総称》.

díving bèll *n.* 潜水鐘(しょう)《排水した釣鐘形の初期の潜水具; 空気の圧力で上部に水が入らないので, その中で人は自由に水中作業ができる》.

diving bell

díving bòard *n.* (水泳プール・湖などの)飛込み板.

díving bòat *n.* 潜水作業用ボート, ダイビング用ボート.

díving drèss *n.* ＝diving suit.

díving dùck *n.* 〘鳥類〙海鴨類, 潜水鴨類《アメリカホシハジロ (redhead) など水にもぐって食物をとったり身を守ったりするカモの総称; cf. dabbler 1 b》.

díving hèlmet *n.* 潜水帽.

díving plàne [rùdder] *n.* 〘造船〙水平舵《潜水艦の上下方向用舵》.

díving sùit *n.* 潜水衣, 潜水服.

di·vín·ing ròd *n.* 占い杖《はしばみや柳の又枝で作る; これを両手に軽く持って地上に立てると, その下に水脈・鉱脈がある時は下にぐいと引かれるという; diviner ともいう; cf. dowse², water witching》.

di·vin·i·ty [dɪvínəṭi, də- | dɪvínɪti, -nɪ-] 〚(*c*1300) ▭ (O)F *divinité* ▭ L *dīvīnitās*: ⇨ divine, -ity〛 — *n.* **1** 神の性質, 神性, 神格 (godhead): the ～ of Christ. **2** 神力, 神威, 神徳. **3** [the D-] ＝Deity. **4 a** (異教の)神: the *divinities* of ancient Greece 古代ギリシャの神々. **b** 天使, 天人, 森[水]の精《至高の神と人間の中間に位置する存在; minor divinity ともいう》. **5** 神学 (theology); (大学の)神学部: the department of ～ 神学部 / a Doctor of *Divinity* 神学博士 (略 D.D.). **6** 神々しい人, 神のような人, 慕わしい人. **7** 神々しさ; 最高(のすばらしさ): the ～ of Raphael's painting. **8** 《米》卵白とナッツが入ったファッジ.

divínity càlf *n.* 〘製本〙神学書装《暗褐色の子牛皮に空押しをした装丁様式; 神学書などの装丁に使用された》. 「ing.

divínity cìrcuit *n.* 〘製本〙＝divinity circuit bind-

divínity círcuit bìnding *n.* 〘製本〙耳折れ表紙[製本], 垂れ革表紙[製本]《書物の小口を保護するために革表紙の縁が小口から垂れ下がるようにした装丁様式; 聖書・賛美歌集の装丁によく用いられた; yapp (binding) ともいう》.

divinity circuit binding

divínity fùdge *n.* 《米》＝divinity 8.

Divínity Háll *n.* 神学校 (theological school); 《スコット》(大学の)神学部 (department of divinity).

divínity schòol *n.* 神学校 (theological school).

div·i·nize [dívənàɪz | -vɪ-] 〚▭ F *diviniser*: ⇨ divine, -ize〛 *vt.* 神に化する, 神に祭る. **div·i·ni·za·tion** [dìvənɪzéɪʃən, -nə- | -vɪnaɪ-, -nɪ-] *n.*

div. in par. aeq. 《略》〘処方〙*L.* dīvidātur in partes aequāles (＝let it be divided into equal parts).

di·vi·nyl·acétylene [daɪvàɪnl̩- | -nɪl-, -nəl-, -nl̩-] 〚← DI-¹＋VINYL＋ACETYLENE〛 — *n.* 〘化学〙ジビニルアセチレン (CH_2=CHC≡CCH=CH_2) 《無色の液体, 乾性油原料》.

divìnyl·bénzene 〚← DI-¹＋VINYL＋BENZENE〛 *n.* 〘化学〙ジビニルベンゼン ($C_6H_4(CH=CH_2)_2$) 《架橋剤の一つ, イオン交換樹脂に用いられる》.

di·vi·sa [dɪví:sə, də-, -zə | dɪ-; *Sp.* diβísa] 〚▭ Sp. ～ 'device, emblem'〛 *Sp. n.* (闘牛で)闘牛の飼育家を示す牛につける赤いリボン.

di·vi·si [dɪví:zi, də- | dɪví:zɪ; *It.* diví:zi] 〚▭ It. ～ (p.p. pl.) ← *dividere* to divide〛 — *adj.* 〘音楽〙分奏で《同一の声部を受けもつ楽器群を二つ以上のグループに分けて, それぞれ別の声部を演奏させる場合の指示に用いる; 略 div.》.

di·vis·i·bil·i·ty [dɪvìzəbíləṭi, də- | dɪvìzəbílɪti, -zɪ-, -lɪ-] *n.* **1** 分けられること, 可分性. **2** 〘数学〙割り切れること, 整除できる性質, 被整除性. **3** 〘経済〙可分性《生産活動の単位を任意の大きさに細分できること》.

di·vis·i·ble [dɪvízəbl̩, də- | dɪvízə-, -zɪ-] 〚(15C) ▭ LL *dīvīsibil-is* ← L *dīvīsus* (p.p.): ⇨ divide, -ible〛 — *adj.* **1** 分けられる, 可分の 〔*into*〕. **2** 〘数学〙割り切れる, 整除できる: be infinitely ～ 無限に(小さく)分割できる / 100 is ～ *by* 10. 100 は 10 で割り切れる. **～·ness** *n.*

di·vís·i·bly [-bli | -blɪ] *adv.* 可分的に; 割り切れるように.

di·vi·sim [dɪváɪzɪm, də-, -zəm, di:wí:sɪm, -səm | dɪváɪzɪm, di:wí:sɪm] 〚▭ L *dīvīsim* ← *dīvidere* 'to DIVIDE'〛 *L. adv.* 別々に, 各個に (separately).

di·vi·sion [dɪvíʒən, də- | dɪ-] 〚(16C) ▭ L *dīvīsiō(n-)* ← *dīvīsus* (p.p.) ← *dīvidere* 'to DIVIDE' ∞ (?*c*1350) *devisioun* ▭ OF *devisium* (F *division*) ▭ L: ⇨ -sion〛 — *n.* **1** 分けること, 分割; 分配, 配分 (distribution): the ～ *of* a book *into* five chapters 本を 5 章に分けること. **2** (意見・内部などの)分裂, 不一致, 不和 (variance). **3** くぎり, 仕切り, 隔壁; (境)界線, 分界線 (boundary). **4 a** (分割された)部分, 区間, 区画; (本の)部, 章, 節: group things into 10 ～*s* 物を 10 に区分する. **b** 《米》鉄道区[管理局]; 航空管区. **5** (議場で賛否両派に分かれる)採決: take a ～ on a motion 動議の採決を行なう / go to a ～ 投票採決する / without a ～ 投票によらないで. **6** 目盛り, 度盛り: the ～ of a scale. **7** 〘数学〙割算, 除法《記号÷; ↔ multiplication》: ⇨ long division, short division. **8** [集合的] **a** 〘陸軍〙師団 (⇨ army 3 ★); 《英》地区, 師団管区. **b** 〘海軍〙戦隊, 分(艦)隊《通例 4 隻編成の小艦隊》. **c** 〘空軍〙航空師団《2–5 個の航空団 (wings) から成る航空部隊》. **d** 部, 課, 隊《上級司令部等の組織の一部》. **9 a** (学校・牢獄(ごく)などの)組 (class): the 1st [2nd, 3rd] ～ 〘法律〙微罪[軽罪, 重罪]の区分. **b** (実力・年齢・性別などによるボクシング・レスリングなどの運動選手の)区分, 級, 段. **10** (官庁・会社などの)部局, 課: the sales ～ (会社の)販売部, 営業部 / the ～ of humanities (大学の)人文学部. **11** (国家・州を行政上区分した場合の)地区; 《英》(選挙区としての)州[自治都市]の一部. **12** 〘生物〙分裂; (目・科・属などの)部門; 〘植物〙(分類の)門 (cf. classification 1 b). **13** 〘園芸〙株分け; (球根類の)分球. **14** 〘音楽〙ディヴィジョン《特に, 17–18 世紀の英国で, 旋律を構成する音を即興的に細分化する旋律装飾法; またその楽曲(一種の変奏曲)》. **15** 〘論理〙区分《対象を部分, 種類, 領域などに分ける働きおよびその成果》.

division of labor 〘経済〙分業.

division of powers (1) 〘政治〙権力の分立. (2) 《米政治》(州と国との間の)主権分立 (cf. SEPARATION of powers).

di·ví·sion·al [-ʒənl̩, -ʒnəl] *adj.* **1** 分割上の, 区分的な, 区画の; 境界(線)を示す: ～ walls. **2** 〘数学〙除法の. **3** 部分的な: the ～ meeting 分会. **4** 師団の, 師団管区の; 戦隊の: a ～ commander 師団長. **5** 〈貨幣が〉本位貨幣の補助をする. **～·ly** *adv.*

divísion àlgebra *n.* 〘数学〙多元体《体をなす多元環 (algebra)》.

divísion àlgorithm *n.* 〘数学〙除法のアルゴリズム《除法を筆算で行なう通常の手順》. 「《英》＝divisional.

di·vi·sion·àr·y [-ʒənèri | -ʒ(ə)nəri] 〚⇨ -ary〛 *adj.*

divísion bèll *n.* 〘英議会〙採決の(合図の)ベル.

Di·vi·sion·ism, d- [-nɪzm] *n.* 〘美術〙ディヴィジョニスム, 分割描法《印象主義の色彩理論を科学的に追求し, 画面に一層明るさと光輝を与えようとした新印象主義の技法; cf. Pointillism》. **Di·vi·sion·ist, d-** [-ʒ(ə)nɪst, -nəst | -nɪst] *n., adj.*

divísion lóbby *n.* ＝lobby 2 b.

divísion màrk *n.* 〘数学〙＝division sign.

divísion rìng *n.* 〘数学〙(非可換)体《0 以外の要素が常に乗法に関する逆元をもつ環》.

divísion sìgn *n.* 〘数学〙割り算記号, 割りじるし(÷).

di·vi·sive [dɪváɪsɪv, də-, -vís-, -zɪv | dɪváɪs-] 〚▭ ML *dīvīsīv-us* ← L *dīvīsus* (p.p.): ⇨ divide, -ive〛 — *adj.* **1** 区分のついた, 区別のある; 区別をする, 分析的な. **2** 不和[分裂]を生じる. **～·ly** *adv.* **～·ness** *n.*

di·vi·sor [dɪváɪzə, də- | dɪváɪzə(r)] 〚(1466) ▭ L *dīvīsor*: ⇨ divide, -or²〛 *n.* 〘数学〙除数, 法 (cf. dividend 4); 約数: ⇨ common divisor.

di·vorce [dɪvɔ́əs, də-, daɪ-, -vóəs | dɪvɔ́:s] 〚(1357) ▭ (O)F ～ ▭ L *dīvortium* separation ← *dīvortere* ＝*dīvertere* 'to DIVERT'〛 — *n.* **1** 〘法律〙(裁判上の)離婚, 結婚解消 〔*from*〕; 婚姻の部分的解消, 別居: ～ by consent 協議離婚 / ⇨ limited divorce / get a ～ *from* one's wife 妻と離婚する / a bill of ～ (昔ユダヤ人が妻に与えた)離婚状, 去り状 (*Jer.* 3:8) (cf. divorcement 1). **2** (完全な)分離, 絶縁 (separation): the ～ *between* religion and science 宗教と科学の分離.

divorce a men·sa et tho·ro [-ɑ:-ménsə-et-θɔ́:rou, -θóːr- | -θɔ́:rəu] 〚← NL *ā mensā et thorō* from table and bed〛 〘法律〙(法律上の)夫婦別居《一種の離婚形式で, 寝食を共にしないこと; cf. BED and board (2)》.

divorce a vin·cu·lo ma·tri·mo·ni·i [-ɑ:-víŋkulòu-mɑ̀:trɪmóuniì:, -eɪ-víŋkjulòu-mæ̀trəmóuniàɪ | -ɑ:-víŋkulàu-mɑ̀:trɪmə́uniì:, -eɪ-víŋkjuləu-mètrɪmə́uniaɪ] 〚← NL *a vinculō matrimōnii* from the bond of marriage〛 〘法律〙(法律上の)離婚, 完全離婚.

— *vt.* **1** 〈夫婦を〉離婚させる, (離婚によって)離別させる; 〈夫または妻〉と離婚する: ～ a pair 夫婦を離別させる / ～ one's wife [husband] / ～ oneself [be ～*d*] *from* ... と離婚する / They ～*d* each other. 彼らは離婚した. **2** 〔…から〕分離する, 絶縁する 〔*from*〕; 〈二つのものを〉分ける, 分離する: science ～*d from* religion 宗教から絶縁した科学. — *vi.* 離婚する.

～·a·ble [-səbl̩] *adj.*

di·vor·cé [dɪvɔ̀əséɪ, də-, daɪ-, -vòə-, -sí:, — — ˊ | dɪvɔ̀:sí:, ˊ — —, — ˊ —, dɪvɔ̀:séɪ; *F.* divɔrse] 〚▭ F ～

(p.p.) ← *divorcer* to divorce〗 ── *F. n.* (*pl.* ~**s** [~z; *F.* ~])《まれ》離婚した男 (cf. divorcée).

divórce cóurt *n.* 離婚裁判所.

di·vor·cée [dɪvɔ̀ːséɪ, də-, daɪ-, -vɔ̀ə-, -síː, ─ ─́ | dɪ-vɔ̀ːsíː, ─ ─ ─́, ─ ─́ ─, dɪvɔ̀ːséɪ; *F.* divɔrse] 〖▭F *divorcée* (fem.) ← 'DIVORCÉ'〗 ── *n.* (*pl.* ~**s** [~z; *F.* ~]) (*also* **di·vor·cee** [~]) 離婚した女.

di·vórce·ment 〖《1526》〗 *n.* **1** 離婚, 離縁, 離別: a bill of ~ = a bill of divorce ⇨ divorce 1 (*Deut.* 24 : 1). **2** 分離, 絶縁.

divórce mìll *n.*《口語》(特に, 簡単な条件で離婚を許可する)離婚裁判所.

div·ot [dívət] 〖《1536》← ?〗 *n.* **1**〖ゴルフ〗(打球の際クラブヘッドで)切り取られた芝生《一片》; (切り取られた後の)芝生のくぼみ (divot hole). **2**《スコット・北英》(一片の)芝生 (sod).

di·vul·gate [dɪvʌ́lgeɪt, də-, daɪ- | daɪ-, dɪ-] 〖《*c*1425》← L *divulgāt-us* (p.p.): ⇨ divulge, -ate³〗 ── *vt.*《まれ》〈秘密などを〉漏らす, あばく (disclose). **di·vúl·gat·er, di·vúl·ga·tor** [-tə | -tə(r)] *n.*

di·vul·ga·tion [dàɪvʌlgéɪʃən, dɪvʌ̀l-, də-, dɪvəl- | dàɪvʌl-] 〖▭LL *divulgātiō(n-)*: ⇨ ↑, -ation〗 ── *n.* 秘密漏洩(ろう); (秘密・秘事の)公表, 暴露, 摘発.

di·vulge [dɪvʌ́ldʒ, də-, daɪ- | daɪ-, dɪ-] 〖《*c*1450》▭L *divulgāre* to make known ← *di-* 'DIS-¹' + *vulgāre* to make common (cf. vulgus¹)〗 ── *vt.* **1**〈秘密・秘事を〉漏らす, あばく;〈罪悪などを〉すっぱぬく, 摘発する〔*to*〕. **2**《まれ》公表[発表]する. **di·vúlg·er** *n.*

di·vúlge·ment *n.* (秘密・秘事の)摘発, すっぱぬき, 暴露;《まれ》公表 (disclosure). 「divulgement.

di·vul·gence [dɪvʌ́ldʒəns, də-, daɪ- | daɪ-, dɪ-] *n.* =

di·vulse [daɪvʌ́ls, dɪ-, də- | daɪ-, dɪ-] *vt.*〖外科〗引き裂く, 離断する, 裂開する.

di·vul·sion [daɪvʌ́lʃən, dɪ-, də- | daɪ-, dɪ-] 〖▭L *divulsiō(n-)* ← *divulsus* (p.p.) ← *divellere* ← *di-* 'DIS-¹' + *vellere* to pluck (cf. vellicate)〗 ── *n.*〖外科〗引き裂く[剝離する]こと.

di·vul·sive [daɪvʌ́lsɪv, dɪ-, də- | daɪ-, dɪ-] 〖⇨ ↑, -ive〗 *adj.* 引き裂かれやすい.

Div·vers [dívəz | -vəz] 〖← DIV(INITY) + -ER¹ + (*moderation*)*s*〗 ── *n. pl.* [単数扱い]《オックスフォード大学俗》(第一回)聖書試験《もと神学第一回卒業試験に課せられた》.

div·vy[1] [dívi | -vɪ] 〖《1883》← DIV(IDEND) + -Y²: cf. divi〗《口語》*n.* 分け前, 配当; 分配. ── *vt., vi.* 分ける, 分けあう〈*up*〉〔*between*〕.

div·vy[2] [dívi | -vɪ] 〖← DIVISION〗 *n.*《英軍俗》師団.

Di·wa·li [dɪwáːli, də- | dɪwáːlɪ] 〖▭Hindi *divālī* ← Skt *dīpa-vali*《原義》row of lights〗 ── *n.*〖ヒンズー教〗ディワーリ, 灯明の祭《10 月または 11 月に行なわれる全インドの宗教的祭日》.

di·wan[1] [dɪwáːn, də- | dɪ-] *n.* = divan 2-5.

di·wan[2] [dɪwáːn, də- | dɪ-] *n.*〖インド〗= dewan.

Dix [díks], **Otto** *n.* ディックス《1891-1969; ドイツの反戦画家; 1922 年頃から新即物主義 (Neue Sachlichkeit) の指導者》.

Dix·i·can [díksɪkən, -sə- | -sɪ-] 〖← DIXIE² + (REPUBLI)CAN〗 *n.*《米》米国南部の共和党員.

dix·ie [díksi | -sɪ] 〖《1900》▭Hindi *degchī* ▭Pers. *degchā* (dim.) ← *dīg* iron pot〗 ── *n.*《英》(キャンプで料理・湯沸かし用の)はんごう (mess tin), (特に, 12 ガロン入り)キャンプ用湯沸かし. 「られる.

Dix·ie[1] [díksi | -sɪ] 〖↓〗 *n.* 女性名. ★ 米国南部に限

Dix·ie[2] [díksi | -sɪ] 〖《1859》← ? *Dixie* (D. Emmett 作の歌の題名, もと黒人ミンストレル劇 (1850) 中に登場する黒人の名) ∥ *dixie* (南北戦争前に Louisiana 州で広く流通した 10 ドル紙幣で, 同州のあだ名, 裏面中央に大きくフランス語で *dix* (= ten) とある)〗《米》── *n.* **1** [集合的] 米国南部諸州 (Dixieland). **2**「ディクシー」《1859 年 Daniel Emmett (1815-1904) によって作詞・作曲された歌で, 南部連邦, 後には合衆国全体の愛唱歌となった》. ── *adj.* 米国南部諸州の[に関する]: a ~ lullaby.

Dix·ie[3] [díksi | -sɪ] 〖← ?〗 *n.*〖商標〗ディクシー《アイスクリームや飲み物用の紙コップ》.

Dix·ie·crat [díksikræ̀t | -sɪ-] 〖← DIXIE² + (DEMO)CRAT〗 ── *n.*《米口語》米国南部の民主党離反派の人《Truman 大統領の公民綱領に反対した》. **Dix·ie·crat·ic** [dìksikrǽtɪk | -sɪkrǽt-] *adj.*

Díxie·lànd *n.* **1** = Dixie² 1. **2** [d-]〖音楽〗ディキシーランドジャズ《伝統的なスタイルを踏襲したジャズ》.

Díx·ie's lànd *n.* = Dixieland.

dix·it [díksɪt, -sət | -sɪt] 〖▭L *dixit* he has said ← *dicere*: ⇨ diction〗 *n.* (ある特定の人の言った)言葉; 恣意的[教条的]な言明, 独断の主張 (cf. ipse dixit).

dix·y [díksi | -sɪ] *n.* = dixie.

D.I.Y., DIY《略》do-it-yourself.

Di·yar·ba·kir [dɪjàəbɑːkíə | -jàːbɑːkíə(r; *Turk.* dijárbɑkɨr] *n.* ジヤルバクル《トルコ南東部 Tigris 河畔の都市; 人口 170,000》.

di·zen [dáɪzn, dízn | dáɪzn] 〖《1530》《原義》to put flax on a distaff < ME *disen ▭MDu. *disen* ← ? MLG *dise*: ⇨ distaff〗 *vt.*《古・詩》= bedizen.

di·zy·got·ic [dàɪzaɪgɑ́tɪk, -zɪ-, -zə- | -zaɪgɔ́t-, -zɪ-] 〖⇨ di-¹〗 *adj.*〖生物〗〈ふたごが〉二卵性(双生児)の.

díz·zi·ly [-zɪli, -zə- | -lɪ] 〖lateOE *dusiliċe*〗 *adv.* めまいがするように, 目がくらむように, ふらふらするように, くらくらと.

díz·zi·ness 〖ME〗 *n.* めまいが[ふらふら]すること, めまい, 眩暈(げん): a feeling of ~.

diz·zy [dízi | -zɪ] 〖OE *dysiġ* foolish ← (WGmc) **dus*- ← ? IE **dheu-* to rise in a cloud (L *fūmus* 'FUME')〗 ── *adj.* (**diz·zi·er**; **-zi·est**) **1**〈人が〉めまいがする, 目が回る (giddy): be [feel] ~. **2** 目が回るような気がする, (頭が)混乱した (bewildered)〔*with*〕: He was ~ *with* happiness. 幸福で目がくらむ思いがした. **3** **a**〈回転運動など〉目まぐるしい. **b**〈高さ・速度など〉めまいがするほどの: a ~ height / a ~ success 夢かと思う大成功 / at a ~ rate ものすごい速度で. **4**《口語》うわついた, 浅はかな (thoughtless); 愚かな, ばかな (silly). **5** 過度の,《口語》極端な (extreme). ── *vt.* ...にめまいをさせる, ふらふらさせる, 眩惑(げんわく)させる: at a ~*ing* speed 目もくらむような速度で. **~·ing·ly** *adv.*

Diz·zy [dízi | -zɪ] *n.* Benjamin Disraeli の通称.

D.J.《略》dinner jacket; disc jockey; District Judge; *L.* Doctor Jūris (= Doctor of Law);〖証券〗Dow-Jones;〖製本〗dust jacket.

Dja·ja [dʒɑ́ːjə], **Mount** *n.* ジャヤ山《インドネシア, New Guinea 島 Nassau 山脈の山; New Guinea 島の最高峰 (5,029 m); 旧名 Mount Carstensz》.

Dja·kar·ta [dʒəkɑ́ːtə | -kɑ́ːtə] *n.* ジャカルタ《インドネシアの首都, Java 州北西部にある; 人口 4,500,000; 旧名 Batavia》. 「ア語名.

Dja·wa [dʒɑ́ːvə, dʒǽvə | dʒɑ́ːvə] *n.* Java のインドネシ

dje·bel [dʒébəl] 〖▭Arab. *jábal* mountain〗 *n.* ジェベル《西南アジアや北アフリカで山(脈), 丘, 小山などをさす語》.

Djeb·el Druze [dʒébəl-drúːz] *n.* **1** ジェベルドルーズ《シリア南部の山岳地帯; cf. Druse; 人口 90,000, 面積 6,216 km^2; Jebel Druze, Jebel ed Druz ともいう》. **2** 同地帯の最高峰 (1,766 m).

djel·la·ba [dʒəlɑ́ːbə] *n.* = jellaba.

D.J.I.A.《略》〖証券〗Dow-Jones Industrial Average 米国の工業株など 30 銘柄を対象とするダウ・ジョーンズ平均株価 (cf. Dow-Jones average).

djib·bah [dʒíbə] *n.* = jibba.

Dji·bou·ti [dʒɪbúːti, dʒə- | dʒɪbúːtɪ; *F.* dʒibuti] *n.* ジブチ《アフリカ北東部 Aden 湾に臨む共和国; もとフランス海外領でアファルイッサ (the Afars and the Issas) といったが, 1977 年独立; 人口 180,000, 面積 23,000 km^2, 首都 Djibouti (人口 104,000); 公式名 the Republic of Djibouti ジブチ共和国》.

djin [dʒín] *n.*〖イスラム伝説〗= jinn.

djinn [dʒín] *n.*〖イスラム伝説〗= jinn.

djin·ni [dʒɪníː, dʒə-, dʒíni | dʒɪníː] *n.*〖イスラム伝説〗= jinni.

dk.《略》dark; deck; dock.

dkg., dkg《略》decagram(s).

dkl., dkl《略》decaliter(s).

dkm., dkm《略》decameter(s).

dks., dks《略》decastere(s).

dl., dl《略》deciliter(s).

dl- [díːél] 〖← D- + L-〗 ── *pref.*〖化学〗**1** [通例イタリック体で]「化合物の右旋・左旋形の等量からなる」の意: *dl*-tartaric acid. **2** [通例小型頭文字 DL- で]「化合物の D-形, L-形の等量からなる」の意: DL-fructose.

D/L《略》〖電算機〗data link; demand loan.

D.L.《略》Department of Labor; Deputy Lieutenant《英》州副知事; Doctor of Law; driving license.

D̍ làyer *n.*〖通信〗D 層《イオン圏の最下層で, 地上 60-90 km のところに存在する電離層; 短波の吸収・長波の反射が起きる; cf. ionosphere》.

DLIM《略》double-sided linear induction motor.

D. Lit.《略》*L.* Doctor Līterārum (= Doctor of Literature).

D. Litt.《略》*L.* Doctor Litterārum (= Doctor of Letters).

D.L.O.《略》dead-letter office《今は R.L.O.》;〖海運〗dispatch loading only 速達品積込みに限る.

D.L.S.《略》Doctor of Library Science.

dlvr.《略》deliver.

DM《略》〖化学〗diphenylaminechlorarsine.

DM《記号》〖貨幣〗Deutsche mark.

dm., dm《略》decameter(s); decimeter(s).

DM.《略》design manual; direct mail; director of music; district manager.

D.M.《略》Daily Mail; Deputy Master; Doctor of Mathematics; Doctor of Medicine; Doctor of Music.

D̍-màrk [díː-] *n.* = Deutsche mark.

D.M.D.《略》*NL* Dentariae Medicinae Doctor (= Doctor of Dental Medicine).

DME《略》〖航空〗Distance Measuring Equipment 距離測定装置; その地上局《飛行機上から地上局に質問信号を送り, 地上局からの応答によって飛行機から地上局までの距離を測定するもの》.

D.M.G.《略》Dame Commander of (the Order of) St. Michael and St. George.

D.M.I.《略》Director of Military Intelligence.

Dmi·tri [dmíːtri | -trɪ; *Russ.* dmʲítrʲij] 〖▭Russ. ~〗 *n.* 男性名.

D.M.L.《略》Doctor of Modern Languages.

D.Mn.《略》Doctor of Ministry.

D.M.S.《略》Director of Medical Services; Doctor of Medical Science(s).

DMSO *n.*〖化学〗= dimethylsulfoxide.

D. Mus.《略》Doctor of Music.

DMZ《略》demilitarized zone.

dn.《略》down.

d—n [dǽ(ː)m, díːn] = damn (cf. d—, d—d).

D̍N̍Á 〖← D(EOXYRIBO)N(UCLEIC) A(CID)〗 *n.*〖生化学〗= deoxyribonucleic acid (cf. RNA).

D.N.A.P.《略》〖生化学〗deoxyribonucleoprotein.

D̍N̍Á pólymerase *n.*〖生化学〗DNA ポリメラーゼ《DNA の複製および修復を触媒する酵素》.

DN·ase [dìːénèɪs, -eɪz | -eɪs] 〖← D(EOXYRIBO)N(UCLE)-ASE: cf. DNA〗 *n.* (*also* **DNA·ase** [dìːènéɪeɪs, -eɪz | -eɪs])〖生化学〗= deoxyribonuclease.

D.N.B., DNB《略》Dictionary of National Biography 英国人名辞典; *G.* Deutsches Nachrichtenbüro (= Information Bureau of Germany) (ドイツの)デーエヌベー通信社.

Dne·pr [*Russ.* dnʲépr] *n.* [the ~] ドニエプル(川)《Dnieper のロシヤ語名》.

Dne·pro·pe·trovsk [nèpro(ʊ)pətrɔ́(ː)fsk | (d)nèp-rə(ʊ)pɪtrɔ́fsk; *Russ.* dnʲiprəpʲitrófsk] *n.* ドニエプロペトロフスク《ソ連邦 Ukraine 共和国, Dnieper 河畔の都市; 人口 995,000》. 「《Dniester のロシヤ語名》.

Dnestr [*Russ.* dnʲéstr] *n.* [the ~] ドニエストル(川)

Dnie·per [níːpə | (d)níːpə(r] *n.* [the ~] ドニエプル(川)《ソ連邦ロシヤ共和国西部, バルダイ丘陵 (Valdai Hills) に源を発し, 南に流れて黒海に注ぐ川 (2,200 km); ロシヤ語名 Dnepr》.

Dnies·ter [níːstə | (d)níːstə(r] *n.* [the ~] ドニエストル(川)《ソ連邦南西部, Carpathian 山脈に源を発し, 南東に流れて黒海に注ぐ川 (1,352 km); ロシヤ語名 Dnestr》.

do[1] [dúː] 〖OE *dōn* (pret. *dyde*, p.p. *ġedōn*)《原義》to put < (WGmc) **dō*- (Du. *doen* / G *tun* to do) ← IE **dhē*- to set, put (L *-dere* / Gk *tithénai* / Skt *dadhāti* he puts)〗 ── *v.* (**did** [díd],《古》**didst** [dídst]; **done** [dʌ́n]; **do·ing**; 三人称単数直説法現在 **does** [dʌ́z],《古》**do·eth** [dúːɪθ, -əθ | dúːɪθ, dúːɪθ, dúːəθ, dúəθ];《古》二人称単数 (thou) 直説法現在 **do·est** [dúːɪst, -əst]) ── *vt.* **1** **a**〈行動・仕事などを〉する, なす, 行なう, 遂行する (accomplish, carry out);〈任務などを〉尽くす, 果たす, やってのける (perform): *do* duty for ... の代理[役目]をする / *do* something [nothing] 何かする[何もしない] / *do* one's work 仕事をする[果たす] / *do* one's duty [part] 義務[本分]を尽くす / *do* a good [an evil] deed 善い[悪い]事をする / *do* good [evil, right, wrong] 良い[悪い, 正しい, 間違った]事をする / *do* one's best = *do* the best one can 最善を尽くす / have [have got] something to *do* 何かすることがある / What can I *do* for you? (店員が顧客に向って)何を差し上げましょうか; (医者が患者に向って)どうしました / See what you have *done*. 自分のした事をごらん(これは何だ). **b** [動作名詞・動名詞を伴って]: *do* a smoke 一服やる / *do* repairs 修繕をする / *do* charring《英》家庭の雑用をする / *do* lecturing [reviewing, writing] (職業的に)講演[評論, 執筆]をする / *do* the shopping [packing, washing] 買物[荷造り, 洗濯]をする. **c** [完了形で] 済ませる: I have *done* writing. 書き物を済ました / The work is *done*. 仕事が済んだ.

2 [しばしば二重目的語を伴って]〈人〉に〈...を〉尽くす, してやる, 仕向ける,〈敬意などを〉示す, 与える (bestow);〈害などを〉加える (inflict);〈人〉に〈面目・名誉・信用などを〉もたらす (bring upon): *do* a person a favor 人に恩恵を与える[施す] / *do* a person an injury 人に害を与える / *do* a person a good turn = *do* a good turn *to* a person 人のためになること(親切など)をしてやる / *do* a person a service 人のために尽くす / *do* a service *to* one's country 国のために尽くす / *do* a person credit = *do* credit *to* a person 人の名誉となる / Milk *did* me a great deal of good. 牛乳は私の体に大変よかった / That *does* you great honor. それは君の非常な名誉となる.

3 (何らかの方法で)処理する (deal with) ★ 具体的な意味は目的語の意味内容によって決定される. たとえば, 整理する, 掃除する (clean), 繕う (repair),〈計算を〉する,〈問題を〉やる, 解く (solve), ...の勉強をする, 描く (depict),〈本を〉書く,〈本を〉出版する,〈記事を〉まとめる, 作曲する (compose), 翻訳する (translate): *do* one's correspondence (返事を書いて)手紙の処理をする / *do* verse 詩を作る / *do* one's room 部屋を掃除する, 部屋にペンキを塗る(など) / *do* the flowers in a room 部屋に花を活ける / *do* one's hair 髪をとかす[結う] / *do* the dishes 皿を洗う / *do* one's lessons 学課を勉強する《予習・復習など》/ *do* a sum 計算をする / *do* a problem 問題を解く / *do* five copies of a letter 手紙を(複写などで) 5 通作る / *do* a portrait 肖像画をかく / *do* work for the music festival 音楽祭のために作曲をする / *do* a Latin passage *into* English ラテン文を英訳する.

4〈野菜・肉などを〉(煮焼きして)料理する (cook);〈料理を〉こしらえる (prepare) (cf. overdo 3, underdone): *do* meat brown 肉をきつね色に焼く / a half-*done* potato 半煮えのじゃがいも / be *done* to a turn ころあいに料理され[焼け, 煮え]ている.

5《口語》だます, 欺く (cheat): I'm afraid you've been *done*. あなたはどうやらだまされたらしいね / He *did* me over that bargain. あの取引きで彼は私をだました / ⇨ *do a person in the* EYE.

6《俗》負かす, やっつける, 参らせる; (すっかり)疲れさせる, くたくたにする (tire out): That *does* me. それには参るよ / If we shrink, we are *done*. 尻込みした

らおしまいだ / I was pretty well *done* by that time. その時にはかなりへとへとになっていた.
7 《口語》見物[参観]する, 見て回る, 旅行する (visit): *do* London, the British Museum, etc. / *do* the sights 名所見物をする / *do* a show ショーを見物する / *do* 12 countries in 12 days 12日で12か国を回る.
8 《口語》〈人〉にとって満足である, 間に合う (cf. *vi.* 8): Will this *do* you? これでよろしいですか / That will *do* me very well. それでけっこう.
9 a …の役をする[演じる]: *do* Hamlet ハムレットの役をする / *do* the interpreter 通訳を勤める / He *does* the host admirably. 彼は立派に主人役を勤める. **b** [do＋a＋固有名詞の形式で]《口語》…らしく振舞う, …を気取る: *do a* Garbo (グレタ)ガルボを気取る / He's *doing a* McCarthy on us. 彼はわれわれに対してマッカーシー風を吹かせているのだ.
10 [the＋形容詞を目的語として]《口語》…らしくする[振舞う]: *do the* amiable [agreeable] 愛想よく振舞う / *do the* big 偉そうに振舞う / ⇨ *do the* DIRTY *on*, *do the* GRAND, *do the* POLITE. ★ 元来は 9 a の名詞を略した用法.
11 《口語》〈人を〉遇する, もてなす (treat); …に(…の)振舞いをする: *do* a person handsomely [well] 人を手厚くもてなす / They *do* you very well here. ここは大層もてなしがいいですよ / ⇨ *do a person* PROUD.
12 〈ある距離を〉行く, 旅する (cover): *do* the journey in a day 1日でその旅行をする / This car *does* thirty-five miles to the gallon. この車は1ガロンにつき35マイル走る / *do* 25 m.p.h. 時速25マイルで走る / *do* 20 miles a day on foot 徒歩で1日に20マイル歩く.
13 《俗》〈刑期を〉勤める (serve out): *do* (one's) time ⇨ time *n.* 12 c / *do* a term of punishment 刑期を勤める / He is *doing* three years. 3年の刑に服している.
14 《俗》つかまえる, 逮捕する (arrest): He was *done* for robbery. 彼は強盗罪でつかまった.
15 《英方言・ニュージーランド》〈家畜〉の世話をする: *do* sheep well 羊の世話をよくする.
16 《豪俗》〈金を〉使い果たす, する: He *did* his money on goats. やぎに金を使ってしまった.
17 《俗》…と性交する.
— *vi.* **1** 事をする[行なう], 仕事をする, 行動[活動]する, (あるやり方を)する, やる (act): He *did* well to refuse. 拒絶したのは当を得ている, 断ってよかった / Let us be up and *doing*. さあ一つ大いにやろう.
2 [現在分詞で] 起こっている, 生じている: There is nothing *doing*! 何も始まっていない, 何もおもしろい事がない (Things are dull.) (cf. NOTHING *doing*!) / What's *doing* there? そこで何が起こっているのか / Anything *doing* tonight? 今晩何かあるのですか.
3 振舞う, 身を処する (behave): *do* like a gentleman 紳士のように振舞う / *do* right 正しく振舞う.
4 [*have to do* の形で]〔…と〕関係[交渉]がある〔*with*〕: *have* nothing *to do with* …と関係[交渉]がない (have no business with) / What *have* I *to do with* you? 私は君にどんな関係があるのですか(無関係ではないか).
5 [完了形で用いて] してしまう, 済ます; 〔…と〕関係を絶つ〔*with*〕: ⇨ DO[1] *with* (2) / Have *done*! もうよせ.
6 [通例様態の副詞を伴って] (あるやり方で)やっていく, 暮らす (get along); 健在である; 〈物事が〉(順調に[まずく])運ぶ, いく (get on); 〈植物が〉できる (grow well): How do you [d'ye] *do*? いかが(お暮し)ですか; (初対面の挨拶(あいさつ)に用いて)初めまして / He is *doing* splendidly [very well] at the Bar. 弁護士として立派にやっている / I can just *do* on my income. 自分の収入で何とかやっていけます / Flax *does* well after wheat. 小麦の後には亜麻がよくできる / He *did* quite nicely out of the war. 戦争でたんまりもうけた.
7 よろしい (suit): It does not *do* to call people at such an hour. こんな時間に人に電話するのはよくない / This sort of work won't *do* for me. こういう仕事は私にはだめだ / That will [That'll] *do*. それでけっこう, いいからもうよせ / That won't [doesn't] *do*. それはだめだ.
8 〔…に〕役に立つ, 間に合う (serve), 十分である〔*for*〕 (cf. *vt.* 8): A log *did for* my seat. 腰掛け丸太で事が足りた, 丸太が腰掛け代りになった / Can you make $5 *do*? 5ドルで間に合うかね.
be to do 《古》＝be to be done: if it *were to do* again 再びしなければならないとしたら. ***do away*** 《古》除く, 廃する (remove, obliterate). ***do away with*** (1) …を除く, 排除[廃止]する (get rid of): The library has been *done away with*. その図書館は廃止されている. (2) …を殺す (kill): I had to *do away with* the mad dog. 狂犬を殺さなければならなかった. ***do brown*** ⇨ brown 成句. ***do by*** …に対して尽くす, …を遇する (deal with): He *does* well *by* his friends. 友人によくする / *Do* as you would be *done by*. 《諺》己れの欲するところを人に施せ / He is hard *done by*. ひどい仕打ちを受けた. ***do down*** 《口語》打ち負かす, ひどい目に会わせる; だます (cheat), ぺてんにかける (swindle): I have been *done down*. ひどい目に会った / He is not going to *do* me *down*. 彼にだまされはしないぞ. ***do for*** (1) …の代役をする (act for); 《英口語》(主婦)の代り[家政婦役]をする: During her illness she was *done for* by her sister. 彼女の病気中は妹が家事をしてくれた. (2) 《英口語》…の世話をする, 面倒を見る (care for); …の用をしてやる: What can I *do for* you? ⇨ *vt.* 1 a. (3) 《英俗》やっつける, おしまいにする (finish off); 滅ぼす, 破滅させる (ruin), 傷つける (injure), 殺す (kill): Damn you, I'll *do for* you! 畜生殺してやるぞ / He was *done for* in the explosion. 彼は爆発で死んだ. (4) [通例 p.p. 形で] 駄目にする (down-and-out): If he knows of it, we are *done for*. もし彼がそのことを知ればわれわれはもうお終いだ. (5) [通例 p.p. 形で] くたくたに疲れさせる: I was *done for* after a long walk. 遠い道を歩いたのでへたばってしまった. ***do in*** (1)《口語》やっつける, 滅ぼす (ruin); 殺す (kill): I *did* him *in* with my gun. 銃で彼をやっつけた. (2) だます, 欺く (cheat). (3) [通例 p.p. 形で]《口語》疲れさせる, へとへとにさせる (tire out) (⇨ done 3). (4)《俗》〈金を〉使い果たす: Now he's *done* his money *in*. もう金を使い果たしてしまった. ***do it*** (1) 効を奏する: Dogged [Steady] *does it*. がんばる[じっくりやる]のが肝心. (2)《口語》性交する: She'd rather *do it* than eat. 食べるよりもあれをする方が好きだ. ***do a person proud*** ⇨ proud 成句. ***do oneself proud*** ⇨ proud 成句. ***do oneself well*** ⇨ well[2] 成句. ***do or die*** 必死の努力をする, のるかそるかだ (cf. do-or-die): Tomorrow let us *do or die*. 明日はのるかそるかでやってみよう. ***do out*** 《口語》(1) 掃除する (clear up): *do out* a room, stable, etc. (2) 整理[整頓]する: *do out* a desk. ***do a person out of*** 《口語》〈人を〉だまして…を取る, 〈人〉から…を巻き上げる: *do* a person *out of* his money 人をだまして金を巻き上げる. ***do over*** (1)《口語》〈部屋・壁などを〉改造[改装]する (redecorate); 《米口語》やり直す. (2)《俗》だます, ぺてんにかける (swindle). (3)《口語》へとへとに疲れさせる: He was completely *done over*. すっかり疲れ果てた. (4)《俗》〈人を〉(襲って)打ちのめす. (5)《俗》…と性交する; …を誘惑する (seduce). ***do something*** [***things***] ***to*** [***for***] 《口語》…を立派にする (improve), より楽しく[魅力的に]する: A beret *did something for* her. ベレー帽のおかげで女振りが上がっていた. ***do to*** [《古》***unto***] ＝DO[1] *by*. ***do to death*** ⇨ death 成句. ***do a person to wit*** [***know, understand***] 《古》〈人〉に知らせる. ***do up*** (1) 手入れをする, 繕う; きちんと整える: a house newly *done up* 新しく手を入れた家 / *do up* one's room 部屋を片づける. (2) 〈髪を〉結う: *do up* one's hair. (3) 〈衣服・靴〉のボタン[ファスナー・ひもなど]をかける; 〈衣服・靴の〉ボタン(など)がかかる: *do up* one's dress / This dress *does up* at the back. このドレスは後ろでとめる. (4) 〈物を〉包む, (くくって)(小)包みにする (wrap up): *do up* a parcel. (5) [通例 p.p. 形で]《口語》すっかり疲れさせる (tire out): I am *done up with* writing all day. 終日書き物をしたのでひどく疲れた. (6) [*do oneself up* または p.p. 形で]《口語》着飾る (deck out): *do* oneself *up* 着飾る / a young man *done up* in a tweed suit ツィードの背広を着込んだ若者. (7)《俗》やっつける, 打ち負かす. ***do up right*** 《米古》〈物事を〉きちんとやる. ***do with*** (1) …に対して…する: I can *do* nothing *with* this boy. この少年は私の手に負えない / I don't know what to *do with* my leisure. 暇をもてあましている / What is to be *done with* him? 彼をどう処置したらいいか / I don't know what to *do with* myself. 途方にくれている; 退屈している. (2) [have [be] *done with* として] …と手を切る, 打ち切る; …が用済みになる, …をやめる (put an end to): I *have* [*am*] *done with* him. 彼とは手を切った / Let us *have done with* it! そんなことはやめようよ / *Have* you *done with* the paper? もう新聞は済みましたか / *Have done with* compliments! お世辞はよせ. (3) …を扱う (deal with): She is difficult to *do with*. 彼女は扱いにくい. (4) どうにか我慢する (endure): I can't *do with* him [his indolence]. 彼[彼のなまけるの]には我慢ができない. (5) [通例 can, could を伴って]《口語》…で間に合わせる, で済ませる (manage with): *Can* you *do with* cold meat for dinner? 夕食には冷肉でよろしいですか. (6) [could *do with* として]《口語》…しても悪くない, 喜んで…する: I *could do with* a good night's rest. 一晩ゆっくり眠れたら悪くないね / You look as if you *could do with* a drink. 一杯やっても悪くないような顔つきをしているね. (7) ⇨ *vi.* 4, HAVE[1] *something* [*nothing, etc.*] *to do with*. (8) [be to *do with* として] 〈物事・人が〉…に関連[関係]がある: This *is* nothing *to do with* our subject. これは我々の主題とは無関係だ. ***do without*** …なしで済ませる (dispense with); [can *do without* として]《口語》〈お節介・批判など〉はなくてよい, 要らない: Can we *do without* water for one day? 1日でも水なしでやって行けますか / He can't be *done without*. 彼がいなくては困る / I *can do without* your advice. ご忠告は結構です. ***have done it*** 《口語》しくじった, へまをやった: Now you've *done it*! そらへまをやった. ***No, you don't.*** ***That does*** [***did***] ***it!*** 《口語》 (1) もうそれで十分だ. (2) それはひどすぎる, もう我慢できない. ***That's done it!*** 《口語》 (1) うまくいったぞ, やったぞ. (2) しまった, だめだ.
— *n.* (*pl.* **dos, do's** [~z]) **1** 《英口語》だますこと, 詐欺, ぺてん (swindle): It's all a *do*. 全くのぺてんだ. **2** 《英口語》**a** 宴会, 祝宴 (festive gathering); パーティー: have a *do* / There's a big *do* on. 大宴会が開かれている. **b** 戦闘; 爆撃. **3** [*pl.*]《英口語》**a** 行い, 行為 (action). **b** 分配 (share): Fair *do's*! 公平にやろうぜ (Play fair!). **4** [通例 *pl.*; しばしば don'ts と相関的に用いて]なすべきこと, 守るべきこと, 命令条項, 「すべし」集 (cf. don't *n.*): *do's* and don'ts すべき事とすまじき事《振舞いなどの規則》/ the *do's* and don'ts of letter writing 手紙(を書く時)の心得.
do one's do 《豪口語》なすべき事をする. ***make a do of it*** 《豪口語》成功する.

do[2] [(子音の前) də; (母音の前) du | dʊ; dùː, dúː] *auxil. v.* (**did** [dɪd, dəd; dìd, díd | dɪd; dìd, díd], 《古》 **didst** [dɪdst, dəst; dídst | dɪdst; dídst]; 三人称単数直説法現在 **does** [dəz; dʌ̀z, dʌ́z], 《古》 **doth** [dəθ; dʌ̀θ, dʌ́θ]; 《古》二人称単数 (thou) 直説法現在 **dost** [dəst; dʌ̀st, dʌ́st]) ★ 変則定動詞 (anomalous finites) とは共起しない. **1** [肯定] **a** [陳述の強調]: I *do* [dúː] think so. 本当にそうだと思う / But he *did* [díd] come. しかし来ることは来たんだ / I did [díd] go, but he wasn't in. 行ったことは行ったんだが, 留守だったのさ / Knock, indeed, he *did*. 彼は確かにノックしたのだ / *Do* [dúː] come again. ぜひまたお出で下さい / *Do* [dúː] be quiet! 静かになさいってば / Hurry up, *do*! 急ぎなさいったら. **b** [皮肉・ユーモアの感じを表わして]: There will be some changes made around here, I *do* believe. まあこの辺も変わることになるでしょうよ. **c** [法律文の常套的表現や詩・詩的散文での虚辞として]: I John Faustus, by these presents, *do* give both body and soul to Lucifer. 私ジョンフォースタスは本書類により肉体および魂をルシファーに与える者である / The flowers she most *did* love. 何よりも花を愛した. **2** [疑問]: *Do* you hear? / *Did* you see her? / Why *do* you weep? なぜ泣くのですか / Why *don't* you talk? なぜ口をきかないのですか. ★ have は動作を表わす時はもちろん, 状態を表わす場合 (＝possess) でさえ, 特に米国で非変則動詞に用いる傾向があるため, do…have は主に英口語の have…got に対応することがある: *Do* you have (＝Have you got) a knife? ナイフをお持ちですか. **3** [否定: 動詞に not を伴う場合]: I *do not* [*don't*] see. / I *did not* [*didn't*] know. / *Don't* go! ★ 他の否定語の場合は do は不要: I hardly know him. **4** [文頭に目的語・副詞・否定語が来る場合主語と動詞の語順転倒を避けるために]: This *do* I detest. これが大きらいなのだ / Well *do* I remember it. その事はよく記憶している / How bitterly *did* I repent! どんなに深く後悔したことか / Never *did* I see such a thing. 今までにこんな物は見たことは一度もない / Little *did* he imagine that. 夢にもそんなことは考えていなかった. ★ 否定語の場合のほかは文語的.
— [dúː] *substitute v.* [前方の動詞または動詞句の反復を避けるのに用いる; 元来は本動詞] ★ (1) 助動詞を伴う場合は助動詞のみを反復し, do は加えない: He *has* lived in Kobe for many years as I *have*. (2) 語形変化は *auxil. v.* と同じ. **a** [同一の動詞または動詞句の代用]: Try to skate as I *do* (＝skate). 私のようにスケートしてみなさい / I am sorry I spoke to you as I *did* (＝spoke). 君にあんな口のきき方をしてすまなかった / You love her better than I *did* (＝loved her). 君は私よりも彼女を愛している / *do* it ⇨ it[1] 1 / *do* so ⇨ so[1] *pron.* 1 b. **b** [付加疑問の中で]: You saw him, *didn't* you? 君は彼を見たんだろう / So you gamble, *do* you? じゃあ君はギャンブルをやるのかい《皮肉・嘲笑の口調》. **c** [陳述の真実性を強調して]: He hates me, John *does*.＝He hates me, *does* John. やつは僕をきらってるんだ, ジョンはよ. **d** [目的語を伴って]: My mother loved my brother much more than she *did* me. 母は私よりも弟の方をずっと愛していた / If you want to see him, *do* it now. 彼に会いたいのなら今そうしなさい / Last year I visited Paris, which I seldom *do*. 去年はパリを訪れた, めったにないことだが. **e** [返事の中で]: You don't believe it.—(Yes,) I *do*. 君はそれを信じないんだろう—(いいや)信じるよ / Why don't you answer?—But I *did*! なぜ返事をしないのか—しましたよ / He knows nothing about it.—Neither [No more] *do* I [áɪ]. 彼はそのことは何も知らない—私だってそうさ. **f** [現在分詞＋as…*do* の形式で]: Standing as it *does* (＝stands) on a hill, the castle commands a fine view. そんなふうに丘の上にあるのでその城は見晴しが良い.

do[3] [dóu | dəu] 〖□It. ~《変形》← ? *du* (一説ではラテン語讃美歌の起句 *Do(minus)* lord から): 階名唱法創始の当時は *ut*, 後 *do* となった: ⇨ gamut〗 — *n.* (*pl.* **dos, do's**) 〖音楽〗 **1** (階名唱法 (solmization) の)「ド」《全音階的長音階の第1音; 主音》. **2** (固定ド唱法の)「ド」, ハ(C)音《ハ調長音階の第1音》. ★ 階名唱法の第1音から第7音までは do, re, mi, fa, sol, la, si であるが, si は sol と同じ頭文字が重なるのを避けるため, ti と書かれることもある.

D/O 《略》delivery order.
do., d° 《略》ditto.
D.O. 《略》defense order; design office; Doctor of Optometry; Doctor of Osteopathy; drawing office.
DOA, D.O.A. 《略》dead on arrival.
do·a·ble [dúːəbl] 〖《15C》〗 *adj.* することのできる, 行なうことのできる.
dó-àll *n.* 《廃》雑用使用人, 何でも屋 (factotum).
doat [dóut | dəut] *v.* ＝dote. **~·er** [-tə | -tə(r)] *n.*
doat·y [dóuti | dəutɪ] *adj.* ＝doty.
dob [dɑ́(ː)b | dɔ́b] 〖《変形》← DAB[1]〗 *vt.* (**dobbed; dob·bing**) 《豪俗》内通する, 裏切る (betray): ~ a person in 人を密告する.

Dob [dɑ́(ː)b | dɔ́b] 〚(dim.) ← ROBERT〛 *n.* 男性名.
d.o.b. 《略》date of birth.
dob·ber [dɑ́bɚ | dɔ́bə(r)] 〚□ Du. ～: cf. OE *dūfan* 'to DIVE'〛 *n.* 《米方言》(釣用の)うき (bob).
dob·bin [dɑ́bɪn, -bən | dɔ́bɪn] 〚《1596》↓: cf. Dob〛 ― *n.* **1** (農家のおとなしい)乗用馬, 駄馬; 農耕馬《しばしば老馬の名に用いられる》. **2** (18 世紀の)小盃《容量 1 gill》.
Dob·bin [dɑ́bɪn, -bən | dɔ́bɪn] 〚(dim.) ← ROBERT〛 *n.* 「男性名.
dob·by [dɑ́bi | dɔ́bi] 〚← ? *Dobby* (dim.) ← ROBERT〛 ― *n.* **1** 《方言》(夜働く)小妖精 (sprite). **2** 《英方言》間抜け, 愚者 (dolt). **3** 《紡織》**a** ドビー(装置)《経糸 10–30 本位で小さな模様を織る織機の開口装置の一種》. **b** ドビー装置つきの織機. **c** ドビー織物.
do·be [dóubi | dóubi] 〚《略》← ADOBE〛 *n.* (*also* **'dobe**) 《米口語》＝adobe.
Do·béll's solútion [doubélz- | dəu-] 〚← *Horace B. Dobell* (1828–1917: 英国の医師)〛 ― *n.* 《薬学》ドーベル液《ホウ砂・重曹・石炭酸・水・グリセリンの混合液; うがい薬》. 「berman pinscher.
Do·ber·mann [dóubəmən | dóubə-] *n.* 《英》＝Do-
Dó·ber·man pín·scher [-pínʃɚ | -pínʃə(r)] 〚□ G *Dobermann Pinscher* ← *Ludwig Dobermann* (最初に飼育した 19 世紀のドイツ人)＋*Pinscher* terrier (← ? *Pinzgau* (北オーストリアの地名, 犬や馬の飼育で有名) ∥ □ ? E PINCH (耳と尾を切り取ったことから))〛 ― *n.* ドーベルマンピンシェル《ドイツ原産の大種で, 警察犬・軍用犬として用いられる大型のイヌ》.
do·bie [dóubi | dóubi] *n.* 《米口語》＝dobe.
Do·bie [dóubi | dóubi], **J**(**ames**) **Frank** *n.* (1888–1964) 米国の歴史学者・民俗学者.
Dó·bos tórte, d- t- [dóubous-, -bouʃ- | dóubəus-, -bəuʃ-] 〚← *Jozsef C. Dóbos* (*d.* 1928: ハンガリーの菓子職人頭)〛 ― *n.* ドボストルテ《薄いスポンジケーキとチョコレートバタークリームを何層にも重ね, 上に色づくまで煮つめた砂糖 (caramel) を飾るハンガリーのケーキ》.
do·bra [dóubrə | dóu-] 〚□ Port. ～ ← 《廃》*dobro* < L *duplum* 'DOUBLE'〛 ― *n.* ドブラ《Pedro 一世のときにはじめて造られたポルトガルの金貨 (＝82 ソルディ); その後, いくびかの変遷を経て 19 世紀はじめ廃貨となる》.
Do·bro·lyu·bov [dòubro(u)ljúːbɔ(ː)f | dəubrə(u)ljúː-bɔf; *Russ.* dəbraljúbəf], **Nikolai Aleksandrovich** ドブロリューボフ《1836–61; ロシヤの文芸批評家》.
Do·bru·ja [dɔ́(ː)brədʒùː | dáubru-; *Bul.* dɔ́brudʒa] *n.* [the ～] ドブルジア《Danube 川と黒海との間, ルーマニア南東部からブルガリア北東部にわたる地域》.
dob·son [dɑ́bsn | dɔ́b-] 〚←?〛 *n.* 《昆虫》**1** ＝hellgrammite. **2** ＝dobsonfly.
Dob·son [dɑ́bsn | dɔ́b-], (**Henry**) **Austin** *n.* (1840–1921) 英国の詩人・伝記作家・随筆家; *Eighteenth Century Vignettes* (1892–96).
dóbson·flỳ *n.* 《昆虫》ヘビトンボ《脈翅目ヘビトンボ科に属する昆虫の総称; cf. hellgrammite》.
do·by [dóubi | dóubi] *n.* 《米口語》＝dobe.
Dob·zhan·sky [dɑbʒɑ́ːnski | dɔbʒǽnski; *Russ.* dapʒánskij], **Theodosius** (**Grigorievich**) *n.* ドブジャンスキー《1900–75; ロシヤ生れの米国の遺伝学者》.
doc [dɑ́k | dɔ́k] *n.* **1** 《口語》＝doctor《主として親しみをこめての呼掛けに用いる》. **2** 《米俗》＝document. **3** 《米俗》見知らぬやつ (unknown fellow).
DOC 《略》《航空》direct operating cost 直接運航費.
doc. 《略》document(s).
do·cent [dóusn̩t, do(u)(t)sént, də- | də(u)sént, dóusənt, -sn̩t; *G.* dotsɛ́nt] 〚《1880》□ G *Docent, Dozent* □ L *docentem* teaching (pres.p.) ← *docēre* to teach: cf. docile, -ent〛 ― *n.* 《米》**1** ＝privatdocent. **2** **a** 教師; (大学の)講師. **b** (美術館の)ガイド.
dócent·shìp *n.* 無給教師 (privatdocent) や教師 (teacher) の資格[職務].
Do·ce·tic [do(u)síːtɪk, -sét- | də(u)síːt-] 〚《1846》← ML *docētae* (↓)＋-IC[1]〛 *adj.* 《キリスト教》キリスト仮現論の.
Do·ce·tism [do(u)síːtɪzm, dóusətɪzm | də(u)síːtɪzm] 〚← ML *docētae* (□ Gk *dokētaí* seemers ← *dokeîn* to seem)＋-ISM〛 ― *n.* 《キリスト教》キリスト仮現論[仮象論]《地上のキリストは天上の霊的実在者としてのキリストの幻影であったという 2 世紀ごろの説》.
Do·cé·tist [-tɪst, -təst | -tɪst] *n.* 《キリスト教》キリスト仮現論の信奉者.
doch-an-dor·rach [dɑ́kəndɔ́(ː)rək, -rəx, dɑ́x-, -dɑ́r- | dɔ̀kəndɔ́rəx, dɔ̀x-, -rəx] 〚□ Gael. *deoch-an-doruis* 《原義》drink of the door〛 ― *n.* 《スコット・アイル》別れの杯 (stirrup cup).
doch-an-dor·ris [dɑ́kəndɔ́(ː)rɪs, dɑ́x-, -dɑ́r-, -rəs | dɔ̀kəndɔ́rɪs, dɔ̀x-] *n.* ＝doch-an-dorrach.
doc·ile [dɑ́səl, -saɪl | dóusaɪl, dɔ́s-] 〚《1483》□ L *docil-is* ← *docēre* to teach: cf. doctor, -ile[1]〛 ― *adj.* 教えやすい, 仕込みやすい (teachable); 従順な (↔ difficile), 御(ぎょ)しやすい 〔*with*〕: a ～ child. **～·ly** [-sə(l)li | -saɪlli] *adv.*
do·cil·i·ty [dɑsíləti, do(u)-, də- | də(u)sílətɪ, -lɪ-] 〚□ (O)F *docilité* ∥ L *docilitās*: ⇨ ↑, -ity〛 *n.* 教わろう[従おう]とする性質; おとなしさ, 従順, 御しやすさ.
dock[1] [dɑ́k | dɔ́k] 〚OE *docce*: cf. G *Dockenblätter* dock (the plant)〛 ― *n.* 《植物》**1** ギシギシ《ギシギシ属 (*Rumex*) の各種の植物の総称; ヒメスイバ (sour dock), ワセスイバ (patience) など》. **2** *Arctium* 属・*Petasites* 属など広葉の雑草の総称.
dock[2] [dɑ́k | dɔ́k] 〚OE *-docca* (cf. *fingerdoccan* finger muscle) < Gmc **dukk-* (ON *dokkr* short stumpy tail)〛 ― *n.* **1** 《動物》(毛の部分と区別して)尾の心部. **2** 切り尾. ― *vt.* **1** 〈尾などを〉(短く)切りつめる, 切り落とす; …の尾を切りつめる. **2** **a** 〈給料などを〉削減する, 減らす (reduce). **b** 《口語》〈人を〉(欠勤・遅刻などの罰として)減給処分にする; 〈人・給料〉から〈ある金額を〉差し引く. **3** 〈人〉から〔…を〕取り去る, 削る (deprive) 〔*of*〕. **4** …の一部を除去する.
dock[3] [dɑ́k | dɔ́k] 〚《1513》□ MDu. *docke* (Du. *dok*) dock, ditch □ ? VL **ductia* conduit ← L *dūcere* to lead: cf. duct〛 ― *n.* **1** 《海事》(船を入れる人工の)入江, 掘割, 船(ふな)だまり. **2** **a** 《海事》ドック, 船渠(きょ), 泊渠 (basin)《海岸や河岸を掘り入口を残して周囲を岸壁で囲んだ荷役用または係船修理用の施設; 潮差の大きい地方では入口に水門を設けて水位を一定に保ちうるようにしてある》; [通例 *pl.*] 船渠[泊渠]の施設が連続している地域一帯: go into [enter] ～ 〈船が〉ドックに入る / ⇨ graving dock, floating dock, wet dock. **b** ＝dry dock. ★ 日本語のいわゆる「ドック」はこれに当たり, dry dock, graving dock の省略形. **c** [*pl.*]＝dockyard: naval ～*s*. **d** 波止場, 埠頭(ふとう), 岸壁 (wharf, pier). **3** (航空機の修理用)格納庫, 機体検査[整備, 修理]場. **4** 《鉄道》ドック《線路が行き止まりになっているプラットフォーム構内》. **5** 《劇場》(ステージの近く[下]などにある)大道具部屋(scene dock).
in dock (1) 〈船が〉ドック入りして. (2) 《英口語》〈車など〉修理中で. (3) 《英口語》入院して.
― *vt.* **1** 〈船を〉ドックに入れる, 入渠させる; 波止場に付ける: He ～*ed* his boat at the tip of the island. 彼は島の先端にボートを付けた. **2** 〈港など〉にドックを設ける; ドックで囲う. **3** 《宇宙》〈二つ(以上)の衛星船を〉大気圏外で結合させる, 〔…と〕ドッキングさせる〔*with*〕. ― *vi.* **1** 〈船が〉ドックに入る; 埠頭に付く: We ～*ed* in Boston. (船は)ボストンで岸壁についた. **2** 《宇宙》〈宇宙船が〉〔…と〕ドッキングする〔*with*〕.
dock[4] [dɑ́k | dɔ́k] 〚《1586》□ Flem. *dok* rabbit hutch, cage: cf. dock[3]〛 ― *n.* [the ～] (刑事裁判廷の)被告人席.
in the dock (1) 被告人席に着いて; 審理[裁判]を受けて. (2) (世論などの)審判を受けて.
dock·age[1] [dɑ́kɪdʒ | dɔ́k-] 〚← DOCK[2]＋-AGE〛 *n.* **1** 切りつめ, 縮減, 削減 (curtailment). **2** (小麦などの穀物の容易に除くことのできる)夾雑(きょうざつ)物.
dock·age[2] [dɑ́kɪdʒ | dɔ́k-] 〚⇨ dock[3]〛 *n.* ドック[岸壁]施設; ドック使用料; ドック入り, 入渠.
dóck brìef *n.* 《英法》刑事被告人から(ソリシターの手を経ずに)バリスターに直接手渡された事件要約書.
dóck chàrges [**dùes**] *n.pl.* ドック使用料.
dóck·er[1] *n.* 切りつめる人[物].
dóck·er[2] *n.* ドック人足, 荷揚げ人足, 港湾労働者.
dock·et [dɑ́kɪt, -kət | dɔ́k-] 〚《*a*1483》← ? DOCK[2]＋-ET: cf. It. *doghetta* little bend in heraldry〛 ― *n.* **1** 《米》《法律》**a** 審理予定表, 訴訟人名簿《trial docket ともいう; 未決訴訟事件の当事者名表》. **b** 事件要領(書)《裁判の審理・判決の要点の記録(簿)》. **2** 《米》(事務上の)処理予定事項(表); (会議などの)協議事項 (agenda): be placed on the ～ 処理予定[協議]事項となっている. **3** 《英》**a** (書類や小包などに付けた)内容摘要; 付け札, 荷札 (tag). **b** 関税支払済証明書; 貨物証券(など). **c** (職長・親方が出す)業務指図[記録]書. **d** (統制物資の)購入許可証. ***on the docket*** 《米》(1) ⇨ 2. (2) 《口語》考慮中の[で], 当面の (in hand); 遂行[実施]されて. ***strike a docket*** ⇨ strike 成句.
― *vt.* **1** 〈文書・判決などを〉摘要して帳簿に記入する; 〈訴訟事件を〉事件一覧表に記入する. **2** 〈文書〉に内容摘要を付ける; 〈小包〉に荷札を付ける.
dóck glàss *n.* (ぶどう酒の)きき酒用の大コップ. 「者.
dóck·hànd *n.* (海岸・河岸の)荷揚げ労務者, 港湾労働
dóck·ing 〚(pres.p.) ← DOCK[3] (v.)〛 ― *n.* **1** 入渠(きょ): ～ accommodation 入渠施設. **2** 《宇宙》ドッキング《宇宙空間で二つ以上の宇宙船を結合すること》: a ～ collar ドッキング環 / the rendezvous and ～ of spacecraft 宇宙船のランデブーとドッキング.
dócking brìdge *n.* 《海事》船尾船橋《船をドックへ入れる時, ここで指揮をするのでこういう》.
dócking kèel *n.* 《海事》ドッキングキール《乾ドック (dry dock) に入渠中の船舶を支えるため船底側部の前後に設けられる受け台》.
dócking plàn *n.* 《海事》ドッキングプラン《船を乾ドックに入れる際に船底の受け台の位置を決めるため必要な船体の平面図》.
dócking tèlegraph *n.* 《海事》ドッキングテレグラフ《係船作業中, 船橋からの命令を伝えるために設ける通信機》. 「を設ける.
dock·ize [dɑ́kaɪz | dɔ́k-] *vt.* 〈川・港湾など〉にドック
dóck·lànd, D- *n.* 《英》波止場地域, (特に)ロンドン波止場地帯《住宅に不向きの意味をもつ》.
dock·mack·ie [dɑ́kmæ̀ki | dɔ́kmæ̀kɪ] 〚□ ? Du. ～ □ N.-Am.-Ind. (Lenape) *dogekumak*〛 *n.* 《植物》北米産スイカズラ科ガマズミ属の低木 (*Viburnum acerifolium*). 「クエ.
dóck·man [-mən] *n.* (*pl.* **-men** [-mən, -mèn]) ドッ
dóck·màster *n.* ドックマスター, 船渠現場主任.
dóck·sìde *n.* 波止場に隣接する地域. ― *adj.* 波止場の近辺の[にある]: a ～ fire / ～ slums.
dóck-tàiled *adj.* 〈子羊など〉切り尾の.
dóck-wàlloper *n.* 《米俗》波止場の自由労働者[日雇い人足]; 波止場ごろ. 「券 (略 D/W).
dóck wàrrant *n.* 《英》港湾倉庫証券, ドック倉荷証
dóck·wòrker *n.* ＝dockhand.
dóck·yàrd *n.* **1** 造船所《shipyard より規模が大》. **2** 《英》＝naval shipyard.
Doc·o·glos·sa [dɑ̀kəglɑ́sə, -glɔ́(ː)sə | dɔ̀kəglɔ́sə] 〚← NL ～ ← Gk *dokós* beam＋-GLOSSA〛 *n. pl.* 《動物》梁舌類.
doc·o·sa·no·ic [dɑ̀kəsənóuɪk | -nóu-] 〚← *docos-* (← Gk *dúo* two＋*eíkosi* twenty)＋-ANE[2]＋-O＋-IC[1]〛 *adj.* 《化学》ドコサン酸の.
docosanóic ácid *n.* 《化学》ドコサン酸 (⇨ behenic acid).
docs. 《略》documents.
doc·tor [dɑ́ktɚ | dɔ́ktə(r)] 〚《16C》□ L *doctōr-em* ← *docēre* to teach, 《原義》cause to accept ← IE **dek-* to take, accept ∽ 《*a*1376》*doctour* □ OF (F *docteur*)〛 ― *n.* **1** **a** (一般に)医者, 医師; 船医, 軍医. ★ 米国では外科医 (surgeon), 歯科医 (dentist), 獣医 (veterinary) または薬剤師(など)にも用いるが, 英国では主に内科医 (physician) をさす; 口語では doc ともいい, 肩書きには男女ともに Dr. を用いる: see a ～ 医者に見てもらう / send for a ～ 医者を呼びにやる / be under the ～ 加療中である / be one's own ～ 手療治をする / This is (the) ～'s orders. これは医師の命令[指図]だ (cf. doctor's mandate) / what the ～ ordered 《口語》好ましい[必要な]もの / How is she, *doctor*? 先生, 病人はいかがでしょうか / You're the ～. 《口語》君が専門家だ, 決めるのは君だ. **b** 治療師, まじない師. **2** 博士号; 博士 (略 D., Dr.): *Doctor* of Divinity [Laws, Medicine] 神学 [法学, 医学] 博士. **3** **a** 《原義》学者, 先生: Who shall decide when ～*s* disagree? 学者たちの意見がまちまちでは決しようもない (Pope, *Moral Essays*). **b** (宗教上の)指導的学識者. **4** 《俗》まかない長, 親方《船内の「まかない」やキャンプの「コック」に対するお世辞的な呼称; 'doctor' と呼び掛けると盛りがよくなるという》. **5** 《釣》鮮明な色のさけ釣り用の毛鉤: a silver ～. **6** (各種の)調節機, 補正器. **7** 《口語》《気象》さわやかな風《西インド諸島・西アフリカ・オーストラリア西部の海風, ギニア海岸の熱風など》. **8** 《印刷》ドクター《グラビア印刷の際, 版面から余分なインクをかき落とす鋼鉄製の刃; doctor blade ともいう》. **9** 《印刷》修繕屋: a chair ～. **10** 《古俗》(鉛を詰めた)いかさまさいころ.
Doctor of Philosophy ＝Ph. D.
Doctors of the Church [the ―] 教会博士《キリスト教会初期の学徳の高い(特に 8 人の)教父・神学者》.
― *vt.* **1** 《英口語》〈人〉に博士号を与える. **2** 《口語》**a** 治療する: ～ oneself 手療治をする / ～ a cold 風邪の手当をする. **b** 〈狂った機械などを〉手入れする, 修繕をする (mend); 〈写真などを〉修正する. **c** 〈飲食物など〉に混ぜ物をする (adulterate); 〈酒など〉に麻酔剤を加える. **d** 〈文書・証拠など〉に手を入れる, いじる, ごまかす (falsify) 〈*up*〉: ～ the evidence 証拠を自分に有利なように変えておく. **3** 〈人〉に Doctor と呼び掛ける. ― *vi.* 《口語》**1** 医者をする, 開業する. **2** 薬を飲む; 治療を受ける.
doc·tor·al [dɑ́kt(ə)rəl | dɔ́k-] *adj.* **1** 博士の: a ～ dissertation [thesis] 博士論文. **2** 大学者の; 学術的な, 権威ある (authoritative). **～·ly** *adv.*
doc·tor·ate [dɑ́kt(ə)rət, -rɪt | dɔ́k-] 〚← ML *doctōrāt-us* (p.p.) ← *doctōrāre* 'to become a DOCTOR': ⇨ -ate[1]〛 ― *n.* 博士号; 学位: take (out) a ～ 博士号を取る / hold a ～ *in* physics 物理学の(博士の)学位をもっている.
dóctor blàde *n.* 《印刷》＝doctor 8.
dóctor bìrd *n.* 《鳥類》コビトドリ (*Todus todus*) 《ジャマイカに生息する全長 11 cm ほどの小鳥》.
dóctor bòok *n.* 家庭医学全書.
dóctor dràin *n.* 医師流出 (cf. brain drain).
Dòctor Féll *n.* ⇨ Dr. Fell.
dóctor·fìsh *n.* 《魚類》ニザダイ科のカリブ海に分布する海産魚 (*Acanthurus chirurgus*) (cf. surgeonfish).
doc·to·ri·al [dɑktɔ́ːriəl, -tóːr- | dɔktɔ́ːrɪ-] *adj.* ＝doctoral.
dóctor·less *adj.* 医者のいない: a ～ village 無医村.
Dóctors' Cómmons 〚cf. common B 3 b: 昔同会事務所の弁護士がここで食事をしたのにちなむ〛 ― *n.* ローマ法博士会《London の St. Paul's Churchyard の近くにあった建物; 1857 年まではここに教会裁判所・海事裁判所が設置され, 両裁判所で実務を行なう弁護士会 (College of Advocates) の事務所があった; 所属弁護士はローマ法博士で, Civilians of Doctors' Commons と呼ばれ, 同団体は勅許により "The College of Doctors of law exercent in the Ecclesiastical and Admiralty Courts" として法人化したことからこの名称が生れた》.
dóctor's degrée *n.* 《口語》＝Ph. D. 「位[資格].
dóctor·shìp *n.* **1** ＝doctorate. **2** 《古》doctor の地
dóctor's mándate *n.* **1** 医師の命令[さしず]. **2** 《政治》政治の委任《難局の時に政府に対してその適当と思う対策を立てる権限を賦与すること》.
dóctor solùtion *n.* 《化学》ドクター液《亜鉛(なまり)酸ナトリウムの溶液, ガソリンなどの脱硫に用いる》.
dóctor's stùff *n.* 《口語》[軽蔑的に] 医薬, 薬.
dóctor tèst *n.* 《化学》ドクター試験《ドクター液 (doctor solution) を用いてガソリンなどの中の硫化物を検出する方法》.

doc·tress [dáktrɪs, -trəs | dɔ́k-] 〚(1549) ← DOCTOR＋-ESS〛 n. 1 《まれ》女医; 女博士《woman doctor というほうが普通》. 2 《米》女性のまじない師.

doc·tri·naire [dὰktrɪnɛ́ə, -trə- | dɔ̀ktrɪnɛ́ə(r] 〚(1820) ◻F ～ ← *doctrine* 'DOCTRINE': cf. -ary¹〛 — n. 純理論一点ばりの空論家《もとは 1815 年 Bourbon 家再興後自由と両立しそうもない憲法主義を目的として起こったフランスの立憲党員の称》. — adj. (単なる)純理論家的な, 空理空論の, 教条主義的な (dogmatic).

dòc·tri·náir·ism [-nɛ́(ə)rɪzm | -nɛ́ər-] n. 空理空論.

doc·trin·al [dáktrɪnḷ, -trə- | dɔktráɪ-, dɔ́ktrɪ-] 〚(*c*1449) ◻OF ～ ∥ LL *doctrīnālis*: ⇨ doctrine, -al¹〛 — adj. 1 教義上の, 教理に関する: ～ opinions / ～ theology＝dogmatics. 2 学理上の: ～ interpretation (法文の)学理的解釈.

dóc·trin·al·ly [-nəli, -nḷi | -nəlɪ, -nḷɪ] 〚(15C)〛 adv. 教義上[の立場から], 教理として; 学理的に.

doc·tri·nar·i·an [dὰktrɪnɛ́(ə)riən, -trə- | dɔ̀ktrɪnɛ́əriən] n. ＝doctrinaire.

dòc·tri·nár·i·an·ism [-nìzm] n. ＝doctrinairism.

doc·trine [dáktrɪn, -trən | dɔ́ktrɪn] 〚(*c*1380) ◻(O)F ～ ∥ L *doctrīna* a teaching ← *doctor* 'DOCTOR'〛 — n. 1 教義, 教理. ★ dogma と異なり他の人から容認を受ける必要のあることを含意する. 2 a (政治・宗教・学問上の)主義 (principle), 信条; 定説, 原則, 学説, 理論 (theory). b (特に, 他国に対する)国家の政策の公式宣言; 主義: ⇨ Monroe Doctrine. 3 《古》教え, 教訓.
doctrine of evolution 進化論.

dóc·trin·ist [-nɪst, -nəst | -nɪst] n.

dóc·trin·ìsm [-nìzm] n. 教義[学説]の信奉[唱道], 教義至上主義.

doc·trin·ize [dáktrɪnàɪz, -trə- | dɔ́ktrɪ-] vt. 教義[学説]化する.

doc·u·ment 〚(?*a*1425) ◻(O)F ～ ∥ LL *documentum* official paper, (in L) example, lesson ← *docēre* to teach: ⇨ docile, -ment: cf. doctor〛 — [dákjumənt | dɔ́k-] n. 1 (記録的)文書, 書類; (特に事実・慣習などを伝える書籍・手紙・貨幣などを含む)記録, 文献, 資料; 証書 (deed): official [public] ～s 公文書 / legal ～s 法律書類 / classified ～s 《軍事》機密書類 / a ～ of annuity [obligation] 年金[債権]証書 / human document ⇨ human adj. 4. 2 [pl.]《海事》 a 船積み書類《船荷証券・保険証券など; shipping documents ともいう》. b ＝ship's papers. 3 《図書館》公文書, 官公庁出版物. 4 《古》証拠 (evidence).
— [-mènt, -mənt | -mènt] vt. 1 …に証拠書類[必要文書]を提供[添付]する. 2 文書[証拠書類]で証明する: ～ one's claim 主張の根拠を文書で証明する. 3 (記述の正確を証明するために)〈著述・映画・小説など〉に関連[考証]情報を提供する, 実例[実録]などを引用付記する, 実証づける: ～ a text 本文に立証材料を添付[付記]する. 4 《海事》〈船〉に所有者・積荷の明細書を提供する. **～·er** [-tə | -tə(r] n. **doc·u·ment·a·ble** [dákjumèntəbḷ, ⌐–⌐– | dɔ́kjumèntəbḷ, ⌐–⌐––] adj.

doc·u·men·tal [dὰkjuméntḷ | dɔ̀kjuméntḷ] adj. ＝documentary 1.

dòc·u·mén·tal·ist [-təlɪst, -ləst, -tḷ- | -təlɪst, -tḷ-] n. ドキュメンタリスト《書類の分類・整理に従事する人》.

doc·u·men·tar·i·an [dὰkjumentɛ́(ə)riən, -men- | dɔ̀kjumentɛ́əriən, -mən-] n. (特に, 写真・映画などの)記録[描写]主義者.

doc·u·men·ta·rist [dὰkjuméntərɪst, -rəst | dɔ̀kjuméntərɪst] n. ＝documentarian.

doc·u·men·ta·ry [dὰkjuméntəri, -tri, dákjumentèri | dɔ̀kjumént(ə)rɪ] adj. 1 文書的性質の; 文書の (↔ parol); 書類[証書]の. 2 〈映画・テレビ・小説など〉(事件・社会現象などを事実に忠実に, ただし, ドラマチックに)記録[描写]する: a ～ film, novel, etc. — n. 文献; 記録映画; 《ラジオ・テレビ》記録もの, ドキュメンタリー; 実録小説[劇など]. **doc·u·men·tar·i·ly** [dὰkjumentérəli, -men-, ⌐–⌐–– | dɔ̀kjumént(ə)rəlɪ, -rɪlɪ] adv.

documéntary bíll [**dráft**] n. 《商業》荷為替(手形).

documéntary évidence n. 《法律》証拠書類, 書証 (↔ ORAL evidence).

documéntary fílm n. 記録映画, ドキュメンタリー, ノンフィクション映画 (cf. record film).

documéntary stámp n. 証券用収入印紙.

doc·u·men·ta·tion [dὰkjuməntéɪʃən, -men- | dɔ̀kjumen-, -mən-] 〚(1754)〛 — n. 1 文書[証拠書類]調製[提示]; 証拠書類[文書]による証拠固め, 傍証; (そうした)参考書類, 文献, 資料: the ～ of a claim, of an argument, etc. 2 a (船舶の)船積書類備え付け. b (歴史小説・歴史画などの)史実, 考証. 3 ＝information science. **～·al** [-ʃənḷ, -ʃnəl] adj.

dócument glàss n. 紫外線吸収ガラス.

dod [dá:d | dɔ́d] 〚◻Gael. ～ 'peevishness'〛 n. 《スコット》不機嫌になること; [pl.; しばしば the を伴って] すねること, ふてくされ (sulks).

DOD, D.O.D. 《略》《米》Department of Defense.

d.o.d. 《略》date of death; died of disease.

do·dad [dú:dæd] n. 《米口語》＝doodad.

dod·der¹ [dádə | dɔ́də(r] 〚(1373) *doder* ← ? ON: cf. G *Dotter* / Norw. *dudra* (↓)〛 n. 《植物》マメダオシなどネナシカズラ属 (*Cuscuta*) の植物の総称.

dod·der² [dádə | dɔ́də(r] 〚(1617)《変形》←《廃》 *dadder* < ME *dadere(n)* to tremble ← ? ON: cf. Norw. *dudra* to quiver〛 — vi. 1 〈人が〉(中風や老齢で)震える. 2 《口語》よろめく, よろよろ[ひょろひょろ]する (totter): ～ along よろよろ歩く. 3 〈談話などが〉取りとめがない. **～·er** [-dərə | -dərə(r] n.

dód·dered 〚(1697)《変形》← ?《廃》 *doddard* an old, decaying oak ← ME *dodde(n)* to trim＋(POLL)ARD〛 — adj. 1 〈木など〉老い朽ちた. 2 もろく弱い (infirm), 老いさらばえた.

dódder gràss n. 《植物》＝quaking grass.

dód·der·ing [-d(ə)rɪŋ | -dər-] adj. よろよろする; よぼよぼの.

dod·der·y [dád(ə)ri | dɔ́d(ə)rɪ] adj. 〈人が〉(中風や病気で)震える, よろめきがちな.

dod·dle [dádḷ | dɔ́dḷ] 〚← ?《廃》 *doddle* to toddle《変形》← DADDLE〛 n. 《口語》楽にできる事柄.

dod·dy·poll [dádipòul | dɔ́dɪpəul] 〚《変形》←《廃》 *dotipol* ← ME *dote* fool (⇨ dote)＋POLL¹〛 — n. 《英方言》あほう, ばか (blockhead): (as) wise as Dr. Doddypoll 全くのおばかちゃん.

do·dec- [do(u)dék | dəudek] (母音の前に来る時の) dodeca- の異形.

do·dec·a- [do(u)dék(ə) | dəudɪk(ə)] 〚← Gk *dṓdeka* twelve ← *dō-, dúo* 'TWO'＋*déka* 'TEN'〛 — 「十二」の意の連結形: *dodeca*hedron. ★ 母音の前では通例 dodec- になる.

do·dec·a·gon [do(u)dékəgὰn | də(u)dékəgən] 〚(1658) ◻Gk *dōdekágōnon*: ⇨ ↑, -gon〛 n. 《数学》十二角[辺]形.

do·dec·ag·o·nal [dòudəkǽgənḷ, -de- | dəudɪ-] adj. 十二角[辺]形の.

do·dec·a·he·dron [do(u)dèkəhí:drən | dəudekəhéd-, -dɪ-, -hí:d-, ⌐–⌐–⌐–] 〚(1570) ← NL ～ ← Gk *dōdekáedron*: ⇨ dodeca-, -hedron〛 — n. (pl. ～s, -he·dra [-drə]) 《数学・結晶》十二面体: a regular ～ 正十二面体 / a pentagonal ～ 五角十二面体. **do·dèc·a·hé·dral** [-drəl] adj.

1 2
dodecahedrons
1 pentagonal [regular] dodecahedron
2 rhombic dodecahedron

Do·de·ca·nése Íslands [do(u)dékənì:z-, -nì:s-, ⌐–⌐–⌐, dòudɪkəní:z-, -də-, -ní:s- | dəudɪkəní:z-, -dekə-] n. pl. [the ～] ドデカネーゼ諸島《トルコ南西海岸沖, エーゲ海中 12 の諸島でギリシャ領(もとイタリア領); 人口 122,000, 面積 2,680 km²; 単に the Dodecanese ともいう》.

Do·de·ca·ne·sian [do(u)dèkəní:ʒən, dòudɪkə-, -də-, -ʃən | dəudɪkəní:zjən, -dekə-, -zɪən] adj. ドデカネーゼ諸島の. — n. ドデカネーゼ諸島人.

do·dec·a·nó·ic ácid [do(u)dèkənóuɪk-, dòudɪkə-, -də- | dəudɪkənə́u-, -dekə-] 〚*dodecanoic*: ← DODECA-＋-AN(E)²＋-O-＋-IC¹〛 — n. 《化学》ドデカン酸 (⇨ lauric acid).

do·dec·a·phon·ic [do(u)dèkəfánɪk, dòudek- | dəudɪkəfɔ́n-, də(u)dèkə-] adj. 《音楽》十二音の, 十二音音楽[技法]の. **do·dèc·a·phón·i·cal·ly** adv.

do·dec·a·pho·nism [do(u)dékəfənìzm, -fòunɪzm, dòudɪkǽfənìzm, do(u)dèkəfóunɪzm, -fɔ́n- | də(u)dékəfənìzm, dəudɪkǽf-] 〚← DODECA-＋PHONO-＋-ISM〛 — n. 《音楽》十二音音楽[技法]《半音階中の 12 の音を組織的に平等に用いる作曲法》.

do·déc·a·pho·nist [-nɪst, -nəst | -nɪst] n. 《音楽》十二音音楽の作曲家[演奏者, 理論家].

do·dec·a·pho·ny [do(u)dékəfəni, -fòuni, dòudɪkǽfəni | də(u)dékəfəunɪ, dəudɪkǽfənɪ] n. 《音楽》＝dodecaphonism.

do·dec·a·style [do(u)dékəstàɪl | də(u)-] 〚◻Gk *dōdekástūlos*: ⇨ dodeca-, -style¹〛《建築》 — adj. 〈portico など〉(正面に)十二本の円柱を持つ, 十二柱式の (cf. distyle). — n. 十二柱式の portico.

do·dec·a·syl·la·ble [do(u)dékəsɪləbḷ, ⌐–⌐–⌐–– | dəudɪkəsɪləbḷ, -dekə-, ⌐–⌐–⌐––] 〚(1753)〛 — n. 12 音節語[詩行]. **do·dec·a·syl·lab·ic** [do(u)dèkəsɪlǽbɪk, dəudɪkə-, -dekə-] adj.

do·déc·u·ple tíme [**scále**] [do(u)dékjupḷ- | də(u)-] 〚← DODECA-＋(OCT)UPLE〛 n. 《音楽》12 拍子 (12/4 拍子, 12/8 拍子, 12/16 拍子など).

do·de·cyl [dóudəsɪl | dəudɪsaɪl, də(u)dí:saɪl] 〚← DODECA-＋-YL〛 n. 《化学》ドデシル ($C_{12}H_{25}$, $CH_3(CH_2)_{10}CH_2$ なる 1 価の基; またはその異性体にあたる基).

dodge¹ [dá(:)dʒ | dɔ́dʒ] 〚(1568)《変形》? ←《スコット》 *dod* to jog (cf. sledge—sled): cf. G *ducken* to duck〛 — vt. 1 〈人・打撃などを〉素早く避ける, 巧みに体をかわす: ～ a blow, pursuit, an opponent, etc. 2 〈困難・質問・質問者などを〉巧みに切り抜ける, うまくそらす; 〈相手を〉(けむにまいて)ごまかす, 〈義務・困難〉から巧みに逃げる: ～ a direct answer はっきりした返事を避ける / ～ one's responsibility 責任を巧みに回避する / ⇨ *dodge the* COLUMN. 3 …に会うのを避ける: ～ a person in the street. 4 《写真》〈印画の一部を〉おおい焼きする (cf. dodging; BURN in). — vi. 1 ひらりと体をかわす (turn aside) 〈(a)round, about〉〔behind〕: ～ *behind* …の後ろにひらりと隠れる / ～ *into* …の中にさっと身を潜める / ～ *about* (ひらりひらりと)あちらこちらへ体をかわす《捕え所がない》. 2 (ぬらりくらりと)言い抜ける (quibble), ごまかす, 〔…を〕翻弄(ほんろう)する〔with〕.
— n. 1 体をかわすこと, 肩すかし: make a ～ 身をかわす / He saved himself by a ～ to the right. 右へ体をかわして難をのがれた. 2 《口語》(…するための)ごまかし, いんちき(手段), (巧みな)言抜け (deception) 〈to do〉: He's up to all kinds of ～s. 彼はぺてんやごまかしのあらゆることをやる. 3 《口語》考案, 工夫, 妙案, 新趣向 (device) 〔for〕: a good ～ *for* preventing draughts すき間風を避ける妙案.
on the dodge 《俗》警察の目をのがれて, ごまかしをやって, 不正なことをして.

Dodge, Mary (**Elizabeth**) n. (1831–1905) 米国の児童文学者; 旧姓 Mapes [méɪps]; *Hans Brinker, or The Silver Skates* (1865).

dódge bàll n. 《スポーツ》ドッジボール.

Dódge Cíty [dá:dʒ- | dɔ́dʒ-] 〚← *Henry I. Dodge* (米国陸軍大佐)〛 n. 米国 Kansas 州南西部, Arkansas 川に臨む都市; もと Santa Fe Trail 上の重要な辺境都市であった; 人口 15,000.

Dodg·'em, d- [dádʒəm | dɔ́dʒ-] 〚《商標》← DODGE (v.)＋EM²〛 — n. [しばしば (the) ～s] ダージャム《遊園地などの小さな電気自動車; しばしば他の車とぶつけ合って遊ぶ; cf. bumper car》.

dódg·er 〚(1568)〛 — n. 1 巧みに体をかわす人. 2 ごまかしのうまい人, ずるい男, ぺてん師. 3 《米・豪》小形びら, 引き札. 4 a 《米南部》＝corn dodger. b 《俗》パン; サンドイッチ; 食物. 5 《米南部》＝leafhopper. 6 《海事》(船の bridge の)しぶきよけ隔障《布または木製》. 7 《写真》おおい焼き用具[薬品].

dodg·er·y [dádʒ(ə)ri | dɔ́dʒ(ə)rɪ] n. ごまかし (trickery), 言い抜け (evasiveness); 便法 (expedient).

dódg·ing n. 《写真》おおい焼き《焼付け露光中に画面の一部をおおって, その部分の画像濃度を低下させる技法》.

Dodg·son [dádʒsn, dád- | dɔ́dʒ-], **Charles Lutwidge** [lʌ́twɪdʒ] n. Lewis CARROLL の本名.

dodg·y [dádʒi | dɔ́dʒɪ] adj. (**dodg·i·er; -i·est**) 1 巧みに身をかわす, よく逃げを打つ (evasive); ずるい, ごまかしのうまい, 油断のならない. 2 《口語》〈物・事が〉困難な, 扱いにくい, 手ぎわのいる (tricky).

do·do [dóudou | dəudəu] 〚(1628) ◻Port. *doudo*《原義》simpleton〛 — n. (pl. ～es, ～s) 1 《鳥類》ドードー (*Raphus cucullatus*)《ガチョウほどの大きさの, 翼が退化して飛べない鳥; かつてインド洋の Mauritius 島に住んでいたが, 17 世紀末に絶滅》: (as) dead as the [a] ～《口語》完全に死んでしまって, 全く絶えてしまって. 2 《口語》時代おくれの人, 時勢にうとい人; とんま.

dodo 1

Do·do·na [doudóunə | də(u)dəu-] 〚↓〛 n. ドードーナ《古代ギリシャ北西部, Epirus の都市; Zeus の神殿の所在地; その託宣は最古のもので, oak の葉ずれの音によって説明された》.

Do·do·nae·an, d- [dòudouníːən | də(u)dəuníːən, -njən] 〚← L *Dōdōnaeus* (◻Gk *Dōdōnaîos* ← *Dōdṓnē* Dodona)＋-AN¹〛 — adj. (*also* **Do·do·ne·an, d-** [～]) ドードーナ (Dodona) の, ドードーナの Zeus の託宣の.

dódo splìt n. 《俗》《ボーリング》ドードースプリット《ヘッドピンと 7 番 [10 番] ピンの残ったスプリット》.

doe [dóu | dáu] 〚OE *dā* ← ? Celt. (cf. Corn. *da* fallow deer) ← *dom- 'to TAME'〛 — n. (pl. ～s, ～) 雌鹿 (cf. deer); (トナカイ・レイヨウ・ウサギ・ヒツジ・ヤギなどの)雌 (↔ buck).

Doe [dóu | dáu] n. ⇨ John Doe.

D.O.E 《略》《英》Department of the Environment.

do·er [dú:ə | dú:ə(r, dúə(r] 〚ME〛 n. 1 (善事・悪事などを)する人: a ～ of good / an evil ～. 2 a 行為者, 実行家: He is a ～, not a talker. b やり手, 精力家. 3 生育する植物, 成長が…な植物: a good [bad] ～ 発育の良い[悪い]草木. 4 《豪》変わり者 (eccentric): a hard ～ ひどい変わり者.

does 〚OE《北部方言》 *dōas, dōes*: ⇨ do¹, -s³〛 v., *auxil. v., substitute v.* do¹·² の三人称単数直説法現在形.

dóe·skin 〚(15C)〛 — n. 1 《皮革》 a 雌鹿の皮; 雌鹿のなめし皮 (cf. buckskin). b 山羊[子羊]皮の手袋用白革. 2 [pl.] 羊皮の手袋. 3 ドスキン《鹿皮まがいのラシャ》. — adj. 雌鹿の皮の.

does·n't [dʌ́znt] does not の縮約形.

doest 〚ME *dost* (⇨ do¹, -est²) ∞ OE *dēst*〛 v. 《古》do¹ の二人称単数 (thou) 直説法現在形 (cf. dost).

doeth 〚ME *doþ, doiþ* (⇨ do¹, -th³) ∞ OE *dēþ*〛 v. 《古》do¹ の三人称単数直説法現在形 (cf. doth).

doff [dá(:)f, dɔ́(:)f | dɔ́f] 〚(*a*1375) *doffe(n)*: ⇨ do¹, off: cf. don¹〛 — vt. 1 《文語》〈衣服などを〉脱ぐ; 〈帽子を〉取る (take off): ～ the hat *to* a person 帽子を取って人に会釈する. 2 《まれ》〈習慣などを〉捨てる, やめる (abandon). 3 《紡織》〔紡機から〕〈満管になったボビン・材料などを〉取り外す〔from〕. — n. 《紡織》ドフィング《紡機から満管になったボビン・材料などを取り外すこと》; ドフィングによって取り外したもの.

dóff·er n. 《紡織》ドッファー, はぎ取り円筒《梳(そ)毛機の繊維をかき取る針布でおおった円筒》.

do·fun·ny [dú:fʌ̀ni | -nɪ] 〚← DO¹＋FUNNY¹〛 n. 《米口語》＝doodad.

dog [dɔ́(:)g | dɔ́g] 〚ME *dog(ge)* ← lateOE *docga* ← ?: 擬音語か〛 — n. (pl. ～s, ～) 1 イヌ (*Canis fami-*

liaris)《イヌ科イヌ属の飼犬; cf. hound¹》: a hunting ~ 猟犬 / an army ~ 軍用犬 / ⇨ watchdog1, dead dog / Every ~ has his [its] day.《諺》だれにも栄える時があるものだ / ⇨ *help a* LAME¹ *dog over a stile* / Let sleeping ~s lie.《諺》眠っている犬は寝かしておけ (cf.「やぶをつついてへびを出すな」,「さわらぬ神にたたりなし」) / Love me, love my ~. ⇨ love *vt.* 2 a / *Dogs* remember faces, cats places.《諺》犬は人に付きねこは家に付く / treat a person like a ~ [worse than a ~] 人をまるで犬扱いする[犬よりもひどく扱う].

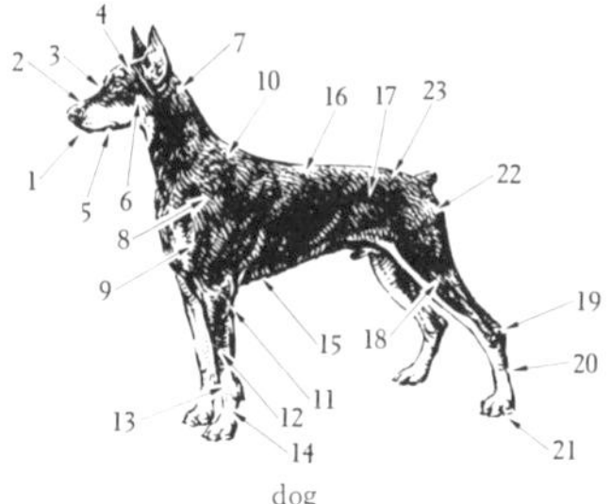

dog

1 lip; 2 muzzle; 3 stop; 4 skull; 5 flews; 6 cheek; 7 crest; 8 shoulder; 9 point of shoulder; 10 withers; 11 elbow; 12 forearm; 13 carpus *or* wrist; 14 metacarpus *or* pastern; 15 brisket; 16 back; 17 loin; 18 stifle *or* toes; 19 tarsus *or* hock; 20 metatarsus; 21 digits *or* toes; 22 point of rump; 23 hip

★(1) 関連した語に,「猟犬」hound;「のら犬」cur;「子犬」pup, puppy, whelp;「犬小屋」kennel;「鳴き声」bark, bay, bowwow; growl, howl, snarl; whine, yap, yelp; (2) 代名詞は通例 it で受けるが, 親しさをこめて he で受けることもある. (3) ラテン語系形容詞: canine. **2 a** イヌ科イヌ属 (*Canis*) の動物《オオカミ (wolf), ヤマイヌ (Japanese wolf), コヨーテ (coyote), ジャッカル (jackal) など》. **b** それに近縁の動物《リカオン (African hunting dog), キツネ (fox) など》. **c** イヌ科の動物の雄, 雄犬 (cf. bitch): a ~ wolf 雄オオカミ / ⇨ dog fox. **3 a** [通例形容詞を伴って] くだらない人間, やくざ男, 野郎;《米俗》魅力のない人[女性], 面白くない女性; 売春婦: a regular ~ (of a fellow) 全くのやくざ者 / a dirty ~ ひどい野郎 / You ~! この野郎. **b**《米俗》くだらない[つまらない]もの; (演劇・音楽などの) 失敗(作) (flop). **4**《口語》[通例 cunning, jolly, lucky, sad, sly などの形容詞を伴って]《愛称・戯言・軽蔑》やっこさん, やつ (fellow): a jolly [gay] ~ 愉快な[陽気な]男 / a lucky ~ 運のいいやつ / a lazy ~ なまけ者 / a sly ~ ずるいやつ. **5**《米口語》見栄(え), 体裁(さい), 見せびらかし (display): There's lots of ~ about it. そいつはしゃれっけたっぷりだ / put on (the) ~ ⇨ 成句. **6**《米俗》ホットドッグ (hot dog). **7**《米口語》(株式・公債などで, それだけの) 価値のない投資; 回転の遅い[売れ行きの悪い]商品. **8**〘その形から: cf. F *chenet*〙=andiron. **9** [the D-]〘天文〙**a** おおいぬ(大犬)座 (the Great Dog) (⇨ Canis Major). **b** こいぬ(小犬)座 (the Little Dog) (⇨ Canis Minor). **10**〘気象〙**a** =sun dog. **b** =fogdog. **11 a**〘魚類〙=dogfish. **b**〘動物〙=prairie dog. **12**《米・豪俗》(犯人仲間の) 密告者, 裏切り者. **13**《豪俗》私服の鉄道公安官. **14** [the ~s]《英口語》グレーハウンド競走(会): ⇨ *go to the* DOGS (1). **15** [*pl.*]《米口語》足 (feet). **16**〘機械〙**a** (氷づかみのような) つかみ(道具), 回し金(がね), 鉄鉤(かぎ). **b** (木材結合用の) かすがい; (運搬できるように) 木材・石などに打ち込まれた U 字型の鉄棒.

dogs 16 a

blush like a black dog 全然顔を赤らめない, ちっとも恥ずかしく思わない. ***die a dog's death*** [***the death of a dog, like a dog***] みじめな死に方をする, 見苦しい最期をとげる. ***a dog in a blanket***《英口語》=roly-poly 1. ***a dog in the manger***〘かいばおけに入りこんで自分が食べもしないまぐさを牛に食べさせなかったというイソップ物語の犬の話から〙(自分に用のないものを人に使わせるのをいやがるような) 意地悪な人. ***eat dog*** (1)〈犬が〉同族相食(は)む: *Dog* does not *eat* ~. 同族[骨肉]相食まず (cf. dog-eat-dog). (2)《米》屈辱を忍ぶ (eat dirt). ***give a dog a bad*** [***an ill***] ***name and hang him***〘「犬を殺そうと思うならまず狂犬呼ばわりせよ」(どんな人も一度悪評を立てられたらまず立ち直れないの意) という諺から〙人を中傷して葬り去る. ***give to the dogs*** =*throw to the* DOGS. ***go to the dogs***《口語》(1)《英》グレーハウンド競走に行く. (2) だめになる, 破滅[没落]する; 失敗する. (3) 堕落する; すさんだ生活を始める; 不倫なことをする. ***a hair of the dog*** (***that bit*** *a person*) ⇨ hair 成句. ***have not a word to throw at a dog*** (無愛想・横柄で) ひどく無口だ, むっつりしている. ***lead a dog's life*** ⇨ dog's life. ***lead*** *a person* ***a dog's life*** ⇨ dog's life. ***let sleeping dogs lie*** (事態が一層悪くなるのを恐れて) そのままにしておく, 事を荒だてないようにする (⇨ dog *n.* 1). ***let slip the dogs of war*** (1) 戦いの犬を放つ, 戦端を引き起こす (cf. *the* DOGS *of war* (1)). (2) 破壊する, 混乱を引き起こす. (3) 強権を発動する; 最後の手段に出る. ***like a dog's dinner*** ⇨ dog's dinner 成句. ***like a dog with two tails*** 大喜びで, いそいそと. ***not a dog's chance*** ⇨ dog's chance. ***put on*** (***the***) ***dog***《口語》気どる, すまし込む, もったいぶる (put on airs) (cf. 5). ***teach an old dog new tricks*** (習慣の固定した) 年寄りに新しい物事を教えてやる[新時代の空気を理解させる]《今さらそんなことはできない》. ***the dogs of war*** (1) 戦いの犬, 戦禍《飢饉・殺戮・兵火; Shak., *Caesar* 3. 1. 273》. (2) 破壊, 蹂躙(じゅうりん), 惨禍. ***throw*** [***give, send***] ***to the dogs*** (無価値なものとして) 投げ捨てる; 犠牲にする.

— *vt.* (**dogged; dog·ging**) **1 a** (犬のように) 後をつける, 尾行する: ~ a criminal, a person's footsteps, etc. **b** (犬のように)〈人〉につきまとう;〈人〉の尻を追っかける: ~ a girl / He is ~*ged* by debts. 彼は借金につきまとわれている. **2 a** 犬で追う[追い立てる]. **b**〈災い・不幸などが〉(どこまでも)〈人〉につきまとう: be ~*ged* by misfortune 不幸につきまとわれる / a recession-*dogged* industry 景気後退の影響をこうむっている産業. **3**《米俗》=darn²: I'll be ~*ged* if I go. だれが行くものか. **4** つかみ道具でつかむ (cf. *n.* 16). **5** [~ it として]《米俗》逃げ(去)る, ずらかる (run away); (仕事などを) 本気でやらない, 避ける.

— *adv.* [しばしば複合語に用いて] 全く, ひどく (extremely): *dog*-cheap, *dog*-poor, *dog*-tired.

dóg àpe *n.*〘動物〙ヒヒ (baboon).

do·ga·res·sa [dòugərésə | dàu-; *It.* dògaréssa]〘□ It. ~ ← DOGE + -*essa* '-ESS¹'〙 *It. n.* (昔の Venice や Genoa の) ドージェ (doge) 夫人.

do·gate [dóugət, -gɪt | dóu-]〘(1727–51) □ F *dogat* □ It. *dogato*: ⇨ doge, -ate¹〙 *n.* (昔の Venice や Genoa の) ドージェ (doge) の職[地位].

dóg·bàne *n.*〘植物〙バシクルモン《キョウチクトウ科バシクルモン属 (*Apocynum*) の植物の総称》; (特に) バシクルモン (*A. venetum*).

dóg bènt〘犬の嘔吐剤と考えられていることから〙— *n.*〘植物〙ヒメヌカボ (*Agrostis canina*)《細長い稈(かん)・細い葉・長いのぎのある穎(えい)を有するイネ科の雑草; brown bent ともいう》.

dóg·bèrry [-bèri, -bəri | -bèri, -bərɪ] *n.*〘植物〙**1** セイヨウミズキ (red dogwood) の実. **2** dogberry をつける植物の総称《dogwood, yellow clintonia, クマコケモモ (bearberry), カンボク (guelder rose) など》.

Dog·ber·ry [dɔ́(ː)gberi, -bəri | dɔ́gberɪ, -bərɪ] *n.* (*pl.* ~**s**) **1** ドグベリー《Shakespeare 作 *Much Ado about Nothing* の中の警官で言葉の誤用で有名; cf. Mrs. MALAPROP》. **2** 間抜けな[へまをやる]役人, (特に) 警官.

dóg bìscuit *n.* **1** ドッグビスケット《犬の飼料として肉片や骨粉などを入れて固く焼いたビスケット》. **2** かたいビスケット, 乾ぱん.

dóg·bòdy〘船尾の形から〙— *n.*〘海事〙ドッグボディ船《主に 18 世紀の後半から 19 世紀の前半に米国 Massachusetts 州で造られた船尾が方形の 2 本マストの漁船; Chebacco boat に似ている》.

dóg bòx *n.*《英》犬輸送用貨車.

dóg brìer〘(なぞり) ← L *sentis canis*〙 *n.*〘植物〙=dog rose.

dóg·càrt *n.* **1** 犬に引かせる車. **2** 一頭立て二輪馬車の一種《背中合わせの 2 座席があり, 英国では以前は座席の下に猟犬を乗せた》.

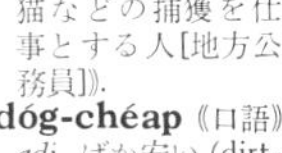

dogcart 2

dóg·càtcher *n.* 野犬捕獲員《野良犬・猫などの捕獲を仕事とする人[地方公務員]》.

dóg-chéap《口語》 *adj.* ばか安い (dirt-cheap). — *adv.* ばかに安く: work ~ ひどく安い賃金で働く.

dóg clùtch *n.*〘機械〙かみ合いクラッチ.

dóg còckle *n.*〘貝類〙タマキガイ科の貝類の総称.

dóg còllar *n.* **1** 犬の首輪. **2**《俗》=clerical collar. **3**《口語》ドッグカラー《のどの回りに巻きつける巾の広い婦人用ネックレス; 宝石などを散りばめることもある》.

dóg cùrtain *n.*〘海事〙羅針儀架台 (binnacle) にかける帆布.

dóg-dày cicáda *n.*〘昆虫〙エゾゼミ《アメリカ産エゾゼミ属 (*Tibicen*) の大きなせみの総称; 特に, 夏の後半に長い顫(せん)音で鳴く》.

dóg dàys〘(なぞり) ← L *diēs caniculārēs*: cf. canicular〙 *n. pl.* **1** [しばしば D- D-] 暑中, 盛夏《Dog Star が太陽と共に出没する 7 月 3 日ごろから 8 月 11 日ごろまでの期間》. **2** 沈滞[停滞]期.

dog·dom [dɔ́(ː)gdəm | dɔ́g-] *n.* **1** 犬の世界, 犬属; 犬であること, 犬の境遇. **2** [集合的] 愛犬家.

doge [dóudʒ | dáudʒ; *It.* dɔ́:dʒe]〘(1549) □ F ~ □ It. (Venetian) < L *ducem, dux* leader: ⇨ duke: cf. duce〙 *n.* ドージェ《Venice (697–1797), Genoa (1339–1797, 1802–05) 共和国の総督》.

dóg-èar *n.* **1**〘製本〙耳折れ, 折れ込み, 福紙《本のページのすみの折れ曲り》. **2**〘建築〙=crossette 1.
— *vt.*〘製本〙…のページのすみを折る.

dóg-èared *adj.* **1**〈本・ページが〉耳折れの, (ページの) すみの折れた, 読み古した: a ~ book 耳折れ本. **2** すり切れた, みすぼらしい (shabby); 不格好な.

dóg-èat-dóg *adj.* (同族[骨肉]相食(は)むような) 激しい競争の, 我勝ちの共食いの; 残忍なほど貪欲(どんよく)な[自制のない], 徳義心を亡くした (⇨ *eat* DOG): a ~ life, society, etc. — *n.* 同族相食むこと, 我勝ちの競争, 共食い.

dóg·fàce *n.*《米俗》**1** (米陸軍の) 兵士, 下士官兵, 歩兵《初め, 米海軍水兵が米陸軍の兵士を軽蔑的に呼んだ名; doggy ともいう》. **2** 人気のよくない人, 受けの悪い男.

dóg-fàced *adj.* 犬面の: a ~ baboon〘動物〙ヒヒ《単に baboon というのと同じ》.

dóg·fàll *n.* **1**〘レスリング〙両レスラー同時のフォール《どちらのポイントにもならない》. **2** 勝者のない試合, 引き分け.

dóg fàncier *n.* 愛犬家; 犬屋, 畜犬商.

dóg fènnel〘ME〙 *n.*〘植物〙**1** =mayweed. **2** キク科ヒヨドリバナ属の草 (*Eupatorium capillifolium*).

dóg·fìght *n.* **1 a** 犬のけんか, 闘犬; (犬のけんかのような) 激しい争い (melee) (cf. catfight). **b** (一般に) 激しい論戦, 激論. **2**《口語》(戦闘機または機甲部隊間の) 巴戦, 旋回戦闘, 乱戦, 空中戦. — *vt., vi.* (…と) 乱戦を行なう, 空中戦を演じる.

dóg·fìsh〘(15C)〙— *n.* (*pl.* ~, ~·**es**)〘魚類〙**1** ツノザメ科・メジロザメ科・トチザメ科などの小型のサメの総称《肝臓から油が採れ, 肉は肥料になる; ホシザメ (smooth dogfish), アブラツノザメ (spiny dogfish) など》. **2 a** =bowfin. **b** =burbot.

dóg·fòot *n.*〘植物〙カモガヤ (⇨ orchard grass).

dóg fòx〘(15C)〙 *n.*〘動物〙雄ギツネ (male fox).

dog·ged [dɔ́(ː)gɪd, -gəd | dɔ́g-]〘(c1300)〙— *adj.* 強情な, 頑固な, 断固とした: one's ~ determination. ***It's dogged*** (***that*** [***as***]) ***does it.***《口語》頑張りは難事を克服する, 根気は成功のもと.
~**·ly** *adv.* ~**·ness** *n.*

dog·ger¹ [dɔ́(ː)gə | dɔ́gə(r)]〘(1347) *doggere* □ MDu. *dogger* (Du. *dogger* cod-fisher): cf. ON *dugga* small fishing boat〙— *n.* **1**〘海事〙ドッガー船《北海でタラ漁業に用いられた 2 本マストの船首が広いオランダ船》. **2** [the D-] =Dogger Bank.

dog·ger² [dɔ́(ː)gə | dɔ́gə(r)]〘← DOG + -ER¹〙 *n.*《豪》ディンゴ (dingo) 狩り人.

Dóg·ger Bánk [dɔ́(ː)gə-, dɑ́g- | dɔ́gə-]〘*Dogger*: ← DOGGER¹ // MD *dogger* 'DOGGER¹'〙— *n.* [the ~] ドガーバンク《北海の中央部, イングランドと Jutland 半島の中間にある大砂州(す); 最浅部の深さが 15 m で世界有数の大漁場; 1915 年この海域で英国艦隊がドイツ艦隊を撃破した; 単に the Dogger ともいう》.

dog·ger·el [dɔ́(ː)g(ə)rəl, dɑ́g- | dɔ́g(ə)rəl, -rɪl]〘(c1390) ← ? DOG (n.) 3 + -EREL: cf. L *doga* cask, stave / dog Latin〙— *n.* (韻律不整で内容下品な) 狂詩, へぼ詩. — *adj.*〈詩が〉狂詩風の, 滑稽な;〈詩など〉くだらない, へぼな.

dog·ger·y [dɔ́(ː)gəri | dɔ́gərɪ] *n.* **1** (犬のように) 野卑低劣な振舞い. **2** [集合的] 犬, 犬ども (dogs); 下層民, 烏合(うごう)の衆. **3**《米俗》低級な酒場, 銘酒屋.

dog·gie [dɔ́(ː)gi | dɔ́gɪ] *n.* =doggy.

dóggie bàg〘飼い犬に食べさせるとの口実から〙 *n.*《米》(レストランなどで食べ残しを客が持ち帰るための) 持ち帰り袋.

dóg·gi·ness *n.* **1** 犬の特質, 犬らしさ. **2** 犬好き, 畜犬趣味. **3** 犬の臭気.

dóg·gish [-gɪʃ]〘ME〙— *adj.* **1** 犬の. **2** 犬のような, 無愛想な, がみがみ言う, 怒りっぽい (currish). **3**《口語》はでで好みの, 気取った (showy). ~**·ly** *adv.* ~**·ness** *n.*

dog·go [dɔ́(ː)gou | dɔ́gəu]〘(1893) ← ? DOG + -O: 犬の眠りの浅いことから: cf. dog-sleep〙— *adv.*《俗》(じっと) 隠れて (in hiding). ***lie doggo*** じっと待っている, 身をひそめて隠れている.

dog·gone [dɑ́ggɔ́n, dɔ́(ː)ggɔ́(ː)n | dɔ́ggɔ́n, -gɔ́:n]〘(1851)《婉曲語法》← *God damn* //《転訛》? ← *dog* (= pox) *on it*〙《口語》— *int.* 畜生, えいっ, しまった, しめた (hang)《ののしり・じれったさ・驚き・喜びなどを表わす》. — *vt.* (**dog·goned**; **-gon·ing**) [通例 p.p. 形で] のろう (damn): I'll be ~*d* if I'll go. 畜生行くもんか. — *adj.* (**dog·gon·er**; **-est**) のろうべき, いまわしい, いやな (confounded). — *adv.* =damned. — *n.* =damn 2.

dóg·góned *adj., adv.*《米口語》=doggone.

dóg gràss *n.*〘植物〙**1** =dog bent. **2** =couch grass.

dog·grel [dɔ́(ː)grəl, dɑ́g- | dɔ́g-] *n., adj.* =doggerel.

dog·gy [dɔ́(ː)gi | dɔ́gɪ]〘(a1450)〙— *adj.* (**dog·gi·er**; **-gi·est**) **1** 犬の[に関する]; 犬のような. **2** 犬好きの, 犬に詳しい. **3**《米口語》いきな, はでな; 見栄を張った (pretentious). — *n.* **1 a** 小犬 (little dog). **b**《小児語》わんわん. **2** [通例 doggie で]《米俗》=dogface 1.

dóggy bàg *n.* =doggie bag.

dóg·hòle〘(15C)〙— *n.* **1** 犬穴《犬が 1 匹はいれるほどの小穴》. **2** むさくるしい所[住居]; 小さい家. **3**《米俗》(炭鉱などの) 小さな入口. **4**《米西部》(木材などの荷積みの際に船をとめる) 小さい入江.

dóg hòok *n.* 木材の切出し用の(鉄の)鉤(かぎ).

dóg·hòuse *n.* **1**《米》犬小屋. **2**《口語》**a** (形など)

大小屋に似たもの. **b** (労働者の)着換え小屋, 道具置き場. **c** 船・ヨットの甲板上の(小さい)船室. **3** (ガラス原料の)投入口, ドッグハウス. **4** 《俗》=double bass.
in the doghouse 《俗》〈夫が〉嫌われて, 面目を失って; 〈人が〉人気を落として (in disfavor).

dóg·hùtch *n.* **1** 犬小屋. **2** =doghole 2.

do·gie [dóugi | dáugɪ] 〘← ?〙 *n.* 《米西部》(牧場の牛群の中の)母なし子牛《カウボーイ用語》.

dóg Látin 〘cf. dog (n.) 3〙 *n.* (中世の)変則ラテン語; ラテン語をまねて作られた言葉[専門語].

dóg lèad [-lìːd] *n.* 犬綱, 犬鎖.

dóg·lèg *n.* **1** (犬の後足のように)曲がった物. **2 a** 急角度で[くの字形に]曲がった道[コース]. **b** 〘ゴルフ〙ドッグレッグ《フェアウェイ (fairway) がくの字形に曲がっているホール》. **—** *adj.* =doglegged. **—** *vi.* (**-legged; -leg·ging**) 急角度に曲がる[曲がっている].

dógleg fénce *n.* 《豪》=worm fence.

dóg·lèg·ged [-lègɪd, -gəd | -lègd] *adj.* **1** (犬の後足のように)曲がった: a ~ staircase くの字形階段《反対方向に折れ曲がった階段の上部と下部の間に吹き抜け (well) のないもの》. **2** 〘ゴルフ〙ドッグレッグ状の (cf. dogleg *n.* 2 b).

dógleg hóle *n.* 〘ゴルフ〙=dogleg 2 b.

dóg lètter *n.* =dog's letter.

dóg·lìke *adj.* 犬のような; (犬のように)忠実な: ~ devotion 犬のような献身.

dóg lòuse *n.* 〘昆虫〙 **1** =bird louse. **2** =sucking louse.

dog·ma [dɔ́(ː)gmə, dɑ́g- | dɔ́g-] 〘(1638)□L ~ □Gk *dógma* opinion, ordinance ← *dokeîn* to seem (good): cf. decent〙 **—** *n.* (*pl.* **~s**, **~·ta** [~ṭə | ~tə]) **1** (教会が権威に基づいて確立した)教義, 教理 (cf. doctrine). ★ 信者側からみた場合 creed という: a history of ~ キリスト教教義史. **2** (権威に基づいて確立されたまたはある学派などの)定論, 定説: legal [pedagogical] ~ 法学[教育学]的定説. **3** 独断的主張[見解], 独断, ドグマ.

dóg·man [-mən] *n.* (*pl.* **-men** [-mən | -mèn]) **1** 犬売買人, 犬屋. **2** 《英》犬小屋番(人). **3** 《豪》建築現場で起重機運転者に指示を与える人.

dogmata *n.* dogma の複数形.

dog·mat·ic [dɔ(ː)gmǽṭɪk, dɑg- | dɔgmǽt-] 〘(1605)□LL *dogmatic-us* □Gk *dogmatikós* ← *dogmat-*, *dógma* 'DOGMA': ⇨ -ic¹〙 **—** *adj.* **1** 教義上の, 教理に関する, 教条の (doctrinal). **2** 〘哲学〙独断(主義)の. **3** 〈人・見解など〉独断的な: a ~ statement, person, etc. **—** *n.* 独断家.

dog·mát·i·cal [-ṭɪkəl, -ṭə- | -tɪ-] 〘(1604)〙 *adj.* =dogmatic. **~·ly** *adv.* **~·ness** *n.*

dog·mat·ics [dɔ(ː)gmǽṭɪks, dɑg- | dɔgmǽt-] 〘⇨ -ics〙 *n.* 〘キリスト教〙教義学, 教理[信条]論《キリスト教の教義を組織的に説明する》: Christian ~.

dogmátic theólogy *n.* 〘キリスト教〙=dogmatics.

dog·ma·tism [dɔ́(ː)gmətìzm, dɑ́g- | dɔ́g-] 〘(1603)□F *dogmatisme* ∥ LL *dogmatism-us*: ⇨ dogma, -ism〙 **—** *n.* **1** 独断的主張; (立論の根拠や妥当性に省察を欠いた)独断論, 独断的精神[態度]. **2** 教条主義, 信条主義.

dóg·ma·tist [-ṭɪst, -ṭəst | -tɪst] 〘(1541)□F *dogmatiste* ∥ ML *dogmatista* □Gk *dogmatistḗs*: ⇨ -ist〙 **—** *n.* **1** 独断家, 独断論者. **2** 教義[教理, 教条]を主張する人.

dog·ma·tize [dɔ́(ː)gmətàɪz, dɑ́g- | dɔ́g-] 〘(1611)□F *dogmatis-er* ∥ ML *dogmatizāre* □Gk *dogmatízein*: ⇨ dogmatic, -ize〙 **—** *vi.* 独断的な意見を主張する; 〔...に〕独断的に断定を下す 〔*on, upon*〕. **—** *vt.* 教義[教理, 教条]として宣言する, 教義化する. **dóg·ma·tìz·er** *n.* **dog·ma·ti·za·tion** [dɔ̀(ː)gməṭɪzéɪʃən, dɑ̀g-, -ṭə- | dɔ̀gmətaɪ-, -tɪ-] *n.*

dóg·mèat *n.* **1** =dog's meat. **2 a** (食用としての)犬の肉. **b** (品質のよくない)食用肉, まずい肉. **c** いやなやつ, 嫌われもの.

dóg nàil *n.* 大釘.

dóg·nàp 〘← DOG+(KID)NAP〙《米俗》 **—** *vt.* (**dog-napped; -nap·ping**) (特に, 高く売って利益を得るために)〈犬を〉盗む. **—** *n.* 犬を盗むこと. **~·per** *n.*

dóg nàp *n.* 《口語》うたたね (cat nap). **~·er** *n.*

dó-gòod *adj., n.* =do-gooding.

dó-góod·er [-gúdə | -də(r)] *n.* [通例軽蔑的に] (空想的な)社会改良家, 理想主義的な慈善家.

dó-góod·ing [-gúdɪŋ] *adj.* [通例軽蔑的に] (空想的に)社会改良を目指す[目指した]: a ~ plan. **—** *n.* (空想的な)社会改良活動[事業].

do-good·ism [dúːgúdɪzm] *n.* [通例軽蔑的に] (空想的な)社会改良主義.

dóg-pàddle *vi.* 〘水泳〙犬かきで泳ぐ.

dóg pàddle *n.* 〘水泳〙犬かき(泳法).

dóg pàrsley *n.* 〘植物〙=fool's parsley.

dóg plùm *n.* 〘植物〙 **1** =Cape ash. **2** 米国東部山岳地に生えるユリ科ツバメオモト属の多年草 (*Clintonia borealis*).

dóg pòison *n.* 〘植物〙=fool's parsley.

dóg-póor *adj.* ひどく貧しい (extremely poor).

Do·gra [dóugrə | dáu-] *n.* (*pl.* **~, ~s**) ドーグラ人《インド北西部の種族で戦闘能力に秀でており多くインド軍に入隊する》.

dóg ràcing *n.* ドッグレース《犬(おもにグレーハウンド犬)の競走; コースの内側に electric hare を走らせ, それを追わせて競走させる》.

dóg ròbber *n.* 《軍俗》(将校の)当番兵.

dóg ròse 〘《なぞり》← ML *rosa canīna*=L *cynorrodon* □Gk *kunórodon* ← *kúōn* 'dog, HOUND¹'+*rhódon* 'ROSE²'〙 **—** *n.* 〘植物〙ヨーロッパ・北アフリカ・西アジア原産のバラの一種 (*Rosa canina*)《生垣にしたりバラのつぎ木の台木に用いる; dog brier, wild brier ともいう》.

dóg's àge *n.* [a ~] 《俗》長い間 (a long time) (cf. donkey's years).

dóg sàlmon *n.* 〘魚類〙=chum salmon.

dóg's-bàne *n.* (*also* **dóg's bàne**) 〘植物〙=dogbane.

dóg's bènt *n.* 〘植物〙=dog bent.

dógs·bòdy 〘← 《英海軍俗》'midshipman' ← 'pease pudding'〙 *n.* (*also* **dog's-body**) 《英俗》こき使われる人, 下っぱ (drudge).

dóg's brèakfast *n.* =dog's dinner 2.

dóg's chànce *n.* [a ~; 通例否定文で] 《口語》ほんのわずかな機会[見込み]: There is *not a* ~. 全然見込みはない.

dóg's dìnner *n.* 《英口語》 **1** (犬にやるような)残飯の食事. **2** だらしない[お話にならない]代物 (mess).
like a dog's dinner [しばしば軽蔑的に] 〈人・物が〉とてもハイカラに[で], いやに派手に[で].

dóg's-èar *n., v.* =dog-ear.

dóg's-èared *adj.* =dog-eared.

dóg's gràss *n.* 〘植物〙=couch grass.

dóg·shòre *n.* 〘造船〙ドッグショア, やり止め支柱《進水のまぎわまで船体をささえる滑り止め》.

dóg shòw *n.* 畜犬展覧会, ドッグショー.

dóg-sìck *adj.* 《米俗》(病気で)ひどく悪い (very sick).

dóg·skìn *n.* 犬の皮; (手袋用の)犬のなめし皮, その類似品.

dóg·slèd *n.* 犬ぞり.

dóg slèdge *n.* =dogsled.

dóg·slèep 〘犬の眠りが浅いことから〙 *n.* 目ざめやすい眠り, 仮寝; 《廃》たぬき寝入り.

dóg's lètter 〘《なぞり》← L *littera canīna* (Ben Jonson の文法書の用語): 巻き舌の r の発音が犬のうなり声に似ていることから〙 *n.* 大音文字《R 字の旧名》.

dóg's lìfe *n.* みじめな生活: lead a ~ (こき使われたりして)みじめな生活をする / lead a person a ~ (こき使ったりして)人にみじめな生活をさせる, 絶えずみじめな思いをさせる.

dóg's mèat *n.* 犬用の肉《馬肉・くず肉など》.

dóg's mércury *n.* 〘植物〙ヨーロッパ産トウダイグサ科ヤマアイ属の多年草 (*Mercurialis perennis*).

dóg's nòse *n.* ビールに蒸留酒を混ぜた飲み物, (特に)黒ビールにジン[ラム]を少量混ぜた温かい飲み物.

dóg spìke *n.* (鉄道用レールを止める)犬釘.

dógs·tàil *n.* 〘植物〙ヨーロッパ産イネ科クシガヤ属 (*Cynosurus*) の草の総称; (特に)クシガヤ (*C. cristatus*)《dog('s)-tail, dogstail grass ともいう》.

Dóg Stàr 〘《なぞり》← L *canicula* & Gk *kúōn*〙 *n.* [the ~] 〘天文〙 **1** 天狼(ろう)星, 狼星 (⇨ Sirius). **2** =Procyon.

dóg's-tòngue 〘(15C)〙 *n.* 〘植物〙 **1** =hound's-tongue. **2** =wild vanilla.

dóg's tòoth *n.* **1** 〘建築〙=dogtooth 2. **2** (服地などの)格子(こう)じま. **3** 〘植物〙=dogtooth violet.

dóg's-tòoth víolet *n.* 〘植物〙=dogtooth violet.

dóg's tràde *n.* 《米俗》人の好かない仕事.

dóg tàg *n.* **1** 鑑札, 畜犬票《犬の首輪に下げる金具; 飼主の住所・氏名などが書いてある》. **2** 《米軍俗》=identification tag.

dóg·tàil *n.* (曲がった柄のついた, ハート型の小さい)鋳型製造用こて《dogtail trowel ともいう》.

dóg tènt *n.* 《軍俗》避難用テント (shelter tent).

dóg tìck 〘cf. tick²〙 **—** *n.* 〘動物〙アメリカ イヌ カクマダニ (*Dermacentor variabilis*)《北米でイヌに寄生するマダニ; 人間のロッキー山熱 (Rocky Mountain spotted fever) の媒介者になる》.

dóg-tíred *adj.* 《口語》疲れきった (very tired).

dóg·tòoth 〘(*a*1382)《なぞり》? ← L *dēns canīnus*〙 **—** *n.* **1** (*also* **dóg tòoth**) 犬歯, 糸切り歯 (canine tooth, eyetooth). **2** 〘建築〙(ノルマン・英国初期建築の)犬歯飾り《小さな四角錐の突起を連続させた装飾》. **3** =dog's tooth 2. **—** *vt.* 〘建築〙犬歯飾りで装飾する.

dogtooth 2

dógtooth víolet *n.* 〘植物〙ユリ科カタクリ属 (*Erythronium*) の植物の総称《ヨーロッパ産の *E. denscanis* は紫色の花をつけ, 米国産の *E. americanum* は黄花, *E. albidum* は薄桃色の花をつける; dog's-tooth violet または単に dog's tooth ともいう》.

dóg tòur *n.* 〘演劇〙地方巡回公演, 地方巡業.

dóg·tròt 〘(15C)〙 **—** *n.* **1** 〘馬術〙(馬の歩調の)ドッグトロット, 小走り, 小だく《馬体がやや斜行する》. **2** 《米中部・南部》建物の二つの個所をつなぐ屋根付きの通路 (breezeway). **—** *vi.* 〈馬が〉小走りに駆ける.

dóg tùcker *n.* 《豪》犬の飼料にする羊肉.

dóg tùne *n.* 《俗》音楽的価値のほとんどないまずい歌, くだらない二流の歌.

dóg·vàne *n.* 〘海事〙(風向を見るために風上に当る船ばた (weather rail) に取り付ける簡単な)風見 (cf. vane 1).

dóg vìolet 〘《なぞり》← NL *viola canīna*: ⇨ viola², canine〙 **—** *n.* 〘植物〙 **1** ヨーロッパからシベリヤ中部までの温帯地方に多いスミレ (*Viola canina*). **2** 野生のスミレの総称.

dóg·wàtch *n.* **1** 〘海事〙ドッグウォッチ, 折半直《2時間交代の当直—他は皆 4 時間; 16-18 時が first dogwatch, 18-20 時が second dogwatch; cf. watch *n.* 5》. **2** 夜番, (特にその)最後の交替時間. **3** 《俗》(新聞記者の)待機勤務時間.

dóg-wéary *adj.* ひどく疲れた (very weary).

dóg whèlk *n.* 〘貝類〙ムシロガイ《ムシロガイ科 *Nassarius* 属やチヂミボラ属 (*Nucella*) の巻貝の総称; オリイレムシロガイ (*N. auricularius*) など》.

dóg whìp *n.* 犬むち.

dóg wìnkle *n.* 〘貝類〙=dog whelk.

dóg·wòod 〘← DOG(BERRY)+WOOD¹〙 **—** *n.* **1** 〘植物〙 **a** ミズキ《ミズキ科ミズキ属 (*Cornus*) の樹木の総称: ハナミズキ (flowering dogwood), セイヨウミズキ (red dogwood), red osier など》. **b** ミズキに似た樹木の総称《《英》オウシュウニシキギ (spindle tree), poison sumac など》. **2** ミズキ属の植物の木材. **3** はなみずき色, (黄色がかった)薄茶色, 淡褐色. **—** *adj.* **1** 〘植物〙ミズキ科の. **2** はなみずき色の.

do·gy [dóugi | dáugɪ] *n.* 《米西部》=dogie.

doh [dóu | dáu] *n.* 〘音楽〙=do³.

Do·ha [dóuhɑː | dáu-] *n.* ドーハ《アラビアの Qatar の首都; 人口 180,000》.

doig·té [dwɑːtéɪ; *F.* dwate] 〘□F ~ ← *doigt* finger: cf. digit〙 *F. n.* 〘フェンシング〙=fingering¹ 2.

doiled [dɔ́ɪld] 〘《変形》← ME *dold* 'DOLT'〙 *adj.* 《スコット・北英》ばかな (stupid); 気が狂った (crazed); 頭がぼんやりした (dazed).

doi·ly [dɔ́ɪli | -lɪ] 〘(1711) ← *Doiley, Doyley* (17-18 世紀のころその布を作った London の呉服商人)〙 **—** *n.* ドイリー: **a** 《古》《デザート用の食卓の指洗いばちなどの下に敷く小ナプキン》. **b** (レースなどで作った花瓶敷きなどの)卓上用小敷布. **c** 紙・リンネルなどで作った小さな敷物《皿の上に敷いてサンドイッチ・ケーキなどを置くのに用いる》.

doily b

do·ing [dúːɪŋ | dúːɪŋ, dúɪŋ] 〘(?1348)〙 **—** *n.* **1** する[なす]こと; した事, しわざ: Talking is one thing, ~ is another. 言うことと なすことは別なことだ / That requires some ~. それにはちょっと手間がかかる / It's your own ~. それはあなた自身のしたことだ《身から出たさびだ》/ It was none of my ~. それは私のしたこと[しわざ]ではなかった. **2** [*pl.*] 《口語》 **a** 活動, 行動, 行為, 振舞い (activities, conduct): I've heard of your ~*s*. ご活動はうわさに聞いている / That's some of Tom's ~*s*! トムは(日頃)そんな風な振舞いをしてるんです. **b** 出来事; 仕事; (社交的な)活動, 行事, 催し. **3** [the ~s] **a** 《英口語》[単数扱い] (何かに必要な)もの, しろもの 〔*for*〕: Pass *the* ~*s* to me. そいつ[そのなに]を取ってくれ. **b** 《米方言》料理(の材料). **c** 《米口語》(ドレスなどの)飾り《レースなど》. **4** 《口語》大目玉; ひっぱたき; 大損: give a person a ~ 人をひどい目にあわせる.
take some [***a lot of, a bit of***] ***doing*** 《口語》非常に骨が折れる, 大変むずかしい: That *took a lot of doing*. それはひどくむずかしかった.

Doi·sy [dɔ́ɪzi | -zɪ], **Edward Adelbert** *n.* (1893–　) 米国の生化学者; Nobel 医学生理学賞 (1943).

doit [dɔ́ɪt] 〘(1594)□Du. *duit*: cf. ON *þveit* small coin, 《原義》piece cut off〙 **—** *n.* **1** ドイト《1580 年頃から 19 世紀の初めまでオランダ・ルクセンブルク・ベルギー地方で発行された銅貨; =$^1/_8$ penny; duit ともいう》. **2** 《古》 **a** ほんの僅かの金. **b** [通例否定文で用いて] わずか, 小額 (a bit): *not* worth a ~ 一文の価値もない / I do*n't* care a ~. ちっともかまわない.

doit·ed [dɔ́ɪṭɪd, -ṭəd, -ṭɪt, -ṭət | -tɪd, -təd, -tɪt, -tət] 〘(*c*1450)《変形》← ? *doted*: ⇨ dote〙 *adj.* 《スコット》(老齢で)ぼけている, もうろくした (senile).

do-it-your·self [dùːɪtʃəsélf, dùːət-, -tjə- | dùːɪtjɔː-, dùɪt-, -jə-] 《口語》 *adj.* (修理・組み立てなどを)自分でやる, 「日曜大工」の: a ~ carpenter / a ~ kit for building a radio ラジオの自作キット《組み立て道具一式》. **—** *n.* 自分でやる[作る]こと[趣味]. **~·er** *n.* **~·ism** [-fɪzm] *n.*

do-it-your·self·er·y [dùːɪtʃəsélf(ə)ri, dùːətʃ-, -tjə- | dùːɪtjɔːsélf(ə)rɪ, dùɪt-, -jə-] *n.* 日曜大工仕事.

do·jo [dóudʒou | dáudʒəu] 〘□Jap.〙 *n.* (*pl.* **~s**) 道場.

dol [dóul | dául] 〘← L *dolor* pain〙 *n.* 〘医学〙ドル《痛みの度を測る単位; 皮膚に火熱を当てて決める》.

Dol [dɑ́l, dɔ́(ː)l | dɔ́l] 〘(dim.) ← DOROTHY〙 *n.* 女性名.

dol. 《略》〘音楽〙dolce; dollar.

do·lab·ri·form [doulǽbrəfɔ̀əm | dəulǽbrɪfɔ̀ːm] 〘← L *dolābra* pickaxe, axe+-FORM〙 *adj.* 〘生物〙斧(おの)形の, なた形の.

Dól·by Sỳstem [dɔ́(ː)lbi-, dóul- | dɔ́lbɪ-, dául-] *n.* 〘商標〙ドルビー方式《Dolby 研究所の特許による録音再生時のテープノイズ低減方式》.

dol·ce [dóultʃeɪ, -tʃi | dɔ́ltʃɪ, dául-; *It.* dóltʃe] 〘□It. ~ < L *dulcem, dulcis* sweet: ⇨ dulcet〙 **—** *adj., adv.* 〘音楽〙甘美な[に]. **—** *n.* (*pl.* **dol·ci** [-tʃiː; *It.* -tʃi]) **1** 〘音楽〙(オルガンの)甘く柔らかい音を出すフルート音栓. **2** 甘いデザート.

dol·ce far nien·te [dóultʃi-fɑ̀ə-niénti, -tʃeɪ-, -njén-, -teɪ | dɔ̀ltʃɪ-fɑ̀ː-nɪéntɪ, dàul-, -njén-, -teɪ; *It.*

dóltʃefarnjénte] 〖▭It. ～ 'sweet doing nothing'〗 ── *It. n.* 無為の楽しみ, 安逸, 逸楽.

dol·ce vi·ta [dóuɫtʃeɪ-víːtɑː | dɔ́ɫtʃeɪ-, dáuɫ-; *It.* dóltʃevíːta] 〖▭It. ～ 'sweet life': F. Fellini (1920–) 監督によるイタリア映画 *La Dolce Vita* (1959) から〗 ── *It. n.* [la ～, the ～] (快楽追求・放縦などにふける)甘美な人生[生活].

dolci *n.* dolce の複数形.

dol·drums [dóuɫdrəmz, dáɫ-, dɔ́(ː)ɫ- | dɔ́ɫ-] 〖(1811) ← ? OE *dol* 'DULL': TANTRUM の類推から〗 ── *n. pl.* **1 a** 〖海事〗無風, なぎ《無風または突風や風向きの不定に原因する航海中の停船状態》. **b** [the ～]〖気象〗無風域, 赤道無風帯《同様な現象を引き起こす大洋中の(特に, 赤道付近の)水域》; 無風現象《同水域特有の気象現象》. **2 a** (経済などの)不況, 沈滞 (stagnation). **b** 憂鬱, ふさぎこみ (dumps).

in the doldrums (1) 〈船が〉無風状態に入って. (2) 〈人が〉ふさぎこんで. (3) 〈物事が〉沈滞状態で: Europe was *in the* economic ～. ヨーロッパは経済的に沈滞していた.

dole[1] [dóuɫ | dáuɫ] 〖OE *dāl* part < Gmc **dailaz*: ⇨ deal[3]〗 ── *n.* **1** 施し, 分配; (特に)けちな施し, わずかな分け前. **2** 施し物 (alms); 給食: one's ～ in prison 刑務所の配給食物. **3** [the ～]〖英口語〗失業手当, 失業給付: draw *the* ～ 失業手当を受ける / go [be] on *the* ～ 失業手当を受ける[受けている]. **4** 〖古〗運命 (lot): Happy man may be his ～! 彼の多幸を祈る (cf. Shak., *1 Hen. IV* 2. 2. 81). **5** 〖英方言〗共有地の分け前, 分けられためいめいの土地. ── *vt.* **1** 〈施し物(特に金銭・食物)を〉与える, 施す, 分けてやる 〈*out*〉. **2** 少しずつ分与する[分けてやる], 惜しそうに分け与える 〈*out*〉 〔*to*〕.

dole[2] [dóuɫ | dáuɫ] 〖(c1225) *dol, doel* ▭ OF *doel* (F *deuil* mourning) < LL *dolum* grief ← L *dolēre* to grieve〗 〖詩〗 ── *n.* **1** 悲しみ (grief); 心痛, 苦悩 (affliction); 悲嘆 (lamentation): make one's ～ 嘆き悲しむ. **2** [集合的に] 喪服. ── *vi.* 嘆き悲しむ (lament).

dóle cùpboard *n.* (以前)教区の貧しい人々に施すためのパンなどを入れた教会の食器棚.

dóle-dràwer *n.* 〖英口語〗失業手当受給者.

dole·ful [dóuɫfəɫ | dáuɫ-] 〖(?a1300): ⇨ dole[2], -ful[1]〗 ── *adj.* (**-ful·ler**; **-ful·lest**) 悲しい, 悲しげな, 憂(うれ)いに沈んだ; 陰気な (dismal): a ～ look, face, tale, melody, etc. **～·ness** *n.* 「んで, 陰鬱に.

dóle·ful·ly [-fəli | -li] 〖(c1300)〗 *adv.* 悲しげに, 悲し

dol·er·ite [dáləràɪt | dɔ́l-] 〖(1838) ▭ F *dolérite* ← Gk *dolerós* deceptive (← *dólos* deceit): ⇨ -ite[1]: diorite に紛らわしいことから〗 ── *n.* 〖岩石〗 **1** 粗粒玄武岩. **2** 輝緑岩. **dol·er·it·ic** [dɑ̀lərítɪk | dɔ̀lərít-] *adj.*

doles·man [dóuɫzmən | dáuɫz-] 〖← DOLE[1] + -s[2] + MAN: cf. craftsman, etc.〗 *n.* (*pl.* **-men** [-mən, -mèn]) 施し物を受ける人.

dole·some [dóuɫsəm | dáuɫ-] *adj.* 〖文語〗=doleful.

Dol·gel·lau [dɑɫgélaɪ | dɔɫgéθlaɪ, -gél-, -lɪ; *Welsh* dolgéɬa(i)] *n.* ウェールズ西部, 旧 Merionethshire 州 (現在は Gwynedd 州の一部) の首都; 人口 2,600.

dolia *n.* dolium の複数形.

dol·ich- [dálɪk, -lək | dɔ́lɪk] (母音の前に来る時の) dolicho- の異形.

dol·i·cho- [dálɪko(ʊ), -lə- | dɔ́lɪkə(ʊ)] 〖← NL ～ ← Gk *dolikhós* long〗「長い (long)」の意の連結形. ★ 母音の前では通例 dolich- になる.

dol·i·cho·ceph·al [dɑ̀lɪko(ʊ)séfəɫ, -lə- | dɔ̀lɪkə(ʊ)-séf-] 〖← NL *dolichocephalus*: ⇨ ↑, cephalo-〗 *n.* (*pl.* **～s**, **-ceph·a·li** [-làɪ]) 〖人類学〗長頭(人).

dol·i·cho·ce·phal·ic [dɑ̀lɪko(ʊ)səfǽlɪk, -lə-, -sə- | dɔ̀lɪkə(ʊ)sefǽlɪk, -sɪf-, -kef-, -kɪf-] 〖(1849): ↑〗 ── *adj.* 〖人類学〗長頭の《頭示数 76 未満; cf. brachycephalic, mesocephalic》. ★ dolichocephalic は生体の場合に用い, 骨の場合には dolichocranial を用いる.

dol·i·cho·ceph·a·lism [dɑ̀lɪko(ʊ)séfəlɪ̀zm, -lə- | dɔ̀lɪkə(ʊ)séf-, -kéf-] *n.* 〖人類学〗=dolichocephaly.

dol·i·cho·ceph·a·lous [dɑ̀lɪko(ʊ)séfələs, -lə- | dɔ̀lɪkə(ʊ)séf-, -kéf-] *adj.* 〖人類学〗=dolichocephalic.

dol·i·cho·ceph·a·ly [dɑ̀lɪko(ʊ)séfəli, -lə- | dɔ̀lɪkə(ʊ)-séfəlɪ, -kéf-] *n.* 〖人類学〗長頭 (dolichocephalism).

dol·i·cho·cra·ni·al [dɑ̀lɪko(ʊ)kréɪniəɫ, -lə- | dɔ̀lɪkə(ʊ)kréɪnjəɫ, -nɪəɫ] 〖← DOLICHO- + CRANIO- + -AL[1]〗 ── *adj.* 〖人類学〗長頭蓋(ずがい)の《頭蓋示数 76 未満; cf. brachycranic》. ★ ⇨ dolichocephalic.

dol·i·cho·cra·nic [dɑ̀lɪko(ʊ)kréɪnɪk, -lə- | dɔ̀lɪkə(ʊ)-] *adj.* 〖人類学〗=dolichocranial. **dol·i·cho·cra·ny** [dɑ́lɪko(ʊ)krèɪni, -lə- | dɔ́lɪkə(ʊ)krèɪnɪ] *n.*

dol·i·chop·o·did [dɑ̀lɪkɑ́pədɪd, -lə-, -dəd | dɔ̀lɪkɔ́pədɪd] 〖↓〗〖昆虫〗 *adj.* アシナガバエ(科)の. ── *n.* アシナガバエ《アシナガバエ科の昆虫の総称》.

Dol·i·cho·pod·i·dae [dɑ̀lɪko(ʊ)pɑ́dədìː, -lə- | dɔ̀lɪkə(ʊ)pɔ́dɪ-] 〖← NL ～ ← *Dolichopod-, Dolichopus* (属名: ⇨ dolicho-, -pus) + -IDAE〗 ── *n. pl.* 〖昆虫〗(双翅目)アシナガバエ科.

do·li·ne [dəlíːnə] 〖▭ Russ. *dolina* plain, valley ← *dol* valley: cf. dale〗 *n.* 〖地質〗ドリーネ (⇨ sink 6 a).

dó·lìttle 〖口語〗 *n.* 怠け者, ろくでなし (good-for-nothing). ── *adj.* 無為の, 怠惰な.

do·li·um [dóuliəm | dáulɪəm, -ljəm] 〖(15C) ← NL *dōli-um* ← L〗 *n.* (*pl.* **-li·a** [-liə | -lɪə, -ljə]) (古代ローマで酒・穀物入れとして用いられた)大きな土製の壺.

doll[1] [dá(ː)ɫ, dɔ́(ː)ɫ | dɔ́ɫ] 〖(1560) ← DOLL〗 ── *n.* **1** 人形: ⇨ doll's face, dollhouse. **2** 〖口語〗お人形さん《美しいが情味に乏しい軽薄な女》: She is nothing but a pretty ～. **3** 〖俗〗 **a** (特に, 魅力的な)女, 娘っ子, 女学生 (girl) (cf. guy[2] 3); かわいい子ちゃん: ～*s* and guys. **b** 女性の賞賛の的になる男子[男性]. **4** 〖俗〗気前のよい人; 親切な人. ── 〖口語〗 *vt.* [～ *oneself* または Passive で] 美しく着飾る 〈*up*〉: ～ *oneself up* めかし立てる (deck out) / be ～*ed up* 着飾っている. ── *vi.* 衣服を身につける, 装う (dress oneself) 〈*up*〉.

～·lìke *adj.*

doll[2] [dá(ː)ɫ, dɔ́(ː)ɫ | dɔ́ɫ] 〖《異形》? ← 〖方言〗 *dole, dool* landmark, goal in a game ▭ ? MDu. *doel* trench used as a landmark & ? Fris. *doel* goal〗 ── *n.* 〖競馬〗ハードル, 障害. 「名.

Doll [dá(ː)ɫ, dɔ́(ː)ɫ | dɔ́ɫ] 〖(dim.) ← DOROTHY〗 *n.* 女性

dol·lar [dálə | dɔ́lə(r)] 〖(1553) *daler* ▭ LG *daler* (Du. *daalder*) ▭ G *T(h)aler* 《略》 ← *Joachimsthaler* coin of Joachimsthal (鋳造所のある Bohemia 地方の町名)〗 ── *n.* **1** ドル 《=100 cents; 記号 $》: **a** 米国, カナダ, バルバドス, バミューダ, ジャマイカ, リベリア, ベリーゼ, ブルネイの通貨単位. **b** ガイアナ (記号 G $), ホンコン (記号 HK $), ニュージーランド (記号 NZ $), シンガポール (記号 S $), トリニダードトバゴ (記号 TT $), オーストラリア (記号 $ A), バハマ (記号 B $), フィジー諸島 (記号 $ F), 台湾 (記号 NT $), ローデシア (記号 R $) の通貨単位. **c** マレーシア (記号 M $, Mal $), エチオピア (記号 Eth $, E $) の旧通貨単位. **2** 1 ドル貨《金貨・銀貨》, 1 ドル紙幣. **3 a** メキシコドル (Mexican dollar), ペソ (peso). **b** 中国ドル, 元 (yuan). **c** レバントドル (⇨ Levant dollar). **4** [the ～s] 金銭; 富: *the* almighty ～*s* 金, 金力 / ⇨ bottom dollar. **5** 〖英俗〗(もとの) 5 シリング銀貨 (crown); 金 5 シリング: half a ～=half-a-crown. **6** =taler. **7** 〖原子力〗ドル《原子炉の反応度の差》.

bet one's bottom dollar ⇨ bet 成句. ***dollars to doughnuts*** 〖米俗〗 (1) 十中八九確か (ten to one): It's ～*s to doughnuts* that…. …であることはまず確かだ. (2) 比較にならないこと, 月とすっぽん. ***in dollars and cents*** 〖米〗金銭に見積って; 金銭上. ***like a million dollars*** ⇨ million *adj.* 成句.

dóllar àrea *n.* 〖経済〗ドル地域《ドルまたはドルとの交換比率の確定した通貨の流通地域》.

dóllar àveraging *n.* 〖証券〗=dollar cost averaging.

dóllar-a-yéar màn *n.* 〖米〗(年俸 1 ドルという)名目的俸給を受ける政府職員.

dóllar bìrd 〖その翼にドル (Straits dollar) 硬貨ほどの大きさの明るい斑点があるのにちなむ〗 *n.* 〖鳥類〗ブッポウソウ (⇨ broad-billed roller).

dóllar còst àveraging *n.* 〖証券〗ドルコスト平均法《相場の上昇下降に関係なく同一証券を定期的に一定額ずつ買い続ける方法》.

dóllar cóuntry *n.* 〖経済〗ドル地域の国.

dóllar crìsis *n.* 〖経済〗(米国の国際収支悪化のため国際通貨ドルへの信頼感が下って生じた)ドル危機.

dóllar dày 〖米〗商品・サービス(など)を 1 ドルで提供する日; (一般に)特売日, 安売り日.

dóllar diplòmacy *n.* ドル外交《海外における米国の援助・貿易を拡大し, ラテンアメリカ諸国のヨーロッパ銀行への従属を弱めようとした P. C. Knox 国務長官 (1909–13) の外交政策》. 「本位(制).

dóllar exchànge stàndard *n.* 〖経済〗ドル為替

dóllar·fish 〖その稚魚が丸形で銀色であるのにちなむ〗 *n.* 〖魚類〗 **1** バターフィッシュ (⇨ butterfish a). **2** =lookdown fish.

dóllar gàp *n.* 〖経済〗ドル不足[飢饉(ききん)]《米国以外の各国でドルの収入が支出より少ないため生じる; dollar shortage ともいう》.

dóllar impèrialism *n.* ドル帝国主義《ドル貨の購売力による外国への支配力の拡張》.

dóllar màrk *n.* (数字の前に記す)ドル (dollar(s)) の記号 ($, $).

dóllar shòrtage *n.* 〖経済〗=dollar gap.

dóllar sìgn *n.* =dollar mark.

dóllar·wise *adv.* **1** ドルに換算して (in terms of dollars): How much does 1000 yen amount to, ～? 千円は何ドルになりますか. **2** 金銭的[経済的]に(は).

dóll·fàce *n.* 人形のような顔の人《きれいで整った子供っぽい顔の持主; cf. doll's face》.

Doll·fuss [dɔ́(ː)lfuːs | dɔ́l-; *G.* dɔ́lfuːs], **Engelbert** *n.* ドルフス《1892–1934; オーストリアの政治家, 政敵に暗殺された; 首相 (1932–34)》. 「さい)家.

dóll·hòuse *n.* 〖米〗人形の家; おもちゃのような(小

Dol·lie [dáli, dɔ́(ː)li | dɔ́lɪ] 〖(dim.) ← DOROTHY〗 *n.* 女性名.

doll·ish [dálɪʃ, dɔ́(ː)l- | dɔ́l-] *adj.* 人形のような; お人形めいた, きれいだが情味のない. **～·ly** *adv.* **～·ness** *n.*

dol·lop [dáləp | dɔ́l-] 〖(1573) ← ?: cf. Norw. 〖方言〗 *dolp* lump〗 ── *n.* **1** 〖口語〗(cheese, butter, pudding など柔らかい物の形の整っていない)かたまり (lump): a ～ of ice cream アイスクリームの一すくい. **2** (液体の)少量 (splash): over a few ～*s* of brandy ブランデーを少々飲みながら. **3** 少量の加味: with a ～ of satire 多少皮肉をきかした. ── *vt.* 〖英口語・方言〗どっさり配る, こってりおおう.

dóll's fàce *n.* 人形のような顔《美しいだけで表情に乏しい顔; cf. dollface》.

dóll's hòuse *n.* 〖英〗=dollhouse.

dol·ly[1] [dáli, dɔ́(ː)li | dɔ́lɪ] 〖(1648)〗 ── *n.* **1 a** 〖小児語〗お人形ちゃん《doll の愛称》. **b** 〖口語〗女の子, (特に)かわいい子. **2** (重い物を運ぶ時に用いる)小さい車輪の付いた低いトロッコ. **3** 〖建築〗(くい頭を深く打ち込むために継ぎ足す)やっこぐい, 履いぐい. **4** 〖機械〗 **a** (リベットを打ち込む時頭を受ける)当て盤. **b** (鍛工用の)型鉄. **c** 鉱石の破砕に用いられるつき棒[杵(きね)]. **5** (石切場や土木工事などで用いる)小型機関車. **6** 〖英方言〗洗濯(せんたく)棒《先に通例 4 本の足の付いた棒; 芋を洗うようにこれを動かして洗濯をする》. **7** 〖映画・テレビ〗ドリー, 移動式撮影機台. **8** 〖アフリカ南部〗魚の擬似餌. ── *vt.* **1** 〈テレビカメラ・映画撮影機を〉ドリーで移動する. **2** 〖英方言〗〈衣類を〉洗濯棒でかきまぜる. **3** 〖英方言〗〖採鉱〗つき棒で〈石英を〉つき砕く, 石英をつき砕いて〈金を〉採る. **4** 着飾る 〈*up*〉. ── *vi.* 〈人が〉カメラをドリーで移動する; 〈カメラが〉ドリーで移動させられる: ～ *in* [*out, back*] (ドリーで動かしながら)カメラ[撮影機]を対象物に近づける[遠ざける].

dol·ly[2] [dáli | dɔ́lɪ] 〖▭ Hindi *ḍālī* 《原義》 basket, tray〗 *n.* 〖インド〗(果物・花・菓子などの)贈り物, 進物.

Dol·ly [dáli | dɔ́lɪ] 〖(dim.) ← DOROTHY〗 *n.* 女性名.

dólly bàr *n.* 〖機械〗=dolly[1] 4 c.

dólly bìrd *n.* 〖英俗〗(通例スマートな流行服を着た)若いほっそりした魅力的な女性.

dólly càmera *n.* 〖映画・テレビ〗ドリーカメラ, 移動式カメラ.

dólly gìrl *n.* 〖英俗〗=dolly bird.

dólly·man [-mən] *n.* (*pl.* **-men** [-mən, -mèn]) 〖映画・テレビ〗ドリー操作係.

dólly shòp 〖看板の黒い人形から〗 *n.* 〖英〗(海員相手の)古物商店《もぐりの質屋を兼ねる》.

dólly shòt *n.* 〖映画・テレビ〗ドリーショット《ドリーを使って動きながら撮ること; または撮った場面》.

dólly swìtch *n.* 押しボタン式の電灯スイッチ.

dólly tùb *n.* 〖英方言〗(dolly を用いる)洗濯桶(おけ) (cf. dolly[1] *n.* 6).

Dol·ly Var·den [dáli-vάədṇ, dɔ́(ː)li- | dɔ́lɪ-vάː-] 〖(1872): Dickens 作の小説 *Barnaby Rudge* 中の美しくて華やいだ娘の名にちなむ〗 ── *n.* **1** ドリーバーデン《19 世紀に流行した婦人用の衣装; 派手な花模様のドレスと花飾りのある帽子が特徴》. **2** 〖魚類〗オショロコマ (*Salvelinus malma*)《北米太平洋岸から日本(北海道)にかけて分布する体側に小赤点のあるサケ科イワナ属の魚; 淡水型と降海型とある》.

Dólly Várden pàttern *n.* 絹やローンにプリントされるブーケなどの花柄.

dol·man [dóuɫmən, dɔ́(ː)ɫ-, dáɫ- | dɔ́ɫ-] 〖(1585) ▭ F *doliman* ▭ G *Dolman* ▭ Hung. *dolmány* ▭ Turk. *dōlāmān* 《原義》 a winding〗 ── *n.* (*pl.* **～s**) ドルマン: **a** トルコ人が着用した長い外衣. **b** ケープのようなコートで dolman sleeve がついているもの. **c** 軽騎兵 (hussar) が制服として着用したジャケットで肩でとめるケープタイプのもの.

dólman sléeve *n.* 〖服飾〗ドルマンスリーブ《ウエストラインに届くほど大きい袖ぐりにセットされたゆったりした袖で, 袖口は細い; 身頃から続いている場合もある》.

dol·men [dóuɫmən, dɔ́(ː)ɫ-, dáɫ- | dɔ́ɫmen] 〖(1859) ▭ F ～ ← Breton *t(a)ol* table (▭ L *tabula*) + *men* stone〗 ── *n.* 〖考古〗ドルメン, 巨石墳, 支石墓《2 個以上の自然石を立ててその上に大きな平石をのせたもので新石器―青銅器時代の墓の一形式; cf. cromlech》.

dolmen

dol·mus [dóuɫmjuːʃ | dáuɫ-] 〖▭ Turk. *dolmuş* (全座席がふさがると出発する乗り物), 《原義》 filled〗 *n.* (*also* **dol·mush** [～]) (トルコの)乗物, (特に)タクシー.

do·lo·mite [dóuləmàɪt, dál- | dɔ́l-] 〖(1794) ▭ F ～ ← D. G. de *Dolomieu* (1750–1801: フランスの地質学者): ⇨ -ite[1]: cf. G *Dolomit*〗 ── *n.* **1** 〖鉱物〗ドロマイト, 白雲石, 苦灰石 ($CaMg(CO_3)_2$). **2** 〖岩石〗白雲岩, 苦灰岩.

Do·lo·mites [dóuləmàɪts, dál- | dɔ́l-] *n. pl.* [the ～] ドロミテアルプス《Tyrol の南部, イタリアの北東部にある山脈; 最高峰 Marmolada (3,342 m); the Dolomite Alps ともいう》.

do·lo·mit·ic [dòuləmítɪk, dɑ̀l- | dɔ̀ləmít-] *adj.* **1** 〖鉱物〗ドロマイト質の, 白雲石質の. **2** 〖岩石〗白雲岩質の.

do·lo·mi·ti·za·tion [dòuləmətɪzéɪʃən, dɑ̀l-, -màɪt-, -tə- | dɔ̀ləmàɪtaɪ-, -tɪ-] *n.* 〖地質〗ドロマイト化(作用), 白雲石[岩]化(作用), 苦灰石[岩]化(作用).

do·lo·mi·tize [dóuləmətàɪz, dál-, -maɪt- | dɔ́l-] *vt.* 〖地質〗ドロマイト化する.

do·lor, 〖英〗**do·lour** [dóulə, dál- | dɔ́lə(r), dáulə(r)] 〖(?a1300) ▭ OF *dolo(u)r* (F *douleur*) < L *dolōrem* pain, sorrow ← *dolēre* to grieve: ⇨ dole[2], -or[1]〗 ── *n.* 〖文語〗嘆き, 悲しみ (grief): the ～*s* of Mary [the Virgin]〖カトリック〗聖母マリアの(七つの)悲しみ.

Do·lo·res [dəlɔ́ːrɪs, -lóːr-, -rəs | -lɔ́ːrɪs] 〖▭ Sp. (*Maria de los*) *Dolores* Mary of the sorrows〗 *n.* 女性名《愛称形 Lola, Lolita》. ★ 米国のカトリック教徒に多い.

do·lo·rim·e·ter [dòulərímətə, dɑ̀l-, dɔ̀ulərímɪtə(r), dɔ̀l-, -mə-] 〖← DOLOR + -I- + -METER[1]〗 *n.* 〖医学〗痛覚計.

do·lo·rim·e·try [dòulərímətri, dɑ̀l- | dɔ̀lərímɪtri, dɔ̀l-, -mə-] *n.* 〖医学〗痛覚測定.
do·lo·ro·so [dòulərόusou | dɔ̀lərə́usəu] 〖⊏It. ～ < LL *dolōrōsum* (↓)〗 *It., adj., adv.* 〖音楽〗悲痛な[に], 哀切な[に].
do·lor·ous [dóulərəs, dɑ́l- | dɔ́l-] 〖《?*a*1400》⊏OF *doleros* (F *douloureux*) < LL *dolōrōsum* ← L *dolor* 'DOLOR': ⇨ -ous〗 ― *adj.* 《文語・戯言》悲しい, 痛ましい, 悲痛な; 苦しい. **～·ly** *adv.* **～·ness** *n.*
do·lose [dóulous, dəlóus | dáuləus, də(u)láus] 〖⊏L *dolōs-us* ← *dolus* craft〗 *adj.* 〖ローマ法・スコット法〗犯意をもった, 故意の.
dolour *n.* =dolor.
do·lus [dóuləs | dáu-] *adj.* =dolose.
Dolph [dɑ́lf, dɔ́(ː)lf | dɔ́lf] 〖(dim.) ← ADOLPH // RUDOLPH〗 *n.* 男性名.
dol·phin [dɑ́lfɪn, dɔ́(ː)l-, -fən | dɔ́lfɪn] 〖《*c*1350》 *dolfin* ⊏OF *daufin, dalphin* (F *dauphin*) < VL **dalfinum* 《変形》← L *delphinus* ⊏Gk *delphís* dolphin: cf. dauphin, Delphin〗 ― *n.* **1** 〖動物〗 **a** イルカ《イルカ科の動物の総称; 特に鼻先のとがった種類をいう》; (特に)マイルカ (*Delphinus delphis*). **b** =porpoise 1. **2** 〖魚類〗シイラ《シイラ科の魚類の総称; 緑青色で美しいが水揚げ後灰色に変色する; シイラ (*Coryphaena hippurus*), エビスシイラ (*C. equisetis*) など》. **3** 〖海事〗 **a** (船着場の海底に打込んである)係船ぐい, ドルフィン. **b** =bollard 1. **c** (丸太を浮かべた)係船浮標. **d** (tugboat の船首の)防舷物; 船舶の舷縁 (gunwale) 直下につける防舷物. **4** (大砲の)吊り手《16–17世紀のものはイルカの形をしていた》. **5** (紋章・彫刻などの)イルカ模様. **6** [the D-] 〖天文〗いるか座 (⇨ Delphinus). **7** =dolphin butterfly.
dólphin bùtterfly [fìshtail] *n.* 〖水泳〗バタフライドルフィン泳法 (butterfly).
dólphin òil *n.* 〖化学〗イルカ油.
dólphin strìker *n.* 〖海事〗たれ木《帆船のへさきに出した斜檣(しょう)(bowsprit)の下方に下向きに取り付け, 斜檣の支索に張りを持たせるための槍状の円材; martingale (boom) ともいう》.
dols. 《略》dollars.
dolt [dóult | dáult] 〖《1551》← ? ME *dold* (p.p.) ← *dulle(n)* 'to DULL'〗 *n.* うすのろ, ばか, まぬけ.
dólt·ish [-tɪʃ | -tɪʃ] 〖《1543》〗 *adj.* うすのろな, ばかな, まぬけな. **～·ly** *adv.* **～·ness** *n.*
Dom[1] [dɑ́(ː)m | dɔ́m] 〖(dim.) ← DOMINIC〗 *n.* 男性名.
Dom[2] 〖1: 《略》← L *dominus* lord ← *domus* house: cf. dome. 2: ⊏Port. *dom* < L *dominum*〗 ― *n.* **1** [dɑ̀(ː)m | dɔ̀m] …ドン, 師《カトリックの高僧やベネディクト会などの修道僧の尊称》. **2** [dɔ̃ː(ŋ), dɔ̀(ː)ŋ; *Port.* dõ] …様, 殿, 君《以前ポルトガルやブラジルで貴人・高僧の洗礼名に冠した敬称》.
DOM 〖← ? *d(imeth)o(xy-)* (← DI-[1] + METHO- + OXY-[1]) + M(ETHYL)〗 *n.* 〖薬学〗ディーオーエム (⇨ STP).
dom. 《略》domain; domestic; domicile; dominant; dominion. 「Dominus (⇨ Dom[2]).
Dom. 《略》Dominica; Dominican; Dominion; *L.*
D.O.M. 《略》*L.* Deō optimō māximō (=to God the best and greatest); *L.* Dominus Omnium Magister (=God the master of all).
-dom [dəm] 〖OE *-dōm* ← *dōm* judgment, state: ⇨ doom: cf. G *-tum*〗 ― *suf.* 次の意味を表わす名詞を造る: **1**「…たる地位[位階], …権, …の勢力範囲, …領, …界 (domain, realm)」: earl*dom*, king*dom*, Christen*dom*, Anglo-Saxon*dom*. **2**「状態」: free*dom*. **3**「集団, または(その集団社会の)流儀, 気質など」. ★ しばしば軽蔑のニュアンスを伴う: film*dom*, official*dom*, squire*dom*, villa*dom*.
Do·magk [dóumaːk | dáu-; *G.* dóːmaːk], **Gerhard** *n.* ドーマク《1895–1964; サルファ剤を創製したドイツの医学者; Nobel 医学生理学賞 (1939), ただしナチ政府の強制で辞退, 1947 年受賞》.
do·main [do(u)méɪn, də- | də(u)-] 〖《1601》⊏F *domaine* 《変形》← OF *demeine* ⊏L *dominium* domain ← *dominus* master: ⇨ dominion, demesne〗 ― *n.* **1** 領地, 領土, 勢力範囲, 版図 (territory). **2** **a** (学問・思想・活動などの)範囲, 領域, …界 (sphere): in the ～ of natural science, philosophy, literature, etc. / Chemistry is his special ～. 化学は彼の専門(の領域)だ / be out of one's ～ 専門外[畑違い]である. **b** (ある種の自然地理的特徴[植物, 動物]が目立つ)地域[地帯], 成育圏, 行動圏. **3** 《古》(個人の)所有地, 地所 (estate). **4** 〖法律〗 **a** 完全土地所有権: ～ of use 地上権《借地人の土地使用権》. **b** =eminent domain. **5** 〖物理〗分域, ドメイン. **6** **a** 〖数学〗(直線上・平面上・空間内あるいは位相空間における)領域; 定義域; (変数の)変域: ～ of integrity = integral domain. **b** 〖論理・数学〗(解釈の)領域. **7** 〖言語〗領域《文法上の一致や音の高さや強勢などの配置型などのような言語的特性が及ぶ言語要素の領域[連続体の部分]》.
Do·main [do(u)méɪn, də- | də(u)-] *n.* ドーメイン《Sydney の公園名; 公開演説などで有名》.
dom·al [dóumәl | dáu-] 〖← DOME + -AL[1]〗 〖音声〗 *adj.* =retroflex 2. ― *n.* =retroflex.
do·ma·ni·al [do(u)méɪniəl | də(u)méɪniəl, -njəl] 〖⊏ML *domaniāl-is* ← *domanium* 《変形》← L *dominium* 'DOMAIN'〗 *adj.* 領地上の; 所有地[地所]の.
dome [dóum | dáum] 〖《1513》⊏F *dôme* church, cathedral ⊏It. *duomo* dome, cathedral < L *domum* house ← IE **dom-*, **dem-* house (Gk *dómos* / Skt *dama*): 7 a の意味では直接 L から〗 ― *n.* **1** **a** (半球状の)ドーム, 円蓋(がい)《小型のものは cupola ともいう》. **b** 丸天井. **2** **a** ドーム状の物[建物]: the ～ of the sky 大空. **b** (山・樹林などの)円頂: a ～ of trees ドーム形の木々. **c** 鐘形のおおい; (機関車・ボイラーの)鐘形汽室. **d** =astrodome. **3** 〖鉄道〗ドーム《客車の屋根に円蓋状に作ったガラスの室; 展望用》. **4** 〖地質〗円頂丘. **5** 〖結晶〗庇(ひ)面《水平軸に平行な面》. **6** 《俗》頭 (head). **7** **a** 《詩・古》壮麗な建物, 高楼, 館(やかた) (mansion). **b** 行楽地. ★ 次の句で: pleasure ～s. ― *vt.* **1** …に丸屋根をつける. **2** 半球形[鐘形]に作る. ― *vi.* 半球形に隆起する, 丸屋根のようにふくらむ.

dome 1
1 lantern; 2 dome; 3 drum

dóme càr *n.* 〖鉄道〗ドームカー, 展望車《屋根にドームのある客車》.
domed *adj.* **1** ドームのある; 丸屋根の, 丸天井の: a ～ roof. **2** 半球形の, 鐘形の: one's ～ forehead.
dóme lìght *n.* (自動車などの)車内灯.
Do·me·ni·co [do(u)méɪnɪkòu, -nə- | də(u)méɪnɪkàu; *It.* doméːniko] 〖⊏It. ～ 'DOMINIC'〗 *n.* 男性名.
domes·day [dúːmzdèɪ, dóumz- | dúːmz-] *n.* 《古》= doomsday.
Dómesday Bòok 〖《1178》: 調査の厳正ぶりを Last Judgment にたとえたもの〗 ― *n.* [the ～] (中世英国の)土地台帳《1085–86 年 William 一世の命によって作られた英国全土にわたる土地大調査の記録; 略 D.B.; 単に Domesday ともいう》.
do·mes·tic [dəméstɪk, do(u)- | də(u)-] 〖《?*a*1425》⊏(O)F *domestique* ⊏L *domesticus* of the household ← *domus* house: ⇨ dome, -ic[1]〗 ― *adj.* **1** 家庭内の, 家事の: ～ affairs 家事 / a ～ factory 家内工場 / ～ industry 家内工業 / a ～ art 手芸《裁縫・刺繍・帽子造りなど》/ ～ production 家庭産業 / ～ servants 召使 / ～ ties 家庭のしがらみ / ⇨ domestic economy. **2** 家庭向きの, 家庭的な, 平凡な; 世帯じみた, 出嫌いの: a ～ woman. **3** 自国の, 国内の (↔ foreign): a ～ airline 国内航空(路) / a ～ and foreign policy 内外政策 / the *Domestic* Industrial Exhibition 内国勧業博覧会 / ～ production of oil 石油の国内生産高 / a ～ loan 内国債 / ～ postage [mail, trade] 国内郵便料[郵便物, 貿易]. **4** 内地産[製]の, 国産の; 自家製の, 手製の (homemade): ～ goods 国内製品, 国産品. **5** 人家に住む, 人なれた, 飼いならされた (tame) (↔ wild): ～ animals 家畜 / a ～ duck アヒル. ― *n.* **1** (通例女性の)召使, 奉公人 (domestic servant). **2** [*pl.*] **a** 国内[自家]製品. **b** 家庭用リンネル類, 手織物. **3** 《米口語》葉巻の一種.
do·mes·ti·ca·ble [dəméstɪkəbl, do(u)-, -tə- | də(u)méstɪ-] *adj.* ならしやすい; 家庭になじみやすい.
do·més·ti·cal·ly *adv.* **1** 家庭的[向き]に, 家事上; 内地向きに. **2** 国内で, 国内問題に関して, 内政上.
do·mes·ti·cate 〖《1639》〗 ― [dəméstɪkèɪt, do(u)-, -tə- | də(u)méstɪ-] *v.* ― *vt.* **1** **a** 〈動物を〉飼いならす, 手なずける, 家畜化する (tame): animals hard to ～ 飼いならしにくい動物. **b** 〈野生植物を〉栽培できるようにする, 栽培化する. **2** [しばしば ～ oneself または Passive で] 〈人を〉家庭になじませる, 家庭的にする: Marriage has ～*d* her. 結婚して彼女は家庭的になった / He soon ～*d himself* among us. じきにわれわれ[うちの者]と親しくなった. **3** **a** 〈外来動植物を〉新生育地に移す[なじませる]. **b** 〈外来者を〉土地になじませる (naturalize); 〈野蛮人を〉教化する (civilize); (自家・自国に)採り入れる. **4** 〈難解な学説などを〉普通の人に分かるようにする. ― *vi.* 〈動物が〉飼いならされる; 〈野生植物が〉栽培できるようになる. ― [-kət, -kɪt, -kèɪt] *n.* 飼い馴らされた動物; 栽培できるようにした植物. **do·mes·ti·ca·tion** [dəmèstɪkéɪʃən, do(u)-, -tə- | də(u)mèstɪ-] *n.*
doméstic corporátion [cómpany] *n.* **1** 内国会社《内国法に準拠して国内で設立され営業を営む会社》. **2** 州内会社《州法に準拠して州内で設立され営業を営む会社》.
doméstic ecónomy *n.* 家庭管理, 家政(学).
doméstic fówl *n.* **1** [集合的] 家禽 (poultry). **2** ニワトリ.
do·mes·tic·i·ty [dòumestísəṭi, dɑ̀m-, -məs-, dəmès-, -məs- | dàumestísəti, dɔ̀m-, -sɪ-] 〖《1721》〗 ― *n.* **1** 家庭生活, 家庭的雰囲気; 家庭的であること, 家庭的性格, 家庭への愛着. **2** [the domesticities] 家事 (domestic affairs). 「聖職者.
doméstic prélate *n.* 〖キリスト教〗教皇庁付き高位
doméstic relátions còurt *n.* 《米》家庭裁判所《家事事件を扱う州下級裁判所》.
doméstic scíence *n.* 家政学 (home economics).
doméstic sỳstem *n.* 家内工業制度 (cf. factory system). 「の召使.
doméstic wórker *n.* (女中・料理人・執事など)家庭
do·met [do(u)mét, dɑ́mɪt, -mət | də(u)mét] 〖製造者名からか〗 *n.* (*also* **do·mett** [～]) ドメット(フランネル)《綿ネルの一種できょうかたびら用》.
dom·ic [dóumɪk, dɑ́m- | dáum-, dɔ́m-] *adj.* 丸屋根[丸天井]式の; 丸屋根[丸天井]のある.
dóm·i·cal [-mɪkəl, -mə- | -mɪ-] *adj.* =domic. **～·ly** *adv.*
dom·i·cile [dɑ́məsàɪl, dóum-, dɑ́məsəl, -sɪl | dɔ́mɪsàɪl, dáum-, -sɪl] 〖《1442》⊏(O)F ～ ⊏L *domicilium* place of abode, dwelling ← *domus* house, home〗 ― *n.* (*also* **dom·i·cil** [dɑ́məsɪl, -səl | dɔ́mɪsɪl]) **1** 《文語》(一定の)住所 (dwelling place); 住居 (abode), 家 (home); 居住; 〖法律〗住所. **2** 〖商業〗手形の支払場所. **domicile of choice** 〖法律〗寄留(地), 本籍[原籍](地). ― *vt.* **1** 定住させる: ～ oneself [be ～*d*] in [at] … に住所を定める. **2** 〖商業〗〈手形〉の支払場所を指定する. ― *vi.* 住所[居所]を定める, 住まう.
dóm·i·ciled *adj.* **1** 定まった住所のある. **2** 〖商業〗(手形の)支払場所を指定された: a ～ bill 他所払い手形.
dom·i·cil·i·ar·y [dɑ̀məsílièri, dòum-, -ljəri | dɔ̀mɪsíljəri, -liəri] 〖⊏F *domiciliaire* ⊏ML *domiciliārius* ← L *domicilium*: ⇨ domicile, -ary〗 ― *adj.* **1** 住所の, 家宅の: a ～ visit 〖法律〗家宅捜索; 《英》(保健医の)家庭訪問 / a ～ register 戸籍 / a ～ nurse 訪問看護婦. **2** (傷痍軍人などに)住居と世話を提供する.
dom·i·cil·i·ate [dɑ̀məsílièɪt, dòum- | dɔ̀mɪsíli-] 〖← L *domicilium* 'DOMICILE' + -ATE[3]〗 *vt.* **1** =domicile. **2** =domesticate 1, 2. ― *vi.* 住む, 定住する.
dom·i·cil·i·a·tion [dɑ̀məsìliéɪʃən, dòum- | dɔ̀mɪsìli-] *n.* 定住.
dom·i·nance [dɑ́m(ə)nəns | dɔ́mɪ-] *n.* **1** 優越 (ascendancy). **2** 権勢, 権力; 支配 (sway); 優勢: attain naval ～ over …の制海権を獲得する. **3** (身体の左右一対の器官の)機能的不均斉《手の右利き, 左利きなど》. **4** 〖生物〗(遺伝形質の)優性. **5** 〖生態〗優占度.
dóm·i·nan·cy [-nənsi | -sɪ] *n.* =dominance.
dom·i·nant [dɑ́m(ə)nənt | dɔ́mɪ-] 〖《*a*1460》⊏(O)F ～ // L *dominant-em* (pres.p.) ← *dominārī*: ⇨ dominate, -ant〗 ― *adj.* **1** 支配的な; 最も有力な, (最も)優勢な (major); 主要な (chief): the ～ party 第一[多数]党 / the ～ crop 主要作物 / His ～ interest was sports. 彼の主たる興味はスポーツであった. **2** 〈山など〉(群を抜いて)高い, ひいでた: ～ peaks 主峰. **3** 〈身体の左右一対の器官の一方が〉(他方より)機能的にすぐれた, 利きの: a ～ eye 利き目. **4** 〖生物〗〈遺伝形質が〉優性の (↔ recessive): a ～ character (メンデルの法則の)優性形質, (遺伝単位性質の)優性. **5** 〖生態〗優占の. **6** 〖音楽〗〈音階が〉第五度の, 属音の: the ～ cadence 属音終止 / the ～ chord 属和音 / the chord of the ～ seventh 属七の和音. ― *n.* **1** 主要[優勢]な物. **2** 〖生物〗優性形質, 優性. **3** 〖生態〗(植物・動物の)優占種 (cf. subordinate 2). **4** 〖生物〗優性素. **5** 〖音楽〗(音階の)第五音, 属音. **～·ly** *adv.*
dóminant ténement [estáte] *n.* 〖法律〗(地役権 (easement) の)要役地 (cf. servient tenement).
dóminant wávelength *n.* 主波長《色相を表わすスペクトルの波長》.
dom·i·nate [dɑ́mənèɪt | dɔ́mɪ-] 〖《1611》← L *dominat-us* (p.p.) ← *dominārī* to rule ← *dominus* lord: ⇨ don[2], -ate[3]〗 ― *vt.* **1** …に支配力をふるう, 威圧する (sway); 〈激情などを〉抑制する (restrain): ～ others by force of character 人格の力で他を従える / a male-*dominated* society 男性優位の社会. **2** 〈山・建築物などが〉…にそびえる, 〈あたり一帯を〉見下ろしている (overlook): a mountain *dominating* the plain 平野を見おろす山. **3** …に優位を占める, 卓越する; …に浸透する (permeate). **4** 〖数学〗支配する. **5** 〖言語〗支配する: exhaustively ～ 余すところなく支配する / immediately ～ 直接支配する. ― *vi.* **1** 〔…を〕支配する; 優位を占める, 威圧する 〔over〕: a *dominating* factor 重要因子. **2** 〈山などが〉そびえる, 〔…を〕見下ろす 〔over〕.
dom·i·na·tion [dɑ̀mənéɪʃən | dɔ̀mɪ-] 〖《*a*1325》⊏(O)F ～ ⊏L *dominātiō(n-)*: ⇨ ↑, -ation〗 ― *n.* **1** (しばしば独裁的な)統治, 支配 (rule); 〔…に対する〕優勢 (ascendancy) 〔over〕: be under the ～ of …の支配下にある. **2** [しばしば Dominations] 〖神学〗=dominion 5. **3** 〖言語〗支配.
dom·i·na·tive [dɑ́mənèɪṭɪv, -nəṭ- | dɔ́mɪnèɪt-, -nət-] 〖⊏ML *dominātīv-us*: ⇨ dominate, -ive〗 *adj.* 支配的な, 優勢な (controlling).
dóm·i·nà·tor [-ṭə | -tə(r)] 〖⊏(O)F *dominateur* ⊏L *dominātor*: ⇨ dominate, -or[2]〗 *n.* 支配者.
dom·i·ne [dɑ́məni, dóum- | dɔ́mɪni] 〖⊏L ～ (voc.) ← *dominus* lord〗 *n.* [呼掛け・尊称として] 《廃》主よ, 先生 (lord).
dom·i·neer [dɑ̀məníə | dɔ̀mɪníə(r)] 〖《1591》⊏Du. 《廃》*dominer-en* ⊏F *dominer* to dominate ⊏L *dominārī* 'to DOMINATE'〗 ― *vi.* **1** 〔…に〕(独裁的に)権勢を振う, 威張る, 圧迫する 〔over〕. **2** 〔…に[より]〕(高く)そびえる 〔over, above〕. ― *vt.* **1** (独裁的に)支配する, …に暴威をふるう. **2** …の上にそびえる.
dòm·i·néer·ing [-ní(ə)rɪŋ | -níər-] *adj.* 〈人・態度など〉横暴な, 傲慢(ごう)な, 威張り散らす. **～·ly** *adv.* **～·ness** *n.*
Do·min·go [dəmíŋgou | də(u)míŋgəu, də-; *Sp.* domíngo] 〖⊏Sp. ～ 'DOMINIC'〗 *n.* 男性名.
Dom·i·nic [dɑ́mənɪk, -nìk | dɔ́mɪnɪk] 〖← L *Dominic-us* of the Lord〗 ― *n.* 男性名《愛称形 Dom, Domnie; 異形 Domenic, Dominick》. ★ ローマ・カトリック教徒にみられる.
Dominic, Saint *n.* ドミニクス《1170–1221; スペイン

のカトリックの聖職者; ドミニコ修道会 (Dominican Order) の創設者; 本名 Domingo de Guzmán [guθmán]》.

Dom·i·ni·ca[1] [dɑ̀mənɪ́ːkə, -níkə, dəmɪ́nəkə | dɔ̀mɪníːkə, dəmɪ́nɪkə] *n.* ドミニカ《Windward Islands の一島で, 英連邦 (British Commonwealth) 内の自治共和国 (1978年独立); 公式名 the Commonwealth of Dominica; 人口 78,000, 面積 749 km², 首都 Roseau [rouzóu | rəuzə́u]》.

Dom·i·ni·ca[2] [dɑ̀mənɪ́ːkə, -níkə, dəmɪ́nəkə | dɔ̀mɪníːkə] 〖(fem.) ← DOMINIC〗 *n.* 女性名. ★ 日曜日に生れた女の子につけられることが多い.

do·min·i·cal [dəmɪ́nɪkəl, -nə- | dəmɪ́nɪ-, dɔ-] 〖《c1300》□ ML *dominicāl-is* of the Lord or the Lord's day ← L *dominicus* belonging to a lord or (in LL) the Lord ← *dominus* lord: ⇨ don², -ical〗 ── *adj.* **1** 主(しゅ)の, キリストの (Lord's): the ~ day 主の日, 日曜日 / the ~ year キリスト年, 西暦. **2** 主の日(日曜日)の.

do·min·i·ca·le [dəmɪ̀nəkéɪli | -nɪkéɪlɪ] 〖□ It. ~《異形》← *domenicale* dominical〗 *n.* (昔, ミサ中に女性がかぶった)ベール.

dominical létter *n.* 〖教会暦〗主の日文字, 日曜(日)文字《日曜日を示す文字で A, B, C, D, E, F, G の 7 字中の 1 字; それを決定するには 1 月 1 日 (A), 2 日 (B), 3 日 (C)…と当て最初の日曜日に当たった文字がその年の日曜日を表わす文字となる; Sunday letter ともいう》.

Do·min·i·can[1] [dəmɪ́nɪkən, -nə- | dəmɪ́nɪ-, dɔ-] 〖《a1632》□ L *Dominicān-us* ← *Dominicus* St. Dominic〗 ── *adj.* 聖ドミニコ (St. Dominic) の; ドミニコ(修道)会の. ── *n.* ドミニコ会の修道士 (Black Friar).

Do·min·i·can[2] [dəmɪ́nɪkən, -nə- | dəmɪ́nɪ-, dɔ-] *adj.* (西インド諸島)ドミニカ共和国(Dominican Republic)の. ── *n.* ドミニカ共和国人.

Dom·i·ni·can[3] [dɑ̀mənɪ́ːkən, -ník- , dəmɪ́nɪk- | dɔ̀mɪníːk] *adj.* ドミニカ島 (Dominica) の. ── *n.* ドミニカ島人.

Domínican Órder *n.* [the ~] 〖カトリック〗ドミニコ(修道)会《1215年 Saint Dominic が創立した修道会; その修道士は説教を任務とするので Friars Preachers または preaching-friars とよばれた; またその会服の黒色にちなんで Black Friars または Friars Major ともいわれる; cf. Franciscan Order, Cistercian Order》.

Domínican Repúblic *n.* [the ~] ドミニカ共和国《西インド諸島中 Hispaniola 島の東の部分を占める, 西は Haiti; もと Santo Domingo と呼ばれた; 人口 5,000,000, 面積 48,321 km², 首都 Santo Domingo; 略 Dom. Rep.》.

Dom·i·nick[1] [dɑ́mənɪk | dɔ́mɪnɪk] [⇨ Dominic] *n.* 「男性名.

Dom·i·nick[2] [dɑ́mənɪk, -nèk | dɔ́mɪnɪk] *n.* =Dominique².

Dom·i·nick·er [dɑ́mənèkə, -nɪkə | dɔ́mɪnɪkə(r)] *n.* 「=Dominique².

dom·i·nie 〖《変形》← DOMINE〗 ── *n.* **1** [dɑ́məni, dóʊm- | dɔ́mɪnɪ]《スコット》学校教師 (schoolmaster). **2** [《米》dóʊm-, dɑ́m-]《米》(特にオランダ改革教会の)牧師 (pastor); 《米口語》(一般に)牧師 (clergyman).

do·min·ion [dəmɪ́njən | -njən, -nɪən] 〖《a1338》□ (O)F ~ □ ML *dominiō(n-)* ← L *dominium* lordship, ownership ← *dominus* lord: ⇨ don², -ion〗 ── *n.* **1** 支配力, 統治権, 主権 (sovereignty); 支配, 統治 (rule): exercise ~ *over* …に対して支配権をふるう / be *under* the ~ of …の支配下にある. **2** 〖法律〗(土地の絶対的)所有権. **3 a** (国家の)領土, 領地 (territory): the Old *Dominion* (米国) Virginia 州の俗称. **b** (封建領主などの)所領 (domain). **4** [the D-] (英連邦の)自治領の旧称: the *Dominion* (of Canada) カナダ連邦《1867年成立》. ★ もと英国領土内にあって独自の内閣と議会をもつカナダ・ニュージーランド・オーストラリア・ニューファウンドランドなど; 今は完全独立国となって多くは英連邦を構成している. **5** [しばしば Dominions] 〖神学〗主天使 (Dominations)《天使の九階級中, 第四階級の天使; ⇨ angel 1 a ★》.

Domínion Dày *n.* **1** カナダ自治記念日《7月1日; 1867年の自治宣言を記念して行われる同国の法定休日》. **2** ニュージーランド自治記念日《9月26日; 1907年の自治記念として祝される法定休日》.

Dom·i·nique[1] [dɑ̀mənɪ́ːk, dɔ̀(ː)m- | dɔ̀mɪ-; *F.* dɔminik] 〖□ F ~ 'DOMINICA¹'〗 *n.* 女性名.

Dom·i·nique[2] [dɑ́mənɪ̀k, -nèk, dɑ̀mənɪ́ːk | dɔ́mɪnɪk, dɔ̀mɪníːk] 〖← *Dominique* Dominica¹〗 *n.* ドミニーク《米国産の一品種のニワトリ》.

do·min·i·um [dəmɪ́niəm | -nɪəm, -njəm] 〖□ L ~: ⇨ dominion〗 *n.* 〖法律〗所有権, 領有権.

dom·i·no [dɑ́mənòʊ | dɔ́mɪnəʊ] 〖《1719》□ F ~ ← L (*benedicāmus*) *dominō* (let us bless) the Lord (dat.) ← *dominus* master: 《原義》hooded cloak worn by priests in winter〗 ── *n.* (*pl.* ~**es**, ~**s**) **1** ドミノ仮装衣《舞踏会で用いる黒色の長くゆるやかな外衣でずきんと小仮面付き》. **2** ドミノ仮面《顔の上半部, 特に目の部分をおおう》. **3** ドミノ仮装をしている人. **4 a** ドミノの牌《長方形の木・骨または象牙(ぞうげ)製の札で二つに仕切られ無地または 1 から 6 までの点がついている》. **b** [*pl.*; 通例単数扱い] 〖最初に牌を並べ終えた人が dominus (=

domino 2

master) になることから〗ドミノ戯《28 の「牌」の点を合わせて遊ぶ遊戯》. **5** [*pl.*]《米俗》角砂糖 (cube sugar). **6 a** [間投詞的に](これで)終り《ドミノ戯の最後の牌を勝ちがす発声 domino! full up! から》. **b**《俗》最後的行為[瞬間], 打倒の一撃. **7** 〖国際政治〗ドミノ, 将棋倒し (domino theory); ドミノ理論があてはまる(と思われる)国: a ~ phenomenon ドミノ現象.

dominoes 4 a

It's all domino with him.《俗》彼はもう全くだめだ (It's all up with him).

dóm·i·nòed *adj.* ドミノ仮装衣をつけた.

dómino effèct 〖← DOMINO 4〗 *n.* 〖国際政治〗ドミノ効果《一つのことが起こればそれに続いて他のことがつぎつぎ起こるという累積的効果》.

dómino pàper *n.* 〖製紙〗ドミノ紙《大理石模様などを刷込み, 手彩色した装飾紙; 壁紙・本の見返しなどに使用; cf. marble paper》.

dómino thèory 〖← DOMINO 4〗 ── *n.* [the ~] **1** 〖国際政治〗ドミノ理論《東南アジアの一つの国が共産化すると周辺諸国もつぎつぎと共産化するからそれを阻止すべきだとする理論》. **2** (一般に, ドミノ理論と同様の仮定に立つ)将棋倒し理論.

do·mi·tae na·tu·rae [dɑ́mətàɪ-nətú(ə)raɪ, -mətìː-nətú(ə)riː | dɔ́mɪtàɪ-nətúəraɪ, -mɪtìː-nətúəriː] 〖□ L *domitae nātūrae* of a tamed nature〗 ── *L. adj.* 〖法律〗〈動物が〉飼育された (cf. ferae naturae).

Do·mi·tian [dəmɪ́ʃən, do(ʊ)- | də(ʊ)mɪ́ʃɪən, dɔ-, -ʃən] *n.* ドミチアヌス《51–96; ローマ皇帝 (81–96); Vespasian の子; 後年残虐な行為が多くついに暗殺された; Titus Flavius Domitianus [dəmɪ̀ʃiéɪnəs | -ʃɪ-] Augustus》.

Dom. Rep. 《略》Dominican Republic.

dom·y [dóʊmi | dəʊmɪ] *adj.* 丸屋根の, 丸屋根状の.

don[1] [dɑ́(ː)n | dɔ́n] 〖《?a1350》《短縮》← *do on*: cf. doff〗 ── *vt.* (**donned**; **don·ning**)《文語》〈着物・帽子などを〉(身に)つける (dress in), 着る, はく (put on): ~ red T shirts / ~ a mask of lightness 無理に陽気に振舞う.

don[2] [dɑ́(ː)n | dɔ́n] 〖《1523》□ Sp. ~ < L *dominum* lord, master ← *domus* house: ⇨ dome〗 ── *n.* **1 a** [D-] …様《スペインで男性の洗礼名につける敬称; 英語の Mr., Sir に当る》. **b** [D-] …師《イタリアで僧に対する呼び掛けとして》. **2** スペイン紳士; (一般に)スペイン人 (Spaniard)《男》. **3**《古》**a** 名士, 大立者, 偉い人: the great ~*s* of wit 天才達《Dryden の句》. **b**《英》〔…の〕達人 〔*at*〕: a ~ *at* chess. **4**《口語》(英国の大学, 特に Oxford, Cambridge で) (college の)学監; 個人指導教師 (tutor); 特別研究員[生] (fellow). **5**《米俗》(犯罪組織の)首領, ドン.

Don[1] [dɑ́(ː)n | dɔ́n] *n.* [the ~] ドン(川): **1** [*Russ.* dón] ソ連邦ロシヤ共和国, 中央ロシヤ高地に源を発し, 南に流れて Azov 海に注ぐ (1,870 km). **2** 〖□ Celt. **Devona* goddess (rivers): ケルト人の河川崇拝の風習による〗スコットランド北東部の川; Aberdeenshire 州の中央を東に流れて北海に注ぐ (132 km). **3** 〖OE *Done* □ Celt. *Dānā* ← IE **dā-* river: cf. Russ. *Don* / Danube〗イングランド中部の川; South Yorkshire 州を北東に流れて Humber 河口に注ぐ (110 km).

Don[2] [dɑ́(ː)n | dɔ́n] 〖1: (dim.) ← DONALD; 2: (dim.) ← DONALDA〗 *n.* **1** 男性名. **2** 女性名.

Don. 《略》Donegal.

do·na [dóʊnə | dəʊ-; *Port.* dónα] 〖□ Port. ~ < L *dominam* (↓)〗 *n.* ポルトガル[ブラジル]の貴婦人. ★ 敬称として洗礼名の前につけて用いる.

do·ña [dóʊnjə | dəʊ-; *Sp.* dóɲa] 〖□ Sp. ~ < L *dominam* lady (fem.) ← *dominus* master: cf. don², duenna〗 ── *n.* スペインの貴婦人. ★ 敬称として洗礼名の前につけて用いる《英語の Lady や Madam に当たる; cf. Donna》.

Do·nac·i·dae [do(ʊ)nǽsədìː | də(ʊ)nǽsɪ-] 〖← NL ~ ← *Donac-*, *Donax* (属名: ← L *donax* □ Gk *dónax* shellfish) + -IDAE〗 *n. pl.* 〖貝類〗ナミノコガイ科.

do·nah [dóʊnə | dəʊ-] 〖□ ? It. *donna* woman, wife < L *dominam*: ⇨ doña〗 *n.*《英俗・豪俗》女; (特に)愛人, 恋人 (sweetheart).

Don·ald [dɑ́nḷd | dɔ́n-] 〖□ Gael. *Domhnall*《原義》world-mighty〗 *n.* 男性名. ★ スコットランドの Highlands で極めて一般的.

Do·nal·da [dənǽldə, -nɔ́ːl-] 〖(fem.) ↑〗 *n.* 女性名.

Do·nar [dóʊnɑə | dəʊnɑː(r)] 〖□ OHG ~: cf. OE *Þunor* / ON *Þórr*: ⇨ Thor〗 *n.* 〖ゲルマン伝説〗ドーナル, トール《雷神》.

do·nate [dóʊneɪt, do(ʊ)néɪt | də(ʊ)néɪt] 〖《1845》《逆成》← DONATION〗 ── *vt.* 贈与する; 寄付する, 寄贈する (present): ~ funds *to* a university / ~ blood 献血する. ── *vi.* 〔…に〕寄付[寄贈]する 〔*to*〕.

Don·a·tel·lo [dɑ̀nətélou | dɔ̀nətéləʊ; *It.* donatéllo] *n.* ドナテロ《1386?–1466; イタリアルネッサンスの彫刻家; 本名 Donato [donáːto] di Niccolò di Betto Bardi》.

do·na·tion [do(ʊ)néɪʃən | də(ʊ)-] 〖《?c1425》□ (O)F ~ // L *dōnātiō(n-)* ← *dōnātus* (p.p.) ← *dōnāre* to give ← *donum* gift〗 ── *n.* **1** 寄付, 寄贈; 寄贈品, 寄付金 〔*to*〕: a blood ~ 献血 / make a ~ of $1,000 千ドル寄付する. **2**《米》=donation party.

Donation of Constantine [the —] コンスタンティヌス(大帝)の寄進(状)《8–9世紀の間に作られ, 15世紀に偽造とされた文書; Constantine 一世がローマ教皇とカトリック教会に広範囲の特権と莫大な財産を寄進したことになっている》.

donátion lànd *n.*《米》(未開地の入植を促進するため)州や連邦政府が無償またはそれに近い条件で譲渡した土地.

donátion pàrty *n.*《米》主催者に対して客から贈物がなされるパーティー.

Do·na·tism [dóʊnətɪzm, dɑ́n- | dəʊn-] 〖← *Donatus*: ⇨ -ism〗 ── *n.* 〖キリスト教〗ドナトゥス主義, ドナトゥス派[ドナティスト]の教義《4世紀に北アフリカに起こったキリスト教の一派の教義; 極端に厳格な教会生活を主張したが後異端として排斥迫害された》.

Dó·na·tist [-tɪst, -ṭəst | -tɪst] 〖《?c1350》□ ML *Dōnātista*: ⇨ Donatus, -ist〗 *n.* ドナトゥス[ドナティスト]派の信者.

do·na·tive [dóʊnəṭɪv, dɑ́n- | dəʊnətɪv] 〖《a1449》□ OF *donatif* // L *dōnātivum* gift ← *dōnātus* (p.p.) ← *dōnāre* to give: ⇨ donation, -ive〗 ── *n.* **1** (特に公的な)寄付金, 寄贈品 (donation). **2** (施主が自由に授け得る)直授聖職禄(ろく)《英国では 1908 年廃止》. ── *adj.* **1** 寄付(金)の, 寄付による, 贈与の. **2** 〖教会〗〈聖職禄が〉直授の (cf. presentative): a ~ benefice.

dó·na·tor [-ṭə | -tə(r)] 〖《c1449》□ L *dōnātor* ← *dōnātus*: ⇨ donation, -or²: Jap. 旦那(だんな) (← Skt *dāna-pati*) と同語源〗 *n.* =donor.

do·na·to·ry [dóʊnətɔ̀ːri, dɑ́n-, -tɔ̀ːri | dəʊnət(ə)rɪ, dɔ́n-] 〖□ ML *dōnātōri-us* ← L *dōnātus*: ⇨ donation, -ory¹〗 *n.* =donee.

Do·na·tus [do(ʊ)néɪṭəs | də(ʊ)néɪtəs] *n.* ドナトゥス《4世紀ごろのアフリカ Numidia の Casae Nigrae の司教; 北アフリカの異端的キリスト教の一派ドナトゥス派の創始者》.

Do·nau [G. dó:naʊ] 〖□ G ~ < Gmc **Dōnawi* (Goth. *Dōnawi*) □ L *Dānuvius* 'DANUBE'〗 *n.* [the ~] ドナウ(川)《Danube のドイツ語名》.

Don·bas [*Russ.* danbás] *n.* (*also* **Don·bass** [~]) [the ~] ドンバス《Donets Basin のロシヤ語名》.

Don Car·los [dɑnkɑ́ːələs, -lous | dɔnkɑ́ːlɔs; *It.* donkárlos] *n.* **1**「ドンカルロス」《Schiller 作の戯曲 (1787); Verdi 作曲のオペラ (1867)》. **2** ドンカルロス《*Don Carlos* の主人公の名》.

Don·cas·ter [dɑ́ŋkəstə | dɔ́ŋkəstə(r)] 〖OE *Donec(e)astre*: ⇨ Don², -chester〗 *n.* イングランド中部, South Yorkshire 州の都市; 人口 83,000.

Dón Cóssack *n.* ドンコサック《ソ連の Don 川の中・下流域に住むコサック人》.

Dón Cóssacks, the Territory of the *n.* ドンコサック地方《Don 川の中・下流域にあった昔のロシヤの一地方; 1928年付近の地方に分割された》.

done [dʌ́n] 〖OE *ġedōn*〗 ── *v.* [do¹の過去分詞]: *Done!* (特に賭けを引き受けて)よしきた(Agreed!) / have[be] ~ with… ⇨ DO *with* (2). ── *adj.* **1** [通例複合語として]〈食物が〉煮焼きされた (cooked): The meat is ~. 肉が焼けた / half-*done* 半煮え[半焼け]の / over*done* 煮[焼け]過ぎの / under*done* 生煮え[焼け]の. **2** [Predicative に用いて] **a** なされた, 済んだ: The day is ~. 一日は終った. **b** 〈人が〉〔仕事を〕済ませた, 終えた (through) 〔*with*〕: Our work is ~. 仕事は終った / Get ~ *with* crying! 泣くのはよせ / That's all over and ~ *with*! それはすっかりかたづいた. **3**《口語》[しばしば ~ *in* [*up*] として] 力を使い果した, へとへとになった: I was too ~ to walk any farther. へとへとになったので一歩も先へ歩けなかった / Are you ~ *up*? へたばったのかい / I feel absolutely ~ *in*. 全くへとへとに疲れた. **4** [Predicative に用いて] 失敗[敗北, 死滅]することになっている. **5**《口語》礼儀[慣習, 流行]にかなって[た], 上品で[な]: It isn't [It's not] ~. そんなことはしないものだ (It's bad form.).

do·nee [douníː | dəʊ-] 〖← DON(OR) + -EE¹〗 ── *n.* (↔ donor) **1 a** (贈り物などの)受取人; 施しを受ける者. **b** 〖法律〗(財産の)受贈者. **2** 〖医学〗**a** 受血者. **b** (臓器・組織などの)被移植者 (host).

Don·e·gal [dʌ̀nɪgɔ́ːl, dɑ̀n-, -nə-, ⌐⌐ | dɔ́nɪgɔːl, dʌ́n-, ⌐⌐; (現地では) dʌ̀nɪgɔ́ːl] *n.* **1** アイルランド共和国北部, Ulster 地方の州; 人口 109,000, 面積 4,830 km², 首都 Lifford [lɪ́fəd | -fəd]. **2** =Donegal tweed.

Dónegal twéed *n.* ドニゴールツイード《アイルランド起源の手織りラシャ; 横糸に色彩豊かな粗紡糸, 縦糸に中間色を用いるのが特徴》; これに似た平織[綾織(あやおり)]のツイード《単に Donegal ともいう》.

Don·el·son [dɑ́nḷsn̩ | dɔ́n-], **Fort** *n.* ドネルソン要塞《米国 Tennessee 州北西部, Cumberland 川に臨む要塞; 南北戦争の時に南部軍が築いたが, 1862年北軍に占領された》.

dóne·ness 〖← DONE + -NESS〗 *n.* (食物が)適当な状態に料理されていること.

Do·nets [dənéts | də-; *Russ.* danjéts] *n.* **1** [the ~] ドネツ(川)《ソ連邦 Ukraine 共和国東部を流れて Don 川に注ぐ (1,053 km)》. **2** =Donets Basin.

Donéts Básin *n.* [the ~] ドンバス, ドネツ盆地《ソ連邦 Ukraine 共和国東部, Donets 川の流域地方で重要な炭田地帯; 近年工業地帯として著しい発達をとげた; 面積 23,300 km²; ロシヤ語名 Donbas》.

Do·netsk [dənétsk | də-; *Russ.* danjétsk] *n.* ドネツク《ソ連邦 Ukraine 共和国東部, Donets Basin にある都市; 旧名 Stalin, Stalino, Yuzovka [júzəfkə]; 人口 984,000》.

dong[1] [dɔ́(ː)ŋ, dɑ́ŋ | dɔ́ŋ] 〘擬音語〙 *n.* **1** (大きな鐘の)ごーんという音. **2** 《豪口語》強打. **3** 《米卑》=penis. ── *vi.* ごーんと鳴る. ── *vt.* 《豪口語》強打する.
dong[2] [dɑ́ŋ | dɔ́ŋ] 〘⊏ Annamese ～〙 *n.* (*pl.* ～) **1** ドン《ベトナムの通貨単位; =100 xu; 記号 D》. **2** 1 ドン貨幣.
don·ga [dɑ́ŋgə, dɔ́ːŋgə | dɔ́ŋ-] 〘《1879》← Afr. (Bantu)〙 *n.* 《南アフリカ地方に多い》峡谷, 山峡.
Don Gio·van·ni [dɑ̀ndʒo(ʊ)vɑ́ːni, dʒiə- | dɔ̀ndʒ(ɪ)ə(ʊ)vɑ́ːnɪ, -vǽnɪ; *It.* dɔndʒovánni] *n.* **1**「ドンジョバンニ」《Mozart 作曲のオペラ (1787 年); Don Juan を主人公とする》. **2** ドンジョバンニ《*Don Giovanni* の主人公の名》.
Dón·go·la léather [kíd] [dɑ́ŋgələ- | dɔ́ŋ-] 〘← *Dongola* (スーダンの一地方)〙 ── *n.* ドンゴラ革《子牛・山羊・羊などの皮をガンビア (gambier) と明礬(ﾐｮｳﾊﾞﾝ)でなめした革(主に甲革用)》.
Dóngola tánnage *n.* ドンゴラなめし《ガンビアと明礬とのコンビネーションなめし》.
Do·ni·zet·ti [dɑ̀nə(d)zéti, dòʊn- | dɔ̀nɪ(d)zéti; *It.* donidzétti], **Gaetano** *n.* ドニゼッティ《1797–1848; イタリアのオペラ作曲家; *L'Elisir d'Amore*「愛の妙薬」(1832)》.
don·jon [dɑ́ndʒən, dʌ́n- | dɔ́n-, dʌ́n-] 〘ME *donjoun*: ⇨ dungeon〙 *n.* =dungeon 2.
Don Juan [dɑn(h)wɑ́ːn, dɑndʒúːən, dɑ̀nəwɑ́ːn | dɔndʒúːən, -dʒúən; *Sp.* donxwán] *n.* **1** ドンファン, ドンジュアン《14 世紀ごろのスペインの伝説的遊蕩(ﾕｳﾄｳ)貴族の名で Seville の貴族の令嬢を誘惑し, ついに彼女の父を殺して地獄に落とされる; しばしば文学・音楽の題材とされた; cf. Don Giovanni》. **2** 女たらし, 放蕩児 (libertine). **3** [dɑndʒúːən | dɔndʒúːən, -dʒúən]「ドン ジュアン」《Byron 作の未完の風刺詩(1819–24)》.
don·key [dɑ́ŋki, dʌ́ŋ-, dɔ́(ː)ŋ- | dɔ́ŋ-] 〘《1785》: DUNCAN の愛称か, または DUN[1] の派生語か: いずれにせよ MONKEY との連想による押韻形〙 ── *n.* **1** ろば《ass の通称》: (as) stubborn as a ～ ろばのように強情な. **2** ばか者, とんま; 強情者. **3** =donkey engine. **4** 《米》ドンキー《民主党の象徴; cf. elephant 5》. ★ 米国では ass の婉曲語法として一般化した.
── *attrib. adj.* 〈機械が〉補助の.
dónkey bòiler *n.* 〘機械〙補助ボイラー.
dónkey bòy *n.* ろば追いの少年.
dónkey èars *n. pl.* 《口語》=donkey's years.
dónkey èngine *n.* **1** 〘機械〙補助小蒸気機関, 補機, ドンキーエンジン《特に, 船で錨(ｲｶﾘ)や積荷を上げるのに用いる》. **2** 《米》(転轍用)小型機関車.
dónkey jàcket *n.* (労働者が着る)防寒・防水用ジャケット《後に一般に流行服となった》.
dónkey·man [-mən] *n.* (*pl.* **-men** [-mən, -mèn]) ドンキーマン《donkey engine 係》.
dónkey pùmp *n.* 〘機械〙補助ポンプ. 「物.
dónkey rìde *n.* (遊園地などの)ろばの形をした乗り
dónkey's bréakfast *n.* 《俗》**1** (寝床の代りの)わらの束, わらぶとん. **2** 麦わら帽 (straw hat).
dónkey's yèars [**èars**] *n. pl.* 《俗・戯言》実に長い間 (a very long time) (cf. coon's age, dog's age): for ～ / The letter was written ～ ago. その手紙はずっと前に書かれたものであった. 「く小型のガフトップスル》.
dónkey tòpsail *n.* 〘海事〙ドンキートップスル《ご
dónkey·wòrk *n.* 単調でいやな[つらい]仕事.
don·na [dɑ́nə, dɔ(ː)nə | dɔ́nə; *It.* dɔ́nna] 〘《1670》⊏ It. ～ < L *dominam* mistress, lady (fem.) ← *dominus*: ⇨ don[2]〙 ── *It. n.* (*pl.* **don·ne** [dɑ́neɪ, dɔ́(ː)n- | dɔ́n-; *It.* dɔ́nne]) (イタリア・スペイン・ポルトガルの)貴婦人. ★ 洗礼名の前につけ敬称として用いる; 英語の Lady や Madam に相当 (cf. dona, doña).
don·nard [dɑ́nəd | dɔ́nəd] 〘← 《スコット》～ (p.p.) ← *donner* to stupefy (e.g., with a blow or loud noise) ⊏ ? Du. *donder-en* to thunder ← *donder* 'THUNDER': ⇨ -ed〙 ── *adj.* 《スコット》ぼんやりした, 間の抜けた (stupefied).
donne *n.* donna の複数形.
Donne [dʌ́n, dɑ́(ː)n | dʌ́n, dɔ́n], **John** *n.* (1572–1631) 英国の宗教家・形而上派詩人; *Songs and Sonets* (1633), *Anniversaries* (1611, 1612), *Sermons* (1640, 1649, 1660).
don·née [dɔ(ː)néɪ, dʌ- | dɔ-; *F.* dɔne] 〘⊏ F ～ (fem. p.p.) ← *donner* to give〙 ── *n.* (*pl.* **～s** [～(z); *F.* ～]) (*also* **don·né** [～]) **1** (小説・劇などの)設定《プロットの展開の基盤[前提]となる社会的情況・人間関係など》. **2** 基本前提, 基礎事実, 基盤. **3** 〘論理〙所与, 与件 (datum). 「nard.
don·nered [dɑ́nəd | dɔ́nəd] *adj.* 《スコット》=don-
Dón·ner pàrty, D- P- [dɑ́nə- | dɔ́nə-] *n.* [the ～] ドナー隊《California へ移住しようという 87 名の一行で, 1846 年 10 月から翌年 4 月にかけて, 途中の Donner 峠で大雪のために閉じ込められ, 約半数が死に, 残った者は死者の肉を食べて生きのびた》.
Dónner Páss 〘*Donner*: ← *Donner party* (↑)〙 *n.* [the ～] ドナー峠《米国 California 州東部, Sierra Nevada 山脈中にある峠; 高さ 2,161 m》.
don·nert [dɑ́nət | dɔ́nət] *adj.* 《スコット》=donnard.
don·nish [dɑ́nɪʃ | dɔ́n-] 〘← DON[2]+-ISH[1]〙 *adj.* (英国大学の)学監[指導教師]らしい, 学者風の, 学問をてらう; 堅苦しい (priggish). **～·ly** *adv.* **～·ness** *n.*
don·ny·brook, D- [dɑ́nibrʊ̀k | dɔ́nɪ-] 〘← *Donnybrook Fair*〙 *n.* **1** 飲騒ぎ, けんか騒ぎ. **2** 公式の場で争われる粗暴な論争.
Dónnybrook Fáir *n.* **1** ドニブルック市(ｲﾁ)《1855 年までアイルランドの Donnybrook で毎年開かれた市; 飲騒ぎやけんかなどで有名》. **2** =donnybrook 1.
do·nor [dóʊnə, -nɔə | dóʊnə(r, -nɔː(r] 〘《c1439》⊏ AF *donour* = OF*doneur* giver < L *dōnātōrem*: ⇨ donator〙 ── *n.* **1** (↔ donee) **a** 寄贈者, 寄付者; 施主. **b** 〘法律〙(財産の)贈与者. **2** (↔ donee) 〘医学〙(輸血または組織・臓器移植のための)血液[組織, 臓器]提供者, 供血[給血]者, ドナー: a blood ～. **3** 〘化学〙供与体, 給体《分子中に受容体 (acceptor) に与えやすい電子対のある電子構造をもつ分子》. **～·ship** *n.*
dó-nòthing *adj.* 何もしない, 怠惰な. ── *n.* 怠け者.
dó-nòth·ing·ism [-ŋɪzm] *n.* **1** 怠惰癖. **2** 無為無策主義, 計画的妨害政策《重要な地位にありながら提案を考慮したり行動を拒否したりして間接的に妨害すること》.
Don Quix·ote [dɑ̀nki(h)óʊṭi, dɑ̀ŋ-, -teɪ | dɔ̀nkwíksət, -səʊt, -sɔt, dɔ̀nkɪhóʊtɪ, -teɪ; *Sp.* donkixóte] *n.* **1**「ドン キホーテ」《スペインの作家 Cervantes 作の風刺小説 (1605, 1615) の題名; *Don Quixote de la Mancha* の通称》. **2** ドンキホーテ《*Don Quixote* の主人公; 騎士物語に読みふけって騎士道狂となり, 従者 Sancho Panza を従えて騎士修業に出かける La Mancha の郷士》. **3** 現実を無視したうかつな理想家, 誇大妄想狂.
don·sie [dɑ́nsi | dɔ́nsi] 〘← ? Sc.-Gael. *donas* evil, harm: ⇨ -ie〙 ── (*also* **don·sy** [～]) *adj.* **1** 《英方言》不運の. **2** 《方言》こぎれいな (neat); 気むずかしい (fastidious); 加減が悪い, 弱々しい. **3** 《スコット》短気な, おこりっぽい; 生意気な (saucy).
don't [dóʊn(t), dòʊn(t) | dəʊn(t), dəʊn(t)] 《口語》do not の縮約形. ★ (1) [p, b, m] の前では [dóʊm(p), dòʊm(p) | dəʊm(p), dəʊm(p)]; [k, g] の前では [dóʊŋ(k), dòʊŋ(k) | dəʊŋ(k), dəʊŋ(k)] と発音されることがある. (2) 否定命令に用いると do not より迫力のある表現. (3) does not の略として用いるのは俗用. ── [dóʊnt | dəʊnt] *n.* [通例 *pl.*] 禁制, 禁止条項,「べからず」,「なかれ」集 (cf. do[1] *n.* 4): three ～s 3 つの禁止条項.
dón't-càre *n.* 無頓着な人, 無関心な人.
dón't-knòw 〘世論調査で (*Yes* / *No* / *Don't know*) から一つを選ぶ解答形式から〙 ── *n.* 質問に対して明確な返答をしない人, 態度保留者; まだ決心のついていない人, (特に)だれに投票するかまだ決めてない人 (cf. floating voter).
do·nut [dóʊnət, -nʌt | dəʊnʌt] *n.* =doughnut.
don·zel [dɑ́nzəl, zl̩ | dɔ́n-] 〘《1592》⊏ It. *donzello* < VL **domnicillum* (dim.) ← L *dominus* master〙 *n.* 《古》騎士見習い, 小姓, 近習 (page).
doo·dad [dúːdæd] 〘《母音変化重複》? ← 《方言》*dad* piece: cf. doohickey〙 ── *n.* 《米口語》**1** 装飾品, 付属品; つまらない飾り物, 安ぴか物 (trinket). **2** (名前を明示しないで)もの, 何とかいう物 (thingumbob); 仕掛け, 装置 (gadget).
doo·dah [dúːdɑː] 〘*Camptown Races* という米南部農村の黒人歌の折り返し句から〙 *n.* 《英俗》興奮状態. ★ 次の成句で: ***all of a doodah*** 興奮状態で, 震えて.
doo·dle[1] [dúːdl̩] 〘《1628》← ? LG *dudeldopp* simple fellow: cf. dawdle〙 ── *n.* **1** (会議中や考えごとなどしている時にぼんやり書く)いたずら書き, 落書. **2** 《口語》ばか (fool). ── *vi.* **1** ぼんやりわけのわからないいたずら書き[落書]をする; 落書などして時を過ごす; のらくらする, ぐずぐずする. **2** 〘cf. doodle[2]〙《口語》音楽を気楽に奏する. ── *vt.* 《方言》ばかにする, だます.
doo·dle[2] [dúːdl̩] 〘⊏ G *dudel-n* ← *Dudel* bagpipe ⊏ Czeck & Pol. *dudy*〙 *vt.* 《スコット》〈バグパイプなどを〉奏する.
doo·dle[3] [dúːdl̩] *n.* 《米方言》=doodlebug 2.
dóodle·bùg 〘1: 《1876》← DOODLE[1] (*n.*) 2+BUG[1]: 2, 3 の意味は 1 の特殊用法 ?〙 ── *n.* **1** 《米》〘昆虫〙アリジゴク(ant lion); ハンミョウ(tiger beetle) の幼虫. **2** 《米口語》非科学的な鉱脈[水脈]探知器, 占い棒. **3** 《口語》**a** 短距離[区間](往復)列車 (shuttle). **b** 小型自動車[列車, 飛行機]. **c** 小型軍用トラック (cf. jeep); 小型戦車. **d** 〘軍事〙=robot bomb.
dóo·dler [-dlə, -dl̩ə | -dlə(r, -dl̩ə(r] *n.* (ぼんやりと)いたずら書きする人.
doo·dle·sack [dúːdl̩sæ̀k] 〘⊏ G *Dudelsack* bagpipe ← *Dudel* bagpipe (⇨ doodle[2])+*Sack* bag〙 *n.* 《スコット》バグパイプ, 風笛(ﾌｳﾃｷ) (bagpipe).
dóo·dling [-dlɪŋ, -dl̩-] *n.* (ぼんやりと書く)落書; のらくら, ぐずつき.
doo·fer [dúːfə | -fə(r] 〘《変形》← *do for* (cf. *that will do for now*)〙 *n.* 《俗》=thingumbob.
doo·fun·ny [dúːfʌ̀ni | -nɪ] *n.* =dofunny.
doo·hick·ey [dúːhɪ̀ki | -kɪ] 〘← DOO(DAD)+HICKEY[1,2]〙 ── *n.* 《米口語》**1** 仕掛け, 装置, しろもの, もの(thing). ★ 名前のわからない時または忘れたときの代用語; cf. thingumbob, doodad. **2** =pimple 1.
doo·lal·ly [duːlǽli | -lɪ] 〘《変形》← *Deolali* (Bombay 近辺の町の名)〙 *adj.* 《俗》ふらふらした, 酔っぱらった.
Doo·lan [dúːlən] 〘← ? ～ (アイルランドの家族名) ⊏ Ir. *O'Dubhlaoich* 《原義》 descendant of *Dubhfhlán* (= black-defiance)〙 ── *n.* 《ニュージーランド俗》カトリック教徒.
doo·lie [dúːli | -lɪ] 〘← ? *duly*: 任命状の 'You are *duly* appointed...' から〙 *n.* 《米口語》米国空軍士官学校一年生.
Doo·lit·tle [dúːlɪtl̩ | -tl̩], **Hilda** *n.* (1886–1961) 米国の女流詩人で R. Aldington の妻; H.D. のイニシャルで知られる; *Sea Garden* (1916).
doo·ly [dúːli | -lɪ] 〘《c1625》⊏ Hindi *ḍolī* (dim.) ← *ḍolā* litter〙 *n.* (*also* **doo·lie** [～]) 《インド》(負傷者運搬用の)かご, ドゥーリ式軍用担架.
doom [dúːm] 〘OE *dōm* judgment, sentence < Gmc **dōmaz* (OHG *tuom* / ON *dōmr* / Goth. *dōms*) ← **dō-* 'DO[1]': cf. -dom〙 ── *n.* **1** (通例, 悪い)運命, 凶運: know one's ～ 自分の運命を知る. **2** 破滅, 滅亡; 死: meet [go to] one's ～ (非業の)最期をとげる, 滅びる. **3** (アングロサクソン時代の)法令. **4** 《古》判決, (罪の)宣告. **5** (神が下す)最後の審判: the day of ～ =doomsday / ⇨ CRACK of doom. ── *vt.* **1** [通例 Passive で] **a** (悪く)〔…に〕運命づける, …の運命を定める〔*to*〕, 〈…するように〉運命づける〈*to do*〉: All the plans *were* ～*ed to* failure. 計画はすべて失敗に帰する運命にあった / He *was* ～*ed to* die at the hands of a mob. 彼は暴徒の手にかかって命を落とすように運命づけられていた. **b** 破壊[消滅, 敗北]の運命に定める. **2** 〈裁判官が〉〈人を〉〈罪に〉定める, …に〔刑の〕宣告[判決]を下す〔*to*〕: ～ a person *to* death 人に死刑の宣告を下す.
Dóom bòok *n.* 〘歴史〙旧ケルト法典[法令]《特に, Alfred 大王のもの》.
doomed *adj.* **1** 運のつきた, 不運の. **2** 〈書物など〉発禁の: a ～ book. 「*adv.*
doom·ful [dúːmfəl] *adj.* 不吉な, 縁起の悪い. **～·ly**
dóom pàlm 〘*doom*: ⊏ F *doum* ⊏ Arab. *dawm*〙 ── *n.* 〘植物〙エダウチヤシ, テベスドームヤシ (*Hyphaene thebaica*) 《アフリカ産の大きな扇型の葉をつけるヤシ; 砂漠の土壌を安定させるのに重要な働きをする; その果実はリンゴ位の大きさで食用になる》.
dooms [dúːmz] 〘《変形》? ← DAMNED: cf. Icel. *daindis-* pretty, rather〙 *adv.* 《スコット・北英》たいそう, 非常に (very). ★ damned の婉曲語.
dóom·sàyer *n.* (近々に大災害が起こるなどと)不吉なことを予言する人.
dooms·day [dúːmzdèɪ] 〘OE *dōmes dæ̆g* day of judgment: ⇨ doom〙 ── *n.* **1** 最後の審判の日, 世の終りの日 (the day of the Last Judgment): till ～ 世の終りまで, 永久に (forever). **2** 断罪の日, 運命の決する日.
Dóomsday Bòok *n.* [the ～] =Domesday Book.
Dóomsday Machìne *n.* [the ～] 〘軍事〙世界破滅装置, 終末兵器《敵も味方も含めて全世界を自動的に破滅させる想像上の核撃発装置》.
doom·ster [dúːmstə | -tə(r] 〘《c1450》《変形》← ME *dem(p)ster* 'DEEMSTER': DOOM の類推による変形〙 *n.* **1** 罪の宣告者, 裁判官. **2** =doomsayer.
doom·y [dúːmi | -mɪ] *adj.* **1** 〈人が〉落胆した, 悲嘆に暮れた. **2** 〈物が〉陰気な, 気のめいるような.
Doon [dúːn] 〘← OE *dūn* 'DOWN[1]': cf. Don[1] 2〙 *n.* [the ～] スコットランド南西部, Strathclyde 州の川; 北西に流れ Firth of Clyde に注ぐ (48 km).
door [dɔ́ə, dóə | dɔ́ː(r] 〘OE *dor* (neut.) < Gmc **duram* ((O)HG *Tor*) & OE *duru* (fem.) gate < Gmc **durunz* (Du. *deur* / G *Tür* / ON *dyrr*) ← IE **dhwĕr-* door, doorway (L *forēs* (pl.) door, *foris* out of doors / Gk *thúra* door)〙 ── *n.* **1** 戸, ドア, 扉, 門: close [bang, slam] a ～ 戸[扉]を締める[ばたんと閉じる] / close [shut] the ～ upon… 戸を締めて…を入れない (cf. 2 b) / shut the ～ behind [after] one はいって[出て]からあとのドアをしめる / Shut the ～ after you! この部屋から出て行け. **2 a** 戸口, 門口, (扉を備えた)出入口: answer the ～ 取次ぎに出る / see a person to the ～ 客を戸口まで送る / There is someone *at* [*in*] the ～. 玄関にだれか来ている[来訪者がある]. **b** 〔…に達する[への]〕道[関門], 門戸〔*to*, *toward*〕: a ～ *to* success 成功への道 / with open ～*s* 門戸を開放して, 公開的に (cf. open door). **3** 一戸, 軒(ｹﾝ); (戸口のある)部屋: three ～*s* off [down the hall] 3 軒先[廊下沿いに 3 部屋先] / ⇨ next door. **4** =air curtain.
at death's door ⇨ death 成句. ***behind closed doors*** 秘密に, 非公開で. ***be on the door*** 《口語》(改札など)入口での仕事に就いている. ***close*** [***shut***] ***its*** [***one's***] ***doors*** (1) 廃業する, 閉店する. (2) 門戸を閉ざす, 締め出す〔*to*〕: Japan *closed her* ～*s to* foreigners for more than two hundred years. 日本は 200 年以上鎖国していた. ***close the door*** =*shut the* DOOR. ***darken a person's*** [***the***] ***door*** [***doors***] [通例否定構文で] 人の家の敷居をまたぐ, 人の家を訪ねる: Don't *darken my* ～ again. 二度と再び私の家の敷居をまたいでくれるな. ***from door to door*** (1) 戸口から戸口まで. (2) 家ごとに, 一軒ごとに: He sold encyclopedias, *from* ～ *to* ～. ***get*** [***have***] ***a foot in the door*** ⇨ foot 成句. ***in doors*** 家の中で, 屋内に (indoors) (↔ out of doors). ***knock at an open door*** 不要な努力をする, むだ骨を折る. ***lay at a person's door*** 人に…の責めを負わせる, 人のせいにする (impute to): Don't *lay* your fault *at my* ～. 君の過失をぼくのせいにしないでくれたまえ. ***leave the door open*** (事の)可能性を残しておく. ***lie at a person's door*** 人のせいだ, 人の責任だ: The responsibility for her death doesn't *lie at your* ～. 彼女が死んだからといってその責任は君にはない. ***open the door to*** …の門戸を開く, …の機会[便宜]を与える (cf. 2 b; *1 Cor.* 16: 9): A degree *opens the* ～ *to* better jobs. 学位があるとよりよい就職への道が開かれる. ***out of doors*** 屋外で, 戸外に (outdoors) (↔ in doors): turn a person *out of* ～*s* 人を追い出す.

show a person the door 〈人〉にさっさと出て行けと言う；〈人を〉追い出す[追い返す]. ***shut its*** [***one's***] ***doors*** =*close its* [*one's*] DOORS. ***shut*** [***close, slam***] ***the door*** 〈人・事が〉〔話し合い・関係改善などの〕余地をなくする，〔…を〕不可能にする〔*to, on*〕: *shut the* ～ *on* compromise 妥協を不可能にする[拒否する]. ***shut*** [***slam***] ***the door in a person's face*** 人を締出す，入れない；人の考え[案]を聞き入れない. ***throw open the door*** 〔…に〕門戸を開く，機会を与える〔*to*〕. ***within doors*** =*in* DOORS. ***without doors*** =*out of* DOORS.

dóor alàrm *n.* ドアに付ける警報装置.

dóor·bèll *n.* 戸口のベル[呼びりん]: answer the ～ (呼びりんに答え)来客の取次ぎをする.

dóor·càse *n.* 戸の枠，戸口のかまち.

dóor chàin *n.* ドアチェーン《防犯のためドアに付けた鎖》.

dóor chèck *n.* ドアチェック，ドア徐閉器《ドアがばたんと締まるのを防ぐ仕掛け》.

dóor chìmes *n. pl.* (玄関の)(ドア)チャイム.

dóor clòser *n.* ドア徐閉器 (door check).

dó-or-díe *adj.* 決死の，命がけの；死にもの狂いの，のるかそるかの: a ～ attempt / a ～ expression 必死の表情 / a ～ battle 一か八かの戦い.

dóor·fràme *n.* =doorcase.

dóor hàndle *n.* 《英》ドアハンドル.

dóor·jàmb *n.* (戸口の両側の)側柱，だき (doorpost).

dóor·kèeper *n.* **1** 玄関番，受付け；門衛，門番 (janitor). **2** 〘カトリック〙=ostiary 1 b.

dóor·knòb *n.* (ドアの)握り玉，ノブ.

dóor-knòcker *n.* (訪問者用の)(ドア)ノッカー.

dóor lòck *n.* 戸口の錠.

dóor·màn [-mæ̀n, -mən] *n.* (*pl.* **-men** [-mèn, -mən]) **1** =doorkeeper 1. **2** (ホテル・デパート・クラブなどの)ドアボーイ[係]《自動車の戸をあけ締めして客の送迎をしたり荷物運び・タクシー呼びなどをする》.

dóor·màt *n.* **1** (玄関先の)靴ぬぐい，ドアマット. **2** 他人に虐待[侮辱]されるままになる人，黙ってなすがままになっている人.

dóor mòney *n.* 木戸銭，入場料.

Doorn [dɔ́ən, dóən | dɔ́ːn ; *Du.* dóːrn] *n.* ドルン《オランダ中部，Utrecht の南東にある村；ドイツの William 二世が退位後ここに住んだ》.

dóor·nàil 〘ME〙 *n.* (昔，飾りのために戸に打った)鋲釘(びょうくぎ)，戸釘(とくぎ).

dóor·plàte *n.* (特に，ドアに取り付けた真鍮(しんちゅう)製の)標札.

dóor·pòst *n.* =doorjamb.

dóor prìze *n.* 《米》(ダンスパーティーなどで)入場時に手渡されたくじの当選賞品.

dóor·pùll *n.* 扉[開き戸]の引手.

dóor·scràper *n.* (戸口に置く)靴の泥落し，靴ぬぐい.

dóor·sìll *n.* (戸口の)敷居，靴ずり.

dóor·stèp *n.* **1** (玄関など)戸口の上り段: on [at] the [one's] ～ 戸口の上り段に；すぐ近くに. **2** 《英俗》厚く切ったパン.

dóor·stòne *n.* (戸口の)敷居石，靴ずり石.

dóor·stòp *n.* **1** (扉のあおりを止める)あおり止め，戸止め；(戸を開いた時当りとなる)戸当り金物. **2** 戸当り《扉が行き過ぎないように枠に取り付けた細い薄板》.

dóor·stòpper *n.* =doorstop 1.

dóor·strìp *n.* ドアの下[まわり]の隙間のふさぎ.

dóor-to-dóor *adj., adv.* **1** (訪問販売など)戸[各家]ごとの[に]: a ～ visit, salesman / visit ～ / a ～ survey (一軒一軒歩いて回る)戸別調査. **2** (配達などで)発送場所から直接届け場所までの[まで]: a ～ delivery / deliver ～.

dóor·wày *n.* **1** 戸口，出入口. **2** 門戸，手段〔*to*〕.

dóor·yàrd *n.* 《米》戸口[玄関]の前庭.

doo·zer [dúːzə | -zə(r)] 〘《変形》← ? DAISY〙 *n.* 《俗》目立った[飛び抜けた]もの，すてきなもの.

doo·zy [dúːzi | -zɪ] *n.* 《俗》=doozer.

dop[1] [dáp | dɔ́p] 〘◻ Du. ～ 'shell, husk'〙 **—** *n.* **1** 研摩・カットのため宝石を押えておく工具. **2** 《英口語》**a** (約3分の1びん分はいる)酒びん，とっくり. **b** (木の実の)殻(から)；薬莢(やっきょう) (cartridge).

dop[2] [dáp | dɔ́p] 〘◻ Afrik. ～《原義》husk ◻ Du. *dop* (↑)〙 *n.* ドップ《ぶどうの圧搾粕を発酵し蒸留して造った南アフリカのケープ地方産のブランデー》.

DOP 《略》〘化学〙 dioctyl phthalate.

D.O.P. 《略》〘写真〙 developing-out paper (cf. P.O.P.).

do·pa [dóupə, -pɑː | dóu-] 〘◻ G *Dopa* ← *d(ihydr)o-(xy)p(henyl)a(lanine)*〙 **—** *n.* 〘化学・生化学〙ドーパ ($(HO)_2C_6H_3CH_2CH(NH_2)COOH$) (tyrosine から melanin ができる中間酸化物；パーキンソン病の治療に用いられる》.

do·pa·mine [dóupəmìːn, -mɪn, -mən | dáupəmìːn, -mɪn] 〘← DOPA+AMINE〙 *n.* 〘生化学〙ドーパミン《脳の正常な神経活動に不可欠なアミン (amine)；norepinephrine と melanin の合成のときの中間生成物》.

dop·ant [dóupənt | dáu-] 〘⇨ ↓, -ant〙 *n.* 〘化学〙(純粋な物質に加えてその性質を変える)微量の添加(不純)物《例えば半導体に添加されるリン》.

dope [dóup | dáup] 〘(19C) ◻ Du. *doop* liquid, a dipping ← *doopen* to dip, baptize < MDu. *dōpen*: cf. dip〙 **—** *n.* **1** 〘化学〙**a** ドープ塗料《航空機羽布やガス漏れ防止のため軽気球の布などに塗る一種のワニス》. **b** 糊剤《繊維工業で用いられる》. **c** (ダイナマイト製造でニトログリセリンの)吸収剤《木粉・木炭など》. **d** ドープ《ガラス製造で成型型に用いる潤滑油》. **e** 〘染色〙(セルロース誘導体の)ドープ，紡糸原液《ビスコース・レーヨンなど人造繊維をつくる際の糸にひく前の原料濃厚液；cf. dope dyeing》. **f** (一般に)(食品防腐剤などの)添加物. **2** 《俗》(どろどろに練った)アヘン液. **3 a** 《口語》興奮剤《出走前の競走馬・猟犬・スポーツ選手などに違法に使用される》. **b** 《俗》(一般に)麻薬，麻酔薬. **4** 《米俗》麻酔薬中毒者，麻薬患者[常用者]. **5** 《俗》(競走馬の)情況，消息；(一般に)(秘密の)情報: spill the ～ (勝馬などの)内報を漏らす / straight ～ 真実；確かな情報；内報 / give a person some inside ～ 人に秘密の情報を教える. **6** 《俗》間抜け. **7** 《俗》**a** ガソリン，軽油. **b** (ガソリン機関出力増進用の)混合添加燃料. **8** 《米南部》炭酸飲料；(特に)コーラ (cola). **9** 〘写真〙=developer.
— *vt.* **1** 濃液で処理する，…にドープ塗料を塗る. **2** (他の物質の性質を微妙に変化させるために)…に混ぜ物をする，添加物[剤]を入れる (doctor). **3** …に麻酔剤[アヘン]を飲ませる(drug)；〈競走馬など〉に(秘密に)興奮剤を飲ませる (cf. nobble 1 a): ～ a horse [greyhound] / ～ oneself with cocaine コカインを飲用する. **4** 《口語》(まことしやかな偽りで)ごまかす，瞞着(まんちゃく)する (hoodwink). **5** 〘電子工学〙〈半導体〉に不純物を添加する《これにより N 形，P 形などの必要な電気的特性が得られる》. **—** *vi.* 麻薬を常用する.
dope off 《米俗》(1) 失策[へま]をやる；(仕事などを)ずるける. (2) うつらうつらする，居眠りする. ***dope out*** 《口語》(1) (情報などによって)判断する；〈計画などを〉考え出す，でっち上げる，〈方法などを〉見つけ出す. (2) 〈問題などを〉解く. (3) 予測する，推測する.

dópe·bòok *n.* =dopesheet 1.

dópe dýeing *n.* 〘染色〙原液着色《紡糸原液 (dope) に染料や顔料を加えて，着色した繊維をつくる方法》.

dópe fìend *n.* 《米俗》麻薬常用者 (drug addict).

dópe pùller *n.* 鉄道貨車の軸箱注油係.

dóp·er *n.* **1** 麻薬常用者. **2** =dope puller. **3** 飛行機の油塗布係.

dópe·shèet *n.* 《米俗》**1** (出場馬の情報を掲載した)競馬新聞. **2** (一般に)内報紙: a stock exchange ～.

dope·ster [dóupstə | dáupstə(r)] 〘⇨ dope, -ster〙 *n.* 《俗》(選挙・スポーツ競技などの)予想屋.

dópe stòry *n.* (新聞，雑誌で)ニュースの背景説明・解説・評論などを扱った記事 (cf. think piece).

dop·ey [dóupi | dáupɪ] 《俗》*adj.* (**dop·i·er**; **-i·est**) **1** 麻酔にかかった，ぼんやりした；まのぬけた，ばかな. **2** 麻(酔)薬のような，麻薬を含んだ. **—** *n.* 怠け者；のろま，愚か者. **dóp·i·ness** *n.*

dop·pel·gäng·er [dápəlgèŋə, -gæ̀ŋə, ⌐ー⌐ー | dɔ́pəlgæ̀ŋə(r); *G.* dɔ́pəlgɛŋɐ] 〘(1895) ◻ G ～ doublegoer ← *doppel* 'DOUBLE'+*Gänger* (⇨ gang[1], -er[1])〙 **—** *n.* (*also* **dop·pel·gang·er** [～]) 生きている人の幽霊，生霊(いきりょう)，分身 (wraith)《doubleganger ともいう》.

Dop·per [dápə | dɔ́pə(r)] 〘(1850) ◻ Afrik. ～ 'dipper' ◻ Du. *dooper* ← *doopen* to dip〙 *n.* 南アフリカのオランダ改革派教会(Dutch Reformed Church)の会員《厳格なカルヴィン派に属する南アフリカ生れの白人》.

dop·pie [dápi | dɔ́pɪ] 〘⇨ dop[2], -ie〙 *n.* 《アフリカ南部》ぶどうの皮《これからドップ (dop) を作る》.

dop·pio mo·vi·men·to [dápiòu·mòuvɪméntou | dɔ̀piəu·màuvɪméntəu ; *It.* dóppjomoviménto] 〘◻ It. ～ 'double movement'〙 **—** *It. adv., adj.* 〘音楽〙2倍の速度で[の].

Dóp·pler èffect [dáplə- | dɔ́plə(r)-] 〘← *Christian Doppler* (1803–53: オーストリアの数学者・物理学者)〙 **—** *n.* 〘物理〙ドップラー効果《波源に対して運動する観測者が測定する波の振動数が波源で見た値と異なる現象》.

Dóppler rádar 〘↑〙 **—** *n.* 〘電子工学〙ドップラーレーダー《ドップラー効果を利用したレーダーで航空機などに搭載して対象物の位置と速度を求める；cf. DOVAP》.

Dóppler shíft *n.* 〘物理〙ドップラー偏移《ドップラー効果 (Doppler effect) によって生じる光波や音波の周波数や波長の変化またはその大きさ》.

Dóppler VÒR *n.* 〘航空〙ドップラー VOR《地上局付近の地形の影響による精度低下を補うためにドップラー効果を応用した VOR》.

dop·y [dóupi | dáupɪ] *adj.* (**dop·i·er**; **-i·est**) =dopey.

dor[1] [dɔ́ə | dɔ́ː(r)] 〘OE *dora* < Gmc **duran-* ← IE **dher-* to drone, buzz: cf. drone〙 **—** *n.* 〘昆虫〙[しばしば複合語で] 飛ぶ時にぶんぶん音を立てる昆虫の総称《dor bug ともいう》: a ～ fly.

dor[2] [dɔ́ə | dɔ́ː(r)] 〘◻ ON *dār*: cf. G *Tor* fool〙 *n.* 《古》あざけり，冷やかし (mockery).

Dor 《略》Dorian.

Dor. 《略》Doric.

Do·ra[1] [dɔ́ːrə, dóːrə | dɔ́ːrə] 〘(dim.) ← DOROTHY〙 *n.* 女性名.

Do·ra[2] [dɔ́ːrə, dóːrə | dɔ́ːrə] 〘頭字語〙 *n.* 《英戯言》=DEFENCE of the Realm Act.

D.O.R.A. [dɔ́ːrə, dóːrə | dɔ́ːrə] 《略》〘英法〙 Defence of the Realm Act (1914).

do·rab [dɔ́ːræb, dóːr-, dəræ̀b | dɔ́ːræb, dəræ̀b] 〘← ?〙 *n.* 〘魚類〙オキイワシ (⇨ wolf herring).

do·ra·do [dərάːdou | dərάːdəu, dɔ-] 〘(1604) ◻ Sp. ～ < L *deaurātum* gilded (p.p.) ← *deaurāre* to gild ← DE-+*aurum* gold: ⇨ El Dorado〙 **—** *n.* (*pl.* ～**s**, ～) **1** 〘魚類〙=dolphin 2. **2** [D-] 〘天文〙かじき座《南天の小星座；the Swordfish, Xiphias ともいう》.

DORAN [dɔ́ːræn, dóːr- | dɔ́ːr-] 〘← *Do(ppler) ran(ge)*〙 **—** *n.* 〘航空〙ドーラン《ドップラー効果 (Doppler effect) の原理を利用して距離を測定し航行を助けるための電子装置》.

dór·bèetle *n.* 〘昆虫〙ぶんぶん音を立てて飛ぶ甲虫の総称；(特に)キタセンチコガネ (*Geotrupes stercorarius*)《ヨーロッパ産センチコガネの一種》.

dór bùg *n.* 〘昆虫〙=dor[1].

Dor·cas [dɔ́əkəs | dɔ́ːkəs, -kæs] 〘◻ L ～ ◻ Gk *Dorkás*《原義》gazelle《変形》← *zorkás*〙 **—** *n.* **1** 女性名. ★ 清教徒 (Puritan) がよく用いた. **2** 〘聖書〙ドルカス《貧民に衣服を作って与えた篤信(とくしん)の婦人；cf. *Acts* 9: 36–41》. **—** *vi.* 《口語》ドルカス会のために働く.

Dórcas socìety *n.* ドルカス会《貧民に施す衣服を作る宗教的な婦人団体》.

Dor·ches·ter [dɔ́ətʃɪstə, -tʃəs-, -tʃes- | dɔ́ːtʃɪstə(r)] 〘OE *Dorcestre* ← *Dornwaru*《原義》the place of the fist play (i.e., amphitheater) (← Corn. *dorn* fist+Welsh *gwarae* play)+*ceaster* '-CHESTER'〙 **—** *n.* イングランド南部，Dorset 州の首都；Thomas Hardy の小説では Casterbridge という名で表わされている；人口 14,000.

Dor·dogne [dɔədóun, -dóunjə | dɔːdɔ́ɪn ; *F.* dɔrdɔɲ] *n.* **1** ドルドーニュ(県)《フランス西部の県；人口 375,000，面積 9,184 km², 首都 Périgueux [perigø]》. **2** [the ～] ドルドーニュ(川)《フランス南西部の川；西に流れて Gironde 川の河口に注ぐ (472 km)》.

Dor·drecht [dɔ́ədrekt | dɔ́ː- ; *Du.* dɔ́rdrɛxt] *n.* ドルドレヒト《オランダ南西部，Waal 河畔の都市；人口 189,000》.

do·ré [dəréɪ, dɔːr- | dɔ(ː)r-] 〘◻ F ～ 'gilded' (p.p.) ← *dorer* to gild〙 *adj.* 金めっきした，金箔をかぶせた，金色の[に塗った] (gilded): bronze ～.

Do·ré [dɔ(ː)réɪ, dər- | dɔ́ːr- ; *F.* dɔre], **(Paul) Gustave** *n.* ドレ《1833–83；フランスのさし絵画家・版画家》.

Do·reen [dɔːríːn, dɔːr-, ⌐⌐ | dɔ(ː)ríːn, dər-, dɔ́ːriːn] 〘(dim.) ← DORA[1] ∥ DOROTHY〙 **—** *n.* 女性名. ★ アイルランドに多く，イングランドでは20世紀の初めごろより用いられるようになった.

dór·hàwk 〘← DOR[1]: 甲虫などを好むところから〙 *n.* 〘鳥類〙ヨーロッパヨタカ (*Caprimulgus europaeus*).

Do·ri·an[1] [dɔ́ːriən dóːr- | dɔ́ːrɪ-] 〘(1603) ← L *Dōrius* (◻ Gk *Dōrios* Dorian)+-AN[1]: ⇨ Doris[2]〙 **—** *adj.* (古代ギリシャの一地方であった)ドーリス (Doris) の. **—** *n.* (*pl.* ～, ～**s**) (古代ギリシャの三種族の一つである)ドーリス人，ドーリア人 (cf. Aeolian 1, Ionian 1).

Do·ri·an[2] [dɔ́ːriən, dóːr- | dɔ́ːrɪ-] 〘↑〙 *n.* 男性名.

Dórian mòde *n.* 〘音楽〙ドリア旋法 (cf. mode[1] 6 a): **1** 古代ギリシャ旋法中もっとも重要なもの；e′–e の音階. **2** 中世教会旋法のひとつ；d–d′ の音階.

Dor·ic [dɔ́(ː)rɪk, dάr-, dóːr- | dɔ́r-] 〘◻ L *Dōric-us* ◻ Gk *Dōrikós*: ⇨ Dorian[1], -ic[1]〙 **—** *adj.* **1** ドーリス (Doris) 地方の，ドーリス人の (Dorian). **2** 〘建築〙ドリス式の (cf. Corinthian 3, Ionic 2): the ～ order (⇨ order B 11). **3** 〈言葉が〉田舎なまりの，田舎弁の. **—** *n.* **1** (古代ギリシャの)ドーリス地方方言. **2** (英語の)方言，田舎なまり；(特に)スコットランド方言: in broad ～ むき出しの田舎なまりで. **3** 〘建築〙ドリス式 (Doric order). **4** 《英》〘活字〙ドリア(体) (⇨ sans serif).

Dóric cýma *n.* 〘建築〙ドリス式シーマ (⇨ cyma recta).

Do·rin·da [dɔːríndə, doːr- | dɔːr-] 〘《混成》← DOR(OTHY)+(L)INDA: cf. Belinda, Clarinda〙 *n.* 女性名.

do·rip·pid [dərípɪd, -pəd | -pɪd] 〘↓〙 *adj., n.* 〘動物〙ヘイケガニ科の(カニ).

Do·rip·pi·dae [dərípədìː | -pɪ-] 〘← NL ～ ← *Dorripe* (属名: ← *Drippa* Latin feminine name)+-IDAE〙 *n. pl.* 〘動物〙(短尾目)ヘイケガニ科.

Dor·is[1] [dɔ́(ː)rɪs, dάr-, -rəs | dɔ́rɪs] 〘◻ L *Dōris* ◻ Gk *Dōris* 'DORIAN woman': ギリシャ神話の sea nymph の名〙 *n.* 女性名. ★ 19世紀より一般化した.

Do·ris[2] [dɔ́ːrɪs, dóːr-, dάr-, -rəs | dɔ́ːrɪs] 〘◻ Gk *Dōris* ← *Dōros* (ドーリス人の始祖の名): cf. Gk *dōron* gift〙 **—** *n.* ドーリス: **1** 古代ギリシャの中部の一地方；現在のギリシャ中央西部でドーリス人の故国と見なされる. **2** 小アジア南西部の Caria 沿岸の一地方；ドーリス人の移住地.

Do·ris[3] [dɔ́ːrɪs, dóːr-, dάr-, -rəs | dɔ́ːrɪs] 〘⇨ Doris[1]〙 *n.* 〘ギリシャ神話〙ドーリス《大洋神 Oceanus の娘で海神 Nereus の妻；50人の Nereids の母》.

dor·je [dɔ́ədʒə | dɔ́ː-] 〘← Tibetan〙 *n.* 〘ラマ教〙ドージェ《金剛杵 (vajra) のチベット語名》.

dork [dɔ́ək | dɔ́ːk] 〘← ?〙 *n.* 《米卑》陰茎 (penis).

Dor·king [dɔ́əkɪŋ | dɔ́ː-] 〘← ～ (イングランド Surrey 州の地名): OE *Dorkinges* ← **Dork*=*Dorce*《原義》bright river: ⇨ -ing[3]〙 **—** *n.* ドーキング《食肉用の一品種のニワトリ》.

dorm [dɔ́əm | dɔ́ːm] *n.* 《米口語・英学生口語》=dormitory.

dor·man·cy [dɔ́əmənsi | dɔ́ːmənsɪ] 〘⇨ ↓, -ancy〙 *n.* (特に種子・植物の)休眠(状態)；休止[不活動]状態，静止.

dor·mant [dɔ́əmənt | dɔ́ː-] 〘(?c1300) ◻ (O)F ～ (pres.p.) ← *dormir* < L *dormīre* to sleep, be inactive ← IE **drē-* to sleep (Gk *édrathon* I slept): ⇨ -ant: cf. dormitory〙 **—** *adj.* **1** 〈人・動物が〉眠っている(ような)，睡眠状態の (torpid): be completely ～. **2** 〈機能・感情・知能など〉休止状態にある，眠っている. **3** 〈火山が〉活動中止中の(cf. extinct 1): a ～ volcano 休火山. **4 a** 〘植物〙〈芽・種子など〉(冬季中など)発達休

止中の, 休眠中の (quiescent). **b** 〘動物〙冬眠中の. **5 a** 〈資金など〉遊んでいる, 寝ている. **b** 〈権利など〉未発動の, 未行使の. **6** 《古》〈建物の梁など〉固定された. **7** 〘紋章〙〈獣が〉休眠姿勢の (cf. couchant 2).

lie dormant 休止[潜伏, 冬眠]している; 〈機械・資金など〉使用されないでいる; 〈権利など〉未発動である.

dórmant pártner *n.* 〘経営〙=silent partner 1.

dórmant wíndow *n.* 《方言》=dormer.

dor·mer [dɔ́ɚmɚ | dɔ́ːmə(r)] 〘《1592》《廃》'sleeping chamber' ▭ OF *dormeo(u)r* < L *dormitōrium* 'DORMITORY'〙 **—** *n.* 屋根窓《傾斜した屋根裏から突き出ている寝室などの明り取り; dormer window ともいう》.

dór·mered *adj.* 屋根窓のある.

dor·meuse [dɔɚmə́ːz | dɔː-; *F.* dɔʀmøːz] 〘▭F ～ (fem.) ← *dormeur* sleeper ← *dormir* to sleep: ⇨ dormant〙 **—** *n.* **1** 《英》 **a** (寝る設備のある)旅行用馬車. **b** 寝台車. **2** 《英》(一種の)寝椅子 **3** 《廃》=nightcap 1.

dormice *n.* dormouse の複数形.

dor·mie [dɔ́ɚmi | dɔ́ːmɪ] 〘← ? 《スコット》*dorm* to doze ▭ F *dorm-ir*〙 **—** *adj.* 〘ゴルフ〙ドーミーの《マッチプレーで, 勝ち越したホールの数が残ったホールの数と同数になったことにいう》: a ～ team / ～ two 2 ホール勝ち越して.

dor·mi·ent [dɔ́ɚmiənt | dɔ́ːmɪənt, -mjənt] 〘▭L *dormient-em* (pres.p.) ← *dormīre* to sleep: ⇨ dormant〙 *adj.* 眠っている (dormant).

dor·min [dɔ́ɚmɪn, -mən | dɔ́ːmɪn] 〘← DORM(ANCY) +-IN[1]〙 *n.* 〘生化学〙ドルミン (⇨ abscisic acid).

dor·mi·to·ry [dɔ́ɚmətɔ̀ːri, -tòːri | dɔ́ːmɪtrɪ, -mə-] 〘《1440》▭L *dormitōri-um* (neut.) ← *dormitōrius* of sleeping ← *dormitus* (p.p.) ← *dormīre* to sleep: ⇨ dormant, -ory[2]: DORMER と二重語〙 **—** *n.* **1** (学校・僧院などの)寄宿舎, 寮舎, 合宿所; (多くの人の)共同寝室. **2** (都市に通勤する人々の)郊外住宅地, ベッドタウン《dormitory suburb [town], bedroom suburb という》.

dórmitory sùburb [tòwn] *n.* =dormitory 2.

dor·mouse [dɔ́ɚmàus | dɔ́ː-] 〘《1440》← ? (O)F *dormir* to sleep (⇨ dormant)+MOUSE〙 **—** *n.* (*pl.* **dor·mice** [-màɪs]) **1** 〘動物〙ヤマネ(齧歯目ヤマネ科の動物の総称; ヨーロッパ・アジア・アフリカの温帯産で冬眠する; オオヤマネ (*Glis glis*) など). **2** 《まれ》眠たがり屋.

dor·my [dɔ́ɚmi | dɔ́ːmɪ] *adj.* 〘ゴルフ〙=dormie.

dor·nick[1] [dɔ́ɚnɪk | dɔ́ː-] 〘《15C》← *Doornik* (ベルギーの原産地 Tournai のフラマン語名)〙 *n.* (*also* **dor·neck** [-nɪk, -nək]) 紋織の丈夫なリンネル.

dor·nick[2] [dɔ́ɚnɪk | dɔ́ː-] 〘← ? Ir.-Gael. *dornōg* (原義) fistful ← *dorn* fist〙 **—** *n.* **1** 〘地質〙(褐鉄鉱中に含まれる)漂石. **2** 《米方言》(投げるに手ごろな)こぶし大の丸石.

Dor·nier [dɔ́ɚnjeɪ | dɔ́ː-; *G.* dɔʀnjéː], **Claude** *n.* ドルニエ《1884–1969; ドイツの航空機製作者; 全金属製の飛行機の製作を開始した (1914)》.

Dor·o·the·a [dɔ̀(ː)rəθíːə, dɑ̀r- | dɔ̀rəθíə] 〘《変形》↓〙 *n.* 女性名.

Dor·o·thy [dɔ́(ː)rəθi, dɑ́r- | dɔ́rəθɪ] 〘▭L *Dōrothea* ▭ Gk *Dōrothéa* (fem.) 《原義》gift of God ← *dōron* gift + *theós* God: cf. Theodora〙 **—** *n.* 女性名《愛称形 Dodo, Dol, Dollie, Dolly, Dora, Dot, Dottie, Dotty; 異形 Dorothea》.

Dórothy bàg 〘《1907》: ↑〙 *n.* 《英》(手首にかける, 口を緒でくくる式の)婦人用手さげ袋.

Dórothy Pér·kins [-pə́ːkɪnz, -kənz | -pə́ːkɪnz] 〘米国 New York 州 Newark 市の Jackson and Perkins Nursery で初めて栽培した〙 **—** *n.* 〘園芸〙ピンク重弁のツルバラ.

dorp [dɔ́ɚp | dɔ́ːp] 〘▭Afrik. ～: ⇨ thorp〙 *n.* 《アフリカ南部》小村落.

Dor·per [dɔ́ɚpɚ | dɔ́ːpə(r)] 〘← *Dor(set Horn)*+*Per(sian sheep)*〙 *n.* ドーパー《ドーセットホーン種 (Dorset Horn) とブラックヘッドペルシャン種 (blackhead Persian) との交配による一品種の羊》.

dorr [dɔ́ɚ | dɔ́ː(r)] *n.* 〘昆虫〙=dor[1].

Dórr's Rebéllion [dɔ́ɚz- | dɔ́ːz-] *n.* 〘米史〙ドアの反乱《Thomas W. Dorr (1805–54) の指導で起こった Rhode Island での反乱 (1842) で人民党を組織し自由憲法を制定し普通選挙権拡張を要求した; Dorr Rebellion ともいう》.

Dors. 《略》Dorset.

dors- [dɔɚs | dɔːs] (母音の前に来る時の) dorso- の異形.

dor·sad [dɔ́ɚsæd | dɔ́ː-] 〘← DORSO-+-AD[3]〙 *adv.* 〘動物〙 **1** 背部に, 背(後)部に向って. **2** =dorsally.

dor·sal[1] [dɔ́ɚsəɫ, -sɫ | dɔ́ː-] 〘《1541》▭LL *dorsāl-is* ← L *dorsum* back: ⇨ -al[1]〙 **—** *adj.* **1** 〘解剖・動物〙背の, 背にある, 背側の, 背面の (cf. ventral): ⇨ dorsal fin, dorsal root. **2** 〘植物〙背面の, 背生の, 背側の; (葉の)軸と反対側の面にある (abaxial). **3** 〘音声〙舌背の, 後舌(面)の. **—** *n.* **1** 〘解剖・動物〙背びれ; 脊椎(骨). **2** 〘音声〙舌背音, 後舌(面)音《後舌面と軟口蓋で調音される音; [k, g, x, ŋ] など; cf. frontal 5》.

dor·sal[2] [dɔ́ɚsəɫ, -sɫ | dɔ́ː-] *n.* =dossal.

dorsales *n.* dorsalis の複数形.

dórsal fín *n.* **1** 〘魚類〙背びれ: the first [second] ～ 第一[第二]の背びれ. **2** 〘航空〙背びれ《胴体背部から垂直安定板まで垂直に続く三角形の安定板》.

dor·sal·is [dɔɚsǽlɪs, -séɪl-, -sɑ́ːl-, -ləs | dɔːsǽlɪs, -séɪl-, -sɑ́ːl-] 〘⇨ dorsal〙〘解剖・動物〙 *adj.* 背部の. **—** *n.* (*pl.* **dor·sa·les** [-sǽliːz, -séɪ-]) 背動脈.

dórsal líp *n.* 〘生物〙背唇《原口のふちの中で胚[胎児]の将来の背面に接した部分; 脊椎動物ではその中に将来の神経索状組織の位置を決定するオーガナイザー (organizer) が含まれている》.

dór·sal·ly [-səli, -sɫi | -səli, -sɫi] *adv.* 背側に[で].

dórsal róot *n.* 〘動物〙背根, 後根《脊髄の後柱から出る脊髄神経の末端部分; cf. ventral root》.

dórsal vértebra *n.* 〘解剖〙=thoracic vertebra.

dórsal véssel *n.* 〘動物〙背管, 背脈管《昆虫および他の節足動物の心臓と大動脈を合わせていう》.

dorse [dɔ́ɚs | dɔ́ːs] 〘▭L *dors-um* back ← ?〙 *n.* **1** 《古》本[折り畳み文書]の背[背面]. **2** 《廃》〘教会〙=dossal.

dor·ser [dɔ́ɚsɚ | dɔ́ːsə(r)] *n.* =dosser[1].

Dor·set[1] [dɔ́ɚsɪt, -sət | dɔ́ː-] 〘OE *Dorsǣte(schire)* ← *Dornsǣte* ← *Dorn* (⇨ Dorchester) + *sǣte* abode: ⇨ -shire〙 **—** *n.* **1** イングランド南西部の州 (cf. Wessex); 人口 583,000, 面積 2,656 km², 首都 Dorchester. **2** 〘畜産〙=Dorset Horn.

Dor·set[2] [dɔ́ɚsɪt, -sət | dɔ́ː-] 〘← *Dorset* (Baffin 島近くの岬の名)〙 **—** *n.* ドーセット(文化)《800 B.C.–A.D. 1200 年頃カナダ北東部およびグリーンランドに栄えた先史文化; トナカイ・アザラシの狩猟, 細石器が特色》.

Dor·set [dɔ́ɚsɪt, -sət | dɔ́ː-], **1st Earl of** *n.* ⇨ Thomas SACKVILLE.

Dórset Hórn *n.* ドーセットホーン《角が大きい英国原産の一品種の羊; 単に Dorset ともいう》.

Dor·set·shire [dɔ́ɚsɪtʃɪɚ, -sət-, -ʃɚ | dɔ́ːsɪtʃə(r, -sət-, -ʃɪə(r)] *n.* =Dorset[1] 1.

dor·si- [dɔ́ɚsə | dɔ́ːsɪ] dorso- の異形 (⇨ -i-).

dor·sif·er·ous [dɔɚsíf(ə)rəs | dɔː-] *adj.* 〘植物〙葉の裏面にある《シダ類の子嚢(ゑ)のように》.

dor·si·flex·ion [dɔ̀ɚsəflékʃən | dɔ̀ːsɪ-] *n.* 〘解剖〙背屈《足指などを背面に向けて屈曲すること》.

dor·si·flex·or [dɔ́ɚsəflèksɚ | dɔ́ːsɪflèksə(r)] *n.* 〘解剖〙背屈筋.

dòrsi·véntral *adj.* **1** 〘植物〙(多くの葉のように)背部と腹部がはっきりしている, 背腹性の: ～ leaves. **2** 〘動物〙=dorsoventral 1. **～·ly** *adv.*

dòrsi·ven·trál·i·ty [-ventrǽləti | -ventrǽlətɪ, -lɪ-] *n.* 〘動物〙背腹性《背面と腹面とで形態や色彩などに差があり, 背腹の方向に極性があること》.

dor·so- [dɔ́ɚso(ʊ) | dɔ́ːsə(ʊ)] 〘← L *dorsum* back〙「背 (back), 背の, 背に」などの意の連結形. ★ 時に dorsi-, また母音の前では通例 dors- になる.

dòrso·láteral *adj.* 〘解剖・動物〙背外側(面)の.

dòrso·véntral *adj.* **1** 〘動物〙背から腹に達する. **2** 〘植物〙=dorsiventral 1. **～·ly** *adv.*

dor·sum [dɔ́ɚsəm | dɔ́ː-] 〘▭L ～〙 *n.* (*pl.* **dor·sa** [-sə]) **1** 〘解剖・動物〙背部, 背中. **2** 〘音声〙舌背, 後舌面.

dor·ter [dɔ́ɚtɚ | dɔ́ːtə(r)] 〘《c1300》*dortour* ▭ OF *dorto(u)r* (F *dortoir*) < L *dormitōrium* 'DORMITORY'〙 *n.* 《古》(修道院などの)寮舎, 宿坊.

Dort·mund [dɔ́ɚtmunt, -mənd | dɔ́ːt-; *G.* dɔ́ʀtmʊnt] *n.* ドルトムント《西ドイツ North Rhine-Westphalia 州の鉱山都市の, ハンザ同盟都市の一つ; 人口 621,000》.

dor·tour [dɔ́ɚtɚ | dɔ́ːtə(r)] *n.* 《古》=dorter.

dort·y [dɔ́ɚti | dɔ́ːtɪ] 〘← 《スコット》*dort* to sulk (← ?)+-Y[4]〙 *adj.* 《スコット》不機嫌な (sully), 横柄(おう)な (haughty).

do·ry[1] [dɔ́ːri, dóri | dɔ́ːrɪ] 〘《1343》*dore* ▭ (O)F *dorée* gilded (fem. p.p.) ← *dorer* < L *deaurāre*: ⇨ dorado〙 *n.* 〘魚類〙ニシマトウダイ (⇨ John Dory).

do·ry[2] [dɔ́ːri, dóri | dɔ́ːrɪ] 〘《1798》▭ ? Mosquito *dóri*, *dúri* dugout〙 **—** *n.* 〘海事〙ドーリー《北米東海岸地方のたら漁船に付属する艇首はとがり艇尾は V 形の平板で平底の小舟》.

dóry·man [-mən] *n.* (*pl.* **-men** [-mən, -mèn]) ドーリー (dory[2]) をあやつる[で漁をする]漁師.

dóry skíff *n.* 〘海事〙ドーリースキフ《dory に似てそれより小型の艇》.

dos-à-dos [dòuzədóu, dòusi- | dàuzədáu; *F.* dozado] 〘▭F ～ 'back to back'〙 **—** *adv.* 《古》背中合わせに (back to back). **—** *n.* (*pl.* ～ [～z; *F.* ～]) **1** 背中合わせにすわる馬車[長椅子]. **2** 〘ダンス〙=do-si-do. **—** *adj.* 〘製本〙(2 冊の本を)背合せにした.

dos·age [dóusɪdʒ | dáu-] *n.* **1** 《まれ》(患者への)投薬, 投与, 調剤. **2** 〘医学〙(病状・年齢などによる) 1 回[1 日]分の投薬量, 適量, 用量(決定); (電気・X 線などを患者に使用する)適用量; (照射する)放射線量. **3** (ぶどう酒の品質を改良するための)糖蜜・ブランデーなどの添加.

dósage mèter *n.* 〘物理〙=dosimeter.

dose [dóus | dáus] 〘《?c1425》▭ (O)F ～ ▭ LL *dosis* ▭ Gk *dósis* gift, portion ← *didónai* to give: cf. donation〙 **—** *n.* **1** (薬の) 1 服. **2** (薬の)服用量, (適)用量, 投与量; (酒などの 1 回の)摂取量: the maximum ～ (危険なく与えられる)最大量, 極量 / the minimum ～ (薬効を奏する)最少量 / a lethal ～ 致死量 / drink wine in dangerous ～*s* 体に悪いほど酒を飲む. **3** 〘医学〙(1 回に照射される)放射線量. **4 a** ぶどう酒の品質を改良するために加える成分《糖蜜・ブランデーなど》. **b** (シャンペン製造の際に混ぜる)一定量の砂糖. **5** [通例, 修飾語句を伴って] 薬になるもの; (特にいやな物事の)ある分量, 少量, 経験: administer ～*s* of punishment (薬になるように)時々罰を与える / give a person a ～ *of* flattery 人におべっかを言う. **6** 《俗》性病(感染), 梅毒.

like a dose of salts ⇨ salt[1] 成句.

— *vt.* **1** 〈人〉に投薬する, 服薬させる: ～ oneself *with* ...を服用する. **2** 〈薬を〉盛る, 適量に分ける 〈*out*〉: ～ *out* quinine *to* ...にキニーネを盛ってやる. **3** (風味を添えるため)〈ぶどう酒〉に糖蜜・強酒などを加える, 〈製造中のシャンペン〉に砂糖を加える; ...に改良のための要素を添加する. **—** *vi.* 服薬する.

dose·me·ter [dóusmìːtɚ | dáusmìːtə(r)] *n.* =dosimeter.

dosh [dɑ́(ː)ʃ | dɔ́ʃ] 〘← ?〙 *n.* 《俗》金 (money).

do-si-do [dóusidóu | dáusidáu] 〘← DOS-À-DOS〙 *n.* (*pl.* ～**s**) 〘ダンス〙ドシド《スクウェアダンスで背中合わせに回りながら踊ること》.

do·sim·e·ter [dousímətɚ | dəusímɪtə(r, -mə-] *n.* **1** 〘物理・医学〙線量計, 放射線計《X 線・放射線の線量を測定する装置》. **2** 〘薬学〙薬量計[器]; (水薬の)計量計.

do·sim·e·try [dousímətri | dəusímɪtrɪ, -mə-] 〘← LL *dosis* 'DOSE'+-METRY〙 **—** *n.* **1** 〘薬学〙(薬の)用量測定, 薬量学. **2** 〘物理・医学〙(放射線の)線量計測.

do·si·met·ric [dòusəmétrɪk | dàusɪ-] *adj.*

dós·ing tànk *n.* 〘土木〙自動配水タンク《下水を集めて一定量ずつ間欠的に配水するタンク》.

Dos Pas·sos [dəspǽsəs], **John (Roderigo)** *n.* (1896–1970) 米国の小説家・劇作家; *The 42nd Parallel* (1930), *1919* (1932), *The Big Money* (1936), 以上 3 作をまとめて *U.S.A.* (1938).

doss [dɑ́(ː)s | dɔ́s] 〘《1785》*dorse* ▭ ? L *dors-um* back: cf. F *dos* a back〙《英俗》 **—** *n.* **1** (安宿の)寝床 (cf. doss house). **2** (安宿での)眠り, 睡眠. **—** *vi.* (安宿[間に合わせの寝台・場所]で)寝る, 眠る 〈*down*〉.

dos·sal [dɑ́səɫ, -sɫ | dɔ́s-] 〘▭ ML *dossāle* ← *dossālis* = L *dorsuālis* of the back ← *dorsum* back〙 **—** *n.* (*also* **dos·sel** [～]) 〘教会〙(祭壇の後方または内陣の周囲に掛ける)掛け布, 垂れ幕.

dos·ser[1] [dɑ́sɚ | dɔ́sə(r)] 〘《1338》▭ OF *dossier* ← *dos* back < L *dorsum*〙 **—** *n.* **1** (人が背負って物を運搬する)しょいかご, (馬などの背の左右に付ける)荷かご (pannier). **2** (玉座や椅子の背に掛ける)掛け布. **3** 《古》〘教会〙=dossal.

dóss·er[2] 〘⇨ doss, -er[1]〙 *n.* 《英俗》安宿の常連(客).

dos·se·ret [dɑ̀sərét | dɔ̀s-] 〘▭F ～ (dim.) ← *dossier* 'DOSSER[1]': ⇨ -et〙 *n.* 〘建築〙(ビザンチン建築・ロマネスク建築の)副柱頭.

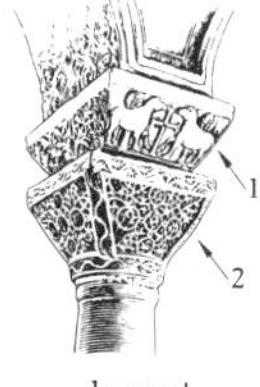

dosseret
1 dosseret; 2 capital

dóss hòuse *n.* 《英俗》(労働者などの)安宿, 木賃宿, 簡易宿泊所 (cf. flophouse).

dos·sier [dɔ́(ː)sjeɪ, dɑ́s-, dɑ́siè | dɔ́sièɪ; *F.* dosje] 〘《1880》▭F ～ 'bundle of papers' ← *dos* back: ⇨ -ier[1]: cf. dosser[1]〙 **—** *n.* 書類の束, (特にある人または事件に関する)一件書類, 身上調査書, 資料.

dos·sil [dɑ́səɫ | dɔ́sɪɫ] 〘《c1300》▭ OF *do(i)sil* (F *douzil*) spigot < ML *duciculus* ← L *dūcere* to conduct〙 **—** *n.* **1** 〘医学〙=pledget 1. **2** 〘印刷〙(印刷前に金属板のインクをふき取る)丸めた布.

Dos·so Dos·si [dɔ́(ː)sou-dɔ́(ː)si | dɔ́səu-dɔ́sɪ; *It.* dóssodóssi] *n.* ドッス ドッシ《1901– ; イタリアのフェラー派の画家; Giovanni di Lutro [di lutéːro] のペンネーム》.

dos·sy [dɑ́si | dɔ́sɪ] 〘← 《スコット》*dossie* sprucely dressed person ← *doss* (adj.) neat & (v.) to dress ▭ Du. *dossen* ← *dos* clothes ▭ ? OF *dos* back〙 **—** *adj.* (**dos·si·er**; **-si·est**) 《英俗》粋な (smart-looking).

dost 〘⇨ doest〙 *auxil. v.* 《古》do[2] の二人称単数(thou) 直説法現在形 (cf. doest).

Dos·to·ev·ski [dɑ̀stəjéfski, dɔ̀(ː)s-, -sto(ʊ)-, -stɔ(ː)-, -jév- | dɔ̀stɔɪéfskɪ; *Russ.* dəstajéfskʲij], **Feodor Mikhailovich** *n.* ドストエフスキー《1821–81; ロシヤの小説家; *Crime and Punishment* (1866), *The Brothers Karamazov* (1879–80)》.

do svi·da·nia [dóu-svi:dɑ́ːnjə | dáu-; *Russ.* dəsʲvʲidánʲijə] 〘▭Russ. ～ 《原義》till the seeing〙 **—** *Russ. int.* (*also* **do·svi·da·nya** [～], **do·sve·da·nya** [～]) さようなら (good bye).

dot[1] [dɑ́t | dɔ́t] 〘OE *dott* speck, head of a boil ← ? Gmc **dutt-* (Du. *dot* a kind of knot / OHD *tutto* nipple)〙 **—** *n.* **1** 汚点, しみ. **2 a** 小点; 終止符; i や j の点; 発音符の点. **b** 小数点 (decimal point); 掛け算の符号《a × b の代りに a · b と書く場合の点》. **c** 〘通信〙(モールス符号の)短点, ドット (·)《トン; cf. dash 7 c》. **3** 水玉模様. **4** 点のように小さい[小さく見える]もの, ちび, 子供: a mere ～ of a child ほんのちっぽけな子供. **5** ちょっぴり, 少量: a ～ of cheese. **6** 〘音楽〙 **a** 付点《音符の符頭や休止符の右側に付けてその音価を ½ だけ長くすることを示す小さな点; 例: ♩. = ♩♪, 𝅗𝅥. = 𝅗𝅥♩, 𝄽. = 𝄽𝄾; ♩. = ♪♪♪》. **b** 音符の上[下]に付けてスタッカートで奏することを指示する点《例: ♩̇, ♪̇》(cf. dash 7 b). **7** 〘テレビ〙ドット《カラーブラウン管の光点; 3 原色のドットが規則正しく配列されている》. **8** 〘園芸〙果点《リンゴ・ナシなどの果実の表面にみられるコルク化した斑点; 呼吸を司る》.

(in) the year dot ⇨ year 成句. ***off one's dot*** 《英俗》うすのろの; 気がふれて: go *off one's* ～ 気がふれる. ***on the dot*** 《口語》時間通りに[の], 即座に[の]: at five o'clock *on the* ～=*on the* ～ *of* five o'clock 5 時きっかりに. ***put dots on*** 《俗》〈人を〉退屈させる. ***to a dot*** 《口語》完全に, 全く (perfectly): correct *to a* ～

かっきり正確に. ***to the dot of an i*** どこからどこまで完全に.
— *vt.* (**dot·ted; dot·ting**) **1** …に点[付点]を打つ (⇨ dotted): ~ an 'i' i の点を打つ. **2** 点々と〔…に〕散在させる, 点在させる 〔*about, over*〕: Houses were ~*ted over* the hillside. 丘の斜面に人家が点在していた. **3** …に〔…を〕点在させる, 点在させて…に変化を与える〔*with*〕: molehills that ~ the fields 野原に点々とあるもぐら塚 / a field ~*ted with* sheep 羊が点在している野 / The mountain range is ~*ted with* peaks. その山脈には峰があちこちにそびえている. **4** 《英俗》打つ, なぐる (hit). — *vi.* 点を打つ.
dot and carry one 《古》(1) (加算で 10 になると)点を打って位を一桁(ﾋﾄｹﾀ)送る. (2) = DOT *and go one*. ***dot and go one*** 《戯言》(1) びっこを引いて歩く, 松葉づえで歩く. ★ しばしば形容詞的または副詞的にも用いられる: in the ~ *and go one* fashion びっこを引くように. (2) 〈車などが〉がくんがくんと進む. ***dot down*** ちょっと書き止める (jot down). ***dot a person one*** 《英俗》〈人を〉がんとなぐる: ~ a person *one* in the eye 人の目をなぐる. ***dot the*** [one's] ***i's and cross the*** [one's] ***t's*** 〖i の点を打ち t の横線を引くのを忘れないの意から〗(言行において極端なまでに)細かい所に[まで]注意を払う, 一言一句[一挙一動]もおろそかにしない, 用意周到である. ★ 単に dot the [one's] i's または cross the [one's] t's として用いることもある.

dot[2] [dɔ́(ː)t, dɑ́t | dɔ́t] 〖□ F ~ □ L *dōtem, dōs*: cf. donation〗 *n.* = dowry 1 a.

Dot [dɑ́t | dɔ́t] 〖(dim.) ← DOROTHY〗 *n.* 女性名.

dot·age [dóuṭɪdʒ | dáut-] 〖(?c1380)〗 — *n.* **1** 耄碌(ﾓｳﾛｸ) (senility) 《second childhood ともいう; cf. anecdotage 2》: be in one's [fall into] ~ 耄碌(ﾓｳﾛｸ)している[する]. **2** 盲目的愛情, 気に入って目のないこと.

do·tal [dóuṭl | dáuṭl] 〖□ L *dōtāl-is*: dot[2], -al[1]〗 *adj.* 持参金の(ような); 寄付の.

dót-and-dásh *adj.* トンツー式の, モールス信号の. — *vt.* トンツーで送信する[記す].

dot·ard [dóuṭəd | dáutəd] 〖(c1390): ⇨ dote, -ard〗 *n.* 老いぼれ, 耄碌(ﾓｳﾛｸ)した人.

do·ta·tion [do(u)téɪʃən | də(u)-] 〖ME □ (O)F ~ □ L *dōtātiō(n-)*: ⇨ dot[2], -ation〗 *n.* 持参金の賦与; 寄付.

dote [dóut | dóut] 〖(?a1200) ← ? Gmc **dud-* to shake, deceive: cf. MDu. *doten* to be silly / MHG *totzen* to take a nap〗 — *vi.* **1** 老いぼれる, 耄碌(ﾓｳﾛｸ)する, (老衰のため)たわいがなくなる. **2** 〈木材が〉朽ちかかる. **3** 〔…の〕愛におぼれる, 〔…を〕溺愛する, 〔…に〕目がない 〔*on, upon*〕: ~ *on* [*upon*] a child 子供を猫可愛がりする. — *n.* **1** 《方言》老いぼれ(ること). **2** (木材の)腐朽. **dót·er** [-ṭə- | -tə(r)] *n.*

dot·ey [dóuṭi | dáutɪ] 〖← ? DOTE〗 *n.* 《アイル》〖愛称として〗かわいいもの 《特に子供に用いる》.

doth 〖⇨ doeth〗 *auxil. v.* 《古》do[2] の三人称単数直説法現在形 (cf. doeth).

dót·ing [-ṭɪŋ | -tɪŋ] *adj.* **1** 愛におぼれている, 溺愛的な: a ~ husband. **2** (耄碌(ﾓｳﾛｸ)して)たわいがない. **~·ly** *adv.*

dót pròduct 〖← DOT[1]: 通例 a·b のように記すところから〗 *n.* 〖数学〗 = scalar product.

dót-sequéntial sỳstem *n.* 〖テレビ〗点順次方式, ドット順次方式 (⇨ sequential system).

dót·ted [-tɪd, -ṭəd | -tɪd, -təd] *adj.* 点を打った, 点々のある, 点線入りの: a ~ crotchet 〖音楽〗付点四分音符 / a ~ note 〖音楽〗付点音符 (cf. dot[1] *n.* 3).

dótted líne *n.* **1** 点線 《……のこと; cf. broken line》. **2** [the ~] (署名個所を示す)点線.
sign on the dotted line (1) 点線上に署名する. (2) 《口語》(契約条項などを)無条件[正式]に承諾する.

dótted mánner *n.* 〖木版〗突彫り法 (⇨ manière criblée).

dótted swíss *n.* ドッテッドスイス (Swiss) 《点模様のあるモスリンの一種; 洋服・カーテン用生地》.

dot·tel [dɑ́ṭl | dɔ́tl] *n.* = dottle[1].

dót·ter [-ṭə | -tə(r)] *n.* **1** 点を付けるもの; (特に)点描器具. **2** 〖砲術〗(照準練習装置の)点的器.

dot·ter·el [dɑ́ṭərəl, -trəl | dɔ́trəl] 〖(1440): ⇨ dote, -erel: cf. cockerel〗 *n.* (*pl.* **~s**, ~) **1** 〖鳥類〗コバシチドリ (*Charadrius morinellus*) 《ユーラシア産チドリ (plover) の一種》. **2** 《英方言》ばか, あほう (dotard).

Dot·tie [dɑ́ṭi | dɔ́tɪ] 〖(dim.) ← DOROTHY〗 *n.* 女性名.

dot·tle[1] [dɑ́ṭl | dɔ́tl] 〖(1440) (dim.) ← ? DOT[1]〗 *n.* (パイプの底に残った)たばこの吸いさし.

dot·tle[2] [dɑ́ṭl | dɔ́tl] 〖ME *dotel* ← *doten* 'to DOTE' ← DOTE〗 《スコット》 *n.* ばか, あほう. — *adj.* ばかな.

dot·trel [dɑ́trəl | dɔ́t-] *n.* = dotterel.

dot·ty[1] [dɑ́ṭi | dɔ́tɪ] *adj.* (**dot·ti·er; -ti·est**) **1** 点のある. **2** 点のような; 点々としている, 点在的な.

dot·ty[2] [dɑ́ṭi | dɔ́tɪ] 〖(?変形) ← DOTTLE[2]〗 — *adj.* (**dot·ti·er; -ti·est**) 《口語》 **1** びっこの, 足元の不確かな, ふらふらする; 弱い: be ~ on one's legs 足がふらふらする / That's my ~ points. そこが私の弱味だ. **2** 《英口語》頭の弱い, 薄のろの, 気がふれている; 変わっている. **3** 〔…に〕夢中になった, うつつを抜かした (infatuated) 〔*about*〕. **4** ばかげた, 滑稽な. **dót·ti·ly** [-ṭɪli, -ṭə-, -ṭḷi | -tɪlɪ, -tə-] *adv.* **dót·ti·ness** *n.*

Dot·ty [dɑ́ṭi | dɔ́tɪ] 〖(dim.) ← DOROTHY〗 *n.* 女性名.

dót whèel *n.* 点輪 《柄の先に小車を付けたものでこれを動かして点線を作る》.

dot·y [dóuṭi | dáutɪ] 〖← DOTE + -Y[4]〗 *adj.* (**dot·i·er; -i·est**) **1** 〈古樹が〉朽ちて変色した. **2** 《米南部》〈人が〉ぼけた, 耄碌(ﾓｳﾛｸ)した.

Dou [dáu; *Du.* dóu], **Gerard** *n.* ダウ 《1613-75; オランダの画家》.

Dou·ai [duéɪ | dúːeɪ; *F.* dwe] *n.* ドゥエー 《フランス北部の都市; 人口 50,000》.

Douái Bíble [Vérsion] [duːéɪ- | dáueɪ-, dáuɪ-, dúːeɪ-] *n.* = Douay Bible [Version].

Doua·la [duɑ́ːlə | duː-, du-; *F.* dwala] *n.* ドゥアラ 《西アフリカ, Cameroon の海港; 人口 252,000》.

dou·ane [duɑ́ːn | duː-, du-; *F.* dwan] 〖(1656) □ F ~ □ It. *doana* □ Arab. *dīwān* 'DIVAN'〗 *n.* (*pl.* **~s** [~(z); *F.* ~]) (外国の)税関 (custom house).

Dou·áy Bíble [Vérsion] [duːéɪ- | dáueɪ-, dáuɪ-, dúːeɪ-] *n.* [the ~] ドゥエー聖書 《カトリック教徒のため, ラテン語訳聖書 (Vulgate) から英訳した聖書; 新約は 1582 年 Rheims で, 旧約は 1609-10 年 Douai で出版; Rheims-Douay Bible [Version] ともいう》.

dou·ble [dʌ́bl] 〖adj.: (?a1200) □ OF *duble*, (O)F *double* < L *duplum* ← *duo* 'TWO' + *-plus* (← *plicāre* 'to FOLD[1]'): cf. duple, diploma. — v.: (c1300) □ OF *d(o)ubl-er* < L *duplāre* to double ← *duplus* double〗
— *adj.* **1** (数量・大きさ・強さなどが)倍の, 2 倍の (↔ single): a ~ portion, share, etc. / ~ pay / ~ width 2倍幅 / do ~ work 2 倍の仕事をする / ~ ale (強さが倍の)特製エール / a ~ martini (量が倍の)ダブルのマティーニ 1 杯 / have two ~ whiskies ダブルのウイスキーを 2 杯飲む / at ~ the speed 2 倍の速さで / pay ~ the price 倍額支払う / This article costs ~ what it did before. この品は元の値段の倍する. ★ 最後の 3 例における double はもと名詞 (cf. *n.* 1) で, あとの of が略された用法に由来する.
2 二重の, 二様の (twofold); 対(ﾂｲ)の, 両の, 双の (coupled); 二重の役をする: a ~ blanket 2 枚重ねの毛布 / a ~ sleeping bag 二人用寝袋 / a ~ lining 二重裏 / a ~ coating 二度塗り / a ~ coat of paint ペンキの二度塗り / a ~ hit 〖野球〗二塁打 / a ~ lock 二重錠 (cf. double-lock) / a ~ role 一人二役 / a ~ suicide 心中 / have a ~ advantage 二重の利益がある / perform a ~ service 二様の働き[二つの役]をする / work ~ shifts [《方言》 tides] 昼夜とも働く.
3 (心・言行などが)表裏のある, 二心のある; 陰険な (treacherous): a ~ character 表裏のある性格[人物] (cf. double personality) / ~ conduct 両道かけた[裏切り]行為 / wear a ~ face 表裏の両面がある[陰険で当てにならない] / live a ~ life 善と悪の二重の生活をする / speak with a ~ tongue 二枚舌を使う, 表裏のあることを言う (cf. double-tongued) / ⇨ double-dealing.
4 (意味が)二様にとれる, 曖昧な (ambiguous): The statement permits of a ~ interpretation. その陳述は意味が二様に取れる / ⇨ double entendre.
5 〖植物〗〈花が〉八重の, 重弁の; 重弁花の咲く (cf. single 14): a ~ flower [blossom] 重弁花, 八重咲き花 / a ~ daffodil 八重咲き水仙.
6 〖音楽〗 **a** = duple 3. **b** 〈楽器が〉普通のものよりも 1 オクターブ低い音程の: ⇨ double bass.
7 〖活字〗倍の 《旧活字名 (great primer, paragon など) に付し, 倍またはほぼ倍の大きさの; cf. two-line》.
8 〖製紙〗倍判の 《紙の標準寸法名 (demy, crown など) に付し, 寸法の短い方を 2 倍にした》.
9 〖貨幣〗倍額の: a ~ crown / ⇨ double eagle.
10 〖詩学〗二重押韻の: ⇨ double rhyme.
— *adv.* **1** 2 倍だけ (cf. doubly): This bulb is ~ as bright. この電球のほうが 2 倍だけ明るい. **2** 二重に, 二様に, 二つに: play ~ 二様に行動する, どちらにも忠勤ぶる / see ~ (酔って)物が二つに見える / bent ~ with pain 痛さのあまり体を二つに折りまげて. **3** 対[双]をなして, 一緒に: ride ~ (二人)相乗りする / sleep ~ (二人)同じベッドに寝る.
— *n.* **1 a** 倍, 2 倍(の数), 倍量, 倍額: Give him ~. 彼に 2 倍与えなさい / pay ~ 倍額支払う 《pay double the price の略; cf. *adj.* 1》. **b** 2 倍のもの; (ウイスキーなどの)ダブル(の 1 杯) (cf. *adj.* 1). **2** 折返し, 折重ね, ひだ (fold). **3 a** (狐狩で追われた狐などの)逆走, 急転回. **b** (議論などで相手の論鋒(ﾛﾝﾎﾟｳ)をかわすための)虚実の策. **4** よく似た人[物], 生き写し; 生霊(ｲｷﾘｮｳ): meet one's ~ 自分にそっくりの人に出会う / He is your ~ in person. 彼は人相が君そっくりだ. **5 a** 代役俳優[歌手]. **b** 〖映画〗(主役の身代りに危い業(ﾜｻﾞ)などを演じる)代役, 吹き替え, 替え玉, スタンドイン. **c** 〖演劇〗一人二役を演じる俳優. **6** 〖軍事〗駆け足 (⇨ double time 1 a): on [at] the ~ ⇨ 成句. **7** [*pl.*; 単数または複数扱い] 〖球技〗ダブルス 《テニス・卓球など二人の選手が組んで対抗する競技; cf. single 7》: a ~*s* team / a mixed ~*s* ⇨ mixed doubles / one's ~*s* partner ダブルスの相棒[パートナー] / We played three sets of ~*s*. 我々はダブルスの試合を 3 セットした. **8** 〖貨幣〗 **a** ドゥーブル 《フランスの billon 貨幣; denier の約 2 倍の価値; 英国のフランス地域発行の 2 gros 貨》. **b** (Guernsey 島の)ダブル貨幣 《$^{1}/_{8}$ ペニーに当たる銅貨; 1861 年以後は青銅貨》. **9** 〖野球〗二塁打 (two-base hit). **10** 〖天文〗二重星 (double star). **11** 〖カトリック〗重要な祝日 《詩編読誦(ﾄﾞｸｼｮｳ)の前後に交誦 (antiphon) が歌われる》. **12** 〖トランプ〗(ブリッジで)ダブル(という宣言) 《ビッド (bid) の一種で take-out double と penalty double との別がある; cf. *vt.* 8》. **13** 〖ボウリング〗ダブル, ダボ 《ストライクを 2 回続けて出すこと; cf. turkey 5》. **14** 〖印刷〗ダブリ: **a** = doublet 5 c. **b** (間違いで)重複して刷ってしまった印刷物. **15** 《まれ》〖音楽〗(主として 17-18 世紀ごろの)ドゥブル, 変奏. **16** 〖競馬〗二重勝式 《異なったレースに出場する 2 頭の馬に同時に賭ける方式; 両方が勝てば賭け金が取れるが危険も大きい》: ⇨ daily double. **17** 《英》(投矢遊び (darts) で目標板の中心圏をねらう)金的打ち.
on [***at***] ***the double*** (1) 〖軍事〗駆け足で: advance *at the* ~. (2) 急速に, 速く, 急いで; 直ちに. ***double or nothing*** [《英》 ***quits***] (博打(ﾊﾞｸﾁ)で負けて)前の損が倍になるか勝ってそっくり取り返すかどちらかの勝負; いちかばちかの勝負. ***make a double*** (二連銃で) 2 羽[2 匹]もろともに撃ち取る (cf. doublet 4).
— *vt.* **1 a** 2 倍にする, 倍加する: ~ one's fortune 財産を 2 倍にふやす / ~ itself 倍になる, 倍加する / He ~*d* his salary by learning English. 彼は英語を学んで 2 倍の給料を得た. **b** …の 2 倍ある: His fortune ~*s* mine. 彼の財産は私の二倍だ. **2 a** 二重にする; (二重に)折る, 二つ折りにたたむ 〈*over, up, back*〉; 〈木造船〉に新たに板張りする, 二重張りにする: ~ a blanket 毛布を 2 枚に折る. **b** 《英》〈糸を〉二つ縒(ﾖ)りにする: ~ yarns. **3** 〈こぶしを〉握る, 固める 〈*up*〉: ~ (*up*) one's fists. **4** 〈人を〉組み合わせる (couple): ~ a passenger *with* another 二人の船客を同室させる / Tom and Mary were ~*d* for the game. トムとメアリーはその試合で組となった. **5** 〖《なぞり》← F *doubler*〗〖映画・演劇〗 **a** …の代役を勤める. **b** 一人二役で演じる. **c** (声優によって)…の吹き替えを作製する. **6** 〖野球〗 **a** 二塁打で〈走者を〉〔…塁へ〕進ませる 〔*to*〕: He was ~*d to* home base. 二塁打によって本塁を踏んだ. **b** 二塁打によって〈…点を〉あげる 〈*in*〉: ~ *in* the winning run 二塁打を打って決勝点をあげる. **c** 〈走者を〉併殺する 〈*up*〉. **7** 〖海事〗〈船が〉〈岬(ﾐｻｷ)を〉回る, 回航する: ~ Cape Horn. **8** 〖トランプ〗(ブリッジで)〈相手(のビッド (bid))〉にダブルをかける 《相手の失点または得点が倍以上になる》: ~ four spades [her] フォースペード[彼女のビッド]をダブる. **9** 〖音楽〗〈ある声部を〉(他の声部が)ユニゾンで[1 オクターブ上あるいは下で]重ねて奏する. **10** 《英》〖玉突〗〈球を〉クッションに当てる.
— *vi.* **1** 2 倍になる, 倍加する. **2** (二つに)折り重なる 〈*up, over*〉; ⇨ DOUBLE *over* (*vi.*). **3** 〈人・狐・うさぎなどが〉(追跡者・狩猟家をまくために)急角度に身をかわす, 逆走する 〈*back*〉; 〈道路・川の水などが〉迂回して走る[流れる], 逆行[逆流]する. **4 a** 二役を勤める, 別の機能をも兼ねる: ~ *as* secretary and receptionist 秘書と接待係の二役を兼ねる / She was a singer in a night club, *doubling as* a vendor of cigars. 彼女は葉巻の売り子も兼ねるナイトクラブの歌手だった. **b** 〖音楽〗〈楽士が〉本職とする楽器以外に〔…を〕奏する 〔*on*〕: ⇨ *double in* BRASS. **5** 〖映画・演劇〗 **a** 〔…の〕代役を勤める 〔*for*〕: He ~*d for* the star in the swimming scene. 彼は水泳の場面で主役の代役を勤めた. **b** 一人二役を演じる: He ~*ed as* the policeman in the first act and *as* the general in the fourth. 彼は第 1 幕では警官の役を, 第 4 幕では将軍の役を二役で演じた. **6 a** 〖軍事〗駆け足行進をする. **b** 《英》走りだす, 急ぐ. **7** 《米口語》= double-date. **8** 〖野球〗二塁打を放つ. **9** 〖トランプ〗(ブリッジで)ダブルをかける. **10** 《英》〖玉突〗〈球が〉はね返る.
double back (*vt.*) 折り返す (cf. *vt.* 2 a.) (*vi.*) (追跡されて)急に身をかわして逆走する (cf. *vi.* 3): ~ *back* on one's statement 自分の言ったことを取り消す. ***double in*** (1) (内側に)折り込む. (2) 〖野球〗 ⇨ *vt.* 6 b. ***double over*** (*vt.*) (1) 折り重ねる (cf. *vt.* 2 a). (2) = DOUBLE *up* (2). (*vi.*) = DOUBLE *up* (*vi.*) (2). ***double up*** (*vt.*) (1) (二つに)折る, 折り返す, 折りたたむ (cf. *vt.* 2 a); 〈こぶしを〉固く握りしめる (cf. *vt.* 3). (2) (苦痛・笑いなどで)〈人〉の体を折り曲げる: be ~*d up with* laughter 体を折り曲げて笑う. (3) 〖野球〗 ⇨ *vt.* 6 c. (*vi.*) (1) 折りたたまる (cf. *vi.* 2): This rug won't ~ *up* neatly. この敷物はきちんと折りたためない. (2) (苦痛や笑いなどで)体を折り曲げる: ~ *up with* pain. (3) (船室・学寮などで)二人で同室する; 〔他人と〕寝床を共にする 〔*with*〕. (4) 《英》急に走りだす, 急ぎだす.

dóuble-accóunt sỳstem *n.* 〖会計〗複合計制度 《英国の公益事業会計で採用されてきたもので, 固定資本と運転資本とを分別計理する特殊な会計制度》.

dóuble-ácting *adj.* **1** 〈機械など〉複動作用の, 複動式の (cf. single-acting 2): a ~ engine / a ~ pump 複動ポンプ. **2** 〈ドアの蝶番(ﾁｮｳﾂｶﾞｲ)など〉二方向に開く, 両開きの. **3** 二重[二倍]の用途[効用, 力]のある.

dóuble-áction *adj.* **1** = double-acting. **2** 〈銃が〉ダブルアクションの 《引き金を引くだけで撃鉄が起き発火できる; cf. single-action》: a ~ revolver [gun].

dóuble ágent *n.* **1** 逆スパイ 《ある国のためにスパイ活動をすると見せかけてその国のスパイをする人》. **2** 二重スパイ, 二重間諜 《両敵対国・対抗会社などのスパイをする人》.

dóuble áltar *n.* 〖教会〗両面[両側]祭壇 《聖餐(ｾｲｻﾝ)式が礼拝上の東側からでも西側からでも行えるようになっている祭壇》.

dóuble áx *n.* 両刃の斧(ｵﾉ); (特に, 有史前の Crete 島の芸術, その後の Zeus 信仰のシンボルとしての)両刃の斧.

dóuble-bánk *vt.* **1 a** 〈ボートを〉双座でこぐ 《各座

席の両側にこぎ手がついてこぐ). b 〈1本のオールを〉二人でこぐ. 2 〈ロープを〉両側から引く. 3 〈自動車を〉並走させる. — *vi.* (馬などに)二人乗り[相乗り]する.

dóuble-bánked *adj.* 〘海事〙 1 〈ボートが〉双座の《同一のこぎ座に二人のこぎ手をつけて両舷のオールをこぐ方式にいう; cf. single-banked》. 2 (1本のオールに対し)二人のこぎ手がついた. 3 2段の砲列を有する《帆船時代の軍艦にいう》.

dóuble-bánking *n.* 1 二重駐車 (double parking). 2 《豪》(馬・自転車などの)二人乗り, 相乗り.

dóuble bár *n.* 〘音楽〙(楽譜の)複縦線.

dóuble-bárrel *n.* 銃身が左右に並んだ二連銃. — *adj.* =double-barrelled.

dóuble-bárreled *adj.* 1 a 〈銃が〉銃身が左右に並んだ, 二連の (cf. single-barreled): a ~ gun 二連銃. b 〈望遠鏡が〉双筒式の. 2 〈説明など〉二重の目的にかなう; 曖昧な: play a ~ game 二股膏薬をやる. 3 〈姓が〉二つ重なった, 二重姓の《例: Forbes-Robertson》.

dóuble báss [-béɪs] 〘← DOUBLE+BASS[3]: It. *contrabasso* にならった語〙 *n.* 〘楽器〙 =contrabass.

dóuble bassóon *n.* 〘楽器〙ダブルバスーン, コントラファゴット (⇨ contrabassoon).

dóuble béd *n.* 二人用寝台, ダブルベッド.

dóuble-bédded *adj.* 1 〈部屋など〉二人用寝台[ダブルベッド]付きの: a ~ room. 2 (シングル)ベッドが二つある, ツインベッドのある.

dóuble bíll *n.* (映画・演劇などの)二本立て.

dóuble bínd *n.* 〘精神医学〙二重拘束.

dóuble-bítted *adj.* 〈斧(おの)など〉両刃の.

dóuble Bláckwall hìtch *n.* 〘海事〙 =double hitch.

dóuble-blínd tèst *n.* 〘医学〙二重盲検法《治療効果などを調べるために問題の薬や治療法を誰が受けているかを被実験者にも研究者にも知らせないで行なう方法; cf. single-blind test》.

dóuble bóiler *n.* (湯煎(ゆせん)用の)二重なべ[がま].

dóuble bónd *n.* 〘化学〙二重結合《分子中の2原子が原子価2で結合しているもの; cf. triple bond》.

dóuble-bóok *vt.* (取り消しの場合を考慮して)〈同じホテルの部屋〉に二つの予約を受け付ける.

dóuble bóttom *n.* (箱・艦船の)二重底.

dóuble-bréasted *adj.* 〈上着・チョッキ・スーツなど〉(胸部が)2列ボタン式の, 両前の, ダブルの (cf. single-breasted).

dóuble cárrick bènd *n.* 〘海事〙ダブルキャリックベンド《結索法の一種; cf. carrick bend》.

dóuble céntering *n.* 〘測量〙2回の前視の平均をとって測線を延ばしてゆく測量法. ⌐る.

dóuble-chéck *vt., vi.* (念のため)確かめる, 検証す

dóuble chéck *n.* 1 〘チェス〙二重王手. 2 (念のための)慎重な検査, 検証.

dóuble chín *n.* 二重あご.

dóuble-chínned *adj.* 二重あごの, 二重あごをした.

dóuble clóth *n.* 〘紡織〙二重織, 袋織.

dóuble-clútch *vi.* 〘自動車〙(ダウンシフト (downshift) を容易にするために)ダブルクラッチを踏む, クラッチの2度踏みをする.

dóuble cóconut *n.* オオミヤシ (sea coconut) の実.

dóuble cónsciousness 〘《部分訳》← F *double conscience*〙 *n.* 〘心理〙二重意識.

dóuble cóunterpoint *n.* 〘音楽〙二重対位法, 複対位法 (⇨ invertible counterpoint).

dóuble-cóver *v.* =double-team.

dóuble créam *n.* 《英》 =heavy cream.

dóuble-crèsted córmorant *n.* 〘鳥類〙ミミヒメウ (*Phalacrocorax auritus*)《北米に生息する ウ》.

dóuble-cróp 〘農業〙 *vi.* 二毛作[二期作]栽培をする. — *vt.* 〈土地〉に二毛作[二期作]をする.

dóuble crópping *n.* 〘農業〙二毛作, 二期作《同じ土地で1年間に2種の作物を続けて栽培すること》.

dóuble-cróss *vt.* 《米口語》 1 (勝負事で)〈人〉に負けると約束して勝つ. 2 〈仲間など〉を裏切る, だます. **~·er** *n.*

dóuble cróss *n.* 1 《米口語》(勝負事で)負けると約束して勝つ[勝とうとする]こと; (一般に)裏切り(行為), だまし. 2 〘生物〙複交雑, (染色体の)二重交差, 二重乗違え (cf. single cross).

Dou·ble-Cros·tic [dʌ́blkrɔ́(ː)stɪk, -krɑ́s- | -krɔ́s-] *n.* 〘商標〙ダブルクロステック《一種の単語パズル》.

dóuble cúp *n.* (ルネッサンス美術で)金属製の対になった杯《一つが他方の上に逆さにして乗るように作られている》.

dóuble-cùt file *n.* 〘工具〙複目やすり, 綾目(あやめ)やすり, 両切やすり《斜めの目を交差状に切ったやすり》.

dóuble dágger *n.* 〘印刷〙ダブルダガー, 二重短剣符 (‡)《第3番目の参照記号として用いる》.

dóuble-dáte *vi.* 《米口語》〈二組の男女が〉一緒にデートをする, 〔他の組の男女と〕ダブルデートする 〔*with*〕. — *vt.* …とダブルデートする.

dóuble dáte *n.* 《米口語》二組の男女が一緒にするデート, ダブルデート.

Dou·ble·day [dʌ́bldèɪ], **Abner** *n.* (1819–93) 米国の陸軍将校; 一説によると野球の考案者と言われる.

dóuble-déal *vi.* 人を欺く, だます. ⌐く悪人.

dóuble-déaler *n.* 言行に裏表のある人, 二心をいだ

dóuble-déaling *adj.* (言行に)裏表のある, 二心のある, 陰険な. — *n.* 二心[裏表]のある言行, 不正.

dóuble-déck *adj.* 〈船・バス・電車など〉二階のある; 〈ベッド・サンドイッチなど〉2層の, 2段の: a ~ bus, ⌊bed, etc.

dóuble-décked *adj.* =double-deck.

dóuble-décker *n.* 1 〘海事〙二層船, 二層艦《二重甲板船》. 2 二階(つき)バス[電車, 旅客機]. 3 複葉機. 4 《米口語》(3枚のパンの間に2層の詰めものをした)二重サンドイッチ; 重ねケーキ; 重ねアイスクリーム. 5 《米口語》2巻ものの長編小説. 6 《米俗》〘野球〙 =double-header 2.

dóuble-declútch *vi.* 〘自動車〙 =double-clutch.

dóuble decomposítion *n.* 〘化学〙複分解《AB+CD→AC+BD のように2種の化合物が作用して互いにその成分を交換し, 2種の別の化合物を生じる反応; metathesis ともいう》.

dóuble démy *n.* 〘製紙〙デマイダブル判《印刷用紙の仕上げ寸法の一つ; 35×22.5インチ [889×571.5 mm]; 略 D.D.》.

dóuble-dígit *adj.* 〈インフレ・失業率など〉二桁の《10%以上の》: ~ inflation.

dóuble-dòme *n.* 《米俗》インテリ(ぶる人), ハイブラウ (highbrow). ⌐door).

dóuble dóor *n.* (観音開きの)二枚開き戸 (cf. Dutch

dóuble dót *n.* 〘音楽〙二重付点, 複付点.

dóubled páwns *n. pl.* 〘チェス〙重ポーン《同じ列に二つあるポーン》.

dóuble drésser *n.* 2個の長い引出しが横幅いっぱいについた戸棚.

dóuble dríbble *n.* 〘バスケットボール〙ダブルドリブル《規定を越えたドリブル》.

dóuble dríft *n.* 〘航空〙二偏流角法《航空機の機首を二つ以上の方向に向け, 各偏流角を測ることによって風力・風向を定める方法》.

dóuble drúm *n.* 1 (主に18世紀末-19世紀初めの)ケトルドラム (kettledrum). 2 大型の太鼓.

dóuble dúmmy *n.* 〘トランプ〙ダブルダミー《2組の手札をさらして二人で競技するブリッジ; 現在では4組の手札を全部開いてプレーすることをいい, 主としてクイズなどにこの方式がとられる》: ~ problems (新聞などにのる)ブリッジのクイズ.

dóuble Dútch *n.* 《口語》さっぱりわからない[ちんぷんかんぷんの]言葉 (cf. Greek 4).

dóuble-dýe *vt.* 二度染めにする.

dóuble-dýed *adj.* 1 二度染めの. 2 〈人が〉罪悪に深くのめり込んだ; 徹底した, しんからの, ふだつきの: a ~ villain, Tory, etc.

dóuble éagle *n.* 1 〘紋章〙 =double-headed eagle. 2 《米》ダブルイーグル《双頭の鷲模様貨幣; 20ドル金貨; 1849–1933年の間発行》. 3 〘ゴルフ〙ダブルイーグル《一つのホールを規準打数より3ストローク少なく終了すること; cf. albatross 3》.

dóuble édge *n.* 〘アイススケート〙 =flat 17.

dóuble-édged *adj.* 1 両刃の, もろ刃の. 2 〈議論など〉どちらの方にもきく, 曖昧な.

dóuble élephant *n.* 《英》〘製紙〙エレファントダブル判《画用紙の寸法の一つ; 40×26¾インチ [1016×679.4 mm]; 印刷用紙・筆記用紙の寸法の一つ; 40×27インチ [1016×685.8 mm]; 略 D.E.》.

dóuble-énded *adj.* 1 両端[首尾]が類似している: a ~ bolt (棒の両端にねじ山のある)植込みボルト. 2 〈電車・機関車など〉両頭の, どの端も先頭になりうる.

dóuble-ènded wrénch *n.* 〘機械〙両口スパナ.

dóuble-énd·er [-éndə | -də(r)] *n.* 1 a 両頭機関車. b 前後いずれにも切替えのきく自己推進式乗物. 2 〘海事〙両頭船, 前後両進船, 頭尾同形の船《船首と船尾が同じ形の船》.

dou·ble en·ten·dre [dúːbḷɑ̃ː(n)tɑ́ː(n)dr(ə), dʌ́bḷ-, -ɑːntɑ́ːn-, -tɑ́ːnd | dúːbḷɑ̃ː(n)tɑ̃́ː(n)-, -ɔ̃ː(n)tɔ̃́ː(n)-, -ɑːntɑ́ːn-, -ɔ(ː)ntɔ́(ː)n-] 〘《1673》□《廃》F ~ 'double sense': 現在のフランス語では *double entente* [dublɑ̃tɑ̃ːt] という〙 — *n.* 両義, (どちらにも取れる)曖昧な意味; (特に)悪意[下品]な別の意味を含む語句; その使用.

dóuble éntry *n.* 〘簿記〙複式記入 (cf. single entry).

dóuble evént *n.* =double-header 2.

dóuble expósure *n.* 〘写真〙二重露光[露出](写真).

dóuble-fáced *adj.* 1 両面のある; 〈織物など〉表裏両面仕上げの; 〈ライナー (liner) を〉両面にはった; 〈レコード盤など〉両面に吹き込んだ. 2 表裏二心のある, 偽善的な (hypocritical). **~·ly** *adv.*

dóuble-fáult *vi.* 〘テニス〙ダブルフォールトをする.

dóuble fáult *n.* 〘テニス〙ダブルフォールト《連続2回のサーブの失敗; 相手に1ポイントが与えられる》.

dóuble féature *n.* 〘映画〙長編二本立て.

dóuble fertilizátion *n.* 〘植物〙重複受精《被子植物特有の受精現象で, 卵細胞と中心核との2か所で受精が行なわれる》.

dóuble fígures *n. pl.* [単数扱い] 10から99までの(二桁の)数字[得点]《特にクリケットの得点; まれに double figure ともいう: cf. century 5》.

dóuble fírst *n.* 〘英大学〙(卒業試験で)2科目最優等(生); (Oxford 大学の最終試験で)科目最優等(生): He took a ~.

dóuble flát *n.* 〘音楽〙 1 ダブルフラット, 重変記号 (♭♭)《ある幹音を2半音下げるためにつける変化[変位]記号》. 2 重変記号のついた音符, 重変音.

dóuble fléece *n.* 《豪》刈り込みしなかった羊の毛.

dóuble-flówered *adj.* (花が)重弁の, 八重(咲き)の.

dóuble fóolscap *n.* 《英》〘製紙〙フールスカップダブル判《印刷用紙の寸法の一つ; 27×17インチ [685.8×431.8 mm]; 略 D.F.》.

dóuble fúgue *n.* 〘音楽〙二重フーガ《2個の主題をもつフーガ》.

dou·ble-gang·er [dʌ́blgæ̀ŋə, ⏑–⏑– | dʌ́blgæ̀ŋə(r)] 〘《部分訳》← G *Doppelgänger*〙 *n.* =doppelgänger.

dóuble génitive *n.* 〘文法〙二重属格《a friend *of my father's*, that car *of yours* などにおける斜字体の部分; double possessive ともいう》.

dóuble glázing *n.* 〘建築〙(窓などの)二重ガラス.

dóuble hárness *n.* 1 2頭立て用の馬具. 2 共同, 協力 (close partnership); 夫婦生活 (matrimony). ***in double harness*** (1) 二人協力して: work [run] *in* ~ 協力して働く; (特に)〈夫婦が〉共働きをする / trot *in* ~ 〈夫婦が〉仲よく暮らす. (2) 《口語》結婚して.

dóuble-héad *vi.* 〈列車が〉機関車2両で走る.

dóuble-héaded *adj.* 〈列車が〉機関車を2両つけた.

dóuble-hèaded éagle *n.* 〘紋章〙双頭の鷲《神聖ローマ皇帝・オーストリア皇帝・ロシヤ皇帝の紋章はいずれも双頭の鷲であるが細部は異なる》.

dóuble-headed náil *n.* 二段釘 (⇨ scaffold nail).

dóuble-héad·er [-hédə | -də(r)] *n.* 《米》 1 機関車2台連結列車, 二重連. 2 〘スポーツ〙 a (野球などの)ダブルヘッダー《通例同一の2チームが同じ日に2回連続して行う試合; 時に変則ダブルヘッダーにも用いられることがある; cf. triple-header》. b (バスケットボールなどの)ダブルヘッダー《同じ日に違った2チームが2回連続して行なう試合》. 3 花火の一種.

dóuble·héarted *adj.* 二心[表裏]のある.

dóuble-hélical *adj.* 〘生化学〙二重螺旋 (double helix) の.

dóuble-hèlical géar *n.* 〘機械〙やまば歯車《歯筋の向きが反対の2枚のはすば歯車 (helical gears) を同軸に組合わせた歯車; herringbone gear ともいう》.

dóuble hélix *n.* 〘生化学〙二重螺旋《コイル状高分子化合物が2本相互にからみあった状態になったもの; 例: DNA の構造》.

dóuble hítch *n.* 〘海事〙増し掛け結び《double Blackwall hitch ともいう》.

dóuble hóuse *n.* 《米》 1 入口の両側に部屋のある家. 2 二軒長屋.

dóuble-húng *adj.* 1 〈窓が〉上げ下げ窓の, 上下引き違いの. 2 〈窓枠が〉両側を(釣合い重りのついたひもなどで)つってある, 両釣りの.

dóuble hýphen *n.* 〘印刷〙二重[ダブル]ハイフン (⸗)《行末のハイフンが語本来のハイフンであることを示す記号》.

dóuble indémnity *n.* 〘保険〙倍額支払い《災害死亡時などに, 契約金の倍額が支払われること》.

dóuble insúrance *n.* 〘保険〙重複保険.

dóuble íntegral *n.* 〘数学〙二重積分.

dóuble jéopardy *n.* 〘法律〙二重の危険《「同一犯罪について再び危険にさらされること; 二重の危険の禁止は英国のコモンロー上の処罰の原理; 合衆国憲法修正第5条はこれを継承したもの》.

dóuble-jóinted *adj.* 〈人・動物が〉(異常に)自由自在に関節を曲げられる.

dóuble júmp *n.* 1 〘チェス〙ポーン (pawn) が一度に2ます進むこと. 2 〘チェッカー〙2回連続して飛んで相手の駒(こま)を二つ取ること. 3 〘トランプ〙(ブリッジで)通常より2段階高いランクのビッド《通例やや弱い手で相手方の機先を制するために用いる; cf. jump bid》.

dóuble knít *n.* (編目が特に密になる)二重かがりで編んだ編物.

dóuble-léaded [-lédɪd, -dəd] *adj.* 〘印刷〙〈行間が〉2倍(大体4ポイント)あきの, 2倍のインテル(lead)を入れた.

dóuble létter *n.* 1 〘活字〙 =ligature 3. 2 二重文字《略語の複数を表わす記号など; 例: pp. =pages, adjj. =adjectives》.

dóuble-lóck *vt.* …に(鍵を2度回して)二重に鍵をおろす, 二重鍵をする, 厳重に…の戸締りをする.

dóuble lóng *n.* 〘音楽〙 =maxima[2].

dóuble mágnum *n.* (ワイン・酒用の)ダブルマグナムびん《4 quarts 入り; 普通のびんの4本分》.

dóuble-méaning *adj.* 両義に取れる, 意義の曖昧な. — *n.* =double entendre.

dóuble-mínded *adj.* 決心のつかない; 二心のある. **~·ness** *n.*

dóuble modulátion *n.* 〘通信〙二重変調.

dóuble mónastery 〘《なぞり》← ML *monastērium duplex*《なぞり》← LGk *diploûn monastḗrion*〙 — *n.* 〘カトリック〙男女共同礼拝修道院《男女が隣接した施設に生活し一人の修道院長のもとに同一の聖堂を利用し通常同一の規律に従う中世末期の修道院》.

dóuble-náme páper *n.* 〘商業〙複名手形《支払責任者が複数である手形; cf. single-name paper》.

dóuble négative *n.* 〘文法〙二重否定《not uncommon, not without some fear のようなものは婉曲な肯定であるが, 俗語体では単なる否定にこの形を強意的に用いることがある; 例: I can't see nothing. (=I can see nothing)》.

dóu·ble·ness 〘ME〙 *n.* 1 重複性. 2 2重, 2倍大. 3 二心, (行動の)表裏 (duplicity).

dóuble nóte *n.* 〘音楽〙二全音符, 倍全音符.

double-O, double-o [dʌ́bḷóu | -ə́u] 〘*once-over* の二つの o から〙 *n.* (*pl.* **~s**) 《米俗》入念な検査, 吟味.

dóuble órange dáisy *n.* 〘植物〙東南アジア産の

黄色の頭状花をつけるキク科ムカショモギ属の多年生植物 (*Erigeron aurantiacus*).

dóuble páddle *n.* 〚海事〛ダブルパドル《両端に扁平部のある櫂(かい); 主にカヤックに用いる》.

dóuble-pàge spréad *n.* ＝double-spread.

dóuble páir róyal *n.* 〚トランプ〛(クリベッジで)同位札(同番号[記号]の札) 4 枚 (cf. FOUR of a kind).

dóuble-párk *vt.* 〈自動車を〉(歩道に寄せて駐車してある)他の自動車に並べて(通例不法)駐車する. ── *vi.* 二重駐車する.

dóuble personálity *n.* 〚心理〛二重人格 (cf. split personality, multiple personality).

dóuble pláy *n.* 〚野球〛ダブルプレー, 併殺.

dóuble póint *n.* 〚数学〛二重点.

dóuble-pòle swítch *n.* 〚電気〛二極スイッチ.

dóuble posséssive *n.* 〚文法〛＝double genitive.

dóuble póstal càrd *n.* 往復はがき.

dóuble precísion *n.* 〚電算機〛倍精度, 倍精度演算《数を表わすのに通常の 2 倍の長さの桁数を使って精度を向上すること; cf. quadruple precision》.

dóuble predestinátion *n.* 〚神学〛二重予定(説)《天国へ行く者と地獄に落ちる者は生前から定まっているという説》.

dóuble quátrefoil *n.* 〚紋章〛＝octofoil.

dóuble-quíck *adj.*, *adv.* 大急ぎの[で]: catch the killer in ～ time 殺人犯をスピード逮捕する. ── *n.* 〚軍事〛＝double time 1 a. ── *vt.*, *vi.* ＝double-time.

dóuble quotátion màrks *n. pl.* 〚印刷〛＝double quotes.

dóuble quótes *n. pl.* 〚印刷〛ダブルクォーツ (" ")《引用語句を示すための記号; cf. single quotes》.

dóu·bler [-blə, -bḷə | -blə(r, -bḷ-] *n.* 二重[二倍]にする人[物].

dóuble-réed *adj.* ダブルリード (double reed) の.

dóuble réed *n.* ダブルリード, 複簧(ふくこう)(楽器)《オーボエ・ファゴットなどの互いにふれ合って振動する 2 枚のリード (reed) のある管楽器》.

dóuble-réef *vt.* 〚海事〛(2 個所の縮帆部を取って)〈帆を〉二段縮帆をする.

dóuble-refíne *vt.* 二度精練する.

dóuble refráction *n.* 〚光学〛複屈折《結晶などの非等方性物質に入射した光が互いに垂直な振動面をもつ僅かに異なった方向に進む二つの光にわかれる現象; birefringence ともいう》.

dóuble rhýme *n.* 〚詩学〛二重押韻《行末の 2 音節が押韻するもの; 例: numbers: slumbers / earnest: returnest / another: brother》.

dóuble-ríng *adj.* 〈結婚式が〉指輪交換の.

dóuble-rípper *n.* 〚ニューイングランド〛(2 台のそりを連結した)二連ぞり (bobsled).

dóuble róom *n.* (ホテルなどの, ダブルベッドのはいった)二人用部屋 (cf. twin-bed room).

dóuble róyal *n.* 《英》ロイヤルダブル判《印刷用紙の寸法の一つ; 40 × 25 インチ [1016 × 635 mm]; 略 D.R.》.

dóuble rúm *n.* 〚トランプ〛＝cooncan.

dóuble-rúnner *n.* **1** 《ニューイングランド》＝double-ripper. **2** 2 枚刃つき子供用スケート.

dóuble sált *n.* 〚化学〛複塩.

dóuble scréw jàck *n.* 〚機械〛二段ねじジャッキ.

dóuble scúlls *n. pl.* 〚単数扱い〛ダブルスカル《二人がそれぞれ両サイドのオールを漕ぐ二人乗りボートレース; cf. single sculls》.

dóuble-séater *n.* ＝two-seater 3.

dóuble séries *n.* 〚数学〛二重級数.

dóuble shárp *n.* 〚音楽〛**1** ダブルシャープ, 重嬰(じゅうえい)記号 (𝄪)《ある幹音を 2 半音高くする変化[変位]記号》. **2** 重嬰記号のついた音符, 重嬰音.

dóuble shéar *n.* 〚機械〛二面剪断(せんだん)《リベット・ボルトなどの剪断されようとする面が 2 面のもの》.

dóuble sólitaire *n.* 〚トランプ〛二人占い《クロンダイク (Klondike) やキャンフィールド (Canfield) などの「一人占い」を, 台札だけ共通にして二人がそれぞれのカードで行なう方式》.

dóuble-spáce *vt.*, *vi.* 1 行おきに[行間を 1 行分あけて]タイプする (cf. single-space).

dóuble Spánish búrton *n.* 〚機械〛複滑車 1 個と単滑車 2 個から成る滑車装置.

dóuble-spèak *n.* ＝double-talk 2.

dóuble-spréad *n.* (新聞などの)見開き 2 ページ大の広告.

dóuble sprít *n.* 〚海事〛二重斜桁(しゃこう).

dóuble stándard *n.* **1** 〚経済〛複本位制《金銀 2 種類の金属を同時に本位貨幣として使用する制度; cf. single standard》. **2** 二重標準《男性に対してより寛大であるように作られた旧弊な道徳標準》.

dóuble stár *n.* 〚天文〛**1** ＝binary star. **2** 二重星《ほぼ同一視線方向にあるために接近して見える 2 星; optical double star ともいう》.

dóuble stéal *n.* 〚野球〛ダブルスチール, 重盗 (cf. TRIPLE steal).

dóuble stém *n.* 〚スキー〛複制動《速力を落とすために両方のスキーの後部を開く姿勢; cf. single stem》.

dóuble stítch *n.* 〚製本〛二つ目綴じ《打丁の折り目に二つの綴じ穴をあけて綴じる; cf. saddle stitch 2, side stitch》.

dóuble-stóp 〚音楽〛*vt.* 〈弦楽器〉で同時に二つ以上の音を奏する. ── *vi.* (弦楽器で)同時に二つ以上の音を奏する. ── *n.* ダブルストップ, 重音, 二重把弦.

dóuble-stóry *adj.* 〈建物が〉二階建ての.

dóuble stréss *n.* 〚音声〛二重強勢《合成語などで第一強勢が二つ存在すること; 例: skʹy-blúe, fúll-tíme》.

dóuble súgar *n.* 〚化学〛＝disaccharide.

dóuble súmmer tìme *n.* 《英》二重夏時間《標準時より 2 時間進める; 略 DST》.

dóuble suspénsion *n.* 〚音楽〛複掛留(けいりゅう)《一つの和音「甲」から次の和音「乙」へ進行中, 甲和音に属する二音を乙和音の中へ同時に掛留させること》.

dou·blet [dʌ́blɪt, -lət] 〚《1355》◻ (O)F ～: ⇨ double, -et〛 ── *n.* **1 a** ダブレット《15–17 世紀に流行した身体にぴったりした男子用上衣, キルティングなどの二重仕立てになっている; cf. singlet 1》: ⇨ DOUBLET and hose. **b** ダブレット《鎖かたびらで補強し鎧(よろい)の下に着用した刺し子縫いの下着》. **2** よく似た物の一方; 対の片方; [*pl.*] 双生児 (twins). **3** 〚言語〛二重語《同語源ではあるが異なった径路を通ってきたために語形や意義が分化した語; 例: fashion—faction, coy—quiet, fragile—frail など; cf. triplet 10》. **4** (二連銃などで)同時に射落とした 2 羽の鳥; [*pl.*] ぞろ目《一緒に振った 2 個のさいに同じ数が出た目》. **5** 対の物 (cf. couplet 2): **a** 二重レンズ. **b** 〚物理〛(スペクトルの)二重線; 二重項. **c** 〚印刷〛ダブレット《間違って 2 度植字された語句; double ともいう》. **d** (ガラスの台などを用いた)張合せ宝石. **e** 〚ドミノ〛ダブレット《左右に仕切られた両区画に同数の点のある牌》. **6** 〚電気〛双極子. **7** 〚通信〛＝dipole aerial.

doublet and hose (昔の典型的な)男子の服装; (マント (cloak) などを着ない)ふだん着, 軽装, 仕事着.

dóuble táckle *n.* 二重滑車綱具《綱溝の二つある滑車を用いたもの》.

dóuble-táiled *adj.* 〚紋章〛＝queue fourché.

dóuble táke *n.* 《口語》(喜劇役者などが)初めは笑って受け流し次に本当の事に気が付いて「ぎょっ」とする仕草; 見直し (second look): do a ～ (at …) (…に)「ええっ」と見直しをする.

dóuble-tàlk *n.* **1** (まともな言葉に)でたらめの言葉を並べて人を煙に巻く話し方[書き方] (gibberish). **2** つじつまの合わない話; (特に政治スローガンなど)内容空虚な[曖昧な]話[文句]. **3** ＝double entendre. ── *vi.* ＝double-talk をする. ── *vt.* double-talk で煙にまく[たぶらかす]. **～·er** *n.*

dóublet anténna *n.* 〚通信〛ダブレット空中線 (⇨ dipole antenna).

dóuble tápe *n.* 〚電気〛往復用磁気テープ (⇨ magnetic tape).

dóuble-tèam 《米》*vi.* **1** 二つが協力して(…に)当たる (*on*, *upon*). **2** (アメリカンフットボールなどで)一人の相手のブロックに二人を当て走路をつける. ── *vt.* (アメリカンフットボールなどで)〈相手を〉二人の選手でブロックする[防ぐ].

Dóuble Tén [**Ténth**] 〚《なぞり》← Chin. *shuang shih* (双十)〛 *n.* [the ～] 双十節《台湾の辛亥革命記念日; 10 月 10 日》.

double·think [ˊ-ˋ-] 〚George Orwell が *Nineteen Eighty-Four* (1949) で用いた造語〛 ── *n.* 非論理的二重信念, 二つの矛盾した思想[見方]を同時に信じ込むこと[能力]. ── [ˋ-ˊ-] *adj.* 非論理的二重信念的な. ── [ˋ-ˊ-] *v.* ── *vi.* 非論理的二重信念をもつ. ── *vt.* …について非論理的二重信念をもつ.

dóuble-thròw swítch *n.* 〚電気〛双投スイッチ《切, 入のスイッチではなく, 切換え用のスイッチ》.

dóuble tíde *n.* 〚海洋〛＝agger 1.

dóuble-tìme 《米》*attrib. adj.* 駆け足の. ── *vi.* 駆け足する, 速歩行進する. ── *vt.* 駆け足させる, 速歩行進させる: ～ a person.

dóuble tìme *n.* 《米》**1 a** 〚軍事〛駆け足, 速歩(行進)《早駆け (run)に次ぐ急速歩; 米国陸軍では歩幅 36 インチで 1 分間 180 歩; double-quick または単に double ともいう》: in ～ 駆け足で. **b** 歩調を合わせてのゆっくりした駆け足. **c** 《口語》(一般に速度に関係なく)駆け足. **d** [号令] 駆け足. **2** [ˋ-ˊ-] 二重超過勤務手当, 倍額支給《週末や法定休日の勤務に対する通常手当の 2 倍》. **3** 〚音楽〛＝duple time.

dou·ble·ton [dʌ́bḷtən, -tṇ] 〚← DOUBLE (adj.) + (SINGLE)TON〛 *n.* 〚トランプ〛(ブリッジで)二枚札《配られた時, 手札に同じスーツ (suit) の札が 2 枚しかないこと; cf. singleton 2》.

dóuble-tòngue *vi.* 〚音楽〛(特に, フルート・トランペットなどの吹奏楽器で)複切法で演奏する《t と k を交互に発音するように舌先を硬口蓋につけたり離したりして急速な楽句やスタッカートを明晰(めいせき)に演奏する》. **dóuble-tòngu·ing** *n.*

dóuble-tóngued 〚ME〛*adj.* 二枚舌の, 嘘つきの.

dóublet páttern *n.* 〚美術〛(織物などで)中心線に対して対称的に描かれた模様.

dóuble-tráck *vt.* 〚鉄道〛〈軌道を〉複線にする; …に複線を設ける.

dóuble tráck *n.* 〚鉄道〛複線.

dóuble·trèe [-triː, -tri | -triː] *n.* 《米》車・犂などの横材《2 頭引きはこの両端に wipple を取り付ける》.

dóuble trúck *n.* 〚印刷〛**1** 見開きレイアウト《新聞で, 見開き 2 ページを 1 単位とする記事や広告のレイアウト》. **2** ダブルトラック《中央見開き物 (center spread) 用組版のチェース (chase)》. **3** 中央見開き広告《中央見開きページの広告》.

dóuble twíll *n.* 重ね斜文織《連続した斜文線に直交方向の斜文線を組合せたもの》.

double-u [dʌ́bḷjùː, -lju] *n.* (*also* **double-you** [～]) **1** W の文字. **2** 《口語》＝W.C.

dóuble vísion *n.* 〚眼科〛＝diplopia.

dóuble wéighing *n.* 〚化学〛二重秤り法, 交換秤量法《てんびんで, 一度測ってから分銅と物体を左右交換して測り正確を期すること》.

dóuble whíp *n.* 複滑車(装置) (⇨ whip *n.* 5 a).

dóuble wíndow *n.* 二重窓.

dóuble wíngback formàtion *n.* 〚アメリカンフットボール〛ダブルウィングバックフォーメーション《両端翼に一人ずつバックを配置した攻撃の陣型; cf. single wingback formation》.

dóu·bling [-blɪŋ, -bḷ-] 〚ME〛 ── *n.* **1** 倍加, 倍増し: the ～ *of* one's income. **2 a** 折重ね, 折込み; 二重張り. **b** より合わせ; 〚紡織〛合糸. **3 a** (衣服の)裏. **b** ＝doublure. **4** (追跡を避ける時の)急転回, 逆行. **5** 再蒸留; [*pl.*] 再蒸留酒. **6** 〚海事〛ダブリング《組立てマストで, 上下 2 本のマストの重なっている部分》.

dóubling tìme *n.* 〚原子力〛倍増時間《増殖炉で増殖により燃料が 2 倍に増える時間》.

dou·bloon [dʌblúːn] 〚《1622》◻ F *doublon* // Sp. *doblón* ← *doble* double: ⇨ -oon〛 ── *n.* **1** ダブロン金貨《昔スペインの 2 escudos または $^1/_8$ onza に相当した金貨》. **2** [*pl.*] 《俗》(一般に)金 (money).

dou·blure [dʌblʊ́ə, duː- | duːbljʊ́ə(r; *F.* dubly:r] 〚◻ F ～ 'lining' ← *doubler* to line, double〛 *n.* (書籍の)表紙裏, 見返し; (特に革の)飾り見返し.

dóu·bly [-bli, -bḷi | -bli] 〚ME〛 *adv.* **1** [通例形容詞を修飾して] 2 倍に (cf. double *adv.* 1): be ～ careful 倍気をつける. **2** 《廃》ずるく, ごまかして: deal ～. **3** 〚植物〛二重に: ～ crenate, dentate, etc.

Doubs [dúː; *F.* du] *n.* **1** ドゥー(県)《フランス東部のスイスに接する県; 人口 480,000, 面積 5,229 km², 首都 Besançon》. **2** [the ～] ドゥー(川)《フランス東部, Saône 川に注ぐ川 (430 km)》.

doubt [dáʊt] 〚v.: 《?*c*1200》◻ *doute(n)* ◻ (O)F *douter* < L *dubitāre* to doubt, 《原義》to have to choose between two things ← IE* *dwō(u)-* 'TWO'. ── n.: 《?*c*1200》◻ (O)F *doute*: *-b-* は 15 世紀に L の影響で挿入: cf. dubious〛 ── *vt.* **1** 疑う; 不審に思う, 信じかねる (distrust): ～ one's own existence 自分の存在を疑う[信じかねる] / ～ a person's honesty 人の誠実を疑う[どうだかわからないと思う] / You surely don't ～ me. まさか私を疑いはしないでしょうね. ★ doubt の目的語としての Clause は通例, 肯定文では whether, if, when, what などに, 否定文・疑問文では that に導かれる(この場合 that の代わりに but, but that を用いるのは《口語》, but what を用いるのは《俗》): I ～ very much *whether* I shall be able to come. 来られるかどうか大いに疑問だ / I ～ *if* he really wrote this book. 彼が実際にこの本を書いたのか疑わしいと思う / I *don't* ～ *that* you are honest. あなたが正直なことは疑わない / I *don't* ～ *(but) that* he will win. 彼の勝利を信じている / Can you ～ *that* he will win? 彼の勝利を疑えるだろうか. **2** 《古・方言》恐れる, 危ぶむ, 気遣う (fear): I ～ we are late. ── *vi.* **1** 疑う, 怪しむ; 疑惑をいだく, おぼつかなく思う. **2** 《古》躊躇する (hesitate).

── *n.* **1** 疑い, 疑惑: beyond the shadow of a ～ 少しの[一点の]疑いもなく, 明白に. **2** [しばしば *pl.*] 不審, 疑念; 不信: I have my ～*s about* her innocence [my ～*s whether* she is innocent]. 彼女が潔白かどうか疑わしいと思っている / She had no ～ *that* I was right. 彼女は私の正しいことを確信していた. **3** (事の結果などの)疑わしさ, 不確かさ: There is no ～ *about* that. そのことには疑わしい点がない / There can be little ～ *that* the best way is for him to obey his father. 一番よい方法は彼が父の言う通りにすることだということにはほとんど疑いの余地がありえない. **4** 《廃》未解決点, 問題, 難点. **5** 《廃》恐怖, 気遣い.

beyond doubt (1) ＝*without* DOUBT. (2) 疑いの余地もない, きわめて明白で: The truth of the report is *beyond* ～. ***call in doubt*** ⇨ call 成句. ***give a person the benefit of the doubt*** ⇨ BENEFIT of the doubt. ***in doubt*** (1) 〈物事が〉疑わしくて, 疑問で: It was still *in* ～. まだ疑問のままで[不確かで]あった. (2) 〈人が〉疑って, 迷って (doubtful): She is *in* ～ about his faith. 彼女は彼の誠実さを疑っている / I am *in* ～ what I ought to do. どうしてよいか迷っている. ***make no doubt*** 疑わない, 信じる (be convinced): He *made no* ～ of it. 彼はそれを信じて疑わなかった / I *make no* ～ *that* it is true. 私はそれが真実であることを確信する. ***no doubt*** (1) 多分, 恐らく (probably): No ～ he meant to write, but he didn't. 恐らく書くつもりだったのだろうが, 実際には書かなかった. (2) ＝*without* DOUBT. ***without doubt*** 疑いの余地もなく, 確かに. ★ no doubt や doubtless よりも強い確信を示す.

～·er [-tə | -tə(r] *n.*

dóubt·a·ble [dáʊtəbl | -tə-] 〚ME *doutable*〛 *adj.* 疑われる, 不確かな.

doubt·ful [dáʊtfəl] 〚《*c*1395》*douteful*〛 ── *adj.* **1** 〈人が〉疑わしく思っている, 疑いをいだいている, 確かでない, わからない (uncertain): He was ～ *of* [*about*] his success. 成功を危ぶんだ / He was ～ (*as to*) what he ought to do. 彼はどうすべきかわからなかった. **2** 〈事実など〉疑わしい, 疑問のある, はっきりしない: a ～ case はっきりしない[疑問の]事件 / *It is* ～ *whether* it is true or not. 本当かどうかは疑わしい. **3 a** (成行き・結果が)おぼつかない, 不安な, (先

が)不明な: a ~ future どうなることかわからない未来 / a ~ blessing (幸福になるかならぬか)あやふやな幸い / The weather looks ~. 天気は怪しい. **b** (支持政党が)予想しにくい, 未知数の. **4** 〈人物・行状・評判など〉疑わしい, いかがわしい (questionable): a ~ character いかがわしい人物 / a ~ neighborhood いかがわしい隣近所. — *n.* 疑わしい人[物]. **~·ly** *adv.* **~·ness** *n.*

dóubt·ing [-tɪŋ | -tɪŋ] 〖《15C》〗 *adj.* 疑う, 信じない: a ~ heart. **~·ly** *adv.*

dóubting Thómas *n.* 証拠なしでは信じない人《キリストの弟子 Thomas が実証を見るまでキリストの復活を信じなかったことから; cf. *John* 20:24-29》: He's a ~.

dóubt·less 〖《c1380》 *douteles*〗 — *adj.* 《まれ》疑いのない, 確かな (certain). — *adv.* **1** 疑いもなく, 確かに (unquestionably) (cf. undoubtedly): That's ~ the best method of doing it. それは疑いもなくそれをする一番よい方法だ. **2** 恐らく, 多分: I shall ~ see you tomorrow. 明日は多分お目にかかれましょう. **~·ly** *adv.* **~·ness** *n.*

douce [dúːs] 〖《?c1300》 ▭ OF ~ (fem.) ← *dous* (F *doux*) < L *dulcem* sweet: ⇨ dulcet〗 — *adj.* **1** 《英方言》**a** 愛想のよい, 愉快な; 控え目な. **b** こぎれいな, 感じのよい. **2** 《スコット》おとなしい, 穏やかな, 落ち着いた; 取り澄ました. **3** 《音楽》甘美な, やわらかい. **~·ly** *adv.*

dou·ceur [duːsə́ː | -sə́ː(r; *F.* dusœːr] 〖《1620》 ▭ F ~ 'sweetness, favor' < VL **dulçōre*=LL *dulcor* ← L *dulcis* (↑)〗 — *n.* (*pl.* **~s** [~z; *F.* ~]) **1** 心づけ, チップ (tip); 賄賂(ﾜｲﾛ), 鼻薬 (bribe). **2** 《古》愛嬌(ｱｲｷｮｳ) (amiability); 物柔らかさ (gentleness).
douceur de* (*la*) *vie [-də-(lɑː)víː; *F.* -də(la)vi] = ***douceur de vivre*** [-dəvíːvr(ə); *F.* -dəviːvr] 人生の楽しみ.

douche [dúːʃ] 〖《1766》 ▭ F ~ ▭ It. *doccia* conduit, water pipe ← *docciare* to pour by drops ← L *ductus* conduit: ⇨ duct〗 — *n.* **1** 圧注(法); 灌注(液): vaginal ~ 膣洗(浄); 膣洗剤. **2** 灌水浴, シャワー. **3** 灌水器. — *vt.* **1** 圧注[灌注]する. **2** 灌水する. — *vi.* 圧注[灌注]を受ける.

Doug [dʌ́g] 〖(dim.) ← DOUGLAS²〗 *n.* 男性名.

Dou·gal [dúːgəl] 〖← OIr. *dubhgall* black stranger: アイルランド人がノルウェー人(のちに英国人)につけたあだ名〗 — *n.* 男性名《異形 Dugald》. ★主としてスコットランドの Highlands にみられる.

dough [dóu | dáu] 〖OE *dāg* < Gmc **daiʒaz* (Du. *deeg* / G *Teig*) ← IE **dheigh-* to knead clay (L *figūra* form / Gk *teikhos* wall / Skt *dih* to smear): cf. dairy, lady〗 — *n.* **1** 練り粉, こね粉, パン生地: knead ~ / ⇨ *My* CAKE *is dough.* **2** (パン生地のような)柔らかいかたまり. **3** ゴムのり. **4** 《米俗》金銭, 現なま (money). **5** 《米口語》歩兵 (doughboy). **~·lìke** *adj.*

dóugh·bòy *n.* **1** 《英口語》ゆでまんじゅう. **2** 〖南北戦争の北軍歩兵隊の制服の大きな真鍮のボタンから〗《米口語》歩兵 (infantryman)《特に第一次大戦中ヨーロッパにいた米国歩兵》.
(as) pat as a doughboy 《米口語》全くぴったりの.

dóugh·fàce *n.* **1** 《米口語》(人の言いなりになる)いくじなし. **2** 《米史》**a** 奴隷制度に反対でなかった北部出身の下院議員. **b** 南北戦争当時南部に同情的であった北部人. **3** 仮面 (mask).

dóugh-fáced *adj.* 《米口語》 **1** 青白い, 青ぶくれの. **2** いくじなしの. **3** 無表情な顔をした.

dóugh·fòot 〖⇨ doughboy 2〗 *n.* (*pl.* **-feet, ~s**) 《米軍俗》歩兵.

dough·nut [dóunət, -nʌt | dáunʌt] 〖《1809》 ← DOUGH + NUT: その形が nut に似ているところから〗 — *n.* **1** ドーナツ《米国のものはリング型, 英国のものは通例まんじゅう型》; ドーナツ形[環状]のもの. **2** 《口語・俗》自動車[飛行機の車輪など]のタイヤ. **3** 《物理》ドーナツ《シンクロトロン(加速器)の部分で, 加速されるビームの通るドーナツ型の真空のチューブ》.

dóughnut tìre *n.* ドーナツタイヤ, 特大の超低圧タイヤ (cf. balloon tire).

dought 〖OE *dohte* (pret.): ⇨ dow²〗 *v.* dow² の過去形.

dough·ty [dáuṭi | -tɪ] 〖OE *dohtiġ* ← *dohte* (↑) + -Y⁴ ∽ OE *dyhtiġ* ← Gmc **duʒt-* (Du. *duchtig* / G *tüchtig*) ← IE **dheugh-* to produce something useful (Gk *teûkhos* tool)〗 — *adj.* (**dough·ti·er; -ti·est**) 《古・戯言》強い, 豪胆な (bold), 勇猛な. **dóugh·ti·ly** [-ṭɪli, -ṭə-, -ṭli | -tɪlɪ, -tə-] *adv.* **dóugh·ti·ness** *n.*

Dough·ty [dáuṭi | -tɪ], **C**(**harles**) **M**(**ontagu**) *n.* (1843-1926) 英国の旅行家・作家; *Travels in Arabia Deserta* (1888).

dough·y [dóui | dáuɪ] *adj.* (**dough·i·er, -i·est; more ~, most ~**) **1** こね粉[パン生地]のような; 〈パンなど〉生焼けの (half-baked). **2** 《口語》〈顔色が〉青白い (pasty); (知能の)鈍い. **3** 〈音が〉鈍く歯切れの悪い; 〈文体が〉微温的な. **dóugh·i·ness** *n.*

Doug·las¹ [dʌ́gləs] 〖↓〗 *n.* イングランドのマン島 (Isle of Man) 東岸の港で同島の首都; 海岸保養地として有名; 人口 21,000.

Doug·las² [dʌ́gləs] 〖← Gael. *dub(h)glas* dark blue (stream): もと川の名からスコットランドの名門の家族名となり, 更に洗礼名となった〗 — *n.* 男性名《愛称形 Doug》.

Douglas, Gawin *or* **Gavin** *n.* (1474?-1522) スコットランドの詩人・聖職者; Vergil の *The Aeneid* 訳 (1553) により, 古典文学の最初の英訳者となる.

Douglas, (**George**) **Norman** *n.* (1868-1952) 英国の小説家; *South Wind* (1917).

Douglas, James *n.* (1358?-88) スコットランドの武将; 豪勇をもって知られたが, 英軍との戦いで戦死; 称号 2nd Earl of Douglas.

Douglas, Sir James *n.* (1286?-1330) スコットランドの豪族で武将; たびたびイングランドに侵入して英軍を打破った; 通称 the Black Douglas.

Douglas, Lloyd C(**assel**) *n.* (1877-1951) 米国の牧師・小説家; *The Robe* (1942).

Dóuglas fír 〖← *David Douglas* (1798-1834: 1827 年この植物を初めて英国に紹介したスコットランド生れの米国の植物学者・旅行家)〗 — *n.* 《植物》アメリカトガサワラ, ダグラスモミ (*Pseudotsuga menziesii* = *P. taxifolia*)《北米西部産マツ科の大木で高さ 100 m に達する; 良質の建築用木材となる; Douglas hemlock [pine, spruce], または Oregon pine ともいう》.

Doug·lass [dʌ́gləs], **Frederick** *n.* (1817-95) 米国の奴隷廃止運動指導者・著述家; 黒人を母として生れた.

Dou·kho·bors [dúːkəbɔ̀əz | dúːkə(ʊ)bɔ̀ːz] 〖《1876》 ▭ Russ. *dukhobortsy* spirit wrestlers, contenders against the Holy Spirit ← *dukh* spirit + *bortsy* ((pl.) ← *borets* wrestler ← *borot'sya* to wrestle)〗 — *n. pl.* 《キリスト教》ドゥクォボル派, ドゥホボル派, 靈の戦士《東方正教会が Universal Brotherhood と自称するロシヤの独立教会に与えた名称; L. Tolstoi の影響を受け兵役を拒否, またキリストの神性を否認する》.

dou·lei·a [duːláɪə] *n.* 《カトリック》= dulia.

Doul·ton [dóuḷtən, -tn | dáuḷtən, -tn] 〖← *John Doulton* (1793-1873: 創設者)〗 *adj., n.* ドールトン会社製の(陶磁器).

doum [dúːm, dáum] 〖▭ Arab. *dawm*〗 *n.* 《植物》= doom palm.

Dou·ma [dúːmə, -mɑː | dúːmə, djúː-; *Russ.* dúma] *n.* = Duma.

dóum pàlm *n.* 《植物》= doom palm.

doup·pi·o·ni [dùːpióuni | -pɪə́ʊnɪ] 〖▭ It. *doppione*: ⇨ dupion〗 — *n.* (*also* **dou·pi·o·ni** [~]) (通例二つのくっついた繭からとれる)太い不規則な絹の織り糸《Shantung や pongee などの織物に用いられる》; これでできた織物《dupion ともいう》.

dour [dáuə, dúə | dúə(r] 〖《a1350》 ▭ L *dūr-us* hard: ⇨ dure¹〗 — *adj.* (**~·er; ~·est**) **1** 〈人・顔つきなど〉むっつりした, 気むずかしい, 陰気な: a ~ expression [old man]. **2** 《スコット》厳しい; 頑固な. **3** 《スコット》〈天候が〉陰鬱な; 〈土地が〉不毛の, やせた. **~·ly** *adv.* **~·ness** *n.*

dou·ra [dú(ə)rə | dúərə] *n.* (*also* **dou·rah** [~]) 《植物》= durra.

dou·rine [dú(ə)riːn, -́- | dúəriːn, -́-] 〖▭ F ~ ▭ ? Arab. *dárina* to be filthy, scabby〗 — *n.* 《獣医》媾疫(ｺｳｴｷ)《馬の伝染病; 病原虫 *Trypanosoma equiperdum* が主に生殖器と後足を冒す》.

dou·ro [dú(ə)rou | dúərəu] 〖▭ F ~ ▭ Sp. *duro*〗 *n.* (*pl.* **~s**) ドゥロ《昔のスペイン貨幣》.

Dou·ro [dóːruː, dóːr- | dúərəu; *Port.* dóru] *n.* [the ~] ドエロ[ドーロ](川)《スペイン北部に発する川; 西に流れてポルトガル北部を通って大西洋に注ぐ (895 km); スペイン語名 Duero [dwéro]》.

dou·rou·cou·li [dù(ə)rəkúːli | dùərəkúːlɪ] 〖← S-Am.-Ind. 《土語》〗 — *n.* 《動物》ヨザル, フクロウザル《南米産夜行性の *Aotes* 属の霊長類; 尾は長く目はフクロウのように大きい; ヨザル (*A. trivirgatus*) など》.

douse [dáus, dáuz | dáus] 〖《1600》 ← ? 《廃》*douse* to strike // または擬音語か: cf. MDu. *doesen, dossen* to beat noisily〗 — *vt.* **1** 〈水に〉突っ込む (plunge) 〔*in*〕; …に〈水を〉浴びせる, びしょぬれにする (drench) 〔*with*〕: ~ a person *with* water 人に水を浴びせる. **2** 《海事》**a** 〈帆・マストを〉急におろす; 〈舷窓を〉閉じる. **b** 〈索を〉急に伸ばす. **3** 《口語》〈灯火を〉(さっと)消す (put out): ~ the glim 《俗》明りを消す. **4** 《口語》脱ぐ. — *vi.* 水に落ちる. — *n.* **1** 《英方言》打つこと, 一打ち. **2** 《英方言》どしゃ降り (downpour), びしょぬれ.

dóus·er *n.* (映写機などの)遮光板.

dout·er [dáuṭə, dúː- | -tə(r] 〖← 《方言》*dout* to extinguish (← *do out*) + -ER¹〗 *n.* 《英方言》蠟燭(ﾛｳｿｸ)の芯切りばさみ (candlesnuffer).

Douw [dáu; *Du.* dóu], **Gerard** *n.* = Gerard Dou.

doux [dúː; *F.* du] 〖▭ F ~ < L *dulcem* sweet〗 *adj.* 〈シャンパンが〉最も甘い, ドゥ (sweet)《糖度が 7% 以上のものにいう; cf. champagne 1》.

douze·pers [dúːzpeəz | -peəz] 〖ME *dousse-per(s)* ▭ OF *do(u)ze pers* (F *douze pairs*) twelve peers: ⇨ dozen¹, peer²〗 — *n. pl.* 十二臣将《フランス中世の文学・歴史に登場する 12 人の貴族廷臣団; (特に) Charlemagne 大帝の物語における十二勇士 (paladins)》.

DOVAP [dóuvæp | dáu-] 〖← *Do*(*ppler*) *V*(*elocity*) *a*(*nd*) *P*(*osition*)〗 — *n.* 《電子工学》Doppler radar の一種; 電波の方向性とドップラー効果とを利用して長距離ミサイルなどの位置および速度を知る装置.

dove¹ [dʌ́v] 〖OE **dūfe* < Gmc **dūbōn* 《原義》dark-colored bird (Du. *duif* / G *Taube* / ON *dúfa*) ← IE **dheu-* to rise like dust: 一説では擬音語起源〗 — *n.* **1** 《鳥類》ハト《ハト科の鳥の総称; 平和・無邪気・温順・柔和などの表象として用いられる; ナゲキバト (mourning dove), モリバト (ring dove), カワラバト (rock dove), コキジバト (turtledove) など》: a ~ of peace 平和のハト. ★ pigeon と同義であるが特に小さい種類を指すことが多い; 英国では飼いバトにも野性のハトにも pigeon のほうが好まれる. **2** [the D-] 《天文》はと(鳩)座 (⇨ Columba). **3** [the D-] 聖霊 (the Holy Spirit) (cf. *Matt.* 3:16). **4 a** (Noah に対するハトのように)吉報をもたらす人, 平和の使者 (cf. *Gen.* 8:8-12). **b** [しばしば愛称の呼び掛けとして用いて] 純潔で柔和な人: my ~ かわいい人よ. **5** (穏健・平和主義的外交政策を支持する)ハト派(の人), 和平論者 (cf. hawk 2). **6** = dove gray.

dove² *v.* 《米口語・英方言》dive の過去形.

dóve còlor *n.* 鳩色《淡紅灰色, または帯紫灰色》.

dóve-còlored *adj.* 鳩色の.

dove·cote [dʌ́vkòut, -kɑ̀t | -kɔ̀ut, -kɔ̀t] 〖《15C》〗 *n.* (*also* **dove·cot** [-kɑ̀t | -kɔ̀t]) **1** 鳩小屋. **2** 固定した団体, 調和のとれたグループ.
flutter* [*cause a flutter in*] *the dovecotes 平穏無事な人たちを騒がせる, 平和な里に動揺を起こす.

dóve-éyed *adj.* (ハトのように)柔和な目つきをしている, 目もとのやさしい (meek-eyed).

dóve gráy *n.* 紫味灰色.

dóve háwk *n.* 《英》《鳥類》= hen harrier.

dóve·hòuse 〖ME〗 *n.* = dovecote.

dóve·ish [-vɪʃ] *adj.* = dovish.

dove·kie [dʌ́vki | -kɪ] 〖(dim.) ← DOVE¹〗 *n.* (*also* **dove·key** [~]) 《鳥類》ヒメウミスズメ (*Plautus alle*)《北大西洋産小型のウミスズメ; little auk, rotch ともいう》.

dove·let [dʌ́vlɪt, -lət] 〖⇨ -let〗 *n.* 小バト.

dóve·lìke *adj.* ハトのような; 優しい, 柔和な.

do·ven [dóːvən] *vi.* = daven.

Dó·ve prìsm [dóuvə- | dáu-; *G.* dóːvə-] 〖← ? *Heinrich W. Dove* (1803-79: ドイツの物理学者)〗 — *n.* 《光学》ドーフェのプリズム《望遠鏡系のなかに入れ, 像の上下あるいは左右を反転させるのに用いる台形のプリズム; cf. Porro prism》.

Do·ver [dóuvə | dáuvə(r] 〖OE *Dofre* ← OCelt. **Dubrā* the waters (Welsh *dwfr* water): cf. OE *Doferware brōc* 《原義》the brook of the people of Dover (現名 *Dour*)〗 *n.* **1** イングランド南東部, Kent 州東部の海港, フランス海岸に最も近い; 人口 35,000 (⇨ Cinque Ports). **2** 米国 Delaware 州の首都; 人口 18,000.
when Dover and Calais meet 決して…ない (never).

Dover, the Strait(**s**) **of** *n.* ドーバー海峡《英仏間の海峡でイギリス海峡と北海とを結ぶ; 最短距離 30 km; フランス語名 Pas de Calais》.

Dó·ver's pówder [dóuvəz- | dáuvəz-] 〖← *Thomas Dover* (1660-1742: 英国の医師)〗 *n.* 《薬学》ドーブル散, アヘン吐根散《発汗・鎮痛剤》.

dóve's-fòot 〖葉の形から〗 *n.* (*pl.* **~s**) 《植物》= geranium 1 b.

dóve shéll 〖その色にちなむ〗 *n.* 《貝類》タモトガイ科フトコロガイ属 (*Columbella*) の巻貝の総称.

dóve·tàil 〖ほぞの形とハトの尾との類似から〗 — *n.* 《木工》蟻(ｱﾘ), ばち形《ハトの尾のように先端のひろがった形》: a ~ tenon 蟻枘(ｱﾘﾎｿﾞ) / ⇨ dovetail joint. — *vt.* **1** 《木工》蟻枘で接合する, 〔…に〕蟻継ぎする 〔*in, into, to*〕. **2** 〈事実などを〉〔…に〕緊密につなぎ合わせる, ぴったりはめる 〔*in, into*〕; …にぴったりはまる. — *vi.* 緊密につながり合う; 〔…に〕適合する 〔*into, with*〕. **~·er** *n.*

dóve·tàiled *adj.* **1** ハトのような尾をした. **2** 蟻枘(ｱﾘﾎｿﾞ)で接合した. **3** 《紋章》ハトの尾の形をした (⇨ heraldry 挿絵 F).

dóvetail jòint *n.* 《木工》 **1** 蟻(ｱﾘ)継ぎ《一方の木の端を蟻 (dovetail) の形にして造った継ぎ手》. **2** 蟻掛け.

dóvetail plàne *n.* 《木工》蟻鉋(ｱﾘｶﾞﾝﾅ).

dóvetail sàw *n.* 《木工》枘挽鋸(ﾎｿﾞﾋｷﾉｺ)《縦挽鋸の一種; 枘を正確に挽くため薄い刃と狭い挽目をもち, 背金がつく; 家具・模型製作などの精密作業用》.

dovetail joints 1

dóve trèe *n.* 《植物》ダビディア, ハトノキ (*Davidia involucrata*)《中国原産の落葉高木; 白い花の形がハトに似ている》.

dóv·ish [-vɪʃ] *adj.* **1** ハトのような. **2** ハト派的な, 和平的な (cf. dove *n.* 5, hawkish 2): ~ ministers ハト派の閣僚. **~·ly** *adv.* **~·ness** *n.*

dow¹ [dáu] *n.* 《海事》= dhow.

dow² [dáu, dóu | dáu, dáu] 〖OE *duġan* < Gmc **duʒan* (Du. *deugen* / G *taugen* / ON *duga*): ⇨ doughty〗 — *vi.* (**~ed, dought** [dáut]) 《スコット》 **1** …できる (cf. downa). **2** 成功する, 栄える. **3** 回復する. **4** [通例否定語と共に] 行動すべきだと十分に感じる.

Dow [dáu] *n.* 《米口語》《証券》= Dow-Jones average.

Dow [dáu], **Gerard** *n.* = Gerard Dou.

Dow. 《略》Dowager.

dow·a·ble [dáuəbḷ] 〖▭ AF ~ ← OF *douer* (↓): ⇨ -able〗 *adj.* 《法律》(法的に)寡婦産を受ける資格のある.

dow·a·ger [dáuɪdʒə | dáuədʒə(r, dáuɪdʒə(r] 〖《1530》 ▭ OF *douag(i)ere* ← *douage* dower ← *douer* to endow < L *dōtāre*: cf. endow〗 — *n.* **1** 《法律》亡夫から財産・爵位を継承している寡婦, (特に王・貴族などの)未亡人《嗣子に妻のある場合にそれと区別するために次の例のように爵位と並記》: a princess ~ 親王未亡人 / a queen ~ (王国の)太后 / an empress ~ (帝国の)皇太后 / a ~ duchess 公爵未亡人. **2** 《口語》(威厳のある)中年の貴婦人. — *attrib. adj.* dowager の[に関する].

Dow·den [dáudn], **Edward** *n.* (1843-1913) アイルランドの英文学教授・批評家・詩人; *Shakespeare, His Mind and Art* (1875).

dowd·y [dáudi | -dɪ] 〚(1581)← *dowd* dowdy woman (< ME *doude* slut ← ?)+-Y²〛 **—** *adj.* (**dow·di·er**; **-di·est**) 〈女(の容姿・服装)など〉だらしない, 下品な; むさくるしい, みすぼらしい; 流行遅れの, やぼったい. **—** *n.* **1** (身なりの)むさくるしい[下品な]女. **2** 《米》=pandowdy. **dów·di·ly** [-dɪli, -də-, -dḷi | -dɪlɪ, -də-] *adv.* **dów·di·ness** *n.*

dów·dy·ish [-diɪʃ] *adj.* ややだらしがない, やぼくさい (somewhat dowdy).

dów·dy·ism [-diìzm] *n.* むさくるしさ, だらしなさ (dowdiness).

dow·el [dáu(ə)l | dáu(ə)l, dáuel] 〚(*c*1300) ⇨? MLG *dovel*: cf. G *Döbel*, *Dübel* plug, peg〛 **—** *n.* **1** 〚木工・石工〛(接合用)合せ釘, 太枘(ほぞ), 枘(ほぞ), ジベル《木材接合用の特殊の金具; dowel pin ともいう》. **2** 〚歯科〛合釘(ごう)《人工の歯冠を歯根に継ぐ金属棒; post ともいう》: a ~ crown 継続歯. **—** *vt.* (**dow·eled, -elled**; **-el·ing, -el·ling**) 〚木工〛合せ釘[太枘, ジベル]で接合する[合せる].

dowels 1

dówel scrèw *n.* 〚木工〛太枘(ほぞ)つぎねじ, 枘(ほぞ)ねじ, ねじ太枘.

dow·er [dáuə | dáuə(r)] 〚(*a*1387) ⇨ (O)F *douaire* ⇨ ML *dōtārium* ← L *dōs* dowry〛 **—** *n.* **1** 〚法律〛寡婦産《亡夫遺留不動産のうち寡婦が終身受ける部分; cf. widow's third [tierce], paraphernalia》. **2** 《古・詩》= dowry 1. **3** 天賦の才能, 資性, 生れつきの資質 (natural gift)《美貌・知性・健康など》. **—** *vt.* **1** 〈人〉に寡婦産[嫁資]を与える; 寡婦産として与える〔*with*〕. **2** 〔才能・資性などを〕…に賦与する, 授ける, 与える (endow) 〔*with*〕.

dówer chèst *n.* =hope chest.

dówer hòuse *n.* 〚英法〛寡婦用住居《相続によって住宅が相続人に移った場合にも寡婦産 (dower) の一部として特に寡婦のために留保される住居》.

dówer·less *adj.* 寡婦産のない.

dowf [dáuf, dú:f] 〚⇨? ON *dauf-r* 'DEAF'〛 *adj.* 《スコット・北英》気力[熱意]のない (listless); 陰気な.

dow·ie [dáui, dóui | dáuɪ, dóuɪ] 〚《古形》*dolly* ←? ME *dol(l)* 'DULL': ⇨ -ie〛 *adj.* (**dow·i·er**; **-i·est**) 《スコット》寂しい, 悲しい (doleful); 重苦しい, 憂鬱な.

dow·itch·er [dáuɪtʃə, dáuə- | dáuɪtʃə(r)] 〚←? N-Am.-Ind.〛 **—** *n.* (*pl.* **~s**, ~) 〚鳥類〛オオハシシギ《北米・アジア産シギ科オオハシシギ属 (*Limnodromus*) のシギの総称; オオハシシギ (*L. scolopaceus*) など》.

Dów-Jónes áverage [dáudʒóunz-] 〚← *Charles Henry Dow* (1851-1902) と *Edward D. Jones* (?-1920): 共にダウジョーンズ社の創始者〛 **—** *n.* 〚証券〛[the ~] ダウ ジョーンズ平均(株価)《米国のダウ ジョーンズ社が計算・公表する平均株価》: on *the* ~ ダウ式平均株価で[によって].

Dów-Jónes Indústrial Áverage *n.* ⇨ D.J.I.A.

Dow·land [dáulənd], **John** *n.* (1563?-1626) 英国のリュート奏者・作曲家.

dow·las [dáuləs] 〚ME *dowles* ← *D(a)oulas* (Brittany の Brest 付近の原産地名)〛 **—** *n.* 《英》ダウラス《16-17 世紀ごろ多く用いられた荒い生地のリンネルまたは綿布; 今は同上まがいの丈夫なキャラコ》.

Dow·met·al [dáumèṭl | -tl] 〚← *Dow Chemical Co.* (米国の製造会社名)〛 *n.* 〚商標〛ダウメタル《アルミニウム・マンガン・シリコンを含むマグネシウム合金》.

down¹ [dáun] 〚OE *dūn* hill < Gmc **dūnaz* (Du. *duin*) ⇨? OCelt. **dūnom* (Ir. *dún* fort: cf. town) ← IE **dheu-* fortified, enclosed place: cf. dun³, dune〛 **—** *n.* **1** 《古》[通例 *pl.*] (海岸地方の)砂丘 (dune). **2** [通例 *pl.*] (特にイングランド南部で牧羊に適する)小高い草原地, 丘原 (cf. Downs 1). **3** [D-] ダウン《Downs 地方原産一品種の羊》: ⇨ Southdown.

down² [dáun] 〚(*c*1350) ⇨ ON *dūnn* ← Gmc **duns-* 《原義》fine like dust: ⇨ dust〛 **—** *n.* (*pl.* ~, **~s**) **1** **a** (鳥の)綿毛(わたげ)《羽ぶとんなどに入れる柔らかい羽毛》: (as) soft as ~ / a bed of ~ ⇨ bed 成句. **b** (*pl.* **~s**) 綿羽(めんう). **2** (綿毛に似た)柔らかい毛; (幼児・幼獣などの)うぶげ, (顔などの)柔毛(にこげ). **3** 〚植物〛**a** (タンポポなどの)冠毛. **b** (桃などの果実にはえた)綿毛.

down³ 〚lateOE *dūne* 《頭音消失》← *adūne* < OE *of dūne* from (the) hill: ⇨ down¹, adown〛 **—** [dáun] *adv.* **1** [運動・方向] (高い所から)低い所へ, 下って, 降りて, 下へ[に, を], 下方へ[に] (↔ up): climb ~ 手足を使って降りる / drag ~ 引き倒す / fall ~ 落ちる, 倒れる / get ~ (車などから)降りる / blow ~ 吹き倒す / burn ~ 焼け落ちる / look ~ 見おろす / pull ~ 引きおろす, 引き倒す / run ~ 走り下る / set a person ~ 人をおろす / sink ~ 沈下する / go ~ on one's knees=kneel ~ ひざまずく / knock ~ 打ち倒す / lay ~ 下に置く / let ~ 下ろす, 下げる / lie ~ 横臥(おうが)する, 横になる / tumble ~ 転倒する / be brought ~ 下ろされる; 射落とされる.
2 下(しも)に, 下手に; (流れを)下って; (上位から)下位へ; 《英》(都市から田舎へ)下って; 《米》町(の方)へ(cf. downtown); 鉄道の終点へ向って; (上院から)下院へ; 《米》(北から)南へ, 南方へ《★ 最近では《英》でもこの用法が一般的になってきた》: go ~ to the coast / go ~ from town 町から田舎へ行く / go ~ to the country 田舎へ行く / go ~ to Norfolk from Scotland スコットランドからノーフォークへ下る / flow ~ 流れ下る / be brought ~ by the river 川に流されて来る / go ~ from Oxford オックスフォード(大学)を退く《卒業してまたは退学して》/ go ~ to Scotland (ロンドンから)スコットランドへ行く / go ~ to one's office in the city 町の事務所へ行く / ~ in Kent 南のケント州に[で] / ~ in the south 南部地方に[で] / ~ East [east] 《米口語》(New England の)東部海岸地方(特に Maine 州)へ[で] / ~ South [south] 《米口語》南部諸州へ[で] / go ~ east [south] 《米口語》東部[南部]地方へ行く (cf. down East, down south) / send ~ 下げる; 下げ渡す; (上院から下院へ)回付する / The Bill is ~ for its second reading. その議案は下院の第二読会に回されている / sail ~ 〈船が〉南下する / up and ~ あちらこちらへ / Coming ~, left center. 舞台の左手中央を前方へ進み出る《ト書》.
3 下って(いる); (上階などから)降りて(いる); 〈戸などが〉下ろして(ある); 〈日が〉没して[沈んで](いる); 〈潮が〉引いて(いる); 〈温度が〉下がって(いる); 〈風が〉静まって, ないで; 〈音・ボリュームが[を]〉下がって[下げて], 低くなって: leave the blinds ~ (日よけの)窓掛けを下ろしておく / He is not ~ yet. まだ(寝室から食堂へ)降りて来ない / The sun is ~. 太陽は没している / The tide is ~. 潮が引いている / The wind has gone [died] ~. 風がないだ.
4 倒れて, 伏して, のめって(いる) (prostrate); 〔病気で〕寝て(いる)〔*with*〕: be flat ~ on the ground [floor] 地面[床]の上にぴたりと伏している / be ~ on one's back あお向けに寝て[倒れて]いる / We have now about 30 men ~. 約 30 人病気で寝て[倒れて]いる / be ~ *with* a cold 風邪で寝ている / hit a person who [when he] is ~ 倒れている人を打つ; 《比喩》屍(しかばね)にむちうつ.
5 出所[隠れ場所]まで: track [run, ride, hunt] ~ 〈獲物を〉追いつめる.
6 弱りきって, (健康が)衰えて (enfeebled); (意気などが)沈んで (depressed): be ~ in health 健康が衰えている / put a person ~ 人を弱らせる[意気消沈させる] / He is thoroughly [utterly] ~. すっかり衰弱して[元気が衰えて]いる / ~ in the dumps ⇨ dump³ 1 / frown [hiss, hoot, howl, shout, talk] a person ~ しかめっ面をして[しっしっと言って, やじって, どなって, 大声をあげて, いい負かして]人を黙らせる.
7 完全に制御[停止, 静止]できるまでに: tie ~ a struggling dog 暴れる犬を縛りつける / Now calm ~. まあ落ち着きなさい.
8 〈物が〉下がって, 下に傾いて[垂れて, 突き出て]: be ~ on the left side 左側が下がっている / ~ by the head [stern] 〚海事〛船首脚(あし)[船尾脚(あし)]で《船首[船尾]の喫水が船尾[船首]の喫水よりも大で》/ ⇨ *down at* (*the*) HEEL(*s*).
9 〈値が〉下がって(いる) (cheaper); 〈質が〉低下して, 劣って, 落ちて; 〈身分・地位・評判などが〉下がって, 低くなって, 落ちぶれて; 〈産額・出生率などが〉下がって: Bread is ~. パンが安くなっている / bring ~ the price 値を下げる / Our stocks and shares are ~. 株が下がっている / come ~ in the world 落ちぶれる / ~ in the world 零落して / He is ~ to his last penny. 最後の一文になるまで落ちぶれている.
10 (量が)少なく, (かさが)つまって, 微粒子になって: boil ~ 煮つめる (cf. boil² の成句) / water ~ the whiskey ウイスキーを水で割る / ⇨ GRIND *down* / wear ~ すり減らす / thin ~ 〈液体を〉薄める.
11 本腰を入れて, 真剣に, 真面目に: get [settle] ~ to work 本気で仕事にとりかかる.
12 **a** [時間関係] (初期から)降(くだ)って, (昔から)このかた, 近時に至るまで: from Chaucer's time ~ to the time of Elizabeth I チョーサーの時代から降ってエリザベス一世の時代まで / hand ~ to posterity 後代[子孫]に伝える / look ~ through the ages 時代を現代まで通観する. **b** [上下関係] (上は…から)下は…に至るまで: from King ~ to cobbler 上は王様から下は靴直しに至るまで.
13 その場で, 現金で (in cash): pay [cash] £10 ~ 10 ポンド現金で払う / half ~ and half in monthly payments 半額即金半額月賦で / ⇨ CASH¹ *down*. ★「テーブル[帳場]の上へ置いて」が原義.
14 紙に記して, 文書に: take [get, have, lay, put, write] ~ 書き取る.
15 最大限に, ぎりぎりのところまで: load ~ 満載する.
16 〚野球〛アウトになって: two ~ 二死で.
17 **a** (ゴルフ・テニスなどで得点などが)…リードされて, …ダウン (↔ up): He was one [two] ~. 一[二]ホール[点]負け越していた / Our team is two goals ~. わがチームは 2 ゴールリードされている. **b** 損をして: I was £10 ~ on the transaction. その取引きで 10 ポンド損をした.
18 〚海事〛下に(向って), 下向きに; 風下に; 舵柄を風上に向けて(船首は風下に).
19 《俗》感づいて, 気づいて: You're ~ to every move. あなたは万事心得ているんですね.
20 [命令文でまたは助動詞の後で動詞を省略して]: *Down*, Fido good dog! さあファイドウ, おすわり / I must ~ to the seas again. また海へ行かねばならぬ.
21 予定されて, 段取りになって (on program): The committee is ~ for Friday. 委員会は金曜日に予定されている / I am ~ to speak at the party. そのパーティーでスピーチをする予定だ.

be down on [***upon***] (1) 《口語》…に飛びかかる; …をいじめる, 虐待する. (2) 《俗》…に気づいている: I'm ~ *on* it all. そのことは一部始終承知している. (3) …に反対する, 賛成しない: I *am* ~ *on* such doings. そんなやり口は好かない. ***down and out*** 身体が弱って; 打ちのめされて[た] (down-and-out). ***down to the ground*** [***to earth***] 《口語》すべての点で, 全く, 徹底的に: It suits me ~ *to the ground*. それは私には全くおあつらえ向きだ. ***down under*** ⇨ down under. ***down with*** [命令法に使った動詞 put などを省いて] (1) …を即座に出せ: *Down with* your money! あり金を出してしまえ. (2) …をやっつけろ, ぶっつぶせ, 打倒せよ: *Down with* the despot! 暴君をやっつけろ. (3) …を下へ置く, 地面へ下ろす: *Down with* your gun! 銃を捨てろ. ***up and down*** ⇨ up 成句.

— [daun, dàun, dáun] *prep.* **1** (高所から)…を下って, 下方に: The bus came ~ the hill. バスは岡を下ってやって来た / The road goes [runs] ~ (the) hill. その道はだらだらと下りになっている / The child fell ~ the stairs. 子供は階段をころげ落ちた / A stroke paralyzed him ~ one side. 卒中で彼は半身不随になった. **2** 〈流れ・風(の方向)〉に沿って, 下って; …の下手に; …を南へ, 南方に (↔ up): go ~ the river 川を下る / live ~ (the) stream 川の下手に住む (cf. downstream) / ~ (the) wind 風下に / ⇨ *let go down the* WIND¹ / sail ~ the China Sea シナ海を南下する. **3** (ある地点から)…に沿って, …を: a strip of ground ~ the middle of the yard 庭の中ほどの細長い地面 / go ~ the road toward the church その道を通って教会の方へ行く / drive [run] ~ a street 通りを自動車で[走って]行く / walk up and ~ the street 通りを行きつ戻りつする. ★ 平坦な場所について walk, run, pass などの無色の動詞と共に用いる場合や動詞とは関係なく使われる場合は, 手前の方向には down, 遠方へは up が用いられる. **4** [時] …以来(ずっと): ~ the ages 太古以来. **5** 〈舞台〉の前方に: ~ stage. **6** 〈ページ・欄〉を上から下へ: I stopped reading half-way ~ the page. ページの中途で読むのをやめた.

down cellar ⇨ cellar 成句. ***down country*** ⇨ country *n.* 成句. ***down the line*** ⇨ line² 成句. ***down town*** ⇨ downtown *adv.*

— [dáun] *adj.* (最上級 ~**most**) **1** 下への, 下方への; 〈視線・顔が〉うつ向きの: a ~ leap 飛下り / a ~ look うつ向きかげんの顔 / a ~ escalator 下りのエスカレーター. **2** 下降の (descending); 下り坂の (sloping): ⇨ downslope / be on the ~ grade 下り勾配(こうばい)である. **3** しょげた, 落胆した (depressed): a ~ face, expression, etc. ★《英》ではこの意味の Attributive な用法は《廃》⇨ *adv.* 6. **4** 〈列車など〉(中央駅[《英》ロンドン]から地方に向かう)下りの; 下り線の: a ~ train 下り列車 / a ~ subway [tube] 下りの地下鉄(線) / a ~ line [platform] 下り線[ホーム]. **5** 即時現金での: money [cash] ~ 即金 / ⇨ down payment. **6** (改修などのため)閉鎖した: a ~ watermill 閉鎖中の水車小屋 / The works will be ~ indefinitely. 工場は無期限に閉鎖されよう. **7** 完了[終了]して (completed), 始末して: two problems ~, one to go 問題の二つは終了で, 残りが一つ. **8** 〚アメリカンフットボール〛ダウンの[で]. ★ 次の三つの中どれかの理由でボールがプレーされない状態にある場合にいう: (1) ボールが停止した時. (2) ボールを持つ選手がタックルされた時. (3) レフェリーが競技を停止した時. **9** 〈競馬などに〉賭けた〔*for*〕.

— [dáun] *v.* **—** *vt.* 《口語》**1** おろす; 〈飛行機などを〉射落す; 投げ倒す, 打ち倒す; 屈服させる (subdue): *Down* oars! オール降ろせ / His horse ~*ed* him two times. 馬は彼を 2 回振り落とした / He is not to be ~*ed* by censure. 非難されて屈服するような男ではない. **2** (試合などで)打ち負かす (defeat). **3** 〈酒などを〉飲みほす; 〈食物などを〉飲み込む, 食べる: ~ a glass of beer. **4** 《英》飲んで忘れる (drink down): ~ one's sorrow. **5** 〚アメリカンフットボール〛〈ボールを〉ダウンにする (⇨ *adj.* 8). **—** *vi.* 降りる, 下る.

down tools ⇨ tool 成句.

— [dáun] *n.* **1** 下降, 下り. **2** [*pl.*] 衰運, 不振: the ups and ~*s* of life, fate, etc. ⇨ up *n.* 成句. **3** 《口語》恨み, 嫌い: have a ~ *on* a person 人を恨む[嫌う]. **4** (犬の)おすわり. **5** 《米俗》=downer 1. **6** 〚アメリカンフットボール〛ダウン《ボールを持っているプレーヤーがプレーの領域から外へ出て, そのボールが dead ball となること》. **7** 〚バドミントン〛ダウン《ダブルスで, サーブ側が得点せず, その結果その時のサーバーがサーブ権を失うこと; cf. hand-out b》. **8** 〚レスリング〛ダウン(をとること). **9** [the ~] 〚ドミノ〛= pose¹ 5.

Down [dáun] 〚← (O)Ir. *dún* hill < OCelt. **dūnom* (Welsh《廃》*din* fort): ⇨ down¹〛 **—** *n.* 北アイルランド Ulster 地方南東部の州; 人口 482,000, 面積 2,466 km², 首都 Downpatrick [daunpǽtrɪk].

down- [dáun] down³ の意の連結形: *down*hill.

dow·na [dáunə] 〚← DOW²+NA〛 *vi.* 《スコット》できない (cannot) (cf. dow² *vi.* 1).

dówn-and-óut *adj.* **1** **a** (身体の)弱った. **b** 落ちぶれ果てた, 食いつめた. **2** 〈ボクサーが〉打ちのめされた, ノックダウンされた. **—** *n.* **1** 弱った[落ちぶれた; ノックダウンされた]人. **2** 〚トランプ〛(ブリッジで)高低 2 枚の同種札を続けてプレーし, 3 回目は切り札で切れることをパートナーに示す戦法》.

dówn-and-óuter *n.*《米口語》＝down-and-out 1.
dówn-at-héel *adj.*《口語》**1** 靴のかかとがすり減っている；貧しい, みすぼらしい；だらしない. **2** 営業不振の. **3** 不健康な.
dówn-at-the-héel *adj.*《口語》＝down-at-heel.
dówn·bèat *n.* **1**〖音楽〗**a** (指揮者が小節の第1拍や強拍を指示するために)指揮棒[腕]を上から振りおろす動作. **b** 強拍, 下拍, 小節の第1拍 (cf. upbeat 2). **2**〖音楽〗(ジャズで $^4/_4$ 拍手の)第2拍または第4拍. **3** 減退, 衰微 (decline). **4**《米口語》退屈 (boredom)；間抜け. — *adj.* **1**《口語》暗い, 悲観的な, 冷酷な写実の；みじめな, 不幸な：a ～ street. **2** くつろいだ, (語調の)穏やかな. **3**《米口語》退屈な；間抜けな.
dówn-bélt·ing *adj.* **1** 〈雨が〉どしゃぶりの. **2**《米口語》流れが速い (fast flowing).
dówn-bòw [-bòu|-bəu] *n.*〖音楽〗下げ弓, ダウン ボウ《弦楽器で弓を右へ引いて, 手元から先端の方へ用いる奏法；記号 ⊓；↔ up-bow》.
dówn·càst〖(1602)〗— *adj.* **1** 〈目が〉うつ向きの, 下向きの (cast down)：sit with ～ head うつ向いて座る. **2** 〈人が〉うなだれた, しおれた (dejected). — *n.* **1**《まれ》破滅, 滅亡 (ruin). **2** うつ向き加減, 伏し目勝ちな態度, 憂鬱な顔付き. **3**〖鉱山〗入気(にゅうき)(立坑), 通気(立坑) (↔ upcast). **4**〖地質〗＝downthrow 1.
dówncast sháft *n.*〖鉱山〗入気立坑, 通気立坑.
dówn·còme *n.* **1**《古》落下, 墜落 (downfall)；零落 (comedown), 失墜, 不面目. **2**〖機械〗＝downcomer.
dówn·còmer *n.*〖機械〗**1** 熱い蒸気を下に送るダクト[筒, 管]. **2** 降水管.
dówn·cóuntry *adj., adv.* **1** 平野地方の[で, へ]. **2** (特に米国の)海岸地方の[で, へ].
dówn cóuntry *n.* **1** 平野地方, 低地帯. **2** (特に米国の)海岸地方.
dówn·cóurt *adv., adj.*〖バスケットボール〗ゴールの方向に[の].
dówn·dràft *n.* (煙突などの)吹き込み, 下降通風.
dówn Éast, d- e-, D- E-《米口語》*n.* New England 地方；(特に) Maine 州 (cf. down^3 *adv.* 2). — *adv., adj.* 米国東北沿岸地方(およびカナダの沿海州)へ(の)[で(の)]；(特に) Maine 州へ(の)[で(の)].
dòwn éaster, D- E- *n.* **1**《米口語》東部沿岸地方人《New England の東海岸, 特に Maine 州の人》. **2**〖海事〗19 世紀の末 New England (特に Maine 州)で建造された[から出帆した]帆船.
dówn·er *n.*《米俗》**1** 鎮静剤, (特に)バルビツル酸塩 (barbiturate)《単に down ともいう；cf. upper 6》. **2** 退屈な人[事]. **3** (強さなどの)下降, 減少.
dówn·fàll〖(*a*1325)〗— *n.* **1** (急激な)落下, 転落：a ～ of rocks 岩の落下 / a ～ earthquake 陥落地震. **2** (雨・雪などの)大降り (heavy fall). **3** **a** (要塞などの)陥落, (家・国家などの)没落, 滅亡 (overthrow). **b** (内閣の)瓦解. **4** (権威などの)失墜, (精神的)堕落；(人の)没落(の原因)：A woman can be the ～ of a man. 女は男の命とり(になることもある). **5**《米》(上から重石などが落ちてくる仕掛けの)わな (trap) (cf. deadfall).
dówn·fàllen *adj.* **1** 墜落した. **2** 倒れた. **3** 没落[陥落]した.
dówn·fíeld *adv., adj.*〖アメリカンフットボール〗ダウンフィールドで[の]《スクラム線よりゴールラインまでのディフェンスのいるフィールドにいう》.
dówn·fòld *n.*〖地質〗向斜《地層の下方への褶曲(しゅうきょく)》.
down·grade《米》[ˊˋ] *adj., adv.* 下り坂の[に]. — *n.* [ˊˋ] 下り坂, 下り勾配(こうばい).
on the downgrade 没落しかかった[て], 落ち目の[で], 左前の[で].
— [ˊˋ] *vt.* **1** …の地位[階級]を下げる, 格下げする. **2** …の品質を下げる, 重要性[値打ちなど]を下げる[落とす], 汚す. **3** けなす, 見下げる (belittle). **4** 〈書類〉の秘密順位を下げる《例えば top secret から secret へ格下げするなど》.
dówn·hàul *n.*〖海事〗(jib や staysail を引き降ろすのに使う)降ろし綱[索].
dówn·héarted〖(*a*1774)〗*adj.* 落胆している, 意気消沈した. **～·ly** *adv.* **～·ness** *n.*
down·hill〖(1591)〗— [ˊˋ] *n.* **1** **a** 下り坂 (descent)；下り斜面. **b** 衰退 (decline)：the ～ of life 人生の下り坂, 晩年. **2**〖スキー〗ダウンヒル競技, 滑降競技. — [ˊˋ] *adj.* **1** 下り(坂)の (declining). **2**〖スキー〗ダウンヒル[滑降]競技の[に適した]：a ～ racer [slide]. **3** 一層悪くなって, 衰えて, 落ち目になって. **4** 困難でない, やさしい. — [ˊˋ] *adv.* 下り坂に, (丘・斜面を)下って, 下の方に：run ～.
go downhill 丘[坂]を下って行く；〈健康・家運などが〉衰えていく；堕落する.
dówn·hìll·er *n.*〖スキー〗ダウンヒル競技者[選手].
dówn-hóme *adj.*《米口語》(米国の)南部的な；田舎風の, 素朴な：a ～ lunch.
dówn·i·ness *n.* 柔毛状；柔毛質, (綿毛のような)快い柔軟性.
Dówn·ing Strèet [dáunɪŋ-]〖← *Sir George Downing* (1623–84：アイルランド生れの英国の外交官)〗— *n.* **1** ダウニング街《London の Westminster にある官庁街；その 10 番地 (No. 10) に首相官邸がある》. **2**《口語》(英国の)現内閣, 現政府, 外務省, 首相：find favor in ～ 現政府に受けがよい.
dówn·lànd *n.* 傾斜牧草地.
dówn·lèad [-lìːd] *n.*《英》〖通信〗(アンテナの)引込み線 (lead-in).
dówn milling *n.*〖機械〗＝climb milling.
dówn páyment *n.* **1** (分割払いの)頭金：How much will the ～ be? **2** 現金払い.
dówn·pìpe *n.*《英》〖建築〗＝downspout.
dówn·plày *vt.*《米》重視しない, 軽視する：～ one's success 自分の成功[勝利]をそれほど大したことはないと思う[いう].
dówn·pòur *n.* (太陽光線などの)降り注ぎ, (特に)雨のどしゃ降り, 大降り, 豪雨：a ～ of rain 豪雨.
dówn·ránge《米》*adv.* 〈ミサイルなどが〉射程に沿って：fire ～. — *adj.* (ミサイルの)射程地域[実域]の.
dówn·rìght〖(?*a*1200)〗— *adv.* **1** ざっくばらんに (without ceremony). **2** 徹底的に, 完全に, よくよく；とても：be ～ angry / I'm ～ glad you take that sensible view of it. お前がそのようにものの分かった考え方をするのはとてもうれしい. **3**《古》まっすぐ下に(向かって), 垂直に. — *adj.* **1** 〈人・返答などが〉はっきりした, 露骨な, 率直な：a ～ speech 率直な話しぶり / a ～ no 明確な否定 / He is very ～ *about* things. 彼は自分の考えをはっきり言う. **2** 全くの, まぎれもない (out-and-out)：a ～ lie 真っ赤な嘘. **3**《古》真下に向かう, まっすぐ下をねらった. — *n.* **1** [通例 *pl.*] 繊維の短い下等な羊毛. **2** [the ～]《英俗》物乞い. **～·ly** *adv.* **～·ness** *n.*
dówn·rìver *adj.* (川の)下流の, 下流にある；下流に向かう (↔ upriver). — *adv.* 下流へ向かって.
dówn·rùsh *n.* 勢いよく駆け下りる[流れ下る]こと.
Downs [dáunz]〖⇨ down^1, -s^1〗— *n. pl.* [the ～] **1** ダウンズ(丘陵)《イングランド南部および南東部地方の低い丘陵地帯；南部中央を西から東に広がる North Downs と Dorsetshire 州西部から Sussex 州の東部に伸びる South Downs とがある；cf. down^1 2》. **2** Dover 海峡沖の停泊地；イングランドの南東端と Goodwin Sands の中間にある.
dówn·shìft *vi., n.* (自動車の)ギヤを1段下げる(こと), ギヤを低速側に入れる(こと).
dówn·sìde *n.* **1** 下側 (underside)：*on* the ～. **2** (価格などの)下り坂, 下げ気味：*on* the ～.
downside up 逆さになって, ひっくり返って.
dówn·sìze *vt.*《米》〈車を〉小型[軽量]化する.
down·slope [ˊˋ] *n., adj.* 下り坂(の), 下り勾配(こうばい)(の). — [ˊˋ] *adv.* 下り坂で.
Dówns·man [-mən] *n.* (*pl.* **-men** [-mən, -mèn])《英》ダウンズ(丘陵) (Downs) の住民.
dówn sóuth, d- S- *n.*《米口語》南部, 南部諸州；(特に)最南端(の地方) (cf. down^3 *adv.* 2). — *adv.* **1** 南に[で]. **2**《米口語》南部(諸州)に[で].
dówn·spòut *n.*《米・カナダ》〖建築〗(雨樋(とい)の)縦樋.
Dówn's sýndrome [dáunz-]〖← *John Langdon Haydon Down* (1828–96：英国の医師)〗— *n.*〖病理〗ダウン症候群《染色体異常による精神薄弱の一種；旧称 Mongolism》.
down·stage [ˊˋ] *adv.* **1**〖劇場〗舞台の前方に (↔ upstage). **2** 映画[テレビ]のカメラの方向に. — [ˊˋ] *adj.* **1**〖劇場〗舞台前方の. **2**《口語》人好きのする, 親しみやすい (friendly). — [ˊˋ] *n.*〖劇場〗舞台の前方.
dówn·stàir *attrib. adj.* ＝downstairs.
dówn·stáirs〖← *down the stairs*〗— *adv.* **1** 階下へ[に, で], (上階から)下へ[に]：go [come] ～ 下へ降りる[降りて来る]. **2**《口語》〖空軍〗地上に(近く). — *attrib. adj.* 下の階の, (特に)階下の：a ～ room. — *n. pl.* [単数または複数扱い] **1** 階下；下の階《一層または数層》, (特に)一階；階下の部屋全部；[集合的] 階下に住む人々；(しばしば家の)召使たち. **2** 下り階段.
dówn·stàrt *n.* **1** 家柄はよいが財産のないアイルランド人. **2** (良家の出で)ろくな暮しのできない二男[三男]坊(など). **3** 家柄を実際より低くふれ込む人.
down·state《米》[ˊˋ] *n.* (州の中で大都市から離れた)州の南部, 州南. — [ˊˋ] *adj.* 州南(から)の：～ Illinois pronunciation イリノイ州南部の発音. — [ˊˋ] *adv.* 州南に[から], 州南へ. **dówn·stát·er** [-ṭə|-tə(r] *n.*
dówn·stréam *adv., adj.* 川下に[の], 流れに沿うて[た], 流れを下って[た]：drift ～ 川下へ流れる.
dówn·stròke *n.* **1** (ピストンなどの)下り行程；(指揮棒の)下への一振り. **2** (筆跡の)下向きの一筆[一画].
dówn·swìng *n.* **1**〖ゴルフ・野球〗ダウンスイング. **2** (景気・出産率などの)下向き, 下げ, 下降線, 衰退.
dówn·tàke *n.* (空気・煙・水などを)下方に導く管[煙突]；下方送気[水]管.
dówn-the-líne *adj.* **1** 完全な, 全面的な, 徹底的な, 心からの：a ～ support 全面的な支持. **2**《英》〈バレエダンサーが〉目立たない, パッとしない. **3** (テニスなどネットゲームで)〈ショットが〉コートサイドに沿ってストレートの (cf. crosscourt 2). — *adv.* 完全に, 全面的に, 徹底的に.
dówn·thròw *n.* **1**〖地質〗(断層による地盤の)降り落差, ずれ下がり (↔ upthrow). **2** 転覆, 転倒；征服, 陥落, 滅亡 (overthrow).
dówn tìmber *n.*《米・カナダ》(台風などで)倒れた一面の樹木, 樹木が一面に倒れた地帯.
dówn·tìme *n.* (労働者・機械などの)非稼(か)働時間, 作業中止時間, ダウンタイム《事故・装填・修理などによる》.
dówn-to-dáte *adj.* ＝up-to-date.
dówn-to-éarth *adj.* 実際的な, 現実的な；率直な：a ～ reason 現実的な理由 / a ～ girl (うわついたところがない)堅実な女性. **～·ness** *n.*
dówn·tòner *n.*〖文法〗緩和語.
Down·to·ni·an [dauntóuniən|-táunjən, -nɪən]〖← *Downton* (英国 Hereford and Worcester 州の地名：⇨ down^1, -ton)＋-IAN〗— *adj.*〖地質〗ヨーロッパの最上部サイルリア[シルリア]系の.
down·town《米》[ˊˋ] *adv.* (都市の中心部をなすまたは土地の低い)商業地区に[へ], 都心に[へ], 下町に[へ] (cf. uptown)：live [go] ～. — [ˊˋ] *adj.* 商業地区の, 都心の, 下町の：a ～ store, hotel, cinema, etc. / ～ Los Angeles ロスアンジェルスの商業地区. — [ˊˋ] *n.* 商業地区, 都心, 下町, ダウンタウン, 繁華街.
dówn·tówn·er *n.*《米口語》都心部[商業地区]に住む人, 下町の人；都心[下町]によく行く人.
dówn·trènd *n.* 下押し気配 (downward tendency).
dówn tríp *n.*《米俗》(LSD などによる)不快な幻覚.
dówn·tród *adj.* ＝downtrodden.
dówn·trodden *adj.* 踏みにじられた, (弾圧・暴政などに)しいたげられた, 圧迫された, 圧政の下に苦しむ.
dówn·tùrn *n.* **1** 下方に曲がること；下に曲げた状態：the ～ of her mouth 彼女の口(の下唇)を「へ」の字に曲げた様子. **2** (景気などの)下降, 下押し (decline)；沈滞, 不活発 (slackening).
dówn únder《口語》*adv., adj.* オーストラリア[ニュージーランド]に[の]. — *n.* [時に D- U-] ＝antipodes 1 c.
down·ward [dáunwəd|-wəd]〖? OE *duneweard*：⇨ down^3, -ward〗— *adv.* (↔ upward) **1** **a** 下の方へ[に], 下の方を：look ～ / lie face ～ うつ伏せに横たわる. **b** 源[始まり]から下って：flow ～. **2** 衰えて, 堕落して. **3** [名詞語句のあとに置いて] …以来, このかた：from the 16th century ～ 16 世紀このかた. — *attrib. adj.* **1** 下方への, 下向きの：a ～ slope, movement, etc. **2** 〈成績など〉下へ行く, 下り坂の (descending)；〈相場など〉下押しの：a ～ tendency 下押し気配 / start on the ～ path 下落[堕落]し始める. **～·ly** *adv.* **～·ness** *n.*
dówn·wards [-wədz|-wədz]〖ME：⇨ ↑, -s^2〗*adv.* ＝downward.
dówn·wàrp *n.*〖地質〗曲窪(きょくわ)《地殻のゆるやかな下方への曲り；downwarping ともいう；cf. upwarp》.
dówn·wàsh *n.* **1** (山腹から)押流されるもの《土砂など》. **2**〖航空〗吹降し, 下向き誘導速度《飛行中の翼の後流渦によって翼のある場所および後流部に誘導される下向きの流れ》.
dówn·wìnd [-wínd] *adv., adj.* **1** 風下に[の], 風向きに沿って(動く), 追い風に[の] (leeward)：make a safe ～ landing 安全に追い風着陸をする. **2** 風下側に[の], 風下側にある. — *n.* 追い風.
down·y^1 [dáuni|-nɪ]〖← DOWN^1＋-Y^4〗— *adj.* (**down·i·er**；**-i·est**)〖地質〗〈土地が〉丘原性の；(丘原状に)起伏する：a rolling, ～ country 起伏のある丘原性の地方《丘原が起伏する地方》.
down·y^2 [dáuni|-nɪ]〖← DOWN^2＋-Y^4〗— *adj.* (**down·i·er**；**-i·est**) **1** **a** 綿毛のような, (綿毛のように)柔らかい, ふかふかした. **b** 柔和な (soft)；心の静まる (soothing). **2** **a** 〈ひな鳥が〉うぶ毛のはえた[綿毛でおおわれた]だけの, まだ羽が育たない. **b** 〈果物が〉綿毛のある：～ peaches. **3** 〈枕など〉鳥の綿毛入りの：a ～ pillow. **4** 〈動作など〉穏やかな, やさしい. **5**《俗》〈人が〉(見かけによらず)油断のならない, 抜け目のない, 食えない：a ～ bird 抜け目のないやつ.
dówny míldew *n.*〖植物病理〗**1** べと病菌《ブドウ・ジャガイモ・ウリ類の葉の下面を白変させるベトカビ科の菌》. **2** べと病《その菌による病変》.
dówny wóodpecker *n.*〖鳥類〗北米産の小型のキツツキの一種 (*Dendrocopos pubescens*).
dow·ry [dáu(ə)ri|-rɪ]〖(*a*1338) *dowerie, dowary* ⊏ AF *dowarie*＝(O)F *douaire*：⇨ dower〗— *n.* **1** **a** (新婦の)持参金, 持参の品物(など). **b** (修道女の)持参金(など)《修道志願女が修道院に提供する持参金》. **2**《古》(新郎が新婦に与える)贈物. **3**《古》寡婦産 (widow's dower). **4** 天賦の才能, 資性.
dow·sa·bel [dúːsəbèl, -zə-|dúːsə-]〖← *Dowsabel* (女性名) ← L *Dulcibella*：cf. dulcet, belle〗*n.*《古》(通例女性の)愛人, 恋人 (sweetheart).
dowse^1 [dáus, dáuz|dáus] *v., n.* ＝douse.
dowse^2 [dáuz|dáuz, dáus]〖← ? Corn.〗*vi.* 〔水脈[鉱脈]を〕占い杖 (divining rod) で探る〔*for*〕. — *vt.* 〈水脈を〉占い杖で見つける.
dóws·er^1 [-sə, -zə|-sə(r] *n.* ＝douser.
dóws·er^2 [-zə|-zə(r, -sə(r] *n.* **1** ＝dowsing rod. **2** (占い杖を使う)水脈[鉱脈]占い師.
dóws·ing [-zɪŋ|-zɪŋ, -sɪŋ] *n.* (占い杖による)水脈[鉱脈]探査.
dówsing ròd *n.* 占い杖 (⇨ divining rod).
Dow·son [dáusn̩], **Ernest** (**Christopher**) *n.* (1867–1900) 英国の詩人；*Verses* (1896).
Dów thèory [dáu-]〖⇨ Dow-Jones average〗*n.*〖証券〗ダウ理論《Charles H. Dow などが考え出した株式市場の動向の予想法》.
dow·y [dáui, dóui|dáui, dáʊɪ] *adj.*《スコット》＝dowie.
dox·ie [dáksi|dɔ́ksi] *n.* ＝doxy^2.
dox·og·ra·pher [dɑksɑ́grəfə|dɔksɔ́grəfə(r]〖← NL *doxographus* ← Gk *dóxa* opinion：⇨ -grapher〗— *n.* (主に Plato 以前の古代ギリシャ哲学者の学説・記録に関する)編纂注解者.
dox·o·log·i·cal [dɑ̀ksəlɑ́dʒɪkəl, -dʒə-|dɔ̀ksəlɔ́dʒɪ-] *adj.* 頌栄(しょうえい)歌の；栄誦(えいしょう)の. **～·ly** *adv.*
dox·ol·o·gy [dɑksɑ́lədʒi|dɔksɔ́lədʒɪ]〖(1649) ⊏ ML *doxologia* ⊏ Gk *doxología* praising ← *dóxa* glory, opinion＋*-logia* '-LOGY'〗— *n.*〖キリスト教〗頌栄(しょうえい), 栄誦(えいしょう), 栄光の賛歌《三位一体の神に対

する頌栄; 礼拝式の中で歌いまたは唱える》: the Greater ～=Gloria in Excelsis Deo / the Lesser ～=Gloria Patri.

dox·y[1] [dάksi|dɔ́ksɪ] 〘《1730》← (ORTHO)DOXY // (HETERO)DOXY〙 n. 《米口語・英古》(特に宗教上の)説, 教義 (cf. ism).

dox·y[2] [dάksi | dɔ́ksɪ] 〘《c1530》《変形》← ? Du. 《廃》 *docke* doll : cf. dock[2]〙 ── n. 《古俗》 **1** 浮気女; 売春婦 (prostitute). **2** 情婦, 愛人.

doy·en [dɔ́ɪən, dɔ́ɪ(j)en, dwάːjε̃ː(ŋ), -jæŋ, dɔɪ(j)én, dɔːjén | dɔ́ɪən, dɔ́ɪen, dwάɪε̃ː(ŋ), -æŋ; *F.* dwajε̃] 〘《1670》□ F ～ : ⇨ dean[1]〙 ── n. (*pl.* ～**s** [～z; *F.* ～]) **1 a** (各種団体の)古参者, 長老; 首席(者) (senior member) (cf. dean[1] 5): the ～ of the corps diplomatique 外交団(の古参の)首席. **b** (専門分野などの)第一人者, 大御所. **2** (ある部類の)最古の例, 草分け.

doy·enne [dɔɪ(j)én, dɔːjén, dwɑː- | dɔ́ɪen, dɔɪén, dwaɪ-; *F.* dwajεn] 〘□F ～ (fem.) (↑)〙 n. 女性の doyen.

Doyle [dɔ́ɪl], Sir **Arthur Conan** n. (1859–1930) 英国の推理小説家; 名私立探偵 Sherlock Holmes と Dr. Watson とのコンビを創造した; *The Adventures of Sherlock Holmes* (1891).

doy·ley [dɔ́ɪli | -lɪ] n. (*also* **doy·ly** [～]) 《英》=doily.

doz. 《略》 dozen(s).

doze[1] [dóuz|dәuz] 〘《1647》《廃》 to stupefy ← ? LG // ON : cf. ON *dúsa* to doze / OFris. *dusia* to feel dizzy〙 ── vi. **1** 居眠りする, うたた寝[仮睡]する(drowse) 〈*off, over*〉: ～ *over* a book 本を読みながらうたた寝する / ～ *off* (*to* sleep) うとうと眠る. **2** ぼんやり[ぼーっ]としている. ── vt. 〈時を〉うとうと過ごす 〈*away, out*〉: ～ *away* one's time. ── n. **1** まどろみ, うたた寝, 仮寝: fall [go off] *into* a ～ うとうと眠る. **2** (木材の)腐朽 (dote).

doze[2] [dóuz | dәuz] 〘《逆成》← DOZER[2]〙 vt. ブルドーザーでならす (bulldoze).

doz·en[1] [dʌ́zn̩] 〘《?a1300》 *dosein(e)* □ OF *dozeine* (F *douzaine*) ← *douze* twelve < L *duodecim* twelve ← *duo* 'TWO'+*decim* 'TEN'〙 ── n. (*pl.* ～**s**, [数詞および some 以外の数詞相当語(many など)の後で] ～) **1** (同種の物の) 12 個, ダース《略 doz., dz.》: ⇨ baker's dozen, devil's dozen, long dozen / a ～ [six ～] *of* these eggs この卵 1[6] ダース / some ～s [several ～] *of* pencils 鉛筆 2, 3 [数]ダース / two ～ *of* wine ぶどう酒 2 ダース. 《★ 今では, 特定の数のものの一部を表わす場合 (three ～ *of* the [these, those] eggs / a ～ *of* them) を除けば, of を省いて形容詞的に用いられるのが普通; ⇨*adj.*》 / a full [round] ～ そっくり 1 ダース / half a ～ or so 半ダースぐらい《5 から 8, 9 まで》/ pack in ～s 1 ダースずつにして詰める / sell by the ～ ダースいくらで売る / the price per ～ ダースの値段. **2** [～s of ...の形で]《口語》数十, 多数(の): ～*s of* people 数十人の人々 / I've been there ～*s of* times. 何十回もそこへ行ったことがある. **3** [*pl.*; 単数扱い]《米俗》ダズンズ《互いに相手の家族についてしばしば卑猥な悪口を言いかわす一種の遊戯》: play the ～s.

a dime a dozen ⇨ dime 成句. ***by the dozen*** たくさんに. ***nineteen to the dozen*** ⇨ nineteen 成句.

── *attrib. adj.* **1** ダースの, 12(個, 人)の: a ～ apples りんご 1 ダース / five ～ eggs 卵 5 ダース / several ～ large oranges 大きなオレンジ数ダース / How many ～ eggs are there? 卵が何ダースあるか / some ～ people 12 人ほどの人 (cf. some DOZENS of ⇨ n. 1). **2** [a ～] 数個[人]の, 10 個[人]ぐらいの: He just scribbled *a* ～ lines. 数行なぐり書きをしただけだった.

doz·en[2] [dóuzn̩ | dәu-] 〘《1375》← ? ON : cf. doze[1]〙 vt. [p.p. 形で]《スコット》気絶させる, ぼうっとさせる (stun): ～*ed with* drink 酒に酔ってぼうっとなって.

doz·enth [dʌ́zn̩θ] 〘← DOZEN[1]+-TH[1]〙 *adj.* 《古》=twelfth.

dóz·er[1] n. うたた寝する人.

doz·er[2] [dóuzә | dәuzә(r)] 〘短縮〙 n. (*also* **'doz·er** [～]) 《口語》=bulldozer 2.

doz·y [dóuzi | dәuzɪ] *adj.* (**doz·i·er; -i·est**) **1** 眠い, 眠そうな (drowsy). **2** 〈木材など〉朽ちた, 腐朽した (doty). **3** 《英口語》愚かな (stupid); 怠惰な (lazy). **dóz·i·ly** [-zɪli, -zә- | -lɪ] *adv.* **dóz·i·ness** n.

DP, D.P. 《略》《電算機》data processing; degree of polymerization; dew point; diametrical pitch; 《処方》 *L.* directiōne prōpriā (=with a proper direction); displaced person; Doctor of Podiatry; domestic prelate; duty paid.

DP 《略》《野球》double play; 《紡織》durable press.

D/P 《略》《貿易》documents against payment (手形)支払い書類渡し (cf. D/A).

d.p. 《略》damp proof; damp proofing; deep penetration; departure point; depreciation percentage; direct port; double paper; dry powder.

D.P.E. 《略》Doctor of Physical Education.

D. Ph. 《略》Doctor of Philosophy.

D.P.H. 《略》Department of Public Health; Diploma in Public Health; Doctor of Public Health; Doctor of Public Hygiene.

D.P.I. 《略》Director of Public Instruction.

D.P.M. 《略》Diploma in Psychological Medicine.

DPN 《略》《生化学》diphosphopyridine nucleotide.

D.P.P. 《略》《英》Director of Public Prosecutions.

dpt. 《略》department; deponent.

Dr 《記号》《貨幣》drachma(s), drachmae, drachmai.

dr. 《略》《簿記》debit; 《簿記》debtor; door; dram(s); draw; drawer; drawn; drive; drum; drummer.

Dr., Dr 《略》Doctor; Drive (⇨ drive n. 2 b).

D.R. 《略》《米》Daughters of the Revolution; dining room; dispatch rider; G. Deutsches Reich (=German Empire); 《製紙》double royal; Dutch Reformed.

D.R., D/R., d.r. 《略》dead reckoning; deposit receipt.

drab[1] [drǽ(ː)b] 〘《c1515》← Celt.: cf. Sc.-Gael. *drabag* slattern / MIr. *drab* dregs / LG *drabbe* mire / Du. *drab* dregs〙 ── n. 自堕落女 (slut); 売春婦 (prostitute). ── vi. (**drabbed; drab·bing**) 自堕落女[怪しい女]と関係する.

drab[2] [drǽ(ː)b] 〘《1541》□ (O)F *drap* cloth: ⇨ drape〙 ── n. **1** くすんだとび色, 茶色, どろ色; とび色のラシャ. **2** 単調さ. ── *adj.* (**drab·ber; drab·best**) **1** くすんだとび色の, どろ色の, 茶色の: a ～. **2** さえない, 楽しくない (dull); 魅力のない; 単調な: a ～ life, street, etc. **～·ly** *adv.* **～·ness** n.

drab[3] [drǽ(ː)b] 〘《変形》← ? DRIB〙 n. 小額: dribs and ～s ⇨ drib 成句.

dra·ba [dréɪbә, drάː-] 〘← NL ～ ← Gk *drábē* a kind of cress〙 n. 《植物》イヌナズナ《ナタネ科イヌナズナ属 (*Draba*) の草の総称; ハリイヌナズナ (*D. aizoides*), アカネナズナ (*D. alpina*) など》.

drab·bet [drǽbɪt, -bәt] 〘← DRAB[2]+-ET〙 n. 《英》(Yorkshire で産する)とび色のズック《仕事着・野良着などを作る》.

drab·ble [drǽbl̩] 〘《?a1400》□ ? LG *drabbel-en* to paddle in water or mire〙 ── vi. **1** 泥だらけになる, 泥水でぬれる: ～ *along* 泥をはねかしながら歩いて行く. **2** [...を]ころがし鉤で釣る [*for*]. ── vt. **1** 〈着物の裾を〉引きずってよごす[濡らす] (draggle). **2** 〈魚を〉ころがし鉤で釣る.

dra·cae·na [drәsíːnә] 〘← NL ～ ← Gk *drákaina* (fem.) ← *drákōn* 'DRAGON'〙 ── n. 《植物》 **1** リュウケツジュ《熱帯産ユリ科リュウケツジュ属 (*Dracaena*) の観賞植物の総称》. **2** センネンボク《ユリ科でリュウケツジュ属と近縁のセンネンボク属 (*Cordyline*) の樹木の総称; dracaena palm ともいう》.

drachm [drǽ(ː)m] 〘《変形》← ME *dra(g)me* (↓)〙 n. **1** =dram. **2** =drachma.

drach·ma [drǽkmә] 〘《1527》□ L ～ □ Gk *drakhmḗ* (66[1]/[2] grains に当たる Attica の衡量): ⇨ dram〙 ── n. (*pl.* ～**s**, **drach·mae** [-miː, -maɪ | -miː], **drach·mai** [-maɪ]) **1 a** (古代ギリシャの)ドラクマ銀貨《価値は時代によって一定しない》. **b** (現代ギリシャの)ドラクマ《100 lepta に相当する通貨単位またその銀貨; 記号 Dr》; 1 ドラクマ貨幣[紙幣]. **2** ドラクマ: **a** 古代ギリシャの衡量単位; ほぼ現代の薬局 dram に当たる. **b** 現代の種々の衡量単位.

Dra·co[1] [dréɪkou | -kәu] 〘□ L *dracō* □ Gk *drákōn* serpent: ⇨ dragon〙 ── n. 《天文》りゅう(竜)座《こぐま座 (Ursa Minor) とヘラクレス座 (Hercules) の中間にある北天の星座; the Dragon ともいう》.

Dra·co[2] [dréɪkou|-kәu] 〘□ L *Dracō* (↑)〙 n. ドラコン《紀元前 7 世紀のアテネの執政官; その制定した法律は厳格をきわめた》.

drac·one, D- [drǽkoun | -kәun] 〘□ L *dracōn-em* (↑)〙 n. ドラコーン《石油などを運搬するため海面を曳航できる柔軟な大きな容器》.

Dra·co·ni·an [dreɪkóuniәn, drә- | drәkáunɪәn, dreɪ-, -njәn] 〘《1876》← L *Dracō(n-)* 'DRACO[2]': ⇨ -ian〙 ── *adj.* 《1》 ドラコン (Draco) 流の, ドラコン法律の. **2** [しばしば d-] きわめて厳しい, 苛酷な: ～ tax [measures] 厳しい租税[手段]. **～·ism** [-nɪzm] n.

dra·con·ic [drәkάnɪk|-kɔ́n-] 〘《1680》← L *Dracō(n-)* 'DRAGON': ⇨ -ic[1]〙 *adj.* **1** 竜の(ような). **2** [D-]《天文》りゅう(竜)座 (Draco) の.

Dra·con·ic, d- [dreɪkάnɪk, drә- | -kɔ́n-] *adj.* =Draconian.

dracónic mónth [périod] n. 《天文》=nodical month.

Drac·o·nid [drǽkәnɪd, -nәd | -nɪd] 〘← Gk *Drákōn* 'DRAGON'+-ID[1]〙 n. [通例 *pl.*]《天文》りゅう(竜)座流星群.

Drac·u·la [drǽkjulә], Count n. ドラキュラ(伯爵)《Bram Stoker (1847–1912) の神秘怪奇小説 *Dracula* (1897) の主人公である吸血鬼 (vampire)》.

draff [drǽ(ː)f | drǽ(ː)f, drάːf] 〘《?a1200》 OE *dræf < Gmc *drab- (Du. *draf* / G *Treber, Träber* husks, grain / ON *draf*) ← IE *dher- 'DARK'〙 ── n. おり, かす (dregs); (特に)ビールかす; (豚に与える)台所の残り物 (swill). **～·ish** [-fɪʃ] *adj.*

draff·y [drǽfi | drǽfɪ, drάːfɪ] *adj.* (**more** ～, **most** ～; **draff·i·er, -i·est**) かすの; 無価値な (worthless).

draft [drǽ(ː)ft, drάːft | drάːft] 〘《1697》《異形》← DRAUGHT < ME *dra(g)ht* □ ? ON *draht-r, dráttr* act of pulling (cf. OE *droht*) ← Gmc *dragan 'to DRAW'〙 ── n. (*also* **draught**) ★ draw の名詞形; 米国では 2–4 以外の意味には通例 draft を用いる. 英国では 7, 8, 10, 11 を除いて draught が普通: **1** 《米》(車・すきなどを)引くこと; (荷物を)引く力; 引かれる荷の重さ; (荷とそれを引く)(一連の)動物[牛, 馬]: a beast of ～ =draft animal. **2** [通例 draught] (網などの)一引き, 一網の漁獲高: a ～ *of* fish. **3** [通例 draught] (液を樽などから容器へ)つぎ出すこと, (酒類の)樽抜き: ⇨ *on* DRAFT. **4** [通例 draught] 飲む[吸い込む]こと; (液体の)一飲み(の量), (水薬の) 1 回分 (dose): a ～ *of* water, beer, etc. / a sleeping ～ or tablet 水薬かまたは錠剤の眠り薬 / a ～ *of* joy [happiness] ひと時の歓楽[幸福] / drink at [in] a [one] ～ 一気に呑み干す. **5** 通風; 隙間風; 隙間風の通り道: a ～ of air / a ～ hole 通風孔 / draw a ～ 風を通す / sit in a ～ 隙間風の来る所に坐る / catch a cold in a ～ / There is a ～ here. ここは隙間風が来る / ⇨ *feel the* DRAFT. **6** (ストーブなどの)通気調節装置. **7** [《英》でも通例 draft] **a** 草案, 草稿; (設計・絵画などの)下書き, 下図, 下絵, (機械などの)設計図: a rough ～ 草稿 / a ～ amendment 修正案 / make out a ～ of ...を起草する / revise the first ～ of a novel 小説の第一稿を改稿する. **b** 《英》=copy 4. **c** 《石工》下削り《石材の仕上げ面に合わせてあらかじめ周辺部を削ること》. **8** [《英》でも通例 draft] **a** (ある特別な目的のための)選抜; 選抜される条件[資格]. **b** 《英》(特別任務のために)選抜された一群の人[動物], 分遣隊, 特派隊 (detachment): a ～ *of* soldiers, men, etc. **9** 《米》 **a** 徴兵, (兵の)徴募 (conscription); 徴募兵: ～ age 徴兵年齢 / a ～ evader 徴兵忌避者. **b** 《スポーツ》(プロ集団の)ドラフト制. **10** [《英》でも通例 draft] **a** (金などを貯え, 基金などから)引き出すこと; 《商業》手形振出し; 手形などによる金銭の引出し; 為替(ᵏᵃʷᵃˢᵉ)手形: a (bank) ～ for $100 百ドルの(銀行)手形 / a ～ on demand 要求[一覧]払い為替手形 / a ～ *on* a London bank ロンドンの銀行宛てに振り出した為替手形 / draw a ～ *on* ...宛てに手形を振り出す / make a ～ *upon* [*on*] a bank 銀行から預金を引き出す / a telegraphic ～ 電報為替. **b** (商品貨物の)総量に対する減量, 商品の目減り控除. **11** [《英》でも通例 draft] (力などの)引出し, 強要 (demand): make a great ～ *upon* a person's confidence [friendship, patience] 信頼[友情, 忍耐力]を強要する. **12** 《海事》(船の)喫水: a ship of 17 feet ～ 喫水 17 フィートの船 / ⇨ draft mark. **13** [*pl.*] ⇨ draughts. **14** 《米中部》 **a** 狭い谷間, 峡谷 (gully). **b** 川の支流, 小さい川 (creek).

feel the draft 《英口語》悲境に苦しむ, 困窮している, ふところが寒い. ***on draft*** 〈酒などが〉樽からすぐ出した[出して]; 樽詰めの (cf. bottled): beer *on* ～ 生ビール (draft beer) / served *on* ～ 直接樽から出して売られる.

── *attrib. adj.* **1** 荷物を引くために使われる: ⇨draft animal, draft horse. **2** 樽からついで出す (cf. bottled): draft beer. **3** 起草された (drafted); 草案の; 試案的な: a ～ bill 試案の議案.

── *vt.* ★ 動詞では《米》《英》とも draft が普通. **1** (一般に)引く, 抜く (draw). **2** 〈文書・議案などを〉起草する; 立案する (draw up): ～ a bill, constitution, etc. **3** 〈設計図・絵画などの〉下図[下絵]をかく. **4** 《石工》下削りする. **5** 選抜する, 選抜して派遣する, (ある任務のために)特派する. **6** 《米》徴兵する (conscript).

── *vi.* **1** 製図工[図案工]の技術をみがく. **2** (自動車競走で前走車が作る負圧を利用するために)前走車の直後を走る (cf. slipstream). **～·a·ble** [-tәbl̩] *adj.*

dráft ànimal n. 荷車用家畜《馬・牛・ロバなど》.

dráft bèer n. 生ビール, ドラフトビール《加熱殺菌してないビール; cf. lager[2], beer》.

dráft bòard n. 《米》(市・郡などの)徴兵選抜委員会.

dráft càrd n. 徴兵カード.

dráft dòdger n. 《米》徴兵忌避者.

draft·ee [drӕftíː, drὰːf- | drὰːf-] n. 《米》徴募兵, 召集兵 (conscript) (cf. volunteer 4, enlistee 1).

dráft èngine n. (鉱山の)排水機関 (draining engine).

dráft·er n. **1** (文書の)起草者; 下図工. **2** =draft horse.

dráft fùrnace n. 通風炉.

dráft gèar n. 《鉄道》(車両の)牽引装置.

dráft hòrse n. 荷馬, 駄馬.

dráft·ing n. **1** (文書・議案の)起草; 起草の仕方: a ～ committee 起草委員会. **2** 製図. **3** 《米》(徴兵の)選抜. **4** 《豪》(家畜の)選別.

dráfting bòard n. =drawing board.

dráfting machìne n. 製図機械.

dráfting pàper n. 製図用紙.

dráfting ròom n. 《米》製図室 (《英》drawing room).

dráfting yàrd n. 《豪》家畜選別場《小区画に仕切って柵で囲ってある》.

dráft màrk n. 《海事》喫水標《船首や船尾に表示される船底最低線からの垂直距離を示す尺度; cf. Plimsoll mark》.

dráft mìll n. =smokejack.

dráft nèt n. 引き網, 地引網 (seine).

dráft òx n. 荷牛, 引き牛.

draft·próof *adj.* 隙間風を防ぐ, 隙間風よけの.

dráfts·man [-mәn] n. (*pl.* **-men** [-mәn, -mèn]) **1** 製図工, ドラフトマン; 図案工. **2** デッサン画家: a ～ like Picasso. **3** (文案・議案などの)起草者, 立案者: a parliamentary ～.

dráftsman·shìp n. 製図工[図案工]の職能[技術, 資格].

dráft tùbe n. 《機械》(水タービンの)吸出し管, (紡機の)ドラフトチューブ.

draft·y [drǽfti, drάːfti | drάːftɪ] *adj.* (**draft·i·er; -i·est**) (*also* 《英》 **draughty**) **1** すきま風のはいる: a ～ room. **2** 〈馬が〉荷馬に適した, (体格の)がっちりした. **dráft·i·ly** [-tɪli, -tә- | -lɪ] *adv.* **dráft·i·ness** n.

drag [drǽ(ː)g] 〘《1440》□ ON *drag-a* // < OE *dragan* 'to DRAW'〙 ── v. (**dragged; drag·ging**) ── vt. **1 a** 〈重い物を〉引く, 引っ張る; 〈足・尾などを〉(重そうに, のろのろと)引きずって行く; [～ oneself で] 重

い足を引きずって行く：～ one's feet ⇨成句 / ～ *oneself along* 足を引きずって歩く, 重い足どりで歩く / ～ one's brains (for...)〔...のため〕知恵をしぼる / The ship is ～*ging* her [the] anchor. 船は走錨(そうびょう)している《停泊中の船が風や流れに押されて錨(いかり)を引いて下手(しもて)に移動する》. **b**〔ある状況・行動などに[から]〕引きずり込む[出す]〔*into, out of*〕：～ a country *into* a war 国を戦争に引き入れる. **c**〈場違いな話題などを〉無理に持ち込む, 強引に引き合いに出す〈*in*〉(cf. DRAG *in*)：Why do you ～ it *in*? どうしてそんなことを持ち出すのか / ～ *in* head and shoulders ⇨ HEAD *and shoulders* (2). **d**《口語》〈人を〉無理に場所・行事などに〕連れて行く〔*to*〕：I was ～*ged to* the dance. ダンスパーティーに無理に引っぱり出された. **2** (引網・錨などを引いて)〈川・湖などを〉探る, 〈水底を〉さらう (dredge)：～ (the bottom of) a river *for* a dead body 川底をさらって死体を捜す / ～ the sea 掃海する. **3 a** (長引く苦痛・退屈・不幸の中で)〈時を〉過ごす〈*out*〉. **b**〈話・会合などを〉過度に[退屈なほど]引きのばす〈*out*〉. **4**〈畑を〉(まぐわで)すきならす (harrow). **5**〈車輪〉に歯止めをかける. **6**《口語》〈たばこを〉吸う (cf. *vi.* 4). **7**【野球】(バットを)引くようにして〈バントを〉する (cf. drag bunt). **8**《米俗》〈催物などが〉〈人を〉退屈させる (bore) (cf. *n.* 14).

— *vi.* **1**〈錨・鎖などが〉引きずられて行く, 〈足が〉引きずられるように動く; (地面に)引きずる (trail). **2 a** 骨折って進む, のろのろ歩く; 足を引きずって進む; 〈仕事・行事などが〉だらだら長引く〈*on, along*〉：～ *along* 足を引きずって進む / The performance ～*ged* badly. 演技はだらだらと長引いた / Life began to ～. 生活がだらだらし始めた / Afternoon ～*ged into* evening. 午後がゆっくり過ぎて夕方になった. **b** 音をだらだらと引っ張る; (調子がだれて)遅れる：The tenor ～*ged*. テナーの調子がだれた《他より遅れた》. **3** (引きずるように)苦しめる, (引っぱられるように)苦しい：anxiety ～*ging* at one's heartstrings 胸元を絞るような心配 / The door ～*s*. 戸が重い. **4**《口語》〈たばこを〉吸う〔*at, on*〕(cf. *vt.* 6). **5** (網や錨で)水底をさらう (dredge). **6**《俗》drag race に参加する.

drag by〈時が〉だらだら過ぎる; 〈人・物が〉のろのろ通る. ***drag down*** (1) 引きずり下ろす. (2)〈病気などが〉〈人を〉衰えさせる; 〈遊興などが〉堕落させる; 落ちぶれさせる. (3)《米俗》〈給料などを〉取る, かせぐ; 〈仕事などが〉〈ある金額を〉もたらす. ***drag one's feet*** [***heels***] (1) 足を引きずって歩く. (2)《俗》(わざと)ぐずぐずする, のろのろやる; 非協力的である; 頑強に反抗する. ***drag in*** (1) 引きずり込む, たぐり寄せる. (2) ⇨ *vt.* 1 c. ***drag on*** (1) ものうく続ける; だらだら長引く：～ *on* a painful existence だらだらと苦しい生活を続ける. (2)《口語》〈たばこ〉を(深く)吸う (cf. *vi.* 4)：～ *on* a cigarette, pipe, etc. ***drag out*** (1) 引きずり出す, 聞き出す：～ *out* a suitcase *from* under the bed 寝台の下からスーツケースを引き出す / I couldn't ～ a word *out* of him. 彼から一言も聞き出すことができなかった. (2) ⇨ *vt.* 3. (3) [p.p. 形で]《米口語》疲れ果てて (tired out). ***drag through*** やっと終る. ***drag up*** (1) 引きずり上げる; 〈木などを〉ひっこ抜く. (2)《口語》〈いやな話などを〉持ち出す, むし返す. (3)《英口語》〈子供を〉(まともにしつけ[教育]をせずに)手荒に[ぞんざいに]育てる.

— *n.* **1** (重い物を)引くこと, 引きずること (dragging). **2** 重い大まぐわ[すき]. **3** (重い荷を運ぶ)大ぞり (sledge); (運搬・地ならし用の)そり型の器具. **4 a** (座席が屋上にもあった)四頭引き四輪馬車の一種 (cf. break[2] 2). **b**《俗》自動車, 貨物自動車. **c** 郵便車. **5** (車輪のブレーキの役目をする)輪止め (skid) (cf. drag chain 1). **6** (進行を妨げる)邪魔物, 障害物, 足手まとい (obstacle)〔*to, on, upon*〕：a ～ *on* one's career [development] 出世[発達]を妨げる邪魔物 / There is no ～ about the book. その本はすらすらと書いている. **7** (抵抗による)前進のおくれ (lag); のろのろした動作[進行]. **8 a** (船が水中を引いて行く)引掛け錨, 四つ爪アンカー (grapnel); (水底をさらう)(地)引網 (dragnet); 泥さらい (dredge). **b**【海事・航空】＝drag anchor. **c**【航空】(飛行機の翼または全機体に働く)抗力 (cf. parasite drag). **d**【流体力学】抗力. **e**【玉突】逆回転. **9**【狩猟】(狐などの長く引いた)遺臭, 臭跡; 擬臭跡《アニスの実 (aniseed) を入れた袋を地上に引きずって作る》; 擬臭跡を用いる遊猟 (cf. draghound, drag hunt). **10**【音楽】ドラッグ《小太鼓の飾り打ちの一種; [音符]》. **11**《俗》＝drag race. **12**《米俗》人を動かす力, 影響力, 「顔」(influence); ひいき：have a ～ *with* one's employer. **13**《口語》**a**〔たばこを〕(深く)吸うこと〔*at, on*〕：take a (deep) ～ *at* [*on*] a cigarette [pipe] たばこをぐっと吸い込む. **b** (液体を)一飲みすること (drink). **c** 巻きたばこ. **14**《俗》退屈な[つまらない]人[物事](bore) (cf. *vt.* 8)：What a ～ he [it] is! **15**《俗》**a** (同性愛の)男が着た女の服：in ～ 女装をして. **b** 女装の男が行く(ダンス)パーティー. **c** 服, 衣服. **16**《米俗》**a** (ダンスパーティーなどへ)同伴の女の子, ガールフレンド. **b** (ダンス)パーティー. **17**《米俗》通り, 道路 (street, road)：the main ～. **18**【金属加工】(鋳型の)下型 (cf. cope[2] 4 a).

— *adv.*《米俗》女性と[を連れて]：go ～ (cf. *go* STAG).

drág ànchor *n.*【海事・航空】＝sea anchor.

drág·bàr *n.* **1**【鉱山】(車輪のブレーキの役目をする)輪止め. **2**【鉄道】＝drawbar.

drág búnt *n.*【野球】ドラッグバント《自分が生きる目的でバットを後へ引くようにしてころがすバント》.

drág chàin *n.* **1** (車輪の)輪止め鎖 (cf. drag *n.* 5). **2** 邪魔物, 障害物 (impediment). **3**【造船】制動鎖, ドラッグチェーン《進水の時, 船が進み過ぎないように水底を引きずる鎖》. **4**【自動車】ドラッグチェーン《ガソリントラックなどの車体から地面に引きずって静電気を放電するための鎖》. **5** (車両の)連結鎖.

drág chùte *n.*【航空】ドラッグシュート, 制動傘(さん)《軍用航空機尾部にある落下傘のような布製の傘; 着陸直後に開傘しブレーキの役目をする; drag parachute, parabrake ともいう》.

drág coeffìcient *n.*【物理】(流体の)抵抗係数.

drág convèyor *n.*【機械】ドラッグコンベアー《とい形の箱の中のばら積材料を無端鎖に取付けたかき板で運ぶ装置; scraper conveyor ともいう》.

dra·gée [dræʒéɪ | drɑ́ːʒeɪ; *F.* dʀaʒe]〘□F ～ 'sweetmeat': ⇨ dredge[2]〙 **— *n.*** **1** ドラジェ《砂糖衣で包んだアーモンドなどの木の実》; (ケーキの飾りに用いる)銀色の粒. **2** 糖衣錠.

drág·ger *n.* **1** 引きずるもの[人], ひっぱるもの[人]. **2**《米》(北太平洋で操業する)網引き漁船, トロール船.

drág·ging〘《15C》〙 **— *n.*** [形容詞的に] 引上げ(用の)：a ～ rope. **— *adj.*** 〈動作・言葉使いなど〉きわめてのろい, ゆっくりした (sluggish); 長たらしい, ぐずぐずする; うんざりする：a ～ pain じりじりと長びく苦痛 / a ～ market 沈滞した市場. **～·ly** *adv.*

drágging bèam [**pìece, tìe**] *n.*【建築】＝dragon beam.

drag·gle [drǽgl]〘《1513》《混成》← DRAG＋DAGGLE〙 **— *vt.*** 〈裾(すそ)などを〉ずるずる引きずってよごす[濡らす]. **— *vi.*** **1**〈裾などが〉地面(など)を引きずる; 引きずってよごれる[濡れる]. **2** とぼとぼと進む, だらだら(遅れて)進む (straggle).

drág·gled *adj.* (泥の中を)引きずられた; (引きずって)よごれた; 薄汚ない (untidy)：a ～ skirt / a ～ girl 薄汚ない少女.

drággle·tàil *n.* **1** 服の裾(すそ)を引きずっている女; だらしのない女. **2** [*pl.*] 引きずっている裾.

drággle·tàiled *adj.* 〈女が〉裾(すそ)を引きずっている; 泥の中を引きずって[たように]着物をよごした; お引きずりの (slatternly). **～·ness** *n.*

drag·gy [drǽgi | -gɪ] *adj.* (**drag·gi·er; -gi·est**)《口語》引きずりがちな; のろまな (sluggish), ぼんやりした, にぶい (dull); うんざりする, 退屈な (boring).

drág·hòund *n.*【狩猟】擬臭跡遊猟に用いる猟犬 (cf. drag *n.* 9).

drág hùnt *n.*【狩猟】擬臭跡を使用する遊猟 (cf. drag *n.* 9).

drág·lìne *n.* **1** ＝dragrope. **2**【土木】ドラッグライン: **a** 掘削機の一種《dragline excavator ともいう》. **b** (掘削機の本質的部分である)バケットの引き綱.

drág lìnk *n.* **1**【機械】(二つのシャフトのクランクを連結する)引き棒. **2**【自動車】ドラッグリンク《ステアソングギヤのレバーとステアリングナックルを連結する棒》.

drág·nèt *n.* **1 a** (地)引網, 底引網 (trawl). **b** (捕鳥用の)引き網. **2** (警察の)捜査網, 警戒網：He was caught in the police ～. 警察の捜査網にひっかかった. **3** 大量検挙.

Drá·go Dòctrine [drɑ́ːgoʊ- | -gəʊ-; *Sp.* drágo-]〘その主唱者であるアルゼンチンの外相 *Luis María Drago* (1859–1913) の名にちなむ〙 **— *n.*** [the ～] ドラゴー宣言 (1902)《アメリカ大陸の諸国がヨーロッパの国に借りている負債が武力干渉や領土占有の口実には用いられ得ないという宣言》.

drag·o·man [drǽgəmən | drǽgə(ʊ)mən, -mæn]〘《?a1300》□OF *drog(e)man* (F *drogman*) □It. *dragomano* □MGk *dragómanos* □Arab. *tarjumān* interpreter: cf. targum〙 **— *n.*** (*pl.* **～s, -men** [-mən, -mèn]) (アラビア・トルコなどの)通訳, 通弁.

drag·on [drǽgən]〘《c1250》□(O)F ～ □L *dracōnem* □Gk *drákōn* dragon, large serpent, 《原義》the sharp-sighted one ← IE **derk-* to see (OE *torht* bright / Gk *dérkesthai* to see clearly / Skt *darśayati* he causes to see)〙 **— *n.*** **1** 竜《翼と爪をもち口から火を吐くという伝説の怪獣》; 《古》(有毒の)大蛇：like a ～ 猛烈に. **2**【聖書】ドラゴン《大蛇・鯨・わにを指すと思われる怪物 (cf. *Gen.* 1:21; *Ps.* 74:13); またはジャッカル (cf. *Job* 30:29; *Jer.* 9:11)》. **3** [the D-] 悪魔 (Satan)：*the* old *Dragon* 魔王. **4** 猛烈に厳しい人, 気性のはげしい人. **5** (竜が「宝の守護者」であるという伝説から)(若い女の)厳重な監視者, 付添い老女 (duenna), 恐ろしい監視女：a regular [perfect] ～ こわいおばさん. **6**【動物】トビトカゲ《東インド・南アジア地方産キノボリトカゲ科 *Draco* 属のトカゲの総称; flying dragon ともいう》. **7**【植物】テンナンショウ《テンナンショウ属 (*Arisaema*) の植物数種の総称; green dragon, マムシグサ (jack-in-the-pulpit), ミズイモ (water arum) などを含む》. **8** [the D-]【天文】りゅう(竜)座 (⇨ Draco[1]). **9 a** 竜騎銃《17世紀に dragoon が用いた大口径の短銃》. **b** その銃をもった兵士, 竜騎兵 (cf. dragoon). **10**【紋章】ドラゴン《griffin の頭, 鷲に似た四肢, こうもりに似た翼, やじりに似た舌と尾をもつ架空の動物; griffin と共に紋章に登場する架空の動物の雄; なおヨーロッパ大陸の紋章のドラゴンは肢が 2 本である》. **11**《軍俗》装甲トラクター, 火砲牽引用装甲車. **～·ish** [-nɪʃ] *adj.*

dragon 10

drágon ballòon〘*dragon*:《なぞり》← G *Drache* dragon, kite〙 *n.* ＝kite balloon.

drágon bèam *n.*【建築】火打梁(ひうちばり), 隅梁(すみばり)《直交する水平部材の補強に, 水平に斜めに架ける梁材》.

drag·on·et [drǽgənét, drǽgənɪt, -nət | drǽgənɪt, -nət, -nèt]〘《?a1300》□(O)F ～ (dim.) ← DRAGON: ⇨ -et〙 **— *n.*** **1** 小竜; 竜の子. **2**【魚類】ネズッポ科の海産魚の総称《ネズッポ (*Callionymus lunatus*), ノドクサリ (*C. richardsoni*) など》.

drágon·flỳ *n.*【昆虫】トンボ《トンボ目の昆虫の総称》.

drágon·hèad〘《なぞり》← NL *Dracocephalum*〙 **— *n.***【植物】**1** 北米産シソ科ムシャリンドウ属の植物 (*Dracocephalum parviflorum*). **2** ムシャリンドウ属の植物の総称.《dragon's-head ともいう》

drágon lìzard *n.*【動物】＝Komodo dragon.

drag·on·nade [drægənéɪd]〘《a1715》□F ～ ← *dragon* 'DRAGOON'＋-ADE〙 **— *n.*** **1** [通例 *pl.*]【フランス史】竜騎兵の新教徒迫害《フランス王 Louis 十四世が新教徒居住地に竜騎兵を駐屯させ彼らを恐れさせた》. **2** 武力迫害[弾圧]. **— *vt.*** ＝dragoon.

drágon pìece *n.*【建築】＝dragon beam.

drágon·ròot *n.*【植物】＝green dragon 2.

drágon's blòod〘ME〙 **— *n.*** きりんけつ《赤色の樹脂で昔は薬用, 今はワニスその他の着色・防食剤; 昔はリュウケツジュ (dragon tree) などから採ったが今は主としてマレー地方産ヤシ科の植物キリンケツジュ (*Calamus draco*) から採る》.

drágon's-hèad *n.* **1**《古》【天文】(月または惑星の)昇交点 (記号 ☊). **2**【植物】＝dragonhead.

drágon's tàil *n.*《古》【天文】(月または惑星の)降交点 (記号 ☋).

drágon's tèeth〘Cadmus が退治した竜の歯を地に撒くと軍兵に変じたというギリシャ伝説から: ⇨ Cadmus〙 **— *n. pl.*** **1** 内輪もめの種 (cf. Cadmus)：sow ～. **2**《英口語》(コンクリート製のくさび型障害物を何列にも並べた)対戦車防御設備.

drágon trèe *n.*【植物】リュウケツジュ (*Dracaena draco*)《カナリア諸島産ユリ科の高木; 長寿で名高い; cf. dragon's blood》.

dra·goon [drəgúːn, dræ- | drə-]〘《1622》□F *dragon* 'carbine, DRAGON 9': (意義変化) 竜 → 火を吐くもの → 火器 → 火器を有する軍隊〙 **— *n.*** **1** 竜騎兵《17, 18 世紀の竜騎銃 (dragon) を持った騎馬歩兵; 今は, 昔の竜騎兵の伝統を伝える英国のある特殊な騎兵連隊の兵士》. **2** 恐ろしく凶暴な男. **3** イエバトの一種. **4**《古》＝dragon 9 a. **— *vt.*** **1** 竜騎兵を差し向けて攻める (cf. dragonnade). **2** 武力で圧迫[弾圧]する; 圧迫を加えて…させる：～ a person *into doing* something. **～·age** [-nɪdʒ] *n.*

Dragóon Guàrds *n. pl.* [the ～] (英国の)近衛竜騎兵連隊《7 個連隊ある》.

drág-òut *n.*《米俗》＝knock-down-and-drag-out.

drág pàrachute *n.*【航空】＝drag chute.

drág quèen *n.*《米俗》女装をする男性のホモ.

drág ràce *n.*《俗》ドラッグレース, 加速度競走《通例短距離直線コース (drag strip) で行われる改造自動車 (dragster) の競走, 静止から発進し 1/4 マイルを走破する出足の秒数を競う; 単に drag ともいう》. **drág ràcer** *n.* **drág ràcing** *n.*

drág·ròpe *n.* **1** (砲車などの)引き綱. **2** (軽気球などの)誘導索 (guide rope).

drág sàil *n.*【海事】(キャンバス (canvas) で作った)シーアンカー, 海錨 (sea anchor).

drág·sàw *n.* 引き鋸(のこ)《特に伐採した材木を定尺に切断するための大きな鋸》.

drág scràper *n.*【土木】ドラッグスクレーパー《鋼索で地上を引きずって土砂を掘削運搬する機械》.

drág shèet *n.*【海事】＝drag sail.

drágs·man [-mən] *n.* (*pl.* **-men** [-mən, -mèn]) **1** 四輪馬車の御者. **2**《英俗》動いている列車から盗む者.

drag·ster [drǽgstə | -tə(r]〘← DRAG＋(ROAD)STER〙 **— *n.***《俗》**1** ドラッグレース (drag race) 用に不要部品を取りはずし改造された自動車. **2** ドラッグレース参加者.

drág strìp *n.* ドラッグレース (drag race) 用の短距離直線コース《道路・滑走路の一部など》.

drág strùt *n.*【航空】(降着装置の)抗力支柱《飛行機の脚組のうち前方または後方に向かう斜め支柱; 着陸時および地上走行中車輪にかかる前後方向の地面反力を機体に伝える》.

drail [dréɪl]〘← (廃) *drail* to drag or tail along《変形》? ← TRAIL[1]〙 **— *n.*** **1**《米》【釣】(底を引いて魚を掛ける)ころがし鉤. **2** (ひき馬をつなぐための)犂(すき)の柄の鉄製突起. **— *vi.***《米》ころがし鉤で釣る.

drain [dréɪn]〘OE *drē(a)hnian* to strain out ← Gmc **drauʒ-*: ⇨ dry〙 **— *vt.*** **1** (樋(とい)・導管・溝などの排水設備で)…の水を流し出す, 水をはかせる, 排水する, 放水する; 〈土地を〉干拓する; …の水気を切る, 乾燥させる：～ a land, marsh, etc. **2**〈河流・導水管などが〉…の排水作用をする：This river ～*s* the whole valley. この川は全流域の排水をする. **3**〈水を〉徐々に流出[排出]させる, はかせる〈*away, off, out*〉：～ *away* water すっかり水をはかせる. **4**【医学】…にドレーンを入れる, (管などで)排液する. **5 a**〈酒などを〉ぐいと飲み干す; 〈杯を〉飲み干す (empty)〈*off*〉：～ a pint of wine, the cup, etc. **b**《比喩》味わい尽くす：～ the cup of sorrow [pleasure] to the bottom 悲

しみの苦杯[歓楽の美酒]をなめ尽くす. **6 a** 〈貨幣・財宝などを〉国外に流出させる (carry away), 〈富・体力などを〉枯渇させる (exhaust); 〈人〉の精根を尽きさせる: This work will ～ him dry. この仕事で彼の精根は尽きてしまうだろう. **b** …から[…を]流出[枯渇]させる, から奪い去る (deprive) 〔*of*〕: ～ a country *of* its resources 国の資源を枯渇させる / He looked ～*ed of* life [all his energy]. 生気がなくなった[すっかり精力を消耗し切っている]ようにみえた. **7** [通例 Passive で] 〈都市・家屋など〉に排水[下水]設備を施す: ～ a town, house, etc. / a well-*drained* city 排水設備のよい都市. **8** 《廃》 = filter.

― *vi.* **1** 〈水が〉はける, 徐々に流出する, 流れ去る 〈*off, away*〉 〔*into*〕; 〈食器などが〉水が切れる: ～ *through* 〈液が〉たらたら流れ出る / The dishes are put on the shelf to ～. 皿は水切りのために棚の上に置かれる. **2** 〈財産・精力などが〉次第になくなる, 使い果たされる; 〈生命が〉徐々に尽きる (fade) 〈*away*〉: All his wealth had ～*ed away*. 彼は財産をすっかりなくしていた / His life was ～*ing away*. 彼の生命は徐々に衰えていった / I saw the color ～ *from* [*out of*] her face. 彼女の顔から血の気が引いてゆくのが見えた. **3** 〈土地が〉(…へ)排水する 〔*into*〕; 〈沼地などが〉干上がる; 〈濡れた海綿・布などが〉水が切れて乾く: This field does not ～ well. この畑は排水が悪い / This plain ～*s into* the lake. この平野の水はその湖に流れ込む.

drain to the dregs ⇨ dreg 成句.

― *n.* **1** 排水渠(きょ), 放水路 (conduit); 下水溝 (sewer); 排水管; [*pl.*] 排水組織, 下水施設. **2** 排水, 水はけ. **3** 《医学》 ドレーン, 排液管. **4** (貨幣などの)絶え間ない[徐々の]流出; (財源・精力・時などの)枯渇(のもと); (資力を枯渇させる)失費, 物入り: the ～ of specie from a country 正貨の国外流出 / a ～ *on* one's strength [resources, purse] 精力[資力, 金]の消耗. **5 a** [a ～] 《口語》 一飲み, (酒の)一口. **b** [*pl.*] (杯の中の)飲残り, おり (dregs).

go down the drain 《口語》 (1) 失われる, なくなる, 無駄になる: Two million dollars *went down the* ～. (2) ますます悪くなる, いよいよだめになる. ***laugh like a drain*** 《口語》 大声をあげて笑う.

～·a·ble [-nəbl] *adj.*

drain·age [dréɪnɪdʒ] 《《1652》》 ― *n.* **1 a** (水などの)排出, 排水, 放水 (draining); 川, 水系; 排水法: ～ work 排水工事. **b** (財源などの)流出. **2** 排水組織[系統]; 排水装置[施設]; (都市などの)排水路, 下水道. **3** = drainage basin. **4** 排出された水, 下水, 汚水 (sewage). **5** 《外科》 ドレナージ, 排液(法), 排膿(法).

dráinage bàsin [àrea] *n.* (ある河川によって)排水される範囲[地域], 流域.

dráinage tùbe *n.* 《外科》 = drain 3.

dráinage wìnd *n.* 《気象》 = gravity wind.

dráin·bòard *n.* 《米》 (台所の流しの上またはそばにある)水切り(台[板]).

dráin còck *n.* 《機械》 排水コック.

dráin·er *n.* **1** 下水[配管]工事人. **2** 排水器, (特に, 家庭の濡れ物の)水切り器. **3** 《英》 排水渠(きょ), 下水.

dráin·field *n.* 排水地《腐敗水タンク (septic tank) の水などを吸収させる土地》.

dráin·ing *n.* 排水(作用[工事]).

dráining bòard *n.* 《英》 = drainboard.

dráin·less *adj.* **1** 《文語》 尽きない (inexhaustible). **2** 排水路[下水設備]のない.

dráin·pìpe *n.* **1** 排水管, 放水管, 下水管, ドレン管. **2** [*pl.*] 《俗》 細い窮屈なズボン《drainpipe trousers ともいう》.

dráin pùmp *n.* 排水ポンプ.

dráin·spòut *n.* = downspout.

dráin tràp *n.* (下水溝の)防臭弁.

drake[1] [dréɪk] 《OE *draca* < (WGmc) **drako* (Du. *draak* / G *Drache*) ▭ L *dracō* 'DRAGON'》 ― *n.* **1** 《昆虫》 = drake fly. **2** ドレーク砲《17, 18 世紀の小型旋回砲》. **3** 《古》 竜 (dragon). **4** (昔の)北欧海賊 (Viking) の用いた船.

drake[2] [dréɪk] 《《c1300》 ▭ ? LG *drake, drache* < (WGmc) **drako* ← ?》 ― *n.* カモ・アヒルの類の雄鳥 (male duck) (cf. duck[1] 2).

duck(s) and drake(s) ⇨ duck[1].

Drake [dréɪk], **Sir Francis** *n.* (1540?–96) 英国の提督, 地球を周航 (1577–80) した最初の英国人; スペインの Armada を撃破した (1588).

dráke flỳ *n.* 《昆虫》 カゲロウ (mayfly)《魚釣りのえさ》.

dráke fòot *n.* 《家具》 **1** かも足《英国 18 世紀家具の曲り脚の先端に用いられた足型; 爪先を内側に向けたカモの足指を示唆する三つの突出部がある》. **2** = trifid foot.

Dra·kens·berg [drɑ́ːkənzbə̀ːg | -bɜ̀ːg] *n.* [the ～] ドラケンズバーグ(山地)《南アフリカ東部の山脈; 長さ 1125 km; 最高峰 Thabana Ntlenyana [tɑːbɑ́ːnə·éntlenjɑ́ːnə] (3,482 m)》.

Dráke Pássage *n.* [the ～] ドレーク海峡《南米南端 Horn 岬と South Shetland 諸島との間の海峡》.

Dráke's drúm 《英国に危険が迫るとき *Sir Francis Drake* の太鼓がこれを知らせるという言い伝えから》 ― *n.* 無気味な危難の前兆[きざし].

dram [drǽ(ː)m] 《《1373》 *dra(g)me* ▭ OF // ML *drama* = LL *dragma* = L *drachma* ▭ Gk *drakhmḗ* 《原義》 handful of coins ← *drássesthai* to grasp: cf. drachma》 ― *n.* **1** ドラム: **a** (常衡で) 1/16 常用オンス《= 27.343 grains, 0.0625 ounce, 1.771 g; 略 dr., dr. av.》. **b** (米国の薬局衡で) 1/8 薬用オンス《= 3 scruples, 60 grains, 3.887 g; 略 dr.ap.》. **2** = fluidram. **3** [通例 a ～] **a** (ウイスキーなどの)微量, 一口: ⇨ dram drinker / be fond of *a* ～ 酒が好き. **b** (一般に)わずか (a bit): have not one ～ of learning 少しも学問がない. ― *v.* (**drammed; dram·ming**) ― *vi.* 《古》 酒を(ちびちび)飲む (tipple). ― *vt.* 《古》 〈人〉に酒を(しつこく)すすめる.

dram. 《略》 dramatic; dramatist.

dra·ma [drɑ́ːmə, drǽmə | drɑ́ːmə] 《《1515》 ▭ LL *drāma* play ▭ Gk *drâma* deed, play ← *drân* to do, perform an action ← IE **drā-* ← **dera-* to do》 ― *n.* **1** 戯曲劇, 脚本《★ play にくらべ一般に深刻な内容のものをさす》: a historical ～ 史劇. **2** [(the) ～] (文学の一形式としての)劇, 劇文学; (芸術としての)劇, 演劇, 芝居, 狂言 (cf. comedy, tragedy): Shakespeare's ～ / (the) Elizabethan ～ エリザベス朝演劇 / a student of (*the*) ～ (演)劇研究家. **3** 劇的事件; 劇的効果[状態]; 劇的性質[要素].

dra·ma·logue [drɑ́ːməlɔ̀(ː)g, drǽm-, -lɑ̀g | drɑ́ːməlɔ̀g] 《← DRAMA + (MONO)LOGUE》 *n.* 《演劇》 (観客に対して行なう)劇の朗読.

Dram·a·mine [drǽməmìːn] *n.* 《商標》 ドラマミン《船酔防止薬, dimenhydrinate の商品名》.

dra·mat·ic [drəmǽtɪk | -tɪk] 《《1589》 ▭ LL *drāmaticus* ▭ GK *dramatikós*: ⇨ drama, -ic[1]》 ― *adj.* **1** 演劇の, 劇に関する (dramaturgic); 戯曲の, 脚本の: (the) ～ art 劇芸術 / a ～ critic 演劇評論家, 劇評家 / ～ performance (劇の)上演 / a ～ piece 1 編の戯曲[脚本] / ～ poetry 劇詩 / ～ copyright 上演権. **2 a** 芝居にでもありそうな, 劇的な, 感動的な: a ～ event, speech, etc. **b** 芝居がかった, 大げさな (theatrical). **3** 《音楽》 劇的な《劇的な表現に適した声質や性格をもった歌手の声種名に用いる; cf. lyric 5》: a ～ soprano.

dra·mát·i·cal [-tɪkəl, -tə- | -tɪ-] *adj.* 《古》 = dramatic.

dra·mát·i·cal·ly *adv.* **1** 戯曲[演劇]的に, 戯曲風に; 劇の立場から. **2** 劇的に, 芝居がかって.

dramátic írony *n.* 《演劇》 劇的アイロニー《観客にはわかっているが登場人物自らは知らないことになっている皮肉な状況; tragic irony または単に irony ともいう》.

dramátic mónologue *n.* 《文学・詩学》 劇的独白《通例, 劇(詩)の主役がやま場で自分自身または他の登場人物に話しかけながらその心の中や劇の状況を明らかにする技法》.

dramátic présent *n.* 《文法》 劇的現在 (⇨ historical present).

dra·mat·ics [drəmǽtɪks | -tɪks] *n.* **1** [通例単数扱い] 劇演出法. **2** [複数扱い] (学生などの)しろうと演劇, 学生劇演. **3** [複数扱い] 《口語》 劇的効果, (特に)大げさな感情表出, 芝居がかった態度.

dramátic únities *n. pl.* [the ～] 《演劇》 (時・場所・行動の)三統一[三一致](の法則) (cf. unity 9).

dra·ma·tis per·so·nae [drǽmətɪs·pəsóuniː, drɑ́ːm-, -ṭəs-, -naɪ | drɑ́ːmətɪs·pəːsə́unaɪ, drǽmətɪs·pəːsə́uniː] 《《1730》 ▭ L *drāmatis persōnae* persons of the drama》 ― *n. pl.* 《演劇》 **1** [複数扱い] (劇の)登場人物. **2** [単数扱い] 配役表 (dram. pers. と略す).

dram·a·tist [drǽmətɪst, drɑ́ːm-, -ṭəst | drǽmətɪst] 《《1678》》 ― *n.* **1** 戯曲[脚本]作者, 劇作家 (playwright). **2** (出来事・体験などを)劇的に[芝居がかりに]表現する人.

dram·a·ti·za·tion [drǽməṭɪzéɪʃən, drɑ̀ːm-, -ṭə- | drǽmətaɪ-, -tɪ-] *n.* **1** (小説・事件などの)脚色, 戯曲化. **2** 戯曲化されたもの; 舞台用の翻案.

dram·a·tize [drǽmətàɪz, drɑ́ːm- | drǽm-] 《《1780–85》》 ― *vt.* **1** 〈小説・事件などを〉劇の形式にする, 脚色する, 戯曲化する, 狂言に仕組む: ～ a novel. **2** 劇的に[芝居がかりに]表現する: ～ oneself 自分(の身辺のこと)を芝居がかりに表現する, 芝居じみた態度をする, 演技する. ― *vi.* **1** 〈小説・事件などが〉戯曲になる, 脚色される. **2** 芝居(じみた態度を)する, 演技する: He described his action without *dramatizing*. 彼は自分のとった行動を飾ることなく(ありのままに)話した. **drám·a·tìz·er** *n.* **drám·a·tìz·a·ble** [-zəbl] *adj.*

dram·a·turge [drǽmətə̀ːdʒ, drɑ́ːm- | drǽmətə̀ːdʒ] 《《1870》 ▭ F ～ // G *Dramaturg* ▭ Gk *drāmatourgós* ← *drāmat-*, *drâma* 'DRAMA' + *érgon* work》 ― *n.* = dramatist.

dram·a·tur·gic [drǽmətə́ːdʒɪk, drɑ̀ːm- | drǽmətə́ː-] 《《1831》》 *adj.* 劇作上の, 劇曲演出上の.

dràm·a·túr·gi·cal [-dʒɪkəl, -dʒə- | -dʒɪ-] *adj.* = dramaturgic. **～·ly** *adv.*

drám·a·tùr·gist [-dʒɪst, -dʒəst | -dʒɪst] 《《1825》》 *n.* = dramaturge.

dram·a·tur·gy [drǽmətə̀ːdʒi, drɑ́ːm- | drǽmətə̀ːdʒɪ] 《《1801》 ▭ G *Dramaturgie* ▭ Gk *drāmatourgía* composition of dramas: ⇨ dramaturge, -y[1]》 ― *n.* **1** 劇作術, 戯曲作法, ドラマトゥルギー; 戯曲論, 演劇理論; [集合的] 作劇技術(の駆使). **2** (脚本[劇]の)上演[演出]法.

Dram·bu·ie [dræmbúːi | -bjúːɪ, -bjúɪ] 《商標名》 *n.* ドランビュイ《スコッチウイスキーとヒースの蜂蜜で造ったリキュール》.

drám drinker *n.* (ウイスキーなどを)ちびちび飲む人, 常飲する人 (tippler).

drame [drɑ́ːm; *F.* dʀam] 《▭ F ～: ⇨ drama》 *F. n.* = tragicomedy 1.

drám·ma gio·cóso [drɑ́ːmə-; *It.* drámma-] 《▭ It. ～ 'jocose drama'》 *It. n.* 《演劇》 喜劇 (comedy).

drámma per mú·si·ca [-pɛə-múːzɪkə | -pɛə-; *It.* -permúːzika] 《▭ It. ～ 'drama for music'》 ― *n.* 音楽劇《現在のオペラが確立される以前の 17 世紀イタリアでの音楽劇を総称する呼称》.

dram. pers. 《略》 《演劇》 dramatis personae.

drám·shòp *n.* 《古》 酒場, バー (barroom).

Drang nach Os·ten [drɑ́ːŋ·nɑːx·ɔ́ːstṇ | -ɔ́s-; *G.* dʀáŋ·naːx·ɔ́stn] 《▭ G ～ 'drive to the east'》 ― *G.* 東方進出《文化的・政治的・経済的勢力を東部・東南ヨーロッパへ押し進めようとしたドイツの帝国主義的政策の標語》.

drank 《OE *dranc*》 *v.* drink の過去形・《米口語》 過去分詞.

drape [dréɪp] 《《?a1400》 ▭ (O)F *drap-er* ← *drap* cloth < LL *drappum* ← ? Celt.》 ― *vt.* **1** 〈衣類・掛け布などを〉優美にたらし掛ける, まとわせる: ～ a mantle (*a*)*round* the shoulders. **2** 〈像・部屋などを〉掛け布[垂れ布, ゆるやかな布地]でおおう, 飾る 〔*with*〕; [～ *oneself* または Passive で] 〔布などを〕(身に)まとう 〔*in*〕: ～ a bust [a building, the wall] 胸像[建物, 壁面]に垂れ布を掛ける / ～ a flag *in* mourning 国旗に喪章をつける / a woman ～*d in* silks 絹物に身を包んだ婦人 / the fog-*draped* streets 霧に包まれた街路. **3** 〈服・カーテンなど〉にドレープをつける. **4 a** ぞんざいに並べる[下ろす, 引掛ける] 〔*over,* (*a*)*round*〕: ～ one's feet *over* the chair. **b** [しばしば ～ *oneself* または Passive で] 《口語》 (酔ったりして)(…に)もたれかかる 〔(*a*)*round, over, against*〕: He ～*d* his arm [*himself*] *round* her shoulders. 彼女の肩に腕をもたせかけてきた[もたれかかった]. **5** 《土木》 〈鉄筋コンクリートの鉄筋を〉コンクリートを流し込む前に 2 点間にかける. **6** 《外科》 (手術の準備などに)滅菌した布で〈患者〉(の局部の回り)を包む. ― *vi.* 〈掛け布などが〉優美に垂れ下がる. ― *n.* **1 a** [通例 *pl.*] 掛け布, 垂れ布 (drapery); 《米・カナダ》 カーテン; = overdrape. **b** (手術用の)滅菌した布 (cf. *vt.* 6). **2** 《服飾》 **a** ドレープ《布地を下げたり巻きつけたりする時に折目をつけずに装飾的なひだを入れること; またそのひだ》. **b** 《俗》 ドレープ《若者向きに誇張したカットを施した長い上着》. **3** (掛け布・服などの)垂れ具合, ドレープ.

dráp·a·ble *adj.* **～·a·ble** [-pəbl] *adj.* **drà·pa·bíl·i·ty** *n.* **dràpe·a·bíl·i·ty** [-pəbíləṭi | -lətɪ, -lɪ-] *n.*

dráp·er 《《a1376》 ▭ AF ～ = (O)F *drapier* ← *drap* (↑)》 ― *n.* **1** 《英》 織物(衣類)商, 服地商: a woolen ～ 毛織物商 / a ～'s (shop) 服地店 (cf. dry goods). **2** 《米》 布を飾る人(など).

Dra·per [dréɪpə | -pə(r)], **Henry** *n.* (1837–82) 米国の天文学者.

Draper, John William *n.* (1811–82) 米国の化学者・生理学者・歴史家; H. Draper の父.

drap·er·y [dréɪp(ə)ri | -pərɪ] 《《?a1325》 ▭ (O)F *draperie*: ⇨ draper, -ery》 ― *n.* **1** [しばしば *pl.*] **a** (物に掛けた柔らかい織物の)優美なひだ, 装飾ひだ. **b** (優美なひだをなして)物に掛けた織物, 飾り布, 掛け布, 垂れ布; (使っていない家具の)おおい; 《米・カナダ》 (厚地の)カーテン地. **c** 《米・カナダ》 = overdrape. **2** 《美術》 衣文, ドラペリー《絵画・彫刻などに表現される優美な着衣のひだ, またその手法》. **3** 《英》 **a** [集合的] 織物, 服地, 反物類 (《米》 dry goods). **b** 反物業, 織物販売業 (draper's trade): a ～ shop 反物店, 服地店. ― *vt.* [主に p.p. 形で] 掛け布[垂れ布]で飾る, …に優美なひだのある衣装をまとわせる: a woman *draperied in* flowing velvet すそを引いた優美なびろうどの衣装をまとった女.

drápe sùit *n.* 《俗》 ドレープスーツ《ドレープ (drape) に細いズボンの男子服》.

dras·tic [drǽstɪk | drǽs-, drɑ́ːs-] 《《a1691》 ▭ Gk *drastikós* violent, efficacious ← *drastós* ← *drân* to do, act: ⇨ -ic[1]》 ― *adj.* **1** 〈下剤など〉猛烈な, 激烈な (rigorous): ～ remedies 荒療治. **2** 〈手段など〉徹底的な, 思い切った (thoroughgoing): a ～ measure [change] 徹底的手段[変化]. ― *n.* 強下(げ)剤. **drás·ti·cal·ly** *adv.*

drat [drǽt] 《《1815》 《婉曲語法》 ← *God rot*》 ― *vt., vi.* (**drat·ted; drat·ting**) [3 人称単数仮定法現在で] 《俗》 呪う (confound, dash) 《やや軽いののしりの言葉として間投詞的に用いる》. ★ 通例女性が用いる: *Drat* it! いまいましいったら / *Drat* the child! うるさいわね, この子は / *Drat* you! うるさいわね.

D ràtion *n.* 《米陸軍》 D 号(携行)糧食《特別に調製した 4 オンス (112.5 グラム) の chocolate bar 3 本で 1 日分; (1,800 カロリーを含む); cf. C ration》.

drát·ted [-tɪd, -ṭəd | -tɪd, -təd] *adj.* 《口語》 いまいましい (confounded): You know these ～ regulations.

draught [drǽ(ː)ft, drɑ́ːft | drɑ́ːft] 《《?a1200》 *draht*》 *n., adj., v.* = draft.

dráught·bòard *n.* 《英》 チェッカー盤 (checkerboard).

draughts [drǽ(ː)fts, drɑ́ːfts | drɑ́ːfts] *n. pl.* [単数または複数扱い] 《英》 = checkers.

dráughts·bòard *n.* = draughtboard.

dráughts·man [-mən] *n.* (*pl.* **-men** [-mən, -mèn]) **1** = draftsman 1. **2** 《まれ》 = draftsman 2. **3** 《英》 ニュー 《英》 (チェッカーの)駒(こま) (checker).

～·shìp *n.*

draught·y [drǽfti, drɑ́ːfti | drɑ́ːftɪ] *adj.* (**draught·i·er; -i·est**) 《英》 = drafty.

Dra·va [drɑ́ːvə] *n.* [the ～] ドラバ(川)《オーストリア南部に発しハンガリーとユーゴースラビア南東部の

国境を流れて Danube 川に注ぐ支流 (720 km)》.
drave[1] [dréɪv] 〘ME《北部方言》~ 'act of driving' < OE *drāf*: ⇨ drove²〙 *n.*《スコット》**1** ニシンの取れる時季. **2** ニシン漁の遠征漁船団.
drave[2] 〘OE *drāf*〙 *v.*《古》drive の過去形.
Dra·ve [drάːvə] *n.* [the ~] =Drava.
Dra·vid·i·an [drəvídiən|-dɪən, -djən] 〘(1856) ← Skt *Dravida* (南部インド一地方の古名)+-IAN〙 ── *adj.* **1** ドラヴィダ人の. **2** ドラヴィダ語族の. ── *n.* **1** ドラヴィダ人《南部インドの大部分およびスリランカに住む非アーリア系の種族》. **2** 〘言語〙ドラヴィダ語 (cf. Dravidian languages).
Dravídian lánguages *n. pl.* ドラヴィダ諸語《南インド・スリランカ・パキスタンに話され, タミ(ー)ル・テルグ・ゴンディ・マラヤラム語などを含む一大語族》.
Dra·vid·ic [drəvídɪk] *adj.* =Dravidian.
draw [drɔ́ː] 〘OE *dragan* < Gmc *dragan (Du. *dragen* / G *tragen* to carry / ON *draga*) ← IE *dheragh- to drag on the ground (L *trahere* to pull: cf. tract¹): cf. drag, draft〙 ── *v.* (**drew** [drúː]; **drawn** [drɔ́ːn]) ── *vt.* **1 a** [通例, 方向・位置を示す副詞や前置詞を伴って] 引く, 引っ張る, 引き寄せる《★ pull より引っ張る動作が滑らかで平均した感じ; ↔ push》: ~ a thing *along* 物を引きずっていく / ~ a person *aside* 人を側に引っ張る[引き寄せる]《内緒話をするときなど》/ ~ a book *toward(s)* one 本を手前に引き寄せる / ~ the chairs *(a)round* the fire 炉のまわりに椅子を引き寄せる / ~ a person *into* a room 人を部屋に引き入れる / ~ a hat [veil] *over* the face 帽子[ベール]を目深かにおろす / ~ a net 網をたぐる / ~ a bit [bridle, rein] 手綱を引く / ~ a bow (矢を放つために)弓(のつる)を引く; (バイオリンを)ひとしきり弾く / ⇨ *draw the* [*a*] LONGBOW / ~ an arrow 矢を(弓につがえて)引く / ~ a blind [curtain] 日除け[カーテン]を引く《開けるまたは閉める》/ ~ a sail [drawbridge] 帆[はね橋]を引き上げる / ~ a tablecloth (食後に)テーブルクロスを取りのける / A locomotive ~s a train. 機関車は列車を引く. **b** (昔, 木わくなどに乗せて)〈罪人を〉刑場に引く.
2 〈磁石などが〉引き付ける (attract); 〈金属が〉〈さび・熱などを〉呼ぶ, 吸う (contract): ~ rust, heat, etc.
3 a 〈人・人の心・注意・興味などを〉引き付ける, 引く; 〈人気を〉呼ぶ (attract); 〈涙を〉誘う, 絞らせる; 〈嘆息を〉漏らさせる: ~ a person *into* conversation 人を話に引き込む / ~ a person's attention *to* the fact その事実に人の注意を引く / He felt ~*n to* the town. その町に心が引かれる思いがした / The sympathy *drew* us *together.* その共感によって我々の心は固く結ばれた / The show *drew* a full [crowded] house. その興行は満員の盛況だった / The story *drew* tears *from* her eyes. その物語は彼女の涙を誘った / The pain *drew* a sigh [groan] *from* him. その痛みに彼は思わずためいきをついた[うなった] / Don't ~ me *away from* my work. 仕事の邪魔をして気をそらせないでくれ. **b** 〈人を〉(言動などに)かりたてる, 釣り込む, 反応させる; [目的語+*to* do を伴って] 誘って…させる (induce): His kindness *drew* her *to* express herself. 彼のやさしさに動かされて彼女は心のうちを語った. **c** 《口語》〈人を〉誘って語らせる, …に意見を吐かせる: He refused to be *drawn* on the matter. 彼はどうしてもその事については何も言おうとしなかった.
4 〈息を〉吸う, 吸い入れる, 吸い込む (take in): ⇨ *draw* BREATH.
5 a 〈水・酒を〉くみ上げる, くみ出す; 〔源から〕引き出す, 得る (derive) 〔*from*〕; 〈利子を〉生む, もたらす (bring in): ~ water *from* a well / ~ beer *from* a cask / ~ information [inspiration] *from* …から情報[霊感]を得る / ~ money *from* a bank 銀行から金を引き出す / ~ a supply *from* abroad 海外から供給を仰ぐ / How much interest will these deposits ~? これらの預金にどれくらいの利子がつきますか. **b** 《米》〘陸軍〙(兵站(へいたん)部から)〈糧食・被服・弾薬など〉の支給を受ける. **c** 〔…から〕〈結論・教訓などを〉引き出す (deduce) 〔*from*〕: ~ a moral *from* a fable 寓話から教訓を得る / He tried to ~ his own conclusions *from* what he had seen. 彼は自分の目で見た物から自分なりの結論を引き出そうとした. **d** 〈結果・不幸などを〉招く, 伴う (bring about): ~ ruin *upon* oneself 身の破滅を招く / The event will ~ great consequences after it. その事件はあとに重大な結果を引き起こすだろう.
6 引き抜く, 抜き取る (pull out); 〈剣などを〉抜く, 〔さやから〕抜き放つ 〔*from*〕: ~ a nail [tooth] 釘[歯]を抜く / ~ a cork *from* a bottle びんのコルクを抜く / ~ one's sword at… 剣を抜いて…に切りつける / ⇨ *draw the* SWORD, *draw one's* SWORD *against*.
7 a 〈くじを〉引く; (くじで)引き当てる; (くじで)選抜する: ~ lots / ~ a prize 賞品を引き当てる / ~ the winner くじで勝者をきめる, 勝馬の馬券を買い当てる, 成功する / ⇨ *draw a* BLANK, *draw* STRAWS / The jury panel has been *drawn.* 陪審団は抽選で選定された. **b** 〈幸運・不運を〉引き当てる, …にめぐり会う: Two of them *drew* long prison terms. 彼らのうち二人は長期刑に処された.
8 〈狐などを〉〔穴から〕引き出す, 狩り出す (drag) 〔*from*〕: ~ a fox *from* a lair.
9 a 〈血を〉出す, 流させる: ⇨ *draw* BLOOD. **b** 〘医学〙〈膏薬などが〉〈血・膿を〉吸い出す, 〈傷口〉から膿(うみ)を出させる.
10 a …の腸[はらわた]を出す (disembowel); …の精分を抽出する (extract); 〈池などの〉水をはく (drain); …の乳を飲み干す (suck dry): ~ a fowl 鳥のはらわたを出す / ~ a criminal 罪人のはらわたを抜く《昔の刑罰; cf. DRAW *and quarter* (2)》/ ~ tea (煎じて)茶を出す / ~ a pond dry (水をかき出して)池を干す / The calf ~s the cow. 小牛が雌牛の乳を飲み干す. **b** 《英》(獲物を求めて)〈池・森などを〉あさる: ~ a pond 網を引いて池の魚を採る / ~ a cover [covert] 隠れ場をあさって獲物を狩り立てる.
11 引き伸ばす (stretch); 〈金属板を〉絞り加工する, 〈金属線を〉引き抜き加工する; 〈炉で溶かして〉〈ガラス・プラスチックなどを〉引き伸ばして造る; 〈針金・蠟燭を〉造る; 〈糸を〉引く (spin): ~ a rope tight 綱をぐっと引き伸ばす.
12 a 縮ませる (contract); [通例 p.p. 形で] 〈顔を〉引きゆがめる (distort): a face *drawn* with pain 苦痛でゆがめられた顔 (cf. pull a long face ⇨ pull *vt.* 12). **b** 《英》(擦って)腫(は)らす (cause to swell).
13 a 〈図・線を〉引く (trace); (線を引いて)描く, 写す, 描写する (delineate); (言葉で)描写する (describe): ~ a line across the paper 紙の上に線を引く / ~ a picture 絵を描く / ~ a character in a novel 小説で人物を描写する / We must ~ the line somewhere. どこかで線を引か[きりをつけ]なければならない (cf. line² *n.* 16 a). **b** 〈文書を〉書く, 作成する; 〈手形などを〉振り出す (draft): ~ a deed [will] 証書[遺言書]を作成する / ~ a bill [check] *on* a bank *for* 100,000 yen 銀行あてに 10 万円の手形[小切手]を振り出す. **c** 〈区別を〉設ける, 〈比較を〉する (formulate): ~ a comparison [parallel, distinction] between A and B A と B とを比較[対比, 区別]する.
14 〈船が〉喫水が…である: a ship ~*ing* 20 feet of water 喫水 20 フィートの船.
15 〘もと競走馬を競技から引き上げさせたことから〙〈勝負・試合を〉引分けにする (cf. drawn 2).
16 〘トランプ〙 **a** (積み札から)引く, (親から)もらう; (特にポーカーで)〈手札を〉引きかえる: ~ one card to a pair 手札を 1 枚捨て, 親から 1 枚もらってワンペアーができる. **b** (ブリッジなどで)〈ある札を〉落とす, 出させる, 〈切札を〉狩る, 召し上げる: lead the king to ~ one's opponent's ace キングを出して相手のエースを引き出す / ~ three rounds of spades スペードを 3 回狩る[まわす].
17 a 〘玉突〙〈手玉を〉引く《他の玉に当たってのち逆に回転して返るように手玉の中心より下を突く》: ~ a cue ball. **b** 〘クリケット〙(バットをひねって)打者の側に〈ボールを〉そらせる, バットをひねって〈ボールを〉打つ. **c** (curling で)〈丸石を〉そっとほうる. **d** 〘ゴルフ〙〈ボールを〉ドローするように打つ (cf. *n.* 9 a).
── *vi.* **1 a** 引く (pull); (弓を射るために)矢を引く: The horses ~ abreast. 馬が並んで引く. **b** 引ける: a cart that ~s easily 楽に引ける車.
2 a [通例, 方向・位置を示す副詞や前置詞を伴って] (引かれるように)寄り集まる, 寄る: ~ *together* 寄り集まる; 協調する / ~ *near* 近寄る / We have *drawn apart* over the months. 我々はここ数か月ずっと疎遠になっている / as I *drew toward* the village その村に近づくにつれて / He *drew away from* the puddle. 水たまりから飛びのいた / They all *drew around* the table. 彼らはみなテーブルのまわりに近寄った / Like ~s *to* like. 同気相求む《★ 諺としては Like (will) to like. の形の方が普通》/ The tax ~s well. 税がよく集まる. **b** 〈時などが〉近づく, 迫る: Night was ~*ing nearer.* 夜も迫って来ていた / The story is now ~*ing to* a conclusion. 今や物語は結末に近づいている / The party *drew to* a close around midnight. 会は真夜中ごろになってようやく終わった.
3 引きつける, 人気を呼ぶ: The play ~s well. その芝居は大入りだ / This writer always ~s. この作家はいつも受ける《人気がある》.
4 水をくむ; 〔パイプなどを〕吸う 〔*on*〕: He sat ~*ing on* his pipe. 彼はすわってパイプをふかしていた.
5 a 剣を抜く, 抜刀する; ピストルを抜く: *Draw*, and defend yourself! 剣[ピストル]を抜いて身を守れ / He *drew on* his opponent. 彼は刀[ピストル]を抜いて相手に突きつけた. **b** 〈歯などが〉抜ける: The tooth *drew* easily. 歯はわけなく抜けた.
6 a くじを引く: ~ *for* partners くじを引いてパートナーをきめる. **b** 〘トランプ〙札を引く; 札を引いてパートナーや配り手をきめる.
7 〈水が〉はける (drain off); 〈煙突・パイプなどが〉通る; 風を通す; 〈風が〉通りがよい.
8 〈茶などが〉出る (infuse): Leave the tea to ~. そのままにしてお茶を出すようにしなさい / The tea is ~*ing.* お茶が出てきた.
9 a 〈膏薬などが〉膿を吸う[吸い出す]. **b** (一箇所に)充血する; 化膿する: ~ to a head 〈できものが〉うむ (cf. head *n.* 11 a).
10 a 縮まる, 引きつまる 〈*up*〉: My shoes ~ a little. 靴が少しきつい《足をきつく締める》. **b** (引かれてぴんと)張る; 〈帆が〉張る, (風をはらんで)ふくらむ.
11 線を引く, 描く (delineate), スケッチする (sketch), 製図する; 絵をかく, 絵の才能がある: ~ well [badly] 絵がうまい[へたである].
12 a 〔銀行・商事会社などに〕手形を振り出す 〔*on*〕. **b** 〔預金から〕(金を)引き出す 〔*on*〕: ~ *on* one's savings for the whole amount 貯金を全額おろす. **c** (資源・典拠として)〔…に〕頼る (depend), 〔…を〕利用する, 参考にする 〔*on, upon*〕: ~ *on* one's imagination 想像力に頼る, 想像によって話す[書く] / ~ *on* one's memory 記憶力に頼る, 思い出そうとする / I have no resources to ~ *on.* 頼るべき手段もない.
13 (情報などを)引き出す, 集める: ~ *from* a common fund of knowledge 共通の情報源を利用する.
14 (勝負・試合で)引分けになる; 同点となる, タイとなる (tie): Finally he *drew* level with his competitor. ついに彼は相手と同点になった.
15 〈船が〉喫水が…だ: This ship ~s deep [shallow]. この船は喫水が深い[浅い].
16 〘狩猟〙 **a** 〈猟犬が〉獲物をあさる. **b** 〈猟犬が〉遺臭で獲物を追う.
17 〘玉突〙引き玉を突く, 引く (cf. *vt.* 17 a).
draw and quarter (1) (中世の刑罰で)〈罪人を〉手足別別に馬をつないで走らせ四つ裂きにする. (2) (処刑後に)…の内臓を抜き出し四つ裂きにする (cf. *vt.* 10 a): He was hanged, *drawn and quartered.* ***draw away*** (*vt.*) 〔…から〕引き離す, 抜き去る 〔*from*〕 (cf. *vt.* 3 a): She *drew* her hand *away from* his. 彼女は手を彼の手から引っ込めた. (*vi.*) (競争で)〔相手を〕引き離す, 抜く 〔*from*〕; 〔…から〕退く 〔*from*〕 (cf. *vi.* 2 a): He quickly *drew away from* his competitors. ずんずんほかの者を引き離した. ***draw back*** (1) 〈(引いた)カーテンを〉あけ放す: ~ *back* the curtains. (2) 〈袖などを〉まくりあげる. (3) 〈関税などの〉払い戻しを受ける; 返還させる, 回収する. (4) 〔…から〕退く; たじろぐ; 手を引く 〔*from*〕. ***draw bit*** (1) 手綱を引いて馬を制御する; 速力をゆるめる. (2) 控え目にする. ***draw blank*** (1) (隠れ場をあさって)獲物が手に入らない (cf. *vi.* 16 a). (2) =*draw a* BLANK (2). ***draw down*** (1) 〈カーテンなどを〉引きおろす: The blind was ~*n down.* (2) 〈喝采・怒りなどを〉招く: ~ *down* a person's anger [wrath] (upon one's head) 人の怒りを招く[買う] / His behavior *drew down* a storm of blame (*on* him). その振舞いのため囂々(ごうごう)たる非難を浴びることになった. (3) 〈俸給などを〉使い果たす; かせぐ; 〈積立金などを〉使い果たす. ***draw in*** (*vt.*) (1) 〈手綱などを〉引き締める; 収縮させる (contract); 〈角・爪などを〉引っ込める: ~ *in* one's expenditure 支出を縮減する[切り詰める] / ⇨ *draw in one's* HORNS. (2) 〈空気・息を〉吸い込む (take in): ~ *in* a breath. (3) 引き入れる, おびき込む; だます: He was *drawn in to* buy it. だまされて買わされた. (4) ざっと描く, 素描する. (*vi.*) (1) 〈列車が〉ホームにはいって来る, 到着する; 〈自動車が〉縁石[道端]に寄って来る[来て止まる]. (2) 〈日が〉短くなる; 〈一日が〉暮れる: The days [evenings] are ~*ing in.* 日が短くなってきた. (3) 緊縮する, 引き締める; 慎重になる, おとなしくなる: It is time to ~ *in.* 引き締めてかかるべき時だ. ***draw in the reins*** =DRAW *bit.* ***draw it fine*** 《口語》こまかな詮議(せんぎ)立てをする, めんどうな区別を立てる. ***draw it mild*** 〘もとビールを容器から静かに溢れさせる意から〙《英口語》[通例命令法で] 穏やかに言う, 控え目に言う, 控え目に[遠慮勝ちに]振舞う. ***draw off*** (*vt.*) (1) 〈手袋・靴下などを〉脱ぐ; 〈酒を〉(樽などから)くみ出す; (蒸留して)抽出する (extract). (2) 選抜する: ~ *off* a draft of soldier 徴募兵を選抜する. (3) 〈軍隊を〉引き上げる, 撤退させる (withdraw). (4) 〈注意・砲撃などを〉他にそらす (deflect). (*vi.*) 〈軍隊などが〉撤退する; (身の活動が自由になるように)〔…から〕後退する 〔*from*〕. ***draw on*** (*vt.*) (1) 〈ズボン・深靴・靴下を〉はく, 〈手袋を〉はめる (pull on). (2) 誘発する; 〈人を〉引き寄せる; [*to* do を伴って] 促して…させる (lead on). (*vi.*) (1) 〈時季などが〉近づく, 迫る (approach): Winter is ~*ing on.* 冬が近づいている / They *drew on toward* destruction. 彼らは破滅の淵に迫った. (2) ⇨ *vi.* 12 a, b, c. ***draw oneself up*** (威厳を示して, または憤然として)まっすぐに立つ, いずまいを正す, つんとそり身になる (bridle). ***draw out*** (*vt.*) (1) 引き出す, 抜き取る (extract): ~ *out* a tooth 歯を抜く / ~ *out* a handkerchief *from* one's pocket ポケットからハンケチを出す / The new job *drew out* his latent talents. 新しい職について彼のうちに潜んでいた才能が十分に生かされた. (2) 〈預金を(全額)〉引き出す: ~ one's money *out* (*of* the bank) (銀行から)貯金をおろす. (3) 釣り出す, 誘い出す (elicit); (誘いをかけて)…にしゃべらせる: She tried to ~ *out from* him the whole story of what had happened. 彼女は彼から起こった事の一部始終を聞き出そうとした / A little flattery *drew* him *out.* 少しお世辞を言ったら彼はしゃべり出した. (4) 〈金属を〉引き伸ばす: ~ *out* glass tubing ガラス管を引き伸ばす. (5) 〈計画などを〉明細に立てる, 作成する (formulate). (6) 長引かせる (protract); (だらだらと)長引く: His speech was long and was *drawn out.* 彼の話は長々と続いた. (*vi.*) (1) 〈列車が〉発車する 〔*of*〕; 〈自動車が〉走り出す; 〈船が〉〔港から〕離れる, 遠ざかる 〔*from*〕: The train was ~*ing out* when I got to the platform. ホームに着いたとき列車が走りだしたところだった. (2) 〈日が〉次第に長くなる: The spring days are ~*ing out.* 春の日がだんだん長くなった. (3) 〈競走馬などが〉〔相手を〕抜く 〔*from*〕. ***draw rein*** =DRAW *bit.* ***draw up*** (*vt.*) (1) 引き揚げる; 引き寄せる: ~ *up* a net 網を引き揚げる / ~ *up* a chair 椅子を引き寄せる. (2) [しばしば Passive で] 〈軍隊を〉整列させる (form up). (3) 〈文書を〉(正式に)作成する (formulate), 〈計画などを〉立案する, 〈表・地図などを〉書き上げる (write out):

~ *up* an agreement 協定書を作成する. (4) 〈馬車などを〉止める;〈船を〉岸に止める. (*vi.*) (1) 〈馬車などが〉止まる;〔…まで〕近づいて来て止まる〔*to*〕: I saw a police car ~ *up* outside [*to*] my house. 警察の自動車が家の前に[の前まで来て]止まるのを見た. (2) 縮まる, 収縮する (cf. *vi.* 10). ***draw upon*** ⇨ *vi.* 12 c.
— *n.* **1** 引く[引っ張る]こと, 一引き (pull);《米》一吸い;(酒の)一すすり: take [have] a ~ *on* one's pipe パイプを一服する. **2 a** (ナイフ・ピストルなどの)引き抜き, 抜き出し: be quick *on the* ~ ナイフ[ピストル(など)]を抜く手が早い;《比喩・口語》機敏に反応する. **b** [通例 the ~] (特に機敏さ・すぐれた技能による)〔…に対する〕強味, 優位 (edge)〔*on*〕: We had *the* ~ *on* our enemies. (機先を制して)敵よりも優位な立場に立った. **3 a** くじ, くじで当てたもの, 当たり (lot);《口語》くじ引き, 抽選 (drawing): take a ~ in a lottery 富くじを引く. **b**〘スポーツ〙ドロー, 対戦組合せ(表)《抽選によって配列された競技者の対戦組合せ表》. **4** 引分け, 無勝負 (drawn game): end in a ~ 引分け[勝負なし]に終る / play a ~ 引分ける. **5**《口語》**a** (群衆を引き付ける)呼び物, 魅力のある出し物 (attraction); (俳優などの)人気を呼ぶ妙技[素質]: The new play is a great ~. 今度の芝居は大人気[大当たり]だ. **b** 釣込み, 釣出し, さぐり (cf. sure draw). **6 a** 一杯に引いた弓の back と弦との距離. **b** 弓を一杯引くのに要する力: a bow with a 50 pound ~ 50 ポンドの強弓. **7**《米》(はね橋 (drawbridge) の)開閉部 (drawspan). **8** (川の上流にあり幅が広く割合に浅い)かれ谷; 水の枯れた川底. **9 a**〘玉突〙引き玉(㐂);〘ゴルフ〙ドロー(ボール)《打球が落ち際に利き腕と逆の方向へ曲がる; ↔ fade》. **b**〘アメリカンフットボール〙=draw play. **10**〘トランプ〙**a** (ポーカーで)ドロー《不要な手札を捨て, その分だけ親から新たな札をもらうこと》; 不要な札と交換した札. **b** =draw poker. **11**〘時計〙引き: **a** がんぎ車の歯がアンクルのつめに力を及ぼしてアンクルをどてピンに押しつける働き. **b** がんぎ車の歯がアンクルの停止面に接触した時, 停止面とがんぎ車の中心から接点に向かう半径とのなす角度.
beat** a person **to the draw 相手よりも速く剣[ピストル]を抜く; 人よりもすばやく行動する, 人を出し抜く, 人の機先を制する (cf. 2).
~·a·ble [~əbl̩] *adj.*

dráw-and-fíre *n.*《米口語》(拳銃の)早撃ち.

dráw·bàck *n.* **1** ひけめ, 落ち度, 欠点, 不利 (disadvantage)〔*in*〕; 障害, 故障 (hindrance)〔*to*〕. **2**〘商業〙(輸入品を再輸出する際の)関税の払い戻し, 払い戻し金 (rebate): ~ cargoes 戻し税貨物. **3**〔…からの〕控除〔*from*〕. **4** 引っ込めること, 撤去; 撤退, 撤回.

dráw·bàr *n.*〘鉄道〙(機関車の)引っ張り棒; (線路の)連結器; (トラクターの)連結棒.

dráwbar púll *n.*〘鉄道〙(機関車の引っ張り棒に作用する)牽引力, 引張力.

dráw·bènch *n.*〘金属加工〙伸線機, 引抜き機《針金等を引き抜き法で作るための機械》.

dráw·bòre〘木工〙*n.* 枘(ほぞ)穴止め (drawbore pin) の受け口《止め栓を打込む穴》. — *vt.*〈枘〉に受け口を造る.

dráwbore pìn *n.*〘木工〙枘穴止め, 引付栓(せん), 込栓《固く締めるため二材の穴を少しずらしてあけた栓》.

dráw·bòy *n.*〘紡織〙空引機 (drawloom) の通糸を動かす子供; 同じ働きをする力織機の装置.

dráw·brìdge〘ME〙— *n.*〘土木〙はね橋, 吊り上げ橋, 引上げ跳開橋; 開橋, 可動橋. ★ もとは城門の前に設けた吊り上げ式のものを言ったが今はあらゆる可動橋にいう.

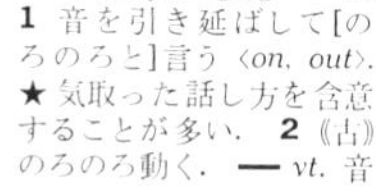
drawbridge

Draw·can·sir [drɔ́ːkænsə, ⌐⌐⌐ | -sə(r)]〘《1672》: G. Villiers の笑劇 *The Rehearsal* (1672) 中の人物名: この人物の酒量にかけて draw a can of liquor を暗示した戯言的造語〙— *n.* **1** ドローキャンサー《*The Rehearsal* 中の人物, 最後の幕で敵味方を共に皆殺しにする》. **2** ドローキャンサー的人物《敵味方の区別なく切りまくる乱暴者》.

dráw·càrd *n.* =drawing card.

dráw cùrtain *n.*〘劇場〙真中から左右に引く引幕.

dráw·cùt shàper *n.*〘機械〙引切り形削り盤《刃物を保持するラムの引込み行程で切削する形式の形削り盤》.

dráw·dòwn *n.* **1** (井戸・貯水池などの)水位低下. **2**《米》削減, 縮少 (reduction).

draw·ee [drɔːíː] *n.*〘商業〙手形名あて人, 為替(かわせ)手形支払人 (cf. drawer 4): ~ in case of need 予備支払人.

draw·er〘《*c*1340》〙— *n.* **1** [drɔ́ːə | drɔ́ːə(r)] draw する人[物]; (特に)製図家. **2** [drɔ́ə | drɔ́ː(r)] 引出し; [*pl.*] たんす: a chest of ~*s* たんす一さお / ⇨ bottom drawer. **3** [drɔ́ə | drɔ́ː(r)] [*pl.*] ズボン下, ズロース《男女両用のズボンのような下着で, 丈は各種ある》: bathing ~*s* 海水[水泳]パンツ / a pair [two pairs] of ~*s*. **4** [drɔ́ːə | drɔ́ːə(r)]〘商業〙(為替・手形の)振出人 (cf. acceptor 1 b, drawee). **5** [drɔ́ːə | drɔ́ːə(r)]〘金属加工〙伸線工. **6** [drɔ́ːə | drɔ́ːə(r)]《古》酒場の給仕 (tapster).

refer to drawer〘銀行〙振出人に回付されたし《銀行で不渡り手形に R/D または R.D. と略記する》.

drawer·ful [drɔ́əfùl | drɔ́ː-] *n.* 引出し一杯〔*of*〕.

dráw gàme *n.*〘ドミノ〙ドローゲーム《プレーできる牌がない時, それを引き当てるまで山 (stock) から牌を引かなければならないようなゲーム》.

dráw gèar *n.*《英》〘鉄道〙牽引装置, 連結機.

dráw hòle *n.*〘鉱山〙**1** 鉱石の抜き出し口. **2** = glory hole 4.

dráw·ing〘ME〙— *n.* **1** (図案・絵画の)線描, 製図(法); (鉛筆・ペン・木炭・クレヨンなどで描いた)図画, デッサン, 素描 (sketch) (cf. painting); 図面 (plan): a ~ *of* a tree, face, etc. / lineal [line] ~ 線画 / freehand ~ 自在画 / charcoal ~ 木炭画 / instrumental [mechanical] ~ 用器画 / watercolor ~ 水彩画 / make a ~ 図取りをする. **2**〘商業〙(小切手・手形の)振出し: ~ in blank 白紙振出し. **3** [*pl.*]《英》(店の)売上げ高. **4** くじ引き, 抽選;《米》抽選会. **5** (茶の)一出し.
in drawing 正確に描かれて. ***out of drawing*** (1) 画法に反して; 描き違えて. (2) (周囲に)調和しないで, 不調和で, 不適切で.

dráwing accòunt *n.*〘商業〙引出金勘定《資本主の資本引出しを記入する勘定》.

dráwing blòck *n.* はぎ取り画用紙帳.

dráwing bòard *n.* 製図板, 画板 (drafting board).
back to the drawing board《口語》(事業などの失敗のあとで)計画の段階[振り出し]に戻って. ***on the drawing board*** 計画[青写真]の段階で.

dráwing càrd *n.* 大入りをとる芸能人[番組, 芝居(の場面)など], 人気のある人[物], 呼び物, アトラクション; (野球の)好カード.

dráwing chìsel *n.*〘木工〙曲がりのみ《枘(ほぞ) (tenon) の端を作るときのように木目に横ざまに切り込むために斜めに刃がなっている木のみ》.

dráwing còmpasses *n. pl.* 製図用コンパス.

dráwing fràme *n.*〘紡織〙練条機.

dráwing-ín *n.* (*pl.* **drawings-in**)〘紡織〙綜絖(そうこう)通し《綜絖の目に経糸を引込むこと》.

dráwing ìnstrument *n.* 製図器械.

dráwing knìfe *n.*〘木工〙=drawknife.

dráwing màster *n.* 図画教師.

dráwing òffice *n.*《英》=drawing room².

dráwing pàper *n.* 画用紙, 製図用紙.

dráwing pèn *n.* (製図用)からす口 (ruling pen).

dráwing pèncil *n.* 製図用鉛筆.

dráwing pìn *n.*《英》画鋲(がびょう) (《米》thumbtack).

drawing-room [drɔ́ːɪŋrùːm, -rùm | drɔ́ːɪŋrùm, drɔ́ɪŋ-, -rùːm] *attrib. adj.* **1** 客間の, 客間らしい, 客間に適した: ~ furniture, manners, etc. **2**〈戯曲など〉客間を場面とする, 上流社会を扱う[に適した].

drawing room¹ [drɔ́ːɪŋrùːm, -rùm | drɔ́ːɪŋrùm, drɔ́ɪŋ-, -rùːm]〘《1642》← *withdrawing room*〙— *n.* **1** 客間《dinner の後で婦人たちが食堂から退出 (withdraw) して休憩する部屋》; 応接室《★《米》ではほとんど用いられず, 今では living room という》; [集合的] 客間に集まった客 (company). **2**《英》**a** (宮廷の)公式招待, (客間で行なわれる婦人のための)接見会 (cf. levee¹ 1): hold a ~ 接見会を催す. **b** [*pl.*] 富裕な上流社会の人々. **3**《米》(列車の)特別専用室.

dráw·ing ròom² [drɔ́ːɪŋ-] *n.*《英》製図室 (《米》drafting room).

dráwing-room càr [drɔ́ːɪŋ- | drɔ́ːɪŋ-, drɔ́ɪŋ-] *n.*《米》特別客車 (parlor car).

dráwing strìng *n.* =drawstring.

dráwing tàble *n.* (高さ・傾斜角度の調整可能な)製図台, 製図机.

dráw·knìfe *n.*〘木工〙樹皮などを削るのに用いる両側曲がり柄(え)のついた刃物.

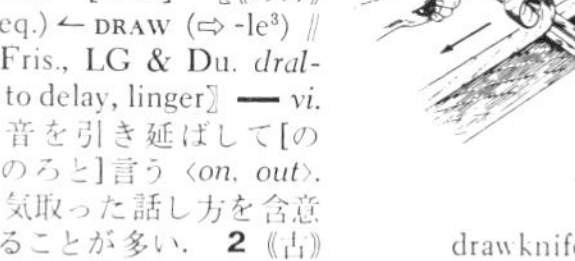
drawknife

drawl [drɔ́ːl]〘《1597》(freq.) ← DRAW (⇨ -le³) // ▭ Fris., LG & Du. *dralen* to delay, linger〙— *vi.* **1** 音を引き延ばして[のろのろと]言う〈*on, out*〉. ★ 気取った話し方を含意することが多い. **2**《古》のろのろ動く. — *vt.* 音を引き延ばして[のろのろと]話す, まだるっこい調子で唱える〈*out*〉: ~ *out* a prayer. — *n.* 間延びした話しぶり, 引きのばし発音: the Southern ~《米》南部人特有の間延びした話しぶり. **~·er** [-lə | -lə(r)] *n.*

drawl·y [drɔ́ːli | -lɪ] *adj.*

drawl·ing [-lɪŋ] *adj.* のろのろと引き延ばす, まだるっこい (slow).

drawl·ing·ly *adv.* まだるっこく, まだるっこそうに.

dráw·lòom *n.*〘紡織〙空引機(そらひき)《以前紋織物を織るのに用いられた手織機; cf. drawboy》.

drawn [drɔ́ːn]〘ME *drawen* < OE *dragen*〙— *v.* draw の過去分詞. — *adj.* **1** 抜き放った, 抜身の (unsheathed): a ~ sword. **2** 勝負なしの, 引分けの (cf. draw *vt.* 15): a ~ game 引分け(の試合). **3** (料理で)はらわたの抜いてある (eviscerated): a ~ chicken. **4**〈顔が〉引きつった (tense), やつれた (haggard). **5**〈植物が〉(日光の不足などで)青白く伸びた, 白化した.

drawn bútter *n.* **1** 澄ましバター (clarified butter). **2** (ソース用の)溶かしたバター《しばしば刻んだ香草・調味料を加える》.

dráw·nèt *n.* 引き網 (dragnet); (大型の野鳥を捕える ための)大鳥網.

drάwn glàss *n.* 機械引き板ガラス.

drάwn-thrèad *adj.*〘服飾〙抜きかがりの: ~ work =drawnwork.

dráwn·wòrk *n.*〘服飾〙ドローンワーク《布地の織糸を数本抜いて, 抜いた両端を糸でかがってゆく刺繍; ドレスやブラウスの飾りに使う》.

dráw·plàte *n.* (針金製造用)引抜き用鉄板, ダイス鉄板.

dráw plày *n.*〘アメリカンフットボール〙ドロープレイ《クォーターバックがパスとみせかけ一瞬タイミングを遅らせバックにハンドオフするランニングプレー》.

dráw pòker *n.*〘トランプ〙ドローポーカー《最初の賭けの後, 各自が 5 枚の持札を適宜取りかえてからまた賭け直す方式のポーカー; cf. draw *n.* 10 b》.

dráw rùnner *n.* (事務机 (bureau) の傾斜した前蓋を用いて書台にする時, それを支持するために引出される一対の)引出し板(の一方).

dráw·shàve *n.*〘木工〙=drawknife.

dráw shòt *n.*〘玉突〙ドローショット, 引き玉《手玉 (cue ball) が的玉 (object ball) に当たったあとで戻るように逆回転を与えるストローク; cf. follow shot 1》.

dráw slìp *n.* =draw runner.

dráw·spàn *n.*《米》=draw *n.* 7.

dráw·strìng *n.* **1** (袋の口などを引き締める)引き紐. **2** ドローストリング《紐やリボンを通してひきしめギャザーを入れる時のその紐やリボン》.

dráw tàb *n.*《英》〘劇場〙(舞台の一方に引く)引幕《French tab ともいう》.

dráw tàble *n.* (両端から板を引き出して甲板を拡大できる)引き伸しテーブル《draw-out table, draw-top table ともいう》.「付ける)伸縮自在の筒.

dráw·tùbe *n.* (顕微鏡・望遠鏡などの接眼レンズを取

dráw wèll〘ME〙*n.* くみ井戸, つるべ井戸.

dray¹ [dréɪ]〘《1370》《廃》sled without wheels: cf. OE *dræge* dragnet ← *dragan* 'to DRAW'〙— *n.* **1** (台の低い 4 輪の)大荷馬車; (同様の機能を果す)貨物自動車(など). **2**《米》(森林で木材を引く)そり (sledge). **3**《豪》(2 輪の)荷馬車, 荷車. — *vt.* dray で運搬する. — *vi.* **1** (通例短区間を) dray で貨物を運ぶ. **2** (特に生計のために) dray を引く[動かす].

dray² [dréɪ] *n.* =drey.「車の運賃, 運送料.

dray·age [dréɪɪdʒ] *n.* **1** 荷馬車 (dray) 運搬. **2** 荷馬

dráy hòrse *n.* (頑丈な)荷馬車馬.

dráy·man [-mən] *n.* (*pl.* **-men** [-mən, -mèn]) 荷馬車屋.

dráy·plòw *n.* 重たい土をすく鋤.

Dray·ton [dréɪtn̩], **Michael** *n.* (1563–1631) 英国の詩人; *Polyolbion* (1613–22).

dread [dréd]〘OE *drǣdan*《頭音消失》← *ondrǣdan*, *ādrǣdan* to dread ← *ond-*, *and-* (⇨ answer) + **drǣdan* (← ? (WGmc)): cf. OE *of drǣdd* afraid〙— *vt.* **1** ひどくこわがる, 恐れる〈*to* do, *doing*〉; 案じる〈*that*〉: Most people ~ death [*dying, to* die]. 大抵の人は死[死ぬこと]を恐れる / He ~*ed that* his son might die. 彼は息子が死にはすまいかと案じた. **2**〈…するのを〉いやがる〈*doing*〉: I ~ attending the ceremony. 式には出たくない. **3**《古》(尊厳なものに対して)恐れおののく. — *vi.*《古》恐れる; (将来に)恐れをいだく. — *n.* **1** 恐怖; (将来に対する)不安, 心配: have a ~ of… …を恐れる / be [live] in ~ of … を絶えず恐れている. **2**《古》(かしこみ尊ぶ)畏れ (deep awe). **3** 恐ろしいもの, 恐怖[畏怖]の的. — *adj.* **1** 非常に恐ろしい (dreadful). **2**《古》恐れ多い, いかめしい. **~·ed** *adj.* **~·a·ble** [-dəbl̩] *adj.*

dread·ful [drédfəl]〘《?*a*1200》〙— *adj.* **1** 恐ろしい, こわい, ものすごい. **2** 恐れ多い, 畏怖の念を起こさせる. **3**《口語》ひどい, ひどくいやな (horrid), おもしろくもない: ~ weather ひどい天気 / a ~ bore 恐ろしく退屈な男. — *n.*《英》(犯罪記録などを主にした低級で安価な)扇情的な小説[雑誌], スリラー (cf. shocker, dime novel): a penny ~ (犯罪・流血などを主にした)スリラー物の三文小説. **~·ness** *n.*

dréad·ful·ly〘ME〙*adv.* **1** 恐ろしく, ものすごく; こわごわ. **2** [強意語として]《口語》ひどく, おそろしく, とても (exceedingly): It was ~ cold.

dréad·nòught〘《1806》← DREAD + NOUGHT〙— *n.* (*also* **dread·naught** [~]) **1** 恐れを知らぬ人, 勇敢な[ひるまない]人, 猛者(もさ). **2**〘軍事〙**a** [D-] (戦艦)ドレッドノート《英海軍が 1906 年完成した新型の戦艦で, 主砲はすべて同一口径の巨砲から成る》. **b** ドレッドノート型軍艦, 弩(ど)級艦 (cf. superdreadnought). **3** 軍艦ラシャ《荒天用の一種の厚ラシャ》; 軍艦ラシャの外套[上着(など)] (fearnought)《極寒用》. **4**《ニュージーランド》小麦の一種.

dream [dríːm]〘ME *drem(e)* dream < OE *drēam* joy, music < Gmc **drau(g)ma-* (Du. *droom* dream / G *Traum* dream (cf. *trügen* to deceive) / ON *draumr* dream) ← IE **dhrewgh-* to deceive: ME での意味変化は ON の影響〙— *n.* **1** 夢, 夢路. (夢路をたどる)眠り: a bad ~ 悪夢 / have [dream] a beautiful [curious, hideous] ~ 美しい[ふしぎな, いやな]夢を見る / read a ~ 夢判断をする / the land of ~*s* 夢の国, 眠り / go to one's ~*s*《詩》夢路に遊ぶ, 眠る / awake from a ~ 夢からさめる / *Dreams* go by contraries.《諺》夢はさか夢 / Sweet ~*s*! おやすみなさい. **2** 夢幻(の境地), 夢うつつ(の状態): a waking ~ 空想, 白日夢 / live [go about] *in* a ~ 夢うつつでうかうか暮らす. **3 a** (心にいだく)夢, 夢想, 幻想; (夢のような)理想, 願望, 念願: realize all one's ~*s* of youth 青春の夢

をことごとく実現する / It is beyond my ~. 夢にも思わぬ(結構な)ことです / I achieved my ~ *of making* a tour of Europe. ヨーロッパ一周旅行の夢を果たした. **b** [形容詞的に] 夢の, 夢に見るような, 理想的な: one's ~ house. **4** 《口語》 夢かとまごうばかりの(理想的な[美しい, 優雅な])もの: She was a perfect ~.

— v. (**dreamed** [drémt, drí:md | drémt], **dreamt** [drémt]) ★《米》では過去, 過去分詞に dreamt を用いることが比較的多い. **— vi.** **1** 夢を見る, (…のことを)夢に見る 〔*of, about*〕: I ~*ed of* my friend [*making* a trip to Europe]. 友人のことを夢に[ヨーロッパに旅行した夢を]見た. **2 a** 夢のようなことを考える, 途方もない計画をいだく, (…のことを)夢想する (daydream) 〔*of, about*〕: You must be ~*ing*. 君は夢を見ているんだよ《とんでもない思い違いだ》 / I found myself ~*ing of* my future renown [*about* vacation plans]. いつの間にか未来の名声のことに[休暇の計画のことに]思いを馳せていた. **b** (…に)あこがれる, (…を)切望する 〔*of*〕: She ~*ed of* becoming an air hostess. 彼女はスチュワーデスになりたいという夢を抱いていた. **3** 〈家などが〉夢の中の物のように現われる, 〈霧などが〉静かにかかる. **4** [否定的構文で] (…のことを)夢に思わない 〔*of*〕: I *little* [*never*] ~*t of* it. そんなことは夢にも思わなかった[思いもかけなかった] / I *shouldn't* ~ *of* (*doing*) such a thing. そんなこと(をしようなどと)は夢にも思わない.

— vt. **1** 夢みる, 夢に見る: ~ the impossible dream (現実には)あり得ないことを夢(の中)に見る / You must have ~*t* it. 夢だったに違いない / I ~*t that* I dwelt in a fine palace. 立派な宮殿に住んでいる夢を見た. ★ 次のように同族目的語として a dream, dreams を従えるのは古風な表現法: Joseph ~*ed* a dream. ヨセフ夢を見たり (*Gen.* 37:5) / Nebuchadnezzar ~*ed* dreams, wherewith his spirit was troubled. ネブカデネザル夢を見, それがために心に思い悩めり (*Dan.* 2:1). **2** [*that*-clause を伴って] 夢想する, (実現可能なことと)想像する: He has long ~*t that* he will be rich and happy some day. いつか金持ちになって幸福になるだろうと長い間夢想してきた / Little did he ~ *that* he could get a house of his own. 自分の家を持てるとは夢にも考えなかった. **3** [~ *away* または ~ *out* として] 〈時を〉夢うつつで過ごす, 怠けすごす: ~ *away* one's time [life] うかうかと(夢のように)時[一生]を過ごす.

dream up (1) 《口語》〈考案など〉ぱっと[急に]思いつく, (とっさの思いつきで)発明する, 創作する; (時間をかけて)考え出す (cf. THINK *up*): It was the most magnificent plan he could ~ *up*. それは彼としても全く思いがけないほどのすばらしい計画だった. (2) (空想をほしいままにして)想像する, 作り上げる, 考え出す, でっち上げる.

dréam anàlysis *n.* 〖精神分析〗夢の分析.

dréam·bòat *n.* 《口語》 人を強く引きつけるもの, すてきなもの《新型車など》; (特に)理想の恋人[異性].

dréam bòok *n.* 夢占いの本《夢の意味を(特に将来を占うものとして)解釈する本》.

dréam·er 〖ME〗 *n.* **1** 夢みる人; 白日夢[空想]にふける人. **2** 夢想家, 空想家 (visionary).

dream·ful [drí:mfəl] *adj.* 夢の多い, 夢みがちな (dreamy). **~·ly** *adv.* **~·ness** *n.*

dréam·hòle 〖← DREAM 《廃》 'music, noise': もとは鐘楼に設けられた音を響かせるための穴をいったものと思われる〗 *n.* (昔の, 塔の壁などの)明り窓. 「と.

dréam·i·ly [-mɪli, -mə- | -lɪ] *adv.* 夢心地で, うとうと

dréam·i·ness *n.* **1** 夢のような状態. **2** 空想.

dréam·ing *adj.* 夢を見ている, 夢うつつの(ような), 夢想的な: a quaint ~ village. **~·ly** *adv.*

dréam·lànd *n.* **1** 夢の国, お伽の国, 幻想界. **2** 理想郷, ユートピア (never-never). **3** 眠りの国 (sleep).

dréam·less *adj.* 夢のない, 夢を見ない: a ~ sleep [night]. **~·ness** *n.*

dréam·less·ly *adv.* 夢見ることなく.

dréam·lìke *adj.* (まるで)夢のような, 夢幻的な, (夢のように)おぼろげな.

dréam rèader *n.* 夢占い者.

dream·scape [drí:mskèɪp] *n.* 夢のような超現実的な光景; そうした光景を描いた絵画.

dreamt *v.* dream の過去形・過去分詞.

dréam vìsion *n.* 〖文学〗(ある人物が夢の中で見た事柄を寓話的に詩で語る)夢物語《特に中世の詩人が用いた物語詩の伝統的技法》. 「された願望.

dréam wish *n.* 〖精神分析〗夢の中で実現する抑圧

dréam wòrk *n.* 〖精神分析〗夢の仕事《潜在内容を顕在内容に変える過程》. 「空想の)世界.

dréam·wòrld *n.* 夢の世界, 夢にみる(ような美しい,

dream·y [drí:mi | -mɪ] 〖《1567》〗 **— adj.** (**dream·i·er**; **-i·est**) **1** 〈人など〉夢みるような, 幻想にふける: ~ eyes. **2** 夢の多い, よく夢を見る: a ~ night. **3** 〈場所・思い出など〉夢のような, 捕えようのない, ぼんやりとした (vague): ~ scene, recollections, etc. **4** 〈物事が〉夢を見させるような, 心を静める, 安らかな (soothing): ~ music. **5** 《口語》 夢心地にさせる; かわいい; 全くすばらしい (wonderful): a ~ car, house.

drear [dríə | dríə(r] 〖《逆成》← DREARY〗 *adj.* 《詩》 = dreary. 「dreary.

drear·i·some [drí(ə)risəm | dríəri-] *adj.* 《方言》 =

drear·y [drí(ə)ri | dríəri] 〖OE *drēorig* bloody, sad ← *drēor* blood < Gmc **dreuzaz* ← IE **dhrew-* 'to flow, DROOP': ⇨ -y⁴〗 **— adj.** (**drear·i·er**; **-i·est**) **1** 〈平原・景色・天候など〉わびしい, 荒涼とした, ものさびしい, 暗い (dismal); 〈仕事など〉退屈な, やるせない (tedious): a ~ New York winter. **2** 《古》 もの悲しい. **— n.** 《口語》 退屈でおもしろみのない[不快な]人物. **— vt.** ものさびしくさせる. **dréar·i·ly** [-rəli | -rəlɪ, -rɪlɪ] *adv.* **dréar·i·ness** *n.*

dreck [drék] 〖⊏ Yid. *drek* ∥ G *Dreck*: cf. OE *þreax* rubbish〗 *n.* **1** 《卑》 糞(ふん) (excrement). **2** 《俗》 くず, がらくた (trash), 粗悪品.

dredge¹ [drédʒ] 〖《1602》《変形》? ← 《スコット》 *dreg-* ← ? OE *dragan* 'to DRAW': cf. drag〗 **— n.** **1 a** 浚渫(しゅんせつ)機《水底の泥や物をさらえ上げる器具》; 鋤簾(じょれん). **b** 浚渫船. **2** (カキその他水底の物をさらえ採る)底引網, けた網 (dragnet). **— vt.** **1** 〈河川・港湾などを〉浚渫する; (浚渫機などで)〈水底を〉さらう; 〈泥などを〉取り除く 〈*up*〉: ~ *up* mud. **2** (けた網などで)さらって採る, かき集める 〈*up*〉. **— vi.** **1** 水底をさらえる. **2 a** けた網で採る: ~ *for* oysters カキを採る. **b** (底をさらうように)あまねく捜す, 掘りくりかえす, 〈記憶などを〉(隅から隅まで)たどる.

dredge² [drédʒ] 〖《1596》← ? ME *dragge* sweetmeat ⊏ (O)F *dragée* 《変形》← L *tragēmata* (pl.) dessert ⊏ Gk *tragēmata* (pl.) ← *trágēma* sweetmeat〗 **— vt.** 〔食物に〕〈小麦粉・砂糖などを〉振りかける (sprinkle) 〔*over*〕, …に(粉を)まぶす 〔*with*〕: ~ flour *over* meat = ~ meat *with* flour. **— n.** = dredger²

drédg·er¹ 〖《1508》〗 *n.* **1** 浚渫(しゅんせつ)人夫; (カキを採るための)底(引)網[けた網]漁夫; 底(引)網[けた網]漁船. **2** 浚渫機 (dredge); 浚渫船.

drédg·er² 〖《1666》〗 *n.* 粉振り器《小さな穴のあいたふたつきの容器》.

drédg·ing *n.* 浚渫(しゅんせつ); (浚渫してさらった)土砂(など).

drédging bòx *n.* = dredger².

drédging machìne *n.* 浚渫(しゅんせつ)機 (dredge).

dree [drí:] 〖OE *drēogan* to endure ← Gmc **dreuʒ-* (ON *drȳgja* to perpetrate) ← ? IE **dher-* to hold firm; cf. drudge〗 **— vt.** 《古・スコット》 耐える, 我慢する (endure): ~ one's weird 運命に甘んずる. **— vi.** 《英方言》 忍耐する. **— n.** 《スコット》 不幸. **— adj.** 《スコット》 = dreich.

dreg [drég] 〖《c1378》⊏ ON *dregg-jar* (pl.) dregs: cf. L *fraces* drags of oil〗 **— n.** **1** [通例 *pl.*] (飲み物の底に残る)かす, おどみ, おり (lees). **2** [通例 *pl.*] (かすのような)つまらないもの, かす, くず. **3** 少量の残り物, 微少: not a ~ 少しもない.

drink* [*drain*] *to the dregs (1) 一滴も残さずに飲み尽くす. (2) 〈世の辛酸・幸福などを〉余すところなく味わう, なめ尽くす.

dreg·gy [drégi | -gɪ] 〖《1440》〗 **— adj.** (**dreg·gi·er**; **-gi·est**) **1** かすを含んでいる, おりの多い. **2** 濁った (muddy), きたない, よごれた (foul). 「領域.

D règion *n.* 〖通信〗 D 層区域《D 層 (D layer) のある

dreich [drí:ç] 〖ME *dri(e)* ⊏ ON *drjūg-r* great, lasting: cf. dree〗 **— adj.** (*also* **dreigh** [~]) 《スコット》 **1** 長引いた, 時間のかかる. **2** 退屈な, 面白くない (tiresome). **3** おそい, 怠慢な, (特に, 借金など)すぐ返してくれない. **4** うら寂しい, 陰鬱な.

drei·del [dréɪdl] 〖⊏ Yid. *dreidl* ← *drehen* to turn ← OHG *drāen* (G *drehen*): ⇨ throw〗 **— n.** *pl.* (~**s**, ~) 〖遊戯〗 **1** ドライデル《各面にはヘブライ語 נ (nun), ג (gimel), ה (he), ש (shin) の文字が入っている四角のこま (top); ユダヤ人の宮清の祭 (Hanukkah) に子供がこれを使って遊ぶ》. **2** ドライデル遊び《ドライデルを用いる賭け》.

drei·kan·ter [dráɪkɑ̀:ntə, -kæ̀n- | -tə(r; *G.* dráɪkàntɐ] 〖⊏ G ~ ← *drei* 'THREE'+*Kante* edge, corner〗 **— n.** 〖地質〗 三稜(りょう)石《風で飛ばされた砂によって削られてできる三つの稜[面]のある丸石》.

Drei·ser [dráɪsə, -zə | -sə(r, -zə(r], **Theodore (Her·man Albert)** *n.* (1871–1945) 米国の小説家; *An American Tragedy* (1925). ★ 作家自身の発音は [dráɪsə].

drench [dréntʃ] 〖v.: OE *drenċan* to cause to drink < Gmc **draŋkjan* (Du. *drenken* / G *tränken*) ← **driŋk-* 'to DRINK'. — n.: OE *drenċ* drink, potion < Gmc **draŋkiz*〗 **— vt.** **1** [しばしば Passive で] **a** たっぷりと水に浸す (soak); ずぶ濡れ[びしょ濡れ]にする: be ~*ed with* rain 雨でびしょ濡れになる / be ~*ed* to the skin ずぶ濡れである / with ~*ed* eyes 涙にぬれた瞳で. **b** (一般に)浴びせる, 浸す (steep), …にしみ込む (pervade): The way was ~*ed* in moonlight. 道には月光がふりそそいでいた / sun-*drenched* California 陽光ふりそそぐカリフォルニア. **2** 〈牛馬〉に水薬を(無理に)飲ませる. **3** 《古》〈人〉に飲ませる. **— n.** **1 a** びしょ濡れ. **b** びしょ濡れにするもの: a ~ of rain どしゃ降りの雨. **2 a** (なめし皮などをつける)つけ水. **b** つけ水の[浸す]用意. **3 a** ひと飲み, 一杯 (drink); 《古》(薬などの)多量の一飲み. **b** (牛馬に飲ませる)水薬.

drénch·er *n.* **1** 《口語》 (人をずぶ濡れにする)大雨, 豪雨 (drenching shower). **2** (牛馬用の)水薬投与器.

drep·a·nid [drépənɪd, -nəd | -nɪd] 〖↓〗 *adj.*, *n.* 〖鳥類〗 ハワイミツスイ科の(鳥).

Dre·pan·i·dae [drəpǽnədi: | drepǽnɪ-, drə-] 〖← NL ~ ← *Drepana* (属名: ← Gk *drépanon* scythe)+-IDAE〗 *n. pl.* 〖昆虫〗(鱗翅目)カギバガ科.

Drep·a·nid·i·dae [drèpənídədi: | -dɪ-] 〖← NL ~ ← L *drepanis* martin ⊏ Gk *drepanís* ← *drépanon* (↑): ⇨ -idae〗 *n. pl.* 〖鳥類〗(スズメ目)ハワイミツスイ科.

Dres·den [drézdən, -dn̩; *G.* dré:sdn̩] *n.* **1** ドレスデン《東ドイツ, Elbe 川に臨む都市; 人口 512,000》. **2** = Dresden porcelain.

Drésden chìna *n.* = Dresden porcelain.

Drésden gréen *n.* ドレスデン緑《コバルト・クロム・亜鉛の酸化物からなる陶磁器顔料》.

Drésden pòrcelain *n.* ドレスデン磁器《ヨーロッパで最初に造られた硬磁器; Dresden 付近の Meissen が主産地なので一般には Meissen china という》.

Drésden wàre *n.* ドレスデン器《最も初期の Meissen の製品でジャスパー (jaspar) に似た炻器(せっき)》.

dress [drés] 〖v.: 《?a1300》 'to make straight, dress' ⊏ (O)F *dress-er* to arrange < VL **directiāre* ← L *dīrectus* straight. — n.: 《1565》← (v.): ⇨ direct〗 **— v.** (**dressed**, **drest** [drést]) **— vt.** **1 a** …に衣服を着せる (clothe); [~ oneself または Passive で] 衣服を身につける, 装う: ~ a child 子供に衣服を着せる / ~ oneself (ひとりで)衣服を着る; 晩餐のために正装する, 夜会服を着る (cf. *vi.* 1) / be ~*ed in* blue 青い色の服を着ている / be finely [well] ~*ed* りっぱな衣服を着ている / He was ~*ed for* walking. 彼は散歩用の服装をしていた / The young man was ~*ed* to kill. 《口語》 その青年は実にいきな[モダンな]なりをしていた. **b** …に衣服を作ってやる, 衣服を売る; …に服のデザインをしてやる; …に衣服を選んでやる[あてがう]: ~ one's daughters properly 娘たちにきちんとした身なりをさせる. **2** 飾る, 飾り立てる, …に装飾を施す (adorn) 〈*up*〉: ~ a (shop) window (店の)陳列窓を(商品で)飾る / ~ a street (祝賀などのために旗や幕で)通りを飾る / ⇨ *dress* (*a*) SHIP / Her black suit was ~*ed up with* a pearl necklace. 彼女の黒いスーツは真珠の首飾りで美しく映えていた. **3** 〈頭髪を〉整える, …に(きれいに)手入れをする (do up) (cf. hairdresser); 〈馬〉の毛をすく, …にくしを掛ける (curry): His hair was ~*ed* simply. 彼は髪にさっと手を入れているだけだった. **4** 〖軍事〗〈隊列を〉整頓する (align): ~ the ranks [the men in line] 隊列を[兵士を列に]整頓する. **5** 〈傷〉に手当をする, 包帯をする: ~ a wound. **6** 〈皮革・織物・石材・木材など〉の表面の仕上げをする. **7 a** 〈料理〉の下準備をする (prepare); 〈料理を〉盛りつける; 〈サラダなど〉にドレッシングを掛ける 〔*with*〕; 〈食卓など〉の用意をする (outfit): ~ fish (料理をするために)魚を下処理する / ~ a salad / ~ the table *for* dinner 晩餐の卓を整える. **b** 〈鳥・獣を〉食肉として(血・内臓を抜くなどして)市場向けに整える 〈*out*〉. **8** 〖釣〗〈釣鉤〉の仕度をする; 〈餌や羽根を〉釣鉤につける. **9** 〈土地・畠を〉耕す (cultivate); 〈土〉に肥料を施す (cf. top-dress); (作物)に手当をする (tend). **10** 〈鉱石・穀物を〉選別する, 選鉱する. **11** 《英》〖印刷〗 **a** (版をチェース (chase) で固定するために)〈フォルマート (furniture) を〉間に入れる. **b** 仕上げる《手回し活字鋳造機で鋳造された活字のぜい片[脚部の不用な部分]を切取るなどの仕上作業をする》. **c** 《英》…に胴貼りをする. **12** 〖演劇〗〈舞台〉に(演技者を配置して)上演のための装置を施す.

— vi. **1 a** 衣服を着る, 身仕度を整える: ~ well [badly] 服装がりっぱだ[悪い] / ~ conservatively 地味な服装をする / ~ *for* a ball 舞踏会のために衣装をつける / Get up and ~ quickly. 起きて早く服を着なさい / She ~ed *in* denims. 彼女はデニムの服を着ていた. **b** 正装する, 晴れ着[夜会服]を着る 〈*up*〉: ~ *for* dinner 晩餐のために(夜会服に)服装を改める / We don't ~ (*for* dinner). うちでは晩餐に特別な(夜会の)服装は致しません. ★ a, b の意味とも, 今日の《口語》では dress oneself (cf. *vt.* 1 a) よりも *vi.* としての dress のほうが普通. **2 a** 〖軍事〗 整列[整頓]する: ~ to [by] the right [left] 右へ[左へ]ならう / Right—~! [号令] 右へならえ. **b** (一般に)一列に並ぶ. **3** 〈食肉用の動物が〉さばいた後に…の重量がある.

dress down (*vt.*) (1) 〈馬を〉(くしばけで)すく. (2) 《口語》 しかりつける; 打ちこらす, むち打つ. (*vi.*) 略装する, ふだん着にする. ***dress in*** 《米俗》〈囚人〉に囚人服を着せる; 投獄する. ***dress out*** 〈屠殺(とさつ)した鹿などを〉放血し食用肉に用意する (cf. *vt.* 7 b). ***dress up*** (*vt.*) (1) 着飾る, 盛装させる (cf. *vi.* 1 b); 扮装(ふんそう)させる, 仮装する: She ~*ed* the children *up for* the party. 彼女はパーティーのために子供たちに晴れ着を着せた / He was ~*ed up as* [*for* the part of] Hamlet. 彼はハムレットに扮していた. (2) 飾り立てる, 潤色する (cf. *vt.* 2); 飾ったりなどして…の外見をよくする, 実際よりも美しく[よく, おもしろく]見せる, カムフラージュする (camouflage): The scheme was ~*ed up* to look more attractive. その計画はうまい趣向で一段と魅力的なものとなった. (3) 〖軍事〗〈隊を〉整列[整頓]させる. (*vi.*) 着飾る, 盛装する (cf. *vi.* 1 b); 扮装する: There is no need to ~ *up*. 平服のままで結構です / Young children love ~*ing up*. 子供たちは仮装(の遊び)が好きだ.

— n. **1** 衣服, 衣装 (clothing); 服装: a lady *in* formal ~ 礼装[正装]の婦人 / soldiers *in* full battle ~ 完全装備の戦闘服を着た兵士たち / He is careless about his ~. 服装のことには無頓着だ. **2** 正装, 礼服: ⇨ evening dress, full dress / "No ~." 礼装に及びません《招待状に書く文句》. **3** (ワンピースの)婦人[子供]服, ドレス: a silk [velvet] ~ 絹[ビロード]のドレス. **4** (鳥

の羽・木の枝葉などの)装い,(ある特定の)外観, 姿, 様式(guise): birds *in* their winter ~ 冬の装いの鳥 / The story appeared *in* English ~. その物語は英訳の形で出された.
— *attrib. adj.* **1** 服装の; ドレスの; 礼服の; 礼装用の: ~ clothes 礼装用の衣服 / ~ material ドレス用の生地 / a ~ watch 礼装用の腕時計. **2** 礼装を要する: a ~ affair 礼服の必要な行事[会].

dres·sage [drəsɑ́ːʒ, dre- | drésɑːʒ, -sɑːdʒ; *F.* dresaːʒ] 〚□F ~ ← *dresser* to prepare, train (↑): ⇨ -age〛 — *n.* 〘馬術〙 **1** (声・手綱などを余り用いない)高等馬術, 曲馬の複雑な演技 (haute école), ドレサージ. **2** (一般に)調馬.

dréss círcle *n.* (劇場の)二階正面さじき, 特等席《この座席ではもと夜会服 (evening dress) を着るのが慣例であった; cf. upper circle》.

dréss cóat *n.* **1** ドレスコート, 燕尾(えんび)服《男子の正式な夜会服上着; cf. morning coat》. **2** 正装の軍服の上着.

dréss-cónscious *adj.* 〈人が〉服装を意識する[にうるさい].

dressed 〚ME〛 — *adj.* 服[着物]を着た; 仕上げた, 化粧仕上げをした; 〈鳥肉など〉料理用に用意した: a well-*dressed* lady りっぱな服を着た婦人 / (a) ~ brick 化粧れんが / a ~ skin 仕上げ皮 / ~ meat 精肉.

dréss·er¹ 〚《?1393》 *dressour* □ OF *dresseur, dreçor* (F *dressoir*) ← *dresser* 'to DRESS'〛 *n.* **1** 《米》(寝室に置く)鏡台付き化粧だんす, ドレッサー (cf. bureau 2). **2** 食器戸棚, 調理台, (食器棚付き)平型調理台.

dréss·er² 〚《c1445》〛 — *n.* **1** 着付けをする人, (劇場の)衣装方; 髪結い (hairdresser); (陳列窓の)飾り付け人. **2** (ある特定の)服装者, 服装が…の人: a careful [careless] ~ / a smart ~ おしゃれ, めかし屋. **3** 《英》(病院などで包帯を掛けたりする)手当係, 外科手術助手. **4 a** (各種の)仕上げ工. **b** (各種の)仕上げ用具; 砥石車の表面をそろえる道具.

drésser sèt *n.* (鏡台で使用する櫛・ブラシ・鏡などの)化粧道具[用具]一式.

dréss fòrm *n.* (女性の肩から腰までを紙・布・ワイヤーなどで型どった)人台《衣服を合わせたりするのに使われる》.

dréss gòods *n. pl.* (ワンピース用)婦人[子供]服地, ドレス地.

dréss guàrd *n.* (婦人用自転車などの)衣服防護装置.

dréss impròver *n.* 《英》(スカートのヒップをふくらませる仕掛けで, 後にバッスル (bustle) に発展した)パニエ (pannier) の一種.

dréss·ing 〚《c1350》〛 — *n.* **1** 着付け; 服装; 正装. **2** (各種の)仕上げ; 化粧仕上げ; (織物の)仕上げ糊. **3** ドレッシング《サラダなどの料理にかけるソース》: salad ~ サラダドレッシング. **4** 《米》(鳥料理などの中に詰めるパンと調味料を混ぜた)詰め物 (stuffing). **5** 肥料 (manure) (cf. topdressing 1). **6** (傷の)手当; 手当用品, 包帯 (bandages). **7** 〘鉱山〙選鉱 (mineral dressing). **8** 《口語》=dressing down.

dréssing bàg *n.* =dressing case.

dréssing bèll *n.* 身じたく合図のベル《この合図で晩餐に出席する人は夜会服に着かえる》.

dréssing càse *n.* (旅行用)化粧道具入れ, 化粧鞄.

dréssing dówn 〚← *dress down* (⇨ dress (v.) 成句)〛 — *n.* 《口語》きびしい叱責, 大目玉; むち打ち, 打ちたたき (beating): give a person a good ~ 人をうんとしかる[さんざん打ってこらす].

dréssing glàss *n.* (化粧テーブルの上に備えた)鏡台用の小型鏡.

dréssing gòng *n.* =dressing bell.

dréssing gòwn *n.* ガウン, 部屋着《ドレスに着かえる前後やくつろぐ時に着る gown の類; cf. bathrobe》.

dréssing jàcket *n.* 《英》=dressing sack.

dréssing lìne *n.* 満船飾用旗綱《船を旗で飾る時に使う綱》.

dréssing ròbe *n.* =dressing gown.

dréssing ròom *n.* **1** 化粧室《普通は寝室の隣》. **2** (劇場・テレビスタジオの)楽屋, 更衣室 (cf. greenroom 1). **3** 治療室.

dréssing sàck *n.* 《米》(婦人用の)腰までの長さのゆるやかな上着 (《英》dressing jacket)《通例ベルトはしない; 現在ではショートスモック (short smock) とよばれ化粧着として用いる》.

dréssing stàtion *n.* 〘軍事〙(前線の)救護所, 応急手当所 (cf. aid station).

dréssing tàble *n.* 《米・カナダ》鏡台, 化粧テーブル《vanity ともいう》; 《英》サイドテーブル《形が lowboy に似て一列か二列の引出しがある》.

dréss lèngth *n.* (ドレス)一着分の生地, 着分, 着尺(じゃく)地 (cf. pattern 5).

dréss·màker *n.* ドレスメーカー《特に婦人注文服の裁断・縫製などに従事する人; cf. tailor》. — *adj.* 〈婦人服が〉線が丸みを帯びて細部に手の込んだ; 女らしい飾りの多い (cf. tailor-made).

dréss·màking *n.* 婦人服仕立(職), 洋裁(業): a ~ shop 洋裁店.

dres·soir [dreswɑ́ː | -swɑ́ː(r; *F.* dreswaːr] 〚□F ~: ⇨ dresser¹〛 *n.* (*pl.* ~**s** [~]) (引出しと戸棚をつけたサイドボードの上に皿類を展示する棚を備えたダイニングルーム用の)食器戸棚《18 世紀ヨーロッパに流行》.

dressoir

dréss paràde *n.* **1** 〘軍事〙正装閲兵[観兵]式, 礼装観閲式. **2** 《口語》(遊歩場や舞踏会での)盛装, 男女のよそおい; 盛装, 晴れ着.

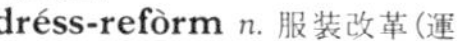

dréss presèrver *n.* =dress shield.

dréss-refòrm *n.* 服装改革(運動)《服装をより実用的にしようとする 19 世紀後半英国で起こった運動》.

dréss rehéarsal *n.* 〘演劇〙(本式に衣装を着け道具を使ってする)舞台げいこ, 本げいこ, 総ざらい, ドレスリハーサル (cf. camera rehearsal).

dréss sènse *n.* 服装の感覚, おしゃれのセンス.

dréss shìeld *n.* 汗よけ《防水された布地などをわきの下にあて, ドレスの汗よけにする》.

dréss shírt *n.* ドレスシャツ《胸部に固く糊を付けたいか胸の礼装用ワイシャツ》; (男子用の白または色つきの)ビジネス用ワイシャツ (cf. sports shirt).

dréss shóe *n.* 礼装用靴.

dréss súit *n.* ドレススーツ, (男子用の)礼服, 夜会服.

dréss swórd *n.* 礼装用佩刀(はいとう).

dréss tíe *n.* 礼装用白ネクタイ.

dréss úniform *n.* (軍服の)礼装《軍人が公式の, 儀礼[社交]的な行事に着用する服装; 陸軍は青色, 海軍は濃青色, 空軍は平常服に白ワイシャツと黒い蝶ネクタイ; cf. full-dress uniform, service uniform》.

dréss-ùp *adj.* 〈時・場所など〉ちゃんとした服装が必要な, 正装すべき: a ~ dinner.

dress·y [drési | -sɪ] *adj.* (**dress·i·er**; **-i·est**) 《口語》 **1 a** 〈人が〉服装に凝る, 衣装好みの. **b** 〈人・服装が〉しゃれた, ドレッシーな (cf. sporty): a ~ woman ドレッシーな婦人. **2** 〈服装など〉正装らしい凝った, 飾り立てた: too ~ for office working. **3** 〈パーティーなど〉正装を必要とする: a ~ affair, party, etc. **dréss·i·ly** [-sɪli, -sə- | -lɪ] *adv.* **dréss·i·ness** *n.*

drest *v.* dress の過去形・過去分詞.

drew 〚OE *drēow*〛 *v.* draw の過去形.

Drew [drúː] 〚(i) □ F *Dru* □ OHG *Drogo* (cf. *tragan* 'to DRAW'). (ii) ← OWelsh *dryw* wise ∥ OHG *drugi* vision & *drud* strength. (iii) (dim.) ← ANDREW〛 — *n.* 男性名.

Drew, John *n.* (1853–1927) 米国の俳優; L. L. Drew の息子.

Drew, Louis Lane *n.* (1820–97) 英国生まれの米国の女優.

drey [dréɪ] 〚← ?: cf. OE *ġedræg* ? dwelling place〛 *n.* リスの巣 (squirrel's nest).

Drey·fus [dráɪfəs, dréɪ- | dréɪ-, dráɪ-; *F.* drefys], **Alfred** *n.* ドレフュス《1859–1935; フランスの砲兵大尉; Dreyfus affair の中心人物》.

Dréyfus affàir *n.* [the ~] ドレフュス事件《フランスの反ユダヤ主義者の陰謀事件; 1894 年砲兵大尉 Dreyfus は軍機密漏洩(ろうえい)のかどにより Devil's Island に投獄されたが, Émile Zola を初め多くの国民の運動により 1906 年復職し叙勲された; フランス語名 affaire Dreyfus》.

Drey·fu·sard [drèɪfjusɑ́ːə, drèɪ-, -fə-, -sɑ́ːəd, -zɑ́ːə, -zɑ́ːəd | drèɪfjuːsɑ́ː(r, dràɪ-, -sɑ́ːd, -zɑ́ː(r, -zɑ́ːd; *F.* drefyzaːr] 〚□F ~ ← *Dreyfus*: ⇨ -ard〛 — *n.* ドレフュス事件で無罪を主張したドレフュスの支援者たち.

Dr. Féll [-fél] 〚英国の風刺作家 Thomas Brown (1663–1704) が Oxford 大学の在学中に作った 'I do not love thee, Dr. Fell, / The reason why I cannot tell…' の短詩から〛 *n.* 何となく取っつきにくい[いやな]人.

drib [dríb] 〚《逆成》? ↓〛 — *n.* [通例 *pl.*] 《方言》(液体の)一滴; 少量 (small quantity); 断片 (fragment).
dribs and drabs 《口語》少量: borrow in ~*s and drabs* ちびちび借りる.
— *v.* (**dribbed**; **drib·bing**) — *vi.* したたる. — *vt.* 《廃》少しずつ出す; 〈矢を〉的はずれに射る.

drib·ble [dríbl] 〚《1565》(freq.) ← 《廃》*drib* to fall in drops 《変形》← DRIP: ⇨ -le³: 意義によっては DRIVEL からの影響も見られる〛 — *vt.* **1** 〈液体・よだれ・粉末などを〉したたらせる, たらす, ぽたぽた落とす. **2 a** 〈資金・力などを〉散発的に[少しずつ]出す 〈*out*〉: ~ *out* money. **b** 〈時・精力などを〉ちびちび費やす (fritter) 〈*away*〉. **3** 〘スポーツ〙〈球などを〉ドリブルする, ドリブルするように打つ (cf. *n.* 3). — *vi.* **1** 〈液体などが〉したたる, たれる, たらたら流れる (trickle). **2** 〈人などが〉よだれをたらす: ~ at the mouth 口からよだれをたらす. **3** 〘スポーツ〙球などをドリブルする; ドリブルして進む; 〈球が〉ドリブルする (cf. *n.* 3).
— *n.* **1 a** したたり, 滴下. **b** 《スコット》こぬか雨, 霧雨 (drizzle). **2** 《古》少量: in ~*s* 少しずつ, ちびちび. **3 a** 〘サッカー〙ドリブル《球をバウンドさせまたは小刻みにけりながら進む動作》. **b** 〘アイスホッケー〙ドリブル《スティックでパックをころがしつつ敵のゴールに突進すること》. **c** 〘バレーボール〙ドリブル《二度以上続けて同一の競技者の体がボールに触れること》. **d** 〘玉突〙ドリブル《球をポケットにころがしこむこと》. **e** 〘バスケットボール〙ドリブル《球を小刻みにバウンドさせること; cf. double dribble》. **f** 〘野球〙ドリブル《ゆっくりバウンドするように打つこと》. **dríb·bler** [-blə, -blə | -blə(r, -blə(r] *n.*

drib·let [dríblɪt, -lət] 〚《1591》← 《廃》*drib* (↑) + -LET〛 *n.* (*also* **drib·blet** [~]) **1** 小滴. **2** 少量, 僅少: by [in] ~*s* 少しずつ, ちびちび.

driech [dríːç] *adj.* =dreich.

dried 〚ME〛 — *v.* dry の過去形・過去分詞. — *adj.* 乾燥した (desiccated): a ~ apple 乾燥りんご / ~ egg(s) 乾燥卵 / ~ fruit 乾燥果実 / ~ goods 乾物, (特に, 水産物の)乾燥製品 (cf. dry goods) / ⇨ dried beef.

dried álum *n.* =burnt alum.

dríed-frúit bèetle *n.* 〘昆虫〙クリヤケシキスイ (*Carpophilus hemipterus*)《ケシキスイ科の甲虫; 世界中にいて, 特に乾燥した果物や穀物に害を与える害虫》.

dríed mílk *n.* =dry milk.

dríed-úp *adj.* **1** かわいた, ひからびた: a ~ pond. **2** (歳のせいで)しわくちゃになった, しなびた (wizened): a ~ old man.

drí·er¹ 〚《1528》〛 — *n.* (*also* **dryer**) **1** (物を)乾燥させる人; (衣類などを乾燥させるための)乾燥フレーム, 乾燥器, ドライヤー. ★ この意味では dryer のほうが普通: a hair ~ / a centrifugal ~ 回旋式乾燥器. **2** 乾燥剤, ドライヤー《ペンキやワニスの乾燥促進用に加えるマンガン・鉛・コバルトなどの酸化物》.

drier 1

drier² *adj.* dry の比較級.

driest *adj.* dry の最上級.

drift [dríft] 〚《?a1325》□ON ~ 'snowdrift' & MDu. ~ 'herd, course' < Gmc *driftiz (G *Trift* drove) ← IE *dhreibh- 'to DRIVE'〛 — *n.* **1 a** (急流・気流・潮流などで)押し流されること, 漂流 (drifting). **b** (風力による)緩慢な流れ, (海面の)緩流 (slow current): ⇨ drift current. **c** 〘海事〙(潮流・気流による)移動率; (ノットによる)海流速度: the ~ of a current 流速. **2 a** 〘海事〙風圧差, 流圧差《風や潮流などによって船が針路からそれること》; 流程, 風落距離: a ship's ~ due to currents 船の流落 / the amount of ~ 流程. **b** 〘航空〙偏流; 偏流角 (drift angle). **3** 〘砲術〙(旋転による弾丸の)定偏, 偏差 (deviation) (cf. windage 2); (ロケット・弾導弾などの)軌道からのそれ, 定偏(差). **4 a** (一定の方向への自然な)動き, 流れ: a gradual ~ of population *from* country *to* city 田舎から都会への漸進的な人口の流れ. **b** 大勢, 風潮; 動向, 傾向 (trend): the general ~ of affairs in Asia アジアにおける一般情勢 / a ~ *toward* centralization of power 中央集権的動向. **c** 〘言語〙ドリフト, 定向変化《言語の各部面にみられる歴史的変遷の動向》. **5** (運命・偶然などのままに動いていく)成行き; 成行きまかせ: be in a state of ~ (心などが)ぼんやり動いている / a policy of ~ 成行きまかせの政策, おざなり主義. **6** 主意, 趣旨 (tenor): the ~ of an argument 議論の主意. **7 a** (雪・雨・砂などの)吹寄せ, 吹きだまり: a ~ *of* snow, rain, sand, smoke, leaves, etc. **b** (風や水流による)漂流物; (香気・臭気・音などの)流れ: a ~ *of* far-off band music 風に乗って遠くから聞こえて来る楽隊の音. **c** 〘地質〙(氷河などによって運ばれる)漂礫, 砂礫(されき), 粘土; 漂積物. **d** 一組の漁網; 流し網 (drift net). **8** 《英》(放牧家畜の)駆り集め《所有者確認のために行なう》. **9** 〘鉱山〙ひ押し[沿層]坑道; 〘土木〙(トンネルの)横坑. **10** 〚□ Afrik. ~ < (M)Du.〛《アフリカ南部》(河川の)浅瀬 (ford). **11** 〘機械〙 **a** (金属の穴に打ち込んで拡大する)ドリフト, 打ち込み矢《driftpin, square drift ともいう》. **b** ドリフト《重ね合せた鋼材のリベット孔が多少狂っているとき打込んで整孔する器具; driftpin ともいう》. **12** 〘軍事〙(大砲・ロケットなどの)装塡(そうてん)器具. **13** 〘電気〙 **a** ドリフト《半導体中のキャリアが電界の作用で移動すること》. **b** ドリフト《電子回路の特性が温度の変化などにより徐々に変化すること》. **14** 〘物理〙 **a** ドリフト《抵抗体中を外力の作用によって生じる粒子の移動現象》. **b** ドリフト《磁場中で回転運動をする荷電粒子が, 電場その他の外力の作用で磁力線を横切る移動現象》. **15** 〘歯科〙歯牙の偏位. **16** 〘建築〙(アーチの)推力 (thrust). **17** 《方言》(獣・小鳥などの)群 (flock).
on the drift 《米西部・口語》〈失業者・求職者の群が〉方方を流浪[放浪]して(いる).
— *vi.* **1** (風・潮流などのままに)漂う, 漂流する, 吹き流される (float along): The raft went on ~*ing* with the current [on the tide]. いかだは流れ[潮流]に乗って漂い続けた / Some leaves were ~*ing down*. 木の葉がひらひらと散っていた. **2** [通例, 方向を示す副詞・前置詞を伴って] **a** (漂うように)あてもなく進む, 流れるように動く; 《口語》そろりそろりと歩く: He ~*ed along through* life. 人生を漂うように無定見に暮らした / Our conversation ~*ed off on to* other topics. 会話はいつとはなしに他の話題に流れていった. **b** 知らず知らず〔…に〕陥る, ずるずる〔…に〕なる 〔*into, toward*〕: He ~*ed into* crime [errors]. ずるずると罪[誤ち]を犯した / They were gradually ~*ing toward* bankruptcy. 徐々に倒産に傾いていった. **3 a** 〈労働者などが〉流浪[放浪]する, 流れる; 緩やかな流れをなして移住[移動]する. **b** 《米西部》〈牛が〉(牧草地を求めたりして)群をなして遠くへ迷い出る. **4** 〈雪・ほこり・落葉などが〉吹き寄せられて積もる. **5** 〈テレビの映像などが〉ずれる, 乱れる, 振動する; 〈市価などが〉緩やかに変動する. **6** 〈自動車が〉横すべりする (sideslip). **7** 流し網 (drift net) で魚を捕る.
— *vt.* **1** 〈水流・潮流が〉押し流す, 漂流させる (drive); 〈気流が〉吹き流す. **2 a** 〈風が〉〈雪などを〉吹き寄せる; 〈水の作用が〉堆(たい)積させる: ~*ed* sand 吹き寄せられて積もった砂. **b** 〈道・野原などを〉〔吹寄せの雪・落葉などで〕おおう 〔*with*〕: the paths ~*ed with* leaves 落葉の積もった小道. **3** 〘機械〙 **a** 〈金属の穴を〉ドリフトで拡大する (cf. *n.* 11 a). **b** 〈リベットの穴を〉ドリフトで整孔する (cf. *n.* 11 b). **4** 《米西部》〈家畜を〉(牧草地へ)ゆっくり追う.

drift·age [dríftɪdʒ] *n.* **1** 漂流作用. **2** [集合的] 漂流物, 漂積物. **3** 〘海事〙 **a** 流圧角, 流落《側方からの風

圧または流圧によって船が風下に押し寄せられること; またはその距離. **b** 風圧差, 流圧差《風圧や流圧のある時とない時との船の針路の偏差[ふれ]》. **4** (風による弾丸の)偏差 (windage).

drift ànchor *n.* 〘海事〙=sea anchor.

drift àngle *n.* **1** 〘海事〙偏角《船首尾線と船体運動方向とのなす角》. **2** 〘航空〙偏流角, 横すべり角《機軸と飛行方向とのなす角; leeway ともいう》.

drift·bòlt *n.* 〘機械〙 **1** 打込みボルト《他のボルトを除去するためのボルト》. **2** ドリフトピン, 串刺しボルト《重い材質の木材を締め合わせる鉄製ボルト》.

drift bòttle *n.* 放流びん《海流の研究のためまたは遭難者が最後の一筆を封じて流すもの》.

drift cùrrent *n.* 吹送流《海や湖で風力が原因で起こるゆるやかな流れ》.

drift·er *n.* **1** 漂流者; 漂流物. **2** 流し網 (drift net) を使う漁船[漁夫]; (流し網使用の)掃海作業船, 掃海艇. **3** 絶えず転職する人; 浮浪者 (hobo). **4** 〘土木〙ドリフター《大型の穿孔(🈁)・削岩機》.

drift fènce *n.* (特に米西部で家畜が出て行かないように作られた)放牧場を囲う柵.

drift·fish *n.* 〘魚類〙スジハナビラウオ《熱帯に生息するエボシダイ科スジハナビラウオ属 (*Psenes*) の butterfish 数種の総称》.

drift ìce *n.* 流氷.

drift indicator *n.* 〘航空〙偏流計, 偏流測定器.

drift·ing *adj.* **1** 漂流する; 〈雪・砂など〉吹きだまりの: ~ shreds of clouds 切れ切れに漂う浮き雲 / ~ snow 吹きだまりの雪. **2** 〈人が〉ふらふらした, 腰の落ちつかない, 無定見の, 無気力な. **~·ly** *adv.*

drífting míne *n.* 〘海軍〙浮遊機雷.

drift lèad [-lèd] *n.* 〘海事〙ドリフトレッド, 流落測鉛《船が強風下または強流中で停泊中走錨を知るための測鉛》.

drift·less *adj.* 目的[あて]のない. **~·ly** *adv.* **~·ness** *n.*

drift màp *n.* 〘地質〙氷礫(🈁)土分布図.

drift mèter 〘航空〙=drift indicator.

drift nèt *n.* 流し網, 流し刺し網.

drift·pìn *n.* 〘機械〙=drift 11.

drift plùg *n.* 〘機械〙《鉛管に打込んでゆがみを直したり端を広げたりする》堅木のくさび.

drift sàil *n.* 〘海事〙=drag sail.

drift sànd *n.* **1** 吹き寄せられた砂, 砂丘の砂. **2** 〘土木〙漂砂, 流砂《岸に沿って海の流れのために動く砂》.

drift sìght *n.* 〘航空〙=drift indicator.

drift tùbe *n.* 〘通信〙ドリフト管《電力クライストロンで電子流を第一の共振管バンチャーのグリッドから第二の共振管キャッチャーのグリッドに導く真空導管》.

drift·wày *n.* **1** =driveway 2 a. **2** 〘海事〙=driftage 3. **3** 〘鉱山〙坑道.

drift·wèed *n.* 漂着[漂流]海草《ホンダワラ・コンブなど》.

drift·wòod *n.* **1** 流木, 室内装飾に利用される漂流木材; 漂流物. **2** (文化・社会の主流から)取り残されたもの; 浮浪の民. — *attrib. adj.* 流木の[で作られた]. [造物].

drift·y [dríftɪ | -tɪ] *adj.* (**drift·i·er**; **-i·est**) 押し流される, 漂流性の; 吹きだまりの.

drill[1] [drɪ́l] 〘(1611) ▭ Du. *dril* boring tool ← *drillen* to bore ← Gmc **pr-* ← IE **ter-* to rub, turn: 錐(🈁)をもむことから「武器操作」の義に転じたものか〙 — *n.* **1** 錐, 穴あけ機, ドリル; ドリルの音: a dentist's ~ 歯科医の使用する穿孔器[ドリル]. **2** 〘軍事〙教練, 訓練, 練兵; (1回の)演習: battalion ~, rifle ~, etc. / a company of soldiers at ~ 教練[訓練]中の1個中隊の兵. **3** (一般に)厳格な反復を伴う訓練, 練習, 稽古; (一回の)練習 (exercise), 課業: a ~ in Latin grammar ラテン文法練習. **4** [the ~] 《英口語》正規[慣例上]の手続, 認められたやり方. **5** 〘貝類〙 **a** カキナカセガイ (*Urosalpinx cinerea*)《米国東海岸でカキの殻に穴をあけて肉を食いその養殖に大害をなす貝; oyster drill ともいう》. **b** アクキガイ科の貝類の総称.

— *vt.* **1 a** (錐などで)突き通す (pierce), …に穴をあける: ~ a board / ~ a tooth (歯科医が)歯にドリルで穴をあける. **b** 《比喩》(突き通すような目で)じっと見る (cf. drilling[2]). **2** 〔…に〕〈穴を〉あける, 〈井戸を〉掘る〔*in*〕: ~ a hole, well, etc. **3** 〘軍事〙教練する, 訓練する: ~ troops, soldiers, etc. **4** 厳格に訓練する, …に〔…を〕厳しく教え込む〔*in*〕; 〈思想・事実を〉〈人に〉反復して教え込む[吹き込む]〔*into*〕: ~ students *in* the sounds of English 学生に英語発音練習を課する / ~ a girl *in* all that she should do 少女になすべき事をみな厳重にしつける. **5** 《米口語》〈ボールなどを〉真直ぐに投げる[打つ]: He ~*ed* the ball past the pitcher. 彼の打ったボールは投手の横をライナーで抜いた. **6** 《米俗》…に弾丸を貫通させる, 射貫く. — *vi.* **1** 孔をあける, えぐり抜く, ボーリングする: ~ *for* oil 採油のためにボーリングをする. **2** 〘軍事〙教練を受ける, 訓練をする: The company will ~ at 9 a.m. 中隊は午前9時に教練がある. **3** 猛練習をする.

drill·a·bil·i·ty [-ləbíləṭi | -lətɪ, -lɪtɪ] *n.* **~·a·ble** [-ləbḷ] *adj.* **~·er** [-lə | -lə(r)] *n.*

drill[2] [drɪ́l] 〘(1727) ← ? 《廃》*drill* small stream: cf. 《廃》*drill* to drip《変形》← THRILL〙 — *n.* 〘農業〙 **1** すじまき機, 条播(🈁)機《畑に浅い穴またはうねを作りながらそこに種子をまきその上に土をかぶせていく農機具》. **2** (種子をまくように作った)小溝, うね. **3** (すじまきされた)種子の列. — *vt.* **1** 〈種子を〉すじまきする; 〈作物を〉すじまきにして育てる. **2** 〈土地〉にすじまきする, すじまき式に〔…を〕植えつける〔*with*〕: ~ two acres of land *with* barley 2エーカーの土地に大麦をすじまきする. — *vi.* 種子をすじまきする. **~·er** [-lə | -lə(r)] *n.*

drill[3] [drɪ́l] 〘(1743)《逆成》← DRILLING[3]〙 *n.* 強い太綾織綿布[亜麻布]; かつらぎ織, 雲斎織.

drill[4] [drɪ́l] 〘(1644) ← Guinea 《土語》〙 *n.* 〘動物〙ドリル (*Mandrillus leucophaeus*)《西アフリカ産で顔が黒く mandrill より小さいヒヒ》.

drill bìt *n.* 〘機械〙穴あけ工具, きり先.

drill bòok *n.* **1** 〘軍事〙操典. **2** 練習帳.

drill bòw [-bòʊ | -bəʊ] *n.* ドリルボー《弓錐の弓》.

drill chùck *n.* 〘機械〙きりチャック, きりのつかみ.

drill còrps *n.* =drill team.

drill gròund *n.* 練兵場.

drill hàll *n.* 屋内訓練場.

drill hàrrow *n.* 〘農業〙すじまき除草機.

drill hùsbandry *n.* 〘農業〙すじまき栽培法.

drill·ing[1] [-lɪŋ] *n.* **1** 教練, 操練; 訓練, 練習. **2** [通例 *pl.*] 穴あけくず.

drill·ing[2] [-lɪŋ] *adj.* 〈目が〉突き通すような, 鋭い; 〈批評など〉辛辣(🈁)な (cf. drill[1] *vt.* 1 b).

drill·ing[3] [-lɪŋ] 〘(1640)《変形》← G *Drillich* < OHG *drilīh* made up of three thread ▭ L *trilic-*, *trilix* woven in threefold ← *tri-* 'THREE' + *līcium* 'THREAD': 通俗語源により DRILL[1] と混同したもの〙 *n.* =drill[3].

drill·ing[4] [-lɪŋ] *n.* (種子の)すじまき法.

drílling flùid *n.* 掘削泥水《油井穿孔(🈁)のとき油・ガスなどの圧力を相殺し多孔質の岩層面をふさぎ, きり先を冷却して切取った岩を表面に流すなどするために入れられる通常水による細かい鉱物粒子[泥]の懸濁液; drilling mud ともいう》.

drílling machìne *n.* ボール盤, 穿孔(🈁)機.

drílling mùd *n.* =drilling fluid.

drill instrùctor *n.* 《米》〘軍事〙教練[訓練]教官.

drill·màster 〘《なぞり》← G *Drillmeister*〙 — *n.* **1** 〘軍事〙教練指導官, 教練[訓練]教官, 訓練係教官. **2** (兵式)体操教師; 厳格に訓練する人[教師], ドリルマスター《しばしば枝葉のことにうるさい人をいう》.

drill pìpe *n.* 〘土木〙ドリルパイプ, 掘り管《坑井掘削の時など錐の先を回転させる管; drill rod ともいう》.

drill prèss *n.* 〘機械〙(立て型)ボール盤.

drill ròd *n.* 〘土木〙 **1** =drill pipe. **2** =drill steel.

drill sèrgeant *n.* 〘軍事〙教練[訓練]係軍曹(🈁), 練兵係下士官.

drill stèel *n.* 〘土木〙ドリル鋼《炭素を 0.85% 以上含んだドリル用の鋼; drill rod ともいう》.

drill·stòck *n.* (穿孔(🈁)機 (drilling machine) でドリルを保持する)ドリルストック.

drill tèam *n.* (行進などの正確な教練を実演するための)模範演技チーム《drill corps ともいう》.

drill tòwer *n.* 消防訓練塔《消防士の防火訓練と技術開発のためのビルに似せたコンクリートと鋼鉄の建造物》.

dri·ly [dráɪli | -lɪ] *adv.* =dryly.

Dri·na [dríːnə, -nɑː; *Serbo-Croat.* drína] *n.* [the ~] ドリーナ川《ユーゴスラビアの中央部を北に流れて Sava 川に注ぐ支流 (346 km)》.

drin·a·myl [drínəmɪl] 〘← D(EXT)R(O-) + (AMPHETAM)IN(E) + AMYL〙 *n.* 〘薬学〙ドリナミル《覚醒剤》.

drink [drɪ́ŋk] 〘OE *drincan* < Gmc **driŋkan* (Du. *drinken* / G *trinken* / ON *drekka*) ← IE **dhreg-* to draw, glide: cf. drench, drown〙 — *v.* (**drank** [drǽŋk], 《古》**drunk**; **drunk** [drʌ́ŋk], 《古》**drunken** [drʌ́ŋkən], 時に《米口語》**drank**) — *vt.* **1** 〈飲料を〉飲む; 〈飲料のはいった容器を〉飲んであける, 飲み干す (empty); 〈空気を〉吸い込む: ~ water, tea, etc. / ~ a glass dry コップを飲み干す / ~ the cup of joy [sorrow, agony, pain] 喜び[悲しみ, 苦悶, 苦しみ]の杯を飲む (⇨ cup 6). **2** 〈給料などを〉酒に消費する, 飲んでしまう 〈*away*〉: He ~*s* (*away*) all he earns. もうける金は皆飲んでしまう. **3** 酒を飲んで〔ある状態に〕陥らせる〔*to, into, out of*〕: ~ oneself drunk 酒を飲んで酔っぱらう / ~ oneself *to* death [*into* illness, *out of* a situation] 酒を飲み過ぎて死ぬ[病気になる, 勤め口を失う] / ~ a person under the table ⇨ *under the* TABLE (2). **4** 祝って乾杯する: ~ Mr. A [Mr. A's health] A氏のために[A氏の健康を祝って]乾杯する / ~ success to a person [an enterprise] 人[事業]の成功を祈って乾杯する / ~ a toast to …のために乾杯する. **5** 〈植物・大地などが〉〈水分・湿気を〉吸い取る, 吸収する 〈*up, in*〉: The plants ~ *up* the moisture. 植物は湿気を吸収する.

— *vi.* **1 a** 飲み物を飲む: eat and ~ 飲食する / ~ hard [deep, heavily] 大いに飲む / ~ and drive 飲酒運転をする / ~ like a fish ⇨ fish[1] 成句 / ~ *from* a fountain [stream] 泉[小川]の水を(すくって)飲む / ~ *out of* the hollow of one's hand 手のひらの水をすすり飲む / Oh that one would give me ~ *of* the water of the well of Bethlehem! たれかベツレヘムの井戸の水を我に飲ましめんか (2 *Sam.* 23:15)(★ drink of の of は 'some of' の意; ⇨ of[1] 2). **b** 《文語》(心に)吸い取る, 味わう: They *drank* deep *of* life's experience. 彼らは人生の経験をなめ尽くした. **2** (特に, 常習的に)酒を飲む, 酔っぱらう (tipple): He neither ~*s* nor smokes. 酒も飲まなければたばこも吸わない / I am sure he ~*s*. 彼はきっと酒飲みだ. **3** 〔…のために〕乾杯する〔*to*〕: ~ *to* a person's health 人の健康を祝して乾杯する. ★ どちらかといえば, to を用いない他動詞用法 (⇨ *vt.* 4) より普通. **4** [補語を伴って]《廃》(飲むと)…の味がする (taste): This wine ~*s* flat. このぶどう酒は気が抜けている.

drink away 飲酒のために〈理性・財産, 時間などを〉失う (cf. *vt.* 2); 酒を飲んで過ごす: We *drank* the night *away*. 我々は一晩飲みあかした. ***drink down*** (1) (一息に)飲み下す, 飲み干す: He *drank* the medicine *down*. その薬をぐっと一口で飲んだ. (2) 〈憂苦・心配などを〉酒で忘れる: ~ *down* one's cares, sorrow, etc. (3) (飲みくらべで)〈人を〉飲みつぶす[倒す] (cf. *vt.* 3): ~ a person *down*. ***drink in*** (1) 吸い込む, 吸収する (cf. *vt.* 5): The dry ground has *drunk in* the rain. / Young men and women were ~*ing in* the wine of love and youth. 若い男女たちは恋や青春といった美酒(🈁)を心ゆくまで満喫していた. (2) 深く感受する, 〈話・音楽など〉にじっと[むさぼるように]聞き入る, 聞きほれる, 〈美しさなど〉に見入る, 見とれる: We all ~ *in* the beauty of the scene. 我々はみなその光景の美しさに見とれた / I stood ~*ing in* the latest news. その最新のニュースに聞き入ったまま立ちつくした. ***drink off*** (一息に)飲み干す: ~ *off* a glass of beer. ***drink up*** (1) 飲み干す: *Drink up* your milk. ミルクは残さないで飲みなさい / *Drink up*! ぐっと干しなさい. (2) 吸い上げる (cf. *vt.* 5).

— *n.* **1** 飲み物, 飲料 (beverage): food and ~ 飲食物 / bottled ~*s* (ビール・サイダーなど)びん詰め飲料 / the strong ~ 酒類; 強酒 / He took two aspirins with a ~ of water. 彼は水といっしょにアスピリンを2錠飲んだ / ⇨ soft drink. **2 a** 酒: be fond of ~ 酒が好きである / die of ~ 酒を飲みすぎて死ぬ / one's excessive indulgence in ~ 大変な酒好き. **b** (常習的)飲酒; 深酒: be given to ~ 酒におぼれている / take to ~ (常習的に)酒を飲み始める, 酒飲みになる / *Drink* won't do us good. 飲み過ぎは体によくない. **3** 1杯 (portion): Give me a ~ *of* milk. 牛乳を1杯下さい / He went to the pub to have a ~. 一杯やりに酒場に行った. **4** [the ~] 《口語》一帯の水; (特に)海 (the sea).

in drink 酔って (drunk): He bawls and shouts when he is *in* ~. 酒が入るとどなり散らす. ***mix one's drinks*** 《口語》(種々の)酒をちゃんぽんに飲む. ***on the drink*** 《口語》いつも酒を飲んで; 痛飲して.

drink·a·ble [dríŋkəbḷ] 〘(15C)〙 *adj.* 飲める, 飲用に適する. — *n.* [通例 *pl.*] 飲料: eatables and ~*s* 飲食物. **drink·a·bil·i·ty** [-kəbíləṭi | -lətɪ, -lɪ-] *n.*

drink·er 〘OE *drincere*: ⇨ drink, -er[1]〙 — *n.* **1** 飲む人; (特に)酒飲み: a great [hard, heavy] ~ 大酒飲み, 酒豪 / be a light [small] ~ 酒があまり飲めない. **2** (家畜・家禽の)水飲み器.

Drín·ker respìrator [dríŋkə- | -kə-] 〘← *Philip Drinker* (1894– : 米国の公衆衛生技師)〙 *n.* 〘医学〙ドリンカー人工呼吸器, 鉄の肺 (iron lung).

drink·ing 〘ME〙 — *n.* **1 a** 飲むこと, 飲用; 飲酒: a ~ habit 飲酒癖 / ~ gratis 飲用無料. **b** [形容詞的に]飲用の; 飲酒(用)の: a ~ glass, room, etc. / a ~ companion 飲み友だち. **2 a** 宴会 (drinking party). **b** 《英方言》(正規の食事間の)軽食 (light lunch). — *adj.* 酒飲みの, 酒好きの: a ~ driver.

drinking bòut *n.* (ひとしきり)痛飲すること, 深酒, 酒宴.

drinking cùp *n.* 酒杯.

drinking fòuntain *n.* (公共の場所の)飲用噴水, 噴水式水飲器.

drinking hòrn *n.* (酒を入れる)角(🈁)製杯.

drinking sòng *n.* 酒宴の歌, 酒歌.

drinking wàter *n.* 飲料水, 飲み水.

drink mòney *n.* 《古》酒手, 飲み代(🈁).

drink òffering *n.* 神酒, おみき (libation)《ぶどう酒などを注いで神に捧げる》.

Drink·wa·ter [dríŋkwɔ̀ːṭə, -wɑ̀ːṭə | -wɔ̀ːtə(r)], **John** *n.* (1882-1937) 英国の詩人・劇作家・批評家; *Abraham Lincoln* (戯曲) (1918).

drip [drɪ́p] 〘▭ MDan. *drippe* (Dan. *dryppe*) ← Gmc *drupp-* (cf. drop) ← IE **dhreu-* to fall, drip: cf. OE *dryppan* to drip〙 — *v.* (**dripped, dript** [drɪ́pt]; **drip·ping**) — *vi.* **1** 〈液体が〉したたる, ぽたりぽたり落ちる: Dew ~*s* from the trees. 木から露がたれる. **2 a** 〈人・ぬれた着物などが〉しずくをたらす, 〔…で〕ずぶぬれである〔*with*〕: His hat was ~*ping*. 彼の帽子からしずくが落ちていた / He was ~*ping with* sweat. 彼は汗びっしょりだった. **b** (一般に)〔…で〕いっぱいである〔*with*〕. — *vt.* **1** …のしずくをたらす, ぽたりぽたり落とす: The comb ~*s* honey. 蜂の巣から蜜がぽたぽたたれる. **2** 〈コーヒーを〉ドリップ(式)で入れる.

— *n.* **1** したたり, 滴下; しずくの音: the ~ of rain / in a ~ したたって, ぬれて / in ~*s* 水滴となって. **2 a** しずく. **b** 《英》(パンなどに塗る)肉汁 (dripping). **c** (ペンキ塗りなどで塗った表面の下の端にできる)ペンキなどの露滴状のかたまり. **3** (ラジエーターなどからでる凝結蒸気の)排水管, 水うけ《drip pipe ともいう》. **4** 〘建築〙水切り《窓台・コンクリートひさしなど壁面から突出した部分から雨水が伝って壁面をよごすのを防ぐためにその下面につけた小さな溝; cf. dripstone》. **5** 《英》〘医学〙 **a** 点滴: a patient on a ~ 点滴を受けている患者. **b** 点滴注入される栄養. **6** 《俗》 **a** (個性・活気などがなくて)うんざりさせる人, 意気地なし, 退屈な人, ぐず. **b** まぬけ, ばか. **7** 《俗》 **a** へつらい, ごますり. **b** ぐち, たわごと. **~·per** *n.*

dríp càp *n.* 〘建築〙雨押え.
dríp còffee *n.* ドリップコーヒー.
dríp-drìp 《加重》← DRIP》 *n.* (ぽたぽた落ちる)したたり, しずく, 雨だれ; 絶えずぽたぽたたれること.
dríp-dròp *n.* =drip-drip.
dríp-drý *adj.* 〈ナイロン製下着など〉ぬれたまま吊しておいて(しわにならずに)早くかわく: a ~ suit. **—** *n.* ぬれたまま吊しておいてすぐかわく衣服. **—** *vt., vi.* ぬれたまま吊しておいて早く乾かす[乾く].
dríp-fèed 《英》〘医学〙 *vt.* 〈患者〉(の胃内)に点滴を施す. **—** *n., adj.* 胃内点滴(の): a ~ bottle.
dríp grìnd *n.* (ドリップ用に)細かくひいたコーヒー豆).
dríp infùsion *n.* 〘医学〙=drip 5 a.
dríp jòint *n.* 〘建築〙(屋根ぶき)段つぎ; (衛生・給排水・給湯工事における)鉛樋の段つぎ.
dríp·less *adj.* 〈蠟燭など〉液体がしたたり落ちない.
dríp mòld *n.* 〘建築〙(ひさしなどにつけた)木製の水切り (cf. dripstone).
Drip·o·la·tor [drípəlèɪtə | -tə(r)] 《← DRIP＋-O-＋-LATER》 *n.* 〘商標〙ドリポレーター《ひいたコーヒー豆に熱湯がかかって滴(しずく)になって落ちる仕掛けのもの》.
drip·page [drípɪdʒ] *n.* **1** (蛇口などからの)したたり; 雨だれ. **2** (しずくによる)たまり水; 雨だれ水.
dríp pàinting *n.* 〘絵画〙点滴画法; 点滴画《action painting の一種》.
dríp pàn *n.* **1** (廃液用の)たれ受け, しずく受け《ぼん・皿など》. **2** (時に) =dripping pan 1.
dríp·ping 《(15C)》 **—** *n.* **1** したたり, 滴下, しずく(の音). **2** [しばしば *pl.*] (機械から落ちる)油のしずく. **3** ドリッピング《焼いたり, 炒めたりした肉類からしたたり落ちる脂汁; 料理に用いる》: beef ~. **4** 〘医学〙点滴注入(法). **—** *adj.* **1** 雨だれの落ちる, しずくのたれる: ~ eaves / a ~ day 雨降りの日. **2** [副詞的に] しずくのたれるほど: be ~ wet.
drípping pàn *n.* **1** (肉を焙り焼きした時に落ちる)脂汁受け(皿); 肉焼きなべ. **2** =drip pan 1.
dríp pìpe *n.* =drip *n.* 3.
dríp pòt *n.* ドリップコーヒー用ポット.
drip·py [drípi | -pɪ] *adj.* (**drip·pi·er**; **-pi·est**) **1** したたる; 雨降りの (rainy). **2** 《俗》病的に感傷的な, めそめそした, センチな.
dríp·stòne *n.* **1** 〘建築〙(ひさしなどにつけた)石製の水切り, (窓・戸口などの上の)雨押え石, 雨だれ石 (⇨ mullion 挿絵). **2** 〘化学〙滴下石, 点滴石《鍾乳石や石筍(せきじゅん)の形で産する》.
dript *v.* drip の過去形・過去分詞.
dríp tìp *n.* 〘植物〙葉の細長くなった先端.
drive [dráɪv] 〘OE *drīfan* < Gmc **drīban* (Du. *drijven* / G *treiben* / ON *drīfa*) ← IE **dhreibh-* to drive, push: cf. drift, drove²〙 **—** *v.* (**drove** [dróuv | drə́uv], 《古》 **drave** [dréɪv] ; **driv·en** [drívən], 《古》 **drove**) **—** *vt.* **1** [通例方向を示す副詞・前置詞を伴って] 追う (urge on), 駆る, 駆り立てる; 追い立てる, 駆逐する: They *drove* the sheep *in*. 彼らは羊を中に追い込んだ / She *drove* them all *back* after the party. パーティーが済むと彼らをみな追い返した / ~ cattle *to* pasture 牛を牧場へ追う / ~ a person *into* a corner [*to* the wall] (議論などで)人を窮地に追いつめる / ~ the enemy *out of* one's country 敵を国外へ駆逐する. **2 a** 〈機関車・自動車・船などを〉運転する, 操縦する; 〈車などを〉駆る; 〈車馬を〉御する: ~ an engine [a taxi, a bus] 機関車[タクシー, バス]を運転する / ~ a carriage 馬車を駆る / ~ one's own car 自分の車を自分で運転する / ~ a plow 馬を追ってすきを引かせる / ~ a pair 2 頭の馬を御する / He *drove* the car *away* [*into* the garage]. 車に乗って立ち去った[車庫に乗入れた]. **b** 車で運ぶ[送る]: I'll ~ you *home* [*to* the station]. お宅まで[駅まで]車でお送りしましょう. **c** 車で通る: He usually *drove* the river road. 大抵彼は車で川添いの道を通って行った. **d** 〈丸太を〉川に流す[浮流させる].
3 [しばしば Passive で] 〈風・蒸気などが〉〈船を〉推進する; 〈蒸気・電気などが〉〈機械を〉動かす, 駆動する: Wind and tide ~ a ship. / a ship ~*n* by steam 蒸気で推進される船 / a machine ~*n* by electricity 電気で動く機械 / He *drove* his mills *with* water power. 製粉機を水力で動かしていた.
4 〈商売などを〉(精力的に)行なう, 営む; 〈商取引・仕事を〉完遂する, する (effect): ~ a good bargain よい商いをする / ~ a roaring trade 盛んに商売を営む.
5 a 〈人を〉駆って〔ある状態に〕至らせる, 陥らせる, 無理に〔…に〕至らせる (force) 〔*to, into, out of*〕: ~ a person *into* a passion [*to* despair, *to* distraction] 人を怒らせる[絶望させる, 取り乱させる] / ~ a person *out of* his senses 人に正気を失わせる. **b** [目的語＋*to* do を伴って] …に…せざるをえないようにさせる (constrain): Hunger *drove* the boy *to* steal. 空腹に迫られて少年は盗みをした. **c** [目的語＋補語を伴って] …させる: That *drove* her mad. そのため彼女は気違いになった / He *drove* me crazy with the same questions again and again. 彼は幾度も同じことを聞いて私をいらいらさせた.
6 〈人を〉酷使する (overtask), 容赦なく働かせる, 猛訓練する.
7 〈ペンなどを〉駆使する, 縦横にふるう: ~ one's pen 筆をふるう, 盛んに書く (cf. drive the QUILL).
8 a 〈釘・くいなどを〉打ち込む: ~ a nail *into* a wall / He *drove* his sword *through* the man's heart. 彼は刀をその男の心臓に突き刺した. **b** 〈事実などを〉〔人の頭の中に〕たたき込む〔*into*〕; 〔…から〕払いのける〔*from, out of*〕: The story *drove* a lesson *into* my head. その物語は私の頭の中に一つの教訓をたたき込んだ / This will ~ all doubts *from* your mind. これで君の疑いもすっかり晴れるだろう. **c** 〈説・議論などを〉強引に押し進める, 強く主張する: ⇨ *drive* HOME (2).
9 〈トンネル・横坑道・運河・井戸などを〉掘る (bore); 〈鉄道・公道などを〉建設する: ~ a tunnel *through* a hill 山を抜いてトンネルを通す / ~ a railway *through* the desert 砂漠に鉄道を開通させる.
10 (時間的に)引き延ばす, あとにずらす, 遅くする (defer): ~ a matter to the last moment 事をぎりぎりまで引き延ばす.
11 〘クリケット〙〈ボールを〉中間地帯へ強打する; 〘クローケー〙〈球を〉(目指す位置へ)打ち送る; 〘テニス〙〈ボールを〉ドライブで打つ《ボールに順回転をかける》, …にドライブをかける; 〘ゴルフ〙〈球を〉ティー (tee) から(ドライバーを用いて)長距離へ飛ばす; 〘バドミントン〙〈シャトル(コック) (shuttlecock) を〉地面と平行に打ち返す. **12** [通例 ~ *in* として] 〘野球〙(ヒットや犠牲フライで)〈ランナーを〉進ませる, ホームに入れる; (ヒットなどで)〈点を〉入れる. **13** 〘狩猟〙 **a** 〈獲物を〉(空地・わな・網などへ)狩り立てる (chase). **b** 〈場所〉の獲物を狩り立てる[あさる].
— *vi.* **1 a** 車を駆る, 運転する, 操縦する; 馬(など)を御する: learn how to ~ 車の運転法を習う / *Drive* ahead! (車をぐんぐん)進めろ, 前進 / *Drive* slow! ゆっくり運転せよ, 徐行. **b** 車に乗って行く, 自動車[馬車など]で行く: ~ *to* the lake 湖水まで自動車で行く[ドライブする] / ~ *in* a carriage 馬車で行く / ~ *on* the horn 《口語》(自動車の)運転中不必要に警笛を鳴らす / ~ *out* 車で出かける / He ~*s there* with his wife every morning. 毎朝車に奥さんを乗せてそこへ行く. **2** 疾走する, 突進する; 進撃する; (風下へまたは潮流に乗って)押し流される: The waves *drove against* the rock. 波は岩に激しく突き当たった / The yacht was *driving before* the wind. ヨットは追風を受けて疾走していた. **3** 〈銛(もり)などが〉突き刺さる. **4 a** (目標などに向かって)一生懸命にやる, 努力する, 突き進む: We went on *driving through* the obstacles. 我々はなおも障害を切り抜けようと頑張り続けた. **b** 《口語》[通例 Progressive で] 〔…を〕意図する, もくろむ, 〔…をする・言う〕つもりである (aim) 〔*at*〕: I can't make out what he is *driving at*. 彼がどんな考えで[つもりで言って]いるのか私にはわからない. **5** 球を打ち出す; 〘ゴルフ〙ドライバー (driver) を大きく振って打つ. **6** 〘鉱山〙坑道を掘進する.
drive down 〈利率などを〉抑えて下げる (↔ drive up). ***drive home*** ⇨ home *adv.* 成句. ***drive in*** (1) 〈くいなどを〉打ち込む. (2) 〘野球〙 ⇨ *vt.* 12. ***drive off*** (*vi.*) (1) 車で立ち去る. (2) 〘ゴルフ〙(ゲームまたはホールの)第一打を打つ. (*vt.*) 追い払う; 蒸発させる (vaporize). ***drive out*** (*vi.*) ⇨ *vi.* 1 b. (*vt.*) (1) 追い出す, 排撃する, 払いのける. (2) 〘印刷〙〈活字組版〉の語間あきを大きくする; 語間を広くとって組む. ***drive up*** 〈物価などを〉釣り上げる (↔ drive down). ***let drive*** 〔…を〕ねらう (aim), (ねらって)投げる, 打つ (strike) 〔*at*〕: He *let* ~ *at* me with a book. 私に向かって本を投げつけた.
— *n.* **1 a** 馬車を走らせること, 自動車を操縦すること, 駆動, 運転; (自動車や馬車で乗って行く)行程, 道のり, 車行距離: Niles is an hour's ~ outside San Francisco. ナイルズはサンフランシスコから車で 1 時間ほどの郊外にある / It's a long ~ from here to Berlin. ここからベルリンまでは車で長くかかる. **b** (馬車・自動車の)遠乗り, 遠出, (特に, 公道による)ドライブ: go for a ~ in the country 田舎へドライブに出かける / He used to take her out for ~*s* sometimes. 彼は彼女を時折ドライブにつれて行ったものだ. **2 a** (公園内・森林中などの)自動車道, ドライブウエー; (私邸の車寄せに通じる屋敷内の)車道, 車回し (driveway). **b** 街道; 幹線道路 (highway). ★ 米国では Drive, Dr., Dr と記して町の通りの名前に用いる: Creek *Drive* [*Dr., Dr*], Ann Arbor, Michigan. **3 a** (獲物の狩猟者間近への)狩立て, 追立て; 狩り立てられた獲物. **b** 猟場. **c** (屠殺(とさつ)・烙印(らくいん)などのための畜群の)追立て, 狩り集め; (追って行く)畜群. **4** 《米》(山から切り出した木材を)流して行くこと, いかだ流し; (流して行く)木材. **5** (クリケット・ゴルフ・テニス・バドミントンなどで, 球・シャトル(コック)の)ドライブ; 〘野球〙直球: a forehand ~ (テニスなどでの)フォアハンドのドライブ. **6** 追い立てられている状態, 切迫, あわただしさ: in a ~ of work and worry 仕事と心労で息も詰まる思いで. **7 a** (仕事などを進めて)推進力, 馬力, 奮発 (push), 迫力, 気力. **b** (知的・芸術的制作に見られる)たくましさ, 強烈さ; 劇的興味; 精力的律動. **8 a** 〘心理〙(行動の動機となる)心理的動因 (cf. incentive 2, motivation 2, need 6): the hunger [sex] ~ 飢え[性]の動因. **b** 強い渇仰[願望]: a ~ *for* perfection 完成への念願. **9** 疾走, 猛進; (特に, 軍隊の)進撃, 大攻勢, 猛攻撃: a ~ *against* Paris パリ進撃. **10** 〔寄付募集などの〕猛運動, 大宣伝〔*for*〕〈*to* do〉: a Red Cross ~ 赤十字募金運動 / a membership ~ 会員募集運動 / a ~ *to* raise funds 基金募集運動 / the ~ *for* national independence 民族独立運動. **11** たたき売り, 投げ売り, 大売出し. **12 a** 〘機械〙(動力の)伝動: a gear ~ 歯車伝動 / a ~ screw 伝動ねじ / ⇨ chain drive. **b** 〘自動車〙駆動, 駆動装置; 制御操縦装置: (a) front-[rear-, four-] wheel ~ 前[後, 四]輪駆動 / (a) right-[left-] hand ~ 右[左]ハンドル. **13** 〘トランプ〙=progressive game. **14** 〘電子工学〙励振 (⇨ excitation 3). **15** 〘活字〙=strike 16. **16** 〘電算機〙駆動装置《磁気テープ・磁気ディスクなど取替可能な可動記憶媒体を動作させる装置》. **drív·a·ble** [-vəbl] *adj.* **~·a·ble** [-vəbl] *adj.* **drìv·a·bíl·i·ty** [-vəbíləṭi | -lətɪ, -lɪ-] *n.*
dríve-ìn 《(1930)》 **—** *attrib. adj.* 乗り込みの, 乗り入れ式の, ドライブイン式の《自動車の変速機から降りずに乗ったまま映画見物・買物・食事などができる; cf. drive-up, fly-in》: a ~ bank, restaurant, movie, etc. **—** *n.* ドライブイン映画館[休憩場, 食堂, 銀行など] (cf. roadhouse).
driv·el [drívəl] 〘OE *dreflian* to snivel: cf. draff〙 **—** *v.* (**driv·eled, -elled; -el·ing, -el·ling**) **—** *vi.* **1** よだれを流す (slaver); はなをたらす. **2** 《古》(よだれのように)流れる, たれる. **3** (幼児や馬鹿者のように)たわいないことを言う, くだらぬおしゃべりをする 〈*on*〉〔*about*〕: a ~*ing* idiot 大たわけもの / ~ *on* (away) たわいないことをいつまでもやりつづける / What are you ~*ing about*? 何をくだらぬことを言っているのか. **—** *vt.* **1** 〈子供のようなたわいないことを〉言う. **2** 〈時・精力などを〉空費する 〈*away*〉. **—** *n.* **1** 《まれ》よだれ, はな水. **2** 愚痴, たわごと.
drív·el·er [-v(ə)lə | -lə(r)] *n.* (*also* **driv·el·ler** [~]) **1** よだれたらし. **2** たわいのないことを言う人, あほう.
dríve·lìne *n.* 〘自動車〙動力伝達系路 (power train) 《自動車の変速機から駆動軸に動力を伝達するユニバーサル継手やプロペラシャフトなどの一連の部品》.
driv·en [drívən] 〘OE *drifen*〙 **—** *v.* drive の過去分詞. **—** *adj.* **1** 〈雪など〉吹き払われた, 吹きだまりの: (as) white as the ~ snow 吹雪のように真白で[な]. **2** 追い詰められた(ような), 逼迫(ひっぱく)した: He felt his ~ sense of obligation. 彼は強迫的な義務感を感じた. **—** *n.* 〘機械〙従車, 従動歯車 (follower). **~·ness** *n.*
dríven wéll *n.* 《米》打込み[掘抜き]井戸《軟弱な地盤に鉄管を打込んで掘る井戸》.
dríve·pìpe *n.* 〘機械〙起動管《水撃ポンプ (hydraulic ram) に使用される水源からの導水管》.
drív·er 《(c1380)》 **—** *n.* **1 a** 追う人; 牛追い, 馬方, 馬子 (drover). **b** (奴隷・囚人などを追い使う)監督 (overseer). **c** 《米》馬具をつけて車を引くように訓練された馬. **2 a** (馬者の)御者. **b** 《米》いかだや流木をあやつる人. **3** (電車・自動車などの)運転手, ドライバー, 操縦者 (cf. chauffeur, foot passenger): an owner ~ オーナードライバー / a bus [woman, streetcar, etc.] ~ / ⇨ driver's seat. **4** 《英》**a** (列車の)機関士 (engine driver). **b** 《俗》〘空軍〙操縦士 (pilot). **5** 〘機械〙 **a** 原車, 動輪《外部から動力を受けて従車 (follower) に伝える車》. **b** 原節《つがいをなす機素のうち運動または動力を伝える方をいう; cf. follower 9》. **c** 駆動体《機械や装置を動かすもの》. **6** ねじ回し, ドライバー. **7** 〘ゴルフ〙ドライバー《打球部分が木製の長打用のゴルフクラブ; number one wood ともいう; ⇨ golf club 挿絵》. **8** (くいなどの)打込み機: a pile ~ くい打ち機. **9** 〘海事〙 **a** =spanker 3. **b** (マストのたくさんあるスクーナーの)前から 5 番目または 6 番目のマスト. **10** 〘電子工学〙ドライバー《電子回路の一部で目的とする負荷を動作させる最終段増幅回路の直前の部分》. **11** 〘音響〙ホーンスピーカーの振動板駆動部. **12** 《豪》羊を刈込むはさみ (shears) の柄についた革帯. **~·less** *adj.*
Dri·ver [dráɪvə | -və(r)], **Godfrey Rolles** [róulz | rə́ulz] *n.* (1892–) 英国のセム語学者・旧約聖書学者; S. R. Driver の子.
Driver, Samuel Rolles *n.* (1846–1914) 英国のヘブライ語学者・旧約聖書学者.
dríver ànt *n.* 〘昆虫〙サスライアリ (army ant); (特に)アフリカ・アジア産 *Dorylus* 属のサシアリの総称《大群をなして移動し, 特定の巣を作らない》.
dríver's lìcense *n.* 《米》運転免許(証).
dríver's sèat *n.* **1** 運転手席; 御者席. **2** [通例 the ~] 主導的立場[地位]; 運営[経営]者の立場[地位]: be in *the* ~ 主導(者)的立場にある; 運営[経営]者の立場にある.
dríve·scrèw *n.* 〘機械〙打込みねじ《釘を打つように打込んで固定するねじ; リードの大きいねじ部をもつ; screwnail ともいう》.
dríve shàft *n.* 〘自動車〙(エンジンの)推進軸, 駆動軸, 「ドライブシャフト.
dríve-ùp *attrib. adj.* 《米》〈窓口など〉(自動車上の人が)降りないで用の足せる, 自動車乗り入れ客用の (cf. drive-in): the ~ window of a bank.
dríve·wày *n.* **1** (自動車などの)車道 (carriage drive). **2 a** 牛馬などを追う道, 家畜の(往復する)通路 (driftway). **b** 乾草や穀物などを納屋に運ぶ道. **3** (屋敷内の)車道, 車回し, 乗入れ道路 (drive). **4** 《カナダ》景色のよい道路, ドライブウエー.
dríve-yoursèlf *adj.* 《米》〈自動車が〉レンタルの.
drív·ing 《(15C)》 **—** *n.* **1** (自動車などの)運転, 操縦: be fond of ~ 自動車の運転が好き. **2** [形容詞的に] 運転(用)の: ~ gloves. **—** *adj.* **1** 推進[駆動]させる, 推進的な, 動力伝動の: ~ force [power] 推進力 / He was possessed of a ~ will. 彼は強烈な意志力を所有していた. **2** (風に吹かれ, また流れに押されて)疾駆する, 猛烈に吹きまくる, 奔流する: a ~ rain 吹き降り(の雨) / in the midst of ~ ice 奔流する氷のただ中を. **3** 精力的な, 押しの一手の: a ~ personality. **4** 人を使いまくる: a ~ supervisor 人使いの荒い監督. **5** 〈事態・心理など〉じりじり追い立てる, 強迫的な, 動的な; 〈物語など〉ぐいぐい人を引きつける, 劇的な, 迫力のある: a ~ ambition じりじりと身を駆り立てる野心 / a ~ narrative (思わず中に引き込まれるような)迫力のある物語.

dríving àxle *n.* 〘機械〙(機関車の)動軸, 駆動車軸.

dríving bànd *n.* (伝動用)ベルト.

dríving bàrrel *n.* 〘時計〙重錘駆動の時計で重錘を吊るすロープの一端が巻きついている筒形の部分.

dríving bèlt *n.* = driving band.

dríving bòx *n.* **1** 御者台. **2** (機関車の)動輪軸箱.

dríving dòg *n.* 〘機械〙(旋盤の加工物を固定し鏡板の穴にかみ合わせる)締め金.

dríving fàce *n.* 〘航空・海事〙(プロペラ・スクリュープロペラの)圧力面《進行方向と逆の面; blade face, thrust face ともいう》.

dríving gèar *n.* (機関の)運転装置.

dríving ìron *n.* 〘ゴルフ〙ドライブアイアン《打球部分が鉄製の長打用クラブ; number one iron ともいう》.

dríving lìcence *n.* 《英》= driver's license.

dríving màshie *n.* 〘ゴルフ〙ドライブマシー (⇨ mashie iron).

dríving mìrror *n.* 《英》(自動車などの)バックミラー (rearview mirror).

「ター.

dríving pùtter *n.* 〘ゴルフ〙ドライブ (drive) 用のパ

dríving rànge *n.* ゴルフ練習場.

dríving shàft *n.* 〘機械〙原軸, 駆動軸.

dríving tèst *n.* 運転(資格)試験.

dríving whèel *n.* (機械・機関車の)原動輪, 動輪 (driver); (自動車の)駆動輪.

driz·zle [drízl] 〘《1543》(freq.) ? ← ME 《まれ》*dresе(n)* < OE *drēosan* to fall < Gmc **driusan* ← IE **dhrew-* 'to fall, DROOP': ⇨ -le³〙 — *vi.* **1** [時に it を主語として] 霧雨が降る: It ~s. 霧雨だ / The day was *drizzling*. その日は霧雨だった / a *drizzling* rain 霧雨, しぐれ. **2** 霧のように降りかかる, 小さな水滴で濡らす. — *vt.* 《まれ》小さな水滴を霧雨のように…にふりかける[降らせる]. — *n.* 霧雨, 細雨, こぬか雨, しぐれ《気象学上では水滴の直径が 0.5 mm 未満》.

dríz·zling·ly [-zlɪŋli, -zl- | -lɪ] *adv.* 「れもようの.

driz·zly [drízli, -zli | -zlɪ, -zlɪ] *adj.* 霧雨の降る, しぐ

Drog·he·da [drɔ́ɪdə, drɔ́ːɪdə, -ədə | drɔ́ɪɪdə, drɔ́ːɪdə, drɔ́ːədə, drɔ́həda] *n.* ドローエダ《アイルランド共和国北東部の海港; 1649 年 Cromwell に占領され住民は虐殺された; 人口 20,000》.

dro·gher [dróugə | dróugə(r)] 〘《1782》▭ Du. *drogher* 《原義》drier ← *droogen* ← *droog* 'DRY': ニシンを干す船の意〙 — *n.* **1** トローガ船《西インド諸島地方の沿岸航行用の帆走船(ᵇᵘ)》; それに似た沿岸用の動きのぎごちない貨物船》. **2** 荷かつぎ人足.

drogue [dróug | dróug] 〘《1725》《変形》? ← DRAG〙 — *n.* **1** (捕鯨用)銛(ᵐᵒʳⁱ)綱のブイ. **2** 〘海事〙(ボートのスピードを落としたり漂流時船首を風の方向に保つ)キャンバスの袋型海錨《sea anchor ともいう》. **3** (飛行場の)風向指示吹き流し, 風見用円錐筒 (wind cone). **4** 〘航空〙**a** 曳行(ᵉⁱᵏᵒᵘ)標的《空対空射撃訓練の的とするため飛行機が引く吹き流し》. **b** ドローグ《空中給油機から繰り出すホースの先端のじょうご形給油口; cf. probe 7》. **c** パラシュート式ブレーキ.

drógue párachute *n.* (小型の)補助パラシュート; (戦闘機などの射出座席で射出後空中で開く)安定傘.

droit [drɔ́ɪt, drwɑ́ː; *F.* drwa, drwa] 〘《a1465》▭ (O)F < VL **drectum* = L *dīrectum* right (neut.) ← L *dīrēctus* straight: ⇨ direct (adj.)〙 *n.* 〘法律〙**1** (法律上の)権利; 権利の対象. **2** 法, 法律. **3** [*pl.*] 関税.

Droits of Admiralty [the ―] 〘英法〙海上遺棄物捕獲者の俸禄《捕獲した敵の船艦または難破船から生じる収入金; もと海事裁判所の收入とされた》.

droit ad·mi·ni·stra·tif [drwɑ́ːædmɪnɪstrətíːf; *F.* drwaadministratif, drwa-] 〘▭F ~〙 *F. n.* (フランスの)行政法.

droit au tra·vail [drwɑ́ːoutrɑːvάɪ | -əu-; *F.* drwaotravaj] 〘▭F ~《原義》right of labor〙 *F. n.* 労働権.

droit de sei·gneur [drwɑ́ːdəseɪnjə́ː | -njə́ːr; *F.* drwadsɛɲœːr, drwa-] *n.* = droit du seigneur.

droit des gens [drwɑ́ːdeɪʒɑ́ː(ŋ), -ʒɔ́ː(ŋ), -ʒɑ́ŋ, -ʒɔ́(ː)ŋ; *F.* drwadeʒɑ̃, drwa-] 〘▭F ~《原義》law of nations〙 *F. n.* (*pl.* **droits des gens** [~]) 国際法.

droit du sei·gneur [drwɑ́ːduːseɪnjə́ː, -djuː- | -njə́ːr; *F.* drwadysɛɲœːr, drwa-] 〘▭F ~《原義》right of the lord²〙 — *n.* **1** (封建領主が家臣の花嫁に対してもったとされる)初夜権. **2** (一般に)専権, 極端な専横ぶり.

droll [dróul | dráʊl] 〘《1623》▭F *drôle* wag ▭ MDu. *drolle* little man〙 — *adj.* (~·er; ~·est) おどけた, ひょうきんな (facetious): a ~ person, expression. — *n.* **1** 《古》ひょうきん者; 道化 (buffoon). **2** 滑稽な事柄: a master of the ~ ひょうきん者. **3** 《古》短い道化芝居, 茶番, 笑劇 (farce). — *vi* 《まれ》単調に話す; おどける; ふざける (jest). **dról·ly** [dróu(l)li | dráu(l)li] *adv.* **~·ness** *n.*

droll·er·y [dróuləri, dróuləri | dráuləri] 〘▭F *drôlerie*: ⇨↑, -ery〙 — *n.* **1** ひょうきんな所作, おどけた挙動, 道化 (waggishness). **2** おどけた話, 冗談 (jest). **3** 滑稽, おかしみ. **4** 《古》**a** 漫画, 戯画 (comic picture). **b** 人形芝居 (puppet show). **c** 笑劇, 寸劇.

drom- [drɑm | drɔm] (母音の前に来る時の) dromo- の異形.

「行場 (aerodrome).

drome [dróum | dráum] 〘《1913》《略》〙 *n.* 《口語》飛

Drôme [dróum | dráum; *F.* dʀoːm] *n.* ドローム(県)《フランス南東部の県; 人口 365,000, 面積 6,525 km², 首都 Valence》.

-drome [dròum | dràum] 〘▭F ~ ▭L *-dromos* ← Gk *drómos* racecourse, running〙 ― 次の意を表わす名詞連結形: **1**「競走路 (course)」: hippo*drome*. **2** (hippodrome との連想で)「広い特別な施設」: aero*drome*, air*drome*. **3** [形容詞的用法]「走る (running)」: home*drome*.

drom·e·dar·y [drɑ́mədèri, drʌ́m- | drɔ́məd(ə)ri, drʌ́m-, -mɪ-] 〘《?c1280》▭ AF **dromedarie* = OF *dromedaire* (F *dromadaire*) ‖ LL *dromedārius* ← L *dromad-, dromas* camel ▭ Gk *dromás* runner, dromedary ← IE **drem-* to run〙 — *n.* 〘動物〙ヒトコブラクダ (*Camelus dromedarius*)《アラビア・エジプト・アジア南西部で主に乗用として飼われる動物; 野生種は絶滅; Arabian camel ともいう; cf. Bactrian camel》.

drom·o- [drɑ́mo(ʊ) | drɔ́mə(ʊ)] 〘← Gk *drómos*: cf. -drome〙 ―「競走路 (course), 走る (running); 速さ (speed)」の意の連結形. ★ 母音の前では通例 drom- になる.

drom·o·ma·ni·a [drɑ̀məméɪniə | drɔ̀məméɪnjə, -nɪə] 〘← NL ~: ⇨↑, -mania〙 *n.* 放浪癖.

drom·o·ma·ni·ac [drɑ̀məméɪniæk | drɔ̀məméɪnɪ-] *n.* **1** 放浪癖の人. **2** 《戯言》運動選手 (athlete).

dro·mom·e·ter [dro(ʊ)mɑ́məṭə | drə(ʊ)mɔ́mɪtə(r), -mə-] *n.* 速度計.

drom·ond [drɑ́mənd, drʌ́m- | drɔ́m-] 〘《?a1300》ME *dromon(d)* ▭ AF *dromund* = OF *dromon(t)* ▭ LL *dromōn-, dromo* ▭ LGk *drómōn* light vessel ← Gk *drómos* a racing: cf. dromedary〙 — *n.* (中世に地中海で用いられた多数のオールと大三角帆とを備えた)大型高速の木造艦.

drom·o·tro·pic [drɑ̀mətróupɪk, dròum-, -trɑ́p- | drɔ̀mətrɔ́p-, drəum-] *adj.* 〘生理〙変伝導の《心臓神経が心筋の刺激伝導性に影響することにいう》.

-dro·mous [-drəməs] 〘⇨ -drome, -ous〙「走る, 行く」の意の形容詞連結形: ana*dromous*, cata*dromous*.

drone [dróun | dráun] 〘n.: ME *dron* < OE *drān*, *drǣn* drone bee ← Gmc **dren-* (G *Drohne*) ← IE **dher-* to buzz (Gk *thrōnax* drone / Skt *dhranati* resounds). — v.: 《1500》← (n.)〙 — *n.* **1** (蜜蜂の)雄蜂《いつも巣にいて働かない; cf. worker 5》; 雄蟻. **2** (他人の勤労で生活する)のらくらもの (sluggard). **3** ドローン, 無人機[車, 船]《無線操縦[遠隔操作]の飛行機[船舶, 車両]》. **4** (蜂などのぶんぶんという)うなり; (一般に)単調な低音[話し方]. **5** 〘音楽〙バッグパイプ (bagpipe) 属楽器の持続低音管《うなるような低音を持続的に出す管》; 低音管を備えたバッグパイプ; (多声音楽の)持続低音. **6** 単調な話をする人. — *vi.* **1** 〈蜂・昆虫・機械などが〉ぶんぶんうなる (buzz). **2** 〈人が〉ものうげな声で歌う[話す] 〈*away*〉: He ~*d away* on his violin. **3** 徒食する, のらくら暮す. — *vt.* **1** ものうげな声で唱える[話す, 言う]: ~ (*out*) the psalms 単調な低い声で詩篇を読む. **2** のらくら過ごす 〈*away*〉. **drón·er** *n.*

dron·go [drɑ́ŋgou | drɔ́ŋgəu] 〘← Malagasy〙 — *n.* (*pl.* ~**s**, ~) **1** 〘鳥類〙オーチュウ《アジア・アフリカ・オーストラリア産オーチュウ科の鳥の総称; オウチュウ (*Dicrurus macrocercus*) など》. **2** 《豪俗》あほ, ばか (simpleton). — *adj.* 《豪俗》ばかな, 愚かな (foolish).

drón·ing *adj.* ぶんぶんうなる(ような), 低音で単調な, ものうげな. **~·ly** *adv.*

drool [drúːl] 〘《変形》? ← DRIVEL〙 — *vi.* **1** 《口語》= drivel 1. **2** 《俗》= drivel 3. **3** 《俗》やたらに嬉しがる[喜ぶ], 熱狂する. — *vt.* **1** 《口語》〈よだれなど〉を口からたらす. **2** 《俗》たわいなく[やたら情熱的に]言う, 感傷的な調子で演ずる[表現する] 〔*about, over*〕. — *n.* **1** 《口語》よだれ. **2** 《俗》たわごと (nonsense). **3** 《スコット》怠け者 (sluggard).

drool·y [drúːli | -lɪ] *adj.* (**drool·i·er**; **-i·est**) **1** 《口語》よだれをたらす[流しがちな]: ~ infants. **2** 《俗》非常に楽しい, すばらしい.

droop [drúːp] 〘《a1300》▭ ON *drūp-a* to droop ← Gmc **drūp-*: cf. drop〙 — *vi.* **1** うなだれる; 〈枝などが〉〈まぶたが〉たれる: with his eyelids ~*ing* まぶたを眠そうにして. **2** 〈人が〉(からだが)弱る, (元気が)衰える; 〈意気が〉消沈する, 沈む; 〈草木などが〉しおれる (flag): ~ with sorrow [loneliness] 悲しみ[淋しさ]に打ち沈む / The flowers were ~*ing* in the heat. 花は暑さでぐったりしおれていた / Don't let your spirits ~ too low. あまりがっくりしてしまってはいけない. **3** 《詩》〈太陽などが〉沈む (sink), 傾く (decline). — *vt.* 〈頭・顔・首・視線などを〉たれる, うつむける, 下げる: I ~*ed* my body over the rail. 体を手すりにもたせかけた / The turkey ~*ed* its wings. — *n.* **1** うなだれること, 垂下; うちしおれること, 消沈: a ~ of the eye 伏し目. **2** (調子の)だれ (fall); (計量器などにおける)降下, 沈下. **3** 〘航空〙ドループ《低速時に翼の前縁部を下方に折曲げたりして, 気流を流れ易くするもの》.

dróop·ing 〘ME〙 *adj.* **1** たれている, しなだれている; うなだれた, うつぶせの: ~ boughs, eyelids, moustache, etc. **2** 沈みがちな (dejected): ~ spirits.

dróop·ing·ly *adv.* うなだれて; 打ち沈んで, 力なく.

dróop snòot *n.* 《口語》〘航空〙ドループスヌート《超音速旅客機などで視界向上のため着陸の際下方に曲げることのできる機首》; ドループスヌートを備えた飛行機.

droop·y [drúːpi | -pɪ] 〘ME〙 — *adj.* (**droop·i·er**; **-i·est**) **1** たれて[しなだれて]いる, うなだれた. **2** 《口語》沈みがちな, 打ちしおれた, わびしい (gloomy), 疲れ果てた: ~ drawers 《俗》気のめいるような[めそめそした, だらしない]女《★ 時に男についてもいう》.

dróop·i·ness *n.*

drop [drɑ́p | drɔ́p] 〘n.: ME *drōpe, droupe* < OE *dropa* < Gmc **dropon* (ON *dropi*) ← IE **dhrew-* to fall, flow, drip, droop: ME 後期の *droppe* は *droppen* (v.) からの類推形. — v.: lateOE *droppan* = OE *dropian* (cf. *drēopan* to drop, drip) ← *dropa*: cf. drip〙 — *n.* **1** しずく, したたり (globule): a ~ *of* rain [dew] 雨[露]のしずく / three ~*s* of quinine 3 滴のキニーネ / drink to the last ~ 最後の一滴まで(すっかり)飲む / ~ by ~ 一滴ずつ, 少しずつ. **2** [通例 *pl.*] **a** 点滴薬, 滴量薬. **b** (atropine などの)瞳孔拡大溶液. **3** [a ~] **a** 微量, 少量: *a* ~ *of* fever 微熱 / Have just another ~ *of* wine, won't you? もうちょっとだけぶどう酒を召し上がりませんか / He never touches *a* ~ of alcohol. 彼はアルコール類は一切やらない / He has not *a* ~ *of* sympathy with me. 彼は私に少しも同情をもたない. **b** 《口語》小量の酒: He sometimes takes *a* ~ on the way back from the office. 時々つとめからの帰りに一杯飲む / have *a* ~ in one's [the] eye 一杯飲んでいる目つきだ / have [take] *a* ~ too much (酒に)酔う. **4** (しずく型に宝石をつけた)ペンダント, イヤリング; ペンダントにはめた宝石, (イヤリングの)飾り玉 (eardrop). **5** 〘建築〙**a** (ギリシャ建築に用いられる)露玉, しずく玉 (pendant). **b** = gutta¹ 2. **c** (鉄筋コンクリート製スラブ建築で)円柱頭部の周りの天井の厚くなった箇所《drop panel ともいう》. **6** あめ玉, ドロップ: chocolate ~*s* / lemon ~*s*. **7** 〘紋章〙ドロップ《水滴・血のしたたりなどを表わすナシ形の (pear-shaped) 模様; cf. guttée》. **8** **a** したたること, 滴下 (dropping); 降下, 落下 (fall); (絞首罪人の絞首台からの)落下; 〘軍事〙(パラシュートによる)空中投下[降下] (airdrop). **b** 〘野球〙ドロップ《降下曲球》. **c** 〘ラグビー・サッカー・アメリカンフットボール〙= drop kick 1. **9** (温度の)降下; (物価の)下落; (質の)低下; 零落 (decline): a ~ *in* temperature / a ~ *in* prices / Stocks took a big ~ yesterday. きのう株価が暴落した / His reputation began to take a sudden ~. 彼の名声は突然低下し始めた. **10** (上から下までの)直下距離; 落下距離: a ~ *of* ten feet from the window to the ground 窓から地面まで 10 フィートの直下距離 / He made a ~ *of* about seven feet. 約 7 フィート下まで落下した. **11** 急な坂 (steep slope): There was a steep ~ *of* about 100 feet to the lake. 湖まで約百フィートの急な坂道がついていた. **12** 〘海事〙横帆 (特に大横帆 (course) や上檣帆 (topsail)) の中心縦幅 (cf. hoist¹ 3). **13** 〘時計〙落下《がんぎ車の歯がアンクルの一方のつめを離れてから他方のつめ石に当たるまでのがんぎ車の運動; またはその間のがんぎ車の回転角》. **14** **a** (絞首台の)落とし戸式の踏台 (trapdoor); 絞首台 (gallows) (cf. 8 a). **b** (郵便箱などの)差入れ口, 投入物受入れ箱; (船倉への)貨物投入口, 船荷落し; (郵便物などの)集配所, 置場; (盗品などの)隠し場所: ⇨ mail drop. **c** 〘劇場〙たれ幕 (drop scene); 下げ幕, どん帳 (drop curtain). **d** (ドア・引出しなどの)かぎ穴かくし. **e** 〘機械・建築〙= drop hammer. **f** (回路が閉じたときに下りる)電気表示器 (annunciator) のシャッター. **15** 〘軍事〙空中投下される人員[装備, 補給物資(など)] (cf. 8 a). **16** **a** (動物が)子を生み落とすこと; (動物の)生まれた子. **b** 落ちた果物.

a drop in the bucket [***ocean***] 《口語》全体の中の取るに足らぬ小さな一部, 大海の一滴, 九牛の一毛 (cf. *Isa.* 40:15). ***at the drop of a*** [***the***] ***hat*** 〘戦闘の開始または敵意を表わす動作から〙(合図と同時に)待っていましたとばかりに, すかさず, ためらわずに. ***get*** [***have***] ***the drop on a person*** 〘古い二連発式コルトではまず銃口を上にあげて撃鉄を起こし, 次に的に向けて下ろしたことから〙《口語》〈相手〉より早くピストルをつきつける; 〈人〉の機先を制する, …より優位である, …を出し抜く.

— *v.* (**dropped**, 《古》**dropt** [drɑ́pt | drɔ́pt]; **drop·ping**) — *vi.* **1** 〈水滴などが〉したたる, ぽたりぽたり落ちる, 〈しずくが〉たれる: A gentle rain began to ~. 雨がぽたりと降りだした / You might hear a pin ~. ピンが 1 本落ちる音さえ聞こえる(ほどの静けさだ). **2** 〈果物などが〉(急に)落ちる, 落下する (fall) 〈*down*〉 〔*from*〕; 〈日が〉沈む (sink); 〈蝶番(ᶜʰᵒᵘᵗˢᵘᵍᵃⁱ)・あごなどが〉がくりと下がる, たれる (droop); 〈言葉が〉ふと[偶然]もれ出る: An apple ~*ped from* the tree. / The wise words ~*ped from* his lips. その賢明な言葉が彼の口から語られた (cf. LET¹ *drop*) / The sun was going to ~ behind the hilltop [toward the west]. 日は丘の頂きのかげに沈み[西に傾き]かけていた / His jaw ~*ped*. 下あごががくりとたれた. **3** (傷ついて, または息絶えて)倒れる; (弱り果てて)へたばる; 死ぬ (die) 〈*off*〉: ~ *to* the ground 地面に倒れる / ~ *on* one's knee(s) がっくりとひざまずく / ~ dead ばったり倒れて死ぬ / ~ short 《俗》ばったり[突然]死ぬ / He ~*ped* as if he had been shot. 弾に当ったかのようにばったり倒れた. **4** 降下する, (窓などから)ひょいと降りる,

飛び降りる (cf. fall vi. 1); とんと腰を下ろす; 〈道・流れなどが〉下りとなる; 〈球・ボールが〉(ホール・バスケット・ゴールなどに)はいる, ころがり込む: The boy ~ped *from* a window *into* the garden. 少年は窓から庭へ降り立った / We ~ped a few miles downstream. 流れを下って数マイル歩いた (cf. DROP *down*). **5** 自然と〔…に〕陥る, 〔ある状態に〕なる 〔*into*〕: ~ *into* oblivion 自然に忘れられる / ~ back *into* the old habit もとの習慣に戻る / ~ *into* unconsciousness 人事不省に陥る / ~ *into* a nap 居眠りする / We ~ped short of oil. 我々は石油が不足した. **6** 〈事が〉やめになる, 終わる; 見えなくなる; 〈文通などが〉とだえる (cease): Let the matter ~. その事はそれまでにしておこう / He has ~ped *out of* our sight. いつのまにか見えなくなった / The book will soon ~ *from* notice. その本はじき忘れられてしまうだろう / The correspondence has ~ped. 文通がとだえた. **7** 〈価格・音調などが〉落ちる, 下がる; 〈温度が〉下がる; 〈風が〉静まる, なぐ: His voice ~ped (*to* a whisper). 彼の声は弱まっ(て小声になっ)た / The wind will soon ~. 風はじきにやむだろう / Then the music ~ped. それから音楽は静かになった / He has ~ped twenty pounds. 彼は体重が 20 ポンド減った. **8 a** 落伍する, やめる (quit); 退く (withdraw); (仲間に)遅れる: ⇨ DROP *behind* / ~ *from* a game 試合を放棄する / One boy after another ~ped *from* the class. クラスから一人また一人と学生が止めていった / He ~ped *out of* Harvard. ハーバード大学を中退した / Some of them ~ped *to* the rear. 彼らのうち何人かが落伍した. **b** 〔下位に〕下がる, 後退する 〔*to*〕: ⇨ DROP *back* / Tom has ~ed *to* fifth place this term. トムは今学期 5 番に下がった. **9** 《口語》ちょっと立ち寄る, ひょっこり訪ねる (stop) 〈*in, by, over,* etc.〉: ⇨ DROP *by*, DROP *in*. **10** 〈猟犬が〉(獲物を見て)うずくまる (squat down). **11** 『トランプ』(ブリッジなどで)〈ある札が〉落ちる, 死ぬ《例えば, クラブがキング 1 枚である時, 相手にクラブのエースを出されてそれを取られるような場合》.

— *vt.* **1 a** したたらす, たらす, こぼす (shed): ~ tears, sweat, blood, etc. / ~ a chemical 薬品を滴びん (dropper) からたらす / Would you like me to ~ some lemon juice into your tea? お茶にレモンの汁をお入れしましょうか. **b** 《古》…に水滴(など)をふりかける. **2** 落とす (let fall); (手から)すべり落とす, 取り落とす: ~ a book, bottle, ball, etc. / ~ one's purse / He ~ped a dime in a vending machine. 彼は 10 セント硬貨を自動販売機に入れた. **3** (地上に)倒す; 切り倒す, 打って[弾丸で]倒す; 射落とす (bring down); (ボクシングなどで)なぐり倒す (knock down): ~ a man with a blow [shot] なぐって[弾を撃って]人を倒す. **4 a** 〈錨・幕・釣糸などを〉おろす (let go); 〈目を〉落とす (droop); 〈水位などを〉下げる (lower): ~ anchor 錨を投げて停泊する / ~ the curtain 幕を降ろす / ~ a line 釣糸をたれる / ~ one's eyes 伏し目になる. **b** (飛行機を着陸させるために)〈車輪を〉降ろす. **c** 〈スカートなどのへりを〉おろす, 伸ばす, 拡げる. **d** 〈薬を〉飲み下す (swallow). **5 a** 《口語》〈旅客・荷物を〉(車・船・飛行機から)降ろす (set down): *Drop* me at the next corner, please. 次の曲り角で降ろして下さい. **b** 『軍事』(パラシュートで)〈人員・装備・補給物資などを〉空中投下する (air-drop). **6** [しばしば二重目的語を伴って] (軽い気持ちで)〈簡単な手紙を〉書き送る: Please ~ me a line. お手紙をください. **7** [~ a curtsy として] 〈婦人が〉(ひざを曲げ体をちょっとかがめて)〈おじぎを〉する. **8 a** 〈価値・程度・質などを〉下げる, 下落させる (reduce): ~ the speed. **b** 〈声を〉落とす (lower): ~ one's voice 声を落とす[小さくする]. **9** 偶然(無頓着そうに装って)〈言葉を〉漏らす, ふと口にする, ほのめかす: ~ a hint それとなく言う / ~ a sigh ため息をつく / I never ~ped a word on it. それについては一言も漏らさなかった. **10 a** (発音・書記から)〈音・字・語尾を〉落とす, 抜かす, 省く: He ~s his h's. 彼は h の音を落として発音する (cf. DROP *one's h's*). **b** 〈行・節などを〉飛ばして書く[読む]: ~ one's line (俳優が)せりふを忘れる[間違える]. **c** (編物で)〈目を〉抜かす: ~ a stitch. **11 a** 〈習慣・仕事などを〉よす, やめる (give up); 〈知己関係・交際を〉絶つ, 〈人〉と絶交する: ~ the habit of smoking たばこをのむ習慣をやめる / ~ the subject その話題をやめにする / ~ the course 履修を中途で放棄する / ~ an acquaintance 絶交する / *Drop* it! 《口語》よせ. **b** 《米》解雇する, 放校する (dismiss) 〔*from*〕: We must ~ the failing students. 落第生には学校をやめてもらわなければならない. **12** 『海事』あとにする, …の見えない所まで行く, ひき離す. **13** 〈牛・馬・羊などが〉〈子を〉生み落とす: ~ a calf, foal, lamb, etc. **14** 《米》『料理』〈卵を〉落とす, 割って煮る (poach). **15 a** 〈ボールを〉(ホール・バスケット・ゴールへ)打ち[投げ, 蹴(け)り]入れる. **b** 『ラグビー』〈ボールを〉ドロップキックする (drop-kick); ドロップキックで〈点を〉あげる: ~ a goal. **16** 『数学』(点から線・面などへ)引く, …で結ぶ (draw): ~ a perpendicular 垂線を引く. **17 a** 《俗》(賭け事・投機などで)〈金を〉失う, なくする (lose); 使う (spend): He's ~ping money at the track [at cards]. 彼は競馬で[トランプの賭けで]すってばかりいる / She ~ped $100 *on* her new dress. 彼女は新しい衣裳に 100 ドル使った. **b** 〈試合〉に負ける (lose): Our team ~ped the game.

drop across …と偶然出会う; …をふと見つける. ***drop around*** 《米口語》= DROP *by*. ***drop away*** (1) 一滴ずつ落ちる. (2) 一人一人去る, (いつとなく)立ち去る; 次第に遠ざかる[見えなくなる]: The guests ~ped *away* one by one. 客は一人また一人と立ち去った / The mountains ~ped *away* to the north. 山々は北方へ遠ざかって行った. ***drop back*** 〈軍隊などが〉退却する, 後退する (retreat). ***drop behind*** (隊列などから)遅れる, (…から)落伍する (fall behind): She ~ped *behind* the rest of the class. 彼女はクラスの他の者について行けなくなった. ***drop by*** 《口語》(…に)ちょっと立ち寄る, ひょっこりやって来る: Mr. Jones ~ped *by* my office yesterday. ジョーンズさんがきのう私の事務所を訪ねてみえた. ***drop down*** (1) 倒れる; 〈風などが〉急にやむ, なぐ. (2) (潮流や順風に乗って)(…を)下る, (海まで)川を下る, 岸に沿うて帆走する[漕いで行く]. (3) 《口語》〔…を〕しかりつける 〔*on*〕. ***drop one's h's*** [***aitches***] (発音すべき語頭の) h 音を落として (hat [hǽt] を 'at [ǽt] のように)発音する《London なまり (Cockney) などの一特徴; ただし him に対する [ɪm] のような弱形 (weak form) の場合は含まない》. ***drop in*** 《口語》ひょっこり訪れる, ちょっと立ち寄る (cf. drop-in): ~ *in* for a chat 話をしに立ち寄る / If you are over in this neighborhood, please ~ *in* and see us. こちらにお出ましの節はどうぞお寄りください / I just ~ped *in on* my son [*at* my son's house]. ちょっと息子の家を訪ねてみた. ***drop into*** (1) …へ偶然行く, 立ち寄る; …に寄港する: ~ *into* a house, port, etc. (2) 〔ある状態に〕陥る (cf. *vi.* 5); …を始める: ~ *into* conversation 話し合い始める / ~ *into* a walk (駆けていた馬が)並足になる. (3) 《口語》…をしかりつける (drop on). ***drop off*** (*vi.*) (1) (いつとはなしに)立ち去る (drop away); 乗物から降りる, 下車する (get off). (2) うとうとする; 《口語》寝入る (fall alseep); 死ぬ (die) (cf. *vi.* 3): ~ *off* to sleep 寝入る / I must have ~ped *off*. ついうとうとしていたらしい. (3) 衰える (decline); 減退する (decrease): Sales are ~ping *off*. 売行きが悪くなっている. (*vt.*) 〈荷物・乗客などを〉降ろす. ***drop on*** 《口語》(1) …に偶然出くわす, …をひょっこり見つける. (2) (大勢の中から一人を選んで)…に不快な任務(など)を申しつける, …を(厳しく)しかりつける; [Passive で] 不意打ちをくらう: The teacher is always ~ping *on* me. 先生はいつも私だけに当てる[をしかりつける] / He *was* quite ~ped *on* when he was told to do it. それをせよと言われた時には全くがんと一撃をくらった思いだった. ***drop out*** (*vi.*) (1) (履修・競争などから中途で)抜ける, やめる, 落伍する, 中途退学する: ~ *out of* society 社会から脱落[落伍]する. (2) 『トランプ』(ポーカーで)下りる, 手を引く. (3) 『ラグビー』ドロップアウトする (cf. dropout 2). (*vt.*) 『印刷』〈ハイライト部分の網点を〉除去する, 腐食する (cf. dropout 3). ***drop over*** = DROP *by*. ***drop through*** 〈計画などが〉だめになる, 失敗する. ***drop up*** = DROP *by*, DROP *in*.

drop the handkerchief 『遊戯』ハンカチ落とし《一人が丸く輪になって並んでいる他の者の後を走りながら誰かある一人の後にハンカチを落とす, 次に落とされたものはそれを拾い上げて落とした人を輪をまわって追いかけ, 彼が空けた場所に逃げ込む前にタッチしたりつかまえたりする; cf. kiss-in-the-ring》.

dróp àrch *n.* 『建築』 **1** ドロップアーチ《開口の幅よりも半径の小さい円二つで作られた尖頭アーチ; depressed arch ともいう》. **2** 扁円アーチ《アーチの高さが開口部の幅の半分以下であるアーチ; surbased arch ともいう》.

dróp-awày *adj.* 『電気』落下の《励磁によって閉じる継電器の接点が開く》: ~ current 落下電流 / ~ voltage 落下電圧.

dróp bàr *n.* 『印刷』ドロップバー《自動給紙機で紙を送るためのローラー; drop roller ともいう》.

dróp bìscuit *n.* = drop cake.

dróp blàck *n.* 『化学』ドロップブラック《粉砕して丸めた骨炭や油煙で顔料に用いるフランクフォルト黒色 (Frankfort black) など; cf. carbon black》.

dróp-bòttom búcket *n.* 『土木』(水中コンクリートを打ち込むとき用いる)底開き箱.

dróp bòx *n.* 『紡織』ドロップボックス, 上下杼(ひ)箱《織機についている箱; その中の二つ以上のシャトル (shuttle) からそれぞれ異なった色糸を出して緯糸(よこいと)とする》.

dróp càke *n.* 落とし焼きクッキー《生地をスプーンで鉄板の上に落として焼く》.

dróp clòth *n.* (部屋などの塗装中に床・家具などにかぶせる)ペンキのしたたれを防ぐ大幅の布[紙, プラスチック].

dróp còokie *n.* = drop cake.

dróp cùrtain *n.* 『劇場』(劇の幕間に舞台前面に下げる, 引き幕でない)下げ幕, どん帳 (cf. traveler 7).

dróp dìal *n.* 『時計』ドロップダイアル (⇨ trunk dial).

dróp èar *n.* (犬の)垂れ耳《先端が前方に折れたり垂れたりしている耳》.

dróp èlbow [**èll**] *n.* (配管で壁などに付着させるための)取っ手のついたひじ接手.

dróp fòlio *n.* 『印刷』下ノンブル《ページの下に打った丁数またはページ数》.

dróp fòot *n.* 『病理』尖足, 下垂足, 垂れ足《地面から足先を上げるのが困難な状態》.

dróp-fòrge *vt.* 『冶金』落とし鍛造により…を成形する, ドロップフォージする.

dróp fòrge *n.* 『機械・建築』= drop hammer.

dróp fòrger *n.* 『冶金』落とし鍛造工.

dróp fòrging *n.* 『冶金』落とし鍛造, ドロップフォージ《落下の衝撃で鍛造する方法》.

dróp frònt *n.* 机の前面にとりつけた蝶番(ちょうつがい)付き開閉自在の扉《扉を開くとライティングテーブル (writing table) に変わる》.

dróp gòal *n.* 『ラグビー』= dropped goal.

dróp hàmmer *n.* 『機械』 **1** (鍛造用)落としハンマー, ドロップハンマー. **2** = pile hammer.

dróp·hèad *n.* **1** ドロップヘッド《タイプライター付きの机やミシンテーブルで, タイプライターやミシンの落し込み装置》. **2** 《英》(自動車の)折りたたみ式の屋根; コンバーチブル(自動車).

dróp-ìn 〘← *drop in* (⇨ drop (v.) 成句)〙 — *n.* **1** 《口語》(前触れなく)ひょっこり訪ねる人, 偶然立ち寄った客 (dropper-in). **2** 《米》(だれでも気楽に立ち寄れる)格式ばらない社交的な集り. **3** 《米俗》容易に手に入る物, 楽にもうけた金 (easy money). — *attrib. adj.* **1** 〈座席など〉折り下げはめ込み型の. **2** 《口語》〈場所など〉〈人が〉ちょっと立ち寄る, 立ち寄ってみる.

dróp inítial *n.* 『印刷』= drop letter 2.

dróp kèel *n.* 《英》『海事』= centerboard.

dróp·kìck *n.* **1** 『ラグビー・サッカー・アメリカンフットボール』ドロップキック《ボールを手からいったん地上に落としてはね上がる時にけるキックの仕方; 単に drop ともいう; cf. placekick, punt[3]》. **2** 『プロレスリング』ドロップキック, 飛蹴り.

dróp-kíck *vt., vi.* **1** 『ラグビー・サッカー・アメリカンフットボール』ドロップキックする[で得点する]. **2** 『プロレスリング』ドロップキックする. **~·er** *n.*

dróp-lèaf *adj.* 〈テーブルなど〉たれ板式の: a ~ table = drop table.

dróp lèaf *n.* (必要のない時はぶら下げておくテーブルの横に付けた)たれ板.

drop·let [drɑ́plɪt, -lət | drɔ́p-] 〘← DROP + -LET〙 *n.* 小滴, 飛沫(ひまつ).

dróplet inféction *n.* 『医学』しぶき[飛沫(ひまつ)]感染《痰(たん)などのしぶきを吸入して起こる感染》.

dróp lètter *n.* **1** 『郵便』 **a** 《カナダ》受付局[自局]配達区域内郵便物. **b** 《米》差出人が郵便局備え付けのポストに投函し, 受取人がその局に取りに来る郵便物. **2** 『印刷』ドロップレター《本文の初行を上限とし, (本文の) 2 行分かそれ以上の高さをもった章頭や文頭のイニシャル; drop initial ともいう》.

dróp·light *n.* **1** 移動式吊るしランプ《取付場所から自由に移動できるガス灯》. **2** コードで吊るした電灯.

dróp·line *n.* 『新聞』ドロップライン, 段々見出し, 副見出し《数行からなる見出しで 2 行目以下順次字下げになっている》.

dróp-òff *n.* **1** 非常に急な傾斜, 断崖. **2** (売上げ・価格などの)下落, 減少. **3** (*also* **dróp·òff**) 『ラグビー』= dropout 2.

dróp·òut *n.* **1** 《口語》 **a** (課目などを)中途で放棄する[落とす]学生; (高校・大学などの)中退者 (early leaver): a college ~. **b** (ある社会からの)脱落者, 落伍者. **c** 中退, 脱落(など). **2** 『ラグビー』ドロップアウト《25 ヤード線からのドロップキック》. **3** 『印刷』ハイライト版《ハイライト部分の網点を除去した網版》, ハイライト版画《highlight halftone ともいう; cf. DROP *out* (*vt.*)》. **4** ドロップアウト《録音中テープのきずのため録音信号の振幅が突然落ちるテープ上の箇所》.

dróp·page [drɑ́pɪdʒ | drɔ́p-] *n.* **1** 『園芸』(収穫前の)落下量. **2** (モルタルなど作業中などに)こぼれる量, 損失量.

dróp pànel *n.* 『建築』= drop *n.* 5 c.

dróp pàss *n.* 『アイスホッケー』ドロップパス《ドリブルをしているプレーヤーがパックをすぐ後の味方プレーヤーにまかせて, 自分は前進していくプレー》.

drópped égg *n.* 落とし卵 (poached egg).

drópped góal *n.* 『ラグビー』ドロップゴール《ドロップキックによってゴールすること; 得点は 3 点》.

drópped scóne *n.* = drop scone.

drópped séat *n.* 中央部を少しくぼませた椅子の座《scoop seat ともいう》.

dróp·per *n.* **1** 落とす人[物]. **2** (目薬などの)点滴器; 滴びん. **3** (獲物を見るとうずくまる)セッターとポインターの雑種犬 (cf. drop *vi.* 10). **4** 《英俗》偽造の貨幣[小切手(など)]を使う人. **5** 《豪方言・ニュージーランド口語》市場から小売店に商品を運ぶ人. **6** 『園芸』ドロッパー, 垂下球《チューリップなどの生長不充分な小さい球根を植えた時, そこから下方に伸長した葉柄状組織の先端にできる新しい球根》.

drop·per·ful [drɑ́pəfʊ̀l | drɔ́pə-] *n.* 点滴器[びん]の一杯分.

drópper-ìn *n.* 《俗》= drop-in 1.

dróp·ping 〘OE *dropunge*: ⇨ drop, -ing[1]〙 — *n.* **1** 滴下; 落下. **2** したたり落ちるもの, しずく: ~s from a candle ろうそくのたれ. **3** [*pl.*] (羊毛を梳(す)く際の)落ち毛. **4** [通例 *pl.*] (動物・鳥の)ふん (dung).

drópping bòttle *n.* 『化学』滴びん.

drópping fíre *n.* 『軍事』不規則間隔小銃射撃《不規則な間を置いて行なう小銃の連続発射》.

dróp prèss *n.* = drop hammer.

dróp ròller *n.* 『印刷』 **1** インク移しローラー《印刷機のインク出しローラーからインク練りローラーへ間欠的にインクを送るローラー; ductor ともいう》. **2** = drop bar.

dróp rùdder *n.* 『海事』竜骨線下に伸ばした狭く深い舵.

dróp scène *n.* **1** 『劇場』(装置転換の間, その前で芝居を続けるための)たれ幕 (cf. drop curtain). **2** (人生における)大詰めの場面 (finale).

dróp scòne *n.* 《英》(スコットランドの)パンケーキ (pancake) の一種.

dróp sèat *n.* **1** ドロップシート《タクシーなどの蝶番(ちょうつがい)で降ろす補助席》. **2** (下着などでボタンをはずすと落ちるようになっている)尻(の部分).

dróp shìpment *n.* 〖商業〗生産者直送《卸商人の注文により製造元から小売商店[配給店]に直送するもの》.

dróp shìpper *n.* 生産者直送で商売する卸し商人《desk jobber ともいう》.

dróp·shòt *n.* **1** ドロップショット: **a** 〖テニス〗チョップを用いてネットを越えて急にボールを落下させる打法[打球]. **b** 〖バドミントン〗ネットを越してすぐ落ちるフライト. **c** 〖ハンドボール・スクウォッシュテニス〗軽く打って前面の壁に当たるとすぐ落下するようにした打球. **2** 〖冶金〗ドロップショット《湯 (molten metal) を水中に落として粒にしたもの》.

dróp shùtter *n.* (初期の写真機の)垂直に降りるシャッター《長方形不透明板の横窓がレンズの前を滑り落ちて露光する開閉器》.

drop·si·cal [drάpsɪk*ə*l, -sə- | drɔ́psɪ-] 〖← DROPSY ＋-ICAL〗 **—** *adj.* **1** 〖病理〗水腫(すいしゅ)の, 水腫症[性]の, 水腫にかかった. **2** はれ上がった, ふくれた. **~·ness** *n.*

drop·si·cal·ly *adv.* 水腫状を呈して, 水腫のように.

dróp sìding *n.* 〖建築〗(さねはぎ継ぎにした)下見板《matched siding, novelty siding ともいう》.

drop·sied [drάpsid | drɔ́psɪd] *adj.* ＝dropsical.

drop·sonde [drάpsὰnd | drɔ́psɔ̀nd] 〖← DROP＋(RADIO)SONDE〗 **—** *n.* 〖気象〗投下[落下]ゾンデ《飛行機からパラシュートで落下させるラジオゾンデ; cf. radiosonde》.

dróp stràke *n.* 〖造船〗行きどまり板《船体外板のうち, 先細に狭くなる面積に合わせて途中までで止め船首尾に全通していないもの》.

dróp stròke *n.* 〖テニス〗＝dropshot 1 a.

dróp sùlfur *n.* 〖化学〗(溶かして水中に落として粒になった)粒状硫黄.

drop·sy [drάpsi | drɔ́psi] 〖《c1250》 *dropesie* 《頭音消失》← *idropesie* ◻ OF *idropesie, idropisie* ◻ ML *(h)ydrōpisia*＝L *hydrōpisis* 《変形》← Gk *hudrōps* dropsy ← *húdōr* 'WATER'〗 **—** *n.* **1** 〖病理〗水腫(すいしゅ)(症), 浮腫(症), むくみ. **2** (魚の)水(腫)症《体がスポンジ状にはれ上がり, うろこが突き出る魚の伝染病》. **3** 《英俗》金, (特に)祝儀, 賄賂(わいろ).

dropt *v.* 《古》drop の過去形・過去分詞.

dróp tàble *n.* **1** たれ板(式)テーブル《テーブルの甲板を蝶番(ちょうつがい)で壁に取付け, 使うときは腕木[金]で水平にする》. **2** (列車客席などの)折り下げ(式)テーブル.

dróp tànk *n.* 〖航空〗＝slip tank.

dróp tèe *n.* (配管で壁などに付着させるための)取っ手のついた丁字管 (cf. drop elbow).

dróp-tèst *vt.* ...の落下試験をする.

dróp tèst *n.* 落下試験《物品を落下させて衝撃に対する強さや緩衝機能を確かめる試験》.

dróp tìn *n.* 〖冶金〗(溶かして水中に落として粒にした)粒状スズ.

dróp vàlve *n.* 〖機械〗落し弁《蒸気機関などに用いられるもので自由に下りて流路を閉ざす弁》.

dróp wìndow *n.* 下降窓, 落とし窓《通例上下引き違いの窓で下の窓枠が敷居の下に落ち込む形で開けられる窓》.

dróp·wòrt *n.* 〖植物〗 **1** ヨウシュシモツケ, ロクベンシモツケ (*Filipendula hexapetala*). **2** [通例修飾語を伴って] セリ《セリ属 (*Oenanthe*) の植物の総称》: ⇨ water dropwort.

dróp zòne *n.* 〖軍事〗降下[投下]地帯, 降下[投下]地域, 降着場《落下傘部隊を降下させるか補給・装備品を航空機から投下する地域》.

dros·er·a [drάsərə | drɔ́s(ə)rə] 〖← NL ～ ← Gk *droserós* dewy ← *drósos* dew〗 **—** *n.* 〖植物〗モウセンゴケ《モウセンゴケ属 (*Drosera*) の食虫植物の総称; モウセンゴケ (*D. rotundifolia*) など》.

Dros·er·a·ce·ae [drὰsəréɪsiː | drɔ̀s-] 〖← NL ～: ⇨ ↑, -aceae〗 *n. pl.* 〖植物〗(ヘイシソウ目)モウセンゴケ科. **dròs·er·á·ceous** [-ʃəs] *adj.*

drosh·ky [drάʃki | drɔ́ʃkɪ; *Russ.* drɔ́ʃkji] 〖《1808》 ◻ Russ. *drozhki* (dim.) ← *drogi* waggon (pl.) ← *droga* shaft of a vehicle〗 **—** *n.* (*also* **dros·ky** [drάski | drɔ́skɪ]) ドロシキー: **a** ロシヤの屋根なしの軽装四輪馬車. **b** 昔ロシヤの都市などで使用された victoria に似た二[四]輪馬車.

dro·som·e·ter [dro(ʊ)sάməṭə | drɔsɔ́mɪtə(r, -mə-] 〖◻ F *drosomètre* ← Gk *drósos* dew＋-METER¹〗 *n.* 〖気象〗露量計.

dro·soph·i·la [dro(ʊ)sάfələ | drə(ʊ)sɔ́fɪ-] 〖← NL ～ ← Gk *drósos* dew＋-PHILA〗 **—** *n.* (*pl.* **~s, -i·lae** [-liː]) 〖昆虫〗ショウジョウバエ《ショウジョウバエ属 (*Drosophila*) のハエの総称; キイロショウジョウバエ (*D. melanogaster*) は遺伝学の実験用に利用される》.

dross [drɔ́ː(ː)s, drɔ́(ː)s | drɔ́s] 〖OE *drōs* dregs, dirt ← Gmc **drah-sta-* (Du. *droesem* / G *Drusen*) ← IE **dher-* to make muddy: cf. dreg〗 **—** *n.* **1** 〖冶金〗浮きかす, ドロス, 不純物: the ～ of iron 鉄屎(てっし). **2** (浮きかすのように)無価値な物; くず, かす (rubbish). **3** 《英》〖鉱山〗下等な石炭, くず石炭.

dross·y [drάsi, drɔ́(ː)si | drɔ́si] 〖《15C》〗 **—** *adj.* (**dross·i·er; -i·est**) **1** 浮きかすの(多い), ドロスがいっぱいの; かすのある, 不純な (impure). **2** 鉄屎(てっし)[くず]のような; 無価値な. **dróss·i·ness** *n.*

drought [dráut, dráυθ | dráut] 〖OE *drūgaþ* ← Gmc **drūʒ-* 'DRY'〗 **—** *n.* **1** (大気の)乾燥; (特に長期の)日照り続き, 旱魃(かんばつ). **2** 《古》乾燥 (dryness). **3** 《古・方言》のどのかわき, 渇 (thirst). **4** 不足, 払底 (scarcity): financial ～ 財政窮乏.

drought·y [dráuṭi, -θi | -tɪ] 〖《1603》〗 **—** *adj.* (**drought·i·er; -i·est**) **1** (極度に)乾燥している; 日照続きの, 旱魃(かんばつ)の. **2** 《古・方言》のどがかわいた (thirsty). **dróught·i·ness** *n.*

drouk [drúːk] 〖◻ ON *druk-na* to be drowned: ⇨ drown〗 *vt.* 《スコット》びしょぬれにする (drench).

drouth [dráυθ, dráut] *n.* 《英古・米》＝drought.

drouth·y [dráυθi, -ṭi | -θɪ] *adj.* (**drouth·i·er; -i·est**) 《英古・米》＝droughty. **dróuth·i·ness** *n.*

drove¹ 〖OE *drāf*〗 *v.* drive の過去形.

drove² [dróuv | dráuv] 〖*n.*: OE *drāf* act of driving herd, company ← *drīfan* 'to DRIVE'. — *v.*: 《1632》《逆成》← DROVER〗 **—** *n.* **1** (追われて行く)家畜(牛・羊・豚など)の群 (cf. flock¹): a ～ of sheep and pigs. **2** ぞろぞろ行く群衆 (crowd): a ～ *of* human beings / in ～*s* 群をなして, ぞろぞろと. **3** 〖石工〗 **a** ＝drove chisel. **b** ＝drove work. **—** 《英》*vi.* drover として働く. **—** *vt.* **1** 〈家畜を〉牧場[市場]へ追って行く. **2** 〈石などを〉荒削り用のみ (drove chisel) で加工する.

dróve chìsel *n.* 〖石工〗荒削り用のみ.

dróv·er 〖《1393》〗 *n.* **1** 家畜(牛・羊・豚など)の群を牧場[市場]に追って行く人; 家畜商人. **2** 《古》流し網使用漁船 (drifter).

dróve ròad [**wày**] *n.* (昔の)家畜を追う道.

dróve wòrk *n.* 〖石工〗荒削り用のみ (drove chisel) を用いる石面の仕上げ[荒削り面].

drown [dráun] 〖《a1325》 *dr(o)une(n)* ← ? OE *druncian* to become drunk, be drowned ← *druncen* (p.p.) ← *drincan* 'to DRINK': cf. ON *drukna* to be drowned < Gmc **druŋknan* ← **driŋk-* 'to DRINK'〗 **—** *v.* (**~ed**; 《卑・方言》 **drownd·ed** [dráundɪd, -dəd]) **—** *vt.* **1** おぼれさせる, おぼれ死なせる: ～ oneself 身投げする / be ～*ed* 溺死する; 溺死させられる / ～ the kittens (生れたての)子猫を(川などの)水につけて始末する / a ～*ed* body 溺死体. **2 a** 水浸しにする (flood); びしょぬれにする (drench): a village ～*ed* by a flood 洪水で水浸しになった村 / eyes ～*ed in* tears 涙にくもる眼 / ⇨ *like a drowned* RAT¹. **b** 〈料理を〉〈ソースなどに〉浸す 〔*in, with*〕. **c** 《英口語》〈酒〉に水を割り過ぎる: Don't ～ my whiskey. ウイスキーに余り水を入れないでくれ. **3** [～ *oneself* または Passive で] 〔...に〕ふけらせる, 没頭させる, 〔仕事などに〕どっぷりつからせる 〔*in*〕: ～ *oneself in* drink 酒におぼれる / They *were* all ～*ed in* sleep. みなぐっすりと眠りこけていた. **4 a** 〈騒がしい音が〉〈小さい音を〉消す, 聞こえなくする (overpower) 〈*out*〉: Yells ～*ed* (*out*) his voice. 叫び声で彼の声がかき消された / His words were ～*ed in* the applause. 彼の言葉は喝采に打ち消された. **b** 〈苦痛などを〉〔...で〕紛らせる 〔*in*〕: ～ one's sorrows [troubles] *in* drink 悲しみ[苦労]を酒に紛らす. **c** ...に顔色なからしめる, 圧倒する (overwhelm). **5** 〖化学〗〈石灰を〉水で消和する. **—** *vi.* **1** おぼれる, おぼれ死ぬ: The child was ～*ing*. その子はおぼれかかっていた / He fell in the river and ～*ed*. 川に落ちておぼれた. **2** 〈物が〉沈む.

drown out (1) [しばしば Passive で] 〈洪水が〉〈住民などを〉立ちのかせる; 〈浸水が〉〈鉱山などを〉閉鎖させる: They *were* ～*ed out*. 洪水のため家を追い出された. (2) ⇨ *vt.* 4 a.

~·er *n.*

drówn·pròofing *n.* (溺死防止のため, 人間の浮力を利用して)最少限の力でできるだけ長い間水に浮んでいる技術.

drowse [dráuz] 〖《1573》《逆成》← DROWSY〗 **—** *vi.* **1** 眠気がさす, 居眠りする, うつらうつらする 〈*off*〉. **2** 《古》不活発である, 眠っているように見える, ぼんやりする. **—** *vt.* **1** ...に眠気を催させる, うとうとさせる. **2** うつらうつら〈時を〉過ごす 〈*away*〉: ～ an afternoon *away*. **—** *n.* 居眠り, うたた寝 (doze), 眠気 (sleepiness).

drow·si·head [dráuzihèd | -zɪ-] 〖⇨ drowsy, -head〗 *n.* 《古》＝drowsiness.

drów·si·ly [-zɪli, -zə- | -lɪ] *adv.* 眠く; 眠そうに, うとうとと.

drów·si·ness *n.* (うとうとする)眠さ, ものうさ; 〖医学〗嗜眠状態: The pain eased and a ～ came over him. 痛みが和ぎ睡気が襲ってきた.

drow·sy [dráuzi | -zɪ] 〖《a1529》 ← OE *drūsian* to be languid or sluggish < Gmc **drūsjan* ← IE **dhrew-* 'to flow, DROOP': cf. dreary: ⇨ -y⁴〗 **—** *adj.* (**drow·si·er; -si·est**) **1** 〈人など〉眠い, 眠そうな (sleepy); (うとうと)半眠りの, とろとろとして: feel ～ 眠気を催す / a ～ cat. **2** 眠気がさす, 眠気を誘う: a ～ spring afternoon. **3 a** 〈動作など〉鈍い, のろい, 不活発な (sluggish). **b** 〈町など〉眠ったように静かな, 静まりかえった: a ～ village.

D.R.P. 《略》 *G.* Deutsches Reichspatent ドイツ国専売特許 (German state patent).

Drs. [dάktəz | dɔ́ktəz] 《略》 Doctors.

drub [drʌ́b] 〖《1634》 ◻ ? Arab. *ḍaraba* to beat〗 **—** *v.* (**drubbed; drub·bing**) **—** *vt.* **1** (棒などで)激しく打つ, なぐる (beat). **2** 〈考えを〉〔...に〕たたき込む 〔*into*〕; 〔...から〕たたき出す 〔*out of*〕: ～ the notion *into* [*out of*] a person なぐりつけるようにして[強引に]その考えを人にたたき込む[捨てさせる]. **3** 〈足を〉踏み鳴らす (stamp): ～ the feet. **4** なぐる, 打つ (thrash); (試合などで)〈相手を〉決定的に[大差で]打ち負かす, やっつける (defeat); 口汚くののしる, 酷評する. **—** *vi.* (床などを)踏み鳴らす (stamp): ～ with one's heels. **—** *n.* 棒で打つこと, 殴打 (thump).

drúb·ber *n.*

drúb·bing *n.* **1** 棒で打つこと. **2** (試合などでの)決定的な勝利, (相手を)やっつけること.

drudge [drʌ́dʒ] 〖《c1385》 *drugge(n)*: cf. OE *drēogan* to perform a duty or service〗 **—** *n.* (単調な骨折り仕事に)あくせく働く人, こき使われる人. **—** *vi.* 〔いやな仕事に〕あくせく[こつこつ, 機械的に]働く (toil), (奴隷のように)苦しい仕事をする 〔*at*〕: ～ and slave あくせく働く. **—** *vt.* 〈人〉に単調で骨の折れる仕事をさせる.

drúdg·er *n.* ＝drudge.

drudg·er·y [drʌ́dʒ(ə)ri | -rɪ] 〖《1550》〗 *n.* (単調で機械的な)骨折り仕事.

drúdg·ing *adj.* あくせくと骨折っている, まるで奴隷のような. **~·ly** *adv.*

drug [drʌ́g] 〖《c1390》 *drugge, drogge* ◻ (O)F *drogue* ◻ ? Du. *drog* dry thing ∥ MLG *droge (fate)* dry casks: cf. dry〗 **—** *n.* **1** 薬剤, 薬品, 薬種, 薬 (cf. medicine): a ～ company 製薬会社 / narcotic ～*s* 麻酔薬, アヘン剤 / poisonous [sleeping] ～*s* 毒[睡眠]薬. **2** [しばしば *pl.*] 麻酔剤, 麻薬 (narcotic): take ～*s*. **3** [*pl.*] 《米》(drugstore で売られる歯みがきなどの)衛生商品. **4** (あり余って)売れない商品: a ～ *on* [*in*] the market たなざらしもの, 市場の滞貨《★ 今は on が普通》. **5** 《廃》(薬品・染料・化学に使う)成分.

— *v.* (**drugged; drug·ging**) **—** *vt.* **1** ...に薬品を混ぜる[入れる]; 〈飲食物〉に毒物[麻薬]を混入する: ～*ged* wine. **2 a** ...に麻酔剤[麻薬]を飲ませる; (毒薬・酒・音楽などで)麻痺させる: be ～*ged with* opium. **b** 薬(剤)を〈人〉に施す, 施薬する. **3** 《古》〈人を〉〈歓楽などで〉むかつかせる (nauseate), あきあきさせる (cloy) 〔*with*〕: be ～*ged with* pleasure / be ～*ged with* an obscene magazine 下品な雑誌で胸が悪くなる. **—** *vi.* 麻薬に耽る.

drúg àddict *n.* 麻薬常用者《《口語》では drugger ともいう》.

drúg clèrk *n.* 《米》ドラッグストアの店員.

drúg-fàst *adj.* 〈病気など〉薬のききにくい; 〈菌が〉薬品に強い, 耐性の《drug-resistant ともいう》.

drúg fìend *n.* 《口語》＝drug addict.

drúg·ger *n.* 《口語》＝drug addict.

drug·get [drʌ́gɪt, -gət] 〖《1580》 ◻ (O)F *droguet* (dim.) ← *drogue* 'DRUG, cheap article': ⇨ -et〗 **—** *n.* **1** ドラゲット《粗毛にジュートなどを混ぜて織ったインド産の粗製じゅうたん; 階段のじゅうたんの上敷きなどにする》. **2** 《廃》昔の一種のラシャ.

drúg·gist [-gɪst, -gəst | -gɪst] 〖◻ ? F *droguiste*: ⇨ drug, -ist〗 **—** *n.* 《米》 **1** 薬種屋, 売薬業者, 薬屋, 薬局の主人 (《英》 chemist). **2** 薬剤師 (pharmacist, 《英》 chemist). **3** ドラッグストア経営者.

drúg·gy [drʌ́gi | -gɪ] 《米》 *n.* 麻薬飲用者. **—** *adj.* 麻薬の飲用と関係のある, 麻薬的な.

drúg hàbit *n.* 薬(特に麻薬)の常用癖.

drúg·less *adj.* 薬を使わない.

drúg·màker *n.* 製薬業者.

drúg-resìstant *adj.* ＝drug-fast.

drúg·stòre 〖《1810》〗 **—** *n.* 《米・カナダ》 **1** 薬屋. ★形式ばった英語では pharmacy, 《英》では chemist's または chemist's shop. **2** ドラッグストア《薬品・化粧品・たばこ・文房具などを売り, その多くは喫茶軽食店を兼営し一種の社交場となっている》.

drúgstore cówboy *n.* 《米俗・カナダ俗》 **1** 身なりはカウボーイでもその経験の全然ない者. **2** 街角やドラッグストアをうろつくなまけ者.

dru·id, D- [drúːɪd, drúːəd | drúːɪd, drúɪd] 〖《1563》 ◻ F *druide* ∥ L *Druidae* (pl.) Druids ◻ Gaulish *druides* ◻ OCelt. (i) **derwijes* 《原義》 soothsayer (← **derwos* true) ∥ (ii) **dru-wid* 《原義》 they who know the oak (**daru-*, **dru-* 'oak, TREE'＋**wid-* to know (⇨ wit¹)): cf. OIr. *drūi* the druids〗 **—** *n.* **1** ドルイド《古代 Gaul, Britannia, Ireland のケルト族の間に行なわれたドルイド教の祭司; 予言者・詩人・裁判官・魔法使いなどでもあった》. **2** [D-] 1781 年 London に創立された共済会の会員. **3** (古代ウェールズの)芸術祭 (eisteddfod) の役員.

dru·id·ess, D- [drúːɪdɪs, drúːə-, -dəs | drúːɪdɪs, drúɪ-, -des] *n.* 女性の druid.

dru·id·i·cal [druːídɪk*ə*l, -də- | -dɪ-] *adj.* ドルイド (druid) の. **dru·id·ic** [druːídɪk | druːíd-, drʊ-] *adj.*

drú·id·ism [-dìzm] *n.* ドルイド教(の儀式).

drúid stòne *n.* 〖岩石〗＝sarsen.

drum¹ [drʌ́m] 〖《1541》 ◻ ? Du. *trom* 《擬音語》: cf. MHG *trumme*: cf. trumpet〗 **—** *n.* **1** 太鼓, ドラム(の総称): a side ～ 小太鼓 / ⇨ bass drum, double drum, kettledrum 1, snare drum / with ～*s* beating and colors flying 太鼓を鳴らし旗をなびかせて / A ～ is beating. 太鼓が鳴っている. **2** [*pl.*] (ジャズバンドなどの)ドラム部. **3** ＝drummer. **4 a** 太鼓の音, 太鼓に似た音. **b** サンカノゴイ (bittern) の鳴き声. **5 a** 〖解剖〗中耳 (middle ear); 鼓室, 鼓膜. **b** 〖動物〗鼓状器官《セミの共鳴器など》: the ～ of a cicada. **6 a** 〖機械〗(機械の)円筒形部, 胴, ドラム. **b** 〖電算機〗磁気ドラム. **7 a** 円筒形容器, (特に)ドラムかん:

ten ~*s* of gasoline. **b** (連発銃の)円盤型の弾倉. **8**《古》(18 世紀後半から 19 世紀初めに流行したにぎやかな)大夜会; (午後の)お茶の集まり (tea party) (cf. kettledrum 2). **9**〖魚類〗太鼓のような音を出すニベ科の魚の総称《ポゴニアス (*Pogonias chromis*), fresh-water drum など; cf. croaker》. **10**〖建築〗(石の円柱の一部分をなす)円筒形石材, 太鼓石 (tambour). **11**〖建築〗ドラム, 鼓状部《ドームの下部に築かれる円筒形の壁体; ⇨ dome 挿絵》. **12**《豪俗》信頼すべき情報; (競馬などの)予想 (tip): I know the ~. 私は事実[本当の情報]を知っている. **13**《豪俗》(放浪者・坑夫・山地旅行者などの)手回り品包み (swag). **14**《英俗》家, 下宿屋; 部屋, アパート; 売春宿 (brothel). **15**《米俗》飲み屋, バー, ナイトクラブ. **16**《英俗》(野外などで簡単に)茶を立てる[作る]かん (tea can).

beat the [a] (big) drum《口語》(1) (製品・思想・政策などへ)一般の興味[熱意]をかき立てようとする, 宣伝する, 音頭を取る〔*for*〕. (2) (抗議などのために)騒ぎ立てる. ***follow the drum***《古》兵隊になる[である].

— *v.* (**drummed**; **drum·ming**) — *vi.* **1** 太鼓[ドラム]をたたく, 太鼓を鳴らす. **2**〔募兵などのため〕太鼓を鳴らして回る; 《米》〔顧客を求めて〕歩き回る, 〔取引きを〕捜す, (地方を)外交して回る (canvass), 〔…に対して〕興味をかき立てる〔*for*〕: ~ *for* business / ~ *for* recruits [customers] 太鼓を鳴らして募兵する[顧客を求める]. **3**〔テーブル・床などを〕(太鼓を打つように)とんとん打つ[たたく], どんどん[こつんこつん]踏み鳴らす (beat)〔*on*〕: ~ *on* a table with one's fingers テーブルを指でとんとん打つ / a ~*ming* (noise) in the ears 耳鳴り. **4**〈鳥・昆虫が〉(羽ばたきなどで)太鼓を打つような音を出す. **5**《英俗》〈泥棒が〉空巣を働く.
— *vt.* **1**〈曲を〉太鼓で奏する: ~ a tune. **2**〈テーブル・床などを〉(太鼓のように)どんどん[とんとん]鳴らす: ~ the table with one's fingers. **3** 太鼓を鳴らして呼び集める. **4** (耳にたこができるほど)繰り返して〈人に〉…を言い聞かせる[教え込む]; がみがみ言って〈人を〉(ある状態に)陥らせる〔*into*〕: ~ a lesson *into* a boy's head 繰り返し繰り返し子供に学科を教え込む / ~ a person *into* apathy 耳にたこができるほど言って人をしらけさせる. **5**《豪俗》〈人に〉情報を与える, 予想を知らせる〈*up*〉. **6**《英俗》〈泥棒が〉(人がいないことを確かめるために)〈家〉の戸をノックする.

drum down (太鼓のような音で)沈黙させる. ***drum a person out of*** (1)《古》太鼓をたたいて〈人を〉〈軍隊〉から追放する. (2)〈クラブ・団体〉などから不名誉脱退させる, 放逐する: be ~*med out of* school. ***drum up*** (1)〈客などを〉(鳴り物入りで)集める, 募集する (collect): ~ *up* recruits, customers, etc. (2)〈活気などを〉つける; 〈人気を〉あおる, 〈興味などを〉引き立てる: ~ *up* enthusiasm. (3)〈事業などを〉起こす. (4)〈新しい物・事を〉考案する, 発明する. (5)《英俗》(野外などで)かんで茶を作る[立てる]; 簡単な食事をつくる. (6)《豪俗》⇨ *vt.* 5.

~·like *adj.*

drum² [drʌ́m]〖⊏Ir.-Gael. *druim* ridge, back〗*n.* **1**《スコット・アイル》幅の狭い長い丘. **2**〖地質〗= drumlin.

drúm·bèat *n.* **1** 太鼓をたたくこと; 太鼓の音. **2** 鳴物入りで提唱される主義.

drúm·bèater *n.*《口語》**1** 広告[宣伝]人 (advertiser). **2**〖ラジオ・テレビ〗広告を読むアナウンサー. **3** (政策・主義などを)声を大にして主張[支持]する人.

drúm·bèating *n.*《口語》(政策・主義などを)声を大にして唱道すること; 宣伝.

drum·ble [drʌ́mbl̩, drúm-]〖《変形》←《方言》*dummel* stupid ← DUMB¹〗*vi.*《古》ぐずぐずする, なまける.

drúm clòck *n.* 円筒形のケースに入った小時計.

drúm contròller *n.*〖電気〗ドラム制御器《接触器を円筒面上に配置した制御器》.

drúm còrps *n.* 軍楽隊, 太鼓隊.

drúm·fire *n.* **1** (太鼓の連打のような)猛烈な連続集中砲火. **2** (批判・質問などの)連発.

drúm·fish *n.* (*pl.* ~, ~·**es**)〖魚類〗= drum¹ *n.* 9.

drúm gàte *n.*〖土木〗ドラムゲート《ダムの上部にありゲートチャンバーの水圧を加減し開閉する水門》.

drúm·hèad *n.* **1** 太鼓の皮. **2**〖解剖〗鼓膜 (tympanic membrane). **3**〖海事〗胴頂《車地 (capstan) の頭; ⇨ capstan 挿絵》. — *adj.* **1**〖軍事〗戦地(臨時)軍法会議 (drumhead court-martial) (で)の. **2** その場で行なわれる, 即決の, 略式の (summary): ~ judgment [procedure, trial].

drúmhead cóurt-mártial〖太鼓を卓にして行なわれたことから〗*n.*〖軍事〗戦地(臨時)軍法会議《戦地または行軍中の違犯行為を裁く略式軍法会議》.

drum·lie [drʌ́mli] *adj.* = drumly.

drum·lin [drʌ́mlɪn, -lən | -lɪn]〖← Ir.-Gael. *druim* 'DRUM²' + *-lin* (《変形》← -LING¹)〗— *n.*〖地質〗氷堆(たい)丘, ドラムリン《氷河の流れによって形成された漂積物の細長いまたは長円形の丘陵》.

drum·lin·noid [drʌ́mlɪnɔ̀ɪd, -lə- | -lɪ-]〖⇨ ↑, -oid〗〖地質〗*adj.* ドラムリン (drumlin) に似た. — *n.* ドラムリンに似た丘.

drum·ly [drʌ́mli, drúm- | -lɪ]〖《変形》← ME *drubly* ← *druble(n)* to muddy (《混成》? ← *drove(n)* to vex (← OE *drōf* dirty, muddy)+*druble(n)* 'to TROUBLE')〗— *adj.* (**drum·li·er**; **-li·est**)《スコット》**1**〈水が〉(泥で)濁った (muddy). **2**〈天気が〉うっとうしい. **3** 困惑した (troubled), 憂鬱な (gloomy).

drúm màjor *n.*《米》(男性の)軍楽隊鼓手長《軍楽隊 (drum corps) の楽長》; 楽隊の行進指揮者.

drúm ma·jor·étte [-mèɪdʒərét] *n.*《米》(軍楽隊の)婦人楽長; (行進する軍楽隊の)女性のバトントワラー (baton twirler), バトンガール.

drúm·mer〖《1573-80》〗— *n.* **1** ドラム奏者, ドラマー, (特に軍楽隊の)鼓手: a ~ boy 少年鼓手. **2**《米口語》(地方を巡回する)外交員, セールスマン《もと太鼓で客を集めたことから》. **3**〖昆虫〗中米・南米および西インド諸島産の大型のゴキブリ (*Blaberus giganteus*)《雄が雌を呼ぶときに太鼓のような音を出す》. **4**〖魚類〗太鼓のような音を出す魚類の総称; (特に)オーストラリア産イスズミ属の魚 (*Kyphosus sydneyanus*). **5**《豪俗》**a** 放浪者 (tramp). **b** 羊の毛の刈込みの最も下手な人 (↔ ringer). **6**《英俗》泥棒 (thief).

Drum·mond [drʌ́mənd], **Henry** *n.* (1851-97) スコットランドの牧師・著作家・自然科学者.

Drúmmond light〖← *Thomas Drummond* (1797-1840: その発明者であるスコットランドの技師)〗— *n.* ドラモンド光《カルシウム光(limelight, calcium light) の別名》.

Drúmmond of Háw·thorn·den [-hɔ́ːθərndən | -θɔːn-], **William** *n.* (1585-1649) スコットランドの詩人; *The Cypresse Grove* (1623).

drúm prìnter *n.* ドラム(式)プリンター《1 行の各印字位置ごとにすべての文字を円筒上に配置し, 目的の文字が紙面の前にきた瞬間にハンマーを作動して文字を印字する形のプリンター》.

drúm·stìck *n.* **1** (太鼓などの)ばち. **2** ドラムスティック《料理したにわとり[七面鳥など]の脛; 形が太鼓のばちに似ている》. **3**〖細胞〗ドラムスティック, ばち状核突起《女性の白血球の核にみられる円形の小突起》.

drúm swìtch *n.*〖電気〗筒形スイッチ《接触片を取りつけたドラム形絶縁台を回してその外周に固定された接触片と接して点滅を繰返すようにした開閉器》.

drúm tàble *n.* ドラム型テーブル《上部がドラムに似ている中心部を台柱で支え, 幕板をつけ引出しを備えた丸テーブル; capstan table ともいう》.

drum table

drúm wàsher *n.*〖機械〗(製紙用パルプの)筒形洗い機.

drúm wìnd·ing [-wàɪndɪŋ] *n.*〖電気〗鼓状巻《約一極間へだてて反対の極の影響を受けている導体を順次つないでいく電機子の巻線の一種; cf. ring winding》.

drunk [drʌ́ŋk]〖ME *drunke* ← DRUNKEN〗*v.* drink の過去分詞・《古》過去形.
— *adj.* **1** [通例 Predicative に用いて (cf. drunken)] **a** 酒に酔って, 〔酒などに〕酔って〔*with, on*〕《★ intoxicated は drunk の形式ばった語で, drunk より柔らかいひびきを与える》: be beastly [blind, dead, very] ~ ぐでんぐでんに酔っている / get ~ 酔う / ~ *with* [*on*] wine ぶどう酒に酔って / be ~ and incapable 酔いつぶれる / ~ and disorderly 泥酔した; [名詞的に] 泥酔した人, 泥酔者《警察・裁判所用語》/ ⇨ *appeal from* PHILIP *drunk to Philip sober*. ★《米》では Attributive に用いることもある: a ~ man. **b**〔歓喜・成功などに〕酔って (elated)〔*with, on*〕: ~ *with* joy [power] 喜び[権力]に酔いしれて / ~ *on* one's own words 自らの言葉に酔って. **2** [Attributive に用いて]《口語》= drunken 2.
(as) drunk as a fiddler [lord, mouse, rat] ひどく[ぐでんぐでんに]酔っぱらって.
— *n.*《口語》**1** 酔った状態, 酔い; 酔った上での警察ざた; 酔っぱらい事故者 (cf. *adj.* 1). **2** 酔っ払い (drunken person): a good [bad] ~ 酒ぐせのよい[悪い]人. **3** 酒盛り, 酒宴 (spree): go on a ~ 酒盛りをする.

drunk·ard [drʌ́ŋkərd | -kəd]〖《1530》: ⇨ ↑, -ard〗*n.* 大酒家, のんだくれ (toper): play the ~ 酔っ払いのまねをする.

drúnkard's chàir *n.* ドランカードチェア《18 世紀英国の低いゆったりしたひじ掛け椅子》.

drunk·en [drʌ́ŋkən]〖OE *druncen* (p.p.) ← *drincan* 'to DRINK'〗— *adj.* **1** 酔った (intoxicated) (↔ sober); 常に酔っている, 大酒飲みの: a ~ husband / a ~ sot のんだくれ. ★ 通例 Attributive に用いる (cf. drunk *adj.* 1) が, 'habitually drunk' の意味では Predicative に用いることもある: He was ~ and dissolute. 大酒飲みで放蕩者だった. **2** 酔ったあげくの, 酒の上の: a ~ brawl 酒の上のけんか / a ~ frolic 酒の上のふざけ / ~ driving 酔っぱらい運転. **3** (酔ったように)ふらふらした, ひょろひょろする. **~·ly** *adv.*

drúnk·en·ness〖OE *druncennes*: ⇨ ↑, -ness〗*n.* 酔い, 酩酊(めいてい); 酒びたり; (酒乱のような)激烈性, 狂乱.

drúnken sàw *n.*〖機械〗溝切り鋸(のこ)《角材などに溝をつける丸鋸の一種; wobble saw ともいう》.

drunk·om·e·ter [drʌŋkɑ́mətə, drʌ́ŋkəmìːtə | drʌŋkɔ́mɪtə(r, -mə-] *n.*《米》飲酒検知器, 酔度測定器, 酔度計 (cf. Breathalyzer): a ~ test 酔度テスト.

drúnk tànk *n.*《米俗》(酔っ払いを入れておく, 警察署の)豚箱, 「トラ箱」.

dru·pa·ceous [druːpéɪʃəs]〖⇨ ↓, -aceous〗*adj.*〖植物〗核果性の, 石果性の, 多肉果の; 核果を生じる.

drupe [drúːp]〖《1753》← NL *drūpa* drupe ← L *drūpa* (*oliva*) overripe (olive) ⊏ Gk *drúppā* ← *drupepḗs* ripened on the tree ← *drûs* 'TREE'+*péptein* 'to ripen, COOK'〗— *n.*〖植物〗核果, 石果, 多肉果《ウメ・モモの類の果実; cf. fruit *n.* 1 a》.

drup·el [drúːpəl]〖← NL *drupella*: ⇨ ↑, -el¹〗*n.*〖植物〗= drupelet.

drupe·let [drúːplɪt, -lət]〖⇨ drupe, -let〗*n.*〖植物〗小核果《キイチゴなどの種子のはいっている一粒》.

Drú·ry Láne [drʊ́(ə)ri- | drʊ́ərɪ-]〖Henry 八世の時代に Sir William Drury の建てた邸宅がそこにあったことから〗— *n.* **1** London の街路名; the Drury Lane Theatre がある; 17 世紀には貴族的な住宅地であった. **2** [the ~] = Drury Lane Theatre.

Drúry Láne Théatre *n.* [the ~] ドゥルリーレーン劇場《17 世紀以来の London の大劇場で Garrick, Mrs. Siddons, Kemble, Kean などの名優が出演した; 正式名は the Theatre Royal》.

druse [drúːz]〖《1811》⊏ F ~ ⊏ G *Druse* 'weathered ore'〗*n.*〖地質〗晶洞(どう), がま《鉱物結晶が樹立する岩石の空洞 (geode)》.

Druse [drúːz]〖⊏ Arab. *Durūz* (pl.) ← *Durzī* ← *Ismail al-Darazī* (その宗派の創立者の一人, 11 世紀の人)〗— *n.* ドゥルーズ派の人《シリアの Djebel Druz 地方に住み, 古い宗教上の慣習に従い, 閉鎖した共同体を形成するイスラムの熱狂的な一派》. **Dru·se·an, Dru·si·an** [drúːziən | -zɪən, -zjən] *adj.*

Dru·sil·la [druːsílə | druː-, drʊ-]〖⊏ L *Drūsilla* (dim.) ← *Drūsus* (ローマの家名)〗*n.* 女性名. ★ 米国に多い.

Dru·sus [drúːsəs], **Nero Claudius** *n.* ドルスス《38-9 B.C.; ローマの武将; Tiberius 帝の弟》.

druth·ers [drʌ́ðəz | -ðəz]〖(pl.) ← *druther*《短縮》← *'d rather* had or would rather〗*n. pl.*《米方言・口語》[単数扱い] 好み, 選択: if I had my ~.

Druze [drúːz] *n.* = Druse. **Dru·ze·an, Dru·zi·an** [drúːziən | -zɪən, -zjən] *adj.*

dry [dráɪ]〖*adj.*: OE *drȳġe* < Gmc **drūȝiz* ← **drūȝ-* (Du. *droog* / G *trocken*). — *v.*: OE *drȳġan* to dry ← *drȳġe*〗— *adj.* (**dri·er, ~·er; dri·est, ~·est**) **1** かわいた, 乾燥している; ひからびた (↔ wet): a ~ towel, house, etc. / get ~ かわく / keep ~ かわかしてて[ぬらさないで]おく / (as) ~ as a bone (骨のように)ひからびた, からからになった (cf. bone-dry). **2 a** 乾かした, 干物にした; 〈食品など〉乾燥させた (dehydrated): ~ fish, meat, etc. **b**〈木材など〉十分に乾燥させた. **3**〈商品が〉(液体 (liquid) でなく)固体の (solid), 乾性[質]の, 穀物[乾物, 布地など]の: ~ provisions [wares] 乾物類《麦粉・砂糖・コーヒー・米など》/ ⇨ dry goods, dry measure. **4**〈咳が〉痰(たん)の伴わない, 乾質の, 乾性の: ~ catarrh / a ~ cough からぜき. **5** 水を使わない: a ~ method / a ~ shaver 電気かみそり / ⇨ dry shampoo. **6**〈天候など〉日照り続きの, (雨量の少ない)乾燥性の: ~ weather / a ~ climate / a ~ season 乾燥季, 渇水期. **7**〈井戸など〉水のかれた, 干上がった, 空っぽの; 〈牛など〉乳が出なくなった: a ~ well, pond, fountain pen, etc. / a ~ cow / run ~ 水がかれる; 乳が出なくなる / The fuel tank was quite ~. 燃料タンクはまったく空っぽだった. **8**《口語》のどがかわいた[かわく] (thirsty): feel ~ のどがかわく. **9 a** 辛口の, 甘くない《糖分が完全に発酵してアルコールになっている状態をいう; ↔ sweet》: ~ sherry 辛口のシェリー. **b**〈カクテルが〉糖分の低い[を含まない], ドライの: a ~ martini. **10**《口語》**a** 禁酒の, 禁酒法実施[賛成]の (↔ wet): a ~ state [town] 禁酒法励行の州[町] / ⇨ dry law. **b**〈パーティーなど〉酒の出ない, 禁酒の. **11**〈パンが〉バター[ジャム]を付けてない: ~ bread, toast, etc. **12 a**〈パンなどの製品が〉新鮮でない, 堅くなった (stale). **b**〈料理品が〉十分な汁[水気]のない. **13** 涙を流さない, 涙をそそらない; 〈話・書物など〉情味の乏しい, 面白くない, 無味乾燥な, 退屈な (wearisome): a ~ speech, subject / with ~ eyes 涙一滴こぼさずに, 冷然と (cf. dry-eyed) / ⇨ dryasdust. **14**〈事実など〉赤裸々の, 飾らない (plain); 〈言葉など〉そっけない; 冷たい (cold): the ~ facts ありのままの事実 / ~ thanks 通りいっぺんのお礼言葉 / a ~ answer そっけない返事 / He bade me a ~ good-afternoon. そっけなくこんにちはと言った. **15**〈ユーモアなど〉まじめな[とぼけた]顔で何気なく言う; 〈人が〉何食わぬ顔をして冗談(など)を言う: ~ humor / a ~ jest, sarcasm. **16** 偏見を交えない; 私欲にとらわれない. **17** 期待通りにならない, 収穫のない, 不毛の (barren): a ~ year / a ~ interview. **18**〈音が〉音[声]量の乏しい, うるおいのない. **19**〖窯業〗釉(ゆう)がかかっていない. **20**〖美術〗線の堅い, (色彩に)暖か味のない, 枯淡(こたん)な. **21**〖化学〗〈天然ガスが〉乾性の《メタン, エタンより成り天然ガソリン成分に乏しい; ↔ wet》. **22**〖軍俗〗〈射撃など〉実弾を使わない; 空砲練習の: ~ firing [fire]. **23**《古》〈支払いなど〉現金の: ~ money 現金, (芝居などの)上がり高, 日銭(ひぜに). **24**《米俗》金のない, 貧乏な.

die a dry death (おぼれもせず血も流さず)天寿を全うして死ぬ. ***dry behind the ears*** ⇨ ear 成句. ***go dry*** (1)〈川などが〉干上がる. (2)〈州などが〉禁酒法を布く. (3) 酒をやめる. (4)《口語》酒ぬきでやる.

— *n.* (*pl.* 1, 2 では **dries**; 3 では ~**s**) **1** 日照り (drought); 乾燥状態 (dryness); 乾いた所. **2**《豪》**a** [the ~] 乾期, 無雨期 (dry season). **b** 乾燥地帯, 砂漠. **3**《米口語》禁酒主義者, 禁酒法賛成論者 (prohibitionist) (↔ wet). **4**〖演劇〗舞台でせりふを忘れること.

in the dry (雨などに)ぬれずに; (海上でなく)陸上で.

— *vt.* **1** 乾燥させる, かわかす, 干す (↔ wet); 干物にする〈*up*〉: ~ wet clothes in the sun ぬれた着物を

日に当ててかわかす. 2 〈ぬれた体・目などを〉ぬぐう (wipe away) 〈*up, out, off*〉: ～ one's eyes / ～ one's tears 涙を拭(ふ)き取る; 嘆くのをやめる / ～ oneself 体をふく. 3 〈乳牛〉の乳の出をとめる 〈*off, up*〉. 4 〘演劇〙〈俳優〉にせりふを忘れさせる. — *vi.* 1 かわく, 乾燥する; 〈川・沼などが〉かれる, 干上がる; 〈物が〉干からびる. 2 〈人が〉食器類を(洗ってから)かわかす. 3 〈乳牛が〉乳が出なくなる 〈*off, up*〉. 4 〘口語〙〘演劇〙 =DRY *up* (5).

dry out (*vi.*) (1) ひからびる, 干上がる, 完全に乾燥する. (2) 〈麻薬・アル中患者が〉禁断療法を受ける. (*vt.*) (1) 干上がらせる, 完全に乾燥させる. (2) 〈麻薬・アル中患者〉に禁断療法を施す. ***dry up*** (*vt.*) 干上がらせる, すっかり乾かす: ～ *up* a ditch, well, etc. (*vi.*) (1) 全く乾く; 干上がる, 水がかれる; 〈乳牛などが〉乳が出なくなる. (2) 消散する, 〈思想が〉枯渇する, (知的・精神的に)空虚となる; 不毛になる. (3) 〘俗〙〈話が〉やむ; 話をよす: The conversation *dried up*. 座がしらけた / Oh, ～ *up*! だまれ, やめろ. (4) 〘演劇〙〈俳優が〉せりふを忘れる.

～·a·ble [～əbl] *adj.*

dry- [draɪ] (母音の前に来る時の) dryo- の異形.

dry·ad [dráɪəd, -æd] 〘(*a*1393) ⊏ L *Dryad-, Dryas* ⊏ Gk *druás* ← *drûs* 'TREE, oak'〙 — *n.* (*pl.* ～**s, dry·a·des** [-ədiːz]) 〘ギリシャ神話〙 ドリュアス《木の精, 森の仙女; cf. naiad, oread》. **dry·ad·ic** [draɪǽdɪk] *adj.*

drý área *n.* 〘建築〙 ドライエリア, 空堀(からぼり) (air drain).

dry·as [dráɪəs] 〘← NL ～: ⇨ dryad〙 — *n.* (*pl.* ～) 〘植物〙 チョウノスケソウ《極地・高山に見られるバラ科チョウノスケソウ属 (*Dryas*) の地面をはう低木の総称; 白または黄の単生の花をつける》.

Dry·as [dráɪəs] 〘⊏ L ～ ⊏ Gk *Drúas*〙 *n.* 〘ギリシャ伝説〙 ドリュアス《Lycurgus の子; 狂った父に殺された》.

drý·as·dùst 〘(1820) ← *Rev. Dr. Jonas Dryasdust* (Sir W. Scott が自分の幾冊かの小説の巻頭に献題の辞を寄せた仮想人物)〙 — *n.* [D-] (余りに学究的で)退屈な学者(など)《考古・統計学者など》. — *adj.* 無味乾燥な, 無趣味きわまる.

drý báth *n.* 〘英俗〙 (所持品調べのため囚人を裸にして行なう)身体検査.

drý bàttery *n.* 〘電気〙 乾電池《1 個の dry cell または 2 個以上の dry cells の集まったもの》.

drý bòb *n.* 〘英俗〙 (Eton 校の) 運動部員, (特に)クリケット部員 (cf. wet bob).

drý bòne *n.* 〘鉱物〙 =smithsonite 1《dry-bone ore ともいう》.

drý-bòned *adj.* 〈人が〉骨と皮(ばかり)の.

drý-bònes *n. pl.* [単数扱い] 骨と皮(ばかり)にやせこけた人.

drý·brùsh *n.* 〘絵画〙 乾筆, 渇筆《絵筆に含ませた墨や絵の具の水気をほとんど落として描く墨絵・水彩画の技法》.

drý búlb *n.* (乾湿球温度計の)乾球.

drý-bùlb témperature *n.* 乾球温度.

drý-bulb thermómeter *n.* 乾球温度計.

drý cèll *n.* 〘電気〙 乾電池 (cf. wet cell).

drý-cléan 〘(1899) 〘逆成〙 ← *dry cleaning*〙 *vt.* 〈衣類などを〉ドライクリーニングで洗濯する. — *vi.* ドライクリーニングできる[がきく]. **～·a·ble** *adj.*

drý cléaner *n.* 1 (ドライ)クリーニング屋. 2 ドライクリーニング剤《ドライクリーニング用の有機溶剤; ベンジン・ナフサなど》.

drý cléaning 〘(1818)〙 — *n.* 1 (ドライ)クリーニング, 乾式洗濯法. 2 (水洗いでなく)ドライクリーニングを要する[をした]衣類(など).

drý-cléanse *vt.* =dry-clean.

drý còmpass *n.* 〘海事・航空〙 ドライコンパス, 乾式コンパス《磁気コンパスの旧型で紙のコンパスカードがアルミニウム製の周縁をもつ面にはりつけてあるもの; cf. wet compass》.

drý-cúre *vt.* 〈肉・魚などを〉乾燥保存する, 干物にする.

Dry·den [dráɪdn̩], **John** *n.* (1631–1700) 英国の詩人・劇作家・批評家; *Annus Mirabilis* (詩) (1667), *The Conquest of Granada* (劇) (1672), *An Essay of Dramatick Poesie* (批評) (1668), *All for Love* (劇) (1678).

drý distillátion *n.* 〘化学〙 乾留.

drý-dòck *vt., vi.* (修繕のために)乾ドックに入れる[はいる].

drý dòck *n.* 〘海事〙 乾ドック, 船渠(せんきょ)《日本のいわゆるドック; cf. floating dock, graving dock》.

in dry dock (1) 〈船が〉乾ドックにはいって. (2) 〘口語〙 失業して. (3) 〘口語〙 (伝染病などで)隔離されて; 入院して.

drý-dýe *vt.* 〈織物など〉に乾式染色を施す.

drý dýeing *n.* 乾式染色.

drý·er *n.* =drier.

drý-éyed *adj.* 泣いていない; 涙のない, 薄情な.

drý-fárm 〘米・カナダ〙 *vi.* 乾地農業を行なう. — *vt.* 〈土地を〉乾地農業方式で耕作する.

drý fárm *n.* (乾燥地の)乾地農場.

drý fármer *n.* 〘米・カナダ〙 乾地農業を行なう者[農家].

drý fárming *n.* 〘米・カナダ〙 乾地農業《降雨の少ないまたは水利のきかない地方で行なう耕作法》.

drý-flý *vi.* dry fly を用いて釣をする. — *adj.* 〈釣が〉dry fly を用いて行なう.

drý flý *n.* 〘釣〙 ドライフライ, 浮毛鉤《水面に浮かせて釣る毛鉤; cf. wet fly》.

drý-flỳ fishing *n.* dry fly を水面に浮かせてする魚釣.

drý fóg *n.* 〘まれ〙〘気象〙 乾き霧《空気中のほこりや煙によってできる霧[もや]》.

drý·fòot 〘ME〙 *adv.* 足をぬらさないで.

drý frésco *n.* 〘絵画〙 =secco.

drý frúit *n.* 〘園芸〙 乾果《クリ・アーモンドのように果皮が成熟の後に乾燥する果実》.

drý gòods *n. pl.* [単数または複数扱い] 1 〘米・カナダ〙 織物類, 反物, 呉服, 糸リボン類 (soft goods) (cf. drapery): a ～ store 織物店, (洋服)生地屋 (〘英〙 draper's shop). 2 〘英〙 穀類; (乾量(単位) (dry measure) で計量される)固形物品, 乾物類 (cf. wet goods).

drý-gùlch *vt.* 1 〘口語〙 待ち伏せして襲う[殺す]. 2 (態度を急に変えて)裏切る.

drý hóle *n.* 1 水を用いないであけた穴. 2 石油[ガス]の噴出量が少なくて営利化できない油井[ガス井].

drý·hòuse *n.* (工場の)乾燥所[室].

drý íce 〘← *Dry Ice* 〘商標〙〙 *n.* ドライアイス《固体無水炭酸を圧縮した冷凍剤》.

drý·ing 〘ME〙 — *n.* 1 乾燥. 2 [形容詞的に] 乾燥用の: a ～ machine 乾燥機 / a ～ house 乾燥所. — *adj.* 乾燥させる; 乾燥性の: a ～ wind [breeze] よく洗濯物のかわく風 / a ～ day 洗濯物がよくかわく日《風があって晴天の日》.

drýing òil *n.* 乾性油《薄膜状に塗ると乾燥して硬くしかも弾力性のある固体となる油脂》.

drýing òven *n.* (砂型・粘土細工などを乾燥させる)乾燥炉.

dry·i·nid [dráɪənɪd, -nəd, -nɪ̀d | -ɪnɪd] 〘↓〙 〘昆虫〙 *adj.* カマバチ(科)の. — *n.* カマバチ《カマバチ科のハチの総称》.

Dry·in·i·dae [draɪínədiː | -nɪ-] 〘← NL ～ ← *Dryinus* (属名) + -IDAE〙 *n. pl.* 〘昆虫〙 (膜翅目)カマバチ科.

dry·ish [dráɪɪʃ] *adj.* ややかわいている, 生がわきの.

drý jóint *n.* 〘電気〙 不完全接続《はんだ付けした接続部で, 見かけは接続されているが電気的には不完全なもの; 導線がはんだで濡れていない接続の意》.

drý kìln *n.* (木材の)乾燥がま.

drý lánd *n.* 1 (雨量の少ない)乾燥地域 (cf. dry farming). 2 (海・川などに対して)陸地: It is good to be on ～. (水の上でなく)陸の上にいるのはありがたい.

drý làw *n.* 〘米〙 禁酒法 (cf. dry *adj.* 10 a).

drý líght *n.* 1 陰影のない光線. 2 公平な見方, すっきりした見解.

drý lódging *n.* 〘廃〙 まかないなしの下宿.

drý·lót *n.* 濃厚飼料を給与して家畜を肥育するための狭い囲い地《通例草木は生えていない》.

drý·ly 〘ME〙 *adv.* 1 乾燥して, 乾いて. 2 無味乾燥に. 3 冷淡に.

drý másonry *n.* 〘石工〙 (石・れんがなどをモルタルを用いずに積む)から石積み.

drý méasure *n.* 乾量(単位)《穀粒・果物などの体積の計量単位(系); cf. liquid measure》.

drý mílk *n.* ドライミルク, 粉乳, 粉ミルク.

drý mòp *n.* (乾いた吸収性の材料で作られた長い柄の)床ふきモップ《dust mop ともいう》.

drý·ness 〘OE *drȳgness*: ⇨ dry, -ness〙 *n.* 1 乾燥(状態). 2 日照り(つづき). 3 無味乾燥; 冷淡. 4 甘味のない味. 5 禁酒の状態.

drý-nùrse *vt.* 1 〈幼児などを〉守り育てる (cf. wet-nurse). 2 〈経験の乏しい上役を〉守り立てる, 補佐する. 3 〈人〉に余計な世話をやく.

drý nùrse *n.* 1 (授乳しない)うば, 育児婦 (cf. wet nurse). 2 〘口語〙 (経験などの乏しい上役などの)守り立て役, 補佐役. 3 いらぬ世話をやく人.

dry·o- [dráɪo(ʊ) | -ə(ʊ)] 〘← NL ～ ← Gk *drûs* 'TREE'〙 「木」の意の連結形: *dryo*pithecus. ★ 母音の前では通例 dry- になる.

drý óffset *n.* 〘印刷〙 ドライオフセット《凸版(とっぱん)を用い, 版の非画線部に湿し水を与えないオフセット印刷》.

Dry·o·pe [dráɪəpiː | -pɪ] 〘⊏ L *Dryopē* ⊏ Gk *Druópē*〙 *n.* 〘ギリシャ神話〙 ドリュオペー《遊び友だちによってポプラに変えられた女羊飼い》.

dry·o·pi·the·cid [dràɪo(ʊ)pɪθíːsɪd, -pə-, -səd, -kɪd, -kəd, -píθəsɪd, -kɪ̀d | dràɪə(ʊ)pɪθíːsɪd, -kɪd, -píθəsɪd, -kɪ̀d] 〘⇨ ↓, -id²〙 *n.* 〘人類学〙 ドリオピテクス亜科の類人猿.

Dry·o·pith·e·ci·nae [dràɪo(ʊ)pɪ̀θəsáɪniː, -káɪniː | dràɪə(ʊ)-] 〘← NL ～ ← DRYOPITHECUS + -INAE〙 *n. pl.* 〘人類学〙 ドリオピテクス亜科.

dry·o·pith·e·cine [dràɪo(ʊ)pɪ̀θəsàɪn, -kàɪn | -ə(ʊ)pɪθɪ-] 〘⇨ ↑, -ine¹〙 〘人類学〙 *adj.* ドリオピテクス亜科の. — *n.* =dryopithecid.

dry·o·pi·the·cus [dràɪo(ʊ)pɪθíːkəs, -pə-, -píθɪ-, -θə- | -ə(ʊ)pɪθíː-, -píθɪ-] 〘← NL ～: ⇨ dryo-, pitheco-〙 — *n.* 〘人類学〙 ドリオピテクス《中新世 (Miocene) と鮮新世 (Pliocene) の頃の旧世界にいた *Dryopithecus* 属の化石類人猿の総称; 類人猿と人との共通の祖先とみなされることがある》.

drý páinting *n.* 〘絵画〙 =sand painting.

drý pán *n.* 〘機械〙 ドライパン《比較的乾燥した原料を粉砕するのに用いる窯業用の edge runner》.

drý pìle *n.* 一次電池の一種《昔の乾電池》.

drý plàte *n.* 1 〘写真〙 乾板 (cf. wet plate). 2 〘冶金〙 (つや消し仕上げで)斑点のついている錫板.

drý pléurisy *n.* 〘病理〙 乾性胸膜炎.

drý·pòint *n.* 〘版画〙 1 ドライポイント, 彫針《銅版彫刻に用いる鋭い刻針》. 2 (ドライポイントによる)銅版技法, 凹(おう)版彫刻法. 3 ドライポイント凹版画.

drý púddling *n.* 〘冶金〙 乾式パドル法《炉底を砂で築いて錬鉄を作る方法; cf. wet puddling》.

drý-rót *vt., vi.* (-rot·ted; -rot·ting) 1 (木材を[が])乾燥腐敗させる[する]. 2 (社会的・道徳的に)腐敗[堕落]させる[する].

drý rót *n.* 1 〘植物病理〙 (木材の)乾腐(かんぷ)病, 乾燥腐朽(病), むれ腐れ《ナミダタケ (*Serpula lacrymans*) による家屋材などの腐朽; sap rot ともいう; cf. wet rot》. 2 (内部からむしばんでゆく外からではわからない)社会的・道徳的頽廃, 内部の腐敗.

drý rún *n.* 1 〘米〙 水のない小川, (不断は水のない)狭い水路 (arroyo). 2 a 〘俗〙 試運転, 模擬会議. b 〘口語〙 (一般に)予行演習, 稽古(けいこ), リハーサル (rehearsal). 3 〘軍事〙 a 練習飛行; 戦闘練習, 演習. b (実弾を用いない)射撃訓練の予行, 射撃演習; 爆撃予行演習, 模擬演練《飛行機の急降下爆撃・射撃・操縦などで, 実際の器材設備を作動させずに行なうもの》. c ドライラン, 仮回転《ジェットエンジンの運転前に, 燃料の流れなどを点検するために行なう》. — *vt.* 〘口語〙 …の予行演習をする, 稽古をする.

drý-sàil *vi.* 〘口語〙 〈ヨットマンが〉動力船を操縦する, 動力船に乗る.

drý sàiling *n.* (陸あげしてあるヨットの)保守手入れ作業.

drý sàilor *n.* 〘口語〙 1 dry-sail するヨットマン. 2 dry sailing を行なうヨットマン.

drý-sàlt *vt.* 〈肉・魚などを〉(塩をして)乾蔵する.

drý·sàlter *n.* 〘英〙 1 乾物商, 塩物商《塩蔵物・かんづめ類・油類などを販売する》. 2 化学製品[薬品]販売業者《化学製品・薬剤・染料などを販売する》.

drý·sàltery *n.* 〘英〙 1 乾物商(店), 塩物商(店). 2 (乾物店で販売する)乾物類《乾物・油類・塩蔵物など》.

drý sét *n.* 〘園芸〙 (タマネギの)子球.

drý shampóo *n.* ドライシャンプー《水を用いない洗髪》; ドライシャンプー剤[液].

drý-shód 〘(15C) ← *dry-shoed* with dry shoes〙 *adj., adv.* 靴[足]をぬらさない(で): go ～.

drý-shòot 〘← DRY (adj.) 22 + SHOOT〙 *vt.* (**dry·shot**) 〘軍俗〙 空包で射撃する.

drý-skí *adj.* 〈学校・クラスなど〉(初心者のため)屋内でスキーの練習する; (練習用)屋内スキーの: a ～ school.

drý sócket *n.* 〘歯科〙 ドライソケット《抜歯後の異常経過で血餅・肉芽形成のない抜歯窩》.

drý stéam *n.* 〘化学〙 乾燥蒸気《水分を少しも含まない飽和蒸気; cf. wet steam》.

drý stóve *n.* 〘園芸〙 乾燥温室《熱帯性の乾燥植物のための温室》.

Drý Tor·tú·gas [-tɔətúːgəz | -tɔː-] *n. pl.* [the ～] 米国 Florida 州の南端, メキシコ湾の北の入口にある 10 個の小島から成る群島.

drý-tỳpe *adj.* 〘電気〙 (液体を用いない)乾式の: a ～ rectifier 乾式整流器《水銀整流器に対して半導体整流器のことをいう》/ a ～ transformer 乾式変圧器《空冷式の変圧器をいう》.

drý válley *n.* (干上ってしまってもとの)流水のない峡谷.

drý wáll *n.* 〘建築〙 1 (モルタル・セメントを用いない)石積み壁. 2 〘米〙 (水分を含んだ壁土を用いない)壁板 (wallboard) やプラスタボード (plasterboard) で作られた壁. **drý·wàll** *adj.*

drý wálling *n.* モルタルを用いない石積み(作業).

drý wàsh *n.* 1 〘米・カナダ〙 ドライウォッシュ《洗って干しただけでまだアイロンを掛けてない洗濯物; cf. wet wash》. 2 〘米西部〙 干上った河床.

drý wéll *n.* 1 =dry hole 2. 2 吸込みます《汚水濾過(ろか)のため石・れんがなどを並べた排水穴》.

d/s, d.s. 〘略〙〘商業〙 …days after sight 一覧後…日.

ds. 〘略〙 decistere(s).

Ds. 〘略〙 *L.* Deus; *L.* Dominus (=Lord, Master).

D.S. 〘略〙〘音楽〙 dal segno; debenture stock; dental surgeon; Department of State; detached service; document signed; 〘醸造〙 double stout; drop siding.

D. Sc. 〘略〙 Doctor of Science.

D.S.C., DSC 〘略〙〘軍事〙 Distinguished Service Cross; Doctor of Surgical Chiropody.

DSL 〘略〙〘地質〙 deep scattering layer.

D.S.M., DSM 〘略〙〘軍事〙 Distinguished Service Medal; Doctor of Sacred Music.

D.S.O. 〘略〙〘英軍〙 Distinguished Service Order; District Staff Officer.

d.s.p. 〘略〙 *L.* dēcessit sine prole (=died without issue).

DSRV 〘略〙 Deep Submergence Rescue Vehicle 深海潜水救助艇.

DST, D.S.T. 〘略〙 daylight-saving time; Doctor of Sacred Theology; double summer time.

'dst [dst] *v.* wouldst または hadst の縮約形.

D-stàte 〘← D(IFFUSE): アルカリスペクトルにおけるスペクトル線はこの状態では放散的であることから〙 — *n.* 〘物理〙 D 状態《2 単位の球状角運動量をもった原子内の電子のエネルギー状態》.

D.T. 〘略〙 Daily Telegraph; daylight time; *L.* Doctor Theologiae (=Doctor of Theology); double time; 〘電算機〙 data transmission データ伝送.

D.T., DT, d.t. 〘略〙 delirium tremens.

D. Th. 〘略〙 Doctor of Theology.

DTR 〘略〙 diffusion transfer reversal process 拡散転写反転法.

d.t.'s, D.T.'s, DT's [diːtíːz] *n. pl.* 〘俗〙〘病理〙 = delirium tremens.

du [d(j)uː | djuː; *F* dy] *F.* 前置詞 *de* と定冠詞 *le* の結合形でフランス語起源の人名に使う: Joachim *du* Bellay.

Du. 〘略〙 Ducal; Duchy; Duke; Dutch.

du·ad [d(j)úːæd | djúː-] 〘(1660) ⊏ Gk *duad-, duás* two, pair: ⇨ dyad〙 *n.* 1 一対(つい), 2 個一組. 2 〘化学〙 二価元素.

du·al [d(j)úːəl, d(j)úːl | djúːəl, djúəl] 〘(?*a*1425) ⊏ L *duālis* containing two ← *duo* 'TWO': ⇨ -al¹〙 — *adj.* 1 二の; 二を表わす. 2 二部分から成る, 二重の (twofold); 二元の, 二元的な: a ～ pump 複式ポンプ / ～

ownership 二重[二人共同]所有 / a ~ character [personality] 二重人格 / of a ~ character 二重性の. **3** 〘文法〙両数の, 双数の: the ~ number 両数. **4** 〘数学〙双対(つい)の《何らかの意味で対(つい)をなしているものについていう》. ― *n.* **1** 〘文法〙両数, 両数形 (dual number)《二者または一対の数を表わす文法範疇; OE の *git* (=you two) など; cf. quadrual, trial²》. **2** 〘チェス〙ジュアル《study や problem で二つの正解があるもの》. ― *vt.* 《英》〈道路を〉(往復)分離道路にする.

Dúal Allíance *n.* [the ~] 二国同盟: **a** 1879 年ドイツとオーストリアハンガリーの間に結ばれたロシヤに対する攻守同盟. **b** 1891–94 年にフランスとロシヤ間に結ばれた同盟 (cf. Triple Alliance).

dúal cárriageway *n.* 《英》(往復)分離道路.

dúal cítizenship *n.* **1** 二重公民権《アメリカ合衆国のように連邦国家において州と国家の両方の公民であること》. **2** =dual nationality.

dúal-contról *adj.* 〘航空〙複[二重]操縦装置の.

dúal contról *n.* **1** 二重管轄; 二国共同統治. **2** 〘航空〙複[二重]操縦装置《正副操縦士または教官と学生とがそれぞれ操縦できるようにした操縦装置》: an airplane with ~.

dúal flýing *n.* 同乗飛行.

dúal fúnd *n.* 〘証券〙=dual-purpose fund.

du·al·ism [d(j)úːəlɪzm | djúːə-, djúə-] 〘《1794》◻ F *dualisme*: ⇨ dual, -ism〙 ― *n.* **1** 二重性, 二元性 (duality). **2** 〘哲学〙二元論, 二元説, 二元的思考(法) (cf. monism, pluralism 5). **3 a** 〘宗教〙二元論, 二神論《善(光・精神)と悪(暗黒・物質)との二つの対立する力を究極的な実在とする考え》. **b** 《まれ》〘神学〙キリスト二性論. **4** 〘化学〙=binary theory. **5** 〘経済〙〘二重構造《異質な経済サブシステムが共存すること》. **6** 〘音楽〙二元論, 和声的二元論《長調と短調の関係を本源的なものと副次的なものと考えるのではなく, 対等な二元的現象として把えようとする和声理論; Hugo Riemann (1849–1919) らが唱えた》.

dú·al·ist [-lɪst, -ləst | -lɪst] *n.* 二元論者 (cf. pluralist); 二元説信奉者.

du·al·is·tic [d(j)ùːəlístɪk | djùːə-, djùə-] *adj.* **1** 二元的な; 二元論的な, 二元説上の: the ~ theory [system] 〘化学〙二元説 (binary theory). **2** =dual 1, 2.

dù·al·ís·ti·cal·ly *adv.* 二元的に, 二元論的に.

du·al·i·ty [d(j)uːǽləti | djuːǽlɪti, djuː-, -lɪ-] 〘《c1385》◻ (O)F *dualité*: ⇨ dual, -ity〙 *n.* 二重性, 二元性; 〘論理・数学〙双対性; 〘電気〙相対(そうたい)性.

du·al·ize [d(j)úːəlàɪz | djúːə-, djúə-] *vt.* 二性化する, 二重にする; 二元的にみなす.

du·al·ly [d(j)úːəli | djúːə-, djúə-] *adv.* 二形として, 二重に, 二様に; 二元的に; 二重の資格で.

Dúal Mónarchy *n.* [the ~] 二重帝国《オーストリアハンガリー帝国 (Austria-Hungary) のこと》.

dúal nationálity *n.* 二重国籍, 多国籍.

dúal-púrpose *adj.* **1** 二目的用の; 一石二鳥の: a ~ car 人と荷物の両方運べる車. **2** 〘畜産〙〈家畜が〉兼用の《肉用兼乳用のように二重の目的で飼育される》.

dúal-pùrpose fúnd *n.* 〘証券〙2 種類の出資者から成る投資信託《配当・利子収入は一方にだけ分配され, 値上り益[値上り損]は他方にだけ分配されているもの; dual fund ともいう》.

dúal schòol *n.* 《英》男女共学の学校.

dúal spàce *n.* 〘数学〙双対空間.

dúal-stándard *adj.* 〘テレビ〙二つの異なる映像密度(方式)のいずれでも使ってテレビ番組の送受信が可能である.

du·ar·chy [d(j)úːɑːki | djúːɑːkɪ] 〘← L *du(o)* 'TWO' + (MON)ARCHY〙 *n.* 二頭政治[政体]《同等の権力をもつ二人の支配者による政治》.

dub¹ [dʌ́b] 〘ME 《スコット》*dubbe*: cf. MLG *dobbe* pool〙 *n.* 《スコット》 **1** (雨水の)水たまり (puddle). **2** (川の)深い淀(よど)み, 瀞(とろ) (pool).

dub² [dʌ́b] 〘OE *dubbian* to dub (a knight) ← Gmc **dub-* (LG *dubben* to hit / ON *dubba* to dub a knight) ← IE **dheubh-* wedge, plug: cf. dowel〙 ― *v.* (**dubbed; dub·bing**) ― *vt.* **1** [目的語+補語を伴って] (knight の爵位授与式 (accolade) で国王が剣で軽く肩をたたいて)〈人〉に knight の位を授ける: ~ a person (a) knight [Knight] ある人に knight 爵を授ける, ある人を knight にする. ★ もとは補語なしにも用いた. **2** [目的語+補語を伴って]《口語》…にあだ名をつける, …と呼ぶ (call): ~ a person (a) knave 人を悪党と呼ぶ. **3 a** (こすったり削ったりして)〈革・木材・織物などを〉平ら[なめらか]にする, 仕上げる; 油を塗って〈革を〉仕上げる. **b** 《英》〘釣〙毛鉤を巻く時にダビングをする《毛鉤の胴を獣のうぶ毛で巻き込む》. **4 a** 〘ゴルフ〙〈ボール・ショットを〉へたに打つ, 打ちそこなう. **b** 〈試みを〉しそこなう, 〈試験など〉でへまをやる. **5** 〘養鶏〙〈若い雄鶏〉のとさかを切除する. ― *vi.* **1** 突く (thrust), 小突く, つつく (poke) 〔*at*〕. **2** (太鼓を)どんと打つ (beat).

dub in* [*up*]** 《俗》全額払う; 寄金する. ***dub out 〈でこぼこのある面などを〉平らにならす[仕上げる].

― *n.* **1** 《俗》へまな[不器用な]人, へたくそ. **2 a** (鈍い音を伴う)突き, 小づき. **b** どんと打つ音 (drum-beat).

dúb·ber¹ *n.*

dub³ [dʌ́b] 〘《短縮》← DOUBLE〙 ― *vt.* (**dubbed; dub·bing**) **1** 〘映画・テレビ〙 **a** 〈フィルム・放送など〉に台詞や音楽をミックス録音する, 再録音する; (特に)別の国語で〈フィルムなど〉に再録音する, 吹き替える: ~ an imported film 輸入映画にダビングする / The French movie was ~*bed* with [in] Japanese. フランス映画は日本語で吹き替えになっていた. **b** (映画や放送に)〈補助的音楽・音響効果などを〉加える, 追加録音する, ダビングする; 〈別の言語の対話〉に吹き替える 〈*in*〉〔*on*〕: ~ *in* the singing for a film star 映画スターのために歌をダビングする / ~ sound effects *on* a film 映画に音響効果をダビングする. **2** 〈複数の音帯を〉ミックスして一つにする. **3** 〘ラジオ・テレビ〙〈すでに録音済みの音を〉別のレコード[テープ]に録音し換える (cf. rerecord). **4** 〈フィルム・テープ〉に音帯を取付ける. ― *n.* **1** 二重[追加]録音されたもの. **2** ミックス録音, ダビング; 吹き替え. **dúb·ber²** *n.*

Dub. 《略》Dublin.

dub-a-dub [dʌ́bədʌ̀b] 〘擬音語〙 *n.* **1** (太鼓などの)どんどん(鳴る音) (drum-beat). **2** 鼓手 (drummer).

Du·bai [duːbáɪ] *n.* ドバイ《ペルシャ湾 (Persian Gulf) 南岸の首長国; アラブ首長国連邦 (United Arab Emirates) の一つ; 人口 60,000, 面積 3,900 km²》.

Du Bar·ry [d(j)uːbǽri | djuːbǽrɪ; *F.* dybaʀi], Comtesse *n.* デュバリー《1746–93; フランス王 Louis 十五世の愛人; 断頭台にかけられた; もとの名は Marie Jeanne Bécu [beky]》.

dub·bin [dʌ́bɪn, -bən | -bɪn] *n.* =dubbing¹ 2. ― *vt.* 〈靴など〉に加脂を塗る.

dúb·bing¹ 〘《?c1225》〙 ― *n.* **1** ナイト (knight) 爵授与 (accolade). **2** [米ではまた -bɪn, -bən] 加脂《製革において油脂の混合物を革に加えること; 靴等の手入用油脂混合物; dubbin ともいう》. **3** 〘釣〙ダビング《毛鉤の胴を巻くための獣のうぶ毛などを巻き糸に付けること》.

dúb·bing² *n.* 〘映画〙ダビング《台詞・音楽・効果音などのミックス録音》.

dúbbing-in *n.* 〘映画〙=dubbing².

du Bel·lay [d(j)uː-bəléɪ | djuː-; *F.* dybelɛ, -bɛ-], **Joachim** *n.* (デュ)ベレ《1522–60; フランスの詩人; the Pleiad の一人; *La Défense et illustration de la langue française*「フランス語の擁護と顕揚」(Pleiad 派の宣言) (1549)》.

Du·bhe [dúːbə, dʌ́bə | dúbeɪ] 〘← Arab. *ad-dubb al-ákbar* the greater bear〙 *n.* 〘天文〙ズーベ《大熊座(Ursa Major) の α 星で 2 等星》.

du·bi·e·ty [d(j)uːbáɪəti, d(j)uː- | djuːbáɪətɪ, djuː-, -báɪɪ-] 〘《c1750》◻ LL *dubietāt-em* doubt, uncertainty: ⇨ dubious, -ity〙 ― *n.* 〘文語〙疑心, 疑念, あやふや (dubiousness); 疑わしい事柄.

du·bi·os·i·ty [d(j)ùːbiɑ́səti | djùːbiɔ́sətɪ, -sɪ-] *n.* =dubiety.

du·bi·ous [d(j)úːbiəs | djúːbjəs, -biəs] 〘《1548》◻ LL *dubiōs-us* doubtful ← L *dubius* doubtful, uncertain ← *duo* 'TWO': ⇨ -ous: cf. doubt〙 ― *adj.* **1** 〈人が〉疑う, 怪しいと思う; (どうしていいか)あやふやな 〔*of, about, etc.*〕〈*what*, etc.〉: a ~ expression 疑ぐるような表情 / be ~ *of* a man's honesty [*about* the weather] 人の正直を疑う[天気を危ぶむ] / I feel ~ (*about* [*as to*]) *what* I should do [*what to* do]. どうしてよいか心がきまらない. **2** 〈人物・取引など〉不審のある, いかがわしい (questionable): a ~ character いかがわしい人物 / a ~ transaction (後暗いところのある)怪しい取引. **3** 〈真意など〉不明な, 曖昧な; 疑いの余地のある, 疑わしい (equivocal): a ~ answer (どう解釈してよいかわからない)はっきりしない返事 / a ~ compliment (ほめ言葉かどうかわからない)曖昧なほめ言葉 / a ~ hand だれが書いたかわからない筆跡 / a ~ blessing (果して喜んでよいかどうか疑わしい)心もとない幸福. **4** 〈結果・戦いなど〉どうなるかわからない, 心もとない, おぼつかない: The result is still ~. / a ~ undertaking どうなるかわからない企て / in ~ battle どうなるかわからない戦で (Milton, *Paradise Lost*). **~·ly** *adv.* **~·ness** *n.*

du·bi·ta·ble [d(j)úːbəṭəbl̩ | djúːbɪtə-] 〘◻ L *dubitābil-is* ← *dubitāre* 'to DOUBT': ⇨ -able〙 *adj.* 疑わしい, 不確かな (doubtful) (↔ indubitable).

du·bi·ta·tion [d(j)ùːbətéɪʃən | djùːbɪ-, djùːb-] 〘《15C》◻ (O)F ~ ◻ L *dubitātiō(n-)* ← *dubitātus* (p.p.) ← *dubitāre* (↑): ⇨ -ation〙 *n.* 疑い, 半信半疑; 躊躇.

du·bi·ta·tive [d(j)úːbətèɪṭɪv | djúːbɪtət-, -tèɪt-] 〘◻ F *dubitatif* ◻ LL *dubitātīvus* doubtful ← L *dubitātus* (↑): ⇨ -ive〙 ― *adj.* **1** 疑いを表わす: a ~ conjunction 懐疑接続詞《英語の if, whether》. **2** 疑わしい.

dú·bi·tà·tive·ly *adv.* 懐疑的に, いぶかしそうに.

Dub·lin [dʌ́blɪn, -lən | -lɪn] *n.* **1** ダブリン《アイルランド共和国の首都; 人口 568,000》. **2** ダブリン《アイルランド共和国東部の州; 人口 718,000, 面積 805 km², 首都 Dublin》.

Dúblin Báy práwn *n.* 〘動物〙ヨーロッパアカザエビ (*Nephrops norvegicus*)《米国産のものと似ているが細長い; Norway lobster ともいう》.

Dúblin Cástle *n.* [the ~] 〘英史〙ダブリン城《アイルランド自由国 (Irish Free State) が設立されるまでの英国治下のアイルランド政庁; ⇨ Ireland 2》.

Dúb·lin·er *n.* ダブリンの住民, ダブリンの人.

Dúblin práwn *n.* 〘動物〙=Dublin Bay prawn.

du Bois [djuːbwɑ́ː; *F.* dybwɑ, -bwa], **Guy Pène** [pɛn] *n.* (1884–1958) 米国の画家・美術批評家.

Du Bois [d(j)uːbɔ́ɪs | djuː-], **W(illiam) E(dward) B(urg·hardt)** [bə́ːghɑəd | bə́ːghɑːd] *n.* (1868–1963) 米国の歴史学者・社会学者・黒人指導者; *The Souls of Black Folk* (1903).

Du·bon·net [d(j)ùːbənéɪ | djùː-] 〘フランスのぶどう酒商人の姓から〙 ― *n.* デュボネ《芳香をつけた甘口の赤[白]のぶどう酒; アペリチフまたはカクテル用》.

Du·brov·nik [dúːbrɔ(ː)vnɪk | -brɔv-; *Serbo-Croat.* dǔbrɔːvniːk] *n.* ドブロブニク《ユーゴスラビア南西部アドリア海沿岸の港市; 人口 32,000; イタリア語名 Ragusa》.

Du·buf·fet [dùːbjuːféɪ; *F.* dybyfɛ], **Jean** *n.* デュビュフェ《1901– ; フランスの画家; 画面にガラス・砂・釘・コールタールなどを実験的に用いた》.

duc [*F.* dyk] 〘◻ F ~〙 *F. n.* (*pl.* **~s** [~]) =duke.

du·cal [d(j)úːkəl | djúː-] 〘《1494》◻ (O)F ~ ◻ LL *ducālis* ← L *dux* duke, leader: ⇨ duke〙 ― *adj.* **1** 公爵の; 公爵としての, 公爵らしい. **2** 公爵領の: the ~ town of Leeborough. **~·ly** *adv.*

dúcal córonet *n.* 〘紋章〙デューカルコロネット《苺の葉 3 枚の飾りのある冠; 公爵位を示す冠ではなく, 主として crest の図形として使用されるので crest coronet ともいう》.

duc·at [dʌ́kət] 〘《c1380》◻ (O)F ~ ◻ It. *ducato* ◻ ML *ducātūs* 'DUCHY': 1140 年に Duke of Apulia である Roger II of Sicily (1095–1154) によって鋳造された貨幣〙 ― *n.* **1** (昔ヨーロッパ諸国で使用された)ダカット金貨[銀貨]. **2** [*pl.*] 金銭 (money). **3** 《俗》切符 (ticket); (特に)入場券 (admission ticket).

Duc·cio di Buo·nin·se·gna [dúːtʃou-diː-bwòunɪnséɪnjɑː | -tʃəu-diː-bwə̀u-; *It.* dúttʃodibwɔninséɲɲa] *n.* ドゥチオ ディ ボニンセニャ《1255?–?1319; イタリアシエナ派の画家》.

du·ce [dúːtʃeɪ | -tʃɪ, -tʃeɪ; *It.* dúːtʃe] 〘《1923》◻ It. ~ 'leader, chief' < L *ducem* 'DUKE, leader'〙 ― *n.* **1** 首領, 指導者 (leader). **2** [Il D-, the D-] イルドゥーチェ《イタリアのファシスト党首 Benito Mussolini の称号; cf. El Caudillo, Führer 2》.

duces *n.* dux の複数形.

du·ces te·cum [dúːkeɪs-téɪkəm, -kum | djúːsiːz-tíːkəm] 〘◻ L *dūcēs tēcum* thou shalt bring with thee〙 *n.* 〘法律〙指定書類[証拠物件]携帯出廷命令.

Du Chail·lu [dəʃǽljuː, -ʃáɪuː; *F.* dy ʃajy], **Paul Bel·lo·ni** [belɔni] *n.* デュ シャイユ《1835–1903; フランス生れの米国のアフリカ探検家・旅行家・著述家》.

Du·champ [d(j)uːʃɑ́ː(ŋ), -ʃɔ́ː(ŋ), -ʃɑ́ːŋ, -ʃɔ́(ː)ŋ | djuː-; *F.* dyʃɑ̃], **Marcel** *n.* デュシャン《1887–1968; フランスの画家; ダダイズム (Dadaism), シュールレアリスム (Surrealism) の代表者》.

duch·ess [dʌ́tʃɪs, -tʃəs | -tʃɪs, -tʃes, -tʃəs] 〘《?a1300》◻ (O)F *duchesse* ◻ ML *ducissa*: ⇨ duke, -ess¹〙 ― *n.* **1** [しばしば D-] 公爵夫人[未亡人]. **2** [しばしば D-] 女公爵, (公国の)女公. **3** 堂々とした風采の婦人. **4** 《英俗》(呼売商人 (costermonger) の)おかみさん, 女房 (dutch): my old ~ うちの女房. **~·like** *adj.*

du·chesse [d(j)uːʃés | djuː-, djuː-; *F.* dyʃɛs] 〘◻ F ~ 《原義》duchess (↑)〙 ― *n.* **1** デュシェス《スツールの両側に二つの安楽椅子を組合わせた休息用の長椅子; 18 世紀フランスで流行した》. **2** ダッチェス(サテン)《光沢があり手触りの柔らかい高級繻子(しゅす)の一種; duchesse satin ともいう》. ★ しばしば高級商品名に付ける: a ~ bedstead.

duchésse bèd *n.* (天蓋を壁に固定し垂幕をつけた)天蓋付き寝台《18 世紀のフランスから流行した》.

duchésse láce *n.* 花や木の葉を編みだしたオランダ産の繊細なボビンレース.

duchésse potátoes *n. pl.* 卵を入れたマッシュポテト《しぼり出し袋などで形を整えて焼く》.

duchésse sátin *n.* =duchesse 2.

duch·y [dʌ́tʃi | -tʃɪ] 〘《a1338》*duche* ◻ (O)F *duché* < ML *ducātum* territory of a duke ← L *duc-, dux* 'DUKE'〙 ― *n.* [しばしば D-] **1** 公国, 公爵領《duke または duchess の領地》. **2** (英国の)王族公領, 直轄領地《Cornwall または Lancaster》.

Duchy of Cornwall [the ~] コーンウォール公領《英国皇太子が名儀上コーンウォール公として領有する地方で, 実質的にはコーンウォール州》.

Duchy of Lancaster [the ~] ランカスター公領《現在は英国王[女王]がランカスター公として領有; 正式名 the Duchy and County Palatine of Lancaster》: the Chancellor of *the Duchy* (*of Lancaster*) ランカスター公領大法官《内閣の一員で王を代表する》.

duck¹ [dʌ́k] 〘OE *dūce* duck, 《原義》diver ← **dūcan* (↓)〙 ― *n.* (*pl.* **~s**, 1 ではまた ~) **1** 〘鳥類〙カモ, アヒル《ガンカモ科の鳥の総称》; (通例)アヒル: the domestic ~ アヒル / ⇨ mandarin duck, wild duck / a fine day for young ~s アヒルの子には好天気《雨天》/ Does [Will, Would] a ~ swim? 《口語》(相手の言葉に対して)そうだとも, 確かに承知した. ★ ラテン語系形容詞: anatine. **2** カモ・アヒル類の雌鳥 (cf. drake²). **3** (食用としての)カモ[アヒル類]の肉. **4** 《英口語》 **a** [しばしば ~s; 愛称・呼掛けに用いて] かわいい人 (ducky, darling)《男性は子供に対して用い, 女性は誰にでも用いる》: My ~(*s*)! / She's a perfect ~(*s*). 全くかわいい女だ《★ -s は親愛を示す接尾辞》. **b** すてきな人[物]: *a* ~ *of a* coat すてきなコート / *a* ~ *of a* fellow とてもいいやつ. **5 a** [修飾語を伴って] 欠陥のある人[物]: ⇨ dead duck, sitting duck 2. **b** =lame duck. **c** 《米俗》やつ (fellow): He's a queer [funny, harmless] ~. **6** 〘クリケット〙(打者の)零点, ゼロ (duck's egg): break one's ~ 最初の 1 点をあげる / make a ~ 無得点でアウトになる. **7** 〘遊戯〙 **a**

=DUCK[1] on a rock. **b** (DUCK on a rock に用いる)土台石 (duckstone). **8** 《米俗》=urinal 1.
in the shake [two shakes] of a duck's tail ⇨ shake *n.* 9. ***like a (dying) duck in a thunderstorm***=***like a duck in thunder*** 目を白黒させて; 天を仰いで, ひどく悲しそうに. ***like water off [from] a duck's back*** 何のきき目もなく, 平気の平左で: My warning rolled off him *like water off a ~'s back.* 私の警告も彼には馬の耳に念仏だった. ***play (at) ducks and drakes with***=***make ducks and drakes of*** 《*ducks and drakes* (子供の遊戯)から》〈金など〉を投げ捨てるように使う, 湯水のように浪費する. ***take to something like a duck to water*** (アヒルが水につくように)きわめて自然に〈事〉につく[慣れる], …がすぐ好きになる: She *took to* the new life *like a ~ to water.* すぐに新生活になじんだ.
duck and drake 《遊戯》(1) =DUCKS[1] and drakes. (2) =DUCK[1] on a rock.
duck on a [the] rock=**duck on drake** 《遊戯》雄がも落とし, 石落とし《土台石にのせた相手の石に石をぶつけて落とす子供の遊び》.
ducks and drakes [単数扱い]《遊戯》水切り遊び《平たい石を投げて水面を縫って飛ばす遊び》: play ~s *and drakes.*
duck[2] [dʌ́k] 《ME *d(o)uke(n)* to dip, duck < OE **dūcan* < (WGmc) **dukjan* (Du. *duiken* / G *tauchen* to dive)》 ── *vi.* **1** (ひょいと)水にもぐる, 頭をひょいと水にもぐらせる; ちょっともぐってすぐ浮かぶ. **2** (打撃・弾丸などを避けるように)頭をひょいと下げる[引っ込める], ひょいとかがむ, (ぴょこんと)お辞儀をする: ~ at the whizz of a flying ball ひゅーと飛んで来る球を避けて身をかがめる. **3** 《口語》す早く動く 〈*in, out*〉; 避ける, 逃げる, 義務を怠る (default); 〔事業などから〕手を引く (back out) 〔*from*〕: ~ (*away*) *from* a question. **4** 《トランプ》(ブリッジで)ダックする, やりすごす《勝札を温存してわざと低位の札を出し場札 (trick) を敵にゆずる; cf. HOLD *up* (8)》. ── *vt.* **1** 〈頭を〉ひょいと下げる: ~ one's head. **2** 〈人などを〉(水中に)ちょっと沈める, ひょいと突き入れる: ~ a person *in* [*into, under*] water. **3** 《口語》ひょいと頭を下げてよける; 〈危険・責任・人などを〉避ける, 回避する (avoid): ~ a person, a question, etc. **4** 《トランプ》(ブリッジでわざと低位の札を出し)〈その場札 (trick) を〉敵に取らせる (cf. HOLD *up*).
── *n.* **1** 頭を下げる[かがめる]こと. **2** ひょいと水にもぐること. **3** (ひょいと頭をさげて)よけること.
duck[3] [dʌ́k] 《(1640) ⊏ Du. *doeck* linen cloth ← ?: cf. G *Tuch* cloth》 ── *n.* **1** ズック, 帆布《丈夫な厚地の綿または亜麻布で帆・袋・衣類などにする》. **2** 《口語》[*pl.*] ズック製のズボン(など).
duck[4] [dʌ́k] 《米海軍の発注暗号名 *DUKW, Dukw* から》 ── *n.* 《口語》(第二次大戦に米国が初めて使用した)水陸両用(輸送)トラック[水陸両用車]《水中ではプロペラ, 陸上では車輪で走るトラック》.
dúck·bill *n.* **1** 《動物》カモノハシ (⇨ platypus). **2** 《魚類》北米産ヘラチョウザメ科の魚 (*Polyodon spathula*). **3** 《機械》(ぬかるみでの牽引力を増すためタンクの踏面 (tread) に溶接する)金属輪ぶち. **4** 《鉱山》(石炭の積込用の)動力シャベル. **5** 《(略) ← *duckbill wheat*》(英国産の)小麦の一種. ── *adj.* **1** カモのようなくちばしをもった. **2** 〈帽子が〉カモのくちばしのように長くつき出たひさしをもった.
dúck·billed *adj.* =duckbill.
dúck·bòard *n.* [通例 *pl.*] **1** (泥だらけの地面やぬれた所などに敷く)敷板, 踏み板. **2** 《軍俗》(第一次大戦で浸水した塹壕(ざんごう)の地面などに渡した)敷板, 板敷き.
dúck càll *n.* カモ笛《猟師がカモを呼び集めるために吹く笛》.
dúck-dìve *n.* (泳者が)垂直に水中にもぐること, 垂直もぐり. ── *vi.* 〈泳者が〉水中に垂直にもぐる.
dúck ègg *n.* 《英俗》=duck's egg.
dúck·er[1] 《ME *doukere*》 *n.* **1** 水にもぐる人 (diver). **2** 《鳥類》水にもぐる鳥; (特に)カイツブリ (dabchick), カワガラス (water ouzel).
dúck·er[2] *n.* **1** アヒルの飼育者. **2** カモ猟師.
duck·et [dʌ́kɪt, -kət] *n.* 《俗》=ducat 3.
dúck·fòoted *adj.* 〈家禽が〉(カモの足のように)後ろの足指が前方に向いている. ── *adv.* 足を外側へ広げて.
dúck hàwk *n.* 《鳥類》**1** 《米》ハヤブサ (peregrine falcon). **2** 《英》チュウヒ (marsh harrier).
duck·ie [dʌ́ki | -kɪ] *n.* =ducky.
dúck·ing[1] *n.* カモ猟.
dúck·ing[2] 《ME》 ── *n.* **1** 水中に突っ込む[もぐらせる]こと, ずぶぬれ: get a good ~ ずぶぬれになる / give a person a ~ 人を水中に突っ込む, 人をずぶぬれにする. **2** 《ボクシング》ダッキング《上体を前後左右にかがめて相手のパンチを避ける技術》.
dúcking pònd *n.* **1** カモ猟池. **2** 水責め池.
dúcking stòol *n.* (棒の先につるし池に沈めた)水責め椅子《昔, 口やかましい女やふしだらな女を懲らしめるために用いた刑具; dipping chair ともいう; cf. cucking stool》.
dúck-légged *adj.* (アヒルのような短い足で)よちよち歩く; 〈人・動物が〉足の短い (short-legged).
duck·ling [dʌ́klɪŋ] 《(*a*1425)》 *n.* **1** [時に軽蔑的] 子[小]ガモ, アヒルの子: ⇨ ugly duckling. **2** 暗い青緑色.
dúck·mòle *n.* 《動物》=platypus.
dúck·pin *n.* 《米》**1** ダックピン《十柱戯 (tenpins) 用のピンより短くて中太のボウリング用ピン》. **2** [*pl.*; 単数扱い] ダックピン《上記のピンを用いるボウリング; 1 フレームに 3 回投げる》.
dúck's áss [anátomy, behínd] *n.* 《俗》=ducktail 1.
dúck's disèase *n.* (*also* **ducks' d-**) 《戯言》足の短いこと, 短足.
dúck's ègg 《ME》 ── *n.* **1** アヒルの卵. **2** 《英口語》《クリケット》(打者の)零点, ゼロ (《米口語》goose egg)《零 (0) を卵と見て》: break one's ~=break one's duck ⇨ duck[1] 6.
dúck shòt *n.* カモ打ち玉[弾].
dúck sìckness *n.* 《獣医》カモのボツリヌス中毒症 (botulism).
dúck sóup *n.* 《米俗》**1** 骨の折れない仕事, 楽で有利な仕事. **2** すぐに負ける人. **3** たわごと, ナンセンス. **4** かも, まぬけ (dupe).
dúck·tàil *n.* 《口語》**1** ダックテール《両側を長くし後部で合わせるカモの尾に似た 10 代の少年の髪型; 俗語では duck's ass [anatomy, behind] ともいう》. **2** 《アフリカ南部》(白人の)不良少年, ちんぴら (Teddy boy).
dúck·wèed 《(15C)》 *n.* 《植物》ウキクサ属 (*Spirodela*) やアオウキクサ属 (*Lemna*) の植物の総称《アヒルの餌になる》.
dúck whèat *n.* 《植物》=Tartarian buckwheat.
duck·y [dʌ́ki | -kɪ] 《← DUCK[1]+-Y[4]》《口語》 ── *adj.* (**duck·i·er; -i·est**) かわいい (dear); 愉快きわまる, 全く申し分のない, 満足な (delightful). ★ しばしば皮肉に用いる. ── *n.* **1** 子ガモ. **2** 《英》かわいい人 (darling). ★ 女性語で主に呼掛けに用いる.
Du·com·mun [d(j)ùːkəmʌ́ː(ŋ), -mɔ́ːŋ, -mʌ́ŋ | djùː-; *F.* dykɔmœ̃], **Élie** *n.* デュコマン《1833–1906; スイスのジャーナリスト; Nobel 平和賞 (1902)》.
duct [dʌ́kt] 《(1650) ⊏ L *duct-us* leading, conduit (p.p.) ← *dūcere* to lead》 ── *n.* **1** 送水管, 導管 (conduit). **2** 《解剖》管: an ejaculatory ~ 射精管 / a lachrymal [tear] ~ 涙管. **3** 《植物》**a** 道管, 脈管. **b** (樹脂道のように細胞が連続した)管. **4** 《電気》ダクト, 線渠(きょ)《電線・電話線などを納める地下の線管》. **5** 《建築》ダクト, 暗渠(きょ), 風道《暖房・冷房などの空気の送気・還気用の管路》. **6** 《印刷》=ink fountain. **7** 《通信》ダクト《ある気象状況のもとで電波が上空で下方に屈折し, 地球表面に沿って異常に遠くまで到達すること》. ── *vt.* 〈ガスなどを〉導管で送る; 〈電波などを〉ダクトで伝える.
-duct [dʌ̀kt] 《↑》「…管」の意の名詞連結形: aque*duct*, via*duct*.
dúct·ed *adj.* 導管 (duct) 中の, 導管内で動作する: a ~ fan / a ~ radiator.
duc·ti·bil·i·ty [dʌ̀ktəbíləṭi | -tɪbílətɪ, -tə-, -lɪ-] *n.* =ductility.
duc·tile [dʌ́ktḷ, -taɪl, -tɪl | -taɪl] 《(*c*1340) ⊏ (O)F ∥ L *ductilis* that may be led: ⇨ duct, -ile[1]》 ── *adj.* **1** 〈金属が〉引き[打ち]伸ばせる, 延性のある: ~ metals. **2** 〈粘土など〉どんな形にもなる, しなやかな (plastic). **3** 〈人・性質など〉教え[導き]やすい, 御しやすい (tractable), すなおな, 柔順な (docile). **~·ly** [-tḷi, -taɪlli, -tɪ(l)li | -taɪlli] *adv.*
dúctile cást íron *n.* 《冶金》可鍛鋳鉄.
duc·til·i·ty [dʌktíləṭi | -lətɪ, -lɪ-] *n.* **1** (金属などの)延性, 延度; (アスファルトの)伸度. **2** 柔軟性; しなやかさ (flexibility). **3** すなおな性質.
dúct·ing *n.* 《解剖》導管 (duct) 組織; 導管形成物質.
dúct·less *adj.* 導管のない.
dúctless glánd *n.* 《生理》内分泌腺 (endocrine gland).
duc·tor [dʌ́ktɚ | -tə(r)] *n.* 《印刷》=drop roller 1.
duct·ule [dʌ́kt(j)uːl | -tjuːl] 《← DUCT+-ULE》 *n.* 小管 (small duct).
duc·tus [dʌ́ktəs] 《← NL ~ ← L ~: ⇨ duct》 *n.* (*pl.* ~) **1** 《解剖》=duct 2. **2** 手跡, 筆跡.
dúctus ar·te·ri·ó·sus [-ɑːtì(ə)rióusəs | -ɑːtɪərɪə́ʊ-] 《← NL ~ 'arterial duct'》 *n.* 《解剖》動脈管.
dúctus dé·fe·rens [-défərènz, -rənz] 《← NL ~ 'deferent duct'》 *L. n.* (*pl.* **dúctus de·fe·rén·ti·a** [-dèfəréntʃiə, -ʃə | -ʃɪə]) 《解剖》精管.
dúct·wòrk *n.* (暖房装置などの)導管組織《全体》.
dud [dʌ́d] 《(1307) *dudde* article of clothing, thing ← ?: cf. Du. *dood* dead》 ── *n.* **1** 《口語》だめなもの; むだに終わったもの, 失敗 (failure), 失望 (disappointment). **2** 《口語》不発(爆)弾. **3** 《口語》偽造小切手[貨幣]. **4** 《口語》[軽蔑的に] だめな人[物]. **5** 《口語》[通例 *pl.*] 着物; 《方言》ぼろ (rags). **6** [*pl.*] 《俗》持物 (belongings). **7** 《俗》=dudman. ── *adj.* 《口語》むだな, だめな, 役に立たない (useless); にせの, 偽造の (fake): ~ coins [checks] 偽造貨幣[小切手].
dud·die [dʌ́di | -dɪ] 《⇨ ↑(n.) 5, -ie》 *adj.* (*also* **dud·dy** [~]) 《スコット》ぼろぼろの, ぼろを着た.
dúddy wéans *n. pl.* 《スコット》**1** (Burns の詩に出てくる)ぼろを着た子供たち. **2** [D- W-; 単数扱い] スコットランド文学協会.
dude [d(j)úːd | djúːd] 《(1883) ⊏ ? G《方言》*Dude* fool》 ── *n.* **1** 《米口語》気どり屋; (特に, 服装に凝る)めかし屋, しゃれ者 (dandy, fop). ★ 今はあまり用いない. **2** 《米西部》**a** (特に東部の)都会育ちの人. **b** 休暇に西部の牧場へ来て遊んで行く東部の人, 東部から来た観光客. **3** 《米俗》人. ── *vi.* 《口語》めかしこむ, しゃれこむ 〈*up*〉. ── *vt.* 《口語》[~ *oneself* または Passive で] 〈身を〉飾る, めかす.
du·deen [duːdíːn] 《(1841) ⊏ Ir.-Gael. *dūidīn* (dim.) ← *dūd* pipe》 *n.* 《アイル》(陶器製の)短いパイプ.
du·del·sack [dúːdlsæ̀k; G dúːdlzàk] 《⊏ G ~: ⇨ doodlesack》 *n.* (ドイツの)バグパイプ (doodlesack).
dúde rànch *n.* 《米》(休暇利用の遊覧客相手の)観光牧場.
Du·de·vant [d(j)ùːdəvɑ́ː(ŋ), -vɔ̃ː(ŋ), -vɑ́ːŋ, -vɔ́(ː)ŋ | djùː-; *F.* dydvɑ̃], **baronne** *n.* デュドバン (⇨ George SAND).
dudg·eon[1] [dʌ́dʒən] 《(1573) ← ?》 *n.* 立腹, 憤り. ★ 今は通例次の成句で: ***in great [high, deep] dudgeon*** 大いに憤慨して, ひどく不機嫌で.
dudg·eon[2] [dʌ́dʒən] 《(1438) *dogeon, dugion* ⊏ AF *digeon* boxwood ← ?》 ── *n.* **1** 《廃》昔短刀などの柄に使った木《ツゲなど》; dudgeon の柄[つか]. **2** 《古》dudgeon の柄[つか]のついた短刀.
du·dheen [duːdíːn] *n.* 《アイル》=dudeen.
dúd·ish [-dɪʃ] 《← DUDE+-ISH[1]》 *adj.* 《米俗》気どり屋の, おしゃれの. **~·ly** *adv.*
dúd·ism [-dɪzṃ] *n.* 《米》気どり, めかし.
Dud·ley[1] [dʌ́dli | -lɪ] 《OE *Dudelei* ← *Dudda* (人名) +*lēah* 'LEA[1]'》 *n.* イングランド中部 West Midlands 州西部の工業都市; 人口 301,000.
Dud·ley[2] [dʌ́dli | -lɪ] 《↑》 *n.* 男性名. ★ 19 世紀より一般に用いられるようになった.
Dudley, Robert *n.* (1532?–88) 英国の政治家; Elizabeth 一世の寵臣; 称号 1st Earl of Leicester.
dud·man [dʌ́dmən, dúd-] 《← DUD (n.)》 *n.* (*pl.* **-men** [-mən, -mèn]) 《英方言》かかし (scarecrow).
due [d(j)úː | djúː] 《(?*c*1350) *dew* ⊏ OF *deü* (F *dû*, (fem.) *due*) < VL **dēbūtum* = L *dēbitus* owed (p.p.) ← *dēbēre* to owe: cf. debit, debt》 ── *adj.* **1 a** 〔…に〕当然支払われるべき, 〔…から〕借りた (payable) 〔*to*〕: the amount ~ *to* him 彼に支払うべき金額. ★ この用法および 2 における due *to*… の to は《米口語》では省かれることがある: The balance ~ us is $3. お払い願う不足額は 3 ドルです. **b** 〈手形など〉支払期限が満ちた, 支払期日のきた, 満期の: the ~ date (手形の)支払期日, 満期日 / fall [become] ~ 満期になる / The bill is ~ on the 19th inst. 手形は今月 19 日が満期です. **2** [Post-attributive または Predicative に用いて] 〔…に〕当然与えられる[示される]べき 〔*to*〕: the obedience ~ *to* parents *from* their children 親に対して子供たちが当然示すべき従順 / The credit is ~ *to* you. この名誉は当然あなたのものだ / It is ~ *to* him to say so. そう言わないと彼に不公平になる. **3** 正当な, 当然の, 相当の (appropriate); 適当な, 相応な, 十分な (adequate): in ~ form 正式に / ⇨ *in due* COURSE / in ~ (course of) time そのうち時が来て[来れば], やがて / after [upon] ~ consideration 十分考えた上で / with ~ ceremony 正式な儀式を行なって / without ~ cause 正当な理由なしに / with ~ regard for …を十分に配慮して / with ~ respect to …に当然の敬意を払って. **4** [Predicative または Post-attributive に用いて] (原因を)〔…に〕帰すべき, 〔…に〕起因して, 〔…の〕せいで(ある) (attributable) 〔*to*〕: The accident was ~ *to* his carelessness. その事故は彼の不注意のためであった / It was damage ~ *to* negligence. 怠慢による損傷であった. **5** [Predicative に用いて] **a** [*to* do を伴って] 〈…する〉ことになっていて, はずで (scheduled); 当然〔…を〕受けるべきで 〔*for*〕: The lease is ~ *to* expire. 借用期間が満期となるところです / He is ~ *to* speak here tonight. 今夜ここで演説することになっている / He is ~ *for* a promotion [a doctorate]. 彼は昇進するはずだ[学位を受けることになっている]. **b** 〈列車・汽船など〉到着の予定で: When is the train ~? 列車は何時に到着するのか / The ship is already ~. 船の到着の時間はもう来ている. **c** [*to* do を伴って] 《口語》ちょうど…しようとして (about): He was ~ *to* think it up. もうちょっとで思い出しそうになった.
due on (演説・歌・演奏などに)出場することになっていて (cf. 5): She is ~ *on* in ten minutes. あと 10 分すると彼女の出番だ. ***due to*** [前置詞句として] …のために, の理由から (owing to) (cf. 4): Some articles have risen in price, ~ *to* the increasing demand. 需要が増してきたためにある品は値上がりした. ★ この用法は不正確なものとされているが, 今はかなり見受けられる.
due process [course] of law 適法手続《正当な法の手続, または法によらなくては個人の権利や自由を奪えないとすること; 合衆国憲法に保障されている (修正 5 条, 14 条); 単に due process ともいう》.
── *adv.* **1** (方角が)正しく, 真… (exactly): a ~ north wind 正北風 / sail ~ west 真西に航行する / The wind is ~ east. 風は真東だ. **2** 《廃》=duly.
── *n.* **1** [通例 *sing.*] (法律上または道徳上)当然払われるべき[受けるべき]もの (fair share): Respect and homage are a sovereign's ~. 尊敬と臣従とは君主たる者が当然受くべきもの. **2** [通例 *pl.*] 賦課金, 税, 料金; [*pl.*] 会費: harbor ~s 入港税 / light ~s (船舶の支払うべき)灯台税 / club ~s クラブの会費 / The membership ~s are 5 dollars a year. 会費は年 5 ドルです.
for a full due 《海事》完全に, 十分に (thoroughly). ***give a person his due*** (1) 〈人〉の認めるべき点[長所]を公平に認める. (2) 〈人〉に公平な扱いをする. ***give the devil his due*** ⇨ devil 成句.
~·ness *n.*

dúe bìll *n.* 《米》〘商業〙借用証書, 付け.

dù·e·cén·tist, D- [-tɪst, -təst | -tɪst] 〘⇨ ↓, -ist〙 *n.* 13 世紀の(イタリアの)美術家[文学者].

du·e·cen·to, D- [d(j)ù:ətʃéntoʊ | djù:ətʃéntəʊ ; *It.* dwetʃénto] 〘▭It. ～ 《原義》two hundred〙 ― *n.* 13 世紀(風)《特に, イタリアの美術・文学についていう》.

du·el [d(j)ú:əl | djú:əl, djú:ɪl, djúəl, djúrl] 〘《c1475》▭ It. *duello* // L *duellum* war, (ML) duel 《古形》← *bellum*: ML の意味は L *duo* two との連想から: cf. bellicose〙 ― *n.* **1** 決闘, 果し合い; [the ～] 決闘法: fight [have] a ～ with ...と決闘する. **2** (二者または二党間の)闘争: a ～ of wits 頓知くらべ. **3** 《米》運動競技, 試合. ― *vi., vt.* (**du·eled, -elled; -el·ing, -el·ling**) (...と)決闘する.

dú·el·er [-lə | -lə(r] *n.* (*also* **du·el·ler** [～]) =duelist.

dú·el·ing [-lɪŋ] *n.* (*also* **du·el·ling** [～]) 決闘, 果し合い; 決闘術. 「例, 対で造られる」.

dúeling pìstol *n.* (銃身の長い)決闘用ピストル《通

dú·el·ist [-lɪst, -ləst | -lɪst] *n.* (*also* **du·el·list** [～]) 決闘者; 闘争者.

du·el·lo [d(j)u:éloʊ | dju:éləʊ, djʊ-] 〘▭It. ～: ⇨ duel〙 *n.* (*pl.* **～s**) 決闘; 決闘術; 決闘規定.

duen·de [duénder | dʊ-; *Sp.* dwénde] 〘▭Sp. ～〙 *Sp. n.* **1** 幽霊, 悪魔 (demon). **2** 魔力, 不思議な魅力.

du·en·na [d(j)u:énə | dju:-, djʊ-] 〘《1668》▭Sp. *dueña* < L *dominam* mistress: ⇨ dame〙 ― *n.* **1** 少女監督婦人《スペインの家庭で娘の監督や相手をする相当年配の婦人》. **2** 《まれ》(一般に)(処女の)付添い婦人 (chaperon); 女家庭教師. **3** (スペイン皇后付き)女官長. **～·shìp** *n.*

dúe prócess *n.* 〘法律〙=DUE process of law.

du·et [d(j)u:ét | dju:-, djʊ-] 〘《1740》▭It. *duetto* (dim.) ← *duo* two, duet〙 ― *n.* (*also* **du·ett** [～]) **1** 〘音楽〙二重奏[唱]曲; 二重奏[唱], デュエット (cf. solo). **2** 《戯言》(二人だけの)対話; 悪口の言い合い. **3** 一対. ― *vi.* (**duet·ted; duet·ting**) duet を奏する[演じる].

duetti *n.* duetto の複数形.

du·ét·tist [-tɪst, -təst | -tɪst] *n.* 二重奏[唱]者.

du·et·to [du:étoʊ | dju:étəʊ, djʊ-; *It.* duétto] 〘▭It. ～: ⇨ duet〙 *It. n.* (*pl.* **～s, du·et·ti** [-ti:; *It.* -ti]) =duet.

due vol·te [dú:eɪ-vɔ́(:)lteɪ | -vɔ́l-; *It.* dwévɔ́lte] 〘▭It. ～ 'two rounds'〙 *It. adv.* 〘音楽〙2 度, 同じ部分を繰り返せ.

Du·fay [d(j)u:féɪ | dju:-; *F.* dyfe], **Guillaume** *n.* デュファイ《1400?–74; ルネサンス期フランドルの作曲家》.

duff[1] [dʌ́f] 〘《方言的異形》← DOUGH〙 ― *n.* **1** だんごの一種《小麦粉に干しぶどう・黒すぐりなどを入れて蒸し上げたもの》. **2** 《英方言》ねり粉 (dough). **3** 粉炭 (fine coal). **4** 〘土壌〙ダフ《森林土壌の腐植の形態区分の一つ; 堆積した落葉・落枝などがある程度分解したもので, mor と mull の中間型; duff mull ともいう; cf. litter 7》.

duff[2] [dʌ́f] 〘《逆成》← DUFFER〙 ― *vt.* **1** 《俗》〈品物を〉ごまかす, 〈古物を〉新しく見せかける, 焼き直す (fake up). **2** 《英》**a** (ゴルフで)〈球を〉打ちそこねる; =sclaff. **b** しくじる, へまをやる. **3** 《豪》**a** 〈盗んだ牛馬〉に別の焼印を押す; 〈家畜を〉盗む. **b** 〈人を〉だます. **4** [～ up として] 《英》ひどくなぐりつける.

duff[3] [dʌ́f] 〘← ?: cf. duff[1]〙 *n.* 《俗》尻 (buttocks).

duff[4] [dʌ́f] 〘← DUFF[2]: cf. dowf〙 *adj.* 《口語》よくない, くだらない (worthless); にせの, まがいものの (false). ― *n.* 《俗》よくないもの; にせもの[金].

Duff [dʌ́f] 〘← Ir.-Gael. *dubhthach* dark complexioned one〙 *n.* 男性名. ★ スコットランドに多い.

duf·fel [dʌ́fəl] 〘《1677》▭Du. ～ ← *Duffel* (ベルギーの Antwerp 付近の都市名)〙 ― *n.* **1** ダッフル《厚いけばを立てた粗織りラシャ》. **2** 《米》**a** スポーツ[キャンプ]服の着替え. **b** [通例 duffle; 集合的] (兵士・キャンパーなどの)携行品一式, キャンプ用品. **3** =duffel bag. **4** =duffle coat.

dúffel bàg *n.* (軍隊・キャンプ用の円筒型)雑嚢(ざつのう), ズックの袋 (cf. duffel 2).

dúffel còat *n.* =duffle coat.

duf·fer [dʌ́fə | -fə(r] 〘《1756》《変形》? ← 《スコット》*doofart* stupid or dull person ← *douf* dull ▭ ? ON *dauf-r* 'DEAF': cf. duff[2]〙 ― *n.* **1** 《俗》**a** 能なし, うすのろ, ばか; 鈍くてだめな年寄り: an old ～ おいぼれ. **b** (何をやらしても)だめな人, (遊戯などで)へまばかりする人; (特に)へたなゴルファー. **2** 《俗》いかもの, まやかしもの, 偽物《にせ金・偽画など》. **3** 《俗》(いかものを高く売りつける)いんちき商人, (安ぴか物の)行商人 (peddler). **4** 《豪》牛泥棒. **5** 《豪口語》生産性の低い鉱山. ― *vi.* 収益がないと判明する.

duff·ing [dʌ́fɪŋ] *adj.* 《英俗》にせの (counterfeit); ば

duf·fle [dʌ́fl] *n.* =duffel. 「かげた (stupid).

dúffle còat *n.* ダッフルコート《duffel などの毛織物で作られた膝までの長さの外套; 通例フードがつき前を toggles でとめる》.

Du·fy [d(j)u:fí: | dju:-, djʊ-; *F.* dyfi], **Raoul** *n.* デュフィ《1878–1953; フランスの画家》.

dug[1] [dʌ́g] 〘《1530》← ? Scand.: cf. Swed. *dägga* / Dan. *dægge* to suckle〙 *n.* **1** (母獣の)乳房 (mamma). **2** 《卑》乳首 (teat).

dug[2] 〘《pret.: 16C; p.p.: 18C》: もと *digged* であったが STICK-STUCK などの類推から〙 *v.* dig の過去形・過去分詞.

Du Gard, Roger Martin *n.* ⇨ Martin du Gard.

du·gong [dú:gaŋ, djú:-, -gɔ(:)ŋ | -gɔŋ] 〘《1800》← NL ～ ← Malay *dūyong*〙 ― *n.* (*pl.* ～, **～s**) 〘動物〙ジュゴン (*Dugong dugon*)《熱帯の海にすみ, 前足がひれ状で後足がない水生の哺乳動物; 子を抱いて授乳するといわれ, 昔「人魚」と称されたもの; sea cow ともいう》.

dúg·òut 〘《1819》← DUG[2]+OUT ← *dig out* (⇨ dig (v.) 成句)〙 ― *n.* **1** 丸木舟, くり舟《丸木をくりぬいた canoe》. **2** (古代人が住居として丘の中腹に造った)横穴, 縦穴, 穴倉. **3** 〘軍事〙(塹壕内に設けた)地下掩蔽部, 横穴《防空・待避・物資貯蔵などに用いる》. **4** 〘野球〙ダッグアウト (bench)《球場の一角にある選手の控え所》. **5** 《英俗》(老齢で退職してから一時的軍務のために召集された)応召再役[復役]将校.

Du Gues·clin [djù:geɪklɛ̃:(ŋ), -klæŋ; *F.* dygeklɛ̃], **Bertrand** *n.* デュ ゲクラン《1320?–80; 中世フランスの軍人》.

dúg wéll *n.* 掘り井戸.

Du·ha·mel [d(j)ù:ɑ:mél | djù:-; *F.* dyamɛl], **Georges** *n.* デュアメル《1884–1966; フランスの小説家・劇作家・詩人・随筆家・医師》.

Duhamél's théorem [príncìple, méthod] [d(j)ù:həmélz- | djù:-; *F.* dyamɛl-] 〘← *Jean M. C. Duhamel* (1797–1872: フランスの数学者)〙 ― *n.* 〘数学〙デュアメルの定理[原理, 方法]《偏微分方程式の混成問題を解くのに用いられる原理》.

Düh·ring [d(j)ú(ə)rɪŋ | djúər-; *G.* dý:rɪŋ], **Karl Eugen** *n.* デューリング《1833–1921; ドイツの哲学者・経済学者》.

dui *n.* duo の複数形.

dui·ker [dáɪkə | -kə(r] 〘▭Afrik. ～ 'diver' ← *duik* to dive ← MD *dūken*: ⇨ -er[1]: cf. duck[2]〙 ― *n.* (*pl.* ～, **～s**) **1** 〘動物〙ダイカー《モリダイカー属 (*Cephalophus*), ヤブダイカー属 (*Sylvicapra*) の動物の総称; 南アフリカ産の小型で角が小さいレイヨウなど, やぶにもぐり込む習性がある》. **2** 《アフリカ南部》〘鳥類〙=cormorant 1.

dui·ker·bok [dáɪkəbɑ̀k, déɪ- | -kəbɔ̀k] 〘▭Afrik. ～ ← *duiker* (↑)+*bok* male antelope (cf. buck[1])〙 *n.* (*pl.* ～, **～s**) 〘動物〙=duiker 1.

Duis·burg [dú:ɪsbɜ̀:g, dú:əs-, d(j)ú:z- | djú:sbʊəg, djú:z-, -bɜ:g; *G.* dý:sbʊrk] *n.* デュースブルク《西ドイツ North Rhine-Westphalia 州の都市; Rhine 川と Ruhr 川の合流点にある; ヨーロッパ最大の河港; Hamborn と合併してできた都市でもと Duisburg-Hamborn [dý:sbʊrkhámbɔrn] と呼ばれた; 人口 597,000》.

duit [dɔ́ɪt, dáɪt] *n.* =doit 1.

du jour [də-ʒʊ́ə, d(j)u:- | dju:-ʒʊ́ə(r; *F.* dyʒu:r] 〘▭ F ～ 'of the day'〙 *adj.* 〈食物など〉その日の, 当日の; きょうの: the lunch ～ 当日[本日]のランチ.

du·ka [dú:kə] 〘▭ ? Hindi *dukān* // ← Swahili〙 *n.* (Kenya やアフリカ東部の)小売店 (cf. dukawallah).

Du·kas [d(j)u:kɑ́:s | dju:-, djʊ-; *F.* dykɑ:s], **Paul** *n.* デュカス《1865–1935; フランスの作曲家; *L'Apprenti sorcier*「魔法使の弟子」(1897)》.

du·ka·wal·lah [dú:kəwɑ̀lə | -wɔ̀lə] 〘← DUKA+Anglo-Ind. *-wallah* one connected with〙 *n.* (Kenya やアフリカ東部の)小売店主 (storekeeper) (cf. duka).

duke [d(j)ú:k | djú:k] 〘《*a*1131》*duc* ▭(O)F ▭L *ducem, dux* leader ← *dūcere* to lead: cf. duct, tow[1]〙 ― *n.* **1** (ヨーロッパ大陸の公国または小国の)君主, 公 (sovereign prince) (cf. duchy, prince): ⇨ grand duke. **2** [しばしば D-] 《英》公爵《英国では最高の爵位; cf. duchess》; 英国以外の国の公爵 (prince): the Iron Duke=the *Duke* of Wellington ウェリントン公爵 / ⇨ royal duke. **3** 〘園芸〙デューク群のオウトウ《オウトウ品種群の一つ; 甘果オウトウ (sweet cherry) と酸果オウトウ (sour cherry) との雑種群; 品種 May-duke など; duke cherry ともいう》. **4** [通例 *pl.*] 《俗》こぶし (fists), 手 (hands).

Duke [d(j)ú:k | djú:k] 〘(dim.) ← MARMADUKE〙 *n.* 男性名. ★ 米国に多い.

dúke·dom [-dəm] 〘《?c1350》〙 *n.* **1** 公爵領, 公国. **2** 公爵の位階[身分].

Dukes [d(j)ú:ks | djú:ks], **Ashley** *n.* (1885–1959) 英国の劇評家・劇作家・劇場経営者.

Du·kho·bors [dú:kəbɔ̀ə | -bɔ̀:(r] *n. pl.* 〘キリスト教〙=Doukhobors.

duk·ka [dú:kə] *n.* =duka.

duk·kha [dú:kə] 〘▭Pali ～〙 *n.* 〘仏教〙苦諦(くたい)《凡夫の存在は苦なりという真理; cf. THREE Signs of Being》.

DUKW, Dukw [dʌ́k] 〘← DUKW (その発注暗号)〙 *n.* (*pl.* **Dukws** [dʌ́ks]) duck[4] の公式名.

dulce [dʌ́ls] *n.* 〘植物〙=dulse.

dul·cet [dʌ́lsɪt, -sət] 〘《15C》← L *dulcis* sweet+-ET ∽《c1380》*doucet* ▭(O)F (dim.) ← *doux* sweet < L *dulcem*〙 ― *adj.* **1** (耳や目に)快い, 甘美な (sweet); (特に)〈音色が〉美しい, 美妙な (melodious). **2** 《古》美味な, 芳香の. ― *n.* オルガンの音栓 (stop) の一種 (dulciana に似ているが 1 オクターブ高い). **～·ly** *adv.* **～·ness** *n.*

dul·ci·an·a [dʌ̀lsiǽnə, -ɑ́:nə | -sɪ-] 〘← NL ～ ← ML ～ 'bassoon' ← L *dulcis* sweet〙 *n.* 〘音楽〙オルガンの音栓 (stop) の一種《柔和で甘美な音を奏する音栓》.

Dul·cie [dʌ́lsi | -sɪ] 〘← L *dulcis* sweet: ⇨ -ie〙 *n.* 女性名. ★ 19 世紀末より一般化した.

dul·ci·fy [dʌ́lsəfàɪ | -sɪ-] 〘▭LL *dulcificāre* to sweeten ← L *dulcis* sweet+*-ficāre* '-FY': cf. dulcet〙 ― *vt.* **1** 〈気分などを〉快く[なごやかに]する, 和らげる (appease). **2** 〈味を〉甘美にする, 甘くする. **dul·ci·fi·ca·tion** [dʌ̀lsəfɪkéɪʃən, -fə- | -sɪfɪ-] *n.*

dul·ci·mer [dʌ́lsəmə | -sɪmə(r] 〘《?1474》▭OF *doulcemer, doulcemele* ← L *dulcis* sweet+? *-melos* song〙 ― *n.* **1** ダルシマー《中世にヨーロッパへ伝えられた東洋起原の弦楽器; 梯形の共鳴箱に金属弦を張り, 小さいハンマーでたたいて音を出すピアノの原型; ツインバロンはその一種》. **2** 《俗用》バグパイプ (bagpipe) の一種 (cf. *Dan.* 3: 10). **3** ダルシマー《2 本または 3 本の弦のあるギターに似た米国の民族楽器》.

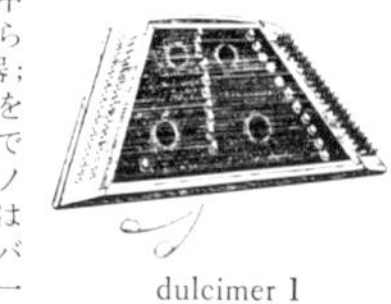

dulcimer 1

dul·ci·more [dʌ́lsəmɔ̀ə, -mɔ̀ə | -sɪmɔ̀:(r] 〘《変形》↑〙 *n.* =dulcimer 3.

Dul·cin [dʌ́lsɪn, -sən | -sɪn] 〘← L *dulcis* sweet+-IN[2]〙 *n.* 〘商標〙ズルチン《甘味料; 現在使用されず》.

Dul·ci·ne·a [dʌ̀lsəní:ə, dʌlsíniə | dʌ̀lsɪníə, dʌlsínɪə; *Sp.* dùlθinéa] 〘▭Sp. ～ ← L *dulcis* sweet〙 ― *n.* **1** **a** ドルシネア《Don Quixote が理想の女性としてあこがれる田舎娘; Dulcinea del Toboso》. **b** 偶像[理想]化された女性. **2** [d-] 理想の恋人 (sweetheart).

dul·ci·tol [dʌ́lsətɔ̀(:)l, -tòʊl | -sɪtɔ̀l] 〘← 《廃》*dulcite* (← L *dulcis* sweet+-ITE[1])+-OL[1]〙 *n.* 〘化学〙ズルシトール ($HOCH_2(CHOH)_4CH_2OH$)《6 価のアルコール; 甘味料》.

Dul·ci·tone [dʌ́lsətòʊn | -sɪtəʊn] 〘← L *dulcis* sweet +TONE〙 ― *n.* ダルシトーン《チェレスタに似た鍵盤楽器の一種; 半音階に配列した音叉 (tuning forks) をコルク頭のハンマーで打って音を出す》.

du·li·a [d(j)u:láɪə | dju:-] 〘▭ML ～ ▭Gk *douleia* servitude, service ← *doûlos* slave〙 *n.* 〘カトリック〙聖人に対する礼拝, 聖人崇敬 (cf. latria, hyperdulia).

dull [dʌ́l] 〘《c1225》▭MLG & MDu. *dul* (Du. *dol*) < Gmc **dulaz* (OE *dol* foolish, dull-witted / G *toll* mad) ← IE **dhew-* to rise in a cloud as dust or vapor (OIr. *dall* blind / Gk *tholós* mud): cf. dwell, dusk, dust〙 ― *adj.* (**～·er; ～·est**) **1** 〈刀など〉(刃が)鈍い, よく切れない, なまくらの (blunt) (↔ sharp, keen[1]): a ～ knife / a ～ edge 鈍い[なまくらの]刃. **2** 〈色・光・音色など〉鈍い, さえない, はっきりしない (dim) (↔ vivid); 光沢[つや]のない: a ～ color どんよりした色 / a ～ light [sound] 鈍い光[音] / a ～ mirror 曇った鏡 / a ～ finish 光沢をつけない[つや消し]仕上げ / a ～ thud 重い物音. **3** 〈天気など〉どんよりした, 曇っている (cloudy); うっとうしい (gloomy): ～ weather / a ～ day. **4** 〈苦痛など〉ぼんやり感じられる, 鈍い: a ～ pain 鈍痛. **5** 〈人が〉鈍感な, わかりののろい, 愚鈍な, のろまな (stupid): a ～ boy 遅鈍な少年. **6** **a** 〈人・耳・目など〉(感覚などが)鈍い, 無感覚の; 〈感覚が〉鈍い, 鋭敏でない (↔keen): ～ sight 鈍い視力 / be ～ of hearing [apprehension] 耳が遠い[のみこみが悪い] / He was ～ *to* noises. 彼は騒音に鈍感だった. **b** (動作・反応などが)鈍い, のろのろした. **7** 〈書物・話など〉単調な, 退屈な, だれている, おもしろくない (tedious): a ～ book 興味の乏しい(退屈な)本 / We had a ～ time. 私たちは退屈だった / He is ～ company. 彼と一緒にいると退屈だ. **8** 〈商売など〉不振の, 沈滞している (stagnant); 〈市場・町など〉活気がない, 沈んでいる (depressed); 〈商品・在庫品が〉さばけない: a ～ place 活気のない所 / Trade is ～. 商況不活発.

(as) dull as ditchwater [dishwater] ⇨ ditchwater.

― *vt.* **1** 〈刃を〉鈍くする, 鈍らせる, なまくらにする (blunt): ～ a razor's edge かみそりの刃をなまくらにする / ～ the edge of appetite せっかくの食欲をそぐ. **2** 〈視力などを〉鈍らせる (blunt): The sight is ～*ed* by overstrain. 視力が過労のため弱る. **3** 〈痛み・感情などを〉和らげる (mitigate): ～ pain by narcotics. **4** 〈鏡などを〉曇らせる, ぼんやりさせる. **5** 〈知能などを〉鈍くする, 愚鈍にする; 〈感情など〉の激しさを和らげる. ― *vi.* 〈力・強さ・明るさ・鋭さなどが〉鈍くなる, 鈍る, 曇る, 和らぐ.

dull·ard [dʌ́ləd | -ləd] 〘《1440》← DULL (adj.)+-ARD〙 *n.* のろま, ばか, 血の回りの悪いやつ. ― *adj.* 鈍い; 鈍感な.

dúll-bráined *adj.* 頭の悪い[鈍い].

dúll émitter *n.* 〘電気〙低温熱陰極, 低温フィラメント《電子管の熱陰極で, 比較的低温のため明るく輝かないもの》.

Dul·les [dʌ́lɪs, -ləs], **John Foster** *n.* (1888–1959) 米国の政治家・国務長官 (1953–59).

dúll-éyed *adj.* 目のどんよりした.

dull·ish [dʌ́lɪʃ] 〘《c1399》〙 *adj.* **1** 少し鈍い. **2** うすぼんやりの, うすのろの. **3** だれ気味の. **～·ly** *adv.*

dúll·ness 〘《1357》〙 ― *n.* **1** 鈍さ, なまくら. **2** (感度などの)鈍さ, 鈍感. **3** 遅鈍, のろさ (slowness); 愚鈍 (stupidity). **4** (音色・光沢などの)鈍さ, 曇り (dimness). **5** (生活・商況などの)不活発, 緩慢, 不振. **6** (話などの)のろくささ, 退屈 (tediousness). **7** うっとうしさ, (気分の)重苦しさ (gloominess). **8** 〘医学〙濁音《打診音の一種》; 濁音界.

Dulls·ville, d- [dʌ́lzvɪl] 〘⇨ dull, -ville〙 《米俗》 *n.* 全く退屈な状態, とてもうんざりすること. ― *adj.* とても退屈な (very dull).

dúll-wítted 〘ME〙 *adj.* =dull-brained.

dul·ly [dʌ́(l)li | -l(l)ɪ] 〘《15C》〙 ― *adv.* **1** 鈍く, のろく, 遅鈍に; ぼんやりと, くすんで. **2** だれたように, 不活発に, 緩慢に, 単調に, 退屈するように, のろくさく (sluggishly).

dul·ness [dʌ́lnɪs, -nəs] *n.* =dullness.

du·lo·sis [d(j)uːlóusɪs, -səs | djuːlóusɪs] 〘← NL ～ ← Gk *doúlōsis* slavery ← *douloûn* to enslave ← *doûlos* slave: ⇨ -osis〙 ── *n.* (*pl.* **-lo·ses** [-siːz]) 〘昆虫〙奴隷共棲《ある種のアリが他の種のアリに幼虫を捕えられて育てられるような奴隷化[状態]》.

dulse [dʌ́ls] 〘《1684》▭ Ir.-Gael. *duileasg* ← ? *duille uisge* water leaf: cf. Welsh *delysg* dulse〙 ── *n.* 〘植物〙ダルス (*Rhodymenia palmata*)《広く北方の海に生育する紅藻類; アイスランドおよびスコットランドで食用などに利用》.

Du·luth [dəlúːθ | djuː-, dʊ-] 〘← *D. G. Du Luth* (1636?-?1709: フランスの探険家)〙 ── *n.* 米国 Minnesota 州東部, Superior 湖西端の港市; 鉄鉱石・小麦・製粉業などの中心地; 人口 94,000.

du·ly [d(j)úːli | djúːli] 〘《c1380》: ⇨ due, -ly¹〙 ── *adv.* **1** 正しく, 当然に (rightly); 正式に, 順当に; 適当に, しかるべく, 滞りなく (properly): ～ punished 当然の罰を受ける. **2** 十分に (sufficiently): ～ considered. **3** 時宜にかなうように, しかるべき時に; 時間通り (punctually): Your letter is ～ to hand. 〘商業〙お手紙正に拝受しました.

dum [dʌ́m] *adj., adv.* 《米口語》=dumb².

Du·ma [dúːmə, -mɑː | dúːmə, djúː-; *Russ.* dúmə] 〘《1886》▭ Russ. ～《原義》thought, council ▭ Goth. *dōms* judgment: cf. doom〙 ── *n.* **1** [the ～] (ロシア帝政時代の)議会《1905 年 Nicholas 二世によって始められ 1917 年労農革命によって廃止された》. **2** [d-] (1917 年以前のロシヤの)市会, 地区会. **3** [d-] 《米俗》運動(統制)委員会.

Du·mas [d(j)uːmɑ́ː, ⌐⌐ | djúːmɑː, dúː-; *F.* dyma], **Alexandre** *n.* **1** デュマ《1802-70; フランスの小説家・劇作家: *Les trois mousquetaires*「三銃士」(1844), *Le comte de Monte Cristo*「モンテクリスト伯」(1844-45); 通称 Dumas père「大デュマ」》. **2** デュマ《1824-95; 大デュマの息子で劇作家・小説家: *La dame aux camélias*「椿姫」(1848); 通称 Dumas fils「小デュマ」》.

du Mau·ri·er [d(j)uməːrièɪ, d(j)uː- | djuːmɔ́ːrɪ-, dʊ-, duː-, -mɔ́r-], **Daphne** *n.* (1907-) 英国の女流小説家; Sir Gerald du Maurier の娘; *Rebecca* (1938).

du Maurier, George Louis Pal·mel·la Bus·son [pælmélə-buːsɔ̃ː(ŋ), -sɔ́(ː)ŋ] *n.* (1834-96) フランス生れの英国のさし絵画家・小説家; *Trilby* (1894).

du Maurier, Sir **Gerald** *n.* (1873-1934) 英国の俳優; George du Maurier の息子.

dumb¹ [dʌ́m] 〘OE ～ < Gmc **dumbaz*《原義》beclouded in the senses (Du. *dom* / G *dumm* stupid / ON *dumbr* mute) ← IE **dhew-* to rise in a cloud: cf. deaf〙 ── *adj.* (～·**er**; ～·**est**) **1** 〈人・動物が〉口のきけない, ものの言えない (cf. deaf). ★ 今は主に動物に用いる (cf. mute¹ 2 a ★): ～ animals [creatures] ものの言えない哀れな動物 / the deaf and ～ 聾唖(ろうあ)者 / the ～ millions (政治に発言権のない)無言の大衆 / ⇨ deaf-and-dumb. **2** 口をきかない, 口をつぐんだ, 黙っている; パントマイムによる; 無口な: remain ～ 黙っている, 無言を続ける / be ～ *on* the fact 事実について黙っている / The English are a ～ people. 英国人は無口な国民だ / ⇨ dumb show. **3 a** 〔驚きなどで〕ものも言えないほどの〔*with*〕: ～ *with* astonishment [happiness] / strike a person ～ 人をあっと驚かせる / Surprise struck [held] me ～. びっくりして口もきけなかった. **b** 〈感情・考えなど〉口では表わせない, 言葉で伝えられない: ～ grief 無言の悲しみ / ～ despair 言葉も出ないほどの絶望. **4** 音の出ない, 音の聞えない: a ～ peal (of bells) (包んだ鐘の)鈍い音 / This piano has a few ～ notes. このピアノには二つ三つ音の出ない鍵(けん)がある / ⇨ dumb piano. **5** 〘cf. G *dumm* dull, stupid〙《口語》〈人が〉のろまな, 鈍い (dull), 馬鹿な (stupid): a ～ blonde きれいだが頭の鈍いブロンドの女. **6** 正常の部分・性質などが欠けた: a ～ fever 明確な発作の伴わない熱病 / ⇨ dumb ague, dumb chamber. **7** 〘海事〙〈船が〉発動機・帆などの自走力をもたない: ⇨ dumb barge. ── *n.* 《米・カナダ口語》ばか者, ばか, 間抜け《dumb-dumb ともいう》. ── *vt.* 沈黙させる. ── *vi.* 黙る 〈*up*〉.

dumb² [dʌ́m] 〘《変形》← DAMN (v.)〙 *adj., adv.* 《米口語》べらぼうな[に], ひどい[く], とても (damned).

Dumb. 《略》Dumbartonshire.

dúmb águe *n.* 〘病理〙潜在マラリア.

Dum·bar·ton [dʌmbɑ́ətn̩ | -bɑ́ː-] 〘ME *Dunbretane* ▭ Gael. *dùn Breatuin*《原義》fort or hill of the Britons: ⇨ down¹, Briton〙 ── *n.* **1** スコットランド西部の旧州; 1975 年以降は Strathclyde の一部; 面積 477 km²; Dumbartonshire ともいう. **2** 旧 Dumbarton 州の首都, Clyde 川に近く, 造船業が盛ん; 人口 26,000.

Dúmbarton Óaks *n.* ダンバートンオークス《米国の首都 Washington, D.C. にある邸宅; 1944 年 8-10 月ここで国際連合組織の下会談が行なわれた》.

Dum·bar·ton·shire [dʌmbɑ́ətn̩ʃɪə, -ʃə | -bɑ́ːtn̩ʃə(r, -ʃɪə(r] *n.* =Dumbarton 1.

dúmb bárge *n.* 《英》〘海事〙発動機も帆装ももたず自走力のない艀(はしけ)《特に Thames 川などでもっぱら引き綱と潮の動きで移動するもの》.

dúmb bárter *n.* (当事者間の直接の接触を避けて品物を一定の場所に置き, 代わりに相手の品物を持って帰る)原始的な一種の物々交換制度.

dúmb·bèll 〘《1711》〙 ── *n.* **1** [通例 *pl.*] (ウエイトトレーニングなどに用いる)亜鈴, ダンベル (cf. barbell): a pair of ～*s* 亜鈴一対 / ～ exercise 亜鈴体操. **2** 《俗》のろま (fool)《通例男性》.

Dúmbbell Nébula *n.* 〘天文〙亜鈴星雲《小ぎつね座 (Vulpecula) にある惑星状星雲》.

dúmb búnny *n.* 《口語》=dumb cluck.

dúmb cárd *n.* 〘海事〙=dumb compass.

dúmb chámber *n.* 出入口のない室[部屋].

dúmb chúm *n.* =dumb friend.

dúmb clúck *n.* 《俗》ばか, 間ぬけ.

dúmb cómmerce *n.* =dumb barter.

dúmb cómpass *n.* 〘海事〙ダムコンパス (⇨pelorus).

dúmb cráft *n.* 《英》無帆無動力艇; =dumb barge.

dúmb crámbo *n.* 〘遊戯〙⇨ crambo 1.

dúmb Dóra *n.* 《口語》ばかな単純な女.

dumb·er [dʌ́mə | -mə(r] *n.* 《米俗》ばか者, あほう.

dumb·found [dʌmfáund, ⌐⌐ | ⌐⌐] 〘《1653》← DUMB¹ + (CON)FOUND〙 ── *vt.* あきれてものも言えないほどびっくりさせる, すっかりまごつかせる: be ～*ed* by ….に唖然(あぜん)とする.

dumb·found·er [dʌmfáundə, ⌐⌐⌐ | dʌmfáundə(r] *vt.* =dumbfound.

dúmb fríend *n.* 愛玩(用の)動物, ペット.

dúmb·hèad *n.* 《米俗・スコット俗》=blockhead.

dúmb íron *n.* 車両ばねの一種《半楕(だ)円ばねを組み合わせたもの》; (自動車の)ばね支え.

dúmb kéyboard *n.* =dumb piano.

dum·ble·dore [dʌ́mbl̩dɔə, -dɔə | -dɔː(r] 〘← *dumble-* (《変形》← *dummel*《方言》← DUMB¹) + DOR¹〙 *n.* 《英方言》〘昆虫〙**1** =bumblebee. **2** =cockchafer.

dumb·ly [dʌ́mli | -lɪ] 〘《1552》〙 *adv.* 無言で, 黙って.

dúmb·ness 〘《c1400》〙 ── *n.* **1** 口のきけないこと, おし. **2** 口をきかないこと, だんまり, 無言, 沈黙; 無口. **3** 《米口語》ばか, 愚かなこと; 無知.

Dum·bo [dʌ́mbou | -bəu] 〘W. Disney の漫画映画 *Dumbo* (空を飛ぶ象の名)から: cf. jumbo〙 *n.* 《俗》〘米海軍〙救命[捜索]機《特に飛行艇》.

dúmb óx *n.* 《口語》=dumb cluck.

dúmb piáno *n.* 無音ピアノ《運指練習用; dumb keyboard, silent keyboard ともいう》.

dúmb shéave *n.* 〘海事〙**1** 車装置のない滑車の一種. **2** 車なしにロープを導き滑らせるためマストの下に作った溝.

dúmb shów *n.* 黙劇, だんまり芝居; 無言の手まね「身振り」(pantomime).

dúmb·strìcken *adj.* =dumbstruck.

dúmb·strùck *adj.* 唖然とした.

dúmb·wàiter *n.* **1** (キッチンからダイニングルームへ運ぶ)食品・食器用エレベーター; 小型貨物エレベーター, ダムウエイター. **2** 《英》**a** (テーブルの上に置く回転式)食品台. **b** (3 段または 4 段の回転式) 食品台. **c** 食品台車[ワゴン].

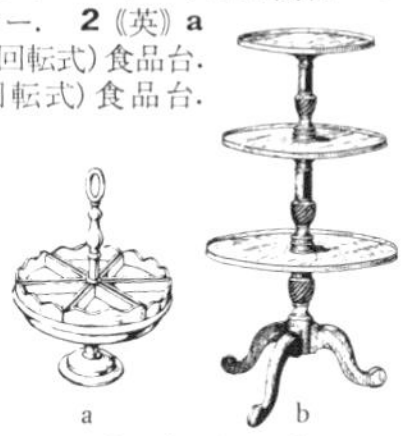

dumbwaiters 2

dúmb wéll *n.* たまり水は井戸.

dum·dum [dʌ́mdʌm] 〘《1897》← *Dum Dum* (インドの Calcutta 付近の造兵廠(しょう), この弾丸が製造された所)〙 ── *n.* **1** ダムダム弾《命中すれば拡大して重傷を与えるので戦争に用いることは禁止された(1907); 主として猛獣狩用: dumdum bullet ともいう》. **2** 《米俗》ばか, 間抜け: my ～ wife 愚妻.

dúmdum fèver *n.* 〘病理〙=kala azar.

Dumf. 《略》Dumfriesshire.

dum·found [dʌmfáund, ⌐⌐ | ⌐⌐] *vt.* =dumbfound.

dum·found·er [dʌmfáundə, ⌐⌐⌐ | dʌmfáundə(r] *vt.* =dumbfounder.

Dum·fries [dʌmfríːs, dəm-] 〘ME *D(o)unfres*《原義》fort of the copses (← Welsh *prys* & Gael. *phreas* copse, shrubs): ⇨ down¹〙 ── *n.* **1** スコットランド南部の旧州; 1975 年以降は Dumfries and Galloway の一部; 面積 2,784 km². **2** 旧 Dumfries 州の首都で現在 Dumfries and Galloway 州の首都; 人口 30,000.

Dúmfries and Gálloway *n.* スコットランド南西部の州; 1975 年に新設, 旧 Wigtown, Kirkcudbright, Dumfries 諸州から成る; 面積 6475 km², 人口 144,000, 首都 Dumfries.

Dum·fries·shire [dʌmfríːsʃɪə, dəm-, -fríːʃ-, -ʃə | -ʃə(r, -ʃɪə(r] *n.* =Dumfries 1.

dum·ka [dúmkə, dúːm-] 〘▭ Czech & Ukrainian ～ (dim.) ← *duma* thought〙 ── *n.* (*pl.* **dum·ky** [-ki | -kɪ]) 〘音楽〙ドゥムカ《憂鬱な哀歌と陽気な部分が交互に現われるスラブ民謡》; ドゥムカをまねた憂鬱な性格のゆっくりした器楽曲[楽章].

dumm·kopf [dúmkɔ(ː)pf, dʌ́m-, -kɑ(ː)pf | -kɔf, -kɔpf; *G.* dúmkɔpf] 〘▭ G *Dummkopf* stupid head: ⇨ dumb¹, cup〙 *n.* 《口語》ばか, 間抜け (blockhead).

dum·my [dʌ́mi | -mɪ] 〘《1598》← DUMB¹ + -Y⁴〙 ── *n.* **1** 《俗》おし (dumb person); 無口の人, だんまりや; おしのふりをしている乞食. **2** (名義だけ飾りに利用される)表面上の代表者, かかし的人物 (figurehead); でくの坊 (straw man), (他人の)手先, ロボット (mere tool). **3** 《口語》ばか者, とんま (blockhead). **4 a** ダミー《人台(じんだい)やマネキン人形で衣服を着せて展示するもの》; (髪形などの)模型台 (block): a tailor's ～ / a barber's ～. **b** 腹話術師の操る(人・動物を形どった)人形. **c** (ラグビーの)タックル練習用人形. **d** ダミー《自動車事故などの実験に使われる人形》. **e** 〘映画〙替玉人形. **5** 〘軍事〙**a** 擬装物《擬装目標, または敵をあざむく目的で航空機・砲・人物などを似せてつくられたもの》. **b** 擬製弾《炸薬の入っていない訓練用の弾》. **c** (射撃・銃剣術練習用の)標的わら人形, 人像標的. **6** (展示用)飾り見本, (本物の代用品として作った)模型; (見せかけだけの)擬装品, まがい物 (sham). **7** 《英》(乳児の)おしゃぶり《ゴム製乳首; cf. pacifier》. **8** 〘印刷〙**a** 束(つか)見本《出版物が最終的にどの位の大きさ, 体裁になるか知るための見本》. **b** 見本(ページ). **c** 〘図書館〙代本板, ダミー《所定の書架にない資料の所在を明示するための木[金属]製の板》; 所定の場所にない資料の所在を明示した(目録中の)カード. **9** 〘トランプ〙ダミー: **a** (ブリッジで)デクレアラー (declarer) のパートナーで, プレーが始まると自分の手札を卓上に開き, パートナーにプレーをまかせる人, またその手. **b** (ダミーホイストなどで)仮想のパートナー《そこに人がいるものとしてプレーされる卓上に開かれた手; cf. double dummy》. **10** 〘機械〙=drift plug. **11** 《米》〘鉄道〙無音機関車. **12** 〘電算機〙ダミー《実際には機能を果さない変数・記憶領域・回路など》. **13** 〘歯科〙ダミー《ブリッジの欠損歯に該当する部分; pontic ともいう》. **14** 〘豪史〙(権利のない)他人に代わって土地を買った人《squatter によって利用された》. **15** 〘畜産〙擬牝(ひん)台《人工授精用の精液採取の際に用いる台》. **16** 〘言語〙=dummy element.

sell [give] the [a] dummy 《口語》〘ラグビー〙ボールをパスすると見せかけて, 相手の目をあざむいてバックラインを突破する.

── *adj.* **1** おしの; 黙りこくった (mute). **2** にせの, 見せかけだけの, まがいの (sham); 模造の, 人工の (artificial), 〈商品見本が〉プラスチック製の: a ～ cartridge 空包 / a ～ bomb (演習用)擬爆弾 / a ～ horse 木馬 / ～ foods (食堂陳列ケースの)プラスチック製見本料理 / a ～ projectile 擬製弾 / a ～ warship 擬装軍艦 / a ～ company 仮空の会社. **3** 表看板だけの, 名義だけの(実はそうでない): a ～ director 表向きだけの取締役 / under ～ names 架空名義で.

── *vt.* **1** 〘製本・印刷〙〈印刷物・ページ〉の束(つか)見本[割付見本]を作る 〈*up*〉. **2** [しばしば ～ in として] …の見本を示す 〈*in*〉: ～ *in* an illustration. ── *vi.* 〘ラグビー〙ボールをパスすると見せかけて〈相手〉の目をあざむいてバックラインを突破する.

dummy up (*vt.*) ⇨ *vt.* 1. (*vi.*) 《米俗》話そうとしなくなる, 知っているのに口をつぐむ: I can't ～ *up on* a murder case. 殺人があったのを知っていて口をつぐんでいるわけにいかない《その筋に届けねばならない》.

dúmmy anténna *n.* 〘通信〙擬似空中線《アンテナと同じ定数をもつ回路で送受信機の試験用》.

dúmmy blòck *n.* 〘金属加工〙つりあいシリンダー, ダミーブロック, ダミー型《金属の押出し成型の時, ピストンから材料に圧力を伝達するためのシリンダー》.

dúmmy élement *n.* 〘言語〙ダミー, 代役要素《最終的には語彙項目が代入されるべき終端要素 (terminal element); 通例 Δ で表わす》.

dúmmy lóad *n.* 〘電気〙擬似負荷《本物の負荷のかわりに用いる抵抗器など》.

dúmmy rún *n.* 《英口語》試験的攻撃[上陸], 予行練「習; 試行, 実験.

dúmmy váriable *n.* 〘数学〙見掛け上の変数, 束縛変数《定積分における dx の x のように, 他の変数でおきかえても他に影響を及ぼさない変数》.

dúmmy whíst *n.* 〘トランプ〙3 人で遊ぶ whist で, 予め配られた 4 人目の手を declarer が仮想のパートナーとして卓上に開き, プレーを代行するゲーム.

du·mor·ti·er·ite [d(j)uːmɔ́ətiəràɪt, d(j)uː-, d(j)ùːmɔətí(ə)- | djuːmɔ́ːtɪəràɪt] 〘▭ F *dumortiérite* ← *M. Eugène Dumortier* (19 世紀フランスの古生物学者): ⇨ -ITE¹〙 ── *n.* 〘鉱物〙デュモルティエール石(せき)《アルミニウム・ホウ素のケイ酸塩鉱物》.

dump¹ [dʌ́mp] 〘《逆成》← DUMPLING〙 ── *n.* **1** 《英》太く短いもの. **2** 《英方言》(子供の遊戯に使う)鉛製の数取り. **3** 押え込みボルト《造船用ボルト (bolt) の一種》. **4 a** ダンプ《昔のオーストラリアの貨幣; 15 pence》. **b** 金属, 額面にかかわらず, 厚さが普通でない小貨幣《表に象のついたセイロンの古貨; ジョージ 1 世の半ペニーなど》. **c** 《俗》小貨幣, 少額. **d** [*pl.*] 金銭, お金. **5** 《古》ずんぐりした人.

not care a dump 《英口語》ちっともかまわない. ***not worth a dump*** 《英口語》少しも値打ちがない.

dump² [dʌ́mp] 〘《a1325》← ? ON: cf. Dan. *dumpe* / Norw. *dumpa* to fall plump / Swed. *dimpa*〙 ── *vt.* **1** 〈重い荷物などを〉どしんと落とす 〈*down*〉; 《口語》(一般に)どさりと降ろす, 置く (put down): They ～*ed* him on the stretcher. **2 a** (車を傾けまたはひっくり返して)〈積んだものを〉降ろす (tilt down); (特に)〈集めて来たごみを〉捨てる, 積んで置く (deposit). **b** 〈航空機などが〉〈積荷などを〉投棄する (jettison). **3** 〘商業〙〈滞貨となった商品などを〉安値で〔市場に〕投げ出す; (特に)〈過剰の商品を〉〈国内市価維持のためまたは新市場獲得のために〉〔外国市場へ〕投売り[ダンピング]する (cf. dumping) 〔*on*〕: ～ stocks *on* the market 市場に株をなげ出す. **4** 〈過剰移民を〉外国へ送り出す: ～ unwelcome immigrants. **5 a** 《口語》無造作[無責任]に投げ出す; 〈いやな事などを〉急に厄介払いして〔人に〕もっていく, 全く無責任に転嫁(てんか)する 〔*on*〕. **b** 〔…から〕〈人を〉放り出す, 首にする, 辞めさせる 〔*from, out of*〕. **6** 《米俗》打ちのめす (beat up); 〈弁士などを〉やじり倒す, 質問攻めにする (heckle). **7**《米》〚電算機〛打ち出す《記憶装置の内容を印字装置へ転写する》. **8** [通例 Passive に用いて]《米》〚映画〛〈映画を〉前もって広告も試写もしないで公開する. **9**《豪》〈波が〉〈乗り手を〉〈波乗り板から〉投げ落とす (cf. dumper 4). **— vi.** **1** どさりと落ちる. **2 a** 〈車などから〉荷物をどっと降ろす. **b** 〈ごみを〉棄てる. **3** 投売りする, ダンピングする.

— n. **1** どさっ[どたん, どしん]と落す[落ちる]こと; その音 (thud). **2** 車から降ろしたもの《石炭・ごみなど》. **3 a** ごみ捨場; (そこにできた)ごみの山: a refuse ～ (収集した)ごみ捨て場. **b**《米・アフリカ南部》(鉱山・石切場などの)くず石[捨石]の山, ぼた山, 石炭殻の山(など). **4** ダンプカー, 放下(貨)車 (cf. dumpcart); 放下装置;《米》放下船. **5**《口語》みすぼらしい[きたならしい]家[町, 場所]. **6**《俗》場所, 所, 家, 建物. **7**〚軍事〛(弾薬・補給品などの)臨時集積場: an ammunition ～. **8**〚電算機〛ダンプ, 打出し《印字装置へ転写された記憶装置の内容》. **9**《俗》排便 (defecation). **10**《豪・アフリカ南部》＝dumper 4.

— attrib. adj. 〈トラックや貨物車など〉(砂利・石炭などを降ろすのに便利なように)車体を傾ける[底を開く]装置のある: ⇨ dump car, dump truck, *etc.*

dump³ [dʌ́mp] 〚《1523》□ ? Du. *domp* exhalation: cf. damp / G *dumpf* gloomy〛 **— n.** **1** [*pl.*]《口語》憂鬱 (low spirits): (down) in the ～*s* ふさぎ込んで, 憂鬱になって, 不機嫌で. **2**《廃》物悲しい調子[曲, 踊り].

dump·age [dʌ́mpɪdʒ] *n.* **1** (積載物・塵芥(じんかい)などを)投げあけること; 捨てた塵芥[汚物]のかたまり. **2**《米》塵芥を捨てる権利(金).

dúmp càr *n.*〚鉄道〛傾斜台付き貨車, 放下貨車 (cf. dump truck).

dúmp·càrt 〚《1868》〛 **— n.**《米》放下車, ダンプカート《荷がすべり落ちるように車体が傾いたり, 下からこぼれ落ちるように底が開く仕掛けになっている手押し車; cf. tipcart, dump truck》.

dúmp·er *n.* **1** ごみ捨て人夫. **2 a** ＝dumpcart. **b**《米》＝dump truck. **c** 貨車転倒装置. **3** 投売りする人. **4**《豪・アフリカ南部》(水泳や波乗り中の人を(砂浜に)たたきつける)大波.

dúmper trùck *n.*《米》＝dump truck.

dúmp·i·ly¹ [-pɪli, -pə- | -lɪ] *adv.* ずんぐりと[して], ぶかっこうに. 「ふさぎこんで.

dúmp·i·ly² [-pɪli, -pə- | -lɪ] *adv.*《まれ》むっつりと,

dúmp·ing 〚《1857》〛 **— n.** **1** (ごみなどの)放下, 投棄: a ～ ground ごみ捨て場. **2** (特に国際貿易における商品の)投売り, ダンピング (⇨ dump² *vt.* 3): exchange [social] ～ 為替(かわせ)安[労働搾取]によるダンピング / a ～ field 投売り市場.

dúmp·ish [-pɪʃ] *adv.* **1**《まれ》悲しい, ふさぎこんだ (melancholy). **2**《廃》愚かな (stupid). **～·ly** *adv.* **～·ness** *n.*

dump·ling [dʌ́mplɪŋ] 〚《c1600》《変形》? ← *lumpling* ← LUMP¹＋-LING¹: *d-* は *l-* の異化〛 **— n.** **1** ダンプリング (cf. klösse, knaidel): **a** 小麦粉と刻んだケンネ脂 (suet) を練って作っただんご《スープなどで煮る》. **b** (りんごなどの)果物を丸ごと練り込み, パイの生地で包んで焼いたデザート: ⇨ apple dumpling. **2**《口語》**a** (だんごのように)太った人, ずんぐりした人[動物]. **b** [親愛語として]かわいい人.

dúmp tànk *n.*〚原子力〛原子炉から放出される放射能をその危険がなくなるまで貯蔵しておくタンク.

dúmp trùck 〚《1936》〛 **— n.**《米》ダンプトラック, ダンプカー, 放下[側方]用トラック (《英》tip lorry)《トラックの積載部が後方に傾いて後部[側方]の戸があき積載物が放出される; cf. dumpcart》. 「truck.

dúmp wàgon *n.*《米》**1** ＝dumpcart. **2** ＝dump

dump·y¹ [dʌ́mpi | -pɪ] 〚《1750》← ? DUMP¹＋-Y⁴〛 *adj.* (**dump·i·er**; **-i·est**) **1** 〈人など〉ずんぐりした: a ～ woman. **2**《俗》ぶかっこうな, みにくい. **3** 〈貨幣など〉小型で厚みがある: a ～ book. **— n.**《英》**1** (スコットランド産の)足の短いニワトリ. **2** [*pl.*] (英国の)軽騎兵第 19 連隊のあだ名. **dúmp·i·ness** *n.*

dump·y² [dʌ́mpi | -pɪ] 〚《c1615》← DUMP³＋-Y⁴〛 *adj.* (**dump·i·er**; **-i·est**)《まれ》**1** むっつりした (sullen); ふさぎこんだ. **2**《米俗》病気の (ill). **dúmp·i·ness** *n.*

dúmpy lèvel *n.*〚測量〛ダンピーレベル, 短肥水準儀《望遠鏡を支柱に固定した測量用水準器; cf. Y level》.

dun¹ [dʌ́n] 〚OE *dun(n)* ← IE **dhus* dust-colored (Welsh *dwn* / Irish *donn*): cf. dusk〛 **— adj.** (**more ～, most ～**; **dun·ner, dun·nest**) **1** 焦げ茶の, 黒ずんだ (dingy): ～ a color, horse, etc. **2**《詩》薄暗い, 陰気な (dark). **— n.** **1** 焦げ茶色. **2** 河原毛または月毛の馬《灰色または黄色がかった褐色の馬で, たてがみと尾は黒》. **3 a**〚昆虫〛カゲロウの亜成虫 (subimago);〚釣〛それに似せた毛鉤 (dun fly). **b**〚昆虫〛＝caddis fly. **— vt.** **1** 焦げ茶色にする, 暗くする (darken). **2**《米》〈タラなどを〉塩漬けにして保存[貯蔵]する. **～·ness** *n.*

dun² [dʌ́n] 〚《a1626》(i)《略》←《廃》*dunkirk* privateer, 《原義》ship from Dunkirk¹ // (ii) ← *Joe Dun* (ロンドンの冷酷な執達吏の名)〛 **— vt.** (**dunned**; **dunning**) **1** …にうるさく借金の催促をする: ～ a person *for* the payment of a debt. **2** うるさく悩ます. **— n.** **1** 債鬼, うるさい借金取り《dunner ともいう》. **2** 借金の催促.

dun³ [dúːn] 〚□ Sc.-Gael. & Ir.-Gael. *dùn*: ⇨ down¹, dune〛 **— n.** 丘陵 (hill); (特に)城のある丘; 丘陵に囲まれた堅固な城. ★ 主にスコットランドとアイルランドの地名に用いられている: Dunbar, Dundee.

du·nam [dúnəm] 〚□ ModHeb. ～ □ Turk. *dönüm*〛 *n.* ドゥナム《主としてイスラエルで 1,000 平方メートルに相当する土地の広さの単位》.

Du·nant [d(j)uːnɑ́ː(ŋ), -nɔ́ː(ŋ), -nɑ́ːŋ, -nɔ́(ː)ŋ | djuː-, djʊ-; *F.* dynɑ̃], **Jean Henri** *n.* デュナン《1828–1910; スイスの博愛主義者で赤十字の創設者; Nobel 平和賞 (1901)》.

Dun·bar [dʌnbɑ́ə, ⌐⌐ | dʌnbɑ́ː(r, ⌐⌐] 〚OE *Dynbaer*《原義》fort on the height ← Gael. *dùn* 'DUN³'＋*barr* top, height〛 **— n.** スコットランド南東部 Lothian 州の都市, Firth of Forth の入口にある; 1650 年に Cromwell がスコットランド軍を破った所; 人口 4,600. ★ スコットランドでは常に [⌐⌐] のアクセント.

Dun·bar [dʌ́nbɑə, ⌐⌐ | dʌnbɑ́ː(r, ⌐⌐], **William** *n.* (1465?–?1530) スコットランドの詩人; *Lament for the Makaris* (＝poets) (1508). ★ スコットランドでは常に [⌐⌐] のアクセント.

Dun·bar·ton [dʌnbɑ́ətn | -bɑ́ː-] *n.* ＝Dumbarton 1.

dún·bìrd 〚← DUN¹〛 *n.*〚鳥類〛**1**《英》ホシハジロ (pochard), スズガモ (scaup duck) (など); (特に)その雌. **2**《米》＝ruddy duck.

Dun·can [dʌ́ŋkən | dʌ́ŋ-, dʌ́n-] 〚□ OIr. *Dunecan* & OGael. *Donnchadh* ← *down* brown (⇨ dun¹)＋*cath* battle〛 **— n.** **1** 男性名. **2** ダンカン《Shakespeare 作 *Macbeth* に出てくるスコットランドの王, Macbeth に殺されて王位を奪われる》.

Duncan, Is·a·do·ra [ɪzədɔ́ːrə, -dóːrə | -dɔ́ːrə] *n.* (1878–1927) 米国の女流舞踊家; モダンダンスの先駆者として有名; Côte d'Azur で事故死した.

Duncan I *n.* (?–1040) スコットランド王 (1034–40), Macbeth に殺された.

Dúncan Phýfe [-fáɪf] 〚← *Duncan Phyfe* (1768–1854: New York 市の家具製作者)〛 **— n.** ダンカンファイフ式家具《18 世紀後期の英国の新古典様式や 19 世紀初期のフランス帝政[ナポレオン一世]時代風の簡潔・明快な米国風の古典様式を示す》. **— adj.** 〈家具が〉ダンカンファイフ式の: a ～ chair.

Dún·cans·by Héad [dʌ́ŋkənzbi-, dʌ́n- | -bɪ-] *n.* 英国最北東端にあるスコットランド Caithness 州の岬 (cf. John o' Groat's House).

dunce [dʌ́ns] 〚《1527》: スコラ学派の神学者 *John Duns Scotus* の学徒を文芸復興期の人文主義者が *Dunsmen, Dunses* とあざけったことから〛 **— n.** ばか, のろま (dullard); 劣等生. **dún·ci·cal** [-sɪkəl, -sə- | -sɪ-] *adj.*

dúnce [dúnce's] càp *n.* ばか帽子《昔学校で覚えの悪いまたはなまける生徒に罰としてかぶらせた円錐形の紙帽子; cf. STEEPLE-CROWNED cap》: wear a ～ ばか帽子をかぶる; ばか扱いにされる.

dunch [dʌ́nʃ, dʊ́nʃ] 〚《1440》← ME *dunche(n)* to give a blow or thrust: cf. Icel., Swed. & Norw. *dunka* to strike〛 **— n.**《英方言》ごつんと打つこと (hard blow); 小突き (shove).

Dun·ci·ad [dʌ́nsiæ̀d | -sɪ-] 〚← DUNC(E)＋-I-＋-AD¹ 3〛 *n.*「愚人列伝」《同時代の作家たちを風刺した Alexander Pope の詩 (1728, '43) の表題》.

Dun·dee [dʌndíː, ⌐⌐] 〚ME *Donde* □ ? Gael. *Dùn Dèagh*《原義》fort of Daig(h) (人名): ⇨ dun³〛 **— n.** スコットランド東部, Tayside 州東海岸にある同州の首都で Firth of Tay に臨む港市; 人口 182,000.

dun·der [dʌ́ndə | -də(r)] 〚《1793》← ? Sp. *redundar* to overflow □ L *redundāre*: ⇨ redundant〛 **— n.** ダンダー《砂糖きびのしぼり汁を煮詰めた沈渣; ラムのもろみの醗酵を促進するのに用いる》.

dun·der·head [dʌ́ndəhèd | -də-] 〚《a1625》← ? Du. *donder* 'THUNDER'＋HEAD〛 *n.* ばか, のろま, ぼんくら (blockhead).

dúnder·héaded *adj.* のろまの, ぼんくらの, 頭の悪い. **～·ness** *n.*

dúnder·pàte 〚← Du. *donder* (⇨ donderhead)＋PATE〛 *n.* ＝dunderhead.

dún dìver *n.*〚鳥類〛**1**《英》カワアイサ (goosander) の雄の若鳥・雌鳥. **2**《米》＝ruddy duck.

dun·drea·ries, D- [dʌndrí(ə)riz | -dríərɪz] 〚《1862》: 英国の Tom Taylor (1817–80) 作の喜劇 *Our American Cousin* (1858) の主人公 Lord Dundreary に扮した俳優のつけひげから〛 **— n. pl.** (あごひげのない)長いほおひげ. 「drearies.

dúndreary whískers, D- w- *n. pl.*《古》＝dun-

dune [d(j)úːn | djúːn] 〚《1790》□ F ～ □ MDu. *dūne* (Du. *duin*) hill: ⇨ down¹, dun³〛 **— n.** (風によってできた海浜の)砂丘. **～·like** *adj.*

dúne bùggy *n.* ＝beach buggy.

Dun·e·din [dʌníːdn | -dɪn, -dn̩] *n.* ニュージーランド南島南東岸の港市; 人口 102,000.

dúne·lànd *n.* (不毛の)砂丘地帯.

Dunelm.《略》*ML.* Dunelmēnsis (＝of Durham)《Bishop of Durham が署名に用いる; ⇨ Cantuar. 2》.

dúne plànt *n.*〚植物〛砂丘植物《乾燥や貧栄養的条件に耐える海岸・砂漠地方などに生じる植物》.

Dun·ferm·line [dʌnfɔ́ːmlɪn, dʌm-, -lən | -fɔ́ːmlɪn] 〚lateOE *Dumfermelyn* □ ? Gael. *dùn fiar mhelain* 'crooked hill of *melin* (《スコット古形》← *melville*)': ⇨ dun³〛 **— n.** スコットランド東部, Fife 州の都市; 人口 125,000.

dún flỳ *n.*〚釣〛黒ずんだ色の毛鉤の一種.

dung [dʌ́ŋ] 〚OE *dung* ← ? Gmc **dung-* (G *Dung* / ON *dyngja* heap) ← IE **dhengh-* to cover (Lith. *deñgti* to cover)〛 **— n.** **1** (牛馬などの)糞(ふん) (excrement). **2** こやし (manure). **3** (道徳的に)不潔なもの, けがらわしいもの (filth). **— vt.** 〈畑〉にこやしをやる (manure). **— vi.** 〈動物が〉糞をする.

dun·ga·ree [dʌ̀ŋgəríː, ⌐⌐ | ⌐⌐] 〚《1696》□ Hindi *dūngrī* (Bombay の一地区)〛 **— n.** **1** ダンガリー《東インド産の粗製綿布》; てんじく木綿. **2** [*pl.*] ダンガリー布製ズボン[作業着].

dúng bèetle *n.*〚昆虫〛糞虫(ふんちゅう), くそむし《コガネムシ科に属し, 成虫・幼虫共に人糞や獣糞を食べる》.

dúng càrt 〚《15C》〛 *n.* こやし(運搬)車.

dun·geon [dʌ́ndʒən] 〚《c1300》*donjon, dongeon* □ (O)F *donjon* < ML *dominiō(n-)*《原義》lord's tower ← L *dominus* lord, master: cf. dominion〛 **— n.** **1** (城内の)土牢(ろう), 地下牢. **2**《古》天主閣, 本丸《donjon ともいう》. **— vt.**《古》土牢に閉じ込める, 押し込める 〈*up*〉.

dúng flỳ *n.*〚昆虫〛(獣糞に発生する)フンバエ科の各種のハエ; (一般に)クソバエ.

dúng fòrk *n.* こやし熊手, 堆肥フォーク.

dúng·hìll 〚ME〛 **— n.** **1** (家畜の)糞(ふん)を積んだ山, こやしの山, 堆肥(たいひ): COCK¹ *of the dunghill.* **2** 掃きだめ, むさくるしい所[人]. **3** ＝dunghill fowl. **— adj.** こやしの山の; むさくるしい.

dúnghill fówl [cóck, hén] *n.* (闘鶏 (game fowl) と区別して, 普通の)ニワトリ (barndoor fowl).

dúng wòrm *n.*〚動物〛牛糞(ふん)にわくミミズの一種《魚釣の餌にする》; (特に)シマミミズ (*Eisenia foetida*).

dung·y [dʌ́ŋi | -ŋɪ] 〚《15C》〛 *adj.* (**dung·i·er**; **-i·est**) 糞(ふん)の, こやしの; 糞[こやし]でよごれた; (こやしのように)きたならしい (dirty).

du·nie·was·sal [dúːniwɑ́səl, -sḷ | -nɪwɔ́s-] 〚《c1565》□ Sc.-Gael. *duine uasal* gentleman ← *duine* man＋*uasal* nobly born〛 **— n.**《スコット》二流紳士, 中流紳士; 名門の次男坊以下の息子.

du·nite [dúːnaɪt, dʌ́n-] 〚← *Dun* (ニュージーランドの山の名)＋-ITE¹〛 **— n.**〚岩石〛ズン[ダン]橄欖(かんらん)岩《主に橄欖石 (peridotite) に通常多少クロム鉄鉱が加わってできている密度の高い火成岩》. **du·nit·ic** [duːnítɪk, dʌn- | -tɪk] *adj.*

dunk [dʌ́ŋk] 〚□ Pennsylvania-Du. *dunke* □ MHG *dunken, tunken* to dip < OHG *dunkōn, thunkōn*〛 **— vt.** **1** 〈パンなどを〉(食べる前に)〔コーヒー・紅茶など〕に浸す〔*in, into*〕. **2** 〈物を〉〔液体に〕つける, 浸す〔*in, into*〕. **3**〚バスケットボール〛〈ボールを〉ダンキングショットする. **— vi.** **1** 物を液体に浸す; 〈人が〉水につかる 〈*in*〉. **2**〚バスケットボール〛ダンキングショットをきめる. **— n.**〚バスケットボール〛＝dunk shot. **～·er** *n.*

Dun·kard [dʌ́ŋkəd | -kəd] *n.* ＝Dunker.

Dun·ker [dʌ́ŋkə | -kə(r)] 〚□ Pennsylvania-Du. ～: ⇨ dunk, -er¹〛 **— n.** **1** [the ～s] ダンカー派《米国のドイツバプテスト同胞教会 (German Baptist Brethren) のこと; 信者は誓言や兵役を拒否し簡素な生活をする》. **2** ダンカー派の信者.

Dun·kerque [*F.* dœ̃kɛrk] *n.* ダンケルク《Dunkirk のフランス語名》.

Dun·kirk¹ [dʌ́nkəːk, ⌐⌐ | dʌnkɜ́ːk, dʌŋ-] *n.* ダンケルク《フランス北部の海港; 1940 年 5 月 29 日–6 月 4 日ドイツ軍の攻撃を受けながら約 34 万の英軍がここを撤退; 人口 29,000; フランス語名 Dunkerque》.

Dun·kirk² [dʌ́nkəːk, ⌐⌐ | dʌnkɜ́ːk, dʌŋ-] 〚← *Dunkirk*〛 **— n.** **1** (爆撃下の)敗軍の必死の撤退: do a ～ 必死の撤退をする. **2** 一大危機, 非常緊急事態〔*for*〕. **— vt.** 必死の撤退をさせる.

Dúnkirk spírit *n.* [通例 the ～] ダンケルク魂《英軍のダンケルク撤退の折に示した不屈の精神》.

dúnk shòt *n.*〚バスケットボール〛ダンク ショット《長身の選手がジャンプしてバスケットの上からボールをたたき落とすようにシュートすること》.

dun·lin [dʌ́nlɪn, -lən | -lɪn] 〚《1531》← DUN¹＋-*lin* '-LING¹': この鳥の色から〛 **— n.** (*pl.* ～, ～**s**)〚鳥類〛ハマシギ (*Calidris alpina*)《ユーラシア・北米のツンドラで繁殖するシギの一種; 日本には渡りの時通過するものが多い》.

Dun·lop¹ [dʌ́nlɑp | -lɔp] *n.* ＝Dunlop cheese.

Dun·lop² [dʌ́nlɑp | -lɔp] *n.* ＝Dunlop tire.

Dun·lop [dʌ́nlɑp, ⌐⌐ | dʌ́nlɔp, ⌐⌐], **John** (**Boyd**) *n.* (1840–1921) スコットランドの獣医; Dunlop tire の発明家.

Dún·lop chéese 〚← *Dunlop* < ME *Dunlopyn* ← Gael. *dùn* 'DUN³'＋*lùban* little bend〛 **— n.** ダンロップチーズ《スコットランド Ayrshire 州の Dunlop 地方原産; 単に Dunlop ともいう》.

Dúnlop tíre 〚← *J. Dunlop*〛 *n.* ダンロップタイヤ《Dunlop 社製のタイヤ; 単に Dunlop ともいう》.

Dún·mow flítch [dʌ́nmou- | -məʊ-] 〚*Dunmow*: < OE *Dunmawe* hill meadow ← *dūn* 'DOWN¹'＋**māwe* meadow〛 **— n.** [the ～] ダンモウのベーコン賞《イングランド Essex 州の村 (Little) Dunmow で挙式後満 1 年と 1 日間幸福にむつまじく暮した夫婦に贈る flitch》.

dun·nage [dʌ́nɪdʒ] 〚《1342》*dennage, donage* ← ? MLG & MDu. *dünne, dinne* 'THIN'＋-AGE〛 **— n.** **1**《口語》手荷物, 手回り品 (personal effects); (船員の)手荷物, (野営者の)したく品. **2**〚海事〛荷敷(にしき),

ダンネージ《積荷の滑り出しや破損を防ぐために荷の下や間に当てるむしろ・板・木くずなど》; 荷敷用の安価な貨物. ― *vt.* 〈積荷を〉荷敷でつめる[おおう], …に支え物をする.

dun·ner [dʌ́nə | -nə(r] *n.* =dun² 1.

dun·nie·was·sel [dʌ́niwɑ̀səl, -sl̩ | -nɪwɔ́s-] *n.* =dunniewassal.

dunn·ite [dʌ́naɪt] 〚← *Colonel B. W. Dunn* (1860–1936: その発明者である米国の軍人): ⇨ -ite¹〛 ― *n.* 〘軍事〙(高能性) D 爆薬 (explosive D)《ピクリン酸アンモニアを主成分とする爆薬で徹甲弾に用いる; わが国の下瀬爆薬はこれに近い》.

dun·no [dənóu | -nə́u] 〚不注意な発音から〛 *vi., vt.* 《口語》=(I) don't know. ★ 特に, 視覚方言として用いられる.

dun·nock [dʌ́nək, dún- | dʌ́n-] 〚(1483) *donnok, dunoke*: ⇨ dun¹, -ock〛 *n.* 《英方言》〘鳥類〙=hedge sparrow.

dun·ny [dʌ́ni | -nɪ] 〚《略》← 《隠語》 *dunnakin* ← *danna* human ordure〛 *n.* 《豪俗》(屋外)便所 (toilet).

dúnny càrt *n.* 《豪》糞尿運搬車 (night cart).

Du·nois [d(j)uːnwɑ́ː | djuː-, djuː-; *F.* dynwa], **Jean** *n.* デュノワ《1403?–68; フランスの将軍, Orléans 公爵 (1372–1407) の子; Orléans が英軍の包囲を受けた時 Joan of Arc に救われた; 異名 Bastard of Orléans; 称号 Comte de Dunois》.

du Nóu·y tensiómeter [d(j)uːnúːiː | -núːɪ-; *F.* dynui-] *n.* 〘物理化学〙デュヌーイの表面張力計.

Dun·sa·ny [dʌnséɪni | -nɪ], **Edward John Moreton Drax Plun·kett** [mɔ́ətn̩, mɔ́ə- dræ̀ks plʌ́ŋket, -kɪt, -kət | mɔ́ːtn̩ dræ̀ks plʌ́ŋkɪt, -kət] *n.* ダンセーニ《1878–1957; アイルランドの劇作家・小説家; 通称 Lord Dunsany; 称号 18th Baron Dunsany》.

Dun·si·nane [dʌ́nsənèɪn, ⏤⏤́ | dʌnsínən] *n.* ダンシネン《スコットランド中部, Perthshire の丘; この頂上に Macbeth の城があったと言い伝えられる (310 m). ★ Shakespeare 作 *Macbeth* では [dʌ́nsənèɪn, ⏤⏤́ | dʌ́nsɪnèɪn] と発音されるが, 4.1.93 では [dʌnsínən]》.

Duns Sco·tus [dʌ́n(z)-skóutəs | -skə́ut-], **John** *n.* (1265/74–?1308) スコットランドのスコラ哲学者; 通称 Doctor Subtilis [sʌbtáɪlɪs, -ləs | -lɪs]; ⇨ Scotism.

Dun·sta·ble [dʌ́nstəbl̩], **John** *n.* (1370?–1453) イギリス最初期の作曲家・数学者.

Dun·stan [dʌ́nstən] 〚← OE *dūn* 'DOWN¹' + *stān* 'STONE'〛 *n.* 男性名.

Dunstan, Saint *n.* (909?–88) 英国 Canterbury の大主教.

dunt [dʌ́nt, dúnt] 〚(*c*1420) 《異形》← DINT: cf. Swed. *dunt* dint〛 《スコット》 ― *n.* **1** どすんと打つこと; 打たれてできた傷. **2** 〘航空〙垂直気流に突然遭遇することによる衝撃. ― *vt., vi.* どすんと打つ.

du·num [dúːnəm] *n.* =dunam.

du·o [d(j)úːou | djúːəu, djúəu; *It.* dúːo] 〚(1590) ◻ It. ~ < L ~ 'TWO'〛 ― *n.* (*pl.* ~s, **du·i** [d(j)úːiː | djúːiː, djúːiː; *It* dúːi]) **1** 〘音楽〙二重奏[唱] (duet); 二重奏[唱]曲《特に器楽曲に多く用いる》. **2** 二人, (特に芸人の)二人組: a comedy ~ (漫才などの)二人組芸人. **3** (同種類の)二匹の動物[二つの物]; 一組. **4** 〘チェス〙横に二つ並んだポーン.

du·o- [d(j)úːo(u) | djúːə(u), djúə(u)] 〚↑〛「二」の意の連結形: *duo*logue.

dùo·décagon *n.* =dodecagon.

dùo·decénnial 〚← DUO- + DECENNIAL〛 *adj.* 12 年目ごとの[に起こる].

dùo·decillion *n.* 《米》10^{39}; 《英》10^{72} (⇨ million 表). ― *adj.* duodecillion の.

du·o·dec·i·mal [d(j)ùːədésəməl, d(j)ùːo(u)- | djùːə(u)désɪ-, djùə(u)-, -sə-] 〚(1714) ← L *duodecim* twelve (← *duo* 'TWO' + *decem* 'TEN') + -AL¹〛 ― *adj.* 十二の, 十二を一組[一単位]とする; 〘数学〙十二進の (cf. decimal)《duodenary ともいう》: the ~ system (of notation) 十二進法. ― *n.* **1** 十二分の一 (twelfth part). **2** [*pl.*] 〘数学〙十二進法, 十二分算. **du·o·dec·i·mal·i·ty** [d(j)ùːədèsəmǽləti, d(j)ùːo(u)- | djùːə(u)dèsɪmǽlətɪ, djùə(u)-, -sə-, -lɪ-] *n.* **~·ly** *adv.*

du·o·dec·i·mo [d(j)ùːədésəmòu, d(j)ùːo(u)- | djùː-ə(u)désɪmə̀u, djùə(u)-, -sə-] 〚(1658) ◻ L (*in*) *duodecimō* in twelfth (abl.) ← *duodecimus* twelfth (↑)〛 ― *n.* (*pl.* ~s) **1** 〘製紙〙=twelvemo. **2** 〘音楽〙12 度(の音程). **3** 《古》ちびの人[物]. ― *adj.* 十二枚折り(の大きさ)の; 〈本が〉四六判の.

du·o·déc·u·ple scàle [d(j)ùːədékjupl̩-, d(j)ùːo(u)- | djùːə(u)-, djùə(u)-] 〚*duodecuple*: ← L *duodecim* (↑) + DECUPLE〛 ― *n.* 〘音楽〙十二音音階《それぞれ平等の価値をもつ 12 の半音から成る音階》.

du·o·den- [d(j)ùːədíːn, d(j)ùːo(u)- | djùːə(u)-, djùə(u)-] (母音の前に来る時の) duodeno- の異形.

duodena *n.* duodenum の複数形.

du·o·de·nal [d(j)ùːədíːnl̩, d(j)uːɑ́dənl̩, -dn̩əl | djùːə(u)-díːnl̩, djùə(u)-] 〚← DUODEN(UM) + -AL¹〛 *adj.* 〘解剖〙十二指腸の[に関する].

duodénal úlcer *n.* 〘病理〙十二指腸潰瘍.

du·o·den·a·ry [d(j)ùːədénəri, -díːn- | djùːə(u)díːnərɪ, djùə(u)-] 〚◻ L *duodēnāri-us* containing twelve ← *duodēnī* twelve each ← *duodecim* twelve: ⇨ -ary〛 ― *adj.* =duodecimal.

du·o·de·ni·tis [d(j)ùːədɪnáɪtɪs, d(j)ùːədənáɪtəs, -dn̩-, -təs | djùːə(u)dɪnáɪtɪs, djùə(u)-] 〚← NL ~ ← DUODEN(UM) + -ITIS〛 *n.* 〘病理〙十二指腸炎.

du·o·de·no- [d(j)ùːədíːno(u), d(j)ùːo(u)- | djùːə(u)díːnə(u), djùə(u)-] 〚← NL ~ ← DUODENUM〛「十二指腸」の意の連結形. ★ 母音の前では通例 duoden- になる.

duodèno·jejunóstomy 〚⇨ ↑, jejuno-, -stomy¹〛 *n.* 〘外科〙十二指腸空腸吻合(術).

du·o·de·not·o·my [d(j)ùːədənɑ́təmi, d(j)ùːo(u)- | djùːə(u)dɪnɔ́təmɪ, djùə(u)-] *n.* 〘外科〙十二指腸切開(術).

du·o·de·num [d(j)ùːədíːnəm, d(j)uːɑ́dən-, -dn̩- | djùːə(u)díːn-, djùə(u)-] 〚(1379) ◻ ML *duodēnum* (*digitōrum*) twelve digits ← L *duodēnī* twelve each: Gk *dōdekadáktulon* twelve fingers, duodenum のなぞり: ⇨ duodenary: 長さが指 12 本の幅にほぼ等しいことから〛 ― *n.* (*pl.* ~s, **-de·na** [-nə]) 〘解剖〙十二指腸.

du·o·graph [d(j)úːəgræ̀f | djúːəgrɑ̀ːf, -græ̀f] *n.* 〘印刷〙=duotone 2.

du·o·logue [d(j)úːəlɔ̀(ː)g, -lɑ̀g | djúːəlɔg, djúːəlɔ̀g] 〚(1864)〛 *n.* **1** 二人対話 (dialogue) (cf. monologue). **2** 二人対話劇.

duo·mo [dwóumou | dwə́uməu; *It.* dwɔ́ːmo] 〚(1549) ◻ It. ~ 'DOME'〛 *It. n.* (*pl.* ~s, **duo·mi** [-miː; *It.* -mi]) (イタリアの)司教座教会堂, 大聖堂 (cathedral).

du·op·o·ly [d(j)uːɑ́pəli | djuːɔ́pəlɪ, djʊ-] 〚← DUO- + (MONO)POLY〛 ― *n.* **1** 〘経済〙(2 企業による)複占 (cf. monopoly). **2** 〘政治〙2 国による覇権. **du·op·o·lis·tic** [d(j)uːɑ̀pəlístɪk | djuːɔ̀p-, djʊ-] *adj.*

du·op·so·nis·tic [d(j)uːɑ̀psənístɪk | djuːɔ̀p-] *adj.* 〘経済〙買手複占的な.

du·op·so·ny [d(j)uːɑ́psəni | djuːɔ́psənɪ, djʊ-] 〚← DUO- + Gk *opsōnía* purchase of victuals ← *ópson* relish〛 ― *n.* 〘経済〙買手複占《2 人の買手が市場を独占すること; cf. monopoly》.

du·o·tone [d(j)úːətòun | djúːətə̀un] *adj.* 〘印刷〙(同色系のまたは黒色と他色の) 2 色の. ― *n.* **1** 2 色の絵. **2** 〘印刷〙**a** ダブルトーン《一つの原画から角度を変えて 2 種類の網ネガを作り, 製版し, 2 色で印刷する方法; duograph ともいう》. **b** ダブルトーン画.

du·o·type [d(j)úːətàɪp | djúːə-] *n.* 〘印刷〙デュオタイプ《1 枚の網ネガから作った 2 種の網版で印刷する方法》; デュオタイプ画.

dup [dʌ́p] 〚← *do up* to lift up the latch (⇨ do (v.) 成句): cf. don¹, doff〛 *vt.* (**dupped**; **dup·ping**) 《英方言》あける, 開く (open).

dup. 《略》duplex; duplicate.

dup·a·ble [d(j)úːpəbl̩ | djúːp-] *adj.* だまされやすい (gullible). **dùp·a·bíl·i·ty** [-pəbíləti | -lətɪ, -lɪ-] *n.*

Du·parc [d(j)upɑ́ək, d(j)uː- | djupɑ́ːk; *F.* dypark], **Henri** *n.* デュパルク《1848–1933; フランスの作曲家》.

dupe¹ [d(j)úːp | djúːp] 〚(1681) ◻ F *dupe* < OF *duppe* 《短縮》← *de huppe* 'of HOOPOE': この鳥のまぬけた様子にちなむ〛 ― *n.* **1** (人に)だまされやすい人, すぐかつがれる人,「かも」; (お人好しの)ぼんやり, 間ぬけ (gull). **2** でくの棒, 傀儡(かいらい), ロボット, 手先 (tool). ― *vt.* …にばかを見させる; だます, かつぐ (deceive) 〔*into*〕: ~ a person *into* doing 人をだまして…させる. **dúp·er** *n.*

dupe² [d(j)úːp | djúːp] *adj., n., vt.* 《口語》=duplicate.

dup·er·y [d(j)úːp(ə)ri | djúːpərɪ] 〚◻ F *duperie*: ⇨ dupe¹, -ery〛 *n.* **1** 詐欺, ぺてん. **2** だます[だまされる]こと, 一杯くわされた状態.

Du·pin [d(j)uːpǽ(ŋ), -pǽŋ | djuː-; *F.* dypɛ̃], **A·man·dine Au·rore Lu·cile** [amɑ̃dɪn ɔrɔːr lysil] *n.* デュパン《George Sand の本名》.

du·pi·on [dúːpiòun | -pɪə̀un] 〚◻ F *doupion* ◻ It. *doppione* (aug.) ← *doppio* < L *duplum* 'DOUBLE'〛 ― *n.* **1** 〘養蚕〙玉繭《蚕 2 匹が共同で作った繭》. **2** 〘紡織〙=douppioni.

du·pi·o·ni [dùːpióuni | -pɪə́unɪ] *n.* 〘紡織〙=douppioni.

dúpion sìlk *n.* 〘養蚕〙玉糸, 節糸《玉繭からとった生糸》.

du·pla·tion [d(j)uːpléɪʃən | djuː-] *n.* 倍にすること, 2 倍にすること.

du·ple [d(j)úːpl̩ | djúː-] 〚(1542–43) ◻ L *dupl-us* twofold: ⇨ double〛 ― *adj.* **1** 2 つの部分[成員]を持つ. **2** 二倍の, 二重の (double). **3** 〘音楽〙偶数[2]拍子の《1 小節中に 2 またはその倍数の拍 (4 拍子など) を有する拍子》: ⇨ duple time. **4** 〘詩学〙〈韻律が〉2 音節詩句の.

Du·pleix [d(j)uːpléks, -pléɪ | djuːpléɪks; *F.* dyplɛks], **Joseph François** *n.* デュプレックス《1697–1763; フランスのインド総督 (1742–54); 称号 Marquis Joseph François Dupleix》.

dúple mèasure *n.* 〘音楽〙=duple time 1.

dúple rátio *n.* 〘数学〙2 倍の比《2 : 1 の比》.

dúple rhýthm *n.* 〘詩学〙2 拍子韻律.

Du·ples·sis-Mornay [d(j)uːplesíː- | djuː-; *F.* dyplesi-] *n.* Philippe de Mornay の通称.

du·plet [d(j)úːplɪt, -plət | djúː-] 〚← DUPLE + -ET〛 *n.* 〘音楽〙二連(音)符《本来 3 拍に数えられるべき時価を 2 等分して演奏する 2 個連続した音符; cf. triplet 6》.

dúple time *n.* 〘音楽〙 **1** 2 拍子《$^2/_2$ 拍子, $^2/_4$ 拍子, $^2/_8$ 拍子など; duple measure, two-part time ともいう; cf. triple time》. **2** 《米》偶数拍子《$^4/_2$ 拍子, $^4/_4$ 拍子, $^4/_8$ 拍子など; compound duple time ともいう》.

du·plex [d(j)úːpleks | djúː-] 〚(1817) ◻ L ~ 'twofold' ← *duo* 'TWO' + *-plex* (← *plicāre* 'to FOLD¹'): cf. Gk *díplax* double〛 ― *adj.* **1** 二連の; 重複の, 二重の (twofold): a ~ hammar 両面槌(つち) / ~ printing 〘染色〙両面捺染(なっせん). **2** 〘機械〙二重の, 複式の. **3** 〘通信〙二重電信 (duplex telegraphy) 方式の (cf. simplex 2, multiplex 2). **4** 〘生物〙複式の《特定の優性遺伝子が 2 個あることにいう》. **5** 〘生化学〙〈単位体が〉二つ相補的に結合した《DNA の二重螺旋(らせん)構造などに用いる》. ― *n.* **1 a** =duplex apartment. **b** =duplex house. **2** 〘製紙〙両面異色紙《表と裏で色・仕上げ・きめの異なる紙[厚紙]》. **3** 〘印刷〙デュープレックス《一回で紙の両面を印刷する方法》. **4** 〘印刷〙デュープレックス《同一原図から黒と淡色の 2 枚の網版を作って印刷する方法》. **5** 〘印刷〙(ライノタイプの) 2 字母型, 複母型, 集合母型《1 個のマテ (matrix) に二つの字が凹刻されている母型》; そのどちらか一方の字面. **6** 〘生化学〙二重型. **7** 〘通信〙二重電信システム. ― *vt.* 二重にする, 重複する.

dúplex apártment *n.* 複層住戸《上下二階に続く部屋を含む高級アパート; maisonette ともいう; cf. apartment》.

dú·plex·er *n.* 〘通信〙送受切換え器《同一アンテナを送信・受信に使う時の自動切換え装置; t-r box ともいう》.

dúplex escápement *n.* 〘時計〙二重脱進機《がんぎ車に 2 組の歯がついた摩擦静止式脱進機; 1 組の歯はがんぎ車停止用, 他はてんぷへの衝撃用》.

dúplex hóuse *n.* 二世帯家屋,「二戸一(にこいち)」《二つの玄関をもち二世帯で住む住宅》.

dúplex ínstrument *n.* 〘音楽〙デュープレックスインストルメント《通例金管楽器で, 2 種類の楽器をひとつに結合しまとめたもの》.

du·plex·i·ty [d(j)uːpléksəti | djuːpléksətɪ, -sɪ-] *n.* 二重性.

dúplex lámp *n.* 二重心ランプ.

dúplex lóck *n.* 複式錠《通常の鍵と合鍵のいずれによっても別個の仕組みによって解錠できるシリンダー錠》.

dúplex púmp *n.* 〘機械〙複式ポンプ, ウォーシントン式ポンプ.

dúplex telégraphy *n.* 〘通信〙二重電信《同一の電線または周波数で双方から同時に送信と受信ができる方式; cf. multiplex telegraphy》.

du·pli·ca·ble [d(j)úːplɪkəbl̩, -plə- | djúːplɪ-] *adj.* 二重[倍]にできる; 二重作成できる; 複写のきく. **dù·pli·ca·bíl·i·ty** [-kəbíləti | -lətɪ, -lɪ-] *n.*

du·pli·cate 〚(?*a*1425) ◻ L *duplicāt-us* (p.p.) ← *duplicāre* to double ← *duplus* 'DOUBLE': ⇨ -ate¹,²,³〛 ― [d(j)úːplɪkət, -plə-, -kɪt | djúːplɪ-] *adj.* **1** 重複の, 二重の. **2** 一双の, 対をなす. **3** (うり二つのように)全く同様の: a ~ key 合いかぎ / a ~ action そっくりの動作. **4** 複製の, 副の, 控えの, 写しの (cf. triplicate): a ~ receipt 領収書の控え / a ~ copy 複本; (絵画の)複製品; (文書など)同文二通作成されたものの一つ. **5** 〘トランプ〙(ブリッジなどで)デュープリケートの[による]《同じ手を多数のペアーがプレーし, その得点によって技術の優劣を競う方式》.

― [d(j)úːplɪkət, -plə-, -kɪt | djúːplɪ-] *n.* **1** (二通同一に作成された書類の)一方, (法的に同一効力をもつ)写し; (二個同一に製作された品物の)一方. **2** (原本と同じ)写本, 謄本, 副本, 写し, 控え, 複製(品), 複写(本) (second copy) (cf. counterpart 4, quadruplicate); 〘図書館〙複本; 複製物《複製絵画・写真の焼増しなど》; (写真・映画の)複製ネガ[ポジ]《オリジナルをいためぬためおよび dissolve などの効果を加えるために作る》. **3** (他と)うり二つの物. **4** 《古》合札; 質札. **5** 同意語 (synonym). **6** 〘トランプ〙デュープリケート (duplicate) のゲーム. **7** =tax duplicate.

in duplicate (正副)二通に(作成された): be made [done] *in* ~ 正副二通作成される / type a letter *in* ~.

― [-plɪkèɪt, -plə- | -plɪ-] *vt.* **1** 二重にする, 二倍にする (double). **2** 二重に作成する, 正副二通に作る. **3** 複写する, …の写し[複本]を作る: *duplicating* paper 複写紙. **4** 再び行なう, 繰り返す (repeat): ~ a mistake. **5** …に比敵[比肩]する.

du·pli·ca·tive [d(j)úːplɪkèɪtɪv, -plə-, -kət- | djúːplɪkət-, -kèɪt-] *adj.*

dúplicate fáctor [**géne**] *n.* 〘生物〙重複因子, 重複遺伝子.

dú·pli·càt·ing fìlm [-kèɪtɪŋ- | -tɪŋ-] *n.* 〘写真〙(映画の)複製ネガ[ポジ]を作製するための(微粒子)フィルム.

dúplicating machìne *n.* **1** 複写器. **2** 〘機械〙ならい盤 (profiler).

du·pli·ca·tion [d(j)ùːplɪkéɪʃən, -plə- | djùːplɪ-] 〚(*a*1500) ◻ (O)F ~ // L *duplicātiō(n-)*: ⇨ duplicate, -ation〛 ― *n.* **1** 二重, 重複, 重なり合い. **2** 複製, 複写; 複製物[品], コピー (duplicate): ~ of the cube 〘数学〙立方体倍積問題《与えられた立方体の体積の 2 倍に等しい体積をもつ立方体を作れという問題; ギリシャの三大不可能問題の一つ》. **3** 〘植物〙両岐.

dú·pli·cà·tor [-kèɪtə | -tə(r] *n.* **1** 複写器; 複製機. **2** 複製者.

du·pli·ca·tus [d(j)ùːplɪkéɪtəs, -plə- | djùːplɪkéɪtəs] 〚◻ L *duplicātus* (p.p.): ⇨ duplicate〛 *adj.* 〘気象〙〈雲の層が〉重なっている, 二重雲の.

Du·plic·i·den·ta·ta [d(j)uːplɪ̀sədentɑ́ːtə, -téɪ- | djuː-plɪ̀sɪdentɑ́ːtə, -téɪ-] 〚← NL ~ ← L *duplex* 'DOUBLE' + -I- + *dentāta* ((neut. pl.) ← *dentātus* 'DENTATE')〛 ― *n. pl.* 〘動物〙重歯目.

du·plic·i·tous [d(j)uːplísətəs, d(j)uː- | djuːplísɪtəs, djʊ-] 〚⇨ ↓, -ous〛 *adj.* 表裏二心のある, 不誠実な, 欺瞞的な. **~·ly** *adv.*

du·plic·i·ty [d(j)uːplísəti, d(j)uː- | djuːplísətɪ, djʊ-,

-sɪ-] 〖(c1433) ▭ (O)F *duplicité* ∥ LL *duplicitāt-em* doubleness ← L *duplex*: ⇨ duplex, -ity〗 ── *n.* **1** 表裏二心あること, かげひなた, 二枚舌, 不誠実; 欺瞞 (deception). **2** 《古》二重性, 重複 (duplexity). **3** 《法律》主張事実の複合, 犯罪の複合《元来別個である二つ以上の主張事実を一個の訴因に記載することで, 不適法とされる; また起訴状の一訴因中に別個の二以上の犯罪事実を記載した時は, 起訴状阻却抗弁とされる》.

Du Pont [d(j)uːpɑ́nt, ⌐– | djúːpɔnt; *F.* dypɔ̃] *n.* (*also* **Du·Pont** [～]), **É·leu·thère I·ré·née** [eløtɛːr irene] デュポン《1771–1834; フランス出身の米国の実業家; Pierre Samuel Du Pont の息子; 設立した火薬工場はのちに化学工業を中心とする財閥に発展した》.

Du Pónt de Ne·móurs [-də-nəmúə | -múə(r; *F.* -dnəmuːr], **Pierre Samuel** *n.* デュポンドヌムール《1739–1817; フランスの著述家・経済学者・政治家》.

Du·pré [d(j)uːpréɪ | djuː-, djʊ-; *F.* dypre], **Jules** *n.* デュプレ《1811–89; フランスのバルビゾン派 (Barbison school) 風景画家》.

Du·quesne [d(j)ʊkéɪn, d(j)uː- | djuː-, djʊ-; *F.* dykɛn], Marquis **Abraham** *n.* デュケーヌ《1610–88; フランスの海将》.

Du·quesne [d(j)ʊkéɪn, d(j)uː- | d(j)uː-, djʊ-], **Fort** *n.* ドゥケーン要塞《1754 年現在の Pittsburgh に築かれたフランスの要塞; 1758 年英軍が占領し Pitt (大ピット)の名をとって Fort Pitt となり, のちに Pittsburgh と改称された》.

dur [dúə | dʊ́ə(r; *G.* dúːɐ] 〖▭ G ～ ← ML *b dūrum* 'b natural [hard]': cf. dure¹〗 *n., adj.* 《音楽》長調(の) (major).

Dur. 《略》Durham.

du·ra [d(j)ʊ́(ə)rə | djʊ́ərə] *n.* 《解剖》=dura mater.

du·ra·bil·i·ty [d(j)ʊ̀(ə)rəbíləṭi | djʊ̀ərəbílɪti, -lɪ-] 〖(c1380) ▭ (O)F *durabilité*: ⇨ ↓, -ity〗 *n.* 持続力, 耐久性, 持ちのよさ.

du·ra·ble [d(j)ʊ́(ə)rəbḷ | djʊ́ər-] 〖(c1390) ▭ (O)F ～ ▭ L *dūrābilis* lasting ← *dūrāre* to harden, last: ⇨ dure², -able〗 ── *adj.* **1** 永続性のある (lasting): ～ peace, friendship, love, etc. **2** 耐久力のある, 持ちのよい, 丈夫な: ～ cloth / ～ pair of boots. ── *n.* [*pl.*] 耐久(消費)財 (cf. nondurables)《住宅・電気冷蔵庫・自動車など; hard goods ともいう; cf. consumer goods》. **～·ness** *n.*

dúrable fínish *n.* (織物の)耐久仕上げ《防水・しわ止めなど》.

dúrable góods *n. pl.* =DURABLES.

dúrable préss *n.* 《紡織》形態固定加工《布に化学薬品・熱作用などにより形態固定や防縮性を与える加工; 略 DP; permanent press ともいう》.

dú·ra·bly [-bli | -bli] 〖(a1500)〗 *adv.* 永続的に, 耐久的に, 丈夫に.

du·rain [d(j)ʊ́reɪn | djʊ́ː-] 〖← L *dūrus* hard + (FUS)AIN〗 *n.* 《地質》デュレイン《瀝青炭中で鈍光沢で堅く帯状をなしている成分; cf. clarain, fusain, vitrain》.

du·ral¹ [d(j)ʊ́(ə)rəl | djʊ́ər-] 〖← DURA(MATER) + -AL¹〗 *adj.* 《解剖》硬膜[硬脳膜] (dura) の.

du·ral² [d(j)ʊ́(ə)rəl | djʊ́ər-] 〖《略》〗 *n.* 《冶金》=duralumin.

du·ral·u·min [d(j)ʊrǽljʊmɪn, -mən | djʊərǽljʊmɪn] 〖(1910) ▭ G ～ ← *Düren* (最初に製造された工場のあったドイツの都市) + ALUMIN(UM): 第 1 要素は L *dūrus* hard とも連想される〗 ── *n.* 《冶金》ジュラルミン.

du·ra ma·ter [d(j)ʊ́(ə)rə-mèɪṭə, -mɑ̀ː- | djʊ́ərə-méɪtə(r, -mɑ́ː-] 〖(a1400) ▭ ML *dūra māter* (*cerebri*) 《原義》hard mother (of the brain)《なぞり》← Arab. *umm-d-dimāgh-ṣ-ṣafīqa^h* 《原義》thick mother of the brain: 脳膜を他の諸種の膜の「母」すなわち本源とみなして〗 ── *n.* 《解剖》硬膜, 脳硬膜《脳・脊髄をおおう堅い膜; 単に dura ともいう; cf. arachnoid 1, pia mater》.

du·ra·men [d(j)ʊréɪmɪn, -mən | djʊ(ə)réɪmen] 〖▭ L *dūrāmen* hardness, hardened vine branch ← *dūrāre* (↓)〗 *n.* 《林業》=heartwood.

du·rance [d(j)ʊ́(ə)rəns | djʊ́ər-] 〖(c1443) ▭ (O)F ～ 'duration' ← *durer* to endure < L *dūrāre* to last: ⇨ -ance〗 ── *n.* **1** 《文語》監禁, 拘禁, 収監 (cf. duress 1): in ～ 監禁されて / in ～ vile 監禁の恥辱を受けて, いむべき牢獄に. **2** 《古》継続, 持続; 忍耐.

Du·ran·go [d(j)ʊrǽŋgoʊ | djʊ(ə)rǽŋgəʊ; *Sp.* duráŋgo] *n.* **1** ドランゴ(州)《メキシコ北部の州; 人口 940,000, 面積 119,648 km²》. **2** ドランゴ《Durango 州の首都; 人口 200,000》.

du·ran·te be·ne pla·ci·to [duːrɑ́ːnteɪ-béneɪ-plǽkətòʊ, d(j)ʊrǽnṭi-béni-plǽsətòʊ | djʊ(ə)rǽntɪ-béni-plǽsɪtəʊ, duːrɑ́ːnteɪ-béneɪ-plǽkɪtəʊ] 〖▭ L *dūrante bene placitō* during the pleasure〗 *L.* 楽しみの間に.

du·ran·te vi·ta [duːrɑ́ːnteɪ-wíːtɑː, d(j)ʊrǽnṭi-váɪṭə | djʊ(ə)rǽntɪ-váɪtə, duːrɑ́ːnteɪ-wíːtɑː] 〖▭ L *dūrante vītā*〗 *L.* 一生の間 (during life).

Du·ras [d(j)ʊrɑ́ːs, d(j)uː- | djʊ-, djuː-; *F.* dyrɑːs], **Marguerite** *n.* デュラス《1914– ; フランスの女流小説家; *Le Square*「辻公園」(1955)》.

du·ra·tion [d(j)ʊréɪʃən | djʊ(ə)r-] 〖(c1380) ▭ OF ～ ▭ ML *dūrātiō(n-)* ← LL *dūrāre* to last: ⇨ dure², -ation〗 ── *n.* **1** 持続, 存続. **2 a** 存続[持続]期間, (続いている)期間: of long [short] ～ 長期[短期]の / for the ～ of the war 戦争が続いている間. **b** (Bergson 哲学の)直観的に知られる生命の飛躍 (élan vital) の持続期間. **3** 《航空》航続力《航続距離 (range) および航続時間 (endurance) の両方の意味に使う》: the ～ of flight (航空機の)航続期間, 滞空時間 / a ～ record (飛行機の)滞空記録. **4** 《音声》(音の)継続時間, 音量, 音長 (quantity). **5** [the ～] 《口語》(戦争の)継続期間, 《米》戦争 (the war).
for the duration (1) 戦争期間中. (2) (いつまで続く・いつ終わるともわからぬ)長い間, 未定の期間, いつまでも.

du·ra·tive [d(j)ʊ́(ə)rəṭɪv | djʊ́ərət-] 〖(1889) ← L *dūrātus* ((p.p.) ← *dūrāre* (↑)) + -IVE〗 ── *adj.* **1** 未完了の, 継続を示す. **2** 《文法》継続[持続]相の《ある動作が妨げられずに継続することを示す動詞の相; 英語では I *read* に対する I *am reading* など》: the ～ aspect 継続[持続]相.

Du·raz·zo [dʊrɑ́ːtsoʊ | -tsəʊ; *It.* duráttso] *n.* ドゥラッツォ《Durrës のイタリア語名》.

Dur·ban [də́ːbən | də́ː-] *n.* ダーバン《南アフリカ共和国東部の海港; 人口 991,000》.

dur·bar [də́ːbɑə, ⌐– | də́ːbɑː(r] 〖(1609) ▭ Hindi *darbār* ▭ Pers. *darbār* court of a ruler ← *dar* door + *bār* admission〗 ── *n.* **1** (インド諸侯の)宮廷 (court). **2** (インド諸侯などの)謁見, 公式接見. **3** 謁見の間.

durch·kom·po·niert [dʊ̀əçkɑ̀mpəníət | dʊ̀əçkɔ̀mpəníət; *G.* dúrçkɔmponiːɐt] 〖▭ G ← *durch* through + *komponiert* composed〗 ── *G. adj.* 《音楽》〈歌曲が〉通作(形式)の; 通作歌曲の《詩の各節に対して同じ旋律をくり返さず, 新しい異った旋律を付したものにいう; cf. strophic》.

dure¹ [d(j)ʊ́ə | djʊ́ə(r] 〖(c1375) ▭ (O)F *dur* < L *dūrum* hard (↓): cf. dour〗 *adj.* 《古》きびしい (severe), 困難な (hard).

dure² [d(j)ʊ́ə | djʊ́ə(r] 〖(c1250) ▭ (O)F *dur-er* < L *dūrāre* to endure ← *dūrus* hard〗 《古》 *vi.* 続く (last). ── *vt.* …に耐える (endure).

Dü·rer [d(j)ʊ́(ə)rə | djʊ́ərə(r; *G.* dýːrɐ], **Albrecht** *or* **Albert** *n.* デューラー《1471–1528; ドイツルネッサンスの代表的画家・版画家》.

du·ress [d(j)ʊrés | djʊ(ə)rés, djʊ́ərəs, -rɪs] 〖(c1330) ▭ OF *duresse* < L *dūritiam* hardness ← *dūrus* hard: ⇨ -ess²〗 ── *n.* (*also* **du·resse** [～]) **1** 強制, 拘束 (restraint); 監禁 (cf. durance 1). **2** 《法律》(暴力的な)威圧, 強迫《生命・身体に物理的圧迫を加え, あるいは加えるとおどして恐怖を生ぜしめること; その結果成立した契約は取消すことができる》: a plea of ～ 強迫されたという申し立て / under ～ 強迫されて.

D'Ur·fey [də́ːfi | də́ːfɪ], **Thomas** *n.* (1653–1723) 英国の劇作家・歌謡作者; *Wit and Mirth, or Pills to Purge Melancholy* (歌謡集, 1719–20).

Dur·ga [dʊ́əgɑː | dʊ́ə-] 〖▭ Skt *Durgā*〗 *n.* 《ヒンズー教》ドゥルガー《破壊の女神, Siva の配偶神; Parvati の異名》.

Dur·ga Pu·ja [dʊ́əgə-púːdʒə | dʊ́ə-] *n.* =Dasehra.

Dur·ham¹ [də́ː(r)əm, dʊ́(ə)r- | dʌ́r-] 〖OE *Dunholm* 《原義》island with a hill ← *dūn* 'DOWN¹' + *holm* (▭ ON *holm-r* island)〗 ── *n.* **1** イングランド北東部の州; 1974 年に, 北東部は Tyne and Wear 州, 南東部は Cleveland 州となり, 旧 Yorkshire 州 North Riding 北西部を加える; 面積 2,436 km². **2** Durham 州の首都; 大聖堂・大学・城がある; 金物・織物を産する; 人口 87,900. **3** 米国 North Carolina 州北部の都市; 人口 102,000.

Dur·ham² [də́ː(r)əm, dʊ́(ə)r- | dʌ́r-] 〖↑〗 *n.* ダラム《イングランド Durham 原産の肉用・短角の牛の品種; Shorthorn ともいう》.

Dúrham Rúle *n.* 《米》《法律》ダーラムの法則《被告人が犯行時に心神喪失または心神耗弱の状態にあり, その犯行がその精神異常の結果と考えるのが相当である時は, 刑事責任を問わないとする法則》.

du·ri·an [d(j)ʊ́(ə)riən, d(j)ʊ́(ə)riɑ̀ːn | dʊ́ərɪən] 〖(1588) ▭ Malay *dūriān* ← *dūri* thorn〗 ── *n.* **1** ドリアン《マレー諸島産の果実; 大きな卵形または球形でとげにおおわれ, 果肉に独特の味と香がある》. **2** 《植物》ドリアン (*Durio zibethinus*)《ドリアンを産するドリオ樹》.

dur·ing [d(j)ʊ̀(ə)rɪŋ, ⌐– | djʊ̀ər-, ⌐–] 〖(a1387) 《なぞり》← (O)F *durant* (例: *le mariage durant* the marriage lasting, in the course of the marriage) & L *dūrante* (例: *vitā dūrante* life during, while life lasts): ⇨ dure², -ing²〗 ── *prep.* **1** …の間ずっと, …中(じゅう): ～ supper / ～ life 一生涯, 一生を通じて / ～ the last few years 最近数年間. **2** …の間のある時に: He has been sick for a week ～ the semester. 彼は今学期の間一週間病気をしていた / The burglary occurred ～ the night. 強盗は夜の間に行なわれた.

du·ri·on [dʊ́(ə)riən, -ɑ̀n | dʊ́ərɪən, -ɔ̀n] *n.* =durian.

Durk·heim [d(j)ʊəkéɪm | djʊə-; *F.* dyrkɛm], **Émile** *n.* デュルケム《1858–1917; フランスの社会学者》.

dur·mast [də́ːmæ̀st | də́ː-] 〖(1791)《変形》? ← *dun mast*: ⇨ dun¹, mast²〗 ── *n.* 《植物》ヨーロッパ産のナラ《フユナラ (*Quercus sessiliflora*) または (*Q. petraea*)《重要な建築・家具材; durmast oak ともいう》.

durn [də́ːn | də́ːn] *vt., adj., adv., n., int.* 《米口語》= darn².

durned [də́ːn(d) | də́ːnd] *adj., adv.* =darned.

du·ro [dʊ́(ə)roʊ | dʊ́ərəʊ; *Sp.* dúro] 〖▭ Sp. ～ 《略》← *peso duro* hard peso or piastre〗 ── *n.* (*pl.* **～s**) ドゥーロ《スペインや中南米で用いるペソ (peso) またはドル; ペソと同義ながら, 1808 年に Ferdinand 七世が造った銀貨; モロッコの 20 リアル金貨》.

Du·roc [d(j)ʊ́(ə)rɑk | djʊ́ərɔk] 〖← *Duroc* (この種の豚を養育していた農場にいた種豚の名)〗 *n.* デュロック《米国産の強健で成長の早い一品種の豚》.

Dúroc-Jérsey *n.* =Duroc.

du·rom·e·ter [d(j)ʊrɑ́məṭə | djʊ(ə)rɔ́mɪtə(r, -mə-] 〖← NL *duro-* (← L *dūrus* hard) + -METER¹〗 ── *n.* 《計器》ジュロメーター《一定の圧力で試験片に侵入する針の深さで計る硬度計》.

dur·ra [dʊ́rə] 〖(1798) ▭ Arab. *dhúra^h*〗 ── *n.* 《植物》アズキモロコシ (*Sorghum vulgare* var. *durra*)《アジア南部・アフリカ北部産モロコシ (common sorghum) の一変種; Guinea corn, Indian millet ともいう》.

Dur·rell [də́ː(r)əl | dʌ́r-], **Lawrence** (**George**) *n.* (1912–) 英国の小説家・詩人; *The Alexandria Quartet* (1957–60).

Dur·rel·li·an [dəː(r)éliən | dʌrélɪən, -ljən] *adj.* Lawrence Durrell の(文体の).

Dür·ren·matt [d(j)ʊ́(ə)rənmɑ̀ːt | djʊ́ər-; *G.* dýrənmàt], **Friedrich** *n.* デュレンマット《1921– ; スイスの劇作家・小説家》.

Dur·rës [dʊ́rəs; *Alban.* dúrrəs] *n.* ドゥレス《アルバニア西部の港市, Tiranë の外港; 古代より重要な港であった; 人口 55,000; イタリア語名 Durazzo》.

dur·rie [də́ː(r)i | dʌ́rɪ] *n.* =dhurrie.

durst 〖OE *dorste*〗 *v.* 《古》dare の過去形. ★ 口語および俗語に残っている.

dú·rum whéat [d(j)ʊ́(ə)rəm-, də́ː(r)əm- | djʊ́ər-] 〖*durum*: ← L *dūrum* (neut.) ← *dūrus* hard: cf. dure¹〗 ── *n.* 《植物》マカロニコムギ (*Triticum durum*)《麩(ふ)質に富む硬質小麦; マカロニ・スパゲッティなどに最適種; 単に durum ともいう; cf. hard wheat, soft wheat》.

Du·ruy [d(j)ʊrwíː | djʊr-; *F.* dyrɥi], **Victor** *n.* デュリュイ《1811–94; フランスの歴史家》.

Du·se [dúːzeɪ | -zɪ; *It.* dúːze], **E·le·o·no·ra** [èleonɔ́ːra] *n.* ドゥーゼ《1859–1924; イタリアの女優》.

Du·shan·be [d(j)uːʃǽmbə, -ʃɑ́ːm- | djuː-; *Russ.* duʃambé] *n.* ドゥシャンベ《ソ連邦 Tadzhikistan 共和国の首都; 人口 476,000; 旧名 Stalinabad》.

dusk [dʌ́sk] 〖(?a1200) *dosk*《音位転換》← OE *dox* < Gmc *duskaz (Swed. *duska* to be misty) ← IE *dhus-ko- (L *fuscus* dusky) ← *dhew- to rise in a cloud: cf. dizzy, dull, dust〗 ── *n.* **1** 薄暗がり, 夕闇 (twilight): in the ～ of the evening 夕闇に. **2** 夕闇時, たそがれ(時): get toward ～ たそがれになる / at ～ 夕暮に. ── *adj.* 《詩》=dusky. ── *vi., vt.* 《詩》薄暗くなる[する], 暮れかかる[させる].

dusk·en [dʌ́skən] *vt., vi.* 《まれ》薄暗くする[なる].

dúsk·i·ly [-kɪli, -kə- | -lɪ] *adv.* 薄暗く; 陰鬱に.

dúsk·ish [-kɪʃ] *adj.* やや暗い; 薄黒い.

dusk·y [dʌ́ski | -kɪ] 〖(1558)〗 ── *adj.* (**dusk·i·er**; **-i·est**) **1** 薄暗い, ほの暗い (shadowy). **2** 薄黒い, 〈皮膚の色が〉黒ずんでいる (swarthy). **3** 陰気な, 憂鬱な (gloomy). **dúsk·i·ness** *n.*

dúsky gróuse *n.* 《鳥類》(米国西部産)アオライチョウ (*Dendragapus obscurus*).

dúsky shárk *n.* 《魚類》メジロザメ科メジロザメ属のサメ (*Carcharias obscurus*)《大西洋北部にいる青灰色のサメ; 長さ 3.5 m に達する》.

dúsky thrúsh *n.* 《鳥類》ツグミ (*Turdus naumanni*).

Düs·sel·dorf [d(j)úːsəldɔ̀əf, dús-, -sḷ- | dúsəldɔ̀ːf, dís-, -sḷ-; *G.* dʏ́sḷdɔrf] *n.* デュッセルドルフ《西ドイツ North Rhine-Westphalia 州の Rhine 川に臨む港市, 同州の首都; 人口 612,000》.

Dus·se·rah [dʌ́sərə] *n.* =Dasehra.

dust [dʌ́st] 〖OE *dūst* ← Gmc *dunstu- (Du. *duist* meal-dust / G *Dunst* vapor, fine dust / ON *dust*) ← IE *dhew- to rise in a cloud: cf. dusk〗 ── *n.* **1** ちり, ほこり; [通例 a ～, the ～] 立つほこり[ごみ], 砂ぼこり: a cloud of ～ 立ち上がる砂ぼこり / (as) dry as ～ 無味乾燥の / make *a* ～ ほこりを立てる (cf. 8) / *The* ～ is blowing. ほこりがたっている / lay *the* ～ 〈雨などが〉ほこりを静める / What *a* ～! ひどいほこりだ. **2** 粉末 (fine powder): bone ～ 骨粉 / insecticidal ～ 粉末殺虫剤 / gold ～ 砂金 / ～ tea 粉茶 / ⇨ sawdust. **3 a** 砂金, 金粉 (gold dust). **b** 《古俗》金銭, 現金 (money): Down with the ～! 金を出せ / be out for the ～ 金もうけに熱をあげる. **c** 花粉 (pollen). **4** [the ～] **a** 地面 (ground). **b** (埋葬の場としての)土 (earth). **5** [the ～] 卑しい身分, みじめな状態; 屈辱, 恥. **6** [通例 the ～] 《文語》(人体の)朽ち果てたちり, 遺骨 (ashes); 死体 (dead body); 《古》(ちりに帰るべき)肉体, 人間: *the* honored ～ 遺骸(がい), なきがら / come to ～ ちりに帰る, 死ぬ / *Dust* thou art, and unto ～ shalt thou return. なんじはちりなればちりに帰るべきなり (*Gen.* 3:19). **7 a** 《英》ごみ, くず (《米》garbage, refuse); 灰, 石炭がら (ashes) (cf. dustbin, dustman). **b** つまらないもの, くず. **8** 騒ぎ, 騒動, けんか (row): kick up [make] a ～ ごたごたを起す, 騒動を引き起す (cf. 1). **9** 《古》(土の)微粒子, 微塵 (a single particle).
bite the dust ⇨ bite 成句. ***dust and ashes*** ちりと灰《大きな失望[幻滅]を与えるもの; cf. *Gen.* 18:27; cf. APPLE of Sodom》: turn to [into] ～ *and ashes* 〈せっかくの楽しみなどが〉(泡沫(ほう)のように)消え去る. ***eat dust*** ⇨ eat 成句. ***have a little dust*** 《米口語》一戦を交える. ***humbled in*** [***to***] ***the dust*** 屈辱を受けて. ***in the dust*** (1) 死んで, 葬られて. (2) 屈辱を受けて. ***kiss the dust*** ⇨ kiss 成句. ***lick the dust*** ⇨ lick 成句. ***make the dust fly*** ⇨ fly¹ 成句. ***raise a***

dust (1) ほこりを立てる (cf. *n.* 1). (2) 騒動を起こす (cf. *n.* 8). (3) 真実をおおい隠す. ***repent in dust and ashes*** ちり灰の中で悔いる, いたく後悔する (*Job* 42: 6) (cf. *in* SACKCLOTH *and ashes*). ***shake the dust off** one's **feet**=**shake off the dust of** [**from**] one's **feet*** 《英口語》憤然として去る; 軽蔑して去る (cf. *Matt.* 10: 14). ***take the dust of*** 《米口語》…に追い越される, に遅れをとる. ***the dust and heat of the day*** (一日の)労苦, 辛い仕事 (cf. *the* BURDEN[1] *and heat of the day*). ***throw dust in** a person's **eyes*** (真実を見る)人の目をくらます[あざむく].

— *vt.* **1** 〈ちりなどを〉払う (clear away) 〔*from*〕; (ブラシをかけたりなどして)…のごみ[ちり, ほこり, よごれ]を払う[取る] 〈*off, away, out*〉: ~ the desk 机のごみをふく, 机にはたきを掛ける / ~ *off* the specks しみ[よごれ]をふき取る. **2** (ちりやごみで)よごす, ごみだらけにする. **3** 〔…に〕〈粉末を〉振りかける 〔*over, on, into, onto*〕; …に〔粉末を〕振りかける (sprinkle) 〔*with*〕: ~ powder *over* a plant 植物に殺虫粉を振りかける / ~ a cake *with* sugar 菓子に砂糖を振りかける / hair ~*ed with* gray 白髪まじりの頭髪 / her cheeks ~*ed with* powder おしろいをはたいた彼女の頬. **4** …の目をくらます, だます (deceive). **5** [~ its*elf* で]〈鳥が〉砂浴びをする. — *vi.* **1** 〈鳥が〉砂浴びをする. **2** すす払いをする, 掃除をする. **3** (植物などに)粉末を振りかける. **4** ほこりだらけになる. **5** 《俗》急いで行く[去る] (hurry) 〈*off*〉.

dust** a person's **jacket [《古》 ***coat***] (***for him***) 《口語》人をぶんなぐる. ***dust off*** (1) ほこりを払う (cf. *vt.* 1); 《米口語》〈しまってあったものなどを〉(引き出して)再び使う用意をする. (2) 《俗》《野球》〈ピッチャーが〉打者(の近く)をめがけて投球する, ビーンボール (beanball) を投げる (cf. duster 5). (3) 《俗》殺す; ひどくなぐりつける; 捨てる (discard). (4) 《俗》急いで去る[逃げる] (cf. *vi.* 5).

dúst bàth *n.* (鳥の)砂浴び.

dúst·bìn *n.* **1** 《英》ごみ入れ, ちりだめ (《米》 trash can, garbage can). **2** 《比喩》ごみ入れ(のように捨てて顧みられない所): the ~ of history. **3** 《英俗》(飛行機の, 特に胴体の下の)銃座, 後部銃座.

dúst bòwl *n.* 黄塵(こう)地帯《土砂嵐 (dust storm) の吹きまくる地域》; [the D- B-] 黄塵地帯《この嵐のよく起こる米国 Rocky 山脈東麓の大草原地帯 (Great Plains)》.

dúst bòwler *n.* 黄塵(こう)地帯の住民.

dúst·brànd *n.* 《英》(麦の)黒穂病 (smut), (俗に)「くろんぼ」.

dúst brùsh *n.* (卓上などの)ちり掃除ばけ.

dúst càrt *n.* 《英》ごみ(運搬)車 (《米》 garbage wagon).

dúst chùte *n.* ダストシュート《高層建築などでごみを上から落とし下でまとめる装置》.

dúst-clòak *n.* 《英》=dust-coat.

dúst·clòth *n.* **1** (家具などの)ほこりふきの布. **2** =dust cover 1.

dúst-còat *n.* 《英》ダスターコート (cf. duster 2 a).

dúst-còlor *n.* ほこり色, 鈍いとび色 (dull brown).

dúst còre *n.* 《電気》圧粉心《磁性体粉を固めて作った鉄心で高周波用変圧器などに用いる》.

dúst còunt *n.* (抽出調査に基づく)一定時の大気中の「細塵数.

dúst còunter *n.* 計塵器, 塵挨計《空中に浮遊する粉塵粒子の測定器; nucleus counter ともいう》.

dúst còver *n.* **1** (家具などを使用しない時にかけておく)ほこりよけカバー. **2** =jacket 4 a.

dúst dèvil *n.* (南アフリカの)塵旋風.

dúst disèase *n.* 《口語》《病理》=pneumoconiosis.

dúst·er 〖《1576》〗 — *n.* **1 a** ちりを払う人, 掃除人. **b** はたき, ブラシ, ちり掃除器; ふきん, ぞうきん. **2 a** 《米》ダスター(コート) (《英》 dust-coat)《昔自動車に屋根のなかった時に着用されたちりよけコート》. **b** 女性用ハウスコート (housecoat); (軽い生地で作った)ゆったりした女性用夏着. **3 a** (料理用などの)(粉)ふるい器; (DDT・除虫菊粉などの)散布器: a pepper ~ こしょうかけ / a sugar ~ 砂糖振りかけ器 / a DDT ~ DDT 散布器. **b** 飛行機で作物の薬剤散布に従事する人. **4 a** 《英海軍俗》=ensign 2. **b** =red ensign. **5** 《俗》《野球》ビーンボール (bean ball)《これをよけてころんだプレーヤーが塵を払うことから; cf. DUST *off* (2)》. **6** 《米西部》=dust storm. **7** 《口語》=dry hole.

dúst-guàrd *n.* (機械や自転車などの)ちり除け装置, 泥よけ.

dúst gùn *n.* 手動式薬剤散布器.

dúst·hèap *n.* **1** 掃き溜め, ごみの山. **2** 打ちすてられた[忘れられた]状態, 無視, 忘却.

dúst-hòle *n.* 《英》ごみ溜め[穴].

dúst·ing *n.* **1** ほこりを払うこと, はたきをかけること, 掃除: give a ~ はたきをかける, 掃除する. **2** 軽く振りかけること, 散布; (特に, 空中から行なう)薬剤散布《crop-dusting ともいう》. **3** (粉おしろいなどの)ひとはたき, 小量: a ~ *of* powder. **4** 《窯業》 **a** ダスティング《多量のケイ酸二石灰を含有する材料が, 赤熱から急冷することによって急激に膨張し粉状化する現象》. **b** ふりかけ《乾式琺瑯(ほう)がけでフリット粉末を加熱した金属の表面にふるいでふりかける方法》. **c** ダスティング《湿式琺瑯がけで吹付け中にほとんど乾燥した泥漿(しょう)が部分的に集るためにおこる欠点》. **5** 《俗》なぐること, 殴打: give a ~ 人をひっぱたく. **6** 《俗》(荒天時の)船のあえぎ. **7** 掃粉, 散粉.

dústing pròcess *n.* 《写真》散粉法《例えばアラビアゴムと重クローム酸塩の混合物が光を受けてその粘性を失うことなどを利用し, 粉末をふりかけて画像を作る写真印画法》.

dúst jàcket *n.* =jacket 4 a.

dúst·less *adj.* ほこりの(たた)ない.

dúst·lìke *adj.* ほこりのような, ちりみたいな.

dúst·man [-mən] *n.* (*pl.* **-men** [mən]) 《英》 **1** ごみ掃除[運搬]人夫, 清掃人 (《米》 trashman). **2** 〖ごみが目に入った時のように目をこすりたくなるのは眠りの精が来る知らせだという民間説話による: cf. sandman〗眠りの精, ねむ気 (sleepiness): The ~'s coming. 眠くなってきた. **3** 《海軍俗》火夫 (stoker).

dúst mòp *n.* =dry mop.

dúst·òff 〖離着陸の際ほこりを立てることから〗 *n.* 《米軍俗》死傷者を戦場から運ぶヘリコプター (cf. medevac)《dust-off helicopter ともいう》.

dus·toor [dəstúə | -túə(r)] *n.* (*also* **dus·tour** [~]) =dastur[2].

dúst·pàn *n.* ちり取り, ごみ取り.

dúst·pròof *adj.* ごみよけの, ちり止めの.

dúst shèet *n.* =dust cover 1.

dúst shòt *n.* 最小散弾《散弾銃で使用される最小の銃弾》.

dúst stòrm *n.* 《気象》砂塵(じん)嵐《砂漠地方に多い砂ぼこりを吹き上げる大風; 乾燥期の農作地帯に起こるもので sandstorm と区別される; duster ともいう》.

dúst-tìght *adj.* =dustproof.

dúst·ùp *n.* 《口語》騒動, 騒ぎ (disturbance); 乱闘, けんか (row).

dúst wràpper *n.* =jacket 4 a.

dust·y [dʌ́sti | -tɪ] 〖《?c1200》〗 — *adj.* (**dust·i·er; -i·est**) **1** ほこりっぽい, ほこりだらけの, ちりまみれの; ちり[ほこり]が積っている: a ~ road, book, window, etc. **2** ほこり色の, 灰色の (gray); 〈酒が〉濁った. **3** 粉末状の (powdery). **4** 無味乾燥な, つまらない (dull); 無価値な, 卑しむべき; みじめな. **5** はっきりしない, 曖昧な (vague): a ~ answer. **6** 《俗》〈天気が〉大風の吹く, 荒天の, 嵐の (stormy).

not [***none***] ***so dusty*** 《英俗》まんざら[捨てたもの]でもない, なかなかいい: The pay is *not so* ~. 給料はそれほど悪くない.

dúst·i·ly [-tɪli, -tə- | -lɪ] *adv.* **dúst·i·ness** *n.*

dústy clóver *n.* 《植物》銀色の葉をしたハギの一種 (*Lespedeza capitata*) (bush clover).

dústy míller *n.* **1** 《植物》灰白色の綿毛でおおわれた葉を有する数種の植物の総称: **a** シロタエギク (*Centaurea cineraria*)《白綿毛の葉と大きな黄または紫の頭状花を有する南イタリア産の植物》. **b** Capri 産の小さい紫色の花をつける同類の植物 (*Centaurea gymnocarpa*). **c** =snow-in-summer. **d** シロタエギク (*Senecio cineraria*)《白綿毛の羽状に分裂した葉をもつ多年生植物》. **e** =mullein pink. **2** 《釣》サケ釣り用の毛鉤の一種. **3** 《昆虫》=miller 3.

dutch [dʌ́tʃ] *n.* 《英俗》=duchess 4.

Dutch [dʌ́tʃ] 〖《c1333–52》 *Duch(e)* German, Dutch ◻ MDu. *duutsch* Netherlandish, German (Du. *duitsch* German). 《原義》 national < Gmc **þeudiskaz* of the people (OE *þēodisc* gentile / OHG *diutisk* (G *deutsch* German)) ← **þeudā* a people, nation (OE *þēod* / OHG *diot* / Goth. *thiuda*) ← IE **teutā* people, tribe: 英語では 1600 年以後一般には the Netherlanders の意に限定された: cf. Teutonic〗 — *adj.* **1** オランダ (Holland) の. **2 a** オランダ人[語]の. **b** 《米》Pennsylvania Dutch の. **3** 《米方言・俗》ドイツの (German). **4** オランダ製[産]の; [しばしば軽蔑的に] オランダ風[流]の: a ~ clock, chair, etc. **5** (17 世紀) オランダ絵画の[風の]: the ~ school (絵画の)オランダ派《写実主義の風景・風俗・静物画が特色》.

do the [***a***] ***Dutch*** (***act***) 《口語》(1) 逃げる, 見捨てる (desert). (2) 自殺する. ***go Dutch*** 《口語》勘定を各自払い[持寄り]にする, 割勘でいく (cf. Dutch treat): go ~ *for* lunch [*on* dates, *to* baseball games]. ***take Dutch leave*** 《口語》〈兵士が〉許可なく部署を離れる.

— *n.* **1** オランダ語 (cf. double Dutch). **2** [the ~] [集合的] オランダ人 (the people of the Netherlands or Holland); 《米方言・俗》ドイツ人 (the Germans). **3** 《米方言・俗》ドイツ語 (German): High ~ =High German / Low ~ =Low German. **4** 《米》=Pennsylvanian Dutch. **5** 《口語》かんしゃく, 怒り (dander): His ~ is up. 彼のかんしゃく玉は破裂した.

beat the Dutch =*beat the* BAND[2]. ***in Dutch*** 《口語》(1) 困って, 難儀して; 立場が悪い, 厄介な目にあって: get *in* ~ 困る, 難儀する; 面倒な立場になる. (2) 〔…に〕不興を買って 〔*with*〕: get *in* ~ *with* a person 人の不興を買う.

~·ly *adv.*

Dútch 200 [-tú:hʌ́ndrɪd, -drəd] *n.* (*pl.* ~**s**) 《俗》《ボウリング》ダッチマン《ストライクとスペアを交互に連続して 200 点を出すこと》.

Dútch áuction *n.* 逆ぜり《言い値から次第にせり下げていって落とす競売法; mock auction ともいう》.

Dútch bárgain *n.* 《口語》一杯やりながら取り結ぶ売買契約, 酒席での取引 (wet bargain).

Dútch bárn *n.* (乾草の上などに作った)屋根ばかりの納屋.

Dútch Bélted *n.* ダッチベルテッド《オランダ原産の腹に白い帯状のしまのある黒い乳牛の品種》.

Dútch bób *n.* 前髪を切下げ残りは耳たぶの辺りの長さで切りそろえる断髪《Dutch cut ともいう》.

Dútch bónd *n.* 《建築》(れんがの)オランダ積み (English cross bond と Flemish bond を共にこう呼ぶ).

Dútch Bórneo *n.* オランダ領ボルネオ《Borneo 島南部のオランダ領植民地, 今は独立してインドネシア共和国の一部 Kalimantan となる》.

Dútch bríck *n.* =Dutch clinker.

Dútch bútter *n.* 人造バター.

Dútch cáp *n.* **1** オランダ帽《レースや刺繍のあるモスリンで作られた三角形の婦人帽》. **2** (避妊用)ペッサリー (pessary) の一種.

Dútch cháir *n.* ダッチチェア《1700 年ごろのオランダ起源の英国の椅子で背に透し彫りの花瓶形背板をつけ曲り脚のもの》.

Dútch chéese *n.* **1** (赤い丸い形の)オランダ産チーズ, 赤玉チーズ. **2** 《米北部》=cottage cheese.

Dútch círcle *n.* 《測量》=circumferentor.

Dútch clínker *n.* オランダれんが《オランダで作られている吸水率の小さい強度の大きなクリンカーれんが; 正式には Dutch clinker brick という》.

Dútch clóver *n.* 《植物》オランダゲンゲ (*Trifolium repens*)《マメ科の植物; white clover ともいう》.

Dútch Colónial *adj.* 《建築》オランダ植民地時代風の, ダッチコロニアル様式の《17 世紀の New England に見られる腰折れ小屋と深い軒のある建築様式》.

Dútch cómfort *n.* 《口語》(「これ以上悪くないのはせめてものこと」'Thank God it's no worse' だとする)あきらめの気持, さっぱりありがたくない慰め.

Dútch cóncert *n.* 《口語》各自違う歌を同時に歌う合唱, てんでんばらばらな合唱; がやがや, 騒ぎ, 騒音.

Dútch cóurage *n.* 《口語》酒の上の[から]元気.

Dútch cúpboard *n.* (下部はサイドボード上部は皿類を展示する開放棚になった)大型食器戸棚.

Dútch cút *n.* =Dutch bob.

Dútch dóor *n.* **1** 上下 2 段式ドア《上下二段に仕切られた扉で一方だけあけ[しめ]ておくことができる; cf. double door》. **2** (引き出して見る)雑誌の折りたたみ広告.

Dutch door 1

Dútch Éast Índies *n. pl.* [the ~] =Netherlands East Indies.

Dútch élm disèase *n.* 《植物病理》オランダエルム病, ニレ立ち枯れ病《子嚢菌 (*Ceratocystis ulmi*) が起こすニレノキの病気; elm blight ともいう》.

Dútch fóil *n.* 《金属加工》=Dutch gold.

Dútch fóot *n.* (17 世紀後期から 18 世紀初期に流行した)曲り脚 (cabriole) のひづめの形をした足部.

Dútch góld *n.* 《金属加工》オランダ金《銅と亜鉛の合金; 模造金箔として使われる; Dutch foil, Dutch leaf, Dutch metal ともいう; cf. tombac》.

Dútch Guiána *n.* オランダ領ギアナ《Surinam の旧名》.

Dútch Hárbor *n.* ダッチハーバー《Aleutian 列島中 Unalaska 島にある米国の海軍基地》.

Dútch hóe *n.* =scuffle hoe.

Dútch intérior *n.* オランダの室内情景を描いた風俗画《特に 17 世紀のオランダで流行した; Pieter de Hooch (1629–83) の作品は典型的》.

Dútch léaf *n.* 《金属加工》=Dutch gold.

Dútch lúnch *n.* **1** 費用持ち寄り[各自負担]の昼食 (cf. Dutch supper). **2** 《料理》コールドカット (cold cuts) の一人前.

Dútch·man [-mən] 〖《1375》〗 — *n.* (*pl.* **-men** [-mən]) **1 a** オランダ人. ★《米》では Hollander の方が普通. **b** オランダ船: ⇨ Flying Dutchman. **2 a** 《米方言・俗》ドイツ人 (German). **b** 《海軍俗》ドイツ船. **c** 《口語》ヨーロッパ人, 外国人. **3** 《建築》(継目のすき間などに挿込む)埋め木, 詰め木.

I'm a Dutchman 《口語》(1) [断言を強めるための決まり文句]: *If* it won't rain, (then) *I'm a* ~. 雨が降らなかったら首をやる / We will win, or *I'm a* ~. 我々は絶対に勝つよ. (2) いやはやこれは驚いた: Well, *I'm a* ~.

Dútchman's-bréech·es [-brítʃɪz, -tʃəz] 〖その花の形から〗 — *n.* (*pl.* ~) 《植物》米国東部産のケシ科のケマンソウの一種 (*Dicentra cucullaria*)《white eardrops ともいう》.

Dútchman's lànd *n.* 《俗》《海事》ダッチマンズランド《水平線上に雲のかたまりなどが陸地のように見えるもの; Cape Flyaway ともいう》.

Dútchman's lòg *n.* 《海事》流木測程法《流木を船首の方の第 1 点から投げて船尾の方の第 2 点を通過するまでの時間と距離で船の速度を測る方法》.

Dútchman's-pípe *n.* 《植物》ウマノスズクサ属の植物 (*Aristolochia macrophylla*).

Dútch métal *n.* 《金属加工》=Dutch gold.

Dútch Nèw Guínea *n.* オランダ領ニューギニア《West Irian の旧名》.

Dútch óven *n.* **1** 重いふた付きの鉄製のなべ. **2** 炉の前に据えパンや肉を焼く棚つきの器具. **3** (あらかじめ壁面を熱してから使う)れんが造りのオーブン. **4** 《英俗》(人の)口 (mouth).

Dútch párty *n.* =Dutch treat.

Dútch rúsh *n.* 《植物》=scouring rush.

Dútch séttle *n.* 背板を前に倒すとテーブルに変わる長椅子.

Dútch stráight *n.* 《トランプ》=skip straight.

Dútch súpper *n.* 費用持ち寄り[各自負担]の夕食 (cf. Dutch lunch).

Dútch tréat 《口語》 *n.* 費用持寄り[各自負担]の会食[娯楽, 旅行など], 割勘でやる会《Dutch party ともいう》. — *adv.* 勘定を各自払いで: go ~ =*go* DUTCH.

Dútch úncle *n.* 《口語》ずけずけと[きびしく]非難

する人：talk to a person like a ～ 人をきびしくさとす[しかる].

Dútch Wést Índies *n. pl.* [the ～] オランダ領西インド諸島《Netherlands Antilles の旧名》.

Dútch whíte *n.* 〖顔料〗オランダ白《白土などから成る》. 「〖鉛白から成る〗.

Dútch whíte léad [-léd] *n.* 〖顔料〗オランダ鉛白

Dútch wífe *n.* **1** 竹(ちく)夫人《南洋地方で暑熱の苦を軽減するため寝床で使う籐(とう)製などの手足載せ用まくら》. **2** 「ダッチワイフ」. 「人. **2** ドイツ人.

Dutch·y [dʌ́tʃi | -tʃɪ] *n.* 《口語》[軽蔑的に] **1** オランダ

du·te·ous [d(j)úːtiəs | djúːtjəs, -tɪəs] 〚《1593–94》〛 *adj.* 《文語・詩》よく本分を守る, 従順な (dutiful). **～·ly** *adv.*

dú·te·ous·ness *n.* 従順, 忠実.

du·ti·a·ble [d(j)úːtiəbḷ, -ṭjə- | djúːtjəbḷ, -tɪə-] 〚《1774》〛 **—** *adj.* 〈輸入品など〉関税を課せられる, 有税の (cf. duty-free)：～ articles [goods] 有税品, (税関における) 課税品.

du·ti·ful [d(j)úːtɪfəl, -ṭə- | djúːtɪ-] 〚《1552》〛 **—** *adj.* **1** 〈人が〉本分を守る, 忠順な, 貞節な, 従順な〔*to*〕：～ subjects 忠順な臣民 / a ～ son 孝行息子. **2** 〈言葉・態度など〉(目上に対して)礼儀正しい, うやうやしい：～ respect うやうやしい尊敬. **～·ly** *adv.* **～·ness** *n.*

du·ty [d(j)úːṭi | djúːtɪ] 〚《1377》 *duete* ▭ AF *deweté, dueté* ← *du(e)* = OF *deu*：⇨ due, -ty²〛 **—** *n.* **1** 本分, (道徳上・法律上の)義務, 義理 (obligation), 本務, 道義：do [perform] one's ～ 本分を尽くす / England expects every man to do his ～. 英国は各員ことごとくその本分を尽くされんことを期待する《Nelson が Trafalgar 海戦に際して発した有名な信号》/ one's bounden ～ 必ずしなくてはならない本務 / take a person's ～ 人の仕事を代ってする. **2** [しばしば *pl.*] 務め, 職務, 任務〔*of doing*〕：the *duties* of a soldier, teacher, etc. / military ～ 軍務 / hours of ～ 勤務時間 / day [night] ～ 昼[夜]勤 / neglect one's *duties* 職務を怠る / perform [discharge, fulfill] one's *duties* 職務を果たす. **3** (教会の)宗務, 礼拝式の勤め：ministerial [clerical] ～ 聖職者[牧師]の職務, 宗務 / take the ～ in a church for another 他人に代って教会の礼拝式の勤めをする. **4** 〖軍事〗職務, 任務, 勤務《軍人が補職された所定の仕事または任務》; (義務としての)兵役, 軍務. **5** 《文語》〔目上に対する〕尊敬, 敬意〔*to*〕：pay [send] one's ～ *to* 謹んで…に敬意を表する / present one's humble ～ *to* …(閣下)に対してうやうやしく敬意を表する. **6** [しばしば C-] (輸出入・消費などに課する)税, 課税; [*pl.*] 関税：customs [excise] ～ 関税[消費税] / succession [death] *duties* 相続税 / export [import] *duties* 輸出[輸入]税 / stamp *duties* 印紙税 / lay [impose] a ～ on …に課税する / ⇨ duty-free, specific duty. **7** 〖機械〗(燃料消費高に比較する)機関の仕事量, 効率. **8** 〖農業〗用水量《単位土地面積当りの灌漑(かんがい)水量；duty of water ともいう》. **9** 《口語》(主に子供に関して) 通じ, 便通.

as in duty bound 義務の命ずるままに, 義務上. ***be (in) duty bound to do*** … 義務として…しなければならない. ***do duty as [for]*** 〈物・事が〉…の用をつとめる, の代りをする. ***off duty*** 非番で, 勤務時間外で：come [go] *off* ～ 非番になる. ***on duty*** 当番で, 勤務時間中で：come [go] *on* ～ 当直[勤務]につく.

duty of water [the ―] 〖農業〗= duty 8.

— *attrib. adj.* **1** (自由意志または喜んでするのではない)義務[義理]でする, いやでもしなければならない：a ～ dance, dinner, etc. / ⇨ duty call. **2** 任務についている, 当直の：a ～ officer. 「問.

dúty càll *n.* (いやでもしなければならない)義理の訪

dúty-frée 〚《1689》〛 *adj.* 関税のかからない, 無税の, 免税の (cf. free *adj.* 14)：～ goods 免税品 / a ～ shop (空港などの)免税品売店. **—** *adv.* 関税なしに, 無税で.

dúty-páid *adj., adv.* (消費税または関税の)納税済みの[で], 関税売手負担の[で]. 「表, 勤務割簿.

dúty ròster *n.* 〖軍事〗(衛兵・炊事勤務兵などの)勤務

du·um·vir [d(j)uːʌ́mvə, -vɪə | djuːʌ́mvə(r, djuː-, djúːəm-, duːʌ́m-] 〚《1600》▭ L ～ ← *duum* ((gen.) ← *duo* 'TWO') + *vir* man〛 **—** *n.* (*pl.* **～s, -um·vi·ri** [-vəràɪ, -rìː | duːʌ́mvɪrìː, djuːʌ́mvɪràɪ, djʊ-, -və-]) (古代ローマの, 連帯職務をもつ)両官吏の一人, 二頭政治者の一人.

du·um·vi·rate [d(j)uːʌ́mvərət, -rɪt, -rèɪt | djuːʌ́mvɪrət, -və-, -rɪt] 〚《1656》▭ L *duumvirāt-us*：⇨ ↑, -ate¹〛 **—** *n.* **1** (古代ローマの)二人連帯職; その任期. **2** 二頭政治, 二人統治.

Du·va·lier [d(j)uːvæljeɪ | djuː-; *F.* dyvalje], **François** *n.* デュバリエ《1907–71; ハイチの医師・政治家; 同共和国の大統領 (1957–71); 通称 Papa Doc》.

du·vet [d(j)uːvéɪ | djúːveɪ; *F.* dyvɛ] 〚▭ F ～《原義》down《変形》← *dumet* (dim.) ← *dum*《変形》← *dun* ← ON *dūnn*：⇨ down²〛 **—** *n.* **1** 〖鳥類〗綿羽《羽毛の一種; 一時期ひなはこれでおおわれることがある》. **2** (寝具のかわりに用いられる厚くやわらかい)羽ぶとん.

du·ve·tyn [d(j)úːvətiːn, dʌ́vtiːn | djúːvɪtiːn] 〚▭ F ～ ← *duvet* (↑) + -INE¹〛 **—** *n.* (*also* **du·ve·tyne** [～]) デュベティン《羊毛に絹や木綿を混ぜて織ったビロードに似たしなやかな織物; 女性の衣服に用いられる》.

du Vi·gneaud [d(j)uvíːnjoʊ, d(j)uː- | djuvíːnjəʊ, djʊ-], **Vincent** *n.* (1901–78) 米国の生化学者; Nobel 化学賞 (1955).

Du·vi·vier [d(j)ùːvɪvjéɪ | djùː-; *F.* dyvivje], **Julien** *n.* デュビビエ《1896–1967; フランスの映画監督》.

dux [dʌ́ks, dúks | dʌ́ks] 〚▭ L ～ 'leader'：cf. duke〛 **—** *n.* (*pl.* **du·ces** [d(j)úːsiːz, dúːkeɪs | djúːsiːz], **～·es**) **1** 《スコット・ニュージーランド・アフリカ南部》学級の委員長, (学校の)首席生徒. **2** ローマ帝国後期の地方 (province) 駐屯軍司令官. **3** 〖音楽〗(canon, fugue の応答 (answer) に対する)主題 (first subject), (後続声部 (consequent) に対する)先行声部 (antecedent) (cf. comes 3).

duy·ker [dáɪkə | -kə(r] *n.* = duiker.

D.V. 《略》defective vision; *L.* Deō volente (= God willing, if God permits); distinguished visitor; Douay Version (⇨ Douay Bible).

dvai·ta [dváɪṭə | -tə] 〚▭ Skt ～ ← *dvi-* two：cf. di-¹〛 *n.* 〖ヒンズー教〗二元論.

dvan·dva [dvɑ́ːndvə, dvʌ́ndvə] 〚▭ Skt *dvandva-* ← *dvā* 'TWO'〛 **—** *n.* (*pl.* **～s, ～**) 〖文法〗相違釈(複合語), 並列複合[合成]語《構成要素相互の関係が and を補って解されるような複合語; 例: bittersweet, typist-clerk; dvandva compound, copulative compound ともいう》.

Dvá·pa·ra Yúga [dvɑ́ːpərə-] 〚▭ Skt *dvāparayuga* ← *dvāpara* third best throw at dice (← *dvā* 'TWO' + *para* further) + YUGA〛 **—** *n.* 〖ヒンズー教〗薄暗時代 (⇨ Yuga).

Dvi·na [dviːnɑ́ː | dvíːnə; *Russ.* dvjiná] *n.* ⇨ Northern Dvina, Western Dvina.

Dvína Báy [Gúlf] *n.* ドビナ湾《ソ連邦北西部にある白海 (White Sea) の入江》.

D.V.M. 《略》Doctor of Veterinary Medicine.

Dvo·řák [(d)vɔ́əʒɑːk, -ʒæk | (d)vɔ́ːʒɑːk, dvɔ́ːrɑːk, -ʒæk, -ræk; *Czech* dvɔ̌rɑːk], **An·to·nín** [ɑ́ntɔnjiːn] *n.* ドボルザーク《1841–1904; チェコスロバキアの作曲家; *From the New World* (1893)》.

Dvr. 《略》driver.

D.V.S. 《略》Doctor of Veterinary Science [Surgery].

dw, d.w. 《略》deadweight; delivered weight.

DW 《略》delayed weather; distilled water.

D/W 《略》dock warrant.

d.w., d/w, D/W 《略》dust wrapper.

dwale [dwéɪl] 〚《a1325》← ? ON.：cf. OSwed. *dvala* lethargy / ON *dvǫl* delay〛 *n.* 〖植物〗= belladonna 1 a.

dwalm [dwɑ́ːm] 〚《1500–20》：cf. OE *dwolma* chaos / OHG *twalm*〛 *n.* (*also* **dwam** [～]) 《スコット》 **1** 卒倒, 気絶; 人事不省. **2** 空想, 夢想 (daydream).

dwarf [dwɔ́əf | dwɔ́ːf] 〚OE *dweorg* < Gmc **dwerʒaz* (Du. *dwerg* / G *Zwerg* / ON *dvergr*) ← ? IE **dhwer-* to trick, injure (Skt *dhvarati* he injures)〛 **—** *n.* (*pl.* **～s, dwarves** [dwɔ́əvz | dwɔ́ːvz]) **1 a** (伝説やおとぎ話の)こびと《姿は醜悪で魔法を心得ている; 通例, 頭でっかちで尻すぼまりなものについていい, それなりに調和のとれたのは midget という》; 一寸法師 (pygmy). **b** 〖北欧神話〗(地下や石・岩の中に住む)こびとの金属細工師. **2** 〖生物〗普通より小さい動物[植物], 矮小(わいしょう)形[体]：**a** 〖植物〗矮性(わいせい)植物, 短小植物; 盆栽. **b** (非常に)身の丈の低い人, 侏儒(しゅじゅ). **3** 〖天文〗= dwarf star.

— *adj.* (**～·er; ～·est**) **1** 普通より小さい, 小形の (undersized); ちっぽけな (puny)：a ～ car 小型車. **2** 〖園芸〗矮性の：a ～ apple, pear, quince, etc.

— *vt.* **1 a** 小さくする; 〈植物〉の発育[成長など]を妨げる (prevent), いじけさせる：*～ed* trees 〖園芸〗(接木や薬剤処理による)矮化樹《盆栽など》. **b** 〈人〉の知能[道徳心など]の発達を妨げる. **2** (対照的に)小さく見せる：a building that will ～ all the other buildings in the city (竣工(しゅんこう)の上は)市内の他の建物を小さく見せるような大きな建物. **—** *vi.* 小さくなる; いじける.

～·like *adj.* **～·ness** *n.*

dwárf álder *n.* 〖植物〗 **1** クロウメモドキ属の低木 (*Rhamnus alnifolia*). **2** 米国南東部産の白い花をつけるマンサク科の低木 (*Fothergilla gardeni*).

dwárf banána *n.* 〖植物〗サンジャクバナナ (*Musa nana* or *M. cavendishii*)《特に, 西インド諸島で栽培される矮性のバナナ; Canary banana, Cavendish banana, Chinese banana ともいう》.

dwárf bóx *n.* 〖植物〗 **1** オーストラリア産ユーカリノキ (eucalypt) 数種の総称. **2** = sand myrtle.

dwárf chérry *n.* 〖植物〗各種の低木性のサクラの類の総称; (特に) *Prunus cuneata*.

dwárf chéstnut *n.* 〖植物〗低木性のクリの総称; (特に) = chinquapin 1.

dwárf córnel *n.* 〖植物〗ゴゼンタチバナ (*Cornus canadensis*).

dwárf crésted íris *n.* 〖植物〗米国東部から中部原産のアヤメの一種 (*Iris cristata*)《花は青色で黄色のひだがありかすかな芳香がある; crested iris ともいう》.

dwárf dóor *n.* 通常の高さの半分しかないドア.

dwárf fán pàlm *n.* 〖植物〗= hemp palm a.

dwárf gínseng *n.* 〖植物〗北米東部産ウコギ科の小さな多年性草本 (*Panax trifolius*)《チョウセンニンジンの近縁種で, 掌状複葉と塊状の根を有する; groundnut ともいう》.

dwárf góldenrod *n.* 〖植物〗北米東部産キク科アキノキリンソウ属の草本 (*Solidago nemoralis*)《茎の一方の側だけに黄色の花が頂生密集して咲く; 染色に利用されることがある; gray goldenrod ともいう; cf. dyer's-weed》.

dwárf hóuseleek *n.* 〖植物〗サカサマンネングサ, サカサベンケイ(ソウ) (*Sedum reflexum*)《ヨーロッパ産の匍匐(ほふく)性の常緑草本; 黄金色の花をつける》.

dwárfing róotstock *n.* 〖園芸〗矮生台《接いだ挿木の生長を抑制し, 果樹を小型化させる台木》.

dwárf·ish [-fɪʃ] 〚《1565–73》〛 *adj.* こびとのような; 異常に小さい, ちっぽけな, ちびの; 〈知能・道徳心など〉萎縮(いしゅく)した, いじけた. **～·ly** *adv.* **～·ness** *n.*

dwárf·ism [-fɪzm] *n.* 萎縮(いしゅく); 短小性 (nanism).

dwárf Jápanese quínce *n.* 〖植物〗ボケ, カラボケ (*Chaenomeles japonica*)《日本産の矮性低木; 朱だいだい色の花が咲き黄色の実がなる》.

dwárf Júneberry *n.* 〖植物〗米国産の匍匐(ほふく)性のバラ科ザイフリボク属の低木 (*Amelanchier stolonifera*)《ゼリーに利用される甘い黒紫色の実をつける》.

dwárf mállow *n.* 〖植物〗ハイアオイ (*Malva rotundifolia*)《ヨーロッパ産のアオイ科の雑草》.

dwárf-màn [-mæ̀n] *n.* (*pl.* **-men** [-mèn]) (こびとのように)非常に小さい人.

dwárf mórning-glory *n.* 〖植物〗サンシキアサガオ (*Convolvulus tricolor*)《ヨーロッパ南部産の半ば匍匐(ほふく)性の植物; 辺が白, 首が黄色の青い花をつける》.

dwárf palmétto *n.* 〖植物〗 **1** = blue palmetto. **2** チャボサバル, ミキナシサバルヤシ (*Sabal minor*)《米国南東部産の矮性(わいせい)のヤシ; 根茎と短い地下幹があり, 平たい青緑色の葉片の葉がそこから冠状に出る》.

dwárf poinciána *n.* 〖植物〗= PRIDE of Barbados.

dwárf sígnal *n.* 〖鉄道〗小形信号機《backup signal ともいう》.

dwárf stár *n.* 〖天文〗矮星(わいせい)《光度も質量も比較的小さい恒星; cf. giant 4》.

dwárf súmac *n.* 〖植物〗北米東部に普通の毒性をもたないウルシ属の低木 (*Rhus copallina*)《緑がかった花と赤い実をつける; black sumac ともいう》.

dwárf wáll *n.* 〖建築〗腰垣; 小壁; 大引壁.

dwárf whíte *n.* 〖植物〗= early wake-robin.

dwell [dwél] 〚OE *dwellan, dwelian* to lead astray, delay ← Gmc **dwel-* (MDu. *dwellen* to stun / MHG *twellen* to delay / ON *dvelja* to tarry, stay) ← IE **dhew-* to rise in a cloud：⇨ dull〛 **—** *vi.* (**dwelt** [dwélt], 《米》 **dwelled** [dwéld, dwélt]) **1** 《文語》〔…に〕住む, 居住する (live)〔*at, in, on, etc.*〕：～ *at* home / ～ *in* the country. **2 a** 《古》とどまる (remain), 去りかねる (linger). **b** 〔ある状態を〕続ける〔*in*〕; 〔…に〕ある, 存する (exist)〔*in*〕. **3** 〈馬が〉足を上げるのがおそい, 柵を越す前にちょっと立ち止まる[ためらう]. **4** 〈機械の一部が〉運転中に一時休止する (⇨ *n.* 1).

dwell on [upon] (1) ゆっくり[つくづく]考える, 思案する (brood over)：～ *on* the pleasures of the past 過去の楽しかったことを思いめぐらす / ～ *on* one's failures 失敗を思い出してはくよくよする. (2) 詳しく説く[話す, 書く], 強調[力説]する; くどくど話す：～ *on* a point ある点を詳しく論じる[強調する]. (3) 〈ある動作〉をゆっくりする：～ *on* a stroke (オールを)ゆっくりこぐ. (4) ぐずぐずする (linger over); 〈語・音符など〉を引き延ばす：～ *on* a note, syllable, etc. (5) 〈目が〉〈景色などを〉いつまでも眺める.

— *n.* **1** 〖機械〗ドエル《運転中の機械の一部が, 必要な動作を行なうために周期的にその運動を休止すること; その休止している時間》. **2** (馬の障害跳躍前の)ためらい.

dwéll·er [-lə | -lə(r] 〚《a1382》〛 **—** *n.* **1** [しばしば複合語の第 2 構成要素として] 住人, 居住者 (inhabitant)：*～s* in towns / city [mountain] *～s*. **2** (柵・障害などを飛び越す時)ぐずつく[ためらう]馬.

dwéll·ing [-lɪŋ] 〚《?a1300》〛 *n.* **1** 居住. **2** 《文語》住所, 住居, 住処(すみか) (house).

dwélling hòuse 〚《15C》〛 *n.* 〖法律〗(店・事務所などに対して)住居, 住宅.

dwélling plàce 〚ME〛 *n.* 住所.

dwelt 〚OE *dwealde*〛 *v.* dwell の過去形・過去分詞.

Dwight [dwáɪt] 〚▭ OF *Diot* (dim.) ← *Dion* ← *Dionysius* (⇨ Denis)：もと家族名〛 *n.* 男性名. ★ 米国に多い.

Dwi·na [dviːnɑ́ː, dwiː- | dvíːnə, dwíː-] *n.* [the ～] = Dvina.

dwin·dle [dwíndḷ] 〚《1596》 (freq.) ← DWINE：⇨ -le³〛 **—** *vi.* **1** だんだん小さくなる, 縮まる, 減少する 〈*away, down*〉：～ *away* into nothing だんだん減ってなくなる / ～ *down* to …にまで減退する. **2** 〈人が〉やせ細る (waste away); 〈名声などが〉衰える (decline); 〈品質が〉下る, 堕落する (degenerate). **—** *vt.* だんだん小さく[少なく]する, 縮ませる.

dwine [dwáɪn] 〚OE *dwīnan* < Gmc **dwīnan* (MDu. *dwinen* / ON *dvína*) ← IE **dhew-* 'to become exhausted, DIE²'〛 **—** *vi.* 《古・英方言》やつれる (pine away); 衰える (languish).

dwt 《略》deadweight ton. 「weight.

dwt. 《略》denarius weight (= pennyweight); penny-

DX, D.X. 《記号》〖通信〗遠距離 (distance); 遠距離の (distant)《長距離伝送を示すのに用いる》.

dy [dáɪ] 〚▭ Swed. ～ 'mire, ooze' ← ON *dȳ*〛 *n.* 〖地質〗(湖底に沈澱した有機物質を多く含んだ)泥質堆積物の一種.

Dy 《記号》〖化学〗dysprosium.

dy. 《略》delivery; deputy; duty.

dy- [daɪ] (母音の前に来る時の) dyo- の異形.

d'ya [djə] 《口語》do you の縮約形.

dy·ad [dáɪæd, -əd] 〚《1675》▭ LL *dyad-, dyas* ▭ Gk *duád-, duás* ← *dúo* 'TWO'：⇨ -ad¹〛 **—** *n.* **1** (一単位としての)二, 二個一組, 二個群 (group of two), 二人

関係 (cf. duad, monad, triad). **2**〘数学〙ダイアド, ディヤード《二つのベクトル *a* および *b* を並べて書いた *ab*; Gibbs' product ともいう》. **3**〘化学〙二価元素[原子, 基] (cf. monad 4). **4**〘生物〙**a** 二分子, 退行二分子. **b** 二分染色体 (cf. tetrad). **5** (二人[グループ]の)意味ある出会い[関係]. — *adj.* =dyadic 1.

dy·ad·ic [daɪǽdɪk] *adj.* **1** 二数の, 二個数の. **2**〘化学〙二価の. — *n.*〘数学〙ダイアディック, ディアディック《二つまたはそれ以上のダイアド (dyad) の和》. **dy·ád·i·cal·ly** *adv.*

dyádic sýstem *n.*〘天文・物理・化学〙=binary system.

Dy·ak [dáɪæk, -ək]〘⊏ Malay *dayak* up-country〙 *n.* =Dayak.

dy·ar·chic [daɪɑ́ːəkɪk | -ɑ́ː-] *adj.* 両頭政治の, 両頭政権の.

dy·ár·chi·cal [-kɪk(ə)l, -kə- | -kɪ-] *adj.* =dyarchic.

dy·ar·chy [dáɪɑːəki | -ɑːkɪ]〘(1885) ⊏ Gk *duarkhía* rule of two: ⇨ di-¹, -archy〙 *n.* 両頭政治[政権].

dyb·buk [díbək]〘⊏ Mish.Heb. *dibbūq* attachment ← Heb. *dābháq* to cling, cleave〙 — *n.* (*pl.* **dyb·bu·kim** [dìbʊkíːm, dɪbúːkɪm], **~s**)〘ユダヤ伝説〙**1** 人の心につく悪霊(あくりょう). **2** (安住所を得ず人の心に乗り移って働く)死人の霊.

dye [dáɪ]〘OE *dēag* (n.) & *dēagian* (v.) ← ? IE **dhew-* to rise in a cloud (⇨ dull): cf. dusk〙 — *n.* **1** 染料 (dyestuff): cation ~*s* カチオン染料 / reactive [synthetic] ~*s* 反応[合成]染料 / ⇨acid dye, azo dye. **2** 染め色, 色合い (tinge): a crime [scoundrel] *of* the blackest [deepest] ~ (悪の深くしみ込んだ)極悪の罪[悪漢] / an intellectual *of* (the) deepest ~ 第一流の知識人.
— *vt.* **1** [しばしば補語を伴って]〈衣服などを〉染める, 着色する; 〈顔などを〉赤らめる: ~ a dress / ~ one's hair brown 髪を褐色に染める / The next instant a purple flush ~*d* his face. 次の瞬間彼の顔は真赤になった. **2** 〔他の色の上に〕〈色を〉添える〔*on, over*〕: ~ blue *on* [*over*] yellow 黄色の上に青色を染める.
— *vi.* **1** 〈織物・染料などが〉染まる: This cloth ~*s* well [badly]. この生地はよく染まる[染まらない]. **2** 染め物をする.
***dye in* (*the*) *grain* [*the wool*]** (1)〘染色〙綿(わた)染めにする《織る前に繊維の綿の状態で染める》. (2)〈思想などを〉徹底的にしみ込ませる (cf. dyed-in-the-wool).

d'ye [djə]《口語》do ye, do you の縮約形.

dye·a·bil·i·ty [dàɪəbíləti | -lətɪ, -lɪ-] *n.* 可染性.

dye·a·ble [dáɪəbl̩] *adj.* 染めることのできる.

dýe·bàth *n.*〘染色〙染浴《染色を行なうための染料・助剤を含む溶液》.

dyed *adj.* 染めた, 色染めの.

dýed-in-the-wóol *adj.* **1** 綿(わた)染めにした, 織る前に綿(わた)の状態で染めた (cf. *in* GRAIN). **2** [しばしば軽蔑的に] 全くの, 生粋(きっすい)の, 徹底的な (through-and-through) (cf. DYE *in the wool*): a ~ Communist 徹底的な共産主義者.

dýe·hòuse〘(15C)〙*n.* 染物屋, 紺屋(こうや); 染色工場.

dye·ing〘(1530): cf. OE *dēagunge*〙*n.* 染色, 浸染; 染物.

dýe múrex *n.*〘貝類〙シリアツブリボラ (*Murex brandaris*) (⇨ murex).

dý·er〘(*c*1325)〙*n.* 染物屋, 紺屋(こうや), 染色業者. ★ しばしば染料を採る植物名に付して用いられる: a *dyer's*-weed / a ~ alkanet.

Dy·er [dáɪə | -ə(r)], **John** *n.* (1700?–1758) ウェールズ生れの英国の詩人; *Grongar Hill* (1726).

dýer's álkanet *n.*〘植物〙=alkanet 1.

dýer's-bróom *n.*〘植物〙=woodwaxen.

dýer's bróom *n.*〘染色〙みどり味黄色《ヒトツバエニシダ属の低木の花からとれる黄色染料; 単に broom ともいう》.

dýer's bùgloss *n.*〘植物〙=alkanet 1

dýer's óak *n.*〘植物〙アレッポガシ (*Quercus infectoria*)《小アジア地方に産する; この木の虫こぶ (gall) からインクの原料没食子を取る; cf. Aleppo gall》.

dýer's-wèed *n.*〘植物〙**1** 北米産のアキノキリンソウ属の植物《特に, *Solidago nemoralis, S. rugosa*; 時に染料とされた》. **2** 染料の原料となる各種の植物《ヒトツバエニシダ (woodwaxen)・ホソバタイセイ (dyer's woad) など》.

dýer's wòad *n.*〘植物〙ホソバタイセイ (*Isatis tinctoria*)《黄色の花をつける2年生植物; その葉から青色染料が取れ古代ブリトン人が使用した》.

dýer's wóodruff *n.*〘植物〙アカネムグラ (*Asperula tinctoria*)《ヨーロッパ産の多年生草本; 匍匐(ほふく)性の根茎があかね染料の代用になることがある》.

dýe sènsitizing *n.*〘写真〙色素増感《整色フィルムまたは全整色フィルムを作るための処理》.

dýe shèll *n.*〘貝類〙紫色の染料をとった貝《ツロツブリボラ (*Merex trunculus*) やシリアツブリボラ (*M. brandaris*) 等アクキガイ科の巻貝類》.

dýe·stùff *n.* 染料 (dye)《dyeware ともいう》.

dýe tòning *n.*〘染色〙染料調色.

dýe trànsfer *n.*〘写真〙**1** ダイトランスファー《三色分解と転染法によるカラープリントの作製法》. **2** ダイトランスファーで作った印画.

dýe·wàre *n.* =dyestuff.

dýe·wèed *n.*〘植物〙=woodwaxen.

dýe·wòod *n.* 染料の取れる各種の木材《logwood など》.

dýe·wòrks *n.* (*pl.* ~) 染物工場, 染色工場.

Dy·fed [dʌ́vɪd, -vəd | -vɪd; *Welsh* dəved] *n.* ウェールズ南西部の州; 1974年に新設, 旧 Cardiganshire 州, Carmarthenshire 州および Pembrokeshire 州よりなる; 人口 320,000, 面積 5,770 km², 首都 Carmarthen.

dý·ing〘(n.: *c*1300; adj.: *c*1450)〙— *n.* 臨終, 死 (death). — *adj.* **1 a** 死にかけている: a ~ person / a ~ swan 瀕死(ひんし)の白鳥《この鳥は死のまぎわに初めて歌うと言われる; cf. swan song》. **b** 滅びかけている, (今にも)消えようとする, 暮れゆく: a ~ state [civilization] 滅びかけている国家[文明] / a ~ light 消えかけている光 / the ~ day [year] 暮れてゆく日[年] / his never-*dying* fame 彼の不朽の名声. **c** めいりそうな (languishing): a ~ look. **2** 臨終の, いまはの; 死亡の: one's ~ bed 臨終の床 / one's ~ wish 臨終の願い / one's ~ words 辞世の言葉 / till [to] one's ~ day 死ぬ日まで.
***be dying for* [*to do*]** ⇨ die² *vi.* 2 c.

dýing declaràtion *n.*〘法律〙臨終の供述《自己の死の原因などの事実に関する供述; 伝聞証拠排斥の法則 (hearsay rule) の例外とされ, 証拠として許容される》.

dyke¹ [dáɪk] *n., vt.* =dike¹.

dyke² [dáɪk]〘← ?〙*n.*《俗》女性の同性愛者, (特に)男役のレスビアン.

dyk·er [dáɪkə | -kə(r)] *n.* =diker.

dyke·reeve [dáɪkriːv] *n.* =dikereeve.

dyk·ey [dáɪki | -kɪ] *adj.*《俗》レスビアンの.

dyk·ing *n.* =diking.

Dyl·an [dílən]〘⊏ OWelsh ~《原義》from the sea, son of the wave〙*n.* 男性名. ★ ウェールズに多い.

dyn.《略》dynamics.

Dyn.《略》Dynasty.

dy·na·graph [dáɪnəgræ̀f | -grɑ̀ːf, -græ̀f] *n.* 軌道試験器.

dynam.《略》dynamics.

dy·nam- [dáɪnəm] (母音の前に来る時の) dynamo- の異形.

dy·nam·e·ter [daɪnǽmətə | daɪnǽmɪtə(r), dɪ-, -mə-] *n.*〘光学〙ダイナメーター, (望遠鏡の)倍率計《光学系の射出瞳径を測る装置; 望遠鏡の倍率測程装置》.

dy·nam·ic [daɪnǽmɪk | daɪ-, dɪ-]〘(1817) ⊏ F *dynamique* ⊏ GK *dunamikós* powerful: ⇨ dyne, -ic¹〙— *adj.* **1** 動力の, 動的な (↔ static). **2** 力学上の, 動力学上の (cf. kinematic). **3 a** 動態の, 動勢的な (cf. potential); エネルギー[原動力, 活動力]を生じる, 発動的な, 起動的な: a ~ population 動態人口. **b** 絶えず変化する: an unstable ~ age 不安定な変化してやまない時代. **4** 〈人・性格など〉活動的な, 精力的な, 力強い, ダイナミックな (energetic): a ~ personality エネルギッシュな人. **5**〘哲学〙力本説 (dynamism) の, 力動説[論]の. **6**〘音楽〙デュナーミクの, 強弱法の《音の強弱変化による表情法を意味する》. — *n.* **1** (原)動力. **2** =dynamics 2 b. **3**〘音楽〙=dynamics 3.
dy·nám·i·cal·ly *adv.*

dy·nám·i·cal [-mɪk(ə)l, -mə- | -mɪ-]〘(1812)〙*adj.* = dynamic. **~·ly** *adv.*

dynámical astrónomy *n.*〘天文〙天体力学 (⇨ celestial mechanics).

dynámical stabílity *n.*〘造船〙動的復原力《船を釣合位置からある角度まで傾斜させるに要する仕事量》.

dynámic bráke *n.*〘電気〙発電ブレーキ.

dynámic dénsity *n.* (人口の)動的密度.

dynámic electrícity *n.* 動電気, 流電気, 電流 (↔ static electricity).

dynámic geólogy *n.* 動力地質学《地殻変動を研究する地質学の一部門》.

dy·nám·i·cism [-məsɪzm | -mɪ-] *n.* =dinamism 2.

dy·nám·i·cist [-sɪst, -səst | -sɪst] *n.* dynamics を研究する人[学者].

dynámic lóad *n.*〘機械〙動荷重《動力学的に作用する荷重の総称》.

dynámic lóudspeaker *n.*〘電気〙=electrodynamic loudspeaker.

dynámic meteorólogy *n.* 気象力学《大気の動きとその原因を研究する気象学の一部門; cf. physical meteorology》.

Dynámic Mónarchianism *n.*〘神学〙デュナミス的モナルキア主義, 勢力論的単一[独裁]神論《イエスは単なる人であったが, 神のデュナミス(力)を受けて神の子とされたとする説; Dynamistic Monarchianism ともいう; cf. Adoptionism》.

dynámic préssure *n.*〘物理〙動圧, 動圧力, 速度圧《流れの速度の2乗と流体の密度との積の $^{1}/_{2}$ で定義される量で, 圧力の次元をもつ; cf. total pressure》.

dynámic psychólogy *n.*〘心理〙力動的心理学《心理現象の説明において動因や動機を重視する心理学的立場; 精神分析的立場を指す場合が多い》.

dynámic ránge *n.*〘電気〙ダイナミックレンジ《増幅器などの受け入れられる信号の最強最弱の間の幅》.

dy·nam·ics [daɪnǽmɪks | daɪ-, dɪ-]〘(1788–89)〙— *n.* **1** [単数扱い]〘物理〙力学《kinetics と statics を含む》; (静力学 (statics) に対して)動力学 (kinetics). **2** [複数扱い] **a** (いろいろな意味における)動力, 原動力 (moving forces). **b** (社会文化的な)変遷[発達]の型, 生成・変化・発展のパタン[歴史], (環境に対する)適応様式[傾向]: the study of population ~ 人口動態の研究. **3** [複数扱い]〘音楽〙デュナーミク, 強弱法, 音力法《piano または forte, crescendo または diminuendo などによって音の強弱や音量を変化させ, 音楽に表情を与える作曲・演奏上の表現法; またその用語・略語・略号・符号 (dynamic marks) など》. **4** [複数扱い]〘経済〙動学《経済条件の時間的変動を扱う理論; 経済成長や景気変動の理論など; economic dynamics ともいう; cf. statics 2》.

dynámic similárity *n.*〘物理〙動力学的同一性《動力学的見地における飛行機・船舶などについて, 実物を実験するのと同じ条件で模型によって実験できるという原理》.

dynámic stréngth *n.*〘物理〙動的強度《急激に加えられる荷重に対する構造物の抵抗力》.

dy·na·mism [dáɪnəmɪzm]〘⊏ ? F *dynamisme*〙— *n.* **1**〘哲学〙力本説, 力動説[論]《機械的自然観, 物質の究極的粒子性に反対し, 自然現象を力(学的場)の概念に還元する説》. **2** 動力, 活動力 (energy); (ある方向に)駆り立てる力 (drive); (芸術作品などが)人を感動させる力, 力強さ, 迫力. **3**〘心理〙ダイナミズム《自我への脅威からくる不安を防ぐための心理的な機制; defense mechanism (防衛機制)とほぼ同義》. **4**〘宗教〙呪力《マナ (mana) を中心としたマナイズムと生命力を中心とした vitalism を総称したもの》.

dý·na·mist [-mɪst, -məst | -mɪst]〘⊏ ? F *dynamiste*〙*n.* **1**〘哲学〙力本説論者. **2** 力動論者 (dynamicist).
dy·na·mis·tic [dàɪnəmístɪk] *adj.*

Dynamístic Mónarchianism *n.*〘神学〙=Dynamic Monarchianism.

dy·na·mi·tard [dàɪnəmɪtɑ́ːəd, -mə- | -mɪtɑ́ːd]〘⇨ ↓, -ard〙*n.* ダイナマイト使用者《特に犯罪・革命などのため爆薬を用いるテロリスト》.

dy·na·mite [dáɪnəmàɪt]〘(1867) ← Gk *dúnamis* power + -ITE¹: その発明者 Alfred Bernhard Nobel (1833–96) の命名〙— *n.* **1** ダイナマイト. **2**《口語》(面倒などを起こす)危険をはらむもの[人], 効力の大きいもの; 精力的な人, 強い影響力のある人. **3**《俗》ヘロイン, 麻薬 (narcotic). — *vt.* **1** …にダイナマイトを仕掛ける; ダイナマイトで爆破する. **2** 全く[崩壊]させる. **dy·na·mit·ic** [dàɪnəmítɪk | -tɪk] *adj.*

dý·na·mìt·er [-tə | -tə(r)] *n.* =dynamitard.

dý·na·mìt·ism [-tɪzm̩] *n.* (ダイナマイトを使用する)急進的革命主義.

dy·na·mo [dáɪnəmòʊ | -məʊ]〘(1875)《略》← *dynamoelectric machine*《なぞり》← G *dynamoelektrische Maschine*〙— *n.* (*pl.* **~s**) **1**〘電気〙ダイナモ, 発電機 (generator): an alternating [direct] current ~ 交[直]流発電機. **2**《口語》大精力家, エネルギッシュな人《human dynamo ともいう》.

dy·na·mo- [dáɪnəmo(ʊ) | -mə(ʊ)]〘← Gk *dúnamis* power: cf. *dúnasthai* to be able〙—「力, 動力 (power)」などの意の連結形. ★ 母音の前では通例 dynam- になる.

dỳnamo·eléctric *adj.* (誘導によって)機械エネルギーを電気エネルギーに[電気エネルギーを機械エネルギーに]換える.

dỳnamo·eléctrical *adj.* =dynamoelectric.

dỳnamo·génesis *n.* (*pl.* **-eses**) **1**〘心理〙動力発生《感覚刺戟が条件となって運動のエネルギーが増すこと》. **2**〘生理〙エネルギー[筋力]発生.

dy·na·mog·e·ny [dàɪnəmɑ́dʒəni | -mɔ́dʒɪnɪ] *n.*〘生理〙=dynamogenesis.

dy·nam·o·graph [daɪnǽməgræ̀f | -grɑ̀ːf, -græ̀f] *n.* 力量記録器, 自記検力器.

dỳnamo·metamórphism *n.*〘地質〙動力変成作用.

dy·na·mom·e·ter [dàɪnəmɑ́mətə | -mɔ́mɪtə(r), -mə-]〘⊏ F *dynamomètre*〙— *n.* **1** 検力器, 握力計; (弦の弾力を計る)弾力量計; (機関などの出力・回転力を計る)動力計; 液圧計. **2**〘電気〙動力計. **3**《英》〘光学〙=dynameter.

dynamómeter càr *n.*〘鉄道〙動力試験車《機関車の引張力やその関連事項を走行中に測定する装置》.

dy·na·mom·e·try [dàɪnəmɑ́mətri | -mɔ́mɪtrɪ, -mə-] *n.* 動力測定法. **dy·na·mo·met·ric** [dàɪnəmo(ʊ)métrɪk | -mə(ʊ)-] *adj.*

dýnamo thèory *n.*〘地球物理〙ダイナモ理論《地磁気の発生や変動を地球内部・電離層・磁気圏中の電流の作用により説明しようとする理論》.

dy·na·mo·tor [dáɪnəmòʊtə | -məʊtə(r)] *n.*〘電気〙発電動機.

dy·nap·o·lis [daɪnǽpəlɪs, -ləs | -lɪs]〘← NGk ~ ← Gk *dunamikós* (⇨ dynamic) + -POLIS〙*n.*〘都市工学〙ダイナポリス《未来の都市膨張を連続的に吸収してゆく都市モデル》.

dy·na soar [dáɪnə-sɔ́ə, -sɔ́ə | -sɔ́ː(r)]〘← *dyna*(*mic*) *soar*(*ing*)〙*n.*〘航空〙ダイナソア《ロケット動力のグライダー》.

dy·nast [dáɪnæst, -nəst | dínəst, -næst, dáɪnəst, -næst]〘(1631) ⊏ L *dynast-ēs* ⊏ Gk *dunastēs* ruler ← *dúnasthai* to be able〙— *n.* **1** (歴代)王朝の君主, 世襲君主[主権者]. **2** [The Dynasts]「元首」,「覇王」《Thomas Hardy の叙事詩劇 (1904–08) の表題; Napoleon 戦争を題材とする三部作》.

dy·nas·tic [daɪnǽstɪk, dɪ-, də- | dɪ-, daɪ-]〘⊏ Gk *dunastik-ós*: ⇨ ↑, -ic¹〙*adj.* 王朝の, 王家の.

dy·nás·ti·cal [-tɪk(ə)l, -tə- | -tɪ-] *adj.* =dynastic.

dy·nás·ti·cal·ly *adv.* 王朝に関して, 王朝によって.

dy·nas·ty [dáɪnəsti, -næs- | dínəstɪ, dáɪ-]〘(*a*1387) ⊏ (O)F *dynastie* // LL *dynastia* ⊏ Gk *dunasteía* lordship, sovereignty: ⇨ dynast, -y¹〙— *n.* **1** (歴代の)王朝: the Tudor ~ (英国の)チューダー王朝. **2** 王朝の統治(期間), 治世. **3 a** (ある分野の)権力者群: a literary ~ 文学界の支配者たち[大立者たち]. **b** (ある分野の)名家: a famed theatrical ~ 演劇界で有名な一家.

dy·na·tron [dáɪnətrɑ̀n | -trɔ̀n]〘← NL ~ ← Gk *dúnamis* power + -TRON〙— *n.*〘電気〙ダイナトロン《二次電子放出を利用する真空管》.

dyne [dáɪn]〘(1873) ⊏ F ~ ← Gk *dúnamis* power, force〙— *n.*〘物理〙ダイン《力の絶対単位; 質量 1 g

の物体に作用して, 1 cm / sec² の加速度を生じる力).

Dy·nel [daɪnél]〘商標名〙 *n.*〘商標〙ダイネル《羊毛に似たポリアクリロニトリル系合成繊維》.

dy·o- [dáɪo(ʊ) | dáɪə(ʊ)]〘← Gk *dúo* 'TWO'〙「二」の意の連結形. ★ 母音の前では通例 dy- になる.

Dy·oph·y·site [daɪɑ́fəsàɪt | -ɔ́fɪ-]〘□ LGk *duophusît-ai* ← *dúo* 'TWO'+*phúsis* nature : ⇨ -ite¹〙 ── *n.*〘神学〙キリスト両性論者《キリストには神性と人性の二つの性質があると説く論者; cf. Monophysite》.

Dy·óph·y·sìt·ism [-tɪzm] *n.*〘神学〙キリスト両性論.

Dy·oth·e·lete [daɪɑ́θəlìːt | -ɔ́θɪ-] *n.* =Dyothelite.

Dy·óth·e·lèt·ism [-tɪzm] *n.* =Dyothelitism.

Dy·oth·e·lite [daɪɑ́θəlàɪt | -ɔ́θɪ-]〘← DYO-+-*thelite* (← Gk *thelētḗs* one who wills ← *thélein* to will) : ⇨ -ite¹〙 ── *n.*〘神学〙キリスト両意論者 (⇨ Dyothelitism).

Dy·óth·e·lìt·ism [-tɪzm] *n.*〘神学〙キリスト両意論《キリストには神と人の二つの意志があるとする説; cf. Monothelitism》.

dys- [dɪs]〘□ Gk *dus-* bad, hard ← IE **dus-* (OE *tō-* (cf. *to-break* break to pieces (*Judges* 9 : 53)) / OHG *zur-* (G *zer-*) / Skt *duṣ-*)〙 ── *pref.*「悪化, 不良, …困難」などの意; 主に医学・科学上の術語に用いる (↔ eu-) : *dys*pepsia.

dỳs·acóusia〘← NL ～ : ⇨ dys-, -acousia〙 *n.*〘病理〙 **1** 聴覚[聴力]不全. **2** 不快聴覚《普通の音が不快な雑音に聞こえる聴覚異常》.

dys·an·ag·no·si·a [dɪsæ̀nəgnóʊʒiə, dəs-, -ʒə, -ziə | dɪsæ̀nəgnə́ʊziə, -zjə, -ʒɪə]〘← DYS-+Gk *anagnōsía* ability to read (← ANA-+*gnōsia* knowledge : cf. gnosis)〙 ── *n.*〘病理〙知覚性失読症《ある言葉に限って理解することができない状態》.

dys·an·a·lyte [dɪsǽnəlàɪt, dəs-, -nḷ- | dɪs-]〘□ G *Dysanalit* □ Gk *dusanálutos* 'hard to ANALYZE' : ⇨ dys-〙 ── *n.*〘鉱物〙灰鉄(ᶜᵃᶦ)チタン石《Ca および Fe のチタン・ニオブ酸塩》.

dys·ar·thri·a [dɪ̀sɑ́əθriə | -ɑ́ːθrɪə]〘← NL ～ : ⇨ dys-, arthro-, -ia¹〙 ── *n.*〘病理〙構音[構語]障害《神経の筋肉支配の障害によって言葉が発音できない状態; cf. dysphasia》.

dys·au·to·no·mi·a [dɪ̀sɔ̀ːṭənóʊmiə | -tənə́ʊmɪə, -mjə]〘← DYS-+AUTONOM(IC)+-IA¹〙 ── *n.*〘病理〙(ユダヤ人に見られる一種の)遺伝性自律神経症《知覚作用や自律機能が犯される》.

dys·ba·rism [dísbərɪzm]〘← DYS-+BARO-+-ISM〙 *n.*〘病理〙減圧症《気圧の低下によって生じる症状で, 航空病の一種》.

dys·cal·cu·li·a [dɪskælkjúːliə | -lɪə, -ljə]〘← DYS-+CALCUL(ATE)+-IA¹〙 *n.*〘病理〙計算障害.

dys·cra·si·a [dɪskréɪʒiə, dəs-, -ʒə, -ziə | dɪskréɪzjə, -zɪə, -ʒɪə, -ʒə]〘《*a*1400》← NL ～ ← ML ～ □ Gk *duskrasía* bad temperament : ⇨ dys-, crasis, -ia¹〙 ── *n.* **1** 体質不良, 病弱体質. **2**〘病理〙 **a** 悪液質. **b** 障害; 疾患. **dys·crá·si·al** [-ʒiəl, -ʒəl, -ziəl | -zjəl, -zɪəl, -ʒɪəl, -ʒəl] *adj.*

dys·en·ter·ic [dɪ̀snṭérɪk | -sn-, -sən-, -sen-] *adj.*〘病理〙赤痢の[にかかった].

dys·en·ter·y [dísnṭèri, -t(ə)ri | -sntrɪ, -sən-]〘《*c*1384》□ OF *dissenterie* // L *dysenteria* □ Gk *dusenteria* ← *dus-* 'DYS-'+*éntera* intestines: cf. enteric〙 ── *n.* **1**〘病理〙赤痢. **2**〘口語〙=diarrhea.

dys·er·gi·a [dɪsə́ːdʒiə, -dʒə | -ə́ːdʒɪə, -dʒə]〘← NL ～ : ⇨ dys-, -ergy〙 *n.*〘病理〙(神経刺激欠如による)作動不全, ジスエルギー.

dỳs·esthésia〘← NL ～ : ⇨ dys-, esthesia〙 *n.*〘病理〙 **1** 知覚(特に触覚)不全. **2** 皮膚知覚過敏.

dỳs·fúnction *n.* **1**〘病理〙(身体の器官の)機能障害. **2**〘社会学〙(社会の全体的統一化に反する)逆機能. ── *vi.* 〈器官が〉機能障害を起こす; 〈社会などが〉逆機能する, 正常に機能しなくなる. **～al** *adj.*

dỳs·génesis〘← NL ～ : ⇨ dys-, -genesis〙 *n.*〘病理〙発育不全《特に性腺についていう》.

dỳs·génic *adj.*〘生物〙種属に悪影響のある, 優生学に反対する方向に導く (cacogenic) (↔ eugenic).

dỳs·génics〘⇨ dys-, genic, -ics〙 ── *n.*〘生物〙劣生学, 種属退化学 (cacogenics)《遺伝質・配合・婚姻などが種族や氏族の望ましい生物学的特質の保持または強化に悪影響を及ぼす状態を研究する; cf. eugenics》.

dys·gno·si·a [dɪsnóʊʒiə, -ʒə, -ziə | -nə́ʊzɪə, -zjə, -ʒɪə]〘□ Gk *dusgnōsía* : ⇨ dys-, -gnosis, -ia¹〙 *n.*〘精神医学〙知的機能障害, 判断力不全.

dys·gon·ic [dɪsgɑ́nɪk | -gɔ́n-]〘← DYS-+GONO-+-IC¹〙 *adj.* (細菌培養について)発育[増殖]不良の (↔ eugonic).

dys·graph·i·a [dɪsgrǽfiə | -grǽfɪə] *n.*〘精神医学〙書字錯誤[障害]. **dỳs·gráphic** *adj.*

dỳs·kinésia〘← NL ～ : ⇨ dys-, -kinesis, -ia¹〙 *n.*〘病理〙運動異常(症), ジスキネシア.

dỳs·lália〘← NL ～ : ⇨ dys-, -lalia〙 *n.*〘病理〙(発語器官の異常による)末梢性構音障害.

dys·lex·i·a [dɪsléksiə, dəs- | dɪsléksɪə, -sjə]〘← NL ～ ← DYS-+Gk *léxis* a reading, word+-IA¹〙 *n.*〘病理〙(中枢神経障害による)失読症.

dys·lex·ic [dɪsléksɪk, dəs- | dɪs-] *adj.* 失読症の. ── *n.* 失読症患者.

dys·lo·gis·tic [dɪslədʒístɪk]〘← DYS-+(EU)LOGISTIC〙 *adj.* 非難の, 口ぎたない (opprobrious) (↔ eulogistic). **dỳs·lo·gís·ti·cal·ly** *adv.*

dỳs·menorrhéa〘← NL ～ : ⇨ dys-, meno-¹, -rrhea〙 ── *n.* (*also* **dỳs·menorrhóea**)〘医学〙月経困難(症). **dỳs·menorrhéal** *adj.* **dỳs·menorrhéic** *adj.*

dys·met·ri·a [dɪsmétriə | -rɪə]〘← NL ～ ← DYS-+Gk *métron* measure+-IA¹〙 *n.*〘医学〙(小脳性運動失調の症状としての)測定障害.

dys·mne·si·a [dɪsníːʒiə, -ʒə, -ziə | -zɪə, -ʒɪə, -ʒə]〘← DYS-+Gk *mnêsis* act of remembering+-IA¹〙 *n.*〘精神医学〙記憶障害.

dys·pa·reu·ni·a [dɪspərúːniə | -nɪə, -njə]〘← NL ～ ← DYS-+Gk *páreunos* bedfellow+-IA¹〙 *n.*〘医学〙(女性の)性交疼痛(症).

dys·pa·thy [díspəθi | -θɪ] *n.*〘古〙=antipathy.

dys·pep·sia [dɪspépʃə, dəs-, -siə | dɪspépsɪə, -sjə, -ʃə]〘《1706》□ L ～ □ Gk *duspepsía* ← *dus-* 'DYS'+*peptós* cooked (cf. peptic)+-IA¹〙 ── *n.*〘病理〙消化不良(症) (indigestion) (↔ eupepsia).

dys·pep·sy [dɪspépsi, dəs- | dɪspépsɪ]〘□ F *dyspepsie*〙 *n.*〘方言〙=dyspepsia.

dys·pep·tic [dɪspéptɪk, dəs- | dɪs-] *adj.* **1** 〈人など〉消化不良の. **2** (胃弱の人のように)憂鬱な, 陰気な, 元気のない (depressed). ── *n.* 消化不良[胃弱]の人.

dys·pép·ti·cal [-tɪkəl, -tə- | -tɪ-] *adj.* =dyspeptic. **～·ly** *adv.*

dys·pha·gi·a [dɪsféɪdʒiə, dəs-, -dʒə | dɪsféɪdʒɪə, -dʒə]〘← NL ～ : ⇨ dys-, -phagia〙 *n.*〘病理〙嚥下(ᵉⁿᵍᵉ)困難[障害]. **dys·phag·ic** [dɪsfǽdʒɪk, dəs- | dɪs-] *adj.*

dys·pha·si·a [dɪsféɪʒiə, dəs-, -ʒə | dɪsféɪzjə, -zɪə, -ʒɪə, -ʒə]〘← NL ～ : ⇨ dys-, -phasia〙 *n.*〘病理〙(大脳障害による)不全失語(症) (cf. aphasia, dysarthria).

dys·pha·sic [dɪsféɪzɪk, dəs- | dɪs-] *adj., n.* 不全失語症の(人).

dys·phe·mi·a [dɪsfíːmiə, dəs- | dɪsfíːmɪə, -mjə]〘← NL ～ : ⇨ dys-, -phemia〙 *n.*〘医学〙どもり, 吃音(ᵏⁱᵗˢᵘᵒⁿ), 吃(ᵏⁱᵗˢᵘ); 構音障害.

dys·phe·mism [dísfəmɪ̀zm | -fɪ-, -fə-]〘← DYS-+-*phemism* (⇨ euphemism)〙 ── *n.*〘修辞〙偽悪語法《好ましい事を表わすのにわざと不快な表現を用いること; butter の代りに axle grease と言うなど; ↔ euphemism》.

dys·pho·ni·a [dɪsfóʊniə, dəs- | dɪsfə́ʊnɪə, -njə]〘← NL ～ : ⇨ dys-, phono-, -ia¹〙 *n.*〘病理〙発声障害. **dys·phon·ic** [dɪsfɑ́nɪk, dəs- | dɪsfɔ́n-] *adj.*

dys·pho·ri·a [dɪsfɔ́ːriə, dəs-, -fóːr- | dɪsfɔ́ːrɪə]〘← NL ～ ← Gk *dusphoria* agitation ← *dúsphoros* hard to bear ← *dus-* 'DYS-'+*phérein* to bear : ⇨ -ia¹〙 ── *n.*〘精神医学〙気分変調; 不快, 心体違和感 (↔ euphoria). **dys·phor·ic** [dɪsfɔ́(ː)rɪk, dəs-, -fɑ́r- | dɪsfɔ́r-] *adj.*

dys·pla·si·a [dɪspléɪʒiə, dəs-, -ʒə | dɪspléɪzjə, -zɪə, -ʒɪə, -ʒə]〘← NL ～ : ⇨ dys-, -plasia〙 ── *n.*〘病理〙形成異常, 異形成(症). **dys·plas·tic** [dɪsplǽstɪk, dəs- | dɪs-] *adj.*

dys·pne·a [dís(p)niə, dɪs(p)níːə, dəs- | dɪs(p)níːə, -(p)nɪə]〘《1681》□ L *dyspnoea* □ Gk *dúspnoia* difficulty of breathing ← *dúspnoos* short of breath ← *dus-* 'DYS-'+Gk *pnoḗ* breath, breathing (← *pneîn* to breathe)〙 ── *n.* (*also* **dys·pnoe·a** [～])《米》〘病理〙呼吸困難 (cf. eupnea).

dys·pne·ic [dɪs(p)níːɪk, dəs- | dɪs-] *adj.* (*also* **dysp·noe·ic** [～])《米》〘病理〙呼吸困難性の.

dys·prax·i·a [dɪsprǽksiə, dəs- | dɪsprǽksɪə]〘← DYS-+Gk *prâxis* action (⇨ practical)+-IA¹〙 *n.*〘病理〙(中枢神経障害による)統合運動障害.

dys·pro·si·um [dɪspróʊziəm, dəs-, -ʒ(i)əm | dɪsprə́ʊziəm, -zjəm]〘← NL ～ ← Gk *dusprósitos* hard to get at ← *dus-* 'DYS-'+*prósitos* approachable : ⇨ -ium〙 ── *n.*〘化学〙ジスプロシウム《希元素の一つ; 記号 Dy, 原子番号 66, 原子量 162.50》.

dỳs·prósody *n.*〘病理〙失音調, ディスプロソディ.

dys·rhyth·mi·a [dɪsríðmiə, dəs- | dɪsríðmɪə, -ríθ-]〘← NL : ⇨ dis-, rhythm, -ia¹〙 *n.*〘医学〙リズム異常, 律動不整.

dyss [dɪs]〘□ Dan. *dysse*〙 *n.* (*also* **dysse** [～]) (*pl.* **dys·ser** [dísə | -sə(r)])〘考古〙ディッセル《デンマークの新石器時代初期の巨石墓》.

dys·tèl·e·ól·o·gist [-dʒɪst, -dʒəst | -dʒɪst] *n.* 目的存在否定論者.

dys·tel·e·ol·o·gy [dɪstèliɑ́lədʒi, dəs- | dɪstèlɪɔ́lədʒɪ]〘□ G *Dysteleologie* : ⇨ dys-, teleology〙 ── *n.* **1**〘哲学〙目的(存在)否定論 (↔ teleology), (自然界の)無目的性. **2** 正常な機能目的の挫折[回避].

dỳs·thýmia〘← NL ～ : ⇨ dys-, -thymia〙 *n.* 気分変調; 失望, 落胆, 意気消沈. **dỳs·thýmic** *adj.*

dys·to·ci·a [dɪstóʊʃiə, dəs-, -ʃə | dɪstə́ʊsjə, -sɪə, -ʃɪə, -ʃə]〘← NL ～ ← Gk *dústokia* ← *dus-* 'DYS-'+*tókos* childbirth+-IA¹〙 *n.*〘医学〙異常分娩 (↔ eutocia).

dys·to·ni·a [dɪstóʊniə | -tə́ʊnɪə, -njə]〘← NL ～ : ⇨ dys-, -tonia〙 *n.*〘病理〙(筋)失調(症), 筋緊張異常; ジストニー.

dys·to·pi·a [dɪstóʊpiə | -tə́ʊpjə, -pɪə]〘← NL ～ ← DYS-+(U)TOPIA〙 ── *n.* 反ユートピア郷《utopia とは正反対の悲惨な想像上の場所》. **dỳs·tó·pi·an** [-piən | -pjən, -pɪən] *adj.*

dys·tro·phi·a [dɪstróʊfiə, dəs- | dɪstrə́ʊfɪə] *n.* =dystrophy.

dys·tro·phic [dɪstróʊfɪk, dəs-, -trɑ́f- | dɪstrə́ʊf-, -trɔ́f-] *adj.* **1**〘医学〙異栄養の, ジストロフィーの. **2**〘生態〙〈湖が〉腐植栄養型の《水中に多量の腐植質を溶かし水が茶色の; cf. eutrophic, mesotrophic, oligotrophic》.

dys·tro·phi·ca·tion [dɪstrəfɪkéɪʃən, -fə- | -fɪ-]〘⇨ ↑, -ation〙 *n.* (家庭や工場の廃棄物または農地からの流出物による)河川(など)の汚染.

dys·tro·phy [dístrəfi | -fɪ]〘← NL *dystrophia* : ⇨ dys-, -trophy〙 ── *n.* **1**〘病理・生物〙異栄養(症), ジストロフィー; 栄養失調(症), 発育異常. **2**〘病理〙=muscular dystrophy. **3**〘生態〙(湖の)腐植栄養状態.

dys·u·ri·a [dɪʃú(ə)riə, dɪsjú(ə)r-, də- | dɪsjúərɪə]〘← NL *dysūria* ← Gk *dusouria* : ⇨ dys-, -uria〙 *n.*〘病理〙排尿困難[障害]; 排尿痛.

dy·tis·cid [daɪtísɪd, -səd, dɪ-, də- | daɪtísɪd, dɪ-]〘↓〙〘昆虫〙 *adj.* ゲンゴロウ(科)の. ── *n.* ゲンゴロウ《ゲンゴロウ科の昆虫の総称》.

Dy·tis·ci·dae [daɪtísədìː, dɪ-, də- | daɪtísɪ-, dɪ-]〘← NL ～ ← *Dytiscus* (属名 : ← Gk *dutkós* able to dive ← *dúein* to dive)+-IDAE〙 ── *n. pl.*〘昆虫〙(甲虫目)ゲンゴロウ科.

dz.《略》dozen(s).

dzeg·ge·tai [dʒégətàɪ | (d)zégɪ-] *n.*〘動物〙=chigetai.

Dzer·zinsk [dəʒínsk, (d)zə- | (d)zə-, (d)zɛə-; *Russ.* dzjirʒínsk] *n.* ジェルジンスク《ソ連邦ロシヤ共和国 Gorki 西方の都市; 人口 248,000》.

dzig·ge·tai [dʒígətàɪ | (d)zígɪ-]〘《1793》□ Mongolian *dechiggetai*《異形》← *tchikketei* 'CHIGETAI'〙 *n.*〘動物〙=chigetai.

E

E, e [iː] 〖OE *E, e* (Etruscan を経由) ⊏ L ⊏ Gk *E, ε* (cf. epsilon) ⊏ Phoenician ヨ : cf. Heb. ה (hē) 《原義》 lo! : ⇨ A[1] ★〗 **—** *n.* (*pl.* **E's, Es, e's, es**) **1** 英語アルファベットの第5字. **2** (活字・スタンプなどの) E または e 字. **3** [E] E 字形(のもの). **4** 文字 e が表わす音 : a short *e* 短音の e 《bet, pen などの [e]; ⇨ short *adj.* 10 a》 / a long *e* 長音の e 《eve, Pete などの [iː]; ⇨ long[1] *adj.* 11》. **5** (連続したものの)第5番目(のもの) : vitamin *E*. **6** [通例 E] (中世ローマ数字の) 250. **7** 《音楽》 **a** ホ音, (ドレミ唱法の)ミ音; ホ音の弦[鍵(けん)], (パイプオルガンの)パイプ] : *E* flat 変ホ音. **b** ホ調 : *E* major [minor] ホ長[短]調 (cf. key[1] 9 a). **8** 《米》(生産)褒章(ほうしょう)旗, E 字旗 《第二次大戦中, 陸軍または海軍が企業に授与したもので, Efficiency の頭文字を取ったもの》.

e 《記号》 **1** 《物理》 erg. ★ この記号は今では余り用いない. **2** [通例イタリック体で] 《数学》 ネーピアの対数 [自然対数]の底 (base) 《その値は 2.71828182845...》. **3** 《物理》 弾性係数 (coefficient of elasticity). **4** 《物理・化学》 電子の電荷, 電気素量 (charge of an electron) 《1.6022×10^{-19}C に等しい》. **5** 《電気》 electromotive force. **6** 《気象》 wet air. **7** 《数学》 円錐曲線の離心率 (eccentricity of a conic section).

e, e. 《略》 eccentricity ; economics ; edition ; educated ; elasticity ; elder ; eldest ; electric ; electricity ; 《アメリカンフットボール》 end ; 《演劇》 entrance.

E 《略》《物理》 energy 電場.

E 《記号》 **1** [時に e] 《米》《教育》 **a** (学業成績の評語として)五級, 条件付き合格 《通例 a conditional pass に相当する》: He received an *E* in French. **b** E の評語を与えられた人 : He's one of the *E*'s in the class. **2** 《論理》 全称否定 (universal negative) ; 存在量化詞 《しばしば ∃ の形で使う》. **3** 《海事》 (Lloyd's Register による船級の)第二等級 (cf. A 1). **4** Elohistic ; Ephraimitic. **5** 《貨幣》 English shilling. **6** 《光学》 illumination. **7** 《米軍》 電子装備機 (electronic installation plane) : *E*-3. **8** einsteinium.

E, E° 《記号》《貨幣》 escudo(s).

E, E. 《略》 English.

e., E, E. 《略》 east.

e., E. 《略》 earth ; easterly ; eastern ; edge ; ell ; empty ; end ; energy ; engineer ; engineering ; error(s).

E. 《略》 earl ; early ; East 《London の郵便区》 ; Easter ; Edinburgh ; efficiency ; Egypt ; Egyptian ; elocution ; eminence ; enemy ; England ; envoy ; equator ; evening ; evensong ; Excellency ; Excellent.

e- [ɪ, ə, iː | ɪ, iː] *pref.* (ラテン語系の語の c, f, p, q, s, t を除く子音字の前に来る時の) ex-[1] の異形 : *e*gress, *e*mit, *e*vict.

EA, E.A. 《略》 East Anglia ; economic adviser ; 《心理・教育》 educational age ; electrical artificer ; 《フリーメーソン》 Entered Apprentice ; Evangelical Alliance 福音主義同盟.

E/A 《略》《軍事》 enemy aircraft 敵(航空)機.

ea. 《略》 each.

each [iːtʃ] 〖ME *e(u)ch*, etc. < OE *ǣlc* each ← *ā* ever + (*ge*)*līc* '(A)LIKE'〗 **—** *adj.* 各々の, 各自の, 個々の, 各…: ~ one 各自 / ~ time ⇨ time 10 a ★ / five in ~ class / at ~ side of the gate 門の各々の側[左右]に / on ~ second floor 一階おきに / *Each* man must cast a vote. 各人が1票ずつを投じなければならない / He found the tree grown bigger ~ time he came. 彼が来る度毎に木は大きくなっていた. ★ every とともに分配的な意味をもち, 単数構文に用いられるが, 特に each はある範囲内のもの[人]について, その個々のもの[人]を順次に取り上げて言う場合に用いられる.

each and every [each または every の強調形] 各…いずれも皆 (each single) : *Each and every* member has an obligation to do his share. 会員はだれも皆各自の分担を履行する義務がある.

— *pron.* 各自, 各々, めいめい : *Each* has his merits. 人にはそれぞれ長所がある / *Each of* them [the pupils] must do the home task. 彼らは[生徒たちは]各自宿題をしなければならない. ★ 複数の主語に対する同格語として : They must ~ do their home tasks.

each other (二人あるいはそれ以上の人が)お互い (one another) : They love ~ *other*. 互いに愛し合っている / They send presents to ~ *other*. 互いに贈り物をし合う / We looked at ~ *other's* faces. 互いに顔を見かわした. ★ each other と one another とは互いに同義に用いられるが, 二者間には each other を用いそれ以上には one another を用いる人もある.

— *adv.* 一個(あたり) (apiece) ; めいめいに : They cost a pound ~. 1個1ポンドした / Give the children a dollar ~. 子供たちにめいめい1ドルずつやれ.

Ea·chan [íːkən] 〖⊏ Ir. *Eacann* < OIr. *Eacdonn* 《原義》 horse-lord〗 *n.* 男性名. ★ アイルランドに多い.

EAEC 《略》 European Atomic Energy Community (⇨ EURATOM).

ea·ger[1] [íːgə | -gə(r] 〖《c1275》 *egre* ⊏ AF=(O)F *aigre* keen < VL **acrum*=L *ācrem* sharp : cf. acid, edge〗 **—** *adj.* (**more ~, most ~** ; **~·er, ~·est**) **1 a** 熱心な : in ~ pursuit 熱心に追求して / with an ~ glance 熱心に見つめて / He looked at her with ~ curiosity. 好奇心旺盛な目で彼女を見た / He is ~ *in* his studies [*about* the project]. 研究に[その計画のことに]熱心である. **b** 〔…を〕熱望して(いる) 〔*for, after*〕; しきりに…したがって(いる) 〈*to* do〉: He is ~ *for* an opportunity. 彼は機会を求めている / Mother was ~ *to* meet you. 母はしきりにあなたに会いたがっていました / The children are ~ *for* the play *to* begin. 子供たちは今か今かと劇の始まるのを待ちかねている. **c** 〈欲望・食欲が〉激しい : an ~ appetite 激しい食欲. **2** 《古》〈味・寒気など〉鋭い, 激しい.

ea·ger[2] [íːgə, éɪ- | éɪgə(r, íː-] *n.* =eagre.

éager béaver *n.* 《口語》 仕事の虫; (特に, 昇進のために)あくせく働く人; おせっかい焼き. **éager-béaver** *adj.*

éa·ger·ly 〖《c1290》〗 *adv.* 熱心に; しきりに, 切に.

éa·ger·ness *n.* **1** 熱心 (zeal). **2** 切望, 熱望 : in one's ~ *to* see it それが見たさの余り / She was all ~ *to* meet him. 彼に会いたくてたまらなかった.

ea·gle [íːgl] 〖《a1338》 *egle* ⊏ AF=(O)F *aigle* < L *aquilam* eagle ← ? *aquilus* dark-brown〗 **—** *n.* **1** 《鳥類》 ワシ 《ワシタカ科の猛禽の総称》: ⇨ bald eagle, golden eagle, harpy eagle, imperial eagle, sea eagle. ★ ラテン語系形容詞 : aquiline. **2** (旗・紋章などの)わしじるし; わしじるしの軍旗 《ローマやビザンチン帝国の軍旗に用いられて以来, 国権の標章として旧ドイツ・オーストリア・ロシヤ・フランスのボナパルト王朝などで用いられ, 後には米国の国章となった》: the Roman ~ ローマのわしじるし軍旗. **3** イーグル章 《米国陸・空軍・海兵隊の大佐の翼を広げたわしの銀色階級章; 海軍大佐もある種の制服の襟章としてこれを用いる》. **4** イーグル 《米国の旧10ドル金貨; 1933年廃止; 裏面のわし模様から; cf. double eagle 2》. **5** 《米》《トランプ》 イーグル 《緑色のわしのマークで, 通常より1種類多い米国製トランプの5番目のスーツ (suit) の印》; その印のカード; [*pl.*] イーグル札の一揃い (suit). **6** 《ゴルフ》 イーグル 《パー (par) より2打少なく球をホールに入れること; cf. birdie 2》. **7** [the E-] 《天文》 わし(鷲)座 (⇨ Aquila). **8** わし形聖書台 《翼を広げたわしの像で本を支えるようになっている聖書台》. **9** [E-] 《米》 イーグル友愛組合の一員. **10** 《米》 =eagle button. **—** *attrib. adj.* わしのような : an ~ nose わし鼻 / an ~ glance わしのような視線. **—** *vt.* 《ゴルフ》 〈ホールを〉イーグルで上がる.

éagle bùtton *n.* わし印ボタン.

éagle èye *n.* **1** 鋭い目[眼力, 観察力], 炯(けい)眼. **2** 炯眼の人.

éagle-éyed 〖《15C》〗 *adj.* 眼光の鋭い, 視力[洞察力]の鋭い.

éagle-hàwk *n.* 《鳥類》 ヒメオウギワシ (*Morphnus guianensis*) 《熱帯アメリカ産ワシタカ科の猛禽》.

éagle lèctern *n.* =eagle 8.

éagle òwl *n.* 《鳥類》 ワシミミズク (*Bubo bubo*) 《ヨーロッパに分布する大型のフクロウ》.

éagle rày *n.* 《魚類》 トビエイ 《トビエイ科の海産魚の総称》.

éagle scòut, E- S- *n.* イーグルスカウト 《米国の10-14歳のボーイスカウトの進級制度で最高位に達したスカウト》.

éagle·stòne *n.* わしの安産石 《卵大の鉄鉱石の塊で, 古代人はわしが卵を無事に生めるように自分の巣に持ち帰ったものと信じ, 安産のお守りとした》.

ea·glet [íːglɪt, -lət] 〖《1572》 ⊏ MF *aiglet* (dim.) ← *aigle* 'EAGLE' : ⇨ -et 1〗 **—** *n.* **1** ワシの子, 子ワシ. **2** 《紋章》 小さい鷲 《通例 6-7 羽以上の鷲が盾に描かれている場合をいう》.

éagle·wòod 〖《なぞり》? ← F *bois d'aigle*〗 *n.* =agalloch.

ea·gre [íːgə, éɪ- | éɪgə(r, íː-] 〖《1647》 ← ? : cf. OE *ēgur*, *ēagor* flood, high tide / L *aqua* water〗 **—** *n.* (河口にみられる)高潮 (bore) 《特に, 英国 Humber, Trent, Severn の河口に押し寄せるもの》.

eal·der·man [ǽldəmən | -də-] 〖《古形》: ⇨ alderman〗 *n.* (*pl.* **-men** [-mən]) (*also* **eal·dor·man** [~]) 《廃》 =alderman 3.

Ea·ling [íːlɪŋ] 〖OE *Ġillingas* 《原義》 *Ġilla's* people : ⇨ -ing[3]〗 *n.* London 西部の自治区; 人口 300,000.

EAM 《略》 electric accounting machine ; *NGk* Ethnikón Apelephtherōtikón Métopon ギリシャ国民解放戦線 《第二次大戦中に左翼系政党などが結成したギリシャの地下抗戦運動の団体; cf. ELAS》.

Ea·mon [éɪmən] 〖⊏ Ir. *Éamonn* : ⇨ Edmund, Edward[1]〗 *n.* 男性名. ★ アイルランドに多い.

-e·an [íːən, ɪən, jən | íːən, íən, ɪən, jən] 〖⊏ L -(*a*)*eanus* ← -(*a*)*eus* (n. & adj. suf.) : ⇨ -an[1]〗 **—** *suf.* 「…の(人), …に属する(もの)」, または「…のような, …らしい」などの意を表わす形容詞・名詞を造る (cf. -an[1], -ian, -eian) : Aeg*ean*, Europ*ean*, Mediterran*ean*.

E. & O.E. 《略》 errors and omissions excepted.

ear[1] [íə | íə(r] 〖OE *ēare* < Gmc **auzon*, **auson* (Du. *oor* / G *Ohr* / ON *eyra*) ← IE **aus-*, **ōus-* (L *auris* / Gk *oûs*)〗 **—** *n.* **1** 耳; 外耳 : the external [internal, middle] ~ 外[内, 中]耳 / speak in the ~ 耳打ちする / A word in your ~. ちょっとお耳を拝借 / My ~*s* are tingling [humming]. 耳鳴りがしている / Who hath ~*s* to hear, let him hear. 耳ある者は聴(き)くべし (*Matt.* 13:9). **2** 耳の聞え, 聴覚, 聴力 : a keen ~ 鋭い聴力 / a phrase that falls soothingly on the ~ 人に快く響く文句 / catch a person's ~*s* 人の耳にはいる, 聞こえて来る / come to a person's ~(*s*)=get to a person's ~*s* 人の耳にはいる. **3** 音を聞き分ける力, 音感; 音楽の識別力 : have a good [poor] ~ 音感がいい[悪い] / a musical ~ 音楽のわかる耳 / He has an [no] ~ *for* music. 音楽がわかる[わからない]. **4** じっと聞き入ること, 謹聴 : gain [win] a person's ~ 人に(言い分などを)聞いてもらう / give (an) ~ to…を傾聴する / have a person's ~(*s*) 人に話を聞いてもらえる; 人を動かすことができる / lend an ~ [one's ~*s*] to=open one's ~*s* to=incline one's ~(*s*) to …に耳を傾ける, 耳をかす / willing ~*s* 喜んで聞こうとする人々. **5** 耳状のもの; (水差しなどの)耳形の取っ手, (鐘の)取っ手. **6** 《建築》 耳 (⇨ crossette 1). **7** (家具の)脚の上部の飾り; (椅子などの)背もたれの上部両端の飾り. **8** 《新聞》 (第一面新聞名の左右の)小さい囲み記事 (box) 《天気予報・新聞自身の広告などを載せる所》.

about a person's ears (1) 〈物が〉人の身辺に(落ちて, 群がって) : The bullets were falling thick *about our* ~*s*. 弾丸は我々の回りに降り注いでいた / bring a storm (of indignation) *about one's* ~*s* 憤激の嵐を巻き起こす / ⇨ bring a HORNET'S NEST about one's ears, *bring the* HOUSE *about one's ears*. (2) 〈身辺の事柄など〉崩壊して, だめになって (in ruin) : His ambitions came crashing *about his* ~*s*. 彼の大望は音を立ててくずれ落ちてきた《むなしくつぶれた》. ***a flea in one's ear*** ⇨ flea 成句. ***bash a person's ear*** 《豪》 人にくどくどと話す. ***be all ears*** (全身を耳にしたように)一心に耳を傾ける. ***be on one's ear*** 《俗》 (1) 憤慨している. (2) 《豪》 酔っている. ***believe one's ears*** ⇨ believe 成句. ***bend an ear*** 〔…に〕耳を傾ける 〔*to*〕. ***bend a person's ear*** 《米俗》 (相手が)うんざりするほどしゃべりまくる. ***bite a person's ears*** 《俗》 人から借金する. ***burn a person's ears*** 《俗》 人を激しく非難する[しかる], 人に毒舌を浴びせる. ***by ear*** 楽譜を見ずに, 楽譜なしで : sing (a song) *by* ~ / ⇨ *play by* EAR. ***by the ears*** (1) 無理やりに, 手荒に (roughly) : drag a person *by the* ~*s* / ⇨ *lead a person by the* EARS. (2) 不和で[に] : fall together *by the* ~*s* つかみ合い[けんか]を始める / set persons *by the* ~*s* 人々に争いを起こさせる, 人々を不和にする. ***close one's ears*** =*shut one's* EARS. ***dry behind*** [《米》 ***back of***] ***the ears*** 〖動物の子が生れた時, 両耳の小さなくぼみがなかなか乾かないことから〗 [通例, 否定構文で] 経験を積んで : He isn't *dry behind the* ~*s* yet. まだ未熟だ. ***fall on deaf ears*** 聞き捨てにされる, 無視される : His advice *fell on deaf* ~*s*. 彼の助言は聞き捨てにされた. ***from ear to ear*** (1) (笑う時など)口を大きくあけて, 口が裂ける(と思われる)ほど : grin *from* ~ *to* ~. (2) 〈傷口など〉耳(の下)から耳(の下)にかけて : He had his throat cut *from* ~ *to* ~. ***get a thick ear*** 《英俗》 なぐられて耳がはれる. ***get a person up on his ears*** 《俗》 〈人を〉憤慨させる. ***get up*** [***go off***] ***on one's ear*** 《米俗》 一奮発する. ***give a person a thick ear*** 《英俗》 耳がはれ上がるほど〈人を〉なぐる. ***give one's ears for*** [***to do, if***] …が得られたら[…することができたら]耳でもやる 《どんな代償を払ってもよい》: I would *give my* ~*s for it*. そのためにはどんなことも惜しくはない. ***go in*** (***at***) ***one ear and out*** (***at***) ***the other*** 一方の耳からはいってもう一方の耳に抜ける : A sermon *goes in one* ~ *and out the other*. 説教は右の耳からはいって左の耳に抜けてしまう. ***have itching ears*** (珍しい事など)聞きたがる (cf. 2 *Tim.* 4:3). ***head over ears*** =*over* HEAD *and* *ears.* ***hold*** [***have, keep***] *one's* [***an***] ***ear to the ground*** うわさを知ろうとする，世論に注意する：Politicians always *keep their ~s to the ground.* 政治家はいつも世論に注意している．***lead*** *a person* ***by the ears*** 〈人を〉屈従[隷属]させる．***Oh my ears and whiskers!*** 《戯言》おやおや，これはこれは．***out on*** *one's* ***ear*** 《口語》〈人が〉放り出されて (dismissed)：I'm going to throw him *out on his ~.* やつをおっぽり出してやるぞ．***over head and ears*** ⇨ head 成句．***pin*** *a person's* ***ears back*** 《俗》(1) 人をひどい目に合わせる；こてんこてんにやっつける，惨敗させる．(2) 人をきめつける，しかりとばす．***play by ear*** (1) 楽譜なしに[を見ずに]奏する：*play* (a tune) *by ~.* (2) 《口語》臨機応変にやる，ぶっつけ本番でやる：He *plays* (it) *by ~.* ***prick*** (***up***) *one's* ***ears*** 〈馬などが〉耳をそば立てる；〈人が〉聞き耳を立てる．***put*** [***set***] *a person* ***on his ear*** 《俗》〈人を〉いらいら[かっかと]させる．***shut*** [***stop***] *one's* ***ears*** 〔…に〕耳を閉じる，〔…を〕聞こうとしない，聞いて聞かぬふりをする〔*to*〕．***talk*** *a person's* ***ear off*** ⇨ talk 成句．***tickle*** *a person's* ***ear***(***s***) 人の気に入ることを言って喜ばす，人にへつらう．***to the ears*** (包容力の)限度まで：He was drunk *to the ~s.* これ以上飲めないほど酔っていた．***turn a deaf ear*** 〔…を〕聞こうとしない，馬耳東風と聞き流す〔*to*〕：He *turned a deaf ~ to my* request. 私の頼みに全く耳を貸さなかった．***up to the*** [*one's*] ***ears*** 《口語》〔物事に〕深く巻き込まれて，抜き差しならなくなって〔*in*〕：be *up to the ~s in* debt 借金で首が回らない / He was *up to his ~s in* work. 仕事に没頭していた．***Were your ears burning yesterday?*** 昨日(君のうわさをしていたのだが)耳がかゆくなかったかね．***wet behind the ears*** 《口語》〈人が〉全く未熟な，青二才の，くちばしが黄色い：You're still *wet behind the ~s.* It's time you grew up. 君はまだくちばしが黄色い．もう大人になっていい頃だよ．

ear[2] [íə | íə(r] 〖OE *erian* < Gmc **arjan* (OHG *erran* / ON *erja*) ← IE **ar-* to plow (L *arāre* / Gk *aroûn*)〗 *vt.* 《古》耕す (plow)，耕作する (cultivate) 〈*up*〉.

ear[3] [íə | íə(r] 〖ME *ere* < OE *ēar* < Gmc **aχuz*, **aχiz* (Du. *aar* / G *Ähre*) ← IE **ak-* to be sharp：cf. awn, edge〗 **—** *n.* (ムギ・イネ，《米》では，特にトウモロコシの)穂，実：the ~s of wheat 小麦の穂 / Barley is in (the) ~. 麦は穂が出ている．**—** *vi.* 穂になる，穂を出す 〈*up*〉.

éar·àche *n.* 耳の痛み，耳痛 (otalgia)：a bad ~ / have 「(an) ~.

éar bànger *n.* 《米俗》上役[年長者]にこびる人.

éar-bìter *n.* 《俗》金をせびる人.

éar·bòb *n.* 《方言》=earring. 「子」.

éar·càp *n.* 《英》(防寒用)耳覆いのついたキャップ[帽

éar-càtcher *n.* 強く人の耳を引き付けるもの《響きのよい曲・詩など；cf. eye-catcher》.

éar cònch *n.* 《解剖》耳甲介(じこうかい).

éar-dèafening *adj.* 耳がつんぼになるほどの.

éar·dròp *n.* **1** (特に，ペンダント付きの)イヤリング：a pair of ~s. **2** [*pl.*] フクシア (fuchsia) の花．**3** [*pl.*] 点耳薬.

éar·drùm *n.* 鼓膜 (tympanum)：Don't break my ~s. そんなに大声を出さないでくれ.

eared[1] 〖⇨ ear[1]〗 **—** *adj.* **1** [しばしば複合語の第 2 構成素として] 耳[耳状物]のある，耳付きの；(…の)耳のある：⇨ eared owl / long-*eared,* short-*eared,* large-*eared,* etc. **2** 《紋章》〈動物が〉体と異なる色の耳がある.

eared[2] 〖⇨ ear[3]〗 **—** *adj.* [しばしば複合語の第 2 構成素として] 穂の出た；(…の)穂のある：an ~ field of barley 穂を出している大麦畑 / golden-*eared* grain 黄金色に穂を実らした穀物. 「ウの総称」.

éared ówl *n.* 《鳥類》ミミズク《羽角をもったフクロ

éared séal *n.* 《動物》アシカ《小さく管状の耳介が外にあるアシカ科の哺乳動物の総称；cf. earless seal》.

éar·flàp *n.* **1** [通例 *pl.*] (帽子に取り付けた防寒用)耳覆い (earmuff). **2** 《解剖》耳介(じかい).

ear·ful [íəfùl | íə-] *n.* 《口語》**1** たくさん(の話，ゴシップ)〔*of*〕：I have heard an ~ *of* good stories. いい話はたくさん聞いた．**2** 重大ニュース，びっくりさせる消息[うわさ]．**3** きついお叱り，お目玉.

earflap 1

Ear·hart [ɛ́əhɑət, íə- | ɛ́ahɑːt, íə-], **Amelia** *n.* (1898-1937) 米国の飛行家；女性として初めて大西洋を横断飛行 (1928)；1937 年世界一周飛行中太平洋上で消息を断った.

ear·ing [í(ə)rɪŋ | íər-] 〖(1626)〗 *n.* 《海事》耳索(みみなわ)，イヤリング《帆の上の両隅を帆桁に取り付ける細索》．***from clew to earing*** ⇨ clew 成句.

earl [ə́ːl | ə́ːl] 〖OE *eorl* man, warrior, nobleman < Gmc **erilaz* (OHG *erl* / ON *jarl* nobleman, chieftain)〗 **—** *n.* **1** 《英》伯爵《ヨーロッパ大陸の count に当たる；cf. countess》．**2** 《廃》**a** (アングロサクソン時代の)イングランド七王国 (heptarchy) の太守 (viceroy). **b** (封建時代の)州 (county) の世襲的支配者.

Earl [ə́ːl | ə́ːl] 〖← EARL〗 *n.* 男性名《異形 Earle, Erle》.

éar·làp 〖OE *ēarlæppa*：⇨ ear[1], lap[1]〗 *n.* **1** 《解剖》耳たぶ (earlobe)；外耳．**2** 《米》=earflap 1.

éarl·dom [-dəm] 〖(*a*1121) *eorldōm*：⇨ earl, -dom〗 *n.* **1** 伯爵の爵位[身分]．**2** 《廃》伯爵領.

Earle [ə́ːl | ə́ːl] 〖⇨ earl〗 *n.* 男性名.

Earle, John *n.* **1** (1601?-65) 英国国教会の主教；*Microcosmographie* (1628). **2** (1824-1903) 英国の英語学者.

Ear·lene [əlíːn | əː-] 〖(fem.) ← EARL〗 *n.* 女性名《異形 Earleen, Erline》.

éar·less[1] *adj.* 耳のない；(特に)音楽のわからない.

éar·less[2] *adj.* 穂のない.

éarless lízard *n.* 《動物》ツンボトカゲ《米国西部・メキシコ産ツンボトカゲ属 (*Holbrookia*) のトカゲの総称》.

éarless séal *n.* 《動物》アザラシ《耳介がないアザラシ科の哺乳動物の総称；cf. eared seal》.

éar·li·ness *n.* (時刻・季節などの)早さ，早め，早期；(作物などが)早生[早咲き]であること.

Éarl Márshal *n.* (*pl.* **~s, Earls Marshals, Earls M-**) **1** (英国の)警備長官《中世に Lord High Constable of England の代理として共同で軍規の維持や騎士裁判所の運営に当たった軍事高官》．**2** (英国の)紋章院 (College of Arms) 総裁《外に戴冠式・大葬などの王室式典その他を司宰し，Duke of Norfolk 家の世襲職》.

éar·lòbe *n.* 《解剖》耳たぶ，耳朶(じだ).

éar·lòck *n.* 耳の前に垂れ下がった巻き毛.

éarl pálatine *n.* 《英史》=count palatine 2.

Éarl's Cóurt *n.* アールズコート《London の展示会場；室内プールにも転用される》.

éarl·shìp *n.* =earldom 1.

ear·ly [ə́ːli | ə́ːlɪ] 〖adv.：OE *ǣrlīce* ← *ǣr* 'soon, ERE' + *-līce* '-LY[1]'. — adj：(?*a*1200) ← (adv.)：cf. ON *ārligr*〗 **—** *adv.* (**ear·li·er**；**-li·est**) **1** (時期的に)早く，早くから (↔ late)：~ in life まだ若いころに / ~ in the morning [evening] 朝早く[宵(よい)のうちに] / ~ to bed and ~ to rise 早寝早起き / as ~ as May 早くも 5 月には．**2** 初期に，大昔に (long ago)：Man ~ learned how to use tools. 人間は早くから道具の使い方を覚えた．**3** 早めに；時をたがえず (in good time)：She came five minutes ~. 5 分早くやって来た．**4** [順序]初めの方に：His book appears very ~ in the list. 彼の本はリストのごく初めの方に出ている．

earlier on 前もって：I told it to you *earlier on.* もう前にそう言ったでしょう．***early and late*** (朝)早くから(夜)遅くまで，明けても暮れても，始終．***early on*** 《英》早いうちに，早くから：It was clear ~ *on* in the project. その計画の早い段階にそれが明らかになっていた．***early or late*** 遅かれ早かれ，早晩．

— *adj.* (**ear·li·er**；**-li·est**) **1** (時刻・季節など)早い；早起き[早寝]の (↔ late)：an ~ morning 早朝 / an ~ riser 早起きの人 / an ~ spring 早春 / an ~ visit 早朝の訪問 / an ~ hour 朝早く / at the *earliest* 早くとも / ⇨ *keep early* HOURS / ~ habits 早寝早起きの習慣 / The ~ bird catches the worm. 《諺》早起きは三文の徳．**2** 普通以上に早い，早めの；まだ若い；初めごろの，始まりの：the ~ part of the year その年の初めごろ / the ~ chapters of a book 本の初めの数章 / an ~ age 若年 / in one's ~ days まだ若いころに (cf. 成句) / in one's *earliest* youth ごく若い頃に / die an ~ death 若死する / We had an ~ winter. 早めに冬がやって来た / She was in the [her] ~ thirties. 30 代の初めだった．**3** 〈野菜など〉早できの，早生(わせ)の，はしりの：~ fruits, beans, tomatoes, etc. **4 a** 初期の；昔の，原始時代の：~ Christians 初期のキリスト教徒 / *Early* man discovered fire. 原始人は火を発見した．**b** (言語史で)初期の：*Early* English 初期英語《通例 Old English と Middle English とを合わせたもの》/ ⇨ Early Modern English. **5** (今から)近い，近い将来の：at an ~ date 近々のうちに，遠からず / at your *earliest* convenience 御都合のつき次第(なるべく早く) / An ~ answer will oblige. 至急御返事願い上げます《手紙の文句》.

early days 早い時期，時機尚早(じきしょうそう)：It is ~ *days* yet to make up your mind. 決心するのはまだ早い《時機尚早だ；cf. 2》.

— *n.* **1** [通例 *pl.*] 早できのくだもの[野菜]，はしりもの．**2** [*pl.*] 初期：in the *earlies* 初期に[の].

Ear·ly [ə́ːli | ə́ːlɪ], **Jubal Anderson** *n.* (1816-94) 米国南北戦争当時の南軍の将軍.

Éarly Américan *adj.* **1** 〈家具・建物など〉米国初期[英領植民地時代]に造られた．**2** 初期米国様式の，英領植民地時代風の.

early bird 〖The early bird catches the worm. という諺から：⇨ early (adj.) 1, bird (n.) 3 a〗 *n.* 《戯言》早起きの人；(会などに)早めに来る人.

éarly blíght *n.* 《植物病理》発育時の初期にあらわれる斑点病：**a** 夏疫病《糸状菌の一種 (*Alternaria solani*) がジャガイモ・トマトなどに寄生して葉に斑点を生じる病気；cf. late blight》．**b** *Cercospora apii* 菌によってセロリの葉に斑点を生じる病気.

Éarly Chrístian *adj.* 《美術・建築》〈カタコンベ (catacombs) の壁画など〉(4-6 世紀の)初期キリスト教様式の. 「早閉じ店.

éarly-clóser *n.* (一定の曜日に店を)早閉じする人，

éarly clósing *n.* (一定の曜日の午後早い時刻に行なう商店の)早閉じ，早店仕舞い；(夜早い時刻に行なう酒場の)早仕舞い. 「を許す入口」.

éarly dóor *n.* (劇場の)早木戸《定時より早めに入場

Éarly Énglish stýle *n.* 《建築》初期イギリス式，アーリーイングリッシュ《1189-1272 年の初期のゴシック式；単に Early English ともいう》.

éarly léaver *n.* 《英》中途退学者 (cf. dropout 1).

éarly léaving *n.* 《英》中途退学，中退.

Éarly Módern Énglish *n.* 初期近代英語《1500-1700；cf. English *n.* 1》.

Éarly Renaissánce *n.* 《美術》初期ルネサンス(様式)《15 世紀に主として Florence で発展した美術様式；直線遠近図法 (linear perspective)，キアロスクーロ (chiaroscuro) などを特徴とする》.

éarly sáxifrage *n.* 《植物》北米東部高山産の白い花が咲くユキノシタ科の多年草 (*Saxifraga virginiensis*).

éarly Victórian *adj.* ビクトリア朝初期(風)の：~ England [literature] ビクトリア朝初期の英国[文学]. **—** *n.* ビクトリア朝初期(風)の人.

éarly wáke-ròbin *n.* 《植物》米国南東部産ユリ科エンレイソウ属 (*Trillium*) の白い花が咲く多年草 (*T. nivale*)《snow trillium, dwarf white ともいう》.

éarly-wárning *adj.* (敵の航空機やミサイルの進入に対して)早期警報[警戒]用の：an ~ radar [satellite] / an ~ plane 早期警戒機.

éarly wòod *n.* 《林業》早材，春材(しゅんざい)《一年輪のうち，春の間に形成された木部；springwood ともいう；cf. latewood》.

éar·màrk 〖(1523)〗 **—** *n.* **1** 耳印《家畜の所有主を明らかにするために耳の一部を切り取ったりして付ける印》．**2** 目印，所有記号；特徴：all the ~s of a genius どこから見ても明白な天才のしるし / under ~ for 〈特定の用途・目的〉のために取っておかれた．**3** =dog-ear. **—** *vt.* **1** 〈家畜〉に耳印を付ける．**2** はっきりと特徴づける：Misery ~s a man. 不幸な人ははっきりとそれとわかる．**3** 〈ページ〉のすみを折って印をつける．**4** [特定の用途・目的のために]〈資金などを〉取っておく〔*for*〕：~ a sum of money *for* research work 研究費としてある金額を取っておく / assets ~*ed for* reparations 賠償用に取っておかれた資産.

éar-mínded *adj.* 《心理》聴覚型 (auditory type) の (cf. eye-minded, motor-minded). **~·ness** *n.*

éar·mùff *n.* **1** (ヘッドバンドなどでつながった防寒防音用)耳覆い，イヤーマフ．**2** (帽子 (cap) についた)耳覆い (earflap)：a pair of ~s.

earn[1] [ə́ːn | ə́ːn] 〖OE *earnian* < (WGmc) **aznōjan*, **aznǣjan* (OHG *arnēn* to reap) ← IE **osn-*, **esen-* harvest, season〗 **—** *vt.* **1** (働いて)もうける，(働いた報酬として)得る，かせぐ：~ wages 賃金を得る / ~ one's living [livelihood, daily bread] 生計の資をかせぐ / ~ one's way 自立していく．**2** 功によって得る，受けるに足る：a well-*earned* reward (十分な働きに対して)当然受けた報酬 / ~ a university degree 学位を得る / ~ a law degree from [at] Indiana University インディアナ大学で法学の学位を得る / This is more than I have ~*ed.* これは過分の報酬だ / He received rich rewards, but he had ~*ed* them. 多額の報酬を受けたがそれは彼の働きの当然の報いであった．**3** [時に二重目的語を伴って]〈名声などを〉博する，〈評判を〉取る；〈性質・行為などが〉〈名声・信用などを〉もたらす：~ fame [an evil reputation] 名声を博する[悪評を得る] / Honesty ~*s* confidence. 正直は信用をもたらす / It ~*ed* (for) him the nickname of Lackland. 彼はそれで失地王というあだ名をつけられた．**4** 〈投資などが〉〈利益などを〉もたらす，生む：That investment should ~ you £100 a year. その投資で年 100 ポンドの利子がつくはずだ．**5** [p.p. 形で]《野球》(野手のエラーによらず安打などで)〈得点を〉あげる：⇨ earned run. **—** *vi.* かせぐ；利子がつく：Most of us must ~ to live. 我々は大抵生活のためにかせがなければならない.

earmuff 1

earn[2] [ə́ːn | ə́ːn] 〖OE *eornian* to murmur ← 《変形?》 *ġeornian* = *ġiernan* 'to YEARN'〗 *vi., vt.* 《廃》切望する (yearn)；歎く (grieve).

éarned íncome *n.* (個人の)勤労所得 (cf. unearned income).

éarned prémium *n.* 《保険》既経過保険料.

éarned rún *n.* 《野球》自責点，アーンドラン《野手のエラーによらず，安打・四球などで投手があげられた点》.

éarned rún àverage *n.* 《野球》防御率《投手の自責点を投球イニング数で割り 9 を掛けた数》.

éarned súrplus *n.* 《会計》利益剰余金《利益を源泉とする剰余金；cf. capital surplus》.

éarn·er *n.* (金を)かせぐ人：⇨ wage earner.

ear·nest[1] [ə́ːnɪst, -nəst | ə́ːnɪst] 〖n.：OE *eornost* ardor in battle, zeal < Gmc **arn(ja)ost* (G *Ernst* earnest) ← IE **er-* to set in motion. — adj.：OE *eornost(e)* ← (n.)〗 **—** *adj.* **1** まじめな，本気の，真剣な：an ~ endeavor / an ~ worker / very ~ eyes とても真剣なまなざし．**2** 熱心な：an ~ Christian / an ~ prayer / It is my ~ desire [wish] to do ...するのが私の熱望するところだ．**3** 〈事物が〉まじめに考慮すべき，(極めて)重大な：Life is ~. 人生は厳粛だ (cf. Longfellow, *A Psalm of Life*).

— *n.* まじめ，本気 (↔ jest). ★ 通例次の句で：

in earnest まじめに，本気で；本式に：Are you in jest or *in* ~? 冗談なのかそれとも本気なのか / Are you *in* ~ about this? そのことは本気なのか / It began to rain *in* ~. 本降りになって来た．***in good*** [***real, sober, dead, deadly***] ***earnest*** 実に真剣に，大まじめで：He came at me *in dead ~.* 全く本気で私にかかって来た /

He took me *in deadly* ～. 私の言葉を大まじめに取った.
～·ly *adv.* **～·ness** *n.*

ear·nest² [ə́ːnɪst, -nəst | ə́ːnɪst] 〘(?c1200) *ernes(t)* 《-NESS との類推による変形》← *erles* □ OF **erles* < VL **arrulas* (dim. pl.) ← L *arra* pledge 《変形》← *arrabō* □ Gk *arrhabṓn* □ Heb. *ʿērābhṓn* ← *ʿārábh* to pledge: 現在の形は EARNEST¹ からの類推〙 ── *n.* **1** 手付け; 手付け金, 証拠金. **2** 〔将来得られるべきものの〕保証, きざし, 前兆 〔*of*〕: The primrose flower gives an ～ *of* the spring. サクラソウの花は春のきざしとなる.

éarnest mòney *n.* 手付け金, 手金, 証拠金, 保証金.

éarn·ing *n.* **1** かせぎ, 獲得: the ～ *of* one's honor 栄誉の獲得. **2** [*pl.*] かせぎ高, 所得, 収益 (profits).

Earp [ə́ːp | ə́ːp], **Wyatt** (**Ber·ry Stapp**) [béri stǽp | -rɪ] *n.* (1848–1929) 米国西部の保安官, 拳銃使いの名手.

éar·phòne *n.* **1** イヤホーン《耳にはめ込んだり当てたりして用いる受話器》: a pair of ～*s*. **2** 補聴器. **3** (1920 年代に流行した)婦人の髪型.

éar·pìck *n.* 耳かき《しばしば貴金属製》.

éar·pìece *n.* **1** ＝earphone 1. **2** [通例 *pl.*] (帽子・ヘルメットなどの)耳覆い. **3** [通例 *pl.*] 眼鏡のつる.

éar-pìercing *adj.* 耳をつんざく(ばかりの).

éar·plùg *n.* (防音・水圧防ぎ用の)耳栓.

éar·rèach *n.* ＝earshot.

éar recèiver *n.* ＝earphone 1.

éar·rìng 〘OE *ēarhring*〙 *n.* イヤリング, 耳飾り.

éar ròt *n.* 〘植物病理〙(トウモロコシの)穂の腐敗症.

éar shèll *n.* **1** 〘貝類〙アワビ (abalone). **2** アワビの貝殻.

éar·shòt *n.* (呼べば)聞こえる所, 音声の届く距離 (cf. eyeshot): out of [beyond] ～ 音声が届かない[聞こえない]所に / within ～ 呼べば聞こえる所に.

éar specìalist *n.* 耳科医.

éar·splìtting *adj.* 耳が張り裂けるほどの.

éar stòne *n.* 〘解剖・動物〙＝otolith.

éar·tàb *n.* ＝earflap 1.

earth [ə́ːθ | ə́ːθ] 〘*n.*: OE *eorþe* < Gmc **erþō* (Du. *aarde* / G *Erde*) ← IE **er-* (Gk *éra* earth). ― *v.*: 《1375》← (*n.*)〙 ── *n.* (*pl.* **～s** [～s | ～s, ə́ːðz]) **1** [通例 the ～, the E-] 地球: on the face of *the* ～ ＝on the ～'s surface 地球の表面に / living things on (the) ～ 地球上の生物 / *The* ～ is a planet. 地球は惑星である. **2** 地球上の住民, 全世界の人々: the whole ～. **3** [しばしば無冠詞で](天国・地獄に対して)現世, この世: Heaven is a dream of ～. 天国は現世の夢である. **4** (空に対して海・陸を含めた)大地, (海に対して)陸地, 陸(おか): ～, air, and sea / bring to the ～ 〈飛んでいるものを〉地上に射落とす. **5** (岩石に対して)土壌, 土: a clayey ～ 粘土質の土壌 / fill a hole with ～ 穴を土でふさぐ. **6** (狐・むじななどの)穴: stop an ～ (帰れないように狐などの)穴をふさぐ / take ～ ＝*go to* EARTH (1). **7 a** (霊的なことに比べて)塵芥(ちりあくた)のようなもの, 俗界の思慮, 俗事. **b** 肉体 (↔ soul, spirit): this ～ of mine この私の肉体. **8** 〘化学〙土類《alumina, magnesia, zirconia, yttria など》: ⇨ alkaline earth, rare earth. **9** ＝earth color. **10** (古代哲学で四大 (four elements) の一つとしての)地: ～, air, fire, and water. **11** 〘英〙〘電気〙接地, 地気, アース (ground): an ～ antenna [circuit] 接地アンテナ[回路] / an ～ device 接地装置. **12** [the ～ として]〘口語〙途方もない費用[金]: cost *the* ～ 途方もない金がかかる. **13** 〘廃〙国, 国土.

bring a person down to earth 〈人を〉(夢想から)現実の世界に戻す; 〈人〉に現実を直視させる. ***come back* [*down*] *to earth*** (夢想からさめて)現実の世界に戻る. ***down to earth*** ⇨ down³ *adv.* 成句. ***go the way of all the earth*** ⇨ way¹ 成句. ***go to earth*** (1) 〈狐などが〉穴に逃げ込む. (2) 〈人が〉姿をくらます. ***of the earth, earthy*** ⇨ earthy 成句. ***on earth*** (1) 地上に[で], この世に[の]; 生存して: while one is *on* ～ 生きている限りは / the most despicable man *on* ～ この世で最も卑しむべき人. (2) [疑問・否定の強意語として]一体…, 一体全体…; 全然, 少しも (at all): What *on* ～ is the matter? 一体全体どうしたというのか / It's *no* use *on* ～! てんで役に立たない. ***run to earth*** (1) ＝*go to* EARTH (1). (2) 〈狐などを〉追い詰める; 〈犯人などを〉見つけ出す, 捕える; 〈問題などを〉根元まで調べ上げる, 突きとめる.

── *vt.* **1** [通例 ～ up として]〘園芸〙〈作物〉の根元に土をかぶせる, …に土寄せする. **2** 〔穴などに〕隠す〔*in*〕: He ～*ed* himself *in* cellars. 地下室に身を隠した. **3** 〘英方言〙〈死体を〉埋める. **4** 〈狐などを〉穴に追い詰める. **5** 〘英〙〘電気〙＝ground¹ *vt.* 6. ── *vi.* 〈狐などが〉穴に逃げ込む, 穴に隠れる.

Ear·tha [ə́ːθə | ə́ː-] 〘← EARTH〙 *n.* 女性名《異形 Erda, Ertha, Hertha》.

éarth bàth *n.* 土風呂.

éarth·bòard *n.* ＝moldboard.

éarth·bòrn *adj.* **1 a** 〘神話〙〈人物が〉地から生れた: an ～ Titan 地から生れたタイタン族の一人. **b** 〈物が〉地から発生した: ～ clouds. **2** 地上に生れた, 人間的な, いつかは死ぬべき: ～ creatures. **3** 世俗の, 浮世の: ～ pride 世俗的な誇り.

éarth·bòund¹ *adj.* **1** 〈根など〉土に固着している. **2** 地表[地球]に限定された: an ～ creature 地球に限定された動物. **3** 〈表現など〉想像力に欠けた. **4** 俗事にとらわれた, 義理にからまれた: the ～ soul 俗世的な心.

éarth·bòund² *adj.* 〈隕石・ロケットなど〉地球に向かう.

éarth·brèd *adj.* 地上で育った; 卑しい (vulgar).

éarth clòset *n.* 〘英〙(かわいた土砂をかけて臭気を止める)土砂散布式便所 (cf. water closet).

éarth còlor *n.* 土性顔料《無機顔料のうち主としてアルカリ土類で作った顔料》.

éarth cùrrent *n.* 〘電気〙地電流《ground current ともいう》.

éarth·dày *n.* 地球日《地球上の 1 日; 他の天体や人工衛星などの時間を計るための地球上の 24 時間》.

Éarth Dày *n.* 地球の日《環境保護運動家が 1970 年に設定した汚染抑止の必要を強調するための日; 4 月 22 日; cf. Earth Week》.

éarth drill *n.* 〘建築〙アースドリル《地盤あるいは岩盤に穴を穿(うが)つ回転ドリル》.

earth·en [ə́ːθən, -ðən | ə́ːθ-] 〘(?a1200): ⇨ earth, -en²〙 *adj.* **1** 土で作った; 粘土を焼いて作った, 陶製の. **2** 世俗の (earthly).

éarthen·wàre 〘(1673): ⇨ ↑, ware¹〙 ── *n.* アーズンウェア, 土器, 陶器《多孔性で透光性のない素地; 一般には施釉されている; cf. faïence, pottery 3, stoneware, porcelain》. ── *attrib. adj.* 土[陶]製の: an ～ jar, pot, etc.

éarth gòd *n.* 土の神《植物と豊饒(ほうじょう)の神》.

éarth gòddess *n.* 土の女神《植物と豊饒の女神》.

éarth hòuse *n.* **1** 土中の住居; ピクト人 (Picts) の地下住居. **2** 土で作った家.

earth·i·an [ə́ːθiən, -ði- | ə́ːθiən, -θjən] *n.* [しばしば E-] 地球人.

éarth indùctor *n.* 〘航空〙＝induction compass.

éarth indùctor còmpass *n.* 〘航空〙＝induction compass.

éarth·i·ness 〘ME *erthynesse*〙 *n.* **1** 土質, 土性. **2** (精神的に対して)俗臭, 俗悪さ (earthliness).

éarth·ing *n.* 〘電気〙接地, アース.

éarth·lìght *n.* 〘天文〙＝earthshine.

éarth·li·ness *n.* 地上のものとしての性質; (heavenliness に対して)現世的[世俗的]なこと, (浅ましい)浮世ごころ (worldliness).

earth·ling [ə́ːθlɪŋ | ə́ːθ-] 〘← EARTH＋-LING¹〙 *n.* **1** (SF で宇宙人に対して)地球人; 人間 (mortal). **2** 俗人.

earth·ly [ə́ːθli | ə́ːθlɪ] 〘OE *eorþlīc*〙 ── *adj.* (**earth·li·er**; **-li·est**) **1** 地球の, 地上の: an ～ paradise 地上の楽園. **2** (heavenly, spiritual に対して)この世の, 俗界の (worldly): ～ desires, joys, cares, etc. / ～ existence この世に生きること. **3 a** [疑問・否定の強意語として]〘口語〙一体全体 (on earth); (この世に)ありうべき: What ～ purpose can it serve? 一体どんな役に立つのか / There is *no* ～ use [reason, chance] for it. それは全然用途[理由, 見込み]がない. **b** [否定構文で chance, hope, use などの名詞を省略して]〘英口語〙少しの機会[希望]もない, 少しも役に立たない: You have*n't* got an ～. 全く絶望だ / He's *no* ～. 彼は少しも役に立たない. **4** 〘古〙＝earthen.

éarthly-mìnded *adj.* 〘古〙＝worldly-minded.

éarth·man [-mæ̀n, -mən] *n.* (*pl.* **-men** [-mèn, -mən]) (SF で)地球人, 地球の住人.

éarth mètal *n.* 〘化学〙土類金属.

éarth mòther, E- M- 〘《なぞり》← G *Erdmutter*〙 *n.* **1 a** [the E- M-] 地の精[女神]. **b** [(the) ～] ＝mother earth. **2** 官能的で母性的な女性《典型》.

éarth·mòver *n.* 地ならし機《ブルドーザーなど》.

éarth mòving *n.* (earth mover による)地ならし.

éarth·nùt 〘OE *eorþnutu*〙 *n.* 地中に生じる根・塊茎・さやなどで食用となるもの《ナンキンマメ (peanut), ショクヨウカヤツリ (chufa) など》; その草本.

éarth phỳsics *n.* ＝geophysics.

éarth pìg *n.* 〘動物〙ツチブタ (⇨ aardvark).

éarth pìllar *n.* 〘地質〙土柱《砂礫層が雨水の侵食を受けて生じる土砂の柱で, しばしば頂に石があって, その保護を受けた部分のみが侵食をまぬがれて土柱となる; demoiselle ともいう》.

éarth plàte *n.* 〘電気〙＝ground plate 2.

éarth potèntial *n.* 〘電気〙大地電位.

éarth·quàke 〘(c1325) *erthequake*: cf. quick〙 *n.* **1** 地震: A strong [tremendous, devastating] ～ occurred last night. **2** (社会・政界などの)大変動, 大異変.

éarthquake cènter *n.* 震央, 震源(地).

éarthquake insùrance *n.* 〘保険〙地震保険.

éarthquake-pròof *adj.* 耐震の: an ～ building.

éarthquake sèa wàve *n.* 地震津波 (tsunami).

éarthquake shòck *n.* 地震の震動.

éarthquake sòunds *n. pl.* ＝earth sounds.

éarthquake wàve *n.* 地震の波 (cf. L wave).

éarthquake zòne *n.* 地震帯.

earth·quak·y [ə́ːθkwèɪki | ə́ːθkwèɪkɪ] *adj.* 地震のような.

éarth retùrn *n.* 地帰路《電話線などを 1 本だけ用いて帰電流は大地を導体として用いる方式》.

éarth·rìse *n.* (月や月の周りを回る宇宙船から見て)地球の出.

éarth sàtellite *n.* (地球の)人工衛星.

éarth scìence *n.* [しばしば *pl.*] 地球科学《地質学・地球物理学・気象学・海洋学など地球に関する科学》.

éarth·shàker *n.* 根本的に重要なもの, 地軸を揺るがすようなこと.

éarth·shàking *adj.* 地軸を揺るがすような, 根本的に重要な: ～ events 驚天動地の大事件. **～·ly** *adv.*

éarth·shìne *n.* 〘天文〙地球照, 地球の照り返し《新月に近いころ地球の反射光で月の暗面が淡く見えるもの》.

éarth·shòck *n.* (局部的な)地震.

éarth sòunds *n. pl.* 地鳴り.

éarth·stàr *n.* 〘植物〙ツチグリ属 (*Astraeus*) やヒメツチグリ属 (*Geastrum*) のキノコ《外皮が星状に裂ける》.

éarth stàtion *n.* 〘宇宙〙地球ステーション, 地球局《大気圏外からの電波信号を受信し中継する; cf. satcom》.

éarth tàble *n.* 〘建築〙根石《建物の土台のうち, 地表面に出た部分; ground table ともいう》.

éarth trèmor *n.* 地震《特に, 震度の余りひどくないもの》.

earth·ward [ə́ːθwəd | ə́ːθwəd] 〘ME *ertheward*〙 *adv.* 地[地球]の方へ. ── *adj.* 地[地球]の方へ向けた[向いた].

éarth·wards [-wədz | -wədz] *adv.* ＝earthward.

éarth wàve *n.* ＝earthquake wave.

éarth wàx 〘《なぞり》← G *Erdwachs*〙 *n.* 〘鉱物〙地蠟 (⇨ ozokerite).

Éarth Wèek *n.* 地球保護週間《地球の大気汚染に関する関心を表わすために 1970 年米国で設定された 1 週間; cf. Earth Day》.

éarth wìre *n.* 〘電気〙アース線 (《米》ground wire).

éarth·wòman *n.* (SF で)地球人の女.

éarth·wòrk *n.* **1** 土工事. **2** 〘軍事〙土塁. **3 a** [*pl.*] 芸術作品になる天然の素材《土・石・砂・水など; cf. ecological art》. **b** (特に, 現代美術の一手法として)土や石など天然の素材をそのまま利用した芸術作品.

éarth·wòrker *n.* 天然の素材をそのまま利用した作品 (earthworks) を作る芸術家.

éarth·wòrm 〘ME *ertheworm*〙 *n.* **1** 土中に住む虫, 地虫; ミミズ (cf. worm). **2** 〘古〙虫けらのような人間, 卑劣漢.

earth·y [ə́ːθi, -ði | ə́ːθɪ] 〘(a1398) *erthy*: ⇨ earth, -y⁴〙 ── *adj.* (**earth·i·er**; **-i·est**) **1** 土の, 土壌性[質]の, 土質の. **2** 土特有の, 土臭い: an ～ color 土色 / an ～ smell. **3** 地中に住む: ～ spirits 地の精. **4** 〘古〙(天上に対して)地上(世界)の, 世俗の (worldly). **5** (生活に根をおろした)たくましい, 飾らない (unaffected): strong ～ expressions 強い飾らない表現. **6** 現実的, 実際的の. **7** 俗悪な, 野卑な: ～ jokes 野卑な冗談. **8** 〘化学〙土類の. **9** 〘英〙〘電気〙接地した.

of the earth, earthy 地より出でて地に属し; 俗臭ふんぷんたる (cf. *1 Cor.* 15: 47) (cf. *of the world*, WORLDLY).

éar trùmpet *n.* らっぱ型補聴器.

éar·wàx 〘ME *erewax*〙 *n.* 耳あか, 耳垢(じこう)(cerumen).

ear·wig [íəwɪ̀g | íə-] 〘OE *ēarwicga* ← *ēare* 'EAR¹'＋*wicga* insect: cf. G *Ohrwurm*: この虫は眠っている人の耳にはいって害をすると考えられたところから〙 ── *n.* 〘昆虫〙ハサミムシ《革翅(し)[ハサミムシ]目の夜行性の昆虫の総称》. ── *vt.* (**ear·wigged**; **-wig·ging**) 〘古〙密かに話して〈人を〉動かす[〈人〉に取り入ろうとする].

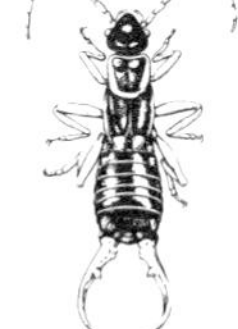
earwig (*Forficula auricularia*)

éar·wìtness *n.* 伝聞証人《他人から聞いたことを証言する証人; cf. eyewitness》.

éar·wòrm *n.* 〘昆虫〙オオタバコガ (corn earworm).

ease [íːz] 〘(?a1200) *ese, eise, aise* □ (O)F 《廃》*eise, aise* < VL **adjaces* = L *adjacēns* lying near: ⇨ adjacent〙 ── *n.* **1** (体の)楽(らく), くつろぎ, 安静, 安楽; (痛みが)楽になること, 軽減: ～ of body / ～ *from* pain / take one's ～ 休む, くつろぐ. **2** 気楽, 安気, 安心: My mind could never know ～ again. 心は安らぐことがなかった. **3** (態度・様子などの)窮屈しくないこと, 安易, 気軽: ～ of manner ゆったりとした態度. **4** (事をする)容易, 平易さ (↔ difficulty): *with* ～ 容易に, 楽に, 苦もなく. **5** (金銭の面で)困らないこと, 裕福. **6** (衣服・靴などの)ゆるさ, ゆとり: I want a little more ～ across the breast. (服の)胸の所をもう少し楽にしてほしい. **7** (物価などの)下がる傾向.

at ease (1) 苦痛[不快]がなくなって: After the doctor's visit, the patient felt more *at* ～. 医者に見てもらったあと患者の苦痛は前よりも少なくなった. (2) くつろいで, のんびりして: be [feel] *at* ～ 安心する, 気持が楽である, くつろぐ / be *at* ～ in society 人中で落ち着いている / be [feel] ill *at* ～ 落着きがない; ぎごちない / be *at* ～ in Zion 安逸の生活をする (cf. *Amos* 6: 1) / sit *at* ～ 楽に[くつろいで]すわる / set a person *at* ～ 人の不安を取り除いてやる, 人を安心させる. (3) 安楽に: live *at* ～. (4) 〘軍事〙休めの姿勢をとって (cf. attention 5): *At* ～! [号令] 休め / stand *at* ～ 休めの姿勢でいる[をとる]; [号令] 休め (cf. Stand easy ⇨ easy *adv.* 2). (5) 〘軍事〙みち足行進して: march *at* ～ みち足行進する《歩調は合わなくともよいが談話は許されない》/ *At* ～ march! [号令] みち足行進, 楽に進め. ***at one's ease*** (1) ＝*at* EASE (2). (2) 希望どおりに, 好きなように: You can complete the task *at your* ～. 君はその仕事を好きなように完成してよろしい. ***put* [*set*] *a person at his ease*** 〈人を〉くつろがせる.

── *vt.* **1** (苦痛・重荷などを除いて)楽にする; 安心させる: ～ a person's mind 安心させる, 気を楽にさせる / It ～*d* her to talk of the matter. そのことを話すと気が紛れた. **2 a** 〈人・心〉から〔苦痛・不安・悩みなどを〕取り除く[軽くする]〔*of, out of*〕: ~ a person *of* pain 人の苦痛を軽くする / ~ one's mind *of* anxiety 心から不安を除く / Morphia ~*d* him *out of* his pain. モルヒネで彼の痛みが取れた. **b**《戯言》〈人〉から〔物を〕奪う〔*of*〕: ~ a person *of* his purse 人の財布を奪う[盗む]. **3**〈苦痛・不安・緊張などを〉軽減する, 緩和する: I gave her more morphia to ~ the pain. その痛みを緩和するために彼女にもっと多くのモルヒネを与えた / ~ censorship 検閲を緩和する / ~ tensions in the area その地域の緊張を緩和する. **4** [しばしば方向の副詞語句を伴って] 慎重に動かす, そっと移動させる: ~ *back* the hammer (銃の)打ち金をゆっくりあげる / He ~*d* the car *into* gear. ゆっくり車のギアを入れた / He ~*d* the car *to* a stop. 車をゆるやかに停止させた / He ~*d* himself *out of* the bed. ベッドからそっと抜け出た / He ~*d* open the door. そっとドアをあけた. **5**《造船》〈木造船体の材木〉の表面を流線型に削って望みの船形になるようにする. **6** [しばしば ~ *in* として]《服飾》**a** (ギャザーやプリーツなどで)必要なゆるみを入れる. **b**〈衣服の窮屈な所を〉楽にする, ゆるめる: ~ a coat under the arms 服のわきの下を(ゆるめて)楽にする. **7**〈扉・引出し・機械・ねじなどを〉ゆるめる: ~ one's leg 休めの姿勢になる. **8**〈事を〉容易にする, …の困難を軽くする: That will ~ your task. それで仕事が楽になるだろう. **9**《海事》**a**〈舵を〉(取っていた状態から)中央へ戻す: *Ease* the helm [rudder]! (舵を)戻せ. **b**〈船〉の船首を風上へ向ける. **c**〈押えていたロープを〉ゆるめる〈*away, off, down*〉. **d**〈揚錨機のブレーキを〉ゆるめる. — *vi.* **1**〈激しさ・圧迫・緊張・苦痛などが〉軽くなる, ゆるむ, 和らぐ, 楽になる〈*away, off, up*〉: The pain ~*d*. 痛みが楽になった. **2** [方向の副詞語句を伴って] ゆるやかに[徐々に]動く: ~ *down* on the brake pedal ブレーキペダルをゆるやかに踏む / He ~*d into* the car. ゆっくりと車に乗った / The car ~*d out of* the garage. 車はゆっくりとガレージから出て行った. **3** (特に, ボートで)力をゆるめる, 休む〈*up*〉: *Ease* all! こぎ方止め. **4**〈市況が〉ゆるむ,〈相場が〉下がる〈*off*〉.
ease into うまく〈場所〉に入れる, うまく〈仕事〉につかせる: ~ a person *into* jail 人をうまく刑務所に送り込む / ~ a person *into* a job 人をうまく仕事につかせる. ***ease nature*** [*oneself*] 排尿する; 排便する. ***ease off*** (*vt.*) (1) ⇨ *vt.* 9 c. (2) 発砲する. (*vi.*) (1) ⇨ *vi.* 1. (2)〈斜面が〉なだらかになる. (3) くつろぐ, のんびりする. (4) ⇨ *vi.* 4. ***ease out***〈人を〉巧みに辞職させる: He was ~*d out* of office. 巧みに解職された. ***ease up*** (*vi.*) (1) ⇨ *vi.* 1. (2) ⇨ *vi.* 3. (3)〈事情が〉楽になる: Things will ~ *up* a bit soon. じき事情が少しは楽になるだろう. (4) (場所をあけるために)つめる: Would you please ~ *up* a little? 少しつめていただけませんか. (*vt.*) ゆっくり上げる: ~ *up* the window. ***ease up on***〈人〉に対して厳しくしない: You should ~ *up on* the child. その子に手厳しくしない方がよい.

ease·ful [íːzfəl]《ME《スコット》*esful*》— *adj.* **1** 気楽な, 安楽な (comfortable), 安らかな (restful): ~ death 安らかな死. **2** 安易な; のんきな, 安逸な (indolent): an ~ life 平穏な生活. **~·ly** *adv.* **~·ness** *n.*

ea·sel [íːzəl, -zl]《(1634) ⊏ Du. *ezel*: cf. G *Esel* ass, easel: cf. ass[1], horse 5》— *n.* **1** 画架, イーゼル; (黒板などの)台. **2** (陶器・絵画などを陳列するための)枠, 台. **3**《写真》(引伸ばし・複写などに用いる)イーゼル.

éase·less *adj.*《古》気楽さ[安静]のない; (心身の)安まることのない, 不安な.

éasel pàinting *n.* **1** (壁画・天井画などに対して)画架にのせてかいた絵. **2** 画架にのせて絵を描くこと.

éasel pìcture *n.* =easel painting 1.

éase·ment《(*a*1338) ⊏ OF *aisement*》— *n.* **1**《古》(苦痛などの)緩和, 軽減 (alleviation). **2**《古》慰安, 便利. **3**《法律》地役権《他人の土地の通行権・自家の採光上の権利など》. **4**《建築》緩和材《二つの部材を角を立てずに接合する彎曲した接合部材》.

éasement cúrve *n.* (ハイウェーなどの)緩和曲線.

éas·er *n.* 安楽にする人[物], 緩和する物.

eas·i·ly [íːz(ə)li, -zɪli | -zɪli, -zə-]《(*c*1290) *esili*》— *adv.* **1** 容易に, 楽に, 苦もなく; 手軽に: let a person off ~ (大した罰も加えずに)わけなく人を許す / He is not ~ put out. 容易に閉口しない《中々手ごわい》. **2** するすると, すらすら. **3** 安らかに, 気楽に. **4** 確かに, 疑いなく, もちろん: be ~ the best [first] もちろん最上, 苦もなく一番 / In value salmon ~ leads. 価格ではサケが無論筆頭. **5** 多分: Such a thing will ~ happen. そういう事は多分起こるだろう. **6**《口語》(数量に関して)優に, 少なくとも: *Easily*, it amounts to half a million. それは優に 50 万に達する.

éas·i·ness《(*a*1425) *esinesse*》— *n.* **1** 容易さ, 平易さ. **2** (文などの)なめらかさ. **3** 気軽さ, 気楽, 落着き (ease): ~ of manner. **4** 寛大さ, 優しさ. **5** だらしなさ, しまりのなさ: He was ruined by his ~. 彼はだらしなさのせいで破産した. **6** (市況の)ゆるんだ状態, (相場の)下向きの状況.

éas·ing *n.*《建築》=easement 4.

east [íːst]《n. & adj.: OE *ēast-* (cf. *ēastende* east region) ← Gmc **austo-* (Du *oost* / G *Ost*) ← IE **aus-*, **awes-* dawn (L *aurōra* 'dawn, AURORA' / Gk *aúōs* dawn). —adv.: OE *ēastan* from the east < Gmc **austonō* // *ēast*《略》← **ēaster* toward the east ← Gmc **austro-*: cf. Easter[1]》— *n.* **1** [通例 the ~] 東, 東方, 東部 (略 E, E.); 東部地方: *the* ~ of Eden《聖書》エデンの東(に) (cf. LAND of Nod (1)) / Japan is *in the* ~ of Asia. 日本はアジアの東部にある / Mito is *to the* ~ of Tokyo. 水戸は東京の東方にある / There is the Pacific *on the* ~. 東に(接して)太平洋がある / The wind is in *the* ~. 風が東から吹く. **2** [the E-] **a** 東半球. **b** 東洋, 東方《古代文明の起こった地方で小アジア・シリア・エジプト・アラビア・インド・中国などを含む》: ⇨ Far East, Middle East, Near East. **c**《米》東部地方《もとは Allegheny Mountains 以東の地方, 特に New England 地方; 今は一般に Mississippi 川の東 Maryland 州と Ohio 川以北の地方; cf. west 2 c》: ⇨ down East. **d** 東欧諸国, 東欧の共産主義国家. **e**《歴史》(ローマ帝国が東西に二分した後の)東ローマ帝国 (the Eastern Roman Empire). **3** [the E-]《キリスト教》東方教会 (the Eastern Church). **4** (教会堂の)東(側), 祭壇側 (altar side)《実際の方角とは必ずしも一致しない; cf. orient *vt.* 1》. **5**《詩》東風 (the east wind). **6** [しばしば E-]《トランプ》(ブリッジなどで)イースト, 東家《テーブルで東の席にすわる人》.
east by north 東微北 (略 EbN).
east by south 東微南 (略 EbS).
— *adj.* **1** 東の; [しばしば E-] (大陸・国などの)東部の, 東にある: the ~ coast 東部沿岸, 東海岸 / the ~ longitude 東経 / ⇨ East Germany. **2** 東に面した, 東向きの: an ~ window [gate]. **3**〈風が〉東から吹く: an ~ wind 東風《英国や New England では健康によくないいやな風と考えられ, 聖書でも熱気を含み植物などを枯らす風とされている》. **4** (教会堂で)祭壇側の. — *adv.* 東に, 東へ, 東方に: go ~ / sail due ~ 真東へ航海する / ~ of Suez スエズ以東(に), 極東に (R. Kipling, *Mandalay*) / lie ~ of …の東方にある / lie ~ and west 東西に横たわる / The wind is blowing ~. 風は東へ[《まれ》東から]吹いている (⇨ north ★). — *vi.* 東へ向かう; 東方へ針路を取る.

éast·abòut *adv.* 東の方に (eastward).

Éast Ánglia《cf. OE *Ēast-Engle* the East-Anglians, East-Anglia》— *n.* **1** 東アングリア《Norfolk, Suffolk 両州から成るイングランド東部地方》. **2**《英史》東アングリア王国《同地方に存在した Anglo-Saxon 時代の古王国; cf. heptarchy 2 b》.

Éast Ánglian *adj.* **1** 東アングリア王国の. **2** イングランド東部地方の. — *n.* **1** 東アングリア(王国)の住民. **2** 東アングリア方言.

Éast Bengál *n.* 東ベンガル《Bengal 地方の東半分で, 現在は Bangladesh となっている》.

Éast Berlín *n.* 東ベルリン《Berlin の東部; 東ドイツの首都; 人口 1,112,000》.

éast·bòund *adj.* 東行きの, 東回りの;〈貨物列車・船が〉東行きの便の: an ~ trip [ship].

East·bourne [íːs(t)bɔːən, -bɔən | -bɔːn]《ME *Estburn* ← OE *ēast* 'EAST' + *burna* stream》— *n.* イングランド南東部 East Sussex 州南部の海港で, 海水浴場; 人口 72,000.

Éast Céntral *n.* [the ~] (London の)中央東部郵便区 (略 E.C.).

Éast Chína Séa *n.* [the ~] 東シナ海《中国大陸・朝鮮半島・日本・台湾に囲まれる》.

Éast Énd *n.* [the ~] (London の) 東部地区《下層労働者が多く住んでいる海運商業区域; cf. West End》. **Éast-Énd·er** *n.*

éast·er《← EAST + -ER[1]》*n.* 東風; (特に)東から吹く強風.

Eas·ter[1] [íːstə | -tə(r)]《ME *ester* < OE *ēastre*, (pl.) *ēastron* ← *Ēostre*, *Ēastre* goddess of light and spring < Gmc **Austrōn* (G *Ostern* (pl.)): ⇨ east》— *n.* **1** イースター, 復活祭, 復活日《キリストの復活を記念するキリスト教会の最大・最古の祝日; 毎年 3 月 21 日以降の満月の後の最初の日曜日 (満月が日曜日ならその次の日曜日); その日を Easter Day または Easter Sunday という》. **2** 復活(祭)季節, 復活節 (Eastertide). ***make*** *one's* ***Easter***《カトリック》復活祭の義務 (Easter duty) を果たす.

Eas·ter[2] [íːstə | -tə(r)]《↑》*n.* 女性名.

Éaster càndle *n.*《キリスト教》=paschal candle.

Éaster dàisy《Easter の頃花が咲くことから》*n.*《植物》北米西部原産キク科ジギク属の多年草 (*Townsendia exscapa*).

Éaster Dáy *n.* =Easter[1].

Éaster dùes *n. pl.* =Easter offerings.

Éaster dùty *n.*《カトリック》復活祭の義務《復活祭季節 (Eastertide) に果たすべき宗教的な義務; ざんげ・聖餐拝受など; Easter duties ともいう》.

Éaster ègg *n.* 復活祭の(飾り)卵《復活祭に贈り物とする彩色した卵で, 中には鶏卵に似せて作ったチョコレートやおもちゃなどもある》.

Éaster éve《《異形》← ME *Ester even* < OE *Ēasteræfen*》*n.* 復活祭の前日[前夜], 復活前日[前夜].

Éaster-hólidays *n. pl.* =Easter vacation.

Éaster Ísland *n.* イースター島《南太平洋のチリ領の火山島; 1722 年の Easter Day に発見され, 島内に木版と 500 以上の大小の石像があり, 考古学的に有名; 現地語名 Rapa Nui》.

Éaster lìly *n.*《米》復活祭に飾るシロユリ《ニワシロユリ (Madonna lily) やテッポウユリ (Bermuda lily) など》.

east·er·ling [íːstəlɪŋ | -tə-]《(1534) ← ?《廃》*easter* 'EASTERN' + -LING[1]》*n.* =easterner.

éast·er·ly [íːstəli | -təli]《(adj.: 1548; adv.: 1635) ←《廃》*easter* (↑) + -LY[1,2]》— *adj.* **1** 東寄りの, 東方の, 東向きの: in an ~ direction 東の方角に. **2** 東から吹く: an ~ wind 東風. — *adv.* **1** 東方に[へ], 東寄りに. **2**〈風が〉東方から: The wind blew ~. 風が東から吹いた. — *n.* 東風.

Éaster Mónday *n.* 復活祭 (Easter Sunday) の翌日《米国 North Carolina 州および英連邦では法定休日; cf. bank holiday》.

east·ern [íːstən | -tən, -tn̩]《adj.: OE *ēasterne* < Gmc **austrōnja* (OHG *ōstroni*) ← **austro-*. — n.: (1862) ← (adj.): ⇨ east, -ern》— *adj.* **1** 東の, 東方の: the ~ part of the town 町の東部. **2** 東向きの: the ~ window. **3**〈風が〉東から吹く: an ~ wind. **4** [しばしば E-] 東方の, 東部地方の, (特に)米国東部の: the *Eastern* States《米》東部諸州. **5 a** [E-] 東洋(諸国)の (Oriental), 東洋風の: the *Eastern* manners 東洋風俗. **b** [通例 E-] 東欧諸国の. **6** [E-]《キリスト教》東方教会の. — *n.* [通例 E-] **1** 東国人, 東洋人. **2** 東方教会 (Eastern Church) の信者. **3** (米国の)東部語 (⇨ Eastern speech).

Éastern Chúrch *n.* [the ~]《キリスト教》東方教会, 東方正教会 (⇨ Orthodox Eastern Church).

éastern crówn [**córonet**] *n.*《紋章》=antique crown.

Éastern cút-off *n.*《高跳び》はさみ跳び, 正面跳び (⇨ scissors 2 c).

éastern díamondback ráttlesnake *n.*《動物》ヒシモンガラガラヘビ (*Crotalus adamanteus*)《米国南東部産の猛毒をもつヘビ》.

Éastern Émpire *n.* [the ~] =Eastern Roman Empire.

East·ern·er [íːstənə, -tə- | -tənə(r)] *n.* 東部人, 東国人; (特に, 米国の)東部諸州[ニューイングランド]の人.

Éastern Gháts *n. pl.* [the ~] 東ガーツ(山脈) (⇨ Ghats).

Éastern Hémisphere, e- h- *n.* [the ~] 東半球: **a** 本初子午線から東回りで 180 度の子午線に至る範囲[半球]. **b** ヨーロッパ・アジア・アフリカ・オーストラリアを含む地域.

éastern hémlock *n.*《植物》カナダツガ (*Tsuga canadensis*)《米国 Pennsylvania 州の州木》.

Éastern Híghlands *n. pl.* [the ~] =Great Dividing Range.

east·ern·ism, E- [íːstənɪzm | -tə-] *n.* =Orientalism.

east·ern·ize [íːstənàɪz | -tə-] *vt.* **1** (風俗・習慣・思想などの点で)東洋化させる. **2**《米》東部的にする. **east·ern·i·za·tion, E-** [iːstənɪzéɪʃən, -nə- | -tənaɪ-, -nɪ-] *n.*

éast·ern·ly *adj.*《まれ》=easterly.

éastern·mòst《(1830)》*adj.* 最も東の, 最東端の.

Éastern Órthodox *adj.*《キリスト教》東方正教会の[に関する].

Éastern Órthodox Chúrch *n.* [the ~]《キリスト教》東方正教会 (⇨ Orthodox Eastern Church).

Éastern Quèstion *n.* [the ~] 東欧問題《もとオスマン帝国の没落による東南ヨーロッパにおける国際的政治問題をいい, 後には中東問題を指す》.

Éastern Róman Émpire *n.* [the ~] 東ローマ帝国《ローマ帝国 (Roman Empire) が 395 年東西に分裂して以後, Constantinople (もとの Byzantium) を首都として始まった東方の帝国; Byzantine Empire とも呼ばれ存続したが, 1453 年オスマン帝国に滅ぼされた; cf. Western Roman Empire》.

Éastern Shóre *n.* [the ~] 米国の東海岸 Chesapeake 湾の東部沿岸地方《Maryland, Delaware, Virginia の三州にまたがる》.

Éastern Slávs *n. pl.* ⇨ Slav.

Éastern spéech *n.*《米》東部語《New York 市を含む Hudson 川以東地域住民の言語》.

Éastern stándard tìme, e- s- t- *n.* =Eastern time (略 EST).

Éastern tìme, e- t- *n.* **1** 東部(標準)時《米国の標準時の一つで西経 75° にあり GMT より 5 時間遅い; 略 ET; ⇨standard time 1 ★》. **2** (オーストラリアの)東部(標準)時《東経 150° にあり GMT より 10 時間早い》.

éastern whìte pìne *n.*《植物》=white pine 1.

Éaster ófferings *n. pl.*《英》(教区の信者から牧師への)復活祭の献金.

Éaster sépulcher *n.* (古い教会にある)聖物置き棚《キリストの十字架上の死を記念する聖金曜日はミサがないので, 聖木曜日 (Holy Thursday) のミサの後, 聖体を安置しておくところ》.

Éaster sítting *n.*《英法》=Easter term 1 b.

Éaster Súnday *n.* =Easter[1].

Éaster térm *n.* **1**《英法》復活祭開廷期: **a** 裁判所の四開廷期の一つ; 4 月 15 日から 5 月 8 日までの期間, 1873 年廃止. **b** 4 月 21 日から 5 月 29 日までの高等法院 (High Court of Justice) の開廷期間. **2**《英》イースター学期《古い大学では, 以前はイースターから聖霊降臨節までの約 6 週間の学期, 現在は Trinity term の中に含まれる; 一部の大学や各種学校では, クリスマスからイースターまでの学期》.

Éaster·tìde《OE *Ēastertīd*》— *n.* **1** 復活(祭)季節, 復活節《復活祭の前の土曜日から聖霊降臨祭 (Whit-

sunday) 後の土曜日までの期間；Easter time ともいう》. **2** ＝Easter week.
Éaster tìme *n.* ＝Eastertide 1.
Éaster vacátion *n.* 《英》(法廷・大学などの)復活祭[春期]休暇 (cf. long vacation).
Éaster wéek 〖OE *Ēasterwucu*〗 *n.* 復活(祭)週間《Easter Sunday に始まる 1 週間》.
Éast Gérman *adj.* 東ドイツ(人)の. —— *n.* 東ドイツ人.
Éast Germánic 〖《なぞり》← G *ostgermanisch*〗 *n.* 東ゲルマン語群《ゲルマン語派の一区分；死語のゴート語 (Gothic) 語を含む》.
Éast Gérmany *n.* 東ドイツ《第二次大戦後ドイツの東西分割によって 1949 年成立した共和国；人口 16,766,000, 面積 108,178 km^2, 首都 East Berlin；公式名 the German Democratic Republic ドイツ民主共和国；cf. West Germany》.
Éast Góth *n.* ＝Ostrogoth.
Éast Hám 〖OE *Estham* ← *ēast* 'EAST'＋*hamm* meadow on a stream〗 —— *n.* イングランド南東部, 旧 Essex 州の都市で, 現在は London 東部の Newham 自治区の一部；ドックや造船所がある；人口 113,000.
Éast Índia *n.* ＝East Indies 1.
Éast Índia Còmpany *n.* [the ～] 東インド会社《東インド貿易を目的として主に 17–18 世紀に英国・オランダ・フランスなどが創立した商事会社；植民地経営にも従事した；英国のものは 1600 年創立され, 近代インドの発展史に種々の役割を演じた末, 1858 年事実上廃止され, 1874 年形式上も解散させられた》.
Éast Índiaman *n.* **1** (英国)東インド会社船《商船で軍船を兼ねた大型帆船》. **2** (昔の)東インド方面交易船 (Indiaman)《大型快速帆船》.
Éast Índian *adj.* 東インド (East Indies) の. —— *n.* 東インドの(原)住民.
Éast Índian wálnut *n.* ＝lebbek.
Éast Índies *n. pl.* [the ～] **1** 東インド《インド・インドシナ・マライ諸島を含む地方の旧称》. **2** 東インド諸島《マライ諸島の別称》.
éast·ing 〖《1628》← EAST＋-ING[1]〗 —— *n.* **1** 《海事》東航東西距《船が子午線に対して東方へ進んだ距離》; 偏東航行：keep an ～ 東向きに航行を続ける. **2** (風向きの)東寄り；東風に変わること. **3** 東に向かうこと；(天体などの)東進. **4** 《測量》偏東距離《南北の基準線から東方に測った距離》.
éasting dówn *n.* 《海事》東航：**a** (喜望峰から)東向け航路. **b** (オーストラリアから)東向け航路.
East·lake [íːstleɪk] 〖← *Charles Eastlake* (1836–1906：英国の美術家)〗 *adj.* 〈家具が〉イーストレーク様式の《直角線を主とする(ゴシック)様式に作られた》.
east·lin [íːstlɪn, -lən | -lɪn] 〖⇨ eastlins〗 *adj.* 《スコット》＝easterly.
east·ling [íːstlɪn, -lən, -lɪŋ | -lɪŋ] *adj.* 《スコット》＝eastlin.
east·lings [íːstlɪnz, -lənz, -lɪŋz | -lɪŋz] *adv.* 《スコット》＝eastlins.
east·lins [íːstlɪnz, -lənz | -lɪnz] 〖← EAST＋《スコット》*-lins* (⇨ -lings)〗 *adv.* 《スコット》東方へ.
Éast Lóndon *n.* イーストロンドン《南アフリカ共和国南岸, Cape of Good Hope 州の南東部にある海港；人口(郊外を含めて) 117,000》.
Éast Lóthian *n.* スコットランド南東部の旧州；現在の Lothian 州の東部；面積 712 km^2, 首都 Haddington；旧名 Haddington(shire).
Éast Maláysia *n.* ⇨ Malaysia 1.
East·man [íːs(t)mən], **George** *n.* (1854–1932) 米国の写真機・フィルム製造業者；Kodak 写真機とロールフィルムの発明者.
Eastman, Max (**For·res·ter**) [fɔ́(ː)rɪstə, fɑ́r-, -rəs- | fɔ́rɪstə(r)] *n.* (1883–1969) 米国の左翼評論家；*The Literary Mind* (1931).
éast·mòst [-mòust | -məust, -məst] 〖《1535》: cf. OE *ēastmest*：⇨ -most〗 *adj.* ＝easternmost.
éast-northéast *n.* 東北東 (略 ENE；⇨ compass card). —— *adj., adv.* 東北東の[に, へ, から].
éast-northéastward *adv.* 東北東へ[に]. —— *adj.* 東北東にある, 東北東に向いた. —— *n.* [通例 the ～] 東北東(方).
Éast Órange *n.* 米国 New Jersey 州北東部の都市；人口 76,000.
Éast Pákistan *n.* 東パキスタン(州)《もとパキスタンの一州；現在は独立して Bangladesh となる》.
Éast Prússia *n.* 東プロイセン《もとドイツ北東部の一州(ドイツ語名 Ostpreussen)；第一次大戦後ポーランド回廊 (Polish Corridor) によって本土と分離, 1945 年ポーランドとソ連に分割された；面積 37,000 km^2, 首都 Königsberg (今の Kaliningrad)》.
Éast Punjáb *n.* ⇨ Punjab.
Éast Ríding 〖OE *Ēstreding*, *Ēst Treding* ← *ēast* 'EAST'＋ON *þriðjungr* 《原義》third part：⇨ riding[2]〗 *n.* [the ～] ⇨ Yorkshire 1.
Éast Ríver *n.* [the ～] 米国 New York 州南東部, Manhattan 島と Long Island の間にあり, New York 湾と Long Island Sound とを結ぶ海峡；長さ 26 km.
Éast Sibérian Séa *n.* [the ～] 東シベリア海《北極海のうち New Siberian Islands と Wrangel Island との間の部分》.
East·side, e- [íːstsàɪd] *adj.* New York 市イーストサイドの.
Éast Síde *n.* [the ～] New York 市 Manhattan 区東部の地区《Fifth Avenue の東側；国連本部ビルなどがある；cf. West Side》. **Éast-síd·er** *n.*
Éast Slávic *n.* ⇨ Slavic.
éast-southéast *n.* 東南東 (略 ESE). —— *adj., adv.* 東南東の[に, へ, から].
éast-sòuthéastward *adv.* 東南東へ[に]. —— *adj.* 東南東にある[向いた]. —— *n.* [通例 the ～] 東南東(方).
Éast Súffolk *n.* ⇨ Suffolk[1].
Éast Sússex *n.* イングランド南東部の English Channel に面する州《1974 年新設；旧 Sussex 州の東部；人口 658,000, 面積 1,797 km^2, 主都 Lewes》.
Éast Víllage *n.* [the ～] イーストビレッジ《New York 市の一地域で, ヒッピーや若者たちのたまり場》.
east·ward [íːstwəd | -wəd] 〖OE *ēastweard(e)*：⇨ -ward〗 —— *adv.* 東方へ[に], 東方に向かって. —— *adj.* **1** 東方への；東向きの. **2** 〈聖餐式の際の司祭の位置が〉(祭壇の西側に立ち)東方に面している. —— *n.* 東方, 東部.
éast·ward·ly *adj.* **1** 東向きの. **2** 〈風が〉東から吹く：an ～ wind. —— *adv.* 東向きに, 東方へ；〈風が〉東方から.
éast·wards [-wədz | -wədz] 〖《1517》：⇨ -wards〗 *adv.* ＝eastward.
eas·y [íːzi | -zɪ] 〖adj.：《?a1200》 *esi*, *aisi(e)* □ AF *aisé* ＝OF *aisié* (F *aisé*) (p.p.) ← *aisier* 'to EASE'. — adv.：《a1400》← (adj.)：-Y[4] の影響を受けた〗 —— *adj.* (**eas·i·er**；**-i·est**) **1** 容易な, 平易な, やさしい (↔difficult)：an ～ task, problem, answer, etc. / (as) ～ as winking 実にたやすい (cf. *adv.* 1) / be ～ *of* access [adjustment] 近づき[調整し]やすい / This lesson is ～ *to* follow. この課はわかりやすい / He is ～ *to* get on with. 彼は付き合いやすい / It is ～ (*for* you) *to* solve this problem. (君が)この問題を解くのは容易だ / It is no ～ matter to do so. そうするのはなかなか容易なことではない. **2 a** 安楽な, 気楽な, 安らかな, 楽な；〈病人が〉調子がいい：an ～ mind 安らかな心 / an ～ hour 心の休まる時 / feel ～ 気が楽だ, 気分が楽になる；安心する / be in ～ circumstances 気楽な身分である, 安楽[裕福]に暮らす / Make your mind ～. ご安心なさい / I was ～ in my mind. 心は安らかだった. **b** [通例 ～ *to* look at として]《口語》(見た目に)感じのよい, かわいらしい, きれいな：She is very ～ *to look at*. 彼女はとてもかわいらしい / ⇨ *easy on the* EYE(*s*). **3 a** 厳しくない, 寛大な；〈条件など〉ゆるい, 楽な：an ～ teacher / on ～ terms 《商業》分割払いで / You had better be ～ *on* her. 彼女を大目に見てやったほうがよい / He obtained an ～ pardon. わけもなく許された. **b** (相手にするのに)雑作ない, 御しやすい, だまされやすい, お人よしの：⇨ easy game, easy mark, easy meat / She fell an ～ victim to his temptation. 彼女はやすやすと彼の誘惑のわなに陥った. **c** だらしない, のんきな, 浮気な：be ～ in one's morals 品行がだらしない / a woman of ～ virtue 貞操の堅くない女, 浮気女. **4 a** 〈談話・文体など〉固苦しくない, なだらかな, すらすらとした；〈人・気分・態度など〉くつろいだ, ゆったりとした, 窮屈でない：be ～ *in* conversation / free and ～ 無造作でくったくのない / ～ grace おっとりした上品な態度 / an ～ manner ゆったりとした態度 / ～ dress 略装, ふだん着 / Be ～! ゆっくり構えなさい；心配するな. **b** [通例 I'm ～. として]《口語》(自分は)こだわらない, どちらでもよいと思う：You can come with me or not.—*I'm* ～. いっしょに来ても来なくてもいいよ—私はどちらでもいいんです. **5** 〈速度・動き・角度など〉ゆるやかな；〈水など〉流れのなだらかな：an ～ pace, motion, angle, etc. / an ～ walk along the beach 磯辺伝いのゆったりとした散策 / a stretch of ～ water 広々としたなだらかな流れ / ⇨ *by easy* STAGES. **6** 〈衣類など〉ゆるやかな, 楽な：an ～ coat / an ～ fit (窮屈でなく)楽な着心地(のもの). **7** [an ～ …として]《米口語》(年齢など)十分…, 優に…, 少なくとも…：She looked *an* ～ 25 in that dress. あのドレスを着ると楽に 25 歳には見えた. **8** 《商業》〈物資が〉供給の豊富な, 価格の弱気な；〈市場が〉緩慢な (↔tight)：an ～ market. **9** 《トランプ》平等に分配されて(いる)：～ aces (auction bridge で) 敵味方が 2 枚ずつもっているエース / Honors (are) ～. ⇨ honor *n.* 成句. **10** 《海事》**a** 船側と船底との接合点である船底彎曲部がゆるやかなカーブをなした. **b** 船体中央部から船尾へかけての外面のなす曲線がゆるやかに彎曲した.
—— *adv.* (**eas·i·er**；**-i·est**)《口語》**1** 容易に, 楽に：(as) ～ as winking 実にたやすく, やすやすと (cf. *adj.* 1) / *Easy* come, ～ go. 《諺》得やすいものは失いやすい, 「悪銭身につかず」/ *Easier* (＝It is *easier*) said than done. 《諺》「言うは易く行うは難し」. **2** 気楽に, 自由に, ゆっくりと, のんきに：*Easy*! 《海事》ゆっくり, 静かに, 慎重に / *Easy* ahead! [号令] 静かに前進；《海事》前進微速《微速力で前進せよ, の意》/ *Easy* all! 《海事》(こぎ方)やめ, 櫂(かい)上げ / go ～ 気楽[のんき]にやって行く, ゆっくり[慎重に]やって行く / take it ～ 気楽にやる, のんきにやる[構える], あせらない《★ 時に別れのあいさつとしても用いる》/ Stand ～! [号令]《軍事》休め《Stand at EASE! よりもいっそうくつろいだ姿勢を取らせる場合に言う》.
Easy does it. 《口語》(あわてず)慎重にやるのがよい, 注意してゆっくりとやることだ. ★ easy は副詞のままで文の主語に用いられたもの. ***go easy*** 《口語》(1) 気楽[のんき]にやる；慎重にやる. (2) 〔人に〕あまり厳しくしない；〔…を〕節約して使う, 控え目に食べる[飲む]〔*on, with*〕：I'll *go* ～ *on* him. / *Go* ～ *with* the sugar. 砂糖は節約して使いなさい.
—— *n.* 《英》休憩, 休息；(特に, 漕手(こぎて)の)小休止 (short rest)：without an ～ 休みなしに / take an ～ ひと休みする, 休息する.
—— 《英》*vi.* 〈漕手・クルーが〉こぐのを止める. —— *vt.* 〈漕手・クルー〉にこぎ方止めを命じる, こぐのを止めさせる.
éasy-cáre *attrib. adj.* 〈織物など〉手入れしやすい《洗濯後のかわきが早く, しわが寄らない》：～ goods / the ～ properties of synthetic fiber 合成繊維の手入れしやすい特性.
éasy cháir *n.* 安楽椅子《背の両側に袖をつけ全体を張り包みにしたひじ掛け椅子》.
éasy-cléan *attrib. adj.* 〈織物など〉洗濯しやすい；〈機械など〉清掃しやすい.
éasy gállop *n.* 《馬術》＝canter[2].
éasy gáme *n.* 《口語》＝easy mark 2.
éasy·góing *adj.* **1** のんきな (casual, careless)：an ～ person. **2** 遊惰な (indolent)：～ ways 遊惰な習慣. **3** 〈馬などの歩調が〉ゆるい：an ～ pace.
éasy márk *n.* **1** 容易に当たる的. **2** 《口語》人にだまされやすい人, いいかも, お人よし (easy game).
éasy méat *n.* 《口語》**1** ＝easy mark 2. **2** 簡単にやれる[理解できる]もの：It's ～ *for* everybody. それはだれにもすぐできる[わかる].
éasy móney *n.* 楽にもうかる金, あぶく銭(ぜに)；(特に)不正利得, 悪銭.
éasy-páced *attrib. adj.* 《クリケット・ゴルフ》〈球戯場・コースが〉ゆるやかな打球に適した, 緩打向きの：an ～ pitch, green, etc.
éasy-páyment sỳstem *n.* ＝easy-purchase system.
éasy-púrchase sỳstem *n.* (月賦など)なしくずし払い式(販売方法).
éasy ríder *n.* 《米俗》**1** 性的に満足させてくれる恋人；情婦のかせぎで楽な生活をしている男, 「ひも」. **2** ギター (guitar).
éasy stréet, É- S- *n.* 《口語》安楽な境遇, 裕福 (affluence). ★ 通例 on などに導かれて前置詞付きの句で用いられる：He is now living *on* ～. 彼は今ではとても裕福な暮しをしている / A substantial inheritance put her *on* ～ for the rest of her life. 相当な遺産を受け継いで彼女はその後裕福に暮らすことができた.
eat[1] [íːt] 〖OE *etan* < Gmc *etan (Du. *eten* / G *essen* / Goth. *itan*) ← IE *ed- to eat (L *edere* / Gk *édein*: cf. edible)〗 —— *v.* (**ate** [éɪt | ét, éɪt], 《古》**eat** [ét, íːt | ét]; **eat·en** [íːtn], 《古》**eat** [ét, íːt | ét]) —— *vt.* **1 a** 食べる, 食う；〈かゆなどを〉すする, 〈スープを〉飲む：～ good food 美食する / ～ one's soup スープを飲む / ～ one's fill 腹一杯食う / ～ dinners 《英》〈法学院学生が〉(バリスター (barrister) の資格を取得するために)一定回数会食をする (cf. *eat one's* TERMS) / This meat is good *to* ～. この肉は食べられる[食用になる] / She won't ～ you. 《戯言》何も彼女が君を取って食いはしない(こわがることはない) / I'll ～ my hat [hands, boots] if… もし…なら帽子[手, 靴]でも食って見せる《そんなことは絶対ない》. **b** [目的語＋補語または前置詞句を伴って] 食べて〈人を〉〈ある状態に〉もたらす：She *ate herself sick* [*into* a sickness]. 彼女は食べ過ぎて病気になった / ⇨ EAT *a person out of house and home*. **2** 食い尽くす, 消費する (consume)；〈害虫などが〉食い荒らす (destroy)；〈火が〉〈森などを〉なめ尽くす 〈*away, up*〉：An old car is liable to ～ oil. 古い車はオイルを食いがちだ / The wood was ～*en* by the fire. 森は火になめ尽くされた / The torrent is ～*ing away* its banks. 急流はその両岸を削り落とそうとしている / His big car ～*s up* money. 彼の大きな車はひどく金を食う / This increase was ～*en up* by inflation. このくらいのアップはインフレで使い果たされた. **3 a** 〈病気・苦痛などが〉徐々に冒す, 消耗させる：The patient was ～*en* by a high fever. 患者は高熱のためやつれ果てた. **b** [be ～*ing* として]《口語》〈人を〉いらいらさせる, 苦しめる：What's ～*ing* you? 何でいらいらしているのか. **c** 腐食する；(かじったり腐食したりして)…に食い込む, 穴をあける；食い込んで〈穴を〉あける：Acids ～ metals. 酸は金属を腐食する / Termites ～ holes in the pillar. シロアリは柱に穴をあける. **4** 《口語》〈劇・演技者などを〉熱中して見る, …に喝采を浴びせる 〈*up*〉：All the papers *ate* him. すべての新聞が彼に喝采を送った / The crowd *ate up* the erotic scene. 群衆はそのエロチックな場面を食い入るように見た. **5** 《米俗》〈人〉に食事を与える：They can lodge and *eat* you. あそこでは泊めて食事を出してくれる.
—— *vi.* **1** 物を食べる, 食事をする：*Eat*, drink, and be merry. 飲み食い浮かれ騒げ (cf. *Luke* 12:19) / ～ off a dish 皿から取って食べる / ～ like a pig 豚のように(がつがつ)食う / ～ well よく食べる《食欲が盛んである》/ I ～ three times a day. 1 日 3 度食事をする / Thou shalt not ～ *of* it. なんじそれを食らうべからず (*Gen.* 2:17)《★ of は部分関係を示し, some of の意で文語語法》. **2 a** 〔…に〕食い入る[込む], 腐食する〔*in, into, through*〕；次第に使い込む〔*into*〕：～ *into* wood 材木に食い込む / Our holiday has ～*en into* the savings. 休暇が貯金に食い込んだ. **b** 〔人の〕心をさいなむ, 〔…を〕悩ます〔*at, on*〕：There seems something ～*ing at* him. 何か悩んでいることがあるようだ. **3** [補語の形容詞(句)を伴って] 〈食物が〉(食べると)…の味がする：These cakes ～ *crisp*. この菓子は食べてか

りかりする / It ~s like beef. 牛肉のような味がする. ***eat away*** (vt.) 食い荒らす (⇨ vt. 2). (vi.) どんどん[腹一杯]食べる. ***eat crow*** ⇨ crow[1] 成句. ***eat dirt*** (1) 屈辱を忍ぶ. (2)《米》恥を忍んで告白する. ***eat dog*** ⇨ dog 成句. ***eat dust*** = EAT *dirt* (1). ***eat humble pie*** ⇨ humble pie 成句. ***eat into*** ⇨ vi. 2 a. ***eat off*** (1) 食いちぎる. (2)〈飼料用作物を〉家畜に食い尽くさせる;〈家畜が〉飼料用作物を食い尽くす;〈飼料用作物が〉食い尽くされる. ***eat its [one's] head off*** ⇨ head 成句. ***eat one's heart out*** ⇨ heart 成句. ***eat one's words*** ⇨ word 成句. ***eat out*** (vt.) 食い尽くす;〈草木などを〉食い荒らす, 侵食する (encroach upon). (vi.) 外食する (dine out): Why don't we ~ *out* tonight? 今晩は外食したらどうだろう. ***eat out of a person's hand*** ⇨ hand 成句. ***eat a person out of house and home***《口語》〈人を〉食いつぶす: They will ~ us *out of house and home*. 彼らのおかげで私たちは食いつぶされてしまう. ***eat up*** (1) 食べてしまう, 平らげる: Please ~ *up* (your dinner). どうぞ(お食事を)すっかり召し上がってください. (2) ⇨ vt. 2. (3) [通例受動態で]〈情熱などが〉〈人を〉さいなむ, 悩ます;〈病気・苦労が〉〈人を〉消耗させる: He *was* ~*en up* with pride [debt]. 慢心し切っていた[借金で首が回らなかった]. (4)〈土地・距離を〉一気に進む, 突っ走る: His car *ate up* the miles. 彼の車はその何マイルかを突っ走った. (5) ⇨ vt. 4.

— *n.* **1** [*pl.*]《口語》食物 (eatables): How about some ~*s*? 何か食べますか. **2** 食事 (meal): between the ~*s* 食事と食事の間に.

eat[2] 〘pret.: ME *ēte, æt* < OE *ǣt*. — p.p.: ME *ēte(n)* < OE *eten*〙 *v.*《古》eat[1] の過去形・過去分詞.

eat·a·ble [íːtəbl̩ | -tə-] *adj.* 食べられる, 食用に適する (edible). — *n.* [通例 *pl.*] 食用となる物, 食料品: ~*s* and drinkables.

eaten 〘ME *(i)ēten* < OE *(ȝe)eten*〙 *v.* eat[1] の過去分詞.

éat·er [-tə | -tə(r] *n.* **1** 食べる人: a great [big] ~ 大食家 / a spare ~ 小食家 / ⇨ opium eater. **2** 侵食[腐食]物; 腐食剤. **3** 生で[料理しないで]食べられる果物 (cf. cooker 3).

eat·er·y [íːtəri | -tərɪ] 〘← EAT[1]+-ERY〙 *n.*《口語》飲食店, 簡易食堂.

eath [iːθ] 〘ME *ethe* < OE *ēaþe*〙 *adj., adv.*《スコット》=easy.

éat·ing [-tɪŋ | -tɪŋ] *n.* **1** 食べること: ~ and drinking 飲食. **2** 食べられる物, (品質から見た)食物: be good [bad] ~ うまい[まずい]食べ物だ / This fruit is excellent ~. この果物はとてもうまい. **3** [形容詞的に] **a** 食事用の: ~ utensils 食器. **b** 食用の, (特に)生で食べるのに適した (cf. cooking 2): ~ apples 生食用りんご. — *adj.* 食う; 食い入る, 食い込むような, むしばんで行く (gnawing, corrosive): man-*eating* animals 人食い動物 / ~ sorrow at the heart 心をむしばむ悲しみ.

éating hòuse [plàce] *n.* 飲食店; (特に)安食堂.

Èa·ton àgent [íːtn̩-] 〘← *Monroe D. Eaton* (1904– : アメリカの細菌学者)〙 *n.* 〖細菌〗イートン小体《マイコプラズマ (mycoplasma) に属し肺炎を起こす微生物》.

eau [óu | ə́u; *F.* o] 〘▭F ~ 'water' < L *aquam*: cf. aqua〙 — *F. n.* (*pl.* **eaux** [~(z); *F.* ~]) 水 (water): ~ douce [-dúːs; *F.* -dus] 清水; 軟水 / ~ dure [-d(j)úə | -djúə(r; *F.* -dyːr] 硬水 / ~ sucrée [-suːkréɪ | -s(j)uː-; *F.* -sykre] 砂糖水.

eau de Co·logne, e- d- c- [óu-də-kəlóun | ə́u-də-kələ́un, -dɪ-; *F.* odkɔlɔɲ] 〘(1802) ▭F ~ 'water of Köln (ドイツの原産地名)'〙 — *n.* (*pl.* **eaux de Co·logne** [óu(z)- | ə́u(z)-; *F.* od-]) オーデコロン《香水の一種》.

eau de Ja·velle [óu-də-ʒævél, -ʒə- | ə́u-də-; *F.* odʒavel] 〘▭F ~ 'water of Javel': ⇨ Javelle water〙 — *n.* (*pl.* **eaux de Ja·velle** [óu(z)- | ə́u(z)-; *F.* od-]) 〖化学〗=Javelle water.

eau de Nile [óu-də-níːl | ə́u-; *F.* odnil] 〘▭F *eau de nil* 'water of (the) Nile'〙 *n.* =Nile green.

eau-de-vie [óu-də-víː | ə́u-; *F.* odvi] 〘(1748) ▭F ~ 'water of life': cf. whiskey〙 *n.* (*pl.* **eaux-de-vie** [óu(z)- | ə́u(z)-; *F.* od-]) ブランデー (brandy).

eaux *n.* eau の複数形.

eaves [iːvz] 〘OE *efes* (sing.) < Gmc **obaswa* (MDu. *ovese* / MHG *ob(e)se*) ← IE **upo* under: ⇨ up: OE の *-s* を pl. と誤解〙 — *n.* (*pl.* ~) **1** 軒, ひさし: an ~ trough (横の)雨樋(どい) (gutter). **2** (丘などの)突き出た端.

eaves·drop [íːvzdrɑ̀p | -drɔ̀p] 〘n.: (1449) *eavesdrip* (《原義》軒からしずくの落ちるところ) < OE *yfesdrype*. — v.: (1606)《逆成》? ← EAVESDROPPER〙 — *vi.* 〔人の会話などを〕立ち聞きする, 盗み聞きする 〔*on*〕: ~ *on* a person 人の話を立ち聞きする / ~ *on* their talk 二人の話を盗み聴きする. — *vt.* 〈人の会話などを〉立ち聞きする: ~ a person [other people's conversation]. — *n.* **1** (軒から落ちる)雨だれ. **2** (軒下の地面にできる)雨だれの跡.

eaves·drop·per [íːvzdrɑ̀pə | -drɔ̀pə(r] 〘(?a1450) *evesdropper*《原義》(立ち聞きするために)軒下に立つ人: ⇨ ↑, -er[1]〙 — *n.* 立ち聞き[盗み聞き]する人: play (the) ~ 立ち聞き[盗み聞き]する.

éaves swàllow *n.* 〖鳥類〗=cliff swallow.

Eb《記号》〖化学〗erbium. ★ 現在は通例 Er の方を用いる.

EB《略》eastbound.

Eb.《略》Ebenezer.

E.B.《略》electricity board; Encyclopaedia Britannica.

é·bauche [eɪbóuʃ | -bə́uʃ; *F.* eboːʃ] 〘▭F ~ 'sketch'〙 — *F. n.* **1** 〖絵画・彫刻〗粗描, 下絵; 粗造り, 下ごしらえ. **2** 〖時計〗エボーシュ《未完成ウォッチムーブメント; そのまま取引され, 他の仕上げ工場で完成品となる》.

ebb [éb] 〘n.: OE *ebba*《原義》flowing backward < (WGmc) **abjōn* (Du. *eb(be)*) ← Gmc **ab* 'OFF, away' ← IE **apo-* off, away. — v.: OE *ebbian* ← (n.): cf. ab-[1], after, even[1]〙 — *n.* **1** 引き潮, 下げ潮, 低潮, 干潮 (reflux of tide) (cf. flood 3 a, flow *n.* 4 a): be *at* [*on*] *the* ~ 潮が引いている / go out *on the* ~〈舟が〉引き潮に乗じて沖へ出る / Every tide hath its ~. 満ちればかける世の習い. **2** 減退, 衰退, 衰微 (decline); 衰退期: be *at* an [*at* a low] ~ 衰退期にある / His vitality is *at* the ~. 活力が下り坂だ / Crime is *on the* ~. 犯罪は次第に減少しつつある.

ebb and flow (1) (潮の)干満. (2) (物事の)盛衰: the ~ *and flow* of life 人生の盛衰.

— *vi.* **1**〈潮が〉引く (cf. flow *vi.* 2)〈*away, down, off, out*〉. **2**〈血液・力などが〉減る, 衰える, 衰退する;〈身代などが〉傾く,〈光が〉薄らぐ〈*away, down, off, out*〉: one's ~*ing* strength 減退して行く体力 / His strength seemed to ~. 体力が減退するように思われた / The color ~*ed away* from her face. 顔から血の気が失せて行った.

ebb back〈元気などが〉戻る, よみがえる: His energy ~*ed back* again. 精力がふたたびよみがえった.

ébb ànchor *n.* 〖海事〗下げ潮錨(いかり)《双錨泊中, 下げ潮の時に力のかかる方の錨; cf. flood anchor》.

ébb tìde *n.* **1** 引き潮, 落潮, 干潮 (↔ flood tide). **2** 衰退(期).

EBCDIC [ébsɪdɪk, -sə-] 〘(頭字語) ← *e(xtended) b(inary) c(oded) d(ecimal) i(nterchange) c(ode)*〙 — *n.* 〖電算機〗エブシディック符号《8 ビットで 1 文字を示す電子計算機用符号の一種; cf. BCD》.

Eb·en [ébən] 〘(dim.) ← EBENEZER〙 *n.* 男性名.

Eb·e·na·ce·ae [èbənéɪsiː] 〘← NL ~ ← L *ebenus* 'EBONY'+-ACEAE〙 *n. pl.* 〖植物〗カキノキ科. **èb·e·ná·ceous** [-ʃəs] *adj.*

Eb·e·na·les [èbənéɪliːz] 〘← NL ~ ← L *ebenus* 'EBONY'+-ALES〙 *n. pl.* 〖植物〗カキノキ目.

Eb·e·ne·zer [èbəníːzə | èbɪníːzə(r, èbə-] 〘(1693) ▭ Heb. *ébhen (hā)'ézer*《原義》stone of (the) help: cf. Ezra〙 — *n.* **1** 男性名《異形 Benezer, Eben》. ★ 北アメリカに多い. **2 a** エベネゼル《イスラエル人の勝利を記念して Samuel が建てた石の名; cf. *1 Sam.* 7: 12》. **b** 神助の記念. **3** (非国教派の)礼拝堂, 集会所. **4** [e-]《米俗》かんしゃく: His *ebenezer* is up. 彼はかんしゃくを起こしている.

Eb·er·hard [ébəhɑ̀əd | ébəhɑ̀ːd; *G.* éːbɐhàrt] 〘▭G ~《原義》strong as a boar〙 *n.* 男性名.

E·bert [éɪbət | -bət; *G.* éːbɐrt], **Friedrich** *n.* エーベルト《1871–1925; ドイツの政治家, 社会民主党党首 (1913 年就任), ドイツ共和国の初代大統領 (1919–25)》.

EBF《略》Encyclopaedia Britannica Films《Encyclopaedia Britannica の編集方針に従って, 同辞典を基礎に取材して作る教育映画》.

Eb·lis [éblɪs, -ləs | -lɪs] 〘▭ Arab. *iblīs* ▭ Gk *diábolos* 'DEVIL': Aram. *di-* of との混同から *di-* が消失〙 *n.* 〖イスラム神話〗イブリス, 悪魔 (devil), 魔神《Koran などに現われる》.

EbN《略》east by north.

eb·on [ébən] *adj.*《詩》=ebony.

éb·on·ist [-nɪst, -nəst | -nɪst] *n.* 黒檀細工師.

eb·o·nite [ébənàɪt] 〘(1861) ← EBON(Y)+-ITE[1]〙 *n.* エボナイト, 硬質[硬化]ゴム (vulcanite).

eb·o·nize [ébənàɪz] *vt.* 黒檀まがいに着色する.

eb·o·ny [ébəni | -nɪ] 〘(1597)《変形》← (16C) *ebon* ← (14C) *eban* ▭OF (F *ébène*) ▭ML *ebanus*《変形》← L *(h)ebenus* ▭ Gk *ébenos* ▭ Egypt. *hbnj* (cf. Heb. *hobhnīm* (pl.)): 今の形は IVORY の影響による?〙 — *n.* **1** 〖植物〗コクタン(黒檀) (*Diospyros ebenum*)《インド南部・Ceylon などに産するカキノキ科の常緑大高木》. **2** コクタン材《高級家具用材》; コクタンに似た材質の材を産する木. — *adj.* **1** 黒檀製の. **2** 真黒の, 漆黒の.

ébony spléenwort *n.* 〖植物〗北米産ウラボシ科チャセンシダ属のシダ (*Asplenium platyneuron*).

Ebor.《略》ML. Eborācēnsis (=of Eboracum)《Archbishop of York が署名に用いる; ⇨ Cantuar. 2》.

E·bor·a·cum [iːbɔ́(ː)rəkəm, ɪb-, -bɑ́r- | -bɔ́r-] 〘▭ LL *Eborācum* ← ? Celt.〙 *n.* イングランドの York 市の古名.

EBR《略》experimental breeder reactor 実験用増殖炉.

e·bract·e·ate [iːbrǽktiɪ̀t | -tɪ-] 〘← NL *ebracteātus*: ⇨ ex-[1], bracteate〙 *adj.* 〖植物〗苞(ほう)のない.

e·bri·e·ty [ɪbráɪəti, əb-, iːb- | ɪbráɪətɪ, iːb-] 〘(?c1425) ▭F *ébriété* // L *ēbrietās* ← *ēbrius* drunk ← ?: ⇨ -ty[2]〙 *n.*《まれ》酒に酔うこと, 酩酊 (inebriety).

E·bro [éɪbrou | íːbrəu, éb-; *Sp.* ébro] *n.* [the ~] エブロ(川)《スペインの北部から南東に流れる川; 地中海に注ぐ (910 km); 古名 Iberus [aɪbí(ə)rəs | -bíər-]》.

EbS《略》east by south.

EBU《略》European Broadcasting Union ヨーロッパ放送連合.

e·bul·lience [ɪbúljəns, əb-, eb-, -bʌ́l-, -liəns | ɪbʌ́ljəns, ɪbúl-, -lɪəns] 〘⇨ ebullient, -ence〙 *n.* **1** 沸騰 (boiling over). **2** (感情などの)ほとばしり, 激発.

e·búl·lien·cy [-ljənsi, -liən- | -ljənsɪ, -lɪən-] 〘⇨ ↓, -ency〙 *n.* =ebullience.

e·bul·lient [ɪbúljənt, əb-, eb-, -bʌ́l-, -liənt | ɪbʌ́ljənt, ɪbúl-, -lɪənt] 〘(1599) ▭ L *ēbullient-em* (pres.p.) ← *ēbullīre* to boil, bubble up ← *ē-* 'EX-[1]' + *bullīre* 'to BOIL[2]'〙 — *adj.* **1** 沸騰する; 沸きこぼれる (bubbling up). **2**〈感情などが〉ほとばしる, あふれるばかりの. **3**〈人・気分などが〉情熱的な, 熱狂的な 〔*with*〕. **~·ly** *adv.*

e·bul·li·o·scope [ɪbúliəskòup, əb-, eb-, -bʌ́l-, -ljə- | ɪbʌ́liəskə̀up, ɪbúl-, -ljə-] 〘⇨ ↑, -scope〙 *n.* 〖化学〗沸点測定器.

e·bul·li·os·co·py [ɪbùliɑ́skəpi, əb-, eb-, -bʌ̀l- | ɪbʌ̀lɪɔ́skəpɪ, ɪbùl-] 〘⇨ ↑, -scopy〙 *n.* 〖化学〗沸点上昇法《溶媒の沸点上昇によって分子量を測定する方法》.

eb·ul·lism [ébjʊlɪzm, ébə-] 〘⇨ ebullient, -ism〙 *n.* (気圧の突然の降下に伴う)体液沸騰.

eb·ul·li·tion [èbəlíʃən, ìːb- | èbə-, èbu-] 〘(a1400) ▭ L *ēbullītiō(n-)* a bubbling up ← *ēbullītus* (p.p.) ← *ēbullīre*: ⇨ ebullient〙 — *n.* **1** 沸騰 (boiling up). **2** (溶岩・火・水などの)湧出, 噴出. **3** あふれ出る状態, 〔激情などの〕ほとばしり, 激発 (outburst) 〔*of*〕: ~ *of* anger, feeling, war, etc. / ~ *of* genius 天才のほとばしり.

eb·ur·na·tion [èbənéɪʃən, ìːb- | -bə-] 〘← L *eburnus* 'made of IVORY'+-ATION〙 *n.* 〖病理〗ぞうげ質化[形成].

E. by N.《略》east by north.

E. by S.《略》east by south.

ec [ék] 〘《略》← ECONOMICS〙 *n.*《俗》経済学.

EC《略》European Community; European Communities.

E.C.《略》East Central《ロンドンの郵便区; cf. W.C.》; east coast; Eastern Command; Ecclesiastical Commissioner; education committee; educational committee; electricity council; electrolytic corrosion; electronic computer; emergency commission; engineer captain; Engineering Corps; Episcopal Church; Established Church; executive committee.

ec-[1] [ek, ɪk, ək | ek, ɪk] 〘▭ Gk *ek-* ← *ek*, (h の前) *ex* out (of): ⇨ ex-[1]〙 *pref.* (c, s などの前でしばしば用いられる) ex-[1] の異形: *eccentric, ecstasy, eclipse*.

ec-[2] [ek, iːk | iːk, ek] (母音の前に来る時の) eco-[1] の異形.

ec-[3] [iːk, ek] (母音の前に来る時の) eco-[2] の異形: *ecad*.

ECA《略》Economic Commission for Africa アフリカ経済委員会《1958 年に設立された国連の経済社会理事会の一つ》; Economic Cooperation Administration.

e·cad [íːkæd, ék-] 〘← ECO-[2]+-AD[1]〙 *n.* 〖生態〗エケード, 環境形態《ある種の生物または生物群が環境に応じて示す形態で, 遺伝的ではないもの》.

ECAFE《略》Economic Commission for Asia and the Far East アジア極東経済委員会, エカフェ《1947 年に設立された国連の経済社会理事会の委員会の一つ; ⇨ ESCAP》.

e·cal·ca·rate [iːkǽlkərèɪt] 〘← *e-* 'EX-[1]' + CALCARATE〙 *adj.* 〖生物〗距(きょ)[けづめ] (spur, calcar) を欠いた.

e·car·i·nate [iːkǽrənèɪt, -nət, -nɪt | -rɪ-] 〘← *e-* 'EX-[1]' + CARINATE〙 *adj.* **1** 〖動物〗〈鳥が〉竜骨 (carina) を欠いた. **2** 〖植物〗〈花が〉竜骨弁 (carina) を欠いた.

é·car·té [èɪkɑːtéɪ, ←–, ––´ | eɪkɑ́ːteɪ; *F.* ekarte] *n.* **1** 〘(1824) ▭F ~ (p.p.) ← *écarter* to discard (⇨ card[2]): 2 から 6 までの札を捨てることにちなむ〙 〖トランプ〗エカルテ《6 から 2 までを除く 32 枚の札を用い, 2 人が 5 枚の持札で 3 組 (trick) 取ることを目的とするフランスのゲーム; napoleon, loo, euchre などに発展した》. **2** 〘▭F ~ (p.p.) ← *écarter* to separate < VL **exquartāre* to divide into four parts: ⇨ ex-[1], quart[1]〙 〖バレエ〗エカルテ《バレエの体の基本のポジションの一つで, 片足を支えにして, 上半身をまっすぐに保ち, 上半身と腰は観客席に対して斜めの角度に向けられる》.

e·cau·date [iːkɔ́ːdeɪt] 〘← *e-* 'EX-[1]' + CAUDATE〙 *adj.* 〖動物〗尾のない.

Ec·bat·a·na [ekbǽtənə, -tnə | ekbǽtənə, èkbətɑ́ːnə] *n.* エクバタナ《古代 Media の首都; 今のイランの Hamadan》.

ec·bol·ic [ekbɑ́lɪk | -bɔ́l-] 〘← Gk *ekbolḗ* abortion (*ek-* 'EC-[1], out of' + *bállein* to throw) + -IC[1]〙 — 〖医学〗 *adj.* (子宮を収縮させて)分娩を促進する. — *n.* 分娩促進剤, 堕(だ)胎薬.

ec·ce ho·mo [étʃeɪ-hóumou, éksi-, ékeɪ- | éksɪ-hə́uməu, ékeɪ-, -hɔ́m-] 〘▭ LL *Ecce Homō* behold, the man〙 — *L.* **1** この人を見よ《ピラト (Pilate) がいばらの冠をかぶったキリストを指して言った言葉; cf. *John* 19: 5》. **2** いばらの冠を戴いたキリストの画像[彫像].

ec·cen·tric [ɪkséntrɪk, ek-] 〘(?a1430) ▭ LL *eccentric-us* ▭ Gk *ékkentros* ← *ek-* 'EC-[1], out of' + *kéntron* 'CENTER'〙 — *adj.* **1**〈行為・行動が〉常軌を逸している, 並はずれた;〈人物が〉風変りな (odd, whimsical): ~ conduct 奇行 / an ~ person 奇人 / a man of ~ habits 奇行の多い人. **2** 〖機械〗(軸が)中心をはずれている, 偏心の, 離心の: an ~ gear 偏心伝動装置, 偏心歯車 / an ~ rod 偏心棒 / an ~ strap 偏心外輪 / an ~ wheel 偏心輪. **3** 〖数学〗〈円・球などが〉〈他の円・球と〉中心を異にした 〔*to*〕 (cf. concentric 1): ~ circles 離心円. **4** 〖天文〗〈軌道など〉偏心的な, 離心的な, 真円でない;〈天体が〉離心軌道を移動する: an ~ angle 離心角, 偏角 / the ~ orbit 離心圏. — *n.* **1** 奇行に富む人, 変人, 奇人 (eccentric person). **2** 異常な[奇態な, 風変りな]もの. **3** 〖機械〗偏心器, 偏心輪, エキセン. **4** 〖数学〗離心円.

ec·cén·tri·cal·ly *adv.* **1** 中心を異にして, 異心的

に; 中心を離れて[はずれて], 離心[偏心]的に. **2** 常軌をはずれて, 風変りに.

ec·cen·tric·i·ty [èksentrísəṭi, -sn̩- | -sentrísəti, -sən-, -sn̩-, -sɪtɪ] 〘《1551》□ ML *eccentricitāt-em*: ⇨ eccentric, -ity〙 ― *n.* **1** (服装・風采・行動などの)風変り, 突飛, 奇抜. **2** 風変りな点[行為], 奇行, 奇癖. **3** 〘機械〙偏心, 偏心距離; 偏心性; 偏心率; 離心率, 心差率. **4** 〘数学〙(二次曲線の)離心率《二次曲線上の点から焦点までの距離の準線までの距離に対する比》.

ec·chy·mo·sis [èkɪmóusɪs, -kə-, -səs | èkɪmə́usɪs] 〘← NL ～ ← Gk *ekkhúmōsis* ← *ekkhūmoûsthai* to extravasate ← *ek-* 'EC-¹, out of' + *khūmós* juice (⇨ chyme)〙 ― *n.* (*pl.* **-mo·ses** [-si:z]) 〘病理〙斑状出血, (打撲などによる)皮下溢血(いっけつ). **ec·chy·mot·ic** [èkɪmɑ́ṭɪk, -kə- | èkɪmɔ́t-] *adj.*

eccl. 《略》ecclesiastic; ecclesiastical; ecclesiastically; ecclesiology.

Eccl. 《略》Ecclesiastes (旧約聖書の)伝道の書.

eccles. 《略》ecclesiastic; ecclesiastical; ecclesiastically; ecclesiology.

Eccles. 《略》Ecclesiastes (旧約聖書の)伝道の書.

Ec·cles [éklz], Sir **John Carew** *n.* (1903–) オーストラリアの生理学者; Nobel 医学生理学賞 (1963).

Éccles càke [éklz-] 〘*Eccles* (英国 Greater Manchester の自治都市名)にちなむ〙 *n.* 《英》エクレスケーキ《干しぶどうなどを入れた平たいケーキ》.

ec·cle·si- [ɪklí:zɪ, ək-, -zə | ɪklí:zɪ] (母音の前に来る時の) ecclesio- の異形.

ec·cle·si·a [ɪklí:ziə, ək-, ek-, -ʒiə, -ʒə | ɪklí:zjə, -zɪə] 〘□ L ～ 'assembly of the people, (in LL) church' □ Gk *ekklēsiā* legislative assembly, church ← *ekkaleîn* to call out, summon ← *ek-* 'EC-¹, out of' + *kaleîn* to call〙 ― *n.* (*pl.* **-si·ae** [-lí:ziì:, -lí:ʒiì:, -léɪziàɪ | -lí:ziì:]) **1** (古代ギリシャ諸都市国家, 特にアテネの)市民議会. **2 a** キリスト教会. **b** キリスト教会堂.

ec·cle·si·al [ɪklí:ziəl, ək-, ek-, -ʒiəl, -ʒəl | ɪklí:ziəl, -zjəl] 〘□ OF *ecclésial* □ L *ecclēsia* (↑)〙 *adj.* 教会の, 教会に関する (ecclesiastical).

ec·cle·si·ast [ɪklí:ziæ̀st, ək-, ek- | ɪklí:zɪ-] 〘□ LL *ecclēsiast-ēs* (↓)〙 ― *n.* **1** (古代ギリシャ諸都市国家, 特にアテネの)市民議会議員(立法議員). **2** 《まれ》= ecclesiastic 1. **3** [the E-] 伝道者(「伝道の書」(Ecclesiastes) の筆者; ⇨ preacher 5).

Ec·cle·si·as·tes [ɪklì:ziǽsti:z, ək-, ek- | ɪklì:ziǽs-, -ɑ́:s-] 〘□ LL *ecclēsiast-ēs* □ Gk *ekklēsiastḗs* 'a member of the ECCLESIA, 《原義》preacher': Heb. *qōhéleth* (← *qāhāl* assembly) に対する七十人訳聖書 (Septuagint) の訳語〙 ― *n.* (旧約聖書の)伝道之書, 伝道の書《Solomon の作と伝えられた; 略 Eccles.》.

ec·cle·si·as·tic [ɪklì:ziǽstɪk, ək-, ek- | ɪklì:ziǽs-, -ɑ́:s-] 〘《1483》□ LL *ecclēsiastic-us* □ Gk *ekklēsiastikós* of the assembly, of the church ← *ekklēsiā* 'ECCLESIA'〙 ― *n.* **1** (キリスト教の)聖職者, 教役者, 牧師 (clergyman) (↔ layman). **2** = ecclesiast 1. ― *adj.* = ecclesiastical.

ec·cle·si·as·ti·cal [ɪklì:ziǽstɪkəl, ək-, ek-, -tə-, | ɪklì:ziǽstɪ-, -ɑ́:s-] 〘《?a1425》← LL *ecclēsiastic-us* (↑) + -AL¹〙 ― *adj.* **1** (キリスト)教会の, 聖職の (clerical) (↔ secular, lay): ～ traditions, ceremonies, architecture, etc. / an ～ year ⇨ year 2. **2** 主に初期キリスト教文書で用いられた: ～ Latin [Greek].

ecclesiástical cálendar *n.* 教会暦: **1** 移動祝祭日を決めるのにキリスト教会で用いられる太陰・太陽周期に基づく暦. **2** キリスト教で 1 年の断食・聖節・祝日などの期日を示す.

Ecclesiástical Commíssion [Commíssioners] *n.* 《英》(国教会の)教会委員会《1835 年から 1948 年まで英国国教会の財産・収入を管理運営し, 1948 年 Queen Anne's Bounty と併合して Church Commissioners と改称された》.

ecclesiástical cóurt *n.* 教会裁判所.

ecclesiástical láw *n.* **1** = canon law. **2** (教会に適用される)法律, 規則.

ec·clè·si·ás·ti·cal·ly *adv.* 教会の見地から, 教会法の上から, 教会に関して.

ecclesiástical mòde *n.* 〘音楽〙教会旋法《近代音楽の長・短調に相当する中世・ルネサンス音楽の調性; 長音階上の主音(終止音 finalis) および音域 (ambitus) によって決まり, 8 (のちには 12) の異なる旋法が存在する; Gregorian mode ともいう》.

ecclesiástical socìety *n.* 《米》教会法人《会衆派教会 (Congregational Church) の世俗的所有物を管理する法人団体》.

ec·clè·si·ás·ti·cism [-təsìzm | -tɪ-] *n.* [通例軽蔑的に] 教会主義《教会の慣行や儀式の細目などの形式の過度の尊重》.

Ec·cle·si·as·ti·cus [ɪklì:ziǽstɪkəs, ək-, ek-, -tə- | ɪklì:ziǽstɪ-, -ɑ́:s-] 〘《略》← LL *ecclēsiasticus liber* the church book: 教会の教義問答用にしばしば用いられたことから?〙 ― *n.* 〘聖書〙集会の書, ベンシラの知恵《外典 (Apocrypha) の一書; The Wisdom of Jesus the Son of Sirach ともいう; 略 Ecclus.》.

ec·cle·si·o- [ɪklí:ziou, ək-, ek-, -ʒi- | ɪklí:ziə(u)] 〘□ LL *eccle*si- ← ECCLESIA: ⇨ -o-〙「教会 (church)」の意の連結形. ★ 母音の前では通例 ecclesi- になる.

ec·cle·si·ol·a·try [ɪklì:ziɑ́lətri, ək-, ek- | ɪklì:ziɔ́lətri] 〘← ECCLESIO- + -LATRY〙 *n.* 教会崇拝《宗教的形式・伝統の過度の尊重》.

ec·cle·si·o·log·ic [ɪklì:ziəlɑ́dʒɪk, ək-, ek- | ɪklì:ziəlɔ́dʒ-] *adj.* = ecclesiological.

ec·cle·si·o·log·i·cal [ɪklì:ziəlɑ́dʒɪkəl, ək-, ek-, -dʒə- | ɪklì:zɪəlɔ́dʒɪ-] 〘← ECCLESIOLOGY + -ICAL〙 *adj.* **1** 教会建築学の, 教会建築学的な. **2** 教会論[学]上の.

Ecclesiológical Socíety *n.* [the ～] 教会建築学協会《1848 年 London に設立されたゴシック様式復興を目指す英国国教会の宗教家・建築家の組織》.

ec·clè·si·ól·o·gist [-dʒɪst, -dʒəst | -dʒɪst] *n.* **1** 教会建築研究家, Ecclesiological Society 会員. **2** 教会学者.

ec·cle·si·ol·o·gy [ɪklì:ziɑ́lədʒi, ək-, ek- | ɪklì:ziɔ́lədʒɪ] 〘← ECCLESIO- + -LOGY〙 ― *n.* **1** 教会建築学《教会の建築様式・装飾などの研究》. **2** 教会学[論]《教会の性質・組織・歴史などの研究で神学の一部門》.

Ecclus. 《略》Ecclesiasticus (聖書外典の)集会の書.

ECCM 《略》〘軍事〙electronic counter-countermeasures.

ec·crine [ékrɪn, -rən, -raɪn, -ri:n | -rɪn, -ri:n] 〘□ Gk *ekkrínein* to exude, secrete ← *ek-* 'EC-¹' + *krínein* to separate〙 ― *adj.* 〘生理〙エクリンの, 漏出分泌をする (cf. apocrine): an ～ gland エクリン腺, 漏出分泌腺.

ec·cri·nol·o·gy [èkrənɑ́lədʒi, -rɪ- | -rɪnɔ́lədʒɪ] 〘□ F *eccrinologie* ← *eccrino-* ← Gk *ekkrínein* (↑): ⇨ -logy〙 *n.* 〘生理〙分泌排泄学; 分泌腺学.

ec·dem·ic [ekdémɪk] 〘← EC-¹ + Gk *dem-* (← *dêmos* people) + -IC¹〙 ― *adj.* 〘病理〙異所性疾患の, 外来性の《外部からもち込まれ, しかも流行病 (epidemic) でも風土病 (endemic) でもない病気についていう》.

ecdyses *n.* ecdysis の複数形.

ec·dys·i·ast [ekdízìæst, -ziəst | -zɪ-] 〘← ECDYSIS (↓) + -AST: H. L. Mencken の造語〙 *n.* 《戯言》= stripteaser.

ec·dy·sis [ékdəsɪs, -səs | -dɪsɪs] 〘← NL ～ ← Gk *ékdusis* a shedding ← *ekdúein* to put off ← *ek-* 'EC-¹' + *dúein* to enter, put on〙 ― *n.* (*pl.* **-dy·ses** [-sì:z]) 〘動物〙(蛇・甲殻類の)脱皮; 脱いだ皮, ぬけがら (slough).

ec·dy·sone [ékdəsòun | -dɪsə̀un] 〘← ECDYS(IS) + (HORM)ONE〙 *n.* 〘生物〙エクジソン《昆虫の変態, 特に蛹化・成虫化を促進するホルモン》.

ECE 《略》Economic Commission for Europe ヨーロッパ経済委員会《1947 年設立された国連の経済社会理事会の委員会の一つ》.

e·ce·sis [ɪsí:sɪs, əs-, i:s-, -kí:s-, -səs | ɪsí:sɪs, i:s-] 〘← NL ～ ← Gk *oíkēsis* an inhabiting ← *oikeîn* to inhabit ← *oîkos* house: ⇨ -sis〙 ― *n.* 〘生態〙土着《生物が新しい土地に移動しそこで繁殖すること》. **e·ce·sic** [ɪsí:sɪk, əs-, i:s-] *adj.*

ECG, E.C.G. 《略》〘医学〙electrocardiogram; 〘医学〙electrocardiograph; Export Credits Guarantee.

ech. 《略》echelon.

é·chap·pée [èɪʃæpéɪ, ―⌣―; *F.* eʃape] 〘□ F ～ 'escape (tone), 《原義》escaped' (fem. p.p.) ← *échapper* 'to ESCAPE'〙 *n.* 〘音楽〙= escape note.

ech·ard [ékaəd | ékɑ:d] 〘← Gk *ékhein* to hold + *ardeia* irrigation〙 *n.* 〘生態〙植物の根が利用できない地下水.

E·che·ga·ray y Ei·za·guir·re [èɪtʃəgəráɪ-i:-èɪsəgwíreɪ; *Sp.* ètʃeɣarái-i-èisaɣírra], **José** *n.* エチェガライ(イ エイサギレ)《1833?–1916; スペインの劇作家・科学者・政治家; Nobel 文学賞 (1904)》.

ech·e·lette [èʃəlét, èɪʃ-] 〘□ F *échelette* small rack (dim.) ← *échelle* ladder, scale〙 ― *n.* 〘光学〙エシェレット格子《断面が鋸歯状の溝をきざみ特定の次数, 波長のスペクトルが強くなるようにした反射回折格子; echelette grating ともいう》.

e·chelle¹ [eɪʃél; *F.* eʃɛl] 〘□ F *échelle* 《転用》(↓)〙 *n.* **1** (17 世紀の婦人用)胸衣 (stomacher) に用いられたはしご状リボン飾り. **2** 衣服のはしご状飾り.

e·chelle² [eɪʃél; *F.* eʃɛl] 〘□ F *échelle* ladder < OF *eschiele* < L *scālam* 'SCALE³'〙 ― *n.* 〘光学〙階段格子《高分解能を得るため, 鋸歯状の溝をきざみ高い次数のスペクトルを用いる回折格子; echelle grating ともいう》.

ech·e·lon [éʃəlɑ̀n | éʃəlɔ̀n, éɪʃ-; *F.* eʃlɔ̃] 〘*n.*: 《1796》□ F *échelon* 《原義》round of a ladder ← *échelle* (↑). ― *v.*: □ F *échelonn-er*〙 ― *n.* **1** 〘軍事〙(軍隊・軍艦・飛行機などの)梯隊(ていたい), 梯団, 梯形隊形[編隊]; 一梯隊; (砲塁・砲陣などの)梯次配置: in ～ 梯隊で, 梯団をなして, 梯次排列で. **2** 〘軍事〙(攻撃部隊・支援部隊など, 任務によって区分された)部隊: an ～ of attack 攻撃部隊; 攻撃波. **3** (公務員などの)段階, 級: government officials in lower ～ 下級公務員 / the top ～s of the Pentagon 米国防総省の上層部. ― *vt.* 梯形[梯団]に配置する. ― *vi.* 梯形[梯団]になる.

échelon gràting *n.* 〘光学〙階段格子《平行平面板を階段状に並べ, 高次の干渉を用い高分解を得る回折格子》.

échelon lèns *n.* 〘光学〙階段状レンズ (⇨ Fresnel lens).

ech·e·lon·ment [éʃəlɑ̀nmənt, ―⌣―⌣ | éʃəlɔ̀nmənt, éɪʃ-] *n.* 〘軍事〙梯隊(ていたい)[梯団]編成, 梯団区分; (部隊を次々に前線へ出動させるための)梯次配置, (前線への流れを円滑にするための補給品の)梯次集積.

ech·e·ve·ri·a [ètʃəvəríːə, -ráɪə | ètʃɪ-] 〘← NL ～ ← *Echeveria* (メキシコの植物挿絵画家)〙 ― *n.* 〘植物〙 **1** [E-] エケベリア属《ベンケイソウ科の一属》. **2** エケベリア《エケベリア属の多年生多肉植物の総称; 鑑賞用; シノノメ (*E. agavoides*) など》.

e·chid·na [ɪkídnə, ək-, ek- | ek-, ɪk-] 〘← NL ～ ← Gk *ékhidna* viper〙 ― *n.* 〘動物〙 **1** ハリモグラ (*Tachyglossus aculeatus*)《オーストラリア, Tasmania 島などに産する卵生哺乳動物; 夜行性で蟻を食う; spiny anteater ともいう》.

echidna 1

2 ナガハシハリモグラ (*Zaglossus bartoni*)《New Guinea 産で, 足は 3 趾》.

E·chid·na [ɪkídnə, ək-, ek- | ek-, ɪk-] 〘↑〙 ― *n.* 〘ギリシャ神話〙エキドナ《上半身女体, 下半身蛇体の怪物; Chimera, Hydra, Cerberus, Sphinx などの母; 百眼の巨人 Argus に殺された》.

e·chin- [ɪkáɪn, ək-, ek-, ékən | ɪkáɪn, ékɪn] (母音の前に来る時の) echino- の異形.

e·chi·nate [ɪkáɪnət, ək-, ek-, -nɪt, -neɪt | ékɪnət, -nɪt, -nèɪt] 〘□ L *echināt-us* ← *echinus* 'ECHINUS'〙 *adj.* 〘生物〙針[とげ]のある.

e·chi·nat·ed [ɪkáɪneɪṭɪd, ək-, ek- | ékɪnèɪt-] *adj.* = echinate.

echini *n.* echinus の複数形.

e·chi·nite [ɪkáɪnaɪt, ək-, ek- | ékɪnàɪt] 〘← ECHINO- + -ITE¹〙 *n.* ウニの類の化石.

e·chi·no- [ɪkáɪno(u), ək-, ek-, -nə | ɪkáɪnə(u), ékɪn-] 〘《19C》□ L *echino-* ← *echinus* 'ECHINUS'〙 ―「とげ; ウニ (echinus)」の意の連結形. ★ 母音の前では通例 echin- になる.

echìno·cáctus 〘← ECHINO- + CACTUS〙 ― *n.* 〘植物〙 **1** [E-] タマサボテン属《太い針状刺があり, 大型種のサボテンを含む一属; 現在はさらに数属に分けることが多い》. **2** タマサボテン《タマサボテン属のサボテンの総称》.

e·chi·no·coc·co·sis [ɪkàɪno(u)kɑkóusɪs, ək-, ek-, -nə-, -səs | ɪkàɪnə(u)kɔkə́u-] 〘← NL ～: ⇨ ↓, -osis〙 ― *n.* (*pl.* **-co·ses** [-si:z]) 〘獣医〙包虫症《エキノコックスの寄生によって起こる疾病》.

echìno·cóccus 〘← ECHINO- + COCCUS〙 ― *n.* 〘動物〙エキノコックス, 包条虫《扁形動物門条虫綱 *Echinococcus* 属の動物の総称で, その成虫と幼虫すなわち包虫とを指す; 例えば多包条虫 (*E. multilocularis*) の成虫はキツネ・イヌなどの腸内に, 幼虫すなわち多包虫はハタネズミの肝臓などに寄生するが, 幼虫が人に寄生することもある》.

echíno·dèrm 〘← NL *Echinoderma*: ⇨ echino-, -derm〙 *n.* 〘動物〙棘皮(きょくひ)動物《棘皮動物門に属する海産動物の総称; ヒトデ・ウニ・ナマコなど》.

E·chi·no·der·ma·ta [ɪkàɪno(u)də́:məṭə, ək-, ek-, èkən- | ɪkàɪnə(u)də́:mətə, èkɪn-] 〘← NL ～ (pl.): ↑〙 *n. pl.* 〘動物〙棘皮(きょくひ)動物門 (cf. echinoderm).

echìno·dérmatous 〘⇨ ↑, -ous〙 *adj.* 〘動物〙棘皮(きょくひ)動物門に属する.

e·chi·noid [ɪkáɪnɔɪd, ək-, ek- | ɪkáɪnɔɪd] 〘← NL *Echinoid-ea*: ⇨ echino-, -oid〙 〘動物〙 *adj.* **1** ウニ綱の. **2** ウニに似た. ― *n.* ウニ.

E·chi·noi·de·a [èkənɔ́ɪdiə | èkɪnɔ́ɪdɪə] 〘← NL ～: ⇨ echino-, -oid, -ia²〙 *n. pl.* 〘動物〙(棘皮動物門)ウニ綱《ウニ・タコノマクラなどを含む》.

echìno·plúteus 〘← NL ～ ← ECHINO- + L *pluteus* movable shelter〙 *n.* 〘動物〙エキノプルテウス《ウニ類の嚢胚に続く幼生形》.

e·chi·no·stome [ɪkáɪno(u)stòum, ək-, ek- | ɪkáɪnə(u)stə̀um] 〘← NL *Echinostoma*: ⇨ echino-, -stome〙 ― *n.* 〘動物〙棘口(きょくこう)吸虫《爬虫類・鳥類・哺乳類に寄生する扁形動物》.

e·chi·no·sto·mi·a·sis [ɪkàɪno(u)stəmáɪəsɪs, ək-, ek-, -səs | ɪkàɪnə(u)stə(u)máɪəsɪs] 〘← NL ～: ⇨ ↑, -iasis〙 *n.* 棘口(きょくこう)吸虫症《鶏などの吸虫症》.

E·chi·no·zo·a [ɪkàɪno(u)zóuə, ək-, ek- | ɪkàɪnə(u)zə́uə, èk-] 〘← NL ～: ⇨ echino-, -zoa〙 *n. pl.* 〘動物〙(棘皮動物門)有棘亜門.

e·chi·nus [ɪkáɪnəs, ək-, ek- | ek-, ɪk-] 〘《c1380》□ L *echinus* □ Gk *ekhînos* hedgehog, sea urchin ← ? *ékhis* viper〙 ― *n.* (*pl.* **-chi·ni** [-naɪ]) **1** 〘動物〙 **a** = sea urchin 1. **b** エキヌス属 (*Echinus*) のウニの総称《ヨーロッパオオウニ (*E. esculentus*) など》. **2** 〘建築〙エキナス, まんじゅう形《ドリス式建築様式の柱頭の冠板 (abacus) を支える繰形; ⇨ capital² 挿絵》.

E·chi·on [ɪkáɪən | -ɔn] 〘□ L *Echion* □ Gk *Ekhīōn*〙 *n.* 〘ギリシャ神話〙エキオン《the Sparti の一人; Cadmus の娘 Agave の夫で, Pentheus の父》.

Ech·is [ékɪs, í:k-, -kəs | -kɪs] 〘← NL ～ ← Gk *ékhis* viper〙 ― *n.* 〘動物〙サメハダクサリヘビ属《クサリヘビ科の一属; 乾燥地帯の砂地にすむサメハダクサリヘビ (*E. carinatus*) など》.

e·chit·a·mine [ɪkíṭəmɪn, ək-, ek-, -mən | ekítəmɪn, ɪk-] 〘□ G *Echitamin* ← NL *Echites* (属名: ← Gk *ékhis* adder: 茎が渦状になっているところから) + *amin* 'AMINE'〙 ― *n.* 〘化学〙エキタミン ($C_{20}H_{26}N_2O_4$)《キョウチクトウ科 *Alstonia* 属の植物の一部に見出されるアルカロイドの一つ》.

ech·i·u·roid [èkɪjú(ə)rɔɪd | -júər-] 〘↓〙 *adj.*, *n.* 〘動物〙ユムシ綱の(環形動物).

Ech·i·u·roi·de·a [èkɪjurɔ́ɪdiə | èkɪjurɔ́ɪdɪə] 〘← NL ～ ← *Echiurus* (属名: ← Gk *ékhis* viper + NL *-urus* tail) + *-oidea* (← Gk *-oeidḗs* '-OID')〙 ― *n. pl.* 〘動物〙(環形動物門)ユムシ綱.

ech·o [ékou | ékəu] 〘《1340》□ (O)F *écho* ∥ L *ēchō* □ Gk *ēkhṓ* sound, echo (cf. *ēkhḗ* noise) ← IE **wāgh-* to

resound》 ── n. (pl. ~es) 1 反響, こだま. 2 (自説などに対する世論の)反響, 反映, 共鳴 (response): arouse an ~ 反響を起こす / This returned no ~. これは何らの反響もなかった. 3 (他人の意見・考えなどの)繰返し, 模倣 (imitation); なごり (vestige): an ~ *from* Plato プラトンの模倣 / a feeble ~ of splendors 壮麗さのかすかななごり. 4 (他人の言葉・説などをわが物顔に)繰り返す人, (無定見な)模倣者: Apes are ~*es* of men. 類人猿は人まねをする. 5 a 詩において前行の末尾の音節を次行で反復すること. b その詩. 6 [E-]《擬人》山彦 (cf. Echo). 7 〖音楽〗 a エコー《ある楽句を静かに繰り返すこと》. b = echo organ. c = echo stop. 8 〖通信〗電磁波の反射, エコー《放送電波・レーダー電波などが大気層・障害物・対象物などに当たって反射すること, またレーダーでは反射の結果あらわれる像》. 9 〖トランプ〗エコー: a = high-low signal. b (whist で)パートナーの合図に応えて特定の札(特に切札)を出すこと. 10 [E-] エコー衛星《米国が打ち上げた気球型通信実験用衛星の一つで, 1号は1960年8月に打ち上げられた》.
to the echo 反響するほど, 高らかに: applaud [cheer] *to the* ~ 反響するほど喝采する[ほめそやす] (cf. Shak., *Macbeth* 5. 3. 53). ***wake the echoes*** (1) こだまを呼び起こす. (2) 騒ぎを起こす.
── vi. 1 〈場所などが〉反響する, こだまする, 響き渡る (reverberate): make the valley ~ *with* one's voice 声を谷間にこだまさせる. 2 〈音などが〉こだまとなって[のように]はね返る, 鳴り渡る: The voice ~*ed through* the hall. その声は会堂に鳴り響いた. 3 〖トランプ〗エコーを送る. ── vt. 1 〈場所などが〉〈音響を〉はね返す, 反響させる: The hall ~*es* even faint sounds. 会堂はかすかな音でも反響させる. 2 〈感情・説などに〉反響[共鳴]を示す, 反映する; 〈人の言葉・意見を〉おうむ返しに繰り返す, そっくりまねる: ~ a person's sentiment 人の感情に共鳴する / The condition of art is ~*ed* in politics and the economy. そういう芸術の情況は政治経済にも反映している / John ~*ed* his older brother. ジョンは兄の言葉をそっくりまねた.

Ech·o [ékou | ékəu] 〖ME *Ekko* (↑)〗 ── n. 〖ギリシャ神話〗エコー《空気と土との間に生れた森の精 (nymph); Narcissus に恋慕したが, 顧みられないので身はやせ細って, ついに声だけが残ったと言われる》.

écho bòx n. 〖電子工学〗エコー箱 (⇨ cavity resonator).

écho cardiógraphy n. 〖医学〗エコー心電図検査(法)《超音波を利用する》.

écho chàmber n. 〖ラジオ・テレビ〗エコー室, 残響室, 反響室《演出効果を高めるため人為的に残響・反響を作り出す部屋》.

ècho·encephalógraphy n. 〖医学〗(超音波を利用した)エコー脳写.

éch·o·er n. 1 反響するもの. 2 他人の説・言葉などを反復する人, 模倣者.

ech·o·ey [ékoui | ékəui] adj. 反響[こだま]のような; 反響しやすい.

ech·o·gram [ékougræm | ékəu-] n. 〖海事〗音響測深記録図.

ech·o·graph [ékougræf | ékəugrɑ:f, -græf] n. 〖海事〗自記音響測深機《自動的に水深を記録する音響測深機 (sonic depth finder)》.

e·cho·ic [ekóuɪk, ək-, ek- | ekə́u-, ɪk-] 〖(1880) ← ECHO + -IC¹〗 adj. 1 反響(性)の. 2 〖言語〗擬音的な.

ech·o·ism [ékouìzm | ékəu-] n. 〖言語〗1 反響, 擬音. 2 進行同化《母音などが先行する音に同化する現象》.

ech·o·la·li·a [èkouléɪliə, -lǽl- | èkəuléɪlɪə, -lǽl-, -ljə] 〖← NL ~ ← L *ēchō* 'ECHO' + *-lalia* (← Gk *lalia* a talking, chat ← *laleîn* to chat, talk): ⇨ -ia¹〗 ── n. 1 〖心理〗反響言語《精神障害の症状で, 他人の言葉をそのままおうむ返しにまねる行動》. 2 《軽蔑》〖詩学〗詩において意味を犠牲にして音的効果を優先した音の配列. 3 〖教育心理〗乳幼児のする他者の音声の口まね.
ech·o·lal·ic [èkoulǽlɪk | èkəu-] adj.

écho·less adj. 反響のない.

ècho·locátion n. 1 〖電子工学〗電磁波反射法《電磁波の反響に要する時間と方向によって物体の所在を決定する一般的方法》. 2 〖動物〗エコーロケーション, 反響定位《コウモリ・イルカなどが音または音波によって物体の存在を測定する能力》.

écho machine n. 〖電気〗エコーマシン《人工的に反響をつける装置; 録音再生技術を応用する》.

écho òrgan n. エコーオルガン《パイプオルガンでエコーの効果を出す機構》.

ech·o·prax·i·a [èkoupræksiə | èkəupræksɪə] 〖← NL ~: ⇨ echo, praxis, -ia¹〗 n. 〖精神医学〗反響動作(症)《他人の動作を無意味に反復または模倣すること》.

ech·o·prax·is [èkoupræksɪs, -səs | èkəupræksɪs] n. 〖精神医学〗= echopraxia.

écho ròom n. = echo chamber.

écho sòunder n. 〖海事〗= sonic depth finder.

écho sòunding n. 〖海事〗音響測深.

écho stòp n. (パイプオルガンの)反響音栓.

écho vèrse n. = echo 5 b.

éch·o·vìrus [ékou- | ékəu-] 〖*echo-*: ← *e*(*nteric*) *c*(*ytopathogenic*) *h*(*uman*) *o*(*rphan*)〗 n. 〖医学〗エコーウイルス《脳膜炎などを起こす》.

echt [ékt; G. ɛçt] 〖□ G ~ < OHG *ēhaft* ← *ēwa* law, right〗 G. adj. 本物の, 正真正銘の (authentic).

e·cize [íːsaɪz] 〖← ECO-² + -IZE: cf. ecology〗 vi. 〖生態〗〈植物が〉新環境に定着順応する (cf. ecad).

Eck [ék; G. ɛ́k], **Johann Maier von** n. エック《1486–1543; ドイツのカトリック神学者; Martin Luther の論敵》.

Eck·e·ner [ékənə | -nə(r; G. ɛ́kənɐ], **Hugo** n. エッケナー《1868–1954; ドイツの飛行船技師; Zeppelin 号で世界一周飛行を行なった (1929)》.

Eck·er·mann [ékəmɑ̀:n, -mən | ékə-; G. ɛ́kɐman], **Johann Peter** n. エッカーマン《1792–1854; Goethe の晩年に年少の友人としてその会話を記録した人; *Gespräche mit Goethe*「ゲーテとの対話」(1836–48)》.

Eck·hardt [ékhɑət | -hɑ:t] 〖□ G *Echehard* 《原義》edge-hard〗 n. 男性名.

Eck·hart [ékhɑət | -hɑ:t; G. ɛ́khart], **Johannes** n. エックハルト《1260?–1327; ドイツのドミニコ会修道士, 神秘主義哲学者・宗教家; 通称 Meister Eckhart》.

ECLA 《略》Economic Commission for Latin America ラテンアメリカ経済委員会, エクラ《1948年設立された国連の経済社会理事会の委員会の一つ》.

é·clair [eɪkléə, ɪk-, ək-, éɪkleə, íːk- | eɪkléə(r, ɪk-, éɪkleə(r; F. eklɛːr] 〖(1811) □ F ~ < OF *esclair* 《原義》lightning ← *esclairier* to lighten < VL **exclāriāre* = L *exclārāre* to light up ← EX-¹ + *clārāre* to make clear (← *clārus* 'CLEAR')〗 ── n. (pl. ~s [~z; F. ~]) エクレア《細長いシュークリーム (cream puff) の上にチョコレートをかけたもの》.

é·clair·cis·se·ment [éklɛəsiːs(ə)mɑ́:(ŋ), -mɔ́:(ŋ), -mɑ́:ŋ, -mɔ́(:)ŋ | èklɛə-; F. eklɛʀsismɑ̃] 〖(1673) □ F ~ ← OF *esclarciss-*, *esclarcir* to clear up < VL **exclāricīre*: ⇨ ex-¹, clear〗 ── F. n. (pl. ~s [~(z); F. ~]) 《古》(不明な点の)解明 (clarification); (事情などの)釈明, (行為・立場などの)説明 (explanation): come to an ~ with a person 人と了解がつく.

ec·lamp·si·a [ɪklǽm(p)siə, ek-, ək- | ɪklǽm(p)sɪə, ek-, -sjə] 〖← NL ~ ← Gk *éklampsis* shining forth ← *eklámpein* to shine forth ← *ek-* 'EC-¹' + *lámpein* to shine (cf. lamp): ⇨ -ia¹〗 ── n. 〖病理〗1 (妊婦のかかる)子癇(しかん). 2 (小児の)急癇(きゅうかん). **ec·lamp·tic** [ɪklǽm(p)tɪk, ek-, ək- | ɪk-, ek-] adj.

é·clat [eɪklɑ́:, ─́─ | ─́─; F. ekla] 〖(1674) □ F ~ 'splinter, brilliancy, clap' ← *éclater* to burst out < OF *esclater* < ? VL **esclattāre* □ Gmc **slaitan* (caus.) ← **slītan* 'to SLIT'〗 ── n. 1 華々しい成功; (成功などの)華々しさ (brilliance); 大喝采 (acclamation): with (great) ~ (大)喝采のうちに, (大)成功で, 華々しく. 2 (声望の)光輝, 光彩; 華やかな名声 (publicity), 栄誉: a diplomatist of great ~ 声望の高い外交家. 3 《古》醜聞.

eclec. 《略》eclectic; eclecticism.

ec·lec·tic [ekléktɪk, ɪk-, ək- | ek-, ɪk-, iːk-] 〖(1683) □ Gk *eklektik-ós* selective ← *eklégein* to pick out ← *ek-* 'EC-¹' + *légein* to choose: cf. lecture, logos〗 ── adj. 1 〖哲学・美術〗折衷主義の, 折衷派の. 2 〈趣味・意見など〉折衷的な, 偏ってない, 広い (broad): an ~ turn of mind 偏ってない性向. 3 (各種の材料を)取捨選択する; 取捨選択して編集した: an ~ reader, magazine, etc. ── n. 1 折衷派の哲学者. 2 折衷派の画家. 3 《米》折衷主義の医師《病名にかかわらず自分の好みで一定の植物性薬剤を用いたりした》.

ec·léc·ti·cal·ly adv. 取捨選択して; 折衷的に.

ec·léc·ti·cìsm [-təsɪzm | -tɪ-] n. 1 〖哲学・美術〗折衷主義. 2 《米》折衷医学.

Ecléctic schóol n. [the ~] 1 〖哲学〗折衷学派. 2 〖美術〗折衷画派《相異なる二つ(以上)の派の長所を採って合一させようとする画派; 歴史上では16世紀の末に起こったイタリアのボローニャ画派などをいう》.

e·clipse [ɪklɪ́ps, ək- | ɪk-] 〖(c1280) □ (O)F *éclipse* □ L *eclīpsis* □ Gk *ékleipsis* ← *ekleípein* to leave out ← *ek-* 'EC-¹' + *leípein* to leave〗 ── n. 1 a 〖天文〗(太陽・月の)食: ⇨ annular eclipse, lunar eclipse, partial eclipse, solar eclipse, total eclipse / an ~ of the sun [moon] 日[月]食 / the magnitude [phase] of the ~ 食分, 食相. b (星の)掩蔽(えんぺい), 星食 (occultation). 2 (灯火などの)光の消滅; (明暗灯の)全暗. 3 (栄誉・名声などが)光輝[光彩]を失うこと (decline); 衰微: suffer an ~ 〈名声などが〉失墜する / the ~ of good manners よい行儀作法の衰微. 4 〖動物〗 a (鳥が)冬羽(ふゆばね)(eclipse plumage) になること. b 冬羽の状態.
in eclipse (1) 〈太陽・月が〉欠けて. (2) 光彩を失って. (3) 〈鳥が〉冬羽になって.
── vt. 1 〖天文〗〈天体が〉〈他の天体を〉食する: The moon ~*d* the sun. 月が太陽を食した《日食が起こった》. 2 暗くする (darken), 覆い隠す (hide); 〈灯火〉の光を遮る: Clouds ~*d* the moon. 月は雲に隠れた. 3 〈名声などを〉覆う, …の光彩[光輝]を奪う (obscure), 凌ぐ, 顔色なからしめる: Her diamond ring ~*d* all the rest. 彼女のダイヤの指輪は他のすべてを凌いでいた.

E·clipse [ɪklíps, ək- | ɪk-] n. エクリプス《英国の名競走馬; 1769–70 年に 18 戦不敗を誇る》: ~ first, the rest nowhere. 唯一人抜きん出て及ぶ者なし.

eclipse plùmage n. 〖鳥類〗冬羽(ふゆばね) (cf. nuptial plumage).

e·clíps·ing bínary n. 〖天文〗食連星 (⇨ eclipsing variable).

eclípsing váriable n. 〖天文〗食変光星《連星系をなす二つの恒星の周期的食によって光度が変わる変光星; eclipsing binary ともいう; cf. binary star》.

e·clip·tic [ɪklíptɪk, ək- | ɪk-] 〖(c1400) □ L *eclipticus* □ Gk *ekleiptikós* 'of an ECLIPSE'〗 ── n. 〖天文〗黄道《天球上で太陽が1年間に1周して描く大円; 月がこの線上またはその付近に来る時だけ食が起こるからいう; ⇨ zone 挿絵》. ── adj. 黄道の.

e·clíp·ti·cal 〖(1556): ⇨ ↑, -ical〗 adj. 〖天文〗= ecliptic.

ec·lo·gite [ékləʤàɪt] 〖□ F *éclogite* □ Gk *eklogḗ* selection: ⇨ ↓, -ite¹〗 n. 〖岩石〗エクロジャイト, 榴輝(りゅうき)岩《緑輝石とざくろ石の粒状集合からなる岩石》.

ec·logue [éklɔ(:)g, -lɑg | -lɔg] 〖(? a1439) □ F *éclogue* □ L *ecloga* □ Gk *eklogḗ* selection ← *eklégein* to pick out: cf. eclectic〗 ── n. 〖詩学〗牧夫を主とした対話体の短詩; 牧歌, 田園詩 (bucolic): the *Eclogues*「牧歌」《古代ローマの詩人 Virgil の作で, 10 編から成る; *Bucolics* ともいう》.

e·clo·sion [ɪklóuʒən, iːk- | -klə́u-] 〖□ F *éclosion* ← *éclos-*, *éclore* to hatch < VL **exclōdere* = L *exclūdere* 'to hatch, EXCLUDE'〗 ── n. 〖昆虫〗1 羽化, 脱蛹(だつよう)《さなぎから成虫になること》. 2 孵化, 脱卵殻《卵から幼虫にかえること》.

ECM 《略》〖軍事〗electronic countermeasures; European Common Market.

ec·mne·si·a [ekmníːziə, -ʒiə | -zjə, -zɪə, -sjə, -sɪə] 〖← NL ~ ← EC-¹ + Gk *mnêsis* memory + -IA¹〗 ── n. 〖心理〗エクムネジー《過去の経験をあたかも現在のことのように再生すること》.

ECNR 《略》European Council for Nuclear Research (⇨ CERN).

ec·o-¹ [ékou, íːk- | íːkəu, ék-] 〖□ (O)F *éco-* // LL *oeco-* □ Gk *oik(o)-* ← *oîkos* house, habitation〗 ──「家政, 経済」の意の連結形: *economy*. ★ 母音の前では通例 ec- になる.

e·co-² [íːko(u), ék- | -kə(u)] 〖□ LL *oeco-* (↑)〗 ──「(生活様式などを変化・発展させる素因としての)環境 (habitat), 生態」の意の連結形: *ecology*, *ecosystem*. ★ 母音の前では通例 ec- になる.

èco-activity n. 環境汚染防止運動. **èco-áctivist** n.

èco·catástrophe n. 環境大異変《汚染物質の無制限の使用によって生じる世界的な災害》.

e·co·cide [íːko(u)sàɪd, ék- | -kə(u)-] 〖← ECO-² + -CIDE〗 n. (汚染物質の無制限な使用による)環境破壊. **e·co·ci·dal** [ìːko(u)sáɪdl, èk- | -kə(u)-] adj.

éco·clìmate n. 〖生態〗生態気候《ある生育地におけるすべての気候因子》.

e·co·cline [íːko(u)klàɪn, ék- | -kə(u)-] n. 〖生態〗生態勾配《生育環境の連続的な変化に対応した生物の形質の連続的変化》.

éco·crìsis n. (汚染による)環境危機.

èco·geográphic 〖← ECO- + GEOGRAPHIC〗 adj. 〖生態〗〈環境が〉生態的並びに地理的な.

ecol. 《略》ecological; ecology.

é·cole [eɪkɔ́(:)l | -kɔ́l; F. ekɔl] 〖□ F ~: ⇨ school¹〗 ── F. n. (pl. ~s [~(z); F. ~]) 学校, 流派 (school).
École de Paris [l'─] 〖美術〗エコールドパリ (⇨ SCHOOL¹ of Paris).

E. co·li [iːkóulaɪ | -kə́u-] 《略》← NL *Escherichia coli* (この菌の学名): ⇨ Escherichia, coliform bacillus〗 n. 〖細菌〗大腸菌.

e·co·log·ic [ìːkəlɑ́ʤɪk, èk- | -lɔ́ʤ-] adj. = ecological.

e·co·log·i·cal [ìːkəlɑ́ʤɪkəl, èk-, -ʤə- | -lɔ́ʤɪ-] adj. 生態学の, 生態(上)の: ~ destruction 生態破壊 / an ~ study of monkeys サルの生態学的研究. **~·ly** adv.

ecológical árt n. (earthworks を作る)環境芸術.

e·cól·o·gist [-ʤɪst, -ʤəst | -ʤɪst] n. 生態学者.

e·col·o·gy [ɪkɑ́ləʤi, ek-, iːk-, ək- | iːkɔ́ləʤɪ, ɪk-, ek-] 〖(1858) □ G *Ökologie* ← Gk *oîkos* house, environment: ⇨ -logy〗 ── n. 1 a 生態学 (bionomics): medical ~ 医生態学. b 生態(系); (調和のとれた)環境, 組織. 2 = human ecology.

èco·mánagement n. 生態[自然環境]管理.

econ. 《略》economic; economics; economist; economy.

e·con·o·met·ric [ɪkɑ̀nəmétrɪk, iːk- | ɪkɔ̀n-, iːk-] 〖← ECONO(MY) + -METRIC〗 adj. 〖経済〗計量経済学的な. **e·còn·o·mét·ri·cal·ly** adv.

e·con·o·me·tri·cian [ɪkɑ̀nəmətrɪ́ʃən, ək-, iːk- | ɪkɔ̀nəmɪ-, iːk-, -mə-] n. 計量経済学者.

e·con·o·met·rics [ɪkɑ̀nəmétrɪks, ək-, iːk- | ɪkɔ̀n-, iːk-] 〖⇨ ↑, -ics〗 n. 〖経済〗計量経済学《統計学を応用し経済理論の実証をめざす経済学の一部門》.

e·con·o·met·rist [ɪkɑ̀nəmétrɪst, ək-, iːk-, -rəst | ɪkɔ̀nəmétrɪst, iːk-] n. = econometrician.

ec·o·nom·ic [èkənɑ́mɪk, iːk- | iːkənɔ́m-, èk-] 〖(1592) □ F *économique* // L *oeconomicus* □ Gk *oikonomikós* ← *oikonomia* 'ECONOMY': ⇨ -ic¹〗 ── adj. 1 経済の, 経済上の: ~ circles 経済界 / an ~ blockade 経済封鎖 / ~ growth 経済成長 / ~ policy 経済政策 / ~ war [warfare] 経済戦争 / ~ relations 経済関係 / ⇨ economic geography, economic science. 2 経済学上の: ~ principles 経済学的原則. 3 営利的な; 実利的な (utilitarian), 実用上の (practical): ⇨ economic botany / ~ applications of electricity 電気の実用的応用. 4 《古》家事の[に関する]. 5 《廃》= economical 2.

ec·o·nom·i·cal [èkənɑ́mɪkəl, iːkə-, -mə- | iːkənɔ́mɪ-, èk-] 〖(1577): ⇨ ↑, -ical〗 ── adj. 1 経済的な, 節約的な; (言葉数などを)節約した, ひかえた: an ~ stove 経済的なストーブ《燃料消費の少ないもの》/ an ~ use of time 時間の経済的な用い方, 時間の節用. 2 節約する, 〈人が〉倹約な, (…を)むだにしない (*of*, *in*) (↔ wasteful): ~ habits / He is ~ *of* money [his time]. 金銭[時間]を節約する. 3 経済上の. 4 《古》= economic 4.

èc·o·nóm·i·cal·ly adv. 経済的に; 徳用的に, 節約し

て；経済上(の見地から).
Económic and Sócial Cóuncil *n.* [the ～] (国連の)経済社会理事会 (略 ECOSOC).
económic bótany *n.* 実用植物学.
Económic Cooperátion Administràtion *n.* [the ～] (米国の)対外経済協力局《Marshall Plan を促進する機関；1948 年設立, 1951 年廃止；略 ECA》.
económic detérminism *n.* 経済決定論《経済を社会発展の唯一の決定的要因とする説》.
económic dynámics *n.* 〘経済〙動態経済学, 経済動学 (⇨ dynamics 4).
económic geógraphy *n.* 経済地理学《経済上の諸現象を自然地理学との関連において研究する学問》.
económic geólogy *n.* 経済地質学《地下資源の産業利用を扱う地質学の一分野》.
económic góods *n. pl.* 〘経済〙経済財《希少性のある財・サービスで, 対価を支払うことによって調達される；cf. free goods 3》.
económic mán *n.* 〘経済〙経済人《満足と不満足または利益と不利益を比較し, その余剰を最大にしようとして合理的に行動する仮設的人間》.
económic rént *n.* 〘経済〙経済的地代《需要過多のため一般相場以上に支払われる超過報酬》.
Económic Repórt *n.* (米国大統領の)経済報告《年頭に上下両院に送る》.
ec·o·nom·ics [èkənáːmɪks, ìːk- | ìːkənɔ́m-, èk-] 〘← ECONOMY＋-ICS〙 ── *n.* **1** [通例単数扱い] 経済学. **2** [通例複数扱い] 経済的運関, 経済面[性]；(一国の)経済状態；〔…の〕経済学：the ～ of publishing.
económic scíence *n.* ＝economics 1.
económic státics *n.* 〘経済〙＝statics 2.
económic stríke *n.* 〘労働〙経済ストライキ《賃金・労働時間・労働条件などについて行なわれるストライキ》.
e·cón·o·mìsm [-mìzm] 〘⊏ F *économisme*: ⇨ economy, -ism〙 *n.* 経済主義《労働運動は政治から離れ, 経済的利益を追求せよとの主張》.
e·cón·o·mist [-mɪst, -məst | -mɪst] *n.* **1** 経済学者；経済評論家. **2** 《英》《米古》経済家, 倹約[節約]家.
e·con·o·mi·za·tion [ɪkɑ̀nəmɪzéɪʃən, ək-, iːk-, -mə- | ɪkɔ̀nəmaɪ-, iːk-] *n.* (金銭・時間などの)経済化, 経済的使用, 節用, 節約.
e·con·o·mize [ɪkáːnəmàɪz, ək-, iːk- | ɪkɔ́n-, iːk-] 〘← ECONOMY＋-IZE〙 ── *vt.* **1** 経済的に使用する, 節約する (save)：～ time 時間を節約する. **2** 〈労力・動力などを〉最も効率よく利用する：～ water power. ── *vi.* 〔…を〕倹約[節約]する〔*on*〕：～ *on* coal [space] 石炭[スペース]を節約する.
e·cón·o·mìz·er *n.* **1** 節倹[経済]家. **2** (火力・燃料などを)節約するための器具[装置], エコノマイザー：a fuel ～ 燃料を食わない機械.
e·con·o·my [ɪkáːnəmi, ək-, iːk- | ɪkɔ́nəmɪ, iːk-] 〘(c1530) ⊏(O)F *économie* // L *oeconomia* ⊏ Gk *oikonomía* house management, thrift ← *oikonómos* steward, housekeeper ← *oîkos* house＋*-nómos*: ⇨ eco-[1], -nomy〙 ── *n.* **1** (富などの)節倹, 節約, 節用；(動き・表現などの)抑制, 簡潔：a man of ～ 倹約家, 経済家 / ～ in shopping 買物の節約 / ～ *of* time, labor, etc. / ～ *of* words むだな言葉を言わないこと / ～ *of* truth 真理に手加減をすること《虚偽・遁辞(とんじ)を戯言的にいう》/ one's little *economies* 細かい倹約 / practise [use] ～ 倹約する / It's poor ～ to use it in that way. それをそんな風に使っては不経済だ / It is an ～ to use only the best. 一級品だけ使うのが得だ / He had an organized ～ of movement. 彼の動作はきびきびしてむだがなかった. **2** 経済《富・資源の有効な処理と生産の増強》；(ある地域・国などの)経済機構：political ～ 政治経済, 経済学 / social ～ 社会経済 / rural ～ 農村経済 / ⇨ domestic economy. **3** 《古》(自然界などの)むだのない運行, 理法；有機的組織：the ～ of nature 自然界の理法[秩序] / the ～ of a plant (葉が生じ花が咲き実ができ葉が落ちる)植物の整然とした生活の営み. **4** エコノミークラス (economy class)：～ passengers エコノミークラスの乗客. **5** 〘神学〙(天の)配剤, 摂理；(人類の創造・贖罪(しょくざい)などに関する神の)計画：the Mosaic ～ (神の経綸(けいりん)としての)モーセの律法 / the Christian ～ キリスト教神法, 新約経倫. **6** 《古》＝domestic economy. **7** 《古》＝economics.
── *attrib. adj.* 徳用の：～ cars, prices, etc.
── *adv.* エコノミークラスで：travel ～.
ecónomy clàss *n.* エコノミークラス；(特に)旅客機の普通席：an ～ air ticket. 普通席航空券.
ecónomy-sìze *attrib. adj.* 徳用サイズの：an ～ tube of shaving cream.
ecónomy sìze *n.* 徳用サイズ.
ecónomy-sìzed *attrib. adj.* ＝economy-size.
ecónomy wàll *n.* 〘石工〙節約壁, 徳用壁《れんが半枚分の厚さしかない壁体だが, 所々を間柱(まばしら)として厚くして床や屋根の枠組などを支えるもの》.
e·co·phene [íːko(ʊ)fiːn, ék- | -kə(ʊ)-] 〘← ECO-[2]＋*-phene* (← PHENOTYPE)〙 *n.* 〘生態〙＝ecad.
èco·phénotype *n.* 〘生態〙生態的表現型《遺伝子型は等しいが環境によって変化している表現型》.
èco·physiólogy *n.* 〘生物〙生態生理学. **èco·physiológical** *adj.*
èco·pólicy *n.* 環境政策. **èco·polítical** *adj.*
é·cor·ché [eɪkɔəʃéɪ | -kɔː-; *F.* ekɔʀʃe] 〘⊏ F (p.p.) ← *écorcher* to flay ＜ LL *excorticāre*〙 *F. n.* 〘絵画・彫刻〙(骨格や筋肉の研究用に)皮を剝いだ人物標本.
ECOSOC 《略》Economic and Social Council.
éco·spècies *n.* 〘生物〙生態種《生態型 (ecotype) の異同に基づく分類単位；cf. cenospecies》.
èco·specífic *adj.* 〘生態〙生態種の, 生態種としての区別に基づいた. **èco·specífically** *adv.*
éco·sphère *n.* 生態圏；(特に, 地球の)生物圏 (biosphere).
é·cos·saise [èɪkɔ(ː)séɪz, -koʊ-, -kə- | -kə(ʊ)-; *F.* ekɔsɛːz] 〘⊏ F ～ (fem.) ← *écossais* Scotch ← *Écosse* Scotland〙 ── *n.* 〘音楽〙エコセーズ：**a** 三拍子の古風なスコットランド舞曲. **b** 二拍子のコントルダンス (contredanse) 風の舞曲でフランスから各地に広まった.
éco·sỳstem *n.* 〘生態〙生態系《ある地域にすむすべての生物と無機的な環境とをまとめた系》.
èco·telémetry *n.* ＝biotelemetry.
e·co·ton·al [ìːkətóʊnl, èk- | -tə́ʊ-] *adj.* 〘植物〙転移帯の.
e·co·tone [íːkətòʊn, ék- | -tə̀ʊn] 〘← ECO-[2]＋Gk *tónos* 'stress, TONE'〙 *n.* 〘植物〙(2 植物群落間の)転移帯, 混交帯.
e·co·type [íːkətàɪp, ék-] *n.* 〘生態〙生態型《同一種が異なる環境に適応して生じ, 遺伝的に固定した形；cf. ecospecies》.
e·co·typ·ic [ìːkətípɪk, èk-] *adj.* 〘生態〙生態型の. **èco·týp·i·cal·ly** *adv.*
ec·pho·ne·sis [èkfəníːsɪs, -səs | -fə(ʊ)níːsɪs] 〘⊏ Gk *ekphṓnēsis* ← *ekphōneîn* (← *ek-* 'EC-[1]'＋*phōneîn* to speak)＋-SIS; cf. -phone〙 *n.* 〘修辞〙＝exclamation.
ec·phore [ékfɔə, -foə | -fɔː(r)] 〘⊏ G *ekphorieren* ⊏ Gk *ekphōreîn* ← *ekphoros* (to be) made known: ⇨ ec-[1], -phore〙 ── *vt.* 〘心理〙〈記憶痕跡を〉再生させる；(刺激で)〈記憶を〉喚起する.
e·cra·se [eɪkrɑːzéɪ, -krə-; *F.* ekʀaze] 〘⊏ F *écrasé* (p.p.) ← *écraser* to crush: cf. craze〙 *adj.* (*also* **é·cra·sé** [～]) 〈革など〉表面がざらざらになるようにもまれた.
é·crin [ekrɛ̃ː(ŋ), -ræŋ; *F.* ekʀɛ̃] 〘⊏ F ～ ⊏ L *scrinium* box〙 *F. n.* 宝石箱.
e·cru [ékruː, éɪk-, ─ ́ | éɪkruː, ekrúː; *F.* ekʀy] 〘(1869) ⊏ F *écru* unbleached, raw ← *é-* thoroughly (＜ L 'EX-[1]')＋*cru* 'CRUDE, raw'〙 ── *adj.* (生糸・さらさないリンネルなどの)生地(きじ)色の, 淡褐色の, 亜麻色の. ── *n.* (生糸・リンネルなどの)生地色, 淡褐色, 亜麻色.
ECSC 《略》European Coal and Steel Community ヨーロッパ石炭鉄鋼共同体《フランス・西ドイツ・イタリア・ベルギー・オランダ・ルクセンブルクの 6 か国間に 1952 年発効した機構；加盟国間で石炭・鉄鋼の単一共同市場を設けて, 関税・貿易制限を撤廃することを目標としている；⇨ European Community》.
ec·sta·si·ate [ekstéɪziéɪt, -ʒi- | -zɪ-] 〘⊏ F *s'exstatier* ← 《廃》*exstasie* 'ECSTASY'〙 *vt., vi.* ＝ecstasize.
ec·sta·size [ékstəsàɪz] *vt.* 有頂天[夢中]にさせる. ── *vi.* 有頂天[夢中]になる.
ec·sta·sy [ékstəsi | -sɪ] 〘(c1384) *extasie* ⊏ OF (F *extase*) ⊏ ML *extasis* ⊏ Gk *ékstasis* ← *existánai* to put (a person) out of (his senses) ← EXO-＋*-histánai* to set, stand: 今の綴り *ecst-* (17C) は Gk 形に合わせたもの〙 ── *n.* **1** (強烈な感情に支配された時の)無我夢中の状態, 有頂天：*in* an ～ of joy [grief] 歓喜[悲嘆]がきわまって / get [be thrown] *into ecstasies* 無我夢中になる / He was *in ecstasies* over the new work. 新作に夢中になっていた. **2** 狂喜, 歓喜：He was speechless with ～. わくわくするうれしさに声も出なかった. **3** (詩人・予言者・神秘家などの経験する)忘我, 恍惚, 法悦, 奪魂. **4** 〘心理〙エクスタシー, 恍惚状態《ある妄覚に全く心を奪われて周囲の事物に対して無感覚となり, 強い幸福感を伴う夢のような一種の朦朧(もうろう)状態》.
ec·stat·ic [ekstǽtɪk, ɪk-, ək- | ɪkstǽt-, ek-] 〘(c1630) ⊏ F *extatique* ⊏ Gk *ekstatikós* out of one's senses: ⇨ -ic[1]〙 ── *adj.* **1** 有頂天の, 夢中の：～ joy / They are ～ about the new regime. 新政権に有頂天になっている. **2** 忘我の：an ～ fit 忘我の発作 / an ～ trance 遊魂. ── *n.* **1** 夢中になる人, 法悦に入りやすい人. **2** [*pl.*] 有頂天の歓喜 (raptures).
ec·stát·i·cal·ly *adv.* 無我夢中に, 有頂天になって.
ECT, E.C.T. 《略》〘精神医学〙electroconvulsive therapy.
ect- [ekt] (母音の前に来る時の)ecto- の異形.
ec·tad [éktæd] 〘← ECTO-＋-AD[3]〙 *adv.* 〘解剖・動物〙外面へ (outward).
ec·tas·i·a [ektéɪʒiə, -ʒə | -zjə, -zɪə] 〘← NL ～ : ↓〙 *n.* 〘病理〙拡張(症).
ec·ta·sis [éktəsɪs, -səs | -sɪs] 〘← NL ～ ← Gk *éktasis* ← *ek-* 'EC-[1]'＋*teinein* to stretch〙 *n.* **1** 〘古典詩学〙＝diastole 2. **2** 〘病理〙＝dilatation 2.
ec·thy·ma [ekθáɪmə | ékθɪmə] 〘← NL ～ ← Gk *ékthūma* pimple ← *ekthúein* to break out〙 *n.* 〘病理〙膿瘡(のうそう), 深膿痂疹.
ec·to- [ékto(ʊ), -tə | -tə(ʊ)] 〘← NL ～ ← Gk *ektós* outside ← *ex* out: ⇨ ex-[1]〙 ──「外, 外部 (outer, external)」の意の連結形；主に科学・医学上の術語に用いる (↔ endo-, ento-)：*ecto*derm, *ecto*parasite. ★ 母音の前では通例 ect- になる.
ec·to·blast [éktəblæ̀st] 〘⇨ ↑, -blast〙 *n.* 〘生物〙 **1** ＝ectoderm. **2** ＝epiblast. **ec·to·blas·tic** [èktəblǽstɪk] *adj.*
Ec·to·car·pa·ce·ae [èkto(ʊ)kɑəpéɪsiiː | -tə(ʊ)kɑː-] 〘← NL ～ ← *Ectocarp-us* (属名：⇨ ecto-, carpus)＋-ACEAE〙 *n. pl.* 〘植物〙シオミドロ科. **èc·to·car·pá·ceous** [-péɪʃəs] *adj.*
Ec·to·car·pa·les [èkto(ʊ)kɑəpéɪliːz | -tə(ʊ)kɑː-] 〘← NL ～ ← *Ectocarpus* (属名：↑)＋-ALES〙 *n. pl.* 〘植物〙(褐藻類)シオミドロ目.
ècto·comménsal *n.* 〘生物〙外部共生動物[植物] (↔ endocommensal).
ec·to·crine [ékto(ʊ)krɪn, -krən, -krìːn, -kràɪn | -tə(ʊ)-krɪn, -krìːn] 〘← ECTO-＋*-crine* (cf. endocrine)〙 *n.* 〘生物〙外分泌 (exocrine).
écto·dèrm *n.* 〘生物〙外胚葉 (cf. endoderm 1, mesoderm). **ècto·dérmal** *adj.* **ècto·dérmic** *adj.*
ècto·génesis 〘← NL ～：⇨ ecto-, -genesis〙 *n.* 〘生物〙体外発生.
ècto·genétic *adj.* 〘生物〙体外発生の.
ècto·génic *adj.* **1** 〘生物〙**a** 体外で発生する. **b** ＝ectogenous. **2** 〘医学〙外因(性)の, 外原(性)の.
ec·tog·e·nous [ektáːdʒənəs | -tɔ́dʒɪ-] *adj.* 〘生物〙〈寄生性微生物が〉寄生体の外でも発育しうる.
ècto·hórmone *n.* 〘生化学〙＝exohormone.
-ec·tome [éktoʊm | -təʊm] 〘← NL *-ectom-us*：⇨ -ectomy, -tome〙〘外科〙「…切除器, …切除刀」の意の名詞連結形：tonsill*ectome*.
ec·to·mere [éktəmɪə | -tə(ʊ)mɪə(r)] *n.* 〘生物〙外胚葉になる割球 (blastomere). **ec·to·mer·ic** [èktəmérɪk, -mí(ə)r- | -mér-, -míər-] *adj.*
ec·to·morph [éktəmɔ̀əf | -tə(ʊ)mɔ̀ːf] 〘← ECTO(DERM)＋-MORPH〙 ── *n.* 〘心理〙外胚葉型[頭脳型]の人《W. H. Sheldon の体型分類の一つ；やせた体型を特徴とする；cf. endomorph 2, mesomorph 2》.
ec·to·mor·phic [èktəmɔ́əfɪk | -tə(ʊ)mɔ́ː-] *adj.* 〘心理〙外胚葉型の.
ec·to·mor·phy [éktəmɔ̀əfi | -tə(ʊ)mɔ̀ːfɪ] *n.* 〘心理〙外胚葉型.
-ec·to·my [éktəmi | -mɪ] 〘← NL *-ectomia* ← Gk *-ektomía, ektomḗ* excision: ⇨ ec-[1], -tomy〙 ──〘外科〙「…切除(術)」の意の名詞連結形：append*ectomy*, gastr*ectomy*.
ècto·párasite *n.* 〘動物〙外部寄生虫《ダニなど；↔ endoparasite》. **ècto·parasític** *adj.*
ec·toph·a·gous [ektáfəgəs | -tɔ́f-] *adj.* 〘動物〙外食性の《食物をその外側から食べていくこと；↔ endophagous》.
ec·to·phyte [ékto(ʊ)fàɪt | -tə(ʊ)-] *n.* 〘植物〙外部寄生植物.
ec·to·pi·a [ektóʊpiə | -tə́ʊpjə, -pɪə] 〘← NL ～ ← Gk *éktopos* out of place ← *ek-* 'EC-[1]'＋*tópos* place: ⇨ -ia[1]〙 *n.* 〘病理〙転位(症)；位置異常.
ec·top·ic [ektápɪk, -tóʊp- | -tɔ́p-] 〘⇨ ↑, -ic[1]〙 *adj.* 〘病理〙異所性の (cf. entopic).
ectópic prégnancy *n.* 〘病理〙子宮外妊娠, 外妊.
ec·to·plasm [éktəplæ̀zm | -tə(ʊ)-] *n.* **1** 〘生物〙外部原形質《原形質体の表面の原形質膜のすぐ内側にある細胞質 (cytoplasm) の部分》, (原生動物の)外質 (↔ endoplasm). **2** 〘心霊〙(霊媒の体から発し, 種々の形をとるといわれる)心霊体, エクトプラズム. **ec·to·plas·mic** [èktəplǽzmɪk | -tə(ʊ)-] *adj.*
ec·to·plast [ékto(ʊ)plæ̀st | -tə(ʊ)-] *n.* 〘生物〙＝plasma membrane.
ec·to·proct [ékto(ʊ)pràkt | -tə(ʊ)prɔ̀kt] 〘↓〙 *n.* 〘動物〙外肛動物門のコケムシ.
Ec·to·proc·ta [èkto(ʊ)práktə | -tə(ʊ)prɔ́k-] 〘← NL ～ ← ECTO-＋*-procta* (← Gk *prōktós* anus)〙 *n. pl.* 〘動物〙外肛動物門.
ec·to·sarc [éktəsɑ̀ək | -tə(ʊ)sɑ̀ːk] 〘← ECTO-＋Gk *sark-, sárx* flesh: cf. sarco-〙 *n.* 〘生物〙外肉《原生動物の外部原形質 (ectoplasm)；↔ endosarc》.
ec·to·therm [éktəθə̀ːm | -tə(ʊ)θə̀ːm] *n.* 変温[冷血]動物.
ec·to·ther·mic [èktəθə́ːmɪk | -tə(ʊ)θə́ː-] *adj.* 〘動物〙外温性の, 変温性の.
ec·to·tro·phic [èktətróʊfɪk, -trɑ́f- | -tə(ʊ)trɔ́f-, -tróʊf-] *adj.* (*also* **ec·to·tro·pic** [-tróʊpɪk, -trɑ́p- | -trɔ́p-]) 〈菌根が〉外生の (↔ endotrophic)：～ mycorrhiza 外(生)菌根.
ec·to·zo·a, E- [èktəzóʊə | -zə́ʊə] 〘← NL ～：⇨ ecto-, -zoa〙 *n. pl.* (*sing.* **-zo·on** [-zóʊɑn | -zə́ʊɔn]) 〘動物〙外部寄生虫 (cf. entozoa). ★ しばしば分類群に用いられる.
ec·tro- [éktro(ʊ) | -trə(ʊ)] 〘← NL ～ ← Gk *éktrōsis* miscarriage ← *ektrō-* (← *ektitrṓskein* to miscarry)＋-SIS〙 ──〘医学〙「(身体の部分, 特に四肢が)先天的に欠如した」の意の連結形：*ectro*dactylism.
ec·tro·dac·tyl·ism [èktro(ʊ)dǽktəlìzm, -tə- | -trə(ʊ)-dǽktɪ-] 〘← ECTRO-＋DACTYL＋-ISM〙 *n.* 〘医学〙欠指(症), 指欠損症.
ec·tro·me·li·a [èktro(ʊ)míːliə | -trə(ʊ)míːljə, -lɪə] 〘← NL ～：⇨ ectro-, -melia〙 *n.* **1** 〘医学〙欠肢症. **2** 〘獣医〙エクトロメリア症 (mousepox).
ec·tro·pi·on [ektróʊpiɑ̀n, -piən | -trə́ʊpɪɔ̀n, -pɪən] 〘← NL ～ ← Gk *ektrópion* everted eyelid ← *ek-* 'EC-[1]'＋*-tropion* (← *trépein* to turn)〙 ── *n.* 〘医学〙(まぶた・くちびるなどの)外反(症).
ec·tro·pi·um [ektróʊpiəm | -trə́ʊpɪ-] 〘← NL ～：↑〙 *n.* 〘医学〙＝ectropion.
ec·type [éktaɪp] 〘⊏ Gk *éktup-os* formed in outline: ⇨ ec-[1], type〙 *n.* 複写, 模写, 再生(物), 写し (cf. prototype). **éc·ty·pal** [-taɪpəl, -təp- | -taɪp-, -tɪ-] *adj.*
ec·ty·pog·ra·phy [èktaɪpáːgrəfi | -pɔ́grəfɪ] 〘⇨ ↑, -graphy〙 *n.* プレート上に線を浮き彫りにするエッチング.

e·cu [éɪkjuː; *F.* eky] 〚⇨F *écu* < OF *escu* < L *scūtum* shield〛 — *n.* (*pl.* ~**s** [~z; *F.* ~]) **1** (中世騎馬兵の)三角盾. **2** エキュー《14 世紀以降のフランスの金[銀]貨; 紋章盾の模様があった》.

ECU 《略》European Currency Unit 欧州通貨単位.

Ecua. 《略》Ecuador.

Ec·ua·dor [ékwədɔ̀ə | ékwədɔ̀ː(r, ⌐ — ⌐] *n.* エクアドル《南米北西部の共和国; 人口 7,560,000, 面積 283,561 km², 首都 Quito; 公式名 the Republic of Ecuador エクアドル共和国》.

Ec·ua·do·ran [èkwədɔ́ːrən] *adj., n.* =Ecuadorian.

Ec·ua·do·ri·an [èkwədɔ́ːriən, -dóːr- | -dɔ́ːrɪ-] *adj.* エクアドルの, エクアドル人の. — *n.* エクアドル人.

ec·u·ma·ni·ac [èkjuméɪniæ̀k | ìːkjuːméɪniæ̀k, èk-] 〚← ECU(MENISM) + MANIAC〛 *n.* 世界教会主義 (ecumenism) の狂信者. 「ecumenical.

ec·u·men·ic [èkjuménɪk | ìːkjuː-, èk-, -kjʊ-] *adj.* =

e·cu·men·i·cal [èkjʊménɪkəl, -nə- | ìːkjuːménɪ-, èk-, -kjʊ-] 〚《1563–87》← LL *oecumenicus* (⇨Gk *oikoumenikós* of or from the whole (world) ← *oikouménē* (*gê*) the inhabited (world) ← *oikeîn* to inhabit) + -AL¹〛 — *adj.* **1** 〘キリスト教〙 **a** 全キリスト教会の: the ~ creeds 一般的信条《キリスト教会全体に通じて行なわれる信仰個条》. **b** 世界キリスト教(会)統一運動[促進]の: ~ leaders 世界キリスト教会統一運動の指導者 / ~ activity 全教活動. **2** 全般的な, 普遍的な, 世界的な: an ~ war 世界的な大戦争. **~·ly** *adv.*

ecuménical cóuncil *n.* 世界教会会議, 全教会会議; 〘カトリック〙(教皇のもとに開かれる)公会議.

èc·u·mén·i·cal·ism [-lɪzm] *n.* 〘キリスト教〙(超教派の)世界教会主義[運動], 全キリスト教会主義.

ecuménical móvement *n.* **1** 世界教会運動. **2** [E- M-] 世界教会運動《世界教会協議会 (WCC) を最高機構とする世界教会的な性格のキリスト教運動》.

ecuménical pátriarch *n.* 〘東方正教会〙総大主教, 総主教《東方正教会で, 特に Constantinople の patriarch に与えられた尊称; その起源は 6 世紀にさかのぼる》.

ec·u·men·i·cism [èkjuménəsìzm | ìːkjuːménɪ-, èk-, -kjʊ-] *n.* =ecumenism. **èc·u·mén·i·cist** [-sɪst, -səst | -sɪst] *n.*

ec·u·me·nic·i·ty [èkjumənísəṭi | ìːkjuːmenísətɪ, èk-, -kjʊ-] *n.* 世界教会主義による連帯; 世界キリスト教.

ec·u·men·ics [èkjuménɪks | ìːkjuː-, èk-, -kjuː-] 〚⇨ ecumenic, -ics〛 *n.* 世界教会学[論]《世界教会の立場から見たキリスト教会研究》, 公同教会学.

e·cu·me·nism [ekjúːmənìzm, ɪk-, ékjʊm-, èkjumén-ɪzm | iːkjúːmənìzm, ɪk-, íːkjuːm-] *n.* 世界教会主義[運動] (ecumenicalism). **ec·ú·me·nist** [-nɪst, -nəst | -nɪst] *n.*

ecu·me·nop·o·lis [èkjumɪnɑ́pəlɪs, -mə-, ekjùː-, -ləs | -mɪnɔ́pəlɪs] 〚← NGk *oikoumenópolis*: ⇨ ecumenical, -polis〛 — *n.* 世界都市, エキュメノポリス《未来に可能視される全世界的な都市組織》.

ec·ze·ma [ɪgzíːmə, eg-, égzə-, éksə- | éksɪmə, -sə-] 〚《1753》← NL ~ ← Gk *ékzema* cutaneous eruption ← *ek-* 'EC-¹, out of' + *zéma* that which is boiled〛 — *n.* 〘病理〙湿疹.

ec·zem·a·toid [ɪgzémətɔ̀ɪd, eg-, -zíːm- | eksém-, -zém-] 〚← *eczemat-* (⇨ eczema) + -OID〛 〘病理〙 *adj.* 類湿疹の, 湿疹様の. — *n.* 類湿疹, 湿疹様発疹.

ec·zem·a·tous [ɪgzéməṭəs, eg-, -zíːm- | eksémət-, -zém-] *adj.* 湿疹性の, 湿疹にかかった.

Ed [éd] 〚(dim.) ← EDWARD¹, EDGAR¹, EDWIN, EDMOND, EDMUND〛 *n.* 男性名.

ed. 《略》edited; edition; editor; educated.

Ed. 《略》Editor; Education; Edward.

e.d. 《略》〘証券〙 ex dividend.

E.D. 《略》Doctor of Engineering; education department; electron device; employment department; entertainments duty; estate duty; 〘証券〙 extra dividend; extra duty.

-ed [([d] 以外の有声音の次では) d, ([t] 以外の無声音の次では) t, ([t, d] の次では) ɪd, əd] 〚1: OE *-ede, -ode, -ade* (pret. ending); *-ed, -od, -ad* (p.p. ending) < Gmc *-ðaz < IE *-tós (L *-tus* / Gk *-tós* / Skt *-tas*). 2: OE *-ede* < Gmc *-ōðja-〛 — *suf.* **1** 規則動詞の過去形・過去分詞を造る: call → call*ed*, call*ed* [kɔ́ːld] / talk → talk*ed*, talk*ed* [tɔ́ːkt] / mend → mend*ed*, mend*ed* [méndɪd, -dəd]. ★ (1) crept, dreamt, bought などの -t および l, n, r の後の -t (例: gil*t*, sen*t*, gir*t*) は本来 -ed の変形である. (2) 過去分詞に由来する形容詞では t, d の後でなくても [ɪd, əd] と発音されることがある: bless*ed* [blésɪd, -səd], learn*ed* [lɜ́ːnɪd, -nəd | lɜ́ːn-]. **2** 名詞または '名詞+形容詞' に付いて「…を持った, …を付けた, …を備えた, …の特性のある, …にかかっている」などの意を表わす形容詞を造る (cf. wretched, wicked): balconi*ed* バルコニー付きの / wing*ed* 翼をもった / diseas*ed* 病気にかかった / good-humor*ed* 上機嫌の / quick-temper*ed* 短気な. ★ -ed で終る語の副詞・名詞語尾 -edly, -edness の発音: -ed を [d] [t] と発音する語に -ly, -ness を加える場合 -ed を [ɪd, əd] と発音するのは強勢がその前の音節に来る時に限る: design*ed* [dɪzáɪnd], design*edly* [dɪzáɪnɪdli, -nəd- | -lɪ] / deserv*ed* [dɪzɜ́ːvd | -zɜ́ːvd], deserv*edly* [dɪzɜ́ːvɪdli, -vəd- | -zɜ́ːvɪdlɪ, -vəd-].

Ed·a [édə] 〚《ラテン語化変形》← 《廃》*Ede* < OE *Eadu* ← *ēad* rich, happy: cf. Edith: ⇨ -a¹〛 *n.* 女性名.

e·da·cious [ɪdéɪʃəs, əd-, iːd- | ɪd-, iːd-, ed-] 〚《1819》← L *edāc-*, *edax* voracious (← *edere* 'to EAT¹') + -IOUS // ← EDACI(TY) + -OUS〛 — *adj.* 《文語・戯言》 **1** 食欲の盛んな, 大食の (voracious). **2** 食い尽くす. **~·ly** *adv.*

e·dac·i·ty [ɪdǽsəṭi, əd-, iːd- | ɪdǽsətɪ, iːd-, ed-, -sɪ-] 〚⇨ L *edacitāt-em* gluttony: ⇨ ↑, -ity〛 *n.* 《文語・戯言》食欲; 大食: the ~ of a wolf おおかみの大食.

E·dam [íːdəm, -dæm | -dæm] 〚← *Edam* (Amsterdam 付近の原産地名)〛 — *n.* エダムチーズ《黄色のオランダ製チーズ; 3–4 ポンドの扁球状に作り, 赤いワックスの外皮をもつ; Edam cheese ともいう》.

Édam chéese *n.* =Edam.

e·daph·ic [ɪdǽfɪk, əd- | ɪd-] 〚《1900》← Gk *édaph-os* bottom soil + -IC¹〛 — *adj.* **1** 〘植物〙土壌の. **2** 〘生態〙〈植物が〉(気候よりも)土壌の影響を受ける (cf. climatic 2). **e·dáph·i·cal·ly** *adv.*

edáphic clímax *n.* 〘生態〙土壌的極相《土壌の影響による安定期; cf. physiographic climax》.

ed·a·phol·o·gy [èdəfɑ́lədʒi | -fɔ́lədʒɪ] 〚← Gk *édaphos* (↓) + -LOGY〛 *n.* 農業土壌学 (cf. soil science, pedology¹).

ed·a·phon [édəfɑ̀n | -fɔ̀n] 〚⇨G ~ ← Gk *édaphos* ground, base + *-on* (cf. plankton)〛 *n.* 〘生態〙エダフォン《土中の比較的微小な生物の群集》.

É-Dáy 〚*E*: 《略》← *Entry*: cf. D day〛 *n.* (英国の) EC 加入記念日《1973 年 1 月 1 日》.

Ed. B. 《略》Bachelor of Education. 「俗」教育産業.

ed·biz [édbɪz] 〚← ED(UCATION) + BUS(INESS)〛 *n.* 《米

EDC, E.D.C. 《略》European Defense Community ヨーロッパ防衛共同体.

e.d.c. 《略》〘電気〙 error detection and correction (パルス通信などにおける)誤り検出および訂正.

ed. cit. 《略》the edition cited.

Ed. D. 《略》Doctor of Education.

E.D.D. 《略》English Dialect Dictionary 英国方言辞典《J. Wright が独力で編集, 1896–1905 年に出版; 全 6 巻》; 〘商業〙 expected date of delivery 配達予定日.

Ed·da [édə] 〚《1771》⇨ ON ~ ← ?: cf. ON *edda* great grandmother, *ōðr* mind, poetry〛 — *n.* 「エッダ」《古代北欧の神話・詩歌集》: the Elder [Poetic] ~「古エッダ」《ヴァイキング時代に編集された神話・伝説を歌った古代北欧詩集》/ the Younger [Prose] ~「新エッダ」神話および詩論を含む; アイスランドの歴史家・詩人 Snorri Sturluson が編集したもの》.

Ed·da·ic [edéɪɪk] 〚《1884》: ⇨ ↑, -ic¹〛 *adj.* =Eddic.

Ed·dic [édɪk] 〚《1868》: ⇨ Edda, -ic¹〛 *adj.* エッダ (Edda) の.

Ed·die [édi | édɪ] 〚← ED + -IE〛 *n.* 男性名.

Ed·ding·ton [édɪŋtən], Sir **Arthur Stanley** *n.* (1882–1944) 英国の天文学者・天体物理学者.

ed·dish [édɪʃ] *n.* 《英》草刈りしたあとの二番生(ᵇ)え.

ed·do [édoʊ | édəʊ] 〚← W-Afr.〛 *n.* (*pl.* ~**es**) サトイモ・タロイモ (taro) などの食用となる根[地下茎].

ed·dy [édi | édɪ] 〚《a1455》《スコット》*ydy* ← ?: cf. OE **edwǣg* (← OE *ed-* back + *wǣg* wave) / ON *iða*〛 — *n.* **1** (水流・気流など)主流に逆らいつつ回る流れ; (小さな)渦(巻き), 旋風. **2** (主流[潮]に対する)傍流; (大勢に影響のない)動き. **3** 渦巻きのように動くもの: *eddies* of perfume. — *vi.* 渦を巻く; 渦を巻いて流れる. — *vt.* …に渦を巻かせる; 渦を巻いて流れさせる.

Ed·dy [édi | édɪ], **Mary Baker** *n.* (1821–1910) 米国の女性宗教家; Christian Science の創立者.

éddy cùrrent *n.* 〘電気〙渦電流《磁界内の導体に誘導した起電力によって, その導体内に渦状に流れる電流; Foucault current ともいう》.

éddy-cùrrent bráke *n.* 〘電気〙渦電流ブレーキ《磁石とそれに近接する導体とに動きがあると, 渦電流の作用で両者の間にブレーキ力が働く; これを用いたブレーキで, 積算電力計の回転円板や超高速鉄道に用いられる》.

éddy-cùrrent lóss *n.* 〘電気〙渦電流損《渦電流によって熱に変わってしまう電力の損失分》.

éd·dy·ing *adj.* 渦巻く.

Éd·dy·stone Rócks [édɪstən- | édə-] *n. pl.* イギリス海峡の西端イングランド Plymouth の南西にある航海上危険な岩; 灯台 (Eddystone Lighthouse) がある.

E·del·e·á·nu pròcess [ɪdèliáːnuː-, əd- | ɪdèlɪ-] 〚← *L. Edeleanu* (d. 1941: ルーマニアの化学者)〛 *n.* 〘化学〙エデレアヌ法《液体亜硫酸を用いて石油に含まれる芳香族炭化水素や硫黄化合物を抽出除去する方法》.

e·del·weiss [éɪdlwàɪs, -vàɪs | -vàɪs; *G.* éːdḷvàɪs] 〚《1862》⇨G *Edelweiss* ← *edel* noble + *weiss* 'WHITE'〛 — *n.* エーデルワイス (*Leontopodium alpinum*)《アルプス産キク科ウスユキソウ属の高山植物; 白い軟毛におおわれた苞(ᵇ)を花のようにつける》.

edelweiss

e·de·ma [ɪdíːmə, əd-, iːd- | iːd-, ɪd-] 〚← NL ~ ← Gk *oídēma* a swelling ← *oideîn* to swell〛 — *n.* (*pl.* ~·**ta** [~ṭə | -tə], ~**s**) 《米》 **1** 〘病理〙浮腫(ᵇ), 水腫, むくみ: brain ~ 脳水腫. **2** 〘植物病理〙異常な光・温度条件下で水分過剰になり(トマトなどが)病的に肥大すること.

e·dem·a·tose [ɪdémətòus, əd-, iːd-, -díːm- | iːdémətəʊs, ɪd-, -díːm-] *adj.* =edematous.

e·dem·a·tous [ɪdéməṭəs, əd-, iːd-, -díːm- | iːdémət-, ɪd-] *adj.* 浮腫(ᵇ)の, 浮腫性[状]の.

E·den¹ [íːdn̩] 〚《a1382》⇨LL *Ēden* ⇨Gk *Édēn* ⇨Heb. *'ēdhen* 《原義》? delight, pleasure: cf. Sumerian *edin* open field, steppe〛 — *n.* **1** 〘聖書〙エデン(の園)《通例 the Garden of Eden という; 人類の始祖 Adam と Eve とが初めて置かれたという楽園; cf. *Gen.* 2–4》. **2** 楽土, 楽園, 極楽(paradise); 極楽(の状態), 至福.

E·den² [íːdn̩] 〚↑〛 *n.* **1** 男性名. **2** 女性名.

Eden, Sir (**Robert**) **Anthony** *n.* (1897–1977) 英国の保守党の政治家; 外相 (1935–38, 40–45, 51–54), 首相 (1955–57); 称号 Earl of Avon.

E·den·ic [iːdénɪk, ɪd-] *adj.* エデンの園の.

E·den·ta·ta [iːdentéɪṭə, -téɪ- | -tə] 〚← NL ~: ↓〛 *n. pl.* 〘動物〙貧歯目.

e·den·tate [iːdénteɪt] 〚← L *ēdentāt-us* deprived of teeth (p.p.) ← *ēdentāre* to make toothless ← *ē-* 'EX-¹ out of' + *dent-*, *dēns* 'TOOTH': ⇨ dentate〛 — *adj.* **1** 〘動物〙貧歯目の. **2** 歯がない. — *n.* 〘動物〙貧歯類《アルマジロ・アリクイ・ナマケモノなど貧歯目の動物》. 「物が)歯のない.

e·den·tu·late [iːdéntʃʊlət, -lɪt, -lèɪt | -tjʊ-] *adj.* 〈動

e·den·tu·lous [iːdéntʃʊləs | -tjʊ-] 〚《1782》← L *edentulus* lacking teeth + -OUS: ⇨ ex-¹, dento-〛 *adj.* 無歯の, (特に)歯を失った (↔ dentulous).

EDES 《略》NGk Ellínikos Dimokratikós Ethnikós Stratós ギリシャ国民民主党 (Greek Democratic National Party).

E·des·sa [ɪdésə, əd- | ɪd-] *n.* エデッサ《Mesopotamia の北西部の古代都市; 昔キリスト教の中心地; 十字軍により聖地 4 国の一つとして建国 (1098); 現在の Urfa》.

e·des·tin [ɪdéstɪn, əd-, iːd-, -tən | ɪdéstɪn, iːd-] 〚← Gk *edestós* eatable + -IN¹〛 *n.* 〘化学〙エデスチン《大麻の実の主成分をなすグロブリン (globulin)》.

EDF 《略》European Development Fund.

Ed·fu [édfuː] *n.* エドフ, イドフ《エジプトの Nile 河畔の町; プトレマイオス朝に建てられたホルス神殿 (Temple of Horus) がある; 人口 29,000; Idfu ともいう》.

Edg. 《略》Edgar.

Ed·gar¹ [édgə | -gə(r; *F.* ɛdgaːr] 〚OE *Ēadgār* ← *ēad* happy + *gār* spear〛 *n.* 男性名《愛称形 Ed, Eddie》.

Ed·gar² [édgə | -gə(r] 〚← *Edgar Allan Poe*: cf. Poe〛 — *n.* エドガー(アラン ポー)小像《米国の推理小説作家協会がすぐれた推理小説家に対して毎年与える Poe の記念像》.

edge [édʒ] 〚n.: ME *egge* < OE *ecġ* < Gmc **aʒja* (Du. *egge* / G *Ecke* / ON *egg*) ← IE **ak-* sharp (L *aciēs* / Gk *akis* edge). — v.: 《a1400》← (n.): 今の綴りは 16C から〛 — *n.* **1** (刃物の)刃: put an ~ on a knife ナイフに刃をつける / put a person to the ~ of the sword 人をやいばにかける / by the ~ of the sword やいばにかけて《殺すなど》. **2** 尖ったかど, (峠・屋根の)背 (crest): the ~ of a roof 屋根の棟(ᵇ) / the sharp ~ of a rock 鋭い岩かど. **3** 刃の鋭さ, 鋭利; (欲望・言葉・風などの)鋭さ, 痛烈さ, 激しさ: The knife has no ~. このナイフはなまくらだ / give an ~ to [set an ~ upon] one's appetite 食欲をそそる / dull the ~ of pleasure 楽しみをそぐ / There was a faint ~ of contempt in her voice. 彼女の声にはかすかな軽蔑がこめられていた / the ~ of the wind 身を切るように冷たい風 / He let his voice take on an ~. 彼はとげとげしい声になるのに任せた. **4** 端, ふち, 果て; へり, きわ; (時代・状態などの)境目: the cemetery on the north ~ of the town 町の北のはずれの共同墓地 / The ghetto lay at the northern ~ of the city. ユダヤ人町は市の北のはずれにあった / the ~ of a wood 森のへり / the horizon's ~ 地平線の果て / the water's ~ 水ぎわ / one bright March morning *on the* ~ *of* spring 春に間近いある晴れた 3 月の朝 / The country was *on the* ~ *of* anarchy. その国は無政府状態との境目にあった. **5** (箱などの立体物の)二面の接線: A cube has 12 ~*s*. 立方体には 12 の接線がある. **6** (物の)ふち, へり: a sole ~ (靴の)こば《靴の表底周囲の側面》. **7** 〘製本〙小口《図書で head, foot, fore edge の 3 部分の総称》: a book with gilt ~*s* 小口金[三方金]の書物 / uncut ~*s* アンカット小口. **8** 《口語》強味, 優勢: I got the ~ *on* my rivals. 競争相手よりも優位に立った / Men have a clear ~ *over* women *in* most areas of academic achievement. 学問の大抵の分野で男性の方が明らかに女性に勝る / *In* the buildup of weaponry the U.S. is losing its quantitative ~. 武器製造に関しては米国は量的な優位を失いかけている. **9** 《米口語》ほろ酔い加減: I've got a good ~ on. いい気持ちに酔っている. **10** (スケート・スキーの)エッジ (cf. edging 1): do the inside [outside] ~ 内[外]側にエッジづけする. **11** 〘トランプ〙 **a** (ポーカーで)後賭け権《参加者のなかで一番最後に賭ける権利》. **b** =eldest hand. **12** [しばしば absolute [outside] ~ として] 我慢できない人[物] (the limit): He is the (*absolute*) ~. 彼は(全く)我慢がならない.

give the rough* [*sharp*] *edge of one's tongue ⇨ tongue 成句. ***not to put too fine an edge upon it*** ⇨ fine¹ *adj.* 成句. ***on edge*** (1) 〈物が〉横に立って (cf. *on* END): put a box *on* ~ 箱を横に立てる. (2) いら立って, いらいらして: set a person's nerves *on* ~ 人の神経をいら立てる / He was [His nerves were] *on* ~. 彼[彼の神経]はいらだっていた. (3) しきりに…したがって, じりじりして (eager, impatient): I am all *on* ~ *to* know the news. そのニュースが知りたくていらいらしている. ***on the edge of*** …のふちに; …にひんして, …しそうになって (on the point of) (cf. 4): He was *on the ~ of* death. 死にひんしていた / I was *on the ~ of* being run over by a car. すんでのところで車に轢(ひ)かれるところだった. ***over the edge*** (1) 気が狂って: He went *over the ~*. 気が狂った. (2) 無茶な. ***set a person's [the] teeth on edge*** ⇨ tooth 成句. ***take the edge off*** (1) 〈刃物〉の刃を鈍くする: *take the ~ off* a knife ナイフの刃を鈍くする. (2) 〈力・感興など〉をそぐ: *take the ~ off* an argument 議論の勢いをそぐ / They had *taken the ~ off* their own hunger. ひもじさも少し取れていた.

— *vt.* **1** …に刃をつける[立てる], 研ぐ: He *~d* the knife sharp. ナイフをといで鋭い刃をつけた. **2** 鋭くする, 鋭敏にする: Vinegar *~s* the appetite. 酢は食欲をそそる. **3 a** …にへり[ふち]を付ける, ふち取る; 〈丘などが〉…のへり[ふち]となる: ~ a path *with* box 小道のへりにツゲを植える / a road *~d with* rows of trees 両側に並木のある道路 / ~ a slip *with* lace スリップにレースのふち取りをする / Hills ~ the plain. 平野の周辺は丘になっている. **b** 〈ある状態〉に境を接する, 接近する: *Edging* eighty, he had retained all his vigor. 80 の坂にさしかかってはいるがまだかくしゃくとしていた. **4 a** [通例方向の副詞語句を伴って] はすに進める; じりじり進める, じりじり動かす: ~ something *away* [*out*] 物をはすに取り去る / ~ a person *aside* じりじりと人を押しのける / ~ oneself *into* a conversation 談話に割り込む / ~ *out of* the market じりじりと市場から締め出す. **b** [~ one's way として] はすに[じりじりと]進んで行く: He *~ed his way through* the crowd. 人込みの中を体を横にして進んで行った. **5** 《米》〈スキー・スケート〉にエッジをきかせる. **6** 〘金属加工〙 **a** 〈圧延材を〉(その端部で)反転する. **b** (端部をかみ込んで)圧延する. **c** (圧延で)〈材料〉の幅寸法を規定する (cf. edging pass). **d** (仕上げ鍛造に適した形に)粗鍛造する. **7** 〘クリケット〙〈投げられたボールを〉バットの角に当ててそらす. **8** 《米》…に辛勝する 〈*out*〉. — *vi.* [通例方向の副詞語句を伴って] 斜めに進む; じりじり進む: ~ *along* (体を横にして)斜めに進む / ~ *into* 〈談話・人中など〉へ割り込む / ~ *out* (用心して)じりじりと出る / ~ *up* (*to* [*on*] …) (…に)にじり寄る, 食い込む / We *~d through* the crowd. 人込みの中をじりじり進んで行った.

edge away [***off***] 〘海事〙(じりじりと)次第に離れる[去る, 遠ざかる]. ***edge down*** 〘海事〙〔船に向かって〕じりじりと[斜めに]接近する 〔*upon*〕. ***edge in*** 〈言葉など〉を差しはさむ: He contrived to ~ *in* a word. やっと口を差しはさんだ. ***edge in with*** [***for***] 〘海事〙〈追跡中の船が〉…に徐々に近づく. ***edge a person on*** 〈人を〉そそのかす (egg on).

édge·bòne 〘《転訛》← AITCHBONE〙 *n.* ＝aitchbone.

edged *adj.* **1 a** 刃のある, 刃をつけた: an ~ sword 刃をつけた剣. **b** [複合語の第 2 構成素として] …刃の, (…の)刃のある: a double-*edged* knife もろ[両]刃のナイフ. **2** 鋭い, 痛烈な, 苛立った: an ~ remark, voice.

édged tòol *n.* 《廃》＝edge tool 1.

play with edged tools ＝*play with* EDGE TOOLS.

édge effèct *n.* **1** 〘生態〙周辺効果, 辺縁効果《森林と草地の接点など生物群が推移する境界で生物種の数が多くなったり, 形態的変量を示すものが多く見られる現象》. **2** 〘物理〙縁効果, 周辺効果《写真の像の周辺部に現われる特異な現象》.

édge-gráin *adj.* 〘木工〙＝quartersawed.

édge gráin *n.* 〘木工〙柾目(まさ)《縦にまっすぐ通った木目のあるもの; cf. flat grain》.

édge-gráined *adj.* 〘木工〙＝quartersawed.

édge jòint *n.* 〘建築〙へり継手《2 枚の板材の側面どうしを溶接などでついだ継手》.

édge·less *adj.* **1** 刃のない, なまくらな (blunt). **2** へり[ふち, かどなど]のない.

édge mìll *n.* エッジミル, ブレット《鉱石粉砕機の一種》.

édg·er *n.* **1** (衣服の)ふちかがり工, (レンズの)ふちみがき工(など). **2** ふちかがり機, ふち取りのこぎり(など). **3** (芝生などの)ふち刈り機.

édge rùnner *n.* 〘機械〙エッジランナー《一対のロール・回転砥石などを用いて原料を粉砕する機械》.

édge-rùnner mìll *n.* 〘機械〙＝edge runner.

édge spècies *n.* 〘生態〙周辺種, 辺縁種《森林と草地の接点など生物群が推移する部分にすむ生物種》.

édge strip *n.* 〘造船〙へり目板《鋼板の縁をつき合わせ結合する時, つなぎ目にかぶせるように取り付ける細長い鋼板》.

édge tòol *n.* **1** 刃物《工具; cf. edged tool》. **2** ふち取り用の工具.

play with edge tools 危険な事に手出しをする, きわどい事をする.

édge·wàys 〘⇨ -ways〙 — *adv.* **1** (相手に)刃を向けて; 刃が(物に)当たるようにして: bring down an ax ~ 刃を下にしておのを打ちおろす. **2** 刃[かど]に沿って, ふち[へり]に沿って: saw a plank ~ 厚板のふちをのこぎりで切る. **3** (二つの物が)端と端を接して (edge to edge): bolt the planks together ~ 厚板の端と端をボルトで締める.

get in edgeways (話のすきを見て)横合いから〈言葉を〉はさむ: *get* a word *in* ~ ＝*get in* a word ~.

édge·wise *adv.* ＝edgeways.

Edge·worth [édʒwə(ː)θ | -wə(ː)θ], **Maria** *n.* (1767–1849) 英国の女流小説家; 主にアイルランドに在住; *Castle Rackrent* (1800).

edg·i·ly [édʒɪli, édʒə- | -lɪ] *adv.* いらいらして.

édg·ing *n.* **1 a** ふち[へり]をつけること, へりつけ, へり取り; (へりの)かどをつけること. **b** 〘スケート・スキー〙エッジング, 角(かど)付け. **2 a** ふち[へり]をなすもの. **b** (衣類の)ささべり, へり飾り (fringe). **c** (花壇などの)へり (border). **d** (テーブルなどの)ふち回り補強用帯金[材].

édg·ing·ly *adv.* じりじりと, 少しずつ, 徐々に, 漸次.

édging pàss *n.* 〘金属加工〙エッジング, 幅殺し《圧延で幅広がりした側端部にロール圧下を加えて寸法を規正し, 割れを防ぐ加工法》.

édging shèars *n. pl.* (芝生のふちを刈りそろえる)へり刈りばさみ.

edg·y [édʒi | édʒɪ] 〘← EDGE (n.)＋-Y[4]〙 — *adj.* (**edg·i·er**; **-i·est**) **1** 刃の鋭い (sharp-edged), 先のとがった: ~ splinters 先のとがったかけら. **2** 〈機知など〉鋭い (sharp): an ~ wit. **3** 〈輪郭など〉明確な; 〈画など〉輪郭がはっきりし過ぎた: an ~ outline はっきりした輪郭. **4** いら立った, いらいらした, 怒りっぽい (irritable): an ~ temper / an ~ behavior いらいらした行動 / an ~ mother 怒りっぽい母親. **édg·i·ness** *n.*

edh [éð] *n.* エズ《ローマ字 d を変形した中世ゲルマン文字 ð の名称で, 現在は音標文字の一つに用いられる; 古期英語では [θ] [ð] の二音を, 音標文字としては [ð] を表わす; cf. thorn》.

ed·i·bil·i·ty [èdəbíləṭi | èdɪbílətɪ, èdə-, -lɪ-] 〘⇨ ↓, -ity〙 *n.* 食物として適すること, 食用価値; 食べられること.

ed·i·ble [édəbl | édɪ-, édə-] 〘《1611》⊏ LL *edibilis* eatable ← L *edere* 'to EAT[1]': ⇨ -ible〙 — *adj.* 食べられる, 食用に適している (eatable): ~ oil and fat 食用油脂. — *n.* [通例 *pl.*] 食用品. **~·ness** *n.*

édible bírd's nést *n.* 燕巣, 燕窩(えんか)《中国料理の特殊材料の一つ; アナツバメ (swiftlet) の巣を乾燥させたもので, スープなどに用いる》.

édible fróg *n.* 〘動物〙ヨーロッパトノサマガエル (*Rana esculenta*)《ヨーロッパ産アカガエル属の食用ガエル》.

édible-pòdded péa *n.* 〘植物〙 **1** ヨウシュサヤエンドウ (*Pisum sativum* var. *macrocarpon*). **2** サヤエンドウ.

édible snáil *n.* 〘動物〙食用カタツムリ《ヨーロッパ産のリンゴマイマイ (*Helix pomatia*), ヒメリンゴマイマイ (*H. aspersa*) など; cf. snail 1》.

e·dict [íːdɪkt] 〘《1483》*edycte* ⊏ L *ēdictum* proclamation, order (neut p.p.) ← *ēdīcere* to proclaim ← *ē-* 'EX-[1]'＋*dīcere* to say ∽ 《14C》*edit* ⊏ (O)F *édit* < L *ēdictum*: ⇨ diction〙 — *n.* **1** 勅令, 布告 (decree): a Royal [an Imperial] ~ 勅令, 勅命. **2** 命令 (command): Law is Nature's ~. 法律は自然の命ずるものである.

Edict of Milan [the —] ミラノ勅令《313 年 Constantine 大帝がキリスト教徒に対して信教上の権利公認のために布告したと伝えられるもの》.

Edict of Nantes [the —] ナント勅令《1598 年 4 月フランス王 Henry 四世が新教徒に対して礼拝の自由などを認めた布告; 後 Louis 十四世が 1685 年 10 月廃止》.

e·dic·tal [ɪdíktl, əd-, iːd- | ɪdík- iːd-] *adj.* **e·díc·tal·ly** *adv.*

ed·i·cule [édəkjùːl | édɪ-] *n.* 〘建築〙＝aedicula.

E·die [íːdi | -dɪ] 〘(dim.) 1: ← EDITH. 2: ← EDMUND, EDWARD[1]〙 *n.* **1** 女性名. **2** 男性名.

ed·i·fi·ca·tion [èdəfɪkéɪʃən, -fə- | èdɪfɪ-] 〘《c1350》*edificacioun* ⊏ L *aedificātiō(n-)* ← *aedificātus* (p.p.) ← *aedificāre* 'to EDIFY'〙 — *n.* **1** (知性・徳性・信仰心の)涵養, 教導, 教化, 徳育. **2** [しばしば皮肉に] 啓発, 思想善導 (moral instruction): for one's ~ 後学のため.

ed·if·i·ca·to·ry [ɪdífəkətɔ̀ːri, əd-, iːd-, -tɔ̀ːri, èdəfəkèɪtəri | édɪfɪkèɪtəri] 〘⊏ LL *aedificātōri-us* ← L *aedificātus* (↑)〙 *adj.* 啓発的な, 教導的な, 教化的な.

ed·i·fice [édəfɪs, -fəs | édɪfɪs] 〘《c1380》⊏ (O)F *édifice* ⊏ L *aedificium* building ← *aedificāre* (↓)〙 — *n.* **1** 建物, (特に, 宮殿・寺院などのような堂々とした)大建築物; (個人の)大邸宅: a holy [sacred] ~ 大寺院. **2** (抽象的な)構築物, 組織: Comte's ~ コントの(築いた)学問体系. **ed·i·fi·cial** [èdəfíʃəl | èdɪ-] *adj.*

ed·i·fy [édəfàɪ | édɪ-] 〘《a1338》*edifie(n)* ⊏ OF *édifier* ⊏ L *aedificāre* to build, edify ← *aedis* temple, 《原義》hearth＋*-ficāre* '-FY'〙 — *vt.* **1** …の徳性[宗教心]を涵養する, 啓発する; 教導する, 教化する: I was greatly *edified* by his example. 私は彼のお手本によって大いに啓発された. **2** 《古》建てる. **éd·i·fì·er** *n.*

éd·i·fỳ·ing *adj.* 教化的な, 教導的な; 人の心を高潔にする: an ~ sermon ためになる説教. **~·ly** *adv.*

e·dile [íːdaɪl] *n.* ＝aedile.

Edin. 《略》Edinburgh.

E·di·na [ɪdáɪnə, əd-, ed- | ɪd-, ed-] 〘⇨ EDWINA〙 *n.* 女性名. ★ スコットランドに多い.

Ed·in·burgh [édnbə̀ː(r)ə, -bə̀ː(r)ou | édɪnb(ə)rə, édn-, -bʌ̀rə] 〘《12C》*Edenburge* 《原義》'fortress of *Eidyn* (⊏ Celt.)'〙 — *n.* **1** スコットランド Lothian 州の首都; スコットランドの政治・文化の中心地; Firth of Forth に臨む; 人口 450,000. **2** スコットランド Midlothian 州 (現在は Lothian 州の一部) の旧名.

Ed·in·burgh [édnbə̀ː(r)ə, -bə̀ː(r)ou | édɪnb(ə)rə, édn-, -bʌ̀rə], Duke of *n.* ⇨ Prince PHILIP.

E·dir·ne [eɪdíənə | -díə-; *Turk.* edírne] *n.* エディルネ《トルコ北西端の都市; 人口 120,000; 旧名 Adrianople》.

Ed·i·son [édəsn | édɪ-] 〘《原義》'son of EDDIE, EDIE (男性名)'〙 *n.* 男性名.

Edison, Thomas Al·va [ǽlvə] *n.* (1847–1931) 米国の発明家; 電送機・蓄音機・白熱電球・映画撮影機など 1 千余種の発明に特許を得た.

Édison bàttery *n.* 〘電気〙エジソン電池《アルカリ蓄電池の一種; Edison storage battery ともいう》.

Édison effèct *n.* 〘物理〙エジソン効果《高温度の金属または半導体の表面から電子が放出される現象》.

ed·it [édɪt, édət | édɪt] 〘《1791》《逆成》← EDITOR // L *ēdit-us* (p.p.) ← *ēdere* to give out, publish〙 — *vt.* **1 a** 〈書物を〉編集する, 監修する: ~ a collection of letters 書簡集を編む. **b** 〈原稿を〉校訂する, …に手を入れる. **2** 〈主筆が〉〈新聞・雑誌を〉編集(発行)する. **3** 〈映画(フィルム)・録音(テープ)などを〉編集する. **4** 〈コンピューターで処理するために〉〈データを〉編集する.

edit out [***in***] 編集して削除する[入れる]: ~ *out* a scene ある場面を削除する / ~ the news *in* そのニュースを挿入する.

— 〘《略》← *editing*, EDITORIAL〙 *n.* **1** 編集したもの. **2** 〘新聞〙編集 (editing); 社説 (editorial).

~·a·ble [-ṭəbl | -tə-] *adj.*

edit. 《略》edited; edition; editor.

E·dith [íːdɪθ, -dəθ | -dɪθ] 〘OE *Ēadgȳð* 《原義》happy war ← *ēad* happy＋*gūð* war〙 *n.* 女性名《愛称形 Eda, Ede, Edie; 異形 Edyth》.

e·di·tion [ɪdíʃən, əd-] 〘《?a1425》⊏ (O)F *édition* // L *ēditiō(n-)*: ⇨ edit, -tion〙 — *n.* **1** …版《印刷物の出版形態; 体裁・発行者・出版地・刊年など》: a pocket ~ ポケット版 / Macmillan's ~ of *Paradise Lost* マクミラン版「失楽園」/ the Sunday ~ (新聞の)日曜版 / London ~ ロンドン版 / the 1975 ~ 1975 年版. **2** 版《一つの組版で刷った図書などの印刷物の総部数; cf. impression 6 b, issue 3, state 9》. **3** 版《内容の異同; 全面的・部分的な改訂・補足》. ★ 日本では通例 impression をも「版」と言っているから注意を要する: the second ~ 第 2 版 / the new ~ 新版 (cf. reprint 2) / reach a tenth ~ ＝go through ten *~s* 10 版を重ねる / an enlarged ~ 増補版 / the afternoon ~ (新聞の)午後版 / the ~ cited 引用[参照]版 (略 ed. cit.) / ⇨ revised edition. **4** (印刷物の) 1 冊: This is a second ~. これは第 2 版本である. **5** (同一種のものの)再製, 複製 (version): He is an inferior ~ *of* his father. 彼はおやじより出来が悪い.

e·di·tio·nal·ize [ɪdíʃ(ə)nəlàɪz, əd-] 〘⇨ ↑, -al[1], -ize〙 *vi.* 数種の版を出す.

edítion bìnding *n.* 〘製本〙数物(かずもの)製本《出版社が大量生産する新刊書・雑誌などの製本; publisher's binding, trade binding ともいう; cf. library binding》; 数物; 数物製本の本.

é·di·tion de lúxe [èɪdɪsjɔ̃ː(ː)n(ə)-, -sjɔ̃(ː)n-; *F.* edisjɔ̃dlyks] 〘⊏ F 〜: ⇨ luxe〙 *n.* 豪華版, 特製版, 美装版.

e·di·ti·o prin·ceps [eɪdíṭiòu príŋkeps, ɪdíʃiòu-prínseps, əd- | eɪdítɪəu-príŋkeps, ɪdíʃɪəu-prínseps] 〘← NL *ēditiō princeps* 《原義》first printing: ⇨ edition, prince〙 — *L. n.* (*pl.* **e·di·ti·o·nes prin·ci·pes** [eɪdɪṭióuneɪs-príŋkəpèɪs, ɪdìʃióuniːz-prínsəpìːz | eɪdɪtɪə́uneɪs-, ɪdìʃɪə́uniːz-]) 初版《活版による印刷の行なわれる以前に写本で流布していた作品を初めて印刷化したもの》; (普通の新刊本の)初版 (first edition): the ~ of *Comus* 「コーモス」の初版.

Ed·i·to·la, e- [èdətóulə | èdɪtə́u-] 〘← EDIT＋*-ola* (＝? -OLE[2])〙 *n.* フィルム編集機.

ed·i·tor [édəṭə | édɪtə(r)] 〘《1649》⊏ LL *ēditor*: ⇨ edit, -or[2]〙 — *n.* **1** (書籍の)編者, 編集者, 校訂者, 編纂者; 監修者: ⇨ general editor. **2** (新聞・雑誌の)編集長, 編集主幹, 編集担当; (新聞の各部の)部長: a chief ~ 編集長, 主筆 (cf. subeditor) / a financial ~ 経済部長 / ⇨ city editor, managing editor. **3** 論説 (editorials) 委員 (《米》editorial writer, 《英》leader writer). **4** (映画などの)編集者. **5** 《米》(映画フィルム・ビデオテープなどの)編集機.

editor in chief 編集長, 編集主幹, 編集担当.

ed·i·to·ri·al [èdətɔ́ːriəl, -tɔ́ːr- | èdɪtɔ́ːrɪ-] 〘《1744》: ⇨ ↑, -ial〙 — *n.* **1** (新聞・雑誌などの)社説, 論説 (《英》leader, leading article). **2** (ラジオ・テレビの)社論, 所信, 声明: a television ~. **3** 冗長で独断的な意見.

— *adj.* **1** 編集長[編集主幹]の, 編(集)者の: an ~ chair 編集長[主幹]の職. **2** 編集の, 編集上の: ~ capacity 編集能力 / an ~ office 編集室 / the ~ staff 編集部員. **3** 社説[論説]の: an ~ article 社説 / an ~ paragraph [note] 社説欄の小論[短評] / an ~ writer 《米》論説委員 (cf. leader writer) / ~ "we" ⇨ we 2 b.

èd·i·tó·ri·al·ist [-lɪst, -ləst | -lɪst] *n.* 論説委員.

ed·i·to·ri·al·ize [èdətɔ́ːriəlàɪz, -tɔ́ːr- | èdɪtɔ́ːrɪə-] *vi.* **1** 〔…について〕社説で論じる, 社説に書く 〔*on, about*〕. **2** (事実の報道に)社説風に主観を入れる, 論評を加えて報道する. **3** 〔論争などに対して〕意見を表明する 〔*on*〕: ~ *on* an issue. **ed·i·to·ri·al·i·za·tion** [èdətɔ̀ːriəlɪzéɪʃən, -tɔ̀ːr- -lə- | èdɪtɔ̀ːrɪəlaɪ-, -lɪ-] *n.* **èd·i·tó·ri·al·iz·er** *n.*

èd·i·tó·ri·al·ly *adv.* **1** 編集上. **2** 社説として: comment ~ on …に関して社説で論じる. **3** 編集者[主筆]として: He writes ~ for a London paper. ロンドンの新聞の主筆をしている.

éditor·ship *n.* **1** 編集者の地位[職分]. **2** 編集上の指示. **3** 編集; 校訂.

ed·i·tress [édətrɪs, -trəs | édɪ-] 〚← EDITOR＋-ESS[1]〛 *n.* 女性の editor.
-ed·ly [ɪdli, ədli, dli, tli | -lɪ] 〚←-ED＋-LY[1]〛 *suf.* 様態の副詞を造る: alleged*ly*, disgusted*ly*, heated*ly*, hurried*ly*.
Edm. 《略》 Edmond; Edmund.
Ed. M. 〚← NL *ēducātiōnis magister*〛《略》 Master of Education.
Ed·mond [édmənd; *F.* ɛdmɔ̃] 〚⇨ Edmund〛 *n.* 男性名.
Ed·monde [édmənd] 〚(fem.): ↑〛 *n.* 女性名.
Ed·mon·do [edmɑ́ndoʊ | -mɔ́ndəʊ; *It.* edmóndo] 〚▭ It. ～: ⇨ Edmund〛 *n.* 男性名.
Ed·mon·ton [édməntən | -tən] 〚2: OE *Adelmetone* '*Ēadhelm's* farm (⇨ -ton)'〛 — *n.* **1** カナダ南西部 Alberta 州の首都; 人口 439,000. **2** もとイングランド Middlesex 州の都市; 現在は London の Enfield区の一部; 人口 97,000.
Ed·mund [édmənd; *G.* ɛ́tmʊnt] 〚OE *Ēadmund* ← *ēad* rich＋*mund* protection: cf. Edgar[1], mound[2]〛 — *n.* 男性名《愛称形 Ed, Eddie, Eddy, Ned; 異形 Edmond, アイルランド形 Eamon》.
Ed·mund II [édmənd] *n.* (981?–1016) 中世英国王 (1016); 在位 7 か月で殺害され, Canute が支配権を握った; Ironside (剛勇王) と呼称される.
Ed·mun·da [edmʌ́ndə] 〚(fem.) ← EDMUND〛 *n.* 女性名.
Ed·na [édnə] 〚▭ Gk *Edná* ▭ Heb. *'Edhnā́ʰ* 《原義》 delight: cf. Eden[1]〛 — *n.* 女性名. ★ ビクトリア朝の頃以来多く用いられるようになった.
Ed·o [édoʊ | édəʊ] *n.* (*pl.* ～, ～s) **1 a** [the ～(s)] エド族《ナイジェリア南部, ベニン (Benin) 地方に住む; Bini ともいう》. **b** エド族の人. **2** エド語《Kwa 語派の一つ》.
E·dom[1] [íːdəm] 〚▭ LL ～ ← Heb. *Edhôm* 《原義》? red (その土地が赤かったからか)〛 — *n.* 《聖書》 エドム《Edom[2] の住民の先祖とされる Esau (Jacob の兄) の別名; *Gen.* 25: 30, 32: 4》.
E·dom[2] [íːdəm] 〚↑〛 *n.* エドム: **1** 死海と Aqaba 湾との間の古代の地域で, 現在はヨルダン領. **2** この地域にあった Edom の子孫の王国.
E·do·mite [íːdəmàɪt] 〚← EDOM[1]＋-ITE[1]〛 *n.* 《聖書》 エドム人, Edom の子孫 (cf. *Num.* 20: 14–21).
É·douard [eɪdwɑ́ə | -dwɑ́ː(r; *F.* edwaːr] 〚▭ F ～: ⇨ Edward[1]〛 *n.* 男性名.
EDP 《略》 《電算機》 electronic data processing; executive development program.
EDPS 《略》 《電算機》 electronic data processing system.
EDR 《略》 European Depositary Receipt ヨーロッパ預託証券 (cf. ADR).
Ed·ric [édrɪk] 〚← OE *ēad* happy＋*rīc* ruler〛 *n.* 男性名.
ed·ri·o·as·ter·oid [èdrio(ʊ)ǽstərɔ̀ɪd | -rɪə(ʊ)-] 〚← NL *Edrioasteroidea* (↓)〛 *adj.*, *n.* 《動物》 座海星綱の(棘皮動物).
Ed·ri·o·as·ter·oi·de·a [èdrio(ʊ)æ̀stərɔ́ɪdiə | -rɪə(ʊ)æ̀stərɔ́ɪdɪə] 〚← NL ～ ← *edrio-* (← Gk *hédrā* seat)＋*Asteroidea*〛 *n. pl.* 《動物》 座海星(ざかいせい)綱.
eds. 《略》 editions; editors.
E.D.S. 《略》 English Dialect Society.
Ed·sel [édsəl, -sl̩] 〚← OE *ēad* happy＋*sele* hall〛 *n.* 男性名.
E.D.T., e.d.t. 《略》 《米》 Eastern daylight time 東部夏時刻[間].
EDTA 〚《略》 ← *e(thylene)d(iamine)t(etra)a(cetic acid)*〛 *n.* 《化学》 エチレンジアミン四酢酸 ($(HOOCCH_2)_2NCH_2CH_2N(CH_2COOH)_2$).
E·duard [éɪdwɑət | -dwɑːt; *G.* éːdwart] 〚▭ G. ～: ⇨ Edward[1]〛 *n.* 男性名.
educ. 《略》 educated; education; educational.
ed·u·ca·bil·i·ty [èdʒʊkəbíləti | èdjʊkəbílətɪ, èdʒʊ-, -lɪ-] 〚⇨ ↓, -ity〛 *n.* 教育の可能性, 陶冶(とうや)性.
ed·u·ca·ble [édʒʊkəbl̩ | édjʊ-, édʒʊ-] 〚⇨ educate, -able〛 — *adj.* **1** 〈人が〉教えられる, 教育されうる. **2** ある程度ものを覚える能力のある. — *n.* やや知能の遅れた人, 魯鈍 (moron).
ed·u·cand [édʒʊkænd | édjʊ-, édʒʊ-] 〚▭ L *educandus* ← *ēducāre*: ⇨ educate〛 *n.* 被教育者 (student).
ed·u·cat·a·ble [édʒʊkèɪtəbl̩ | édjʊkèɪtə-, édʒʊ-, édjuː-, édʒuː-] *adj.* ＝educable.
ed·u·cate [édʒʊkèɪt | édjʊ-, édʒʊ-, édjuː-, édʒuː-] 〚(1447) ← L *ēducāt-us* (p.p.) ← *ēducāre* to bring up, train, foster ← *ēdūcere* to lead out: ⇨ educe, -ate[3]〛 — *vt.* **1** 教育する; 〈知力・精神を〉養い育てる: ～ a child / ～ the mind of a child 子供の精神を養い育てる / ～ oneself 独学する, 修養する / ～ a person *out of* prejudice 人を教育して偏見を捨てさせる. **2** 〈人〉に学校教育を授ける, 学校へやる: be ～*d* at a college 大学で学ぶ / be ～*d in* modern languages [classics] 近代語[古典]の教育を受ける / He ～*d* his brother after his father's death. 父の死後弟を学校にやった. **3** 訓練する, 〈特殊な能力・趣味などを〉養う, 養成する: ～ one's taste in literature [one's critical powers] 文学趣味[批評力]を養う / ～ the ear to music 音楽を聞く耳を養う / He is *educating* himself *to* eat tomatoes. トマトを食べる練習中. **4** 〈動物を〉仕込む, ならす: ～ a dog *to* beg 犬にちんちんを教え込む. — *vi.* 人を教育する.
éd·u·càt·ed [-tɪd, -təd | -tɪd, -təd] *adj.* **1** (高等)教育を受けた, 教育のある: an ～ man. **2** 教養のある (cultivated); 教養人の[にふさわしい] (↔ uneducated, illiterate); 技能を身につけた, 修練した (skilled): ～ classes 知識階級 / an ～ mind [taste] 教養のある心[趣味] / ～ speech 教養人らしい[気品のある]言葉遣い / a well-*educated* [half-*educated*] man 教養のある[ろくな教養のない]人. **3** 〈推量が〉経験[事実]をふまえての: an ～ guess. **～·ly** *adv.* **～·ness** *n.*
ed·u·cat·ee [èdʒʊkeɪtíː, -kət- | èdjʊ-, èdʒʊ- èdjuː-, èdʒuː-] 〚← EDUCATE＋-EE[1]〛 *n.* 被教育者, 学生.
ed·u·ca·tion [èdʒʊkéɪʃən | èdjʊ-, èdʒʊ-, èdjuː-, èdʒuː-] 〚(1531) ▭ L *ēducātiō(n-)*: ⇨ educate, -ation〛 — *n.* **1** (広義の)教育: common school ～ 小学教育 / professional ～ 専門教育, 職業教育 / ⇨ adult education, further education, general education, liberal education / an ～ for the bar 弁護士教育 / ⇨ BOARD of education. **2** (受けた)教育, 素養: receive [obtain] a good ～ りっぱな教育を受ける / a man with a classical [legal, medical] ～ 古典[法律, 医学]の素養をもった人 / I'll never regret knowing you. It's been an ～. あなたと知り合ったことを後悔しません. いい勉強になりました. **3** (品性・能力などの)鍛錬, 訓育, 養成: the ～ of the sentiments 情操の養成 / intellectual [moral, physical] ～ 知[徳, 体]育. **4** 教育学, 教授法: a college of ～ 教育大学. **5** (動物の)仕込み; (蜂・バクテリアなどの)飼育, 培養.
èd·u·cá·tion·al [-ʃənl̩, -ʃnəl] 〚(1652): ⇨ ↑, -al[1]〛 — *adj.* **1** 教育の: an ～ act [bill] 教育法令[法案] / ～ expenses 教育費 / an ～ institution 教育機関, 学校 / an ～ system 教育制度 / an ～ worker 教育者 / ～ reforms 教育改革. **2** 教育的な: ～ films 教育映画 / ⇨ educational television.
educátional áge *n.* 《心理・教育》 教育年齢 (⇨ achievement age) (略 EA, E.A.).
educátional endówment insùrance *n.* 《保険》 学資保険.
educátional-indústrial cómplex *n.* 産学協同.
ed·u·ca·tion·al·ist [èdʒʊkéɪʃ(ə)nəlɪst, -ləst | èdjuːkéɪʃ(ə)nəlɪst, èdʒuː-, èdjʊ-, èdʒʊ-] 〚(1857)〛 *n.* **1** 《英》 教育家. **2** 教育理論家.
èd·u·cá·tion·al·ly [-ʃ(ə)nəli | -lɪ] *adv.* 教育的に; 教育上; 教育的見地からすれば: ～ subnormal children 教育的に標準以下の子供たち.
educátional párk *n.* 計画文教地区《大都市で, 幼稚園から高校まで各種教育機関を, 一定のふさわしい地区にまとめたもの》.
educátional psychólogist *n.* 教育心理学者.
educátional psychólogy *n.* 教育心理学《発達・学習・教授法・進路指導・評価など教育に関することがらを心理学的に究明する学問》.
educátional quótient *n.* 《心理・教育》 教育指数 (⇨ achievement quotient 2).
educátional rátio *n.* 《心理・教育》 ＝accomplishment quotient.
educátional sociólogy *n.* 教育社会学.
educátional télevision *n.* 《米》 **1** ＝public television. **2** (特に学校向けの番組を提供する)教育テレビ.
educátion commìttee *n.* 《英》 (county ごとに設置された)教育委員会 (《米》 board of education).
ed·u·ca·tion·ese [èdʒʊkèɪʃəníːz | èdjuː-, èdʒuː-, èdjʊ-, èdʒʊ-] 〚← EDUCATION＋-ESE〛 *n.* 教育関係者独自の用語.
èd·u·cá·tion·ist [-ʃ(ə)nɪst, -nəst | -nɪst] 〚(1829)〛 *n.* ＝educationalist.
educátion pàrk *n.* 《米》 ＝educational park.
ed·u·ca·tive [édʒʊkèɪtɪv, -kət- | édjʊkət-, édʒʊ-, édjuː-, édʒuː-, -kèɪt-] 〚(1844) ← EDUCATE＋-IVE〛 — *adj.* **1** 教育に役立つ, 教育的な: ～ instruction 訓育. **2** 教育の: an ～ theory 教育理論.
éd·u·cà·tor [-tə | -tə(r] 〚(1673) ▭ L *ēducātor*: ⇨ educate, -or[2]〛 *n.* **1** 教育者, 教師. **2** 教育行政家. **3** ＝educationalist 2.
ed·u·ca·to·ry [édʒʊkətɔ̀ːri, -tòːri | édjʊkèɪt(ə)ri, édʒʊ-, édjuː-, édʒuː-, ←–←(–)–] 〚← EDUCATE＋-ORY[1]〛 *adj.* ＝educative.
e·duce [ɪd(j)úːs, ɪd- | -djúːs] 〚(?a1425) ▭ L *ēdūc-ere* to lead out ← *ē-* 'EX-[1], out'＋*dūcere* to lead: ⇨ duct〛 — *vt.* **1** 〈潜在している性能などを〉引き出す: Education consists in *educing* the faculties and forming the habits. 教育の目的は才能を引き出し習慣を形成することにある. **2** 〔資料から〕〈結論を〉引き出す, 推断する, 演繹(えんえき)する 〔*from*〕: ～ notions *from* experience 経験から概念を導き出す. **3** (容器から)〈液体などを〉取り出す, 抽出する.
e·dúc·i·ble [-səbl̩ | -səbl̩, -sɪ-] 〚⇨ ↑, -ible〛 *adj.* 抽出できる; 演繹(えんえき)できる.
ed·u·crat [édʒʊkræ̀t | édjʊ-, édʒʊ-, édjuː-, édʒuː-] 〚← EDU(CATION)＋-CRAT〛 *n.* 《米》 教育機関の代表者[職員].
e·duct [íːdʌkt] 〚▭ L *ēduct-us* (p.p.) ← *ēdūcere* 'to EDUCE'〛 *n.* **1** 抽出物. **2** 《化学》 遊離体 (cf. product 5).
e·duc·tion [ɪdʌ́kʃən, iːd-] 〚▭ LL *ēductiō(n-)*: ⇨ educt, -tion〛 *n.* **1** 抽出; 析出; 排出. **2** 演繹(えんえき), 推論.
edúction pipe *n.* 《機械》 排気管. ★ 今は通例 exhaustpipe という.
edúction vàlve *n.* 《機械》 排気弁. ★ 今は通例 exhaust valve という.
e·duc·tive [iːdʌ́ktɪv, ɪd-] 〚(15 C) ← L *ēduct-us* 'EDUCT'＋-IVE〛 *adj.* 引き出す, 抽出する; 推断する.
e·dúc·tor *n.* 排除器《水・空気などを噴出させて気体・液体・粉末などを排除する装置》.
e·dul·co·rate [ɪdʌ́lkərèɪt, əd- | ɪd-] 〚(1641) ← NL *ēdulcorāt-us* ← *ē-* 'EX-[1]'＋LL *dulcorātus* ((p.p.) ← L *dulcorāre* to sweeten ← *dulcor* sweetness ← *dulcis*〛 — *vt.* **1** 《廃》 〈食物を〉甘くする. **2** 《古》 (水で)〈酸・塩分・不純物を〉洗い去る, 洗浄する (purify). **3** 〈人〉からとげとげしさを除く; 〈人を〉愛想よくさせる. — *vi.* 一層快適になる. **e·dul·co·ra·tion** [ɪdʌ̀lkəréɪʃən, əd- | ɪd-] *n.*
Edw. 《略》 Edward; Edwin.
Ed·ward[1] [édwəd | -wəd] 〚OE *Ēadweard* ← *ēad* rich, happy＋*weard* ward, guardian: cf. Edgar[1]〛 *n.* 男性名《愛称形 Ed, Eddie, Ned, Neddy, Ted, Teddy》.
Edward[2] *n.* (1330–76) 英国皇太子 (⇨ Black Prince).
Ed·ward [édwəd | -wəd], **Lake** *n.* エドワード湖《アフリカ中央部 Uganda と Zaire との間にある湖; Nile 川の源; 面積 2,150 km^2》.
Edward I *n.* (1239–1307) 英国王 (1272–1307), Henry 三世の子; Wales を征服併合して息子 Edward に Prince of Wales の称号を授け, 以後これが英国皇太子の称号になった; 通称 Edward Longshanks.
Edward II *n.* (1284–1327) 英国王 (1307–27), Edward 一世の子; 最期は廃位ののち暗殺.
Edward III *n.* (1312–77) 英国王 (1327–77), Edward 二世の子; 百年戦争を起こし, Crécy, Poitiers などでフランス軍を撃破した.
Edward IV *n.* (1442–83) 英国王 (1461–70; 1471–83), Henry 六世の後継者, York 公 Richard の子, York 朝の第一代の王; ばら戦争に際し Henry 六世を廃して即位し, 一時彼の復位を許したが, 翌年王位を奪回し, Henry を殺害させた.
Edward V *n.* (1470–83) 英国王 (1483), Edward 四世の長子; 叔父(のちの Richard 三世)のため弟と共に London 塔に幽閉され殺された.
Edward VI *n.* (1537–53) 英国王 (1547–53), Henry 八世と Jane Seymour の子; 英国の新教化に努めたが, 幼少にして病没.
Edward VII *n.* (1841–1910) 英国王 (1901–10), Victoria 女王の長男; 本名 Albert Edward.
Edward VIII *n.* (1894–1972) George 五世の第一子, 1936 年英国王となったが, 2 度の離婚歴のある米婦人 Wallis Simpson 夫人との結婚のため, 同年弟 George 六世に位を譲り, Duke of Windsor となった.
Édward VII Península *n.* [the ～] エドワード七世半島《南極大陸 Ross 海東側の半島》.
Ed·war·di·an [edwɑ́ədiən, -wɔ́ə- | -wɔ́ːdjən, -dɪən] 〚← *Edward*: ⇨ -ian〛 — *adj.* **1** 〈風俗・意見など〉エドワード七世時代(20 世紀初頭)の: an ～ moustache エドワード七世時代風の口ひげ / tight ～ trousers 体にぴったりしたエドワード七世時代風のズボン / a red brick ～ mansion 赤れんがのエドワード七世時代風の館. ★ 文学史上では Victorian と対立し, その自己満足的態度への批判を特色とする (cf. Georgian 1 c); 最近では「華美でお上品ぶった」という意味を含む. **2** (英国歴代の)エドワード王時代の: an ～ castle エドワード一世時代の城. — *n.* **1** エドワード七世時代の人. **2** エドワード七世時代の服装をした人, テディボーイ (Teddy boy).
Ed·wár·di·an·ism [-nìzm] *n.* エドワード七世時代の特徴の総体; エドワード七世時代の感情[表現].
Ed·ward·ine[1] [édwədàɪn, -dìːn | -wəd-] 〚⇨ -ine[1]〛 *adj.* **1** エドワード六世時代の: the ～ Liturgy エドワード六世時代の祈禱書. **2** エドワード七世時代の(特徴をもった). — *n.* エドワード六世の宗旨の信奉者.
Ed·war·dine[2] [édwədìːn | -wə-] 〚← EDWARD[1]＋-INE[4]〛 *n.* 女性名.
Ed·wards [édwədz | -wədz], **Jonathan** *n.* (1703–58) 米国の清教徒牧師・神学者・哲学者; 「大覚醒」(Great Awakening) と呼ばれる信仰復興運動の推進者.
Édward the Conféssor *n.* 証聖王[懺悔王, 告解王]エドワード《1004?–66; Anglo-Saxon 系の最後の英国王 (1042–66); 凡庸であったが信仰が厚かったため, のち列聖され証聖王と呼ばれる; Westminster Abbey を建てた》.
Ed·win [édwɪn, -wən | -wɪn; *G.* éːtviːn] 〚OE *Ēadwine* ← *ēad* rich, happy＋*wine* friend: cf. Edgar[1]〛 — *n.* 男性名《愛称形 Ed, Eddie》. ★ 19 世紀に特に頻用された.
Ed·wi·na [edwíːnə] 〚(fem.) ← EDWIN〛 *n.* 女性名.
e.e. 《略》 errors excepted 誤りは別として; eye and ear.
E.E. 《略》 Early English; electrical engineer; electrical engineering; electronic engineer; electronic engineering; employment exchange; Envoy Extraordinary; errors excepted.
'ee [iː] *pron.* 《古・俗》 ye[1] (＝you) の縮約形: Thank'*ee*.
-ee[1] [íː, ìː] 〚ME *-e* ▭ AF *-ee*＝(O)F *-é(e)* (p.p. of *-er*) & *-é* (＜L *-ātus, -ātum* '-ATE[1]')〛 — *suf.* **1** 行為者を示す名詞語尾の -or, -er に対してその働きを受ける者を表わす: employ*ee*, examin*ee*, pay*ee*. **2** 「ある状態におかれている者」の意の名詞を造る: absent*ee*, devot*ee*, refug*ee*.
-ee[2] [iː, ìː] 〚《変形》 ← -IE, -Y[2]〛 — *suf.* 次の意味を表わす指小辞的語尾: **1** 名詞に付いてその名詞と関係のある[似ている]ものを表わす: goat*ee*. **2** 衣服などを表わす語について「…の一種, …の小さいもの」の意: coat*ee*, necktat*ee*.
-ee[3] [iː] *suf.* -ese [-íːz] の [z] を複数語尾と誤解したために生じた単数形: Chin*ee*, Malt*ee*, Portugu*ee*.
E.E. & M.P. 《略》 Envoy Extraordinary and Minister Plenipotentiary.
EEC 《略》 European Economic Community.
EEG, E.E.G. 《略》 electroencephalogram; electroencephalograph.
eek [iːk] 〚擬音語〛 *int.* 《米》 うえっ《驚きなどを表わす》.

eel [íːl] 〖OE *ǣl, ǣl* < Gmc **ǣlaz* (Du. *aal* / G *Aal* / ON *āll*) ← ?〗 — *n.* (*pl.* ~**s**, ~) **1** 〘魚類〙ウナギ目の魚類の総称《ウナギ・アナゴ・ハモ・ウツボ・ウミヘビなど》: ⇨ conger eel / (as) slippery as an ~ (ウナギのように)ぬるぬるとすべっこい; するすると抜けて捕え所がない. **2** 〘魚類〙ウナギ属 (*Anguilla*) の魚類の総称; (特に)ヨーロッパウナギ (*A. anguilla*). **3** 〘魚類〙ウナギのように細長い魚の総称《デンキウナギ (electric eel), sand eel, ヤツメウナギ (lamprey) など》. **4** ＝eelworm. **5** (ウナギのように)すべっこく捕えにくい物[人]. — *vi.* **1** ウナギをとる. **2** (ウナギのように)うねりうねと進む.

éel bùck *n.* 《英》＝eelpot.

éel·fàre 〖← EEL＋FARE journey〗 *n.* ウナギの稚魚の遡河(そか).

éel·gràss *n.* 〘植物〙 **1** アマモ (*Zostera marina*)《浅海に生じる顕花植物》. **2** セキショウモ (⇨ tape grass).

éel·ing [-lɪŋ] *n.* ウナギとり.

éel·like *adj.* (すべっこさ・捕えにくさが)ウナギのような.

éel·pòt *n.* (ウナギを捕える)筌(うけ), 笯(ど).

éel·pòut 〖OE *ǣlepūte*: ⇨ eel, pout²〗 — *n.* 〘魚類〙 **1** ゲンゲ《ゲンゲ科の食用魚の総称》; (特に)ヨーロッパ産の一種 (*Zoarces viviparus*)《卵胎生で完全な魚の形をした幼魚を産み落とす》. **2** ＝muttonfish 2. **3** ＝burbot.

éel·spèar *n.* ウナギ突き用のやす.

éel·wòrm *n.* 〘動物〙センチュウ (vinegar eel) などの小形の線虫.

eel·y [íːli | íːlɪ] 〖← EEL＋-Y⁴〗 *adj.* (**eel·i·er**; **-i·est**) ウナギのような; すべっこい, ひょうたんなまずの; のたくりまわる.

e'en¹ [íːn] *adv.* 《文語》＝even².

e'en² [íːn] *n.* 《スコット・詩》＝evening.

-een¹ [íːn, ìːn] 〖← ? (RATT)EEN, (BOMBAZ)INE: ↓ との連想もある〗 *suf.* 「...まがいの織物[繊維]」の意の名詞を造る: sat*een* (← satin) / velvet*een* (← velvet).

-een² [iːn, íːn] 〖⊏ Ir. *-ín*: cf. -ine⁵〗 *suf.* 《アイル》「小型・親愛・軽蔑」などの意を表わす指小辞: bird*een*, coll*een*, girl*een*, squir*een*.

EENT, E.E.N.T. 《略》eye, ear, nose and throat.

e'er [ɛ́ə | ɛ́ə(r)] *adv.* 《文語》＝ever.

-eer [íə | íə(r)] 〖⊏ F *-ier* < L *-(i)ārius*: ⇨ -ary, -er¹〗 — *suf.* 「(職業として)...する人, ...関係者, ...取扱者」などの意を表わす名詞を造る: auction*eer*, chariot*eer*, mountain*eer*. ★ しばしば軽蔑的ニュアンスを伴う: pamphlet*eer*, sonnet*eer*.

ee·rie [í(ə)ri | íəri] 〖《a1400》 *eri* < ? OE *earg* cowardly ← Gmc **arg-* (G *arg* bad)〗 — *adj.* (**ee·ri·er**; **-ri·est**) **1** 不気味な, うす気味の悪い, 物凄い: an ~ night 不気味な夜. **2** 《英方言》(迷信的に)こわがっている, (物に)おびえている. **ée·ri·ness** *n.*

ee·ri·ly [í(ə)rəli | íərəlɪ, -rɪ-] *adv.* うす気味わるく, 怪奇に; 不可思議に.

ee·ry [í(ə)ri | íəri] *adj.* (**ee·ri·er**; **-ri·est**) ＝eerie.

E.E.T.S. 《略》Early English Text Society 初期英語テキスト協会《OE, ME, 初期 ModE で書かれた文献の本文を刊行している英国の協会; 1864 年創立》.

ef [éf] *n.* f の字.

E.F. 《略》education foundation; educational foundation; 〘陸軍〙elevation finder 射角ファインダー; emergency fleet; expectant father; expeditionary force; 〘航空〙experimental flight 実験飛行; extra fine.

ef- [ɪf, əf, ef | ɪf, ef] *pref.* (f で始まるラテン語系の語の前に来る時の)ex-¹ の異形: *ef*fect, *ef*fluent.

eff [éf] 〖《変形》← EF(＝F): FUCK の婉曲語法〗《俗》*vt.* ...と性交する. — *vi.* **1** 性交する. **2** (fuck など)タブー語を口にする.

eff and blind のべつに悪態をつく. ***eff off*** (1) 性交する. (2) [通例命令形で] 行ってしまえ, うせやがれ. ***eff up*** 台なしにする, めちゃめちゃにする.

eff. 《略》efficiency.

ef·fa·ble [éfəbl̩] 〖⊏ L *effābil-is* ← *effāri* to speak out ← *ef-* 'EX-¹, out'＋*fārī* to speak〗 *adj.* 《古》言いうる (utterable), 説明できる, 表現できる (expressible).

ef·face [ɪféɪs, əf-, ef- | ɪf-, ef-] 〖《1490》⊏ (O)F *effacer* ← *ef-* 'EX-¹, out'＋*face* 'FACE'〗 — *vt.* **1** 〈文字・彫刻・痕跡などを〉消す, こすり取る, ぬぐい消す (wipe out), 削除する (delete): ~ painted images from the wall 壁に描かれた人の形をこすり取る. **2** 〈記憶・印象などを〉ぬぐい去る, 消してしまう (obliterate): ~ the memory of the past 過去の記憶を消してしまう / His impression can never be ~*d* from my mind. 彼の印象は私の心から決して消えることはない. **3 a** 完全に凌駕(りょうが)する, 顔色なからしめる: Her beauty ~*d* everything I have seen. 彼女の美しさは今まで見たすべての物を完全に凌駕していた. **b** [~ one*self* で] 目立たないように振舞う; 影が薄れる. **ef·fác·er** *n.*

ef·fáce·a·ble [ɪféɪsəbl̩, əf-, ef- | ɪf-, ef-] *adj.* 消すことのできる.

ef·fáce·ment *n.* 消してしまうこと; 消滅.

ef·fect [ɪfékt, əf-, ef- | ɪf-, əf-] 〖*n.*: 《?c1350》⊏ OF ~ (F *effet*) ∥ L *effect-us* (p.p.) ← *efficere* to execute, bring about ← *ef-* 'EX-¹, out'＋*facere* to make: ⇨ fact. — *v.*: 《1589》← (*n.*)〗 — *n.* **1** (原因に対して)結果, 影響: cause and ~ 原因と結果, 因果. **2 a** 効果: calculate upon an ~ 効果をねらう / obtain the desired ~ 所期の効果を収める / be of no 《古》none] ~ 何の効果もない / *to* no ~＝*without* ~ 何の効果もなく, ...しても無効 / *with* ~ 効果的に, 力強く (cf. 5) / It is having a negative ~ *on* his political standing. それは彼の政治的立場にマイナスの効果を及ぼしている. **b** (薬物の)効果, 作用: ⇨ side effect / I'm still crying from the ~ of tear gas. 催涙ガスのききめでまだ涙が出ている. **3** (景色・建築物・絵画・舞台面・色彩などが感覚に与える)効果, 感銘, 印象; (人心に与える)効果; (効果的な)趣: the general ~ of a building [picture] 建物[絵画]の全般的効果 / ⇨ stage effect / *for* ~ 効果をねらって, 見栄のために / be calculated *for* ~ 〈装飾など〉目につきやすいように考案されている / love of ~ 体裁[見栄]を好むこと / wonderful cloud ~*s* すばらしい雲の趣. **4** [*pl.*] **a** 〘音楽〙(舞踏音楽で鳥獣・自然現象などを表わす)擬音発生器具. **b** (照明・擬音など舞台・映画・放送の)効果. **5** 効力発生, 発効; 実施, 実行: bring...*to* ~＝carry [put]...*into* ~ ...を実行する / give ~ *to* ...を実行[実施]する / come [go] *into* ~ 実施される / Bus fares will go up *with* ~ as from 1 October. 《英》バス代は10月1日から値上げとなる (cf. 2). **6** 意味, 趣旨, 趣意: the ~ of this passage この一節の意味 / I sent a letter *to the* ~ *that* ... という趣旨の手紙を書いた / speak *to* the same ~ 同じ趣意のことを言う / *to* this [that] ~ この[その]趣意で. **7** [*pl.*] 動産物件, 財産: household ~*s* 家財 / good and ~*s* ⇨ good *n.* 4 / personal ~*s* 手回り品 / no ~*s* 無財産, 預金皆無《不渡り小切手に N/E と略記する》. **8** 〘物理〙[通例発見者の名に伴って] ...効果: ⇨ Doppler effect, Einstein effect.

in effect (1) 《古》本当に; 本質[基本]的に. (2) 事実上, 実際上: Your reply is, *in* ~, an apology. 君の返答は要するに弁解だ. (3) 〈法律など〉効力のある, 実施されて. ***take effect*** (1) 〈法律などが〉効力を発する, 実施になる: The law will *take* ~ from May 1. その法律は5月1日から実施になる. (2) 〈薬などが〉効果を現わす, 効いてくる, 効く: This poison *takes* ~ very suddenly. この毒は急激に効いてくる.

— *vt.* **1** 〈変化などを〉生じる, もたらす; 〈目的・計画などを〉果す, 遂げる: ~ a reform [an escape, one's purpose] 改革を成し遂げる[逃げおおせる, 目的を果たす] / ~ a cure 治癒させる / ~ an arrest 首尾よく逮捕する / ~ a sale 売却する / ~ an arrangement 協定を遂げる / The man might have ~*ed* his entrance at the window. 窓からまんまと侵入したのかもしれなかった. **2** 発効させる, 実施[実行]する: ~ an insurance 保険をつける / ~ a policy 契約手続きを完了して保険証書を受け取る.

~·i·ble [-təbl̩ | -tə-, -tɪ-] *adj.*

efféct anàlysis *n.* 〘社会学〙効果分析《特に, マスコミが受け手に与える影響や効果の測定分析》.

ef·féct·er *n.* ＝effector 1.

ef·fec·tive [ɪféktɪv, əf-, ef- | ɪf-, əf-] 〖*adj.*: 《a1398》⊏ (O)F *effectif* ∥ LL *effectīv-us*: ⇨ effect, -ive〗 — *adj.* **1** 有効な, 実効のある, 効力[効果]のある: ~ work 有効労働 / ⇨ effective range / take ~ measures 有効な手段を取る[講じる]. **2** 効果的な, 効果の著しい; 有力な, 有能な: an ~ picture [dress] 人目に立つ絵[衣装] / an ~ scheme of decoration 効果的な装飾法 / an ~ speech 感銘的な演説 / an ~ speaker 能弁家 / This new vaccine is ~ *against* the swine virus. この新ワクチンは豚のウイルスに対して効力を発揮する. **3** 〘法律〙実施されている; 効力を生じる: become ~ 効力を生ずる, 〈法令などが〉施行される / ~ as from 1 October 10月1日より実施される. **4** 〘軍事〙実戦[現役]に使用しうる, 軍務にたえる, 勤務につきうる: ~ military and naval force 可動陸海軍兵力 / the ~ strength of an army 一軍の実動人員, 実兵力, 実勢力, 現有兵力. **5** 〘経済〙実際の, 事実上の (↔ potential). **6** 〘文法〙結果相, 終動相の: the ~ aspect 結果[終動]相.

— *n.* **1** [通例 *pl.*; また集合的にも用いて]〘軍事〙(直ちに出動できる)実動部隊[人員], 実兵力, 戦闘員, 実員, 現員: an army of 2,500,000 ~*s* 250 万の実兵力を有する陸軍 / a war ~ of 2,500,000 250 万の戦時兵力. **2** 〘文法〙結果相, 終動相.

efféctive àperture *n.* 〘光学〙有効口径《カメラなどのレンズの光軸に平行に入射しレンズを通過する平行光線束の物体空間における最大直径》.

efféctive cúrrent *n.* 〘電気〙実効電流《交流電流表示法の一種で, 抵抗負荷の場合平均電力が直流の場合と一致するような電流をその直流電流値で呼ぶ》.

efféctive demánd *n.* 〘経済〙有効需要《購買力となって現われる需要》.

efféctive electromótive fórce *n.* 〘電気〙有効起電力《実効的な起電力》.

efféctive hórsepower *n.* 〘機械〙有効馬力, 実馬力, 引き綱馬力.

ef·féc·tive·ly *adv.* **1** 効果的に; 完全に. **2** 実際は, 事実上.

ef·féc·tive·ness *n.* 効果をもっていること, 有効性, 効果的であること.

efféctive pítch *n.* 〘航空〙有効ピッチ《プロペラが一回転する間の飛行距離》.

efféctive pówer *n.* 〘電気〙＝active power.

efféctive ránge *n.* 〘航空〙(飛行機の)有効航続距離.

efféctive resístance *n.* 〘電気〙有効抵抗, 実効抵抗.

efféctive sóund prèssure *n.* 〘物理〙実効音圧《音圧の実効値; 単に sound pressure ともいう》.

efféctive témperature *n.* 〘物理〙有効温度《ある恒星と等しい表面積をもち, 毎秒その全放射エネルギーと等しい量のエネルギーを放射する黒体の温度》.

efféctive válue *n.* 〘電気〙実効値《2 乗平均の平方根; root-mean-square value ともいう》: the ~ of a current [voltage] 電流[電圧]実効値《抵抗負荷に対し平均電力が直流の場合と等しくなるように定義した交流電流[電圧]の大きさの表わし方》.

ef·fec·tiv·i·ty [èfektívəti, ɪfèk-, əf-, ef- | èfektívəti, ɪfèk-, əfèk-, -vɪ-] *n.* ＝effectiveness.

efféct·less *adj.* 《古》効果[効力]のない, 無効の, 無結果の.

ef·féc·tor [-tə, -tɔə | -tə(r)] 〖← EFFECT (*v.*)＋-OR²〗 — *n.* **1** 生じさせるもの, 実行者. **2** 〘生理〙実行器, 作働体, 効果器《筋肉や腺のように神経刺激に対する反応を実行する組織器官; cf. adjuster 4, receptor 3 a》: an ~ mechanism 作働体メカニズム. **3** 〘生化学〙エフェクター《酵素合成の際にリプレッサー (repressor) に結合して, その活性を変化させる物質》.

ef·fec·tu·al [ɪféktʃuəl, əf-, ef-, -tʃʊl | ɪféktʃuəl, əf-, -tʃʊt, -tjuəl, -tjʊl] 〖《c1395》*effectuel* ⊏ OF ∥ ML *effectuāl-is* ← L *effectus*: ⇨ effect, -al¹〗 — *adj.* **1** 効果的な, 効力のある; 十分な (adequate): an ~ cure 効果的な治療 / ~ measures 有効な処置. **2** 〈証書・協定・法令など〉効力を有する, 有効な (valid). **~·ness** *n.*

ef·fec·tu·al·i·ty [ɪfèktʃuǽləti, əf-, ef- | ɪfèktʃuǽlətɪ, əf-, -tʃʊ-, -lɪ-] *n.* 効果的であること; 有効性.

ef·féc·tu·al·ly [-tʃuəli, -tʃuli | -tʃuəlɪ, -tʃʊlɪ, -tjuəlɪ, -tjʊlɪ] *adv.* 効果的に; (十分)有効に.

ef·fec·tu·ate [ɪféktʃuèɪt, əf-, ef- | ɪféktju-, əf-, -tʃʊ-] 〖《1580》← F *effectuer* (← L *effectus* 'EFFECT')＋-ATE³〗 — *vt.* **1** 〈目的・希望などを〉果す, 遂げる, 実現する: ~ a conclusion 結末をつける. **2** 〈法律を〉実施する, 発効させる.

ef·fec·tu·a·tion [ɪfèktʃuéɪʃən, əf-, ef- | ɪfèktju-, əf-, -tʃʊ-] *n.* **1** (目的などの)達成, 遂行. **2** (法律の)実施, 発効.

ef·fem·i·na·cy [ɪfémənəsi, əf-, ef- | ɪfémɪnəsɪ, ef-] 〖《1602》: ⇨ ↓, -acy〗 *n.* めめしさ, 惰弱, 柔弱, 優柔不断.

ef·fem·i·nate 〖《a1393》⊏ L *effēmināt-us* (p.p.) ← *effēmināre* to make a woman out of ← *ef-* 'EX-¹'＋*fēmina* woman: ⇨ feminine, -ate²〗 — [ɪfémənət, əf-, ef-, -nɪt | -mɪ-] *adj.* **1** 〈男性・顔つきなど〉男らしくない, めめしい, 柔弱な, 惰弱な, にやけた: an ~ face. **2** 〈文明など〉過度に洗練された[精緻な]: an ~ civilization. — [-nət, -nɪt] *n.* 柔弱な人. — [-nèɪt] *v.* — *vt.* めめしくする. — *vi.* めめしくなる. **~·ly** *adv.* **~·ness** *n.*

ef·fem·i·nize [ɪfémənàɪz, əf-, ef- | -mɪ-] *vt.* めめしくする, 柔弱にする (effeminate).

ef·fen·di [eféndi, ɪf-, əf- | eféndɪ] 〖《1614》⊏ Turk. *efendi* ⊏ MGk *aphéntē* (voc.) ← *aphéntēs* 《変形》← Gk *authéntēs* master, actual doer: cf. authentic〗 — *n.* **1** エフェンディ (master, sir)《1935 年までトルコで官吏(ときに上流階級の教養ある人)に対する敬称》. **2** (東地中海諸国で)上流[知識]階層の人.

ef·fer·ent [éfərənt, éfer-, íːfer- | éfər-] 〖《1856》⊏ F *efférent* ⊏ L *efferentem* (pres.p.) ← *efferre* to carry out or away ← *ef-* 'EX-¹'＋*ferre* to carry〗 — *adj.* 〘生理〙〈血管など〉輸出性の, 導出する; 〈神経が〉遠心性の (↔ afferent): an ~ duct 輸出管 / ~ nerves 遠心性神経《神経興奮を中枢から末梢に伝える》. — *n.* (血管・腺などの)輸出管; (神経の)遠心性線維. **~·ly** *adv.*

ef·fer·vesce [èfəvés, ⸗⸗⸗ | èfəvés] 〖《1702》⊏ L *effervēsc-ere* to boil up, bubble ← *ef-* 'EX-¹'＋*fervēscere* (← *fervēre* to be hot): ⇨ fervent, -esce〗 — *vi.* **1** 〈炭酸水などが〉沸騰する, (盛んに)泡立つ (bubble up). **2** 〈ガスが〉泡となって出る. **3** 〈人が〉熱狂する, 興奮する, 活気づく: The crowd ~*d with* excitement. 群衆は興奮にわき立っていた.

ef·fer·ves·cence [èfəvésn̩s | èfə-] 〖《1651》: ⇨ ↑, -ence〗 — *n.* **1** (化学作用による)泡立ち, 泡起(ほうき)《鉱物に酸を作用させると泡を発して溶解する時のような現象》. **2** 活気, 興奮(状態).

èf·fer·vés·cen·cy [-sn̩si | -sɪ] *n.* ＝effervescence.

ef·fer·ves·cent [èfəvésn̩t | èfə-] 〖《1684》⊏ L *effervēscent-em* (pres.p.) ← *effervēscere*: ⇨ effervesce, -ent〗 *adj.* **1** 泡起(ほうき)性の, 起沸作用の, (盛んに)泡立つ (sparkling), 沸騰性の: ~ drinks 沸騰性飲料 / ~ powder 沸騰散. **2** 興奮した, 生き生きした, 活気に満ちた. **~·ly** *adv.*

ef·fete [efíːt, ɪf-, əf- | ɪf-, ef-] 〖⊏ L *effēt-us* worn out, exhausted by childbearing ← *ef-* 'EX-¹'＋*fētus* offspring: ⇨ fetus〗 — *adj.* **1** 〈動物・果樹・土地など〉老衰して生産力のない (sterile). **2** 衰退した, 無力となった (exhausted); 時代遅れになった (outmoded): an ~ civilization 気力を失った文明 / an ~ system of education 時代遅れになった教育制度. **3** 〈男が〉女性的な: an ~ aristocrat. **~·ly** *adv.* **~·ness** *n.*

ef·fi·ca·cious [èfəkéɪʃəs | èfɪ-] 〖《1528》← L *efficāc-*, *efficāx* effective (← *efficere* 'to EFFECT')＋-IOUS〗 — *adj.* 所期の効果をあげる; 有効な, ききめ[効験, 効能]のある: ~ *against* fever [*for* heart disease] 熱[心臓病]にきく. **~·ly** *adv.* **~·ness** *n.*

ef·fi·ca·cy [éfɪkəsi, éfə- | éfɪkəsɪ] 〖⊏ L *efficācia* ← *efficāx*: ⇨ ↑, -acy〗 *n.* **1** 効能, 効験, 効力: the ~ of a drug 薬の効能. **2** 効力のあること, 奏効性, 有効.

ef·fi·cien·cy [ɪfíʃənsi, əf- | -sɪ] 〖《1593》⊏ L *efficientia*: ⇨ efficient, -ency〗 — *n.* **1** 有効性; 能力, 能率, 実力; 効能: ~ wages 能率給 / an ~ curve 能率曲線 / an ~ test 能率考査[試験] / increase of ~ 能率増進. **2** 〘物理・機械・統計〙効率, 能率: the ~ of labor 労働効率. **3** 《米》(最少限の台所・浴室設備のある通例家具付きの一間の)簡易アパート.

efficiency apàrtment *n.* ＝efficiency 3.
efficiency bàr *n.* 能率バー《給料が一定額に達した時に, 一定の能率達成が明示されるまでその給料を頭打ちしておくこと》.
efficiency enginèer *n.* 《米》能率[生産性]向上技師《人員・設備の最大効率を発揮する方法を研究する》.
efficiency éxpert *n.* ＝efficiency engineer.
ef·fi·cient [ɪfíʃənt, əf-] 〚《*c*1380》▭(O)F ～ // L *efficient-em* accomplishing (pres.p.) ← *efficere* 'to EFFECT'〛 ― *adj.* **1** 効果を生じる, 有効な (effective): ～ machines 有効な[効率的な]機械 / ～ factories 効率のいい工場. **2** 有能な, 敏腕な (capable), 実力のある: ～ workmen 有能な職工 / an ～ secretary 有能な秘書.
efficient cáuse *n.* 〘哲学〙動(力)因, 作用因 (⇨ cause 6 b).
ef·fí·cient·ly *adv.* 能率的に, 有能に, 有効に.
efficient magnificátion *n.* 〘光学〙＝normal magnification. 「形 Effy).
Ef·fie [éfi | éfɪ] 〚(dim.) ← EUPHEMIA〛 *n.* 女性名《異
ef·fig·i·ate [ɪfídʒièɪt, əf-, ef- | ɪfídʒɪ-, ef-] 〚⇨ ↓, -ate³〛 *vt.* 《古》彫像にする.
ef·fig·u·rate [efígjʊrət, ɪf-, əf-, -rɪt, -rèɪt] 〚← *ef-* 'EX-¹'+FIGURATE〛 *adj.* 〘植物〙明確な輪郭をもつ: ～ lichens 明確な輪郭をもった地衣.
ef·fi·gy [éfədʒi | éfɪdʒɪ, éfə-] 〚《1539》▭F *effigie* ▭L *effigiēs* copy of an object: ⇨ ex-¹, figure〛 ― *n.* 彫像, 肖像; (特に, 呪おうとする人の姿に模した)似姿, 人形.
burn [***hang, execute***] ***in effigy*** (1) 〈憎い人〉の肖像[似姿]を身代わりとして火あぶり[縛り首, 処刑]にしてうっぷんを晴らす. (2) 酷評する; 笑い者にする.
éffigy mòund *n.* 〘考古〙(北米 Wisconsin 州を中心に分布する先史時代ウッドランド文化を特徴づける)蛇・熊・鳥など動物の形の墳墓.
ef·fleu·rage [èfləráːʒ, -luː-; *F.* eflœʀaːʒ] 〚▭F ～ ← *effleurer* to touch or stroke lightly: ⇨ -age〛 *n.* (マッサージの)軽擦法《掌またはその後部で求心的になでる》.
efflor. 《略》efflorescent.
ef·flo·resce [èflərés, ←―⌣ | èflɔːrés, èflɔr-, èflər-] 〚《1775》▭L *efflōrēsc-ere* ← *ef-* 'EX-¹'+*flōrēscere* to begin to blossom: ⇨ florescence〛 ― *vi.* **1** 《廃》開花する, 花が咲く. **2** 〈文物などが〉(燦然として)花と咲く, 栄える (bloom). **3** 〘化学〙 **a** 風解する《大気中で結晶水を失うこと, または岩石が大気の作用で分解することをいう》; 風化物を生じる. **b** 〈土地・壁などが〉表面に塩分が吹き出る. **4** 〘病理〙発疹を生じる.
ef·flo·res·cence [èflərésns | èflɔ(ː)r-, èflər-] 〚《1626》▭F ～ ▭L *efflōrēscens* (pres.p.) ← *efflōrēscere* (↑): ⇨ -ence〛 ― *n.* **1** 開花; 開花期; 花時; 花の群. **2** (文明・学問・芸術などの)開花[発達](の結果[実例]): the extraordinary ～ of new verse 新しい詩の非常な開花. **3** 〘化学〙風解(現象, 過程); 風化, 風化物; (吹き出した塩質の)凝華, 白華. **4** 〘病理〙発疹, 皮疹.
ef·flo·res·cent [èflərésnt | èflɔ(ː)rés-, -flər-] 〚《1818》▭F // L *efflōrēscent-em* (pres.p.): ⇨ effloresce, -ent〛 ― *adj.* **1** 開花している, 咲き出る. **2** 〘化学〙風解[風化]性の.
ef·flu·ence [éfluːəns, éfluəns, eflúː-, ɪf-, əf- | éfluəns] 〚《?*a*1398》← L *effluere* (↓)+-ENCE: AFFLUENCE にならった造語〛 ― *n.* **1** (光線・電気・液体などの)発出, 放出, 流出 (efflux). **2** 流出物, 発散物.
ef·flu·ent [éfluːənt, éfluənt, eflúː-, ɪf-, əf- | éfluənt] 〚《?1440》▭L *effluent-em* (pres.p.) ← *effluere*: ⇨ ex-¹, fluent〛 ― *adj.* 流出する, 発出する, 放出する: an ～ river (本流・湖から)流れ出る川. ― *n.* **1** (川・湖水などから)流れ出た水流; 放水路. **2** (下水だめ・工場などから出る煙・廃液・流水などの)廃物 (waste).
ef·flu·vi·um [eflúːviəm, ɪf-, əf- | ɪflúːvjəm, ef-, -vɪəm] 〚《1646》▭L ～ 'a flowing out' ← *effluere* to flow out: cf. effluent〛 ― *n.* (*pl.* **-vi·a** [-viə | -vɪə, -vjə], ～**s**) **1** 発散気, 発気; (腐敗物などから出る鼻をつく)臭気, 悪臭. **2** 〘物理〙磁気[電気]素《磁石などから発散すると昔想像された微粒子》. **3** 副産物, (特に)廃物. **ef·flú·vi·al** [-viəl | -vjəl, -vɪəl] *adj.*
ef·flux [éflʌks] 〚《1641》← L *efflūx-us* (p.p.) ← *effluere* (↑): cf. ex-¹, flux〛 ― *n.* **1** (液体・気体などの)流出, 発散 (outward flow) (cf. afflux, influx). **2** 流出物 (effluence). **3** (時の)経過 (passage, lapse); 満期, 満了.
ef·flux·ion [eflʌ́kʃən, ɪf-, əf- | ef-, ɪf-] 〚《1621》▭LL *efflūxiō(n-)* ← L *efflūxus* (↑)〛 *n.* ＝efflux.
ef·fort [éfərt, éfɔət | éfət] 〚《*c*1489》▭(O)F ～ ← OF *esfort, esforz* ← *esforcier* to make an effort ＜ VL **exfortiāre* ← EX-¹ + L *fortis* strong: ⇨ fort〛 ― *n.* **1** 努力; 骨折り, 尽力; (懸命な)試み, 努力: make every ～ あらゆる努力を払う / He made an [no] ～ *to* acquire the skill. その技術を身につけようと努力した[しなかった] / The company is making ～*s to* improve working conditions. 会社は労働条件の改善に努力中である / His ～*s* succeeded. 彼の努力は成功した / spare no ～*s* 努力を惜しまない / with an ～ 骨折って, 努めて, やっと(の思いで) / With ～ you can do it. 努力すればそれができる / without (an) ～ 苦労もなしに, 造作なく / by human ～ 人力で / It doesn't need much (of an) ～. 大した努力はいらない, わけなくできる / Climbing is too great an ～ for me. 私には山登りはきつ過ぎる / He frowned in an ～ of memory [to remember]. 思い出そうとして眉をしかめた. **2** (努力の)成果; (特に, 文芸上の)労作, 力作: a fine literary ～ りっぱな努力作 / a great oratorical ～ 一大雄弁 / a pretty good ～ なかなかよい出来. **3** (特定の目的遂行のために傾けられる)総力. **4** 〘機械〙作用力: ⇨ tractive effort.
ef·fort·ful [éfətfəl, éfɔət- | éfət-] 〚⇨ ↑, -ful〛 *adj.* 努力のあとが見える; 骨の折れる: with an ～ smile 無理に笑って. **～·ly** *adv.*
éffort·less *adj.* **1** 努力をしない, いかにも自然な, 巧まない: the ～ sublimity of Homer ホメロスのいかにも自然な崇高さ. **2** 努力を要さない, 骨の折れない, 楽な (easy). **～·ly** *adv.* **～·ness** *n.*
éffort sỳndrome *n.* 〘病理〙＝cardiac neurosis.
ef·frac·tion [efrǽkʃən, ɪf-, əf- | ef-, ɪf-] 〚▭F ～ 《原義》a breaking open: ⇨ ex-¹, fraction〛 *n.* 〘法律〙暴力的侵入, 家宅侵入, 夜盗.
ef·frac·tor [efrǽktə, ɪf-, əf- | efrǽktə(r, ɪf-] 〚▭LL ～ ← L *effractus* broken open ((p.p.) ← *effringere* to break open)+-OR²: ⇨ ex-¹, fracto-〛 *n.* 〘法律〙夜盗犯人.
ef·fron·ter·y [ɪfrʌ́ntəri, əf-, ef- | ɪfrʌ́ntərɪ, ef-] 〚▭F *effronterie* ← *effronté* shameless ＜ VL **exfrontātum* ← LL *effront-, effrōns* ← *ef-* 'EX-¹'+*front-, frōns* brow: ⇨ front, -ery〛 ― *n.* **1** 厚かましさ, ずうずうしさ, 鉄面皮, 厚顔無恥: *have the* ～ *to* do... ずうずうしくも...する. **2** 厚かましい行為[振舞い].
ef·fulge [ɪfʌ́ldʒ, ef-, əf-, -fʊ́ldʒ | ɪfʌ́ldʒ, ef-] 〚▭L *effulgēre* to shine forth ← *ef-* 'EX-¹'+*fulgēre* to shine〛 *vi.* 《まれ》光り輝く (radiate).
ef·ful·gence [ɪfʌ́ldʒəns, ef-, əf-, -fʊ́l- | ɪfʌ́l-, ef-] 〚《1667》▭LL *effulgentia*: ⇨ ↓, -ence〛 *n.* 光輝, 光彩.
ef·ful·gent [ɪfʌ́ldʒənt, ef-, əf-, -fʊ́l- | ɪfʌ́l-, ef-] 〚▭L *effulgent-em* (pres.p.) ← *effulgēre*: ⇨ effulge, -ent〛 *adj.* 燦然と輝く, 輝きわたる: ～ beauty. **～·ly** *adv.*
ef·fuse 〚《1526》← L *effūs-us* (p.p.) ← *effundere* to pour forth: cf. fuse¹〛 ― [ɪfjúːz, ef-, əf- | ɪf-, ef-] *vt.* 〈液体・空気・光・香気などを〉放出する, 発散する (diffuse). ― *vi.* **1** にじみ出る (exude), 流れ出る (issue), 発出する (emanate). **2** 〘物理〙〈気体が〉(圧力差により小孔より)噴出する, ほとばしり出る. ― [ɪfjúːs, ef-, əf- | ɪf-, ef-] *adj.* **1** あふれ出る (profuse). **2** 〘植物〙まばらに広がった; 〈花序が〉一方に開き出た; 〈地衣など〉一方に広がった. **3** 〈貝殻が〉縁が溝で分れている.
ef·fu·sion [ɪfjúːʒən, ef-, əf- | ɪf-, ef-] 〚《1402》▭(O)F // L *effūsiō(n-)* ← *effūsus* (↑): ⇨ -sion〛 ― *n.* **1** (流体の)流出 (efflux): (an) ～ *of* blood (傷口からの)出血; 流血 / be guilty of ～ *of* blood 殺傷の罪を犯す. **2** 流出物. **3** (言語・感情・詩情などの)発露, 流露(した言葉[詩文]): poetical ～*s* 詩に託した感情の発露, わき出る感情を歌い出した詩 / wild ～*s* of an angry man 立腹した人の乱暴な放言 / He talked to them with an ～ of heart. 心情を吐露して彼らと話した. **4** 〘病理〙浸出液. **5** 〘物理〙噴散, 吹出し.
ef·fu·sive [ɪfjúːsɪv, əf-, ef-, -zɪv | ɪfjúːsɪv, ef-] 〚《1662》← EFFUSE (v.)+-IVE〛 ― *adj.* **1** 心情を吐露する, (感情)あふれるばかりの, くどくどと感情を表す: be ～ *in* one's gratitude 言葉を尽くして感謝する / ～ emotion あふれ出る感情. **2** 《詩》ほとばしり出る. **3** 〘地質〙(岩漿の)噴出後固結した (cf. Plutonic 2): ～ rocks 噴出岩 / ～ period 噴出岩形成期.
ef·fú·sive·ly *adv.* 滔々と, ほとばしり出るように; あふれるばかりに.
ef·fú·sive·ness *n.* 流出, 噴出, 心情の流露.
Ef·ik [éfɪk] *n.* (*pl.* ～, ～**s**) **1 a** [the ～(s)] エフィック族《ナイジェリア南東部の農耕民族》. **b** エフィック族の人. **2** エフィック語.
eft¹ [éft] 〚OE *efete* 'NEWT'〛 *n.* 〘動物〙 **1** イモリ《特に, 陸上で生活する時期のものをいう》; ブチイモリ属のイモリ (*Diemictylus viridescens*). **2** 《廃》トカゲ.
eft² [éft] 〚OE *æft, eft*: ⇨ aft〛 *adv.* 《廃》再び (again); 後に (afterwards).
EFTA, Efta, E.F.T.A. [éftə] 《略》European Free Trade Association.
eft·soon [eftsúːn] *adv.* 《古》＝eftsoons.
eft·soons [eftsúːnz] 〚《*a*1325》*eftsones* ← OE *eftsōna* ← *eft* again+*sōna* 'at once, SOON': ⇨ -s²〛 ― *adv.* 《古・戯言》 **1** やがて, 間もなく (soon afterward); すぐに, 直ちに (forthwith). **2** 再び (again). **3** しばしば.
Eg. 《略》Egypt; Egyptian.
e.g. [íːdʒíː, fərɪgzǽmpl, fəreg- | íːdʒíː, fərɪgzáːm-, fəreg-] 《略》exempli gratia.
e.g. 《略》〘法律〙ejusdem generis.
e·gad [ɪgǽd, iːg- | iːg-] 〚《1673》《転訛》? ← *a God* oh God!: ただし今では by God が連想される〛 ― *int.* 《古》やあ, いやはや, まあ(大変) (by God)《軽いののしりを表わす》.
e·gal·i·tar·i·an [ɪgæ̀lətέ(ə)riən, iːg-, əg- | ɪgæ̀lɪtέərɪ-] 〚← F *égalitaire* (← ÉGALITÉ)+-IAN〛 *adj.* 平等主義の. ― *n.* 平等主義者.
e·gàl·i·tár·i·an·ism [-nìzm] *n.* 平等主義《すべての市民に平等な政治的・経済的・法律的権利を主張する》.
é·ga·li·té [èɪgælɪtéɪ; *F.* egalite] 〚▭F ～ ▭L *aequālitās* ← *aequālis* 'EQUAL'〛 *F. n.* (社会的・政治的)平等 (equality).
E·gan [íːgən], **Pierce** *n.* (1772–1849) London 風俗小説 *Life in London* (1821) の作者.
Eg·bert¹ [égbət | -bəːt, -bət] 〚OE *Ecgbeorht* ← *ecg* 'sword, EDGE'+*beorht* 'BRIGHT'〛 *n.* 男性名.
Egbert² *n.* (775?–839) 古代英国の Wessex 王; 七王国を統一して全イングランド最初の王となった (829–839); 通称 Egbert the Great.
EGD 《略》electrogasdynamics.
e·ger [íːgə | -gə(r] *n.* ＝eagre.
E·ge·ri·a [ɪdʒí(ə)riə, ədʒ-, iːdʒ- | iːdʒíərɪə, ɪdʒ-] 〚▭L *Egeria* ← Etruscan〛 ― *n.* **1** 〘ローマ神話〙エゲリア《Numa Pompilius 王に宗教上の指導をしたと言われる nymph》. **2** 婦人指南役[顧問].
e·gest [ɪdʒést, iːdʒ-, ədʒ- | ɪdʒ-, iːdʒ-] 〚← L *ēgest-us* (p.p.) ← *ēgerere* ← *ē-* 'EX-¹'+*gerere* to carry: ⇨ gerent〛 ― *vt.* 〘生理〙(体内から)〈不消化物を〉排出[排泄]する (discharge) (↔ ingest). **e·ges·tive** [ɪdʒéstɪv, iːdʒ-, ədʒ- | ɪdʒ-, iːdʒ-] *adj.*
e·ges·tion [ɪdʒéstʃən, iːdʒ-, ədʒ- | ɪdʒ-, iːdʒ-] 〚《*c*1420》▭(O)F ～ // L *ēgestiō(n-)* ← *ēgestus*: ⇨ egest, -tion〛 *n.* 〘生理〙排出[排泄](作用).
egg¹ [ég, éɪg | ég] 〚*n.*: 《*c*1340》*eg(ge)* ▭ON *egg* ∽ ME *ey* ＜ OE *ǣġ* ＜ Gmc **ajjaz* (Du. *ei* / G *Ei*) ＜ IE **ōwjom* (L *ōvum* / Gk *ōión*). ― v.: 《1833》← (n.): cf. IE **awei-* bird (L *avis* / Skt *vis*)〛 ― *n.* **1 a** 卵; 鳥の卵: lay an ～ 卵を生む. **b** 鶏卵: bacon and ～*s* ＝～*s* and bacon ⇨ bacon / a poached ～ 落とし卵 / a soft-boiled [hard-boiled] ～ 半熟[固ゆで]卵 / ⇨ wind egg / sit on ～*s* 〈鶏が〉卵を抱く.

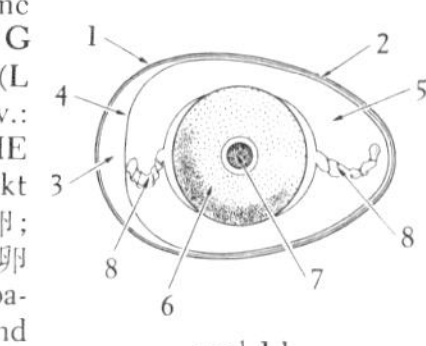

egg¹ 1 b
1 shell; 2 outer shell membrane; 3 air space; 4 inner shell membrane; 5 albumen or white; 6 yolk; 7 blastodisc; 8 chalazas

2 〘生物〙＝egg cell. **3** 卵形の物; 卵形飾り. **4** 《俗》投下爆弾; 手榴弾; 機雷. **5** 《俗》つまらない冗談; へたな演技. **6** 《俗》やつ, 男; 物: a good ～ いい男[物]/ Good ～! すてきだ / a bad ～ ろくでなし; 悪党, やくざ / an odd ～ 変わり種 / a tough ～ 悪党, やくざ / an old ～ 老人, 老いぼれ. **7** [軽蔑的に]《英》青二才, 未熟者. **8** 〘クリケット〙＝duck's egg 2.
(as) full as an egg ぎっしりいっぱい. ***(as) sure as eggs is [are] eggs*** ⇨ sure 成句. ***have [put] all one's eggs in one basket*** 一つの事業に全資産を投じる, 冒険的な投資をする. ***have an egg from the oof bird*** 《口語》遺産をもらう. ***have eggs on the spits*** 仕事で手がふさがっている. ***in the egg*** 初期の(うちに), 未発に: The rebellion was crushed *in the* ～. その反乱は未然に防がれた. ***lay an egg*** (1) ⇨ 1 a. (2) 《俗》〈芸人・興行・冗談などが〉全く受けない, 失敗に終る (flop); 《英口語》しくじる. (3) 《軍俗》爆弾を投下する; 機雷を敷設する. ***take eggs for one's money*** 返済の口約束でごまかされる, 空(から)手形をつかまされる. ***teach one's grandmother to suck eggs*** ⇨ grandmother 成句. ***tread (up)on eggs*** (卵の上を踏んで歩くように)気をつけて歩く; 慎重を要する立場にある.
egg and dart [tongue, anchor] 〘建築〙卵鏃(ぞく)飾り《卵形と鏃(やじり)形[舌形, 錨形]とが交互に並んだ繰形》.

egg and dart

― *vt.* **1** ...に溶き卵をつける, 卵を混ぜる. **2** 《口語》...に(腐れ)卵を投げつける. ― *vi.* (野鳥の)卵を採集する.
egg² [ég, éɪg | ég] 〚late OE *eggian* ▭ON *egg-ja* to edge ← *egg* 'EDGE'〛 ― *vt.* [通例 ～ on として] 扇動する, おだてる, そそのかす (urge, incite): ～ a person *on to* an act / ～ a person (*on*) *to* do something 人をおだててあることをさせる.
égg albúmin *n.* 〘生化学〙卵アルブミン《卵白中の蛋白質, 特にオバルブミン (ovalbumin) を指す》.
égg-and-spóon ràce *n.* (しゃくしに卵を載せて走る)スプーンレース.
égg apparàtus *n.* 〘植物〙卵装置《被子植物の胚嚢(のう)内の珠孔(こう)に近い所にある 3 個の細胞で, 1 個の卵細胞と 2 個の助細胞から成る》.
égg àpple *n.* 〘植物〙ナス (eggplant).
egg·ar [égə, éɪgə | égə(r] 〚《変形》← EGGER²〛 *n.* 〘昆虫〙カレハガ (*Eriogaster* 属や *Lasiocampa* 属などカレハガ科のガの総称; 幼虫は樹木に大害を与える》.
égg·bèater *n.* **1** 泡立て器 (cf. whip 8 b, whisk 2). **2** 《米俗》＝helicopter.
égg-brèad *n.* 《米》＝spoon bread.
égg càse *n.* **1** (割れないように入れる)卵ケース. **2** 卵の被嚢物; 卵嚢 (ootheca).
égg cèll *n.* 〘生物〙卵子, 卵細胞 (cf. sperm cell).
égg clèavage *n.* 〘生物〙＝cleavage 4.
égg còal *n.* 小塊炭《直径 1.5–4 インチ大の石炭》.
égg còzy *n.* (保温用)ゆで卵おおい (cf. cozy 1).
égg·cùp *n.* エッグカップ《食卓用ゆで卵立て》.
égg cústard *n.* ＝custard.
égg dànce *n.* **1** エッグダンス《多くの卵を散らして置いてその間を目隠しした踊り手が巧みに踊り回った英国の昔のダンス》. **2** 非常にむずかしい事柄.
égg·er¹ *n.* (野鳥の)卵取り(人), 野鳥の卵採集者.
égg·er² 〚← ? EGG¹ (n.)+-ER¹: 繭(まゆ)が卵形をしているところから〛 *n.* 〘昆虫〙＝eggar.
égg flìp *n.* 《英》＝eggnog.
égg fòo yóng [yóung] [*Chin.* -fúyúŋ] *n.* オムレツに似た中に野菜や蟹などを入れる中国風の卵料理の

一種.

egg glàss *n.* **1** =egg timer. **2** (クリスタル)ガラス製のエッグカップ.

égg·hèad 〖1952 年の米国大統領候補(禿頭の) Adlai Stevenson を支持したインテリにつけたあだ名から か〗 — *n.*《口語》**1** 知識人, インテリ (intellectual). **2**《軽蔑》インテリぶる人 (highbrow).

égg·héaded *adj.* インテリの. **~·ness** *n.*

Eg·gle·ston [égl̩stən], **Edward** *n.* (1837–1902) 米国の牧師·小説家; *The Hoosier School-Master* (1871).

égg·nòg 〖⇨ egg¹, nog²〗 *n.* エッグノッグ《鶏卵·牛乳·砂糖を混ぜたものにブランデーやラムなどを加えた飲みもの》.

egg núcleus *n.*〘生物〙卵核《卵細胞の核; cf. sperm nucleus》.

égg·plànt *n.* **1 a**〘植物〙ナス (*Solanum melongena*). **b** なす《実》. **2** なす色.

egg plùm *n.*〘植物〙小さい卵型の黄色いスモモ (cf. Yellow Egg).

égg ròll *n.* **1** 春巻(はるまき)《薄い皮で円筒状に種々の材料を巻込み油で揚げたもの; spring roll ともいう》. **2** エグロール《ロールパンを開いて卵などを挟んだもの》.

egg ròlling *n.* 復活祭時期に Easter eggs を転がし, 割らずに長く転がせた者が勝つ子供の遊戯.

égg sàuce *n.* (魚料理に用いる)エッグソース: **a** ホワイトソースに固ゆで卵のみじん切りを加えたもの. **b** 溶かしバターに固ゆで卵のみじん切りとレモン汁を加えたもの.

égg-shàped *adj.* 卵形の (ovoid): an ~ head.

égg·shèll *n.* **1** 卵の殻: walk on *~s*=*tread* (*up*)*on* EGGS. **2** 砕けやすいもの. **3** 薄い黄色《鶏卵の殻の色》. **4** 仕上げのやや荒い厚ぼったい紙.
— *adj.* **1** 卵の殻のように薄い, 砕けやすい: ~ porcelain 薄手の磁器. **2** 淡黄色の. **3** 光沢の(ほとんど)ない, つや消しの: ~ paint, enamel, finish, etc.

égg slìce *n.* フライ返し《オムレツや目玉焼きなどを鍋からすくい出すための薄い金属製のへら》.

égg-slìcer *n.* エッグスライサー, ゆで卵切り器.

égg spòon *n.* 卵さじ《ゆで卵用の小さじ》.

égg stànd *n.* エッグスタンド《数対(?)の eggcups と eggspoons とから成る》.

égg tìmer *n.* エッグタイマー《ゆで卵用 3 分砂時計》.

égg tòoth *n.*〘鳥類〙卵歯《殻の中で大きくなったひなが殻を破るためのくちばしの上にある歯状突起; かえってしまうと消失する》.

égg-tùbe *n.*〘動物〙(特に, 昆虫の)卵管.

égg whìsk *n.* =whisk 2.

égg whìte *n.* 卵白: separate the *~s* from the yolks 白身と黄身を分ける.

égg-white ìnjury [**disèase**] *n.*〘生化学〙卵白障害《生卵の白身の食べ過ぎから起こるビオチン (biotin) 欠乏症》.

egg·y [égi, éɪgi | égi] 〖← EGG¹+-Y⁴〗 *adj.* **1** 卵の多い. **2** 〈鶏が〉卵を生んだばかりの, 卵を生もうとしている. **3** 卵のしみで汚れた.

e·gis [íːdʒɪs, -dʒəs | -dʒɪs] *n.* =aegis.

eg·lan·tine [égləntàɪn, -tìːn | -tàɪn] 〖(?a1425) ← OF *aiglent* sweetbrier (< VL **aquilentum*《原義》prickly ← L *aculeus* spine, prickle (dim.) ← *acus* needle: cf. edge)+-INE⁴: cf. F *églantine*〗 — *n.*〘植物〙=sweetbrier.

Eg·lan·tyne [égləntàɪn, -tìːn | -tàɪn] 〖↑〗 *n.* 女性名《異形 Eglantine》.

Eg·mont [égmɑnt | -mɔnt, -mənt; *G.* ɛ́gmɔnt] 〖← OE *ecg* 'sword, EDGE'+*mund* protection〗 *n.* 男性名《異形 Egmond》.

Egmont, La·mo·ral [làmɔrál] *n.* エグモント《1522–68; オランダの将軍·政治家; Goethe の戯曲 *Egmont* の主人公; 称号 Comte d'Egmont》.

e·go [íːgoʊ, égoʊ | égəʊ, íːg-] 〖(1824) ← NL ~ ← L *egŏ* 'I'〗 — *n.* (*pl.* **~s**) **1** 自我 (the 'I'): absolute [pure] ~〘哲学〙絶対[純粋]我 / emancipation of ~ 自我の解放. **2** [しばしば E-]〘哲学〙主観. **3**〘心理〙自我;〘精神分析〙エゴ, 自我《外界を経験してこれに反応し, 個人の原我 (id) の原始的な要求と社会的物質的環境との間を調節するパーソナリティー構造の一部》. **4**《口語》自尊心, 自負, 我欲. **5**〘民族学〙エゴ, 自己《親族組織において基点となる人物》.

e·go·cen·tric [ìːgo(ʊ)séntrɪk, ègə-, -gə- | ègə(ʊ)-, ìːg-] 〖⇨ ↑, centric〗 — *adj.* **1** 自己中心の. **2** (俗に)自己本位の, 利己的な (egoistic). — *n.* 自己(中心)主義者 (egocentric person). **è·go·cén·tri·cal·ly** *adv.*

e·go·cen·tric·i·ty [ìːgo(ʊ)sentrísəṭi, ègə-, -gə- | ègə(ʊ)sentrísəti, ìːg-, -sɪ-] *n.* 自己中心.

ego·cen·trism [ìːgo(ʊ)séntrɪzm̩, ègə-, -gə- | ègə(ʊ)-, ìːg-] *n.* **1**〘心理〙自己中心性. **2** =egocentricity.

égo-defénse *n.*〘精神分析〙(意識的·無意識な)自我防衛.

égo idèal *n.*〘精神分析〙自我理想《両親および社会の理想とするところに同一化してつくられるあるべき理想としての自我像》;《俗用》良心 (conscience).

égo-invólvement *n.*〘心理〙自我関与《ある事象や人間に対して自分とのかかわりあいを意識し関心をもつこと》.

e·go·ism [íːgoʊìzm̩, ég- | égəʊ-] 〖(1785) ▭ F *égoïsme* ← NL *egoismus*: ⇨ ego, -ism〗 — *n.* **1** 自己中心, 自己本位 (self-centeredness). **2** 利己心, 我欲 (pure selfishness) (↔ altruism). **3** 自負心 (egotism); うぬぼれ. **4**〘倫理〙利己主義, 利己説《自己の利益の追求が人間行為の目的であるという説; cf. solipsism》.

e·go·ist [íːgoʊɪst, ég-, -əst | égəʊɪst] 〖(1785) ▭ F *égoïste*: ⇨ ego, -ist〗 — *n.* **1** 自己本位の人, 我意の人, 自分勝手な人. **2** うぬぼれの強い人. **3** (哲学上の)利己主義者, 唯我論者 (↔ altruist).

e·go·ist·ic [ìːgoʊístɪk, ègə- | ègəʊ-, ìːg-] 〖⇨ ↑, -ic¹〗 — *adj.* **1** 利己主義(者)的な (↔ altruistic); 利己的な. **2** 自己本位の, 主我的な, 自利的な, 自分勝手の: an ~ moral theory 利己的倫理説 / ~ altruism 主我的利他主義, 兼愛説 / ~ hedonism 主我的快楽説.

è·go·íst·i·cal [-tɪkəl, -tə- | -tɪ-] *adj.* =egoistic.

è·go·ís·ti·cal·ly *adv.* 利己的に; 主我的に, 自己中心的に; 自分勝手に.

e·go·ma·ni·a [ìːgo(ʊ)méɪniə, ègə-, -gə-, -njə | ègə(ʊ)-méɪnjə, ìːg-, -nɪə] 〖← NL ~: ⇨ ego, -mania〗 *n.* 病的な自負心.

e·go·ma·ni·ac [ìːgo(ʊ)méɪniæ̀k, ègə-, -gə- | ègə(ʊ)-méɪnɪæ̀k, ìːg-] 〖⇨ ego, maniac〗 *n.* 病的に自負心の強い人.

ego·ma·ni·a·cal [ìːgo(ʊ)mənáɪəkəl, ègə-, -gə- | ègə(ʊ)-, ìːg-] *adj.* 病的に自負心の強い. **~·ly** *adv.*

égo psychólogy *n.* 自我心理学.

e·go·tism [íːgəṭìzm, ég- | égə(ʊ)-, íːg-] 〖(1714) ← EGO+-ISM: *t* は母音接合をさけるため *-otism* に終る語 (例 *idiotism*, etc.) にならって加えられたもの?〗 — *n.* **1** 自己中心癖《話の中に I, my, me を使い過ぎること》; 自分の事を言い過ぎること, 自己吹聴癖. **2** うぬぼれ, 自負. **3** 利己, 我欲.

é·go·tist [-ṭɪst, -ṭəst | -tɪst, ìːg-] 〖(1714) ← EGOT(ISM)+-IST〗 *n.* **1** 自己中心の人, 自己本位の人; 自分の事ばかり言う人, 過度の自尊家. **2** 利己主義者.

e·go·tis·tic [ìːgətístɪk, ègə- | ègə(ʊ)-, ìːg-] 〖(*c*1860): ⇨ ↑, -ic¹〗 *adj.* **1** 自己中心の, 自己本位の; 自分のことばかり言う. **2** 利己的な, 我欲の強い.

è·go·tís·ti·cal [-tɪkəl, -tə- | -tɪ-] *adj.* =egotistic.

è·go·tís·ti·cal·ly *adv.* 自己本位に, 自画自賛的に.

eg·o·tize [íːgo(ʊ)tàɪz, égə-, -gə- | égə(ʊ)-, ìːg-] 〖← EGOT(ISM)+-IZE〗 *vi.*《まれ》自己を振りまわす, 自分の事ばかり述べ立てる.

égo-trìp *vi.* 利己的な行為をする, 自己本位に振舞う.

égo trìp *n.* 利己的な行為, 自己本位な振舞い.

e·gre·gious [ɪgríːdʒəs, əg-, iːg- | ɪgríːdʒəs, -dʒɪəs] 〖(*c*1534) ▭ L *ēgregius* distinguished, surpassing,《原義》chosen from the herd ← *ē-* 'EX-¹'+*greg-, grex* herd: ⇨ -ous: cf. gregarious〗 — *adj.* **1** 名うての (notorious): an ~ ass [fool] 大ばか者. **2** 実にひどい, とてつもない (flagrant): an ~ folly [blunder] とんでもない愚行[失錯]. **3**《古》抜群の, すぐれた, 卓抜な (eminent). **~·ly** *adv.* **~·ness** *n.*

e·gress 〖(1538) ▭ L *ēgress-us* (p.p.) ← *ēgredī* to go or come out ← *ē-* 'EX-¹'+*gradī* to step: cf. gradient〗 — [íːgres] *n.* **1** (特に, 囲いの中から)出て行く[来る]こと: ~ and ingress 出入 / make entrance and ~ 出入する. **2** 出口, 出道 (way out, exit); (煙の)はけ口. **3** 出入権. **4**〘天文〙(掩蔽(星食)などにおける)出現 (↔ ingress). — [iːgrés] *vi.* 出て行く (issue).

e·gres·sion [iːgréʃən | iːg-, ɪg-] 〖(15C) ▭ L *ēgressiō(n-)* ← *ēgressus* (↑): ⇨ -sion〗 *n.* **1** 出て行く[来る]こと. **2**〘天文〙出現.

e·gres·sive [iːgrésɪv | iːg-, ɪg-]〘音声〙*adj.* 呼気(流)の, 呼気(流)音の. — *n.* 呼気(流)音《呼気によって発せられる音》.

e·gret [íːgrɪt, -grət, ég-, ɪgrét, iːg-, əg-, íːgret | íːgret, ég-, -grət, -grɪt] 〖(*a*1353) *egrete* ▭ AF *egrette*=(O)F *aigrette* 'AIGRETTE': cf. heron〗 — *n.* **1**〘鳥類〙**a** シラサギ《シラサギ属 (*Egretta*) のサギの総称; コサギ (little egret) など》. **b** シラサギ以外の各種のサギの総称《サギ (heron)·アマサギ (cattle egret) など》. **2** シラサギの羽毛; 羽毛飾り. **3**〘植物〙(アザミ·タンポポなどの)冠毛 (pappus). — *attrib. adj.* シラサギの羽毛でできて[覆われて]いる.

E·gypt [íːdʒɪpt, -dʒəpt | -dʒɪpt] 〖ME *Egipte* (i) < OE *Egypt* // (ii) ▭ OF *Egipte* (F *Égypte*) ▭ L *Aegyptus* ▭ Gk *Aiguptos* ▭ Egypt.《方言》*Ḥikuptaḥ*《異形》← *Ḥa(t)-kaptaḥ* (Memphis の古都市の名)〗 — *n.* エジプト《アフリカ北東部の共和国; 革命により 1953 年に共和国となり, 1958–61 年シリアと連合して the United Arab Republic (アラブ連合共和国)となり, 1971–74 年シリア, リビアと共に the Confederation of Arab Republics (アラブ共和国連邦)を結成; 人口 38,740,000, 面積 1,002,000 km², 首都 Cairo; 公式名 the Arab Republic of Egypt エジプトアラブ共和国》.

Egypt.《略》Egyptian.

E·gyp·tian [ɪdʒípʃən, ədʒ-, iːdʒ- | ɪdʒ-] 〖ME *Egipcien, -ian* ▭ OF *Egipcien* (adj. & n.): ⇨ Egypt, -ian〗 — *adj.* **1** エジプトの; エジプト人[語]の: an ~ cigarette エジプト製巻きたばこ. **2**《廃》ジプシー (Gypsy) の. **3** 極端な, 強烈な. ★ 通例次の句で: ~ darkness 濃い暗闇 (cf. *Exod.* 10: 22). — *n.* **1** エジプト人; エジプト語《古代のハム語》. **2**《廃》ジプシー (⇨ Gypsy *n.* 1). **3**〘Illinois 州に Cairo 市があることから〙《米》Illinois 州南部(生れ)の人のあだ名. **4**《口語》エジプト製巻きたばこ. **5** [*pl.*]〘証券〙エジプト国債. **6** [しばしば e-]〘活字〙エジプシャン《スクエアセリフを含めて, 筆線にコントラストの少ない活字書体》.
spoil the Egyptians 容赦なく敵(圧制者·金持ち)の物を奪う (cf. *Exod.* 3: 22).

Egýptian béan *n.*〘植物〙**1 a** ハス (Indian lotus). **b** ハスの種子. **2** =hyacinth bean.

Egýptian clóver *n.*〘植物〙=berseem. 「1).

Egýptian cóbra *n.*〘動物〙エジプトコブラ (⇨ asp¹

Egýptian cótton *n.* エジプト綿《主としてエジプト Nile 川流域に産する繊維の長い良質の綿》.

E·gyp·tian·ize [ɪdʒípʃənàɪz, ədʒ-, iːdʒ- | ɪdʒ-] *vt.* エジプト化する; エジプト国有にする.

Egýptian líly *n.*〘植物〙=calla.

Egýptian lótus *n.*〘植物〙**1** (古代エジプトで神聖視された)スイレン《エジプト原産の次の 2 種》: **a** 白い花の咲く一種 (*Nymphaea lotus*). **b** 青い花の咲く一種 (*Nymphaea caerulea*). **2** ハス (Indian lotus).

Egýptian póund *n.* エジプトポンド (略 £E).

E·gyp·to- [ɪdʒípto(ʊ), ədʒ-, iːdʒ- | ɪdʒíptə(ʊ)] 〖▭ ? F *égypto-* ▭ L *Aegypto-* ▭ Gk *Aigupto-*: ⇨ Egypt〗「エジプト」の意の連結形.

Egyptol.《略》Egyptological; Egyptology.

E·gyp·to·log·i·cal [ɪdʒìptəlɑ́dʒɪkəl, ədʒ-, iːdʒ-, -dʒə- | ɪdʒìptəlɔ́dʒɪ-] *adj.* エジプト学の[に関する]. 「者.

È·gyp·tól·o·gist [-dʒɪst, -dʒəst | -dʒɪst] *n.* エジプト学

E·gyp·tol·o·gy [ìːdʒɪptɑ́lədʒi, -dʒəp- | ìːdʒɪptɔ́lədʒɪ] 〖← EGYPTO-+-LOGY〗 *n.* エジプト学《古代エジプトの歴史·言語·文化·器物·建築などを研究する学問》.

eh [éɪ, é | éɪ] 〖(1567) *ey*〗 — *int.*《口語》えっ; 何だって; そうだろう《驚き·疑問を示したり, 同意を促したり, 相手の言葉の繰り返し·説明を求めたりする発声》: Wasn't it splendid, *eh*? どうだ, すばらしかったじゃないか.

E.H.F., EHF《略》experimental husbandry farms;〘通信〙extremely high frequency.

EHFA, E.H.F.A.《略》Electric Home and Farm Authority《1947 年廃止》.

EHP《略》effective horsepower; electric horsepower.

Eh·ren·breit·stein [ɛ̀(ə)rənbráɪtstaɪn, èɪr- | ɛ̀ər-, èɪr-; *G.* èːrənbráɪtʃtaɪn] *n.* エーレンブライトシュタイン《西ドイツ Rhineland-Palatinate 州の町; Rhine 川の右岸にあり, 現在は Koblenz の一部; 岩山の上に有名なローマ時代の古城がある》.

Eh·ren·burg [ɛ́(ə)rənbùəg, éɪr-, -bùək | ɛ́ərənbùək, éɪr-; *Russ.* erjinbúrk], **Ilya** (**Grigorievich**) *n.* エレンブルグ《1891–1967; ソ連の作家·ジャーナリスト》.

Ehr·lich [ɛ́əlɪk | éə-, íə-; *G.* éːɐlɪç], **Paul** *n.* エールリッヒ《1854–1915; ドイツの細菌免疫学者·化学者, サルバルサンの発見者; Nobel 医学生理学賞 (1908)》.

EHV《略》〘電気〙extra high voltage 超高圧.

E.I.《略》East India; East Indian; East Indies; electrical insulation.

-e·ian [íːən | íːən, íən] 〖← -EY, -Y⁴+-AN¹〗 *suf.*「…の, …に属する」などの意を表わす形容詞を造る (cf. -ean): Bodleian, Pompeian, Rugbeian.

EIB《略》Export-Import Bank (of Washington) (ワシントン)輸出入銀行.

Ei·chen·dorff [áɪkəndɔ̀əf | -dɔ̀ːf; *G.* áɪçəndɔrf], Baron **Joseph** (**Frei·herr** [fráɪhɛr]) **von** *n.* アイヒェンドルフ《1788–1857; ドイツのロマン派の詩人》.

ei·co·sane [áɪkəsèɪn] 〖← Gk *eikosa-* twenty (← *eikosi*)+-ANE²〗 *n.*〘化学〙エイコサン ($CH_3(CH_2)_{18}CH_3$)《パラフィン系炭化水素の一種》.

ei·der [áɪdə | -də(r)] 〖(1743) ▭ G ~ // OSwed. ~ ▭ Icel. *æður* (gen. *æðar*) < ON *æðr* eider duck〗 — *n.* **1**〘鳥類〙ケワタガモ《北極地方のケワタガモ属 (*Somateria*) のカモの総称; ケワタガモ (*S. spectabilis*)·オオケワタガモ (*S. mollissima*) など》. **2** =eiderdown 1.

ei·der·down [áɪdədàʊn | -də-] 〖(1774) ▭ ? G *Eiderdaune* ▭ Icel. *æðardúnn*《原義》DOWN² of the EIDER〗 — *n.* **1** ケワタガモ (eider) の綿毛《胸部の柔らかい毛》. **2** (特に, eider の綿毛を詰めた)羽ぶとん (quilt). **3**《米》けばの厚い綿ネル. — *attrib. adj.* (eider の)綿毛を詰めた: ~ quilt 羽ぶとん.

éider dùck 〖(1852)〗 *n.*〘鳥類〙=eider 1.

ei·det·ic [aɪdéṭɪk | -tɪk] 〖▭ Gk *eidētik-ós* (adj.) ← *eîdos* form, shape ← *ideîn* to see: ⇨ idea〗 — *adj.*〘心理〙直観的な, 直観像の: an ~ image 直観像《直前の視覚的印象がその刺激を取り去ってもなお実際あるかのように鮮やかに眼前に見えるもの》/ ~ children 直観像児. — *n.*〘心理〙直観像を見る人. **ei·dét·i·cal·ly** *adv.*

「観像理論.

ei·det·ics [aɪdéṭɪks | -tɪks] 〖⇨ ↑, -ics〗 *n.*〘心理〙直

ei·do·graph [áɪdo(ʊ)græ̀f | -də(ʊ)grɑ̀ːf, -græ̀f] 〖← Gk *eîdos* form+-GRAPH: cf. idea〗 *n.* 縮図器 (pantograph) の一種.

ei·do·lon [aɪdóʊlən | -dóʊlɔn] 〖(1828) ▭ Gk *eídōlon* image, phantom, idea: cf. idol, idolum〗 — *n.* (*pl.* **ei·do·la** [-lə], **~s**) **1** まぼろし, 幻覚, 幽霊, 妖怪. **2** 理想像, 理想化された人; 理想.

Éif·fel Tòwer [áɪfəl-; *F.* ɛfɛl] 〖*Eiffel*: ← A. G. *Eiffel* (1832–1923: フランスの建築技師, 1889 年の万国博覧会のために建設)〗 — *n.* [the ~] エッフェル塔《Paris にある高さ約 300 m の鉄塔; 現在はさらに約 20 m のテレビ塔がついている》.

Ei·gen [áɪgən; *G.* áɪgn̩], **Manfred** *n.* アイゲン《1927– ; 西ドイツの物理化学者; Nobel 化学賞 (1967)》.

ei·gen- [áɪgən] 〖← G *eigen* own < OHG *eigan*〗〘数学·物理〙「固有の (proper)」の意味の連結形: *eigentone, eigenvector.*

éigen·frèquency 〖(部分訳) ← G *Eigenfrequenz* ←

EIGEN- (↑)+*Frequenz* 'FREQUENCY'〗 *n.*〘物理〙固有振動数《定常な振動を持続できる振動数》.

éigen·fùnction 〘《部分訳》← G *Eigenfunktion* ← EIGEN-+*Funktion* function〙 **—** *n.*〘数学〙固有関数《関数空間の作用素の固有ベクトル; characteristic function, proper function ともいう》.

éigen·tòne 〘《部分訳》← G *Eigenton* ← EIGEN-+*Ton* 'TONE'〙 *n.*〘物理〙固有音《振動体がそれぞれ自身もっている固有振動数で振動した時の音》.

éigen·vàlue 〘《部分訳》← G *Eigenwert* ← EIGEN-+*Wert* value: cf. worth¹〙 **—** *n.*〘数学〙固有値《ベクトル空間の作用素 *A* に対して $Ax=\lambda x$ が成り立つようなベクトル *x* が存在するところのスカラー λ のこと; *A* が行列のときはその特性根 (characteristic root) と一致; characteristic value, proper value ともいう》.

éigen·vèctor 〘《部分訳》← G *Eigenvektor* ← EIGEN-+*Vektor* vector〙 *n.*〘数学〙=characteristic vector.

Ei·ger [áɪgə | -gə(r; *G.* áɪgɐ] *n.* [the ~] アイガー(山)《スイス中南部, Bernese Alps の山; 北壁は困難な登山ルートとして知られる (3,972 m)》.

eight [éɪt] 〘OE *eahta* < Gmc **axtō* (Du. & G *acht* / ON *átta*) < IE **oktō*《原義》twice four (L *octō* / Gk *oktṓ*): cf. octave, October〙 **—** *n.* **1** 8, 8 個, 8 人; 8 歳, 8 時: at ~ 8 時に / a child of ~ 8 歳の子. **2** 8 [VIII] の記号[数字]. **3** 8 人[個]一組. **4**〘スケート〙=figure eight 2. **5 a** エイト《8 本オールのボート; その乗員》: row in the college ~ カレッジのエイトの選手の一人となってこぐ. **b** [the Eights]《英》(Oxford 大学や Cambridge 大学の)学寮対抗ボートレース: *the Eights* week 学寮対抗ボートレース週間. **6** (トランプなどの) 8 点の札: the ~ of hearts ハートの 8. **7** 8 番サイズの衣服. **8** 8 気筒エンジン(を搭載した自動車). **9**〘航空〙8 字飛行. **10** 8 番目.

have one over the eight 〘普通人の適量である 8 杯よりも 1 杯多く飲むの意から〙《英俗》ほろ酔い機嫌である. ***in eights*** (1)〘詩学〙8 音節の詩行で (cf. octosyllable): a hymn *in* ~*s*. (2)〘書誌学〙《初期の印刷本が》8 枚折製で.

— *adj.* 8 の, 8 個の, 8 人の; [Predicative に用いて] 8 歳で: ~ per cent 8% [パーセント], 8 分 / ~ years old [of age] 8 歳 / ~ o'clock 8 時 / an *eight*-day [éɪt-deɪ] clock 8 日巻き時計 / He is ~. 8 歳だ.

éight bàll *n.* **1**《米》〘玉突〙エイトボール《8 と書いた黒球で, 他の球を全部ポケット (pocket) に入れぬ内にこの球を入れるとゲームは負けとなる》. **2**《俗》[軽蔑的に] 黒人 (Negro). **3**《俗》〘通信〙(先端に黒球のついた)無指向性マイク. **4**《俗》へまばかりやる兵隊, 要領の悪いやつ (cf. sad sack).

behind the eight ball 〘《1919》: 狙い玉が eight ball の後にあると eight ball をポケットに入れてしまう危険があることから〙《米俗》不利な [困った] 立場に.

eigh·teen [èɪtíːn, ⌐⌐] 〘OE *eahtatēne*: ⇨ eight, -teen〙 **—** *n.* **1** 18; 18 歳. **2** 18 [XVIII] の記号[数字]. **3** [複数扱い] 18 人, 18 個; Australian Rules football のチーム (cf. eleven 3). **4** 18 番サイズの衣服. **5** [*pl.*] 18 枚折(判) (eighteenmo).

— *adj.* 18 の; [Predicative に用いて] 18 歳で: an *eighteen*-pounder 18 ポンド砲 / ~ months 1 年半 / in the *eighteen*-fifties 1850 年代に.

eigh·teen·mo [èɪtíːnmou | -məu] 〘⇨ ↑, -mo: 18 mo の英語読み〙 **—** *n.* (*pl.* ~**s**) 18 枚折(判); 18 枚折本《octodecimo ともいう》. **—** *adj.* 18 枚折(判)の; 18 枚折本の.

eigh·teenth [èɪtíːnθ, ⌐⌐] 〘《1258》 *eȝtenþe* (⇨ eighteen, -th¹) ∞ OE *eahtatēoða* ← *eahta* 'EIGHT'+*tēoða* 'TENTH'〙 **—** *adj.* **1** 第 18 の, 18 番目の (18th). **2** 18 分の 1 の: a ~ part 18 分の 1. **—** *n.* **1** [the ~] 第 18, 18 番目, 第 18 位; (月の)(第) 18 日: on the ~ [18th] of this month 今月の 18 日に. **2** 18 分の 1 (eighteenth part).

Eightéenth Améndment *n.* [the ~] 米国憲法修正第 18 条《1919 年成立, 1920 年に実施された禁酒に関する修正条項法; 1933 年修正第 21 条によって廃止; cf. prohibition 2》.

éight·fòld 〘OE *eahtafeald*: ⇨ eight, -fold〙 *adj.* **1** 8 部分[部門, 要素]のある, 八重(ゃえ)の. **2** 8 倍の. **—** *adv.* 八重に; 8 倍に.

Éightfold Páth *n.*〘仏教〙八正道(はっしょうどう)《涅槃(ねはん)に達するための 8 つの徳目; 正見 (belief)・正思惟 (resolve)・正語 (speech)・正業 (action)・正命 (livelihood)・正精進 (effort)・正念 (thought)・正定 (meditation) を指す; cf. Four Noble Truths》.

éightfold wáy *n.*〘物理〙八道説《素粒子の一群であるハドロンの分類学で, 重粒子の八重項の現われる模型のこと; cf. SU (3) symmetry》.

éight-fóur *adj.*《米》(小学校 8 年・中学校 4 年の) 8-4 制の (⇨ elementary school; cf. six-three-three).

eighth [éɪtθ] 〘OE *eahtoða*: ⇨ eight, -th¹〙 **—** *adj.* **1** 第 8 の, 8 番目の (8th). **2** 8 分の 1 の: a ~ part 8 分の 1. **—** *adv.* 第 8 に, 8 番目に. **—** *n.* **1** [the ~] 第 8 番目, 第 8 位; (月の)(第) 8 日: the ~ [8th] of May 5 月 8 日. **2** 8 分の 1 (eighth part). **3**〘音楽〙8 度, オクターブ (octave). ~**·ly** *adv.*

éighth nòte *n.*〘音楽〙8 分音符《quaver ともいう》.

éight-hóur *adj.* 8 時間制の: the ~ (=eight hours') day 1 日 8 時間労働制 / ~ labor 8 時間労働 / an ~ law 8 時間労働法.

éighth rèst *n.*〘音楽〙8 分休止符.

eight·i·eth [éɪtiɪθ, -ṭiəθ | -tiɪθ, -tɪəθ] 〘OE (*hund*)*eahtatigoða*: ⇨ eighty, -th¹〙 **—** *adj.* **1** 第 80 の, 80 番目の (80th). **2** 80 分の 1 の. **—** *n.* **1** [the ~] 第 80, 80 番目. **2** 80 分の 1.

eight·pence [éɪtpéns, éɪtpəns] *n.* (*pl.* ~, **-pences**) (英国の) 8 ペンス(の価). ★ 用法その他については ⇨ penny 1.

eight·pen·ny [éɪtpéni, éɪtp(ə)ni | -nɪ] *adj.* **1** 8 ペンスの. ★ 用法その他については ⇨ penny 1. **2** 〘元来 100 本 8 ペンスであったことから〙《釘が》$2^1/_2$ インチ(の長さ)の.

éight·scóre *n.* 160 (eight times twenty).

eight·some [éɪtsəm] 〘《原義》one of eight: ⇨ eight, -some²〙 *n.* エートサム《8 人で踊るスコットランド舞踏; eightsome reel ともいう; cf. foursome 1 c》.

eight·y [éɪṭi | -tɪ] 〘OE (*hund*)*eahtatig*: ⇨ eight, -ty¹〙 **—** *n.* **1** 80; 80 個, 80 人, 80 歳: be over ~ 80 を越している. **2** 80 [LXXX] の記号[数字]. **3** 80 人[個]一組. **4** [*pl.*] 80 台, 80 年代[歳台]: during the *eighties* 80 年代の間に / in one's *eighties* 80 歳代に. **5**《米》80 エーカーの土地. **—** *adj.* 80 の (fourscore), 80 個の, 80 人の; [Predicative に用いて] 80 歳代で.

Éighty Clùb *n.* 八十年クラブ《1880 年に創設された英国自由党のクラブ》.

eight·y-nin·er [éɪṭináɪnə | -tɪnáɪnə(r] 〘⇨ -er¹〙 *n.*《米》「89 年組」《1889 年 Oklahoma 州へ自作農移住を始めた人; cf. forty-niner 1, fifty-niner》.

éighty-sìx 〘nix² との押韻俗語: メニューで注文した品が一つも残っていないことを示すコックの隠語から〙 (*also* **86**)《米俗》 **—** *n.* **1** 1 杯の水. **2** (金を払わなかったり酔って暴れたりするので)料理[酒]を出さない客. **—** *vt.* 《好ましくない客》の応待を断わる.

Eijk·man [áɪkmaːn, éɪk-; *Du.* ɛ́ikman], **Chris·tiaan** [krístjaːn] *n.* エイクマン《1858–1930; オランダの医学者で近代栄養学の先駆者; Nobel 医学生理学賞 (1929)》.

ei·kon [áɪkɑn | -kɒn, -kən] *n.* =icon 1, 2.

eild [iːld] 〘OE *ġelde*: cog. G *gelt*: cf. geld²〙 *adj.*《スコット》《動物が》子を産まない; 《雌牛が》乳が出ない.

Ei·leen [aɪlíːn, eɪ- | áɪliːn] 〘⊏ Ir. *Eibhlín*=EVELYN〙 *n.* 女性名《愛称形 Eily; 異形 Aileen; アイルランドでは Helen の代りに用いる》.

-ein [iːn] 〘《変形》← -IN¹〙 **—** *suf.*〘化学〙化合物を -in, -ine で終る名称のものと区別して示すのに用いる; 通例 -eine は塩基に, -ein は塩基以外のものに用いる: nicotein, phthalein.

E.-in-C. 《略》Engineer-in-Chief.

E. Ind. 《略》East Indian.

Eind·ho·ven [áɪnthouvən, éɪnt- | -həu-; *Du.* ɛ́int-hoːvə] *n.* エイントホーフェン《オランダ南部の都市; 人口 193,000》.

-eine [iːn] 〘《変形》← -INE¹〙 *suf.*〘化学〙⇨ -ein.

ein·korn [áɪnkɔən | -kɔːn] 〘⊏ G ~ 《なぞり》← L *Triticum monocum*〙 **—** *n.*〘植物〙ヒトツブコムギ (*Triticum monococcum*)《中央ヨーロッパで作られる馬糧用のコムギ; einkorn wheat ともいう》.

ein·stein, E- [áɪnstaɪn] 〘↓〙 *n.*〘物理・化学〙アインシュタイン《感光性の物質 1 モルに光化学反応を起こさせるのに必要な輻射エネルギーの単位》.

Ein·stein [áɪnstaɪn; *G.* áɪnʃtaɪn], **Albert** *n.* アインシュタイン《1879–1955; ドイツ生れのユダヤ系の物理学者, 1941 年米国に帰化; 特殊相対性理論・一般相対性理論・光量子説などの創説者; Nobel 物理学賞 (1921)》.

Einstein, Alfred *n.* アインシュタイン《1880–1952; ドイツの音楽学者; 1945 年米国に帰化》.

Éinstein effèct *n.*〘物理・天文〙アインシュタイン効果 (⇨ Einstein shift).

Éinstein equàtion *n.*〘物理〙アインシュタイン方程式《Einstein によって発見された幾つかの方程式; 次のようなものがある》: **a** =mass-energy equation. **b** =Einstein's photoelectric equation. **c** ブラウン運動 (Brown movement) の理論. **d** 一般相対性理論の基礎となる式. **e** 特殊相対性理論の基礎となる式.

Ein·stein·i·an [aɪnstáɪniən, ⌐⌐⌐⌐ | aɪnstáɪnɪən, -njən] 〘⇨ -ian〙 *adj.* アインシュタイン (Albert Einstein) の; アインシュタインの理論の; 相対性原理の.

ein·stein·i·um [aɪnstáɪniəm, ⌐⌐⌐⌐ | aɪnstáɪnɪəm, -njəm] 〘← *Albert Einstein*+-IUM〙 **—** *n.*〘物理・化学〙アインスタイニウム《天然には存在せず, 人工的に合成される超ウラン元素の一つ; 米国で 1952 年に行なわれた熱核爆発テストの産物中に初めて発見された; 記号 Es, 原子番号 99》.

Éinstein shìft *n.*〘物理・天文〙アインシュタイン偏移《重力の場にあるスペクトル線の波長が赤色方向にずれること; Einstein effect ともいう; cf. red shift》.

Éinstein's photoeléctric equàtion *n.*〘物理〙アインシュタインの光電(子についての)方程式.

Éinstein's relàtion *n.*〘物理〙アインシュタインの関係《(静止)質量は(質量)×(光速)² に相当するエネルギーと等価であるという, アインシュタインの特殊相対性理論による関係》.

Éinstein thèory *n.*〘物理〙(アインシュタインの)相対性理論《Einstein's theory of relativity ともいう; cf. relativity 3》.

Eint·ho·ven [áɪnthouvən, éɪnt- | -həu-; *Du.* ɛ́inthoːvə], **Willem** *n.* エイントホーフェン《1860–1927; オランダの生理学者; Nobel 医学生理学賞 (1924)》.

Ei·re [ɛ́(ə)rə, áɪrə, -ri | ɛ́ərə] 〘⊏ Ir. Gael. *Éire* < OIr. *Ériu*: ⇨ Erin〙 *n.* エール《アイルランド共和国のゲール語名; 旧公式名 (1937–49)》.

ˈirenic.

ei·re·nic [aɪrénɪk, -ríːn- | aɪ(ə)ríːn-, -rén-] *adj.* =

ei·ren·i·con [aɪrénɪkɑ̀n, -nə-, -kən | aɪ(ə)ríːnɪkɒn, -rén-] 〘《1865》⊏ Gk *eirēnikón* peaceful ← *eirḗnē* peace: ⇨ irenic〙 **—** *n.* 平和提議; (特に, 宗教的係争に対する)仲裁提議.

E.I.S. 《略》economic information system; Educational Institute of Scotland; epidemic intelligence service.

eis·e·ge·sis [àɪsədʒíːsɪs, -səs | -sɪdʒíːsɪs] 〘← NL ~ ← Gk *eisḗgēsis* act of proposing, introducing ← *eisēgeîsthai* to propose, introduce ← *eis* into+*hēgeîsthai* to lead: cf. exegesis〙 **—** *n.* (*pl.* **-ge·ses** [-siːz]) (聖書などについて)自分の考えを読み込んだ本文解釈 (cf. exegesis).

Ei·se·nach [áɪzənɑːk, -zṇ-, -nɑ̀ːx; *G.* áɪzənax] *n.* アイゼナハ《東ドイツ Thuringia 地方の都市; J. S. Bach の生誕地; 人口 50,000; cf. Wartburg》.

Ei·sen·how·er [áɪzənhàuə, -zṇ- | -hàuə(r], **Dwight David** *n.* (1890–1969) 米国の将軍・政治家; 第二次大戦中欧州派遣米軍最高司令官, 陸軍参謀総長 (1945–48), Columbia 大学総長 (1948–53), NATO 軍最高司令官 (1950–52), 第 34 代大統領 (1953–61); 愛称 Ike.

Ei·sen·schtein [áɪzənstàɪn; *Russ.* ejzjinʃtéjn], **Sergei Mikhailovich** *n.* エイゼンシュテイン《1898–1948; ソ連の映画監督; *Potemkin*「戦艦ポチョムキン」(1925)》.

eis·tedd·fod [aɪstéðvɑ(ː)d, eɪs- | aɪstéðvɒd, -vəd] 〘《1822》⊏ Welsh ~《原義》session ← *eistedd* to sit (← *sedd* seat ← IE **sed-* 'to SIT')+*bod* being (← IE **bheu-* 'to BE¹')〙 **—** *n.* (*pl.* ~**s**, **eis·tedd·fod·au** [àɪsteðvɔ́(ː)daɪ, èɪs- | àɪsteðvɔ́dˌ-]) **1** (ウェールズの)芸術祭《ウェールズの音楽・文芸などの保存・奨励を目的として毎年 8 月に一週間所を変えて開催される; cf. Gorsedd 2》. **2** (ある地方の)音楽コンクール(など).

eis·tedd·fod·ic [àɪsteðvɔ́(ː)dɪk, èɪs- | àɪsteðvɔ́d-] *adj.*

ei·ther [íːðə, áɪðə | áɪðə(r, íːð-] 〘OE *ǣġðer*《略》← *ǣġhwæðer* ← *ā* 'AYE², always'+*ġehwæðer* each of two: cf. whether〙 **—** *adj.* **1** (二者のうち)どちらか一方の, どちらの…でも (one of two); [疑問・条件] どちらかの; [否定] どちらの…も: You can take ~ half of the cake. ケーキのどちらの半分を取ってもよい / Will you give me ~ book? どちらかの本を下さいますか / I *don't* like ~ child. どちらの子供も好かない / I abstain from voting ~ way. どちら側への投票も控えます[保留にします]. **2** (両方の)どちらの…も, 各, 両方の: curtains hanging on ~ side of the window 窓の両側に垂れているカーテン《★《口語》では …on *both sides* of the window のほうが普通》/ in ~ case どちらの場合にも (cf. in *any* case (3 者以上の場合)) / persons of ~ sex 両性の人たち, 男性も女性も.

— *pron.* いずれか一方, どちら(でも): *Either* will do. どちらでもよろしい / *Either of* you can go. 君たち(二人)のうちどちらが行ってもよい / I *won't* buy ~ *of* them. そのどちらも買わない. ★ ~+of+複数(代)名詞が主語の場合, 複数扱いにするのは《口語》; これを変則とする人もある (cf. neither *pron.* ★ (1)): *Either* of them *is* [*are*] good enough. どちらでも結構です.

— *conj.* [相関的に ~…or… として] …かまたは…か (そのいずれかを, いずれでも): *Either* you *or* I must go. あなたか私かどちらかが行かなくてはならない / Its color is ~ black *or* white. その色は黒か白かどっちかだ / *Either* come in *or* go out. はいるか出るかどっちかにしなさい / You can have ~ this *or* that. これかあれかどちらでも上げます.

— *adv.* **1** [否定構文] …もまた(…ない) (cf. too): If you do not go, I shall *not* ~. 君が行かないなら私も行かない / I didn't meet him.—*Nor* I ~. 彼に会いませんでした—いや, 私もです / There is no time to lose, ~. それにまた一刻も猶予できない. **2**《口語》[特に否定の観念を伴う追加的表現を強調して] (あるいは)何なら, と言っても(…ではない): If you would come, *or* your wife ~, it would be all right. 君が—何なら奥さんでもよいんだが—来てくれれば, 大助かりだ / There was once a time, *and not* so long ago ~. ある時のことだった, と言ってもそう昔のことではないが.

éither-ór *attrib. adj.* 《命題・事情など》二者のうちいずれかを選ぶべき, 二者択一の, 黒白の決着をつけるべき (black-or-white): an ~ question 二者択一の問題. **—** *n.* 二者択一, 二分法 (dichotomy): The matter is not a simple ~. 事は単なる二者択一の問題ではない.

e·jac·u·late 〘《1578》← L *ējaculāt-us* (p.p.) ← *ējaculārī* to shoot out ← *ē-* 'EX-¹'+*jaculārī* to throw: cf. jet²: ⇨ -ate³〙 **—** [ɪdʒǽkjulèɪt, ədʒ- | ɪdʒ-] *v.* **—** *vt.* **1** 《祈りや感情のこもった言葉を》不意に発する, 突然叫び出す. **2**〘生理〙《液体を》射出する, 射精する. **—** *vi.* **1** (不意に)絶叫する. **2**〘生理〙射精する. **—** [-lət, -lɪt] *n.*〘生理〙射精; (射出された)精液.

e·jac·u·la·tion [ɪdʒæ̀kjuléɪʃən, ədʒ- | ɪdʒ-] 〘《1603》← L *ējaculātus* (↑)+-TION〙 **—** *n.* **1** 突然の叫び, (思わず声を出して)叫ぶこと, 絶叫 (sudden exclamation): an ~ of welcome [astonishment] 歓迎[驚き]の叫び声. **2**〘カトリック〙短く真剣な祈り. **3**〘生理〙射精: early [premature] ~ 早漏.

e·jac·u·la·tive [ɪdʒǽkjulèɪṭɪv, ədʒ-, -ləṭ- | ɪdʒǽkjulət-, -lèɪt-] 〘← EJACULATE+-IVE〙 *adj.* =ejaculatory.

e·jác·u·là·tor [-ṭə | -tə(r] 〘← EJACULATE+-OR²〙 *n.* **1** 急に叫ぶ人. **2**〘解剖〙射精筋. **3**〘畜産〙精液採取器.

e·jac·u·la·to·ry [ɪdʒǽkjulətɔ̀ːri, ədʒ-, -tɔ̀ːri | ɪdʒǽkjulət(ə)rɪ, -lèɪtəri] 〖← EJACULATE＋-ORY¹〗 ― adj. **1** 絶叫的な: ~ passages [prayers] 絶叫的章句[祈り]. **2** 〘生理〙射精の.

ejáculatory dúct n. 〘生理〙射精管.

e·ject 〖v.: 《(?a1425)》← L *ējectus* (p.p.) ← *ē(j)icere* to cast out ← *ē-* 'EX-¹'＋*jacere* to throw. ― n.: 《(1878)》□ L *ējectum* (neut. p.p.): ⇨ jet²〗 ― [ɪdʒékt, ədʒ-, iːdʒ- | ɪdʒ-, iːdʒ-] vt. **1** 〔場所・地位などから〕〈人を〉追い出す, 追放[放逐]する, つまみ出す (expel) 〔from〕. **2** 〔役から〕退ける, 免職する (dismiss) 〔from〕. **3** 〈人を〉(土地・家屋から)立ち退かせる (evict): The landlord ~ed the tenant who did not pay his rent. 家主は家賃滞納の借家人を追い出した. **4** 〈蒸気・煙などを〉噴出する, 吐き出す (emit); 〈薬莢(やっきょう)などを〉(尾筒外に)はじき出す: ~ saliva *from* the mouth 口からつばを吐き出す. **5** 〘航空・宇宙〙〈パイロットを〉射出する: ~ a pilot *from* an aircraft [a spacecraft]. ― [íːdʒekt] n. 投射, 投出 《自己より類推して他人の意識の中に存在すると推測できる感覚, または心的状態》.

~·a·ble [ɪdʒéktəbl, ədʒ-, iːdʒ- | ɪdʒ-, iːdʒ-] adj.

e·jec·ta [ɪdʒéktə, ədʒ-, iːdʒ- | ɪdʒ-, iːdʒ-] 〖← NL ~ ← L *ējecta* (neut. pl.) ← *ējectus* (↑)〗 n. pl. (火山などからの)噴出物; 排泄物.

e·jec·tion [ɪdʒékʃən, ədʒ-, iːdʒ- | ɪdʒ-, iːdʒ-] 〖《(?a1425)》□ L *ējectiō(n-)* ← *ējectus* (p.p.): ⇨ eject〗 ― n. **1** 放出, 噴出. **2** 排出物, 噴出物 《溶岩など》. **3** (土地・家屋からの)追出し, 放逐, 立退き(要求). **4** 〘航空・宇宙〙射出 《パイロットが脱出装置により緊急脱出すること》. **5** 〘金属加工〙エジェクション, 突出し, はね出し.

ejéction càpsule n. 〘航空・宇宙〙射出[脱出]カプセル 《航空機や宇宙船の中の切り離せる操縦室または船室; 緊急時に室全体が放出され, パラシュートで地上におろされるもの》.

ejéction sèat n. 〘航空・宇宙〙(緊急脱出用の)射出座席.

e·jec·tive [ɪdʒéktɪv, ədʒ-, iːdʒ- | ɪdʒ-, iːdʒ-] 〖← EJECT (v.)＋-IVE〗 ― adj. **1** 放出的な, 放射的な, 駆逐的な. **2** 〘音声〙放出音の. ― n. 〘音声〙放出音 《口腔中に完全閉鎖を作り喉頭を押しあげて作る音》. **~·ly** adv.

e·jéct·ment 〖《(1567)》← EJECT (v.)＋-MENT〗 ― n. **1** 放逐, 追立て. **2** 投出し, 放出. **3** 〘法律〙 **a** 借地占有回復訴訟, 不動産回復訴訟, (訴訟開始の)権利合状. **b** ＝dispossession 2.

e·jéc·tor 〖← EJECT (v.)＋-OR²〗 ― n. **1** 放出者[物], 放逐者. **2** 排出器[管]; 放出器, 排除器: an ~ condenser [sewer] 放射復水器[下水管]. **3** 蹴子(しゅうし) 《空薬莢(やっきょう)はじき出し装置》. **4** 〘金属加工〙エジェクター 《成形品の一部を金型の外に押し出す突出しピン》.

ejéctor sèat n. 〘航空・宇宙〙＝ejection seat.

e·ji·do [exíːdou, ehíː- | -dəu; *Am. Sp.* exído, ehí-] 〖(Mex.-)Sp. ~ □ L *exitus* a going out: ⇨ exit²〗 ― n. (pl. ~s) (メキシコの村民による共同または個別使用の)共有農地.

ejusd. 《略》〘処方〙 *L.* ējusdem (＝of the same).

e·jus·dem ge·ne·ris [eɪjúːsdem-génərɪs, iːdʒʌ́sdem-dʒén-, -rəs | -rɪs] 〖□ L ~ 'of the same kind'〗 ― adj. 〘法律〙同種の, 同類の 《解釈上の原則で, 制定法・遺言書などのはじめに限定的記述があり, 続いて一般的文言がある場合, その文言は限定的な記述と同種[類]のものと解釈されることをいう》.

ek·a- [ékə, éɪkə] 〖← Skt *eka* 'ONE'〗 ― 〘化学〙「その次位にはいるべき」の意の連結形 《周期律発見当時未知元素を呼ぶのにそれと同族の元素の名の前に付加した》: *eka*-aluminium エカアルミニウム 《今の gallium》 / *eka*-silicon エカケイ素 《今の germanium》 / *eka*-hafnium エカハフニウム 《element 104 の仮称》 / *eka*-lead エカ鉛 《114 番元素》.

E·ka·te·rin·burg [ɪkǽtərənbə̀ːg | ɪkǽtərɪnbə̀ːg; *Russ.* jikətjirjinbúrk] n. エカテリンブルグ 《Sverdlovsk の旧名》.

E·ka·te·ri·no·dar [ɪkæ̀tərɪ́nədɑ̀ə, ek- | -tərɪ́nədɑ̀ː(r; *Russ.* jikətjirjinadár] n. エカテリノダル 《Krasnodar の旧名》.

eke¹ [iːk] 〖ME *ēke(n)* (*ēchen* の北部方言形) < OE *ēcan* (vt.), *ēacian* (vi.) to increase < Gmc **aukan* (ON *auka* / Goth. *aukan*) ← IE **aug-*, **aweg-* to increase (L *augēre* / Gk *aúxein*): cf. nickname〗 ― vt. 《古・方言》増す, 引き延ばす (increase, lengthen).
eke out (1) …の不足を〔…で〕補う(supplement)〔*with*〕: He ~*d out* his income *with* odd jobs. 臨時仕事で収入の足しにした. (2) 〈演説・作文・行為を〉工夫して引き延ばす: ~ *out* a sermon. (3) かろうじて〈生計を〉立てて行く (spin out): He ~*d out* a scanty livelihood. 細細と生計を立てて行った.

eke² [iːk] 〖ME *ēk* < OE *ē(a)c* < Gmc **auke* (G *auch*) < IE **au-ge* (Gk *aû ge* again / L *autem* moreover): cf. eke¹〗 ― adv., conj. 《古》また (also, too); なおまた, のみならず (moreover).

EKG 《略》 *G.* Elektrokardiogramme (＝electrocardiogram); electrocardiograph.

e·kis·ti·cian [ɪkɪstɪ́ʃən, ək-, iːk- | ɪk-, ìːk-] 〖⇨ ↓, -ian〗 n. 人間居住工学研究者[専門家].

e·kis·tics [ɪkɪ́stɪks, ək-, iːk- | ɪk-, iːk-] 〖← Gk *oîkos* house＋-ICS〗 ― n. エキスティックス, 人間居住工学 《人間の定住社会 (human settlement) を全体的に見る立場から都市問題を研究する学問》. **e·kis·tic** [ɪkɪ́stɪk, ək-, iːk- | ɪk-, iːk-] adj. **e·kís·ti·cal** adj.

ek·ka [ékɑː, ékə] 〖□ Hindi *e(k)kā* ← Skt *eka* one〗 n. 《インド》一頭引きの小馬車.

Ék·man láyer [ékmən-] 〖← V. *Walfrid Ekman* (1874–1954: この現象を説明したスウェーデンの海洋学者)〗 ― n. 〘海洋〙エクマン層 《地球自転と摩擦のため地面[海面]摩擦の影響を受ける地[海]表層》.

ek·phore [ékfɔə, -foə | -fɔː(r] vt. 〘心理〙＝ecphore.

ek·pwe·le [èkpwəléɪ] 〖□ Afr. 《土語》〗 n. エクプウェレ 《赤道ギニアの通貨単位》.

ekt·ex·ine [ektéksiːn, -saɪn] 〖← Gk *ekto-* 'ECTO-'＋EXINE〗 n. 〘植物〙胞子・花粉などの外膜 (exine) の外側の層.

el¹ [él] 〖L の字の名〗 n. エル [L, l] の字 (cf. ell).

el², El [él] 〖《略》← *el(evated railroad)*〗 n. 《米口語》高架鉄道 (cf. L²).

el. 《略》 elect; elected; electric; electricity; element; elevated; elevation; elongation.

E.L. 《略》 electrical laboratory; electronics laboratory; engineer lieutenant.

el- [ɪl, əl, el | ɪl, el] 〖《異形》← EN-²〗 pref. (l の前に来る時の) en-² の異形.

-el¹ [əl, l̩] 〖ME □ OF *-el(e)* □ L *-ellus, -ella, -ellum*〗 suf. 主にラテン語系の語に用いられる指小辞: citadel, tunnel.

-el² [əl, l̩] suf. -le¹ の異形: brothel, navel, runnel.

e·lab·o·rate 〖《(1581)》□ L *ēlabōrātus* (p.p.) ← *ēlabōrāre* to work out ← *ē-* 'EX-¹'＋*labōrāre* 'to LABOR'〗 ― [ɪlǽb(ə)rət, əl-, -rɪt | ɪl-] adj. **1** 苦心して作り上げた, 苦心の; 念入りの, 凝った, 手の込んだ (complicated), 精巧な (cf. studied): an ~ contrivance [design, dinner, toilette, coiffure] 手の込んだ工夫[考案, ごちそう, 化粧, 調髪]. **2** 骨を折る, 丹念な (painstaking): an ~ collector 労を惜しまない採集家.
― [ɪlǽbərèɪt, əl- | ɪl-] vt. **1** 苦心して作る. **2** 〈発明品を〉精巧に考案する[作り上げる]; 〈理論などを〉大成する (perfect); 〈論旨などを〉詳しく述べる; 〈考案などに〉にみがきをかける, 〈文章を〉練る: ~ a system of logic 論理体系を大成する / ~ one's proposal 提案を詳述する. **3** 〈自然作用が〉〈物質を〉作り出す. **4** 〘生理〙〈食物などを〉同化する. ― vi. **1** 〔…を〕一層精巧にする, 〔…に〕みがきをかける 〔*on, upon*〕: ~ *upon* a plan [theory] 計画を練る[理論にみがきをかける]. **2** 〔論旨などを〕詳しく敷衍する, 詳論する 〔*on, upon*〕: Would you ~ *on* that remark? いま言ったことを詳しく述べてくれませんか. **3** 精巧になる, 凝ってくる.

~·ness n.

e·láb·o·rate·ly adv. 念入りに, 丹念に, 精巧に.

e·láb·o·ràt·er [-ṭə | -tə(r] n. ＝elaborator.

e·lab·o·ra·tion [ɪlæ̀bəréɪʃən, əl- | ɪl-] 〖《(?a1425)》□ L *ēlabōrātiō(n-)* ← *ēlabōrātus*: ⇨ elaborate, -ation〗 ― n. **1** 骨折って作ること, 綿密な仕上げ, 推敲(すいこう). **2** 手の込んでいること, 精巧, 精密 (elaborateness). **3** (複雑な)製作物, 苦心の作, 労作. **4** 〘生理〙同化.

e·lab·o·ra·tive [ɪlǽbərèɪtɪv, əl-, -rəṭ- | ɪlǽbərət-, -rèɪt-] 〖← ELABORATE (v.)＋-IVE〗 adj. 入念な, 精巧な; 苦心の.

e·láb·o·ràt·or [-ṭə | -tə(r] 〖← ELABORATE (v.)＋-OR²〗 n. 骨折って作る人, (文章を)練る人.

El·a·chis·ta·ce·ae [èləkɪstéɪsiiː, -kəs- | -kɪs-] 〖← NL ~ ← *Elahista* (属名: ← Gk *elakhístē* (fem. superl.) ← *elakhús* small)＋-ACEAE〗 ― n. pl. 〘植物〙(褐藻類) ナミマクラ科.

El·ae·ag·na·ce·ae [èliæɡnéɪsiiː | èlɪ-] 〖← NL ~ ← *Elaeagnus* (属名: ← Gk *elaíagnos* a kind of willow ← *elaía* olive＋*ágnos* choste tree)＋-ACEAE〗 ― n. pl. 〘植物〙グミ科. **èl·ae·ag·ná·ceous** [-ʃəs] adj.

e·lae·o- [éliou, ɪlíːou, əl-, -líːə | éliəu, ɪlíːəu] ＝ elaio-: *elaeo*blast.

E·lae·o·car·pa·ce·ae [ɪlìːou)kɑəpéɪsiiː, əl- | ɪlìːə(u)-kɑː-] 〖← NL ~ ← *Elaeocarpus* (⇨ elaio-, carpus)＋-ACEAE〗 n. pl. 〘植物〙ホルトノキ科.

e·lae·o·lite [ɪlíːəlàɪt, əl- | ɪl-] n. 〘鉱物〙＝eleolite.

el·ae·om·e·ter [èliɑ́məṭə | èlɪɔ́mɪtə(r, -mə-] 〖□ ? F *élaiomètre*: ⇨ elaio-, -meter¹〗 n. ＝oleometer.

el·ae·op·tene [èliɑ́ptiːn | èlɪɔ́p-] n. 〘化学〙＝eleoptene.

elàeo·steáric ácid n. 〘化学〙＝eleostearic acid.

E·laine¹ [ɪléɪn | el-, ɪl-] 〖ME ~ □ OF ~: ⇨ Helen〗 n. 女性名.

E·laine² [ɪléɪn | el-, ɪl-] 〖↑〗 ― n. エレイン 《Arthur 王伝説中の数人の人物の名; 特に次の二人》: **a** Lancelot に失恋して死んだ乙女 (the lily maid of Astolat). **b** Lancelot によって Galahad を産んだ Pelles 王の娘.

e·lai·o- [ɪláɪə, əl-, -léɪə | ɪláɪə(u), ɪléɪ-] 〖← Gk *élaion* (olive) oil: cf. olive〗 「オリーブ油, 油」の意の連結形: *elaio*plast.

El A·la·mein [èl-æləméɪn] n. エル アラメイン 《エジプト北海岸の村; 第二次大戦の激戦地》.

E·lam [íːləm] 〖□ Akkad. *Elamtu* 《原義》 highland〗 ― n. エラム 《Babylonia の東部, ペルシャ湾北方(イラン南西部)の地域名, またそこにあった古代王国; 首都 Susa; Susiana ともいう》.

E·lam·ite [íːləmàɪt] 〖⇨ ↑, -ite¹〗 ― adj. エラム (Elam) の, エラム人[語]の. ― n. **1** エラム人. **2** エラム語 《エラム人が話していた語族不明の言語; 主に楔形(くさびがた)文字で記されている; Susian ともいう》.

E·lam·it·ic [iːləmɪ́ṭɪk | -tɪk] n. ＝Elamite 2.

é·lan [eɪlɑ́ː(ŋ), -lɔ́ː(ŋ), -lɑ́ː(ŋ), -lɔ́(ː)ŋ; *F.* elɑ̃] 〖《(1880)》□ F ~ 'flight' < OF *eslan* ← *eslancer* to rush forth: ⇨ ex-¹, lance¹〗 ― n. (pl. ~s [~z; *F.* ~]) 勢い, 気力, 鋭気, 活力; (軍隊などの)躍進, 突進.

é·lan·cé [eɪlɑ́ː(n)seɪ, -lɔ́ː(n)-, -lɔ́(ː)n-; *F.* elɑ̃se] 〖□ F ~ (p.p. の名詞的用法) ← *élancer* to dart (↑)〗 ― n. (pl. ~s [~z; *F.* ~]) 〘バレエ〙エランセ 《前方へ足早に進み出る動作》.

e·land [íːlənd, -lænd | -lənd] 〖《(1786)》□ Afrik. ~ □ Du. *eland* elk □ G 《廃》 *Elend* (cf. *elentier*) □ Lith. *ellenis* stag ← IE **el-* red, brown〗 ― n. (pl. ~, ~s) 〘動物〙イランド, オオレイヨウ (*Taurotragus oryx*) 《アフリカ南・東部産の角がねじれた大型のレイヨウ》.

é·lan vi·tal [eɪlɑ́ː(ŋ)-viːtɑ́ːl, -lɔ́ː(ŋ)-, -lɑ́ːŋ-, -lɔ́(ː)ŋ-; *F.* elɑ̃vital] 〖□ F ~: ⇨ élan〗 ― n. 〘哲学〙生命の飛躍, 生の躍動 《物質的要素の機械的結合によらず, 生物を内的かつ飛躍的に進化させる根源的な力; Bergson が「創造的進化」(1907) で用いた有名な用語》.

el·a·pid [éləpɪd, -pəd | -pɪd] 〖← MGk *élaps* (＝Gk *él(l)ops* sea-fish)＋-ID²〗 n., adj. コブラ科の(毒ヘビ).

E·lap·i·dae [ɪlǽpədiː, əl- | ɪlǽpɪ-] 〖← NL ~: ⇨ ↑, -idae〗 n. pl. 〘動物〙コブラ科.

El·a·pi·nae [èləpáɪniː] 〖← NL ~ ← *Elap*, *Elaps* (属名: ⇨ elapid)＋-INAE〗 n. pl. 〘動物〙コブラ亜科.

e·lapse [ɪlǽps, əl- | ɪl-] 〖《(1644)》← L *ēlapsus* (p.p.) ← *ēlābī* to glide away ← *ē-* 'EX-¹'＋*lābī* to glide: ⇨ lapse〗 ― vi. 〈時が〉経過する, 経つ, 過ぎ去る (pass away): An hour ~*d* before his return. 彼が帰って来るまでに 1 時間経った. ― n. (時の)経過: We met again after an ~ of ten years. 10 年たってからまた会った.

e·lápsed tíme n. 経過時間 《ボートや自動車などがレースに要した時間》.

ELAS 《略》 *NGk* Ethnikós Laikós Apelephtherōtikós Stratós ギリシャ人民解放軍 (National Popular Liberation Army) (cf. EAM).

e·lasm- [ɪlǽzm, əl- | ɪl-] (母音の前に来る時の) elasmo- の異形.

e·las·mo- [ɪlǽzmo(u), əl- | ɪlǽzmə(u)] 〖□ F *élasmo-* & NL *elasmo-* ← Gk *elasmós* metal plate: ⇨ elastic〗 「金属延べ板」の意の連結形.

e·las·mo·branch [ɪlǽzməbræ̀ŋk, əl- | ɪl-] 〖← NL *Elasmobranch-ii* (pl.) ← ELASMO-＋*brágkhia* gills〗 〘魚類〙 ― adj. 軟骨魚綱の. ― n. 軟骨魚綱の魚 《サメ・エイなど; cf. teleost》.

E·las·mo·bran·chi·i [ɪlæ̀zməbrǽŋkiàɪ, el- | ɪlæ̀zməbrǽŋkɪ-] 〖← NL ~ (↑)〗 n. pl. 〘魚類〙軟骨魚綱.

e·las·mo·sau·rus [ɪlæ̀zmo(u)sɔ́ːrəs, əl- | ɪlæ̀zmə(u)-] 〖← NL ~: ⇨ elasmo-, -saurus〗 ― n. 〘古生物〙エラスモサウルス 《海に生息していた *Elasmosaurus* 属の首の長い大型の爬虫類の総称》.

e·last- [ɪlǽst, əl- | ɪl-] (母音の前に来る時の) elasto- の異形.

e·las·tance [ɪlǽstəns, əl- | ɪl-] 〖← ELAST(IC)＋-ANCE〗 n. 〘電気〙エラスタンス 《静電容量の逆数》.

e·las·tic [ɪlǽstɪk, əl- | -lǽs-, -lɑ́ːs-] 〖《(1653)》← NL *elasticus* ← Gk *elastikós* impulsive ← *elaúnein* to propel, drive: cf. elater〗 ― adj. **1** 伸縮性のある, 伸縮自在の. **2** 〈気体が〉膨張力のある. **3** 〈規則・評価・言語など〉融通性のある: an ~ word どうにでも解釈できる言葉 / ~ rules 融通のきく規則 / He seems to have a very ~ conscience. とても融通のきく良心の持主らしい. **4** しなやかな: an ~ cane しなやかな杖 / ~ motions しなやかな動き. **5** 弾性の; 弾力性のある: an ~ body 弾性体 / an ~ modulus ＝MODULUS of elasticity / ~ force 弾力 / an ~ string [cord, tape] ゴム(平)ひも[(丸)ひも, テープ] / an ~ band 輪ゴム. **6** 〈感情や人が〉反発力のある, 容易に屈しない: an ~ temperament 悲しい目にあってもすぐ快活になる性質. **7** 〘経済〙弾力的な 《経済要因(例えば所得)の変化に対応して比較的大幅の変動を生じる; ↔ inelastic》.
― n. **1** ゴムひも, ゴム糸: a piece of ~ ゴムひも一本. **2** 輪ゴム (rubber band). **3** ゴム入りの布; [通例 *pl.*] ゴム入り布の製品, (特に)靴下留め.

e·las·ti·ca [ɪlǽstɪkə, əl-, -tə-, -lǽs-, -lɑ́ːs-] 〖← NL ~ (fem.) ← *elasticus* (↑)〗 n. **1** 〘解剖〙(血管の)弾力層, 中膜. **2** 〘土木・建築〙＝elastic curve.

e·lás·ti·cal·ly adv. 弾力作用で, 弾性的に, 伸縮[屈伸]自在に.

e·las·ti·cat·ed [ɪlǽstɪkèɪṭɪd, əl-, -tə-, -ṭəd | ɪlǽstɪkèɪt-, ɪlɑ́ːs-] adj. **1** 〈織物が〉ゴム糸で織って伸縮性をもたせた: ~ slacks. **2** 〘比喩〙伸縮自在の: I wish I had ~ arms. 伸縮自在の腕がほしいなあ.

elástic cláuse n. (米国憲法の)弾力条項 《議会の潜在的な権限を規定するもの》.

elástic collísion n. 〘物理〙弾性衝突 《二つの物体が衝突する時, 運動エネルギーの損失がない衝突》.

elástic cónstant n. 〘物理〙弾性定数, 弾性率 《弾性体の応力とひずみの比を表わす定数》.

elástic cúrve n. 〘土木・建築〙弾性曲線 《荷重を受けた弾性体である線材の材軸が描く曲線》.

elástic deformátion n. 〘物理〙弾性変形 《応力が除かれれば元の形に復帰するような変形》.

e·las·tic·i·ty [ɪlæ̀stɪ́səṭi, əl-, ìːlæs-, -lɑːs-, ɪlæs-, əl-, ɪlɑ̀ːs-, -sɪti | èlæstɪ́sɪti, ìːl-, -læs-, -lɑːs-, ɪlæs-, əl-, ɪlɑːs-, -sɪtɪ] 〖《(1664)》← ELASTIC＋-ITY〗 ― n. **1** 〘物理〙弾性: ⇨ MODULUS of elasticity. **2** 伸縮性, 融通のきくこと, 変通性: There is no ~ in a mathematical fact. 数学上の事実には少しも伸縮性がない. **3** 立ち直る力, 快活さ: He had lost the ~ of youth. 青年の快活さを失ってい

た. 4 〘経済〙＝ELASTICITY of demand.
elasticity of demand 〘経済〙(需要の)弾性値, 弾力性《価格一単位あたりの変化に応じた需要の変化量; 単に elasticity ともいう》.
e·las·ti·cize [ɪlǽstəsàɪz | -lǽstɪ-, -lɑ́:s-] 〘← ELASTIC ＋-IZE〙 *vt.* …にゴムを入れる; 伸縮自在にする. **e·lás·ti·ciz·er** *n.*
elástic límit *n.* 〘物理〙弾性限(界), 弾性限度, 弾性極限.
elástic scáttering *n.* 〘物理〙弾性散乱《衝突する二つの粒子の内部エネルギーが不変であるような散乱》.
elástic-sìde[-sìded] *adj.* 〈靴が〉両側にゴム布のはいった: ～ boots (19 世紀に用いられた)深ゴム靴.
elástic sìdes *n. pl.* (深ゴム靴の)両側のゴム布; ＝ELASTIC-SIDE boots.
elástic stócking *n.* 〘医学〙弾性靴下(⇨stocking 2 c).
elástic tíssue *n.* 〘解剖〙弾性組織《皮下組織·動脈壁などにみられる弾力性の線維》.
elástic wáve *n.* 〘物理〙弾性波《弾性体を伝わる弾性振動の波》.
e·las·tin [ɪlǽstɪn, əl-, -tən | ɪlǽstɪn] 〘▭G *Elastin*: ⇨↓, -in¹〙 *n.* 〘生化学〙エラスチン, 弾性素, 弾力素《結締組織·腱(けん)などの構成物質である骨格性蛋白質》.
e·las·to- [ɪlǽsto(ʊ), əl- | ɪlǽstə(ʊ)] 〘← NL ～: ⇨elastic〙「弾性(のある)」の意の連結形: *elastomer.* ★ 母音の前では通例 elast- になる.
elàsto·hydrodynámics 〘← ELASTO-＋HYDRODYNAMICS〙 *n.* 流体弾性力学. **elàsto·hydrodynámic** *adj.*
e·las·to·mer [ɪlǽstəmə, əl- | ɪlǽstəmə(r] 〘← ELASTO-＋-MER〙 ― *n.* 〘化学〙エラストマー《弾性のある高分子物質; 例えば合成ゴム; cf. plastomer》. **e·las·to·mer·ic** [ɪlæ̀stəmérɪk, əl- | ɪl-] *adj.*
el·as·tom·e·ter [ɪlæstɑ́mətə, əl-, ì:læs- | ì:læstɔ́mɪtə(r, -mə-] 〘← ELASTO-＋-METER¹〙 *n.* 弾力計.
e·late [ɪléɪt, əl- | ɪl-] 〘《c1375》← L *ēlāt-us* (p.p.) ← *efferre* to elevate ← *ef-* 'EX-¹'＋*ferre* 'to BEAR²'〙 ― *vt.* …の意気をあげさせる; 元気づける; 得意にする: be ～*d with* [*by*] …で大得意である. ― *adj.* 《古》意気盛んな: an ～ spirit 盛んな意気.
e·lát·ed [-tɪd, -təd | -tɪd, -təd] *adj.* 意気盛んな, 大得意の: He felt proud and ～. 胸がふくらむような得意感を味わった. **～·ly** *adv.* **～·ness** *n.*
el·a·ter [élətə | -tə(r] 〘3: 《1653》← NL ～ ← Gk *elatḗr* driver ← *elaúnein* to propel: cf. elastic〙 ― *n.* 1 〘植物〙弾糸《スギナやコケ類の胞子嚢(のう)の中に生じ, 胞子をはじき出すための器官》. 2 〘昆虫〙クロコメツキ属 (*Elater*) のコメツキムシの総称. 3 《廃》弾力, 弾性.
e·lat·er·id [ɪlǽtərɪd, əl-, -rəd | ɪlǽtərɪd] 〘← NL *Elateridae*: ⇨↑, -id²〙〘昆虫〙 ― *adj.* コメツキムシ(科)の. ― *n.* コメツキムシ《コメツキムシ科の甲虫の総称; click beetle ともいう》.
El·a·ter·i·dae [èlətérədì: | -rɪ-] 〘← NL ～ ← *Elater* (属名: ⇨ elater)＋-IDAE〙 *n. pl.* 〘昆虫〙(鞘翅目)コメツキムシ科.
e·lat·er·in [ɪlǽtərɪn, əl-, -rən | ɪlǽtərɪn] 〘← ELATER(IUM)＋-IN¹〙 *n.* 〘薬学〙エラテリン ($C_{20}H_{28}O_5$)《elaterium から得られる白色結晶性粉末; 下剤用》.
e·lat·er·ite [ɪlǽtəràɪt, əl- | ɪlǽt-] 〘▭G *Elaterit*: ⇨ elater, -ite¹〙 *n.* 〘鉱物〙弾性瀝青(れきせい).
el·a·te·ri·um [èlətí(ə)riəm | -tíəri-] 〘▭L *elatērium* ▭Gk *elatḗrion* (neut.) ← *elatḗrios* driving: ⇨ elater〙 ― *n.* 〘薬学〙エラテリウム《テッポウウリ (squirting cucumber) の未熟果の絞り汁のエキスで, 20-30%のエラテリンを含む強力下剤》.
E·lat·i·na·ce·ae [ɪlæ̀tənéɪsiì:, əl-, -tn- | ɪlæ̀tɪn-] 〘← NL ～ ← *Elatine* (属名: ← Gk *elátinē* (fem.) ← *elátinos* ← *elátē* silver fir)＋-ACEAE〙 ― *n. pl.* 〘植物〙ミゾハコベ科.
e·la·tion [ɪléɪʃən, əl- | ɪl-] 〘《a1390》 *elacioun* ▭OF *elacion* ∥ L *ēlātiō(n-)* ← *ēlātus* 'ELATE'〙 ― *n.* 1 盛んな意気, 意気揚々 (exultation); 得意 (vainglory). 2 〘病理〙多幸症; 病的高揚状態.
e·la·tive [í:lətɪv, él- | -tɪv] 〘⇨ elate, -ative〙〘文法〙 ― *adj.* 1 (フィンランド語などの)出格の (cf. illative 1 b). 2 (アラビア語などの)独立最上級の. ― *n.* 1 出格. 2 独立最上級.
É làyer *n.* [the ～]〘通信〙E 層《地上 80-150 km の高さに日中形成される電離層 (ionosphere) で, 長中波の電波を反射する; cf. sporadic E layer》.
El·ba [élbə] *n.* エルバ(島)《イタリア半島と Corsica 島との間のイタリア領の小島; Napoleon 一世が最初流された所 (1814-15); 人口 27,000, 面積 223 km²》.
El·be [élbə, élb | élb; *G.* élbə] 〘▭G ～ < OHG *Elba, Alba* ▭L *Albis* ▭Gk *Álbi(o)s*〙 *n.* [the ～] エルベ(川)《チェコスロバキア西部に発し, 東ドイツ中部を北西に流れ, 西ドイツ北東部で北海に注ぐ川 (1,165 km)》.
El·ber·feld [élbəfèlt | -bə-; *G.* élbɐfɛlt] *n.* ⇨ Wuppertal.
El·bert [élbət | -bət] 〘⇨ Albert〙 *n.* 男性名.
El·bert [élbət | -bət], **Mount** *n.* エルバート山《米国 Colorado 州中部の山; Rocky 山脈中の最高峰 (4,399 m)》.
El·ber·ta¹ [elbə́:tə | -bə́:tə] 〘(fem.) ← ELBERT〙 *n.* 女性名.
El·ber·ta² [elbə́:tə | -bə́:tə] 〘この品種の開発者 Samuel H. Rumph の妻の名から〙 *n.* 〘園芸〙エルバータ《米国のモモの品種名; 果肉黄色で, 核離れがよい》.
El·blag [élblɔ:ŋ; *Pol.* élblɔŋk] *n.* エルブロング《ポーランド北部の港市, 工業都市; 人口 90,000》.
el·bow [élbou | -bəu] 〘OE *eln(e)boga* 《原義》arm bow < Gmc **alinoboʒan* (Du. *elleboog* / G *Ell(en)bogen*): ⇨ ell², bow¹〙 ― *n.* 1 (人間の)肘(ひじ); (四足獣前肢の)肘; (着物の)肘. ★ ラテン語系形容詞: anconeal. 2 L 字形の屈曲: **a** 肘形煙突 (elbow pipe). **b** 肘接手 (elbow joint). **c** 肘掛け. **d** (土管の)雁(がん)首. 3 (道路·河川·海岸線の)急屈曲. 4 〘建築〙 **a** エルボ, 朝顔ずみ, わき腰, 呼び樋(とい)《通例 90 度曲がっている管》. **b** ＝crossette 1.

elbow 4 a

at one's [*the*] *elbow* すぐそばに, 手近に. *crook one's elbow* ⇨ crook¹ 成句. *elbow in* (*the*) *hawse* 〘海事〙二つの錨を投じて双錨泊している船が 360° だけ旋回してしまった時に生じる錨鎖のからまった状態. *from one's* [*the*] *elbow* 手元から離れて. *lift* [*bend, tip*] *the* [*one's*] *elbow* 一杯やる; (特に)飲み過ぎる, 深酒をする. *out at* (*the*) *elbows* (1) 〈着物が〉肘が破れてみすぼらしい. (2) 〈人が〉窮乏して. *rub* [*touch*] *elbows* […と]接触する, 付き合う [*with*]. *up to the* [*one's*] *elbows* [仕事などに]没頭して, 忙殺されて [*in*]: We are *up to the* ～*s in* orders. 注文に忙殺されている.
― *vt.* 1 肘で突く, 肘で押す[押しのける]: ～ each other 押し合う / ～ a person *out of* the way 邪魔にならないように人を押しのける / ～ people *aside* [*off*] 人々を押しのける. 2 [～ one's way または ～ *oneself* で](肘で)押し分けて進む: He ～*ed his way through* the crowd. 人込みの中を押し分けて通った / I ～*ed myself into* the crowded room. 混雑している部屋に人を押し分けてはいった. ― *vi.* 1 押し分けて進む. 2 角(かど)をなす; 曲がる.
élbow bènding *n.* 一杯やること.
élbow·bòard *n.* 窓膳板 (window board).
élbow chàir *n.* 肘掛け椅子.
élbow-còp *n.* 〘甲冑〙肘当(ひじあて) (⇨ armor 挿絵).
élbow-gàuntlet *n.* 〘甲冑〙(肘まで覆う)長い籠手(こて).
élbow grèase *n.* 《戯言》激しくこすること; 大変な骨折り: bestow a lot of ～ on a work ある仕事に大いに骨を折る.
élbow·pìece *n.* 〘甲冑〙肘当.
élbow·ròom *n.* (自由に肘を動かせるだけの)余地, 余裕, ゆとり; 自由な行動範囲 (free scope): have no ～ 身動きがとれない.
El·brus [elbrú:s; *Russ.* eljbrús], **Mount** *n.* (*also* **Elbruz** [～]) エルブルス山《ソ連邦 Georgia 共和国北部, Caucasus 山脈中の山でヨーロッパの最高峰(5,642m)》.
El·búrz Móuntains [elbúəz- | -búəz-] *n. pl.* [the ～] エルブルズ山脈《カスピ海の南岸を走るイラン北部の山脈; 最高峰は Demavend (5,604 m)》.
El Cap·i·tan [el-kæ̀pɪtǽn, -pə- | -pɪ-] 〘▭Sp. ～ 《原義》the captain〙 *n.* California 州東部の Sierra Nevada 山脈中の山; Yosemite 峡谷では絶壁の高さ 1,100 m.
El Cau·dil·lo [el-kaudí:ljou | -ljəu; *Sp.* elkaudíʎo] 〘▭Sp. ～ 《原義》the leader〙 ― *n.* エルカウディーョ《スペイン内乱の反乱軍総帥 F. Franco 将軍の称号; cf. Il Duce, Führer 2》.
El Chaco *n.* ⇨ Gran Chaco.
El Cid *n.* ⇨ the CID.
El Cid Campeador *n.* ⇨ the CID.
eld [éld] 〘OE *eld(o)* age < Gmc **alþī* (OHG *eltī* / ON *elli*) ← **alþaz* 'OLD'〙 *n.* 1 《英方言》年齢, 年. 2 《古·詩》老年. 3 《古·詩》いにしえ: men of ～ 昔の人々.
eld. 《略》elder; eldest.
el·der¹ [éldə | -də(r] 〘OE *eldra* older < Gmc **alþizon* (G *älter*) (comp.) ← **alþaz* 'OLD': cf. eld, -er²〙 ― *adj.* (old の比較級) 1 (兄弟など)年上の, 年長の: an ～ brother [sister] 兄[姉] / one's ～ son [daughter] 上の息子[娘] / Which is the ～ (of the two)? どちらが兄[姉]ですか. ★ elder, eldest は独立的に the elder [eldest] として用いられる場合以外には, Predicative には用いられない. なお, elder, eldest の older, oldest との用法の相違については ⇨ old 2 b ★. 2 古参の (senior). 3 昔の (ancient, former): ～ times.
― *n.* 1 **a** 年長者. **b** [通例 *pl.*]《古》老人, 故老. **c** [*pl.*] 先輩, 長上: Respect your ～*s*. 2 (民族·社会の)元老, 長老: the village ～*s*. 3 (初代教会で特に選ばれた指導者として)長老, 監督者, 世話役. 4 〘長老派教会〙長老: ⇨ ruling elder, teaching elder. 5 (モルモン教会で)長老《メルキゼデク神権 (Melchizedek Priesthood) の職のひとつ》. 6 元老院議員. 7 (一部のプロテスタント教会における)教会事務員《礼拝の時などに牧師を助けることが多い》.
el·der² [éldə | -də(r] 〘ME *eldre* (*d* は音便上の挿入), *eller(ne)* < OE *ellærn*: cog. G *Eller, Erle*〙 ― *n.* 〘植物〙 1 ニワトコ《スイカズラ科ニワトコ属 (*Sambucus*) の低木または小高木の総称; セイヨウニワトコ (European elder), アメリカニワトコ (American elder) など》. 2 ニワトコに似た他の樹木《ネグンドカエデ (box elder) など》.
élder·bèr·ry [-bèri, -b(ə)ri | -bèrɪ, -b(ə)rɪ] 〘ME *eldreberye*: ⇨↑, berry〙 *n.* 〘植物〙 1 ニワトコの黒紫色または赤色の果実. 2 ＝elder².
élderberry wíne *n.* にわとこ酒《ニワトコの実から造る果実酒; elder wine ともいう》.
Élder Bréthren *n. pl.* (London の)水先案内協会 (Trinity House) の幹部会員.
Élder Bróther *n.* Elder Brethren の一人.
élder hánd *n.* 〘トランプ〙＝eldest hand.
él·der·ly 〘← ELDER¹＋-LY²〙 *adj.* 1 **a** 中年すぎの; 《婉曲》(かなり)年配の, 初老の; [the ～; 名詞的に] 年配の人たち: an ～ lady. **b** 年配の人らしい: an ～ face. 2 〈物が〉旧式の. **él·der·li·ness** *n.*
élder·shìp 〘← ELDER¹＋-SHIP〙 *n.* (長老教会の)長老の職.
élder státesman *n.* 1 (特に, 1818-1914 年の日本の)元老. 2 (政界などの)長老. 3 (集団·組織で)重きをなす人, 重鎮, 大御所.
élder wíne *n.* ＝elderberry wine.
el·dest [éldɪst, -dəst] 〘OE *eldest(a)* < Gmc **alþistaz* (G *ältest(e)*) (superl.) ← **alþaz* 'OLD': ⇨ -est¹〙 ― *adj.* (old の最上級) 長子の (first-born); 最も年上の (cf. elder 1 ★): one's ～ son [daughter] 長男[女] / the ～ brother [sister] 一番上の兄[姉].
éldest hánd *n.* 〘トランプ〙(ポーカーで)一番手, 長(ちょう)手《親の左隣にすわり最初に札を配られる競技者; ある方式のポーカーでは後賭け権 (edge) をもつ》.
E.L.D.O., Eldo [éldou | -dəu] 《略》European Launcher Development Organization 欧州宇宙ロケット開発機構《1962 年設立》.
El Do·ra·do [èldərɑ́:dou, -réɪ-, -rǽd- | -rɑ́:dəu, -dɔr-] 〘▭Sp. ～ 《原義》the gilded (country)〙 ― *n.* (*pl.* ～*s*) 1 (スペイン人が南米 Amazon 河畔にあると想像した)黄金の国[都市], エルドラード. 2 黄金郷, 宝の山. 3 (特に, gold rush 時代の)米国 California 州の俗称.
El·dred [éldrɪd, -drəd | -drɪd, -dred] 〘OE *Ealdrēd* 《原義》great in counsel: ⇨ old, rede〙 *n.* 男性名.
El·dridge [éldrɪdʒ] 〘《異形》← ALDRIDGE〙 *n.* 男性名.
el·dritch [éldrɪtʃ] 〘《1508》 *elrich* (*d* は音便上の挿入) < OE **ælfriċe* fairyland ← *ælf* 'ELF'＋*riċe* realm: ⇨ rich〙 ― *adj.* 《スコット》うす気味悪い (uncanny), ものすごい, 恐ろしい (terrifying).
E·le·a [í:liə | -lɪə, -ljə] *n.* エレア《イタリア南西部 Lucania 海岸にあったギリシャの古代都市; ギリシャの哲学者 Parmenides とその弟子 Zeno of Elea によってエレア学派 (Eleatic school) が開かれた》.
El·ea·nor [élənə, -nɔə | élɪnə(r, élə-] 〘▭OF *Elienor* ▭OProv. *Aliénor*〙 ― *n.* 女性名《愛称形 El, Ella, Ellie, Nell; 異形 Eleanora, Eleanore, Elinor, Leonore, アイルランド語形 Eileánóir》.
El·e·a·no·ra [èliənɔ́:rə, -nó:rə | èlɪənɔ́:rə, èljə-] 〘▭It. ～ (↑)〙 *n.* 女性名.
Éleanor of Áquitaine *n.* エレオノールダキテーヌ《1122?-1204; フランス王 Louis 七世の妃であったが, 離婚; 英国王 Henry 二世の妃となった》.
Éleanor of Castíle *n.* (1244?-90) 英国王 Edward 一世の后; そのひつぎの通った道筋の休憩地 12 個所に王命により十字架 (Eleanor Cross) が建てられた.
El·e·at·ic [èliǽtɪk | èlɪǽt-] 〘▭L *Eleātic-us* ← *Elea* ▭Gk *Eléā*: エレア学派の始祖と考えられていた Parmenides と Zeno of Elea の生誕地: ⇨ -ic¹〙 ― *adj.* 1 エレア (Elea) の. 2 エレア学派の, エレア派哲学の: the ～ school [philosophy] エレア学派[哲学]. ― *n.* 1 エレア人. 2 エレア派の哲学者: the ～*s* エレア学派(の人々).
Èl·e·át·i·cism [-təsɪzm | -tɪ-] 〘⇨↑, -ism〙 ― *n.* エレア学派哲学《紀元前 5 世紀の Parmenides が創始し Zeno of Elea が祖述した哲学で, 不可分で唯一の有を実在とした主張した》.
El·e·a·zar [èliéɪzə | èlɪéɪzə(r] 〘▭LL ～ ▭Gk *Eleazár* ▭Heb. *El'āzār* 《原義》God has helped: cf. Ebenezer〙 ― *n.* 1 男性名. 2 〘聖書〙エレアザル《Aaron の息子で Israel の高僧としてその後を継いだ; cf. *Num.* 20: 25-28》.
elec. 《略》election; elector; electoral; electric; electrical; electrician; electricity; electron; electuary.
el·e·cam·pane [èlɪkæmpéɪn, èlə-, -kəm- | èlɪkæm-] 〘《1533》《短縮》← ML *enula campāna* 《原義》field inula ← *enula* (《変形》← L *inula* elecampane)＋*campāna* of the field ((fem.) ← *campānus* ← L *campus* 'CAMP¹'): ⇨ inulin〙 ― *n.* 〘植物〙オオグルマ (*Inula helenium*)《キク科植物; 昔薬用にした; scabwort ともいう》.

elecampane

e·lect [ɪlékt, əl-] 〘《v., adj.: ?a1425; n.: a1398》← L *ēlēctus* (p.p.) ← *ēligere* to choose ← *ē-* 'EX-¹'＋*legere* to collect: ⇨ lecture〙 ― *vt.* 1 〈議員·議長などを〉選挙する; [目的語＋補語を伴って]〈人を〉〈役に〉選任する (choose and appoint): ～ a magistrate 行政長官を選挙する / the ～*ed* 選ばれた人, 当選者 / We ～*ed* John (*to be*) chairman [～*ed* John *to* the chair]. ジョンを議長に選んだ / He was ～*ed to* the House in 1960. 1960 年に下院議員に当選した / Mr. Carter was ～*ed* President of the United States in 1976. カーター氏は 1976 年に合衆国大統領に選ばれた. 2 《米》〈履習科目などを〉選ぶ, 選択する (choose, pick out): That year I ～*ed* the science course. その年私は理科を選んだ. 3 《文語》〈方針などを〉定める (decide on); 〈…することに〉きめる (choose) 〈*to do*〉: He ～*ed to* remain at home. 彼はうちにとどまることにきめた. 4 〘神学〙〈神が〉(永遠の救いに値するものとして)選ぶ (cf. *n.* 2): those ～*ed* by God 神によって選ばれた人々. ― *vi.* 選ぶ, 選挙を行なう.
― *adj.* 1 特に選ばれた, 選定された (specially chosen); えり抜きの (select): They believed themselves

an ～ group. 彼らは自分たちをえり抜かれた者だと信じていた. 2 [通例名詞のあとに置かれ複合語をなして] (まだ就任していないが)選挙された, 当選した; 結婚の相手として選ばれた; the Mayor *elect* 当選市長 / the President *elect* 当選大統領 / the Bride *elect* 選ばれた花嫁, いいなずけ. 3 〘神学〙 神に選ばれた.
— *n.* 1 [the ～; 集合的] 選ばれた人々, 特権者. 2 [通例 the ～] 〘神学〙 神に選ばれ(て永遠の救いを得)た人(々), (神の)選民 (cf. reprobate *adj.* 1): *the* ～ of God ＝God's ～ 神に選ばれた人々.
e·lèct·a·bíl·i·ty [-təbíləṭi | -ləti, -lɪ-] *n.* **～·a·ble** [-təbl] *adj.*
elect. 《略》 electric; electrical; electridian; electricity; electuary.
e·lec·tion [ɪlékʃən, əl-] 〘《c1290》 *eleccioun* ⊏ (O)F *élection* ⊏ L *ēlectiō(n-)* ← *ēlectus* 'ELECT': ⇨ -tion〙
— *n.* 1 a 選挙; 当選: canvass for an ～ 選挙運動をする / carry an ～ 選挙に勝つ, 当選する / a special ～ 《米》 補欠選挙 (by-election) / ⇨ general election / His ～ *to* Congress pleased all his supporters. 彼が議員に当選したので支持者一同は喜んだ. b [形容詞的に]: an ～ address 選挙演説, (議員選挙の)政見発表演説 / an ～ agent 《英》 選挙運動員 / an ～ campaign 選挙戦[運動] / an ～ committee 選挙委員会 / an ～ district 《米》 選挙区 / ～ expenses 選挙費. 2 国[市, 町, 村]民投票, 票決. 3 選択, 選定, 選任. 4 〘神学〙 (ある使命または永遠の救いを与えられるための)神の選抜, 選び (cf. reprobation 3).
Eléction Dày *n.* 《米》 1 国民選挙日《11 月の第 1 月曜日の次の最初の火曜日; 大統領と副大統領の選挙人を選挙する日, 上下両院議員の $^1/_3$ が改選される日; 多くの州では legal holiday》. 2 [e- d-] 議員選挙日.
e·lec·tion·eer [ɪlèkʃəníə, əl- | -níə(r] 〘《1789》: ⇨ election, -eer〙 *vi.* 選挙運動をする, (候補者·党のため)選挙に奔走する. — *n.* 選挙運動者.
e·lèc·tion·éer·er [-ní(ə)rə | -níərə(r] *n.* ＝electioneer.
e·lèc·tion·éer·ing [-ní(ə)rɪŋ | -níər-] *n.* 選挙運動.
— *adj.* 選挙運動を行なう: an ～ agent 選挙運動員.
e·lec·tive [ɪléktɪv, əl-] 〘《a1425》 ⊏ (O)F *électif* // ML *ēlectīvus* ← L *ēlectus* 'ELECT': ⇨ -ive〙 — *adj.* 1 選挙の, 選挙に関する. 2 〈職·権能など〉選挙による (cf. nominative 1, appointive 1): ～ kings 選立君主 / an ～ office 公選の職. 3 選挙するための, 選挙権を有する: an ～ body 選挙母体 / ～ franchise 選挙権. 4 〈学科が〉選択性の, (随意)選択の (↔ required): ～ subjects 選択科目 / an ～ course 選科, 随意科 / the ～ system 選択科目制度. 5 〘化学〙 選択的な: ～ affinity [attraction] 選択親和力[引力]. 6 〘医学〙 〈手術など〉随意の, 緊急を要しない. — *n.* 選択科目. **～·ly** *adv.* **～·ness** *n.*
e·léc·tor [-tə, -tɔə | -tə(r] 〘《a1464》 ⊏ (O)F *électeur* // L *ēlector* ← *ēlectus* 'ELECT': ⇨ -or²〙 — *n.* 1 選挙人, 有権者. 2 《米》 大統領および副大統領選挙人《electoral college の一員》. 3 〘《なぞり》 ← G *Kurfürst*〙 [通例 E-] 〘ドイツ史〙 選帝侯《神聖ローマ帝国で皇帝選定権をもっていた諸侯の一人》.
e·lec·tor·al [ɪlékt(ə)rəl, əl-] 〘《1675》: ⇨ ↑, -al¹〙 — *adj.* 1 選挙の; 選挙人の: ～ campaign 選挙運動 / an ～ law 選挙法 / an ～ district 選挙区. 2 選挙人から成る. 3 [しばしば E-] 〘ドイツ史〙 選帝侯の: an ～ prince 選帝侯の世継ぎ.
eléctoral cóllege *n.* 《米》 (大統領と副大統領を選挙する)選挙人団.
eléctoral crówn *n.* 〘ドイツ史〙 選帝侯冠《神聖ローマ帝国の選帝侯のかぶった黄金冠; 白テンの毛皮にふちどられた深紅色のビロードの帽子とその上にかけられた黄金のアーチよりなる; cf. elector 3》.
e·lec·tor·ate [ɪlékt(ə)rət, əl-, -rɪt] 〘《1675》 ⊏ F *électorat*: ⇨elector, -ate¹〙 — *n.* 1 [集合的] 選挙民, (一選挙区の)全有権者. 2 選挙区. 3 (神聖ローマ帝国の)選帝侯の職[管轄]; 選帝侯領 (cf. Palatine electorate).
eléctor·shìp 〘← ELECTOR＋-SHIP〙 *n.* 選挙人の資格[身分, 地位].
electr. 《略》 electric; electrical; electrician; electricity.
e·lectr- [ɪléktr, əl-] (母音の前に来る時の) electro- の異形.
E·lec·tra [ɪléktrə, əl- | ɪl-] 〘⊏ L *Ēlectra* ⊏ Gk *Ēléctra* 《原義》 shining: cf. electric〙 — *n.* 1 女性名. 2 〘ギリシャ伝説〙 エレクトラ《Agamemnon と Clytemnestra の娘; その弟 Orestes と協力して母とその情人を殺し父のかたきを討った》. 3 〘ギリシャ神話〙 エレクトラ (⇨ Pleiades).
Eléctra còmplex *n.* 〘精神分析〙 エレクトラコンプレックス, 親父(おや)複合《娘がその父親に対して無意識的に懐く性的な思慕; cf. Oedipus complex》.
e·lec·tress [ɪléktrɪs, əl-, -trəs] 〘← ELECT(OR)＋-ESS¹〙 *n.* 1 婦人選挙人. 2 [通例 E-] (神聖ローマ帝国の)選帝侯夫人.
e·lec·tret [ɪléktrɪt, əl-, -rət, -ret] 〘← ELECTR(ICITY)＋(MAGN)ET〙 *n.* 〘電気〙 エレクトレット《残留静電分極を有するもの》.
e·lec·tric [ɪléktrɪk, əl-] 〘《1646》 ← NL *ēlectric-us* ← L *ēlectrum* ⊏ Gk *ēlektron* amber (cf. *ēléktōr* the beaming sun): 英国の物理学者 W. Gilbert (1540-1603) が 1600 年ごろ命名, 琥珀(こはく)が摩擦により電気を起こすことから〙 — *adj.* 1 電気の, 電気性の: an ～ battery 電槽(でんそう) / an ～ circuit (電流)回路 / ～ discharge 放電 / ～ energy 電気エネルギー / ～ power 電力 / an ～ spark 電気火花. 2 電気を帯びた[起こす, 伝える]; 電気作用の, 電気仕掛けの: an ～ bell 電鈴 / an ～ blanket 電気毛布 / an ～ car 電車《車両》 / ～ clippers 電気バリカン / an ～ fan 扇風機 / an ～ heater 電熱器 / an ～ motorcar＝electric automobile / an ～ razor 電気かみそり / an ～ sign 電光看板 / an ～ toaster (電気)トースター / an ～ towel 電気タオル《ボタンを押すと熱気が出る温風機》 / an ～ train 電車《列車》 / an ～ typewriter 電動タイプライター / an ～ washing machine [washer] 電気洗濯器 / an ～ wire 電線 / an ～ radiator 電気暖房器 / ～ cord 《米》 電気用コード (《英》 flex) / an ～ fire 電気ヒーター, (特に家庭用の)電気ストーブ. 3 電気のような, 電撃的な; わくわくする, 刺激的な: have an ～ effect 電撃的な効果を及ぼす / ～ eloquence 感動的な雄弁. 4 a 〈楽器が〉電気的に音を増幅する (cf. acoustic 3): an ～ piano / ⇨ electric guitar. b 電気[エレキ]ギターで演奏される: ～ rock, folk song, etc.
— *n.* 1 電車; 電気鉄道 (electric railroad); 電気自動車; 電気機関車; 電気回路; 電灯. 2 〘古〙 起電物体《琥珀(こはく)·ガラスなど》. 3 [*pl.*] 電気設備.
e·lec·tri·cal [ɪléktrɪkəl, əl-, -trə- | -trɪ-] 〘《1635》: ⇨ ↑, -al¹〙 — *adj.* 1 電気に関する: ⇨ electrical engineer, electrical engineering. 2 電気の[による] (electric): an ～ machine 電気機械 / ～ lawn mowers 電気芝刈機 / an ～ clock 電気時計 / ～ transmission (写真の)電送. 3 電気のような, 電撃的な: an ～ effect.
～·ly *adv.*
eléctrical degrée *n.* 〘電気〙 電気角《交流電流の 1 サイクルの $^1/_{360}$》.
eléctrical engineér *n.* 電気技師.
eléctrical engineéring *n.* 電気工学.
eléctrical precipitátion *n.* ＝electric precipitation.
eléctrical scánning *n.* 〘電子工学〙 電気的走査《のこぎり波などを用いて電気的に走査する方法; テレビのブラウン管などで用いている; electronic scanning ともいう; cf. mechanical scanning 2》.
eléctrical shéet *n.* (電気機器の鉄心を形成するための)電気鉄板.
eléctrical stórm *n.* ＝electric storm.
eléctrical transcríption *n.* 〘ラジオ·テレビ〙 1 録音を使用した放送. 2 放送用に収録した録音盤[テープ, フィルム].
eléctric automobíle *n.* (蓄電池による電動機を用いた)電気自動車.
eléctric blúe *n.* 鋼青色《鋼鉄のような青色》.
eléctric bráin *n.* ＝electronic brain.
eléctric cátfish *n.* 〘魚類〙 デンキナマズ (*Malapterurus electricus*)《熱帯アフリカ産; raad ともいう》.
eléctric céll *n.* ＝cell 5 a.
eléctric cháir *n.* (死刑用)電気椅子 (death chair); 電気処刑 (electrocution): be sent to the ～ 電気椅子で死刑に処せられる.
eléctric chárge *n.* 〘電気〙 電荷.
eléctric clóck *n.* 電気時計.
eléctric cúrrent *n.* 電流.
eléctric dípole *n.* 電気双極子《正·負電荷の対(つい)》.
eléctric dípole mòment *n.* 〘電気〙 電気双極子モーメント.
eléctric dischárge *n.* 〘電気〙 放電: a 気体中を電流が流れること. b 電池やコンデンサーがエネルギーを放出すること.
eléctric displácement *n.* 〘電気〙 電束密度, 電気変位.
eléctric dóuble láyer *n.* 〘電気〙 電気二重層《正負の電荷が一つの面の表と裏に近接して分布しているもの; Helmholtz double layer ともいう》.
eléctric éel *n.* 〘魚類〙 デンキウナギ, シビレウナギ (*Electrophorus electricus*)《南米北部の淡水に産し, 強い放電力を有する》.
eléctric éye *n.* 1 電気の目《光電素子を用いた街灯の自動点滅器などの総称》. 2 〘電子工学〙 蛍光指示管, マジックアイ《同調状態の指示などを行なう小形の陰極線管; electron-ray tube ともいう》.
eléctric fénce *n.* 電流の流れている柵.
eléctric fíeld *n.* 〘電気〙 電界, 電場《電気力の場》.
eléctric fúrnace *n.* 電気炉 (cf. arc furnace, induction furnace).
eléctric glów *n.* 〘電気〙 グロー《低圧ガス中の放電で発生する光で, ネオン管などに用いられる; cf. glow discharge》.
eléctric guitár *n.* 電気[エレキ]ギター (cf. acoustic guitar).
eléctric hámmer *n.* 〘機械〙 電気ハンマー《リベット打ち·かしめ (caulking) などに用いられる》.
eléctric háre *n.* (コースの内側を走る)電動式模型うさぎ (cf. dog racing).
e·lec·tri·cian [ɪlèktríʃən, əl-, ì:lek-, ìlek-, èlek-, ì:lek-, èlɪk-, ɪlek-, əl-] 〘《1751》 ← ELECTRIC＋-IAN〙 *n.* 電気技師; 電気(機械)工, 電気係(員).
eléctric inténsity *n.* 〘電気〙 電界強度.
eléctric íron *n.* 電気アイロン.
e·lec·tric·i·ty [ɪlèktrísəṭi, əl-, ì:lek-, -sti | ìlektrísəti, èlek-, ì:lek-, èlɪk-, ɪlèk-, əl-, -sɪti] 〘《1646》 ← NL *electricus* 'ELECTRIC'＋-ITY〙 — *n.* 1 電気: frictional ～ 摩擦電気 / magnetic ～ 磁電気 / resinous ～ 陰電気 / thermal ～ 熱電気. 2 電気学. 3 電流, 電力(供給): install ～ 電気を引く / a machine run by ～ 電動機械. 4 (他に感染する強い)興奮状態, 熱情.
eléctric lámp *n.* 電灯.
eléctric líght *n.* 1 電灯の光. 2 ＝electric lamp.
eléctric lóck *n.* 〘鉄道〙 電気鎖錠器《electric locking を行なう装置》.
eléctric lócking *n.* 〘鉄道〙 電気鎖錠《信号機や転轍(てつ)器で条件が備わっていない時に運動を電気的に阻止すること》.
eléctric lócomotive *n.* 電気機関車.
eléctric móment *n.* 〘電気〙 電気モーメント.
eléctric néws tápe *n.* 電光ニュース.
eléctric órgan *n.* 1 電気オルガン. 2 (デンキウナギなどの)発電器官.
eléctric oscillátion *n.* 〘電気〙 ＝oscillation 3.
eléctric óutlet *n.* (電気の)差込み口, コンセント.
eléctric poténtial *n.* 〘電気〙 電位《アースなどの基準点からの電圧》.
eléctric precipitátion *n.* 電気集塵《静電力で黒煙中の微粒子などを電極に吸いつけて除去すること》.
eléctric propúlsion *n.* 電気推進《船·自動車·鉄道車両などを電気で動かすこと》.
eléctric ráilroad [ráilway] *n.* 電気鉄道, 電鉄.
eléctric ráte *n.* 《英》 電気料金率.
eléctric ráy *n.* 〘魚類〙 シビレエイ《シビレエイ科の魚類の総称; 強い放電力がある》.
eléctric shóck *n.* ＝shock¹ 5.
eléctric shóvel *n.* 〘機械〙 電気ショベル.
eléctric stéel *n.* 〘冶金〙 電炉鋼《屑鉄を原料として電気炉で作られた鋼》.
eléctric stórm *n.* 激しい雷雨 (thunderstorm).
eléctric tórch *n.* 《英》＝flashlight 3.
eléctric utílity *n.* 電気事業, 電力会社.
eléctric wáve *n.* 〘電気〙 1 ＝electromagnetic wave. 2 電流波《導体中の高周波電流を波として捕える概念》.
e·lec·tri·fi·ca·tion [ɪlèktrəfɪkéɪʃən, əl-, -fə- | -trɪfɪ-] 〘《1748》 ← ELECTRI(FY)＋-FICATION〙 — *n.* 1 帯電, 充電. 2 電力の使用, (鉄道·台所設備などの)電化: a rural ～ program 農村電化計画. 3 感電. 4 強い衝撃[感動]を与えられること: her ～ by John's proposal ジョンのプロポーズによる彼女の強い興奮.
e·lec·tri·fy [ɪléktrəfàɪ, əl- | -trɪ-] 〘《1747》 ← ELECTRI(C)＋-FY〙 — *vt.* 1 …に電気を帯びさせる, 電気を通じる, 帯電させる, 充電する: ～ a wire 電線に電気を通じる / an *electrified* body 帯電体. 2 電化する: ～ a railway system 鉄道を電化する. 3 〈人〉に電気ショック(療法)を施す. 4 …に(電撃のような)強い衝動[感動]を与える, ぎょっとさせる (thrill, startle): ～*ing* news ショッキングなニュース / The audience was *electrified*. 聴衆は強烈な感動を与えられた / He was *electrified* to hear the news. そのニュースを聞いてぎょっとした. 5 電気的に〈音楽を〉増幅する. **e·léc·tri·fi·a·ble** [ɪléktrəfàɪəbl, əl-, ―――――― | -rɪ-] *adj.* **e·léc·tri·fì·er** *n.*
e·lec·trize [ɪléktraɪz, əl-] 〘《1746》 ← ELECTRI(C)＋-IZE〙 *vt.* ＝electrify 1, 2. **e·lec·tri·za·tion** [ɪlèktrɪzéɪʃən, əl-, -trə- | -lèktraɪ-, -trɪ-] *n.* **e·léc·trìz·er** *n.*
e·lec·tro [ɪléktroʊ, əl- | -trəʊ] 〘《略》 1: ← ELECTROPLATE. 2: ← ELECTROTYPE〙 — *v., n.* (*pl.* ～s) 《口語》 1 ＝electroplate (*v.*), electroplating (*n.*). 2 ＝electrotype (*n., v.*).
e·lec·tro- [ɪléktro(ʊ), əl- | -trə(ʊ)] 〘《19C》 ← NL ～ ← L *ēlectrum* ⊏ Gk *ēlektron* amber〙 —「電気の, 電気による; 電子の」の意の連結形: *electro*magnet, *electro*type. ★ 母音の前では通例 electr- になる.
elèctro·acóustic *adj.* 電気音響学の. **elèctro·acóustically** *adv.*
elèctro·acóustics *n.* 電気音響学.
elèctro·análysis *n.* 〘化学〙 電気分析, 電解(分析).
elèctro·analýtic *adj.* **elèctro·analýtical** *adj.*
eléctro·bàth 〘⇨ bath¹〙 *n.* (電気めっき用)電液, 電解浴.
elèctro·biólogy *n.* 生物電気学《生物の電気現象を取り扱う》.
elèctro·cárdiogram *n.* 〘医学〙 心電図 (略 ECG, EKG; cf. radiocardiogram).
elèctro·cárdiograph *n.* 〘医学〙 心電計《心電図を描記する装置》. **elèctro·cardiográphic** *adj.* **elèctro·cardiográphically** *adv.*
elèctro·cardiógraphy *n.* 〘医学〙 心電図記録(法), 心電図検査(法) (cf. radiocardiography).
elèctro·cauterizátion *n.* 〘医学〙 ＝electrocautery 2.
elèctro·cáutery *n.* 〘医学〙 1 電気メス, 電気焼灼(しょうしゃく)器. 2 電気焼灼.
elèctro·chémical *adj.* 電気化学の. **～·ly** *adv.*
electrochémical equívalent *n.* 〘物理化学〙 電気化学当量.
electrochémical séries *n.* 〘化学〙 ＝electromotive series.
elèctro·chémist *n.* 電気化学者.
elèctro·chémistry *n.* 電気化学.
elèctro·chrónograph *n.* 電気式クロノグラフ《記録用のペンが電磁式に動作するクロノグラフ; cf. chronograph》. **elèctro·chronográphic** *adj.* **elèctro·chronógraphy** *n.*
elèctro·coagulátion *n.* 〘医学〙 電気凝固(法).
elèctro-conductívity *n.* 〘電気〙 電気の伝導性; 導電率.
elèctro·convúlsive *adj.* 〘精神医学〙 電撃痙攣(けいれん)の.
elèctro·convúlsive thèrapy *n.* 〘精神医学〙 ＝electroshock therapy (略 ECT).
elèctro·cór·ti·co·gram [-kɔ́əṭɪkəgrӕm, -ṭə- | -kɔ́:tɪkə(ʊ)-] *n.* ＝electroencephalogram.

e·lec·tro·crat·ic [ɪlèktro(ʊ)krǽṭɪk, əl-, -trə-|-trə(ʊ)-krǽt-] *adj.* 〘物理・化学〙〈コロイドの安定性が〉そのコロイド粒子のもつ荷電による (cf. lyocratic).
eléctro·cùlture *n.* 電気栽培《電気を利用して植物の生育を刺激する》.
e·lec·tro·cute [ɪléktrəkjùːt, əl-] 〖《1889》← ELECTRO-＋(EXE)CUTE〗 *vt.* **1** 電気で殺す, 感電死させる. **2** (電気椅子で)電気死刑にする.
e·lec·tro·cu·tion [ɪlèktrəkjúːʃən, əl-] 〖《1890》: ⇨ ↑, -tion〗 *n.* **1** 電気で殺すこと, 感電死. **2** 電気死刑.
e·lec·trode [ɪléktroud, əl-|-trəud] 〖← ELECTRO-＋-ODE²〗 *n.* 〘電気〙電極 (cf. anode, cathode).
eléctrode·less dischárge *n.* 〘電気〙無電極放電.
e·lec·tro·del·ic [ɪlèktrədélɪk, əl-] 〖← ELECTRO-＋(PSYCHE)DELIC〗 *adj.* 電灯を用いてサイケデリックな効果を出す.
elèctro·depósit 〘物理化学〙 *vt.* 電着させる. ― *n.* 「電着物.
elèctro·deposítion *n.* 〘物理化学〙電着《電気分解によって電極表面に金属などを析出させること》.
eléctrode poténtial *n.* 〘電気〙電極電位《電極とこれに接触する電解質との間に生じる電位差》.
elèctro·dér·mo·gram [-dɜ́ːməgræ̀m|-dɜ́ː-] *n.* 〘医学〙皮膚電気抵抗図, 皮膚電位図 (略 EDG).
elèctro·diagnósis *n.* 〘医学〙電気診断(法).
elèctro·diálysis *n.* 〘物理化学〙電気透析《電場中の透析によるコロイドの精製法》. **elèctro·dialýtic** *adj.*
e·lec·tro·di·a·lyze [ɪlèktrədáɪəlàɪz, əl-] *vt.* 〘物理化学〙電気透析する. **e·lèc·tro·dí·a·lỳz·er** *n.*
elèctro·discharge machìning *n.* 〘物理化学〙放電加工.
elèctro·dissolútion *n.* 〘化学〙電溶《電気分解により電極材料が溶解すること》.
eléctro·dùct *n.* 〘電気〙電管路.
elèctro·dynámic *adj.* 動電的の, 電気力の; 電気力学の, 電気力学的な.
elèctro·dynámical *adj.* ＝electrodynamic.
electrodynámic lóudspeaker *n.* 〘通信〙ダイナミックスピーカー, 可動コイル拡声器《磁界中におかれたコイルに電流を流して電気信号を振動に変換する原理のもの; dynamic loudspeaker ともいう》.
elèctro·dynámics *n.* 電気力学.
elèctro·dynamómeter *n.* 電流力計, 電流動力計.
elèctro·encéphalogram *n.* 〘医学〙脳波《脳波電位の記録; 略 EEG》.
elèctro·encéphalograph *n.* 〘医学〙脳波計. **elèctro·encephalógrapher** *n.* **elèctro·encephalógraphist** *n.*
elèctro·encephalógraphy *n.* 〘医学〙脳波記録法, 脳波検査(法). **elèctro·encephalográphic** *adj.*
elèctro·endosmósis *n.* ＝electroosmosis.
elèctro·engineéring *n.* 電気工学.
elèctro·engráving *n.* **1** 電気食刻, 電気彫刻(術). **2** 電気彫刻物.
elèctro·extráction *n.* 〘物理化学〙電解抽出《電気分解で金属を含んだ鉱石中より金属を抽出すること》.
elèctro·físhing *n.* 〘水産〙電戟漁法《魚が直流電流に反応する傾向を利用する》.
eléctro·fòrm 〖⇨ form (v.)〗 *vt.* 電鋳(ちゅう)[電気鋳造]する.
eléctro·fòrming *n.* 電鋳, 電形法, 電気鋳造法《電気分解による電着(electrodeposition)を利用して型どおりの金属体を作ること》.
elèctro·gás·dynámics *n.* 電気流体力学. **elèc·tro·gás·dynámic** *adj.*
elèctro·génesis 〖← ELECTRO-＋-GENESIS〗 *n.* 〘医学〙(特に, 細胞組織の)電気発生. **e·lec·tro·gen·ic** [ɪlèktrədʒénɪk, əl-] *adj.*
elèctro·gílding *n.* 電気金めっき.
e·lec·tro·graph [ɪléktrəgræ̀f, əl-|-grɑ̀ːf, -græ̀f] 〖《1840》← ELECTRO-＋-GRAPH〗 ― *n.* **1** 〘電気〙電位記録器. **2** 電気版彫刻器. **3** 〘化学〙電気斑点試験装置. **4** 写真電送装置. **5** レントゲン写真. **e·lec·tro·graph·ic** [ɪlèktrəgrǽfɪk, əl-] *adj.* **e·lèc·tro·gráph·i·cal·ly** *adv.*
elèctro·gráphite *n.* 〘電気〙電気黒鉛《炭素を電気炉中で加熱して造った人工黒鉛で, カーボンブラシなどの材料; graphitized carbon ともいう》.
e·lec·trog·ra·phy [ɪlèktrɑ́grəfi, əl-, ìːlek-|ìlektrɔ́grəfɪ, èl-, ìːl-, ɪlèk-] 〖《1840》← ELECTRO-＋-GRAPHY〗 ― *n.* **1** エレクトログラフィー, 電気的記録術, 電気的複写術, 写真電送術. **2** 〘化学〙電気斑点試験, エレクトログラフ法.
elèctro·hemostásis *n.* 〘医学〙電気止血法.
elèctro·hydráulic *adj.* 〘電気〙**1** 電気流体式の《電気的に駆動または制御される流体システムに関する》. **2** 電気水力学の. **elèctro·hydráulically** *adv.*
elèctro·hydráulics *n.* 電気水力学.
eléctro·jèt 〖⇨ jet²〗 *n.* 高層電流《電離層を流れる電流; 磁気あらし・オーロラ現象などを起こす》.
elèctro·kinétic *adj.* 動電学的な, 動電学上の. **elèc·tro·kinétically** *adv.*
elèctro·kinétics *n.* 動電学 (cf. electrostatics).
elèctro·kýmogram *n.* 〘医学〙(心臓)動態撮影装置, 電気キモグラム.
elèctro·kymógraphy *n.* 〘医学〙(心臓)動態撮影法, 電気キモグラフィー.
e·lec·tro·less [ɪléktro(ʊ)lɪs, əl-, -trə-, -ləs|-trə(ʊ)-] 〖← ELECTRO-＋-LESS〗 ― *n.* 〘物理化学〙(電着 (electrodeposition) によるのではなく化学的方法による)無電解の: ～ plating 無電解めっき.
e·lec·tro·lier [ɪlèktrəlíə, əl-|-trə(ʊ)líə(r)] 〖← ELECTRO-＋(CHANDE)LIER〗 *n.* 電気シャンデリア (cf. chandelier, gasolier).
e·lec·trol·o·gist [ɪlèktrɑ́lədʒɪst, əl-, ìːlek-, -dʒəst|ɪlèktrɔ́lədʒɪst, əlèk-, èlɪk-, èlək-, èlek-, ìːlek-] 〖← ELECTRO(LYSIS)＋-LOGIST〗 *n.* 電気分解治療師《針状の電極に電流を通じて, いぼ・ほくろ・あざなどを除去する》.
elèctro·luminéscence *n.* 電場発光, エレクトロルミネセンス《螢光体に電場を作用させたときの発光現象》. **elèctro·luminéscent** *adj.*
e·lec·trol·y·sis [ɪlèktrɑ́ləsɪs, əl-, ìːlek-, -səs|ɪlektrɔ́l-, èl-, ìːl-, ɪlèk-, -ləs-] 〖← NL ～: ⇨ electro-, -lysis〗 ― *n.* **1** 〘物理化学〙電気分解, 電解. **2** 〘医学〙電気分解(法)《腫瘍・毛根などを電流で破壊すること》.
e·lec·tro·lyte [ɪléktrəlàɪt, əl-] 〖← ELECTRO-＋-LYTE¹〗 *n.* 〘物理化学〙**1** 電解液. **2** 電解質.
e·lec·tro·lyt·ic [ɪlèktrəlíṭɪk, əl-|-trə(ʊ)lítɪk] 〖← ELECTRO-＋-LYTIC〗 ― *adj.* **1** 電気分解の[による]. **2** 電解質の. **e·lèc·tro·lýt·i·cal** *adj.* **e·lèc·tro·lýt·i·cal·ly** *adv.*
electrolýtic capácitor *n.* 電解コンデンサー《electrolytic condenser ともいう》.
electrolýtic céll [báth] *n.* 〘物理化学〙電解槽(そう).
electrolýtic condénser *n.* ＝electrolytic capacitor.
electrolýtic condúction *n.* 電解電導.
electrolýtic condúctor *n.* 〘物理化学〙＝electrolyte 1.
electrolýtic cópper *n.* 電気銅《電気精錬により高純度化された銅》.
electrolýtic corrósion *n.* 電食《地中に埋設した金属管などが電気分解により腐食すること》.
electrolýtic dissociátion *n.* 〘物理化学〙電離, 電気解離.
electrolýtic interrúpter *n.* 〘電気〙電解断続器《電解により電極表面に発生する泡の作用で断続電流を発生させる装置》.
electrolýtic pólishing *n.* 〘化学〙＝electropolishing.
electrolýtic réctifier *n.* 〘電気〙電解整流器.
electrolýtic refíning *n.* 〘物理化学〙電気精錬《粗製の金属を陽極として電気分解によって陰極に純粋な金属を析出させる方法; electrorefining ともいう》.
electrolýtic semicondúctor *n.* 電解型半導体.
e·lec·tro·lyze [ɪléktrəlàɪz, əl-|-trə(ʊ)-] 〖← ELECTRO-＋-LYZE〗 ― *vt.* **1** 〘物理化学〙電気分解する, 電解する. **2** 〘医学〙電気分解療法を施す. **elec·tro·ly·za·tion** [ɪlèktrəlɪzéɪʃən, əl-, -lə-|-trə(ʊ)laɪ-, -lɪ-] *n.*
e·léc·tro·lỳz·er *n.* 〘物理化学〙電解槽(そう).
elèctro·mágnet *n.* 電磁石.
elèctro·magnétic *adj.* **1** 電磁石の. **2** 電磁気の. **elèctro·magnétically** *adv.*
electromagnétic fíeld *n.* 〘電気〙電磁界, 電磁場.
electromagnétic indúction *n.* 〘電気〙電磁誘導.
electromagnétic interáction *n.* 〘物理〙電磁相互作用《多くの素粒子のふるまいに見られる電磁場と荷電粒子との相互作用》.
electromagnétic léns *n.* 電波レンズ《電波を収束させるレンズ》.
electromagnétic radiátion *n.* 〘電気〙電磁放射.
elèctro·magnétics *n.* ＝electromagnetism 2.
electromagnétic spéctrum *n.* 〘電気〙電磁スペクトル.
electromagnétic swítch *n.* 電磁スイッチ《電磁力で接点を開閉するスイッチ類の総称》.
electromagnétic únit *n.* 〘電気〙電磁単位.
electromagnétic wáve *n.* 〘電気〙電磁波, 電波.
elèctro·mágnetism *n.* **1** 電磁気. **2** 電磁気学.
elèctro·mássage *n.* 電気マッサージ.
elèctro·mechánical *adj.* 電気機械の. **～·ly** *adv.*
elèctro·mechanizátion *n.* 電気機械化: ～ of farms.
elèctro·métallurgist *n.* 電気冶金家[学者].
elèctro·métallurgy *n.* 電気冶金. **elèctro·metallúrgical** *adj.*
e·lec·trom·e·ter [ɪlèktrɑ́məṭə, əl-, ìːlek-|ìlektrɔ́mɪtə(r, èl-, ìːl-, ɪlèk-, -mə-] 〖《1749》← ELECTRO-＋-METER¹〗 ― *n.* **1** 静電電位計: a differential [quadrant] ～ 差動[象限(しょうげん)]電位計. **2** 〘電気〙電位差計《電子回路を用いた, 被測定系からほとんど電流をとらずに電位差を測定する装置》.
e·lec·tro·met·ric [ɪlèktro(ʊ)métrɪk, əl-|-trə(ʊ)-] 〖← ELECTRO-＋-METRIC¹〗 *adj.* 電位計の; 電気計測上の.
e·lec·trom·e·try [ɪlèktrɑ́mətri, əl-, ìːlek-|ìlektrɔ́mɪtri, èl-, ìːl-, ɪlèk-, -mə-] 〖← ELECTRO-＋-METRY〗 *n.* 電気計測術; 電位計による計測.
elèctro·mótion *n.* **1** 電流移動; 電流通過. **2** 電動力.
elèctro·mótive 〖adj.: ← ELECTRO-＋-MOTIVE. ― n.: ← ELECTRO-＋(LOCO)MOTIVE〗 *adj.* 電動の, 起電の, 動電の. ― *n.* 《俗》電気機関車 (cf. locomotive 1).
electromótive fórce *n.* 起電力, 動電力 (略 E.M.F., e.m.f.): induced ～ 誘起起電力 / ⇨ counter electromotive force.
electromótive fórce sèries *n.* 〘化学〙＝electromotive series.
electromótive séries *n.* 〘化学〙電気化学列《金属を標準電極電位の順に並べた序列; electrochemical series, electromotive force series ともいう》.
elèctro·mótor *n.* 電動機, 電気モーター (electric motor).
elèctro·músic *n.* 電子音楽.
elèctro·mýogram *n.* 〘医学〙筋電図 (略 EMG).
elèctro·mýograph *n.* 〘医学〙筋電計.
elèctro·myógraphy *n.* 〘医学〙筋電図検査[記録](法). **elèctro·myográphic** *adj.* **elèctro·myográphically** *adv.*
e·lec·tron [ɪléktrɑn, əl-|-trɔn] 〖《1891》□ Gk *élektron* amber: ⇨ electrum〗 ― *n.* **1** 〘物理・化学〙電子, エレクトロン: the ～ theory 電子説[論] / ⇨ positive electron. **2** 〘電気〙電子 1 個の電荷に等しい電気量の単位. **3** ＝electrum 1.
eléctron affínity *n.* 〘物理〙電子親和力.
elèctro·narcósis 〖← NL ～: ⇨ electro-, narcosis〗 *n.* 〘医学〙電気麻酔.
eléctron ávalanche *n.* 〘物理・化学〙電子なだれ.
eléctron béam *n.* 電子ビーム《束状の電子流でブラウン管を光らせたりする働きをする》.
eléctron càmera *n.* 電子カメラ.
eléctron càpture *n.* 〘物理〙電子捕獲: **a** 原子[イオン]が電子をつかまえること. **b** 原子核が軌道電子を吸収し中性微子を放出する過程, すなわち β 崩壊の逆過程のこと.
eléctron clòud *n.* 〘物理〙電子雲《原子や分子などで, クーロン引力によって原子核に結合している電子; 量子力学によれば, このような電子の存在確率が核の周囲に雲のような分布を示すから》.
eléctron diffráction *n.* 〘物理〙電子回折《電子線の回折現象》.
elèctro·négative *adj.* **1** 〘電気〙負の電荷をもった, 負性の. **2** 〘物理・化学〙非金属の (nonmetallic). **3** 〘化学〙陰性の, 電気的陰性の (↔ electropositive).
elèctro·negatívity *n.* 〘物理化学〙電気陰性度《分子内の原子が化学結合を通じて電子を引きつける能力》.
eléctron emíssion *n.* 〘物理〙電子放出.
eléctron gàs *n.* 〘物理〙電子気体《自由電子 (free electrons) の集まり》.
eléctron gùn *n.* 〘電子工学〙電子銃.
e·lec·tron·ic [ɪlèktrɑ́nɪk, əl-, ìːlek-|ìlektrɔ́n-, èl-, ìːl-, ɪlèk-] 〖《1902》← ELECTRON＋-IC¹〗 ― *adj.* 電子の; 電子工学の; 電子音楽の; 電子楽器の: an ～ calculator 電子計算機 / an ～ device 電子装置 / an ～ shell 電子砲弾. ― *n.* 電子回路[装置].
electrónic árt *n.* 電子美術《コンピューターなどを応用した美術》.
electrónic Bóhr màgneton *n.* 〘物理〙＝Bohr magneton.
electrónic bráin *n.* 《口語》電子頭脳, 電子計算機.
electrónic cárillon *n.* 電気[電子]カリヨン《電気楽器の一種; cf. carillon 3》.
electrónic compúter *n.* 電子計算機.
electrónic cóunter-cóuntermeasure *n.* 〔通例 *pl.*〕〘軍事〙対電子対策, 対電波妨害《敵の対電子 (electronic countermeasure) に対して, 電磁放射線を確実有効に使用するためにとる一切の処置; 略 ECCM》.
electrónic cóuntermeasure *n.* 〔通例 *pl.*〕〘軍事〙対電子, 電子兵器対策, 電波妨害《敵の電子兵器による手段および戦術の効果を低下または無効にするためにとる一切の処置; 略 ECM》.
electrónic dáta pròcessing *n.* 〘電算機〙電子的情報処理 (略 EDP).
electrónic dáta pròcessing sỳstem *n.* 〘電算機〙電子的情報処理装置 (略 EDPS).
electrónic flásh *n.* 〘写真〙電子フラッシュ (⇨ speedlight).
electrónic héating *n.* 〘電気〙＝dielectric heating.
electrónic músic *n.* 〘音楽〙電子音楽《音源を得るところから, 音の変形・組み合わせ, そして再生にいたるまで電子機器を用いた音楽(部分的にこの方法を使用した音楽も含む); 1950 年代から始まり現代音楽には不可欠な要素; cf. musique concrète》.
electrónic órgan *n.* 電気[電子]オルガン.
e·lec·tron·ics [ɪlèktrɑ́nɪks, əl-, ìːlek-|ìlektrɔ́n-, èl-, ìːl-, ɪlèk-] 〖《1910》← ELECTRON(IC)＋-ICS〗 ― *n.* 電子工学《電気工学から分化した, 主として情報の伝達・処理・制御などを対象とする工学》: medical ～ 医用電子工学, 医用エレクトロニクス (略 ME).
electrónic scánning *n.* 〘電子工学〙＝electrical scanning.
electrónic swítch *n.* 電子スイッチ《半導体素子などのスイッチ作用を利用した接点をもたないスイッチ類の総称》.
electrónic túbe *n.* 〘電子工学〙＝electron tube.
eléctron ímpact spectróscopy *n.* 電子衝撃分光法.
e·lec·tron·ize [ɪléktrənàɪz, əl-|-trɔ-, -trə-] *vt.* …に電子装置を設備する.
eléctron lèns *n.* 電子レンズ.
eléctron mìcroscope *n.* 電子顕微鏡, 電顕.
eléctron micróscopist *n.* 電子顕微鏡観察者.
eléctron micróscopy *n.* 電子顕微鏡法, 電子顕微鏡による観察.
eléctron mùltiplier *n.* 電子増倍管《増幅用電子管》.
e·lec·tron·o·graph [ɪlèktrɑ́nəgræ̀f, əl-, ìːlek-|ìlektrɔ́nəgrɑ̀ːf, èl-, ìːl-, ɪlèk-] *n.* 電子写真装置; 電子写真.
e·lec·tro·nog·ra·phy [ɪlèktrənɑ́grəfi, əl-|-nɔ́grəfɪ] 〖← ELECTRON＋-O-＋-GRAPHY〗 ― *n.* **1** 〘印刷〙エレクトロノグラフィー《電子的に文字・画像を紙に転写する方法》. **2** 〘光学〙電子顕微鏡像. **e·lec·tron·o·graph·ic** [ɪlèktrɑ̀nəgrǽfɪk, əl-, ìːlek-|ìlektrɔ̀n-, èl-, ìːl-, ɪlèk-] *adj.*

eléctron òptics *n.* 電子光学《電子の波動性を利用した幾何光学と同じような体系》.
eléctron pàir *n.* 〘物理〙電子対《時として電子と陽電子の対をさすこともある》.
eléctron-ràу tùbe *n.* 〘電子工学〙=electric eye 2.
eléctron spín résonance *n.* 〘物理〙電子スピン共鳴 (記号 ESR).
eléctron tèlescope *n.* 電子望遠鏡.
eléctron trànsport *n.* 〘生化学〙電子伝達《生物の酸化還元系にみられるように電子の伝達で酸化還元が行なわれること》.
eléctron tùbe *n.* 〘電子工学〙電子管《この代表が真空管で, 他に放電管も含めていう》.
eléctron vòlt *n.* 〘物理〙電子ボルト《イオン・素粒子などのエネルギーを表わす単位で, 1.602×10^{-12} erg に等しい; 略 eV》.
elèctro-óc·u·lo·gram [-ákjuləgræ̀m | -ɔ́k-] 〖← ELECTRO-＋OCULO-＋-GRAM〗 *n.* 〘眼科〙電気眼球図, 眼電図.
elèctro-óptics *n.* 電気光学. **elèctro-óptic** *adj.* **elèctro-óptical** *adj.* **elèctro-óptically** *adv.*
elèctro-orgánic chémistry *n.* 〘物理化学〙電気有機化学.
elèctro·osmósis 〖← NL ～ : ⇨ electro-, osmosis〗 *n.* 電気浸透.
elèctro·palatógraphy *n.* 〘音声〙電気口蓋図作製法.
e·lec·trop·a·thy [ɪlèktrápəθi, əl-, ìːlek-|ìlektrɔ́pəθɪ, èl-, ìːl-, ɪlèk-] 〖← ELECTRO-＋-PATHY 3〗 *n.* 〘医学〙= electrotherapeutics.
e·lec·tro·phile [ɪléktrəfàɪl, əl-] 〖⇨ electro-, -phile〗 *n.* 〘化学〙求電子試薬, 親電子物質《電子を強く引きつける物質; cf. nucleophile》.
e·lec·tro·phil·ic [ɪlèktrəfílɪk, əl-] *adj.* 〘化学〙求電子(性)の, 親電子(性)の (cf. nucleophilic) : ～ reagents 求電子[親電子]試薬 / ～ substitution 求電子置換.
e·lec·tro·phi·lic·i·ty [ɪlèktro(ʊ)fɪlísəṭi, əl- | -trə(ʊ)-fɪlísətɪ, -sɪ-] 〖⇨ ↑, -ity〗 *n.* 〘化学〙求電子性, 親電子性.
e·lec·tro·phone [ɪléktrəfòun, əl- | -fəun] 〖← ELECTRO-＋-PHONE〗 *n.* **1** 電気補聴器. **2** 電音機《電話送話機の一種》. **3** 電子楽器.
e·lec·tro·phon·ic [ɪlèktrəfánɪk, əl- | -fɔ́n-] *adj.* 電気発声の; 電子楽器の, 電子音楽の (electronic).
e·lec·tro·phore [ɪléktro(ʊ)fɔ̀ə, əl-, -fɔ̀ə | -trə(ʊ)fɔ̀ː(r)] 〖《英語化》← ELECTROPHORUS〗 *n.* 〘物理〙=electrophorus.
e·lec·tro·pho·rese [ɪlèktrəfəríːs, əl-, -ríːz] 〖《逆成》↓〗 *vt.* 〘物理化学〙電気泳動 (electrophoresis) にかける.
e·lec·tro·pho·re·sis [ɪlèktro(ʊ)fəríːsɪs, əl-, -səs | -trə(ʊ)fəríːsɪs] 〖← NL ～ : ⇨ electro-, -phoresis〗 — *n.* 〘物理化学〙電気泳動《コロイド溶液内に電極をおいて電圧を加えるとコロイド粒子が一方の極の方へ移動すること; cataphoresis ともいう》. **e·lec·tro·pho·ret·ic** [ɪlèktro(ʊ)fəréṭɪk, əl- | -trə(ʊ)farét-] *adj.* **e·lèc·tro·pho·rét·ical·ly** *adv.*
elèctro·pho·rét·o·gram [-fəréṭəgræ̀m | -rét-] 〖← ELECTRO-＋*phoret(ic)* (⇨ -phoresis)＋-GRAM〗 *n.* 〘物理〙電気泳動図, エレクトロフォレトグラム.
e·lec·troph·o·rus [ɪlèktráfərəs, əl-, ìːlek-|ìlektrɔ́fərəs, èl-, ìːl-, ɪlèk-] 〖← NL ～ : ⇨ electro-, -phorous〗 — *n.* (*pl.* **-o·ri** [-rài, -rìː]) 〘物理〙電気盆, 起電盤《摩擦電気による起電器の一種で, 絶縁物の円盤と金属板とからなる》.
elèctro·photógraphy *n.* 電子写真, 乾式写真. **e·lèctro·photográphic** *adj.*
elèctro·phrénic *adj.* 〘医学〙横隔膜神経に通電する: ～ respiration 横隔膜神経通電呼吸《人工呼吸の一種》.
elèctro·physiólogist *n.* 電気生理学者.
elèctro·physiólogy *n.* 電気生理学. **elèctro·physiológic** *adj.* **elèctro·physiológical** *adj.* **elèctro·physiológically** *adv.*
e·lec·tro·plaque [ɪléktrəplæ̀k, əl-] *n.* 〘動物〙電函《電気魚の電気板がはいっているところ》.
eléctro·plàte *vt.* **1** 電気めっきする, 電鍍(てんと)する: an *electroplating* bath 電鍍槽(そう). **2** =electrotype. — *n.* 電気めっき物《皿・スプーン・フォークなど》.
eléctro·plàter *n.* 電気めっきする人; 電気めっき器.
eléctro·plàting *n.* 電気めっき, 電鍍(てんと).
e·lec·tro·plax [ɪléktrəplæ̀ks, əl-] 〖← NL ～ ← ELECTRO-＋Gk *pláx* anything flat and broad〗 *n.* 〘動物〙= electroplaque.
e·lec·tro·plex·y [ɪléktro(ʊ)plèksi, əl- | -trə(ʊ)plèksɪ] 〖← ELECTRO-＋(APO)PLEXY〗 *n.* 《英》〘精神医学〙= electroshock therapy.
elèctro·pólar *adj.* 〘物理〙〈物体が〉電気的極性をもった.
elèctro·pólish *vt.* 〘化学〙〈金属〉に電気仕上げをする, 電気研摩する.
elèctro·pólishing *n.* 〘化学〙電解研摩.
elèctro·pósitive *adj.* **1** 〘電気〙正の電荷をもった, プラスに帯電した. **2** 〘物理化学〙金属性の. **3** 〘化学〙陽性の (↔ electronegative).
e·lec·tro·pult [ɪléktrəpʌ̀lt, əl-, -pùlt] 〖← ELECTRO-＋(CATA)PULT〗 — *n.* 〘航空〙電気式カタパルト《短い滑走路で飛行機を離陸可能速度に加速する軌道車および台車》.
elèctro·refíning *n.* 〘物理化学〙=electrolytic refining.
elèctro·rét·i·no·gram [-réṭənəgræ̀m, -tṇ-|-rétɪn-] 〖← ELECTRO-＋RETINO-＋-GRAM〗 *n.* 〘医学〙網膜電位図, 網電図.
elèctro·rét·i·no·graph [-réṭənəgræ̀f, -tṇ- | -rétɪnəgrɑ̀ːf, -græ̀f] 〖⇨ ↑, -graph〗 — *n.* 〘医学〙網電計. **elèctro·ret·i·no·gráph·ic** [-rèṭənəgrǽfɪk, -tṇ- | -tɪn-] *adj.*
elèctro·ret·i·nóg·ra·phy [-rèṭənágrəfi, -tṇ- | -tɪnɔ́grəfɪ] *n.* 〘医学〙網膜電位図[網電図]記録(法).
e·lec·tro·scope [ɪléktrəskòup, əl- | -skəup] 〖□ ? F *électroscope* : ⇨ electro-, -scope〗 — *n.* 検電器《電荷の有無や極性を調べる装置》. **e·lec·tro·scop·ic** [ɪlèktrəskápɪk, əl- | -skɔ́p-] *adj.*
elèctro·sénsitive *adj.* 電気感光性の.
eléctro·shòck *n.* 〘精神医学〙電気ショック.
eléctroshock thèrapy [trèatment] *n.* 〘精神医学〙電気ショック療法.
elèctro·slág *adj.* 〘化学〙エレクトロスラグの: the ～ method エレクトロスラグ法《溶接法の一つ》.
eléctro·slèep *n.* 〘医学〙電気睡眠《低電位の電流による睡眠》.
elèctro·státic *adj.* 〘電気〙 **1** 静電気の; 静電気学の: ～ capacity 静電容量 / an ～ shielding 静電遮蔽(しゃへい). **2** 静電塗装の. **elèctro·státically** *adv.*
electrostátic fíeld *n.* 〘電気〙=electric field.
electrostátic génerator *n.* 〘電気〙静電発電機, 起電機.
electrostátic indúction *n.* 〘電気〙静電誘導《静電容量を通じて起きる電気的誘導で, 相互インダクタンスを通じて起きる電磁誘導の対》.
electrostátic léns *n.* 静電レンズ.
electrostátic mícrophone *n.* コンデンサーマイクロホン.
electrostátic príntíng *n.* 静電印刷[コピー]法《ゼロックスなど》.
elèctro·státics *n.* 静電気学 (cf. electrokinetics).
electrostátic únit *n.* 〘物理〙静電単位 (略 esu, e.s.u., ESU).
electrostátic vóltmeter *n.* 〘電気〙静電電圧計.
eléctro·stèel *n.* 〘冶金〙=electric steel.
elèctro·stríction 〖← ELECTRO-＋(CON)STRICTION〗 — *n.* 〘電気〙電気ひずみ, 電歪(でんわい)《誘電体に電界をかけた時にわずかな変形を生じる現象またはその変形; cf. magnetostriction》.
elèctro·súrgery *n.* 電気外科《外科手術に電気メス・ジアテルミー (diathermy) などを応用すること》. **elèctro·súrgical** *adj.*
elèctro·sýnthesis 〖← NL ～ : ⇨electro-, synthesis〗 *n.* 〘化学〙(特に, 有機化合物の)電気合成.
elèctro·táx·is [-tǽksɪs, -səs | -sɪs] 〖← NL ～ : ⇨ electro-, -taxis〗 *n.* 〘生物〙走電性 (galvanotaxis)《自由運動をする生物が電流に対して示す走性》.
elèctro·téchnics *n.* =electrotechnology.
elèctro·technólogy *n.* 電気工学, 電子工学.
elèctro·therapéutic *adj.* 〘医学〙電気療法の.
elèctro·therapéutical *adj.* =electrotherapeutic.
elèctro·therapéutics *n.* 〘医学〙電気療法.
elèctro·therapéutist *n.* 〘医学〙電気療法医.
elèctro·thérapist *n.* 〘医学〙電気療法医.
elèctro·thérapy *n.* 〘医学〙電気療法.
elèctro·thérmal *adj.* 電熱の; 電気と熱の. **～·ly** *adv.*
elèctro·thérmic *adj.* =electrothermal.
elèctro·thérmics *n.* 〘物理化学〙電熱化学.
e·lec·tro·tome [ɪléktro(ʊ)tòum, əl- | -trə(ʊ)təum] 〖← ELECTRO-＋-TOME〗 *n.* 自動遮断器.
e·lec·trot·o·nus [ɪlèktráṭənəs, əl-, ìːlek-, -tṇ- | ìlektrɔ́tən-, èl-, ìːl-, ɪlèk-] 〖← NL ～ : ⇨ electro-, tonus〗 — *n.* 〘生理〙電気緊張. **e·lec·tro·ton·ic** [ɪlèktrətánɪk, əl- | -tɔ́n-] *adj.*
e·lec·trot·ro·pism [ɪlèktrátrəpɪzm, əl-, ìːlek-|ìlektrɔ́t-, èl-, ìːl-, ɪlèk-] 〖← ELECTRO-＋-TROPISM〗 — *n.* 〘植物〙屈電性《電流によって生長運動の方向が定まる植物の性質; cf. galvanotropism》.
e·lec·tro·type [ɪléktrətàɪp, əl-|-trə(ʊ)-] *n.* **1** 〘印刷〙電気版, 電鋳版, 電胎版. **2** =electrotypy 2. **3** 電気版印刷物. **4** 電気めっきで造った模造貨幣. — *vt.* 電気版にする[取る], …の電鋳を行なう.
e·léc·tro·tỳp·er *n.* 電気製版工, 電気版技師.
e·lec·tro·typ·y [ɪléktrətàɪpi, əl- | -trə(ʊ)tàɪpɪ] 〖← ELECTROTYPE＋-Y[1]〗 *n.* **1** 〘物理化学〙電鋳, 電型法. **2** 〘印刷〙電鋳法, 電気版製作法, 電気製版術.
elèctro·ultrafiltrátion *n.* 〘物理〙限外電気濾過(ろか).
elèctro·válence *n.* 〘化学〙イオン価, イオン原子価 (cf. covalence). **elèctro·válent** *adj.* **elèctro·válently** *adv.*
elèctro·válency *n.* 〘化学〙=electrovalence.
electrovalent bònd *n.* 〘物理化学〙=ionic bond.
eléctro·wìnning *n.* 〘化学〙電解採取《電解液中から金属を析出させる方法》.
e·lec·trum [ɪléktrəm, əl- | əl-] 〖《*a*1398》□ L *ēlectrum* □ Gk *ḗlektron* amber: ⇨electric〗 — *n.* **1** (古代ギリシャで貨幣に用いた)琥珀(こはく)金《金と銀の自然合金》. **2** 《古》琥珀 (amber). **3** 洋銀 (German silver).
e·lec·tu·ar·y [ɪléktʃuèri, əl- | ɪléktjuəri] 〖《*a*1398》 *electuarie* □LL *ēlectuārium* (*ēlectus* elected と連想?) ← Gk *ekleiktón* electuary ← *ekleíkhein* to lick out ← *ek-* 'EC-[1]'＋*leíkhein* 'to LICK'〗 — *n.* (シロップまたは蜂蜜を用いた)ねり薬, 舐剤(しざい).
el·e·doi·sin [èlədɔ́ɪsn | -sɪn, -sṇ] 〖← NL *Eledone* (タコの属名)〗 *n.* 〘薬学〙エレドイシン《ある種のタコの唾液線から採取した蛋白質; 強力な血管拡張剤》.
el·ee·mos·y·nar·y [èlɪmásənèri, èlə-, èliə-, -máz-, -sṇ- | èliːɪmɔ́sɪnərɪ, èliːm-, èlɪm-, -mɔ́z-] 〖adj.: 《*a*1620》□ ML *eleēmosynārius* ← LL *eleēmosyna* 'ALMS'〗 — *adj.* **1** 慈善的な, 慈善の (charitable): an ～ organization 慈善団体 / ～ spirit 慈善心. **2** 慈善的救助に頼る: the ～ poor 慈善救助を受けている貧民. — *n.* 施しを受ける人.
el·e·gance [élɪgəns, élə- | élɪ-] 〖《*c*1510》□ (O)F *élégance* : ⇨ elegant, -ance〗 — *n.* **1 a** 優雅, 端麗, 上品, 気品 (grace, refinement): ～ of manners, language, style, etc. 態度[ことばづかい, 文体]の優雅さ. **b** 科学的に正確ですっきりしていて簡単であること, エレガンス: the ～ of the solution その解決法のエレガンス. **2** [通例 *pl.*] 優雅[高雅]な事物, 上品な言葉[作法].
él·e·gan·cy [-si | -sɪ] *n.* [通例 *pl.*] =elegance.
el·e·gant [élɪgənt, élə- | élɪ-] 〖adj.: 《*c*1485》□ (O)F *élégant* ∥ L *ēlegant-em* fine, fastidious (pres.p.) ← **ēlegāre*=*ēligere* to pick out: cf. elect, eligible〗 — *adj.* **1** (人品・態度など)上品な, 優雅な (graceful); 趣味の高い: ～ society 上品な[貴族的な]社会 / an ～ lady 端麗な婦人. **2** 〈趣味・言行・服装など〉風雅な, 優美な, 上品な (tasteful): ～ compliments 上品なお世辞 / ～ furniture [dress] 上品な調度品[服装] / ～ taste 上品な趣味 / an ～ suit 上品なスーツ. **3** 〈芸術・文学・文体など〉気品の高い, 高雅な (polite): ～ literature [style] 典雅な文学[文体] / ～ arts 高雅な芸術 / an ～ writer 気品の高い作家. **4** 〈証明など〉科学的に正確ですっきりして簡単な, エレガントな: an ～ solution [argument] エレガントな解決法[論証]. **5** 《俗》見事な, りっぱな; すばらしい, すてきな: ～ butter すばらしいバター. — *n.* 上品[風雅]な人. **～·ly** *adv.*
é·lé·gante [èɪleɪgɑ́ː(n)t, -gɔ̃ː(n)t, -gɑ́ːnt, -gɔ́(ː)nt; *F.* elegɑ̃ːt] 〖□F ～ (fem.) ← *élégant* (↑)〗 — *n.* (*also* **e·le·gante** [～]) (*pl.* **～s** [～(s); *F.* ～]) 気品の高い婦人, 服装の優美な淑女.
e·le·gi·ac [èlədʒáɪək, èlɪ-, -æk, ɪlíːdʒiæ̀k, əl- | èlɪdʒáɪək] 〖adj.: 《1581》□ LL *elegiacus* □ Gk *elegeiakós* : ⇨ elegy, -ac〗 — *adj.* **1** 〘古典詩学〙哀歌体[調]の, 挽歌(ばんか)形式の: an ～ couplet [distich] 哀歌調の連句《dactyl (－⏑⏑) の六歩格と五歩格とが交互になった二行連句》/ the ～ meter 哀歌調《elegiac couplet の詩格》. **2** 哀歌 (elegy) (風)の; 哀調を帯びた, 哀愁的な: ～ strains 哀調. **3** 哀歌作りの, 哀歌詠(え)みの: an ～ poet=elegist. — *n.* [*pl.*] 哀歌[挽歌]体の詩(句).
el·e·gi·a·cal [èlədʒáɪəkəl, èlɪ- | èlɪ-] 〖⇨ ↑, -al[1]〗 *adj.* =elegiac. **～·ly** *adv.*
elegíac pentámeter *n.* 〘古典詩学〙哀歌調五歩格 (の詩).
elegíac stánza 〖Gray の *Elegy* などに用いられたところから〗 *n.* 〘詩学〙哀歌連《弱強調五歩格 (iambic pentameter) の四行連句で a b a b と押韻する》.
e·le·gi·ast [ɪlíːdʒiæ̀st, èlə-, -dʒáɪæst | èlɪ-] 〖← ELEGY ＋-AST : cf. ecclesiast〗 *n.* =elegist.
él·e·gist [-dʒɪst, -dʒəst | -dʒɪst] 〖← ELEGY＋-IST〗 *n.* 哀歌[挽歌(ばんか)]調詩人, elegy 作者.
e·le·git [ɪlíːdʒɪt, əl-, -dʒət, eɪléɪgɪt, -gət | ɪlíːdʒɪt, el-] 〖□ L *ēlēgit* he has chosen ← *ēligere* : ⇨ elect〗 — *n.* 〘法律〙土地強制管理令状《判決によって確立した債権を有する者 (judgment creditor) が債務者の土地を管理し, 地代や収穫を債務の弁済として取立てうる強制執行令状; 通常の動産執行令状の代りに選択できた》.
el·e·gize [élədʒàɪz | élɪ-, élə-] 〖← ELEGY＋-IZE〗 *vt.* 哀歌を作って哀悼する. — *vi.* 哀歌を作る 〔*upon*〕.
el·e·gy [élədʒi | élɪdʒɪ, élə-] 〖《1514》□ F *élégie* □ L *elegia* □ Gk *elegeíā* (*ōidḗ*) 《原義》elegiac (ode) (fem.) ← *elegeíos* elegiac ← *élegos* song of lament ← ? Phrygian〗 — *n.* **1** (悲しみ事, 特に人の死を悼む)哀歌, 悲歌, 挽歌《P.B. Shelley の *Adonais*, Tennyson の *In Memoriam* など; cf. dirge》. **2 a** 哀歌調 (elegiac meter) の詩[連句]. **b** 哀歌調の小曲.
elem. 《略》element(s); elementary.
el·e·ment [éləmənt | élɪ-, élə-] 〖《*c*1290》□ (O)F *élément* □ L *elementum* natural element, a first principle, *elementa* (pl.) first principles (of an art or science) ← ? Etruscan〗 — *n.* **1** (古代の自然哲学者らにより自然界を構成すると考えられた)基本要素: the four ～s 四元, 四大《earth, water, air, fire》/ the devouring ～ (すべての物をなめ尽くす)火. **2 a** (生物の本来のすみかとしてみた)四大の一つ《例えば水は魚の, 空は鳥の》; (生物の)本来の住み場所, 固有の領域: Air is the ～ of birds. 空は鳥のすみかだ. **b** (人の)本領, 適所, 持ち前: Poetry was his proper ～. 詩が彼の本領だった. **3** [*pl.*] (天候に現われる)自然力, 大気の力; 暴風雨: be exposed to the ～*s* 風雨にさらされる / the fury of the ～*s* 自然力の猛威, 荒れ狂う風雨 / a strife [war] of the ～*s* 大暴風雨, 大嵐. **4** 成分, 要素; 構成分子; 〘文法〙要素: an important ～ *of* glass ガラスの重要成分 / the ～ *of* national wealth 国富の要素 / There is an ～ *of* truth in what he says. 彼の言うことには幾分の真理がある / discontented ～*s of* society 社会の不平分子 / subversive ～*s* 破壊活動を行なう分子 / There is a strong ～ of the merchant in him. 彼の中には商人の要素が強くある / the ～*s* of a sentence 文の要素《主語・述語動詞・目的語・補語など》/ reduced to its ～*s* 要素に分析されて[ると]. **5** [*pl.*] (学問の)原理, 原則; 初歩: the ～*s of* grammar 文法の要綱 / Euclid's *Elements* ユークリッドの「(幾何学)原論」. **6** 〘物理化学〙元素: ⇨ element 104, ele-

ment 105. **7** 〖数学〗要素, 元素, 原素《集合(set)を構成する個体, 行列または行列式を構成する数や式, 幾何の基本的対象としての点・直線・平面・角など》. **8** 〖天文〗(問題の解決に要する)要素, 素子 : the ~s *of* a planetary orbit 惑星の軌道要素《軌道の大きさ・形状・方向・傾斜およびその軌道内での惑星の位置・周期などを決定する》. **9** 〖電気〗電池 ; (電池の二つの金属の)電極の片方 ; (真空管の)電極. **10** [*pl.*]〖神学〗(聖餐式の)パンとぶどう酒 ; 〖カトリック〗秘跡的要素《ミサに用いるパンとぶどう酒》. **11 a** 〖軍事〗(大隊・中隊・小隊・分隊のように, ある部隊内の下位区分としての)構成部隊, 小部隊. **b** 〖米空軍〗最小単位の編隊《通例 2, 3 機》; (飛行)小隊《編隊の中隊に対するもので, 通例 3 機》. **12** 〖植物〗変形細胞《木部の道管あるいは篩(ふるい)部の篩管を作る細胞で, 全部または一部原形体を欠くもの》; 原生木部の細胞.

in** one's **element 本領を発揮できて, 得意の境地にあって (cf. 2 b) : He is *in his* ~ in the laboratory. 実験室が彼の本領だ. ***out of** one's **element*** 本領を発揮できなくて, 不得意の境地にあって.

element 104 *n.* 〖化学〗104 番元素《1964 年にソ連で製造が発表された人工放射性元素 ; hafnium と同族で次の周期に入るため eka-hafnium に当たる ; ソ連で kurchatovium と命名したが, 1969 年米国 California 大学で別の方法により製造し rutherfordium と命名し, まだ名前は確定していない》.

element 105 *n.* 〖化学〗105 番元素 (hahnium).

el·e·men·tal [èləméntḷ | èlɪméntḷ, èlə-] 〚*adj.* : (*c*1477) ◻ ML *elementāl-is* ← L *elementum* : ⇨ element, -al¹〛 — *adj.* **1** (古代自然哲学の)四元[四大] (earth, water, air, fire) の : ~ strife (自然界の)四大闘争, 大暴風雨 / ~ tumults 暴風雨. **2** 自然力の ; 自然力[自然現象]に関する : ~ forces 自然力 / ~ worship 自然力[四大の精霊]崇拝 / ~ spirits (四大を支配するという)四大の精霊. **3** (自然力のように)絶大な, 恐ろしいほどの : ~ strength (自然力のような)偉大な力 / a bold ~ imagination 大胆なすさまじい想像力. **4** 自然のままの, むき出しの ; 原始的な, 根元的な : ~ passions 原始的な激情 / Sex is an ~ drive. 性は根元的な衝動である. **5** 要素の ; 必須の ; 天成の : the ~ ingredients of public opinion 世論の要素的成分. **6** 初歩の, 基本的な. ★ 今は elementary が普通 : an ~ work upon astronomy 天文学の入門書. **7** 〖化学〗元素の. — *n.* **1** (秘術的に現われる)精霊, 霊, 幽霊. **2** [通例 *pl.*] 根本, 基本.

eleméntal área *n.* (テレビなどの)画素《画面をテレビ・電光表示盤・印刷などで表わす時, 小さな点の集まりに分解するその一つ一つを画素という》.

èl·e·mén·tal·ism [-təlɪzm, -tḷ- | -təl-, -tḷ-] *n.* **1** 自然力崇拝. **2** 元素派《事物の基本形態だけを認めてそれを表現しようとする主義・傾向》. **3** 〖哲学〗(構成)要素主義《事象の中に身・心, 時・空間, 単純な印象や知覚等の要素を認め, 要素への還元と要素からの合成によって物事を説明しようとする傾向・立場の総称》.

el·e·men·tal·is·tic [èləmèntəlístɪk, -tḷ- | èlɪmèntəl-, èlə-, -tḷ-] *adj.* 〖哲学〗(構成)要素主義の.

èl·e·mén·tal·ly [-təli, -tḷi | -təlɪ, -tḷɪ] 〚(1643)〛 *adv.* 要素的に ; 基本的に.

el·e·men·ta·ry [èləméntəri, -tri | èlɪmént(ə)rɪ, èlə-] 〚(*a*1396) *elementare* ◻ (O)F *élémentaire* ∥ L *elementārius* ← *elementum* : ⇨ element, -ary〛 — *adj.* **1** 初歩的な, 初等的な, 初等の ; 小学校の : ~ errors 初歩的なミス / an ~ book 入門書 / ~ education 初等教育 / ~ teachers 小学校の教師たち. **2 a** 要素である, 単元的の, 合成[複合]でない. **b** 〖化学〗元素の, 元素である : ~ substances 元素. **3** 〖数学〗〈関数が〉初等の. **4** 四元[四大]の ; 自然力の. ★ 今は elemental の方が普通 : ~ war 自然力の闘争《地震・暴風雨・大水など》/ ~ gods 四大の神々. **el·e·men·tar·i·ly** [èləmentérəli, -mən-, ―――――, èləméntərili, -trəli | èlɪmént(ə)rəlɪ, èlə-, -rɪlɪ] *adv.* **èl·e·mén·ta·ri·ness** *n.*

eleméntary análysis *n.* 〖化学〗元素分析.

eleméntary bódy *n.* 〖医学〗基本小体《封入体 (inclusion body) を形成する》.

eleméntary párticle *n.* **1** 〖物理〗素粒子《物質構成の基本的粒子 ; electron, proton, neutron, positron, meson, neutrino など》. **2** 〖生物〗=oxysome.

eleméntary prócess *n.* 〖物理化学〗素過程, 素反応《最終的に化学反応式で表わされる反応が各段階に分けて起こっている時, それぞれの段階の反応をいう》.

eleméntary schòol *n.* 《米》小学校《修業年限は 6-3-3 制で 6 年, 8-4 制で 8 年 ; 英国で, 1870-1918 年に 5-13 歳, その後 1944 年まで 5-14 歳の児童を収容した小学校だが, 現在は primary school という》.

eleméntary spécies *n.* 〖生物〗=subspecies.

el·e·mi [éləmi | élɪmɪ] 〚(1543) ◻ Sp. *elemí* ◻ Vulgar Arab. *elemí* = Arab. *al-lāmī* the elemi〛 — *n.* 〖化学〗エレミ《熱帯地方産カンラン科の種々の木から採る芳香性樹脂 ; ワニス・ラッカーなどに用いる ; gum elemi ともいう》.

El·e·na [élənə, ɪlíːnə, əl- | élɪnə, élə-, ɪlíːnə ; *Russ.* jiljénə] 〚◻ Russ. ~ : ⇨ Helen〛 *n.* 女性名.

elenchi *n.* elenchus の複数形.

e·lench·tic [ɪléŋ(k)tɪk, əl- | ɪl-] *adj.* =elenctic.

e·len·chus [ɪléŋkəs, əl- | ɪl-] 〚(1663) ◻ L ~ ◻ Gk *élegkhos* cross-examination, refutation ← *elégkhein* to disprove, disgrace〛 — *n.* (*pl.* **e·len·chi** [-kaɪ, -kiː]) **1** 〖論理〗反対論証, 論破 : ⇨ Socratic elenchus. **2** 論難, 論駁 (refutation), 間接論駁 (indirect refutation).

e·lenc·tic [ɪléŋ(k)tɪk, əl- | ɪl-] 〚◻ Gk *elegktik-ós* fond of cross-examining ← *elégkhein* (↑)〛 — *adj.* **1** 〖論理〗反対論証的な (cf. deictic). **2** 論駁的な, 論駁好きな.

el·e·o- [élio(ʊ), ɪlíːo(ʊ), əl-, -líːə | élɪə(ʊ), ɪlíːə(ʊ)] = 「elaio-; eleoptene.

e·le·o·lite [ɪlíːəlàɪt, əl- | ɪl-] 〚◻ G *Eläolith* : ⇨ elaeo-, -lite〛 *n.* 〖鉱物〗脂光石《かすみ石 (nephelite) の一種》.

El·e·o·no·ra [èlɪənɔ́ːrə, -nóːrə | èlɪənɔ́ːrə, èljə-] 〚◻ It. ~ : ⇨ Eleanor〛 *n.* 女性名.

el·e·op·tene [èliáptiːn | èlɪɔ́p-] 〚← eleo- 'ELAIO-' + Gk *ptenós* winged, fleeting〛 *n.* 〖化学〗エレオプテン《揮発性油の液体部 ; cf. stearoptene》.

èleo·steáric ácid 〚*eleostearic* : ⇨ elaio-, stearic〛 *n.* 〖化学〗エレオステアリン酸 ($C_4H_9(CH{\cdot}CH)_3(CH_2)_7$-COOH)《桐油中に含まれる不飽和脂肪酸》.

El·e·o·tri·dae [èliɔ́ʊtrədìː | èlɪɔ́ʊtrɪ-] 〚← NL ~ ← *Eleotris* (属名 : ← Gk *eleōtris* a fish of the Nile river) + -IDAE〛 *n.* 〖魚類〗カワアナゴ科.

el·e·phant [éləfənt | élɪ-, élə-] 〚(i) (?*a*1200) *olifaunt* ◻ OF *olifant* < VL **olifantum* 《変形》 ← L *elephantum*. (ii) (*a*1398) ◻ L *elephant-um* ◻ Gk *elephant-*, *eléphās* ← *el-* (cf. Hamitic *eḷu* elephant) + *-éphās* (cf. Egypt. *abu* elephant)〛 — *n.* (*pl.* ~**s**, ~) **1** ゾウ : ⇨ African elephant, Indian elephant / *Elephants* (can) remember. 《諺》象は(恨みを)忘れない. **2** 厄介な所有物, もて余し物 (cf. white elephant 2). **3** 巨大な物[人] : an ~ *of a* man 象のような巨漢. **4** 《英》エレファント判《筆記・図画・包装用紙の寸法 ; 23×28 から 28×34 インチまである》: double ~ エレファントダブル判. **5** 《米》エレファント《共和党の象徴 ; cf. donkey 4》. **6** 《廃》象牙 (ivory).

see the elephant 《米俗》(1) 世間を見る (see life) : He's *seen the* ~. 彼は世間を知っている. (2) (大都会の)見物をする (see the sights).

el·e·phan·ta [èləfǽnṭə | èlɪfǽntə, èlə-] 〚◻ Port. *elefante* 《原義》 elephant ◻ L *elephantus* (↑) : 象がインド天文学の第 13 月宿のしるしであり, その頃暴風が起こるのにちなむ〛 — *n.* 〖気象〗エレファンタ《9–10 月の夏季節風の終期の頃, インド南西部 Malabar 沿岸に吹く南(東)からの暴風》.

El·e·phán·ta Ísland [èləfǽnṭə- | èlɪfǽntə-, èlə-] *n.* エレファンタ島《Bombay 港内の小島 ; 石窟寺院で有名》.

élephant bìrd *n.* 〖鳥類〗=aepyornis.

élephant físh *n.* 〖魚類〗ギンザメの類の魚 (*Callorhynchus callorhychus*)《南半球の深海に生息し, 吻(ふん)が長く先端が曲がっている》.

élephant fólio *n.* 〖製本〗エレファントフォリオ(本)《普通のフォリオ本より大き目の本 ; 14×23 インチ大 ; cf. atlas folio》.

élephant gráss *n.* 〖植物〗**1** ヨーロッパ産のガマの一種 (*Typha elephantina*)《かごなどを編む ; cf. cattail 1》. **2** =napier grass.

élephant gùn *n.* 象射ち銃《象など大型の動物の狩猟に用いるライフル銃》.

el·e·phan·ti·a·sis [èləfəntáɪəsɪs, -fæn-, -səs | èlɪfəntáɪəsɪs, èlə-, -fæn-] 〚(1581) ← NL ~ ← L ~ ◻ Gk *elephantíasis* : ⇨ elephant, -iasis〛 — *n.* (*pl.* **-a·ses** [-siːz]) **1** 〖病理〗象皮病. **2** (好ましくない)増大, 膨脹.

El·e·phan·ti·dae [èləfǽnṭədìː | èlɪfǽntɪ-, èlə-] 〚← NL ~ : ⇨ elephant, -idae〛 *n. pl.* 〖動物〗ゾウ科.

el·e·phan·tine [èləfǽntiːn, -taɪn, éləfəntiːn, -tàɪn | èlɪfǽntaɪn, èlə-] 〚(1630) ◻ L *elephantin-us* ◻ Gk *elephántinos* : ⇨ elephant, -ine¹〛 — *adj.* **1** 象の, 象に関する : the ~ epoch 象属の全盛時代. **2** (動作・態度・挙動などが)象のような ; ぶざまな, ぎごちない (clumsy), 鈍重な : an ~ jest おもしろくもないだじゃれ / ~ humor さえないユーモア / ~ movements 鈍重な動作. **3** 巨大な ; 〈仕事が〉象のような力のいる : ~ proportions 巨大な図体 / an ~ task 非常に力のいる仕事. **4** (古代ローマで)象牙製の : ~ books ローマ皇帝や元老の行動を記録した象牙製の本.

El·e·phan·ti·ne [èləfæntáɪni, -fən-, -tíː- | èlɪfæntáɪnɪ, èlə-, -tíː-] *n.* エレファンティーネ(島)《エジプト南端, Nile 川の小島 ; Aswan の中州にあり, 遺跡に富む》.

el·e·phan·toid [èləfǽntɔɪd | èlə-, èlɪ-] 〚← ELEPHANT + -OID〛 *adj.* 象のような ; 象類似動物の.

élephant sèal *n.* 〖動物〗ゾウアザラシ《ゾウアザラシ属 (*Mirounga*) の総称 ; アザラシ類中最大 ; 次の二種がある》: **a** ミナミゾウアザラシ (*M. leonina*)《南極産》. **b** キタゾウアザラシ (*M. angustirostris*)《北米の北回帰線以北産》.

éléphant's-èar *n.* 〖植物〗象の耳のような大きな葉をつける植物の総称 : **a** ベゴニア (begonia). **b** サトイモ属 (*Colocasia*) の植物 ; (特に)タロイモ (taro).

éléphant's-fòot *n.* (*pl.* ~**s**) 〖植物〗**1** ツルカメソウ (*Testudinaria elephantipes*)《南アフリカ産のヤマノイモ科のつる植物 ; 原住民の食用になる巨大な根茎の表面には亀甲のような裂け目があるので, tortoise plant ともいわれる》. **2** キク科イガコウゾリナ属 (*Elephantopus*) の植物の総称.

élephant shréw *n.* 〖動物〗ハネジネズミ《アフリカ産のゾウの鼻を思わせる長く敏感な口先をもつ食虫目ハネジネズミ科の動物の総称》.

éléphant's trùnk snàke *n.* 〖動物〗ヤスリミズヘビ (*Acrochordus javanicus*)《アジア南部産の水中生活をする無毒のヘビ ; 皮膚がだぶついてしわが多い》.

éléphant trùnk *n.* 〖土木〗吐き管《コンクリートポンプの排出管》. 「Escorial).

El Escórial [el- ; *Sp.* el-] *n.* エルエスコリアル (⇨

El·eu·sin·i·a [èljusíniə | èljuːsínɪə, èljʊ-, -njə] 〚← Gk *Eleusínios* of Eleusis ← *Eleusís* : ⇨ -ia²〛 — *n. pl.* エレウシスの秘儀《古代ギリシャ Attica の Eleusis で豊饒の女神 Demeter の祭典として, もとは毎年, 後隔年あるいは 4 年ごとに挙行された神秘的な儀式》.

El·eu·sin·i·an [èljusíniən | èljuːsíniən, èljʊ-, -njən] *adj., n.* Eleusis の(市民).

Eleusínian mýsteries *n. pl.* =Eleusinia.

E·leu·sis [ɪlúːsɪs, əl-, -səs | eljúːsɪs, ɪl-] 〚◻ Gk *Eleusís*〛 *n.* エレウシス《古代ギリシャ Attica の Demeter の秘儀で有名な都市》. 「eleuthero- の異形.

e·leu·ther- [ɪlúːθər, əl- | ɪl(j)úː-] (母音の前に来る時の)

e·leu·ther·o- [ɪlúːθəro(ʊ), əl- | ɪl(j)úːθərə(ʊ)] 〚← Gk *eleútheros* free : ⇨ liberal〛「自由 ; 自由な」の意の連結形. ★ 母音の前では通例 eleuther- になる.

e·leu·ther·o·ma·ni·a [ɪlùːθəro(ʊ)méɪniə, əl- | ɪl(j)ùːθərə(ʊ)méɪnjə, -nɪə] 〚⇨ ↑, -mania〛 *n.* 自由狂《理想的な自由に対する熱狂的努力》.

e·leu·ther·o·ma·ni·ac [ɪlùːθəro(ʊ)méɪniæ̀k, əl- | ɪl(j)ùːθərə(ʊ)méɪniæ̀k] 〚⇨ ↑, -ac〛 *n.* 自由狂の人. — *adj.* 自由狂の.

elèuthero·pétalous 〚← ELEUTHERO- + -PETALOUS〛 *adj.* 〖植物〗離生した花弁のある, 離弁の.

elèuthero·phýllous 〚← ELEUTHERO- + -PHYLLOUS〛 *adj.* 〖植物〗離生した葉のある, 離葉の.

elev. 《略》elevation ; elevator.

el·e·vate 〚(*c*1400) ← L *ēlevāt-us* (p.p.) ← *ēlevāre* to raise ← *ē-* 'EX-¹' + *levāre* to lift (← *levis* light) : cf. lever〛 — [éləvèɪt | élɪ-, élə-] *v.* — *vt.* **1 a** 〈物を〉上げる, 高める, 持ち上げる : ~ a balloon 気球を上げる / ~ a bucket by a rope バケツをロープで引き上げる. **b** 〈目を〉上げる : ~ one's eyes 見上げる. **c** 〖カトリック〗〈聖体を〉奉挙する : ~ the Host 聖体を奉挙する. **2** 〈人を〉昇進させる (exalt) : ~ a commoner *to* the peerage ただの市民を貴族に昇叙する. **3 a** (知的・道徳的に)向上させる, 高潔にする (cf. elevated, elevating) : ~ a person's character 人の品性を高める. **b** 〈評価を〉高める. **4 a** 〈声・調子などを〉高める, 上げる : ~ one's voice 声を張り上げる. **b** 〈温度を〉上昇させる ; 〈脈拍を〉速める, 増進させる. **c** 〈希望などを〉高める. **5** 〈人〉の意気を盛んにする, 気分を浮き立たせる. **6** 〈鉄道を〉高架にする. **7** 〖砲術〗〈砲〉に射角[照準角]を与える. **8** 《廃》建てる : ~ a lofty tower 高い塔を建てる. — *vi.* **1** 〈芸術などが〉徳性[知性]を高揚する. **2** 上がる : His eyebrows ~*d* slightly. 彼の眉が少し上がった.
— [-vèt, -vət, -vɪt] *adj.* 《古》=elevated.

él·e·vàt·ed [-ṭɪd, -ṭəd | -tɪd, -təd] *adj.* **1** (位置が)高められた, 高い ; 〈地位など〉高い ; 〈温度など〉過度に高めた : an ~ platform 高い壇 / an ~ train 高架列車 / an ~ rank 高位 / an ~ temperature 高温. **2** 〈思想・気品など〉高尚な, 気高い, 高邁(こうまい)な (lofty, noble), 崇高な (sublime) : ~ thoughts 高邁な思想 / an ~ style 格調の高い文体. **3** 意気の上がった, 浮き浮きした ; 《口語》一杯きげんの. — *n.* =elevated railroad.

élevated ráilroad [ráilway] *n.* 《米》高架鉄道 (《英》overhead railway) (cf. el², L²).

él·e·vàt·ing [-ṭɪŋ | -tɪŋ] *adj.* 精神[知性]を高める, 向上させる, 高尚にする (edifying) : ~ thoughts 心[品位]を高める思想.

élevating árc *n.* 〖砲術〗高低歯弧, 俯(ふ)仰弧《火砲に高低の射角を与えるための機構の一部》.

el·e·va·tion [èləvéɪʃən | èlɪ-, èlə-] 〚(*a*1398) ◻ L *ēlevātiō(n-)* ← *ēlevātus* : ⇨ elevate, -ation〛 — *n.* **1** 高まった所, 小高い所, 高所, 高地. **2 a** 高さ, 海抜, 高度 : a building of imposing ~ 堂々とした高層建築 / an ~ of 5,000 ft. 海抜 5 千フィート. **b** 標高 : ⇨ ANGLE of elevation. **c** 〖天文〗高度. **3** (文体・品性などの)気高さ, 気品 : the ~ of style 文体の気品 / ~ of thought 思想の気高さ. **4** 昇進 : ~ *to* the peerage 貴族への昇叙. **5 a** 〔物を〕高めること, 挙げること, 持ち上げること 〔*of*〕. **b** 〖カトリック〗(聖体の)奉挙 : the *Elevation of* the Host 聖体奉挙, 聖挙. **6 a** 精神の高まり[向上, 高揚]. **b** (温度の)上昇 ; (脈拍が)速まること. **7** 〖建築〗立面図 (cf. ground plan 1) ; (特に)正面[前面]図 ; 正面, 前面. **8** 〖砲術〗射角, 照準角. **9** (*also* **é·lé·va·tion** [F. elevasjɔ̃]) 〖バレエ〗空中跳躍, エレバシオン《ダンサーが大きく跳躍して空中に止まっているように見えること》; その能力.

elevátion hèad *n.* 〖物理〗位置水頭, 高度水頭《流体の位置エネルギーを長さの単位で示したもの》.

él·e·và·tor [-ṭə | -tə(r)] 〚(1646) ← ELEVATE + -OR² : 1 の初出は 1853 年〛 — *n.* **1** 《米》エレベーター, 昇降機 (《英》lift) : a pneumatic ~ 圧搾空気式昇降機. **2** 《米》物を揚げる装置, 巻揚げ機 (hoist) ; (建築工事などの)揚げおろし機, (穀物を倉庫に納める)揚穀機, 水揚げ機, くみ揚げ機(など) : a freight ~ 貨物エレベーター. **3** 《米》(揚穀設備のある)大穀物倉庫 (grain elevator). **4** 〖航空〗エレベーター, 昇降舵《通例水平尾翼にあって操縦桿の操作によって動き, 機首の上げ下げを司る》. **5** 〖解剖〗挙筋(きょきん). **6** =elevator shoe. **7** 〖歯科〗ヘーベル《抜歯に用いる器具》. 「レベーター係.

élevator òperator [màn, bòy, gìrl] *n.* 《米》エ

élevator shàft *n.* 〖建築〗エレベーターシャフト《エレベーターを収める垂直空間》.

élevator shòe 〖← *Elevators* (商標名)〗 *n.* [通例 *pl.*] 中底を厚くし背丈を高く見せる工夫をした靴.

el·e·va·to·ry [éləvətɔ̀:ri, -tòːri | élɪvèɪt(ə)rɪ, élə-] 〖← ELEVATE＋-ORY¹〗 *adj.* 上げる, 高める.

e·lev·en [ɪlévən, əl-] 〖OE *ellefne, endleofan* ← Gmc **ainlif-* (Du. & G *elf*) ← **ainaz* 'ONE'＋? **lif-* left behind (← IE **likʷ-, *leikʷ-* 'to leave' (L *linquere* / Gk *leipein*)) : 《原義》10 かぞえて残り 1 (日本語の「与一」という名前の語源とされる「余一」を比較) : cf. twelve〗 ── *n.* **1** 11 ; 11 個, 11 人, 11 歳, 11 時 : at ～ 11 時に / *eleven*-fifteen 11 時 15 分. **2** 11[XI] の記号[数字]. **3** 11 人[個]一組 ; (特に)アメリカンフットボール[サッカー, クリケット]のチーム, イレブン : be in the ～ アメリカンフットボール[サッカー, クリケット]の選手である. **4** [the E-] キリストの十一使徒《十二使徒中ユダ (Judas) を除く》. **5** [*pl.*]《英》＝elevenses (cf. eleven o'clock). ── *adj.* 11 の, 11 個の : [Predicative に用いて] 11 歳で.

eléven·fòld 〖⇨ ↑, -fold〗 *adj.* **1** 11 部分[部門, 要素]のある, 十一重の. **2** 11 倍の. ── *adv.* 十一重に, 11 倍に.

eléven hòurs *n.* 《スコット》＝eleven o'clock.

eléven o'clòck *n.* 《英方言》(11 時ごろ食べる)軽食.

e·lev·en·pence [ɪlévənpéns, əl-, -pəns] *n.* (*pl.* ～, **-penc·es**) (英国の) 11 ペンス(の価). ★ 用法その他については ⇨ penny 1. 「11 ペンスの.

e·lev·en·pen·ny [ɪlévənpéni, əl-, -p(ə)ni | -nɪ] *adj.*

eléven-plús *n.* (*also* **11＋**) **1** [the ～] 中等学校進学適性検査 (eleven-plus examination)《もとイングランドとウェールズで, 各地方教育当局が進学学校の種類選定のため 11 歳に達した学童に受けさせた ; 1965 年以後徐々に廃止され, 中学校は総合制学校 (comprehensive school) に再編成された》. **2** 《英》学童が小学校を卒業する年齢 : at ～. ── *attrib. adj.* 《英》11 歳に達した学童の : the ～ examination.

e·lev·ens·es [ɪlévənzɪz, əl-, -zəz] 〖(double pl.) ← ELEVEN (o'clock)〗 ── *n. pl.* [通例単数扱い]《英》午前 11 時ごろ食べる軽食《コーヒーまたは紅茶のみの場合もある ; cf. fourses》: get one's ～.

e·lev·enth [ɪlévənθ, əl-] 〖《14C》 *eleventh* ∽ 《13-14C》 *enlefte* < OE *endleofta, endlyfta* < Gmc **ainliftōn* (Du. *elfde* / G *elfte*) : ⇨ eleven, -th¹〗 ── *adj.* **1** 第 11 の, 11 番目の (11th). **2** 11 分の 1 の : a ～ part 11 分の 1. ── *n.* **1** [the ～] 第 11, 11 番目, 第 11 位, (月の)(第) 11 日 : the ～ [11th] of November 11 月 11 日. **2** 11 分の 1 (eleventh part).

eléventh-hóur *adj.* 最後の土壇場の : after ～ talks with the president 社長との最後の土壇場の話し合いの後.

eléventh hóur *n.* きわどい時, 最後の土壇場. ***at the eleventh hour*** きわどい時に, 最後の土壇場になって (cf. *Matt.* 20 : 6, 9) : Help came *at the* ～.

e·lév·enth·ly *adv.* 11 番目に.

el·e·von [éləvɑ̀n | élɪvɔ̀n] 〖← ELEV(ATOR)＋(AILER)-ON〗 *n.* 〖航空〗エレボン《昇降舵と補助翼の役目をする飛行機の舵で, デルタ翼機などにみられる》.

elf [élf] 〖OE *-elf, ælf* < Gmc **albiz, *albaz* (MDu. *elf* / G *Alp* nightmare, incubus / ON *ālfr*) ← ? IE **albho-* white : ⇨ alb〗 ── *n.* (*pl.* **elves** [élvz], **～s**) **1** エルフ, いたずらな小妖精《体の小さな美しい妖精 ; しばしば隊を作って森・丘・荒野に住むと想像されている ; cf. sprite, fairy 1》. **2** 小人, 一寸法師 (dwarf). **3** いたずら者, 意地悪な人 : play the ～ わるさ[いたずら]をする.

El Faiyūm *n.* (*also* **El Fayum**) ⇨ Faiyūm.

élf àrrow *n.* 《古》石矢じり《妖精が魔力をもったこの矢で家畜を射倒すという迷信から》.

élf bòlt *n.* 《古》＝elf arrow.

élf chìld *n.* 取替え子 (changeling).

élf dàrt *n.* 《古》＝elf arrow.

El Fer·rol [èlfərɔ́(ː)l | -fəróʊl ; *Sp.* elferról] *n.* エルフェロル《スペイン北西部の海港 ; 海軍工廠(こうしょう)・造船所がある ; 人口 88,000 ; El Ferrol de Caudillo [-dekaudíʎo] ともいう》.

élf fìre *n.* 狐火, 鬼火 (ignis fatuus).

elf·in [élfɪn, -fən | -fɪn] 〖《1567-83》 ← ? ME *elvene* (gen. pl.) ← ELF : Spenser の用語〗 ── *adj.* **1** 小妖精の[による] ; 小妖精のような (elflike) : an ～ storm 小妖精の起こしたあらし. **2** 小さくてかわいらしい, 繊細な ; 不思議な魅力をもった. ── *n.* 《古》小人, 子供.

élf·ish [-fɪʃ] 〖《1542》 ← ELF＋-ISH¹ ∽ ELVISH〗 *adj.* **1** 小妖精らしい ; ちびでいたずらな. **2** 小妖精の ; 妖精国の. **～·ly** *adv.* **～·ness** *n.*

élf·lànd *n.* (小妖精の住む)妖精の国 (fairyland).

élf·lìke *adj.* 小妖精のような.

élf·lòck 〖⇨ lock¹ : 小妖精のしわざとの想像から〗 *n.* [通例 *pl.*] もつれ髪《妖精のしわざといわれ, それを解くと不吉と考えられた》.

élf òwl *n.* 〖鳥類〗サボテンフクロウ (*Micrathene whitneyi*)《米国南西部の砂漠地帯でサボテンの穴にすむ小型のフクロウ》.

El·fre·da [elfríːdə] 〖OE *ælfþriþ* ← *ælf* 'ELF'＋*þriþ* strength〗 *n.* 女性名.

élf-strùck[-stricken] *adj.* 小妖精に魅せられた, 魔力にかけられた (bewitched).

El·ga [élgə] 〖cf. Slav. *Olga* 《原義》holy / Goth. *alhs* temple〗 *n.* 女性名.

El·gar [élgɑə, -gə | -gɑː(r, -gɑː(r], Sir **Edward** *n.* (1857-1934) 英国の作曲家 ; *Pomp and Circumstance*「威風堂々」(1902).

El·gin¹ [élgɪn, -gən | -gɪn] 〖ME ▭ Gael. *Eilginn, Eilgin* (dim.) ← *E(a)lg* Ireland〗 *n.* スコットランド Morayshire 州(現在はほとんどが Grampian 州の一部)の旧名 ; Elginshire ともいう.

El·gin² [éldʒɪn, -dʒən | -dʒɪn] 〖cf. Elgin¹〗 *n.* 男性名.

El·gin [élgɪn, -gən, -dʒɪn, -dʒən | -gɪn], 8th Earl of *n.* ⇨ James BRUCE.

Él·gin márbles [élgɪn-, -gən-, -dʒɪn-, -dʒən- | -gɪn-] 〖← *Thomas Bruce, 7th Earl of Elgin* (1766-1841) : 昔 Athens の Acropolis にあったものを 19 世紀初めに Elgin が買い取って英国に運んだところから〗 ── *n.* エルギンマーブルズ《大英博物館所蔵の古代ギリシャの大理石彫刻 ; Parthenon の彫刻群を含む》.

El Gi·za *n.* ⇨ Giza.

El Gre·co [el-grékou, -gréɪk-, -gríːk- | -grékəʊ, -gríːk- ; *Sp.* elgréko] 〖▭ Sp. ～ 《原義》the Greek〗 ── *n.* エルグレコ《1541-1614 ; Crete 島生まれでイタリアとスペインに住んだ画家・建築家・彫刻家 ; 本名, ギリシャ語名 Kyriakos Theotokopoulos, スペイン語名 Domingo Theotocopuli, イタリア語名 Domenico Teotocopulo》.

El Ha·sa *n.* ⇨ Hasa.

el·hi [élhaɪ] 〖← *el(ementary)*＋*hi(gh school)*〗 *adj.* 《米》小中高校(用)の.

E·li¹ [íːlaɪ] 〖▭ Heb *'Ēlī* 《原義》high ← *'ālāʰ* to go up〗 *n.* **1** 男性名. **2** 〖聖書〗エリ《Samuel を教えて宗教的指導者としたヘブライの大祭司 ; cf. *1 Sam.* 1-3》.

E·li² [íːlaɪ] 〖《略》← *Elihu Yale*〗《米》 ── *n.* Yale 大学の学生[卒業生].

Children [Sons] of Eli Yale 大学(卒業)生.

── *adj.* Yale 大学(卒業)生の : an ～ gag エール大学特有のしゃれ.

E·li·a [íːliə | -ljə, -lɪə] *n.* Charles LAMB の筆名.

E·li·as [ɪláɪəs, əl- | eláɪəs, -æs] 〖▭ Gk *Elīās* ▭ Heb. *Ēlīyāʰ* : ⇨ Elijah〗 *n.* **1** 男性名 (cf. Eliot). **2** 〖聖書〗＝Elijah 2 (cf. *Matt.* 16 : 14).

e·lic·it [ɪlísɪt, əl-, iːl-, -sət | ilísɪt, el-, əl-] 〖《1641》 ← L *ēlicit-us* (p.p.) ← *ēlicere* to draw forth ← *ē-* 'EX-¹'＋*lacere* to entice : cf. delight〗 ── *vt.* **1 a** 〈潜在するものなどを〉引き出す (bring out) : ～ sparks *from* flints 火打石で火を切る. **b** 〈原理・真理などを〉論理的に引き出す (educe) : ～ truths [principles] *from* data 所与の事項から真理[原理]を引き出す. **2** 〈人から〉〈事実・返事などを〉引き出す, 誘い出す (draw out, evoke) 〔*from*〕: ～ a reply *from* a person (いやがる)人から返事を取る / ～ information by inquiring たずねて情報を聞き出す / Stimulus ～*s* response. 刺激は反応を引き出す. **e·lic·i·ta·tion** [ɪlìsətéɪʃən, əl-, iːl- | ɪlɪsɪ-, el-, əl-] *n.* **e·lic·i·tor** [-tə | -tə(r] *n.*

e·lide [ɪláɪd, əl- | ɪl-] 〖《1593》 ▭ L *ēlid-ere* to strike out ← *ē-* 'EX-¹'＋*laedere* to strike : cf. lesion〗 ── *vt.* **1** 〖音声〗〈音を〉脱落させる ; 〖詩学〗(次の語が母音で始まる時に)語尾の母音を省略する (例 : th' (＝the) inevitable hour ; cf. elision). **2** 黙殺する (suppress) ; 略す(ignore). **3** 〖法律〗省く, 削除する, 取り消す (annul).

É·lie [eɪlíː ; *F.* eli] 〖ME ▭ (O)F *Élie* : ⇨ Elias, Elijah〗 *n.* 男性名.

el·i·gi·bil·i·ty [èlɪdʒəbíləṭi, èlə- | èlɪdʒəbílətɪ, -dʒɪ-, -lɪtɪ] 〖《1650》 : ⇨ ↓, -ity〗 ── *n.* **1** 被選挙資格, 入会資格 : ～ *to* membership 会員となる資格. **2** 適任, 適格, 適当性 (fitness).

el·i·gi·ble [élɪdʒəbl̩, élə- | élɪdʒə-, -dʒɪ-] 〖《? *a* 1425》 ▭ (O)F *éligible* ← L *ēligere* to pick out : ⇨ elect, -ible〗 ── *adj.* **1 a** 〔…に〕選ばれる資格のある, 適格の〔*for*〕; 被選挙資格のある : an ～ candidate 適格の候補者 / be ～ *for* membership 会員となる資格がある / A widow is ～ *to* collect her husband's checks. 未亡人は夫の小切手で支払いを受ける資格がある. **b** 〖アメリカンフットボール〗フォワードパスを受けることができるようにフットボールルールに定められた《両エンドおよびバックスプレーヤーにいう》. **2** 望ましい, 適当な ; (特に, 結婚の相手として)ふさわしい, 望ましい : an ～ young man (夫として)適当な青年 / an ～ partner 適当な相手. ── *n.* 適格者 ; 適齢者. **～·ness** *n.* **él·i·gi·bly** *adv.*

éligible páper *n.* 《米》〖銀行〗適格手形《米国連邦準備銀行で割引してよいと認定された手形》.

El·i·hu [éləhjùː, ɪláɪhjùː, əl- | ɪláɪhjuː, əl-] 〖▭ Heb. *Elīhū* 《原義》he is my God : cf. ↓〗 ── *n.* **1** 男性名. **2** 〖聖書〗エリフ《苦悩するヨブに神の義を教え示そうとした若い友人 ; *Job* 32-37》.

E·li·jah [ɪláɪdʒə, əl- | ɪl-] 〖▭ Heb. *Ēlīyāʰ* 《原義》Yah (＝Yahweh) is God : cf. hallelujah〗 ── *n.* **1** 男性名《異形 Elias, Eliot, Ellie, Elliott, Ellis》. **2** 〖聖書〗エリヤ《紀元前 9 世紀ごろのヘブライの預言者 ; cf. *1 Kings* 17, *2 Kings* 2》.

e·lim·i·na·ble [ɪlímənəbl̩, əl- | ɪlímɪ-, el-] 〖← ELIMIN(ATE)＋-ABLE〗 *adj.* 除去[削除]できる ; 消去できる.

e·lim·i·nant [ɪlímənənt, əl- | ɪlímɪ-, el-] 〖⇨ ↓, -ant〗 *n.* **1** 〖数学〗消去式. **2** 〖医学〗解毒剤, 除去作用を有するもの.

e·lim·i·nate [ɪlímənèɪt, əl- | ɪlímɪ-, el-, -mə-] 〖《1568》 ← L *ēlīmināt-us* (p.p.) ← *ēlīmināre* to turn out of doors ← *ē-* 'EX-¹'＋*līmin-, līmen* threshold : ⇨ limen〗 ── *vt.* **1** 除く, 排除する, 除去する, 削除する ; 〈人・チームを〉ふるい落とす : ～ errors [superfluous words] 誤り[余分の語]を除去する / ～ sex barriers 男女差別を撤廃する / ～ illiteracy 文盲をなくす / Our team was ～*d* by losing two successive games. 二度続けて試合に負けたためわがチームはふるい落とされた. **2** 〈問題の一部などを〉省く, 無視する. **3** 〖化学〗(化合物から)〈一成分を〉除去する. **4** 〖生理〗排出する, 排泄する ; 解毒する, 除去する : ～ waste matter *from* the system 老廃物を体外へ排出する. **5** 〖数学〗消去する. **6** 〖口語・戯言〗殺す. **e·lim·i·na·tive** [ɪlímənèɪṭɪv, əl-, -nəṭ- | ɪlímɪnət-, el-, -mə-, -nèɪt-] *adj.*

e·lim·i·na·tion [ɪlìmənéɪʃən, əl- | ɪlìmɪ-, el-, -mə-] 〖《1601》 : ⇨ eliminate, -ation〗 ── *n.* **1** 除去, 削除, 排除 : the ～ of social ills like drug addiction and gambling 麻薬中毒やギャンブルといった社会悪の除去. **2** 排除, 追出し, 放出. **3** 〖生理〗排出, 排泄. **4** 〖数学〗消去(法) : ～ by comparison [substitution] 比較[代入]消去法. **5** 〖スポーツ〗勝ち抜き, エリミネーション : ～ contest [match, race, series, tournament] 勝ち抜き試合, トーナメント.

eliminátion plày *n.* 〖トランプ〗消去戦法, 焼土作戦《ブリッジで攻撃側 (declarer) が自分の手とダミー (dummy) の手からあるスーツ (suit) の札を全部消却し, 敵側がそのスーツを打出した時, 不要な札は捨てる (discard) などして得をする高等戦術 ; cf. endplay》.

e·lím·i·nà·tor [-ṭə | -tə(r] 〖← ELIMINATE＋-OR²〗 ── *n.* **1** 除去者 ; 排除器. **2** 〖通信〗エリミネーター《電池の代わりに用いる交流電源から直流を得る電子回路電源用整流装置》.

e·lim·i·na·to·ry [ɪlímənətɔ̀ːri, əl-, -tòːri | ɪlímɪnèɪt(ə)rɪ, -mə-, -nət-] 〖← ELIMINATE＋-ORY¹〗 *adj.* 除去[削除, 排出, 排泄]の (eliminating).

El·i·nor [élənə, -nɔə | élɪnə(r] 〖⇨ Eleanor〗 *n.* 女性名.

el·in·var [élɪnvɑ̀ə, élən- | élɪnvɑ̀ː(r] 〖▭ F *élinvar* ← *él(asticité) invar(iable)* invariable elasticity〗 ── *n.* 〖冶金〗エリンバー《熱膨張係数を特に小さくするために作られた鉄 50%, ニッケル 36%, クロム 12% の磁性合金で, 音叉などに用いられる》.

El·i·ot [éliət, éljət | éliət, élɪət] 〖(dim.) ← ELIJAH & ELIAS〗 *n.* 男性名《異形 Elliot, Elliott》.

Eliot, Sir **Charles** *n.* (1862-1931) 英国の外交官・東洋学者・香港大学初代学長 (1912), 駐日大使 (1919-26) ; 仏教研究のため滞日中病気になり, 帰国の船中で没 ; *Hinduism and Buddhism* (1921).

Eliot, Charles William *n.* (1834-1926) 米国の教育家・化学者 ; Harvard 大学総長 (1869-1909).

Eliot, George *n.* (1819-80) 英国の女流小説家 ; Mary Ann Evans の筆名 ; *Silas Marner* (1861), *Middlemarch* (1871-72).

Eliot, John *n.* (1604-90) 植民地時代の米国の伝道家 ; アメリカインディアンの間に伝道し, その言語に聖書を翻訳 ; 通称 the Apostle to the Indians.

Eliot, Sir **John** *n.* (1592-1632) 英国の政治家・演説家 ; 下院指導者として Charles 一世の政治を非難し, ために投獄されて獄中で病没.

Eliot, T(homas) S(tearns) *n.* (1888-1965) 米国生まれの英国の詩人・批評家・劇作家 ; Nobel 文学賞 (1948) ; *The Waste Land* (1922), *The Cocktail Party* (1950).

E·lis [íːlɪs, -ləs | -lɪs] 〖▭ Gk *Êlis*〗 ── *n.* エリス《ギリシャ南西部, Peloponnesus 半島北西部の古代の地域 ; 古代オリンピア競技会はこの地域の小平野 Olympia で行なわれた》.

E·lis·a [ɪlísə, əl- | ɪl-] 〖(dim.) ← ELIZABETH²〗 *n.* 女性名.

E·lis·a·beth [ɪlízəbəθ, əl-] 〖⇨ Elizabeth²〗 *n.* **1** 女性名. **2** ＝Elizabeth² 2.

É·lis·a·beth [eɪlìːzəbét, -béɪt ; *F.* elizabɛt, *G.* elíːzabɛt] 〖▭ F ～ 'ELIZABETH²'〗 *n.* 女性名.

E·lis·a·beth·ville [ɪlízəbəθvɪl, əl-] *n.* エリザベトビル《Lubumbashi の旧名》.

E·lise [ɪlíːz, əl-, -líːs | ɪl-] 〖▭ F *Élise* (dim.) ← *Élisabeth* (↑)〗 *n.* 女性名.

E·li·sha [ɪláɪʃə, əl- | ɪl-] 〖▭ Heb. *Elīšā'* 《原義》God is salvation ← *ēl* God＋*yēšaʻ* salvation : cf. Isaiah, Joshua〗 ── *n.* **1** 男性名. **2** 〖聖書〗エリシャ《紀元前 9 世紀ごろのヘブライの預言者 ; Elijah の後継者 ; cf. *2 Kings* 2-9》.

E·li·sia [ɪlíʃə, el- | ɪl-] 〖⇨ Elysia¹〗 *n.* 女性名.

e·li·sion [ɪlíʒən, əl- | ɪl-] 〖《1581》 ▭ LL *ēlīsiō(n-)* striking out ← *ēlīsus* (p.p.) ← *ēlīdere* 'to ELIDE'〗 ── *n.* **1** 〖音声〗(音の)脱落《dangerous [déɪndʒ(ə)rəs] の [ə] や exactly [ɪgzǽk(t)li | -lɪ] の [t] など》. **2** 〖文法〗(次の語が母音で始まる時の)語尾の母音省略《詩歌において音節を少なくするために意図的に行なう ; 例 : th' olden days ; cf. synaloepha》. **3** (本や談話の)省略 (omission).

e·lis·or [ɪláɪzə, əl- | ɪláɪzə(r] 〖ME *elisour* ▭ OF (F *éliseur*) ← *elis-, elire* to choose (⇨ elite)＋*-our* '-OR²'〗 *n.* 〖法律〗陪審選定官 (eslisor ともいう).

E·lis·sa¹ [ɪlísə, əl- | ɪl-] *n.* エリッサ《Dido のフェニキア語名》.

E·lis·sa² [ɪlísə, əl- | ɪl-] 〖《変形》← ELISA〗 *n.* 女性名.

E·lis·ta [iːlístə ; *Russ.* eljístə] *n.* エリスタ《ソ連邦ロシヤ共和国南西部, Kalmykia 自治共和国の首都 ; 人口 64,000》.

e·lite [eɪlíːt, ɪl-, əl- | eɪl- ; *F.* elit] 〖《1823》 ▭ F *élite* choice part, best < OF *eslite* (p.p.) ← *eslire* (F *élire*) to choose < VL **exligere*＝L *ēligere* : ⇨ elect〗 (*also* **é·lite** [～]) ── *n.* (*pl.* ～**s** [～s ; *F.* ～]) **1** [複数扱い] (社会的・知的・職業的に)選ばれた者, 選り抜きの人々, エリート (choice people) : ⇨ corps d'élite / the ～ of society 上流人士, 名士. **2** [通例 elite] エリート《ほぼ 10 ポイントのタイプライター活字》.

── *attrib. adj.* **1** エリートの[にふさわしい] : a small

～ group of scientists 少数精鋭科学者集団. **2** 精選された, 優等(品)の, 極上の (select): an ～ brand of tobacco.

Elíte Guárd *n.* ＝Schutzstaffel.

e·lít·ism [-tɪzm] 〘← ELITE＋-ISM〙 *n.* **1** エリート主義, エリート的行動. **2** エリート意識.

elít·ist [-tɪst, -təst | -tɪst] *n.* エリート主義者; エリートを自任する人. **—** *adj.* エリート主義の, エリート主義的な.

e·lix·ir [ɪlíksə, əl- | ɪlíksə(r, el-] 〘(*a*1395) ◻ ML ～ ◻ Arab. *al-iksīr* ← *al* the＋*iksīr* philosopher's stone, elixir (◻ ? LGk *xḗrion* drying powder for wounds ← *xērós* dry)〙 **—** *n.* **1** (錬金術の)霊薬, 錬金薬, エリクシル《卑金属を金に化するために錬金術師が調合したもの; cf. philosopher's stone, magistery》. **2** ＝ ELIXIR of life. **3** 万能薬. **4** 精髄 (quintessence): the ～ *of* his literary sense 彼の文学的センスの精髄. **5** 〘薬学〙エリキシル(剤)《主薬・香料・甘味剤を混合したアルコール性液剤》.

elixir of life 〘(15C): cf. elixir vitae〙 [the —] 生命の霊薬《不老不死の霊薬; 錬金術では elixir 1 と同一または関連あるものとされた》.

elíxir vítae 〘◻ ML *elixir vitae*〙 *L. n.* ＝ELIXIR of life.

Eliz. 《略》Elizabeth; Elizabethan.

E·li·za [ɪláɪzə, əl- | ɪl-] 〘(dim.) ← ELIZABETH[2]〙 *n.* 女性名.

E·liz·a·beth[1] [ɪlízəbəθ, əl-] 〘← *Elizabeth Carteret* (英国の政治家Sir George Carteret (*c*1610–1680) の妻)〙 *n.* 米国 New Jersey 州北東部の都市; 人口 105,000.

E·liz·a·beth[2] [ɪlízəbəθ, əl-] 〘◻ LL *Elisabeth, Elizabeth* ◻ Gk *Eleisabeth, Elisabet* ◻ Heb. *Elīšébha'* (原義) ? (my) God is happiness: cf. Bathsheba〙 **—** *n.* **1** 女性名《愛称形・異形 Bess, Bessie, Beth, Betsy, Betty, Elisa, Elisabeth, Eliza, Elsa, Elsie, Libby, Lillian, Lily, Liza, Lizbeth, Lizzie; フランス語形 Elise, Lisette, Babette; イタリア語形 Bettina, Elisabetta; ドイツ語形 Else, Liesel; スペイン語形 Isabel, Belita; スウェーデン語形 Elisabet; アイルランド語形 Eilis; スコットランド語形 Elspeth》. **2** 〘聖書〙エリサベツ《バプテスマのヨハネ (John the Baptist) の母; cf. *Luke* 1: 5–25》.

Elizabeth[3] *n.* エリザベート《1843–1916; ルーマニア女王 (1881–1914); 著述家; Princess of Wied; 旧姓名 Pauline Elisabeth Ottilie Luise; 筆名 Carmen Sylva》.

Elizabeth I *n.* (1533–1603) Tudor 朝の英国女王 (1558–1603); Henry 八世と Anne Boleyn の娘で異母姉 Mary 一世の後継者; Tudor 朝最後の君主で彼女の後は Stuart 朝になった (cf. virgin queen 2).

Elizabeth II *n.* (1926–) Windsor 朝の英国女王 (1952–), George 六世の長女.

E·liz·a·be·than [ɪlìzəbíːθən, əl-] 〘(1840) ～ ∽ (1817) *Elizabethian*〙 **—** *adj.* エリザベス女王 (Elizabeth I) の; エリザベス女王時代の: ～ drama, literature, writers, etc. / the ～ age エリザベス女王時代 (1558–1603). **—** *n.* エリザベス女王時代の英国人; (特に)エリザベス朝の詩人[劇作家, 政治家].

Elizabéthan sónnet *n.* 〘詩学〙エリザベス朝風ソネット《Italian sonnet に種々の変化を加えたもので, Shakespearean sonnet に代表される》.

Elizabéthan stýle *n.* **1** エリザベス朝建築様式《英国 Elizabeth 一世時代の様式(多くは田舎の邸宅); Tudor 式にルネサンス式を加え, 大き目の長方形の窓, 装飾つき煙突, 左右対称などが特徴》. **2** エリザベス朝家具様式《重厚・古雅を特色とする》.

elk [élk] 〘OE *eolh, e(a)lh* elk ＜ Gmc **alʒiz* (G *Elch* / ON *elgr*) ← IE **el-* stag, hart (L *alcēs* / Gk *álkē*): 今の形 *-k* は -OCK との連想か〙 **—** *n.* (*pl.* ～, **4** では ～**s**) **1** 〘動物〙(ヨーロッパ)ヘラジカ (*Alces alces*) 《ヨーロッパ・アジア産; シカ類の最大種; cf. moose》. **2** 《米・カナダ》＝wapiti. **3** エルク(革)《丈夫な牛皮甲革; もとはエルクの皮から造ったバックスキン様の革》. **4** [E-] 《米》エルクス共済組合の一員 (⇨ B.P.O.E.).

élk clòver *n.* 〘植物〙ウコギ科タラノキ属の多年草 (*Aralia californica*) 《北米大西洋岸産; 観賞用》.

élk-gràss *n.* 〘植物〙北米に野生するユリ科植物 (*Xerophyllum tenax*).

élk·hòund *n.* ＝Norwegian elkhound.

Elks [élks], **Benevolent and Protective Order of** *n.* ⇨ B.P.O.E.

ell[1] [él] 〘L の字の名〙 *n.* **1** ＝el[1]. **2** 《米》建物の L 字型延長部. **3** エルボ《L 字形に曲がった管継手》.

ell[2] [él] 〘OE *eln* (原義) arm, forearm, 'the length from the ELBOW to tip of the middle finger' ＜ Gmc **alinō* (Du. *el* / G *Elle*) ＜ IE **olinā* (L *ulna* / Gk *ōlénē*)〙 **—** *n.* エル《尺度の単位; 所によって長さ不定; 英国では 45 インチ; 今ではほとんど用いられない》: Give him an inch and he'll take an ～. 《諺》寸を与えれば尺を望む《少し親切にすればすぐつけ上がる》.

El·la [élə] 〘◻ ONF ～, *Ala* ◻ OHG *Alia* (原義) all〙 *n.* 女性名.

-el·la [élə] 〘⇨ -el[1]〙 **—** *suf.* (*pl.* **-el·lae** [éliː, élaɪ], ～**s**) 次の意味を表わす指小辞: **1** 「…に似た[属する]小型のもの」: Molucc*ella*. **2** 「小さなもの」: umbr*ella*. **3** 愛称として: Cinder*ella*.

el·lág·ic ácid [ɪlǽdʒɪk-, əl-, el- | ɪl-, el-] 〘*ellagic*: ◻ F *ellagique* ← *ellag* (《逆つづり》← *galle* 'GALL[3]')＋*-ique* '-IC[1]'〙 **—** *n.* 〘化学〙エラグ酸 ($C_{14}H_6O_8$) 《エラグタンニンの加水分解の際生じる》.

el·lag·i·tan·nin [ɪlæ̀dʒətǽnɪn, əl-, -nən | ɪlæ̀dʒɪtǽnɪn, el-] 〘← ELLAGIC (↑)＋TANNIN〙 **—** *n.* 〘化学〙エラグタンニン《加水分解によりエラグ酸を生じるタンニンの総称》.

El·lás [*Mod. Gk.* ɛlás] *n.* エラス《Greece の現代ギリシャ語名》.

Ell·dridge [éldrɪdʒ] 〘⇨ Eldrige〙 *n.* 男性名.

El·len [élən | élən, élɪn] 〘(変形) ← HELEN〙 *n.* 女性名.

El·ler·y [éləri | -rɪ] 〘← ME *eller* 'ELDER': ⇨ -y[2]〙 *n.* 男性名.

Ellery, William *n.* (1727–1820) 米国の政治家, 独立宣言署名者の一人.

Éllery Quéen *n.* ⇨ Queen.

Élles·mere Ísland [élzmɪə- | -mɪə-] *n.* エルズミア島《Greenland の北西方, 北極海中の大島; カナダ領; 面積 212,688 km²》.

Él·lice Íslands [élɪs-, éləs- | élɪs-] *n. pl.* [the ～] エリス諸島 (⇨ Tuvalu).

El·lie [éli | élɪ] 〘(dim.) ← ELLEN: ⇨ -ie〙 *n.* 女性名.

El·ling·ton [élɪŋtən], **Edward Kennedy** *n.* (1899–1974) 米国のジャズピアニスト・作曲家・バンドリーダー; 通称 Duke Ellington.

el·lipse [ɪlíps, əl-, el- | ɪl-, əl-] 〘(1753) 《逆成》← L *ellīps-ēs* (pl.) ← *ellīpsis* (↓)〙 *n.* **1** 〘数学〙楕円, 長円; 楕円周. **2** ＝ellipsis.

el·lip·sis [ɪlípsɪs, əl-, el-, -səs | ɪlípsɪs, əl-] 〘(1570) ◻ L *ellipsis* ◻ Gk *élleipsis* omission, defect ← *elleipein* to fall short ← *el-* 'EN-[2]'＋*leipein* to leave〙 **—** *n.* (*pl.* **el·lip·ses** [-siːz]) **1** 〘文法〙(統語上の語句の)省略《例えば To err is human, to forgive (is) divine, の中の第二の is の省略》; パラグラフの最後の文の省略. **2** 〘印刷〙(文字・語などの)省略記号, 省略符, エリプシス《—, …, *** など; cf. suspension periods》.

el·lip·so·graph [ɪlípsəgræ̀f, əl-, el- | ɪlípsəgrɑ̀ːf, əl-, -græ̀f] 〘← ELLIPSE＋-O-＋-GRAPH〙 *n.* 楕円コンパス, 楕円規.

el·lip·soid [ɪlípsɔɪd, əl-, el- | ɪl-, əl-] 〘(*a*1721) ← ELLIPSE＋-OID: cf. F *ellipsoïde*〙 *n.* 〘数学〙楕円体, 長円体; 楕円面, 長円面.

el·lip·soi·dal [ɪlɪpsɔ́ɪdl̩, əl-, el-, èlɪp- | èlɪp-, ɪlɪp-, əl-] 〘⇨ ↑, -al[1]〙 *adj.* 楕円体の.

el·lip·som·e·try [ɪlɪpsɑ́mətri, əl-, el-, èlɪp- | èlɪpsɔ́mɪtrɪ, ɪlɪp-, əl-, -mə-] 〘← ELLIPSE＋-O-＋-METRY〙 **—** *n.* 〘光学〙エリプソメトリー, 偏光解析法《物体表面で光が反射する場合に生じる偏光状態の変化を測定することにより物質の光学定数や表面の性質(薄膜の存在やその厚さ等)を知る方法》.

ellipt. 《略》elliptical; elliptically.

el·lip·tic [ɪlíptɪk, əl-, el- | ɪl-, əl-] 〘(1726) ◻ Gk *elleiptik-ós*: ⇨ ellipse, -ic[1]〙 **—** *adj.* **1** 楕円(形)の, 楕円的な. **2** 省略法の, 省略的な: an ～ construction [phrase] 省略構文[句]. **3** (言葉を)節約しぬいた, 簡潔な. **4** 〈文章など〉意味不明の; 不可解な.

el·líp·ti·cal [-tɪkəl, -tə- | -tɪ-] 〘(1656): ⇨ ↑, -al[1]〙 *adj.* ＝elliptic. **～·ly** *adv.*

ellíptical gálaxy *n.* 〘天文〙楕円星雲.

ellíptical polarizátion *n.* 〘光学〙楕円偏光《光や電磁波の電気ベクトルの先端が進行方向から見て楕円運動をする状態; cf. circular polarization》.

ellíptical spríng *n.* 〘機械〙＝elliptic spring.

ellíptical stérn *n.* 〘造船〙楕円船尾.

ellíptic árch *n.* 〘建築〙楕円アーチ.

ellíptic fúnction *n.* 〘数学〙楕円関数《有限複素数平面で有理形であるような二重周期関数》.

ellíptic geómetry *n.* 〘数学〙楕円幾何学《リーマン幾何学 (Riemanian geometry) の別名; cf. hyperbolic geometry, parabolic geometry》.

ellíptic íntegral *n.* 〘数学〙楕円積分《楕円の孤長を求める際にあらわれる積分を一般化したもの》.

el·lip·tic·i·ty [ɪlɪptísəṭi, əl-, el-, èlɪp- | èlɪptísətɪ, ɪlɪp-, əlɪp-, -sɪ-] 〘← ELLIPTIC＋-ITY〙 **—** *n.* **1** 楕円率, 楕率《楕円または回転楕円体の長径と短径との差を長径で除した商; 特に, 地球の形について用いる》: the ～ of the earth. **2** 楕円形.

ellíptic spríng *n.* 〘機械〙楕円ばね.

ellíptic velócity *n.* 〘宇宙〙楕円速度《楕円軌道上の物体の速度》.

El·lis [élɪs, éləs | élɪs] 〘⇨ Elias〙 *n.* 男性名.

Ellis, Alexander John *n.* (1814–90) 英国の音声学者・綴字改良家・数学者.

Ellis, (Henry) Have·lock [hǽvlɑk | -lɔk] *n.* (1859–1939) 英国の批評家・生理学者, 性心理研究家: *Studies in the Psychology of Sex* (6 vols., 1897–1910).

Éllis Ísland 〘← *Sam Ellis* (この島の以前の所有者)〙 *n.* エリス島《米国 New York 湾中の小島; もと移民検疫所があった (1891–1954)》.

El·li·son [éləsən | élɪ-], **Ralph (Waldo)** *n.* (1914–) 米国の黒人作家; *Invisible Man* (1952).

El·lo·bi·i·dae [èləbáɪədìː | -báɪɪ-] 〘← NL ～ ← *Ellobium* (属名: ◻ Gk *ellóbion* ear-ring)＋-IDAE: ⇨ en-[2], lobe〙 *n. pl.* 〘貝類〙オカミミガイ科.

Ells·worth [élzwə(ː)θ | -wə(ː)θ] 〘(原義) Ell's homestead〙 *n.* 男性名.

Ellsworth, Lincoln *n.* (1880–1951) 米国の極地探検家.

El·ly [éli | élɪ] 〘(dim.) ← ELLA〙 *n.* 女性名.

elm [élm] 〘OE ～ ＜ Gmc **elmoz* (OHG *elm*), **olmoz* (ON *ālmr*) ← IE **elmo-, *el-* brown (L *ulmus*)〙 **—** *n.* **1** 〘植物〙ニレ《ニレ科ニレ属 (*Ulmus*) の植物の総称; アメリカニレ (American elm), ヨーロッパニレ (English elm), rock elm, slippery elm など》. **2** ニレ材. **3** ニレの森.

El·ma [élmə] 〘(dim.) ← It. *Guglielma*: ⇨ William〙 *n.* 女性名. ★ 米国に多い.

El·man [élmən], **Mi·scha** [míːʃə] *n.* (1891–1967) ロシア生まれの米国のバイオリン奏者.

élm bàrk bèetle *n.* 〘昆虫〙ニレキクイムシ《ニレ立ち枯れ病 (elm blight) を媒介する甲虫で, 次の二種がある》: **a** 北米東部産キクイムシ (*Hylurgopinus rufipes*). **b** ヨーロッパ産キクイムシ (*Scolytus multistriatus*).

élm blight *n.* 〘植物病理〙ニレ立ち枯れ病 (⇨ Dutch elm disease) (cf. elm bark beetle).

élm callígrapha *n.* 〘昆虫〙ニレの葉を食害するハムシの一種 (*Calligrapha scalaris*) (cf. calligrapha).

El·mer [élmə | -mə(r] 〘⇨ Aylmer〙 *n.* 男性名. ★ 米国に多い.

El·mi·ra [elmáɪrə | -máɪərə] 〘← *Elmira Teall* (初期の移住者の子供名)〙 **—** *n.* 米国 New York 州南西部の都市; 州立少年院および Mark Twain の家と墓がある; 人口 40,000.

El Mis·ti [el-míːsti, -mís- | -tɪ; *Sp.* elmísti] *n.* エルミスティ(山)《ペルー南部, Andes 山脈中の火山 (5,840m)》.

élm lèaf bèetle *n.* 〘昆虫〙ニレハムシ (*Galerucella xanthomelaena*) 《米国東部に多い鞘翅(しょうし)目ハムシ科に属するニレの害虫; 別種は日本にもいる》.

élm phlòem necrósis *n.* 〘植物病理〙ニレ篩管(しかん)ネクローシス《北米産ニレのウイルス病》.

elm·y [élmi | -mɪ] 〘← ELM＋-Y[4]〙 *adj.* (**elm·i·er; -i·est**) ニレ (elm) の多い, ニレの木の茂った.

El·nath [élnæθ] 〘◻ Arab. *al-naṭh* the butting one: 雄牛の角の位置にあることから〙 **—** *n.* 〘天文〙エルナト《おうし(牡牛)座 (Taurus) の β 星; 光度 1.8 等星; 昔はまれにおひつじ(牡羊)座 (Aries) の α 星をいうこともあった》.

el·o·cute [éləkjùːt] 〘(逆成) ↓〙 *vi.* 《戯言》弁舌を振るう, 芝居がかった話し方をする.

el·o·cu·tion [èləkjúːʃən] 〘(?*a*1439) ◻ L *ēlocūtiō(n-)* ← *ēlocūtus* (p.p.) ← *ēloquī* to speak aloud ← *ē-* 'EX-[1]' ＋*loquī* to speak〙 **—** *n.* **1** 演説ぶり, 朗読調: an impressive [a bad] ～ 感銘的な[へたな]演説ぶり / theatrical ～ せりふ回し. **2** (身振り入りの)演説法, 雄弁術; 朗読法. **3** 誇張した[不自然な]弁論.

el·o·cu·tion·ar·y [èləkjúːʃənèri | èlə(ʊ)kjúːʃ(ə)nərɪ] 〘⇨ ↑, -ary〙 *adj.* 演説法[雄弁術]上の; 朗読法上の.

èl·o·cú·tion·ist [-ʃ(ə)nɪst, -nəst | -nɪst] 〘← ELOCUTION＋-IST〙 *n.* 演説法の教師, 朗読術教師; 演説[弁舌]の達人, 雄弁家.

e·lo·de·a [ɪlóʊdiə, əl-, èlədíːə | ɪlə́ʊdɪə, əl-, èlədíːə] 〘← NL ← (変形) ← Gk *hélōdēs* marshy〙 **—** *n.* 〘植物〙カナダモ《北米および南米原産のトチカガミ科カナダモ属 (*Elodea*) の沈水性の多年生水草の総称; カナダモ (*E. canadensis*) など; アクアリウム (aquarium) に利用; cf. waterweed》.

é·loge [eɪlóʊʒ | -lə́ʊʒ; *F.* elɔːʒ] 〘(*c*1566) ◻ F ～ (変形) ← (廃) *eulogue* praise ◻ ML *eulogium* 'EULOGY': 今の語形は L *ēlogium* inscription on a tombstone との混同による〙 **—** *n.* (*pl.* ～**s** [～ɪz, ～əz; *F.* ～]) (特に, アカデミーフランセーズ会員の葬送時の)追悼演説.

E·lo·him [èlo(ʊ)híːm, èlɔː-, -hɪ́m, elóʊhɪm, əl- | elə́ʊhɪm] 〘◻ Heb. *elōhīm* (pl.) ← *elōah* god: ヘブライ語では通例単数扱い〙 **—** *n.* エロヒム《旧約聖書で神を意味する普通名詞; 神名を表わす固有名詞としては Yahweh, Jehovah; cf. Tetragrammaton》.

E·lo·hist [élo(ʊ)hɪst, élɔː-, elóʊ-, əl-, -həst | eláʊhɪst] 〘(1862): ⇨ ↑, -ist〙 **—** *n.* エロヒスト《旧約聖書最初の六書 (the Hexateuch) の中で, 神を Yahweh [Jehovah] と呼ばないで Elohim と呼んでいる部分の記者; cf. Yahwist》.

El·o·his·tic [èlo(ʊ)hístɪk | èlə(ʊ)-] 〘⇨ ↑, -ic[1]〙 *adj.* 神を Elohim と呼ぶ; Elohist の.

e·loign [ɪlɔ́ɪn, əl- | ɪl-] 〘(*a*1500) *eloyn(en)* ◻ OF *esloign-ier* (F *éloigner*) ← *es-* 'EX-[1]'＋*loin* far, far out (＜ L *longē* ← *longus* 'LONG[1]')〙 (*also* **e·loin** [～]) **—** *vt.* **1** 《古》〘法律〙〈動産占有回復 (replevin) の訴えの目的動産を〉遠くへ持ち去る, 不明の場所へ持ち去る. **2** 《古》[～ oneself で] (遠くに)立ち退く, 去る. **—** *n.* 〘法律〙(差押えになるべき品物の)管轄外移動報告.

El·o·ise [èloʊíːz, ⌐⌐⌐ | èləʊíːz, ⌐⌐⌐] 〘(変形) ← F *Héloïse*〙 *n.* 女性名.

elong. 《略》elongate; elongation.

E. Long., E. long. 《略》east longitude 東経.

e·lon·gate [ɪlɔ́(ː)ŋgeɪt, əl-, iːl-, -lɑ́ŋ- | íːlɔŋgèɪt] 〘(*c*1540) ← L *ēlongāt-us* (p.p.) ← *ēlongāre* to prolong ← *ē-* 'EX-[1]'＋*longus* 'LONG[1]'〙 **—** *vt.* 延長する, 引き延ばす (draw out, lengthen). **—** *vi.* 〈植物が〉伸びる, 伸びて細長くなる; 細形[先細形]をしている. **—** *adj.* 〘生物〙細長い, (先)細形の.

e·lón·gat·ed [-ṭɪd, -ṭəd | -tɪd, -təd] *adj.* 〘生物〙＝ elongate.

e·lon·ga·tion [ɪ̀lɔ(ː)ŋgéɪʃən, ɪl-, əl-, -lɑŋ- | ìːlɔŋ-] 〘(*c*1400) ◻ ML *ēlongātiō(n-)* ← LL *ēlongātus*: ⇨ elongate, -ation〙 **—** *n.* **1** 伸長, 伸び: ～ of the boughs 枝の伸長 / ～ percentage 〘機械〙伸び率. **2** 伸長部, 延長線, 継ぎ足し, 伸張度. **3** 〘天文〙離隔, 離角《惑星と太陽, 惑星と衛星との角距離; digression ともいう》.

e·lope [ɪlóʊp, əl- | -lə́ʊp] 〘(1596) ◻ AF *alop-er* ◻ ? ME **alopen* ← *a-* away＋MDu. *lōpen* 'to run,

LEAP : cf. Du. *loopen* / G *entlaufen* to run away, elope』 ― *vi.* **1** 〈女・愛人同士が〉駆け落ちする, 〔愛人と〕家出をする〔*with*〕: She ~*d with* her lover. **2** 出奔する, 失踪(しっそう)する (abscond): He ~*d with* my money. 私の金を持って逐電した. **e·lóp·er** *n.*

e·lópe·ment 〘(1641)〙: ⇨↑, -ment〙 *n.* **1** 駆け落ち, (男女の)道行き. **2** 出奔, 逃亡, 失踪(しっそう).

el·o·quence [éləkwəns | élə(ʊ)-] 〘(1369) ▭ (O)F *éloquence* ▭ L *ēloquentia* ← *ēloquentem* : ⇨↓, -ence〙 ― *n.* **1** 雄弁, 能弁, 弁舌の力: fiery ~ 熱弁 / a flow of ~ 流れるような雄弁. **2** 《古》雄弁法, 修辞法 (rhetoric). **3** 流暢な話[話術], 説得力.

el·o·quent [éləkwənt | élə(ʊ)-] 〘(*a*1393) ▭ (O)F ~ ▭ L *ēloquentem* (pres. p.) ← *ēloqui* to speak (eloquently) ← *ē-* 'EX-[1]' + *loqui* to speak〙 ― *adj.* **1** 雄弁な, 能弁な: an ~ speaker 雄弁家. **2** 〈弁舌・文体など〉人を動かす力のある (persuasive). **3** 表情豊かな (expressive); 〔…を〕雄弁に表わす〔*of*〕: ~ looks, gestures, etc. / Eyes are more ~ than lips. 目は口よりものを言う / His whole attitude was ~ *of* delight. 彼の態度全体が喜びをよく表わしていた. **~·ly** *adv.*

El Pas·o [elpǽsou | -səʊ] 〘▭ Sp. ~ ← *El Paso del Norte* 《原義》ford (of the river) of the north〙 *n.* 米国 Texas 州西部の Rio Grande に臨む都市; 人口 323,000.

El·phin·stone [élfɪnstòun, -fən- | -fɪnstən], **Mount·stu·art** [màuntst(j)úːət | -stjúət, -stjúː-] *n.* (1779–1859) 英国の歴史家・インド行政家; *The History of India* (1841).

Elphinstone, William *n.* (1431–1514) スコットランドの高位聖職者・政治家; Aberdeen 大学の創立者.

El·ri·ca [elríːkə] 〘← OHG *alh* 'ALL' + *ric* ruler〙 *n.* 女性名.

El·roy [élrɔɪ] 〘《変形》? ← *Gilroy* ← Ir. *Giolla Rua* (アイルランドの姓)《原義》red youth〙 *n.* 男性名.

El·sa [élsə; G. élza] 〘▭ G ~ (dim.) ← *Elisabet* ▭ LL *Elisabeth* : ⇨ Elizabeth[2]〙 *n.* 女性名.

El Sal·va·dor [elsǽlvədɔ̀ə, ―⌐―⌐― | elsǽlvədɔ̀ː(r), ―⌐―⌐―] 〘▭ Sp. ~ 《原義》the savior〙 ― *n.* エルサルバドル《中米西部の共和国; 人口 4,120,000, 面積 21,000 km², 首都 San Salvador; 公式名 the Republic of El Salvador エルサルバドル共和国》.

El·san [élsæn] 〘← *E(phraim) L(ouis) (Jackson)* (製造者) + SAN(ITATION)〙 *n.* 《商標》エルサン《臭気止めなどの薬品を使用するタイプの便所》.

El·sass [G. élzas] 〘▭ G ~ 《原義》inhabitant of the other bank of the Rhine : cf. else〙 *n.* エルザス《Alsace のドイツ語名》.

El·sass-Lo·thrin·gen [G. élzas-lóːtrɪŋən] *n.* エルザスロートリンゲン《Alsace-Lorraine のドイツ語名》.

else [éls] 〘OE *elles* otherwise ((gen.) ← *el-* other) < Gmc **aljaz* (MDu. *els* / OHG *elles, alles*) < IE **alios* other (L *alius* / Gk *állos*) ← **ali-, *al-* beyond : cf. alien, alternate〙 ― *adj.* [不定代名詞・疑問代名詞に伴って] そのほかの, 他の (in addition, other): You may take *someone* ~ with you. だれかほかの人を連れて行ってもよい / I saw *no one* ~ but him. 彼以外にはだれにも会わなかった / Is *anybody* ~ coming? ほかにだれか来るのか / *Who* ~ is coming? ほかにだれが来るのか / *What* ~ can it be? そうでなくて一体何だろう. ★ "不定[疑問]代名詞+else" の所有格は else に 's をつけて造る; ただし who else's (あとに名詞が続く場合), whose else の両形が用いられる: It is *somebody* ~'s hat. だれかほかの人の帽子です / It's *no one* ~'s business. 他人の関することではない / *Who* ~'s house could it have been? ほかのだれの家だったと言うのだろうか / I don't know whose ~ this book is. この本がほかのだれのものなのかわからない.
― *adv.* **1** [不定副詞・疑問副詞に伴って] そのほかに, 別に (besides), その代わりとして (instead): You had better go *somewhere* ~. どこかほかの所へ行ったほうがよい / *How* ~ can you hope to get it? それ以外にどうして手に入れることが望めようか. **2** [通例接続詞 or に伴って] でなければ, さもないと: He must be joking, *or* ~ he is mad. 彼はふざけているに違いない, でなければ気違いだ / Run, (*or*) ~ you will be late. 走れ, さもないと遅くなるぞ. ★《口語》では時に or else だけであとの陳述を表現せず, おどし・警告の意を暗示することがある: Do that at once, *or* ~. すぐそれをやれ, さもないと(ただではすまんぞ).

El·se [élsə; G. élzə] 〘▭ G ~ : ⇨ Elsa〙 *n.* 女性名.

else·where [⌐―, ⌐―⌐ | ⌐―, ⌐―⌐] 〘OE *elles hwǣr* : ⇨ else, where〙 ― *adv.* よそに[で, へ], どこか他の所[場合]に (somewhere else): You must look ~ for it. それはほかのどこかを捜さなければならない / here as ~ ほかの場合と同様この場合にも / His mind was [His thoughts were] ~. 心は別のことを考えていた.

else·whith·er [⌐―⌐―, ⌐―⌐― | ⌐―⌐―, ⌐―⌐―] 〘OE *elles hwider* : ⇨ else, whither〙 *adv.* 《文語》どこか他の所へ (elsewhere).

El·sie [élsi | -sɪ] 〘《スコット》~ (dim.) ← ELIZABETH[2], ALICE〙 *n.* 女性名. ★ スコットランドに多い.

El·si·nore [èlsɪnɔ́ə, -nóə | èlsɪnɔ́ː(r, ―⌐―)] *n.* エルシノア (⇨ Helsingør).

El·speth [élspeθ, -spəθ | -spəθ, -speθ] 〘《スコット》~ : ⇨ Elizabeth[2]〙 *n.* 女性名.

ELSS 《略》《宇宙》extravehicular life support system (宇宙飛行士の)宇宙船外生命維持装置.

El·ton [éltn̩, -tən | -tən, -tn̩] 〘《原義》one who came from *Elton* (< OE *Ēltūn* village of ELLA)〙 *n.* 男性名.

Elton, Oliver *n.* (1861–1945) 英国の文学史家; *A Survey of English Literature, 1730–1880* (6 vols., 1912–28).

el·u·ant [éljuənt | élju-] *n.* 《物理化学》= eluent.

É·luard [èɪljuáə | -ljuáː(r; F. elɥaːʁ], **Paul** *n.* エリュアール《1895–1952; フランスの詩人, シュールレアリスト》.

el·u·ate [éljuət, -ɪt, -èɪt | élju-] 〘← L *ēluere* to wash out (← *ē-* 'EX-[1]' + *luere* to wash) + -ATE[1] : cf. elute〙 *n.* 《化学》溶出液, 溶離液.

e·lu·ci·date [ɪlúːsədèɪt, əl-, -ljúː- | ɪlúːsɪ-, ɪljúː-] 〘(*a*1568) ← LL *ēlūcidāt-us* (p.p.) ← *ēlūcidāre* to make lucid ← *ē-* 'EX-[1]' + *lūcidus* 'bright, LUCID' : ⇨ -ate[3]〙 ― *vt.* 〈事柄・記述などを〉明らかにする, 〈意味を〉はっきりさせる, 説明する (explain). ― *vi.* (よくわかるように)説明する.

e·lu·ci·da·tion [ɪlùːsədéɪʃən, əl-, -ljùː- | ɪlùːsɪ-, ɪljùː-] 〘(1570)〙: ⇨↑, -ation〙 *n.* 説明, 解明, 解説.

e·lu·ci·da·tive [ɪlúːsədèɪtɪv, əl-, -ljúː-, -dət̬- | ɪlúːsɪdèɪt-, -dət-] 〘← ELUCIDATE + -IVE〙 *adj.* 解説的な, 説明的な.

e·lú·ci·dà·tor [-t̬ə | -tə(r)] 〘← ELUCIDATE + -OR[2]〙 *n.* 解明者, 説明者.

e·lu·ci·da·to·ry [ɪlúːsədətɔ̀ːri, əl-, -ljúː-, -tòri | ɪlúːsɪdèɪtəri, ɪljúː-] 〘← ELUCIDATE + -ORY[1]〙 *adj.* 説明上の; 説明的な (elucidative).

e·lu·cu·brate [ɪlúːk(j)ʊbrèɪt, əl-, iːl- | ɪlúːkjuː-, ɪljúː-, -kjʊ-] 〘← L *ēlūcubrāt-us* (p.p.) ← *ēlūcubrāre* to compose by lamplight ← *ē-* 'EX-[1]' + *lūcubrāre* 'to LUCUBRATE'〙 ― *vt.* 苦心して作る[表現する]. **e·lu·cu·bra·tion** [ɪlùːk(j)ʊbréɪʃən, əl-, iːl- | ɪlùːkjuː-, ɪljùː-, -kjʊ-] *n.*

e·lude [iːlúːd, ɪl-, əl-, -ljúːd | ɪlúːd, ɪljúːd] 〘(1538) ▭ L *ēlūd-ere* to make sport of ← *ē-* 'EX-[1]' + *lūdere* to play : cf. L *lūdus* game, play〙 ― *vt.* **1** 〈打撃・危険などを〉巧みに避ける[逃れる]: ~ a blow 身をかわして打撃を避ける / ~ a person's grasp (捕えようとしても)つかまらない / ~ pursuit 追跡を逃れる / ~ a bad omen 凶兆を避ける. **2** 〈好奇心・監視の目などを〉かすめる, よける; 〈法律・命令・義務・支払いなどを〉免れる, 逃れる, 回避する (evade): ~ curiosity 好奇の目を避ける / ~ the law 法網をくぐる / ~ payment [taxation] 支払い[課税]を逃れる. **3** 〈事物が〉〈観察・記憶など〉からすり抜ける, …にわからない: ~ a person's understanding 〈問題などが〉どうしてもわからない, 理解できない / The idea ~*s* me. その考えは私にはわからない / The name ~*s* me. その名はどうも思い出せない. **e·lúd·er** *n.*

e·lu·ent [éljuənt | élju-] 〘▭ L *ēluent-em* (pres.p.) ← *ēluere* to wash out: cf. eluate〙 *n.* 《物理化学》溶離液《吸着した物質を溶離する液体》.

E·lul [elúːl, élʊl] 〘▭ Mish.Heb. *Elūl* ▭ Akkad. *elūlu* harvest〙 *n.* (ユダヤ暦の)6 月《グレゴリオ暦の 8–9 月に当たる; ⇨ Jewish calendar》.

e·lu·sion [ɪlúːʒən, ɪl-, əl-, -ljúː- | ɪlúː-, ɪljúː-] 〘(1550) ▭ LL *ēlūsiō(n-)* evasion ← L *ēlūsus* (p.p.) ← *ēlūdere* 'to ELUDE' : ⇨ -sion〙 *n.* 逃避, 回避, 言い抜け.

e·lu·sive [iːlúːsɪv, ɪl-, əl-, -zɪv | ɪlúːsɪv, ɪljúː-] 〘(1719): ⇨↑, -ive〙 ― *adj.* **1** (巧みに)逃げを打つ (evasive); 逃げやすい: Fortune and wealth are ~. 幸運と富は逃げやすい / The answer is ~. その答えは遁辞である. **2** 捕え所のない, 理解[記憶]しにくい: an ~ argument つかみにくい議論. **3** 捕える力の弱い: an ~ memory 弱い記憶力. **4** 確認しにくい, はっきりそれとわからない: a faint ~ smell かすかなはっきりそれとわからないにおい.

e·lú·sive·ly *adv.* 巧みに逃げ隠れして; 捕え所がないように.

e·lú·sive·ness *n.* 逃げ隠れの巧妙さ, よく逃げを打つこと; 捕え難さ.

e·lu·so·ry [iːlúːs(ə)ri, ɪl-, əl-, -z(ə)ri | ɪlúːsəri, ɪljúː-] 〘⇨ elusive, -ory[1]〙 ― *adj.* 逸しやすい, 捕え所のない (elusive); 当てにならない (deceptive): ~ hopes [promises] 漠として当てにならない希望[約束].

e·lute [iːlúːt, ɪl-, əl-, -ljúːt | ɪl-] 〘← L *ēlūt-us* (p.p.) ← *ēluere* to wash out ← *ē-* 'EX-[1]' + *luere* to wash〙 *vt.* 抜き取る, 抽出する; 《物理化学》溶出する, 溶離する.

e·lu·tion [iːlúːʃən, ɪl-, əl-, -ljúː- | ɪl-] 〘⇨↑, -tion〙 *n.* 抜取り, 抽出; 《物理化学》溶出, 溶離《イオン交換樹脂などに吸着した物質を溶媒を用いて溶かし出す操作》.

e·lu·tri·ate [iːlúːtrièɪt, ɪl-, əl-, -ljúː- | ɪlúːtrɪ-, ɪljúː-] 〘← L *ēlūtriāt-us* (p.p.) ← *ēlūtriāre* : ⇨ eluvium〙 *vt.* **1** 洗い清める. **2** 《鉱山》洗い分ける.

e·lu·tri·a·tion [iːlùːtriéɪʃən, ɪl-, əl-, -ljùː- | ɪlùːtrɪ-, ɪljùː-] 〘⇨↑, -ation〙 ― *n.* **1** 浄化, 洗浄. **2** 《鉱山》水簸(すいひ), 懸濁分離法《粉砕した鉱石を水で洗い沈んだ部分を採集する方法; levigation ともいう》.

e·lú·tri·à·tor [-t̬ə | -tə(r)] *n.* 《鉱山》水簸(すいひ)機.

eluvia *n.* eluvium の複数形.

e·lu·vi·al [iːlúːviəl, ɪl-, əl-, -vjəl, eljúː- | ɪlúːvjəl, el-, -ljúː-, -vɪəl] 〘← ELUVIUM + -AL[1]〙 *adj.* **1** 《地質》残留堆積層の. **2** 《土壌》溶脱の.

e·lu·vi·ate [iːlúːvièɪt, ɪl-, əl-, eljúː- | ɪlúːvɪ-, el-, -ljúː-] 〘← ELUVIUM + -ATE[3]〙 *vi.* [通例 p.p. 形で] 《土壌》溶脱する: ~*d* horizons 溶脱層位.

e·lu·vi·a·tion [iːlùːviéɪʃən, ɪl-, əl-, eljùː- | ɪlùːvɪ-, el-, -ljuː-] 〘⇨↑, -ation〙 ― *n.* 《土壌》溶脱《降雨・灌漑によって水が土壌中を下降する時, 土壌中の物質を溶解し下層に移動させること; cf. illuviation》.

e·lu·vi·um [iːlúːviəm, ɪl-, əl-, eljúː- | ɪlúːvjəm, el-, -ljúː-, -vɪəm] 〘← NL ~ ← L *ēluere* to wash out ← *ē-* 'EX-[1]' + *luere* to wash〙 ― *n.* (*pl.* **-vi·a** [-viə | -vɪə, -vjə], **~s**) 《地質》残留堆積物[層]《岩石の風化物がもとの場所に堆積したもの; cf. alluvium》.

El·va [élvə] 〘? 《原義》elf〙 *n.* 女性名《異形 Elvie, アイルランド語形 Ailbhe》.

el·van [élvən] 〘(1791) ▭ ? Corn. *elven* spark : 打ち合わせれば火花が出るほど固いところから?〙 ― *n.* 《岩石》**1** 脈斑岩《英国 Cornwall 産》; その大岩脈. **2** 花崗(かこう)斑岩.

el·ver [élvə | -və(r)] 〘(*c*1640) 《変形》← *eel-fare* passage of young eels (up a river)〙 *n.* 《魚類》シラスウナギ, ハリウナギ《遡河を始める時期のウナギの稚魚; まだ全身がほぼ透明》.

elves [élvz] *n.* elf の複数形.

El·vin [élvɪn, -vən | -vɪn] 〘⇨ Alwin〙 *n.* 男性名.

El·vi·ra [elváɪrə, -ví(ə)rə | -váɪərə] 〘▭ Sp. ~ ▭ ? OHG *Alverat* : cf. Elva, Aubrey〙 *n.* 女性名.

El·vis [élvɪs, -vəs | -vɪs] 〘▭ ON *Alviss* 《原義》all wise〙 *n.* 男性名.

elv·ish [élvɪʃ] 〘(*a*1225) ← *elve* 'ELF' + -ISH[1] : elfish の古形〙 *adj.* = elfish.

El·win [élwɪn, -wən | -wɪn] 〘《異形》← ELVIN〙 *n.* 男性名.

El·wyn [élwɪn, -wən | -wɪn] 〘↑〙 *n.* 男性名.

E·ly [íːli | -lɪ] 〘OE *Ēlig* ← *ēl, ǣl* 'EEL' + *īg* district〙 *n.* イングランド Cambridgeshire 州 Isle of Ely 地方の都市; 有名な美しい大聖堂がある; 人口 10,000.

Ely, the Isle of *n.* イングランド東部 Cambridgeshire 州の北部を占める地方; もとは一州をなしていた; 面積 971 km².

El·y·ot [éliət, éljət | éljət, éliət], Sir **Thomas** *n.* (1490?–1546) 英国の辞書編纂者・外交官.

É·ly·sée [èɪlɪzéɪ; F. elize] 〘▭ F ~ 'Elysian' : cf. Champs-Élysées〙 ― *n.* エリゼ宮《パリの宮殿, フランス大統領官邸》; フランス政府 (cf. White House, Whitehall, Kremlin).

E·ly·sia[1] [ɪlíʃə, əl- | ɪl-] 〘▭ L *Ēlysia* 《原義》blissful : ⇨ Elysian〙 *n.* 女性名.

Elysia[2] *n.* Elysium の複数形.

E·ly·si·an [ɪlíʒən, əl-, el-, -líːʒ-, -ʒiən | ɪlízɪən, -zjən] 〘(1579) ← ELYSI(UM) + -AN[1]〙 ― *adj.* **1** Elysium の(ような). **2** この上なく楽しい, 幸福な (blissful): ~ joy 極楽浄土[無上]の喜び.

Elýsian fields *n. pl.* = Elysium 1.

El·y·si·i·dae [èləsáɪədiː | èlɪsáɪɪ-] 〘← NL ← *Elysia* (属名: ← ? L *Ēlysium* (↓)) + -IDAE〙 *n. pl.* 《貝類》ゴクラクミドリガイ科.

E·ly·si·um, e- [ɪlíʒiəm, əl-, el-, -líː-, -ziəm, -ʒəm | ɪlízɪəm, -zjəm] 〘(1599) ▭ *Ēlysium* ▭ Gk *Ēlúsion* (*pedíon*) Elysian (field)〙 ― *n.* (*pl.* **~s, -si·a** [-ʒiə, -ziə, -ʒə | -zɪə, -zjə]) **1** 《ギリシャ神話》エリュシオン《善人が死後住む所》. **2** 死後の極楽, 浄土. **3** 理想郷, 楽土 (paradise). **4** 理想的な安楽境, 至上の幸福. **5** 《天文》イリジアム《火星の北半球部; 地上から望遠鏡で明るく見える部分》.

el·ytr- [élətr | élɪtr] (母音の前に来る時の) elytro- の異形.

elytra 〘← NL ~〙 *n.* elytron, elytrum の複数形.

el·y·tri- [élətrɪ, -trə | élɪtrɪ] elytro- の異形 (⇨ -i-).

el·y·tro- [élətro(ʊ) | élɪtrə(ʊ)] 〘← ? NL ← ELYTRON〙 《動物》「翅鞘」の意の連結形. ★ 時に elytri-, また母音の前では通例 elytr- になる.

el·y·troid [élətrɔ̀ɪd | élɪ-] 〘⇨↓, -oid〙 *adj.* elytron のような.

el·y·tron [élətrɑ̀n | élɪtrɔ̀n] 〘(1753) ← NL ~ ← Gk *élutron* sheath, cover〙 *n.* (*pl.* **el·y·tra** [-trə]) **1** 《動物》(甲虫類の)翅鞘(ししょう), さやばね. **2** 《解剖》膣(ちつ).

el·y·trum [élətrəm | élɪ-] 〘← NL ~〙 *n.* (*pl.* **el·y·tra** [-trə]) 《動物・解剖》= elytron.

Elz. 《略》Elzevir.

El·ze·vir[1] [élzəvɪə, -sə- | -zɪvɪə(r, -zə-] 〘↓〙 ― *n.* **1** エルゼビア本, エルゼビア版. **2** 《活字》エルゼビア. ― *adj.* エルゼビアの, エルゼビア本[版, 家, 活字書体]の: an ~ edition エルゼビア版 / the ~ type エルゼビア活字.

El·ze·vir[2] [élzəvɪə, -sə- | -zɪvɪə(r, -zə-] *n.* エルゼビア《1581–1712 年まで続いたオランダの印刷者・出版者一家; ポケット版のラテン古典の出版で有名》.

em[1] [ém] 〘M の字の名〙 ― *n.* **1** M [m] 字. **2** 《印刷》**a** エム, 全角《各ポイントの欧文活字の深さの正方形; 和文活字の全角に相当; cf. en[1]》. **b** (もと) M 字幅《M 字の幅の長さ》. **c** = em pica. ― *adj.* 《印刷》エムの, 全角の: ⇨ em quad.

em[2] [əm; (p, b の後ではまた) m] 〘(12C) 《頭音消失》← ME *hem* < OE *heom* (dat. & acc. pl.) ← *hē* 'HE[1]' : *them* の weak form としばしば誤って考えられている〙 ― *pron.* (*also* **'em**) 《口語》[強勢のない位置に用いる形] = them.

Em 《略》《化学》emanation; Emily; Emma; Emmanuel.

EM 《略》electromagnetic; end matched; engineer of mines; 《米軍》enlisted man [men].

em. 《略》emanation; embargo; eminent.

e.m. 《略》emergency maintenance; 《建築》expanded metal; external memorandum.

E.M. 《略》Earl Marshal; electromagnetic; electromotive; electron microscope; Engineer of Mines; *L.* Equitum Magister (= Master of Horses; cf. equine); European Movement.

em-[1] [ɪm, əm, em | ɪm, em] *pref.* (b, m, p, ph の前に来る時の) en-[1] の異形: *em*bed, *em*marvel, *em*ploy.

em-² [ɪm, əm, em | ɪm, em] *pref.* (b, m, p, ph の前に来る時の) en-² の異形: embolism, empathy, emphasis.

EMA 《略》 European Monetary Agreement ヨーロッパ通貨協定.

e·ma·ci·ate [ɪméɪʃièɪt, əm- | ɪméɪʃièɪt, em-, -sièɪt, -mǽsièɪt] 〘《1650》← L *ēmaciāt-us* (p.p.) ← *ēmaciāre* to waste away ← *ē-* 'EX-¹'+*maciāre* to make lean: cf. meager〙 —— *vt.* **1** [特に p.p. 形で]〈人・顔などを〉やせ衰えさせる, 衰弱させる, やつれさせる: I was so ~*d* by illness. 病気でやつれてしまった. **2**〈土地を〉やせさせる. —— *vi.* やせ衰える, やつれる.

e·má·ci·àt·ed [-tɪd, -təd | -tɪd, -təd] *adj.* やせ衰えた, やつれた (atrophied): an ~ face やつれた顔.

e·ma·ci·a·tion [ɪmèɪʃiéɪʃən, əm-, -mèɪsi- | ɪmèɪsi-, em-, -mèɪʃɪ-, -mæ̀sɪ-] 〘← EMACIATE+-ION〙 *n.* やせ衰え, やつれ, 憔悴(しょうすい), 羸瘦(るいそう).

em·a·gram [éməgræ̀m] 〘← *e*(*nergy-per-unit*) *m*(*ass*) (*di*)*agram*〙 *n.* 〘気象〙 エマグラム, 断熱図《縦軸に気圧を対数でとり横軸に気温をとるグラフ》.

é·mail om·brant [eɪmáɪ-sɔ̃:(m)brɑ́:(ŋ), -brɔ́:(ŋ), -ɔ(:)mbrɑ́:ŋ, -brɔ́(:)ŋ; *F.* emajɔ̃brɑ̃] 〘□F ~《原義》a shading enamel〙 —— *n.* 〘窯業〙 エマイユオンブラント《沈み彫りの上に透明釉をかけて深みを出す陶磁器彩飾法》.

em·a·nant [émənənt] 〘□L *ēmānant-em* (pres.p.) ← *ēmānāre* (↓)〙 *adj.* (源から)発する: ~ dew on earth 大地に降りてくる露. —— *n.* 〘数学〙 放射式.

em·a·nate [émənèɪt] 〘《1788》← L *ēmānāt-us* (p.p.) ← *ēmānāre* ← *ē-* 'EX-¹'+*mānāre* to flow〙 —— *vi.* 〈光・熱・音・香りなどが〉発散する, 放射する; 〈考えなどが〉広まる, 出る, 発する: the radioactive rays *emanating from* uranium ウラニウムから発する放射線 / The idea ~*d from* him. その考えは彼から出たものだ. —— *vt.* 〈光・香気などを〉発(散)する, 放射する.

em·a·na·tion [èmənéɪʃən] 〘《1570》□ LL *ēmānātiō(n-)* ← L *ēmānātus* (↑)〙 —— *n.* **1** 発散, 放射: the ~ of light *from* a candle ろうそくから放射される光. **2** 発散物 (efflux)《蒸気・香気・臭気など》; (人から発する)感化力(など): gaseous ~*s* 発散気体 / an ~ *from* a flower 花から発する香気 / unhealthy ~*s from* the river mud 川の泥から発する不衛生な臭気. **3** 〘化学〙 エマネーション, エマナチオン《放射性元素の壊変によって生じる放射性気体元素の古典的呼び方; radon, thoron, actinon など; 略 Em》. **4** 〘哲学〙 流出《万物は神による creation ではなく, 神からの流出によるとする考え方》. **~·al** [-ʃənḷ, -ʃnəl] *adj.*

èm·a·ná·tion·ism [-ʃənɪzm] *n.* 〘哲学〙 流出説.

emanátion thèory *n.* 〘哲学〙 流出説《一者としての神から万物は流出するとした新プラトン派の Plotinus の説; cf. Neoplatonism》.

em·a·na·tive [émənèɪtɪv | -tɪv] 〘⇨ emanation, -ative〙 *adj.* **1** 流出する, 発散する. **2** 放射性の.

e·man·ci·pate [ɪmǽnsəpèɪt, əm- | ɪmǽnsɪ-, em-] 〘《1625》← L *ēmancipāt-us* (p.p.) ← *ēmancipāre* to transfer one's authority ← *ē-* 'EX-¹'+*mancipāre* to transfer property: cf. manciple〙 —— *vt.* **1** 〔社会的・道徳的・政治的制約から〕解放する, 自由にする〔*from*〕: ~ oneself *from* the power of sin 罪の束縛から自由になる. **2** 〈奴隷を〉解放する (free): ~ slaves. **3** 〘ローマ法〙〈子供・妻を〉家父権[後見]から解放する.

e·mán·ci·pàt·ed [-tɪd, -təd | -tɪd] *adj.* **1** 解放された: an ~ slave. **2** 伝統[因襲]から解放された, 伝統にとらわれない, 自主的な, 自由な (free): an ~ woman 解放された(新しい)女.

e·man·ci·pa·tion [ɪmæ̀nsəpéɪʃən, əm- | ɪmæ̀nsɪ-, em-] 〘《*a*1637》□ L *ēmancipātiō(n-)* ← *ēmancipātus*: ⇨ emancipate, -ation〙 —— *n.* **1** (社会的・道徳的・政治的制約からの)解放 (liberation): the ~ *of* slaves 奴隷の解放 / ⇨ Catholic Emancipation Act. **2** (迷信などからの)解放, 離脱, 解脱(げだつ): the national ~ *from* superstition 国民全体の迷信からの解放. **3** 〘ローマ法〙 家父権からの解放.

e·màn·ci·pá·tion·ist [-ʃ(ə)nɪst, -nəst | -nɪst] *n.* (政治上または宗教上の)解放論者; (特に)奴隷解放論者.

Emancipátion Proclamátion *n.* [the ~] 〘米史〙 奴隷解放宣言《1862 年 9 月に時の大統領 Abraham Lincoln が, 翌 63 年 1 月 1 日を期して奴隷は自由になるとした宣言; 実際は 1865 年発効の憲法修正第 13 条によって解放された》.

e·man·ci·pa·tive [ɪmǽnsəpèɪtɪv, əm- | ɪmǽnsɪpèɪt-, em-] 〘← EMANCIPATE+-IVE〙 *adj.* =emancipatory.

e·mán·ci·pà·tor [-tə | -tə(r)] 〘□ LL *ēmancipātor* ← L *ēmancipātus*: ⇨ emancipate, -or²〙 —— *n.* 解放する人; 奴隷解放論者: the Great *Emancipator* 大解放者《Abraham Lincoln のこと》.

e·man·ci·pa·to·ry [ɪmǽnsəpətɔ̀:ri, əm-, -tɔ̀:ri | ɪmǽnsɪpèɪt(ə)ri, em-, -pət-] 〘← EMANCIPATE+-ORY¹〙 *adj.* 解放の.

e·man·ci·pist [ɪmǽnsəpɪst, əm-, -pəst | ɪmǽnsɪpɪst, em-] 〘← EMANCIP(ATE)+-IST〙 *n.* (昔の, オーストラリアの)満期出獄者, 免囚 (ex-convict).

E·man·u·el [ɪmǽnjuəl, -njʊl | emǽnjuəl, -njuèl; *G.* emá:nue:l, -nwel, *Swed.* ɛmá:nuəl] 〘⇨ Emmanuel〙 *n.* 男性名. ★ ユダヤ人に多い.

E·man·ue·le [èɪmɑnwéɪleɪ; *It.* èmanwé:le] 〘□It. ~ 'EMMANUEL'〙 *n.* 男性名.

e·mar·gi·nate [i:mɑ́ədʒənət, -nɪt, -nèɪt | ɪmɑ́:dʒɪ-] 〘□L *ēmargināt-us* (p.p.) ← *ēmargināre* to deprive of an edge ← *ē-* 'EX-¹'+*margin-*, *margō* 'MARGIN'〙 —— *adj.* **1** へりに切れ目のある. **2** 〘植物〙〈花弁・葉が〉先端の切れ込んだ, へこんだ, 凹形(おうけい)の.

e·már·gi·nàt·ed [-tɪd, -təd | -tɪd, -təd] *adj.* =emarginate.

e·mas·cu·late 〘《1607》← L *ēmasculāt-us* (p.p.) ← *ēmasculāre* ← *ē-* 'EX-¹'+*masculus* male: ⇨ masculine, -ate³〙 —— [ɪmǽskjʊlèɪt, əm- | ɪm-] *vt.* **1** (完全)去勢する (castrate, geld). **2** …の気力を奪う, 無気力にする; 柔弱にする; 〈言語を〉貧弱なものにする: Luxury ~*s* our minds. 贅沢(ぜいたく)は我々の心を柔弱にする. **3** 〈作品などを〉不穏の個所などを削除して骨抜きにする, 〈法律を〉修正などして骨抜きにする. **4** 〘植物〙 除雄する《両性花の人工受粉などに際し, 雄蕊(ゆうずい)や葯を取り除くこと》. —— [-lət, -lɪt] *adj.* =emasculated.

e·mas·cu·la·tive [ɪmǽskjʊlèɪtɪv, əm- | ɪmǽskjʊlèɪt-] *adj.* **e·mas·cu·la·to·ry** [ɪmǽskjʊlətɔ̀:ri, -tɔ̀:-ri, əm- | ɪmǽskjʊlèɪt(ə)rɪ, -lət-] *adj.* **e·más·cu·là·tor** [-tə | -tə(r)] *n.*

e·más·cu·làt·ed [-tɪd, -təd | -tɪd, -təd] *adj.* 無気力な, 骨抜きになった, 弱々しい (effeminate).

e·mas·cu·la·tion [ɪmæ̀skjʊléɪʃən, əm- | ɪm-] 〘⇨ emasculate, -ation〙 —— *n.* **1** (完全)去勢, 全去勢(術), 除勢. **2** 骨抜き(にすること), 無力化; 柔弱.

Em·bal·lo·nu·ri·dae [embæ̀lən(j)ú(ə)rədi: | -njʊ́ərɪ-] 〘← NL ~ ← *Emballonura* (属名: ← Gk *emballon* (pres.p.) ← *embállein* to throw in)+-IDAE〙 —— *n. pl.* 〘動物〙 サシオコウモリ科.

em·balm [ɪmbɑ́:m, əm-, em- | ɪm-, em-] 〘《16C》← *em-* 'EN-¹'+BALM ∽ 《*c*1378》 *enbaume*(*n*) □ (O)F *embaum-er* ← *em-* 'EN-¹'+*baume* 'BALM'〙 —— *vt.* **1** 〈死体〉に防腐処置を施す, ミイラにする《もとは香油・香料を詰めたが, 今は通例薬品を用いる》: ~ dead bodies with tar 死体にタールを塗る. **2** 永く記憶に留める: The lines ought to ~ his memory. この詩行によって彼の名は永く記憶に留められるはずだ. **3** そのままで保存する; 成長[発展]させないでおく: His thoughts had been ~*ed* in a book. 彼の思想は一冊の本の中にそのままで保存されていた. **4** …に香気を満たす (perfume); かぐわしくする: the morning air, ~*ed with* odors 種々の香気でかぐわしい朝の空気.

em·bálm·er *n.* 死体に防腐処置を施す人.

em·bálm·ment *n.* (死体の)防腐保蔵.

em·bank [ɪmbǽŋk, əm-, em- | ɪm-, em-] 〘← *em-* 'EN-¹'+BANK¹〙 *vt.* 〈沼・川を〉堤防[土手]で囲む, 堤防[土手]で固める: ~ a river 川に築堤する.

em·bánk·ment 〘《1786》: ⇨ ↑, -ment〙 —— *n.* **1** (川・海岸などの)堤防, 土手. **2** (鉄道の)築堤, 土堤, 盛土. **3** 堤防を築くこと, 築堤. **4** [the E-] =Thames Embankment.

em·bar [ɪmbɑ́ə, əm-, em- | ɪmbɑ́:(r), em-] 〘《*c*1475》□ (O)F *embarr-er* ← *em-* 'EN-¹'+*barre* 'BAR¹'〙 —— *vt.* **1** 《古》 閉じ込める (confine); 監禁する (imprison). **2** 《廃》 止める, 禁止する (stop).

em·bar·ca·de·ro [embɑ̀əkədé(ə)roʊ | -bɑ̀:kədéərəʊ] 〘□Sp. ~ ← *embarcado* ((p.p.) ← *embarcar* 'to EMBARK')+*-ero* '-ER¹'〙 *n.* (*pl.* ~*s*) 〘米西部〙 内陸の水路などの上陸場, 陸揚げ場《特に, バーク型帆船用》.

em·bar·ca·tion [èmbɑəkéɪʃən, -bə- | -bɑ:-] *n.* =embarkation.

em·bar·go [ɪmbɑ́əgoʊ, əm-, em- | embɑ́:gəʊ, ɪm-] 〘《1602》□Sp. ~ ← *embargar* to restrain ← *em-* 'EN-¹'+*barra* 'BAR¹': cf. embarrass〙 —— *n.* (*pl.* ~**es**) **1** (政府による商船の)港内出入禁止, 出港禁止, (外国船に対する)入港禁止: lay [put, place] an ~ *on* ships=lay ships *under* an ~ 船に出港停止を命じる / lift [take off, remove] an ~ *on* …の出港停止を解く, …を解禁する. **2** (施設不足や滞貨による)貨物積込禁止命令. **3** (商品の一時的)通商停止: be *under* an ~ 通商停止中である / an ~ *on* the export of gold=a gold ~ 金輸出禁止. **4** 禁止, 禁制, 阻害: lay [impose] an ~ *on* [*upon*] free speech 言論の自由を抑圧する. —— *vt.* **1** 〈商船〉に出港[入港]停止を命じる. **2** 〈通商を〉禁止する. **3** 〈船舶・貨物を〉抑留する.

em·bark [ɪmbɑ́ək, əm-, em- | ɪmbɑ́:k, em-] 〘《1550》□F *embarqu-er* □ LL *imbarcāre* ← IN-¹+LL *barca* 'BARK³, small boat'〙 —— *vt.* **1** 〈人・貨物を〉(船や飛行機に)乗せる, 積み込む, 積載する. **2** 〈人を〉事業に引き入れる; 〈金を〉(冒険的に)投資する: ~ oneself *in* …に乗り出す / ~ money *in* an enterprise 事業に金を出す —— *vi.* **1** 船[飛行機など]に乗り込む, 乗船する; 〔目的地へ向かって〕船出する[飛び立つ]〔*for*〕: ~ *in* [*on*] a steamer 汽船に乗り込む / ~ *for* America 米国へ向かって船出する[飛び立つ]. **2** 〔事業などに〕乗り出す, 従事する (start, engage)〔(*up*)*on*, *in*〕: ~ *in* [*on*] matrimony 結婚生活にはいる / ~ *on* life 人生のスタートを切る / ~ *in* [(*up*)*on*] a new business undertaking 新しい事業を始める.

em·bar·ka·tion [èmbɑəkéɪʃən, -bə- | -bɑ:-] 〘⇨ ↑, -ation〙 *n.* **1** 乗船, 積込み. **2** 搭載物. **3** 《古》 船, ボート.

embarkátion dèck *n.* 〘海事〙 救命艇乗艇用甲板.

em·bárk·ment *n.* =embarkation 1.

em·bar·ras de choix [ɑ̃:(m)bərɑ́:-də-ʃwɑ́:, ɔ̃:(m)-, ɑ:m-, ɔ(:)m-; *F.* ɑ̃baradəʃwa] 〘□F ~《原義》embarrassment of choice〙 *n.* 有り余って困るほどの選択の途.

embarrás de ri·chésse [-də-ri:ʃés; *F.* -driʃɛs] 〘□F *embarras de richesses* 《原義》 embarrassment of riches〙 *n.* 有り余って困るほどの富.

embarrás du chóix [-də-ʃwɑ́:; *F.* -dəʃwa] = embarras de choix.

em·bar·rass [ɪmbǽrəs, əm-, em-, -bér- | ɪmbǽr-, em-] 〘《1672》□F *embarrass-er* □Sp. *embarazar* □It. *imbarazzare* ← *imbarrare* to impede, bar, embarrass ← *im-* 'IN-¹'+LL *barra* 'BAR¹'〙 —— *vt.* **1** 〈人を〉困らせる, まごつかせる, (はたと)当惑させる, 恥ずかしがらせる: ~ a person *with* questions いろいろ質問をして人を困らせる / I am greatly ~*ed with* this work. この仕事には閉口している / He felt ~*ed* in the presence of the ladies. 婦人たちの前に出てどぎまぎした[あがってしまった]. **2** **a** 〈問題などを〉紛糾させる: Affairs are ~*ed*. 事態が紛糾している. **b** 〈人・行動・進行・機能などを〉妨げる, 邪魔する: Carrying the bundle ~*ed* his movements. その包みをかかえて思うように体も動かせなくなった. **3** [特に p.p. 形で] 金銭上困らせる, …の財政を窮迫させる, …に借金を負わせる: They are ~*ed in* their affairs. 財政困難に陥って[金に詰まって]いる / The firm was ~*ed* by debts. 会社は借金で困っていた. **~·a·ble** [-səbl] *adj.*

em·bár·rassed·ly [-stli, -sɪd-, -səd- | -lɪ] *adv.* 当惑して, まごまごして: She coughed ~. 当惑してせきをした.

em·bár·rass·ing *adj.* 困惑させる, 厄介な. **~·ly** *adv.*

em·bar·rass·ment 〘□F *embarrassement*: ⇨ embarrass, -ment〙 —— *n.* **1** 当惑, 困却, 困惑 (perplexity); (人前などでの)気後れ, どぎまぎ, きまり悪さ: feel ~ 当惑を感じる / cover one's ~ 当惑を隠す. **2** 困らせる物, 妨げ, 障害. **3** [主に *pl.*] (財政上の)困難, 窮迫: financial ~*s*. **4** 過多, ありあまる数量: an ~ of riches 有り余って困るほどの富.

em·bas·sa·dor [ɪmbǽsədə, əm-, em- | embǽsədə(r), ɪm-] *n.* =ambassador.

em·bas·sage [émbəsɪdʒ] *n.* **1** 大使に委任する書状. **2** 《古》 =embassy.

em·bas·sy [émbəsi | -sɪ] 〘《1579》□ OF *ambassee* □ OIt. *ambasciata* □ OProv. *ambaissada* ← **ambaissa* service < ML *ambactiam*: cf. ambassador〙 —— *n.* **1** 大使とその全下僚, 大使の一団[一行]. **2** 大使館, 大使邸: be attached to the *Embassy* in London 在ロンドン大使館付きである. **3** 大使の任務, (使節の)使命, 大使の職: go on an ~ 使命を帯びて[使節として]行く. **4** 大使の派遣.

em·bat·tle¹ [ɪmbǽtḷ, əm-, em- | ɪmbǽtḷ, em-] 〘《*a*1338》 *embataile*(*n*) □ OF *embataill-ier* ← *em-* 'EN-¹'+*bataillier* 'to BATTLE¹'〙 —— *vt.* **1** [通例 p.p. 形で] …に戦闘陣列を敷かせる, 戦陣を張らせる, …の陣容を整える (⇨ embattled¹). **2** 〈町・建物〉に防備を施す (fortify): ~ a town [building].

em·bat·tle² [ɪmbǽtḷ, əm-, em- | ɪmbǽtḷ, em-] 〘《*c*1380》: ⇨ en-¹, battle²: cf. battlement〙 *vt.* 〈建物・城壁〉に狭間(はざま)胸壁(battlements)を設ける: ~ a wall.

em·bát·tled¹ 〘《15C》 (p.p.) ← EMBATTLE¹〙 *adj.* **1** 戦陣を張った, 戦列を敷いた: ~ forces. **2** **a** (敵に囲まれて)防御態勢にある. **b** (不快な現象に)絶えず悩まされている.

em·bát·tled² 〘《?*a*1400》 (p.p.) ← EMBATTLE²〙 *adj.* **1** 〘建築〙 狭間(はざま)胸壁のある. **2** 〘紋章〙〈区画線など〉狭間状の凹凸(おうとつ)のある (cf. bretessé; ⇨ heraldry 挿絵 F).

em·bát·tle·ment *n.* 〘築城〙 =battlement.

em·bay [ɪmbéɪ, əm-, em- | ɪm-, em-] 〘《1583》← *em-* 'EN-¹'+BAY¹〙 —— *vt.* **1** (湾状に)囲む; 包囲する, 包む (surround): We were ~*ed* by the ice. 我々は氷で囲まれてしまった. **2** 〈船などを〉湾内に入れる; 〈風・潮流が〉〈船を〉湾内に吹き寄せる; 湾内に閉じ込める: ~ a ship [whale]. **3** 湾の形にする: an ~*ed* shore 湾状になった海岸. **4** [Passive で]〈町が〉湾に取り囲まれる: The town was quite ~*ed*. その町は全く湾に取り囲まれていた.

em·báy·ment 〘⇨ ↑, -ment〙 *n.* **1** 湾, 入江. **2** 〘地質〙 湾入.

Emb·den [émdən] 〘□ *Emden* (西ドイツの海港都市)〙 *n.* エムデン《大型白色のガチョウの一品種》.

em·bed [ɪmbéd, əm-, em- | ɪm-, em-] 〘《1778》← *em-* 'EN-¹'+BED (n.)〙 —— *v.* (**em·bed·ded**; **-bed·ding**) —— *vt.* **1** **a** はめ込む, 埋める; (埋めるように)ぎっしりと取り囲む: The legs of the cot were ~*ded in* the concrete floor. 寝床の脚はコンクリートの床にしっかりと埋め込んであった / I was too ~*ded in* my own life to notice it. 自分自身の生活にすっかり没頭していたのでそれに気づかなかった / a bullet ~*ded in* the flesh 肉に食い込んだ弾丸. **b** 〔…の〕必須の部分にする〔*in*〕: Inflation has become ~*ded in* the economy. インフレが経済の一部になってしまった. **2** 〔心・記憶・習慣などの中に〕深く留める〔*in*〕: lie ~*ded in* one's mind 心に深く留まっている. **3** 〘言語〙 埋め込む (cf. embedding 1): an ~*ded* sentence 埋め込み文. **4** 〘数学〙 埋め込む (cf. embedding 2). **5** 〘医学・生物〙 包埋(ほうまい)する (cf. embedding 3). —— *vi.* 埋め込まれる.

em·béd·ding *n.* **1** 〘言語〙 埋め込み《ある文の中に別の文が含まれること; たとえば, I know him to be honest. という文は I know S. の S の位置に he be honest が埋め込まれている》. **2** 〘数学〙 埋め込み《位相空間 V から位相空間 W の中への同相写像 *f* を V の W への埋め込みという; 群 G から群 H の中への同形写像 *f* を G の H への埋め込みという; 他の数学的構造についても同様》. **3** 〘医学・生物〙 包埋(ほうまい)《組織標本を作る時, 小片をパラフィンその他の中に入れて固め, 切りやすくする操作).

em·béd·ment *n.* 深くはめ込むこと; 食い入っていること.

em·bel·lish [ɪmbélɪʃ, əm-, em- | ɪm-] 〘《*c*1400》 *embelysse(n), embellisshe(n)* ▭ OF *embelliss-, embellir* to beautify ← *em-* ʻEN-¹ʼ+*bel* beautiful (< L *bellum*): cf. beauty〙 ― *vt.* **1** 《廃》美しくする. **2** 装飾して美しくする: ~ a garden *with* flowers 花を植えて庭を美しくする / ~ a house 家を飾り立てる. **3** 〈メロディーなど〉に装飾音を加える. **4** 〈文章・物語などを〉〔尾ひれを付けて〕粉飾する, 潤色する〔*with*〕: He ~*ed* the comedy *with* touches of sentiment. その喜劇に感傷を織りまぜておもしろくした. **~·er** *n.*

em·bél·lish·ment 〘《1623》: ⇨ ↑, -ment〙 ― *n.* **1** 装飾(すること), 飾り; 飾ってあること, 美装. **2** 文飾; 潤色; (物語などの)あや: indulge in rhetorical ~ 修辞に凝る. **3** 装飾となるもの, 飾り. **4** 〘音楽〙 **a** 装飾(法); 装飾音 (ornament, grace). **b** 補助音.

em·ber¹ [émbə | -bə(r] 〘ME *eemer, emeri* < OE *ǣmerġe* < Gmc **aimuzjōn* (OHG *eimuria*) ← **aim-* ashes+**uzjōn* to burn (← IE **us-, *eus-* to burn (L *ūrere*)): *b* は音便上の挿入〙 ― *n.* **1** (残り火の中の)赤い石炭(一個), (薪の)燃えさし, おき. **2** [*pl.*] **a** 残り火, (くすぶっている)燃残り (smoldering remains). **b** (感情・思い出などの)くすぶり, なごり.

em·ber² [émbə | -bə(r] 〘《通俗語源》← Norw. *ymbre* < ON *himbrin* ember goose〙 *n.* 〘鳥類〙=embergoose.

Émber dàys, é- d- 〘ME *embir dayes* < OE *ymbrendagas* ← *ymbryne* period (← *ymb* round + *ryne* course)+*dagas* days: cf. ambi-〙 ― *n. pl.* 〘カトリック〙四季の斎日, 〘英国国教会・聖公会系〙聖職按手節[日]《教会暦の四季の断食と祈りの 3 日; すなわち Lent の第一主日, Whitsunday, Holy-Cross Day (9 月 14 日), St. Lucia's Day (12 月 13 日)の後の水・金・土の 3 日》.

émber·gòose 〘《1744》〙 *n.* 〘鳥類〙=common loon.

Émber wèek, é- w- 〘OE *ymbrenwice*: ⇨ ember days, week〙 *n.* 四季大斎週間, 聖職按手週間《Ember days のおかれている週(間); cf. Ember days》.

em·bez·zle [ɪmbézl, əm-, em- | ɪm-, em-] 〘《?*c*1425》 *embesile(n)* ▭ AF *embesil-er* ← *em-* ʻEN-¹ʼ+*besil* ill-treatment)〙 ― *vt.* 〈委託金・委託物などを〉横領する, 使い込む, 着服する: ~ money *from* a person 人から金を横領する / He ~*d* the party funds. 政党の基金を横領した. ― *vi.* 着服する. **em·béz·zler** [-zlə, -zlə | -zlə(r, -zl-] *n.*

em·béz·zle·ment *n.* (雇人などの)使い込み, (公金などの)盗用, 着服; 〘法律〙(委託金・委託物の)横領(罪).

Em·bi·o·de·a [èmbióudiə | -bɪə́udiə] 〘← NL ~ ← Gk *émbios* having life+*-odea* ʻ-ODE¹ʼ: ⇨ en-², bio-〙 *n. pl.* 〘昆虫〙=Embioptera.

Em·bi·op·te·ra [èmbiáp(ə)rə | -bɪɔ́p-] 〘← NL ~ ← *embio-* (← *Embia* (↑))+-PTERA〙 *n. pl.* 〘昆虫〙紡脚目.

em·bi·ot·o·cid [èmbiátəsɪd, -səd | -bɪɔ́təsɪd] 〘↓〙 *adj., n.* ウミタナゴ科の(魚).

Em·bi·o·toc·i·dae [èmbiətɑ́sədi:, -tóus- | -bɪətɔ́sɪ-, -tə́us-] 〘← NL ~ ← *Embiotoca* (属名: Gk *émbios* having life (⇨ embiodea)+*-toca* (← *tókos* offspring))+-IDAE〙 ― *n. pl.* 〘魚類〙ウミタナゴ科.

em·bit·ter [ɪmbɪ́tə, əm-, em- | ɪmbɪ́tə(r, em-] 〘《*a*1603》← *em-* ʻEN-¹ʼ+BITTER (adj.)〙 ― *vt.* **1** 苦くする, …に苦味をつける. **2** つらくする, むごくする; 〈遺恨・不幸などを〉募らせる: His misery was ~*ed* by his failure. 失敗によって彼の不幸は募った. **3** 〈人を〉憤激させる, 怒らせる; 苦々しい気持にする: be ~*ed* by injustice [poverty].

em·bít·ter·ment 〘⇨ ↑, -ment〙 *n.* **1** 苦々しくすること, (不幸などの)激化; 苦難の加重. **2** 一層のつらさ, 苦々しさ, 憤激.

Em·bla [émblɑ:] 〘▭ ON ~ ← **Elmla* ← *Almilōn*〙 *n.* 〘北欧神話〙エンブラ《神々によってセイヨウトネリコ (ash) とニレ (elm) から作られた最初の女; cf. Ask》.

em·blaze¹ [ɪmbléɪz, əm-, em- | ɪm-, em-] *vt.* **1** 《古》=emblazon 1. **2** 華美に飾る: ~ the floors.

em·blaze² [ɪmbléɪz, əm-, em- | ɪm-, em-] 〘← *em-* ʻEN-¹ʼ+BLAZE¹〙 *vt.* **1** 点火する, ともす. **2** 燃やす.

em·bla·zon [ɪmbléɪzn, əm-, em-, -zən | ɪm-, em-] 〘← *em-* ʻEN-¹ʼ+BLAZON〙 ― *vt.* **1** (美しい色で)描く, 飾る: Against the eastern sky the bough of the pine was ~*ed* in gold. 東の空を背に松の幹が金色に染まっていた. **2** 輝かす, ほめあげる, 〈名声などを〉高める: ~ a person's deeds 人の行為をほめそやす / ~ a person's fame 人の名声を高める. **~·er** [-znə, -z(ə)nə | -znə(r, -z(ə)nə(r] *n.*

em·blá·zon·ment *n.* 装飾; 修飾; 賞揚, ほめあげ.

em·bla·zon·ry [ɪmbléɪznri, əm-, em-, -zən- | ɪmbléɪznri, em-, -zən-] 〘⇨ emblazon, -ry〙 *n.* 華々しい装飾.

em·blem [émbləm, -blɪm, -blem | -bləm, -lem, -lɪm] 〘《*c*1430》▭ L *emblēma* inlaid work ▭ Gk *émblēma* thing put on ← *embállein* to put in ← *em-* ʻEN-²ʼ+*bállein* to throw: cf. problem, symbol〙 ― *n.* **1 a** 象徴, 表象 (symbol): A star is an ~ *of* hope. 星は希望の象徴である. **b** 〔ある性質の〕典型, かがみ (type) 〔*of*〕. **2** しるし, 記章; 紋章に類するもの: the imperial ~ 皇室の紋章. **3** 《古》寓意画, エンブレム (cf. emblem book). **4** (出版社などの)標識図案 (colophon). ― *vt.* …の表徴となる, 象徴する (symbolize).

em·blem·at·ic [èmbləmǽtɪk, -blɪ- | -blɪmǽt-, -blə-] 〘《1645》▭ Gk *emblēmatik-ós*: ⇨ ↑, -ic¹〙 ― *adj.* 象徴的な, 典型的な(typical); 〔…を〕象徴[表象]する(symbolic) 〔*of*〕: Rosemary is ~ *of* constancy. マンネンロウは貞節を象徴する. **èm·blem·át·i·cal·ly** *adv.*

èm·blem·át·i·cal *adj.* =emblematic.

emblemátic vérse *n.* エンブレム詩, 象徴図型詩《詩の行を十字架・祭壇・菱形など象徴的な形に並べ絵画性を兼ねた詩; G. Herbert や Dylan Thomas などの詩にみられる; emblematic(al) poetry ともいう》.

em·blem·a·tist [emblémətɪst, -təst | -tɪst] 〘← L *emblēmat-, emblēma* ʻEMBLEMʼ+-IST〙 *n.* 標章考案者; 寓意画作者.

em·blem·a·tize [emblémətàɪz | ―⌒―⌒, ⌒―――⌒] *vt.* **1** 表象で[象徴的に]表わす. **2** 〈事物が〉…の象徴となる, 象徴する (symbolize).

émblem bòok *n.* 寓意画集《象徴的または寓意的な絵を集め, 説明的な詩句・格言・教訓を付けたもので, 17 世紀ごろ行なわれた; cf. emblem 3》.

em·ble·ments [émbləmənts, -blɪ- | -blɪ-] 〘《15C》 *emblaimentez* (pl.) ▭ OF *emblaement* ← *emblaer* (F *emblaver*) < ML *imbladāre* ← *im-* ʻIN-¹ʼ+*blada* corn, grain: cf. blade〙 ― *n. pl.* 〘法律〙 **1** 人工耕作物《自然的にではなく, 労働と勤勉によって土地から毎年とれる穀物などの収穫物》. **2** (借地人の)農作物収得権.

em·bód·i·ment 〘⇨ ↓, -ment〙 ― *n.* **1** 具体化, 具象, 体現, 具現. **2** 具体化されたもの, 具体物, 化身(けしん), 権化(ごんげ); 具体的表現: an ~ *of* an idea 思想の具体化(されたもの) / He is an ~ *of* perfect health. 彼は健康そのものである. **3** 統合 (incorporation).

em·bod·y [ɪmbɑ́di, əm-, em- | ɪmbɔ́dɪ, em-] 〘《1548》← *em-* ʻEN-¹ʼ+BODY: cf. L *incorporāre* to embody〙 ― *vt.* **1** 〈精神〉に形体を与える, 肉体化する: Man is an *embodied* spirit. 人間は霊魂を肉体に包んだもの. **2** 〈思想・感情などを〉〔制度・作品・言葉・行動などで〕具体的に表現する, 具体化する〔*in*〕; 〈制度・作品・言葉・行動などが〉体現[具現]する: His own romanticism is *embodied in* the heroine. 彼自身のロマン主義はヒロインに具現化されている / The President does not ~ the nation's sovereignty. 大統領は国家の主権を体現するものではない. **3** 一体にする, 統合する (incorporate); 〘軍事〙(部隊に)編成する (organize): ~ troops. **4** 〈要素を〉含む, 包含する (comprise): The religion *embodies in* it some ancient truths. その宗教は幾つかの古い真理を含んでいる. **em·bód·i·er** *n.*

em·bog [ɪmbɑ́g, əm-, em-, -bɔ́(:)g | ɪmbɔ́g, em-] 〘← *em-* ʻEN-¹ʼ+BOG〙 ― *vt.* (**em·bogged; -bog·ging**) **1** 泥沼にはまらせる. **2** (知的な)困難に陥らせる, 泥沼にはまって身動きが取れないようにする.

em·boî·té [ɑ̃:(m)bwɑ:téɪ, ɔ̃:(m)-, ɑ̀:m-, ɔ̀(:)m-; *F.* ɑ̃bwate] 〘▭ F ~ 《原義》boxed in (p.p.) ← *emboîter* ʻto put in a BOX²ʼ〙〘バレエ〙 ― *n.* (*pl.* ~**s** [~]) アンボアテ《バレエの第 5 ポジションから前方に跳躍し, 両脚のポジションを空中でかえる一連のステップ》. ― *adj.* 〈ステップが〉アンボアテの.

em·bol- [émbəl] (母音の前に来る時の) embolo- の異形.

em·bold·en [ɪmbóuldən, əm-, em-, -dn | ɪmbə́uldən, em-, -dn] 〘ME *embolde(n)* ← *em-* ʻEN-¹ʼ+BOLD+-EN¹〙 ― *vt.* …に勇気[自信]をつける (encourage), 大胆にする; 勇気づけて…させる 〈*to do*〉.

em·bo·lec·to·my [èmbəléktəmi | -mɪ] 〘← EMBOL(US)+-ECTOMY〙 *n.* 〘外科〙塞栓(そくせん)摘出[切除](術).

emboli *n.* embolus の複数形.

em·bo·li- [émbəlɪ, -lə | -lɪ] embolo- の異形 (⇨ -i-).

em·bol·ic [embɑ́lɪk, ɪm- | -bɔ́l-] 〘← EMBOL(US)+-IC¹〙 *adj.* **1** 〘病理〙塞栓(そくせん)性[症]の. **2** 〘生物〙内展の, 陥入の, まくれ込んでいく.

em·bol·ism [émbəlɪ̀zm] 〘《*a*1387》▭ LL *embolismus* insertion, (ML) intercalation ▭ Gk *embolismós* ← *embállein* to throw in: ⇨ emblem〙 ― *n.* **1** 閏(うるう)(日)を加えること; 閏として加えられた期間. **2** 挿入祈禱《ミサ聖祭で, 主禱文の最後の祈願につける祈禱》. **3** エンボリズム《聖餐式で「主の祈り」の結びの祈願につける祈り》. **4** 〘《1855》← NL *embolism-us*〙〘病理〙 **a** 塞栓(そくせん)症《血栓などによる血管の閉塞》. **b** = embolus 1. **em·bo·lis·mic** [èmbəlɪ́zmɪk] *adj.*

em·bo·li·za·tion [èmbəlɪzéɪʃən, -lə- | -laɪ-, -lɪ-] 〘← EMBOL(ISM)+-IZATION〙 *n.* 〘病理〙塞栓(そくせん)化; 塞栓症 (embolism).

em·bo·lo- [émbəlou | -lə(u)] 〘← NL ~ ← ML ~: ⇨ embolism〙「栓子 (embolus)」の意の連結形. ★ 時に emboli-, また母音の前では通例 embol- になる.

em·bo·lus [émbələs] 〘▭ L ~ ʻpiston of a pumpʼ ▭ Gk *émbolos* stopper ← *embállein*: ⇨ embolism, emblem〙 ― *n.* (*pl.* **em·bo·li** [-làɪ]) **1** 〘病理〙塞栓(そくせん), 栓子《血管内を流れ細い個所をつまらせる凝血塊・細胞群・脂肪・気泡などの異物》. **2** 《古》挿入物, ピストン.

em·bo·ly [émbəli | -lɪ] 〘▭ Gk *embolḗ* throwing in: cf. embolism〙 ― *n.* 〘生物〙陥入, 内展, 巻込み, まくれ込み《表面の細胞層の一部が内方へ向って落ち込み, そこに新しい層または胞状体を生じる現象》.

em·bon·point [ɑ̃:(m)bɔ̃:(m)pwǽ(ŋ), ɔ̃:(m)bɔ̃:(m)-, ɑ̀:mbɔ(:)mpwǽŋ, ɔ̀(:)m-; *F.* ɑ̃bɔ̃pwɛ̃] 〘《1751》▭ F ~ ← *en bon point* 《原義》in good condition〙 *F. n.* 肥満 (plumpness).

em·bosk [ɪmbɑ́sk, əm-, em- | ɪmbɔ́sk, em-] 〘← *em-* ʻEN-¹ʼ+BOSK〙 *vt.* 〔木の葉・つたなどで〕一面に覆う〔*with*〕.

em·bos·om [ɪmbúzəm, əm-, em-, -bú:z- | ɪmbúz-, em-] 〘← *em-* ʻEN-¹ʼ+BOSOM〙 ― *vt.* (*also* **imbosom**) 《文語》 **1** [p.p. 形で] 囲む, 包む (enfold, envelop); 〔樹木などで〕囲む (surround) 〔*in, with*〕: The village was ~*ed with* mountains. 村は山に囲まれていた. **2** 心に抱く, 大切にする (cherish). **3** 胸に抱きしめる.

em·boss¹ [ɪmbɑ́s, əm-, -bɔ́(:)s | ɪmbɔ́s, em-] 〘《*c*1386》 *embosse(n)* ▭ OF *emboc-er* to swell in protuberances ← *em-* ʻEN-¹ʼ+*boce* ʻswelling, BOSS³ʼ〙 ― *vt.* **1** 浮彫りにする, …に浮彫り細工を施す; …に〔模様・図案などを〕浮き上がらせる〔*with*〕: ~ the stone [paper] *with* a design 石[紙]に図案などを浮き上がらせる. **2** 〔…に〕〈模様などを〉打出しにする, 打ち出す, 空押しする〔*on*〕: ~ a pattern *on* metal 金属に模様を打ち出す. **3** 押形で〈布地〉に模様を付ける, (型押しで)〈革など〉に浮出し模様を付ける. **4** ふくらませる (bulge), 張り出させる. **~·a·ble** [-səbl] *adj.*

em·boss² [ɪmbɑ́s, əm-, em-, -bɔ́(:)s | ɪmbɔ́s, em-] 〘ME *embose(n)* to become exhausted〙 *vt.* 《廃》〈獲物を〉追いつめる.

em·bóssed *adj.* 浮彫りを施した, 浮出し模様の; 浮出しの, 打ち出した, 押形付きの: ~ cambric 押形付きの白麻 / ~ paper (表紙用の)凸凹紙 / ~ printing 浮出し印刷《盲人または装飾用》/ ~ work 浮彫り細工, 打出し模様 / an ~ address on one's notepaper 自家用書簡箋に付けた浮出し住所.

embóssed bóok *n.* 点字本.

embóssed stámp *n.* 打出し印紙[切手].

em·bóss·er 〘← EMBOSS¹+-ER¹〙 *n.* 浮彫り[打出し]細工師; 打出し機.

em·bóss·ing 〘ME〙 *n.* **1** 空押し模様[図案]. **2** (布地に模様を付ける)押形法.

embóssing prèss *n.* 〘機械〙打出しプレス, 型押付プレス.

em·bóss·ment 〘← EMBOSS¹+-MENT〙 *n.* **1** 浮彫り(にすること), 浮上げ細工, 盛上げ; 打出し模様. **2** ふくらみ, 張出し, 隆起.

em·bou·chure [ɑ̀:mbu:ʃúə, -bə-, ⌒―⌒ | ɔ̀mbu-ʃúə(r, ɑ̀:m-, ⌒―⌒; *F.* ɑ̃buʃy:r] 〘《1760》▭ F ~ ← *emboucher* to put into the mouth ← *em-* ʻEN-¹ʼ+*bouche* (< L *buccam* mouth, cheek): ⇨ buccal, -ure〙 ― *n.* (*pl.* ~**s** [~z; *F.* ~]) **1** 河口; (河川・入江などの)放水口. **2** (谷などの)開き口. **3** アンブシュール, 吹管《管楽器(特に金管楽器・フルート)の歌口 (mouthpiece)》. **4** 歌口への唇の当て方, 吹奏の口つき.

em·bour·geoise·ment [ɑ̃:(m)bùəʒwɑ:zmɑ̃:(ŋ), ɔ̃:(m)bùəʒwɑ:zmɔ̃:(ŋ), ɑ:mbùəʒwɑ:zmɑ́:ŋ, ɔ(:)mbùəʒwɑ:zmɔ́(:)ŋ | -bùə-; *F.* ɑ̃burʒwazmɑ̃] 〘▭ F ~: ⇨ en¹-, bourgeois, -ment〙 ― *F. n.* 中産階級化 (cf. bourgeoisification).

em·bow [ɪmbóu, əm-, em- | ɪmbə́u, em-] 〘ME: ⇨ en-¹, bow¹〙 *vt.* 弓状に曲げる, 弓形にする. ★ p.p. 形以外は《古》.

em·bówed 〘ME〙 ― *adj.* **1** 弓状の, 弧形の; 彎曲した: an ~ roof 丸屋根 / an ~ window 弓形の張出し窓. **2** 〘紋章〙肘(ひじ)を曲げた, 膝(ひざ)をかがめた; 〈魚が〉体を弓なりにそらせた: a dolphin ~.

em·bow·el [ɪmbáuəl, əm-, em-, -báuł | ɪmbáuəl, em-, -báuɪl, -báuel, -báuł] 〘《1521》▭ OF *emboweler* 《変形》← *esboueler* ← *es-* ʻEX-¹ʼ+*bouel* ʻBOWELʼ: ⇨ en-¹〙 ― *vt.* (**em·bow·eled, -elled; -el·ing, -el·ling**) 《古》=disembowel.

em·bow·er [ɪmbáuə, əm-, em- | ɪmbáuə(r, em-] 〘← *em-* ʻEN-¹ʼ+BOWER¹〙 *vt.* 〔緑葉・樹木などで〕こんもりと覆う, 樹陰に隠す(shelter), 取り囲む(enclose)〔*in, with*〕: a house ~*ed in* trees 樹木に囲まれた家.

em·brace¹ [ɪmbréɪs, əm-, em- | ɪm-, em-] 〘v.: 《*c*1380》▭ OF *embrac(i)-er* (F *embrasser*) to take into one's arms ← *em-* ʻEN-¹ʼ+*braz* arm (< L *brāchium*). ― n.: 《1595》← (v.): ⇨ brace〙 ― *vt.* **1 a** 抱擁する, 抱きしめる《通例愛情の表現》: ~ one's children. **b** 《婉曲》(性交渉で)〈異性を〉抱擁する. **2** 取り巻く, 囲む: The woods ~ corn fields. 森は小麦畑を取り囲んでいる. **3** 〈多くのものを〉包含する; 〈広範囲〉にわたる: ~ all the cases *in* a single formula 単一の方式の中にすべての場合を包含する / ~ the whole field 全分野にわたる. **4** 〈機会を〉捕える, 乗じる; 〈申し出などを〉(これ幸いと)受け入れる; 〈死・不幸を〉受け入れる: ~ an opportunity 機会を捕える / ~ an offer 申し出に応じる / ~ one's death 死を受け入れる. **5** 〈方針などを〉採用する; 〈思想などを〉受容する; 〈教義・信条などを〉奉じる; 〈党派など〉に加わる: ~ an idea / ~ a doctrine 教義を奉じる / ~ Christianity キリスト教を奉じる / They ~*d* different parties. 彼らは異なる党に加わった. **6** 〈職業〉につく, 〈生活など〉にはいる: ~ the career of a missionary 宣教師になる / ~ the monastic life 修道の生活にはいる. **7** 見て取る, 悟る: ~ a situation ある情況を見てとる / Religious truth is ~*d* by the understanding. 宗教的真実は悟性によって悟られる. ― *vi.* 抱き合う.
― *n.* **1** 抱合い, 抱擁《通例愛情の表現》; 《婉曲》(性的な)抱擁. **2** 取り巻くこと, 支配: She began to weep in the ~ of shame. 恥かしさに耐えかねて泣き出した. **3** 〔思想などの〕受入れ, 容認〔*of*〕: His sudden ~ *of* the Christian faith was a surprise to me. 彼が突然キリスト教を奉じるようになったのは驚きだった.
~·a·ble [-səbl] *adj.*

em·brace² [ɪmbréɪs, əm-, em- | ɪm-, em-] 〘《15C》▭

AF *embrac-er*＝OF *embraser* to set on fire, incite ← *em-* 'EN-¹'＋*braise* live coals : ⇨ braze²》 ― *vt.* 〘法律〙〈陪審員などを〉贈賄して抱き込む.

em·bráce·ment 〘《1485》← EMBRACE¹＋-MENT〙 *n.* **1** 抱合い, 抱擁 (embrace). **2** (喜んでする)受入れ, 快諾, 受諾 (ready acceptance).

em·bráce·or [-sə | -ɪsə(r)] 〘《15C》▭ AF ～＝OF *embraceur* instigator : ⇨ embrace², -or²〙 *n.* 〘法律〙陪審員抱込み者.

em·brác·er¹ *n.* **1** 抱擁する人. **2** (思想などを)受け入れる人.

em·brác·er² *n.* ＝embraceor.

em·brac·er·y [ɪmbréɪs(ə)ri, əm-, em- | ɪmbréɪs(ə)rɪ, em-] 〘ME : ⇨ embrace², -ery〙 *n.* 〘法律〙(賄賂·歎願·説得などによる)陪審員抱込み罪.

em·brac·ive [ɪmbréɪsɪv, əm-, em- | ɪm-, em-] 〘← EMBRACE¹ (v.)＋-IVE〙 *adj.* 包括的な (comprehensive).

em·branch·ment [ɪmbrǽntʃmənt, əm-, em- | ɪm-brɑ́ːntʃ-, em-] 〘▭F *embranchement* : ⇨en-¹, branch, -ment〙 ― *n.* (山脈などの)分枝, 分岐 ; (特に, 川の)分流, 支流 (ramification).

em·bran·gle [ɪmbrǽŋgl, əm-, em- | ɪm-, em-] 〘《1664》← *em-* 'EN-¹'＋*brangle* to wrangle (← BR-(AWL¹)＋(WR)ANGLE)〙 *vt.* 混乱させる, 紛糾させる.

em·brán·gle·ment *n.* 混乱, 紛糾.

em·bra·sure [ɪmbréɪʒə, əm-, em- | ɪmbréɪʒə(r), em-, -ʒʊə(r)] 〘《1702》▭ F ← (廃) *embraser* to widen an opening (through which a gun is fired) : cf. embrace²〙 ― *n.* **1** 〘建築〙(戸口または窓の周囲が外側より内側の方が広くなっている)朝顔形 (splay) ; 朝顔口 ; 斜間(しゃま). **2** 〘築城〙(朝顔形の)狭間(はざま)銃眼, (城壁上部などに切り込んだ)狭間 (⇨ bartizan, bastion, battlement 挿絵). **3** 〘歯科〙鼓形(こ)空隙 (隣接する歯の面で作られる鼓状の空隙).

embrasure 1
1 rear arch ; 2 rear vault; 3 embrasure or splay

em·brit·tle [ɪmbrítl̩, əm-, em- | ɪmbrítl̩, em-] 〘← *em-* 'EN-¹'＋BRITTLE〙 *vt.* 砕けやすくする, もろくする. ― *vi.* 砕けやすくなる, もろくなる. **～·ment** *n.*

em·bro·cate [émbrəkèɪt, -bro(ʊ)- | -brə(ʊ)-] 〘▭ ML *embrocāt-us* (p.p.) ← *embrocāre* ← LL *embrocha* ▭ Gk *embrokhḗ* lotion, fomentation ← *embrékhein* to foment ← *em-* 'EN-²'＋*brékhein* to wet〙 ― *vt.* …に塗薬を塗擦する ; 〔薬液で〕罨法(あんぽう)する 〔*with*〕.

em·bro·ca·tion [èmbrəkéɪʃən, -bro(ʊ)- | -brə(ʊ)-] 〘《?c1425》← ML *embrocāt-us* (↑)＋-ATION〙 *n.* **1** (薬剤の)塗布, 塗擦. **2** 塗り薬, 塗布剤 (liniment).

em·bro·glio [ɪmbróʊljoʊ, əm-, em-, -brɔ́(ː)l- | em-brə́ʊljəʊ, ɪm-, -lɪəʊ] *n.* (*pl.* ～**s**) ＝imbroglio.

em·broi·der [ɪmbrɔ́ɪdə, əm-, em- | ɪmbrɔ́ɪdə(r), em-] 〘《17C》← *em-* 'EN-¹'＋BROIDER ∽ 《*a*1393》 *embroudere(n)* ▭ AF *enbrouder* ← 'EN-¹'＋OF *brouder* to embroider〙 ― *vt.* **1** 〔布などに〕…の縫取りをする 〔*on*〕; …に〔ある模様の〕刺繍を施す 〔*with*〕: ～ figures *on* velvet ビロードに模様を刺繍する / ～ a handkerchief *with* a pattern ハンカチに模様を縫取りする. **2** 〈物語などを〉潤色する, 粉飾する, 誇張する: The story is much ～*ed*. この話は潤色が多い. ― *vi.* **1** 縫取りする, 刺繍をする. **2** 〔…を〕粉飾する, 誇張する 〔*on, upon*〕: ～ *upon* a theme ある主題を粉飾する.

em·brói·der·er [-dərə | -rə(r)] 〘《15C》〙 *n.* 縫取り師, 刺繍する人.

em·broi·der·y [ɪmbrɔ́ɪd(ə)ri, əm-, em- | ɪmbrɔ́ɪd-(ə)rɪ, em-] 〘《*a*1393》 *embrouderie* ← *embroudere(n)* : ⇨embroider, -ery〙 ― *n.* **1** 縫取り, 刺繍(法): an ～ frame 刺繍台, 縫箔(ぬいはく)台 / ～ scissors 刺繍ばさみ. **2** 刺繍細工, 縫取品. **3** 潤色, 修飾 (ornamentation) ; 装飾, 彩飾: I will give you the bare facts without ～. ありのままの事実を潤色することなく述べよう.

em·broil [ɪmbrɔ́ɪl, əm-, em- | ɪm-, em-] 〘《1603》▭ F *embrouill-er* ← *em-* 'EN-¹'＋*brouiller* to mix, confuse : ⇨ broil²〙 ― *vt.* **1** 〈事件·事態などを〉混乱[紛糾]させる ; 〈話を〉混乱させる. **2** 〔紛争·戦争などに〕巻き込む (entangle) 〔*in, with*〕: become ～*ed in* a quarrel けんかの巻添えを食う, けんかに巻き込まれる / She got ～*ed with* a young man. ある青年とかかわり合った. **3** 〔人と〕反目させる, 〔法律に〕反抗させる 〔*with*〕: He was often ～*ed with* his superiors. 彼はよく上司と反目し合った. **～·er** [-lə | -lə(r)] *n.*

em·bróil·ment 〘▭F *embrouillement*: ⇨ ↑, -ment〙 *n.* **1** 混乱 ; 巻添え. **2** 紛糾, 争い, 騒動.

em·brown [ɪmbráʊn, əm-, em- | ɪm-, em-] 〘← *em-* 'EN-¹'＋BROWN (adj.)〙 *vt.* …に茶色を帯びさせる, 茶色にする ; 薄黒くする. ― *vi.* 茶色に[薄黒く]なる.

em·brue [ɪmbrúː, əm-, em- | ɪm-, em-] *vt.* ＝imbrue.

em·brute [ɪmbrúːt, əm-, em- | ɪm-, em-] *v.* ＝imbrute.

embry. 《略》 embryology.

em·bry- [émbri | -brɪ] (母音の前に来る時の) embryo- の異形.

em·bry·ec·to·my [èmbriéktəmi | -briéktəmɪ] 〘← EMBRYO-＋-ECTOMY〙 *n.* 〘外科〙胎児摘出(術).

em·bry·o [émbriòʊ | -briə̀ʊ] 〘《*a*1398》▭ML ～ ▭Gk *émbruon* 《原義》 that which grows in the body, fetus ← 'EN-²'＋*brúein* to swell〙 ― *n.* (*pl.* ～**s**) **1** 胚(はい), 胎児 《人間は受胎後第 8 週の終りまでのもの ; cf. fetus》. **2** 〘植物〙胚. **3** 萌芽, (発達の)初期, 萌芽時代. ***in embryo*** 未発達で, 初期で, 〈計画など〉熟さないで: a lawyer *in* ～ 法律家の卵 / Hollywood was then *in* ～. (映画の都)ハリウッドは当時初期の段階であった. ― *adj.* ＝embryonic.

em·bry·o- [émbrio(ʊ) | -brɪə(ʊ)] 〘▭ LL ～ (↑)〙 ― embryo の意の連結形. ★ 母音の前では通例 embry- になる.

èmbryo·génesis 〘⇨ ↑, -genesis〙 *n.* 〘生物〙＝embryogeny. **èmbryo·genétic** *adj.*

em·bry·og·e·ny [èmbriɑ́dʒəni | -briɔ́dʒɪnɪ] 〘← EMBRYO-＋-GENY〙 *n.* 〘生物〙胚形成, 胚発生. **èmbry·o·génic** *adj.*

em·bry·oid [émbriɔ̀ɪd | -brɪ-] 〘← EMBRYO-＋-OID〙 *n.* 〘生物〙胚(はい)質 《胚の構造と機能を有する植物[動物]》.

embryol. 《略》 embryology.

em·bry·ol·o·gy [èmbriɑ́lədʒi | -briɔ́lədʒɪ] 〘▭F *embryologie* : ⇨ embryo, -logy〙 ― *n.* **1** 〘生物·医学〙発生学, 胎生学. **2** 〘生物〙胚の形成発達の特徴と現象.

em·bry·o·log·ic [èmbriəlɑ́dʒɪk | -briəlɔ́dʒ-] *adj.*

èm·bry·o·lóg·i·cal *adj.* **èm·bry·o·lóg·i·cal·ly** *adv.* **èm·bry·ól·o·gist** [-dʒɪst, -dʒəst | -dʒɪst] *n.*

em·bry·on- [émbriən | -brɪ-] (母音の前に来る時の) embryoni- の異形.

em·bry·o·nal [embráɪənl̩] *adj.* ＝embryonic 1.

em·bry·o·ni- [émbriənɪ, -nə | -brɪənɪ] 〘← ML *embryō(n)-* : ⇨ embryo〙 ― embryo の意の連結形. ★ 母音の前では通例 embryon- になる.

em·bry·on·ic [èmbriɑ́nɪk | -briɔ́n-] 〘← NL *embryon* (⇨embryo)＋-IC¹〙 ― *adj.* **1** 胚(はい)に関する, 胎児の: an ～ development 胚発生. **2** 萌芽的な ; 未発達の, 萌芽[未成熟]期の: in an ～ stage 発生の初期に / an ～ diplomat 外交官の卵. **èm·bry·ón·i·cal·ly** *adv.*

embryónic dísk *n.* 〘生物〙 **1 a** 胚盤 (blastodisc). **b** 胚盤葉 (blastoderm). **2** 胚盾[楯](はいじゅん).

embryónic láyer *n.* 〘生物〙胚葉 (germ layer).

embryónic mémbrane *n.* 〘動物〙胚膜, 胚付属膜.

Em·bry·oph·y·ta [èmbriɑ́fəṭə | -briɔ́fɪtə] 〘← NL ～ ← EMBRYO-＋*-phyta* (← Gk *phutá* (pl.) ← *phutón* plant)〙 *n. pl.* 〘植物〙有胚植物類.

em·bry·o·phyte [émbriəfàɪt | -brɪə-] 〘← EMBRYO＋-PHYTE〙 *n.* 〘植物〙有胚植物 《胚を有する植物 ; シダおよび種子植物が含まれる》.

émbryo sàc *n.* 〘植物〙胚嚢(はいのう).

em·bry·ot·ic [èmriɑ́ṭɪk | -briɔ́t-] 〘← EMBRYO＋-IC¹ (cf. patriotic)〙 *adj.* ＝embryonic 2.

em·bry·ot·o·my [èmbriɑ́ṭəmi | -briɔ́təmɪ] 〘▭ F *embryotomie* : ⇨ embryo, -tomy〙 *n.* 〘外科〙切胎(術).

em·bry·o·troph [émbriətrɑ̀f, -trɔ̀(ː)f | -briətrɔ̀f] 〘▭ F *embryotrophe* : ⇨ embryo, tropho-〙 ― *n.* (*also* **em·bry·o·trophe** [-tròʊf | -trəʊf]) 〘生物〙胚胎栄養 《胎盤形成前の胚の栄養になる液体 ; cf. hemotrophe, histotroph》.

em·bry·ul·ci·a [èmbriʌ́lsiə | -briʌ́lsɪə] 〘← NL ～ ← Gk *embruoulkía* ← *embruo-* (⇨ embryo)＋*-olk-* (← *hélkein* to drag)＋-IA¹〙 *n.* 〘外科〙(死)胎児摘出.

em·bue [ɪmbjúː, əm-, em- | ɪm-, em-] *vt.* ＝imbue.

em·bus [ɪmbʌ́s, əm-, em- | ɪm-, em-] 〘← *em-* 'EN-¹'＋BUS : cf. entrain¹〙 ― *v.* (**em·bussed** ; **-bus·sing**) ― *vt.* バス[輸送車]に乗せる. ― *vi.* バス[輸送車]に乗る.

em·bus·qué [ɑ̃̀(m)buːskéɪ, ɔ̃̀(m)-, ɑ̀ːm-, ɔ̀(ː)m- ; *F.* ɑ̃byske] 〘▭ F ～ (p.p.) ← *embusquer* 'to AMBUSH'〙 *F. n.* (官吏または公務員になっての)兵役忌避者.

em·cee [émsíː] 〘《頭字語》← *M(aster of) C(eremonies)*〙 《俗》〘ラジオ·テレビ〙 *n.* 司会者 (master of ceremonies). ― *vt., vi.* 司会する.

ém dàsh *n.* 〘印刷〙エムダッシュ, 全角ダッシュ (cf. en dash).

Em·den¹ [émdən] *n.* エムデン 《西ドイツ北西部, Ems 河口の海港 ; 人口 49,000》.

Em·den² [émdən] 〘⇨ Embden〙 *n.* ＝Embden.

E.M.D.P., e.m.d.p. 《略》〘電気〙 electromotive difference of potential 起電力の電位差.

eme [íːm] 〘ME *eem(e)* < OE *ēam* ← Gmc **awahaim-* 《原義》 he who dwells with the grandfather ← IE **awo-* an adult male relative other than one's father : cf. home〙 *n.* 《スコット》 **1** おじ. **2** 友人, 昔なじみ.

-eme [iːm] 〘▭F *-éme* thing, unit ▭ Gk *-ēma* (*ē* は語幹形成母音, *-ma* は名詞語尾 : cf. -ment)〙 ― *suf.* 〘言語〙「…素 《特定言語の構造上の弁別単位》」の意の名詞を造る : morph*eme*, phon*eme*.

e·meer [ɪmíə, əm-, eɪm- | emíə(r), ɪm-, émɪə(r)] *n.* ＝emir.

E·mel·ia [ɪmíːljə, əm-, -lɪə | ɪmíːljə, -lɪə] 〘⇨ Amelia, Emily〙 *n.* 女性名.

e·mend [iːménd, ɪm-, əm- | iːm-, ɪm-] 〘《?*a*1425》▭ L *ēmend-āre* to correct ← *ē-* 'EX-¹'＋*menda* fault : cf. amend〙 ― *vt.* **1** 《まれ》〈誤りを〉正す, 訂正する (correct). **2** 〈文書·書籍の本文などを〉校訂する, 修正する (emendate): ～ the text of a book 本文を修正する / ～ an author 作家の著書を校訂する / ～ *n to d* n を d に修正する. **～·er** *n.*

e·mend·a·ble [iːméndəbl̩, ɪm-, əm- | iːm-, ɪm-] *adj.* 修正[訂正]できる.

e·men·dan·dum [ìːmendǽndəm, -mən-, èm- | iːmen-, èm-] 〘▭ L *ēmendand-um* (neut. gerundive) ← *ēmendāre* (↑)〙 ― *n.* (*pl.* **-dan·da** [-də]) ＝corrigendum.

e·men·date [íːmendèɪt, ém-, -mən-, iːméndeɪt, ɪm-, əm- | íːmendèɪt] 〘← L *ēmendāt-us* (p.p.) ← *ēmendāre* 'to EMEND' : ⇨ -ate³〙 *vt.* 〈本文を〉校訂[修正]する.

e·men·da·tion [ìːmendéɪʃən, èm-, -mən-, iːmèn-, ɪm-, əm- | ìːmen-] 〘《*a*1460》▭ L *ēmendātiō(n-)* ← *ēmendātus* (↑) : ⇨ -ation〙 ― *n.* **1** 校訂, 修正. **2** 〘生物〙修正 《学名の綴りを変更すること》.

é·men·dà·tor [-ṭə | -tə(r)] 〘▭ L *ēmendātor* : ⇨ emendate, -or²〙 *n.* 校訂者, 改訂者.

e·mend·a·to·ry [iːméndətɔ̀ːri, ɪm-, əm-, -tɔ̀ːri | iːm-éndət(ə)rɪ, ɪm-] 〘▭ LL *ēmendātōri-us* : ⇨ -atory〙 *adj.* 校訂の, 校訂にかかわる.

Emer. 《略》 Emeritus.

em·er·ald [ém(ə)rəld] 〘《?*a*1300》 *emeraude* ▭ OF *e(s)meraude* (F *émeraude*) < VL **smaragdam* 《変形》 ← L *smaragdus* ▭ Gk *smáragdos* emerald ▭ Arab. *zumúrrud* ▭ Skt *marakata*〙 *n.* **1** 〘鉱物〙エメラルド, 緑玉 (⇨ birthstone). **2** エメラルド色, 鮮緑色 (emerald green). **3** 《英》〘活字〙エメラルド 《活字の大きさの古い呼称 ; 6½ アメリカンポイントに相当 ; 米国の minionette に当たる ; ⇨ type 10 ★》. ― *adj.* **1** エメラルド(製)の ; エメラルド入りの: an ～ ring. **2** エメラルド色の, 鮮緑色の. **3** 〘宝石〙エメラルドカットの (cf. emerald cut).

Em·er·ald [ém(ə)rəld] 〘↑〙 *n.* 女性名.

émerald cùt *n.* 〘宝石〙エメラルドカット 《宝石の輪郭が正方形または長方形になるように階段状に切る方法 ; 通例 50 個の小面を作る》.

émerald gréen *n.* エメラルドグリーン, エメラルド色, 鮮緑色.

em·er·al·dine [ém(ə)rəldìːn, -dàɪn] 〘← EMERALD＋-INE¹ʼ³〙 *adj.* エメラルド色の, 鮮緑色の. ― *n.* 〘化学〙暗緑色染料.

Émerald Ísle *n.* [the ～] エメラルド島 《Ireland の異名 ; 草木の鮮緑にちなむ ; cf. Erin》.

émerald toucanét *n.* 〘鳥類〙ミドリチュウハシ (*Aulacorhynchus prasinus*) (cf. toucanet).

émerald wédding *n.* エメラルド婚式 《結婚 55 周年の記念式[日] ; ⇨ wedding 4》.

e·merge [ɪmə́ːdʒ, əm-, iːm- | ɪmə́ːdʒ] 〘《1563》▭ L *ēmerge-re* to come forth ← *ē-* 'EX-¹'＋*mergere* 'to dip, MERGE'〙 ― *vi.* **1** 〔水中·暗闇などから〕出て来る, 現われ出る, 出現する 〔*from, out of*〕 (cf. immerge): ～ *from* [*out of*] water, a forest, etc. / The sun ～*d from* behind the clouds. 太陽が雲の陰から現われた. **2** 〔貧困·低い身分などから〕浮かび出る, 身を起こす 〔*from, out of*〕: ～ *from* poverty 貧困から身を起こす / ～ *from* ignorance 無学の域を脱する / a writer barely ～*d out of* obscurity やっと名を売り出しかけた作家 / The business is *emerging from* its difficulties. 事業は難局を切り抜けつつある. **3** 〈事実などが〉(探査の結果)現われる, 明らかになる ; 〈問題·困難などが〉(急に)持ち上がる: A difficult question ～*d*. 難しい問題が持ち上がった. **4** (創発的進化により)発生[発現]する ; (新[改良]種[型]として)出現する: Something new is always *emerging* in this world. この世界には常に何か新しいものが発生している.

e·mer·gence [ɪmə́ːdʒəns, əm-, iːm- | iːmə́ː-, ɪm-] 〘《1649》: ⇨ ↑, -ence〙 ― *n.* **1** 現出, 出現, 発現. **2** 〔逆境などからの〕脱出 〔*from*〕: the sudden ～ *from* obscurity 無名の状態から急に名を売り出すこと. **3** 〘植物〙器官の上に生じた物 《こぶ·とげ·毛状体など》. **4** 〘生物·哲学〙(進化中予期できない新形質の)創発 (cf. emergent evolution). **5** 〘動物〙羽化 《昆虫がさなぎから成虫になること》.

e·mer·gen·cy [ɪmə́ːdʒənsi, əm-, iːm- | ɪmə́ːdʒənsɪ] 〘《*a*1631》▭ ML *ēmergentia* a coming up ← *ēmergentem* : ⇨ emergent, -ency〙 ― *n.* **1** 非常事態, 危急の場合 ; 突発事件: in (an) ～ 非常の事態に / in case of ～ 非常の場合には, まさかの時は / in this ～ この危急の際に / be ready [prepared] for all *emergencies* あらゆる危急な事態に対する用意[覚悟]ができている. **2** 治療に急を要する状態 ; 急患. **3** 〘政治〙準戦時体制 ; (婉曲に)戦争: a state of ～ (戒厳令などの布かれる)非常事態. ― *attrib. adj.* 非常用の, 緊急の: an ～ call 非常召集 / ～ currency (非常時に発行の)緊急通貨 / an ～ exit 非常口 / ～ measures 緊急処置, 応急手段 / an ～ meeting 緊急集会 / an ～ staircase 非常階段.

emérgency àct *n.* 緊急法令, 非常時法.

emérgency bòat *n.* 〘海事〙＝accident boat.

emérgency bràke *n.* (自動車などの)非常[ハンド]ブレーキ.

emérgency lànding *n.* (航空機の)不時着: an ～ field 不時離着陸[水]場.

emérgency màn *n.* **1** (アメリカンフットボール·クリケットなどの)補欠選手. **2** 《アイル》臨時執行吏 《特に, 追立ての際に雇われる》.

emérgency òrdinance *n.* ＝emergency act.

emérgency pòwer *n.* (戦時·災害時などの)非常指揮権.

emérgency ràtion *n.* ＝iron ration.

emérgency reàction *n.* 〘心理〙危急反応.

e·mer·gent [ɪmə́ːdʒənt, əm-, iːm- | ɪmə́ː-] 〘《1593》▭L *ēmergent-em* (pres.p.) ← *ēmergere* 'to EMERGE'〙 ― *adj.* **1** (水中·暗闇などから)出て来る, 現われ出る, 出現[発現]する. **2** 不意に起こる ; 緊急の, 非常手段を要する. **3** 〈国家など〉生まれて来る, 新興の: ～ countries 新興国家. **4** 〘生物·哲学〙創発的進化の.

— *n.* 1 〘生物・哲学〙創発的形質. 2 〘生態〙 a 周囲の木よりも高くそびえる木. b 抽水植物《浅い水に根をおろし, 茎や葉の大部分は空中に伸びている植物》.

emérgent evolútion *n.* 〘生物・哲学〙創発的進化《進化の過程には予想できない形質 (emergents) の出現があるという説; cf. creative evolution》.

e·mer·i·tus [ɪmérəṭəs, əm-, iːm- | iːmérɪt-, ɪm-] 〘《1794》⊏L *ēmeritus* having served out one's time (p.p.) ← *ēmerēri* to earn (one's discharge) by service ← *ē-* 'EX-[1]' + *merēri* to earn, deserve: cf. merit〙 — *adj.* 名誉退職の, 前職礼遇の: an ~ professor = a professor ~ 名誉教授《★ 複数名詞に伴う場合は professors *emeriti*, 女性の場合は Professor *Emerita* Mary Smith とすることがある》. — *n.* (*pl.* **-i·ti** [-tàɪ]) 退職後も以前の称号を保つことを許された人《名誉教授など》.

em·er·ods [émərɑ̀dz | -rɔ̀dz] 〘ME *emeroides* ⊏OF *emmeroides*: ⇨ hemorrhoid〙 *n.* 《古》痔(ぢ)疾 (hemorrhoids) (*1 Sam.* 5:6).

e·mersed [iːmə́ːst | iːmə́ːst, ɪm-] 〘← L *ēmersus* (↓) + -ED〙 — *adj.* 1 (水中などから)出て来た. 2 〘植物〙水面上に現われた, 抽水の: leaves floating or ~ 水面に浮かんでいるまたは現われている葉.

e·mer·sion [iːmə́ːʒən, -ʃən | iːmə́ːʃən, ɪm-] 〘《1633》← L *ēmersus* ((p.p.) ← *ēmergere* 'to EMERGE') + -SION〙 *n.* 1 (没した物の)出現, (水面上に)浮かび出ること (cf. immersion 1). 2 〘天文〙(日[月]食後または掩蔽(えんぺい)(星食)後の天体の)出現, 再現 (cf. immersion 4).

Em·er·son [éməsn̩, -sən | émə-], **Ralph Waldo** *n.* (1803–82) 米国の評論家・詩人・哲学者; *Essays* (1841, 1844), *Representative Men* (1850); 異名 Sage of Concord.

Em·er·so·ni·an [èməsóuniən, -njən | èməsə́unjən, -nɪən] 〘⇨ ↑, -ian〙 *adj.* エマスン (Emerson) の(ような); エマスン風の. — *n.* エマスン崇拝家.

Èm·er·só·ni·an·ìsm [-nìzm] 〘⇨ ↑, -ism〙 *n.* エマスン主義, (エマスン流の)超越主義 (transcendentalism).

em·er·y [ém(ə)ri | éməri] 〘《1481》⊏(O)F *émeri*, 《廃》*esmeril* ⊏It. *smeriglio* < VL **smericulum* ⊏Gk *sméris* emery powder ← ? Sem. (cf. Heb. *šāmīr* adamant, emery)〙 — *n.* 1 〘岩石〙エメリー, 金剛砂, 鑽鉄(さんてつ)《鋼玉 (corundum) を主成分とし研摩材として用いられる》. 2 《米》= emery bag.

Em·er·y [ém(ə)ri] 〘ME ~, *Amary* ⊏OF *Amauri, Emaurri* ⊏OHG *Amalric*《原義》workruler ← *amal* work + Gmc **rīk-* ruler〙 — *n.* 男性名《異形 Emerick》.

émery bàg *n.* 金剛砂袋《針を突き差して研摩する》.
émery bòard *n.* (マニキュア用)爪やすり《ボール紙に金剛砂の粉末を塗布してある》.
émery clòth *n.* エメリー研摩布.
émery grìnder *n.* 研削盤.
émery pàper *n.* (金剛砂製)紙やすり, エメリー研摩紙.
émery pòwder *n.* (粉末)金剛砂.
émery whèel *n.* 砥石車.

em·e·sis [éməsɪs, -səs | émɪsɪs] 〘← NL ~ ← Gk *émesis* ← *emeîn* 'to VOMIT': ⇨ ↓, -sis〙 *n.* 〘病理〙嘔吐(おうと) (vomiting); つわり, 妊娠嘔吐[悪阻(おそ)].

e·met·ic [ɪméṭɪk, əm- | ɪmét-] 〘《1657》⊏L *emeticus* ⊏Gk *emetikós* ← *émetos* vomiting ← *emeîn* 'to VOMIT' < **femeîn*〙 — *adj.* 1 嘔吐(おうと)を起こす(作用のある), 嘔吐を催させる, 催吐性の: an ~ medicine 吐剤. 2 吐気を催すような, 胸の悪くなる (sickening, mawkish). — *n.* 吐剤, 吐薬, 催吐薬, 催吐物.
e·mét·i·cal·ly *adv.*

em·e·tine [émətìːn, -tn̩ | émɪtìːn, -tɪn] 〘⊏F *émétine* ← *émétique* ⊏L *emetica*: ⇨ emetic, -ine[3]〙 — *n.* 〘薬学〙エメチン ($C_{29}H_{40}N_2O_4$)《吐根 (ipecac) の主成分アルカロイドで製する; 吐剤および抗アメーバ赤痢剤》.

e·meu [íːmjuː] *n.* 《古》〘鳥類〙= emu.

é·meute [eɪmə́ːt, iːmjúːt; *F.* emøːt] 〘《1862》⊏F ~ < VL **exmovita* (fem. p.p.) ← **exmovēre* to set in motion ← EX-[1] + *movēre* 'to MOVE'〙 — *F. n.* (*pl.* **~s** [~s; *F.* ~]) (特に人民の)暴動 (riot), 反乱.

emf, EMF, e.m.f., E.M.F. 《略》〘電気〙electromotive force.
EMF 《略》European Monetary Fund 欧州通貨基金.

-e·mi·a [íːmiə | -mjə, -mɪə] 〘← NL ~ ← Gk *-aimia* ← *haîma* blood: ⇨ hemo-〙「血液の状態」の意の名詞連結形: bacter*emia*, hyper*emia*.

e·mic [íːmɪk] 〘《1954》← (PHON)EMIC: K.L. Pike の造語〙 — *adj.* 〘言語〙イーミックな《音声の研究のみならず, 人間行動の全般にわたって機能的な面に重点をおく研究についていう; ↔ etic》.

e·mic·tion [ɪmíkʃən, əm- | ɪm-] 〘← LL *ēmict-us* (← *emingere* to make water) + -TION〙 *n.* 〘医学〙放尿(の尿).

em·i·grant [émɪɡrənt, émə- | émɪ-] 〘《1754》⊏L *ēmigrant-em* (pres.p.) ← *ēmigrāre* 'to EMIGRATE'〙 — *n.* 1 移民, 移住者, 出かせぎ人 (cf. immigrant, migrant): Japanese ~s *to* Brazil 日本からのブラジル移民 / ~s *from* Italy イタリアからの移民. 2 《米》(19 世紀の)西部開拓のための移住者. 3 〘生物〙移動植物[動物]. — *adj.* 1 (他国へ)移住する; 移民の, 移民用の: an ~ company 移民会社 / an ~ ship 移民船. 2 〈鳥が〉移住性の (migratory).

em·i·grate [émɪɡrèɪt, émə- | émɪ-] 〘《1778》← L *ēmigrāt-us* (p.p.) ← *ēmigrāre* to move out: ⇨ ex-[1], migrate〙 — *vi.* 1 〔自国から他国に〕移住する (cf. immigrate) 〔*from, to*〕: ~ *from* Japan *to* Brazil 日本からブラジルへ移民する. 2 《口語》転居する. — *vt.* 移住させる, 移住を助ける.

em·i·gra·tion [èmɪɡréɪʃən, èmə- | èmɪ-] 〘《1649》⊏LL *ēmigrātiō(n-)* ← L *ēmigrātus*: ⇨ ↑, -ation〙 — *n.* 1 (他国への)移住, (国外への)出かせぎ (cf. immigration, migration); 《口語》転居. 2 a 〘集合的〙移民(団): The ~ set out in autumn. 移民団は秋に出立した. b [形容詞的に]: an ~ agent 移民取扱い人[業者] / ~ policy 移民政策. 3 〘生態〙移動, 突発移動《トビイナゴに見られるように, 何年かに一度突然起こり, 移動個体が再び戻らないような大規模な移動》. 4 〘医学〙(細胞などの)遊出. **~·al** [-ʃənl̩, -ʃnəl] *adj.*

èm·i·grá·tion·ist [-ʃ(ə)nɪst, -nəst | -nɪst] 〘⇨ ↑, -ist〙 *n.* (海外)移住奨励者, 移民政策主張者.

em·i·gra·to·ry [émɪɡrətɔ̀ːri, émə-, -tɔ̀ːri | émɪɡrət(ə)rɪ, -ɡrèɪt-] 〘← EMIGRATE + -ORY[1]〙 *adj.* 1 移住の, 移住民の. 2 《まれ》〈動物が〉移住[移動]性の.

é·mi·gré [émɪɡrèɪ, émə-, ニーー | émɪɡrèɪ; *F.* emigʀe] 〘⊏F ~ (p.p.) ← *émigrer* ⊏L *ēmigrāre* 'to EMIGRATE'〙 — *n.* (*pl.* **~s** [~z; *F.* ~]) 1 (政治上の迫害を逃れるための)国外移住者, 亡命者 (cf. emigrant). 2 (1789 年フランス革命の際に国外へ逃れた)亡命フランス人; (1918 年のロシヤ革命後ソ連を逃れた)亡命ロシヤ人.

E·mil [éɪmɪl, íː-, -məl | -mɪl; *G.* éːmiːl, *Dan.* emíːˀl] 〘⊏G ~ ⊏F *Émile* ⊏L *Aemilius* (ローマの家名) ← *aemulus* rivaling ← *aemulārī* to strive to equal: cf. Emillia, emulate〙 — *n.* 男性名.

É·mile[1] [eɪmíːl; *F.* emil] 〘⊏F ~ 'EMIL'〙 *n.* 男性名.
É·mile[2] [eɪmíːl; *F.* emil] *n.* 「エミール」《J. J. Rousseau 作の小説 (1762); Émile という少年と少女 Sophie とについてその理想的教育法を説いたもの》.

E·mil·ia-Ro·ma·gna [eɪmíːljərə(ʊ)mɑ́ːnjə | -rə(ʊ)-; *It.* emíːljaromáɲɲa] *n.* エミリア ロマーニャ(州)《イタリア北部の州; 人口 3,854,000, 面積 22,123 km^2》.

Em·i·lie [éməli | émɪli, émə-] 〘↓〙 *n.* 女性名.
E·mil·li·a [ɪmíliə, -ljə, əm- | ɪmílɪə, -ljə] 〘⊏L *Aemilia* (fem.) ← *Aemilius*: ⇨ Emily, Emil〙 *n.* 女性名《愛称形 Emmy, Emmie》.
Em·i·ly [éməli | émɪlɪ, émə-] 〘ME *Emelye* ⊏OF *Emilie* ⊏L *Aemilia*: ⇨ Emillia〙 *n.* 女性名.

em·i·nence [émənəns | émɪ-] 〘《a1400》⊏OF ~ ⊏L *ēminentia* ← *ēminentem*: ⇨ eminent, -ence〙 — *n.* 1 高い地位[身分], 高位, 高貴: a man *of* social ~ 社会的地位の高い人 / have [occupy] a position *of* great ~ in the political world 政界で非常に高い[枢要の]地位を占める. 2 (学徳などの)傑出, 卓越; 名声, 著名 (fame): attain ~ in literature [journalism] 文学[ジャーナリズム]で名をなす. 3 (ひとかどの)人士, 錚々(そうそう)たる人物; 名士: literary ~s 錚々たる文学者たち. 4 [E-]〘カトリック〙エミネンス, 猊下(げいか)《cardinal の尊称》: Your *Eminence* (=you) / His *Eminence* (=he) / Their *Eminences* (=they). 5 小高い所, 高台, 高地 (elevation): a vernal ~ 緑の丘. 6 〘解剖〙隆起 (protuberance).

é·mi·nence grise [èmɪnɑ́ː(n)s-ɡríːz, -nɔ́ː(n)s-, -nɑ́ːns-, -nɔ́(ː)ns-; *F.* eminɑ̃sɡʀiːz] 〘⊏F *L'Éminence grise*《原義》gray eminence: Cardinal Richelieu の信任厚かった陰の実力者 Père Joseph (1577–1638) のあだ名から〙 — *n.* (*pl.* **é·mi·nences grises** [~]) 陰の実力者, 黒幕: the ~ of journalism [the political world] 新聞界[政界]の黒幕.

ém·i·nen·cy [-si | -sɪ] 〘《1602》⊏L *ēminentia*: ⇨ eminence, -ency〙 *n.* = eminence.

em·i·nent [émənənt | émɪ-] 〘《c1425》⊏OF ~ // L *ēminent-em* (pres.p.) ← *ēminēre* to stand out ← *ē-* 'EX-[1]' + *minēre* to project: cf. L *mōns* mountain〙 — *adj.* 1 地位[身分]の高い; 高名な, 著名な: an ~ statesman 著名な政治家 / a lady ~ *for* her piety 信仰の厚いので有名な婦人 / be ~ *as* a scientist 科学者として著名である. 2 〈性質・行為など〉すぐれた, 卓越した; 目立った, 顕著な: ~ virtues 高徳 / a man of ~ impartiality 極めて公平無私な人 / His success was ~. 彼の成功は顕著なものだった. 3 a 突出した, 抜き出た: a very ~ nose とても高い鼻. b 《詩・古》そびえ立つ.

éminent domáin *n.* 〘法律〙公用徴収権, 土地収用権 (cf. expropriation).

ém·i·nent·ly 〘《1610》〙 *adv.* 抜きんでて, 著しく, 大いに (notably, very): be ~ successful 目ざましい成功を収める.

e·mir [ɪmíə, əm-, eɪm- | emíə(r, ɪm-, émɪə(r] 〘《1625》⊏Arab. *amīr* commander ← *amara* to command: ⇨ admiral, amir〙 — *n.* 1 指揮者, 指揮官; アッバース朝中期以降の地方政権の君主の称号, 小王朝の王子や高官の称号. 2 首長《クウェート・バーレーン・カタールおよびアラブ首長国連邦構成諸国の君主》. 3 《古》モハメッドの子孫の尊称.

e·mir·ate [ɪmí(ə)rət, əm-, eɪm-, -rɪt, -reɪt | emíər-, ɪm-] 〘⇨ ↑, -ate[1]〙 *n.* emir の管轄区域; 首長国.

em·is·sar·y [éməsèri | émɪs(ə)ri] 〘《1625》⊏L *ēmissārius* one sent out ← *ēmissus* (p.p.) ← *ēmittere* to send out: ⇨ emit, -ary〙 — *n.* 1 使者 (messenger), (特に)密使: an ~ of the Devil 悪魔の密使. 2 密偵, 間諜(かんちょう), 特務機関員 (secret agent, spy). — *adj.* 1 《廃》使者として派遣された; 使者の, 密使の. 2 〘解剖〙〈静脈が〉導出性の, 輸出の: ~ veins 導出静脈.

e·mis·sion [iːmíʃən, ɪm-, əm- | ɪm-, iːm-] 〘《1607》⊏L *ēmissiō(n-)* ← *ēmissus* (↑)〙 — *n.* 1 〔光・熱・香り・ガスなどの〕発出, 放射, 放出〔*of*〕: the ~ *of* heat *from* a fire 炉からの熱の放射. 2 放射物, 放出物, 発出物. 3 《古》〔紙幣・株券などの〕発行, 発行高〔*of*〕: the ~ *of* paper currency 紙幣の発行. 4 (ラジオ電波の)送達, 送波; 〘電子工学〙放出《真空管の熱した陰極から電子が放射されること, またその電子流》; 〘通信〙アンテナまたは天体から放射される電磁波. 5 〘生理〙放射; 流出, 排泄; (特に)射精(液). 6 《廃》(本などの)出版.

emíssion cùrrent *n.* 放出電流《熱電子などの放出によって流れる電流》.
emíssion spèctrum *n.* 〘物理〙発光スペクトル (cf. absorption spectrum).
emíssion thèory *n.* [the ~] 〘光学〙(光の)放射説 (⇨ corpuscular theory).

e·mis·sive [iːmísɪv, ɪm-, əm- | ɪm-, iːm-] 〘← L *ēmissus* + -IVE: ⇨ emissary〙 *adj.* 1 発出[放出]的な, 放出[放射]性の. 2 放射[発出]された.

emíssive pówer *n.* 〘物理〙放射度《ある物体の単位表面積から単位時間あたり放射される放射エネルギー》.

e·mis·siv·i·ty [èməsívəṭi, ìːm-, -mɪs- | èmɪsívətɪ, ìːm-, -vɪ-] 〘← EMISSIVE + -ITY〙 *n.* 〘物理化学〙放射率, 輻射(ふくしゃ)能.

e·mit [iːmít, ɪm-, əm- | ɪmít, iːm-] 〘《1626》⊏L *ēmittere* to send out ← *ē-* 'EX-[1]' + *mittere* to send〙 — *vt.* (**e·mit·ted**; **e·mit·ting**) 1 〈液・光・熱・香り・声などを〉発する, 出す (give out): ~ exhaust fumes 排気ガスを出す / He ~*ted* a laugh. 笑い声を出した. 2 〈法令などを〉発布する; 〈紙幣・手形などを〉発行する (issue). 3 〈信号を〉(ラジオ電波などで)送る; 〘電子工学〙〈電子を〉放出する. 4 〈意見などを〉述べる, 発言する: ~ complaints 不平を述べる.

Em·i·tron [émətrɑ̀n | émɪtrɔ̀n] 〘← EMI + -TRON〙 *n.* 〘商標〙エミトロン《英国の EMI 社で作ったアイコノスコープに似た撮像管》.

e·mit·tance [iːmítns, ɪm-, əm- | ɪm-, iːm-] *n.* 〘物理化学〙= emissivity.

e·mít·ter [-ṭə | -tə(r] 〘⇨ emit, -er[1]〙 *n.* 1 放出するもの《特に, 粒子を放出する物質》. 2 〘電子工学〙エミッター《トランジスターの電極の一つ》.

emítter fòllower *n.* 〘電子工学〙エミッターフォロアー《トランジスター電力増幅回路の一種; cf. cathode follower》.

E.M.L. 《略》Everyman's Library.

Em·lyn [émlɪn, -lən | -lɪn] 〘1: ← ? OHG《原義》serpent of work. 2: ⊏Welsh ← ⊏? L *Aemiliānus*: ⇨ Amelia〙 — *n.* 1 女性名. 2 男性名. ★ ウェールズで一般的な名.

Em·ma[1] [émə] 〘⊏OHG ~, *Imma* ← *ermin, irmin*《原義》whole〙 *n.* 女性名《愛称形 Em, Emmy》.
Em·ma[2] [émə] 〘M の通信用呼び名から〙 *n.* 〘通信〙m 字を表わす電信略号.

Emma, Queen *n.* (982–1052) Normandy 公 Richard の娘で Ethelred the Unready の妻で Edward the Confessor の母; 夫の死後 Canute と結婚.

Em·man·u·el [ɪmǽnjuəl, əm-, em- | ɪmǽnjuəl, em-, -juèl; *F.* emanɥɛl, ɛm-] 〘⊏Gk *Emmanouḗl* ⊏Heb. *'Immānū'ēl*《原義》God with us: cf. *Is.* 7:14〙 — *n.* 1 男性名《愛称形 Manny; 異形 Emanuel, Immanuel》. ★ ユダヤ人に多い. 2 〘聖書〙= Immanuel 2.

em·mar·ble [emɑ́əbl̩, ɪm-, əm- | emɑ́ː-, ɪm-] 〘← *em-* 'EN-[1]' + MARBLE〙 *vt.* 大理石に変える; 大理石の彫像にする; 大理石で飾る.

Em·me·line [éməlìːn, -làɪn | émɪlìːn] 〘ME *Emlin(e)* ⊏OF *Ameline, Emeline* ← *Amal-* (cf. Amelia) + -INE[4]: cf. Emily, Emma[1]〙 *n.* 女性名《異形 Emelina, Emeline, Emmaline》.

em·men·a·gog·ic [ɪmènəɡɑ́dʒɪk, əm-, em-, -mìːn-, -ɡɑ́ɡ- | ɪmènəɡɔ́dʒ-, em-, -mìːn-, -ɡɔ́ɡ-] *adj.* 〘薬学〙通経作用のある.

em·men·a·gogue [ɪménəɡɑ̀ɡ, əm-, em-, -míːn-, -ɡɔ̀(ː)ɡ | ɪménəɡɔ̀ɡ, em-, -míːn-] 〘← Gk *émmēna* menses ((neut.pl.) ← *émmēnos* monthly ← *em-* 'EN-[2]' + *mḗn* month) + -AGOGUE〙 〘薬学〙 — *n.* 月経促進薬, 通経剤. — *adj.* = emmenagogic.

em·men·i·a [ɪméniə, əm-, em-, -míːn- | ɪménɪə, em-, -míːn-] 〘⊏Gk *emmḗnia* (neut.pl.) ← *emmḗnios* monthly (↑)〙 *n.* 〘生理〙月経 (menstruation).

Em·men·ta·ler [éməntɑ̀ːlə | -lə(r; *G.* ɛ́məntàːlɐ] 〘《略》← G *Emmentaler Käse* Emmental cheese: Emmental はスイスの地名〙 — *n.* (*also* **Em·men·tha·ler** [~], **Em·men·tal**, **Em·men·thal** [-tɑ̀ːl; *G.* -tàːl]) = Swiss cheese.

em·mer [émə | émə(r] 〘⊏G *Emmer* < OHG *amari* spelt: cf. amylum〙 — *n.* 〘植物〙エンマーコムギ (*Triticum dicoccum*)《コムギの一種で, ヨーロッパ・アジア・米国西部で家畜飼料用に栽培される; cf. spelt[2]》.

Em·mer·y [éməri | -rɪ] 〘⇨ Emery〙 *n.* 女性名.

em·met [émɪt, émət] 〘ME *emete* < OE *ǣmete*: ANT と二重語〙 *n.* 《古・方言》蟻.

Em·met [émɪt, émət], **Robert** *n.* (1778–1803) アイルランドの愛国者; フランスの援助を頼りにアイルランド独立の暴動を起こしたが, イギリス軍に捕えられて絞首刑に処せられた.

em·me·tro·pi·a [èmətróupiə | èmɪtrə́upjə, -pɪə] 〘←

NL ～ ← Gk *émmetros* in measure, proportioned ＋ -OPIA: cf. meter[2]〗 *n.* 〘眼科〙正常視 (normal vision).

em·me·trop·ic [èmətrápɪk | èmɪtrɔ́p-] *adj.*

Em·mett [émɪt, émət] 〘⊏ OHG *Amalhardt*《原義》industrious strong〙 *n.* 男性名《異形 Emmet》.

Em·my[1] [émi | émi] 〘《変形》← *Immy*: im(age orthicon camera) の俗称; 1948 年米国のテレビ技師 H. R. Lubcke が Oscar 賞に対して命名したもの〙 — *n.* エミー賞《米国で毎年テレビ各部門のすぐれた業績に対し Academy of Television Arts and Sciences (テレビ芸術科学アカデミー)から授与される小像》. 「性名.

Em·my[2] [émi|émɪ] 〘《dim.》← EMILY, EMILIA〙 *n.* 女

em·o·din [émədɪn, -dən | -dɪn] 〘← NL (*Rheum*) *ēmōdī* Turkey rhubarb,《原義》rhubarb of the Himalaya ＋ -IN[1]〙 — *n.* 〘化学〙エモディン ($C_{14}H_4O_2(OH)_3CH_3$)《ダイオウ (rhubarb) などから採れる黄色の結晶状の植物色素の一種で, 緩下剤として使用》.

e·mol·lient [ɪmáljənt, əm-, -liənt | ɪmɔ́liənt, em-, -ljənt] 〘《1643》⊏ L *ēmollient-em* (pres.p.) ← *ēmollīre* to soften ← *ē-* 'EX-[1]' ＋ *mollis* soft (cf. mollify)〙 — *adj.* **1** 〈医薬品など〉(組織・皮膚などを)柔らかにする, 柔軟化性の. **2** 和らげる, なだめる: ～ words. — *n.* [主に *pl.*] 〘薬学〙(皮膚の)軟化薬, 緩和剤.

e·mol·u·ment [ɪmáljumənt, əm- | ɪmɔ́lju-, em-] 〘《1435》⊏ L *ēmolument-um*《原義》miller's fee for grinding grain ← *ēmolere* to grind out, work out ← *ē-* 'EX-[1]' ＋ *molere* to grind〙 — *n.* (地位・官職などから生じる)収得, 利得, 報酬, 手当, 俸給.

Em·o·ry [éməri | -rɪ] 〘《変形》← EMERY〙 *n.* **1** 男性名. **2** 女性名.

Ém·o·ry òak [éməri- | -rɪ-] 〘*Emory*: ← W. H. Emory (1811–87: 米国の技師)〙 *n.* 〘植物〙米国南西部産のブナ科の常緑低木 (*Quercus emoryi*).

e·mote [ɪmóut, əm- | ɪmə́ut] 〘《逆成》← EMOTION: *devote*—*devotion* などとの類推〙 *vi.* **1** 大げさに振舞う[演技する]. **2** 感情を示す.

e·mo·tion [ɪmóuʃən, əm- | ɪmə́u-] 〘《1579》⊏ F *émotion* ← *émouvoir* to excite, move < OF *esmovoir* < VL **exmovēre*＝L *ēmovēre* to stir, shake ← *ē-* 'EX-[1]' ＋ *movēre* 'to MOVE'〙 — *n.* **1** 感激, 感動: *with* ～ 感動して. **2** [しばしば *pl.*] (喜怒哀楽の)感情 (feeling); 情緒: a man of strong ～*s* 感情の激しい人 / betray [display] one's ～ 感情を顔に表わす / feel ～ at ...を見て感動する / suppress one's ～*s* 感情を抑える / His voice was hoarse with ～. 彼の声は怒りでかすれていた. **3** (理性や意志に対して)感情 (feeling): appeal to the ～*s* 感情に訴える.

e·mó·tion·al [-ʃənḷ, -ʃnəl] 〘《1847》: ⇨ ↑, -al[1]〙 — *adj.* **1** 情緒的な; 感情の: an ～ appeal 感情への訴え / an ～ weakness 感情的な弱点. **2** 感情的な, 情にもろい, 感動しやすい, 涙もろい: an ～ nature [woman] 情にもろい性質[婦人]. **3** 感情的な, 感情に訴える: ～ poetry [music] 主情的な詩[音楽] / an ～ actor 感情表現の巧みな俳優. **～·ly** *adv.*

e·mó·tion·al·ìsm [-ʃ(ə)nəlɪzm] *n.* **1** 感激性, 情緒性. **2 a** 感情に訴えること; 物を感情的に見ること; 情緒本位. **b** 〘芸術〙主情主義. **3** 感情表出; 感情表白癖.

e·mó·tion·al·ist [-ʃ(ə)nəlɪst, -ləst | -lɪst] 〘⇨ emotional, -ist〙 — *n.* **1** 感情に走りやすい人, 感情家. **2 a** 感情にもろい人, 感激性の人. **b** 〘芸術〙主情論者. **emò·tion·al·ís·tic** [-ʃ(ə)nəlístɪk] *adj.*

e·mo·tion·al·i·ty [ɪmòuʃənǽləṭi, əm- | ɪmə̀uʃənǽlətɪ, -lɪ-] 〘⇨ emotional, -ity〙 *n.* 情緒性; 感激性, 感動性.

e·mo·tion·al·ize [ɪmóuʃ(ə)nəlàɪz, əm- | ɪmə́u-] 〘⇨ emotional, -ize〙 *vt.* 感情[情緒]的にする; 情緒的に扱う: ～ religion 宗教を情緒的に扱う.

emótion·less *adj.* 情緒の欠けた; 無感動の, 感激のない: an ～ voice 無感動の声. **～·ness** *n.*

e·mo·tive [ɪmóuṭɪv, əm- | ɪmə́ut-] 〘《1735》← EMOT(ION) ＋ -IVE〙 — *adj.* **1** 感情の; 主情的な, 情緒的な, 感情表白の: the ～ aspect of poetry 詩の感情的な面. **2** 感動させる, 感動的な. **～·ly** *adv.*

emótive méaning *n.* 〘言語〙喚情的意味《言語記号が人の心に喚起し得る, 快・不快などの, 主に連想に起因する意味; cf. referential meaning》.

e·mo·tiv·i·ty [ì:moutívəṭi, ɪmòu-, əm- | ì:məutívətɪ, -vɪ-] *n.* 主情的性質, 感動性.

Emp. 《略》Emperor; Empire; Empress.

e.m.p. 《略》〘処方〙*L.* ex mōdō prescriptō 指示の通りに (after the manner prescribed).

em·pai·stic [empéɪstɪk] 〘← Gk *empaistikḗ* (*tékhnē*) the beater's (art)〙 *adj.* 〈飾りなど〉彫りのある, 象嵌(ぞう)模様の.

em·pale [ɪmpéɪl, əm-, em- | ɪm-, em-] *vt.* ＝impale.

em·pa·na·da [èmpənáːdə] 〘⊏ Am.-Sp. ～＝Sp. ～ (fem.) ← *empanado* breaded in (p.p.) ← *empanar* to put a crust of dough around ← *em-* 'EN-[1]' ＋ *pan* bread〙 — *n.* エンパナーダ《スペイン・中南米などのパイ料理; 具には肉・魚・野菜など種々用いる》.

em·pan·el [ɪmpǽnḷ, əm-, em- | ɪm-, em-] *vt.* (～ed, -elled; ～·ing, -el·ling) ＝impanel.

em·paque·tage [ɑ̃ː(m)pɑːktáːʒ, ɔ̀ː(m)-, àːm-, ɔ̀ː(ː)m-; *F.* ɑ̃paktaːʒ] 〘⊏ F ～ 'packaging, package'〙 — *F. n.* 〘美術〙包装作品《キャンバスなどで包装する概念芸術 (conceptual art) の一手法》.

em·par·a·dise [ɪmpǽrədàɪs, əm-, em-, -pér- | ɪmpǽr-, em-] *vt.* ＝imparadise. 「＝imparl.

em·parl [ɪmpáːəɫ, əm-, em- | ɪmpáːl, em-] *vi.* 〘法律〙

em·pa·thet·ic [èmpəθéṭɪk | -tɪk] *adj.* ＝empathic. **èm·pa·thét·i·cal·ly** *adv.*

em·path·ic [empǽθɪk, ɪm-] *adj.* 感情移入の; (...に)感情を移入して (*to, with*). **em·páth·i·cal·ly** *adv.*

em·pa·thize [émpəθàɪz] 〘⇨ ↓, -ize〙 — *vi.* 〘心理〙(...に)感情移入を行なう, 心から共感する (*with*): ～ *with* the speaker 話し手に心から共感する. — *vt.* 感情移入[共感]をもって扱う.

em·pa·thy [émpəθi | -θɪ] 〘《1904》← *em-* 'EN-[2]' ＋ -PATHY: G *Einfühlung* (《原義》a feeling in) の訳語として Gk *empátheia* passion にならった造語〙 — *n.* 〘心理〙感情移入, 共感《他人あるいは他の対象のなかに自分の感情を移し入れること》. 「impearl.

em·pearl [ɪmpɔ́ːəɫ, əm-, em- | ɪmpɔ́ːl, em-] *vt.* ＝

Em·ped·o·cles [empédəkli:z | -də(ʊ)-] *n.* エンペドクレス《493 (または 490)–433 (または 430) B.C.; ギリシャの哲学者・政治家; Etna 山の噴火口に身を投じて死んだという伝説がある》.

em·pen·nage [àːmpənáːʒ, èm- | àːmpənáːʒ; *F.* ɑ̃pɛnnaːʒ] 〘⊏ F ～ ← *empenner* to put feathers on an arrow ← *em-* 'EN-[1]' ＋ *penne* (< L *pennam* feather): ⇨ pen[1], -age〙 — *n.* (*pl.* **em·pen·nag·es** [～ɪz, ～əz; *F.* ～]) 〘航空〙(飛行機・グライダー・飛行船の)尾部《通例水平安定板・昇降舵(だ)・垂直安定板・方向舵を含む》.

em·per·or [émp(ə)rə | -rə(r)] 〘《?a1200》*emperour(e)* ⊏ OF *empereor* (F *empereur*) < L *imperātōrem* ← *imperātus* (p.p.) ← *imperāre* to hold supreme command ← *im-* 'IN-[1]' ＋ *parāre* 'to PREPARE, order': cf. imperial〙 — *n.* **1** 皇帝, 帝王, 天皇: the Roman *Emperor* 神聖ローマ皇帝 / His Majesty the *Emperor* 皇帝[天皇]陛下. **2** 《英》エンペラー《手すき紙では最大の 48×72 インチの紙で, 筆記および図画用紙用》. **3** [the E-]「皇帝」《Beethoven 作曲のピアノ協奏曲第 5 番変ホ長調 op. 73 (1809) の通称》.

émperor bútterfly *n.* 〘昆虫〙コムラサキ《タテハチョウ科コムラサキ亜科の数種のチョウの総称; コムラサキ (lesser purple emperor), オオムラサキ (*Sasakia charonda*) など》.

émperor móth *n.* 〘昆虫〙ヤママユガ科の各種のガ; (特に)クジャクサン (*Saturnia pavonia*)《ヨーロッパ産の大型ヤママユガ》.

émperor pénguin *n.* 〘鳥類〙エンペラー[コウテイ]ペンギン (*Aptenodytes forsteri*)《南極海に生息する最大種のペンギン》.

émperor·shìp *n.* 帝位, 帝威, 皇帝の統治権.

émperor wòrship *n.* (古代ローマで皇帝を神格化した)皇帝崇拝.

em·per·y [émp(ə)ri | -rɪ] 〘ME *emperie* ⊏ OF: ⇨ empire〙 *n.* **1** 《詩》絶対支配権. **2** 《古》皇帝の領土.

Em·pe·tra·ce·ae [èmpətréɪsiì: | -pɪ-] 〘← NL ～ ← *Empetrum* (属名: ← Gk *empétron* (neut.) ← *empétros* growing on rock) ＋ -ACEAE〙 — *n. pl.* 〘植物〙ガンコウラン科.

em·pha·sis [émfəsɪs, -səs | -sɪs] 〘《1573》⊏ L ～ ⊏ Gk *émphasis* implied meaning ← *emphainein* to show (in), indicate ← *em-* 'EN-[2]' ＋ *phainein* to make to appear: ⇨ phantasm〙 — *n.* (*pl.* **em·pha·ses** [-sì:z]) **1 a** 強調(すること), 重要視, 重点(を置くこと): lay [place, put] great ～ *on* [*upon*] ...に非常に力を入れる, ...を大いに強調する / dwell on a subject *with* ～ ある問題について諄々(じゅんじゅん)と力説する / I wish to say this *with* all the ～ at command. この事をあくまでも強調して申し上げたい. **b** 強調点: The ～ of his sermon was love. 彼の説教の強調するところは愛だった. **2** 〘修辞〙強勢法; (語順の移動・反復などによる)語の強勢, 文勢. **3** 〘音楽〙強勢, (音型の反復による)強調. **4** 〘美術〙(輪郭や色彩の)強調. **5** 〘通信〙エンファシス《通信系の特性改善のためある周波数を強調して送る方式; cf. preemphasis, de-emphasis》.

em·pha·sise [émfəsàɪz] *vt.* 《英》＝emphasize.

em·pha·size [émfəsàɪz] 〘《1828》← EMPHAS(IS) ＋ -IZE〙 — *vt.* **1** 〈事実などを〉力説する, 強調する: I need hardly ～ the point. その点を強調する要はほとんどない. **2** 強い声で言う, 〈語句を〉強めて言う; (語順の移動・反復などによって)...の文意を強める: ～ words, a passage, etc. **3** (描写の明確・色彩の鮮明・配置の対照などによって)強調する, ...の調子を高める. **4** 〘音楽〙(音の強弱・拍子の変化などによって)強調する.

em·phat·ic [ɪmfǽṭɪk, əm-, em- | ɪmfǽt-, em-] 〘《1708》⊏ Gk *emphatik-ós*《変形》← *emphantikós* expressive ← *emphainein*: ⇨ emphasis, -ic[1]〙 — *adj.* **1** 〈言語・身振りなど〉力を入れた, 語気の強い, 〈表現が〉力のある (impressive): an ～ utterance 強い発言 / an ～ denial 断固とした拒否 / an ～ opinion [tone, gesture] 強い意見[語調, 身振り]. **2** 〈単語・音節が〉強調された, 強勢をもった (accented): ～ words 強調された語 / ～ syllables 強勢のある音節. **3** 〈人が〉力をこめて述べる, (...を)強調する (*about*): He was ～ in his assertion. 彼は断固として主張した / He was quite ～ *about* the point. その点を相当強調した / He was ～ *that* I must see her at once. すぐ彼女に会わなければならないと強調した. **4** 〈行動など〉著しく目立つ, 際立った: an ～ success 大成功. **5** 輪郭のはっきりしている, くっきりとした: the ～ shadows of fir trees もみの木のくっきりした影. **6** 〘文法〙強調用法の《特に, 助動詞 do; 例: I *do* think so.》. **7** 〘音声〙〈セム語の子音が〉強勢音の《歯音の一部の歯茎音化などにいう》. — *n.* **1** 〘音声〙強勢音(の子音). **2** 〘文法〙強意特徴.

em·phát·i·cal [-ṭɪkəɫ, -ṭə- | -tɪ-] 〘(a1555): ⇨ ↑, -al[1]〙 *adj.* 《古》＝emphatic.

em·phát·i·cal·ly 〘《1584》〙 *adv.* 語勢を強めて, 強調して; 力を入れて, 力強く; 断固として.

emphátic státe *n.* 〘文法〙強意状態[語形]《名詞屈折形の一つで, その名詞が定 (definite) であることを表わす; シリア語・アラム語にみられる; cf. construct state》.

emphátic stréss *n.* 〘音声〙強調強勢《強めて発音した wonderful の第 1 音節などにおいて母音 [ʌ] が特に強く長くなった時などの強勢》.

em·phy·se·ma [èmfəzíːmə, -síː- | -fɪ-] 〘← NL ～ ← Gk *emphúsēma* inflation ← *emphusān* to inflate ← *em-* 'EN-[2]' ＋ *phusān* to blow〙 — *n.* 〘病理・獣医〙気腫(しゅ), 息痨(そう): pulmonary ～ 肺気腫. **em·phy·sem·a·tous** [èmfəzéməṭəs, -sém-, -zíːm-, -síːm- | -fɪzémət-, -sém-, -zíːm-, -síːm-] *adj.*

ém pìca *n.* 〘印刷〙エムパイカ, 12 ポイント全角《行の長さの測定単位; 12 アメリカンポイントまたは 1/6 インチ相当の全角》.

em·pid [émpɪd, -pəd | -pɪd] 〘← NL *Empidae* ← *Empis* (↓) ＋ -IDAE〙 〘昆虫〙 *adj.* オドリバエ(科)の. — *n.* オドリバエ《オドリバエ科のハエの総称》.

Em·pid·i·dae [empídədìː | -dɪ-] 〘← NL ～ ← *Empid-, Empis* (属名: ← Gk *empid-, empís* mosquito, gnat) ＋ -IDAE〙 *n. pl.* 〘昆虫〙(双翅目)オドリバエ科.

em·pire [émpaɪə | -paɪə(r)] 〘《1340》⊏ (O)F ～,《廃》*emperie* < L *imperium* (military) command, dominion ← *imperāre* to rule: ⇨ emperor〙 — *n.* **1** 帝国《多数の民族を含み王国より範囲広く帝王 (emperor) の統治する国; cf. kingdom》: the Roman *Empire* ローマ帝国 / ⇨ British Empire. **2** [the E-] **a** 大英帝国 (the British Empire); 神聖ローマ帝国 (the Holy Roman Empire). **b** [《米》ではまた ɑ́ː(m)pɪə, ɔ́ː(m)-, ɑ́ːm-, ɔ́(ː)m-; *F.* ɑ̃piːr] フランス第一帝政 (the first French Empire) (1804–15); フランス第二帝政 (the second French Empire) (1851–70). **3** 帝王の統治(権); 帝政. **4** 《古》絶対支配権; 支配力: Silence had reestablished its ～. 静けさが再びあたりを領していた. **5** (海外の)広大な版図[植民地]. **6** (同族・同志などの支配する)大企業: a steel ～. **7** 領域, 世界: the ～ of death 死の世界.
— *adj.* [E-] **1** [《米》ではまた ɑ́ː(m)pɪə, ɑ́ːm-, ɔ́(ː)m-; *F.* ɑ̃piːr] フランス第一[第二]帝政の. **2** 帝国時代風の《特に, Napoleon 一世時代の服装・家具の型にいう》: ～ furniture, clothing, etc. **3** 《英》英連邦産の: ～ wine, sherry, beer, etc.

émpire bùilder *n.* **1** (領土拡大を目ざす)帝国主義者. **2** 自己の勢力の拡大に努める人.

Émpire Cíty *n.* [the ～] 米国 New York 市の俗称.

Émpire Dày *n.* 全英祝日《5 月 24 日, Victoria 女王の誕生記念日; 1958 年に Commonwealth Day と改称》.

Émpire of the Éast [**Wést**] *n.* [the ～] 東[西]ローマ帝国 (the Eastern [Western] Empire).

Émpire Stàte *n.* [the ～] 米国 New York 州の俗称.

Émpire Stàte Bùilding *n.* [the ～] エンパイアステートビルディング《New York 市にある摩天楼; Shreve, Lamb & Harmon 事務所設計; 102 階 381 m, その上にさらにテレビ塔 (67.7 m) がある; World Trade Center ができるまでは世界最高 (1931–72)》.

Émpire Stàte of the Sóuth *n.* [the ～] 米国 Georgia 州の俗称.

em·pir·ic [ɪmpírɪk, əm-, em- | em-, ɪm-] 〘《1541》⊏ L *empiric-us* (n.) ⊏ Gk *empeirikós* member of the sect of ancient physicians who relied only upon experience,《原義》experienced ← *émpeiros* experienced ← *em-* 'EN-[2]' ＋ *peîra* trial: ⇨ pirate〙 — *n.* **1** 《古》(実験と観察だけにたより学問的理論を軽視する)経験主義者. **2 a** (経験のみで学理を無視した)古代経験医学派(の一人). **b** 《古》やぶ医者, いかさま師, 山師 (quack). — *adj.* ＝empirical.

em·pír·i·cal [ɪmpírɪkəɫ, əm-, em-, -rə- | empírɪ-] 〘《1569》: ⇨ ↑, -al[1]〙 — *adj.* **1** 〘哲学〙経験的な, 経験上の (cf. metempirical): an ～ concept 経験的概念 / an ～ test 経験によるテスト / ～ criticism 経験批判論 / ～ psychology 経験心理学 / ～ philosophy 経験哲学 / ～ sciences 経験科学. **2** 《古》〈医者・治療法など〉(学理を無視して経験だけによる)経験主義の; やぶ医者的な (quack). **3** 実験[観察]で真偽を立証できる: ～ laws 経験的法則.

empírical fórmula *n.* 〘化学〙実験式, 経験式《分子量によらずに元素分析の結果得られる最も簡単な原子数の比を示す化学式; cf. molecular formula, structural formula》. 「て: judge ～.

em·pír·i·cal·ly *adv.* 経験的に; 経験的事実に基づい

em·pír·i·cism [-rəsìzm | -rɪ-] *n.* **1** 〘哲学〙(経験を認識の根拠とする)経験論[主義]《特に Locke から Hume に至る英国哲学の傾向; cf. intellectualism, rationalism 1, sensationalism 3》. **2** (自然科学などの)経験主義. **3** 経験主義的に得られた結論[教義]. **4** (昔の)経験医学派, 経験主義的療法; (非科学的な)やぶ医者療法.

em·pír·i·cist [-sɪst, -səst | -sɪst] 〘← EMPIRIC ＋ -IST〙

n. 1 経験主義者. 2 (哲学上の)経験論者. — *adj.* 経験主義の.

em·pir·i·co- [ɪmpírɪko(ʊ), əm-, em-, -rə- | ɪmpírɪkə(ʊ), em-] =empirio-: *empirico*-skeptical.

Em·pi·rin [émp(ə)rɪn, -rən] *n.* 〖商標〗エンピリン《アスピリンの商品名》.

em·pir·i·o- [ɪmpírɪo(ʊ), əm-, em- | ɪmpírɪə(ʊ)] 〖□ G ~ ← Gk *empeiría* experience: ⇨ empiric〗「経験主義(的); 実験(的)」の意の連結形: *empirio*criticism.

empìrio·críticism 〖《部分訳》← G *Empiriokritizismus* ← EMPIRIO- + *kritizismus* 'CRITICISM'〗 —*n.* 〖哲学〗経験批判論《ドイツの R. Avenarius (1843–96) らが唱えた, 形而上学的超越存在を排除する純粋経験の学説》. **empìrio·crítical** *adj.*

empìrio·lógical 〖□ F *empiriologique*: ⇨ empirio-, -logy, -ical〗 *adj.* 〖哲学〗論理経験主義の (cf. ontological). 「cism 1.

em·pi·rism [émpərɪzm | -pɪ-] *n.* 〖哲学〗=empiri-

em·place [ɪmpléɪs, əm-, em- | ɪm-, em-] 〖《逆成》← EMPLACEMENT〗 —*vt.* (射撃のできる態勢の陣地に)〈銃砲を〉布置する, 据え(付け)る. — *vi.* 〖地質〗〈岩漿・火成岩が〉迸入(ほうにゅう)する.

em·pláce·ment 〖《1802》□ F ~ ← 《廃》 *emplacer* to place in (a position): ⇨ en-[1], place[1], -ment〗 —*n.* 1 (銃砲の)掩体, 銃座, 砲座, 砲床. 2 (銃砲の)布置, 砲列布置, 据え付け; (建物の)位置 (location). 3 〖地質〗(岩漿・火成岩の)迸入(ほうにゅう).

em·plane [ɪmpléɪn, əm-, em- | ɪm-, em-] 〖← *em*- 'EN-[1]' + (AERO)PLANE: cf. entrain[1]〗 *v.* =enplane.

em·plant [ɪmplǽnt, əm-, em- | ɪmplɑ́ːnt, em-] *vt.* =implant.

em·ploy [ɪmplɔ́ɪ, əm-, em- | ɪm-, em-] 〖v.: 《?*a*1425》□ OF *emploi-ier* < L *implicāre* to enfold. — n.: 《1666》□ F *emploi* ← *employer*: IMPLY と二重語〗 — *vt.* 1 a 〈人を〉使用する, 雇っている: He is ~*ed in* a bank [*as* manager]. 銀行に[支配人として]勤めている. b 雇い入れる: ~ a new typist タイピストを一人新規採用する. 2 a 〔…に〕(忙しく)従事させる 〔*about, in, on*〕: He was busily ~*ed in* writing letters. せっせと手紙を書いていた / The writer is being ~*ed on* his fourth novel. その作家は4作目の小説に取りかかっている. b [~ *oneself* で]〔…に〕従事する〔*in*〕: How do you ~ *yourself* of an evening? 夕方には何をしますか. 3 〈時・精力などを〉費やす; 〈才能などを〉〔ある目的に〕傾ける〔*to*〕: Your time might be better ~*ed* (*in*) learning English. 英語を勉強した方が一層時間の利用になろう / ~ one's studies *to* the laws 法律の勉強に専心する. 4 〈道具・手段を〉用いる, 使用する: ~ a master key to open a door ドアを開けるのにマスターキーを用いる / The king should ~ his prerogative only *for* the people's good. 王は人民の幸福になる場合に限って特権を行使すべきである.
— *n.* 1 雇用, 勤め, 奉公 (employment, service). ★ 主として *in* a person's ~, *in* the ~ *of* の句で用いる: Mr. Jones is no longer *in* our ~. ジョーンズさんはもう私たちの所に勤めていない / He might be an agent *in* the ~ *of* some foreign country. どこかの国の密偵なのかもしれない. 2 《古》職, 職業 (occupation).

em·ploy·a·ble [ɪmplɔ́ɪəbl̩, əm-, em- | ɪm-, em-] *adj.* 使用できる, 使用価値のある; (特に)雇用できる. —*n.* 雇用できる人. **em·plòy·a·bíl·i·ty** [-plɔ̀ɪəbíləṭi | -lətɪ, -lɪ-] *n.*

em·ploy·é [ɪmplɔ́ɪeɪ, əm-, em-, ―⌣― | ɔ(ː)mplɔ́ɪeɪ, ɔ̃ː(m)-; *F.* ɑ̃plwaje] *n.* =employee. ★ 女性をさすときは employée [~] を用いることが多い.

em·plóyed *adj.* 1 雇われている; 就職している. 2 [the ~; 名詞的に; 集合的] 使用人, 雇人; 給料生活者.

em·ploy·ee [ɪmplɔ̀ɪíː, əm-, em-, ―⌣― | èmplɔɪíː, emplɔ́ɪiː, ɪm-, ɪmplɔ̀ɪíː] 〖《1834》□ F *employé(e)* (p.p.) ← *employer* 'to EMPLOY': ⇨ -ee[1]〗 — *n.* (*also* **em·ploy·e** [~]) 使用人, 雇人, 従業員.

em·plóy·er 〖《1598》〗 *n.* 1 雇用者, 雇主, 抱え主, 主人: ~*s* and employed 雇主と雇人[従業員]. 2 雇用事業所[企業]. 「責任保険.

emplóyer's liabílity insùrance *n.* 〖保険〗雇主

em·plóy·ment 〖《1437》 *employement*: ⇨ employ, -ment〗 — *n.* 1 〔…を〕使うこと, 使用, 利用〔*of*〕: the ~ *of* machinery / the ~ of one's time 時間の使い方. 2 〔労力・労働者などの〕雇用〔*of*〕; 雇用(量): the ~ *of* labor 労働者の使用 / persons *in* the ~ of the Government 政府の役人 / full ~ 完全雇用 / increase ~ 雇用を増大する. 3 (当てがわれる)職, 仕事, 業務, 職業: get [lose] one's ~ 就職[失業]する / seek (for) ~ 職を求める / take a person *into* ~ 人を雇い入れる / be *out of* ~ 失業している / throw a person *out of* ~ 人を失業させる / The factory gives ~ to 600 hands. その工場は600人の工員を仕事につかせている. 4 《廃》(弁ずべき)用, (使用)目的.

emplóyment àgency *n.* (民間の)職業紹介所.

emplóyment bùreau *n.* 《米》職業安定所.

emplóyment exchànge [**òffice**] *n.* 《英》(英国労働省の)職業安定所.

em·poi·son [ɪmpɔ́ɪzn̩, əm-, em- | ɪm-, em-] 〖ME *empoysone(n)* □ (O)F *empoisonn-er*: ⇨ en-[1], poison〗 — *vt.* 《古・文語》 1 …に毒を入れる; 毒殺する (poison). 2 〈心を〉激昂させる; 〈人の〉に悪感情をいだかせる (embitter): ~ a person's mind *against* a person. 3 毒する, 腐敗させる, 堕落させる. **~·ment** *n.*

em·pói·son·er [-zn̩ə, -znə | -zn̩ə(r, -zn-] *n.* 《古》= poisoner.

em·pol·der [ɪmpóʊldə, əm-, em- | ɪmpɔ́ldə(r, em-] 〖□ Du. *inpolder-en*: ⇨ en-[1], polder〗 *vt.* 〈海面下の土地などを〉埋立て地にする, 埋め立てる.

em·po·ri·um [ɪmpɔ́ːriəm, əm-, em-, -póːr- | empɔ́ːrɪ-] 〖《1586》□ L ~ □ Gk *empórion* market ← *émporos* trader ← *em*- 'EN-[2]' + *póros* journey〗 — *n.* (*pl.* **~s, -ri·a** [-riə | -rɪə]) 1 市場 (mart); 商業の中心地: an ~ of commerce 商業の中心地. 2 大雑貨店, (デパート式)大商店 / a mammoth ~ 大商店, 大百貨店.

em·pov·er·ish [ɪmpɑ́vərɪʃ, əm-, em- | ɪmpɔ́v-, em-] *vt.* 《廃》=impoverish.

em·pow·er [ɪmpáʊə, əm-, em- | ɪmpáʊə(r, em-] 〖← *em*- 'EN-[1]' + POWER〗 — *vt.* [通例, 目的語+*to* do を伴って] 1 (法律上)…に〈…する〉権能[権限]を付与する, 権力を委ねる, 権利を委任する (authorize): He ~*ed* me *to* do it on his behalf. 彼は私にそれを代行する権利を与えた. 2 …に〈…する〉能力を与える, 〈…することを〉可能にさせる (enable): …に〈…することを〉許す (permit): We are not ~*ed to* do miracles. 奇跡を行なう力は授かっていない. **~·ment** *n.*

em·press [émprɪs, -prəs] 〖《?*a*1160》 *empresse* □ OF *emperesse, emper(er)is* < L *imperātricem* empress: cf. emperor, -ess[1]〗 — *n.* 1 女帝; 皇后: Her Majesty the *Empress* 女皇[皇后]陛下. 2 女王的存在; (男の)心をとらえている女性: the ~ of the seas 海の女王《大海軍国》/ the ~ of one's heart 心の女王, 愛人.

émpress-dówager *n.* 皇太后.

em·presse·ment [ɑ̃̀ː(m)presmɑ́ː(ŋ), ɔ̃ː(m)presmɔ̃́ː(ŋ), ɑ̀ːmpresmɑ́ːŋ, ɔ̀(ː)mpresmɔ́(ː)ŋ; *F.* ɑ̃presmɑ̃] 〖□ F ~ ← *empresser* to urge: cf. impress〗 — *F. n.* (*pl.* **~s** [~(z); *F.* ~]) 熱意, 誠意; 親切, 温情: He welcomed me *with* ~. 親切に迎えてくれた. 「tree.

émpress trèe 〖⇨ paulownia〗 *n.* 〖植物〗=princess

em·prise [empráɪz] 〖《*a*1325》□ (O)F ~ ← (fem. p.p.) ← *emprendre* to undertake ← *em*- 'EN-[1]' + *prendre* to take (< L *prehendere*)〗 — *n.* (*also* **em·prize** [~]) 《古》 1 壮図 (enterprise), 冒険. 2 豪勇, 豪胆.

Emp·son [émpsn̩], **William** *n.* (1906–) 英国の詩人・批評家; 来日 (1931–34); *Seven Types of Ambiguity* (1930), *Collected Poems* (1955).

émp·ti·ly [-tɪli, -təli, -tḷi | -tɪlɪ, -tə-] 〖《1591》〗 *adv.* ぽかんと; むなしく.

émp·ti·ness 〖《15C》: ⇨ ↓, -ness〗 — *n.* 1 から, 空虚; 人が住んでいないこと: the ~ of the stomach 空腹. 2 (頭の)からっぽ, 無知; 無意味. 3 空所, 真空. 4 空腹. 5 喪失感. 6 〖仏教〗涅槃(ねはん) (nirvana).

emp·ty [ém(p)ti | -tɪ] 〖adj.: ME *empti* < OE *ǣmetig* empty, at leisure ← *ǣmetta* leisure (< Gmc *ǣmōtiþa ← ? *ǣ- not + *mōt- meeting) + -*ig* '-Y[4]'. — v.: 《1526》← (adj.) ∞ 《廃》 *empt* < OE *ǣmtian* ← *ǣmetta* (n.)〗 — *adj.* (**emp·ti·er**; **-ti·est**) 1 a 〈容器などが〉からの, 空虚の; 〈場所が〉あいている, 人の住んでいない: an ~ bottle あきびん / smoke on an ~ stomach すきっ腹にたばこを吸う / ~ stomachs 飢えた人々 / an ~ cupboard からの食器棚; 食物の欠乏 / return [come away] ~ から手で[空しく]帰る / send away a person ~ 人を空しく帰す / an ~ street 人通りのない街路 / an ~ house あき家; 家具のない家. b 〈貨車・船など〉積み荷のない, からの: an ~ ship, wagon, etc. c 〔…がない, …を〕欠いている〔*of*〕: a room ~ *of* furniture 家具のない部屋 / These words have become ~ *of* meaning. これらの単語は無意味になっている. 2 〈物が〉空虚な, 無意味な; 〈人・計画など〉くだらない, 愚かな: ~ words 無意味な言葉 / an ~ promise から約束, 誠意のない口約 / ~ pleasures 空虚な快楽 / an ~ vacation 無為に過ごす[過ごした]休暇 / Life is (but) an ~ dream. 人生は(ただ)空しい夢に過ぎない. 3 《口語》空腹の: feel ~ 空腹を覚える / I found myself ~. 気がついてみると空腹だった. 4 〖数学〗〈集合が〉空(くう)の《要素[元]を含まない; ↔ nonempty》: ⇨ empty set. 5 〈雌牛など〉子をはらんでいない.
— *vt.* 1 〔中味を〕出して〈容器などを〉からにする, あける〔*of*〕: ~ one's wine glass ワイングラスを飲み干す / ~ a bucket バケツの水をあける / ~ a house 家から家具を取り除く; あき家にする / ~ a pocket of its contents ポケットから物を出してからにする / He tried to ~ his mind *of* every thought. 彼は頭からすべての想念を追い出そうとした / The rain *emptied* the streets. 雨で街路には人通りが絶えた. 2 〈内容物を〉〔容器から〕あける〔*from, out of*〕; 〔他の器・場所に〕移す〔*into, onto, on*〕: ~ the water *out of* a bucket *into* another バケツの水を他のバケツへ移す / ~ a bag *on* [*onto*] the table 袋の中味をテーブルの上へあける. 3 [~ *itself* で] 〈川が〉〔海に〕注ぐ〔*into*〕: The river *empties itself into* the Japan Sea. その川は日本海に注ぐ. — *vi.* 1 からになる: The town is ~*ing*. 町は人気(ひとけ)がなくなりつつある. 2 〈川などが〉〔海に〕注ぐ〔*into*〕: The river *empties into* the bay.
empty out (1) 〈容器を〉すっかりからにする; 〈内容物を〉全部からにする: ~ *out* a pond 池(の水)を干す / ~ *out* one's small change 小銭をすっかり出してしまう. (2) 〈容器が〉すっかりからになる: The hall soon *emptied out*. ホールはじきにからになってしまった.
— *n.* あき箱[びん], から包, あき袋, あき車(など).

émpty-céll pròcess [**trèatment**] *n.* 〖土木〗空細胞法《木材防腐法の一種; 木材の細胞の隔壁だけに防腐剤を注入する方法; cf. full-cell process》.

émpty-hánded *adj.* 1 から手で, 手ぶらで: come [go] ~ 手ぶらで来る[行く]. 2 何も得ないで, 空しく: He came back [returned] ~. 空しく戻って来た.

émpty-héaded *adj.* 頭のからっぽな, 無知な.

émpty mòrph *n.* 〖言語〗虚単形態《意味をもたず, どの形態にも属さない単形態; America is を [əmérɪkər-ɪz] と発音した時の2番目の r など; 米国の Charles F. Hockett [hɑ́kɪt, -kət | hɔ́k-] の用語》.

émpty-páted *adj.* =empty-headed.

Émpty Quárter *n.* エンプティークォーター《Rub' al Khali の英語名》.

émpty sèt *n.* 〖数学・論理〗空(くう)集合《要素を一つも含まない集合; どのような集合にも, 部分集合として含まれると考える》.

émpty wòrd *n.* 〖文法〗虚詞《時制・叙法・態を作る助動詞, 比較級・最上級を作る more, most など語彙的意味をもたず文法的形態にすぎない語; form word ともいう; cf. full word, function word》.

em·pur·ple [ɪmpə́ːpl̩, əm-, em- | ɪmpə́ː-, em-] 〖← *em*- 'EN-[1]' + PURPLE〗 *vt.* 紫色にする, 紫に染める. — *vi.* 紫色になる.

em·py·e·ma [èmpaɪíːmə] 〖《1615》□ LL ~ □ Gk *empúēma* suppuration ← *empueîn* to suppurate ← *em*- 'EN-[2]' + *pûon* 'matter, PUS'〗 — *n.* (*pl.* **~s**, **~·ta** [~ṭə | ~tə]) 〖病理〗(副鼻腔(くう)・胸膜腔などの)蓄膿(症); 膿胸. **em·py·e·mic** [èmpaɪíːmɪk] *adj.*

em·py·re·al [èmpaɪríːəl, -pər-, empíriəl, -páɪr- | èmpaɪríːəl, -pɪr-, -ríəl, empírɪəl] 〖《1481》← LL *empyreus* (□ Gk *empúros* fiery ← *em*- 'EN-[2]' + *pûr* fire: cf. pyre) + -AL[1]〗 — *adj.* 1 (古代人の宇宙論で)最高天の: the ~ heavens 最高天. 2 空の, 天空の: the ~ blue 蒼穹(そうきゅう). 3 崇高な, 高尚な: ~ charms 高尚な魅力. 4 浄火の, 純粋の火からできた: ~ radiance 浄火の輝き.

em·py·re·an [èmpaɪríːən, -pər-, empíriən, -páɪr- | èmpaɪríːən, -pɪr-, -ríən, empírɪən] 〖《?*a*1425》← LL *empyreus* (↑) + -AN[1]〗 — *n.* 1 [the ~] a (古代宇宙論でいう五天中の)最高天《浄火と光の世界》. b 〖キリスト教〗天上界《神と天使の住む天国》. 2 天空, 大空. — *adj.* 最高天の (empyreal).

ém quàd *n.* 〖印刷〗エムクワタ, 全角込め物 (cf. em[1]).

ém rùle *n.* 〖印刷〗エムルール, 全角ダッシュ (em dash) (cf. em[1]).

Ems [émz; *G.* ɛ́ms] *n.* [the ~] エムス(川)《西ドイツ北西部を流れ北海に注ぐ川 (370 km)》.

EMS 《略》European Monetary System 欧州通貨制度.

e·mu [íːmjuː] 〖《1613》□ Port. *ema* ostrich ← ? Moluccan *emeu* cassowary〗 — *n.* 〖鳥類〗 1 エミュー (*Dromaius novaehollandiae*)《オーストラリア産のダチョウに似た大型の鳥》. 2 大型の飛べない鳥の総称《レア (rhea), ヒクイドリ (cassowary) など》.

emu 1

E.M.U., e.m.u., emu 《略》〖電気〗electromagnetic unit(s) 電磁単位.

emul. 《略》emulsion.

em·u·late [émjʊlèɪt] 〖《1589》← L *aemulāt-us* having rivaled (p.p.) ← *aemulārī* to strive to equal ← *aemulus* rivaling, envious〗 — *vt.* 1 …と競う, 競争する, 張り合う, …に負けまいと[まさろうと]努める: ~ the courage of one's ancestors 祖先の勇に劣るまいと努力する. 2 …に匹敵する: He could not ~ his friends. 友人にはかなわなかった. 3 熱心にまねる[模倣する]. 4 〖電子工学〗エミュレーターで〈電算機プログラムを〉書き換える. — *adj.* 《廃》=emulous.

em·u·la·tion [èmjʊléɪʃən] 〖《1552》□ L *aemulātiō(n-)* ← *aemulātus*: ⇨ ↑, -ation〗 — *n.* 1 競争, 対抗, 張合い (rivalry): the spirit of ~ 競争心. 2 〖電子工学〗エミュレーター使用(技術).

em·u·la·tive [émjʊlèɪtɪv, -ləṭ- | -lət-, -lèɪt-] 〖← EMULATE + -IVE〗 — *adj.* 競争的(の); 競争心(から); 〔…に〕負けまいとする〔*of*〕: be ~ *of* each other 互いに負けまいとする, 張り合っている. **~·ly** *adv.*

ém·u·là·tor [-ṭə | -tə(r] 〖□ L *aemulātor* ← *aemulātus*: ⇨ emulate, -or[2]〗 — *n.* 1 競う[張り合う]人. 2 熱心な模倣者: a diligent ~ *of* Cicero 熱心なキケロの模倣者. 3 〖電子工学〗エミュレーター《ある電算機用のプログラムを他の(通例, 新型の)電算機にかけられるようにする装置》.

em·u·la·to·ry [émjʊlətɔ̀ːri, -tòːri | -lèɪt(ə)ri] 〖← EMULATE + -ORY[1]〗 *adj.* =emulative.

e·mul·gent [ɪmʌ́ldʒənt, əm- | ɪm-] 〖□ L *ēmulgent-em* (pres.p.) ← *ēmulgēre* to milk out ← *ē*- 'EX-[1]' + *mulgēre* 'to MILK'〗 — *adj.* 1 搾出性の. 2 腎血管の. 3 乳化させる. — *n.* 1 〖解剖〗腎血管. 2 乳化剤. 3 a 利尿剤. b 利胆剤.

em·u·lous [émjʊləs] 〖《*a*1398》□ L *aemulus* rivaling: ⇨ emulate, -ous〗 — *adj.* 1 〔…を〕懸命に[熱心に]模倣しようとする〔*of*〕: He was ~ *of* Grecian art. 彼は熱心にギリシャ美術を模倣しようとしていた. 2 〈行為・態度など〉競争心からの, 競争的な: ~ fervor [ardor] 競争心から出た熱意. 3 《古》〔名声などを〕熱

望して(いる) (desirous) 〔*of*〕. **4** 《廃》ねたむ, 嫉妬深い (envious). **～·ly** *adv.* **～·ness** *n.*

e·mul·si·ble [ɪmʌ́lsəbḷ, əm-|ɪmʌ́lsə-, -sɪ-] 〚← EMULS(ION)＋-IBLE〛 *adj.* 乳化しうる.

e·mul·si·fi·ca·tion [ɪmʌ̀lsəfɪkéɪʃən, əm-, -fə-|ɪmʌ̀lsɪfɪ-] 〚⇨ emulsify, -fication〛 *n.* 乳化.

e·múl·si·fì·er *n.* 乳化機, 乳化剤.

e·mul·si·fy [ɪmʌ́lsəfàɪ, əm-|ɪmʌ́lsɪ-] 〚← EMULS(ION)＋-IFY〛 —— *vt.* 乳状[乳剤]にする: an ～*ing* agent 乳化剤. **e·mul·si·fi·a·ble** [ɪmʌ́lsəfàɪəbḷ, əm-, ―̀―̀―|ɪmʌ́lsɪfàɪəbḷ, ―̀―̀――] *adj.*

e·mul·sin [ɪmʌ́lsɪn, əm-, -sən|ɪmʌ́lsɪn] 〚▭G *Emulsin* ← L *ēmulsus* (↓)＋G *-in* '-IN[1]'〛 *n.* 〚化学〛エムルシン《β-グルコシド結合をもつ配糖体や二糖類をそれぞれの成分に加水分解する酵素; 通例混合物をいうが, β-グルコシダーゼと同義に用いられることもある》.

e·mul·sion [ɪmʌ́lʃən, əm-|ɪm-] 〚《1612》← NL *ēmulsiō(n-)* ← L *ēmulsus* (p.p.) ← *ēmulgēre* to milk out: ⇨ emulgent, -sion〛 —— *n.* **1** 乳状液, (乳状の)混濁液. **2** 〚物理化学〛乳濁; 乳濁液, 乳剤. **3** 〚薬学〛乳剤: ～ of cod-liver oil 肝油乳剤《滋養強壮剤》. **4** 〚写真〛感光乳剤.

e·mul·sion·ize [ɪmʌ́lʃənàɪz, əm-|ɪm-] *vt.* ＝emulsify.

e·mul·sive [ɪmʌ́lsɪv, əm-|ɪm-] 〚← EMULS(ION)＋-IVE〛 *adj.* **1** 乳剤質の. **2** 乳状化性のある, 乳剤化できる.

e·mul·soid [ɪmʌ́lsɔɪd, əm-|ɪm-] 〚← L *ēmulsus*＋-OID: ⇨ emulsion〛 —— *n.* 〚物理化学〛乳濁質《分散したコロイド溶液》. **e·mul·soi·dal** [ɪmʌ̀lsɔ́ɪdḷ, əm-|ɪm-] *adj.*

E·myd·i·dae [ɪmídədìː, əm-|ɪmídɪ-] 〚← NL ～ ← *Emyd-*, *Emys* (属名: ← Gk *emús* freshwater tortoise)＋-IDAE〛 *n. pl.* 〚動物〛カメ科.

en[1] [én] 〚N の字の名〛 *n.* **1** N [n] 字. **2** 〚印刷〛エン, 半角, 2分(ぶ)《全角(em)の2分の1》. —— *adj.* 〚印刷〛エン[半角, 2分]の: ⇨ en quad.

en[2] [ɑ̃ː(ŋ), ɔ̃ː(ŋ), ɑːŋ, ɔ(ː)ŋ; *F.* ɑ̃] 〚▭F *en* < L *in* (↓)〛 *F. prep.* in, at, to, into, like などの意: ⇨ en bloc, en masse, en route, etc.

en-[1] [ɪn, ən, en|ɪn, en] 〚ME ▭(O)F *en-*, *em-* < L *in-*, *im-* ← *in* (prep.) 'IN, into': cf. en-[2], in-[1]〛 —— *pref.* 本来はフランス語系の語に付いて in, into の意を表わす; b, m, p, ph の前では em- になる. **1** 名詞に付いて「…の中に入れる; …を与える, 付与する」の意の動詞を造る: *en*case, *en*shrine; *en*courage, *em*power. **2** 名詞または形容詞に付いて「(ある状態)に引き入れる, …にする, …にならせる」の意の他動詞を造る: *en*dear, *en*slave, *en*able. この場合更に接尾辞 -en が加わることがある: *en*lighten, *en*liven. **3** 動詞に付いて in, into, within の意を加える: *en*fold, *en*shroud, *en*twine. ただし *en*kindle などでは, 単に他動詞の機能を与えるだけである. ★ en- はラテン語形 in- に対するフランス語形で, 互いに交換できることがある (cf. *en*close / *in*close; *en*cumber / *in*cumber) が, 最近では通例 en- が用いられる.

en-[2] [ɪn, ən, en|ɪn, en] 〚▭Gk *en-* ← *en* (prep.) 'IN': cf. en-[1], in-[1]〛 —— *pref.* 本来はギリシャ語系の借入語に付いて in, on, at, near などの意を表わす; b, m, p, ph の前では em- に, l の前では el- に, r の前では er- に変わる: *en*harmonic, *en*thusiasm.

en-[3] [iːn] (母音の前に来る時の) eno- の異形 (⇨ oen-).

en-[4] [én] 〚⇨ -ene〛〚化学〛「不飽和化合物, (特に)二重結合をもつ化合物」の意の連結形.

-en[1] [ən, n̩] 〚OE *-(n)ian* (cf. fasten): cf. ON *-na*〛 —— *suf.* 形容詞・名詞に付いて「…にする, …になる」の意の動詞を造る: dark*en*, deep*en*, soft*en*, height*en*, streng*then*.

-en[2] [ən, n̩] 〚OE *-en* < Gmc *-inaz (G *-en* / ON *-in*): cog. L *-inus* / Gk *-inos*: ⇨ -ine[1]〛 —— *suf.* 通例物質を表わす名詞に付いて「…質[性]の, …から成る, …製の」の意の形容詞を造る: ash*en*, wax*en*. ★ (1) 物質名詞はそのままの形で形容詞的に用いられるので, -en 形の方は廃語(例: ston*en*), 詩語(例: oak*en*)となるか, または比喩的意味(例: gold*en*)に限定して用いられる場合が多い. ただし earth*en*, hemp*en*, wood*en*, wool*en* などは日常語である. (2) この -en はアクセントのない音節の r に続く時 -n となる: silver*n*.

-en[3] [ən, n̩] 〚OE (*ge-*) *-en* < Gmc *-enaz, *-anaz (Du. & G *-en*) < IE *-énos, *-ónos (Skt *-na*)〛 —— *suf.* 不規則動詞の過去分詞語尾: spok*en*, fall*en*, driv*en*. ★ この類の語には次のような種類がある. (1) 形容詞となるもの: beat*en*, drunk*en*, sunk*en*. (2) -ed を語尾とする形に取って代わられたもの: shap*en* → shaped. (3) 廃語または古語: grav*en*.

-en[4] [ən, n̩] 〚OE *-an*〛 —— *suf.* OE では本来弱変化の複数語尾で ME 南部方言では広く一般化したが, 近代期に入って ox*en* 以外は標準英語から姿を消した (cf. 《古》hos*en*); また他の古い複数形に付加されていわゆる二重複数 (double plural) も作られた; 《古》brethr*en* ← 《北部方言》brether / childr*en* ← 《北部方言》childer.

-en[5] [ən, n̩] 〚OE *-en* < Gmc *-inam (neut.) ← *-inaz '-EN[2]'〛 *suf.* 指小辞: chick*en*, kitt*en*, maid*en*.

-en[6] [ən, n̩] 〚OE *-en*, *-in* < Gmc *-ini, *-injō〛 *suf.* **1** 古い女性名詞語尾: vix*en* (＝she-fox). **2** 《まれ》名詞語尾として: burd*en*.

E·na [íːnə] 〚▭Ir. *Eithne* 《原義》little friendly one〛 *n.* 女性名. ★ 19 世紀末よりイングランドでも一般的になった.

ENA, E.N.A. 《略》*F.* École Nationale d'Administration (フランスの)国立行政学院.

en·a·ble [ɪnéɪbḷ, ən-, en-|ɪn-, en-] 〚《1415》: ⇨ en-[1], able〛 —— *vt.* **1** [目的語＋*to* do を伴って] …に〈…することを〉得させる, 〈…が〉できるようにする; 〈…する〉力[権利, 権能]を与える (empower, authorize), 〈…するのを〉可能[容易]にする: Flying ～*s* us *to* travel rapidly over great distances. 飛行機ができて遠い距離を短時間で旅行できる / Money alone does not ～ one *to* do this. これは金だけではできないことだ / His income ～*d* him *to* live in comfort. 彼は十分の収入で楽な生活ができた. **2** 〈ある行為を〉容易[可能]にする: This ～*s* the dating of the play. これでその戯曲の年代決定が容易になる.

en·a·bling [-bḷɪŋ, -bl-] *adj.* 〚法律〛特別の権能を賦与する: an ～ act [statute] 権能賦与法, 授権法, 制限解除法 / the *Enabling* Act (1919 年英国国教会への)自治権賦与法.

en·act [ɪnǽkt, ən-, en-|ɪn-, en-] 〚《1414》*enacte(n)*: ⇨ en-[1], act〛 —— *vt.* **1** 法律[法令]にする, 立法する. **2** 〈法を〉制定する, 設ける; 〈…と〉規定する 〈*that*〉: as by law ～*ed* 法律の規定するように / It is ～*ed that* …と規定されている. **3** 〈劇・幕を〉上演する; …の役を演じる: ～ a play [a scene] 劇[場]を上演する / be ～*ed* 演じられる, 起こる / ～ Hamlet ハムレットを演じる / ～ a part in life 人生という舞台で一役演じる. —— *vi.* 演じる. **～·a·ble** [-təbḷ] *adj.* **en·ác·tor** *n.*

en·áct·ing cláuse *n.* 〚法律〛制定条項《Be it enacted by…などの形式をもつ制定法の初めにある文句で, 一定の形式にのっとって制定者によって制定されたことを表わす前文をさす》.

en·ac·tion [ɪnǽkʃən, ən-, en-|ɪn-, en-] *n.* ＝enactment.

en·ac·tive [ɪnǽktɪv, ən-, en-|ɪn-, en-] 〚← ENACT＋-IVE〛 *adj.* 制定権[立法権]をもった.

en·áct·ment 〚《1817》← ENACT＋-MENT〛 *n.* **1** (法の)制定, 設定, 立法. **2** 制定法, 法令, 法規. **3** 制定法の条項.

en·ac·to·ry [ɪnǽktəri, ən-, en-|ɪnǽktəri, en-] 〚← ENACT＋-ORY[1]〛 *adj.* 〚法律〛(新しい権利・義務を設定する)法律制定の[に関する] (cf. declaratory).

en·al·la·ge [enǽlədʒi|-dʒɪ] 〚▭Gk *enallagḗ* interchange〛 —— *n.* 〚修辞〛代替法《修辞的効果のために一つの文法形式の代わりに他の文法形式を使用すること; 例えば, 過去の出来事を述べるのに現在形を用いたり, I の代わりに主筆の we を用いること》.

en·am·el [ɪnǽməl, ən-, en-|ɪn-] 〚v.: 《?c1390》 *enamele(n)*, *enamayle(n)* ▭AF *enamel-er*, *enamaill-er* ← EN-[1]＋*amail* enamel (＝OF *esmail* (F *émail*)) ▭Gmc (G *Schmelz*). —— n.: 《1421》← (v.): cf. smelt[2]〛 —— *n.* **1** エナメル; 琺瑯(ほうろう), (陶器の)釉(うわぐすり)《他物質の表面に焼付けられる着色被覆の総称》. **2** ＝enamelware. **3** エナメル塗料. **4** 琺瑯細工《七宝のような美術品》. **5** マニキュア液. **6** 〚解剖・動物〛(歯または魚のうろこをおおう)エナメル質, 琺瑯質. **7** 《詩》つややかな色彩[新緑]. —— *vt.* (**～ed, -elled**; **～·ing, -el·ling**) **1** …にエナメルを引く, 釉(うわぐすり)を掛ける, 瀬戸引きにする. **2** …に琺瑯を掛ける, 〈七宝などを〉琺瑯で象嵌する. **3** 《古》五色に彩る: fields ～*ed with* flowers 花で彩られた野原. **4** 〈革・布・厚紙などに〉エナメル光沢を付ける, つや出しする. **～·ist** [-lɪst, -ləst|-lɪst] *n.*

en·ám·eled *adj.* エナメルを掛けた, 琺瑯引きの; 琺瑯細工の; 七宝流しの: ～ brick (浴室・プールなどに用いる)琺瑯引きれんが / ～ glass 琺瑯引きガラス / ～ ironware 琺瑯鉄器 / ～ leather エナメル革 / ～ paper つや紙 / ～ ware＝enamelware.

en·ám·el·er [-m(ə)lə|-mələ(r] *n.* エナメルを掛ける人, エナメル職工; 琺瑯細工人, 七宝職工.

e·nám·el·ing [-m(ə)lɪŋ|-məl-] *n.* **1** エナメル[琺瑯]細工. **2** エナメル[琺瑯]引き.

enámel òrgan *n.* 〚歯科〛エナメル器《歯のエナメル質を作る組織》.

enámel·wàre *n.* 琺瑯鉄器; 琺瑯器.

enámel wìre *n.* エナメル線《絶縁電線》.

enámel·wòrk *n.* 琺瑯細工.

en a·mi [ɑ̃ːnæmíː, ɔ̃ː-, ɑ̀ː-, ɔ̀(ː)-; *F.* ɑ̃nami] 〚▭F ～: ⇨ en[2], ami〛 *F.* 友人として.

en·a·mine [énəmìːn] 〚← EN-[4]＋AMINE〛 *n.* 〚化学〛エナミン《$R_1R_2C{=}C(NH_2)R_3$ 構造のアミンの総称》.

en·am·or, 《英》**en·am·our** [ɪnǽmə, ən-, en-|ɪnǽmə(r, en-] 〚《?a1300》*enamore(n)* ▭OF *enamourer* ← EN-[1]＋*amour* 'love, AMOUR'〛 —— *vt.* [通例 Passive で] 〔…に〕〈人〉の心を奪う, 魅惑する (charm) 〔*of*, (時に) *with*〕: He *was* ～*ed of* a girl. 女の子に心を奪われていた / They *are* ～*ed with* scientific researches. 彼らは科学の研究に魂を打ちこんでいる.

en·an·the·ma [ènænθíːmə] 〚← NL ～ ← EN-[2]＋-ANTHEMA〛 *n.* 〚病理〛内[発]疹粘膜疹.

e·nán·thic éster [ɪnǽnθɪk-, ən-, iːn-|iːn-, ɪn-] 〚*enanthic*: ← *enanth-* (← L *oenanthē* wild grape)＋-IC[1]〛 —— *n.* 〚化学〛エナントエステル ($CH_3(CH_2)_5COOC_2H_5$)《各種アルコール飲料の人工芳香剤として合成される; ethyl oenanthate ともいう》.

en·an·ti·o- [ɪnǽntɪo(ʊ), ən-, en-|enǽntɪə(ʊ), ɪn-] 〚← NL ← Gk *enantios* opposite: ⇨ en-[2], anti-〛「対称, 相対」の意の連結形.

en·an·ti·o·dro·mi·a [ɪnæ̀ntɪo(ʊ)dróʊmiə, ən-, en-|enæ̀ntɪə(ʊ)dráʊmɪə, ɪn-, -mjə] 〚▭Gk *enantiodromía* running in contrary ways ← *enantíos* (↑)＋*drómos* running〛 —— *n.* 転向《特に, 個人または社会が以前抱いていたのとは反対の思想・信念をもつこと》.

en·an·ti·o·mer [ɪnǽntɪəmə, ən-, en-|enǽntɪəmə(r, ɪn-] 〚← ENANTIO-＋-MER〛 —— *n.* 〚結晶〛＝enantiomorph. **en·an·ti·o·mer·ic** [ɪnæ̀ntɪəmérɪk, ən-, en-|enæ̀ntɪə-, ɪn-] *adj.*

enántio·mòrph 〚⇨ enantio-, -morph〛 —— *n.* **1** 〚結晶〛左右像, 左右晶. **2** 〚化学・結晶〛(光学的)対掌体, 鏡像体《optical antipode ともいう》. (cf. diastereoisomer) **enàntio·mórphic** *adj.* **enàntio·mórphous** *adj.* **enántio·mòrphy** *n.*

enàntio·mórphism *n.* 〚結晶〛対掌体を生じる現象.

en·an·ti·o·sis [ɪnæ̀ntɪóʊsɪs, ən-, en-, -səs|ɪnæ̀ntɪə́ʊsɪs, en-] 〚▭Gk *enantíōsis*: ⇨ enantio-, -osis〛 —— *n.* (*pl.* **-o·ses** [-siːz]) 〚修辞〛(真意をそれと逆に表現する)反語的表現法; アイロニー (irony).

en·an·ti·ot·ro·py [ɪnæ̀ntɪɑ́trəpi, ən-, en-|ɪnæ̀ntɪɔ́trəpi, en-] 〚← ENANTIO-＋-TROPY〛 —— *n.* 〚化学・結晶〛エナンチオトロピー, 互変, 互変二形, 双変《転移点を境にして一つの結晶相が他の結晶相へ可逆的に移る現象; cf. monotropy》.

en·arch [énɑək|-ɑːk] *n.* ＝enarchist.

en·arched [ɪnɑ́ətʃt, ən-, en-|ɪnɑ́ːtʃt, en-] 〚(p.p.) ← 《廃》*enarch*: ⇨ en-[1], arch[1]〛 *adj.* 〚紋章〛下部がアーチ形になった, 下にアーチ形がついた.

en·ar·chist [énɑəkɪst, -kəst|-ɑːkɪst] 〚← F *énarque* ← ENA＋(MONA)RCH[1]＋-IST: 高級官僚として monarch のように威張ることから〛 —— *n.* (フランスの)エリート官僚, エナ (ENA) 出身者.

E·nar·e·te [ɪnǽrətiː, en-|ɪnǽrɪ-] 〚▭Gk *Enárete*〛 *n.* 〚ギリシャ神話〛エナレテ《Aeolus の妻》.

en·arme [ɪnɑ́əm, ən-|ɪnɑ́ːm] 〚▭F 《廃》～ ← *enarmer* to equip (a shield) with side straps ← L IN-[1]＋*armus* side〛 —— *n.* [通例 *pl.*] 楯(たて)を腕にとめる革帯, 帯輪.

en ar·rière [ɑ̃ːnæriéə, ɔ̃ː-, ɑːn-, ɔ(ː)-|-riéə(r; *F.* ɑ̃narjɛːr] 〚▭F ～: ⇨ en[2], arrear〛 *F. adv., adj.* 〚バレエ〛アナリエール, 後方へ(の) (backward).

en·ar·thro·sis [ènɑəθróʊsɪs, -səs|-ɑːθráʊsɪs] 〚《1634》← NL ～ ← Gk *enárthrōsis* jointed ← EN-[2]＋*árthrōsis* 'ARTHROSIS'〛 —— *n.* (*pl.* **-thro·ses** [-siːz]) 〚解剖〛球窩(きゅうか)関節 (ball-and-socket joint).

e·nate [íːneɪt] 〚▭L *ēnāt-us* (p.p.) ← *ēnāscī* to issue forth ← *ē-* 'EX-[1]'＋*nāscī* to be born〛 *n.* 母方の親戚 (cf. agnate). —— *adj.* ＝enatic.

e·nat·ic [iːnǽtɪk|-tɪk] 〚⇨ ↑, -ic[1]〛 *adj.* 母方の.

e·na·tion [ɪnéɪʃən, ən-|ɪn-] 〚⇨ enate, -ation〛 *n.* 〚生物〛隆起生長《植物の葉などの器官の表面が隆起してくる現象》.

en a·vant [ɑ̃ːnævɑ́ː(ŋ), ɔ̃ːnævɔ̃ː(ŋ), ɑ̀ːnævɑ́ːŋ, ɔ̀(ː)nævɔ́(ː)ŋ; *F.* ɑ̃navɑ̃] 〚▭F ～ 'in front': ⇨ en[2], avaunt〛 —— *F. adv., adj.* 〚バレエ〛アナバン, 前方へ(の) (forward, onward).

en bloc [ɑ̃ː(m)blɑ́k, ɑːm-, em-|ɑ̃ː(m)-, ɔ̃ː(m)-, ɑːm-, ɔ(ː)m-; *F.* ɑ̃blɔk] 〚▭F ～ 'in a lump': ⇨ en[2], block〛 —— *F. adv., adj.* 一まとめにして, 総括的に (as a whole): a resignation ～ 総辞職 / purchase an art collection ～ 美術のコレクションを一括購入する.

en bro·chette [ɑ̃ː(m)bro(ʊ)ʃét, ɔ̃ː(m)-, ɑːm-, ɔ(ː)m-|-brə(ʊ)-; *F.* ɑ̃brɔʃɛt] 〚▭F ～ 'on a BROCHETTE'〛 *F. adv., adj.* ⇨ brochette.

en brosse [ɑ̃ː(m)brɔ́(ː)s, ɔ̃ː(m)-, ɑːm-, ɔ(ː)m-|-brɔ́s; *F.* ɑ̃brɔs] 〚▭F ～ 'in the manner of a BRUSH[1]'〛 —— *F. adv., adj.* 〈男子の髪が〉ブラシの毛のように短く刈って[た].

enc. 《略》enclosed; enclosure.

en·cae·ni·a [ensíːnjə, ɪn-, -niə|ensíːnɪə, -njə] 〚《a1393》*encennia* ▭LL *encaenia* dedication ▭Gk *egkaínia* feast of reconsecration ← EN-[2]＋*kainós* new〛 —— *n. pl.* [単数または複数扱い] **1** (教会などの)創立記念祭. **2** [しばしば E-] 《英》(Oxford 大学などの)創立記念祭 (Commemoration).

en·cage [ɪnkéɪdʒ, ən-, en-|ɪn-, ɪŋ-, en-] 〚← EN-[1]＋CAGE〛 *vt.* おり[かご]に入れる; 押し込める, 閉じ込める (coop up).

en·camp [ɪnkǽmp, ən-, en-|ɪn-, ɪŋ-, en-] 〚← EN-[1]＋CAMP[1]〛 *vi.* 露営陣を張る, 野営[露営]する. —— *vt.* 〈軍隊を〉野営[露営]させる.

en·cámp·ment 〚⇨ ↑, -ment〛 *n.* **1** 陣営を張ること, 野営[露営]すること. **2** 野営地; 野営する人たち.

en·cap·su·lant [ɪnkǽpsələnt, ən-, en-, -sjʊ-|ɪnkǽpsjʊ-, en-] 〚⇨ ↓, -ant〛 *n.* カプセルに包むための材料.

en·cap·su·late [ɪnkǽpsəlèɪt, ən-, en-, -sjʊ-|ɪnkǽpsjʊ-, en-] 〚← EN-[1]＋CAPSULATE〛 —— *vt.* **1** カプセルに包む, さやに入れる; 内部に閉じ込める: In present-day airplanes the occupants are usually hermetically ～*d*. 今日の航空機では乗員は通例気密のカプセルに包まれた形になっている. **2** 要約する (condense): ～ an aspect of history 歴史上の一局面を要約する. —— *vi.* カプセルに包まれる, さやに入れられる. **en·cap·su·la·tion** [ɪnkæ̀psəléɪʃən, ən-, en-, -sjʊ-|ɪnkæ̀psjʊ-, en-] *n.*

en·cáp·su·làt·ed [-tɪd, -təd|-tɪd, -təd] *adj.* 〚生物〛莢膜で囲まれた.

en·cap·sule [ɪnkǽpsəl, ən-, en-, -suːl | ɪnkǽpsjuːl, en-] *vt.* ＝encapsulate.

en·car·nal·ize [ɪnkάənəlàɪz, ən-, en-, -nḷ- | ɪnkάː-] 〚← EN-¹＋CARNALIZE〛 *vt.* **1** …に肉体を与える, 肉体化する (incarnate). **2** 肉欲[肉感]的にする.

en·car·pus [enkάəpəs | -kάː-] 〚《ラテン語化》← Gk *énkarpos* containing fruit : ⇨ en-², -carpous〛 ── *n.* (*pl.* **-car·pi** [-paɪ, -piː]) 〖建築〗(フリーズ・柱頭の)花づな状の装飾《果実・花など》.

en·case [ɪnkéɪs, ən-, en- | ɪn-, ɪŋ-, en-] 〚《1633》← EN-¹＋CASE² (n.)〛 ── *vt.* 〔箱・包装などに〕入れる, 包む〔*in*〕: a pair of nice legs ～*d in* breeches ズボンに包まれた形のいい脚 / The room seemed to be ～*d in* thick gloom. 部屋は深い闇に包まれているようだった.

en·cáse·ment 〚⇨↑, -ment〛 ── *n.* **1** 箱[包み]入れ(の動作); 箱[包装]入り(の状態). **2** 入れ物, 包装物, 覆い (covering, sheath). **3** 〖生物〗入れ子説《動物個体の卵巣中にすべての世代の子孫が入れ子式に含まれているという説》.

en·cash [ɪnkǽʃ, ən-, en- | ɪn-, en-] 〚← EN-¹＋CASH¹〛 *vt.* 《英》〈手形類を〉現金にする, 現金に引き換える; 現金で受け取る. **～·a·ble** [-ʃəbl] *adj.* **～·ment** *n.*

en cas·se·role [ɑ̃ː(ŋ)kǽsəròʊl, ɔ̃ː(ŋ)-, ɑːŋ-, ɔ(ː)ŋ-, en-, -kǽz- | -ràʊl; *F.* ɑ̃kasʀɔl] 〚□ F ～ 'in a CASSEROLE'〛 *F. adv., adj.* ⇨ casserole 1.

en·caus·tic [ɪnkɔ́ːstɪk, ən-, en- | en-] 〚《1601》□ L *encausticus* burnt in □ Gk *egkaustikós* : ⇨ en-², caustic〛 ── *adj.* 焼付けの; 蠟(ろう)焼付け(画)の: ～ brick 化粧色煉瓦. ── *n.* 蠟焼付け画, 蠟画.

encáustic páinting *n.* 蠟画(法) (wax painting)《熱した鏝(こて)で蠟に溶かした顔料を焼き付けるローマ時代の画法》. 「模様タイル.

encáustic tíle *n.* [通例 *pl.*] (床敷・壁飾用)色タイル,

encáustic wáre *n.* ＝Etruscan ware.

en·cave [ɪnkéɪv, ən-, en- | ɪn-, en-] 〚← EN-¹＋CAVE¹〛 *vt.* ほら穴に入れる[隠す].

-ence [əns, ṇs] 〚ME □ OF ～ (F *-ance*) < L *-entiam* ← *-ent-*, *-ēns* (pres.p. suf.)＋*-IA*¹ : cf. -ent, -ency〛 ── *suf.* -ent に終る形容詞に対応する名詞語尾; 性質・状態・行為などを表わす (cf. -ance): dilig*ence*, prud*ence*, emerg*ence*, refer*ence*.

en·ceinte¹ [ɑ̃ː(n)sǽ(n)t, ɔ̃ː(n)-, ɑːnsǽnt, ɔ(ː)n-; *F.* ɑ̃sɛ̃ːt] 〚《1602》□ F ～ < LL *incinctam* ungirt ← IN-¹＋*cincta* ((fem. p.p.) ← *cingere* to gird : cf. cincture)〛 ── *adj.* 《古》妊娠している (pregnant).

en·ceinte² [ɑ̃ː(n)sǽ(n)t, ɔ̃ː(n)-, ɑːnsǽnt, ɔ(ː)n-; *F.* ɑ̃sɛ̃ːt] 〚《1708》□ F ～ (fem. p.p.) ← *enceindre* < L *incingere* to gird in : ↑〛 ── *n.* (*pl.* **～s** [～s; *F.* ～]) 〖築城〗本郭, 城郭, 囲い; 郭内, 城内.

En·cel·a·dus [enséladəs] 〚□ L ～ □ Gk *Egkélados*〛 ── *n.* **1** 〖ギリシャ神話〗エンケラドス《神々に反抗した百手の巨人; Zeus に殺されて Etna 山に埋められた》. **2** 〖天文〗エンケラドス《土星 (Saturn) の第 2 衛星》.

en·ceph·al- [ɪnséfəl, ən-, en- | enséf-, ɪn-, enkéf-, eŋ-, ɪn-, ɪŋ-] (母音の前に来る時の) encephalo- の異形.

encephala *n.* encephalon の複数形.

en·ce·phal·ic [ènsəfǽlɪk, -sɪ- | ènkəfǽl-, èŋ-, -kɪf-, ènsef-, sɪf-] 〚□ F *encéphalique* : ⇨ encephalo-, -ic¹〛 *adj.* 〖解剖〗脳(髄)の.

en·ceph·a·li·tis [ɪnsèfəláɪtɪs, ən-, en-, -təs | ènkefəláɪtɪs, -kɪf-, -sef-, -sɪf-, enkèf-, eŋ-, ensèf-] 〚← NL ～ ; ⇨ encephalo-, -itis〛 ── *n.* (*pl.* **-a·lit·i·des** [-lɪ́tədìːz | -tɪ-]) 〖病理〗脳炎. **en·ceph·a·lit·ic** [ɪnsèfəlɪ́tɪk, ən-, en- | ènkefəlɪ́t-, -kɪf-, -sef-, -sɪf-, enkèf-, eŋ-, ensèf-] *adj.*

encephalítis le·thár·gi·ca [-lɪθάədʒɪkə, -lə-, -dʒə- | -lɪθάːdʒɪ-] 〚← NL ～《原義》lethargic encephalitis〛 *n.* 〖病理〗嗜眠性脳炎.

en·ceph·a·lo- [ɪnséfəlo(ʊ), ən-, en- | enséfələ(ʊ), ɪn-, enkéfə-, eŋ-, ɪn-, ɪŋ-] 〚← F ～ □ Gk *egkephalo-* ← *egképhalos* brain, (adj.) within the head ← EN-²＋*kephalḗ* head : ⇨ cephalic〛 ──「脳 (brain)」の意の連結形. ★ 母音の前では通例 encephal- になる.

encèphalo·arteriógraphy *n.* 〖医学〗脳動脈造影[撮影](法), 脳動脈写.

en·ceph·a·lo·gram [ɪnséfələgræ̀m, ən-, en- | enséfələ(ʊ)-, ɪn-, enkéfə-, eŋ-, ɪn-, ɪŋ-] 〚← ENCEPHALO-＋-GRAM〛 *n.* 〖医学〗脳造影[撮影]図.

en·ceph·a·lo·graph [ɪnséfələgræ̀f, ən-, en- | enséfələ(ʊ)grὰːf, ɪn-, enkéfə-, eŋ-, ɪn-, ɪŋ-, -græ̀f] 〚← ENCEPHALO-＋-GRAPH〛 ── *n.* 〖医学〗**1** ＝encephalogram. **2** ＝electroencephalograph.

en·ceph·a·log·ra·phy [ɪnsèfəlάgrəfi, ən-, en- | ensèfəlɔ́grəfɪ, ɪn-, enkèf-, eŋ-, ɪn-, ɪŋ-] 〚← ENCEPHALO-＋-GRAPHY〛 *n.* 〖医学〗脳造影[撮影](法), 脳写.

en·ceph·a·lo·graph·ic [ɪnsèfələgrǽfɪk, ən-, en- | ensèfələ(ʊ)-, ɪn-, enkèfə-, eŋ-, ɪn-, ɪŋ-] *adj.*

en·ceph·a·lo·ma [ɪnsèfəlóʊmə, ən-, en- | ensèfəlә́ʊ-, ɪn-, enkèfə-, eŋ-, ɪn-, ɪŋ-] 〚← NL ～: ⇨ encephalo-, -oma〛 ── *n.* (*pl.* **～·ta** [～tə | ～tə], **～s**) 〖病理〗脳腫瘤.

encèphalo·malácia 〚← NL ～ : ⇨ encephalo-, malacia〛 *n.* 〖病理〗脳軟化(症).

encephalomata *n.* encephaloma の複数形.

encèphalo·meningítis *n.* 〖病理〗脳脊髄膜炎.

encèphalo·myelítis 〚← NL ～ : ⇨ encephalo-, myelitis〛 *n.* 〖病理・獣医〗脳脊髄炎.

en·ceph·a·lon [ɪnséfəlὰn, ən-, en-, -lən | enkéfəlɔ̀n, eŋ-, ɪn-, ɪŋ-, enséf-, ɪn-, -lən] 〚← NL ～ ← Gk *egképhalon* (what is) within the head, the brain ← *egképhalos* brain : ⇨ encephalo-〛 ── *n.* (*pl.* **-a·la** [-lə]) 〖解剖〗脳, 脳髄 (brain).

en·ceph·a·lop·a·thy [ɪnsèfəlάpəθi, ən-, en- | ensèfəlɔ́pəθɪ, ɪn-, enkèfə-, eŋ-, ɪn-, ɪŋ-] 〚← ENCEPHALO-＋-PATHY〛 ── *n.* 〖精神医学〗エンセファロパシー, 脳障害, 脳症. **en·ceph·a·lo·path·ic** [ɪnsèfələpǽθɪk, ən-, en- | ensèf-, ɪn-, enkèf-, eŋ-, ɪn-, ɪŋ-] *adj.*

en·ceph·a·lo·sis [ɪnsèfəlóʊsɪs, ən-, en-, -səs | ensèfəlә́ʊsɪs, ɪn-, -kèfə-] 〚← NL ～ : ⇨ encephalo-, -osis〛 *n.* 〖精神医学〗＝encephalopathy.

-en·ceph·a·lus [ɪnséfələs, ən-, en- | enséf-, ɪn-, enkéf-, eŋ-, ɪn-, ɪŋ-] 〚← NL ～ : ⇨ encephalo-〛 ──「病的[先天的]に…の状態の脳をもった状態[胎児]」の意の名詞連結形: micr*encephalus*.

en·chain [ɪntʃéɪn, ən-, en- | ɪn-, en-] 〚ME *encheine(n)* □ (O)F *enchaîn-er* ← EN-¹＋*chaîner* 'to CHAIN'〛 ── *vt.* **1** (鎖で)つなぐ (chain up); 束縛する (fetter): He was never ～*ed* by rules. 規約に束縛されることはなかった. **2** 〈人の注意・感情などを〉引き付けておく (rivet): His song ～*ed* a thousand hearts. 彼の歌は千人もの人の心をしっかりとらえた. **～·ment** *n.*

en·chaîne·ment [ɑ̃ː(n)ʃenmά:(ŋ), ɔ̃ː(n)ʃenmɔ́ː(ŋ), ὰːnʃeɪnmάːŋ, ɔ̀(ː)nʃeɪnmɔ́(ː)ŋ, -ʃen-; *F.* ɑ̃ʃɛnmɑ̃] 〚□ F ～ : ⇨ ↑, -ment〛 ── *n.* (*pl.* **～s** [～z; *F.* ～]) 〖バレエ〗アンシェーヌマン《バレエの一連の組み合わされたステップ》.

en·chant [ɪntʃǽnt, en- | ɪntʃάːnt, en-] 〚《c1378》*enchaunte(n)* □ (O)F *enchant-er* < L *incantāre* to chant a magic formula against ← IN-¹＋*cantāre* to sing : ⇨ chant〛 ── *vt.* **1** 魔法にかける (bewitch). **2** うっとりさせる (enrapture), …の心を奪う, 魅する: be ～*ed with* [*by*] …に魅せられる, うっとりとなる / He was ～*ed at* this offer. この申し出に大喜びした.

en·chánt·ed [-tɪd, -təd | -tɪd, -təd] *adj.* **1** 魔法にかけられた (bewitched): an ～ castle. **2** 魔力をもった: an ～ amulet 魔よけのお守り.

en·chánt·er [-tə | -tə(r] 〚《c1290》～, *enchauntour* □ OF *enchanteor* (F *enchanteus*) < LL *incantātōrem* : ⇨ enchant, -er¹〛 *n.* **1** 魅惑する者. **2** 魔法使い.

enchánter's níghtshade *n.* 〖植物〗タニタデ《北半球温帯産のアカバナ科タニタデ属 (*Circaea*) の多年草; 花は小さく, 刺の多い実をつける》.

en·chánt·ing [-tɪŋ | -tɪŋ] *adj.* 魅惑的な, うっとりとさせる[悩殺する]ような (fascinating, charming): an ～ figure, smile, etc. **～·ly** *adv.*

en·chánt·ment 〚《c1290》*enchauntement* □ (O)F *enchantement* < L *incantāmentum* incantation ← *incantāre* : ⇨ enchant, -ment〛 ── *n.* **1** 魔法を使う[かける]こと; 魅惑状態, うっとりとしたさま. **2** うっとりさせるもの, 魅力: Distance lends ～ to the view. 遠くから見ると景色が魅力的になる.

en·chant·ress [ɪntʃǽntrɪs, ən-, en-, -trəs | ɪntʃάːnt-, en-] 〚《c1380》*enchaunteresse* □ (O)F *enchanteresse* : ⇨ enchanter, -ess¹〛 ── *n.* **1** 魔法使いの女 (sorceress). **2** 魅惑的な女: a little ～《戯言》かわいい少女.

en·chase [ɪntʃéɪs, ən-, en- | ɪn-, en-] 〚《1463》□ (O)F *enchâsser* ← 'EN-¹'＋*châsse* 'CASE²' (< L *capsa* box)〛 ── *vt.* **1** 〈宝石などを〉〔…に〕ちりばめる, はめる (set) 〔*in*〕; 〔宝石などを〕…にちりばめる〔*with*〕: ～ a gem *in* a setting 宝石を台にはめる / ～ a gold ring *with* jewels 金の指輪に宝石をはめる. **2** …に〔…の浮彫[象眼, 彫刻]を施す〔*with*〕; 〈模様などを〉〔…に〕彫り込む (engrave) 〔*on, in*〕: His armor was ～*d with* gold. 彼のよろいは金を象眼してあった.

en·chi·la·da [èntʃəlάːdə, -lǽdə | -tʃɪlάːdə] 〚□ Sp. ～ (fem. p.p.) ← *enchilar* to season with chili ← EN-¹＋*chile* 'CHILI'〛 ── *n.* エンチラーダ《とうがらし (chili) をきかせて調味した肉や野菜を詰めたトルティーヤ (tortilla) の応用料理》.

en·chi·rid·i·on [ènkaɪrɪ́diən, èŋ-, -kɪr-, -kər-, -diὰn | ènkaɪ(ə)rɪ́diən, -dɪɔ̀n] 〚《c1445》□ LL ～ □ Gk *egkheirídion* ← EN-²＋*kheír* hand＋*-idion* '-IDIUM' : ⇨ chiro-〛 ── *n.* (*pl.* **～s, -i·a** [-diə | -dɪə]) 手引書, 便覧.

en·chon·dro·ma [ènkəndróʊmə, èŋ- | -kɔndrә́ʊ-] 〚← NL ～ ← EN-²＋Gk *khóndros* cartilage (⇨ chondro-)＋-OMA〛 ── *n.* (*pl.* **～s, ～·ta** [～tə | ～tə]) 〖病理〗内軟骨腫. **en·chon·drom·a·tous** [ènkəndrάmətəs, èŋ-, -dróʊm- | -kɔndrɔ́mət-] *adj.*

en·cho·ri·al [enkɔ́ːriəl, eŋ-, -kóːr- | -kɔ́ːrɪ-] 〚← Gk *egkhṓrios* of or in the country, native (← EN-²＋*khōrā* place)＋-AL¹〛 ── *adj.* **1** 〖考古〗＝demotic 2. **2** 〈古代エジプトの民衆文字 (demotic writing) が〉ある地方[国]特有の; ある特別な地方[国]で用いられた. **3** 《まれ》その地方特有の: the ～ tradition. 「chorial.

en·chor·ic [enkɔ́(ː)rɪk, eŋ-, -kάr- | -kɔ́r-] *adj.* ＝

-en·chy·ma [éŋkəmə | -kɪ-] 〚← NL ～ ← (PAR)ENCHYMA〛 (*pl.* **～·ta** [～tə | ～tə], **～s**) 〖医学〗「…の組織」の意の名詞連結形: coll*enchyma*.

-en·chyme [́― ɪnkàɪm, -ən-, éŋkaɪm, én- | ́― ɪnkàɪm, éŋkaɪm, én-] ＝-enchyma.

en·ci·na [ɪnsíːnə, ən-, en- | ɪn-, en-] 〚□ Am.-Sp. ～ □ LL *īlicīna* holm oak ← L *ilex* 'ILEX'〛 ── *n.* 《米》〖植物〗**1** カシワの一種 (*Quercus virginiana*)《live oak ともいう》. **2** ＝California live oak.

en·cinc·ture [ɪnsɪ́ŋ(k)tʃə, ən-, en- | ɪnsɪ́ŋ(k)tʃə(r, en-] 〚← EN-¹＋CINCTURE〛 ── *vt.* …に(帯などを)めぐらす, 取り巻く: a lake ～*d* by a dark forest 暗い森に囲まれた湖. ── *n.* 《まれ》取り巻いていること; 囲い地.

en·ci·pher [ɪnsáɪfə, ən-, en- | ɪnsáɪfə(r, en-] 〚← EN-¹＋CIPHER〛 ── *vt.* 〈メッセージ・通信文などを〉暗号に変える (↔ decipher). **～·er** [-fərə | -rə(r] *n.* **～·ment** *n.*

en·cir·cle [ɪnsә́ːkḷ, ən-, en- | ɪnsә́ː-, en-] 〚← EN-¹＋CIRCLE (n.)〛 ── *vt.* **1** 取り巻く; 〔…で〕取り囲む (surround, encompass) 〔*with, by*〕: Mist ～*d* the island. 島はすっぽりと霧に包まれていた / Japan is ～*d by* the sea. 日本は海に囲まれている / a lake ～*d with* [*by*] woods 森に囲まれた湖水. **2** 一周する: ～ the globe 地球を一周する. **3** 〖軍事〗〈敵を〉全周包囲する, 包囲する (cf. envelop *vt.* 2).

en·cír·cle·ment 〚⇨↑, -ment〛 *n.* 〖外交〗(一国または数国による他国の)孤立化, 封じ込め.

encl. 《略》enclosed; enclosure.

en clair [ɑ̃ː(ŋ)-kléə, ɔ̃ː(ŋ)-, ɔ(ː)ŋ- | -kléə(r; *F.* ɑ̃klɛːʀ] 〚□ F ～《原義》in clear : ⇨ en², clear〛 *F. adv., adj.* 〈外交上の電文が〉(暗号でなく)普通文で[の].

en·clasp [ɪnklǽsp, ən-, en- | ɪnklάːsp, en-] 〚← EN-¹＋CLASP〛 *vt.* 握る, つかむ (clasp); 抱きしめる: He ～*ed* her in his arms. 彼女を両腕に抱きしめた.

en·clave [énkleɪv, άːn-, άːŋ-, -klɑːv | énkleɪv, éŋ-, ― ́―; *F.* ɑ̃klaːv] 〚《1868》□ F ～ (p.p.) ← *enclaver* to shut in < VL **inclāvāre* ← IN-¹＋L *clāvāre* to nail up (← *clāvis* key)〛 ── *n.* **1** 〖政治〗飛び領土, 包領《大部分または全部他国の中に入り込んでいる自国の領土; 都市の中の特定の民族が住んでいる部分についてもいう; cf. exclave》. **2** 孤立した小数集団. **3** 〖医学〗包入物《正常な組織・器官から遊離して他所に封入された部分[物]》. **4** 〖植物〗大群落の中に孤立する小さい植物群落《多く残存性》.

en·clit·ic [enklɪ́tɪk, ɪn-, eŋ-, ɪŋ- | ɪnklɪ́tɪk, ɪŋ-, en-] 〚《1656》□ LL *encliticus* □ Gk *egklitikós* that leans its accent on the preceding word ← *egklínein* to cause to incline ← EN-²＋*klínein* 'to LEAN' : ⇨ -ic¹〛 〖文法〗 ── *adj.* 〈語が〉前接的な《自らにアクセントがなくて直前の語の一部のように発音される; ↔ proclitic》. ── *n.* 前接語, 前接辞 (enclitic word)《cannot の not, prithee の thee など》. **en·clít·i·cal·ly** *adv.*

en·close [ɪnklóʊz, ən-, en- | ɪnklә́ʊz, ɪŋ-, en-] 〚《?1348》← (O)F *enclos(e)* (p.p.) ← *enclore* < VL **inclaudere* (L *claudere* to shut の影響による変形) ← L *inclūdere* 'to INCLUDE' : ⇨ en-¹, close¹ (v.)〛 ── *vt.* **1** (取り)囲む; 〔垣・壁などで〕囲う〔*with*〕; …に囲いをする: ～ a letter *with* a circle 文字を丸で囲む / a small ～*d* garden 塀をめぐらした小さな庭園 / A broad fence ～*d* our property. 地所を広い垣が取り囲んでいた / The house is ～*d with* walls. その家は塀で囲まれている. **2** 〈小農地・公有地などを〉(私有の大農地にするために)囲い込む (⇨ enclosure 6). **3** 〔手紙・小包などに〕同封する, 封入する〔*with*〕; 〈手紙が〉〈他の物を〉同封している: ～ a letter *with* another 手紙を他の手紙の中に同封する / ～ a check 小切手を同封する / *Enclosed* please find a P.O. for a thousand yen. 千円の郵便為替を封入致しておきますからお受け取り下さい / His letter ～*d* another. 彼の手紙には手紙がもう一通はいっていた. **4** 〖カトリック〗(修道院などで)〈人・建物などを〉禁域[禁入]制のもとにおく, 禁区として区切る: ～ the chapel 礼拝堂を禁域制のもとにおく. **5** 〖数学〗〈図形が〉〈図形を〉囲む; 〈集合が〉〈集合を〉含む.

enclósed árc làmp *n.* 〖電気〗閉鎖アーク灯.

en·clós·er *n.* 囲い込む人; (特に, 公有地を私有地に)囲い込む人.

en·clo·sure [ɪnklóʊʒə, ən-, en- | ɪnklә́ʊʒə(r, ɪŋ-, en-] 〚□ OF ～ ← *enclos* : ⇨ enclose, -ure〛 ── *n.* **1** 包囲, 囲うこと. **2** (公有地から私有地を分離して)囲い込むこと. **3** 囲われたもの, 囲い地, 構内; (競馬場内の有資格者だけ入れる)特別区域: the Royal *Enclosure* 王室特別区域. **4** 囲うもの, 囲い, 垣, 柵, 塀. **5** (手紙の)同封物, 封入物. **6** 〖経済〗綜劃(そうかく), エンクロージャー, 囲い込み《英国で 15–18 世紀にわたって行なわれた農業革命で, 大地主が分散している所有地を売買または交換により一個所に集中して囲い込んだこと》. **7** 〖カトリック〗(修道院などの)禁域《修道士の住居として区切った部分》; 禁域制.

enclósure àct *n.* 〖英法〗囲い地法《共有地などを私有地とすることの許可に関する法令》.

en·clothe [ɪnklóʊð, ən-, en- | ɪnklә́ʊð, en-] 〚← EN-¹＋CLOTHE〛 *vt.* …に着物を着せる (clothe).

en·cloud [ɪnkláʊd, ən-, en- | ɪn-, en-] 〚← EN-¹＋CLOUD (n.)〛 *vt.* 雲に包む, 雲でおおう; さえぎる, 曇らせる (overshadow).

en·code [ɪnkóʊd, ən-, en- | ɪnkә́ʊd, en-] 〚← EN-¹＋CODE (n.)〛 ── *vt.* **1** 〈伝達内容を〉符号[記号]化する; 〈普通文を〉暗号に書き直す. **2** 〖電算機〗符号化する (↔ decode). **en·cód·ing** *n.*

en·cód·er *n.* **1** 暗号器. **2** 〖通信・電算機〗符合器, エンコーダー《送信内容を定められたルールに従い符号化する装置; cf. decoder 2》.

en·coi·gnure [ɪnkɔ́ɪnjə, ən-, ɑ̃ː(ŋ)-, ɑːŋ-, -kɔ́ɪn- | ɪnkɔ́ɪnjə(r, ɑ̃ː(ŋ)-, ɔ̃ː(ŋ)-, ɑːŋ-, ɔ(ː)ŋ-, -kɔ́ɪn-; *F.* ɑ̃kɔɲyːʀ] 〚□ F ～ ← OF *encoignier* to put into a corner : ⇨ en-¹, coign¹, -ure〛 ── *n.* (*pl.* **～s** [～z; *F.* ～]) (部屋の隅に置く背の低い)三角(戸)棚.

en·col·pion [enkɔ́(ː)lpjɔ(ː)n, -kóulpiən | -kɔ́lpjɔn, -piən] 〖□MGk *enkólpion*←Gk *enkólpios* of the bosom←EN-[2]+*kólpos* bosom〗 ── *n.* (*pl.* **-pia** [-pjɑː]) 〖東方正教会〗胸間聖像《通例, 聖母か救主の像で, 主教が胸にかける; panagia ともいう》.

encomia *n.* encomium の複数形.

en·co·mi·ast [enkóumiæ̀st, ɪn-, ən-, -miəst | enkóumiæ̀st, eŋ-] 〖《1610》□Gk *egkōmiast-ḗs*: ⇨ encomium〗 ── *n.* 賛辞を送る人, 称賛者, 賛美者 (eulogist); こびへつらう者.

en·co·mi·as·tic [enkòumiǽstɪk, ɪn-, ən- | enkəʊmɪ-, eŋ-] 〖《1599》: ⇨↑, -ic[1]〗 *adj.* 称賛[賛美]する; 追従(ついしょう)の.

en·co·mi·en·da [enkòumiéndə, -kùm-, ènkəmjén- | enkəʊmɪ-, -kɔ̀m-, ènkəmjén-; *Sp.* enkomjénda] 〖□Sp. ~: ⇨ en-[1], commend〗 ── *n.* (*pl.* **~s** [~z; *Sp.* ~s]) エンコミエンダ《昔, スペインがラテンアメリカ植民者に, 貢税・労役の一部使用を許し, インディアン住民を管理かつ教化させた労働力確保の制度》; その領域[住民].

en·co·mi·um [enkóumiəm, ɪn-, ən- | enkə́umjəm, eŋ-, -miəm] 〖《1589》□L *encōmium*□Gk *egkṓmion* eulogy (neut.)←*egkṓmios* belonging to a Bacchic revel←EN-[2]+*kômos* feast, merrymaking: cf. comedy〗 ── *n.* (*pl.* **~s, -mi·a** [-miə | -mjə, -mɪə]) (公式の, または大仰な)賛辞 (panegyric, eulogy).

en·com·pass [ɪnkʌ́mpəs, ən-, en-, -kʌ́m- | ɪn-, ɪŋ-, en-] 〖←EN-[1]+COMPASS (n.)〗 ── *vt.* **1** 取り囲む, 取り巻く (encircle); 包囲する (hem in), 囲い込む (enclose): a castle ~*ed with* walls 壁に囲まれた城 / a path ~*ed with* perils 危難に取り巻かれた道. **2** 包む, おおう: A thick fog ~*ed* the city. 濃霧が市を包んだ. **3** 包含する. **4** 成就する, 成し遂げる: ~ a task. **5** 《廃》〈人〉の計略の裏をかく. **~·ment** *n.*

en·core [ɑ́ːŋkɔə, ɑ́ŋ-, -koə, ─́─ | ɔŋkɔ́ː(r, ─́─; *F.* ɑ̃kɔːr] 〖《1712》□F ~ 'again, besides, still, yet' < ? L *in hanc hōram* to this hour〗 ── *int.* アンコール, もう一度 (again, once more!). ★ フランス語ではこの語を使わずに Bis! という. ── *n.* (*pl.* **~s** [~z; *F.* ~]) **1** (客席からの)アンコール (Encore!) の叫び: get an ~ アンコールを受ける. **2** アンコールに応じた演奏[歌唱]: give [sing] three ~*s* アンコールで3曲奏する[歌う]. ── *vt.* **1** …のアンコールを要求する: ~ a song 今一度歌うことを所望する. **2** 〈演奏者・歌手〉にアンコールを呼び掛ける: ~ a singer.

en·coun·ter [ɪnkáuntə, ən-, en- | ɪnkáuntə(r, ɪŋ-, en-] 〖《c1300》□(O)F *encontr-er* to meet (*encontre* meeting) < VL **incontrāre*←IN-[1]+L *contrā* against〗 ── *vt.* **1** (ぱったり)…に出会う, 出くわす: ~ an old friend on the road 旧友に道でぱったり会う. **2** 〈敵〉と遭遇する, 交戦[会戦]する; (討論などで)…と渡り会う, 対抗する. **3** 〈危険・困難など〉に遭遇する: ~ dangers [a storm, opposition] 危険[嵐, 反対]に遭遇する. ── *vi.* 出くわす, 顔を合わせる; (特に)会戦する. ── *n.* **1** 〔…との〕遭遇 (casual meeting), 出会い〔*with*〕. **2** 〔…との〕会戦, 衝突, 遭遇戦〔*with*〕. **3** 対抗; 論戦; 試合 (match, contest). **4** 《米》〖精神医学〗出会い《encounter group の会合》. **5** 《廃》応対振り, 態度.

encóunter gròup *n.* 《米》〖精神医学〗エンカウンターグループ, 出会い集団《集団心理療法の一つで, メンバーが自由に自分の感情をさらけ出して, 飾らない人間同士の出会いにより自己実現を促進する》.

en·cour·age [ɪnkə́ːrɪdʒ, ən-, en- | ɪnkʌ́r-, ɪŋ-, en-] 〖《1429》*encorage(n)*□OF *encoragi-er*←EN-[1]+*corage* 'COURAGE'〗 ── *vt.* **1** [しばしば目的語+*to* do を伴って] **a** 〈…するように〉勇気[元気]づける, …に自信をもたせる (hearten): Your letter ~*s* me greatly. お手紙により私は大いに力づけられた / He ~*d* me *to* write poems. 彼が私に詩を書く自信をもたせてくれた. **b** 〈…するように〉励ます, 激励する; …に勧める, 刺激する: That will merely ~ him in his idleness. それでは彼の怠惰を助長するだけだ / The teacher ~*d* his pupils *to* study harder. 先生は生徒たちを激励してもっと勉強させた. **2** 〈成長・活動・産業などを〉促進する, 助長する: ~ tourism 観光旅行を奨励する / The mayor did a great deal to ~ commerce in the city. 市長は市の商業の奨励に大いに力を尽くした. **en·cóur·ag·er** *n.*

en·cóur·age·ment 〖⇨↑, -ment〗 ── *n.* **1** 奨励, 激励: grants for the ~ of research 研究奨励のための補助金 / take ~ from …から力を得る. **2** 奨励[激励]となる物, 刺激 (stimulus).

en·cóur·ag·ing *adj.* 激励[奨励]の, 元気づける, 励みになる, 有望な: ~ news 快報. **~·ly** *adv.*

en·crim·son [ɪnkrímzn, ən-, en- | ɪn-, ɪŋ-, en-] 〖←EN-[1]+CRIMSON〗 *vt.* 真っ赤に彩る.

en·cri·nite [éŋkrənàɪt, én- | -krɪ-] 〖《1808》←NL *encrinit-es*←EN-[2]+Gk *krínon* lily: ⇨ -ite[1]〗 *n.* 〖動物〗ウミユリ (crinoid); (特に)ウミユリの化石.

en·croach [ɪnkróutʃ, ən-, en- | ɪnkrə́utʃ, ɪŋ-, en-] 〖《?c1380》*encroche(n)*□OF *encroch-ier* to seize upon←EN-[1]+*croc(he)* hook: ⇨ crochet〗 ── *vi.* **1** 〔他人の領土などに〕(少しずつ)侵入する, 蚕食する (intrude, trespass)〔*on*〕; 〈海水などが〉〔陸地などを〕浸蝕する〔*on, upon*〕: ~ *on* [*upon*] a neighbor's land 隣の地面を蚕食する. **2** 〔他人の権利・自由などを〕侵害する〔*on, upon*〕: ~ *upon* [*on*] another's rights [privileges] 他人の権利[特権]を侵害する / ~ *upon* a person's time 邪魔をして人の時間をつぶさせる. **~·er** *n.*

en·cróach·ment 〖□AF ~: ⇨↑, -ment〗 *n.* **1** 〔領土・権利などへの〕侵害, 侵入, 侵略〔*on, upon*〕. **2** 侵略[侵蝕, 浸水]地: the ~ of the sea 海水の浸水地.

en·crust [ɪnkrʌ́st, ən-, en- | ɪn-, ɪŋ-, en-] 〖□F *incrust-er* (cf. *encroûter*)□L *incrustāre*←IN-[1]+*crusta* 'CRUST' ∥ ←EN-[1]+CRUST〗 ── *vt.* **1** 外皮[殻, かさぶた]で覆う. **2** 〈表面〉にかぶせる, ちりばめる; …に化粧張りをする: a casket ~*ed with* jewels 宝石をちりばめた小箱. ── *vi.* **1** 皮[殻]を形成する, (上部が)固まる: The snow ~*ed.* 雪の表面が固くなった. **2** かさぶたになる.

en·crus·ta·tion [ènkrʌstéɪʃən] *n.* =incrustation.

en·crúst·ment *n.* 外層, 外被, 外殻.

en·crypt [ɪnkrípt, ən-, en- | ɪn-, ɪŋ-, en-] 〖←EN-[1]+CRYPT(OGRAM)〗 ── *vt.* **1** 〈普通文を〉暗号に書き直す (encipher). **2** 記号化する, 発信する (encode). **en·cryp·tion** [ɪnkrípʃən, ən-, en- | ɪn-, ɪŋ-, en-] *n.*

en·cul·tu·rate [ɪnkʌ́ltʃərèɪt, ən-, en- | ɪn-, ɪŋ-, en-] 〖《逆成》? ←ENCULTURATION〗 *n.* 〖社会学〗〈行動などを〉文化適応させる.

en·cul·tu·ra·tion [ɪnkʌ̀ltʃəréɪʃən, ən-, en- | ɪn-, en-] 〖←EN-[1]+(AC)CULTURATION〗 *n.* 〖社会学〗文化適応[吸収]《個人を伝統的な文化に適応させる過程》.

en·cum·ber [ɪnkʌ́mbə, ən-, en- | ɪnkʌ́mbə(r, ɪŋ-, en-] 〖《a1338》*encombre(n)*□(O)F *encombr-er*←EN-[1]+*combre* hindrance (< VL **combrum* obstruction ← L *cumulus* heap: ⇨ cumber)〗 ── *vt.* **1** 〈人・動作などを〉〔…で〕邪魔する, 妨げる〔*with*〕; …の足手まといとなる (cf. cumber): His mantle ~*ed* his movement. マントを着ていたので動作が不自由になった / He is ~*ed with* a large family. 大家族という足手まといがある. **2** 〈場所を〉〔妨害物で〕ふさぐ〔*with*〕: a room ~*ed with* useless furniture 不用な家具でごちゃごちゃの部屋. **3** 煩わしくする, 〔重荷などで〕押しつぶす〔*with*〕: He was ~*ed with* parcels. 包みをかかえ込んでいた / be ~*ed with* cares [doubts] 心配事[疑惑]に煩わされる. **4** 〔負債・債務を〕〈人・土地〉に負わせる〔*with, by*〕: His large estate was ~*ed by* mortgages. 彼の広い土地は抵当権がついていた / He is ~*ed with* debts. 借金を背負っている. **~·ment** *n.*

en·cum·brance [ɪnkʌ́mbrəns, ən-, en- | ɪn-, ɪŋ-, en-] 〖《?a1300》□OF *encombrance*: ⇨↑, -ance〗 ── *n.* **1** 邪魔物, 余計なもの, 厄介物 (impediment). **2** 〖法律〗不動産上の負担[債務]《抵当権など》: an estate freed from all ~*s* 全然抵当にはいっていない地所. **3** (子供などの)足手まとい, 係累: a man without ~*s* 子供のない男 / His son was an ~ *to* him. 彼の息子は彼の足手まといになっていた.

en·cúm·branc·er *n.* 〖法律〗抵当権者, (不動産上の)負担の権利者.

ency. 《略》encyclopedia.

-en·cy [ənsi, n̩si | -sɪ] 〖□L *-entia*: ⇨ -ence, -y[1]〗 *suf.* 性質・状態を表わす名詞語尾: coher*ency*, consis*tency*, depend*ency*.

Ency. Brit. 《略》Encyclopaedia Britannica.

encyc. 《略》encyclopedia.

Encyc. Brit. 《略》Encyclopaedia Britannica.

encycl. 《略》encyclopedia.

en·cyc·lic [ɪnsíklɪk, ən-, en- | en-, ɪn-] *n., adj.* =encyclical.

en·cyc·li·cal [ɪnsíklɪkəl, ən-, en-, -lə- | ensíklɪ-, ɪn-] 〖《1616》←LL *encyclicus*□Gk *egkúklios* circular, in a circle, general ←EN-[2]+*kúklos* 'circle, CYCLE': ⇨ -al[1]〗 ── *n.* 同文[一般]通達《特に, ローマ教皇が世界の全司教 (bishops) に送る回勅》. ── *adj.* 一般に送る, 同文通達の: an ~ letter of the Pope 教皇の同文通達.

en·cy·clo·pe·di·a [ɪnsàɪkləpíːdiə, ən-, en- | ensàɪklə(u)píːdjə, ɪn-, ènsaɪk-, -dɪə] 〖《1531》□ML ~ □pseudo-Gk *egkuklopaideia* ←*egkúklios paideía* general education: ⇨ encyclical, cyclopedia〗 ── *n.* (*also* **en·cy·clo·pae·di·a** [~]) **1** 百科事典, 百科全書: the *Encyclopaedia* Britannica ブリタニカ百科事典《1768–71 年初版発行の世界最大の百科事典の一つ》. **2** (専門)事典: an ~ of gardening=a gardening ~ 園芸事典 / a walking ~ 生き字引. **3** [the E-] 百科全書 (1751–65)《フランス革命の少し前に Diderot, d'Alembert 等によって著わされ, 啓蒙的な内容はフランス革命の前ぶれとなった》. **4** 学問[知識]全般, 教育(課程)全般.

en·cy·clo·pe·dic [ɪnsàɪkləpíːdɪk, ən-, en- | ensàɪklə(u)píːdɪk, ɪn-, ènsaɪk-] 〖⇨↑, -ic[1]〗 ── *adj.* 百科事典[全書]的な; 知識の広い, 博学な: He has an ~ memory for trivia. 彼は些細なことを百科事典的に記憶していた / His knowledge was ~. 彼の知識は百科全書的であった.

en·cỳ·clo·pé·di·cal [-dɪkəl, -də- | -dɪ-] *adj.* =encyclopedic.

en·cỳ·clo·pé·dism [-dɪzm] 〖←ENCYCLOPED(IA)+-ISM〗 *n.* **1** 百科事典的知識. **2** [しばしば E-] フランスの百科全書派の主張[影響].

en·cỳ·clo·pé·dist [-dɪst, -dəst | -dɪst] 〖←ENCYCLOPED(IA)+-IST〗 ── *n.* **1** 百科事典[全書]編集者. **2** **a** [しばしば E-] (18 世紀の)フランス百科全書編集者[執筆者]. **b** 百科全書家.

en·cyr·tid [ɪnsə́ːtɪd, ən-, en-, -ṭəd | ɪnsə́ːtɪd, -təd] 〖←ENCYRTIDAE (↓)〗 *adj.* 〖昆虫〗トビコバチ(科)の. ── *n.* 〖昆虫〗トビコバチ《トビコバチ科のハチの総称》.

En·cyr·ti·dae [ɪnsə́ːṭədìː, ən-, en- | ɪnsə́ːtɪ-, en-] 〖←NL ~←*Encyrtus* (属名: ←Gk *egkurtós*: ⇨ en-[2], cyrto-)+-IDAE〗 *n. pl.* 〖昆虫〗(膜翅目)トビコバチ科.

en·cyst [ɪnsíst, ən-, en- | ɪn-, en-] 〖←EN-[1]+-CYST〗 〖生物〗 ── *vt.* 包嚢(ほうのう) (cyst) に包む: ~ itself 包嚢を被(かぶ)る / ~*ed* venom 包嚢毒《嚢に包まれた毒》. ── *vi.* 包嚢に包まれる. **en·cys·ta·tion** [ènsɪstéɪʃən, ɪnsɪs-, ən-, en- | ènsɪs-] *n.*

en·cýst·ment *n.* 〖生物〗包嚢形成.

end[1] [énd] 〖*n.*: OE *ende* < Gmc **andjō* (Du. *einde* / G *Ende* / Goth. *andeis*) ← IE **anti-*, **anta-* opposite, end (Gk *anti* against / L *ante* before / Skt *anta* end). ── *v.*: OE *endian* < Gmc **andjōjan* (Du. *einden* / G *enden*) ← **andjō* (n.): cf. ante-, until〗 ── *n.* **1** **a** (細長い物の)端, 先端, 末端; (広がりのある物の)狭い端, 末端部: the ~ *of* a line [string] 線[糸]の端 / the front ~ of a plane 機首 / both ~*s of* the table 食卓の両端 / the deep ~ (水泳プールの)一番深い端《飛込み台のある所》/ the ~ *of* a field 畑の端 / at the other ~ *of* the street 街路の向う端に / the other ~ *of* the room 部屋の突き当たり[向う側の端] / the voice at the ~ (電話の)相手の声 / ⇨ *the* ENDS *of the earth* / step on the ~ *of* a cat's tail 猫のしっぽの先を踏む / from ~ to ~ 端から端まで. **b** (特定の用途をもつ)端: a shoemaker's ~ 靴屋が用いる剛毛のついたひもの切れ端 / stand a barrel on its ~ 樽を直っすぐに立てる / light the wrong ~ *of* a cigarette (誤って)たばこの吸い口に火をつける / begin at the wrong ~ 手始めからやりそこなう, 出発点を誤る / at the ~ *of* a barrel of a gun 銃を突きつけて / ⇨ big end. **c** (都市の)中心部からはずれた地域; (個人の土地の)一角: the fashionable ~ *of* town 場末の繁華街 / ⇨ East End, West End.

2 **a** (知力・忍耐などの)限り, 際限, 極限, 限度 (limit): at the ~ *of* one's patience それ以上辛抱し切れないで / without ~ 果てしのない, 果てしなく / at one's wits' [wit's] ~ ⇨ wit[2] 成句 / He had reached the ~ *of* endurance. 忍耐の限度に達していた / There's an ~ *of* it. それだけのことだ《もう言うことは何もない》/ If we grant every wish of his, there's no ~ *to* it. 言うことを一々聞いていては際限がない. **b** [the ~]《口語》どうにも我慢のならない人[物] (the limit): You simply are *the* ~! もう君には全く我慢がならない. **c** [the ~]《米俗》最高, 極致 (acme): His performance was *the* ~! 彼の演技はまさに至芸であった.

3 **a** (時間・期間などの)終り, 末 (close), 末期 (latter part): the ~ *of* a year, an hour, etc. / near the ~ *of* the century その世紀の終り頃に / one's journey's ~ 旅路の果て, 旅行の目的地 / at the ~ 最後に(は) / at the latter ~ 末期に, 末頃に / to the ~ *of* time いつまでも / to the very ~ ぎりぎりの最後まで. **b** (手紙・物語・出来事などの)末尾, 終り, 結末: at the ~ *of* a letter 手紙の末尾に / near the ~ *of* the first movement 第一楽章の終り近くに[で] / What will be the ~ *of* all this? 一体これはどうなることだろう. **c** (存在・行為などの)終止, 終局; 廃止; 滅亡, 死: bring…to an ~ …を終らせる, …の幕を閉じる / make an ~ of …を終らせる / have an ~ 終りになる / the ~ *of* life 人生の終り, 死 (cf. 5 a) / the ~ *of* one's life=one's life's ~ 末期(まつご) / be near one's ~ 死期に近い / That night he met a horrible ~. その夜彼は非業の死をとげた. **d** 破滅[滅亡]のもと: You'll be the ~ *of* me. お前は私の命取りになるだろう.

4 結局, 結果 (result); 行く末: the ~ of that man あの男の行く末 / come to a happy [sad] ~ 首尾よく[悲しい結果に]終る / come to a bad ~ 悲惨な結果になる, 破滅する / I labored to no ~. 働いた結果が徒労に終った.

5 **a** 目的, 目当て (aim, object): a means to an ~ 目的を達する一つの手段 / gain [attain] one's ~*s* 目的を達する / have an ~ in view 目論見(もくろみ)を抱いている / the final ~ of the universe 宇宙[世界]の窮極目的 / the ~ *for* which man exists 人間生存の終極の目的 / *for* political ~*s* 政治目的のために / *for* [*to*] this [that] ~ この[その](目的の)ために / to the ~ that… 《古》…するために / To him perfection is the ~ of life. 彼にとっては完全が人生の目的である (cf. 3 c) / The ~ justifies the means. 《諺》目的は手段を正当化する. **b** 〖哲学〗目的.

6 **a** [通例 *pl.*] 端切れ, 残片, くず: cigarette ~*s* 巻きたばこの吸い殻 / ⇨ ODDS *and ends*. **b** (綱の結節から)先の余り端(の部分).

7 部分, 分担 (side, share); (事業などの)部門, 担当分野, 面: the consumer ~ of the food distribution system 食料流通制度の消費者側 / How about your ~ of it? 君の方はどうかね.

8 **a** 〖アメリカンフットボール〗エンド《ラインズメン両翼の競技者でパスを受けられるプレーヤー; その位置》. **b** 〖クリケット〗(ピッチの両端にある)三柱門 (wicket) (の片方)《特に, 打手が打撃中の時にいう; cf. pitch[2] 9》.

9 (ボウリング・カーリングなどの) 1 イニング, 1 回.

10 〖アーチェリー〗標的地点; (1 回の競射で射手に許される)矢数《英国では 3 本, 米国では 6 本》.

11 (ドミノの牌の)左[右]半部.

12 〖紡織〗(織物の)経糸(たていと) (warp).

all ends up 完全に, 徹底的に (thoroughly): beat a person *all* ~*s up* 人を完膚なきまでに打ちのめす / think a thing over *all* ~*s up* 物事を徹底的に考える. ***at a loose end*** [《米》***ends***] ⇨ loose end 成句. ***at an end*** 使い切って; 終って. ***at an idle end*** 《古》(仕事や用がなくて)ぶらぶらして (cf. *at a* LOOSE END). ***at***

the end of** one's **row 《米》疲れ果てて; 切羽(せっぱ)詰まって. ***at the end of the day*** とどのつまり, 結局(は) (after all). ***change ends*** (1) (テニス・サッカーなどで)〈選手・チームが〉コート[サイド]チェンジする, エンドを替える; (クリケットで)〈投手 (bowler) が〉投球位置を反対側に変える. (2)〖狩猟〗〈猟犬が追ってきた臭跡を後戻りする. ***choose ends*** (テニス・サッカーなどで)〈選手・チームが〉(銭を投げたりして)コート[フィールド]のどちら側 (half) かを選ぶ; (クリケットで)〈投手が〉どちらか好きな方の投球位置を選ぶ. ***come out at the little end of the horn*** 大ぼらを吹いたあとで尻すぼみになる[失敗する]. ***come to an end*** (使い切って)なくなる; 終る. ***end for end*** 逆に, さかさに: turn a thing ~ *for* ~ 物を引っくり返す / turn a telescope ~ *for* ~ 望遠鏡をさかさに見る. ***end on*** (1) 先端を前向きに. (2)〖海事〗真っ向に, 船首[船尾]をまともに向けて (cf. BROADSIDE *on*). ***end to end*** 端と端を(縦に)つないで: put two things ~ to ~. ***end up*** 一端を上にして. ***get*** [***have***] ***hold of the wrong end of the stick*** (物事を)誤解する, 取り違える, 勘違いする. ***go off*** [***go in off, go off at, go in at***] ***the deep end*** 〘《原義》水泳プールの端の最も深い所 (deep end) に飛び込んで深みにはまる: 第一次大戦の軍隊俗語から〙《口語》(1) (ちょっとした事で)自制を失う, ひどく怒り出す[興奮する]. (2) むちゃな[無謀な]ことをする. (3) 抜き差しならぬ破目に陥る. ***go to great ends*** 《米》全力を尽くす. ***have at*** one's ***fingers'*** [***finger***] ***ends*** ⇨ finger 成句. ***in the end*** 最後に, ついに, 結局: He grew quite fond of her *in the* ~. 結局彼女のことがとても好きになった. ***keep*** [***hold***] one's ***end up*** = ***keep*** [***hold***] ***up*** one's ***end*** 《口語》(1) 責任を果たす, 立派にやってのける. (2) (抵抗や不利に対して)頑張り通す, 負けないでいる. ***make*** (***both***) ***ends meet*** =《英》***make two ends meet*** 〘cf. F *joindre les deux bouts*〙収支を合わせる, 借金をしないで暮らす. ***no end*** 《口語》とても, ひどく: I'm *no* ~ glad. とてもうれしい / He helped me *no* ~. どれほど私の力になってくれたか知れない. ***no end of*** 《口語》(1) 際限ない, とてもたくさんの: have *no* ~ *of* money [friends] 金[友人]は幾らでもある / After *no* ~ *of* trouble, he gained his end. さんざん苦労したあげく目的を達した. (2) すばらしい, すてきな: He is *no* ~ *of* a fellow. すてきな奴だ / She is *no* ~ *of* a handreader. 手相を見るのがとてもうまい / I had *no* ~ *of* a time. すばらしく愉快だった. (3) ひどい, 途方もない / He is *no* ~ *of* a fool. 途方もないばかだ. ***on end*** (1) 直立して: put a thing *on* ~ 物を立てる / make a person's hair stand *on* ~〈話などが〉(恐怖などのため)髪をさか立たせる. (2) 立て続けに (continuously): It rained five days *on* ~. 5日間続けて雨が降った / right [straight] *on* ~ 打ち続いて, すぐあとから; 直ちに. ***play both ends against the middle*** 両者を争わせて漁夫の利を占める. ***put an end to*** …を終らせる; …を廃止する; …を滅ぼす. ***the dirty end*** (***of the stick***)《口語》(物事の)厄介[いや]な部分; 不利な立場; 不当な扱い. ***the end of*** one's ***tether*** [***rope***] (方策・能力・根気などの)極限, 限界: (be) at *the* ~ *of one's tether* 行き詰まって(いる); もはや我慢がならなくなって(いる) / come to *the* ~ *of one's tether* 行き詰まる, 万策尽きる. ***the end of the road*** 行き詰まり, 窮地: It will be *the* ~ *of the road for* him. それで彼もおしまいだ. ***the end of the world*** (1) この世の終り: to *the* ~ *of the world* この世の終りまで. (2) 大災害; 大変な事, 重大な事. ★ (2) は次の表現で用いる: It isn't [wouldn't be] *the* ~ *of the world.* そんな事は何も大騒ぎするほどのことではない《大した事ではない》. ***the ends of the earth*** 地の果て: I would go with him to *the* ~*s of the earth.* 彼と一緒なら地の果てまでも[どんな遠い所へでも]行ってよい. ***to the bitter end*** ⇨ bitter end². ***wrong end foremost*** 逆に, あべこべに: He has a bad habit of telling his stories *wrong* ~ *foremost.* 彼は話の順序をあべこべにするという悪い癖がある. **end of steel** 《カナダ》鉄道線路の端; 終点.

— *vt.* **1** 終える; …に結末をつける; …の終りとなる (terminate): He ~*ed* his days in poverty. 貧困のうちに一生を終えた / That ~*ed* the discussion. それで討議が終りになった. **2** …の端に〔…を〕つける, の先端を〔…で〕飾る〔*with*〕: a cane ~*ed with* an iron ferrule 先端に鉄の石突きをつけたステッキ. **3** 消滅させる, 殺す (kill): ~ one's own life 自ら生命を絶つ / A strong blow behind the skull ~*ed* him. 後頭部に強い一撃をくらって息絶えた. **4** [通例 *to* ~ として形容詞句を成して]〈すべての同種のものを〉凌(しの)ぐ (surpass): It was a dinner *to* ~ all dinners. 全くまたとないご馳走だった. — *vi.* **1** 終る, 終了する: When does this class ~? この授業は何時に終りますか / The road ~*ed in* a field. その道の果ては畑だった / The play ~*ed with* the reappearance of the long-lost heir. 劇は長いこと行方不明だった後継者が現われるところで終った / Her letter ~*ed on* a more cheerful note. 彼女の手紙はもっと明るい調子で終っていた. **2** 行動を終える; 語を結ぶ: He ~*ed with* these words. こう言って話を終った / They ~*ed by* settling down in the cottage. おしまいにはその田舎家に腰を据えることになった. **3** 〔…に〕終る, 終りが〔…と〕なる〔*in*〕: ~ *in* smoke 煙に終る; 結果がだめになる,〈計画などが〉立消えになる / The match ~*ed in* a draw. 試合は引分けに終った / The marriage ~*ed in* separation. 結婚は別居に終った. **4** 死ぬ: He ~*ed in* a traffic accident. 交通事故に会って生涯をとじた. ***end it*** (***all***)《口語》自殺する. ***end off*** 〈演説・本などを〉結ぶ; (急に)終る: There he ~*ed off* his lecture. そこで彼は講演の結びとした / The path ~*ed off* abruptly. その小道はぷっつりと絶えた. ***end up*** (1)《口語》終りとなる; 最後には〔…に〕なる, ついには〔…に〕至る〔*in, with, as*〕: I ~*ed up in* my father's business. 結局父の事業を受け継いだ / The dinner ~*ed up with* ice cream and coffee. 晩餐はアイスクリームとコーヒーで終った / He ~*ed up as* President of the University. 最後には大学の学長となった. (2)〈文などを〉終える, 閉じる. ***mend or end*** ⇨ mend 成句.

end² [énd] 〘? OE *innian* to lodge, put up〙 *vt.* 《英方言》〈干し草・穀物などを〉納屋に入れる.

end- [end] (母音の前に来る時の) endo- の異形: *end*amoeba.

énd·àll *n.* 終結, 大団円; 大団円をもたらすもの.

en·dam·age [ɪndǽmɪdʒ, ən-, en- | ɪn-, en-] 〘ME *endamage(n)*: ⇨ en-¹, damage〙 *vt.* …に損失[危害]を与える.

end·a·moe·ba [èndəmíːbə] 〘← NL ~: ⇨ endo-, amoeba〙 *n.* (*pl.* **-moe·bae** [-biː], **~s**)〖動物〗エンドアメーバ《主に昆虫に寄生するアメーバ》. **end·a·moe·bic** [èndəmíːbɪk] *adj.*

end·an·ge·i·tis [èndændʒiáɪtɪs, -təs | -dʒiáɪtɪs] 〘← ENDO-＋*angeitis* (⇨ angio-, -itis)〙 *n.*〖病理〗血管内膜炎.

en·dan·ger [ɪndéɪndʒə, ən-, en- | ɪndéɪndʒə(r, en-] 〘ME: ⇨ en-¹, danger〙 — *vt.* 危険に陥らせる, 危険[危機]にさらす, 危うくする: ~ one's life 生命を危うくする / The country is ~*ed* by a conspiracy. その国は謀反(むほん)のために危機にさらされている. **~·ment** *n.*

en·dán·gered *adj.*〈動・植物が〉絶滅の危機にさらされた, 絶滅寸前の: an ~ mammal 絶滅の危機にさらされた哺乳動物 / ~ species 絶滅寸前の種.

Endángered Spécies Àct *n.* [the ~] 動物保護法.

end·a·or·ti·tis [èndeɪɔətáɪtɪs, -təs | -ɔːtáɪtɪs] 〘← ENDO-＋AORTA＋-ITIS〙 *n.*〖病理〗大動脈内膜炎.

en·darch [éndɑək | -dɑːk] 〘← ENDO-＋-ARCH²〙 *adj.*〖植物〗内原型の《顕花植物の茎・葉などのように後生木部が外方へ発達する; cf. exarch², mesarch 1》.

énd aròund *n.*〖アメリカンフットボール〗エンドアラウンド《エンドがクォーターよりボールをハンドオフされスクリメージライン内側を通り前進するトリックプレー》.

end·ar·te·rec·to·my [èndɑəṭəréktəmi | -dɑːtɪrék-təmɪ] 〘← ENDARTER(IUM)＋-ECTOMY〙 *n.*〖外科〗動脈内膜除去(術).

endarteria *n.* endarterium の複数形.

end·ar·ter·i·tis [èndɑəṭəráɪtɪs, -təs | -dɑːtɪráɪtɪs] 〘← NL ~: ⇨ endo-, arteritis〙 *n.*〖病理〗動脈内膜炎.

end·ar·te·ri·um [èndɑəṭí(ə)riəm | -dɑːtíəri-] 〘← NL ~: ⇨ endo-, artery〙 *n.* (*pl.* **-ri·a** [-riə | -rɪə])〖解剖〗動脈内膜.

end·ar·ter·y [éndɑ̀əṭəri | -ɑ̀ːtərɪ] 〘《なぞり》← G *Endarterie*〙 *n.*〖解剖〗終動脈.

én dàsh *n.*〖印刷〗2分[半角, エン]ダッシュ《全角ダッシュの2分の1》.

énd·blòwn *adj.*〖音楽〗(管楽器で)吹管(すいかん)が末端についている《クラリネットのように》.

énd·bòard *n.* **1** =tailboard. **2** (本の)ボール表紙.

énd·bràin 〘《なぞり》← NL *telencephalon*: ⇨ telencephalon〙 *n.*〖解剖〗終脳, 端脳.

énd brùsh *n.*〖解剖〗(神経線維の)終末刷子.

énd bùd [**bùlb**] *n.*〖解剖〗神経終末球.

énd bùrner *n.*〖宇宙〗=restricted propellant.

énd cèll *n.*〖電気〗端電池《放電の始めと終りに生じる電圧の差を補償するために開閉して用いる補助電池》.

en·dear [ɪndíə, ən-, en- | ɪndíə(r, en-] 〘《1580》← EN-¹＋DEAR¹〙 — *vt.* **1** 〔…に〕いとしく思わせる, 慕わせる〔*to*〕: He ~*ed* himself *to* all his friends. 友人すべてに慕われるようになった / His kindness of heart ~*ed* him *to* all. 心が優しいので皆の人に慕われた. **2** 《廃》値段[価値, 評価]を高くする.

en·déar·ing [-dí(ə)rɪŋ | -díər-] *adj.* 心を引き付ける, かわいらしい; 親愛を表わす: an ~ manner 親しみある態度 / He never speaks an ~ word to his wife. 彼は妻に優しい言葉をかけることがない. **~·ly** *adv.*

en·déar·ment 〘← ENDEAR＋-MENT〙 *n.* **1** 愛情, 親愛: terms of ~ 親愛を表わす言葉, 愛称語 (cf. hypocorism). **2** (行為・言葉での)愛情の表示, 愛撫. **3** 愛着.

en·deav·or, 《英》**en·deav·our** [ɪndévə, ən-, en- | ɪndévə(r] 〘*v.*: 《*a*1450》*endevere(n)*: ⇨ en-¹, devoir: cf. F *se mettre en devoir* to do one's utmost. — n.: 《1417》← (v.)〙 — *vi.* **1** 〈…しようと〉努力する, 努める〈*to do*〉: He ~*ed to* please everybody. 皆に気に入られようと努めた. **2** 《古》〔…を〕得ようと努める〔*after*〕. — *n.* 努力, 真剣な試み: a first ~ 瀬踏み / an ~ *to* promote [*at* promoting] their happiness 彼らの幸福を増進しようとする努力 / They did their best ~*s to* maintain world peace. 彼らは世界平和を維持しようとあらゆる努力を尽くした. **~·er** [-vərə | -v(ə)rə(r] *n.*

En·de·cott [éndɪkət, -də-, -kɑ̀t | -dɪkət, -kɔ̀t], **John** *n.* ⇨ Endicott.

en·dem·ic [endémɪk, ɪn- | en-] 〘《1662》▭ F *endémique* ∥ ← NL *endēmicus* ← Gk *endēmios* native ← EN-²＋*dēmos* people〙 — *adj.* **1** 風土病(性)の, 地方病(性)の,〈病気が〉一地方特有の (cf. epidemic 1): an ~ disease 風土[地方]病. **2** 〈動・植物が〉一国[一地方]特有の, その土地特産の (↔ exotic): ~ flowers in Japan 日本固有の花. **3** 〈思想など〉一国[一民族]特有の, 土着の: a problem ~ *to* the Western world 西側世界特有の問題. — *n.* **1** 風土病, 地方病. **2** 〖動植物の〗固有種.

en·dém·i·cal [-mɪkəl, -mə- | -mɪ-] 〘《1657》← F *endémique* (↑)＋-AL¹〙 *adj.* =endemic.

en·dém·i·cal·ly *adv.* 風土的なものとして; 風土病として.

en·de·mic·i·ty [èndemísəṭi, -də- | -sətɪ, -sɪ-] 〘← ENDEMIC＋-ITY〙 *n.* =endemism.

en·de·mism [éndəmɪzm] 〘← ENDEM(IC)＋-ISM〙 *n.* 一地方的[風土的]性質, 風土性.

en·de·my [éndemi | -mɪ] 〘《逆成》← ENDEMIC〙 *n.* 〖病理〗地方(的)流行.

énd·er 〘ME〙 *n.* 終える人[物], 完了する人[物].

end·er·gon·ic [èndəgánɪk | -dəgɔ́n-] 〘← ENDO-＋Gk *érgon* work＋-IC¹〙 — *adj.*〖生化学〗〈反応が〉エネルギーを要求する (↔ exergonic): an ~ reaction 吸エルゴン反応《自由エネルギーの増加を伴う変化》.

en·der·mic [endə́ːmɪk | -də́ː-] 〘← EN-²＋DERMO-＋-IC¹〙 *adj.*〖医学〗〈薬など〉皮膚を通して作用する[させる], 皮膚に塗る. **en·dér·mi·cal·ly** *adv.*

En·ders [éndəz | -dəz], **John Franklin** *n.* (1897–　) 米国の微生物学者; Nobel 医学生理学賞 (1954).

en dés·ha·bil·lé [ɑ̃ː(n)-dèɪzæbíːjeɪ, ɔ̃ː(n)-, ɑːn-, ɔː(n)-; *F.* ɑ̃dezabije] 〘▭ F ~: ⇨ en², dishabille〙 *F. adv., adj.* 普段着で[の], 部屋着で[の].

end·ex·ine [endéksiːn, -saɪn] 〘← ENDO-＋EXINE〙 *n.* 〖植物〗胞子などの外膜 (exine) の内層.

énd-fìre arráy *n.*〖通信〗縦形(指向性)アンテナ.

énd gàme *n.*〖チェス・ブリッジ〗終盤戦 (cf. middle game); 大詰め.

énd gàme stùdy *n.*〖チェス〗エチュード《一種の詰将棋》.

énd·gàte *n.* 《米》=tailboard.

énd gròup *n.*〖化学〗末端基《高分子物質の末端を占める基》.

énd·hànd 〘《なぞり》← G *Hinterhand*〙 *n.*〖トランプ〗(skat など3人遊びのゲームで)最後に札を配られる人, ばく《3人だけでプレーするときは配り手自身》.

En·di·cott [éndɪkət, -də-, -kɑ̀t | -dɪkət, -kɔ̀t], **John** *n.* (1588?–1665) 北米 Massachusetts 植民地の総督.

énd·ing 〘OE *endung*〙 — *n.* **1** 結末, 終止 (termination), 終結; (本・劇などの)結尾, 大詰め: a happy ~ めでたしめでたしの大団円 / a tragic ~ 悲劇的終局. **2** 最期(さいご), 末期(まつご) (death). **3** 〖文法〗**a** (活用)語尾: the ~*s* of the verbs 動詞の語尾 / case ~*s* 格変化語尾 / plural ~*s* 複数語尾. **b** 語の尾部《shadow の -ow のような》. **4** 〖チェス〗チェックメイトになる可能性が極度に少ない終盤戦.

en·dis·tance [ɪndístəns, ən-, en- | ɪn-, en-] 〘← EN-¹＋DISTANCE〙 *vt.*〖演劇・映画〗〈観客〉に距離感を抱かせる,〈観客を〉異化する.

en·dite [éndaɪt] 〘← ENDO-＋-ITE¹〙 *n.*〖動物〗内突起, 内葉《節足動物の二枝型付属肢の各肢節から内方に出る突起; cf. exite》.

en·dive [éndaɪv | -dɪv] 〘《1373》▭ (O)F ~ ▭ ML *endivia* 《変形》← L *intubus* ▭ Gk *entúbioi* (pl.) ← Egypt. *tybi* January: この月にできることから〙 — *n.* **1** 〖植物〗エンダイブ, キクヂシャ, オランダヂシャ (*Cichorium endivia*) 《サラダ用; escarole ともいう》. **2** 《米》〖植物〗フランスエンダイブ《チコリ (chicory) の一種であく抜きをしてサラダにする; French endive ともいう》. **3** (家具の)エンダイブ葉飾り.

énd làp *n.*〖木工〗相欠(あいが)き継手, 隅合い欠き《end lap joint, half lap ともいう; ⇨ lap joint 挿絵》.

énd·lèaf *n.*〖製本〗=endpaper.

énd·less 〘OE *endelēas*: ⇨ end¹, -less〙 — *adj.* **1** 果てしの無い, 永久に続く, 無限の (everlasting): the ~ mercy of God 神の無限の慈悲. **2** 果てしないような, 長々しい (interminable); 不断の, 数限りのない: an ~ argument [lecture, sermon] 果てしのない議論[講演, 説教] / ~ demands ひっきりなしの要求[注文] / *Endless* attempts were made upon his life. 幾度となく彼の命はねらわれた. **3** 〖機械〗循環する, 継目なしの, 輪になった: an ~ band [strap] 継目なしベルト / an ~ cable 環索 / an ~ chain (自転車などの)継目なし鎖, 循環連鎖 / an ~ saw 帯のこ / an ~ screw ウォームねじ. **4** 《口語》無数の, 数限りない.

éndless bélt *n.*〖機械〗継目なしベルト.

énd·less·ly *adv.* **1** 果てしなく, 際限なく; 永久に続くように, 無窮に. **2** 絶え間なく, やむ時なく.

énd·less·ness 〘ME〙 *n.* 無限, 無窮; (やむことのない)不断の連続.

énd line *n.*〖球技〗エンドライン.

énd·lòng 〘← END¹ (n.)＋-LONG ∽ ME *endlong* < OE *andlang* 'ALONG'〙 *adv.* 《古》**1** 縦に (lengthwise). **2** 直立して, 垂直に (vertically).

énd màn *n.* **1** 列の端の人. **2** minstrel show の列の両端の芸人《拍子木やタンバリンを打ち鳴らし列の中央の司会役 (interlocutor) と掛け合いをする》.

énd màtter *n.*〖印刷〗後付け (⇨ back matter).

énd mill *n.*〖機械〗底(そこ)フライス, エンドミル《円筒面と共に軸に直角な端面にも切刃をもっているフライス》.

énd moràine n. 〘地質〙末端氷堆石 (terminal moraine).
énd·mòst 〘← END¹ (n.)+(HIND)MOST〙 adj. 一番端の; 一番遠方の.
énd·nòte n. 後注《本文または章末の注; cf. footnote》.
en·do- [éndoʊ, -də | -də(ʊ)] 〘← Gk éndon within ← EN-²+*dom- (cf. dómos house: ⇨ dome)〙 ━ 科学用語で次の意味を表わす連結形: **1** 「内, 内部 (within, internal)」 (↔ ecto-, exo-; cf. ento-): *endo*blast, *endo*centric. **2** 「吸収, 包含」: *endo*thermal. **3** 〘化学〙「環状構造中の2原子を連結する」: *endo*ethylenic. ★ 母音の前では通例 end- になる.
èndo·adaptátion 〘⇨↑, adaptation〙 n. 〘生物〙内適応《体内の器官の他の器官に対する適応; cf. exoadaptation》.
èndo·angiítis n. 〘病理〙=endangeitis.
èndo·aortítis n. 〘病理〙=endaortitis.
èndo·arterítis n. 〘病理〙=endarteritis.
èndo·biótic 〘← ENDO-+-BIOTIC〙 adj. 〘生物〙生物体内生の《他の生物の体内で生活することにいう》.
en·do·blast [éndəblæ̀st] 〘← ENDO-+-BLAST〙 n. 〘生物〙内胚葉 (endoderm) となる細胞 (cf. ectoblast). **en·do·blas·tic** [èndəblǽstɪk] adj.
endocardia n. endocardium の複数形.
en·do·car·di·al [èndo(ʊ)kɑ́ədiəl | -də(ʊ)kɑ́:djəl, -dɪəl] 〘← ENDO-+Gk *kardía* heart (⇨ cardio-)+-AL¹〙 ━ adj. 〘解剖〙 **1** 《まれ》心臓内の (intracardiac). **2** 心内膜 (endocardium) の[に関する].
en·do·car·di·tis [èndo(ʊ)kɑədáɪtɪs, -təs | -də(ʊ)kɑ:dáɪtɪs] 〘← NL ～: ⇨↓, -itis〙 n. 〘病理〙心内膜炎.
en·do·car·di·um [èndo(ʊ)kɑ́ədiəm | -də(ʊ)kɑ́:dɪ-] 〘← NL ～ ← ENDO-+-*cardium* (← Gk *-kardíon* ← *kardía* heart)〙 n. (pl. **-di·a** [-diə | -dɪə]) 〘解剖〙心内膜.
en·do·carp [éndəkɑ̀əp | -də(ʊ)kɑ̀:p] 〘□ F *endocarpe*: ⇨ endo-, -carp〙 n. 〘植物〙内果皮 (cf. pericarp). **en·do·car·pal** [èndəkɑ́əpəl | -də(ʊ)kɑ́:-] adj.
en·do·car·poid [èndo(ʊ)kɑ́əpɔɪd | -də(ʊ)kɑ́:-] 〘← NL *endocarpon*: ⇨↑, -oid〙 adj. 〘植物〙裸子器内生の《地衣体の内部に裸子器の生じた》.
en·do·cen·tric [èndo(ʊ)séntrɪk | -də(ʊ)-] 〘← ENDO-+-CENTRIC〙 ━ adj. 〘言語〙内心的な (↔ exocentric): ～ construction 内心的構造《中心語が語群全体と同じ機能を果たすもの; 例えば hot water, bad work はそれぞれ water, work と同じ名詞的機能をもっている》.
èndo·comménsal n. 〘生物〙内部共生動物[植物] (↔ ectocommensal; cf. commensal 2).
en·do·crine [éndəkrɪn, -krən, -krìn, -kràɪn, -krì:n | -də(ʊ)kràɪn] 〘← ENDO-+-*crine* (← Gk *krínein* to separate)〙 〘生理〙 ━ n. (also **en·do·crin** [-krɪn, -krən | -krɪn]) **1** =endocrine gland. **2** 内分泌物, ホルモン. ━ adj. **1** 内分泌の (↔ exocrine). **2** 内分泌腺[器官]の: ～ disorders [function] 内分泌(性)疾患[の作用].
en·do·cri·nal [èndəkráɪnl, -krí:nl, -krì:nl | -də(ʊ)kráɪnl, -krí:nl] adj. **en·do·crin·ic** [èndəkrínɪk] adj. **en·doc·ri·nous** [endɑ́krənəs | -dɔ́krɪ-] adj.
éndocrine glànd n. 〘生理〙内分泌腺《甲状腺・副腎・下垂体・性腺など; ↔ exocrine gland》.
en·do·cri·nol·o·gy [èndəkrɪnɑ́lədʒi, -krə-, -kraɪ-, -kri:- | -də(ʊ)kraɪnɔ́lədʒɪ, -krɪ-] 〘← ENDOCRINE+-LOGY〙 ━ n. 〘医学〙内分泌学 (↔ exocrinology). **en·do·cri·no·log·ic** [èndəkrɪnəlɑ́dʒɪk, -kràɪ-, -krì:- | -lɔ́dʒ-] adj. **èn·do·cri·no·lóg·i·cal** adj. **èn·do·cri·nól·o·gist** [-dʒɪst, -dʒəst | -dʒɪst] n.
èndo·cúticle 〘← ENDO-+CUTICLE〙 n. 〘昆虫〙内クチクラ《昆虫の3層よりなるクチクラ (cuticle) の内層部》.
en·do·cyt·ic [èndəsítɪk | -tɪk] 〘⇨↓, -ic¹〙 adj. 〘生物〙エンドシトーシス (endocytosis) の.
en·do·cy·to·sis [èndəsaɪtóʊsɪs, -səs | -sɪs] 〘← ENDO-+CYTO-+-OSIS〙 ━ n. (pl. **-to·ses** [-si:z]) 〘生物〙エンドシトーシス《細胞が食作用や飲細胞活動で物質を内部へ取り込む働き; ↔ exocytosis》. **en·do·cy·tot·ic** [èndəsaɪtɑ́tɪk | -tɔ́t-] adj.
éndo·dèrm 〘□ F *endoderme*: ⇨ endo-, -derm〙 n. **1** 〘生物〙内胚葉 (cf. ectoderm, mesoderm). **2** 〘植物〙内皮層《大胞子嚢(のう)の内側にある》.
èndo·dérmal adj. **1** 〘生物〙内胚葉の. **2** 〘植物〙内皮層に関する.
èndo·dérmic adj. **1** 〘生物・植物〙=endodermal. **2** 〘医学〙皮内(性)の: ～ injection 皮内注射.
èndo·dérmis 〘← NL ～: ⇨ endo-, dermis〙 n. 〘植物〙内皮《厚皮と中心柱の間の細胞層》.
en·do·don·ti·a [èndədɑ́nʃiə, -ʃə | -dɔ́nʃɪə] 〘← NL ～: ⇨ endo-, -odont, -ia¹〙 n. 〘歯科〙歯内療法学.
en·do·don·tic [èndədɑ́ntɪk | -dɔ́nt-] 〘⇨↑, -ic¹〙 adj. 〘歯科〙歯内療法(学)の. **èn·do·dón·ti·cal·ly** adv.
en·do·don·tics [èndədɑ́ntɪks | -dɔ́nt-] 〘⇨ endodontia, -ics〙 n. 〘歯科〙=endodontia.
èn·do·dón·tist [-tɪst, -təst | -tɪst] n. 〘歯科〙歯内療法専門医.
en·do·don·ti·um [èndo(ʊ)dɑ́nʃiəm | -də(ʊ)dɔ́nʃɪ-] 〘← NL ～: ⇨ endodontia, -ium〙 n. 〘解剖〙歯髄.
èndo·énzyme 〘← ENDO-+ENZYME〙 n. 〘生化学〙内酵素《細胞内のみにあって働く酵素; ↔ exoenzyme》.
en·do·er·gic [èndoʊɚ́:dʒɪk | -dəʊɜ́:-] 〘← ENDO-+Gk *érg-on* work+-IC¹: ⇨ erg¹〙 ━ adj. 〘物理・化学〙《核反応が》吸エネルギーの, 吸熱の, エネルギー吸収を伴う (↔ exoergic; cf. endothermic): an ～ reaction 吸熱反応.
èndo·erythrocýtic 〘← ENDO-+ERYTHROCYTE+-IC¹〙 adj. 〘医学〙《マラリア原虫など》赤血球内にある.
ènd-of-dáy glàss 〘ガラス職工が'1日の仕事の終り'に屑ガラスを融して作ったガラスに喩えたもの〙 n. 種々の色を混ぜ合わせて作ったガラス.
en·do·gam·ic [èndəgǽmɪk | -də(ʊ)-] 〘← ENDO-+-GAMIC〙 adj. 〘社会学・植物〙=endogamous.
en·dog·a·mous [endɑ́gəməs | -dɔ́g-] 〘← ENDO-+-GAMOUS〙 adj. **1** 〘社会学〙同族[族内]結婚の (↔ exogamous). **2** 〘植物〙自家受粉の.
en·dog·a·my [endɑ́gəmi | -dɔ́gəmɪ] 〘← ENDO-+-GAMY〙 n. **1** 〘社会学〙同族[族内]結婚 (↔ exogamy). **2** 〘植物〙自家受粉.
en·do·ge·al [èndədʒí:əl | -də(ʊ)dʒí:əl, -dʒíəl] 〘← ENDO-+(EPI)GEAL, (HYPO)GEAL〙 ━ adj. 〘生態〙地中性の《地上性 (epigeal) と地下性 (hypogeal) との中間に位置する動物にいう; cf. aerial 2 b》.
en·do·ge·an [èndədʒí:ən | -də(ʊ)dʒí:ən, -dʒíən] adj. =endogeal.
en·do·gen [éndədʒɪn, -dʒən, -dʒèn | -dədʒɪn, -dʒèn] 〘□ F *endogène*: ⇨ endo-, -gen〙 ━ n. 〘植物〙内長茎植物《単子葉植物の旧名; その茎が内部から生長するものと誤って考えられた; ↔ exogen》.
en·do·gen·ic [èndədʒénɪk | -də(ʊ)-] 〘□ G *endogenisch*: ⇨↑, -ic¹〙 adj. 〘地質〙内因性の (↔ exogenous): ～ process 内因的作用[営力].
en·dog·e·nous [endɑ́dʒənəs | -dɔ́dʒɪ-] 〘← F *endogène* endogenous: ⇨ endogen, -ous: cf. exogenous〙 ━ adj. (↔ exogenous) **1** 〘植物〙《芽胞など》内部生長[発生]的な, 内生の: ～ spores 内生芽胞 / ～ branching 内生分枝. **2** 〘生理・生化学〙《細胞や組織の》体内に由来する, 内因的な, 内因栄養の. **3** 〘医学〙《病気が》内因性の. **4** 〘解剖〙自生の, 自己発生的な (autogenous). **5** 〘経済〙内生的な: an ～ sector 内生部門. **～·ly** adv.
en·dog·e·ny [endɑ́dʒəni | -dɔ́dʒɪnɪ] 〘← ENDO-+-GENY〙 n. 〘生物〙生物体の内部に形成されること; (芽胞などの)内生.
éndo·lỳmph n. 〘解剖〙内リンパ《内耳の膜迷路の中の液; cf. perilymph》. **èndo·lymphátic** adj.
èndo·mésoderm n. 〘生物〙=mesendoderm.
endometria n. endometrium の複数形.
èndo·metriósis 〘← NL ～: ⇨ endometrium, -osis〙 n. 〘病理〙子宮内膜症, エンドメトリオーシス.
èndo·metrítis 〘← NL ～: ⇨↓, -itis〙 n. 〘病理〙子宮内膜炎.
en·do·me·tri·um [èndo(ʊ)mí:triəm | -də(ʊ)mítrɪ-] 〘← ENDO-+Gk *mḗtra* womb+-IUM〙 n. (pl. **-tri·a** [-triə | -trɪə]) 〘解剖〙子宮内膜. **èn·do·mé·tri·al** [-triəl | -trɪ-] adj.
èndo·mitósis n. 〘生物〙核内有糸分裂. **èndo·mitótic** adj.
en·do·mix·is [èndəmíksɪs, -səs | -də(ʊ)míksɪs] 〘← ENDO-+NL *-mixis* (← Gk *mîxis* act of mixing: ⇨ mix)〙 ━ n. 〘動物〙エンドミクシス, 単独混合, 内混《繊毛虫類の一部に見られる自家生殖で, 2個体間に行なわれるべき接合が1個体の中で行なわれて, 核の改造がなされる》. **en·do·mic·tic** [èndəmíktɪk | -də(ʊ)-] adj.
éndo·mòrph 〘← ENDO-+-MORPH〙 ━ n. **1** 〘鉱物〙内包鉱物《他の鉱物の内に包まれる鉱物; ↔ perimorph》. **2** 〘心理〙内胚葉型の人《W. H. Sheldon の体型分類の一つ; 肥満体を特徴とする; cf. ectomorph, mesomorph 2》.
èndo·mórphic 〘⇨↑, -ic¹〙 adj. **1** 〘地質〙内変[混成]的な. **2** 〘心理〙内胚葉型の.
èndo·mórphism 〘⇨↑, -ism: cf. F *endomorphisme*〙 ━ n. **1** 〘地質〙混成《迸入(へいにゅう)火成岩塊中に周囲の岩石が取り込まれて起こる変化》. **2** 〘数学〙自己準同形[型]写像, 自己準同形[型]《代数系の自分自身への準同形[型]写像; cf. homomorphism 5》.
endomórphism rìng n. 〘数学〙自己準同形環《加群または環の自己準同形写像 (endomorphism) 全体の作る環》.
éndo·mòrphy 〘← ENDOMORPH+-Y¹〙 n. 〘心理〙内胚葉型.
énd-ón *attrib.* adj. **1** 真っ向からの, 真っ向の: an ～ attack [collision] 真っ向からの攻撃[衝突]. **2** 〘教育〙産学連続式の《学生が修学と工場業務とを半年交代で行なう》: ～ courses 産学連続課程 (★ 最近は sandwich course という方が普通). **3** 〘鉱山〙《石炭などの継ぎ目細工が》炭目[劈開]面に直角な.
èndo·núclease n. 〘生化学〙内ヌクレアーゼ《デオキシリボ核酸 (deoxyribonucleic acid) 連鎖の内部を分断してばらばらに破壊する酵素; ↔ exonuclease》.
énd-òn wórking n. 〘鉱山〙石炭の炭目や節理あるいは滑り面に直角方向に炭層を採掘すること.
èndo·párasite n. 〘動物〙内部寄生虫, 体内寄生虫《宿主体内で生活する寄生虫; ↔ ectoparasite》. **èndo·parasític** adj.
èndo·párasitism n. 〘動物〙内部寄生.
èndo·péptidase 〘← ENDO-+PEPTIDE+-ASE〙 ━ n. 〘生化学〙エンドペプチダーゼ《蛋白のペプチッド連鎖の内部のペプチッド結合を加水分解する酵素; cf. proteinase; ↔ exopeptidase》.
èndo·perídium 〘← NL ～: ⇨ endo-, peridium〙 n. 〘植物〙内子殻 (cf. peridium).
en·doph·a·gous [endɑ́fəgəs | -dɔ́f-] 〘← ENDO-+-PHAGOUS〙 ━ adj. 〘動物〙内食性の《小型の動物が食物の中に入り込んで内部から食べていくことにいう; ↔ ectophagous》.
en·do·pha·sia [èndəféɪʒə, -ʒiə | -də(ʊ)féɪzjə, zɪə] 〘□ It. *endofasia*: ⇨ endo-, -phasia〙 n. 〘心理〙内言語, 内言《聴取可能な発声を伴わない内的言語; ↔ exophasia》.
en·do·phyte [éndəfàɪt | -də(ʊ)-] 〘← ENDO-+-PHYTE〙 n. 〘植物〙内部寄生植物, 内生植物《他の植物体の内部に生活するが, 寄生するとは限らない》.
en·do·phyt·ic [èndəfítɪk | -tɪk] adj. **1** 〘植物〙《植物が》内部寄生の, 内生の. **2** 〘病理〙《腫瘍など》内部に向けて増殖する (↔ exophytic).
en·do·plasm [éndəplæ̀zm | -də(ʊ)-] 〘← ENDO-+-PLASM: cf. ectoplasm〙 ━ n. 〘生物〙内質《細胞質 (cytoplasm) の内層; ↔ ectoplasm》. **en·do·plas·mic** [èndəplǽzmɪk] adj.
endoplásmic retículum n. 〘生物〙小胞体, 細胞質網状構造《電子顕微鏡で細胞質にみられる網状または膜状の構造》.
en·dop·o·dite [endɑ́pədàɪt | -dɔ́p-] 〘← ENDO-+-POD¹+-ITE¹〙 n. 〘動物〙(甲殻類の)内肢, 内枝 (↔ exopodite). **en·dop·o·dit·ic** [endɑ̀pədítɪk | -dɔ̀pədít-] adj.
éndo·pòlyploid adj. 〘生物〙内部倍数体.
éndo·pòlyploidy n. 〘生物〙内部倍数性.
en·do·proct [éndəprɑ̀kt | -də(ʊ)prɔ̀kt] 〘← NL *Endoprocta* (↓)〙 adj., n. 〘動物〙=entoproct.
En·do·proc·ta [èndəprɑ́ktə | -də(ʊ)prɔ́k-] 〘← NL ～ ← ENDO-+-*procta* (← Gk *prōktós* anus)〙 n. pl. 〘動物〙内肛動物門.
Èndo·pterygóta 〘← NL ～ ← ENDO-+Gk *pterugōtá* (neut. pl.) winged insects: ⇨ pterygoid〙 ━ n. pl. 〘昆虫〙内翅類《新翅類の中の一群; Exopterygota に対して用いられる》.
èndo·ptérygote 〘← NL *Endopterygota* (↑)〙 adj. 〘昆虫〙内翅類の.
èndo·rádiosonde n. 〘医学〙体内挿入用ラジオゾンデ.
énd òrgan n. 〘生理〙(神経の)末端器官, 終末器官.
en·do·rhe·ism [èndərí:ɪzm] 〘← ENDO-+Gk *rheîn* to flow+-ISM〙 ━ n. 〘地理〙(Tarim 盆地などのように, 海洋に直接通じる河流がない)内部流域, 内陸流域; その状態. **èn·do·rhé·ic** [-rí:ɪk] adj.
en·dors·a·ble [ɪndɔ́əsəbl, ən-, en- | ɪndɔ́:s-, en-] adj. 裏書できる, 保証できる.
en·dorse [ɪndɔ́əs, ən-, en- | ɪndɔ́:s, en-] 〘(1547) (ML *indorsāre* の影響による変形) ← ME *endosse(n)* □ (O)F *endoss-er* ← EN-¹+L *dorsum* back〙 ━ vt. **1** 〘商業〙 **a** 受取人として〈小切手〉に署名裏書する: ～ a bill, check, promissory note, etc. **b** 〔手形・小切手・証書などに〕署名する〔*on*〕. **c** 〈小切手・手形など〉に裏書して〔…を〕受取人に指定する〔*to*〕. **d** (書類に)署名して〈指定金額〉の領収を確認する. **2** **a** 〈注意書き・内容の説明・批評などを〉〔書類の裏に〕書き入れる〔*on*〕: ～ some words *on* (the back of) a document. **b** 《英》〈運転免許証・酒屋の営業許可証〉に違反行為を書き入れる: have one's licence ～*d* 免許証に違反事件を書き入れられる. **3** 〈人の言説など〉を裏書する, 保証する; 是認する, 支持する; (広告文で)〈商品などを〉保証[推薦]する: ～ a person's opinion 人の意見を是認する / ～ a policy ある政策を支持する / Communism does not ～ free enterprise. 共産主義は自由企業を是認しない / His latest play is highly ～*d* by the critics. 彼の最近の戯曲は批評家たちから大いに推奨されている. ***endorse off*** (手形などに裏書して)〈額面金額〉の一部領収を証明する. ***endorse out*** 《アフリカ南部》〈黒人を〉都市から田舎へ追い払う《黒人の都会への流入を抑制する方法の一部》. ***endorse over*** 〈手形など〉に裏書して権利を〔…に〕譲り渡す〔*to*〕. ━ n. 〘紋章〙盾の 1/8 幅の縦帯.
en·dórsed adj. **1** 〘紋章〙〈縦帯 (pale) が〉二本の細帯に挟まれた (cf. cotised). **2** =addorsed.
en·dor·see [ɪndɔ̀əsí:, ən-, en-, èndɔə- | èndɔ:sí:] 〘⇨↑, -ee¹: cf. endorser〙 n. 被裏書人, 譲受人《裏書によって指定された受取人》.
en·dórse·ment 〘(1547) ← ENDORSE+-MENT〙 ━ n. **1** **a** 裏書; 裏書記名; 裏書注意(など) (cf. enfacement). **b** 《英》(免許証への)違反の書入れ. **2** (小切手などの支払確認の)署名. **3** 保証, 是認 (approval); 推薦, 推奨 (recommendation): the ～ of a statement ある陳述の是認 / ～ money (運動選手などが受ける用具の)推薦広告料. **4** 〘保険〙裏書《保険証券記載事項の変更》. **5** 〘広告〙(商品などの)保証.
en·dórs·er n. (also **en·dór·sor**) 裏書(譲渡)人.
en·do·sarc [éndəsɑ̀ək | -də(ʊ)sɑ̀:k] 〘← ENDO-+*sarc* (← Gk *sark-*, *sárx* flesh: ⇨ sarco-)〙 n. 〘生物〙内肉, 内質 (endoplasm) (↔ ectosarc).
en·do·scope [éndəskòʊp | -dəskə̀ʊp] 〘← ENDO-+-SCOPE〙 ━ n. **1** 〘医学〙内視鏡《胃・腸・子宮・気管支などの検査用; cf. gastrofiberscope, gastroscope》. **2** 検査鏡《真珠の天然・人造を鑑別するため孔をあけてその内面を調べる時に用いる》.
en·dos·co·py [endɑ́skəpi | -dɔ́skəpɪ] n. 〘医学〙内視鏡検査法. **en·do·scop·ic** [èndəskɑ́pɪk | -skɔ́p-] adj. **èn·do·scóp·i·cal·ly** adv.
èndo·skéleton n. 〘動物〙内骨格《脊椎動物の骨格など; cf. exoskeleton》. **èndo·skéletal** adj.
en·dos·mo·sis [èndɑzmóʊsɪs, -dɑs-, -səs | -dɔzmə́ʊsɪs] 〘← NL ～: ⇨ endo-, osmosis〙 ━ n. (pl. **-mo·ses** [-si:z]) 〘物理化学〙 **1** 内浸透《隔膜などを透しての浸入; cf. osmosis 1》. **2** 急性浸透 (cf. exosmosis).

en·dos·mot·ic [èndɑzmɑ́tɪk, -dɑs- | -dɔzmɔ́t-] *adj.* **èn·dos·mót·i·cal·ly** *adv.*

éndo·spèrm 〖▭F *endosperme* : ⇨ endo-, sperm〗 *n.* 〖植物〗胚乳, 内乳 (cf. perisperm). **èndo·spérmic** *adj.* **èndo·spérmous** *adj.*

éndosperm núcleus *n.* 〖植物〗二つの極核と精核の合一によって生じた 3 倍体の核.

en·do·spore [éndəspɔ̀ə, -spɔ̀ə | -dəspɔ̀:(r] 〖← ENDO-+SPORE〗 ― *n.* **1** 〖植物〗=intine. **2** 〖細菌〗内生胞子 (↔ exospore). **en·do·spor·ic** [èndəspɔ́:rɪk, -spɔ́:r- | -də(ʊ)spɔ́:r-], *adj.* **en·do·spor·ous** [èndəspɔ́:rəs, -spɔ́:r-, endɑ́spər- | -də(ʊ)spɔ́:r-] *adj.*

en·do·spo·ri·um [èndəspɔ́:riəm, -spɔ́:r- | -də(ʊ)spɔ́:rɪ-] 〖← NL ～ : ⇨↑, -ium〗 *n.* (*pl.* **-ri·a** [-riə | -rɪə]) 〖植物〗=intine.

endostea *n.* endosteum の複数形.

end·os·te·al [endɑ́stiəl | -dɔ́stɪ-] *adj.* 〖解剖〗骨内の[にある]. **～·ly** *adv.*

èndo·sternite 〖← ENDO-+*sternum*+-ITE[1]〗 *n.* 〖動物〗内腹板《節足動物の腹部の体節の内面にあるキチン質の板》.

en·dos·te·um [endɑ́stiəm | -dɔ́stɪ-] 〖← NL ～ ← EN-DO-+Gk *ostéon* bone : ⇨ osteo-〗 *n.* (*pl.* **-te·a** [-tiə | -tɪə]) 〖解剖〗骨内膜.

en·do·style [éndəstàɪl | -də(ʊ)-] *n.* 〖動物〗内柱《ナメクジウオ・ホヤ類・円口類の鰓袋(ᵉᵃ)の腹面正中線を走る鰓下溝(ᵉᵃᵏᵒ)の壁に発達する腺様組織》.

en·do·sul·fan [èndəsʌ́lfən, -fæn | -də(ʊ)-] 〖? ← EN-D(RIN)+-O-+SULFO-+-AN[2]〗 ― *n.* 〖薬学〗エンドサルファン《塩素化硫酸塩 (chlorinated sulfate) を含む強力殺虫剤》.

èndo·symbiósis 〖← NL ～ : ⇨ endo-, symbiosis〗 *n.* 〖生物〗内共生《宿主の体内で見られる共生》.

en·do·the·ci·um [èndo(ʊ)θí:ʃiəm, -siəm | -də(ʊ)θí:sɪəm] 〖← NL ～ ← ENDO-+-*thecium* (← Gk *thēkíon* little case (dim.) ← *thḗkē* case : ⇨ theca)〗 ― *n.* (*pl.* **-ci·a** [-ʃiə, -siə | -sɪə]) 〖植物〗 **1** 葯(ᵞ)の花粉室の内側壁の内膜. **2** (コケ類の)内側壁《胞子嚢(ᵞ)内の裂開組織》. **3** 花粉粒の内層.

en·do·the·li- [èndo(ʊ)θí:li | -də(ʊ)θí:lɪ] (母音の前に来る時の) endothelio- の異形.

endothelia *n.* endothelium の複数形.

en·do·the·li·al [èndo(ʊ)θí:liəl | -də(ʊ)θí:lɪ-] 〖⇨↓, -al[1]〗 *adj.* 〖解剖〗内皮 (endothelium) の.

en·do·the·li·o- [èndo(ʊ)θí:lio(ʊ) | -də(ʊ)θí:lɪə(ʊ)] 〖← ENDOTHELIUM〗〖解剖〗「内皮 (endothelium)」の意の連結形. ★ 母音の前では通例 endotheli- になる.

en·do·the·li·o·ma [èndo(ʊ)θì:lióʊmə | -də(ʊ)θì:lɪóʊ-] 〖← ENDOTHELIO-+-OMA〗 *n.* (*pl.* **～s**, **～·ta** [～tə | -tə]) 〖病理〗内皮腫(ᵞ).

en·do·the·li·um [èndo(ʊ)θí:liəm | -də(ʊ)θí:lɪ-] 〖← NL ～ ← ENDO-+Gk *thēlḗ* nipple+-IUM〗 ― *n.* (*pl.* **-li·a** [-liə | -lɪə]) **1** 〖解剖・動物〗内皮 (cf. epithelium). **2** 〖植物〗(種子の)内皮《種皮の内層がくずれて栄養組織となった部分》.

en·do·the·loid [èndo(ʊ)θí:lɔɪd | -də(ʊ)-] 〖← ENDO-THELIO-+-OID〗 *adj.* 〖解剖・動物〗内皮細胞様の.

éndo·thèrm 〖← ENDO-+-THERM〗 *n.* 温血動物.

èndo·thérmal *adj.* =endothermic.

èndo·thérmic *adj.* **1** 〖物理・化学〗吸熱の; 吸熱を伴う (↔ exothermic): an ～ reaction 吸熱反応. **2** 温血の. **èndo·thérmically** *adv.*

èndo·tóxin 〖← ENDO-+TOXIN〗 *n.* 〖生化学〗(菌体)内毒素《細菌体内にある毒性物質の総称; ↔ exotoxin》. **èndo·tóxic** *adj.*

èndo·tóxoid 〖⇨↑, -oid〗 〖免疫〗 *n.* エンドトキソイド《菌体内毒素から得られる変性毒素》. ― *adj.* エンドトキソイドの.

èndo·trácheal *adj.* 〖医学〗気管内の; 気管内を通じての: ～ anesthesia.

en·do·troph·ic [èndo(ʊ)trɑ́fɪk, -tróʊf- | -də(ʊ)trɔ́f-] 〖← ENDO-+-TROPHIC〗 *adj.* 〖植物〗〈菌根が〉内生の (↔ ectotrophic): ～ mycorrhiza 内菌根.

en·dow [ɪndáʊ, ən-, en- | ɪn-, en-] 〖(1375) *endowe(n)* ▭AF *endou-er* ← EN-[1]+(O)F *douer* to bestow (< L *dōtāre*): cf. dower〗 ― *vt.* **1** 〈学校・病院・慈善院など〉に永久的財源を遺贈[寄付]する, 基金[財産]を寄付する: ～ a public institution 公共機関に基金を寄付する / an ～*ed* school 基本財産をもつ学校, 財団法人組織学校. **2** …に〔特権などを〕与える 〔*with*〕; [特に p.p. 形で] …に〔才能などを〕賦与する, 授ける 〔*with*〕: ～ a person *with* natural gifts [faculty, quality] 人に生れながらの天分[才能, 性質]を授ける / a man richly ～*ed* by nature 天分の豊かな人 / He is well ～*ed with* brains. 彼は十分な知力に恵まれている. **3** 〈美質などが〉…にあると考える 〔*with*〕: He ～*ed* her *with* the all imaginable virtues. 彼女にはあらゆる美徳がすべて備わっていると彼は考えた. **4** 《廃》〈女〉に持参金[寡婦産] (dower) を与える. **～·er** *n.*

en·dów·ment 〖(1447) ▭AF *endouement* : ⇨↑, -ment〗 ― *n.* **1** (基金の)遺贈, 寄付: give a large ～ to an educational project 教育事業に大金を寄付する. **2** (公共機関の)基本財産, 基金, 財団; (個人の)養老資金. **3** [通例 *pl.*] 資性, (生れつきの)才能 (cf. acquirements): mental ～*s* 知的才能 / natural ～*s* 天賦の才能. **4** =endowment insurance. **5** 〖モルモン教〗エンダウメント《過去・現在の神権時代 (dispensation) に関する教えと儀式; 神殿の中でのみ与えられる》.

endówment assùrance *n.* 《英》=endowment insurance.

endówment insùrance *n.* 養老保険《被保険者が保険期間内に死亡した際にも, 保険期間の満期まで生存した場合にも, 保険金が支払われる生命保険; cf. pure endowment》.

endówment pòlicy *n.* 養老保険(証券).

en·do·zo·ic [èndəzóʊɪk | -də(ʊ)zóʊ-] 〖← ENDO-+-ZOIC[1]〗 *adj.* 〖生物〗動物体内生の.

énd·pàper *n.* [通例 *pl.*] 〖製本〗見返し《書物の表・裏の両表紙の内側に貼られた効き紙 (pastedown) と見返しの遊び紙 (flyleaf) から成る; endleaf, endsheet ともいう》. 「トの先の支え.」

énd·pìece *n.* **1** (箱などの)末端部. **2** 〖時計〗ピボッ

énd plàte *n.* 〖解剖〗終板《神経線維の終末が筋線維につながる点の特殊装置》.

énd·plày 〖トランプ〗 *n.* (ブリッジで)エンドプレー《終盤の高等戦法の総称; cf. elimination play, coup[1] 5, squeeze play 3, throw-in》; (特に)打って返し (throw-in). ― *vt.* 〈相手〉に打って返しをかける《わざと相手に手を渡し, 味方に有利な打出し (lead) をさせる》.

énd pòint *n.* **1** 決定点《経過を示す決定的な点》. **2** 〖化学〗 **a** 終点《滴定における反応の完了点》. **b** (石油の)終留点. **3** [通例 endpoint] 〖数学〗終点《線分や光線の終りを示す点》. 「(↔ front position).」

énd posìtion *n.* 〖文法〗(文・節・句の)末部, 末尾位

énd pròduct *n.* **1** 最終製品; (一連の反応の)最終結果. **2** 〖原子物理〗(連鎖反応でできた一連の同位元素の)最終同位元素.

énd resùlt *n.* 最終結果.

énd rhýme *n.* 〖詩学〗脚韻 (⇨ rhyme).

en·drin [éndrɪn, -drən | -drɪn] 〖← ? EN-[2]+(AL)DRIN〗 *n.* 〖化学〗エンドリン ($C_{12}H_8Cl_6O$)《農業用殺虫剤》.

énd rìng *n.* 〖電気〗端絡環《誘導電動機の回転子の軸方向の導体を端部で短絡する環状導体》.

énd rún *n.* **1** 〖アメリカンフットボール〗エンドラン《ボールキャリアーがエンドの外側を大きく回って前進するプレー; endsweep ともいう》. **2** 回避策.

énd scràper *n.* 〖考古〗(先刃式)掻器.

énd shàke *n.* 〖時計〗縦あがき《軸受内の軸端の軸方向に関する隙間[がた]; cf. shake 13》.

énd·shèet *n.* 〖製本〗=endpaper.

énd stòp *n.* 段落点《終止符・疑問符・感嘆符など》.

énd-stòpped *adj.* 〖詩学〗(主に無韻詩において)行末に意味・構文上休止がある (↔ run-on): an ～ line.

Ends·ville [éndzvɪl] 〖← END[1] 2c+-VILLE〗 *adj.* 《米俗》最も大きい[偉大な, すばらしい]: Tokyo is ～. 「1.」

énd·swéep *n.* 〖アメリカンフットボール〗=end run

énd tàble *n.* 《米》エンドテーブル《ランプ・灰皿などを置くために椅子やソファーの側に置く小卓子》.

énd thrùst *n.* 〖機械〗軸端スラスト《軸とか棒材に, その長手の方向に圧縮するように働く力》.

énd tìme *n.* 末期; (特に, この世の)終末期.

énd-to-énd *adj.* **1** 端と端をつないだ (cf. END *to end*). **2** 〖外科〗端端(ᵗᵃⁿ)の, 断端同士の, (腸などの)切断した端を他の端と縫合する.

en·due [ɪnd(j)ú:, ən-, en- | ɪndjú:, en-] 〖1: (?*a*1396) *endeue(n)* ▭(O)F *endu-ire* < L *indūcere* 'to INDUCE': ENDOW と混合. 2: (*a*1425) *indue(n)* ▭L *indu-ere* to put on〗 ― *vt.* **1** …に〔能力・性質などを〕賦与する, 授ける 〔*with*〕: a girl ～*d with* rare beauty まれな美しさに恵まれた少女 / He was ～*d with* literary talent. 文学的才能のある人だった. **2 a** 〈衣服を〉着用する; 《比喩》帯びる. **b** 〈人〉に〔…を〕着せる 〔*with*〕: She was ～*d with* a gown. ガウンをまとっていた.

en·dur·a·ble [ɪnd(j)ʊ́(ə)rəbl̩, ən-, en- | ɪndjʊ́ər-, en-] *adj.* 耐えられる, 耐えることのできる. **～·ness** *n.* **en·dúr·a·bly** *adv.*

en·dur·ance [ɪnd(j)ʊ́(ə)rəns, ən-, en- | ɪndjʊ́ər-, en-] 〖(1494) ← ENDURE+-ANCE〗 ― *n.* **1** 忍耐, 我慢, 辛抱; 忍耐力: It is beyond [past] ～. とても我慢[辛抱]し切れない. **2** 持続(期間): the joys of eternal ～ 永遠に持続する喜び. **3** 持久力, 耐久性: the ～ of the steel 鋼鉄の耐久性 / His poetry has much ～ in it. 彼の詩には大いに永続性がある. **4** 《まれ》(我慢しなければならない)困難, 苦労. **5** 〖航空〗航続時間.

endúrance lìmit *n.* 〖物理〗=fatigue limit.

endúrance strèngth *n.* 〖物理〗=fatigue strength.

endúrance tèst *n.* 〖物理〗=fatigue test.

en·dure [ɪnd(j)ʊ́ə, ən-, en- | ɪndjʊ́ə(r, en-] 〖(1375) *endure(n)* ▭(O)F *endur-er* < L *indūrāre* to harden ← IN-[1]+*dūrāre* to make hard, (LL) bear (← *dūrus* hard : ⇨ during)〗 ― *vt.* **1** 耐える, 耐え忍ぶ: ～ sufferings, pains, cold, etc. / What can't be cured must be ～*d*. どうしようもない事は我慢するより仕方がない. **2** 〈物が〉…に持ちこたえる: The hut will not ～ a strong wind. 小屋は強風に持ちこたえられまい. **3** [しばしば否定構文で] 辛抱する, 我慢する; 〈…するに〉耐える 〈*to do*〉: can*not* [be *un*able to] ～ the sight とても見るに耐えない / I can't ～ cold mutton. 羊肉の冷たいのはまっぴらだ / I can't ～ that man. あの男は我慢できない / I could *not* ～ *to* see her tortured. 彼女が苦しめられるのは見ていられなかった. **4** 《古》〈事が〉…を許容する, 許す. ― *vi.* **1** 持ちこたえる; 我慢する, 辛抱する, 頑張る: We must ～ to the end. 最後[死ぬ]まで頑張らねばならない. **2** 持続する; 〈名声などが〉残る: as long as life ～*s* 命の続く限り / His fame will ～ forever. 彼の名声は永久に残るだろう.

en·dúr·ing [-d(j)ʊ́(ə)rɪŋ | -djʊ́ər-] 〖ME〗 ― *adj.* **1** 永続的な, 不朽の (permanent); 持久力のある: ～ peace 恒久的平和 / an ～ fame 不朽の名声 / an ～ problem 長いこと未解決のままの問題. **2** 我慢強い: an ～ disposition 辛抱強い性質. **～·ly** *adv.* **～·ness** *n.*

en·dur·o [ɪnd(j)ʊ́(ə)roʊ, ən-, en- | ɪndjʊ́ərəʊ, en-] 〖? ← Sp. ～ ← *endurar* 'to ENDURE'〗 *n.* 《米》(自動車・オートバイなどの)耐久レース.

énd ùse *n.* 〖経済〗(生産物の)最終用途.

énd·wàys 〖← END[1]+-WAYS〗 ― *adv.* **1** 立てて: set a box ～ 箱を縦に置く[立てる]. **2** 端を上[先]に向けて. **3** 端の方向へ; 縦に. **4** (連結の時)両端を 「接して.」

énd·wise *adv.* =endways.

En·dym·i·on [endímiən | -dímɪən, -mjən] 〖▭L *Endymiōn* ▭Gk *Endumíōn* 《原義》diver ← *endúein* to sink into ← EN-[2]+*dúein* to dive : 海に没する日の神であったことから?〗 ― *n.* **1** 〖ギリシャ神話〗エンデュミオン《月の女神 Selene に愛され永久に眠ったままにされた羊飼いの美少年》. **2** 「エンディミオン」《Keats 作 (1818) の長詩》.

énd zòne *n.* **1** 〖アメリカンフットボール〗エンドゾーン《競技場の両端のエンドラインとゴールラインとの間の 160 ft.×30 ft. の地域で, ボールを持ち込む得点圏》. **2** 〖アイスホッケー〗エンドゾーン.

ENE, E.N.E., e.n.e. 《略》east-northeast.

-ene [i:n] 〖← Gk *-ēnē* (父祖に由来する名を表わす fem. suf.)〗 ― *suf.* 〖化学〗 **1 a** 二重結合をもつ直鎖炭化水素の名に用いる名詞語尾: hex*ene*, pent*ene*. **b** 二重結合をもつ環状炭化水素の名に用いる名詞語尾: cyclohex*ene*. **2** 合成薬品の商品名に用いる名詞語尾.

E·ne·as [i:ní:əs, ɪn- | i:ní:æs, ɪn-, í:niæs] *n.* =Aeneas.

E·ne·id [i:ní:ɪd, ɪn- | í:nɪɪd] *n.* =Aeneid.

en·e·ma [énəmə | énɪ-, énə-, ɪní:-] 〖(1681) ▭LL ～ ▭Gk *énema* injection, clyster ← *eniénai* to send in, inject ← EN-[2]+*hiénai* to send, throw : cf. jet[2]〗 ― *n.* (*pl.* **～s**, **～·ta** [～tə | ～tə]) **1** 浣腸; 浣腸剤[液]. **2** 浣腸器.

en·e·my [énəmi | énəmɪ, énɪ-] 〖(?*c*1225) ▭OF *enemi* (F *ennemi*) < L *inimicum* ← IN-[2]+*amicus* friend : ⇨ enmity : cf. amicable〗 ― *n.* **1** 敵: the public [King's, Queen's] ～ 公敵[朝敵] / one's political *enemies* 政敵 / a lifelong [mortal, sworn] ～ 一生の[生かしておけない, 決して許されない]敵 / I made an ～ of his wife. 彼の妻を敵に回してしまった / He made a lot of *enemies* in business. 商売上の敵をたくさん作った. **2** 敵兵; [the ～; 集合的; しばしば複数扱い] 敵軍, 敵艦(隊), 敵機: *The* ～ *were* retiring. 敵は後退し出していた / How goes *the* ～? 《戯言・口語》今何時だい. **3** 敵国; 敵国人. **4** 〔…に〕反対する人[もの], 〔…を〕害する人[もの], 〔…の〕敵 〔*of*, *to*〕: an ～ *of* freedom [progress] 自由[進歩]の敵 / an ～ *of* the people 人民の敵《共産主義者などが政敵を糾弾する時によく使う言葉》/ the ～ *of* health 健康を害するもの / the great [last] ～ 死 (cf. *1 Cor.* 15: 26) / Sunshine is the ～ *of* ill health. 日光は不健康の敵 / He is nobody's ～ but his own. 自分が損するだけの善人である / He is his own (worst) ～. (酒癖その他の悪癖のためで)自分で自分の体をこわすようなまねをしている / an ～ *to* faith 信仰の敵. **5** [the E-] (人類の敵である)悪魔 (the Devil): *the* old *Enemy* 悪魔.
― *attrib. adj.* **1** 敵の; 敵国に属する: an ～ alien (戦時などの)在留敵国人 / an ～ plane [ship] 敵機[艦]. **2** 《廃》敵意のある. 「Aeneolithic.」

E·ne·o·lith·ic [ì:nio(ʊ)líθɪk | -nɪə(ʊ)-] *adj.* 〖考古〗=

en·er·get·ic [ènədʒétɪk | ènədʒét-] 〖(1651) ▭Gk *energētik-ós* active ← *energeîn* to be active, work ← *energés*, *energós* active : ⇨ energy, -ic[1]〗 ― *adj.* **1** 精力的な, 元気に満ちた: an ～ person / ～ inquiries 精力的な聞き込み. **2** 強力な, 有力な, 効果的な: ～ chemicals 強力な化学薬品. **3** エネルギーの[に関する]: ～ stability エネルギーの安定度. 「に.」

èn·er·gét·i·cal·ly *adv.* 精力的に, 力強く, 元気一杯

en·er·get·ics [ènədʒétɪks | ènədʒét-] 〖⇨ energetic, -ics〗 *n.* 〖物理〗エネルギー論《エネルギーの法則を扱う力学の一分野》.

en·er·gic [enə́:dʒɪk, ɪn-, ən- | enə́:-, ɪn-] 〖← ENERGY+-IC[1]〗 *adj.* 《まれ》=energetic.

en·er·gid [énədʒɪd, -dʒəd, -dʒìd | énədʒɪd] 〖▭G *Energid* ← Gk *energós*+-ID[3] : ⇨ energy〗 ― *n.* 〖生物〗エネルギド《多核体中一つの核とその核の作用範囲; またはそれを取り囲む原形質の小塊》.

én·er·gìsm [-dʒɪzm] 〖▭G *Energismus* : ⇨ energy, -ism〗 ― *n.* **1** 〖倫理〗精力主義, 活動主義《最高の善は快楽ではなく, 人間の平常な能力を有効に行使することにあるとする説》. **2** 〖心理〗エネルギズム《精神状態などの現象はエネルギーの概念で説明できるとする学説》. **én·er·gist** [-dʒɪst, -dʒəst | -dʒɪst] *n.* **en·er·gis·tic** [ènədʒístɪk | ènə-] *adj.*

en·er·gize [énədʒàɪz | énə-] 〖(1752) ← ENERGY+-IZE〗 ― *vt.* **1** 〈人・仕事〉に精力を与える, 活発にする; 刺激[激励]する: ～ the will 意志を活発に働かせる / ～ a person *for* work 人を激励して仕事に向かわせる. **2** 〖電気〗加圧する, 生かす《電気回路に電圧を加える》. ― *vi.* 精力を出す; (精力的に)活動する.

én·er·gìz·er *n.* **1** 精力を与えるもの; 興奮剤. **2** 〖冶金〗活性化剤《炭化剤に添加して炭化速度を促進するための炭酸塩》.

en·er·gu·men [ènəgjú:mɪn, -mən | ènəgjú:men]

〖《1702》◻ LL *energūmen-us* ◻ Gk *energoúmenos* worked on, (LGk) possessed by an evil spirit ← *energein* to operate, influence : ⇨ energetic〗 ── *n.* **1** 悪霊に取りつかれた人 (demoniac). **2** 狂信者 (fanatic).

en·er·gy [énədʒi | énədʒi] 〖《1599》◻ LL *energia* ◻ Gk *enérgeia* force, agency ← *energós* at work, active ← EN-[2] + *érgon* work : ⇨ ergon〗 ── *n.* **1** 勢力, 力, 勢い: mental ~ 精神能力 / physical ~ 肉体的精力. **2** 精力, 活気, 元気: What ~ you have! 君は何という精力家だろう / full of ~ 精力に満ち満ちて / waste ~ 精力を浪費する / work with ~ 精出して働く. **3** 活動, 行動; [しばしば *pl.*] 活動力, 行動力: brace one's *energies* 力を奮い起こす / devote [apply] one's *energies* to …に精力を傾ける. **4** (表現などの)力, 力強さ. **5** 〖物理〗エネルギー: ~ of motion [position] 運動[位置]のエネルギー / dissipation of ~ エネルギー消滅(の法則) / ⇨ CONSERVATION of energy / motive ~ 運動エネルギー / latent ~ 潜在エネルギー / ⇨ atomic energy, kinetic energy, potential energy, rest energy. **6** 《古》(潜在的)能力.

énergy bùdget *n.* 〖生態〗エネルギー収支.

énergy chàrge *n.* 電力料金.

énergy dénsity *n.* 〖物理・化学〗エネルギー密度.

énergy lèvel [stàte] *n.* 〖物理〗エネルギー準位《原子などの保有エネルギーの状態を表わす準位》.

énergy strùcture *n.* 〖美術〗動く芸術 (kinetic art) の構成作品.

en·er·vate 〖《1610》← L *ēnervāt-us* (p.p.) ← *ēnervāre* to weaken ← *ē-* 'EX-[1]' + *nervāre* (← *nervus* 'NERVE, sinew')〗 ── [énəvèɪt | énə(ː)-] *vt.* …の力を弱める, 元気[気力]を奪う; …の力を弱々しくする, 薄弱[柔弱, 無気力]にする (feeble, weaken): Idleness ~*s* the will. 怠惰は意志を薄弱にする. ── [ɪnə́ːvət, ən-, iːn-, en-, -vɪt | iːnə́ː-, ɪn-, en-] *adj.* =enervated. **én·er·và·tor** [-tə | -tə(r)] *n.*

én·er·vàt·ed [-tɪd, -təd | -tɪd, -təd] *adj.* 力を失った, 勢力のない, 薄弱な; 無気力な (spiritless): an ~ style 力の脱けた[弱々しい]文体.

én·er·vàt·ing [-tɪŋ | -tɪŋ] *adj.* 元気[気力]をそぐ(ような): an ~ climate.

en·er·va·tion [ènəvéɪʃən | ènə(ː)-] 〖《1429》◻ LL *ēnervātiō(n-)* ← L *ēnervātūs* : ⇨ enervate, -ation〗 ── *n.* 元気[気力]を失うこと, 無気力, 柔弱, 衰弱.

en·er·va·tive [énəvèɪtɪv | énə(ː)vèɪt-] *adj.*

E·nes·co [ənéskou, en- | -kəu; *F.* enɛsko], **Georges** *n.* エネスコ《1881–1955; 主にフランスに在住したルーマニアのバイオリン奏者・作曲家》.

en·face [ɪnféɪs, ən-, en- | ɪn-, en-] 〖← EN-[1] + FACE : ENDORSE の類推〗 ── *vt.* 《英》〔金額・期日・氏名などを〕〈手形・書類など〉の表面に記入[印刷]する 〔*with*〕; 〈金額などを〉〈手形など〉の表面に記入する 〔*on*〕: an ~*d* paper 呈示手形.

en face [ɑ̃ː(ŋ)-fáːs, ɔ̃ː(ŋ)-, ɑːŋ-, ɔ(ː)ŋ-; *F.* ɑ̃fas] 〖◻ F ~ 《原義》 opposite : ⇨ en[2], face〗 ── *adv., adj.* **1** 〈人・肖像など〉前[正面]を向いて[た]. **2** 〖書誌〗反対側に[の] (opposite): a Latin poem with French translation ~ 反対ページに仏訳を付けたラテン詩集.

en·fáce·ment *n.* 《英》(手形または紙幣の)表面記入, 刷込み(語句) (cf. endorsement).

en fa·mille [ɑ̃ː(ŋ)-fəmíːjə, ɔ̃ː(ŋ)-, ɑ̀ːŋ-, ɔ̀(ː)n-, -míːl; *F.* ɑ̃famij] 〖◻ F ~ 'in the family, at home' : ⇨ en[2], family〗 ── *F. adv., adj.* 一家の内で[の], 家族的に[な], 内輪で[の]; くつろいで[だ]; 略式に[の].

en·fant ché·ri [ɑ̃ː(ŋ)fɑ́ː(ŋ)-ʃeríː, ɔ̃ː(ŋ)fɔ̃ː(ŋ)-, ɑːŋfɑ́ːŋ-, ɔ(ː)ŋfɔ̃ː(ŋ)-; *F.* ɑ̃fɑ̃ʃeri] 〖◻ F ~ 'cherished infant' : ⇨ infant, cherish〗 ── *n.* 《比喩》大事に育てられた[甘やかされた]子供.

en·fant gâ·té [ɑ̃ː(ŋ)fɑ́ː(ŋ)-gɑːtéɪ, ɔ̃ː(ŋ)fɔ̃ː(ŋ)-, ɑːŋfɑ́ːŋ-, ɔ(ː)ŋfɔ̃ː(ŋ)-; *F.* ɑ̃fɑ̃gɑte] 〖◻ F ~ 'spoilt child'〗 *F. n.* 甘やかされ[持ち上げられ]すぎた人.

en·fants per·dus [ɑ̃ː(ŋ)fɑ́ː(m)-pɛəd(j)úː, ɔ̃ː(ŋ)fɔ̃ː(m)-, ɑːŋfɑ́ːm-, ɔ(ː)ŋfɔ̃ː(m)- | -pɛədjúː; *F.* ɑ̃fɑ̃pɛrdy] 〖◻ F ~ 《原義》 lost children : ⇨ infant, perdu〗 ── *F. n. pl.* 〖軍事〗決死隊.

en·fant ter·ri·ble [ɑ̃ː(ŋ)fɑ́ː(n)-teríːbl̩, ɔ̃ː(ŋ)fɔ̃ː(n)-, ɑːŋfɑ́ːn-, ɔ(ː)ŋfɔ̃ː(n)-; *F.* ɑ̃fɑ̃teribl] 〖◻ F ~ 'terrible child' : ⇨ infant, terrible〗 ── *F. n.* (*pl.* **en·fants ter·ri·bles** [~]) **1** 恐るべき子供《大人が困るような事を言ったり, 聞きただしたりなどする「ませた子供」》. **2** (はたの迷惑を顧みない)無思慮[無責任]な人.

en·fee·ble [ɪnfíːbl̩, ən-, en- | ɪn-, en-] 〖ME *enfeble(n)* ◻ OF *enfebl-ir* ← EN-[1] + *feble* 'FEEBLE'〗 ── *vt.* 弱める, 弱らせる, 弱々しくする: With my ~*d* health I shall never be able to complete it. 健康が衰えてしまったのでとてもそれは完成できないだろう. **~·ment** *n.* **en·fée·bler** [-blə, -blə | -blə(r), -bl-] *n.*

en·feoff [ɪnféf, ən-, en-, -fíːf | ɪn-, en-] 〖《1411》 *enfeoffe(n)* ◻ AF *enfeoff-er* = OF *enfeffer* ← EN-[1] + *feof* feoff : cf. fief〗 ── *vt.* **1** …に封土[知行]を与える, 封土[知行]として〔…を〕与える 〔*with*〕: He was ~*ed with* an estate. 封土として土地を与えられた. **2** 《古》〈一身を〉〔…に〕ゆだねる (surrender) 〔*to*〕: ~ oneself *to* tyranny 暴政にふける.

en·féoff·ment 〖《1421》◻ AF *enfeffement* ← *enfeffer* : ⇨ ↑, -ment〗 ── *n.* **1** 知行[封土]下賜(状); お墨付き. **2** (下賜された)知行, 封土 (fief). **3** 封土公示譲渡(証書).

en fête [ɑ̃ː(ŋ)-féɪt, ɔ̃ː(ŋ)-, ɑːŋ-, ɔ(ː)ŋ-; *F.* ɑ̃fɛt] 〖◻ F ~ 《原義》 in festival : ⇨ en[2], fete〗 *F. adj.* **1** お祭り騒ぎをして. **2** 晴着を着て.

en·fet·ter [ɪnfétə, ən-, en- | ɪnfétə(r), en-] 〖← EN-[1] + FETTER〗 *vt.* **1** …に足かせ (fetters) を掛ける. **2** 奴隷にする 〔*to*〕. 〖fever〗 *vt.* =fever.

en·fe·ver [ɪnfíːvə, ən-, en- | ɪnfíːvə(r), en-] 〖⇨ en-[1],

En·field [énfiːld] 〖lateOE *Ēnefelde* ← ? **ēan* lamb + *fēld* 'FIELD'〗 *n.* **1** London 北部の自治区; 人口 267,000. **2** =Enfield rifle.

Énfield rìfle 〖↑: 最初に作られたところ〗 ── *n.* エンフィールド銃: **a** 英陸軍がクリミア戦争で使用し, 米軍が南北戦争で使用した口径 0.577 インチの先込め銃; エンピール銃ともいう. **b** 1902 年に作られた英軍の使用した口径 0.303 インチの遊底式元込めライフル銃. **c** 第一次大戦で米軍の使用した口径 0.30 インチのライフル銃.

en·fi·lade [énfəlèɪd, ⁻⁻⁻ | ènfɪléɪd; *F.* ɑ̃filad] 〖《1705》◻ F ~ 'series, enfilade' ← *enfiler* to rake with fire ← EN-[1] + *fil* thread : ⇨ file[1], -ade〗 ── *n.* **1** 〖軍事〗縦射; 縦射にさらされる位置. **2** 〖建築〗縦列《部屋などを平行に向かい合わせに規則的に並べる配置法》. ── *vt.* 〖軍事〗〈敵の縦隊・防御施設などを〉縦射する, …に縦射を浴びせる; …を縦射できる位置を占める.

en·filed [ɪnfáɪld, ən-, en- | ɪn-, en-] *adj.* 〖紋章〗〈人間・動物など〉〔矢・ピンなどで〕突き通された 〔*with, of*〕.

en fin [ɑ̃ː(ŋ)fǽ(ŋ), ɔ̃ː(ŋ)-, ɑːŋfǽŋ, ɔ(ː)ŋ-; *F.* ɑ̃fɛ̃] 〖◻ F ~ 《原義》 'in FINE[2]' : ⇨ en[2]〗 *F. adv.* 遂に, 最後に.

en·flame [ɪnfléɪm, ən-, en- | ɪn- en-] *v.* =inflame.

en·fleu·rage [ɑ̃ː(ŋ)fluːrɑ́ːʒ, ɔ̃ː(ŋ)-, ɑ̀ːŋ-, ɔ̀(ː)ŋ-; *F.* ɑ̃flœraːʒ] 〖◻ F ~ ← *enfleurer* to impregnate with the scent of flowers ← EN-[1] + *fleur* 'FLOWER' : ⇨ -age〗 ── *n.* 冷浸法《花の蒸発気に無臭油または脂肪を当ててする香水の製法》.

en·fold [ɪnfóuld, ən-, en- | ɪnfə́uld, en-] 〖《古形》 *infold* ← IN-[1], EN-[1] + FOLD[1]〗 ── *vt.* (~·**ed**; ~·**ed**, 《古》 ~·**en** [~n]) **1** 包む: Night ~*ed* the village. 夜が村を包んだ. **2** 〈物を〉かかえる, かかえ込む; 抱き締める. **3** 意味する, 包む. **4** しわにする. **5** 折り込む; 畳み込む. **~·er** *n.* **~·ment** *n.*

en·force [ɪnfɔ́əs, ən-, en-, -fóəs | ɪnfɔ́ːs, en-] 〖《1343》◻ OF *enforc-ier* (F *enforcir*) < VL **infortiāre* ← IN-[1] + L *fortis* strong : ⇨ en-[1], force[1]〗 ── *vt.* **1** 〈法律などを〉実施する, 施行する: ~ a cease-fire 停戦を施行する. **2** 〔人に〕〈服従・行動などを〉強要する (compel), (強制的に)押しつける 〔*on, upon*〕: ~ obedience to an order 命令への服従を強要する / He wanted to ~ his will *on* the children. 彼は自分の意志を子供たちに押しつけようとした. **3** 〈要求などを〉押し通す, 〈権利などを〉強く主張する: ~ a claim, one's rights, etc. **4** 〈言説など〉に力を添える, 補強する: He ~*d* his argument *with* statistics. 統計をあげて論点をいっそう明確にした. **en·fórc·er** *n.*

en·force·a·ble [ɪnfɔ́əsəbl̩, ən-, en-, -fóəs- | ɪnfɔ́ːs-, en-] *adj.* 実施[施行]できる; 励行できる; 強制できる.

en·fòrce·a·bíl·i·ty [-səbíləti | -lɪtɪ, -lɪ-] *n.*

en·fórced *adj.* 強制的な (compelled): an ~ marriage 強制結婚 / ~ currency 強制通貨 / ~ liquidation 〖証券〗強制的売却処分.

en·fórc·ed·ly [-sɪdli, -səd-, -stli | -lɪ] *adv.* 強制的に, 強要されて, 強引に.

en·fórce·ment 〖ME ◻ OF ~ ← *enforcier* : ⇨ enforce, -ment〗 *n.* **1** (法律・命令などの)施行, 実行. **2** 《まれ》強制, 強要. **3** 強調, 力説.

en·frame [ɪnfréɪm, ən-, en- | ɪn-, en-] 〖← EN-[1] + FRAME〗 *vt.* 枠にはめる, 額縁にはめる; …の枠となる.

en·fran·chise [ɪnfrǽntʃaɪz, ən-, en- | ɪn-, en-] 〖《1419》◻ OF *enfranchiss-*, *enfranchir* ← EN-[1] + *franc* 'free, FRANK[1]' : ⇨ franchise〗 ── *vt.* **1** …に(政治上の)公権を許す; …に参政権[選挙権]を与える. **2** 〈奴隷などを〉解放する, 自由民とする (emancipate). **3** 〈都市など〉に国会議員選出権を与える, 選挙区にする. **4** 〖封建法〗〈謄本保有権 (copyhold) を〉自由保有権 (freehold) に変える.

en·fran·chise·ment [ɪnfrǽntʃaɪzmənt, ən-, en-, -tʃɪz-, -tʃəz- | ɪnfrǽntʃɪz-, en-] 〖《1596》: ⇨ ↑, -ment〗 ── *n.* **1** 参政権[選挙権]賦与. **2** (奴隷などの)解放, 釈放. **3** 〖封建法〗(謄本保有権 (copyhold) の)自由保有権 (freehold) への改変.

eng [éŋ] *n.* 〖音声〗[ŋ] の記号.

eng. 《略》 engine; engineer; engineering; engraved; engraver; engraving.

Eng. 《略》 England; English.

En·ga·dine [èŋgədíːn, ⁻⁻⁻ | ⁻⁻⁻; *F.* ɑ̃gadin] *n.* [the ~] エンガディン《スイス東部 Inn 川上流の峡谷で避暑地; 長さ 100 km》.

en·gage [ɪngéɪdʒ, ən-, en- | ɪn-, ɪŋ-, en-] 〖《1430》◻ OF *engag-ier* (F *engager*) ← EN-[1] + *gage* 'pledge, GAGE[1]'〗 ── *vt.* **1** [通例 ~ *oneself* または Passive で] 〈…すると〉…に言質を与えさせる 〈*to do*〉, 約束させる; 〔…を〕…に引き受けさせる 〔*to*〕: You have ~*d yourself to* perform your duties. 君は自分の義務を遂行することを約束している / I ~ *myself to* nothing. 私は何ひとつ言質を与えない / I *am* ~*d for* tomorrow. 明日は約束がある (cf. 4 a). **2** [通例 Passive, 時に ~ *oneself* で] 〔…と〕婚約させる 〔*to*〕: They were ~*d* last month. / He became [got] ~*d to* Mary. 彼はメアリーと婚約した / She ~*d herself to* him a week ago. 彼女は1週間前に彼と婚約した. **3 a** 雇う: ~ a maid, taxi, etc. / He ~*d* a German girl *as* his secretary. ドイツ娘を秘書に雇った / *Engage* somebody to stay with the sick man. 病人の付添いとしてだれか雇いなさい. **b** 〈部屋・席・助力などを〉予約する, 取っておく: ~ a hotel room ホテルの部屋を予約する / This seat is ~*d*. この席は予約済みです. **4 a** [Passive で] 〔…に〕従事して[携わっている] 〔*in, on*〕; 〔…に〕着手している 〔*on, upon*〕; 忙しい (busy): He [The firm] *is* ~*d in* tourism. 彼[会社]は観光業に従事している / I *was* busily ~*d* (*in*) reading proofs. 校正に忙殺されていた / He *was* ~*d on* national administration. 国家の行政に携わって[参画して]いた / They *are* ~*d* (*up*)*on* a new business. 新事業に着手している / He will see you if he *is* not ~*d*. 忙しくなければお会いするでしょう (cf. 1) / She *was* ~*d with* her baby. 赤ん坊のことで手が離せなかった. **b** [~ *oneself* で] 〔…に〕従事する, 携わる 〔*in*〕: ~ *oneself in* writing a letter 手紙を書くのに余念がない / She ~*d herself in* the election campaign. 選挙運動に加わった. **5** 〈人の時間・労力などを〉必要とする: have one's time fully ~*d with* work 仕事で時間が全部ふさがっている / Assignments ~ most of a student's time. 宿題で学生の時間の大部分が取られてしまう. **6 a** 〈人・心などを〉引き付ける; 〈人を〉魅了する: His face ~*d* my attention. 彼の顔が私の注意を引き付けた / His pleasant manners ~*d* me *to* him. 彼の気持のいい態度につい引き付けられた. **b** 〔談話などに〕加わらせる, 引き込む 〔*in*〕: ~ a person *in* conversation [talk] 人を話に引き込む. **7** 交戦させる; …と交戦する: ~ troops *with* the enemy 軍隊を敵と交戦させる / ~ the enemy 敵と交戦する. **8 a** 〖機械〗〈歯車・クラッチなどを〉〔…と〕かみ合わせる 〔*with*〕, …とかみ合う: The two cogwheels ~ each other. 二つの歯車が互いにかみ合う. **b** 〖建築〗〈柱を〉壁に取り付ける. **9** 〖フェンシング〗〈剣を〉アンガジュマン (engagement) する. **10** 《廃》はまり込ませる, 巻き込む.

── *vi.* **1 a** 〈…すると〉誓う 〈*to do, that*〉: They ~*d to* do what they could for us. 彼らは我々のためにできるだけのことをすると誓った / He ~*d to* me *that* he would never desert his wife. 決して妻を捨てないと私に誓った. **b** 《古》〔…を〕請け合う, 保証する 〔*for*〕: That's what I can ~ *for*. それが私の請け合えることです. **2** 〔仕事・職業などに〕就く, 従事する, 携わる 〔*in*〕; 〔…に〕加わる 〔*in*〕: After graduation, he ~*d in* business. 卒業後は実業に就いた / He ~*d in* teaching there for seven years. そこで7年間教師をした / He ~*d in* the game of tennis. テニスの試合に参加した. **3** 〔…に〕雇われる, 勤める 〔*with*〕: That year I ~*d with* a trading company. その年ある商事会社に入社した. **4** 〔…と〕交戦する 〔*with*〕. **5** 〖機械〗〈歯車などが〉〔…と〕かみ合う 〔*with*〕. **6** 〖フェンシング〗アンガジュマン (engagement) をする.

en·ga·gé [ɑ̃ː(ŋ)gɑːʒéɪ, ɔ̃ː(ŋ)-, ɑ̀ːŋ-, ɔ̀(ː)ŋ-; *F.* ɑ̃gaʒe] 〖◻ F ~ 'engaged' : ↑〗 *F. adj.* =engaged 3 b.

en·gáged *adj.* **1** 約束[契約]済みの; 予約済みの; 〈電話など〉使用中の, ふさがっている: an ~ seat 予約済の座席 / "*Engaged*" 「使用中」, 「貸切」 / Number's ~. 《英》(電話が)話し中 (《米》 Line's busy.) / an ~ signal 《英》「話し中」の信号 / an ~ tone 《英》「話し中」の信号音. **2** 婚約中の: an ~ couple 婚約中の男女. **3 a** 没頭している, 熱心な. **b** 〈作家・作品など〉政治[社会]参加の. **4** 交戦中の: ~ troops 交戦中の部隊. **5 a** 〖機械〗かみ合いの, 連動の: ~ wheels (歯車の)連動輪. **b** 〖建築〗〈柱など〉壁に取り付けられた: an ~ column 付け柱《壁の前に立てられ, 上部の entablature が壁体につながっている柱》.

en·gáge·ment 〖《1624》← ENGAGE + -MENT〗 ── *n.* **1 a** (会合などの)約束 (appointment); 予約; 取決め, 契約 (contract): a previous ~ 先約 / be *under* ~ 契約がある / break one's ~ 約束を破る / break off an ~ 約束を解く, 破談にする / make [enter into] an ~ *with* …と約束をする, 契約を結ぶ / I have several ~*s for* tomorrow. 明日は幾つも約束がある. **b** [*pl.*] 〖商業〗金銭上の約束, 債務: meet one's ~*s* 債務を弁済する. **2** 婚約: my daughter's ~ *to* John 娘とジョンとの婚約 / a long ~ 長い婚約(期間). **3 a** (契約による一定期間の)雇用; 雇用期間; 勤め口, 職: a TV ~ in commercials / an ~ *as* a typist タイピストの職. **b** 任務, 用事, 仕事. **4** 合戦, 交戦: a naval ~ 海戦 / an armored ~ 武力衝突 / bring about an ~ 戦いを起こす. **5** [ɑ̃ː(ŋ)gɑːʒmɑ́ː(ŋ), ɔ̃ː(ŋ)gɑːʒmɔ̃ː(ŋ), ɑ̀ːŋgɑːʒmɑ́ːŋ, ɔ̀(ː)ŋgɑːʒmɔ̃ː(ŋ); *F.* ɑ̃gaʒmɑ̃] (作家・文学などの)政治[社会]参加 《Sartre の用語》. **6** 〖機械〗(歯車などの)かみ合い. **7** 〖フェンシング〗アンガジュマン《剣と剣の結び》.

engágement rìng *n.* (男が婚約者に贈る)婚約指輪, エンゲージリング《特に, ダイヤの一石もの》.

en·gág·ing *adj.* 人を引きつける, 魅力のある, 愛想のいい, 愛嬌(あいきょう)のある: an ~ conversationalist 人を楽しませる話術をもった人 / an ~ personality 人を引きつける人柄. **~·ly** *adv.* **~·ness** *n.*

en gar·çon [ɑ̃ː(ŋ)gɑəsɔ́ː(ŋ), ɔ̃ː(ŋ)-, ɑːŋgɑəsɔ́ːŋ, ɔ(ː)ŋ- | -gɑː-; *F.* ɑ̃garsɔ̃] 〖◻ F ~ : ⇨ en[2], garçon〗 ── *F. adv.* 男の子のように, 独身男として: dress ~ 男の子のような服装をする.

en garde [ɑ̃ː(ŋ)gɑ́əd, ɔ̃ː(ŋ)-, ɑːŋ-, ɔ(ː)ŋ- | -gɑ́ːd; *F.*

ãgard]〖⇨F ～《原義》on guard：⇨en², guard〗 ― F. adv.〖フェンシング〗[競技者に対する号令として] アンガルド, 構えよ.
en·gar·land [ɪngάələnd, ən-, en- | ɪngά:-, en-]〖⇨en-¹〗vt. …に花輪を置く；〔花輪で〕飾る〔with〕.
Eng. D.《略》Doctor of Engineering.
En·gel·bert [éŋəlbə̀:t, -bèət | -bə̀:t, -bèət；G. έŋəlbèrt]〖ME Engelbricht：⇨Angle, bright〗n. 男性名.
Én·gel·mann sprúce [éŋgəlmən-]〖← George Engelmann (1809–84：ドイツ生れの米国の植物学者)〗 ― n. **1**〖植物〗エンゲルマントウヒ (*Picea engelmannii*)《北米 Rocky 山脈地方産のマツ科の常緑高木》. **2** エンゲルマントウヒの材《軽くて柔らかい材質》.
En·gels [éŋ(g)əlz；G. έŋəls], **Friedrich** n. エンゲルス《1820–95；ドイツの社会主義者・経済学者, Karl MARX の協働者；*Das kommunistische Manifest*「共産党宣言」(1848；Marx と共著)》.
Én·gel's coefficient [éŋ(g)əlz-] n. エンゲル係数《家計支出に占める飲食費の百分比》.
Éngel's láw n.〖経済〗エンゲルの法則《ドイツの社会統計学者 Ernst Engel (1821–96) によって示された家庭経済の経験法則で, 収入が増加すると飲食費の割合は減少するが, 衣料費・光熱費・住宅費の割合はほとんど変化しない；一方教育費・医療費・娯楽費などの文化費の割合は増加するという法則》.
en·gen·der [ɪndʒéndə, ən-, en- | ɪndʒéndə(r, en-]〖《c1330》engendre(n) ⇨ (O)F engendr-er < L *ingenerāre* to produce：⇨in-¹, generate〗 ― vt. **1** 産み出す (produce)；起こす, かもし出す：Sympathy often ～s love. 同情からしばしば恋愛が生れる / Poverty often ～s crime. 貧困はしばしば犯罪を引き起こす. **2**《古》〈子供を〉作る. ― vi.《古》生じる, 発生する.
～·er [-d(ə)rə | -d(ə)rə(r] n. **～·ment** n.
En·ghien [ã:(ŋ)gɛ̃:(ŋ), ɔ̃:(ŋ)-, ɑ:ŋgǽŋ | ɔ(:)ŋ-；F. ãgɛ̃], **Duc d'** n. アンガン《1772–1804；フランスの将軍 Prince of Condé の子, Napoleon 一世に処刑された；本名 Louis Antoine Henri de Bourbon-Condé》.
en·gild [ɪngíld, ən-, en- | ɪn-, en-]〖ME：⇨en-¹, gild¹〗vt. **1**《古》鍍金(ﾒｯｷ)する. **2**《廃》磨く, 輝かす.
engin.《略》engineer；engineering.
en·gine [éndʒən, -dʒɪn | -dʒɪn]〖《c1275》ME engin (something produced by) native talent ⇨ (O)F < L *ingenium* natural quality, skill ← IN-¹＋*gen-, gignere* to beget：⇨ingenious〗 ― n. **1** 機関, エンジン, 発動機：an auxiliary ～ 補助機関 / a hydraulic ～ 水力[水圧]機関 / start an ～ エンジンを始動する / ⇨gasoline engine, steam engine. **2** 機関車 (locomotive). **3** ＝fire engine. **4** 特殊な機関装置：⇨dental engine. **5**《古》兵器, 武器：an ～ of war(fare) 兵器. **6**《古》手段, 道具 (means)〔of〕. **7**《廃》拷問道具. ― vt. 〈汽船・航空機など〉にエンジンを据え付ける；…に蒸気機関を備える.
éngine bày n.〖航空〗(胴体下の)エンジン格納室《単発機で, エンジンを胴体下側にもった型式の場合》.
éngine bèarer n. 機関台；〖航空〗＝engine mount.
éngine cómpany n. (消防署の)消防車隊.
-én·gined〖← ENGINE＋-ED 2〗「…のエンジンを備えた」の意の形容詞連結形：a two-*engined* plane.
éngine depàrtment n.〖海事〗機関部.
éngine drìver n.《英》(機関車の)機関士, 運転手 (《米》engineer)；(一般に)機関手.
en·gi·neer [èndʒəníə, -dʒə-, ― ― ―| èndʒɪníə(r, -dʒə-]〖n.：《16C》← ENGINE＋-EER ∞ ME enginour ⇨ OF *engigneor* (F *ingénieur*) < LL *ingeniātōrem* ← *ingeniāre* to contrive ← L *ingenium*〗 ― n. **1** 技師, 技術者, エンジニア；工学者：an electrical [mechanical, chemical, mining] ～ 電気[機械, 化学, 鉱山]技師 / a communication ～ 通信工学者 / ⇨civil engineer, marine engineer. **2 a** (商船の)機関士：a chief ～ 機関長 / a first ～ 一等機関士. **b**《米》(機関車の)機関士 (《英》engine driver). **c**《英》機械工, 機関工 (mechanic). **d** エンジン製作者. **3 a**〖陸軍〗工兵：the Corps of *Engineers* 工兵科, 工兵隊[部], 施設部隊 / ⇨Royal Engineers. **b**〖海軍〗機関科将校. **4 a** (事の)巧みな処理者：an ～ of a financial project / ⇨sales engineer. **b** (陰の)工作者 (contriver)〔of〕. **c**《古》策謀家, 策士. **5** [形容詞を伴って] (人間・社会を対象とする)専門(技術)家, …工学者：a human [social] ～ 人間[社会]工学者. ― vt. **1** (技師として)…の工事を監督[設計]する：～ a bridge. **2** 工学的に作り出す. **3**《口語》(巧妙に)工作する, 企らむ, 処理する：～ a plot [scheme] 計略をめぐらす / ～ a coup クーデターを企む / ～ a peace in the Middle East 巧みに中東に平和をもたらす / ～ a bill *through* Congress うまく法案を通過させる. ― vi. **1** 技師として働く, 技師を勤める. **2**《口語》事を巧みに処理[運営]する.
èn·gi·néer·ing [-ní(ə)rɪŋ | -níər-] n. **1** 工学：aeronautical ～ 航空工学 / military ～ 工兵学 / mining ～ 鉱山[採鉱]工学 / ～ science 工学 / ⇨civil engineering, electrical engineering, hydraulic engineering, marine engineering, mechanical engineering, social engineering / an ～ college 工科大学. **2** 工学技術, 機関操縦[運用]術. **3** 巧みな工作[処理, 操縦], 策略 (maneuvering). **4** (機械)技術者の職務活動.
engineéring insùrance n.〖保険〗機械保険《汽缶保険・機関保険などの総称》.
engineér's chàin n.〖測量〗⇨chain 4. 「位].
engineér·shìp n. 技師[工学者, 機関士]の職[任務, 地位].
engineér's scàle n. エンジニアの物差し《両縁にそれぞれ異なった目盛をもつ技術者用の物指し》.
éngine·hòuse n. 消防ポンプ置場；機関車庫.
éngine làthe n.〖機械〗旋盤, 普通旋盤.
éngine·màn [-mæ̀n, -mən] n. (pl. **-men** [-mèn, -mən]) ＝engine driver.
éngine mòunt n.〖航空〗エンジンベッド, 発動機架.
éngine ròom n. (船舶などの)機関室.
éngine-room télegraph n.〖海事〗エンジンテレグラフ《機関発停などの命令を伝えるためのブリッジと機関室を結ぶ通信器》.
en·gine·ry [éndʒənri, -dʒɪn- | -dʒɪnərɪ, -dʒə-]〖← ENGINE＋-ERY〗n. **1** [集合的] 機関 (engines)；機械類. **2** [集合的] 兵器. **3** 策略, 計略. **4** 機構.
éngine shèd n. 機関車庫.
éngine sìze n.〖製紙〗エンジンサイズ剤《インクのにじまない紙を作るのにビーター (beater) 中のパルプに混入する耐水剤；cf. size²》.
éngine-sìzed adj.〖製紙〗エンジンサイズ剤の (cf. engine size)：～ paper エンジンサイズ紙.
éngine-tùrned adj. ロゼット模様のある.
éngine tùrning n. ロゼット模様《時計側や証券などに付ける線模様の彫付け》.
en·gi·nous [éndʒənəs | -dʒɪ-]〖ME ⇨ OF *engi(g)neus* < L *ingeniōsum* talented：⇨ingenious〗adj.《廃》巧みな (crafty), 精巧な (ingenious).
en·gird [ɪngə́:d, ən-, en- | ɪngə́:d, ɪŋ-, en-]〖← EN-¹＋GIRD¹〗vt. 帯で巻く；取り巻く, 囲む.
en·gir·dle [ɪngə́:dl̩, ən-, en- | ɪngə́:dl̩, ɪn-, en-] vt. ＝girdle.
en·gla·cial [engléɪʃəl, ɪn-, ən- | ɪngléɪsjəl, en-, -sɪəl, -ʃɪəl, -ʃəl, -glǽsɪəl, -sjəl]〖← EN-²＋GLACIAL〗 ― adj.〖地質〗氷河の氷の中の；かつて氷河の氷の中にあった：an ～ moraine 内堆石(ﾅｲﾀｲｾｷ).
Eng·land [íŋglənd, íŋlənd]〖ME *Engeland* < OE *Engla-land*《原義》'the LAND¹ of the ANGLES'〗 ― n. **1** イングランド《Great Britain 島南部 (Scotland と Wales を除いた部分)；⇨Great Britain, United Kingdom；ラテン語名 Anglia；詩語 Albion；人口 46,436,000 (Wales を含む), 面積 130,365 km², 首都 London；公式名 the Kingdom of England》. **2** (行政上の一単位として)イングランドおよびウェールズ. **3**《俗用》英国, イギリス (United Kingdom)；Great Britain 島. **4**〖紋章〗イングランド王の紋章《赤の地に金のライオン 3 頭 (three lions passant guardant) を配した紋章》.
Éng·land·er n. イングランド人；英国人：⇨Little Englander.
Eng·ler [éŋ(g)lə | -lə(r；G. έŋlɐ], **(Heinrich Gustav) Adolf** n. エングラー《1884–1930；ドイツの植物学者》.
Engler flásk〖← Karl Engler (1842–1925：ドイツの化学者)〗n.〖化学〗エングラーフラスコ《蒸留用の通例 100 ml 入りの枝付きフラスコ》.
Eng·lish [íŋglɪʃ, íŋl-]〖adj. & n.：OE *englisc* ← *Engle* 'ANGLE'：⇨-ish¹. ― v.：《a1397》←(adj., n.)〗 ― adj. **1** イングランド (England) の；英国の, イギリスの；英国風[流]の. **2** イングランド人の；英国人の, イギリス人の. **3** 英語の；英語で書かれた：～ studies 英語研究 / the ～ classics 英語の古典.
― n. **1 a** 英語：Modern ～ 近代英語《1500 年以後》 Early Modern ～ 初期近代英語《1500–1700》/ Late Modern ～ 後期近代英語《1700 年以後》/ Present-day ～ 現代英語《1900 年以後》/ Middle ～ 中(期)英語, 中世英語《1100–1500》/ Old ～ 古(期)英語, 中世前期英語《700–1100 年間のアングロサクソン語》/ American [British] ～ アメリカ[イギリス]英語 / ⇨pidgin English, King's English, Queen's English. **b** (学科としての)英語英文学. **2** [the ～；集合的] 英国人, 英国民；英軍：*The* ～ are a great people. 英国人は偉大な民族である. **3** [時に e-]《米》〖玉突・ボウリング〗ひねり (cf. body English). **4** [しばしば e-]〖活字〗イングリッシュ《活字の大きさの古い呼称；14 アメリカンポイントに相当；⇨type 10 ★》. **5 a** (簡明で)英語らしい英語 (cf. Greek 4)：in plain ～ 平たく言えば / It is not ～ to say so. そういう風に言うのは正しい英語じゃない. **b** 英訳, (外国語に対応する)英語：What is *the* ～ for 'bara'? 「バラ」の英語は何ですか. **6**《米》〖製紙〗英国風仕上げ《光沢度の高くない仕上げ方》.
― vt. [時に e-] **1**《古》英語に訳す. **2** 〈発音・綴りなどを〉英国風にする, 英国化する (Anglicize). **3**《米》〖玉突・ボウリング〗〈玉・ボールを〉ひねる.
Énglish blúebell n.〖植物〗＝wood hyacinth.
Énglish blúegrass n.〖植物〗＝meadow fescue.
Énglish bónd n.〖建築・石工〗イギリス積み, 縦横交互積み《長方形の石材・れんがなどを一層おきに小口(ｺｸﾞﾁ)面と長手(ﾅｶﾞﾃ)面とを見せて交互に積み重ねる積み方；⇨bond¹ 挿絵》.
Énglish bréakfast téa n. 工夫紅茶(ｺﾝｸﾞｰ) (congou)；(広義に)工夫紅茶に類似した茶.
Énglish cámomile n.〖植物〗ローマカミツレ (*Anthemis nobilis*)《ヨーロッパ産キク科アンテミス属の多年草；強い芳香がある》.
Énglish Canádian n. イギリス系カナダ人；英語を話すカナダ人. 「pers.
Énglish cápers n. (pl. ～)〖植物〗＝capuchin capers.
Énglish chámomile n.〖植物〗＝English camomile.
Énglish Chánnel n. [the ～] イギリス海峡《英仏両国を分かち北海と大西洋を結ぶ；長さ 560 km, 幅 34–180 km；the Channel ともいう》.
Énglish Chúrch n. [the ～] ＝CHURCH of England.
Énglish Cívil Wár n. [the ～]〖英史〗イギリス大内乱, ピューリタン革命 (⇨civil war 2 b).
Énglish cócker spániel n. イングリッシュコッカースパニエル《スペイン原産のスパニエルから出た犬種のイヌ；耳たぶが大きくて, 作業中尾を絶えず動かしている猟犬》.
Énglish cówslip n.〖植物〗＝cowslip 1.
Énglish cróss bònd n.〖建築〗(れんがの)イギリス十字積み, イングリッシュクロスボンド《イギリス積みの一種で, れんがの長平(ﾅｶﾞﾋﾗ)面を積んだ層の目地が, れんがの小口(ｺｸﾞﾁ)を積んだ層の小口中央になるような積み方；⇨bond¹ 挿絵》.
Énglish dáisy n.《米》〖植物〗＝daisy 1.
Énglish diséase n. 英国病《労働組合運動の発展に伴い, 労働者の諸権利が拡充される反面, 経営の合理化が抑制されて英国経済全体が危機に陥っている状態をさす；English sickness ともいう》.
Énglish élm n.〖植物〗ヨーロッパニレ (*Ulmus procera*)《ヨーロッパ西南部産》.
Énglish Énglish n. イギリス英語 (British English).
Éng·lish·er n. **1** ＝Englishman. **2** 英訳者.
Énglish flúte n. ＝recorder 3.
Énglish fóxhound n. イングリッシュフォックスハウンド《英国原産の猟犬種のイヌ；狐狩に用いたり, 野外競技をしたり, 多数が一群となって狩りをする》.
Énglish gálingale n.〖植物〗＝galingale 2.
Énglish góoseberry n.〖植物〗セイヨウスグリ, マルスグリ, オオスグリ (*Ribes grossularia*)《ヨーロッパ原産の緑色の花が咲く低木》. 「*aquifolium*).
Énglish hólly n.〖植物〗セイヨウヒイラギ (*Ilex*
Énglish hórn〖《なぞり》← It. *corno inglese*〗 ― n. イングリッシュホルン《音色の穏やかな oboe 族の木管楽器；oboe より 5 度低い》.
Énglish íris n.〖植物〗イングリッシュアイリス, イギリスアヤメ (*Iris xiphioides*)《ピレネー山脈 (Pyrenees) 原産の濃紫色の花が咲くアイリス》.

English horn

Éng·lish·ism [-ʃɪzm] n. **1** (「米語」に対して)イギリス語法 (Briticism) (cf. Americanism). **2** イギリス風, イギリス流, 英国式. **3** 英国主義《英国的なものへの愛着》.
Énglish ívy n.〖植物〗＝ivy 1 a.
Eng·lish·ize [íŋglɪʃàɪz, íŋl-] vt. 英国風[式]にする.
Énglish láurel n.〖植物〗＝cherry laurel.
Éng·lish·ly〖《15C》〗adv. 英国人流に[らしく].
Énglish máidenhair n.〖植物〗＝maidenhair spleenwort.
Éng·lish·man [-mən]〖OE *Englisċman*：⇨English, -man〗n. (pl. **-men** [-mən]) **1** (男性の)イングランド人；英国人, イギリス人. **2** 英国[イギリス]船.
Énglishman's knót n. ＝fisherman's knot.
Éng·lish·ness n. 英国[イギリス]風であること；英「語らしさ.
Énglish óak n.〖植物〗**1** オウシュウナラ (*Quercus robur*)《ヨーロッパ産ブナ科ナラ属の落葉高木》. **2** オウシュウナラ材《建築・家具用》.
Énglish óde n.〖詩学〗＝Cowleyan ode.
Énglish Péle n. [the ～] ＝pale² 5.
Énglish plántain n. ＝ribgrass 2.
Énglish prímrose n.〖植物〗イチゲサクラソウ (*Primula vulgaris*)《ヨーロッパ産のサクラソウ》.
Énglish rábbit n.〖動物〗イングリッシュラビット《暗色の斑紋がある一品種の飼ウサギ》.
Énglish réd n. **1** イギリス赤《酸化鉄から採った赤色顔料》. **2** 濃い橙赤色.
Énglish Revolútion n. [the ～] **1** イギリス革命《Stuart 王家の James 二世を追い William 三世と Mary 二世とを迎えて王・女王とした革命 (1688–89)；Glorious Revolution (名誉革命)ともいう》. **2** ＝English Civil War.
Énglish róbin n.〖鳥類〗＝robin¹ 1.
Eng·lish·ry [íŋglɪʃri, íŋl- | -rɪ]〖《1439》：⇨English, -ery〗 ― n. **1**《まれ》[集合的] (特に, アイルランドの)イギリス系の住民. **2** 英国生れであること. **3** 英国風《言動など》.
Énglish rýegrass n.〖植物〗＝perennial ryegrass.
Énglish sáddle n.〖馬具〗イギリス鞍《通例狩猟鞍で, 韓革(ｱｵﾘ)の張り出しのないものをいう；cf. Western saddle》.
Énglish sétter n. イングリッシュセッター《英国で作出された鳥猟犬種のイヌ》.
Énglish shépherd dòg n. イギリス牧羊犬《中型の羊や牛の番犬》.
Énglish síckness n. ＝English disease.
Énglish sónnet n.〖詩学〗イギリス風ソネット《Italian sonnet を簡易化したもので, 三つの四行連句 (quatrain) と結末の二行連句 (couplet) とからなり, abab cdcd efef gg の押韻形式をもつ；Shakespearean sonnet ともいう》.
Énglish spárrow n.〖鳥類〗＝house sparrow.
Énglish-spéaking adj. 英語を話す, 英語を使用す

る：the ～ world 英語圏 / ～ peoples 英語を用いる諸国民.

Énglish sprínger spániel *n.* イングリッシュスプリンガースパニエル《中型の狩猟犬種のイヌ；断尾している尾をよく動かす；垂れ耳が長く，肢・耳・胸・腹部に飾り毛がある》.

Énglish sỳstem *n.* 〘紡織〙＝Bradford system.

Énglish tóy spániel *n.* イングリッシュトイスパニエル《その起源は日本にあって，スペインを経て英国に渡来したともいわれている犬種のイヌ》.

Énglish víolet *n.* 〘植物〙＝sweet violet.

Énglish wállflower *n.* 〘植物〙ニオイアラセイトウ (*Cheiranthus cheiri*)《ヨーロッパ南部原産のアブラナ科ニオイアラセイトウ属の多年草；観賞用に栽培》.

Énglish wálnut *n.* 〘植物〙 **1** セイヨウグルミ，ペルシャグルミ，カシグルミ (*Juglans regia*)《果殻が割合に薄いため手でも割れる；菓子用・食用に広く栽培；Circassian walnut, French walnut, Persian walnut ともいう》. **2 a** ペルシャグルミの実. **b** ＝Circassian walnut 1.

Énglish·wòman 〘ME〙 *n.* **1** イングランド婦人；英国婦人，イギリス婦人. **2** (カナダ・オーストラリアなどの)英国系の婦人.

Énglish yéw *n.* 〘植物〙セイヨウイチイ，ヨーロッパイチイ (*Taxus baccata*)《ヨーロッパ・アジア・アフリカ北部原産の常緑高木；しばしば墓地に植えられる》.

en·glut [ɪnglʌ́t, ən-, en- | ɪn-, en-] 〘1：《15C》▭ OF *englot-ir* (F *engloutir*) < LL *ingluttīre.* —2：← EN-[1] ＋GLUT〙 — *vt.* **1** 飲み下す. **2** 《古》…に十分[いやというほど]与える，飽きさせる.

en·gobe [ɑ̃ː(ŋ)góʊb, ɔ̃ː(ŋ)-, ɑːŋ-, ɔ(ː)ŋ- | -gə́ʊb；*F.* ɑ̃gɔb] 〘▭ F ～ ← *engober* to cover with slip ← EN-[1]＋*gober* to swallow〙 — *n.* 〘窯業〙エンゴーベ，化粧土《粘土素地に色，不透明性，あるいは他の性質を改善するために用いる泥漿掛け材料》.

en·gorge [ɪngɔ́ədʒ, ən-, en- | ɪngɔ́ːdʒ, en-] 〘▭ F *engorg-er*：⇨ en-[1], gorge[1]〙 — *vt.* **1** むやみに詰め込む (gorge, cram)；むさぼり食う (devour greedily). **2** 〘病理〙[通例 p.p. 形で] 充血させる，(液体充満のため)腫張[拡張]させる：be ～*d with* blood 充血[鬱血]している. — *vi.* 〈ヒルなどが〉血を体に一杯吸う.

en·górge·ment *n.* **1** 飽食. **2** 〘病理〙(血液・分泌液などの)鬱積；充血，鬱血 (congestion).

en·gou·lée [ɑ̃ː(ŋ)guːléɪ, ɔ̃ː(ŋ)-, ɑːŋ-, ɔ(ː)ŋ-；*F.* ɑ̃gule] 〘▭ F ～ (fem. p.p.) ← *engouler* to swallow up：⇨ en-[1], gula〙 — *adj.* 〘紋章〙動物がむさぼり食う. ★ vorant より強い表現.

engr. 《略》engineer；engraved；engraver；engraving.

en·graft [ɪngrǽft, ən-, en- | ɪngrɑ́ːft, ɪŋ-, en-] 〘《1585》← EN-[1]＋GRAFT[1]：cf. ingraft〙 — *vt.* **1** 〈接(つ)ぎ穂を〉〔…に〕さし込む，接ぎ穂する，接ぎ木する (graft) 〔*into, upon*〕：～ an apricot *upon* a plum tree アンズの木をスモモの木に接ぎ木する. **2** 〈思想・主義などを〉〔…に〕移植する，植え付ける (implant) 〔*in*〕；〔…と〕統合する (incorporate) 〔*into*〕；〈偶然的なものを〉〔…に〕付け加える (add) 〔*on, upon*〕：～ an idea [principles, virtues] *in* the mind 思想[主義，徳]を吹き込む / A bill of penalties should be ～*ed on* the bill of indemnity. その免責法案には刑罰法案を付加すべきである.

en·grail [ɪngréɪl, ən-, en- | ɪn-, ɪŋ-, en-] 〘《*a*1400》 *engrele(n)* ▭ OF *engresl-er* (F *engrêler*) ← EN-[1]＋*gresle* hail：cf. OF *gresle* (F *grêle*) slender < L *gracilis* 'GRACILE'〙 — *vt.* **1** 〘紋章〙〈紋章図形の線や縁に波形のぎざぎざを付ける. **2** 〈硬貨など〉の表面の縁に小点[波線]を付ける. **～·ment** *n.*

en·gráiled *adj.* 〘紋章〙〈紋章図形など〉縁を波形にした，ぎざぎざの波線状になった (⇨ heraldry 挿絵 F).

en·grain [ɪngréɪn, ən-, en- | ɪn-, ɪŋ-, en-] 〘《*c*1378》← EN-[1]＋GRAIN[1]〙 *vt.* **1** 《廃》〈染料を〉しみこませる. **2** 〈習慣などを〉根深くしみこませる.

en·gráined *adj.* 根深い (deep-dyed)；徹底した：an ～ rogue 根っからの悪党.

en·gram [éngræm, en-] 〘← EN-[2]＋-GRAM：cf. G *Engramm*〙 — *n.* (*also* **en·gramme** [～]) **1** 〘生物〙(刺激によって原形質の上に生じ後まで残る)印象. **2** 〘心理〙記憶痕跡 (⇨ memory trace)；(特に)エングラム《長期記憶を説明するために経験によって脳神経組織に生じると仮定される変化》. **en·gram·mic** [engrǽmɪk, eŋ-] *adj.*

en grande te·nue [ɑ̃ː(ŋ)grɑ́ː(n)dtən(j)úː, ɔ̃ː(ŋ)grɔ̃ː(n)d-, ɑːŋgrɑ́ːnd-, ɔ(ː)ŋgrɔ́(ː)nd- | -tənjúː；*F.* ɑ̃grɑ̃dtəny] 〘▭ F ～ 'in full dress'〙 *F. adv.* 礼装で.

en grand sei·gneur [ɑ̃ː(ŋ)grɑ́ː(n)seɪnjə́ː, ɔ̃ː(ŋ)grɔ̃ː(n)-, ɑːŋgrɑːn-, ɔ(ː)ŋgrɔ́(ː)n- | -njə́ː(r；*F.* ɑ̃grɑ̃sɛɲœːr] 〘▭ F ～ 'as great lord'〙 — *F. adv.* 王侯のように.

En·grau·li·dae [engrɔ́ːlədiː | -lɪ-] 〘← NL ～ ← *Engraulis* (属名：← Gk *eggraulis* anchovy)＋-IDAE〙 *n. pl.* 〘魚類〙カタクチイワシ科.

en·grave [ɪngréɪv, ən-, en- | ɪn-, ɪŋ-, en-] 〘《1509》← EN-[1]＋GRAVE[2]：cf. F *engraver*〙 — *vt.* **1** 〔金属・石・木などに〕〈文字・図案などを〉彫り付ける，彫り込む〔*on*〕；…に〔文字などを〕刻む，彫刻する〔*with*〕；〈銅版などを〉彫る：～ an inscription *on* a tomb＝～ a tomb *with* an inscription 碑文を墓石に彫る. **2** (銅版・木版などの彫刻版で)印刷する：His picture has been ～*d* several times. 彼の絵は数回木版印刷された. **3** (刻んだ文字・意匠などで)飾る：～ spoons and forks *with* crests スプーンやフォークを紋章で飾る. **4** ＝photoengrave. **5** 〔心に〕刻み込む，感銘させる〔*on, upon, in*〕：～ a scene *on* [*upon*] one's memory 光景を強く記憶にとどめる / These words were ～*d in* our minds. これらの言葉は深く我々の心の中に刻み込まれた.

en·gráv·er *n.* 彫刻師，(特に，木版・銅版などの)彫版師，彫版工：the ～'s tool 彫版刀.

engráver béetle *n.* 〘昆虫〙キクイムシ (⇨ bark beetle).

engráver's tríck *n.* 〘紋章〙＝trick 9.

en·gráv·ing *n.* **1** 彫刻，彫版；彫版術. **2** 彫刻された図[意匠]. **3** (銅版・木版などの)版木，彫り版，図版；銅版[木版]刷り.

en·gross [ɪngróʊs, ən-, en- | ɪngrə́ʊs, ɪŋ-, en-] 〘1：《1418》▭ AF *engross-er* ← EN-[1]＋(O)F *grosse* large letter // ▭ ML *ingross-āre* ← IN-[1]＋*grossa* large writing. —2, 3：《*a*1400》← OF *en gross* in the lamp, by wholesale ← *gros* thick, (n.) whole quality：⇨ en[2], gross〙 — *vt.* **1** 〈文書を〉大きな字体で書く[写す]；(昔の公文書体で)清書する；〈法律書類を〉正式に書き上げる (cf. law-hand). **2** 〈注意・時間を〉奪う；[通例 p.p. 形で] 〈人を〉専心没頭させる〔*in*〕：～ one's whole time 全時間を奪う / He was ～*ed in* the task. その仕事に熱中していた / He was calmly ～*ed in* thought. 静かに物思いにふけっていた / We were ～*ed with* our game. ゲームに熱中していた. **3** 《古》〈市場を〉独占する，買占めをする；〈権力・会話などを〉独占する. **～·er** *n.*

en·grόssed *adj.* 専心没頭した，熱中した. **en·gróss·ed·ly** [-sɪdli, -səd-, -st- | -lɪ] *adv.*

en·gróss·ing *adj.* **1** 専心させる，わき目もふらせない，面白くてたまらない (absorbing)：an ～ novel. **2** 独占的な，独占したがる (monopolizing). **～·ly** *adv.*

en·gróss·ment *n.* **1** (正式な字体で大きく書く)清書，浄写；(正式な字体で書いた)文書. **2** 専心，没頭：one's ～ *with* a new novel 新しい小説に没頭していること. **3** 独占，買占め.

en·gulf [ɪngʌ́lf, ən-, en- | ɪn-, ɪŋ-, en-] 〘← EN-[1]＋GULF〙 — *vt.* 〔淵・波などの中に〕吸い込む，飲み込む，巻き込む (swallow up) 〔*in*〕：The ship was ～*ed in* a gray fog. 船は灰色の霧にすっぽりと包まれた / I was ～*ed in* a flood of letters. 山なす来信にかかり切りとなった / Angola was ～*ed in* civil war. アンゴラは内戦に明け暮れていた. **～·ment** *n.*

en·ha·lo [ɪnhéɪloʊ, ən-, en- | ɪnhéɪləʊ, en-] 〘← EN-[1]＋HALO〙 *vt.* 光輪で取り囲む.

en·hance [ɪnhǽns, ən-, en- | ɪnhɑ́ːns, en-, -hǽns] 〘《*c*1280》 *enhaunce(n)* ▭ AF *enhaunc-er* ＝OF *enhaucer* < VL **inaltiāre* to raise ← IN-[1]＋L *altus* high：cf. hance, hawser〙 — *vt.* **1 a** …の(程度を)強める，大きくする：～ an injury, delights, etc. **b** 《古》誇張する. **2** …の(価値・価格・魅力などを)高める，増す：～ social welfare 社会の福祉を増進する. **en·hánc·er** *n.*

en·hánced *adj.* **1** (性質・価値などが)高まった，増大した. **2** 〘紋章〙〈紋章図形が〉正規の位置より盾の上部 (chief) 寄りに描かれた (↔ abased).

en·hánce·ment *n.* 高揚；増進，強化，騰貴(とう).

en·har·mon·ic [ènhɑəmɑ́nɪk | -hɑːmɔ́n-] 〘《1603》▭ LL *enharmonic-us* ▭ Gk *enarmonikós* in harmony：⇨ en-[2], harmony：⇨ -ic[1]〙 — 〘音楽〙 *adj.* **1** 異名同音の《平均律では 1 オクターブが 12 の半音に等分されるため，例えば C♯ と D♭ は名前が異なるが同じ音となる》：～ change 異名同音的変化《和声機能にしたがって C♯ → D♭ のように同じ音を書き換えること》/ ～ interval 異名同音の音程《同上の理由で，例えば増 4 度＝減 5 度》. **2** 細分律の《平均律のように半音を単位とせず，より小さな音程の差異を問題とする》. — *n.* **1** 異名同音[程]. **2** 細分律. **3** エンハルモニー《古代ギリシャの音列で 1/4 音を含む》. **èn·har·món·i·cal·ly** *adv.*

enharmónic modulátion *n.* 〘音楽〙異名同音的転調.

en·heart·en [ɪnhɑ́ːətn, ən-, en- | ɪnhɑ́ː-, en-] *vt.* 鼓舞する，奮い立たせる，…に希望を新たにさせる.

en·hy·drous [enháɪdrəs] 〘▭ LL *enhydr-us* ▭ Gk *énudros*：⇨ en-[2], hydro-, -ous〙 *adj.* 〘鉱物〙〈結晶が〉含水の.

en·i·ac, EN·I·AC [éniæk | énɪ-] 〘《頭字語》← *E(lectronic) N(umerical) I(ntegrator) A(nd) C(omputer)*：商標名〙 — *n.* 《米》エニアック《初めて作られた電子計算機の名称；cf. EBCDIC》.

E·nid [íːnɪd, -nəd | -nɪd] 〘▭ Welsh ～《原義》soul, purity〙 — *n.* **1** 女性名. **2** 〘アーサー王伝説〙イーニード《Sir Geraint の美しく貞節な妻；Tennyson の詩 *Idylls of the King* にも出て来る》.

e·nig·ma [ɪnígmə, ən-, en- | ɪn-, en-] 〘《1539》▭ L *aenigma* ▭ Gk *aínigma* riddle ← *ainissesthai* to speak in riddles ← *aînos* tale, riddle〙 — *n.* (*pl.* **～s, ～·ta** [～tə | ～tə]) **1** 謎言葉，謎. **2** 謎の人；不可解な事物[事件]：It is an ～ *to* me. / The ～ of his personality fascinated me. 謎のような彼の性格が私を引きつけた.

enígma cànon *n.* 〘音楽〙＝riddle canon.

enigmata *n.* enigma の複数形.

en·ig·mat·ic [ènɪgmǽtɪk, ìːn- | ènɪgmǽt-] 〘《1628–1677》▭ LL *aenigmatic-us* ← L *aenigmat-, aenigma* 'ENIGMA'：⇨ -ic[1]〙 — *adj.* **1** 謎のような，解き難い (puzzling)：He gave an ～ smile. 謎めいた微笑を浮かべた. **2** 〈人物が〉得体の知れない，不思議な (mysterious). **～·ly** *adv.*

èn·ig·má·ti·cal [-tɪkəl, -tə- | -tɪ-] *adj.* ＝enigmatic.

enigmátic cánon *n.* 〘音楽〙＝riddle canon.

e·nig·ma·tize [ɪnígmətàɪz, ən-, en- | ɪn-, en-] 〘← ENIGMAT(IC)＋-IZE〙 *vt.* 謎[不可解]にする. — *vi.* 謎で言う (talk in enigmas).

E·ni·sei [jènəséɪ | jènɪséɪ, -séɪ, jénɪsèɪ；*Russ.* jenjisjéj] *n.* [the ～] ＝Yenisei.

en·isle [ɪnáɪl, ən-, en- | ɪn-, en-] 〘← EN-[1]＋ISLE〙 *vt.* 《文語》 **1** 島にする. **2** 孤島に置く；孤立させる，隔離する.

En·i·we·tok [ènɪwíːtɑk, ɪnə- | ènɪwíːtɔk] *n.* エニウェトック《Marshall 諸島中の環礁，1948 年以来米国の原・水爆実験地》.

en·jamb·ment [ɪndʒǽmmənt, ən-, en- | ɪn-, en-] 〘《1837》▭ F *enjambement* ← *enjamber* to stride over：⇨ en-[1], jamb, -ment〙 — *n.* (*also* **en·jambe·ment** [～；*F.* ɑ̃ʒɑ̃bmɑ̃]) 〘詩学〙句[行]またがり《意味・構造上，行末の休止なしに次の行に続くこと；対句や連についてもいうことがある；例 I fondly ask：—But Patience, to prevent // That murmur, soon replies. —Milton》. ★ 句またがりの起こる行を run-on line という.

en·join [ɪndʒɔ́ɪn, ən-, en- | ɪn-, en-] 〘《?*a*1200》▭ (O)F *enjoign-, enjoindre* < L *injungere* to impose：⇨ in-[1], join〙 — *vt.* **1** 〔人に〕〈行為などを〉(義務として)課する，申し付ける (impose) 〔*on, upon*〕：He ～*ed* honesty *on* his son. 息子に正直にせよと申し付けた / He ～*ed* silence *on* me with a gesture. 私に声を出すなと身ぶりで命じた. **2** [目的語＋*to* do または *that*-clause を伴って] 〈…するように〉(…に)言い付ける (instruct)，命じる (command)，要求[強要]する (require)：He ～*ed* them *to* do it [～*ed that* it should be done] at once. 彼は直ちにそれをするように命じた. **3** 〈事を〉禁じる，〈人〉に〔…することを〕禁止する〔*from doing*〕：～ an action 行為を禁じる / ～ a person *from* infringing a right 人が権利を侵すのを禁止する. **～·er** *n.* **～·ment** *n.*

en·joy [ɪndʒɔ́ɪ, ən-, en- | ɪn-, en-] 〘《*c*1384》▭ OF *enjoi-er* to cause to enjoy ← EN-[1]＋*joie* 'JOY' // OF *enjoi-r* to enjoy ← EN-[1]＋*joir* (F *jouir*) < VL **gaudire* ＝L *gaudēre* to rejoice〙 — *vt.* **1 a** 楽しむ，おもしろく[楽しく]経験する，味わう：～ good music よい音楽を聞いて楽しむ / ～ life 人生を楽しむ，楽しい生活をする / ～ one's dinner おいしく食事をする / He is ～*ing* the cool air. いい気持で涼んでいる / How did you ～ your holiday? 休日はいかがでしたか / I ～*ed* it very much. とてもおもしろかった / He ～*ed* walking around the pond for some time. しばらくの間池のまわりの散歩を楽しんだ. **b** [～ *oneself* で] 楽しい思いをする，愉快に過ごす (have a good time)：I ～*ed myself* at everything I did. 何をしても楽しかった. **2** 享受する，享有する，もっている，経験する：～ a modest income [a large fortune, an honorable office] わずかの収入[大きな財産，栄職]をもっている / ～ good [poor] health 達者でいる[体が弱い] / ～ the confidence of one's friends 友人の信頼を受ける / Its seeds ～ fame as a baldness cure. その種子ははげの治療薬として名高い. **3** 《古》〈女性〉と交わる，性交する. **～·er** *n.*

en·joy·a·ble [ɪndʒɔ́ɪəbl, ən-, en- | ɪn-, en-] *adj.* **1** 楽しむことのできる：～ only by the young 若者だけに楽しむことができる. **2** 享受できる；楽しい，愉快な，おもしろい：an ～ excursion 楽しい遠足. **～·ness** *n.* **en·jóy·a·bly** *adv.*

en·jóy·ment 〘《1553》〙 — *n.* **1** 享楽，愉快：take ～ *in* music 音楽を楽しむ. **2** 快楽を与えるもの，楽しみ，喜び：Music is a great ～ to her. 音楽は彼女に取って非常な楽しみだ. **3 a** 享有，享受：be in the ～ *of* good health 健康に恵まれている. **b** 〘法律〙〔権利の〕享有〔*of*〕：the ～ *of* property 財産権の享有.

en·kin·dle [ɪnkíndl, ən-, en- | ɪn-, en-] 〘《1548》← EN-[1]＋KINDLE[1]〙 *vt.* **1** …に火をつける；燃え上らせる. **2** 〈感情を〉燃え立たせる，煽(あお)る，〈人〉の激情を煽る；〈戦争などを〉起こさせる：～ a desire for …に対する欲望を煽る. — *vi.* 火がつく，燃え上がる. **en·kín·dler** [-dlə, dlə- | -dlə(r, -dlə(r] *n.*

en·kol·pi·on [enkɔ́(ː)lpjɔ(ː)n, -kóʊlpiən | ɪnkɔ́lpjən, en-] *n.* (*pl.* **-pia** [-pjɑː]) 〘東方正教会〙＝encolpion.

enl. 《略》enlarge；enlarged；enlargement；enlisted.

en·lace [ɪnléɪs, ən-, en- | ɪn-, en-] 〘ME *enlase(n)* ▭ OF *enlac-ier* (F *enlacer*)：⇨ en-[1], lace〙 — *vt.* **1** …に巻き付ける (encircle)，取り巻く (surround)，くるむ (enfold). **2** 組み合わせる，からませる (intertwine). **3** (網細工のように)おおう. **～·ment** *n.*

en·large [ɪnlɑ́ədʒ, ən-, en- | ɪnlɑ́ːdʒ, en-] 〘《*c*1350》▭ OF *enlarg-ier*：⇨ en-[1], large〙 — *vt.* **1** 大きくする，増大[拡大]する；〈建物などを〉広げる；〈本を〉増補する：～ a house [coat] 家を建て増す[上着を大きくする]. **2** 拡張する，広くする (widen, expand)：～ a business 商売を広げる / ～ one's mind [views] 知力[見解]を広くする / ～ one's fortune 身代をふやす. **3** 〘写真〙引き伸ばす：～ a photograph. **4** 《古》放免する (release). — *vi.* **1** 広がる，大きくなる. **2** 〔…を〕詳しく述べる〔*on, upon*〕：We only ～*d on* trivia. 些細なことを詳しく話し合っただけだった. **3** 〘写真〙引き伸ばせる. **～·a·ble** [-dʒəbl] *adj.*

en·lárged *adj.* **1** 増大[拡大]した；増補した：a revised and ～ edition (本の)改訂増補版. **2** 〘写真〙引き伸ばした：an ～ photograph 引き伸ばし写真.

en·lárge·ment *n.* **1** 拡大，増大；(心臓の)肥大：the ～ *of* one's mind 心を広くすること. **2** 増加物，増補 (addition)；増築：build an ～ to …の建増しをする.

3〘写真〙引伸ばし: make an ～ from a negative ネガから引伸ばしを作る. 4《古》詳述. 5《古》釈放, 放免.
en·lárg·er *n.*〘写真〙引伸ばし機.
en·lárg·ing *n.*〘写真〙1 引伸ばし. 2 [形容詞的に] 引伸ばし(用)の: an ～ lens 引伸ばし用レンズ.
en·light·en [ɪnláɪtn, ən-, en- | ɪn-, en-]〘《c1384》*inlighte(n)*: ⇨ en-¹, light¹ (n.), -en¹〙 ── *vt.* 1 啓発[教化]する; 文明に導く: ～ the ignorant [the heathen] 無知な人々を啓発する[異教徒を教化する]. 2 …に〔…について〕教える, 明らかにする〔*on, about, as to*〕: ～ a person *on* a subject [*as to* one's intentions] 人にある主題について教える[意向を明らかにする] / They are thoroughly ～*ed upon* the question. 彼らはその問題のことを十分に理解している. 3《古・詩》…に光を注ぐ, 照らす.
en·líght·ened *adj.* 1 啓発[教化]された; 開けた, 開化した: an ～ mind 進んだ知力 / an ～ age 文明の時代 / an ～ nation 文明開化した国民. 2 十分に理解した上での, 賢明な: an ～ judgment 賢明な判断.
en·líght·en·ing [-tnɪŋ, -tn-] *adj.* 啓発的な, はっきりさせる: one's ～ view on the modern economy 現代の経済に対する啓発的な見解. **～·ly** *adv.*
en·líght·en·ment 〘《1669》〙 ── *n.* 1 啓発, 教化; 文明開化: seek ～ *on* …について教えを請う. 2〘哲学〙啓蒙; [the E-] 啓蒙運動《18 世紀にヨーロッパ, 特にフランスで著しかった合理主義的文化運動で, Montesquieu, Voltaire, Rousseau, Diderot などが代表的人物; cf. Aufklärung》. 3〘仏教〙悟り, 般若(はんにゃ).
en·link [ɪnlíŋk, ən-, en- | ɪn-, en-]〘← EN-¹+LINK¹〙 *vt.* 継ぎ合わせる, 連結する (link together)〔*with, to*〕.
en·list [ɪnlíst, ən-, en- | ɪn-, en-]〘《1698》← EN-¹+LIST²〙 ── *vi.* 1〔軍隊に〕(志願して)入隊する, 兵籍に入る, (応募して)隊員となる〔*in*〕: ～ *in* the army 陸軍に入隊する / ～ *as* a volunteer 志願兵として入隊する. 2〔主義・事業などに〕積極的に協力する, 参加する〔*in*〕: ～ *in* an argument 議論に参加する / ～ under the banner of …の旗の下に参加する. ── *vt.* 1 (志願により)兵籍に入れる; (兵として)徴募[募集]する: ～ men *for* the navy 海軍の兵籍に入れる. 2〔主義・事業などのために〕…の協力[支持]を得る〔*in*〕: ～ a person's services [sympathy] *in* a cause 運動に人の協力[共鳴]を得る / ～ a person *as* one's friend 人を味方に得る.
en·líst·ed màn *n.*〘米軍〙(男女を含めて)下士官兵; (特に)兵, 応募兵 (略 EM).
enlísted wòman *n.*〘米軍〙婦人下士官兵 (略 EW).
en·list·ee [ɪnlɪstíː, ən-, en-, ènlɪstíː, ー ー ー | ɪnlɪstíː, ènlɪstíː]〘⇨ enlist, -ee¹〙 ── *n.* 1 (男女を含めて軍隊の)入隊者, 応募兵; (特に)現役志願兵 (cf. draftee). 2 (男女を含めて)下士官兵 (enlisted men) の一員.
en·líst·ment 〘《1765》〙 *n.* 1 軍在籍期間, (隊員としての)規定服務期間. 2 兵籍編入, 募兵; 入隊.
en·liv·en [ɪnláɪvən, ən-, en- | ɪn-, en-]〘《1633》←《廃》*enlive* to enliven (⇨ en-¹, live² (adj.))+-EN¹〙 ── *vt.* 活気づける; 〈光景・調子・談話・議事などを〉活気づける, にぎやかにする, 〈人〉に元気をつける, …の気を引き立たせる; 〈商売を〉景気づかせる: ～ conversation 会話をはずませる / He endeavored to ～ the meal by jokes. 冗談で食卓を明るくしようとした. **～·er** [-v(ə)nə | -nə(r)] *n.* **～·ment** *n.*
en·mar·ble [enmάːbl̩, ɪn-, ən- | enmάː-, ɪn-] *vt.* = emmarble.
en masse [ɑ̃ː(m)mǽs, ɑːm-, ɪn-, en- | ɑ̃ː(m)-, ɔ̃ː(m)-, ɑːm-, ɔ(ː)m-; *F.* ɑ̃mas]〘⇨ F ～ 'in a mass'〙 *adv.* 一まとめに, 一緒に, 全体として: stand ～ 総立ちになる.
en·mesh [ɪnméʃ, ən-, en- | ɪn-, en-]〘← EN-¹+MESH〙 ── *vt.* 1 網にかける, 網にからませる. 2〔困難などに〕巻き込む, 陥れる〔*in*〕: be [get] ～*ed in* difficulties 困難に陥る. **～·ment** *n.*
en·mi·ty [énmətɪ | -mɪtɪ, -mɪ-]〘《c1384》*en(e)mite* ⇨ OF *en(n)emi(s)tie* (F *inimitié*) hostility < VL **inimīcitātem* ← L *inimīcus* 'ENEMY'; ⇨ -ity¹〙 ── *n.* (通例相互的な)敵意, 恨み, 悪意 (animosity); 憎しみ, 憎悪 (hatred); 敵対, 対立 (antagonism): have [harbor] ～ *against* …に対して恨みを持つ[抱く] / at [in] ～ *with* …に敵意を抱いて, …と反目して / the ～ of Cassius *to* Caesar カシウスのシーザーに対する憎しみ.
en·ne·a- [éniə | éniə]〘← Gk *ennéa* 'NINE'〙「9 (nine)」の意の連結形.
en·ne·ad [éniæ̀d, éniəd | éni-]〘《1653》⇨ Gk *enneád-*, *enneás* a group of nine ← *ennéa* (↑): ⇨ -ad¹〙 ── *n.* 1 九つ一組; 9 人組; 9 巻一部 (set of nine)《書籍》. 2〘エジプト宗教〙a [E-] (Osiris, Isis などの) 九柱の神. b 九柱の神. **en·ne·ad·ic** [èniǽdɪk | ènɪ-] *adj.*
en·ne·a·gon [éniəgὰn | éniəgən]〘← ENNEA-+-GON〙 *n.*〘数学〙九角形, 九辺形 (nonagon).
en·ne·a·he·dron [èniəhíːdrən | ènɪəhéd-, -híːd-]〘← NL ～: ⇨ ennea-, -hedron〙 ── *n.* (*pl.* **-hed·ra** [-drə])〘数学・結晶〙九面体. **èn·ne·a·hé·dral** [-drəl] *adj.*
en·ne·a·style [éniəstàɪl | énɪə-]〘← ENNEA-+-STYLE¹〙 *adj.*〘建築〙〈portico など〉(正面に) 9 本の円柱をもつ, 九柱式の (cf. distyle).
en·ne·a·sty·los [èniəstáɪləs | ènɪə-]〘← ENNEA-+Gk *stûlos* column (⇨ -style¹)〙 *n.*〘建築〙九柱式建造物《古典主義建築などで前面に 9 本の円柱をもつ建物》.
en·ne·a·syl·la·ble [éniəsɪ̀ləbl̩, ー ー ー ー ー | -nɪə-]〘《なぞり》← Gk *enneasúllabon*: ⇨ ennea-, syllable〙 ── *n.* 九音節語[詩行]. **en·ne·a·syl·lab·ic** [èniə-sɪlǽbɪk, -sə- | ènɪəsɪ-] *adj.*
-en·ni·al [éniəl | éniəl, énjəl]〘ME *-eniale* ⇨ OF *-enial* ← L *-ennium* ← *annus* year: cf. annual〙「…年ごとの, …年おきの」の意の形容詞連結形.
En·ni·us [éniəs | éniəs, énjəs], **Quin·tus** [kwíntəs | -təs] *n.* エンニウス《239–169 B.C.; ローマの詩人》.
en·no·ble [ɪnóubl̩, ən-, en- | ɪnə́ubl̩, en-]〘《1502》⇨ (O)F *ennobl-ir*: ⇨ en-¹, noble〙 ── *vt.* 1 気高くする, 昂揚する: Music ～*s* the mind. 音楽は精神を昂揚する. 2〈人〉に爵位を授ける, 貴族に列する. **en·nó·bler** [-blə, -blə | -blə(r, -blə(r)] *n.*
en·nó·ble·ment *n.* 品位を高めること; 高貴にすること; 高潔; 授爵.
en·nui [ɑ̃ː(n)wíː, ɔ̃ː(n)-, ɑːn-, ɔ(ː)n-, ー ー; *F.* ɑ̃nɥi]〘《1758》⇨ F ～ < OF *enui* annoyance: ⇨ annoy (n.)〙 ── *n.* 1 倦怠, 退屈, もの憂さ, アンニュイ; 手持ち無沙汰 (boredom). 2 退屈させるもの, 倦怠のもと.
en·nuy·é [ɑ̃ː(n)wiːjéɪ, ɔ̃ː(n)-, ɑ̀ːn-, ɔ̀(ː)n-, ー ー ー; *F.* ɑ̃nɥije]〘⇨ F ～ (p.p.) ← *ennuyer* to bore < OF *enuier* 'to ANNOY'〙(*also* **en·nuy·ée** [～]) ── *F. adj.* 倦怠を感じている, 退屈な. ── *n.* (*pl.* **～s**, ～) 倦怠を感じている人. ★ 女性をさす時は ennuyée を用いることが多い.
en·nuyed [ɑ̃ː(n)wíːd, ɔ̃ː(n)-, ɑːn-, ɔ(ː)n-, ー ー] *adj.* = ennuyé.
e·no- [íːnou, -nə | -nə(u)] = oeno-.
E·noch [íːnək, -nɪk | -nɒk]〘⇨ LL ～ ⇨ Gk *Enṓkh* ⇨ Heb. *Ḥanōkh*《原義》dedicated〙 ── *n.* 1 男性名. 2〘聖書〙エノク《Methuselah の父; cf. *Gen.* 5: 18–24》. 3〘聖書〙エノク《Cain の長男; cf. *Gen.* 4: 17–18》. 4〘聖書〙エノク書 (The Book of Enoch)《偽典 (pseudepigrapha) 中の一書; cf. *Jude* 14》.
Énoch Ár·den [-άədn̩ | -άː-] *n.* 1「イーノック・アーデン」《英国の詩人 Alfred Tennyson 作の物語詩 (1864)》. 2 a その詩の主人公. b (この主人公のように)行方不明になって死んだと思われていたが実は生きていた人.
e·nol [íːnɔ(ː)l, -noul | -nɒl]〘← -ENE+-OL¹〙 *n.*〘化学〙エノール《二重結合で連結した炭素原子に結び付いた水酸基 (>C=C(OH)-) を含む有機化合物》.
E·no·la [ɪnóulə, ən- | ɪnə́u-]〘《逆綴り》? ← ALONE〙 *n.* 女性名.
e·no·lase [íːnəlèɪs, -lèɪz | -lèɪs]〘← ENOL+-ASE〙 ── *n.*〘生化学〙エノラーゼ《筋肉および酵母の中で発見される結晶酵素; 解糖系酵素の一つ; グリセリン酸二燐酸から H_2O を除去する酵素》.
e·no·late [íːnəlèɪt]〘← ENOL+-ATE¹〙 *n.*〘化学〙エノラート《ケト・エノール互変異性で, エノール型から得られる金属塩》.
e·no·lic [iːnóulɪk, -nάl- | -nə́ul-, -nɒ́l-]〘← ENOL+-IC¹〙 *adj.*〘化学〙エノールの: the ～ form エノール型.
e·no·lize [íːnəlàɪz]〘← ENOL+-IZE〙〘化学〙*vt.* エノール化する. ── *vi.* エノール型になる.
e·nol·o·gy [iːnάlədʒi | -nɒ́lədʒɪ]〘《変形》← OENOLOGY〙 ── *n.*《米》ぶどう酒(醸造)研究. **e·no·log·i·cal** [iːnəlάdʒɪkəl, -nl̩-, -dʒə- | -nəlɒ́dʒɪ-] *adj.* **enól·o·gist** [-dʒɪst, -dʒəst | -dʒɪst] *n.*
En·op·la [enάplə | enɒ́p-]〘← NL ～ ← Gk *énopla* (neut.pl.) ← *énoplos* armed ← EN-²+*hóplon* weapon〙 *n. pl.*〘動物〙(紐形動物門)有針綱.
e·nor·mi·ty [ɪnɔ́əməti, ən- | ɪnɔ́ːmətɪ, -mɪ-]〘《1475》⇨ (O)F *énormité* ⇨ L *ēnormitātem* irregularity ← *ēnormis*: ⇨ ↓, -ity〙 ── *n.* 1 無法, 極悪 (outrageousness): the ～ of telling a fib 軽いうそをつくことの罪深さ. 2 犯罪行為, 大罪; 重大な誤り. 3《俗用》巨大さ, 膨大さ (immensity). 4 巨大なもの.
e·nor·mous [ɪnɔ́əməs, ən- | ɪnɔ́ː-]〘《1531》← L *ēnormis* huge, unusual (⇨ ex-¹, norm)+-OUS〙 ── *adj.* 1 法外[非常]に大きい, 巨大な (huge), 莫大な (immense): an ～ animal [building] 巨大な動物[建物] / a man of ～ strength 大力の人 / an ～ sum of money 莫大な金額 / of ～ importance すこぶる重要で. 2《古》無法な, 極悪の (outrageous): the ～ guilt of destroying the city 都市を破壊するという言語道断の犯罪. 3《古》異常な (abnormal), 法外な. **～·ness** *n.*
e·nór·mous·ly *adv.* 法外に, 莫大に, 非常に.
E·nos [íːnəs | -nɒs]〘⇨ Gk *Enṓs* ⇨ Heb. *Enṓš*《原義》man〙 *n.*〘聖書〙エノス《Seth の息子; cf. *Gen.* 5: 6》.
e·no·sis [ɪnóusɪs, ən-, en-, -səs | ɪnə́usɪs, en-]〘⇨ NGk *hénōsis* union ← Gk *henoûn* to unite (← *hen-*, *heîs* one)+-OSIS〙 *n.* (トルコ支配に反対する)ギリシャ・キプロス同盟運動.
e·nough [ɪnʌ́f, ən-; t, d, s, z, の後ではまた n̩ʌ́f]〘adj.: OE *ġenōh*, *ġenōg* < Gmc **ʒanōʒaz* (Du. *genoeg* / G *genug* / ON *gnōgr*) ← **ʒa-* 'Y-'+**naχ-* (← IE **enek-* to reach, attain (L *nancīscī* to obtain / Gk *enegkeîn* to bear / Skt *naś* to attain)). ―pron., adv.: OE *ġenōg* ← (adj.): cf. enow〙 ── *adj.* 十分な (sufficient); 〔…に〕足る〔*for*〕; 〈…するに〉足る〈*to do*〉: time ～ *for* the purpose その目的に足りる時間 / ～ heat *to* boil the kettle やかんの湯をわかすに十分な熱 / He hasn't ～ sense *to* realize his mistakes. 自分の間違いを悟るだけの分別がない / I have eggs ～ [～ eggs]. 卵は十分ある《★ 名詞の前に置く方が強意的》/ It was ～ *to* drive one crazy. それは人の気を狂わせるに足るものだった / ～ and to spare ⇨ *pron.* 成句.
enough sight《米方言》[後に比較級また the+最上級を伴って] 遥かに, ずっと, 断然 (a good deal, by far): Yours is ～ *sight better* than mine. 君のが私のよりずっと良い / She likes Tom ～ *sight the best.* 彼女はトムをだれよりも一番好いている.
── *pron.* 1 十分(の量[数]); たくさん, たっぷり (plenty): You have done more than ～. 君は十二分にやった / We have had ～ *of* everything. 何もかも十分いただきました / I have had quite [about] ～ *of* it. それはもうたくさんだ《これ以上は我慢できない》/ I had ～ *to* do to catch the tram. 電車に間に合うのがやっとのことだった / *Enough* is as good as a feast.《諺》満腹はごちそうも同様 / *Enough* is ～. まずこれでよいとしよう, もうこの程度で十分だ[よそう] / *Enough* of that! もうたくさんだ, もうよしてくれ. 2 [単独で間投詞的に用いて] もうたくさんだ, 止せ.
enough and to spare あり余るほど(の): We have ～ *and to spare* (of food). (食物は)あり余るほどある. ★ 元来は, have bread ～ *and to spare* (あり余るほどのパンがある)のように形容詞句をなしたもの (cf. *Luke* 15: 17).
── *adv.* 1 [修飾する形容詞・副詞・動詞の後に置いて] 十分に (sufficiently); 〔…に〕必要なだけ〔*for*〕; 〈…するに〉足りるだけ〈*to do*〉: Is it large [small, long, short] ～? その大きさ[小ささ, 長さ, 短さ]でよいか / Are you warm ～? 寒くはありませんか / He isn't good ～ *for* her. 彼は彼女にあまりふさわしい人間ではない / It does not go far ～. 中途半端だ / He could do it well ～ if he liked. しようと思えば十分りっぱにやれる人だが / I can never thank you ～. お礼の申しようもありません / It is boiled just ～. 煮え加減がちょうどいい / The meat is done ～. 肉がよくできた[煮えた, 焼けた] / He was kind ～ *to* show me the way. 親切にも私に道を教えて下さった / You are old ～ *to* know it. それぐらいのことがわかってもよい年だ. ★ 次のように叙述用法の無冠詞の単数普通名詞の後に用いられることがある: He was not *optimist* ～ *to* believe it. 彼もそれを信じるほどの楽天家ではなかった. 2 a [軽い強意に用いて] 全く, ずいぶん; 確かに: We have stayed long ～. ずいぶん長らく滞在した / She is ready ～ *to* accept the proposal. もうすぐにでもその申し込みを受け入れようとしている / It is true ～ that I have met her several times, but…. 彼女に何度か会ったのはいかにも本当だが…. b [しばしば皮肉の意をこめて] まずまず, まずどうやら: a good ～ man in his way それなりにまずまずの男 / The house is comfortable ～. その家はまあまあ住み心地がいい.
e·nounce [ɪnáuns, ɪn-]〘《1805》⇨ F *énonc-er* ⇨ L *ēnuntiāre*: ⇨ enunciate〙 ── *vt.* 1〈提議などを〉はっきり述べる; 発表する, 声明する, 宣言する (declare). 2〈言葉を〉言う (utter), 発音する (pronounce).
e·nóunce·ment *n.* 声明, 宣言.
En·o·vid [enóuvɪd, -vəd | enə́uvɪd]〘⇨ en-¹, ovo-, -id⁵〙 *n.*〘商標〙エノビッド《黄体ホルモン剤・経口避妊剤》.
e·now [ɪnáu, ən- | ɪn-]〘OE *ġenōge* (nom. & acc. pl.) ← *ġenōg* 'ENOUGH'〙 *adj., adv.*《古》= enough.
en pan·tou·fles [ɑ̃ː(m)pɑ̃ː(n)túːfl̩, ɔ̃ː(m)pɔ̃ː(n)-, ɑ̀ːm-pɑːn-, ɔ̀(ː)mpɔ(ː)m-; *F.* ɑ̃pɑ̃tufl]〘⇨ F ～《原義》in slippers〙 *F. adv.* くつろいで.
en pa·pil·lote [ɑ̃ː(m)pæpɪjɔ́(ː)t, ɔ̃ː(m)-, ɑːm-, ɔ(ː)m- | -jɔ́t; *F.* ɑ̃papijɔt]〘⇨ F ～ 'in buttered paper': ⇨ en², papillote〙 ── *F. adj.* 油をひいた紙やホイルなどで包んで料理した.
en pas·sant [ɑ̃ː(m)pɑːsɑ́ː(ŋ), ɑ̀ːmpɑːsɑ́ːŋ, -pə- | ɑ̃ː(m)-pǽsɑ̃ː(ŋ), ɔ̃ː(m)pǽsɔ̃ː(ŋ), ɑːmpǽsɑːŋ, ɔ(ː)mpǽsɔ(ː)ŋ, -pάːs-, ー ー ー; *F.* ɑ̃pɑsɑ̃]〘⇨ F ～ 'in passing'〙 ── *F. adv.* 1 ついでに, ちなみに (by the way). 2〘チェス〙通過中に, アンパッサンで. ★ 次の句で: take ～〈(二ます進んで来た隣の行の)相手ポーンを〉一ます進んで来たと同様にして, 自分のポーンで取る.
en pen·sion [ɑ̃ː(m)pɑ̃ː(n)sjɔ́ː(ŋ), ɔ̃ː(m)pɔ̃ː(n)-, ɑːm-pɑːnsjɔ́ːŋ, ɔ(ː)mpɔ(ː)n-, ɑ̃ː(m)pɑ̃ː(n)sjɔ̃ː(ŋ), ɔ̃ː(m)pɔ̃ː(n)-, ɑːmpɑːnsjɔ́ːŋ, ɔ(ː)mpɔ(ː)n- | ー ー ー, ー ー; *F.* ɑ̃pɑ̃sjɔ̃]〘⇨ F ～: ⇨ en², pension〙 ── *F. adv.* 下宿人として: live ～ 下宿住いをする.
en·phy·tot·ic [ènfaɪtάtɪk | -tɒ́t-]〘← EN-²+Gk *phúton* plant+-OTIC¹〙〘植物病理〙── *adj.* 風土病の. ── *n.* 風土病《一地域に定期的に起こり慢性的な悪影響を与えるが, 余りひどくならない》; 風土病の発生.
en·plane [ɪnpléɪn, ən-, en- | ɪn-, en-]〘← EN-¹+(AIR)PLANE〙 *vi.* 飛行機に乗る (↔ deplane).
en plein [ɑ̃ː(m)plɛ̃ː(ŋ), ɔ̃ː(m)-, ɑːmplǽŋ, ɔ(ː)m-; *F.* ɑ̃plɛ̃]〘⇨ F ～ 'in full'〙 *F. adv.* (ルーレットなどで)一つの数字[個所]に賭け金を全部賭けて.
en pointe [ɑ̃ː(m)pwɛ̃ː(n)t, ɔ̃ː(m)-, ɑːmpwǽnt, ɔ(ː)m-; *F.* ɑ̃pwɛ̃ːt]〘⇨ F ～ 'on the extremity of the toe'〙 *F. adv.*〘バレエ〙爪先で立って.
en poste [ɑ̃ː(m)pɔ́(ː)st, ɔ̃ː(m)-, ɑːm-, ɔ(ː)m- | -pɔ́st; *F.* ɑ̃pɔst]〘⇨ F ～ 'in an official position'〙 ── *F. adj.* 〈外交官が〉公務について: be ～ in London ロンドンで公務についている.
en prise [ɑ̃ː(m)príːz, ɔ̃ː(m)-, ɑːm-, ɔ(ː)m-; *F.* ɑ̃priːz]〘⇨ F ～ '(exposed) to capture': ⇨ en², prison〙 ── *F. adj.*〘チェス〙質(しち)の状態の《駒が取られる位置にある》.
én quàd〘⇨ en¹ 2〙 *n.*〘印刷〙エンクワタ, 半角込め物.
en·quête [ɑ̃ː(ŋ)két, ɔ̃ː(ŋ)-, ɑːŋ-, ɔ(ː)ŋ-; *F.* ɑ̃kɛt]〘⇨ F ～ 'inquiry': ⇨ inquest〙 ── *F. n.* アンケート《一つ

の問題につき同文の質問を各方面の人に出して回答を求める小規模な世論調査形式; cf. questionnaire》.
en·quire [ɪnkwáɪə, ən-, en- | ɪnkwáɪə(r, ɪŋ-, en-] *v.* ＝inquire.
en·quir·y [ínkwaɪ(ə)ri, ɪnkwáɪ(ə)r-, ən-, en-, ínkwəri, íŋ- | ɪnkwáɪərɪ, ɪŋ-, en-] *n.* ＝inquiry.
en·rage [ɪnréɪdʒ, ən-, en- | ɪn-, en-] 〖《c1500》□ (O)F *enrag-er* to become mad: ⇨ en-¹, rage〗 ── *vt.* ひどく怒らせる, 憤らせる, 激怒させる: be ~*d at* [*by*] an insult [*with* a person] 侮辱[人]に対して怒る[憤る].
en·ráge·ment *n.* 激怒させること, 怒り, 憤り.
en rap·port [ɑ̃ː(n)rəpɔ́ə, ɔ̃ː(n)-, ɑːn-, ɔ̀(ː)n-, -ræ-, -pɔ́ə | -ræpɔ́ːr; *F.* ɑ̃rapɔːr] 〖□ F ~: ⇨ en², rapport〗 ── *F. adj.* 〔…と〕共鳴して, 和合[一致]して; 交感して〔*with*〕.
en·rapt [ɪnrǽpt, ən-, en- | ɪn-, en-] 〖《1601》← EN-¹+RAPT〗 ── *adj.* うっとりしている, 心を奪われた (rapt, enraptured): He was utterly ~ *with* the music. その音楽にすっかり心を奪われていた.
en·rap·ture [ɪnrǽptʃə, ən-, en- | ɪnrǽptʃə(r, en-] 〖《1740》: ⇨ ↑, rapture〗 ── *vt.* [p.p. 形で] うっとりさせる; 熱狂させる, 狂喜させる: gaze ~*d* at the scene うっとりとしてその光景に見とれる / The girls *were* ~*d* by his singing. 少女たちは彼の歌に熱狂した.
en·rav·ish [ɪnrǽvɪʃ, ən-, en- | ɪn-, en-] 〖← EN-¹+RAVISH〗 *vt.* ＝enrapture.
en·reg·i·ment [ɪnrédʒəmənt, ən-, en- | ɪnrédʒ(ɪ)-, en-] 〖← EN-¹+REGIMENT: cf. F *enrégimenter*〗 ── *vt.* **1** 連隊に編制[編入]する; (連隊のように)組織[編制]する (organize). **2** 訓練する (discipline).
en·reg·is·ter [ɪnrédʒɪstə, ən-, en-, -dʒəs- | ɪnrédʒɪstə(r, en-] 〖□ (O)F *enregistr-er*: ⇨ en-¹, register〗 *vt.* 登記する, 登録する, 記録する.
en rè·gle [ɑ̃ː(n)réɪgl̩, ɔ̃ː(n)-, ɑːn-, ɔ(ː)n-; *F.* ɑ̃rɛgl] 〖□ F ~ 'in order': ⇨ en², reglet〗 *F. adv., adj.* 規則通りに[の]; 正式に[の].
En·ri·ca [enríːkə] 〖(fem.) ← ENRICO〗 *n.* 女性名.
en·rich [ɪnrítʃ, ən-, en- | ɪn-, en-] 〖《c1382》□ (O)F *enrich-ir*: ⇨ en-¹, rich〗 ── *vt.* **1** 富ませる (make rich): ~ a country by commerce 貿易で国を富ませる / He ~*ed* himself by so odious a trade. とてもいとわしい商売で金持になった. **2** (装飾で)華美[豪奢(ごう)]にする, 飾る〔*with*〕: gold ~*ed with* diamonds ダイヤモンドをちりばめた黄金. **3** (…の味・香り・色などを)濃厚にする; (ビタミンやミネラルを補強して)〈食物〉の栄養価を高める: ~ food *with* cream or butter クリームやバターで食物を濃厚にする / ~ a pudding by adding fruit 果物を入れてプディングの味をよくする. **4** 〈土地〉の地味を肥やす, 肥料を施す. **5** …の内容[価値, 効果]を豊富にする, 高める; 豊かにする, 富ませる: a museum ~*ed with* gifts 寄贈品で内容豊富になった博物館 / ~ one's experiences *with* foreign travel 外国旅行で見聞を広める. **6** 〖原子力〗〈放射性元素などを〉濃縮する. **~·er** *n.*
en·ríched uránium *n.* 〖原子力〗濃縮ウラン (cf. depleted uranium 2, natural uranium).
en·rích·ment *n.* **1** 富ませること. **2** 豊富にすること; 濃厚化; 肥沃(よく)化. **3** 内容を豊富にするもの, 美観を増すもの《建築の装飾物など》. **4** 〖原子力〗(同位体)濃縮《同位体分離などによって, ある特定の同位体の含有率を高めること》.
En·ri·co [enríːkou | -kəu; *It.* enríːko] 〖□ It. ~ 'HENRY'〗 *n.* 男性名.
en·ring [ɪnríŋ, ən-, en- | ɪn-, en-] *vt.* 輪で囲む.
en·robe [ɪnróub, ən-, en- | ɪnrə́ub, en-] 〖← EN-¹+ROBE〗 *vt.* **1** …に法服[装束]を着せる; 装う (attire). **2** 〈菓子〉に(チョコレートなどの)衣を着せる.
en·rol [ɪnróul, ən-, en- | ɪnrə́ul, en-] *v.* (**en·rolled; en·roll·ing**) ＝enroll.
en·roll [ɪnróul, ən-, en- | ɪnrə́ul, en-] 〖《a1400》□ OF *enroll-er* (F *enrôler*): ⇨ en-¹, roll〗 ── *vt.* **1 a** 名簿に載せる[記入する]; 登録する, 会員にする: ~ a person *in* a society 人をその会の会員にする. **b** 兵籍に入れる[編入する]: ~ a person *as* a soldier 人を兵籍に入れる / ~ oneself 徴募に応じる, 兵士になる. **c** 《米》入学[入園]させる: ~ a boy *in* primary school 男の子を小学校に入れる. **2 a** 記録[記載]する: names ~*ed in* the book of fame 歴史にとどめられた名. **b** 裁判所の記録に書き入れる. **3** 《米》〈通過した議案を〉最終的に浄書する. **4** 《まれ》くるむ, 包む. **5** 《米》〖海事〗〈船を〉登録する, 登簿する. ── *vi.* 名簿に載る, 登録される, 一員になる; 兵籍に入る, 入学する, 入隊する: He ~*ed in* an acting course at New York University. ニューヨーク大学の演劇科に入学した.
en·roll·ee [ɪnròulíː, ən-, en- | ɪnrə̀u-, en-] 〖⇨ ↑, -ee¹〗 *n.* (学校・軍隊などに)登録されている人.
en·róll·ment 〖ME □ AF *enrollement* ＝OF (F *enrôlement*): ⇨ enroll, -ment〗 ── *n.* **1** 記載, 記録, 収録, 登録. **2** 兵籍加入, 入隊; 入学; 入会: an ~ fee 入学[会]金. **3** 《米》(学部または学校の)登録[在籍]者数: the white ~ in the school その学校の白人の登録者数.
en·root [ɪnrúːt, ən-, en-, -rút | ɪnrúːt, en-] 〖← EN-¹+ROOT¹〗 ── *vt.* [通例 p.p. 形で] **1** 根づかせる. **2** 堅く据え付ける; 〔心に〕強く植え付ける〔*in*〕: The idea has been ~*ed in* our mind. その思想はわれわれの心に強く根づいている. ── *vi.* 根づく; 定着する.
en route [ɑ̃ː(n)rúːt, ɑːn-, en-, ɪn-, ən- | ɑ̃(n)-, ɔ̃(n)-, ɑːn-, ɔ(ː)n-; *F.* ɑ̃rut] 〖□ F ~《原義》on (the) route〗 ── *adv.* 〔…への〕途中(で) (on the way)〔*to, for*〕: We stopped at Hawaii ~ from Tokyo *to* Seattle. 東京からシアトルへの途中にハワイに立ち寄った. ── *adj.* **1** 途中の. **2** 〖航空〗航空路上の.
én rùle 〖⇨ en¹ 2〗 *n.* 〖印刷〗エンルール, 半角ダッシュ (en dash) (cf. en¹).
ens [énz, éns | énz] 〖《1581》□ ML *ēns* ← L (neut. pres.p.) ← *esse* to be: cf. entity〗 ── *n.* (*pl.* **en·ti·a** [énʃiə, éntiə, énsiə | -ʃɪə, -tɪə, -tjə]) 〖哲学〗存在者; 存在, 有 (being): ~ necessarium [nèsəsé(ə)riəm, -sɪ- | -səséəri-, -sɪ-, -se-] 必然有, 神.
Ens. 《略》Ensign.
ENSA, En·sa [énsə] 〖《頭字語》← *E(ntertainments) N(ational) S(ervice) A(ssociation)*〗 *n.* 《英》(軍隊を慰問する)慰安奉公会.
en·sam·ple [ɪnsǽmpl̩, ən-, en- | ensɑ́ːm-] 〖《c1290》*ensaumple, asaumple* □ OF *essample*: ⇨ example〗 *n.* 《古》見本, 手本 (example).
en·san·guine [ɪnsǽŋgwɪn, ən-, en-, -gwən | ɪnsǽŋgwɪn, en-] 〖← EN-¹+SANGUINE〗 ── *vt.* **1** [通例 p.p. 形で] 血まみれにする, 血に染める: the ~*d* snow 血に染まった雪. **2** 真っ赤に染める: liquid of the same ~*d* hue 同じ真紅色の液体.
en·sate [énseɪt] 〖← L *ensis* sword+-ATE²〗 *adj.* 〖生物〗＝ensiform.
En·sche·de [énskədèɪ, ⸗⸗⸗; *Du.* énsxedeː] *n.* エンスヘデー《オランダ東部の都市; 人口 142,000》.
en·sconce [ɪnskɑ́ns, ən-, en- | ɪnskɔ́ns, en-] 〖《1590》← EN-¹+SCONCE²〗 ── *vt.* [主に ~ one*self* で] **1** 安座させる, 〈身を〉落ち着ける: ~ one*self in* an armchair ひじ掛け椅子におさまる / He was deeply ~*d* in a wing chair. 袖椅子に深々と身を沈めていた. **2** 隠す, 忍ばせる (conceal): He ~*d himself* behind the curtain. カーテンの陰に隠れた.
en·scroll [ɪnskróul, ən-, en- | ɪnskrə́ul, en-] 〖← EN-¹+SCROLL〗 *vt.* **1** 巻物 (scroll) に記入する. **2** 記録する.
en se·condes noces [ɑ̃ː(n)səgɔ́ː(n)dnóus, ɔ̃ː(n)-, ɑːnsəgɔ́(ː)nd-, ɔ(ː)n- | -(n)dnə́us; *F.* ɑ̃sgɔ̃dnɔs] 〖□ F ~ 'by a second marriage'〗 ── *F. adv.* 二度目の結婚によって.
en·sem·ble [ɑ̃ː(n)sɑ́ː(m)bl̩, ɔ̃ː(n)sɔ́ː(m)bl̩, ɑːnsɑ́ːmbl̩, ɔ(ː)nsɔ́(ː)mbl̩; *F.* ɑ̃sɑ̃ːbl] 〖n.: 《1703》□ F ~ < LL *insimul* at the same time, together ← IN-¹+*simul* together: cf. simultaneous, assemble〗 ── *n.* (*pl.* ~**s** [~(z); *F.* ~]) **1** (各部分を総合的に考えた)全体 (cf. tout ensemble). **2** (ドレス・帽子・靴など調和の取れた)衣装の一そろい, アンサンブル; (家具などの)一セット. **3** (芸術作品などの)全体的効果 (general effect). **4** 〖音楽〗 **a** 合奏, 合唱, アンサンブル《複数の人間による演奏すべてにいう》. **b** 合奏団, 合唱団, アンサンブル. **5** (演芸の)共演者団《役者・ダンサー・歌手など》. **6** 〖数学〗(系の)集合《要素が系であるような集合; 集合と同義にも用いる》. ── *adv.* 一緒に; 一時に, 同時に.
ensémble ácting [**pláying**] *n.* 〖演劇〗アンサンブル演出《スター中心でなく全俳優の演技を統一し総合的効果をねらう演出法》.
en·sep·ul·cher [ɪnsépəlkə, ən-, en- | ɪnsépəlkə(r, en-] 〖← EN-¹+SEPULCHER〗 *vt.* 墓に納める.
en·serf [ɪnsə́ːf, ən-, en- | ɪnsə́ːf, en-] *vt.* 農奴にする. **~·ment** *n.*
en·sheathe [ɪnʃíːð, ən-, en- | ɪn-, en-] 〖← EN-¹+SHEATHE, SHEATH〗 *vt.* (*also* **en·sheath** [~]) さや (sheath) (など)に納める, さや(など)でおおう.
en·shrine [ɪnʃráɪn, ən-, en- | ɪn-, en-] *vt.* **1** 宮に納める[祭る]. **2** 〔心・記録の中に〕大事にする, 秘める〔*in*〕: memories ~*d in* one's heart 心の中に秘められた思い出. **~·ment** *n.*
en·shroud [ɪnʃráud, ən-, en- | ɪn-, en-] *vt.* **1** …に経帷子(きょうかたびら)を着せる. **2** 包む, おおい隠す: The whole city was ~*ed in* mist. 全市は霧に包まれていた.
en·si·form [énsəfɔ̀əm | -sɪfɔ̀ːm] 〖《1541》□ F *ensiforme* ← L *ēnsis* sword: ⇨ -form〗 *adj.* 〖生物〗剣形の: an ~ cartilage (胸骨に付属している)剣形軟骨.
en·sign [énsn̩, -saɪn | -saɪn, (*1, 2* は英海軍では) -sn̩] 〖《1375》*ens(e)igne* □ (O)F *enseigne* < L *insigniam* 'INSIGNIA'〗 ── *n.* **1** (船舶・航空機などが国籍を示すために掲げる)旗 (national ensign) (cf. national flag); 軍旗, 軍艦旗: a national ~ 国旗. **2** 《英》青・赤または白地でその一すみに Union Jack のある旗: ⇨ blue ensign, red ensign, white ensign. **3** 《古》(官職・位階などを示す)記章 (badge); 標章 (emblem). **4** 《米》[-saɪn] **a** 〖米海軍〗海軍少尉. **b** 〖英陸軍〗(昔, 軍旗の旗手を勤めた)歩兵少尉. ★ 今は second lieutenant という.
en·sign·cy [énsaɪnsi | -sɪ] 〖⇨ ↑, -cy〗 *n.* ensign 4 の位[任務].
énsign·shìp *n.* ＝ensigncy.
énsign stàff *n.* 〖海事〗(国旗用の)船尾旗竿.
en·si·lage [éns(ə)lɪdʒ | énsɪlɪdʒ, ɪnsáɪ-, en-] 〖《1881》□ F ~: ⇨ ↓, -age〗 ── *n.* **1** 生牧草保存法《青草をサイロまたはピットに入れて貯蔵する法》. **2** [《米》ではまた ɪnsáɪlɪdʒ, ən-, en-] ＝silage. ── *vt.* ＝ensile.
en·sile [ɪnsáɪl, ən-, en-, énsaɪl | ɪnsáɪl, en-] 〖《1883》□ F *ensil-er* □ Sp. *ensilar*: ⇨ en-¹, silo〗 *vt.* 〈生牧草を〉サイロに貯蔵する; 貯蔵生牧草 (silage) にする.
en·sky [ɪnskáɪ, ən-, en- | ɪn-, en-] *vt.* (**en·skied, ~·ed; ~·ing**) **1** 天[天国]へ上らせる, 天国にいるような気持にさせる. **2** 上空[空中]まで持ち上げる: An eagle *enskied* itself. ワシが空高く舞い上がった.
en·slave [ɪnsléɪv, ən-, en- | ɪn-, en-] 〖《1643》〗 ── *vt.* **1** 奴隷にする. **2** 〔習慣・迷信などの〕とりこにする〔*to*〕: ~ a person *to* superstition 人を迷信のとりこにする / be ~*d* by one's passions 情欲の奴隷となる.
en·sláve·ment *n.* 奴隷にすること; 奴隷状態.
en·sláv·er *n.* 奴隷にするもの; (特に)男をとりこにする女.
en·snare [ɪnsnɛ́ə, ən-, en- | ɪnsnɛ́ə(r, en-] *vt.* **1** わなで捕える, 〈わななどに〉掛ける (entrap)〔*in*〕. **2** 誘惑する, 〔…に〕つり込む (allure)〔*in*〕. **en·snár·er** [-snɛ́(ə)rə | -snɛ́ərə(r] *n.* **~·ment** *n.* **en·snár·ing** [-snɛ́(ə)rɪŋ | -snɛ́ər-] *adj.*
en·snarl [ɪnsnɑ́əl, ən-, en- | ɪnsnɑ́ːl, en-] *vt.* もつれさせる, こんぐらかす (entangle).
en so·leil [ɑ̃ː(n)sɔ(ː)léɪ, ɔ̃ː(n)-, ɑːn-, ɔ(ː)n- | -sə-; *F.* ɑ̃sɔlɛj] 〖□ F ~《原義》in (the form of the) sun〗 ── *adj.* 〖紋章〗〈図形が〉太陽光線を回りにあしらった (irradiated)《バッジ (badge) に多い図形で, Edward 四世のバッジが知られる》.
En·sor [énsɔə | -sɔː(r], Baron **James Sidney** *n.* アンソール, エンソル《1860-1949; ベルギーの油彩・エッチング画家》.
en·sor·cell [ɪnsɔ́əsəl, ən-, en-, -sl̩ | ɪnsɔ́ː-, en-] 〖□ MF *ensorcel-er*《変形》← OF *ensorcerer*: ⇨ en-¹, sorcery〗 ── *vt.* (*also* **en·sor·cel** [~]) 《古》魅了する, 魅惑する (bewitch).
en·soul [ɪnsóul, ən-, en- | ɪnsə́ul, en-] *vt.* **1** …に魂を入れる, 霊魂を吹き込む. **2** 肝に銘じる; 心の中に生かす[はぐくむ].
en·sphere [ɪnsfíə, ən-, en- | ɪnsfíə(r, en-] *vt.* **1** 球の中に包む; 囲む (enclose). **2** 球形にする.
en·sta·tite [énstətàɪt] 〖□ G *Enstatit* ← Gk *enstátēs* adversary: ⇨ -ite¹: なかなか溶解しないことから〗 ── *n.* 〖鉱物〗エンスタタイト, 頑(がん)火輝石 ($MgSiO_3$)《塩基性火成岩の重要成分》.
en·stool [ɪnstúːl, ən-, en- | ɪn-, en-] *vt.* (西アフリカで)〈首長を〉役職に付ける (↔ destool). **~·ment** *n.*
en·sue [ɪnsúː, ən-, en- | ɪns(j)úː, en-] 〖《a1400》□ OF *enseu* (p.p.) ← *ensuivre* < VL **insequere* ＝L *insequī* to follow after: ⇨ en-¹, sue〗 ── *vi.* **1** 後から起こる (happen later), (すぐ)続いて起こる, 続く (come after): Silence ~*d*. その後はひっそりとした. **2** 〔…の〕結果として起こる (result)〔*from, on*〕: What will ~ *from* this? この次にはどんな事が起こるだろうか. ── *vt.* 《古》捜し求める, 追求する: ~ peace.
en·sú·ing *adj.* **1** 次の, 続く (following, succeeding): during the ~ months 次の数か月間 / the three ~ years その後の3年. **2** 次いで起こる, 結果として続く: the war and the ~ famine 戦争とそれに続いて起こった飢饉.
en suite [ɑ̃ː(n)swíːt, ɔ̃ː(n)-, ɑːn-, ɔ(ː)n-; *F.* ɑ̃sɥit] 〖□ F ~: ⇨ en², suite〗 ── *F. adv.* 続いて, 一続きに; 一そろいになって: a bedroom with the bathroom ~ 浴室と一続きになっている寝室.
en·sure [ɪnʃúə, ən-, en- | ɪnʃúə(r, en-] 〖《c1380》□ AF *enseur-er*《変形》← OF *asseurer* 'to ASSURE': ⇨ en-¹〗 ── *vt.* **1** 安全にする, 守る (protect): ~ a person *against* danger [*from* harm] 人を危険[危害]から守る. **2** 確実にする, 確保する (secure); 保証する, 請け合う: It will ~ your success. それで君の成功は確実だ / ~ a post *to* [*for*] a person 人に地位を保証する / The provisions will ~ them all a voice. その規定により彼らすべてが発言権を保証される / I cannot ~ *that* he will be there [his be*ing* there] in time. 彼が間に合ってそこへ行けるかどうか保証できない. **3** 《廃》…の保険をつける[引き受ける] (insure).
en·swathe [ɪnswɑ́ːð, ən-, en-, -swɔ́(ː)ð, -swéɪð | ɪnswéɪð, en-] 〖← EN-¹+SWATHE〗 ── *vt.* **1** (包帯・布などで)くるむ, 包む. **2** 包む, おおう: be ~*d in* mist 霧に包まれる. **~·ment** *n.*
E.N.T. 《略》ear, nose and throat 耳鼻咽喉(科).
ent- [ent] (母音の前に来る時の) ento- の異形: *ent*amoeba.
-ent [ənt] 〖ME □ (O)F ~ // L *-ent-*, *-ēns* (pres.p. suf.): ラテン語第二, 第三変化動詞から: cf. -ant〗 ── *suf.* **1** 行為・性質・状態などを表わす形容詞語尾《本来語の -ing² に相当する》: appar*ent*, conveni*ent*, dilig*ent*. **2** 行為者を表わす名詞語尾: correspond*ent*, presid*ent*, solv*ent*.
en·tab·la·ture [ɪntǽbləṭʃùə, ən-, en-, -tʃə, -t(j)ùə | entǽblətʃə(r, ɪn-, -blɪ-, -tʃùə(r, -tjùə(r] 〖《1611》□ F《廃》~ □ It. *intavolatura* ← *intavolato* (p.p.) ← *intavolare* ← IN-¹+*tavola* (< L *tabulam* 'TABLE')〗 ── *n.* 〖建築〗 **1** エンタブラチュア《古典主義建築の柱の上に構成される部分の名称で, cornice,

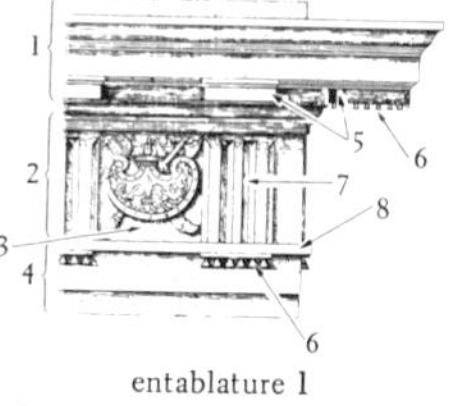
entablature 1
1 cornice; 2 frieze; 3 metope; 4 architrave; 5 mutule; 6 guttae; 7 triglyph; 8 taenia

frieze および architrave から成る》. **2** エンタブラチュアをまねた装飾.

en·ta·ble·ment [ɪntéɪblmənt, ən-, en- | ɪn-, en-; *F.* ɑ̃tabləmɑ̃] 〖□F ～ : ⇨ en-¹, table, -ment〗 ── *n.* 〖建築〗 **1** 《まれ》 =entablature. **2** 像台《台脚 (dado) の上の台座》.

en·tail [ɪntéɪl, ən-, en- | ɪn-, en-] 〖《?a1400》 ← EN-¹ +AF *taile* 'limitation, TAIL²'〗 ── *vt.* **1** 〖法律〗〈不動産〉の相続人を限定する; …の限嗣不動産権を設定する: ～ the estate *on* a cousin いとこにその地所の限嗣不動産権を設定する. **2** 〖法律〗所有者を限定して〈事物を〉譲る. **3** 〈結果・弊害などを〉残す, 必然的に伴う (involve); 〈労力・出費などを〉要する (require), 〔…に〕被らせる, 課する (impose) 〔*on, upon*〕: The new vaccine will ～ some risks. 新型のワクチンは多少危険を伴う / The enterprise will ～ enormous expense and labor *upon* them. その企ては彼らに莫大な費用と労力を必要とさせるだろう / It is ～*ed on* man to submit to God's will. 神意に従うことは人間に課せられた運命である. **4** 〖哲学・論理〗含意[含立]する, 伴立する: The sentence she has two sons ～*s* the sentence she has two children. 彼女には息子が二人いるという文は, 彼女には子供が二人いるという文を含意する. ── [《米》 éntèɪl, ɪntéɪl, ən-, en-] *n.* **1** 〖法律〗 **a** 限嗣相続; 限嗣不動産権: cut off the ～ 限嗣相続の制限を解く. **b** 限嗣相続されるもの《財産・土地・動産など》. **c** 財産相続法. **2** (官職などの)継承予定順位. **3** (性質・信念などの)宿命的遺伝. **～·er** [-lə | -lə(r] *n.*

en·táil·ment *n.* **1** 〖法律〗(不動産の)相続人限定. **2** 〖哲学・論理〗含意, 含立, 伴立《ある命題 *p* から別の命題 *q* を論理的に推論できること》.

ent·a·moe·ba [èntəmíːbə | -tə-] 〖← NL ～ : ⇨ ento-, amoeba〗 *n.* 〖動物〗エントアメーバ《体内寄生性のアメーバ》. **ent·a·moe·bic** [èntəmíːbɪk | -tə-] *adj.*

en·tan·gle [ɪntǽŋgl, ən-, en- | ɪn-, en-] 〖《c1425》: ⇨ en-¹, tangle〗 ── *vt.* **1** もつれさせる (make tangled); からませる, 引っ掛ける (catch): ～ one's feet *in* a net 足を網にからませる / ～ one's fishline *with* the neighbor's 釣糸を隣りの人のともつれさせる. **2** 紛糾させる (complicate): ～ a subject 問題を込み入らせる. **3** 〔わななどに〕引っ掛ける〔*in*〕; 〔困難などに〕陥れる (ensnare)〔*in*〕; 〔いやな事・人などに〕巻き込む, 掛かり合いにする (involve) 〔*in, with*〕: ～ a person *in* the meshes of a plot 人を策略のわなにかける / You must not ～ yourself *in* any dubious transaction. いかがわしい取引に掛かり合ってはいけない / He got ～*d with* an undesirable woman. よくない女と掛かり合いになった / She is easily ～*d* by flattery. 彼女はすぐお世辞に引っ掛かる. **en·tán·gler** [-glə, -gḷə | -glə(r, -gḷə(r] *n.*

en·tán·gle·ment *n.* **1** もつらせること, こんぐらかり; もつれ. **2** (事態の)もつれ, 紛糾(complication), ごたごた, (特に)もつれた男女関係. **3** からませるもの, 引っ掛けるもの, わな (snare). **4** 〖軍事〗 **a** 鹿砦(ろくさい). (barbed) wire ～*s* (有刺)鉄条網. **b** (港口の)防柵.

en·ta·sis [éntəsɪs, -səs | -təsɪs] 〖← NL ～ ← Gk *éntasis* a stretching ← *enteinein* to strain ← EN-² + *teinein* to stretch, strain〗 ── *n.* (*pl.* **-ta·ses** [-sìːz]) 〖建築〗エンタシス, 胴張り《古典主義建築の柱などに見られるわずかな胴部のふくらみ; 目の錯覚で細く見えるのを矯正するためといわれる》.

ENT dóctor [ìːèntíː-] 〖*ENT*: 《頭字語》 ← *E*(*ar*) *N*(*ose*) *T*(*hroat*)〗 *n.* 《米俗》耳鼻咽喉(いんこう)科医.

En·teb·be [entébə] *n.* エンテベ《アフリカ東部ウガンダの Victoria 湖に臨む旧首都; 国際空港がある; 人口 22,000; cf. Kampala》.

en·tel·e·chy [entéləki, ɪn-, ən- | entéləkɪ] 〖《1603》 □ LL *entelechīa* □ Gk *entelékheia* complete reality ← EN-² + *télei* ((dat.) ← *télos* perfection: ⇨ teleo-) + *ékhein* to have〗 ── *n.* 〖哲学〗 **1** (アリストテレス哲学の)エンテレケイア《単なる可能性に対立する完成された現実性・行為》. **2** (生気論で)エンテレキー《生活体内の非物質的な力・生命力》.

en·tel·lus [entéləs, ɪn-, ən- | en-, ɪn-] 〖← NL ～ ← L *Entellus* (Virgil の *Aeneid* (5: 432–72) に出てくる Sicily の拳闘家・英雄の名)〗 *n.* 〖動物〗 =Hanuman 2.

en·tente [ɑ̃ː(n)tɑ́ː(n)t, ɔ̃ː(n)tɔ̃ː(n)t, ɑːntɑ́ːnt, ɔ(ː)ntɔ́(ː)nt; *F.* ɑ̃tɑ̃ːt] 〖《1854》 □ F ～ 'understanding' (fem. p.p.) ← *entendre* 'to INTEND'〗 ── *n.* (*pl.* **～s** [～s; *F.* ～]) 〖外交〗 **1** (国家間の)協約, 協商《外交問題に関する相互了解 (understanding) で, 条約ほど正式なものでなく拘束力も弱い》. **2** 協商国《二国》. **3** [the E-] = Triple Entente 2.

entente cor·di·ale [—kɔədjáːl | -kɔː-; *F.* -kɔrdjal] 〖□F ～ 'cordial understanding': ⇨ ↑, cordial〗 *n.* (2国家間の)和親協商《特に, 1904年の英仏協商》.

en·ter [éntə | -tə(r] 〖《c1280》 *entre(n)* □ (O)F *entrer* < L *intrāre* to go into ← *intrā* within: ⇨ intra-〗 ── *vt.* **1** 〈場所・体内など〉にはいる, はいり込む; 〈頭・心など〉に浮かぶ: ～ a house, room, tunnel, etc. / The bullet had ～*ed* his head. 弾丸が頭に食い込んだ / A new idea ～*ed* his head. 新しい考えが彼の頭に浮かんだ / It never ～*ed* my head that he was dead. 彼が死んだなどとは全然思い浮かばなかった. **2** 〈新時代・新生活・新職業など〉にはいる, 始める: ～ business [the legal profession] 実業界[法曹界]にはいる / ～ battle 戦闘を開始する / He ～*ed* politics in 1943. 1943年に政界入りした. **3** …に身を置いて考える, 立ち入る, 理解する: ～ the feelings of another 他人の感情を理解する. ★ この意味では enter into のほうが普通. **4** 〈団体・クラブ・会など〉にはいる, 加入する, 入会する (join); 〈学校〉に入学する; 〈競技など〉に参加する: ～ a club [society] クラブ[会]に入会する / ～ (a) school [college, university] 学校[大学]に入学する / ～ the army [the church] 軍人[牧師]になる / ～ the cloister 修道士[女]になる / ～ a contest [war] 競争[戦争]に参加する. **5** 入れる, さし込む: ～ a wedge *into* a log 丸太にくさびを打ち込む / ～ a key *in* the door 戸に鍵をさし込む. **6 a** 入学[入会]させる; 〔競争などに〕参加させる 〔*for, in*〕: ～ a boy *in* school [*at* a school] 少年を学校に入学させる / ～ chrysanthemums *in* a flower show 草花共進会に菊を出品する / ～ a horse *in* [*for*] a race 馬を競馬に出す. **b** [～ one*self* で] (…の参加を)申し込む: He ～*ed himself for* the examination to the college. その大学の受験を申し込んだ. **7 a** 〈名前・日付・細目など〉を書き入れる, 記入[記録]する: ～ a name *on* a list 名簿に名を登録する / ～ an event *in* [*into*] a diary 日記に出来事を記載する / ～ a sum [an account] *in* a ledger 元帳に金額[勘定]を記入する / The goods were ～*ed to* me by mistake. その品は誤って私の注文品と記されていた. **b** 〖法律〗(法廷で)記録する: ～ a judgment 判決を記録する / ～ an appearance 《米》(弁護士としての)出頭を登録する; 出頭する / ⇨ *enter a* PROTEST. **8 a** 提出[提起]する: ～ an action against a person 人に対する訴状を提出する, 人を告訴する. **b** [～ a bid として] (競売などで)値を申し出る, 入札する. **c** (税関へ)〈船・積荷〉の入港[到着]を申告する: ～ a ship / ～ a cargo. **d** 《米》〈書籍・地図など〉の版権所有の申請[登録]をする: *Entered* according to act of Congress. 法令による版権登録済. **9 a** 〈土地・不動産〉へ立ち入って占有する. **b** 《米》〈公有地〉の所有を申請する《先買権確保のため土地管理局に登録する》. **10** 〈犬を〉馴らし始める, 仕込む; 〈馬を〉馴らす, 調教する; 〈鷹を〉初めて飛ばす: ～ a dog at [to] 訓練中の犬に…の臭跡を追わせる.

── *vi.* **1** はいる: ～ *at* the door 戸口からはいる / ～ *by* a secret entrance 秘密の入口からはいる / The sword ～*ed* deep. 剣が深く刺さった / No one knew where he had ～*ed*. 彼がどこからはいったかだれにもわからなかった. **2** 登場する; 〖演劇〗(通例, ト書きとして) [仮定法で] 登場せよ (↔ exit): *Enter* Caesar. シーザー登場. **3** 入会[入学]する, 加入する; 参加する: ～ *for* a contest (名を書いて)競技への参加を申し込む / ⇨ ENTER *into* (1) / He ～*ed at* a university. 大学に入学した. **4** 〔新生活などに〕開始する, 〔…に〕乗り出す 〔*upon, on*〕; 〔仕事・問題などに〕とりかかる, 着手する 〔*upon, on*〕: ～ *upon* a contest 競争に乗り出す / We ～*ed upon* the question with enthusiasm. われわれは熱心にその問題にとりかかった.

enter into (1) 〈会話・討論・競争など〉に加わる, 参加する; 〈仕事を〉始める, …に従事する: ～ *into* conversation / ～ *into* a sport with zest 熱心に運動に加わる / ～ *into* children's sports 子供たちの遊びに仲間入りする / ～ *into* society 社交界にデビューする. (2) 〈問題など〉を調査する, 吟味する; 〈詳細〉に立ち入る, わたる: We shall ～ *into* this subject later on. この主題は後に取り上げたいと思う / He ～*ed into* no explanations. 少しも説明をしなかった / The book does not ～ *into* the details of the matter. その本は問題の詳細に立ち入っていない. (3) …の構成素[一部]となる; 〈勘定・計画など〉の中にはいる: Tin ～*s into* the composition of pewter. 錫はしろめの成分となる / The question of cost has not ～*ed into* our calculations. 費用の問題が計算にはいっていない. (4) 〈関係・協約など〉を結ぶ: ～ *into* a contract [a treaty, an engagement] *with* …と協約[条約, 契約]を結ぶ. (5) 〈他人の感情など〉を思いやる, …に同情する; 〈雰囲気・風土など〉に溶け込む, …を十分に理解する: You must ～ *into* the festive spirit of the occasion. その催しのお祭り気分に溶け込まなければならない. (6) 〈特定の状態〉にはいる, 陥る: ～ *into* matrimony 結婚生活にはいる / ～ *into* force 〈条約など〉発効する.

***enter on* [*upon*]** (1) ⇨ *vi.* 4. (2) 〖法律〗(所有権主張のために)〈土地〉にはいる; 〈財産〉を相続する, …の所有権を得る: ～ *upon* an inheritance 相続権を得る. (3) …に踏み入る: ～ *upon* a path 小道に踏み入る.

enter up (1) 〔帳簿に〕全部記入する 〔*in*〕: ～ *up* an account *in* a ledger 勘定を元帳に記入する. (2) 正式に記入する. (3) 〖法律〗(裁判)記録に載せる.

～·a·ble [-tərəbl, -trə- | -tə-] *adj.* **～·er** [-tərə | -tərə(r] *n.*

en·ter- [éntər | -tər] (母音の前に来る時の) entero- の異形.

entera *n.* enteron の複数形.

en·ter·al [éntərəl | -tə-] 〖← ENTERO- + -AL¹〗 *adj.* = enteric. **～·ly** *adv.*

en·ter·ec·to·my [èntəréktəmi | -təréktəmɪ] 〖← ENTERO- + -ECTOMY〗 *n.* 〖外科〗腸切除(術).

éntered hóund *n.* 〖狩猟〗1シーズン以上狐狩をした経験のあるフォックスハウンド.

en·ter·ic [entérɪk, ɪn- | en-] 〖《1869》 □ Gk *enterikós* ← *énteron* intestine: cf. intestine〗 ── *adj.* 〖解剖〗 **1** 腸の (intestinal), 腸内の. **2** 〈薬品が〉腸溶性の《胃はそのまま通過して腸で初めて溶けるように調製したものにいう》. ── *n.* 〖病理〗 =enteric fever.

entéric féver *n.* 〖病理〗 **1** 腸チフス (typhoid fever). **2** パラチフス (paratyphoid).

en·ter·it·i·dis [èntərítədɪs, -ráɪtə-, -dəs | -tərítɪdɪs, -ráɪtɪ-] 〖(pl.) ↓〗 *n.* 〖獣医〗サルモネラ属 (*Salmonella*) の一菌種による(特に幼獣の)腸炎.

en·ter·i·tis [èntəráɪtɪs, -təs | -təráɪtɪs] 〖《1808》 ← NL ～ : ⇨ ↓, -itis〗 *n.* (*pl.* **～·es, -ter·it·i·des** [-rítədìːz | -tɪ-]) 〖病理・獣医〗腸炎.

en·ter·o- [éntəro(ʊ) | -tərə(ʊ)] 〖《17C》 □ L ～ □ Gk ～ ← *énteron* intestine: ⇨ enteric〗 ──「腸 (intestine)」の意の連結形: *entero*lith 腸(結)石 / *entero*pathy 腸疾患. ★ 母音の前では通例 enter- になる.

èntero·bactéria 〖⇨ ↑, bacteria〗 *n. pl.* 〖細菌〗腸内細菌. **èntero·bactérial** *adj.*

Èntero·bac·te·ri·á·ce·ae [-bæktì(ə)riéɪsiìː | -tìərɪ-] 〖← ENTERO- + BACTERI- + -ACEAE〗 *n. pl.* 〖細菌〗腸内細菌科.

en·ter·o·bi·a·sis [èntəro(ʊ)báɪəsɪs, -səs | -tərə(ʊ)báɪəsɪs] 〖← NL ～ ← *Enterobius* intestinal worm + -IASIS: ⇨ entero-, bio-〗 ── *n.* 〖病理〗蟯(ぎょう)虫症 (oxyuriasis).

èntero·chrómaffin 〖← ENTERO- + CHROMAFFIN〗 *adj.* 〖医学〗腸クロム親和性の.

èntero·cóccus 〖← NL ～ : ⇨ entero-, -coccus〗 *n.* 〖細菌〗腸球菌. **èntero·cóccal** *adj.*

éntero·cèle 〖← ENTERO- + -COELE〗 *n.* (*also* **éntero·còel**) 〖動物〗腸体腔(こう). **èntero·cóelic** *adj.* **èntero·cóelous** *adj.*

èntero·colítis 〖← NL ～ : ⇨ entero-, colitis〗 *n.* 〖病理〗全腸炎.

en·ter·o·cri·nin [èntəro(ʊ)kráɪnɪn, -nən, -krín-, -rʌ́krən- | -tərə(ʊ)kráɪnɪn] 〖← ENTERO- + (ENDO)CRINE + -IN¹〗 ── *n.* 〖生化学〗エンテロクリニン《小腸で作られるホルモン; 腸腺の活動を高める》.

en·ter·o·gas·trone [èntəro(ʊ)gǽstroun | èntərə(ʊ)gǽstrəun] 〖← ENTERO- + GASTRO- + (HORM)ONE〗 ── *n.* 〖生化学〗エンテロガストロン《腸粘膜で作られるホルモン; 胃の運動と分泌を抑制する》.

èntero·hepatítis 〖← NL ～ : ⇨ entero-, hepatitis〗 *n.* 〖獣医〗 =blackhead 3.

èntero·kínase 〖← ENTERO- + KINASE〗 *n.* 〖生化学〗エンテロキナーゼ《腸活素; 十二指腸に存在し, トリプシノーゲンをトリプシンにするエンドペプチダーゼ》.

en·ter·on [éntərɑ̀n, -rən | -tərɔ̀n, -rən] 〖← NL ～ ← Gk *énteron* intestine: ⇨ enteric〗 *n.* (*pl.* **en·ter·a** [-rə], **～s**) 〖解剖・動物〗消化管, 腸, 腸管.

en·ter·op·a·thy [èntərɑ́pəθi | -tərɔ́pəθɪ] 〖← ENTERO- + -PATHY〗 *n.* 〖病理〗腸疾患.

en·ter·o·pex·y [éntəro(ʊ)pèksi | -tərə(ʊ)pèksɪ] *n.* 〖外科〗腸固定(術).

en·ter·op·neust [éntərɑpn(j)ùːst | -tərɔpnjùːst] 〖↓〗 *n.* 〖動物〗腸鰓(ちょうさい)綱の動物.

En·ter·op·neus·ta [èntərɑpn(j)úːstə | -tərɔpnjúː-] 〖← NL ～ ← ENTERO- + Gk *pneustós* (← *pneîn* to breathe)〗 *n. pl.* 〖動物〗(半索動物門)腸鰓(ちょうさい)綱.

en·ter·os·to·my [èntərɑ́stəmi | -tərɔ́stəmɪ] 〖← ENTERO- + -STOMY¹〗 *n.* 〖外科〗腸フィステル形成(術), 腸造瘻(ろう)術.

en·ter·ot·o·my [èntərɑ́təmi | -tərɔ́təmɪ] 〖← ENTERO- + -TOMY〗 *n.* 〖外科〗腸切開(術).

èntero·toxémia 〖← NL ～ : ⇨ entero-, toxemia〗 *n.* 〖獣医〗エンテロトキセミア, 陽性中毒症《腸内細菌の毒素による中毒症》.

èntero·tóxin 〖← ENTERO- + TOXIN〗 *n.* 〖生化学〗エンテロトキシン, 胃腸(障害)毒素《ある細菌によって作られる食中毒を起こす毒素》.

èntero·vírus 〖← NL ～ : ⇨ entero-, virus〗 *n.* 〖病理〗腸内ウイルス. **èntero·víral** *adj.*

en·ter·o·zo·a, E- [èntəro(ʊ)zóuə | -tərə(ʊ)zə́uə] 〖← NL ～ : ⇨ entero-, -zoa〗 *n. pl.* (*sing.* **-zo·on** [-zóuɑn | -zə́uɔn]) 〖動物〗 =entozoa.

en·ter·prise [éntəpràɪz | -tə-] 〖《c1440》 □ (O)F *entreprise* (fem. p.p.) ← *entreprendre* to take in hand ← *entre-* 'INTER-' + *prendre* to seize, take (< L *prehendere*: ⇨ prehensile)〗 ── *n.* **1** 企画, 企て (plan, project); 冒険的な計画, 大仕事. **2** 企業, 事業; 企業体, 会社 (firm): a government [private] ～ 官営[民営]事業 / public ～ 公企業 / embark in an ～ 大事業に乗り出す / undertake [take on] an ～ 事業を起こす / an old ～ specializing in textbooks 教科書専門の歴史のある会社 / ⇨ free enterprise. **3** 企業心, 冒険心: a spirit of ～ 企業精神, 進取の気性 / have no ～ 企業心[進取の気性]がない. ── *vt.* 《まれ》〈事業など〉に着手する, 乗り出す.

én·ter·prìs·er *n.* 事業家, 企業家.

én·ter·prìs·ing *adj.* **1** 〈人など〉企業的な, 企業的精神に富む: an ～ man 企業家 / an ～ firm 企業心の盛んな会社 / ～ spirit 企業心, 進取の気性. **2** 〈行動など〉進取的な, 冒険的な: an ～ policy. **～·ly** *adv.*

en·ter·tain [èntətéɪn | -tə-] 〖《?c1460》 □ (O)F *entretenir* < VL *intertenēre* to hold between ← INTER- + L *tenēre* to hold: cf. tenable〗 ── *vt.* **1 a** 〈感情・意見・計画・希望などを〉心にいだく: ～ a novel opinion 変った意見をいだいている / ～ doubts [hopes] of …に疑念[希望]をいだく / He ～*s* a bitter hatred for me. 彼は私に激しい憎しみをいだいている. **b** 〈案・申し出などを〉考えに入れる, 考えてみる, 考慮する: ～ a proposal 申し出を受け止める / He refused even to ～ my request. 私の頼みを考えてみてくれようとさえしなかった. **2 a** もてなす, 歓待[接待]する: ～

friends *at* [*to*] dinner 友人たちを招いてごちそうする《★ to を用いるのは英国式》/ ~ the company *with* music 音楽で客をもてなす / We were ~*ed with* refreshments in another room. 別室で茶菓のもてなしを受けた / ~ angels [an angel] unawares ⇨ angel 1. **b** 地元のグラウンド[コート]で〈相手チーム〉と試合をする. **3** (余興などで)〈人を〉楽しませる, 慰める, おもしろがらせる: The play ~*ed* us a great deal. 芝居はとてもおもしろかった. **4**《古》〈文通・談話などを〉続ける, 持続する. — *vi.* もてなす, 歓待する.

en·ter·táin·er *n.* **1** 楽しませる人, 接待者. **2** (職業的)芸人, 歌手, 手品師.

èn·ter·táin·ing *adj.* おもしろい, 愉快な: an ~ conversation おもしろい談話 / an extremely ~ person 大変おもしろい人物.

èn·ter·táin·ing·ly *adv.* おもしろく, 愉快に.

èn·ter·táin·ment 〖《1531》〗— *n.* **1** もてなし, 接待; 招待会, 宴会: give an ~ to ...を招待[接待]する / a house [place] of ~ 人をもてなす家[所]《旅館・居酒屋など》/ a hotel noted for its ~ もてなしのいいので有名なホテル. **2** 慰み, 興, 娯楽: find ~ in reading 読書を楽しむ / afford good ~ for an idle hour 退屈な時にはよい楽しみになる / much *to* one's ~ 大いにおもしろかったことには / She played the piano for the ~ *of* the guests. お客を楽しませるためにピアノをひいた. **3** 催し物, 余興, 演芸: a dramatic [theatrical] ~ 演劇, 芝居 / a musical ~ 音楽の余興, 音楽会 / an ~ tax《英》興行税 / the ~ world 芸能界. **4**《廃》奉公; 奉公人の給料. **5** 娯楽小説.

en·thal·py [énθælpi, enθǽl-, ɪn-, ən- | ínθælpɪ, enθǽl-, ɪn-] 〖← Gk *enthálpein* to warm in (← EN-[2]+*thálpein* to warm)+-Y[1]〗— *n.*《物理化学》エンタルピー《熱力学的関数の一つ; 一定圧力における熱量変化; 記号 H; heat content》.

en·thet·ic [enθétɪk | -tɪk] 〖▭ Gk *enthetik-ós* fit for implanting ← *entithénai* ← EN-[2]+*tithénai* to place: ⇨ thesis, -ic[1]〗— *adj.*《医学》**1**〈病気など〉外因性の. **2** (人工物による)補填(てん)療法の[による].

en·thral [ɪnθrɔ́:l, ən-, en- | ɪn-, en-] *vt.* (**en·thralled; en·thrall·ing**) = enthrall. **~·er** [-lə | -lə(r] *n.*

en·thrall [ɪnθrɔ́:l, ən-, en- | ɪn-, en-] 〖《1447–48》: ⇨ en-[1], thrall〗— *vt.* **1** 奴隷(状態)にする. **2** ...の心を奪う, 魅了する: be ~*ed by* a novel 小説に心を奪われる / He ~*ed* us *with* his superb performance. 見事な演技で我々を魅了した. **~·er** [-lə | -lə(r] *n.*

en·thráll·ing [-lɪŋ] *adj.* 心を奪う, 大変おもしろい (engrossing): an ~ story たまらなくおもしろい話.

en·thráll·ment *n.* **1** 奴隷化; 奴隷状態 (slavery). **2** 心を奪うこと, 魅惑; 心を奪われた状態.

en·throne [ɪnθróun, ən-, en- | ɪnθrə́un, en-] 〖《1606》← EN-[1]+THRONE〗— *vt.* **1** 王座[王位]につかせる: ~ a king. **2**《キリスト教》〔bishop 等〕の座につかせる, 〔bishop に〕就任させる〔*as*〕: He was ~*d as* archbishop. 彼は大司教に就任した. **3** ...に(心・愛情などの)王座を占めさせる: The old Queen was ~*d in* the hearts of her people. 老女王は国民の敬愛の的となった. **4** あがめる, 祭りあげる (exalt).

en·thróne·ment *n.* **1** 即位(式), 国王奉戴(たい)式. **2** bishop 推戴[就任]式.

en·thro·ni·za·tion [ɪnθròunɪzéɪʃən, ən-, en-, -nə-, ènθrən- | ɪnθrə̀unaɪ-, en-, ènθrən-, -nɪ-] 〖《15C》: ⇨ ↓, -ation〗*n.* = enthronement.

en·thron·ize [ɪnθróunaɪz, ən-, en-, énθrənàɪz | ɪnθrə́unaɪz, en-, énθrənàɪz] 〖《a1393》*intronize(n)* ▭ OF *entroniz-er* // LL *enthronizāre* ▭ Gk *enthronízein*: ⇨ enthrone, -ize〗— *vt.* = enthrone.

en·thuse [ɪnθ(j)ú:z, ən-, en- | ɪnθjú:z, en-, -θú:z] 〖《1827》《逆成》← ENTHUSIASM〗— *vt.*《口語》〈人を〉熱狂させる, 感激させる: His plan ~*d* nobody. 彼の計画で熱狂した者はいなかった. — *vi.* 〔...に〕熱狂する, 感激する〔*about, on, over*〕: She ~*d about* the prospect of a stay in Paris. パリに泊まる見込みができたので熱狂した.

en·thu·si·asm [ɪnθ(j)ú:ziæ̀zm, ən-, en- | ɪnθjú:zɪ-, en-, -θú:-] 〖《1603》▭ LL *enthūsiasm-us* ▭ Gk *enthousiasmós* inspiration ← *enthousiázein* to be possessed by the god ← *énthous, éntheos* inspired ← EN-[2]+*theós* god: ⇨ theo-〗— *n.* **1** (燃えるような)感激; 熱中, 熱狂 (fervor): blind ~ 盲目的熱狂 / ~ *for* the king 国王に対する熱誠 / ~ *for* sports スポーツ熱 / be full of ~ *about* ...に熱中している / dampen a person's ~ 人の興に水を差す / She couldn't put any ~ into her voice. 声に熱を込めることができなかった / He was greeted with an outburst of ~. 嵐のような感激をもって迎えられた / The ~ reached its height [died down soon]. 熱狂的感激がその絶頂に達した[たちまち冷却した]. **2** (しばしば一時的な)熱狂の対象, 熱中している物: His present ~ is collecting stamps. 彼が今夢中になっているのは切手の収集だ. **3**《古》宗教的[霊的]熱狂, 狂信; 神がかり. ★ 17 世紀の清教徒および 18 世紀のメソジスト教徒の宗教的態度を嘲って用いた語.

en·thu·si·ast [ɪnθ(j)ú:ziæ̀st, ən-, en-, -əst | ɪnθjú:zɪ-, en-, -θú:-] 〖《1609》▭ Gk *enthousiast-ḗs* ← *enthousiázein* (↑)〗— *n.* **1** 熱中者, 熱狂者, (...の)ファン, ...狂 (zealot): an astrological ~ 占星狂 / gun ~*s* 銃愛好家たち / an ~ *about* politics [*for* sports] 政治[スポーツ]狂. **2** 狂信者; 神がかりの人.

en·thu·si·as·tic [ɪnθ(j)ù:ziǽstɪk, ən-, en- | ɪnθjù:zɪ-ǽs-, en-, -θù:-, -zɪá:s-] 〖《1603》▭ Gk *enthousiastikós* ← *enthousiázein* (↑): ⇨ -ic[1]〗— *adj.* **1** 熱烈な, 〔...に〕熱狂的な〔*about, over, for*〕: ~ cheers [homage, support, supporters] 熱狂的喝采(かっさい)[崇拝, 支持, 支持者] / an ~ gardener 庭いじりに熱心な人 / ~ admirers of literature 熱烈な文学愛好家たち / Most were not ~ *about* striking. 大半はストに乗り気でなかった / He was very ~ *about* going on a picnic. ピクニックに行くことに大いに乗り気になっていた. **2** 狂信的な.

en·thù·si·ás·ti·cal·ly *adv.* 熱狂的に, やっきになって: She welcomed us ~. 熱烈に歓迎した.

en·thy·meme [énθɪmì:m] 〖《1588》▭ L *enthȳmēma* ▭ Gk *enthū́mēma* thought, argument ← *enthūmeîthai* ← EN-[2]+*thūmós* mind: cf. fume〗— *n.*《論理》省略三段論法《三段論法の大小前提の一つまたは結論を省いたもの》; 省略推理法.

entia 〖▭ ML ~〗*n.* ens の複数形.

en·tice [ɪntáɪs, ən-, en- | ɪn-, en-] 〖《c1280》▭ OF *entic-ier* to cause to desire ardently < VL **intitiāre*《原義》to set on fire ← IN-[1]+L *titiō* firebrand〗— *vt.* 誘う, おびき寄せる, 誘惑する (allure, tempt): ~ a person *into* doing [*to* do] something wrong 人をそそのかして何か悪事をさせる / ~ a girl *away from* home 娘を誘惑して家出させる / ~ a person *in* 人をつり込む, 誘い込む / She ~*d* him *from* his work. 彼をそそのかして仕事をやめさせた. **en·tíc·er** *n.*

en·tíce·ment 〖《?a1300》▭ OF ~: ⇨ ↑, -ment〗*n.* **1** 誘い, おびき寄せ, 誘惑. **2** 誘惑物, えさ.

en·tíc·ing *adj.* 心を引き[誘い]やすい, 心をそそる, 誘惑的な: ~ looks 魅惑的な顔つき. **~·ly** *adv.*

en·tire [ɪntáɪə, ən-, en-, éntaɪə | ɪntáɪə(r, en-] 〖《c1390》*enter* ▭ (O)F *entier* < L *integrum, integer* whole: ⇨ integer〗— *adj.* **1** (各部分が)完備している, 全体の (whole) (↔ partial); 終始一貫した (continuous): an ~ page まるまる 1 ページ / an ~ set of the dictionary 辞典の 1 セット全部 / The collection has been kept ~ in the museum. その収蔵品は記念館に全部そっくり保管されている / The ~ mood of the concert was magnificent. 音楽会の雰囲気は終始荘厳なものだった / I was absent from the house the ~ afternoon. 午後はずっと家を留守にしていた. **2** 〈品物など〉こわれていない (unbroken), 無きずである (intact) (↔ defective): His body was found ~. 彼の死体は無傷で発見された. **3** (程度が)完全な, 全くの: one's ~ affection 至純の愛情 / They are in ~ ignorance of it. 彼らはそのことを全く知らない. **4**《植物》縁(ふち)に切れ込みがない, 全縁の: an ~ leaf [petal] 全縁の葉[花弁]. **5** 〈雄の獣が〉去勢されていない: an ~ horse. **6**《紋章》= throughout. **7**《廃》純粋の, まじりけのない.
— *n.* **1** [the ~]《まれ》全体; 完全. **2** 去勢しない馬, 種馬. **3**《英》《醸造》黒ビール (porter) の一種《今は居酒屋の看板にだけ用いる》. **4**《郵趣》切手を貼り消印をして宛名のところへ配達された封筒.

entíre fúnction *n.*《数学》整関数《有限のところでいたるところ正則であるような複素関数》.

en·tíre·ly 〖ME〗— *adv.* **1** 全然, 全く, 完全に, すっかり (completely, wholly): be ~ lost [forgotten] すっかりなくなって[忘れて]いる. **2** もっぱら, ひたすら: He is devoted ~ to writing. 著述に専念している.

en·tíre·ness 〖ME〗*n.* **1** 完全(無欠), 十全; 完全状態, 全体のまま. **2** 純粋, まじりけのないこと.

en·tire·ty [ɪntáɪrəṭi, ən-, en-, -táɪəṭi | ɪntáɪrətɪ, en-, ɪntáɪərətɪ] 〖《c1350》*enterte* ▭ (O)F *entièreté* < L *integritātem* 'INTEGRITY': ⇨ entire, -ity〗— *n.* **1** 完全, そっくりそのまま(の状態) (completeness). **2** [the ~] 全部, 全体, 全額 (the whole) 〔*of*〕.
by entireties 〖コモンロー上, 夫婦は一体であるとされることから〗《法律》(夫婦による)全部連帯の, 不可分的に. ***in its entirety*** そっくりそのまま, 全体(として) (as a whole): The picture was banned *in its* ~. その映画は全体が上映禁止となった.

en·ti·ta·tive [éntətèɪtɪv | -tɪtət-] 〖▭ ML *entitātīvus* ← *entitāt-, entitās* 'ENTITY': ⇨ -ative〗*adj.* 本質的な; 実体的な.

en·ti·tle [ɪntáɪṭl, ən-, en- | ɪntáɪtl, en-] 〖《c1380》▭ OF *entit(e)l-er* (F *intituler*) ▭ LL *intitulāre* ← IN-[1]+L *titulus* 'TITLE'〗— *vt.* **1** 〈本などに〉名称を与える, 表題をつける; [目的語+補語を伴って]〈本など〉に...という表題を付ける, ...と称する: The new work is ~*d* "Life and Liberty." 新著は「生命と自由」という題名である. **2** 〈事情・性質・行為などが〉...に〔...の〕権利[資格]を与える〔*to*〕; ...に〈...すべき〉権利を与える 〈*to do*〉: His conduct ~*s* him *to* praise. 彼はその行動によって賞賛を受ける資格がある / His experience ~*s* him *to* be heard. 経験を積んだ人として彼の意見には耳を傾けるべきだ / Every man is ~*d to* his fantasies. だれでも空想にふける権利がある / He is ~*d to* a pension. 年金を受ける資格がある. **3**《古》...に名誉の称号を与える. **~·ment** *n.*

en·ti·ty [énṭəṭi | -tɪtɪ, -tɪ-] 〖《1596》▭ F *entité* // ML *entitāt-em* ← *enti-, ēns* a thing: ⇨ ens, -ity〗— *n.* **1** **a** (客観的・観念的な)存在物, 実在物: an actual [a real] ~ / an abstract ~ 抽象(的存在) / Utopia is an ideal ~. ユートピアは観念的存在である. **b** 自主[独立]的なもの; 統一体: a political ~ 国家. **2 a** 存在 (being, existence). **b** 自主性, 独自性: lose one's ~. **3** (属性などに対して)本質 (essence), 実体. **4**《哲学》存在者 (ens).

en·to- [énṭoʊ, -ṭə | -tə(ʊ)] 〖← NL ~ ← Gk *entós* within: cf. in〗「内, 内部」の意の連結形 (cf. endo-): *ento*blast, *ento*zoic. ★ 母音の前では通例 ent- になる.

énto·blàst 〖⇨ ↑, -blast〗*n.*《生物》= endoblast.
ènto·blástic *adj.*

énto·dèrm 〖← ENTO-+-DERM〗*n.*《生物》= endoderm. **ènto·dérmal** *adj.* **ènto·dérmic** *adj.*

en·toil [ɪntɔ́ɪl, ən-, en- | ɪn-, en-] 〖← EN-[1]+TOIL[2]〗*vt.*《古》わなにかける (ensnare).

entom.《略》entomological; entomology.

en·tom- [énṭəm | -tə(ʊ)m] (母音の前に来る時の) entomo- の異形.

en·tomb [ɪntú:m, ən-, en- | ɪn-, en-] 〖▭ (O)F *entomb-er*: ⇨ en-[1], tomb〗— *vt.* **1** 墓に入れる[納める], 埋葬する (inter, bury); 埋没させる, 生き埋めにする. **2** ...の墓となる: The sea ~*s* the sunken boat. 海がその沈んだ船の墓場となっている.

en·tómb·ment *n.* 埋葬; 埋没.

en·tom·ic [entámɪk | -tɔ́m-] 〖⇨ ↓, -ic[1]〗*adj.* 昆虫の.

en·to·mo- [énṭəmoʊ | -tə(ʊ)mə(ʊ)] 〖《18C》▭ F ~ ▭ Gk ~ ← *éntomon* insect (neut.) ← *éntomos* cut in ← EN-[2]+*témnein* to cut: cf. insect, tome〗「昆虫」の意の連結形. ★ 母音の前では通例 entom- になる.

èntomo·fáuna 〖⇨ ↑, fauna〗*n.*《生物》昆虫相; [集合的] (一定の地域の)昆虫.

en·to·mog·e·nous [ènṭəmádʒənəs | -təmɔ́dʒɪ-] 〖← ENTOMO-+-GENOUS〗*adj.*《植物》〈菌類が〉昆虫体内生の, 虫生の.

entomol.《略》entomological; entomology.

en·tom·o·lite [entáməlàɪt | -tɔ́m-] 〖← ENTOMO-+-LITE〗*n.*《地質》化石の昆虫.

en·to·mo·log·i·cal [ènṭəməládʒɪkəl, -dʒə- | -tə(ʊ)mə(ʊ)lɔ́dʒɪ-] 〖▭ F *entomologique*: ⇨ entomology, -ical〗*adj.* 昆虫学(上)の. **~·ly** *adv.*

èn·to·mól·o·gist [-dʒɪst, -dʒəst | -dʒɪst] 〖▭ F *entomologiste*: ⇨ entomology, -ist〗*n.* 昆虫学者.

en·to·mol·o·gize [ènṭəmálədʒàɪz | -tə(ʊ)mɔ́l-] 〖⇨ ↓, -ize〗*vi.* **1** 昆虫学を研究する. **2** 昆虫を採集する.

en·to·mol·o·gy [ènṭəmálədʒi | -tə(ʊ)mɔ́lədʒɪ] 〖《1766》▭ F *entomologie*: ⇨ entomo-, -logy〗— *n.* **1** 昆虫学 (insectology): economic ~ 実用昆虫学, 害虫研究(論). **2** 昆虫を扱った論文.

en·to·moph·a·gous [ènṭəmáfəgəs | -tə(ʊ)mɔ́f-] 〖← ENTOMO-+-PHAGOUS〗*adj.* 昆虫を食う, 食虫の (insectivorous).

en·to·moph·i·lous [ènṭəmáfələs | -tə(ʊ)mɔ́fɪləs, ⌐ ⌐ ⌐ ⌐] 〖← ENTOMO-+-PHILOUS〗*adj.*《植物》虫媒の (cf. anemophilous): an ~ flower 虫媒花. 「虫媒.

en·to·moph·i·ly [ènṭəmáfəli | -tə(ʊ)mɔ́fɪlɪ] *n.*《植物》

En·to·moph·tho·ra·ce·ae [ènṭəmɑ̀fθəréɪsiiː | -tə(ʊ)mɔ̀f-] 〖← NL ~ ← *Entomophthora*《(属名)》← ENTOMO-+Gk *phthorá* destruction)+-ACEAE〗— *n. pl.*《植物》ハエカビ科.

En·to·mos·tra·ca [ènṭəmástrɪkə, -trə- | -tə(ʊ)mɔ́s-] 〖← NL ~ ← ENTOMO-+Gk *óstrakon* shell+-A[2]〗— *n. pl.*《動物》切甲亜綱《現在の分類体系では多くの亜綱に細分されているが, 便宜的に使われている》.

en·to·mos·tra·can [ènṭəmástrɪkən, -trə- | -tə(ʊ)mɔ́s-] 〖⇨ ↑, -an[1]〗— *adj.*《動物》(甲殻類の中の)切甲亜綱の. — *n.*《動物》切甲亜綱の動物《ミジンコ・フジツボなど; 一般に小型で下等な特徴をもつ; cf. malacostracan》. **èn·to·mós·tra·cous** [-kəs] *adj.*

en·to·mot·o·my [ènṭəmáṭəmi | -təmɔ́təmɪ] 〖← ENTOMO-+-TOMY〗*n.* 昆虫解剖(学). 「endoparasite.

ènto·párasite 〖← ENTO-+PARASITE〗*n.*《動物》=

en·to·phyte [énṭəfàɪt | -tə(ʊ)-] 〖← ENTO-+-PHYTE〗*n.*《植物》= endophyte. 「置の (cf. ectopic).

en·top·ic [entápɪk | -tɔ́p-] *adj.*《解剖》正所性の, 正常位

en·to·proct [énṭəprɑ̀kt | -təprɔ̀kt] 〖↓〗*adj., n.*《動物》内肛動物門の(動物). **en·to·proc·tous** [ènṭəprɑ́ktəs | -təprɔ́k-] *adj.*

En·to·proc·ta [ènṭəprɑ́ktə | -təprɔ́k-] 〖← NL ~ ← ENTO-+*procta* (← Gk *prōktós* anus)〗*n. pl.*《動物》内肛動物門.

En·to·tro·phi [ènṭətróufaɪ | -tətrə́ʊ-] 〖← NL ~ ← ENTO-+*trophi* ((pl.) ← *trophus* mouth ▭ Gk *trophós* feeder ← *tréphein* to nourish)〗— *n. pl.*《昆虫》倍尾目, 無翅目《総尾目 (Thysanura) の亜目とされることもある; ハサミコムシ類・ナガコムシ類の昆虫の総称》.

en·tou·rage [ɑ̀:ntʊrá:ʒ, -tu:- | ɔ̀ntʊrá:ʒ, ɔ̀:(n)-, ɑ̀:(n)-, -tuər-; *F.* ɑ̃tura:ʒ] 〖《1832–34》▭ F ~ ← *entourer* to surround (← EN-[1]+*tour* 'TOUR')+-AGE〗— *n.* (*pl.* **~s** [~ɪz, ~əz; *F.* ~]) **1** [集合的] (身分ある人などの)付け人, 従者, 付添い (attendants). **2** (建物の)周囲, 環境《テラス・階段・植込みなど》.

en-tout-cas [ɑ̀:(n)tu:ká:, ɔ̀:(n)-, ɑ̀:n-, ɔ̀:(n)-; *F.* ɑ̃tuka] 〖▭ F ~《原義》in any case〗— *n.* (*pl.* ~) **1** 晴雨兼用傘. **2** [En-Tout-Cas]《商標》アンツーカー《アンツーカーを敷いた全天候型のテニスコート》. — *adj.* 全天候型の; アンツーカー(水はけのよい赤褐色の土)を敷いた.

en·to·zo·a, E- [ènṭəzóuə | -tə(ʊ)zə́ʊə] 〖← NL ~: ⇨ ento-, -zoa〗— *n. pl.* (*sing.* **-zo·an** [-zóuən | -zə́ʊ-], **-zo·on** [-zóuɑn | -zə́ʊɔn])《動物》体内寄生虫 (cf. ectozoa). ★しばしば分類群に用いられる. **en·to·zo·an** [èntəzóuən | -təzáu-] *adj.*

en·to·zo·ic [èntəzóuɪk | -tə(u)záu-] 〖⇨↑, -ic¹〗 *adj.* 〘生物〙体内寄生の: an ～ amoeba.

entozoon *n.* entozoa の単数形.

en·tr'acte [ɑ́:(n)trækt, ɑ́:n-, -trɑ:kt, ─⊥ | ɔ́(:)ntrækt, ─⊥, ɔ̃:(n)trǽkt, ɑ̃:(n)-, ɑ:n-; *F.* ɑ̃trakt] 〖《1863》□ F ～《原義》between-act ← *entre-* 'INTER-' + *acte* 'ACT'〗 ── *n.* (*pl.* ～**s** [～s; *F.* ～]) **1** 幕間(まく). **2** 幕間狂言[演芸, 舞踊], 間劇. **3**〘音楽〙(幕間の)間奏曲.

en·trails [éntrəlz, -treɪlz | -treɪlz] 〖《?a1300》□ (O)F *entrailles* □ ML *intrālia* inwards《変形》← L *interānea* (pl.) ← *interāneum* intestine ← *inter* within〗 ── *n. pl.* **1** 内臓, 腹わた (bowels, viscera). **2** 腸. **3** (物の)内部: the ～ *of* the earth 地球の内部.

en·train¹ [ɪntréɪn, ən-, en- | ɪn-, en-] 〖《1881》← EN-¹ + TRAIN²: EMBARK にならった造語〗 ── *vt.* 列車に乗せる[搭載する], (特に)〈軍隊を〉列車に乗せる: He took the mail to the station to be ～*ed.* 郵便物を列車に乗せるために駅へ持って行った. ── *vi.* 列車に乗る, 乗車する (↔ detrain): ～ *for* London ロンドン行きの列車に乗る. **～·ing** *n.*

en·train² [ɪntréɪn, ən-, en- | ɪn-, en-] 〖《1568》□ F *entraîn-er* ← EN-¹ + *trainer* to drag: ⇨ train² (v.)〗 ── *vt.* **1** 引きずる. **2**〘化学〙(蒸留・蒸発などの際)〈蒸気が〉〈液体の微粒子を〉伴出する. **3**〈液体が〉(攪拌や化学反応によって生じた)〈泡を〉吸収して消す. **4**〘気象〙(ある気流の中へ)〈空気を〉流入させる. **5**〈気泡を〉コンクリートに混ぜ合わせる. **6** …の局面[期間]を決定[修正]する. **7**〘生物〙〈日周リズムの周期を〉決める, 変える. **～·er** *n.*

en·train³ [ɑ̃:(n)trɛ̃:(ŋ), ɔ̃:(n)-, ɑ:ntrǽŋ, ɔ(:)n-; *F.* ɑ̃trɛ̃] 〖□ F ～ 'in progress'〗 *F. n.* 熱狂, 生気.

en·tráin·ment 〖⇨ entrain², -ment〗 *n.*〘化学〙エントレインメント, 飛沫同伴《蒸留・蒸発などの際に蒸気が液体の微粒子を伴出する現象》.

en·tram·mel [ɪntrǽməl, ən-, en- | ɪn-, en-] 〖← EN-¹ + TRAMMEL〗 ── *vt.* (～**ed, tram·melled;** ～**·ing, -mel·ling**) (網に掛けたように)からめとらえる (entangle); 拘束する, 妨げる (hamper): become ～*ed* by convention しきたりに拘束される.

en·trance¹ [éntrəns] 〖《1473》□ OF *entrance* ← *entrer* 'to ENTER': ⇨ -ance〗 ── *n.* **1** はいること: a forced ～ 押入り, 闖入(ちんにゅう) / make [effect] one's ～ はいる, はいり込む / the ～ of the army *into* the city 軍隊がその町にはいったこと / The word found an ～ *into* good society. その言葉は上流社会に用いられるようになった. **2** 入場, 入港; 入学, 入社, 入会 〔*into*〕: an ～ examination 入学[入社]試験 / ～ money = an ～ fee 入場料, 入会[入学]金 / ～ qualifications 入会[入学, 入社]資格 / *Entrance* Free [掲示]入場無料 / No ～. [掲示] 入場お断わり / ～ *into* a port 入港 / ～ *into* college 大学入学. **3**〔新生活・職業などに〕はいること, 〔…への〕就職, 就任, 門出 〔*into, upon*〕: one's ～ *into* life 人生への旅立ち / make one's ～ *into* office 官職に就任する / one's ～ *upon* the twentieth year 20 歳になること. **4**〘音楽〙 **a** (声部の)入(い)り《ある楽器または声がアンサンブルに加わる個所》: a difficult ～ アンサンブルに加わるのがむずかしい個所. **b** その加わり方: a ragged ～ アンサンブルへのぎくしゃくした加わり方. **5**〘演劇〙(俳優の)登場; 登場[退場]口: the ～ of an actor *upon* the stage 俳優の登場. **6** 入口, 戸口, 門口, 玄関: at the ～ 玄関で / the ～ *to* a town 町の入口 / the ～ *to* [*of*] a tunnel トンネルの入口 / at the ～ of the river *into* the sea その川が海に流れ込む所に. **7 a** はいる機会[権利], 入場権: have free ～ *to* …に自由にはいることを許されている / gain ～ *to* [*into*] …にはいり込む. **b** はいる手段: His own abilities were the ～ *to* the profession. 彼自身の才能でその職につくことができた. **8** 入場料, 入会金, 入学金. **9** (部屋などへのある種の)はいり方: a clever ～ 上手なはいり方. **10**《古》(ある時期の)始まり, 初め: at the ～ of the spring 春の初めに. **11**〘海事〙水切部《水線より下にある船首前部》.

en·trance² [ɪntrǽns, ən-, en- | ɪntrɑ́:ns, en-] 〖《1593》← EN-¹ + TRANCE〗 ── *vt.* **1**〔喜びや恐怖で〕我を忘れさせる; 有頂天にする (enrapture) 〔*with*〕: be ～*d with* joy [fear]. **2** 恍惚状態に陥れる.

éntrance còne *n.* **1**〘生物〙受精丘, 受精突起, 迎接突起《ある種の動物の受精の際に卵表面に現われる突出部》. **2**〘空気力学〙収歛(しゅうれん)筒《気流を測定部に流入させる風胴の部分》.

éntrance hàll *n.* 玄関広間, 入口ホール.

en·tránce·ment 〖← ENTRANCE² + -MENT〗 *n.* 狂喜, 忘我; 失神[恍惚]状態.

éntrance pàllet *n.*〘時計〙= entry pallet.

éntrance pùpil *n.*〘光学〙入射ひとみ《開口絞りから前方にある光学系によって作られる絞りの像; cf. exit pupil》.

éntrance·wày *n.* = entryway.

en·tránc·ing *adj.* 魂を奪うばかりの; 楽しい: an ～ dream うっとりするような夢. **～·ly** *adv.*

en·trant [éntrənt] 〖《1635》□ F ～ (pres.p.) ← *entrer* 'to ENTER': ⇨ -ant〗 ── *n.* **1** はいる人, はいろうとする人. **2** 新入者, 新参者; 新加入者, 新入会員, 新入生 (intrant). **3**〔競争などへの〕参加者〔*for*〕.

en·trap [ɪntrǽp, ən-, en- | ɪn-, en-] 〖《1534》□ OF *entrap-er*: ⇨ en-¹, trap¹〗 ── *vt.* (**en·trapped; en·trap·ping**) **1** わなに掛ける, おとし穴に陥れる. **2** 危険[困難]におびき入れる. **3** 手管を用いて〔…に〕陥れる, 陥れて…させる 〔*to, into*〕: ～ a person *to* destruction 人をだまして破滅に導く / He was ～*ped into* doing so. 計略にかかってついそうした. **～·ment** *n.*

en·treat [ɪntrí:t, ən-, en- | ɪn-, en-] 〖《c1400》□ AF *entret-ier* = OF *entrait-er* ← EN-¹ + *traiter* 'to TREAT'〗 ── *vt.* **1 a**〈人〉に〔…を〕懇願[嘆願, 懇請]する (ask earnestly) 〔*for*〕; …に〈…するように〉懇願する 〈*to do*〉: She ～*ed* him *for* mercy [*to* have mercy on her husband]. 彼のお情けを[彼に夫に慈悲を垂れてくれるように]請うた / I ～ you [*of* you] *to* go. お願いですから行って下さい. **b**《文語》〈物事を〉懇願する: I ～ your pardon. = I ～ *that* you will pardon me. お許しを願い上げます / I ～ this favor *of* you. どうぞこのお願いを聞いて下さい. **2**《古》扱う: be cruelly ～*ed* 虐待される. ── *vi.* **1** 懇願する, 嘆願する (plead). **2**《廃》〔…について〕扱う, 述べる〔*of*〕.

en·tréat·ing [-tɪŋ | -tɪŋ] *adj.* 懇願[嘆願]する(ような): an ～ look 嘆願のまなざし. **～·ly** *adv.*

en·tréat·ment *n.* 懇願, 嘆願.

en·treat·y [ɪntrí:ti, ən-, en- | ɪntrí:tɪ, en-] 〖《1448》: ⇨ entreat, -y¹〗 *n.* 懇願, 嘆願, 哀願, 切願: what by threats, what by *entreaties* おどしたりすかしたりして.

en·tre·chat [ɑ̃:(n)trəʃɑ́:, ɔ̃:(n)-, ɑ́:n-, ɔ́(:)n-, ─⊥; *F.* ɑ̃trəʃa] 〖《1775》□ F ～ □ It. (*capriola*) *intrecciata* complicated (caper) (fem. p.p.) ← *intrecciare* ← IN-¹ + *treccia* 'plait, TRESS'〗 ── *n.* (*pl.* ～**s** [～z; *F.* ～]) 〘バレエ〙アントルシャ《飛び上がっている間に脚を繰り返し交叉させる, またその間にかかとを打ち合わせる動作》.

en·tre·côte [ɑ̃:(n)trəkóut, ɑ̀:n- | ɔ́(:)ntrəkəut, ɔ̃:(n)-, ɑ̃:(n)-, ɑ́:n-; *F.* ɑ̃trəko:t] 〖□ F ～《原義》between-rib ← *entre-* 'INTER-' + *côte* rib (□ L *costa*)〗 ── *n.* (*pl.* ～**s** [～s; *F.* ～]) アントルコート《ステーキに用いるあばら骨の間の肉》.

en·trée [ɑ́:ntreɪ-, ─⊥ | ɔ́(:)ntreɪ, ɔ̃:(n)-, ɑ̃:(n)-, ɑ́:n-; *F.* ɑ̃tre] 〖《1782》□ F *entrée* 'ENTRY'〗 ── *n.* (*pl.* ～**s** [～s | ～z; *F.* ～]) (*also* **en·tree** [～]) **1** アントレ: **a** 本来正餐において魚と肉との間に出る料理《英国ではローストの前に出る》. **b**《米》主要料理. **2** 入場(権): have the ～ *of* a house 家に自由に出入りを許されている / obtain the ～ *to* a club クラブへ出入りする許しを得る. **3** はいり込む手がかり[手段]. **4**〘音楽〙(行進曲・舞踏曲の)序奏(的な)曲[楽節] (cf. entry 11 b). **5** (ショー・サーカス・演劇での演技者の)入場, 登場.

en·tre·lac [éntrəlæ̀k] 〖□ F ～ ← *entrelacer* 'to INTERLACE'〗 *n.*〘印刷〙(花と葉の)組飾り縁, 花づな, 飾り縁.

en·tre·mets [ɑ̀:(n)trəméɪ, ɔ̀:(n)-, ɑ̀:n-, ɔ̀(:)n-, ─⊥ | ─⊥; *F.* ɑ̃trəmɛ] 〖《1739》□ F ～《原義》between-dish < OF *entremés* ← *entre-* 'INTER-' + 《廃》*més, mets* 'MESS'〗 ── *F. n.* (*pl.* ～ [～(z) | ～z; *F.* ～]) [単数または複数扱い] アントルメ: **a** チーズのあとに出される甘いデザート[菓子]. **b** 肉料理などメインディッシュにつけて出される野菜などの合の手料理.

en·trench [ɪntréntʃ, ən-, en- | ɪn-, en-] 〖《1555》← EN-¹ + TRENCH〗 ── *vt.* **1 a**〈都市・陣地などを〉塹壕(ざんごう)[壕]で囲む[防備する], …の回りに壕を構築する: ～ a town. **b** [～ *oneself* で]〈部隊などが〉壕を掘って隠れる. **2 a** [～ *oneself* または Passive で] 安全な場所に身を置く: He ～*ed himself* in a cave. 逃亡者はほら穴にしっかりと身を隠した. **b**〈習慣などを〉確立する, 強固にする: a custom ～*ed* by tradition 伝統によって確立した慣習. **c**〈個人・集団など〉の立場を守る: They are ～*ed* behind a wall of priviledges. 堅固な特権の陰に立てこもっている. **3** (侵食などによって)溝(みぞ)を作る. ── *vi.* **1** 壕を掘る[に入る]. **2**〔権利などを〕侵す; 〔人の時間などを〕取る, 食う (trespass) 〔*on, upon*〕: ～ *on* a person's rights 人の権利を侵す. **3**《古》〔…に〕近づく, 類似する〔*on, upon*〕: conduct ～*ing upon* impoliteness 非礼に近い振舞い. **～·er** *n.*

en·trénched *adj.* **1**〈場所が〉塹壕(ざんごう)で守られた. **2**〈権利・慣習・観念など〉確立した, 強固な, 牢固とした: ～ bureaucracy, prejudices, etc. / the most ～ beliefs of the men.

en·trénch·ing tòol *n.* 塹壕掘りの道具《鶴嘴(つるはし)など》.

en·trénch·ment 〖《1590》← ENTRENCH + -MENT〗 ── *n.* **1** 壕(ごう)の構築, 塹壕(ざんごう)[壕]掘り(作業). **2** 塹壕(で固めた)陣地; 防備[防護]された[する]所[もの]; [通例 *pl.*] (砲火を防ぐための)胸土, (土の)胸壁. **3**《古》(権利などの)侵害 (encroachment).

en·tre nous [ɑ̃:(n)trənú:, ɔ̃:(n)-, ɑ̀:n-, ɔ̀(:)n-, ─⊥; *F.* ɑ̃trənu] 〖□ F ～ 'between ourselves': cf. inter nos〗 *F. adv.* ここだけの(内証の)話だが.

en·tre·pôt [ɑ̃:(n)trəpòu, ɔ̃:(n)-, ɑ́:n-, ɔ́(:)n- | -pəu; *F.* ɑ̃trəpo] 〖《1721》□ F ～ < L *interpositum* (neut. p.p.) ← *interpōnere* 'to INTERPOSE': cf. depot〗 ── *n.* (*pl.* ～**s** [～z; *F.* ～]) **1** 倉庫. **2** 貨物通過港, 仲継ぎ港; 貨物集散地; 商業中心地.

éntrepôt tràde *n.* 中継ぎ[通過]貿易.

en·tre·pre·neur [ɑ̀:(n)trəprənə́:, ɔ̀:(n)-, ɑ̀:n-, ɔ̀(:)n-, -n(j)úə | -prənə́:(r, -pren-; *F.* ɑ̃trəprənœ:r] 〖《1878》□ F ～ 'contractor' ← *entreprendre* to undertake: ⇨ enterprise〗 ── *n.* (*pl.* ～**s** [～z; *F.* ～]) **1 a** アントルプルヌール, 企業家, 革新者, 事業家. **b** 企業者, 事業者[主]. **2 a** (演劇・音楽関係などの)興行師. **b** 興行主, 座元. **3** 仲介人, 請負人. **èn·tre·pre·néur·i·al** [-n(j)ú(ə)riəl, -nə́:(r)- | -nə́:rɪ-] *adj.* **～·shìp** *n.*

en·tre·sol [ɑ́:(n)trəsɑ̀l, ɑ́:n-, éntə-, -trə-, -sɔ̀(:)l- | ɔ́(:)ntrəsɔ̀l, ɑ́:(n)-, ɑ́:n-, ɔ́:n-; *F.* ɑ̃trəsɔl] 〖《1711》□ F ～《原義》between-floor ← *entre-* 'INTER-' + *sol* ground (< L *solum* floor: ⇨ sole¹)〗 ── *F. n.* (*pl.* ～**s** [～z; *F.* ～]) 〘建築〙中二階《一階と二階との中間の階》.

en·tro·py [éntrəpi | -trəpɪ] 〖《1868》□ G *Entropie* ← *En(ergie)* 'ENERGY' + Gk *tropḗ* turn, change: ⇨ tropy: R. J. E. Clausius の造語〗 ── *n.* **1** エントロピー: **a**〘物理化学〙熱力学の第二法則を数量的に表現するために導入された関数《秩序の高い状態は自動的にくずれて無秩序の状態へと移行していく傾向》. **b**〘統計力学〙物体の状態の確率を表わす数の対数. **c**〘情報理論〙情報源の元 1 個あたりの平均情報量《単位はビット (bit)》. **d**〘数学〙保測変換の不変量の一つ. **2**《俗用》一様化, 同質(性), 無変化; 混沌(こんとん).

en·trust [ɪntrʌ́st, ən-, en- | ɪn-, en-] 〖《1602》← EN-¹ + TRUST〗 ── *vt.* **1**〔人に〕〈任務・責任などを〉委せる, 委託する (commit) 〔*to*〕; 〔…を〕〈人〉に委せる (charge) 〔*with*〕: ～ the duty of educating one's child *to* a person 子供を教育する任務を人に委任する / ～ one's safety *to* a boat 身の安全をボートに託する / I ～ you *with* the care of my property. 私の財産の管理をあなたに一任します. **2**〔人に〕〈金銭などを〉信託する, 預ける, 〈子供など〉の世話を依頼する〔*to*〕: ～ a large sum of money *to* a person 大金を人に預ける / ～ one's daughter *to* a friend 娘を友人に預ける.

en·try [éntri | -trɪ] 〖《?a1300》*entre(e)* □ (O)F *entrée* (fem. p.p.) ← *entrer* 'to ENTER'〗 ── *n.* **1**〔…へ〕はいること, はいり込み, 入場, 出場〔*into*〕: hold a triumphal ～ 凱旋(がいせん)[入城]式を行なう / unlawful ～ (住居)不法侵入 / ⇨ no entry / his ～ *into* the movies 彼の映画界入り / an ～ *into* a race レースへの出場 / an ～ *for* a contest コンクールへの参加 / Japan's ～ *into* World War II 第二次大戦への日本の突入. **2** はいる権利, 入場権: Outsiders have free ～ *to* this lobby. 部外者もこのロビーに自由に出入りができる. **3** はいり道《戸口・玄関・門口・通路など》; 入口, (特に)表玄関; 河口; 《英》(建物に通じる)小道: at the ～ *to* the bridge [*of* the cave] 橋[洞穴]へのはいり口の所で. **4**〔日記・登記簿・表などへの〕記載, 記入〔*in, on*〕; 登録, 登記, (登録の)届け出, 申し立て: an ～ *in* the family register 入籍 / make an ～ *of* an item *in* an account book 事項を会計簿に記入する. **5** 記入条項, 記載項目, (辞書の)見出し語: The glossary contains 5,000 *entries.* この用語集は 5 千語を収録している. **6** (競技・競争などの)参加者[物]; 参加者全員[リスト]. **7**〘法律〙(土地・家屋への)立入り, 占取, 家宅侵入. **8**〘商業〙(税関で行なう)通関手続; その書類; (貨物の)税関通過: a port of ～ (通関手続をする)通関港. **9**〘簿記〙記帳: ⇨ double entry, single entry. **10**〘演劇〙登場 (entrance): She made her first ～ upon the stage in 1950. 1950 年に初舞台を踏んだ. **11**〘音楽〙 **a** (声部の)入(い)り《特に, フーガなどで主題が現われる個所》. **b** 導入部《楽曲で主な楽想が現われてくる前の短い部分; cf. entrée 4》. **12**〘トランプ〙 **a** エントリー, 手渡し《自分の手またはパートナーの手に勝たせて, 打出し (lead) 権を移行すること; またその手段》. **b** それを可能にする札《entry card ともいう》. **13** [しばしば young ～ として] 若い猟犬を初めて訓練すること; [集合的] 訓練中の若い猟犬; 《比喩》若い世代.

éntry clèrk *n.*〘会計〙記帳係.

éntry pàllet *n.*〘時計〙入つめ石《アンクルにある二つのつめ石のうちがんぎ車の進みに対して手前にあるつめ石; receiving pallet ともいう》.

éntry pèrmit *n.* 入国許可.

éntry·wày *n.* 通路, はいり道.

éntry wòrd *n.* = headword 1.

ent. Sta. Hall 《略》《英》〘出版〙entered at Stationers' Hall.

en·twine [ɪntwáɪn, ən-, en- | ɪn-, en-] 〖← EN-¹ + TWINE〗 ── *vt.* **1** からみ合わせる, 組み合わせる (interlace): She ～*d* her arm in his. 彼の腕に自分の腕をからませた. **2** …に〔…を〕からませる, まつわらせる (wreathe) 〔*with, by*〕; 〔…の回りに〕巻きつける〔*about, (a)round*〕: trees ～*d with* [*by*] creepers つたのからみついた木 / The vine ～*d* itself *about* the tree. つたが木に巻きついていた. **3** 編む: ～ a wreath 花輪を編む. **4**《古》抱きしめる. ── *vi.* からまる, 巻きつく〔*about, (a)round*〕. **～·ment** *n.*

en·twist [ɪntwɪ́st, ən-, en- | ɪn-, en-] *vt.*《古》**1**〔…を〕からみ込む, ねじ込む〔*with*〕. **2** よる, より合わせる.

e·nu·cle·ate 〖《1548》← L *ēnucleāt-us* (p.p.) ← *ēnucleāre* to take out the kernel ← *ē-* 'EX-¹' + *nūcleus* kernel: ⇨ nucleus〗 ── [i:n(j)ú:klièɪt | -njú:klɪ-] *vt.* **1**〘生物〙〈細胞〉から核 (nucleus) を除去する: ～*d* cell 除核細胞. **2**〘外科〙〈核, できものの心, 眼球などを〉摘出する: ～ a tumor 腫瘍(しゅよう)を摘出する. **3**《古》…の意味を明らかにする, 解明する (clarify), 説明する. ── [-kliət, -klɪt, -klièɪt | -kliət, -klɪt, -klɪèɪt] *adj.*〘生物〙心[核] (nucleus) のない.

e·nu·cle·a·tion [i:n(j)ù:kliéɪʃən | -njù:klɪ-] 〖《1650》: ⇨ ↑, -ation〗 *n.* **1**〘外科〙摘出, 核出(術). **2**〘生物〙除核. **3**《古》解明, 説明 (elucidation).

e·nu·mer·a·ble [ɪn(j)ú:m(ə)rəbl, ən- | ɪnjú:-] *adj.*〘数学〙= denumerable. **e·nù·mer·a·bíl·i·ty** [-m(ə)rəbɪ́ləti, ən- | -mərəbɪ́lətɪ, -lɪ-] *n.*

e·nu·mer·ate [ɪn(j)úːmərèɪt, ən- | ɪnjúː-] 〘《1647》← L *ēnumerāt-us* (p.p.) ← *ēnumerāre* ← *ē-* 'EX-¹' + *numerāre* 'to NUMERATE'〙 ― *vt.* **1** 数える, 数え上げる (count). **2** 挙げる, 列挙する, 表にして示す: He ~*d* seventy species of plants. 70 種の植物を挙げた.

e·nu·mer·a·tion [ɪn(j)ùːməréɪʃən, ən- | ɪnjùː-] 〘《1551》□ F *énumeration* // L *ēnumerātiō(n-)*: ⇨↑, -ation〙 ― *n.* **1** 計数, 計算. **2** 枚挙, 列挙. **3** 一項一項列挙したもの, 目録, 表. **4** 〘論理〙枚挙《普遍的命題を得るために積極的事例を数え上げること》.

e·nu·mer·a·tive [ɪn(j)úːmərèɪtɪv, ən-, -rət- | ɪnjúː-mərət-, -rèɪt-] *adj.* **1** 計数上の. **2** 列挙の, 枚挙的な.

enúmerative indúction *n.* 〘論理〙枚挙的帰納法《積極的事例を数え上げてしかも例外が見出されぬ場合に全称命題を導き出すこと》.

e·nú·mer·à·tor [-tə | -tə(r)] *n.* 調査員, 計数者; (特に)国勢調査員 (census taker).

e·nun·ci·a·ble [iːnʌ́nsiəbl, ɪn-, ən-, -ʃiə-, -ʃə- | ɪn-ʌ́nʃiəbl, -siə-, -sjə-] *adj.* 発音できる.

e·nun·ci·ate [iːnʌ́nsièɪt, ɪn-, ən-, -ʃièɪt | ɪnʌ́nsièɪt, -sjeɪt, -ʃièɪt] 〘《1623》← L *ēnuntiāt-us* (p.p.) ← *ēnuntiāre* ← *ē-* 'EX-¹' + *nuntiāre* 'to ANNOUNCE'〙 ― *vt.* **1** 〈理論などを〉明確に[体系的に]述べる: ~ proposition [principle, theory] ある命題[原理, 説]を体系的に述べる. **2** 宣言する, 言明する (proclaim): He ~*d* it as simple truth. 単純な真理としてそれを言明した. **3** 〈語・文を〉(はっきりとまたはある特定の仕方で)発音する (pronounce): He ~*d* his words distinctly. はっきりと言葉を発音した. ― *vi.* 明確に発音する.

e·nun·ci·a·tion [iːnʌ̀nsiéɪʃən, ɪn-, ən- | ɪnʌ̀nsɪ-] 〘《1551》□ L *ēnuntiātiō(n-)*: ⇨↑, -ation〙 ― *n.* **1** (理論などを)明確に[体系的に]述べること: the ~ *of* a law. **2** 言明, 宣言 (declaration). **3** 発音ぶり; 発音.

e·nun·ci·a·tive [iːnʌ́nsièɪtɪv, ɪn-, ən-, -ʃièɪt- | ɪnʌ́n-ʃɪət-, -sɪət-, -sjət-, -ʃièɪt-, -sièɪt-] 〘□ L *ēnuntiātīvus*: ⇨ enunciate, -ative〙 ― *adj.* **1** 言明的な, 宣言的な, 声明の; 〔…を〕宣言する〔*of*〕: The words are directly ~ *of* the doctrine. その言葉はずばりその主義を宣言している. **2** 発音の. ~·**ly** *adv.*

e·nún·ci·à·tor [-tə | -tə(r)] 〘□ LL *ēnuntiātor*: ⇨ enunciate, -or²〙 *n.* **1** 声明者, 宣明者, 宣言者. **2** 発言者; 発音者.

e·nun·ci·a·to·ry [iːnʌ́nsiətɔ̀ːri, ɪn-, ən-, -tɔ̀ːri, -ʃiə- | ɪnʌ́nʃièɪt(ə)ri, -ʃɪət-, -sièɪt-, -sɪət-] *adj.* =enunciative.

e·nure [ɪn(j)ʊ́ə, ən-, en- | ɪnjʊ́ə(r)] *v.* =inure.

en·u·re·sis [ènjuríːsɪs, -səs | -nju(ə)sɪs] 〘← NL ~ ← Gk *enoureîn* to urinate in ← EN-² + *oureîn* to urinate (← *oûron* 'URINE')〙 ― *n.* 〘病理〙夜尿(症); 寝小便 (bed-wetting). **en·u·ret·ic** [ènjurétɪk | -tɪk] *adj.*

env. 《略》envelope; environs.

Env. 《略》Envoy.

en·vei·gle [ɪnvéɪgl, ən-, en-, -víːgl, -vígl | ɪnvéɪgl, en-, -víːgl] *vt.* 《英》=inveigle.

en·vel·op [ɪnvéləp, ən-, en- | ɪnvél-, en-] 〘《c1390》 *envolupe(n)* □ OF *envolup-er* (F *envelopper*) ← EN-¹ + *voluper* to wrap: cf. develop〙 ― *vt.* **1** 〔…に〕封じる, 包む〔*in*〕: ~ oneself *in* a blanket 毛布にくるまる / be ~*ed in* flames [clouds] 炎[雲]に包まれる / The flames ~*ed* him. 炎が彼を包んだ / We were suddenly ~*ed in* babbling excitement. 突然おしゃべりと興奮に包まれた. **2** 包囲する《通例正面攻撃と同時に敵の一翼または両翼を攻撃すること; cf. encircle 3, outflank》: an ~*ing* attack 包囲攻撃. **3** おおい隠す (conceal), ぼんやりしたものにする: be ~*ed in* mystery 神秘に閉ざされる. ― *n.* =envelope. ~·**er** *n.*

en·ve·lope [énvəlòʊp, áːn- | énvəlàʊp, ɔ́n-, -vɪ-] 〘《1707》□ F *enveloppe* ← *envelopper* (↑)〙 ― *n.* **1** 封筒, 状袋. **2** 包み, おおい, 外被, 包被 (integument): The earth is surrounded with an aerial ~ or atmosphere. 地球は空気の外被つまり大気に取り囲まれている. **3** 〘植物〙(芽などの)外被: ⇨ floral envelope. **4** 〘数学〙包絡線《一群の曲線または曲面のすべてに接する曲線または曲面》. **5 a** 〘航空〙(硬式飛行船の気嚢(のう)の)外包. **b** (硬式飛行船・気球の)気嚢 (gas bag). **c** エンベロープ, 範囲, 包囲線図《飛行機の運用などを許す限界を囲む範囲》. **6** 〘電子工学〙(内部に電極を封入した)真空管のガラス[金属]製容器部分. **7** 〘天文〙(彗星・天体の主要部分の)外被. **8** 〘音声〙包絡線.

envelope 4

envelope formed by lines A-A, B-B, etc.

énvelope detèction *n.* 〘通信〙包絡線検波《振幅変調された波形からその包絡線をとり出すような復調(検波)法》.

énvelope tàble *n.* 三角形の垂板を広げて上部面積を大きくして使える小テーブル《18 世紀末・19 世紀にゲーム用に使用された》.

en·vél·op·ment *n.* **1** 封じる[包む]こと; 包まれている状態. **2** 包囲. **3** 封, 包み (covering), 包み紙.

en·ven·om [ɪnvénəm, ən-, en- | ɪn-, en-] 〘《16C》← EN-¹ + VENOM ∞ ME *envenime(n)* □ OF *envenimer* ← EN-¹ + *venim* 'VENOM'〙 ― *vt.* **1** …に毒を入れる[含ませる], 有毒にする (make poisonous). **2** 〈感情・言葉・行為を〉毒々しくする (embitter), …に敵意を抱かせる: ~*ed* words 毒を含んだ言葉 / an ~*ed* tongue 毒舌 / The debate was ~*ed* by bitter suspicions on both sides. 双方が強い疑いを抱いたために討論は敵意を帯びたものとなった. **en·vèn·om·á·tion** [ɪnvènəméɪʃən, ən-, en- | ɪn-, en-] *n.*

en·ven·om·i·za·tion [ɪnvènəmɪzéɪʃən, ən-, en-, -mə- | ɪnvènəmaɪ-, en-, -mɪ-] *n.* かみ傷[刺し傷]中毒.

en ven·tre sa mère [ɑ̃ː(ŋ)vɑ̃ː(n)trəsɑːméə, ɔ̃ː(ŋ)vɔ̃ː(n)-, ɑːŋvɑ́ːn-, ɔ(ː)ŋvɔ́(ː)n- | -méə(r; F. ɑ̃vɑ̃trəsamɛːr] 〘□ F ~ 'in its mother's womb'〙 ― *F. adj.* 〘フランス法〙〈子供が〉胎内に, 生れずに.

En·ver Pa·sha [énvɛəpɑʃɑ́ː | énvɛə-] *n.* エンベルパシャ《1881–1922; オスマン帝国の軍人・政治家; 青年トルコ党 (Young Turks) の指導者の一人》.

Env. Extr. 《略》Envoy Extraordinary.

en·vi·a·ble [énviəbl | -vɪə-, -vjə-] *adj.* 〈物・持主が〉うらやましい, ねたましい: an ~ possession うらやましい所有物. **en·vi·a·bil·i·ty** [ènviəbílətɪ | -vɪəbíl-ətɪ, -vjə-, -lɪ-] *n.* ~·**ness** *n.*

én·vi·a·bly [-blɪ | -blɪ] *adv.* うらやましくも; ねたましそうに.

én·vi·er *n.* うらやむ人, ねたむ人.

en·vi·ous [énviəs | -vɪəs, -vjəs] 〘《c1303》□ AF ~ = OF *envieus* (F *envieux*) ← *envie* 'ENVY': ⇨ -ous〙 ― *adj.* **1** 〔…を〕ねたんで, そねんで, うらやましく思って〔*of*〕: be ~ *of* a person's success 人の成功をねたむ[うらやむ]. **2** うらやましそうな: an ~ glance. **3** 嫉妬深い. **4** 《古》負けまいと競って. **5** 《古》うらやましいほどの, 人もうらやむ. ~·**ness** *n.*

én·vi·ous·ly 〘《c1400》〙 *adv.* ねたんで, ねたましく; うらやましそうに: look on ~ うらやましそうに見ている.

en·vi·ron [ɪnváɪrən, ən-, en-, -váɪən | ɪnváɪərən, en-, énvɪrən] 〘《c1350》 *enviro(u)ne(n)* □ (O)F *environn-er* ← *environ* around ← EN-¹ + *viron* circuit (← *virer* 'to VEER¹')〙 ― *vt.* 取り巻く, 囲む; 包囲する〔*by, with*〕: ~ a fortress とりでを包囲する / be ~*ed by* [*with*] hills [perils] 丘[危険]に囲まれている / Our boyhood was ~*ed with* the beautiful. 我々の少年時代は美しいものに取り巻かれていた.

en·vi·ron·ment [ɪnváɪrənmənt, ən-, en-, -váɪən- | ɪnváɪərən-, en-] 〘《1603》: ⇨↑, -ment〙 ― *n.* **1** 包囲, 取巻き. **2** 周囲, 外界. **3** 環境, 周囲(の情況): social [moral] ~ 社会的[道徳的]環境. **4** 〘生物〙環境《生物体を取り巻く周辺の自然界の総和》. **5** 〘言語〙環境《特定言語要素の直前・直後の他の要素》. **6 a** 環境芸術[演劇]《見物人[観客]をその中に巻き込むもの》. **b** 環境芸術の作品; 環境演劇による劇.

en·vi·ron·men·tal [ɪnvàɪrənméntl, ən-, en-, -vàɪən- | ɪnvàɪərənméntl, en-] *adj.* **1** 環境上の: ~ destruction [deterioration] 環境破壊[悪化] / ~ pollution 環境汚染, 公害 / ~ groups 環境保護論者の団体 / ~ protection laws 環境保護法 / ~ medicine 環境医学 / ~ science 環境科学. **2** 〈美術・演劇が〉見物人[観客]をその中に巻き込む; 環境芸術[演劇]の: ~ art / an ~ theater. ~·**ly** *adv.*

en·vì·ron·mén·tal·ism [-təlɪzm, -tl- | -təl-, -tl-] *n.* 環境説《個人・社会の発達は遺伝的素質よりも, むしろ環境によって規定されるとする説; cf. hereditarianism》. **en·vi·ron·men·tal·is·tic** [ɪnvàɪrənmèntəlístɪk, ən-, en-, -vàɪən-, -tl- | ɪnvàɪərənmèntəl-, en-, -tl-] *adj.*

en·vì·ron·mént·al·ist [-təlɪst, -ləst, -tl- | ɪnvàɪərən-méntəlɪst, -tl-] *n.* **1** 環境問題研究家, (特に)大気汚染問題研究家; 環境保護論者. **2** 環境説論者 (cf. hereditarian). **3** 環境芸術家.

en·vi·rons [ɪnváɪrənz, ən-, en-, -váɪənz, énvaɪrənz, -vərənz, -rɑ̀nz | ɪnváɪərənz, en-, énvɪrənz] 〘《1665》□ F ~ (pl.) ← *environ* surroundings: ⇨ environ〙 ― *n. pl.* **1** (都市などの)周囲, 周辺, 近郊, 郊外: London and its ~ ロンドンおよびその近郊. **2** 環境.

en·vis·age [ɪnvízɪdʒ, ən-, en- | ɪn-, en-] 〘《1820》□ F *envisag-er*: ⇨ en-¹, visage〙 ― *vt.* **1** 心に描いてみる (visualize); もくろむ (contemplate): He could not ~ life without Elsa. エルサのいない生活を心に描くことはできなかった / The plan worked out as he ~*d* it. その計画は彼のもくろみ通りにいった. **2** (ある見方で)観察する, 〔…だと〕みなす (regard) 〔*as*〕: He ~*s* himself *as* a promising novelist. 彼は将来性ある小説家だと自認している. **3** 《古》〈危険・事実などに〉直面する, 直視する. ~·**ment** *n.*

en·vi·sion [ɪnvíʒən, ən-, en- | ɪn-, en-] 〘← EN-¹ + VISION〙 ― *vt.* (多く)〈未来の事を〉想像する (envisage), 心に描く; もくろむ: A mild form of control is ~*ed*. ゆるやかな統制方式が考えられている.

en·voi [énvɔɪ, áːn-] 〘《c1380》□ (O)F ~ ← *envoyer* (↓)〙 ― *n.* 《古》追連《ballade のような古い詩形で最後に加える献辞と結びを兼ねた短い連》, 反歌《フランス語式に l'envoi, lenvoi ともいう》.

en·voy¹ [énvɔɪ, áːn- | én-] 〘《1666》□ F *envoyé* (p.p.) ← *envoyer* to send out < VL **inviāre* ← IN-¹ + L *via* way: ⇨ via¹〙 ― *n.* **1** 公使; (特に)全権公使 (cf. ambassador 1): an *Envoy* Extraordinary and Minister Plenipotentiary 特命全権公使. **2** 外交官. **3** 使節: an Imperial ~ 勅使 / a special ~ 特使.

en·voy² [énvɔɪ, áːn- | én-] 〘《c1380》□ (O)F *envoi* ← *envoyer* (↑)〙 *n.* =envoi.

énvoy·shìp *n.* envoy¹ の身分[任務].

en·vy [énvi | -vɪ] 〘*n.*: 《c1280》 *envie* □ (O)F < L *invidiam* envy, jealousy ← *invidēre* to look askance at ← IN-¹ + *vidēre* to see: ⇨ vision. ― *v.*: 《a1382》□ (O)F *envi-er* < ML *invidiāre* ← L *invidia*〙 ― *n.* **1** うらやみ, ねたみ, そねみ, 嫉妬: out of ~ 嫉妬[うらやましさ]の余り / in ~ *of* …をうらやんで / I had a great ~ *of* his success. 彼の成功を大いにうらやましく思った / I feel no ~ *at* his success. 彼の成功は少しもうらやましくない / Your good luck excites my ~. あなたの幸運を見ているとうらやましくなる. **2** うらやましい物, 羨望(せんぼう)の的: His success made him the ~ *of* his friends. 彼はその成功によって友人たちの羨望の的となった. **3** 《廃》悪意 (ill will).
― *vt.* 〈人・物を〉うらやむ, そねむ, うらやましく思う: I ~ her [her beauty]. 彼女[彼女の美貌]がうらやましい. ★ 時に二重目的語を従える: Everybody ~*ed* him the reputation he had attained. だれもみな彼の勝ち得た名声をうらやましいと思った. ― *vi.* 《廃》嫉妬の念に駆られる.

én·vy·ing *adj.* ねたんでいる, うらやましそうな: one's ~ eyes. ~·**ly** *adv.*

en·weave [ɪnwíːv, ən-, en- | ɪn-, en-] *vt.* (**en·wove** [-wóʊv|-wə́ʊv], ~**ed**; **en·wo·ven** [-wóʊvən|-wə́ʊ-], **en·wove**, ~**ed**) =inweave.

en·wind [ɪnwáɪnd, ən-, en- | ɪn-, en-] 〘← EN-¹ + WIND³〙 *vt.* (**en·wound** [-wáʊnd]) …に巻きつく, まといつく; 巻きつける.

en·womb [ɪnwúːm, ən-, en- | ɪn-, en-] 〘← EN-¹ + WOMB〙 *vt.* **1** 《廃》胎内に宿す. **2** 《古》深く埋蔵する[隠す]; 囲む, 包む.

en·wrap [ɪnrǽp, ən-, en- | ɪn-, en-] 〘ME《なぞり》← L *involvere* 'to INVOLVE': ⇨ en-¹, wrap〙 ― *vt.* (**en·wrapped**; **en·wrap·ping**) **1** 〔…に〕包む, くるむ〔*in*〕: The dead body was ~*ed in* a shroud. 死体は経かたびらに包まれていた / The river was ~*ped in* a fog. 川は霧に包まれていた. **2** 〈気分・雰囲気などに〉包む〔*in*〕. **3** 夢中にさせる, …の心を奪う: He was ~*ped in* the contemplation of his happiness. 彼は夢中になって自分の幸福のことを考えていた.

en·wreathe [ɪnríːð, ən-, en- | ɪn-, en-] 〘← EN-¹ + WREATHE〙 *vt.* 花輪で[花輪のように]巻く; からみ合わせる (intertwine).

en·wrought [ɪnrɔ́ːt, ən-, en- | ɪn-, en-] *adj.* =inwrought.

En·zed [énzéd] 〘頭文字の発音から〙 *n.* 《豪口語》= New Zealand(er). ~·**der** *n.*

En·zens·ber·ger [éntsənsbɜ̀ːgə | -bɜ̀ːgə(r; G. éntsn̩sbɛ̀rgɐ], **Hans Magnus** *n.* エンツェンスベルガー《1929– ; ドイツの詩人・批評家》.

en·zo·ot·ic [ènzouɑ́tɪk | -zəʊɔ́t-] 〘← EN-² + ZOO- + -OTIC¹: EPIZOOTIC にならった造語〙 ― *adj.* 〈動物の病気が〉ある地方[季節]特有の, 風土性の (cf. endemic). ― *n.* 家畜の地方[風土]病.

enzoótic atáxia *n.* 〘獣医〙=swayback 1 b.

en·zyme [énzaɪm] 〘《1881》□ G *Enzym* ← MGk *énzumos* leavened ← EN-² + Gk *zúmē* leaven〙 ― *n.* 〘生化学〙酵素, エンチーム《化学反応を触媒する蛋白質; cf. yeast 1》. **en·zy·mat·ic** [ènzɪmǽtɪk, -zə-, -zaɪ- | -zɪmǽt-, -zaɪ-] *adj.* **èn·zy·mát·i·cal·ly** *adv.* **en·zy·mic** [enzáɪmɪk, -zím-] *adj.* **en·zý·mi·cal·ly** *adj.*

énzyme detérgent *n.* 〘化学〙酵素洗剤《酵素の作用を利用する洗剤》.

en·zy·mol·o·gy [ènzɪmɑ́lədʒɪ, -zə-, -zaɪ- | -zɪmɔ́lə-dʒɪ, -zaɪ-] 〘⇨ enzyme, -logy〙 *n.* 酵素学. **èn·zy·mól·o·gist** [-dʒɪst, -dʒəst | -dʒɪst] *n.*

en·zy·mol·y·sis [ènzɪmɑ́ləsɪs, -zə-, -zaɪ-, -səs | èn-zɪmɔ́lɪsɪs, -zaɪ-, -lɪ-] 〘← ENZYME + -(O)LYSIS〙 *n.* 〘生化学〙酵素性分解.

e.o. 《略》ex officio.

E.O. 《略》Eastern Orthodox; education officer; emergency operation; employers' organization; engineer officer; executive order.

e·o- [íːoʊ | íːəʊ] 〘《19C》□ Gk *ēō-* ← *ēṓs* dawn: ⇨ east〙〘地質・考古〙「始新, 原始」の意の連結形.

E·o·an·thro·pus [iːouǽnθrəpəs, -ænθróʊ- | ìːəuǽn-θrə-, -ænθrə́ʊ-] 〘← NL ~ 《原義》man of the dawn ← EO- + Gk *ánthrōpos* man: ⇨ anthropo-〙 ― *n.* 〘人類学〙エオアントロプス属《ピルトダウン人 (Piltdown man) に命名された属名; 後に, この頭蓋は人為的に作られたにせものであったことが判明》.

E·o·cene [íːəsìːn | íːə(ʊ)-, íə(ʊ)-] 〘《1833》← EO- + -CENE〙〘地質〙 ― *adj.* (第三紀の)始新世[統]の (cf. Oligocene): the ~ epoch [series] 始新世[統]. ― *n.* [the ~] 始新世[統].

e.o.d. 《略》every other day.

E·o·gene [íːədʒìːn | íːə(ʊ)-, íə(ʊ)-] 〘← EO- + Gk *gaîa* earth: ⇨ geo-〙 *adj., n.* 《古》〘地質〙=Paleogene.

e·o·hip·pus [iːo(ʊ)hípəs | ìːə(ʊ)-] 〘← NL ~: ⇨ eo-, -hippus〙 ― *n.* 〘古生物〙エオヒップス, 暁(ぎょう)馬《馬の進化の初期を示すものと考えられる狐大の動物の化石; 米国西部の第三紀始新世の地層から発掘された》.

E·o·lan·de [iːo(ʊ)lǽndə, jou- | ìːə(ʊ)-, jəʊ-] 〘⇨ Yolande〙 *n.* 女性名.

e·o·li·an [iːóʊliən, -ljən | iːə́ʊljən, ɪə́ʊ-, -lɪən] 〘← AEOLUS + -IAN〙 ― *adj.* 〘地質〙風の運搬堆積作用による, 風成の (wind-blown): an ~ deposit 風成層 / ~ rocks 風成岩.

E·o·li·an [iːóʊliən, -ljən | iːə́ʊljən, ɪə́ʊ-, -lɪən] *adj., n.* =Aeolian.

E·ol·ic [iːɑ́lɪk | iːɔ́l-, ɪɔ́l-] *adj., n.* =Aeolic.

e·o·lienne [eɪòulién, iːòu- | eɪəulién, iːəu-; *F.* eɔljɛn] 〘□ F *éolienne* (fem.) ← *éolien* 'AEOLIAN': その軽さにちなむ〙 ― *n.* 絹と羊毛[綿]のまぜ織りの布地《ポプリンに似ているが，もっと軽い》.

e·o·lith [íːəlìθ | íːə(ʊ)-] 〘← EO- + -LITH〙 *n.* 〘考古〙 原石器《第三紀層から発見される石器；人類最古の手工品と主張する学者もある》.

E·o·lith·ic [ìːəlíθɪk | ìːə(ʊ)-] *adj.* 〘考古〙 原石器時代の (cf. Mesolithic, Neolithic): the ～ era 原石器時代《石器時代の最初期を指すが，現在はほとんど用いられない》.

e.o.m. 《略》〘商業〙 end of month；〘商業〙 every other month.

e·on [íːən, -ɑn | -ən, -ɔn] 〘□ LL ～: ⇨ aeon〙 *n.* **1** ＝aeon 1, 2. **2** 〘地質〙 地質時代の最大区分《代 (era) を二つ以上含む》. 「＝aeonian.

e·o·ni·an [iːóuniən, -njən | iːə́unjən, ɪóu-, -niən] *adj.*

e·on·ism [íːənìzm] 〘← *Chevalier Charles d'Éon* (1728–1810: フランスの外交官で終生女性の衣装をまとっていたところから): -ism〙 ― *n.* 〘心理〙 イオニズム，服装倒錯《特に，男性が女性の服装をして性的な満足を得ること；cf. transvestism》.

e·o no·mi·ne [ìːou-nάməni, èɪou-nóumənèɪ | ìːəu-nɔ́mɪnɪ, èɪəu-nə́umɪnèɪ] 〘□ L *eō nōmine* (abl.) ← *id nōmen* that name〙 ― *adv.* その名で，その名のもとに (under that name).

E·os [íːɑs | -ɔs] 〘□ L *Ēōs* □ Gk *Ēṓs*: *ēṓs* dawn の擬人化: cf. eo-〙 *n.* 〘ギリシャ神話〙 エオス《曙(あけぼの)の女神；ローマ神話の Aurora に当たる》.

e·o·sin [íːəsɪn, -sən | íːə(ʊ)sɪn] 〘← Gk *ēṓs* (↑)＋-IN[1]: その色から〙 ― *n.* (*also* **e·o·sine** [-sìːn, -sɪn, -sən | -sìːn, -sɪn]) **1** 〘染色〙 エオシン ($C_{20}H_8O_5Br_4$)《フタレイン系酸性染料で，鮮麗な桃色；bromeosin ともいう》. **2** エオシン類似の染料.

e·o·sin·o·phile [ìːəsínəfàɪl | ìːə(ʊ)-] 〘← EOSIN＋-(O)PHILE〙 (*also* **e·o·sin·o·phil** [-fɪl]) 〘解剖〙 ― *n.* 好酸球《白血球の一種；cf. basophil》. ― *adj.* 好酸性の《細胞など容易にエオシンで染まる》；好酸球の.

e·o·sin·o·phil·i·a [ìːəsìnə(ʊ)fíliə | -nə(ʊ)fílɪə] 〘← NL ～: ⇨ ↑, -ia[1]〙 *n.* 〘病理〙 好酸球増多症.

e·o·sin·o·phil·ic [ìːəsìnə(ʊ)fílɪk | -nə(ʊ)-] 〘← EOSINOPHILE＋-IC[1]〙 ― *adj.* **1** 〘解剖〙 好酸性の，エオシン好性の，(エオシンなどの)酸性色素によく染まる (cf. basophilic). **2** 〘病理〙 好酸球増多症の[を起こす].

e·o·tech·nic [ìːo(ʊ)téknɪk | ìːə(ʊ)-] 〘← EO-＋Gk *tekhnikós* 'TECHNIQUE'〙 *adj.* 原始技術的な：the ～ phase of industry 工業の原始技術的段階.

Eöt·vös bàlance [ʌ́tvʌʃ-, ét-, ə́ːtvəːʃ- | ʌ́tvʌʃ-, ét-, ə́ːtvəːʃ-; *Hung.* øtvøʃ] 〘← *Roland Eötvös* (1848–1919: ハンガリーの物理学者)〙 ― *n.* 〘地球物理〙 エートベッシュはかり《重力偏差計》.

Eötvös ùnit 〘← *Roland Eötvös* (↑)〙 ― *n.* 〘地球物理〙 エートベッシュ単位《エートベッシュはかりで重力の水平勾配を表わす単位；1 エートベッシュ単位は 10^{-9} gal/cm に等しい》.

-e·ous [iəs, jəs | jəs, ɪəs] 〘□ L *-eus* (cf. Gk *-eos* composed of): ⇨ -ous〙 ― *suf.* -ous の異形で「…の性質を有する」の意の形容詞を造る (cf. -ious). **1** ラテン語の名詞から：aque*ous*, ligne*ous*. **2** フランス語系の《古》-te (今は -ty) で終る名詞から：beaute*ous*, dute*ous*. ★ ただし bounteous などは語尾 *-tivous* (OF *bontif*) からの転訛であり，righteous, courteous などは類推によって造られたもの.

E·o·zo·ic [ìːəzóuɪk | ìːə(ʊ)zə́u-] 〘← EO-＋ZOO-＋-IC[1]〙 *n.*, *adj.* **1** ＝Precambrian. **2** ＝Proterozoic.

EP [íːpíː] 〘《頭字語》← *e*(*xtended*)-*p*(*lay*)〙 *n.* イーピー盤《1 分間 45 回転のレコード；初期の片面 3–4 分のものを 6–8 分に延長 (extend) したもの；cf. LP》. ― *adj.* 〈レコードが〉イーピー盤の：an ～ record.

Ep. 《略》 electroplate(d)；*L.* Episcopus (＝Bishop)；Epistle.

e.p. 《略》 editio princeps；endpaper；〘チェス〙 en passant；estimated position (船舶・航空機の)推定位置.

E.P., EP 《略》 European plan.

ep- [ep, ɪp, əp | ep, ɪp] *pref.* (母音の前に来る時の) epi- の異形：*ep*axial, *Ep*archean.

e·pact [íːpækt, ép- | íːp-] 〘《1552》□ F *épacte* □ LL *epacta* □ Gk *epaktḗ* (fem.) ← *epaktós* added ← *epágein* to intercalate ← EPI-＋*ágein* to lead (cf. agent)〙 ― *n.* エパクト，歳首月齢《1 年のある決った日の月齢，今は 1 月 1 日の月齢》.

e·pa·go·ge [épəgòudʒi | -gə̀udʒɪ] 〘□ Gk *epagōgḗ* argument by induction ← EPI-＋*agōgḗ* guide (← *ágein* (↑))〙 ― *n.* 〘論理〙 エパゴーゲー《個々の事例から一般的な概念ないし命題を導き出すこと》.

E·pam·i·non·das [ɪpæ̀mənάndəs | epæ̀mɪnɔ́ndæs, ɪp-] *n.* エパミノンダス (418?–362 B.C.；ギリシャ Thebes の将軍・政治家；Sparta 軍を Leuctra に破った (371 B.C.)).

ep·a·naph·o·ra [èpənǽfərə] 〘□ LL ～ □ Gk *epanaphorá* ← EPI-＋*anaphorá* 'ANAPHORA'〙 *n.* 〘修辞〙 ＝anaphora 1.

e·pan·o·dos [ɪpǽnədàs, əp-, ep- | ɪpǽnədɔ̀s, ep-] 〘□ LL ～ □ Gk *epanodós* a rising, return ← EPI-＋ANA-＋(*h*)*odós* way, path (⇨ -ode[2])〙 ― *n.* 〘修辞〙 **1** 倒置復説《前の語句を逆にして繰り返すこと；話の要点を前と逆の順序で再説すること》. **2** 回帰反復《横道にそれた後本筋に戻って前の語句を繰り返すこと》.

ep·a·nor·tho·sis [èpənɔəθóusɪs, -səs | -nɔːθə́usɪs] 〘□ LL ～ □ Gk *epanórthōsis* revision: ⇨ epi-, ana-, ortho-, -osis〙 ― *n.* (*pl.* **-tho·ses** [-siːz]) 〘修辞〙 換語《ある語(句)を述べた直後に，より適当な語(句)で言い直すこと；例：Most brave, nay, most heroic act !》.

ep·arch [épɑək | épɑːk] 〘《1656》□ Gk *éparkh-os* governor: ⇨ epi-, arch[1]〙 ― *n.* **1** (東ローマ帝国の)州総督 (prefect)；(近世ギリシャの)県知事 (governor). **2** 〘東方正教会〙 主教 (bishop), 府主教 (metropolitan).

ep·arch·y [épɑəki | épɑːkɪ] 〘《1796》□ Gk *eparkhía*: ⇨ ↑, -y[1]〙 ― *n.* **1** (東ローマ帝国の)州；(近世ギリシャの)県. **2** 〘東方正教会〙 主教区 (diocese), 大教区 (archdiocese). **ep·ar·chi·al** [epɑ́əkiəl | epɑ́ːkɪ-] *adj.*

é·pa·tant [èɪpɑːtɑ́ː(ŋ), -pæ-, -tɔ́ː(ŋ), -tɑ́ːŋ, -tɔ́(ː)ŋ; *F.* epatɑ̃] 〘□ F ～ (pres. p) ← *épater* (↓)〙 *F. adj.* 〈常識論者の〉肝をつぶさせるような，ショッキングな.

é·pa·ter [èɪpɑːtéɪ, -pæ-; *F.* epate] 〘□ F ～ 'to flabbergast' ← *é-* 'EX-[1]'＋*patte* paw〙 ― *F. vt.* [～ les bourgeois として] 〈常識論者など〉の肝をつぶさせる，惰眠をさます (startle).

e·paule·ment [ɪpóulmənt | ɪpɔ́ːlmənt] 〘□ F *épaulement* ← *épauler* to support with shoulder ← *épaule*: ⇨ epaulet, -ment〙 ― *n.* (*pl.* ～**s** [～(z) | ～s；*F.* ～]) 〘築城〙 肩牆(けんしょう)《砲火を防ぐための堡塁(ほるい)の総称》.

é·paule·ment [èɪpoulmɑ́ː(ŋ), -mɑ́ːŋ | epɔ́ːlmənt, ɪp-; *F.* epolmɑ̃] 〘↑〙 ― *n.* 〘バレエ〙 エポールマン《一方の肩を前方へ突き出し他方をあとへ引いて，両方の肩を一本足で立っている脚の方向と直角にする姿勢》.

ep·au·let [èpəlét, épəlèt, -lɪt, -lət | épə(ʊ)lèt, -pɔːl-, èpəlét] 〘《1783》□ F *épaulette* (dim.) ← *épaule* shoulder < OF *espaule* < L *spatula* blade: ⇨ spatula, -et〙 ― *n.* (*also* **ep·au·lette** [～]) **1** 〘軍事〙 正肩章《金色の房飾りの付いた肩章で，以前は将校礼装用の肩飾りとして各国で広く用いられたが，現在は米英海軍将校用として残るだけ》：win one's ～*s* 〈下士官が〉将校に昇進する. **2** 〘甲冑〙 (鎖帷子(くさりかたびら)の上につける)肩当て. **3** 〘宝石〙 エポレットカット《三角形の両角を切った 5 面状のカット》.

epaulet 1

épaulette trèe *n.* 〘植物〙 オオバアサガラ (*Pterostyrax hispida*)《中国および日本産のエゴノキ科アサガラ属の落葉高木》. 「duty.

E.P.D. 《略》 earliest practicable date；excess-profits

é·pée [épeɪ, éɪp-, ―⌐ | épeɪ, éɪp-, ―⌐; *F.* epe] 〘□ F ～ 'sword' < L *spatham* □ Gk *spáthē* blade: ⇨ spathe〙 ― *n.* 〘フェンシング〙 **1** エペ《半球形のつばのついた剣で，突きで勝負する；cf. foil[3], saber 4》. **2** エペ競技(種目)《有効面は全身で，相手の体のどこに触れても得点になる》.

é·pée·ist [épeɪɪst, éɪp-, -əst, ―⌐― | épeɪɪst, éɪp-] 〘□ F *épéiste*: ⇨ ↑, -ist〙 *n.* 〘フェンシング〙 エペ (épée) を使って競技をする人，エペの使い手.

e·pei·ro- [ɪpáɪro(ʊ), əp-, ep- | ɪpáɪərə(ʊ), ep-] 〘← Gk *ēpeiros* continent, main land〙 「大陸，陸(地)」の意の連結形.

epèiro·génesis *n.* 〘地質〙 ＝epeirogeny.

epèiro·genétic *adj.* 〘地質〙 ＝epeirogenic.

epèiro·génic 〘⇨ ↓, -ic[1]〙 *adj.* 〘地質〙 造陸作用の：～ movement 造陸運動. **e·pèi·ro·gén·i·cal·ly** *adv.*

ep·ei·rog·e·ny [èpaɪrάdʒəni | èpaɪ(ə)rɔ́dʒɪnɪ] 〘← EPEIRO-＋-GENY〙 *n.* 〘地質〙 造陸作用 (cf. diastrophism).

ep·en·ceph·a·lon [èpɪnséfəlὰn, èpən-, èpen-, -lən | èpenkéfələn, èpɪn-, -séf-, -lən] 〘← NL ～: ⇨ epi-, encephalon〙 ― *n.* (*pl.* **-a·la** [-lə]) 〘解剖〙 **1** ＝metencephalon. **2** ＝rhombencephalon. **ep·en·ce·phal·ic** [èpɪnsɪfǽlɪk, èpən-, èpen-, -sə- | èpenkəf-, èpɪn-, -kɪf-, -səf-, -sɪf-] *adj.*

ep·en·dy·ma [epéndəmə | -dɪ-] 〘□ Gk *epénduma* wrap, upper garment ← EPI-＋*énduma* garment (← *endúein* to put on: cf. adytum)〙 ― *n.* 〘解剖〙 (脳室)上衣. **ep·en·dy·mal** [epéndəməl | -dɪ-] *adj.* **ep·en·dy·mar·y** [epéndəmèri | -dɪmərɪ] *adj.*

ep·en·the·sis [ɪpénθəsɪs, əp-, ep-, -səs | epénθɪsɪs, -θəs-] 〘《1657》□ LL ～ □ Gk *epénthesis* insertion: ⇨ epi-, en-[2], thesis〙 ― *n.* (*pl.* **-the·ses** [-θɪːz]) **1** 〘音声〙 挿入音《例えば prince [prɪnts] の [t]；cf. prothesis 1》. **2** 〘言語〙 語中字挿入《例えば nimble (< ME *nymel* < OE *numol*) の m—l の間に生じたわたり音を表わす b》. **ep·en·thet·ic** [èpənθétɪk | èpenθét-] *adj.*

ep·e·ol·a·try [èpiάlətri | èpɪɔ́lətrɪ] 〘← Gk *ép*(*e*)*os* word: ⇨ -latry〙 *n.* 言葉の崇拝.

e·pergne [ɪpə́ːn, əp-, eɪp- | ɪpə́ːn, epéən] 〘《1761》□ ? F *épargne* saving, treasury ← *épargner* to save < OF *espargnier* □ Gmc **sparōjan* 'to SPARE'〙 ― *n.* 食卓中央の飾り皿《通例枝状になっていて果物や花などを載せる；時に蠟燭を立てる》.

epergne

ep·ex·e·ge·sis [èpèksədʒíːsɪs, -səs | -sɪdʒíːsɪs] 〘《1621》□ Gk *epexḗgēsis*: ⇨ epi-, exegesis〙 ― *n.* (*pl.* **-ge·ses** [-siːz]) 〘修辞〙 補説(語)《前の語句の意味を明らかにするために付加する補足的説明；例：in me, that is, *in my flesh*》.

ep·ex·e·get·ic [epèksədʒétɪk | -sɪdʒét-] 〘《1888》: ⇨ ↑, -ic[1]〙 *adj.* ＝epexegetical.

ep·èx·e·gét·ical [-ṭɪkəl, -ṭə- | -tɪ-] 〘《1864》: ⇨ epexegesis, -ical〙 *adj.* 補説(語)の，補足的説明の. **～·ly** *adv.*

Eph. 《略》〘聖書〙 Ephesians；Ephraim.

eph- [ef, ɪf, əf | ef, ɪf] *pref.* (h の前に来る時の) epi- の異形；ただし h は繰り返さない：*eph*emera.

e·phah [íːfə, éfə | íːfə] 〘□ Heb. *ēphā́h* □ Egypt. *ipt*〙 ― *n.* (*also* **e·pha** [～]) エファ《古代イスラエルの乾量の単位；＝$^1/_{10}$ homer, 従来約 40 リットルとみられたが，最近 22 リットル説が提唱されている》.

eph·ebe [éfiːb, ɪfíːb, əf-, ef- | éfiːb, ɪfíːb, ef-] *n.* ＝ephebus.

ephebi *n.* ehebus の複数形.

e·phe·bic [ɪfíːbɪk, əf-, ef- | ɪf-, ef-] *adj.* (古代ギリシャの)青年市民の[に関する]：～ education.

e·phe·bus [ɪfíːbəs, əf-, ef- | ɪf-, ef-] 〘□ L *ephēb-us* □ Gk *éphēbos* a youth ← EPI-＋*hēbē* early manhood〙 ― *n.* (*pl.* **e·phe·bi** [-baɪ]) (古代ギリシャの)青年；(特に，アテネの) 18–20 歳の青年市民《その期間彼らは主に守備隊の任務に服した》.

e·phed·ra [ɪfédrə, əf-, efə- | ɪfédrə, éfɪ-] 〘← NL ～ ← L ～ 'horsetail' □ Gk *ephédra* ← *éphedros* sitting upon ← EPI-＋*hédra* seat〙 ― *n.* 〘植物〙 マオウ属 (*Ephedra*) の植物の総称《乾燥した砂地に生える；漢薬として用いるマオウ(麻黄) (*E. sinica*) など》.

e·phed·rine [ɪfédrɪn, əf-, ef-, -drən, éfədrìːn, -drɪn, -drən | ɪfédrɪn, ef-, éfɪdrìːn, -drɪn] 〘← NL *ephedra*: ⇨ ↑, -ine[3]〙 *n.* 〘薬学〙 エフェドリン ($C_{10}H_{15}NO$)《麻黄(まおう)に含まれる結晶アルカロイド；ぜんそくの薬》.

e·phem·er·a[1] [ɪfém(ə)rə, əf- | ɪfémərə, ef-, -fíːm-] 〘《1677》← NL *Ephēmera* ← Gk *ephḗmeron* short-lived insect ← *ephḗmeros* living only for one day ← EPI-＋*hēméra* day〙 ― *n.* (*pl.* ～**s**, **-er·ae** [-mərìː]) **1** 〘昆虫〙 ＝ephemerid. **2** (カゲロウのように)極めて短命なもの，はかないもの；すぐ役に立たなくなるもの.

ephemera[2] *n.* ephemeron の複数形.

e·phem·er·al [ɪfém(ə)rəl, əf-, ef- | ɪfémər-, ef-, -fíːm-] 〘《1576》← Gk *ephḗmer*(*os*) (⇨ ephemera[1])＋-AL[1]〙 ― *adj.* **1** 一日の命の，ただ一日限りの：⇨ ephemeral fever. **2** 〈昆虫・花など〉二三日しかもたない，短命の. **3** つかの間の；はかない：～ pleasures はかない快楽. ― *n.* 短命なもの《昆虫・本・喜びなど》；(特に)(数日のうちに生長・開花・枯死する)短命植物. **～·ly** *adv.* **～·ness** *n.* 「熱.

ephémeral féver *n.* 〘獣医〙 (家畜の)三日熱，流行

e·phem·er·al·i·ty [ɪfèmərǽləṭi, əf-, ef- | ɪfèmərǽlətɪ, ef-, -fìːm-, -lɪ-] *n.* はかなさ；[*pl.*] はかない事物.

e·phem·er·id [ɪfém(ə)rɪd, -rəd, əf- | ɪfémərɪd, ef-, -fíːm-] 〘↓〙 〘昆虫〙 ― *n.* カゲロウ目の昆虫の総称 (mayfly)；(特に)カゲロウ，モンカゲロウ《モンカゲロウ科に属する種類の総称》. ― *adj.* カゲロウ類の，モンカゲロウの.

Eph·e·mer·i·da [èfəmérədə | -rɪ-] 〘← NL ～: ⇨ ephemera[1], -ida〙 *n. pl.* 〘昆虫〙 カゲロウ目，蜉蝣(ふゆう)目.

Eph·e·mer·i·dae [èfəmérədìː | -rɪ-] 〘← NL ～: ⇨ ephemera[1], -idae〙 *n. pl.* 〘昆虫〙 (カゲロウ目)モンカゲロウ科.

e·phem·er·is [ɪfém(ə)rɪs, əf-, -rəs | ɪfémərɪs, ef-, -fíːm-] 〘《1551》□ LL *ephēmer-is* □ Gk *ephēmeris* diary, calendar ← *ephḗmeros* daily: cf. ephemera[1]〙 ― *n.* (*pl.* **eph·e·mer·i·des** [èfəmérədìːz | -rɪ-]) 〘天文〙 **1** 天体暦《天体の位置推算表》. **2** 《廃》 暦.

ephémeris sécond *n.* 〘天文〙 暦表秒《天体暦に用いる時間の秒》.

ephémeris tìme *n.* 〘天文〙 暦表時《ニュートン力学が厳密に成立するような時刻系；天体の公転から求められる》.

e·phem·er·on [ɪfémərὰn, əf- | ɪfémərɔ̀n, ef-, -fíːm-, -rən] 〘《1626》← NL ～ ← Gk *ephḗmeron*: ⇨ ephemera[1]〙 ― *n.* (*pl.* **-er·a** [-m(ə)rə | -mərə], ～**s**) **1** 短命なもの (ephemeral). **2** 〘昆虫〙 ＝ephemerid.

E·phem·er·op·te·ra [ɪfèmərάptərə, əf- | ɪfèmərɔ́p-, ef-] 〘← NL ～: ⇨ ephemera[1], -ptera〙 *n. pl.* 〘昆虫〙 ＝Ephemerida.

e·phem·er·ous [ɪfém(ə)rəs, əf-, ef- | ɪféməras, ef-, -fíːm-] 〘□ Gk *ephḗmeros*: ⇨ ephemera[1], -ous〙 *adj.* カゲロウのような；はかない (transitory).

Ephes. 《略》 Ephesians (新約聖書の)エペソ書.

E·phe·sian [ɪfíːʒən, əf-, ef- | ɪfíːʒɪən, -ʒən, -zjən, -zɪən] 〘← L *ephesius* (□ Gk *ephésios* ← *Éphesos* (↓))＋-AN[1]〙 ― *adj.* Ephesus の. ― *n.* **1** エフェソス人，エペソ人. **2** [the Ephesians；単数扱い] (新約聖書の)エペソ人への書，エペソ人への手紙 (The Epistle of Paul to the Ephesians) (略 Ephes.).

Eph·e·sus [éfəsəs | éfɪ-, éfe-] 〘□ L ～ □ Gk *Éphesos*〙 ― *n.* エフェソス《小アジア (Asia Minor) 西部の古都；聖書では「エペソ」という；世界七不思議 (SEVEN Wonders of the World) の一つの Artemis の神殿の所在地》.

ephippia *n.* ephippium の複数形.

E·phip·pi·dae [ɪfípədìː, əf-, ef- | ɪfípɪ-, ef-] 〘← NL ～ ← *Ephippus* (属名: ← Gk *ephippos* on horseback ← EPI-＋*hippos* (↓))＋-IDAE〙 ― *n. pl.* 〘魚類〙 マンジュウダイ科.

e·phip·pi·um [ɪfípiəm, əf-, ef- | ɪfípɪ-, ef-] 〘← NL ～ ← Gk *ephippion* saddlecloth ← *ephippios* for putting on a horse ← EPI-+*hippios* of a horse (← *hippos* horse): ⇨ hippo-〗 ── *n.* (*pl.* **-pi·a** [-piə | -pɪə]) 〘動物〙卵殻包.

eph·od [éfɑd, í:f-, éfəd | í:fɔd, éf-] 〘(*a*1382) *ephoth* ◻ LL ～ ◻ Heb. *ēphōdh* ← *āphādh* to put on〙 ── *n.* 古代イスラエルの祭儀用の法衣《リンネル製の簡素なものから, 大祭司用の豪華なものまである》.

eph·or [éfɔə, éfəə, í:fɔə | éfɔ:(r, éfə:(r] 〘(1586) ◻ L *ephor-us* ◻ Gk *éphoros* overseer ← EPI- + *horân* to see〙 ── *n.* (*pl.* **～s, -or·i** [éfəràɪ, í:f-]) **1** (古代ギリシャの)古代ドーリア諸国家の行政長官; (特に, Sparta の)五人監督官の一人. **2** (近世ギリシャの)官吏; (特に, 公共土木事業などの)監督官 (overseer).

eph·or·ate [éfərèɪt, -rət, -rɪt] 〘⇨ ↑, -ate[1]〙 *n.* 古代ドーリア諸国家の行政長官職; (特に, Sparta の) 1 年任期の五人監督官職《王の行為をも監督; cf. ephor》.

E·phra·im [í:friəm, -frəm | í:freɪɪm, -friəm] 〘◻ LL ～ ◻ Gk *Ephraím* ◻ Heb. *Ephráyim* (《通俗語源》fertile land ← *pārā*[h] to be fruitful) ◻ Akkad. *appāru* marshy country〙 ── *n.* **1** 男性名. ★ 米国に多い. **2** [í:friəm, -frəm | í:freɪm, -friəm; G. é:fraɪm] 〘聖書〙 **a** エフライム《Joseph の次男; cf. *Gen.* 41:52》. **b** エフライム族《エフライムを祖とするイスラエルの十二支族の一つ; cf. *Gen.* 48:1》. **c** 北王国イスラエル《最初の王はエフライム族の Jeroboam》.

E·phra·im·ite [í:friəmàɪt | í:freɪɪm-, -friəm-] 〘⇨ ↑, -ite[1]〙 ── *n.* **1** エフライム (Ephraim) の子孫; エフライム族の人. **2** 北王国イスラエルの民. ── *adj.* = Ephraimitic.

E·phra·im·it·ic [ì:friəmíṭɪk, -frəm- | -freɪɪmít-, -frɪəm-] 〘⇨ -ic[1]〙 *adj.* **1** エフライム族 (the Ephraimites) の. **2** 北王国イスラエルの.

e·phyd·rid [ɪfídrɪd, əf-, ef-, éfəd-, -drəd | ɪfídrɪd, ef-, éfɪd-] 〘↓〙〘昆虫〙 *adj.* ミギワバエ(科)の. ── *n.* ミギワバエ《ミギワバエ科のハエの総称》.

E·phyd·ri·dae [ɪfídrədì:, əf-, ef- | ɪfídrɪ-, ef-] 〘← NL ～ ← *Ephydra* (属名: ← Gk *ephúdrē* (fem.) ← *éphudros* living on the water ← *ep-* 'EPI-'+*húdros* (← *húdōr* water: ⇨ hydro-))+-IDAE〙 ── *n. pl.* 〘昆虫〙(双翅目)ミギワバエ科.

ep·i- [épɪ, épə | épɪ] 〘ME ◻ (O)F ～ ∥ L & Gk ～ ← Gk *epí* (prep.) at, upon, over, up to, besides, beyond < IE **epi*, **opi*: cf. ob-〙 ── *pref.* **1** 「…の上, 外」の意: *epi*cycle, *epi*blast, *epi*zoon. **2** 「…以前, 後」の意: *epi*cnemial. **3** 〘化学〙 **a** 置換基の位置を表わす(記号 ε). **b** エピ異性体を表わす. ★ 母音の前では通例 ep-, また h の前では eph- になる(ただし h は繰り返さない).

ep·i·ben·thos [èpɪbénθɑs, èpə- | èpɪbénθɔs] 〘← EPI-+BENTHOS〙 *n.* 〘生物〙表在底生生物《水底面で生活している生物》.

ep·i·blast [épəblæ̀st | épɪ-] 〘← EPI-+-BLAST〙 ── *n.* 〘生物〙 **1** 外胚葉 (ectoderm) (cf. hypoblast 1). **2** 嚢胚(のうはい)の外皮《外胚葉(ectoderm) となる細胞》. **ep·i·blas·tic** [èpəblǽstɪk | èpɪ-] *adj.*

e·pib·o·ly [ɪpíbəli, əp-, ep- | ɪpíbəlɪ, ep-] 〘◻ Gk *epibolḗ* a throwing on ← *epibállein* to throw on ← EPI-+*bállein* to throw: ⇨ ballistic〙 ── *n.* 〘生物〙外包, おおいかぶせ《一部分が発達して他の部分を包むこと》. **ep·i·bol·ic** [èpəbɑ́lɪk | èpɪbɔ́l-] *adj.*

èpi·bránchial 〘← EPI-+BRANCHIAL〙 *adj.* 〘動物〙鰓(えら)上の.

ep·ic [épɪk] 〘(1589) ◻ L *epic-us* ◻ Gk *epikós* ← *épos* 'EPOS': ⇨ -ic[1]〙 ── *n.* **1** 叙事詩, 史詩, エピック《通例, 英雄を主人公としての冒険・事跡を歌った詩; Homer の *Iliad*, Virgil の *Aeneid*, Milton の *Paradise Lost* など》: a national ～ 国民史詩《国民的伝統の理想を歌った詩; Homer の *Iliad* や古英詩 *Beowulf* など》. **2** 叙事詩的作品; 叙事詩の主題としてふさわしい事柄: That life was a noble ～. その生活は高貴な叙事詩と言うべきものであった. **3** [E-] = Old Ionic. ── *adj.* **1** 叙事詩の; 史詩体の (cf. lyric 3): an ～ poem 叙事詩 / *Epic* dialect (ギリシャの)叙事詩語. **2 a** 叙事詩的な; 雄壮な, 英雄的な. **b** けたはずれの, 壮大な: an ～ biography 壮大な伝記.

ep·i·cal [épɪkəl, épə- | épɪ-] 〘⇨ ↑, -al[1]〙 *adj.* = epic.

ép·i·cal·ly *adv.* 叙事詩的に; 叙事体に.

ep·i·ca·lyx [èpɪkéɪlɪks, èpə-, -kǽl- | èpɪ-] 〘← EPI-+CALYX〙 *n.* (*pl.* **～·es, -ca·lyc·es** [-kéɪləsì:z, -kǽl- | -lɪ-]) 〘植物〙(ゼニアオイなどの)萼(がく)状総苞(そうほう).

e·pi·cán·thic fóld [èpɪkǽnθɪk-, èpə- | èpɪ-] 〘*epicanthic*: ⇨ ↓, -ic[1]〙 ── *n.* 〘解剖〙内眼角贅皮(ぜいひ), 蒙古ひだ《モンゴル人種に見られる上瞼のたるみ; 欧米人の描く日本・中国人の眼の特徴の一つ》.

ep·i·can·thus [èpɪkǽnθəs, èpə- | èpɪ-] 〘← NL ～: ⇨ epi-, canthus〙 *n.* 〘解剖〙 = epicanthic fold.

epicardia *n.* epicardium の複数形.

èpi·cárdial 〘⇨ ↓, -al[1]〙 *adj.* 〘解剖〙心外膜の.

èpi·cárdium 〘← NL ～: ⇨ epi-, -cardium〙 *n.* (*pl.* **-dia**) 〘解剖〙心外膜.

ep·i·carp [épəkɑ̀əp | épɪkɑ̀:p] 〘◻ F *épicarpe*: ⇨ epi-, -carp〙 *n.* 〘植物〙外果皮.

épic dráma *n.* = epic theater.

ep·i·cede [épəsì:d | épɪ-] 〘↓〙 *n.* = epecedium.

ep·i·ce·di·um [èpəsí:diəm | èpɪsí:diəm, -djəm] 〘(1587) ◻ L *epicēdium* ◻ Gk *epikḗdeion* (neut.) ← *epikḗdeios* of a funeral ← EPI-+*kēdos* sorrow〙 ── *n.* (*pl.* **-di·a** [-diə | -dɪə, -djə]) 葬送歌, 哀歌. **èp·i·cé·di·al** [-diəl | -dɪəl, -djəl] *adj.*

ep·i·cene [épəsì:n | épɪ-] 〘(*c*1450) ◻ L *epicoen-us* ◻ Gk *epíkoinos* common ← EPI-+*koinós* common: cf. Koine〙 ── *adj.* **1** 両性具有[共通]の. **2** 男女の区別のない, 無性の (sexless). **3** 張りのない, 柔弱な; めめしい: an ～ creature めめしい人間. **4** 〘ラテン・ギリシャ文法〙両性通用の, 通性の《男性または女性を示すのに唯一の語形しかもたない名詞についていう; 例: Gk *boûs*, L *bos* (ox or cow); ★ 英文法でも 'common' (通性の)と同義に用いることがある》. ── *n.* **1** 両性具有者. **2** 柔弱な人, めめしい人. **3** 〘ラテン・ギリシャ文法〙通性語.

ép·i·cèn·ism [-nɪzm̩] 〘⇨ ↑, -ism〙 *n.* 両性具有.

ep·i·cen·ter, 《英》 **ep·i·cen·tre** [épɪsènṭə, épə-, ⌐⌐⌐ | épɪsèntə(r] 〘(1887) ← NL *epicentr-um*: ⇨ epi-, center〙 ── *n.* **1** 〘地震〙震央《震源 (focus) 直上の地点》. **2** 中心点. **3** (原爆の)爆心地.

epicentra *n.* epicentrum の複数形.

ep·i·cen·tral [èpɪséntrəl, èpə- | èpɪ-] *adj.* 〘地震〙震央の.

epicéntral dístance *n.* 震央距離《震央から観測地点までの距離》.

epicentre *n.* = epicenter.

ep·i·cen·trum [èpɪséntrəm, èpə- | èpɪ-] 〘← NL ～: ⇨ epicenter〙 *n.* (*pl.* **～s, -cen·tra** [-trə]) 〘地震〙 = epicenter.

ep·i·chei·re·ma [èpɪkaɪrí:mə, èpə- | èpɪ-] 〘◻ L *epichīrēma* ◻ Gk *epikheírēma* an undertaking ← EPI-+*kheír* hand (⇨ chiro-)〙 ── *n.* (*pl.* **～·ta** [～tə | ～tə]) 〘論理〙帯証式《アリストテレスの論理学で, 大前提または小前提に理由を示す命題の付加している複合三段論法》.

ep·i·chlo·ro·hy·drin [èpɪklɔ̀:ro(ʊ)háɪdrɪn, èpə-, -klò:r-, -drən | èpɪklɔ̀:rə(ʊ)háɪdrɪn, -klɔ̀r-] 〘← EPI-+CHLOROHYDRIN〙 ── *n.* 〘化学〙エピクロロヒドリン (C_3H_5ClO)《揮発性の液体; エポキシ樹脂・弾性ゴムの製造に用いる》.

ep·i·cism [épəsɪzm̩ | épɪ-] 〘← EPIC+-ISM〙 *n.* 叙事詩調, 叙事詩風, 叙事詩的特質 (cf. lyricism).

ép·i·cist [-sɪst, -səst | -sɪst] *n.* 叙事詩作者, 叙事詩人.

ep·i·cle·sis [èpəklí:sɪs, -səs | èpɪklí:sɪs] 〘(1878) ◻ Gk *epiklēs-is* invocation by name ← *epikalein* to call upon ← EPI-+*kalein* to call〙 ── *n.* (*pl.* **-cle·ses** [-si:z]) 〘東方正教会〙聖霊への祈願, 聖霊の降下を求める祈り, エピクレシス《特に, パンとぶどう酒の上に聖霊が下り, キリストのからだと血にあずかることを求める祈りで, 聖別の祈りに続いて行なわれる》.

ep·i·con·dyle [èpɪkɑ́ndaɪl, èpə-, -dḷ | èpɪkɔ́ndɪl, -daɪl] 〘◻ F *épicondyle*: ⇨ epi-, condyle〙 *n.* 〘解剖〙(上腕骨あるいは大腿骨の)上顆(じょうか).

èpi·continéntal *adj.* 大陸[大陸棚]の上にある: ～ seas 縁海.

ep·i·cot·yl [épɪkɑ̀ṭḷ, ⌐⌐⌐ | épɪkɔ̀tɪl, ⌐⌐⌐] 〘← EPI-+COTYL(EDON)〙 *n.* 〘植物〙上胚軸《子葉上部の若い茎》.

ep·i·cra·ni·um [èpɪkréɪniəm, èpə- | èpɪkréɪnɪəm, -njəm] 〘← NL ～: ⇨ epi-, cranium〙 ── *n.* (*pl.* **-ni·a** [-niə | -nɪə, -njə]) 〘解剖〙頭蓋頂, 頭蓋冠. **èp·i·crá·ni·al** [-niəl | -nɪəl, -njəl] *adj.*

e·pic·ri·sis[1] [ɪpíkrəsɪs, əp-, -səs | ɪpíkrɪsɪs] 〘← NL ～ ← Gk *epikrisis* judgement ← *epikrínein* to decide ← EPI-+*krínein* to judge: ⇨ crisis〙 ── *n.* (特に, 病歴の)批評的[分析的]要約.

ep·i·cri·sis[2] [èpɪkráɪsɪs, èpə-, -səs | èpɪkráɪsɪs] 〘← EPI-+CRISIS〙 *n.* 〘医学〙二次的分利 (cf. crisis 3).

ep·i·crit·ic [èpəkríṭɪk | èpɪkrít-] 〘◻ Gk *epikritik-ós* determining ← *epíkritos* decided on ← *epikrínein*: ⇨ epicrisis[1], -ic[1]〙 ── *adj.* 〘生理〙〈皮膚感覚など〉判別的な, 識別性の《刺激に対して識別性が鋭敏であることにいう; cf. protopathic 1》.

épic símile *n.* 〘詩学〙叙事詩的比喩(ひゆ)《特に, ギリシャの叙事詩に見られるような, 数行にもわたる長いもの; Homeric simile ともいう》.

Ep·ic·te·tus [èpɪktí:ṭəs, èpək- | èpɪktí:t-] *n.* エピクテートス《60?–?120 (または 138); ギリシャのストア派の哲学者》.

épic théater *n.* 叙事演劇《社会問題を舞台装置なしに客観的に扱う 20 世紀の劇; 元来はドイツの劇作家 Brecht の用語》.

ep·i·cure [épɪkjùə, épə- | épɪkjùə(r] 〘(1545) ← ML *epicūr-us* ← L *Epicūrus*: ⇨ Epicurus〙 ── *n.* **1** 通人; (特に)食道楽の人, 美食家, 食通. **2** 《古》= epicurean 1.

ep·i·cu·re·an [èpɪkjʊrí:ən, èpə-, -kjú(ə)ri- | èpɪkjʊ(ə)rí:ən, -ríən] 〘(*c*1380) ← L *epicūrē-us* (◻ Gk *epikoúreios* ← *Epikouros*)+-AN[1]: ⇨ Epicurus〙 ── *adj.* **1** 享楽趣味の, 食道楽の. **2** 食通の好むような. **3** [E-] エピクロス (Epicurus) (派)の: the *Epicurean* school エピクロス学派. ── *n.* **1** 享楽主義者 (epicure). **2** = epicure 1. **3** [E-] エピクロスの学徒.

Èp·i·cu·ré·an·ìsm [-nɪzm] 〘(*a*1751): ⇨ ↑, -ism〙 ── *n.* **1** 〘哲学〙エピクロス主義, エピクロスの哲学説《心の平静としての快楽を人生の最高善とする個人主義的快楽主義; cf. hedonism 1》. **2** [e-] = epicurism 1.

ép·i·cur·ism [-kjʊrɪzm̩ | -kjʊ(ə)r-] 〘(1575) ◻ ? F *épicurisme*: ⇨ epicure, -ism〙 *n.* **1** 美食癖, 食道楽. **2** [E-] 《古》= Epicureanism.

Ep·i·cu·rus [èpɪkjʊ́(ə)rəs, èpə- | èpɪkjʊ́ər-] 〘◻ L *Epicūr-us* ◻ Gk *Epíkouros*〙 ── *n.* エピクロス《342 (または 341)–271 (または 270) B.C.; ギリシャの哲学者; 道徳・節制・修養などで, 苦痛や混乱から解放された心の平静としての快楽を人生の最高善と説いた; エピクロス派の祖》.

èpi·cúticle 〘← EPI-+CUTICLE〙 *n.* 〘昆虫〙上クチクラ《昆虫の 3 層より成るクチクラ (cuticle) の外層部》.

èpi·cutícular *adj.*

ep·i·cy·cle [épəsàɪkḷ | épɪ-] 〘(*a*1398) ◻ (O)F *épicycle* ∥ LL *epicycl-us* ◻ Gk *epíkuklos* ← EPI- + *kúklos* circle: ⇨ cycle〙 ── *n.* **1** 〘プトレマイオス天文学〙周転円《その中心が従円 (deferent) の円周上に沿って回転する円》. **2** 〘数学〙周転円《一つの円の外側もしくは内側をころがる円》. **ep·i·cyc·lic** [èpəsáɪklɪk, -sík- | èpɪ-] *adj.*

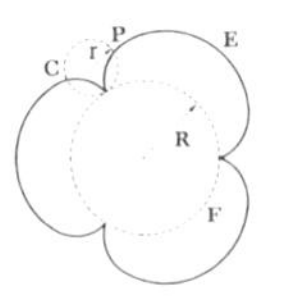
epicyclic train

epicýclic tráin *n.* 〘機械〙遊星歯車装置《同心の内・外歯車にはさんで歯車を入れた差動歯車装置》.

ep·i·cy·cloid [èpəsáɪklɔɪd | èpɪ-] 〘◻ ? F *épicycloïde*: ⇨ epi-, cycloid〙 ── *n.* 〘数学〙外サイクロイド, 外擺(はい)線《円の外側をころがる円周上の定点のえがく曲線; cf. hypocycloid, epitrochoid》. **ep·i·cy·cloi·dal** [èpəsaɪklɔ́ɪdḷ | èpɪ-] *adj.*

epicycloid
F fixed circle
C rolling circle
E epicycloid
P point tracing E on F
r=R/3

epicyclóidal whéel *n.* 〘機械〙外転サイクロイド車《epicyclic train 中の車輪[歯車]》.

ep·i·deic·tic [èpədáɪktɪk | èpɪ-] 〘◻ Gk *epideiktik-ós* showing off ← *epideiknúnai* to display: ⇨ epi-, deictic〙 ── *adj.* 〘修辞〙〈演説・詩など〉誇張的な《人を過度に称賛または非難する技巧についていう》.

ep·i·de·mi·a [èpədí:miə | èpɪdí:mɪə, -mjə] 〘◻ LL *epidēmia* (↓)〙 *n.* 〘病理〙流行(病).

ep·i·dem·ic [èpədémɪk | èpɪ-] 〘(1603) ◻ F *épidémique* ← *épidémie* ◻ LL *epidēmia* ◻ Gk *epidēmía* ← *epidēmios* prevalent among the people: ⇨ epi-, demos〙 ── *adj.* **1** 〈伝染病が〉流行(性)の, 流行病の (cf. endemic 1, epizootic): an ～ disease 流行病. **2** 〈思想・風俗など〉一般的流行の, 流行的に行なわれる. **3** 〈笑いなど〉移りやすい. **4** 〈害虫の発生など〉急激な. ── *n.* **1** 流行病(の発生). **2** (病気・思想などの突然の)流行, 普及, はやり: an ～ of dysentery 赤痢の流行 / an ～ of terrorism テロの蔓延. **3** (昆虫などの)異常発生.

èp·i·dém·i·cal [-mɪkəl, -mə- | -mɪ-] *adj.* = epidemic.

èp·i·dém·i·cal·ly *adv.* 流行病的に; 流行的に, 一般に広まって.

epidémic encephalítis *n.* 〘病理〙流行性脳炎.

ep·i·de·mic·i·ty [èpədemísəṭi, -də-, -sɪ- | èpɪdemísətɪ] *n.* (病気などの)流行性.

epidémic pleurodýnia *n.* 〘病理〙(Coxsackie virus による)流行性胸膜炎.

èp·i·dè·mi·ól·o·gist [-dʒɪst, -dʒəst | -dʒɪst] *n.* 疫学者.

ep·i·de·mi·ol·o·gy [èpədì:miɑ́lədʒi, -dèm- | èpɪdì:mɪɔ́lədʒɪ, -dèm-] 〘← Gk *epidēmios* (⇨ epidemic)+-LOGY〙 ── *n.* **1** 〘医学〙疫学. **2** 流行病学. **3** 病気[病原菌]の有無を統御する要因の総体. **ep·i·de·mi·o·log·ic** [èpədì:miəlɑ́dʒɪk, -dèm- | èpɪdì:mɪəlɔ́dʒ-, -dèm-] *adj.* **èp·i·dè·mi·o·lóg·i·cal** *adj.* **èp·i·dè·mi·o·lóg·i·cal·ly** *adv.*

ep·i·den·dron [èpədéndrən | èpɪ-] 〘← NL ～ (↓)〙 *n.* 〘植物〙= epidendrum 2.

ep·i·den·drum [èpədéndrəm | èpɪ-] 〘← NL ～ ← EPI-+Gk *déndron* tree: ⇨ -dendron〙 ── *n.* 〘植物〙 **1** [E-] エピデンドルム属《熱帯アメリカ産ラン科の一属》. **2** エピデンドルム属の着生ランの総称《温室内に栽培され, 約 75 種ある; epidendron ともいう》.

ep·i·derm [épədə̀:m | épɪdə̀:m] 〘◻ LL *epiderm-is*: ⇨ epidermis〙 *n.* 〘解剖・生物〙= epidermis.

ep·i·derm- [épədə̀:m | épɪdə̀:m] (母音の前に来る時の) epidermo- の異形.

ep·i·der·mal [èpədə́:məl | èpɪdə́:-] 〘← EPIDERMO-+-AL[1]〙 *adj.* 〘解剖・生物〙表皮(性)の, 上皮(性)の (cf. dermal): an ～ gland 上皮腺 / ～ cells 表皮細胞.

ep·i·der·mic [èpədə́:mɪk | èpɪdə́:-] 〘(1830) ← EPIDERMO-+-IC[1]〙 *adj.* 〘解剖・生物〙= epidermal.

ep·i·der·mis [èpədə́:mɪs, -məs | èpɪdə́:mɪs] 〘(1626) ◻ LL ～ ◻ Gk *epidermis* outer skin: ⇨ epi-, derma〙 ── *n.* **1** 〘解剖〙上皮, 表皮. **2** 〘生物〙表皮 (cf. derma[1]). **3** 〘植物〙(植物のクチクラの下の)上皮, 真皮.

ep·i·der·mo- [èpədə́:mo(ʊ) | èpɪdə́:mə(ʊ)] 〘↑〙「表皮・上皮 (epidermis)」の意の連結形. ★ 母音の前では通例 epiderm- になる.

ep·i·der·moid [èpədə́:mɔɪd | èpɪdə́:-] 〘(1835): ⇨ ↑, -oid〙 *adj.* 〘解剖・生物〙類表皮の. ── *n.* 〘病理〙類表皮腫, エピデルモイド.

ep·i·di·a·scope [èpədáɪəskòʊp | èpɪdáɪəskə̀ʊp] 〘← EPI-+DIA-+-SCOPE〙 ── *n.* **1** エピディアスコープ《透過光あるいは反射光を用い透明体・不透明体上の画像を投映する装置》. **2** = episcope. **ep·i·di·a·scop·ic** [èpədàɪəskɑ́pɪk | èpɪdàɪəskɔ́p-] *adj.*

ep·i·dic·tic [èpədíktɪk | èpɪ-] *adj.* 〘修辞〙= epideictic.

ep·i·did·y·mis [èpədídəmɪs, -məs | èpɪdídɪmɪs] 〘← NL ～ ← Gk *epididumis* ← EPI-+*dídumoi* testicles

((pl.) ← *didumos* twin): cf. didymium〛 ── *n.* (*pl.* **ep·i·di·dym·i·des** [-dɪdímədìːz, -də-, -daɪ-, -dídəm- | -dɪdím-]) **1** 〘解剖〙 副睾丸. **2** 〘生物〙 精巣上体.
ep·i·did·y·mal [èpədídəm(ə)l | èpɪdídɪ-] *adj.*

ep·i·did·y·mi·tis [èpədìdəmáɪtɪs, -təs | èpɪdìdɪmáɪtɪs] 〘← NL ～: ⇨↑, -itis〙 *n.* 〘病理〙 副睾丸炎.

ep·i·di·o·rite [èpədáɪəràɪt | èpɪ-] 〘← EPI-＋DIORITE〙 *n.* 〘岩石〙 変閃緑岩.

ep·i·dote [épədòʊt | épɪdəʊt] 〘⊏ F *épidote* ⊏ Gk **epidotós* ← *epididónai* to increase ← EPI-＋*didónai* to give〙 ── *n.* 〘鉱物〙 緑簾(りょくれん)石. **ep·i·dot·ic** [èpədáṭɪk | èpɪdɔ́t-] *adj.*

épidote gròup *n.* 〘鉱物〙 緑簾(りょくれん)石群.

ep·i·du·ral [èpɪd(j)ʊ́(ə)rəl, èpə- | èpɪdjúər-] 〘← EPI-＋DURAL[1]〙 *adj.* 〘解剖〙 硬膜外の.

epi·fau·na [èpɪfɔ́ːnə, èpə-, -fáː- | èpɪfɔ́ː-] 〘← NL ～: ⇨ epi-, fauna〙 ── *n.* 〘生態〙 表生動物《底生動物のうち, 特に堅い海底にすむものをいう; cf. infauna》.
èpi·fáu·nal [-nl] *adj.*

èpi·fócal 〘← EPI-＋FOCAL〙 *adj.* ＝epicentral.

ep·i·gam·ic [èpəgǽmɪk | èpɪ-] 〘← Gk *epígamos* marriageable＋-IC[1]: ⇨ epi-, -gamous〙 *adj.* 〘動物〙 〈羽毛の色など〉(繁殖期に)異性誘引的な: ～ colors.

èpi·gastrálgia 〘← NL ～: ⇨ epi-, gastralgia〙 *n.* 〘病理〙 上腹部痛, 心窩部痛《いわゆる胃痛など; cf. gastralgia》.

epigastria *n.* epigastrium の複数形.

èpi·gástric 〘← EPI-＋GASTRIC〙 *adj.* 〘解剖〙 上腹部[季肋(きろく)部]の[にある], みずおちの, 胃部の.

èpi·gástrical *adj.* 〘解剖〙 ＝epigastric.

ep·i·gas·tri·um [èpɪgǽstriəm, èpə- | èpɪgǽstri-] 〘← NL ～ ← Gk *epigástrion* (neut. adj.) over the belly ← EPI-＋*gastḗr* belly: ⇨ gastro-〙 ── *n.* (*pl.* **-tri·a** [-triə | -triə]) 〘解剖〙 上腹部, 心窩部, みずおち.

ep·i·ge·al [èpɪdʒíːəl, èpə- | èpɪdʒíːəl, -dʒíəl] 〘← EPI-GE(OUS)＋-AL[1]〙 ── *adj.* **1** 〘生態〙 〈昆虫など〉地上性の, 地表(近く)に生息する (cf. aerial 2 b, endogeal, hypogeal 1). **2** 〘植物〙 **a** 〈植物(の部分)が〉地表または地表近くに生じる; 〈子葉が〉地表上で開く: the ～ cotyledon 地表子葉. **b** 発芽時に地表子葉を出す.

ep·i·ge·an [èpɪdʒíːən, èpə- | èpɪdʒíːən, -dʒíən] *adj.* ＝epigeal.

ep·i·gene [épədʒìːn | épɪ-] 〘⊏ F *épigène* ⊏ Gk *epigenḗs* growing after: ⇨ epi-, -gen〙 *adj.* **1** 〘地質〙 〈岩石が〉地表[地表近く]で生成された (↔ hypogene): ～ rocks 表成岩. **2** 〘結晶〙 〈結晶が〉(形成以後)変質した.

èpi·génesis 〘← NL ～: ⇨ epi-, genesis〙 ── *n.* **1** 〘生物〙 **a** 後成, 漸生《初め未分化の個体(接合子・胞子など)が次第に多様に分化しつつ発達する現象; cf. preformation 2》. **b** 後成説, 漸成説. **2** 〘地質〙 後成《岩石の生成後その中に鉱石ができる過程》.

èpi·genétic 〘⇨↑, -genetic〙 *adj.* **1** 〘生物〙 後成の[による]. **2** 〘地質〙 後成の《岩石中に新たに鉱石ができた》.

ep·i·gen·ic [èpədʒénɪk | èpɪ-] 〘← EPI-＋-GENIC〙 *adj.* 〘地質〙 ＝epigenetic 2.

e·pig·e·nous [ɪpídʒənəs, əp-, ep- | ɪpídʒɪ-, ep-] 〘← EPI-＋-GENOUS〙 *adj.* 〘植物〙 〈菌類など〉葉の表面上に生育する (↔ hypogenous).

ep·i·ge·ous [èpɪdʒíːəs, èpə- | èpɪdʒíːəs, -dʒíəs] 〘← Gk *epígeios* on the earth (← EPI-＋*gaîa, gê* earth)＋-OUS〙 *adj.* ＝epigeal.

ep·i·glot·tis [èpəglɑ́ṭɪs, -təs | èpɪglɔ́tɪs, ⸗⸗⸗] 〘← NL ～ ← Gk *epiglōttís*: ⇨ epi-, glottis〙 ── *n.* 〘解剖〙 喉頭蓋, 会厭(えん)(軟骨) (cf. larynx, pharynx). **ep·i·glot·tal** [èpəglɑ́ṭl | èpɪglɔ́tl, ⸗⸗⸗] *adj.* **ep·i·glot·tic** [èpəglɑ́ṭɪk | èpɪglɔ́t-] *adj.*

ep·i·gone [épəgòʊn | épɪgəʊn] 〘⊏ G *Epigone* ⊏ L *epigoni*: ⇨ Epigonus〙 ── *n.* (*also* **ep·i·gon** [-gɑ̀n | -gɔ̀n]) **1** 子孫 (offspring). **2** (芸術・文学などにおける劣った)模倣者, 亜流, エピゴーネン. **ep·i·gon·ic** [èpəgɑ́nɪk | èpɪgɔ́n-] *adj.* **e·pig·o·nous** [ɪpígənəs, ep- | ep-] *adj.*

Epigoni *n.* Epigonus の複数形.

e·pig·o·nism [ɪpígənɪ̀zm, ep- | ep-] *n.* (芸術・文学などにおける劣った)模倣.

E·pig·o·nus [ɪpígənəs, əp-, ep- | ep-] 〘⊏ L ～ (pl. *Epigoni*) ⊏ Gk *Epígonoi* sons of the Seven against Thebes (pl.) ← *Epígonos* ← *epígonos* born afterwards ← EPI-＋*gígnesthai* to be born: cf. genus〙 ── *n.* (*pl.* **-o·ni** [-nàɪ | -nàɪ, -nìː]) **1** [the Epigoni] ⇨ SEVEN against Thebes. **2** [e-] ＝epigone 2.

ep·i·gram [épəgræ̀m | épɪ-] 〘(?*a*1439) ⊏ (O)F *épigramme* ⊏ L *epigramma* ⊏ Gk *epígramma* inscription: ⇨ epi-, -gram〙 ── *n.* **1** エピグラム, 警句 (cf. aphorism, apothegm); 寸鉄的な表現[言いまわし]. **2** 短い風刺詩, 寸鉄詩, エピグラム.

ep·i·gram·mat·ic [èpɪgrəmǽṭɪk, èpə- | èpɪ-] 〘⊏ LL *epigrammatic-us* ⊏ Gk *epigrammat-, epigramma* (↑)〙 ── *adj.* **1** 警句の, 警句的な, (寸鉄人を刺すように)鋭い. **2** 警句好きの, 警句を吐く.

èp·i·gram·mát·i·cal [-ṭɪk(ə)l | -tɪ-] *adj.* ＝epigrammatic.

èp·i·gram·mát·i·cal·ly *adv.* 警句的に, 寸鉄人を刺すように; 風刺詩的に.

ep·i·gram·ma·tism [èpəgrǽmətɪ̀zm | èpɪ-] *n.* 警句[風刺詩]風(の文体).

èp·i·grám·ma·tist [-ṭɪst, -təst | -tɪst] *n.* 警句家; 風刺詩人.

ep·i·gram·ma·tize [èpəgrǽmətàɪz | èpɪ-] *vi.* 風刺詩を作る; (…について)警句を作る[吐く] (*on*). ── *vt.* **1** 警句[風刺詩]的に表現する: Voltaire ～*d* the same thought. ヴォルテールは同じ考えを警句的に表現した. **2** 〈人・物〉について警句[風刺詩]を作る. **èp·i·grám·ma·tì·zer** *n.*

ep·i·graph [épəgræ̀f | épɪgrɑ̀ːf, -græ̀f] 〘(1624) ⊏ Gk *epigraphḗ*: ⇨ epi-, -graph〙 ── *n.* **1** (建物や立像に刻まれた)碑銘, 碑文, 金石文. **2** (巻頭・章頭に引用された)エピグラフ, 題辞, 銘句.

e·pig·ra·pher [ɪpígrəfə, əp-, ep- | epígrəfə(r, ɪp-] *n.* ＝epigraphist.

ep·i·graph·ic [èpəgrǽfɪk | èpɪ-] *adj.* **1** 碑銘の[に関する]; 銘句的な, 題辞的な. **2** 碑銘研究の, 金石文学の. **èp·i·gráph·ical** *adj.* **èp·i·gráph·i·cal·ly** *adv.*

e·pig·ra·phist [-fɪst, -fəst | -fɪst] *n.* 碑銘学者, 碑銘[金石文]の専門家.

e·pig·ra·phy [ɪpígrəfi, əp-, ep- | epígrəfɪ, ɪp-] 〘(1851) ← EPIGRAPH＋-Y[1]〙 *n.* **1** 碑銘研究, 金石文学. **2** [集合的] 碑銘; 碑銘[金石文]の書体.

ep·i·gyne [épədʒàɪn | épɪ-] 〘← EPI-＋-GYNE〙 *n.* 〘動物〙 ＝epigynum.

e·pig·y·nous [ɪpídʒənəs, əp-, ep- | ɪpídʒɪ-, ep-] 〘(1830) ← EPI-＋-GYNOUS〙 *adj.* 〘植物〙 子房上の, 子房下位の (cf. hypogynous).

e·pig·y·num [ɪpídʒənəm, əp-, ep- | ɪpídʒɪ-, ep-] 〘← NL ～ ← EPI-＋-*gynum* (← Gk -*gunon* (neut.) ← -*gunos* '-GYNOUS')〙 ── *n.* 〘動物〙 (クモの)雌性生殖孔; (クモの)雌性生殖板.

e·pig·y·ny [ɪpídʒəni, əp-, ep- | ɪpídʒɪnɪ, ep-] 〘← EPI-＋-GYNY〙 *n.* 〘植物〙 子房下位.

ep·i·kle·sis [èpəklíːsɪs, -səs | èpɪklíːsɪs] *n.* (*pl.* **-kle·ses** [-siːz]) 〘神学〙 ＝epiclesis.

epil. 《略》 epilepsy; epileptic; epilogue.

ep·i·late [épəlèɪt | épɪ-] 〘(逆成) ← EPILATION〙 *vt.* 〘医学〙 脱毛する.

ép·i·làt·ing wàx [-ṭɪŋ- | -tɪŋ-] *n.* 脱毛ワックス.

ep·i·la·tion [èpəléɪʃən | èpɪ-] 〘⊏ F *épilation* ← *épiler* ← *é-* 'EX-[1]'＋L *pilus* hair: ⇨ -ation〙 *n.* 〘医学〙 脱毛 (cf. depilation).

ép·i·là·tor [-ṭə | -tə(r] *n.* 脱毛剤; (特に)脱毛ワックス.

ep·i·lep·sy [épəlèpsi | épɪlèpsɪ] 〘(1578) ⊏ (O)F *épilepsie* ⊏ LL *epilēpsia* ⊏ Gk *epilēpsía* 《原義》 seizure ← *epilambánein* to seize ← EPI-＋*lambánein* to take ∽ (*a*1398) *epilencie* ⊏ OF *epilence* ⊏ LL *epilensia* ⊏ Gk **epilēmpsía*: cf. latch, catalepsy〙 ── *n.* 〘病理〙 癲癇(てんかん) (falling sickness) (cf. grand mal, petit mal).

ep·i·lept- [èpəlépt | èpɪ-] (母音の前に来る時の) epilepto- の異形. 「(⇨ -i-).

ep·i·lep·ti- [èpəléptɪ, -tə | èpɪléptɪ] epilepto- の異形

ep·i·lep·tic [èpəléptɪk | èpɪ-] 〘(1605) ⊏ F *épileptique* ⊏ L *epilēpticus* ⊏ Gk *epilēptikós*: ⇨ epilepsy, -ic[1]〙 ── *adj.* **1** 癲癇(てんかん)(性)の, 癲癇にかかった: an ～ fit 癲癇の発作. **2** 癲癇にかかったような. ── *n.* 癲癇患者. **èp·i·lép·ti·cal·ly** *adv.*

ep·i·lep·ti·form [èpəléptəfɔ̀əm | èpɪléptɪfɔ̀ːm] 〘⇨↓, -form〙 *adj.* 癲癇(てんかん)に似た.

ep·i·lep·to- [èpəléptoʊ | èpɪléptə(ʊ)] 〘⇨ epileptic〙 「癲癇(てんかん) (epilepsy)」の意の連結形. ★ 時に epilepti-, また母音の前では通例 epilept- になる.

ep·i·lep·to·gen·ic [èpəlèptədʒénɪk | èpɪlèptə(ʊ)-] 〘← EPILEPTO-＋-GENIC〙 *adj.* 癲癇(てんかん)を引き起こす.

ep·i·lep·toid [èpəléptɔɪd | èpɪ-] 〘⇨ epilepto-, -oid〙 *adj.* **1** ＝epileptiform. **2** 癲癇病質の: an ～ person.

ep·i·lim·ni·on [èpəlímniɑ̀n, -niən | èpɪlímniɔ̀n, -niən] 〘← NL ～ ← EPI-＋Gk *límnion* small pond ((dim.) ← *límnē* pool, lake)〙 ── *n.* (*pl.* **-ni·a** [-niə | -niə]) 〘地質〙 表水層《湖水の温度躍層 (thermocline) より上の部分; 水温傾度は少なく強風時には攪拌(かくはん)される; cf. hypolimnion》.

ep·i·lith·ic [èpəlíθɪk | èpɪ-] 〘← EPI-＋-LITHIC〙 *adj.* 〈植物が〉石の上に生育する, 石上性の: ～ mosses.

ep·i·log [épəlɔ̀(ː)g, épɪ-, -lɑ̀g | épɪlɔ̀g] *n.* ＝epilogue.

e·pil·o·gist [ɪpílədʒɪst, əp-, ep-, épəlɔ̀ːdʒ-, -lɑ̀dʒ-, -dʒəst | epílədʒɪst, ɪp-] 〘⇨↓, -ist〙 ── *n.* **1** エピローグ (epilogue) の作者. **2** エピローグの語り手, エピローグを述べる俳優.

ep·i·logue [épəlɔ̀(ː)g, épɪ-, -lɑ̀g | épɪlɔ̀g] 〘(?*c*1425) ⊏ (O)F *épilogue* ⊏ L *epilogus* ⊏ Gk *epílogos* conclusion: ⇨ epi-, -logue〙 ── *n.* **1 a** エピローグ, (劇の)納め口上, 閉幕辞《通例韻文で出演俳優の一人(以上)が述べる; cf. prologue》: an ～ *to* a play. **b** 納め口上の語り手. **2** (小説などの)結び, 終章 (conclusion). **3** 〘音楽〙 終楽章, 終結部, コーダ (coda). ── *vt.* …に結語を付ける.

ep·i·mer [épɪmə, épə- | épɪmə(r] 〘← EPI-＋-MER〙 ── *n.* 〘化学〙 エピマー《光学異性体の一種; 不整炭素原子 1 個のみが鏡像関係にある立体配置をもち, 互変異性する》. **ep·i·mer·ic** [èpəmérɪk | èpɪ-] *adj.*

e·pim·er·ism [epímərɪ̀zm] *n.*

epimera *n.* epimeron の複数形.

e·pim·er·ase [ɪpímərèɪs, əp-, ep-, -rèɪz | ɪpímərèɪs, ep-] 〘← EPI-＋(ISO)MERASE〙 *n.* 〘化学〙 エピメラーゼ《エピ化を行なう酵素の総称》.

ep·i·mere [épəmɪə | épɪmɪə(r] 〘← EPI-＋-MERE〙 *n.* 〘動物〙 上分節《脊椎動物の胚の胴部中胚葉の背方部》.

ep·i·mer·ize [épəməràɪz | épɪ-] 〘← EPIMER＋-IZE〙 *vt.* 〘化学〙 エピ化する.

ep·i·me·ron [èpəmí(ə)rɑn | èpɪmíərən] 〘← NL ～ ← EPI-＋-*meron* (← Gk *mērós* thigh)〙 *n.* (*pl.* **-me·ra** [-rə]) 〘昆虫〙 後側板, 肢上部.

Ep·i·me·the·us [èpəmíːθiəs, -θuːs | èpɪmíːθjuːs, -θjəs, -θɪəs] 〘⊏ L *Epimētheus* ⊏ Gk *Epimētheús* 《原義》 afterthought: cf. Prometheus〙 *n.* 〘ギリシャ神話〙 エピメテウス《Prometheus の兄弟で, Pandora の夫》.

Ep·i·mor·pha [èpəmɔ́əfə | èpɪmɔ́ː-] 〘← NL ～: ⇨ epi-, -morpha〙 *n. pl.* 〘動物〙 (節足動物唇脚綱)整形亜綱.

「学〕＝surjection.

èpi·mórphism 〘← EPI-＋MORPHO-＋-ISM〙 *n.* 〘数

èpi·mórphosis 〘← NL ～: ⇨ epi-, -morphosis〙 *n.* 〘動物〙 外形成, 真再生, 付加形成《動物体の失われた部分が, 細胞の新生と分化により再生すること》.

èpi·myocárdium 〘← NL ～: ⇨ epi-, myocardium〙 *n.* 〘生物〙 心筋外膜《発生初期の心臓の中胚葉性の外層で, その後心外膜と心筋に分化する》.

ep·i·mys·i·um [èpəmíziəm, -ʒiəm | èpɪmízɪ-] 〘← NL ～ ← EPI-＋Gk *mûs* mouse, muscle＋-IUM〙 *n.* (*pl.* **-si·a** [-ziə, -ʒiə | -zɪə]) 〘解剖〙 筋外膜, 筋肉鞘(しょう).

ep·i·na·os [èpənéɪɑs | èpɪnéɪɔs] 〘← EPI-＋NAOS〙 ── *n.* (*pl.* **-na·oi** [-néɪɔɪ]) 〘建築〙 エピナオス《古代ギリシャ神殿建築において, 周囲を壁で囲んだ naos (＝cella) の後室; cf. pronaos》.

ep·i·nas·ty [épənæ̀sti | épɪnæ̀stɪ] 〘← EPI-＋-NASTY: De Vries の造語〙 ── *n.* 〘植物〙 上偏生長《特に, 葉・花弁の上面が下面よりも勢いよく生長する傾向; ↔ hyponasty》. **ep·i·nas·tic** [èpənǽstɪk | èpɪ-] *adj.*

ep·i·neph·rine [èpənéfrɪn, -rən, -riːn | èpɪnéfriːn, -frɪn] 〘← EPI-＋NEPHRO-＋-INE[3]〙 ── *n.* (*also* **ep·i·neph·rin** [-rɪn, -rən | -rɪn]) 《米》 〘生化学〙 エピネフリン (⇨ adrenaline).

ep·i·neu·ri·um [èpən(j)ʊ́(ə)riəm | èpɪnjʊ́ərɪ-] 〘← NL ～: ⇨ epi-, neuro-, -ium〙 *n.* (*pl.* **-ri·a** [-riə | -rɪə], ～**s**) 〘解剖〙 神経上膜.

Èpi·paleolíthic *adj.* 〘考古〙 亜旧石器時代の《旧石器時代末期と中石器時代初頭にみられる文化の時代についていう》.

ep·i·pas·tic [èpəpǽstɪk | èpɪ-] 〘← Gk *epípastos* sprinkled over (← *epipássein* to sprinkle over ← EPI-＋*pássein* to sprinkle)＋-IC[1]〙 〘医学〙 ── *adj.* 散布用の. ── *n.* 散布剤.

èpi·pelágic 〘← EPI-＋PELAGIC〙 *adj.* 〘生態〙 表海水層の《海表面から深さ 100 m 前後までの水層で, 光合成が可能な光が当たる層》.

èpi·pétalous 〘← EPI-＋-PETALOUS〙 *adj.* 〘植物〙 〈花が〉花冠着生の.

Epiph. 《略》 Epiphany.

ep·i·phan·ic [èpəfǽnɪk | èpɪ-] *adj.* エピファニー的な.

e·piph·a·nous [ɪpífənəs, əp-, ep- | ɪp-, ep-] *adj.* ＝epiphanic.

E·piph·a·ny [ɪpífəni, əp-, ep- | ɪpífənɪ, ep-] 〘(*c*1325) ⊏ (O)F *épiphanie* ⊏ LL *epiphania* ⊏ LGk *epipháneia* ← Gk *epiphaínein* to show forth ← EPI-＋*phaínein* to disclose: ⇨ -y[1]〙 ── *n.* **1** [the ～] 〘キリスト教〙 **a** (東方の三博士 (Magi) の訪れによって象徴される) 救世主の顕現, 公現. **b** 御公現の祝日, 顕現日《1 月 6 日の三博士来訪の祝日; cf. Twelfth day》. **2** [e-] (神の)出現, 顕現. **3** 〘⊏ Gk *epipháneia* appearance of a divinity ← *epiphanḗs* manifest ← *epiphaínein*〙 〘文学〙 **a** エピファニー《単純平凡な事件や経験を通して直観的に真実の全貌をつかむこと》. **b** エピファニー的な作品[場面].

e·pi·phar·ynx [èpəfǽrɪŋks, -fér- | èpɪfǽr-] 〘← NL ～: ⇨ epi-, pharynx〙 *n.* **1** 〘解剖〙 上咽頭, 鼻咽腔. **2** 〘動物〙 上咽頭《昆虫の口腔の一部で, 上唇の内表面》.

epiphenomena *n.* epiphenomenon の複数形.

èpi·phenómenalism *n.* 〘哲学・心理〙 付帯[副, 随伴]現象説《意識現象は大脳活動に随伴しそれに支配されるが, 逆は成りたたないとする説; cf. interactionism》. **èpi·phenómenalist** *n.*

èpi·phenómenon 〘← EPI-＋PHENOMENON〙 ── *n.* (*pl.* **-ena**, ～**s**) **1** 〘病理〙 偶発症状, 余病. **2** 〘哲学〙 偶発, 徴候, 副[随伴]現象《他の物を原因としてそれに付随する二次的な徴候・現象; 特に, 身心問題で身体的出来事の随伴現象とみられる心的出来事》. **3** 〘心理〙 付帯[副, 随伴]現象《大脳活動に随伴する副現象としての意識》. **èpi·phenómenal** *adj.* **èpi·phenómenally** *adv.*

ep·i·phloe·dal [èpəflíːdl | èpɪ-] 〘← EPI-＋Gk *phloiós* bark of trees＋-AL[1]: -*d*- は添加音〙 *adj.* 〘植物〙 樹皮の表面に生育する, 樹皮生の: an ～ lichen.

ep·i·pho·ne·ma [èpəfo(ʊ)níːmə | èpɪfə(ʊ)-] 〘⊏ L ～ ⊏ Gk *epiphṓnēma*: ⇨ epi-, phoneme〙 ── *n.* (*pl.* ～**s**, **-ne·mae** [-miː]) 〘修辞〙 エピフォネーマ《話や詩の終わりを感嘆文または警句的な評言で結ぶこと》.

e·piph·o·ra [ɪpífərə, əp-, ep- | ɪp-, ep-] 〘← NL ～: ⇨ epi-, -phora〙 ── *n.* **1** 〘病理〙 流涙(症), 涙漏. **2** 〘修辞〙 結句反復《同じ語句を相次いで文尾に反復すること; 例: of the people, by the people, for the people; epistrophe ともいう; ↔ anaphora》.

ep·i·phragm [épəfræ̀m | épɪ-] 〘⊏ Gk *epíphragma* lid ← *epiphrássein* ← EPI-＋*phrássein* to fence〙 ── *n.* 〘生物〙 冬蓋(ふた)《カタツムリや巻貝類が冬眠や夏眠中に, 殻の入り口をおおう薄い膜》.

ep·i·phyll [épəfɪl | épɪ-] 〘← EPI-＋-PHYLL〙 *n.* 〘植物〙 葉の表面に生育する着生植物.

e·piph·y·sis [ɪpífəsɪs, əp- | ɪpífɪsɪs, ep-] 〘(1634) ← NL ～ ← Gk *epíphusis* outgrowth: ⇨ epi-, physio-

— *n.* (*pl.* **-y·ses** [-sìːz])〘解剖〙**1** 骨端 (cf. diaphysis). **2** (脳の) 松果体, 松果腺. **e·piph·y·se·al** [ɪpìfəsíːəl, əp-, -zíːəl, èpəfíziəl | ɪpìfɪsíːəl, ep-, -zíːəl, èpɪfíziəl] *adj.* **ep·i·phys·i·al** [èpəfíziəl | èpɪfízɪ-] *adj.*

ep·i·phy·tal [èpəfáɪtḷ | èpɪfáɪtl] *adj.*〘植物〙=epiphytic.

ep·i·phyte [épəfàɪt | épɪ-] 〘《1847–49》← EPI-+-PHYTE〙 *n.*〘植物〙着生植物《他の植物体の上に生育しているが, その養分を吸い取らない植物; cf. guild 3》.

ep·i·phyt·ic [èpəfíṭɪk | èpɪfít-] *adj.*〘植物〙着生[気生]の: an ~ orchid 着生ラン. **èp·i·phýt·i·cal·ly** *adv.*

ep·i·phy·tol·o·gy [èpəfaɪtɑ́lədʒi | èpɪfaɪtɔ́lədʒɪ] 〘← EPIPHYT(E)+-LOGY〙 — *n.* **1** 植物病発生の性質・生態・原因を究明する科学. **2** 植物病または病因をコントロールする因子の全体.

ep·i·phy·tot·ic [èpəfaɪtɑ́ṭɪk | èpɪfaɪtɔ́t-] 〘← EPIPHYTE+-OTIC[1]〙 *adj.*〘植物〙〈病気が〉植物に流行する: an ~ disease 植物流行病. — *n.* 植物流行病の発生.

ep·i·plex·is [èpəpléksɪs, -səs | èpɪpléksɪs] 〘□ LL *epiplēxis* □ Gk *epiplēxis* rebuke ← *epiplḗssein* to strike, rebuke ← EPI-+*plḗssein* to strike: ⇨ -sis〙 *n.*〘修辞〙エピプレクシス《聴衆を奮起させ, または扇動するために修辞的疑問文などを用いて間接に非難すること》.

e·pip·lo·on [ɪpíplouɑ̀n, əp- | ɪpíplaʊɔ̀n, əp-] 〘← NL ~ ← Gk *epíploon* ← *epipléein* to float on〙 *n.* (*pl.* **-lo·a** [-louə | -ləʊə])〘解剖〙大網 (greater omentum).

epipodia *n.* epipodium の複数形.

e·pip·o·dite [ɪpípədàɪt, əp-, ep- | ɪp-, ep-] 〘← EPI-+-PODITE〙 *n.*〘動物〙(節足動物の)副肢.

ep·i·po·di·um [èpəpóudiəm | èpɪpə́udɪ-] 〘← NL ~: ⇨ epi-, podium〙 *n.* (*pl.* **-di·a** [-diə | -dɪə])〘動物〙(腹足類の)上足.

e·pi·ro- [ɪpáɪro(ʊ), əp-, ep- | ɪpáɪərə(ʊ), ep-] =epeiro-.

epiro·génic *adj.*〘地質〙=epeirogenic.

ep·i·rog·e·ny [èpaɪrɑ́dʒəni | èpaɪ(ə)rɔ́dʒɪnɪ] *n.*〘地質〙=epeirogeny.

E·pi·rote [ɪpáɪrout, əp-, ep-, épəròut, épaɪr- | epáɪərə̀ut, ɪp-] 〘□ L *Ēpīrōt-ēs* □ Gk *Ēpeirṓtēs* ← *Ḗpeiros* (↓)〙 — *n.* (*also* **E·pi·rot** [ɪpáɪrət, əp-, ep- | epáɪ(ə)rət, ɪp-]) エーペイロス (Epirus) の住人.

E·pi·rus [ɪpáɪrəs, əp-, ep- | epáɪərəs, ɪp-] 〘□ L *Ēpīrus* □ Gk *Ḗpeiros*〙 *n.* エーペイロス《古代ギリシャの一地域; 今のギリシャ北西部と Albania 南部に当たる》.

Epis. 《略》Episcopal; Episcopalian; Epistle(s).

Episc. 《略》Episcopal; Episcopalian.

e·pis·ci·a [ɪpíʃiə, əp-, -ʃə | ɪpíʃɪə] 〘← NL ~ ← Gk *episkia* (fem.) ← *episkios* shaded, dark ← EPI-+-*skios* (← *skiā́* shade)〙 — *n.*〘植物〙熱帯アメリカ産イワタバコ科エピスシア属 (*Episcia*) の多年草の総称.

e·pis·co·pa·cy [ɪpískəpəsi, əp- | ɪpískəpəsɪ, ep-] 〘《1647》← LL *episcopātus* 'EPISCOPATE'+-ACY〙 — *n.* **1** 監督[主教, 司教]制度《bishops による教会政治形式》; 監督[主教, 司教]政治. **2** 監督[主教, 司教]の職[任期]. **3** [the ~; 集合的] 監督[主教, 司教]団.

e·pis·co·pal [ɪpískəpəl, əp-, -pḷ | ɪp-, ep-] 〘《c1460》□ (O)F *épiscopal* // LL *episcopāl-is* ← L *episcopus* 'overseer, (LL) BISHOP': ⇨ -al[1]〙 — *adj.* **1** 監督[主教, 司教]の, 監督[主教, 司教]団の: ~ government 監督[主教, 司教]政治 / an ~ ring (聖職の象徴として) bishop が儀式の時につける指輪 (⇨ vestment 挿絵). **2** [時に E-] (教会政治で)監督[主教, 司教]制の: the Methodist *Episcopal* Church メソジスト監督教会. **3** [E-] 監督派[英国国教会派]の: the *Episcopal* Church 英国聖公会, 英国国教会; 聖公会 / the Protestant *Episcopal* Church 米国聖公会. — *n.* =Episcopalian.

E·pis·co·pa·lian [ɪpìskəpéɪljən, əp-, -liən | ɪpìskə(ʊ)péɪljən, ep-, -lɪən] 〘《1738》← EPISCOPAL+-IAN〙 — *adj.* **1** 監督[主教, 司教]制教会の, 監督[主教, 司教]制教会に属する. **2** [e-] 監督[主教, 司教]制の; 監督制を支持する: the *episcopalian* system (教会の)監督[主教, 司教]制度. — *n.* **1** 監督[主教, 司教]制教会員; (特に)英国国教会員; 聖公会員[信徒]. **2** [e-] 監督[主教, 司教]制主義者.

E·pis·co·pá·lian·ism [-nɪzm] *n.* 監督制教会員[英国国教会員, 聖公会員]の主義・慣行.

e·pis·co·pal·ism [-lɪzm] *n.* (教皇制度 (papalism) に対する)監督[主教, 司教]制主義《教権は教皇のような一個人にあるのではなく, 監督[主教, 司教]団にあるという説》.

e·pís·co·pal·ly *adv.* 監督[主教, 司教]によって.

epíscopal vícar *n.*〘カトリック〙司教代理《司教区の一部を牧することを委ねられた司祭》.

e·pis·co·pate [ɪpískəpət, əp-, -pɪt, -pèɪt | ɪpískə(ʊ)-, ep-] 〘《1641》□ LL *episcopāt-us* ← *episcopus*: ⇨ episcopal, -ate[1]〙 — *n.* **1** 監督[主教, 司教]の職[任期]; 監督[主教, 司教]区 (bishopric). **2** [the ~; 集合的] 監督[主教, 司教]団. **3** 監督[主教, 司教]の聖職給.

ep·i·scope [épəskòup | épɪskə̀up] 〘← EPI-+-SCOPE〙 *n.* 反射投映機《反射光を用いて不透明体の画像を映写する投映器》.

e·pis·co·pize [ɪpískəpàɪz, əp- | ɪpískə(ʊ)-, ep-] 〘← EPISCOP(AL)+-IZE〙 — *vt.* **1** 監督[主教, 司教]にする. **2** 監督[主教, 司教]制教会員[主義者]にする. — *vi.* 監督[主教, 司教]を勤める.

èpi·sémeme 〘← EPI-+SEMEME〙 *n.*〘言語〙文法意義素《Bloomfield の用語; 文法素 (tagmeme) の意義》.

èpi·sépalous 〘← EPI-+-SEPALOUS〙 *adj.*〘植物〙〈雄蕊(ずい)が〉萼(がく)上着生の.

e·pis·i·o- [ɪpízio(ʊ), əp-, ep- | ɪpízɪə(ʊ), ep-] 〘← NL ~ ← Gk *epíseion* pubic region〙「陰門 (vulva); 陰門と…との (vulva and…)」の意の連結形.

e·pis·i·ot·o·my [ɪpìziɑ́ṭəmi, əp-, ep- | ɪpìzɪɔ́təmɪ, ep-] 〘⇨ ↑, -tomy〙 *n.*〘産科〙会陰切開(術).

ep·i·sode [épəsòud | épɪsə̀ud] 〘《1678》□ Gk *epeisódion* a parenthetic addition (neut.) ← *epeisódios* coming in besides ← EPI-+*eisodos* entering: ⇨ -ode[2]〙 — *n.* **1** (古代ギリシャ悲劇の, 二つの合唱の間にはさんだ)対話の場面. **2** (小説・劇などの中間にはさむ)挿話, エピソード. **3** 挿話的な出来事《特に, 重要な事件・経験》: an ~ in history [one's life] 歴史上の[自分の一生の中の]挿話的事件. **4** (小説・放送番組などで, 連続ものの)一回(分), エピソード. **5**〘音楽〙挿入部, 挿句, 間奏《2つの固定的な主部の間にある自由な楽節(句); 特にコンチェルト形式やロンド形式に不可欠》. **6**〘映画〙回想形式の挿話を見せる場面.

ep·i·sod·ic [èpəsɑ́dɪk | èpɪsɔ́d-] *adj.* **1** 挿話の, エピソード風の. **2** 偶発的な, 時たまの, 気まぐれな: one's ~ show of regard 時たまに敬意を示すこと.

èp·i·sód·i·cal [-dɪkəl, -dəl- | -dɪ-] *adj.* =episodic.

èp·i·sód·i·cal·ly *adv.* エピソード風に; 偶発的に; 無関連に, ばらばらに.

ep·i·some [épəsòum | épɪsə̀um] 〘← EPI-+-SOME[3]〙 — *n.*〘生物〙エピソーム, 遺伝子副体《バクテリア細胞中にあり, ある時は染色体にとり込まれ, ある時は細胞質内で増殖する遺伝子》. **ep·i·som·al** [èpəsóuməl | èpɪsə́u-] *adj.* **èpi·sóm·al·ly** *adv.* **ep·i·so·mic** [èpəsóumɪk | èpɪsə́u-] *adj.*

ep·i·spa·di·as [èpəspéɪdiəs | èpɪspéɪdɪəs] 〘← NL ~ ← EPI-+-*spadias* (← ? Gk *spádōn* eunuch: cf. spado)〙 *n.*〘病理〙尿道上裂.

ep·i·spas·tic [èpəspǽstɪk | èpɪ-] 〘← NL *epispasticus* ← Gk *epispastikós* drawing toward ← *epispân* ← EPI-+*span* to draw: cf. spasm〙《廃》〘医学〙 — *adj.* 引赤性の, 水疱(ほう)を生じる, 発疱の, 吸出しの. — *n.* 皮膚刺激薬, 発疱剤, 吸出し薬.

épi·spèrm 〘← EPI-+SPERM〙 *n.*〘植物〙=testa.

ep·i·spore [épəspɔ̀ə, -spɔ̀ə | épɪspɔ̀ː(r)] 〘← EPI-+-SPORE〙 *n.* **1 a**〘植物〙胞子 (spore) 外膜[外被]. **b**〘細菌〙=exospore 2. **2**〘生物〙胞子嚢(のう)の外層.

e·pis·ta·sis [ɪpístəsɪs, əp-, -səs | ɪpístəsɪs, ep-] 〘← NL ~ ← Gk *epístasis* a stopping: ⇨ epi-, -stasis〙 — *n.* (*pl.* **-ta·ses** [-sìːz]) **1**〘生物〙(ある遺伝因子の他の遺伝因子に対する)上位, 優勢. **2**〘医学〙**a** (血液・月経・悪露(ろ)などの)鬱滞, 停止. **b** 泡渣(ほうさ)《尿の表面にできる浮き泡または薄膜》. **ep·i·stat·ic** [èpəstǽṭɪk | èpɪstǽt-] *adj.*

e·pis·ta·sy [ɪpístəsi, əp- | ɪpístəsɪ, ep-] 〘⇨ ↑, -y[1]〙 *n.* =epistasis.

ep·i·stax·is [èpəstǽksɪs, -səs | èpɪstǽksɪs] 〘← NL ~ ← Gk *epístaxis* dropping ← *epistázein* to drop on ← EPI-+*stázein* to drop〙 *n.*〘病理〙鼻出血, 鼻血.

ep·i·ste·me [èpəstíːmiː | èpɪ-] 〘□ Gk *epistḗmē* ← *epístanai* to know, understand ← EPI-+*histánai* to set〙 *n.* 知識; 認識.

ep·i·ste·mic [èpəstíːmɪk, -stém- | èpɪ-] 〘← Gk *epistḗmē* (↑)+-IC[1]: cf. epistemology〙 — *adj.* **1**〘哲学〙認識的な, 認識上の. **2**〘言語〙陳述緩和の: ~ passive 陳述緩和受動文《対応する能動文のない受動文が文の陳述を緩和するところから; 例: He is said to be a scholar.》/ ~ verb 陳述緩和動詞《陳述緩和受動文で用いられる動詞; know, say, think など》. **èp·i·sté·mi·cal·ly** *adv.*

e·pis·te·mo·log·i·cal [ɪpìstəməlɑ́dʒɪkəl, əp-, ep-, -dʒə- | epìstɪməlɔ́dʒɪ-, ɪp-, -tə-] *adj.*〘哲学〙認識論上の, 認識論的な. **~·ly** *adv.*

e·pis·te·mól·o·gist [-dʒɪst, -dʒəst | -dʒɪst] *n.* 認識論学者.

e·pis·te·mol·o·gy [ɪpìstəmɑ́lədʒi, əp-, ep- | epìstɪmɔ́lədʒɪ, ɪp-, -tə-] 〘《1856》← *epistemo-* (← Gk *epistḗmē* knowledge: ⇨ episteme)+-LOGY〙 — *n.*〘哲学〙認識論.

e·pis·te·mo·phil·i·a [ɪpìstəmo(ʊ)fíliə, əp-, ep- | epìstɪmə(ʊ)fílɪə, ɪp-, -tə-] 〘← NL ~ ← *epistemo-* (↑)+-PHILIA〙 — *n.* 好学; 学問に対する異常な関心.

e·pis·te·mo·phil·i·ac [ɪpìstəmo(ʊ)fíliæ̀k, əp-, ep- | epìstɪmə(ʊ)fílɪ-, ɪp-, -tə-] *n.* **e·pis·te·mo·phil·ic** [ɪpìstəmo(ʊ)fílɪk, əp-, ep- | epìstɪmə(ʊ)-, ɪp-] *adj.*

ep·i·ster·num [èpɪstə́ːnəm, èpə- | èpɪstə́ː-] 〘← NL ~: ⇨ epi-, sternum〙 *n.* (*pl.* **-ster·na** [-nə]) **1**〘解剖〙胸骨柄(へい) (manubrium). **2**〘動物〙上胸骨;〘昆虫〙前側板 (cf. metapleuron). **èp·i·stér·nal** [-nḷ] *adj.*

e·pis·tle [ɪpísḷ, əp- | ɪp-] 〘ME *epistel* □ OF *epistle* (F *épître*) □ L *epistola* □ Gk *epistolḗ* message, letter ← *epistéllein* to send ← EPI-+*stéllein* to send ∽ OE *epistole* □ L *epistola*〙 — *n.* **1**《通例戯言》書簡, 手紙《特に, 儀礼的・教訓的なもの》. **2** [E-] (新約聖書中の)使徒の書簡: the *Epistle* of Paul to the Romans (新約聖書の)ロマ書. **3** [the E-] (儀式の一部として読む[歌う])使徒書簡の抜粋. **4** (韻文・散文の)書簡体作品.

e·pis·tler [ɪpísṭlə, -slə | ɪpís(t)lə(r)] 〘《1610》: ⇨ ↑, -er[1]〙 *n.* =epistoler.

epístle sìde *n.* (祭壇の)使徒書側, 書簡側《聖餐式において使徒書を朗読する側; 会衆席から祭壇に向かって右側; cf. gospel side》.

e·pis·to·lar·y [ɪpístəlèri, əp- | ɪpístələrɪ, ep-, -tḷərɪ] 〘《1656》□ F *épistolaire* // L *epistolāri-us* ← *epistola*: ⇨ epistle, -ary〙 — *adj.* **1** 書簡の; 手紙による: ~ communications 文通. **2** 書簡体の; 手紙にふさわしい: an ~ style 書簡体 / an ~ novel 書簡体小説. — *n.* [*pl.*] 礼拝用書簡集を含む聖句集.

e·pis·to·ler [ɪpístələ, əp- | ɪpístələ(r, ep-] 〘《1530》□ F *épistolier* // L *epistolār-is* ← *epistola* (↑): ⇨ -er[1]〙 — *n.* **1** 書簡の筆者; (特に, 新約聖書中の)書簡 (Epistle) の筆者《Paul, James, Peter, John, Jude たちをいう》. **2** (英国国教会で聖餐式の)使徒書簡の朗読者 (cf. gospeler 1).

ep·i·stol·ic [èpəstɑ́lɪk | èpɪstɔ́l-] *adj.* =epistolary.

èp·i·stól·i·cal [-lɪkəl, -lə- | -lɪ-] *adj.* =epistolary.

e·pis·to·lize [ɪpístəlàɪz, əp- | ɪp-, ep-] *vi.* 書簡をしたためる. — *vt.* …に書簡を寄せる.

e·pis·to·log·ra·phy [ɪpìstəlɑ́grəfi, əp- | ɪpìstəlɔ́grəfɪ, ep-] *n.* 書簡文作法.

ep·i·stome [épəstòum | épɪstə̀um] 〘← NL *epistoma*: ⇨ epi-, -stome〙 *n.*〘動物〙口上突起.

e·pis·tro·phe [ɪpístrəfi, əp-, -fìː | ɪpístrəfɪ, ep-] 〘《1647》□ Gk *epistrophḗ* turning about: ⇨ epi-, strophe〙 — *n.* **1**〘修辞〙=epiphora 2. **2**〘音楽〙反復, 結句反復《一段落ごとに同じ楽句で終わること》. **3**〘哲学〙回帰《新プラトン派の用語で, 善一者である神からの乖離(かいり)と, この離反を自覚し理性が行なう一者への回転をいう》.

ep·i·style [épəstàɪl | épɪ-] 〘《1615》□ F *épistyle* // L *epistȳl-ium* □ Gk *epistúlion*: ⇨ epi-, -style[1]〙 *n.*〘建築〙=architrave 1.

èpi·sýllogism 〘← EPI-+SYLLOGISM〙 — *n.*〘論理〙後[承前]三段論法《複合三段論法で, 先行する三段論法の結論が後続するそれの前提となっている場合, 後者をいう; cf. prosyllogism》.

epit. 《略》epitaph; epitome.

ep·i·taph [épətæ̀f | épɪtɑ̀ːf, -tæ̀f] 〘《*a*1338》□ (O)F *épitaphe* □ L *epitaphium* □ Gk *epitáphion* funeral oration (neut.) ← *epitáphios* upon a tomb ← EPI-+*táphos* tomb〙 — *n.* **1** 墓碑銘, 碑文. **2** 故人[過去の事柄]を記念する碑文体の小(詩)文. — *vt.* 〈人・事柄を〉墓碑[小(詩)文]によって記念する. **ep·i·taph·i·al** [èpətǽfiəl | èpɪtǽfɪ-] *adj.* **ep·i·taph·ic** [èpətǽfɪk | èpɪ-] *adj.*

ep·i·tàph·ist [-fɪst, -fəst | -fɪst] *n.* 墓碑銘[碑文]の作者.

e·pit·a·sis [ɪpíṭəsɪs, əp-, -səs | ɪpítəsɪs, ep-] 〘← NL ~ ← Gk *epítasis* a stretching ← *epiteínein* to stretch upon ← EPI-+*teínein* to stretch〙 — *n.* (古代演劇の前提部 (protasis) に続いて事件が発展する)展開部.

ep·i·tax·i·al [èpətǽksiəl | èpɪtǽksɪ-] *adj.* エピタクシー (epitaxy) の[に関する]. **~·ly** *adv.*

epitáxial grówth *n.*〘電子工学〙エピタキシャル成長《半導体基板上に結晶軸とそろえて半導体を成長させていく半導体素子製造法》.

epitáxial transístor *n.*〘電子工学〙エピタキシャルトランジスター《エピタキシャル成長法により作られたトランジスター》.

ep·i·tax·is [èpətǽksɪs, -səs | èpɪtǽksɪs] 〘← EPI-+-TAXIS〙 *n.*〘結晶〙=epitaxy.

ep·i·tax·y [épətæ̀ksi | épɪtæ̀ksɪ] 〘□ F *épitaxie*: ⇨ epi-, -taxy〙 — *n.*〘結晶〙エピタクシー, 配向成長《一つの結晶が他の結晶の表面上に成長するとき両者の方位の間に一定の関係が見られる現象; epitaxis ともいう》. **ep·i·tax·ic** [èpətǽksɪk | èpɪ-] *adj.*

epithalami *n.* epithalamus の複数形.

epithalamia *n.* epithalamion, epithalamium の複数形.

ep·i·tha·la·mi·al [èpəθəléɪmiəl | èpɪθəléɪmjəl, -miəl] 〘← EPITHALAMI(UM)+-AL[1]〙 *adj.* =epithalamic.

ep·i·tha·lam·ic [èpəθəlǽmɪk | èpɪ-] *adj.* 祝婚歌(風)の.

ep·i·tha·la·mi·on [èpəθəléɪmiən, -miɑ̀n | èpɪθəléɪmjən, -mɪən, -mɪɔ̀n] 〘□ Gk *epithalámion* (↓)〙 — *n.* (*pl.* **-mi·a** [-miə | -mjə, -mɪə]) **1** [E-]「祝婚歌」《Edmund Spenser 作の長詩 (1595)》. **2** =epithalamium.

ep·i·tha·la·mi·um [èpəθəléɪmiəm | èpɪθəléɪmjəm, -mɪəm] 〘《1607》□ L ~ □ Gk *epithalámion* bridal song (neut.) ← *epithalámios* nuptial ← EPI-+*thálamos* bridal chamber〙 — *n.* (*pl.* **~s, -mi·a** [-miə | -mjə, mɪə]) 婚礼を祝う歌, 祝婚歌 (nuptial song).

ep·i·thal·a·mus [èpəθǽləməs | èpɪ-] 〘← NL ~: ⇨ epi-, thalamus〙 *n.* (*pl.* **-a·mi** [-màɪ])〘解剖〙視床上部《間脳の最上部》.

ep·i·thal·a·my [èpəθǽləmi | èpɪθǽləmɪ] *n.* =epithalamium.

èpi·thécium 〘← NL ~: ⇨ epi-, -thecium〙 *n.* (*pl.* **-cia**)〘生物〙(子嚢菌類の)子実上層.

ep·i·the·li- [èpəθíːli | èpɪθíːlɪ] (母音の前に来る時の) epithelio- の異形.

epithelia *n.* epithelium の複数形.

ep·i·the·li·al [èpəθíːliəl, -ljəl | èpɪθíːlɪəl, -ljəl] 〘← EPITHELIO-+-AL[1]〙 *adj.*〘生物〙上皮の, 上覆組織の: ~ cells 上皮細胞.

epithélial péarl *n.*〘病理〙(上皮腫 (epithelioma) 内に生じる)上皮真珠.

ep·i·the·li·o- [èpəθíːlio(ʊ) | èpɪθíːlɪə(ʊ)] 〘⇨ epithelium〙「上皮 (epithelium)」の意の連結形. ★ 母音の前では通例 epitheli- になる.

ep·i·the·li·oid [èpəθíːliɔ̀ɪd | èpɪθíːlɪ-] 〘← EPITHELIO-+-OID〙 *adj.*〘生物〙上皮のような, 上皮に似た.

ep·i·the·li·o·ma [èpəθìːlióumə | èpɪθìːlɪə́u-] 〘← NL ~: ⇨ epithelio-, -oma〙 — *n.* (*pl.* **~s, ~·ta** [~ṭə | ~tə])〘病理〙上皮腫(しゅ), 上皮癌(がん). **èp·i·the·li·óm·a·tous** [-ṭəs | -təs] *adj.*

epithèlio·múscular 〘← EPITHELIO-+MUSCULAR〙

adj. 〘動物〙上皮筋の：an ～ cell 上皮筋細胞.

ep·i·the·li·um [èpəθíːliəm | èpɪθíːljəm, -liəm] 〘← NL ～ ← EPI-＋Gk *thēlḗ* teat, nipple＋L *-um* (▭ Gk *-ion* (dim. suf.))〙 ── *n.* (*pl.* ～**s**, **-li·a** [-liə | -ljə, -liə]) **1** 〘解剖・動物〙上皮 (cf. endothelium). **2** 〘植物〙新皮, 皮膜組織, 上皮.

ep·i·the·lize [èpəθíːlàɪz | èpɪ-] 〘生物〙*vt.* 〈傷口などを〉上皮でおおう, 〈他の組織を〉上皮に変える. ── *vi.* 〈傷口などが〉上皮でふさがる.

ep·i·thet [épəθèt, épɪ-, -θɪt, -θət | épɪθèt, -θɪt] 〘《1579》▭ L *epithet-on* ▭ Gk *epítheton* an adjunct, adjective (neut.) ← *epíthetos* added ← EPI-＋*tithénai* to put〙 ── *n.* **1** (性質・属性を言い表わす)形容語句, 形容辞《verdant lawn の verdant; Richard the Lion-Hearted の Lion-Hearted など》. **2** (人や物の名の代わりに用いられる)別称《the Lord の代わりに the Eternal を用いるような場合》. **3** 悪口[軽蔑]の語(句): 'Un-American' can be an ～.「非アメリカ的」は軽蔑語になる場合がある. **4** 〘生物〙小名《例えば *Rosa chinensis longifolia* のうち *chinensis* は種小名 (specific epithet), *longifolia* は変種小名 (varietal epithet)》. **5** 《廃》表現 (expression).

ep·i·thet·ic [èpəθétɪk | èpɪθét-] *adj.* **1** 形容語句の, 形容辞的の. **2** 形容辞を用いた. **èp·i·thét·i·cal·ly** *adv.*

èp·i·thét·i·cal [-tɪkəl, -tə- | -tɪ-] *adj.* ＝epithetic.

e·pit·o·me [ɪpítəmi, əp-, ep-, -miː | ɪpítəmɪ, ep-] 〘《1529》▭ L *epitomē* ▭ Gk *epitomḗ* ← *epitémnein* to abridge ← EPI-＋*témnein* to cut: ⇨ tome〙 ── *n.* **1** (書籍・論文などの)要約, 摘要; (作品などの)梗概, 概要, あらまし. **2** (…の)縮図: man, the world's ～ 世界の縮図である人間 / in ～ 縮図の形で. **3** 典型的[理想的]な例, 権化: He is the ～ *of* diligence. 勤勉の権化だ.

e·pít·o·mist [-mɪst, -məst | -mɪst] *n.* 摘要[梗概]作者.

e·pit·o·mize [ɪpítəmàɪz, əp-, ep- | ɪpít-, ep-] 〘《1599》← EPITOM(E)＋-IZE〙 *vt.* **1** …の摘要[梗概]を作る, 要約[摘要]する. **2** 縮図的に示す, 具現する.

e·pít·o·mìz·er *n.* ＝epitomist.

Ep·i·to·ni·i·dae [èpətənáɪədìː | èpɪtənáɪɪ-] 〘← NL ～ ← *Epitonium* (属名: ← Gk *epitónion* turncock, peg)＋-IDAE〙 *n. pl.* 〘貝類〙イトカケガイ科.

ep·i·tra·che·li·on [èpətrəkíːliὰn, -ljən | èpɪtrəkíːlɪɔ̀n, -ljən] 〘▭ MGk *epitrákhēlion* (neut.) ← *epitrákhēlios* ← EPI-＋Gk *-trákhēlios* (← *trákhēlos* neck)〙 ── *n.* (*pl.* **-li·a** [-liə, -ljə | -lɪə, -ljə]) 〘東方正教会〙エピトラケリオン《司祭が肩から垂らすストールの一種; cf. stole[2] 1》.

ep·i·tro·choid [èpətróʊkɔɪd | èpɪtrə́ʊ-] 〘← EPI-＋TROCHOID〙 *n.* 〘数学〙外トロコイド(曲線)《円の外側をころがる円周の半径もしくはその延長上の円周上にない定点が描く曲線; cf. epicycloid, hypotrochoid》.

e·pit·ro·phy [ɪpítrəfi, əp-, ep- | ɪpítrəfɪ, ep-] 〘← EPI-＋-TROPHY〙 *n.* 〘植物〙傾上性《側枝・側根の上側が下側よりよけいに生長すること; ↔ hypotrophy》.

ep·i·xy·lous [èpəzáɪləs | èpɪ-] 〘← EPI-＋XYLO-＋-OUS〙 *adj.* 〘植物〙木の上に生育する, 樹上生の: ～ fungi 樹上生のキノコ.

ep·i·zeux·is [èpəzúːksɪs, -səs | èpɪz(j)úːksɪs] 〘▭ LL ～ ▭ Gk *epízeuxis* ← *epizeugnúnai* to fasten together ← EPI-＋*zeugnúnai* to join〙 ── *n.* 〘修辞〙畳語法《同一語を続けて反復させる強調法; 例: *Out, out,* brief candle》.

epizoa *n.* epizoon の複数形.

ep·i·zo·ic [èpəzóʊɪk | èpɪzə́ʊ-] 〘⇨ epi-, -zoic[1]〙 *adj.* 〘生物〙体外寄生の, 体表着生の: an ～ plant 体表着生植物. 「生, 体表着生.

ep·i·zo·ism [èpəzóʊɪzm | èpɪzə́ʊ-] *n.* 〘生物〙体外寄

ep·i·zo·ite [èpəzóʊaɪt | èpɪzə́ʊ-] 〘⇨ -ite[1]〙 *n.* 〘生物〙体外寄生体, 体表着生体.

ep·i·zo·ol·o·gy [èpəzoʊάlədʒi | èpɪzəʊɔ́lədʒɪ] 〘← EPI-＋ZOO-＋-LOGY〙 *n.* ＝epizootiology.

ep·i·zo·on [èpəzóʊɑn | èpɪzə́ʊɔn] 〘← NL ～: ⇨ epi-, -zoon〙 *n.* (*pl.* **-zo·a** [-zóʊə | -zə́ʊə]) 〘動物〙(動物体への)付着生物; 外部寄生虫 (ectozoon).

ep·i·zo·ot·ic [èpəzoʊάtɪk | èpɪzəʊɔ́t-] 〘▭ F *épizootique*: ⇨ epi-, zoo-, -otic[1]〙 ── *adj.* 〈動物の病気が〉流行性の《人間の病気の epidemic に相当する; cf. enzootic, panornithic》. ── *n.* 家畜の流行病. **èp·i·zo·ót·i·cal·ly** *adv.* 「ease.

epizoótic áphtha *n.* 〘獣医〙＝foot-and-mouth dis-

ep·i·zo·o·ti·ol·o·gy [èpəzo(ʊ)òʊtiάlədʒi | èpɪzə(ʊ)əʊtɪɔ́lədʒɪ] 〘⇨ ↑, -logy〙 *n.* **1** 動物流行病学. **2** 動物病発生の支配要因. **ep·i·zo·o·ti·o·log·ic** [èpəzo(ʊ)òʊtiəlάdʒɪk | èpɪzə(ʊ)əʊtɪəlɔ́dʒ-] *adj.* **èp·i·zo·ò·ti·o·lóg·i·cal** *adj.* **èp·i·zo·ò·ti·o·lóg·i·cal·ly** *adv.*

ep·i·zo·o·tol·o·gy [èpəzòʊətάlədʒi | èpɪzəʊətɔ́lədʒɪ] 〘← EPIZOOT(IC)＋-OLOGY〙 *n.* ＝epizootiology.

ep·i·zo·o·ty [èpəzóʊəti | èpɪzə́ʊətɪ] 〘▭ ? F *épizootie*: ⇨ epizootic, -y[1]〙 *n.* ＝epizootic.

EPN 〘《頭字語》← *e(thyl)-p(ara)-n(itro-phenyl)*〙 *n.* 〘薬学〙イーピーエヌ《殺虫剤》.

E.P.N.S., EPNS 《略》electroplated nickel silver.

ep·och [épək, épɑk, íːpɑk | íːpɔk] 〘《1614》▭ ML *epocha* ▭ Gk *epokhḗ* stoppage, fixed point of time ← *epékhein* to stop ← *ep-* 'EPI-'＋*ékhein* to hold〙 ── *n.* **1** 新紀元; 新時代の始まり: make [form, mark] an ～ in English literature 英文学に一新紀元を開く[新機軸を出す]. **2** (画期的な)時代: an ～ of revolution 革命時代 / a great ～ in history 歴史上の画期的一時代 / the Napoleonic ～ ナポレオン時代. **3** 記念すべき事件[日時]: the ～*s* of our life 人生の記念すべき事件. **4** 〘地質〙(地質時代区分の)世 (cf. period 9): the diluvial ～ 洪(ᶜᵒ)積世. **5** 〘天文〙**a** 元期(ᵍᵉⁿ)《惑星軌道要素の一つ; また星表・星図等の基準年》. **b** 〘宇宙〙時代《宇宙の歴史を論じる時に使う》; (宇宙の開闢より数えた)時間.

ep·och·al [épəkəl, épɑk- | épɔk-, iːpɔ́k-] *adj.* 新時代の, 画期的な (epoch-making). **～·ly** *adv.*

ep·o·che [épəkìː] 〘▭ Gk *epokhḗ*: ⇨ epoch〙 ── *n.* 〘哲学〙エポケ, 判断中止《人間には本来到達不可能である真で絶対確実な知識の探究や決定を控え, この種のかかわりから心を解放して平静を得るためにギリシャの古代懐疑論者が推奨した態度; 方法論的には Descartes, Husserl らにも受けつがれている》.

époch-màking 〘《1863》: cf. G *epochemachend*〙 *adj.* 新紀元を開くような, 新時代を画する, 画期的な: an ～ event [discovery] 画期的な事件[発見].

ep·ode [époʊd | épəʊd] 〘《1598》▭ (O)F *épode* ▭ L *epōdos* ▭ Gk *epōidós* aftersong: ⇨ epi-, ode〙 ── *n.* 〘詩学〙**1** (ギリシャの詩人 Archilochus が考案し, Horace が用いた)叙情短詩型《長短の行が交互し, 叙情的なものと風刺的なものがある》. **2** ギリシャの合唱歌 (chorus) や叙情歌 (lyric ode) を構成する strophe と antistrophe とに続く終結[第三]部.

ep·o·nych·i·um [èpəníkiəm | èpə(ʊ)níkɪ-] 〘← NL ～: ⇨ epi-, onycho-, -ium〙 *n.* **1** 〘生物〙胎生爪皮. **2** 〘解剖〙爪上皮.

ep·o·nym [épənɪm | épə(ʊ)-] 〘▭ L *eponym-us* ▭ Gk *epṓnumos* named, surnamed ← EPI-＋*ónoma* 'NAME'〙 ── *n.* **1** 名祖(ⁿᵃᵒʸᵃ)《国・民族・土地などの名の起こりとなった人や物; 例えば Pelops から Peloponnesus が, Romulus から Rome が出たというなど》. **2** (古代アッシリアで)在職の時代を表わす政府高官の名《例えばA氏の首相在職時代を A 時代というなど》. **3** 〘意味上 -onym と連想〙(発見者・創案者の名に基づく病気・薬などの)名称: the ～ "Weil's disease"「ワイル病」という名称.

ep·o·nym·ic [èpənímɪk | èpə(ʊ)-] *adj.* ＝eponymous.

ep·ón·y·mism [-mɪzm] *n.* ＝eponymy.

e·pon·y·mous [ɪpάnəməs, əp-, ep- | ɪpɔ́nɪ-, ep-] 〘《1846》▭ Gk *epṓnum-os*: ⇨ eponym, -ous〙 ── *adj.* 名祖(ⁿᵃᵒʸᵃ)(eponym) の, 名祖としての: the church and its ～ saint 教会とその名祖となっている聖人.

e·pon·y·my [ɪpάnəmi, əp-, ep- | ɪpɔ́nɪmɪ, ep-] 〘▭ Gk *epōnumía* surname ← *epṓnumos* (↑)〙 *n.* (地名などが)名祖に由来すること《eponymism ともいう》.

ep·o·pea [èpəpíːə] 〘▭ Gk *epopoiía* (↓)〙 *n.* ＝epopee.

ep·o·pee [épəpìː | épə(ʊ)-] 〘《1697》▭ F *épopée* ▭ Gk *epopoiía* epic poetry ← *epopoiós* epic poet ← EPOS＋*poieîn* to make〙 ── *n.* (一編の)叙事詩《epopea, epopeia ともいう》: historical ～ 史詩.

ep·o·pe·ia [èpəpíː(j)ə] 〘▭ Gk *epopoiía* (↑)〙 *n.* ＝epopee.

ep·os [épɑs | épɔs] 〘《1835》▭ L ～ ▭ Gk *épos* word, song ← IE **wekʷ-* to speak (L *vōx* 'VOICE' & *vocāre* to call)〙 ── *n.* **1 a** 口承の叙事詩群《共通の叙事詩的主題の部分が形式的には統合されていない》. **b** 叙事詩. **2** (叙事詩の題材にふさわしい)連続的大事件.

ep·ox·ide [epάksaɪd, -sɪd, -səd | epɔ́ksaɪd] 〘← EPI-＋OXIDE〙 *n.* 〘化学〙エポキシド《エチレンオキシド環》.

ep·ox·i·dize [epάksədàɪz | epɔ́ksɪ-] 〘← EPI-＋OXIDIZE〙 *vt.* 〘化学〙〈不飽和化合物を〉エポキシドに変える.

ep·ox·y [épɑksi, ─ ́─ | épɔksɪ, ─ ́─] 〘← EPI-＋OXY-[1]〙〘化学〙 ── *adj.* **1** エポキシの《酸素原子が同一分子内の2原子の炭素と結合している構造の基をもつ》. **2** エポキシド (epoxide) の. ── *n.* ＝epoxy resin. ── *vt.* エポキシ樹脂で接着する.

epóxy résin *n.* 〘化学〙エポキシ樹脂.

Ép·ping Fórest [épɪŋ-] 〘*Epping*: OE *Eppinges*, **Yppingas* upland dwellers ← *yppe* raised place＋*-ingas* descendants, dwellers: ⇨ -ing[3]〙 ── *n.* London の北東方 Essex 州にある行楽地; 広さ 23 km²; もとは王室御料林で, 一時は Essex 州の全体にわたっていた.

É-prime 〘*E*: 《略》← ENGLISH〙 ── *n.* 〘言語〙(一般意味論における)根本英語《同一性を表わす be は言語と事物の混同を引き起こしやすいので, それを使わない英語; D. D. Bourland, Jr. の用語であるが, その考え方は Korzybski にさかのぼる》.

é·pris [eɪpríː; *F.* epri] 〘▭ F ～〙 *F. adj.* (*also* **é·prise** [eɪpríːz; *F.* epriːz]) 〔…に〕惚れて, 夢中で〔*of, with*〕. ★ 女性については éprise を用いることが多い.

ep·si·lon [épsəlὰn, -lən | epsáɪlən, -lɔn, épsɪlən] 〘▭ LGk *è psilón* 《原義》'e' simple: e と発音が同じになった ai と区別するための呼び方〙 ── *n.* **1** エプシロン《ギリシャ語アルファベットの 24 字中の第 5 字: *E*, *ε* (ローマ字の E, e に当たる); ⇨ alphabet 表》. **2** 〘数学〙イプシロン《零に近い任意の正の数》. **3** [通例 E-; 星座名の属格を伴って]〘天文〙エプシロン (ε) 星《星座中 5 番目に明るい星》. **4** 知性の低い人. **5** 《米口語》(数学者の間で用いて)子供.

épsilon-délta *adj.* 〘数学〙イプシロンデルタ方式の《関数の極限概念を定義するのに, 直観によらず, 任意の正の数 ε と δ とを用いて厳密に述べる方式についていう》.

épsilon-néighborhood *n.* 〘数学〙イプシロン近傍《与えられた点からの距離がイプシロンよりも小さな点全体から成る集合》.

Ep·som [épsəm] 〘OE *Eb(b)eshām* 《原義》*Ebbe's* village or homestead: ⇨ home: *Ebbe* は人名〙 ── *n.* イングランド Surrey 州の都市; London の南方 24 km; その南西郊外 Epsom Downs には大競馬場があり, ここで有名な Derby および Oaks の競馬が行なわれる; 人口 27,000; 付近の Ewell と合併して自治都市 Epsom and Ewell をなす (人口 73,000).

ep·so·mite [épsəmàɪt] 〘← EPSOM (SALTS)＋-ITE[1]〙 *n.* 〘鉱物〙天然瀉利(ˢʰᵃ)塩.

Épsom sálts 〘← EPSOM〙 ── *n. pl.* [通例単数扱い]〘化学〙エプソム塩, 瀉利塩 ($MgSO_4 \cdot 7H_2O$)《織物の染色や皮なめし, 下剤に用い, また浴湯に加えて発汗を促す; Epsom salt ともいう》.

Épsom wáter *n.* エプソム鉱泉水《英国 Epsom に湧き出る鉱泉; 昔はこの水を蒸発させて Epsom salts を採った》.

Ep·stein [épstaɪn], Sir **Jacob** *n.* (1880–1959) 英国の彫刻家; ロシヤ人とポーランド人を父母として New York 市に生れた.

Épstein-Bárr vírus [-bάːr- | -bάː-] 〘← *M. A. Epstein & Y. M. Barr* (1964 年にこのウイルスの分離に成功した英国の科学者)〙 ── *n.* [the ～] エプスタイン バー ウイルス《人間の癌にも関係があるとされる》.

E.P.T., EPT 《略》excess-profits tax.

EPU 《略》European Payments Union ヨーロッパ支払同盟.

ep·u·ra·tion [èpjʊréɪʃən] 〘▭ F *épuration* ← *épurer* to purify: ⇨ ex-[1], pure, -ation〙 *n.* (不忠または反逆的な官吏の)浄化, 粛清.

e·pyl·li·on [epíliən, -liὰn | -lɪən, -lɪɔ̀n] 〘▭ Gk *epúllion* (dim.) ← *épos* 'EPOS'〙 *n.* (*pl.* **-li·a** [-liə | -lɪə], ～**s**) 〘文学〙小叙事詩.

EQ, E.Q. 《略》〘心理・教育〙educational quotient.

eq. 《略》equal; equalizer; equalizing; equate; equation; equator; equatorial; equipment; equitable; equity; equivalent.

Eq. 《略》Equerry.

eqpt. 《略》equipment.

eq·ua·bil·i·ty [èkwəbíləti, ìːk- | -lətɪ, -lɪ-] 〘《1531》▭ L *aequābilitāt-em* ← *aequābilis* (↓)〙 ── *n.* **1** (運動・温度などの)平等, 均等 (uniformity). **2** (気分・心の)平静, 落着き (equanimity).

eq·ua·ble [ékwəbl, íːk-] 〘《1677》▭ L *aequābil-is* that can be made equal ← *aequāre* to make equal: ⇨ equal, -able〙 ── *adj.* **1 a** 〈運動など〉一様な, 均等な (uniform). **b** 〈温度が〉極端[急激]な変化のない: an ～ climate. **2** 〈賦課など〉均一な, 均等な, 公平な. **3** 〈気質など〉平静な, 穏かな (tranquil); 容易に動じない, 落ち着いた (steady). **～·ness** *n.* **éq·ua·bly** *adv.*

e·qual [íːkwəl] 〘adj.: 《c1390》▭ L *aequāl-is* ← *aequus* even, equal, like: ⇨ -al[1]. ── n.: 《1573》← (adj.) ── v.: 《1586》← (adj.)〙 ── *adj.* **1** (数量・程度など)〔…と〕相等しい〔*to, with*〕: two ～ parts 二つの相等しい部分 / two boys of ～ height 背丈の等しい二人の少年 / be ～ *to* another in intelligence 知力が他と匹敵する / Twice 3 is ～ *to* 6. 2 掛ける 3 は 6 (2×3＝6) / on an ～ footing *with*…と同等の立場に立って, 同格で / on ～ terms *with*…と同等の条件で, 対等で / other things being ～ ⇨ other *adj.* 1. **2 a** 平等な, 対等の, 均等な: ～ rights 平等の権利 / the principle of ～ opportunity 機会均等主義 / ～ pay for both sexes 男女均等給料 / All men are ～. 万人は平等である. **b** 〈法律など〉公平な; 〈配分・混合物など〉同じ割合の, 半半の: ～ laws / with ～ justice 公平に裁いて / ～ distribution 同じ割合の配分. **3** 〈試合など〉互角の: an ～ contest [fight] 互角の闘争. **4 a** 〈人が〉〔…の任務に〕堪えられる, 〔…に対する〕十分の力量[資格]がある〔*to*〕: be ～ *to* the task その仕事をりっぱにやってのけられる / be ～ *to* (＝worthy of) the honor その栄誉にふさわしい / be ～ *to* anything どんなことでもやれる / be ～ *to* the occasion その場に臨んで動じない, 平気で[りっぱに]事を処理できる / I do not feel ～ *to* receiving visitors. 体のぐあいが悪くて客の応対ができない. **b** 〔…に〕適当な, ふさわしい〔*to*〕: The soil is ～ *to* the pasture. 土地は牧畜に向いている. **5** 《古》〈表面が〉水平な, 平らな (level): an ～ plain 平らな平野. **6** 《古》〈精神・気分など〉平静な: preserve an ～ mind 平静な心を保つ, 物に動じない.

── *n.* **1** 同等[対等]の人; 同輩 (cf. superior, inferior); 同等の物: one's ～*s* in rank 同地位の人たち / mix with one's ～*s* 同じ身分の人たちと交わる / one's ～*s* and betters 身分の同じ人々と上の人々 / Women are political ～*s with* men. 女は男と政治的に平等だ. **2** (力量などで)相等しい者, 匹敵者[物]: He has no ～ [is without an ～] *in* eloquence. ＝Nobody is his ～ *in* eloquence. 雄弁にかけては彼に並ぶ者がない / I never saw its ～. それに匹敵する物を見たことがない. **3** 等しい数量: Let A be the ～ *of* B. 〘数学〙A は B と等しいとせよ.

── *vt.* (**e·qualed, e·qualled; e·qual·ing, e·qual·ling**) **1** (数・量が)…に等しい (be equal to): Three times five ～*s* fifteen. 3×5＝15 / Chemical sales will soon ～ those of oil. じきに化学製品の売上高が油類の売上高に追い付くようになろう. **2** 〔力量などで〕…

と等しい, …に匹敵する (come up to)〔*in*〕;〔品質が〕…に劣らない〔*in*〕: Nobody ~*s* him *in* strength. 力で彼に匹敵する者はいない / This wine does not ~ the first *in* flavor. このぶどう酒は風味が最初のには及ばない. **3** …と同等な物を作る, 対等なことをする: He ~*ed* the world's record in the swimming race. 彼はその水泳競技で世界タイ記録を作った. **4** 《古》等しくする, 同等[平等]にする (equalize). **5** 《廃》十分つぐなう, …に報いる.

équal-área *adj.* 《地理》正積[等積]の, 正積投影[図法, 図式]の: an ~ map 正積図, 等積図 / ~ projection 正積[等積]図法.

e·qual·i·tar·i·an [ɪkwɑ̀lətέ(ə)riən, ək-, iːk-, -kwɔ̀(ː)l- | iːkwɔ̀lətέəri-, ɪk-, -lɪ-] 〘← EQUALIT(Y)+-ARIAN〙 *adj.* 平等主義[論]の. ── *n.* 平等主義[論]者.

e·quàl·i·tár·i·an·ìsm [-nɪzm] *n.* 平等主義[論].

e·qual·i·ty [ɪkwɑ́ləti, ək-, iːk- | ɪkwɔ́ləti, ɪk-, -lɪ-] 〘《*a*1398》□ OF *equalité* (F *égalité*) □ L *aequālitātem*: ⇨ equal, -ity〙 ── *n.* **1** 等しいこと: ~ of years 同年輩. **2** 平等, 均等, 同等, 同格, 対等: the doctrine of the ~ *of* mankind [among men] 人間の平等主義 / racial ~ 人種的平等 / a footing of ~ *with*…と同等の立場 / on an ~ *with*…と対等で, 同等[同格]で / put…on ~…を平等に扱う. **3** 一様性, 均一性 (uniformity, evenness): ~ of motion 運動の均一性. **4** 《数学》相等; 等式: a ratio of ~ 等比 / the sign of ~ 等号 (=).

equálity sìgn *n.* 《数学》=equal sign.

Equálity Státe *n.* [the ~] 米国 Wyoming 州の俗称《婦人参政権を与えた最初の州であることから》.

e·qual·i·za·tion [iːkwəlɪzéɪʃən, -lə- | -laɪ-, -lɪ-] *n.* 同等化, 平等化, 均等化; (特に)課税査定の平準化: a board of ~ (米国の)査定平準局《州または郡にある機関》.

equalizátion accòunt *n.* 《英》《金融》為替平衡勘定.

equalizátion fùnd *n.* 《金融》**1** 為替平衡資金. **2** =stabilization fund.

e·qual·ize [iːkwəlàɪz] 〘《16C》← EQUAL (adj.)+-IZE〙 ── *vt.* **1** 等しくする, 平等化する, 同等にする〔*to, with*〕. **2** 均等[均一]にする, 一様にさせる: ~ work load 仕事量を均等にする. **3** 《電気》均圧する《電位が等しくなる方が都合のよいところを導線で結び, 積極的にこれを実現する》. ── *vi.* **1** 均等になる. **2** 《英》(競技で敵と)同点になる.

é·qual·iz·er *n.* **1** 平等[同等]にするもの. **2** (ひずみ・圧力などの)平衡装置. **3** 《電気》**a** 均圧線. **b** 等価器, イコライザー《増幅器の周波数特性を変更して, 全体としての特性を改善するもの; 録音時の特性歪を再生時に補償するような目的に用いる》. **4** (競技を)同点にする得点. **5** 《俗》(ピストルなどの)武器, 凶器.

é·qual·ly 〘《*c*1395》: ⇨ equal, -ly[1]〙 *adv.* **1** 等しく, 同様に (similarly); 等分に. **2** 平等に, 同等に (alike). **3** 均等に, 一様に (evenly).

équal sìgn *n.* 《数学》等号 (=)《equality sign, equals sign, sign of equality ともいう》.

équal témperament *n.* 《音楽》等分平均律《1オクターブを12の相等しい半音に区分した音律》.

équal tíme *n.* 《米》**1** 平等放送時間《対立する政党・候補者などがラジオやテレビで見解を述べるために与えられる同じ長さの無料放送時間; 普通別の日の同時刻》. **2** 非難や反対意見に応酬する平等な機会.

équal tíme pòint *n.* 《航空》=equitime point.

E·qua·nil [iːkwənɪ̀l] *n.* 《商標》イークァニル《meprobamate の商品名》.

e·qua·nim·i·ty [iːkwənɪ́məti, èk- | èkwənɪ́məti, iːk-, -mɪ-] 〘《1607》□ F *équanimité* □ L *aequanimitātem* evenness of mind ← *aequanimis* having an equal mind ← *aequus* 'EQUAL'+*animus* 'mind, ANIMUS'〙 ── *n.* (緊張時における心の)平静 (calmness), 冷静, 落着き; あきらめ (resignation), 運命の甘受: He could face old age with ~. 平静な心で老年を迎えることができた.

e·quan·i·mous [ɪkwǽnəməs, ek-, ɪk-, ək- | iːkwǽnɪ-, ɪk-, ek-] 〘← L *aequanimis* (↑)+-OUS〙 *adj.* 落ち着いた, 平静な, 冷静な.

e·quate [ɪkwéɪt, ək-, iːk-, íːkweɪt | ɪkwéɪt, iːk-] 〘《*a*1420》← L *aequāt-us* (p.p.) ← *aequāre* to make level ← *aequus* 'EQUAL': ⇨ -ate[3]〙 ── *vt.* **1** 〔…と〕同一視する[同等に考える]〔*to, with*〕: Three generations were ~*d to* a century. 3世代は1世紀に等しいと考えられた / He ~*s* Zionism *with* racism. シオニズムは人種差別主義に等しいと考えている. **2** 平均化する: ~ solar days 太陽日を平均化する. **3** 〈ある数を〉〔他の数と〕相等しいことを示す〔*to, with*〕;〈二つの数〉の相等しいことを示す; 等式化する: ~ one quantity *to* [*with*] another ある数が他の数に相等しいことを示す. ── *vi.* 〔…と〕一致する〔*with*〕: The result ~*s* neatly *with* my hypothesis. 結果は私の仮説にぴったり一致する.

e·qua·tion [ɪkwéɪʒən, ək-, iːk-, -ʃən | ɪk-] 〘《1391》□ L *aequātiō(n-)* ← *aequātus*: ⇨ ↑, -ation〙 ── *n.* **1** 〔…の〕均分, 均等化〔*of*〕; 均分法; 平衡[均衡]状態: the ~ *of* demand and supply 需要と供給の均衡. **2** 《数学・化学》式, 方程式, 反応式 (cf. inequality 7): solve an ~ 方程式を解く / a chemical ~ 化学方程式 / an ~ of the first [second] degree 一[二]次方程式 / a simultaneous ~ 連立方程式 / a quadratic ~ 二次方程式 / ⇨ cubic equation, differential equation, identical equation (⇨ identical 3 b), simple equation. **3** 〔…と〕同一視すること〔*with*〕: his ~ of might *with* right 彼が力と正義とを同一視していること. **4** 要因, 因子 (factor). **5** 《天文》差, 均差: the ~ of the equinoxes 平均分点と真分点の差 / ⇨ personal equation.

equation of continuity 《物理》連続方程式《流体の運動で質量保存の法則を表わす方程式》.

equation of state 《物理》状態方程式《熱平衡にある物質の状態量の関係を表わす方程式》.

equation of time 《天文》均時差《視太陽時と平均太陽時との差》.

e·quá·tion·al [-ʒənl̩, -ʒnəl, -ʃənl̩, -ʃnəl] *adj.* **1** 平均の. **2** 方程式の, 方程式上の. **3** 《生物》〈分裂が〉均等の, 等数の. **4** 《文法》**a** 平衡型の《Every man his own lawyer のように, 連結詞なしに主語名詞と述語名詞[形容詞]とをそのまま並置する文型についていう; ロシヤ語などに見られる形式》. **b** 等式型の《I am happy のように, 連結詞を主動詞とする文型についていう》. **~·ly** *adv.*

equátion clòck *n.* 《天文》均差時計《平均太陽時と視太陽時との差を示すように作られたもの》.

e·qua·tor [ɪkwéɪtə, ək-, iːk-, íːkweɪtə | ɪkwéɪtə(r)] 〘《*c*1400》□ ML *aequātor* 《原義》equalizer: ⇨ equate, -or[2]〙 ── *n.* **1** [the ~] **a** (天体の)赤道; (特に地球の)赤道 (terrestrial equator): Quito lies almost *on the* ~. キートはほとんど赤道上にある. **b** 《天文》天(球上)の赤道 (celestial equator): Penguins live almost *under the* ~, on the Galapagos Islands. ペンギンはほとんど赤道(直)下のガラパゴス諸島にもすんでいる. **2** (赤道のような)均分円: the magnetic ~ 磁気赤道 (⇨ aclinic line). **3** 《生物》赤道《動物の卵の上下を地球の南北極にたとえ, その赤道に当たる線をいう; cf. vegetal pole》.

eq·ua·to·ri·al [iːkwətɔ́ːriəl, èk-, -tóːr- | èkwətɔ́ːrɪ-, iːk-] 〘⇨ ↑, -ial〙 ── *adj.* **1** 赤道の[に関する]. **2** 赤道直下の, 赤道付近の(ような): the ~ climate 赤道地方の気候 / ~ Africa 赤道(直)下のアフリカ. **3** 《生物》(動物の卵の)赤道の: ~ cleavage 赤道面卵割(らんかつ) / ⇨ equatorial plate. **4** 《天文》〈天体望遠鏡など〉赤道儀式装置の: an ~ telescope. ── *n.* 《天文》赤道儀《赤道儀式装置法による天体望遠鏡》. **~·ly** *adv.*

Equatórial África *n.* =French Equatorial Africa.

Equatórial Cúrrent *n.* [the ~] 赤道海流《赤道付近を東から西に流れる海流》.

Equatórial Guínea *n.* 赤道ギニア《アフリカ中西部にある共和国; もとスペインの植民地 (Spanish Guinea) であったが, 1968年独立; 人口 320,000, 面積 28,051 km^2, 首都 Santa Isabel; 公式名 the Republic of Equatorial Guinea 赤道ギニア共和国》.

equatórial pláne *n.* 《生物》赤道面《核分裂の中期での紡錘体の中央の面; ここに染色体が並ぶ》.

equatórial pláte *n.* 《生物》**1** 赤道板《有糸分裂の中期に染色体が紡錘体の中央に並んでできる平面; metaphase plate, nuclear plate ともいう》. **2** =equatorial plane.

equatórial tíde *n.* 《天文》赤道潮.

equatórial tróugh *n.* 《気象》(北半球と南半球の亜熱帯の間に存在する)赤道低圧帯.

e·qua·tor·ward [ɪkwéɪtəwəd, ək-, iː-, íːkweɪ- | ɪkwéɪtəwəd] *adv., adj.* 赤道に向かって[た]: continue the voyage ~ 赤道に向かって旅を続ける / ~ winds 赤道に向かって吹く風.

eq·uer·ry [ékwəri, ɪkwéri, ək-, ek- | ékwərɪ, ɪkwérɪ] 〘《1600》《変形》← 《1552》*esquiry* royal stables □ OF *escu(i)rie* (F *écurie* stable) ← *escuier* 'ESQUIRE': 今の形は L *equus* horse の影響か〙 ── *n.* **1** 《英》(昔の, 君主や貴人の)馬屋番, 別当. **2** 主馬(しゅめ)係, 馬廻り, 侍従武官《主馬頭(しゅめのかみ)(Master of the Horse) の部下の王室役人で, 式典時には君主や皇族に扈従(こじゅう)する》. ★ 英国宮廷の発音は [ɪkwérɪ].

eq·ues [ékwes, íːkwiːz] 〘□ L ~ ← *equus* horse〙 *n.* (*pl.* **eq·ui·tes** [ékwətèɪs, -tìːz | ékwɪtìːz]) ⇨ equites.

e·ques·tri·an [ɪkwéstriən, ək-, ek- | ɪkwéstrɪ-, ek-] 〘《1656-81》← L *equestris* of a horseman (← *eques* (↑)) +-AN[1]〙 *adj.* **1** 馬術の, 乗馬の: ~ exercises 乗馬練習 / ~ feats 曲馬芸 / ~ skill 馬術 (horsemanship). **2 a** 《古》馬に乗った: an ~ lady 騎馬の婦人. **b** 〈彫像など〉馬上姿の, 騎馬の: an ~ statue 乗馬像 / sit for an ~ portrait 騎馬の肖像画のモデルになる. **3** (古代ローマの)騎士の, 騎士から成る: the ~ order ローマの騎士身分 (cf. equites). ── *n.* 乗馬者, 騎手 (horseman), 馬術家, 乗馬家; (特に)曲馬師.

equéstrian diréctor *n.* (サーカスや謝肉祭の)興業主任, 演技主任 (cf. ringmaster).

e·qués·tri·an·ìsm [-nɪ̀zm] *n.* 曲馬術: feats of ~ 曲馬のわざ.

e·ques·tri·enne [ɪkwèstrién, ək-, ek- | ɪkwèstrɪ-] 〘《1864》← EQUESTRI(AN)+-*enne* (cf. tragedienne)〙 *n.* 女性騎手; (特に)女曲馬師.

equi- [íːkwɪ, ékwɪ, -kwə | -kwɪ] 〘← L *aequus* 'EQUAL'〙「等しい」の意の連結形: *equidistant, equivalent.*

èqui·ángular 〘⇨ ↑, angular〙 *adj.* 等角の: an ~ figure 等角形 / an ~ triangle 等角三角形 / mutually ~ (対応する)角が互いに等しい.

equiángular spíral *n.* 《数学》等角螺線(らせん)《原点を始点とする半直線を等しい角度で切って行く螺線; logarithmic spiral ともいう》.

èqui·calóric 〘← EQUI-+CALORIC〙 *adj.* 等カロリーの《栄養的に同じカロリーをもつ》.

èqui·contínuous *adj.* 《数学》同程度連続の.

eq·uid [ékwɪd, íːk-, -əd | ékwɪd] 〘↓〙 *n.* 《動物》ウマ科の動物.

Eq·ui·dae [ékwədìː | -wɪ-] 〘← NL ~: ⇨ Equus, -idae〙 *n. pl.* 《動物》ウマ科.

e·qui·dis·tance [iːkwɪdístəns, -kwə-, -tns | -kwɪ-] 〘□ F *équidistance* ← *équidistant* (↓)〙 *n.* 等距離.

e·qui·dis·tant [iːkwɪdístənt, -kwə-, -tnt | -kwɪ-] 〘□ F *équidistant* // LL *aequidistant-em*: ⇨ equi-, distant〙 ── *adj.* **1** 〔…から〕等距離の〔*from*〕: The two houses are ~ *from* the station. その2軒の家は駅から等距離の所にある. **2** 〈地図など〉正距図法の.

è·qui·dís·tant·ly *adv.* 等距離に[の所に].

e·qui·form [íːkwəfɔ̀əm | -kwɪfɔ̀ːm] 〘□ LL *aequiform-is*: ⇨ equi-, -form〙 *adj.* 形[機能]が等しい, 同形の.

èqui·fórmal 〘⇨ ↑, -al[1]〙 *adj.* =equiform.

e·qui·grav·i·sphere [iːkwɪgrǽvəsfɪə, -kwə- | -kwɪgrǽvɪsfɪə(r)] 〘← EQUI-+GRAVI(TY)+-SPHERE〙 ── *n.* 《天文》等引力圏《地球と天体の間, または天体間の引力が等しい部分》.

e·qui·lat·er·al [iːkwəlǽtərəl, -trəl, -kwɪ- | iːkwɪlǽt(ə)r-] 〘□ LL *aequilaterāl-is*: ⇨ equi-, lateral〙 ── *adj.* 等辺の: an ~ triangle 正三角形. ── *n.* **1** 等辺形. **2** (他の辺に対する)等辺. **~·ly** *adv.*

equiláteral hypérbola *n.* 《数学》等辺双曲線《rectangular hyperbola ともいう》.

e·quil·i·brant [ɪkwɪ́ləbrənt, ək-, iːk- | iːkwɪlάɪb-, -lɪ́b-, iːkwɪ́lɪb-, ɪk-] 〘⇨ ↓, -ant〙 *n.* 《物理》(他の力に対する)平衡力.

e·quil·i·brate [ɪkwɪ́ləbrèɪt, ək-, iːk- | iːkwɪlάɪbreɪt, -lɪ́b-, iːkwɪ́lɪbrèɪt, ɪk-] 〘← LL *aequilibrāt-us* 'in EQUILIBRIUM': ⇨ -ate[3]〙 ── *vt.* 〈二つの物を〉平衡[均衡]させる, …の釣合いを取る (balance), …と〔…との〕均衡を保たせる (counterpoise)〔*with*〕: ~ one's impulses さまざまの衝動の釣合いを取る / ~ the supply *with* the demand 供給と需要の均衡を保たせる. ── *vi.* 〈二物が〉平衡する, 平均が取れる, 〔…と〕釣り合う〔*with*〕.

e·quil·i·bra·tion [ɪkwɪ̀ləbréɪʃən, ək-, iːk- | iːkwɪlaɪb-, -lɪb-, iːkwɪlɪb-, ɪk-] 〘□ LL *aequilibrātiō(n-)* ← *aequilibrātus* (↑): ⇨ -ation〙 ── *n.* **1** 平衡[釣合い]を保たせること. **2** 平衡(状態), 釣合い[均衡]保持: be in a state of ~ 釣り合っている.

e·quí·li·brà·tor [-tə | -tə(r)] *n.* **1** 平衡を保たせるもの. **2** 《航空》(気球・飛行船の)平衡安定装置, 安定機.

e·quil·i·bra·to·ry [ɪkwɪ́ləbrətɔ̀ːri, -tɔ̀ri, ək-, iːk- | iːkwɪlάɪbrət(ə)rɪ, -lɪ́b-, iːkwɪ́lɪbrèɪt-, ɪk-] *adj.* 平衡を保たせる.

equilibria *n.* equilibrium の複数形.

e·qui·lib·rist [iːkwəlɪ́brɪst, -rəst, ɪkwɪ́ləb-, ək-, iːk- | iːkwɪ́lɪbrɪst, ɪk-, iːkwɪlɪ́b-] 〘□ F *équilibriste*: ⇨ equilibrium, -ist〙 *n.* 釣合いを取る芸の得意な曲芸師; 綱渡り芸人 (ropedancer).

e·quil·i·bris·tic [ɪkwɪ̀ləbrístɪk, ək-, ek-, iːkwəlaɪb-, ek- | iːkwɪlɪb-, iːkwɪlɪb-] *adj.* 綱渡り芸人の.

e·qui·lib·ri·um [iːkwəlɪ́briəm, èk- | iːkwɪlɪ́brɪ-] 〘《1608》□ L *aequilibrium*: ⇨ equi-, libra〙 ── *n.* (*pl.* **~s, -ri·a** [-briə | -brɪə]) **1** 《物理》(力の)釣合い, 平衡: neutral [indifferent] ~ 中立の平衡 / ⇨ stable equilibrium, unstable equilibrium. **2** (対抗勢力などの)均衡, 均勢: a political [social] ~ 政治[社会]上の均勢 / keep both powers in an ~ 両強国の勢力を釣り合わせておく / the ~ *of* demand and supply 需要と供給の均衡 / find an ~ *between* work and play 仕事と遊びとの間に均衡を見出す. **3** (心の)平衡状態, 平静: preserve the ~ of one's mind 心の平静を保つ. **4** 《動物》平衡状態《動物が地面に対して一定の姿勢を保っている状態》. **5** 《化学》平衡《正方向と逆方向の反応速度が等しくなったため一見反応が静止したように見える状態; cf. reversible reaction》.

equilíbrium móisture còntent *n.* 《化学》平衡含水量.

equilíbrium válve *n.* 《機械》釣合い弁.

èqui·mólal 〘← EQUI-+MOLAL〙 *adj.* 《化学》**1** 等重量モル濃度の. **2** =equimolar 1.

èqui·mólar *adj.* 《化学》**1** 等モルの. **2** 等モル濃度の.

èqui·molécular 〘← EQUI-+MOLECULAR〙 *adj.* 《化学》**1** 等分子の: ~ solution 等分子溶液. **2** =equimolar 1.

e·quine [íːkwaɪn, ék- | ék-, íːk-] 〘《1778》□ L *equinus*: ⇨ Equus, -ine[1]〙 ── *adj.* **1** ウマ科の, ウマの. **2** 馬のような, 馬に類する. ── *n.* ウマ科の動物《horse, ass, zebra など》; (特に)ウマ (horse). **~·ly** *adv.*

équine distémper *n.* 《獣医》(馬の)腺疫(せんえき)(strangles).

équine encephalomyelítis *n.* 《病理》馬脳脊髄炎《馬のウイルス性脳脊髄炎で, 人間も冒す》.

équine inféctious anémia *n.* 《獣医》馬の伝染性貧血《ウイルスによる馬の伝染病の一種》.

e·quin·i·ty [ɪkwínəti, ək-, iːk-, ek- | ɪkwínətɪ, iːk-, ek-, -nɪ-] 〘← EQUINE+-ITY〙 *n.* 馬の性質[特徴].

e·qui·noc·tial [ìːkwənάkʃəl, èk- | -wɪnɔ́k-] 〘《*c*1390》□ (O)F *équinoxial* // L *aequinoctiāl-is* ← *aequinoctium* 'EQUINOX': ⇨ -al[1]〙 ── *adj.* **1** 昼夜平分の; 分点の. **2** 昼夜平分時(春分または秋分)の. **3** 彼岸(のころ)の: the ~ week (春秋の)彼岸のころ / the ~ rains 彼岸のころの雨期《赤道付近の多くの地に見られる》. **4** 赤道直下の, 赤道付近の: ~ heat 赤道付近の暑さ. **5** 《植物》〈花が〉一定時に開く. ── *n.* **1** [the ~] **a** 《天文》分点. **b** 《古》赤道. **2** 彼岸嵐.

equinóctial círcle *n.* 《天文》=celestial equator.

equinóctial colúre *n.* 《天文》二分経線《春分点と

秋分点と天の南北両極を通る大円》.
equinóctial gále *n.* 〖気象〗＝equinoctial storm.
equinóctial hóur *n.* [the ～]〖天文〗昼夜平分時, 分点時.
equinóctial líne *n.* 〖天文〗＝celestial equator.
equinóctial póint *n.* 〖天文〗(春分・秋分の)分点: the autumnal [vernal] ～ 秋分[春分]点.
equinóctial stórm *n.* 《口語》〖気象〗彼岸嵐《春分・秋分頃に起こる嵐の俗称; line storm ともいう》.
equinóctial tíde *n.* 彼岸潮.
equinóctial yéar *n.* 〖天文〗＝tropical year.
e·qui·nox [íːkwənɑ̀ks, ék- | -wɪnɔ̀ks] 〖《?*a*1400》□(O)F *équinoxe* ∥ ML *equinox-ium*＝L *aequinoctium* equal night ← EQUI-＋*noct-, nox* 'NIGHT'〗 ― *n.* **1** 春[秋]分, 昼夜平分時, 彼岸の中日; 〖天文〗分点 (equinoctial point): the spring ～＝vernal equinox / a mean ～ 平均分点 / ⇨autumnal equinox, PRECESSION of the equinoxes. **2** 《廃》彼岸嵐 (equinoctial storm).
e·quip [ɪkwíp, ək- | ɪk-] 〖《1523》□F *équip-er* < OF *esquipper* to embark, equip a ship ← Gmc (cf. ON *skipa* to man (a ship)) ← *skip* 'SHIP')〗 ― *vt.* (**e·quipped; e·quip·ping**) **1** (ある目的のために)〈人を〉用意[準備]させる (*for*); 〈船を〉艤装する, 〈軍隊を〉装備する: ～ a person *for* an occupation 人を職業のために養成する / His education will ～ him *to* gain a good position. 教育があるから良い勤め口につくことができるだろう / ～ a ship *for* a voyage 航海のために船を艤装する. **2 a** …に〔道具・装置などを〕備えつける (*with*): My car is ～*ped with* seat belts. 私の車はシートベルトが備えつけてある / The building is ～*ped with* a gymnasium, swimming pool, etc. その建物には体育館・プールその他が備わっている. **b** 〔必要な学問・知識・教育などを〕…に授ける, …の身につけさせる (supply) (*with*): ～ a person *with* technical education 人に技術教育を授ける. **3** …に身支度をさせる; …に〔…を〕装わせる (dress, array) (*with, in*): ～ one*self for* a journey 旅行の身支度をする / ～ one*self with* …を身に着ける / be ～*ped with* …を身に着けている / be ～*ped in* armor よろいかぶとに身を固めている. ～·**per** *n.*
equip 《略》equipment.
eq·ui·page [ékwəpɪdʒ | ékwɪ-] 〖《1579》□F *équipage*: ⇨↑, -age〗 ― *n.* **1 a** 供回りのついた馬車. **b** 馬車. **2** (軍隊・旅行などの)装備; 服装: camp ～ 野営の装備. **3** 《古》(セットになった)家庭用具: a tea ～ 茶道具一式. **4** 身の回り用品, 装身具セット: a dressing ～ 化粧道具セット. **5** 《古》(針・化粧品などを入れる)小箱. **6** 《古》制服, 礼服. **7** 《廃》従者, 供回り (retinue).

equipage 1 a

èqui·partítion 〖⇨equi-, partition〗 *n.* 〖物理・化学〗等分配; ＝EQUIPARTITION of energy.
equipartition of energy エネルギーの等分配.
e·quipe [eɪkíːp; *F.* ekip] 〖□F *équipe* gang, crew ← *équiper* 'to EQUIP'〗 *n.* 〖スポーツ〗チーム (team).
e·quíp·ment 〖《1717》← EQUIP＋-MENT〗 *n.* **1** 設備[装備, 装置]すること; 供給 (*with*); 準備, 支度 (*for*): the ～ of a plant 工場の装備 / the ～ of a team *with* new uniforms チームへの新しいユニフォームの供給. **2 a** [集合的]設備, 装置, 機材, 備品類 (*for*): a piece of ～ / tennis ～＝～*for* tennis テニス用具 / laboratory ～ 実験室の設備[装置] / a soldier's ～ 兵士の装備. **b** (個々の)装置, 機材, 用品(など) (*for*): the necessary ～*s* for a voyage 航海に必要な装具. **3** (仕事などに必要な)知識, 素養, 技術; 素質 (*for*): linguistic ～ 語学の素養. **4** [集合的]〖鉄道〗車両 (rolling stock).
eq·ui·poise [ékwəpɔ̀ɪz, íːk- | -wɪ-] 〖《1647》← EQUI-＋POISE (n.)〗 ― *n.* **1** 均衡, 均勢, 釣合い, 平衡 (equilibrium): keep in ～ 釣合いを保たせる. **2** 平衡おもり (counterpoise); 《比喩》均衡するもの[力]. ― *vt.* **1** …に釣り合う: No praise can ～ his virtues. どんなに賞賛しても彼の美点には及ばない. **2** 釣り合わせる, 均衡させる; 〈心を〉どっちつかずの状態におく.
équipoise rúdder *n.* 〖海事〗＝balanced rudder.
e·qui·pol·lence [iːkwəpɑ́ləns, èk- | -wɪpɔ́l-] 〖《?*a*1400》□OF *equipolence* (F *équipollence*) □ML *aequipollentia*: ⇨equipollent, -ence〗 ― *n.* **1** (力・効力の)均等, 均勢. **2** 〖論理〗(概念や命題の)等値, 同値, 同義《例えば, London と the capital of England》.
è·qui·pól·len·cy [-lənsi | -sɪ] *n.* ＝equipollence.
e·qui·pol·lent [iːkwəpɑ́lənt, èk- | -wɪpɔ́l-] 〖《*c*1412》□OF *equipolent* (F *équipollent*) □L *aequipollentem* of equal value ← EQUI-＋*pollent-, pollēns* ((pres.p.) ← *pollēre* to be strong)〗 ― *adj.* **1** (力・効力などが)等しい, 平衡した (equivalent). **2** 〖論理〗《二つの概念または命題が》等値の, 同値の, 同義の《例えば All men are born good. と No men are born bad. のように》. ― *n.* ＝equivalent. ～·**ly** *adv.*
e·qui·pon·der·ance [iːkwəpɑ́nd(ə)rəns, èk- | -kwɪpɔ́n-] 〖⇨equiponderant, -ance〗 *n.* 重さの平衡, 均重; 釣合い (equipoise).
è·qui·pón·der·an·cy [-rənsi | -sɪ] *n.* ＝equiponderance.
e·qui·pon·der·ant [iːkwəpɑ́nd(ə)rənt, èk- | -kwɪpɔ́n-] 〖□ML *aequiponderant-em* (pres.p.) ← *aequiponderāre* (↓)〗 *adj.* 重さ[重要性]の等しい; 平衡した.
èqui·pónderate 〖← ML *aequiponderāt-us* (p.p.) ← *aequiponderāre* ← EQUI-＋*ponderāre* 'to weigh, PONDER'〗 ― *vt.* (…の重さ・重要さなどを)等しくする, 平衡させる. ― *vi.* 重さ[重要性]が等しい.
èqui·pótent 〖← EQUI-＋POTENT[1]〗 ― *adj.* **1** 力[効力]の等しい: ～ genes 効力の等しい遺伝子. **2** 〖生物〗《卵の原形質が》分化の生じていない. **3** 〖数学〗対等な《二つの集合について, 一対一の対応のあることをいう》.
èqui·poténtial *adj.* 〖物理〗等位の, 等ポテンシャルの; 〖電気〗等電位の: an ～ surface 等ポテンシャル面; 等電位面.
èqui·próbabilism *n.* 〖カトリック〗中間蓋然説《道徳問題で相対立する議論が同等な蓋然性をもつ場合, そのいずれに従ってもよいとする説; cf. probabilism 2》.
èqui·probabílity *n.* **1** 〖論理〗等蓋然性, 同蓋然性. **2** 〖数学・統計〗**a** 同程度に確からしいこと (cf. equiprobable 2). **b** 等確率性.
èqui·próbable 〖← EQUI-＋PROBABLE〗 ― *adj.* **1** 〖論理〗蓋然性が等しい, 同程度にあり[起こり]そうな: ～ alternatives 蓋然性の等しい二者択一. **2** 〖数学・統計〗同程度に確からしい《一方が他方に比べてより起こりやすいという積極的理由がないことをいう》.
èqui·próbably *adv.*
e·qui·ro·tal [iːkwəróutl̩ | ìːkwɪráutl] 〖← EQUI-＋L *rota* wheel＋-AL[1]〗 *adj.* 〈車・乗物など〉前輪と後輪が同じ大きさの.
equiseta *n.* equisetum の複数形.
Eq·ui·se·ta·ce·ae [èkwəsətéɪsiː | -wɪsɪ-] 〖← NL ～: ⇨equisetum, -aceae〗 *n. pl.* 〖植物〗トクサ科.
Eq·ui·se·ta·les [èkwəsətéɪliːz | -wɪsɪ-] 〖← NL ～: ⇨ equisetum, -ales〗 *n. pl.* 〖植物〗トクサ目.
eq·ui·se·tum [èkwɪsíːtəm | -təm] 〖← NL ～ ← L *equisaetum* horsetail (plant) ← *equus* horse＋*saeta* bristle〗 ― *n.* (*pl.* ～**s, -se·ta** [-tə | -tə]) 〖植物〗＝horsetail 3.
eq·ui·ta·ble [ékwətəbl̩ | -wɪtə-] 〖《1646》□F *équitable*: ⇨equity, -able〗 ― *adj.* **1** 衡平(equity)の原則による, 公正な, 正当な (just and right), 公平な (fair): an ～ price 公平な定価. **2** 〖法律〗エクイティー (equity) 上の; エクイティー上有効な. **3** 〈気質・天候など〉穏やかな. **èq·ui·ta·bíl·i·ty** [-təbíləti | -təbílətɪ, -lɪ-] *n.* ～·**ness** *n.* **éq·ui·ta·bly** *adv.*
équitable ássets *n. pl.* 〖法律〗エクイティー上の遺産《エクイティー裁判所の判決によって初めて使用できる遺産; cf. legal assets》.
eq·ui·tant [ékwətənt | -wɪt-] 〖□L *equitant-em* (pres.p.) ← *equitāre* to ride ⇨ eques〗 ― *adj.* 〖植物〗〈葉が〉跨(こ)状の《アヤメなどの葉のように基部が重なり合っていることにいう》.
eq·ui·ta·tion [èkwətéɪʃən | -wɪ-] 〖《1562》□F *équitation* ∥ L *equitātiō(n-)* ← *equitātus* (p.p.) ← *equitāre* (↑): ⇨-ation〗 *n.* 乗馬; 馬術 (horsemanship).
eq·ui·tes [ékwətèːs, -tiːz | -wɪtìːz] 〖□L *equitēs* (pl.): ⇨eques〗 *n. pl.* (古代ローマの)騎兵部隊 (cavalry); 騎士団《元老院議員身分と平民との中間に位する》.
éq·ui·time póint [ékwətàɪm-, íːk- | -wɪ-] 〖← *équitime*: ⇨equi-, time〗 *n.* 〖航空〗行動[進出]限界点.
eq·ui·ty [ékwəti | ékwɪti, ékwɪ-] 〖《*a*1333》□(O)F *équité* □L *aequitātem* equality ← *aequus* 'EQUAL': ⇨ -ity〗 ― *n.* **1** 公平, 不偏; (処理の)公正, 公明正大. **2** 〖法律〗**a** 衡平の原則適用, 衡平に基づく裁決《法的決定に人間の良心と自然的公正の精神を適用すること》: the principle of ～ 衡平の原則 / the ～ of a statute 法文の条理解釈. **b** エクイティー《コモンロー (common law) の欠陥や厳格性を補充矯正するために生れた法; 英国に発達し米国でも行なわれている》: ⇨COURT of equity. **c** (特に, 不動産における)エクイティー上の権利. **d** ＝EQUITY of redemption. **3 a** 出資者の請求権《債権者の請求権と区別して》. **b** [*pl.*] 〖会計〗(企業資産の)持分《貸借対照表の貸方全体; 債権者持分 (equities of creditors) (＝負債)と株主持分 (stockholders' equity) (＝資本)からなる》. **c** [*pl.*] 《英》〖株式〗普通株. **4** 財産価額中の正味所有分, (担保物の債権額を差し引いた)余分の価額. **5** [E-] 俳優組合 (《米》Actors' Equity Association (略 A.E.A.); 《英》British Actors' Equity Association (略 B.A.E.A.)).
equities of creditors 〖会計〗債権者持分.
equity of redemption [the ―] 〖法律〗(エクイティー上の)受戻し権, 償還権《コモンロー上失権しても, 受戻し権喪失 (foreclosure) の手続きが承認される以前であれば, 債務者が元利と費用を支払うことによって担保物を回復することができるというエクイティー上の権利》.
équity càpital *n.* 〖経済〗(株主による)出資資本.
équity cóurt *n.* ＝COURT of equity.
équity secùrity *n.* 〖経済〗利権証書, (特に)普通株.
equiv. 《略》equivalency; equivalent.
e·quiv·a·lence [ɪkwív(ə)ləns, ək- | ɪk-] 〖《*a*1541》□(O)F *équivalence* □ML *aequivalentia*: ⇨ equivalent, -ence〗 ― *n.* **1** (価値・力・重要性・意義などの)同等, 等価, 等価; 等量. **2** 〖論理〗等値, 同値 (cf. biconditional). **3** 〖数学〗同値, 同値関係; 等積. **4** 〖化学〗(原子の)等価, 当量.
equívalence clàss *n.* 〖数学〗同値類.
equívalence relàtion *n.* 〖数学〗同値関係.
e·quiv·a·len·cy [-lənsi | -sɪ] *n.* ＝equivalence.
e·quiv·a·lent [ɪkwív(ə)lənt, ək- | ɪk-] 〖adj.: 《*c*1425》□(O)F *équivalent* ∥ LL *aequivalent-em* having equal power (pres.p.) ← *aequivalēre* ← EQUI-＋L *valēre* to be worth (⇨ value). ― n.: 《1502》← (adj.)〗 ― *adj.* **1** (価値・力・数量・意味・効果などで)(…と)同等の, 等しい, 対等の (*to*); (…と)同意義の, 等価値の, 等価値の (*to*): ～*in* value [amount] 価値[量]が同等で / His remark is ～ *to* an insult. 彼の言葉は侮辱と同じことだ. **2** (地位・機能などで)(…と)相当[対応]する (*to*). **3** 〖物理・化学〗当量の; 等価の, 原子価の等しい. **4** 〖数学〗同値の; 等積の: ～ figures 等積図形. **5** 〖論理〗等値の, 同値の. ― *n.* **1** 同等の物, 同価値の物, 等価物, 等量物: five dollars or its ～ in books 5ドルまたはその金額に相当する書籍 / the prose ～ *of* a poem 詩に対応する散文. **2** (他国語での)同義語, 訳語; 同意義の文句[記号]: There is no proper Japanese ～ *to* this English word. この英単語には適当な日本語の訳語がない. **3 a** (位置・形態・構造・機能などの点で)相当する物. **b** 〖文法〗相当語句: a subjunctive ～ 仮定法相当句. **4** 〖物理・化学〗当量, 等量, 対量, 等価量: ⇨ MECHANICAL equivalent of heat. **5** 〖数学〗対等, 同値. ～·**ly** *adv.*
equívalent áirspeed *n.* 〖航空〗等価対気速度.
equívalent círcuit *n.* 〖電気〗等価回路《ある特性を実現する電気回路で, 例えばモーターや変圧器の電気的特性はインダクタンスと抵抗とを組み合わせた回路で等価される》.
equívalent evaporátion *n.* 〖機械〗相当蒸発量《ボイラで 1 毎時何キログラムの 100°C の飽和水を 100°C の飽和蒸気に変えることができるかを示す換算蒸発量》.
equívalent flát-plàte área *n.* 〖航空〗相当平板面積《航空機の機体や付加物の空気抵抗の大きさを表わす量で, 空気抵抗を動圧で割った値》.
equívalent fócal lèngth *n.* 〖光学〗等価焦点距離《光学系の対応する主点から測った焦点距離; equivalent focus ともいう》.
equívalent fócus *n.* 〖光学〗等価焦点 (⇨ equivalent focal length).
equívalent wéight *n.* 〖物理・化学〗＝equivalent 4.
équi·vàlve 〖← EQUI-＋VALVE〗 *adj.* 〖動物〗〈二枚貝が〉等殻の (↔ inequivalve).
e·quiv·o·cal [ɪkwívəkəl, ək- | ɪk-] 〖《1601》← LL *aequivocus* of equal voice or significance＋-AL[1] ∽ 《*a*1397》*equivoc* □(O)F *équivoque*: ⇨ equi-, vocal〗 ― *adj.* **1** 〈語句など〉両義に取れる, 曖昧(あいまい)な (ambiguous), 多義性の (cf. univocal 1): an ～ sentence [expression] 曖昧な文[表現]. **2** 〈人・職業など〉疑わしい, いかがわしい (dubious): an ～ mode of life いかがわしい暮らし方 / a woman of ～ reputation いかがわしい評判の女. **3** 〈行動・態度など〉はっきりしない, いずれとも決まらない (undecided). ～·**ness** *n.*
equívocal generátion *n.* 〖生物〗＝abiogenesis.
e·quiv·o·cal·i·ty [ɪkwìvəkǽləti, ək- | ɪkwìvəkǽlətɪ, -lɪ-] *n.* 多義性, 意義の曖昧; (言行などの)あやふやなこと, 疑わしさ.
e·quív·o·cal·ly *adv.* 多義的に; (言行などが)曖昧に.
e·quiv·o·cate [ɪkwívəkèɪt, ək- | ɪk-] 〖《?*a*1425》← ML *aequivocāt-us* (p.p.) ← *aequivocāre* to call by the same name ← LL *aequivocus*: ⇨ equivocal, -ate[3]〗 ― *vi.* **1** (わざと人を惑わすため)曖昧な言葉を使う. **2** 言葉を濁す, 言い抜ける, ごまかす.
e·quív·o·càt·ing·ly [-tɪŋli | -tɪŋlɪ] *adv.* 言葉を濁して, 曖昧に.
e·quiv·o·ca·tion [ɪkwìvəkéɪʃən, ək- | ɪk-] 〖《*a*1397》□ML *aequivocātiō(n-)*: ⇨ equivocate, -ation〗 ― *n.* **1** 曖昧な言葉を使うこと, 言葉を濁すこと. **2** 曖昧な言葉. **3** 〖論理〗(一語)多義性の虚偽. **4** 〖カトリック〗曖昧表現の使用《意中留保 (mental reservation) の一種; cf. Jesuitism 1》.
e·quív·o·cà·tor [-tə | -tə(r)] *n.* 曖昧な言葉を使う人, ごまかしや.
eq·ui·voque [ékwəvòuk, íːk- | ékwɪvəuk] 〖《1599》□F *équivoque* ∥ LL *aequivocus*: ⇨ equivocal〗 ― *n.* (*also* **eq·ui·voke** [～]) **1** 曖昧な語句 (verbal ambiguity). **2** 両義, 意味の曖昧. **3** 地口, しゃれ (pun).
E·quu·le·us [ekwúːliəs | ekwúːlɪ-] 〖□L ～ (dim.) ← *equus* (↓)〗 *n.* 〖天文〗こうま(子馬)座《ペガスス座の西にある小星座; the Colt, the Foal ともいう》.
Eq·uus [ékwəs, íːk-] 〖← NL ～ ← L *equus* horse: cf. equine〗 *n.* 〖動物〗ウマ属《ウマ科の一属; 更新世 (Pleistocene epoch) に初めて現われる; horse, ass, zebra など》.
er [ɜː, ə́ː | ʌ́ː, ɜ́ː] 〖《19C》〗 *int.* えー, あー, あのー《言葉につかえた時やわからない時などの発声》. ― *vi.* 「えー」と言う.
Er 《記号》〖化学〗erbium.
er. 《略》elder.
e.r., er, ER 《略》〖野球〗earned run(s).
E.R. 《略》East Riding (of Yorkshire); East River (of New York City); *L.* Eduardus Rēx (＝King Edward: ⇨ rex[2]); *L.* Elizabeth Rēgīna (＝Queen Elizabeth; ⇨ regina); emergency room; engine room.
-er[1] [ə | ə(r)] 〖1: OE *-ere, -eri* < Gmc **-ārjaz, *-ǣrjaz* (Du. & G *-er*): cf. L *-ārius* '-ARY'. 2: ME □ AF *-er*＝OF *-ier* < L *-ārius, -ārium, -āria* '-ARY'〗 ― *suf.* **1** 動詞または名詞から種々の意味の動作主名詞 (agent noun) を造る: **a** 「…する者; …する動物[植物]」: hunt*er*, sing*er*, walk*er*; woodpeck*er*, creep*er*. **b** 「…する物《器具・機械など》」: cutt*er*, gasburn*er*, penhold*er*. **c** 「(土地・地方)の人, …居住者」: Lon-

doner, Britisher, Westerner ; cottager, foreigner, villager. **d**「…にたずさわる人, …製作者, …商, …研究者, …学者」: farmer, gardener, hatter, perfumer, astronomer, geographer. **e**「…に属する[関係のある]者」: colleger, old-timer. **f**「…を提供するもの」: diner, porker. **g**「…させるような出来事」: eye-opener. **h** [数詞と連結して]「(数が)…ある物」: tenner / two-decker. **i** 他の語尾をもつ名詞の簡略俗語化《もと Rugby 校, Oxford 大学の学生俗語 ; (多く形容詞で) -ers となることがある》: Rugger, Soccer, footer (←football) ; champers, preggers. **2** OF 借入の名詞語尾 : officer, carpenter, potter, border. ★ (1) -w で終る語では y を添えて -yer となることがある : lawyer, sawyer. (2) 職業などを表わす語の中には -ier の形をとるものがある : clothier, collier.

-er[2] [ə | ə(r) 〘adj.: OE *-ra* (masc.), *-re* (fem., neut.) < Gmc **-izon-* : G *-er* (OHG *-iro*). — adv.: OE *-or* < Gmc **-ōz* : G *-er* (OHG *-ōr*)〙 ― *suf.* 形容詞[副詞]の比較級形成接尾辞 : **1** 単音節語の形容詞と, -y, -ly, -le, -er, -ow に終る二音節の形容詞, および少数の他の形容詞(特にアクセントが最後の音節に来るもの)に付ける (cf. -est[1]) : richer, hotter, likelier, tenderer, serener, narrower. ★ ただし詩語・擬古体や俗語ではその他の形容詞にも用いられる. また単音節語でも, like や just, real, right のように本来比較を許さない語の場合は, more を付けて比較級を作る. **2** -ly で終っていない副詞(主に形容詞と同形)も -er をとることが多い : harder, faster, sooner.

-er[3] [ə | ə(r)] 〘□ AF *-er* (inf. suf.)〙 *suf.* 動作・処置・手続などを表わす名詞を造る : disclaimer, rejoinder ; dinner, supper.

-er[4] [ə | ə(r)] 〘OE *-(e)rian* < Gmc **-rōjan* (G *-ern*)〙 ― *suf.* 頻発・反復を表わす動詞を造る : **1** 動詞から : flicker (← flick) / waver (← wave). **2** 擬音語から : chatter, patter, twitter.

e·ra [í(ə)rə, érə | íərə] 〘(1615) □ LL *aera* number by which reckoning is made ← L *aera* (brass) counters, items of calculation (pl.) ← *aes* brass, money : cf. ore〙 ― *n.* **1** [しばしば E-] 紀元, …暦 : the Mohammedan ~ / the Christian [Common, Vulgar] ~ キリスト紀元, 西暦紀元. **2** 年代, 時代 : some three centuries before our ~ 我々の時代より約 3 世紀前. **3** (著名な人物またはある特徴のため際立った歴史上の)時代 : the Victorian ~ / the colonial ~ 植民地時代 / an ~ of extravagance 浪費の時代. **4** 新しい[重要な, 記憶すべき]年月日[事件] : inaugurate [mark] a new ~ 新時代を始める[画する] / The earthquake was a remarkable ~. その地震は注目すべき事件だった. **5** 〘地質〙(地質時代区分の)代 (cf. period 9) : the Paleozoic ~ 古生代.

Era of Good Feeling(s) [the —] 〘米史〙「好感情[融和]の時代」《政争がほとんどなく国家主義が伸長した時代で J. Monroe 在任期 (1817–25) にほぼ相当する》.

ERA 《略》〘野球〙 earned run average ; Equal Rights Amendment 《米》男女平等憲法修正条項.

e·ra·di·ate [iːréɪdièɪt, iːr-, -djeɪt] 〘← *e*- '*EX-*[1]' + RADIATE〙 *vt.* 〈光線などを〉放射する. 「熱.

e·ra·di·a·tion [iːrèɪdiéɪʃən | ɪrèɪdɪ-, iːr-] *n.* 発光, 放

e·rad·i·ca·ble [ɪrǽdəkəbl, ər-, -dɪ- | ɪrǽdɪ-] 〘← ERADIC(ATE) + -ABLE〙 *adj.* 根絶できる, 絶滅できる.

e·rad·i·cant [ɪrǽdəkənt, ər-, -dɪ- | ɪrǽdɪ-] 〘□ L *ērādicant-em* (pres.p.) ← *ērādicāre* (↓)〙 ― *n.* (寄生生物)根絶剤 (cf. protectant). ― *adj.* 殺虫作用のある : an ~ spray.

e·rad·i·cate [ɪrǽdəkèɪt, ər- | ɪrǽdɪ-] 〘(?a1425) ← L *ērādicāt-us* (p.p.) ← *ērādicāre* ← *ē*- '*EX-*[1]' + *rādic-*, *rādix* 'ROOT[1]'〙 ― *vt.* **1** 〈雑草などを〉根こぎにする (root out). **2** 〈望ましくないものを〉根絶[絶滅]させる, 撲滅する : ~ malaria マラリアを根絶する. **3** (こすったり薬品を用いたりして)〈しみなどを〉消し去る.

e·rád·i·càt·ed [-tɪd, -təd | -tɪd, -təd] *adj.* 〘紋章〙〈木など〉根も描き表わした, 根上がり図の.

e·rad·i·ca·tion [ɪrǽdəkéɪʃən, ər- | ɪrǽdɪ-] 〘(15C) □ LL *ērādicātiō(n-)* : ⇨ eradicate, -ation〙 *n.* 〔…の〕根絶, 絶滅, 撲滅 (extirpation) 〔*of*〕.

e·rad·i·ca·tive [ɪrǽdəkèɪtɪv, ər-, -kət- | ɪrǽdɪkət-, -kèɪt-] 〘□ OF *eradicatif* : ⇨ eradicate, -ive〙 *adj.* 根絶[絶滅]的な ; 根治させる : an ~ medicine 根治薬.

e·rád·i·cà·tor [-tə | -tə(r)] 〘□ ML *ērādicātor* : ⇨ eradicate, -or[2]〙 *n.* 雑草駆除具, 除草器 ; (インク・さびなどの)しみ抜き液.

éra-màking *adj.* = epoch-making.

e·ras·a·bil·i·ty [ɪrèɪsəbíləti, ər- | ɪrèɪzəbílɪtɪ, -lɪ-] *n.* 消しやすさ, 削除しやすさ.

e·ras·a·ble [ɪréɪsəbl, ər- | ɪréɪz-] *adj.* 消すことのできる, 抹殺できる.

e·rase [ɪréɪs, ər- | ɪréɪz] 〘(1605) ← L *ērās-us* scratched out (p.p.) ← *ērādere* ← *ē*- '*EX-*[1]' + *rādere* to scrape : ⇨ rase〙 ― *vt.* **1** 〈書いた文字などを〉ぬぐい消す, 〈彫った文字などを〉すり消す ; 削除[抹消, 抹殺]する : ~ a name *from* a list 名前を表から抹消する / ~ the blackboard 黒板の文字を消す. **2 a** (録音テープなどから)〈磁気記録を〉消す, 消去する : ~ a tape. **b** 〘電算機〙〈記憶を〉消去する, 抹消する. **3** 消し去る, (ぬぐったように)忘れる : ~ an event *from* the memory 出来事を忘れる / I did my best to ~ that night's horror *from* my mind. あの夜の恐怖を心から消し去ろうと全力を尽した. **4** 《俗》〈人を〉消す, ばらす. **5** 無効にする ; 相殺する, 帳消しにする : ~ a $10 million deficit 1 千万ドルの赤字を帳消しにする. ― *vi.* **1** (容易に)消える. **2** 書いた[記した]ものを消す.

e·rásed *adj.* 〘紋章〙引きちぎられた, ぎざぎざに切られた (cf. couped 2).

eráse hèad *n.* (テープレコーダーの)消去ヘッド《テープの磁気記録を消去する装置》.

e·rás·er 〘(1790)〙 ― *n.* **1** (ペン・鉛筆・チョークなどで書いたものを)消す道具《黒板ふき・石板ふき・字消し用具・インク消し・消しゴムなど》. **2** 削除者, 抹消者.

e·rás·ing hèad *n.* = erase head.

e·ra·sion [ɪréɪʒən, ər-, -ʃən | ɪréɪʒən] *n.* **1** すり消し, 抹消, 削除. **2** 〘外科〙(患部組織の)掻爬(そうは), くり抜き, 切除.

E·ras·mi·an [ɪrǽzmiən, ər- | ɪrǽzmɪən, er-, -mjən] 〘(1881)〙 ― *adj.* エラスムス (D. Erasmus) 流[式]の. ― *n.* **1** エラスムス学徒. **2** (古代ギリシャ語をエラスムス流に発音する)エラスムス式発音法採用者.

E·ras·mus [ɪrǽzməs, ər- | ɪr-, er-] 〘□ L ~《原義》beloved □ Gk *erásmios* lovely ← *erân* to love : cf. Erastus〙 *n.* 男性名《愛称形 Ras, Rasmus》.

Erasmus, Des·i·de·ri·us [dèzɪdí(ə)riəs | -díər-] *n.* エラスムス《1466?–1536 ; オランダの人文主義者・神学者, 文芸復興運動の先覚者 : *Encomium Moriae* (*The Praise of Folly*)「愚神礼讃」(1509)》.

E·ras·ti·an [ɪrǽstiən, ər-, -tʃən | ɪrǽstɪən, er-, -tjən] 〘(1651)〙 ― *adj.* エラストゥス (T. Erastus) の, エラストゥス主義の[を奉じる]. ― *n.* エラストゥス主義を奉じる人.

E·rás·ti·an·ìsm [-nìzm] *n.* エラストゥス主義《T. Erastus が主張した宗教上の事柄に関する最高権は国家にあるとする説》.

E·ras·tus [ɪrǽstəs, ər- | ɪr-, er-] 〘□ L ~《原義》beloved □ Gk *erastós* : cf. Erasmus, erotic〙 *n.* 男性名《愛称形 Ras, Rastos》.

E·ras·tus [ɪrǽstəs, ər- | ɪr-, er- ; G. erástus], **Thomas** *n.* エラストゥス《1524–83 ; スイスの神学者, ドイツ Heidelberg の医学教授, Zwingli 主義者》.

e·ra·sure [ɪréɪʃə, ər- | ɪréɪʒə(r)] 〘(1734) ← ERASE + -URE〙 *n.* **1** ぬぐい消し ; 削除, 抹消, 消去. **2** 削除個所, 抹殺部分 ; 消し跡.

Er·a·to [érətòu | -tàu] 〘□ L ~ □ Gk *Eratṓ* ← *eratós* beloved ← *erân* to love : cf. Erastus〙 *n.* 〘ギリシャ神話〙エラト《叙情詩・恋愛詩を司る ; cf. Muse 1》.

Er·a·tos·the·nes [èrətɑ́sθənìːz | -tɔ́sθɪ-] *n.* エラトステネス《276?–?195 B.C. ; ギリシャの地理学者・天文学者》.

er·bi·um [ə́ːbiəm | ə́ːbɪəm, -bjəm] 〘← NL ~ ← (*Ytt*)*erb*(*y*) (⇨ ytterbite) + -IUM〙 ― *n.* 〘化学〙エルビウム《希土類元素の一つ ; 記号 Er, 原子番号 68, 原子量 167.26》.

ere [ɛə, éə | ɛə(r, éə(r)] 〘OE *ǣr*, *ǣr* < Gmc **airiz* (Du. *eer* / G *eher*) (compar.) ← **air* early ← IE **ajer-* day, morning (Gk *êri* early, in the morning & *áriston* breakfast) : ⇨ erst〙《古・詩》 ― *prep.* …の前に (before) : ~ long ほどなく, やがて / ~ now 今より前に. ― *conj.* **1** …する前に, …しないうちに : ~ (it is) too late 手遅れにならないうちに. **2** (…するよりは)むしろ.

'ere[1] [ɛ́ə | ɛ́ə(r)] 〘《頭音消失》〙 *adv.* 《方言・卑》= there : that ~. 「this ~.

'ere[2] [ɪ́ə | ɪ́ə(r)] 〘《頭音消失》〙 *adv.* 《方言・卑》= here :

Er·e·bus [érəbəs | érɪ-] 〘□ L ~ □ Gk *Érebos* □ Heb. *'érebh* sunset〙 ― *n.* 〘ギリシャ神話〙 **1** エレボス《Chaos の息子で Nyx (夜)の兄弟 ; 暗黒の擬人神》. **2** この世と地獄 (Hades) との間の暗黒界 : (as) dark as ~ 真暗な. 「火山 (3,795 m)》.

Erebus, Mount *n.* エレバス山《南極 Ross Island の

E·rech·the·um [ɪrékθiəm, ər-, èrəkθíːəm | èrekθíːəm, -θíəm] 〘□ L ~ □ Gk *Erékhtheion* ← *Erekhtheús* (↓)〙 ― *n.* [the ~] エレクテイオン《Athens の Acropolis に建てられた, 女像柱 (caryatides) をもつイオニア式の神殿 (409? B.C. に完成) ; 今日なおよく保存されたギリシャ建築の代表例 ; cf. Erechtheus》.

E·rech·theus [ɪrékθiəs, ər-, -θjuːs | ɪrékθjuːs, er-, -θɪəs, -θjəs] 〘□ L ~ □ Gk *Erekhtheús* 《原義》Shaker (of the Earth) ← *erékhthein* to break, shake〙 ― *n.* 〘ギリシャ神話〙エレクテウス《Hephaestus の息子で, Athene に育てられた後, Athens の王となった ; Erechtheum を建てたと伝えられる》.

e·rect [ɪrékt, ər- | ɪr-] 〘《adj.: c1390 ; v.: 1417》□ L *ērect-us* upright (p.p.) ← *ērigere* to set up, build ← *ē*- '*EX-*[1]' + *regere* to direct : cf. right〙 ― *adj.* **1** 直立した (cf. prone[1] 1) : stand ~ 直立する / an ~ figure 直立像. **2** 〈頭・手など〉もたげられた, 〈毛髪が〉逆立って : a dog with ears and tail ~ 耳と尾をぴんと立てた犬 / with every hair ~ 毛髪をことごとく逆立てて. **3** 〘植物〙直立の (cf. prone[1] 5, decumbent 2) : an ~ stem 直立茎. **4** 〘紋章〙 **a** 〈boar (猪)が〉頭などが鼻を上に向けて描かれた《直立したことを表現するが動物によって異なる ; cf. hauriant》. **b** 〈動植物以外のものが〉直立した. **5** 〘光学〙〈像が〉正立の : an ~ image 正立像. **6** 〘生理〙勃起(ぼっき)した. **7** 《古》高貴な, 高潔な : an ~ spirit. ― *vt.* **1** 建設する ; 建てる (construct, build) : ~ a house [statue] 家[像]を建てる. **2** 直立させる, ぴんと立てる, 起こす (set upright) : ~ a flagstaff 旗ざおを立てる / ~ oneself 体を起こす / ~ the ears 耳を立てる[そば立てる]. **3** 組み立てる : ~ a printing press 印刷機械を組み立てる / an ~*ing* shop (製作所の)組立工場. **4** 《古》〈新国家・新制度などを〉打ち立てる, 創設する : ~ a dynasty 王朝を樹立する. **5** 〔…に〕昇格させる, 高める〔*into*〕 : ~ a territory *into* a state 准州を州に昇格させる / ~ a person *into* a standard of right and wrong 人を高めて正邪の規準にする. **6** 〈障壁などを〉設ける : ~ barriers. **7** 〘数学〙(与えられた基線や基底の上に)作図する. **8** 〘光学〙〈倒立像を〉正立像に変える. **9** 〘生理〙勃起(ぼっき)させる. **10** 《廃》勇気づける, 大胆にする. ― *vi.* 直立する, ぴんと立つ. **~·a·ble** [-təbl] *adj.* **~·er** *n.* **~·ly** *adv.* **~·ness** *n.*

e·rec·tile [ɪréktl, ər-, -taɪl, -tɪl | ɪréktaɪl] 〘□ F *érectile* □ L *ērectus* : ⇨ ↑, -ile[1]〙 ― *adj.* **1** 起立性の, 直立させられる. **2** 〘解剖〙勃起(ぼっき)性の, 起立性の : ~ tissue (動植物の)勃起性組織. 「勃起(ぼっき)性[力].

e·rec·til·i·ty [ɪrèktíləti, ər-, ìːrek- | ɪrèktílɪtɪ, -lɪ-] *n.*

e·rec·tion [ɪrékʃən, ər- | ɪr-] 〘(?a1475) □ L *ērectiō(n-)* ← *ērectus* : ⇨ erect, -tion〙 *n.* **1** 直立, 起立. **2** 建立(こんりゅう), 建設 ; 架設 ; 組立て. **3** 樹立 ; 創設, 設立. **4** 建設物, 建物 (building). **5** 〘生理〙勃起(ぼっき).

e·rec·tive [ɪréktɪv, ər- | ɪr-] *adj.* 直立力のある.

e·réc·tor 〘(1538) □ LL *ērector* : ⇨ erect, -or[2]〙 *n.* **1** 建立(こんりゅう)者, 建設者 (builder) ; 組立工 ; 創設者, 設立者. **2** 〘解剖〙勃起(ぼっき)筋, 起立筋. 「領域.

É règion *n.* 〘通信〙E 層区域《E 層 (E layer) のある

-er·el [ərəl] 〘ME □ OF *-erel*, *-erelle* : cf. F *-ereau* / *-rel*〙 *suf.*「小 ; 下落 ; 軽蔑」などの意の名詞を造る : cockerel, doggerel.

ère·lóng 〘(1577) ← ERE (prep.) + LONG (adv.)〙 *adv.* 《古》間もなく, すぐに (before long, soon).

er·em- [érəm] (母音の前に来る時の) eremo- の異形.

er·e·mite [érəmàɪt | érɪ-] 〘(?a1200) □ OF ~ (変形) ← *hermite* 'HERMIT' : hermit との区別は 17 世紀から〙 *n.* (キリスト教の)隠者, 世捨て人 (hermit).

er·e·mit·ic [èrəmítɪk | èrɪmít-] 〘(1483)〙 *adj.* 隠者的な. **èr·e·mít·i·cal** *adj.* **èr·e·mít·i·cal·ly** *adv.*

ér·e·mìt·ish [-màɪtɪʃ | -tɪʃ] *adj.* 隠者のような, 隠者にふさわしい.

ér·e·mit·ism [-màɪtɪzm] *n.* 隠者[隠遁]生活.

er·e·mo- [érəmòu | -mə(u)] 〘← NL ~ ← Gk *erê-mos* solitary, empty〙 ― 〘生物〙「孤立した (solitary) ; 砂漠 (desert)」の意の連結形 : eremology. ★ 母音の前では通例 erem- になる.

er·e·moph·i·lous [èrəmɑ́fələs | èrɪmɔ́fɪ-] 〘⇨ ↑, -philous〙 *adj.* 〘動物〙砂漠に生息する.

er·e·mo·phyte [érəmo(u)fàɪt, ɪríːmə- | érɪmə(u)-, ɪríːmə-] 〘← EREMO- + -PHYTE〙 *n.* 〘植物〙砂漠植物 (desert plant).

er·e·mu·rus [èrəmjú(ə)rəs | èrɪmjúər-] 〘← NL ~ : ⇨ eremo-, -urus〙 ― *n.* (*pl.* **-mu·ri** [-raɪ]) 〘植物〙エレムルス《アジア原産ユリ科エレムルス属 (*Eremurus*) の多年草の総称》. 「に.

ère·nów 〘← ERE + NOW〙 *adv.* 《古》今まで, これまで

e·rep·sin [ɪrépsɪn, ər-, -sən | ɪrépsɪn] 〘□ G *Erepsin* ← L *erep(tus)* ((p.p.) ← *eripere* to take away ← *-ē* '*EX-*[1]' + *rapere* to take) + (PEP)SIN〙 ― *n.* 〘生化学〙エレプシン《腸液中にある蛋白酵素 ; 今はペプチダーゼ (peptidase) の混合物と判明している》.

er·e·thism [érəθìzm] 〘(1800) □ F *éréthisme* □ Gk *erethismós* irritation ← *erethízein* to irritate〙 ― *n.* 〘病理〙(異常)興奮, (神経)過敏(症). **e·reth·ic** [ɪréθɪk, ər- | ɪr-] *adj.* **er·e·this·mic** [èrəθízmɪk] *adj.* **er·e·this·tic** [èrəθístɪk] *adj.*

Er·e·thi·zon·ti·dae [èrəθɪzɑ́ntədìː, -θə- | èrɪθɪzɔ́ntɪ-] 〘← NL ~ ← *Erethizont-*, *Erethizon* (属名 : ← Gk *erethízōn* (pres.p.) ← *erethízein* (↑)) + -IDAE〙 *n. pl.* 〘動物〙キノボリヤマアラシ科. 「Yerevan.

Er·e·van [(j)èrəvɑ́ːn | (j)èrɪ- ; Russ. jirjiván] *n.* =

ère·whíle 〘(c1300) : ⇨ ere, while〙 *adv.* 《古》少し前に, しばらく以前 (a while before) ; 前に, 以前に.

ère·whíles *adv.* 《古》= erewhile.

Er·e·whon [érə(h)wɑ̀n, -(h)wɔ̀n | érɪ(h)wɔ̀n, -(h)wən] 〘《逆つづり》← NOWHERE〙 ― *n.*「エレホン」《Samuel Butler が架空の国に託してビクトリア朝の風俗習慣を風刺した小説 (1872)》.

Er·furt [ɛ́əfət, -fuət | ɛ́əfət, -fuət ; G. ɛ́rfurt] *n.* エルフルト《東ドイツ南西部 Thuringia 地方の都市 ; 人口 207,000》.

erg[1] [ə́ːg | ə́ːg] 〘(1873) ← Gk *érgon* 'ERGON' : cf. work〙 ― *n.* 〘物理〙エルグ《エネルギーの cgs 単位 ; 1 ダイン (dyne) の力が物体に働いてそれを 1 センチだけ移動させる仕事の量 ; cf. joule, work *n.* 13》.

erg[2] [ɛ́əg | ɔ́ːg] 〘□ F ~ ← Hamitic〙 *n.* (*pl.* **~s, a·reg** [ɑ́ːreg]) 〘地質〙エルグ《サハラ砂漠の一部のような移動する砂におおわれた地帯 ; 岩石砂漠に対する》.

erg- [əːg | əːg] (母音の前に来る時の) ergo-[1] の異形.

er·gas·tic [əːgǽstɪk | əː-] 〘□ Gk *ergastikós* able to work ← *ergazein* to work〙 *adj.* 〘生物〙エルガスチック《原形質が作った生命をもたない物質に属する》.

er·gas·to·plasm [əːgǽstəplæ̀zm | əː-] 〘← *ergasto-* (← Gk *ergastikós* (↑)) + -PLASM〙 ― *n.* 〘生物〙エルガストプラズム《細胞質中にある塩基性色素で, よく染まる線状・層状の構造》. 「異形.

er·gat- [əːgǽt | əː-] (母音の前に来る時の) ergato- の

er·gate [ə́ːgeɪt | ə́ː-] 〘← Gk *ergátēs* worker ← *érgon* 'ERG[1]' + *-ates* (agent suf.)〙 *n.* 〘昆虫〙働きアリ, 職アリ《アリの職階の一部 ; worker ant ともいう》.

er·ga·tive [ə́ːgətɪv | ə́ːgət-] 〘← ERGATO- + -IVE〙〘文

法》 ― *adj.* 能格の. ― *n.* 能格(ergative case)《エスキモー語やバスク語など自動詞の主語と他動詞の目的語が同一の格である言語において, 他動詞の主語の格をいう; 英語では The stone moved. と John moved the stone. のような対になる2文で他動詞の主語(John)を能格と解することがある》.

er·ga·tiv·i·ty [ə̀ːgətívəṭi | ə̀ːgətívəti, -vɪ-] *n.* 能格性.

er·gat·o- [əːgǽṭo(ʊ) | əːgǽtə(ʊ)] 〖← Gk *ergátēs*: ⇨ ergate〗「働き手(worker)」の意の連結形. ★ 母音の前では通例 ergat- になる.

er·go [ɛ́əgoʊ, ɔ́ː- | ɔ́ːgəʊ] 〖(*a*1376) ⊂ L *ergō* therefore〗 *conj., adv.* 《戯言》 かるがゆえに, 故に(therefore): Cogito, ~ sum (⇨ 巻末).

er·go-[1] [ɔ́ːgo(ʊ) | ɔ́ːgə(ʊ)] 〖← Gk *érgon* work〗「仕事(work)」の意の連結形: *ergo*phobia. ★ 母音の前では通例 erg- になる. 「(ergot)」の意の連結形.

er·go-[2] [ɔ́ːgo(ʊ) | ɔ́ːgə(ʊ)] 〖⊂ F ~ ← ERGOT〗「麦角(ばっかく)

er·god·ic [əːgádɪk | əːgɔ́d-] 〖← ERGO-[1]+Gk *hodós* way+-IC[1]〗 ― *adj.* 〘数学・統計〙 エルゴード的な《一つの体系が, 十分長い時間の後には, 可能性のあるどのような状態にもなりうるような》: an ~ theorem エルゴード定理. **er·go·dic·i·ty** [ə̀ːgədísəṭi | ə̀ːgədísəti, -sɪ-] *n.*

er·go·graph [ɔ́ːgəgræ̀f | ɔ́ːgəgrɑ̀ːf, -græ̀f] 〖← ERGO-[1]+-GRAPH〗 ― *n.* エルゴグラフ, 疲労測定器, 疲労記録計《筋肉がする仕事量を計測・記録する装置》. **er·go·graph·ic** [ə̀ːgəgrǽfɪk | ə̀ː-] *adj.*

er·gol·a·try [əːgálətri | əːgɔ́lətrɪ] 〖← ERGO-[1]+-LATRY〗 *n.* 労働崇拝.

er·gom·e·ter [əːgáməṭə | əːgɔ́mɪtə(r), -mə-] 〖← ERGO-[1]+-METER[1]〗 ― *n.* 作業計, エルゴメーター《主に筋力の疲労測定器》. **er·go·met·ric** [ə̀ːgəmétrɪk | ə̀ː-] *adj.*

er·go·met·rine [ə̀ːgəmétriːn, -míːt-, -trɪn, -trən | ə̀ːgəmétriːn, -míːt-, -trɪn] 〖← ERGO-[2]+METRO-[2]+-INE[3]〗 *n.* 〘薬学〙 =ergonovine.

er·gon [ɔ́ːgɑn | ɔ́ːgɔn] 〖⊂ Gk *érgon* work〗 *n.* 〘物理化学〙 **1** 1 エネルギー量子. **2** =erg[1].

er·go·nom·ics [ə̀ːgənámɪks | ə̀ːgə(ʊ)nɔ́m-] 〖← ERGO-[1]+(EC)ONOMICS〗 ― *n.* **1** 生物工学(⇨ bionics). **2** 人間工学(⇨ human engineering 2). **er·go·nom·ic** [ə̀ːgənámɪk | ə̀ːgə(ʊ)nɔ́m-] *adj.* **èr·go·nóm·i·cal** *adj.* **er·gon·o·mist** [əːgánəmɪst, -məst | əːgɔ́nəmɪst] *n.*

er·go·no·vine [ə̀ːgənóʊviːn, -vɪn, -vən | ə̀ːgə(ʊ)nə́ʊviːn, -vɪn] 〖← ERGO-[2]+L *novus* new+-INE[3]〗 ― *n.* 〘薬学〙 エルゴノビン($C_{19}H_{23}N_3O_2$)《麦角アルカロイドの一種で, 子宮収縮剤として用いる》.

er·go·sphere [ɔ́ːgəsfɪə | ɔ́ːgə(ʊ)sfɪə(r)] 〖← ERGO-[1]+-SPHERE〗 *n.* 〘天文〙 作用圏《ブラックホール(black hole)を取り巻いていると仮定されている境域》.

er·gos·ter·ol [əːgástərɔ̀(ː)l, -ròʊl | əːgɔ́stərɔ̀l, -stɪər-] 〖← ERGO-[2]+STEROL〗 ― *n.* 〘生化学〙 エルゴステロール, エルゴステリン($C_{28}H_{44}O$)《酵母・麦角菌・シイタケなどから採る sterol; 紫外線に当たるとビタミン D_2 に変わる》.

er·got [ɔ́ːgət, -gɑt | ɔ́ːgət, -gɔt] 〖(1683) ⊂ F ~ 《原義》 cock's spur < OF *argos, argoz* (pl.) ← ?: 形の類似から〗 ― *n.* **1** 〘植物病理〙 麦角病《麦角菌(*Claviceps purpurea*)など麦角菌属の菌によるライ麦などの病気》; 麦角《麦角菌の菌核》. **2** 〘薬学〙 麦角《麦角菌の菌核を乾燥したもの; 主要成分はアルカロイドで, 止血剤・子宮収縮剤などに用いる》. **3** 麦角アルカロイド.

er·got·a·mine [əːgáṭəmìːn, -mɪn, -mən | əːgɔ́təmìːn, -mɪn] 〖← ERGOT+AMINE〗 ― *n.* 〘薬学〙 エルゴタミン($C_{33}H_{35}N_5O_5$)《麦角の有効アルカロイド; 分娩後出血の対策に使う》.

èrgo·thérapy 〖⇨ ergo-[1], therapy〗 *n.* 〘医学〙 作業療法. 「症状の.

er·got·ic [əːgáṭɪk | əːgɔ́t-] *adj.* 麦角菌のついた, 麦角

er·got·in [ɔ́ːgəṭɪn, -ṭən | ɔ́ːgətɪn] 〖← ERGOT+-IN[1]〗 *n.* 〘薬学〙 エルゴチン, 粗製麦角エキス, 麦角素, 麦角精.

er·got·i·nine [əːgáṭənìːn, -nɪn, -nən, -ṭn- | əːgɔ́tənìːn, -nɪn] 〖← ERGOTIN+-INE[3]〗 *n.* 〘薬学〙 エルゴチニン($C_{35}H_{39}N_5O_5$)《ergotoxine の異性体》.

ér·got·ism [-ìzm] 〖← ERGOT+-ISM〗 *n.* **1** 〘医学〙 麦角中毒(症). **2** 〘植物病理〙 =ergot 1.

er·go·tized [ɔ́ːgətàɪzd | ɔ́ː-] *adj.* **1** 〘医学〙 麦角中毒(症)(ergotism)にかかった. **2** 麦角(ergot)を含む.

èrgo·tóxine 〖← ERGO-[2]+TOXINE〗 *n.* 〘薬学〙 エルゴトキシン($C_{35}H_{39}N_5O_5$)《強力な麦角アルカロイドで子宮収縮剤》.

-er·gy [⌐ ― əːdʒi, ⌐ədʒi | ⌐ ― əːdʒɪ, ⌐ədʒɪ] 〖⊂ LL *-ergia* ← Gk *érgon* work: ⇨ ergo-[1], -y[1]〗「仕事(work); 効果(effect)」の意の名詞連結形: syn*ergy*, all*ergy*.

Er·hard [ɛ́əhaət | ɛ́əhɑːt; G. éːrhart], **Ludwig** *n.* エアハルト《1897–1977; 西ドイツの政治家・経済学者; 経済相(1949–63), 首相(1963–66)》.

Er·ic [érɪk] 〖⊂ ON *Eirík-r* 《原義》 honorable ruler: cf. Dan. & Swed. *Erik* / G *Erich*〗 *n.* 男性名《愛称形 Rex, Rick, Rickie》. 「Center.

ERIC 《略》《米》 Educational Resources Information

er·i·ca [érɪkə, érə-, ɪráɪ-, ər-, -ríː- | érɪ-] 〖← NL ~ ← L *ericē* heath ⊂ Gk *er(e)íkē*〗 ― *n.* 〘植物〙 **1** [E-] エリカ属《ツツジ科の一属》. **2** エリカ《エリカ属の植物の総称; エイジュ(tree heath)など; cf. heath 2》.

Er·i·ca [érɪkə, érə-, ɪráɪ-, ər-, -ríː- | érɪ-] 〖(fem.) ← ERIC: cf. erica〗 *n.* 女性名.

Er·i·ca·ce·ae [èrəkéɪsiiː | èrɪ-] 〖← NL ~: ⇨ erica, -aceae〗 *n. pl.* 〘植物〙 ツツジ科. **èr·i·cá·ceous** [-ʃəs] *adj.*

Er·i·ca·les [èrəkéɪliːz | èrɪ-] 〖← NL ~ ⇨: erica, -ales〗 *n. pl.* 〘植物〙 ツツジ目.

Er·ich [érɪk; G. éːrɪç] 〖⊂ G ~ 'ERIC'〗 *n.* 男性名.

e·rich·thoi·di·na [ɪrɪkθɔɪdáɪnə, ər-, -díːnə | ɪr-] 〖← NL ~ ← *erichthoid* (← *Erichthus* (← Gk *ēri* early+*ikhthús* fish)+-OID)+-INA[1]: ⇨ ere, ichthys〗 ― *n.* 〘動物〙 エリクトイディナ《口脚類のトラフシャコ属(*Lysiosquilla*)の幼生》.

er·i·coid [érəkɔ̀ɪd | érɪ-] 〖← NL *Erica* (⇨ ERICA)+-OID〗 *adj.* 〈葉が〉ヒースに似た; 細長くそり返りのある.

Er·ic·son [érɪksn], **Leif** *n.* =Leif ERICSSON.

Er·ics·son [érɪksn], **John** *n.* (1803–89) スウェーデン生れの米国の技師・発明家.

Er·ics·son [érɪksn; Swed. éːriksɔn], **Leif** [léɪf] *n.* エリクソン《11世紀ごろのスカンジナビアの航海者, Olaf Tryggvessön によって Greenland にやられるが, 暴風にあい Vinland を発見したという; Eric the Red の息子で, Greenland の植民者》.

Éric the Réd *n.* 赤毛のエリック《10世紀のスカンジナビアの航海者; Greenland の発見者でアイスランドへの植民者; Leif Ericsson の父》.

E·rid·a·nus [ɪrídənəs, ər-, -dṇ- | ɪr-] 〖⊂ L *Ēridanus* ⊂ Gk *Ēridanós* (古代ギリシャの川の名)〗 ― *n.* 〘天文〙 エリダヌス座《南天の星座; α星 Achernar (0.5等); the River ともいう》.

E·rie [í(ə)ri | ɪ́əri] 〖⊂ Am.-F ~ ← Huron *yĕñresh* wildcat, 《原義》 it is long-tailed+-'e at the place of〗 ― *n.* **1** 米国 Pennsylvania 州の北西部, Erie 湖に臨む港市; 人口 128,000. **2** (*pl.* ~, ~s) **a** [the ~(s)] エリ族《米国 Ohio 州北部, Pennsylvania 州北西部および New York 州西部に住む》. **b** エリ族の人. **3** エリ語《エリ族の用いる言語》.

Erie, Lake *n.* エリー湖《米国とカナダとの境にある五大湖(Great Lakes)の一つで, 五大湖で最も南にあって最も浅い; 長さ 388 km, 面積 25,859 km²》.

Érie Canál *n.* [the ~] エリー運河《米国 New York 州 Albany と Buffalo 間の運河; Hudson 川と Erie 湖を結ぶ; 長さ 584 km; 1825年完成; New York State Barge Canal の主要な水路》.

E·rig·e·na [ɪrídʒənə, er- | -dʒɪ-], **Johannes Scotus** *n.* エリウゲナ《810?–?877; アイルランド生れでフランスで活躍した神学者・哲学者》.

e·rig·er·on [ɪrídʒərən, ər-, -rɑ̀n | ɪrídʒərən, -rɔ̀n] 〖← NL ~ ← L *ērigeron* ⊂ Gk *ērigérōn* groundsel ← *ēri* early+*gérōn* old man: ⇨ ere, geronto-: 一部にみられる白い冠毛から〗 ― *n.* **1** 〘植物〙 キク科ムカシヨモギ属(*Erigeron*)の草本の総称《ヒロハヒメジョオン(*E. speciosus*), アズマギク(*E. dubius*)など》. **2** ムカシヨモギ属の植物の葉と頂芽《昔, 利尿剤や止血剤に使われた》. **3** =erigeron oil.

erígeron òil *n.* エリゲロン油《ヒメムカシヨモギ(horseweed)から採取した油; 時に薬用に用いる》.

E·rik [érɪk; G. éːrɪk, Swed. éːrik, Dan. éːre] 〖⇨ Eric〗 *n.* 男性名.

Er·in [érɪn, í(ə)r-, é(ə)r-, -rən | érɪn, ɪ́ər-] 〖⊂ OIr. *Ērinn* (dat.) ← *Eriu* (later *Eire*) Ireland〗 ― *n.* 《詩・文語》 エリン《Ireland の古[雅]名; cf. Hibernia》: sons of ~ アイルランド人. 「eryngo.

e·rin·go [ɪríŋgoʊ, ər- | ɪríŋgəʊ] *n.* (*pl.* ~es, ~s) =

E·rin·y·es [ɪríniiːz, ər- | ɪr-] 〖⊂ L *Erinyēs* (pl.) ← *Erinys* ⊂ Gk *Erín(n)ús*〗 *n. pl.* (*sing.* **E·rin·ys** [ɪrínɪs, ɪráɪ-, -nəs | -nɪs]) 〘ギリシャ神話〙 エリニュスたち(⇨ fury 3 a).

er·i·o- [ério(ʊ) | érɪə(ʊ)] 〖⊂ Gk *erio-* ← *érion* wool〗「羊毛(wool)」の意の連結形.

Er·i·o·cau·la·ce·ae [èrio(ʊ)kɔːléɪsiiː | èrɪə(ʊ)-] 〖← NL ~ ← *Eriocaulon* (属名: ← ERIO-+-*caulon* (← Gk *kaulós* stem: cf. cauline))+-ACEAE〗 ― *n. pl.* 〘植物〙 ホシクサ科. **èr·i·o·cau·lá·ceous** [-ʃəs] *adj.*

Er·i·o·coc·ci·dae [èrio(ʊ)kɑ́k(s)ədìː | èrɪə(ʊ)kɔ́k(s)ɪ-] 〖← NL ~ ← *Eriococcus* (← ERIO-+*Coccus* (← Gk *kókkos* grain, seed))+-IDAE〗 ― *n. pl.* 〘昆虫〙 (半翅目同翅亜目)フクロカイガラムシ科.

er·i·oph·y·id [èriáfiɪd, -əd | -ɪd] 〖↓〗 *adj., n.* 〘動物〙 フシダニ科の(ダニ).

Er·i·o·phy·i·dae [èrio(ʊ)fáɪədìː | èrɪə(ʊ)fáɪɪ-] 〖← NL ~ ← *Eriophyes* (属名: ← ERIO-+-*phyes* (← Gk *phuḗ* growth))+-IDAE〗 *n. pl.* 〘動物〙 フシダニ科.

er·i·o·phyl·lous [èrio(ʊ)fíləs | èrɪə(ʊ)-] 〖← ERIO-+-PHYLLOUS〗 *adj.* 〘植物〙 綿状の軟毛でおおわれた葉をもった, 軟毛葉のある.

E·ris [í(ə)rɪs, érɪs, -rəs | érɪs] 〖⊂ L ~ ⊂ Gk *Éris*: *éris* strife, discord の擬人化〗 ― *n.* 〘ギリシャ神話〙 エリス《不和の女神; ローマ神話の Discordia に当たる; cf. APPLE of discord》.

er·is·tic [ɪrístɪk, ər-, er- | er-] 〖(1637) ⊂ Gk *eristikós* ← *eristḗs* wrangler ← *erízein* to wrangle ← *éris* (↑)〗 ― *adj.* **1** 争論の, 論争的な(controversial). **2** 論争好きの. ― *n.* **1** 争論者, 論客. **2** 争論術. **er·ís·ti·cal** *adj.* **er·ís·ti·cal·ly** *adv.*

E·rith [í(ə)rɪθ | ɪ́ər-] 〖OE *Earhȳð* gravelly landing-place ← *ēar* gravel+*hȳþ* harbor (⇨ Hythe)〗 ― *n.* Greater London の Bexley 区の一部; もとイングランド Kent 州の都市; London の東方 Thames 川に臨み, ヨットの停泊地, 人口 46,000.

Er·i·tre·a [èrətríːə, -tréɪə | èrɪtré(ɪ)ə, -tríə; It. èritrέːa] *n.* エリトリア《エチオピア北部の紅海に臨む州; もとイタリアの植民地; 解放戦争による分離独立運動が起こっている; 人口 1,948,000, 面積 117,600 km², 首都 Asmara》. **Èr·i·tré·an** [-ən] *adj., n.*

Er·i·van [(j)èrəvɑ́ːn | (j)èrɪ-] *n.* Yerevan の英語名.

erk [ɔ́ːk | ɔ́ːk] 〖《短縮》 ← AIRC(RAFTSMAN)〗 *n.* 《英俗》 **1** 水兵. **2** 空軍二等兵. **3** いやなやつ, きらわれ者.

Er·lang [ɔ́ːlæŋ | ɔ́ː-] 〖← *Agner K. Erlang* (1878–1929: デンマークの数学者)〗 *n.* 〘電子工学〙 アーラン《通信系統におけるトラフィック量の単位》.

Er·lang·en [ɛ́əlɑːŋən | ɛ́ə-; G. έrlaŋən] *n.* エルランゲン《西ドイツ Bavaria 州の都市; 大学がある; 人口 101,000》.

Er·lang·er [ɔ́ːlæŋə | ɔ́ːlæŋə(r)], **Joseph** *n.* (1874–1965) 米国の生理学者; Nobel 医学生理学賞(1944).

Ér·len·mey·er flàsk [ɔ́ːlənmàɪə-, ɛ́ə- | ɔ́ːlənmàɪə-, ɛ́ə-; G. έrlṇmàɪɐ-] 〖← *E. Erlenmeyer* (1825–1909: ドイツの化学者)〗 ― *n.* 〘化学〙 エルレンマイヤーフラスコ, 三角フラスコ《こぼれる危険性をなくした, 円錐形平底の実験用フラスコ》.

erl·king [ɔ́ːlkɪŋ | ɔ́ːlkɪŋ, ⌐⌐] 〖(1797) 《部分訳》 ← G *Erlkönig* 《原義》 alder-king 《なぞり》 ← Dan. *elle(r)-konge, elverkonge* king of (the) elves: Herder が誤訳したもの〗 ― *n.* 〘ドイツ・北欧伝説〙 小妖精の王《特に子供に害を与え死に誘うという》.

Er·ma [ɔ́ːmə | ɔ́ː-] 〖⊂ OHG *Heri-man* 《原義》 army maid〗 *n.* 女性名. 「性名.

Er·mi·na [əːmíːnə | əː-] 〖(dim.) ← HERMIONE〗 *n.* 女

er·mine [ɔ́ːmɪn, -mən | ɔ́ːmɪn] 〖(?c1250) ⊂ OF (*h*)*ermine* (F *hermine*) ⊂ ? ML (*mūs*) *Armēnius* Armenian (mouse): cf. OHG *harmīn* of the ermine (← *harmo* weasel)〗 ― *n.* (*pl.* ~s, 1 ではまた ~) **1** 〘動物〙 **a** オコジョ, エゾイタチ, アーミン, (俗に)白テン(*Mustela erminea*)《寒地では毛並が細かく柔らかで, 毛色は冬期には白色, 夏期には赤褐色に変わるが, 尾の先端は常に黒い》. **b** 《米》 各種のイタチ(weasel). **2** アーミンの毛皮《しばしばその黒い尾をうまくあしらって効果的にする》; [時に *pl.*] アーミンの毛皮のへり飾り, アーミンの毛皮の外套. **3 a** アーミンの毛皮服を着ける職[身分]《英国の上級判事や貴族など》: wear [assume] the ~ 判事の職につく. **b** 純潔・公平の象徴. **4** 〘紋章〙 アーミン《銀あるいは白地にアーミンの尾をかたどった特殊な形の黒点を散らした毛皮模様》. ― *adj.* アーミンの毛皮で作った[をあしらった].

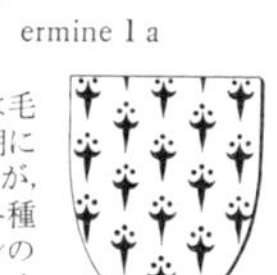

ermine 1 a

ermine 4

ér·mined 〖(15C)〗 *adj.* **1** アーミンの毛皮で飾った[の裏をつけた]. **2** アーミンの毛皮まがいにした. **3** 〈上級判事・貴族が〉アーミンの毛皮服を着けた.

érmine mòth *n.* 〘昆虫〙 スガ科の小型のガの総称《翅は白色で, 黒い小斑点がある》.

er·mines [ɔ́ːmɪnɪnz, -mənz | ɔ́ːmɪnz] 〖⊂ ? OF *hermines* (pl.) ← *herminet* (dim.) ← *hermine* 'ERMINE'〗 ― *n.* 〘紋章〙 アーミンズ《ermine の逆, つまり黒地に銀あるいは白の点の毛皮模様》.

Er·min·trude [ɔ́ːmɪntrùːd, -mən- | ɔ́ːmɪn-] 〖⊂ OHG *Ermantrud-is* ← *ermin* whole+*trūt, drūd* beloved, dear〗 ― *n.* 女性名《愛称形 Trudie; 異形 Ermentrude, Ermyntrude》.

ern [ɔ́ːn, ɛ́ən | ɔ́ːn] *n.* 〘鳥類〙 =erne.

Ern [ɔ́ːn, ɛ́ən | ɔ́ːn] 〖(dim.) ← ERNEST〗 *n.* 男性名.

-ern [ən | ən] 〖OE *-erne*: cf. L *-āneus*〗 *suf.* 方角を表わす語の形容詞を造る: east*ern*, west*ern*.

erne [ɔ́ːn, ɛ́ən | ɔ́ːn] 〖OE *earn* < Gmc **arnuz* eagle (Du. *arend* / G *Aar*) ← IE **er-* (Gk *órnis* bird)〗 ― *n.* 〘鳥類〙 ワシ(eagle); (特に)オジロワシ(white-tailed sea eagle).

Er·nest [ɔ́ːnɪst, -nəst | ɔ́ːnɪst; F. ɛrnɛst] 〖⊂ OHG *Ernst* (G *Ernst*) 《原義》 earnestness: ⇨ earnest[1]〗 *n.* 男性名《愛称形 Ern, Ernie》.

Er·nes·tine [ɔ́ːnɪstìːn, -nəs- | ɔ́ːnɪs-; G. ɛrnɛstíːnə] 〖(fem.): ⇨ ↑, -ine[4]〗 *n.* 女性名.

Er·nes·to [ɛənéstoʊ | ɛənéstəʊ; It. ernésto, Sp. ernésto] 〖⊂ It. ~: ⇨ Ernest〗 *n.* 男性名.

Er·nie[1] [ɔ́ːni | ɔ́ːnɪ] 〖(dim.) ← ERNEST〗 *n.* 男性名.

Er·nie[2] [ɔ́ːni | ɔ́ːnɪ] 〖《頭字語》 ← *e(lectronic) r(andom) n(umber) i(ndicator) e(quipment)*〗 *n.* 《英》〘証券〙 割増金付き債券の入賞番号を決めるコンピューター.

Ernst [ɔ́ːnst, ɛ́ənst | ɔ́ːnst, ɛ́ənst; G. ɛ́rnst] 〖⊂ G ~: ⇨ Ernest〗 *n.* 男性名.

Ernst [ɛ́ənst, ɔ́ːnst | ɛ́ənst, ɔ́ːnst; G. ɛ́rnst], **Max** *n.* エルンスト《1891–1976; ドイツ生れの超現実派画家; ダダイズムの創始者; 米国・フランスの国籍をもつ; cf. frottage 1》. 「篇作家・劇作家》.

Ernst, Paul *n.* エルンスト《1866–1933; ドイツの短

e·rod·a·ble [ɪróʊdəbl, ər- | ɪrə́ʊ-, er-] *adj.* =erodible. **e·ròd·a·bíl·i·ty** [-dəbíləṭi | -ləti, -lɪ-] *n.*

e·rode [ɪróʊd, ər- | ɪrə́ʊd, er-] 〖(1612) ⊂ F *éroder* ⊂ L *ērōdere* ← *ē-* 'EX-[1]'+*rōdere* to gnaw〗 ― *vt.* **1** 〈酸などが〉腐食する(cf. corrode 1); 〈癌(がん)などが〉むし

ばむ；〈金属を〉磨耗させる：Acids ～ metals. 酸は金属を腐食する. **2** 〈波・流水などが〉〈土地・岩石を〉侵食する (cf. erosion 2)；侵食して作る：The stream ～*d* a channel in the rock. 流水の侵食で岩に水路ができた. **3** 〈行為・習慣などが〉徐々にそこなわせる[失わせる, 危くする]：His habit of gambling has ～*d* his family life. ばくちの習慣のため家庭生活がそこなわれていった. — *vi.* 腐食[侵食]される, むしばまれる.

e·rod·i·ble [ɪróudəbḷ, ər- | ɪróudə-, er-, -dɪ-] *adj.* 侵食可能な. **e·ròd·i·bíl·i·ty** [-dəbíləṭi | -dɪbíləti, -də-, -lɪ-] *n.*

e·ro·di·um [ɪróudiəm, ər- | ɪróudɪəm, er-, -djəm] 〖← NL ～ ← Gk *erōdiós* heron＋-IUM〗 — *n.* 〖植物〗温帯産フウロソウ科オランダフウロ属 (*Erodium*) の草本《オランダフウロ (alfilaria) など》.

er·o·gen·ic [èrədʒénɪk] *adj.* ＝erogenous.

e·rog·e·nous [ɪrádʒənəs, ər-, er- | ɪrɔ́dʒɪ-, er-, -dʒə-] 〖← Gk *érōs* sexual love＋-GENOUS〗 — *adj.* **1** 性欲を刺激する, 催春性の. **2** 性的満足を与える；性的に敏感な：～ zones 性感帯. **e·rog·e·ne·i·ty** [ɪràdʒəníːəṭi, ər-, er-, èrədʒ- | èrədʒɪníːəti, -dʒə-, -níːɪ-] *n.*

E·ro·i·ca [eróuɪkə, ɪr-, ər- | eráuɪ-, ɪr-; *It.* eróːika] 〖← It. (*Sinfonia*) *Eroica* Heroic (Symphony)〗 — *n.* 「英雄」《Beethoven 作曲の交響曲第三番変ホ長調 (Op. 55) (初演 1805) の通称》.

-e·roo [əruː] 〖← ? (BUCK)AROO〗 *suf.* 《俗》戯言的な名詞語尾：boozeroo, brusheroo.

E·ros [éras, í(ə)ras, íːr- | íərɔs, érɔs, érəuz] 〖▭ L *Erōs* ▭ Gk *Erōs* god of love : *érōs* love, desire の擬人化〗 — *n.* **1** 〖ギリシャ神話〗エロス《Aphrodite と Ares の子で恋愛の神；ローマ神話の Cupid に当たる》. **2** 〖精神分析〗エロス, 生の本能《リビドーに由来する性的快楽と自己保存を目的とする本能；cf. Thanatos 2》. **3** 〖キリスト教〗エロス, (人間的な)愛 (cf. agape² 2). **4** [しばしば e-] (プラトン哲学で)善きものの永久の所有に向けられる愛 (Platonic love). **5** 〖天文〗エロス《1898 年に発見された小惑星》.

e·rose [ɪróus, ər- | ɪráus] 〖▭ L *ērōs-us* gnawed off (p.p.) ← *ērōdere* 'to ERODE'〗 — *adj.* **1** (かじり取ったように)でこぼこの (uneven). **2** 〖植物〗〈葉など〉ふちにぎざぎざのある, 不斉歯牙(しが)状の. **～·ly** *adv.*

e·ro·si·ble [ɪróusəbḷ, ər- | ɪráusə-, er-, -sɪ-] *adj.* 腐食[侵食]され得る.

e·ro·sion [ɪróuʒən, ər- | ɪráu-, er-] 〖(1541) ▭ F *érosion* ▭ L *ērōsiō(n-)* ← *ērōsus*: ⇨ erose, -sion〗 — *n.* **1** (酸などによる)腐食；(流体の衝撃による金属表面の)浸食. **2** 〖地質〗(水・氷・風・波などによる)侵食(作用) (cf. corrasion)：⇨ wind erosion. **3** 〖医学〗糜爛(びらん), ただれ；侵食. **e·ró·sion·al** [-ʒənḷ, -ʒnəl] *adj.* **e·ró·sion·al·ly** *adv.*

erósion sùrface *n.* 〖地質〗侵食面《侵食作用によって形成された平坦面》.

e·ro·sive [ɪróusɪv, ər-, -zɪv | ɪráusɪv, er-] 〖← L *ērōs-us*＋-IVE: ⇨ erose〗 — *adj.* 食壊性の, 侵食的な, 侵食性の；糜爛(びらん)性の. **～·ness** *n.* **e·ro·siv·i·ty** [ɪròusívəṭi, ər-, -zív- | ɪràusívəti, er-, -vɪ-] *n.*

er·o·te·sis [èrətíːsɪs, -səs | -sɪs] 〖← NL ～ ← Gk *erṓtēsis* ← *erōtáein* to question〗 *n.* 〖修辞〗エローテーシス《否定の答えを含意する修辞疑問》.

e·rot·ic [ɪráṭɪk, ər-, er- | ɪrɔ́t-, er-] 〖(1651) ▭ F *érotique* ∥ Gk *erōtik-ós* of love ← *érōs* sexual love: ⇨ Eros〗 — *adj.* **1** 性愛の, 性愛を扱った (amatory)：～ poetry 恋愛詩 / ～ dreams 性夢. **2** 性欲をかき立てる[満足させる]：an ～ stimulant 性欲刺激剤. **3** 〈人が〉好色な, 色情的な：an ～ person 好色家. — *n.* **1** 恋愛詩. **2** 好色家.

e·rot·i·ca [ɪráṭɪkə, ər-, er-, -ṭə- | ɪrɔ́tɪ-, er-] 〖← NL ～ ← Gk *erōtiká* (neut. pl.) ← *erōtikós* (↑)〗 *n. pl.* 好色本《しばしばカタログの見出しに用いられる》.

e·rót·i·cal [-ṭɪkəl, -ṭə- | -tɪ-] *adj.* ＝erotic.

e·rót·i·cal·ly *adv.* 恋愛的に, 性愛的に.

e·rót·i·cism [-ṭəsìzm | -tɪ-] 〖(1881) ← EROTIC＋-ISM〗 — *n.* **1** エロチシズム, 扇情的傾向, 好色. **2** 性的興奮状態. **3 a** 性欲 (sexual desire). **b** 〖精神分析〗(特に, 異常な)性欲昂進(こうしん). **e·rót·i·cist** [-sɪst, -səst | -sɪst] *n.*

e·rot·i·cize [ɪráṭəsàɪz, ər-, er- | ɪrɔ́tɪ-, er-] *vt.* 性愛的[エロティック]にする. **e·rot·i·ci·za·tion** [ɪràṭəsəzéɪʃən, ər-, er-, -sə- | ɪrɔ̀tɪsaɪ-, er-, -sɪ-] *n.*

er·o·tism [érəṭìzm] 〖(1849): ⇨ ↓, -ism〗 *n.* ＝eroticism.

e·ro·to- [ɪróuṭou(u), ər-, er-, -ráṭ- | ɪráutəu(u), er-, -rɔ́t-] 〖← NL ～ ← Gk *érōto-* ← *érōs*: ⇨ Eros〗「性欲」の意の連結形.

eròto·génesis 〖← NL ～: ⇨ eroto-, -genesis〗 *n.* 性的感情の覚醒.

e·ro·to·gen·ic [ɪròuṭədʒénɪk, ər-, er-, -ràṭ- | ɪràutədʒén-, er-, -rɔ̀t-] *adj.* ＝erogenous.

er·o·tog·e·nous [èrətádʒənəs | -tɔ́dʒɪ-, -dʒə-] *adj.* ＝erogenous.

er·o·tol·o·gy [èrətálədʒi | -tɔ́lədʒi] 〖← EROTO-＋-LOGY〗 *n.* 性愛文学[美術]. **er·o·to·log·i·cal** [èrəṭəládʒɪkəl, -dʒə-, | -təlɔ́dʒɪ-] *adj.*

e·ro·to·ma·ni·a [ɪròuṭəméɪniə, ər-, er-, -ràṭ-, -méɪnjə | ɪràutəméɪnjə, er-, -rɔ̀t-, -nɪə] 〖(1874) ← NL ～: ⇨ eroto-, -mania〗 *n.* 〖精神医学〗淫乱症, 色情狂.

e·ro·to·ma·ni·ac [ɪròuṭəméɪniæ̀k, ər-, er-, -ràṭ- | ɪràutəméɪniæk, er-, -rɔ̀t-] *n.* 色情狂者.

e·rot·y·lid [ɪróuṭəlɪd, ɪráṭ-, -ṭḷ-, -əd | ɪráutɪlɪd, er-] 〖↓〗〖昆虫〗*adj.* オオキノコムシ(科)の. — *n.* オオキノコムシ《オオキノコムシ科の甲虫の総称》.

Er·o·tyl·i·dae [èrətílədìː | -lɪ-] 〖← NL ～ ← *Erotylus* (属名: ← Gk *erotúlos* darling ← *érōs* (⇨ Eros))＋-IDAE〗 *n. pl.* 〖昆虫〗(鞘翅目)オオキノコムシ科.

ERP, E.R.P. 《略》European Recovery Program.

err [ə́ː, ɛ́ə | ə́ː(r)] 〖(a1300) *erre(n)* ▭ (O)F *err-er* < L *errāre* to wander: cf. OE *ierre* wondering, angry〗 — *vi.* **1 a** 正道からそれる, 踏み間違える；誤る, 間違いをする：～ *from* the truth [right path] 真理[正道]からそれる / ～ *in* one's judgment 判断を誤る / ～ *on* the side of mercy [severity] 慈悲[厳格]に失する / ～ *on* the right side (可能な間違いのうち)重大なものを避ける《冷淡であるよりも親切すぎるなど》/ It is best to ～ *on* the safe side. 誤っても大事を取るに越したことはない. **b** 《古》道を踏み迷う；さ迷う, さすらう. **2** 誤ちをする, 罪を犯す：To ～ is human, to forgive divine. 誤つは人の常, 許すは神の業(わざ) (Pope, *Essay on Criticism* 2.525). **3** 〈陳述などが〉誤っている；〈計器などが〉不正確である, 誤差を生じる：His statement ～*s* in this particular. 彼の陳述はこの点で間違っている. **err·a·bil·i·ty** [ɛ̀(ə)rəbíləṭi, ə̀ː(r)- | ə̀ːrəbíləti, əːr-, -lɪ-] *n.* **err·a·ble** [ɛ́(ə)rəbḷ, ə́ː(r)- | ə́ːr-] *adj.*

er·ran·cy [érənsi | -sɪ] 〖▭ L *errentia* ← *errāns* (pres. p.) ← *errāre* (↑): ⇨ -ancy〗 *n.* 誤ること；間違っていること；誤り.

er·rand [érənd] 〖OE *ǣrende* message < Gmc **ǣrundjam* (OFris. *erende* / OS *ārundi* / OHG *ārunti*) ← ?: cf. OE *ār* messenger〗 — *n.* **1** お使い, 用足し, 使い歩き, 使い走り：a gawk's ～ むだな使い走り, むだ足, 徒労 / ⇨ fool's errand / go [run] (*on*) ～*s* 走り使いをする / send a person *on* an ～ 人を使いにやる / go *on* an ～ *for* a person 人の使いに行く. **2** 《古》(特殊な)使命 (mission)：come [go] *on* an ～ of …の使命を帯びて来る[行く]. **3** (使いの)用向き, 用事, 目的：I have an ～ *to* do in town. 町に用事がある.

an errand of mercy 恩情を伝える使い[使命]. ***make an errand*** (1) ちょっと出掛ける. (2) 行く口実を作る.

érrand bòy [gìrl] *n.* 使いの少年[女の子], 走り使い.

er·rant [érənt] 〖(1335) ▭ (O)F *errant* (pres.p.) ← (i) OF *errer* to travel in quest of adventure < VL **iterāre*＝L *itinerāre* 'to ITINERATE' ∥ (ii) (O)F *errer* 'to wander, ERR': ⇨ -ant〗 — *adj.* **1** 遊歴の；(特に, 中世の武者修業などの)冒険的遍歴の；〈公務員が〉(公用などで)巡回の：an ～ knight 遍歴の騎士 / ⇨ knight-errant. **2** さ迷う：an ～ cloud あちこちと漂う雲. **3** 正しい規準をはずれた, 誤った：～ conceptions 誤った考え. — *n.* 武者修業者, 遍歴武士. **～·ly** *adv.*

Er·ran·ti·a [erǽnʃiə, -ʃə, -tiə | -ʃɪə, -tɪə] 〖← NL ～ ← L *errant-*, *errāns* (pres.p.) ← *errāre* 'to wander, ERR': ⇨ -ia²〗 *n. pl.* 〖動物〗(環形動物多毛綱)遊在目.

er·rant·ry [érəntri | -trɪ] 〖⇨ errant, -ery〗 *n.* 遍歴；(特に中世騎士の)武者修行.

er·ra·ta [eráːṭə, ɪr-, ər-, -rǽṭə, -réɪṭə | eráːtə, ɪr-, -réɪ-] 〖▭ L *errāta* (pl.) ← ERRATUM〗 — *n.* **1** erratum の複数形. **2** 正誤表：give a sufficient ～ 十分な正誤表を掲げる.

er·rat·ic [ɪrǽṭɪk, ər-, er- | ɪrǽt-, er-] 〖(c1385) ▭ (O)F *erratique* ∥ L *errātic-us* wandering ← *errātus* (p.p.) ← *errāre* 'to wander, ERR': ⇨ -ic¹〗 — *adj.* **1** とっぴな, 並外れた, 風変りな；でたらめな：～ conduct [behavior] とっぴな行為[行動] / an ～ market 乱調子な市場 / an ～ genius 風変りな天才. **2** 移り気の；〈天体が〉軌道の定まらない；〈病気・苦痛が〉一局部に限らない, 遊走性の. **3** 《古》住所不定の；放浪の. **4** 〖地質〗漂移性の：an ～ boulder [block] 捨て子石, 漂石《氷河などによって運ばれて来た岩石》. — *n.* **1** 移り気の人；奇人. **2** 〖地質〗捨て子石, 漂石. **er·rát·i·cal·ly** *adv.* **er·rát·i·cìsm** [-ṭəsìzm | -tɪ-] *n.*

er·rát·i·cal [-ṭɪkəl, -ṭə- | -tɪ-] *adj.* ＝erratic.

er·ra·tum [eráːṭəm, ɪr-, -rǽṭ-, -réɪṭ- | eráːt-, ɪr-, -réɪt-] 〖(1589) ▭ L *errātum* (neut.p.p.) ← *errāre* 'to ERR'〗 — *n.* (*pl.* **-ra·ta** [-ṭə | -tə]) **1** 誤字, 誤写, 誤植. **2** ⇨ errata 2.

er·rhine [éraɪn] 〖← NL *errhin-um* ← Gk *érrhinon* ← *er-* 'EN-²'＋*rhin-*, *rhís* nose〗 *adj.* ＝sternutatory. — *n.* ＝sternutator.

err·ing [ɛ́(ə)rɪŋ, ə́ː(r)- | ə́ːr-] 〖ME〗 *adj.* **1** 誤っている, 身を誤る. **2** (姦通などの)罪を犯している.

érr·ing·ly *adv.* 誤って, 身を誤って.

Er·rol [érəl] 〖《変形》← ? HAROLD ∥ ? EARL ∥ ← L *error* wandering〗 *n.* 男性名.

erron. 《略》erroneous; erroneously.

er·ro·ne·ous [ɪróuniəs, ər-, er-, -njəs | ɪráunjəs, er-, -nɪəs] 〖(c1412) ▭ OF *erroneus* ∥ L *errōneus* wandering ← *errō(n-)* vagabond ← *errāre* 'to ERR': ⇨ -ous〗 — *adj.* **1** 〈言説など〉誤った, 間違った, 見当違いの：～ opinions 誤った考え. **2** 《古》正道をはずれた. **3** 《廃》さ迷う. **～·ly** *adv.* **～·ness** *n.*

er·ror [érə | érə(r)] 〖(?a1300) ▭ OF *errour* (F *erreur*) < L *errōrem* ← *errāre* 'to wander, ERR'〗 — *n.* **1** 誤り, 間違い：an ～ in translation 誤訳 / commit [make] an ～ 間違いをする / correct ～*s* 誤りを正す / fall into an ～ 誤りをやる；了見違いをする / a printer's [typographical] ～ 誤植 / nature's ～ 造化の戯れ, できそこない / ⇨ clerical error / ～*s* and omissions excepted 誤謬(ごびゅう)脱落は別として[この限りでない] (略 E. & O.E.) / an ～ of judgment 判断の誤り. **2 a** 誤信, 思い違い, 心得違い：be [stand] in ～ 考え違い[誤信]している. **b** 〖クリスチャンサイエンス〗(人間の苦しみの原因になっている)現実の真相についての謬見(びゅうけん). **3** あやまち, 過失, 過誤, 失錯, 手落ち, 落ち度；違犯, 罪過：～*s* of commission and omission 過失と怠慢のあやまち / see one's ～＝see the ～ of one's ways 前非を悔いる. **4** 〖数学・統計〗(計算・観測などの)誤り, 誤差；(計器・機械部品などの)誤差：an ～ of a planet 惑星の観測上の位置と計算上の位置との誤差 / make an ～ in calculation 計算違いをする / personal ～*s* 個人差. **5** 〖法律〗錯誤, 誤審：⇨ WRIT¹ of error. **6** 〖スポーツ〗エラー, ミス, 失策. **7** 〖郵趣〗エラー《間違って作られた切手；図案・刷色・紙質などに欠陥のあるもの；cf. variety 8》.

in error (1) ⇨ 2 a. (2) 間違って：The letter was sent to me *in* ～. 手紙は間違って私の元に届けられた.

error of closure 〖測量〗閉合誤差, 閉合差, 閉差《閉多角形が閉合しない場合の距離誤差；closing error ともいう》.

～·less *adj.*

érror corrècting [detècting] còde *n.* 〖通信〗誤り訂正[検出]符号《符号通信において伝送中の符号誤りが自動訂正[検出]可能な符号化法》.

érror cùrve *n.* 〖統計〗誤差曲線 (⇨ Gaussian curve).

ers [ə́ːs, ɛ́əs | ə́ːs, ɛ́əs] 〖▭ F & Port. ～ ▭ LL *ervor-*, *ervus*＝L *ervum*〗 — *n.* 〖植物〗オオヤハズエンドウ (*Vicia ervilia*)《地中海沿岸・アジア諸国に産するソラマメ属の一種；ervil ともいう》.

-ers [əz | əz] *suf.* ＝-er¹ 1 i.

er·satz [ɛ́əzaːts | ɛ́əzæts, ə́ːsaːts; G. ɛrzáts] 〖(1875) ▭ G *Ersatz* replacement ← *ersetzen* to replace < OHG *irsezzen* ← *ir-* (perfective pref.)＋*sezzen* 'to SET'〗 — *adj.* 代用となる；一時的の, 間に合わせの (temporary)；劣った, 二流の (inferior)：～ coffee 代用コーヒー. — *n.* **1** 人造品；模造品. **2** 代用品.

Erse [ə́ːs | ə́ːs] 〖(c1375) 《スコット》*Er(i)sch* 'IRISH'〗 — *n.* アース語：**a** スコットランド高地のゲール語 (Scottish Gaelic). **b** アイルランドのゲール語 (Irish Gaelic). — *adj.* (スコットランド高地・アイルランドの)ケルト族の；アース語の.

Er·skine [ə́ːskɪn, -skən | ə́ːskɪn] 〖← ? Sc.-Gael. *airdsyainne* from the height of the cleft〗 *n.* 男性名.

Erskine, John *n.* **1** (1509–91) スコットランドの宗教改革者；Erskine of Dun ともいう. **2** (1695–1768) スコットランドの法律家；Erskine of Carnock ともいう. **3** (1879–1951) 米国の学者・小説家；*The Private Life of Helen of Troy* (1925).

erst [ə́ːst | ə́ːst] 〖OE *ǣr(e)st* earliest, soonest < (WGmc) **airistaz* (Du. *eerst* / G *erst*) (superl.) ← **air*: ⇨ ere, -est¹〗 *adv.* 《古》昔, 以前に (formerly).

erst·while [⸗⸗, ⸗⸗] 〖(1569): ⇨ ↑, while (adv.)〗 *adv.* 《古》昔, 以前に (formerly). — *adj.* 昔の (former), 元の：her ～ rival 彼女のかつての競争相手.

Er·tha [ə́ːθə | ə́ː-] 〖← ON *ertha* 'EARTH'〗 *n.* 女性名.

ERTS [ə́ːts | ə́ːts] 〖《頭字語》← *E(arth) R(esources) T(echnology) S(atellites)*〗 — *n.* (米国の)地球資源科学技術衛星計画《人工衛星を利用して地球の資源を研究する宇宙計画》；この計画における一連の人工衛星.

Ertz [ə́ːts | ə́ːts], **Susan** *n.* (1894?–　) 英国生れの米国の女流小説家；*Now East, Now West* (1927).

er·u·bes·cence [èr(j)ubésṇs | èruː-, èru-] 〖⇨ ↓, -ence〗 *n.* 赤らむ[赤みを帯びる]こと；紅潮(状態).

er·u·bes·cent [èr(j)ubésṇt | èruː-, èru-] 〖(1736) ▭ L *ērubēscent-em* (pres.p.) ← *ērubēscere* to redden ← *ē-* 'EX-¹'＋*rubēscere* to grow red (← *rubēre* 'to be RED'): ⇨ -escent〗 — *adj.* 赤くなる, 赤らむ (reddening).

e·rú·cic ácid [ɪrúːsɪk-, ər- | ɪr-] 〖*erucic*: ← L *ērūca* colewort＋-IC¹〗 — *n.* 〖化学〗エルカ酸 ($CH_3(CH_2)_7CH{=}CH(CH_2)_{11}CO_2H$)《結晶；ナタネ油・カラシ油中にグリセリドとして存在》.

e·ru·ci·form [ɪrúːsəfɔ̀ːm, ər- | ɪrúːsɪfɔ̀ːm] 〖← L *ērūca* caterpillar＋-(I)FORM〗 *n., adj.* 〖昆虫〗ウジムシ型(の) (⇨ campodeiform).

e·ruct [ɪrʌ́kt, ər-, iːr- | ɪr-, iːr-] 〖▭ L *ēruct-āre* to belch forth ← *ē-* 'EX-¹'＋*ructāre* to belch〗 — *vt.* **1** 〈おくびを〉出す, 漏らす. **2** 〈火山が〉〈煙などを〉噴出する, 吐き出す. — *vi.* おくび[げっぷ]を出す.

e·ruc·tate [ɪrʌ́kteɪt, ər-, iːr- | ɪr-, iːr-] 〖(1638) ← L *ēructāt-us* (p.p.) ← *ēructāre* (↑)〗 *v.* ＝eruct.

e·ruc·ta·tion [ɪrʌktéɪʃən, ər-, iːrʌk- | iːrʌk-] 〖(?a1425) ▭ L *ēructātiō(n-)* ← *ēructātus* (↑)〗 — *n.* **1** おくびを出すこと (belching). **2** (火山の)噴出.

e·ruc·ta·tive [ɪrʌ́ktəṭɪv, ər-, iːr- | ɪrʌ́ktət-, iːr-] *adj.*

er·u·dite [ér(j)udàɪt | ér(j)uː-, ér(j)u-] 〖(?a1425) ▭ L *ērudīt-us* instructed (p.p.) ← *ērudīre* to polish ← *ē-* 'EX-¹'＋*rudis* 'RUDE'〗 — *adj.* **1** 学殖豊かな；博識な, 博学な：an ～ scholar 博識な学者. **2** 〈書物など〉学識の深さを示す, 学者らしい：an ～ commentary 学者的評釈. — *n.* 博学な人. **～·ly** *adv.* **～·ness** *n.*

er·u·di·tion [èr(j)udíʃən | èr(j)uː-, èr(j)u-] 〖(?c1400) ▭ L *ērudītiō(n-)* ← *ērudītus* (↑): ⇨ -tion〗 — *n.* **1** (文学・語学・歴史などの)博学, 学識 (scholarship, learning). **2** 学問探究. **～·al** [-ʃənḷ, -ʃnəl] *adj.*

e·rum·pent [ɪrʌ́mpənt, ər- | ɪr-, er-] 〖▭ L *ērumpent-em* (pres.p.) ← *ērumpere*: ⇨ ↓, -ent〗 — *adj.* **1** 突出する, 突然現われる. **2** 〖植物〗〈菌類・藻類などの子実体が〉(表皮を突き破って)突起した.

e·rupt [ɪrʌ́pt, ər- | ɪr-, er-] 〖(1657) ← L *ērupt-us* (p.p.)

← ērumpere ← ē- 'EX-¹'＋rumpere to break : cf. rupture》 ― vi. 1〈溶岩・蒸気などが〉ほとばしり出る, 噴出する；〈人・言葉・鬱憤などが〉どっと出る：The crowd ~ed into wild cheers. 群衆はどっと激しく喝采した. 2〈火山が〉噴火する, 爆発する；〈間欠泉などが〉湧き出る, 噴出する. 3〈戦争・暴動などが〉急に起こる, 突発する：A typhoid epidemic ~ed among the refugees. 腸チフスが避難民の間で急に流行した. 4 発疹(ほっしん)する：Youngsters are apt to ~ with acne. 青少年はにきびが出ることが多い. 5〈歯が〉生え出る, 萌出する. ― vt. 吹き出させる；〈火山が〉〈溶岩などを〉噴出する. **e·rúpt·i·ble** [-təbl | -tə-, -tɪ-] adj.

e·rup·tion [ɪrʌ́pʃən, ər- | ɪr-, er-] 《(?a1425) □ L ēruptiō(n-) ← ēruptus : ⇨↑, -tion》 ― n. 1 (火山の)爆発 (breaking forth); 噴火：be in (a state of) ~ 噴火している / burst into ~ 突如爆発する. 2 (溶岩・蒸気などの)噴出；(間欠泉などの)噴出. 3〖地質〗(溶岩などの)噴出物. 4 (怒り・笑いなどの)爆発, (機知などの)湧出. 5 (病気などの)発生；〖病理〗発疹(ほっしん), 皮疹. 6 (歯の)萌出, 出齦(しゅつぎん)：the ~ of the permanent teeth 永久歯の萌出. **~·al** [-ʃənl, -ʃnəl] adj.

e·rup·tive [ɪrʌ́ptɪv, ər- | ɪr-, er-] 《(1646)：⇨↑, -ive》 ― adj. 1 爆発的な；爆発性の. 2 噴火作用の, 噴出性[状]の：an ~ fountain 噴出泉. 3〖地質〗〈岩石が〉溶岩噴出物からできた, 火成の：~ rocks 噴出岩, 火成岩. 4〖病理〗発疹(ほっしん)性の. ― n.〖地質〗噴出岩, 火成岩 (eruptive rock). **~·ly** adv. **~·ness** n. **e·rup·tiv·i·ty** [ɪrʌ̀ptívəṭi, ər- | ìːrʌptívəti, -vɪ-] n.

erúptive evolútion n.〖生物〗噴火的進化《爆発的進化 (explosive evolution) よりやや緩い速度で放散的系統分岐を起こす進化》.

E.R.V. 《略》English Revised Version.

er·vil [ə́ːvɪl, -vəl | ə́ːvɪl] 《□ L ervilla : cf. ers》 n.〖植物〗＝ers.

Er·vine [ə́ːvɪn, -vən | ə́ːvɪn], **St. John (Greer)** [gríə | gríə(r)] n. (1883–1971) アイルランドの小説家・劇作家；アベー座 (Abbey Theatre) の支配人 (1915).

Er·win [ə́ːwɪn, -wən | ə́ːwɪn; G. ɛ́rviːn] 《OE Eoforwine《原義》boar-friend》 n. 男性名.

-er·y [(ə)ri | (ə)rɪ] 《ME -erie □ (O)F ← -ier '-ER¹'＋-ie '-Y¹' : cf. -ry》 ― suf. 次の意味を表わす名詞を造る：1 人の性質：bravery, snobbery. 2 状態, 身分：slavery. 3 職業, 技術：archery, cutlery, forgery, surgery. 4 製造所, 店：bakery, grocery, drapery. 5 人や物の集合[類]：nunnery, finery, pottery.

Er·y·mán·thi·an bóar [èrəmǽnθiən- | èrɪmǽnθiən-, -θjən-] n.〖ギリシャ神話〗エリュマントスの猪《Erymanthus 山に住み, Arcadia を荒らし, Hercules に捕えられた狂暴な猪》.

Er·y·man·thus [èrəmǽnθəs | èrɪ-], **Mount** 《□ Gk Erúmanthos》 ― n. エリュマントス山《ギリシャ南部の Arcadia と Achaea との間の山 (2,220 m); Hercules が猪を狩った所とされている》.

e·ryn·gi·um [ɪríndʒiəm, ər- | ɪríndʒɪ-] 《← NL ～ ← L ēryngion (↓)》 n.〖植物〗＝eryngo 1.

e·ryn·go [ɪríŋgou, ər- | ɪríŋgəu] 《(1600) □ ? It. & Sp. eringio □ L ēryngion □ Gk ērúggion (dim.) ← ēruggos sea holly, eryngo》 ― n. (pl. ~es, ~s) 1〖植物〗セリ科ヒゴタイサイコ属 (Eryngium) の草本；(特に) ＝sea holly 1. 2《廃》砂糖づけにした sea holly の根《以前催淫剤として用いられた》.

er·y·sip·e·las [èrəsíp(ə)ləs, ì(ə)r- | èrɪsípɪləs, -pə-, -lɪs] 《(a1398) (h)erisipila □ L erysipelas □ Gk erusipelas ← eruthrós 'RED¹'＋-pelas skin : cf. pell》 ― n. 1〖病理〗丹毒 (St. Anthony's fire). 2〖獣医〗＝swine erysipelas. **er·y·si·pel·a·tous** [èrəsɪpéləṭəs, ì(ə)r-, -sə- | èrɪsɪpélət-] adj.

er·y·sip·e·loid [èrəsípəlɔ̀ɪd, ì(ə)r- | èrɪsípɪ-] 《⇨↑, -oid》 n.〖病理〗類丹毒.

er·y·sip·e·lo·thrix [èrəsípəlo(u)θrɪks, ì(ə)r- | èrɪsípɪlə(u)-] 《← NL ～ : ⇨ erysipelas, -thrix》 n.〖細菌〗エリジペロトリックス《グラム陽性の放線状菌》.

Er·y·si·pha·ce·ae [èrəsəféɪsiìː | èrɪsɪ-] 《← NL ～ ← Erysiphe (属名 : ← Gk eruthrós 'RED¹'＋síphōn 'tube, SIPHON')＋-ACEAE》 n. pl.〖植物〗ウドンコカビ科.

Er·y·the·ia [èrəθíːə | èrɪ-] 《□ Gk Erútheia》 n.〖ギリシャ神話〗エリュテイア《Hera の黄金のリンゴの番をした四人姉妹の一人；⇨ Hesperides 1》.

er·y·the·ma [èrəθíːmə | èrɪ-] 《(1766–83) ← NL ～ ← Gk erúthēma redness ← eruthrós 'RED¹'》 n.〖病理〗紅斑(こうはん). **er·y·the·mat·ic** [èrəθəmǽṭɪk | èrɪθɪmǽt-] adj. **er·y·the·mal** [èrəθíːməl | èrɪ-] adj. **er·y·the·mic** [èrəθíːmɪk | èrɪ-] adj. **er·y·them·a·tous** [èrəθéməṭəs, -θíːm- | èrɪθémət-, -θíːm-] adj.

er·y·thor·bate [èrəθɔ́ːbeɪt | èrɪθɔ́ː-] 《← erythorb(ic acid)＋-ATE¹》 n.〖化学〗エリトルビン酸の塩[エステル]《食品の酸化防止剤として用いられる》.

er·y·thór·bic ácid [èrəθɔ̀əbɪk- | èrɪθɔ̀ː-] 《erythorbic : ← ? eryth(rose) (← ERYTHRO-＋-OSE²)＋(ASC)ORBIC》 ― n.〖化学〗エリトルビン酸《アスコルビン酸の立体異性体》.

e·rythr- [ɪríθr, ər- | ɪr-] (母音の前に来る時の) erythro- の異形.

Er·y·thrae·i·dae [èrəθríːədìː | èrɪθríːɪ-] 《← NL ～ ← Erythraea (← Gk eruthraîa (fem.) reddish ← eruthrós 'RED¹')＋-IDAE》 n. pl.〖動物〗タカラダニ科.

e·ryth·re·de·ma [ɪrìθrədíːmə, ər- | ɪr-] 《← NL ～ : ⇨ erythro-, edema》 n.〖病理〗＝acrodynia.

er·y·thre·mi·a [èrəθríːmiə | èrɪθríːmɪə, -mjə] 《← NL ～ : ⇨ erythro-, -emia》 n.〖病理〗赤血病.

er·y·thrism [érəθrìzm, ɪríθrɪzm, ər- | érɪθrɪzm, ɪríθrɪzm] 《← ERYTHRO-＋-ISM》 ― n. (皮膚・鳥の羽・毛髪などの)異常な赤色. **er·y·thris·mal** [èrəθrízməl | èrɪ-] adj. **er·y·thris·tic** [èrəθrístɪk | èrɪ-] adj.

e·ryth·rite [érəθràɪt, ɪríθraɪt, ər- | érəθràɪt, ɪríθraɪt] 《← ERYTHRO-＋-ITE¹》 n. 1〖鉱物〗エリスライト (⇨ cobalt bloom). 2〖化学〗＝erythritol.

e·ryth·ri·tol [ɪríθrətɔ̀(ː)l, ər-, -tòul | ɪríθrɪtɔ̀l] 《⇨↓, -itol》 n.〖化学〗エリトリット ($HOCH_2(CHOH)_2CH_2OH$)《地衣類から採る無色の結晶, 甘味あり》.

e·ryth·ro- [ɪríθrə, ər- | ɪríθrə(u)] 《□ Gk eruthr(o)- ← eruthrós 'RED¹'》「赤；赤血球」の意の連結形. ★ 母音の前では通例 erythr- になる.

e·ryth·ro·blast [ɪríθrəblæ̀st, ər- | ɪríθrə(u)-] 《⇨↑, -blast》 n.〖解剖〗赤芽球. **e·ryth·ro·blast·ic** [ɪrìθrəblǽstɪk, ər- | ɪrɪθrə(u)-] adj.

e·ryth·ro·blas·to·sis [ɪrìθrəblæstóusɪs, ər-, -səs | ɪrìθrə(u)blæstóusɪs] 《← NL ～ : ⇨ erythroblast, -osis》 n. (pl. -to·ses [-siːz])〖病理〗赤芽球症. **e·ryth·ro·blas·tot·ic** [ɪrìθrəblæstáṭɪk, ər- | ɪrìθrəblæstɔ́t-] adj.

erythroblastósis fe·tá·lis [-fiːtǽlɪs, -fɪ- -ləs | -lɪs] 《fetalis : ← NL ～ 'of FETUS'》 n.〖病理〗胎児赤芽球症.

erythroblastósis ne·o·na·tó·rum [-nìːənətɔ́ːrəm, -tóːr- | -tɔ́ːr-] 《neonatorum : ← NL ～ 'of the newborn infants'》〖病理〗新生児赤芽球症.

e·ryth·ro·cyte [ɪríθrəsàɪt, ər- | ɪríθrə(u)-] 《← ERYTHRO-＋-CYTE》 ― n.〖解剖〗赤血球：~ sedimentation rate 赤血球沈降速度, 赤沈, 血沈. **e·ryth·ro·cyt·ic** [ɪrìθrəsíṭɪk, ər- | ɪrìθrə(u)sít-] adj.

erỳthro·dérma 《← NL ～ : ⇨ -derma》 n. (pl. ~·ta)〖病理〗紅皮症.

er·y·throid [ɪríθrɔɪd, ər-, érəθrɔ̀ɪd | ɪríθrɔɪd, érɪθrɔ̀ɪd] 《← ERYTHRO-＋-OID》 adj.〖解剖〗赤血球(系)の.

e·ryth·ro·my·cin [ɪrìθrəmáɪsn, ər- | ɪrìθrə(u)máɪsɪn] 《← ERYTHRO-＋-MYCIN》 ― n.〖薬学〗エリスロマイシン《1952 年に発見された抗生物質；主にグラム陽性菌による感染症の治療に用いる》.

er·y·thron [érəθrɑ̀n, ɪríθrɑn, ər- | érɪθrɔ̀n, ɪríθrɔn] 《← NL ～ ← Gk eruthrón (neut.) ← eruthrós 'RED¹'》 n.〖解剖〗赤血球系(細胞).

e·ryth·ro·pho·bi·a [ɪrìθrəfóubiə, ər- | ɪrìθrə(u)fóubjə, -bɪə] 《← NL ～ : ⇨ erythro-, -phobia》 n.〖精神医学〗1 赤色恐怖(症). 2 赤面恐怖(症).

e·ryth·ro·phyll [ɪríθrəfɪl, ər- | ɪríθrə(u)-] 《← ERYTHRO-＋-PHYLL》 n.〖生化学〗葉赤素, エリトロフィール《葉を紅葉させる植物の色素》.

e·ryth·ro·poi·e·sis [ɪrìθro(u)pɔɪíːsɪs, ər-, -səs | ɪrìθrə(u)pɔɪíːsɪs] 《← NL ～ : ⇨ erythro-, -poiesis》 n.〖生理〗(骨髄での)赤血球産生[生成].

erỳthro·poiétic adj.〖生理〗赤血球を産生する.

e·ryth·ro·poi·e·tin [ɪrìθro(u)pɔ́ɪəṭn, ər-, -ṭɪn, -tən | ɪrìθrə(u)pɔ́ɪɪtɪn] 《← ERYTHRO-＋-POIETIC＋-INE¹》 ― n.〖生化学〗エリトロポイエチン《腎臓で造られるとされているホルモン；赤血球産生を助ける》.

er·y·throp·sin [èrəθrɑ́psɪn, -sən | èrɪθrɔ́psɪn] 《← ERYTHRO-＋(RHODO)PSIN》 n.〖生化学〗＝rhodopsin.

e·ryth·ro·sin [ɪríθrəsɪn, ər-, -sən | ɪríθrəsɪn] 《← ERYTHRO-＋(EO)SIN》 ― n. (also **e·ryth·ro·sine** [-siːn])〖化学〗エリトロシン ($C_{20}H_6I_4Na_2O_5$)《フルオレセイン (fluorescein) のヨウ素置換によって造られる染料》.

Er·y·throx·y·la·ce·ae [èrəθrɑ̀ksəléɪsiìː | èrɪθrɔ̀ksɪ-] 《← NL ～ ← Erythroxylon (属名 : ⇨ erythro-, -xylon)＋-ACEAE》 n. pl.〖植物〗コカノキ科.

Erz·ge·bir·ge [ɛ́ətsgəbìəgə | ɛ́ətsgəbìə-; G. éːrtsgəbɪrgə] n. (also **Erz Ge·bir·ge** [～]) [the ～] エルツ山地《東ドイツ南東部とチェコスロバキア北西部の境の山脈；最高峰は Keilberg [káɪlbɛrk] (1,244 m)；英語名 Ore Mountains》.

Er·zu·rum [ɛ̀əzərúːm, ə̀ːzə- | ɛ́əzərùːm] n. エルズルム《トルコ北東部の都市；人口163,000》.

Es 《記号》〖化学〗einsteinium.

E$ 《記号》〖貨幣〗Ethiopian dollar(s).

e.s. 《略》eldest son; electrical sounding; electric starting.

E.S. 《略》Econometric Society; electrostatic;〖製紙〗engine-sized; Entomological Society.

es- [ɪs, əs, es | ɪs, es] 《ME □ OF es- < L EX-¹》 pref. ＝ex-¹: escheat, escape.

-es [ɪz, əz, z, s] suf. (s, x, sh, ch および子音＋y の後に来る時の) -s¹,³ の異形.

E·sá·ki díode [eɪsɑ́ːki- | -kɪ-] 《← 江崎玲於奈 (1925– : 日本の物理学者)》 n.〖電子工学〗エサキダイオード (⇨ tunnel diode).

E·sau [íːsɔː] 《□ LL Ēsau □ Gk Hēsaû □ Heb. 'Ēsāw《原義》? hairy : cf. Arab. á'thā hairy》 ― n. 1 男性名. 2〖聖書〗エサウ《Isaac と Rebecca の長子；一わんの羹(あつもの) (mess of pottage) と引き換えに弟の Jacob に相続権を売った；Gen. 25 : 21–34；cf. birthright》.

es·bat [ésbæt] 《← ? OF ～ (F ébats) ← esbatre to frolic ← é- 'EX-¹'＋batre (F battre) to beat》 n. 魔女の会合.

Esc 《記号》〖貨幣〗escudo(s).

ESC 《略》Economic and Social Council (国連)経済社会理事会.

es·ca·drille [éskədrɪl, -drìː, ーーー́ | èskədríl; F. ɛskadrij] 《□ F ～ □ Sp. escuadrilla flotilla (dim.) ← escuadra squadron □ It. squadra square : ⇨ squadron》 ― n. 1 (特に, 第一次大戦時のフランス空軍の 6 機編成の)飛行隊, エスカドリル. 2《廃》(通例 8 隻編成の)艦隊.

es·ca·lade [èskəléɪd, -lɑ́ːd, ーーー́ | èskəléɪd, ーーー́] 《(1598) □ F ～ □ It. scalata (fem. p.p.) ← scalare to scale ← scala ladder < L scālam 'SCALE³'》 ― n. はしご登り；(攻城戦ではしごを利用して)城壁をよじ登ること. ― vt. はしごで〈城壁を〉よじ登る, はしごで〈城壁内〉に乗り込む. **és·ca·làd·er** n.

es·ca·late [éskəlèɪt] 《《逆成》← ESCALATOR》 ― vt. 段階的に拡大[増大]させる, エスカレートさせる：~ the war [crisis] 戦争[危機]を拡大させる. ― vi. 1 段階的に拡大[増大]する, エスカレートする：A local war may ~ into a huge one. 局地戦争がエスカレートして大戦争になる場合もある. 2 (エスカレーターなどで)昇り降りする. 3〈賃金などが〉自動調節する, (急速に)増加する.

es·ca·la·tion [èskəléɪʃən] 《⇨↑, -ation》 ― n. 1〔戦争・紛争・インフレなどの〕拡大, エスカレーション〔of〕. 2 エスカレーター式調節《原料費の上昇に伴って自動的に物価をあげたり, 物価[生計費]の上昇に伴って自動的に賃金を上げる方式》.

es·ca·la·tor [éskəlèɪṭə | -tə(r)] 《(1900) ← ESCALA(DE)＋(ELEVA)TOR : 米国の商標名から》 ― n. 1 エスカレーター (moving staircase). 2 (エスカレーターのような)上昇コース：the political ~ 政界の上昇コース. ― attrib. adj.〈条項・規定など〉エスカレーター方式の：cost-of-living wage ~ contracts 生活給のエスカレーター契約 / an ~ arrangement エスカレーター条項による取決め / ⇨ escalator clause.

éscalator clàuse n. 1 (1930 年のロンドン海軍条約の)伸縮条項《他国の建艦状況によって補助艦の制限外建造を認めた条項》. 2 (労働協約の)エスカレーター条項《労働協約中の一項目で, 物価指数に即して賃金の増減を認める規定》.

es·ca·la·to·ry [éskələtɔ̀ːri, -tòːri | -lèɪtəri, -lət-] 《⇨ -ory¹》 adj. (戦争などの)規模を拡大させる：an ~ move.

es·cal·lo·ni·a [èskəlóuniə | -láunɪə, -njə] 《← NL ～ ← Escallón (18 世紀のスペイン人, その発見者)＋-IA¹》 ― n.〖植物〗南米産ユキノシタ科 Escallonia 属の美しい花をつける低木または高木の総称.

es·cal·lop [ɪskɑ́ləp, əs-, es-, -kǽl- | ɪskɔ́ləp, es-] 《(1610) □ OF escalope shell : ⇨ scallop》 n., vt. ＝scallop.

escállop shèll n. ＝scallop shell.

es·ca·lope [éskəlòup | -ləup] 《□ OF ～ : ⇨ escallop》 n. ＝scallopini.

ESCAP 《略》Economic and Social Commission for Asia and the Pacific (国連)アジア太平洋経済社会委員会《従来の ECAFE が 1974 年に改称》.

es·cap·a·ble [ɪskéɪpəbl, əs-, es- | ɪs-, es-] adj. 逃げられる, 避けられる (avoidable).

es·ca·pade [éskəpèɪd, ーーー́ | èskəpéɪd] 《(1653) □ F ～ □ Sp. escapada ← escapar < VL *excappāre (↓): ⇨ -ade》 ― n. (社会常識に反して)はめをはずすこと, とっぴな行為；いたずら：a youthful ~ 若い時の脱線.

es·cape [ɪskéɪp, əs-, es- | ɪs-, es-] 《v.: (c1290) □ ONF escap-er ＝ OF eschaper (F échapper) < VL *excappāre ← EX-¹＋LL cappa 'CAPE¹, cloak'. ― n.: (1402) ← (v.)》 ― vi. 1〔監禁・追跡(者)などから〕逃げる, 逃れる, 逃亡する, 脱出する〔from, out of〕：~ with bare life 命からがら逃げる / ~ by the window 窓から逃げる / ~ from [out of] prison 脱獄する / ~ to a foreign country 外国へ逃げる[逃亡する]. 2〔危険・病気・苦痛・罰などから〕逃れる, 免れる；〔現実などから〕逃避する (get away)〔from〕：~ from a lonely life 孤独な生活から逃れる. 3〈液・蒸気・電気・ガスなどが〉〔…から〕漏れる, 漏れ出る (leak)〔from〕：Water is escaping from the main. 水が本管から漏れている. 4〔記憶・脳裏から〕消え去る, 薄らぐ (fade)〔from〕. 5〖植物〗〈栽培植物が〉逸出する, 野生状に生育する. 6〖物理・宇宙〗〈ロケット・分子などが〉脱出速度に達する. 7〖レスリング〗エスケープする (cf. n. 7). ― vt. 1〈追跡・危険・災難などを〉逃れる, 免れる,〈不快なことを〉(うまく)避ける：~ infection, punishment, pursuit, etc. / ~ conscription [prison] 徴兵[刑務所入り]を免れる / ~ a task [doing something] 仕事[あることをするの]を免れる / He narrowly [barely] ~d death [being killed]. 危く死を免れた. 2〈人の注目・嫌疑などを〉免れる：~ a person's notice [attention] 人の注意を免れる, 見落とされる / The object ~d him in his search. その品物は彼の捜査で見逃された. 3〈記憶を〉逸する (slip from)；〈話の要点などが〉〈人〉にわからない：The matter has quite ~d my memory. その事はすっかり忘れていた / I'm afraid your point ~s me. お話の要点がわかりかねます. 4〈言葉・嘆息・微笑などが〉…から漏れ出る, 思わず出る：A painful moan ~d his lips. 苦しそうなうめき声が口から漏れた. ― n. 1 逃れること, 脱出, 逃亡；(うまく)免れること〔from, out of〕：make one's ~ 逃げる / effect [make good] one's ~ 逃げおおせる, うまく逃れる / have a lucky ~ 運よく逃れる / an ~ from infection 感染を免れること / a near ~ ＝narrow escape. 2 逃れる手段；避難装置；＝fire escape；逃げ道；排出路, 排水路[管], 排気管 (cf. escape pipe)：an air ~ 空気抜き / have one's ~ cut off 逃げ道を断たれる / Gardening was his only ~ from official routine. 庭いじりが公務からの唯一の逃げ場だった. 3 (水・ガスなどの)漏れ出ること, 漏り (leakage)：There was an ~ of gas from the stove. ストーブからガスが漏れてい

た. **4** 現実回避, 逃避: literature of ～ ＝ ～ literature 現実逃避文学 / ～ *into* fantasy [unreality] 空想[非現実]への逃避. **5**〘植物〙逸出植物《栽培されていたのが野生に帰ったもの》. **6**〘物理・宇宙〙重力圏からの脱出速度に達すること, 引力圏脱出: ～ *from* the earth by rocket ロケットによる地球引力圏脱出. **7**〘レスリング〙エスケープ《守勢の状態から対等の状態に戻ること; cf. takedown 4》.

escápe àrtist *n.* **1** なわ抜け[かご抜け]などの曲芸師. **2** 牢(ろう)破り[牢脱(ぬ)け]の名人.

escápe clàuse *n.* **1** (ある条件のもとで契約当事者がその義務を免除される)免除条項. **2** (GATT 規定の)除外(例)条項. **3** (労働協約中の)除外条項《組合員維持のために就職後の短期間を限って組合脱退の自由を認める代わりに, その後は就業継続の条件として組合員でなければならないとする条項》.

es·cáped *attrib. adj.* 逃げた, 脱走した: an ～ convict, prisoner, etc.

es·ca·pee [ɪskèɪpíː, əs-, es-, èskeɪ- | èskeɪpíː] 〘《1875–76》: ⇨ -ee¹〙 *n.* 逃亡者; (特に)脱獄者, (捕虜の)脱走者.

escápe hàtch *n.* **1** (潜水艦・飛行機などの)脱出用ハッチ. **2**〔責任・困難などを〕避ける[切り抜ける]手段〔*from*〕.

escápe·less *adj.* 逃げることができない.

escápe mèchanism *n.*〘心理〙逃避機制《不快なあるいは[危険な]状態を意識的[無意識的]に避けようとする心理的なメカニズム; cf. defense mechanism 2》.

es·cápe·ment 〘1: 《1824》← ESCAPE (v.) ＋ -MENT. 2–4: 《1779》《変形》: F *échappement* の影響》← 《廃》*scapement*: ⇨ scape², -ment〙 ―― *n.* **1 a** 《まれ》逃げること. **b** 《古》逃げ口, はけ口 (outlet). **2**〘時計〙脱進機《調速機構; 動力源からがんぎ車に達した一方向の回転トルクをてんぷや振り子の往復運動に変え, がんぎ車の回転をてんぷ等の周期で規制する機構》: ⇨ club tooth lever escapement. **3** (タイプライターの)文字送り装置. **4** エスケープメント《ピアノのハンマーが弦をたたいたあとはね返らせる装置》.

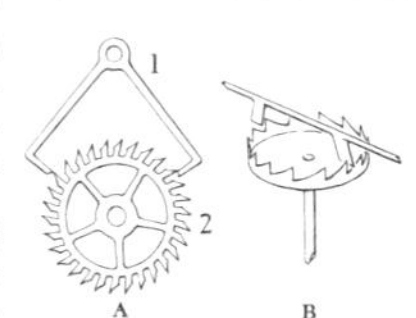

escapements 2
A deadbeat escapement
1 anchor; 2 escape wheel
B verge escapement

escápement èrror *n.*〘時計〙脱進機誤差《脱進機の存在のために生じるてんぷや振り子の周期変動》.

escápe nòte *n.*〘音楽〙エシャペ《非和声音の一種で, 旋律を装飾するのに用いる; 2 個の和声音の間に挿入され, 最初の和声音から本来の旋律とは逆方向に進行するのが特徴; escape tone, échappée ともいう》.

escápe pìpe *n.* (逃がし弁 (escape valve) から排出される液・蒸気などの)逃がし管.

es·cáp·er *n.* (敵などから)逃れる人, 逃亡者.

escápe-shàft *n.*〘鉱山〙非常用立坑.

escápe tòne *n.*〘音楽〙＝escape note.

escápe vàlve *n.*〘機械〙逃がし弁《安全弁の一種》.

escápe velòcity *n.*〘物理・宇宙〙脱出速度《ロケットなどが地球や他の天体の重力圏からの脱出に必要な最低速度; 地球の場合は 11.2 km/sec.; cf. escape 6》.

escápe·wày *n.* **1** 脱出口. **2** ＝fire escape.

escápe whèel *n.*〘時計〙がんぎ車《脱進機の構成部品でアンクルと係合する; ⇨ escapement 挿絵; cf. club tooth lever escapement》.

es·cáp·ism [-pɪzm] *n.* 現実逃避(主義)《現実を逃避して空想などに耽る習慣》.

es·cáp·ist [-pɪst, -pəst | -pɪst] *n.* **1** (刑務所からの)脱走者. **2** 現実逃避家. ―― *attrib. adj.* 現実逃避的な: an ～ novel.

es·cà·pól·o·gist [-lədʒɪst, -dʒəst | dʒɪst] 〘← ESCAPE (v.)＋-LOGIST〙 *n.* 《英》 **1** ＝escape artist 1. **2** (現実・苦境などからの)逃避主義者 (escapist).

es·ca·pol·o·gy [ɪskèɪpɑ́lədʒi, əs-, èskeɪ- | èskeɪpɔ́lədʒi] 〘← ESCAPE＋-LOGY〙 *n.* 《英》なわ抜け[かご抜けなど]の技術.

es·car·bun·cle [ɪskɑ́əbʌŋkl, əs-, es- | eskɑ́ː-, ɪs-] 〘《a1500》⇨ OF ～ 《混成》← *es-(meraude)* 'EMERALD' ＋L *carbunculus* small coal (⇨ carbuncle)〙 ―― *n.* 盾飾り《盾の中心の突起 (boss) から八方にのびた飾りで, 盾の補強にも役立ったとされている; 紋章図形に好んで用いられた》.

escarbuncle

es·car·got [èskaəgóu | -kɑːgóu; *F.* ɛskargo] 〘⇨ (O)F ～, OF *escargol* ⇨ OProv. *escaragol*〙 ―― *F. n.* (*pl.* ～**s** [～(z); *F.* ～]) エスカルゴ《食用のカタツムリ; (特に)料理したもの; cf. edible snail》.

es·ca·role [éskəròul | -rəʊl] 〘⇨ F ～ ⇨ ML *escariōla* ＝L *ēscārius* of food ← *ēsca* food〙 *n.* 《英》〘植物〙＝endive 1.

es·carp [ɪskɑ́əp, əs-, es- | ɪskɑ́ːp, es-] 〘n.: ⇨ F *escarpe* ⇨ It. *scarpa* 'SCARP'. ― v.: ⇨ F *escarp-er* ← *escarpe*〙 *n.*, *vt.* ＝scarp¹.

es·cárp·ment 〘《1802》⇨ F *escarpement*: ⇨ ↑, -ment〙 ―― *n.* **1**〘築城〙(城塁外堀内岸の)急な傾斜地, 急斜面. **2**〘地理〙急な崖(がけ)《固い地層の所にできるケスタ地形の前面の急崖》や断層崖(断層運動によってできた断崖)など. **3** (氷雪などの)急断面.

es·car·tel·ly [ɪskɑ́ətəli, əs-, -tḷi | ɪskɑ́ːtəli] 〘《変形》← OF *escartelé* (F *écartelé*) (p.p.) ← *escarteler* to break into quarters ← *es-* 'EX-¹' ＋ ML *quartellus* ((dim.) ← *quartus* fourth): ⇨ quarter, -ly²〙 ―― *adj.*〘紋章〙方形にくびれのある.

Es·caut [eskóu | -kə́u; *F.* ɛsko] *n.* [the ～] エスコ(川)《Scheldt のフランス語名》.

-esce [és] 〘⇨ L *-ēscere*: cf. -ish¹〙 *suf.* 「…し始める, …になる, …に化する, やや…になる」など起動を表わすラテン語系動詞語尾: convalesce, effervesce.

-es·cence [ésṇs] 〘⇨ F ～ < L *-ēscentiam*: ⇨ -escent〙 ―― *suf.* -esce, -escent に終る動詞または形容詞に対応する名詞語尾; 作用・過程・変化・状態(の初め, 発端)を表わす: convalescence, luminescence.

-es·cen·cy [ésṇsi | -sɪ] 〘← -ESCENT＋-CY〙 *suf.* 《古》＝-escence: adolescency.

-es·cent [ésṇt] 〘⇨ F ～ < L *-ēscentem*, *-ēscēns* (*-ēscere* で終る動詞の現在分詞語尾): cf. -esce〙 ―― *suf.* 次の意味を表わす形容詞を造る: **1** 「…し始めた, …になりかかりの, …期の」: adolescent, convalescent. **2** 「…性の」: alkalescent, effervescent. **3** 「…の光を出す」: fluorescent.

esch·a·lot [éʃəlɑ̀t, ⸗⸗ | éʃəlɔ̀t, ⸗⸗] 〘《1707》⇨ F 《廃》*eschalotte*: ⇨ shallot〙 *n.*〘植物〙＝shallot.

es·char¹ [éskaə, -kə | -kɑː(r)] 〘《15C》*escare* ⇨ (O)F *eschare* ∥ LL *eschara* ⇨ Gk *eskhárā* hearth, burn: cf. scar¹〙 ―― *n.*〘病理〙(壊疽・火傷などの跡にできる)かさぶた, 痂皮(かひ); 焼痂(しょうか).

es·char² [éskə | -kə(r)] *n.*〘地質〙＝esker.

es·cha·rot·ic [èskərɑ́tɪk | -rɔ́t-] 〘⇨ F *escharotique* ∥ LL *escharōtic-us* ⇨ Gk *eskharōtikós* ← *eskhárā*: ⇨ eschar¹〙 ―― 〘医学〙*adj.* 〈薬品など〉痂皮(かひ)性の, かさぶたを作る; 腐食性の. ―― *n.* 腐食薬.

eschat. 《略》eschatology.

es·cha·tol·o·gy [èskətɑ́lədʒi | -tɔ́lədʒɪ] 〘《1844》← Gk *éskhatos* last＋-LOGY〙 ―― *n.* **1**〘神学〙終末論《人間と世界との最後的・究極的問題に関する研究, すなわち「死」「審判」「天国」「地獄」などを論じる神学の一分野》: realized ～ 現在的[実現した]終末論《神の国は未来にではなくイエスの出現とともに実現しているという, その現在的意義を強調する終末論》. **2** 終末観, 来生観. **ès·cha·tól·o·gist** [-dʒɪst, -dʒəst | -dʒɪst] *n.*

es·cha·to·log·i·cal [èskætəlɑ́dʒɪkəl, -kət-, -tḷ-, -dʒə- | -kətəlɔ́dʒɪ-, -kæt-, -tḷ-] *adj.*〘神学〙終末論[終末観]の. **～·ly** *adv.*

es·cheat [ɪstʃíːt, əs-, es- | ɪs-, es-] 〘n.: 《a1338》⇨ OF *eschete* (p.p.) ← *escheoir* (F *échoir*) to fall to one's share < VL **excadēre* ＝L *excidere* to fall out: ⇨ ex-¹: cf. chance〙〘法律〙 ―― *n.* **1** (土地の)復帰, 没収《所有者が相続人なく死亡した場合または重罪を犯した場合にその土地が中間領主または国王に帰属すること》. **2** 復帰した土地, 没収地. **3** 没収財産取得権. ―― *vt.* 〈財産を〉没収する; 〔…に〕復帰させる〔*to, into*〕. ―― *vi.* 〈財産が〉〔…に〕復帰する〔*to*〕.

es·cheat·a·ble [ɪstʃíːtəbḷ, əs-, es- | ɪstʃíːt-, es-] *adj.*〘法律〙復帰されうる.

es·cheat·age [ɪstʃíːtɪdʒ, əs-, es- | ɪstʃíːt-, es-] *n.*〘法律〙復帰[没収]地継承権.

es·chéat·or [-tə | -tə(r)] 〘《a1398》⇨ AF *eschetour*: ⇨ escheat, -or²〙 *n.*〘法律〙復帰[没収]地管理官.

Eschenbach *n.* ⇨ Wolfram von Eschenbach.

Esch·e·rich·i·a [èʃəríkiə | -kɪə] 〘← NL ～ ← *T. Escherich* (1857–1911: ドイツの小児科医): ⇨ -ia¹〙 ―― *n.*〘細菌〙エシェリヒア属, 大腸菌属《腸内菌科のグラム陰性の微生物の一属; cf. E. coli》.

es·chew [ɪstʃúː, əs-, es- | ɪs-, es-] 〘《?c1300》⇨ OF *eschiv-er* to avoid < VL **skivāre* ⇨ Gmc **skeuχ(w)-an* (OHG *sciuhen* to fear / G *scheuen* to be shy) ← **skeuχ(w)az* 'SHY¹'〙 ―― *vt.* 〈ある行為・食物などを〉(習慣的に)避ける (shun, avoid), 控える, 慎む (abstain from): ～ evil 悪を避ける. **～·er** *n.*

es·chew·al [ɪstʃúːəl, əs-, es- | ɪstʃúːəl, es-, -tʃúəl] 〘⇨ ↑, -al²〙 *n.* 避ける[控える]こと, 慎むこと.

esch·scholt·zi·a [eʃóultsiə | ɪskɔ́ltʃə, -kɔ́ltʃə, eskɔ́ltsɪə, -tsjə, eʃɔ́ltsɪə, -tsjə] 〘《1857》← NL ～ ← *J. F. Eschscholtz* (1793–1831: ドイツの植物学者): ⇨ -ia¹〙 ―― *n.*〘植物〙ハナビシソウ《ケシ科ハナビシソウ属 (*Eschscholtzia*) の 1 年草または多年草; ハナビシソウ (California poppy) など; Noah's nightcap ともいう》.

es·clan·dre [esklɑ́ː(n)dr(ə), -klɔ́ː(n)-, -klɑ́ːn-, -klɔ́(ː)n- ; *F.* ɛsklɑ̃ːdr] 〘⇨ (O)F ～ 'SLANDER': cf. scandal〙 ―― *n.* (*pl.* ～**s** [～(z); *F.* ～]) 醜聞, 疑獄事件 (scandalous affair).

Es·cof·fier [èskɔ(ː)fjéɪ | -kɔ-; *F.* ɛskɔfje], **Auguste** *n.* エスコフィエ《1847–1935; 主に London で活躍し, 現代フランス料理を体系化したフランスの料理長》.

es·co·lar [èskəlɑ́ə | -lɑ́ː(r)] 〘⇨ Sp. ～ 《原義》scholar: 目のまわりにめがねのような輪が見えるのにちなむ〙 ―― *n.* (*pl.* ～, ～**s**)〘魚類〙 **1** クロタチカマス科の魚の総称. **2** バラムツ (*Ruvettus pretiosus*)《暖海のやや深い所にいる全長 3m 位の魚; 肉は油気が多い; oilfish ともいう》.

Es·co·ri·al [eskɔ́ːriəl, -skóːr-| èskɔriɑ́ːl, eskɔ́ːrɪəl; *Sp.* èskoriál] 〘⇨ Sp. ～ 《原義》a refuse heap ← *escoria* ⇨ L *scōria* 'SCORIA'〙 ―― *n.* [the ～] エスコリアル《スペイン Madrid の北西部の町 El Escorial にある有名な建造物で宮殿・礼拝堂・僧院・国王墓所などを含む; 1563 年に Philip 二世が造営開始, 1584 年に一応の完成をみた》.

es·cort 〘n.: 《1579》⇨ F *escorte* ⇨ It. *scorta* guard ← *scorgere* to guide < VL **excorrigere* ← EX-¹＋L *corrigere* 'to CORRECT'. ― v.: 《1708》← (n.)〙 ―― [éskɔət | -kɔːt] *n.* **1** [集合的にも用いて](保護または儀礼上の)付添い, 護送者(一行), 護衛者(一行), 儀仗(ぎじょう)隊. **2** (武装)護衛隊; 護衛艦(隊), 護送船[艦](隊); 掩護機(隊), 護衛戦闘機(隊). **3** 護衛, 護送: under the ～ of …の護送の下に, …に護衛されて. **4** (女性に)付き添う男, エスコート役: Mary's ～ *to* the party パーティーへ行く時のメアリのエスコート役. **5** 案内役. ―― *vt.* [ɪskɔ́ət, əs-, es- | ɪskɔ́ːt, es-] **1** 護衛する, 警護する; 護送する: ～ a guest *to* the front door 客を玄関まで送って行く. **2** 〈女性〉に付き添う, エスコートする: ～ a girl home [*to* the ball] 女の子を家[舞踏会]までエスコートする.

éscort càrrier *n.* 小型航空母艦[空母]《主に輸送船などを護送して潜水艦の攻撃に備える 4,000 トン前後のもの; baby carrier ともいう》.

éscort fìghter *n.* (爆撃機を守る)護衛戦闘機.

es·cot [ɪskɑ́t, əs-, es- | ɪskɔ́t, es-] 〘⇨ OF *escot-er* ← *escot* contribution ← Gmc〙 *vt.* 《廃》〈子供などを〉扶養する (maintain).

e·scribe [iːskráɪb, es-] 〘← *ē-* 'EX-¹'＋L *scribere* 'to SCRIBE'〙 *vt.*〘数学〙(三角形の外側に)〈円を〉傍接させる: an ～*d* circle 傍接円.

es·cri·toire [èskrətwɑ̀ə, ⸗⸗⸗ | èskrɪtwɑ́ː(r, -krɪ-, -twɔ́ː(r, ⸗⸗⸗; *F.* ɛskritwaːr] 〘《1706》⇨ OF ～ (F *écritoire*) < ML *scriptōrium* 'SCRIPTORIUM'〙 *n.* (書類分類箱と引出しの付いた折込みふた式の)書き物机.

es·crow [éskrou, ɪskróu, əs-, es- | éskrəʊ, ɪskrə́ʊ, es-] 〘《1598》⇨ AF *escrowe* ＝OF *escro(u)e* 'SCROLL'〙 ―― *n.*〘法律〙 **1** 条件付捺印(なついん)証書《第三者または相手方の手に渡して置き, 条件の成就によって始めて捺印証書 (deed) としての効力を発するに至るもの》. **2** 条件付捺印証書用の基金, 預金《固定資産税支払を確保するためなどのもの》.
in escrow 《米》〘法律〙条件付捺印証書として第三者または相手方に保管されて. 「方保管にする.
―― *vt.* 《米》〘法律〙(条件成就まで)第三者または相手

es·cu·age [éskjuɪdʒ | -kju-] 〘⇨ AF ～ ← OF *escu* (F *écu*) < L *scūtum*: ⇨ scutum, -age〙 *n.* ＝scutage.

es·cuch·eon [ɪskʌ́tʃən, əs-, es- | ɪs-, es-] *n.*〘紋章〙＝escutcheon.

es·cu·do [ɪsk(j)úːdou, əs-, es- | eskúːdəu; *Port.* ɛskúdu, *Sp.* eskúdo] 〘⇨ Sp. & Port. ～ < L *scūtum* (↑): cf. scudo〙 ―― *n.* (*pl.* ～**s**) **1 a** エスクド《ポルトガル・モザンビークの通貨単位; ＝100 centavos; 記号 $, Esc》. **b** 1 エスクド銀貨. **2 a** エスクド《チリの旧通貨単位 (1960–75 年); 記号 E, E°; ⇨ peso》. **b** 1 エスクド金貨 (＝5 ペソ); 1 エスクド紙幣.

Es·cu·la·pi·an [èskjuléɪpiən | ìːskjuléɪpjən, -pɪən] *adj.*, *n.* ＝Aesculapian.

es·cu·lent [éskjulənt] 〘《1625》⇨ L *ēsculent-us* good to eat ← *ēsca* food ← *edere* 'to EAT¹': ⇨ -ulent〙 ―― *adj.* 食用に適する, 食用の (edible). ―― *n.* 食用になる物, (特に)野菜.

es·cu·lin [éskjulɪn, -lən | íːskjulɪn] 〘⇨ It. *esculina* ← NL *Aesculus* (← L *aesculus* oak)＋It. *-ina* '-IN¹'〙 ―― *n.*〘化学〙エスクリン, エスクレチングルコシド ($C_{15}H_{16}O_9$)《マロニエ・トチノキなどの樹皮から得られる; 日焼け止め製剤に使用》. 「rial.

Es·cu·ri·al [eskjú(ə)riəl | -kjúərɪ-] *n.* [the ～] ＝Esco-

es·cutch·eon [ɪskʌ́tʃən, əs-, es- | ɪs-, es-] 〘《15C》⇨ AF & ONF *escuchon* ＝OF *escusson* (F *écusson*) < VL **scūtiō(n-)* ← L *scūtum*: ⇨ scutum〙 ―― *n.* **1**〘紋章〙紋章図形としての盾《その上に紋章を描く; 実用の shield に対する用語; ⇨ heraldry 挿絵 A, B》. **2**〘海事〙(船尾)船名板. **3** (多く盾形の)飾り座金《鍵穴・取っ手などの回りに取り付けた板金; escutcheon plate ともいう》.
a* (*dark*) *blot on* [*in*] *one's escutcheon ⇨ blot 成句.
escutcheon of pretense 〘小さい盾 (inescutcheon) に収めて夫の紋章に加えるところから: cf. in pretense〙〘紋章〙女子相続人 (heiress) が結婚によって夫の紋章の中央に生家の紋章を権利として加えたもの.

Esd. 《略》Esdras (聖書外典の)エズラ書.

Es·dra·e·lon [èsdreɪíːlɑn, -drə-, èz- | èzdre(ɪ)íːlɔn, -draɪ-] *n.* エスドラエロン(平原)《イスラエル北部の平原; Plain of Jezreel ともいう》.

Es·dras [ézdrəs | -dræs, -drəs] 〘⇨ Gk *Ésdrās* ⇨ Heb. *'Ezrā*: ⇨ Ezra〙 ―― *n.*〘聖書〙エズラ書 (The Books of Esdras)《Vulgate の第一書と第二書は Ezra および Nehemiah として正典に入り, 第三書と第四書はエズラ第一書, 第二書として外典 (Apocrypha) に収められている; 略 Esd.》.

ESE, E.S.E. 《略》east-southeast.

-ese [íːz, íːs | íːz] 〘ME ⇨ OF *-eis* (F *-ois*, *-ais*) < L *-ēnsem*, *-ēnsis* belonging to, originating in〙 ―― *suf.* 主に固有名詞に付き, 次の意味を表わす形容詞・名詞を造る: **1** (*pl.* ～) 地名に付いて「言語; 住民」: Chinese (← China) / Portuguese (← Portugal) / Japanese (← Japan) / Milanese (← Milan). **2** 独特の作風をもつ作家名などに付いて「…風の, …特有の文体[用語]」《しばしば軽蔑・非難のニュアンスを含む》: Johnsonese; journalese, officialese. 「SHAW の筆名.

Es·ek [ésɪk, ésək | ésɪk], **Uncle** *n.* Henry Wheeler

es·em·plas·tic [èsemplǽstɪk, èsəm-]〘← Gk *es* into ＋*em-* (← Gk *hen-, heîs* one)＋-PLASTIC: Coleridge の造語〙 ― *adj.* (不同のものを)統一体にまとめる(力のある): the ～ power of the imagination 想像力の統一体にまとめる力.

E·se·nin [eséːnɪn, -nən｜-nɪn; *Russ.* jisjénjin], **Sergei (Aleksandrovich)** *n.* エセーニン《1895–1925; ソ連の詩人》.

es·er·ine [ésəriːn, -rɪn, -rən｜ésəriːn, -rɪn]〘□ F *ésérine* ← Afr.《土語》*eser*-＋-INE³〙 *n.*〘薬学〙エセリン(⇨ physostigmine).

-eses *suf.* -esis の複数形.

Es·fa·hān [èsfəháːn] *n.* イスファハン《イラン中部の都市; もとペルシャの首都 (1598–1722); 人口 672,000; 旧名 Ispahan》.

E·sher [íːʃə｜-ʃə(r)]〘OE *Æscæron* ← ? *æsc* 'ASH¹' ＋ (i) *scearu* 'boundary, SHARE¹' // (ii) *scear* 'ploughshare, SHARE²'〙 ― *n.* イングランド Surrey 州の都市; 人口 64,000.

-e·sis [íːsɪs, -səs, ⌐əsɪs, -səs｜íːsɪs, ⌐əsɪs]〘□ L ～ □ Gk *-ēsis*〙 ― *suf.* (*pl.* **-e·ses** [íːsiːz, ⌐əsiːz｜íːsiːz, ⌐ɪsiːz])「動作, (動作の)過程」の意のギリシャ語系名詞を造る: *ecesis, energesis.*

Esk. 《略》 Eskimo.

es·ker [éskə｜-kə(r)]〘□ Ir. *eiscir* ridge〙 *n.* (*also* **es·kar** [～])〘地質〙エスカ《アイルランドの氷河底の流水によってできた砂や小石の細長い堤防状の丘; cf. kame》.

Es·ki·mo [éskəmòu｜-kɪmàu]〘(1744) □ Dan. ～ // F *Esquimaux* (pl.) □ N-Am.-Ind. (Abnaki) *esguimantsik* eaters of raw flesh: 北米のアルゴンキン族が北方のインディアンに付けた名; 自らは *Innuit* men と称する〙 ― *n.* (*pl.* ～, ～**s**) **1 a** [the ～(s)] エスキモー族. **b** エスキモー族の人. **2** エスキモー語. ― *adj.* **1** エスキモー族(の人)の. **2** エスキモー語の.

Éskimo-Áleut *n., adj.* エスキモーアリュート語系(の).「人[語]の.

Es·ki·mo·an [èskəmóuən｜-kɪmáu-] *adj.* エスキモー

Éskimo cúrlew *n.*〘鳥類〙エスキモーシャクシギ (*Numenius borealis*)《新世界産のシャクシギの一種; 今ではほぼ絶滅》.

Éskimo dòg *n.* **1** エスキモー犬. **2** そり犬.

Es·ki·mol·o·gy [èskəmáləd͡ʒi｜-kɪmɔ́ləd͡ʒɪ]〘⇨ -logy〙 *n.* エスキモー学《エスキモーの言語・文化の研究》.

Ès·ki·mól·o·gist [-d͡ʒɪst, -d͡ʒəst｜-d͡ʒɪst] *n.*

Éskimo Píe *n.*〘商標〙エスキモーパイ《チョコレートでおおってあるアイスキャンデー》.

Éskimo róll *n.*〘カヌー競技〙エスキモーロール《水中で完全に一回転してまた元に戻ること》.

ESL 《略》 English as a second language.

es·li·sor [eɪlízɔə, -zə｜-zɔː(r), -zə(r)] *n.*〘法律〙＝elisor.

Es·mé [ézmi｜ézmɪ, ezméɪ]〘□ (O)F ～ (i) (p.p.) ← *esmer* to esteem // (ii) (dim.) ↓: cf. Amy〙 *n.* **1** 女性名. **2** 男性名.

Es·me·ral·da [èzmərǽldə]〘□ Sp. ～ ← *esmeralda* < VL **smaralda* 'EMERALD'〙 *n.* 女性名.

Es·mond [ézmənd]〘OE *Estmund* ← *ēst* grace ＋ *mund* protection // □ ON *Asmund-r*《原義》divine protection〙 *n.* 男性名.

ESN 《略》 educationally subnormal.

es·ne [ézni｜-nɪ]〘OE ～ < Gmc **asnjoz* harvestman ← **asanoz* harvest〙 *n.* (アングロサクソン時代の英国で)下層階級の人, 労働者.

es·ne·cy [éznɪsi, -nə-｜-sɪ]〘□ ML *aesnecia* ＝ OF *ainsneece* (F *aînesse*) position of elder brother or sister □ ML **antenātitia* ← *antenātus* ← ANTE-＋*nātus* born〙 ― *n.*《廃》〘英法〙(相続財産についての)長子権; (特に)長姉分《姉妹の最年長者の有する優先的選択権によって取得する部分》.

es·o- [ésə, ésou｜ésə(u)]〘□ Gk ～ ← *ésō* within: cf. Gk *eis* to, into〙 *pref.*「内の (inner); 内部の (internal)」の意: *esonarthex, esotropia.*

E·soc·i·dae [ɪsásədìː, əs-, iːs-｜ɪsɔ́sɪdìː, iːs-]〘← NL ～ ← *Esoc-* (属名: ← L *esox* □ Gk *ísox* ← Celt.)＋-IDAE〙 *n. pl.*〘魚類〙カワカマス科.

èso·nárthex〘← ESO-＋NARTHEX〙 *n.* (教会の玄関廊 (narthex) が二重に設けられた場合の)後堂 (cf. exonarthex).

e·soph·ag- [ɪsáfəg, əs-, iːs-, -fəd͡ʒ｜iːsɔ́f-, ɪs-] (母音の前に来る時の) esophago- の異形.

e·soph·a·ge·al [ɪsàfəd͡ʒíːəl, əs-, iːs-, ìːsəfə-｜iːsɔ̀fəd͡ʒíːəl, ɪs-, -d͡ʒíəl]〘← ESOPHAGO-＋(TRACH)EAL〙 *adj.* 食道の.

esophagéal spéech *n.* 食道発声法《喉頭を除去した人々に食道から空気を吐き出して発声させる方法》.

esophagi *n.* esophagus の複数形.

e·soph·a·gi·tis [ɪsɑ̀fəd͡ʒáɪtɪs, əs-, iːs-, -gáɪtɪs, -təs｜iːsɔ̀fəd͡ʒáɪtɪs, ɪs-]〘← NL ～: ⇨ ↓, -itis〙 *n.*〘病理〙食道炎.

e·soph·a·go- [ɪsáfəgo(u), əs-, iːs-｜iːsɔ́fəgə(u), ɪs-]〘← Gk *oisophágos*: ⇨ esophagus〙「食道 (esophagus)」の意の連結形. ★ 母音の前では通例 esophag- になる.

esóphago·scòpe〘⇨ ↑, -scope〙 *n.* 食道鏡.

e·soph·a·gus [ɪsáfəgəs, əs-, iːs-｜iːsɔ́f-, ɪs-]〘(1392) □ LL *oesophagus* □ Gk *oisophágos*《原義》passage for food ← *oíso-* (← *oísein* (fut. inf.) ← *phérein* to carry)＋-PHAGOUS〙 ― *n.* (*pl.* **-a·gi** [-fəgàɪ, -fəd͡ʒàɪ, -fəgìː｜-gàɪ, -d͡ʒàɪ])〘解剖・動物〙食道.

es·o·ter·ic [èsətérɪk, -so(u)-｜èsə(u)-, ìːs-]〘(1655–60) □ Gk *esōterik-ós* inner ← *esṓteros* ((compar.) ← *ésō* in, within)＋-IC¹〙 ― *adj.* **1** 奥義の; 深遠な, 難解な (profound, recondite). **2**〈動機・目的など〉秘密の (secret): an ～ motive. **3**〈教義など〉秘教的な, (選ばれた少数者にだけ伝える)秘義の (↔ exoteric);〈弟子など〉秘伝[奥義]を受けた: ⇨ esoteric Buddhism. ― *n.* **1** 秘教[奥義]を授けられた人(initiate). **2** [*pl.*] 秘教的な主義[論文]. **ès·o·tér·i·cal·ly** *adv.*

es·o·ter·i·ca [èsətérɪkə, -so(u)-, -rə-｜èsə(u)téri-, ìːs-]〘← NL ～ ← Gk *esōteriká* (neut. pl.) ← *esōterikós* (↑)〙 ― *n. pl.* **1** 秘事; (特に, 文学・芸術などの)奥義, 秘義. **2** ＝pornography.

ésoteric Búddhism *n.*〘仏教〙秘密仏教, 密教.

es·o·ter·i·cism [èsətérəsɪzm｜èsətéri-, ìːs-]〘⇨ -ism〙 *n.* **1** 秘教的な教義[行事]. **2** 秘教性, 難解性.

es·o·ter·ism [ésətərɪzm｜és-, íːs-] *n.* ＝esotericism.

es·o·tro·pi·a [èsətróupiə｜-tráupjə, -piə]〘← NL ～: ⇨ eso-, tropo-, -ia¹〙 *n.*〘眼科〙内斜視 (cross-eye). **es·o·trop·ic** [èsətrápɪk｜-trɔ́p-] *adj.*

ESP《略》〘心理〙 extrasensory perception.

esp.《略》 especially.

es·pa·da [espáːdə; *Sp.* əspáda]〘□ Sp. ～《原義》sword < L *spatham*: cf. spade²〙 *n.*〘魚類〙メカジキ (swordfish).

es·pa·drille [éspədrɪl｜⌐⌐⌐]〘□ F ～《変形》← *espardille* □ Prov. *espardilho* (dim.) ← *espart* < L *spartum* 'ESPARTO'〙 ― *n.* エスパドリーユ《薄い縄[ゴム]底で紐を足首に巻きつけるカンバスシューズ》.

es·pa·gnole [èspənjóul, -pæ-｜-njóul, -njɔ́l; *F.* ɛspaɲɔl]〘← F *sauce espagnol*: ↓〙 *n.* エスパニョール(ソース) (espagnole sauce) (⇨ brown sauce).

es·pa·gno·lette [espæ̀njəlét, ɪs-, əs-, ⌐⌐⌐⌐｜espæ̀njəlét, ɪs-, ⌐⌐⌐⌐; *F.* ɛspaɲɔlɛt]〘□ F ～ ← *Espagnol* Spanish ← *Espagne* Spain: ⇨ -ette〙 ― *n.* (*pl.* ～**s** [～(s); *F.* ～]) **1** イスパニア錠《両開き窓の締め具; 把手を回すと窓の上下にボルトが突出し, 戸締りされる》. **2** エスパニョレット《家具の脚の上端に取り付けられた女性の胸の形をした飾り》.

es·pal·ier [ɪspǽljə, əs-, es-, -páːl-, -pǽljeɪ｜ɪspǽljə(r), es-, -lɪə(r); *F.* ɛspalje]〘(1662) □ F ～ □ It. *spalliera* support ← *spalla* shoulder (of animal) □ L *spatula* broad piece: ⇨ spatula〙 ― *n.* **1**〘園芸〙(壁や垣に沿った)垂直面内に枝を人工的に伸ばして仕立てた果樹などの樹木 (cf. cordon 5). **2** (果樹などを垂直面内に仕立てるための)垣や支柱. **3**〘甲冑〙(鎧(よろい)の)肩当て《pauldron より小型のもの; monnion ともいう》. ― *vt.* **1** (壁などの面に平行に)〈樹を〉仕立てる. **2** (枝が垂直面内に伸びるように)〈垣や支柱を〉設ける.

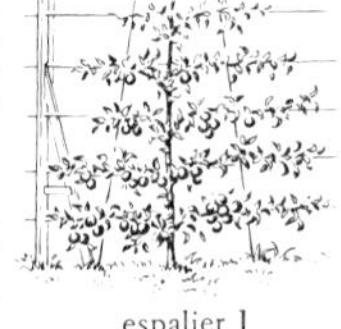
espalier 1

Es·pa·ña [espáːnjə; *Sp.* espáɲa]〘□ Sp. ～ 'SPAIN'〙 *n.* エスパニャ《Spain のスペイン語名》.

es·pa·ñol [èspaːnjó(ː)l｜-njɔ́l; *Sp.* espaɲól]〘□ Sp. ～ 'SPANISH'〙 ― *Sp. n.* (*pl.* **es·pa·ño·les** [-leɪs; *Sp.* -les]) **1** スペイン人. **2** スペイン語. ― *adj.* **1** スペインの. **2** スペイン人の. **3** スペイン語の.

es·pan·toon [èspæntúːn]〘《変形》← SPONTOON〙 *n.* (米国 Baltimore 市で, 巡査の)夜警棒 (nightstick).

es·par·cet [èspɑəséɪ｜-pɑː-; *F.* ɛsparsɛ]〘□ F & Prov. ～ (dim.) ← OProv. *espars* pod: ⇨ sparse〙 *n.*〘植物〙イガマメ (⇨ sainfoin 1).

Es·par·te·ro [èspɑətéərou｜-pɑːtéərəu; *Sp.* èsparté-ro], **(Joa·quín) Bal·do·me·ro** [xwakín bàldoméro] *n.* エスパルテロ《1792–1879; スペインの将軍・政治家》.

es·par·to [espáːtou, ɪs-, əs-｜espáːtəu]〘(1868) □ Sp. ～ < L *spartum* □ Gk *spártos* rope ← *spártos* broom-like plant〙 ― *n.* (*pl.* ～**s**) **1**〘植物〙エスパルト, アフリカハネガヤ (*Stipa tenacissima*)《南欧および北部アフリカ産のイネ科ハネガヤ属の草で, 細引き・かご・粗布などの材料または製紙原料になる; Spanish grass, esparto grass ともいう》. **2** エスパルトの繊維.

espárto pàper *n.*〘製紙〙エスパルト紙《エスパルトの繊維で造った紙; 筆記用紙・印刷用紙として用いる》.

espec.《略》 especially.

es·pe·cial [ɪspéʃəl, əs-, es-｜ɪs-, əs-, es-]〘(c1390) □ OF ～ □ L *speciālis* of a particular kind: SPECIAL と二重語〙 ― *adj.* **1** 特別な, 格別の (exceptional, special), 特に著しい (notable): a matter of ～ importance 特に重大な事 / I have an ～ dislike for cats. 私は特別に猫がきらいです. **2** (特にある人・物・場合などのために)格別の: for his ～ use [safety] 特に彼の使用[安全]のために / an ～ lecture for the anniversary 記念日のための特別講演 / I took ～ care to make myself understood. 私の考えを解らせようと特別に気を遣った. **3**〈友人など〉特に親しい, 懇意の (close): one's ～ friend. **4** (これと言って)特別の (particular): He had no ～ intention. 特にこれと言った意図はなかった. *in especial*《古》とりわけ, 特に (especially). ～**·ness** *n.*

es·pé·cial·ly [-ʃ(ə)li｜-lɪ]〘(?a1400): ⇨ ↑, -ly¹〙 ― *adv.* ことの外, ことに, 特に (principally), 別して, とりわけ, 特別に (in particular): at an ～ critical moment 特に重大な時期に / I hate sugar, ～ in tea. 私は砂糖がきらいだ―ことに紅茶に入れたのが / It is ～ cold this morning. けさは特に寒い.

es·per·ance [ésp(ə)rəns]〘(1422) □ OF ～ < VL **spērantiam* ← L *spērant-, spērāns* (pres.p.) ← *spērāre* to hope: cf. despair〙 ― *n.*《廃》希望, 期待 (expectation).「用].

Ès·pe·rán·tism [-tɪzm] *n.* エスペラント語使用[採

Ès·pe·rán·tist [-tɪst, -təst｜-tɪst] *n.* エスペラント語学者[使用者]. ― *adj.* エスペラント語の, エスペラント語学者[使用者]の.

Es·pe·ran·to [èspərǽntou, -ráːn-｜-pəræ̀ntəu, -per-, -ráːn-]〘(1888) ← *Dr. Esperanto* (その発明者 Zamenhof の筆名)《原義》Hoping-one ← Sp. *esperanza* hope: ⇨ esperance〙 ― *n.* エスペラント(語)《ポーランドの眼科医 L. Zamenhof が 1887 年に創案・発表した国際語; cf. Volapük, Ido》.

es·pi·al [ɪspáɪ(ə)l, əs-, es-｜ɪs-, es-]〘ME *espiaille* □ OF ← *espier* to spy: ⇨ espy, -al²〙 ― *n.* **1** 探偵行為, 探索 (spying). **2** 監視, 観察 (observation). **3** 発見 (discovery). **4**《廃》スパイ (espy); 斥候(隊).

es·piè·gle [espjégl̩, -glə; *F.* ɛspjɛgl]〘□ F ～ ← *Ulespiegle* □ G (*Till*) *Eulenspiegel* (ドイツの伝説上の詐欺師の名)〙 ― *F. adj.* 悪党らしい (roguish); いたずらな, ちゃめの (frolicsome).

es·piè·gle·rie [espjèɡləríː; *F.* ɛspjɛgləri]〘□ F ～: ⇨ ↑, -ery〙 *F. n.* (*pl.* ～**s** [～]) いたずら, ちゃめ, やんちゃ.「発見者.

es·pí·er〘(c1390): ⇨ espy, -er¹〙 *n.* 探索者; 監視者;

es·pi·o·nage [éspiənàːʒ, -nɪd͡ʒ, -nàːd͡ʒ, èspiənáːʒ, ɪspíːənɪd͡ʒ, əs-, es-｜èspɪənáːʒ, -pjə-, ⌐(―)⌐⌐, éspɪənɪd͡ʒ, -nàːd͡ʒ, espáɪənɪd͡ʒ, ɪs-]〘(1793) □ F *espionnage* a spying ← *espionner* to spy ← *espion* a spy □ OIt. *spione* (aug.) ← *spia* ← *spiare* to spy〙 ― *n.* スパイ[諜報]活動《特に, 他国政府や競争相手の会社の計画や活動に関する情報を探知するための活動》: ～ activities スパイ活動 / industrial ～ 産業スパイ活動.

Es·pí·ri·to San·to [espíːrətùːsǽntuː｜-rɪ-; *Braz.* ispíritusẽntu] *n.* エスピリトサント《ブラジル東部大西洋岸の州; 人口 1,726,000, 面積 45,597 km², 首都 Vitória [vitɔ́rja]》.

es·pla·nade [ésplənàːd, -nèɪd, ⌐⌐⌐｜èsplənéɪd, -náːd]〘(1681) □ F ～ □ Sp. *esplanada* leveled place (p.p.) ← *esplanar* < L *explānāre* to level: ⇨ explain, -ade〙 ― *n.* **1** (特に, 海岸や湖岸の)ドライブ道, 散歩道, 遊歩場. **2** (要塞と市街との間の)空地.

es·plees [ɪspliːz, əs-｜ɪs-, es-]〘□ AF *esple(t)z* (pl.) ← OF *esplet, esploit* revenue < L *explicitum* something unfolded: ⇨ exploit¹〙 ― *n. pl.*〘法律〙土地産出物《牧場の牧草や耕地の穀物・地代などその土地からの収益・産出物》.

es·pous·al [ɪspáuzəl, əs-, es-, -zl̩｜ɪs-, es-]〘(a1393) *espousaile* □ OF *espousailles* (F *épousailles*) < L *spōnsālia* (neut. pl.) ← *spōnsālis* of betrothal ← *spōnsus*: ⇨ ↓, -al²: cf. spouse〙 ― *n.* **1** 〔主義・説などの〕支持, 擁護 〔*of*〕. **2**《古》[通例 *pl.*] 結婚; 婚約.

es·pouse [ɪspáuz, əs-, es-｜ɪs-, es-]〘(?1435) □ OF *espous-er* (F *épouser*) < LL *spōnsāre* to betroth ← L *spōnsus* (p.p.) ← *spondēre*: cf. sponsion〙 ― *vt.* **1**〈主義・説などを〉信奉する, 支持する: He ～*d* Nazism. **2** 妻にする, めとる. **3**〈父が〉〈娘を〉嫁にやる, 〔…に〕縁づける 〔*to*〕. **4**《廃》婚約する. **es·póus·er** *n.*

es·pres·si·vo [èspresíːvou, -prə-｜-presíːvəu; *It.* espressíːvo]〘□ It. ～ 'expressive': ⇨ express〙 *adv.*〘音楽〙気分を表わして, 表情豊かに.

es·pres·so [esprésou｜esprésəu, ɪs-; *It.* espréssoo]〘□ It. (*caffè*) *espresso* pressed-out (coffee): ⇨ express〙 ― *n.* (*pl.* ～**s**) **1** エスプレッソコーヒー《細かく挽いたコーヒーに蒸気を通して入れた強いコーヒー》. **2** エスプレッソコーヒーわかし器. **3** エスプレッソコーヒー店《仲間同士でエスプレッソコーヒーを飲む》.

es·prit [ɪspríː, əs-, es-｜éspriː; *F.* ɛspri]〘(1591) □ F ～ □ L *spīritum* 'SPIRIT'〙 *F. n.* **1** 機知, 才気, 才知, エスプリ. **2** ＝esprit de corps.「性名.

Es·prit [ɪspríː, əs-, es-｜éspriː; *F.* ɛspri]〘↑〙 *n.* 男

esprit de corps [⌐⌐-dəkɔ́ə｜-dəkɔ́ː(r); *F.* -dkɔːr]〘□ F ～ 'spirit of corps'〙 *F. n.* 団体精神, 団結心《軍隊精神・愛党心・愛校心など》.

esprit de l'es·ca·lier [-dəlèskɑːljéɪ; *F.* -dlɛskalje]〘□ F ～《原義》spirit of the staircase〙 *F. n.* 後知恵.

esprit des lois [-deɪ-lwáː; *F.* -delwa]〘□ F ～ 'spirit of laws'〙 *F. n.* 法の精神: *De l'Esprit des Lois*「法の精神について」《Montesquieu の著書》.

esprit fort [-fɔ́ə｜-fɔ́ː(r); *F.* -fɔːr]〘□ F ～ 'strong spirit'〙 *F. n.* (*pl.* **esprits forts** [～]) 堅忍不抜の人; (特に)自由思想家 (freethinker).

Es·pron·ce·da [èsprɔːnséɪdə｜-prɔn-; *Sp.* espronθéða], **José de** *n.* エスプロンセーダ《1808–42; スペインのロマン派詩人・革命家; the Spanish Byron と呼ばれる》.

es·py [ɪspáɪ, əs-, es-｜ɪs-, es-]〘(c1300) *espie(n)* □ AF *aspi-er* ＝ OF *espier* (F *épier*): ⇨ spy〙 ― *vt.* 見つける (catch sight of); 認める (perceive);〈欠点などを〉発見する (detect).

Esq.《略》 Esquire (⇨ esquire 1).

Esqr.《略》 Esquire (⇨ esquire 1).

-esque [ésk]〘□ F ～ □ It. *-esco* ← Gmc (cf. OHG *-isc* '-ISH¹'): cf. L *-iscus* '-ISH¹'〙 ― *suf.*「…の様式(の), …風(の)」などの意の形容詞・名詞を造る: arab*esque*, statu*esque*, Dant*esque*, Disney*esque* (← Walt Disney).

Es·qui·line [éskwəlàɪn | -kwɪ-] 〖⊏ L *Esquilin-us* (*mons*) (hill) of Esquiline〗 *n.* [the ~] エスクィリーヌスの丘《ローマの七丘 (Seven Hills) の一つ》.

Es·qui·mau [éskəmòu | -kɪmàu] 〖《1744》⊏ F ~: ⇨ Eskimo〗 *n.* (*pl.* **Es·qui·maux** [~z, ~]), *adj.* = Eskimo.

es·quire [éskwaɪə, ɪskwáɪə, əs-, es- | ɪskwáɪə(r, es-] 〖《1374》⊏ OF *esquier* (F *écuyer*) < LL *scūtārium* shieldbearer ← L *scūtum*: ⇨ scutum〗 ── *n.* **1** 《英》…殿, …様. ★ 前に称号を付けない場合に紳士の氏名の後に付けるが, 特に手紙の名宛または公式の書類で普通 Esq. または Esqr. と略して John Smith, *Esq.* のように書く; 米国では普通 Mr. であるが, 弁護士・治安判事などに用いることがある. **2** 《英》郷士(ごうし)《紳士階級の上層部に属し, knight に次ぐ社会的身分》. **3** 《古》(中世の)騎士志願者, 騎士の従者. ★ 歴史書では普通 squire の方を用いる. **4** 婦人の付添い. **5** 《古》地主. ── *vt.* **1** esquire の身分に昇格させる. **2** …への名宛に Esquire を用いる, 〈人を〉"…, Esquire" と呼ぶ. **3** 〈婦人〉に付添う, 護衛する.

es·quisse [eskíːs; *F.* ɛskis] 〖⊏ F ~ ⊏ It. *schizzo*: ⇨ sketch〗 *n.* 〖美術〗エスキス, 略図, 概観.

esquisse-esquisse [⊏ F ~ (↑)] *n.* 〖建築〗エスキス, 下図, スケッチ, 草案.

ESRO [ézrou | -rəu] 《略》European Space Research Organization.

ess [és] 〖《1540》: S の字の名〗 *n.* **1** S [s] の字. **2** S 字形の物, (道路の) S 字形のカーブ: the collar of ~*es*=the COLLAR of SS.

Ess [és] 〖(dim.) ← ESTHER〗 *n.* 男性名《異形 Essa》.

Ess. 《略》Essex.

-ess[1] [ɪs, əs | ɪs, es, əs] 〖ME ⊏ (O)F *-esse* < LL *-issam* ⊏ Gk *-issa*〗 *suf.* 女性名詞語尾: actr*ess*, author*ess*, count*ess*, lion*ess*.

-ess[2] [ɪs, əs, es, és] 〖ME ⊏ (O)F *-esse* < L *-itiam* '-ICE'〗 *suf.* 形容詞から抽象名詞を造る: larg*ess*, dur*ess* (cf. riches, laches).

ESSA 《略》Environmental Science Services Administration (米国の)環境科学局《1970 年に NOAA と改称》.

es·say 〖v.: 《1483》⊏ F *essay-er* < VL **exagiāre* to weigh ← LL *exagium* a weighing ← L *exigere* to weigh out ← EX-[1]+*agere* to do: cf. assay. ── n.: 《1597》⊏ F *essai* ← *essaier* (v.)〗 ── [(*1* では) éseɪ, ései; (2-5 では) eséɪ, ɪs-, əs-, éseɪ | éseɪ, ésɪ] *n.* **1** 随筆, エッセイ; 小論文, 評論; (学校で課題などの)作文, リポート (cf. 2 b): an ~ *on* drink [fishing, travel] 酒[釣, 旅](について)の随筆 / The *Essays* of Elia「エリア随筆集」《Charles Lamb 作》/ The *Essays* of Montaigne「モンテーニュ随想録」. ★ 理路整然とした学術的論文である treatise, dissertation に対して, essay は通例文体が極めて自由で個性の色彩が強い. **2 a** 企て, 試み (attempt); 努力 (endeavor): an ~ *at* reform 改革の企て / make an ~ *to* benefit a friend 友人のためになることをしようと努力する. **b** 試論 (cf. 1): *Essay in* Criticism「批評試論」. **c** (デザイン・芸術作品などの)新趣向, 試作: Picasso made many ~*s in* art forms. ピカソは美術形式において多くの新しい試みをした. **3** 〖郵趣〗エッセイ《切手の原図[下図]で採用されなかったもの》. **4** 《廃》試し, 試験 (test). **5** 《廃》初げいこ, 腕試し.
── [eséɪ, ɪs-, əs-, éseɪ | eséɪ, éseɪ] *vt.* **1** 試みる, 企てる (try, attempt): ~ a method ある方法を試みる / ~ *to* do something / He ~*ed* a manly laugh. 男らしく笑ってみせようとした. **2** 《古》〈人・物を〉ためす, 試験する (test).

es·sáy·er *n.* **1** 試みる人, 試行者. **2** 《廃》=essayist 1.

éssay examinàtion *n.* 論文式テスト《essay question(s) によるテスト; cf. objective test》.

es·say·ist [éseɪɪst, -əst | -ɪst] 〖《1609》: ⇨ -ist〗 *n.* **1** 随筆家. **2** 《まれ》(何かを)してみようとする人, 試行者.

es·say·is·tic [èseɪístɪk] *adj.* **1** エッセイ[随筆](風)の. **2** 論文調の. **3** 説明的な (explanatory).

éssay quèstion *n.* 論文式(試験)問題《文章で答えることを要求するもの; cf. essay examination》.

éssay tèst *n.* =essay examination.

es·se [ési, éseɪ | ésɪ] 〖《1592》⊏ ML ~ ← L ~ 'to be': cf. absent, essence〗 *L. n.* **1** 存在 (being); 実在, 実体 (actual existence): ⇨ in esse. **2** 本質.

Es·sen [ésn; *G.* ɛ́sn̩] *n.* エッセン《西ドイツ North Rhine-Westphalia 州 Ruhr 地方の主要都市; Krupp 軍需工場で有名; 人口 667,000》.

es·sence [ésns] 〖《*a*1398》*essencia* ⊏ (O)F ~ *essence* // L *essentia* being, essence of a thing ← **essent*-(pres.p. stem) ← *esse* to be: ⇨ esse〗 ── *n.* **1 a** 本質, 真髄, 精髄: the ~ *of* poetry 詩の真髄 / Health is the very ~ *of* our progress. 健康は正に我々の発展の源泉である / life in its ~ 本質的な面での人生. **b** 核心, 要諦(ようてい) (core, pith): This takes us to the very ~ *of* the matter. ここで我々は正に事の核心に到達する. **2 a** (蒸留などによって抽出した植物・薬剤・食品などの)精, エキス (extract): ~ of beef 牛肉エキス. **b** エッセンス《植物性精油のアルコール溶液》: vanilla ~ バニラエッセンス / ~ of mint はっか精, はっか油. **c** (香水の)揮発性成分; 香水, 香料. **d** 〖化学〗=essential oil. **e** 〖薬学〗=spirit 13. **3 a** 〖哲学〗(偶有性・様態などに対しての)本質, 実在, 本体 (entity) (cf. attribute 3); (物をしてその物たらしめる)本質. **b** 存在; (特に)霊的実在: God is an ~.
in essence 本質において, 本質的に, 基本的に (fundamentally): For all his scholastic activities he was *in* ~ a politician. 学問的活動はいろいろしているがもともと政治家だった. ***of the essence (of…)*** 〖F *de l'essence de*〗(…に)必須で, 不可欠で: Time is *of the* ~. 時間が必須だ / Money is *of the* ~ *of* the plan. その計画にとって金が不可欠だ.

éssence pèddler *n.* **1** 《米》(万能薬などの)薬品行商人, 薬売り. **2** 《米俗》〖動物〗スカンク (skunk).

Es·sene [ɪsíːn, əs-, es-, ésiːn | ésiːn, ─ ⌐] 〖《1553》⊏ L *Essēnī* (pl.) ⊏ Gk *Essēnoi* ⊏ ? Syriac *ḥasēn* (pl.) ← *ḥasē* pious〗 ── *n.* エッセネ派の信徒《紀元前 2 世紀から紀元後 1 世紀末までパレスチナ (Palestine) にあったユダヤ教の一派で, 禁欲・独身・モーセ律法を厳守し, 秘教的なところがあった》. **Es·se·ni·an** [ɪsíːniən, əs-, es- | esíːnɪən, -njən] *adj.* **Es·sen·ic** [ɪsénɪk, əs-, es-, -síːn- | esén-, esíːn-] *adj.* **Es·sén·ism** [-nɪzm] *n.*

es·sen·tial [ɪsénʃəl, əs-, es-] 〖《*c*1385》⊏ LL *essentiāl-is* ← L *essentia*: ⇨ essence, -al[1]〗 ── *adj.* **1** 本質の, 本質的な, 本来の (↔ extrinsic, accidental); 核心的な, 基本的な: ~ qualities 本質, 特質 / an ~ attribute 本質的属性 / an ~ property of matter 物質本来の性質 / the ~ character 〖生物〗(種・属を他と区別する)本質的形質, 本性 / an ~ proposition 〖論理〗本質的命題. **2** (…に)欠くことのできない, 肝要な (*to*); 重要な, 主要な: Phosphate is an ~ ingredient in fertilizer. 燐(りん)酸塩は肥料の肝要な成分である / Impartiality is ~ *to* a judge. 公平は裁判官にとって欠くことのできないものだ / It is ~ *to* health [*for* the preservation of health]. それは健康に[健康を保つ上に]なくてはならない / *It* is ~ *to* know all the facts. すべての事実を知ることが肝要だ / *It* is ~ *that* every member (*should*) *be* informed of these regulations. 各会員がみなこれらの規定を心得ておくことが肝要である. **3** 精髄的な; 理想的な, 至高の: ~ happiness 理想的幸福. **4** (植物・薬剤・食品などの)精[エキス]の, 精[エキス]を含んだ: an ~ odor エキスの芳香 / ⇨ essential oil. **5** 〖音楽〗主要な, 基本の《楽曲の和声進行構成に必要なことにいう》: ~ notes / ~ harmonies 主要和音. ★ 装飾音 (ornaments) や経過音 (passing notes) に対していう. **6** 〖数学〗**a** 〈関数の不連続点が〉本質的な (cf. removable 4). **b** 〈複素変数関数の特異点が〉真性の: ~ singularity 真性特異点. **7** 〖病理〗原因不明の, 特発性の (idiopathic), 本態性の (inherent): ~ hypertention 本態性高血圧(症).
── *n.* **1** [通例 *pl.*] 本質的要素; 要綱, 基本, 主要点: *Essentials* of English Grammar 英文法要説《書名》/ Both are the same in ~*s*. 両方とも肝要な点では同じだ. **2** 不可欠な物, 肝要な物: the first ~ *to* the patient 病人にとって一番肝要な物.
~·ness *n.*

esséntial ámino ácid *n.* 〖生化学〗必須アミノ酸《体内で合成できないので, 食物としてとり入れる必要のあるアミノ酸類》.

es·sén·tial·ism [-lɪzm] *n.* **1** 〖哲学〗**a** 実在論 (realism). **b** 本質主義《実存 (existence) よりも本質 (essence) を重視する説; 相対的関係・属性以外に内在的な本質を個体に認める見解; ↔ existentialism》. **2** 《米》〖教育〗基礎知識主義, 本質主義《ある文化の基礎をなす思想・技能は伝統的な方法によりすべての生徒に教えるべきだとする説; cf. progressivism 2》. **es·sén·tial·ist** [-lɪst, -ləst | -lɪst] *n., adj.*

es·sen·ti·al·i·ty [ɪsènʃiǽləṭi, əs-, es- | -ʃiǽlətɪ, -lɪ-] 〖《15C》〗 *n.* **1** 本性, 本質, 精髄 (essence). **2** 必須なこと, 要件, 要点, 骨子 (essential point).

es·sen·tial·ize [ɪsénʃəlàɪz, əs-, es-] *vt.* …の精髄[本質]を示す[を言いあてる]; …から精[エキス]を(蒸留)抽出する.

es·sén·tial·ly 〖ME〗 *adv.* 本質的に, 本質上 (in essence); 本来: an ~ vulgar person 根っから野卑な人.

esséntial óil *n.* 〖化学〗精油, 植物精油《植物の枝葉・根茎・樹皮・花などからとる芳香油, 揮発性で香水の原料; ethereal oil, volatile oil ともいう; cf. fatty oil, fixed oil》.

es·sen·tic [ɪsénṭɪk, əs-, es- | ɪsént-, es-] 〖← L *essent-*, *essens* being+-IC[1]: ⇨ essence〗 ── *adj.* 感情をおもてに表わす: an ~ form of anger おもてに表われた怒りの感情.

es·ses [ésɪz, ésəz] 〖(pl.) ← ESS〗 *n.* SS の連字 (cf. COLLAR of esses).

Es·sex [ésɪks] 〖OE *Ēast Seaxe* or *Seaxan* 《原義》the East Saxons〗 ── *n.* **1** イングランド南東部, Thames 河口の北方の州; 人口 1,435,000, 面積 3,677 km², 首都 Chelmsford. **2** 〖英史〗イングランド東部, London を中心とした Anglo-Saxon の王国 (cf. heptarchy 2 b). **3** 米国 Maryland 州北部 Baltimore 市近郊の町; 人口 36,000.

Es·sex [ésɪks], (**2nd**) **Earl of** *n.* (1566-1601) 英国の軍人; Elizabeth 一世の寵を失い反乱を企てたが処刑された; 本名 Robert Devereux.

Es·sie [ési | ésɪ] 〖(dim.) ← ESTHER: ⇨ -ie〗 *n.* 女性名.

es·sive [ésɪv] 〖⊏ Finn. *essiivi* ← L *esse* to be+Finn. *-ivi* '-IVE'〗〖文法〗 ── *adj.* 態格の《特に, フィンランド語・ハンガリー語で一時的な性質・状態などを表わす》. ── *n.* 態格.

es·soin [ɪsɔ́ɪn, əs- | ɪs-] 〖⊏ OF *essone* (F *exoine*) < ML *essonium* ← *es-* 'EX-[1]'+LL *sonium* care〗 ── *n.* **1** 〖英法〗(召喚に従って特定期日に裁判所に)不出頭の正当な理由; その申し立て. **2** 《廃》口実 (excuse), 延引.

es·so·nite [ésənàɪt, -sn̩-] 〖⊏ F ~ ← Gk *hḗssōn* inferior ((compar.) ← *êka* slightly) + -ITE[1]: hyacinth などに比べて硬さが劣ることから〗 ── *n.* 〖鉱物〗肉桂(にっけい)石, 黄ざくろ石《hessonite, cinnamon stone ともいう》.

EST, E.S.T. 《略》Eastern Standard Time; 〖医学〗electroshock therapy.

est. 《略》established; estate; estimate; estimated; estuary.

Est. 《略》Estonia; Estonian.

-est[1] [ɪst, əst] 〖OE ~, *-ost* < Gmc **-istaz*, **-ōstaz* < IE **-istho-* (Gk *-isto-*)〗 ── *suf.* 形容詞・副詞の最上級形成接尾辞: hard*est*, clever*est*, common*est*, nobl*est*, lazi*est*. ★ (1) -est の用法は大体 -er の場合に準じる (⇨ most *adv.* 2). (2) しかし barren, fragile などのように比較級に -er の形を取らない語でも, 最上級の場合 -est を用いることが往々ある《-id で終る語, 例えば limpid も同じ》. (3) 詩語・擬古体では beautiful*est* のように三音節以上の語の場合にも自由に用いられ, また俗語ではしばしば特に強意的に用いられる: in the brutal*est* [cheerful*est*, dogged*est*, damnabl*est*, wick*edest*] manner.

-est[2] [ɪst, əst] 〖OE ~, *-ast* ← *-es*+*-t* (*þū* 'THOU' の同化変形): cf. OHG *-ist*, *-ōst*, *-ēst*〗 ── *suf.* 《古・詩》thou に伴う動詞の二人称単数直説法現在および過去の語尾: Thou sing*est* [do*est*, pass*est*, gett*est*]. ★ 歯擦音・母音以外の後には -st となることもある.

estab. 《略》established.

es·tab·lish [ɪstǽblɪʃ, əs-, es- | ɪs-, es-] 〖《*c*1380》*establisse*(*n*) ⊏ OF *establiss-* (stem) ← *establir* (F *établir*) < L *stabilīre* ← *stabilis* 'STABLE[1]'〗 ── *vt.* **1** 〈国家・学校・企業などを〉樹立する, 設置[開設]する, 設立[創立]する (found, institute): ~ a national park 国立公園を設立する / ~ a house of business 商社を創立する. **2** 〈制度・法律・慣習などを〉設ける, 制定する, 確立する (set up, fix): ~ parliamentary democracy 議会民主制を制定する / ~ law and order 法と秩序を確立する / ~ a precedent 先例を作り上げる / ~ a new chair at the university 大学に新しい講座を設ける. **3** 〈教会・宗教を〉国教にする: ⇨ established church. **4** 〈地位・権威・信用・学説などを〉確立する; 〈記録を〉樹立する; 〈結果〉に到達する, 達成する (arrive at): She was apparently trying to ~ her authority over me. どうやら彼女は私に対する権威を確立しようとしているらしかった / He had ~*ed* a solid reputation as a man of character. 彼は人格者としての確固とした名声を確立していた / He ~*ed* a doctrine *upon* philosophy. 彼は哲学の基盤の上に教理を確立した. **5 a** 〈主張・事実などを〉立証する; 〈…ということを〉確証する, 証明する (demonstrate) 〈*that*〉: ~ motive 動機を立証する / ~ one's innocence 無罪を証明する / He ~*ed* his case at law. 法廷で自分の言い分を立証した / We must ~ *that* he was not there at that time. 当時彼が現場にい合わせなかったことを証明しなければならない / That ~*ed* her *as* being back at home. その事は彼女が家に帰っていることを確証するものだった. **b** 《古》確認する (confirm). **6** 〈関係などを〉生じさせる, 成立させる (bring about): ~ communication 連絡[文通]を始める / ~ a friendship 交友関係を結ぶ / That year China ~*ed* diplomatic relations with Thailand. その年中国はタイと外交関係を確立した / A mutual confidence has been ~*ed* between the two diplomats. 二人の外交官の間に相互の信頼関係が成り立った. **7 a** [しばしば ~ oneself または Passive で] 〈人を〉(住所・職業・地位などに)落ち着かせる, 〈身を〉固めさせる (settle) (*in, as*): ~ one's son in trade 息子を商売につかせる / He *is* ~*ed in* business. 一本立ちして商売をやっている / They married and ~*ed themselves in* the new house. 彼らは結婚して新居に落ち着いた / He ~*ed himself as* physician in the town. 彼はその町で医者を開業した / The work ~*ed* him *as* the foremost economist in England. その著作により彼はイギリス最高の経済学者としての地位を確立した. **b** [通例 ~ *itself* で] 〈夕闇(ゆうやみ)・悪弊などが〉募る, 深まる, 浸透する: Though dusk had ~*ed itself*, he went on walking along the path. 日がもうとっぷりと暮れてしまったが彼はなおもその小道を歩き続けた. **c** 〈公務員などを〉常勤[本雇い]にする. **8** 〖映画・テレビ〗(観客・聴視者への印象効果をあげるため, 劇の初めに)〈ある人物・セットを〉念入りに写し出す, 〈重要な人物〉の配置・環境などを提示する. **9** 〖生物〗〈新品種などを〉定着させる. **10** 〖トランプ〗(ブリッジなどで)〈あるスーツ (suit) を〉エスタブリッシュする, 走るようにする《あるスーツの札を敵方に上位札がなくなるまで出し続け, 残りが全部取れるように下ごしらえする; cf. run[1] *vt.* 23》. **11** 《廃》〈財産など〉の継承権を設定する (settle).
── *vi.* 〖生物〗〈植物が〉定着する, 馴化する (become naturalized): This kind of grass ~*es on* poor soil. この種の草はやせた土地にも定着する.

es·tab·lish·a·ble [ɪstǽblɪʃəbl̩, əs-, es- | ɪs-, es-] *adj.* 確証[立証]しうる, 証明されうる.

es·táb·lished *adj.* **1** 確立した, 確定の, 基礎[根底]の定まった (firmly founded, fixed): an ~ fact 確立した[既定の]事実 / the ~ order 確立した体制 / a person of ~ reputation 定評のある人物 / an ~ invalid 慢性病(弱)者 / one's ~ practice 決まった習慣 / ⇨ old-established. **2** 常設の, 常勤の (permanent) (↔ temporary): an ~ clerk 常雇い事務員. **3** 設定[制定, 確立]された (ordained); 国立の, 国教の: ~ usage 確立された慣用法 / ⇨ established church. **4** 〘生物〙〈動植物が〉(新しい土地に)定着した, 馴化した (naturalized).

estáblished chúrch *n.* **1** 国(立)教会《国家の公認機関として法的に認められた教会で, 通例各種の公的特権や財政的援助が与えられる; state church ともいう》. **2** [the E- C-] **a** ＝CHURCH of England. **b** ＝CHURCH of Scotland.

es·táb·lish·er *n.* 確立者, 樹立者, 設立者, 制定者.

es·táb·lish·ing shót *n.* 〘映画・テレビ〙エスタブリッシングショット, 設定画面《細部を写す前に劇全体の背景的空間を設定するロングショット》.

es·táb·lish·ment 〘《1481》: ⇨ -ment〙 ― *n.* **1 a** 設立, 創立, 創設, 設定, 制定, 設置, 開設〔*of*〕: the ~ *of* a factory 工場の創立 / the ~ *of* a custom 慣習の確立. **b** 〔記録などの〕樹立〔*of*〕. **2** (学校・病院などの)設立物, 営造物. **3** 制度; (特に)法律 (law). **4** (結婚などによって)身を固めること; 世帯, 家庭 (household): keep a large ~ 大世帯を張っている / keep a second [separate] ~ 別宅を持つ, 《婉曲》妾宅(しょうたく)を構える. **5** 会社, 商館, 商店, 営業所 (house of business): a manufacturing ~ 工業会社. **6** (行政制度としての)官庁, 政党, 陸軍, 海軍: the civil service ~ 一般官庁 / the military [army] ~ 陸軍 / naval [navy] ~ 海軍 / peace [war] ~ 平時用[戦時用]軍隊. **7** [通例 the E-] **a** 支配階級, 体制(側)《例えば英国における王室・国教会・パブリックスクール・貴族・クラブ・イングランド銀行など上流階級を象徴するものの複合体》. **b** [通例形容詞を伴って] 既成の権力組織[集団]: the literary *Establishment* 既成文壇. **8 a** (教会の)国立, 国定. **b** [the E-] 国教会: the (Church) *Establishment* 国教会 (the Established Church), (特に)英国国教会 (the Church of England). **9** 〘古〙定給 (settled allowance), 定収入 (fixed income), 定職. **10** 〘生物〙(外来種の新環境での)定着, 馴化 (naturalization).
on the establishment (家庭・会社などに)雇われて, 使用人で.

es·tab·lish·men·tar·i·an [ɪstæ̀blɪʃməntέ(ə)riən, əs-, es-, -men- | ɪstæ̀blɪʃməntέəriən, es-] 〘⇨ ↑, -arian〙 ― *adj.* 国教主義の. ― *n.* **1** 国教信奉者, 国教(主義)支持者. **2** [E-] 体制派, 体制側に属する人.
es·tàb·lish·men·tár·i·an·ìsm [-nìzm̩] *n.*

es·ta·fette [èstəfét; *F.* εstafεt] 〘▭ F ~ ▭ It. *estaffetta* 《原義》small stirrup (dim.) ← *staffa* ← Gmc〙 *n.* 騎馬の伝令兵.

Es·taing [estɛ̃ː(ŋ), -tǽŋ; *F.* εstɛ̃], Comte **Charles Hector d'** *n.* エスタン《1729–94; フランスの提督》.

es·ta·mi·net [èstæminéɪ | estǽminèɪ; *F.* εstaminε] 〘《1848》▭ F ~ 'tavern' ▭ Walloon *staminet* ← *stamon* post ▭ ? G *Stamm* 'STEM[1]'〙 ― *F. n.* (*pl.* ~**s** [~(z); *F.* ~]) 酒場 (taproom), カフェー (café), 小料理店 (bistro).

es·tan·cia [está:nsiə, -sjɑː | -tɑ́ːnsjɑː; *Am. Sp.* estánsja] 〘《1704》▭ Sp. ~ 《原義》station ← L *stāre* 'to STAND'〙 ― *n.* (*pl.* ~**s** [~z; *Sp.* ~s]) (南米で)地所 (landed estate); 牧畜場 (stock farm).

es·tan·cie·ro [estɑːnsiéroʊ | -siέərəʊ; *Am. Sp.* èstansjéro] 〘▭ Am.-Sp. ~ ← *estancia* (↑)+Sp. *-ero* (< L *-ārius* '-ER[1]')〙 *n.* estancia の所有者[経営者].

es·tate [ɪstéɪt, əs-, es- | ɪs-, es-] 〘《?a1200》 *estat* ▭ OF *estat* (F *état*) ▭ L *status* 'STATE'〙 ― *n.* **1** 〘古〙(生存の)状態, 情況 (state of being): reach [attain to] man's [woman's] ~ 男[女]子成年期に達する, 成人する, おとなになる / the (holy) ~ of matrimony 夫[妻]のある身分. **2 a** (政治上・社会上の)身分, 階級: the Three *Estates* (of the Realm) (封建時代ヨーロッパ一般の)聖職者・貴族・平民の三身分; (英国で今の)上院の聖職議員 (Lords Spiritual)・世俗議員 (Lords Temporal) および下院議員 (Commons) の三階級 / the second ~ 貴族階級 / ⇨ third estate, fourth estate. **b** [the Estates] 身分制議会, 等族議会《中世末から近世にかけてのヨーロッパの議会; 一般に three estates から成った; cf. Estates General》. **3** 〘法律〙**a** 財産: ⇨ real estate / the personal ~ 動産 (personal property) / an ~ of inheritance 相続財産 / an ~ in possession 既得財産. **b** 不動産権《土地をある期間占有利用できる権利; 英法は土地の所有権を認めなかった》: an ~ at will 任意不動産権《貸付け人の意のままに返付すべき不動産権》/ an ~ for life [years] 生涯[定期](不動産)権 / an ~ in common 共有不動産権 / an ~ in fee 世襲不動産権 / an ~ in tail＝estate tail. **4** 〘法律〙(死者・破産者の)財産, 遺産: an ~ upon condition 条件付遺産 / leave an ~ of ...の財産を残す / wind up an ~ 死者[破産者]の財産を清算する. **5 a** (大きな)地所: have a large ~ in the country 田舎に大きな地所を持っている / an Imperial ~ 御料地 / an ~ concern 土地建物会社. **b** (大規模な)農園: a tea [rubber] ~ 茶[ゴム]園. **6** 《英》(住宅・工場)団地 (《米》housing development): a housing ~ 住宅団地 / a council ~ 公営団地 / an industrial ~ 工場地区. **7** 〘古〙(個人の)資産, 身代; 生活情況, 暮らし向き: suffer in one's ~ 暮らし向きが苦しい / one's poor ~ 貧乏暮らし. **8** 〘古〙威容, 壮観, 豪壮. **9** 〘古〙地位, 身分; (特に)高い地位: a man of ~ 身分の高い人. **10** ＝estate car [wagon]. ― *vt.* 《廃》...に財産を授ける; 〈人を〉安定した地位につかせる.

estáte àgent *n.* 《英》不動産管理人; 土地ブローカー, 不動産屋 (《米》real-estate agent). **estáte àgency** *n.*

estáte càr *n.* 《英》＝station wagon.

estáte dúty *n.* 《英》＝estate tax.

es·tát·ed [-tɪd, -təd | -tɪd, -təd] *adj.* 財産[不動産]のある.

Estátes Géneral 〘《なぞり》← F *états generaux*〙 ― *n.* 全国三部会《中世末期からのフランスの身分制議会で, 第一身分の聖職貴族, 第二身分の世俗貴族, 第三身分の平民から成り, フランス革命時に廃止された; States-General ともいう; cf. estate 2 b》.

estáte tàil *n.* 〘法律〙限嗣封土権, 限嗣不動産権.

estáte tàx *n.* 〘法律〙遺産税《遺産全体に対して課せられる税金; cf. probate duty, inheritance tax》.

estáte wàgon *n.* 《英》＝station wagon.

Es·te [ésteɪ | éstɪ; *It.* éste] *n.* エステ《イタリア北東部の都市; 古代ローマの遺跡や中世の要塞がある; 人口 18,000》.

Es·teb·an [estéban; *Sp.* estéβan] 〘▭ Sp. ~ 'STEPHEN'〙 *n.* 男性名.

es·teem [ɪstíːm, əs-, es- | ɪs-, es-] 〘n.: 《a1338》 *esteme* ▭ (O)F *estime* ← *estimer* ▭ L *aestimāre* 'to ESTIMATE'. — v.: 《a1410》▭ (O)F *estim-er*: ⇨ tome: cf. aim〙 ― *vt.* **1** 〈人を〉尊ぶ, 重んじる, 尊重する (hold in respect); 〈物を〉珍重する (prize): I like him, but I cannot ~ him. 彼は好きだが尊敬できない / It is highly ~*ed for* the table. それは食物として大いに珍重される / He is highly ~*ed for* his bravery. 勇気があるので大いに尊敬されている. **2 a** [目的語+(*as*) 補語を伴って] ...とみなす, 考える (consider): He ~*s* riches vain. 富をむなしいものと思っている / He ~*ed* himself lucky. 自分が運がよいと思った / I should ~ it (*as*) a favor if you would do it. そうして下さればありがたく存じます. **b** [目的語+*to be* または *that*-clause を伴って] 〈...と〉思う, 信じる (think, believe): I did not ~ him *to be* reliable. 彼が信頼できる人物だとは思わなかった / He ~*ed that* she loved him. 彼女が自分を愛しているものと考えた. **3** 〘古〙評価する.
― *n.* **1** 尊重, 尊敬, 敬服 (regard, respect); 名声: as a mark [token] of ~ 敬意のしるしとして / gain [get] high ~ 非常な尊敬を受ける / have a great ~ *for* ... に大いに敬服している / lose [forfeit] another's ~ 他人の尊敬を失う / He [His learning] was held *in* (high) ~. 彼[彼の学識]は(大いに)尊重されていた / In this country academicians are held *in* low ~. この国では学究人が尊敬されていない. **2** 〘古〙評価 (estimation); 意見 (opinion), 判断 (judgment): in one's ~ ...の考える[見る]ところでは.

es·téemed *adj.* 尊敬されている, (自分が)敬意を表している: an ~ scholar / my ~ friend. ★ しばしば商用文で敬語として用いる: your ~ letter 貴簡, お手紙.

Es·telle [estél, ɪs- | es-; *F.* εstεl] 〘▭ F ~ ← ? OF *estoile* (F *etoile*) star〙 *n.* 女性名.

es·ter [éstə | -tə(r)] 〘《1889》▭ G *Ester* 《変形》← *Essigäther* ← *essig* vinegar+*Äther* 'ETHER': ドイツの化学者 L. Gmelin (1788–1853) が ether と区別するために造った語〙 ― *n.* 〘化学〙エステル《酸とアルコールから水分子を失って生じる化合物の総称》.

Es·ter [éstə | -tə(r)] 〘⇨ Esther〙 *n.* 女性名.

es·ter·ase [éstərèɪs, -rèɪz | -rèɪs] 〘← ESTER+-ASE〙 *n.* 〘生化学〙エステラーゼ《エステルを酸とアルコールに加水分解させる酵素の総称》.

éster gùm *n.* 〘化学〙エステルガム《ワニス・ラッカーの製造に用いる》.

es·ter·i·fi·ca·tion [estèrəfɪkéɪʃən, -fə- | -rɪfɪ-] *n.* 〘化学〙エステル化.

es·ter·i·fy [estérəfàɪ | -rɪ-] 〘← ESTER+-IFY〙 *vt., vi.* 〘化学〙エステル化する. **es·ter·i·fi·a·ble** [estérəfàɪəbl̩, ―――――― | -rɪ-] *adj.*

Esth. 《略》Esther (旧約聖書の)エステル書; Esthonia.

Es·ther [éstə | -tə(r), -θə(r)] 〘▭ LL *Esthera* ▭ Gk *Esthḗr* ▭ Heb. *Estēr* ▭ ? Pers. *sitareh* star: cf. Babylonian *Ištar* (⇨ Ishtar)〙 ― *n.* **1** 女性名《愛称形 Ess, Essa, Essie, Ettie; 異形 Ester, Hester》. **2** 〘聖書〙**a** エステル《Ahasuerus 王のユダヤ人である妻; ペルシャ人からユダヤ民族を救った》. **b** (旧約聖書の)エステル書 (The Book of Esther) (略 Esth.).
Rest of Esther [The ―] エステル書残篇《外典 (Apocrypha) の一書》.

es·the·sia [esθíːʒə, -ʒiə | ɪsθíːzjə, iːs-, es-, -ziə, -ʒɪə, -ʒə] 〘← NL ← Gk *aisthēsis* perception ← *aisthánesthai* to perceive〙 *n.* 感覚能力, 知覚力 (sensibility).

es·the·si·o- [esθíːzio(ʊ) | ɪsθíːzɪə(ʊ), iːs-, es-] 〘← NL ~ (↑)〙「感覚 (sensation)」の意の連結形: *esthesiometry*.

es·the·si·om·e·ter [esθìːziɑ́mətə, -θìːsi- | ɪsθìːzɪɔ́mɪtə(r), iːs-, es-, -mə-] 〘⇨ ↑, -meter[1]〙 *n.* 〘医学〙触覚計, 知覚計.

es·the·si·om·e·try [esθìːziɑ́mətri, -θìːsi- | ɪsθìːzɪɔ́mɪtri, iːs-, es-, -mə-] 〘← ESTHESIO-+-METRY〙 *n.* 〘医学〙知覚測定法, 触空間域値測定.

esthèsio·physiólogy *n.* 感覚生理学.

es·the·sis [esθíːsɪs, -səs | iːsθíːsɪs, ɪs-, es-] 〘← NL ~ ← Gk *aisthēsis*: ⇨ esthesia〙 *n.* 感覚; 感情.

es·thete [ésθiːt | íːs-, és-] *n.* ＝aesthete.

es·thet·ic [esθétɪk, ɪs-, əs- | iːsθét-, ɪs-, es-] *adj.* ＝aesthetic. **es·thét·i·cal·ly** *adv.*

es·thét·i·cal [-tɪkəl, -kl̩ | -tɪ-] *adj.* ＝aesthetic.

es·the·ti·cian [èsθətíʃən | ìːsθɪ-, es-] *n.* ＝aesthetician.

es·thét·i·cìsm [-təsìzm̩ | -tɪ-] *n.* ＝aestheticism.

es·thet·i·cize [esθétəsàɪz, ɪs-, əs- | iːsθétɪ-, ɪs-, es-] *vt.* ＝aestheticize.

es·thet·ics [esθétɪks, ɪs-, əs- | iːsθét-, ɪs-, es-] *n.* ＝aesthetics.

Es·tho·ni·a [esθóʊniə, estóʊ-, -njə | -táʊnjə, -θáʊ-, -nɪə] *n.* ＝Estonia.

Es·tho·ni·an [esθóʊniən, estóʊ-, -njən | -táʊnjən, -θáʊ-, -nɪən] *adj., n.* ＝Estonian.

Es·tienne [estjén; *F.* εstjεn] 〘▭ F ~ ▭ L *Stephanus*: ⇨ Stephen〙 ― *n.* **1** 男性名. **2** エスティエンヌ家《フランスの学匠印刷者一家; Henri Estienne (?–1520) が創設し, 息子 Robert (1503–1559), 孫 Henri (1528–98) が発展させた》.

es·ti·ma·ble [éstəməbl̩ | -tɪ-] 〘《a1475》▭ (O)F ▭ L *aestimābilis* ← *aestimāre* (↓): ⇨ -able〙 ― *adj.* **1** 尊重[尊敬]すべき: an ~ young man りっぱな青年. **2** 見積り[評価]のできる. **3** 〘古〙価値のある. **~·ness** *n.* **és·ti·ma·bly** *adv.*

es·ti·mate 〘《1464》← L *aestimāt-us* (p.p.) ← *aestimāre* to value ← ?〙 ― [éstəmèɪt | -tɪ-] *v.* ― *vt.* **1** (概括的・暫定的に)評価する, 値踏みする (appraise); 〔幾らと〕見積る, 概算する〔*at*〕; [目的語+*to be* または *that*-clause を伴って] 〈...と〉推定する: ~ the value of one's property 財産の値踏みをする / ~ the cost *at* 2,000,000 yen 失費を 200 万円と見積る / The death toll was ~*d at* more than 5,000. 死者の数は 5 千人以上と推定された / The urn is ~*d to be* around 20,000 years old. その古つぼはおよそ 2 万年前のものと推定されている / I ~*d that* the trip would take three hours. 旅行は 3 時間かかるだろうと推定した. **2 a** 〈人物・知能・事の重要性などを〉評価する, 判断する (judge): ~ a person's abilities by his performance 人の能力をその実績によって判断する. **b** 〈...と〉推断する (conclude), 判断する (judge) 〈*that*〉. ― *vi.* 見積りをする, 見積り書を作成する: ~ *for* the repair of a house 家の修繕の見積りをする.
― [éstəmət, -mɪt | -tɪmət, -mɪt, -mèɪt] *n.* **1 a** 見積り, 値踏み, 評価, 推定, 概算 (rough calculation); [*pl.*] 概数, 推定数[量]: at a moderate ~ 内輪に見積って / at a rough ~ 大ざっぱに見積って / by (general) ~ (*at*...) (...の)概算で, (...を)大まかに推定して / make [form] an ~ *of* ...の見積りを作る, ...を評価する / give a precise ~ *of* the period [duration] その時期[期間]を正確に推定する / give an ~ *of* $50 *for* the repair [*to* repair the car] その修繕[車の修繕]を 50 ドルと見積る / The importance of the matter is beyond ~. 事の重要性は計り知れない / The actual production figures have exceeded the ~*s*. 実際の生産高は見積り高を上回った / *Estimates* ran to several hundred. 推定数は数百に及んだ. **b** 〘統計〙(推定量による真の値の)推定値. **2 a** (請負仕事の)見積り書, 概算書: a written ~ 見積り書. **b** [the Estimates] 《英》(大蔵大臣が議会に提出する)歳出歳入予算. **3** 〔人物・事態などの〕評価, 判断, 判定 (judgment, opinion)〔*of*〕: an ~ *of* a man 人物評価 / a critical ~ *of* a writer's literary position 作家の文学的地位の評定. **4** 〘廃〙名声 (repute).

és·ti·màt·ed [-tɪd, -təd | -tɪd, -təd] *adj.* 見積りの, 推定の: an ~ sum 見積り高[額] / the ~ cost [value] 〘会計〙見積原価, 見積り費用[価格] / the ~ crop for this year 本年度の予想収穫高 / an ~ 5,000 Bengal tigers 推定 5 千頭のベンガルトラ.

es·ti·ma·tion [èstəméɪʃən | -tɪ-] 〘《1375》▭ OF *estimacion* (F *estimation*) ▭ L *aestimātiō(n-)* ← *aestimāre*: ⇨ estimate, -ation〙 ― *n.* **1** 見積り, 評価, 概算 (estimate): the proper ~ of the expence 出費の正しい見積り. **2** (価値の)判断 (judgment), 見方, 意見 (opinion): *in* the ~ of the law 法律上の見方では / He comes first *in* my ~. 私の見る所では彼が一番だ. **3 a** 〘古〙尊重; 好評: stand high *in* public ~ 世評が高い / rise [fall] *in* the ~ of the public 世評が良く[悪く]なる / hold [be] *in* (high) ~ (大いに)尊重する[されている] / win a person's ~ 人の好評を博する. **b** 〘古〙重要性, 意義深さ. **4** 〘化学〙定量. **5** 〘統計〙(統計的)推定 (statistical estimation).

es·ti·ma·tive [éstəmèɪtɪv, -mət- | -tɪmət-, -mèɪt-] 〘《15C》〙 *adj.* **1** 評価できる. **2** 概算に基づいた, 概算の.

és·ti·mà·tor [-tə | -tə(r)] *n.* **1** 評価者, 見積り人. **2** 〘統計〙推定量.

e·stip·u·late [iːstípjʊlət, -lɪt, -lèɪt] *adj.* 〘植物〙＝exstipulate.

es·ti·val [éstəvəl, estáɪ- | iːstáɪ-] *adj.* ＝aestival.

es·ti·vate [éstəvèɪt | íːstɪ-] *vi.* ＝aestivate.
és·ti·và·tor [-tə | -tə(r)] *n.*

es·ti·va·tion [èstəvéɪʃən | ìːstɪ-] *n.* ＝aestivation.

es·toc [estɑ́k | -tɔ́k] 〘▭ (O)F ~ 《原義》point (of a sword) ← Gmc: cf. stock / MD *stoken* to sting〙 *n.* (13–17 世紀の)突き用の剣.

es·to·ca·da [èstəkɑ́ːdə; *Sp.* èstokáða] 〘▭ Sp. ~ ← OSp. *estoque* estoc: ⇨ -ade〙 ― *n.* エストカーダ《闘牛士が闘牛の最後の段階で牛を殺すために首から大動脈へ向けて剣で突くこと》.

es·toile [estɔ́ɪl, -twɑ́ːl] 〘▭ OF ~ (F *étoile*) ▭ L *stēlla* star: ⇨ stellar〙 ― *n.* 〘紋章〙(波形の 6 本の放射光のある)星形 (cf. mullet[2]).

estoile

es·to·lide [éstəlàɪd, -lɪd, -ləd | -làɪd, -lɪd] 〘← EST(ER)+-OLE[1]+-IDE[2]〙 *n.* 〘化学〙エストライド《ヒドロキシ脂

肪酸2分子から脱水でできる鎖式エステル》.

Es·to·ni·a [estóuniə, -njə | -táunjə, -nɪə] *n.* エストニア《バルト海に臨むソ連邦構成共和国の一つ; もと独立国家(1918–40); 人口 1,459,000, 面積 45,100 km², 首都 Tallinn; 公式名 the Estonian Soviet Socialist Republic エストニアソビエト社会主義共和国》.

Es·to·ni·an [estóuniən, -njən | -táunjən, -nɪən] 〖⇨ ↑, -an¹〗 ── *adj.* エストニアの, エストニア人[語]の. ── *n.* **1** エストニア人《エストニア・リボニア, その他ロシヤ各地に住むフィンランド民族》. **2** エストニア語《フィンゴール (Finno-Ugric) 語族の一つ》.

es·top [estáp, ɪs-, əs- | ɪstɔ́p, es-] 〖(*a*1420) □ AF *estoper* to stop up (F *étouper*) < VL **stuppāre* to close with tow ← L *stuppa* tow, oakum: cf. stop〗 ── *vt.* (**es·topped; es·top·ping**) **1 a** 〔…させないように〕妨げる (bar) 〔*from*〕: He was ~*ped from* saying contrary. 反対のことを言うことを妨げられた. **b** 〘法律〙禁反言 (estoppel) ではばむ. **2** 《古》〈穴などを〉ふさぐ, 詰める (plug).

es·top·page [estápɪdʒ, ɪs-, əs- | ɪstɔ́p-, es-] *n.* 〘法律〙禁反言 (estoppel) による阻止.

es·top·pel [estápəl, ɪs-, əs- | ɪstɔ́p-, es-] 〖(1531) □ ? OF *estoup(p)ail* stopper ← *estouper* 'to ESTOP'〗 ── *n.* 〘法律〙禁反言, エストッペル《自己のなした陳述や行為に反する事実を後になって主張することを禁止すること》.

Es·tour·nelles de Con·stant [èstuənél-də-kɔ̃:(n)stá:(ŋ), -kɔ(:)n-, -stɔ́:(ŋ), -stá:ŋ, -stɔ́(:)ŋ | -tuənél-də-kɔ̃:(n)-; *F.* ɛsturnɛldəkɔ̃stɑ̃], **Baron d'** [d] *n.* エストゥールネル ド コンスタン《1852–1924; フランスの外交官・政治家; Nobel 平和賞 (1909)》.

es·to·vers [estóuvəz, ɪs-, əs- | estáuvəz, ɪs-] 〖(*a*1500) (pl.) ← AF *estover* necessaries = OF *estoveir* to be necessary ← ? L *est opus* it is necessary: cf. opus〗 ── *n. pl.* 〘法律〙 **1** 必要物《借地人が燃料とし, または家・垣根などの修繕の目的で借地から伐採できる合理的な量の木材; また妻に対する別居手当 (alimony) など》. **2** 必要物取採権《特に, 同上の木材伐採権など》, 採木入会権.

estr- [estr | i:s-, es-] (母音の前に来る時の) estro- の異形.

es·trade [estrá:d] 〖(1696–1706) □ F ~ □ Sp. *estrado* < L *strātum* carpeted part of a room: ⇨ stratum〗 *n.* (部屋の一段高くなった)壇 (dais), 教壇.

es·tra·di·ol [èstrədáɪɔ(:)l, -dáɪoul | ì:strədáɪəl, ès-] 〖← ESTR(US) + DI-¹ + -OL¹〗 ── *n.* 〘生化学〙エストラジオール ($C_{18}H_{24}O_2$)《女性発情ホルモンの一種; 通例合成して作る薬剤は更年期障害の治療に用いる》.

es·tra·gon [éstrəgɑ̀n | -gɔ̀n] 〖□ F ~ 《変形》← OF *targon* □ Arab. *ṭarkhūn*: ⇨ tarragon〗 *n.* = tarragon.

es·tral [éstrəl] *adj.* = estrous.

éstral cýcle *n.* 〘動物〙= estrous cycle.

es·trange [ɪstréɪndʒ, əs-, es- | ɪs-, es-] 〖(1485) □ OF *estrang-ier* to remove (F *étranger*) < ML *extrāneāre* ← L *extrāneus* foreign: ⇨ ex-¹, strange〗 ── *vt.* **1** 〈人を〉(感情・愛情の面で)〔…から〕疎遠にさせる 〔*from*〕; (…の仲などを)離間する, 〔…と〕仲たがいさせる (alienate) 〔*from*〕: be [become] ~*d from* each other 互いに疎遠になる, 仲が悪くなる / His recent conduct has ~*d* many of his friends. 最近の彼の行動で多くの友人は彼を去った. **2** 〔いつもの環境などから〕遠ざける, 離れさせる 〔*from*〕: ~ oneself *from* city life [politics] 都会生活[政治]から遠ざかる[疎くなる]. **3** 〔本来の用途・所有主から〕そらせる 〔*from*〕. **es·tráng·er** *n.*

es·tránged *adj.* 疎遠になった, 仲たがいをした: an ~ heart 疎遠になった心.

es·tránge·ment *n.* 〔…との〕離間, 疎隔, 仲たがい 〔*from*〕: an ~ *between* father and son 父と息子との仲たがい.

es·tray [ɪstréɪ, əs-, es- | ɪs-, es-] 〖v.: (1535) □ OF *estrai-er* 'to STRAY'. ── n.: (1594) □ AF ~ ← OF *estraier*〗 ── *n.* **1** 〘法律〙(飼主の知れない状態で)さ迷っている家畜《もとは, 発見公示の後1年1日内に所有者の知れないとき, 国王または領主のものとなった》. **2** さ迷っているもの: an ~ *from* one's fellows 仲間を離れてさ迷っている人. ── *vi.* 《古》さ迷う (stray).

es·treat [ɪstrí:t, əs-, es- | ɪs-, es-] 〖(*a*1325) □ AF *estrete* = OF *estraite* (fem. p.p.) ← *estraire* < L *extrahere* 'to EXTRACT'〗 〘英法〙 ── *n.* (誓言・罰金・科料言渡しなどの裁判記録の)副本, 抄本. ── *vt.* **1** (執行のために)〈誓言・罰金・科料言渡しなど〉の裁判記録の副本[抄本]を取る. **2** 副本によって〈罰金などを〉徴集する; 〈罰金・科料を〉取り立てる.

Es·tre·ma·du·ra [èstrəmədú(ə)rə | -dúərə; *Sp.* èstrəmadúra] *n.* エストレマドゥーラ: **1** スペイン西部のポルトガル国境に接する地方. **2** ポルトガル西部の旧州; 首都 Lisbon.

Es·tril·di·nae [estrɪ́ldənì: | -dɪ-] 〖← NL ~〗 *n. pl.* 〘鳥類〙(スズメ目)カエデチョウ科.

es·tril·dine [éstrɪldàɪn, -dɪn, -dən | -dàɪn, -dɪn] 〖↑〗 *adj., n.* カエデチョウ科の(鳥).

es·trin [éstrɪn, -trən | í:strɪn, és-] 〖← NL ~: ⇨ estrus, -in¹〗 *n.* 〘生化学〙= estrone.

es·tri·ol [éstraɪɔ̀(:)l, -traɪòul | í:strɪɔ̀l, és-] 〖← ESTR(IN) + (TR)IOL (← TRI- + -OL¹)〗 ── *n.* 〘生化学〙エストリオール ($C_{18}H_{24}O_3$)《女性発情ホルモンの一種; 妊婦の尿からとる; theelol ともいう》.

es·tro- [éstro(u) | í:strə(u), és-] 〖← ESTRUS〗「発情 (estrus)」の意の名詞連結形: *estro*gen.

es·tro·gen [éstrədʒən, -dʒɪn, -dʒèn | í:strədʒɪn, és-, -dʒən, -dʒèn] 〖⇨ ↑, -gen〗 ── *n.* 〘生化学〙エストロゲン, 発情ホルモン物質《卵巣から分泌され, 女性の発情・二次性徴の発達を促すホルモンの総称; cf. androgen》.

es·tro·gen·ic [èstrədʒénɪk | ì:s-, ès-] 〖⇨ ↑, -ic¹〗 ── *adj.* 〘生化学〙 **1** 発情を促す, 発情性の, 性欲を刺激する. **2** エストロゲン (estrogen) の, エストロゲンによって起こる. **ès·tro·gén·i·cal·ly** *adv.*

es·tro·ge·nic·i·ty [èstrədʒɪnísəṭi, -dʒə- | ì:strədʒɪnísəti, ès-, -sɪ-] *n.* 〘生化学〙発情促進力.

Es·tron [éstrɑn | -trɔn] 〖← ESTER + -ON¹〗 *n.* 〘商標〙エストロン《イーストマン社のアセテート繊維およびその繊維で造った糸・織物の商品名》.

es·trone [éstroun | í:strəun, és-] 〖← ESTR(IN) + -ONE〗 ── *n.* 〘生化学〙エストロン ($C_{18}H_{22}O_2$)《女性発情ホルモンの一種; 妊娠した動物の尿からとる; theelin, folliculin ともいう》.

es·trous [éstrəs | í:s-, és-] 〖← NL ~: ⇨ estrus, -ous〗 *adj.* **1** 〘動物〙発情 (estrus) の, 発情期の (cf. polyestrous). **2** さかりのついた.

éstrous cýcle *n.* 〘動物〙発情周期.

es·tru·al [éstruəl | í:stru-, és-] 〖← ESTRUS + -AL¹〗 *adj.* = estrous.

es·trum [éstrəm | í:s-, és-] *n.* = estrus.

es·trus [éstrəs | í:s-, és-] 〖← NL ← L *oestrus* frenzy □ Gk *oîstros* ← IE **eis-* (L *ira* 'IRE')〗 *n.* **1** 〘動物〙発情 (cf. anestrus); 発情期 (cf. diestrus). **2** 〘動物〙= estrous cycle. **3** 激しい欲望, 激烈な衝動. **4** 刺激.

es·tu·ar·i·al [èstʃuέ(ə)riəl | -tjuέərɪəl] *adj.* = estuarine.

es·tu·a·rine [éstʃuəràɪn | -tjuə-] 〖⇨ ↓, -ine¹〗 ── *adj.* 河口 (estuary) の; 河口にできた; 河口に見出される; 〈船など〉河口向きの: ~ animals / ~ deposit 河口堆積物 / ~ craft 河口向きの船.

es·tu·ar·y [éstʃuèri, éʃ- | éstjuəri, -tʃuəri, -tjuri, -tʃuri] 〖(1538) □ L *aestuāri-um* tidal (mouth) ← *aestus* tide, surge: ⇨ -ary〗 ── *n.* **1** エスチュアリ, 三角江《Thames 川の河口のように, らっぱ形をして潮の干満のある河口》; (幅の広い)河口. **2** (河口にできた)江湾, 入江. **es·tu·ar·i·al** [èstʃuέ(ə)riəl, èʃ- | èstjuέəriəl, -tʃu-] *adj.*

esu, e.s.u., ESU 《略》electrostatic unit(s).

e·su·ri·ence [ɪsúriəns, əs- | ɪsjúəri-] 〖⇨ esurient, -ence〗 *n.* 空腹, 飢え; 貪欲.

e·su·ri·en·cy [ɪsúriənsi, əs- | ɪsjúəriənsi] *n.* = esurience.

e·su·ri·ent [ɪsúriənt, əs- | ɪsjúəri-] 〖(*a*1672) □ L *ēsurient-em* (pres.p.) ← *ēsurīre* to desire to eat ← *edere* 'to EAT¹'〗 ── *adj.* 《戯言・古》飢えている (hungry); (無一文で)貪欲な (greedy): ~ eyes 貪欲そうな目つき / Young men are ~ *for* intellectual argument. 若者は知的な議論に飢えている. **~·ly** *adv.*

ESV 《略》earth satellite vehicle 地球軌道衛星.

et [et] 〖□ L ~〗 *L. conj.* = and.

Et 《記号》〘化学〙ethyl.

E.T. 《略》eastern time; Easter Term; educational therapy; electric telegraph; electrical transcription; engineering time; English Text; English Translation; entertainment tax; Exchange Telegraph.

-et [ɪt, ət] 〖ME □ OF *-et* (masc.), *-ete* (fem.) (F *-et, -ette*): cf. It. *-etto, -etta*: ⇨ -let〗 ── *suf.* **1** 主にフランス語系の指小辞: bull*et*, fill*et*, isl*et*, sonn*et*. ただし hatch*et*, pack*et*, pock*et* などは「小」の意を失った. **2** 「(ある数の)集まり (group)」の意の名詞語尾: oct*et*, sest*et*.

-et- [et] 〖← ETHYL〗 〘化学〙「エチル基 (C_2H_5)」を表わす連結形: phen*et*idine.

e·ta [éɪṭə, í:ṭə | í:tə] 〖□ LL *ēta* □ Gk *êta* □ Heb. *ḥēth*: ヘブライ語アルファベットの第8字〗 *n.* エータ《ギリシャ語アルファベット 24字中の第7字: *H*, *η*; ⇨ alphabet 表》.

-eta *suf.* -etum の複数形.

ETA, E.T.A. 《略》estimated time of arrival.

e·ta·cism [éɪṭəsìzm | -tə-] 〖← ETA + (IOTA)CISM: cf. itacism〗 ── *n.* 〘ギリシャ文法〙母音字 *η* を [e:] または [ε:] と発音すること《D. Erasmus が主張した; cf. itacism 1》.

e·taer·i·o [etí(ə)riòu | etíərɪəu] 〖□ F *etairion* ← Gk *etaireia* association〗 ── *n.* (*pl.* ~**s**) 〘植物〙集合果《オランダイチゴのように多数の遊離心皮をもつ花からできる果実》.

é·ta·gère [èɪṭɑ:ʒέə | -ʒέə(r; *F.* etaʒε:r] 〖□ F ~ 'whatnot, set of shelves' ← *étage* shelf < OF *estage* 'STAGE'〗 ── *F. n.* (*pl.* ~**s** [~]) (骨董品などを展示するための)飾り棚.

étagère

et al. [et-ǽl, -ɔ́:l, -á:l] 《略》*L.* et alibī (= and elsewhere); *L.* et aliī (= and others).

e·ta·lon [éɪṭəlɑ̀n, éṭ-, -ṭḷ- | -təlɔ̀n, -tḷ-] 〖□ F *étalon* < OF *estelon* stake, standard ← *estal* place ← ? Gmc: cf. stall¹〗 ── *n.* 〘光学〙エタロン《小さい透過率をもつ2枚の平行平面反射鏡を向い合わせ, 多重光束干渉によって鋭い干渉縞を作る高分解能干渉計; 面の間隔が可変なものを Fabry-Perot interferometer という》.

e·ta·mine [éɪṭəmì:n, éṭ- | étə-] 〖□ F *étamine*: < 《廃》*estamine* < ML *stāminia* ← L *stāmineus* made of thread ← *stāmen* warp (cf. stamen)〗 ── *n.* エタミン《粗目の細糸平織の綿布または毛織物》.

éta párticle *n.* 〘物理〙エータ粒子《質量 548.8±0.6 MeV/c² の中性中間子; 記号 *η*》.

é·tape [eɪtǽp, -tá:p; *F.* etap] 〖□ F ~ < OF *estaple* □ MDu. *stapel* storehouse: cf. staple²〗 ── *n.* (*pl.* ~**s** [~z; *F.* ~]) 〘軍事〙 **1** 《古》(行軍中の部隊に支給される)糧食. **2** (一日の行軍終了後の)宿営地. **3** (一日の)行軍(行程).

é·tat [eɪtá:; *F.* eta] 〖□ F ~ □ L *status*: cf. state, estate〗 *F. n.* **1** 国家. **2** = estate: ⇨ tiers état.

é·tat·ism [eɪtá:tɪzm] 〖□ F *étatisme*: ⇨ ↑, -ism〗 *n.* (*also* **é·tat·isme** [eɪtɑ:tí:sm; *F.* etatism]) = state socialism. **e·tát·ist, é·tat·ist** [-tɪst, -ṭəst | -tɪst] *adj.*

état-ma·jor [eɪtá:-mæʒɔ̀ə | -ʒɔ́:(r; *F.* etamaʒɔr] 〖□ F ~ '《原義》MAJOR estate': ⇨ état〗 *F. n.* 〘軍事〙参謀(部), 幕僚(部) (staff).

etc., &c. [etsétərə, ɪt-, ət-, -trə | ɪtsét(ə)rə, et-, ət-] 「《略》et cetera.

et·cet·er·a [etsétərə, ɪt-, ət-, -trə | ɪtsét(ə)rə, et-, ət-] 〖《転用》↓〗 ── *n.* [*pl.*] その他種々の物[人] (odds and ends, sundries): these ~*s* これらさまざまの物 / 100,000 yen without ~*s* 10万円かっきり.

et cet·er·a [etsétərə, ɪt-, ət-, -trə | ɪtsét(ə)rə, et-, ət-] 〖OE □ L *et cētera* (or *caetera*) and the rest〗 その他, …など; 云々 (略 etc., &c.). ★(1) 一般には《略》の etc. を用いる. また etc. を重ねて使うのは《口語》: He bought tea, coffee, sugar, *etc.*(, etc.). (2) 手紙の結びなどの決まり文句 (例えば yours sincerely) を短縮するために用いることがある: I remain yours, *etc.*

etch [etʃ] 〖(1634) □ Du. *ets-en* □ G *ätzen* to eat into (with corrosives) < Gmc **atjan* (caus.) ← **etan* 'to EAT¹'〗 ── *vt.* **1** (酸類・腐食剤などで)〈銅板など〉に食刻する; 〈図柄などを〉食刻する: ~*ed* glass 食刻ガラス / ~ a design *on* a copper plate 銅板に図柄を食刻する. **2** 〈顔立ち・性格などを〉刻む, くっきり描く (delineate); …の輪郭を描く (outline): sharply ~*ed* features 輪郭のはっきりした目鼻立ち / She saw the crooked shape of a bough ~*ed on* the windowpane. 窓ガラスにくっきりと映った曲がった木の枝の影を見た. **3** 〔心・記憶に〕深く刻みつける[留める] 〔*in, into, on*〕: Her face was securely ~*ed upon* his memory. 彼女の顔は彼の記憶にしっかりと刻み込まれていた. **4** (浸食作用で)〈こまかな谷などを〉作り出す. ── *vi.* 食刻法を行なう, エッチングをする. ── *n.* **1** エッチ液《エッチング用腐食液》. **2** 食刻(法).

etch·ant [étʃənt] 〖⇨ ↑, -ant〗 *n.* 〘化学〙エッチング用試薬.

étch·er *n.* 食刻師, 腐食銅版製作者.

étch fìgure *n.* [通例 *pl.*] 〘鉱物〙食像《結晶を溶剤で腐食した時にできる小さい凹凸(おうとつ); その形と方向は結晶の性質を示す; etching figure ともいう》.

étch·ing *n.* **1** 腐食法, 腐食版術, 食刻術. **2** 腐食銅版による図[画], 腐食銅板刷り, エッチング. **3** 腐食銅版 (etched plate).

étching fìgure *n.* [通例 *pl.*] 〘鉱物〙= etch figure.

étching gròund *n.* 腐食銅版制作の際に版面に塗布する防食剤.

étching nèedle *n.* エッチング針, 食刻用彫刻針.

ETD, E.T.D. 《略》estimated time of departure.

E·te·o·cles [ɪtí:əklì:z] 〖□ L *Eteoclēs* □ Gk *Eteoklēs* 《原義》of true fame ← *eteós* true, real + *kléos* fame〗 ── *n.* 〘ギリシャ神話〙エテオクレス《Oedipus の息子; 父の亡命後弟の Polynices と交代で Thebes を治めることにしたが, 違約のため兄弟の間に争いが起こり, 互いに相手の剣に倒れた; ⇨ SEVEN against Thebes》.

Et·e·o·cre·tan [ì:ṭio(u)krí:tṇ, èṭ- | -tɪə(u)-] 〖← Gk *Eteókrētes* (← *eteós* (↑) + *Krēt-, Krēs* Cretan) + -AN¹〗 ── *n.* **1** クレタ島先住民. **2** 純正クレタ語《少量の碑文に残るギリシャ字と象形文字で書かれた未解読の言語》. ── *adj.* クレタ島先住民の.

e·ter·nal [ɪtə́:nḷ, ət-, i:t- | ɪtə́:-, ɪt-] 〖(*c*1380) □ OF ~, *eternel* (F *éternel*) □ LL *aeternālis* ← L *aeternus*: ⇨ eterne, -al¹〗 ── *adj.* **1** 永遠の, 永久の (↔ temporal): ~ death (霊魂の)永遠に救いのない死滅 / ~ life 永遠の生命 / ~ punishment 永久に免れることのない罰. **2** 〈真理・原理・法など〉永遠に変わらない, 不動の: ~ truth 永遠に変わらない真理 / the ~ feminine 永遠に女性的なるもの《女性の本質; Goethe, *Faust* 第二部の Ewig-Weibliche の訳》. **3** 《口語》(うんざりするほど)果てしのない, 絶え間のない, あいも変わらぬ: ~ bickerings のべつ幕なしの口げんか / ~ chatter 果てしのないおしゃべり. **4** 時を越えて存在する, 永遠不変の: the *Eternal* God 永遠不変の神. ── *adv.* 《廃》永遠に (eternally). ── *n.* **1** [the ~] 永遠なるもの. **2** [the E-] 神 (God). **~·ness** *n.*

Etérnal Cíty *n.* [the ~] 永遠の都市《Rome の異名》.

e·ter·nal·i·ty [ì:tə:nǽləṭi, ɪt-, ət- | ì:tə:nǽlɪti, ɪt-, -lɪ-] 〖(*a*1475): ⇨ eternal, -ity〗 *n.* 永遠性.

e·ter·nal·ize [ɪtə́:nəlàɪz, ət-, i:t-, -nḷ- | i:tə́:nəlàɪz, ɪt-, -nḷ-] *vt.* = eternize.

e·tér·nal·ly [-nəli, -nḷi | -nəli, -nḷi] 〖(*c*1386): ⇨ eternal, -ly¹〗 *adv.* **1** 永遠に, 永久に (everlastingly, forever); 不朽に. **2** 不断に, 絶えず: quarrel ~.

etérnal óbject *n.* 〘哲学〙 **1** イデア的実在. **2** 永遠的対象 (A. N. Whitehead の用語で, 変化する現実的実在に対して, 永続的な可能的実在としての対象).

etérnal recúrrence *n.* (ニーチェ哲学で)永劫回帰.

etérnal tríangle *n.* [the ~] (恋愛の)三角関係.

e·terne [ɪtə́:n, ət-, i:t- | i:tə́:n, ɪt-] 〖(*c*1385) □ OF ~ □ L *aeternus* ← *aevum* age〗 *adj.* 《古》= eternal.

e·ter·ni·ty [ɪtə́:nəṭi, ət-, i:t- | i:tə́:nəti, ɪt-, -nɪ-]

〖《c1380》▭(O)F *éternité* ▭ L *aeternitātem* ← *aeternus*(↑): ⇨-ity〗 ── *n.* **1 a** 永遠, 無窮 (infinite time): through(out) all ～ 永遠に, 未来永劫(ごう), とわに. **b** 無限の過去; 無限の未来: from [to] ～. **c** [the eternities] 幾時代 (ages): through *the eternities*. **2** 永遠の存在; 不朽, 不死, 不滅; (特に)不滅の名声. **3** (死後に始まる)永遠の未来, 来世: from here to ～ この世からあの世へ(至るまで) (cf. Kipling, *Gentlemen-Rankers*) / hover between this life and ～ この世とあの世との間[生死の境]をさ迷う. **4** [the eternities] 永遠[不滅]の真理[事実]. **5** 《口語》(際限なく思われる)非常に長い間: an ～ *of* regret 尽きぬ後悔 / A year, to Linda, seemed like an ～. リンダにとって一年は長くて待ち切れないような気がした. **6** 〖哲学〗 永遠(性), 無始無終の時程; 超時間性.

etérnity rìng *n.* 宝石を切れ目なくはめこんだ細い指輪《永遠を象徴する》.

e·ter·nize [ɪtə́ːnaɪz, ət-, iːt-, íːtənàɪz | iːtə́ːnaɪz, ɪt-] *vt.* **1** …に永遠性を与える, 永久に続かせる, 果てしなくする. **2** 不朽のものとする: ～ the name 名声を永遠に伝える. **e·ter·ni·za·tion** [ɪtə̀ːnɪzéɪʃən, ət-, iːt-, ìːtənɪ-, -nə- | iːtə̀ːnaɪ-, ɪt-, -nɪ-] *n.*

e·te·si·an [ɪtíːʒən, ət- | ɪtíːʒɪən, -ʒən] 〖《1601》 ← L *etēsius* (← Gk *etḗsios* 《原義》 annual ← *étos* year) + -AN[1]〗 ── *adj.* [しばしば E-] 〈地中海の風が〉毎年一定の季節に吹く: *Etesian* winds エテジア季節風《エーゲ海地方で毎年夏季およそ 40 日間吹く北西風》. ── *n.* [しばしば E-; 通例 *pl.*] エテジア季節風.

eth [éð] *n.* ＝edh.

eth. 《略》 ether; ethical; ethics.

Eth. 《略》 Ethiopia; Ethiopian; Ethiopic.

eth- [eθ] (母音の前に来る時の) etho- の異形.

-eth[1] [ɪθ, əθ] 〖OE *-aþ, -eþ*〗 *suf.* ＝-th[3].

-eth[2] [ɪθ, əθ] *suf.* ＝-th[1].

eth·a·crýn·ic ácid [èθəkrínɪk-] 〖*ethacrynic*: ← ETHO- + AC(ETIC) + (BUTY)RY(L) + (PHE)N(OL) + -IC[1]〗 *n.* 〖薬学〗 エタクリン酸《利尿剤》.

eth·al [éθæl, íːθ-] *n.* 〖化学〗 エタール (⇨ cetyl alcohol).

e·tham·bu·tol [eθǽmbjʊtɔ̀(ː)l, -tòʊl | -tɔ̀l] 〖← ETH(YLENE) + AM(INE) + BUT(AN)OL〗 *n.* 〖薬学〗 エタンビュトール《結核菌の発育を抑制する合成薬》.

e·tha·mi·van [eθǽməvæn | -mɪ-] 〖← (*di*)*eth*(*yl*) (⇨ di-[1], ethyl) + AMI(DE) + VAN(ILLIC *acid*)〗 *n.* 〖薬学〗 エタミバン ($C_{12}H_{17}NO_3$) 《興奮剤》.

E·than [íːθən] 〖▭ Heb. *Ēthān* 《原義》 strong, permanent〗 *n.* 男性名.

e·than·a·mide [ɪθǽnəmàɪd, əθ- | ɪθ-] 〖⇨ ↓, amide〗 *n.* 〖化学〗 酢酸アミド (⇨ acetamide).

eth·ane [éθeɪn] 〖← ETHO- + -ANE[2]〗 *n.* 〖化学〗 エタン (CH_3CH_3) 《メタン系炭化水素に属する気体で, 無色・無臭・可燃性のガス》.

eth·ane·thi·ol [èθeɪnθáɪɔ(ː)l, -oʊl | èθeɪnθáɪɔl] 〖⇨ ↑, thiol〗 *n.* 〖化学〗 エタンチオール (⇨ ethyl mercaptan).

Eth·a·nim [éθənɪm] 〖▭ Heb. *Ēthānīm*〗 *n.* エタニム《古代ユダヤ暦の 7 月; ユダヤ暦の Tishri に相当する; cf. *1 Kings* 8 : 2》.

eth·a·nol [éθənɔ̀(ː)l, -nòʊl | -nɔ̀l] 〖⇨ ethane, -ol[1]〗 *n.* 〖化学〗 エタノール (⇨ ethyl alcohol 1).

eth·a·nol·a·mine [èθənɔ̀(ː)ləmìːn, -nóʊl- | -nɔ́l-] 〖⇨ ↑, amine〗 ── *n.* 〖化学〗 エタノールアミン《3 種のアミノアルコール; 溶媒・乳化剤・洗剤・医薬品の原料となる》: **a** モノエタノールアミン (monoethanolamine). **b** ジエタノールアミン (diethanolamine). **c** トリエタノールアミン (triethanolamine).

eth·a·nol·y·sis [èθənáləsɪs, -səs | -nɔ́lɪsɪs, -lə-] 〖← NL ～: ⇨ ethanol -lysis〗 ── *n.* (*pl.* **-y·ses** [-sìːz]) 〖化学〗 エタノリシス《エチルアルコールを用いてエチルエステルのできる反応; cf. methanolysis》.

eth·chlor·vy·nol [eθklɔəvənɔ̀(ː)l, -klóə-, -nòʊl | -klɔ́ːvɪnɔl] 〖商標名〗 *n.* 〖薬学〗 エトクロルビノール (C_7H_9ClO) 《無色芳香性の液体; 催眠剤・鎮静剤》.

Eth·el [éθəl] 〖(dim.) ← ETHELDRED // ETHELIND〗 *n.* 女性名.

Eth·el·bert[1] [éθəlbəːt | -bəːt] 〖OE *Æðelberht, Æðelbryht* ← *æðel* noble (cf. Ethelind) + *bryht* 'BRIGHT'〗 *n.* 男性名.

Ethelbert[2] *n.* (552–616) 英国 Anglo-Saxon 時代の Kent 王; 妻 Bertha と Augustine に導かれてキリスト教に帰依し (597), 布教活動を助けた.

Eth·el·dred [éθəldrèd] 〖OE *Æðelðrȳð* ← *æðel* noble + *ðrȳð* strength〗 *n.* 女性名.

Eth·el·dre·da [èθəldríːdə], Saint *n.* (630?–79) 英国の女子修道院長《Saint Audrey とも呼ばれる; cf. tawdry》.

Eth·e·lind [éθəlɪnd] 〖▭ OHG *Adellindis* ← *edili* noble + *lind* serpent: cf. OE *æðel* / G *edel* noble (⇨ atheling, edelweiss)〗 *n.* 女性名.

Eth·el·red [éθəlrèd] 〖OE *Æðelrǣd* ← *æðel* noble + *rǣd* counsel (⇨ rede)〗 *n.* 男性名.

Ethelred II *n.* (968?–1016) 英国王 (978–1016); デーン人の侵入に苦しめられ, 一時は Normandy に亡命した; 異名 the Unready.

eth·ene [éθiːn] 〖← ETHO- + -ENE〗 *n.* 〖化学〗 ＝ethylene. ★ 系統命名法によるものであるが, ethylene の方が用いられる.

e·ther [íːθə | -θə(r)] 〖《a1398》 ▭ L *aethēr* ▭ Gk *aithḗr* the upper or purer air, sky ← *aithein* to burn ← IE **ai-dh-* to burn (L *aedēs* (god's) dwelling, 《原義》 hearth): 化学用語としてはその発見者 A. S. Frobenius が 1780 年に命名〗 ── *n.* **1** 〖化学〗 **a** 《廃》 エーテル《一般に ROR′ の構造を有する有機化合物の総称》. **b** エーテル ($(C_2H_5)_2O$) 《無色で刺激臭のある引火性の液体; 溶剤, 麻酔剤; diethyl ether, ethyl ether, ethyl oxide ともいう》: under ～ 麻酔をかけられて. **2** [the ～] 〖物理〗 エーテル《光・熱・電磁波の輻射現象の仮想的媒体》. **3** [the ～] (古代人が想像した)天空にみなぎる精気, 霊気. **4** [the ～] 《詩》 (雲の上の)澄明な天空. **5** [the ～] 《口語》 ラジオ.

e·the·re·al [ɪθí(ə)riəl, əθ-, eθ- | iːθíərɪ-, ɪθ-] 〖《1513》 ← L *aethereus, aetherius* (▭ Gk *aithérios* ← *aithḗr* (↑)) + -AL[1]〗 ── *adj.* **1** 大気[空気]のような; (空気のように)極めて軽い, 希薄な. **2** 微妙な, 霊妙な: ～ beauty [purity] 天使のような美しさ[清らかさ]. **3** 《詩》 天(上)の: an ～ messenger 天の使い. **4** 大空の, 天空の: the ～ air 大空の空気. **5** 〖物理〗 エーテルの; エーテル性の. **6** 〖化学〗 エーテルの, エーテル類似の, エーテル性の. **～·ly** *adv.* **～·ness** *n.*

e·the·re·al·i·ty [ɪθì(ə)riǽləṭi, əθ-, eθ- | iːθìərɪǽlətɪ, ɪθ-, -lɪ-] *n.* エーテルのような性質; 霊妙な性質, 霊性, 霊妙なもの.

e·the·re·al·ize [ɪθí(ə)riəlàɪz, əθ-, eθ- | iːθíərɪ-, ɪθ-] 〖《1829》 ← ETHEREAL + -IZE〗 ── *vt.* 霊気化する, 霊性化する (spiritualize); 霊妙にする; エーテルに変える. **e·the·re·al·i·za·tion** [ɪθì(ə)riəlɪzéɪʃən, əθ-, eθ-, -lə- | iːθìərɪəlaɪ-, ɪθ-, -lɪ-] *n.*

ethéreal óil *n.* 〖化学〗 ＝essential oil.

ethéreal tíncture *n.* 〖薬学〗 エーテル チンキ《主薬をエーテルとアルコールの混合液に溶解して製する》.

Eth·er·ege [éθərɪdʒ], Sir George *n.* (1635?–91) 英国の喜劇作家; *The Man of Mode* (1676).

éther éxtract *n.* 〖化学〗 エーテル抽出分.

e·the·ri·al [ɪθí(ə)riəl, əθ-, eθ- | iːθíərɪ-, ɪθ-] *adj.* ＝ethereal.

e·the·ri·al·ize [ɪθí(ə)riəlàɪz, əθ-, eθ- | iːθíərɪ-, ɪθ-] *vt.* ＝etherealize.

e·ther·ic [ɪθérɪk, əθ-, eθ-, iːθər- | iːθér-, ɪθ-] *adj.* 〖化学〗 エーテルの, エーテルによる.

e·ther·i·fi·ca·tion [ɪθèrəfɪkéɪʃən, əθ-, iːθ-, -fə- | iːθèrɪfɪ-, ɪθ-] 〖⇨ ↓, -fication〗 *n.* 〖化学〗 (アルコールの)エーテル化.

e·ther·i·fy [ɪθérəfàɪ, əθ-, iːθ-, íːθə- | iːθérɪ-, ɪθ-] 〖← ETHER + -FY〗 *vt.* 〖化学〗 〈アルコールを〉エーテル化する.

é·ther·ish [-θərɪʃ] *adj.* エーテルのような.

e·ther·i·za·tion [iːθərɪzéɪʃən, -rə- | -raɪ-, -rɪ-] *n.* 〖医学〗 エーテル麻酔(法).

e·ther·ize [íːθəràɪz] *vt.* **1** 〖医学〗 …にエーテル麻酔をかける[施す]. **2** (エーテル麻酔をかけたように)麻痺させる.

éther·ìz·er *n.* エーテル麻酔装置.

éther·like *adj.* ＝etherish.

eth·ic [éθɪk] 〖adj.: 《c1443》 ▭ (O)F *éthique* // L *ēthicus* ▭ Gk *ēthikós* of morals, moral ← *ēthos* custom, (pl.) manners. ── n.: 《c1386》 *etik* ▭ (O)F *éthique* ▭ LL *ēthica* (*scientia*) ethical (science) // L *ēthicē* ▭ Gk (*hē*) *ēthikḗ* (*tékhnē*) (the) moral (art)〗 ── *adj.* ＝ethical. ── *n.* 倫理, 人倫, 道徳; 価値体系: the Christian ～ キリスト教道徳 / a materialistic ～ 唯物的価値体系.

eth·i·cal [éθɪkəl, éθə- | éθɪ-] 〖《1607》: ⇨ ↑, -al[1]〗 ── *adj.* **1** 倫理(学)的な, 倫理学上の, 道徳の, 道徳的な (moral), (行為の)善悪に関する (cf. aesthetic): ～ emotion 道徳感情 / ～ culture 倫理教育 / an ～ movement 倫理化運動 / the ～ basis of education 教育の倫理学的根拠 / the ～ standard 道徳基準 / ～ literature 倫理学の文献. **2** (ある社会・職業の道徳標準に照らして)正しい (right), 職業道徳的な, 徳義的な: Physicians consider it ～ not to advertise. 医師は広告をしないことを道義的だと考える. **3** 〈薬品が〉処方箋なしには販売しない. ── *n.* 処方箋なしには販売しない薬品. **～·ly** *adv.* **～·ness** *n.*

Éthical Cúlture *n.* 倫理運動《米国の教育家 Felix Adler が 1876 年に始めた運動; 宗教とは別に倫理的目的の実現を人間の最大事とする》.

éthical dátive *n.* 〖文法〗 心性的与格《話者の関心を表わす me, または聞き手の関心を引くための you を虚辞的に動詞に添えて, 叙述に生気を与える用法; 例えば, I say, knock *me* at this gate. おい, この戸をたたいてくれってば》.

éthical génitive *n.* 〖文法〗 心性的属格《話者の軽侮の気持ちを示す your をいう; 例えば, So he is one of *your* wise men. するとあいつがいわゆる賢い人ってわけか》.

eth·i·cal·i·ty [èθɪkǽləṭi | èθɪkǽlətɪ, -lɪ-] *n.* 倫理性.

éthical níhilism *n.* 〖哲学〗 ＝nihilism 1.

éthical rélativism *n.* 〖倫理〗 倫理的相対論[主義]《ある社会[個人]の道徳的規範は, その特定の社会[個人]の状況により相対的に決まるとする説》.

eth·i·cian [eθíʃən] 〖⇨ ethics, -ian〗 *n.* 倫理学者, 道徳論者, 道学者.

eth·i·cist [éθəsɪst, -səst | éθɪsɪst] *n.* ＝ethician.

eth·i·cize [éθəsàɪz | éθɪ-] *vt.* 倫理的(な問題)にする, 倫理学的に考察する[取り扱う].

eth·i·co- [éθɪko(ʊ), éθə- | éθɪkə(ʊ)] 〖← NL ～ ← L *ēthicus*: ⇨ ethic〗 ──「倫理学 (ethics); 倫理的かつ (ethical and)」の意の連結形: *ethico*centered, *ethico*-political.

eth·ics [éθɪks] 〖《a1425》 ▭ (O)F *éthiques* // ML *ēthica* (pl.) ← Gk (*ta*) *ēthiká*: ⇨ -ics〗 ── *n.* **1 a** 倫理学; 道徳論: practical ～ 実践倫理学. **b** 倫理学書. **2** [通例複数扱い] (個人・社会・職業の)道徳(原理), 徳義, 倫理: business ～ 商業道徳 / social [political] ～ 社会[政治]道徳 / journalistic ～ 新聞道徳. **3** [単数扱い] (学科目としての)倫理, 修身.

e·thin·a·mate [ɪθínəmèɪt, eθ-] 〖商標名〗 *n.* 〖薬学〗 エチナメート ($H{\equiv}C_9H_{13}NO_2$) 《催眠剤》.

eth·ine [éθaɪn, ─́─] *n.* 〖化学〗 ＝ethyne.

e·thi·nyl [eθáɪnl] *n.* 〖化学〗 ＝ethynyl.

eth·i·on [éθiàn | éθiɔ̀n] 〖← E(THER) + -*thion* (← Gk *theîon* brimstone)〗 *n.* 〖化学〗 エチオン ($C_9H_{22}O_4P_2S_4$) 《殺虫剤》.

eth·i·on·am·ide [èθiánəmàɪd | èθiɔ́n-] 〖⇨ ↑, amide〗 *n.* 〖薬学〗 エチオナマイド ($C_8H_{10}N_2S$) 《結核治療剤》.

e·thi·o·nine [eθáɪəniːn, -nɪn, -nən | -niːn, -nɪn] 〖⇨ -ine[3]〗 *n.* 〖化学〗 エチオニン ($C_2H_5S(CH_2)_2CH(NH_2)COOH$) 《アミノ酸の一種; 天然には存在しない》.

E·thi·op [íːθiàp | íːθiɔ̀p] 〖《c1250》 ▭ L *Aethiops* ▭ Gk *Aithíops* 《原義》 burnt face ← *aíthein* to burn (⇨ ether) + *ṓps* face〗 ── *n.* (*also* **E·thi·ope** [-òʊp | -əʊp]) ＝Ethiopian. ── *adj.* 《古》 肌の黒い.

E·thi·o·pi·a [ìːθióʊpiə | ìːθiə́ʊpjə, -pɪə] 〖▭ L *Aethiopia* ▭ Gk *Aithiopía*: ⇨ ↑, -ia[1]〗 ── *n.* エチオピア: **1** アフリカ東部の社会主義共和国 (cf. Abyssinia); 人口 28,930,000, 面積 1,221,900 km², 首都 Addis Ababa. **2** 古代のエジプトと紅海とに境するアフリカ北東部の地方.

E·thi·o·pi·an [ìːθióʊpiən | ìːθiə́ʊpjən, -pɪən] 〖n.: 《c1250》 *Ethiopien* ▭ OF. ── adj.: 《1578》: ⇨ ↑, -an[1]〗 ── *adj.* **1** エチオピアの. **2** エチオピア人[族]の: the ～ race エチオピア族《黒人種》. **3** 《古》 (俗に)黒人の (Negro). **4** 〖動物地理〗 エチオピア区の《マダガスカル, アラビア半島南部およびアフリカ北回帰線以南を含む地理的区分にいう》. ── *n.* **1** エチオピア人. **2** (アフリカの Negro および Negrito 族を含む)エチオピア族の人. **3** 《古》 (俗に)黒人 (Negro).

Ethiópian Chúrch *n.* [the ～] 〖キリスト教〗 エチオピア教会《4 世紀前半, Frumentius [fruːménʃiəs | -ʃɪ-] と Edesius [iːdíːʃiəs | -sɪəs, -sjəs] とによって設立されたといわれる; 教理的には Monophysitism; Abyssinian Church ともいう》.

E·thi·op·ic [ìːθiápɪk, -θióʊp- | ìːθiɔ́p-, -θiə́ʊp-] 〖《1659》 ▭ L *Aethiopic-us* ▭ Gk *Aithiopikós*: ⇨ Ethiopia, -ic[1]〗 ── *adj.* **1** 古代エチオピア語の. **2** エチオピア語群の. **3** 〖動物地理〗 ＝Ethiopian 4. ── *n.* **1** 古代エチオピア語《今もエチオピアのキリスト教会の儀式文に用いられる; Geez ともいう》. **2** (セム語族に属する)エチオピア語群.

eth·mo- [éθmo(ʊ) | -mə(ʊ)] 〖← Gk *ēthmós* sieve〗「篩骨(しこつ)の; 篩骨と…との」の意の連結形: *ethmo*turbinal.

eth·moid [éθmɔɪd] 〖▭ F *ethmoïde* ▭ Gk *ēthmoeidḗs* sievelike: ⇨ ↑, -oid〗 〖解剖〗 *adj.* 篩骨(しこつ)の: the ～ bone 篩骨. ── *n.* 篩骨.

eth·moi·dal [eθmɔ́ɪdl] *adj.* 〖解剖〗 ＝ethmoid.

eth·narch [éθnɑək | -nɑːk] 〖▭ Gk *ethnárkh-ēs*: ⇨ ethno-, -arch[1]〗 *n.* (古代ローマで, 民族・部族・国家などの)支配者.

eth·nar·chy [éθnɑəki | -nɑːkɪ] 〖▭ Gk *ethnarkhía*: ⇨ ↑, -archy〗 *n.* ethnarch の職[統治, 統治権, 統治領].

eth·nic [éθnɪk] 〖《adj.: c1470; n.: ?a1425》 ▭ LL *ethnic-us* ▭ Gk *ethnikós* national, heathen ← *éthnos* nation, 《原義》 people of one's own kind〗 ── *adj.* **1** (特に, 共通の言語・文化をもつ集団としての)民族[人種, 種族]的な: ～ hatred 人種的な憎悪 / ～ psychology 民族心理学 (ethnopsychology) / the racial and ～ backgrounds of Americans アメリカ人の人種的民族的背景 / ～ minorities (ある社会の)少数民族集団 / ⇨ ethnic group. **2** (未開民族の文化に関して)民族に伝わる, 民族的な: ～ music 民族音楽. **3** 《古》 (ユダヤ教徒またはキリスト教徒から見て)異邦人の, 異教徒の. ── *n.* **1** 民族[種族]の一員《特にその民族の言語・文化・習俗の特徴を保持している者についていう》. **2** 人種的[文化的, 国家的]少数派: Jews are ～*s*. **3** [*pl.*; 通例単数扱い] ＝ethnology. **4** 《廃》 異邦人, 異教徒.

éth·ni·cal [-nɪkəl, -nə- | -nɪ-] *adj.* **1** 民族的な, 人種的な, 種族的な. **2** 民族学的な. **～·ly** *adv.*

éthnic gróup *n.* 〖文化人類学〗 民族, 種族《「人種」に対立する語で, 後天的に形成された文化的特徴によって人間の集団を分類した時の単位集団; ethnos ともいう; cf. demos 3》.

eth·nic·i·ty [eθnísəṭi | -sətɪ, -sɪ-] *n.* 民族性.

eth·ni·con [éθnɪkàn, -nə- | -nɪkɔ̀n] 〖▭ Gk *ethnikón* (neut.) ← *ethnikós* national: ⇨ ethnic〗 ── *n.* 種族[種族的集団, 民族, 国民]の名称《Hopi, Ethiopian, Phoenician など》.

eth·no- [éθno(ʊ) | -nə(ʊ)] 〖▭ F ～ ▭ LGk ～ ← Gk *éthnos* race, nation: ⇨ ethnic〗「民族 (nation), 人種 (race)」の意の連結形.

èthno·biólogy 〖⇨ ↑, biology〗 *n.* 民族生物学《各民族固有の生活・風習に関連ある生物を研究する学問》. **èthno·biológical** *adj.*

èthno·bótany 〖← ETHNO- + BOTANY〗 ── *n.* **1** ある民族の植物に関する伝承. **2** 民族植物学《各民族の植物に関する知識を研究する学問》. **èthno·botánical** *adj.* **èthno·bótanist** *n.*

eth·no·cen·trism [èθno(ʊ)séntrɪzm | -nə(ʊ)-] 〖← ETHNO- + CENTRO- + -ISM〗 ── *n.* 〖社会学〗 **1** 自民族中心主義, 中華思想《自民族が他民族より優れている

との信念). **2** 他民族やその文化を自己の文化を基準に判断する傾向. **eth·no·cen·tric** [èθno(ʊ)séntrɪk | -nə(ʊ)-] *adj.* **èth·no·cén·tri·cal·ly** *adv.* **èth·no·cen·tríc·i·ty** [-sentrísəṭi | -sətɪ, -sɪ-] *n.*

ethnog. 《略》ethnographical; ethnography.

eth·nog·e·ny [eθnádʒəni | eθnɔ́dʒɪni] 〘⊏F *ethnogénie*: ⇨ ethno-, -geny〙 *n.* 〘人類学〙民族起源論.

eth·nog·ra·pher [eθnágrəfɚ | -nɔ́grəfə(r] *n.* 民族誌学者.

eth·no·graph·ic [èθnəgrǽfɪk | -nə(ʊ)-] *adj.* 民族誌学上の. **èth·no·gráph·i·cal·ly** *adv.*

èth·no·gráph·i·cal [-fɪkəl, -fə- | -fɪ-] *adj.* ＝ethnographic.

eth·nog·ra·phy [eθnágrəfi | -nɔ́grəfɪ] 〘《1834》⊏F *ethnographie*: ⇨ ethno-, -graphy〙 *n.* 民族誌(学).

èthno·hístory *n.* 民族歴史学《民族・文化の歴史を研究する》. **èthno·históriсal** *adj.* **èthno·histórian** *n.*

ethnol. 《略》ethnological; ethnologist; ethnology.

éthno-làw *n.* 〘文化人類学〙民族法.

èthno·linguístics *n.* 民族言語学《言語と文化のかかわりを研究する; anthropological linguistics ともいう》. **èthno·linguístic** *adj.*

eth·no·log·ic [èθnəládʒɪk | -nə(ʊ)lɔ́dʒ-] *adj.* 民族[人種]学的な, 民族[人種]学上の: the ~ frontier 民族学的辺境. **èth·no·lóg·i·cal·ly** *adv.* 「logic.

èth·no·lóg·i·cal [-dʒɪkəl, -dʒə- | -dʒɪ-] *adj.* ＝ethno-

eth·nól·o·gist [-dʒɪst, -dʒəst | -dʒɪst] *n.* 民族学者, 人種学者.

eth·nol·o·gy [eθnáləd͡ʒi | -nɔ́lədʒɪ] 〘《1842》← ETHNO- ＋-LOGY〙 *n.* 民族学《文化人類学の一部門; 文化人類学の同義語としても使う》.

èthno·methodólogy *n.* 〘社会学〙民族社会学的方法論.

èthno·musicólogy *n.* 民族音楽学. **èthno·musicológical** *adj.* **èthno·musicólogist** *n.*

èthno·mycólogy *n.* 民族菌類学. **èthno·mycológical** *adj.* **èthno·mycólogist** *n.*

èthno-polítical *adj.* 民族政策的な.

èthno·psychíatry *n.* 民族精神医学.

èthno·psychólogy *n.* 民族心理学(folk psychology, ethnic psychology).

eth·nos [éθnɑs | -nɔs] 〘⊏Gk *éthnos* race: ⇨ ethnic〙 *n.* 〘文化人類学〙＝ethnic group.

èthno·scíence *n.* 民族科学, 民族誌学.

èthno·semántics *n.* 民族意味論.

eth·o- [éθo(ʊ) | éθə(ʊ)] 〘← ETHYL〙 〘化学〙「エチル」の意の連結形. ★ 母音の前では通例 eth- になる.

et hoc [id] ge·nus om·ne [et-hák [ɪd]-dʒíːnəs-ámni | -hɔ́k [ɪd]-dʒíːnəs-ɔ́mnɪ] 〘⊏L ~ 'and all [this] kind (of thing)'〙 — *L.* その他これに類するもの, その他などなど.

e·thol·o·gy [iːθáləd͡ʒi, eθ- | iːθɔ́lədʒɪ, ɪθ-] 〘⊏L *ēthologia* depicting of character ⊏Gk *ēthologia*: ⇨↓, -logy〙 — *n.* **1** 人性学, 品性論. **2** 〘社会学〙民習研究, 民族精神研究. **3** 〘動物〙動物行動学, 比較行動学, エソロジー. **eth·o·log·i·cal** [iːθəládʒɪkəl, èθ-, -dʒə- | iːθə(ʊ)lɔ́dʒɪ-, ɪθ-] *adj.* **e·thól·o·gist** [-dʒɪst] *n.*

e·thos [íːθɑs | íːθɔs] 〘《1851》← NL ~ ← Gk *ēthos* character, custom: ⇨ ethic〙 — *n.* **1** (社会・集団・個人などの)性格, 気質 (character, disposition). **2 a** 〘倫理・社会学〙エートス《倫理的規範となる社会的な心的態度; cf. mythos 2》. **b** 〘文化人類学〙エートス《各文化に独自な慣習の統合態》. **3** 〘芸術・哲学〙エートス, 道徳的気品[風]《作品に内在して高い道徳的感銘を起こさせる普遍性のある道徳的・理性的特質》.

eth·o·sux·i·mide [èθo(ʊ)sáksəmàɪd | èθə(ʊ)sáksɪ-] 〘← ETHO- ＋ -*suximide* (《変形》← *succinimide* ← L *succinum* amber＋IMIDE)〙 — *n.* 〘薬学〙エトスクシミド ($C_7H_{11}NO_2$)《小発作・癲癇(てんかん)治療剤》.

eth·ox·ide [eθáksaɪd, -sɪd, -səd | eθɔ́ksaɪd] 〘⇨↓, -ide[2]〙 *n.* 〘化学〙エトオキシド (ethylate).

eth·ox·y [eθáksi | eθɔ́ksɪ] 〘⇨↓, -y[4]〙 *adj.* エトキシル (ethoxyl) の[を含む].

eth·ox·yl [eθáksɪl, -sət | eθɔ́ksɪl] 〘← ETHO- ＋OX(YGEN) ＋-YL〙 *n.* 〘化学〙エトキシル《C_2H_5O- で表わされる 1 価の基》.

Eth$ 《記号》〘貨幣〙Ethiopian dollar(s).

eth·yl [éθəl, éθɪl | éθɪl] 〘← ETH(ER)＋-YL〙 *n.* **1** 〘化学〙エチル《C_2H_5 で表わされる 1 価の基》. **2** アンチノック剤の四エチル鉛. ★ 英国の化学者たちは [íːθaɪl] と発音する.

éthyl ácetate *n.* 〘化学〙酢酸エチル ($CH_3COOC_2H_5$)《無色・揮発性で芳香のある液体エステル; 主に溶剤として使用》.

éthyl acetoácetate *n.* 〘化学〙アセト酢酸エチル ($CH_3COCH_2COOC_2H_5$)《無色の液体; acetoacetic ester ともいう》. 「butyne a).

éthyl·acétylene *n.* 〘化学〙エチルアセチレン (⇨

éthyl álcohol *n.* **1** 〘化学〙エチルアルコール (C_2H_5OH)《普通のアルコール; 単に alcohol, または ethanol ともいう》. **2** 《米俗》ウイスキー.

éthyl aminobénzoate *n.* 〘薬学〙アミノ安息香酸エチル (⇨ benzocaine).

eth·yl·ate [éθəlèɪt | éθɪ-] 〘化学〙 *vt.* エチル化する《化合物にエチル基を入れる》. — *n.* エチラート, エチレート《エチルアルコールの金属誘導体》.

eth·yl·a·tion [èθəléɪʃən | èθɪ-] *n.* 〘化学〙エチル化.

èthyl·bénzene *n.* 〘化学〙エチルベンゼン ($C_6H_5C_2H_5$)《通例ベンゼンとエチレンから合成される; スチレンの合成原料》.

éthyl brómide *n.* 〘化学〙臭化エチル (C_2H_5Br).

éthyl bútyrate *n.* 〘化学〙酪酸エチル ($C_3H_7CO_2C_2H_5$)《パイナップルの香りのする無色の液体; エッセンス・香水原料》.

éthyl cáproate *n.* 〘化学〙カプロン酸エチル ($CH_3(CH_2)_4COOC_2H_5$)《果実エッセンス製造に使用》.

éthyl cárbamate *n.* 〘化学〙カルバミン酸エチル (⇨ urethane 1).

éthyl céllulose *n.* 〘化学〙エチルセルロース《セルロースを部分的にエチル化したもの; フィルムラッカー・プラスチック原料》.

éthyl chlóride *n.* 〘化学〙塩化エチル (C_2H_5Cl)《無色揮発性の気体または液体; テトラエチール鉛・エチルセルロースなどの製造原料, 麻酔剤; chloroethane ともいう》.

eth·yl·di·chlo·ro·ar·sine [èθəldaɪklɔ̀ːroʊɑ́ɚsiːn, -klɔ̀ːr- | èθɪldaɪklɔ̀ːrəʊɑ́ː-] 〘⇨ di-[1], chloro-, arsine〙 — *n.* 〘化学〙エチルジクロロアルシン ($C_2H_5AsCl_2$)《無色揮発性の有毒な液体》.

eth·yl·e·na·tion [èθələnéɪʃən | èθɪlɪ-] 〘⇨↓, -ation〙 *n.* 〘化学〙エチレン化《化合物にエチレン基を入れること》.

eth·yl·ene [éθəliːn | éθɪ-, éθə-] 〘← ETHYL ＋ -ENE〙 〘化学〙 — *n.* エチレン ($CH_2=CH_2$)《エチレン系炭化水素の一つ; ethene ともいう》. — *adj.* エチレンの; エチレン基 (ethylene group) を含む: ~ gas エチレンガス. **eth·yl·e·nic** [èθəlíːnɪk, -lén- | èθɪ-] *adj.* **èth·yl·é·ni·cal·ly** *adv.*

éthylene brómide *n.* 〘化学〙＝ethylene dibromide.

éthylene chlóride *n.* 〘化学〙＝ethylene dichloride.

éthylene chlorohýdrin *n.* 〘化学〙エチレンクロロヒドリン ($ClCH_2CH_2OH$)《無色毒性の液体; 有機物の合成原料, 溶剤》.

éthylene cyanohýdrin *n.* 〘化学〙エチレンシアノヒドリン ($CNCH_2CH_2OH$)《淡黄色毒性の液体; アクリロニトリルの合成原料》.

èthylene·díamine *n.* 〘薬学〙エチレンジアミン ($NH_2CH_2CH_2NH_2$)《無毒の合成有機アミン; 溶解補助剤として薬物に添加する》.

éthylene dibrómide *n.* 〘化学〙二臭化エチレン ($BrCH_2CH_2Br$)《無色毒性の液体; テトラエチール鉛に加えるアンチノック剤の成分, 溶剤; ethylene bromide ともいう》.

éthylene dichlóride *n.* 〘化学〙二塩化エチレン ($ClCH_2CH_2Cl$)《無色の重い毒性の液体; 有機合成の原料, 溶剤; ethylene chloride ともいう》.

éthylene glýcol *n.* 〘化学〙エチレングリコール ($HOCH_2CH_2OH$)《不凍剤; 単に glycol ともいう》.

éthylene gròup *n.* 〘化学〙エチレン基《-CH_2CH_2- なる一般式を有する 2 価の基》.

éthylene óxide *n.* 〘化学〙酸化エチレン, エチレンオキシド (C_2H_4O)《種々の有機化合物の合成に用いる, 特に洗剤など》.

éthylene rádical *n.* 〘化学〙＝ethylene group.

éthylene sèries *n.* [the ~] 〘化学〙エチレン列《>C=C< を 1 個含む炭化水素系列》.

éthyl éther *n.* 〘化学〙エチルエーテル (⇨ ether 1 b).

éthyl gròup *n.* 〘化学〙エチル基《エタンから導かれる CH_3CH_2- 基》.

e·thyl·ic [eθílɪk] *adj.* 〘化学〙エチルの: ~ alcohol ＝ethyl alcohol.

éthyl íodide *n.* 〘化学〙ヨウ化エチル (C_2H_5I)《無色の液体; 有機物の合成に用いる》.

éthyl láctate *n.* 〘化学〙乳酸エチル ($CH_3CH(OH)COOC_2H_5$)《無色の液体; 溶剤》.

éthyl málonate *n.* 〘化学〙マロン酸エチル ($CH_2(CO_2C_2H_5)_2$)《無色の液体; 芳香があり, 染料・香料などの有機合成中間体として用いる; diethyl malonate ともいう》.

éthyl mercáptan *n.* 〘化学〙エチルメルカプタン (C_2H_5SH)《悪臭のある無色揮発性液体; ethanethiol, thioethyl alcohol ともいう》.

éthyl nítrate *n.* 〘化学〙硝酸エチル ($C_2H_5ONO_2$)《無色爆発性の液体; 有機物の合成に用いる》.

éthyl nítrite *n.* 〘化学〙亜硝酸エチル (C_2H_5ONO)《黄色の揮発性液体; 有機合成用》.

éthyl nítrite spírit *n.* 〘薬学〙亜硝酸エチル酒精剤 ($C_2N_5NO_2$)《発汗・利尿剤として用いた; spirit of nitrous ether, sweet spirit(s) of nitre ともいう》.

éthyl oe·nán·thate [-iːnǽnθeɪt] *n.* 〘化学〙エナント酸エチル (⇨ enanthic ester).

éthyl óxide *n.* 〘化学〙酸化エチル (⇨ ether 1 b).

éthyl súlfide *n.* 〘化学〙硫化エチル ($(C_2H_5)_2S$)《悪臭のある無色の液体; 溶剤》.

eth·yne [éθaɪn, —´—] 〘← ETH(YL)＋-YNE〙 *n.* 〘化学〙エチン (⇨ acetylene).

e·thy·nyl [eθáɪnl] 〘⇨↑, -yl〙 *n.* 〘化学〙エチニル《アセチレンから誘導される不飽和の置換基 HC≡C-》.

e·thy·nyl·a·tion [eθàɪnəléɪʃən, -nḷ- | -nɪl-, -nḷ-] *n.* 〘化学〙エチニル化《HC≡C- を導入すること》.

ethýnyl gròup [ràdical] *n.* 〘化学〙エチニル基《HC≡C- なる一般式を有する 1 価の基》.

et·ic [éṭɪk | étɪk] 〘《1954》← (PHON)ETIC: K.L. Pike の造語〙 *adj.* 〘言語〙エティックな《音声の研究ひいては人間行為の全般にわたって物理的・即物的観点からする研究についていう; ↔ emic》.

-et·ic [éṭɪk | étɪk] 〘⊏L -*ēticus* ⊏Gk -*ētikós* ← -*ēt*- (名詞語幹形成要素)＋-*ikós* '-IC[1]'〙 — *suf.* 「…の, …のような」の意の形容詞語尾 (cf. -ic[1]): eid*etic*, path*etic*. ★ -esis に終る名詞に対応する形容詞を造ることが多い: gen*etic* (← genesis).

É·tienne [eɪtjén; *F.* etjɛn] 〘⇨ Estienne〙 *n.* 男性名.

e·ti·o- [íːṭio(ʊ), ét- | -tɪə(ʊ)] 〘⊏ML *aetio-* ⊏Gk *aitio-*, *aitía* cause, origin〙「原因(cause)」の意の連結形: *etio*logic.

e·ti·o·late [íːṭiəlèɪt | -tɪə(ʊ)-] 〘《1791》← F *étiol-er* to blanch, 《原義》to make or become like straw (← *éteule* a stalk < OF *esteule* < VL *stupil(m)*＝L *stipula*) ＋-ATE[3]〙 — *vt.* **1** (日光をさえぎって)〈植物を〉黄色く[白く]する, 〈セロリなどを〉軟白する. **2** 〈人や皮膚などを〉白く病的にする. **3** …から活力をなくさせる, 弱くする. — *vi.* 〈植物などが〉(日光の不足で)黄色く[白く]なる, 白化する.

é·ti·o·làt·ed [-ṭɪd, -ṭəd | -tɪd, -təd] *adj.* **1** 黄色(または白)くなった: ~ vegetables 軟白野菜. **2** 活力のない: ~ poetry.

e·ti·o·la·tion [iːṭiəléɪʃən | -tɪə(ʊ)-] 〘《1799》〙 — *n.* **1** 〘植物〙黄化(現象), 白化(現象)《植物に日光が当たらないために起こる; cf. chlorosis 2》. **2** (皮膚などの)青白くなること. **3** 活力を失うこと; 頽廃 (decadence).

e·ti·o·lóg·ic [iːṭiəládʒɪk | -tɪəlɔ́dʒ-] 〘⊏Gk *aitiologikós*: ⇨ etiology, -ic[1]〙 *adj.* 因果関係学の; 原因[理由]を明らかにする: an ~ myth 原因論的な神話. **è·ti·o·lóg·i·cal·ly** *adv.*

è·ti·o·lóg·i·cal [-dʒɪkəl, -dʒə- | -dʒɪ-] *adj.* ＝etiologic.

e·ti·ol·o·gy [iːṭiálədʒi | -tɪɔ́lədʒɪ] 〘《a1555》⊏ML *aetiologia* ⊏Gk *aitiología* ← *aitía* cause: ⇨ -logy〙 *n.* **1** 原因を明らかにすること, 理由づけ. **2** 因果関係学, 原因論《特に, アリストテレスの四原因の研究をいう; cf. cause 6 b》. **3** 〘医学〙病因; 病因学, 病因論: the ~ of rheumatism リューマチの病因. **è·ti·ól·o·gist** [-dʒɪst, -dʒəst | -dʒɪst] *n.*

et·i·quette [éṭɪkɪt, éṭə-, -kət, -kèt | étɪkèt, -kət, ètɪkét] 〘《1750》⊏F *étiquette* < OF *estiquette* label, ticket, etiquette ← *estiqu(i)er* to attach ⊏MDu. *steken* to stitch, stick ← Gmc **stek-*: cf. stick[1], ticket〙 — *n.* **1** 礼式, 礼法, 礼儀作法, エチケット: a breach of ~ 無作法 / diplomatic ~ 外交上の儀礼 / It is not ~ to do so. そうするのは礼儀にそむく. **2** 儀式, 典礼: court ~ 宮中礼式. **3** (同業者仲間の)礼儀, 慣例, 仁義: medical [legal] ~ 医師[法官]仲間の礼儀.

et·na [étnə] 〘《1832》《転用》(↓)〙 *n.* (昔の)アルコール湯わかし器.

Et·na [étnə; *It.* étna], **Mount** 〘⊏Phoenician *Attūnā* 《原義》furnace〙 *n.* エトナ山《Sicily 島東部の活火山 (3,263 m)》.

ETO [íːtoʊ | -təʊ] 《略》European Theater of Operations 欧州作戦地域.

é·toile [eɪtwɑ́ːl; *F.* etwal] 〘⊏F ~ < OF *esteile* < VL **stēlam*＝L *stella* star〙 *F. n.* **1** 星; 星形のもの. **2** ＝prima ballerina.

E·ton [íːtṇ] 〘OE *Ēatūn* 《原義》town on the Thames ← *ēa* river＋*tūn* 'TOWN'〙 — *n.* **1** イングランド Berkshire 州東部, London の西 35 km にある Thames 川左岸の都市; Eton College がある; 人口 4,000. **2** ＝Eton College. **3** [*pl.*] イートン校の制服: go into ~*s* イートン校の制服を着る, イートン校に入学する. — *adj.* イートン校の制服に似た.

Éton blúe *n.* 淡青色《イートン校の校色》.

Éton bóy *n.* イートン校生徒. 「用帽子》.

Éton cáp *n.* イートンキャップ《まびさしの短い少年

Éton clóthes *n. pl.* イートン校制服.

Éton cóat *n.* ＝Eton jacket.

Éton cóllar *n.* イートンカラー《のりのきいた幅広の白カラーで上着のえりの上に掛ける》.

Éton Cóllege *n.* イートン校《イングランド Eton にある有名なパブリックスクール; 1440 年 Henry 六世が創立; cf. Harrow School》.

Éton cróp *n.* (婦人頭髪の)イートン校生徒式刈上げ断髪.

Éton fíves *n. pl.* [単数扱い] 〘球技〙三面の壁で囲まれたコートで行なう fives.

E·to·ni·an [iːtóʊniən | iːtə́ʊnjən, ɪt-, -nɪən] *adj.* イートン校の. — *n.* イートン校生徒[卒業生]: old ~*s* イートン校出身者[校友].

Éton jácket *n.* **1** イートンジャケット《イートン校制服の黒の丈の短い上着; おとなの燕尾(えんび)服に似ているが尾がない》. **2** (同上に似た)婦人の短い上着.

Eton jacket 1

é·tri·er [eɪtriéɪ | -trɪ-; *F.* etrie] 〘⊏F ~ 'stirrup'〙 *n.* 〘登山〙(登山用の)なわばしご.

E·tru·ri·a [ɪtrʊ́(ə)riə, ət- | ɪtrʊ́ərɪə] 〘⊏L *Etrūria* ⊏Gk *Etrouria* 《原義》? the town-builders: cf. Tuscany〙 — *n.* エトルリア《昔, イタリアの中西部にあった国家; Arno 川と Tiber 川との間の地域で今の Tuscany と Umbria の北部を含む; 相当高度の文明をもっていた》. 「can.

E·tru·ri·an [ɪtrʊ́(ə)riən, ət- | ɪtrʊ́ərɪ-] *adj., n.* ＝Etrus-

E·trus·can [ɪtrʌ́skən, ət- | ɪt-] 〘← L *Etrusc(us)* 'of ETRURIA'＋-AN[1]〙 — *adj.* エトルリア (Etruria) の, エ

トルリア人[語]の: the ~ art エトルリアの芸術. — *n.* **1** 古代エトルリア人. **2** エトルリア語《死語》.

Etrúscan wàre *n.* エトルリア焼き《古代エトルリア陶器と古代青銅器をまねて，光沢のない顔料をかけて作ったバサルト焼き (basaltes) の一種; Josiah Wedgwood が製作, 1770 年に特許を取った; encaustic ware ともいう》.

E·trus·col·o·gy [ìːtrʌskálədʒi | -kɔ́lədʒi] 〖← ETRUSC(AN)＋-LOGY〗 — *n.* エトルリア学《古代エトルリアの言語・文化遺跡の研究》. **È·trus·cól·o·gist** [-dʒɪst, -dʒəst | -dʒɪst] *n.*

ETS 《略》《米》Educational Testing Service 教育テストサービス《1947 年設置; 各種のテストや測定の実施と調査研究を行なう機関; 大学入学者の適性テスト SAT はその代表的なもの》.

et seq. 《略》et sequens; et sequentes; et sequentia.

et seqq. 《略》et sequentes; et sequentia.

et se·quens [et-séikwens, -síːkwenz, -kwənz] 〖⊏L *et sequēns* and the following〗 *L.* およびその次(の語・行・ページなど)参照 (略 et seq., et sq.).

et se·quen·tes [et-sɪkwéntiːz, -sə-, -sekwénteɪs | -sɪkwéntiːz] 〖⊏L *et sequentēs* (pl.): ⇨↑, sequentes〗 — *L.* およびその次 (の数語・数行・数ページなど) 参照 (略 et seqq., et sqq.).

et se·quen·ti·a [et-sekwénʃiə, -ʃiə, -ʃə, -tiə] 〖⊏L ~ (neut. pl.): ⇨↑, sequentia〗 *L.* ＝et sequentes.

et sq. 《略》et sequens; et sequentes; et sequentia.

et sqq. 《略》et sequentes; et sequentia.

Et·ta [étə | étə] 〖(dim.) ← HENRIETTA〗 *n.* 女性名.

-ette [ét] 〖ME ⊏ OF *-ete* (F *-ette*) (fem.): ⇨ -et〗 — *suf.* **1** 名詞に付ける指小辞: cigar*ette*, statu*ette*, kitchen*ette*. ただし etiqu*ette* などは「小」の意を失った. **2** 女性を表わす名詞語尾: coqu*ette*, suffrag*ette*. **3**「まがい, 代用品 (sham)」の意の名詞を造る: leather*ette*. **4** ＝-et 2.

Et·tie [éti | éti] 〖(dim.) ← ESTHER〗 *n.* 女性名.

E.T.U. 《略》Electrical Trades Union.

é·tude [éɪt(j)uːd, ‒‒ | eɪtjúːd, ‒‒; *F.* etyd] 〖⊏F ~ < OF *estudie* 'STUDY'〗 — *n.* (*pl.* ~**s** [~z; *F.* ~]) **1** (絵画・彫刻などの)習作, エチュード. **2**〖音楽〗練習曲, エチュード.

e·tui [eɪtwíː, et-, étwiː | etwíː] 〖(1611) ⊏F *étui* ← OF *estui* prison ← *estuier* to shut up < LL *studiāre* to care for ← L *studium* 'STUDY'〗 — *n.* (針・はさみ・めがね・化粧品などを入れる)手箱, 小箱.

-e·tum [íːtəm | -təm] 〖⊏L *-ētum*〗 *suf.* (*pl.* **-e·ta** [-tə | -tə], ~**s**)「(ある植物の)庭園, 森」の意の名詞を造る: ros*etum*, pin*etum*, querc*etum*.

ETV 《略》educational television.

e·twee [eɪtwíː, et-, étwiː | etwíː] *n.* ＝etui.

etym. 《略》etymological; etymology.

etyma *n.* etymon の複数形.

etymol. 《略》etymological; etymology.

et·y·mo·log·ic [èṭəmәládʒɪk | ètɪmәlɔ́dʒ-] 〖⊏L *etymologic-us* ⊏ Gk *etumologikós*: ⇨ etymology, -ic¹〗 *adj.* ＝etymological.

et·y·mo·log·i·cal [èṭəmәládʒɪkəl, -dʒə- | ètɪmәlɔ́dʒɪ-] 〖(1592) ← L *etymologicus* (↑)＋-AL¹〗 *adj.* 語源的な, 語源(学)上の: an ~ dictionary 語源辞典. **~·ly** *adv.*

et·y·mo·log·i·con [èṭəmәládʒɪkàn, -dʒə-, -kən | ètɪmәlɔ́dʒɪkɔ̀n, -kən] 〖← NL ~ ← Gk *etumologikón* (neut.) ← *etumologikós* 'ETYMOLOGIC'〗 *n.* 語源辞典.

èt·y·mól·o·gist [-dʒɪst, -dʒəst | -dʒɪst] 〖(1635) ← ETYMOLOG(Y)＋-IST〗 *n.* 語源学者, 語源研究家.

et·y·mol·o·gize [èṭəmálədʒàɪz | ètɪmɔ́l-] 〖(*c*1530): ⇨↓, -ize〗 — *vt.* ...の語源を尋ねる, ...の語源をあげる[示す]. — *vi.* **1** 語源学を研究する. **2** 語源をあげる[示す].

et·y·mol·o·gy [èṭəmálədʒi | ètɪmɔ́lədʒi] 〖(16C) ⊏ ML *etymologia* ⊏ Gk *etumologíā* ← *étumon* ∞ (*a*1398) *ethimologie* ⊏ OF (*F étymologie*): ⇨↓, -logy〗 — *n.* **1** 語源研究; 語源学. **2** (語の)起源, 出所; 語源. **3**〖文法〗品詞論《19 世紀まで行なわれた旧式の呼称》.

et·y·mon [éṭəmàn | étɪmɔ̀n] 〖(1570–76) ⊏L ~ ⊏ Gk *étumon* what is true, the original sense, form, or element of a word (neut.) ← *étumos* real, true〗 — *n.* (*pl.* ~**s**, **et·y·ma** [-mə]) 〖言語〗(派生語・外来語のもとである)語の原形, 語根 (etymological base).

Eu 《記号》〖化学〗europium.

E.U. 《略》〖キリスト教〗Evangelical Union 福音主義連盟.

eu- [juː, ju] 〖ME ⊏ L & Gk *eu-* ← Gk *eû* well (neut.) ← *eús* good, noble < IE **esu-s* ← **es-* 'to BE¹'〗 —「良, 好, 善, 真, 正常」などの意を表わす連結形 (↔ dys-): *eu*logy, *eu*pepsia, *eu*phemism.

eubacteria *n.* eubacterium の複数形.

Eu·bac·te·ri·a·les [jùːbæktɪ̀(ə)riéɪliːz | -tɪərɪ-] 〖← NL ~: ⇨ eu-, bacterio-, -ales〗 *n. pl.* 〖細菌〗真正細菌目.

èu·bactérium 〖⇨ eu-, bacterium〗 *n.* (*pl.* **-ri·a** [-riə | -rɪə]) 〖細菌〗真正細菌《真正細菌目の細菌の総称》.

Eu·boe·a [juːbíːə | juːbíə, jub-, -bíːə] 〖⊏L ~ ⊏ Gk *Eúboia*〗 — *n.* エビア(島), エウボイア(島)《エーゲ海西部にあるギリシャ最大の島; 現代ギリシャ語名 Évvoia, 英語名 Negropont》. **Eu·bóe·an** [-bíːən | -bíən, -bíːən] *adj., n.* **Eu·bo·ic** [juːbóuɪk | juːbə́u-, ju-] *adj.*

eu·caine [juːkéɪn, ‒‒] 〖← EU-＋(CO)CAINE〗 *n.* 〖化学〗オイカイン ($C_{15}H_{21}NO_2$)《もと局部麻酔剤として使用; beta-eucaine ともいう》.

eu·ca·lypt [júːkəlɪpt] 〖← NL *Eucalypt-us*: ⇨ eucalyptus〗 *n.* 〖植物〗＝eucalyptus. **eu·ca·lyp·tic** [jùːkəlíptɪk] *adj.*

eu·ca·lyp·tene hydrochlóride [jùːkəlíptiːn-] 〖*eucalyptene*: ← EUCALYPTUS＋-ENE〗 *n.* 〖薬学〗塩酸ユーカリプテン ($C_{10}H_{16}·2HCl$)《腸内殺菌剤》.

eucalypti *n.* eucalyptus の複数形.

eu·ca·lyp·tol [jùːkəlíptɔ(ː)l, -toʊl | -tɔl] 〖⇨↓, -ol²〗 *n.* (*also* **eu·ca·lyp·tole** [-toʊl | -təʊl]) 〖化学〗オイカリプトール ($C_{10}H_{18}O$) (⇨ cineole).

eu·ca·lyp·tus [jùːkəlíptəs] 〖(1809) ← NL ~《原義》well-covered ← EU-＋Gk *kaluptós* covered: 開花前の花の形にちなむ〗 — *n.* (*pl.* **-lyp·ti** [-taɪ, -tiː], ~**·es**) 〖植物〗ユーカリ《オーストラリア産フトモモ科ユーカリ属 (*Eucalyptus*) の芳香のある常緑樹の総称; ギンマルバユーカリ (*E. cinerea*), ユーカリノキ (*E. globulus*) など多数の種がある; cf. blue gum》.

eucalyptus (*Eucalyptus* sp.)

eucalýptus òil *n.* ユーカリ油《ユーカリの葉を水蒸気蒸留 (steam distillation) して得られる無色または淡黄色の液体; 石鹸の香料などに用いる》.

Eu·ca·ri·da [jùːkəráɪdə] 〖← NL ~ ← EU-＋*-carida* (← L *carid-, caris* a kind of sea crab)〗 *n. pl.* 〖動物〗ホンエビ上目《オキアミ目・十脚目を含む》.

èu·cárpic 〖← EU-＋-CARPIC〗 *adj.* 〖植物〗分実性の (cf. holocarpic).

eu·car·y·ote [juːkǽriòʊt, -ət | -riəʊt] 〖← EU-＋*caryote* cell nucleus (← Gk *káruon* nut)〗 — *n.* 〖生物〗真核生物, 真核細胞 (cf. procaryote). **eu·car·y·ot·ic** [juːkæ̀riáṭɪk | -riɔ́t-] *adj.*

Eu·ces·to·da [jùːsəstóʊdə | -táʊ-] 〖← NL ~: ⇨ eu-, Cestoda〗 *n. pl.* 〖動物〗真正条虫亜綱.

eu·cha·ris [júːk(ə)rɪs, -rəs | -kərɪs] 〖(1866) ← NL ~ ← Gk *eúkharis* gracious, pleasing ← EU-＋*kháris* grace〗 — *n.* 〖植物〗ユーカリス, アマゾンユリ《南米産ヒガンバナ科アマゾンユリ属 (*Eucharis*) の草本で, 白色鐘状の花が咲く; Amazon lily ともいう》.

Eu·cha·rist [júːk(ə)rɪst, -rəst | -kərɪst] 〖(?*c*1350) *eukarist* ⊏ OF *eucariste* (F *eucharistie*) ⊏ LL *eucharistia* ⊏ Gk *eukharistíā* gratitude, thanksgiving ← *eukháristos* grateful ← EU-＋*kharízesthai* to show favor (← *kháris* (↑))〗 — *n.* **1** [the ~]〖キリスト教〗聖餐式. **2** [the ~] 聖餐,〖カトリック〗聖体, 聖体拝領[拝受], 陪餐《Holy Communion ともいう》: give [receive] *the* ~ 聖体[聖餐]を授ける[受ける, 拝領する]. **3** 聖体[聖餐]用のパンとぶどう酒; (特に)パン. **4** [e-] 感謝 (thanksgiving), 感謝の祈り. **5**〖クリスチャンサイエンス〗神との霊的交渉.

eu·cha·ris·tic [jùːkərístɪk] 〖(1664): ⇨↑, -ic¹〗 *adj.* **1** 聖餐の. **2** 感謝の. **èu·cha·rís·ti·cal·ly** *adv.*

èu·cha·rís·ti·cal [-tɪkəl, -tə- | -tɪ-] *adj.* 《古》＝eucharistic.

Éucharìstic Cóngress *n.* 聖体大会《カトリック教徒が聖体崇敬のため隔年開催する世界大会》.

èu·chlórin 〖← EU-＋CHLORIN〗 *n.* 〖化学〗ユークロリン ($(K, Na)_8Cu_9(SO_4)_{10}(OH)_6$)《Vesuvius 火山の噴気孔中に産する鉱物》.

eu·cho·lo·gi·on [jùːkəlóʊdʒiàn | -lə́ʊdʒiɔ̀n] 〖(1651) ⊏ Gk *eukhológion* ← *eukhḗ* prayer＋*-log-* (← *légein* to say: ⇨ -logy)〗 — *n.* (*pl.* **-gi·a** [-dʒiə | -dʒɪə]) 〖東方正教会〗聖餐式次第書, 祈禱書.

eu·chol·o·gy [juːkálədʒi | -kɔ́lədʒi] 〖↑〗 *n.* ＝euchologion.

eu·chre [júːkə | -kə(r)] 〖(1841) ← ?: cf. G *Juchs* joke〗 — *n.* **1**〖トランプ〗ユーカー《通例 4 人が 2 組に分かれ, 6 から 2 までを除く 32 枚のカードのうち, それぞれ 5 枚を手札にして獲得したトリック数を競うゲーム; 切札を決定した側は少なくとも 3 組取らないと勝てない》. **2** (ユーカーで)負かす[負ける]こと. — *vt.* **1** (ユーカーで相手に 3 組取らせないで)負かす. **2** 出し抜く; 〈人〉から〔...を〕だまし取る (cheat)〔*out of*〕: He was ~*d out of* his savings. 貯金をだまし取られた.

èu·chrómatin 〖⊏ G *Euchromatin*: ⇨ eu-, chromatin〗 — *n.* 〖生物〗真正染色質《遺伝子をもつ部分で, 染色性は異質染色質 (heterochromatin) より弱い》. **èu·chromátic** *adj.*

èu·chrómosome 〖← EU-＋CHROMOSOME〗 *n.* 〖生物〗＝autosome.

Eu·cil·i·a·ta [juːsìliéɪṭə | -lɪéɪtə] 〖← NL ~: ⇨ eu-, Ciliata〗 — *n. pl.* 〖動物〗真繊毛虫亜綱《繊毛虫綱 (Ciliata) の一亜綱で, 終生繊毛をもち, 大核と小核をもつ; cf. Protociliata》.

eu·cil·i·ate [juːsíliət, -lieɪt | -lɪət, -lieɪt] 〖⇨ eu-, ciliate〗 *n., adj.* 〖動物〗真繊毛虫亜綱に属する原生動物(の).

Eu·cir·ri·pe·di·a [juːsɪrəpíːdiə | -rɪpíːdjə, -diə] 〖← NL ~ ← EU-＋*Cirripedia* (← CIRRI-＋*-pedia* footed ones): ⇨ -ped〗 *n. pl.* 〖動物〗真蔓脚目《フジツボ・エボシガイ類で, 現在の分類体系では完胸目 (Thoracica)》.

Euck·en [ɔ́ɪkən; *G.* ɔ́ykən], **Rudolf Christoph** *n.* オイケン《1846–1926; ドイツの哲学者; Nobel 文学賞 (1908)》.

Eucl. 《略》Euclid.

eu·clase [júːkleɪs, -kleɪz | -kleɪs] 〖⊏F ~ ← EU-＋Gk *klásis* a breaking (← *kláein* to break): そのもろさから〗 — *n.* 〖鉱物〗ユークレース ($BeAlSiO_4(OH)$)《緑色または青色の割れやすい鉱物; 特に, 宝玉として用いる》.

Eu·clid¹ [júːklɪd, -kləd | -klɪd] 〖⊏ Gk *Eukleídēs* ← *eukleḗs* renowned ← EU-＋*kléos* fame〗 *n.* 男性名.

Eu·clid² [júːklɪd, -kləd | -klɪd] *n.* **1** エウクレイデース, ユークリッド《紀元前 300 年ごろに Alexandria に住んだギリシャの数学者, ユークリッド幾何学の組織者;「幾何学の父」と呼ばれる; *Elements*「(幾何学)原論」》. **2** ユークリッド幾何学; (俗に)幾何学 (geometry).

Eu·clid·e·an, e- [juklídiən, juː- | juːklídjən, juk-, -diən] 〖(1660): ⇨ Euclid², -ean〗 *adj.* ユークリッドの, ユークリッド的な.

Euclídean álgorithm, e- a- *n.* 〖数学〗ユークリッドの互除法《ユークリッドの原論 (Elements) にのっている最大公約数を求める方法》.

Euclídean domáin, e- d- *n.* 〖数学〗ユークリッドの整域《単位元をもち, かつ一般化された絶対値の概念が定義されている整域》.

Euclídean geómetry, e- g- *n.* ユークリッド幾何学.

Euclídean gróup, e- g- *n.* 〖数学〗運動群, 合同変換群《ユークリッド空間の平行移動, 回転および裏がえしから成る群》.

Euclídean spáce, e- s- *n.* 〖数学〗ユークリッド空間《ユークリッド幾何学の公理をみたす空間, およびそれの n 次元への一般化》.

Eu·clid·i·an, e- [juklídiən, juː- | juːklídɪən, juk-, -djən] *adj.* ＝Euclidean.

Euclíd's álgorithm, e- a- *n.* 〖数学〗＝Euclidean algorithm.

eu·crite [júːkraɪt] 〖⊏ G *Eukrit* ⊏ Gk *eúkritos* readily chosen ← EU-＋*kritós* separated ((p.p.) ← *krínein* to separate)〗 — *n.* 〖岩石〗ユークライト《塩基性斜長石と普通輝石を主とする斑糲(はんれい)岩の一種, それと似た組成の石質隕石の一種》. **eu·crit·ic** [juːkrítɪk | -tɪk] *adj.*

eu·cryp·tite [juːkríptaɪt] 〖← EU-＋CRYPTO-＋-ITE¹〗 *n.* 〖鉱物〗ユークリプタイト ($LiAlSiO_4$)《無色または白色の六方晶系の鉱物》.

eu·dae·mon [juːdíːmən, ju-] 〖⊏ Gk *eudaímōn* fortunate, happy: ⇨ eu-, daemon〗 *n.* 善魔, 善霊 (cf. cacodemon).

eu·dae·mo·ni·a [jùːdiːmóʊniə | -mə́ʊnɪə, -njə] 〖⊏ Gk *eudaimoniā* ← *eudaímōn*: ⇨↑, -ia¹〗 — *n.* **1** 幸福, 福利. **2** (アリストテレス哲学の)エウダイモニア《理性の活動に基づく最高善としての幸福》.

eu·dae·mon·ic [jùːdiːmánɪk | -mɔ́n-] *adj.* **1** 幸福の, 幸福をもたらす. **2** 幸福論[説] (eudemonics) の.

eu·dae·mon·ics [jùːdiːmánɪks | -mɔ́n-] 〖⇨ -ics〗 *n.* **1** 幸福論 (science of happiness). **2** 幸福主義の実践.

eu·dae·mon·ism [juːdíːmənɪzm, ju-] 〖(1827) ⊏ Gk *eudaimonism-ós*: ⇨ eudaemon, -ism〗 — *n.* 幸福主義《行為の究極目的基準を幸福におく倫理(学)説; アリストテレスはその代表者》. **eu·dae·mon·is·tic** [juːdìːmənístɪk, ju-] *adj.* **eu·dàe·mon·ís·ti·cal·ly** *adv.*

eu·dáe·mon·ist [-nɪst -nəst | -nɪst] 〖(1818) ← Gk *eudaímōn*＋-IST: ⇨ eudaemon〗 *n.* 幸福主義信奉者, 幸福主義者.

eu·dai·mo·nism [juːdáɪmənɪzm, ju-] *n.* ＝eudaemonism.

eu·de·mon [juːdíːmən, ju-] *n.* ＝eudaemon.

eu·di·om·e·ter [jùːdiámәṭə | jùːdɪɔ́mɪtə(r), -mə-] 〖(1777) ← Gk *eúdios* clear (sky) (← EU-＋*Diós* god of the sky)＋-METER¹〗 — *n.* 〖化学〗ユーディオメーター, 水電量計《気体の成分, 特に空気中の酸素の量を測定する器具》.

eu·di·om·e·try [jùːdiámətri | -dɪɔ́mɪtri, -mə-] 〖⇨↑, -metry〗 — *n.* 〖化学〗(eudiometer による)電気量測定[分析]. **eu·di·o·met·ric** [jùːdiəmétrɪk | -dɪə-] *adj.* **èu·di·o·mét·ri·cal** [-rɪkəl, -rə- | -rɪ-] *adj.* **èu·di·o·mét·ri·cal·ly** *adv.*

Eu·dist [júːdɪst, -dəst | -dɪst] 〖⊏F *eudiste* ← *Jean Eudes* (1601–1680: フランスの司祭): ⇨ -ist〗 — *n.* 〖カトリック〗ユード会会員《フランスで 1643 年に設立された, 主に教育と伝道を目的とするイエズスマリア会 (The Congregation of Jesus and Mary) の会員》.

Eu·do·ci·a [juːdóʊʃiə, juː- -siə | -dóʊʃiə, -sjə, -sɪə] 〖← Gk *eudoxía* good repute〗 *n.* 女性名《愛称形 Docie, Doxie》.

Eu·do·ra [juːdɔ́ːrə, -dóːrə | juːdɔ́ːrə, ju-] 〖⊏L *Eudōra* ⊏ Gk *Eudṓrā*《原義》generous (fem.) ← *eúdōros* ← EU-＋*dōron* gift〗 *n.* 女性名《愛称形 Dora》.

Eu·ech·i·noi·de·a [juːèkənɔ́ɪdiə | -dɪə] 〖← NL ~: ⇨ eu-, echinoidea〗 *n. pl.* 〖動物〗(棘皮動物門ウニ綱)真ウニ亜綱.

eu·fla·vine [juːfléɪvɪn, -flǽv-, -vən, -viːn | -viːn, -vɪn] *n.* 〖薬学〗ユーフラビン (⇨ acriflavine).

Eug. 《略》Eugene.

Eu·gen [júːdʒen, -dʒɪn, -dʒen, ɔ́ɪgən; *G.* ɔygéːn, ‒‒] 〖⊏G ~: ↓〗 *n.* 男性名.

Eu·gene [juːdʒíːn, ‒‒ | juːʒéɪn, júːdʒiːn, juːdʒíːn] 〖⊏F *Eugène* ⊏ L *Eugenius* ⊏ Gk *Eugénios* ← *eugenḗs* well-born: ⇨ eugenic〗 — *n.* 男性名《愛称形 Gene》. ★米国およびアイルランドに多い.

Eu·gène [juːdʒíːn, -dʒéɪn; *F.* øʒɛn, y-] 〖↑〗 *n.* 男性名.

Eu·gène [juːdʒíːn, -dʒéɪn; *F.* øʒɛn, y-], **Prince** *n.* ウジェーヌ《1663–1736; フランス生れのオーストリアの将軍・戦略家; 本名 François Eugène de Savoie-Carignan [savwakariɲɑ̃]》.

Eu·ge·nia [ju:dʒí:njə, -niə | ju:dʒí:njə, judʒ-, -nɪə] 〖□ L ～ □ Gk *Eugenia*《原義》nobility of birth: ⇨ Eugene, -ia[1]〗 ── *n.* 女性名《愛称形 Gene, Genie; 異形 Eugénie》.

eu·gen·ic [ju:dʒénɪk, jʊ-] 〖《1883》← Gk *eugenḗs* well-born (← EU- + *génos* race (⇨ -gen)) + -IC[1]〗 ── *adj.* **1** 優生学的な, 人種改良上の (↔ dysgenic). **2** すぐれた性質を受けついだ. **eu·gén·i·cal·ly** *adv.*

eu·gén·i·cal [-nɪkəl, -nə- | -nɪ-] *adj.* ＝eugenic.

eu·gén·i·cist [-nəsɪst, -səst | -nɪsɪst] *n.* **1** 優生学者. **2** 人種改良論者.

eu·gen·ics [ju:dʒénɪks, jʊ-] 〖⇨ eugenic, -ics〗 *n.* **1** 優生学, 人種改良学 (cf. dysgenics). **2** 人種改良法.

Eu·gé·nie [jú:dʒəni:, ju:dʒéɪni:, -dʒí:- | ju:ʒéɪni, ju:ʒí:ni, -dʒí:-; *F.* øʒeni] 〖□ F ～: ⇨ Eugenia〗 *n.* 女性名.

Eu·gé·nie [jú:dʒənì:, ju:dʒéɪni:, -dʒí:- | ju:ʒéɪni, ju:ʒí:ni, -dʒí:-; *F.* øʒeni], Empress *n.* ウジェニー《1826-1920; Napoleon 三世の妃, スペイン生れ; 本名 Marie Eugénie de Montijo de Guzmán [mòntixó de guðmán]》.

eu·gen·ist [jú:dʒənɪst, -nəst | -dʒɪnɪst] *n.* 優生学者.

eu·ge·nol [jú:dʒənɔ̀(:)l, -nòʊl | -dʒɪnɒ̀l] 〖□ F *eugénol* ← NL *Eugenia* (丁子(ちょうじ)の属名: ← *Prince Eugène*) + -OL[2]〗 ── *n.* 〖化学〗オイゲノール ($C_{10}H_{12}O_2$)《丁子油などに含まれている芳香性無色の油状液》.

èugeosýncline 〖← EU- + GEOSYNCLINE〗 *n.* 〖地質〗優地向斜《激しい海底火山活動を伴う地向斜 (geosyncline) の一種》. **èu·geosynclínal** *adj.*

eu·gle·na [ju:glí:nə] 〖← NL ～ ← EU- + Gk *glḗnē* pupil of the eye, socket of a joint〗 ── *n.* (*pl.* ～**s**, ～) 〖動物〗ミドリムシ《一本の鞭毛(べんもう)と単眼をもち, 葉緑体を有するエウグレナ属 (*Euglena*) の原生動物の総称; 池やたまり水に多量に発生すると, 水が緑色になる》.

Eu·gle·na·ce·ae [jù:glənéɪsiì: | -glɪ-] 〖← NL ～: ⇨ ↑, -aceae〗 *n. pl.* 〖動物〗ミドリムシ科.

Eu·gle·ni·da [ju:glí:nədə, -glén- | -nɪ-] 〖← NL ～: ⇨ euglena, -ida〗 *n. pl.* 〖動物〗＝Euglenoidina.

eu·gle·noid [ju:glí:nɔɪd] 〖← NL *Euglenoidina* (↓)〗 *adj., n.* 〖動物〗エウグレナ目の(鞭毛虫).

Eu·gle·noi·di·na [jù:glənɔɪdáɪnə] 〖← NL ～: ⇨ euglena, -oid, -ina[1]〗 *n. pl.* 〖動物〗エウグレナ目.

èu·glóbulin 〖← EU- + GLOBULIN〗 *n.* 〖生化学〗ユーグロブリン《真性蛋白(たんぱく)質》.

eu·gon·ic [ju:gánɪk | -gɔ́n-] 〖← EU- + GONO- + -IC[1]〗 *adj.* (細菌培養が)発育[増殖]良好の (↔ dysgonic).

eu·he·dral [ju:hí:drəl | -héd-, -hí:d-] 〖← EU- + -HEDRAL〗 *adj.* 〖鉱物〗＝idiomorphic 2.

eu·he·mer·ism [ju:hí:mərɪzm, -hém-] 〖← EUHEMERUS + -ISM〗 ── *n.* **1** [通例 E-] エウエメロス説《「神話の神々は人間英雄を神化したものである」とする Euhemerus の説》. **2** [時に E-] 神話史実的解釈.

eu·hé·mer·ist [-rɪst, -rəst | -rɪst] *n.* エウエメロス説信奉者《神話の史実的見解を採る論者》.

eu·he·mer·is·tic [ju:hì:mərístɪk, -hèm-] *adj.* エウエメロス説的見解の. **eu·hè·mer·ís·ti·cal·ly** *adv.*

eu·he·mer·ize [ju:hí:məràɪz, -hém-] *vi.* (神話解釈に)エウエメロス説を採る. ── *vt.* 〈神話を〉エウエメロス説に基づいて解釈する.

Eu·he·mer·us [ju:hí:mərəs, -hém-] 〖□ L *Euhēmerus* □ Gk *Euhḗmeros*《原義》bright, happy ← EU- + *hēmérā* day (cf. ephemera[1])〗 ── *n.* エウエメロス《紀元前 300 年ごろの Sicily 生れの哲学者; 「神々の記録」(Sacred History) (9 巻) の中でギリシャ神話の神々や英雄は人間の男女を神化したものであり, その事績は人間行動の想像的拡充に過ぎないと説いて, 神話を合理的に歴史に還元しようと試みた》.

eu·kar·y·ote [ju:kǽriòʊt, -ət | -riəʊt] *n.* 〖生物〗＝eucaryote.

Eu·la [jú:lə] 〖(dim.) ← EULALIA〗 *n.* 女性名.

eu·la·chon [jú:ləkɑ̀n | -kɒ̀n] 〖□ Chinook *ulâkân*〗 *n.* 〖魚類〗＝candlefish 1.

eu·la·li·a [ju:léɪliə, -ljə | ju:léɪljə, jʊ-, -lɪə] 〖↓〗 *n.* ススキ属 (*Miscanthus*) の草本; (特に)ススキ (*M. sinensis*), カヤ, オバナ.

Eu·la·li·a [ju:léɪliə, -ljə | ju:léɪljə, jʊ-, -lɪə] 〖□ L ～ □ Gk *Eulalia* ← *eúlalos* sweetly speaking ← EU- + *lalia* talk, speech (← *lalós* talkative)〗 ── *n.* 女性名《愛称形 Eula, Lallie; 異形 Eulalie》. 「性名.

Eu·la·lie [ju:léɪli | ju:léɪlɪ, jʊl-] 〖□ F ～: ↑〗 *n.* 女

eu·la·mel·li·branch [jù:ləméləbræ̀ŋk | -lɪ-] 〖↓〗 *n.* 真弁鰓(さい)目の軟体動物.

Eu·la·mel·li·bran·chi·a [jù:ləmèləbrǽŋkiə | -lɪbrǽŋkɪə] 〖← NL ～ ← EU- + *Lamellibranchia*: ⇨ lamellibranch, -ia[2]〗 ── *n. pl.* 〖動物〗真弁鰓(さい)目.

eu·la·mel·li·bran·chi·ate [jù:ləmèləbrǽŋkiət, -kiɪt | -lɪbrǽŋkɪət, -kiɪt] *adj.*

Eu·ler [ɔ́ɪlə | -lə(r; *G.* ɔ́ylɐ], **Leon·hard** [léɪɑnhɑ̀rt] *n.* オイラー《1707-83; スイスの数学者・物理学者》.

Euler, Ulf Svan·te [úlf svɑ́ntə] **von** *n.* オイラー《1905- ; スウェーデンの生理学者; Nobel 医学生理学賞 (1970)》.

Éuler characterìstic 〖← *L. Euler*〗 *n.* 〖数学〗オイラーの指標[標数]《多面体の(頂点の数)−(辺の数)+(面の数)》.

Eu·ler-Chel·pin [ɔ́ɪlə-kélpi:n | -lə-; *G.* ɔ́ylɐ-kélpi:n], **Hans August Simon von** *n.* オイラーケルピン《1873-1964; ドイツ生れのスウェーデンの化学者; Nobel 化学賞 (1929)》.

Éuler círcle 〖← *L. Euler*〗 *n.* 〖数学〗オイラー円 (⇨ nine-point circle).

Éuler's cónstant 〖↑〗 *n.* 〖数学〗オイラーの定数《$1+\frac{1}{2}+\frac{1}{3}\cdots+\frac{1}{n}-\log n$ の極限; 無理数かどうかもわかっていない》.

Éuler's fórmula 〖↑〗 ── *n.* オイラーの公式: **a** 〖数学〗指数関数と三角関数の関係を表わす公式. **b** 〖機械〗長柱が座屈しようとする時の限界荷重に対して導いた公式》.

Éuler's phí-fùnction *n.* 〖数学〗オイラーのファイ関数《各自然数 *n* に, それよりも小さくかつそれと互に素であるような自然数の個数 $\phi(n)$ を対応させる関数; ギリシャ文字 ϕ を用い, かつ L. Euler が初めて用いたのでこのようにいう; totient ともいう》.

eu·lo·gi·a[1] [ju:lóʊdʒiə, -dʒə | ju:ləʊdʒɪə, jʊ-] 〖□ LL ～ □ Gk *eulogía*《原義》a speaking well, praise, (in N.T.) blessing: ⇨ eulogy〗 ── *n.* (*pl.* **-gi·ae** [-dʒiì:]) **1** 〖キリスト教〗エウロギア, (司祭や司教による)祝福, 祝福されたもの. **2** 〖東方正教会〗＝antidoron.

eulogia[2] *n.* eulogium の複数形.

eu·lo·gism [jú:lədʒìzm] 〖《1761》← EULOG(Y) + -ISM〗 *n.* 賛辞を述べること.

éu·lo·gist [-dʒɪst, -dʒəst | -dʒɪst] 〖《1808》: ⇨ -ist〗 *n.* 賛辞を呈する人, 称賛者 (panegyrist).

eu·lo·gis·tic [jù:lədʒístɪk] 〖《1825》: ⇨ ↑, -ic[1]〗 *adj.* ほめたたえの, 称賛的な: ～ inscriptions 称賛の碑文. **èu·lo·gís·ti·cal·ly** *adv.*

èu·lo·gís·ti·cal [-tɪkəl, -tə- | -tɪ-] *adj.* ＝eulogistic.

eu·lo·gi·um [ju:lóʊdʒiəm, jʊ- | -lə́ʊdʒɪ-] 〖□ ML ～: ⇨ eulogy〗 *n.* (*pl.* ～**s**, **-gi·a** [-dʒiə | -dʒɪə]) ＝eulogy.

eu·lo·gize [jú:lədʒàɪz] *vt.* ほめたたえる. **eu·lo·gi·za·tion** [jù:lədʒɪzéɪʃən, -dʒə- | -dʒaɪ-, -dʒɪ-] *n.*

éu·lo·gìz·er *n.* ＝eulogist.

eu·lo·gy [jú:lədʒi | -dʒɪ] 〖《*a*1475》□ ML *eulogi-um* ← LL *eulogia* 'EULOGIA[1]': ML の形は L *ēlogium* short saying の影響〗 ── *n.* **1** 賛辞, ほめたたえる言葉; 《米》(死者に対する)賞徳表: pronounce a ～ *on* [*upon*] the dead 故人に賛辞を呈する, 故人に対して賞徳表を捧げる. **2** 称賛, 称揚 (praise): chant the ～ *of* ...をほめ立てる; 《戯言》...を呼売りする.

eu·loph·id [ju:lɑ́fɪd, -fəd | -lɔ́fɪd] 〖↓〗〖昆虫〗 *adj.* ヒメコバチ(科)の. ── *n.* ヒメコバチ《ヒメコバチ科のハチの総称》.

Eu·loph·i·dae [ju:lɑ́fədì: | -lɔ́fɪ-] 〖← NL ～ ← *Eulophus* (属名: ← Gk *eulóphos* well plumed ← EU- + *lóphos* crest) + -IDAE〗 ── *n. pl.* 〖昆虫〗(膜翅目)ヒメコバチ科.

Eu·mae·us [ju:mí:əs] 〖□ L ～ □ Gk *Eúmaios*〗 *n.* エウマイオス《*Odyssey* 中の Odysseus の忠実な豚飼い》.

èu·mélanin 〖← EU- + MELANIN〗 *n.* 〖生化学〗ユーメラニン《メラノサイト (melanocyte) 中の黒色・褐色の色素; cf. phaeomelanin》.

Eu·men·i·des [ju:ménədì:z | ju:ménɪ-, jʊ-] 〖□ L ～ □ Gk *Eumenides*《原義》the gracious ones ← *eumenḗs* well-disposed ← EU- + *ménos* soul, spirit: cf. mind〗 ── *n.* [the ～] **1** [*pl.*] 〖ギリシャ神話〗エウメニデス (⇨ fury 3 a). **2** 「エウメニデス」《Aeschylus の三部作悲劇 *Oresteia* の第三部》.

Eu·met·a·zo·a [ju:mètəzóʊə | -təzə́ʊə] 〖← NL ～: ⇨ eu-, Metazoa〗 *n. pl.* 〖動物〗真正後生動物《腔腸動物以上のすべての門を含む》. 「mesomorphic 3.

èu·mórphic 〖← EU- + -MORPHIC〗 *adj.* 〖心理〗＝

Eu·nice [jú:nɪs, -nəs | -nɪs] 〖□ L ～ □ Gk *Euníkē*《原義》victorious ← EU- + *níkē* victory〗 *n.* 女性名.

eu·no·my [jú:nəmi | -mɪ] 〖□ Gk *eunomia* ← EU- + *nomía* law〗 *n.* 良き法のもとの市民的秩序.

eu·nuch [jú:nək, -nɪk | -nək] 〖《*a*1387》□ L *eunūch-us* □ Gk *eunoûkhos* chamber attendant ← *eunḗ* bed + *ékhein* to keep〗 ── *n.* **1** 去勢された男. **2** 宦官(かんがん)《昔, 東洋またはローマ帝国の宮廷に仕えた去勢された男》. **3** 柔弱な男; 無能な人: a political ～. **éu·nuck·ism** [-kìzm] *n.*

eu·nuch·oid [jú:nəkɔ̀ɪd] 〖□ Gk *eunoukhoeidḗs*: ⇨ ↑, -oid〗〖病理〗 *adj.* 類宦官(症)の. ── *n.* 類宦官症の人[患者].

éu·nuch·oid·ism [-dìzm] *n.* 〖病理〗類宦官症.

eu·on·y·mus [ju:ɑ́nəməs | ju:ɔ́nɪ-, jʊ-] 〖《1767》← NL ～ ← L *euōnymos* □ Gk *euṓnumos* spindle tree, 《原義》of good name ← EU- + *ónoma* 'NAME'〗 ── *n.* 〖植物〗ニシキギ属 (*Euonymus*) の低木・小高木あるいはつる性植物の総称《ニシキギ (winged spindle tree), オウシュウニシキギ (spindle tree), マサキ (*E. japonica*) など; evonymus ともいう》.

eu·pa·to·ri·um [jù:pətɔ́:riəm, -tó:r- | -tɔ́:rɪ-] 〖← NL ～ ← Gk *eupatórion* ← *Eupátōr* (120?-63 B.C.: 薬草として最初に用いた Pontus の王)〗 ── *n.* 〖植物〗ヒヨドリバナ《キク科ヒヨドリバナ属 (*Eupatorium*) の各種の草本の総称; フジバカマ (boneset), hemp agrimony など》.

eu·pat·rid [ju:pǽtrɪd, jú:pət-, -rəd | -rɪd] 〖《1833》□ Gk *eupatrídēs* of noble family ← EU- + *patḗr* 'FATHER'〗 ── *n.* (*pl.* **eu·pat·ri·dae** [ju:pǽtrədì: | -trɪ-]) **1** [しばしば E-] (Athens やその他の古代ギリシャ諸国の支配階級であった)世襲貴族. **2** 《まれ》貴族 (aristocrat, patrician).

Eu·pen-et-Mal·mé·dy [ɔ́ɪpən-eɪ-mæ̀lmeɪdí:; *F.* øpɛnemalmedi] *n.* オイペンマルメディ《ベルギー東部, ドイツ国境に接する二地方; 1919 年ベルギー領となり, 1940 年ドイツに併合, 現在はベルギー領; Eupen and Malmédy ともいう》.

eu·pep·sia [ju:pépʃə, -siə | -sɪə, -sjə] 〖← NL ～ ← Gk *eupepsía* good digestion ← *eúpeptos* easy of digestion ← EU- + *peptós* (← *péptein* to digest): ⇨ pepsin〗 *n.* 〖医学〗消化良好 (↔ dyspepsia). 「eupepsia.

eu·pep·sy [jú:pepsi, ─ ─́ ─ | ju:pépsɪ] *n.* 〖医学〗＝

eu·pep·tic [ju:péptɪk] 〖《1699》← Gk *eúpeptos* (⇨ eupepsia) + -IC[1]〗 ── *adj.* **1** 消化良好の; 〈人など〉消化力のよい. **2** 消化を助ける (promoting digestion). **3** 明朗な (cheerful), 楽天的な.

Eu·phau·si·a·ce·a [ju:fɔ̀:ziéɪʃiə | -ziéɪsɪə] 〖← NL ～ ← *Euphausia* (← ? EU- + Gk *phaínein* to show + *ousía* substance) + -ACEA: cf. -phane〗 ── *n. pl.* 〖動物〗オキアミ目.

eu·phau·sid [ju:fɔ́:zɪd, -zəd | -zɪd] 〖← NL *Euphausia* (↑) + -ID[2]〗〖動物〗 *adj.* オキアミ目の. ── *n.* オキアミ類《外洋浮遊状の小型甲殻類; 外形はアミに似る》.

eu·phau·si·id [ju:fɔ́:ziɪd, -əd | -zɪɪd] *adj., n.* 〖動物〗＝euphausid.

Eu·phe·mi·a [ju:fí:miə | ju:fí:mjə, juf-, -mɪə] 〖□ L ～ □ Gk *Euphēmía* good speech, honor: ↓〗 ── *n.* 女性名《愛称形 Effie; 異形 Eufemia》. ★ スコットランドで好まれる.

eu·phe·mi·ous [ju:fí:miəs | -mjəs, -mɪəs] 〖← Gk *eúphēmos* (↓) + -IOUS〗 *adj.* ＝euphemistic. **～·ly** *adv.*

eu·phe·mism [jú:fəmìzm | -fɪ-, -fə-] 〖《1656-81》□ Gk *euphēmism-ós* ← *euphēmízein* to speak fair ← *eúphēmos* fair of speech ← EU- + *phḗmē* speech: ⇨ fame, -ism〗 ── *n.* 〖修辞〗 **1** 婉曲語法 (↔ dysphemism). **2** 婉曲語句[表現]: 'Pass away' is a ～ *for* 'die'. pass away は die の婉曲的表現である.

éu·phe·mist [-mɪst, -məst | -mɪst] 〖⇨ -ist〗 *n.* 婉曲な言いまわしをする人, 言いまわしのじょうずな人.

eu·phe·mis·tic [jù:fəmístɪk | -fɪ-, -fə-] 〖《1856》: ⇨ ↑, -ic[1]〗 ── *adj.* 婉曲語法の; 婉曲な, 遠まわしな: a ～ way of speaking 婉曲な言い方. **èu·phe·mís·ti·cal·ly** *adv.* 「mistic.

èu·phe·mís·ti·cal [-tɪkəl, -tə- | -tɪ-] *adj.* ＝euphe-

eu·phe·mize [jú:fəmàɪz | -fɪ-, -fə-] 〖← EUPHEM(ISM) + -IZE〗 ── *vt.* (当たりさわりのないように)婉曲に言う (speak euphemistically). ── *vi.* (婉曲な語句を用いて)きれいな[上品な]言い方をする, 婉曲な文句を用いる. **éu·phe·mìz·er** *n.*

eu·phen·ics [ju:fénɪks, jʊ-] 〖← EU- + PHENO- + -ICS: J. Lederberg の造語 (1963)〗 ── *n.* 〖医学〗表現型改良学, 人間改造学《eugenics が genotype (遺伝型)を改良しようとするのに反して, phenotype (表現型)に対して臓器移植・欠損部補綴のような技術的手段によって生後の人間を改良しようとする学問; cf. eugenics》. **eu·phen·ic** [ju:fénɪk, jʊ-] *adj.*

eu·pho·ni·a [ju:fóʊniə, jʊ-, -njə | -fə́ʊnjə, -nɪə] 〖← NL ～: ⇨ euphony〗 *n.* 〖鳥類〗フウキンチョウ科 *Euphonia* 属の鳥数種の総称.

eu·phon·ic [ju:fɑ́nɪk jʊ- | -fɔ́n-] 〖□ ML *euphonicus*: ⇨ euphony, -ic[1]〗 ── *adj.* **1** 音調のよい, 口調のよい (euphonious). **2** 音便上の: ～ changes 音便. **eu·phón·i·cal·ly** *adv.*

eu·pho·ni·ous [ju:fóʊniəs, jʊ- | -fə́ʊnjəs, -nɪəs] 〖《1774》: ⇨ euphony, -ous〗 ── *adj.* 音調のなだらかな[快い], 口調のよい; 快調の (smooth-sounding) (cf. cacophonous). **～·ly** *adv.* **～·ness** *n.*

eu·pho·ni·um [ju:fóʊniəm, jʊ- | -fə́ʊnjəm, -nɪəm] 〖《1865》← NL ～ ← Gk *eúphōnos*: ⇨ euphony, -ium〗 ── *n.* ユーフォニアム《saxhorn 属のテナー変ロ調真鍮管楽器》. 「る, 口調をよくする.

eu·pho·nize [jú:fənàɪz] *vt.* ...の音調[語調]をよくす

eu·pho·ny [jú:fəni | -nɪ] 〖《*c*1450》□ LL *euphōnia* □ Gk *euphōnía* ← *eúphōnos* sweet-voiced ← EU- + *phōnḗ* sound: cf. -phone〗 ── *n.* 快美な音調, 好音調, 音便, 語呂のよい音の連続 (↔ cacophony).

eu·phor·bi·a [ju:fɔ́əbiə | -fɔ́:bɪə, -bjə] 〖《*a*1398》← NL ～《変形》← L *euphorbea* an African plant ← *Euphorbus* (1 世紀頃のギリシャの医師)〗 ── *n.* 〖植物〗トウダイグサ《トウダイグサ属 (*Euphorbia*) の植物の総称; spurge ともいう》.

Eu·phor·bi·a·ce·ae [ju:fɔ̀əbiéɪsiì: | -fɔ̀:bɪ-] 〖← NL ～: ⇨ ↑, -aceae〗 *n. pl.* 〖植物〗トウダイグサ科. **eu·phòr·bi·á·ceous** [-ʃəs] *adj.*

eu·pho·ri·a [ju:fɔ́:riə, jʊ-, -fó:r- | -fɔ́:rɪə] 〖← NL ～ ← Gk *euphoría* a bearing well ← *eúphoros* easy to bear ← EU- + *phérein* 'to BEAR[2]'〗 ── *n.* **1** 多幸感, 陶酔; 〖精神医学〗多幸(症), 上気嫌 (↔ dysphoria). **2** 《俗》麻薬による陶酔感.

eu·pho·ri·ant [ju:fɔ́:riənt, jʊ-, -fó:r- | -fɔ́:rɪ-] 〖← EUPHORIA + -ANT〗 *adj.* 〈薬剤が〉多幸感を与える. ── *n.* 〖薬学〗爽快剤, 多幸感発現剤.

eu·phor·ic [ju:fɔ́(:)rɪk, jʊ-, -fɑ́r- | -fɔ́r-] *adj.* 幸福感にあふれる; 幸福感を生ずる. ── *n.* ＝euphoriant. **eu·phór·i·cal·ly** *adv.*

eu·pho·ri·gen·ic [ju:fɔ̀:rɪdʒénɪk, jʊ-, -fɔ̀:r-, -rə- | -fɔ̀:rɪ-] 〖← EUPHORIA + -GENIC〗 *adj.* 〈麻薬など〉陶酔感を与える.

eu·pho·ry [jú:fəri | -rɪ] *n.* ＝euphoria.

eu·pho·tic [ju:fóʊtɪk | -fə́ʊt-] 〖← EU- + PHOTIC〗 *adj.* 〖生態〗光をよく浸透する水深の.

eu·phra·sy [júːfrəsi | -sɪ] 〖(1373) *eufrase* ▭ ML *euphrasia* ▭ Gk *euphrasía* delight ← *euphraínein* to delight ← EU-＋*phrḗn* mind〗 *n.* 〘植物〙＝eyebright 1.

Eu·phra·tes [juːfréɪtiːz | juː-, jʊ-] 〖▭ L *Euphrātēs* ▭ Gk *Euphrā́tēs* ▭ Avestan *hupərəthwa* 《原義》good to cross over〗 ── *n.* [the ～] ユーフラテス(川), エウフラテス(川)《トルコの東部に起こり, シリア・イラクを経て, Tigris 川と合流して Shatt-al-Arab 川となり, ペルシャ湾 (Persian Gulf) に注ぐ川 (2,700 km); 下流は古代都市文明発祥地; cf. Mesopotamia 1》.

eu·phroe [júːfrou | -frəʊ] 〖(1815) ▭ Du. *juffrouw* 《原義》young woman < MDu. *joncfrouwe, juffrouwe* (cf. G *Jungfrau*): cf. young, frow[1]〗 *n.* 〘海事〙天幕吊板《つり綱 (crowfoot) を通す小穴の並んだ細長い板》.

Eu·phros·y·ne [juːfrɑ́sənìː | juːfrɔ́zɪniː, jʊ-] 〖▭ L ～ ▭ Gk *Euphrosúnē* 《原義》mirth ← *eúphrōn* of good mind, cheerful ← EU-＋*phrḗn* mind: cf. phrenetic〗 *n.* 〘ギリシャ神話〙エウフロシュネ《宴の賑いや楽しさを司る女神; the three Graces の一人; cf. grace 12》.

Eu·phu·es [júːfjuìːz | -fjuː-, -fjʊ-] 〖← Gk *euphuḗs* well-grown ← EU-＋*phuḗ* growth (← *phúein* to grow)〗 ── *n.* **1** 「ユーフュイーズ」《エリザベス朝の文人 John Lyly 作の小説 (1578–80)》. **2** ユーフュイーズ《その主人公; アテネの才智ある優雅な青年で処世訓を語る》.

eu·phu·ism [júːfjuìzm | -fjuː-, -fjʊ-] 〖(1592): ⇨ ↑, -ism〗 ── *n.* **1** ユーフュイズム, 誇飾・美文体《対照法・直喩・頭韻などが特徴で, 16–17 世紀に英国に流行した; Lyly の小説 Euphues 式文体》. **2** 華麗な文体; 美辞麗句, 気取った語句 (cf. conceit 2 b).

éu·phu·ist [-fjuɪst, -əst | -fjuːɪst, -fjʊ-] 〖(1820): ⇨ ↑, -ist〗 *n.* **1** *Euphues* の文体模倣者. **2** 美辞麗句の使用者, 気取った文を書く人, 華麗体の文章家.

eu·phu·is·tic [jùːfjuístɪk | -fjuː-, -fjʊ-] 〖(1828): ⇨ ↑, -ic[1]〗 *adj.* 〈文体など〉気取って華麗な: ～ phrases 美辞麗句. **èu·phu·ís·ti·cal·ly** *adv.*

èu·phu·ís·ti·cal [-tɪkəl, -tə- | -tɪ-] *adj.* ＝euphuistic.

Eu·phyl·lop·o·da [jùːfɪlɑ́pədə, -fə- | -fɪlɔ́p-] 〖← NL ～: ⇨ eu-, Phyllopoda〗 *n. pl.* 〘動物〙(節足動物門, 甲殻綱)真葉脚亜綱 (Branchiopoda ともいう).

eu·plas·tic [juːplǽstɪk] 〖← EU-＋-PLASTIC〗 *adj.* 〘生理〙正常形成の.

eu·ploid [júːplɔɪd] 〖← EU-＋-PLOID〗 〘生物〙 *adj.* 正倍数性の. ── *n.* 正倍数.

eu·ploid·y [júːplɔɪdi | -dɪ] *n.* 〘生物〙正倍数性《染色体数が基本数の整数倍であること》.

eup·ne·a [júːpniə, juːpníːə | júːpnɪə, juːpníːə, -níə] 〖← NL ～ ← Gk *eúpnoia* ← *eúpnoos* breathing well ← EU-＋*pno(i)ḗ* breath (← *pneîn* to breathe)〗 ── *n.* (*also* **eup·noe·a** [～]) 〘病理〙正常呼吸 (cf. dyspnea). **eup·ne·ic** [juːpníːɪk] *adj.*

eu·po·tam·ic [jùːpətǽmɪk] 〖← EU-＋POTAMIC〗 ── *adj.* 〘生態〙〈植物または動物が〉流止水性の《淡水の流水・止水両方で成育[生息]する; cf. autopotamic, tychopotamic》.

Eup·te·ro·ti·dae [jùːptəróutədìː, -rɑ́t- | -rə́utɪ-, -rɔ́t-] 〖← NL ～ ← *Eupterote* (属名: ← EU-＋Gk *pterōtḗ* (← *pterón* 'FEATHER'))＋-IDEA〗 ── *n. pl.* 〘昆虫〙(鱗翅目)オビガ科.

Eur. 《略》Europe; European.

Eur- [jʊ(ə)r | jʊər] (母音の前に来る時の) Euro- の異形.

Eur·af·ri·can [jʊ(ə)rǽfrɪkən, -rə- | jʊərǽfrɪ-] 〖← EUR(OPE)＋AFRICAN〗 *adj.* ヨーロッパとアフリカの.

Eu·rail·pass [jʊ(ə)réɪlpæ̀s | jʊəréɪlpɑ̀ːs] 〖《短縮》← *Eur(opean) rail(road) pass*〗 *n.* ヨーロッパ鉄道割引券《ヨーロッパ観光者用》.

Eur·a·mer·i·can [jʊ̀(ə)rəmérɪkən, -rə- | jʊ̀ərəmérɪ-] 〖← EURO-＋AMERICAN〗 ── *adj.* ヨーロッパ・アメリカに共通の; 欧米の (Euro-American ともいう): the ～ culture 欧米文化.

Eur·a·sia [jʊ(ə)réɪʒə, -ʃə | -ʒɪə, -ʒə, -zjə, -zɪə, -ʃɪə, -ʃə] 〖← EURO-＋ASIA〗 *n.* ユーラシア(大陸)《ヨーロッパとアジアを併合した名称》.

Eur·a·sian [jʊ(ə)réɪʒən, -ʃən | -ʒɪən, -ʒən, -zjən, -zɪən, -ʃɪən, -ʃən] 〖(1844): ⇨ ↑, -an[1]〗 ── *adj.* **1** ユーラシア[欧亜]の: the ～ Continent ユーラシア大陸. **2** 欧亜混血の: a ～ girl 欧亜混血少女. ── *n.* [特にインドでは軽蔑的に] 欧亜混血児.

EUR·A·TOM, Eur·a·tom [jʊ(ə)rǽtəm | -təm] 〖《頭字語》← *Eur(opean) Atom(ic Energy Community)*〗 ── *n.* ヨーロッパ原子力共同体《フランス・西ドイツ・イタリア・ベルギー・オランダ・ルクセンブルクの 6 か国間に 1958 年発効した機構; 1973 年より英国・アイルランド・デンマークが加わり, 現在 9 か国で運営; 原子力の開発・研究・生産・管理などを目標としている; ⇨ European Community》.

Eure [ə́ː | ə́ː(r; *F.* œːr] *n.* ウール(県)《フランス北部の県; 人口 397,000, 面積 6,004 km², 首都 Évreux [evrø]》.

Eure-et-Loir [ə̀ːeɪlwɑ́ə | ə̀ː(r)eɪlwɑ́ː(r, -lwɔ́ː(r; *F.* œrelwaːr] *n.* ウールエロワール(県)《フランス北部の県; 人口 320,000, 面積 5,876 km², 首都 Chartres》.

eu·re·ka [jʊ(ə)ríːkə] 〖(1603) ▭ Gk *heúrēka* I have found (it) (perf.) ← *heuriskein* to find (cf. heuristic): Archimedes が King Hiero (308–215 B.C.: Syracuse の僭王) の王冠の黄金の純度を知る方法を発見した時の叫びから〗 ── *int.* わかった, しめた《何かを発見した時の喜びの叫び声; 米国 California 州の motto》.

eu·rhyth·mic [juːríðmɪk, jʊr- | juːríð-, jʊ(ə)r-, -ríθ-] *adj.* ＝eurythmic.

eu·rhyth·mics [juːríðmɪks, jʊr- | juːríð-, jʊ(ə)r-, -ríθ-] *n.* ＝eurythmics.

eu·rhyth·my [juːríðmi, jʊr-, júːrɪð- | juːríðmɪ, jʊ(ə)r-, -ríθ-, júːrɪð-, jʊ́(ə)r-, -rɪθ-] *n.* ＝eurythmy.

Eurip. 《略》Euripides.

euripi *n.* euripus の複数形.

Eu·rip·i·de·an [jʊ(ə)rìpədíːən | -pɪ-] 〖⇨ ↓, -ean〗 *adj.* エウリピデス(風)の; エウリピデス劇の.

Eu·rip·i·des [jʊ(ə)rípədìːz | -pɪ-] 〖▭ Gk *Eurīpídēs*〗 ── *n.* エウリピデス (485?–?406 B.C.; ギリシャの悲劇詩人; *Alcestis* (438 B.C.), *Medea* (431 B.C.), *Electra* (413 B.C.), *Iphigenia at Aulis* (405? B.C.), *Bacchae* (405 B.C.)).

eu·ri·pus [jʊ(ə)ráɪpəs] 〖▭ L *Eurīpus* ▭ Gk *eúrīpos* ← EU-＋*rhīpḗ* impetus, rush (← *rhīptein* to throw)〗 *n.* (*pl.* **eu·ri·pi** [-paɪ]) (潮流の激しい)海峡.

Eu·ri·pus [jʊ(ə)ráɪpəs] 〖↑〗 *n.* [the ～] エウリーポス(海峡)《ギリシャの Euboea 島と本土の Boeotia 間の海峡; 干・満潮時の潮流の激しいので有名》.

eu·ro [júː(ə)rou | júərəʊ] 〖← Austral. 《土語》〗 *n.* (*pl.* ～, ～s) 〘動物〙アカワラルー (*Macropus antilopinus*) 《大型のカンガルー; antilopine wallaroo ともいう》.

Eu·ro- [jʊ́(ə)ro(ʊ) | jʊ́ərə(ʊ)] 〖← EUROPE〗 ──「ヨーロッパの (European); ヨーロッパと…との」の意の連結形. ★ 母音の前では通例 Eur- になる: *Euro*man ヨーロッパ人 / *Euro*-politics ヨーロッパ政策.

Èuro-Américan *adj.* ＝Euramerican.

Èuro·asiátic 〖← EURO-＋ASIATIC〗 *adj.* ヨーロッパ・アジアの.

Éuro·bònd 〖← EURO(DOLLAR)＋BOND[1]〗 *n.* 〘経済〙ユーロ債券《ヨーロッパ資本市場において発行される外貨建て公社債》.

Éuro·chèque *n.* 《英》ユーロチェック《ヨーロッパ諸国で使用できるクレジットカード》.

Eu·roc·ly·don [jʊ(ə)rɑ́klədɑ̀n | -rɔ́klɪdɔ̀n] 〖(1611) ▭ Gk *eurokludṓn* ← *eûros* east wind (⇨ Eurus)＋*kludṓn* wave: cf. *Acts* 27: 14〗 ── *n.* 〘気象〙ユーロクリダン (⇨ gregale).

Èuro·cómmunism 〖← EURO-＋COMMUNISM〗 ── *n.* 〘政治〙ユーロコミュニズム《共産主義に政治的自由・民族主義を組み合わせる主義; ソ連・東欧と区別される現代イタリア・フランス・スペインの各共産党の思想と運動の新しい潮流》.

Eu·ro·cra·cy [jʊ(ə)rɑ́krəsi | -rɔ́krəsɪ] 〖← EURO-＋-CRACY: BUREAUCRACY からの類推〗 *n.* [集合的] ヨーロッパ共同体の幹部連.

Eu·ro·crat [jʊ́(ə)rəkræ̀t | jʊ́ər-] 〖⇨ ↑, -crat〗 *n.* ヨーロッパ共同体の幹部.

Eu·ro·crat·ic [jʊ̀(ə)rəkrǽtɪk | jʊ̀ərəkrǽt-] 〖⇨ ↑, -cratic〗 *adj.* ヨーロッパ共同体の運営に関する.

Éuro·cùrrency *n.* 〘経済〙ユーロ通貨《ヨーロッパ金融市場で使うためにヨーロッパの銀行に預けてある国際短期資金; ⇨ Eurodollar》.

Éuro·dòllar *n.* 〘経済〙ユーロダラー《米国以外, 主としてヨーロッパ諸国の銀行に預けられた米ドル; ドル以外の通貨を含めるときは Eurocurrency という》.

Éuro·màrket *n.* [the ～] ヨーロッパ共同市場 (⇨ common market 2).

Eu·ro·mart [jʊ́(ə)rəmɑ̀ət | jʊ́ərəmɑ̀ːt] *n.* [the ～] ＝Euromarket.

Éuro·mòney *n.* 〘経済〙＝Eurocurrency.

Eu·ro·pa [jʊ(ə)róupə | -rə́ʊ-] 〖▭ L *Eurōpa* ▭ Gk *Eurṓpē*: ↓〗 ── *n.* **1** 〘ギリシャ神話〙エウロペ《Zeus に愛された Phoenicia の王女; Zeus は白い牛に身を変えて彼女を背に乗せ Crete 島まで連れて行った; Zeus との間に Rhadamanthus, Minos, Sarpedon の三人の子供が生れた》. **2** 〘天文〙ユーロパ《木星 (Jupiter) の第 2 衛星; cf. Galilean satellites》.

Eu·rope [jʊ́(ə)rəp | jʊ́ər-] 〖▭ L *Eurōpa* ▭ Gk *Eurṓpē* ← ? Sem. (cf. Heb. *'érebh* sunset, evening): したがって原義は the land of the setting sun と考えられるが, ギリシャ人の間で *eur-ṓpē* broad face (南北に狭く東西に広いことから?)と連想された〗 ── *n.* **1** ヨーロッパ, 欧州《東半球の北西部, 五大州の一つ; 人口 640,000,000, 面積 10,600,000 km²》. ★ 英国ではしばしば England または British Isles と対照してヨーロッパ大陸 (the Continent) の意に用いる. **2** 《英》ヨーロッパ共同市場: join [go into] ～ ヨーロッパ共同市場に加入する.

Eu·ro·pe·an [jʊ̀(ə)rəpíːən | jʊ̀ərəpíːən, -píən] 〖(1603) ← L *Eurōpaeus* (← Gk *Eurōpaîos* ← *Eurṓpē* (↑))＋-EAN〗 ── *adj.* **1** ヨーロッパの, 欧州の; 全欧的な: a scholar of ～ fame 全欧に知られた学者. **2** ヨーロッパ人の. **3** 《英》〈人が〉ヨーロッパ共同体主義の. ── *n.* **1** ヨーロッパ人, 欧州人. **2** ヨーロッパ系人. **3** 《英》ヨーロッパ共同体主義者.

Européan ásh *n.* 〘植物〙＝common ash.

Européan bírd chèrry *n.* **1** 〘植物〙エゾノウワミズザクラ (*Prunus padus*)《ヨーロッパおよび日本原産の落葉高木》. **2** エゾノウワミズザクラの実《黒くて小さい》.

Européan cháfer *n.* 〘昆虫〙コガネムシ科クロコガネの一種 (*Amphimallon majalis*)《ヨーロッパ原産で北米東部にも侵入して芝の害虫となっている》.

Européan Cómmon Márket *n.* [the ～] ヨーロッパ共同市場《今は Common Market の方が普通; 略 ECM》.

Européan Commúnity *n.* [the ～] ヨーロッパ共同体《ヨーロッパ経済共同体 (EEC)・ヨーロッパ石炭鉄鋼共同体 (ECSC)・ヨーロッパ原子力共同体 (EURATOM) の三つの機関が 1967 年統合したもの; 加盟国はそれぞれの場合と同じくフランス・西ドイツ・イタリア・ベルギー・オランダ・ルクセンブルクの 6 か国, 後に英国・アイルランド・デンマークも加盟して 9 か国; 略 EC; 三つの機関の総称として European Communities ともいう》.

Européan córn bòrer *n.* 〘昆虫〙アワノメイガ, アワズイムシ (*Micractis nubilalis*)《ヨーロッパから米国およびカナダに 1917–20 年ごろ侵入; その幼虫はアワやトウモロコシなどの穀類に大害を与える》.

Européan cránberry *n.* 〘植物〙ツルコケモモ (*Vaccinium oxycoccus*)《北半球の冷温帯や高山に産するツツジ科コケモモ属の常緑低木; 液果は赤く酸味に富み食用; 米国では small cranberry ともいう》.

Européan Económic Commúnity *n.* [the ～] ヨーロッパ経済共同体《フランス・西ドイツ・イタリア・ベルギー・オランダ・ルクセンブルクの 6 か国間に 1958 年発効した機構, 関税同盟の結成による加盟国相互間の関税・貿易制限の撤廃を目標にしている; 通例 Common Market と呼ばれる; 略 EEC; ⇨ European Community》.

Européan élder *n.* 〘植物〙セイヨウニワトコ (⇨ bourtree).

Européan flý hóneysuckle *n.* 〘植物〙ヨーロッパおよびアジア原産のスイカズラ科の常緑低木 (*Lonicera xylosteum*).

Européan Frée Tráde Associàtion *n.* [the ～] ヨーロッパ自由貿易連合《1960 年英国・オーストリア・デンマーク・ノルウェー・ポルトガル・スウェーデン・スイスの 7 か国間にヨーロッパ経済共同体 (EEC) に対抗して作られた組織; 70 年アイスランドが加盟, 73 年に英国・デンマークは EC へ加盟; 略 EFTA》.

Européan glóbeflower *n.* 〘植物〙セイヨウキンバイ (*Trollius europaeus*)《ヨーロッパ原産のキンポウゲ科の多年草》.

Européan góldenrod *n.* 〘植物〙キク科アキノキリンソウ属の植物 (*Solidago virga-aurea*)《その変種である *S. v.* var. *asiatica* はアキノキリンソウ, アワダチソウ, キンカなどと呼ばれる》.

Èu·ro·pé·an·ism [-nìzm] *n.* **1** ヨーロッパ主義, 欧州主義; 欧州気風[精神]. **2** ヨーロッパ的特色, (思想・風習・方法などの)欧州風. **3** (政治・経済の統合を主張する)ヨーロッパ主義. **4** ヨーロッパ共同市場加入支持(運動).

Èu·ro·pé·an·ist [-nɪst, -nəst | -nɪst] *n., adj.* ヨーロッパ共同市場加入支持者(の).

Eu·ro·pe·an·i·za·tion [jʊ̀(ə)rəpìːənɪzéɪʃən, -nə- | jʊ̀ərəpìːənaɪ-, -pɪə-, -nɪ-] *n.* ヨーロッパ化すること, 欧化.

Eu·ro·pe·an·ize [jʊ̀(ə)rəpíːənàɪz | jʊ̀ərəpíːən-, -píən-] *vt.* **1** ヨーロッパ化する. **2** 〈一国を〉ヨーロッパ共同体機構に組み入れる.

Européan lárch *n.* 〘植物〙ヨーロッパカラマツ (*Larix decidua*).

Européan plán *n.* 《米》(ホテル経営で)ヨーロッパ式《部屋代とサービス代を定額とし食費を別勘定にする; cf. American plan》.

Européan póplar *n.* 〘植物〙ヨーロッパヤマナラシ (*Populus tremula*)《ヨーロッパ産ポプラの一種》.

Européan ráspberry *n.* 〘植物〙ヨーロッパキイチゴ (*Rubus idaeus*).

Européan Recóvery Prògram *n.* [the ～] 欧州復興計画 (略 ERP: cf. Marshall Plan).

Européan réd míte *n.* 〘動物〙リンゴハダニ (*Panonychus ulmi*)《果樹などの葉を害するハダニ》.

Européan yéw *n.* 〘植物〙＝English yew.

Eu·ro·pe·o- [jʊ̀(ə)rəpíːo(ʊ) | jʊ̀ərəpíːə(ʊ), -píə(ʊ)] 〖← L *Europae-us* 'EUROPEAN'〗「ヨーロッパと…との (Europe and…)」の意の連結形.

eu·ro·pi·um [jʊ(ə)róupiəm | -rə́ʊpɪəm, -pjəm] 〖← NL ～ ← L *Eurōpa* 'EUROPE'＋-IUM〗 ── *n.* 〘化学〙ユウロピウム《希土類元素の一つ; 記号 Eu, 原子番号 63, 原子量 151.96》.

Eu·ro·po·cen·tric [jʊ(ə)ròupo(ʊ)séntrɪk, jʊ̀(ə)rə- | jʊ(ə)rə̀ʊpə(ʊ)-, jʊ̀ərə-] 〖← EUROP(E)＋-O-＋-CENTRIC〗 ── *adj.* ヨーロッパ中心主義の. **Eu·rò·po·cén·trism** [-trɪzm] *n.*

Éuro·pòrt 〖← EURO-＋PORT[1]〗 *n.* ヨーロッパ共同市場輸出入港《共同市場加入諸国の主要輸出入港の役割を果たすヨーロッパの港》.

Eu·ro·vi·sion [jʊ́(ə)rəvìʒən | jʊ́ərə(ʊ)-] 〖← EURO-＋(TELE)VISION〗 ── *n.* ユーロビジョン《西ヨーロッパ諸国で作っているテレビ番組の国際中継・交換組織; 他地域との交換も行なう; cf. intervision》.

Eu·rus [jʊ́(ə)rəs | jʊ́ər-] 〖(c1380) ▭ L ～ ▭ Gk *Eûros* ← ? IE **eus-* to burn: ⇨ combust〗 ── *n.* **1** 〘ギリシャ神話〙エウロス《南東(また広義には東)の風の擬人化; cf. Volturnus》. **2** 南東の風 (southeast wind).

eu·ry- [jʊ́(ə)rɪ, -rə | jʊ́ərɪ] 〖← NL ～ ← Gk *eurús* wide〗「広い (broad, wide)」の意の連結形 (↔ steno-): *eury*haline.

Eu·ry·a·lae [jʊ(ə)ráɪəlìː] 〖↓〗 *n. pl.* 〘動物〙＝Euryalida.

Eu·ry·a·le [jʊ(ə)ráɪəlìː] 〖▭ Gk *Euruálē*〗 ── *n.* **1** 〘ギリシャ神話〙エウリュアレ《三人の Gorgons の中の一人》. **2** 〘動物〙エウリュアレー属《棘皮動物門ユウレイモヅル科の一属; ユウレイモヅル (*E. aspera*) などを含む》.

Eu·ry·al·i·da [jʊ̀(ə)riǽlədə | jʊ̀əriǽlɪ-] 〖← NL ～:

⇨↑, -ida〗 *n. pl.* 〘動物〙(棘皮動物門蛇尾綱)革蛇尾目.

eu·ry·bath [júː(ə)rɪbæθ, júərə- | júərɪ-] 〘← EURY-＋Gk *báthos* depth：(⇨ bathos)〙 ── *n.* 〘生態〙広深性生物《広範囲の水の深度の変化に耐え得る生物；↔ stenobath》. **eu·ry·bath·ic** [jù(ə)rɪbǽθɪk, -rə- | jùərɪ-] *adj.*

eu·ry·cho·ric [jù(ə)rəkɔ́ːrɪk, -kóːr- | jùərɪkɔ́ːr-] 〘← EURY-＋Gk *chōr(eîn)* to spread＋-IC¹〙 *adj.* 〘生態〙〈動植物が〉広域性の (↔ stenochoric).

Eu·ryd·i·ce [jʊ(ə)rídɪsìː, -sɪ] 〘▭L ～ ▭Gk *Eurudíkē*《原義》wide justice←EURY-＋*díkē* right, justice〙 ── *n.* 〘ギリシャ神話〙エウリュディケー《Orpheus の妻；Orpheus は音楽の力によって冥界 (Hades) から妻を救い出すが, Pluto の命令にそむいて, 妻が後からついて来たかを見ようとして振り返ったため, 彼女は再び冥界のやみに消え失せた》.

eu·ry·ha·line [jù(ə)rəhéɪlaɪn, -hǽl-, -lɪn, -lən | jùərɪhéɪlaɪn, -hǽl-, -lɪn] 〘← EURY-＋Gk *hálinos* of salt＋-INE¹〙 ── *adj.* 〘生態〙〈動植物が〉広塩性の《広い範囲の塩度の変化に耐え得る；↔ stenohaline》.

eu·ry·hy·gric [jù(ə)rəháɪgrɪk | jùərɪ-] 〘← EURY-＋HYGRO-＋-IC¹〙 *adj.* 〘生態〙〈動植物が〉広湿性の《広い範囲の湿度差に耐え得る；↔ stenohygric》.

eu·ryph·a·gous [jʊ(ə)rífəgəs] 〘← EURY-＋-PHAGOUS〙 *adj.* 〘生態〙〈動物が〉広食性の《広い範囲から栄養を摂取し得る；↔ stenophagous》.

eu·ryp·ter·id [jʊ(ə)ríptərɪd, -rəd | -rɪd] 〘↓〙 *adj., n.* 〘古生物〙広翼亜綱の(動物).

Eu·ryp·ter·i·da [jù(ə)rɪptérədə | jùərɪptérɪ-] 〘← NL ～：⇨ eury-, ptero-, -ida〙 *n. pl.* 〘古生物〙広翼亜綱, ウミサソリ類《オルドビス紀からペルム紀にかけて存続した水生甲殻類》.

Eu·rys·theus [jʊ(ə)rísθiəs, -θuːs | -θjuːs, -θjəs, -θɪəs] 〘▭L ～ ▭Gk *Eurustheús*〙 ── *n.* 〘ギリシャ神話〙エウリュステウス《Hercules に十二の難業を命じた Mycenae の王》.

eu·ry·therm [júː(ə)rəθə̀ːm | júərɪθə̀ːm] 〘▭G *Eurytherm*：⇨ eury-, therm〙 *n.* 〘生態〙広温性生物.

èury·thérmal 〘⇨↑, -al¹〙 *adj.* 〘生態〙〈動植物が〉広温性の《広い範囲の温度差に耐え得る；↔ stenothermal》.

èury·thérmic *adj.* 〘生態〙＝eurythermal.

èury·thérmous *adj.* 〘生態〙＝eurythermal.

eu·ryth·mic [juːríðmɪk, jʊr- | juːríð-, jʊ(ə)r-, -ríθ-] 〘← EURHYTHMY＋-IC¹〙 *adj.* **1** 快いリズムをもった, 律動的な. **2** (特に, 建築で)均斉がよくとれた.

eu·ryth·mics [juːríðmɪks, jʊr- | juːríð-, jʊ(ə)r-, -ríθ-] 〘⇨↓, -ics〙 *n.* ユーリズミックス《スイスの作曲家 Émile Jaques-Dalcroze が考案した新しいリズム教育》.

eu·ryth·my [juːríðmi, jʊr-, -ríθ-, júːrɪð-, jú(ə)r-, -rɪθ- | juːríðmɪ, jʊ(ə)r-, -ríθ-] 〘▭L *eurythmia* ▭Gk *eurhuthmía* ← *eurhuthmós* rhythmical：⇨ eu-, rhythm, -y¹〙 ── *n.* 快いリズム；律動的な運動；(建築などの)律動的調和[均斉].

Eu·ry·tom·i·dae [jù(ə)rətáːmədìː | jùərɪtɔ́mɪ-] 〘← NL ～ ← *Eurytoma* (属名：⇨ eury-, -tome)＋-IDAE〙 *n. pl.* 〘昆虫〙(膜翅目)カタビロコバチ科.

eu·ry·top·ic [jù(ə)rətáːpɪk | jùərɪtɔ́p-] 〘← ? G *Eurytop* (← EURY-＋-*top* (← Gk *tópos* place))＋-IC¹〙 ── *adj.* 〘生態〙〈動植物が〉(環境の変化に対し)広範囲適応性の (↔ stenotopic). **eu·ry·to·pic·i·ty** [jù(ə)rətoʊpísəṭi, -tɑp- | jùərətə(ʊ)písətɪ, -tɔp-, -sɪ-] *n.*

-e·us [iəs | ɪəs, jəs] 〘▭L ～：⇨ eous〙「筋 (muscle)」の意の名詞連結形：gluteus.

Eu·se·bi·us [juːsíːbiəs | juːsíːbjəs, jʊs-, -bɪəs] 〘▭L ～ ← Gk *eusebḗs* pious〙 ── *n.* エウセビウス《260?-?340；パレスチナ (Palestine) の Caesarea の司教；初期キリスト教会の歴史を書いた,「教会史の父」と呼ばれる；Eusebius Pamphili [pǽmfəlàɪ | -fɪ-] ともいう》. **Eu·sé·bi·an** [-biən | -bjən, -bɪən] *adj.*

Eus·kar·i·an [juːskέ(ə)riən | -skέərɪ-] 〘(1864) ← Basque *Euskara, Uskara* Basque language＋-IAN〙 *adj.* バスク族の (Basque). ── *n.* バスク語；バスク人.

eu·sol [júːsɔ(ː)l, -soʊl | -sɔl] 〘(頭字語) ← *E(dinburgh) U(niversity) s(olution) o(f) l(ime)*：EU- および SOL(UTION) との連想もある〙 ── *n.* 〘薬学〙ユーソール《塩化石灰と漂白粉と硼酸の混合溶液；外傷の消毒液》.

Eu·spo·ran·gi·a·tae [jùːspərændʒiéɪtiː, -éːtiː | -dʒɪ-] 〘← NL ～：↓〙 *n. pl.* 〘植物〙真嚢(のう)シダ類《ハナヤスリ, リュウビンタイ目を含む》.

eu·spo·ran·gi·ate [jùːspərǽndʒiət, -dʒiɪt, -dʒièɪt | -dʒɪət, -dʒɪɪt, -dʒɪèɪt] 〘← NL *eusporangiat-us*：⇨ eu-, sporangium, -ate²〙 ── *adj.* 〘植物〙〈シダ植物が〉真嚢(のう)胞子嚢のある.

Eus·tace [júːstəs | -təs, -tɪs] 〘ME ▭ OF ～ (F *Eustache*) ▭ LL *Eustachius* ▭ Gk *Eustákhios*《原義》fruitful ← EU-＋*stákhus* ear of grain〙 *n.* 男性名.

Eu·stá·chian túbe, e- t- [juːstéɪʃən-, -ʃiən-, -stéɪkiən- | -stéɪʃɪən-, -ʃən-, -stéɪkjən-, -kɪən-] 〘⇨↓, -an¹〙 *n.* 〘解剖〙耳管, エウスタキー管, 欧氏管.

Eu·sta·chio [eustáːkiòʊ, -kjoʊ | -kɪəʊ, -kjəʊ; *It.* eustáːkjo], **Bar·to·lom·me·o** [bàrtolomméːo] *n.* エウスターキオ《1524?-1574；イタリアの解剖学者；ラテン語名 Eustachius [juːstéɪkiəs | -kjəs, -kɪəs]》.

Eu·sta·cia [juːstéɪʃə, -ʃiə | -ʃə, -ʃɪə] 〘(fem.)：⇨ Eustace〙 *n.* 女性名.

eu·sta·cy [júːstəsi | -sɪ] 〘← EU-＋*-stacy* (← Gk *stásis* a standing)〙 ── *n.* (*also* **eu·sta·sy** [～]) 〘地質〙海水面変動《氷河の消長などによって起こる地球規模の海水面の変化》. 「海水面変動の.

eu·stat·ic [juːstǽṭɪk | -tɪk] *adj.* 〘地質〙(地球規模の)

eu·stele [júːstiːl, juːstíːli | júːstiːl, -lɪ] 〘← EU-＋STELE〙 *n.* 〘植物〙真正中心柱.

eu·style [júːstaɪl] 〘▭L *eustyl-os* having the columns at the best distances：⇨ eu-, style〙 ── 〘建築〙 *n.* 正柱式《柱直径の $2^1/_4$ 倍の柱間隔をもつ柱割り (intercolumniation)》. ── *adj.* 正柱式の.

eu·tax·y [júːtæksi | -sɪ] 〘▭F *eutaxie* ▭ Gk *eutaxía* good arrangement ← *eútaktos* orderly ← EU-＋*taktós* (← *tássein* to arrange)〙 *n.* 整理, 整頓 (good order).

eu·tec·tic [juːtéktɪk] 〘← Gk *eútēktos* easily melted＋-IC¹〙〘化学・冶金〙 ── *adj.* **1** 共融(晶)の, 低温で融解する：a ～ alloy 共融(晶)合金 / a ～ mixture 共融混合物 / the ～ point 共融点, 共晶点 / the ～ temperature 共晶[共融]温度 / ～ welding 低温溶接. **2** 共晶合金[混合物]の. ── *n.* 溶けやすい物質, 共融混合物, 共晶, 共融晶.

eu·tec·toid [juːtéktɔɪd] 〘⇨↑, -oid〙〘化学・冶金〙 *adj.* 共析の. ── *n.* 共析合金, 共析晶《特に, 固相中で他の相に変わる時に使われることが多い；cf. peritectoid》.

Eu·ter·pe [juːtə́ːpi, jʊ- | -tə́ːpɪ] 〘▭L ～ ▭Gk *Eutérpē* Muse of music,《原義》well-pleasing ← EU-＋*térpein* to please〙 ── *n.* 〘ギリシャ神話〙エウテルペ《笛・叙情詩を司る；cf. Muse 1》.

Eu·ter·pe·an [juːtə́ːpiən, jʊ- | -tə́ːpjən, -pɪən] *adj.* エウテルペ (Euterpe) の；音楽の.

eu·tha·na·sia [jùːθənéɪʒə, -ʒiə | -zjə, -zɪə, -ʒɪə, -ʒə] 〘(1646) ▭ Gk *euthanasía* easy dying ← EU-＋*thánatos* death〙 ── *n.* **1** (眠るように死ぬ)極楽往生. **2** 安楽死(術) (mercy killing). **eu·tha·na·sic** [jùːθənéɪzɪk, -sɪk] *adj.*

eu·then·ics [juːθénɪks] 〘(1905) ← Gk *euthēnéin* to thrive＋-ICS〙 ── *n.* 環境改善学, 優境学《遺伝に基づく eugenics に対し, 人類の改善を目的として環境と生活状態の改善を研究する》. **eu·then·ist** [juːθénɪst, júːθənɪst, -nəst | juːθénɪst, júːθɪ-] *n.*

Eu·the·ri·a [juːθí(ə)riə | -θíərɪə] 〘← NL ～：⇨ eu-, Theria〙 *n. pl.* 〘動物〙真獣下綱 (⇨ Monodelphia).

eu·the·ri·an [juːθí(ə)riən | -θíərɪ-] 〘⇨↑, -ian〙 *adj., n.* 〘動物〙真獣下綱の(動物).

eu·ther·mic [juːθə́ːmɪk | -θə́ː-] 〘← EU-＋THERMIC〙 *adj.* **1** 平熱の；正常温度の. **2** 発熱性の, 誘熱性の.

eu·thy·roid [juːθáɪrɔɪd | -θáɪər-] 〘← EU-＋THYROID〙 *adj.* 〘解剖〙甲状腺機能正常の.

eu·to·ci·a [juːtóʊʃiə, -ʃə | -ʃɪə, -ʃə] 〘← NL ～ ← Gk *eutokía* happy child birth ← *eútokos* ← EU-＋*tókos* bringing forth〙 *n.* 〘医学〙正常分娩 (↔ dystocia)；安産.

Eu·to·pi·a [juːtóʊpiə, juː- | juːtə́ʊpjə, jʊ-, -pɪə] 〘(1556) ← NL ～ ← EU-＋Gk *tópos* place＋-IA¹：UTOPIA に語呂を合わせた T. More の造語〙 ── *n.* 理想郷；(時に)＝Utopia.

eu·tro·phic [juːtróʊfɪk, -trɑ́f- | -trɔ́f-] 〘⇨ eutrophy, -ic¹〙 ── *adj.* **1** 〘医学〙栄養良好の. **2** 〘生態〙〈川・湖が〉富栄養型の《藻類の発生が過度で, 水底は酸素不足で生物が少なくなる；cf. dystrophic, mesotrophic, oligotrophic》.

eu·tro·phi·cate [juːtróʊfɪkèɪt, -trɑ́f-, -fə- | -trɔ́fɪ-] 〘⇨↑, -ate³〙 ── *vi.* 〘生態〙〈川・湖が〉富栄養化する.

eu·tro·phi·ca·tion [juːtròʊfɪkéɪʃən, -trɑ̀f-, -fə- | -trɔ̀fɪ-]

eu·tro·phy [júːtrəfi | -fɪ] 〘▭ Gk *eutrophía* good nutrition：⇨ eu-, tropho-, -y¹〙 ── *n.* **1** 〘医学〙栄養良好, 栄養正常 (cf. atrophy 1). **2** 〘▭ ? G *Eutrophie*〙〘生態〙(川・湖の)富栄養状態.

eux·e·nite [júːksənàɪt | -sɪ-] 〘▭G *Euxenit* ← Gk *eúxenos* hospitable：⇨ -ite¹〙 ── *n.* 〘鉱物〙ユークセナイト《イットリウム・エルビウム・セリウム・ウラニウムを含む複雑な組成をもった黒褐色の鉱物》.

Éux·ine Séa [júːksɪn-, -sən-, -saɪn- | -saɪn-] 〘⇨ Pontus Euxinus〙 *n.* [the ～] エウクセイノス海《Pontus Euxinus の英訳》.

eV, EV, ev 《略》〘物理〙electron volt(s) (cf. MeV).

E.V. 《略》English Version (of the Bible).

E·va [íːvə] 〘▭ LL ～：⇨ Eve〙 *n.* 女性名.

EVA, E.V.A. 《略》extravehicular activity.

evac. 《略》evacuate；evacuation.

e·vac·u·ant [ɪvǽkjuənt, əv-, iːv- | ɪvǽkju-, iːv-] 〘▭ L *ēvacuant-em* (pres.p.) ← *ēvacuāre* (↓)：⇨ -ant〙 ── *adj.* 〘医学〙排泄(はいせつ)促進の, 通じをつける. ── *n.* 〘薬学〙排泄薬；(特に)下剤, 瀉下(しゃか)薬.

e·vac·u·ate [ɪvǽkjuèɪt, əv-, iːv- | ɪvǽkju-, iːv-] 〘(*a*1400) *evacue(n), evacuate(n)* ▭ (O)F *évacuer* ∥ ← L *ēvacuāt-us* (p.p.) ← *ēvacuāre* to empty out ← *ē-* 'EX-¹'＋*vacuus* empty：cf. vacant〙 ── *vt.* **1** **a** 〈軍隊を〉引き上げる, 撤退させる；〔作戦地帯から〕〈傷病兵・資材などを〉後送する；〔空襲・戦禍などの危険区域から〕〈住民・民家などを〉移す, 疎開させる〔*from*〕：～ a garrison *from* a post 守備隊を陣地から撤退させる / ～ a populace 人民を疎開させる. **b** 〈場所・家〉から立ちのく；…から立ちのかせる；〈軍隊などが〉〈占拠地など〉から撤退する：The fire forced 50 families to ～ their homes. その火事で 50 世帯が家を立ちのく羽目になった / The police ～*d* the theater. 警察は劇場から人々を立ちのかせた. **2** 〈容器などを〉あける, からにする；…から〔空気などを〕抜く〔*of*〕；〈内容物を〉あける：～ water *from* a pond 池から水をかい出す. **3** 〘生理〙〈嚢便などを〉排泄(はいせつ)する, 瀉下(しゃか)する, 排除する (discharge)；〈腸など〉から〔嚢便などを〕排泄する (void) 〔*of*〕：～ the bowels (下剤などを用いて)排便させる. **4** …から〔内容・価値を〕奪う (deprive) 〔*of*〕：～ a term *of* all its proper meaning 用語から正しい意味をすっかり奪ってしまう. ── *vi.* **1** (空襲・戦禍などから)避難する, 疎開する；撤退する, 撤兵する. **2** 排泄する (void, defecate). **e·vac·u·a·tive** [ɪvǽkjuèɪṭɪv, əv-, iːv- | ɪvǽkjuèɪt-, iːv-] *adj.* **e·vác·u·à·tor** [-ṭə | -tə(r)] *n.*

e·vac·u·a·tion [ɪvæ̀kjuéɪʃən, əv-, iːv- | ɪvæ̀kju-, iːv-] 〘(*a*1400) ▭ (O)F *évacuation* ∥ LL *ēvacuātiō(n-)*：⇨↑, -ation〙 ── *n.* **1** あけ渡し, 引払い, 引揚げ. **2** 内容をあけること, (器を)からにすること；(中味の)排除, 排出 (expulsion). **3** 〘生理〙排泄(はいせつ), 瀉下(しゃか) (discharge), (特に)排便；排泄物. **4** 〘機械〙排気 (exhaustion). **5** (軍隊の)撤退, 撤去, 撤兵 (removal)；(傷病兵・軍用資材などの)後送；(空襲などからの住民・民家などの)疎開, 避難.

evacuátion chùte *n.* 〘航空〙非常脱出用シュート.

e·vac·u·ee [ɪvæ̀kjuíː, əv-, iːv- | ɪvæ̀kjuːíː, iːv-, -kjʊ-] 〘▭ F *évacué(e)*：⇨ evacuate, -ee¹〙 *n.* (空襲などからの)避難者, 疎開者；(戦地からの)引揚者 (cf. repatriate).

e·vad·a·ble [ɪvéɪdəbl̩, əv- | ɪv-] *adj.* 避けられる.

e·vade [ɪvéɪd, əv- | ɪv-] 〘(1513) ▭ F *évad-er* ▭ L *ēvādere* to escape ← *ē-* 'EX-¹'＋*vādere* to go〙 ── *vt.* **1** 〈追跡者・敵などを〉(巧みに)避ける, よける, 逃れる, 〈攻撃・打撃などを〉かわす, 〈困難・障害などを〉回避する：～ the pursuit [one's pursuers] 追跡[追跡者]をうまく逃れる / The ship ～*d* the obstacle. 船はその障害物を避けた. **2** 〈質問・返事・議論などを〉はぐらかす；〈結論・事実などを〉認めることを避ける：～ the fact 事実を直視しない / He ～*d* her questions with grins. にやにや笑って彼女の質問をはぐらかした. **3** 〈法律を〉潜(くぐ)る (get round). **4** 〈義務・支払いなどを〉回避[忌避]する：～ (pay*ing*) taxes 脱税する / ～ payment of $119,000 in taxes 11 万 9 千ドルの脱税をする / ～ service 兵役を忌避する. **5** 〈物事が〉〈努力などを〉だめにする, むなしくする (baffle)：a term that ～*s* definition 定義の困難な術語. ── *vi.* **1** 逃避[回避]する. **2** 言い抜ける.

e·vád·er *n.* 忌避者：a draft ～ 徴兵忌避者.

e·vad·i·ble [ɪvéɪdəbl̩, əv- | ɪvéɪdə-, -dɪ-] *adj.* ＝evadable.

e·vád·ing·ly *adv.* 避けるように；言抜けをするように.

E·vad·ne [ɪvǽdni, ev- | -nɪ] 〘▭L ～ ▭Gk *Euádnē*：the Seven against Thebes の一人 Capaneus の妻の名〙 *n.* 女性名.

e·vag·i·nate [ɪvǽdʒənèɪt, əv- | ɪvǽdʒɪ-] 〘← L *ēvāgināt-us* (p.p.) ← *ēvāgināre* to unsheathe ← *ē-* 'EX-¹'＋*vāgina* sheath：⇨ vagina, -ate³〙 ── *vt.* **1** 裏返しにする. **2** 〘生理〙〈管状器官を〉外転[翻転]する.

e·vag·i·na·tion [ɪvæ̀dʒənéɪʃən, əv- | ɪvæ̀dʒɪ-] 〘▭ LL *ēvāginātiō(n-)*：⇨↑, -ation〙 *n.* 〘生理〙(管状器官の)外転, 外反, 翻転, 膨出；翻転部.

eval. 《略》evaluate；evaluation.

e·val·u·ate [ɪvǽljuèɪt, əv- | ɪvǽlju-] 〘(1842)《逆成》← EVALUATION〙 ── *vt.* **1** (綿密に)…の価値を検討する, 評価する (appraise), 鑑定する：～ a student's ability 学生の能力を評価する. **2** 〘数学〙…の数値を求める；数的に表現する, 数的に見積る. **3** …の数量を決める, 合計する：He ～*d* the cost of repairs. 修理代の総計を出した. ── *vi.* 評価する. **e·vál·u·à·tor** [-ṭə | -tə(r)] *n.*

e·val·u·a·tion [ɪvæ̀ljuéɪʃən, əv- | ɪvæ̀lju-] 〘(1755) ▭ F *évaluation* ← *évaluer*：⇨ ex-¹, value〙 *n.* **1** 数値を求めること, 数的表現. **2** 評価, 鑑定.

e·val·u·a·tive [ɪvǽljuèɪṭɪv, əv- | ɪvǽljuèɪt-] *adj.* 評価的な：～ terms 評価語.

Ev·an [évən] 〘▭ Welsh ～《原義》young：cf. L *juvenis* young〙 *n.* 男性名.

E·van·der [ɪvǽndə | -də(r)] 〘▭ L *Ēvander*〙 ── *n.* 〘ローマ伝説〙エウァンドロス《Hermes の子; Arcadia からイタリアに植民し, (のちの)ローマの Palatine Hill に住んでいたが, Aeneas に助力してローマ建国を成功に導いた》.

ev·a·nesce [èvənés, ← ← ← | ìːvənés, èv-] 〘(1822) ▭ L *ēvānēsc-ere* to vanish away ← *ē-* 'EX-¹'＋*vānēscere* to pass away (← *vānus* 'VAIN')：cf. evanish〙 ── *vi.* (次第に)消えて行く, 消えうせる, 消散する.

e·va·nes·cence [èvənésn̩s | ìːv-, èv-] 〘⇨↓, -ence〙 *n.* **1** 消失, 消散 (disappearance)：the ～ of vapor 湯気の消失. **2** 消えやすさ, はかなさ.

ev·a·nes·cent [èvənésn̩t | ìːv-, èv-] 〘(1717) ▭ L *ēvānēscent-em* (pres.p.) ← *ēvānēscere*：⇨ evanesce, -ent〙 ── *adj.* **1** 〈印象・外見・状態など〉消えやすい, (次第に)消えて行く (vanishing)；つかの間の, はかない (transitory)：～ glory はかない栄光. **2** 極めて微かな, 〈区別など〉認め難いほど小さい. **3** 〘植物〙〈植物の部分など〉すぐに凋落(ちょうらく)する, ちょっとしか続かない. **4** 〘数学〙無限小の (infinitesimal).

èv·a·nés·cent·ly *adv.* (見る見る)消失して；消失[消散]しやすく；はかなく.

e·van·gel¹ [ɪvǽndʒəl, əv- | ɪvǽndʒel, -dʒəl] 〘(*c*1340) *evaungel* ▭ (O)F *évangile* ∥ LL *evangel-ium* ▭ Gk *euaggélion* good tidings, gospel ← *euággelos* bringing good news ← EU-＋*ággelos* messenger：cf. angel〙 ── *n.* **1** (キリストによって世界が救われるという)福音 (gospel). **2** [E-] (新約聖書の)福音書：the *Evan-*

gels 四福音書《Matthew (マタイ), Mark (マルコ), Luke (ルカ), John (ヨハネ)による四書》. **3** (福音のような)よい便り, 吉報 (good news). **4** (最重要な)指導原理, 政綱.

e·van·gel² [ɪvǽndʒəl, əv- | ɪvǽndʒel, -dʒəl] 〘▭ Gk *euággel-os* (↑)〙 *n.* =evangelist.

e·van·gel·ic [ìːvændʒélɪk, èvən- | ìːvæn-, èv-, -vən-] 〘《?*a*1425》: ⇨ evangel¹, -ic¹〙 *adj.* =evangelical. ── *n.*《古》=evangelical.

e·van·gel·i·cal [ìːvændʒélɪkəl, èvən-, -lə- | ìːvæn-dʒélɪ-, èv-, -vən-] 〘《1531》← LL *ēvangelic(us)* (⇨ evangel¹)+-ICAL〙 ── *adj.* **1** 福音の, 福音的な, 福音伝道の: ~ preaching 福音伝道説教. **2** 福音主義的な (⇨ Evangelicalism 1). **3** [時に E-] 新教の (Protestant). **4 a** [E-] (ドイツの)福音主義教会の[に関する]. **b** [しばしば E-] 根本主義 (fundamentalism) を信奉する[の特色をもった]. **c** [通例 E-] (英国の) Low Church 派の. **5** (evangelist らしく)熱情に燃える: ~ patriotism 燃えるような愛国心. ── *n.* 根本主義者; [しばしば E-] (英国の) Low Church 派の人.
~·ly *adv.*

È·van·gél·i·cal·ìsm [-lìzm] *n.* **1** 福音主義《伝承・律法・儀式など外的権威に依存せず, 聖書に示されたキリストの十字架による罪の赦しと神の恩寵とに信仰の中心をおく教説》. **2** 福音主義信仰; 福音教会(派)支持.

E·van·ge·line [ɪvǽndʒəlɪn, əv-, -lən, -lìːn, -làɪn | ɪvǽndʒɪlìːn, -dʒə-] 〘▭ F *Évangéline*: ⇨ evangel¹, -ine⁴〙 ── *n.* **1** 女性名《愛称形 Vangie》. **2 a**「エヴァンジリーン」《Longfellow の詩 (1847)》. **b** エヴァンジリーン《*Evangeline* の女主人公》.

e·ván·ge·lìsm [-dʒəlìzm | -dʒə-, -dʒɪ-] 〘《*a*1626》▭ LGk *euaggelism-ós*: ⇨ evangel¹, -ism〙 ── *n.* **1** 福音の伝道; 伝道活動. **2** =Evangelicalism 2. **3** 伝道的熱意.

e·ván·ge·list [-lɪst, -ləst | -lɪst] 〘? OE *ewangeliste* ▭ (O)F *évangéliste* ∥ LL *ēvangelista* ▭ Gk *euaggelistḗs*: ⇨ evangel¹, -ist〙 ── *n.* **1** [E-] 福音書記者[著者], 福音史家《Matthew, Mark, Luke, John の 4 人; cf. evangel¹ 2》. **2** 福音の宣教者, 福音伝道者. **3 a** (初代キリスト教会 (primitive church) の)伝道者《使徒 (apostle)・預言者 (prophet) に次ぐ指導者》. **b** 俗人の伝道者. **c** 巡回説教者 (itinerant preacher). **4** 信仰復興運動者(revivalist). **5**《モルモン教》=patriarch 7.

E·van·ge·lis·ta [ɪvæ̀ndʒəlístə, əv- | ɪvæ̀ndʒə-, -dʒɪ-] 〘▭ LL *Evangelista* (↑)〙 *n.* 男性名.

e·van·ge·lis·ta·ry [ɪvæ̀ndʒəlístəri, əv- | ɪvæ̀ndʒəlís-tərɪ, -dʒɪ-] 〘《*a*1646》▭ ML *ēvangelistāri-um*: ⇨ evangelist, -ary〙 ── *n.*《キリスト教》(礼拝式で読む)四福音書聖句集.

e·van·ge·lis·tic [ɪvæ̀ndʒəlístɪk, əv- | ɪvæ̀ndʒə-, -dʒɪ-] ── *adj.* **1** 福音伝道者の. **2** 福音主義的な: an ~ interpretation of the Bible 福音主義的な聖書の解釈. **3** 罪人の改宗に努める; 伝道的な, 伝道に適した. **4** [E-] 福音書記者[著者]の, 福音史家の. **e·vàn·ge·lís·ti·cal·ly** *adv.*

e·van·ge·li·za·tion [ɪvæ̀ndʒəlɪzéɪʃən, əv- -lə- | ɪvæ̀ndʒəlaɪ-, -dʒɪ-, -lɪ-] 〘▭ LL *evangelizātiō(n-)*: ⇨ ↓, -ation〙 *n.* 福音伝道[宣伝], キリスト教伝道.

e·van·ge·lize [ɪvǽndʒəlàɪz, əv- | ɪvǽndʒə-, -dʒɪ-] 〘《*a*1382》▭ LL *evangelizāre* ▭ Gk *euaggelízesthai*, *euaggelízein* to bring good news: ⇨ evangel¹, -ize〙 ── *vt.* **1** …に(キリスト教の)福音を説く. **2** (福音を説いて)キリスト教に改宗させる: ~ the natives 土着民をキリスト教化する. ── *vi.* 福音を伝える, 伝道する. **e·ván·ge·lìz·er** *n.*

Ev·a·ni·i·dae [èvənáɪədìː | -náɪɪ-] 〘← NL ~ ← *Evania* (属名: ← Gk *euánios* taking trouble easily ← EU-+*ania* trouble)+-IDAE〙 ── *n. pl.*《昆虫》(膜翅目)ヤセバチ科.

e·van·ish [ɪvǽnɪʃ, əv- | ɪv-] 〘《*c*1350》← OF *evaniss-* (stem) ← *evanir* (F *évanouir*): ⇨ ex-¹, vanish〙 *vi.* 《文語》**1** 消失する. **2** 消滅する, 死ぬ. **~·ment** *n.*

Ev·ans [évənz], Sir **Arthur John** *n.* (1851–1941) 英国の考古学者; Crete 島の Knossos 宮殿を発掘.

Evans, Dame **Edith** *n.* (1888–1976) 英国の舞台女優.

Evans, Herbert Mc·Lean [məkléɪn] *n.* (1882–1971) 米国の発生学者・解剖学者.

Evans, Mary Ann *n.* George ELIOT の本名.

Evans, Oliver *n.* (1755–1819) 米国の発明家.

Ev·ans·ville [évənzvɪl] 〘← *Gen. R. M. Evans* (米英戦争に従軍した将軍で, この町の創立者の一人): cf. vill〙 ── *n.* 米国 Indiana 州南西部, Ohio 川に臨む都市; 人口 134,000.

evap.《略》evaporate; evaporation; evaporator.

e·vap·o·ra·bil·i·ty [ɪvæ̀p(ə)rəbíləti, əv- | ɪvæ̀p(ə)rəbíl-əti, -lɪ-] *n.* 蒸発性.

e·vap·o·ra·ble [ɪvǽp(ə)rəbl̩, əv- | ɪv-] 〘⇨ ↓, -able〙 *adj.* 蒸発させることのできる, 蒸発しやすい, 蒸発性の.

e·vap·o·rate [ɪvǽpərèɪt, əv- | ɪv-] 〘《?*a*1425》← L *ēvapōrāt-us* (p.p.) ← *ēvapōrāre* to disperse in vapor (⇨ ex-¹, vapor)〙 ── *vt.* **1** 蒸気にする (turn into vapor); 蒸発させる: Heat ~s water. 熱は水を蒸発させる. **2** (熱などで)〈牛乳・野菜・果物などの〉水分を抜く, 脱水する: ~ fruit 果物の水分を抜く / ~ milk *down to* a proper consistency 牛乳を適当な濃度になるまで煮つめる / ~*d* apple (輪切りにして干した)乾燥りんご. **3** 〈希望などを〉消散[消失]させる. **4 a**《化学》〈金属などを〉蒸着させる. **b**《物理》核蒸発させる《核子を原子粒から蒸発させる》. ── *vi.* **1** 蒸発する. **2** 〈溶液などの〉水分が抜ける[発散する]. **3** 〈希望・決意などが〉消散する (vanish): My hope ~*d*. 希望が消散した. **4**《戯言》〈人が〉いなくなる (disappear), 死ぬ.

e·vap·o·rat·ed milk [-tɪd-, -təd- | -tɪd-, -təd-] *n.* 無糖練乳, エバミルク (cf. condensed milk).

e·váp·o·rat·ing dìsh [-tɪŋ- | -tɪŋ-] *n.* 蒸発皿.

e·vap·o·ra·tion [ɪvæ̀pəréɪʃən, əv- | ɪv-] 〘《*a*1398》▭ (O)F *évaporation* ∥ L *ēvapōrātiō(n-)*: ⇨ evaporate, -ation〙 ── *n.* **1 a** (水分の)発散; 蒸発(作用): ~ *to* dryness 蒸発乾固 / thicken by ~ 蒸発によって濃くする. **b**《化学》蒸着《金属小片を加熱蒸発させてガラスなどの表面に薄膜として凝着させること》. **2** (蒸発による)脱水法, 濃縮法, 蒸発乾燥[濃縮]: the ~ of apple juice りんご果汁の濃縮. **3**《古》蒸発気, 蒸気 (vapor); 蒸発量. **4** (希望などの)消散.

e·vap·o·ra·tive [ɪvǽpərèɪtɪv, əv-, -rət- | ɪvǽpərət-, -rèɪt-] 〘《*a*1425》▭ LL *ēvapōrātīv-us*: ⇨ evaporate, -ive〙 ── *adj.* 蒸気化の, 蒸発の: ~ power 蒸発力.
~·ly *adv.*

e·vap·o·ra·tiv·i·ty [ɪvæ̀pərətívəti, əv- | ɪvæ̀pərətívə-tɪ, -vɪ-] *n.* 蒸発する傾向; 蒸発の速度.

e·váp·o·rà·tor [-tə | -tə(r)] *n.* 蒸発乾燥係; 蒸発器, 蒸化器; (果物などの)蒸発乾燥[濃縮]器.

e·vap·o·rim·e·ter [ɪvæ̀pərímətə, əv- | ɪvæ̀pərímɪ-tə(r), -mə-] 〘← EVAPOR(ATE)+-I-+-METER¹〙 *n.* 蒸発計 (atmometer).

e·vap·o·rite [ɪvǽpəràɪt, əv- | ɪv-] 〘← EVAPOR(ATION)+-ITE¹〙 ── *n.*《地質》蒸発残留岩[沈積物]《陸地内に閉じ込められた海水が蒸発してできた石膏(せっこう)・岩塩などの総称》.

e·vap·o·rom·e·ter [ɪvæ̀pərɑ́mətə, əv- | ɪvæ̀pərɔ́mɪ-tə(r), -mə-] *n.* =evaporimeter.

e·vap·o·tran·spi·ra·tion [ɪvæ̀po(ʊ)trænspəréɪʃən, əv- | ɪvæ̀pə(ʊ)træns-, -trɑːns-] 〘← EVAPO(RATION)+TRANSPIRATION〙 ── *n.*《気象》**1** 蒸発散《土壌面からの蒸発と植物の蒸散作用により土壌中の水分が失われること》. **2** 蒸発散量, 蒸発水量《flyoff ともいう》.

e·vap·o·tran·spire [ɪvæ̀po(ʊ)trænspáɪə, əv- | ɪvæ̀p-ə(ʊ)trænspáɪə(r), -trɑːns-] 〘《逆成》↑〙 *vt.*《地質》蒸発によって土壌中の〈水分を〉失わせる.

Ev·arts [évəts | évəts], **William Maxwell** *n.* (1818–1901) 米国の法律家・政治家.

é·va·sé [èɪvɑːzéɪ; *F.* evaze] 〘▭ F ~ (p.p.) ← *évaser* to widen the mouth of〙 *adj.* 〈煙突・はけ口など〉朝顔形の, 広口の.

e·va·sion [ɪvéɪʒən, əv- | ɪv-] 〘《?*a*1425》▭ (O)F *évasion* ∥ LL *ēvāsiō(n-)* ← L *ēvāsus* (p.p.): ⇨ evade, -sion〙 ── *n.* **1** (巧みに)逃げること; (責任・義務などの)回避, 忌避. **2** ごまかし, 言抜け, 回避 (equivocation). **3** 逃げ口上 (subterfuge): take shelter in ~*s* 逃げ口上を言って避ける. **4** (身体上の)脱出《避暑・避寒など》; (精神上の)逃避. **5** 脱税(行為): income tax ~ 所得税の脱税. **~·al** [-ʒənl̩, -ʒnəl] *adj.*

e·va·sive [ɪvéɪsɪv, əv-, -zɪv | ɪv-] 〘《1725》: ⇨ ↑, -ive〙 ── *adj.* **1** 回避的な, 逃避的な: ~ idealism 逃避的な観念論. **2** (わざと)曖昧(あいまい)な, 言抜けの, 捕え所のない, たちまち消える: an ~ answer 歯切れの悪い返答.

evásive áction *n.* **1**《航空》(敵機または敵の高射砲を避ける)回避行動. **2** (不愉快・面倒を避けるための)回避行動: take ~.

e·vá·sive·ly *adv.* 回避的に, 捕え難いように; 曖昧に, いなすように, うやむやにごまかして.

e·vá·sive·ness *n.* 逃避性, 回避; 捕えにくさ, (うまく言い抜ける)ずるさ.

eve [iːv] 〘《?*a*1200》《異形》← EVEN¹〙 ── *n.* **1**《古》晩, 夕 (evening) (cf. morrow). **2** 宵(よい)祭, (祭日など特別の日の)前夜, 前日 (cf. night 2 b): Christmas *Eve* クリスマス前夜《12 月 24 日》 / New Year's *Eve* 大晦日(みそか) / *on* the ~ *of* the funeral 葬式の前日に. **3** (重要事件などの)直前: *on* the ~ *of* a revolution [sinking] 革命[沈没]のまぎわに.

Eve [iːv] 〘OE *Ēfe* ▭ LL *Ēva* ▭ Heb. *Ḥawwā́ʰ* 《通俗語源》a living being (← *ḥāyā́ʰ* to live); 《原義》? serpent (cf. OAram. *ḥwh* serpent), ? mother (cf. Akkad. *awa* mother)〙 ── *n.* **1** 女性名《愛称形 Evie; 異形 Eva》. **2**《聖書》エバ, イブ《人類の始祖 Adam の妻, 神が創造した最初の女 (*Gen.* 3:20)》: a daughter of ~ 女性, 女《しばしば女性特有の好奇心などに関連していう》. **3** (典型的な女性的特質をもった)女性, 女.
not know from Eve 〈ある女の人を〉全然知らない, 面識がない (cf. Adam¹).

Ève [éɪv; *F.* ɛːv] 〘▭ F ~: ↑〙 *n.* 女性名.

e·vec·tion [ɪvékʃən, əv- | ɪv-] 〘《1656》▭ L *ēvectiō(n-)* ← *ēvectus* (p.p.) ← *ēvehere* to carry or convey out ← *ē-* 'EX-¹'+*vehere* to carry: cf. vehicle〙 ── *n.*《天文》出差《太陽の作用による月の運行の周期的不等》.
~·al [-ʃənl̩, -ʃnəl] *adj.*

Ev·e·leen [évəlìːn | íːvlìːn, évɪlìːn] 〘▭ Ir. ~ ← Gael. *Eibhilin* 《原義》pleasant ∥ (dim.) ← EVA: cf. Evelyn〙 *n.* 女性名.

Ev·e·li·na [èvəláɪnə, -líː- | èvɪlíː-] 〘⇨ Evelyn〙 *n.* 女性名.

Ev·e·line [évəlàɪn, -lìːn | íːvlɪn, év-, évɪlìːn] 〘↓〙 *n.* 女性名.

Ev·e·lyn [év(ə)lɪn, íːv-, -lən | íːvlɪn, év-] 〘ME ▭ ONF *Aveline* ▭ OHG *Avelina* (dim.) ← *Avi* (女性名)〙 ── *n.* **1** 女性名《異形 Eveleen, Evelina, Eveline》. **2** 男性名.

Eve·lyn [íːvlɪn, év-, -lən | -lɪn], **John** *n.* (1620–1706) 英国の著述家; *The Diary* (1640–1706; 1818 刊行, 1955 無削除版).

e·ven¹ [íːvən] 〘OE *ēfen, ǣfen* ← (WGmc) **æbinj-*, **æbunj-* the later time (Du. *avond* / G *Abend*) ← IE **apo-* away (Gk *epí* on, after)〙 *n.*《詩》=evening.

e·ven² [íːvən] 〘adj.: OE *ef(e)n* level, even < Gmc **ebnaz* (Du. *even, effen* / G *eben*) ← ?. ── adv.: OE *efne* < (WGmc) **ebnō*. ── v.: OE *efnan, efnian* ← *ef(e)n* (adj.)〙 ── *adj.* **1 a** 〈面・土地が〉平らな, 平坦な; 〈線などが〉切れ目[凹凸(おうとつ)]のない, 滑(なめ)らかな: an ~ surface 平らな表面 / an ~ ridge 平坦な尾根 / an ~ coastline なだらかな海岸線. **b** 〔…と〕同一平面上にある, 同じ高さの, 平行な 〔*with*〕: The water rose till it was ~ *with* the floors. 水かさが増してついに床の高さにまで達した. **2 a** 〈運動・過程など〉規則正しい (regular); 〈色彩・形状など〉むらのない, 均一の, 一様な (uniform): an ~ red color むらのない赤い色 / ~ teeth きれいな歯並び / an ~ tone of voice なだらかな音声 / an ~ stress《音声》平板強勢 / an ~ pulse 規則正しい脈搏 / an ~ flow of work 終始淀みのない仕事の流れ / I could hear her ~ breathing. 彼女の規則正しい寝息が聞こえた. **b** 〈生活など〉単調な, 平穏な: an ~ tenor of life 平穏な日々の生活. **c** 〈気質など〉平静な, 穏やかな, 落着きのある: a man of an ~ temper 穏やかな気性の人. **3** 〈数量・距離・得点など〉均等の, 同一の: ~ shares 均等な分け前 / an ~ score 同点 / The houses stood ~ distances apart. 家家は互いに同じ間隔を置いて立っていた / of ~ date (発信と)同一日付の. **4 a** 〈はかりなど〉平衡した, 釣合いの取れた; 〈行動・法律など〉平等な, 公平な: an ~ exchange 公平な交換 / on ~ ground 対等で / keep an ~ hand 法を平等に行なう (cf. evenhanded) / The two scales hang ~. はかりが釣り合っている. **b** (互いに)借りのない, 清算ずみの (square); 〈勝負など〉優劣のない, 互角の: get ~ 借金がなくなる / an ~ match [fight] 互角の試合[戦い] / The teams now stand ~. 両チームの得点がタイとなった / *Even* reckoning makes long friends.《諺》貸借なければ交友は永保(なが)ち / This will make all ~. これでちょうど貸し借りがなくなる / ⇨ BREAK *even*. **c** [Predicative に用いて] 〔…に〕仕返しをして, 復讐して (revenged) 〔*with*〕: I decided to get ~ *with* him *for* the insult. 彼にその恥辱の仕返しをしてやろうと決心した. **5** 〈見込み・勝算が〉五分五分の (fifty-fifty): The chances [odds] are ~. 見込み[勝目]は五分五分だ / It is an ~ chance that he will succeed. 彼の成功の見込みは五分五分だ / He stood an ~ chance of being elected. 五分五分ぐらいのところで当選しそうな形勢だった / an ~ break ⇨ break¹ *n.* 8. **6 a** 偶数の (↔ odd): an ~ number 偶数 / evenly ~ 4 で割り切れる / oddly ~ 奇数と偶数で割れる / unevenly ~ 2 で割り切れるが 4 で割り切れない. **b** 偶数に当たる; 偶数から成る: ~ pages (本の)偶数ページ / an ~ committee 偶数の構成員から成る委員会. **c**《数学》〈関数・置換が〉偶の: ⇨even function, even permutation. **7** 〈金額・数など〉端数[過不足]のない, ちょうどの: an ~ hundred ちょうど 100 / It cost an ~ $9. ちょうど 9 ドルかかった. **8**《廃》〈言葉など〉率直な, 単刀直入の (straightforward).

── *adv.* **1 a** [事実・真実性・極端な事例などを強調して] …でさえも, すら; (それぱかりではなく)本当に, (いや)実に (indeed): ~ then その時でさえ / ~ now 今でさえ, 今でも (cf. 2 b) / He disputes ~ the facts. 彼は事実までも疑う / She refused ~ to meet him. 彼女は彼に会うことさえ断わった / *Even* a boy could carry this parcel. 子供だってこの荷物は運べる / I ~ lent him my own books. 私は自分の本を貸してやることさえいとわなかった / Does he ~ suspect the danger? 大体彼は危険だと感づいているのかしら《感づいてさえおるまい》 / She never ~ opened the letter. その手紙を(読むどころか)開けもしなかった / It seemed to me necessary, ~ unavoidable. それは私には必要なこと, いや避けがたいことさえ思えた. **b** [~ *if*, ~ *though* などとして; 仮想・譲歩・不調和性を強調して] (たとえ)…でも: *Even if* you don't like it, you must do it. たとえいやでもしなければならない / *Even though* he disagrees, I'll agree. たとえ彼が賛成しなくても私は賛成する / He wears a coat ~ *when* it is midsummer. 彼は真夏でも上衣を着ている. **c** [比較級を強調して] なお, さらに (still): I can carry one ~ *larger*. もっと大きいのでも運べる / It was ~ *hotter* yesterday. (これぐらいならよいほうで)きのうはまだ暑かった. **2**《古》**a** 十分に(…の程度に至るまで) (fully): He was loyal ~ *to* the death. 命を賭してまでも忠誠を尽くした. **b** ちょうど, 正しく, 正確に (just, precisely): ~ now ちょうど今, 正に今 (cf. 1 a) / ~ thus 正にこの通りに / It has turned out ~ *as* I expected. 正に予想していた通りになった / *Even as* he was speaking, a shot rang out. 彼がちょうど演説をしている時に銃声が響き渡った. **c** [強調的に同格語に先立って] ほかならぬ, すなわち (that is): God, ~ the Father of our Lord Jesus Christ 我らの主イエスキリストの父なる神 (2 *Cor.* 1:3). **3**《俗》平らかに, 滑(なめ)らかに (evenly): keep things running ~ 事

を滑らかに進展させる.

even on 《スコット》間断なく, 引き続いて, 絶え間なく (continuously). ***even so*** (1) [接続副詞的に] それはそうでも, そうとしても (even in that case): There are omissions, but ~ *so* the book is a good one. 遺漏はあるがそうとしてもこの本は良い本だ. (2)《古》正にその通りで (cf. 2 b): It is ~ *so*.

— *n*. [~s; 通例単数扱い]《英》**1** =even time 1: He ran the hundred in ~*s*. 百ヤードをちょうど 10 秒で走り抜いた / John broke ~*s* for 100 yards. ジョンは百ヤード 10 秒以下のタイムで走った. **2 a** =even money 1 a. **b** イーブン, 勝敗が五分五分の形勢 (even odds): The favorite started at ~*s*. その人気馬は五分五分の形勢でスタートを切った.

— *vt*. **1 a** 平らにする, ならす (level) ⟨*out, off*⟩: ~ (*out*) the ground 地面を平らにする. **b** 均等[平等]にする, (全体にわたって)調整する, 安定させる (stabilize) ⟨*out*⟩. **2** 清算する; …に片をつける ⟨*up, off*⟩; (優劣なく)対等[五分]にする: ~ (*up*) accounts 勘定を精算する / He seemed to be ~*ed with* his rival. 競争相手との間の事はどうやらうまく収まったようだった / The win ~*ed* his record at 4-4. その勝ちで彼の成績は 4 勝 4 敗の五分となった. **3 a**《古》〔…と〕同等[対等]に扱う〔*to, with*〕. **b** 〔…に〕なぞらえる〔*to*〕.

— *vi*. **1 a** 平らになる ⟨*out, up, off*⟩. **b** ⟨物価などが⟩安定する ⟨*out*⟩. **2** 均衡がとれる, 平衡する ⟨*up, off*⟩. **3** ⟨勝敗の見込みが⟩五分五分である[となる]: Odds have ~*ed between* us. 我々の間の勝目は五分五分となった.

even up with ⟨人⟩に報いる, 仕返しをする.

é·vé·ne·ment [èɪvenəmɑ́ː(ŋ), -mɔ̃ː(ŋ), -mɑ́ːŋ, -mɔ́(ː)ŋ; *F*. evɛn(ə)mɑ̃, evɛnmɑ̃] 〘▭F ~ 'event, incident' ← L *ēvenire* to come forth〙 **—** *F*. *n*. 事件; (社会的・政治的に重大な)出来事.

é·ven·er [-v(ə)nə | -vənə(r)] *n*. 平均させる人[物].

éven-éven núcleus *n*.〘物理〙偶偶核《偶数個の陽子と偶数個の中性子とからなる(原子)核; cf. even-odd nucleus, odd-even nucleus, odd-odd nucleus》.

éven·fàll 〘← EVEN[1]+FALL (n.)〙 *n*. 夕暮, たそがれ.

éven fúnction *n*.〘数学〙偶関数《恒等的に $f(-x)=f(x)$ という関係を満足させる関数; cf. odd function》.

éven·hánded *adj*. 公平無私な, 公明正大な, 片手落ちのない (impartial, fair): ~ justice 公平な裁判. **~·ly** *adv*. **~·ness** *n*.

éven harmónics *n*.〘電気〙偶数次調波 (cf. odd harmonics).

eve·ning [íːvnɪŋ] 〘OE *ǣfnung* (ger.) ← *ǣfnian* to draw toward evening ← *ǣfen* 'EVEN[1]': ⇨ -ing[1]〙 **—** *n*. **1 a** 夕刻, 日暮; 晩, 夜分《特に, 日没[夕食時]から就寝時まで; cf. morning, afternoon, night》: this [yesterday, tomorrow] ~ 今[昨, 明]晩 / at ~《古・詩》=in the ~ 日暮に, 晩に / at ten (o'clock) in the ~ 夜 10 時に / on a July ~ 7 月のある宵 / on Saturday ~ 土曜日の晩に / on the ~ of the 10th 10 日の晩に / ~ by ~ 夜な夜な / toward ~ 夕方近くに / of an ~ しばしば[よく]晩に (cf. of[1] 16) / ⇨ evenings. **b**《口語》今晩は (Good evening). **c**《口語》夕刊: a local ~ 地方版の夕刊. **2**《米南部・中部》午後 (afternoon)《正午から暗くなるまで》. **3**《文語》晩年, 末路; 衰退期: in the sad ~ of life 悲しい晩年に / He has arrived at the ~ of his days. 晩年に差しかかった. **4 a** (催し物などのある)夕べ (cf. F *soirée*, G *Abend*): a musical ~ 音楽の夕べ / an ~ at the theater 観劇の夕べ. **b** 夜会.

— *attrib. adj*. 夕方の, 夕暮の, 夕方用いる[行なわれる, 現われる]: the ~ hours 夕方の時間, 夕刻 / an ~ paper [edition] 夕刊 / an ~ meal 夕食 / the ~ sky 夕方の空, 夕空.

évening cámpion *n*.〘植物〙=white campion.

évening clòthes *n. pl*. =evening dress.

évening drèss *n*. **1** (男子用)夜会服《full dress や tuxedo; cf. morning dress 2》. **2** (婦人用)夜会服《通例袖なしで, デコルテ (décolleté) 風の服; cf. dinner clothes》.

évening èmerald *n*.〘鉱物〙=peridot.

évening glòw *n*. 夕焼け.

évening gòwn *n*. 婦人用夜会服 (evening dress).

évening grósbeak *n*.〘鳥類〙キビタイシメ, タソガレシメ (*Hesperiphona vespertina*)《北米西部産アトリ科のシメの一種》.

évening párty *n*. 夜会.

Évening Práyer, e- p- *n*.〘英国国教会〙=evensong 1.

évening prímrose *n*.〘植物〙マツヨイグサ, (俗に)宵待草《アカバナ科マツヨイグサ属 (*Oenothera*) の夕方黄色の花を開く数種の植物の総称; 普通はメマツヨイグサ (*O. biennis*) をさす》.

eve·nings [íːvnɪŋz] 〘⇨ -s[2] 1〙 **—** *adv*.《米・口語》夕方に (in the evening), 夕方にはいつも (on any evening) (cf. nights): She works ~ as a movie cashier. 夕方は映画館の料金係の仕事をしている.

évening schòol *n*. =night school.

évening stár *n*. **1** (日没後西方に現われる)宵(よい)の明星; [the ~] (特に)金星 (Venus, Vesper) (cf. morning star 1). **2**〘植物〙星型の白い花をつけるヒガンバナ科の球根植物 (*Cooperia drummondii*)《米国 Texas 州原産》.

évening stóck *n*.〘植物〙ヨルザキアラセイトウ (*Matthiola bicornis*)《アブラナ科で夜間紫の小花が咲く》.

évening stùdent *n*. 夜学生.

évening sùit *n*. (一揃いの)夜会服.

évening wàtch *n*.〘海事〙薄暮直《4-8 p.m. の当直; (連続する)二つの折半直に代るもの; cf. dogwatch 1》.

é·ven·ly 〘OE *efenlīce*: ⇨ even[2], -ly[1]〙 **—** *adv*. **1** 平らに; 滑(なめ)らかに; 一様に: spread paint ~ on the wall 壁にペンキを平らに[むらなく]塗る. **2** 平等に, 均等に: We divided the money ~. その金を均等に分けた. **3** 五分五分に, 公平に. **4** 平静に, 落ち着いて.

éven-mínded *adj*. 心の平らかな; 落ち着いた, 気持のゆったりした, 平静な. **~·ness** *n*.

éven móney [《英》**móneys**] *n*. **1 a** (賭け事で)双方同額の賭け金: The man bet him ~. その男は彼と同額の金を賭けた. **b** [形容詞的に]: an ~ bet 賭け金双方同額の賭け. **2** (賭け事などで)五分五分の勝目 (even chance): It is ~ that he will be elected. 彼の当選の見込みは 50% だ.

é·ven·ness 〘OE *efennes*: ⇨ even[2], -ness〙 *n*. **1** 平坦, 平ら(であること). **2** 平等, 均等性. **3**《古》公平 (fairness). **4** (気分の)平静 (calmness).

éven núcleus *n*.〘物理〙偶核《質量数が偶数の原子核; cf. odd nucleus》.

éven-ódd núcleus *n*.〘物理〙偶奇核《偶数個の陽子と奇数個の中性子とからなる(原子)核; cf. even-even nucleus》.

éven pár *adj*.〘ゴルフ〙⟨プレーヤーが⟩パーをとった.

éven permutátion *n*.〘数学〙偶置換《偶数個の互換の合成として表わされる置換; cf. odd permutation》.

éven·sòng 〘OE *ǣfensang*: ⇨ even[1], song〙 **—** *n*. **1** [しばしば E-]〘英国国教会〙晩禱(ばんとう)(式), 夕べの祈り《Evening Prayer ともいう》. **2** [しばしば E-]〘カトリック〙晩課. **3** 夕べの歌. **4**《古》晩禱の時間, 夕暮.

éven Sté·phen [Sté·ven], e- s- [-stíːvən] 〘*Stephen* [*Steven*] は even との押韻のための無意味な添加語〙 **—** *adj*.《口語》対等の, 互角の, 五分五分の: The fight was ~. けんかはどっこいどっこいだった / Our team is now ~ *with* theirs. これで我々のチームと彼らのチームとは同点となった / It's ~ we'll win. 勝つか負けるか五分五分だ.

e·vent [ɪvént, əv-] 〘(1573) ▭ OF ~ ∥ L *ēvent-us* occurrence, outcome (p.p.) ← *ēvenire* to come forth ← *ē-* 'EX-[1]'+*venire* 'to COME'〙 **—** *n*. **1 a** 出来事, 事件; (社会的な)催し物, 行事: chief ~*s* of the year その年の主な出来事; 年中行事 / in the normal course of ~*s* 事の成行き上当然 / in the (natural) course of human ~*s* 人事の自然の成行き[勢い]で / Coming ~*s* cast their shadows before.《諺》事が起ころうとするときは前兆がある / Fools are wise after the ~.《諺》下司(げす)のあと知恵. **b** 大事件, 注目すべき出来事; 事変: one of the major ~*s* of the twentieth century 20 世紀における大事件の一つ / It was (quite) an ~. 全く大事件[中々の騒ぎ]だった. **2 a** 結果, 結末. ★ *in the* EVENT (1) として用いる以外は《古》. **b** [通例 *in* …~ として] (想定される事態の)結果, (…の)場合 (contingency, case): *in* either ~ (二つの場合のうち)いずれにしても / *in* that ~ その場合には, そうなれば / ⇨ *in any* EVENT, *in the* EVENT *of*. **c**〘法律〙訴訟の結果, 判決. **d**《廃》運命. **3 a**〘哲学・物理〙(相対性理論における)事象, 出来事《単一物理過程の生起をもいう》. **b**〘数学・統計〙(確率)事象《起こるか起こらないかが偶然によって支配される事象》. **4** (プログラム中の)種目; (番組中の)一番 (item), 試合, 取組み, 勝負: track [field] ~*s* トラック[フィールド]種目 / throwing ~*s* 投擲競技 / a main [big] ~ 主な[お目当ての]試合 / pull off the ~《口語》(試合に勝って)賞を得る / bring off a double ~〘玉突〙二重勝利を得る.

at all events 何にしても, とにかく (whatever happens, in any case): *At all* ~*s* you had better try. 何にしてもやって見た方がよい. ***in any event***=*at all* EVENTS: He will arrive soon; *in any* ~ I am told so. 間もなく到着するでしょう—とにかくそう聞いています. ***in the event*** (1) (結果として)実際には, 結局: But *in the* ~ nothing happened. しかし結局何も起こらなかった. (2) ⇨ *in the* EVENT (*that*). ***in the event of*** (万一)…の場合には (in case of): *in the* ~ *of* a severe earthquake (万一)大地震の[に襲われた]場合には / *in the* ~ *of* anyone calling in my absence 私の不在中にだれか訪問者があったら. ***in the event (that)*** (万一)…の場合(に)は (if, in case). ★ that を略して接続詞的に用いるのは《米》: *in the* ~ (*that*) it begins to rain 雨が降り出した場合(に)は.

éven-témpered *adj*. 穏やかな気性の, 落着いた.

e·vent·ful [ɪvéntfəl, əv-] *adj*. **1** 出来事の多い, 多事な, 波瀾の多い: It is the story of her ~ life. 波瀾の多い彼女の生涯の物語である. **2** きわめて重大な: He waited calmly for the ~ day. そのきわめて重大な日を平静な気持で待ち受けた. **~·ly** *adv*. **~·ness** *n*.

éven·tide 〘OE *ǣfentīd*: ⇨ even[1], tide[1]〙 *n*.《古・詩》夕まぐれ, 夕暮.

éventide hòme *n*.《英》老人ホーム《もと救世軍が維持していた》.

éven tíme *n*. **1**〘競走〙百ヤード 10 秒かっきりのタイム (《英》evens). **2**〘音楽〙偶数拍子《2 拍子系の拍子》.

evént·less *adj*. 何事もない, (これといった)事件のない, 平穏無事な: an ~ day.

evént pàrticle *n*.〘哲学〙事象分子.

e·ven·tra·tion [iːventréɪʃən] 〘▭F *éventration*: ⇨ ex-[1], ventral, -ation〙 *n*.〘医学〙(腹壁からの)内臓脱出.

e·ven·tu·al [ɪvéntʃuəl, əv-, -tʃʊl | -tʃuəl, -tjuəl, -tjʊl, -tʃʊl] 〘(1612-15) ← L *ēventus* 'EVENT'+-AL[1]: ACTUAL にならった: cf. F *éventuel*〙 **—** *adj*. **1** 結果として(いつかは)来るべき; 結局の, 終局の: have ~ success 結局(のところ)成功を収める. **2** (成行きによって)あるいは起こり得る, 偶発的な.

e·ven·tu·al·i·ty [ɪvèntʃuǽləti, əv- | -tʃuǽlɪti, -tju-, -lɪ-] *n*. **1** 偶発性 (contingency), 可能性 (possibility). **2** 万一の場合, 不慮の事件. **3** 究極の結果, 結末.

e·vén·tu·al·ly *adv*. **1** いつかは, 結局, ついには: He failed ~. 結局[ついに]失敗した. **2**〘数学〙=residually 2.

e·ven·tu·ate [ɪvéntʃuèɪt, əv-, | -tʃu-, -tju-] 〘(1789) ← L *ēventus* 'EVENT'+-ATE[3]〙 **—** *vi*. **1** [副詞を伴って](成行きが)(ある)結果になる (turn out); 結局〔…に〕終る (result, end)〔*in*〕: ~ *well* [*ill*] 好結果[不首尾]に終る / The meeting ~*d in* a quarrel. その会見は結局けんかに終った. **2** (偶発的に)起こる, 生じる.

e·ven·tu·a·tion [ɪvèntʃuéɪʃən, əv- | -tʃu-, -tju-] *n*.

ev·er [évə | évə(r)] 〘OE *ǣfre* ← ? *ā* 'always, AYE[2]'+? *fēorr* far ∥《短縮》? ← *ā tō fēore* ever in life〙 **—** *adv*. **1** いつも, 常に; 絶えず, 引き続いて; いかなる時でも. ★ この用法は次のような表現法の場合 (cf. 4 a) を除けば《古》: She is *as* beautiful *as* ~. 彼女は相変わらず美しい / He worked *as* hard *as* ~. 相変わらず精出して働いた[勉強した] / ⇨ *as* EVER *is* [*was*] / It was *colder than ever* that night. その夜はいつにも増して寒かった / He did it *better than* ~. いつもよりもよくやった / ~ *after*(*ward*(*s*)) その後常に / I have known him ~ *since* he was a boy. 子供の時からずっと知っている / I haven't been there ~ *since*. それ以来ずっとそこへは行っていない / He repeated ~ the same words. ずっと同じ言葉を繰り返した / You will find me ~ at your service. いつでもあなたのために尽くします / Yours ~ =*Ever* (yours) いつもあなたの友なる(だれそれ)《親しい間柄で用いる手紙の結辞; cf. yours 3》/ ~ *more* potent bureaucracies 絶えず強力になる官僚機構.

2 [疑問・条件・否定構文で] かつて, 今まで, いつか (at any time): Is she ~ at home? 在宅することがあるか / Have you ~ seen [Did you ~ see] a tiger? 虎を見たことがあるか / Did you ~ see him while you were in Tokyo? 在京中いつか彼に会ったか / Did you ~?=Was there ~?《口語》これは驚いた, まさか《★ それぞれ Did you ever see or hear the like? / Was there ever anything like that? の意から》/ I doubt whether there ~ was any such accident. こんな事故が起こることがあったなど信じられない / Never fail to visit us if you should ~ come this way. いつかこちらへお出での節はぜひ私どもをお訪ねください / If I ~ catch him! 彼を捕えようものなら(ただではおかない) / As if I should ~ promise such a thing! 私がまさかそんな約束などしますまいに / You *can't* ~ analyze yourself completely. いつも自分を完全に分析できるわけではない / There was *seldom, if* ~, such a violent earthquake. あんな強い地震は(たとえあるとしても)極めてまれだった / He is a man of character *if ever there was* [*if there ever was*] *one*.《口語》彼こそ本当の人格者と言うべき人だ / *Nothing* ~ happens in this village. この村では決して何事も起こらない《ひどく単調だ》/ I *hardly* [*scarcely*] ~ go to bed before twelve. 12 時前に就寝するということはめったにない / It was *before* airplanes were ~ thought of. 飛行機など考えもしないころだった.

3 [強意語 (cf. EVER *so*)] **a** [疑問詞に伴って] 一体(全体): *What* ~ do you mean? 一体何のことを言っているのか / *Who* ~ can it be? 一体だれだろう / *Why* ~ didn't you say so? 一体なぜそう言わなかったのだ / *Which* ~ way did he go? 一体どっちの方へ行ったのだ. **b** [最上級に伴う限定語として, または as…as に導かれる節内に用いて] かつて(経験したうちで); これまでになく: He is the *greatest* poet that ~ lived. 古来彼以上の詩人はない / It is the *best* thing (that) I ~ saw. これほどよいものは見たことがない / He was the *nicest* player ~. 今までになく良い選手だった / I'll do *as* much *as* ~ I can. できるだけの事はしましょう / Be *as* quick *as* ~ you can! できるだけ急げ. **c** [倒置構文で間投詞的に]《米俗》実に, 非常に: Is he ~ learned! 大した学者だ / Do you remember it?—Do I ~! 覚えているかね—無論覚えているとも.

4 a [複合語の第 1 構成素として] 常に: *ever*-active 常に活動的な / *ever*-present 常に存在する / *ever*-changeful=*ever*-changing 常に変化する / *ever*-growing 常に生成[増大]する / *ever*-increasing いや増す / *ever*-recurring 繰り返し繰り返し起こる / *ever*-flowing 小止みなく流れる / *ever*-blessed 常に幸いされる / *ever*-honored 常に尊敬される. **b** [疑問代名詞[副詞]に付いてその意味を強調する] たとえ…でも (cf. soever 1): who*ever*, whom*ever*, which*ever*, what*ever*, when*ever*, wher*ever*, how*ever*.

as ever is [***was***] [ほとんど無意味な強調句として]《口語》全く, 実際: I'm seventy *as* ~ *was* this very month. 私ももうこの月で 70 になる. ***ever and again*** [***anon***]《古》時折, 時々. ***ever so*** [通例形容詞または副詞に先立って強意的に] (1) [譲歩節で]《文語》いかに(…であろうとも) (to any extent) (cf. NEVER *so*): Be it ~ *so* humble, there's no place like home. どんなに貧しくてもわが家にまさる所はない (J. H. Payne,

Home Sweet Home). (2)《口語》非常に, 大きに: Thanks ～ *so much* [《俗》～ *so*]. ほんとうにありがとうございます / It did me ～ *so much* good. とても役に立った, おかげで随分助かった / Such things happen ～ *so often*. そのようなことはとてもよく起こる. ***ever such a***《英口語》(1) [形容詞＋名詞に前置して] とても ((a) very): ～ *such a* nice day とてもいい日 / ～ *such* kind people. (2) [a(n)＋名詞に前置して] とても…な: ～ *such* a wind とてもひどい風. ***for ever*** 永久に, いつまでも;《口語》とても長い間. ★《米》では通例 *forever* と一語に綴る: The Stars and Stripes *for* ～! 星条旗よ永遠に / He would go on talking *for* ～. 彼はとめどなくしゃべり続けるのであった. ***for ever and a day*** = ***for ever and ever*** いつまでもいつまでも, 永遠に《for ever の強意》.

Ev·er·ard [évərὰəd | -rὰːd] 〚ME ▭ OF ～ ▭ OHG *Eburhard*《原義》strong as a boar ← *ebur* boar ＋ *hardu* 'HARD': cf. G *Eberhard*〛 *n.* 男性名.

éver·béarer *n.* (絶えず実と花をつける)四季成り性の植物.

éver·béaring *adj.* 〈草木が〉絶えず実をつける, 絶えず芽を出す, 四季成り性の.

éver·blóomer *n.* (一年中花をつける)四季咲きの性の植物《特にバラ》.

éver·blóoming *adj.* 絶えず花をつける, 四季咲きの.

Ev·er·dur [évədùə | évədùə(r] 〚《逆成》↓〛 *n.*〘商標〙エバジュール, エバダ《銅・珪素(ケイ)・マンガンの合金; 高抗張力を有し, また耐食性に富む》.

éver·dúring 〚⇨ ever, dure〛 *adj.*《古》永久の, 永遠の.

Ev·er·est [év(ə)rɪst, -rəst | évərɪst] 〚← *Sir George Everest* (1790–1866: インドの測量長官)〛 ― *n.* **1** [Mount ～] エベレスト《ネパールと中国の国境にあるヒマラヤ山脈中の世界最高峰 (8,848 m); 1953 年英国隊が初登頂; チベット語名 Chomolungma》. **2** (人・物事の)最高の峰, 頂点; 最大の難関.

Ev·er·ett [év(ə)rɪt, -rət | évə-] 〚《変形》← EVERARD〛 *n.* 男性名.

Everett, Edward *n.* (1794–1865) 米国の政治家・演説家.

ev·er·glade [évəglèɪd | évə-] 〚《1822》← ? *ever(lasting) glades*: ⇨ glade〛 ― *n.* **1**《米南部》沼沢地《所所に高い草のやぶがあり, 縦横に水路が通じている》. **2** [the Everglades] 米国 Florida 州南部の沼沢地方, その南部は国立公園 (Everglades National Park) をなす; 面積 10,000 km².

éverglade pálm *n.*〘植物〙= saw palmetto 2.

Éverglades Nátional Párk *n.* エバーグレーズ国立公園《米国 Florida 州南部にあり, マングローブ (mangrove) の沼沢地; 珍しい鳥や植物などで有名, 1947 年指定; 面積 5,668 km²》.

éver·grèen 〚《1644》← EVER＋GREEN〛 ― *adj.* **1** 常緑の (↔ deciduous): an ～ tree 常緑樹, ときわ木. **2** いつまでも新鮮な[絶えない] (perennial): the ～ good humor of the French フランス人のいつまでも絶えない上機嫌. ― *n.* **1** ときわ木, 常緑樹[植物]. **2** [*pl.*] (装飾用)ときわ木の枝: Christmas ～*s* クリスマスに飾るときわ木. **3** いつまでも新鮮な[絶えない]もの: Mary is an ～.

évergreen grápe *n.*〘植物〙アフリカ南部産のブドウ科の常緑つる植物 (*Cissus capensis*).

évergreen magnólia *n.* **1**〘植物〙タイサンボク (*Magnolia grandiflora*)《米国南東部産の白い大きな花が咲くモクレン科の常緑樹》. ★ その花は米国 Louisiana 州および Mississippi 州の州花. **2** タイサンボク材.

évergreen óak *n.*〘植物〙常緑性のカシ類の総称《トキワガシ (holm oak) など》.

Évergreen Státe *n.* [the ～] 米国 Washington 州の俗称.

ev·er·last·ing [èvəlǽstɪŋ | èvəlάːst-] 〚《c1225》*everlestind*, ～: ⇨ ever, lasting〛 ― *adj.* **1** 永久に続く, 不朽の (eternal): ～ fame [glory] 不朽の名声[光栄]. **2** 永続[耐久]性のある, 長持ちのする; 〈植物が〉乾いても色や形の変わらない: ～ colors 永く変わらない色. **3** 果てしのない, 相も変わらぬ, ひっきりなしの (perpetual); 退屈な: ～ jokes のべつ幕なしの冗談. ― *n.* **1** 永久, 永遠: from ～ to ～ 無限から無限へ, 永遠にわたって. **2**〘植物〙(いわゆる)ドライフラワー, 永久花《乾いてからも形や色の変わらない花をつける植物の総称; しばしば墓に供える; エゾノチチコグサ (pussytoe), ムギワラギク (strawflower), ハハコグサ (cudweed), カイザイクなど; everlasting flower ともいう》; その花. **3** [the E-] 神 (God). **4** 丈夫なラシャ (lasting). **～·ness** *n.*

èv·er·lást·ing·ly 〚ME〛 *adv.* 永遠[無窮, 永久]に, 尽きることなく: This shoe wears ～. この靴はいつまでも長もちする.

everlasting péa *n.*〘植物〙ヒロハノレンリソウ (*Lathyrus latifolius*)《ヨーロッパ原産マメ科レンリソウ属の多年生つる草; perennial pea ともいう》.

everlasting thórn *n.*〘植物〙トキワサンザシ (*Pyracantha coccinea*).

éver·lóving [通例 one's ～ として]《口語》*adj.* 〈妻が〉(夫への)愛情の変わることのない: *his* ～ wife. ― *n.* 絶えず(夫を)愛し続ける妻, 愛妻: *his* ～.

èver·móre 〚《?c1200》*evermor* ∽ OE *ǣfre mā* any longer, ever again: ⇨ ever, more¹〛 ― *adv.* **1** 常に, いつも. **2** 永遠に, 永久に. **3**《古・詩》将来(を通じ), 向後. ***for evermore*** = evermore.

éver-nórmal gránary *n.*《米》常時安定穀倉《価格を安定し, 不作に備えるため, 政府が買い入れ貯蔵する余剰農産物》.

éver-réady *adj.* いつでも用意している[使用できる], 常に待機している, 常備の. ― *n.* 常に用意されている人[物]; (特に)常備隊員.

e·ver·si·ble [iːvə́ːsəbl, ɪv-, əv- | ɪvə́ːsə-, iːv-, -sɪ-] 〚← EVERS(ION)＋-IBLE〛 *adj.* 外にめくり返せる.

e·ver·sion [iːvə́ːʒən, ɪv-, əv-, -ʃən | ɪvə́ːʃən, iːv-] 〚《a1420》▭ OF *eversioun* ▭ L *ēversiō(n-)* ← *ēversus* (p.p.) ← *ēvertere* (↓): ⇨ version〛 ― *n.*〘医学〙(まぶたなどを)外にめくり返すこと, 外翻, 翻転, (足関節の運動としての)回外 (↔ inversion).

e·vert [ɪvə́ːt, əv-, iːv- | ɪvə́ːt, iːv-] 〚《1533》▭ L *ēvertere* ← *ē-* 'EX-¹'＋*vertere* to turn〛 ― *vt.* **1** 〈まぶた・腸などを〉外翻[翻転]する, 外にめくり返す: ～*ed* lips (黒人などの)外にめくれた唇. **2**《古》〈政府・学説などを〉覆す, 打倒する (overthrow).

e·vér·tor [-tə | -tə(r] 〚← NL ～ ← L *ēvertere*: ⇨ ↑, -or²〛 *n.*〘解剖〙回外筋.

ev·ery [évri | -rɪ] 〚《?a1200》*every, eueri(ch)* < lateOE *ǣfrić* ← OE *ǣfre ælć*: ⇨ ever, each〛 ― *adj.* **1** (一群・一団中の)ことごとくの, 一つ残らずの, いずれの…も皆. **a** [単数形の Countable Noun に先立って]: in ～ way あらゆる方法をつくして, すべての方面において, 全く / *Every* man has his weak side. 人にはだれでも弱点はある / *Every* word of it is false. 一語一語ことごとく偽りだ / *Every* dog has his day.《諺》だれでも得意な時代がある / *Every* man cannot be an artist. だれでも芸術家になれるものではない. **b** [(代)名詞の所有格の後に用いて]: Anger pervaded *his* ～ look. 彼のすべての表情に怒りの色がみなぎっていた. **2** 可能な限りの, あらゆる; 完全な, 全幅の: I have ～ reason to believe…と信じる理由が十分ある / I wish you ～ success. どこまでも御成功を祈ります / There was ～ appearance that… いかにも…らしく見えた / He has ～ confidence in you. 彼はあなたに全幅の信頼を寄せている. **3** 毎…, …ごと: ～ day [week] 毎日[週] / ～ moment 刻々, 刻一刻と / ⇨ *every* TIME / at ～ step 一歩ごとに, 絶えず / I expected him ～ minute. 今か今かと彼を待っていた / Such things do not happen ～ day. こんな事はめったにない. ★ しばしば序数詞＋単数名詞, または数詞＋複数名詞を伴う: ～ fourth day = ～ four days 四日目ごとに, 三日置きに / ～ few months 数か月ごとに / *Every* third man has a car. 3 人に 1 人は自動車を持っている / Out of ～ five candidates only one was successful. 受験生 5 人につき 1 人の割にしか合格しなかった.

every bit ⇨ bit² 成句. ***every here and there*** そここ一面に, そこら辺一体に. ***every inch*** ⇨ inch¹ 成句. ***every last***《口語》(最後の一つまで)ことごとくの…: He learned it by heart, ～ *last* sentence of it. 一語一句漏れなく暗記した. ***every now and then*** [***again***] = NOW *and then*. ***every one*** (1) [⌐−⌐] (ある集団の人・物のうち)どれもこれもことごとく (each): I tried ～ *one of* them. それを一つ残らず試みてみた / They were killed, ～ *one of* them. 彼らは一人残らず殺された. (2) [⌐−⌐] = everyone. ***every once in a while*** = ONCE *in a while*. ***every other*** (1) 一つ置きの: ～ *other* day 隔日に, 一日置きに; しょっちゅう / Write on ～ *other* line. 一行置きに書きなさい. (2) その他すべての: He was absent; ～ *other* boy was (= all the other boys were) present. 彼は欠席したが, 他の生徒は残らず出席した. ***every so often***《口語》時々 (occasionally). ***every which***《口語》ありとあらゆる…, いずれの…も《every の強意形》: They came running from ～ *which* direction. 彼らはそれぞれいずこからともなく駆け寄って来た. ***every which way*** 〚? ← ME *everich wey*: ⇨ every, way〛《米口語》(1) 四方八方に: He flung his arms about ～ *which way*. 腕を前後左右に振り回した. (2) ばらばらに, 乱雑に: The toys were scattered about ～ *which way*. おもちゃが乱雑にちらばっていた. ***every way*** = every-way.

ev·ery·bod·y [évribὰdi, -bʌ̀di, -bədi | évribɔ̀dɪ, -bədɪ] 〚《c1390》: ⇨ every, body〛 ― *pron.* だれでも(皆), 各人 (every person): ～ else 他の人は皆 / Not ～ can be a poet. だれもかも詩人になれるものではない《詩人になれる人はめったにない》/ *Everybody's* business is nobody's business. ⇨ business 5. ★ 構文上の扱いは次の通り (everyone についても同様): (1) 通例, 単数動詞で受ける. (2) 形式ばった文体では単数代名詞で受けるが, 通例は複数代名詞で受け, それに対応する動詞は複数となる: *Everybody* must do *his* best. すべての人は最善を尽くさなければならない / *Everybody* is coming, *aren't they*? みんな来るんでしょう.

éevery·dày 〚ME: ⇨ every, day〛 ― *adj.* **1** 毎日の (daily); 毎日決まりきった (routine): of ～ occurrence 毎日起こる. **2** 日常の, ふだんの, 平常の: ～ clothes [wear] ふだん着, 常用服 (cf. Sunday best) / ～ English 常用英語 / ～ words 常用語. **3** (毎日出くわすように)ありふれた, 平凡な (commonplace): ～ affairs 日常の些細な事 / an ～ matter 日常のありふれた事柄.

everydáy·ness *n.* 日常性, 平凡さ.

évery·hòw *adv.* あらゆる方法[やり方]で.

ev·e·ry·man [évrimæ̀n | -rɪ-] 〚? OE *ǣfrić mon*: ⇨ every, man〛 *pron.* = everybody.

Eve·ry·man [évrimæ̀n | -rɪ-] *n.* (*pl.* **-men** [-mèn]) **1**「人間」《オランダの劇 *Elkerlijk* から翻訳した 15 世紀英国の教訓劇 (morality play)》. **2** エブリマン《*Everyman* の主人公》. **3** 〚《1906》〛[しばしば e-] 普通の人, 並みの人.

évery-níghter *n.* (劇・音楽会などへ)毎回通い続ける客, 常連.

ev·e·ry·one [évriwʌ̀n, -wən | -rɪwʌ̀n] 〚《?c1200》*everichon*: ⇨ every, one〛 ― *pron.* だれでも(皆) (everybody): *Everyone* is liable to err. 人はだれでも誤りに陥りがちだ / *Everyone* has a right to express *his* own opinion. 各自皆自分の意見を述べる権利がある / *Everyone* had done a poor job, but *they* would not admit it. だれも仕事をよくしたものがなかったのに, 皆それを認めようとはしなかった (cf. everybody ★).

évery·plàce *adv.*《口語》= everywhere.

ev·e·ry·thing [évriθìŋ | -rɪ-] 〚《?a1200》: ⇨ every, thing¹〛 ― *pron.* **1** なにもかも皆, 万事: *Everything* interests me. なにもかも私にはおもしろい / *Everything* has its drawback. なんでも欠点のないものはない / I will do ～ in my power to assist you. 私の力の及ぶ限りなんでも御援助いたします / The book did ～ but sell. その書物は一向売れなかった / He did ～ but stand on his head to sell me the car. その車を僕に売ろうとしてあらゆる手管を使った / She was ～ a secretary should be. 秘書に要求されるすべてを備えた女性だった. **2** 最も大切なもの: Money is ～. 万事が金の世の中 / Wealth is not ～. 富だけで万事足りるものではない / His child was [meant] ～ *to* him. 子供は彼にとってはかけ替えのないものだった.

and everything その他何やかや, …等々. ***before everything*** (***else***) 何はさておき, 何よりもまず: *Before* ～, you must pay him a visit. 何はさておき彼を訪問しなければならない. ***have everything***《口語》あらゆる魅力[長所, 要件]を兼ね備えている: He *has* ～. 全くよくできた人だ / He put ～ he *had* into the work. その仕事に全力を注いだ. ***like everything***《米口語》一生懸命に; ものすごく: He ran *like* ～. 彼は懸命に走った / It hurt *like* ～. それはひどく痛かった.

ev·e·ry·way [évriwèɪ | -rɪ-] 〚ME *everi weies*〛 *adv.* どの方面[点]から見ても, どう見ても: You wrong me ～. 君はあらゆる点で僕を誤解している.

évery·whèn *adv.* どんな時でも, いつでも.

ev·e·ry·where [évri(h)wὲə | -rɪ(h)wὲə(r] 〚《?c1200》(i) *ever-iwhere* < OE *ǣfre ġehwǣre* ← *ǣfre* 'EVER' ＋*ġehwǣre* anywhere ∥ (ii) *every-where*: ⇨ every, where〛 ― *adv.* **1** どこでも, 到る所に (in every place);《口語》いろんな所で (in many places): I looked for it ～. あらゆる所を捜してみた / Human nature is just the same ～. 人情はどの土地でも変わらない. **2** 徹頭徹尾, 終始 (in every part): His argument was ～ coherent. 彼の論旨は終始一貫していた. **3** [接続詞的に] どこでも…する所には (wherever): *Everywhere* you go, you will find the same thing. どこへ行って見たって同じことだよ. ― *n.* **1** あらゆる所: *Everywhere* seemed silent. あたり一帯がしんとしているように思われた. **2** [the ～] 遍在する空間, 無窮.

Eve·sham [íːvʃəm, (現地ではまた) iːvɪ-] 〚OE ～ ← *Eves* of Eof (人名)＋*hamm* meadow〛 ― *n.* イングランド Worcestershire 州南東部の都市; Simon de MONTFORT が敗北した所 (1265); 人口 14,000.

evg.《略》evening.

Ev·ge·ni [ɪvgéni, -géɪ- | -nɪ; *Russ.* jivgʲénʲij] 〚▭ Russ. ～〛 *n.* 男性名.

e·vict [ɪvíkt, əv- | ɪv-, iːv-] 〚《1447》▭ L *ēvict-us* completely overcome (p.p.) ← *ēvincere* 'to EVINCE'〛 ― *vt.* **1** (法律の力によって)〔土地などから〕〈人を〉立ちのかせる, 追い立てる; …に追立てをくわせる〔*from*〕. **2** (法律上の手続きによって)〔人から〕〈財産(権)を〉取り返す, 取り戻す〔*of, from*〕. **e·víc·tor** *n.*

e·vict·ee [ɪvìktíː, əv- | ɪvìk-, ìːvɪk-] 〚⇨ ↑, -ee¹〛 *n.* (法律の力で)立ちのかされた人, 追立てられた人.

e·vic·tion [ɪvíkʃən, əv- | ɪv-, iːv-] 〚《1461》▭ LL *ēvictiō(n-)*: ⇨ evict, -tion〛 ― *n.* **1** 追立て, 放逐; 立ちのき. **2**〘法律〙(法律手続きによる土地からの)追立て; (追立てに基づく)取戻し.

evíction clàuse *n.*〘演劇〙= stop clause.

ev·i·dence [évədəns, -dṇs, -dèns | évɪdəns, -dṇs] 〚《c1378》▭ (O)F *évidence* ▭ LL *ēvidentia* clearness ← *ē-* 'EX-¹'＋*vidēre* to see: ⇨ ↓, -ence〛 ― *n.* **1**〔性質・行為などを明示する〕跡, 形跡 (sign)〔*of*〕: ～*s of* glacial action 氷河作用の跡 / The country gave [bore] ～ *of* careful cultivation. 土地は丹念に耕作されている跡を示していた / There were ～*s of* a struggle. 格闘の跡が見られた. **2 a** 〔…の〕証拠〔*of, for*〕: internal [external] ～ 内的[外的]証拠 / They had sufficient scientific ～ *for* evolution. 進化の科学的証拠が十分あった / We have found no definite ～ *of* conspiracy. 共謀の確証はあがっていない / There was ～ *of* someone having entered the house. 誰かが家に入った証拠があった / There are ～*s that* the U.S. can satisfy foreign demand for farm goods. 合衆国が農産物に対する海外需要をまかないうるという証拠がある. **b**〘法律〙証拠; 証拠物件; 証言: conclusive ～ 絶対[決定]的証拠, 確証 / ⇨ prima facie evidence / give ～ *against* …に不利な証拠を述べる / hear ～ 証言をきく / take ～ 証人調べをする / *On* the ～ he is certainly guilty.

証拠があって彼の有罪は間違いない / Charges against him were dropped because of insufficient ～. 証拠不十分で彼に対する嫌疑が晴れた / ⇨ IN EVIDENCE (2). **c** 〘法律〙証人 (witness); (特に)共犯証人: ⇨ state's evidence, king's [queen's] evidence. **3 a** 《古》明白さ, 明瞭(ﾘｮｳ)さ. **b** 〘神学〙証(ｱｶｼ), 証験, 明証: the ～*s* of divine relevation 天啓の証 / the ～*s* of Christianity キリスト教証験論.

in evidence (1) 〘《なぞり》← F *en évidence*〙存在して, 見られて; ありありと見えて, 目立って (conspicuous): The child was nowhere *in* ～. その子はどこにも見えなかった / She was very much *in* ～ at the ball. 舞踏会では彼女の姿がひときわ人目を引いた. (2) 〘法律〙証拠[証人]として: The weapon was accepted *in* ～. その凶器は証拠として受け入れられた / Anything you say will be used *in* ～ against you. どんなことを言ってもあなたに不利な証拠として利用されますよ / call a person *in* ～ 証人として人を呼び出す.

― *vt.* **1** 〈人が〉立証する, 証言する; 〈物が〉…の証拠となる: The story was well ～*d*. その話は十分に立証されていた. **2** 明示する, 表明する: Her face ～*d* the hilarity of heart. 彼女の顔には心の陽気さがはっきりと表われていた.

ev·i·dent [évədənt, -dnt, -dènt | évɪdənt, -dn̩t] 〘《*a*1382》□(O)F *évident* □ L *ēvidentem* distinct, clear ← *ē-* 'EX-¹'+*vidēntem* ((pres.p.) ← *vidēre* to see: cf. vision)〙 ― *adj.* はっきり見えて; 明らかな, 明白な: Some discord was ～ in the nation. その国民の間にはある不一致がはっきり見えていた / an ～ mistake 明白な誤り / with ～ pride [satisfaction] いかにも得意[満足]そうに / It is ～ *to* everybody [*from* his manner] that…ということはだれにも[彼の態度から]明らかだ.

ev·i·den·tial [èvədénʃəl | èvɪ-] 〘《1610》□ ML *ēvidentiāl-is* ← LL *ēvidentia*: ⇨ evidence, -al¹〙 *adj.* **1** 証拠上の, 証拠に基づく. **2** 証拠となる: an ～ fact.

èv·i·dén·tial·ly [-ʃəli | -li] *adv.* 証拠として, 証拠によって.

ev·i·den·tia·ry [èvədénʃ(ə)ri, -ʃièri | èvɪdénʃəri] 〘← LL *ēvidentia*+-ARY: ⇨ evidence〙 *adj.* =evidential.

ev·i·dent·ly [évədəntli, -dn̩t-, évədèntli, ⌣⌣⌣⌣ | évɪdəntli, -dn̩t-] 〘《1391》: ⇨ evident, -ly¹〙 ― *adv.* 明らかに, 明白に (obviously); 見たところでは, どうやら: A storm is ～ approaching. どうやら嵐が近づいているようだ.

év·i·dent·ness 〘《1552》: ⇨ -ness〙 *n.* 明白性.

E·vie [íːvi | -vɪ] 〘(dim.) ← EVE〙 *n.* 女性名.

e·vil [íːvəl | -vəl, -vɪl] 〘OE *yfel* (adj.) & *yfle* (adv.) < Gmc **ubilaz*, 《原義》(in) exceeding the proper limit (Du. *euvel* / G *übel*) ← IE **upo-* under, up, over: 今の形は ME 《方言》*evel* から発達〙 ― *adj.* (～·er, ～·ler; ～·est, ～·lest) **1** 悪い (bad), 邪悪な, 悪質な, 凶悪な (wicked): an ～ countenance 悪党らしい人相 / ～ devices 悪だくみ / ～ men 悪人たち / ～ practices 悪習 / ～ speaking 毒舌, 悪口 / ～ thoughts 邪念 / take to ～ courses 悪の道に入り込む / an ～ tongue 毒舌; 中傷者 / a house of ～ repute 評判のよくない家 《売春宿など》. **2** 災の, 不祥な, 縁起の悪い, 不吉な: ～ news [tidings] 凶報 / an ～ sign 悪い徴候 / fall on ～ days ⇨ FALL *on* (2) / Help me in my ～ day. 不運な時に助け給え. **3** 怒りっぽい, かんしゃくの強い: in an ～ temper 不機嫌で. **4** 胸の悪くなるような, 不快にさせる: an ～ taste. **5** 有害な: an ～ consequence 有害な結果.

― *n.* **1** 悪, 不善, 邪悪 (wickedness) (↔good): do ～ 悪事を働く (cf. evildoing) / good and ～ 善悪 / return good for ～ 善をもって悪に報いる. **2** 害悪, 災, 悪弊: ⇨ social evil / choose the lesser of two ～*s* 二つの災のうち小さい方を選ぶ / the ～*s* of capitalism 資本主義の弊害 / war, famine, pestilence, and other ～*s* 戦争・飢餓・疫病その他の害悪. **3** 《廃》不運, 不幸 (ill luck), 凶事, 災害: wish a person ～ 人に災あれと願う / bode ～ 凶兆を示す. **4** 《古》=king's evil.

― *adv.* **1** 《廃》悪く, 不運に: It went ～ with him. 彼はひどい目にあった. **2** あしざまに: Evil to him that ～ thinks. 《諺》悪い考えをいだく者には災あれ / speak ～ of …を悪く言う. ★ 現代英語ではこの evil を名詞と見ることもできる. **3** 《廃》害を与えるように, ひどく: ～ entreat 虐待する (cf. entreat 2; *Exod.* 5:22). **～·ness** *n.*

évil-dispósed *adj.* 質(ﾀﾁ)の悪い.

évil·dóer 〘《*a*1387》〙 *n.* 悪い事をする人, 悪人 (↔well-doer).

évil·dóing 〘《*a*1398》〙 *n.* 悪事, 悪行 (↔ well-doing).

évil éye 〘OE *eage yfel*〙 ― *n.* **1 a** [通例 the ～] 邪眼, 悪魔の目《こういう目を持っている人ににらまれると災が来るという》. **b** 気味の悪い目つき, (ねたみなどの)恐ろしい目つき. **2** 邪眼の持主.

évil-éyed *adj.* **1** 悪魔の目を持った. **2** (ねたみなどで)恐ろしい目つきをした.

évil-héarted *adj.* 邪悪な心をした.

évil-lóoking *adj.* 人相の悪い.

e·vil·ly [íːvəlli, -vəli | íːvəli, -vɪ-] 〘《*c*1400》: ⇨ evil, -ly¹〙 *adv.* 邪悪に, 凶悪に (wickedly); 悪く: be ～ disposed 悪意をもっている / be ～ treated 虐待される.

évil-mínded *adj.* **1** 悪心を持った, 腹黒い; 意地悪の (malicious, wicked). **2** (語句などを)猥褻(ﾜｲｾﾂ)な意味にとる; 好色な, みだらな. **～·ly** *adv.* **～·ness** *n.*

Évil Óne, é- ò- *n.* [the ～] 悪魔 (the Devil, Satan).

évil-stárred *adj.* =ill-starred.

e·vince [ɪvíns, əv- | ɪv-] 〘《1608–11》□ L *ēvinc-ere* to vanquish, prove ← *ē-* 'EX-'+*vincere* to conquer: cf. evict〙 ― *vt.* **1** 〈人や態度が〉〈感情・希望などを〉明らかに示す, はっきり表わす: ～ great sorrow at parting 別離に際して大いに悲しむ / He ～*d* no surprise. 少しも驚きを示さなかった / He ～*d* a strong desire to enter the medical profession. 彼は医者になりたいという強い希望を明らかに表明した. **2** 〈…ということを〉明らかにする, 証明する 〈*that, how*〉: The fact ～*s how* very opposite their sentiments are. その事実は彼らの気持が全く正反対であることを明らかにしている. **e·vín·ci·ble** [-səbl̩ | -sə-, -sɪ-] *adj.*

e·vin·cive [ɪvínsɪv, əv- | ɪv-] 〘⇨ ↑, -ive〙 *adj.* 明らかに示す, 表示する (indicative).

ev·i·rate [évərèɪt, íːvɪ- | íːvɪ-, év-] 〘《1621》← L *ēvirāt-us* (p.p.) ← *ēvirāre* to deprive of virility ← *ē-* 'EX-¹'+*vir* man: ⇨ virile, -ate³〙 ― *vt.* 《まれ》去勢する (castrate); 女々しく[柔弱に]する (emasculate). **e·vi·ra·tion** [èvəréɪʃən, ìːv- | ìːv-, èv-] *n.*

e·vis·cer·ate [ɪvísərèɪt, əv- | ɪv-, iːv-] 〘《1607》← LL *ēviscerāt-us* (p.p.) ← *ēviscerāre* to disembowel: ⇨ ex-¹, viscera, -ate³〙 ― *vt.* **1** …の内臓を抜く (disembowel): ～ a turkey 七面鳥の内臓を抜く. **2** 〈議論などを〉骨抜きにする, …の肝心なところを抜く. **3** 〘外科〙〈人〉から内臓を摘出する; 〈臓器〉の内容物を摘出する. ― *vi.* 〘外科〙 **1** 〈臓器が〉外科切開によりとび出す. **2** 〈患者が〉切開による臓器のとび出しを起こす. ― *adj.* 内臓のとび出した (disembowelled).

e·vis·cer·a·tion [ɪvìsəréɪʃən, əv- | ɪv-, iːv-] 〘□ ML *ēviscerātiō(n-)*: ⇨ ↑, -ation〙 *n.* **1** 内臓摘出(術), 除臓(術). **2** 骨抜き(の状態).

ev·i·ta·ble [évətəbl̩, évtə- | évɪt-] 〘□ L *ēvītābil-is* avoidable: ⇨ ↓, -able〙 *adj.* 避けられる.

e·vite [ɪváɪt, əv- | ɪv-] 〘(□ (O)F *évit-er* // L *ēvīt-āre* to avoid ← *ē-* 'EX-¹'+*vītāre* to shun〙 *vt.* 《古》避ける.

E·vi·us [íːviəs | -vɪəs, -vjəs] 〘□ L *Ēvius, Euhius* □ Gk *Eúios*: cf. evoke〙 *n.* 〘ギリシャ・ローマ神話〙=Dionysus.

ev·o·ca·ble [évəkəbl̩, ɪvóuk-, əv- | évək-, ɪvə́uk-] 〘□ F *évocable*: ⇨ evoke, -able〙 *adj.* 呼び出せる, 呼びさませる.

e·vo·ca·tion [ìːvo(ʊ)kéɪʃən, èvə-, èvo(ʊ)- | èvə(ʊ)-, ìːv-] 〘《*c*1450》□ L *ēvocātiō(n-)* ← *ēvocātus* (p.p.): ⇨ evoke, -ation〙 ― *n.* **1** 呼出し; 招魂《死者の霊を呼び起こすこと》; (神への)祈願; 〔記憶・感情などの〕喚起 〔*of*〕. **2** 〘法律〙(下級裁判所から他の裁判所への)訴訟の移送 (cf. certiorari). **3** 〘生物〙=induction 6.

e·voc·a·tive [ɪvɑ́kətɪv, əv- | ɪvɔ́kət-] 〘《1657》□ LL *ēvocātiv-us*: ⇨ evoke, -ative〙 ― *adj.* **1** 〔思い出などを〕呼び起こす〔*of*〕: a scene ～ *of* happier days 仕合わせだった日々を思い浮かばせる場面[情景]. **2** 感動的な, 効果的な: an ～ word. **～·ly** *adv.* **～·ness** *n.*

e·vo·ca·tor [íːvo(ʊ)kèɪtə, évə-, évo(ʊ)- | évə(ʊ)kèɪtə(r, íːv-] 〘□ L *ēvocātor*: ⇨ evocation, -or²〙 ― *n.* **1** 死者の霊を呼び起こす人, 降霊者. **2** 〘生物〙形態形成物質 (inductor), 誘導物質, 喚起因子.

e·voc·a·to·ry [ɪvɑ́kətɔ̀ːri, -tòːri, əv- | ɪvɔ́kət(ə)ri] 〘□ LL *ēvocātōri-us*: ⇨ ↓, -atory〙 *adj.* =evocative.

e·voke [ɪvóuk, əv- | ɪvə́uk, iːv-] 〘《1623–26》□ F *évoqu-er* □ L *ēvocāre* to call forth ← *ē-* 'EX-¹'+*vocāre* to call (← *vōx* 'VOICE')〙 ― *vt.* **1** (呪いによって)〈死者の霊などを〉呼び起こす, 呼び出す (call up): ～ the Devil 悪魔を呼び出す. **2** 〈感情・心象・記憶などを〉心に呼びさます, 喚起する: The place ～*d* memories of childhood. その場所は子供時代の想い出を呼びさました. **3** 〈笑い・喝采などを〉引き出す, 博する: ～ criticism 物議をかもす / His acting ～*d* tears as well as laughter. 彼の演技は涙と笑いを引き出した. **4** (芸術的に)生き生きと描く[再現する]. **5** 〘法律〙〈訴訟を〉上位裁判所へ移送する. **e·vók·er** *n.*

é·vo·lué [eɪvoulwéɪ | -vəu-; *F.* evɔlɥe] 〘□ F ～ (p.p.) ← *évoluer* 'to EVOLVE'〙 ― *n.* ヨーロッパ風の教育を受けたアフリカ人; ヨーロッパ風の思考様式を採り入れたアフリカ人. ― *adj.* 〈アフリカ人が〉ヨーロッパ風の教育を受けた, 考え方がヨーロッパ風の.

ev·ol·ute¹ [évəlùːt, íːv-, -ljùːt | íːv-, év-] 〘《1730–36》□ L *ēvolūt-us* unrolled (p.p.) ← *ēvolvere* 'to EVOLVE'〙 ― *adj.* **1** 〘数学〙縮閉した. **2** 〘植物〙うしろに反った, 開いた. ― *n.* 〘数学〙縮閉線 (cf. involute).

ev·o·lute² [évəlùːt, íːv-, -ljùːt | íːv-, év-] 〘《逆成》↓〙 *vi.* 進化する. ― *vt.* 〘ジャーナリズム〙進化させる, 発展させる.

ev·o·lu·tion [èvəlúːʃən, ìːv-, -ljúː- | ìːv-, èv-] 〘《1622》□ L *ēvolūtiō(n-)* unrolling of a book ← *ēvolūtus*: ⇨ evolute¹, -tion〙 ― *n.* **1** 展開; (事件・劇の筋・議論などの)発展, (徐々の)進展, 進化: the ～ of an argument 議論の展開. **2 a** 進化 (↔ devolution); 進化論 (cf. creationism): the ～ of man 人間の進化 / the theory [doctrine] of ～ 進化論[説] / social ～ 社会の進展. **b** (簡単な物から)徐々に発展してできたもの (product): He believes that man's soul is an ～ of the Deity. 人間の魂は神性の発展したものだと彼は信じている. **c** 〘天文〙(天体の)進化: the ～ of planets. **3** (位置・隊形の変換のために行なう部隊・艦隊などの)運動, 機動, 移動 (maneuver). **4 a** (機械の)旋回, 旋回. **b** (ダンス・スケートなどの)展開動作, 旋回. **5** (熱・ガス・光・音などの)発生, 放出: a constant ～ of heat and light 絶え間のない熱と光の放出. **6** 〘数学〙開方 (↔ involution).

è·vo·lú·tion·al [-ʃənl̩, -ʃnəl] *adj.* **1** 進化(論)的な: the ～ theory of ethics 進化論的倫理説. **2** 展開的な; (系統的)発達[発展, 進展]の.

èv·o·lú·tion·al·ly [-ʃ(ə)nəli | -lɪ] *adv.* 進化的に, 進化の過程をたどって, 進化論的な立場からは.

è·vo·lú·tion·ar·y [-ʃənèri | -ʃ(ə)nəri] 〘← EVOLUTION+-ARY〙 ― *adj.* **1** 発展[展開]の; 進化的な. **2** 進化論の[による]: Darwin's ～ theories ダーウィンの進化論. **3** 展開行動の. **e·vo·lu·tion·ar·i·ly** [èvəlùːʃənérəli, ìːv-, -ljùː-, ⌣⌣⌣⌣⌣⌣ | ìːvəlùːʃ(ə)nərəlɪ, èv-, -rɪlɪ] *adv.*

è·vo·lú·tion·ism [-ʃənìzm] *n.* **1** 進化論, 進化説 (cf. creationism 1). **2** (特に, 生物の)進化を支持する[信ずる]こと.

è·vo·lú·tion·ist [-ʃ(ə)nɪst, -nəst | -nɪst] *n.* 進化論(学)者. ― *adj.* **1** 進化論(学)者の; 進化論的な. **2** 進化の.

e·vo·lu·tion·is·tic [èvəlùːʃənístɪk, ìːv-, -ljùː- | ìːv-, èv-] *adj.* =evolutionist. **è·vo·lù·tion·ís·ti·cal·ly** *adv.*

e·vo·lu·tive [èvəlúːtɪv, ìːv-, -ljúː- | ìːvəlúːt-, èv-, -ljúː-] 〘← EVOLUT(ION)+-IVE〙 *adj.* 進化の, 進展の; 進化[進展]を促進する.

e·volv·a·ble [ɪvɑ́lvəbl̩, əv- | ɪvɔ́lv-, iːv-, -vɑ́ʊlv-] *adj.* 展開できる; 発展できる.

e·volve [ɪvɑ́lv, əv-, iːv-, -vɔ́(ː)lv | ɪvɔ́lv, iːv-, -vɑ́ʊlv] 〘《*a*1641》□ L *ēvolvere* to unfold, unroll ← *ē-* 'EX-¹'+*volvere* to roll (cf. volute)〙 ― *vt.* **1** 《古》(徐々に)展開する, 開く (unfold, unroll): His whole opinions were ～*ed* in these articles. 彼の意見はすべてこれらの論文の中で展開された. **2** [主に Passive で] 進化的に発達させる, 進化させる: Societies *are* ～*ed* in function. 社会の機能は進化して行く. **3** 〈論理・理論などを〉徐々に発展させる; 〈結論・法則などを〉導き出す: ～ a theory [a plan] 理論[計画]を発展させる / ～ something *from* one's inner consciousness 内部の意識から徐々にある考えをまとめる. **4** 〈蒸気・ガス・熱などを〉発生する. ― *vi.* **1** 展開する; 〈物語などの筋が〉次第に進展[発展]する. **2** 進化する: The method has ～*d out of* a long process of trial and error. その方法は試行錯誤の長い過程の中から発達した / Ape-men ～*d into* men. 猿人は人間に進化した. **3** 《米》知れる, 判明する. **e·vólv·er** *n.*

e·vólve·ment *n.* 展開, 進展 (evolution).

e·von·y·mus [ɪvɑ́nəməs, əv-, ev- | ɪvɔ́nɪ-, ev-] *n.* 〘植物〙=euonymus.

EVR 《略》electronic video recorder; electronic video recording.

e·vulse [ɪvʌ́ls, əv-, iːv- | ɪv-, iːv-] 〘□ L *ēvuls-us* (p.p.) ← *ēvellere* ← *ē-* 'EX-¹'+*veller* to pluck〙 *vt.* 引き抜く, 抜き取る (root out): ～ a tooth.

e·vul·sion [ɪvʌ́lʃən, əv-, iːv- | ɪv-, iːv-] 〘《?*a*1425》□ L *ēvulsiō(n-)* pulling out ← *ēvulsus* (↑): ⇨ -sion〙 ― *n.* 抜取り, 引抜き (forcible extraction).

Év·voia [*Mod. Gk.* évja] *n.* =Euboea.

ev·zone [évzoun | -zəun] 〘□ NGk *eúzōnos* 《原義》well girdled: ⇨ eu-, zone〙 *n.* (ギリシャ陸軍の)精鋭歩兵部隊員.

EW 《略》〘米軍〙enlisted woman [women].

E·wald [éɪvɑːlt; *G.* éːvalt] 〘□ G ～ 《原義》eternity, power〙 *n.* 男性名.

Ew·an [júːən] 〘□ Gael. *Eoghan* 《原義》youth: cf. Evan, Owen〙 *n.* 男性名《異形 Ewen, Ewing》. ★ スコットランドにみられる.

Ew·art [júːət | júːət, júət] 〘⇨ Everard〙 *n.* 男性名.

ewe [júː] 〘OE *ēwe, ēowu* ← Gmc **awi-* (Du. *ooi* / G *Aue* sheep) ← IE **owi-* (L *ovis* / Gk *ó(ϝ)is* / Skt *avi* sheep)〙 *n.* (成長した)雌羊, (羊の)雌 (cf. ram 1).

E·we [éɪweɪ, éɪveɪ] 〘《土語》〙 ― *n.* (*pl.* ～, ～s) **1 a** [the ～(s)] エウェ族《西アフリカの Togo, Ghana などに住む黒人》. **b** エウェ族の人. **2** エウェ語《Kwa 語群に属する》.

éwe làmb 〘《*c*1200》〙 *n.* **1** (乳離れしていない)雌の小羊. **2** (貧しい者が)一番大事にしている所有物 (cf. *2 Sam.* 12:3).

Ew·ell [júːəl | júːəl, júəl] *n.* ⇨ Epsom.

Ew·en [júːən | júːɪn, júɪn, -ən] 〘⇨ Ewan〙 *n.* 男性名. ★ スコットランドに見られる.

éwe-nèck *n.* (犬・馬などに見られる)前肩のへこんだ貧弱な羊のような首. **～ed** *adj.*

ew·er [júːə | júːə(r, júə(r] 〘《1413》□ AF **ewiere* = (O)F *aiguière* < Prov. *aiguiera* < VL **aquāriam* (fem.) ← L *aqua* water〙 ― *n.* **1** (広口の)水差し (water jug) 《特に, 洗面用》: a ～ and basin 水差しと洗面器《寝室に備えておく》. **2** (中世の)優美な金属製水差し.

ewer and basin

e·wig·keit [éɪvɪkkàɪt; *G.* éːvɪçkàɪt] 〘□ G *Ewigkeit* eternity〙 ― *G. n.* 永遠, 永久: into [in] the ～ 《戯言》空中へ, 虚空(ｺｸｳ)へ (into thin air).

E·wig-Weib·li·che [éɪvɪk-váɪplɪkə; *G.* éːvɪç-váɪplɪçə] 〘□ G ～ 'eternal feminine': Goethe の造語〙, **das** [dɑːs; *G.* das] *G. n.* =the ETERNAL feminine.

Ew·ing [júːɪŋ | júːɪŋ, júɪŋ], Sir (**James**) **Alfred** *n.*

(1855–1935) スコットランドの物理学者; 1878–83 年の間東京帝国大学で講じ, 地震の研究をした.

Ewing, Juliana Horatia *n.* (1841–85) 英国の女流児童文学者; *The Miller's Thumb* (1873); 旧姓 Gatty [gǽtɪ | -tɪ].

EWO 《略》Essential Work Order 《英》主要管務令.

ex[1] [eks, èks, éks] 〖□ L ～ 'from, out of, by virtue of' < IE *eghs out : ⇨ ex-[1]〗 ── *prep.* **1** 「…から (from)」の意でラテン語の句に用いる : *ex* animo / *ex* officio. **2** 〘商業〙 **a** …で売渡し (sold from); で引渡し (delivered at) : *ex* bond 保税倉庫渡し / *ex* pier 桟橋渡し / *ex* quay [wharf] 波止場渡し / *ex* rail 鉄道渡し / *ex* ship 本船渡し, 船側渡し / *ex* warehouse 倉庫渡し. **b** 〘証券〙 …落ち, なし (excluding) (cf. cum 2) : *ex* coupon 利札落ち / *ex* new 《英》新株落ち / ⇨ ex dividend, ex rights. **3** 《米大学》…年度の《ただし卒業しなかった》: John Smith, Harvard *ex* '65 ハーバード 1965 年度クラス中退のジョン スミス.
── *n.* (*pl.* ～**·es**, ～**'s**, ～**s**) 《口語》前任者; (特に)前の夫[妻] : one's *ex*.
── *adj.* 《口語》前の, 元の (former) (cf. ex-[2]); 時代遅れの (outdated) : It looks hopelessly ～. どうしようもなく時代遅れに見える.

ex[2] [éks] *n.* X [x] の文字; X 形のもの. ── *vt.* X じるしで消す 〈*out*〉. ⌈exam).

ex[3] [éks] 〖《略》← EXAMINATION〗 *n.* 《米俗》試験 (cf.

ex. 《略》examination; examined; example; excellent; except; exception; excess; exchange; exclusive; excursion; excursus; executed; executive; executor; exempt; exercise; exhibit; exit; export; express; extension; extra; extract.

Ex. 《略》Excluded; Exeter; 〘聖書〙 Exodus (旧約聖書の)出エジプト記.

ex-[1] [ɪks, əks, eks | ɪks, eks] 〖ME □ (O)F *ex-* // L *ex-* ← *ex*, *ē* (prep.) 'EX[1]'〗 ── *pref.* **1** 「外に, 外へ (out, forth)」の意 : *ex*clude, *ex*it, *ex*pire. **2** 「…から (out of), …から離れて (away from)」の意 : *ex*propriate, *ex*patriate. **3** 「全く, 完全に」など強意を表わす : *ex*ecute, *ex*terminate. **4** 「反対, 否定」の意 : *ex*ecrate, *ex*stipulate / *ex*-directory. ★ 通例母音と h, c, p, q, s, t の子音で始まる語の前ではそのままの形 ex-, f の前では ef-, 他の子音 (x を除く)の前では e- となる.

ex-[2] [éks] 〖ME □ LL *ex-* ← L *ex* : ↑〗 ── *pref.* 自由に官名などに付いて「以前の, 前… (former)」の意. ★ 通例ハイフンを伴う : *ex*-premier, *ex*-president, *ex*-husband, *ex*-wife / *ex*-detective 刑事あがり.

ex-[3] [eks] (母音または h の前に来る時の)exo- の異形 : *ex*ergonic, *ex*orcise.

ex·ac·er·bate [ɪgzǽsəbèɪt, egzǽs-, eksǽs- | eksǽsə-, ɪgzǽs-] 〖《1660》← L *exacerbāt-us* (p.p.) ← *exacerbāre* to exasperate ← EX-[1] + *acerbus* 'ACERB'〗 ── *vt.* **1** 〈悪意・病気・情勢などを〉悪化させる, 一層悪くする (aggravate) : His wife's death ～*d* his misery. 妻の死で彼の不幸は一層募った. **2** 〈人〉の感情を激させる, いら立たせる (embitter) : He was ～*d* by disappointment. 失望のためいら立ちを感じた.

ex·ác·er·bàt·ing [-tɪŋ | -tɪŋ] *adj.* いら立ちを引き起こす, 憤激を誘うような.

ex·ac·er·ba·tion [ɪgzæ̀səbéɪʃən, egzæ̀s-, eksæ̀s- | eksæ̀sə-, ɪgzæ̀s-] 〖《a1400》□ LL *exacerbātiō(n-)* : ⇨ exacerbate, -ation〗 ── *n.* **1** (悪感情などの)激化; (病気・症状の)再燃, 悪化, 増悪. **2** いら立ち, 憤激.

ex·act [ɪgzǽkt, eg-] 〖v. : 《1440》← L *exact-us* (p.p.) ← *exigere* to force out, demand ← EX-[1] + *agere* to drive. ─ adj. : 《1533》□ L *exact-us* : cf. act〗 ── *adj.* (**more** ～, **most** ～ ; ～**·er**, ～**·est**) **1** 〈行為・描写・知識など〉正確な, 的確な (accurate, correct); 〈数量など〉きっかりの : an ～ copy [translation] 正確な写し[翻訳] / an ～ instrument 精密な器械 / an ～ memory 正確な記憶力 / have an ～ ear for music 音楽を正確に聞き分ける耳がある / ～ *to* the letter そっくりそのままで, 極めて正確な / ～ *to* the life 実物と少しも違わない / the ～ time 正確な時間 / be ～ *to* a cent 勘定が 1 セントも違わない / She gave the shopkeeper the ～ money. 店主にきっかりの代金を渡した. **2** 〈方法・言葉など〉厳密な; 精密な, 綿密な : the ～ meaning of a word 言葉の厳密な意味 / Tell me the ～ truth. 真実を正確に話して下さい. **3** まさにその : the ～ spot まさにその場所 / the ～ opposite まさに正反対. **4** 〈法律・規律・命令など〉厳重な, 厳格な : ～ directions 厳重な指図 / ～ discipline 厳重な訓練. **5** 〈人が〉几帳面な, 厳正な : an ～ scholar / a man ～ *in* keeping appointments 約束を守ることの堅い人. **6** 〘数学〙〈微分方程式が〉完全な《微分方程式の左辺が完全微分になっていることにいう》.
to be exact 厳密[正確]に言うと.
── *vt.* **1** 〔…から〕〈服従・告白・履行などを〉強要する, 強いる (demand); 〔…に〕〔否応なしに〕迫る, いやでも…させる (call for) 〔*from*, *of*〕: Christ came to ～ obedience *from* every creature. キリストは万人に服従を強いるためにやって来た / His gray hairs ～ *of* us a particular respect. 彼の白髪はわれわれに特別の尊敬を払わせる. **2** 〔人から〕〈金・税などを〉きびしく取り立てる, 無理取りする 〔*from*, *of*〕: ～ money *from* [*of*] a person 人から金を取り立てる. **3** 〈仕事・事情が〉緊急に必要とする : This task ～*s* very careful [the closest] attention. この仕事には非常に綿密な注意がいる.

ex·ac·ta [ɪgzǽktə, eg-] *n.* 〘競馬〙 ＝perfecta.

ex·act·a·ble [ɪgzǽktəbl̩, eg-] *adj.* 強請できる, 強制取立て可能の, 強要できる.

exáct differéntial *n.* 〘数学〙 完全微分(式)《微分式 $a\,(x,\,y)\,dx+b\,(x,\,y)\,dy$ が $df\,(x,\,y)$ という形に書ける時にいう》.

ex·áct·er *n.* ＝exactor.

ex·áct·ing 〖⇨ -ing[2]〗 ── *adj.* **1** 〈気質など〉(義務遂行を)厳しく要求する, 厳しい (severe) : an ～ master 厳格な主人. **2** 〈仕事など〉厳密な注意を必要とする, 精密さを要する; 非常に骨の折れる, 厄介な (arduous) : an ～ job 厄介な仕事. **3** 取立ての厳しい, 搾取的な (extortionate). ～**·ly** *adv.* ～**·ness** *n.*

ex·ac·tion [ɪgzǽkʃən, eg-] 〖《?1382》 *exaccioun* □ L *exactiō(n-)* : ⇨ exact, -tion〗 ── *n.* **1** 強請, 強要, 強制取立て, 無理取り : the ～ of tribute 貢物の強制取立て. **2** 不当な[厳しい]要求 : the ～*s* of the teaching profession 教職のつらさ / the ～*s* of life in society せちがらい世の中. **3** 強制取立て金, 苛税(ｶｾﾞｲ).

ex·ac·ti·tude [ɪgzǽktət(j)ù:d, eg- | -tɪtjù:d] 〖《1734》□ F ～ : ⇨ exact, -tude〗 ── *n.* 正確[精確]さ, 精密度, 厳正, 几帳面さ (preciseness) : with scientific ～ 科学的正確さで / a man of great ～ 大変几帳面な人.

ex·áct·ly *adv.* **1** 正確に, 厳密に; きっかり, 正に, ちょうど : He is ～ the man for the post. ぴったりはまった適任者だ / ～ at one o'clock きっかり 1 時に / He arrived ～ upon time. ちょうど時間通りに到着した / This is ～ what I want. これがちょうど私がほしいものだ / *Exactly* when [When ～] did it happen? 正確にいつそれは起こったのか. **2** [《英》ではまた gzǽklɪ] [同意または賛成を表わして] 全く, 仰せの通り.
not exactly (1) 必ずしも…(で)ない; [返事として] 全くその通りというわけでもない : She is *not* ～ beautiful, but she is attractive. はっきり美人とは言えないが愛嬌(ｱｲｷｮｳ)がある / Do you agree with me?—Well, *not* ～. 私に賛成かね—さあ, 少し違うがね / The two were *not* ～ friends. 二人は必ずしも友人というのではなかった. (2) 《口語》決して[少しも]…でない (not at all) : Are you satisfied with your apartment?—*Not* ～. I'm looking for a better one. 今のアパートに満足していますか—どう致しまして, もっとよい所を捜している.

ex·áct·ness *n.* ＝exactitude.

ex·ác·tor 〖《c1384》 *exactour* □ L *exactor* : ⇨ exact, -or[2]〗 *n.* 強請者, 強要者; (特に)厳しい取立人[収税吏].

exáct science *n.* 精密科学《数学・物理学など明確かつ客観的な科学》.

ex ae·quo et bo·no [eks-í:kwou-et-bóunou, eks-áɪkwou- | -í:kwəu-et-bə́unəu, -áɪkwəu-] 〖□ L *ex aequō et bonō* according to what is equitable and good : ⇨ ex[1], equal, bonus〗 ── *L. adv.* 公正と善の原則によって. ★ 特に, 国際法で用いる.

ex·ag·ger·ate [ɪgzǽdʒərèɪt, eg-] 〖《1533》← L *exaggerāt-us* (p.p.) ← *exaggerāre* to amplify, enlarge ← EX-[1] + *aggerāre* to heap up (← *agger-* 'AD-' + *gerere* to carry))): ⇨ -ate[3]〗 ── *vt.* **1** (実際よりも)誇大に考える, 過大視する : ～ in one's mind the difficulties of …の困難を大層に思い込む / A friend ～*s* a man's virtues. 友人は人の美点を過大視する. **2** 大げさに言う, 誇張する (↔ understate) : It is impossible to ～ that …ということはどのように大げさに言っても言いすぎではない. **3** 《古》〈器官を〉病的に拡大させる; 〈病気などを〉募らせる, ますます激しくする : a heart greatly ～*d* by disease 病気のためひどく肥大した心臓. ── *vi.* 誇張して言う, 大げさな言葉を使う.

ex·ág·ger·àt·ed [-tɪd, -təd | -tɪd, -təd] *adj.* **1** 誇張された, 誇大な; 過大視された, 思い過ぎの, 買いかぶった : an ～ report 誇大な報告 / an ～ sense of one's own importance 自己の重要性の過大視, うぬぼれ / He has an ～ opinion of my powers. 私の能力を買いかぶっている. **2** 病的に拡大した : the ～ crests 病的に肥大したとさか. ～**·ness** *n.*

ex·ág·ger·àt·ed·ly *adv.* 誇張されて, 誇大に, 大げさに.

ex·ág·ger·àt·ing·ly [-tɪŋlɪ | -tɪŋlɪ] *adv.* 大げさに.

ex·ag·ger·a·tion [ɪgzæ̀dʒəréɪʃən, eg-] 〖《1565》□ L *exaggerātiō(n-)* : ⇨ exaggerate, -ation〗 ── *n.* **1** 誇張, 過大視 : *Exaggeration* is a kind of lying. 誇張はうその一種だ. **2** **a** 誇大な言説; 誇張的な言いまわし (hyperbole) : It is no ～ to say that …と言うのは過言ではない. **b** 〘芸術〙誇張的表現.

ex·ag·ger·a·tive [ɪgzǽdʒərèɪtɪv, eg-, -rət- | -rət-, -rèɪt-] *adj.* **1** 〈記述など〉誇張的な, 仰々しい. **2** 〈人が〉誇張好きな; 誇張癖のある. ～**·ly** *adv.*

ex·ág·ger·à·tor [-tə | -tə(r)] *n.* 誇張者, 大げさに言う人.

ex·ag·ger·a·to·ry [ɪgzǽdʒərətɔ̀:ri, eg-, -tɔ̀:ri | ɪgzǽdʒərèɪt(ə)rɪ, eg-, -rət-] *adj.* ＝exaggerative.

ex·al·bu·mi·nous [èksælbjú:mənəs | -mɪ-] 〖← EX-[1] + ALBUMINOUS〗 *adj.* 〘植物〙 ＝exendospermous.

ex·alt [ɪgzɔ́:lt, eg- | -zɔ́:lt, -zɔ́lt] 〖《?a1425》□ (O)F *exalt-er* // L *exalt-āre* to raise ← EX-[1] + *altus* high〗 ── *vt.* **1** …の位[権力, 品位など]を高める, 昇進させる : be ～*ed to* the position of Prime Minister 首相に昇任する. **2** 称揚する, ほめそやす : ～ a person *to* the skies 口を極めて人をほめ称える. **3** [Passive または現在分詞で用いて] (誇り・喜びなどで)…の意気を高くする : an ～*ing* effect 意気を高める効果 / The audience was ～*ed* by the music. 聴衆はその音楽で気分がよくなった. **4** 〈想像などを〉強める, 刺激する; 〈音調・色調など〉の効果を高める, 強める : ～ the imagination 想像力を刺激する. **5** 《古》上げる; 〈声などを〉高める : *Exalt* thy head. 頭を上げよ / ～ one's voice 声を高める. **6** [Passive に用いて] 〘占星〙 〈惑星が〉最高星位 (exaltation) にある. ～**·er** [-tə | -tə(r)] *n.*

ex·al·ta·tion [ègzɔ:ltéɪʃən, èksɔ:l- | ègzɔ:l-, ègzɔl-, èksɔ:l-, èksɔl-] 〖《1389》□ (O)F *exaltation* // L *exaltātiō(n-)* ← *exaltātus* (p.p.) ← *exaltāre* : ⇨ ↑, -ation〗 ── *n.* **1** 高める[高められる]こと, 高揚. **2** 昇進; 登位 : the ～ *of* the Pope 教皇の登位 / John's ～ *to* the position of governor ジョンが知事に昇進したこと. **3** 大得意, 意気揚々, (精神的な)高揚状態; 狂喜 : with great ～ 狂喜して. **4** (器官の機能の)異常な亢進(ｺｳｼﾝ). **5** 〘占星〙最高星位《惑星が人の運命に最高の影響力を発揮する黄道上の位置; ↔ descension》. **6** 〘モルモン教〙昇栄《神の王国における最高の光栄ある状態》. **7** 《廃》(ヒバリの)飛翔する群 : an ～ of larks.
Exaltation of the Cross [the ―] 〘カトリック〙 (聖)十字架称賛の祝日《9 月 14 日; 320 年, Saint Helena がイエスの処刑された十字架をエルサレムで発見したとされた記念の日》.

ex·al·té [egzɔ́:lteɪ; *F.* ɛgzalte] 〖□ F ～ (p.p.) ← *exalter* 'EXALT'〗 (*also* **ex·al·tée** [～]) ── *F. adj.* 興奮した, 有頂天の. ── *F. n.* 有頂天になった人. ★ 女性をさすときは exaltée を用いることが多い.

ex·ált·ed [-tɪd, -təd | -tɪd, -təd] *adj.* **1** 位[身分]の高い, 高貴の (dignified, noble) : an ～ personage 高貴の人 / a person of ～ rank 位の高い人. **2** 〈感情・能力・心など〉気高い (noble); 〈言葉など〉高尚な, 大げさな : an ～ mind 気高い心 / one's ～ power 高い能力 / ～ expressions 大げさな表現. **3** 〈人が〉大得意の, 意気揚々の, 有頂天の. ～**·ly** *adv.* ～**·ness** *n.*

ex·am [ɪgzǽm, eg-] 〖《1877》《略》← EXAMINATION〗 *n.* 《口語》試験 (cf. ex[3]). ⌈aminer.

exam. 《略》examination; examined; examinee; ex-

ex·a·men [ɪgzéɪmɪn, eg-, -mən | egzéɪmen] 〖□ L *exāmen* : ⇨ examine〗 ── *n.* **1** 〘キリスト教〙 (良心・魂などの)糾明, 吟味 : a daily ～ of conscience 毎日の良心の吟味. **2** (作家・現象などの)批評的研究 : an ～ of Pope's poems ポープの詩の批評的研究.

ex·am·in·a·ble [ɪgzǽmɪnəbl̩, eg-, -mə- | -mɪ-] 〖□ LL *exāminābil-is* : ⇨ examine, -able〗 *adj.* **1** 検査[調査]可能の. **2** 〘法律〙尋問[審理]しうる.

ex·am·i·nant [ɪgzǽmənənt, eg-, -mɪ- | -mɪ-] 〖□ L *exāminant-em* : ⇨ examine, -ant〗 *n.* **1** 試験官, 審査員, 検察官 (examiner). **2** 受験者, 被験者.

ex·am·i·na·tion [ɪgzæ̀mənéɪʃən, eg- | -mɪ-] 〖《c1390》□ (O)F ～ □ L *exāminātiō(n-)* ← *exāminātus* (p.p.) ← *exāmināre* : ⇨ examine, -ation〗 ── *n.* **1** 〔…の〕検査, 調査, 審査, 試験 〔*of*, *into*〕: on ～ 調査[検査, 試験]の上で, 調べて見ると / under ～ 調査[試験]中 / make an ～ *of* …を検査[審査]する / an ～ *into* the matter その事件の調査 / undergo an ～ 検査[試験]を受ける. **2** (学説・問題などの)検討, 考察, 吟味; (医師の行なう)検査, 診察 : a medical ～ 診察 / a physical ～ 体格検査, 健康診断. **3** **a** (学術・技能などの)試験《★ 口語では exam と略す》; 成績考査, 検定試験 : a competitive ～ 競争試験 / college entrance ～*s* 大学入試 / an ～ *in* English / an oral [a written] ～ 口答試問[筆記試験] / a qualifying ～ 資格検定試験 / fail (in) an ～ 試験に落第する / go in [up] for one's ～ 試験を受ける / pass an ～ 試験に通る[及第する] / sit for [take] an ～ 試験を受ける. **b** 試験問題; 試験の答案. **4** 〘法律〙 **a** 尋問, 審問; 審理 : the ～ of a witness 証人の尋問 / a preliminary ～ 予審. **b** 尋問[審理]記録.
examination in chief 〘法律〙 ＝direct examination.

ex·àm·i·ná·tion·al [-ʃənl̩, -ʃnəl] *adj.* 試験の; 審査[検査]上の, 審問の, 審理上の.

ex·àm·i·ná·tion·ìsm [-ʃənɪzm̩] *n.* 試験主義, 試験制度主張者. ⌈用紙.

examinátion pàper *n.* 試験問題; 試験答案, 答案

ex·am·i·na·to·ri·al [ɪgzæ̀mənətɔ́:riəl, eg-, -mɪ-, -tɔ́:r- | -mɪnətɔ́:rɪ-] 〖← LL *exāminatōri-us* (⇨ examine, -atory) + -AL[1]〗 ── *adj.* 試験の, 試験委員[官]の; 審査(員)の.

ex·am·ine [ɪgzǽmɪn, eg-, -mən | -mɪn] 〖《c1303》□ (O)F *examin-er* □ L *exāmināre* to weigh, test ← *exāmen* tongue of a balance, consideration ← *exag(s)-men* ← EX-[1] + *agere* to drive, act : cf. exact〗 ── *vt.* **1** **a** 検査[審査, 検閲, 検分]する : ～ a picture 絵を審査する / ～ the records 記録を検閲する / ～ baggage *for* contraband goods (税関などで)輸出入禁制品を持っていないかと荷物を検査する. **b** 〈器官・患者を〉診察する : He needs to have his head ～*d*. 《口語》頭を見てもらう必要がある《ばか[恥知らず]である》. **2** 〈問題・言説・良心などを〉調べる, 調査[検討, 考察]する, 〈…か〉どうか調べる 〈*whether*〉: ～ a theory [proposal] 理論[提議]を検討する / ～ one's conscience 良心を吟味する / ～ one's own heart 自分の心の中を考えてみる, 内省する / *Examine* yourself. 心の中を考えてみよ, 内省してみよ / ～ *whether* something is good or bad ある事柄が善か悪かを吟味する. **3** 〈人を〉〔…に関して〕試験する, 試問する 〔*in*, *on*〕: ～ pupils *in* English [*on* the subject] 生徒に英語の[その科目の]試験をする. **4** 〘法律〙 〈証人・被告を〉尋問[審問]する; 審理する : ～ a witness [suspected person] 証人[容疑者]を尋問する. ── *vi.* 〔…を〕調査[審理, 吟味]する 〔*into*〕: ～ *into* the matter 事を調査する.

ex·am·in·ee [ɪgzæ̀məní:, eg-, ―― ― ⌣ | ɪgzæ̀mɪní:,

eg-]〘⇨ -ee¹〙 n. 受験者, 被験者; 審理を受ける人.

ex·ám·in·er [-m(ə)nə | -mɪnə(r] n. **1** 試験官, 試験委員. **2** 審査官[員], 検査[調査]官: a customs ~ 税関検査官 / ⇨ bank examiner.
satisfy the examiners〘英大学〙試験委員の要求を満たす《優等ではないが試験に及第する; honours でなく pass をとる》.

ex·ám·in·ing [-m(ə)nɪŋ | -mɪn-] adj. 試験をする[行なう]: an ~ body 試験委員会 / an ~ judge 予審判事 / an ~ officer (税関の)検査官. **~·ly** adv.

ex·am·ple [ɪɡzǽmpḷ, eɡ- | -zɑ́ːm-]〘《a1382》□ OF ~ (F *exemple*) (L にならった変形) ← *essample* < L *exemplum* sample, precedent ← *eximere* to take out ← EX-¹+*emere* to take ∽ 《c1290》 *ensaumple* □ AF *ensample*=OF *essample*: cf. exempt〙 ── n. **1** 例, 実例, 例証 (typical instance): as an ~ =by way of ~ 例証として, 一例として / give an ~ *of* ...の例をあげる, 一例を示す / an excellent ~ of brevity 簡潔な文の好適例 / to cite one ~ 一例をあげると / Take Japan for ~. 例として日本を取ってみよ / *Examples* abound. 例はいくらもある / *Example* is better than precept. 《諺》実例は教訓にまさる. **2** (行為の)手本, 典型, 模範, 鑑(かがみ): follow a person's ~ 人の例にならう / set [give] a good ~ to others 他の人たちによい手本を示す, 模範を垂れる / take ~ *by* another 他人の例にならう / a bad ~ よくない手本 / an ~ of dedication 献身の鑑 / He set us a dangerous ~. 彼は我々に悪いお手本を示した. **3** (数学などの)例題: ~s for practice 練習用の例題. **4** 見せしめ, 戒め: Let this be an ~ to you. これを戒めにしなさい / make an ~ of a truant boy ずる休みをする男生徒を見せしめのために懲らす. **5** 類例, 前例, 比類: generosity without ~ 比類のない寛大さ / be without [beyond] ~ in history 歴史上前例がない, 空前である.
for example 例えば (for instance).
── vt. **1** [Passive に用いて] ...の実例[見本]となる: Such a fervid assiduity has not often *been* ~*d*. そのような熱のこもった精勤さの実例はめったになかった. **2** 《古》...に手本を示す, ...の手本となる.

ex·an·i·mate [eɡzǽnəmət, -mɪt]〘□ L *exanimāt-us* (p.p.) ← *exanimāre* to deprive of life ← EX-¹+*anima* breath, life (⇨ animate)〙 adj. **1** 死んでいる(ように見える). **2** 元気[気力, 活気]のない (inert).

ex an·i·mo [eks-ǽnəmòu, -ɑ́ːnɪ- | -ǽnɪmàu, -ɑ́ːnɪ-]〘□ L *ex animō* 《原義》 from the soul: ⇨ ex¹, animus〙 L. adv., adj. 心の底から(の); 真心から(の).

ex an·te [eks-ǽnṭi | -tɪ]〘□ L ~ 'from before'〙 adj. 事前の, 見積りの (↔ ex post): ~ profit 事前利益.

ex·an·them [ɪɡzǽnθəm, eɡ-, eksǽn-]〘← NL *exanthēma* ← LL □ Gk *exánthēma* 《原義》 a bursting into flower: ⇨ ex-¹, -anthema〙 ── n. 《病理》発疹; 発疹性熱病. **ex·an·the·mat·ic** [eɡzæ̀nθəmǽṭɪk, eksæ̀n- | -tɪk] adj. **ex·an·them·a·tous** [èɡzænθéməṭəs, èksæn- | -təs] adj.

ex·an·the·ma [èɡzænθíːmə, èksæn-]〘↑〙 n. (pl. ~·ta [~ṭə | ~tə], ~s) 《病理》=exanthem.

ex·a·rate [éksərèɪt]〘□ L *exarāt-us* (p.p.) ← *exarāre* to plow up ← EX-¹+*arāre* to plow〙 adj. **1** 溝のできた. **2** 《昆虫》〈さなぎが〉裸の, 自由の (cf. obtect).

ex·arch¹ [éksɑək | -sɑːk]〘《1588》□ LL *exarch-us* □ Gk *éxarkhos* leader ← *exárkhein* to take the lead ← EX-¹+*árkhein* to rule, lead: ⇨ -arch¹〙 ── n. **1** (ビザンツ帝国からアフリカ・イタリアなどに派遣された)大守, 総督 (viceroy, governor). **2** 《東方正教会》総主教 (patriarch) 代理《metropolitan より上に位する bishop; 起源的には archbishop, metropolitan, patriarch と同義》. **ex·ar·chal** [eksɑ́əkəl | -sɑ́ː-] adj.

ex·arch² [éksɑək | -sɑːk]〘← EX-¹+ -arch²〙 adj. 《植物》外原型の《すべての植物の根のように後生木部が内方へ発達する; cf. endarch, mesarch¹》.

ex·arch·ate [éksɑəkèɪt, -kət, -kɪt | -sɑːkèɪt]〘□ ML *exarchāt-us* ← LL *exarchus*: ⇨ exarch¹, -ate¹〙 n. exarch¹ の職[権限, 管区].

ex·ar·chy [éksɑəki | -sɑːkɪ]〘⇨ exarch¹, -y¹〙 n. =exarchate.

ex·as·per·ate〘《1534》□ L *exasperāt-us* (p.p.) ← *exasperāre* to provoke ← EX-¹+*asperāre* to rouse up (← *asper* rough)〙 ── [ɪɡzǽspərèɪt, eɡ- | -zǽs-, -zɑ́ːs-] vt. **1** いら立たせる, じらす; 怒らせる: ~ a person *to* anger 人を刺激して怒らせる / be ~*d by* [*at*] ...に激怒する / The poor are ~*d against* the rich. 貧乏人は金持に腹を立てている / ~ a person *to* do something 人を怒らせて...させる. **2** 〈病気・苦痛・反感などを〉激化させる, 悪化させる, 募らせる: His headstrong temper was ~*d* by disease. 彼の片意地な気質は病気のために一層募った. ── [-p(ə)rət, eɡ-, -rɪt, -pərèɪt] adj. **1** 立腹した. **2** 《生物》ざらざらした, でこぼこした: ~ seed coats ざらざらした種の皮. **ex·ás·per·àt·er** [-ṭə | -tə(r] n.

ex·ás·per·àt·ed·ly [-ṭɪdli, -ṭəd- | -tɪdlɪ, -təd-] adv. 怒って, 腹立ちまぎれに.

ex·ás·per·àt·ing [-ṭɪŋ | -tɪŋ] adj. いらいらさせる, 腹立たしい, しゃくにさわる (provoking, irritating).

ex·ás·per·àt·ing·ly adv. いらいらさせるように, 腹立たしくなるように.

ex·as·per·a·tion [ɪɡzæ̀spəréɪʃən, eɡ- | -zæ̀s-, -zɑ̀ːs-]〘《1547》□ LL *exasperātiō(n-)*: ⇨ exasperate, -ation〙 ── n. **1** a いら立ち (irritation); 激昂, 激怒 (violent anger): He groaned *in* ~. いら立ってうめき声を上げた. **b** 激怒させること; いら立ちの種, 腹立ちの原因: His wife was a constant ~. 彼の妻はいつも腹立ちの種だった. **2** 〔病気などの〕悪化, 激化 〔*of*〕.

exc. 《略》excellency; excellent; except; excepted; exception; exchange; excommunication; excudit; excursion; excuse.

Exc. 《略》Excellency.

Ex·cal·i·bur [ekskǽləbə | -lɪbə(r]〘《?a1400》□ OF *Escalibor* 《変形》← ML *Caliburnus* □ Welsh *Caledvwlc* ← Celt **kaleto-* hard: cf. Ir. *Caladbolg*〙 ── n. エクスカリバー《Arthur 王の魔法の剣》.

ex·cam·bi·on [ekskǽmbiən | -bɪən, -bjən]〘□ ML *excambium* 《変形》? ← OF *eschange*: ⇨ exchange〙 n. 〘スコット法〙土地の交換の契約.

ex·car·di·na·tion [ekskɑ̀ədənéɪʃən, -dṇ- | -kɑ̀ːdɪn-, -dṇ-]〘← EX-¹ + -*cardination* (← L *cardin-, cardō* hinge of a door: ⇨ cardinal): cf. incardination〙 ── n. 教区転出《聖職者をある bishop の管区から別の bishop の管区へ移すこと; cf. incardination》.

ex ca·the·dra [eks-kəθíːdrə, eks-kǽθədrə, èks-kəθéɪdrə, -kəθéd-, eks-kɑ́ːteɪdrɑ̀ː | èks-kəθíːdrə]〘□ L *ex cathedrā* from the chair: ⇨ ex¹, cathedra〙 ── L. adv. 権威をもって: speak ~. ── L. adj. 権威による, 権威ある: an ~ pronouncement (教皇の)聖座宣言.

ex·cau·date [ekskɔ́ːdeɪt]〘← EX-¹+CAUDATE〙 adj. 《動物》尾のない (tailless).

ex·ca·vate [ékskəvèɪt]〘《1599》← L *excavāt-us* (p.p.) ← *excavāre* to hollow out ← EX-¹+*cavāre* to make hollow (← *cavus* hollow): cf. cave¹〙 ── vt. **1** ...に穴を掘る, (掘って)...の内部をうつろにする; 掘り抜く: ~ the side of a hill *for* a tunnel トンネルを作るために山腹に穴を掘る / The foot of the cliff was ~*d into* a cavern. 崖下を掘って洞穴が作られた. **2** 〈土などを〉掘り出す: ~ earth, rock, etc. **3** 〈穴・水路などを〉掘り抜いて造る, 切り開く: ~ a cave [tunnel] 洞穴[トンネル]を掘る. **4** 〈埋もれた物を〉掘り起こす, 発掘する; 採掘する: ~ an ancient town 古代の都市を発掘する. ── vi. 穴掘りをする, 発掘[採掘]する.

ex·ca·va·tion [èkskəvéɪʃən]〘《1611》□ L *excavātiō(n-)*: ⇨ ↑, -ation〙 ── n. **1** 穴掘り, くり抜き, うがつこと, 掘削. **2** (掘ってできた)くぼみ, 洞穴; (トンネルと区別して)切通し, 掘割道 (cutting, channel). **3** 発掘; 採掘; 発掘物, 発掘された遺物[遺跡]. **4** 《解剖》窩(か), 陥凹(かんおう). **~·al** [-ʃnḷ, -ʃənḷ] adj.

éx·ca·và·tor [-ṭə | -tə(r] n. **1** 穴掘り人, 開削者, 発掘者. **2** a 掘削機, 開削機; 穴さらえ機: a ditch ~ みぞ掘り機. **b** 《歯科》エキスカベーター《虫歯の中に詰まった食片や罹患部を除去するのに用いる器具》.

ex·ceed [ɪksíːd, ek-]〘《c1380》□ (O)F *excéd-er* □ L *excēdere* to go out, surpass ← EX-¹+*cēdere* to go: cf. cede〙 ── vt. **1** 〈限度・権限・力・予想などを〉越える; 〈一定数量を〉超過する: ~ the speed limit 速度制限を超える / ~ one's instructions 訓令以上のことをする / ~ one's authority 越権行為をする / ~ all anticipations 全く期待以上だ / It ~*s* anything you could have hoped. 全く思いもよらないことだ / ~ 6% 6%を越える / Imports ~*ed* exports *by* $27 billion. 輸入額が輸出額を 270 億ドル上回った. **2** 〈力〉に余る; 〔...の点で〕...にまさる 〔*in*〕: ~ the power of human understanding 人間の理解力に余る / ~ another *in* height [strength, courage] 身長[力, 勇気]で他人にまさる. ── vi. **1** 〔数量・程度などで〕他にまさる, 卓越する 〔*in*〕: ~ *in* beauty [strength] 美しさ[力]が卓越している. **2** 《廃》〈感情などが〉度を越える (go too far); 〔飲食などに〕度を過ごす 〔*in*〕: ~ *in* eating 食べ過ぎる.

ex·céed·ing 〘《1494》〙 adj. 過度の; 非常な, 並外れた, けたはずれの (extreme): a scene of ~ beauty 非常に美しい景色. ── adv. 《古》=exceedingly.

ex·céed·ing·ly 〘《15C》〙 adv. 非常に, すばらしく, はなはだ: an ~ fine day すばらしく天気のよい日.

ex·cel [ɪksél, ek-]〘《?c1408》□ (O)F *exceller* // L *excell-ere* to rise above ← EX-¹+-*cellere* to rise: cf. hill, column〙 ── v. (**ex·celled; ex·cel·ling**) ── vt. 〔...で〕〈他を〉しのぐ, 〈他人〉にまさる, すぐれる 〔*in, at*〕: ~ others *in* virtue [courage, swimm*ing*] 美徳[勇気, 水泳]で他人にまさる / He ~*led* others *at* wrestling. レスリングでは他をしのいでいた. ── vi. 〔...に〕ずばぬけている, ひいでている, ぬきんでる, 卓越する 〔*in, at*〕: ~ *in* (writ*ing*) English [*at* a game, *as* a speaker] 英語(を書くこと)が[勝負事が, 演説家として]すぐれている.

ex·cel·lence [éks(ə)ləns]〘《?c1350》□ (O)F ~ □ L *excellentia*: ⇨ excellent, -ence〙 ── n. **1** 卓越, 傑出 (superiority), 優秀, 優良, 秀逸 (extreme goodness): receive a prize for ~ *in* English 英語が優等で賞を受ける. **2** 卓越している点, 美点, 美質: a moral ~ 道徳上の美点. **3** [通例 E-] =excellency 1.

ex·cel·len·cy [éks(ə)lənsi | -sɪ]〘《?c1200》□ L *excellentia*: ⇨ ↑, -ency〙 ── n. **1** [E-] 閣下: your *Excellency* (直接に呼び掛けて)閣下 (you) / his *Excellency* (間接に)閣下 (he, him) / their *Excellencies* 閣下 (they, them). ★ もとは王族にも用いたが, 今では大臣・大使・全権公使・使節・総督・大司教・司教などに限られ, 米国では大統領・州知事および外国からの大使に対しても用いる; 以上の夫人には your *Excellency*, her *Excellency* を用いる. **2** [通例 E-] Excellency の称号で呼ばれる人. **3** 優秀; [通例 *pl.*] 美点, 美質.

ex·cel·lent [éks(ə)lənt]〘《a1382》□ (O)F ~ □ L *excellentem* (pres.p.) ← *excellere* 'to EXCEL': ⇨ -ent〙 ── adj. **1** 優秀な, 優良な (remarkably good); すてきな (very good): She is an ~ dancer. ダンスがすこぶる上手だ / Mother's health is ~. 母の健康は申し分ない / He is ~ *at* his job [reading aloud]. 仕事[朗読]がとてもうまい. **2** 《古》並はずれた, ずぬけた.

éx·cel·lent·ly adv. すぐれて, すてきに (very well).

ex·cel·si·or [ɪksélsiə, ek- | eksélsɪɔ̀ː(r, ɪk-, -sɪə(r, -sjə(r]〘《1778》□ L ~ 'higher' (compar.) ← *excelsus* high, 《原義》risen above others ← *excellere* 'to EXCEL'〙 ── n. **1** (詰物用の)木毛(もくめん) (wood-wool): (as) dry as ~ からからに乾いて. **2** 《米》《活字》エクセルシオ《活字の大きさの古い呼称; 3 アメリカンポイント相当で, 英国の minikin に当たる; ⇨ type 10 ★》.

ex·cen·ter [éksenṭə | -tə(r]〘← EX-¹ + CENTER〙 n. 《数学》(三角形の)傍心《傍接円の中心》.

ex·cen·tric [ɪkséntrɪk, ek-] adj., n. =eccentric.

ex·cept¹ [ɪksèpt, ek-, ──́]〘《prep.: c1378; conj.: a1420》□ L *except-us* (↓): L の ablative absolute の用法から〙 ── prep. ...を除いては, ...の外は (⇨ excepting): Everyone was present ~ him. 彼以外はみな出席していた / ~ before excepted 前に除いたものを除けば / He does nothing ~ eat and drink. 彼は飲食以外は何もしない / The city was well fortified ~ here [on this side]. その市はここ[この側]以外は十分防備されていた / He is everywhere ~ where he ought to be. 彼は居てはまずい所ならどこへでも顔を出す.
except for ...がなければ (but for), ...があるだけで, ...があることはあるけれども: It is a good book ~ *for* a few errors. 間違いが少しはあるけれども(それはそれとして)良い本だ / The dress is ready, ~ *for* the buttons. ドレスはボタンを付けてないだけであとは仕上がっている. ***except that*** ...であることを除けば, ...以外は: It will do ~ *that* it is too long. 長過ぎるけれどもそれでよろしい.
── conj. ...でなければ (unless): *Except* he be dead, he will return. 死んでいなければ戻って来よう / *Except* the Lord build the house, they labor in vain that build it. 主家を建てたもうにあらずば建つる者の勤労はむなし (cf. *Ps.* 127: 1).

ex·cept² [ɪksépt, ek-]〘《a1393》□ (O)F *except-er* □ L *exceptāre* (freq.) ← *exceptus* (p.p.) ← *excipere* to take out ← EX-¹+*capere* to take; cf. captive〙 ── vt. 例外とする, 〔...から〕(例外として)除く, 省く, 除外する 〔*from, out of*〕; 話の範囲外に置く: ~ certain names *from* [*out of*] a list いくらかの名前を表から省く / ~ a person *from* a group ある人を仲間から除く / nobody ~*ed* 一人の例外もなく / present company ~*ed* ⇨ present¹ adj. 2 a. ── vi. 〔...に〕異議を申し立てる (object) 〔*against, to*〕: ~ *against* a proposition ある提案に異議を申し立てる.

ex·cept·ing [ɪkséptɪŋ, ek-, ──́─]〘《1549》: ⇨ ↑, -ing²〙 ── prep. [通例, 文頭または not, without, always の次に用いて] ...を除いて, を除外すれば: *Excepting* his son, they are all right. 彼の息子を除いて皆無事です / Everybody must observe the law *not* ~ the king. だれでも皆法律を守らなければならない, 国王とても同様. ── conj. 《古》=except¹.

ex·cep·tion [ɪksépʃən, ek-]〘《a1382》□ (O)F *exception* // L *exceptiō(n-)* ← *exceptus*: ⇨ except², -tion〙 ── n. **1** 例外[特別]扱い, 〔...からの〕除外 (exclusion) 〔*from*〕; 〔...の〕除外例, 例外(の人・物・場合) 〔*to*〕: the ~ of women and children *from* the community 社会から女子供を例外扱いすること / with the ~ of ...を除いて, ...の外は (except) / an ~ *to* a grammatical rule 文法規則の除外例 / allow [admit] of no ~ 〈規則・規定が〉例外を認めない / make an ~ *of* ...は例外[除外例]とする, 格外に扱う / make no ~ 特別扱いはしない《だれにも同様にする》 / Every rule has its ~*s*. どんな法則にも例外がある / without ~ 例外なく, 残らず / The ~ proves the rule.=*Exceptions* confirm the rule. 《諺》例外があるということは規則のある証拠 / You occasionally get a comfortable bed; but it is quite the ~. 時に寝心地のよいベッドにありつくこともあるが, それはまず例外に属する. **2** 異論, 異議, 反対(意見): a declaration liable [open, subject] to ~ 異議の出そうな発言. **3** 《法律》**a** 抗議. **b** (土地譲渡証書中の)物件除外約款.
take exception (1) 〔...に〕異議を申し立てる, 不服を唱える 〔*to, against, at*〕. (2) 《古》〔...に〕腹を立てる (take offense) 〔*at*〕.

ex·cep·tion·a·ble [ɪksépʃ(ə)nəbḷ, ek-]〘《1691》: ⇨ ↑, -able〙 ── adj. **1** [通例否定語を伴って] 異議を唱えられる, 非難の余地がある (objectionable): There is *nothing* ~ in that. それには非難すべきところは少しもない. **2** 《俗用》例外的な (exceptional). **ex·cèp·tion·a·bíl·i·ty** [-nəbíləṭi | -lətɪ, -lɪ-] n. **~·ness** n. **ex·cép·tion·a·bly** adv.

ex·cép·tion·al [-ʃnḷ, -ʃənḷ]〘《1846》← EXCEPTION + -AL¹〙 ── adj. **1** 例外的な, 異例の; 格別の, 異常な, まれな: an ~ use of a word 言葉の異例な使い方 / ~ advantages 特別[非常]な便益 / under ~ circumstances 例外的な事情の下では / ~ misfortunes まれに見る不運. **2** 並でない, 非凡の, すぐれた: Her beauty is ~. 彼女の美しさは並のものではない. **3** 《米》〈子供が〉(能力優秀, または心身の欠陥のため)特殊教育を必要とする: ~ children 特殊児童. **~·ness** n.

ex·cep·tion·al·i·ty [ɪksèpʃənǽləṭi, ek-|-lətɪ, -lɪ-] *n.* 例外, 異例, 格別, 非凡.
ex·cép·tion·al·ly [-ʃ(ə)nəli | -lɪ] 〘《1848》: ⇨ -ly¹〙 ― *adv.* **1** 例外として, 例外的に; 異例に, 破格に: It happened quite ～. 全く異例の出来事であった. **2** 並はずれて, ことの外, 格別に, 非常に; 格別に上手に: an ～ bad harvest 格別な不作 / It was very ～ performed. それは特に上手に演奏された.
ex·cep·tis ex·ci·pi·en·dis [ekséptɪs-eksìpiéndɪs, -təs-, -dəs | -tɪs-eksìpɪéndɪs] 〘⊏ LL ～ '(due) exceptions having been made'〙 ― *L. adv.* 然るべき例外を認めた上で.
ex·cep·tive [ɪkséptɪv, ek-] 〘⊏ ML *exceptīv-us* ← L *exceptus*: ⇨ except², -ive〙 ― *adj.* **1** 除外的な, 例外的な; 除外性の, 例外を示す: an ～ clause 除外条項 / ～ conjunctions 除外の接続詞《unless, except that など》/ ～ propositions 例外的命題《例: Nothing on earth *but man* is great.》. **2** 《古》〈人・発言が〉反対好きの, 揚げ足を取る (captious).
ex·cerpt 〘v.: 《c1536》← L *excerpt-us* (p.p.) ← *excerpere* to pick out ← EX-¹+*carpere* to pluck. ― n.: 《a1638》⊏ L *excerpt-um* (neut.) ← *excerptus*〙 ― [ék-sə:pt | éksə:pt, ɪksə́:pt, eks-] *n.* 抄録, 抜粋 (extract); 引用(句); 〔学会誌などからの〕抜刷り (offprint) 〔*from*〕: an ～ *from* a book.
― [eksə́:pt, ɪk- | -sə́:pt] *v.* ― *vt.* 抄録[抜粋]する: ～ passages *from* the author's writings 著者の著作中から数節を抄録する. ― *vi.* 抄録を作る, 抜粋する. **～·er, ex·cérp·tor** *n.*
ex·cerp·ta [eksə́:ptə, ɪk- | ɪksə́:p-] 〘⊏ L ～ (pl.) ← *excerptum* (↑)〙 *n. pl.* 小品文; 抜粋; (特に)要約 (résumés).
ex·cerpt·i·ble [eksə́:ptəbḷ, ɪk- | -sə́:ptə-, -tɪ-] *adj.* 抜粋[抄録]できる.
ex·cerp·tion [eksə́:pʃən, ɪk- | -sə́:p-] 〘⊏ L *excerptiō(n-)*: ⇨ excerpt, -tion〙 *n.* **1** 抄出, 抜粋(すること). **2** 《古》抜粋(した物), 抄録, …抄, 抄録集.
ex·cess 〘n.: 《a1382》⊏ (O)F *excès* ∥ LL *excess-us* departure (p.p.) ← *excēdere* 'to EXCEED'〙 ― [ɪksés, ékses, eksés | ɪksés, ek-] *n.* **1** 過多, 過剰, 過分: an ～ *of* zeal 熱意過多 / an ～ *of* blood 血液過多. **2** 過度, 度を過ごすこと: carry something *to* ～ 事を過度に運ぶ[やり過ごす] / go [run] *to* ～ 極端にやる, やり過ぎる, 過度になる / in ～ 過度に / in one's ～ of grief 悲しみの余り / He died of alcoholic ～. 酒の飲み過ぎがたたって死んだ. **3 a** 超過, 余分; 超過量[額], 余剰: an ～ of exports [imports] 輸出[輸入]超過 / an ～ of income *over* expenditure 支出に対する収入の超過 / an ～ of ¥100,000 *over* the estimate 見積り(予算)に対して 10 万円の超過. **b** 《保険》超過額《損害についての被保険者の自己負担額を超える部分; cf. excess insurance》. **4** [しばしば *pl.*] やり過ぎ, 不謹慎; (特に)不節制; 暴飲, 暴食: ～ of authority 越権 / the ～*es* of the preceding night 前夜の飲過ぎ.
in excess of …より超過して, …以上の (over): gifts *in* ～ *of* $1,000 千ドル以上の贈与 / Her style of living was far *in* ～ *of* her income. 彼女の生活ぶりは収入ではとてもまかないきれなかった. ***to excess*** 過度に (immoderately) (cf. 2): eat [drink] *to* ～ 食い[飲み]過ぎる / He is generous *to* ～. 気前がよすぎる.
― [ékses, ɪksés, ek-] *adj.* 超過量[額]に対しての, 制限外の, 余分の (extra): ～ luggage [baggage] (列車・汽船などの無賃輸送斤量外の)超過手荷物 / ～ postage 郵便の不足追徴金 / an ～ fare (鉄道の)乗越し追徴金; (優等車への)乗換割増金 / ～ income 超過所得 / ～ issue (紙幣の)限外発行 / ～ profits 超過利潤 / ～ equipment and jobs 余分の設備と仕事 / ～ purchasing power 余剰購買力.
éxcess condemnátion *n.* 超過収用, 付帯収用《都市計画事業などの際, 当面の目的に必要とされるよりも余分の土地を収用すること》.
éxcess insùrance *n.* 《保険》超過額保険, 第 2 次保険《損害をまず塡補する第 1 次保険 (primary insurance) に対して, それによって塡補されない超過部分を塡補する保険》.
ex·ces·sive [ɪksésɪv, ek-] 〘《a1393》⊏ (O)F *excessif*, *-ive* ⊏ ML *excessīvus*: ⇨ excess, -ive〙 ― *adj.* 過多な (overmuch); 過度の, 極端な, 不当な (unreasonable): ～ indulgence 極端な甘やかし / an ～ demand 法外の要求 / an ～ drinker 過飲する人. **～·ness** *n.*
ex·cés·sive·ly 〘《1413–19》: ⇨ ↑, -ly¹〙 *adv.* **1** 過多に; 過度に, はなはだしく, 過激に, 法外に (inordinately). **2** 《口語》非常に, ひどく.
excéss-lóss reinsùrance *n.* 《保険》超過損害再保険.
excéss-prófits tàx [**dùty**] *n.* (戦時)超過利得税.
éxcess resèrves *n. pl.* 《銀行》超過準備金.
exch. 《略》exchange; exchanged; exchequer.
ex·change [ɪkstʃéɪndʒ, eks-, ékstʃeɪndʒ | ɪkstʃéɪndʒ, eks-] 〘v.: 《1415》⊏ AF *eschaungier* = OF *eschangier* (F *échanger*) < VL **excambiāre* ← EX-¹+LL *cambiāre* to exchange. ― n.: 《c1378》*eschaunge* ⊏ AF = OF *eschange* (F *échange*) ← *eschangier*: ⇨ change: cf. excambion: ex- は L との類推で 15C から〙 ― *vt.* **1** 〔…と〕交換する, 換える, 取り[引き]替える〔*for*〕: ～ old money *for* new 旧貨幣を新貨幣と引き替える / ～ commodities *with* foreign countries 外国と物資を交易する / ～ money 両替する. **2 a** 〈買った品などを〉〔別な品と〕取り替える〔*for*〕: Please ～ this purchase for me. この買物を取り替えて下さい / I asked him to ～ the hat *for* a smaller one. 彼にその帽子を小さいのと取り替えてくれと言った. **b** 〈別な品〉と取り替える: Will you ～ something more up-to-date *for* this pair of shoes? この靴をもっと流行の型のものと取り替えてくれませんか. **3** 〔…と〕(互いに)交換し合う, 取り交す〔*with*〕: ～ gifts [greetings] 贈物[挨拶の言葉]を取り交す / ～ civilities (儀礼的な)挨拶を交す / ～ prisoners of war 捕虜を交換する / ～ (significant) glances 互いに(意味ありげに)見交す / Blows were ～*d*. なぐり合いがあった / Will you ～ places [seats] *with* me? 私と席を換えてくれませんか / I haven't ～*d* more than a few words *with* him. 彼とはほとんど言葉も交したことがない. **4** 〔…を取る代わりに〕捨てる (part with)〔*for*〕: ～ a palace *for* a cell 宮殿を捨てて小屋に住む. **5** 《チェス》〈駒を〉交換する.
― *vi.* **1** 交換をする; (任務・地位などの)交代をする: ～ *from* [*out of*] one regiment [ship] *into* another ある連隊[船]から他の連隊[船]へ転じる. **2** 〈通貨が〉〔…と同価値のものとして〕交換できる, 両替できる〔*for*〕: A dollar ～*s for* less than 250 yen. 1 ドルは 250 円未満で両替される / This currency ～*s at* par. この通貨は平価で交換される.
― *n.* **1 a** 交換, 取替え, 引替え; やり取り, 取交し; 交易: the ～ *of* gold *for* silver 金と銀との交換 / a welcome ～ *of* poverty *for* comfort 貧困から安楽への歓迎すべき転換 / an ～ *of* ambassadors [prisoners] 大使[捕虜]の交換 / an ～ *of* greetings 挨拶の取交し / an ～ *of* rings *between* bride *and* bridegroom 新郎新婦の指輪交換 / the ～*s between* Portia *and* Shylock in the court scene 法廷の場面でのポーシャとシャイロックの応酬 / make an ～ 交換する / value in ～ 交換価値 / ⇨ *in* EXCHANGE / an ～ *for* the better [worse] 得[損]になる交換 / *Exchange* [Fair ～] is no robbery. 《諺》交換は強奪ではない《不公平な交換を押しつける時の弁解》. **b** 《チェス》(駒の)交換: gain [win] the ～ 交換して得をする / lose the ～ 交換して損をする. **c** [形容詞的に用いて] (一定期間の協定によって)交換される, 交換制の: ⇨ exchange professor, exchange student, exchange teacher / an ～ teaching job 交換教師としての職 / ～ visits of students abroad 学生の交換留学.
2 a 取換え品: a good ～ いい[得な]交換品 / Would this be a fair ～ *for* that? それをいただくのにこれを受け取ってもらえるでしょうか. **b** 交換雑誌; (新聞の)交換記事[論説].
3 両替; 両替の手数料.
4 a 為替: domestic [internal] ～ 内国為替 / ⇨ foreign exchange / arbitration of ～ 為替の裁定 / a bill of ～ 為替手形 / the rate of ～ = exchange rate / a set of ～ 組為替手形《紛失・盗難に備えるため正副二通または三通発行するもの》. **b** 為替相場: the (mint) par of ～ (外国貨幣交換の)法定平価 / ～ fluctuations 為替相場の高低[変動] / the ～ quotation 外国為替相場表 / *Exchange* is against us [in our favor]. 為替相場は逆調[順調]だ. **c** 為替相場の開き, 為替差額. **d** 為替手形: first [second, third] of ～ (組為替手形の)第一[第二, 第三]手形. **e** [*pl.*] 交換高《手形交換所で交換清算された小切手・為替手形・約束手形などの総額》.
5 a 取引所: a stock ～ 株式取引所 / the corn [cotton, wool] ～ 穀物[綿花, 羊毛]取引所. **b** (特定の商品の)専門店《購入・再販売・修理を行なう》: a camera ～ カメラ専門店. **c** 協同組合の売店; 協同組合. **d** 電話交換局 (telephone exchange). **e** 《英》職業安定所 (employment exchange): ⇨ Labour Exchange.
in exchange 〔…と〕引換えに, 〔…の〕代償として〔*for*〕: He demanded 50,000,000 yen *in* ～ *for* the kidnapped child. 彼は誘拐(ゆうかい)した子供の身の代金として 5 千万円を要求した.
ex·change·a·bil·i·ty [ɪkstʃèɪndʒəbíləṭi, eks- | -lətɪ, -lɪ-] *n.* 交換[交易]できること; 交換価値.
ex·change·a·ble [ɪkstʃéɪndʒəbḷ, eks-] *adj.* 交換できる, 取り換えられる; 交易できる〔*for*〕: ～ goods 交換財, 商品 / ～ value 交換価値(価格) / This watch is ～ if it is not satisfactory. この時計はご満足のいかない場合にはお取り換え致します / Wool is ～ *for* money. 羊毛は金と交換できる.
exchánge bròker *n.* 外国為替仲買人.
exchánge clèaring *n.* 《経済》外国為替清算.
exchánge contròl *n.* 為替管理.
ex·chang·ee [ɪkstʃèɪndʒí:, eks-, èkstʃeɪn- | èkstʃeɪn-, ɪkstʃèɪn-] 〘⇨ exchange (v.), -ee¹〙 *n.* (交換計画によって)交換される人《交換教授・学生など》.
exchánge equalizátion accòunt *n.* 《英》為替平衡勘定《為替の安定と投機の排除のため設けられた勘定》.
exchánge fòrce *n.* 《物理》交換力《二つのハドロンの間に働く力の一種で, 粒子間の距離の関数であるばかりでなく, 粒子の位置・スピン・電荷などの交換を伴うもの》.
exchánge professòr *n.* 交換教授.
ex·cháng·er 〘《1469》*eschaungeour* ⊏ AF = OF *eschaungeor* (F *échangeur*): ⇨ -er¹〙 ― *n.* **1** 交換する人. **2** 両替商人. **3** 《物理・化学》イオン交換体 (ion exchanger); 熱交換器 (heat exchanger).
exchánge ràte *n.* (外国)為替相場[レート]《二国間における通貨の交換比率》.
exchánge reàction *n.* 《物理》交換反応《分子内の原子をその同位元素によって置き換える反応; 二つの素粒子間の反応で, 素粒子に固有の物理量(電荷・スピン・重粒子数など)の交換を伴う反応》.
exchánge stabilizátion fùnd *n.* 《米》為替安定資金.
exchánge stùdent *n.* 交換学生.
exchánge tèacher *n.* 交換教師.
exchánge tìcket *n.* 《米》《証券》売付株式確認票《取引所で行なった売買を確認するため売手会員が証券清算会社に提出する売買明細書》.
exchánge transfùsion *n.* 《医学》交換輸血《患者の血を採りながら同時に健康な血を輸血する》.
exchánge vàlue *n.* 交換価値.
ex·cheq·uer [ékstʃekə, ɪkstʃékə, eks- | ɪkstʃékə(r, eks-] 〘《c1250》*escheker* ⊏ AF *eschek(i)-er* = OF *eschequier* (F *échiquier*) ⊏ ML *scaccārium* chessboard: ⇨ chequer: ex- のつづりは AF = OF *es-* を L *ex-* と誤認したことから: もと勘定の際使用した碁盤じまのテーブルクロスにちなむ〙 ― *n.* **1** 国庫. **2** [通例 E-] (英国の)大蔵省 (⇨ treasury 4 a): the Chancellor of the *Exchequer* 大蔵大臣. **3** [E-] 《英史》(中世の)王室会計局, 財務局《12 世紀前半に設けられ, 1833 年まで存続》. **4** [E-] 《英史》財務裁判所《COURT of Exchequer の略称》. **5** (個人・会社などの)財政資力: the impoverished state of my ～ 私の苦しい財政状態.
exchéquer bìll *n.* (英国のかつての)大蔵省証券《一時的借入れのための政府の証券であったが, 19 世紀末以後 treasury bill に変わった》.
exchéquer bònd *n.* (英国政府の出す)国庫債券.
ex·cide [eksáɪd, ɪk-] 〘⊏ L *excīd-ere* to cut out: ⇨ excise²〙 *vt.* = excise².
ex·cip·i·ent [ɪksípiənt, ek- | -prənt, -pjənt] 〘⊏ L *excipient-em* taking out (pres.p.) ← *excipere*: ⇨ except²〙 ― *n.* 《薬学》(薬の)賦形剤, 結合剤《砂糖・ゼリーなど》.
ex·ci·ple [éksəpḷ | -sɪ-] 〘← EXCIPULUM〙 *n.* 《植物》果托(かたく)《ある種の地衣類の子実層 (hymenium) の囲りの皿形の縁》.
ex·ci·plex [éksəplèks | -sɪ-] 〘《略》← *exci(ted)* (*com)plex*〙 *n.* 《化学》励起錯体, エクシプレックス《異種分子間の励起状態の錯体》.
ex·cip·u·lum [eksípjuləm] 〘← NL ～ ← ML ～ 'device for catching fish' ← *excipere*: ⇨ excipient〙 *n.* (*pl.* **-u·la** [-lə]) 《植物》= exciple.
ex·cir·cle [ék(s)sə̀:kḷ | -sə̀:-] 〘← EX-¹ + CIRCLE〙 *n.* 《数学》傍接円 (escribed circle).
ex·cis·a·ble¹ [éksaɪzəbḷ, -saɪs- | eksáɪz-, ɪk-] 〘⇨ excise¹〙 *adj.* 消費[物品]税を課することのできる, 消費税の対象となる.
ex·cis·a·ble² [éksaɪzəbḷ, -səbḷ | ɪksáɪzə-, ek-] 〘⇨ excise²〙 *adj.* 削除できる, 切り取れる.
ex·cise¹ 〘《1494》⊏ MDu. *excijs* (異形) ← *accijs* ⊏ OF *aceis* tax < VL **accēnsum* ← *ac-*, 'AD-' + L *cēnsus* tax: EXCISE² と混同された: ⇨ census〙 ― [éksaɪz, -saɪs | éksaɪz, ɪksáɪz, eks-] *n.* **1** [しばしば ～ tax で] 内国消費税, (酒・たばこなどの生産・消費に課する)物品税; (ある種の娯楽・営業に対する)免許税: an ～ on tobacco. **2** [the E-] 《英史》間接税務局《今は Board of Customs and Excise》.
― [éksaɪz, -saɪs, ɪksáɪz, ek- | ɪksáɪz, ek-] *vt.* **1** 〈人〉に物品税を払わせる; 〈物〉に物品税を課する. **2** 《古》…に法外な代金を請求する; 《比喩》…に不当な要求をする.
ex·cise² [ɪksáɪz, ek- | ek-, ɪk-] 〘《1578》← L *excīs-us* (p.p.) ← *excīdere* to cut out or off ← EX-¹+*caedere* to cut〙 ― *vt.* **1** 〔…から〕〈句・文などを〉消す, 削る, 削除する〔*from*〕. **2** 〈でき物・こぶなどを〉切開する, 切り取る: ～ a page with a razor blade かみそりの刃で 1 ページを切り取る. **3** …に刻み目をつける.
éxcise làw *n.* **1** 消費税法. **2** 《米》酒類製造販売規律法.
éx·cise·man [-mən, -mæ̀n | -mæ̀n] *n.* (*pl.* **-men** [-mən, -mèn | -mèn]) 《英史》間接税担当官《間接税の取立てや違反摘発に当たった》.
éxcise tàx *n.* = excise¹ 1.
ex·ci·sion [eksíʒən, ɪk-] 〘《1490》⊏ (O)F ～ ∥ L *excīsiō(n-)*: ⇨ excise², -sion〙 ― *n.* **1** 切取り, 切除; 削除 (erasure): the ～ of a clause ある条項の削除. **2** 《外科》切除. **3** (教会からの)破門, 除名.
ex·cit·a·bil·i·ty [ɪksàɪṭəbíləṭi, ek- | -təbílətɪ, -lɪ-] *n.* **1** 激しやすい性質, 興奮性; (刺激に対する)敏感. **2** 《生理》(器官・組織の)興奮性; 被刺激性.
ex·cit·a·ble [ɪksáɪṭəbḷ, ek- | -tə-] 〘⊏ LL *excitābil-is*: ⇨ excite, -able〙 ― *adj.* **1** 激しやすい, 興奮性の (↔ sedate): an ～ disposition [temperament, nature] 興奮しやすい気性. **2** 《生理》〈器官・組織が〉刺激に感じやすい. **～·ness** *n.* **ex·cít·a·bly** *adv.*
ex·ci·tant [ɪksáɪtənt, ek-, -tnt, éksə- | éksɪtənt, ɪksáɪtnt, -tənt] 〘⊏ L *excitant-em* (pres.p.): ⇨ excite, -ant〙 ― *adj.* 刺激性の, 興奮させる (exciting): ～ drugs 興奮剤. ― *n.* 《生理》刺激物; 刺激薬, 興奮薬, 覚醒薬.
ex·ci·ta·tion [èksaɪtéɪʃən, -sə- | -sɪ-] 〘《1384》⊏ (O)F ～ ⊏ LL *excitātiō(n-)* ← *excitātus*: ⇨ excite, -ation〙 ― *n.* **1 a** 刺激(作用), 興奮状態. **b** 《古》刺激(するもの). **2** 《電気》**a** 励磁《電動機・発電機などの界磁に電流を流すこと》. **b** 励磁電圧. **c** 励弧《電流が流れ出すようにすること》. **3** 《電子工学》励振《真空管を動作させるために格子に電圧を加えること; drive ともいう》. **4** 《物理》励起《原子・分子・原子核・素粒

子などのエネルギー準位を高めること》. **5** 〘生理〙興奮.

ex·cit·a·tive [ɪksáɪṭəṭɪv, ek- | eksáɪtət-, ɪk-] 〘▭ F excitatif, -ive ← exciter: ⇨ excite, -ative〙 ── adj. **1** 刺激力のある, 刺激性の, 興奮させる, 挑発的な. **2** 〘電気〙励起可能な, 励振できる.

ex·cit·a·to·ry [ɪksáɪṭətɔ̀ːri, ek-, -tɔ̀ːri | eksáɪtət(ə)ri, ɪk-] 〘← EXCITAT(ION)+-ORY¹〙 adj. **1** =excitative. **2** 興奮を示す.

ex·cite [ɪksáɪt, ek-] 〘《c1340》▭ (O)F exciter ▭ L excitāre (freq.) ← excitus (p.p.) ← excīēre to call out or forth ← EX-¹+ciēre to call: ⇨ cite〙 ── vt. **1 a** 〈人〉の感情を刺激する, 興奮させる; 性的に興奮させる: ~ oneself 興奮する / become [get] ~d 興奮する, 激する, 気が立つ, やっきとなる / He was wildly ~d with joy at the victory [over the news]. 勝利に[そのニュースに]躍り上がらんばかりに喜んだ / These words ~d him to anger. この言葉を聞いて彼はかっとなった. **b** 〈人·動物を〉激させる, 奮い立たせる, 扇動する; 〈蜂の巣などを〉かき立てる: He attempted to ~ the people to rebellion [to resist]. 彼は民衆を扇動して反乱を起こさせよう[抵抗させよう]と企てた. **2** 〔人の中に〕〈感情·想像力などを〉奮い起す, 振起する (arouse) 〔in〕; 〈注意·興味などを〉喚起する, そそる (awaken): ~ interest 興味を起こさせる / That manner of his ~d envy and hatred. 彼のその態度は嫉妬と憎しみの気持をかき立てた / The rumor ~d the curiosity [enthusiasm] of the people. そのうわさに人々は好奇心[情熱]をかき立てられた / The scene ~d my pity. その光景を見て私の心に同情が湧いて来た. **3** 〈活動·状態などを〉引き起こす (bring about): ~ rebellion 反乱を起こさせる / ~ a smile 微笑を誘う. **4 a** 〘電気〙…に電流を流させる; …に磁界を生じさせる, 励磁する: ~ a dynamo 発電機を励磁する. **b** 〈電子回路〉に入力を加えて動作させる. **5** 〘物理〙〈原子·分子·原子核·素粒子などを〉励起させる. **6** 〘生理〙〈器官·組織〉の活動を促す, 刺激する (stimulate).
── vi. 興奮させる: The drama failed to ~. そのドラマは刺激的効果がなかった.

ex·cit·ed [-ṭɪd, -ṭəd | -tɪd, -təd] adj. **1** 興奮している, 興奮状態の; かき立てられた, 喚起された: an ~ market 市場の高気配 / ~ curiosity 喚起された好奇心 / He burst into ~ speech. だし抜けに興奮してしゃべり始めた. **2** 〘物理〙〈原子·分子·原子核·素粒子など〉励起状態にある; 励起された: ~ atoms [molecules] 励起原子[分子]. **~·ness** n.

ex·cit·ed·ly adv. 興奮して, やっきとなって.

excíted stàte n. 〘物理〙(原子·分子·原子核·素粒子などの)励起状態.

ex·cite·ment 〘《c1425》: ⇨ excite, -ment〙 ── n. **1** 興奮させる[刺激する]こと; 興奮, 気の立つ[やっきになる]こと: speak in ~ 興奮して[やっきになって]話す / cannot sleep for ~ 気持が高ぶって眠れない / His hands were shaking from ~. 両手が興奮してぶるぶる震えていた. **2** (おもしろい[喜ばしい]事·心配な事などに伴う)騒ぎ, (人心の)動揺 (agitation): cause great ~ in a family 一家中に大騒ぎを起こす. **3** 刺激的事物, 興奮させるもの: the ~s of town life 都会生活の刺激 / a life full of ~s 刺激に富んだ生活 / be an ~ to every boy 少年をだれでも興奮させるものである.

ex·cit·er [-ṭə | -tə(r] 〘《c1385》〙 n. **1** 刺激者[物]. **2** 〘電気〙 **a** 励磁機. **b** (電子回路を動作させる)搬送波発振器など.

ex·cit·ing [-ṭɪŋ | -tɪŋ] adj. 刺激的な, 興奮させる, 躍起となさせる, はらはらさせる, 面白くてたまらない, 胸を躍らせるような: an ~ book, story, scene, etc. **~·ly** adv.

excíting cùrrent n. 〘電気〙励磁電流.

ex·ci·ton [éksətɑ̀n | -sɪtɔ̀n] 〘← EXCIT(ATION)+-ON²〙 n. 〘物理〙励起子《励起に伴う量子》. **ex·ci·ton·ic** [èksətɑ́nɪk | -sɪtɔ́n-] adj.

ex·ci·ton·ics [èksətɑ́nɪks | -sɪtɔ́n-] 〘⇨ ↑, -ics〙 n. 〘物理〙励起子論.

ex·ci·tron [éksətrɑ̀n | -sɪtrɔ̀n] 〘← EXCI(TATION)+-TRON〙 n. 〘電気〙エクサイトロン《励弧極付き単極水銀整流器》.

excl. 《略》exclamation; exclamatory; excluded; excluding; exclusive.

ex·claim [ɪkskléɪm, eks-] 〘《1570》《古形》exclame ▭ F exclamer ▭ L exclāmāre to call out: ⇨ ex-¹, claim〙 ── vi. **1** (苦痛·怒り·喜び·驚きなどで)叫ぶ (cry out), 大声で言う: ~ with [in] delight 喜んで叫ぶ. **2** [~ against として]《古》…の非を鳴らす, …に抗議する: ~ against injustice 不公平に抗議する. ── vt. 〈…と〉叫ぶ, 絶叫する: He ~ed that he was betrayed by his wife. 彼は妻に裏切られたと叫んだ. **~·er** n.

exclam. 《略》exclamation; exclamatory.

ex·cla·ma·tion [èkskləméɪʃən] 〘《c1384》▭ L exclāmātiō(n-) ← exclāmātus (p.p.): ⇨ exclaim, -ation〙 ── n. **1** 叫び, 絶叫 (outcry): an ~ of pain, sympathy, surprise, annoyance, etc. / break into an ~ 突然叫び声を上げる. **2** 感嘆, 詠嘆: a mark [note] of ~ =exclamation mark. **3** 《古》〔…に反する〕抗議 〔against〕. **4** 〘文法〙感嘆文; 感嘆詞, 間投詞 (interjection). **5** 〘修辞〙強い感情の動きを表わすために感嘆句を用いる技巧 (cf. apostrophe 2).

exclamátion màrk [《米》**pòint**] n. 感嘆符 (!). ★ 強意のために !!, !!!, …のように用いることもある.

ex·clam·a·tive [ɪksklǽməṭɪv, eks- | ekskláemət-, ɪks-] adj. =exclamatory.

ex·clam·a·to·ry [ɪksklǽmətɔ̀ːri, eks-, -tɔ̀ːri | eksklǽmət(ə)ri, ɪks-] 〘《1593》: ⇨ exclamation, -ory¹〙 ── adj. **1** 絶叫的な; 詠嘆的な: a very ~ letter とても詠嘆的な手紙. **2** 感嘆の, 感嘆を表わす: an ~ phrase 感嘆句 / an ~ sentence 〘文法〙感嘆文 (cf. DECLARATIVE sentence).

ex·clave [éksklerv] 〘← EX-¹+(EN)CLAVE〙 ── n. 〘政治〙飛び領土《一国の本土から離れて他国内に入っている領土; 飛び領土の主権国から言う語で, その領土が入り込んでいる外国からは enclave と呼ばれる》.

ex·clo·sure [eksklóʊʒə, ɪks- | -klə́ʊʒə(r] 〘← EX-¹+(EN)CLOSURE〙 n. 囲い地《柵をして家畜·野ねずみなどの侵入を防ぐ》.

ex·clud·a·bil·i·ty [ɪksklùːdəbíləṭi, eks- | -ləti, -lɪ-] n. 排除[除外]の可能性.

ex·clud·a·ble [ɪksklúːdəbl̩, eks-] adj. 除外できる, 排除しうる.

ex·clude [ɪksklúːd, eks-] 〘《c1384》▭ L exclūdere ← EX-¹+claudere to shut up: cf. close¹〙 ── vt. (↔ include) **1** 〔場所·組織·特権などから〕締め出す, 〔…に〕(拒否して)入れない, …のはいることを拒む 〔from〕: ~ foreigners from a port 外国人の入港を拒む / ~ a person from some privilege 人にある特権を許さない / That will ~ sunlight from the room. そうすれば部屋に日光がはいらなくなる / There is no need to ~ him from the meeting. 彼を会から閉め出す必要はない. **2 a** 〔考慮などから〕除く, 除外する 〔from〕: The matter was ~d from further consideration. その件はそれ以上の考慮の対象外とされた. **b** [現在分詞で前置詞的に] …を除いた, を除いて (cf. include 2 b): There were fifteen present excluding myself. 私を除いて 15 人出席した. **3** 〔…から〕排除する, 放逐する 〔from〕: He was ~d from the succession to the throne. 彼は王位継承権を剥奪(はく)された. **4** 〈疑惑·見込みなど〉を不可能にする, 防止する: The improvement ~d the possibility of error. その改良により誤りが起りこえなくなった.

ex·clúd·er n.

ex·clud·i·ble [ɪksklúːdəbl̩, eks- | -də-, -dɪ-] adj. =excludable.

ex·clu·sion [ɪksklúːʒən, eks-] 〘《a1402》▭ L exclūsiō(n-) ← exclūsus (p.p.) ← exclūdere 'to EXCLUDE': ⇨ -sion〙 ── n. **1** 除外, 排除, 排他, 排斥: Arab demands the ~ of Israel from the U.N. イスラエルを国連から除名せよとアラブ諸国は要求している / The letter filled my mind to the ~ of all else. その手紙のことで頭が一杯になってしまい, それ以外のことは考えられなくなった. **2** 〘生理〙(入口の)遮(しゃ)断, 排除; 圧排. **3** (出入国管理当局による)入国拒否.

ex·clú·sion·à·ry [-ʒənèri | -ʒ(ə)nəri] adj. 除外する, 排他的な: ~ regulations 排他的な規則.

exclúsionary rúle n. [the ~] 〘米法〙(違法収集証拠)排除の原則《被告人の憲法上の権利を侵犯するような方法で収集された証拠は採用しないとの原則; 合衆国最高裁判所が確立(1914), 州裁判所では1961年から》.

exclúsion clàuse n. 〘保険〙除外条項.

ex·clú·sion·er [-ʒ(ə)nə | -nə(r] n. =exclusionist.

ex·clú·sion·ism [-ʒənɪzm̩] n. 排他主義.

ex·clú·sion·ist [-ʒ(ə)nɪst, -nəst | -nɪst] n. 排他論者. ── attrib. adj. 排他的な: the ~ system.

exclúsion prìnciple n. 〘物理〙排他原理, 排他律《フェルミ粒子は一つの量子状態に 2 個以上入ることを許されないという W. Pauli が 1924 年に提唱した原理; Pauli (exclusion) principle ともいう》.

ex·clu·sive [ɪksklúːsɪv, eks-, -zɪv | -sɪv] 〘《c1450》▭ ML exclūsīvus ← L exclūsus: ⇨ exclude, -ive〙 ── adj. **1** 除外[排除]的な; 〔…と〕相容れない 〔of〕: mutually ~ ideas 互いに相容れない考え / Eternal life is ~ of all pain and misery. 永遠の生命は一切の苦痛や不幸と相容れない. **2** 〈組織など〉排他的な, 非開放的な; 〈人·気質など〉気位の高い (aloof): the most ~ circles 極端に排他的な社会 / He was ~ in his manner. 彼はお高くとまった態度だった. **3** [数詞·日付けなどの後に置いて] (勘定から)除外して, 計算に入れないで (↔ inclusive): from 10 to 21 ~ 10 から 21 まで, ただし 10 と 21 は除く / ⇨ EXCLUSIVE of. **4 a** 〈権利·所有物など〉独占的な, 専属的な, 占有的な: an ~ agency policy 一手販売制 / ~ competency 専(属)管(轄) / an ~ jurisdiction 専属管轄区 / ~ privileges 独占権, 専業権 / ~ rights 専有権, 独占権 / an ~ settlement 専管居留地 / an ~ interview with …との単独会見 / enjoy an ~ use of …の専用権を有する. **b** 〔…に〕のみ限定されている 〔to〕: ~ to the members of the club クラブの会員のみに限られた. **5** 〈商品など〉他で入手できない; 〈取材記事が〉他社の知らない, 特だねの. **6** 〈行為·感情など〉(ある物事だけに)限られた; 唯一の; 全面的な; 専門的な: ~ devotion to work 仕事に専念すること / an ~ interest in sports スポーツだけに抱く興味 / Reading is his ~ occupation. 読書だけが彼の唯一の仕事 / ~ studies (他にだれも手をつけていない)専門的な研究. **7** 高級の, 上流の; 高価な: an ~ hotel 高級ホテル / ~ periodicals 高級雑誌 / an old and ~ family 上流の旧家 / an ~ school 名門校. **8** 〘論理〙排他の, 排反の: an ~ proposition 排他[排反]的命題. **9** 〘文法〙〈'we' が〉除外の《話者と第三者を含むが聴者を含まない》: ~ 'we' 除外の 'we' (↔ inclusive 'we').

exclusive of …を除外して, …を計算に入れないで (↔ inclusive of): ~ of interest 利子を計算に入れないで / There were four men ~ of myself. 私を入れないで 4 人いた.

── n. **1** 独占記事, 特だね (scoop). **2** 排他的なグループ[クラブなど]の一員; 交際を限る人. **3** 独占権.

Exclúsive Bréthren n. pl. ⇨ Plymouth Brother 1.

exclúsive disjúnction n. 〘論理〙排反的選言《二命題の一方のみが真の場合にだけ全体が真となる選言 p∨q; cf. inclusive disjunction》.

ex·clú·sive·ly 〘⇨ exclusive, -ly¹〙 ── adv. 排他的に; 独占[占有]的に, 一手に; もっぱら (solely): Composing might be considered an ~ male occupation. 作曲はもっぱら男性向きの職業と見ることもできよう.

ex·clú·sive·ness n. **1** 排除, 除外; 排他, 排他的性質. **2** 独占, 専有, 専属.

exclúsive representátion n. 〘労働〙排他的代表権《組合員であると否とを問わず被雇用者全体を代表するものとして交渉にあたる》.

ex·clú·siv·ism [-vɪzm, -səv-] n. 排他主義; 独占主義. **ex·clú·siv·ist** [-vɪst, -vəst | -vɪst] n.

ex·clu·siv·i·ty [èkskluːsívəṭi, ɪksklùːs-, eks-, -zív- | -sívəti, -vɪ-] n. **1** 排他性(があること). **2** 独占権.

ex·cog·i·tate [ekskɑ́dʒətèɪt | ekskɔ́dʒɪ-, ɪks-] 〘← L excōgitāt-us (p.p.) found out by thinking ← excōgitāre: ⇨ ex-¹+cogitate〙 ── vt. **1** (完全に理解するために)熟考する, 十分に吟味する: ~ one's subject 主題を十分に考える. **2** 考え出す, 案出する, 創案する (devise): ~ new rigging for ships 船舶用の新しい索具を案出する. **ex·cóg·i·tà·tor** [-ṭə | -tə(r] n.

ex·cog·i·ta·tion [ekskɑ̀dʒətéɪʃən | ekskɔ̀dʒɪ-, ɪks-, èkskɔdʒ-] 〘▭ L excōgitātiō(n-): ⇨ ↑, -ation〙 n. 熟考; 案出, 工夫, 考案(物).

ex·cog·i·ta·tive [ekskɑ́dʒətèɪṭɪv | -kɔ́dʒɪtət-, -tèɪt-] adj. 熟考する; 考案する.

ex·com·mu·ni·ca·ble [èkskəmjúːnəkəbl̩ | -mjúː-nɪ-] adj. 破門されるべき; 〈罪科が〉破門の罰に値する.

ex·com·mu·ni·cate 〘《?a1425》← L excommūnicāt-us (p.p.) ← excommūnicāre: ⇨ ex-¹, communicate〙 ── [èkskəmjúːnəkèɪt | -mjúːnɪ-] vt. **1** 〘キリスト教〙破門する, 放逐する, 除名する《聖餐その他の儀式への参加など教会員としての特権を奪う》. **2** (除名·放校処分などで)放逐する. ── [-nɪkət, -nə-, -kɪt, -kèɪt | -nɪ-] n. 破門[放逐]された人. ── [-nɪkət, -nə-, -kɪt, -nəkèɪt | -nɪkət, -kɪt, -kèɪt] adj. 《古》破門(を宣告)された.

ex·com·mu·ni·ca·tion [èkskəmjùːnəkéɪʃən | -mjùːnɪ-] 〘《1459》▭ LL excommūnicātiō(n-): ⇨ ↑, -ation〙 ── n. **1** 〘キリスト教〙破門, 放逐; 破門宣告: major [greater] ~ 大破門《教会から全面的に放逐する》/ minor [lesser] ~ 小破門《陪餐を停止する》. **2** 除名, 放逐.

ex·com·mu·ni·ca·tive [èkskəmjúːnəkèɪṭɪv, -nɪkəṭ-, -nə- | -mjúːnɪkət-, -kèɪt-] adj. 破門(上)の; 破門宣告の.

èx·com·mú·ni·cà·tor [-ṭə | -tə(r] 〘▭ LL excommūnicātor: ⇨ excommunicate, -or²〙 n. 破門する人, 破門宣告者.

ex·com·mu·ni·ca·to·ry [èkskəmjúːnəkətɔ̀ːri, -tɔ̀ːri | -mjúːnɪkèɪt(ə)ri, -kət-] 〘▭ ML excommūnicātōrius: ⇨ excommunicate, -ory¹〙 ── adj. 破門の, 破門を宣する; 破門の原因となる.

ex·con [ékskɑ́n | -kɔ́n] 《略》 n. 《俗》=ex-convict.

éx-cónvict n. 前科者.

ex·co·ri·ate 〘《?1425》← LL excoriāt-us (p.p.) ← excoriāre to strip off (the hide): ⇨ ex-¹, corium〙 ── [ekskɔ́ːrièɪt, ɪks-, -kóːr- | -kɔ́ːrɪ-, -kɔ́r-] vt. **1** …の皮膚をはぐ (peel off); 〈皮膚を〉すりむく (abrade). **2** 激しく非難する, 痛罵する (censure, denounce). ── [-riət, -riɪt, -rièɪt | -rɪət, -riɪt, -rièɪt] adj. 〈皮膚が〉すりむけた; 〈皮膚が〉はがれた.

ex·co·ri·a·tion [ekskɔ̀ːriéɪʃən, ɪks-, -kòːr- | -kɔ̀ːrɪ-, -kɔ̀r-] 〘《?a1425》▭ (O)F ~ // ML excoriātiō(n-): ⇨ ↑, -ation〙 ── n. **1** (皮膚の)すりむき, 擦過傷, すりきず; 皮膚のすりむけた所. **2** 厳しい非難.

ex·cor·ti·cate [ekskɔ́əṭəkèɪt | -kɔ́ːtɪ-] 〘← LL excorticāt-us (p.p.) ← excorticāre ← EX-¹+L cortic-, cortex rind, bark: ⇨ cortex, -ate³〙 ── vt. …の外皮[果皮, 樹皮, 皮膚]をはぐ. **ex·cor·ti·ca·tion** [ekskɔ̀əṭəkéɪʃən | -kɔ̀ːtɪ-] n.

ex cp. 《略》〘証券〙ex coupon 利札落ち.

ex·cre·ment [ékskrəmənt | -krɪ-, -krə-] 〘《1533》▭ (O)F excrément // L excrēment-um ← excrētus (p.p.): ⇨ excrete, -ment〙 ── n. **1** 糞便 (feces). **2** [pl.] 排泄物. **ex·cre·men·tal** [èkskrəméntl̩ | -krɪméntl̩, -krə-] adj. **èx·cre·mén·tal·ly** adv.

ex·cre·men·ti·tious [èkskrəmentíʃəs, -mən- | -krɪ-, -krə-] 〘《1586》← EXCREMENT+-ITIOUS〙 adj. 糞便の (excremental); 糞便のような.

ex·cres·cence [ekskrésns, ɪks- | ɪks-, eks-] 〘《?a1425》▭ OF excressance (F excroissance) ▭ L excrēscentia ← excrēscentem: ⇨ excrescent, -ence〙 ── n. **1** 《まれ》正常生成物《毛髪·爪など》: Nails are ~s. 爪は正常生成物である. **2** 変態的成長, 異常増殖. **3** (動植物体の)突出物, 異常増殖物《いぼ·贅肉·こぶなど》: warts and such like ~s いぼやその類の異常増殖物. **4** 邪魔物, 無用の長物 (superfluity): The house is a mere unsightly ~ on the landscape. その家は景色の邪魔物である. **5** 〘音声〙=excrescency 3.

ex·cres·cen·cy [ekskrésnsi, ɪks- | ɪkskrésnsɪ, eks-] 〘▭ L excrēscentia: ⇨ ↑, -ency〙 ── n. **1** 異常増殖. **2** 余計な増殖物《こぶ·いぼなど》. **3** 〘音声〙剰音[贅

字]の生起.

ex·cres·cent [ekskrésnt, ɪks- | ɪks-, eks-] 〚(*a*1500) ▭L *excrēscent-em* (pres.p.) ← *excrēscere* to grow out: ⇨ ex-[1], crescent〛 — *adj.* **1** 病的に隆起[増殖]した; 贅肉(ぜい)の, いぼ[こぶ]の. **2** 《古》余計な (superfluous). **3** 〖音声〗剰音の: an ~ letter 剰音文字, 贅字《音便上加わっただけで語源的には余計な文字; 例えば sound [<ME soun] の d》.

ex·cres·cen·tial [èkskrəsénʃəl, -kre- | -kre-, -krə-] *adj.* 異常生成物の; 余計な (redundant).

ex·cre·ta [ɪkskríːtə, eks- | -tə] 〚(1857) ← NL ~ ← L *excrēta* (neut.pl.) ← *excrētus*: ↓〛 — *n. pl.* 〖生理〗排泄物, 腺(せん)分泌物《汗・あかなど》; (特に)糞尿.

ex·cré·tal [-tl | -tl] *adj.*

ex·crete [ɪkskríːt, eks-] 〚← L *excrēt-us* (p.p.) ← *excernere* to sift out, discharge ← EX-[1]+*cernere* to sift: cf. certain〛 — *vt., vi.* **1** 〖生理〗排泄する (cf. secrete[1]). **2** 〖植物〗分泌する, 排出する.

ex·cre·tion [ɪkskríːʃən, eks-] 〚(1605): ⇨ ↑, -tion〛 — *n.* 〖生理〗 **1** 排泄(作用), 排出 (cf. secretion[1]): ~ *of* urine 尿の排泄, 泌尿(作用). **2** 排泄物《汗・大小便など》.

ex·cre·tive [ɪkskríːtɪv, eks- | -tɪv] *adj.* 排泄促進的な, 「排泄作用を営む.

ex·cre·to·ry [ékskrɪtɔ̀ːri, -tòːri | ɪkskríːtəri, eks-] 〚← EXCRETE+-ORY[1]〛 — *adj.* 排泄機能をもつ, 排泄[排出]の: an ~ organ 排泄器官 / an ~ duct 排泄[排出]管. — *n.* 排泄管 (excretory duct).

ex·cru·ci·ate [ɪkskrúːʃièɪt, eks- | -krúːʃɪ-] 〚(1570) ← L *excruciāt-us* (p.p.) ← *excruciāre* to torture severely ← EX-[1]+*cruciāre* 'to CRUCIFY'〛 — *vt.* **1** (拷問にかけるように)〈五官などを〉ひどく苦しめる (torture). **2** 〈人・心を〉責めさいなむ (distress); ひどくいら立たせる: ~ the mind with cares 心配事で心を悩ます.

ex·crú·ci·àt·ing [-tɪŋ | -tɪŋ] *adj.* **1** 〔…にとって〕責め苦にかけられるような, 非常に苦しい, つらくてたまらない (torturing, agonizing) 〔*to*〕: an ~ disease 苦しくてたまらない病気 / an ~ pun 聞くに耐えないようなまずい地口 / an ~ joke [comedy] おかしくてたまらない冗談[喜劇]. **2** 猛烈な, 非常な, 極度の (intense, extreme): in ~ delight ひどく喜んで.

ex·crú·ci·àt·ing·ly *adv.* 非常に苦しく[つらく], 耐え切れないほどに.

ex·cru·ci·a·tion [ɪkskrùːʃiéɪʃən, eks-, -krùːsi- | -krùːʃɪ-, -krùːsɪ-] 〚▭LL *excruciātiō(n-)*: ⇨ excruciate, -ation〛 — *n.* **1** (極度に)苦しめること, 苦悩させること. **2** (極度の)苦痛, 苦悩, 苦悶, 苦しみ.

ex·cu·dit [eksk(j)úːdɪt, -dət | -dɪt] 〚▭L ~ 'he [she] printed or engraved (this)' ← *excūdere* ← EX-[1]+*cūdere* to strike〛 — *L.* 「彼[彼女]これを制作す」《版画に記入する略号; 普通は出版元をさすが, 制作者を兼ねることが多い; 略 exc., excud.》. 「弁明のできる.

ex·cul·pa·ble [ekskʌ́lpəbl, ɪks-] *adj.* 無罪にできる,

ex·cul·pate [ékskʌlpèɪt, ekskʌ́lpeɪt, ɪks- | ékskʌlpèɪt] 〚(1656–58) ← ML *exculpāt-us* (p.p.) ← *exculpāre* ← EX-[1]+L *culpāre* to blame (← *culpa* fault, blame)〛 — *vt.* **1** 無罪にする; …に〔罪のないことを〕証明する (clear) 〔*from*〕: ~ a person *from* a charge [blame] 無実の罪を晴らす / ~ oneself *from* …でないと身の明しを立てる[申し開きをする]. **2** 〈証拠・事実などが〉〈人の〉〔罪を〕免れさせる〔*from*〕.

ex·cul·pa·tion [èkskʌlpéɪʃən] 〚▭ML *exculpātiō(n-)*: ⇨ ↑, -ation〛 — *n.* **1** 無罪弁明, (無実の罪であることの)証明; 無実の罪が晴れたこと. **2** 申し開き(となるもの), 弁解, 弁護 (excuse, vindication).

ex·cul·pa·to·ry [ekskʌ́lpətɔ̀ːri, ɪks-, -tòːri | ekskʌ́lpət(ə)rɪ, ékskʌlpèɪtəri] *adj.* 〈陳述・証拠など〉申し開きとなる, 弁明の, 無実の罪を晴らす (vindicatory): an ~ letter 弁明となる手紙.

ex·cur·rent [ekskə́ː(r)ənt | -kʌ́r-] 〚▭L *excurrent-em* running out (pres.p.) ← *excurrere* (↓)〛 — *adj.* **1** 流れ出る. **2** 〖動物〗流出させる, 流出口となる: ~ canals (海綿動物の)流出溝. **3** 〖植物〗延出的な《葉の中肋(ろく)が辺縁より延び出ている》; 延頂的な《樹幹の先端が頂きをなして突出している》; 一本幹の.

ex·curse [ɪkskə́ːs, eks- | -kə́ːs] 〚← L *excurs-us* (p.p.) ← *excurrere* to make an excursion: ⇨ ex-[1], curse[1]〛 — *vi.* **1** さまよう (wander); わき道へそれる (digress). **2** 遠足する.

ex·cur·sion [ɪkskə́ːʒən, eks- | -kə́ːʃən, -ʒən] 〚(1574) ▭L *excursiō(n-)*《原義》a running out ← *excursus*: ⇨ ↑, -sion〛 — *n.* **1** 遠足, 小旅行; 周遊[遊覧]旅行: a pleasure ~ 遊覧旅行 / a water ~ 水上の遊覧旅行 / an ~ train [steamer] 遊覧列車[船] / go on [for] an ~ 遠足に行く / make [take] an ~ to [into] …へ遠足する / He set out on his business ~. 商用旅行に出かけた. **2** 遊覧旅行団体, 遠足団体 (excursion party); 遊覧列車 (excursion train). **3** わき道へそれること, 脱線: make ~*s into* the historical domain 脱線して歴史の領域に踏み込む. **4 a** 〖物理〗平衡位置からの物体の変位. **b** 〖機械〗行程. **5** 〖医学〗可動域; 偏位《眼球が中央位置から動くことや呼吸の際の肺の移動など》. **6** 《古》出撃, 急襲. **7** 〖原子力〗エクスカーション《原子炉の出力が何らかの原因で増大し, その結果炉の運転をすぐ停止しなければならなくなること》.

ex·cúr·sion·al [-ʃənl, -ʒənl | -ʃənl, -ʒənl, -ʃnəl, -ʒnəl] *adj.* 遠足の, 旅行の; 行楽的な, 周遊[遊覧]旅行の: an ~ trip 周遊旅行. 「excursional.

ex·cúr·sion·àr·y [-ʒənèri | -ʃ(ə)nəri, -ʒ(ə)-] *adj.* =

ex·cúr·sion·ist [-ʒ(ə)nɪst, -nəst | -ʃ(ə)nɪst, -ʒ(ə)-] 〚(1830) ← EXCURSION+-IST〛 *n.* 遠足者; 周遊[遊覧]旅行者 (tripper).

excúrsion ticket *n.* 割引周遊切符, 周遊券.

ex·cur·sive [ɪkskə́ːsɪv, eks-, -zɪv | ekskə́ːsɪv, ɪks-] 〚← L *excursus* 'EXCURSUS'+-IVE〛 — *adj.* **1** うろつき回る, 放浪的な. **2** 〈読書など〉とりとめのない, 散漫な, 脱線的な: ~ reading 乱読 / an ~ fancy とりとめのない空想. **~·ly** *adv.* **~·ness** *n.*

ex·cur·so·ry [ɪkskə́ːs(ə)ri, eks- | ekskə́ːs(ə)rɪ, ɪks-] 〚← L *excursus* (↓)+-ORY[1]〛 *adj.* =excursive.

ex·cur·sus [ɪkskə́ːsəs, eks- | ekskə́ː-, ɪks-] 〚(1803) ▭L ~ 'digression, a running out' (p.p.): ⇨ excurse〛 — *n.* (*pl.* ~·**es**, ~) **1** (巻末付記の)余論, 付説, 補説. **2** (小説・物語などの中の)本筋から離れた話, 挿話, 横道, 脱線.

ex·cur·vate [ékskəvèɪt, ɪkskə́ːvət, eks-, -vɪt | ékskəːvèɪt, ɪkskə́ːvət, eks-, -vɪt] 〚← EX-[1]+CURVE+-ATE[2]〛 *adj.* =excurved.

ex·cur·va·tion [èkskəvéɪʃən | -kəː-] 〚← EX-[1]+CURVATION〛 *n.* =excurvature.

ex·cur·va·ture [ekskə́ːvətʃùə, -tʃə, -t(j)ùə | -kə́ːvətʃə(r), -tʃùə(r), -tjùə(r)] 〚← EX-[1]+CURVATURE〛 *n.* (中心から)外側へ反(そ)っていること; 彎曲部.

ex·curved [ékskəːvd | -kəːvd] 〚← EX-[1]+CURVED〛 *adj.* (中心から)外側へ反(そ)っている, 彎曲した.

ex·cus·a·ble [ɪkskjúːzəbl, eks-] *adj.* 許される, 許してもよい, 申し訳の立つ, 無理もない: an ~ error 許される誤り. **~·ness** *n.* **ex·cús·a·bly** *adv.*

excúsable hómicide *n.* 〖法律〗理由ある殺人《刑罰を免ぜられる殺人; 事故によるものと故意なき自己防衛のための殺人を含む; cf. chance-medley 1》.

ex·cus·a·to·ry [ɪkskjúːzətɔ̀ːri, eks-, -tòːri | -kjúːzət(ə)rɪ] 〚(15C) ▭LL *excūsātōri-us* ← L *excūsātus* (p.p.) ← *excūsāre*: ⇨ ↓, -ory[1]〛 *adj.* 申し訳の, 弁解の.

ex·cuse 〚v.: (*c*1225) ▭(O)F *excus-er* ▭L *excūsāre* to release from a charge ← EX-[1]+*causa* 'charge, CAUSE'. — n.: (*c*1375) ▭(O)F ← *excuser*〛 — [ɪkskjúːz, eks-] *vt.* **1** 〔…のことで〕〈人を〉許す, 勘弁する, 容赦する (pardon) 〔*for*〕; 〈欠点・違反などを〉大目に見てやる (overlook): ~ a fault 過失を許す / ~ a person *for* his fault 人の過失を許す / *Excuse* my delay in answering your letter. お手紙のお返事遅れて済みませんでした / I will ~ you this time. 今度だけは許してやろう / *Excuse* me, (but)…. 失礼ですが…《見知らぬ人に話しかけたり, 相手の言葉をさえぎったりする時に言う》/ *Excuse* me? 《米》何ですって, 済みませんが(もう一度おっしゃって下さい) / *Excuse* me *for* not *having* answered your letter sooner. もっと早くお返事申し上げるべきでしたが遅れて相済みません / Please ~ me *for coming* late.=Please ~ my *coming* late [my late arrival]. 遅刻して済みません / if you'll kindly ~ me 誠に失礼ですが.

2 a 〈人・行為などを〉言い訳する, 弁明[弁解]する: He ~*d* his late arrival *as* due to the traffic accident. 到着の遅れたことを交通事故のせいだと言い訳をした. **b** [~ *oneself* で (cf. 4 b, 6 a)] 〔…の〕言い訳をする, 〔…を〕弁解する, あやまる〔*for*〕: He ~*d himself for* his late arrival [*for being* late]. 遅参の言い訳をした.

3 〈事情などが〉〈人・行為〉の言い訳になる (justify): Nothing will ~ (him *for*) such a selfish act. どんな事情があっても(彼が)あのような利己的な行為をしてよいという言い訳にはならない.

4 a 〈人を〉〔義務などから〕免じる, 〈人〉のために〔…を〕免除してやる (release) 〔*from*〕: We must ~ him *from* the obligation [*from* attending the meeting]. 彼の義務を[彼には会の出席を]免除してやらなければならない / I'd rather be ~*d from* it. それはご免こうむりたいものだ. **b** [~ *oneself* で (cf. 2 b, 6 a)] 〔…を〕辞退する, ご免こうむりたいと言う〔*from*〕: I ~*d myself from* coming [being present]. 出かけるのは[出席は]ご免こうむりたいと申し出た.

5 〈義務・負債などを〉免除する (remit); [二重目的語を伴って] 〈人〉から〈義務・負債などを〉免除する: We will ~ your attendance. あなたは出席しなくてもよい / We have ~*d* him the fee. 彼の会費は免除している / I am ~*d* night duty. 私は夜勤は免除されている / I want to be ~*d* my lesson today. 今日はおけいこを休ませて下さい.

6 a [~ *oneself* で (cf. 2 b, 4 b)] 辞去する, 中座を申し出る: She ~*d herself* when she had finished her tea. 彼女はお茶を飲むと「ちょっと失礼します」と言って席を立った. **b** [Passive に用いて]《口語》(部屋, 特に教室から)一時出させてもらう, トイレに立つ: Please, may I *be* ~*d*? ちょっと失礼してもよいでしょうか《トイレへ行かせて下さい》.

— [ɪkskjúːs, eks-] *n.* **1 a** 弁解, 言い訳, 弁明: make an ~ *for* …の言い訳をする / make a poor [plausible] ~ まずい[もっともらしい]言い訳をする / stammer out some ~*s* しどろもどろに言い訳をする / This admits of no ~. これには何ら弁解の余地がない / He tried to explain *in* ~ *of* his conduct. 彼は自分の行為を弁明しようとした. **b** [*pl.*] (会に欠席するときなどに人にことづてに頼む)遺憾の意の表明: Please make my ~*s* to your mother. おかあさまにはよろしく願います. **c** (生徒の父兄または教師が送る)欠席届け, 欠席通知書: He brought an ~ from home. 家から欠席届を持って来た.

2 a (過失などの)理由 (justification): an ~ *for* being [existence] 存在理由 (raison d'être) / That is no ~ (*for* his conduct). そんなことは(彼の行為の)理由にはならない / You have no ~ *for being* idle. 怠けていては理由が立つまい / What was your ~ *for being* absent yesterday? きのう欠席した理由は何だったのですか / Have you no better ~ to give? 理由はそんなことか, もっとよい理由はないのか / without ~ 理由なしに. **b** 言抜け, 口実 (pretext): His headache was a mere ~ *for* not joining the party. 頭痛というのは会に行かないための口実にすぎなかった.

3 容赦, 勘弁, 許し; (義務などの)免除.

4 [通例 a poor [bad, etc.] ~ として]《口語》〔…の〕出来のわるい例, 申し訳的なもの〔*for*〕: *a poor* ~ *for* a house 家とは名ばかりのもの / He is *barely an* ~ *for* a poet. 詩人とは名ばかりのような男だ.

ex·cúse·less [-kjúːs-] *adj.* 許すことのできない, 許しがたい (inexcusable).

excúse-me *n.* 無礼講ダンス《舞踏中にパートナーを横取りできる; excuse-me dance ともいう》.

ex·cús·er [-zə | -zə(r)] 〚(*c*1475)〛 *n.* 許す人, 言い訳を言う人, 弁解者.

ex·cuss [ɪkskʌ́s, eks-] 〚▭L *excuss-us* shaken out, sent forth (p.p.) ← *excutere* ← EX-[1]+*cutere* (← *quatere* to shake)〛 — *vt.* 〖法律〗〈債務者の財産を〉差し押える.

ex·cus·si·o [ɪkskʌ́ʃiòu, eks- | -kʌ́ʃɪəu] 〚▭LL *excussiō*: ⇨ ↑, -sion〛 *n.* 〖ローマ法〗(債務者の)財産差押え.

ex de·bi·to jus·ti·ti·ae [eks-débətòu-juːstíʃiàɪ | -bɪtəu-juːstítɪ-] 〚← NL *ex dēbitō iūstitiae* by reason of an obligation of justice〛 — *L. adj., adv.* 〖法律〗(法律上の)義務として(の) (↔ ex gratia).

èx-diréctory *adj.* 《英》〈電話番号が〉電話帳に載っていない; 〈人が〉電話帳に電話番号を載せていない.

ex div. 《略》〖証券〗ex dividend.

ex dívidend *adv., adj.* 〖証券〗配当落ちで[の] (略 e.d., ex div.) (cf. cum dividend).

ex·e·at [éksiæ̀t | -siæt, -sjæt] 〚(1727–51) ▭L ~ 'let (him) go out' (3 sing. pres. subj.) ← *exīre* to go out: cf. exit[2]〛 — *n.* **1** (bishop が牧師に出す)管区転出認可状. **2** 《英》(大学・修道院などの)一時休暇許可, 外泊許可.

ex·ec [ɪgzék, eg-] 〖略〗 *n.* 《口語》=executive.

exec. 《略》execute; execution; executive; executor.

ex·e·cra·ble [éksɪkrəbl, -sə- | -sɪ-] 〚(*c*1384) ▭L *ex(s)ecrābil-is* ← *ex(s)ecrāre*: ⇨ execrate, -able〛 — *adj.* **1** のろわしい, いまわしい (abominable): an ~ cynic いまわしい皮肉屋. **2** 《口語》実にひどい[いやな] (wretched): ~ weather. **~·ness** *n.*

éx·e·cra·bly [-bli | -blɪ] *adv.* **1** のろわしく, いまわしく. **2** 《口語》実にひどく[へたに] (very badly).

ex·e·crate [éksəkrèɪt | -sɪ-] 〚(1561) ← L *ex(s)ecrāt-us* (p.p.) ← *ex(s)ecrārī* to curse ← EX-[1]+*sacrāre* to consecrate: cf. sacred〛 — *vt.* **1** 《古》のろう (curse). **2** 忌み嫌う, ひどく憎む, ぞっとするほどいやがる (abhor, detest): His name was ~*d*. 彼の名は忌み嫌われた. — *vi.* ののしる (curse), のろいの言葉を発する (swear). **éx·e·crà·tor** [-tə | -tə(r)] *n.*

ex·e·cra·tion [èksəkréɪʃən | -sɪ-] 〚(*a*1382) ▭L *ex(s)ecrātiō(n-)*: ⇨ ↑, -ation〛 — *n.* **1** のろうこと; 忌み嫌うこと. **2** 呪文(じゅ), のろいの言葉 (imprecation, curse). **3** のろいの的(まと), ひどく嫌われるもの, いやなもの. 「execratory.

ex·e·cra·tive [éksəkrèɪtɪv, -krət- | -sɪkrèɪt-] *adj.* =

ex·e·cra·to·ry [éksəkrətɔ̀ːri, -tòːri | -sɪkrèɪtəri] *adj.* のろいの; のろいを含んだ.

ex·e·cut·a·ble [éksəkjùːtəbl, ⌐—⌐— | éksɪkjùːt-] *adj.* 実行[執行, 遂行]できる.

ex·ec·u·tant [ɪgzék(j)ʊtənt, eg-, -tnt | -kjʊtənt] 〚▭F *exécutant*: ⇨ ↓, -ant〛 — *n.* 実行者, (特に)演奏家: an ~ *of* music 音楽演奏家 / an ~ *on* the organ オルガンの演奏家. — *adj.* **1** 実行[実施]者の; (特に)演奏家の: ~ music. **2** 実際に行なう, (特に, 人前で)演じる: ~ musicians.

ex·e·cute [éksɪkjùːt, -sə- | -sɪ-] 〚(*c*1385) ▭(O)F *exécut-er* 《逆成》← *exécuteur* (⇨ executor) ‖ ▭ML *execūtāre* ← L *ex(s)ecūtus* (p.p.) ← *exsequī* ← EX-[1]+*sequī* to follow〛 — *vt.* **1** 〈目的・仕事・計画・命令などを〉実行[実施]する, 達成する (carry out); 〈行動などを〉行なう; 〈任務などを〉果たす: ~ a purpose [plan, piece of work] 目的を果たす[計画を実行する, 仕事を達成する] / ~ one's duties 職責を果たす / ~ a person's orders [commands] 命令を実行する / ~ an assault 襲撃する. **2** 〈芸術品などを〉仕上げる, 制作する: ~ a picture 絵画を仕上げる / ~ a portrait in pen and ink 肖像画をペンで制作する. **3** 〈楽曲を〉演奏する; 〈劇の役などを〉演じる: ~ a piece of music admirably 楽曲を見事に演奏する / The part was poorly ~*d*. その役は演技がまずかった. **4** …に死刑を執行する, 処刑する: ~ a murderer [spy] 殺人犯人[スパイ]を処刑する / He was ~*d* by firing squad. 銃殺隊によって処刑された. **5** 〖法律〗 **a** 〈法律・命令・裁判処分・遺言などを〉実施[施行, 執行]する: ~ a person's last will 人の遺言を執行する **b** 〈契約・登記・証書などを〉法規通り作成する: ~ a deed, will, contract, mortgage, etc. **c** 〈地所を〉譲渡する: ~ an estate.

éx·e·cùt·er [-tə | -tə(r)] *n.*

éx·e·cùt·ed [-tɪd, -təd | -tɪd, -təd] *adj.* 〖法律〗〈法律・

命令・遺言など〉実施された, 施行された, 執行済みの, 〈契約など〉履行済みの (cf. executory 2).

ex·e·cu·tion [èksɪkjúːʃən, -sə-|-sɪ-] 〘《c1385》 *execucioun* ⊏ (O)F *exécution* ⊏ L *ex(s)ecūtiō(n-)*: ⇨ execute, -tion〙 ―― *n.* **1** (仕事・目的・計画・命令などの)実行, 達成, 遂行: in ～ *of* one's duty 職務を遂行中に / carry…into [put…in, put…into] ～ 〈計画などを〉実行する, 実施する. **2** (芸術作品などの)制作; 演奏; (制作・演奏の)技術, 手法, 演奏振り: be engaged in the ～ *of* a statue 彫像の制作に従事している / marvelous ～ すばらしいできばえ[演奏ぶり] / The ～ leaves much to be desired, though the idea is good. 着想はいいが手法はまだまだ十分でない. **3** [通例 do の目的語として用いて](兵器や議論・魅力などの)恐るべき効果[偉力]: *do* great ～ 大いに効を奏する, 恐ろしい偉力を発揮する / He *did* great ～ among the sandwiches. 彼はサンドイッチをさんざんに食い荒らした. **4** 死刑執行, 処刑: a place of ～ 刑場. **5**〘法律〙**a** (職務・裁判・処分・命令・遺言などの)執行, 強制執行, 遂行, 実施: the ～ of a will 遺言の執行 / forcible ～ 強制執行. **b** 捺印証書や遺言書の作成. **c** (借金を返済しない債務者の)財産の差押え, 身柄の拘禁; 強制執行令状. **d** (特に)死刑の執行. **èx·e·cú·tion·al** [-ʃənḷ, -ʃnəl] *adj.*

Execútion Dòck *n.* 昔 London の Thames 河岸 Wapping にあった海賊の処刑場.

èx·e·cú·tion·er [-ʃ(ə)nə|-nə(r)] 〘《1578》: ⇨ -er¹〙 *n.* **1** 遂行者, 実行者. **2** 刑の執行官. **3** 死刑執行人.

ex·ec·u·tive [ɪɡzék(j)uṭɪv, eɡ-|-kjutɪv] 〘《?a1425》 ⊏ ML *executīv-us*: ⇨ execute, -ive〙 ―― *adj.* **1** 実行上の, 実行力のある: a man of rare ～ ability 稀な実行的手腕の持主. **2** 法律を執行する, 法の執行に関与する, 行政上の, 行政的な, 行政部の, 執行部の (cf. legislative, judicial 1): ～ authorities 行政当局 / an ～ board 理事会 / an ～ branch (軍艦の)戦闘部門 / an ～ committee 実行[執行]委員会 / the ～ department of a government 政府の行政部. **3** 管理職の, 経営者[幹部, 役員]の: into ～ experience 管理者としての経験.
―― *n.* **1** (政府の)行政部, 執行部. **2** 行政官 (executive officer(s)): the (Chief) *Executive* 最高行政官, 行政長官《大統領・各州知事》. **3**《米》行政[実行]的手腕家. **4** 経営者, 取締役, 支配人 (manager): a chief [top] ～ (会社などの)最高業務執行者《社長・取締役会長》/ a subordinate ～ (会社などの) 副業務執行者《副社長・会計部長・総支配人など》. **5** 実行委員会.

exécutive agréement *n.*〘外交〙(米国政府が上院の同意なしに独自に他国の政府と結ぶ)行政協約.

exécutive cóuncil *n.* **1 a** (英国植民地で)行政委員会議. **b** (英連邦内の諸国で)行政最高会議《英本国の枢密院に当たる》. **2** 最高執行委員会.

Exécutive Mánsion *n.* [the ～] **1** (米国の)大統領官邸 (the White House). **2** (米国の)州知事公邸.

exécutive òfficer *n.* **1** 行政官, 執行官. **2**〘軍事〙**a** 副隊長. **b** (師団より下位部隊の)先任幕僚, 先任将校. **c** (軍艦などの)副長. **3** (会社の)役員.

exécutive órder *n.* [通例 E- O-]《米》(陸海軍その他政府各省への)大統領命令, 政令.

exécutive sécretary *n.* 行政上の仕事をもった秘書; (特に, 団体の)幹事.

exécutive séssion *n.* (米国上院などの)秘密会.

ex·ec·u·tor [ɪɡzék(j)uṭə, eɡ-|-kjutə(r)] 〘《c1290》 ⊏ AF *execut(o)ur* = (O)F *exécuteur* ⊏ L *ex(s)ecūtor*《原義》one who follows out: ⇨ execute, -or²〙 ―― *n.* **1** [《米》ではまた éksɪkjùːtə, -sə-] 執行者, 実行する人. **2**〘法律〙(遺言中で指定された)遺言執行者 (cf. administrator 5): a literary ～ (故人の遺言による)遺著[未刊書]の管理者. **ex·ec·u·to·ri·al** [ɪɡzèkjutɔ́ːriəl, -tɔ́ːr-|ɪɡzèkjutɔ́ːrɪ-, eɡ-] *adj.*

exécutor de són tórt [-də-sɔ́ː(n)-tɔ́ə, -sɔ́(ː)n-|-tɔ́ː(r; *F.* -dəsɔ̃tɔːr] 〘⊏ AF ～ 'executor of his own wrong'〙 ―― *n.*〘法律〙無権遺言執行者《遺言執行者の権限がないのにその行為をする人》.

exécutor·shìp *n.* 遺言執行人の資格[職務].

ex·ec·u·to·ry [ɪɡzékjutɔ̀ːri, eɡ-, -tòri|-kjut(ə)rɪ] 〘《1437》 ⊏ LL *ex(s)ecūtōri-us*: ⇨ execute, -ory¹〙 ―― *adj.* **1** 行政上の. **2**〘法律〙〈契約・遺言など〉未来に効力の発生する, 未履行の, 未確定の (cf. executed).

ex·ec·u·trix [ɪɡzék(j)utrɪks, eɡ-|-kju-] 〘《c1385》 ⊏ ML *executrix* (fem.) ← L *ex(s)ecūtor*: ⇨ executor, -trix〙 ―― *n.* (*pl.* **ex·ec·u·tri·ces** [ɪɡzèk(j)utráɪsiːz, eɡ-|-kju-], ～·**es**) 女性の executor.

ex·e·dra [éksədrə, eksíː-|éksɪ-, eksíː-] 〘⊏ L ～ ⊏ Gk *exédra* ← *ex-* 'EXO-'+*hédra* seat, bench〙 ―― *n.* (*pl.* **ex·e·drae** [éksədriː, eksíːdriː|éksɪdriː, eksíːdriː]) **1** エクセドラ《古代ギリシャ・ローマの住宅などに見られる背面が凹曲した会合用の玄関の間》. **2** 戸外用のベンチ《古代ローマの半円形または長方形で背部が高く, 壁面の凹所などに設けられた座席》.

ex·e·ge·sis [èksədʒíːsɪs, -səs|-sɪdʒíːsɪs] 〘《1619》 ← NL ～ ← Gk *exḗgēsis* explanation ← *exēgeîsthai* to explain ← EX- 'EXO-'+*hēgeîsthai* to guide〙 ―― *n.* (*pl.* **-ge·ses** [-siːz]) (聖書の)釈義, 解釈, 評釈 (cf. eisegesis, hermeneutics).

ex·e·gete [éksədʒìːt|-sɪ-] 〘⊏ Gk *exēgētḗs*: ↑〙 *n.* (聖書の)注釈・批判などに卓越した人, (聖書)注釈家.

ex·e·get·ic [èksədʒéṭɪk|-sɪdʒét-] *adj.* (聖書)解釈[釈義]的な, 聖書解釈学的方法による: ～ criticism. **èx·e·gét·i·cal·ly** *adv.*

èx·e·gét·i·cal [-ṭɪkəl, -ṭə-|-tɪ-] *adj.* = exegetic.

ex·e·get·ics [èksədʒéṭɪks|-sɪdʒét-] 〘⇨ exegesis, -ics〙 *n.* 聖書解釈学, 解釈的神学 (hermeneutics).

èx·e·gét·ist [-ṭɪst, -ṭəst|-tɪst] 〘⇨ exegete, -ist〙 *n.* = exegete.

exempla *n.* exemplum の複数形.

ex·em·plar [ɪɡzémplɑə, eɡ-, -plə|-plə(r, -plɑː(r)] 〘《a1382》 *exaumplere* ⊏ (O)F *exemplaire* ⊏ LL *exemplārium*《変形》← L *exemplum* 'model, EXAMPLE'〙 ―― *n.* **1** 手本, 模範. **2** 典型; 標本; 類例 (parallel instance). **3** 原型, 範型. **4** (本・テキストなどの)原本, 底本, 親本. **5** (本の)部, 冊 (copy).

ex·ém·plar·ism [-plərɪzm] *n.* **1**〘神学〙範型論《この世の有限な事物は神のうちに存在する範型の写しにほかならないとする教説》. **2** (キリスト)模範主義《キリストの死は完全な愛と自己犠牲の模範としてのみ人間に役立つとする説》.

ex·em·pla·ry [ɪɡzémpləri, eɡ-|-rɪ] 〘《1589》 ⊏ LL *exemplāris* ← L *exemplum*: ⇨ example, -ary〙 ―― *adj.* **1** 模範的な, 模範となる; りっぱな: an ～ parish priest 模範的な教区司祭 / ～ conduct 模範的[りっぱな]行為. **2** 〈罰など〉見せしめとなる; 戒めとなる: an ～ punishment [penalty] 見せしめの懲罰. **3** 典型的な; 適例となる, 例として役立つ, 好例の: collect ～ passages 適例となるくだりを集める. **4** 説話の, 話説から成る: ～ literature 説話文学. **5**《古》注目すべき, 著しい. **ex·em·plar·i·ly** [èɡzəmplérəli, -zem-, ―――――|ɪɡzémplərəlɪ, eɡ-] *adv.* **ex·ém·plàr·i·ness** *n.* **ex·em·plar·i·ty** [ɪɡzèmplǽrəṭi, eɡ-, -plér-|-plǽrɪti, -rɪ-] *n.*

exémplary dámages *n. pl.*〘法律〙= punitive damages.

ex·em·pli·fi·ca·tion [ɪɡzèmpləfɪkéɪʃən, eɡ-, -fə-|-plɪfɪ-] 〘《15C》 ⊏ AF ～ ⊏ ML *exemplificātiō(n-)*: ⇨ exemplify, -ation〙 ―― *n.* **1** 例証, 例示, 模範. **2** 適例, 好例 (example). **3**〘法律〙証明付謄本, 認証謄本.

ex·em·pli·fi·ca·tive [ɪɡzémpləfɪkèɪṭɪv, eɡ-, -fə-|-plɪfɪkèɪt-, -kət-] *adj.* 例証[範例]となる.

ex·em·pli·fy [ɪɡzémpləfàɪ, eɡ-|-plɪ-] 〘《?c1408》 ⊏ OF *exemplifi-er* ⊏ ML *exemplificāre* ← L *exemplum* 'EXAMPLE'+-*ficāre* to make: ⇨ -fy〙 ―― *vt.* **1** 例証する, 例示する (illustrate): Let me ～ what I say. 私の言っていることを例証しよう. **2** …の実例となる, 実証する: These facts ～ the correctness of my statement. これらの事実は私の陳述の正しさを実証している. **3**〘法律〙複写する; …の認証謄本を作る. **ex·em·pli·fi·a·ble** [ɪɡzémpləfàɪəbḷ, eɡ-, ――――――|-plɪ-] *adj.* **ex·ém·pli·fì·er** *n.*

ex·em·pli gra·ti·a [ɪɡzémpli-ɡráːtiàː, -plaɪ-ɡréɪʃiə, eɡ-|-plɪ-ɡráːtiàː, -plaɪ-ɡréɪʃɪə] 〘⊏ L *exemplī grātiā*《原義》'for the sake of EXAMPLE': ⇨ grace〙 ―― *L.* 例えば (for example)《通例 e.g. と略し, 'for example' に置き換えて読むことが多い》.

ex·em·plum [ɪɡzémpləm, eɡ-] 〘⊏ L ～: ⇨ example〙 *n.* (*pl.* **ex·em·pla** [-plə]) **1** (中世の説教などに用いられた)道徳的物語, 説話. **2** 例, 範例 (example).

ex·empt [ɪɡzém(p)t, eɡ-] 〘《c1380》 ⊏ (O)F ～ ⊏ L *exemptus* (p.p.) ← *eximere* to take out ← EX-¹+*emere* to take〙 ―― *vt.* 〈人〉に〔義務・責任などを〕免じる, 免除する (excuse)〔*from*〕: ～ a person *from* an examination [taxes, service] 人に試験[税, 兵役]を免除する. ―― *adj.* 〔課税・危険・統制・義務などを〕免除された, 免れた (exempted)〔*from*〕: ～ *from* errors 誤りのない / The women will be ～ *from* boxing and wrestling. 女性はボクシングやレスリングを免除されるだろう. ―― *n.* **1** 義務を免除された人, (特に)被免税者. **2**《英》= exon. ～·**i·ble** [-təbḷ|-tə-, -tɪ-] *adj.*

exémpt càrrier *n.*《米》免除運輸会社《州(際)通商法の規定の適用を免除されたタクシー業などのサービス業や農産物・ばら荷などの商品を扱う業者》.

ex·emp·tion [ɪɡzém(p)ʃən, eɡ-] 〘《c1400》 ⊏ (O)F ～ ⊏ ML *exemptiō(n-)*: ⇨ exempt, -tion〙 ―― *n.* **1**〔義務の〕免除, 解除; 特免 (immunity)〔*from*〕: ～ *from* the penalties 刑の免除 / ～ *from* taxation 課税免除, 免税 / ～ *from* military service [conscription] 兵役[徴兵]免除. **2**《米》(所得税控除の対象となる)扶養家族, 免税事由《火災・病気など》.

ex·emp·tive [ɪɡzém(p)tɪv, eɡ-] 〘⇨ exempt, -ive〙 *adj.* 免除の, 免除を与える.

èx·endospérmous 〘⇨ ex-¹, endosperm, -ous〙 *adj.*〘植物〙〈種子が〉無胚乳の.

ex·en·ter·ate 〘《1607》 ← L *exenterāt-us* (p.p.) ← *exenterāre* ⊏ Gk *exenterizein* to disembowel ← EX-¹+*énteron* intestine: ⇨ -ate³〙〘外科〙―― [eɡzénṭərèɪt, eksén-|-tə-] *vt.* 〈器官を〉取り除く, 〈内容を〉除去する (remove): ～ an eyeball 眼球を剔出(てきしゅつ)する. ―― [-rət, -rɪt] *adj.* (器官・内容を)除去した. **ex·en·ter·a·tion** [eɡzèntəréɪʃən, eksèn-|-tə-] *n.*

ex·e·qua·tur [èksəkwéɪṭə, -kwáːṭə|èksɪkwéɪtə(r)] 〘《1788》 ⊏ L *ex(s)equātur* let him perform (his duties) (3rd sing. pres. subj.) ← *ex(s)equī* 'to EXECUTE'〙 ―― *n.* **1** (駐在国政府から他国の領事または貿易事務官に与える)承認書, 認可状. **2** (ローマ教皇の勅令または教皇配下の bishop の職務執行に関する)主権者[君主]の承認書.

ex·e·qui·al [eksíːkwiəl|-kwɪ-] 〘⊏ L *ex(s)equiāl-is* ← *exsequiae* (↓)〙 *adj.* 葬儀の, 葬式の (funeral).

ex·e·quies [éksəkwiz|-sɪkwɪz] 〘《1389》 ⊏ OF ～ // L *ex(s)equiās* (acc.) ← *ex(s)equiae* (pl.) funeral procession ← *exsequī*: ⇨ execute〙 ―― *n. pl.* 葬儀, 葬式; (時に)葬列.

ex·er·cis·a·ble [éksəsàɪzəbḷ, ―――――|-sə-] *adj.* 行使[運用]できる.

ex·er·cise [éksəsàɪz|-sə-] 〘n.: 《c1340》 ⊏ (O)F *exercice* ⊏ L *exercitium* ← *exercitus* (p.p.) ← *exercēre* to set to work, train, practice ← EX-¹+*arcēre* to shut up, restrain. ―― v.: 《c1380》 ← (n.)〙 ―― *n.* **1** (体の)運動, 体操: lack [want] of ～ 運動不足 / open air [outdoor] ～ 野外[戸外]運動 / walking ～ 散歩 / gymnastic [physical] ～s 体操, 体育 / dumbbell ～ 唖鈴(あれい)体操 / take ～ 運動する / Running is good ～. ランニングはよい運動だ. **2** (部隊・艦隊・飛行隊などの)演習; 訓練, 教練: a naval ～ 海軍演習 / on an ～ 演習中で. **3** 練習, 稽古, 実習: five-finger ～s *on* the piano ピアノの五指練習 / ～s *on* the harp [piano] ハープ[ピアノ]の練習 / vocal ～s 発声練習. **4** (課題などに基づく)勉強, 練習, 学習; 練習問題, 課題(曲): do one's ～ (学生が)学課を調べる, 練習問題を勉強する / an ～ *in* debate 討論の練習 / an ～ *in* composition [grammar] 作文[文法]練習問題. **5** [*pl.*] (学位請求資格として必要な)修業課程: perform the ～s required for the degree of D.D. 神学博士の学位請求に必要な課程を修める. **6**〔器官・精神力などを〕働かせること, 用いること, 運用, 使用〔*of*〕; 〔影響などを〕及ぼすこと; 〔徳などの〕実践, 実行; 礼拝, 勤行(ごんぎょう)〔*of*〕: the ～ *of* imagination 想像力を働かせること / by the ～ *of* one's own free will 自分の意志を働かせて / the ～ *of* virtues [patience] 徳[忍耐力]の実践 / religious ～s 宗教的儀式. **7**〔職務・職権などの〕行使, 執行〔*of*〕: ～ *of* one's privilege 特権の行使 / ～ *of* one's office 職務の執行. **8** (芸術・学問などの)習作, 試作: a literary ～ 文学的習作. **9** [*pl.*]《米》式, 儀式: inauguration ～s 就任式 / opening ～s 開会式 / commencement [graduation] ～s 卒業式.
―― *vt.* **1 a** 〈人を〉運動させる; 〈人〉に〔…の〕練習をさせる〔*in*〕: ～ one's arms and legs 手足を動かす[運動させる] / ～ boys *in* swimming 少年達に水泳の練習をさせる / ～ the voice 発声練習をする / ～ oneself *in* fencing フェンシングの稽古をする. **b** 〈犬・馬を〉運動[散歩]させる: ～ one's dog 犬を運動[散歩]させる. **c** 〈兵などを〉訓練する (drill). **2** 〈器官・機能・知力・想像力などを〉働かせる, 用いる (use): ～ one's sight [strength, intelligence, patience] 視力[力, 知力, 忍耐力]を働かせる / ～ a judicious caution 賢明な用心をする / ～ forbearance 忍耐する. **3** 〈権力などを〉行使する (make use of); 〈職務などを〉執行する (discharge): ～ one's rights [authority] 権利[権力]を行使する / ～ a function [the duties] 職責[職務]を執行する. **4** 〔…に〕〈影響・力などを〉及ぼす (exert)〔*on, over*〕: ～ a salutary influence *upon* a person 人に有益な影響[感化]を及ぼす / ～ pressure *upon* a person 人に圧迫を加える. **5** …の注意[感情]を引きつける; 〈心・人を〉煩わす, 悩ます, 心配させる (perplex, worry, harass): I am much ～*d about* his future [health]. 彼の将来[健康]を大いに心配している / Do not ～ yourself *over* the affair. その事で頭を悩ますな. ―― *vi.* **1** 練習する; 運動をする. **2** 礼拝[勤行]をする.

éxercise bòok *n.* 練習帳.

éx·er·cis·er *n.* **1** 運動[体操]用器具. **2** 馬の運動係(の)馬丁.

ex·er·ci·ta·tion [ɪɡzə̀ːsətéɪʃən, eɡ-|eɡzə̀ːsɪ-, ɪɡ-] 〘《c1384》 *exercitacioun* ⊏ L *exercitātiō(n-)* exercise, practice ← *exercitātus* (p.p.) ← *exercitāre* (freq.) ← *exercēre* 'to EXERCISE': ⇨ -ation〙 ―― *n.*《古》**1**〔知力・能力などを〕働かせること, 使用〔*of*〕: an ～ *of* the senses 五感を働かせること. **2** (人や知力の)訓練, 習練. **3** 宗教儀式の執行; 礼拝. **4** 談論, 論文 (discourse, treatise).

ex·er·gon·ic [èksə(ː)ɡɑ́nɪk|-sə(ː)ɡɔ́n-] 〘⇨ ex-¹, ergon, -ic¹〙 ―― *adj.*〘生化学〙〈反応が〉エネルギー発生の, エネルギーを放出する (↔ endergonic): an ～ reaction 発エルゴン反応《自由エネルギーの減少を伴う変化》.

ex·ergue [éksəːɡ, éɡzəːɡ|eksə́ːɡ, ――] 〘《1697》 ⊏ F ～ ← NL *exergum*: ⇨ ex-¹, ergon〙 ―― *n.* (貨幣・メダルなどのふつう裏面の)下方の部分に横線で画した部分《年・銘・デザイナーの頭文字, 時には鋳造場所などを刻した所》; その刻銘.

ex·ert [ɪɡzə́ːt, eɡ-|-zə́ːt] 〘《1660》 ← L *ex(s)ert-us* (p.p.) ← *ex(s)erere* to put forth ← EX-¹+*serere* to join: cf. series〙 ―― *vt.* **1** 〈力・知力などを〉出す, 働かせる, 発揮する; 〔…に〕〈影響力などを〉及ぼす, 加える〔*on*〕: ～ all one's powers 全力を尽す / ～ influence [pressure] *on* …に感化を及ぼす[圧力を加える] / He ～*ed* every effort to survive. 生き残るためにあらゆる努力をした. **2** [～ *oneself* で] 努力する: ～ *oneself to* do something [*for* an object] ある事をしようと[ある目的のために]努力する.

ex·er·tion [ɪɡzə́ːʃən, eɡ-|-zə́ː-] 〘《1668》: ⇨ ↑, -tion〙 ―― *n.* **1** 力を出すこと, (力の)発揮: an ～ *of* ability 能力の発揮. **2** 尽力, 努力; 骨折り: use [make, put forth] ～ 尽力[努力]する / It is no ～ [an ～] *to* him to do so. そうすることは彼には何でもない[ひと苦労だ] / This enterprise requires your utmost ～*s*. この企てには君の最大の努力がいる. **3**〔権力などの〕行使〔*of*〕: the ～ *of* one's powers 権力の行使.

ex·ert·ive [ɪɡzə́ːṭɪv, eɡ-|-zə́ːt-] *adj.* 努力する: the ～ faculty 努力する能力.

ex·es [éksɪz, -səz] 〘《1864》《略》← EXPENSES〙 *n. pl.*《口語》費用.

Ex·e·ter [éksətə, -sɪ- | -sɪtə(r, -sə-] 〖OE *Exanċeaster* ← *Exe* (《音位転換》← *Esce* ▭ Brit. *Iscā* (川の名: cf. Ir. *easc* water))+*ċeaster* fort, city: ⇨ -chester〗 ── *n.* イングランド南西部 Devon 州の首都; 大聖堂がある; 人口 96,000.

Éxeter Háll *n.* **1** エクセター会館《London の Strand 通りにあり, 1907 年まで宗教的・慈善的な集会に使用された; 現在はホテル》. **2** 〖福音派 (Evangelical Party) の五月集会がこの会館で催されたことから〗(英国国教会の)福音主義 (Evangelicalism), 福音的熱情.

ex·e·unt [éksiʌnt, -siənt, -siùnt | éksiʌnt, -sjʌnt, -siùnt, -siənt, -sjənt] 〖(*c*1485) ▭ L ~ 'they go out' (3rd pl. pres.): ⇨ exit²〗 ── *vi.* 〖演劇〗〈複数の俳優が〉退場する《脚本のト書き; cf. exit², manent》.

ex·e·unt om·nes [éksiʌnt-ɑ́mni:z, -siənt-, -siùnt-ɔ́(:)mneɪs | éksiʌnt-ɔ́mni:z, -sjʌnt-, éksiùnt-ɔ́mneɪs] 〖▭ L *exeunt omnēs* they all go out: ⇨↑, omni-〗 ── *L.* 〖演劇〗全員退場 (all go out)《脚本のト書き》.

ex fa·ci·e [eks-fɑ́:kièɪ, -féɪʃiì: | -féɪʃiì:] 〖▭ L *exfaciē* 'from the FACE': ⇨ ex¹〗 *adv.* 〖法律〗(法律文書の)文面では.

ex·fil·trate [eksfíltreɪt] 〖← EX-¹ + (IN)FILTRATE〗 *vi., vt.* 《米軍俗》敵陣から秘かに脱出する[させる]. **ex·fil·tra·tion** [eksfɪltréɪʃən] *n.*

ex·fo·li·ate [eksfóulièɪt | -fə́ulièɪt, -ljeɪt] 〖← LL *exfoliāt-us* stripped of leaves (p.p.) ← *exfoliāre* ← EX-¹ + *folium* leaf: cf. folio〗 ── *vi.* **1** 〈樹皮が〉薄片になってはげ落ちる; 〈木が〉樹皮の薄片を落とす: the *exfoliating* bark 薄片になってはげ落ちる樹皮. **2** 〖地質〗〈岩石の表面が〉薄片となって裂ける, はげ落ちる. **3** 〖外科〗〈皮膚・骨などが〉剝脱(はく)する, はげ落ちる. **4** 葉を出(すように)して広がる, 大きくなる. ── *vt.* **1** 薄片状にはぎ落とす, 剝離する. **2** 葉を出(すように)して広げる. **3** 〖外科〗〈皮膚・骨などの表面を〉剝脱する, 剝皮する. **ex·fo·li·a·tive** [eksfóulièɪtɪv, -liət- | -fə́uliət-, -lièɪt-] *adj.*

ex·fo·li·a·tion [eksfòuliéɪʃən, ˌ — — ˈ — | eksfə̀uliéɪʃən, ˌ — — ˈ —] 〖(15C) ▭ ? ML **exfoliātiō(n-)* ← LL *exfoliātus*: ⇨↑, -ation〗 ── *n.* **1** 〖地質〗(風化による岩石の)剝脱(はく)作用, 鱗剝(りん), 剝離, 剝落. **2** 〖医学〗剝脱; 落屑(せつ). **3** 剝落物.

e.g. 《略》exempli gratia.

ex gra·ti·a [eks-gréɪʃiə, -ʃə, -grɑ́:tiɑ̀: | -gréɪʃɪə] 〖▭ L *ex grātiā* 'out of grace'〗 ── *L. adj., adv.* 〖法律〗恩恵から(の), 任意の[で] (↔ ex debito justitiae): We should like to make you an ~ payment of £50 for this rebroadcast. この再放送に対して無償で 50 ポンドお支払い致します.

exh. 《略》exhaust; exhibition.

ex·hal·ant [ekshéɪlənt | ekshéɪ-, egzéɪ-] 〖▭ L *exhālant-em* (pres.p.): ⇨ exhale, -ant〗 *adj.* 吐き出す, 放出する. ── *n.* (軟体動物などの)出水管.

ex·ha·la·tion [èks(h)əléɪʃən | èks(h)əl-, ègzəl-] 〖(*a*1393) *exalacioun* ▭ OF *exalation* (F *exhalation*) ∥ L *exhālātiō(n-)*: ⇨↓, -ation〗 ── *n.* **1** (水蒸気・湯気などの)発散; (特に, 息の)吐出し, 呼気, 呼息. **2** 蒸発気 (vapor)《水蒸気・もやなど》; (香気・臭気などのような)発散物. **3** 〔怒りなどの〕爆発, 発散〔*of*〕.

ex·hale [eks(h)éɪl | ekshéɪl, egzéɪl] 〖(*a*1400) *exale(n)* ▭ (O)F *exhal-er* ▭ L *exhālāre* to breathe out ← EX-¹ + *hālāre* to breathe: cf. inhale〗 ── *vt.* **1** 〈息・生命・魂・言葉などを〉吐き出す (↔ inhale): He ~*d* his breath in a whistle. 口笛のように息を吐いた. **2** 〈蒸気・香気・臭気などを〉発散する; 《古》蒸発させる: He ~*d* a strong odor of beer. ビールのにおいをぷんぷんさせていた. **3** 〈怒りなどを〉爆発[発散]させる. ── *vi.* **1** 〈蒸気・香気・臭気などが〉〔…から〕発散する, 蒸発する; 消散する〔*from, out of*〕: Incense ~*s from* roses. バラからは香気が発散される. **2** 息を吐き出す (↔ inhale). **ex·hál·a·ble** [-ləbl̩] *adj.*

ex·hal·ent [ekshéɪlənt | ekshéɪ-, egzéɪ-] *adj., n.* =exhalant.

ex·hál·ing fòrce [-lɪŋ-] *n.* 〖音声〗呼気圧.

ex·haust [ɪgzɔ́:st, eg-] 〖(1533) ← L *exhaust-us* (p.p.) ← *exhaurīre* to empty, drain out ← EX-¹ + *haurīre* to draw out (water), breathe〗 ── *vt.* **1 a** 〈容器を〉からにする (empty), 真空にする; 〈空気・ガス・水などを〉排出する (draw off): ~ the air *from* the bell of an air pump 排気鐘の空気を排除する / ~ the water in a vessel 容器の中の水をからにする. **b** …から〔内容物を〕からにする, 〔貴重な構成要素を〕奪う〔*of*〕: ~ a tube *of* air 管の空気を抜く. **2** 〈体力・忍耐力などを〉使い尽くす (use up); 〈国を〉疲弊させる, 〈土地を〉不毛にする, やせさせる, 〈人を〉疲れ果てさせる (tire out): I have ~*ed* myself work*ing*. 働き疲れてしまった / The long war ~*ed* the country. 長年の戦争でその国は疲弊してしまった / Lime ~*s* the soil. 石灰は土壌をやせさせる / They were ~*ed with* toil [*by* war]. 彼らは骨折り仕事で[戦争で]疲れ果てた (cf. exhausted 3). **3** 〈題目などを〉研究[検討]し尽くす: ~ a subject 問題を徹底的に検討する / We cannot ~ the mind of another. 他人の心は知り尽くせるものではない. **4** 〈国庫・資源・財産などを〉枯渇させる, 使い果たす: Our stock is nearly ~*ed*. うちのストックはもう切れかかっている. **5** 〈薬品など〉の成分を溶媒を用いて取り尽くす. ── *vi.* 〈使用済みの蒸気などが〉〔…に〕放出される, 〈タンクなどが〉水を吐き出す, すっかり注ぐ (discharge, empty)〔*into*〕; 〈エンジンが〉排気を吐き出す.
── *n.* **1** (エネルギーを失った気体の)排出; 排気装置, 吐出し口. **2** 排気, 排気ガス. **3** 枯渇.

ex·háust·ed *adj.* **1** くみ干した, 水の涸れた: an ~ well [cask] 水の涸れた井戸[中味がからになった樽]. **2** 使い尽くされた, 消耗した (emptied, used up): ~ soil やせた土地. **3** 疲れ切った, 弱り果てた (tired out): She felt quite ~ after a day's shopping. 一日中の買物で疲れ切っていた. **~·ly** *adv.* **~·ness** *n.*

ex·háust·er *n.* **1** (換気扇・ポンプなどの)排気器具[装置], 排風機. **2** (かん詰め食品の)乾留用レトルト操作係. **3** 真空管の空気・不純物などを排除する機械を操作する人.

exháust fàn *n.* 換気扇.

ex·haust·i·bil·i·ty [ɪgzɔ̀:stəbíləti, eg- | -stɪbíləti, -stə-, -lɪ-] *n.* 尽くし[涸らし]得ること[能力], 被消耗性.

ex·haust·i·ble [ɪgzɔ́:stəbl̩, eg- | -stə-, -stɪ-] *adj.* 尽きることのある, 枯渇し得る (cf. inexhaustible). **~·ness** *n.*

ex·háust·ing *adj.* 消耗的な, 心身を疲労させる, 精根枯らすほどの (fatiguing): ~ efforts. **~·ly** *adv.*

ex·haus·tion [ɪgzɔ́:stʃən, eg-] 〖(1661) ▭ LL *exhaustiō(n-)* ← L *exhaustus*: ⇨ exhaust, -tion〗 ── *n.* **1** 消耗, 窮乏, 枯渇; 疲弊〔*of*〕: the ~ *of* wealth [supplies, resources] 財産[糧食, 資源]の枯渇 / an ~ of the soil 土地をやせさせること. **2** 極度の疲労: He fell down with ~. 極度の疲労のため倒れた. **3** 〖機械〗排気. **4** (問題などの)徹底的な解決[論究].

ex·haus·tive [ɪgzɔ́:stɪv, eg-] *adj.* **1** 余す所のない, 徹底的な, 網羅的な (thoroughgoing): an ~ investigation 徹底的な調査 / an ~ treatment of a subject 問題の徹底的な処理. **2** (資源・力などを)枯渇させる, 消耗的な. **~·ness** *n.* **ex·haus·tiv·i·ty** [ɪgzɔ̀:stívəti, eg- | -vəti, -vɪ-] *n.*

ex·háus·tive·ly *adv.* 余す所なく, 徹底的に, 完全に.

exháust·less *adj.* 尽きることのない, 無尽蔵の (inexhaustible): an ~ supply of water 水の尽きることのない[無限の]供給. **~·ly** *adv.* **~·ness** *n.*

exháust mànifold *n.* 〖機械〗排気マニホルド, 排気集合管《多シリンダー機関の排気管をひとまとめにしたもの》.

exháust nòzzle *n.* 〖機械〗(ジェット機関における高速燃焼ガスの)噴出口.

exháust-pipe *n.* 〖機械〗排気管.

exháust prìce *n.* 〖証券〗証拠金 (margin) が損失により食いつぶされることになるような値段.

exháust stròke *n.* 〖機械〗(4 サイクルエンジンなどの)排気行程.

exháust vàlve *n.* 〖機械〗排気弁.

exháust velòcity *n.* 〖宇宙〗噴出速度《ロケットのノズルから噴出する流れのノズルに対する速度》.

exhbn 《略》exhibition.

ex·he·dra [eks(h)í:drə] *n.* (*pl.* **ex·he·drae** [-dri:]) = exedra.

ex·hib·it [ɪgzíbɪt, -bət, eg- | -bɪt] 〖(1447) ← L *exhibit-us* (p.p.) ← *exhibēre* to hold out, display ← EX-¹ + *habēre* 'to HAVE': cf. habit〗 ── *vt.* **1** 展覧する, 公開する, 出品する, 陳列する; 見せびらかす, 誇示する: ~ articles for sale in a shop 店に商品を並べる / ~ paintings in a gallery 画廊に絵画を陳列する. **2** 〈徴候などを〉見せる, 示す: ~ anger [courage] 怒り[勇気]を見せる / The wisdom of the Creator is ~*ed* to us every hour. 創造主の英知は我々に常時示されている. **3** (数字や画で)表わす; 明らかにする, 説明する: the power of ~*ing* character by means of dialogue 対話を用いて人物を明示する力. **4 a** 〖法律〗(証拠物件として)〈書類を〉裁判所に提示する. **b** 〈嘆願・請求などを〉提出する. **5** 《廃》〖医学〗〈薬を〉服用させる, 施薬[投薬]する, 〈医療を〉施す. ── *vi.* 展覧会を開く; 展示する: ~ at a gallery 画廊に出品する.
── [《英》ではまた égzɪbɪt] *n.* **1** 公示, 出品, 展示 (exhibition); 小展覧会. **2** 陳列品, 出品物, 展示品. **3** 〖法律〗証拠物件[書類], 参照物件[書類].
exhibit A (1) 〖法律〗証拠物件 A. (2) 最も重要な証拠.

ex·hib·i·tant [ɪgzíbɪtənt, eg-, -bə- | -bɪt-] *n.* =exhibitor.

ex·hib·it·er [-tə, | -tə(r] *n.* =exhibitor.

ex·hi·bi·tion [èksəbíʃən | -sɪ-] 〖(*a*1325) ▭ (O)F ~ ▭ L *exhibitiō(n-)*: ⇨ exhibit, -tion〗 ── *n.* **1** 〔…の〕陳列, 展示, 展覧; 〔感謝などを〕示すこと〔*of*〕: the ~ *of* a cultural film 文化映画の公開 / a good opportunity for the ~ *of* one's talents 才能を示すよい機会 / the unusual ~ *of* tenderness いつになく優しさを示すこと / place [put] one's works *on* ~ 作品を展覧する / articles *on* ~ 出品物. **2 a** 展覧会, 共進会; 《英》博覧会: a competitive ~ 共進会, 品評会 / an industrial ~ 産業[勧業]博覧会 / an art ~ 美術展覧会 / ⇨ Great Exhibition. **b** 《米》学芸会: the Sophomore *Exhibition* 二年生の学芸会. **c** 出品物, 陳列品 (exhibit(s)); 見もの, 変った見もの: make an ~ [a regular ~] of oneself (ばかな事をして)いい恥をさらす. **3** 《廃》〖医学〗投薬, 施薬. **4** 《英》奨学金 (scholarship) (cf. exhibitioner). **5** (勝敗よりもむしろ演技を見せることに重点をおく)模範試合, エキジビション: a fencing ~ フェンシングのエキジビション / an ~ tennis match テニスの模範試合.

èx·hi·bí·tion·er [-ʃ(ə)nə | -nə(r] *n.* 《英》給費生 (cf. exhibition 4).

èx·hi·bí·tion·ism [-ʃənìzm̩] *n.* **1** (能力などの)誇示癖, 自己宣伝癖. **2** 〖精神医学〗露出症; 露出症的行為.

èx·hi·bí·tion·ist [-ʃ(ə)nɪst, -nəst | -nɪst] *n.* **1** (能力などの)誇示癖のある人, 自己宣伝家. **2** 〖精神医学〗露出症患者. ── *adj.* **1** (能力などで)誇示癖のある, 自己宣伝をしたがる. **2** 〖精神医学〗露出症の. **ex·hi·bi·tion·is·tic** [èksəbìʃənístɪk | -sɪ-] *adj.*

ex·hib·i·tive [ɪgzíbɪtɪv, eg-, -bət- | -bɪt-] 〖← NL *exhibitīv-us* ← L *exhibitus*: ⇨ exhibit, -ive〗 *adj.* 展示に適する; 〔…を〕表示する〔*of*〕. **~·ly** *adv.*

ex·híb·i·tor [-tə, | -tə(r] 〖▭ LL ~: ⇨ exhibit, -or²〗 *n.* **1** (展覧会・共進会などの)出品人, 展覧会参加者. **2** 〖法律〗(証拠物件[書類]の)提出人, 提示者.

ex·hib·i·to·ry [ɪgzíbətɔ̀:ri, eg-, -tɔ̀:ri | -bɪtəri] 〖▭ LL *exhibitōri-us*: ⇨ exhibit, -ory¹〗 *adj.* 展覧の, 展示するための.

ex·hil·a·rant [ɪgzílərənt, eg- | ɪgzíl-, eg-, eksíl-] 〖▭ L *exhilarant-em* (pres.p.) ← *exhilarāre* (↓)〗 ── *adj.* 気分を浮き立たせる (exhilarating). ── *n.* 気分を爽快にする飲料, 興奮剤.

ex·hil·a·rate [ɪgzílərèɪt, eg- | ɪgzíl-, eg-, eksíl-] 〖(1540) ← L *exhilarāt-us* (p.p.) ← *exhilarāre* to gladden ← EX-¹ + *hilarāre* to make cheerful (← *hilaris* 'HILARIOUS')〗 ── *vt.* **1** 〈人〉の気分を浮き立たせる, 〈人・気分などを〉陽気にする; 鼓舞する, 刺激する (stimulate): Snow ~*s* our spirits. 雪は我々の気分を浮き立たせる / I was ~*d at* [*by*] the sight. その光景を見て気が浮き浮きした. **2** 〈物事・仕事などを〉活気づける (enliven): a dinner ~*d* by plenty of wine 多くのワインで活気づいた正餐. **ex·híl·a·rà·tor** [-tə | -tə(r] *n.*

ex·híl·a·ràt·ed [-tɪd, -təd | -tɪd, -təd] *adj.* 気分が浮き浮きしている, 陽気な; 一杯機嫌の.

ex·híl·a·ràt·ing [-tɪŋ | -tɪŋ] *adj.* 気分を浮き立たせる, 陽気にさせる (cheering): an ~ drink 興奮性飲料, 酒. **~·ly** *adv.*

ex·hil·a·ra·tion [ɪgzìləréɪʃən, eg- | ɪgzìl-, eg-, eksìl-] 〖▭ LL *exhilarātiō(n-)*: ⇨ exhilarate, -ation〗 *n.* 浮き浮きした気分, 陽気, はしゃぎ, 愉快; うさ晴らし.

ex·hil·a·ra·tive [ɪgzílərèɪtɪv, eg-, -rət- | ɪgzílərət-, eg-, eksíl-, -rèɪt-] *adj.* 気分を浮き立たせる.

ex·hil·a·ra·to·ry [ɪgzílərətɔ̀:ri, eg-, -tɔ̀:ri | ɪgzílərət(ə)ri, eg-, eksíl-] *adj.* =exhilarative.

ex·hort [ɪgzɔ́ət, eg-, ɪks(h)ɔ́ət, eks- | ɪgzɔ́:t, eg-] 〖(?*c*1400) ▭ (O)F *exhort-er* ∥ L *exhort-ārī* to urge, encourage ← EX-¹ + *hortārī* to urge〗 ── *vt.* **1** …に熱心に説く[勧める] (urge): ~ a person *to* do …するように人に説き勧める / ~ an audience *to* diligence and economy 聴衆に勤勉と経済を説く. **2** 勧告する, 訓戒する, 戒告する, 戒める (warn). ── *vi.* **1** 強く勧める. **2** 訓戒を与える. **~·er** [-tə | -tə(r] *n.*

ex·hor·ta·tion [èksɔətéɪʃən, ègzɔə-, èksə-, èkshɔə- | ègzɔ:téɪʃən, èksɔ:-] 〖(*c*1384) ▭ (O)F ~ ▭ L *exhortātiō(n-)*: ⇨↑, -ation〗 ── *n.* **1** 説き勧めること, 奨励 (exhorting). **2** 勧告, 訓戒, (牧師の)説教; 勧告の言葉: earnest ~*s* 熱心な勧告 / make an ~ 説教をする.

ex·hor·ta·tive [ɪgzɔ́ətətɪv, eg-, ɪks(h)ɔ́ət-, eks- | ɪgzɔ́:tət-, eg-] *adj.* 奨励の; 勧告的な; 訓戒的な.

ex·hor·ta·to·ry [ɪgzɔ́ətətɔ̀:ri, eg-, ɪks(h)ɔ́ət-, eks-, -tɔ̀:ri | ɪgzɔ́:tət(ə)ri, eg-] *adj.* =exhortative.

ex·hu·ma·tion [èks(h)ju:méɪʃən, ègz(j)u:- | èks(h)ju:-, èksju-, ègzju-] 〖(1430) ▭ F ~ ▭ ML *exhumātiō(n-)*: ⇨↓, -ation〗 *n.* 発掘, 死体[墓地]発掘.

ex·hume [ɪgz(j)ú:m, eg-, eks(h)jú:m, ɪks- | ekshjú:m, ɪks-, ɪgzjú:m] 〖(1430) ▭ F *exhum-er* ∥ ML *exhumāre* ← EX-¹ + L *humus* earth: ⇨ humus〗 ── *vt.* **1** 発掘する (dig out); (特に)〈死体・墓を〉あばく. **2** 〈無名の人・作品などを〉掘り出す, 明るみに出す: ~ some obscure works 無名の作品を発掘する. **3** 侵食作用によって露出させる. **ex·húm·er** *n.*

ex·i·geant [ègzɪʒɑ́:(ŋ), -ʒɔ́:(ŋ), -ʒɑ́:ŋ, -ʒɔ́(:)ŋ; *F.* ɛgziʒɑ̃] 〖(1803) ▭ F ~ (pres.p.) ← *exiger* ▭ L *exigere* to drive out: ⇨ exigent〗 *adj.* =exigent.

ex·i·gence [éksədʒəns, égzə- | éksɪ-, égzɪ-] 〖(1447) ▭ (O)F ~ ▭ ML *exigentia*: ⇨↓, -ence〗 *n.* =exigency.

ex·i·gen·cy [éksədʒənsi, égzə-, ɪgzídʒ-, eg- | éksɪdʒənsi, égzɪ-, ɪgzídʒ-, eg-, eksídʒ-] 〖← ML *exigentia* (← L *exigentem* (↓))+-ENCY〗 ── *n.* **1** 危急, 急迫 (urgency). **2** [しばしば *pl.*] 緊要な[急迫した]事情, 急場 (emergency); 急務, 窮境, 難局; 要求, 要件: the *exigencies* of life / meet the *exigencies* of the times 時勢の急務に応じる / in this ~ この急場に.

ex·i·gent [éksədʒənt, égzə- | éksɪ-, égzɪ-] 〖(1670) ▭ L *exigent-em* requiring (pres.p.) ← *exigere* to drive out ← EX-¹ + *agere* to drive: cf. exact〗 ── *adj.* **1** 〈状態・事情など〉危急の (critical); 差し迫った, 急迫した: ~ circumstances 危急の事態. **2** 〔…を〕しきりに[法外に]要求する〔*of*〕; せちがらい, (世渡りの)苦しい: this body ~ *of* rest 休息をしきりに求めているこの肉体 / this ~ life このせちがらい世の中. **~·ly** *adv.*

ex·i·gi·ble [éksədʒəbl̩, égzə- | éksɪ-, égzɪ-] 〖▭ F ~ ← *exigere* 'to demand': ⇨ exigent, -ible〗 ── *adj.* 強要できる; 〔人に〕要求できる, 〔人から〕求められる (demandable)〔*against, from*〕.

ex·i·gu·i·ty [ègzɪgjú:əti, èksə- | èksɪgjú:ɪti, -gjúə-, -ɪti] 〖▭ F *exiguité*: ⇨↓, -ity〗 *n.* わずか, 僅(きん)少.

ex·ig·u·ous [ɪgzígjuəs, ɪksíg-, eg-, ek- | egzígju-, ɪg-, eksíg-, ɪk-] 〖(1651) ← L *exiguus* scanty (← *exigere* ⇨ exigent)+-OUS〗 ── *adj.* わずかな, 乏しい; 小さい: ~ budget 乏しい予算. **~·ly** *adv.*

ex·íg·u·ous·ness *n.* =exiguity.

ex·ile [égzaɪl, éksaɪl | éksaɪl, égzaɪl] 〖*n.*: (?*a*1300) ▭

OF exil (n.) ▭ L *ex(s)ilium* banishment ← *ex(s)ul* banished person ← EX-¹+IE **al-* to wander. — v.: 《a1325》 ▭ OF *exil(i)-er* ▭ LL *ex(s)iliāre* ← *ex(s)ilium*》 — *n.* **1** (故国を捨てて)他国をさ迷うこと, 流浪; 亡命: be [live] in ~ さすらいの身となって[亡命して]異境に暮らす. **2** 亡命客, 流浪者, さすらい人. **3** 追放, 流罪(るざい), 流刑 (banishment): a king in ~ 配所の王 / condemn a person to ~ 人を追放[流罪に]する / go into ~ 追放[流浪]の身となる. **4** 追放人, 流罪人. **5** [the E-] 〘聖書〙 =Babylonian captivity 1.
— *vt.* 〈人〉に〔故国・家郷を〕離れ[捨て]させる〔*from*〕; 追放する, 島流しにする, 流罪に処する (banish): ~ a person *from* his country [home] 故国から追放する / ~ oneself 流浪する, 亡命する.

ex·il·i·an [egzíliən, eksíl- | egzíl-, eksíl-] *adj.* = exilic.

ex·il·ic [egzílɪk, eksíl-] 《1888》 ← EXILE+-IC¹》 *adj.* (バビロンに幽囚となったユダヤ人のように)追放の, 追放の民の.

ex·il·i·ty [egzíləṭi, eksíl- | egzílətɪ, eks-, -lɪ-] 《a1439》 ▭ L *exilitāt-em* ← *exilis* small, slender: ⇨ -ty²》 *n.* 《廃》微小, 貧弱 (meagerness); か細さ.

ex·im·i·ous [egzímiəs, eksím- | egzímɪ-, eksím-] 《1547》 ▭ L *eximi-us* select ← *eximere* to take out: ⇨ -ous: cf. exempt》 — *adj.* 《古》すぐれた, 卓越した (distinguished). **~·ly** *adv.*

ex·ine [éksiːn, -saɪn] 〘⇨ ex-¹, -ine¹〙 *n.* 〘植物〙外膜, 外壁《胞子や花粉の内外 2 層の膜のうち外側の膜; exosporium ともいう; cf. intine》.

ex int. 《略》ex (=without) interest.

ex·ist [ɪgzíst, eg-] 《1602》 ▭ L *ex(s)ist-ere* to stand forth, exist ← EX-¹+*sistere* to set (《加重》← *stāre* 'to STAND'): cf. assist》 — *vi.* **1** 存在する, 現存する, (現実に)ある (be): God ~*s*. 神は実在する / Such things do not ~. そんな物は存在しない / cease to ~ 消滅する. **2** (特殊な条件または場所に)ある, 存在する, 現われる: It ~*s as* ice. それは氷として[の形で]存在する / The notion ~*ed in* the poet's fancy only. その考えは詩人の空想の世界にだけ存在していた / Lime ~*s in* many soils. 石灰は各種の土壌の中にある. **3** 生命をもっている, 生きている (live); (不利の条件の下で)生きながらえる, 生きてゆく: ~ *on* one's pension 恩給で生活してゆく / Animals cannot ~ without oxygen. 動物は酸素なしでは生きてゆけない / How do you ~ *on* this diet? こんな食べ物でよく生きていられるね. **4** 〘哲学〙存在する, 実存する. **5** 〘論理〙〈対象が〉存在する.

ex·is·tence [ɪgzístəns, eg-, -tn̩s] 《c1380》 ▭ (O)F ▭ LL *ex(s)istentia* ← L *ex(s)istentem*: ⇨ ↓, -ence》 — *n.* **1** 存在, 存在の事実[状態], 現存 (being): deny the ~ その存在を否定する / prove the ~ of God 神の存在を証明する / bring [call]...*into* ~ ...を生じる, 生み出す, 〈事を〉成立させる / come *into* ~ 生まれる, 成立する / *in* ~ 現在ある[いる], 現存の (existing, living) / the most miserable being *in* ~ この世における最もみじめな人間 / go *out of* ~ 滅びる, 消滅する / put...*out of* ~ ...を絶滅させる, 殺す / The village was bombed *out of* ~. その村は爆撃で消滅してしまった. **2** 存在を続けて行くこと, (特に, 不利な条件下における)生存, 生活 (life): to the last hour of one's ~ 今際(いまわ)のきわまで, この世にある限り / the struggle for ~ 生存競争 / a peaceful ~ 平穏な生活 / lead a wretched ~ みじめな生活をする / a precarious [hollow] ~ 心もとない[空虚な]生活 / He enjoys the peace of a bachelor ~. 平和な独身生活を楽しんでいる. **3** (すべて)存在するもの, 実在物. **4** (個々の)存在[実在]物, 個体. **5** 〘哲学〙(「非存在」「現象」「虚無」などに対する)存在, 実在; (「本質」に対する)実存, 現存; (実存哲学で, 抽象や理論に対し主体的に生きる現実存在としての)実存. **6** 〘論理〙(話題となる対象の)存在.

ex·is·tent [ɪgzístənt, eg-, -tn̩t] 《1561》 ▭ L *ex(s)istent-em* (pres.p.): ⇨ exist, -ent》 — *adj.* **1** 存在している, 現存の (existing). **2** 現下の, 目下の, 現行の (current): the ~ circumstances 目下の事情. — *n.* 存在物[者], 生存物[者].

ex·is·ten·tial [ègzɪsténʃəl, -zəs-, èksɪs-, -səs- | ègz-ɪs-] 《1693》 ▭ LL *ex(s)istentiāl-is* ← *ex(s)istentia*: ⇨ existence, -al¹》 — *adj.* **1** 存在に関する. **2** 〘論理〙存在的な, 存在の. **3** 《なぞり》← Dan. *eksistentiel* & G *existenzial*》〘哲学〙存在的な, 存在の, 実存の; 実存主義の: ~ philosophy =existentialism. **~·ly** *adv.*

èx·is·tén·tial·ism [-ʃəlɪzm] 《1941》 ▭ G *Existentialism-us*: ⇨ ↑, -ism》 — *n.* **1** 〘哲学〙実存主義《19 世紀の理性主義的観念論・科学主義・実証主義的思潮などに対する反動として起った, 主体的存在としての実存を中心概念とする哲学的立場; Sören Kierkegaard, Karl Jaspers, Martin Heidegger, Jean-Paul Sartre らの哲学がそれで, それぞれが独自の性格をもつ; ↔ essentialism》. **2** 〘文学〙実存主義《Sartre らの一派の作品に見られる実存主義的な文学態度》.

èx·is·tén·tial·ist [-ʃ(ə)lɪst, -ləst | -lɪst] *n.* 実存主義者. — *adj.* **1** 実存的. **2** 実存主義の, 実存主義者の. **ex·is·ten·tial·is·tic** [ègzɪstènʃəlístɪk, -zəs-, èksɪs-, -səs- | ègzɪs-] *adj.* **èx·is·tèn·tial·is·ti·cal·ly** *adv.*

ex·is·ten·tial·ize [ègzɪsténʃəlàɪz, -zəs-, èksɪs-, -səs- | ègzɪs-] *vt.* **1** 〘哲学〙存在させる, 実存(主義)化する. **2** 〘論理〙存在化する.

existéntial óperator *n.* 〘論理〙=existential quantifier.

existéntial proposítion *n.* 〘論理〙存在命題《「...が存在する[ある]」の形式の命題》.

existéntial psychólogy *n.* 〘心理〙実存心理学《実存主義の影響を受け, 人間存在そのものを理解することを強調する立場》.

existéntial quántifier *n.* 〘論理〙存在量化[限量]詞, 存在量化[限量]記号《「しかじかである対象 *x* が存在する」を表わす量化記号 (quantifier) E または ∃; cf. universal quantifier》.

ex·íst·ing *adj.* 現存する, 現に[今]ある (in existence); 現行の, 目下の (current): ~ forms of life 現存の生物 / ~ condition 現状 / under ~ laws 現行法では / under the ~ circumstances 現状では.

ex·it¹ [égzɪt, -zət, éksɪt, -sət | éksɪt, égzɪt] 《1594》 (i) 《特殊用法》← EXIT² // (ii) ▭ L *exit-ium* a going out ← *exitus* (p.p.) ← *exīre* (↓)》 — *n.* **1 a** 出口 (way out): an emergency ~ 非常口 / the only (means of) ~ 唯一の出口. **b** 《米》(高速道路からの)出口. **2** 外出 (egress); 退出, 退去; 外出[出国]の自由: ~ permit 出国許可. **3** 〘演劇〙(役者の)退場 (↔ entrance); 死亡: make one's ~ 退場する; 死ぬ. **4** 〘トランプ〙(ブリッジなどで)逃げ打ち《次に自分の手から打出すと不利になる場合, わざと高位の札を捨てるなどしてリード権が自分の手に入ることを防ぐ戦法; 対 throw-in 戦法》; 逃げ札 (exit card) 《上記の理由でわざと負ける札》. — *vi.* **1** 退出[退去]する (go out); この世を去る (die). **2** 〘トランプ〙逃げ打ちする.

ex·it² [égzɪt, -zət, éksɪt, -sət | éksɪt, égzɪt] 《▭ L ~ 'he or she goes out' ← *exīre* to go out ← EX-¹+*īre* to go》 — *vi.* 〘演劇〙〈1 人が〉退場する《脚本のト書き; cf. exeunt, manet; ↔ enter》: *Exit* Macbeth. マクベス退場.

ex·ite [éksaɪt] 《← *ex-* 'EXO-'+-ITE¹》 *n.* 〘動物〙外葉, 外突起《節足動物の二枝型付属肢の各肢節から外方に出る突起; cf. endite》.

éxit pàllet *n.* 〘時計〙出つめ石《アンクルにある二つのつめ石のうちがんぎ車の進みに対して後方にあるつめ石》.

éxit pùpil *n.* 〘光学〙射出ひとみ《開口絞りから後方にある光学系によって作られる絞りの像; cf. entrance pupil》.

éxit stòne *n.* 〘時計〙=exit pallet.

ex ju·re [eks-dʒú(ə)ri | -dʒúəri] 《▭ L *ex jūre* 'of or by legal right'》 *L. adj., adv.* 正当な権利による[よって].

ex le·ge [eks-léɪgeɪ] 《▭ LL *ex lēge* from law》 *L. adv.* 法律によって.

ex. lib. 《略》ex libris.

ex li·bris [eks-líːbrɪs, -brəs, -riːs | -láɪbrɪs, -líb-] 《▭ L *ex libris* 'from the books or library (of so-and-so)': ⇨ library》 — *L. prep.* (...の)蔵書より: ~ William Morris ウィリアムモリス蔵書より. — *n.* (*pl.* ~) エクスリブリス, 蔵書票 (⇨ bookplate 1).

ex-li·brist [eks-líːbrɪst, -brəst | -láɪbrɪst, -líb-] 《⇨ ↑, -ist》 *n.* 蔵書票収集家.

Ex·moor [éksmʊə | -mʊə(r)] 《ME *Exemora*: ⇨ Exeter, moor¹》 — *n.* **1** イングランド Somerset 州北部と Devon 州北部にわたる高原地方; 国立公園; Blackmore の小説 *Lorna Doone* の舞台. **2 a** =Exmoor horn. **b** =Exmoor pony.

Éxmoor hórn *n.* エクスムア種の羊《羊肉用》.

Éxmoor Nátional Párk *n.* エクスムア国立公園《英国 Exmoor 地方の荒野の台地, 特に海岸美で有名, 1954 年指定; 面積 690 km²》.

Éxmoor póny *n.* エクスムア種の小馬.

ex ni·hi·lo [eks-ní:(h)ɪlòʊ, -(h)ə- | -(h)ɪləʊ] 《▭ L *ex nihilō* from nothing》 *L. adv., adj.* 無から(の): a creation ~ 無からの創造.

ex·o- [éksoʊ, -sə | -sə(ʊ)] 《← Gk *éxō* outside: cf. ex-¹》 「外, 外部」などの意の連結形 (↔ endo-): *exo*centric, *exo*enzyme. ★ 母音または h の前では通例 ex- になる.

èxo·adaptátion 〘⇨ ↑, adaptation〙 *n.* 〘生物〙外適応《外界の環境への適応; cf. endoadaptation》.

èxo·átmosphere 《← EXO-+ATMOSPHERE》 *n.* 外大気圏《地球大気圏の最も外側の部分》. **èxo·atmosphéric** *adj.*

Ex·o·ba·sid·i·a·ce·ae [èksoʊbəsɪdiéɪsiìː | èksə(ʊ)bəsɪdɪ-] 《← NL ~ ← *Exobasidium* (属名: ⇨ exo-, basidium)+-ACEAE》 *n. pl.* 〘植物〙モチビョウキン科.

èxo·biólogy 〘⇨ exo-, biology〙 *n.* 〘生物〙地球外生物学. **èxo·biológical** *adj.* **èxo·biólogist** *n.*

ex·o·carp [éksoʊkàəp | -sə(ʊ)kàːp] 〘⇨ exo-, -carp〙 *n.* 〘植物〙=epicarp.

ex·o·cen·tric [èksoʊséntrɪk | -sə(ʊ)-] 《← EXO-+-CENTRIC》 — *adj.* 〘言語〙外心的な (↔endocentric): ~ construction 外心的構造《in the ground, with him, Jack plays などのように句や文がその構成要素中の中心語と同一の機能を果たさないもの》.

ex·o·coe·tid [èksoʊsíːtɪd, -təd | -sə(ʊ)síːtɪd] 〘↓〙 *adj., n.* 〘魚類〙トビウオ科の(魚).

Ex·o·coe·ti·dae [èksoʊsíːtədiː | -sə(ʊ)síːtɪ-] 《← NL ← *Exocoetus* (属名: ← L *exocoetus* fish that sleeps on the shore ▭ Gk *exṓkoitos* ← EXO-+*koitos* resting place)+-IDAE》 — *n. pl.* 〘魚類〙トビウオ科.

ex·o·crine [éksəkrɪn, -krən, -krìn, -kràɪn, -krìːn | -krɪn, -kraɪn, -kriːn] 《← EXO-+*-crine* (← Gk *krínein* to separate): cf. endocrine》〘生理・生物〙 — *adj.* 外分泌(性)の (↔ endocrine). — *n.* 外分泌.

éxocrine glànd *n.* 〘生理〙(唾液腺・汗腺などのような)外分泌腺 (↔ endocrine gland).

ex·o·cri·nol·o·gy [èksəkrənɑ́lədʒi, -kraɪ-, -kriː- | -krɪnɔ́lədʒɪ, -kraɪ-, -kriː-] 《← EXOCRINE+-LOGY》 *n.* 〘生理〙外分泌学 (↔ endocrinology).

èxo·cúticle *n.* 〘昆虫〙外クチクラ《三層よりなるクチクラ (cuticle) の中間層部》.

èxo·cýclic *adj.* 〘化学〙(化学構造の, 例えばベンゼン)環の外にある.

Ex·o·cy·cloi·de·a [èksoʊsaɪklɔ́ɪdiə | -sə(ʊ)saɪklɔ́ɪdɪə] 《← NL ~: ⇨ exo-, cyclo-, -idea》 *n. pl.* 〘動物〙(棘皮動物門)偏形綱.

èxo·cytósis 《← EXO-+CYTO-+-SIS》 *n.* 〘生物〙エキソサイトーシス《細胞内に小胞を作って細胞外へ物質を放出・分泌する作用; ↔ endocytosis》.

Exod. 《略》Exodus (旧約聖書の)出エジプト記.

éxo·dèrm *n.* **1** 〘植物〙=exodermis. **2** 〘生物〙=ectoderm.

èxo·dérmis 《← NL ~: ⇨ exo-, -dermis》 *n.* 〘植物〙(根の)外皮層.

exodoi *n.* exodos の複数形.

ex·o·don·tia [èksədɑ́nʃə, -ʃiə | -sə(ʊ)dɔ́nʃɪə, -ʃə] 《← NL ~: ⇨ ex-¹, -odont, -ia¹》 *n.* 〘歯科〙抜歯(術).

ex·o·don·tics [èksədɑ́nṭɪks | -dɔ́nt-] 〘⇨ ↑, -ics〙 *n.* 〘歯科〙=exodontia.

ex·o·don·tist [èksədɑ́nṭɪst, -ṭəst | -dɔ́ntɪst] *n.* 抜歯専門医.

ex·o·dos [éksədɑ̀s | -dɔ̀s] 《▭ Gk *éxodos* (↓)》 *n.* (*pl.* **ex·o·doi** [-dɔ̀ɪ]) (古代ギリシャ劇のコーラスの最後の歌に続く)最後の場面.

ex·o·dus [éksədəs, égzə- | éksə-] 《OE ~ ▭ L ▭ Gk *éxodos* a going out ← *ex-* 'EXO-'+*hodós* way, journey》 — *n.* **1** [the E-] (Moses に率いられたイスラエル人の)エジプト出国[退去]. **2** [E-] (旧約聖書の)出エジプト記《モーセ五書 (Pentateuch) の第二書; 略 Exod.》. **3** (避暑客など)大勢出て行くこと, 大勢の外出 (flocking out); (移民団などの)出国, 出発, 移住: an ~ of technicians from Portugal to Brazil ポルトガルからブラジルへの技術者の移住 / An ~ takes place from London in summer. 夏期にはロンドンから大勢の人々が(海岸などへ)出て行く.

èxo·énzyme 《← EXO-+ENZYME》 *n.* 〘生化学〙外酵素《細胞外に分泌されて作用する酵素; ↔ endoenzyme》.

ex·o·er·gic [èksouə́ːdʒɪk | -səʊə́ː-] 《← EXO-+ERGO-¹+-IC¹》 *adj.* 〘物理化学〙〈核反応が〉エネルギーを放出する; 発熱の, 発エネルギーの (↔ endoergic).

ex off. 《略》ex officio.

ex of·fi·ci·o [èks-əfíʃiòʊ, -ʃoʊ | -əfíʃɪəʊ, -əf-, -físɪəʊ, -sjəʊ] 《▭ L *ex officiō* 'from office'》 — *L. adv.* 職権上(の資格で): be present at a committee ~ 職権上の資格で委員会に出席する. — *adj.* 職権上の, 職務上の: an ~ member 職務上当然構成員となっている者.

ex·o·gam·ic [èksəgǽmɪk | -sə(ʊ)-] *adj.* 〘社会学・生物〙=exogamous.

ex·og·a·mous [eksɑ́gəməs | -sɔ́g-] 〘⇨ ↓, -ous〙 *adj.* **1** 〘社会学〙異族[族外]結婚の (↔ endogamous). **2** 〘生物〙異系交配の.

ex·og·a·my [eksɑ́gəmi | -sɔ́gəmɪ] 《1865》← EXO-+-GAMY》 *n.* **1** 〘社会学〙異族[族外]結婚 (↔ endogamy). **2** 〘生物〙異系交配 (cf. inbreeding 1).

ex·o·gas·tru·la [èkso(ʊ)gǽstrələ | -sə(ʊ)-] 《← EXO-+GASTRULA》 *n.* (*pl.* ~s, **-tru·lae** [-liː]) 〘動物〙外腸胚.

ex·o·gen [éksədʒən, -dʒɪn, -dʒèn | -dʒɪn, -dʒən] 《1838》 ↓》 *n.* 〘植物〙外生植物《双子葉植物の旧名; ↔ endogen》.

ex·o·gene [éksədʒìːn] 《▭ F *exogène*: ⇨ exo-, -gene》 *adj.* =exogenous.

ex·og·e·nous [eksɑ́dʒənəs | -sɔ́dʒɪ-] 〘⇨ ↑, -ous〙 — *adj.* **1** 〘地質〙外因性の (↔ endogenic): ~ process 外因的作用[営力]. **2** 〘生理・生化学〙(細胞や組織の)体外に由来する, 外因的な, 外因栄養の. **3** 〘病理〙〈病気が〉外因性の. **4** 〘植物〙〈芽胞など〉外部成長[発生]的な, 外生の, 外生植物に属する. **5** 〘経済〙外生的な: an ~ variable 外生変数. (2-5 では ↔ endogenous) **~·ly** *adv.*

èxo·hórmone 《← EXO-+HORMONE》 *n.* 〘生化学〙外ホルモン《体外に分泌して他の個体にホルモン様活性をするもの; cf. pheromone》.

ex·on [éksɑn | -sɔn] 《1767》《変形》← F *exempt* 'EXEMPT (n. 2)': F [ɛgzɑ̃] の表音式つづり》 — *n.* (英国王室の 4 人の)親衛兵長, 近衛伍長《上官不在の時は交代で指揮をとる; exempt ともいう》.

Exon. 《略》*ML.* Exonia (=Exeter); *ML.* Exoniēnsis (=of Exeter) 《Bishop of Exeter が署名に用いる; ⇨ Cantuar. 2》.

èxo·nárthex 《← EXO-+NARTHEX》 *n.* (教会の玄関廊が二重に設けられた場合の)前堂 (cf. esonarthex).

ex·on·er·ate [ɪgzɑ́nərèɪt, eg- | -zɔ́n-] 《1448》← L *exonerāt-us* disburdened (p.p.) ← *exonerāre* to free from a burden ← EX-¹+*onerāre* to load (← *oner-*, *onus* load, burden)》 — *vt.* **1** 〈人を〉〔非難・罪などから〕解放する[免れさせる]〔*from, of*〕: ~ a person *from* blame 人の非難を免れさせる / He was ~*d* completely *from* suspicion. 彼の容疑は完全に晴れた. **2** 〔義務・責任・支払いなどから〕免除する, 解除する (relieve, exempt)〔*from*〕: There is no reason for *exonerating* him *from* the performance of such duties. 彼からそのような仕事の執行を免除する理由は少しもない. **ex·ón·er·à·tor** [-ṭə | -tə(r)] *n.*

ex·on·er·a·tion [ɪgzɑ̀nəréɪʃən, eg- | -zɔ̀n-] 《▭ LL

exonerātiō(n-): ⇨↑, -ation》 *n.* **1** 無実の罪を晴らすこと, 免罪. **2** 免責; 義務の免除, 責任の解除.

ex·on·er·a·tive [ɪgzάnərèɪtɪv, eg-, -rət- | -zɔ́nərət-, -rèɪt-] *adj.* 免罪的な, 免責的な, 義務免除の.

èxo·núclease 《← EXO- + *nuclease* (← NUCLEO- + -ASE)》 ── *n.* 《生化学》外ヌクレアーゼ《デオキシリボ核酸 (deoxyribonucleic acid) 連鎖の末端から破壊する酵素; ↔ endonuclease》.

ex·o·nu·mi·a [èksən(j)úːmiə | -sə(ʊ)njúːmɪə, -mjə] 《← EXO- + *numia* (← NUMISMATICS)》 *n. pl.* (貨幣・紙幣以外のメダル・レッテル・クーポンなどの)収集品.

èx·o·nú·mist [-mɪst, -məst | -mɪst] *n.* (貨幣・紙幣以外の)メダル類専門家.

èxo·péptidase 《← EXO- + PEPTIDASE》 *n.* 《生化学》エキソペプチダーゼ《蛋白質分解酵素の一つ; 末端のアミノ酸を分離する; ↔ endopeptidase》.

èxo·perídium 《← NL ～: ⇨ exo-, peridium》 *n.* 《植物》外子殻 (cf. peridium).

ex·oph·a·gy [eksάfədʒi | -sɔ́fədʒɪ] 《← EXO- + -PHAGY》 *n.* 異部族食人(の風習). **ex·óph·a·gous** [-gəs] *adj.*

ex·o·pha·sia [èkso(ʊ)féɪʒə, -ʒiə | -sə(ʊ)féɪzjə, -zɪə, -ʒɪə, -ʒə] 《← NL ～: ⇨ exo-, -phasia》 ── *n.* 外的言語, 外言《実際に発声器官を使って行なった発話; ↔ endophasia》. **ex·o·phas·ic** [èkso(ʊ)féɪzɪk | -sə(ʊ)-] *adj.*

èxo·phória 《← NL ～: ⇨ exo-, -phore, -ia[1]》 *n.* 《眼科》(眼球)外斜位 (cf. heterophoria).

ex·oph·thal·mi·a [èksɑfθǽlmiə | -sɔfθǽlmɪə] 《← NL ～: ⇨ exophthalmos, -ia[1]》 *n.* 《病理》= exophthalmos.

ex·oph·thal·mic [èksɑfθǽlmɪk | -sɔf-] 《⇨ exophthalmos, -ic[1]》 *adj.* 《病理》眼球突出性の.

exophthálmic góiter *n.* 《病理》眼球突出性甲状腺腫(しゅ)《バセドウ病 (Basedow's disease) のこと; 英米では Graves' disease とよぶことが多い》.

ex·oph·thal·mos [èksɑfθǽlməs, -mɑs | -sɔfθǽlməs, -mɔs] 《← NL ～ ← Gk *exóphthalmos* (adj.) with prominent eyes ← *ex-* 'EXO-' + *ophthalmós* eye: ⇨ opthalmo-》 ── *n.* (*also* **ex·oph·thal·mus** [-məs]) 《病理》眼球突出.

ex·o·phyt·ic [èkso(ʊ)fáɪtɪk | -sə(ʊ)fáɪt-] 《← EXO- + (ENDO)PHYTIC》 ── *adj.* **1** 《植物》〈植物が〉外部寄生の, 外生の. **2** 《病理》〈腫瘍などが〉外方に増殖する (↔ endophytic).

ex·o·plasm [ékso(ʊ)plæ̀zm | -sə(ʊ)-] 《← EXO- + -PLASM》 *n.* 《生物》= ectoplasm 1.

ex·op·o·dite [eksάpədàɪt | -sɔ́p-] 《← EXO-, -POD[1], -ITE[1]》 *n.* 《動物》(甲殻類の)外肢, 外枝 (↔ endopodite). **ex·op·o·dit·ic** [eksɑ̀pədítɪk | -sɔ̀pədít-] *adj.*

Ex·op·ter·y·go·ta [èksɑptèrəgóʊtə | -sɔptèrɪgóʊtə] 《← NL ～ ← EXO- + Gk *pterugōtá* (neut. pl.) winged insects: ⇨ pterygoid》 ── *n. pl.* 《昆虫》外翅類《バッタ・ゴキブリ・セミなど外皮が硬く, 不完全変態をし蛹の期間のないグループ; cf. Holometabola》.

exor. 《略》executor.

ex·o·ra·ble [éksərəbl] 《⇨ L *exōrābil-is* ← *exōrāre* to pray ← EX-[1] + *ōrāre* to plead: ⇨ -able》 ── *adj.* 嘆願に心を動かされる, 拝み倒しのきく (↔ inexorable). **èx·o·ra·bíl·i·ty** [-rəbílәṭi | -lɪtɪ, -lɪ-] *n.*

ex·or·bi·tance [ɪgzɔ́əbəṭəns, eg-, -tns | -zɔ́ːbɪt-] 《(1449) ⇨ (O)F ～: ⇨ exorbitant, -ance》 ── *n.* **1** (要求・値段などの)法外, 過大, 過度 (excessiveness). **2** 《古》常軌を逸した[無法な]行為.

ex·ór·bi·tan·cy [-ṭənsi, -tn- | -tənsɪ, -tn-] *n.* 《古》= exorbitance.

ex·or·bi·tant [ɪgzɔ́əbəṭənt, eg-, -tnt | -zɔ́ːbɪt-] 《(1437) ⇨ (O)F ～ ⇨ LL *exorbitantem* (pres.p.) ← *exorbitāre* to go out of the track ← EX-[1] + L *orbita* wheel track: ⇨ orbit》 ── *adj.* **1** 〈欲望・要求・値段・人など〉法外な, 途方もない: an ～ price 途方もない値段 / He was ～ *in* his demands. 彼の要求は法外なものだった. **2** 《古》常軌を逸した. **～·ly** *adv.*

ex·or·cise [éksɔəsàɪz, -sə-, égzɔə-, -zə- | éksɔː-, -sə-, égzɔː-, -zə-] 《(?a1400) ⇨ (O)F *exorcis-er* ⇨ LL *exorcizāre* ⇨ Gk *exorkízein* to banish (an evil spirit) with an oath ← EXO- + *horkízein* to cause to swear (← *hórkos* oath)》 ── *vt.* **1** (呪文や神の名を唱えて)〈人・場所から〉〈悪霊などを〉追い払う (expel) 〔*from, out of*〕; 〈人・場所〉から〔悪霊などを〕厄払いする, 払い清める (clear) 〔*of*〕: ～ evil spirits *from* [*out of*] a person [place] = ～ a person [place] *of* evil spirits 人[場所]から悪霊を払う. **2** 〈心など〉から〔悪い考え・悩みなどを〕取り除く〔*of*〕: This joy ～*d* his heart *of* his past miseries. この喜びのため彼の心から過去の不幸が取り除かれた. **3** 《まれ》〈霊などを〉呼び出す (conjure up). **～·ment** *n.* **éx·or·cis·er** *n.*

ex·or·cism [éksɔəsìzm, -sə-, égzɔə-, -zə- | éksɔː-, -sə-, égzɔː-, -zə-] 《(1395) ⇨ (O)F *exorcisme* // LL *exorcismus* ⇨ Gk *exorkismós* ← *exorkízein*: ⇨ ↑, -ism》 ── *n.* **1** 悪魔払い, 魔よけ, 厄払い. **2** 《キリスト教》悪魔払い(式), 祓魔(ふつま)(式); 魔よけの呪文《悪魔[悪鬼]につかれている者から祈りや呪文でその悪霊を追い出すこと, またはその儀式》.

éx·or·cist [-sɪst, -səst | -sɪst] 《(c1384) ⇨ LL *exorcista* ⇨ Gk *exorkistḗs* ← *exorkízein*: ⇨ exorcise, -ist》 ── *n.* **1** 悪魔払いの祈祷師. **2** 《カトリック》祓魔(ふつま)師《下級聖職階で, acolyte に次ぐ職階(の一人); cf. minor order》.

ex·or·cis·tic [èksɔəsístɪk, -sə-, ègzɔə-, -zə- | èksɔː-, -sə-, ègzɔː-, -zə-] *adj.* = exorcistical.

èx·or·cís·ti·cal [-tɪkəl, -tə- | -tɪ-] *adj.* 悪魔払いの[に関する].

ex·or·cize [éksɔəsàɪz, -sə-, égzɔə-, -zə- | éksɔː-, -sə-, égzɔː-, -zə-] *vt.* = exorcise.

exordia *n.* exordium の複数形.

ex·or·di·al [egzɔ́ədiəl, eksɔ́ə- | eksɔ́ːdjəl, egzɔ́ː-, -dɪəl] 《⇨↓, -al[1]》 *adj.* 序説の, 緒論の.

ex·or·di·um [egzɔ́ədiəm, eksɔ́ə- | eksɔ́ːdjəm, egzɔ́ː-, -dɪəm] 《(1581) ⇨ L *exōrd-ium* beginning (of a web or of a speech) ← *exōrdīrī* to begin a web, begin a speech ← EX-[1] + *ōrdīrī* to lay a warp》 ── *n.* (*pl.* **～s, -di·a** [-diə | -djə, -dɪə]) 初め, 冒頭 (beginning); 《特に, 論文・講演・説教などの》前置き, 序論 (introductory part).

ex·o·rha·son [eksɔ́ːrɑːsɑ̀(ː)n | -sɔ̀n] *n.* 《東方正教会》= rhason.

exors. 《略》executors.

èxo·skéleton 《← EXO- + SKELETON》 ── *n.* 《動物》外骨格《動物体の表面にあって体を支持する骨格; 甲殻類の殻, ワニ・カメなどの甲, 魚の骨性のうろこなど; cf. endoskeleton》. **èxo·skéletal** *adj.*

ex·os·mose [éksɑzmòʊs, -sɑs- | -sɔzmə̀ʊs] 《⇨ F ～: ↓》 *n.* 《物理化学》= exosmosis.

ex·os·mo·sis [èksɑzmóʊsɪs, -sɑs-, -səs | -sɔzmə́ʊsɪs] 《← EXO- + OSMOSIS》 ── *n.* 《物理化学》**1** 浸出《薄膜の外へ流出する浸透作用; cf. osmosis 1》. **2** 緩性浸透 (↔ endosmosis). **ex·os·mot·ic** [èksɑzmάṭɪk, -sɑs- | -sɔzmɔ́t-] *adj.* **ex·os·mic** [eksάzmɪk | -sɔ́z-] *adj.*

ex·o·sphere [ékso(ʊ)sfɪə | -sə(ʊ)sfɪə(r)] 《← EXO- + -SPHERE》 ── *n.* [the ～] 《気象》外気圏, 逸出圏《高度 500–1,000 km ではじまり, 1,500°K–2,000°K の高温と考えられている大気圏の外縁部分》. **ex·o·spher·ic** [èkso(ʊ)sférɪk, -sfɪ́(ə)r- | -sə(ʊ)sfér-] *adj.*

éxo·spòre 《← EXO- + -SPORE》 *n.* **1** 《植物》= epispore 1 a. **2** 《細菌》外生胞子. (↔ endospore) **èxo·spóral** *adj.* **èxo·spórous** *adj.*

ex·o·spo·ri·um [èksəspɔ́ːriəm, -spɔ́ːr- | -sə(ʊ)spɔ́ːrɪ-] 《← NL ～: ⇨ exo-, sporo-, -ium》 *n.* (*pl.* **-ri·a** [-riə | -rɪə]) 《植物》= exine.

ex·os·to·sis [èksɑstóʊsɪs, -səs | -sɔstə́ʊsɪs] 《(1736) ← NL ～ Gk *exóstōsis* outgrowth of bone: ⇨ exo-, -ostosis》 ── *n.* (*pl.* **-to·ses** [-siːz]) 《病理》外骨症, 外骨腫(しゅ)症. **ex·os·tot·ic** [èksɑstάṭɪk | -sɔstɔ́t-] *adj.*

ex·o·ter·ic [èksətérɪk | -sə(ʊ)-] 《(1655–60) ⇨ L *exōtericus* ⇨ Gk *exōterikós* 《原義》external ← *exōtérō* (compar.) ← *éxō* outside: ⇨ exo-, -ic[1]》 ── *adj.* **1** 〈教義・話し方など〉部外者にもわかりやすい, 公教的な (↔ esoteric). **2** 〈弟子が〉奥義を伝えられていない. **3** 通俗の, 単純な, 平凡な. **4** 外部の. ── *n.* **1** 部外者, 門外漢 (layman). **2** [*pl.*] 公衆向きの教義[説話].

èxo·tér·i·cal·ly *adv.*

èxo·thérmal *adj.* 《物理化学》= exothermic. **～ly** *adv.*

èxo·thérmic 《← EXO- + THERMIC》 *adj.* 《物理化学》発熱の, 発熱を伴う (exoergic) (↔ endothermic): an ～ reaction 発熱反応. **èxo·thérmically** *adv.*

ex·ot·ic [ɪgzάṭɪk, eg- | ɪgzɔ́t-, eksɔ́t-, egzɔ́t-] 《(1599) ⇨ L *exōtic-us* ⇨ Gk *exōtikós* alien, foreign: ⇨ exo-, -ic[1]》 ── *adj.* **1** 〈動植物・単語・流行など〉外国産の, 外国種の, 外来の (foreign) (cf. native; ↔ indigenous, endemic): ～ fruits [flowers, plants] 外来果実[草花, 植物] / ～ words 外来語. **2** 異国物らしい(趣のある), 異国情調の, 異国風の, エキゾチックな. **3** 特に珍しい, 風変わりな; 色やデザインの珍しい. **4** ストリップショー (striptease) の: an ～ club [dancing]. **5** 〈燃料・金属など〉新種の, 新型の: ～ fuels 新型燃料. **6** 《物理》エキゾティックな《普通でない素粒子, 特にハドロンについていう》; 〈状態が〉普通でない. ── *n.* **1** 外来物, 外来種《渡来植物・外来語など》; 外来趣味. **2** = exotic dancer. **～·ness** *n.*

ex·ot·i·ca [ɪgzάṭɪkə, eg-, -ṭə- | ɪgzɔ́tɪ-, eksɔ́t-, egzɔ́t-] 《⇨ L *exōtica* (neut. pl.): ⇨ ↑, -a[2]》 *n. pl.* 珍奇な品, 珍品[器]《美術品など》; 異国風の文物. 「国風に.

ex·ót·i·cal·ly 《⇨ exotic, -al[1], -ly[1]》 *adv.* 外来的に; 異

exótic dáncer *n.* ストリッパー (stripteaser).

ex·ót·i·cism [-ṭəsɪzm | -tɪ-] *n.* **1** (芸術上の)異国趣味, 異国情緒. **2** 外来のもの; 外来語, 外来語法[表現].

èxo·tóxin 《← EXO- + TOXIN》 *n.* 《生化学》(菌体)外毒素《菌体が寄生組織または食物の中に分泌する毒素; ↔ endotoxin》. **èxo·tóxic** *adj.*

ex·o·tro·pi·a [èkso(ʊ)tróʊpiə | -sə(ʊ)trə́ʊpjə, -pɪə] 《← NL ～: ⇨ exo-, -trope, -ia[1]》 *n.* 《眼科》外斜視 (walleye).

exp. 《略》expand: expansion; expedition; expense; experience; experiment; experimental; expiration; expired; exponential; export; exportation; exported; exporter; express; expression.

ex·pand [ɪkspǽnd, eks-] 《(1422) ⇨ L *expand-ere* to spread out ← EX-[1] + *pandere* to spread: cf. pace[1]》 ── *vt.* **1** 広げる, 伸べ広げる, 広げて伸ばす; (…の範囲・大きさなどを)拡張する: ～ the wings [sails, leaves] 翼[帆, 葉]を広げる / ～ business 事業を拡張する / ～ one's vocabulary 自分の語彙をふやす / ～ productivity 生産力を拡充する. **2** (…の容積などを)膨張させる: Metals are ～*ed* by heat. 金属は熱で膨張する / You can ～ the chest with this device. この用具を使えば胸を発達させることができる. **3** 〔…に〕拡大する, 〈議論などを〉発展させる〔*into*〕; 敷延する: ～ a phrase *into* a clause 句を拡大して節とする. **4** 〈心を〉広くする: ～ a child's mind by education 教育によって子供の心を広くする. **5** 《数学》展開する. ── *vi.* **1** ふくらむ, 膨張する (↔ contract): Water ～*s with* [by] heat. 水は熱によって膨張する. **2** 〔…に〕拡大する, 発展する〔*into, to*〕: Our trade with China is steadily ～*ing.* 中国との貿易は着実に拡大している / The building can ～ only *to* the north. その建物は北の方へしか拡張できない. **3** 展開する, 伸び開く, 広がる; 伸び広がる: The buds have not yet ～*ed.* つぼみはまだふくらんでいない. **4** 〔…について〕詳しく述べる, 詳細にわたる〔*on, upon*〕: He did not ～ greatly *on* his statement. 自分の所信をあまり詳しく述べなかった. **5** 〈心が〉ふくらむ, 開ける, 伸びる: Her heart ～*ed* in joy. 喜びで心がふくらんだ. **6** 〈人が〉打ち解ける, 口がほぐれる, 愛想よくなる: He would ～ over a glass of wine. よく彼はワインを飲みながら打ち解けてきたものだった. **～·a·ble** [-dəbl] *adj.* **～·i·ble** [-dəbl] -də-, -dɪ-] *adj.*

ex·pánd·ed *adj.* **1** 拡大された, 膨張した, 伸張した. **2** 広がった, 開いた. **3** 《活字》エキスパンドの《字幅の幾分広い; cf. condensed 3, extended》: ～ letters エキスパンド. **～·ness** *n.*

expánded métal *n.* 《建築》エキスパンデッドメタル《一定の間隔に刻み目を入れて引っ張り広げて網状にした金属板で, 壁下地用》.

expánded plástic *n.* 《化学》海綿状プラスチック《発泡スチロールなど》.

expánded ténse *n.* 《文法》拡充時制《Jespersen の用語で, 進行形のこと》.

ex·pánd·er *n.* **1** 広げる人[物]. **2** 《機械》エキスパンダー《配管の際管の末端と内側から押し広げ密着させる工具》. **3** 《電子工学》伸長器. **4** 《医学》増量剤 (extender). **5** エキスパンダー《筋肉をきたえる器具》.

ex·pánd·ing *adj.* **1** 伸び広がっていく: an ～ blossom. **2** 膨張[拡大]していく: an ～ business.

expánding úniverse *n.* [the ～] 《天文》膨張宇宙《すべての銀河系が我が銀河系から遠ざかりつつあるという観測事実から, 宇宙が膨張しているという説に基づく宇宙》.

ex·panse [ɪkspǽns, eks-] 《(1667) ⇨ L *expans-um* (neut. p.p.) ← *expandere* 'to EXPAND'》 ── *n.* **1 a** 広げられたもの; (広い)広がり: a broad ～ *of* brow 広い[はげ上がった]ひたい / an ～ *of* water [lake] 広々とした一面の水[湖] / the boundless ～ *of* the Pacific 広々と限りなく広がる太平洋. **b** [the ～] 天空 (the firmament). **2** 膨張, 拡張 (expansion, extension).

ex·pan·si·bil·i·ty [ɪkspæ̀nsəbíləṭi, eks- | -səbílətɪ, -sɪ-, -lɪ-] *n.* **1** 伸張力[性], 拡充性. **2** 膨張力, 膨張性. **3** (国勢などの)発展性[力].

ex·pan·si·ble [ɪkspǽnsəbl, eks- | -sə-, -sɪ-] 《← L *expansum* 'EXPANSE' + -IBLE》 ── *adj.* **1** 伸張[展開]できる; 伸び広がる, 伸張性の. **2** 膨張できる, 膨張しやすい. **3** 発展性のある.

ex·pan·sile [ɪkspǽnsɪl, eks-, -səl, -saɪl | -saɪl] 《⇨ ↑, -ile[1]》 *adj.* **1** 伸び広がる, 膨張できる (expansible). **2** 膨張性の, 膨張しようとする: ～ force 膨張力.

ex·pan·sion [ɪkspǽnʃən, eks-] 《(1611) ⇨ LL *expansiō(n-)*: ⇨ expanse, -sion》 ── *n.* **1** 膨張 (dilatation); 膨張量[度]: the coefficient of ～ 膨張率 / a cubical [linear] ～ 体[線]膨張 / the ～ *of* gas 気体の膨張. **2** 伸張, 展開: the easy ～ *of* the wings of a bird 鳥が翼をゆったりと広げること. **3** 発展, 増大, 拡大 (development), 拡張 (extension); 領土拡張; 《商業》取引の拡張: the ～ *of* armaments 軍備拡張 / the ～ *of* the currency 《財政》通貨の膨張[増発] / the ～ *of* feelings 感情の膨張 / a policy *of* ～ (領土)拡張政策 / territorial ～ 領土拡張 / the ～ *of* trade [business] 貿易[業務]の拡張. **4** 誇張[誇大]性《自己に関する著しい冗舌を特徴とする性質》. **5** 広がったもの[部分, 面], 広がり (expanse): the starr'd ～ *of* the skies 星をちりばめた空の広がり. **6** 《数学》展開, 展開式. **7** 《機械》(気筒内気体の)膨張. **8** 《病理》(腫瘍(しゅよう)などの)膨張性の発育[増殖]. **ex·pán·sion·al** [-ʃnəl, -ʃənl] *adj.*

ex·pán·sion·àr·y [-ʃənèri | -ʃ(ə)nəri] *adj.* 拡張[発展, 膨張]性の: an ～ diplomatic policy 拡張的外交政策 / an ～ economy 膨張経済.

expánsion àttic *n.* 拡張用屋根裏《完成した家の中で, 未完成で残される屋根裏部屋; 後に居室に変更可能》.

expánsion bìt *n.* 《木工》= expansive bit.

expánsion bòlt *n.* 《機械》開きボルト.

ex·pán·sion·ìsm [-ʃənìzm] *n.* (領土などの)拡張発展政策[主義]; (通貨の)膨張政策.

ex·pán·sion·ist [-ʃ(ə)nɪst, -nəst | -nɪst] *n.* 拡張論者, 膨張論者; 領土拡張論者. ── *adj.* 領土拡張を行なう[主張する], 拡張策の.

ex·pan·sion·is·tic [ɪkspæ̀nʃənístɪk, eks-] *adj.* = expansionist.

expánsion jòint *n.* 《機械・土木》伸縮継手, 膨張継手, 伸縮目地《伸縮自在の継手》.

expánsion trùnk *n.* 《造船》膨張トランク, 膨張囲壁《タンカーのメーンタンクの中央上部に狭く垂直になっている囲い部分で, 温度変化による積荷液体の膨張収縮の逃げ場》.

expánsion vàlve *n.* (機関の)膨張弁, 締切り弁.

expánsion wàve *n.* 《航空》膨張波《超音速の流れが角などを曲って加速する場合, 空気が下流に向かって膨脹し空気中を伝播する膨張の波》.

ex·pan·sive [ɪkspǽnsɪv, eks-] 《← L *expansum* 'EXPANSE' + -IVE》 ── *adj.* **1** 膨張の, 膨張力のある, 膨張しようとする, 膨張性の: ～ force 膨張力 / an ～

engine 膨張式機関. **2** 発展的な；拡張的な；展開的な, 展開性のある：Those towns are very ～. それらの町は大いに発展性がある. **3** 広々とした, 広大な (broad, extensive)：an ～ brow 広いひたい. **4** 心の広い, 包容力のある；〈人・感情・話し方が〉のびやかな, 打ち解けた, 屈託のない, 開放的な：an ～ personality 開放的な性格 / He grew ～ over a glass of sherry. シェリーを飲みながら打ち解けてきた. **5** 〘精神医学〙誇大妄想的な：～ delusion 誇大妄想. **～·ness** *n.*

expánsive bít *n.* 〘木工〙調節ドリル, 可変ドリル《種々の大きさの穴をあけることができる》.

expánsive classificátion *n.* 〘図書館〙展開分類法《7 表からなる図書資料の分類法；Cutter classification ともいう；cf. decimal classification》.

ex·pán·sive·ly *adv.* 膨張的に；発展的に；広やかに.

ex·pan·siv·i·ty [ɪkspænsívəṭi, ɪks-, èkspæn- | -vəti, -vɪ-] *n.* **1** 膨張[伸張]性, 発展性. **2** 〘物理〙膨張係数.

ex par·te [èks-pɑ́ːəṭi | -pɑ́ːti] 〘⊏ML ～ 'from one side (only)'：⇨ ex¹, part〙 ── *L. adj., adv.* **1** 〘法律〙〈証拠・証言など〉(当事者の)片方だけの[に], 一方だけに関した[て]：an ～ testimony (当事者の)一方だけの証言. **2** 〈陳述など〉一方のみの[で]：an ～ statement 一方的陳述.

ex·pa·ti·ate [ekspéɪʃièɪt, ɪks- | -ʃɪ-] 〘《1538》← L *ex(s)patiāt-us* (p.p.) ← *ex(s)patiārī* to extend, digress ← EX-¹+*spatiārī* to walk about (← *spatium* 'SPACE')：⇨ -ate³〙 ── *vi.* **1** 〔…について〕詳細に説く[書く], 長長と述べる (enlarge) 〔*on, upon*〕：～ *upon* the value of language study 語学研究の価値を長々と述べる / The topic has been frequently ～*d upon*. その題目は何度も詳細に論じられてきた. **2** 《比喩》自由に[気の向くままに]動き回る[さまよう]. **ex·pá·ti·à·tor** [-tə | -tə(r)] *n.*

ex·pa·ti·a·tion [ekspèɪʃiéɪʃən, ɪks- | -ʃɪ-] *n.* 詳説, 詳述.

ex·pa·ti·a·to·ry [ekspéɪʃiətɔ̀ːri, ɪks-, -ʃə-, -tòːri | -ʃɪətəri, -ʃɪèɪt-] *adj.* 詳述的な；くどい, 冗慢な.

ex·pa·tri·ate 〘《1768》⊏ML *expatriāt-us* (p.p.) ← *expatriāre* ← EX-¹+L *patria* fatherland (← *patr-, pater* 'FATHER')：⇨ -ate¹,²,³〙 ── *v.* [ekspéɪtrièɪt | ekspǽtri-, ɪks-, -péɪt-] ── *vt.* **1** 国外に追う, 追放する. **2** [～ one*self* で] 自国を立ち退く；(他国に帰化するため)本国の国籍を捨てる. ── *vi.* 自国を立ち退く；国籍を捨てる. ── [-triət, -triɪt, -trièɪt | -trɪət, -trɪɪt, -trɪèɪt] *adj.* 追放された；国外在住の. ── [-triət, -triɪt, -trièɪt | -trɪət, -trɪɪt, -trɪèɪt] *n.* 国籍離脱者；国外在住者.

ex·pa·tri·a·tion [ekspèɪtriéɪʃən | ekspæ̀tri-, ɪks-, -pèɪt-, èkspéɪt-, -pæt-] 〘《1816》⊏F ～：⇨ ↑, -ation〙 ── *n.* **1** 本国退去, 国外追放 (banishment)；国外在住. **2** 国籍離脱：the right of ～.

ex·pect [ɪkspékt, eks-] 〘《1560》⊏L *ex(s)pect-āre* to look out for, await ← EX-¹+*spectāre* to look at (← *spectus* (p.p.) ← *specere* to see)〙 ── *vt.* **1** [しばしば目的語+*to* do を伴って]〈…の来る[起こる]ことを〉期待する, 予期[予想]する, 待ち設ける：I am ～*ing* him (*to* come) every moment. 彼が今にも来るかと待っているところです / She is ～*ing* a baby [child]. 出産の予定である / They ～*ed* the war any day. 彼らはいつ戦争が起こるかもしれないと思っていた / He was ～*ed* in London yesterday. 彼はきのうロンドンに着くはずだった / I shall not ～ you till I see you. お顔を見るまでは別にお待ちしてはいません《お好きな時にお出で下さい》/ *Expect* me when you see me. 《口語》いつ帰れるかわからない《当てにしないように》.
2 a [しばしば *to* do, *that*-clause, または目的語+*to* do を伴って] (ありそうなこと・確実なこととして)予期する, …しそうに思う (think likely)：as might have been ～*ed* 当然予期された通りに, さすが / I never ～*ed* such treatment. まさかこんな待遇を受けようとは思わなかった[意外だった] / I ～ *to* be forgiven.＝I ～ (*that*) you will forgive me. 許してもらえるものと考えています / It is not so bad as I ～*ed* (it *to* be). 思ったほど悪くはない / That must be ～*ed*. それは当然だ. **b** (当然[正当, 必要]なものとして)〔…に〕期待する〔*of, from*〕：Do you ～ payment at once for this? この代金は今お払いするのでしょうか / As might be ～*ed of* a samurai, he was as good as his word. 彼はさすが武士だけあって言ったことは実行した / You ～ too much *from* him. 君はあの男に余り期待をかけ過ぎている. **c** [目的語+*to* do, または *that*-clause を伴って]〈義務として〉…することを〈人〉に期待する, 要求する：England ～*s* every man *to* do his duty. 英国は各人にその義務を果たされんことを望む (Horatio Nelson) / You cannot ～ him *to* do such a thing. そんな事を彼に望むのは無理だ[望んでもだめだ] / I ～ you *to* obey [*that* you shall obey]. 君が従ってくれるものと期待している / A schoolmaster is ～*ed to* be a good man. 教師は善良な人たるべきことを要求されている.
3 [通例 *that*-clause を伴って]《口語》…と思う, 〈…で〉あるはずだ：I ～ (*that*) there is some sugar left in the kitchen. 台所にまだ砂糖が残っているはずだ / I don't ～ *so*. 多分そうではあるまい / He will come, I ～. 彼が来ると思う.
4 《古》待つ, 待ち構える.
── *vi.* **1** 期待する, 予期する. **2** [be ～*ing* として]《口語・婉曲》出産の予定である, 妊娠中である：She *is* ～*ing* again. 近々また出産がある.
～·a·ble [-təbl̩] *adj.* **～·a·bly** *adv.* **～·er** *n.*

ex·péc·tance [-təns, -tn̩s] *n.* 《英・古》＝expectancy.

ex·pec·tan·cy [ɪkspéktənsi, eks-, -tn̩- | -sɪ] 〘《1600》⊏ML *ex(s)pectantia*：⇨ ↓, -ancy〙 ── *n.* **1** 《古》待つこと. **2** 予期, 期待, 待望〔*of*〕：ever-increasing ～ いや増す期待 / be on the very tiptoe of ～ 今か今かと待ち設けている / *Expectancy* darkened into anxiety. 期待が暗い不安の念に変わった. **3** 期待するもの, 期待の対象物. **4** (将来所有の)見込み, 心当て；〘法律〙将来所有権：an estate in ～ (いずれ占有し, 利用することになる)将来不動産権. **5** 〘統計〙(余命など, 統計的確率に基づく)予測数量：⇨ life expectancy.

ex·pec·tant [ɪkspéktənt, eks-, -tn̩t] 〘《*a*1393》⊏L *expectant-em* (pres.p.) ← *ex(s)pectāre*：⇨ expect, -ant〙 ── *adj.* **1** 〔…を〕予期して[待ち設けて]いる (expecting) 〔*of*〕：He was nervous ～ *of* the bride. 花嫁を待ってそわそわしていた. **2** 《婉曲》出産を控えている, 妊娠中の：an ～ mother 妊婦 / an ～ father 《戯言》出産を待ち設けている父親. **3** (手をこまぬいて)ただ待っている, 待機の (looking on)：an ～ policy 日和見政策 / ⇨ expectant method. **4** 将来所有の当て[希望, 見込み]のある, 予期の；〘法律〙(財産の享有の)将来の (reversionary) (cf. contingent 4)：an ～ estate 将来財産権 / an ～ heir 財産承継の見込みのある者, 推定相続人. ── *n.* 期待者, 予期者；(官職などの)採用予定者.

ex·péc·tant·ly *adv.* 予期して, 期待して.

expéctant tréatment [méthod] *n.* 〘医学〙自然療法《病気の進行に積極的な介入をせずに苦痛をとろうとする方法》.

ex·pec·ta·tion [èkspektéɪʃən, ɪkspèk- | èkspek-] 〘《1538》⊏L *ex(s)pectātiō(n-)* ← *ex(s)pectātus* (p.p.)：⇨ expect, -ation〙 ── *n.* **1 a** 期待；予期, 予想 (anticipation) 〔*of*〕：according to ～(*s*) 予期の通りに / against [contrary to] ～(*s*) 予期に反して / beyond (all) ～(*s*)＝beyond one's ～*s* 思いの外, 予想外に / answer [meet, come up to] one's ～(*s*) 期待に添う / fall short of [do not come up to] one's ～(*s*) 予想に達しない, 思ったほどでない / wait *in* ～ 期待して待つ / *in* ～ *of* war 開戦を見越して / They sat before me, their eyes bright *with* ～. 彼らは期待で目を輝かせながら私の前に坐っていた. **b** [*in* ～ として] 期待[予期]されている状態：a sum of money *in* ～ (将来はいってくることを)予期している[当てにしている]金額. **2** 期待されるもの, (心当てにして)待ち設けている物. **3** [通例 *pl.*] 将来の好望(future prospects)；(特に)遺産相続の見込み：He had great ～*s* from his uncle. 彼には叔父の大きな遺産を引き継げる見込みがあった. **4** (起こる)可能性, 見込み (probability) 〔*of*〕/〈*that*〉：There is little ～ *of* getting away early [*that* I shall get away early]. 早く抜け出して来れる見込みはまずない. **5** 〘統計〙 **a** ＝expectancy 5. **b** ＝expected value. **6 a** 《古》待つこと. **b** ＝expectant method.
expectation of life ＝life expectancy.

Expectátion Sùnday *n.* 期待の日曜日《昇天祭 (Ascension Day) と聖霊降臨日 (Whitsunday) の間の日曜日；使徒たちがキリストの昇天後聖霊の降臨を期待したことに関する名称》.

Expectátion Wèek *n.* 期待の週間《キリスト昇天祭 (Ascension Day) から聖霊降臨日 (Whitsunday) までの 10 日間；cf. Expectation Sunday》.

ex·pec·ta·tive [ɪkspéktəṭɪv, eks- | -tɪv] 〘《1488》⊏ML *expectātiv-us*：⇨ expect, -ative〙 ── *adj.* **1** 期待の, 待望[予期]の的である；期待[予期]的の. **2** (聖職禄)継承権の. ── *n.* 予期されるもの.

ex·péct·ed *adj.* 期待された, 予期の. **～·ly** *adv.* **～·ness** *n.*

expécted válue *n.* 〘統計〙期待値 (⇨ mathematical expectation).

ex·pec·to·rant [ɪkspékt(ə)rənt, eks- | eks-, ɪks-] 〘《1782》⊏L *expectorant-em* (pres.p.) ← *expectorāre*：⇨ ↓, -ant〙〘医学〙 ── *adj.* 痰(たん)の排出を促す. ── *n.* 去痰薬.

ex·pec·to·rate [ɪkspéktərèɪt, eks- | eks-, ɪks-] 〘《1601》← L *expectorāt-us* (p.p.) ← *expectorāre* to drive from the breast ← EX-¹+*pector-, pectus* breast：cf. pectoral〙 ── *vt.* **1** せき上げる (cough up), 吐き出す：～ phlegm [blood] 痰(たん)[血]を吐く. **2** 〈つばを〉吐く. ── *vi.* **1** 痰[血]をせき上げる. **2** つばを吐く (spit)：Do not ～ on the sidewalks. 歩道につばを吐くな. **ex·péc·to·rà·tor** [-tə | -tə(r)] *n.*

ex·pec·to·ra·tion [ɪkspèktəréɪʃən, eks- | eks-, ɪks-] *n.* **1** 痰(たん)などの喀(かく)出. **2** 吐いた物(痰など), 喀痰.

ex·pé·di·ence [-diəns | -dɪəns, -djəns] 〘《15C》⊏(O)F *expédience*：⇨ expedient, -ence〙 *n.* ＝expediency.

ex·pe·di·en·cy [ɪkspíːdiənsi, eks- | -dɪənsɪ, -djən-] 〘⊏ML *expedientia*：⇨ ↓, -ency〙 ── *n.* **1** 便宜, 好都合；得策, (事の)適否, 得失 (advisability). **2** (是非よりも便宜を優先する)方便主義, ご都合主義, 便宜主義：political ～ 政治的な方便主義. **3** 便宜的なもの, 便法 (expedient). **4** 《廃》急ぐこと (haste).

ex·pe·di·ent [ɪkspíːdiənt, eks- | -dɪənt, -djənt] 〘《*a*1400》⊏(O)F *expédient* ∥ L *expedient-em* (pres.p.) ← *expedīre* 'to EXPEDITE'〙 ── *adj.* **1** [通例 Predicative に用いて] 便宜の, 好都合の (convenient)；当を得た, 適当な；情勢に応じた, 有利な：a measure ～ *to* the public welfare 公衆の福利に資する方策 / Do whatever is ～. 適宜な処置を取れ / It was ～ in time of war. それは戦時には時宜に適したことであった / It is ～ that you (should) follow his advice. 彼の忠告に従うのが得策だ / What is ～ is not always right. 都合のいいことが必ずしも正しくはない. **2** (事の是非に対して)便宜主義的な, 方便的な, 政略的な.
── *n.* **1** (目的のための)手段 (means). **2** 急場の手段, 応急の処置, 方便, 便法：a temporary ～ 一時的な便法, 間に合わせ策 / by questionable ～*s* いかがわしい方法で / resort to an ～ 方便に訴える, 便法を講じる / He is full of [fruitful in] ～*s*. 彼は機略縦横だ.

ex·pe·di·en·tial [ɪkspìːdiénʃəl, eks- | -dɪ-] 〘← EXPEDIENCY+-IAL〙 *adj.* 便利[都合]のための, 便宜上の, ご都合主義の, 方便的な：an ～ policy 便宜的方策.

ex·pé·di·ent·ly 〘《*a*1425》：⇨ expedient, -ly¹〙 *adv.* 便宜的に, 便宜上；方便的に.

ex·ped·i·tate [ekspédətèɪt, ɪks- | -dɪ-] 〘← ML *expeditāt-us* (p.p.) ← *expeditāre* ← EX-¹+*peditāre* (← L *ped-, pēs* foot)：⇨ ↓, -ate³〙 ── *vt.* 〈犬の前足の爪または肉趾(し)を切り落す《鹿追い防止のため》.

ex·pe·dite [ékspədàɪt | -pɪ-, -pə-, -pe-] 〘《1471》⊏L *expedit-us* (p.p.) ← *expedīre* to help forward, 《原義》to free the foot (from fetters) ← EX-¹+*ped-, pēs* 'FOOT'〙 ── *vt.* **1** はかどらせる, 促進する (hasten)：～ a negotiation [destruction] 交渉[破壊]を早める. **2** 〈仕事などを〉手早く片付ける (dispatch)：We will ～ her business. 彼女の仕事を手早く片付けよう. **3** 《まれ》〈荷物などを〉急送する；(公式に)〈文書を〉発送する (dispatch)；〈急使を〉差し立てる, 〈軍隊などを〉派遣する (send out). ── *adj.* 《廃》 **1** 支障のない, 邪魔されない. **2** 〈行動など〉急速な, 迅速な. **3** 〈兵士など〉身軽な, 軽装の. **4** 〈人など〉敏速な；〈道具など〉すぐ使える, 便利な (handy). **～·ly** *adv.*

éx·pe·dìt·er [-tə | -tə(r)] *n.* 原料供給[生産物積出し]係；公報発表係；(仕事・工事などの)促進係.

ex·pe·di·tion [èkspədíʃən | -pɪ-, -pə-] 〘《?*a*1425》⊏(O)F *expédition* ∥ L *expeditiō(n-)*：⇨ expedite, -tion〙 ── *n.* **1** 探検[討伐]旅行, 遠征；(ある目的のための)遠出：an antarctic ～ 南極探検 / a military ～ 遠征 / a scientific ～ 研究旅行 / an exploring ～ 探検旅行 / a hunting ～ 狩猟の旅 / go [start] on an ～ 遠征[探検]の途に上る / make an ～ (*into* the country) 遠征する, (奥地へ)探検の旅をする / She left on a shopping ～. 買物に出かけた. **2** 遠征隊, 探検隊, 遠征船隊. **3** 急速, 迅速 (promptness, dispatch)：use ～ 急ぐ, てきぱきやる / with ～ 迅速に, さっさと.

èx·pe·dí·tion·àr·y [-ʃənèri | -ʃ(ə)nəri] *adj.* 遠征的(性質)の；遠征の, 探検(隊)の：an ～ force 遠征軍.

èx·pe·dí·tion·ist [-ʃ(ə)nɪst, -nəst | -nɪst] *n.* 遠征[探検]隊員.

ex·pe·di·tious [èkspədíʃəs | -pɪ-, -pə-] 〘⇨ expedition, -tious〙 ── *adj.* 〈人・行動・返事など〉急速な, 手早い；迅速(じん)な (speedy)；〈処置など〉応急の：an ～ messenger 急使 / an ～ march 急行軍 / an ～ answer 即答 / ～ measures 応急手段. **～·ly** *adv.* **～·ness** *n.*

éx·pe·dì·tor [-tə | -tə(r)] *n.* ＝expediter.

ex·pel [ɪkspél, eks-] 〘《*c*1385》⊏L *expell-ere* ← EX-¹+*pellere* to drive：cf. compel, impel〙 ── *vt.* (**ex·pelled; ex·pel·ling**) **1** 〔容器・体内などから〕排出する, (強く)吐き出す (force out), 駆除する (drive out)〔*from*〕：～ burnt gases through the exhaust 排気装置から燃焼したガスを排出する / He ～*led* a long breath [a lot of cigarette smoke]. 彼はぷーっと長く息[もうもうとたばこの煙]を吐き出した. **2 a** 〔国などから〕駆逐する, 追放する〔*from*〕：～ aliens *from* the country 外国人を国外へ退去させる. **b** 〔学校・政党などから〕放逐する, 除名する, 免職する〔*from*〕：They approved a resolution to ～ Israel *from* the U.N. 彼らはイスラエルを国連から除名するという決議案を承認した. ★ Passive では from が省かれることがある：The boy was ～*led* (*from*) the school for fighting with his teacher. 少年は教師とけんかをしたというかどで放校処分にあった. **3** 〔銃から〕〈弾丸などを〉発射する〔*from*〕. **ex·pél·la·ble** [-ləbl̩] *adj.*

ex·pel·lant [ɪkspélənt, eks-] *adj.* 追出しの, 駆除力のある. ── *n.* 駆除剤, 排毒薬.

ex·pel·lee [èkspelíː, -pə-, ɪkspèlíː, eks-] 〘⇨ expel, -ee¹〙 *n.* 国外追放者.

ex·pel·lent [ɪkspélənt, eks-] *n.* ＝expellant.

ex·pél·ler [-lə | -lə(r)] *n.* **1** 追い出す者[物]. **2** (豆類などの)搾油機.

ex·pend [ɪkspénd, eks-] 〘《1413》⊏L *expend-ere* to weigh out, lay down, pay out ← EX-¹+*pendere* to weigh, pay：cf. spend, suspend〙 ── *vt.* **1** 〔…(すること)に〕〈金・時・労力などを〉使う, 費す, 消費する (spend)〔*on, in*〕. ★ この意味では spend の方が普通：Large sums were ～*ed on* model farms. 模範農場に大金が支出された / ～ money *in* the purchase of a car 車の買入れに金を使う / ～ money [time, energy] *in* do*ing* something ある事をするのに金[時, 精力を]費す. **2** 〈資材・力などを〉使い切る (consume)：He ～*ed* all his arrows. 矢を使い果たした. **3** 〘海事〙(戦闘・風で)〈円材・マストなどを〉失う；〈ロープを〉円材などに巻き付けて使い切る. ── *vi.* 金を使う. **～·er** *n.*

ex·pend·a·bil·i·ty [ɪkspèndəbíləṭi, eks- | -lətɪ, -lɪ-] *n.* 消費[消耗]性.

ex·pend·a·ble [ɪkspéndəbl̩, eks-] *adj.* **1** 消費[消耗]される；保存[節約]に値しない：～ supplies 消耗品. **2** 〘軍事〙〈施設・資材・兵員など〉(軍事目的のため)犠牲にされうる, 消耗的な, 消耗性の. ── *n.* [通例 *pl.*；集合的] 消耗品《特に, 軍事目的のため敵の犠牲にされうる施設・資材・兵員など》.

ex·pend·i·ble [ɪkspéndəbḷ, eks- | -də-, -dɪ-] *n.* = expendable.

ex·pend·i·ture [ɪkspéndɪtʃə, -də-, -dətʃʊ̀ə, -dət(j)ʊ̀ə | ɪkspéndɪtʃə(r, eks-] 〘《1769》← ML *expenditus* (← L *expēnsus* (p.p.) ← *expendere*) + -URE: ⇨ expend〙 ― *n.* **1** 〔…への〕支出〔*on*〕; (金・時・労力などの)消費: ~ *of* energy 精力の消耗 / increase ~ *on* armaments 軍備費をふやす / A war involves a great ~ *of* money. 戦争には大変な入費がかかる / He is profuse in his ~. 金使いが荒い. **2** 経費, 費用; 消費高[量]: annual ~ 歳出 / current ~ 経常費 / extraordinary ~ 非常[臨時]支出 / ordinary ~ 経常支出 / revenue and ~ 歳入と歳出.

ex·pense [ɪkspéns, eks-] 〘《*a*1382》□ AF ~ = OF *espense* ‖ LL *expēnsa* (*pecūnia*) (money) paid out (fem. p.p.) ← L *expendere* 'to EXPEND'〙 ― *n.* **1 a** 費用, 物入り (cost); 〈時・労力などを〉費すこと: *at* any ~ どんなに費用がかかっても / *at* government [public] ~ 官[公]費で / free of ~ 無料で / go to the ~ of buying a piano 奮発してピアノを買う / put a person to ~ 人に金を使わせる, 散財させる / regardless of ~ 費用を顧みないで, 金に飽かして / spare no ~ 費用を惜しまない / go to any ~ いくらでも金[時間, 労力]をかける / publish a book *at* one's own ~ 書物を自費で出版する. **b** 費用のかかるもの: Marriage is a great ~. 結婚は大変費用がかかる. **2** [通例 *pl.*] **a** 支出金, 入費, …費: incidental ~*s* 臨時費 / sundry ~*s* 雑費 / school ~*s* 学費 / traveling ~*s* 旅費 / cut down one's ~*s* 入費[費用]を切り詰める / meet one's ~*s* 費用を支出する / My ~*s* have run considerably. 入費がひどくかさんだ / He offers to pay my ~*s* through the university. 大学卒業までの学費を出してくれると言う. **b** (雇い主が払う)手当, 所要経費, 交際費 (cf. expense account). **3** 《古》消費, 支出 (expenditure).

at a person's expense (1) 人の費用で (cf. 1 a). (2) (冗談など)人をだしにして[からかって]: They laughed [amused themselves] *at his* ~. 彼をからかって笑った[おもしろがった]. (3) = *at the* EXPENSE *of*. ***at the expense of*** (1) 〈物事・人〉を犠牲にして, を失って, に迷惑をかけて: *at the* ~ *of* intelligence [sentiment] 知性[情操]を犠牲にして / He completed it *at the* ~ *of* his health. 健康を犠牲にしてそれを完成した. (2) = *at a person's* EXPENSE (1).

expénse-accòunt *attrib. adj.* (会社などの)交際費の[による],「社用の」: an ~ dinner, tour, etc.

expénse accòunt [shèet] *n.* **1** 《会計》経費勘定. **2** = expense 2 b.

ex·pen·sive [ɪkspénsɪv, eks-] 〘《1628》← EXPENSE + -IVE〙 ― *adj.* 費用[経費]のかかる; 高価な: ~ clothes 高価な衣服 / an ~ restaurant [lawyer] 金のかかるレストラン[弁護士] / an ~ mode of living 贅沢な暮し方 / come ~ 高いものにつく / She has somewhat ~ tastes. いささか金のかかる趣味の持主だ. **~·ness** *n.*

ex·pén·sive·ly *adv.* (多額の)費用をかけて, 高価に; 贅沢に: be dressed ~ 贅沢な身なりをしている.

exper. 《略》experiment; experimental.

ex·pe·ri·ence [ɪkspí(ə)riəns, eks- | -píərɪ-] 〘《*c*1380》□ (O)F *expérience* □ L *experientia* trial, knowledge ← *experientem* (pres.p.) ← *experīrī* to try ← EX-¹ + -*perīrī* (cf. *perīculum* 'PERIL'): ⇨ -ence〙 ― *n.* **1 a** (一般事象の)経験, 体験; (知識・技能などを伴う特定の職業・仕事などの)経験, 経歴: ~ of joy, pain, sorrow, etc. / learn *by* ~ 経験で[によって]学ぶ / speak *from* ~ 経験に基づいて話す / know *from* ~ *that* … ということを経験で知っている / a motorist of many years' ~ 長年の経験をもつドライバー / business ~ 事務の経験 / ~ *in* dressmaking [secretaryship] 洋裁[秘書]の経験 / have (the) ~ *of* keeping fowls 養鶏の経験がある / He had ~ (*in dealing*) *with* children. 子供を扱った経験があった / *Experience* tells. 経験は物を言う[役に立つ] / In all his ~ *as* a botanist he had not seen such a plant. 植物学者としての彼の経験を通してみてもそんな植物は見たことがなかった / *Experience* keeps a dear school. 経験の学校は月謝が高い《人はひどい目にあって利口になる》(B. Franklin, *Poor Richard's Almanac*). **b** (人生の)経験, 知恵: a man of ~. **c** (集団の)経験: human ~ 人類の経験. **2** 経験した事柄[出来事]: have a most unusual ~ 非常に変わった体験をする. **3** [*pl.*] 経験談, 体験談. **4** [通例 *pl.*] (霊的・宗教的生活の)体験: religious ~*s* 宗教的体験 / ⇨ experience meeting. **5** 《哲学》経験《広義の対象・事象などを知覚その他を通して認識する過程, またはその成果としての知識》. ― *vt.* **1** 経験する, 体験する (suffer, feel): ~ poverty 貧苦をなめる / ~ pleasure 楽しい思いをする. **2** 《まれ》〈…ということを〉経験して知る 〈*that, how*〉.

ex·pé·ri·enced *adj.* **1** (実地の)経験をもった; 経験家である, 賢明な (wise). **2** 老練な, 熟練の, ベテランの (skilled): an ~ detective, doctor, speaker, etc. / have an ~ eye 目がきく, 眼識が高い / a grammarian ~ *in* teaching 教授に慣れている文法家. **3** 〈苦難など〉体験された (undergone).

expérience mèeting *n.* (教会の)信仰経験談話会.

expérience ràting *n.* 《保険》経験料定法《保険に付けられたものの過去の実績によって保険料率を算定する方法》.

expérience tàble *n.* 《保険》経験(死亡)表《生命保険に加入した被保険者についての統計に基づいて作成される死亡表; cf. life table, mortality table》.

ex·pe·ri·en·tial [ɪkspì(ə)riénʃəl, eks- | ɪkspìərɪ-, eks-] 〘□ ML *experientiāl-is*: ⇨ experience, -al¹〙 ― *adj.* **1** 経験(上)の; 経験から得た. **2** 経験的な: ~ philosophy (経験を知識の基礎とする)経験哲学. **~·ly** *adv.*

ex·pè·ri·én·tial·ism [-lìzṃ] *n.* 《哲学》経験主義《すべての知識は経験から得られるとする認識論; cf. empiricism》.

ex·pè·ri·én·tial·ist [-lɪst, -ləst | -lɪst] *n.* 《哲学》経験主義者.

ex·per·i·ment 〘《?1348》□ OF ~ ‖ L *experimentum* trial ← *experīrī* to try: ⇨ experience, -ment〙 ― [ɪkspérəmənt, eks- | -rɪ-] *n.* **1** (科学上の)実験: a chemical ~ 化学実験 / make [try, conduct, carry out] an ~ *on* electricity [*in* physics] 電気[物理]の実験を行う / prove by ~ 実験によって証明する. **2** 《古》試験, 試し (test, trial): make (an) ~ *of* …を試す. **3** (実地の)試み: a new ~ *in* education 教育上の新しい試み. **4** 《廃》= experience.
― [-mènt, -mənt] *vi.* 〔…の〕実験をする, 実験を試みる〔*in, on, with*〕: ~ *on* electricity [*in* chemistry, *with* drugs] 電気[化学, 薬]の実験をする / ~ *in* plowing by steam power 蒸気力で耕作の実験をする.

ex·per·i·men·tal [ɪkspèrəméntḷ, eks-, èksperə- | ekspèrɪméntḷ, ɪks-, èksper-] 〘《*c*1449》□ (O)F *expérimental* ‖ ML *experimentāl-is*: ⇨ ↑, -al¹〙 ― *adj.* **1** 実験の[に関する], 実験に基づく, 実験的な (cf. speculative 1, observational); 実験用の: ~ science 実験科学 / an ~ scientist 実験科学者 / ~ philosophy 実験哲学 / ~ chemistry [physics] 実験化学[物理] / an ~ theater 実験劇場 / an ~ opera 実験オペラ / an ~ animal 実験用動物. **2** 経験上の, 経験を基礎とする: an ~ knowledge of God 神についての経験的知識 / ~ religion 経験宗教. **3** 試験的な, 試みの: a first and ~ attempt 初めての試験的な企て.

experiméntal empíricism *n.* 《哲学》実験的経験論《能動的・実験的な経験の獲得と理解を強調する J. Dewey 哲学の基本的立場》.

experiméntal evolútion *n.* 《生物》実験進化《遺伝因子や遺伝型の実験的変更による属 (race) および種 (species) の人工的生産》.

experiméntal genétics *n.* 実験遺伝学.

ex·pèr·i·mén·tal·ìsm [-ṭəlìzṃ, -tḷ- | -təl-] *n.* **1** 実験主義; 経験主義. **2** 実験依存[愛好癖], 新しがり.

ex·pèr·i·mén·tal·ist [-ṭəlɪst, -ləst, -tḷ- | -təlɪst] *n.* (科学的な)実験家; 実験愛好者.

ex·per·i·men·tal·ize [ɪkspèrəméntəlàɪz, eks-, èksperə-, -tḷ- | ekspèrɪméntəl-, ɪks-, èksper-, -tḷ-] *vi.* 実験をする[試みる], 実験的に研究する.

ex·pèr·i·mén·tal·ly *adv.* 実験的に, 実験によって, 実験上(の立場から).

experiméntal phonétics *n.* 実験音声学.

experiméntal psychólogy *n.* 実験心理学.

ex·per·i·men·ta·tion [ɪkspèrəmentéɪʃən, eks-, -men- | ekspèrɪmen-, ɪks-] *n.* 実験, 実地演習; 実験作業, 実験法.

ex·per·i·men·ta·tive [ɪkspèrəménṭəṭɪv, eks- | -rɪméntət-] *adj.* 実験的な, 実験的傾向[性格]の.

ex·pér·i·mènt·er [-ṭə | -tə(r] *n.* 実験者.

expériment fàrm *n.* 実験農場, 農事試験場.

ex·per·i·men·tize [ɪkspérəməntàɪz, eks- | -rɪ-] *vi.* 〔…の〕実験をする, 実験を試みる〔*on, upon*〕.

expériment stàtion *n.* (農業・鉱業など特殊研究を行なう)試験場.

ex·pert 〘*adj.*: 《*c*1384》□ (O)F ~ 《変形》← OF *espert* □ L *expertus* (p.p.) ← *experīrī* to try. ― n.: 《1825》□ F ~ ← (adj.): ⇨ experience〙 ― [ékspəːt | -pɜːt] *n.* 〔…の〕熟練者, 達人, くろうと, (その道の)大家, 専門家〔*in, at, on, with*〕(cf. amateur): an ~ *in* linguistics = a linguistics ~ 言語学の専門家 / an ~ *on* mining = a mining ~ 鉱山技師 / an economic ~ 経済の専門家 / an ~ *with* the needle 針仕事に器用な人. ― [ékspəːt, ɪkspə́ːt, eks- | ékspəːt, ekspə́ːt, ɪks-] *adj.* **1** 〔…に〕熟練した, 老練な, 巧者な (skilful)〔*in, at, with*〕: an ~ golf player ゴルフの巧者 / ~ knowledge 専門的な知識 / He is ~ *in* [*at*] carving. 彫刻がじょうずだ / She is ~ *with* her needle. 針仕事がとてもうまい. **2** 専門家の[である], 専門の: an ~ botanist 専門の植物学者 / ~ evidence 鑑定家の証言, 鑑定 / an ~ witness 《法律》鑑定人 (cf. LAY² 2). **3** 〈製作品など〉精巧な, 巧妙な (skilfully done). ― [ékspəːt | -pɜːt] 《米口語》*vt.* …を専門家として吟味する; …を専門家に吟味してもらう. ― *vi.* 専門家として働く〔*on*〕.
~·ness *n.*

ex·per·tise [èkspə(ː)tíːz, -pɜə- | -pɜ(ː)-] 〘《1868》□ F ~ < OF ~ 'expertness' ← *expert* 'EXPERT'〙 *n.* **1** 専門的意見. **2** 専門的技術[知識].

éx·pert·ism [-tìzṃ] *n.* = expertise 2.

ex·pert·ize [ékspəːtàɪz | -pə-] *vi.* 〔…について〕専門的意見を下す〔*on*〕. ― *vt.* …に専門的意見を下す.

ex·pert·ly [ˊ--, -ˊ-] 〘《?*a*1425》: ⇨ expert, -ly¹〙 *adv.* 熟練家らしく, じょうずに, 巧妙に (skilfully).

ex·pi·a·ble [ékspiəbḷ | -pjə-, -pɪə-] 〘《1570》□ F ~ ‖ LL *expiābil-is*: ⇨ ↓, -able〙 *adj.* 償う[あがなう]ことのできる (atonable).

ex·pi·ate [ékspièɪt | -pɪèɪt] 〘《1594》← L *expiātus* (p.p.) ← *expiāre* ← EX-¹ + *piāre* to atone for (← *pius* 'PIOUS'): ⇨ -ate³〙 ― *vt.* **1** (罰を受けて)〈罪を〉あがなう, …の罪をあがなう: ~ sin [crime] 罪[罪悪]を償う / ~ oneself 罪滅ぼしをする. **2** …の償いをする, 埋合わせをする: They ~*d* their crime by restoring the plunder. 略奪品を戻して罪の償いをした. ― *vi.* 罪滅ぼしをする.

ex·pi·a·tion [èkspiéɪʃən | -pɪ-] 〘《?*a*1425》□ L *expiātiō(n-)*: ⇨ ↑, -ation〙 ― *n.* **1** 罪滅ぼし; (罪の)あがない, 償い: in ~ *of* one's sin 罪滅ぼしに. **2** 罪滅ぼしにする事; 補償. **~·al** [-ʃənḷ, -ʃnəl] *adj.*

éx·pi·à·tor [-ṭə | -tə(r] 〘□ LL *expiātor*: ⇨ expiate, -or²〙 *n.* 罪滅ぼし[罪の償いを]する人.

ex·pi·a·to·ry [ékspiətɔ̀ːri, -tòːri | -pɪətərɪ, -pjət-, -pɪèɪt-] 〘□ LL *expiātōri-us*: ⇨ expiate, -ory¹〙 *adj.* 罪の償い[罪滅ぼし]となる.

ex·pi·ra·tion [èkspəréɪʃən | -pɪr-, -pər-, -paɪ(ə)r-] 〘《?*a*1425》□ L *ex(s)pīrātiō(n-)* ← *ex(s)pīrātus* (p.p.) ← *exspīrāre* 'to EXPIRE': ⇨ -ation〙 ― *n.* **1** (息を)吐き出すこと, 呼息 (↔ inspiration). **2** 〔期間・法・協定などの〕終結, 満了, 満期 (end) 〔*of*〕: the ~ *of* a lease [treaty] 借地権の期限[条約期間]の満了 / at the ~ *of* one's term (of office) 任期が満ちて. **3** 《古》死亡.

ex·pi·ra·to·ry [ɪkspáɪ(ə)rətɔ̀ːri, eks-, -tòːri | -páɪərət(ə)rɪ] 〘《1847》: ⇨ ↑, -atory〙 ― *adj.* 息を吐き出す, 呼息(性)の: an ~ movement 呼息運動 / an ~ sound 《音声》呼気音.

ex·pire [ɪkspáɪə, eks- | -páɪə(r] 〘《1419》□ (O)F *expirer* ‖ L *ex(s)pīrāre* ← EX-¹ + *spīrāre* to breathe: cf. spirit〙 ― *vi.* **1 a** 息を吐く (exhale) (↔ inspire). **b** 息を引き取る, 死ぬ (die). **2** 〈灯火・光などが〉消える, 絶える (die out). **3** 〈期間が〉尽きる, 切れる, 終了する, 満期になる (terminate); 〈権利などが〉消滅する: The month ~*d* on Saturday. その月は土曜日で終わった / The lease has ~*d*. 借地権の期限が切れた. ― *vt.* **1** (肺から)〈息を〉吐き出す (breathe out): ~ air [breath] *from* the lungs. **2** 《廃》〈芳香・蒸気などを〉発散する (emit). **3** 《廃》終わらせる (conclude).

ex·pi·ry [ɪkspáɪ(ə)ri, eks-, ékspəri | ɪkspáɪərɪ, eks-] 〘《1752》: ⇨ ↑, -y¹〙 ― *n.* **1** 息を吐き出すこと; 死; 絶滅 (extinction). **2** 〔期限などの〕終了, 満了, 満期 (expiration) 〔*of*〕: the ~ *of* a contract 契約期間の満期 / at the ~ *of* the term 期間満了の時に.

ex·pis·cate [ékspɪskèɪt, -pəs-, ekspískeɪt | ɪkspískeɪt, eks-] 〘← L *expiscātus* (p.p.) ← *expiscārī* ← EX-¹ + *piscārī* to fish (← *piscis* 'FISH')〙 ― *vt.* 《スコット》探り出す, 捜し出す (search out).

ex·plain [ɪkspléɪn, eks-] 〘《*c*1425》□ L *explānāre* to make plain ← EX-¹ + *plānus* 'PLAIN¹'〙 ― *vt.* **1 a** [しばしば *wh*-clause, *wh*-word + *to* do を伴って] 説明[解説]する, 明らかに[つまびらかに]する; 解明する, (論理的に)証明する: ~ an obscure point *to* a person 人に曖昧な点を明らかにする / He ~*ed what* he meant [*how to* solve the problem]. 彼はどういう考えなのか[その問題の解き方]を説明した. **b** [しばしば *that*-clause を伴って] 説明して言う: I ~*ed to him that* I could not stay there any longer. それ以上そこにおれないことを彼に説明した. **c** [~ *oneself* で; cf. 3 b] 意図を明らかにする, はっきり物を言う. **2** …の意味を説明する, 解釈する: ~ a passage in a book 本の一節の意味を説明する. **3 a** …の理由を説く; 〈行為などを〉弁明[釈明]する: I ~*ed why* I was late. 遅刻の理由を説明した / *Explain* your conduct *to* me. なぜあんなまねをしたのか理由を言ってみたまえ. **b** [~ *oneself* で; cf. 1 c] 自分の行為の理由[動機]を説明する, 立場を釈明する. ― *vi.* 説明[弁明]する: He went on to ~. 彼は言葉を続けて説明した / Let me ~ *about* him. 彼のことを[について]説明しましょう.

explain away (1) 説明して〈難点・疑いなどを〉除く: He tried to ~ *away* the difficulties connected with his theory. 彼は自分の説にまつわる疑問点をうまく説明しようと努めた. (2) 〈自分の行為などを〉うまく言い抜ける: He could not ~ *away* his absence the day before *to* the teacher. 彼は先生に前の日の欠席の理由をうまく言ってのけることができなかった.

ex·plain·a·ble [ɪkspléɪnəbḷ, eks-] *adj.* 説明できる; 弁明できる.

ex·plain·er *n.* 説明者, 解説者.

ex·pla·nan·dum [èksplənǽndəm] 〘← NL ~ (neut.) ← L *explānandus* (gerundive) ← *explānāre* 'to EXPLAIN'〙 ― *n.* 《哲学・論理》(言葉・事象の説明において, 説明される方の)被説明項 (↔ explanans).

ex·pla·nans [ekspléɪnænz] 〘← NL ~ ← L *explānāns* (pres.p.) ← *explānāre* (↑)〙 *n.* 《哲学・論理》(説明における)説明項 (↔ explanandum).

ex·pla·nate [éksplənèɪt, ekspléɪneɪt] 〘□ L *explānātus* (p.p.): ⇨ explain, -ate²〙 *adj.* 《生物》平らに広がった.

ex·pla·na·tion [èksplənéɪʃən] 〘《*a*1382》□ L *explānātiō(n-)*: ⇨ explain, -ation〙 ― *n.* **1** 〔…を〕説明すること〔*of*〕; 説明: by way of ~ 説明として / in ~ *of* …の説明[釈明]として. **2** 〔…についての〕(与えられた)説明, 説明となる陳述[理由, 事情]〔*of, for*〕: the ~ *of* [*for*] the murder 殺人事件の真相 / give an ~ *of* …を説明する / It needs [requires] no ~. それは説明を要しない / *Of* this he offers two ~*s*. このことについて二つの説明をしている. **3** 了解, 和解 (reconciliation): come to an ~ with a person 人と話し合いがつく, 人と互いに了解する.

ex·plan·a·tive [ɪksplǽnəṭɪv, eks- | -tɪv] 〘□ LL *explānātīv-us* ← L *explānātus* (p.p.) ← *explānāre* 'to EXPLAIN': ⇨ -ative〙 *adj.* = explanatory. **~·ly** *adv.*

ex·pla·na·tor [ékspləneɪtə | -tə(r] 〘⊏ L *explānātor*: ⇨ explanate, -or²〙 *n.* ＝explainer.

ex·plan·a·to·ri·ly [ɪksplǽnətɔ́:rəli, eks-, -tɔ́:r-, èksplænə-, ─⌣─⌣─⌣ | ɪksplǽnət(ə)rəlɪ, eks-, -nɪt-, -rɪlɪ] *adv.* 説明的に, 説明[釈明]として.

ex·plan·a·to·ry [ɪksplǽnətɔ̀:ri, eks-, -tɔ̀:ri | ɪksplǽnət(ə)rɪ, eks-, -nɪt-] 〘《1618》⊏ LL *explānātōri-us*: ⇨ explanate, -atory〙 ── *adj.* **1** 説明上の, 説明的な, 解釈上の；〔…の〕説明に役立つ〔*of*〕: an ～ science 説明科学《物理学・化学など事実の推論を目的とする科学；cf. DESCRIPTIVE science》/ an ～ title (映画の)説明字幕 / the notes ～ *of* the author's meaning 作者の意味を説明する注. **2** 釈明的な: He rendered himself as ～ as possible. 彼は釈明にこれ努めた.

ex·plant 〘← EX-¹＋PLANT〙〘生物〙[─⌣] *vt.* 〈動植物の生体の一部を〉(培養基へ)移植する. ── [⌣─] *n.* 移植片, 外植片.

èx·plantátion *n.* 〘生物〙外植, 体外培養《個体からその一部分を分離し, 体外で培養すること》.

ex·ple·ment [éksplәmənt | -plɪ-] 〘⊏ L *explēmentum* something that fills ← *explēre* to fill up ← EX-¹＋*plēre* to fill (cf. plenum): ⇨ -ment〙 ── *n.* 〘数学〙同伴角《与えられた角と 360° との差》.

ex·ple·men·ta·ry ángle [èkspləméntəri-, -tri- | -plɪmént(ə)rɪ-] *n.* 〘数学〙＝explement.

ex·ple·tive [éksplətɪv | ɪksplí:t-, eks-] 〘《*c*1450》⊏ LL *explētīv-us* serving to fill out ← L *explētus* (p.p.) ← *explēre* to fill up: ⇨ explement〙 ── *adj.* **1** (格別の意味もなくまたは単に勢いを添えるために付け加えた)補充的な, 付加的な: ～ phrases 付け足し語句. **2** 〘文法〙虚辞を使う. ── *n.* **1** 〘文法〙虚辞《There is a book. It is wrong to say so. の there や it など》. **2** (無意味な)間投詞;(特に, 卑猥なまた瀆神的な)ののしり言葉《My Goodness!, Damn!, Shit! など》. **3** 《まれ》場ふさぎ, 間に合わせ. **～·ly** *adv.*

ex·ple·to·ry [éksplətɔ̀:ri, -tɔ̀:ri, ɪksplí:təri, ɪks- | éksplət(ə)rɪ, ɪksplí:t-, ɪks-] 〘← L *explētus* (↑)＋-ORY¹〙 *adj.* ＝expletive.

ex·plic·a·ble [eksplíkəbl̩, ɪks-, éksplɪk-, -plək- | ɪksplík-, éksplɪk-] 〘《1556》⊏ L *explicābil-is*: ⇨ explicate, -able〙 ── *adj.* [しばしば否定構文で] 説明のできる (↔ inexplicable): His rudeness is *not* ～. 彼の無作法は説明がつかない. **ex·plíc·a·bly** *adv.*

ex·pli·cand [éksplәkæ̀nd | -plɪ-] 〘← NL *explicandus* (↓)〙 *n.* 〘哲学〙＝explicandum.

ex·pli·can·dum [èkspləkǽndəm | -plɪ-] 〘← NL ～ (neut.) ← L *explicandus* (gerundive) ← *explicāre* 'to EXPLICATE'〙 ── *n.* (*pl.* **-can·da** [-də]) 〘哲学・論理〙(言葉・事象の解明において, 解明される方の)被解明項 (↔ explicans).

ex·pli·cans [éksplәkæ̀nz | -plɪ-] 〘← NL *explicāns* ← L (pres.p.) ← *explicāre* (↓)〙 ── *n.* (*pl.* **ex·pli·can·ti·a** [-kǽnʃiə | -ʃɪə]) 〘哲学・論理〙(解明における)解明項 (explicatum ともいう; ↔ explicandum).

ex·pli·cate [éksplәkèɪt | -plɪ-] 〘《1532》← L *explicāt-us* (p.p.) ← *explicāre* to unfold ← EX-¹＋*plicāre* to fold〙 ── *vt.* **1** 〈論旨・原理・命題などを〉次第に展開する (develop): This principle has been ～*d into* three general axioms. この原理は三つの一般的公理に展開されている. **2** 解き明かす, 説明する (explain): ～ obscure passages 曖昧な個所を解明する.

ex·pli·ca·tion [èkspləkéɪʃən | -plɪ-] 〘《1528》⊏ F ～ // L *explicātiō(n-)*: ⇨ ↑, -ation〙 ── *n.* **1** (意義の)解き明かし, 解明, 説明 (explanation). **2** 詳しい記述, 詳説. **3** (論旨の)精細な展開. **4** 〘哲学〙解明《explicandum を explicans で置き換えること》.

ex·pli·ca·tion de texte [èksplɪkɑ:sjɔ̃:(n)-də-tékst, -sjɔ́:(ː)n-; *F.* ɛksplikasjɔ̃dtɛkst] 〘⊏ F ～ 'explication of text'〙 ── *F. n.* (*pl.* **explications de texte** [～]) 解明的文学批評《本文を詳細に分析し, 部分と部分および部分と全体との相互関係を究明することによって作品を評価しようとする文学批評の一方法》.

ex·plic·a·tive [eksplíkətɪv, ɪks-, éksplәkèɪt- | eksplíkət-, ɪks-, éksplɪkèɪt] *adj.* 説明となる, 解説的な (explanatory). ── *n.* 説明的[解説的]表現. **～·ly** *adv.*

ex·plic·a·to·ry [eksplíkətɔ̀:ri, ɪks-, éksplɪk-, -plək-, -tɔ̀:ri, èkspləkéɪtəri, ─⌣─⌣─ | eksplíkət(ə)rɪ, ɪks-, éksplɪkèɪtərɪ, ─⌣─⌣─] *adj.* ＝explicative.

ex·pli·ca·tum [èksplәkɑ́:təm, -kéɪt- | -plɪkɑ́:t-, -kéɪt-] 〘← NL ～ (neut.) ← L *explicātus*: ⇨ explicit¹〙 *n.* 〘哲学・論理〙＝explicans.

ex·plic·it¹ [ɪksplísɪt, eks-, -sət | -sɪt] 〘《1613》⊏ F *explicite* // L *explicit-us* 《変形》← *explicātus* (p.p.) ← *explicāre* 'to EXPLICATE'〙 ── *adj.* (↔ implicit) **1** 〈言葉・表現などが〉(意味が暗示的でなく)明示的な, 明瞭な, はっきりとした (clear): an ～ statement 明確な陳述. **2** 〈知識・概念など〉明確な(理解に基づく): ～ faith [belief] 〘神学〙(教義などを十分理解した上での)確固たる信仰 (cf. implicit 2). **3** 〈人・性質など〉腹蔵のない, 率直な (outspoken): be ～ *in* one's statement / be ～ *about* a fact [*on* a point] ある事[点]について腹蔵なく述べる. **4** 〈行動・型など〉顕在的な, 明白に観察できる: an ～ phenomenon 顕在的な現象. **5** 即金で払うべき: ～ costs. **～·ness** *n.*

ex·pli·cit² [éksplәkɪt | -plɪ-] 〘《*c*1250》⊏ LL ～《語尾省略》← L *explicitus (est liber)* (the book is) unfolded (↑): 昔の本は巻物であったので, これで終りの意となる〙 ── *n.* **1** 巻尾(語), 巻末(語)《古写本・初期刊本で, (時に著者名などの説明付で)巻末を示すのに用いた語句; ↔ incipit》. **2** 結末, 終り (finis).

explícit fúnction *n.* 〘数学〙陽関数 (↔ implicit function).

ex·plíc·it·ly *adv.* **1** 明示的に, 明瞭に, はっきりと; 顕在的に. **2** 〘神学〙明確な理解に基づいて.

ex·plode [ɪksplóud, eks- | -plə́ud] 〘《1538》⊏ L *explōdere, explaudere* to drive off (the stage) by clapping or hissing ← EX-¹＋*plōdere, plaudere* to clap, beat: ⇨ plaudit〙 ── *vi.* **1** 〈ガス・火薬・爆弾などが〉爆発する;〈容器など〉破裂する (cf. implode): The boiler ～*d* with a loud noise. ボイラーは大きな音を立てて破裂した. **2** 〈感情が〉激発する,〈言葉などが〉ほとばしり出る (burst forth);〈人が〉〔感情などを〕爆発させる〔*with*〕, 感情を爆発させて…する〔*in, into*〕: ～ *with* laughter[rage] どっと笑う[かっと怒る] / ～ *into* laughter どっと笑う. **3** 〘音声〙〈閉鎖音が〉破裂する; 外破する (cf. implode 2). **4** 〈人口などが〉(爆発的に)急増する. **5** 〘ゴルフ〙ボールをエクスプロージョンショット (explosion shot) で打ち出す. ── *vt.* **1** 爆発させる, 破裂させる: ～ dynamite [a bomb] ダイナマイト[爆弾]を爆発させる / ⇨ *explode a* BOMBSHELL. **2** 〈誤りを〉あばく (expose);〈理論・迷信などを〉論破する, (論駁して)粉砕する (shatter): ～ a theory ある理論を論駁する / ～ a superstition [custom] 迷信[風習]を打破する. **3** 〘音声〙〈閉鎖音を〉破裂させる; 外破させる. **4** 〘ゴルフ〙〈ボールを〉エクスプロージョンショット (explosion shot) で打ち出す. **5** 〘原子力〙…に急速な核融合[分裂]反応を起こさせる. **6** 《古》(非難の声を浴びせて)〈役者を〉舞台から追い出す,〈劇を〉引っ込めさせる.

ex·plód·ed *adj.* **1** 爆発した, 破裂した. **2** 〈理論・迷信・風習など〉論破[打破]された: an ～ superstition. **3** 〈図が〉機械を分解してその部品の正しい配列・相互関係を示す: an ～ view of a carburetor 気化器の分解組立写真[図].

ex·plo·dent [ɪksplóudn̩t, eks- | -plə́ud-] 〘⊏ L *explōdent-em* (pres. p.): ⇨ explode, -ent〙 *n.* 〘音声〙破裂音 (explosive).

ex·plód·er *n.* **1** 爆発させる人[物]. **2** 起爆[発火]装置, 雷管.

ex·ploit¹ [éksplɔɪt, ɪksplɔ́ɪt, eks- | éksplɔɪt] 〘《*c*1290》*expleit* success ⊏ OF *esplait* achievement (F *exploit*) < VL **explictum* ＝ L *explicitum* unfolded ← *explicāre* (↓)〙 ── *n.* 行為;(特に)功績, 偉業: the ～*s* of Robin Hood ロビンフッドの偉業.

ex·ploit² [ɪksplɔ́ɪt, eks-] 〘《?*a*1400》⊏ OF *expleit-ier* (F *exploiter*) to accomplish < VL **explicitāre* ← L *explicitus* (p.p.) ← *explicāre* to unfold: ⇨ explicate: 現在の意義は Mod.F からの借入〙 ── *vt.* **1** 〈山野・森林などを〉開拓する,〈鉱山・資源などを〉開発する: ～ mineral resources 鉱物資源を開発する. **2 a** 利用[活用]する (utilize): He ～*ed* the situation. その情況を活用した. **b** 〈人〉の弱点・無知などを利用する, 食い物にする: Quack doctors ～ country people. にせ医者は地方の人々を食い物にする. **c** 〈労働者を〉搾取する, …の余剰価値を占取する. **3** 〘広告〙宣伝する (publicize), (宣伝して)売り込む (promote).

ex·ploit·a·ble [ɪksplɔ́ɪtəbl̩, eks- | -tə-] *adj.* 開発[開拓]できる;(有利に)利用できる.

ex·ploit·age [ɪksplɔ́ɪtɪdʒ, eks- | -tɪdʒ] 〘← EXPLOIT²＋-AGE〙 *n.* **1** 〔資源などの〕利用, 開発〔*of*〕: the ～ *of* mineral wealth. **2** 利己的な利用, 搾取.

ex·ploi·ta·tion [èksplɔɪtéɪʃən] 〘《1803》⊏ F ～: ⇨ exploit², -ation〙 ── *n.* **1** 〔新国土・資源・森林地などの〕開発, 開拓, 利用;〔鉱山の〕採掘作業 (opening up), 〔販路の〕開拓〔*of*〕: the ～ *of* water power 水力利用 / ruthless ～ 乱獲, 乱伐, 乱掘. **2** 〔無知な人などを〕食い物にすること, 利己的利用 (selfish utilization);〔…の〕略奪, 搾取《労働者に対し正当な賃金を支払わないこと》〔*of*〕: a great ～ *of* child labor in the cotton industry 綿糸業における少年労働の大搾取. **3** (企業間の連繋による芸能人・新製品・映画などの)合同宣伝, 総合的宣伝. **4** 〘生物〙搾取作用《共働の一種で, 一方の生物に有利で他方に不利になる作用》.

ex·ploit·a·tive [ɪksplɔ́ɪtətɪv, eks- | -tət-] *adj.* 開発(的)の; 乱獲[乱伐, 乱掘]の; 搾取の. **～·ly** *adv.*

ex·plóit·er [-tə | -tə(r] 〘*n.*: ← EXPLOIT²＋-ER¹. ── v.: ⊏ F ～ 'to EXPLOIT²'〙 ── *n.* (悪い意味での)利用者, 他を食い物にする人;(労働の)搾取者. ── *vt.* 食い物にする, 搾取する.

ex·ploit·ive [ɪksplɔ́ɪtɪv, eks- | -tɪv] *adj.* ＝exploitative.

ex·plo·ra·tion [èkspləréɪʃən, -plɔ:r-, -plo:r- | -plər-, -plɔ:r-] 〘《1543-44》⊏ L *explōrātiō(n-)*: ⇨ explore, -ation〙 ── *n.* **1** 〔…の〕(実地)踏査, 探査, 探検(旅行)〔*of*〕: the ～ *of* the sources of a river 川の源流の探検 / ～*s of* space 宇宙探検 / offshore oil ～ 沖合での石油踏査. **2** (問題などの)探究, 精査 (investigation). **3** 〘医学〙触診, 診察; 探査. **～·al** [-ʃənl̩, -ʃnəl] *adj.*

ex·plor·a·tive [ɪksplɔ́:rətɪv, eks-, -plɔ́:r- | eksplɔ́rət-, ɪks-, -plɔ́:r-] *adj.* ＝exploratory. **～·ly** *adv.*

ex·plor·a·to·ry [ɪksplɔ́:rətɔ̀:ri, eks-, -plɔ́:rətɔ̀:ri | eksplɔ́rət(ə)rɪ, ɪks-, -plɔ́:r-] 〘《*a*1460》⊏ L *explōrātōri-us*: ⇨ explore, -atory〙 ── *adj.* **1** 探検の, (実地)踏査の, 探索の, 探検上の: ～ drilling for oil 石油を探索してボーリングすること / ～ behavior 〘心理〙探索行動. **2** 探索好きの; 詮索好きの. **3** 予備的な; 入門的な. **4** 〘外科〙探査の, 診査の; 試験的な: ～ incision 診査[試験]切開.

ex·plore [ɪksplɔ́ə, eks-, -plóə | -plɔ́:(r] 〘《1585》⊏ F *explor-er* // L *explōr-āre* to search out, examine ← EX-¹＋*plōrāre* to cry out (擬音語: 獲物を見つけた猟師の呼び声から?)〙 ── *vt.* **1** 〈国・地域などを〉探検する, 踏査する: ～ a new country. **2** 〈原因・事実などを〉調査する; 探査する, 詮索する: ～ the cause of his death 彼の死因を調査する / ～ a bookstall 古本屋をあさる / ～ the Dutch archives オランダ記録保管所を探査する / He ～*d* my face with his eyes. じろじろと私の顔を探り見た. **3** 〘外科〙〈病巣・傷を〉探り針で探る (probe), 診査[探査]する. **4** 《廃》捜し求める, 捜し出す. ── *vi.* **1** 探検をする, 探検に行く: ～ to an island 島へ探検に行く / an *exploring* party 探検隊. **2** 〔…を求めて〕探査する〔*for*〕: ～ *for* oil.

ex·plór·er [-plɔ́:rə, -plóːrə | -plɔ́:rə(r] *n.* **1** 探検家; 探査者. **2 a** 探索器具[装置]. **b** 〘医学〙探り針 (probe). **c** 〘歯科〙(虫歯などの診査に用いる)診断針, 探針. **3** イクスプローラー《米国ボーイスカウト連盟の 14 歳以上の加盟員》.

explórer tènt *n.* 探検者用テント《棟木 (ridgepole) のついた低く広いテント》.

ex·plór·ing còil *n.* 〘電気〙＝search coil.

ex·plo·si·ble [ɪksplóuzəbl̩, eks-, -sə- | -plə́uzə-, -zɪ-, -sə-, -sɪ-] 〘← EXPLOS(ION)＋-IBLE〙 ── *adj.* 爆発[破裂]させられる. **ex·plò·si·bíl·i·ty** [-zəbíləti, -sə- | -bílətɪ, -lɪ-] *n.*

ex·plo·sim·e·ter [èksplo(ʊ)zímətə, -sím- | -plə(ʊ)zímɪtə(r, -sím-, -mə-] 〘← *explosi(bility)* (⇨ explosible, -ity)＋-METER¹〙 *n.* 〘物理〙爆発力計.

ex·plo·sion [ɪksplóuʒən, eks- | -plə́u-] 〘《1656-81》⊏ L *explōsiō(n-)* a driving off by clapping ← *explōsus* (p.p.): ⇨ explode, -sion〙 ── *n.* **1** 爆発 (cf. implosion); 爆音. **2** 〔怒りなどの〕爆発 (violent outburst)〔*of*〕: an ～ *of* anger [laughter]. **3** 〔迷信などの〕論破, 打破〔*of*〕: the ～ *of* a superstition. **4** (人口などの)急激な増加〔*in*〕: the population ～. **5** (内燃機関内の混合気の)燃焼. **6** 〘音声〙(閉鎖音の)破裂; 外破, (閉鎖音の)出わたり (off-glide). **7** ＝explosion shot.

explósion shòt *n.* 〘ゴルフ〙エクスプロージョンショット《バンカー内から球を打ち出す時の, 砂ごと打つ通常より深めのショット》.

ex·plo·sive [ɪksplóusɪv, eks-, -zɪv | -plə́u-] 〘《1667》← L *explōsus*＋-IVE: ⇨ explosion〙 ── *adj.* **1** 爆発する, 爆発性の; 爆発によって動く: an ～ material 爆発性物質 / an ～ engine. **2** 爆発に似た, 爆発的な: an ～ clap of thunder 万雷の拍手. **3 a** 〈状況など〉非常に危険な;〈問題など〉議論の紛糾する: an ～ situation 一触即発の状況 / an ～ issue 議論のやかましい問題. **b** 〈人・気性など〉激情的な: an ～ person 激情家. **c** 〈増加など〉急激な: an ～ population growth 爆発的な人口の増加 / Unemployment reached an ～ 1 million. 失業者は 100 万人に激増した. **4** 〘音声〙破裂音の (plosive); 外破(音)の (cf. implosive). ── *n.* **1** 爆薬, 火薬: a high ～ 高性能爆薬, 炸薬(さく)《ダイナマイト・綿火薬など》/ a low ～ 発射薬 / an initial ～ 起爆薬. **2** 〘音声〙破裂音 (plosive); 外破音《入りわたり (on-glide) がなく破裂の出わたり (off-glide) だけの閉鎖音; act [ǽkt] の [t] など; cf. implosive 1》.

explósive D́ *n.* D 爆薬 (⇨ dunnite).

explósive evolútion *n.* 〘生物〙爆発的進化《短期間に放散的系統分岐を起こす進化; cf. eruptive evolution》.

ex·pló·sive·ly *adv.* 爆発的に; 爆音的に.

ex·pló·sive·ness *n.* 爆発性.

explósive rìvet *n.* 〘機械〙爆発リベット《火薬の力によりリベット締めされる》.

Ex·po, EX·PO [ékspou | -pəu] 〘《略》← EXPOSITION〙 *n.* (*pl.* **～s**) 万国博(覧会).

ex·po·nence [ɪkspóunəns, eks-, ékspoun- | ekspə́u-, ɪks-] 〘⇨ ↓, -ence〙 ── *n.* 〘言語〙エクスポーネンス, 具現《文法範疇(ちゅう)を言語資料に関連づける尺度; realization ともいう; cf. delicacy 10, rank¹ 10》.

ex·po·nent [ɪkspóunənt, eks-, ékspoun- | ekspə́u-, ɪks-] 〘《1706》⊏ L *expōnent-em* (pres.p.) ← *expōnere* 'to EXPOUND': ⇨ -ent〙 ── *n.* **1** 説明者[物], 解説者[物];〔音楽などの〕解釈者, 演奏者 (expounder);〔…の〕唱導者, 支持者〔*of*〕: a popular ～ *of* evolution 進化論の通俗解説者 / an ～ *of* nonviolence 非暴力の唱導者. **2** (典型的な)代表者, 代表的な人[物] (representative): He is an ～ *of* kindness. 典型的に親切な人物だ / This form of discontent found its ～ in Mr. A. このような不満は A 氏をその代弁者として現われた. **3** 〘数学〙指数, べき指数 (index). **4** 〘言語〙具現形《抽象的な範疇の具体的に現われたもの; 例えば, books の s は複数の具現形である》. ── *adj.* 例示する, 説明する.

ex·po·nen·tial [èkspənénʃəl, -po(ʊ)- | -pə(ʊ)-] 〘《1704》: ⇨ ↑, -ial〙 ── *adj.* **1** 〘数学〙指数の; 指数関数的な. **2** 〈増加など〉ますます速度を増す. ── *n.* 〘数学〙＝exponential function. **～·ly** *adv.*

exponéntial equátion *n.* 〘数学〙指数方程式《未知数の指数関数 (exponential function) を含む方程式》.

exponéntial fúnction *n.* 〘数学〙指数関数《定数 *e* (＝2.71828182845…) の右肩に変数を含む関数》.

exponéntial hórn *n.* 〘電気〙エクスポネンシャルホーン, 指数ホーン《伝送帯域の周波数特性がよいラウドスピーカー用のホーン》.

exponéntial séries *n.* 〘数学〙指数級数《指数関数を展開してえられる幂級数; cf. logarithmic series》.

ex·po·nen·ti·a·tion [èkspənènʃiéɪʃən | -ʃɪ-] 〘⇨ ex-

ponent, -ation〛 n.〘数学〙＝involution 5.
ex·po·ni·ble [ɪkspóunəbl̩, eks-|-pə́unə-, -nɪ-] 〚(adj.: 1788; n.: 1569)⊏ML *expōnibil-is*: ⇨ exponent, -ible〛 ― *adj.* **1** 説明可能な. **2**〘論理〙〈命題など〉再説を必要とする: an ~ proposition. ― *n.*〘論理〙再説を必要とする命題 (exponible proposition).
ex·port 〚v.: (c1485)⊏L *export-āre* ← EX-¹+*portāre* to carry. ― n.: (1690) ← (v.): ⇨ port¹˒³〛 ― [ekspɔ́ət, ɪks-, -póət, ékspɔət, -poət|ekspɔ́:t, ɪks-, ékspɔ:t] *vt.* **1**〈商品などを〉輸出する, (外国へ)輸送する (send abroad) (↔ import): ~ raw cotton *to* a foreign country. **2**〈思想・制度などを〉輸出する, 伝え(広め)る: ~ slavery. **3**《まれ》運び去る (carry away).
― [ékspɔət, -poət|-pɔ:t] *n.* **1** 輸出 (exportation)〔*of*〕: the ~ *of* arms to Spain スペインへの武器の輸出 / be engaged in ~ 輸出業に従事する / raise tea for ~ お茶を輸出用に栽培する. **2 a** 輸出品. **b** [通例 *pl.*] 輸出高[量].
― [ékspɔət, -poət|-pɔ:t] *attrib. adj.* 輸出の, 輸出に関する: an ~ car 輸出向け自動車 / an ~ bill 輸出手形 / an ~ bounty 輸出奨励金 / ~ business 輸出業 / an ~ duty [tax] 輸出税 / ~ trade 輸出貿易 / an ~ trader 輸出業者.
ex·port·a·ble [ekspɔ́ətəbl̩, ɪks-, -póət-|ekspɔ́:t-, ɪks-] *adj.* 輸出できる, 輸出向きの: ~ goods 輸出向きの品物 / the ~ copper in the world 世界中の輸出できる銅. **ex·pòrt·a·bíl·i·ty** [-təbíləti|-təbílɪtɪ, -lɪ-] *n.*
ex·por·ta·tion [èkspɔətéɪʃən, -poə-, -pə-|-pɔ:-] 〚(a1610)⊏F ~ // L *exportātiō(n-)*: ⇨ export, -ation〛 ― *n.* **1** 輸出 (↔ importation): the ~ *of* wheat to Japan 日本への小麦輸出. **2** 輸出品. **3**〘論理〙移出法《$(p \wedge q) \to r \leftrightarrow p \to (q \to r)$》: the law of ~ 移出律.
ex·pórt·er [-tə|-tə(r)] *n.* 輸出業者, 輸出商, 輸出国 (↔ importer). ★ 会社の場合は通例複数: an oil ~ 石油輸出国 / Ecuador is the world's largest ~ *of* bananas. エクアドルは世界最大のバナナ輸出国である.
éxport-ímport bànk *n.* **1** 輸出入銀行. **2** [the Export-Import Bank] (米国の)合衆国輸出入銀行《米国政府の独立機関》.
éxport pòint *n.*〘経済〙金輸出点《金現送点 (gold point) の上限のこと》.
éxport rèject *n.* (品質の劣る)国内向けの製品.
ex·pos·al [ɪkspóuzəl, eks-, -zl̩|-pə́uz-] 〚⇨ ↓, -al¹〛 *n.* 暴露 (exposure).
ex·pose [ɪkspóuz, eks-|-pə́uz] 〚(a1422)⊏(O)F *exposer*《*poser* (⇨ pose¹) の影響による変形》← L *expōnere* 'to EXPOUND'〛 ― *vt.* **1 a**〈人を〉〔攻撃・危険・あざけりなどに〕さらす, 〔危い目に〕あわせる (subject)〔*to*〕: ~ a person *to* danger 人を危険にさらす[危い目にあわせる] / ~ oneself *to* risk [unfavorable comments] 危険に身をさらす[悪評をまともに受ける] / ~ oneself *to* ridicule あざけりを浴びる. **b**〔影響などを〕〈人〉に受けさせる, 被らせる (subject)〔*to*〕: He was ~*d to* evil influences. 悪い影響にさらされた. **2 a**〔日光・風雨などに〕さらす〔*to*〕: a situation ~*d to* every wind 吹きさらしの位置 / be ~*d to* the rain 雨に当たる, 雨ざらしになる / ~ the bedding *to* sunlight 寝具を日光に当てる. **b** [p.p. 形で]〈家・部屋を〉〔ある方向に〕向ける〔*to*〕: The house is ~*d to* the south. その家は南向きです. **3** 陳列する (exhibit), 店頭に出す (put up), 売物に出す: ~ articles for sale 品物を店頭に並べる. **4** 人目にさらす, 現わす; 露出する, はだける (lay bare): Excavations ~*d* an ancient wall. 発掘によって古代の城壁が現われた / ~ the neck [chest] 首[胸]を露出する / ~ oneself 肌を露出する. **5**〘写真〙〈フィルム・印画紙などを〉感光させる, 露出する, 露光する, 焼く. **6**〈秘密・犯罪・過失などを〉暴露する, あばく, 摘発する (disclose, reveal): ~ a plot [scandal] 陰謀[醜聞]をあばく / ~ an impostor 詐欺師の正体をあばく / ~ a crime 犯罪を摘発する. **7**《廃》〈失態などを〉(言い立てて)世の笑い草に供する (ridicule). **8**〈子供を〉捨てる, 遺棄する (abandon): ~ an infant. **9**〘トランプ〙〈札を〉(見せてはいけない場合に)見せる. **10**〘カトリック〙〈聖遺物・聖体などを〉開帳[顕示]する. ― *n.*《米》＝exposé.
ex·po·sé [èkspo(u)zéɪ, -pə-|ekspə́uzeɪ; *F.* ɛkspoze] 〚⊏F ~ (p.p.) ← *exposer*: ↑〛 *n.* **1** 声明, 陳述 (statement). **2** (醜聞などの)暴露, すっぱ抜き.
ex·pósed *adj.* **1** 露出した, むきだしの (bare); 野ざらしの, 風雨にさらされている: an ~ slice of life 露呈された人生の断片 / a house in an ~ position 吹きさらしの位置にある家屋. **2**〘トランプ〙**a** (正規のルールで)さらした, 開いた: an ~ hand (ブリッジの)ダミー (dummy); (ソロの)さらし (spread misère). **b** (反則として)見せた, 見られた: an ~ card (ブリッジなどで)ビッド中やプレー中に不注意で見せた札. **3**〈子供が〉捨てられた: ~ children. **ex·pós·ed·ness** [-zɪdnɪs, -zəd-, -zd-, -nəs|-zd-] *n.*
ex·pós·er *n.* expose する人[物, 装置].
ex·pos·it [ɪkspɑ́zɪt, eks-, -zət|ekspɔ́zɪt] 〚⊏L *exposit-us* (↓)〛 *vt.* ＝expound.
ex·po·si·tion [èkspəzíʃən, -po(u)-|-pə(u)-] 〚(c1390)⊏(O)F ~ // L *expositiō(n-)* ← *expositus* (p.p.) ← *expōnere* 'to EXPOSE': ⇨ -tion〛 ― *n.* **1** (意味・理論・計画などの)説明 (explanation); 解説, 注解. **2** 展示会, 展覧会, 博覧会: hold a great ~ 大博覧会を開催する. **3** (子供を)捨てること, 遺棄 (exposure): the ~ *of* children 捨子. **4**《古》露出(状態). **5**〘演劇〙序説的説明(部), 提示(部)《第一幕》. **6**〘音楽〙(ソナタ・フーガなどの)主題の提示(部). **7**〘カトリック〙(聖遺物・聖体などの)開帳, 顕示. **～·al** [-ʃənl̩, -ʃnəl] *adj.*
ex·pos·i·tive [ɪkspɑ́zətɪv, eks-|ekspɔ́zɪt-, ɪks-, -zə-] 〚← L *expositus* (↑)+-IVE〛 *adj.* ＝expository. **～·ly** *adv.*
ex·pos·i·tor [ɪkspɑ́zətə, eks-|ekspɔ́zɪtə(r), ɪks-] 〚(c1340)⊏(O)F *expositeur* // LL *expositor* ← L *expositus*: ⇨ exposition, -or²〛 *n.* 説明[解説]者.
ex·pos·i·to·ry [ɪkspɑ́zətɔ̀:ri, eks-, -tòːri|ekspɔ́zɪt(ə)ri, ɪks-] 〚(1628)⊏LL *expositōri-us* ⇨ exposition, -ory¹〛 ― *adj.* 説明[解説]的な; 〔…の〕説明[解釈]に役立つ〔*of*〕: ~ writing 解説文. **ex·pos·i·to·ri·ly** [ɪkspɑ̀zətɔ́:rəli, eks-, -tóːr-, -rɪli, ―――――|ekspɔ́zɪt(ə)rəlɪ, ɪks-, -rɪlɪ] *adv.*
ex post [eks-póust|-pə́ust] 〚↓〛 *adj.* 事後の, 実現した (↔ ex ante).
ex post fac·to [éks-pòust-fǽktou|-pə̀ust-fǽktəu] 〚(1649)⊏LL *ex post factō*《原義》from what is done afterwards: ⇨ ex¹, post⁴, fact〛〘法律〙 ― *L. adv.* 事後において (subsequently); 過去にさかのぼって. ― *adj.* 事後の (after the fact), 過去にさかのぼった: ~ approval.
éx pòst fácto làw *n.*〘法律〙遡及(そきゅう)法, 事後法《制定時以前に遡って適用される法律; この法律による遡及処罰は合衆国憲法や日本国憲法で禁止されている; retroactive law ともいう》.
ex·pos·tu·late [ɪkspɑ́stʃulèɪt, eks-|-pɔ́stju-, -tʃu-] 〚(c1534) ← L *expostulāt-us* (p.p.) ← *expostulāre* ← EX-¹+*postulāre* 'to POSTULATE'〛 ― *vi.* 〔人に〕説諭する, 説いて聞かせる, いさめる〔*with*〕: ~ *with* a person *on* [*about*] the impropriety of his conduct 人にその行為の不当を説き聞かせる. ― *vt.*《廃》討論する, 論ずる (discuss). **ex·pós·tu·là·tor** [-tə|-tə(r)] *n.*
ex·pós·tu·làt·ing·ly [-tɪŋli|-tɪŋlɪ] *adv.* いさめて, いさめるように.
ex·pos·tu·la·tion [ɪkspɑ̀stʃuléɪʃən, eks-|-pɔ̀stju-, -tʃu-] 〚(1586)⊏L *expostulātiō(n-)*: ⇨ expostulate, -ation〛 *n.* (懇切な)説諭, いさめ; いさめの言葉.
ex·pos·tu·la·tive [ɪkspɑ́stʃulèɪtɪv, eks-|-pɔ́stjulət-, -tʃu-, -lèɪt-] *adj.* 説論を目ざした.
ex·pos·tu·la·to·ry [ɪkspɑ́stʃulətɔ̀:ri, eks-, -tòːri|-pɔ́stjulət(ə)ri, -tʃu-, -lèɪtəri] *adj.* いさめの, 説論の.
ex·po·sure [ɪkspóuʒə, eks-|-pə́uʒə(r)] 〚(1601) ← EXPOSE+-URE〛 ― *n.* **1**〔秘密・犯罪・過失などの〕暴露 (disclosure), 摘発, すっぱ抜き (unmasking)〔*of*〕: the ~ *of* a fraud [an impostor] 詐欺[詐欺師]の正体暴露 / He committed suicide on ~. 彼はことがばれると自殺した. **2**〔商品の〕陳列〔*of*〕: the ~ *of* goods in a store 商品を店に陳列すること. **3** (目に)ふれさせること, (人中で)見せること〔*of*〕; (才能などを)公に示すこと: the indecent ~ *of* the body in public 人前でみだらに体を露出させること / That actor had quite a bit of ~ last year. あの俳優は昨年はかなり舞台に立つことができた. **4**〔日光・風雨などに〕さらす[さらされる]こと〔*to*〕: ~ *to* the weather 風雨にさらすこと / His face is tanned by years of ~ *to* the tropical sun. 熱帯の太陽に長年身をさらしていたので顔がすっかり日焼けしている. **5**〔危険などに〕身をさらすこと, 〔恥辱などを〕まともに受けること〔*to*〕: ~ *to* danger / He has a risk of leukemia from ~ *to* benzene. ベンゼンに触れる機会が多いので白血病にかかるおそれがある. **6**〘写真〙露光(量), 露出(時間); 感光面; フィルムの一齣(こま): a roll of 36 ~*s* 36 枚どりの巻きフィルム / ⇨ double exposure. **7**〔子供の〕遺棄 (exposition)〔*of*〕: the ~ *of* children 捨子. **8** 日光[風]の当たる位置; (家・部屋の)向き (aspect); 露出面: a wing, angled to a southern ~ 南に向いている棟. **9** (放射線などへの)暴露, 被曝(ばく); 照射: ~ dose 照射[被曝]量.
expósure index *n.*〘写真〙露光[露出]指数.
expósure mèter *n.*〘写真〙露出計, 露光計.
ex·pound [ɪkspáund, eks-] 〚(c1340) *expou(d)e(n)* ⊏OF *espond-re* < L *expōnere* ← EX-¹+*pōnere* to put: OF の inf. の -d- は n と r との間に添加されたもの〛 ― *vt.* **1**〈意見などを〉述べる, 陳述する (state); 〈理論・原理などを〉明細に説く, 詳述する (set forth): ~ one's views 意見を述べる / ~ a theory *to* one's students 学生に理論を説く. **2**〈難解な個所・聖典の真義などを〉説明する, 解釈する: ~ one's own analysis 自分の分析を解説する. ― *vi.* 〔…について〕意見を述べる; 説明を加える, 解説する〔*on*〕: ~ *on* Marxism マルクスイズムを解説する.
ex·pound·er 〚ME *expoun(d)ere*: ⇨ ↑, -er¹〛 *n.* **1** 解説者. **2**《まれ》解釈書, 釈義.
éx-président 〚⇨ ex-², president〛 *n.* (存命の)前大統領.
ex·press [ɪksprés, eks-] 〚v.: (c1385)⊏OF *expresser* < VL **expressāre* ← EX-¹+*pressāre* 'to PRESS¹'. ― adj.: (c1380)⊏(O)F *exprès* ⊏L *expressus* (p.p.) ← *exprimere* (cf. F *exprimer* to express). ―adv.: (?c1380) ← (adj.) // ⊏L *expressē* (adv.). ―n.: (1619) ← (adj.)〛 ― *vt.* **1 a** (言葉で)言い表わす, 表現する: Just ~ what you feel. 感じたままを表現しなさい / I don't know how to ~ it. それはどう言ってよいかわからない / It cannot be ~*ed* by words. それは言葉には言い表わせない. **b** (文学・絵画・音楽などで)描き出す, 描写する (depict): The sense of wonder is vividly ~*ed* in his poems. 驚異感が彼の詩に生々しく描き出されている. **c** [~ oneself で]思うことを述べる, 意見を述べる: He ~*ed himself* very strongly *on* the subject. その問題について大いに力説した / She found it difficult to ~ *herself* more plainly. 彼女はそれ以上はっきりと自分の考えを述べるのがむずかしいと思った / He can ~ *himself in* good English. りっぱな英語を使って自分の考えを話すことができる. **d** [~ oneself で] (芸術的に)自己を表現する: God ~*ed himself* in the landscape to mankind. 神は人間に向かって風景によって自己を表現した. **2** (表情・しぐさなどで)〈感情・印象などを〉表わす, 示す (show): She ~*ed* her willingness by her look. 顔つきで承諾の意を表わした / His face ~*ed* surprise [despair, pain]. 彼の顔には驚き[絶望, 苦痛]の色が現われた. **3** (符号[記号, 数式]で)表わす: The sign + ~*es* addition. ＋符号は加算を表わす / Salt is ~*ed as* NaCl. 食塩は NaCl と表記される. **4** [特に Passive で]〘生物〙〈特定の遺伝子に帰せられる形質を〉(表現型に)表現する; 〈遺伝子〉に関連する形質を表現させる. **5 a** 〔…から〕〈果汁・乳などを〉絞り出す (squeeze out)〔*from, out of*〕; 〈果物・実などを〉絞る: ~ the juice of oranges オレンジの果汁を絞り出す / ~ milk *from* the breast 乳房から乳を絞り出す / ~ apples *for* cider りんご酒を作るためりんごを絞る. **b**〈液・香りを〉にじみ出させる, 発する (emit). **6**〘← (n.)〙速達(便)で送る, 至急便で送る, 急送する: I will ~ the parcel *to* you. 小包は速達でお送りします.
― *vi.*〘← (n.)〙急行(列車)で行く (travel express).
― [《英》ではまた ékspres] *adj.* **1 a**〈意味・規定・法律・言葉など〉明確に述べられた, 明示された (expressed); 〈言葉など〉はっきりした, 明白な (↔ implied): an ~ command はっきりした命令 / an ~ contract (条件などが)明確に述べられた契約. **b**《古》〈肖像など〉そっくりの, 正確な: Language is the ~ image of thoughts. 言語は思考をそっくり映している. **2**〈目的・意図など〉特別の: for the ~ purpose of …のために特に, わざわざ / with his ~ desire 特に彼の希望で / by his ~ consent 彼の特別の承諾を得て. **3 a**《英》速達便の: ~ post 速達郵便 / an ~ letter 速達の手紙《《米》special delivery letter》(cf. express delivery 1) / an ~ messenger 速達便配達人 / an ~ message 急信 / an ~ charge [fee] 速達料金. **b**《米》速達運送便の: ~ charges 速達運送料 / an ~ company 通運会社 (cf. express delivery 2) / an ~ agency 通運会社代理店 / ⇨ express car. **c** 高速の, 急行の: at ~ speed 特急で / an ~ ticket 急行券 / an ~ highway 高速道路 (expressway) / an ~ bus 急行[直通]バス / an ~ elevator [lift] (各階に止まらない)急行エレベーター / ⇨ express train. **d** 速射(銃)用の: ~ shooting 速射銃を用いる銃猟 / ⇨ express bullet, express rifle.
― *adv.* **1**《廃》特別に, 特に (expressly). **2 a**《英》速達(便)で, 至急便で (by express): send a letter ~. **b**《米》速達運送便で: send a package ~ 小包を速達運送便で送る. **3** 急行(列車[バス, エレベーター])で; 直行で: This elevator runs ~ to the eleventh story. このエレベーターは 11 階まで直行です.
― *n.* **1** (列車・バス・エレベーターなどの)急行: the 7.30 ~ *to* Reading 7 時 30 分発のレディング行き急行 / travel by ~ 急行で行く. **2**《英》急使, 特使 (express messenger); 急信 (express message); 速達便, 至急報: send a letter by ~ 手紙を速達便で出す. **3**《米》速達運送業 (cf. freight); 通運会社; 運送貨物, 速達現金: send a package by ~ 小荷物を速達運送便で発送する. **4** ＝express rifle.
ex·press·age [ɪksprésɪdʒ, eks-] 〚⇨ ↑, -age〛 *n.*《米》**1** (小荷物・金銭の)速達運送業. **2** 速達運送料金.
expréss bòiler *n.*〘海事〙急速気醸ボイラー《急速に蒸気を生成するための船舶用ボイラー》.
expréss bùllet *n.* 速射猟銃 (express rifle) 用弾丸.
expréss càr *n.* 速達運送便用の(鉄道)車両.
expréss delívery *n.* **1**《英》速達便 (《米》special delivery). **2**《米》通運会社の配達便.
expréssed álmond òil *n.*〘化学〙＝almond oil 1.
ex·préss·er *n.* 〔意見などを〕表明する人〔*of*〕.
ex·press·i·ble [ɪksprésəbl̩, eks-|-sə-, -sɪ-] *adj.* (言語などで)表現できる; しぼり出せる.
ex·pres·sion [ɪkspréʃən, eks-] 〚(?a1425)⊏(O)F ~ ⊏L *expressiō(n-)* a pressing out, (ML) representation: ⇨ express (v.), -sion〛 ― *n.* **1 a** (思想・感情などの言語・記号・造型などによる)表現: verbal ~ 言語による表現 / pictorial ~ 絵画による表現 / emotional ~ 感情表現 / give ~ to one's feelings 感情を表現する / be beautiful beyond [past] ~ 言葉で言い表わせないほど美しい / This has found frequent ~ in recent literature. このことは最近の文学によく出ている. **b**〔性質・気持ちなどを〕表わすもの, 表われ, しるし〔*of*〕: I sent her flowers as an ~ *of* sympathy. 同情のしるしとして花を送った. **2** (言葉の)言い表わし方, 言いこなし, 表現, 語法; 語句, 辞句: a clumsy [vulgar] ~ まずい[野卑な]言いまわし / a happy ~ 巧みな表現, うまい言いこなし / a fresh unhackneyed ~ 新しい使い古しでない表現 / a common [strange] ~ 普通の[変わった]言い表わし方. **3 a** (顔などの)表情, 顔色: a smiling ~ 笑顔の表情 / the ~ of the eyes 目の表情, 目もと / He has a vivacious ~. 潑剌(はつらつ)とした表情をしている. **b** 表現[表情]に富んでいること: eyes possessing wonderful ~ すばらしく表情に富んでいる目. **4** (音声の)調子, 音調; 〘絵画・彫刻〙(性格・感情・行動な

どの)表現(法);〘音楽〙(楽節の)表情, 発想: play with ~ 表情豊かに演奏する. **5** (油などの)絞り取り; 搾油. **6**〘数学〙式: a binominal ~ 二項式 / a numerical ~ 数式. **7**〘言語〙**a** 表現《Bloomfield の用語で, 形態類を形成する語・句の総称; 例えば, John も poor John も共に実詞表現である》. **b** 表現《元来言理学(glossematics) の用語であるが, 一般的に用いられるようになっている; cf. content[1] 6》. **8**〘生物〙(遺伝子によるその表現型の)発現.

ex·prés·sion·al [-ʃənḷ, -ʃnəl] *adj.* 表情の, 表情的な; (特に)芸術的表現の: ~ arts 表現芸術《音楽・劇など》.

ex·prés·sion·ism [-ʃənìzm]〘《1908》: ⇨ expression, -ism: cf. G *Expressionismus*〙— *n.*〘芸術〙表現派, 表現主義《20 世紀初めに起こり第一次大戦後のヨーロッパ, 特にドイツに流行した極端に主観的傾向の強い思潮; 美術に始まって他の分野にも及んだ》.

ex·prés·sion·ist [-ʃ(ə)nɪst, -nəst | -nɪst] *adj., n.*〘芸術〙表現派の(人): the ~*s* 表現派 / the ~ school 表現派.

ex·pres·sion·is·tic [ɪksprèʃənístɪk, eks-] *adj.*〘芸術〙表現主義的な. **ex·près·sion·ís·ti·cal·ly** *adv.*

expréssion·less *adj.* 無表情な, 表情の乏しい; 気持ちの表現が薄い (↔ expressive): ~ black eyes 無表情な黒い目 / Her face and voice were absolutely cold and ~. 彼女の顔も声も全く冷やかで無表情だった. **~·ly** *adv.* **~·ness** *n.*

expréssion màrk *n.*〘音楽〙発想記号.

expréssion·stòp *n.* (足踏みオルガンの)エクスプレッションストップ《音に抑揚をつける音栓》.

ex·pres·sive [ɪksprésɪv, eks-]〘《*a*1400》□ (O)F *expressif, -ive*: ⇨ express, -ive〙— *adj.* **1** 表現的な: the ~ function of language 言語の表現機能. **2**〔意味・感情などを〕表現する〔*of*〕: be ~ *of* contempt [doubt, gratitude] 軽蔑[疑念, 感謝]を表わす. **3**〈言葉・身振りなど〉表現[表情]に富む; 意味深長な (↔ expressionless): one's ~ face [eyes, mouth] 表情に富んだ顔[目, 口] / an ~ glance [smile] 意味深長な一瞥[微笑]. **4** 表現の; 表現上の: an ~ medium 表現の媒体. **5**〘社会学〙〈群衆が〉顕示的な, 自己表出的な《泣く・踊る・叫ぶなどの無目的の表現行為に従事していることをいう》. **~·ly** *adv.* **~·ness** *n.*

ex·pres·siv·i·ty [èkspresívəṭi | -vəti, -vɪ-] *n.* **1**〘□ G *Expressivität*〙〘生物〙発現度, 表現度《遺伝子がその表現型を発現させうる程度と種類; cf. penetrance 2》: constant [variable] ~ 絶対[相対]発現性. **2**〘⇨ ↑, -ity〙表現能力.

expréss lìner *n.* 高速定期船.

ex·préss·ly〘《*a*1393》: ⇨ express (adj.), -ly[1]〙— *adv.* **1** 明白に, はっきりと (explicitly): He ~ denied it. はっきりと否定した. **2** 特別の目的で, 特に, わざわざ: I was sent ~. 私はわざわざよこされたのです / The school was founded ~ *for* foreigners. その学校は特に外国人のために創設された.

expréss·màn [-mæ̀n, -mən | -mæ̀n] *n.* (*pl.* **-men** [-mèn, -mən | -mèn])《米》運送屋; 荷物集配人, 小荷物運送人 (cf. EXPRESS company).

ex·pres·so [eksprésou | -səu] *n.* (*pl.* ~**s**) ＝espresso.

expréss rífle *n.* 速射猟銃《大量装薬と大口径の軽量の猟銃; 大きな初速で発射され短距離で大きな獲物を射殺するのに用いる; cf. express bullet》.

expréss tràin *n.* 急行列車 (cf. accommodation train).

expréss trùst *n.*〘法律〙明示信託 (cf. constructive trust).

expréss wàgon *n.*《米》**1** 運送使用の(大型)荷車. **2** (子供の遊び用または新聞配達用の)手押し車.

expréss·wày *n.* 高速道路《原則として有料; express highway [road, route] ともいう》.

ex·pro·bra·tion [èkspro(u)bréɪʃən | -prə(u)-]〘《?*a*1425》□ L *exprobrātiō(n-)* ← *exprobrātus* (p.p.) ← *exprobrāre* to upbraid ← EX-[1]+*probrum* shameful deed: cf. opprobrium〙— *n.*《古》非難, とがめ.

ex·pro·pri·ate [ekspróuprièɪt | -prə́uprɪ-]〘《1611》← ML *expropriāt-us* (p.p.) ← *expropriāre* to dispossess of ownership ← EX-[1]+L *proprium* property: ⇨ proper, -ate[3]〙— *vt.* **1 a**〈国家が〉(土地収用権によって)〈土地などを〉(所有者から)収用する, 買い上げる: ~ idle land 遊んでいる土地を収用する[買い上げる]. **b** (公用のため)〈人を〉〔土地などから〕追い立てる〔*from*〕: ~ a person *from* an estate 人から地所を収用する[徴収する]. **2**〈他人の土地などを〉奪う; 私用に供する. **ex·pró·pri·à·tor** [-tə | -tə(r)] *n.*

ex·pro·pri·a·tion [ekspròupriéɪʃən, ɪks- | ekspràu-prɪ-, èksprəu-]〘《*c*1443》□ ML *expropriātiō(n-)*: ⇨ ↑, -ation〙*n.* (土地などの)収用, 公用徴収.

ex pro·pri·o mo·tu [eks-próupriòu-móutu: | -práu-prɪàu-máutju:]〘□ L *ex propriō mōtū* from one's own emotion: ⇨ ex[1], proper, motion〙*L. adv.* 自発的に, 自分から進んで.

expt.《略》experiment.

exptl.《略》experimental.

ex·pugn·a·ble [ekspjú:nəbḷ, -pʌ́gnə- | ekspʌ́gnə-, ɪks-]〘□ L *expugnābil-is* ← *expugnāre* to take by storm ← EX-[1]+*pugnāre* to fight: ⇨ -able〙— *adj.* (敵の攻撃などに)負けやすい, 征服[襲撃]されやすい.

ex·pulse [ɪkspʌ́ls, eks-]〘《?*a*1425》□ L *expuls-āre* (freq.) ← *expellere* (↓)〙*vt.* ＝expel.

ex·pul·sion [ɪkspʌ́lʃən, eks-]〘《*a*1400》□ L *expulsiō(n-)* a driving out ← *expulsus* (p.p.) ← *expellere* 'to EXPEL': ⇨ -sion〙— *n.* **1** 排除, 放逐, 駆逐 (expelling): the ~ *of* the enemy *from* a trench 塹壕(ざん)からの敵兵の駆逐. **2** 追放, 除名 (dismissal): the ~ *of* a boy *from* a school 生徒の放校 / the ~ *of* a member *from* a club 会員のクラブからの除名.

ex·pul·sive [ɪkspʌ́lsɪv, eks-]〘《*c*1385》□ (O)F *expulsif* // ML *expulsiv-us* ← L *expulsus*: ⇨ ↑, -ive〙— *adj.* 駆逐力のある, 排出性の; 駆除的な, 排除的な. — *n.*〘医学〙排出傾向.

ex·punc·tion [ɪkspʌ́ŋ(k)ʃən, eks-]〘□ LL *expunctiō(n-)* ← L *expunctus* (p.p.) ← *expungere*: ⇨ ↓, -tion〙*n.* 抹消, 抹殺 (erasure).

ex·punge [ɪkspʌ́ndʒ, eks- | eks-, ɪks-]〘《1602》□ L *expungere* to mark for deletion (a name in a list) by points set above or below ← EX-[1]+*pungere* to prick: cf. pungent〙— *vt.* **1**〔…から〕消す (erase), 削る, 削除する (delete)〔*from*〕: ~ a word *from* a sentence / ~ his name *from* the list 彼の名をリストから削除する. **2**〈罪・偏見などを〉ぬぐい消す, ぬぐい取る (wipe out); 絶滅させる; 根絶する. **ex·púng·er** *n.*

ex·pur·gate [ékspəgèɪt | -pə(:)-]〘《1621》← L *expurgāt-us* (p.p.) ← *expurgāre* ← EX-[1]+*purgāre* 'to PURGE': ⇨ -ate[3]〙— *vt.* **1**〈書物など〉の猥褻(わい)な[不穏当な]個所を削除する: an ~*d* edition 削除版. **2**〈いかがわしいものを〉駆逐[削除]する. **éx·pur·gà·tor** [-tə | -tə(r)] *n.*

ex·pur·ga·tion [èkspəgéɪʃən | -pə(:)-]〘《?1440》□ ML *expurgātiō(n-)* cleaning: ⇨ ↑, -ation〙*n.* (不穏当・猥褻(わい)な個所の)削除.

ex·pur·ga·to·ri·al [ɪkspə̀:gətɔ́:riəl, eks-, -tɔ́:r-, èks-pə:gətɔ́:r-, -tɔ́:r- | ekspə̀:gətɔ́:rɪ-, èkspə:-]〘《1807》: ⇨ ↓, -al[1]〙*adj.* **1** 削除(者)の. **2** ＝expurgatory.

ex·pur·ga·to·ry [ɪkspə́:gətɔ̀:ri, eks-, -tòri | ekspə́:gə-t(ə)rɪ]〘《1625》← NL *expurgātōri-us*: ⇨ expurgate, -ory[1]〙*adj.* いかがわしい個所を削除する.

Expúrgatory Índex *n.*〘カトリック〙＝Index Expurgatorius.

expy.《略》expressway.

ex·quis·ite [ekskwízɪt, ɪks-, ékskwɪz-, -kwə-, -zət | ekskwízɪt, ɪks-, ékskwɪz-]〘《?*a*1425》□ L *exquīsīt-us* (p.p.) ← *exquīrere* to seek out ← EX-[1]+*quaerere* to search, seek: cf. query, -ite[2]〙— *adj.* **1** 非常に美しい, 絶妙な, この上なく見事な[おいしい, 結構な]; 申し分のない, 至上の (admirable): an ~ flower, jewel, piece of music, etc. / a passage of ~ beauty 極度に表現の美しい一節 / The weather was so ~. 天気はとても素晴らしかった / She smiled, a tender ~ smile. 彼女はにっこりした, 優しい実に美しい微笑であった. **2 a**〈苦痛・快感など〉鋭い, 激しい, 強烈な (acute): an ~ pain 身を切るような痛み, 激痛 / ~ triumph 強烈な勝利感 / ~ pleasure 強烈な快感. **b**〈感覚など〉鋭敏な, 繊細な: He has an ~ ear for music. 音楽を聞く鋭敏な耳を持っている. **3**〈細工物など〉精巧な (elaborate): an article of ~ workmanship 精巧な細工品 / ~ works of art 精巧な芸術品. **4**〈趣味・態度など〉繊細な, 優雅な (nice);〈人が〉上品な, 洗練された: ~ taste 優雅な趣味 / an ~ gentleman 上品な紳士. **5**〈言葉など〉選び抜かれた, 精選された (choice). **6**《古》正確な (accurate).
— *n.* (着物などにひどく凝る)しゃれ男, だて男.
~·ly *adv.* **~·ness** *n.*

exr.《略》executor.

éx rìghts *adv., adj.*〘証券〙(新株引受けの)権利落ちで[の] (cf. cum rights).

exrx.《略》executrix.

exs.《略》examples; expenses.

ex·san·gui·nate [ek(s)sǽŋgwənèɪt | -gwɪ-]〘← L *exsanguināt-us* bloodless: ⇨ ex-[1], sanguine, -ate[3]〙— *vt.*〈人〉から血を取り去る, 放血する. **ex·san·gui·na·tion** [ek(s)sæ̀ŋgwənéɪʃən | -gwɪ-] *n.*

ex·san·guine [ek(s)sǽŋgwɪn, -gwən | -gwɪn]〘← EX-[1]+SANGUINE: cf. L *exsanguis* bloodless〙*adj.* 血を失った, 貧血の (anemic).

ex·scind [eksínd | ek-, ɪk-]〘□ L *exscind-ere* ← EX-[1]+*scindere* to cut asunder: cf. scissile〙*vt.* 切り取る, 切り除く, 切り裂く (excise).

exsec.《略》exsecant.

èx·sé·cant〘← EX-[1]+SECANT〙*n.*〘数学〙エックスセカント《ある角の正割から 1 を引いたもの; 角 θ のエックスセカントを exsec θ と書く; exsec θ = sec $\theta - 1$》.

ex·sect [eksékt | ek-, ɪk-]〘← L *exsect-us* (p.p.) ← *exsecāre* to cut out ← EX-[1]+*secāre* to cut: cf. section〙— *vt.* 切り除く, 切除する (cut out). **ex·sec·tile** [ekséktḷ, -taɪl | ekséktaɪl, ɪk-] *adj.* **ex·sec·tion** [eksékʃən | ek-, ɪk-] *n.*

ex·sert [eksə́:t | ek(s)sə́:t]〘《1665》□ L *ex(s)ert-us* (p.p.) ← *ex(s)erere* to put forth: ⇨ exert〙〘生物〙— *vt.* 突き出す, 突き出させる; 裸出する. — *adj.* ＝exserted. **ex·ser·tion** [eksə́:ʃən | ek(s)sə́:-] *n.*

ex·sért·ed [-ṭɪd, -ṭəd | -tɪd, -təd] *adj.*〘生物〙〈雄蕊(ずい)・雌蕊が〉(花冠の外に)突き出した, 伸出した (projecting); (さやなどから)裸出した (↔ included).

ex·ser·tile [eksə́:ṭḷ, -taɪl, -ṭɪl | ek(s)sə́:taɪl]〘□ F ~: ⇨ exsert, -ile[1]〙*adj.*〘生物〙突き出せる, 伸出できる.

éx-sérvice〘← EX-[2]+SERVICE〙*adj.*《英》〈軍人が〉退役の.

ex-sérvice·man [-mən]〘⇨ ↑, -man〙*n.* (*pl.* **-men** [-mən, -mèn])《英》(戦地の経験ある)退役軍人, 元軍人 (《米》veteran).

ex·sic·cate [éksɪkèɪt, -sə-, eksíkeɪt | ék(s)sɪkèɪt]〘《?*a*1425》← L *exsiccāt-us* (p.p.) ← *exsiccāre* ← EX-[1]+*siccāre* to dry up: ⇨ siccative, -ate[3]〙— *vt.* …から湿気を取る, 乾燥させる;〈泉などを〉干上がらせる; 乾かす (dry). — *vi.* 乾燥する, 乾く. **ex·sic·ca·tion** [èksɪkéɪʃən, -sə- | èk(s)sɪ-] *n.* **éx·sic·cà·tor** [-tə | -tə(r)] *n.*

ex·sic·ca·tive [éksɪkèɪṭɪv, -sə- | ék(s)sɪ-]〘《*a*1400》□ ML *exsiccātīv-us*: ⇨ ↑, -ive〙*adj.* 乾燥の, 乾燥力のある. — *n.* 乾燥剤.

ex si·len·ti·o [èks-sɪlénʃiòu, -sə- | -sɪlénʃɪàu]〘□ L ~ 'from silence'〙*L. adv.* 反証がないので.

ex·solve [ek(s)sɑ́lv, -sɔ́(:)lv | -sɔ́lv, -sə́ulv]〘□ L *exsolv-ere*: ⇨ ex-[1], solve〙— *vi.*〘鉱物〙溶離する《高温で一相の固溶体鉱物が低温で二種の固相に分離する》. **ex·so·lu·tion** [èk(s)səlú:ʃən | -lú:-, -ljú:-] *n.*

ex·stip·u·late [ek(s)stípjʊlət, -lɪt, -lèɪt]〘⇨ ex-[1], stipulate[2]〙*adj.*〘植物〙托葉(たく) (stipule) のない.

éx stòre〘⇨ ex[1], store〙*adv., adj.*〘商業〙店頭渡しで[の]《それまでの費用・危険の一切を売主側が負担することにいう》.

ex·stro·phy [ékstrəfi | -fɪ]〘← EX-[1]+*strophe* (← Gk *stréphein* to turn: cf. strophe)+-Y[1]〙*n.*〘医学〙外反, (特に)膀胱(ぼう)外反症《一種の奇形》.

ext.《略》extend; extension; extent; exterior; external; externally; extinct; extra; extract; extraction; *L.* extractum (＝extract); extreme.

ex·tant [ékstənt, ekstǽnt, ékstænt, ɪkstǽnt | ekstǽnt, ɪks-, ékstənt, -tænt]〘《1545》□ L *ex(s)tant-em* (pres.p.) ← *ex(s)tāre* ← EX-[1]+*stāre* 'to STAND'〙— *adj.* **1 a** 現存の: the ~ inequities between men and women 現存している男女間の不平等. **b**〈書類など〉残存している: an ~ copy 残存している版本. **2**《古》突き出ている.

ex·ta·sy [ékstəsi | -sɪ] *n.*《古》＝ecstasy.

ex·tem·po·ral [ekstémp(ə)rəl, ɪks-]〘《1570》□ L *extemporāl-is*: ⇨ ex-[1], temporal〙*adj.*《古》＝extemporaneous. **~·ly** *adv.*

ex·tem·po·ra·ne·i·ty [ekstèmpərəní:əṭi, ɪks- | eks-tèmpərəní:ətɪ, -ɪtɪ]〘⇨ ↓, -ity〙*n.* 即席(性); 間に合わせ (extemporaneousness).

ex·tem·po·ra·ne·ous [ekstèmpəréɪniəs, ɪks- | eks-tèmpəréɪnjəs, èkstem-, -nɪəs]〘□ LL *extemporāneus*: ⇨ extempore, -aneous〙— *adj.* **1 a**〈演説・祈りなど〉即座の, その場での, 即席の, 即興の (impromptu, extempore): ~ prayer 即席の祈り. **b** (準備したものを)メモなしで行なう: ~ lectures メモなしで行なう講義. **c**〈人が〉ぶっつけ本番を得意とする: an ~ comedian ぶっつけ本番を得意とする喜劇俳優. **2 a** 一時しのぎの, 間に合わせの (makeshift): an ~ shanty 一時しのぎの小屋 / an ~ supper 間に合わせの夕食. **b**〈薬が〉処方箋に応じて調合した (cf. officinal 2). **3** 突然の, 突発的な. **~·ly** *adv.* **~·ness** *n.*

ex·tem·po·rar·i·ly [ɪkstèmpərérəli, eks-, —⌐—⌐— | ɪkstémp(ə)rərəlɪ, eks-, -rɪlɪ]〘⇨ ↓, -ly[1]〙*adv.* 即席に; 臨機的に, (一時の)間に合わせに.

ex·tem·po·rar·y [ɪkstémpərèri, eks- | -p(ə)rərɪ]〘《1610》: ⇨ ↓, -ary〙*adj.* ＝extemporaneous. **ex·tém·po·ràr·i·ness** *n.*

ex·tem·po·re [ɪkstémpəri, eks-, -rèɪ | ekstémpərɪ, ɪks-]〘《*a*1553》□ L *ex tempore* instantaneously,《原義》out of the time ← EX-[1]+*tempore* ((abl.) ← *tempus* time: ⇨ temporal)〙— *adv.* 準備なしで; 即席に, 即興的に, その場ですぐ (offhand): speak ~ (メモなしでまたは原稿を見ないで)即席に話す / pray ~ 即席のお祈りを唱える. — *adj.* **1**〈演説・弁士・俳優など〉下準備[腹案]なしでする, 即席の, 即興的な (offhand): an ~ speech [sermon] (メモなしで, または原稿を見ないでする)即席演説[説教] / an ~ actor 即興で演じる俳優. **2** 臨時の, 間に合わせの (makeshift): an ~ sofa 間に合わせのソファー.

ex·tem·po·ri·za·tion [ɪkstèmpərɪzéɪʃən, eks-, -rə- | ekstèmpəraɪ-, ɪks-, -rɪ-] *n.* **1** 即席に作ること; 即興的作曲(法) (improvisation). **2** 即興の作;〘音楽〙即興作, 即題作; その楽曲; 即興[即題]的演奏.

ex·tem·po·rize [ɪkstémpəràɪz, eks-]〘《1644》← EXTEMPORE+-IZE〙— *vt.* **1** (原稿なしに)即席に話す, 即興的に作る[歌う, 演奏する] (improvise): ~ some stanzas 何節かを即興的に作る. **2** 間に合わせで作る[用意する]: ~ an army 軍隊を間に合わせで編成する. — *vi.* **1** 即席に演説をする. **2** 即題で作る; 即興的に作曲[演奏]する. **ex·tém·po·rìz·er** *n.*

ex·tend [ɪksténd, eks-]〘《*a*1338》□ L *extend-ere* ← EX-[1]+*tendere* to stretch: ⇨ tend[1]〙— *vt.* **1**〈全身・手足・コンパスなどを〉十分に伸ばす;〈手・腕などを〉差し伸ばす (hold out);〈帆・翼などを〉(一杯に)引き伸ばす, 広げる (stretch out): Christ was ~*ed* on the cross. キリストは十字架に磔(はりつけ)にされた / She ~*ed* her arms *to* me. 彼は両腕を私に差し出した. **2**〈なわ・針金などを〉張る, 張り渡す (draw): ~ a rope *across* the street 街路を横切って綱を張り渡す.
3 a (空間的・時間的に)延長する (prolong): ~ a railway line *from* here *to* the next town 鉄道をここから次の町まで延長する / ~ one's visit *for* a few days longer 滞在をもう二三日延ばす. **b**〘軍事〙散開[展開]させる, 疎開させる, …の間隔を開く: The troops were thinly ~*ed along* the riverbank. 部隊は川岸沿いに広間隔に散開した. **c**〘金融〙〈負債など〉の支払期間を延期する.
4 a〈範囲・領土などを〉広げる, 拡張する (enlarge);〈勢力などを〉伸ばす;〈知識・能力などを〉増長させる,

向上させる (advance): ～ a building 建増しする / ～ one's power [influence] 勢力を伸長する / ～ one's domains *to* the sea [*across* the ocean] 領地を海まで[海の向こうまで]拡張する / further ～ our knowledge of ...についての私達の知識をさらに広げる / The U.S. ～*ed* its fishing zone from 12 to 200 miles. アメリカ合衆国は漁業水域を12海里から200海里に拡大した. **b** 〈法律など〉の適用範囲を拡張する; 〈意義を〉拡充する: ～ the law of reason 推理の法則の適用範囲を拡張する / The sense of the phrase has been unduly ～*ed*. その句の意味が不当に拡大されて用いられている. **c** 《廃》誇張する.

5 a 〔...に〕〈祝辞などを〉述べる, 〈招待状などを〉差し出す (offer) 〔*to*〕: ～ congratulations [an invitation] *to* a person 人に祝辞を述べる[招待状を送る]. **b** 〔...に〕〈援助・恩典などを〉施す, 〈同情などを〉寄せる (grant) 〔*to, toward*〕: ～ help *to* the poor 貧民に救助の手を差しのべる / The U.S. will ～ economic and technological assistance *to* those countries. 合衆国はそれらの国々へ経済的および技術的援助を施そうとしている.

6 a 〘馬術〙〈馬を〉歩幅一杯に歩かせる[走らせる]; いっぱいに追う. **b** [Passive または ～ *oneself* で] 〈馬・競技者が〉全力疾走する, 精一杯力を出す; [～ *oneself* で] 懸命に努力する, 精根を尽くす: He can walk ten miles without seeming to ～ *himself*. 彼は10マイル歩いてもちっとも疲れたような様子を見せない.

7 〔...を混ぜて〕〈食品など〉の量をふやす[品質を落とす]〔*with*〕: ～ minced meat *with* bread crumbs ミンチ肉にパン粉を混ぜて量をふやす.

8 〘簿記〙〈数字などを〉次欄に送る (carry forward); 〈掛算をした結果を〉次欄に記入する.

9 〈速記を〉普通の文字に書き直す.

10 a 《英》〘法律〙(債務を取り立てるために)〈土地・建物を〉評価する (assess); (差押え令状によって)〈土地などを〉差し押える (seize). **b** 《廃》没収する, 奪い取る.

— *vi.* **1** 広がる, 伸びる; 広がりが〔...まで〕ある, 延長が〔...に〕達する〔*to*〕: The line ～*s to* a length of 100 miles. 線路の延長は100マイルに及ぶ / The branches ～*ed out over* the hedge. 枝が垣根の上まで伸び広がっていた. **2** 〈距離・期間・範囲などが〉〔...に(まで)〕拡大する, 延長する, わたる〔*over*, (*in*)*to*〕; 〈関心・勢力などが〉〔...にまで〕及ぶ〔*to*〕: The country ～*s* fifty miles *from* north *to* south. その国は南北延長50マイルにわたる / The festival ～*s over* three days. 祭礼は三日にわたる / The stagflation threatens to ～ *into* the winter. スタグフレーションは冬まで続きそうである. **3** 〘馬術〙〈馬が〉(歩幅や馬体において)伸長する.

ex·ténd·ed 〘《15C》〙 — *adj.* **1** 伸ばした, 張り出した; 広がった; 広げた; 〈遺体が〉手足を伸ばして埋葬された: the length of his ～ limbs 彼の伸ばした手足の長さ / ～ burial 伸展葬. **2** (期間を)延長した; 長い, 長期にわたる: ～ bonds 償還延期公[社]債 / an ～ inquiry 長期にわたる調査 / an ～ discussion 長々しい討論 / make an ～ stay 長逗留する. **3** 持続的な, 集中的な: ～ efforts. **4** (範囲の)拡張した; 広く行きわたった, 広範囲にわたる: ～ plains of grass 広々とした草原 / Its scope is far more ～. その範囲はずっと拡大している. **5** 〘軍事〙散開した: ⇨ extended order. **6** 〘活字〙エキステンドの《字幅がかなり広い; cf. condensed 3, expanded》. **7** 派生した (derivative): an ～ sense of a word 語の派生的な意味. **8** 〘馬術〙 **a** 〈行進中の馬が〉伸長した, 伸長姿勢の (cf. collected 3). **b** 〈馬の歩調が〉伸長速歩(そくほ)の. **9** 〘社会学〙〈家族などが〉拡大した (↔ nuclear): ⇨ extended family. **～·ly** *adv.* **～·ness** *n.*

exténded cómplex pláne *n.* 〘数学〙拡大複素平面《複素平面に無限遠点 (∞) をつけ加えたもの》.

exténded cóverage *n.* 〘保険〙拡張担保《普通の保険で担保される危険の範囲を拡張して, 他の危険をも担保するもの》.

exténded fámily *n.* 〘社会学〙拡大家族《親子のみならず直系血族・婚姻血族をも含む大家族で核家族 (nuclear family), 複婚家族 (polygamous family) と並ぶ家族形式》.

exténded hármony *n.* 〘音楽〙開離和声 (⇨ open harmony).

exténded insùrance *n.* 〘保険〙＝extended term insurance.

exténded órder *n.* 〘軍事〙疎開[分散, 散開]隊形 (cf. close order).

exténded-pláy *adj.* 〈レコードが〉イーピー(盤)の (cf. EP): an ～ record. — *n.* イーピー(盤)レコード.

exténded réal númber sỳstem *n.* 〘数学〙拡大実数系《通常の実数系に正負の無限大 (+∞, −∞) をつけ加えたもの》.

exténded térm insùrance *n.* 〘保険〙延長定期保険.

ex·ténd·er *n.* **1 a** 体質顔料《他の顔料の希釈・増量用の無色または白色の顔料; extender pigment ともいう》. **b** 増量剤, 展延剤《ゴム製品・プラスチックなどの容積を増加させて単価を安くするために加える物質》. **2** 《英》大学公開講座の教師. **3** 〘医学〙＝expander 4.

ex·tend·i·ble [ɪksténdəbl̩, eks- | -də-, -dɪ-] 〘《15C》〙 *adj.* ＝extensible.

ex·ten·si·bil·i·ty [ɪkstènsəbíləṭi, eks- | -səbíləti, -sɪ-, -lɪ-] *n.* 伸張性, 延長性, 伸展性, 拡張[展開]可能性.

ex·ten·si·ble [ɪksténsəbl̩, eks- | -sə-, -sɪ-] 〘□F ～: ⇨ extensile, -ible〙 *adj.* **1** 広げることのできる, 伸ばせる, 伸張性のある. **2** 〘動物・解剖〙＝extensile 1.

ex·ten·sile [ɪksténsəl, eks-, -saɪl, -sɪl | -saɪl] 〘← L *extēnsus* + -ILE¹: ⇨ extension〙 — *adj.* **1** 〘動物・解剖〙伸ばせる, 突き出せる, 伸張性のある. **2** ＝extensible 1.

ex·ten·sim·e·ter [èkstensímətə | -mɪtə(r, -mə-] *n.* 〘機械〙＝extensometer.

ex·ten·sion [ɪksténʃən, eks-] 〘《*a*1400》□(O)F ～ // LL *extensiō(n-)* ← L *extensus* (p.p.) ← *extendere* 'to EXTEND': ⇨ -sion〙 — *n.* **1** 〔...を〕伸ばすこと, 伸長, 延長〔*of*〕; 〔...の〕拡張〔*of*〕; 伸張力: the ～ *of* an arm 腕を差しのべる[十分に伸ばす]こと / the ～ *of* one's premises 屋敷の拡張 / the ～ *of* knowledge [influence] 知識[勢力]の伸張 / the ～ *of* the meaning of a word 語義の拡張. **2** 延長部分, 継足し; (鉄道の)延長線; 拡張部分; (建物の)増築部分, 建増し部分 (annex): put an ～ to trousers ズボンに継足しをする / an ～ from A to B AからBへの延長線 / make ～*s* 建増しをする. **3** (広さ・大きさ・程度などの)範囲 (extent): the ～ of logic as a science 科学としての論理学の範囲. **4 a** 日延べ, 延期: an ～ of leave of absence 賜暇の延期 / an ～ of a loan 借付金の支払延期. **b** 〘商業〙返済延期. **5** 〘電話〙内線, 連接線: listen on an ～ 別の内線で盗み聞きする. **6** 〘物理〙塡充(じゅう)性《物体が空間を占める性質》. **7** 〘解剖〙(手足を)伸ばすこと, 伸展(運動) (cf. flexion 2); 伸展位置. **8** 〘外科〙(脱臼整復などに用いる)伸展療法. **9** 〘論理〙外延 (denotation) (↔ intension): *Flower* has wider ～ than *rose*. 「花」は「バラ」よりも外延が広い. **10** 〘文法〙(主部または述部の)拡充, 敷衍(ふえん). **11** 〘数学〙(概念や条件の)外延; 拡張; (群や体などの)拡大; (線の)延長. **12** 〘馬術〙(馬体の)伸長, 伸びきった状態, 伸長姿勢《首が伸び, 顎(あご)が胸から離れ, 前後肢ともいっぱいに拡がって動いている状態; cf collection 8》.

— *attrib. adj.* **1** 継足しの: an ～ cord (スタンドなどの)継足しコード. **2** 伸縮自在の: an ～ bag 伸縮自在の袋 / ⇨ extension ladder. **3** 拡張の: ～ work 拡張工事. **4** (大学教育を学外に及ぼそうとする)大学拡張運動の (cf. university extension): ～ courses [lectures] 大学公開講座[講義]《夜間[校外, 通信]教授による大学教育の公開》/ an ～ student 同上聴講生.

exténsion àgent *n.* 《米》＝county agent.

ex·tén·sion·al [-ʃənl, -ʃnəl] *adj.* **1** 拡張の, 伸長の, 延長の. **2** 〘論理〙外延(的)の, 外在的な (↔ intensional): an ～ definition 外延的定義 / an ～ meaning 外延[外在]的意味《外的世界の指示的対象》. **ex·ten·sion·al·i·ty** [ɪkstènʃənǽləṭi, eks- | -lətɪ, -lɪ-] *n.* **～·ly** *adv.*

ex·tén·sion·al·ism [-ʃ(ə)nəlɪzm] *n.* 〘言語〙(意味論における)外在[外延]主義《抽象のレベルを意識し, より常に実在の対象に意味を引き戻していくことにより意味の混同をさけようとする立場; Korzybski の説》.

exténsion fìeld *n.* 〘数学〙拡大体《与えられた体を含む体; overfield ともいう》.

exténsion làdder *n.* (消防用)繰出しばしご.

Exténsion Sèrvice *n.* (米国の)農事調査機関《大学と協力して農業問題や農村生活の調査を行なう農務省の機関; 結果は郡農事顧問 (county agent) などに知らされる》.

exténsion tàble *n.* 伸縮テーブル.

ex·ten·si·ty [ɪksténsəṭi, eks- | -səti, -sɪ-] 〘← LL *extensivus* (↓)+-ITY〙 *n.* **1** 拡張[伸長]性. **2** 広がり, 範囲 (range). **3** 〘心理〙(感覚の)拡がり.

ex·ten·sive [ɪksténsɪv, eks-] 〘《1605》□ LL *extensivus* ← L *extensus*: ⇨ extension, -ive〙 — *adj.* **1** 広い, 広大な (wide): ～ domains [fields] 広大な領土[畑]. **2** 広範囲にわたる (far-reaching); 手広い, 大規模の: ～ reading 粗読, 多読 (cf. INTENSIVE reading) / ～ business 手広い営業 / ～ knowledge 広い知識 / an ～ order 大量注文 / do ～ research 大規模な調査をする. **3** 長大な (lengthy), 長々しい: We cannot indulge in ～ quotation. 長々と引用をほしいままにすることはできない. **4** 〘経済・農業〙粗放的な (↔ intensive): ～ agriculture [farming] (広大な土地を使用する)粗放農業[農法]. **5** 〘論理〙外延的な (↔ intensive). **6** 多量な, 多数の: ～ capital 多額の資金 / ～ examples 多数の例. **～·ness** *n.*

ex·tén·sive·ly *adv.* 広大に, 広く; 手広く, 大規模に; 外延的に.

ex·ten·som·e·ter [èkstensɑ́mətə | -sɔ́mɪtə(r, -mə-] 〘← EXTENS(ION)+-O-+-METER¹〙 — *n.* 〘機械〙伸び計《伸縮やひずみを測定する; cf. deflectometer》.

ex·ten·sor [ɪksténsə, eks-, -sɔə | -sə(r] 〘《1713》← NL ～ ← L *extensus*: ⇨ extension, -or²〙 *n.* 〘解剖〙伸筋 (cf. flexor).

exténsor mùscle *n.* 〘解剖〙伸筋.

ex·tent [ɪkstént, eks-] 〘《*c*1303》□ AF *extente* □ ML *extenta* (fem.p.p.) ← L *extendere* 'to EXTEND'〙 — *n.* **1** 広がり, 区域; 広さ, 大きさ; 広大な地域[水域]: the ～ *of* a park 公園の区域 / the ～ *of* an eagle's wings ワシの翼の長さ / a vast ～ *of* land 広大な土地 / The sky is *of* boundless ～. 空は際限なく広い. **2 a** (適用などの)範囲 (scope): reduce the ～ *of* the law's application 法の適用範囲を制限する / the ～ of the stock 在庫品の範囲. **b** 程度; 限界, 限度: *to* some [a certain] ～ ある点までは, やや, 幾分 (partly) / *to* a great or small ～ 多かれ少なかれ / *to* the utmost ～ 極度に / *to* the ～ of ...の程度まで / *to* that ～ その程度まで, それほど / He became unjust *to* the full ～ of his power. 権限の許す限り不当な行ないをした / I hardly know *to* what ～ he can be trusted. どの程度まで彼を信用していいかわからない / He reached the ～ *of* his intended journey. 予定の旅行の最終点に達した. **c** 〘鳴鐘術〙範囲, 音域. **3** 〘論理〙外延 (extension). **4 a** 《古》〘英法〙(特に, 課税のための土地の)評価 (assessment). **b** 〘英法〙差押え令状 (writ of extent). **c** 〘英法〙(令状による)差押え執行, (土地などの)差押え (seizure). **d** 〘英法〙強制管理令状. **e** 〘米法〙(債権者に債務者の土地の一時的所有権を与える)差押え令状. **5** 《廃》〔法の〕執行; 〔儀礼の〕表示〔*of*〕. **6** 《廃》〔...への〕攻撃, 襲撃 (assault) 〔*against, on*〕.

ex·ten·u·ate [ɪksténjuèɪt, eks- | -njʊ-] 〘《adj.: ?*a*1425; v.: 1529》□ L *extenuāt-us* (p.p.) ← *extenuāre* to make thin ← EX-¹+*tenuāre* (← *tenuis* thin)〙 — *vt.* **1 a** 〈犯罪〉の情状を酌量する, 〈罪などを〉軽くする (mitigate); 〈罪などを〉(軽くしようと)言い訳する (palliate): ～ a crime / You cannot ～ his misconduct. 彼の不品行には情状酌量の余地がない. **b** 〈事情が〉...の言い訳となる: Nothing can ～ his negligence. 彼の怠慢には言訳が立たない. **2** 《古》見くびる, 軽視する: ～ danger [difficulty] 危険[困難]を軽視する. **3** 《古》〈人を〉やせさせる: be ～*d* by hunger 飢えのためやせる. **4** 《古》〈液体・気体を〉薄める. **5** 《古》...の力[効果]を減少させる, 弱める: ～ laws 法を軽減する. **6** 《廃》軽蔑する. **ex·tén·u·à·tor** [-ṭə | -tə(r] *n.*

ex·ten·u·àt·ing [-ṭɪŋ | -tɪŋ] *adj.* 〈事情など〉酌量できる: ～ circumstances 〘法律〙酌量すべき情状. **～·ly** *adv.*

ex·ten·u·a·tion [ɪkstènjuéɪʃən, eks- | -njʊ-] 〘《?*c*1425》□(O)F *exténuation* □ L *extenuātiō(n-)*: ⇨ extenuate, -ation〙 — *n.* **1** 情状酌量, 〔罪の〕軽減 (palliation) 〔*of*〕: plead circumstances *in* ～ *of* one's guilt 事情を述べて減刑の申し立てをする. **2** 軽減するもの; 酌量すべき事情[言い訳] (partial excuse).

ex·ten·u·a·tive [ɪksténjuèɪṭɪv, eks-, -njuəṭ- | eksténjuət-, ɪks-, -njuèɪt-] *adj.* ＝extenuatory.

ex·ten·u·a·to·ry [ɪksténjuətɔ̀ːri, eks-, -tòːri | eksténjuət(ə)ri, ɪks-, -juèɪtəri] 〘□ LL *extenuātōri-us*: ⇨ extenuate, -atory〙 — *adj.* 軽減的性質の, 情状酌量的な: an ～ defence 〘法律〙情状酌量的弁護.

ex·te·ri·or [ekstí(ə)riə, ɪks- | -tíəriə(r] 〘《1533》□ L ～ (compar.) ← *exterus* outer, outside (compar.) ← *ex*: ⇨ ex¹〙 — *adj.* **1 a** 外の, 外部の (↔ interior): the ～ side [surface] 外側[外面] / ～ decorations 外部の装飾 / ～ possessions 国外領土 / ～ help 外部からの援助. **b** 〘映画〙野外の (outdoor) (cf. *n.* 3). **2** 外面の, 表面上の, 外観上の (outward) (↔ inward); 外界の, 外因的な (extrinsic) (↔ internal, intrinsic): ～ quietness 表面上の落着き / the ～ man ＝outer man. **3** 〔...の〕外にある; 〔...とは〕かけ離れた, 〔...と〕無関係の〔*to*〕: matters ～ *to* one's real character 本性とは無関係の事柄. **4** 対外的な, 外交上の: an ～ policy 対外政策. **5** 〘数学〙〈角が〉外側の (↔ interior): ⇨ exterior angle.

— *n.* **1** 外部, 外面, 外観: the ～ of a house 家の外面 / a good man with a rough ～ 外面は粗野だが心は善良な人. **2** [*pl.*] 《古》外貌. **3** 〘映画・テレビ〙 **a** 野外シーン用セット. **b** (実際に野外で撮影した)野外シーン. **4** 〘数学〙外部《閉包の補集合, 補集合の内部》.

extérior ángle *n.* 〘数学〙 **1** (多角形の)外角《1辺と隣り合う他の1辺の延長とが成す角; cf. interior angle》. **2** (2直線が1直線と交わってできる)外角《2直線の外側にできる四つの角の一つ》.

extérior ballístics *n.* 砲外[腔外]弾道学《発射後の弾丸の銃砲腔外における運動エネルギーに関する科学; cf. interior ballistics》.

ex·te·ri·or·i·ty [ekstì(ə)riɔ́(ː)rəṭi, ɪks-, -riɑ́r- | ekstɪərɪɔ́rəti, ɪkst-, èkstɪər-, -rɪ-] *n.* ＝externality.

ex·te·ri·or·ize [ekstí(ə)riəràɪz, ɪks- | -tíərɪər-] *vt.* **1** 外面化する; 〈観念を〉実在化する; 物質的実在として認識[表現]する (externalize). **2** 〘外科〙(手術などのため)〈内臓を〉体外に出す. **ex·te·ri·or·i·za·tion** [ekstì(ə)riərɪzéɪʃən, ɪks-, -raɪz- | -tìərɪəraɪ-, -rɪz-] *n.*

ex·té·ri·or·ly *adv.* **1** 外部的に; 外部[外面]から. **2** 外面[表面]的に, 外観的に, 皮相的に.

extérior plánet *n.* 〘天文〙外惑星 (⇨ superior planet).

ex·ter·mi·na·ble [ɪkstə́ːmənəbl̩, eks- | -tə́ːmɪ-] 〘⇨ ↓, -able〙 *adj.* 根絶[絶滅]できる.

ex·ter·mi·nate [ɪkstə́ːmənèɪt, eks- | -tə́ːmɪ-] 〘《1541》← L *extermināt-us* (p.p.) ← *extermināre* to drive beyond the boundaries ← EX-¹+*termināre* to limit (← *terminus* 'TERMINUS'): ⇨ -ate³〙 — *vt.* 〈望ましくない生物・事柄を〉根絶[絶滅]する, 撲滅する, 皆殺しにする (extirpate): ～ rats / ～ every error すべての誤りを根絶する / I was busily *exterminating* dandelion roots. 忙しくタンポポの根を抜いていた.

ex·ter·mi·na·tion [ɪkstə̀ːmənéɪʃən, eks- | -tə̀ːmɪ-] 〘《1459》□ LL *exterminātiō(n-)*: ⇨ ↑, -ation〙 *n.* 根絶, 絶滅, 皆殺し.

extermináton càmp *n.* 死の収容所《囚人の多数が処刑される収容所》.

ex·ter·mi·na·tive [ɪkstə́ːmənèɪṭɪv, eks-, -nəṭ- | -tə́ːmɪnət-, -nèɪt-] *adj.* ＝exterminatory.

ex·tér·mi·nà·tor [-ṭə | -tə(r] 〘□ LL *exterminātor*: ⇨ exterminate, -or²〙 *n.* 根絶者, 撲滅者; 害虫[害獣]駆除業者[剤].

ex·ter·mi·na·to·ry [ɪkstə́ːmənətɔ̀ːri, eks-, -tòːri | -tə́ːmɪnət(ə)ri, -nèɪt-] *adj.* 根絶的な, 絶滅的な.

ex·ter·mine [ɪkstə́ːmɪn, eks-, -mən | -tə́ːmɪn] *vt.* 《廃》＝exterminate.

ex·tern 〘《1537》□ F *externe* // L *extern-us*: ↓〙 — [ekstə́ːn, ⌐―― | ekstə́ːn] *adj.* 《古》＝external. — [ékstəːn | ékstəːn] *n.* **1 a** (寄宿生に対して)通学生. **b** (病院の)通勤医師[医学生] (cf. internl). **2** 渉

外担当修道女《女子カルメル会のような厳格な禁入制下の修道会で院内の禁域外に居住して外部との交渉に当たる修道女》. **~·ship** *n.*

ex·ter·nal [ekstə́:nḷ, ɪks- | -tə́:-] 《?*a*1425》← L *extern-us* outward (← *exterus* (compar.) ← *ex* 'EX¹')+-AL¹》(↔ internal) ― *adj.* **1 a** 外の, 外部(から)の, 外面の: ⇨ external angle / ~ economies [diseconomies] 外部経済[不経済]《ある経済主体の行動が他の経済主体に有利[不利]に働くこと》/ ~ evidence 外的証拠 / an ~ injury 外傷 / ~ stimuli 外部からの刺激 / ~ force [pressure]《物理》外力[外圧]. **b** 〔…の〕外にある; 〔…と〕無関係な〔*to*〕: those who are ~ *to* Christianity キリスト教に無縁である人々. **2**《医学》外用の, 外部に用いる[からの]: an ~ preparation 外用薬 / ~ application [use] (薬の)外用. **3** 偶然的な, 表面的な, 付帯の: ~ circumstances 偶然的な事情. **4** (外面的)形式上の, 見てくれの, 形式的な (formal): ~ religion 形式的宗教 / the ~ worship of God 形式的な神の崇拝. **5** 対外的な: ~ affairs [politics, commerce] 対外事件[政策, 貿易] / an ~ loan [debt] 外債. **6**《解剖・動物》外側の, 最外側の: ⇨ external ear. **7**《哲学》外界の, 客観界の, 客観的(存在)の, 外的な (objective): the ~ world (個人から独立して存在する)外的[客観的]世界, 外界 / ~ objects 外界の事物. **8**《英》〈学生が〉学外の《通学はせずに試験だけ当の大学で受ける》; 〈試験官が〉学外の; 〈試験・学位が〉学外試験による: an ~ examiner.
― *n.* **1**《古》外部, 外面. **2** [*pl.*] **a** 外形, 外観, 外貌: judge by ~*s* 外観で判断する / the ~*s* of religion 宗教の外面的形式《儀式など》, 外礼. **b** 外界の事物; 外的な事情[情況]. **c** (非本質的な)偶有事物, 付帯事項 (nonessentials): the subordination of ~*s* to essentials 偶有的な物を本質的な物に従属させること.

extérnal ángle *n.* **1**《数学》=exterior angle. **2**《建築》出隅(でずみ)《90度以上の角度で突出した角の部分; cf. reentering angle 3》.

extérnal áuditory meátus *n.*《解剖》外耳道 (cf. internal auditory meatus).

extérnal-combústion *adj.*《機械》外燃の (↔ internal-combustion): an ~ engine 外燃機関.

extérnal éar *n.* **1** 外耳. **2** =pinna 3.

extérnal gálaxy *n.*《天文》銀河系外星雲, 島宇宙.

extérnal gíll *n.*《動物》外鰓(がいさい).

extérnal hémorrhoid *n.*《病理》外痔核.

extérnal íliac ártery *n.*《解剖》外腸骨動脈 (⇨ iliac artery 2).

ex·tér·nal·ism [-nəlɪzm, -nḷ-] *n.* **1** =externality 1. **2** 外形主義; (特に, 宗教上の)形式尊重主義. **3** 外界崇拝. **4** 外在論, 現象論 (phenomenalism).

ex·tér·nal·ist [-nəlɪst, -ləst, -nḷ- | -tə́:nəlɪst, -nḷ-] *n.* 形式尊重者; 実在論[現象論]者.

ex·ter·nal·i·ty [èkstə:nǽləṭi | -tə:nǽləti, -lɪ-] *n.* **1** 外部[外面]性. **2**《哲学》外界[客観的]存在性, 外在性. **3 a** 外物, 外的特質 (external characteristic). **b** 外界事物, 外界. **4** 外観に心を奪われること; 形式主義. **5**《経済》外部性《個別企業や産業全体の活動が外部企業の生産費に影響を与えること》.

ex·ter·nal·i·za·tion [ekstə̀:nəlɪzéɪʃən, ɪks-, -lə-, -nḷ- | -tə̀:nəlaɪ-, -nḷaɪ-, -lɪ-, -ḷɪ-] *n.* **1** (内部的なものの)客観化, 具体化. **2** 体現, 具現 (embodiment). **3**《心理》外在化《自分の欲求や感情を外在する他者の内に投入すること; しばしば投射と同義に使われる》.

ex·ter·nal·ize [ekstə́:nəlàɪz, ɪks-, -nḷ- | -tə́:nəl-, -nḷ-] *vt.* **1** 〈内部的なものを〉客観化する, 客観的存在物として考える; 〈思想・心象〉に客観性[形体]を与える, 具体化する: Language ~*s* the process of thinking. 言語は思考作用を具体化するものである. **2** 〈性情・関心を〉外に向けさせる, 外向的にさせる. **3**《心理》〈自分の欲求・感情を〉外在化する.

ex·tér·nal·ly *adv.* 外部に[で], 外部から; 外面的に; 外用として: apply ~ (薬を)外用する.

extérnally fired bóiler *n.* 外だきボイラー, 外火罐 (cf. internally fired boiler).

extérnal máxillary ártery *n.*《解剖》顔面動脈.

extérnal pháse *n.*《物理化学》外相 (⇨ dispersion medium).

extérnal relátion *n.*《哲学》外的[偶有的]関係 (↔ internal relation).

extérnal respirátion *n.*《生理》外呼吸《外界と呼吸器の間で行なわれる酸素と炭酸ガスの交換; cf. internal respiration》.

extérnal wórk *n.*《物理》外力に対してなす仕事.

ex·terne [ékstə:n | ékstə:n] *n.* =extern.

ex·ter·o·cep·tive [èkstəro(ʊ)séptɪv | -rə(ʊ)-] 《← *extero-* (← L *exterus* 'EXTERIOR')+(RE)CEPTIVE》 *adj.*《生理》外受容性の, 外部感受性の.

ex·ter·o·cep·tor [èkstəro(ʊ)séptə | -rə(ʊ)séptə(r)] 《← NL ~ ← *extero-* (↑)+(RE)CEPTOR》 *n.*《生理》受容器, 感覚器官 (sense organ)《耳・目・鼻・皮膚など; ↔ interoceptor》.

ex·ter·ri·to·ri·al [èkstèrətɔ́:riəl, -tó:r- | -rɪtɔ́:rɪ-] 《← EX-¹+TERRITORIAL》 *adj.* =extraterritorial. **~·ly** *adv.*

ex·ter·ri·to·ri·al·i·ty [èkstèrɪtɔ̀:riǽləṭi, -tò:r- | -rɪtɔ̀:rɪǽlətɪ, -lɪ-] 《1836》□ F *exterritorialité*: ⇨ ↑, -ity》 *n.* =extraterritoriality.

extg.《略》extracting.

ex·tinct [ɪkstíŋ(k)t, eks-] 《?*a*1425》□ L *ex(s)tinct-us* (p.p.) ← *ex(s)tinguere* 'to EXTINGUISH'》 ― *adj.* **1** 〈火・灯・光など〉消えた; 〈火山が〉活動を止めた (cf. active 4): The spark was not yet ~. 火花はまだ消えていなかった / an ~ volcano 死火山; 《比喩》以前の活力をなくした人. **2** 〈生命・希望・情熱・病気など〉絶えた, 終息した; 〈家族・民族・動植物など〉死に絶えた, 絶滅した: His last hope was ~. 彼の最後の希望は絶えた / an ~ species 絶滅種. **3** 〈法律・官職・制度など〉廃れた: ~ laws and customs 廃れた法律や習慣. **4** 〈爵位など〉(相続者がなくて)消滅[断絶]した: an ~ marquisate 断絶した侯爵位. ― *vt.*《古》〈火を〉消す.

ex·tinc·tion [ɪkstíŋ(k)ʃən, eks-] 《?*a*1425》□ L *ex(s)tinctiō(n-)*: ⇨ ↑, -tion》 ― *n.* **1** 消火, 消光, 終息: the ~ of a lamp [volcano] ランプの消光[火山の終息]. **2**《物理》消光, 吸光, 消衰《吸収などにより光が弱くなること》. **3**《天文》減光《大気の吸収で星の明るさが暗く見えること》. **4** 抑止, 廃止 (abolition); 死滅, 絶滅 (destruction); (種族・家系・種などの)消滅, 断絶, 絶滅: The species are threatened with ~. その種は絶滅の危機に瀕している. **5**《法律》(権利・負債などの)消滅: the gradual ~ of a debt 負債の段階的な消滅. **6**《心理》消去《条件刺激のみを反復して与えた結果, 条件づけられた反応が弱まること》.

extínction àngle *n.*《物理》消光角.

extínction coefficient *n.*《物理》吸光[消衰]係数, 消光率.

extínction mèter *n.*《写真》消像式光学露出計《絞りを絞って像がよく見えなくなる点で露出をきめる》.

ex·tinc·tive [ɪkstíŋ(k)tɪv, eks-] *adj.* 消滅性の, 消滅的な: ~ prescription《法律》(刑の)消滅時効.

ex·tin·guish [ɪkstíŋgwɪʃ | ɪks-, eks-] 《1545》← L *ex(s)tinguere* (← EX-¹+*stinguere* to quench)+-ISH²: cf. distinguish》 ― *vt.* **1** 〈火・光などを〉消す (put out): ~ a little sparkle 小さな火花を消す. **2** 〈情熱・希望・記憶などを〉失わせる, 消滅させる; 〈音を〉静める; 〈生命を〉絶やす: The last gleam of my hope was sadly ~*ed*. 私の最後の望みの光もあわれにも消滅した. **3**《古》〈相手〉の影を薄くする, 顔色なからしめる (obscure); 〈相手を〉沈黙させる: He was quite ~*ed* by his wife in intelligence. 知能の点では妻にすっかり圧倒された. **4** 絶滅させる; 断絶させる; 廃止する: Can the misery of human life be ~*ed* after all? 結局人生の不幸はすっかり無くすることができるのだろうか. **5**《法律》**a** 〈負債を〉償却する (pay off): ~ a national debt 国の負債を償却する. **b** 〈権利・要求などを〉消滅させる: ~ a mortgage (負債を返済して)抵当権を消滅させる. **6**《心理》〈条件づけられた反応を〉消去する. ― *vi.*《古》消える.

ex·tin·guish·a·ble [ɪkstíŋgwɪʃəbḷ | ɪks-, eks-] *adj.* 消火できる; 消滅させられる.

ex·tin·guish·ant [ɪkstíŋgwɪʃənt | ɪks-, eks-] 《← EXTINGUISH+-ANT》 *n.* 消火剤《水・消火剤など》.

ex·tín·guish·er *n.* **1** 消す物[人]. **2** (帽子型の)ろうそく消し, (ランプの)消灯器; 消火器 (fire extinguisher): a chemical ~ 化学消火器.

ex·tín·guish·ment *n.* **1** 消火, 消灯, 消光. **2** 絶滅. **3**《法律》(権利などの)消滅; (負債の)償却.

ex·tir·pate [ékstəpèɪt, ekstə́:peɪt, ɪks- | ékstə(:)-] 《1539》← L *ex(s)tirpāt-us* (p.p.) ← *ex(s)tirpāre* to root out ← EX-¹+*stirps* 'STIRPS': ⇨ -ate³》 ― *vt.* **1** 〔…から〕〈種族・国民・悪風・邪教などを〉根絶する, 全く…のあとを絶つ, 絶滅させる (exterminate)〔*out of, from*〕: The breed was ~*d out of* the island. その種属はその島から絶滅した. **2** 〈草木を〉根絶やしする, 根こぎにする (root up): ~ weed 雑草を根絶やしにする. **3**《外科》摘出する: ~ an organ [a tumor] 器官[腫瘍(しゅよう)]を摘出する. **ex·tir·pa·tive** [ékstəpèɪṭɪv, ekstə́:pəṭ-, ɪks- | ékstə(:)pèɪt-] *adj.*

ex·tir·pa·tion [èkstəpéɪʃən | -tə(:)-] 《?*a*1425》□ L *ex(s)tirpātiō(n-)*: ⇨ ↑, -ation》 *n.* **1** 根絶, 根だやし, 絶滅, 撲滅; 除去, 切除. **2**《外科》摘出(術).

éx·tir·pà·tor [-tə | -tə(r)] 《□ L *ex(s)tirpātor*: ⇨ extirpate, -or²》 *n.* 撲滅者.

ex·tol [ɪkstóʊl, eks- | -tóʊl, -tɔ́l] 《*a*1400》□ L *extollere* to lift up, exalt ← EX-¹+*tollere* to raise: cf. tolerate》 ― *vt.* (**ex·tolled**; **ex·tol·ling**) (*also* **ex·toll** [~]) 称揚する, 激賞する: Some ~*led* you to the skies. 口を極めて君をほめる人々がいる. **ex·tól·ler** [-lə | -lə(r)] *n.* **~·ment** *n.*

ex·tor·sion [ekstɔ́əʃən, ‒ ‒ ‒ | ekstɔ́:ʃən, ‒ ‒ ‒] 《← EX-¹+TORSION》 *n.* (身体部分の)外転, (外側への)ねじれ (cf. intorsion).

ex·tor·sive [ɪkstɔ́əsɪv, eks- | -tɔ́:-] 《← L *extors-* ((stem) ← *extorquēre* (↓))+-IVE》 ― *adj.*《法律》恐喝になりうる; 恐喝によって得た, (官吏による)財物強要罪になりうる.

ex·tort [ɪkstɔ́ət, eks- | -tɔ́:t] 《1529》← L *extort-us* (p.p.) ← *extorquēre* to wrench out ← EX-¹+*torquēre* to twist》 ― *vt.* **1**《法律》〔人から〕〈金銭を〉ゆする, 強請する; 〈官吏が〉(職権を利用して)不法に奪う〔*from, of, out of*〕: ~ money [bribes] *from* a reluctant person いやがる人に金[賄賂]を出させる. **2** 過度に〈代価・料金を〉請求する. **3** 〔…に〕〈約束・自白・称賛・譲歩などを〉強いる, 強要する〔*from*〕: ~ a confession [promise] *from* a person by torture 拷問に掛けて人に自白[約束]を強いる / My agonies ~*ed* tears *from* me. 苦悩のあまり涙を押えることができなかった. **4** 〈文章・前提から〉〈意味・結論を〉無理に導き出す[引き出す]〔*from*〕: How can you ~ such a sense *from* this passage? このくだりからどうしてそんな意味を強引に引き出すことができるのですか. **~·er** [-tə | -tə(r)] *n.*

ex·tor·tion [ɪkstɔ́əʃən, eks- | -tɔ́:-] 《*a*1325》□ L *extortiō(n-)*: ⇨ ↑, -tion》 ― *n.* **1** 強請, 強要; 強奪 (rapacity), 搾取: the ~ *of* an excessive price [interest] 不当な値段[利子]の強要. **2**《法律》(官吏の)強要による財物取得. **3** 強奪物; 不当な掛値.

ex·tór·tion·àr·y [-ʃənèri | -ʃ(ə)nəri] *adj.*《古》=extortionate.

ex·tór·tion·ate [ɪkstɔ́əʃ(ə)nət, eks-, -nɪt | -tɔ́:-] 《1789》← EXTORTION+-ATE²》 ― *adj.* **1** 〈値段など〉法外に高い (exorbitant): an ~ charge [price] 法外な料金[値段]. **2** 〈人・性質・行為など〉強奪的な, 強請的な, 恐喝的な: He is ~ *in* his demands. 彼の要求は不当である. **~·ly** *adv.*

ex·tór·tion·er [-ʃ(ə)nə | -nə(r)] *n.* 強奪[強請]者, 搾取者.

ex·tór·tion·ist [-ʃ(ə)nɪst, -nəst | -nɪst] *n.* =extortioner.

ex·tor·tive [ɪkstɔ́əṭɪv, eks- | -tɔ́:t-] *adj.* 強奪的な, 搾取的な.

ex·tra [ékstrə] 《1776》《略》? ← EXTRAORDINARY: cf. L *extrā* (↓)》 ― *adj.* **1** 余分の (additional); 臨時の; 特別増しの: ~ freight 割増し運賃 / an ~ general meeting 臨時総会 / an ~ hand 臨時雇人 / ~ gentlemen [ladies]《廃》エキストラ男優[女優] / an ~ inning game (野球の)延長戦 / ~ news 号外 / ~ pay 余分の手当, 臨時給与 / an ~ train 臨時[増発]列車 / ~ work 臨時仕事, (時間外の)余分の仕事 / That took me an ~ half hour. そのおかげで30分余分にかかった / Dinner £4 and wine ~. 晩餐4ポンドでぶどう酒は別(勘定) / an ~ allowance 臨時[特別]手当 / an ~ edition 特別号, 臨時増刊 / an ~ special《英》(最終版の)特別夕刊 (cf. special edition) / ⇨ extra dividend. **2** 格外の; 特別上等[優良]の: ~ foolscap (洋罫紙の)特大判 / ~ binding 特別装丁, 特製 / It is nothing ~. 格別の[別に大した]ものではない.
― *n.* **1** 余分の物, 特別な物 (extra thing); 号外, 臨時増刊; 課外講義; 番外, 景物; (舞踏会の)特別番組; 予備[余分]のコピー, 写し: a special ~ 夕刊の最終版 / an ~ *to* the Asahi 朝日新聞の号外. **2** 別勘定の支払いを要するもの; 割増し金 (extra charge): Dancing is an ~. ダンスの勘定は別. **3** 特別上等な物: a real ~ 本当に特別上等な品. **4**《映画》エキストラ, 群衆用出演者. **5** 臨時雇. **6** [通例 *pl.*]《クリケット》打球以外で得た得点《例えばバイ (bye) によって得た点》.
― *adv.* **1** 付加的に, 余分に: be charged ~ 余分に[別途に]徴収される / pay ~ 別に金を払う / work ~ 余分に働く. **2** 特別に, 格別に: ~ fine [best] 特別[飛切り]上等の / ~ dry ⇨ extra sec / ~ good wine 特別上等のぶどう酒 / an ~ special edition《英》=an extra special (⇨ *adj.* 1) / an ~ strong binding 特別丈夫な仕立て[製本] / try ~ hard 特に精を出してやって見る / She didn't sleep ~ well. 特によくは眠れなかった.

ex·tra- [ékstrə] 《ME □ L ~ ← *extrā* (adv., prep.) outside (of), without=*exterā* (abl. fem.) ← *exterus*: ⇨ external》 ― *pref.* 通例形容詞に付いて「…外の, …の範囲外の, …以外の」の意を表わす: *extra*cellular, *extra*official.

èxtra-atmosphéric *adj.* 大気圏外の.

éxtra-báse hít *n.*《野球》長打《二・三・本塁打》.

èxtra·bóld《活字》*n.* エクストラボールド《非常に肉太な活字書体》. ― *adj.* 〈活字書体が〉エクストラボールドの.

èxtra·canónical *adj.*《聖書》正典外の, 正経書外の.

èxtra·cápsular *adj.*《解剖》包外の, 嚢外の, 被膜外の.

èxtra·cárdial *adj.*《解剖》心臓外の.

èxtra·céllular *adj.*《生物》細胞外の (↔intracellular). **~·ly** *adv.*

èxtra·chromosómal *adj.*《生物》染色体外の.

èxtra·condénsed *adj.*《活字》エクストラコンデンスの《字幅の非常に狭い》.

èxtra·corpóreal *adj.*《解剖》体外の, 生体外の, 生体の外に起こる: ~ circulation 体外循環. **~·ly** *adv.*

èxtra·cósmical *adj.* 宇宙外の.

éxtra cóver *n.*《クリケット》エキストラカバー《カバーポイントとミッドオフの中間の位置; その位置の野手; extra cover point ともいう》.

ex·tract 《v.: 《?*a*1425》← L *extract-us* (p.p.) ← *extrahere* ← EX-¹+*trahere* 'to DRAW'. ― n.: 《*c*1443》□ ML *extract-um* (neut. p.p.) ← L *extractus*: cf. tract¹, traction》 ― [ɪkstrǽkt, eks-] *vt.* **1** 〔…から〕〈歯などを〉抜く, 引き抜く, 抜き取る, 摘出する (pull out)〔*from*〕: ~ a tooth / ~ a cork *from* a bottle / She ~*ed* a notebook *from* her bag. バッグから手帳を取り出した. **2 a** 〔…から〕〈精分などを〉抽出する (draw forth), せんじ出す, 蒸留して取る (distill out)〔*from*〕: ~ nitrogen *from* the air 空気から窒素を抽出する / ~ poisons *from* plants 植物から毒物を取り出す. **b** 〈金属を〉〈鉱床・鉱石から〉分離する〔*from*〕. **3** [《米》ではまた ékstrækt] 〈章句を〉〈書物・文書から〉抜き出す, 引用する, 抜粋する, 〈文書を〉抄出する〔*from*〕: ~ examples [passages] *from* a book 書物から例を抜き出す[章句を抄出する]. **4** 〈金・情報・約束などを〉〈人から〉無理に引き出す, 取り付ける, 得る (obtain)〔*from*〕: ~ a confession *from* a person 人に無理に自白させる / I could ~ no money *from* him. 彼からびた一文取れなかった. **5** 〈楽しみなどを〉〔…から〕引き出す, 得る (derive); 《古》〈原理・意味などを〉導き出す〔*from*〕: He tried to ~ some pleasure *from* his lonely life. 孤独な生活から多少の楽しみを得ようと努めた. **6**《数学》

〈根を〉求める,〈数を〉開く: ~ the root of a number. — [ékstrækt] *n.* **1** 抽出物; せんじ出し, せんじ汁, エキス, 精剤: ~ of beef 牛肉のエキス / ~ of roses バラの精. **2** 抜粋, 引用句 (excerpt), …抄 (selection): make ~*s from* a book [Pope] 本[ポープ]から抜粋する. **3** (薬剤・植物などの)(粘着性)抽出物, 溶液, 調合剤. **~·a·ble** [ɪkstrǽktəbḷ, eks-] *adj.* **~·i·ble** [ɪkstrǽktəbḷ, eks- | -tə-, -tɪ-] *adj.* **ex·tract·a·bil·i·ty** [-təbíləṭi | -təbílətі, -tɪ-, -lɪ-] *n.*

ex·tract·ant [ɪkstrǽktənt, eks-] 〖⇨↑, -ant〗 *n.* 〖化学〗抽出用溶剤[溶媒].

ex·trac·tion [ɪkstrǽkʃən, eks-] 〖《?*a*1425》□ (O)F — ∥ LL *extractiō(n-)*: ⇨ extract, -tion〗 — *n.* **1** 〔…の〕抜取り, 引抜き, 摘出; 〔天産物の〕採取〔*of*〕: the ~ *of* a tooth 抜歯 / the ~ *of* gold *from* mines 鉱山から金を採取すること / an ~ groove (弾丸の空薬莢排出のための)引き抜き溝 (⇨ cartridge 挿絵). **2** 〔金・告白などを〕無理に引き出すこと〔*of*〕: the ~ *of* money *from* one's uncle おじさんに無理に金を出させること. **3** (書物などから)抜粋すること; 〖化学〗〔…の〕抽出, 浸出; 〔薬物などの〕せんじ出し; 〔液・油などの〕絞り出し〔*of*〕: the ~ *of* essence エキスの抽出 / spirits of the first ~ 初回蒸留抽出火酒. **4** 《廃》抜き取った物; (書物・文書などの)抜粋, 引用句; 抽出物, エキス. **5** 生れ, 素性; 血統, 系統: a family *of* ancient ~ 古い家柄の一家 / a man *of* humble ~ 卑しい素性の人 / a man *of* foreign [French] ~ 外国[フランス]系の人 / He is *of* Japanese ~. 彼は日系人だ / I am a Greek by ~. 生れはギリシャ人だ. **6** 〖数学〗(数の)開方, 開立.

extráction ràte *n.* 抽出率《製粉された小麦粉の重量と製粉前の重量との百分率》.

ex·trac·tive [ɪkstrǽktɪv, eks-] 〖*n.*: 《15C》□ L *extractīv-us*: ⇨ extract, -ive〗 — *adj.* **1** 抜取り[抜粋]的な: ~ industries 〖経済〗(自然物)採取産業《鉱業・農業・漁業などの天然資源から物資を採取する産業》. **2** 抽出できる, 抽出性の, エキス性の: ~ matter 抽出物. — *n.* 抽出物; エキス, 精分 (extract). **~·ly** *adv.*

extráctive distillátion *n.* 〖化学〗抽出蒸留.

ex·trác·tor *n.* **1** 抽出者; 抜粋者. **2 a** 抽出装置, 抽出器; (滴出)分離器: an oil ~ 油抽器. **b** =extractor fan. **3 a** 抜取り器具. **b** (銃の薬室から打殻薬莢(やっきょう)を抜き出すための)抽筒子: an ~ knob 抽筒子引き手. **c** 〖外科〗摘出器, 鑷子(せっし), 鉗子(かんし) (forceps). **4** (果汁などの)搾り器: a juice ~ 電動式ジューサー.

extráctor fàn *n.* (窓などの)換気扇.

éxtract prìnting *n.* 〖染色〗=discharge printing.

éxtract wòol *n.* 炭化羊毛《毛と植物繊維との交織物を炭化して反毛し回収した羊毛》.

èxtra·currícular *adj.* **1** 正課以外の, 課外の; (学校でスポーツ・クラブ活動など)課外の活動の: ~ activities 課外活動. **2** 本務以外の: ~ functions of a secretary 秘書の本務以外の仕事.

èxtra·currículum *adj.* =extracurricular.

ex·tra·dit·a·ble [ékstrədàɪtəbḷ, ⌐–⌐–– | ékstrədàɪtəbḷ] *adj.* **1** 〈人が〉(逃亡犯人として)引き渡されるべき: Smith is ~ under the law of nations. スミスは国際法に基づき引き渡されるべきである. **2** 〈犯罪など〉引渡し処分に該当する: ~ offenses.

ex·tra·dite [ékstrədàɪt] 〖《1864》《逆成》↓〗 — *vt.* **1** 〈外国からの逃亡犯罪人または被疑者を〉(引渡し条約によって本国の要求に)引き渡す (deliver up), 送還する. **2** …の引渡しを受ける, 引き取る.

ex·tra·di·tion [èkstrədíʃən] 〖《1839》□ F ~ ← EX-[1] +L *trāditiō(n-)* a delivering up: ⇨ tradition〗 — *n.* **1** (国際間の)逃亡犯罪人引渡し; (罪人・亡命者などの)引渡し; 本国送還: an ~ treaty 逃亡犯罪人引渡し条約. **2** 〖心理〗感覚の射出.

éxtra dívidend *n.* 〖証券〗特別配当(金) (⇨ special dividend).

ex·tra·dos [ékstrədɑ̀s, -dòus, -dòu, ekstréɪdɑs, -dous | ekstréɪdɔs] 〖《1772》□ F ~ ← EXTRA- + *dos* back (<L *dorsum*): cf. dorsal[1]〗 — *n.* (*pl.* ~ [ékstrədòuz, -dɑ̀s, ekstréɪdouz, -dɑs | ekstréɪdɔs], **~·es**) 〖建築〗(アーチの)外側の面, 外輪(そとわ), 外弧面 (cf. intra dos; ⇨ arch[1] 挿絵).

èxtra·dúral *adj.* 〖解剖〗硬膜 (dura mater) 外の.

èxtra·embryónal *adj.* 〖生物〗=extraembryonic.

èxtra·embryónic *adj.* 〖生物〗胚体外の.

èxtra·esséntial *adj.* 本質外の, 主要でない.

èxtra·fascícular cámbium *n.* 〖植物〗維管束外形成層 (⇨ secondary cambium).

èxtra·flóral *adj.* 〖植物〗花外(かがい)の: ~ nectaries 花外蜜腺.

èxtra·galáctic *adj.* 〖天文〗銀河系外の.

extragaláctic nébula *n.* 〖天文〗銀河系外星雲.

èxtra·hepátic *adj.* 肝(臓)外の.

èxtra·íllustrate *vt.* (他の資料から)〈書物など〉に挿絵[写真]を入れる.

èxtra·judícial *adj.* **1** 法廷外の; 裁判外の, 裁判権外の: an ~ opinion by the judge 判事の非公式の意見. **2** 法の手続きをふんでいない: an ~ execution 非合法の処刑, 私刑. **~·ly** *adv.*

èxtra·légal *adj.* 法制外の, 法の範囲を越えた. **~·ly** *adv.*

ex·tra·lim·it·al [èkstrəlímɪṭḷ, -mə- | -mɪtḷ] 〖← EXTRA- + LIMIT + -AL[1]〗 *adj.* 〖生態〗〈有機体が〉ある地方にいない.

èxtra·linguístic *adj.* 言語外の, 言語学以外の. **èxtra·linguístically** *adv.*

ex·tral·i·ty [ekstrǽləṭi | -lətɪ, -lɪ-] 〖《略》← EXTRATERRITORIALITY〗 *n.* =extraterritoriality.

èxtra-lów-fréquency *adj.* 〖電子工学〗超低周波の: an ~ oscillator 超低周波発振器《周期が 100 秒程度以上の電気信号が出せる発振器》.

èxtra·lúnar *adj.* 月の外の.

èxtra·márital *adj.* 〈男女関係が〉結婚[夫婦]外の: ~ intercourse [relations] 婚外交渉 / an ~ affair 浮気.

èxtra·métrical *adj.* 〖詩学〗〈詩行が〉余剰音節の.

ex·tra·mun·dane [èkstrəmʌndéɪn, ⌐–⌐–⌐] 〖□ LL *extramundān-us*: ⇨ extra-, mundane〗 *adj.* **1** 地球外の (extraterrestrial). **2** 物質世界外の.

ex·tra·mu·ral [èkstrəmjʊ́(ə)rəl | -mjúər-] 〖← EXTRA- + MURAL〗 — *adj.* **1** 城壁外の; (都市・病院などの)郭外の, 構外の, 院外の (↔ intramural). **2 a** 大学構外の, 校外の: ~ activities (学生・教授などの)学外活動 / an ~ lecture [lecturer] 学外から頼んでくる講義[講師] / ~ students (通信教授による)校外生. **b** 《英》大学公開講座の (cf. university extension): ~ classes. **3** 《米》〈試合など〉(大学間での)非公式対抗の. **~·ly** *adv.*

èxtra·músical *adj.* 音楽外の.

ex·tra·ne·ous [ekstréɪniəs, ɪks- | ekstréɪnjəs, -nɪəs] 〖《1638》← L *extrāneus* external, foreign ← *extrā*: ⇨ extra-, -aneous: cf. strange〗 — *adj.* **1** (固有の物でなく)外来の, 外生の; (外に)付着した; 異質の (strange): ~ aid [interference] 外部[国外]からの援助[干渉] / be coated with ~ matter 外物が固着しておおっている / wash ~ matter away from …から付着物を洗い落とす. **2** 〔…に〕(本質に)無関係の (unrelated), 偶有的な; 〔…に〕本質的[重要]でない〔*to*〕: a matter ~ *to* the question 問題に無関係の事柄. **3** 〖数学〗無縁の: a ~ root 無縁根.

ex·trá·ne·ous·ly *adv.* 外来的に, 外部的に; 無関係に.

ex·trá·ne·ous·ness *n.* 外来的性質, 異質性; 偶有性; 無関係.

èxtra·núclear *adj.* **1** (細胞内で)核外の. **2** (原子の)核外の.

èxtra·ócular múscle *n.* 〖解剖〗外眼筋《眼球運動をつかさどり, 左右の眼に 6 個ずつある》.

èxtra·offícial *adj.* 職権外の, 職務外の.

ex·traor·di·nar·i·ly [ɪkstrɔ̀ədənérəli, eks-, -dn-, ⌐–⌐–⌐–, èkstrəɔ̀ədənérəli, ⌐–⌐–⌐–⌐– | ɪkstrɔ́:dṇrəli, eks-, èkstrəɔ́:-, -dɪn(ə)rə-, -d(ə)nərə-, -rɪli] 〖《1564》← EXTRAORDINARY + -LY[1]〗 — *adv.* 非常に, 異常に, 法外に, 驚くばかりに.

ex·traór·di·nar·i·ness *n.* 法外さ, 並[けた]はずれ, 非凡さ, 異常性.

ex·traor·di·nar·y [ɪkstrɔ́ədənèri, èkstrəɔ́ə-, -dn- | ɪkstrɔ́:dṇri, eks-, èkstrəɔ́:-, -dɪn(ə)rɪ, -d(ə)nərɪ] 〖《1431》□ L *extraordinārius* out of the common: ⇨ extra-, ordinary〗 — *adj.* **1** 尋常でない, 並々でない, 異常の, 非凡な: a woman of ~ beauty [genius, goodness] まれに見る美しい[非凡な天才の, 珍しく善良な]婦人 / an ~ event 異常な出来事, 異変 / He has ~ ability. 非凡な才能の持ち主だ. **2** 法外な, 途方もない, とっぴな; 驚くべき, 妙な: an ~ appearance とっぴな風采 / do [say] ~ things 途方もない事をする[言う] / It is ~ that he has not come. 彼が来ないとはとても変だ / How ~ that he should not marry! 彼が結婚しないとはとても変だ / That is an ~ thing to say. それはまた妙な言葉だ. **3** 臨時の: ~ expenditure [revenue] 臨時歳出[歳入] / an ~ general meeting 臨時総会 / the ~ session (of the Diet) 臨時議会. **4** [《米》èkstrəɔ́ə-] 〈役人など〉特別任用の, 特派の, 特命の: an ~ ambassador=an ambassador ~ 特命大使 / an envoy ~ 特派[特命]使節 (cf. envoy[1]) / an ~ professor 講座外教授. — *n.* 《古》並でないもの. — *adv.* =extraordinarily.

extraórdinary rày *n.* 〖光学・結晶〗異常光線《複屈折で分かれた 2 種の光のうち, 速度すなわち屈折率が方向によって異なり, 普通の屈折の法則に従わないもの; cf. ordinary ray》.

extraórdinary wàve *n.* 〖無線〗異常波《電波が電離層の中で地球磁界の影響を受けて二つに分かれる時, 一般に楕円(だえん)偏波となる場合の右回りの電波; X-wave ともいう; cf. ordinary wave》.

èxtra·paróchial *adj.* 教区(牧師管轄区)外の.

èxtra·persónal *adj.* 個人の外部にある[から来る].

èxtra·phýsical *adj.* 物質的法則外の.

éxtra póint *n.* 〖アメリカンフットボール〗 **1** コンバート (conversion) で得た得点. **2** [*pl.*] エクストラポイント《タッチダウンの後の追加点》.

ex·tra·po·la·bil·i·ty [ɪkstræ̀pələbíləṭi, eks- | ekstræ̀pə(ʊ)ləbílətі, ɪks-, -lɪ-] *n.* 〖数学・統計〗外挿可能性.

ex·trap·o·late [ɪkstrǽpəlèɪt, eks- | ekstrǽpə(ʊ)-, ɪks-] 〖《1831》← EXTRA- + (INTER)POLATE〗 — *vt.* **1** 〖数学・統計〗(既知の数値・関係から)〈未知の数値・関係を〉推定する, 外挿(がいそう)する, 補外する (cf. interpolate 3). **2 a** (既知の事項から)〈未知のことを〉推定[推測]する. **b** 〈既知の事実を〉推定に用いる. — *vi.* 〖数学・統計〗外挿法[補外法]を行なう. **ex·trap·o·la·tive** [ɪkstrǽpəlèɪṭɪv, eks- | ekstrǽpə(ʊ)lèɪt-, -lət-] *adj.* **ex·tráp·o·là·tor** [-ṭə | -tə(r)] *n.*

ex·trap·o·la·tion [ɪkstræ̀pəléɪʃən, eks- | ekstræ̀pə(ʊ)-, ɪks-] 〖《1878》: ⇨↑, -ation〗 — *n.* **1** 〖数学・統計〗外挿(法), 補外(法) (cf. interpolation 2). **2** 推定; 延長; 敷延.

èxtra·polítical *adj.* 政治(学)以外の.

èxtra·posítion *n.* 〖文法〗 **1** 外位置《There he sat, *a giant among dwarfs* における斜字体の部分のように文の構造外に置かれること; cf. apposition[2]》. **2** 外置変形.

extra·proféssional *adj.* 専門[本職]外の.

èxtra·sýstole 〖← NL ~: ⇨ extra-, systole〗 *n.* 〖病理〗(心臓の)期外収縮. **èxtra·systólic** *adj.*

èxtra·ténsion *n.* 〖心理〗=extroversion.

èxtra·ténsive *adj.* 〖心理〗外向性の (cf. extroversive, introversive): ~ type 外向型.

èxtra·terréstrial *adj.* 地球外の, 地球大気圏外の. — *n.* 他の惑星の生物.

èxtra·spécial *adj.* 《口語》極上の, とび切り上等の.

èxtra·spéctral *adj.* スペクトル (spectrum) 外の.

èxtra·púnitive *adj.* 〖心理〗外罰的な《欲求不満の原因を他人あるいは外部の責任に帰したがることにいう; cf. impunitive, intropunitive》.

èxtra·relígious *adj.* 宗教との関係のない.

extra séc *adj.* 〈シャンパンが〉かなり辛口の, エクストラセック (extra dry)《糖量が 1.5-3% のものにいう; cf. champagne 1》.

èxtra·sénsory *adj.* 正常感覚外の; 〖心理〗超感覚的な.

extrasénsory percéption *n.* 〖心理〗超感覚的知覚《千里眼・透視・精神感応などのように科学的に説明できないような知覚; 略 ESP》.

èxtra·sólar *adj.* 太陽系の外の: ~ life.

èxtra·territórial 〖← EXTRA- + TERRITORIAL〗 *adj.* **1 a** 〈大使など〉治外法権上の (exterritorial). **b** 治外法権享有者の. **2** 〈法律など〉域外適用の. **~·ly** *adv.*

èxtra·territoriálity *n.* **1** 治外法権 (exterritoriality). **2** 〖法律〗域外適用《領土を越えて国外の行為に自国の法律を適用すること》.

éxtra·trópical cýclone *n.* 温帯低気圧.

èxtra·úterine *adj.* 子宮 (uterus) 外の: ~ pregnancy 〖医学〗外妊, 子宮外妊娠.

ex·trav·a·gance [ɪkstrǽvɪgəns, eks-, -və- | -və-, -vɪ-] 〖《1643》□ F ~: ⇨ extravagant, -ance〗 — *n.* **1** 贅沢; 浪費(性); 散財, 濫費(らんぴ): cut out all one's ~*s* 濫費を切り詰める / It was one of the ~*s* he permitted himself. それは彼が自分に許している贅沢の一つであった. **2** (言行・考え方などの)無節制, 放縦; 放縦な言行, 乱行; 途方もない考え. **3** 《廃》(決まった道から)さまよい出ること, 逸脱 (deviation).

ex·tráv·a·gan·cy [-gənsi | -sɪ] *n.* =extravagance.

ex·trav·a·gant [ɪkstrǽvɪgənt, eks-, -və- | -və-, -vɪ-] 〖《*a*1387》□ (O)F ~ □ ML *extrāvagantem* (pres.p.) ← L *extāvagārī* to wander beyond bounds ← EXTRA- + *vagārī* to wander (⇨ vagary)〗 — *adj.* **1** むだ使いする, 浪費する, 贅沢な; むだな, 無茶な: an ~ person 金使いの荒い人 / an ~ expenditure 無茶な出費 / a method ~ *of* one's time 時間を浪費するやり方 / She is ~ *with* clothes. 着物に贅沢だ / He is an ~ tipper. 彼はチップをたっぷりはずむ. **2** 〈要求など〉無茶な, 無法な; 〈値段・利子など〉ばかに高い, 法外な: ~ demands 法外な要求 / an ~ price 法外な値段 / He receives an ~ salary for it. それに対して法外なサラリーを貰っている. **3** 〈行為・性格・意見など〉無茶な, 途方もない, とっぴな (↔ restrained): ~ abuse 頭ごなしの悪口 / ~ behavior 無茶な行為 / ~ laughter ばか笑い / load a person with ~ praise むやみに人をほめ立てる / He is ~ *in* the use of flattery. やたらにお世辞を使う. **4** 《古》さまよい歩く. **5** 《廃》〈木の枝など〉やたらにはびこった. **~·ness** *n.*

ex·tráv·a·gant·ly *adv.* 法外に, 無法に; 贅沢に, 浪費的に: ~ beautiful 途方もなく美しい.

ex·trav·a·gan·za [ɪkstræ̀vəgǽnzə, eks- | eks-, ɪks-, èkstræv-] 〖《1789》← EXTRA- + It. *((e)stra)vaganza* 'EXTRAVAGANCE'〗 — *n.* **1 a** 狂想曲, (楽想と手法のとっぴな)狂想的な楽曲. **b** エクストラヴァガンザ《19 世紀米国で流行した形式・感情とも奇抜で衣装や舞台装置なども手の込んだコミックオペラの類; cf. RESTRAINED music》. **c** 狂想的な作品. **2** とっぴな[華華しい, 奇抜な]もの《衣装・アクセサリー・建物など》.

ex·trav·a·gate [ɪkstrǽvəgèɪt, eks-, -vɪ-] 〖⇨ extravagant, -ate[3]〗 — *vi.* 《古》 **1** (あてどなく)放浪する, さまよう; 〔正道などを〕踏み外す〔*from*〕; 〔誤りなどに〕踏み迷う〔*into*〕. **2** 法外[とっぴ]なことをする. **ex·trav·a·ga·tion** [ɪkstræ̀vəgéɪʃən, eks-, -vɪ-] *n.*

èxtra·vagínal 〖⇨ extra-, vaginal〗 *adj.* 〖植物〗〈草の新芽など〉葉鞘(ようしょう)外で生長する.

ex·trav·a·sate [ɪkstrǽvəsèɪt, eks-, -zèɪt | ekstrǽvəsèɪt, ɪks-] 〖《1669》← EXTRA- + L *vās* vessel + -ATE[3]: ⇨ vase〗 — *vt.* **1** 〖病理〗〈血液・リンパ液などを〉(脈管から周囲の組織の中へ)あふれ出させる, 溢血(いっけつ)[溢出]させる. **2** 〖地質〗〈溶岩などを〉噴出させる. — *vi.* **1** 〖病理〗〈血液・リンパ液などが〉(周囲の組織の中へ)にじみ出る (ooze), 溢血[溢出]する. **2** 〖地質〗溶岩を噴出する. — *n.* **1** 〖病理〗(溢血などの)溢出[遊出]物. **2** 噴出物《溶岩など》.

ex·trav·a·sa·tion [ɪkstræ̀vəséɪʃən, eks-, -zéɪ- | ekstræ̀vəséɪʃən, ⌐–⌐–⌐–] 〖《1676》: ⇨↑, -ation〗 — *n.* **1** 〖病理〗 **a** (リンパ液・血液などの脈管外への)溢出(いっしゅつ), 遊出; (打撲などによる)溢血, 内出血. **b** (血管外への)溢出[遊出]物. **2** 〖地質〗 **a** (溶岩などの)噴出. **b** 噴出物《溶岩など》.

èxtra·váscular *adj.* 〖解剖〗脈管[血管]外の.

èxtra·vehícular 〖⇨ vehicular〗 *adj.* **1** 〈宇宙飛行士の活動が〉船外の: ~ activity 船外活動. **2** 船外活動の: an ~ assignment.

ex·tra·ver·sion [èkstrəvə́:ʒən, -ʃən | -və́:ʃən] *n.* 〖心理〗=extroversion 2.

ex·tra·ver·sive [èkstrəvə́:sɪv, -zɪv | -və́:sɪv] *adj.* =extroversive.

ex·tra·vert [*n., adj.* ékstrəvə̀ːt | -vɜ̀ːt ; *v.* ⏤⏤, ⏤⏤] *n., adj., v.* ＝extrovert.

ex·tra·vert·ed [ékstrəvə̀ːtɪd, -ṭəd, ⏤⏤⏤ | ékstrəvɜ̀ːtɪd, -təd, ⏤⏤⏤] *adj.* 〘心理〙＝extroverted.

extrema *n.* extremum の複数形.

ex·tre·mal [ɪkstríːməl, eks-] 〖← EXTREM(UM)＋-AL[1]〗〘数学〙 ── *adj.* 極値的な: ～ length 極値的長さ. ── *n.* 停留曲線《変分法の問題におけるオイラーの微分方程式の解》.

ex·treme [ɪkstríːm, eks-] 〖(*a*1425) ▭ (O)F *extrême* ▭ L *extrēmus* (superl.) ← *exterus* outward: ⇨ exterior〗 ── *adj.* (**more ～, most ～; ex·trem·er, ex·trem·est**) **1** [Attributive に用いて](中心から)最も遠い; 一番端の, 最端の, 果の, 先端[末端]の: the ～ border of a field 畑の一番遠い端 / the ～ end of a rope 綱の一番端 / the face on the ～ right of the picture 写真の一番右端に写っている顔. **2** 〈性質・事情など〉極端な, 非常な, 極度の, はなはだしい: ～ poverty, kindness, patience, etc. / an ～ case 極端な例[場合] / ～ old age 非常な老齢[高齢] / the ～ penalty 極刑《死刑 (capital punishment) のこと》/ He was in ～ peril. 非常な危険に瀕していた. **3** 〈行為・手段・意見・人など〉極端な, 過激な, 急激な (↔ moderate): ～ measures [opinions] 過激な手段[意見] / an ～ radical 最急進過激派の人 / the ～ Left [Right] 極左[右]派. **4** 《古》最終の, 最後の: the ～ hour of life 臨終 / in one's ～ moments 死ぬ間際に, 臨終に. **5** 〘音楽〙 **a** (和声で)増(㌃)… (augmented). **b** (多声音楽曲の)最高および最低声部の: ～ parts.

extreme and mean ratio 〘数学〙 外中比, 黄金比 (⇨ golden section): be divided in ～ *and mean ratio* 外中比に分割される.

── *n.* **1** 極度; [通例 *pl.*] 極端な手段 (extreme measures): go *to* ～*s*＝run *to* an ～ 極端に走る, 極端なやり方をする / go *to* the other ～ もう一方の極端に走る / go *to* the ～ of …という極端な手段に訴える / carry something (*in*)*to* ～*s* [an ～] あることを極端にやる. **2** [*pl.*] 両極端: the ～*s* of north and south [of heat and cold] 南北の[寒暑の]両極端 / experience the ～*s* of fortune 運命の両極端[激しい栄枯盛衰]を経験する / *Extremes* meet. 《諺》両極端は一致する / He is unaffected either by the ～*s* of bliss or of grief. 喜悦や悲しみの両極端のどちらにも影響されない. **3** 極端な状態 (extreme condition); (特に) 窮境, 危期: an ～ of distress 極度の窮状 / be constantly in ～*s* 常に窮境にある. **4** 〘数学〙 **a** (比例・比または級数の)外項《初項または末項》. **b** 極値《極所的な最大・最小値》. **5** 〘論理〙 **a** (三段論法の結論における)大名辞 (major term) または小名辞 (minor term) (cf. middle term 1). **b** (命題の)主語または述語 (cf. copula 1). **6** 《古》末端, はじ.

in the extreme 極端[極度]に, 極めて: His manner was cold *in the* ～. 彼の態度は極端に冷たいものだった.

── *adv.* 《古》＝extremely: an ～ fine woman.

～·ness *n.*

extréme bréadth *n.* 〘造船〙＝breadth extreme.

extréme clípper *n.* 〘海事〙(19 世紀中頃の)大型快速帆船.

extréme fíber strèss *n.* 〘物理〙 縁応力《物体の外表面における応力》.

ex·tréme·ly 〖(1532): ⇨ extreme, -ly[1]〗 ── *adv.* **1** 極端に; 極めて, はなはだしく (very much): It pains me ～ to have to say this. この事を言わなければならないのははなはだ心苦しい. **2** 《口語》非常に, 実に, とても (very): an ～ nice boy 実に感じのいい少年 / It is ～ good of you to invite me. お招きにあずかって本当にありがとうございます.

extrémely hígh fréquency *n.* 〘通信〙 超高周波《30-300 ギガヘルツの周波数; 略 E.H.F., EHF》.

extréme únction, E- U- *n.* 〘カトリック〙 終油の秘跡, 終油礼, 抹油(㍉)(式)《かつては本当に死期が迫っていた時に執行された塗油式であるが, 現在では, 死の危険が伴うと考えられる重い病気・手術の際に執行されるので, Anointing of the Sick (病人の塗油)という》. ★ カトリック教徒の中には [⏤⏤⏤] と発音する人もある.

extréme válue *n.* 〘数学〙＝extremum.

ex·trém·ism [-mɪzṃ] *n.* **1** 極端さ (extremeness). **2** 極端論, 極端主義, 過激主義.

ex·trém·ist [-mɪst, -məst | -mɪst] *n.* 極端論者, 過激論者, 極端家. ── *adj.* 極端論の, 過激派の, 過激主義者の: ～ leaders 過激派の指導者.

ex·trem·i·ty [ɪkstréməṭi, eks- | -mətɪ, -mɪ-] 〖(*a*1393) ▭ (O)F *extrémité* ▭ L *extrēmitātem*: ⇨ extreme, -ity〗 ── *n.* **1** 端, 先端, 末端 (extreme point): *at* the northern ～ of …の北端に / a pimple *at* the ～ of the nose 鼻先の吹出物. **2** [*pl.*] 手足, 四肢: A woman's age often shows itself first in the *extremities.* 女性の年はまず手足に現われることが多い. **3** 極度 (extreme degree), 〔…の〕極み 〔*of*〕: an ～ *of* pain and misery 極度の苦痛と不幸. **4** [しばしば *pl.*] 行詰まり, 難局, 窮境, 窮地, 危地 (extreme distress): be in a dire ～ 悲惨な窮境にある / expect the ～ 万一の覚悟をする / be reduced [driven] to (the last) ～ [*extremities*] 最後の土壇場に追いつめられる, 窮地に陥る, 絶体絶命となる / In their ～ they went to the police. 行き詰まって彼らは警察へ行った. **5** [通例 *pl.*] 《古》極端な策 (extreme measure), 過激な行動: proceed [go] to *extremities* 最後の手段に訴える, 過激な行動を取る. **6** 極端さ (extremeness): the very ～ of his views 彼の意見の真の極端さ. **7** 限度, 限界 (utmost degree): They provoked him *to the* ～ *of* his endurance. 彼らはそれ以上耐え切れないほど彼を挑発した. **8** 最後 (end): in a man's dying ～ 死の間際に臨んで / resist to the last ～ 最後[死ぬ]まで抵抗する. **9** [主に *pl.*] 臨終 (last moments).

ex·tre·mum [ɪkstríːməm, eks-] 〖← NL ～ ← L *extrēmum* end (neut.) ← *extrēmus* 'EXTREME'〗 *n.* (*pl.* **ex·tre·ma** [-mə]) 〘数学〙 極値《極大値または極小値》.

ex·tric·a·ble [ekstríkəbḷ, ɪks-, ékstrɪk-, -trɪ- | ékstrɪk-, ekstrík-, ɪks-] 〖← L *extricāre* (↓)＋-ABLE〗 *adj.* 救出できる, 脱出できる (↔ inextricable).

ex·tri·cate [ékstrəkèɪt | -trɪ-] 〖(1614) ← L *extricātus* (p.p.) ← *extricāre* to disentangle ← EX-[1] ＋ *tricae* perplexities: ⇨ -ate[3]: cf. intricate〗 ── *vt.* **1** 〔監禁・紛糾・困難などから〕脱出させる, 救出する (set free) 〔*from, out of*〕: ～ a person *from* [*out of*] dangers 人を危険から救い出す / ～ oneself *out of* a thicket [*from* difficulties] 森[困難]の中から抜け出す. **2** 〘化学〙 遊離させる. **3** 〔…から〕識別[弁別]する 〔*from*〕: ～ a plant *from* similar ones ある植物を類似のものから区別する. **éx·tri·cà·tor** [-ṭə | -tə(r)] *n.*

ex·tri·ca·tion [èkstrəkéɪʃən | -trɪ-] 〖(1650) ▭ LL *extricātiō(n-)*: ⇨ ↑, -ation〗 *n.* **1** 救出, 脱出; 離脱 (disentanglement). **2** 〘化学〙 遊離.

ex·trin·sic [ekstrínzɪk, ɪks-, -sɪk | ekstrínsɪk, -zɪk] 〖(1541) ▭ F *extrinsèque* ▭ LL *extrinsecus* (adj.) ← L *extrīnsecus* from without (adv.) ← *exter-, extra-* 'EXTRA-'＋*-im* (adv. suf.: cf. interim)＋*secus* beside: 語尾 *-ic* は -IC[1] との類推から〗 ── *adj.* (↔ intrinsic) **1 a** 〔…の〕外部の[にある]; 〔…に〕外在的な (external); 〔…に〕無関係な 〔*to*〕: ～ differences 外観上の相違 / The statement is ～ *to* our discussion. その陳述は当面の問題には無関係だ. **b** 〈原因・影響など〉外部からの: ～ stimuli 外部からの刺激. **2** 外的な, 非本質的な, 偶然的な, 付随[付帯]的な (↔ inherent): ～ value / 付帯価値 / ～ circumstances 偶然的な事情. **3** 〘電子工学〙 外因性の: ⇨ extrinsic semiconductor. **4** 〘医学〙〈神経・筋肉・物質など〉外来性の, 外因性の. **ex·trín·si·cal·ly** *adv.*

ex·trín·si·cal *adj.* 《古》＝extrinsic.

extrínsic fáctor *n.* 〘生化学〙 外来因子《現在は vitamin B_{12} として知られる; cf. intrinsic factor》.

extrínsic semicondúctor *n.* 〘電子工学〙 外因性半導体《純粋な元素(例えばシリコン Si)にわずかの不純物(例えばヒ素 As)を加えて作った半導体; cf. intrinsic semiconductor》.

ex·tro- [ékstro(ʊ) | -trə(ʊ)] 〖← EXTRA-: INTRO- の影響による変形〗 *pref.* 「外へ」の意を表わす連結形 (cf. extra-) (↔ intro-): *extro*spection, *extro*version.

ex·trorse [ékstrɔəs, ⏤⏤ | ékstrɔːs, ⏤⏤] 〖▭ F ～ ▭ LL *extrōrsus* outwards ← EXTRA-＋L (*intr*)*ōrsus* 'INTRORSE'〗 ── *adj.* 〘植物〙〈葯(㌔)が〉外向きの, 外曲した (↔ introrse). **～·ly** *adv.*

ex·tro·spec·tion [èkstrəspékʃən, -tro(ʊ)- | -trə(ʊ)-] 〖⇨ ↓, -tion〗 *n.* 外観法 (↔ introspection).

ex·tro·spec·tive [èkstrəspéktɪv, -tro(ʊ)- | -trə(ʊ)-] 〖← EXTRO-＋(INTRO)SPECTIVE〗 *adj.* 外観の; 外観的な (↔ introspective).

ex·tro·ver·sion [èkstrəvə́ːʒən, -tro(ʊ)-, -ʃən | -trə(ʊ)vɜ́ːʃən] 〖← EXTRO-＋VERSION〗 ── *n.* **1** 外転. **2** 〖▭ G *Extroversion, Extraversion*〗〘心理〙 外向性《関心が自己の内面よりも主に外界に向けられる性向; cf. introversion 3, ambiversion》.

ex·tro·ver·sive [èkstrəvə́ːsɪv, -tro(ʊ)-, -zɪv | -trə(ʊ)vɜ́ːs-] *adj.* 外転性の; 〘心理〙 外向性の (↔ introversive).

ex·tro·vert [ékstrəvə̀ːt, -tro(ʊ)- | -trə(ʊ)vɜ̀ːt] 〖《変形》← G *extrovertiert* (adj.) ← EXTRO-＋L *vertere* to turn: cf. introvert〗〘心理〙 ── *n.* 外向性の人 (↔ introvert). ── *adj.* ＝extroverted. ── [⏤⏤, ⏤⏤] *vt.* 〈心を〉外部に向ける.

ex·tro·vert·ed [ékstrəvə̀ːṭɪd, -tro(ʊ)-, -ṭəd | ékstrə(ʊ)vɜ̀ːtɪd, -təd] 〖《変形》← G *extrovertiert* (↑): ⇨ -ed〗 *adj.* 〘心理〙 外向性の (↔ introverted).

éx·tro·vèrt·ish [-ṭɪʃ | -vɜ̀ːt-] *adj.* やや外向性の.

ex·trude [ɪkstrúːd, eks- | eks-, ɪks-] 〖(1566) ▭ L *extrūdere* ← EX-[1] ＋ *trūdere* to thrust: cf. intrude〗 ── *vt.* **1** 〈人・物を〉〔…から〕押し出す, 突き出す (push away), 追い出す (expel) 〔*from*〕: a snail *extruding* its horn 角(㋡)を出しているかたつむり / ～ toothpaste *from* the tube 練り歯磨をチューブから押し出す / ～ a person *from* one's house 人を家から追い出す. **2** 〈金属・プラスチック・ゴムなどを〉型から押し出して成形する. ── *vi.* **1** 〔…から〕突き出る (protrude) 〔*from*〕. **2** 〈金属・プラスチック・ゴムなどが〉(型から押し出されて)成形される: This metal does not ～ well. この金属はうまく成形されない. **3** (表面・外側へ)現われ出る (emerge). **4** 〘地質〙 岩漿が噴出する.

ex·trúd·a·ble [-dəbḷ] *adj.* **ex·trùd·a·bíl·i·ty** [-dəbíləṭi | -bílətɪ, -lɪ-] *n.*

ex·trúd·er *n.* 〘機械〙(熱可塑性樹脂などの)押出機.

ex·tru·sion [ɪkstrúːʒən, eks- | eks-, ɪks-] 〖(1540) ▭ ML *extrūsiō(n-)* ← L *extrūsus* (p.p.): ⇨ extrude, -sion〗 ── *n.* **1** 押出し, 突出し; 駆逐 (expulsion) (↔ intrusion). **2 a** (金属・プラスチック・ゴムなどを型から)押し出して作った物, 押出品. **b** 押出し加工. **3** 〘地質〙(溶岩の)噴出, 迸出(㌻); 噴出物.

extrúsion mólding *n.* 〘化学〙 押出成形《溶融状態の樹脂を連続的に押し出して板・管・棒などに成形する方法; cf. injection molding》.

ex·tru·sive [ɪkstrúːsɪv, eks-, -zɪv | ekstrúːsɪv, ɪks-] *adj.* **1** 押出しの, 突出しの. **2** 〘地質〙 噴出的[性]の (cf. intrusive 3 b): ～ rocks 迸出(㌻)岩, 噴出岩. ── *n.* 〘地質〙 噴出岩.

ex·tu·bate [ekst(j)úːbeɪt, ⏤⏤ | ekstjúːbeɪt, ⏤⏤] 〖← EX-[1]＋TUBE＋-ATE[3]〗 ── *vt.* 〘外科〙〈あらかじめ挿入した管を〉抜管する. **ex·tu·ba·tion** [èkst(j)uːbéɪʃən | -tjuː-] *n.*

ex·u·ber·ance [ɪgzúːb(ə)rəns, eg- | -z(j)úː-] 〖(1638) ▭ F *exubérance* ▭ L *exūberantia*: ⇨ exuberant, -ance〗 ── *n.* **1** 繁茂: an ～ of foliage [vegetable growth] 繁茂した枝葉[植物]. **2** 豊富, 潤沢, 横溢(㌻) (abundance): an ～ of delight [feeling, mirth] あふれるばかりの喜び[感情, 歓楽].

ex·ú·ber·an·cy [-rənsi | -sɪ] *n.* ＝exuberance.

ex·u·ber·ant [ɪgzúːb(ə)rənt, eg- | -z(j)úː-] 〖(1459) ▭ (O)F *exubérant* ∥ L *exūberant-em* being fruitful (pres.p.) ← *exūberāre* to grow luxuriantly ← EX-[1] ＋ *ūberāre* to be fruitful (← *ūber* fertile ← *ūber* 'UDDER'): ⇨ -ant〗 ── *adj.* **1** 生い茂る, 〈枝葉が〉繁茂した; 豊富な: ～ growth 繁茂 / ～ foliage [vines, branches] 繁茂した葉[つる, 枝] / a girl with ～ hair 豊かな髪をもった少女. **2** 〈元気・気力・喜びなど〉あふれるばかりの, 快活な; 〈人・行為が〉元気に満ちあふれた, いかにも健康[うれし]そうな: in ～ health はち切れるように健康で / He was in ～ spirits. 張り切って元気一杯だった. **3** 〈想像力など〉豊かな: an ～ imagination. **4** 〈言語・文体が〉華麗な; 〈弁舌など〉ほとばしり出る, 言葉数の多い: ～ remarks 言葉数の多い批評 / ～ praise bestowed by others 他人から与えられた華麗な賛辞. **5** 度はずれの, けたはずれの, 一通りでない: The tanker was of ～ bulk. そのタンカーはけたはずれの大きさだった. **6** 〈泉・川など〉あふれるばかりの: an ～ fountain. **～·ly** *adv.*

ex·u·ber·ate [ɪgzúːbərèɪt, eg- | -z(j)úː-] 〖(15C) ← L *exūberāt-us* (p.p.) ← *exūberāre* (↑): ⇨ -ate[3]〗 ── *vi.* **1** 《古》〔…が〕おびただしい (abound), 〔…で〕あふれる (overflow) 〔*in, with*〕: His breast ～*d with* human kindness. 心は人情にあふれていた. **2** 〔…に〕熱狂的になる, 欣喜雀躍する 〔*in, over*〕: He ～*d in* romance. ロマンスに熱狂的になった.

ex·u·date [éks(j)ʊdèɪt, ékʃʊ-, -sə- | éksjuː-, égzjuː-] 〖← EXUDE＋-ATE[1]〗 *n.* **1** 浸出物. **2** 〘医学〙 滲出物[液].

ex·u·da·tion [èks(j)ʊdéɪʃən, èkʃʊ-, -sə- | èksjuː-, ègzjuː-] 〖▭ LL *ex(s)ūdātiō(n-)*: ⇨ exude, -ation〗 ── *n.* **1** 浸出; (汗などの)にじみ出ること, (水液の)放出, 排出 (issue, discharge). **2** ＝exudate.

ex·u·da·tive [ɪgzúːdəṭɪv, eg- | ɪgzjúːdət-, egz-, eksjúː-] *adj.* 滲出性の: ～ pleurisy 湿性[滲出性]胸膜炎.

ex·ude [ɪgzúːd, eg- | ɪgzjúːd, eg-, eksjúːd] 〖(1574) ▭ L *ex(s)ūd-āre* ← EX-[1]＋*sūdāre* (← *sūdor* 'SWEAT')〗 ── *vi.* 〈汗などが〉〔…から〕にじみ出る, しみ出る (ooze out) 〔*from*〕: Gum ～*d from* the incisions. 切り口からゴムがにじみ出た. ── *vt.* **1** 〈汗などを〉にじみ出させる (discharge): He ～*ed* an icy sweat. 冷汗をにじみ出させた. **2** 〈香気・魅力などを〉発散する (diffuse): He stood silently *exuding* admiration. 賛美の気持ちを発散させて黙って立っていた.

ex·ult [ɪgzʌ́lt, eg-] 〖(1570) ▭ F *exult-er* ▭ L *ex(s)ultāre* (freq.) ← *exsilire* ← EX-[1] ＋*salīre* to leap: cf. salient〗 ── *vi.* **1** 〔…を〕非常に喜ぶ, 〔…に〕歓喜[狂喜]する 〔*at, over, in*〕; 〈…して〉大喜びする 〈*to* do〉: ～ *at* [*over*] one's success 成功に狂喜する / He ～*ed over* (winning) first prize. 一等を取って大喜びした / I ～*ed to* find him alive. 彼が生きているのを知って大喜びした. **2** 〔…に〕勝ち誇る (triumph) 〔*in, over*〕: ～ *in* one's victory 勝利に勝ち誇る / He ～*ed over* his fallen enemy. 敵を倒したことで勝ち誇った. **3** 《廃》(喜んで)跳び上がる, はね上がる (leap, spring).

ex·ul·tance [ɪgzʌ́ltṇs, eg-, -ṭəns, -tṇs, -təns] 〖▭ LL *ex(s)ultantia*: ⇨ exultant, -ance〗 *n.* ＝exultation.

ex·ul·tan·cy [ɪgzʌ́ltənsi, eg-, -tṇ- | -tənsɪ, -tṇ-] *n.* ＝exultation.

ex·ul·tant [ɪgzʌ́ltṇt, eg-, -ṭənt | -tṇt, -tənt] 〖(1653) ▭ L *ex(s)ultant-em* (pres.p.): ⇨ exult, -ant〗 ── *adj.* 狂喜する, 歓喜の, 得意満面の, 意気揚々とした (jubilant): a wild ～ cry 荒々しい喜びの叫び声. **～·ly** *adv.*

ex·ul·ta·tion [èksəltéɪʃən, -sʌl-, ègzəl-, -zʌl- | ègzʌl-, -zəl-, èksʌl-, -səl-] 〖(*a*1400) ▭ (O)F ～ ∥ L *ex(s)ultātiō(n-)*: ⇨ exult, -ation〗 ── *n.* **1** 歓喜, 狂喜 (rapturous delight). **2** [*pl.*] 喜びの叫び声.

Ex·ul·tet [ɪgzúːltet, eg-] 〖← L *ex(s)ultet* let (it) rejoice (3rd sing. pres. subj.) ← *ex(s)ultāre*: ⇨ exult: この讃歌の冒頭の語から〗 ── *n.* 〘カトリック〙 エクスルテト《復活祭前日の復活祭蠟燭 (paschal candle) の祝別の折に助祭が歌う讃歌》.

ex·últ·ing [-tɪŋ | -tɪŋ] *adj.* 歓喜する, 勝ち誇る: an ～ heart 喜びに踊る心. **～·ly** *adv.*

ex·urb [éksəːb, égzəːb | éksɜːb, égzɜːb] 〖(1955) ← EX-[1]＋(SUB)URB〗 *n.* 郊外周辺(高級)住宅地, 郊外別荘地. **～·an** [-bən] *adj.*

ex·ur·ban·ite [eksə́ːbənàɪt, egzə́ː-, ɪg- | eksɜ́ː-, egzɜ́ː-] 〖← EX-[1]＋(SUB)URBANITE〗 ── *n.* 郊外周辺(高級)住宅地に住む人《会社役員・文筆家など》. ── *adj.*

郊外周辺(高級)住宅地(住民)らしい[ふうの].

ex·ur·bi·a [eksə́ːbiə, egzə́ː-, ɪg- | eksə́ːbjə, egzə́ː-, -biə] 〘← EX-¹+(SUB)URBIA〙 *n.* [集合的] 郊外周辺(高級)住宅地域 (cf. suburbia, urbia).

ex·u·vi·ae [ɪgzúːviìː, eg- | -z(j)úː-] 〘《1653》▭ L ~ 'things stripped off' ← *exuere* to pull off ← EX-¹+IE **eu-* to put on〙 ── *n. pl.* (*sing.* **ex·u·vi·a** [-viə | -vjə, -vɪə]) **1** (蛇・甲殻類・昆虫などの)抜け殻. **2** 残骸, 遺物. **ex·ú·vi·al** [-viəl | -vjəl, -vɪəl] *adj.*

ex·u·vi·ate [ɪgzúːvièɪt, eg- | -z(j)úːvièɪt, -vjeɪt] 〘← EXUVIAE+-ATE³〙 *vi., vt.* 〘動物〙脱皮する.

ex·u·vi·a·tion [ɪgzùːviéɪʃən, eg- | -z(j)ùːvɪ-] *n.* **1** 脱皮, 脱殻. **2** 抜け殻.

ex vo·to [eks-vóʊtoʊ | -vɔ́utəu] 〘▭ L *ex vōtō* according to vow: ⇨ ex¹, vote〙 *L. adv., adj.* 誓いの通りに; 奉納の (votive). ── *n.* 奉納物, 奉納額面.

ex-wórks *adv., adj.* 《英》〈価値・値段など〉(輸送の費用や時に卸売商・小売商の利益を含めずに)工場渡しで(の).

exx. 《略》examples; executrix.

-ey [i | ɪ] *suf.* (-y で終る語に付く時の) -y⁴ の異形: clayey.

e·ya·let [èɪjɑːlét] 〘▭ Turk. *eyālet* ▭ Arab. *iyālaʰ* government ← *āla* to be at the head of〙 *n.* =vilayet.

ey·as [áɪəs] 〘《1486》《異分析》← 《廃》(*a*) *nyas* ▭ (O)F *niais* bird taken from the nest < VL **nīdācem* ← L *nīdus* nest: cf. adder, newt〙 ── *n.* 〘鷹狩〙巣びな (nestling); (巣から取った)子鷹, ひな鷹 (cf. haggard).

Eyck [áɪk; *Du.* ɛ́ik], **Hubert** *or* **Huy·brecht** [hœ́ybrɛçt] **van** [vɑn] *n.* ヴァン アイク《1366?-1426; フランドルの画家》.

Eyck, Jan [jɑn] **van** *n.* ヴァン アイク《1370?-1441; Hubert の弟, フランドルの画家; 通称 Jan van Brugge》.

eye [áɪ] 〘n.: ME *iye, ye,* ~ < OE *ēaġe* < Gmc **auʒon* (Du. *oog* / G *Auge*) < IE **okw* to see (L *oculus* eye / Gk *ósse* the two eyes): cf. eyne, eyen (-*s* 複数形は 14 世紀から). ─v.: 《1566》← (n.)〙 ── *n.* (*pl.* **~s**; 《古》**ey·en** [áɪən]) **1** 目; 虹彩 (iris); 目の辺り[回り]: artificial ~*s* 義眼, 入れ目 / compound ~*s* (昆虫の)複眼 / blue [brown] ~*s* 青い[とび色の]目 / ⇨ black eye, naked eye / give a person one in the ~ 目の辺りに一発くらわせる / cry one's ~*s* out 目を泣きはらす / open one's ~*s* 驚いて目を見張る / make a person open his ~*s* 人に目を見張らせる, 人を驚かせる / meet a person's ~ 目につく[ふれる] / open a person's ~*s* to the truth その事実に対して人の目を開かせる[迷いをさまさせる] / look a person (straight) in the ~(*s*) 人をまともに[ひたと]見すえる / rub one's ~*s* (驚いて)目をこする / His ~*s* are bigger than his belly. 食べ切れもしないくせに欲張る / I saw it with my own ~*s*. それは私がこの目で見たのだ(だから確かなものだ) / Where are your ~*s*? (それを見そこなうとは)君の目は一体どこについているのか / *Eyes* right [left]! 〘軍事〙頭(かしら)右[左] / *Eyes* front! 〘軍事〙直れ. ★ ラテン・ギリシャ語系形容詞: ocular, ophthalmic.

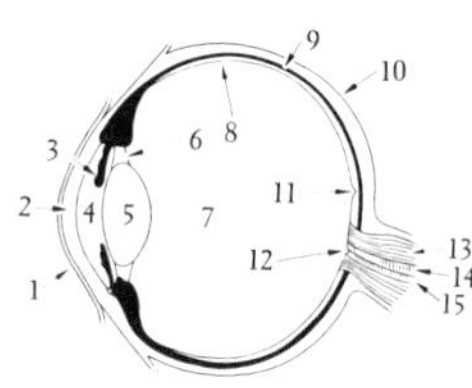

eye 1
1 conjunctiva; 2 cornea; 3 iris; 4 aqueous humor; 5 crystalline lens; 6 suspensory ligament; 7 vitreous body; 8 retina; 9 choroid; 10 sclera; 11 macula lutea; 12 blind spot; 13 optic nerve surrounding blood vessels; 14 retinal artery; 15 retinal vein

2 目の働き[機能]; 視覚, 視力 (eyesight, vision): lose one ~ 一眼を失う, 片目がつぶれる / put out the ~*s* 目をつぶす / blear the ~*s* of the world 世間を瞞着(まんちゃく)する / have sharp ~*s* 視力が強い; 眼力が鋭い (cf. sharp-eyed) / have weak ~*s* 視力が弱い.

3 観察力, 見わける力, 眼識, 鑑識力: an ~ *for* color 色を見わける力 / a straight ~ 真直でない物を見分ける能力 / have an ~ *for* beauty [the beautiful] 審美眼がある / have an ~ in one's head 眼識がある, 抜かりがない.

4 [しばしば *pl.*] 目つき, 目もと, 目の表情 (look): lovely ~*s* かわいい目もと / the green ~ 嫉妬の目 (cf. green-eyed) / view a person with a friendly [jealous] ~ 人を親しげな[嫉妬に満ちた]目で眺める / ⇨ evil eye, glad eye.

5 [しばしば *pl.*] 凝視の目, 注目, 注視: fix one's ~*s* on …に目を注ぐ, じっと見つめる / hold the public ~ 世間の目を引く / in the public ~ 世間の目の前で, 公然と / keep one's ~*s* (fixed) upon …に(じっと)目を注いで(監視して)いる / cast [run] one's ~ over …にざっと目を通す / turn away one's ~*s* from …から目をそらす[そむける] / take one's ~*s* off …から目を離す / The ~*s* of the world are now upon the U.S. economy. 世界の目は今アメリカ経済に注がれている.

6 監視の目 (watch): have an ~ (up)on …に目を離さないで(監視して)いる; …に目をかけている / keep an [one's] ~ on one's children 子供を(目を離さないようにして)監視する / keep a close ~ on the policy その政策をしっかり見守っている / under the ~(*s*) of …の監視のもとに / have all one's ~*s* about one 油断なくあたりに気を配る / with all one's ~*s* よくよく注意して / He has never caught the ~ of the police. 彼はまだ警察の目を引いたことはない.

7 着眼; 目的; 意図: have something in one's ~ ある事を眼中におく[もくろむ] / ⇨ *with an* EYE *to.*

8 [しばしば *pl.*] 物の見方, 見地, 所見, 見解: look with another ~ upon …を異なった見方をする / *in the* ~(*s*) *of* the law 法律上の見地からは / *in the* ~ *of* logic 論理の見地からは / The fez looks ridiculous *in* Western ~*s*. トルコ帽は西洋人の目には滑稽に映る.

9 目のような物, 眼状の物; 眼状の斑点: **a** (植物の)幼芽; (ジャガイモなどの)芽; (果物の)軸跡. **b** (魚や昆虫の卵の)小黒点, 目; (クジャクの尾やチョウの羽の)目玉模様, 眼状斑. **c** (針の)めど; (おのなどの)柄を通す穴; (まなこ棒など, 引張材先端部の)穴 (⇨ eyebar); アイ《錨の上端の輪を通す穴; ⇨ anchor 挿絵》. **d** (カーテンなどの)環, リング; (ホック留めの)小穴; (ロープやワイヤーの端に作った)輪, 小環 (loop). **e** (めがねの)玉, レンズ; (渦巻模様などの)中心 (center); (的(まと)の)星 (bull's-eye). **f** (熟成中の Swiss cheese, Gruyère などに生じる)ガス孔.

10 〘気象〙台風の中心, 目《しばしば雲間に青空が見える》: the ~ of the storm 台風の目.

11 (光・知性・影響などの)中心: the ~ of the problem.

12 〘海事〙(風の)まともの方向, 中心: in the wind's ~ =in the ~ of the wind 風にまともに逆ら[向か]って.

13 [*pl.*] 〘海事〙船首部, へさき《エジプト時代から船首の両側に目を描く習慣があった; 今日もジャンクその他にこの習慣が残っている》.

14 《米俗》探偵 (detective): a private ~ 私立探偵.

15 《米軍俗》レーダー受像装置.

a beam in one's (own) eye(s) ⇨ beam 成句. ***a gleam [glint, twinkle] in one's eye*** (1) まだ漠然とした考え. (2) まだできていない子供. ***apply the blind eye*** 自分の都合の悪いものは見えないふりをする. ***All my eye (and Betty Martin)!*** 〘←? (cf. F *mon oeil!*): 一説では L *Ō mihi, beāte Martine* O, to me, blessed Martin (ラテン語の祈り)の戯言的転訛という〙《俗》とんでもない, ばかばかしい (Humbug!). ***an eye for an eye*** 目には目(でする仕返し), 同じ方法[手段]による(直接の)報復《同程度の報復; cf. *Exod.* 21: 24》. ***at eye*** ひと目で, たやすく (without effort). ***be all eyes*** (全身を目にして)一心に注視する. ***before** a person's **(very) eyes*** (すぐ)目の前に[で]. ***believe** one's **eyes*** ⇨ believe 成句. ***by (the) eye*** 目分量で, 目測で. ***cast [make] sheep's eyes at*** ⇨ sheep's eye. ***catch** a person's **eye*** (1) 〈物が〉人の目にとまる. (2) 〈人が〉人の注意[注目]をひく. ***catch the Speaker's eye*** 〘議会〙(下院で議長の目をとらえて)発言を許される. ***clap eyes on*** [通例否定構文で]《口語》…を見かける, 認める, (偶然)見つける: I've *never clapped* ~*s on* it. まだ一度も見たことがない. ***close** one's **eyes to*** …をわざと見ない, …を見ないようにする, …を無視する (ignore). ***cut** one's **eye*** 《米口語》目くばせする; 人をちらと眺める. ***do** a person **in the eye*** 《俗》〈人を〉だます, 傷つける, へこます. ***easy on the eye(s)*** 《口語》目に快い, 見目(みめ)よい, ほれぼれする, 魅力的で: This type is *easy on the* ~. この活字は目が疲れない / She is very *easy on the* ~. 彼女はとてもかわいらしい. ***eyes and no eyes*** (1) 観察力の鋭い人とそうでない人 (cf. 「目明き千人めくら千人」). (2) 観察力の鈍い人, 気の付かない人. ***get [have]** one's **eye in*** 〘もと球戯などで距離を読む勘を身につけるの意から〙目を慣らす[目が慣れている], 勘を身につける[つけている], 技能を磨く[技能が磨けている] (cf. *get one's* HAND *in*). ***give an eye to*** (1) …に注目する. (2) …の世話をする, 面倒を見る (look after). ***give** one's **eyes*** 《口語》〈…するためには〉目だってくれてやる, どんな犠牲もいとわない 〈*to do*〉: I would *give my* ~*s to* go with you. ご一緒できるのならどんなことでもします. ***give the eye to*** 《俗》…を(感心して)見る, 見とれる; …に色目を使う (cf. glad eye). ***go eyes out*** 《豪口語》全力をあげる; 全速力を出す. ***give** a person **the eye*** 《俗》(感心して人に)見とれる. ***half an eye*** 半ば見開いた目, わずかな知覚[注意]力: with *half an* ~ 一目で, たやすく / if you had *half an* ~ 少し目が開いて[頭が働いて]いたなら. ***have an eye to*** (1) …に目をつけている, …を目当てとする. (2) …を目ざす, もくろむ. (3) …に注目する, 気をつける. ***have eyes at [in] the back of** one's **head*** 非常に警戒している. ***have eyes for*** …に関心がある: He *has* ~*s* only *for* money. 金にしか関心がない. ***have eyes to see*** 注意深い, 観察力がある. ***have** one's **eye in*** = *get one's* EYE *in.* ***have in** one's **eye*** …のことを心に描いている. ***hit** a person **in the eye*** (1) 人の目の辺りを打つ. (2) 火を見るより明らかである, 明々白々である. ***in a pig's eye*** ⇨ pig¹ 成句. ***in** one's **mind's eye*** ⇨ mind's eye. ***in the eye of day*** 《文語》白昼に, 真っ昼間に (in broad daylight). ***keep an eye out [open]*** = ***keep** one's **[both] eyes (wide) open*** = ***keep** one's **eyes peeled [skinned]*** 目を見開いている; 〔…を〕いつも警戒して[見張って]いる〔*for*〕. ***keep** one's **eye in*** (日ごろ練習して)技能を維持している, 技が衰えないようにしている (cf. *keep one's* HAND *in*). ***keep** one's **eye on the ball*** 警戒[注意]している. ***lay [set] eyes on*** …を見る, 見つける: I never *set* ~*s on* you in my life. 今まで一度もお目にかかったことがない. ***leap to the eye*** 《なぞり》← F *sauter aux yeux*〙すぐ目につく, 一目瞭然である (be quite obvious). ***make eyes at*** …に色目を使う, 秋波を送る; …を物ほしそうな目で眺める (cf. sheep's eye). ***mind** one's **eye*** 注意する: *Mind your* ~. 気をつけなさい. ***My eye!*** 《俗》これは驚いた, おやおや, まあ, あら, まさか. ***pass through the eye of a needle*** きわめて狭い所を通り抜ける; きわめて困難なことをする (cf. *Matt.* 19: 24). ***pipe** one's **eye(s)*** 《英口語》(めそめそ)泣く (weep). ***see eye to eye*** 〔…と〕見解が全く一致する〔*with*〕(cf. *Isa.* 52: 8). ***set eyes on*** = *lay* EYES *on.* ***set an [one's] eye by*** …に特に目をかける. ***shut** one's **eyes to*** = *close one's* EYES *to.* ***slap** a person **in the eye*** ⇨ slap¹ 成句. ***spit in the eye of*** …を蔑視する, …を侮る, …をものとも思わない: *spit in the* ~ *of* fate 運命をものともしない. ***take [pick] the eyes from [out of]*** 〈土地など〉の最良の部分を選び取る. ***the apple of** a person's **[the] eye*** ⇨ apple 成句. ***the eye of day [heaven]*** 《詩》太陽 (the sun). ***the eyes of heaven [night]*** 《詩》星 (the stars). ***throw eyes [the eye] at*** 《豪》= *make* EYES *at.* ***throw up** one's **eyes*** (うんざりしたりあきれたりして)目を上に向ける. ***to the eye*** 表面上は, 見た目には. ***turn a [one's] blind eye to*** …を見ようとしない, …に注目しない; …を見て見ぬふりをする: Some officials are *turning a blind* ~ *to* the illicit trade. 役人の中には密貿易を見て見ぬふりをする者がいる. ***under** a person's **(very) eye(s)*** (すぐ)目の前に[で]; おおっぴらに, 公然と (openly). ***up to the [one's] eyes*** 〔仕事に〕没頭して (much occupied)〔*in*〕; 〔借金に〕深くはまり込んで〔*in*〕. ***wet the other eye*** 何杯もたて続けに飲む. ***wipe** a person's **eye*** (1) 《口語》(狩猟で)人の射そこなった獲物を仕留める. (2) 《口語》人の鼻をあかす, 人を出し抜く, ぎゃふんと参らせる. (3) 《俗》人を目に黒あざができるほど殴る. ***with an eye to*** …を目的として, …しようとして: His article was written *with an* ~ *to* picturesque effect. 彼の記事は迫真的な効果をねらって書かれていた / He did it *with an* ~ *to* deceiving me. 私を欺こうとしてそうした. ***with half an eye*** ⇨ *half an* EYE. ***with** one's **eyes open*** すべて事情を知りながら, わざと. ***with** one's **eyes shut*** (1) 事情をよく知らないで. (2) 目を閉じたままでも, ごく容易に.

── *v.* (**eyed**; **~·ing, ey·ing**) ── *vt.* **1** じっと見る (gaze upon); (物珍しそうに[いぶかしそうに])じろじろ見る (stare at): ~ a person askance 人を横目でじろっと見る / ~ with curiosity 物珍しそうに眺める / ~ a person suspiciously [with suspicion] 疑いの目で人を見る / ~ a person from head to foot 頭のてっぺんから足のつま先までじろじろ見る / The two men ~*d* each other. 二人の男はお互いの顔を見合った. **2** …に気を配っている; もくろむ, 狙う: ~ a suspicious person うさん臭い人に気を配っている. **3** 〈針など〉にめどをあける. ── *vi.* 《廃》見える.

éye appèal *n.* 《口語》人目を引く力, 魅力, 見ばえ.

éye-appèaling *adj.* 人目を引く, 魅力的な.

éye·bàby *n.* (相手の)ひとみに映る(自分の)映像.

éye·bàll 〘《1592》〙 *n.* 眼球.
eyeball to eyeball 《口語》面と向って(の) (face to face).
── *vt.* 《米俗》じろじろ見る.

éye bànk *n.* アイバンク, 角膜銀行《盲人に移植するために死者の目から取った角膜を保存しておく施設》.

éye·bàr *n.* まなこ棒, 輪付き棒《橋梁などに用いる両端に穴のあいている金属棒材》.

éye bàth *n.* **1** 眼浴. **2** 《英》=eyecup.

éye·bèam 〘《1594》〙 *n.* 《古》(ちらりと見る)一目, 一瞥(べつ).

éye·blàck *n.* マスカラ (mascara).

éye·bòlt *n.* 〘機械〙(なわ・フックなどをひっかける輪つきの)アイボルト, 輪つきボルト (⇨ bolt¹ 挿絵).

éye·brìght 〘《1533》〙 ── *n.* (*pl.* **~s, ~**) 〘植物〙 **1** コゴメグサ《ゴマノハグサ科コゴメグサ属 (*Euphrasia*) の植物の総称; 昔, 眼病の治療に用いられた; 特にヨーロッパ産の *E. officinalis*》. **2** ルリハコベ (scarlet pimpernel).

éye·bròw 〘《c1410》〙 ── *n.* **1** 眉弓(びきゅう); 眉, 眉毛: knit the ~*s* 眉をひそめる. **2** 〘建築〙平縁; (横木がなく, 波形をした屋根が覆っている)屋根窓. **3** 〘印刷・ジャーナリズム〙=kicker 9. **4** 〘海事〙船窓のひさし.
raise [lift] an [one's] eyebrow = ***raise** one's **eyebrows*** 〔…に〕眉を上げる〔*at*〕《驚き・軽蔑・疑念などの表情》: This she did to their *raised* ~*s*. 彼女がこれを実行したのには彼らは驚いた[あきれた]. ***up to the [one's] eyebrows*** 〔…に〕没頭して〔*in*〕; 完全に: ⇨ *be* PISSED *up to the eyebrows.*

éyebrow pèncil *n.* (鉛筆状)まゆ墨.

éye-càtcher *n.* **1** 強く人目を引くもの; 目玉商品: She's a real ~. 本当に人目を引く美人だ. **2** 〘建築〙(無用の)あずまや (⇨ folly 6).

éye-càtching *adj.* 〈物が〉人目を引く (attractive): ~ posters 人目を引くポスター.

éye·cùp *n.* 洗眼コップ (《英》eye bath).

eyed 〘《c1385》: ⇨ eye, -ed 2〙 ── *adj.* **1** [しばしば複合語の第 2 構成素として] (…の)目をした; 目が…のような: blue-*eyed* 青い目の / ⇨ Argus-eyed, eagle-eyed. **2** 目のついた: ~ hooks. **3** 眼状斑のある: the peacock's ~ tail クジャクの目玉模様のある尾.

éye dialect *n.* 視覚方言《says を sez とつづるなど

して，話し手が無学であるという印象を伝えようとするもの》.

éyed·ness *n.* 利(き)き目《単眼顕微鏡などを使用するとき一方の目を偏用すること》.

éye dòg *n.* 《豪》(目で指導する)羊の番犬.

éye·dròpper *n.* 《米》点眼器.

eye·dropper·ful [áɪdrὰpəfʊ̀l | -drɔ̀pə-] *n.* 点眼器一杯分〔*of*〕.

éye dròps *n. pl.* 目薬, 点眼剤[液].

éye-éar plàne *n.* 〘人類学〙 =Frankfurt horizontal.

éye-fìlling *adj.* 《米口語》目を見張るような，すごく美しい.

eye·ful [áɪfʊ̀l | -fʊ̀l, -fəl] *n.* **1** 《口語》たっぷり見ること (a good look). **2** 《口語》人目を引くもの，注目すべきもの；すごくきれいな女性. **3** 〔ごみ・しぶき・目薬などの〕目に入った量〔*of*〕: He got an ～ *of* dust. 目にほこりがはいった. **4** 微量：an ～ *of* sleep 一睡. ***get an eyeful*** (1)《口語》〔…を〕たっぷり見る〔*of*〕(cf. 1): He *got an* ～ *of* life. 人生を十分に見た. (2)《口語》注目すべき[美しい]ものを見る (cf. 2). (3) ⇨ 3.

éye·glàss *n.* **1** 単眼鏡, 片眼鏡 (monocle); きず見《時計業者が使用する単眼鏡》. **2** [*pl.*] (双鏡の)めがね (spectacles); (特に)鼻めがね (pince-nez). **3** 〘光学〙(双眼鏡・顕微鏡などの)接眼鏡, 接眼[対眼]レンズ (cf. objective lens). **4** 洗眼コップ.

éye-gràbbing *adj.* 人の目を奪うような：～ covers.

éye·hòle *n.* **1** 眼窩(がんか) (eyepit). **2** (仮面などの)のぞき穴 (peephole). **3** (ピン・綱・かぎなどの)目穴.

éye ìndexing *n.* 〘農業〙(ジャガイモの)一芽検定 (cf. index *vt.* 3, hill indexing).

éye·làsh 〘(1752)〙 *n.* (一本の)まつ毛；[しばしば *pl.*；集合的] まつ毛, 睫毛(しょうもう).

éye lèns *n.* (光学機械の)接眼レンズ (eyepiece).

éye·less 〘(?1440) *eieles* lacking buds (of plant): ⇨ eye, -less〙 ── *adj.* **1** 目のない；盲目の (blind): an ～ man. **2** 盲目的の, めくら滅法の：an ～ guide めくら滅法のガイド.

eye·let [áɪlɪt, -lət] 〘(17C) ← EYE＋-LET ∽ ME *oilet* ▭(O)F *œillet* (dim.) ← *œil* 'EYE' < L *oculum*〙 ── *n.* **1** 小さな目 (small eye). **2** アイレット：**a** はと目《紐通しの小穴でボタンホールステッチでかがったもの》. **b** エンブロイダリーレースなどの装飾的な小穴. **c** はと目金. **3** (塀などの)のぞき穴 (eyehole, peephole). **4** 〘築城〙銃眼, 狭間 (loophole). ── *vt.* **1** …に目穴を作る. **2** …にはと目金をさし込む.

eye·let·eer [àɪlətíə, ⌐⌐⌐ | àɪlɪtíə(r] *n.* (千枚通しのような)穴をあける道具. 「の穴」.

éyelet-hòle *n.* ひも穴《特に，ボタンかがりをする前の穴》.

éyelet pùnch *n.* (ひも穴を作る)穴あけ器, パンチ.

éye-lèvel *n.* 目の高さ：at ～ 目の高さの所に.

éye·lìd 〘(*c*1225): ⇨ eye, lid〙 ── *n.* **1** まぶた, 眼瞼(がんけん): the upper [lower] ～ 上[下]まぶた. **2** 〘航空〙アイリッド《ジェットエンジンの排気ノズルの近くにあって推力を制御するためにノズルのあきの大きさを変化させる古い型式の装置》.
hang* (*on*) *by the eyelids かろうじてすがりついている, 危地にいる. ***not stir an eyelid*** まぶた一つ動かさない；少しも動じない.

éye·lìner *n.* アイライナー《まぶたに，まつげの根元にそって線状に塗る化粧品》.

éye·màrk *n.* **1** 目標, 目じるし. **2** 目を見張らせるもの, 見もの (spectacle).

éye-mèmory *n.* 視覚記憶 (visual memory).

éye-mìnded *adj.* 〘心理〙視覚型 (visual type) の (cf. ear-minded). **～·ness** *n.*

Eye·mo [áɪmoʊ | -məʊ] *n.* 〘商標〙アイモ《米国 Bell and Howell 会社製の携帯用映画撮影機の商品名》.

eyen 〘ME < OE *ēaġan* (pl.) ← *ēaġe* 'EYE'〙 *n.* 《古》eye の複数形.

éye-òpener *n.* **1** (目を見張らせるような)驚嘆的事件[行為, 話], 真相を暴露するような事実；実に啓蒙[啓発]的なもの：The report was an ～ to the public. その報道を聞いて世人はさてはと目を見張った. **2** 《米》(朝起きの)目覚ましの一杯, 朝酒.

éye-òpening *adj.* 《米》**1** 目を見張るような (astonishing): with ～ results 目覚ましい成果を挙げて. **2** 実に啓蒙[啓発]的な (most enlightening).

éye·pìece *n.* (光学機械の)接眼レンズ, 接眼鏡 (ocular, eyeglass): a negative [positive] ～ 負[正]接眼鏡.

éyepiece micrómeter *n.* 〘光学〙接眼マイクロメーター《円形ガラス板に細かい目盛を入れ, 顕微鏡・望遠鏡の接眼レンズに入れて像の大きさを測るのに使用する；ocular micrometer ともいう》.

éye·pìt 〘(*c*1250) *eie-put*: ⇨ eye, pit[1]〙 *n.* **1** 眼窩(がんか) (eye socket). **2** 眼のくぼみ.

éye·pòint *n.* 〘光学〙望遠鏡・顕微鏡など光学機械を使用する時に目の瞳をおく位置《射出瞳と一致する》.

éye-pòpper *n.* 《米俗》**1** (目玉の飛び出るような)どえらいこと[もの] (eye-opener). **2** 手に汗にぎらせる[わくわくさせる]もの.

éye-pòpping *adj.* 《米俗》**1** (目玉が飛び出すほど)びっくりさせる (astonishing). **2** 手に汗にぎらせるような, わくわくさせる (thrilling).

ey·er [áɪə | áɪə(r] *n.* 見る人, 観察者 (observer).

éye·rèach *n.* 視界, 視野 (eyeshot).

éye rhỳme *n.* 〘詩学〙視覚韻《母音の発音が異なるが綴りの上では押韻しているようにみえるもの，ただし古い発音では完全韻をなしていることもある；例：move, love；bough, though》.

éye-sèrvant *n.* 《古》雇主の見ているところだけでよく働く使用人.

éye-sèrvice *n.* **1** 《古》(雇主の)見ているところだけの勤めぶり. **2** 目で尊敬を表わすこと, 賞賛[崇拝]のまなざし (admiring look).

éye-sèrver *n.* 《古》=eye-servant.

éye·shàde *n.* まびさし《電灯の下の読書の際またはテニスの時などに用いる》.

éye shàdow *n.* (化粧用)アイシャドー.

éye·shòt *n.* **1** 目の届く所, 視界, 視野 (cf. earshot): beyond [out of] ～ *of* …から目の届かない所に / within [in] ～ *of* …から見える所に. **2** 《古》一瞥(いちべつ).

éye·sìght 〘(?*a*1200): ⇨ eye, sight〙 ── *n.* **1** 視覚, 視力, 眼力 (sight): have good [bad] ～ 視力がよい[悪い] / lose one's ～ 失明する. **2** 《古》見ること (seeing). **3** 《古》視界, 視野 (eyeshot): in [from] a person's ～ 人の眼前に[から].

éye sòcket *n.* 眼窩(がんか) (eyepit) (⇨ skull[1] 挿絵).

eye·some [áɪsəm] 〘← EYE＋-SOME[1]〙 *adj.* 《古》(見た目に)美しい.

éye·sòre 〘OE *ēaġe-sār* soreness of eyes: ⇨ eye, sore〙 ── *n.* 目ざわり《美観をそぐ欠点や風致を害する不快物など》；目の上のこぶ(である人[もの]): Posters in the park are ～*s* to the walkers. 公園内のびらは散歩者には目ざわりである.

éye-spàn *n.* 〘教育〙視覚域《両眼で一回に見てとれる範囲を文字数などで表わしたもの》.

éye-spèck *n.* 〘動物〙=eyespot 1.

éye splìce *n.* 〘海事〙アイスプライス, 索眼《索端の環形つぎ手》, 環接合 (⇨ splice 挿絵).

éye·spòt *n.* **1 a** 〘動物〙下等動物の感光器官；眼点《原生動物のミドリムシなどにある赤い小体；感光器として働く》. **b** 〘植物〙眼点《下等藻類の細胞中の小体で一種の感光器官と考えられている》. **2** (クジャクの尾・チョウの羽などの)眼状斑点, 目玉模様 (ocellus). **3** 〘植物病理〙眼状斑点病《サトウキビなどの病気》.

éye·stàlk *n.* 〘動物〙(エビ・カニなどの)眼柄.

éye·stràin *n.* 目の疲労感；眼精疲労, 疲れ目：She developed ～. 眼精疲労にかかった.

éye·strìngs *n. pl.* 《廃》(眼球を動かす)眼筋《昔は死ぬ時または盲目になる時これが切れると考えられた》.

Eye·tie [áɪtì, -taɪ | -taɪ] 〘← *Eye-talian*《戯言的発音綴り》← ITALIAN〙 *n., adj.* 《俗・軽蔑》イタリア人(の).

eye·tóoth 〘(1580): その位置が目の下であるから〙 ── *n.* (特に上あごの)犬歯, 糸切り歯 (canine tooth).
cut* one's *eyeteeth 物心がつく：He has *cut his* ～. もうりっぱなおとなだ. ***cut* one's *eyeteeth on*** =*cut one's teeth on* (⇨ tooth 成句). ***give* one's *eyeteeth*** 〔欲しい物・地位などを得るために〕大切な[かけがえのない]ものを与える，〔…が得られるなら〕どんな犠牲を払ってもよい〔*for*〕.

éye·wàll *n.* 〘気象〙台風眼の外壁《台風の目の周囲の荒れ狂っているじょうご形の雲の層》.

éye·wàsh *n.* **1** 洗眼薬[剤]. **2** 《俗》ごまかし, でたらめ (humbug)；おべんちゃら. ── *vt.* 《俗》飾りたてて人目をあざむく；…の見てくれだけをよくする；…のうわべを飾る.

éye·wàter *n.* **1** 《古》目薬；洗眼液 (eyewash). **2** 《古》〘解剖〙(目の)水様液. **3** 《古》涙 (tears). **4** 《俗》たわごと (nonsense). **5** 《俗》=gin[2].

éye·wìnk *n.* **1** またたき；目くばせ. **2** 一瞬間 (instant): in an ～ たちまち. **3** 《廃》ひと目 (look).

éye·wìnker *n.* **1** =eyelash；eyelid. **2** (異物など)目を刺激してしばたたかせるもの.

éye·wìtness 〘(1539)〙 ── *n.* (現場の)目撃者；実地証人；目撃証人 (cf. earwitness): an ～ of [*to*] the crime その犯罪の目撃者 / an ～ account 目撃者の話[報告]. ── *vt.* 目撃する.

eyne [áɪn] 〘OE *ēaġan* (pl.) ← *ēaġe* 'EYE'〙 *n.* 《古》eye の複数形.

ey·ot [éɪət, éɪt | éɪt, éɪət] 〘(1883)《変形》← AIT: 語尾はフランス語の dim. suf. -*ot* の影響を受けた〙 *n.* =ait.

ey·ra [éɪrə] 〘▭ Am.-Sp. & Port. ～ ▭ Tupi (*e*)*irara*〙 *n.* 〘動物〙アイラ (⇨ jaguarundi).

eyre [ɛ́ə | ɛ́ə(r] 〘(*c*1300) *eire* ▭ AF＝OF < L *iter* journey: cf. errant〙 *n.* **1** 巡回. **2** 〘英史〙(裁判官の)巡回, 巡回裁判：the Justices in *Eyre* 巡回判事.

Eyre [ɛ́ə | ɛ́ə(r], **Lake** *n.* エア湖《オーストラリア South Australia 州北西部にある浅い塩水湖 (9,324 km²)》.

Éyre Península *n.* [the ～] エア半島《オーストラリア South Australia 州南部の半島》.

ey·rie [áɪ(ə)ri, ɛ́(ə)ri, í(ə)ri | áɪəri, íər-, ɛ́ər-] *n.* =aerie.

ey·rir [éɪrɪə | -rɪə(r] 〘▭ Icel. ～ < ON 'ounce' ▭ ? L *aureus* gold coin: cf. Swed. *öre*〙 *n.* (*pl.* **au·rar** [ɔ́ɪrɑə | -rɑ:(r)]) **1** エイリール《アイスランドの通貨単位；=$^1/_{100}$ krona》. **2** 1 エイリール貨.

ey·ry [áɪ(ə)ri, ɛ́(ə)ri, í(ə)ri | áɪəri, íər-, ɛ́ər-] *n.* =aerie.

Ez. 《略》Ezra (旧約聖書の)エズラ記.

Ezech. 《略》Ezechiel.

E·ze·chiel [ɪzí:kjəl, əz- | ɪzí:kjəl, -kɪəl] 〘⇨ Ezekiel〙 *n.* =Ezekiel.

Ezek. 《略》Ezekiel (旧約聖書の)エゼキエル書.

E·ze·kiel [ɪzí:kjəl, əz-, -kiət | ɪzí:kjəl, -kɪəl] 〘▭ LL *Ezechiēl* ▭ Gk *Iezekiēl* ▭ Heb. *Yᵉḥezqēl* God strengthens ← *ḥāzáq* to be strong＋*ēl* God: cf. Hezekiah〙 ── *n.* **1** 男性名《愛称形 Zeke》. **2** 〘聖書〙**a** エゼキエル《紀元前 6 世紀ごろのヘブライの預言者》. **b** (旧約聖書の)エゼキエル書 (The Book of Ezekiel) (略 Ezek.)

Ezekiel, Moses Jacob *n.* (1844–1917) 米国の彫刻家.

Ezr. 《略》Ezra (旧約聖書の)エズラ記.

Ez·ra [ézrə] 〘▭ LL ～ Heb. *'Ezrā*《短縮》? ← *'Azaryāh*(*ū*) Yah(=Yahweh) has helped: cf. Esdras〙 ── *n.* **1** 男性名. **2** 〘聖書〙**a** エズラ《紀元前 5 世紀ごろのヘブライの律法学者で祭司》. **b** (旧約聖書の)エズラ書[記] (The Book of Ezra).

F

F, f [éf] 〘OE *F, f* ▭ L (Etruscan を経由) ▭ OGk F (digamma) ▭ Phoenician Y : cf. U : ⇨ A[1] ★〙 **— n.** (*pl.* **F's, Fs, f's, fs** [～s]) **1** 英語アルファベットの第 6 字. **2** (活字・スタンプなどの) F または f 字. **3** F [f] 字形(のもの): the *f* holes (弦楽器の) f 字孔. **4** 文字 f が表わす音 (face, if などの [f]). **5** (連続したものの) 第 6 番目(のもの). **6** (中世ローマ数字の) 40. **7** 〘音楽〙 **a** へ音, (ドレミ唱法の) ファ音; へ音の弦[鍵(ｹﾝ)], (パイプオルガンの) パイプ]: *F* sharp 嬰(ｴｲ)へ音《記号は F♯》/ *F* clef へ音[低音部]記号 (bass clef). **b** へ調: *F* major [minor] へ長調[短調] (cf. key[1] 9 a)

f 《記号》〘電気〙 faraday; 〘気象〙 fog《視程 1 km 以下》; 〘音楽〙 forte; 〘数学〙 function《例: $y = f(x)$》.

F 《略》 February; Friday.

F 《記号》 **1** 〘電気〙 farad. **2** 〘時計〙 fast《緩急針ダイヤル用; cf. S》. **3** [時に f] 《米》〘教育〙 (学業成績の評語として) 不可, 落第 (failure). **4** 〘米軍〙 fighter 戦闘機: *F*-15. **5** 〘生物〙 (generation of) filial offspring 子の代《例: F_1 雑種第 1 代 (first filial generation), F_2 雑種第 2 代; cf. P》. **6** 〘鉛筆〙 fine *or* firm 細字用の. **7** 〘貨幣〙 florin(s); forint(s); franc(s). **8** 〘化学〙 fluorine. **9** 〘光学・写真〙 focal length.

f, f. 《略》 false; feast; feet; finish; fluidness; foot; for; 〘植物〙 forma; formula; 〘野球〙 foul; fragile; from; full; furlong(s); furlough.

f, f., f/, f: 《記号》〘写真〙 レンズの明るさ[絞り] (⇨ f-number).

F, F. 《略》 Fahrenheit; Fellow.

f., F. 《略》〘処方〙 *L.* fac 作る (make); fair; father; fathom; 〘貨幣〙 farthing; felon; female; 〘文法〙 feminine; 〘処方〙 *L.* fiat 作れ (let it be made); fluid; folio; following; founded; frequency.

F. 《略》 family; fiction; finance; firm; fleet; France; French.

fa [fɑ́ː] 〘《*c*1325》 ▭ ML ～《略》 ← L *famuli* (pl.) ← *famulus* servant: ⇨ gamut〙 **— n.** 〘音楽〙 **1** (階名唱法の)「ファ」《全音階的長音階の第 4 音; ⇨ do[3]》. **2** (固定ド唱法の)「ファ」, へ (F) 音《ハ調長音階の第 4 音》.

f.a. 《略》 fire alarm; first aid; free alongside.

FA, F.A. 《略》 field artillery; 〘野球〙 fielding average; Fine Arts; Football Association.

F.A. 《略》 (Sweet) Fanny Adams.

FAA 《略》 Federal Aviation Administration〘航空〙(アメリカ) 連邦航空局.

FAA, F.A.A., f.a.a. 《略》〘海上保険〙 free of all average.

F.A.A.A.S. 《略》 Fellow of the American Academy of Arts and Sciences; Fellow of the American Association for the Advancement of Science.

fab [fǽ(ː)b] 〘《略》 ← FABULOUS〙 *adj.* 《口語》 すてきな (excellent), すばらしい, すごい.

Fab [fǽ(ː)b] 〘← FABIAN[2]〙 *n.* 男性名.

fab. 《略》 fabric; fabricate; fabricated; fabulous.

Fa·ba·ce·ae [fəbéɪsiìː] 〘← NL ～: ⇨ ↓, -aceae〙 *n. pl.* 〘植物〙 マメ科.

fa·ba·ceous [fəbéɪʃəs] 〘← LL *fabāce-us* ← L *faba* bean: ⇨ -ous〙 *adj.* **1** 〘植物〙 マメ科の. **2** 豆の(ような).

Fa·bi·a [féɪbiə | -bjə, -bɪə] 〘(fem.) ← *Fabius*: ⇨ Fabian[2]〙 *n.* 女性名.

Fa·bi·an[1] [féɪbiən | -bjən, -bɪən] 〘《1598》 ▭ L *Fabiān-us* ← *Quintus Fabius*〙 **— adj.** **1** (古代ローマの将軍) ファビウス (Fabius) (流)の; (戦わずに敵を自滅させるような) 持久策[戦術]を採る; (改革・進歩に) 慎重な: a ～ policy. **2** フェビアン協会 (Fabian Society) の. **— n.** フェビアン協会員[支持者].

Fa·bi·an[2] [féɪbiən | -bjən, -bɪən] 〘▭ L *Fabiān-us* ← *Quintus Fabius*〙 *n.* 男性名.

Fá·bi·an·ism [-nìzm] *n.* フェビアン主義《英国の Fabian Society の採っている漸進的社会主義》.

Fá·bi·an·ist [-nɪst, -nəst | -nɪst] *n., adj.* フェビアン主義者(の).

Fábian Socíety *n.* [the ～] フェビアン協会《1884 年 G. B. Shaw, Sidney Webb などによって London に創立された平和的手段による英国流の漸進的社会主義団体》.

fa·bism [fɑ́ːbɪzm] *n.* 〘病理〙 ＝favism.

Fa·bi·us [féɪbiəs | -bjəs, -bɪəs] *n.* ファビウス (Quintus Fabius Maximus Verrucosus) 《?–203 B.C.; 持久策[戦術]でカルタゴの勇将 Hannibal を悩ました古代ローマの将軍・政治家; 異名 Cunctator (のろのろ将軍)》.

fa·ble [féɪbl̩] 〘n.: 《*a*1325》 ▭ (O)F ～ < L *fābulam* narrative, story, discourse ← *fārī* to speak: cf. affable. — v.: 《*c*1390》 *fable(n)* ▭ OF *fabl-er* ▭ L *fābulārī* to talk ← *fābula*〙 **— n.** **1** 作り話, 作り事 (fiction) (cf. fairy tale): **a** (動物を主人公にした) 教訓を含んだ短い物語, 寓話 (apologue) (cf. allegory 2, parable 1): Aesop's *Fables* イーソップ寓話集, イソップ物語. **b** [時に集合的] (超自然的または驚異的な物語の) 伝説, 神話, 説話: It is celebrated in Eastern ～. 東洋の伝説に名高い. **c** 嘘, 作り話: the ～*s* of the report. **d** 《古》 世間話, むだ話: old wives' ～*s* むだ話. **2** 架空のもの, 寓話的なこと; 噂の種. **3** 《古》 (劇・叙事詩などの) 筋. **— vi.** 《古・詩》 **1** 寓話を話す[書く]. **2** 作り話を言う, 嘘を言う. **— vt.** (本当らしく) 言う; …の作り話をする: Ghosts are ～*d to* appear in the house. その屋敷は幽霊が出るとまことしやかに言われている.

fá·bled *adj.* **1** 寓話によく出てくる, 伝説に名高い; 伝説的な (legendary), 神話的な (mythical): a ～ island populated by monsters 怪獣の住む伝説の島. **2** 作り話の, 虚構の: a ～ misfortune 見せかけの不幸.

fá·bler [-blə, -bl̩ə | -bl̩ə(r, -blə(r] 〘《*c*1390》 ▭ OF *fableor*: ⇨ fable (v.), -er[1]〙 *n.* ＝fabulist.

fab·li·au [fǽbliòʊ | -lɪəʊ; *F.* fablio] 〘《1804》 ▭ F ～ ← OF 《方言》 ～ ← *fablel* (dim.) ← *fable* 'FABLE'〙 **— n.** (*pl.* **-li·aux** [～(z); *F.* ～]) ファブリオー《中世フランスの滑稽な, 時に卑猥で諷刺的な韻文による下世話な小話》.

Fa·bre [fɑ́ːbə, -br(ə) | fɑ́ːbr(ə); *F.* fɑːbr, fabr], **Jean Henri** *n.* ファーブル《1823–1915; フランスの昆虫学者; *Souvenirs entomologiques*「昆虫記」(1879–1907)》.

fab·ric [fǽbrɪk] 〘《1483》 ▭ (O)F *fabrique* ▭ L *fabrica* workshop ← *faber* a worker in wood, stone, or metal〙 **— n.** **1 a** 織物, 編物《布・フェルト・レースなど》: silk [woolen] ～*s* 絹[毛]織物 / textile ～ 織物. **b** 織地, 織方 (texture): a cloth of exquisite ～ 精巧な織方の切地. **2 a** 《古》 (部分を組立てて出来上がる) 構造物, 建物 (building). **b** 構造, 組立, 組織, 骨組 (framework, structure): the ～ of society＝the social ～ 社会組織[機構] / the ～ of nineteenth-century thought 19 世紀思想の構造 / the very ～ of human nature 人間の本性. **c** 建築, 建造. **d** 《英》 (教会建造物の) 建立と維持. **3** 構成法, 構造法. **4** 製造所, 工場. **5** 〘地質〙 組織, 石理《岩石を構成する鉱物の大きさ・形状・配列の仕方・接合の様子などをいう》.

fab·ri·ca·ble [fǽbrɪkəbl̩, -rə- | -rɪ-] *adj.* 製造可能な, 組み立てることのできる. **fàb·ri·ca·bíl·i·ty** [-kəbíləṭi | -lɪti, -lɪ-] *n.*

fab·ri·cant [fǽbrɪkənt, -rə- | -rɪ-] 〘▭ F ～ ▭ L *fabricantem* (pres.p) ← *fabricāre* (↓): ⇨ fabric, -ant〙 *n.* 製作者, 製造人[業者] (maker).

fab·ri·cate [fǽbrɪkèɪt, -rə- | -rɪ-] 〘《*c*1450》 ← L *fabricāt-us* (p.p.) ← *fabricāre* to construct: ⇨ fabric, -ate[3]〙 **— vt.** **1 a** 組み立てて製造する: Automobiles are ～*d* from a lot of parts made in different factories. 自動車はさまざまな工場で作られる部品から組み立てられる. **b** (技術と労働で) 製造する (manufacture): ～ a book 製本する / Some of the finest watches are ～*d* in Switzerland. **2 a** (規格に従って)〈部品を〉作る: ～ assemblies. **b** 〈原料を〉〈製品に〉作り直す, 加工する (shape) 〔*into*〕; 〔原料から〕〈製品を〉作る 〔*from*〕: ～ aluminium sheet *into* various shapes and forms アルミ板をいろいろの形状にする / The propeller is ～*d from* aluminium alloy sheet. そのプロペラはアルミ合金板から作られる. **3** 〈話・理論・嘘などを〉作り上げる, でっち上げる (invent): ～ a legend, theory, lie, etc. **4** 偽造する (fake, forge): ～ a document. **fáb·ri·cà·tor** [-ṭə | -tə(r] *n.*

fab·ri·ca·tion [fæ̀brɪkéɪʃən, -rə- | -rɪ-] 〘《*a*1500》 ▭ L *fabricātiō(n-)*: ⇨ ↑, -ation〙 **— n.** **1** 製作 (manufacture); 構成, 組立て. **2** 偽造(物), でっち上げ; 作り事, 作り話, 嘘: He began an elaborate ～ of lies. 念の入った嘘八百を並べ始めた. **3** 構造物, 建物.

fábric tíre *n.* 布タイヤ《良質の綿布にゴムを浸透させたタイヤ; コードタイヤ (cord tire) に比べて弱く, 現在は使用されない》.

Fab·ri·koid [fǽbrɪkɔ̀ɪd, -rə- | -rɪ-] 〘← FABRIC＋-OID〙 *n.* 〘商標〙 ファブリコイド《布地に硝酸繊維素 (pyroxylin) を塗った耐水織物で革・布などの代用品》.

Fa·bro·ni·a·ce·ae [fəbròʊniéɪsiìː | -brəʊnɪ-] 〘← NL ～ ← *Fabronia* (属名: ← *G. V. M. Fabroni* (1752–1822: イタリアの植物学者))＋-ACEAE〙 **— n. pl.** 〘植物〙 (蘚類シトネゴケ目) コゴメゴケ科.

Fa·brý-Pe·rót ètalon [fæbríːperóʊ-, fɑː- | -rə́ʊ-; *F.* fabripero] 〘← *C. Fabry* (1867–1945: フランスの物理学者)＋*A. Pérot* (1863–1925: フランスの物理学者)〙 **— n.** 〘光学〙 ファブリー ペローのエタロン《微少な透過率をもつ間隔が可変の 2 枚の平行平面反射鏡から成る光学共振器》.

Fabrý-Perót interferòmeter *n.* 〘光学〙 ファブリーペロー干渉計 (⇨ etalon).

fab·u·lar [fǽbjʊlə | -lə(r] 〘▭ L *fābulār-is*: ⇨ fable, -ar[1]〙 *adj.* 寓話の[に関する]; 寓話の形態をした.

fab·u·list [fǽbjʊlɪst, -ləst | -lɪst] 〘《1593》 ▭ F *fabuliste*: ⇨ fable, -ist〙 *n.* **1** 寓話作者. **2** 嘘つき (liar).

fab·u·los·i·ty [fæ̀bjʊlɑ́səṭi | -lɔ́sətɪ, -sɪ-] 〘▭ F *fabulosité* ∥ L *fābulōsitāt-em* ← *fābulōsus* (↓): ⇨ -ity〙 **— n.** **1** 寓話[伝説]的性質. **2** 《古》 作りごと, 作り話, 寓話 (fable).

fab·u·lous [fǽbjʊləs] 〘《?*a*1425》 ▭ L *fābulōs-us* ← *fābula* 'FABLE': ⇨ -ous〙 **— adj.** **1** 寓話[伝説]の, 神話的な, 非史実的な; 寓話[伝説]によく出てくる: a ～ hero [story] 伝説的英雄[物語] / a ～ animal 伝説的動物 / the ～ age in Chinese history 中国史の伝説時代. **2** 信じられないくらいの, 嘘のような; 法外な; 巨大な: a ～ price 嘘のような[法外な]値段 / a house of ～ size 途方もない大邸宅. **3** 《口語》 すばらしい, すてきな (wonderful): a ～ jewel. **～·ness** *n.*

fáb·u·lous·ly *adv.* **1** 伝説的に, 伝説として. **2** 嘘のように, 膨大に. **3** 《口語》 とても, 非常に (exceedingly): a ～ wealthy person.

fab·ur·den [fǽbədn̩ | -bə-] *n.* 〘音楽〙 ＝fauxbourdon.

fac. 《略》 facade; facial; facility; facsimile; factor; factory; faculty.

fa·cade [fəsɑ́ːd, fæ-] 〘《1656–81》 ▭ F *façade* ▭ It. *facciata* ← *faccia* (↓): ⇨ -ade〙 **— n.** (*also* **fa·çade** [～]) **1** 〘建築〙 (建物の) 正面, ファサード (front). **2** (事物の) 前面, 正面. **3** 見かけ: maintain a ～ of peace 見かけだけの平和を維持する / Behind his ～ of benevolence he hides a cruel nature. 見かけは情け深そうだがその背後に残忍さを隠している.

face [féɪs] 〘n.: 《*c*1290》 ▭ (O)F ～ < VL **faciam* face, appearance＝L *faciēs* form, figure, face ← *facere* to make (⇨ fact): cf. facet. —v.: 《?*a*1400》 ← (n.)〙 **— n.** **1 a** 顔《額から顎(ｱｺﾞ)下まで, 耳から耳までの head の部分; cf. countenance 1》: with a smile on one's ～ 顔に微笑を浮かべて / lie on one's ～ うつ伏せになる / ⇨ *fall on one's* FACE / Her ～ is her fortune. 美貌(ﾋﾞﾎﾞｳ)が彼女の身上. **b** 《古》 面前, 人前: Thou fleddest from the ～ of Esau. 汝兄エサウの面(ｶｵ)をさけて逃ぐ (cf. *Gen.* 35. 1) / ⇨ *in a person's* FACE, *to a person's* FACE. **c** [軽蔑・感嘆などの意味で, また呼掛けに用いて] 《俗》 人: Come on, ～—don't get mopey. おい君, 元気をだせよ. **2 a** 顔つき, 顔色, 表情 (countenance): a sad ～ 悲しい顔 / ⇨ long face / turn a ～ of anger on one's son 息子に怒り顔を向ける / make ～*s* in the glass 鏡に向かって色々な顔つきをする / His ～ fell. がっかりした顔をした (cf. *Gen.* 4: 5). **b** [しばしば *pl.*] しかめつら (grimace); (特に) 嫌な顔: make [pull] a ～ [～*s*] at a person [a whiskey bottle] 人に対して[ウイスキーのびんを見て] しかめつらをする. **c** 〘医学〙 (症状としての) 顔貌 (facies): an adenoid ～ アデノイド顔貌 / an oily ～ 膏(ｱﾌﾞﾗ)顔 / ⇨ moon face. **3** 〘cf. Chin. *mien tzŭ* (面子): もと中国在住の英国人が用いた〙 面目, 面子: ⇨ *lose* FACE, *save* FACE / (a) loss of ～ 面目[品位]失墜 / a man of considerable ～ in this district この地方でなかなかの顔きき / He gained much ～ as a result of the success of his plan. 計画が当たったので大いに男をあげた. **4** 《口語》 **a** 平気な顔, 涼しい顔. **b** 自信, 確信: maintain a firm ～ 確信を持ち続ける. **c** [the ～] ずうずうしさ, 厚かましさ: He had *the* ～ *to* deny it. ずうずうしくもそれを否定した. **5 a** 外見, 外観; うわっつら, うわべ, 見せかけ: an old problem with a new ～ 外観は新しいが古い問題 / ⇨ *put a new* FACE *on*. **b** うわべだけの調査, ざっと目を通すこと: The report is suspicious on the ～ of it. ざっと見たところでは報告書の真偽のほどは怪しい. **6 a** 仮面 (mask): wear a funny ～. **b** 顔の化粧 (makeup): do [put on] one's ～＝put one's ～ on 〈女が〉化粧する. **7 a** (地面・水・物の) 表面, 面(ﾒﾝ): on the ～ of the earth 地表に; 地球上で / the ～ of the water 水面. **b** (一地域の) 地勢 (topography). **c** (裏面・側面と区別して) 表側, 表面, 表: the right ～ 表面. **d** (建物などの) 正面: the ～ of a building, an arch, etc. **e** (時計の) 文字盤: a watch with a blue ～. **f** (貨幣・紙幣などの) 表 (obverse). **8 a** (物の) 装飾[仕上げ]したほうの面. **b** (皿・飾り板などの) 表. **c** (トランプの) 表《マークや番号が書いてある面》: a card lying on its ～ 表を伏せたトランプ札. **d** (布・皮などの) 表 (right side). **e** (文書・地図などの) 印刷面, 文面, (株券などの) 券面: on [upon] the ～ of a document 書類の文面上[文字の上では]. **f** (本・本のカバーの) 上側面. **9 a** (器具・道具などの) 使用面. **b** (槌(ﾂﾁ)の) 打つ面; (ゴルフクラブ・ラケットなどの) 打つ面, フェース (cf. face hammer). **c** (ナイ

フの)切れる方, 刃. **10**〘数学〙面: the ~ of a cube 立方体の面. **11**〘鉱山〙切羽(きり) (working face)《鉱石の採掘現場》. **12**〘印刷〙**a** (活字・版の)面, 字面(じら) (⇨ type 挿絵). **b** 活字書体 (typeface) (⇨ boldface, lightface). **13**〘築城〙稜堡(りょうほ)外向斜面 (⇨ bastion 挿絵). **14**〘海事・航空〙(プロペラ羽根の)圧力面《装備したプロペラを船体[機体]の後ろから見て手前の面; cf. back[1] 13》. **15**〘電子工学〙=faceplate 3. **16**〘アイスホッケー〙=face-off 2. **17** =face card.
accept the face of 《古》=*accept the* PERSON *of*. ***at*** [*in, on*] ***the first face*** ちょっと見たところでは. ***before a person's face*** 人の面前で, 公然と. ***face on*** 顔を(その方に)向けて; うつ伏せに: I found him lying, ~ *on*. 見ると彼はうつ伏せに倒れていた. ***face to face*** (cf. face-to-face) (1) 面と向かって, (人と)差し向かいで, 直接に (cf. NOSE *to nose*, TOE *to toe*). (2) 〔…に〕直面して〔*with*〕: ~ *to* ~ *with* danger [death]. ***face up*** [***down***] 顔を上[下]げて; 表を上[下]にして: He went on, ~ *down*, climbing the hill. 顔を下に向けたまま丘を登り続けた. ***fall*** (***flat***) ***on one's face*** (1) うつ伏せに倒れる. (2) 〈計画などが〉完全に失敗する. ***fly in the face of*** …の真っ向うから飛びかかる; 〈権威・伝統など〉に真っ向から反抗する, …を公然と無視する. ***grind the faces*** [***face***] ***of*** …の膏血(こうけつ)を絞る (*Isa.* 3:15): *grind the* ~*s of* the poor. ***have two faces*** 裏表がある, 二心を抱く; 〈言葉が〉二様にとれる. ***in a person's face*** 面前で, 公然と: laugh *in a person's* ~ 面と向かって人をあざける, 人を大っぴらにばかにする / shut [slam] the door *in a person's* ~ ⇨ door 成句 / throw *in a person's* ~ ⇨ throw 成句. ***in the*** [*one's*] ***face*** まともに受けて: have [with] the wind *in one's* ~ 風をまともに受ける[受けて] / look a person (full) *in the* ~ 人の顔をまともに[臆(おく)せず]見る, 人と面と向かう / look death *in the* ~ (勇敢に)死に直面する / look facts *in the* ~ 事実を直視する. ***in the face of*** (1) …の前に (in front of): *in the* ~ *of* the sea 海に面して. (2) …に直面して, まともに, 面と向かって (confronting): ⇨ *fly in the* FACE *of*. (3) …を目前にして, はばからず; …にもかかわらず (notwithstanding): *in the* ~ *of* many obstacles 多くの障害を物ともせずに / *in the* (very) ~ *of* day [the sun] 白昼公然と, おおっぴらに / *in the* ~ *of* the public [world] 世間体もはばからず. ***lose face*** 〘《なぞり》← Chin. *tiu lien* (丢臉)〙(自分の)顔をつぶす, 面子が立たない, 面目を失う, 恥をかく (cf. *n*. 3; ↔ save face). ***make a face*** [***faces***] ⇨ *n*. 2 b. ***on the*** (***mere***) ***face of it*** (単に)うわべだけで, 一見したところでは; 明らかに, 明白に (obviously). ***open one's face*** 《米俗》口を開く, 話す (speak). ***pull a face*** [***faces***] ⇨ *n*. 2 b. ***put a bold*** [***brave***] ***face on*** 〈物事〉を平気な顔をして我慢する. ***put a good face on*** (1) …をよく見せる, の見かけをよくする. (2) 〈物事〉をせいぜい我慢する (make the best of). ***put a new face on*** …の局面を一新する. ***put one's face against*** … =*set one's* FACE *against*. ***run one's face*** 《米》信用を顔にたよる, 顔を利かせる. ***save face*** 顔をつぶさない, 顔を立てる, 顔が立つ (cf. *n*. 3; ↔ lose face): *save* (one's) ~ (自分の)顔をつぶさずにすむ / *save* a person's ~ =*save* ~ for a person 人の顔を立てる / It *saved* my ~. それで私の顔が立った. ***set one's face*** 毅然とした表情[顔]をする (cf. *Isaiah* 50:7). ***set one's face against*** …に断固として反対[反抗]する. ***set one's face like a flint*** 覚悟する, 毅然としている. ***set one's face to*** [***toward***] (1) …の方に向く. (2) …を志す, に着手する (cf. *2 Kings* 12:17). ***shoot off one's face*** 《米俗》=SHOOT *off one's mouth*. ***show*** (*one's*) ***face*** ⇨ show 成句. ***shut one's face*** ⇨ shut 成句. ***slap a person in the face*** ⇨ slap[1] 成句. ***stare a person in the face*** 〈捜している物が〉人のすぐ目の前にある; 〈事実などが〉人に明々白々である; 〈不幸・死・敗北などが〉人の眼前に迫る: Death [Ruin] *stared him in the* ~. 死[破滅]が眼前に迫った. ***straighten one's face*** 真顔になる, まじめになる. ***to a person's face*** 人に面と向かって, まのあたり, あからさまに. ***turn face about*** ぐるりと振り向く. ***turn one's face to the wall*** 〈死期の迫ったことを悟った人が〉(病床で)顔を壁に向ける (cf. *2 Kings* 22:2; *Isa.* 38:2). ***wash its face*** 《俗》〈事業などが〉どうにかやって行ける(程度の利益を上げる).
— *vt*. **1** 〈人が〉…の方向に向く[顔を向ける], …に面と向かう, 〈物(の正面・前面)が〉…に面する, 対面する: They ~*d* each other. 互いに向き合った / The room ~*s* the sea. その部屋は海に面している / the picture *facing* p. 15 15 ページに面した絵. **2 a** …にまっこうから向かう, 対抗する; …に敢然として[ものともしないで]立ち向かう, 怯(ひる)まない: ~ risks, dangers, death, etc. / ~ the enemy 敵に立ち向かう / ~ fearful odds 恐ろしい大敵に立ち向かう. **b** …に直面する; 〈人を〉〔物・事に〕面と向かわせる〔*with*〕: ~ the facts / ~ a maximum of ten years in prison 最高 10 年の懲役をくらう / ~ stiff opposition 手ごわい反対に会う / ~ a person *with* proof 人に証拠を突きつける / be ~*d with* danger [difficult problems] 危険[難問]にぶつかる. **3** 〈危険・困難などが〉…の前に現われる, …に迫ってくる: A crisis ~*d* us. 危機が差し迫ってきた. **4** 〈壁など〉に上塗りをする, 上張り[化粧張り]をする〔*with*〕: a wooden house ~*d with* brick れんがで化粧張りをした木造家屋. **5** 〈服など〉に飾りをつける, 見返しをつける〔*with*〕: ~ a coat *with* gold braid 上衣に金モールの見返しをつける. **6** 〈石材・鋳物など〉の表面を平らにする, 仕上げる 〈*off*〉: a stone not properly ~*d* 正しく仕上げてない石. **7** 〈トランプなど〉の表を出す: ~ a card. **8** 〈安物の緑茶〉に着色する. **9**〘米軍事〙〈隊を〉…に向けさせる〔*to*〕: ~ one's men *to* the left 兵を左に向けさせる. **10**〘アイスホッケー〙〈審判が〉〈パックを〉向かい合った二人の競技者の間に投げ込む《これを二人が取り合って試合が始まる; cf. face-off》.
— *vi*. **1** 〔…に〕顔を向ける〔*to, toward*〕: ~ front 前[正面]を向く / He ~*d toward* the wall. 壁に顔を向けた. **2** 〈建物などが〉〔ある方向に〕向いている, 〔ある場所に〕面する〔*on, onto, to, toward*〕: an office *facing* out *on* Times Square タイムズスクウェアに面する事務所 / ~ *on* the sea 海に面する / ~ eastward / ~ (*to* the) north, etc. **3**〘軍事〙転回する: About ~! 回れ右 / Left [Right] ~! 左向け左[右向け右]. **4**〘アイスホッケー〙パックに立ち向かう 〈*off*〉.
face about (1) 振り向く, 向き直る. (2)〘軍事〙転回させる. ***face down*** 堂々と[厚かましく]立ち向かう; 恐ろしいけんまくでおどす, 威圧する: He ~*d down* these objections. 彼は平然としてこれらの反対を押し切った. ***face it out*** (非難・敵意などを)無視する, ものともしない: He ~*d it out*. 彼はしゃあしゃあとしらをきった. ***face off*** (1)[命令形で]〘アイスホッケー〙試合開始 (cf. *vt*. 10, *vi*. 4). (2) 〈川の流れを〉そらす. (3)《米》〈相手〉と対決する (confront). ***face out*** (誤りと知りながら)ずうずうしく[強引に]押し通す. ***face the music*** ⇨ music 成句. ***face up*** 怯(ひる)まない (cf. FACE *up to*). ***face up to*** (1) 認める, 容認する (acknowledge): He won't ~ *up to* the fact that he is too old for the job. その仕事をするには年をとりすぎていることをどうしても認めようとしない. (2) …の真正面から迫る; 〈事実・困難など〉に敢然と立ち向かう (confront): When you are ~*d* with a crisis, you must ~ *up to* it. 危機に臨んだら怯(ひる)まず立ち向かっていかねばならぬ. ***let's face it*** (不都合なものでも)事実は事実として認めよう.

face·a·ble [féɪsəbl] *adj*. **1** (ある方向に)向けることができる. **2** 〈建築が〉化粧張りできる.

fáce-abòut *n*. =about-face.

fáce-àche *n*. **1** 顔面神経痛 (facial neuralgia). **2**《英俗》悲しげな顔つきの人, 沈み屋.

fáce àngle *n*.〘数学〙面角《多面角の二つの稜間の角》.

fáce·bòw [-bòʊ | -bə̀ʊ] *n*.〘歯科〙顔弓《上下の顎の位置関係を模型上に再現する器械》.

fáce brìck *n*. 化粧れんが, 表積みれんが, 外装タイル.

fáce càrd *n*.〘トランプ〙絵札《king, queen, jack のカード; court card ともいう》.

fáce-céntered *adj*.〘結晶〙面心の《結晶空間格子で単位胞の各頂点のほかに各面の中央にも格子点のある; cf. body-centered》.

fáce-cèntered cúbic strúcture *n*.〘結晶〙面心立方構造《原子の位置が面心立方格子をなす結晶構造》.

fáce-céntered láttice *n*.〘結晶〙面心格子《格子の単位胞の隅の他に各面の中央にも格子点をもつ結晶格子》.

fáce·clòth *n*. **1** (洗面用)手拭(てぬぐい), (顔をふく)タオル (《米》washcloth, 《英》(face) flannel)《一般に約 30 センチ四方のもの》. **2** 表が滑らかなけばのウール地. **3** 死者の顔にかける布.

fáce crèam *n*. フェースクリーム, 美顔クリーム.

faced 〘《c1500》← FACE (n.)+-ED 2〙 — *adj*. [通例複合語の第 2 構成素として] **1** …の顔の[をした]: bold-[gloomy-, sad-]*faced* 大胆な[陰気な, 悲しそうな]顔をした / ⇨ barefaced, double-faced. **2** (物の)表面が…な: rough-*faced*, two-*faced*, etc.

face·down [⌐⌐] *n*.《米》(相手との)対決 — [⌐⌐] *adv*.《米》顔を下にして[向けて], うつ伏せになって.

fáce flànnel *n*.《英》=facecloth 1.

fáce flỳ *n*.〘昆虫〙ヨーロッパ産のイエバエの近似種 (*Musca autumnalis*)《家畜類の顔にうるさくまとわりつくハエ; 北米に侵入し土着した》.

fáce·fùngus *n*.《英口語》ひげ, (特に)あごひげ.

fáce gèar *n*.〘機械〙フェースギヤ, 正面歯車《平[斜歯(はば)]歯車とかみ合うクラウン歯車に似た歯車》.

fáce guàrd *n*. (溶接工・フットボール選手・フェンシング選手用などの)顔当て, 面(めん).

fáce hàmmer *n*. 平槌(づち) (cf. face *n*. 9 b).

fáce-hàrden *vt*.〘冶金〙〈鋼鉄その他の金属〉に表面硬化(法)を施す, 膚焼きをする (cf. case-harden 1).

fáce·less *adj*. **1 a** 顔のない: a ~ apparition のっぺらぼう. **b** 〈貨幣など〉表面が摩滅した. **2** 個性を欠いた: a ~ crowd. **3** 身元の確認できない, 身元を隠した: a ~ contributor 覆面の投書家. **~·ness** *n*.

fáce-lìft *n*. =face-lifting. — *vt*. **1** …の顔のたるみや皺(しわ)をとる. **2** 〈建物を〉改築[改装]する; 〈自動車など〉のデザインを新しくする.

fáce-lifting *n*. **1** 顔若返り手術; (皮膚のたるみや皺(しわ)をとったり筋肉を引き締らせる)顔の美容整形. **2** (建物の)改装, 改築; (自動車のデザインの, 通例小規模の)手直し, 新装化, フェイスリフト.

fáce·man [-mən, -mæ̀n] *n*. (*pl*. **-men** [-mən, -mɛ̀n]) (鉱山の)切羽で働く人.

fáce mill *n*.〘機械〙正面フライス.

fáce-òff *n*. **1**《米》(相手との)対決〔*with*〕. **2**〘アイスホッケー〙フェースオフ《試合開始または競技中断後の再開の方法; 両チーム各 1 名の競技者がスティックを氷上におき審判がパック (puck) をその中間に落とすこと》.

fáce-pàck *n*. 美顔用パック.

fáce·plàte *n*. **1** (宇宙服などのヘルメットの)顔覆い. **2**〘機械〙面板(めんいた)《回し板より大型の旋盤の工作物取付装置》. **3**〘電子工学〙フェースプレート《テレビなどのブラウン管の前面ガラス; face ともいう》.

fáce pòwder *n*. おしろい.

fác·er *n*. **1** 化粧仕上げをする人[物]; (衣類の)へり取りを縫う人. **2**《口語》(ボクシングなどで)顔面の強打, 顔面パンチ. **3**《口語》人を面食らわせる物[事], 突然の大きな障害[困難], 思いがけない打撃[敗北]: I've had a good many ~*s* in my life. 随分思わぬ障害に出会ったものだ.

fáce-sàver *n*. 面子(メンツ)[顔]を立てるもの.

fáce-sàving *n*. 顔をつぶさないこと, 面子(メンツ)を立てること. — *adj*. 顔をつぶさない, 顔の立つ, 面子を立てる: ~ compromise / in a ~ way 面子をつぶさないで.

fac·et [fǽsɪt, -sət | fǽsɪt, féɪs-, -set, -sət] 〘《1625》□ F *facette* (dim.) ← *face* 'FACE'〙 — *n*. **1** (多面体の)面, (特に, 結晶体・宝石の)小面, 彫面, (カットグラスの)切子面 (⇨ brilliant). **2** (物事の)面, 相. **3**〘建築〙(円柱のフルーティング (fluting) の溝と溝の間の)畔(あぜ). **4**〘昆虫〙**a** (複眼を構成している一つ一つの)個眼. **b** 個眼面, 小眼面. **5**〘歯科〙小面, 局面, ファセット《上下の歯が擦れ合って生じる小面》. — *vt*. (**-et·ed, -et·ted; -et·ing, -et·ting**) 〈宝石〉に小面[彫面]を刻む[切り出す].

fa·cete [fəsíːt] 〘□ L *facēt-us*: cf. facetious〙 *adj*.《古》滑稽な, ひょうきんな. **~·ly** *adv*. **~·ness** *n*.

fác·et·ed [-tɪd, -təd | -tɪd, -təd] *adj*. 面[小面, 切子面]のある[から成る].

fa·ce·ti·ae [fəsíːʃiː] 〘《1657》□ L *facētiae* (pl.) ← *facētia* (↓)〙 *n*. *pl*. **1** 滑稽な文, しゃれ. **2**〘書店用語〙滑稽本; 猥(わい)本, 春本, 艶笑本, エロ本[雑誌].

fa·ce·tious [fəsíːʃəs] 〘《1592》□ F *facétieux* ← *facétie* jest □ L *facētia* jest, witticism ← *facētus* elegant, witty: ⇨ -ious〙 *adj*. 滑稽な, ひょうきんな, 笑わせる: ~ remarks / a ~ person. **~·ly** *adv*. **~·ness** *n*.

fáce-to-fáce *adv*. **1** ごく近くで[に], 膝を交えて. **2** 差しせまって, 直面して: come ~ *with* the problem 問題に直面する. **3** 向き合って: printed ~. — *adj*. **1** ごく近くでの, 膝を交えての: ~ negotiations [discussions] 直接交渉[討議]. **2** 差しせまった. **3** 向き合った.

fáce-to-fáce gròup *n*.〘社会学〙対面集団.

fáce tòwel *n*. 顔ふきタオル.

fa·cette [fǽsɪt, -sət | fǽsɪt, féɪs-, -set, -sət] *n*., *vt*. =facet.

fác·et·ted [-tɪd, -təd | -tɪd, -təd] *adj*. =faceted.

fáce·úp *adv*. 顔を上に向けて.

fáce válue *n*. **1 a** (証券などの)額面価額, 券面額: at ~ 額面通りに. **b** (生命保険の)満期金額. **2** 額面[表面]通りの価値: words taken at their ~ 額面[言われた, 書かれた]通りに(受け)取った[信用した]言葉.

fáce-wòrker *n*. =faceman.

fa·cia [féɪʃə, -ʃiə | -ʃə] 〘《変形》← FASCIA〙 — *n*. **1**《英》(店頭上部に飾られる, 店名入りの横長の)看板. **2**《英》計器盤 (dashboard)《facia board ともいう》. **3** =fascia 1.

fa·cial [féɪʃəl | -ʃəl, -ʃɪəl] 〘《1609》□ ML *faciāl-is* ← L *faciēs* 'FACE': ⇨ -al[1]〙 — *adj*. **1 a** 顔の, 顔面の: one's ~ expression 顔の表情. **b** (美容で)顔に使う, 美顔用の: a ~ cream 美顔クリーム. **2** 表面の, 表面上の (superficial). — *n*. **1** 顔面マッサージ, 美顔術. **2**〘解剖〙顔面神経[動脈].

fácial àngle *n*.〘人類学〙顔面角《ナジオン (nasion) とプロスチオン (prosthion) とを結ぶ線とフランクフルト水平面 (Frankfurt horizontal) とがなす角》.

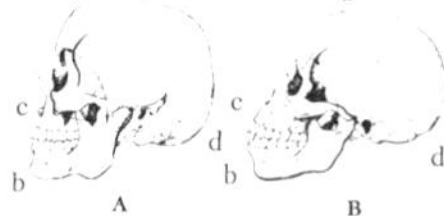

facial angle
A orthognathous skull; B prognathous skull; ab axis of the face; cd axis of the skull; acd facial angle

fácial ártery *n*.〘解剖〙=maxillary artery b.

fácial índex *n*.〘人類学〙顔面指数《顔面の高さの幅に対する比を 100 倍して表わした指数》.

fá·cial·ly [-ʃəli | -ʃəli, -ʃɪə-] *adv*. 顔の点では, 顔について: resemble each other ~ 互いに顔が似ている.

fácial nérve *n*.〘解剖〙顔面神経.

fácial neurálgia *n*.〘病理〙顔面神経痛.

fa·ci·a·tion [fèɪʃiéɪʃən | -ʃɪ-] 〘← L *faciēs* 'FACE'+-ATION〙 — *n*.〘生態〙ファシエーション《群集 (association) の下でロシエーション (lociation) の上の単位; 2, 3 の優占種から成る群落》.

fa·ci·end [féɪʃiènd | -ʃɪ-] 〘□ L *faciend-um* (gerundive) ← *facere* (↓)〙 *n*.〘数学〙被乗数, 被作用子.

-fa·cient [féɪʃənt] 〘□ L *-facient-em* ← *facientem*, *faciēns* (pres.p.) ← *facere* 'to DO[1], make': ⇨ -ent〙 — *suf*. 「…化する(もの), …の作用を起こす(もの), …性の(もの)」などの意の形容詞・名詞を造る: cale*facient*, rube*facient*.

fa·ci·es [féɪʃiːz, -ʃiːz | -ʃiːz] 〘□ L *faciēs* 'FACE'〙 — *n*. (*pl*. ~) **1**〘生態〙(動物・植物などの)外観, 外見,

ファシース．2〖地質〗相(そう)《地層を岩石の性質に従って泥質・砂質・石灰質などの相に分ける》．3 a〖医学〗(病状を示す)顔貌．b〖解剖〗面．

fac·ile [fǽsɪl, -səl | -saɪl, -sɪl] 〖《1483》▭(O)F ～ // L *facil-is* easy (to do, of access) ← *facere* 'to DO[1]': ⇨ -ile[1]〗 — *adj.* **1** すらすら動く，滑らかな，軽やかな，軽快な，〈口や手が〉まめな：a ～ hand / wield a ～ pen すらすら筆を運ぶ / have a ～ tongue ぺらぺらしゃべる．**2** [しばしば軽蔑的に] **a** たやすく得られた；もっともらしい，うわすべりの，表面的な：a ～ victory 楽勝 / offer a ～ solution 安易な解答[解決策]を出す．**b** 楽に理解できる，使いやすい：a ～ style 平易な文体．**c** 〈感情・態度など〉(しばしば深み・誠実さを欠き)すぐ表に出てくる：～ tears 安っぽい涙．**3 a**《古》従順な，素直な，人のいい，御しやすい：have a ～ nature. **b** 〈態度が〉落着いた，自信のある．**～·ly** [-sɪ(l)li, -sə- | -saɪlli, -sɪ(l)lɪ] *adv.* **～·ness** *n.*

fa·ci·le prin·ceps [fáːkɪlèɪ príŋkeps, fǽsəli-prínseps | fǽsɪlɪ-prínseps, fáːkɪlèɪ-príŋkeps] 〖L *facile princeps* easily first, pre-eminent: cf. ↑, prince〗 — *L. adj.* 優に第一位の，楽に第一位になった．— *n.* 楽に第一位になった人，誰しも認めるトップ[指導者]．

fa·cil·i·tate [fəsílətèɪt | -lɪ-, -lə-] 〖《1611》▭F *faciliter* ▭It. *facilitare*: ⇨ facile, -ate[3]〗 — *vt.* **1** 〈物・事が〉〈行為・解決・結果などを〉容易にする，楽にする；〈交渉などを〉すらすら運ばせる，促進する，助長する：～ an action, a process, etc. **2** 〈人〉の労働を軽減する，助ける．**fa·cíl·i·tà·tor** [-tə | -tə(r)] *n.*

fa·cil·i·ta·tion [fəsìlətéɪʃən | -lɪ-, -lə-] *n.* **1** 容易にすること，便利[簡易]化；容易にするもの，手助け，便宜：the ～ of travel. **2**〖心理〗促進，開路 (cf. inhibition 2 a).

fa·cil·i·ta·tive [fəsílətèɪtɪv | -lɪtət-, -lə-] *adj.* 容易にする，促進する．

fa·cil·i·ty [fəsíləti | -lətɪ, -lɪ-] 〖《?a1425》▭(O)F *facilité* // L *facilitāt-em* ← *facilis* easy: ⇨ facile, -ity〗 — *n.* **1** たやすくできること，容易さ，手軽さ，平易 (ease) (↔ difficulty)：the ～ of the work. **2** 熟練 (skill)，(熟練から生じる)たやすさ，手早さ，手際よさ (readiness)，腕前，才能 (aptitude)：write *with* great ～ すらすらと(たやすく)書く / have great ～ *in* doing [learning] …をする[学ぶ]非常な才能がある / Practice gives a wonderful ～. 練習をすればすばらしい腕前になる．**3** (文などの)なだらかさ：one's ～ of style. **4** [通例 *pl.*] **a** 便益，便宜，便利，設備 (convenience, advantage)：*facilities for* transportation 運送機関[施設] / *facilities for* study 研究の便宜 / *facilities* of civilization 文明の利器 / educational *facilities* 教育機関 / computer *facilities* 電算機設備 / give [afford, accord] a person every ～ *for*… 人に…のためにあらゆる便宜を与える．**b** 建造物，施設《病院・図書館・工場など》：sports [recreational, sleeping] *facilities* スポーツ[レクリエーション，宿泊]施設．**c**《口語》便所，トイレ．**5**《古》(頼まれれば何でもする)人のよさ，従順，御しやすさ．

fác·ing *n.* **1**〖建築〗**a** (外壁などの)表面仕上げ，化粧(仕上げ)；化粧[仕上げ]面．**b** 外部の化粧材，外部表面の仕上げ材：a brick wall with a ～ of stone 石の上張りをしたれんが塀(へい)．**2** (衣類の)見返し《襟(えり)ぐり・前打合せなどを仕上げる布切れ》：a black coat with red silk ～s 赤い絹の見返しをつけた黒い上衣．**3** [*pl.*] (軍服の襟や袖に施した)縁取り，定色《兵種を示す標章・袖章》．**4**〖軍事〗(号令に応じてのある方向への)転回，向き．

fácing brìck *n.* ＝face brick.

fácing sànd *n.*〖金属加工〗肌砂《鋳型模型のまわりにかぶせる良質の砂》．

fácing tòol *n.*〖機械〗(旋盤などの)正面削り工具．

fa·cin·o·rous [fəsínərəs] 〖《1548》▭L *facinorōs-us* ← *facinus* (bad) deed ← *facere* 'to DO[1]': ⇨ -ous〗 *adj.*《古》極悪の (atrociously wicked).

fa·çon·né [fæ̀sənéɪ, ─ ─ ╯] 〖▭F *façonné* (p.p.) ← *façonner* to work ← *façon* fashioning, manner < L *factiō(n-)*: cf. fashion〗 — *adj.* 〈織物が〉細かく精巧な模様のついた．— *n.* **1** ファソネ《表面を起毛してある精巧な模様のついた輪奈(わな)織》．**2** 生地に織り込まれている細かい模様．

F.A.C.P. 《略》Fellow of the American College of Physicians.

F.A.C.S. 《略》Fellow of the American College of Surgeons.

fac·sim·i·le [fæksíməli | -mɪlɪ, -mə-] 〖《a1661》← NL ～ ← L *fac* ((imper.) ← *facere* 'to DO[1], make')＋*simile* ((neut.) ← *similis* 'SIMILAR')〗 — *n.* **1** (筆跡・印刷物・絵画などの)原物通りの複写，複製，模写 (exact copy)；生き写し：reproduce in ～ 原物通りに複写する / He was a ～ of Dickens's Mr. Pickwick. 彼はディケンズの描いたピクウィック氏にそっくりだった．**2**〖通信〗**a** 模写電送，写真電送，ファクシミリ《文字・図形・画像などを通信回線を通して電気的に送受信すること；cf. phototelegraph》．**b** 模写電送写真．— *attrib. adj.* 複写の，模写の；生き写しの：a ～ edition (of a manuscript) 複写版 / ⇨ facsimile telegraph. — *vt.* **1** (原物通りに)複写[模写]する．**2**〖通信〗模写電送する．— *vi.* 原物通りの複写[模写]になる．

facsímile tèlegraph *n.*〖通信〗ファクシミリ装置，模写電送装置 (⇨ facsimile 2 a).

fact [fǽkt] 〖《1539》▭L *fact-um* something done, deed (neut. p.p.) ← *facere* 'to DO[1], make': FEAT[1] と二重語〗 — *n.* **1 a** 実際の出来事，(経験上明らかな，または確認されうる)事実 (cf. truth)：an established ～ 動かしがたい事実 / solid ～s 確かな事実 / face the ～s 事実を直視する[と対決する] / the obvious ～ *of* his irresponsibility 彼の無責任を示す明らかな事実 / One should not overlook the ～ *that* fire burns. 火が燃えるという事実を忘れてはならない / It is ～, not fancy. それは空想ではなく事実である / *Fact* is stranger than fiction. ⇨ fiction 2 a. **b** 事実として述べられた事，申し立ての事実：His ～s are false. 彼の言う事実とは偽りである / We must check the accuracy of her ～s. 彼女の申し立ての正確さを確かめなければならない．**2** 実際，真相，現実性：The ～ is that I went and saw him yesterday. 実はきのう彼に会いに行って来たのだ．★《口語》ではしばしば冒頭の定冠詞を略して Fact is that… といい，また接続詞 that を省いて The ～ is, …のようにもいう / The ～ of the matter is…. 事の真相は…だ．**3**〖法律〗**a** (犯罪の)事実，犯行：before [after] the ～ (犯行の)事前[事後]に[の] / be caught in the ～ 現行犯で捕えられる / confess the ～ 犯行を自白する．**b** [しばしば *pl.*] (証拠に基づいて認定される)事実．

as a matter of fact ⇨ matter 成句．***a fact of life*** (1) (動かしがたい)人生の現実；(考慮せざるをえない)現実：Old age is *a* ～ *of life.* 老齢は人生の現実である．(2) [the ～s of life として]《口語》性の実態[知識]：teach children *the* ～*s of life* 子供に性教育をする．***facts and figures*** 正確な資料[情報]．***in fact*** 実際，実に (indeed) (cf. in NAME)；要するに，つまり；もっと言うならば．★ 大体 as a matter of fact と同意であるが，それよりも広く，文頭ばかりではなく文中または文尾にも用いる：He is a liar and a thief. *In* ～ he is the greatest scoundrel I ever saw. 彼は嘘つきで泥棒だ．実際彼ほどの悪党は見たこともない．

fact in controversy〖法律〗(当事者間で争いのある)付随的事実，間接事実 (cf. FACT in issue).

fact in issue〖法律〗主要事実，争点たる事実《通常陪審が決定する；question of fact ともいう；cf. FACT in controversy》．

facta *n.* factum の複数形．

fáct fìnder *n.* (労働争議などの)実情調査(委)員．

fáct-fìnding *adj.* 実情[現地]調査の：a ～ committee 実情調査委員会．— *n.* 実情調査．

Fac·tice [fǽktɪs, -təs | -tɪs] 〖▭F ～ ▭L *factitius* artificial〗 — *n.*〖商標〗ファクティス《植物性油を硫黄(いおう)または塩化硫黄で硫化して造ったゴム様物質の商品名》．

fac·tic·i·ty [fæktísəti | -sətɪ, -sɪ-] *n.* 事実であること，事実性．

fac·tion [fǽkʃən] 〖《1509》▭(O)F ～ ▭L *factiō(n-)* a making, doing, party ← *factum*: ⇨ fact, -ion: FASHION と二重語〗 — *n.* **1** (通例，主流派に異議を唱えたり，または利己主義的な)党派，党中の党，派閥；党派心：a discontented ～ 不平分子 / the contending ～s in the party 党内の対立分子 / split into petty ～s 小党派に分裂する．**2** 派閥争い，党争，内紛；紛争．

-fac·tion [fǽkʃən] 〖ME *-faccioun* ▭(O)F ～ // L *-factiō(n-)*: ↑〗 — *suf.* -fy で終わる動詞に対応する名詞を造る (cf. -fication)：liquefaction (← liquefy) / satisfaction (← satisfy).

fác·tion·al [-ʃənl, -ʃnəl] *adj.* **1** 党派の，徒党の：a ～ leader. **2** 党派的な，党派心の強い；党派間の：severe ～ disputes in the party 党内の激しい派閥間抗争．**～·ly** *adv.*

fác·tion·al·ìsm [-ʃ(ə)nəlìzm] *n.* 党派心，党派根性；党派主義，派閥主義．

fác·tion·ar·y [-ʃənèri | -ʃ(ə)nərɪ] *n.* 党派[徒党]の一員 (partisan). — *adj.* 党派の，派閥の．

fác·tion·ist [-ʃ(ə)nɪst, -nəst | -nɪst] *n.* 徒党を組む人；党人；党派扇動者，党派[派閥]主義者．

fac·tious [fǽkʃəs] 〖▭L *factiōs-us*: ⇨ faction, -ous〗 — *adj.* 党派本位の，党派のための；党派心[根性]の，党派心の強い，党争を好む；扇動的な (seditious)：from ～ motives 党派的動機から / a ～ spirit 党派心 / ～ opposition 党派対立．**～·ness** *n.*

fác·tious·ly *adv.* 党派的に：They are ～ inclined. 彼らは党派的に傾いている．

fac·ti·tious [fæktíʃəs] 〖《1646》← L *factici-us* artificial ← *factus* (p.p.) ← *facere* 'to DO[1], make': ⇨ -ous〗 — *adj.* **1** (自然に出来たものではなく)人為的な，人工的な：～ products 人為[人工]の産物．**2 a** 作った，こしらえた；純真でない，わざとらしい，不自然な：～ enthusiasm わざとらしい[見せかけの]熱心さ．**b** まがい物の (sham). **～·ly** *adv.* **～·ness** *n.*

fac·ti·tive [fǽktətɪv | -tɪt-] 〖《1846》← NL *factitivus* ← L *factitāre* to do often (freq.) ← *facere* 'to DO[1], make': ⇨ fact, -ive〗〖文法〗 — *adj.* **1** 作為の (cf. causative 2)：a ～ verb 作為動詞《目的語と補語をもつ他動詞で，*make* him president, *call* him a fool, *think* him wise の make, call, think など》．**2** 作為動詞の．— *n.* 作為動詞．**～·ly** *adv.*

-fac·tive [fǽktɪv, fæk-] 〖▭(O)F *-factif*: ⇨ -faction, -ive〗 *suf.* 「…を形成する，を作る (making)」の意 (cf. -faction)：petri*factive*.

fac·tor [fǽktə | -tə(r)] 〖《1432》▭(O)F *facteur* ▭L *factor* maker, doer ← *factus*: ⇨ fact, -or[2]〗 — *n.* **1 a** 代理人．**b** 仲買人，問屋，受託売買人：a corn ～《英》穀物問屋．**c** (もと)東インド会社 (East India Company) の事務員《帳簿係 (writer) の上，取引員 (merchant) の下；cf. factory 2》．**d**《スコット》土地差配 (steward). **e** (商人などへの)金融業者，金貸し．**2** 〖3 の比喩的用法から〗 **a** (所定の結果を生み出す)要因，素因，要素：Wealth may be a ～ of happiness. 富は幸福の一要因ではあろう．**b** 生産要素《土地・労働・資本など；factor of production ともいう》．**c** 評価要素《職務評価において評価の対象とされる職務の構成要素，熟練・努力・責任・労働条件など；job factor ともいう》．**3**〖数学〗因数，因子：The ～s of 4 are 1, 2, 4. / break up a quantity into ～s ある数を因数に分解する / ⇨ common factor / a prime ～ 素因数．**4**〖機械〗係数，率：the ～ of evaporation (ボイラーの)蒸発係数．**5**〖生物〗因子，要因，遺伝因子 (gene). **6**〖生化学〗ある特定の生理機能をもつ物質《ホルモン・ビタミン・血液凝固物質・免疫物質など》．**7**〖化学〗係数，換算係数，化学係数《化合物中に含まれる原子または基の量の比など》；ファクター，補正ファクター，力価《標準液の濃度を表わす時の係数》．**8**〖米法〗(Vermont 州と Connecticut 州とで用いられる)第三債務者．**9**〖写真〗係数《画像が現われるまでの時間に乗じて適正な現像時間を算定する定数》．

factor of adhesion〖鉄道〗車輪の粘着摩擦と牽(けん)引力の割合《普通パーセンテージであらわす；adhesion, adhesive factor ともいう》．

factor of production ＝factor 2 b.

factor of safety〖機械〗安全率，安全係数《材料の極限強さと許容応力との比；safety factor ともいう》：the ～ *of safety* of a bridge 橋の安全率．

— *vt.* **1** …の代理[仲買]人として行動する．**2**〖数学〗因数に分解する (factorize). — *vi.* **1** 代理[仲買]人として働く．**2** (商取引などから生じた)債権を金融目的で買取る．

～·a·ble [-t(ə)rəbl] *adj.*

fac·tor·age [fǽkt(ə)rɪdʒ] *n.* **1** 代理業，問屋業．**2** 問屋口銭，仲買手数料．

fáctor anàlysis *n.*〖統計・心理・社会学〗因子分析(法)．**fáctor analýtic** *adj.*

fáctor còst *n.*〖経済〗要素費用《土地・労働・資本など生産要素を使用するのに要する費用》：at ～ 要素費用表示で《国民所得会計用語》．

fac·to·ri·al [fæktɔ́ːriəl, -tóːr- | -tɔ́ːriəl] *adj.* **1** 代理商の；問屋の．**2**〖数学〗階乗の：a ～ expression 階乗式．— *n.*〖数学〗階乗．

factórial stóp sỳstem *n.*〖写真〗＝f-stop system.

fác·tor·ing [-t(ə)rɪŋ] *n.* **1**〖金融〗債権買取業．**2**〖数学〗因数分解．

fac·tor·i·za·tion [fæ̀ktərɪzéɪʃən, -rə- | -raɪ-, -rɪ-] *n.*〖数学〗因数分解．

fac·tor·ize [fǽktəràɪz] *vt.* **1**〖数学〗〈数を〉因数に分解する．**2**〖法律〗…に債権差押えの通告をする《債権者が債務者の第三債務者に対してもっている債権を差押える通知をする》．

fáctor·shìp *n.* 問屋業，代理業．

fac·to·ry [fǽkt(ə)ri | -rɪ] 〖《1560》▭ML *factōria* ← L *factor*: cf. F *factorie*: ⇨ factor, -ory[2]〗 — *n.* **1 a** 工場，製造所，製造工場 (manufactory, works)：an iron ～ 鉄工場 / a ～ chimney 工場の煙突 / the *Factory* Acts (英国の)工場法《労働者のための工場の労働条件・安全規制などに関する法律》/ ～ accounting [bookkeeping] 工場会計[簿記] / ～ law 工場法 / a ～ price 工場渡し値段[相場] / a ～ girl 女工 / a ～ hand 職工，工員．**b** 《比喩》製造場所：the *factories* of diplomas 卒業証書製造所《大学など》．**c** ＝factory ship. **2** (もと)在外商館 (cf. factor 1)：an English ～ at Hirado (九州)平戸の英国商館．**3**《英俗》刑務所；警察署．

fáctory shìp *n.* **1** 鯨工船，捕鯨母船．**2**〖海事〗工作船《他船の修理などを海上でするための工作機械を設備した船》．

fáctory sỳstem *n.* (産業革命によってもたらされた)工場制度 (cf. domestic system).

fac·to·tum [fæktóʊtəm | -tə́ut-] 〖《1566》▭ML *factōtum* ← L *fac* ((imper.) ← *facere* 'to DO[1]')＋*tōtum* ((neut.) ← *tōtus* all)〗 — *n.* さまざまの仕事[責任]をもっている人；(主人の)一切の雑用をする人，雑働き人．

fac·tu·al [fǽktʃuəl, -tʃʊl | -tʃuəl, -tʃʊl, -tjuəl, -tjʊl] *adj.* **1** 事実の[に関する，を対象とする]：a ～ report 事実報告．**2**〖論理〗(想像上・理論上に対して)事実に基づく，事実上の；実際の，(真・偽が経験的)事実による (cf. contingent 5). **～·ness** *n.*

fác·tu·al·ìsm [-lìzm] *n.*〖哲学〗事実[実証](第一)主義(の理論)．

fác·tu·al·ist [-lɪst, -ləst | -lɪst] *n.* 事実[実証](第一)主義(論)者．

fac·tu·al·i·ty [fæ̀ktʃuǽləti | -tjuǽlətɪ, -tʃʊ-, -lɪ-] *n.* 事実であること，実際性．

fác·tu·al·ly [-tʃuəli, -tʃʊli | -tʃuəlɪ, -tʃʊlɪ, -tjuəlɪ, -tjʊlɪ] *adv.* 事実上，実際．

fac·tum [fǽktəm] 〖《1748》▭L ～ 'FACT'〗 *n.* (*pl.* **fac·ta** [-tə], ～s)〖法律〗事実，行為，犯罪行為；(遺言書の)作成；事実の陳述書；覚書．

fac·ture [fǽktʃə | -tʃə(r)] 〖▭(O)F ～ ▭L *factūra*: ⇨ fact, -ure〗 — *n.* **1** 製作[完成]法 (execution)；(絵画の)仕上げ，仕上がり具合．**2** (文芸上の)作品，制作．**3**《古》製作行為[過程]．

fac·u·la [fǽkjʊlə] 〖《1706》▭L ～ 'little torch' (dim.) ← *fax* torch: ⇨ -ula[1]〗 — *n.* (*pl.* **-u·lae** [-lìː, -laɪ])〖天文〗(太陽光球面上の)白斑(はくはん) (cf. macula 1 b). **fác·u·lar** [-lə | -lə(r)] *adj.* **fác·u·lous** [-ləs] *adj.*

fac·ul·ta·tive [fǽkəltèɪtɪv | -tətɪv, -tèɪt-] 〖▭F *facultatif* ← *faculté* 'FACULTY': ⇨ -ative〗 — *adj.* **1** 権能[権威，特権]を与える；許可を与える，許容の (cf. obligatory 1 a, compulsory 2)：～ legislation 権能付与立法．**2** 任意の，随意の：a ～ course 任意科目．**3** 起

こったり起こらなかったりの, 偶発的な. **4** 能力[機能]の[から生じる]. **5** 《生物》条件的な, 〈寄生菌・寄生虫など〉環境に応じて異種の生活ができる (cf. obligate 3): ～ parasites 任意寄生虫[植物]. **～·ly** *adv.*

facultative reinsùrance *n.* 《保険》任意再保険《元受保険者の出再および再保険者の受再がそれぞれ自由な再保険; cf. obligatory reinsurance》.

fac·ul·ty [fǽkəlṭi | -tɪ] 《(*c*1390) *faculte* ▭ (O)F *faculté* ▭ L *facultātem* power, means ← *facilis* easy: ⇨ facile, -ty²》 **—** *n.* **1 a** (先天的・後天的な)能力, 才能, 力: How infinite in ～! 人間の能力はなんと限りがないのだろう (Shak., *Hamlet* 2. 2. 317) / He has a ～ *for* settling quarrels. 喧嘩(ケンカ)の仲裁をする才能がある. **b** (身体器官の)機能: the ～ *of* speech [seeing, hearing] 言語能力[視覚, 聴覚] / amaze the very *faculties of* eyes and ears 目や耳の働きまでも狂わせる (Shak., *Hamlet* 2. 2. 592). **c** (心的)能力; 天賦の才: the mental *faculties* 心的能力《記憶力・推理力・知覚力・言語能力など》. **d** 《米口語》(実務処理の)才, 働き, 手腕: a housekeeper of notable ～ 家政のすぐれた婦人. **2** (支払い能力に見られるような)金銭状態; 資力, 財産. **3 a** (上の人から与えられる)権能, 特権. **b** 《キリスト教》特許, 免許; 特別権限. **4** 《(*a*1387) ▭ ML *facultāt-em*: Aristotle の用語 *dúnamis* branch of learning (《原義》power, ability) の訳語》(大学の)分科, 学部: the ～ of law [arts] 法[文]学部 / the four *faculties* (中世大学の)四分科《Divinity, Law, Medicine, Arts》. **5** (大学の各学部の)教授団; 《米》[集合的] (大学・学校の)教員: The ～ are meeting. 教授会が開催中である. **6** (医者・弁護士などの)同業者団体: the *Faculty* 《英口語》医師団 / the legal ～ 弁護士団.

fáculty psychólogy *n.* 《心理》能力心理学《ドイツの Wolff が 18 世紀初めに唱えた心理学で, 認知能力と欲求能力を中心に, 心理過程を能力の概念で説明した古典的体系》.

fáculty thèory *n.* 《税法》支払能力課税論.

fad [fǽ(ː)d] 《(1834) 《略》? ← *fidfad* 《短縮》 ← FIDDLE-FADDLE // 《略》? ← F *fadaise* trifle, nonsense》 **—** *n.* 物好き, 気まぐれ (whim); 一時的(で気まぐれな)流行 (craze): Hula-hooping was the ～ of the year. その年の流行はフラフープだった. **～·like** *adj.*

FAD 《略》《化学》flavin adenine dinucleotide.

fád·dish [-dɪʃ] *adj.* 気まぐれな, 流行を追う; 一時的流行の. **～·ness** *n.* 「酔狂.

fád·dism [-dɪzṃ] *n.* 一時的流行を追う傾向; 物好き,

fád·dist [-dɪst, -dəst | -dɪst] *n.* 気まぐれ者, 物好きな人, 一時的流行を追う人. **fad·dis·tic** [fædístɪk] *adj.*

fad·dle [fǽdḷ] 《《略》? ← FIDDLE-FADDLE: cf. fad, daddle》 *n., vi.* 《方言》 = fiddle-faddle.

fad·dy [fǽdi | -dɪ] *adj.* (**fad·di·er; -di·est**) = faddish. **fád·di·ness** *n.*

fade [féɪd] 《(*a*1375) *fade(n)* ▭ OF *fad-er* ← *fade* dull, pale < VL **fatidum* 《混成》 ← L *fatuus* 'silly, FATUOUS' + *vapidus* 'VAPID'》 **—** *vi.* **1** 〈花などが〉しぼむ, しおれる; 〈若さ・新鮮さ・美しさ・体力などが〉衰える: The flower has ～*d*. / Beauty ～*s*. 容色は移ろう / She got ill and slowly ～*d* away. 病気になり段々衰弱していった. **2 a** 〈色が〉あせる, 〈光が〉薄れる, 〈音などが〉消えてゆく: The colors ～ *into* one another. 色が薄れて互いに溶け込んでゆく / The light ～*d away* into gray. 光は灰色にぼやけた / The sound has ～*d to* silence. 音は遠のいて聞こえなくなった. **b** 〈記憶・印象などが〉薄らぐ, 薄れる; 〈感情がさめていく: The rumor seems to have ～*d* out of the neighbors' mind. 噂はいつしか近所の人たちの記憶から薄れていったようだ / Love has ～*d from* his heart. 愛情が彼の心からさめてしまった. **c** (次第に)消え去る, 姿を消す: All hope of success soon ～*d away*. 成功の望みは間もなくすべて消え去った / The plane was *fading* fast into clouds. 飛行機は見る見る雲の中に姿が消えかけていた. **3** [しばしば ～ back として] 《アメリカンフットボール》〈攻撃側のクオーターバックが〉ボールを持ってスクリメージライン (scrimmage line) から後へさがる. **4** 《ゴルフ》〈ボールが〉フェードする《打球が落ち際に利き腕の方向へ曲がる》. **5** 〈自動車のブレーキが〉(過熱などにより)制動力が次第に弱くなる, 次第に利かなくなる, フェードする〈*out*〉.
— *vt.* **1** 〈力・新鮮さを〉衰えさせる; …の力・新鮮さを衰えさせる, しおれさせる: Time had ～*d* her beauty. 歳は争われず彼女の容色も衰えていた. **2** …の色をあせさせる: The sun has ～*d* the curtains. 日に当たってカーテンの色があせた. **3** 《俗》〈さい振り人など〉の賭けに応じ(て同額の賭けをす)る (cf. cover 9). **4** 《ゴルフ》〈ボールを〉フェードさせる (cf. *vi.* 4).
fade in (cf. fade-in) (1) 《映画・テレビ》〈画面が〉次第に明るくなる, 溶明する; 〈画面を〉次第に明るくさせる, 溶明させる. (2) 《ラジオ・録音》ボリューム[音量]が次第に上がる[はっきりする]; …のボリューム[音量]を次第に上げる[はっきりさせる]. ***fade out*** (cf. fade-out) (1) 《映画・テレビ》〈画面が〉次第に暗くなる, 溶暗する; 〈画面を〉次第に暗くさせる, 溶暗させる. (2) 《ラジオ・録音》ボリューム[音量]が次第に下がる[ぼやける]; …のボリューム[音量]を次第に下げる[ぼやかす].
— *n.* **1 a** = fade-in; fade-out. **b** 《映画・テレビ》映像の漸移. **2** (自動車のブレーキの)制動力の減退.
do* [*take*] *a fade 《俗》姿を消す, ずらかる.

fáde·awày *n.* **1** 姿を消すこと. **2** 《野球》 **a** = screwball 1. **b** 走者がタッチされるのを避けて体を横向きにしてベースに滑り込むこと.

fád·ed *adj.* しおれた, 色あせた; 衰えた (withered): ～ youth 衰えた青春. **～·ly** *adv.*

fáde-ìn *n.* **1** 《映画・テレビ》フェードイン, 溶明《画面が現像処理によって暗黒から次第に明瞭になる視覚的効果》. **2** 《ラジオ・録音》(音量が)次第に上がる[はっきりする]こと (↔ fade-out).

fáde·less *adj.* しおれることのない; 色のあせることのない (unfading). **～·ly** *adv.*

Fade-Om·e·ter [feɪdɑ́məṭə | -dɔ́mɪtə(r, -mə-] *n.* 《商標》フェードオメーター《退色試験器の商品名; 日光の代わりにアーク光で照射して日光に対する色のあせ具合を試験する装置》.

fáde-òut *n.* **1** 《映画・テレビ》フェードアウト, 溶暗《画面が現像処理によって通常の状態から次第に暗黒化する視覚的効果》. **2** 《ラジオ・録音》(音量が)次第に下がる[ぼんやりする]こと (↔ fade-in). **3** 漸次姿を消すこと: take ～*s* 姿を消す.

fád·er *n.* **1** 消えてゆく人[物]. **2** 《映画》(トーキーの)音量調節器, (フィルム現像の)光量調節器. **3** 《ラジオ・テレビ》フェーダー《フェードイン・フェードアウトの手法に使う電気回路》.

fadge [fǽ(ː)dʒ] 《← ?: cf. fay²》 *vi.* **1** 《廃・英方言》適する, 合う, 一致する. **2** 《古》成功する, うまくいく.

Fad·i·man [fǽdəmən | -dɪ-], **Clif·ton** [klíftən] *n.* (1904–) 米国の著述家・雑誌編集者.

fád·ing *n.* **1** 衰退, 減退. **2** 《通信》フェーディング《到来電波の強さが伝搬経路の異なる電波の干渉などにより変動する現象》. **3** 《教育》(プログラム教授法における)ヒントの漸減. **—** *adj.* 次第に色あせる, 衰えゆく, 薄れてゆく: a ～ sound 次第に消えゆく音 / a ～ cinema star 衰えゆく映画スター.

FADM, F. Adm. 《略》fleet admiral.

fa·do [fɑ́ːduː; *Port.* fádu] 《▭ Port. ～ 《原義》fate < L *fatum* 'FATE'》 *n.* (*pl.* **～s**) 《音楽》ファード《ポルトガルの物悲しい調子の民謡》.

fae·cal [fíːkəl] *adj.* = fecal.

fae·ces [fíːsiːz] *n. pl.* = feces.

Faed [féɪd], **Thomas** *n.* (1826–1900) 英国の画家.

fa·e·na [fɑːéɪnɑː; *Sp.* faéna] 《▭ Sp. ～ 《原義》task ← L *facienda* (gerundive) ← *facere* 'to DO¹'》 *n.* ファエナ《闘牛士が牛を殺す場面となる最終段階》.

Fa·en·za [fɑːénzə, -éntsə; *It.* faéntsa] *n.* ファエンツァ《イタリア北部の都市; ファイアンス陶器 (faïence) の原産地; 人口 55,000》.

fa·er·ie [féɪəri, fɛ́(ə)ri | féɪərɪ, fɛ́ərɪ] 《《古形》← FAIRY: Spenser が擬古的に採用したもの》 《古》 *n.* **1** 妖精の国. **2** 妖精. **—** *adj.* = fairy.

Fáerie Quéene [féɪəri-kwìːn, fɛ́(ə)ri- | féɪərɪ-, fɛ́ərɪ-], **The** *n.* 「神仙女王」《英国の詩人 Edmund Spenser 作の未完の叙事詩で寓意的騎士物語 (6 巻; 1589–1596)》.

Fáer·oe Islands [fɛ́(ə)roʊ- | fɛ́ərəʊ-] *n. pl.* [the ～] フェロー諸島《アイスランドと Shetland 諸島の中間にある 21 の島から成るデンマーク領群島, 1948 年自治権確立; 人口 37,000, 面積 1,399 km², 首都 Thorshavn [tɔ́ː'rshaun]》. 「Islands.

Faer·oes [fɛ́(ə)rouz | fɛ́ərəuz] *n. pl.* [the ～] = Faeroe

Faer·o·ese [fɛ̀(ə)rouíːz, -íːs | fɛ̀ərəuíːz] *n.* (*pl.* ～) **1 a** [the ～] フェロー族《フェロー諸島 (Faeroe Islands) に住むゲルマン人》. **b** フェロー族の人. **2** フェロー語《北方ゲルマン語の一方言》. **—** *adj.* **1** フェロー族の. **2** フェロー語の.

fa·er·y [féɪəri, fɛ́(ə)ri | féɪərɪ, fɛ́ərɪ] *n., adj.* = faerie.

FAF 《略》free at field《航空機引渡しの条件》.

faff [fǽ(ː)f] 《← 《英方言》～ 《原義》to blow in sudden gusts》《英口語》 *vi.* やきもきする, おろおろする, から騒ぎする. **—** *n.* やきもき, おろおろ, から騒ぎ.

Faf·nir [fɑ́ːvnə, -nɪə | -nə(r, -nɪə(r)] 《▭ ON *Fāfnir*》 *n.* 《北欧神話》ファーヴニル《小人 Andvari の宝庫を守った竜, Sigurd に殺された》.

fag¹ [fǽ(ː)g] 《(1530) 《廃》to droop 《変形》? ← FLAG⁴: cf. fatigue》 **—** *v.* (**fagged; fag·ging**) **—** *vi.* **1** 疲れる, 疲労する. **2** […を]へとへとになるまでする, 一心に働く, せっせと働く, 熱心にする〔*at*〕: ～ (*away*) *at* Latin ラテン語の勉強に余念がない. **3** 《英口語》(public school で)〈下級生が〉〈上級生の〉雑用をする〔*for*〕. **4** 《海事》〈ロープの端が〉ほぐれる[よりが戻る].
— *vt.* **1** [通例 p.p. 形で]〈仕事などが〉〈人を〉疲れさせる: He was ～*ged out*. ぐったり疲れてしまった. **2** 《英口語》(public school で)〈下級生を〉雑用に使う. **3** 《海事》〈ロープの端を〉ほぐす[よりを戻す].
fag out (1) くたくたに疲れさせる (cf. *vt.* 1). (2) 《クリケットで》外野手を勤める (field).
— *n.* **1** 《英口語》 **a** 苦しい仕事, 骨折り仕事, 労役 (drudgery, toil): It is too much (of a) ～. あんまり骨の折れる仕事だ / What a ～! 何ていやな事だろう. **b** 疲労, 消耗 (exhaustion) (cf. brain fag). **2 a** 《英口語》(public school で上級生の雑用をする)当番下級生: act as a ～. **b** こき使われる人 (drudge).

fag² [fǽ(ː)g] 《《略》← FAG END》 *n.* **1** (布などの)織り端 (fag end). **2** 《俗》巻きたばこ; 安たばこ.

fag³ [fǽ(ː)g] 《《略》← FAGGOT²》 *n.* 《俗》 = faggot².

Fa·ga·ce·ae [fəgéɪsiìː] 《← NL *fāgāceae* ← *Fāgus* (属名: ← L *fāgus* beech): ⇨ -aceae》 *n. pl.* 《植物》ブナ科. **fa·gá·ceous** [-ʃəs] *adj.* 「目.

Fa·ga·les [fəgéɪliːz] 《⇨ ↑, -ales》 *n. pl.* 《植物》ブナ

Fa·gan [féɪgən] 《▭ Gael. *Faodhagan* 《原義》little fiery one》 *n.* 男性名《異形 Fagin》.

fág énd 《← FAG¹ 《廃》to droop》 **—** *n.* **1 a** 切れ端, 末端, 残り物 (remnant): the ～ of a cigar 葉巻の吸殻り. **b** 綱のほぐれた末端. **c** (織物の)織り端. **d** 《俗》たばこの吸残り. **2** 最後, 終わり: till the ～ of the party パーティーの最後の最後まで.

faggot¹ *n., v.* = fagot. 「ホモ.

fag·got² [fǽgət] 《⇨ fagot》 *n.* 《俗》(男性の)同性愛者,

fág·got·ing [-ṭɪŋ | -tɪŋ] *n.* = fagoting.

fag·got·ry [fǽgətri | -trɪ] *n.* 《俗》(男性の)同性愛, ホモ

fággot-stitch *n.* = fagoting 1. 「行為.

fággot vòte 《cf. fagot》 **—** *n.* 《英》かき集め投票《一定の財産所有が選挙資格の一つであった当時, 財産を一時的に分割して幾人もの有権者を作ってかき集めた投票》. 「い, めめしい.

fag·got·y [fǽgəṭi | -tɪ] *adj.* 《俗》同性愛の; 男らしくな

Fa·gin, f- [féɪgɪn, -gən | -gɪn] 《Dickens の小説 *Oliver Twist* 中の老賊の名》 *n.* (子供のすりや泥棒を手先に使う)盗賊, 故買人.

fag·ot, 《英》 **fag·got** [fǽgət] 《(*c*1312) ▭ (O)F ～ ▭ It. *fagotto* (dim.) ← ? VL **facus* 《逆成》← Gk *phákelos* bundle: Gk の語尾を L *-ellus* (dim. suf.) と混同したための逆成》 **—** *n.* **1 a** まき束, 束しば, そだ. **b** (昔の)火刑用まき束; 火刑: fire and ～ ⇨ fire *n.* 4 a. **2** 集めた物, ひとからげ. **3** 《冶金》(これから加工すべき)鉄棒の束, 束鉄, 積み地金《1 束 120 ポンド》. **4** ファゴット《肝臓を刻んで味付けしボール[ロール]状にして焼いた料理》. **5** いやな女, 不愉快な女; 老婆. **6** 《英》= faggot vote. **7** = bouquet garni. **—** *vt.* **1 a** まき束にする, 束ねる: ～ all the pamphlets *together* パンフレットのすべてを束ねる. **b** 〈異端者など〉の回りに火刑用のまき束を置く. **2** 〈織物を〉ファゴティングで飾る. **—** *vi.* 束を作る.

fág·ot·ing [-ṭɪŋ | -tɪŋ] *n.* **1** ファゴティング《布の横糸を抜き縦糸を束ねたあるいは縦糸を抜き横糸を束ねた飾りつなぎ, または 2 枚の布を糸・リボン・ブレードなどを用いて縦にかがったり千鳥かがりなどでつなぎ合わせること》. **2** [集合的] (川堤などの護岸用)そだ束.

fa·gott [fɑːgɑ́t | fəgɔ́t; *G.* fagɔ́t] 《▭ G ～ ▭ It. *fagotto*: ↓》 *G. n.* (*pl.* **fa·got·te** [-ṭə | -tə; *G.* ～ə]) ファゴット (⇨ bassoon).

fa·got·to [fəgɑ́ṭou | -gɔ́təu; *It.* fagɔ́tto] 《▭ It. ～ 《原義》bundle: ⇨ fagot》 *n.* (*pl.* **fa·got·ti** [-tiː; *It.* -ti]) ファゴット (⇨ bassoon).

fah [fɑ́ː] *n.* 《音楽》= fa.

Fah. 《略》Fahrenheit.

fahl·band [fɑ́ːlbɑːnt, -bænd; *G.* fáːlbant] 《▭ G ～ ← *fahl* pale (⇨ fallow²) + *Band* 'BAND¹'》 *n.* 《鉱山》灰色帯《岩石中の金属の硫化物の帯》.

Fahr. 《略》Fahrenheit.

Fahr·en·heit [fǽrənhàɪt, fér- | fǽr-, fɑ́ːr-] 《← *G. D. Fahrenheit*》 **—** *adj.* カ氏[華氏](温度計)の, カ氏…《氷点 (freezing point) 32°F. = thirty-two degrees F. カ氏 32 度, 沸点 (boiling point) 212°F. カ氏 212 度; 略 F., Fah., Fahr.; cf. Celsius, centigrade》: the ～ thermometer [scale] カ氏温度計[度盛り] / 30° ～ 華氏 30°. ★ 英・米で特に F., C. と断わってない時の温度は F. F = 9/5 C + 32. **—** *n.* カ氏温度計 (cf. Celsius).

Fahr·en·heit [fǽrənhàɪt, fér-, fɑ́ːr- | fǽr-, fɑ́ːr-; *G.* fáːrənhaɪt], **Gabriel Daniel** *n.* ファーレンハイト《1686–1736; 水銀温度計を作りカ氏温度目盛を定めたドイツの物理学者》.

F.A.I.A. 《略》Fellow of the American Institute of Architects 米国建築家協会正会員.

Fa·ial [fəjáɪːl, faɪáːl; *Port.* fəjáɫ] *n.* ファイアル島《大西洋北部 Azores 諸島中の島; 人口 18,000, 面積 171km²》.

fa·ïence [feɪɑ́ː(n)s, faɪ-, -ɔ̃ː(n)s, -ɑ́ːns, -ɔ́ːns | faɪ-, feɪ-; *F.* fajɑ̃ːs] 《(1714) ▭ F ～ ← *Faenza* (16 世紀にこの陶器が製造された北イタリアの都市)》 *n.* (*also* **faience** [～]) **1** ファイアンス陶器《酸化錫を乳濁剤に用い, この点 majolica と delft に類似する》. **2** 《英》施釉(せゆう)建築用製品《タイルなど》. **3** 《米》透明釉のかかった装飾陶器.

fail [féɪl] 《(?*a*1200) *fail(l)e(n)* ▭ (O)F *faill-ir* < VL **fallire* = L *fallere* to deceive, disappoint ← ?》 **—** *vi.* **1 a** 〈人・物事が〉[…に]失敗する, しくじる (↔ succeed) 〔*in*〕: ～ *in* business 商売に失敗する / ～ *in* one's promise to come 来るという約束を果たさない / I ～*ed in* persuading him. 彼を説き伏せようとしたがだめだった / The attack [experiment] ～*ed*. 攻撃[実験]は失敗した. **b** 〈物事・人が〉[事の実現・成就に]至らずに終わる, 果たさない〔*of*〕: ～ *of* effect 〈事が〉効果をあげない / The venture ～*ed of* success. 冒険は失敗した / He ～*ed of* re-election. 再選に失敗した / The prophecy ～*ed*. 予言ははずれた. **2** [*to do* を伴って] **a** …し損う, 〈…することが〉できない; 怠る, しない: I ～*ed to* obtain the post I sought. 私は求めた地位が得られなかった / He never ～*s to* keep his word. 彼はいつも必ず約束を守る / Don't ～ *to* let me know. きっと私に知らせて下さい. **b** 〈物事が〉〈可能なはずのこと・期待されていることを〉果たせない: This news will hardly ～ *to* startle him. このニュースに彼がびっくりしないことはまずあるまい. **3** 〔試験・学科に〕落第する, 落ちる, 単位を落とす〔*in*〕(cf. *vt.* 2 *a*): ～ *in* an examination / ～ *in* geography 地理(の試験)にしくじる[不合格点を取る]. **4** 〈ある素質などが〉不足[欠乏]する〔*in*〕: ～ *in* courage [truthfulness] 勇気[誠実さ]が足りない. **5 a** 〈供給などが〉十分でない, 尽きる, 切れる: The water supply ~*ed* last summer. 去年の夏は水が出なくなった. **b** 〈作物が〉不作になる: The crop ~*ed* three years running. 3年連続の凶作だった. **c** 〈嗣子が〉できない; 〈家系が〉絶える: His issue ~*s*. 彼には嗣子がない / Their family line ~*ed* with his death. 彼が死んで彼らの家系が絶えた. **6** 〈健康・力・視力などが〉衰える, 弱る; 〈人・植物が〉活力を失う, しなびる; 〈風が〉落ちる, 〈におい・音などが〉消える: His health [sight] has ~*ed* sadly since last year. 彼の健康[視力]は昨年以来ひどく衰えた / The old man is ~*ing* rapidly. 老人はどんどん衰弱していく / The wind has ~*ed*. 風が落ちた. **7** 〈機械・器官などが〉機能が止まる; 〈建物の一部などが〉つぶれる, 曲がる: The electricity suddenly ~*ed*. 突然停電となった / The patient's heart is ~*ing*. 患者の心臓止がまりそうになっている. **8** 破産[倒産]する, 支払い不能になる.

— *vt.* **1 a** 失望させる, …の期待に背く, (いざという時に)…にとって役に立たない: Do not ~ me in need. 困った時には必ず力になって下さい. **b** 〈頼りになる物が〉〈人を〉見捨てる: The wind ~*ed* us. (帆船などでいざという時に)風がなくなった / Words ~*ed* me at the last minute. いよいよとなって言葉が出なかった / His heart ~*ed* him. 彼は心臓が止まりそうになった《全くぎょっとした》, 勇気[気力]がくじけた; 心臓の発作を起こした / Time would ~ me to tell of it. その話をしようとしても時間が足りない. **2 a** 〈試験・課程〉に落第する, 落ちる, しくじる (cf. *vi.* 3): I've ~*ed* the exam in geography [~*ed* geography]. 地理を落っことした. **b** 〈生徒・受験者を〉落第させる, …に落第点をつける: The teacher ~*ed* me *in* English. 先生は私の英語に落第点をつけた. **3** …に欠ける: He ~*ed* words to express his contempt. 彼は軽蔑を表わす言葉が見出せなかった.

fail safe ⇨ fail-safe.

— *n.* **1** (約束・命令などを)実行しないこと, 不履行 (failure). ★ 今は下の成句にのみ用いる. **2** 〘商業〙(証券などの取引における)受渡し不履行.

without fail 間違いなく, きっと (for certain): I will perform my duty *without* ~. 必ず義務を果たします.

failed *adj.* 〈人・物事が〉失敗した; 破産した: a ~ poet 詩人として失敗した人, だめな詩人 / a ~ crop 不出来な作物, 不作.

fáil·ing [-lɪŋ] 〚ME: ⇨ fail, -ing[1,2]〛 — *n.* **1** 失敗: His ~ was due to lack of funds. 彼の失敗は資金不足によるものだった. **2** (些細な)欠点, 弱点, 短所: Want of firmness is his principal ~. 毅然たるところがないのが彼の主な欠点だ. — *adj.* **1** 衰えゆく, 絶える: the never ~ youth 決して衰えることのない青春. **2** 〈答案・リポートなど〉落第の, 落第点を取った. — 〚(1810) ← (pres.p)〛 *prep.* …がない場合には, …がないので: *Failing* payment, we shall attach your property. お支払いのない場合は財産を差し押えます / *Failing* a purchaser, he rented the farm. 買い手がないので彼は農場を賃貸した / which ~ = ~ which もしそれがだめな場合は / ~ this このことが起こらなければ.

~·ly *adv.*

faille [fáɪl | féɪl; *F.* faj] 〚□F ~〛 *n.* ファイユ《軽いつや消しの柔らかい横うねのある絹布》.

fáil-sàfe *adj.* **1 a** フェイルセイフの《故障などの場合に安全側に誤動作するような》: a ~ system. **b** 安全を保証する, 絶対安全な. **2** [時に F-]〘軍事〙(核装備の爆撃機が何かの誤りで攻撃目標を爆撃することを防ぐ)制御組織[装備]の. — *n.* [時に F-]〘軍事〙(爆撃機などが特別の指令なしには越えられない)規制地点, 進行制限地点《fail-safe point ともいう》. — *vi.* (故障などの時に)安全側に誤動作する, 安全装置が働く. — *vt.* 安全側に誤動作させる; …に安全装置[フェイルセイフ機構]を施す[備える].

fail·ure [féɪljə | -ljə(r] 〚(1643) *failer* □ AF *failer* = OF *faillir* to fail (不定詞の名詞用法): 語尾は後に -o(u)r, -ure と混同した: ⇨ fail (v.), -ure〛 — *n.* **1** 失敗, 仕損じ, 不首尾 (↔success): meet with [end in] (dismal [miserable]) ~ (みじめな)失敗に終わる / one's ~ *in* an examination 試験の不合格. **2** 失敗者 〔*in*〕; 失敗した企て, 不出来な物, 失敗作: a social ~ 社会の落伍者 / He was a ~ as a teacher. 教師としては失敗者だった / The attack was a ~. その攻撃は失敗した. **3 a** [*to do* を伴って] 怠慢, 不履行: a ~ *to* do one's duty 義務の不履行 / a ~ *in* duty 職務怠慢. **b** (事態の)発生しないこと: in ~ *of* your compliance herewith あなたがこれを承諾されない場合は. **4** 不足, 欠乏, 不十分: a ~ *of* supplies [rain] 供給[雨量]の不足 / a ~ *of* crops 不作 / through ~ *of* heirs 後継者がいなかったために. **5** 〘教育〙落第 〔*in*〕; 《米》落第点 (failing grade) (cf. F); 落第者. **6** 〔力などの〕衰弱, 減退; 〔身体器官などの〕(機能)不全 〔*in, of*〕: a ~ *of* health [memory, sight] 健康[記憶力, 視力]の減退 / ⇨ heart failure. **7** (支払い不能による)破産, 倒産: a bank ~ 銀行の倒産. **8** 機能[運転]停止; (建物などの使用に耐えないほどの)破損: an electric power ~ 停電.

fain[1] [féɪn] 〚OE *fæġen* glad, rejoicing < Gmc **fažin-, fažan-* (ON *feginn*) ← **fax-* (OE *ġefēon* to rejoice) ← ? IE **pek-* to make pretty: cf. fair[2]〛〘古〙 — *pred. adj.* (~·**er**; ~·**est**) **1 a** 〈…するのを〉(切に)望んで, 〈…〉したがって, 喜んで〈…する〉(willing) 〈*to do, of doing*〉: Man and birds are ~ *of* climb*ing* high. 人間も鳥も高い所に昇りたがる (Shak., *2 Hen VI* 2. 1. 8). **b** 喜んで, うれしい 〔*of*〕/〈*to do*〉. **2 a** 甘んじて, あきらめて〈…する〉〈*to do*〉. **b** やむ[仕方]なく〈…する〉(obliged)〈*to do*〉: He was ~ *to* acknowledge my rights 彼はやむなく私の権利を認めた. — *adv.* **1** [would ~ として] 喜んで, 快く: I *would* ~ depart. 喜んで去りましょう. **2** むしろ(…したい).

fain[2] [féɪn] 〚《変形》? ← FEND〛 — *int.* (*also* **fen, fens**) [通例 Fain(s) I, Fen(s) I として]《英俗》いやだよ: *Fain(s) I* keeping goal. ゴールの守備はいやだよ《子供がゲームなどでいやな役目を免れるのに用いる決まり文句》.

fai·naigue [fənéɪg] 〚《変形》← FINAGLE〛 — *vi.* **1** 〘トランプ〙= revoke *vi.* 2. **2** 《口語》欺く, ごまかす (cheat). **3** 《英方言》仕事[責任]を回避する. — *vt.* 《口語》〈人を〉ちょろまかす, 欺く (cheat).

fai·ne·ance [fèɪneɪɑ́ː(n)s, -ɑ́ːns, féɪniəns | féɪneɪɑ̃ː(n)s, -ɔ̃ː(n)s, -ɑ̃ːns, -ɔ̃(ː)ns, -nɪəns; *F.* feneɑ̃ːs] *n.* = faineancy.「怠惰.

fai·ne·an·cy [féɪniənsi | -nɪənsɪ] 〚⇨ ↓, -cy〛 *n.* 無為,

fai·ne·ant [féɪniənt, fèɪneɪɑ́ː(ŋ), -ɑ́ːŋ | féɪneɪɑ̃ː(ŋ), -ɔ̃ː(ŋ), -ɑ̃ːŋ, -ɔ̃(ː)ŋ, féɪnɪənt; *F.* feneɑ̃] 〚(1619) □F *fainéant* do-nothing, idler (← *faire* to do + *néant* nothing)《通俗語源》← OF *faignant* idler (pres.p.) ← *faindre* 'to FEIGN'〛 (*also* **fai·né·ant** [~]) — *adj.* 何にもしない, 怠惰な, 無精な. — *n.* (*pl.* ~**s** [-ɑ́ː(ŋ)(z), -ɑ́ːŋ(z), -ənts | ~z; *F.* ~]) なまけ者, 無精者.

fains [féɪnz] *int.* = fain[2]

faint[1] [féɪnt] 〚(c1290) ~, *feint* □ OF *faint, feint* (p.p.) ← *faindre, feindre* 'to FEIGN'〛 — *adj.* (~·**er**; ~·**est**) **1** 弱い, 弱々しい, 無力の; 気乗りのしない (half-hearted): make a ~ show of resistance 微弱な抵抗をする / ⇨ *damn with faint* PRAISE / The beating of the heart became ~*er*. 鼓動は段々微弱になっていった. **2** [Predicative に用いて]〔疲労・空腹・病気・ショックなどで〕ぐったりして, ふらふらして, 目眩(めまい)がして, 気が遠くなって 〔*for, with*〕: feel ~ 気が遠くなる / be ~ *with* fatigue [hunger] 疲労[空腹]でふらふらになっている / be ~ *for* [*from*] lack of sleep 寝不足でふらふらである. **3** 勇気のない, 気の弱い, おどおどした: a ~ heart 臆病, 弱気 (cf. faint-heart) / *Faint* heart never won fair lady. 《諺》弱気が美人を得たためしはない《恋の秘訣は押しの一手》. **4** かすかな, ほのかな, 淡い, ぼんやりした, 不鮮明な: a ~ color, light, sound, etc. / There was a ~ hesitation in her voice. 彼女の声にかすかなためらいがあった / There is not the ~*est* hope. わずかの望みもない / I have not the ~*est* idea about it. そのことは全く見当がつかない / I haven't the ~*est*. 《口語》私は全く知らないよ. **5** 《古》〈空気・匂いが〉むっとする, 気分の悪くなるような: a ~ smell いやな匂い / The air was ~ *with* sweet scent. あたりは甘ったるい匂いで重苦しかった. **6** 〘法律〙根拠のない, 事実無根の.

— *n.* 気絶, 卒倒, 失神 (swoon): go off in a ~ 気絶する / fall in a dead ~ 卒倒する.

— *vi.* **1** 気が遠くなる, 卒倒[気絶]する (swoon) 〈*away*〉. **2** 《古・詩》**a** 弱る, 元気を失う, 気がくじける. **b** 明るさを失う. — *vt.* 《古》…に元気を失わせる, 気力をなくさせる (depress): It ~*s* me to think what follows. 次に来るものを思うと気がくじける (Shak., *Hen VIII*. 2. 3. 103).

faint[2] [féɪnt] *adj., adv., n.* 〘印刷〙= feint[2].

faint[3] [féɪnt] 〚← ?〛 *n.* 〘物理〙フェーント《核物理学で用いる長さの単位; $= 10^{-15}$》.

fáint·er [-tə | -tə(r] *n.* 卒倒[気絶]者.

fáint·hèart *n.* いくじなし, 臆病者. — *adj.* = faint-hearted.

fáint·héarted 〚(1440)〛 *adj.* 勇気のない, 臆病な, いくじのない, 気の弱い. **~·ly** *adv.* **~·ness** *n.*

fáint·ing [-tɪŋ | -tɪŋ] *n.* 卒倒, 気絶. — *adj.* 卒倒する(ような), 気が遠くなる(ような). **~·ly** *adv.*

fáinting fit [**spèll**] *n.* 失神(の発作): have a ~.

fáint·ish [-tɪʃ | -tɪʃ] *adj.* **1** 気が遠くなりそうな. **2** かすかな, あるかないかの: a ~ mark [line] かすかなしるし[線]. **~·ness** *n.*

fáint·ly 〚ME〛 *adv.* **1** かすかに, ほのかに. **2** 力なく, 弱々しく, 気力なく. **3** いくじなく, おずおずと.

fáint méter *n.* 〘物理〙= fermi.

fáint·ness 〚ME〛 *n.* **1** 弱々しさ, 弱さ. **2** かすかなこと, 微弱; 不鮮明. **3** いくじのなさ: ~ of heart 臆病. **4** 失神, 気の遠くなること: be attacked with ~ 失神する.

fáint-rúled *adj.* 〈写字用紙・書簡用紙など〉薄罫(うすけい)線入りの.

faints [féɪnts] 〚《異形》← FEINTS〛 *n. pl.* 〘醸造〙= feints.

fair[1] [féə | féə(r] 〚(c1250) *feire* □ OF *feire* (F *foire*) < LL *fēriam* holiday, festival ← L *fēriae* (pl.) < OL *fēsiae*: cf. feast〛 — *n.* **1 a** 《英》(特定の場所で多くは聖人祭日などに定期的に開かれる)市, 定期市, 縁日: a cattle ~ / a horse ~ / an Easter ~. **b** (農産物・畜産物などの)共進会, 品評会《優秀なものには賞を与える; 米国では見せ物や飲食店も立ち並びにぎわう: cf. county fair》: an agricultural ~ 農産物共進会 / ⇨ world's fair. **c** 見本市, 展示会; 博覧会, フェア: a book ~ / a camera ~ カメラ見本市 / an international trade ~ 国際見本市. **d** = funfair. **2** 慈善市.

(a day) after the fair* = *behind the fair あとの祭, 手おくれ(で) (too late).

fair[2] [féə | féə(r] 〚adj.: OE *fæġer* beautiful, pleasant < Gmc **fažraz* (ON *fagr*) ← IE **pek-* to make pretty: cf. fain[1]. — adv.: OE *fæġre* ← (adj.)〛 — *adj.* (~·**er**; ~·**est**) **1** 《文語》**a** 美しい, きれいな, (見目)うるわしい: a ~ woman [lady] / a ~ landscape / a ~ one 美人 / ~ eyes / A ~ face may hide a foul heart. 《諺》顔に似ぬ心 / A ~ face is half a fortune. 《諺》美貌は宝《財産に近いもの》. **b** 女性の: ⇨ fair sex / my [our] ~ readers 御婦人の読者 / a ~ visitor 婦人客. **c** [the ~; 名詞的に] 婦人(たち), 女性.

2 色白の (light-colored); 金髪の (blond) (cf. brunet 2, dark): a ~ skin, complexion, etc. / ~ hair 金髪 (cf. fair-haired).

3 a きれいな, 汚れのない (unsullied), 清い (clean); 〈印刷・筆跡など〉鮮明な, 明瞭な: write a ~ hand きれいな筆跡である / ~ water 《古》清水, 真水 / ⇨ fair copy. **b** 〈名声など〉疵(きず)のない, 立派な: a ~ name 令名 / a man of ~ fame 清廉潔白で評判のよい人.

4 〈空が〉晴れた, 雲のない (cloudless); 〈天候が〉よい, 好天の (cf. fine[1] 4): ~ weather 晴天 (cf. fair-weather) / a ~ day [sky] 晴れた日[空]. ★ 米国気象庁の予報では, たとえ曇天でも, 降雨量が 100 分の 1 インチ未満の場合に fair を用いる.

5 a 有望な (promising), 順調な; 〈…する〉見込みのある (likely) 〈*to do*〉: a ~ chance of victory 勝利の見込み十分. **b** 〘海事〙〈風・潮が〉帆走に好都合な, つれ潮の, 追風の: a ~ wind 順風.

6 a 丁寧な, しとやかな: ~ manners. **b** まことしやかな, 口先だけの, もっともらしい: a ~ promise 口先だけの約束 / ~ words お世辞, ほめ言葉; 巧言.

7 a 平坦(へいたん)な, なだらかな: a ~ surface 平面. **b** 《古》〈道など〉障害[さえぎる物]のない.

8 a 公正な, 公平な (just, impartial): a ~ judgment 公正な判断 / by ~ means 公正な手段で / by ~ means or foul 手段を選ばず, 是が非でも / a ~ field and no favor ⇨ field 成句 / I found him a very ~ man. 彼が非常に公正な人だとわかった / He is ~ in his dealings. 処置が公平である / All's ~ in love and war. 《諺》恋愛と戦争では手段を選ばない. **b** 〈賃金・価格・交渉など〉公正な, 穏当な: a ~ price / ~ wages 公正な賃金 / ~ market value 公正市場価格 / a ~ compromise 穏当な妥協.

9 a (競技などの)ルールにかなった, 正当な, 公明正大な: a ~ blow [tackle] 正当な打撃[タックル] / ⇨ fair play. **b** 〘野球〙〈打球が〉フェアの《ファウル線の内側に落ちた; ↔ foul》: ⇨ fair ball. **c** 〈獲物が〉(猟期がきて)正当に捕獲して[取って]よい: ⇨ fair game.

10 a 〈収入・数量など〉相当な, かなりの, たっぷりの (considerable): a ~ income 相当な収入 / a ~ heritage 十分な遺産. **b** 可もなく不可もない, まずまずの: ~ health まずまずの[普通の]健康 / He has quite a ~ understanding of the situation. 彼はかなりよく事態を理解している / ⇨ FAIR *to middling*.

11 [程度を強調して]《口語》全くの, 本当の, 丸々の: It was a ~ scramble getting away. 抜け出すのがまるで戦争だった / ⇨ fair treat.

fair and square ⇨ adv. 成句. ***Fair enough!*** 《口語》(提案などに対して)結構だ, もっともだ, オーケーだ. ***fair to middling*** 《口語》かなりの, まあいい (so so): The dinner was ~ *to middling*. 食事はまずまずと言ったところだった. ***in a fair way*** ⇨ way 成句.

— *adv.* (~·**er**; ~·**est**) **1** 公正に, 公平に, 公明正大に: play ~ 公正に勝負する, 公正に振舞う, フェアプレーを演じる, 卑怯(ひきょう)な振舞いをしない / fight ~ 正々堂々と[ルールに従って]戦う. **2** 平らに, まっすぐに, 真っ向に: strike a man ~ on the chin [between the eyes] 顎(あご)[眉間(みけん)]をまともに打つ. **3** [強意的に]《英俗・米・豪》全く, 完全に, 本当に: It ~ took my breath away. (驚いて)全く息も止まってしまうくらいだった. **4** 順調に, 好都合に, 有望に (promisingly). ★ 次の句における以外は《廃》: ⇨ *bid* FAIR *to do*. **5** うるわしく, きれいに, 心地よく; はっきり (clearly, plainly): shine ~ 美しく輝く / copy [write out] ~ 浄書[清書]する. **6** しとやかに (graciously), 丁寧に. ★ 今は次の句にのみ用いる: speak a person ~ 人に丁寧に物を言う (cf. fair-spoken).

bid fair to do …する見込みが十分ある, …しそうである: He *bids* ~ *to* succeed. / The weather *bids* ~ *to* be fine. お天気になりそうだ. ***fair and softly*** まあまあそう早まらずに. ***fair and square*** (1) 公正に[な], 公明正大に[な], 正しく[い]. (2) 真向うから, まともに; ちょうど: hit the target ~ *and square* (in the middle) 的のど真中を射抜く.

— *n.* **1** 〘教育〙良(の評価): Tom got a grade of ~ in French. トムはフランス語で良をもらった. **2** 《古》美人; 婦人; (特に)恋人. **3** 《廃》美しさ. **4** 《古》幸先のよい事, めでたい事; 幸運: Now, ~ befall you! ではご幸運であられますよう (Shak., *Rich III* 3.5.47).

Fair's fair. 《口語》(お互いに)公平にやろう, フェアでいこう, 恨みっこなしにしよう. ★ 前の fair は *adj.* を臨時に *n.* として用いたもの. ***for fair*** 《米俗》実際, 本当に (for sure), 完全に, 十分に. ***no fair*** 《俗》ルールにかなわないこと, 公明正大でないこと, 卑怯なこと: No ~! いけない, 卑怯だ.

— *vt.* **1** 〈船舶・航空機を〉(流線型などに)整形する; 設計に合わせて〈フレームや型板 (template) などの形を〉直す; 〈造船中の船のフレームを〉正しい位置にそろえる; 〈びょう[リベット]の穴を〉まっすぐにそろえ

る. **2**《廃》きれいにする, 美化する. **— *vi.*** [The weather または It を主語として]《方言》〈天気が〉晴れる (clear) 〈*up, off*〉: *It's ~ed up.* 雨が上がった, 天気になった.

fáir báll *n.* 〖野球〗フェアボール《打者の打った線内球; ↔ foul ball》.

Fair·banks [féəbæŋks | féə-] 〖← *C. W. Fairbanks*〗 **—** *n.* 米国 Alaska 州中部, Tanana 河畔の町; Alaska Railroad と Alaska Highway の終点; 空軍基地がある; 人口 15,000.

Fair·banks [féəbæŋks | féə-], **Charles Warren** *n.* (1852–1918) 米国の政治家; Theodore Roosevelt 政権の副大統領 (1905–09).

fáir cátch *n.* 〖アメリカンフットボール・ラグビー〗フェアキャッチ《蹴った球を相手方が捕えること; この場合捕球者が前進しないことを合図で示せばフリーキック (free kick) が許される》.

fáir cópy *n.* **1** 清書《最終的修正を終えた後の書類のコピー》. **2** 正確なコピー; 正確なコピーの状態.

Fáir Déal *n.* [the ~] 〖政治〗フェアディール《米国の Truman 大統領が 1949 年第 81 議会に提出した内政政策; 大体は New Deal の発展的継承で, 特に社会保障の拡張や資源開発などに重点を置いたもの》.

Fáir Déal·er *n.* フェアディール (Fair Deal) の主張[実行]者.

fáir emplóyment *n.* (人種・宗教などの差別なく平等をモットーとした)公平雇用.

fáir-fáced *adj.* **1** 色白の; 顔の美しい, 美貌の. **2** 体裁のよい (specious). **3**《英》〖建築〗〈れんが造りが〉しっくいの塗られていない.

Fair·fax [féəfæks | féə-] 〖ME *Faierfax* ← OE *fæger* 'FAIR²'+*feax* hair〗 *n.* 男性名.

Fairfax, Thomas *n.* **1** (1612–71) 英国の将軍, Civil War (大内乱)で Charles 一世に対して議会軍を指揮 (1643); 称号 3rd Baron Fairfax of Cameron. **2** (1692–1782) 米国 Virginia 州に植民した英国人; 称号 6th Baron Fairfax of Cameron.

fáir gáme *n.* **1** 解禁された猟獣[猟鳥]. **2 a** (攻撃・嘲笑の)好目標, かも: He was ~ *for* ridicule [*to* the satirist]. 軽蔑されても仕方のない男[風刺家にはよいかも]だった. **b** 互角の相手.

fáir·gròund *n.* 定期市の開かれる場所, 共進会場; サーカス・競馬などの開かれる場所. ★《米》ではしばしば *pl.* で単数扱い: a spot for a *~s*.

fáir-háired *adj.* 金髪の (light-haired, blond).

fáir-hàired bóy *n.*《口語》お気に入り, 人気者 (favorite) (cf. white-headed 3).

fair·i·ly [fé(ə)rəli | féərəlɪ, -rɪlɪ] *adv.*《詩》妖精 (fairy) のように; 軽快で優美に.

fair·ing¹ [fé(ə)rɪŋ | féər-] *n.*《英古》**1** 市(いち)などで買った[もらった]みやげ[贈り物]. **2** 贈り物 (gift).

get one's fairing《スコット》当然の報いを受ける.

fair·ing² [fé(ə)rɪŋ | féər-] *n.* 整形《抵抗減少のため船体・飛行機の機体・自動車の車体などの表面を平滑かつ流線形にすること》; 流線形のおおい, フェアリング.

fair·ish [fé(ə)rɪʃ | féər-] *adj.* まずまずの; かなり(大き)な. **~·ly** *adv.*

Fáir Ísle [féə- | féə-] *n.* **1** フェア島《スコットランド北方にある Shetland 諸島中の最南端の島》. **2** フェアアイル《フェア島で始まった多色の幾何学的模様を特色とする編み方》: a ~ sweater, pullover, etc.

fáir·lèad [-lìːd] 〖← FAIR² (adj. 7)+LEAD²〗 **—** *n.* **1** 〖海事〗 **a** フェアリーダー, (滑車・輪または穴のあいた板などによる)索導器, つな道《索が他物にからんだりすれ合って損傷しないように所要の方向に導く綱受け用の金具; fairleader ともいう》. **b** (他にからんだりすれ合ったりしないように導いた)動索の通路. **2** 〖航空〗(アンテナ線・操舵索などの)索導管.

fairleads 1 a

fáir·lèad·er *n.* 〖海事〗=fairlead 1 a.

Fair·ley [féəli | féəlɪ] 〖? ME *Fayrelye*《原義》fair lea: もと地名〗 *n.* 男性名《異形 Fairleigh, Farley》.

fáir·lìght *n.*《英》=transom window.

fáir·ly 〖《1340》〗 **—** *adv.* **1 a** 正しく, 公平に, 公正に (justly, impartially): judge ~ / act ~ by all men 皆の人に対して公正に振舞う. **b** 正当な手段で, 公明正大に: beat one's enemy ~. 敵と正々堂々と戦って勝つ. **c** 正当に; 当然なこととして, もっともなことで: ~ priced articles 穏当な値の品 / We may ~ claim that our answer is correct. こちらの回答に誤りなしと主張して当然である. **2** 幾分, まずまず; 大体, かなり, 相当に: a ~ good book / It's a ~ cool day. かなり涼しい日だ / We are getting along ~ well. (生活・仕事などで)まあ何とかやっている. **3 a** 全く, まさしく, まんまと; [誇張的に] 言わば (as it were): I was ~ caught. まんまとつかまった / He was ~ exhausted. 全く疲れ果てた / I ~ cried with joy. うれしくて思わず大声を上げた / The speaker ~ bellowed across the hall. 講演者は全く会場全体に響き渡るような声で話した. **b** 真っ向から, まともに (squarely): Our trenches were struck ~ (and squarely) by salvoes from the enemy. 味方の塹壕は敵からの一斉砲撃をまともに浴びた. **4 a** 明らかに, はっきりと: I ~ caught sight of a ship. 一隻の船をはっきりと見た. **b**《古》美しく; きれいに(清書して): write ~ きれいな字で書く. **5**《廃》穏やかに, 柔らかに; 丁寧に.

fairly and squarely (1) 公正に, 公明正大に, 正しく. (2) =FAIR *and square* (2).

fáir màid *n.* 〖魚類〗米国太平洋岸産のタイ科の食用魚 (*Stenotomus versicolor*) (cf. scup).

fáir-màid-of-Fébruary *n.* 〖植物〗=snowdrop.

fáir-mínded *adj.* 公正な, 公平な, 物のわかった (just, unprejudiced). **~·ly** *adv.* **~·ness** *n.*

fáir·ness 〖OE *fæġernyss*〗 *n.* **1** 公正, 公平; 公平な扱い[取引き]. **2** (皮膚の)色白, 美しさ; (頭髪の)金色. **3**《文語・詩》きれいなこと, 美しさ.

in fairness to …に対して公平に言えば; …を公平に扱って: *In ~ to* him, we must reconsider our plans. 我々は彼の言い分(など)を尊重して計画を考え直すべきだ.

Fáir Óaks *n.* 米国 Virginia 州東部, Richmond 付近にある南北戦争の戦跡 (1862); Seven Pines ともいう.

fáir pláy *n.* **1** 正々堂々のプレー, フェアプレー. **2** 公平[公正]な扱い[裁き].

fáir séx *n.* [the ~; 集合的]女性, 婦人達 (women).

fáir sháke *n.*《口語》**1** 公平な取引き. **2** 公平な機会: give the others a ~ 外の連中に(も)公平な(発言などの)機会を与える.

fáir-sízed *adj.* かなり大きい; 相当の数の.

fáir-spóken 〖← *speak fair* (⇨ fair² (adv. 6))〗 *adj.* **1** (言葉遣いの)丁寧な, 慇懃(いんぎん)な (polite, civil). **2** 口先のうまい (smooth-tongued), もっともらしい.

fáir-tráde 〖経済〗 *vt.* 〈商品を〉公正取引協定(法)の規定に従って売る. **—** *attrib. adj.* 〈商品・価格など〉公正取引協定(法)の[による].

fáir tráde *n.* **1** 〖経済〗公正取引《公正取引協定(法)に基づいた商取引》. **2** 密輸. ★ 18 世紀に用いられた婉曲語.

fáir-tráde agrèement *n.* 〖経済〗公正取引協定《製造業者のつけた販売価格以下では小売りできない旨を定めた協定; cf. resale price maintenance》.

fáir tráder *n.* **1** 〖経済〗公正取引業者. **2**《古婉曲》密輸業者 (smuggler).

fáir tréat *n.* **1**《口語》楽しい[魅力的な]物[人] (cf. fair² *adj.* 11). **2** [副詞的に]: ⇨ *a (fair)* TREAT.

fáir·wàter *n.* 〖海事〗**1** (潜水艦の)流線形のブリッジと展望塔. **2** 船の推進器軸の船外部分を支える流線形の軸鞘(じく).

fáir·wày *n.* **1 a** 〖海事〗航路筋, 澪(みお)《港内・川または水底障害物間の航行を許す筋道》. **b** 妨害されない通路[場所]. **2** 〖ゴルフ〗フェアウェイ《tee と putting green との間の芝生区域; cf. rough 3 b》.

fáir-wèather *adj.* **1** 好天気の際だけの[に適する]: ~ craft 暴風の時には間に合わない船 / a ~ sailor 日より船頭《難航の時には役に立ちそうもない船乗り》. **2** 順調な時だけの, まさかの時に頼みにならない: a ~ friend, system, etc.

Fair·weath·er [féəwèðə | féəwèðə(r)], **Mount** *n.* フェアウェザー山《米国 Alaska 州南東部とカナダ British Columbia 州との境にある山 (4,663 m)》.

fair·y [fé(ə)ri | féərɪ] 〖《c1300》*fairie* fairyland, enchantment ▭ OF *faerie* ← *fae* (F *fée*) 'fairy, FAY¹'〗 **—** *n.* **1** 精, 妖精《多くの場合小人の形をした魔物で特殊な魔力をもっており, 通例よい意味で人事に干渉する, 民間伝承などに出てくる; cf. brownie 1, elf 1, goblin, leprechaun, Puck 1》. **2** =fairy green. **3**《俗》同性愛の男; ホモ的傾向があると思われるめめしい男性. **—** *adj.* **1** 妖精の, 妖精に関する. **2** 妖精のような; 軽快な, 優美な, 優雅な; 小さくて美しい, かわいい: a ~ shape 優美な形. **3** 想像上の, 架空の.

fáiry blúebird *n.* 〖鳥類〗ルリコノハドリ《南アジアに生息するコノハドリ科ルリコノハドリ属 (*Irena*) の 2 種の鳥の総称》.

fáiry chéss *n.* 通常のルールにない動きの駒や, 特殊ルールを用いるチェス《特に problem に使われる》.

fáiry círcle *n.* **1** =fairy ring. **2** 妖精の踊り.

fáiry cýcle *n.*《英》子供用小型自転車.

fáiry fáns *n.* (*pl.* ~) 〖植物〗クラーキア (*Clarkia breweri*)《米国 California 州原産のアカバナ科の一年草, 花は 4 弁でピンク》.

fáiry fláx *n.* 〖植物〗=purging flax.

fáiry gódmother *n.* **1** 代母になった妖精. **2** 〖Cinderella 物語の fairy godmother にちなんで〗(来るたびにみやげなどを持って来たり, 困った時に突然現われたりする)親切な人[おばさん].

fáiry góld *n.* **1** 妖精のお金《使うとき木の葉などに変わるといわれる妖精からもらったお金》. **2** 当てにならぬ金, すぐなくなってしまう財産; 架空の富.

fáiry gréen *n.* 黄緑色《単に fairy ともいう》.

fáiry·hòod *n.* **1** 妖精であること, 妖精らしさ. **2** [集合的] 妖精 (fairies).

fáir·y·ism [-rìɪzm] *n.* **1** 妖精存在説; 妖精説話. **2**《古》妖精的性質, (人を魅する)魔性.

fáiry lámp *n.* (蠟燭(ろうそく)を用いた装飾用の)豆ランプ (cf. fairy light).

fáiry·lànd 〖《1590》〗 *n.* **1** 妖精の国, おとぎの国, 仙境. **2** この世とも思えないような美しい所, 不思議の国: *~s* of science 不思議な科学の世界 (Tennyson).

fáiry líght *n.* [通例 *pl.*] **1** 着色豆電灯《クリスマスツリーや戸外照明用に木々の間などにつるす; cf. fairy lamp》. **2** 終夜灯の一種 (night light).

fáiry·lìke *adj.* 妖精のような.

fáiry líly *n.* 〖植物〗**1** =atamasco lily. **2** 米国 Texas 州原産のヒガンバナ科の多年草 (*Cooperia pedunculata*)《夜間咲く白い花がユリに似ている》.

fáiry móney *n.* =fairy gold.

fáiry prímrose 〖植物〗 *n.* ケショウザクラ, オトメザクラ (*Primula malacoides*)《中国産の長柄の葉のあるサクラソウ科の多年草》.

fáiry ríng *n.* **1** 菌環, 仙女の輪, 菌輪《時々芝生の上に現われる暗緑色の環状の部分; 妖精たちが夜中に舞踏した跡と信じられたが, 実はシバフタケなど多くの地上生キノコが牧場・芝生などの最初の発生点を中心にして環状に並んだもの》. **2** 〖植物〗菌環の中に生えるキノコ.

fáiry shrímp *n.* 〖動物〗無甲目の淡水産の数種のコエビの総称.

fáiry slípper *n.* 〖植物〗ホテイラン (*Calypso bulbosa*).

fáiry stóry *n.* =fairy tale.

fáiry-tàle *attrib. adj.* **1** おとぎ話のような. **2** 信じられないほど美しい[優雅な]: ~ dresses.

fáiry tàle *n.* **1** 妖精物語, おとぎ話. **2** 信じられない話, 作り話; 嘘.

Fai·sal [fáɪsəl, féɪ-, -sl] *n.* ファイサル《1904–75; サウジアラビア国王 (1964–75); 同国の国際政治・経済における地位を高めたが暗殺された; Faisal Abdel Aziz al [əbdél æzíːz æl] Saud》.

Faisal I *n.* ファイサル一世《1885–1933; 第一次大戦中アラブ反乱を指揮; シリア王国の王 (1920), イラク国王 (1921–33)》.

Faisal II *n.* ファイサル二世《1935–58; Faisal 一世の孫で, イラク国王 (1939–58); 革命により殺された》.

fai·san·dé [fèɪzɑ̃ː(n)déɪ, -zɔ̃ː(n)-, -zɑːn-, -zɔ(ː)n- | ⏤⏤⏤; *F.* fəzɑ̃de] 〖▭ F ~ (p.p.) ← *faisander* to hang (game) till high〗 **—** *F. adj.* 気取った (affected), 芝居がかった.

fait ac·com·pli [féɪtækɔ̃ː(m)plíː, fét-, -kɔ(ː)m- | féɪtəkɔ́mpliː, fét-, -kɔ́ː(m)-, ⏤⏤⏤⏤; *F.* fetakɔ̃pli] 〖▭ F ~ 'accomplished fact': ⇨ fact, accomplish〗 **—** *F. n.* (*pl.* **faits ac·com·plis** [féɪzækɔ̃ː(m)plíː(z), féz-, -kɔ(ː)m- | féɪzəkɔ́mpliː(z), féz-, -kɔ́ː(m)-, ⏤⏤⏤⏤; *F.* fezakɔ̃pli]) 既成事実.

faith [féɪθ] 〖《c1250》*feith* ▭ OF *feid, feit* (F *foi*) < L *fidem, fidēs* trust, belief ← *fīdere* to trust: ME *-th* は OF 音を表わし truth, sooth などの影響で残った: cf. fay³〗 **—** *n.* (*pl.* **~s** [féɪθs, féɪðz | féɪθs]) **1** (証拠を求めない絶対の)信, 信頼, 信用: put one's ~ *in* a person 人を信じる / have ~ *in* her culinary skill 彼女の料理の腕を信じている / lose ~ *in* a person 人を信用しなくなる. **2** 信念; 信仰, 信心: have ~ *in* Christ キリストを信仰する / ~, hope, and charity [love] 信・望・愛《キリスト教の三大徳; cf. *1 Cor.* 13: 13》/ *Faith* can remove mountains.《諺》信仰は山をも動かす,「思う念力岩をも通す」(cf. *1 Cor.* 13: 2). **3 a** 信条, 教義, 教旨; 宗教: my own ~ 私の信条 / ⇨ *an* ACT *of faith* / the Christian [Catholic, Jewish] ~ キリスト[カトリック, ユダヤ]教. **b** [集合的] 信者たち; 宗派: The protest was supported by people of all *~s*. その抗議はいろいろな宗派の人々の支持を受けた. **4** [the ~, the F-] 真正の信仰, 正信《キリスト教の信仰》: ⇨ DEFENDER of the Faith. **5 a** 誓約, 約束: give [pledge, plight] one's ~ 誓いを立てる, 固く約束する / keep [break] ~ with …との約束を守る[破る]. ★ ラテン語系形容詞: fiducial. **b** 約束を守ること, 信義, 誠実, 忠信: good ~ 誠実, 正直 / *in* good ~ 誠意をもって, 誠実に / bad ~ 不信, 背信 / act *in* bad ~ 不正直[不誠実]に振舞う / ⇨ PUNIC faith.

by one's faith《古》誓って, 本当に, 実際. ***by the faith of***《古》…にかけて, 誓って. ***in faith***《古》まことに, 実に. ***on faith*** (疑問をはさむことなく)信用して, 信じて: take everything *on* ~ あらゆることを信じ込む. ***on the faith of*** …を信用して, …の保証で.

— 〖《短縮》← *in faith*〗 *int.*《古》本当に, 全く. **—** *vt.*《古》信じる (believe); 信用する (trust).

Faith [féɪθ] 〖↑〗 *n.* **1** 女性名. **2** 男性名.《愛称形 Fee; 異形 Fay》.

fáith cùre *n.* 信仰療法, 信仰治療《医薬によらず祈禱と信仰による治療; cf. divine healing》.

fáith cùrer *n.* 信仰治療を行う人, 信仰治療家.

faith·ful [féɪθfəl] 〖《a1325》〗 **—** *adj.* **1** 信義を守る; 〔人に〕誠実な, 実直な 〔*to*〕; 〔約束・誓約などを〕忠実に守る 〔*to*〕: ~ public servants / a ~ friend, husband, dog, etc. / be ~ *to* one's principles [promise] 主義に忠実である[約束を守る]. **2** 信頼できる; 事実通りの, 原本に即した, 正確な: a ~ report of the incident 事件の正確な報告. **3**《古》信仰に厚い, 信心深い. **—** *n.* (*pl.* **~, ~s**) **1 a** 忠実な信者. **b** 忠実な会員[団員]: party *~s*. **2** [the ~; 集合的] **a** (聖餐式に列する資格のある)キリスト教信者たち (cf. heathen 1 c). **b** (イスラム教徒の間で)信仰者, イスラム教徒: the Father [Commander] of the *Faithful* 信徒の父[指揮者], 大教主《caliph の称号》.

faith·ful·ly [-fəli | -lɪ] 〖ME〗 **—** *adv.* **1** 忠実に, 誠実に: deal ~ with …を誠実に扱う;《皮肉》(人に)耳の痛いことを言う / Yours ~=*Faithfully* yours 敬具《手紙の結辞; cf. yours 3》. **2** 正確に: judge ~. **3**《口語》固く(保証して): promise ~ 固く[はっきり]約束する.

fáith·ful·ness 〖ME〗 *n.* 信義に厚いこと, 誠実; 貞節; 正確.

fáith hèaler *n.* =faith curer.

fáith hèaling *n.* =faith cure.

fáith·less 〘ME〙 — *adj.* **1** 約束[義務]を守らない, 信義のない, 不忠実な, 不誠実な, 不実[不忠, 不貞]な (disloyal, false) 〔*to*〕: a ~ wife [servant] / be ~ *to* one's duties 仕事に忠実でない. **2** 信頼できない, 当てにならない (unreliable): ~ allies. **3** 《古》信仰のない, 不信心な (unbelieving). **~·ly** *adv.* **~·ness** *n.*

fai·tour [féɪtə | -tə(r] 〘ME ~ ◻ AF ~ 'impostor' = OF *faitor* doer, maker < L *factōrem*: cf. factor〙 *n.* 《古》(病気や不幸を偽ってかたる)詐欺師, ぺてん師.

faits accomplis *n.* fait accompli の複数形.

Fai·yūm [feɪ(j)ú:m, faɪ-] *n.* ファイユーム《エジプト北部 Cairo の南西方の都市; 人口 173,000; Al-Faiyūm, El Faiyūm ともいう》. — *adj.* 〘絵画〙エジプトで発達した肖像画法[画風]の.

fake[1] [féɪk] 〘《1812》《変形》← ? 《廃》*feak, feague* to beat, thrash ◻ G *fegen* to sweep〙 — *vt.* **1** (いい加減に)こしらえ上げる, 捏造(ねつぞう)する (get up) 〈*up*〉: ~ (*up*) a report 報告を捏造する / ~ an alibi アリバイをでっち上げる. **2** …のあらを隠す, (あらを隠すために)…に手を加える, (うわべだけ)取り繕う. **3** 模造[偽造]する (counterfeit): ~*d* diamonds 模造ダイヤ. **4** …のふりをする, …と見せかける, 装う (pretend): ~ ignorance 知らない振りをする / ~ illness 仮病を使う. **5** 〘スポーツ〙(試合で)〈相手を〉だます, …にフェイントを使う. **6** 〘ジャズ〙 **a** 〈曲などを〉フェイクする《即興的にくずして演奏する》. **b** 即興的に演奏する: ~ a solo 即興的にソロを演奏する. **7** 《米俗》即席でする. — *vi.* **1** 偽造する, 見せかける. **2** 〘スポーツ〙(試合で)相手をだます, フェイントを使う. **3** 〘ジャズ〙フェイクする. — *n.* **1** **a** 偽造品, 模造品, まやかし物, 偽作, いんちき; 虚報. **b** (観衆には気づかない魔術師の)仕掛け, からくり. **2** いかさま師, 詐欺師. **3** 〘スポーツ〙フェイント (feint)《キック・パス・ジャンプなどをするふりをして相手を欺く牽制(けんせい)動作》. — *adj.* 模造[偽造]の, まやかしの: a ~ picture 偽物の絵 / a ~ passport 偽造旅券.

fake[2] [féɪk] 〘ME *faken* ← ?〙 — *vt.* 〘海事〙(するすると走り出るように 8 の字状などに)〈綱などを〉わがねて置く, 〈綱を〉巻き重ねる 〈*down*〉. — *n.* (わがねた綱の)輪の一つ.

fáke bòok *n.* 〘ジャズ〙フェイクブック《著作権所有者の許可なく曲のメロディなどを伴奏ハーモニーなしで出版した楽譜集》.

fa·keer [fəkíə, fɑ:-, fæ- | féɪkɪə(r, fǽk-, fɑ́:k-, fəkíə(r] *n.* =fakir.

fáke·ment 〘← FAKE[1]〙 *n.* 《口語》 **1** いんちき, ぺてん, からくり (dodge). **2** まやかし物, いか物.

fák·er *n.* 《口語》 **1** 偽造[模造]者. **2** いかさま師, ぺてん師. **3** (いか物を売る)大道[露店]商人, 行商人.

fak·er·y [féɪk(ə)ri | -rɪ] *n.* ごまかし, いかさま, いんちき; まやかし物, いか物.

fa·kir [fəkíə, fɑ:-, fæ- | féɪkɪə(r, fǽk-, fɑ́:k-, fəkíə(r] 〘《1609》◻ Arab. *faqīr* poor (man)〙 — *n.* **1** (イスラム教・バラモン教などの)行者, 托鉢(たくはつ)僧 (cf. mendicant 2). **2** イスラム教教団に属する人. **3** [féɪkə | -kə(r] 《俗用》=faker.

fa la [fɑ:lɑ́:] 〘⇨ fa, la[1]〙 — *n.* 〘音楽〙 **1** ファラ《はやし言葉のファララという語を何回も繰り返した折返しの文句》. **2** ファラの折返しをもつ合唱曲《16–17 世紀に流行したマドリガル曲 (madrigal) の一種》.

Fa·lan·ge [féɪlændʒ | fəlǽŋheɪ; *Sp.* faláŋxe] 〘◻ Sp. ~ 'PHALANX'〙 — *n.* [the ~] ファランヘ党《1936–39 年の内乱後政権を握った Franco 将軍旗下のスペインのファシスト党》.

Fa·lan·gism [fəlǽndʒɪzm, feɪ-, féɪlændʒɪzm] *n.* ファランヘ主義.

Fa·lán·gist [-dʒɪst, -dʒəst | -dʒɪst] 〘◻ Sp. *Falangista* ← FALANGE〙 *n.* ファランヘ党員.

fa·lar·i·ca [fəlǽrɪkə | -lέər-] 〘◻ L *falārica* ← *fala* scaffold, catapult〙 *n.* 〘武器〙(古代の)投槍, 火箭(かせん), (中世の)投槍機.

fal·ba·la [fǽlbələ] 〘《1704》◻ F ~ ← ? Prov. *farbélla* fringe, lace: cf. furbelow〙 — *n.* (婦人服に使う)ふち飾り《ギャザーやプリーツを入れたフラウンス (flounce) で 17 世紀に流行した》.

fal·cate [fǽlkeɪt, fɔ́:l- | fǽl-] 〘《1826》◻ L *falcāt-us* sickle-shaped ← *falc-, falx* sickle〙 — *adj.* 鎌(かま)形の, 鎌状の, かぎ状の (hooked): a ~ moon 三日月 / a ~ leaf [claw] 鎌形の葉[かぎ状のつめ].

fal·cat·ed [fǽlkeɪtɪd, fɔ́:l-, -ṭəd | fǽlkeɪt-] *adj.* =falcate.

falces *n.* falx の複数形.

fal·chion [fɔ́:ltʃən] 〘《16C》◻ It. *falcione* ← *falce* sickle < L *falcem, falx* ∽ 《?a1300》*fauchoun* ◻ OF *fauchon* < VL **falciō(n-)* ← L *falx*〙 *n.* **1** (中世の)広幅彎刀. **2** 《古・詩》刀, 剣.

falchion 1

fal·cial [fǽltʃəl, fɔ́:l-] *adj.* 〘解剖〙鎌状の, 大脳[小脳]鎌状膜 (falx) の.

fal·ci·form [fǽlsəfɔ̀əm, fɔ́:l- | -sɪfɔ̀:m] 〘← L *falc-, falx* sickle + -FORM〙 *adj.* 〘解剖〙鎌(かま)形の, 鎌状の.

fal·cíp·a·rum malária [fælsípərəm-, fɔ:l-] 〘← NL ~ ← L *falci-* (*falx* sickle の連結形) + *-parum* (neut.) ← *-parus* '-PAROUS'〙 — *n.* 〘病理〙熱帯熱マラリア《熱帯熱マラリア原虫 (*Plasmodium falciparum*) によって起こる: cf. vivax malaria》.

fal·con [fǽlkən, fɔ́:l- | fɔ́:lkən, fɔ́lk-, fɔ́:k-, fǽlk-] 〘《15C》◻ LL *falcō(n-)* ◻ ? Gmc **falkon* 《原義》gray bird ∽ 《c1250》*fauco(u)n* ◻ (O)F *faucon, fauc* < LL *falcōnem*〙 — *n.* **1** 〘鳥類〙ハヤブサ《ハヤブサ科の鳥の総称; シロハヤブサ (gyrfalcon) など》; (特に)ハヤブサ (peregrine falcon). **2** 〘鷹狩〙雌ハヤブサ (cf. tiercel). **3** ファルコン砲, 鷹砲《15–17 世紀の軽砲; cf. falconet 2》. ★《英》では鷹狩関係者の発音は [fɔ́:kən]. — *vi.* 鷹狩をする.

fál·con·er [-k(ə)nə | -kənə(r] *n.* **1** 鷹使い, 鷹匠. **2** 鷹狩をする人.

Fal·co·nes [fælkóuni:z, fɔ:l- | fɔ:lkóu-, fɔl-] 〘← NL ~ (pl.) ← LL *falcō(n-)* (↑)〙 *n. pl.* 〘鳥類〙ワシタカ亜目.

fal·co·net [fǽlkənèt, fɔ́:l-, fɔ́:k-, ⌐ー⌐ | fɔ́:lkənét, fɔ́l-, fɔ́:k-, fǽl-] *n.* **1** 〘← FALCON + -ET〙〘鳥類〙スズメハヤブサ《南アジア産スズメハヤブサ属 (*Microhierax*) の小型のハヤブサの総称》. **2** 〘◻ It. *falconetto* (dim.) ← *falcone* 'FALCON'〙ファルコネット砲, 小鷹砲《16–17 世紀の小型軽砲; cf. falcon 3》.

fálcon-géntle 〘ME *gentil faucon* 《なぞり》← (O)F *faucon gentil* 《原義》noble falcon〙 *n.* 雌ハヤブサ《雌の peregrine falcon の鷹匠用語》.

Fal·con·i·dae [fælkɑ́nədi:, fɔ:l-, -kóun- | fɔ:lkɔ́nɪ-, fɔl-, -kóun-, fæl-] 〘← NL ~: ⇨ falcon, -idae〙 *n. pl.* 〘鳥類〙(ワシタカ目)ハヤブサ科.

fal·con·i·form [fælkóunəfɔ̀əm, fɔ:l- | fɔ:lkóunɪfɔ̀:m, fɔl-] 〘← FALCON + -I- + -FORM〙 *adj.* 〘鳥類〙ワシタカ目の.

Fal·co·ni·for·mes [fælkòunəfɔ́əmi:z, fɔ:l- | fɔ:lkòunɪfɔ́:m-, fɔl-, fæl-] 〘← NL ~ (masc., fem. pl.) ← *Falconiform* (↑)〙 *n. pl.* 〘鳥類〙ワシタカ目.

fal·con·ry [fǽlkənri, fɔ́:l-, fɔ́:kən- | fɔ́:lkənrɪ, fɔ́l-, fɔ́:k-, fǽl-] 〘◻ F *fauconnerie*: ⇨ falcon, -ry〙 *n.* **1** 鷹狩 (hawking). **2** 鷹の訓練法.

fal·da [fɔ́:ldə] 〘◻ It. ~ 'fold of cloth, skirt'〙 *n.* 〘カトリック〙ファルダ《宗教儀式などに教皇がまとう白い絹製の長衣》.

fal·de·ral [fǽldəræ̀l, ⌐ー⌐] 〘《1701》〙 *n.* (*also* **fal·de·rol** [fǽldərɑ̀l, ⌐ー⌐ | fǽldərɔ̀l, ⌐ー⌐]) =folderol.

fald·stool [fɔ́:l(d)stù:l] 〘《1603》《部分訳》← ML *faldistolium* folding stool ◻ OHG *faldstuol* < Gmc **falþistōlaz* (OE *fældestōl*) ← **falþan* 'to FOLD[1]' + **stōlaz* 'STOOL'〙 — *n.* **1** 〘カトリック〙司教用床几(しょうぎ)[小椅子]《背はないが肘(ひじ)かけのある移動性の椅子で, 司教が正座 (throne) につかない時に用いる》. **2** 《英》(祈りの時にひざまずく)畳み小机; (特に, 戴(たい)冠式に英国王・女王がひざまずく)畳み小机. **3** 〘英国国教会〙嘆願[連禱(とう)]台 (litany-desk[-stool]).

Fa·ler·ni·an [fələ́:niən | -lɔ́:njən, -niən] 〘← L (*vinum*) *Falern-um* Falernian (wine): ⇨ -ian: ローマ人によって *ager Falernus* Falernian field と呼ばれた Campania 地方の地名にちなむ〙 — *adj.* 〈ぶどう酒など〉カンパニア地方[産]の《イタリア南部の古代 Campania 地方はもと Falernian field と呼ばれ, ここで Horace が称賛した良質のファレルノ(ワイン)を産する》. — *n.* ファレルノ(ワイン).

Fa·ler·num [fələ́:nəm | -lɔ́:-] 〘↑〙 *n.* 〘商標〙ファレルナム《庶糖にライム・アーモンド・ジンジャー・香料などを加えた白いシロップの商品名; カクテル用》.

Fa·lie·ri [fæljέəri | -rɪ; *It.* faljé:ri], **Marino** *n.* ファリエーリ《1278?–1355; Venice の総督 (doge) (1354)》.

Fal·ken·hayn [fɑ́:lkənhàɪn, fǽl-; *G.* fálkənhàɪn], **Erich von** *n.* ファルケンハイン《1861–1922; ドイツの軍人; 第一次大戦中の参謀総長》.

Fal·kirk [fɔ́:lkə:k | fɔ́:lkə:k, fɔ́l-] 〘← 《スコット》*faw, fauch* dun, pale red + KIRK〙 — *n.* スコットランド中部, Central 州の都市; Wallace の率いたスコットランド軍がイングランド軍に破れた地 (1298); 人口 37,000.

Fálk·land Íslands [fɔ́:(l)klənd- | fɔ́:lk-, fɔ́lk-, fɔ́:k-] *n. pl.* [the ~] フォークランド諸島《南米の南端 Magellan 海峡の東約 483 km にある約 200 の島から成る英領の群島; 人口 2,000, 面積 12,200 km², 首都 Stanley》.

Falk·ner [fɔ́:knə | -nə(r], **William** *n.* =William FAULKNER.

fall [fɔ́:l] 〘v.: OE *fallan, feallan* < Gmc **fallan* (G *fallen*) ← IE **phōl-* to fall: cf. fell[4]. — n.: 《?c1200》◻ ON *fall* / ← (v.) ∽ OE *fiell, fyll*〙 — v. (**fell** [fél]; **~·en** [fɔ́:lən], 《方言》**fell**) (↔ rise) — *vi.* **1** **a** 落ちる, 落下する, 墜落する (cf. drop *vi.* 4): ~ downstairs 階下へ落ちる / ~ overboard 船から水中へ落ちる / ⇨ LET[1] *fall* / The leaves were ~*ing from* the trees. 木から枯葉が落ちていた / I laughed till I nearly *fell off* my chair. 笑いころげて椅子からおっこちそうになるほどだった / The stream ~*s over* a cliff. 小川は崖から流れ落ちている / The shot *fell* near him. 弾丸は彼の近くに落ちた. **b** 〈雨・雪が〉降る, 〈霜などが〉降りる: Snow began to ~. 雪が降りだした. **c** 〈花・葉が〉散る; 〈毛髪などが〉抜け落ちる: The blossoms *are* ~*ing* in the wind. 花は風に吹かれて散っている.

2 **a** 〈水銀柱・温度などが〉下がる: The glass has ~*en*. 気圧計が下がった / The temperature *fell* sharply [5°]. 温度が急に[5 度]下がった. **b** 〈音・声が〉低くなる, 下がる: Her voice *fell to* a whisper. 彼女の声が小さくなってささやきとなった / The noise of the crowd *fell*. 群衆の騒がしさは和らいだ.

3 **a** 〈弾丸・矢などが〉(…に)打ち当たる, 〈光が〉(…に)落ちる, 〈音が〉(…に)鳴り響く 〔*on*〕: The sunlight was ~*ing on* the desk. 日差しが机に当たっていた / A strange sound *fell on* my ear. 私の耳に異様な音が聞こえてきた. **b** 〈目・視線が〉(ふと)(…に)注がれる 〔*on*〕: My eye [glance] *fell on* a little box in the drawer. 引出しの中の小さな箱が目に止まった.

4 〈髪・外衣・カーテンなどが〉垂れる, 垂れ下がる: Her golden hair *fell* in masses *over* her shoulders. 彼女の金髪は肩の上にふさふさと垂れ下がっていた.

5 〈夕闇・静寂などが〉たれこめる, 〈わざわい・罰・睡魔などが〉降り掛かる, 襲う 〔*on, upon*〕: Night is ~*ing* fast. 急に夜になって来た / Darkness *fell upon* the heath. 夜のとばりがヒースの野に下りた / Sleep *fell* suddenly *upon* me. 急に眠気が私を襲った / Then a hush *fell on* the audience. すると聴衆がしんと静まり返った / Heaven's vengeance *fell on* the unjust. 不正なやからに天罰がくだった.

6 〈言葉が〉(ふと)漏れ出る: A grunt *fell from* his lips. 不平のつぶやきが彼の口から漏れた.

7 〈目が〉下を向く, 伏目になる: His eyes *fell*. 伏目になった.

8 **a** 〈人が〉倒れる, ころぶ; ひれ伏す: ~ *on* the floor [one's back] 床[あお向け]に倒れる / ~ *over* a chair 椅子につまずく / He stumbled and *fell to* the ground. 彼はつまずいて地面に倒れた / The servant *fell at* his master's feet. 召使は主人の足もとにひれ伏した / ⇨ FALL *down* (1), (2) / ⇨ *fall on one's* KNEES. **b** 負傷して[息絶えて]倒れる; 戦死する: ~ dead 倒れて死ぬ / ~ *in* battle 戦死する / ~ *on* one's sword 自刃する / Two lions *fell to* his rifle. 2 頭のライオンが彼の銃で倒れた[死んだ]. **c** 〈建物・家屋などが〉倒壊する, くずれ落ちる; 〈国家・政府などが〉くつがえる, 倒れる: Many houses *fell* in the earthquake. たくさんの家が地震で倒れた / This wall should be supported or it will ~. この塀(へい)はささえをしないと倒れそうだ. **d** 〈城・都市などが〉陥落する, 陥る: The fortress *fell to* the enemy. 要塞は敵の手に落ちた. **e** 〈政党が〉政権を失う; 〈人が〉失脚する, 没落[零落]する: The Labour Party has ~*en from* power. 労働党は政権を失った / They have all ~*en* in their circumstances. 彼らはみな没落した[落ちぶれた]. **f** 〘クリケット〙〈三柱門が〉倒れる《打者がアウトになる》: The first wicket *fell*. 第一打者がアウトになった. **g** 《俗》(罪状により)逮捕される.

9 **a** 〈川が〉〔海・湖に〕流れ込む, 注ぐ 〔*into*〕: These rivers ~ *into* the Japan Sea. これらの川は日本海に注いでいる. **b** 〈土地が〉低下する, 傾斜する 〈*away*〉 〔*to, toward*〕: The foot of the hill ~*s away toward* the sea. 山のふもとは傾斜して海の方へ伸びている.

10 **a** 〈洪水などが〉減退する, 退く, 〈川などが〉水位が下がる; 〈潮が〉ひく, 落ちる; 〈風が〉静まる, なぐ, やむ; 〈火が〉下火になる: The wind has ~*en* during the night. 夜の間に風が静まった. **b** 〈気力が〉落ちる, 沈む; 〈気分・感情が〉去る, さめる; 〈会話などが〉跡(と)絶える: The fevered mood *fell from* me. 私の興奮した気分はなくなった. **c** 〈顔色が〉沈む, 生気を失う, 曇る: His face *fell* at the news. その知らせを聞いて彼は沈痛な面持ちになった. **d** 減少する; 〈価格・市場などが〉落ちる, 低下する, 悪化する: Stock prices *fell* sharply. 株価が急激に下落した.

11 **a** 誘惑に陥る, 罪を犯す (sin); 堕落する: She was tempted and *fell*. 誘惑されて堕落した. **b** 〈女が〉貞操を失う. **c** 妊娠する.

12 **a** [補語を伴って]〈ある状態・関係に〉陥る; 〈…に〉なる (become): ~ asleep 寝入る; 《婉曲》永眠する / She *fell* ill. 彼女は病気になった / He suddenly *fell* grave. 彼は突然まじめになった / The bill ~*s* due next week. 手形は来週支払期日が来る / ~ (a) victim to …の犠牲となる / ~ a prey [《米》~ prey] to ⇨ prey *n.* 成句 / The dish *fell* apart [*in* two]. 皿は砕け散った[二つに割れた] / ~ *into* disuse 使われなくなる, 廃れる (⇨ FALL *into* (3)) / ~ *to* pieces 粉々になる, 粉砕される. **b** [*to* do または《古》*a*-doing を伴って] …し出す, し始める (begin) (cf. FALL *to* (1)): They *fell to* work at once. 彼らは早速仕事に取りかかった / She *fell a*-crying [*a*-laughing]. 彼女は泣き[笑い]出した.

13 **a** 〈時・季節などが〉来る (arrive); 〈休日などが〉(…に)当たる 〔*on, at*〕: Xmas ~*s on* Thursday this year. 今年はクリスマスは木曜に当たる / Easter ~*s* early this year. 今年は復活祭が早い. **b** (偶然)起こる, 来る (occur): if riches ~ in my way ひょっとして私が金持になったら / It *fell* into his mind to drop in on his brother. ふと弟のところに寄ってみようという考えが彼の頭に浮かんだ. **c** 《文語》(順序・成行きからして)〈…されることと〉なる, 〈…となるに〉到る 〈*to* be (done)〉: The matter *fell to* be discussed. その事が論議されるに到った. **d** 〈アクセントなどが〉(ある位置に)くる 〔*on*〕: The accent ~*s on* the second syllable. アクセントは第 2 音節にくる.

14 **a** 〈負担・義務が〉〈人の肩に〉かかる, 〈分配・遺産などが〉〈人の〉ものとなる (devolve) 〔*to*〕: The cost *fell to* me. 費用は私が負担することになった / In the absence of his superior the duty *fell to* him. 上役が不在なのでその任務は彼の肩にかかった / The estate *fell to* her only son. 遺産は彼女の独り息子のものとなった / It *fell to* me to support my grandmother after my father's death. 父の死後は祖母の扶養は私の肩にかかってきた. **b** 〈くじなどが〉(…に)当たる 〔*on, upon*〕: The lot *fell upon* him. くじが彼に当たった / Our choice *fell upon* him. 彼が選ばれることになった. **c** 《古》〈収益などが〉〈主君に〉帰属する 〔*to*〕: The revenues ~ *to* the Crown. 歳入は王室に帰属する.

15 (偶然)(…の)仲間にはいる 〔*into*〕; (…に)出会う 〔*among*〕: ⇨ FALL *into* (4), FALL *in with* (1) / ~ *among* thieves 盗賊に出会う[襲われる] (cf. *Luke* 10: 30).

16 (分類上)〔…に〕分れる (separate)〔*into*〕; 〔ある範疇(ﾊﾝﾁｭｳ)に〕属する〔*into, within, under*〕: The story ～*s into* four divisions 物語は四部分に区分される / This item ～*s under* [*into*] another category. この項目は別の範疇に属する / This does not ～ *within* our authority. これは我々の権限外である.
17 〈子羊などが〉生れる.
— *vt.* 《方言》〈木などを〉切り倒す: (as) easy as ～*ing* off a log (⇨ log[1] 1).
fall aboard of ⇨ aboard *adv.* 成句. ***fall about*** 《口語》おかしくてころげ回る: She *fell about* with laughter. ころげ回って笑った. ***fall across*** 《古》〈人〉に偶然会う. ***fall afoul of*** ⇨ afoul 成句. ***fall all over** a person* 《米口語》(歓心を買うために)〈人〉にちやほやする, サービスに努める. ***fall among*** ⇨ *vi.* 15. ***fall apart*** (1) ⇨ *vi.* 12 a. (2) 〈物事が〉分裂[崩壊]する, だめになる. ***fall away*** (1) (交友・支援から)手を引く, 見捨てる (desert); 信仰を棄てる, 背教者となる, 変節する (apostatize): His former friends *fell away* (*from* him). もとの友人たちは彼を見捨てた. (2) ⇨ *vi.* 9 b. (3) (次第に)減少する (diminish), 弱る, 衰える, 衰微する (decline); 消え去る (vanish); 細る, やせる: Subscriptions are ～*ing away.* 予約申し込みが次第に減少している / His flesh *fell away.* 彼はやせた, やせ細った[衰えた]. (4) 〈船が〉針路をそらす: The ship *fell away* to port. 船は針路から左へそれた. ***fall back*** あとじさりする, 退く (retreat); たじろぐ, 屈する (give way): The troops *fell back* before the enemy bombardment. 軍隊は敵の砲撃を受けて後退した. ***fall back on*** [***upon***] (1) 〖軍事〗〈後方陣地など〉へ撤退する, 退いて…に拠(ﾖ)る: The infantry had to ～ *back on* their earlier positions. 歩兵隊はもとの陣地まで後退しなければならなかった. (2) 〈資金・方策などを〉…に頼る, (代策などを)…に求める: ～ *back on* one's imagination (資料不足の時など)自分の想像力に頼る / They had no funds to ～ *back upon.* 彼らにはいざという時頼りにできる資金がなかった. ***fall back to*** =FALL *back on* [*upon*] (1). ***fall behind*** (1) 遅れる, あとに取り残される〔*in, with*〕: ～ *behind in* one's work 仕事が遅れる. (2) …に追い抜かれる. (3) 〔家賃・借金・税金・手紙の返事などを〕滞る, 滞納する〔*with, in*〕: ～ *behind with* [*in*] one's monthly payments 月賦(など)の支払を滞る. ***fall down*** (1) (地面などに)急に[強く]倒れる, 転倒する: The old horse [The ladder] *fell down.* / He *fell down* fainting *on* the ground. 失神して地面に倒れた. (2) 平伏する: I *fell down* before him. 彼の前にひれ伏した. (3) 〈荒れた建物が〉倒れる, 崩れる (tumble down): The old temple is ～*ing down.* あの古寺は倒れかかっている. (4) 〈計画・議論などが〉つぶれる, 失敗する (fail). (5) 《口語》(仕事などで)十分な成績を上げない, しくじる, 失敗する〔*on*〕: Don't ～ *down on* it [the job] this time. 今度はしくじるなよ. (6) 〖海事〗流れに乗って(川を)下る; 下げ潮に乗って沖に出る (drop down).
fall flat ⇨ flat[1] *adj.* 成句. ***fall for*** 《口語》(1) 〈異性〉にほれ込む; 〈物事〉を好きになる: ～ *for* a girl. (2) 〈策略・うその話など〉につり込まれる, にだまされる.
fall free 自由落下 (free-fall) をする. ***fall home*** ⇨ home *adv.* 成句. ***fall in*** (1) (川などに)落ち込む: Don't ～ *in* (the river). (2) 〈地盤などが〉めり込む, 陥没する, 沈下する (sink); 〈屋根などが〉落ち込む, 〈家が〉くずれる (give way). (3) 〖軍事〗整列する[させる], 伍につく, …に隊伍を組ませる; [号令] 集まれ: ～ *in* at the end of a line 列のあとにつく. (4) 〈年金・土地・家屋の借用期間・借金の期限などが〉満期となる, 切れる (run out); 〈土地などが〉(借用期限が切れて)所有者の所有に帰する; 使えるようになる: The lease of the land has ～*en in.* その土地の借用期限が切れた.
fall in for …を獲得する, を蒙(ｺｳﾑ)る (receive): ～ *in for* the lion's share 分け前の最良部分を獲る / ～ *in for* a person's blame 人の非難を招く[蒙る]. ***fall into*** (1) 〈川など〉に落ち込む. (2) 〈川などが〉…に注ぐ (cf. *vi.* 9 a). (3) 〈ある状態〉になる, に陥る; …を始める: ～ *into* error 誤る / ～ *into* difficulties 困難に陥る / ～ *into* conversation with …と話し込む / ～ *into* a rage かっと怒り出す / ～ *into* a habit 癖になる[がつく]. (4) (偶然)…の仲間にはいる (cf. *vi.* 15): He *fell into* bad company [a gang of delinquents]. 悪い[非行者の]仲間に入った. (5) …に属する, …に区分[分類]される (cf. *vi.* 16). ***fall in with*** (1) …に偶然出会う, …といっしょになる, と親しくなる (cf. *vi.* 15): There I *fell in with* an American teacher. そこで私はひとりのアメリカの先生と知り合いになった. (2) …と意見が一致する, 〈申し出など〉に同意する; 〈慣行など〉に従う: He *fell in with* my proposal. 私の提案に同意した. (3) …と調和する, つり合う; 符合する: It *fell in with* his own plans. それは彼自身の計画と一致した. ***fall low*** ⇨ low[1] *adj.* 成句. ***fall off*** (1) ⇨ *vi.* 1 a. (2) (…から)離れる, それる; 背(ｿﾑ)く (revolt); 遠ざかる, 疎隔する; 〈海岸線が〉曲って行く. (3) (数量が)減じる (decrease); 〈事業などが〉衰退する, 悪化する (deteriorate); (体力が)衰弱する; 〈気力・興味などが〉衰える (decline): The attendance has ～*en off* markedly. 出席者数が著しく減少した / Enthusiasm is ～*ing off.* 熱意が減退して来た / The patient *fell off* deplorably. 病人は痛ましいほど衰弱した. (4) 〖海事〗〈船が〉(風上に船首を立てかねて)風下へ落ちる.
fall on [on は *adv.*] 攻撃する. ***fall on*** [***upon***] [on, upon は *prep.*] (1) …への攻撃を始める, を攻撃する (attack); …を奇襲する, 待ち伏せして襲う (ambush). (2) 〈不運な経験など〉に出会う (chance upon): ～ *on* evil days [times] 不運に会う, 零落する, 落ちぶれる (cf. Milton, *Paradise Lost*) / He *fell on* hard times. 彼は不幸な[つらい]目に会った, 難儀した. (3) 〈考えなど〉をふと思いつく (come upon): He *fell upon* the idea while browsing in his study. 書斎で漫然と本を読んでいるうちにふとその考えが彼の頭に浮かんだ. (4) 〈義務・災難などが〉…の身に降りかかる (devolve upon) (cf. *vi.* 14 a): The expenses must ～ *on* the purchaser. 費用は買手の方で負担しなければならない / It *fell upon* him to support the family. 家族扶養の義務が彼の肩にかかって来た. (5) ⇨ *vi.* 14 b. ***fall out*** (1) 〔…と〕仲たがいする, 争う (quarrel)〔*with*〕(cf. falling-out): ～ *out with* a person about trifles 些細(ｻｻｲ)なことで人と不和になる. (2) 起こる, 生じる (happen); (結果が)…となる[判明する] (turn out): As it *fell out,* the cinema was almost empty. たまたま映画館はほとんどがら空きだった / *It* (so) *fell out that* I was not able to attend the meeting. たまたま私はその会に出席できなかった / Everything *fell out* very well. 万事が至極上首尾に進んだ. (3) 〖軍事〗列から離れる, 落伍する; (分列隊形などから)開散する; [号令] 分れ. ***fall out of*** 〈癖など〉が抜ける, 直る (give up). ***fall over*** (1) ⇨ *vi.* 1 a; 8 a. (2) 〈人が〉つまずいて転(ｺﾛ)ぶ; 〈物が〉傾く, かしぐ, 倒れ(かか)る. (3) 《スコット》寝入る. ***fall over backward*** ⇨ backward *adv.* 成句. ***fall over each other*** [***one another***] 《口語》我勝ちに[先を争って]…しようとする (scramble) 〈*to do*〉〔*in doing*〕. ***fall over oneself*** =*fall over* BACKWARD. ***fall short*** ⇨ short *adv.* 成句. ***fall through*** =DROP *through.* ***fall to*** [to は *prep.*] (1) …を始める, やり出す (begin); 《古》…し始める 〈*doing*〉: ～ *to* blows 殴り合いを始める / ～ *to* crying 泣き出す. (2) ⇨ *vi.* 14 a, c. [to は *adv.*] (1) (勢いよく)取りかかる; (特に)けんか[殴り合い]を始める; 食べ始める: They *fell to* with good appetite. うまそうに食べ始めた / Let us ～ *to.* さあ始めよう. (2) 〈門などが〉自動的に閉じる. ***fall together*** 〖音声〗〈二つの音(ｵﾝ)が〉同じになる, 同音になる. ***fall to the ground*** (1) ⇨ *vi.* 8 a. (2) ⇨ ground[1] 成句. ***fall under*** (1) 〈管理・勢力〉の下にある, 〈支配・検査・観察など〉を受ける: ～ *under* a person's notice [observation] 人の目に留まる. (2) ⇨ *vi.* 16. ***fall upon*** =FALL *on.*
— *n.* **1 a** 落ちる[散る]こと, 落下; 墜落; 降ること; 降下物; 降雨[降雪]量: the ～ *of* leaves 落葉 (cf. *the* FALL *of the leaf*) / The garden was covered with a ～ *of* hail. 庭は降ったひょうでおおわれていた / The ～ *of* rain was much less this year than last. 今年の降雨量は昨年よりもずっと少なかった. **b** 降下した隕石(ｲﾝｾｷ)(の破片).
2 倒れること, ころぶこと, 転倒, 倒壊: the ～ of a building 建物の倒壊 / have [take] a bad ～ ひどくころぶ / He had a serious ～ while skiing. スキーをしている時にひどくころんだ(けがをした).
3 衰微, 衰亡; 没落; (城市などの)陥落; (政府・内閣の)失脚, 落選: the decline and ～ of the Roman Empire ローマ帝国の衰亡 / the ～ of Troy トロイの陥落 / the rise and ～ of nations 民族の盛衰[興亡].
4 〖落葉 (fall of the leaf) の季節の意から〗《米・カナダ》**a** [しばしば F-] 秋 (⇨autumn 1 ★): in (the) ～. **b** 《米》[形容詞的に] 秋(季)の; 秋向きの: ～ winds 秋風 / the ～ term 秋学期 / ～ grain 秋まきの穀物 / ～ goods 秋向きの品 / ～ colors [tints] (秋の)紅葉, 秋色.
5 a (土地の)降下, 低下, 沈下; 勾配の下り, 下り傾斜. **b** (水の)落下, 落水, (川の)流注. **c** [通例 *pl.*; 単数または複数扱い] 滝, 瀑布(ﾊﾞｸﾌ): The ～*s* are about fifty feet high. ★ 固有名詞の場合は通例単数扱い: Niagara *Falls* consists of the American *Falls* and the Horseshoe *Falls.* ナイアガラ瀑布はアメリカ滝とカナダ滝から成っている.
6 a 降下距離, 落差: a waterfall with a ～ *of* 100 feet / a ～ *of* about 200 feet in a distance of less than a mile 1マイル以下の距離に対して約200フィートの落差. **b** 傾斜度, 勾配: The gutter needs a steeper ～. 雨樋[溝]の勾配はもっと強くする必要がある.
7 低落, 減少, 減退; (特に, 価格の)低下: a ～ *in* prices [*in* temperature] 物価[温度]の低下 / a rapid ～ *in* purchasing power 購買力の急速な低下 / a ～ *in* [*of*] interest rates 利率の低落 / a ～ *of* tide 落潮.
8 (誘惑への)屈服; 堕落; (女性の)貞操喪失: ～ from virtue 徳の低下, 堕落 / the *Fall* (of Man) 人間の堕落《Adam と Eve の原罪; cf. original sin 1》.
9 a (頭髪・衣服などの)垂れ具合; 垂れ下がる物; (衣装につける)レースやラッフルの飾り: the smooth ～ of silk from her shoulders 彼女の肩からなめらかに垂れ下がっている絹の服. **b** 婦人帽の後につけ肩のあたりまで下げる不透明なベール. **c** (17世紀の, 特に王党員 (Cavaliers) が着けた)肩をおおう大きさの襟(ｴﾘ). **d** (水夫服などの)ズボンの正面の垂れふた. **e** [しばしば *pl.*] 上衣のすそへり. **f** [通例 *pl.*] アヤメの外花被片《外側へ下垂する》. **g** (テリヤの)前頭部に垂れ下がっている長い毛. **h** (女性の)長く垂れ下げた付け毛.
10 (然るべき場所への)所属, 位置: the ～ of the primary stress *on* the third syllable 第1強勢が第3音節に置かれること.
11 (材木の)伐採(量).
12 (動物の子, 特に子羊の)出産; 一腹の子.
13 《俗》逮捕, 拘引: The drunkard took a third ～ today. その酔っぱらいの拘留はきょうで3度目だった.
14 〖レスリング〗**a** フォール《相手の両肩を一定の短時間マットにつけること; それによる勝ち》. **b** 一試合, 一番 (bout): win two ～*s* out of three 3回の勝負で2回勝つ / ⇨ *try a* FALL.
15 〖音楽〗終止法.
16 〖音声〗下降調.
17 〖機械〗巻揚げ機の(滑車に通した)引綱[鎖]; (特に)その手で引く部分. 「ろしする綱」.
18 [*pl.*] 〖海事〗つり綱《救命艇・船荷を船上に上げ降
19 〖甲冑〗軽装かぶと (burgonet) の眉庇(ﾏﾋﾞｻｼ)《上げ
20 〖狩猟〗落しわな. 「下げ可能」.
ride for a fall (1) 無茶な乗り方をする. (2) 無茶なことをする. (3) 一か八かやってみる, 敢行する. ***take*** [***get***] ***a fall out of*** 《口語》…を負かす. ***the fall of the leaf*** 《文語》落葉のころ, 秋 (cf. *n.* 4). ***try a fall*** 〔…と〕一番取る, 一勝負試みる; 戦う, 勝負をする〔*with*〕.

fal la [fɑ:(ɫ)lɑ́:] *n.* =fa la.

Fal·la [fɑ́:jə, fɑ́ɪə | fɑ́:ljə; *Sp.* fáʎa], **Manuel de** *n.* ファリャ《1876–1946; スペインの作曲家; *El sombrero de tres picos*「三角帽子」(バレー音楽, 1919)》.

fal·la·cious [fəléɪʃəs] 〖《1509》□ (O)F *fallacieux* ∥ L *fallāciōs-us*: ⇨↓, -acious〗 **—** *adj.* **1** 誤りを含む, 誤っている, 虚偽の: ～ reasoning 誤った推論. **2** 人を惑わす[欺く], 当てにならない (misleading, delusive): ～ hopes あだな希望. **～·ly** *adv.* **～·ness** *n.*

fal·la·cy [fǽləsi | -sɪ] 〖《1481》 *falacye* □ L *fallācia* deceit ← *fallere* to deceive ∽ 《?*a*1387》 *fallace* □ (O)F *fallace*: ⇨ false, -y[1]〗 **—** *n.* **1** 人を誤らせやすいこと, まぎらわしいこと; 欺瞞性, たよりなさ: the ～ of human friendship 友情のたよりなさ / the ～ of expectations 期待の当てにならないこと. **2** 誤った考え, 誤った議論, 誤信; 誤り, 錯誤: a popular ～ (一般の人々がいだき勝ちな)通俗的な誤り[誤信]. **3** 論理[推論]上の誤り[欠点]; 〖論理〗虚偽, 誤謬(ｺﾞﾋﾞｭｳ): ⇨ formal fallacy, material fallacy, verbal fallacy, pathetic fallacy. **4** 《廃》ごまかし, 詐欺, 虚偽.

fal·lal [fæ̀(ɫ)lǽɫ, ⌐⌐ | ⌐⌐] 〖《*a*1706》《変形》? ← FALBALA〗 *n.* 《古》(衣装につける)装飾品; (見掛け倒しの)華美な装身具, 安ぴか物 (gewgaw).

fal·lal·er·y [fæ̀(ɫ)lǽləri | -rɪ] *n.* [集合的] 《古》装飾品.

fáll ármyworm *n.* 〖昆虫〗アメリカ産行列毛虫ヨトウガの一種 (*Spodoptera frugiperda*) の幼虫《シロナヨトウ近似種で穀類の大害虫; 北は New-England あたりまで移動する》.

fáll·bàck *n.* **1** 退くこと, 後退. **2** (いざという時の)頼みの綱, たくわえ, 準備金. **3** 臨時給; (仕事のない時に支払われる)最低賃金. **—** *adj.* 臨時の; (特に, 仕事のない時に支払われる)最低賃金の: a ～ wage.

fáll dándelion *n.* (ヨーロッパ原産の)キクニガナに似たキク科の草本 (*Leontodon autumnalis*).

fall·en [fɔ́:lən] 〖《?*a*1400》 (p.p.) ← FALL〗 **—** *v.* fall の過去分詞. **—** *adj.* **1** 落ちた; 墜落した, 落下した; 地面に横たわった, 倒れた: ～ leaves 落葉. **2** 転覆した, 壊滅した, 破滅した: a ～ city (敵軍に囲まれて)陥落した都市. **3** 堕落した, 〈女が〉貞操を失った: a ～ woman 堕落した女, 売春婦 / a ～ angel (天国を追われた)堕落天使, 堕天使《悪魔》. **4 a** (戦場で)倒れた, 死んだ, 戦死した: the ～ soldiers 戦没兵士. **b** [the ～; 名詞的に; 複数扱い] 戦没者. **5 a** (平らなものが)凹んだ: ～ cheeks 落ちた[こけた]頬. **b** たるんだ: a ～ arch of one's foot 偏平足.

fáll·er [-lə | -lə(r)] 〖《*c*1440》 'one who falls'〗 *n.* **1** 伐採者 (woodcutter). **2** 落下するもの; 落下して作用する装置《きねなど》. 「*tilus corporalis*」.

fáll·fish *n.* 〖魚類〗北米東部産コイ科の淡水魚 (*Semo-*

fáll frónt *n.* (上部に書棚を備えた)机の前面の蝶番(ﾁｮｳﾂｶﾞｲ)の付いた開閉自在の扉《扉を開くとライティングテーブルとなる》.

fáll gùy *n.* 《俗》**1** 人の罪[責任]を背負う人, 身代り (scapegoat). **2** だまされやすいお人好し, 「かも」.

fal·li·bi·lism [fǽləbəlìzm | -ləbɪ-, -lɪ-] *n.* **1** 〖哲学〗可謬論《完全な検証が不可能という理由で, 絶対に確実な経験的知識を不可能とする説》. **2** 〖カトリック〗可謬説 (cf. infallibilism).

fal·li·bil·i·ty [fæ̀ləbíləṭi | -ləbílətɪ, -lɪb-, -lɪtɪ] *n.* 誤りに陥りやすいこと, 誤りやすさ, 誤ることのありうること; 誤りを免れないこと, 不正確の可能性 (cf. infallibility 1).

fal·li·ble [fǽləbl̩ | -lə-, -lɪ-] 〖《*c*1412》 □ LL *fallibil-is* capable of being deceived ← L *fallere* to deceive: ⇨ -ible〗 **—** *adj.* **1** 〈人・性質など〉誤りに陥りがちな, 誤りやすい, 誤ることのありうる (↔ infallible): All men are ～. **2** 〈法則・意見など〉誤りを免れない, 誤りのありうる, まちがいのでやすい, 必ずしも正確でない: a ～ rule. **～·ness** *n.* **fál·li·bly** *adv.*

fáll·ing [-lɪŋ] 〖《*a*1325》: ⇨ fall, -ing[1,2]〗 **—** *n.* **1** 落下, 墜落; 降下: the ～ of the leaf. **2** 陥落; (岩石の)崩落. **3** 堕落. **—** *adj.* **1** 落ちる, 下がる: a ～ body 落下物, 落体 / the law of ～ bodies 落体の法則 / a ～ tide 落潮. **2** 下降の, しり下がりの: a ～ intonation [tone] 下降調. **3** 〈家畜が〉衰弱しつつある.

fálling-báll clóck *n.* 〖時計〗吊られたボールの形をした重力時計《下降するにつれてボール中央部の帯状ダイヤルが水平に回転し, 時刻を示す; 持ち上げれば上のロープはボール内に巻きこまれる》.

fálling bánd *n.* =fall *n.* 9 c.

fálling díphthong *n.* 〘音声〙下降二重母音《英語の一般の二重母音のように前の母音が後の母音よりも強い二重母音; 英語の ice の [aɪ], foul の [aʊ] など; cf. rising diphthong》.

fálling dóor *n.* 落とし戸 (flap door).

fálling léaf *n.* 〘航空〙木の葉落とし《左右に横滑りしながら木の葉が落ちるように降下する高等飛行術》.

fálling-óut *n.* (*pl.* **fallings-, ～s**) 不和 (disagreement), 衝突, 仲違(なかたが)い (quarrel) (cf. FALL *out*): We had a ～ *with* them. 彼らと仲間割れした.

fálling rhýthm *n.* 〘詩学〙下降韻律《強音節に一つまたはそれ以上の弱音節の続く詩脚から成る韻律形式 (trochaic, dactylic); ↔ rising rhythm》.

fálling sìckness *n.* 癲癇(てんかん)《epilepsy の旧名》.

fálling slúice *n.* 自動水門《水つきになると自動的に閉じる》.

fálling-sphére viscómeter *n.* 落球粘度計《球体が重力の作用により液体中を落下する速さから液体の粘度を測定する計器》.

fálling stár *n.* 流星 (shooting star).

fálling stóne *n.* 〘天文〙隕石.

fálling wèather *n.* 《米中部》大雨や雪の天候, 険悪な天候, 悪天候.

fáll lìne *n.* 《米》 **1** 〘地理〙瀑布(ばくふ)線, 滝線《川が台地などを横切って流れる場合, その縁で滝や早瀬をつくっていることが多い, 複数の川のこれらを結んだ線のこと》. **2** [the F- L-] Piedmont 台地と海岸平野との境界線《米国 Appalachian 山脈の東南部をこれとほぼ平行に走る》. **3** 〘スキー〙フォールライン, 最大傾斜線《傾斜面の上下の 2 点間を結ぶ最短距離》.

fáll·òff *n.* (量や力の)衰退, 減退, 減少 (decline): a ～ in exports.

Fal·ló·pi·an túbe, f- t- [fəlóupiən- | fəláupɪən-, fæ-, -pjən-] 〘← *Gabriello Fallopio* (1523–62: その発見者であるイタリアの解剖学者 (ラテン語名 *Fallopius*)): ⇨ -an[1]〙 **—** *n.* 〘解剖・動物〙卵管.

fáll·òut *n.* **1** (空からのちり・すすなどの)降下; (特に)原子灰 (atomic dust) の降下. **2** (空からの)降下物《ちり・すす・火山灰など》; (特に, 核爆発からの)放射性降下物, 放射能灰: radioactive [radiation] ～ 放射性降下物 / a ～ shelter 放射性降下物退避所. **3** 偶然の結果[副産物] (side effects).

fal·low[1] [fǽlou, -lə | -ləu] 〘ME *fal(o)we* land left unsown < OE *fealh, fealg* fallow land ← ?: cog. G *Felge*〙 **—** *n.* **1** 休閑《通例, 耕地をすき返して 1 年または一期間作付けしないで休めて置くこと》: land in ～ 休閑地. **2** 休閑地. **—** *adj.* **1** 〈畑地が〉休閑中の, 作付けをしてない (uncultivated): a ～ field / lie ～ 〈畑地が〉休んでいる / lay land ～ 土地を休める. **2 a** (能力などが)ありながら使っていない, 眠っている (dormant). ★ 主に lie fallow の句に用いる: Her musical talent *lay* ～ for ten years. 彼女の音楽的才能は 10 年間眠っていた. **b** (次の活動にそなえて)休んでいる, (休んで)力を蓄える: He went through a long ～ period before writing his masterpiece. 彼は長い休息[休筆]期間を切り抜けて代表作を書いた. **3** 妊娠していない: a ～ sow. **—** *vt.* 〈土地を〉すき返して休めて置く, 休閑する: ～ land.

fal·low[2] [fǽlou, -lə | -ləu] 〘OE *f(e)alu*, dun, yellow < Gmc **falwaz* (G *fahl, falb* fallow) ← IE **pel-* 'PALE[1]'〙 **—** *adj.* 淡黄褐色の, 朽葉色の, こげ茶色の (dun). **—** *n.* 淡黄褐色, 朽葉色.

fállow dèer 〘↑〙 *n.* 〘動物〙ダマジカ (*Dama dama*) 《ヨーロッパ・小アジアに生息し, 夏に白い斑点が出る》.

Fáll Ríver [fɔ́:l-] *n.* 米国 Massachusetts 州南東部の海港; 織物の産地; 人口 101,000.

fáll-tràp *n.* 落としわな.

fáll wébworm *n.* 〘昆虫〙アメリカシロヒトリおよびその近似種の幼虫の総称 (cf. webworm).

fáll wínd *n.* 〘気象〙おろし (katabatic wind) 《地表の空気の冷却により斜面を吹き下りてくる風》.

Fal·mouth [fǽlməθ] 〘ME *Falemuth* ← *Fal* (Cornwall の川の名: < OE *Fæle* ← ?)+*muth* 'MOUTH'〙 **—** *n.* イングランド南西部 Cornwall 州の海港; 海水浴場; 人口 18,000.

false [fɔ́:ls | fɔ́:ls, fɔ̀ls] 〘late OE *fals* (adj., n.) ▭ L *falsus* deceptive (p.p.) ← *fallere* to deceive: cf. OF *fals, faus* (F *faux*)〙 **—** *adj.* (**fals·er; -est**) **1 a** 誤った, 間違った, 正しくない, 不正確な; 誤った考えに基づく, 根拠のない: a ～ account 誤った計算[話] / ～ agreement 〘文法〙擬似一致 / ～ concord 〘文法〙(数・性・格などの)擬似呼応 / ～ quantity (韻文または発音で)母音の長短の誤り / make a ～ start 〘スポーツ〙スタートでフライイングをする; 踏出しを誤る / give a ～ impression 誤った印象を与える / ～ pride [shame] 誤った自尊心[羞恥心]. **b** 無分別な, 無思慮な, 軽率な: make a ～ move 軽率に動く. **2** 虚偽の[を述べる], 嘘を言う: a ～ charge 〘法律〙誣告(ぶこく) / ⇨ false pretenses. **3** 信の置けない; 不誠実な, 不貞な, 不実な, 不信の (↔ true): be ～ *to a person's* trust 人の信頼に背く / a ～ friend 不信の友. **4 a** 偽瞞的な, いんちきな, 不正の: ～ dice 不正のさい / a ～ balance 不正秤(ばかり) / ～ weights 不正分銅. **b** 不法な: ⇨ false imprisonment. **5 a** にせの, まやかしの, 偽造の; 見せかけの, うわべだけの: a ～ god 邪神 / a ～ prophet にせ予言者 / a ～ signature 偽筆の署名 / ～ tears そら涙 / ～ modesty 見せかけの謙遜, ねこかぶり / a ～ alibi にせのアリバイ / a ～ attack 〘軍事〙陽攻《真の攻撃をごまかすための偽りの行動》/ a ～ coin にせ金; にせもの / a ～ passport 偽造旅券 / the ～ West of the movies 映画に出るまやかしの西部. **b** 人工の, 人為的に作られた: ～ teeth 入れ歯, 義歯 / a ～ eye 義眼, 入れ目 / ～ hair 入れ毛, かもじ / a ～ flower 造花 / a ～ diamond 人造ダイヤ / a ～ pearl 模造真珠. **c** 語源の思い誤りでできた: *Pea* is a ～ singular formed from the real singular *pease*. もともと単数形の pease を複数形と思い誤って pea という単数形ができた. **d** (外形はそれらしく作り出されているが)何もない, からの: a ～ window めくら窓. **e** 自然さを欠いた, 不自然な, わざとらしい: a ～ manner わざとらしい態度 / with ～ cheerfulness わざと陽気に. **6** 仮の, 一時的な; 補助的な, 副の: ～ pillars 仮柱 / a ～ deck (甲板の上に張った)補助甲板. **7** 〘植物〙一見類似している, 疑似の: ⇨ false acacia. **8** 〘病理〙〈疾患など〉偽似の, 偽性の: ～ cholera 偽似コレラ. **9** 〘音楽〙調子はずれの: ⇨ false note.

in a false position ⇨ position 成句.

false lily of the valley 〘植物〙ニセスズラン (*Maianthemum canadense*) 《米国北部・カナダ産》.

— *adv.* **1** 《古》まちがえて, 誤って, 不正確に (incorrectly, wrongly). **2** 不実に (faithlessly). ★ 主に次の句に用いる: play a person ～ (勝負などで)人にずるい手を使う; だます, 裏切る / My memory played me ～. (それは)私の記憶違いだった.

fálse acácia *n.* 〘植物〙=black locust.

fálse alárm *n.* **1** (消防署への)虚偽の火事の通報; 誤警報: give a ～ 誤警報を発する. **2** 根拠のない警戒心[期待]を起こさせるもの[こと, 人].

fálse áloe *n.* 〘植物〙米国の南東部に産するリュウゼツラン属 (*Agave*) の球根性の草木の総称; (特に) *A. virginica*.

fálse ánnual ríng *n.* 〘林業〙=false ring.

fálse arrést *n.* 〘法律〙不法逮捕, 不法抑留.

fálse bédding *n.* 〘地質〙=cross-bedding.

fálse bóttom *n.* **1** (秘密の物入れにする, 箱・トランクなどの)二重底, 裏底. **2** (箱などの)入れ底, 上げ底 (cf. kick[2] 1).

fálse búckthorn *n.* 〘植物〙=buckthorn 2.

fálse cádence *n.* 〘音楽〙=deceptive cadence.

fálse·cárd *vi.* 〘トランプ〙(ブリッジで)まどわし札を出す.

fálse-cárd *n.* 〘トランプ〙(ブリッジで)まどわし札《防御側が相手 (declarer) の読みを狂わせる目的で出す故意に高い[低い]札》.

fálse cást *n.* 〘釣〙フォールスキャスト《fly casting の動作で, 毛鉤を頭上で前後に振ること》.

fálse céiling *n.* 〘建築〙=suspended ceiling.

fálse chéek *n.* 〘金属加工〙中継ぎ枠(わく), 中枠《鋳型の上型と下型との間に重ねる鋳型枠》.

fálse círrus *n.* 〘気象〙(雷雲の上にできる)偽巻雲.

fálse cónsciousness *n.* 〘社会学〙虚偽意識.

fálse dáwn *n.* 〘天文〙 **1** 日の出前の黄道帯の光. **2** =zodiacal light.

fálse fáce *n.* 仮面 (mask).

fálse fóxglove *n.* 〘植物〙ニセジギタリス《foxglove に似た黄色の花をつける北米産のゴマノハグサ科 Gerardia 属の植物の総称》.

fálse frónt *n.* **1** (建物を実際以上に大きく見せるための)にせ正面. **2** 付け前髪. **3** 虚飾, こけおどし.

fálse frúit *n.* 〘植物〙=accessory fruit.

fálse·héarted *adj.* 信義のない, 不実の, 不信の, 背信の (treacherous): a ～ traitor.

fálse héraldry *n.* 〘紋章〙紋章ルールに違反した紋章.

fálse·hòod 〘《c1290》*falshed(e)*〙 *n.* **1** 嘘, 虚言 (lie): tell a ～ 嘘をつく. **2** 嘘をつくこと (lying); 偽り, 虚偽 (falsity). **3** 《廃》瞞着(まんちゃく), 欺瞞 (deception).

fálse horízon *n.* 〘測量〙偽水平線, 偽地平線《高度などを計るのに用いる地平線に似せた線または面》.

fálse imprísonment *n.* 〘法律〙不法監禁; 不法監禁に基づく訴訟.

fálse índigo *n.* 〘植物〙 **1** マメ科センダイハギ属 (*Baptisia*) の植物の総称. **2** クロバナエンジュ, イタチハギ (*Amorpha fruticosa*) 《米国東部産のマメ科の落葉低木; 花は暗紫青色》.

fálse Jerúsalem chérry *n.* 〘植物〙ナス科の低木 (*Solanum capsicastrum*) 《ブラジル産; 球形の実が美しいので, 観賞用に栽培》.

fálse kéel *n.* 〘海事〙張付キール, 仮竜骨《木造船の竜骨の下に重ねて暗礁などによる損傷を防ぐ》.

fálse kéy *n.* =picklock.

fálse lábor *n.* 〘産科〙偽(性)分娩《陣痛の前に起こる子宮頸部の痛みを伴う収縮》.

fálse lóosestrife *n.* 〘植物〙チョウジタデ, ミズキンバイ《米国産の湿地を好み黄色い花が咲くアカバナ科ミズユキノシタ属 (*Ludwigia*) の草本の総称》.

fálse·ly 〘《?a1200》*falsliche*〙 *adv.* 不正に, 不当に; 偽って; 誤って; 不誠実に, 不実に; もっともらしく: be ～ accused 無実の罪をきせられる.

fálse mémbrane *n.* 〘医学〙偽膜《ジフテリアなど炎症のある時線維素や白血球などからできる膜状物》.

fálse míterwort *n.* 〘植物〙北米産の春に白い花の咲くユキノシタ科ズダヤクシュ属の耐寒性多年草 (*Tiarella cordifolia*) 《foamflower ともいう》.

fálse·ness 〘《1307》〙 *n.* **1** 偽り, 虚偽(性). **2** 不正, 欺瞞, 詐欺. **3** 不信, 不実, 不誠実: ～ of heart.

fálse néttle *n.* 〘植物〙イラクサ科マオ属 (*Boehmeria*)・*Laportea* 属の植物の総称.

fálse nóte *n.* **1** 〘音楽〙調子はずれの音, 不正音. **2** ちぐはぐな感じ, 不調和な要素.

fálse pápers *n. pl.* 〘海事〙偽造書類《船の積載貨物に関し積出し港などの記載事項が, 偽る目的で真実を書いていない書類》.

fálse párt *n.* 〘金属加工〙=oddside.

fálse píle *n.* 〘土木〙雇い杭《もっと深く打ち込むため他の杭の上に取り付けた杭》.

fálse-pósitive *n.* 〘医学〙偽陽性.

false prégnancy *n.* 〘病理〙想像妊娠.

false preténses *n. pl.* 〘法律〙 **1** (金銭・財産などを詐取する意図でする)虚偽表示: obtain money *by* [*under, on*] ～ 金銭を詐取する. **2** (虚偽表示による)詐取罪, 詐欺取財《所有者が欺罔(きもう)を受けて所有権移転の意思表示をするので窃盗とはならない》.

false proscénium *n.* 〘劇場〙フォールスプロセニアム《舞台額縁の内側に必要に応じて一時的に設けられる縁取り》.

false relátion *n.* 〘音楽〙=cross relation.

false representátions *n. pl.* 〘法律〙=false pretenses 1.

false retúrn *n.* 不正申告: He made a ～ of his income. 彼は偽りの所得申告をした.

false ríb *n.* 〘解剖〙仮肋(かろく), 偽肋《胸骨に付着していない肋骨; 下の二対は下方五対; cf. floating rib》.

false rídgepole *n.* 〘建築〙棟押え, 化粧棟《屋根の上に棟を作るために棟木の上に据え付ける板》.

false ríng *n.* 〘林業〙偽年輪《外的条件の非常な変化などによって一年輪と年輪の間に形成される年輪様のもの; cf. annual ring 1》.

false Sólomon's-séal *n.* 〘植物〙ユキザサ《ユリ科ユキザサ属 (*Smilacina*) の植物の総称; 花は薄緑色》.

false spíkenard *n.* 〘植物〙北米東部産のユキザサの一種 (*Smilacina racemosa*) 《ユリ科の多年草で太い根茎があり白い小花をつける》.

false stép *n.* **1** つまづき. **2** 賢明さを欠く行為, 愚行; 失策 (blunder) (cf. faux pas).

make* [*take*] *a false step 足を踏みはずす; つまずく, よろめく; へまをやる.

false títle *n.* 〘製本〙=half title 1.

false tópaz *n.* 〘鉱物〙擬黄玉《黄水晶または黄色の螢石》.

fal·sét·tist [-tɪst, -təst | -tɪst] 〘↓〙 *n.* ファルセット歌手, 裏声でしゃべる人.

fal·set·to [fɔ:lsétou | fɔ:lsétəu, fɔ̀l-] 〘《1774》▭ It. ～ (dim.) ← *falso* 'FALSE'〙 **—** *n.* (*pl.* **～s**) **1 a** 〘音楽〙ファルセット《男声, 特にテノール歌手が普通の声域より高い音を裏声で出す発声法》. **b** (不自然な)作り声, 裏声: in ～ 裏声で, 仮声で. **2** ファルセット歌手 (falsettist). **—** *adj.* **1** 仮声[裏声]の: a ～ tone. **2** ファルセットで歌う. **—** *adv.* 仮声[裏声]で: sing ～.

false vámpire bàt *n.* 〘動物〙チスイコウモリモドキ《東南アジア・アフリカ・オーストラリアのアラコウモリ科または中南米のヘラコウモリ科のチスイコウモリモドキ属 (*Vampyrum*) のコウモリの総称; チスイコウモリモドキ (*V. spectrum*) など; 生血を吸うという誤伝からこの名がある; cf. vampire 5 b》.

false vócal còrds *n. pl.* 〘解剖〙仮声帯《真声帯 (true vocal cords) の上にあるもう一組のひだ(室ひだ)のことを臨床的に呼ぶ慣用名; これを利用した病的な発声は一種のだみ声になる》.

false wáter *n.* **1** 〘蒸気機関〙偽水面《急激な蒸気発生により起こる水面計の上昇》. **2** [*pl.*] 〘生理〙仮羊水.

false wíntergreen *n.* 〘植物〙北米東部産の白い花をつけるイチヤクソウ科の多年草 (*Pyrola rotundifolia* var. *americana*).

fálse·wòrk *n.* 〘土木〙足場, 仮構.

fals·ies [fɔ́:lsiz | fɔ́:lsɪz, fɔ̀l-] 〘← FALSE+-IE+-S[1]〙 *n. pl.* 《口語》(ブラジャーに入れる)パッド, 乳パッド, ブラパッド; パッドつきのブラジャー.

fal·si·fi·ca·tion [fɔ̀:lsəfɪkéɪʃən, -fə- | fɔ̀:lsɪfɪ-, fɔ̀l-] 〘▭ F ～ ▭ LL *falsificātiō(n-)*: ⇨ falsify, -ation〙 **—** *n.* **1** 偽造, 贋造(がんぞう); 変造. **2** (事実の)曲解 (perversion), 歪曲 (distortion); 誤伝 (misrepresentation): ～ of facts. **3** 虚偽の立証, 論破 (disproof).

fal·si·fy [fɔ́:lsəfàɪ | fɔ́:lsɪ-, fɔ̀l-] 〘《c1449》▭ (O)F *falsifier* ▭ LL *falsificāre* ← L *falsificus* that acts falsely: ⇨ false, -fy〙 **—** *vt.* **1** 〈事実・記録などを〉偽る, 曲げる, 偽り伝える, 歪曲する (distort): ～ evidence 証拠を曲げる. **2** 〈書類などを〉(不正に)変造する (forge): ～ a will 遺言書に手を入れる / ～ a passport 旅券を変造する. **3** …の偽り[誤り]を立証する, …の反証を挙げる (disprove), 論破する. **4** 〈結果が〉〈期待などを〉裏切る: ～ one's hopes 期待を裏切る. **—** *vi.* 誤り伝える, 嘘を言う. **fál·si·fi·er** *n.*

fal·si·ty [fɔ́:lsəṭi | fɔ́:lsətɪ, fɔ̀l-, -sɪ-] 〘《c1275》▭ OF *falsete* (F *fausseté*) ▭ L *falsitātem*: ⇨ false, -ity〙 **—** *n.* **1** (陳述などの)誤っていること, 虚偽 (untruth); 虚偽性, 欺瞞(ぎまん)性 (deceitfulness); 不正直; 不信, 裏切り. **2** 嘘, 偽り; 偽りの物, 偽作.

Fal·staff [fɔ́:lstæf, -stɑ:f | fɔ́:lstɑ:f, fɔ̀l-], **Sir John** *n.* フォールスタッフ《Shakespeare の劇 *Henry IV* および *Merry Wives of Windsor* 中の人物; 陽気で頓知に富み, ほら吹きの肥満した騎士》.

Fal·staff·i·an [fɔ:lstǽfiən | fɔ:lstɑ́:fjən, fɔ̀l-, -fɪən] *adj.* フォールスタッフ (Falstaff) の(ような); フォールスタッフのように肥満して陽気でほら吹きの.

Fal·ster [fɑ́:lstə, fɔ́:l- | -stə(r; *Dan.* fál'stər] *n.* ファルスター(島)《デンマーク南東部バルト海 (Baltic Sea) 中の島; 人口 46,000, 面積 513 km²》.

fált·bòat [fáːlt-, fɔ́ːlt- | fáːlt-, fɔ́ːlt-, fɔ́lt-] 〖《部分訳》← G *Faltboot* ← *falten* 'to FOLD¹'+*Boot* 'BOAT'〗 — *n.* 〘海事〙折りたたみ舟《組立て式の骨組にゴム引き布を張った軽便なボートで, 大きさも形も kayak ぐらいで持運びに便利; foldboat ともいう》.

fal·ter [fɔ́ːltə | fɔ́ːltə(r, fɔ́l-] 〖《c1390》*faltere(n)* ← ? ME *falde* 'to FOLD¹'+*-ter* (cf. totter¹) // ▭ON *faltrask* to be cumbered: ⇨ -er⁴〗 — *vi.* **1** つまずく, よろめく. **2** どもる, 口ごもる: His tongue [He] ~s. **3 a** たじろぐ, ためらう, ひるむ. **b** 〈気力・効力など〉が弱まる, 衰微する, にぶる. — *vt.* 口ごもり[どもり]ながら言う 〈*out*〉: ~ *forth* [*out*] an extemporized excuse 口ごもりながら出まかせの言いわけをする. — *n.* **1** よろめき; たじろぎ, ためらい. **2** 口ごもり[どもり]声. **~·er** [-tərə | -tərə(r] *n.*

fál·ter·ing [-tərɪŋ, -trɪŋ | -t(ə)rɪŋ] *adj.* **1** よろめく: ~ steps よろよろとした足どり, 千鳥足. **2** 口ごもる, どもる: a ~ voice / one's ~ tongue. **3** ためらう.

fál·ter·ing·ly *adv.* よろめきながら; 口ごもって; ためらいながら (hesitantly).

falx [fǽlks, fɔ́ːlks] 〖▭L 'sickle'〗 — *n.* (*pl.* **fal·ces** [fǽlsiːz, fɔ́ːl-]) **1** (古代の)戦車鎌(かま)《馬車の車軸につけた大鎌》. **2** 〘解剖〙鎌(状膜), 鎌状器官[組織]; (特に)大脳鎌(状膜), 小脳鎌(状膜).

fam. 《略》familiar; family.

f.a.m. 《略》foreign airmail; free at mill.

F.A.M. 《略》Free and Accepted Masons.

fa·ma·cide [féɪməsàɪd] 〖← L *fāma* 'FAME'+-CIDE〗 *n.* 〘法律〙悪口を言う人 (defamer), 中傷者.

fam·a·ti·nite [fæ̀mətíːnaɪt, fàːm-] 〖▭G *Famatinit* ← *Sierra de Famatina* (アルゼンチン北部の山脈)+*-it* '-ITE¹'〗 — *n.* 〘鉱物〙ファマチナ鉱 (Cu_3SbS_4)《アルゼンチン産の赤みがかった灰色の結晶状鉱物》.

fame [féɪm] 〖《?a1200》▭OF ~ (F *fâme*) ▭L *fāma* (cog. Gk *phḗmē*) voice, rumor, fame ← IE **bha-* to speak (L *fārī* / Gk *phánai*): cf. phone²〗 — *n.* **1** 名声, 令名, 声望 (renown): undying ~ 不朽の名声 / a politician of fair ~ 令名ある政治家 / Dr. Fleming of penicillin ~ ペニシリンの発見で有名なフレミング博士 / seek ~ 名声を求める / come to [win] ~ 有名になる / bring ~ to …に名声をもたらす, を有名にする. **2** 《古》うわさ, 風聞 (rumor). **3** 世評, 評判: a house [woman] of ill ~ 《古》売春宿[婦]. — *vt.* **1** [p.p. 形で] …の名声をひろめる, 有名にする (cf. famed). **2** [通例 Passive で]《古》(…と)世間で言う 〔*as, for*〕/〈*to* be [do]〉: He is ~*d as* [*to be*] cruel. 彼は残忍だとの世評だ.

famed *adj.* 有名な, 名高い (famous): Japan's most ~ tourist spot 日本の最も著名な観光地 / The pub *is* ~*d for* its beer. その酒場はビールで有名である.

Fa·meuse [fəmjúːz; *F.* famøːz] 〖▭F ~ (fem.) ← *fameux* famous〗 *n.* 〘園芸〙紅紋《リンゴの品種名》.

fa·mil·ial [fəmíljəl, -liəl | -lɪəl, -ljəl] 〖▭F ~: ⇨ family, -al¹〗 *adj.* **1** 家族の, 一族の. **2** 〈病気が〉家族性の[に起こる]: a ~ disorder.

fa·mil·iar [fəmíljə | -ljə(r, -lɪə(r] 〖《c1380》*familier* ▭(O)F ▭L *familiāris* domestic, friendly: ⇨ family, -ar¹〗 — *adj.* **1** よく知られている, 見慣れた, 聞き慣れた; ありふれた, 通俗な: an experience ~ *to* us all われわれだれにでも珍らしくない経験 / a ~ face 見慣れた顔 / hear a ~ voice 聞き覚えのある声を聞く / a ~ tool like a knife ナイフのようにありふれた道具. **2** 〔…を〕よく知っている, 〔…に〕通じている 〔*with*〕: men ~ *with* things Japanese 日本の事にくわしい人々. **3 a** 〔…と〕親しい, 親密な, 心安い 〔*with*〕: a ~ friend / be ~ *with* …と親しい / be on ~ terms with …と親しい仲である / make ~ with …と懇意になる, 馴(な)れ馴れしくする. **b** 〔…と〕(性的)関係のある 〔*with*〕. **4 a** くだけた, 打ち解けた, 気楽な: a ~ conversation 打ち解けた談話 / write in a ~ style (くつろいだ)口語体で書く / ~ letters (商用文・公文に対して)日用[社交]書簡. **b** 度を越えて親しい, 馴れ馴れしい, 無遠慮な, 厚かましい: His manner is too ~. 態度が馴れ馴れし過ぎる / He is too ~ *with* them. 彼らに対して無遠慮すぎる. **5** 〈動物など〉飼い慣らした, 慣れた. **6** 《まれ》家庭の, 家内の; 家族用の, 家族のよく行く: a ~ resort. ★ この意味では今は family を形容詞的に用いる. — *n.* **1** 親しい仲間, 親友. **2** = familiar spirit. **3 a** (あることに)精通している人. **b** (ある場所を)よく訪ねる人. **4** (宗教裁判所の)捕吏. **5** 〘カトリック〙(教皇または司教の)用人. **~·ness** *n.*

fa·mil·iar·i·ty [fəmìljǽrəṭi, -liǽr-, -ér- | -lɪǽrəti, -rɪ-] 〖《?a1200》*familiarite* ▭(O)F *familiarité* ▭L *familiāritātem*: ⇨ ↑, -ity〗 — *n.* **1 a** 親密, 親交; 心やすさ, 懇意, 親しみ 〔*with*〕: be on terms of ~ *with* …と親しい仲である / treat one's friends with ~ 友人に対して親切にする. **b** 性的関係. **c** [*pl.*] 愛撫 (caresses). **2** 馴れ馴れしさ, 無遠慮; [*pl.*] 馴れ馴れしい言行 (liberties): *Familiarity* breeds contempt. 《諺》馴れすぎは侮りを招く,「親しい仲にも垣(かき)をせよ」. **3** よく知っていること, 熟知, 精通 〔*with*〕: show thorough ~ *with* …に精通していることを示す.

fa·mil·iar·i·za·tion [fəmìljərɪzéɪʃən, -rə- | -ljəraɪ-, -lɪə-, -rɪ-] *n.* 親しませる[習熟させる,なじませる]こと.

fa·mil·iar·ize [fəmíljəràɪz | -ljə-, -lɪə-] 〖《1608》▭F *familiariser*: ⇨ familiar, -ize〗 — *vt.* **1** 〈人を〉〔…に〕慣れ親しませる, 習熟させる 〔*with*〕: ~ a person *with* the manners of society 人を社交法に習熟させる / ~ oneself *with* …に親しむ, に精通[習熟]する. **2** 〈事物を〉〈人に〉親しませる, なじませる, よく知らせる 〔*to*〕: ~ the idea of liberty *to* people in general 自由の観念を一般の人々に親しませる. **3** 《古》〈人〉と親しくする; 気楽に〈人〉と交わる. — *vi.* 《古》気軽にふるまう; 〔…と〕馴(な)れ馴れしくする 〔*with*〕.

fa·míl·iar·ly 〖《1386》〗 *adv.* **1** 親しく (intimately). **2 a** 打ち解けて (unceremoniously). **b** 馴(な)れ馴れしく, 厚かましく, 無遠慮に; 大胆に. **3** 通例, 俗に.

famíliar spírit *n.* **1** 使い魔, 使いの精《魔法使いや魔女などに付いてその用足しをすると想像される魔物》. **2** 霊媒などによって呼び起こされた死者の霊魂.

fam·i·lism [fǽməlɪzm | -mɪ-] 〖《1642》← *Family of Love*〗 *n.* **1** 家族主義. **2** [しばしば F-] ファミリスト派の教義[慣行], ファミリスト主義 (cf. familist).

fám·i·list, F- [-lɪst, -ləst | -lɪst] *n.* ファミリスト派[「愛の朋(とも)」派,「愛の家族」派]の教徒《1540 年ごろドイツ人 Hendrik Niclaes が創設し, 以後 16-17 世紀にかけてヨーロッパに流行した神秘主義的宗派 (the Familists, Family of Love) の教徒; 四海同族を唱え, 宗派の根源が愛にあると説いた》.

fa·mille jaune [fəmíː(i)-ʒóun, fæ- | -míː(ɪ)-ʒə́un; *F.* famijʒoːn] 〖▭F ~ ← *famille* 'FAMILY'+*jaune* yellow < L *galbinum* greenish yellow〗 — *n.* 軟彩磁器《黄色の地に, 主として黄・黒・赤・緑色で上絵付した磁器; 地の色により famille noir (黒), famille rose (赤), famille vert (緑)という》.

fam·i·ly [fǽm(ə)li | -m(ə)lɪ, -mɪlɪ] 〖《?a1425》▭L *familia* household, servants of a household ← *famulus* servant〗 — *n.* **1** [集合的] **a** 所帯, 家族 (household)《両親とその子女に召使・下宿人をも含めて一つ屋根の下に住んでいる人; cf. individual 1》: ⇨ happy family / a sense of ~ 家族意識. **b** 家族, 家庭《両親とその子女, また配偶者と子供たちをさす》: I took my ~ on vacation. 家の者を休暇に連れて行った. **c** 一家の子女, 子供たち: He has a large ~. 彼には子供が多い. ★ 家族の一人一人を指すときは複数扱いとなる: My ~ *are* all early risers. 家族の者はみな早起きだ / Are all your ~ in [at home]? ご家族はみんなおうちですか / How *is* [*are*] your ~? ご家族の方々はお元気ですか. **2 a** 一族, 一家, 一門: one's immediate ~ 近親 / My ~ has been in Devonshire since the 16th century. 私の一族は 16 世紀以来ずっとデボンシャーに住んでいる / the *Family* of York ヨーク家《英国の一王家》. **b** 《英》家柄, 家門, 家系; 門閥(もんばつ), 名門: a man *of* (*good*) ~ 名門の出の人 / a man *of* no ~ 家柄の低い人. **c** 種族, 民族 (race): the Arian [Teutonic] ~ アーリア族[チュートン民族]. **3 a** (共通の特徴による)群, 種族: receive a country into the ~ of free nations ある国を自由国家群の中に迎える / a ~ of languages = a linguistic ~ 語族 / the viol ~ 絃楽器群. **b** 《米》(マフィアなどの)暴力団の一家《特定の地域内での行動を担当する》: a Mafia ~ マフィアの一家. **c** 〘言語〙(言語分類上の)語族 (cf. phylum 2): English and French are of the Indo-European ~. 英語とフランス語はインドヨーロッパ語族に属する. **4** [集合的] **a** 《古》(一人に奉仕する)召使たち. **b** (役人の)全下僚: ⇨ official family. **5** 〘社会学〙家族《夫婦を中核としその近親の血縁者から成る小集団》: ⇨ nuclear family. **6 a** 〘生物〙科 (cf. classification 1 b): the cat ~ ネコ科 / the dog ~ イヌ科 / the rose ~ バラ科. **b** (雌の血統をひく)家畜. **7** 〘数学〙族: a ~ *of* sets 集合族. **8** 〘生態〙科, 家族. **9** 〘活字〙ファミリー《同系統の欧文活字書体の一群》.
Family of Love [the ―] the Familists の別称; ⇨ familist.
— *attrib. adj.* **1** 家の, 家族の, 家門の: a ~ affair [party] 内輪の事[だけの集り] / a ~ estate 家代々に伝わる不動産 / ~ jewels 家宝の宝石 / a ~ failing 家族特有の欠点 / a ~ house 一家族の主な住まいとなる家 / a ~ likeness [resemblance] 骨肉[肉親]の似寄り / ~ pride 家柄の自慢 / ~ ties 家族のきずな[つながり] / ⇨ family tree. **2** 家庭の; 家族向きの, 家族的な; 家庭出入りの: ~ life 家庭生活 / a ~ library 家庭図書室 / a ~ butcher (個々の家庭に)出入りの肉屋 / a ~ lawyer 頼みつけの弁護士 / a ~ council [conference] 親族会議 / a ~ friend 家族一同の友人 / ~ prayers 家庭で行なう祈禱式 / a ~ hotel 家族向きホテル / a ~ trip 家族連れの旅行.
in a family way (1) 家族的に, 親しく打ち解けて. (2) 《口語》= *in the* FAMILY *way*. ***in the family way*** 《口語》妊娠して: put a woman *in the* ~ *way* 女を妊娠させる.

fámily allówance *n.* (使用者または国が支給する)家族手当.

fámily Bíble *n.* 家庭用聖書《家族の誕生・死亡・結婚などを記録するページがついた大型聖書》.

fámily círcle *n.* **1** 一家の人々, 家の内々の者ども: a secret known only within the ~ 身内の者だけが知っている秘密. **2** (劇場などの)家族席《通例天井桟敷 (gallery) の上か背後にある》.

fámily cóach *n.* 《英》家族用大型有蓋馬車.

Fámily Cómpact *n.* [the ~] 家族協定《18 世紀にフランス・スペイン両シチリア王国 (Two Sicilies) のブルボン家の間に結ばれた同盟で 1733 年の第 1 回協定, 1743 年の第 2 回協定, 1761 年の第 3 回対英防衛同盟がある》.

fámily cóurt *n.* 家庭裁判所.

fámily disorganizátion *n.* 〘社会学〙家族崩壊, 家族解体.

Fámily Divísion *n.* (英国高等法院の)家事部《1971 年検証・離婚・海事部の後身として改称》.

fámily dóctor *n.* かかりつけの医師, ホームドクター《family physician ともいう》.

fámily màn *n.* **1** (扶養すべき)家族のある男, 所帯持ち. **2** 家庭を大事にする人, マイホーム主義の人; 所帯じみた人.

fámily nàme *n.* **1** 姓 (⇨ name 1). **2** ある家系で好んで用いる洗礼名.

fámily physícian *n.* = family doctor.

fámily plànning *n.* (産児制限による)家族計画.

fámily ròom *n.* 《米・カナダ》家族部屋, 居間 (living room)《家族の団欒用の大きな部屋》.

fámily skéleton *n.* 外聞をはばかる一家内の秘密 (cf. *a* SKELETON *in the closet*).

fámily stỳle *adj., adv.* (銘々(めいめい)が自由に取って食べられるように)食卓の上に食べ物を載せた[て]: a ~ dinner / Meals are served ~. 食事は銘々自由に取って食べられるように食卓に一盛りにして出される.

fámily trée *n.* **1** (家)系図 (pedigree). **2** 〘言語〙系統樹《一つの源から分化したと思われる諸言語の関係を, 幹とそれから分かれた枝によって図示したもの》.

fámily-trée thèory *n.* [the ~] 〘言語〙系統樹説《ドイツの言語学者 A. Schleicher (1821-68) が提唱した学説で, 言語は 1 本の木の幹から枝葉が分かれるように分化すると主張し, 印欧語の諸語派の分布を 1 本の樹に描いたもの; cf. wave theory》.

fam·ine [fǽmɪn, -mən | -mɪn] 〖《a1376》▭(O)F ~ (i) ← *faim* hunger (< L *famem, fames*)+*-ine* '-INE²' // (ii) < VL **faminam* ← L *fames*〗 — *n.* **1** 飢饉: suffer from ~. **2** (物資の)大払底, 大欠乏: a water [coal] ~ 水[石炭]飢饉 / a labor [house] ~ 労働者[住宅]の大払底. **3** 《古》空腹: die of ~ 餓死する.

fámine prìces *n. pl.* 飢饉相場《品不足から生じる高値》.

fam·ish [fǽmɪʃ] 〖《?a1400》*famishe(n)* 《変形》? ← *fame(n)* to starve 《頭音消失》← OF *afam-er* < VL **affamāre* ← L *af-* 'AD-'+*fames* hunger: ⇨ famine, -ish²〗 — *vt.* **1** [通例 Passive で] 飢えさせる (starve); 〔食物などの欠乏で〕極度に苦しめる 〔*for*〕: Some *were* ~*ed* to death. 餓死したものもいた. **2** 《古》餓死させる. — *vi.* **1** 飢える (starve). **2 a** 〔食物などの欠乏で〕ひどく苦しむ 〔*for*〕. **b** (精神的に)〔…に〕飢える, 渇望する 〔*for*〕. **3** 《古》餓死する.
be famished [***famishing***] 《口語》ひどく腹がすいている.

fám·ish·ment 〖《1464》〗 *n.* **1** 飢餓. **2** 《古》餓死.

fa·mous [féɪməs] 〖《c1380》▭AF ~ = OF *fameus* (F *fameux*) ▭L *fāmōsus* ← *fāma* 'FAME': ⇨ -ous〗 — *adj.* **1** 有名な, 名高い, 評判の: Switzerland is ~ *for* its mountains. スイスは山で有名である / ~ *as* a poet 詩人として有名な. **2** 《口語》結構な, すばらしい, すてきな, 一流の: a ~ dinner すばらしいごちそう / have a ~ appetite すばらしく食欲がある / be a ~ hand at …の名手である. **3** 《古》悪名高い, 名うての. — *vt.* 《古》有名にする. **~·ness** *n.*

fá·mous·ly 〖《c1445》〗 — *adv.* **1** 著名に, 名高く: He is a novelist but ~ a poet. 彼は小説家だが, 人に知られているのは詩人としてだ. **2** 《口語》すてきに, うまく, すばらしく: get on ~ with one's work 仕事がうまくはかどる. **3** 《口語》とても, すごく (very): ~ expensive とても高価な.

fam·u·lus [fǽmjuləs] 〖▭L ~ 'servant': cf. family〗 *n.* (*pl.* **-u·li** [-làɪ, -lìː]) (魔術師・学者などの)手下, 弟子, 助手 (servant, attendant).

fan¹ [fǽ(ː)n] 〖OE *fann* ▭L *vann-us* winnowing fan: cf. van³〗 — *n.* **1** (穀物を吹き分ける)唐箕(とうみ). **2 a** 風を送るもの. **b** うちわ, 扇: a folding ~ 扇子. **c** ファン, 送風機, 扇風機: an electric ~ 扇風機. **d** 《俗》(飛行機の)プロペラ. **3 a** 扇形のもの. **b** 鳥の翼 (wing); 鳥の尾 (tail). **c** (スクリュー・推進器・風車などの)扇形翼. **d** 〘植物〙扇形の葉. **e** 〘建築〙= fanlight. **f** 〘地理〙扇状地 (alluvial fan).
— *v.* (**fanned; fan·ning**) — *vt.* **1 a** 〈穀物を〉(唐箕(とうみ)で)吹き分ける. **b** 〈籾殻を〉(唐箕を使って吹き分けて)取り除く. **2** (扇で)あおぐ; …に送風する; あおいで払う 〈*away*〉: ~ *away* the smoke あおいで煙を除(の)ける / ~ one's face with a hat 帽子で顔をあおぐ / ~ oneself 扇を使う, あおぐ. **3** 〈火を〉あおる; 〈喧嘩などを〉あおる, 扇動する, たきつける: ~ coals into a blaze 石炭をあおいでかっかと燃え立たせる / ~ the flame 炎をあおる; けんか(など)をあおる, たきつける. **4** 〈風が〉…にそよそよと吹きつける: The breeze ~*ned* the curtain. そよ風がカーテンを揺らせた. **5** 扇形にひろげる 〈*out*〉: ~ *out* the cards トランプを扇形にひろげる / The peacock *is* ~*ning* his tail. 孔雀(くじゃく)が尾を扇形にひろげている. **6** 《俗》**a** ぶつ, なぐる, たたく. **b** (片手で引き金を引き片手で撃鉄を続けざまに叩いて)〈拳銃を〉たてつづけに発射する. **7** 《俗》(拳銃・短刀などの有無を調べるため)〈人・身体を〉さぐる, 検査する (frisk). **8** 《古》振る. **9** 〘野球〙〈打者を〉三振させる. — *vi.* **1** 扇のように動く, ひらひらと動く (flap), ぱたぱた動く: The curtain ~*ned* in the breeze. カーテンがそよ風にひらひら動いた. **2** 扇形にひろがる 〈*out*〉; 〘軍事〙散開する, 展開する 〈*out*〉. **3** 〘野球〙三振する.

fan² [fǽ(ː)n] 〖《1889》《略》← FANATIC〗 *n.* 《口語》(競技・映画・俳優などの)ファン, 熱心な愛好者, 熱狂者: a baseball ~ 野球ファン / a movie [film] ~ 映画ファン.

Fa·nar·i·ot [fənǽ(ə)riət, -riɑ̀t | -nǽrɪət, -rɪɒ̀t] *n.* = Phanariot.

fa·nat·ic [fənǽtɪk | -tɪk] 〘《1525》□ L *fānātic-us* inspired, frantic ← *fānum* temple: cf. fane, -atic〙 *n.* 狂信者; 熱狂者. — *adj.* =fanatical.

fa·nat·i·cal [fənǽtɪkəl, -tə- | -tɪ-] 〘《1550》〙 *adj.* 熱狂的な (frantic, mad); (特に)狂信的な; 熱狂家らしい. **~·ly** *adv.* **~·ness** *n.*

fa·nát·i·cìsm [-təsìzm | -tɪ-] 〘《1652》〙 *n.* 熱狂, 狂信.

fa·nat·i·cize [fənǽtəsàɪz | -tɪ-] *vt.* [通例 p.p. 形で形容詞に用いて] 熱狂させる; 狂信的にする: a ~*d* mob 熱狂[狂信]的群集. — *vi.* 熱狂する, 狂信的に行動する.

fán·bàck *adj.* **1** 〈椅子が〉扇型の背もたれの付いた. **2** 〈ウィンザーチェアーなど〉数本の背棒で開扇状に作られた背もたれがある. — *n.* ファンバック《扇形の背もたれの付いた椅子》.

fán bèlt *n.* 〘自動車〙ファンベルト《ラジエーター冷却用のファンを駆動するベルト》.

fán blòwer *n.* ファン, 扇風機, 送風機.

fán bràke *n.* 〘機械〙ファンブレーキ, 羽根ブレーキ.

fán·cied *adj.* **1** 空想で作られた, 想像上の, 架空の (imaginary): ~ fears [rights] 想像上の(実際にはない)恐怖[権利]. **2** 気に入った, 好きな (favorite). **3** 《古》技巧を凝らした, 装飾的な.

fán·ci·er *n.* **1 a** 熱狂家 (enthusiast): a ~ of sports. **b** (花・小鳥・犬などの)愛好家, (愛好的または商売的)飼育者 (cf. fancy *vt.* 4): a bird [dog, pigeon, rose] ~. **2** 空想家, 夢想家 (dreamer).

fan·ci·ful [fǽnsɪfəl, -sə- | -sɪ-] *adj.* **1** 想像力に富む; 気まぐれな, 取留めのない: a ~ mind 気まぐれな心. **2** 空想的な, 夢想的な, 非現実的な: a ~ scheme 現実離れのした[空想的な]計画. **3** 奇想を凝らした, 風変りな, 珍奇な, 突飛な: ~ drawings [patterns] 奇抜な絵[模様]. **~·ness** *n.*

fán·ci·ful·ly [-fəli | -lɪ] *adv.* 気まぐれに; 空想的に; 奇抜に.

fán·ci·less *adj.* 空想のない, 想像力に乏しい; 現実的な, 実際的な.

fán·ci·ly [-səli, -sɪ- | -lɪ] *adv.* **1** 空想的に, 想像的に. **2** 念入りに, 精巧に, 装飾的に.

fán·ci·ness *n.* **1** 幻想性, 気まぐれ. **2** (文体などの)凝り過ぎ, 精巧.

fán clùb *n.* ファンクラブ《映画スター・タレント・有名人などのファンで組織する団体》.

fán-còil ùnit *n.* 〘建築〙ファンコイルユニット《暖冷房装置で, 熱交換用のコイルと送風用のファンを組み込んだもの》.

Fan·có·ni's anémia [fɑːnkóuniz- | -kɔ́unɪz-; *It.* fankó:ni-] 〘← *Guido Fanconi* (1882-?1940: スイスの小児科医): ⇨ anemia〙 — *n.* 〘病理〙ファンコニ貧血《奇形や皮膚の褐色化を伴う遺伝性で悪性の貧血; 体質性汎骨髄癆(ろう)》.

fan·cy [fǽnsi | -sɪ] 〘《1465》《短縮》← FANTASY〙 — *n.* **1 a** (気まぐれで取留めもない)想像, 空想; (空想から生れる)心象 (mental image), 奇想, 幻想; 空想[幻想]の所産《伝奇的怪獣など》: a wild ~ 取留めのない空想 / He had happy *fancies* of traveling round the world. 彼は世界一周旅行という楽しい空想を抱いていた. **b** (詩人・画家などの制作に示される)芸術的想像力, 創造力. **c** 《古》夢幻, 空漠(くう). **2** 思いつき, 気まぐれ(な考え) (caprice, whim); 漠然(ばく)とした直観: a passing ~ 一時のでき心, ちょっとした気まぐれ / Your prediction is based on an idle ~. 君の予言は根拠のない思いつきによっている. **3 a** 《口語》(気まぐれな)好み: a horse [dress] *after* one's ~ 気に入った馬[衣装] / have a ~ *for* ...が好きである, ほしい / catch [strike, please, suit, take] a person's ~ 人の気に入る / tickle a person's ~ 人を面白がらせる; 人の感興をそそる[気を引く] / The house has taken the ~ of my wife. その家は女房が気に入った / She had never taken a ~ *to* him. 彼女は彼を好きだと思ったことがなかった / I had a ~ *for* collecting stamps. 切手集めが好きだった. **b** 《廃》恋, 恋心 (cf. fancy-free 1). **4** 《まれ》(芸術・服飾などに関する)趣味; 鑑賞眼, 鑑識: a person *of* refined ~ 趣味の高尚な人. **5** [the ~] **a** [集合的] 好きな道にたずさわる[同じ趣味の]人人, 愛好者; スポーツファン, (特に)ボクシング好き; 動物の愛好飼育者たち. **b** 趣味[道楽]の対象; (特に)ボクシング (pugilism); ペットの飼育. **6** =fancy cake. **7** 〘音楽〙17 世紀英国の弦楽合奏曲 (cf. fantasia 1 c).

— *adj.* (**fan·ci·er**; **-ci·est**) **1 a** 空想[幻想]的な, 想像的な: a ~ picture 想像画. **b** 気まぐれな (capricious): a ~ notion of beauty 気まぐれな審美観. **2 a** 装飾的な; 意匠を凝らした, 変り模様の (↔ plain): ~ bread 変り形のパン / ⇨ fancy cake / a ~ button 飾りボタン / a ~ mat 花むしろ / ~ soap おもしろい形の石けん / a ~ waistcoat 変り模様のチョッキ / ~ embroidery 凝った縫取り. **b** 〈花など〉染分けの, 雑色の: a ~ pansy. **c** 〈動植物が〉(実益性を欠いて)変り種の, 珍種の: a ~ dog, pigeon, goldfish, etc. **d** 《米》〈缶詰食品など〉特別優良の, 特選の: ~ fruits / canned goods graded ~ 特選品と格付けされた缶詰食品. **3 a** 小間物 (fancy goods) を売る: a ~ fair 《英》小間物慈善市 / a ~ (goods) shop 小間物店. **b** 特選食品を売る: a ~ delicatessen 特選食品販売店. **4** 〈値段・家賃など〉相場以上の, 特に高い; 法外な, 途方もない: at a ~ price 法外に高い値段で / a ~ bid [rent] 法外な付け値[家賃]. **5** 曲技の, 妙技の, 名人芸の: a ~ flier 曲技飛行家 / ~ skating 曲技スケート, (高級な)フィギュアスケート / ~ diving ファンシーダイビング, 曲飛込み (cf. fancy dive).

— *vt.* **1 a** [しばしば目的補語, 目的語+*to* be, *that*-clause などを伴って] 空想[想像]に描く, 空想[想像]する: ~ a blue rose 青いばらを想像してみる / He liked ~*ing* himself *to be* a grown-up. 彼は自分が大人だと空想するのが好きだった / I can't ~ myself as a teacher. 教員となった自分を想像できない / She *fancied that* her father was sitting there. 父がそこにすわっているのだと空想した. **b** [しばしば動名詞句, 目的語+doing, *wh*-clause などを伴って; 命令文に用い, 驚きなどの感情を表わす]: *Fancy* that! そんなことがあるなんて, こりゃ驚いた / *Fancy* traveling with him all the way! ずっと彼と旅行することを想像してもご覧(いやなことだ) / *Fancy* his do*ing* a thing like that! あの人がそんなことをするとは(驚くではないか) / Just ~ *how* I felt then! その時私がどんな気持ちだったかちょっと考えてもみてくださいよ. **c** 《口語》...にうぬぼれる: ~ one's ability / ⇨ FANCY oneself (3). **2** (何となく)...だと思う 〈*that*〉: I ~ he is somewhere about the house. 彼は家のどこかにいそうな気がする / I rather ~ *that* she is a widow. 彼女はどうも未亡人らしい / I *fancied that* I heard a noise. 物音が聞こえたような気がした / I ~ so [not]. そうだ[そうでない]と思う. **3 a** (外観に引かれて)好む, ...が気に入る (like); (好んで)食べる (enjoy): I don't ~ this room at all. どうもこの部屋は気にくわない / Don't you ~ anything? (病人などに)何か食べてみたいものはないですか. **b** 〈人を〉好きである; 《英口語》...に恋焦がれる: He *fancies* that woman. あの女にほれ込んでいる. **4** 〈動物などを〉(趣味で)飼育する; 〈草花などを〉栽培する (cf. fancier). — *vi.* 空想する, (とりとめもなく)考える. ★ しばしば命令法で軽い驚きを表わして間投詞的に用いる: *Fancy!* 考えてもごらん, まさか (Fancy that! ⇨ *vt.* 1 b).

fancy oneself (1) ⇨ *vt.* 1 a. (2) 自分が...であると思い込んでいる 〈*to be*〉/〔*as*〕: She *fancies herself* (*to* be) beautiful. 美人のつもりでいる. (3) 《口語》うぬぼれている〔*as*〕: He *fancies himself* ((*as*) a popular singer). 彼は(人気歌手だと)うぬぼれている. ***fancy up*** 〈衣服を〉やたらに飾る, 〈衣服に〉飾り物を付ける.

fáncy báll *n.* =fancy dress ball.

fáncy cáke *n.* デコレーションケーキ.

fáncy Dán, f- d- *n.* 《俗》 **1** (実力以上に見せようとする)しゃれもの, 気取り屋 (fop). **2** パンチ力の欠けた技巧に頼るボクサー.

fáncy díve *n.* 〘水泳〙ファンシーダイブ, 曲技飛込み《コミック的ダイブのえび飛や逆とんぼがえりなど》.

fáncy dréss *n.* (仮装舞踏会などに用いる動物や歴史上の人物などを表わす奇抜な)仮装服.

fáncy drèss báll *n.* 仮装舞踏会.

fáncy fránchise *n.* 《英》(昔の)勝手な[複雑な]制限のついた選挙権.

fáncy-frée *adj.* **1** 恋を知らない, 無邪気な (cf. Shak., *Mids N D* 2. 1. 164; heart-free). **2** 一つの物事に執心しない; 想像をほしいままにする. **3** 悩みのない, 気楽な.

fáncy góods *n. pl.* 小間物, 装身具.

fáncy màn *n.* 《軽蔑》 **1** 《古・俗》愛人 (lover). **2** 《俗》(売春婦の)情人, ひも (pimp).

fáncy pànts *n.* 《米俗》女みたいな(服装の)男.

fáncy-sìck *adj.* 《古》=love-sick.

fáncy wòman *n.* 《軽蔑》情婦, 囲(かこ)われ女 (mistress); 売春婦《fancy girl, fancy lady ともいう》.

fáncy·wòrk *n.* (装飾的な)手芸品, 編物, 刺繍.

F. & A. 《略》fore and aft.

F. and A.M. 《略》=F.A.M.

fán dànce *n.* ファンダンス《大きな扇を使って踊るヌードダンス; cf. bubble dance》.

fán dàncer *n.* ファンダンスを踊るダンサー (cf. bubble dancer).

fan·dan·gle [fændǽŋgl, ← ─ | ─ ─ ─] 〘《1835》《変形》↓〙 *n.* **1** 奇抜な装飾. **2** ばかげたこと (nonsense).

fan·dan·go [fændǽŋgou | -gəu] 〘《*c*1750》□ Sp. ~ (i) ← W-Ind. 《土語》 // (ii) □ Port. ← *fado* a popular song and dance of Portugal ← L *fātum* 'FATE'〙 — *n.* (*pl.* **~s, ~es**) **1** ファンダンゴ《カスタネットをもって男女で踊る軽快な三拍子のスペイン南部アンダルシア地方のダンス》; その曲. **2** 《米南西部》舞踏会. **3** (公共事・重大事における)愚行; 幼稚[お粗末]な行為[発言]. — *vi.* ファンダンゴを踊る.

f. & d. 《略》〘海運〙freight and demurrage 運賃および滞船料.

fán délta *n.* 〘地理〙扇状三角州.

fán·dom [-dəm] 〘⇨fan², -dom〙 *n.* [集合的] (スポーツなどの)ファンたち.

f. & t. 《略》〘保険〙fire and theft.

fane [féɪn] 〘《*c*1390》□ L *fān-um* temple〙 *n.* 《古・詩》 **1** 神殿: a holy ~ 聖堂, 聖殿. **2** 教会堂.

fa·ne·ga [fænéɪgə, fə-; *Sp.* fanéga] 〘□ Sp. ~ □ Arab. *faníqa^h* sack, container〙 — *n.* (*pl.* **~s** [~z; *Sp.* ~s]) **1** ファネーガ《スペイン語国の乾量単位; 米国の 1.58 ブッシェルに当たる》. **2** ファネーガ《メキシコの地積の単位; 8.81 エーカーに当たる》.

fa·ne·ga·da [fænəɪgɑ́:də, fɑ̀:-; *Sp.* fanegáta] 〘⇨↑, -ado〙 *n.* (*pl.* **~s** [~z; *Sp.* ~s]) ファネガータ《スペイン語国の地積の単位名; $1^1/_4$-$1^3/_4$ エーカーに当たる》.

Fán·euil Háll [fǽnjəl-, -nl̩-, -njuɪl-, -əl | -nl̩] 〘← *Peter Faneuil* (1700-43: 米国の商人でその建設者)〙 — *n.* ファナル会館《米国 Boston 市にある市場の建物でまた公会堂; 独立戦争当時愛国者たちが集会所として用いたため the Cradle of Liberty の名がある》.

fan·fare [fǽnfɛə | -fɛə(r)] 〘《*a*1605》□ F ~ 《擬音語》?〙 — *n.* **1** 〘音楽〙(祝典の折などに奏される)はなやかなトランペット(など)の吹奏, ファンファーレ (flourish)《一般にド・ミ・ソ音を吹奏し五度に終止する》. **2** (はなやかな)誇示, 虚勢 (showy display).

fan·fa·ron [fǽnfəràn | -rɔ̀n] 〘□ Sp. *fanfarrón* □ Arab. *farfār* babbler 《擬音語》〙 *n.* **1** ほら吹き (braggart). **2** =fanfare.

fan·far·on·ade [fæ̀nfærənéɪd, -nɑ́:d, ─ ─ ─ ─ | fæ̀nfærənɑ́:d, -néɪd] 〘□ F *fanfaronnade* □ Sp. *fanfarronada* ← *fanfarrón* (↑)〙 — *n.* **1** 大ぼら (bragging), から威張り, こけおどし (bluster). **2** 〘音楽〙=fanfare 1.

fán Fínk trùss *n.* 〘建築〙扇形フィンクトラス.

fán·fìsh *n.* 〘魚類〙ベンテンウオ (*Pteraclis velifera*)《ひれの大きい遠海魚》.

fán·fòld *n.* カーボン複写用紙帳(簿). — *attrib. adj.* 〈帳簿など〉複写用紙帳で作られた. — *vt.* 〈毛布などを〉扇のようにたたむ.

fang [fǽŋ] 〘OE ~ 'capture, catch' □ ON ~ ← Gmc **faŋʒ-*, **faŋχ-* (G *Fang*) ← IE **pǎk-* to fasten〙 — *n.* **1 a** (へビの)毒牙(どくが). **b** (肉食動物, 特に犬・狼の)牙(きば), 犬歯 (canine tooth). **c** 《口語》歯 (tooth). **d** (クモの)腮肢(さいし). **2** 《古》(歯の)根, 歯根. **3 a** 物の先端. **b** (小刀などの)小身(こみ). **c** (柄の中に納まる)道具のなかご. **d** (道具などの)刀根. **e** (ひげの)先. — *vt.* **1** 牙でかむ[つかむ]. **2** 〈ポンプ〉に迎え[呼び]水をさす. **3** 《古・英方言》つかまえる, とらえる.

fáng bòlt *n.* 〘機械〙鬼ボルト, 逆目ボルト《ボルト頭が鬼の金棒のようになっているボルト》.

fanged *adj.* (毒)牙[歯根]のある.

fan·gle [fǽŋgl] 〘《逆成》← NEWFANGLED〙 *n.* 流行 (fashion). ★ 常に new fangle として軽蔑的に用いる: *new* ~*s* of hats 最近はやりの帽子.

fáng·less *adj.* 牙(きば)のない; 害毒を与える力を失った.

fan·go [fǽŋgou, fɑ́:ŋ- | -gəu] 〘□ It. ~ 'mud' ← Gmc: cf. fen¹〙 — *n.* (*pl.* **~s**) 〘医学〙ファンゴ, 温泉泥《イタリアの Battaglio [battáʎʎo] 温泉から採った泥土でリューマチなどの治療に用いる》.

fán héater *n.* 温風器.

fán ìn *n.* 〘電子工学〙ファンイン《電子回路の入力側の接続(可能)数; ↔ fan out》.

fan·ion [fǽnjən] 〘□ F ~: ⇨ fanon〙 *n.* (兵士・測量師が位置を示すのに用いる)小旗.

fán-jèt *n.* 〘航空〙 **1** ファンジェット(エンジン) (⇨ turbofan). **2** ファンジェットエンジン(装備)機.

fán·lèaf *n.* 〘植物病理〙ブドウの接木等の際に伝染したウイルスにより葉に病変が起き扇状になったもの.

fánleaf pálm *n.* 〘植物〙=fan palm.

fán lètter 〘⇨ fan²〙 *n.* ファンレター (cf. fan mail).

fán·lìght *n.* 《英》〘建築〙扇形明り取り, 扇窓《ドアや窓の上にある扇のような半円形の窓》, 欄間窓 (《米》 transom window).

fanlight

fán·lìke *adj.* **1** 扇のような, 扇状の. **2** 〘植物〙〈葉が〉扇のような褶襞(しゅうへき)のある (plicate).

fán magazine 〘⇨fan²〙 *n.* ファン雑誌《スポーツ・芸能関係の有名人のゴシップを扱った雑誌》.

fán màil *n.* [集合的] ファンレター (fan letters).

fán màrker *n.* 〘無線〙ファンマーカー, 扇形無線位置標識《航空路にそって配置され上空に向かって扇を立てた形に電波を出し航空機を誘導する無線位置標識 (radio marker) の一種》.

fán·ner *n.* **1** 扇を使う人; あおぐ人, あおり手. **2** 唐箕(とうみ), 箕 (winnowing fan). **3** 通風[送風, 扇風]機.

Fan·nie [fǽni | -nɪ] 〘《古形》*Franny* (dim.) ← FRANCES〙 *n.* 女性名.

fánning mìll *n.* =winnowing machine.

fan·ny¹ [fǽni | -nɪ] 〘← ? FANNY: cf. Fanny Adams〙 *n.* **1** 《俗》しり (buttocks). **2** 《英卑》女性の性器.

fan·ny² [fǽni | -nɪ] 〘← ? FANNY〙《俗》*vt.* ぺらぺらしゃべってだます[説得する]. — *n.* 口軽なおしゃべり (glib talk), ほら, うそ話.

fan·ny³ [fǽni | -nɪ] 〘← ? FANNY ADAMS〙 *n.* 〘海事〙(ビール・飲料などの)罐.

Fan·ny [fǽni | -nɪ] 〘(dim.) ← FRANCES〙 *n.* 女性名.

Fánny Ádams 〘《1889》← *Fanny Adams* (1867 年頃殺害され切り刻まれて川に投げこまれた女性)〙 — *n.* 《英俗》〘海事〙罐詰の肉; シチュー (stew). (***Sweet***) ***Fanny Adams*** 〘《婉曲語法》← *fuck all*〙何もない (nothing at all). ★ しばしば F.A. と略す.

fan·on [fǽnən, fənóun | fǽnən, fənə́un] 〘ME *fanoun* □(O)F ~ □ ML *fanōnem*, *fanō* banner, napkin □ OHG *fano* flag, cloth: cog. vane〙 — *n.* 〘キリスト教〙 **1** =maniple 3. **2** 教皇肩衣《教皇が荘厳ミサのとき amice の上に着る肩掛け》.

fán òut *n.* 〘電子工学〙ファンアウト《電子回路の出力側の接続(可能)数; ↔ fan in》.

fán pàlm *n.* 〘植物〙オオギバヤシ《日本産ワジュロ, talipot, cabbage palmetto など; cf. feather palm》.

fán-shàped *adj.* 扇形の, 扇状の.

fan·tab·u·lous [fæntǽbjʊləs] 〘《混成》← FANT(ASTIC) + (F)ABULOUS〙 *adj.* 《俗》信じられないほどすばらしい, すごく優秀な.

fan·tad [fǽntæd] *n.* =fantod.

fán·tàil *n.* **1** 扇形の尾[尾部]. **2** 扇形の炎を出すガス口. **3** 《英》扇形帽 (sou'wester)《石炭積降ろしまた

は暴風雨のとき用いるもの》. 4〘鳥類〙a 扇尾バト, クジャクバト《家鳩の一品種》. b オオギヒタキ《南アジア・オーストラリア産 *Rhipidura* 属の小鳥の総称》. 5 クジャクオ(孔雀尾)《金魚の一品種》. 6〘建築〙扇形《アーチの型枠など, 扇状の形をした建築部材の総称》. 7〘海事〙(扇状の)船尾張出し部.

fantail 4 a

fán·tàiled *adj.* 〈鳥・魚が〉扇形の[扇状に開く]尾のある.
fántail stérn *n.*〘海事〙扇形船尾《斜梁・斜肋骨からできた扇状に広がった船尾》.
fan-tan [fǽntæ̀n | ‒ ‒; *Chin.* fāntʻān]〘《1878》□ Chin. *fan tʻan* ← *fan* 番+*tʻan* 攤 'share'〙— *n.* 1〘トランプ〙ファンタン, 西洋七並べ《7 を一度に出さないこと, 出せる札があるのにパスすると反則になることを除けば「七並べ」と同じゲーム; parliament, sevens ともいう》. 2 ファンタン《茶わんの中に隠したたくさんの貨幣[豆]などから 4 個ずつ減らしてゆき最後に何個残るかを賭ける中国の遊び》.
fan·ta·sia [fæntéɪʒə, -ʒiə, -ziə, fæ̀ntəzíːə, fɑ̀ːn- | fæntéɪzjə, -tɑ́ː-, -zɪə, fæ̀ntəzíːə, -síːə]〘《1724》□ It. ~《原義》'FANCY' < L *phantasiam*: cf. fantasy〙— *n.* 1〘音楽〙a 幻想曲, ファンタジア《型式にとらわれず自由に楽想を展開した曲》. b (オペラや俗楽曲などの中の旋律を集めた)接続曲 (potpourri). c 16–17 世紀の厳格な対位法を用いた器楽曲 (fancy ともいう). 2 a 幻想的文学作品. b 幻想的[奇怪]な物.
fán·ta·sied *adj.* 1 空想上の, 非現実的な. 2《廃》空想にみちた, 気まぐれの.
fan·ta·sist [fǽntəsɪst, -zɪst, -səst, -zəst, fæntéɪzɪst, -zəst | fǽntəsɪst, -zɪst] *n.* 幻想文学作家, 幻想曲作曲家.
fan·ta·size [fǽntəsàɪz | -tə-] *vt.* 空想で描く, 空想する. — *vi.* 空想に耽る (fantasy)〔*about*〕.
fan·tasm [fǽntæzm] *n.* =phantasm.
fan·tas·ma·go·ri·a [fæntæ̀zməgɔ́ːriə, -gɔ́ːr- | fæntæzməgɔ́ːrɪə, -təz-, -gɔ́r-] *n.* =phantasmagoria.
fan·tast [fǽntæst]〘□ G ~ □ ML *phantasta* □ Gk *phantastḗs* boaster: cf. phantasm〙— *n.* 1 幻想家, 空想家, 夢想家 (visionary, dreamer). 2 奇想天外な考えをする人. 3 =fantasist.
fan·tas·tic [fæntǽstɪk, fən-]〘《c1385》*fantastik* □ (O)F *fantastique* □ ML *fantasticus* imaginary=LL *phantasticus* □ Gk *phantastikós* making a show: ⇨ fantasy, -ic¹〙— *adj.* 1 a 空想的な, 空想による; 空想癖の. b 気まぐれな, 突飛な, 突拍子もない (extravagant, capricious): ~ acts of kindness 気まぐれな親切な行為. 2 風変りな, 怪奇な, 異様な, 奇異な: a ~ costume 風変りな衣装 / ~ ornaments, ideas, etc. 3 a 想像上の; 根拠のない, 根も葉もない, いわれのない (unreal); 不合理な (irrational): ~ fears 根拠のない恐怖 / ~ reasons 取留めもない理由. b ばかげた; 非現実的な: a ~ idea of his importance 自分を偉いと思うばかげた考え. 4 (大きさ・程度が)巨大で信じられないほどの, 法外な: spend ~ sums of money on the furniture 家具類に途方もない金を使う. 5《口語》すばらしい, すてきな: a ~ song.
the light fantastic (*toe*) ⇨ toe 成句.
— *n.*《古》空想[幻想, 夢想]家, 奇想天外な考え方[行動]をする人.
fan·tás·ti·cal [-tɪkəl, -kl | -tɪ-]〘ME〙*adj.* =fantastic. **~·ly** *adv.* **~·ness** *n.*
fan·tas·ti·cal·i·ty [fæntæ̀stɪkǽləti, fən-, -tə- | -tɪkǽlɪti, -lɪ-] *n.* 1 空想的なこと, 気まぐれ. 2 奇異, 怪奇. 3 怪奇な出来事[物語]; 狂想 (whim, crotchet).
fan·tas·ti·cate [fæntǽstɪkèɪt, -tə- | -tɪ-] *vi.* 奇想天外な考えに耽る. — *vt.* 奇想天外[異様]にする. **fan·tas·ti·ca·tion** [fæntæ̀stɪkéɪʃən, -tə- | -tɪ-] *n.*
fan·tás·ti·cism [-təsɪzm | -tɪ-] *n.* 1 怪奇[怪異]を求める心; 風変り. 2 (文学や芸術で)ファンタジー (fantasy) をもり込むこと.
fan·tas·ti·co [fæntǽstɪkòʊ, fən-, -tə- | -tɪkəʊ]〘□ It.〙*n.* (*pl.* ~es) 奇想天外な人.
fan·ta·sy [fǽntəsi, -zi | -təsɪ, -zɪ]〘《c1350》*fantasie* □ OF (F *fantaisie*) □ L *phantasia* idea, fancy □ Gk *phantasía* imagination: cf. phantasm〙— *n.* 1 取留めもない想像; 夢のような空想; 幻想, 幻覚. 2 気まぐれ, 酔狂; 奇抜な考え. 3 (通貨としてではなく, 主にコイン収集家用に発行される)硬貨. 4 幻想的文学作品; (時に)空想科学小説 (science fiction). 5〘心理〙空想, 白日夢. 6〘音楽〙幻想曲, ファンタジー (fantasia). — *vt.* 想像[空想]する. — *vi.* 1 空想に耽る; 白日夢をみる; 性的興奮状態を想像する. 2 幻想曲を奏する, 即興的に楽器を演奏する.
Fan·ti [fǽnti, fɑ́ːn- | -tɪ] *n.* (*pl.* ~, ~s) (*also* **Fan·te** [~], **Fan·tee** [~]) 1 a [the ~(s)] ファンティー族《西アフリカの Ghana に住む原住民》. b ファンティー族の人. 2 ファンティー語《Akan 語に属する》.
go Fanti [*Fante, Fantee*]《英》〈ヨーロッパ人が〉現地風の生活をする, 現地風になる.
fan·toc·ci·ni [fɑ̀ːntətʃíːni, fæ̀n- | -tɒtʃíːnɪ]〘□ It. ~ (pl.) ← *fantoccino* (dim.) ← *fantoccio* puppet ← *fante* boy < L *infantem, infans* 'INFANT'〙— *It. n. pl.* 1 操り人形 (puppets). 2 操り人形芝居.
fan·tod [fǽntɑd | -tɒd]〘《変形》? ← *fantigue* state of anxiety《混成》← FANT(ASTIC) + (FAT)IGUE〙— *n.* 1 [通例 the ~s]《戯言》いらいら[びっくり]した状態, 心配[驚き]の状態; (はっきりしない)精神的[肉体的]障害: give a person *the* ~*s* 人をいらいらさせる. 2 いらいらの発作, 感情の爆発.
fan·tom [fǽntəm | -təm] *n., adj.* =phantom.
fán tràcery *n.*〘建築〙扇形天井の天井面に見られるはざま (cf. fan vault).
fán trùss *n.*〘建築〙ファントラス, 扇形トラス《弦材の一点から二本以上の束材(つか)の出ているトラス》.
fán vàult *n.*〘建築〙(末期ゴシック様式の)扇形天井, 扇形ヴォールト.
fán vàulting *n.*〘建築〙扇形天井作り, 扇形ヴォールトによる天井架構.
fán·wèed *n.*〘植物〙=pennycress.
fán wìndow *n.*〘建築〙扇形窓 (fanlight).
fán·wise *adv., adj.* 扇形にひろげられて[た], 開扇状に[の].
fán·wòrk *n.*〘建築〙=fan tracery.
fán wòrm *n.*〘動物〙=feather-duster worm.
fán·wòrt *n.*〘植物〙フサジュンサイ, ハゴロモモ (*Cabomba caroliniana*)《北米南部原産のスイレン科の水草; water shield ともいう》.
F.A.N.Y.《略》《英》First Aid Nursing Yeomanry 応急看護婦部隊.
fan·zine [fǽnziːn]〘《短縮》← FAN MAGAZINE〙*n.* (SF の)ファン雑誌.
FAO, F.A.O.《略》Food and Agriculture Organization of the United Nations 国連食糧農業機関《開発途上国の農業開発・食糧状態改善を目的として 1945 年設立された国連の専門機関》.
f.a.q., F.A.Q.《略》〘商業〙fair average quality (平均)中等品(質); free alongside [at] quay 埠頭(ふとう)渡し.
fa·qir [fəkíə, fɑː-, fæ- | féɪkɪə(r, fǽk-, fɑ́ːk-, fəkíə(r] *n.* (*also* **fa·quir** [~]) =fakir.
far [fɑ́ə | fɑ́ː(r]〘OE *feor*(*r*) < (WGmc) **ferrō-* (Du. *ver* / OHG *fer* (G *fern*)) (compar.) ← **fer-* < IE **per* forward, through (L *per* through / Gk *péra* further)〙— *adv., adj.* (**far·ther** [fɑ́əðə | fɑ́ːðə(r], **fur·ther** [fə́ːðə | fə́ːðə(r]; **far·thest** [fɑ́əðɪst, -ðəst | fɑ́ː-], **fur·thest** [fə́ːðɪst, -ðəst | fə́ː-]) — *adv.* 1 [空間; 通例, 副詞(句)・前置詞を伴って] 遠方に[へ], はるかに (↔ near): ~ *away* [*off*] ずっとあちらに[向こうに] / ~ *ahead* はるか前方に / ~ *out* at sea はるか沖合いに / swim ~ *out* 遠く沖へ泳ぎ出る / ~ *above* the trees 樹木のはるか上方に / ~ *beyond* the sea はるか海の彼方に / ~ *up* the mountain 山をはるかに登った所に / He stood ~ *back* by himself. 彼は一人でずっと後方に立っていた / He penetrated ~ *into* the jungle. ジャングル深く入りこんでいった / He wandered ~ *from* the town. 彼は町から遠くさすらい歩いた / They were separated ~ *from* each other. 彼らは互に遠く離れていた / How ~ is it *from* here? ここからどれ位ありますか / How ~ can you walk? どこまで[どれほど]歩けますか. ★《口語》では far は単独には通例, 疑問文・否定文に用い, 肯定文では a long way を用いる: We did*n't* go so ~. / We went *a long way*. 2 [時間; 副詞・前置詞を伴って] 遠く, ずっと: ~ *back in* the past ずっと以前に / look ~ *back into* the past 遠く過去を振り返ってみる / look ~ *into* the future 遠く将来のことを考える / ~ *into* the night 夜ふけまで / He was ~ *in* years.《文語》彼は年老いていた / It was not ~ *from* the Restoration. それは王政復古からあまり遠くないころのことだった. 3 [程度] はるかに, 大いに, ずっと: in the ~ distant future 遠い未来に / run a metaphor too ~ 比喩を極端な意味に用いる / That won't get us very ~. そんなことではあまり話が進まない[役に立たない] / Mine is never ~ different from yours. 私のは君のとそうひどく違ってはいない / It is ~ *beyond* my powers. それはとうてい私の力の及ぶことではない / I have no idea how ~ he will go. [比喩的に用いて] 彼がどこまで行くか私にはわからない. ★ しばしば比較級・最上級の形容詞・副詞を修飾する: This is ~ (= much) *better* than that. これはあれよりもずっと良い / This is ~ (=by far) *the best*. これはずば抜けて最上である / Do it ~ *more* carefully. もっとずっと注意してやりなさい.
as far as (1) …と同様に遠く(まで)《★ これに対する否定はしばしば not…so far as; cf. *so* FAR *as* (1)》. (2) [前置詞的に] …まで (up to): Let's walk *as* ~ *as* the river. 川まで歩いて行こう / He carried his deception *as* ~ *as* that. 彼は偽りをそこまで続けた. (3) [接続詞的に]〈…できる〉限り; …する限りでは (to the extent that): I tried to help her *as* ~ *as* I could. できるだけ彼女を助けてやろうとした / *as* ~ *as* I am concerned 私に関する限りでは / All right *as* ~ *as* it goes. その事に関する限りは[それだけは]よろしい / *as* ~ *as* one knows ⇨ know 成句. ★ 上のあとの 3 例のような意味では *so* FAR *as* も用いる. ***by far*** [比較級・最上級などを強めて] はるかに, 断然 (cf. much *adv.* 1): This is *by* ~ the *better* of the two [the *best* of all]. これが二つのうちでは断然良い[全部のうちで群を抜いている] / It's too expensive *by* ~. それは(他と比べて)全く[かけ離れて]高い. ***far and away*** [しばしば比較級・最上級を強めて] はるかに, 飛び抜けて, 断然 (by far): His new play is ~ *and away* the *best* comedy that has been staged for years. 彼の新作戯曲は近年上演されたうちでは断然すぐれた喜劇だ. ***far and near*** 遠く近く, 到る所に (everywhere): He searched for his missing daughter ~ *and near*. 彼は行方不明の娘を到る所捜し回った / People came (*from*) ~ *and near*. 人々が到る所から来た.
far and wide 遠くまた広く, あまねく: He has traveled ~ *and wide*. 彼は広く到る所を旅行している. ***far be it from me*** (***to do***) 少しも(…する)つもりはない, 決して…したくはない: *Far be it from me to* say this. この事を言うつもりはさらにない. ★ be は願望を示す仮定法. ***far between*** ⇨ between *adv.* 成句. ***far from*** …とは全く異なって; [形容詞に先立って] 決して…ではない (never): This work is ~ *from* completion. 仕事は完成どころではない / The storm, so ~ *from* abating, increased in its fury. 暴風は静まるどころかますます激しくなった / His explanation was ~ *from* satisfactory. 彼の説明は決して満足なものではなかった / She seemed ~ *from* content. 彼女は少しも満足そうには見えなかった / *Far from it!* そんなこととんでもない. ***far gone*** =far-gone. ***far out*** (1) ⇨ *adv.* 1. (2) =far-out. ***few and far between*** ⇨ few¹ *adj.* 成句. ***from far*** 遠方から (from afar): ⇨ FAR *and near*. ***get far*** ⇨ get 成句. ***go far*** ⇨ go¹ *v.* 成句. ***in so far as*** [接続詞的に] …する限りでは, …である範囲では: *In so* ~ *as* money is concerned, we are ready to agree to the proposal. 金のことだけなら, 我々はすぐにその申し出に応じるつもりです. ★ insofar as とも書く; *so* FAR *as* (2) と同意であるが, それよりもやや強意的. ***so far*** (1) ここまでは (to this extent); 今までのところでは (up to now): The thief has *so* ~ escaped altogether. 今までのところ賊は完全に逃れている / *So* ~(,) so good. これまではこれでよろしい / The Story *So Far*. 前回(まで)の梗概[荒筋]. (2) ある点[程度]までは: You can only go *so* ~ on ten dollars. 10 ドルではある点までしかやって行けない. ***so far as*** (1) [否定文に用いて] …ほど遠くで(ない): We did*n't* go *so* ~ *as* the others. 他の人たちほどに遠くまで行かなかった《★ ただし We did*n't* go *as* ~ *as* the others. ともいう》. (2) [接続詞的に] …する限りでは (cf. *as* FAR *as* (3)): My brother, *so* ~ *as* I can tell, committed no crime. 私の知っている限りでは弟は何の罪も犯していない / *so* ~ *as* I am concerned 私に関する限りでは. ***thus far***《文語》=*so* FAR (1).
— *attrib. adj.* 1 遠い; 遠くへの: a ~ journey / come from a ~ country 遠国からはるばるやって来る / in the ~ distance はるか遠方に / the ~ past 遠い昔 / ⇨ far cry. 2 〈見識など〉遠大な, 長期的な: a ~ look ahead 遥か前方を見る視線. 3 (二者のうちで)より遠い, 向こうの: ⇨ far side. 4 〈主義・政見など〉極端な: the ~ left 極左 / a ~ right [*far*-right] organization 極右団体[組織].
~·ness *n.*
FAR《略》Federal Aviation Regulations (米国の)連邦航空規則 (cf. CAR).
FAR, F.A.R.《略》Federation of Arab Republics アラブ共和国連合.
far.《略》farad; farthing.
far·ad [fǽræd, -rəd | -rəd]〘《1881》← *Michael Faraday*〙*n.*〘電気〙ファラッド《静電容量の単位; 記号 F》.
far·a·da·ic [fæ̀rədéɪɪk] *adj.*〘電気〙=faradic.
far·a·day [fǽrədèɪ, -di | -dɪ, -dèɪ]〘← *Michael Faraday*〙*n.*〘電気〙ファラデー《電気分解に用いられる電気量の単位; 96,494 coulombs に当たる; 記号 f》.
Far·a·day [fǽrədèɪ, -di | -dɪ, -dèɪ], **Michael** *n.* (1791–1867) 英国の物理学者・化学者; *The Chemical History of a Candle* (1861).
Fáraday càge *n.*〘電気〙ファラデーケージ《接地された導体網でできた容器で, 静電界の影響を遮蔽するためのもの》.
Fáraday dárk spàce *n.*〘電気〙ファラデー暗部《グロー放電で陰極直前の負グローと陽光柱との間の暗い部分》.
Fáraday effèct *n.*〘物理〙ファラデー効果《磁場を加えた物質を磁場に平行に直線偏光が通過する際, 偏光面が回転する現象; cf. Kerr effect》.
Fáraday rotàtion *n.*〘物理〙ファラデー回転《ファラデー効果による電磁波の偏波方向の回転》.
Fáraday's cónstant *n.*〘電気〙ファラデー定数.
Fáraday's láw *n.*〘物理〙ファラデーの法則: a 析出量・溶解量は通過電荷量に比例するという法則. b 電磁誘導起電力は鎖交磁束の減少率に比例するという法則.
Faraday's law of induction ファラデーの誘導法則《閉じた回路を貫く磁束の時間変化率と, その回路に発生する起電力とが比例することを述べた法則》.
fa·rad·ic [fərǽdɪk, fæ-]〘⇨ farad, -ic¹〙*adj.*〘電気〙誘導[感応]電流の.
far·a·dism [fǽrədɪ̀zm]〘□ F *faradisme*: ⇨ farad, -ism〙*n.* 1〘電気〙誘導電流, 感応電流. 2〘医学〙=faradization.
far·a·di·za·tion [fæ̀rədɪzéɪʃən, -də- | -daɪ-, -dɪ-]〘□ F *faradisation*: ⇨ ↓, -ation〙*n.*〘医学〙感応電流療法.
far·a·dize [fǽrədàɪz]〘□ F *faradis-er*: ⇨ farad, -ize〙*vt.*〘医学〙感応電流で刺激[治療]する (cf. galvanize 3). **fár·a·dìz·er** *n.*
far·and [fǽrənd] *adj.* =farrand.
far·an·dole [fǽrəndòʊl | fǽrəndəʊl]〘□ F ~ □ Prov. *farandoulo* ← ? *fa* to make+*roundelo* round dance (← L *rotundus* round: cf. roundel)〙— *n.* 1 ファランドール《フランスの Provence 地方に始まったといわれる 8 分の 6 拍子の快活な舞踏; 踊り手はみな手

をつなぎ，またはハンカチを持ちいろいろな形を作って踊る》．**2** ファランドールの曲．

fár·awáy *adj.* **1 a** (距離・時間・関係などが)遠くの，遠方の，遠い (distant, remote): live in a ~ town / in the ~ past 遠い過去に / a ~ cousin 遠縁の者．**b** 〈音・声など〉遠方から聞こえてくる: the ~ tinkle of a bell. **2** 〈顔つき・目つきなど〉ぼんやりした (absent, abstracted), 夢見るような (dreamy): She has a ~ look in her eyes. うっとりと夢見るような目をしている．

farce [fáəs | fá:s] 〘v.: 《c1340》 *farse(n)* □ OF *fars-ir* (F *farcir*) < L *farcīre* to stuff. — n.: 《1530》 □ F ~ < OF ~ 'stuffing' ← *farcir, farsir* (v.)〙 — *n.* **1** 笑劇, 茶番狂言, 道化芝居, ファルス (cf. comedy 1 a). **2** 茶番; ばかばかしいおかしみ, 人笑わせ, 道化; 滑稽なまねごと. **3** =forcemeat. — *vt.* **1** 〔機知のある内容・引用句などを〕〈本・文・演説など〉に添える[入れる], 味をつける 〔*with*〕: ~ a speech [book] *with* wit [quotations] 演説[本]に機知[引用文]を添える. **2** 《廃》〈鳥〉に肉・野菜・香味料などを詰める (stuff).

fárce·mèat *n.* =forcemeat.

fárc·er *n.* =farceur.

far·ceur [fɑəsə́: | fɑ:sə́:(r; *F.* farsœ:r] 〘□F ~: ⇨ farce, -or²〙 — *F. n.* (*pl.* ~**s** [~z; *F.* ~]) **1** 道化師, ひょうきん者, おどけ者 (joker, humorist). **2** 笑劇[戯文]作者. **3** 茶番役者, 道化役者.

far·ci [fɑəsí: | fɑ:-; *F.* farsi] 〘□F ~ (p.p.) ← *farcir* 'to stuff, FARCE'〙 — *adj.* [通例名詞の後に置いて] 詰物をした; (特に)調味した挽き肉 (forcemeat) を詰めた (stuffed): clams ~. — *n.* 詰物をした料理.

far·ci·cal [fɑ́əsɪkəl, -sə- | fɑ́:sɪ-] *adj.* **1** 笑劇体の, 茶番狂言式[風]の, ファルス風の: a ~ play 笑劇. **2** 茶番めいた, 人笑わせの, 滑稽な, ばかげた. **~·ly** *adv.* **~·ness** *n.*

far·ci·cal·i·ty [fɑ̀əsəkǽləṭi | fɑ̀:sɪkǽlətɪ, -lɪ-] *n.* 茶番めいた滑稽(味).

far·cie [fɑəsí: | fɑ:-; *F.* farsi] *adj.* =farci.

fár córner *n.* 遠くて人目のつかぬ所: ~*s* of the world 世界の僻地.

far·cy [fɑ́əsi | fɑ́:sɪ] 〘《c1380》 *farci(n)* □ (O)F *farcin* < L *farcīminum* farcy ← *farcīre* (⇨ farce)〙 *n.* 《獣医》(馬の)皮疽.

fárcy bùd [bùtton] *n.* 《獣医》皮疽潰瘍, 皮疽病結節.

fard [fɑ́əd | fɑ́:d] 〘ME *farde(n)* □ (O)F *fard-er* to paint (the face) ← Gmc〙 — *vt.* **1** [通例 p.p. 形で形容詞的に用いて]〈顔〉に化粧品を塗る, 化粧する: a thickly ~*ed* face 厚化粧の顔. **2** 《古》〈欠点などを〉うまく隠す; 糊塗する, ごまかす (gloss over). — *n.* 《古》(顔に塗る)化粧品. **~·ed** *adj.*

far·del [fɑ́ədḷ | fɑ́:-] 〘《a1325》 □ OF ~ (F *fardeau*) (dim.) ← *farde* burden □ Arab. *fárdah* bundle〙 — *n.* 《古》**1** 束 (bundle); 寄せ集め (collection). **2** (厄介な)重荷: Who would ~*s* bear, to grunt and sweat under a weary life? 誰が重荷を耐え忍んで生活の圧迫にうめき, 汗水を絞ろう (Shak., *Hamlet* 3. 1. 76–77).

fare [fɛ́ə | fɛ́ə(r] 〘v.: OE *faran* to go, travel < Gmc **faran* (Du. *varen* / G *fahren*) ← IE* *per* to lead, pass over (Gk *póros* passage). — n.: OE *fær* (< Gmc **faram*) & *faru* (< Gmc **farō*) journey, road, proceedings ← Gmc **faran*〙 — *n.* **1** (乗物の)運賃, 料金《車賃・汽車賃・船賃など; cf. freight》: a railway ~ 鉄道運賃 / a taxi ~ タクシー料金 / a single [double] ~ 片道[往復]料金. **2** [集合的にも用いて] (乗車料金を払う)乗客 (passenger(s)). **3** 飲食物: good ~ ごちそう / coarse [bad] ~ 粗食 / hospital [prison] ~ 病院[刑務所]食 / ⇨ BILL of fare. **4** (娯楽用の)出し物: theater ~ 上演作品. **5** 《米》(漁船の)獲物. **6** 《古》情勢, 状態, 運命: What ~? どんな様子だ. — *vi.* **1** [it を主語として]《古》〈ある事が〉(…の具合に)運ぶ, 成る, 成っていく (turn out, happen): ~ well [ill] うまく[まずく]いく, 成功[失敗]する / It has ~*d* ill *with* him. 彼はうまくいかなかった / How ~*s* it *with* you? どうやっていますか(お変わりはありませんか). **2** (よく・まずく)やっていく, 暮らす (get on) (cf. 1): ~ well, ill etc. / How did you ~ in London? ロンドンではいかがでしたか? / How have you ~*d* in your exam? 試験の結果はどうでした? / You may go farther [further] and ~ worse. 《諺》高望みするとかえって損をする, いい加減のところで我慢するのがよい / *Fare* you [thee] well! 《古》ご無事で. **3** 《古》飲食する (feed), 飲食物をもてなされる: ~ well, ill, badly, etc. (cf. 1, 2) / You'll ~ simply but well in our house. お粗末ですが十分召し上がっていただきます. **4** 《古・詩・文語》行く; 旅をする 〈*forth*〉: ~ *forth* on one's journey 旅に出立する.

Fár Éast *n.* [the ~] 極東《アジア東部の太平洋に沿う諸地域; 中国・日本・朝鮮・フィリピンなど; cf. Middle East, Near East》. **Fár Éastern** *adj.*

Fár Éastern Región *n.* [the ~] (ソ連の)極東地区《Khabarovsk 地域を中心とする地方の旧名》.

Fare·ham [fɛ́(ə)rəm | fɛ́ər-] 〘lateOE *Fernhām*: ⇨ fern, home〙 *n.* イングランド Hampshire 州南部の都市; 人口 85,000.

Fa·rel [færél, fɑ:-; *F.* farɛl], **Guillaume** *n.* ファレル《1489–1565; スイスの宗教改革者》.

far·er [fɛ́(ə)rə | fɛ́ərə(r] *n.* [通例複合語の第 2 構成素として] 旅人 (traveler): way*farer*, sea*farer*, etc.

fáre stàge *n.* 《英》(バスなどの)同一料金区間; 同一区間最後の停留所.

fáre-thee-wèll 〘← *fare thee well* (⇨ fare (vi.) 2)〙 — *n.* 《米》**1** 完璧[完全無欠, 最高度]の状態: The index of this book is done to a ~. この本の索引は完璧にできている. **2** 最大限, 最高: The pianist played the sonata to a ~. ピアニストはそのソナタを最高に演奏した.

fare·well [fɛ̀əwél, ⌐⌐ | fɛ̀əwél, ⌐⌐] 〘《c1369》 ← *fare well* (imper.): ↑〙 — *int.* ごきげんよう, さらば (good-bye, adieu): *Farewell to* arms! 武器よさらば. — *n.* **1** 暇乞(いとまご)い, 告別, 別れ (leave-taking); 告別の挨拶: The last ~*s* were now uttered. 最後の告別の挨拶が述べられた / one's ~ to life 生への訣別, 死 / bid a person ~ 人に別れを告げる / take one's ~ of …に別れを告げる, 暇乞いをする / make one's ~*s* 別れの挨拶をする. **2** 送別会; 告別式. — *attrib. adj.* 告別の, 送別の (parting): a ~ address [speech] 告別の辞 / a ~ appearance [performance] おなごり出演, さよなら公演 / a ~ party [dinner] 送別会[の宴] / a ~ present [gift] 餞別 / a ~ sermon 告別説教 / take a ~ look at …を見てなごりを惜しむ. — *vt.* …に別れを言う.

Fare·well [fɛ́əwel | fɛ́əwel, -wəl], **Cape** *n.* フェアウェル岬《Greenland の南端の岬》.

fárewell-to-spríng *n.* 《植物》イロマツヨイ (*Godetia amoena*)《北米中西部産のアカバナ科の夏に花の咲く一年生草本》.

fáre-you-wèll *n.* (*also* **fáre-ye-wèll**)《米口語》= fare-thee-well.

Fár·ey sèquence [fɛ́(ə)ri- | fɛ́əri-] *n.* 《数学》ファレイ数列《分母が一定数を超えない既約分数を小さいものから順に並べて得られる数列; 例えば一定数が 3 の時は $^0/_1$, $^1/_3$, $^1/_2$, $^2/_3$, $^1/_1$; この一定数をそのファレイ数列の次数という》.

fár-fámed *adj.* 広く知れ渡った.

far·fel [fɑ́əfəl | fɑ́:-] 〘□ Yid. ~ (pl.) □ MHG *varveln* (pl.) noodles, noodle soup〙 — *n.* (*pl.* ~) ファーフェル《ユダヤ料理; 大麦と卵などで作った生地; 小球状にしてスープの浮き身などに用いる》.

fár-fétched *adj.* **1** 持って回った, こじつけの, 無理な: a ~ example, joke, etc. **2** 《古》遠くから持ってきた. **fár-fétched·ness** [-tʃt-, -tʃɪd, -tʃəd] *n.*

fár-flúng *adj.* **1** ひろがった, 広く延びた, 広範囲にわたる: a ~ empire, battle line, etc. **2** 遠く離れた (remote): ~ sections of the country.

fár-fórth 〘ME: ⇨ far, forth〙 *adv.* 非常に遠く(に), 極度に, 高度に.

fár-góne *adj.* **1** 遠く離れた (remote): ~ places 遠隔の地. **2 a** (病状などが)ずっと進んだ, こうじた. **b** ひどく酔った, ぐでんぐでんの. **c** 借金がかさんだ. **d** 〈着物・靴など〉ぼろぼろになった. — *adv.* 《米方言》はるかに, 断然 (unquestionably): known to be ~ the best watch ずばぬけてよい時計として知られた.

fa·ri·na [fəríːnə | -ráɪ-] 〘□ L *farīna* grits, powder ← *far* corn〙 *n.* **1** (穀類などの)粉, 穀粉 (meal, flour). **2** 《英》(じゃがいもの)澱粉 (starch). **3** 花粉 (pollen).

far·i·na·ceous [fæ̀rənéɪʃəs | -rɪ-] 〘《1656》 □ LL *farīnāce-us*: ⇨ ↑, -aceous〙 — *adj.* **1** 澱粉質の (starchy): ~ seeds. **2 a** 粉のような, 粉状の (mealy). **b** 〈昆虫・植物など〉白粉をかけたような表面の. **3** 《古》穀粉の, 穀粉を含んだ, 粉製の. **~·ly** *adv.*

fár infraréd ráys *n. pl.* 《電気》遠赤外線《波長が数 10 マイクロメートルから 1 ミリメートルの電磁波; cf. near infrared rays》.

fa·ri·nha [fəríːnjə; *Port.* fɐríɲɐ] 〘□ Port. ~ < *farīnam* 'FARINA'〙 *n.* カサバ (cassava) の粉.

far·i·nose [fǽrənòus | -rɪnàus] 〘□ L *farīnōs-us*: ⇨ farina, -ose¹〙 — *adj.* **1** 澱粉を生じる; 粉を生じる, 粉から成る. **2** 粉状の (mealy). **3** 《生物》白粉を吹いた. **~·ly** *adv.*

far·kle·ber·ry [fɑ́əkḷbèri, -b(ə)ri | fɑ́:kḷb(ə)rɪ] 〘《変形》← WHORTLEBERRY〙 *n.* 《植物》ツツジ科コケモモ属の小低木 (*Vaccinium arboreum*).

farl [fɑ́əl | fɑ́:l] 〘《短縮》← 《廃》*fardel* quarter 《変形》← *ferde del* < OE *fēorða dǣl*: ⇨ fourth, deal³〙 — *n.* (*also* **farle** [~])《スコット》(オートミール製の)薄いパンケーキ.

farm [fɑ́əm | fɑ́:m] 〘《c1300》 *ferme* □ (O)F farm, rent (cf. ML *firmam* fixed payment) ← *fermer* to fix < L *firmāre* to confirm: FIRM² と二重語〙 — *n.* **1** 農地, 農場, 農園《もと小作人に貸されていた》: work on a ~ (雇われて)農場で働く / keep a ~ 農場を経営する / a wheat ~ 小麦畑 / a fruit ~ 果樹園 / ⇨ home-farm. **2 a** 飼育場, 養殖場; (特に)毛皮動物飼育場: a chicken [poultry] ~ 養鶏場 / an oyster ~ かき養殖場 / a mink [chinchilla] ~ ミンク[チンチラ]飼育場. **b** (石油などの)貯蔵所. **3** 農場の家屋, 農家 (farmhouse). **4** 託児所 (baby farm). **5** 《米》(アル中患者・精神病患者用の)田舎の療養所. **6** 《英》**a** (昔の)租税取立請負制度; (その制度で)請負に出した地域. **b** (昔, 取立請負人が集めた地代・小作料・租税から差し出す)上納金; 地代, 土地賃貸料; 借地. **7** 《米》《野球》ファーム《大リーグの選手養成用の大リーグ所属の二軍チーム》. — *vt.* **1** 〈土地を〉耕作する (cultivate), 農地とする, 農事用(耕作・牧畜など)に供する: ~ 500 acres. **2 a** 〈租税・料金〉の取立てを請け負う: ~ the taxes from the government 政府から租税の取立てを請け負う. **b** 〈租税・料金〉の取立てを請け負わせる 〈*out*〉: ~ *out* taxes / ~ *out* space in an exhibition 展覧会場の場所を請け負わせる. **c** 〈仕事を〉下請(したうけ)に請け負わせる. **d** 〈労働者を〉賃金制で働かせる. **3** (一定の料金で)〈人・施設・土地など〉の保護[管理]を契約する: ~ babies 赤ん坊を預かる, 赤ん坊の養育を(料金を取って)引き受ける. **4** 《廃》賃貸する (rent): To pay five ducats, five, I would not ~ it. 5 ダカット払うといっても, 5 ダカットでも, 私は貸しません (Shak. *Hamlet* 4. 4. 20). **5** 《クリケット》〈投球されるボール〉の多数を受けるように操作する. — *vi.* **1** 耕作する, 農場[養育場]を経営する: ~ upon one's own land 自分の土地で農業をする. **2** 《クリケット》(一組(二人)の打手が打撃に立っている間)打手の一人が投手からより多くの球を受けるように操作する.

farm out (1) 〈土地・商売を〉(一定の金額で)貸す. (2) 〈仕事を〉下請に出す. (3) 〈子供・人を〉(一定の料金で)預ける. (4) (連作によって)〈土地を〉疲れさせる. (5) ⇨ *vt.* 2 b. (6) 《米》《野球》〈選手を〉ファーム[二軍チーム]に所属させる. ***farm the sea*** ⇨ sea 成句.

Far·man [fɑəmɑ́:(ŋ), -mɔ́:(ŋ), -mɑ́:ŋ, -mɔ́(:)ŋ, fɑ́əmən | fɑ́:mən; *F.* farmɑ̃], **Henri** *n.* ファルマン《1874–1934; フランスの飛行家・飛行機製作者》.

fárm bàiliff *n.* 地主の執事, 農場管理人.

fárm bèlt *n.* 農業地帯; [時に F- B-] 穀倉地帯《アメリカ北中部などをさす》.

fárm blòc *n.* 農業グループ《米国上下両院の各党議員よりなる超党派的農民利益代表団》.

fárm chèese *n.* =farmer cheese.

farm·er [fɑ́əmə | fɑ́:mə(r] 〘《c1384》 *fermour* □ AF *fermer* = (O)F *fermier*: ⇨ farm, -er¹〙 — *n.* **1** 農業経営者, 農業家 (agriculturist); 農場主; 農民, 農夫 (cf. peasant 1): a landed ~ 自作農 / a peanut ~ ピーナッツ農場主 / ⇨ tenant farmer. **2** (租税などの)取立て請負人. **3** 幼児預り人, 託児所経営者. **4 a** 無知な田舎者. **b** 無骨者, 間抜け. **c** 《米俗》新米(しんまい), 青二才 (greenhorn).

fármer chèese *n.* 牛乳またはスキムミルクで作るプレスチーズ《cottage cheese に似る》.

farm·er·ette [fɑ̀əmərét, ⌐⌐⌐ | fɑ̀:mərét, ⌐⌐⌐] *n.* 《口語》農業をする[農場で働く]女, 農婦.

fármer-géneral 〘《なぞり》← F *fermier général*〙 *n.* (*pl.* **farmers-**) (フランス革命前の)徴税請負人.

Fármer-Lábor Pàrty *n.* [the ~] (米国の)労農党: **a** 社会主義的傾向をもつ小政党; 1920 年に大統領選挙を争い, 1924 年 La Follete の進歩党に合流. **b** Minnesota 州で無党派連盟を母体にできた第 3 政党; 1944 年民主党に吸収された.

fármers coóperative *n.* 農業協同組合.

Fármer's redúcer [fɑ́əməz- | fɑ́:məz-] 〘← *E. Howard Farmer* (1860?–1944: この薬液を発明した英国の写真技師)〙 — *n.* 《写真》ファーマー減力液《赤血塩とハイポの混合溶液》.

farm·er·y [fɑ́əməri | fɑ́:mərɪ] *n.* 《英》農場施設 (farmstead)《建物と仕事場とを含む》.

fárm·hànd *n.* **1** 農場労働者, 作男 (farm laborer). **2** 《米》《野球》ファームチームに配属された選手.

fárm·hòuse *n.* 農場付属の住宅; 農家.

fárm·ing *n.* **1** 農場経営, 農作, 農業. **2** 飼養; 養殖; (幼児)預かり. **3** (租税などの)取立て請負; ~ out (収税などを)請負に出すこと. **4** [形容詞的に] 農業の: ~ implements 農具 / ~ land 農地 / a ~ region 農業地方.

fárm làborer *n.* =farmhand 1.

fárm·lànd *n.* (耕作中の, あるいは耕作に適した) 農地.

fár·mòst *adj.* 《まれ》最も遠い (farthest).

fárm·stèad *n.* **1** 農場《農舎も含む》. **2** 農家.

fárm·stèading *n.* =farmstead.

fárm stòck *n.* 農場資産《家畜・農具・作物など》.

fárm sỳstem *n.* 《野球》ファーム システム《大リーグ選手の養成のためのマイナーリーグ (minor league) 合同運営制; cf. farm *n.* 7》; ファームシステムで運営されるマイナーリーグチーム.

fárm·yàrd *n.* 農家の構内《農家・納屋などの周囲の囲いの中のあき地; cf. yard²》; (特に) =barnyard.

Far·na·by [fɑ́ənəbi | fɑ́:nəbɪ], **Giles** *n.* (1565?–1640) 英国の作曲家.

Far·ne·se [fɑənéɪzi, -si | fɑ:néɪzɪ, -sɪ; *It.* farné:se], **Alessandro** *n.* ファルネーゼ《1545–92; スペイン王 Philip 二世に仕えたイタリアの軍人, スペイン領 Netherlands の総督 (1578); 3rd Duke of Parma》.

far·ne·sol [fɑ́ənəsɔ̀(:)l, -sòul | fɑ́:nɪsɔ̀l] 〘← NL (*Acacia*) *farnes(iana)* huisache (← *Odoardo Farnese* (1600 年頃のイタリアの枢機卿)) + -OL¹〙 — *n.* 《化学》ファルネソール ($C_{15}H_{26}O$)《アカシアの花・桂(けい)油などの中に含まれる香料の成分》.

far·o [fɛ́(ə)rou | fɛ́ərəu] 〘《1739》 □ F *pharaon*: Pharaoh の絵札にちなむ?〙 — *n.* (*pl.* ~**s**) 《トランプ》ファロ, 銀行《フランスに発し米国で流行した胴元賭博の一種; 52 枚のカードと特殊な盤を用い, 客は胴元が札箱から出す一対のカードの数字に賭ける》.

Fár·oe Íslands [fɛ́(ə)rou- | fɛ́ərəu-] *n. pl.* [the ~] =Faeroe Islands.

Far·oes [fɛ́(ə)rouz | fɛ́ərəuz] *n.* [the ~] =Faeroe Islands.

Far·o·ese [fɛ̀(ə)rouí:z, -í:s | fɛ̀ərəuí:z] *n.* (*pl.* ~), *adj.* =Faeroese.

fár-óff *adj.* **1** (場所・時間的に)はるかかなたの, 遠く離れた (remote): the ~ days 遠い昔 / the ~ whistle of a train 遠くで聞こえる汽車の汽笛. **2** うわのそらの (abstracted): ~ thoughts. **~·ness** *n.*

fa·rouche [fərúːʃ | fə-, fɑː-, fæ-; *F.* faruʃ] 〖《1765》□F ～《変形》← OF *forache* < LL *forasticum* foreign ← L *foras* outside〗 — *adj.* **1** 激しい (fierce), 荒い (wild). **2** (教養・経験不足で)洗練されていない, むっつりして無愛想な (sullen), 内気な (shy).

Fa·rouk I [fərúːk] *n.* ＝Faruk I.

fár-óut *adj.* **1** 遠く離れた (remote). **2**《口語》**a** 因襲・伝統にとらわれない. **b** 〈ジャズ・ジャズファンなど〉斬新な, 前衛的な (avant-garde). **c** 〈意見など〉急進的な, 極端な (extreme). **d** 〈趣味・服装など〉風変りな, 現実離れした; 垢(ｱｶ)抜けした, すばらしい (excellent). **e** 深遠な, 難解な (recondite). **～·ness** *n.*

fár-óut·er [-áuṭə | -tə(r)] *n.*《口語》非常に斬新な人, 前衛的な人.

fár pòint *n.*〖眼科〗遠点《目が明瞭に物を見得る最も遠い点; cf. near point》.

Far·quhar [fáəkwə, -kwɑə, -kə | -kwə(r, -kə(r)] 〖□Gael *Fearchar* ← *fer* man＋*car* friendly〗 *n.* 男性名. ★ Highlands に多い.

Far·quhar [fáəkwə, -kə | fáːkwə(r, -kə(r)], **George** *n.* (1678-1707) アイルランド生れの英国の喜劇作家; *The Beaux' Stratagem* (1707).

far·ra·gi·nous [fərǽdʒənəs | -réidʒɪ-] 〖← L *farrāgin-*, *farrāgo* (↓)＋-OUS〗 *adj.* 寄せ集めの, ごたまぜの.

far·ra·go [fərɑ́ːgou, -réig- | -gəu] 〖《1632》□L *farrāgo* mixed fodder, medley ← *far* grain, corn: cf. farina〗 — *n.* (*pl.* **～s, ～es**) 寄せ集め, ごたまぜ (mixture): this ～ of cowardice, cunning, and cant この臆病者で横着者の偽善者.

Far·ra·gut [fǽrəgət, fér- | fǽr-], **David Glasgow** *n.* (1801-70) 米国の南北戦争当時の北軍の提督.

far·rand [fǽrənd, fér- | fǽr-] 〖ME *farand* comely (pres.p.) ← fare (v.)〗 — *adj.* (*also* **farand, far·rant** [fǽrənt])《スコット・北英》[通例複合語の第 2 構成素として] (…の)性質[外見]の: a fair-*farrand* girl 美少女 / be fighting-*farrand* けんかっ早い.

Far·rand [fǽrənd, fér- | fǽr-] 〖ME *Feran(t)* □OF *Fer(r)ant* 'FERDINAND': cf. OF *ferrant* iron-grey〗 *n.* 男性名.

Far·rar [fǽrə, férə | fǽrə(r)], **Frederic William** *n.* (1831-1903) 英国 Canterbury の首席司祭 (dean); 教育・宗教関係の著者が多い; Dean Farrar.

Far·rar [fərɑ́ə | -rɑ́ː(r)], **Geraldine** *n.* (1882-1967) 米国のソプラノ歌手; Mrs. Lou Tellegen.

fár-réaching *adj.* 広範囲の; 〈効果・影響など〉遠くに達する, 広範囲に及ぶ: a ～ influence / a ～ design 遠大な計画. **～·ly** *adv.* 「輻射の」.

fár-réd *adj.*〖物理〗遠赤外の《赤外線より長い波長の

Far·rell [fǽrəl, fér- | fǽr-] 〖□Gael. *Fearghal*《原義》most valorous man〗 *n.* 男性名.

Farrell, James T(homas) *n.* (1904-79) 米国の小説家; *Young Lonigan: A Boyhood in Chicago treets S*(1932), *The Young Manhood of Studs Lonigan* (1934), *Judgment Day* (1935), 以上の 3 作をまとめて *Studs Lonigan: A Trilogy* (1935).

far·ri·er [fǽriə, fér- | fǽriə(r)] 〖《1562》《変形》← ME *ferrour* □OF *ferreor* (F *ferreur*) < L *ferrārium* blacksmith ← *ferrum* iron〗 — *n.* **1**《英》蹄鉄工 (horseshoer), 装蹄師. **2**《英》馬医者; (特に, 資格を持たない)獣医. **3**〖軍事〗(騎兵隊の)軍馬係下士官.

far·ri·er·y [fǽriəri, fér- | fǽriəri] 〖⇨↑, -ery〗 *n.*《英》**1** 蹄鉄術; 蹄鉄所. **2** 獣医外科術.

far·row[1] [fǽrou, fér- | fǽrəu] 〖OE *fearh* young pig < (WGmc) **farχaz* (G *Ferkel*) < IE **porko-s* (L *porcus* 'PORK')〗 — *n.* **1** (豚の)分娩: 20 at one ～ 一腹 20 匹の子豚. **2** 一腹の豚の子. — *vt.* 〈子豚を〉生む. — *vi.* 〈豚が〉子を生む〈*down*〉.

far·row[2] [fǽrou, fér- | fǽrəu] 〖ME《スコット》*ferow* □? Flem. **verwe*, **varwe* (cf. *vervekoe* barren cow)〗 — *adj.*《スコット・方言》〈雌牛が〉(ある年・期間)子をはらんでいない, 子を生まない.

far·ru·ca [fərúːkə] 〖《20C》□Sp. ～ (fem.) ← *farruco* Galician, Asturian〗 *Sp. n.*〖ダンス〗ファルーカ《フラメンコの一種; アンダルシア地方のジプシーの踊り》.

fár·séeing *adj.* **1** 先見の明のある, 遠見の. **2** 遠方が見える, 遠目のきく (farsighted). **～·ness** *n.*

fár síde *n.* [the ～] 遠い方の側, 向こう側.

on the far side of (1) …の向こう側に: *on the* ～ *side of* the river. (2) …の範囲を越えて, 以上に (beyond): just *on the* ～ *of* 50 ちょうど 50 の坂を越えて.

fár·síghted *adj.* **1 a** 遠目のきく. **b**〖病理〗遠視(眼)の (hypermetropic). **2** 先見の明のある, 達見の (prescient); 賢明な (↔ near-sighted). **～·ly** *adv.*

fár·síghted·ness *n.* **1** 遠目のきくこと[状態]. **2**〖病理〗＝hyperopia.

fart [fáət | fɑ́ːt] 〖v.: 《a1300》 *ferte(n)* < OE **feortan* < Gmc **fertan* ← IE **perd-*〗《卑》— *n.* **1** 屁(ﾍ); 屁をすること, 放屁(ﾎｳﾋ). **2** くだらないやつ; おいぼれ. — *vi.* **1** 屁をひる[こく]. **2** ぶらぶらする, むだに時を過ごす〈*about, around*〉.

far·ther [fáəðə | fɑ́ːðə(r)] 〖《?a1300》 *ferther*《変形》← OE *furþor* 'FURTHER': u→e の変化は ME *ferrer* ((comp.) ← *fer* 'FAR') の影響による〗 [far の比較級; cf. further ★] — *adv.* **1** もっと遠く, もっと先に, さらに遙かに (more remotely): I can go no ～. これ以上先へは行けない / He lives ～ on. 彼の家はもっと向こうです / We may go back still ～ in history. なお歴史をさかのぼってみてもよい / No ～! もうよろしい, これでたくさん / I'll see you ～ (first).《口語》まっぴらご免だ (cf. further *adv.* 1) / wish a person ～ ⇨ wish *vt.* 3 a. **2** 一層進んで, もっと先で; なおその上に, さらに (besides).

— *adj.* **1** もっと遠い, もっと向こうの (more distant): the ～ shore 向こうの岸 / The trip to the city was ～ than I had expected. その都市までの旅は思ったよりも遠いものだった / Nothing is ～ from my intention than to do such a thing. そんなことをする気は少しもない / a memory of a ～ childhood もっと昔の子供時代の思い出. **2** もっと進んだ (more advanced); なおその上の, それ以上の (additional).

Fárther Índia *n.* ＝Indochina 1.

fárther·mòst *adj.* 最も遠い[はるかな] (farthest).

far·thest [fáəðɪst, -ðəst | fɑ́ː-] 〖《c1378》 *ferthest*《変形》← FURTHEST: cf. farther〗 [far の最上級; cf. furthest] — *adj.* **1** 最も遠い (remotest): the ～ corner of the world 世界の一番遠い片すみ. **2** 最も程度の進んだ, 極度の. — *adv.* **1** 最も遠く: The town lies ～ *off*. その町は最も遠く離れた所にある. **2** 最も進んだ程度に, 極端に (most): It will go ～ toward settling the problem. それは問題の解決にこの上もなく寄与するであろう / The book was ～ removed from her comprehension. その本は彼女の頭ではとても理解できそうなものではなかった. 「(at most).

at (the) farthest 遅く[遠く]とも (at latest), せいぜい

far·thing [fáəðɪŋ | fɑ́ː-] 〖OE *fēorþing* ← *fēorþa* 'FOURTH'＋-ING[3]〗 — *n.* **1** ファージング《もと英国の通貨単位で $^1/_4$ penny に相当》; ファージング硬貨《最初銀貨で, のち銅貨になり 1860 年以後は青銅貨, 1961 年 1 月 1 日廃止》. **2** [主に否定構文で] わずか, 少し, ちっとも: be *not* worth a (brass) ～ びた一文の値打ちもない / *not* take [have] a ～ びた一文も受け取らない[持っていない] / I *don't* care a (brass) ～. ちっとも構わない[気にしない].

far·thin·gale [fáəðɪŋgèɪl, -ðən-, -ðɪŋ- | fɑ́ːðɪŋ-] 〖《1552》□OF *verdugale* (F *vertugadin*) □Sp. *verdugado* ← *verdugo* young shoot of a tree, hoop ← *verde* green < L *viridem*: cf. vert[1]〗 — *n.*〖服飾〗**1** ファージンゲール《16-17 世紀頃に多く着用されたスカートのヒップを誇張する仕掛け》. **2** ファージンゲールで裾(ｽｿ)をひろげたスカート[ペチコート] (cf. hoopskirt 1).

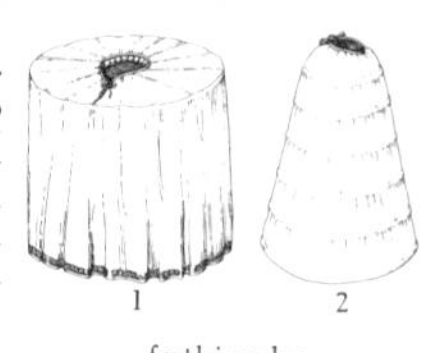

farthingales
1 French style; 2 Spanish style

fárthingale chàir, F- c- *n.* ファージンゲールチェア《エリザベス一世の時代に流行したファージンゲールスカートを着用した婦人用のひじ掛けのない広い椅子》.

fart·lek [fáətlek | fɑ́ːt-] 〖□Swed. ～ ← *fart* speed＋*lek* play〗 *n.*《英》〖スポーツ〗中・長距離ランニングの訓練方法で緩急スピードを取りまぜて行なうもの.

Fa·ruk I [fərúːk-] *n.* ファルーク一世《1920-65; エジプト王 (1936-1952)》.

fár ultravíolet ràys *n. pl.*〖電気〗遠紫外線《波長が 1-200 ナノメートル (nm) の範囲にある電磁波; cf. near ultraviolet rays》.

Fár Wést *n.* [the ～] (米国の)極西部地方《Rocky 山脈以西太平洋岸一帯の地方; もとは Mississippi 川以西の地方をいった; cf. west *n.* 2 b》.

FAS《略》Foreign Agricultural Service.

FAS, F.A.S., f.a.s.《略》firsts and seconds;〖貿易〗free alongside ship.

fasc.《略》fascicle.

fas·ces [fǽsiːz] 〖《1598》□L *fascēs* (pl.) ← *fascis* bundle〗 — *n. pl.* [しばしば単数扱い] **1** (古代ローマの)束桿(ｿｸｶﾝ)《束ねた棒の中央に斧を入れて縛った一種の権威標章で, 執政官など高官の先駆である lictor が奉持する》. **2** (束桿の象徴する)権威[官職]; イタリアファシズムの象徴.

fasces

fas·ci·a [fǽʃiə, féɪ-, -ʃə | féɪʃə, -ʃɪə] 〖《1563》□L ～ 'band, fillet': ↑〗 — *n.* (*pl.* **-ci·ae** [-ʃiìː], **～s**) **1** 帯状のもの; 包帯. **2** [《米》féɪʃiə, -ʃə] ＝facia 1. **3** [《米》féɪʃiə, -ʃə]《英》＝fascia board 1. **4** [《英》ではまた féɪsɪə] [通例 *pl.*]〖建築〗帯状面, ファシア《古典主義建築などに見られる平滑な面をもつ構成素材; 特にイオニア式建築で architrave を構成する 3 段の各面; ⇨ molding[1] 挿絵》. **5** [《英》fǽʃɪə, -ʃə]〖動物〗筋膜, 包帯;〖解剖〗筋膜. **6**〖動物〗色帯, 横帯. **7**〖音楽〗＝tie 7. **fas·ci·al** [fǽʃiəl, féɪʃ-, -ʃəl | féɪʃəl, -ʃɪəl] *adj.*

fáscia bòard [féɪʃɪə-, -ʃə- | -ʃə-, -ʃɪə-] *n.* **1** (自動車の)計器盤. **2**〖建築〗鼻隠し(板)《軒先のたる木の端を隠すための横板》.

fas·ci·ate [fǽʃièɪt, -ʃiət, -ʃɪɪt | -ʃièɪt, -ʃɪət, -ʃɪɪt] 〖□L *fasciāt-us* (p.p.) ← *fasciāre* to swathe ← *fascia* 'FASCIA'〗 — *adj.* **1** 帯で縛った, 結束した, 包帯した. **2**〖植物〗束になって生えた, 叢(ｿｳ)生した; (茎・枝などの異状発育によって)密束合生した, 扁平奇形の, 帯化の. **3**〖動物〗帯状の縞のある, 色帯のある.

fas·ci·at·ed [fǽʃièɪtɪd, -ṭəd | -ʃɪèɪt-] *adj.* ＝fasciate.

fas·ci·a·tion [fæ̀ʃiéɪʃən, -si- | -ʃɪéɪ-] *n.* **1** 結束, 包帯巻き. **2**〖植物〗(ケイトウなどの)帯状合生, (茎・枝などの異状発育による)帯化.

fas·ci·cle [fǽsɪkḷ, -sə- | -sɪ-] 〖《a1500》□L *fasciculus* (dim.) ← *fascis* bundle: cf. fasces〗 — *n.* **1** 小束 (small bundle). **2** 分冊《一著作を編集などの都合で分割して出版したもの; 後に合冊製本することが多い》. **3**〖植物〗密繖(ｻﾝ)花序; (花・葉などの)叢(ｿｳ)生, 束生. **4**〖解剖〗(筋や神経の)(線維)束.

fás·ci·cled *adj.*〖植物〗叢(ｿｳ)生[束生]した: ～ leaves (タンポポ・カラマツなどの)叢生葉.

fas·cic·u·lar [fəsíkjulə, fæ- | -lə(r)] *adj.* **1**〖植物〗叢(ｿｳ)生の, 束生の. **2**〖解剖〗線維束の: ～ fibers 線維束. **～·ly** *adv.*

fascícular cámbium *n.*〖植物〗維管束内形成層《1 個の維管束の木部と師部との間にある形成層; cf. interfascicular cambium, secondary cambium》.

fas·cic·u·late [fəsíkjulət, fæ-, -lɪt, -lèɪt] 〖□LL *fasciculāt-us* (p.p.) ← *fasciculāre* to bundle ← L *fasciculus* 'FASCICLE'〗 — *adj.*〖植物〗叢(ｿｳ)生の, 束生の. **～·ly** *adv.*

fas·cic·u·lat·ed [fəsíkjulèɪṭɪd, fæ-, -ṭəd | -tɪd, -təd] *adj.* ＝fasciculate.

fas·cic·u·la·tion [fəsìkjuléɪʃən, fæ-] *n.* **1**〖植物・解剖〗叢(ｿｳ)生, 束生, 束状. **2**〖生理〗(線維)束(性)攣縮(ﾚﾝｼｭｸ). **3**〖鉱物〗束針状結晶.

fas·ci·cule [fǽsɪkjùːl, -sə- | -sɪ-] 〖□L *fascicul-us* 'FASCICLE'〗 *n.* ＝fascicle 2.

fas·cic·u·lus [fəsíkjuləs, fæ-] 〖□L ～: ↑〗 *n.* (*pl.* **-u·li** [-làɪ]) **1**〖解剖〗＝fascicle 4. **2** ＝fascicle 2.

fas·ci·nate [fǽsənèɪt, -sṇ- | -sɪn-, -sṇ-] 〖《1598》□L *fascināt-us* (p.p.) ← *fascināre* to bewitch, enchant ← *fascinum* charm〗 — *vt.* **1** 魅する, …の魂を奪う, 悩殺する (enchant, charm): be ～*d* by [with] a dancer 踊り子に悩殺される. **2** 〈へびが〉〈かえるなどを〉にらんですくませる, 見こむ: The snake ～*s* its victim. **3**《廃》魔術にかける (bewitch). — *vi.* 人の興味[注意]を引く; 魅力的である. **fás·ci·nàt·ed** [-ṭɪd, -ṭəd | -tɪd, -təd] *adj.*

fás·ci·nàt·ing [-ṭɪŋ | -tɪŋ] *adj.* 魅惑的な, 魂を奪うほどの, うっとりさせる (charming, enchanting): a ～ girl, song, scene, etc. **～·ly** *adv.*

fas·ci·na·tion [fæ̀sənéɪʃən, -sṇ- | -sɪn-, -sṇ-] 〖《1605》□L *fascinātiō(n-)*: ⇨fascinate, -ation〗 — *n.* **1** 魅惑, うっとりした状態; (へびが)見こむこと. **2** 魅力, 魅惑(ﾐﾜｸ), あだっぽさ (allure, charm). **3** (催眠術の)感応. **4**〖トランプ〗＝Klondike[1] 2.

fás·ci·nà·tor [-ṭə | -tə(r)] *n.* **1** 魅する[うっとりさせる]もの, 魅惑的な女; 魔法使い. **2** (かぎ針で編んだ)婦人用ずきん.

fas·cine [fæsíːn, fə-] 〖《a1688》□F ～ □L *fascina* faggot, bundle (of sticks) ← *fascis* bundle〗 — *n.* **1** 薪(ﾏｷ)束 (faggot). **2**〖築城〗粗朶束(ｿﾀﾞﾀﾊﾞ)《溝を埋めたり塹壕の側壁や河岸の基礎などに用いる》. — *vt.* 粗朶束で補強する[守る, おおう].

fascíne dwèlling *n.* (有史以前の)湖上家屋《粗朶束(ｿﾀﾞﾀﾊﾞ)を組み重ねてささえとした》.

fas·ci·o·la [fəsíːələ, -sáɪə-] 〖□L ～ 'small bandage'〗 — *n.*〖動物〗(*pl.* **-o·lae** [-lìː], **～s**) **1** 細い色帯[横帯]. **2** [F-] カンテツ(肝蛭)《草食動物などの肝臓に寄生するカンテツ属の吸虫など》.

fas·ci·o·li·a·sis [fæ̀siːəláɪəsɪs, -sàɪə-, -səs | -sɪs] 〖← NL ～ ← L *fasciola* small bandage ((dim.) ← *fascia* 'FASCIA')＋-IASIS〗 *n.*〖獣医〗肝蛭(ｶﾝﾃﾂ)症.

fas·cism [fǽʃɪzm, -sɪzm | -ʃɪzm] 〖《1922》□It. *fascismo* ← *fascio* group, bundle < L *fascem*, *fascis* bundle of sticks (as a lictor's emblem): cf. fasces〗 — *n.* **1** [しばしば F-] ファシズム: **a** B. Mussolini らのファシスト党による 1922 年から 1943 年までのイタリアの独裁的政治制度と全体主義的体制. **b** ドイツのナチ・スペインのファランヘ党を含めて民主的議会制・個人の自由・多元的社会秩序などを否定した一党の力による独裁主義 (cf. Nazi Party, Nazism 1). **2** [F-] (イタリアの)ファシズム運動. **3 a** ファッショ化. **b** 極右的国家主義; 極右的傾向.

fa·scis·mo, F- [fɑːʃíːzmou | -məu; *It.* faʃízmo] 〖《1921》: ↑〗 *n.* ＝fascism.

fás·cist [-ʃɪst, -sɪst, -ʃəst, -səst | -ʃɪst] 〖《1921》□It. *fascista*: ⇨fascism, -ist〗 — *n.* **1** ファシズム信奉者, ファシスト. **2** [F-] (イタリアの)ファシスト党員 (cf. Nazi 1 a). — *adj.* **1** ファシズムを信奉する. **2** [F-] (イタリアの)ファシスト党[派]の: the *Fascist* movement ファシズム運動.

Fa·scis·ta [fæʃístə, fə-; *It.* faʃísta] 〖↑〗 *It. n.* (*pl.* **Fa·scis·ti** [-tiː; *It.* -ti]) (イタリアの)ファシスト党員 (Fascist).

Fa·scis·ti [fæʃístiː, fə-; *It.* faʃísti] 〖(pl.) ↑〗 — *n. pl.* [the ～] (イタリアの)ファシスト党 (Fascists)《1919 年 Mussolini が組織した極右的国家主義団体; 独裁政権を確立 (1922-43)》.

fa·scis·tic [fæʃístɪk, fə-, -sís-] *adj.* ＝fascist. **fas·cís·ti·cal·ly** *adv.*

fa·scist·i·za·tion [fæʃɪstɪzéɪʃən, -ʃəs-, -sɪs-, -səs-, -tə- | -ʃɪstaɪ-, -sɪs-, -tɪ-] *n.* ファッショ化.

fa·scist·ize [fǽʃɪstàɪz, -ʃəs-, -sɪs-, -səs- | -ʃɪs-, -sɪs-] *vt.* 〈国・人を〉ファッショ[ファシズム]化する.

Fáscist pàrty *n.* [the ～] (イタリアの)ファシスト党《1919 年 3 月 B. Mussolini によって組織された》.

FASE 〖《頭字語》← *F*(*undamentally*) *A*(*nalyzable*) *S*(*implified*) *E*(*nglish*)〗 *n.* 〖電算機〗 簡易英語.

fash [fǽ(ː)ʃ] 〖《1533》□ OF *fasch-er* (F *fâcher*) < VL **fastīdicāre*＝L *fastīdīre* to feel disgust ← *fastīdium* disgust: cf. fastidious〗《スコット》 ― *vt.* 悩ます, 苦しめる, 怒らす (worry, trouble): ～ oneself 悩む, 苦しむ. ― *vi.* 悩む, 苦しむ.
fash one's beard [***head, thumb***] 《英方言》 悩む, 苦しむ.
― *n.* 悩み, 苦悩 (worry, trouble).

fash·ion [fǽʃən] 〖《?c1300》 *facioun* □ AF *fasun*＝(O)F *façon* < L *factiō*(*n*-) making, doing ← *facere* 'to make, DO¹': FACTION と二重語〗 ― *n.* **1** 方法, 仕方: the ～ of one's speech 人のしゃべり方 / *in* this ～ こんな風に / *in* one's own ～ 独特のやり方で / *in* the old ～ 昔風に, 昔流に / *in* the English [Japanese] ～ 英国[日本]流に / *in* like ～ 同様に / *in* a friendly ～ 親しげに / *after* [*in*] the ～ of …にならって, …風[流]に. **2 a** 作り, こしらえ, でき, 様式, 様子, みかけ, (格好などの)型: the ～ of one's garment 衣服の型. **b** 《古》 種類: gentlemen of all ～*s* あらゆる種類の紳士. **c** 《廃》 製作; 細工, 作り. **3** (礼法・行為などの一時的な)流行の風習[様式]; (服装などの)はやりの型, 流行, ファッション; (特に)上流社会の慣習[風習]: a ～ color 流行色 / the latest ～ in shoes 靴の最新流行型 / be in [out of] (the) ～ 流行して[すたれて]いる / come into ～ はやってくる / go out of ～ すたれる / follow the ～ 流行を追う / lead the ～ 流行のさきがけをする / set the ～ 流行をきめる[作り出す] / It is now the ～ among the young people to drive a sports car. スポーツカーを運転するのが今若者たちの間ではやっている. **4** [the ～] 流行の人[物]: He is *the* ～. 彼は売れっこだ / try on the latest ～ 最新流行の服を着てみる. **5** [集合的] 上流社会(の人々); 流行界, 社交界: All the ～ of the town were present. 町の上流の人々が全部出席していた / the world *of* ～ 上流社交界 / people *of* ～ 上流(社交界)の人々.
after [***in***] ***a fashion*** 幾らか, まずどうやら, 曲がりなりにも: He reads *after a* ～. まずどうやら字が読める.
so fashion 《方言》 このように, こんな具合に (in this way).
― *adv.* [通例複合語の第 2 構成素として] …のように, …式に (-wise): sit tailor-*fashion* あぐらをかく / walk crab-*fashion* 横に歩く.
― *vt.* **1 a** 形づくる; こしらえる (shape, form); 〔…に〕作る 〔*into, to*〕: ～ a plan 計画を立てる / ～ steel *into* awls 鋼鉄で錐(きり)を作る / ～ a vase *from* clay 粘土で花びんを作る / ～ a boat *out of* a tree trunk 木の幹でボートを作る / a coat ～*ed out of* satin しゅすでこしらえた上着. **b** 変える, 変形する (transform). **c** (訓練や教育によって)〔特定の人物・性格に〕〈人・性質などを〉形成する (mold) 〔*into*〕: ～ him *into* a great revolutionist 彼を偉大な革命家に仕立て上げる. **2 a** 〔…に〕合わせる, 適合[適応]させる 〔*to*〕: music ～*ed to* our taste われわれの好みに合った音楽. **b** 〈靴下を〉脚形に合わせる (⇨ fashioned 2). **3** 《廃》 工夫する, 計画する, 仕組む (contrive, manage). **4** 〖造船〗 〈板金を〉熱せずに曲げる.

fash·ion·a·ble [fǽʃ(ə)nəbḷ] 〖《1601》〗 ― *adj.* **1** 流行の, はやりの, 当世風の: ～ clothes, hats, etc. / a ～ amusement 流行の娯楽 / ～ goods 流行品. **2** 流行を追う; 流行界の, 社交界の, 上流の; 上流の人々[社交人]の愛好する[集まる]: ～ society 上流社会 / the ～ world 流行界, 社交界 / a ～ doctor 上流人がよくかかる医者 / a ～ watering place 上流の人々の集まる海水浴場. ― *n.* 流行を追う人, 上流社会の人, 上流社交人. **～·ness** *n.* **fàsh·ion·a·bíl·i·ty** [-nəbílət̬i | -lətɪ, -lɪ-] *n.*

fásh·ion·a·bly [-blɪ | -blɪ] *adv.* 当世風に, 流行を追って, いきに: be ～ dressed 流行の服装をしている.

fáshion bòok *n.* ファッションブック, 新型[流行]服装見本集.

fáshion displày *n.* 最新流行衣服の展示会.

fásh·ioned *adj.* [複合語の第 2 構成素として] **1** …風[式]の: old-*fashioned* people [ideas] 古風[旧式]な人々[考え]. **2** 〈靴下が〉…の形をした (shaped): full-*fashioned* stockings フルファッション[脚形にぴったり合った]ストッキング.

fásh·ion·er [-ʃ(ə)nə | -nə(r)] *n.* **1** 形を作る[与える]人. **2** 《廃》 洋服屋 (tailor), 洋裁師.

fáshion hòuse *n.* 高級洋装店, オートクーチュールの店.

fáshion·mònger *n.* **1** 流行研究家; 流行を追う人. **2** 流行を作る人.

fáshion plàte *n.* **1** ファッションプレート《多く色刷りで大判の新型服装図》. **2** 最新流行の服を着た人.

fáshion plàte stém *n.* 〖海事〗 ファッションプレート型船首《船首材で作られたとがった船首ではなしに, 板金を丸味を帯びた形に曲げて船首に張り, 内側に水平板で補強をした形の船首》.

fáshion shòw *n.* ファッションショー.

Fa·sho·da [fəʃóʊdə | -ʃə́ʊ-] *n.* ファショダ《スーダン南東部の都市 Kodok の旧名; 1898 年ここで英仏両国の利害が衝突して Fashoda incident をひき起こした》.

fast¹ [fǽ(ː)st | fɑ́ːst] 〖OE *fæstan* < Gmc **fastējan* (Du. *vasten* / G *fasten* / Goth. *fastan* to hold fast, observe) ← **fastuz* (↓)〗 ― *vi.* **1** 断食する, 絶食する: I have been ～*ing* all day. 一日中何も食べていない. **2** (宗教的修行のため, また服喪のしるしとして)物断ちをする, 精進(しょうじん)する; 〖カトリック〗 大[小]斎を守る: ～ on bread and water パンと水だけで精進生活をする. ― *vt.* …に食物を与えない, 断食[絶食]させる.
fast off 絶食して直す: ～ an illness *off*. ***fast on*** [***upon, against***] ***a person*** 〖アイル法〗 絶食による自力救済をする《原告が相手方すなわち債務者の家の戸口で絶食して, その請求や債務の支払がなされるか, または裁判所による財産差押え以前に抵当物件が提供されるか, されるまでは待ち続ける》.
― *n.* **1 a** 断食, 絶食, 物断ち, 精進: break one's ～ 絶食後食事をする; 朝飯を食べる (cf. breakfast 1). **b** [F-, Fasts] 〖キリスト教〗 斎日. **2** 断食期間, 断食日: keep [observe] a ～ 斎日を守る, 1 日断食する.
～·er *n.*
Fast of Esther [the ―] 〖ユダヤ教〗 エステルの断食《ペルシャ王妃 Esther は王臣 Haman のユダヤ人殺戮の奸計を知り, 同胞の救済のため, 3 日間断食して神に祈願した. これを記念して行なう断食》.

fast² [fǽ(ː)st | fɑ́ːst] 〖*adj.*: OE *fæst* firm < Gmc **fastuz* (Du. *vast* / G *fest* / ON *fastr*) ← IE **pasto-* solid, firm. ― *adv.*: OE *fæste* firmly ← *adj.*: cf. fast¹〗
― *adj.* (**～·er**; **～·est**) **A 1 a** 定着[固着]した, 容易にはなれない, しっかりした, ぐらつかない (stable): a stake ～ in the ground しっかり地中に打ち込んだ杭(くい). **b** 離れることのできない: ⇨ bedfast / a fox ～ *in* a trap わなにかかって逃げられない狐 / ～ *with* gout 痛風で病臥して. **2** 固く締まった; 〔…に〕しっかりつないだ 〔*to*〕: The door is ～. 戸が締まっている / make a door ～ 戸締りをする / a rope ～ *to* the wharf 波止場にしっかりつないだロープ / make a boat ～ *to* a post 舟を柱にしっかりつなぐ. **3 a** 〈結び目など〉しっかりしている, 固い; 〈同盟・協定が〉固く結ばれた (secure). **b** 〈握り方が〉固い, しっかりした (tight): a ～ grip 固い握り / lay a ～ hold on the purse＝take a ～ hold of the purse さいふをしっかりつかむ. **4** 心の変らない, 忠実な (loyal): ～ friends / ～ friendship 変らぬ友情. **5** 〈眠りが〉深い: fall into a ～ sleep 熟睡する. **6** 〈色があせない; 〔…に〕色あせしない 〔*to*〕: a ～ color 不変色 / a color that is ～ *to* sunlight 日光に色あせしない色 / ⇨ sunfast. **7** [通例複合語の第 2 構成素として] 〖細菌〗 〈細菌が〉耐…性の: acid-*fast* bacteria 抗酸菌.
B 1 a 早い, 急速な (swift, quick): a ～ horse 快速の馬 / a ～ train [service] 急行列車[便] / a ～ line of railway 急行路線 / be ～ in growth 成長が早い. **b** 動きの早い: a ～ mechanism. **c** すばやい, 敏速な (prompt, hurried); すばやく出来る, 速成の: ～ work 手早い仕事 / a ～ reader [speaker] 読書の早い人[早口の人]. **d** 性急な, せっかちな: Not so ～! 《口語》 そんなにあわてないで, そうせかないで. **e** 物覚えの早い: a ～ *in* a special class for ～ students. **f** 効果の早い: a ～ medicine. **2 a** 〈時計が〉早い, 進む: My watch is five minutes ～. 時計は 5 分進んでいる. **b** 〈計量器が〉正値以上を示す. **c** 夏時間による: ⇨ fast time. **3** 〈走路・地面など〉急走に適した; 〈玉突き台・ラケットなど〉はずみのよい, 球のよく転がる[はね返る]: a ～ track 急走路 / a ～ tennis court, cricket ground, billiard table, putting green. **4 a** (次から次へと)歓楽を追う; 生活のすさんだ, 放埒な: a ～ life すさんだ生活 / lead a ～ way of living 放蕩生活を送る / a ～ liver プレイボーイ, 遊び人. **b** 〈女が〉身持ちの悪い: a ～ woman. **5** 当てにならない, 不誠実な, たよりない. **6** 〈金・利益が〉難なく[早く]もうかる; ずるいやり方でもうけた: some ～ money on horseracing 競馬で楽々ともうけた金 / ⇨ fast buck. **7** 〖競馬〗 〈馬場が〉乾燥した, 完全良馬場の. **8** 〖写真〗 高速撮影の: a ～ lens [film] 高速撮影レンズ[高感度フィルム]. **9** 〖野球〗 速球を投げる: a ～ pitcher 速球投手.
pull a fast one 《俗》 〔人を〕うまくだます, 一杯食わせる, ぺてんにかける 〔*on*〕.
― *adv.* (～·er; ～·est) **1** しっかりと, 固く (tightly); 忠実に (loyally): a door ～ shut 固く締まっている戸 / a tree ～ rooted しっかり根をおろしている木 / a ship ～ aground 擱座(かくざ)して動きのとれない船 / bind ～ しっかり[固く]縛る[括(くく)る] / hold ～ *to* [by] a rail 手すりにしがみつく / hold ～ *to* one's faith 信念を忠実に守る / hold [secure] a person ～ 人をしっかり捕える / stick ～ ぴったりくっつく, 粘着する / stand ～ しっかりと立つ / *Fast* bind, ～ find. 《諺》 締まりが堅けりゃ失せものなし《後の fast は 3 a の意味》. **2** 〈眠りが〉深く, ぐっすりと (soundly): sleep ～ ぐっすり眠る / be ～ asleep ぐっすり眠っている. **3 a** 早く, 急速に (rapidly): move [run] ～ 早く動く[走る] / read [speak, write] ～. **b** 〈時計が〉進んで. **c** 〈列車など〉定刻より早く. **4** どしどし, ずんずん, ひっきりなしに, しきりに: The hour is ～ approaching. その時間がぐんぐん迫ってきている / It is raining ～. 雨がしきりに降っている[降りしきる] / Her tears fell ～. 留めどなく涙が落ちた. **5** 放蕩して: live ～ 放蕩[道楽]する, 身を持ちくずす. **6** 《古・詩》 〔…の〕間近に迫って 〔*by, behind, beside, upon*〕: sit ～ *by* him.
lay a person fast 《古》 〈人を〉しっかり捕える, 動けなくする; 《廃》 〈人を〉閉じ込める (confine). ***play fast and loose*** 行動に定見がない, 言行が一致しない, 当てにならない; 〔…を〕もてあそぶ 〔*with*〕.

fast³ [fǽ(ː)st | fɑ́ːst] 〖《変形》 ← ME *fest* □ ON *fest-r* rope ← *fastr* firm (↑)〗 *n.* 係船索, 係船鎖《船をつなぐロープや鎖》.

Fast [fǽ(ː)st | fɑ́ːst], **Howard** (**Melvin**) *n.* (1914–) 米国の歴史小説家; *Citizen Tom Payne* (1943).

fást·bàck *n.* **1** 〖自動車〗 **a** ファーストバック《乗用車の屋根から後部バンパーにかけてとぎれなく流線形をえがいた車体のスタイル; cf. notchback 1》. **b** ファーストバックの車. **2** 《英》〖製本〗 硬背.

fást báll *n.* 〖野球〗 速球.

fást bréak *n.* (バスケットボールなどで)速攻(法)《相手チームが防御の態勢を整える前に攻める方法》.

fást-bréaking *adj.* たちまち連続的なニュースの種になる.

fást bréeder *n.* 〖原子力〗 高速(中性子)増殖炉《fast-breeder reactor (略 FBR) ともいう》.

fást búck *n.* 《米・豪俗》 楽にかせいだ 1 ドル; あぶく銭, 容易な[ぼろい]もうけ.

fást dày 〖《a1325》〗 *n.* 断食日; 斎日.

fas·ten [fǽsn | fɑ́ːsn] 〖OE *fæstnian*: ⇨ fast² (adj.), -en¹〗 ― *vt.* **1 a** しっかり定着させる[留める] (fix); しっかり括(くく)りつける, 結びつける (attach securely): ～ a rope / ～ the ends of a rope / ～ a ship *to* the quay 船を波止場につなぐ / ～ the button *to* the skirt スカートにボタンをつける / The pack was ～*ed on to* the saddle. 荷は鞍(くら)にしっかりと結わえつけられた. **b** (釘などで)打ち付ける; (ボタンなどで)留める: ～ two boards together with nails 2 枚の板を釘でしっかりと打ち付ける / ～ a glove 手袋をはめてボタンをかける. **c** 〈戸・窓など〉に錠[かんぬきなど]を下ろす, 締める: ～ a window with a bolt 窓にかんぬきを掛ける / He ～*ed* the gate shut. 彼は門をしっかりと閉ざした. **d** 〈歯を〉食い込ませる: The dog ～*ed* its teeth *in* his left thigh. 犬は彼の左のももにかみついた. **2 a** 〈目・注意を〉〔…に〕じっと留める; 〈希望などを〉〔…に〕かける (fix steadily) 〔*on, upon*〕: ～ one's eyes [hopes] *on* …に目を留める[望みをかける] / He ～*ed* his eyes *upon* a house in the distance. 彼は目を遠くの家に留めた / I ～*ed* my hopes *on* his success. 私は彼の成功に望みをかけた. **b** 〔目を〕…にじっと注ぐ 〔*with*〕: The girl ～*ed* me *with* her clear eyes. 少女はその澄んだ目をじっと私に向けた. **3 a** 〈罪・汚名・制度などを〉〔…に〕帰する, 負わせる, 課する (impose) 〔*on, upon*〕: They ～*ed* the blame *on* her. 彼らは少女に罪をかぶせた. **b** 〈名前などを〉つける: ～ a nickname *on* a person 人にあだ名をつける. **c** [～ *oneself* で] (いやらしく)〔人に〕接近する, つきまとう 〔*on, upon*〕: He ～*s himself upon* pretty girls. 彼はかわいい娘につきまとう. ― *vi.* **1** 〈錠・締め金・ドアなどが〉締まる; 〈漆喰(しっくい)などが〉かたまる: The lock [clasp] will not ～. 錠[締め金]がなかなか締まらない. **2** 〔…に〕つかまる, しがみつく; 〈視線などが〉〔…に〕集中する; 〔非難・攻撃の的に〕飛びつく, 〔口実など〕を捕える 〔*on, upon*〕: The dog ～*ed on* the seat of his pants. 犬は彼のズボンの尻にかみついた / Her eyes ～*ed on* a picture on the wall. 彼女の目は壁にかかっている 1 枚の絵に注がれた / He ～*ed* as an excuse on anything I said about it. 彼はそれについて私が言ったどんな言葉にも口実として飛びついた.
fasten down 〈箱のふた・雨戸などを〉打ち付ける; 〈意味などを〉確定する (fix definitely). ***fasten in*** 締め込む (enclose securely), (…の中に)しっかり閉じ込める: ～ a wolf *in* a cage 狼を檻(おり)の中に閉じ込める. ***fasten off*** (結び目・返し針などで)〈糸を〉留める. ***fasten up*** (1) しっかり閉じる[留める]; 釘づけにする (nail up): ～ *up* one's coat 上着にきちんとボタンをかける / ～ *up* a parcel しっかり荷物をからげる / ～ *up* a box 箱を釘づけにする. (2) つなぎ留める, 閉じ込める: ～ *up* a dog *in* a yard 中庭に犬をつなぎ留める.

fás·ten·er [-snə, -snə | -snə(r)] *n.* **1** 締める人. **2** 締める物, 締め具, 締め金具, ファスナー《チャック・ジッパー・クリップ・スナップ・ホックなど》; 留め物, 留め具, 留め針; とじ込み機.

fás·ten·ing [-snɪŋ, -snɪŋ | -snɪŋ, -snɪŋ] 〖《a1225》〗 *n.* **1** 固着(法), 締付け, 留め. **2** 留め金具, 締め具《ボルト・かんぬき・掛け金・錠・ボタン・ひも・ピンなど》.

fást-fóod *adj.* 即席料理専門の, 即席料理の《ハンバーガーや鶏のフライなど》: a ～ restaurant chain.

fást fréight lìne *n.* 〖鉄道〗 急行貨物鉄道.

fas·ti [fǽstiː, -taɪ] 〖《1611》 □ L *fāstī* court calendar (pl.) ← *fāstus* (*diēs*) lawful (day)〗 *n. pl.* **1** (古代ローマの年中行事などを記した)暦. **2** 年代記.

fas·tid·i·ous [fæstídiəs, fəs- | fəstídɪəs, fæs-, -djəs] 〖《c1425》 □ L *fastīdiōs-us* ← *fastīdium* loathing, disgust: ⇨ -ous: cf. fash〗 ― *adj.* **1** 好みのむずかしい, 気むずかしい, やかましい, えり好みの激しい, 潔癖な; (標準が高くて)満足させにくい (overnice): a ～ taste 気むずかしい好み / be ～ about one's food [clothes] 食物[着る物]にやかましい. **2** 〖細菌〗 〈バクテリアなど〉栄養条件のめんどうな, 特殊培養基を要する. **～·ly** *adv.* **～·ness** *n.*

fastigia *n.* fastigium の複数形.

fas·tig·i·ate [fæstídʒiət, -dʒiɪt, -dʒièɪt | -dʒɪət, -dʒɪɪt, -dʒɪèɪt] 〖□ ML *fastīgiāt-us* lofty ← L *fastīgium* top

of a gable : ⇨ -ate²〛 ── adj. 1 円錐状に先のとがった : a ~ hilltop. 2 〘植物〙枝が平行に直立して(ほうきのように)集まった. 3 〘動物〙円錐束状の.
~·ly adv.

fas·tig·i·at·ed [fæstídʒièɪtɪd, -ṭəd | -dʒièɪt-] adj. = fastigiate.

fas·tig·i·um [fæstídʒiəm | -dʒɪəm] 〘⊏ L *fastigi-um* : ⇨ fastigiate〛 n. (*pl.* ~s, -i·a [-dʒiə | -dʒɪə]) 〘医学〙(熱・病気などの)極期.

fást·ing 〘? late OE : ⇨ fast¹, -ing¹〛 n. 断食, 絶食. ── adj. 絶食(者)の : a ~ cure 絶食療法 / a ~ day 精進日 (fast day).

fást·ish [-tɪʃ] adj. 1 やや早い. 2 多少不身持な : a ~ young man.

fást láne n. 《英》(高速道路の)追い越し車線.

fást-móving adj. 1 すばやく動く(ことの可能な), 高速の. 2 〈劇・文芸作品など〉(事件が急速に展開して)興味の尽きない, 息もつけない, テンポの速い.

fast·ness [fǽs(t)nɪs, -nəs | fɑ́:st-] 〘OE *fæstnes*〛 ── n. 1 固着; (色の)定着; (染色・染物の)堅牢(ろう)度. 2 迅速, 早さ. 3 不身持. 4 a 要塞, 堡塁 : a mountain ~ (山賊などの住む)山塞. b [しばしば *pl.*] 奥まった場所, 隠れ場, 隠遁所. 5 〘細菌〙(有毒物質に対する)耐性, 抵抗性 (cf. fast² adj. A 7).

fást néutron n. 〘物理〙高速中性子.

fást néutron reáctor n. 〘原子力〙=fast reactor.

fást píle n. 〘原子力〙=fast reactor.

fást reáctor n. 〘原子力〙高速(中性子)炉.

fást réd n. [しばしば F- R-] 〘化学〙ファストレッド《赤色系酸性アゾ染料》: a 赤褐色粉末, 羊毛・絹を赤色に染める《Fast Red A ともいう》; b 褐色粉末, 羊毛・絹を赤紫に染める《Fast Red B ともいう》.

fást-tálk vt. 《米口語》(通例欺くために)〈人を〉弁舌で説き伏せる, 口車に乗せる 〔*into, out of*〕.

fást tíme n. 《米口語》(標準時と区別して)夏時間(など).

fas·tu·ous [fǽstʃuəs | -tjuəs] 〘⊏ F *fastueux* ∥ L *fastuōs-us* ← L *fastus* arrogance : ⇨ -ous〛 ── adj. 1 傲慢な (haughty). 2 見栄を張る (ostentatious).

fást wórker n. 《口語》1 (自分の利益を得るのに)抜け目のない人. 2 異性をたやすく魅惑する[弁舌たくみに信じさせる]人, 口説きのうまい人, 手の早い人.

fat [fǽt] 〘OE *fǣt(t)* < (WGmc) **faitiðaz* (Du. *vet* / G *feist*) (p.p.) ← **faitjan* to fatten ← **faitaz* fat ← IE **peiə*- to be fat, swell (L *pinguis* fat / Gk *pī́ōn*, *pīar*)〛 ── adj. (**fat·ter**; **fat·test**) 1 a (丸々と)太った, 肥満した; 贅肉(ぜい)のついた, でっぷりした : a ~ baby / ~cheeks / get ~ 太る / ~ guts《まれ》でぶ, 太っちょ / a ~ woman (見世物などの太った)大女 / Laugh and grow ~. 《諺》笑って太れ(心配は身の毒),「笑う門には福きたる」. b 〈食肉用の動物が〉(市場用に)特に太らせた : a ~ ox [sow] 屠殺牛[豚].
2 脂肪質の, 油質の; 〈肉が〉脂肪の多い (↔ lean); 〈料理など〉油っこい : ~ meat / ~ soup / a ~ diet.
3 a 地味のよい, 肥えた : ~ land, pasture, etc. b 実りの多い : a ~ year for grapes ぶどうの豊年.
4 〈指など〉太い, ずんぐりした (lumpy); 厚肉の, 分厚い, 大きい (thick, big) : a ~ cigar, dictionary.
5 a ふくれた (well-filled) : The pods of the peas are getting ~. えんどうのさやは実がはいってきた / a ~ purse (金がたんまりはいって)ふくれた財布 / an envelope ~ *with* photos 写真が中に入ってふくれた封筒. b ふくれた, はれた (swollen) : get a ~ lip from the blow なぐられて唇をはらす. c 貯えの豊富な (well-stocked); 豊富な : a ~ refrigerator たくさんはいっている冷蔵庫 / a ~ feast 豊富なごちそう. d 〈声が〉豊かな : a ~ bass voice 声量豊かな低音の声.
6 a 裕福な : grow ~ on a big fraud べらぼうな詐欺で肥えふとる / cut up ~ ⇨ CUT *up* (*vi.*) (4). b 〈仕事など〉実入りの多い, 有利な, もうかる : a ~ job もうかる仕事 / a ~ profit 大きな利益 / a ~ salary 高給 / a ~ benefice 収入の多い聖職の口 / a ~ page (空白の部分など多くて印刷屋にとって)割のよいページ. c 〘演劇〙〈役柄など〉見せ場の多い, やりがいのある (effective) : a ~ part (見せ場の多い)もうけ役 (⇨ *n.* 7) / Her part is full of ~ lines. 彼女の役には客受けのする台詞(せりふ)がどっさりある. d 《俗》《反語》(ほとんど)ない : ⇨ *a* FAT *chance*, *a* FAT *lot*.
7 a (ある物質の)含有量の多い. b 〈木材が〉樹脂の多い : ~ wood 樹脂の多い木材. c 〈石炭が〉揮発分の多い. d 〘窯業〙〈粘土・土など〉可塑(そ)性に富んだ, 高可塑性の (long) : ~ clay 油[高可塑性]粘土. e 〈石灰が〉純粋な : ~ lime 富石灰. f 〈空気が〉湿気[臭気]を含んだ. g 〈ビール・ぶどう酒が〉こくのある.
8 a (太った動物を思わせるような)鈍い, 遅鈍な, 愚鈍な : a ~ smile ばかのうす笑い. b 〈事が〉退屈な; 怠惰な, 無精な.
9 〘印刷〙 a 〈活字書体が〉幅広の; 〈活字書体の縦線が〉肉太の. b 〈組版の行の幅が〉長目の. c 〈スラッグのボディーが〉大き目の.
a fat chance 《俗》《反語》心細い見込み, 見込み薄. ***a fat lot*** 《俗》《反語》ほとんど[全く]...ない 〔*of*〕: A ~ *lot* I care. 私はちっとも構わない / A ~ *lot of* use it will be! そんなこと[もの]役に立つものか. ***cut it (too) fat*** 〘「肉片を厚味に切る」の意から〙《古俗》(あまりにも)見栄をはる, 見せびらかす.
── n. 1 a あぶら身, 脂肉 (cf. lean¹ *n.* 1). b 脂肪, 脂肪質; (oil と区別して, 常温で固体の)脂; 料理用あぶら, ヘット (cf. lard) : beef ~ / mutton ~ / animal [vegetable] ~ / (All) the ~ is in the fire. (へまをやって)とんでもない事になった, ただではすむまい《今に大目玉を食うことになるぞ》. c 〘化学〙脂肪, 油脂. 2 肥満, 脂肪太り : run to ~ 太り過ぎる / In her later years, she inclined to ~. 晩年彼女は肥満がちであった. 3 最もよい[滋養に富んだ]部分. ★ 今は次の成句で用いる : ⇨ *the* FAT *of the land*. 4 もうかる[割のよい]仕事. 5 余分なもの, むだ; 備蓄 (reserves) : There's no ~ on it. 余計なものが全くない, 完璧(ぺき)だ / Slice the ~ off the military budget. 軍事予算のむだを削れ. 6 [*pl.*] 〘豪〙(肥育して)太った牛[羊]. 7 《口語》〘演劇〙もうけ役《見せ場が多くてやりがいのある役柄; cf. *adj.* 6 c》. 8 〘印刷〙(詩集など空白部分が多いので)植字の楽な組版 (cf. lean¹ *n.* 3).
a bit of fat 《口語》幸運; もうけ(のチャンス). ***chew the fat*** ⇨ chew 成句. ***fry the fat out of***... 《米俗》...から金をしぼり取る; (実業家などから)献金させる. ***live on one's fat*** 《口語》自分の貯え[備蓄]でやっていく. ***the fat of the land*** 〘《1611》〙手に入れられる最上のもの, 最上の部分, 贅沢 : live on [off] *the* ~ *of the land* 贅沢な暮らしをする (*Gen.* 45 : 18).
── (**fat·ted**; **fat·ting**) vt. (売るためまたは食用に)〈動物を〉肥やす, 太らせる 〈*up, out*〉: kill the ~*ted* calf (for...) ⇨ calf¹ 成句. ── vi. 肥える, 太る.

fát ácid n. 〘化学〙脂肪酸 (fatty acid).

fa·tal [féɪṭl | -tl] 〘《c1380》⊏ (O)F ~ ∥ L *fātāl-is* ordained by fate : ⇨ fate, -al¹〛 ── adj. 1 命にかかわる, 死活に関する, 致命的の, 致死の : a ~ accident 命にかかわる事故 / a ~ disease [illness] 不治の病 / a ~ wound 致命傷 / That proved ~ to him. それは彼に致命傷となった. 2 破滅的な; きわめて有害な, ゆゆしい : an action ~ to one's reputation 名声を台無しにするような行為 / a ~ blunder 取返しのつかない失策. 3 a 運命の, 運命を決する : the ~ day [year] 運命の日[年], 厄(やく)日[年] / the ~ sisters [時に the F-S-] 運命の三女神 (the Fates) / the ~ thread (人間の)寿命 / the ~ shears (人間の)死 (cf. the Fates). b 宿命的な, 免れることのできない, 避けられない. c 《廃》不吉な; 予言的な : a ~ prophecy 不吉な予言. 4 〈女が〉妖しい魅力をもった (cf. femme fatale). 5 《廃》運命づけられた; 運の尽きた, 非運の.
── n. 致命的な結末; (特に)致命的な自動車事故.

fá·tal·ìsm [-ṭəlìzm, -ṭḷ- | -təl-, -tḷ-] 〘《1678》: cf. F *fatalisme*〛 n. 1 運命としてあきらめる心持, 宿命観. 2 〘哲学〙宿命論 (cf. determinism).

fá·tal·ist [-ṭəlɪst, -ləst, -ṭḷ- | -təlɪst, -tḷ-] 〘《1650》⊏ F *fataliste* ∥ ← FATAL + -IST〛 n. 宿命論者.

fa·tal·is·tic [fèɪṭəlístɪk, -ṭḷ- | -təl-, -tḷ-] adj. 宿命論的な, 宿命論者の; 宿命的な. **fà·tal·ís·ti·cal·ly** adv.

fa·tal·i·ty [feɪtǽləṭi, fə- | fətǽlətɪ, feɪ-, -lɪ-] 〘《1490》⊏ (O)F *fatalité* ∥ LL *fātālitāt-em* : ⇨ fatal, -ity〛 ── n. 1 a (死を招く)災害, 惨事, 事故 (calamity). b 不幸, 災難. 2 a (災害・事故・戦争などによる)不慮の死, 事故死. b (惨事などによる)死者; 死亡数 : *Fatalities* number more than fifty. 死者 50 以上を算する. c (病気や事故の)致命的なこと, 不治. d 〘医学〙致命率, 致死率. 3 a (不幸な)運命, 宿命; 因縁; 不可避 : by a strange ~ 不思議な運命で / A ~ attended the voyage. その航海は宿命的な不運を担っていた. b = fatalism.

fa·tal·ize [féɪṭəlàɪz, -ṭḷ- | -təl-, -tḷ-] vt. 《古》運命に従わせる.

fá·tal·ly [-ṭəli, -ṭḷi | -təlɪ, -tḷɪ] 〘《a1420》〙 ── adv. 1 宿命的に; 不可避的に (inevitably). 2 致命的に (mortally) : be ~ wounded 致命傷を受ける. 3 取返しのつかないほど, ひどく; 抵抗できないほど, とても : She is ~ charming. 彼女はとても魅力的だ.

Fa·ta Mor·ga·na, f- m- [fɑ́:ṭəmɔəɡɑ́:nə, -ɡǽnə | -tə-mɔ:ɡɑ́:-; *It.* fá:tamɔrɡá:na] 〘《1818》⊏ It. ~ 'Fairy Morgan' ← *fata* 'FAIRY' + *Morgana* 'MORGAN LE FAY' : その魔法で蜃(しん)気楼が現われるとの言伝えから〛 ── n. 1 a モルガナのお化け, 蜃気楼 (mirage)《特に, イタリア半島と Sicily 島との間の Messina 海峡に現われるもの》. b 幻. 2 =Morgan le Fay.

fát·bàck n. 1 (豚の)背部の肉《脂身が多く通例塩漬け用; ⇨ pork 挿絵》. 2 〘魚類〙 a =menhaden. b 米国大西洋岸で採れるアジの類のムツ科の食用魚 (*Pomatomus saltatrix*).

fát bòdy n. 〘動物〙脂肪体《塊状または房状をした脂肪組織; cf. adipose tissue》.

fát-bráined adj. 物分りの悪い, 低能の, 愚鈍な.

fát cát n. 1 《米俗》 a 多額の政治献金をする金持ち[立候補者]. b 特権に浴する金持ち. c 大物, 大立て者 (big shot). 2 無気力で満足しきった人.

fát cèll n. 〘解剖〙脂肪細胞.

fát cìty n. すごく快適な状態[生活状態]; 裕福な状態.

fate [féɪt] 〘《c1385》⊏ L *fāt-um* prediction, fate, 《原義》(thing) said (p.p.) ← *fārī* to speak : ⇨ fame〛 ── n. 1 (避けがたく起こるべく予定されていると信じられている)宿命, 運命, 天命; 運命づけられているもの, 避けられないもの : ~ in Greek tragedy ギリシャ悲劇における運命 / the decree of ~ 宿命 / as ~ would have it 運悪くも / *Fate* decreed that he should be killed. 彼は殺されるというのが天の命ずるところだった / She intended to be a teacher, but ~ had decided otherwise. 彼女は教師になるつもりだったが, 運命はそうさせなかった. 2 a (しばしば不運な, 人・国家などの)運命, 運; 非運, 悪運 : decide [fix, seal] a person's ~ 人の運命を決する / a ~ worse than death ⇨ *worse than* DEATH / It was his ~ to die young. 彼は若死にする運命だった. b 死 (death), 破滅; 最後 : go to one's ~ 最期を遂げる; 破滅する. 3 最終結果; (発達の)当然の結果. 4 [F-] 〘ギリシャ・ローマ神話〙運命の女神 : the (three) *Fates* 運命の三女神《人間の生命の糸を紡ぐ Clotho, その糸の長さをきめる Lachesis, その糸を断ち切る Atropos; fatal sisters, Weird Sisters ともいう; cf. FATAL thread》/ a trick of *Fate* 運命(の神)のいたずら.

Fates 4

(as) sure as fate ⇨ sure 成句. ***meet one's fate*** (1) 最期を遂げる, 殺される. (2) 最後には自分の妻となるべき婦人に会う.
── vt. [主に p.p. 形で (cf. fated)] 宿命を負わせる, (宿命的に)あらかじめ定める (preordain), 運命づける (destine) : He was ~*d to* be hanged. 絞首刑に処せられる運命となっていた / It was ~*d* that she should die young. 彼女は若死にする宿命であった.

fát·ed [-ṭɪd, -ṭəd | -tɪd, -təd] adj. 1 宿命を負わされた, 宿命で定まっている : one's ~ lot 宿命. 2 運の尽きた, のろわれた (doomed); 運命づけられた (destined) : the ~ day 運命の日.

fate·ful [féɪtfəl] 〘《1715-20》〙 ── adj. 1 運命を決する, 決定的な (decisive) : Each minute seemed ~ to her. 彼女の運命がきまるのは今か今かと思われた. 2 致命的な, 破滅的な. 3 宿命的な, 不可避な. 4 予言的な, 不吉な (ominous) : a ~ remark. **~·ness** n.

fate·ful·ly [-fəli | -lɪ] adv. 1 宿命的に, 決定的に. 2 致命的に.

Fates [féɪts] n. pl. [the ~] ⇨ fate 4.

fát fàrm n. 《米俗》=health spa.

fath, fath. 《略》fathom.

fát·hèad n. 1 《口語》うすのろ, のろま. 2 〘魚類〙=fathead minnow.

fát·héaded adj. 《口語》うすのろの, のろまの (stupid). **~·ly** adv. **~·ness** n.

fáthead mínnow n. 〘魚類〙北米全域に見られるコイ科の魚 (*Pimephales promelas*)《fathead ともいう》.

fát hén n. 〘植物〙1 アカザ属 (*Chenopodium*) などの多汁の[葉の厚い]各種植物の総称《シロアカザ (lamb's quarters) など》. 2 ハマアカザ属の植物の総称《*Atriplex lastata* など》.

fa·ther [fɑ́:ðə | -ðə(r)] 〘OE *fæder* < Gmc **faðer* (Du. *vader* / G *Vater*) < IE **pətḗr* (L *pater* / Gk *patḗr* / Skt *pitar*)〛 ── n. 1 a 父, 父親 : an adoptive ~ 養父 / like a ~ 父親のように; きびしく, 厳格に / Like ~, like son. 《諺》父も父なら子も子, この親にしてこの子あり. ★ 主に家族間では無冠詞(大文字)で固有名詞的に用いられることが多い; mother, baby, aunt, uncle, cook, nurse なども同様; *Father* is here. おとうさんはここです. b 義父 (father-in-law); 継父; 養父. c 《口語》[妻が夫に向かって] おとうさん, パパ.
2 《口語》真の父のように世話をする人; 父と仰がれる人 : be a ~ to ...に対して父のように振舞う / a ~ to the poor children 貧しい子供たちの父 / the ~ of his country 国の父.
3 [the ~] 父の情, 父性愛 : All *the* ~ rose in my heart. 父親の情が胸にわき起こった.
4 [通例 *pl.*] 父祖, 祖先 (forefather, ancestor) : be gathered to one's ~*s*=sleep with one's ~*s* 死ぬ (cf. *Judges* 2 : 10; *Deut.* 31 : 16).
5 a 創始者, 始祖, 元祖 : the ~ of the Soviet hydrogen bomb ソ連の水爆の父《A. D. Sakharov のこと》/ ⇨ FATHER of lies, FATHER of Medicine, etc. b 本源, 源; 原型 : The child is ~ of [to] the man. 《諺》子供は成人の父,「三つ子の魂百まで」(cf. Wordsworth, *My Heart Leaps Up* 7) / The wish is ~ to the thought. 《諺》そうあれかしと願うからこそそう思うのだ; 願っていると本当らしくなってくるもの. c [the Fathers] 米国憲法制定者. d =Pilgrim Father.
6 [F-] 神, 天帝, 造物主 (God the Creator); [the F-] (三位一体の第一位である)神, 父なる神 (the First Person of the Trinity) (cf. son 5, Holy Ghost).
7 [聖職者の尊称として] 師父, 神父, 霊父; 聴罪師《しばしば名に冠して用いる》: *Father* Flanagan / the Holy *Father* ローマ教皇 / Most Reverend *Father* in God (英国国教会の)大主教の尊称 / Right Reverend *Father* in God (英国国教会の)主教の尊称.
8 [しばしば Fathers] 教父《古代教会の中で, 教会によって使徒的信仰の代弁者として認められている(特に 1-5 世紀の)人々; Father(s) of the Church ともいう》.
9 [老人の尊称として] ...老. ★ しばしば人間以外の畏敬すべきものを擬人化してその前につけて用いる : *Father* Thames 父なるテムズ川 / ⇨ Father Time.
10 [通例 *pl.*] (同業・市町村・議会などの)最年長者, 長老, 古参者 (cf. dean¹ 5) : the *Father* of House of Commons 《英議会》最古参議員 / ~*s* of a city 市の長老達.
11 [*pl.*] 〘ローマ史〙=conscript fathers 1.
the father (and mother) of a 《英口語》とても厳しい, たいへんな, とても大きい : *the* ~ *and mother of a* row 大騒ぎ.

Father of English poetry [the ─] 英詩の父《Chaucer のこと》.

Father of his Country [the ─] 建国の父《George Washington のこと》.

Father of History [the ─] 歴史の父《Herodotus の

Father of House of Commons ⇨ 10.
Father of lies [the —] 悪魔 (Satan) (cf. *John* 8:44).
Father of Medicine [the —] 医学の父《Hippocrates のこと》.
Father of the Constitution [the —]《米》憲政の父《James Madison のこと》. 「称号」.
Father of the Faithful [the —] 信徒の父《caliph の
Father of Waters [the —]《米》=Mississippi.
Father(s) of the Church [the —] ⇨ 8.
— *vt.* **1** (父として)〈子を〉生む, …の父となる: Cowards ～ cowards. 臆病者は臆病者を生む (Shak., *Hen VI* 5. 4. 71). **2** …の著者である, 〈新説・新法案などを〉唱道する(人となる), 創始する. **3** …に父親らしく振舞う, 父らしく世話をする. **4** …の父親だと名乗る, 〈子供〉の父親であることを認める. **5 a** 〈子供〉の父の名を言う; 〔…を〕…の父親だと決める〔*on, upon*〕: ～ a child *on* [*upon*] a person 人を子供の父親だとする. **b** 〈著作などを〉〔…の〕作だという, 〔人を〕…の著作者[発言者, 発案者, 創始者]とする〔*on, upon*〕: This saying is ～*ed on* Socrates. この格言はソクラテスの言葉とされている. **c** (根拠なしに)〈ある物事を〉〔…に〕結びつける, 賦与する〔*on, upon*〕: ～ a false meaning *on* a law 法律に誤まった意味をもたせる. — *vi.* 父親のように人の世話をする.
Fáther Ábraham *n.* 主に南北戦争中の Lincoln 大統領の通称.
Fáther Chrístmas *n.*《英》=Santa Claus.
fáther conféssor *n.*〖カトリック〗告解を聞く司祭, 聴罪師.
fáther fígure *n.* =father image 1.
fáther fixàtion *n.*〖精神分析〗父固着《発達のある段階でリビドー (libido) が父に固着すること》.
fáther·hòod 〖ME: ⇨ father, -hood〗 *n.* **1** 父であること, 父の資格, 父権 (paternity). **2** [通例 F-] 父なる神 (Godhood). **3** =fathership 2.
Fáther Hú·go's róse [-(h)júːgouz- | -gə(u)z-] *n.*〖植物〗=Hugo rose.
fáther ìmage *n.* **1** 父親の代わりと思われている人. **2** 父親の理想像.
fáther-in-làw 〖《c1375》 *fader in laue, fader-lau*〗 *n.* (*pl.* **fathers-**) **1** 義理の父, 義父, 舅(しゅうと)《配偶者の父》. **2**《英口語》継父, まま父 (stepfather).
fáther·lànd 〖《なぞり》← G *Vaterland* (cf. L *patria* native country)〗 *n.* 祖国; 父祖の地 (cf. mother country).
fáther·less 〖OE *feadurlēas*〗 *adj.* **1** 父のない, 父を失った. **2** 作者不詳の: ～ essays. **～·ness** *n.*
fáther·lìke *adj.* 父のような, 父らしい. — *adv.* 父らしく.
fá·ther·li·ness *n.* 父らしさ, 父の慈愛.
fáther lónglegs *n.* (*pl.* ～)〖昆虫〗=crane fly.
fá·ther·ly 〖OE: *fæderlic*〗 — *adj.* **1** 父の, 父としての: ～ authority [responsibility] 父としての権威[責任]. **2** 父らしい, 慈父のような: a ～ action, smile, etc. / in a ～ tone 父らしい口調で / take a ～ interest in …をわが子のように面倒をみる. — *adv.* 《古》父のように, 父らしく.
fáther rùle *n.*〖人類学〗父長政治, 父親政治.
Fáther's Dày *n.* 父の日《6月の第3日曜日; cf. Mother's Day》.
fáther·shìp 〖《1442》 *fadership*〗 *n.* **1** 父たる身分[資格]. **2** (英国下院のような)団体の古老[元老]たること.
Fáther Tíme *n.* 時の翁《時間 (time) の擬人化で, 大鎌 (sythe) と水差し (water jar) または砂時計 (hourglass) を持ちはげ頭であごひげをはやした老人の姿で表わされる》.
fath·o·gram [fǽðəgræ̀m] 〖⇨ ↓, -GRAM〗 *n.*〖海事〗音響測深機の深度記録.
fath·om [fǽðəm] 〖*n.*: OE *fæþm* outstretched arms < Gmc **faþmaz* (G *Faden*) ← IE **pet-* to spread (L *pandere* to spread out / Gk *pétalos* spreading). — *v.*: OE *fæþmian* ← *fæþm*〗 — *n.* (*pl.* **～s,** ～) **1** 尋(ひろ)《主に水深を計るのに用いる長さの単位; =6 ft; 183 センチ》. **2**《英》材木の層積(積み重ねた木材の占める空間の容積)の単位(=216 ft³; 6.116 m³). **3** 洞察, 理解. — *vt.* **1** (測鉛などを用いて)〈水深を〉計る, 測深する. **2** 〈人の心などを〉推し計る, 推測する; 突き止める. **3**《古》(計るために)両腕でかかえる. — *vi.* **1** 測深する. **2** 探(さぐ)りを入れる, 探る. **～·er** [-mə | -mə(r)] *n.*
fath·om·a·ble [fǽðəməbl̩] *adj.* 計れる, 測深できる; 洞察[推察]し得る.
Fa·thom·e·ter [fæðɑ́mətə, fǽðə(m)mìːtə | fæðɔ́mɪtə(r), -mə-, fǽðə(m)mìːtə(r)] 〖← FATHO(M)+-METER[1]〗 — *n.*〖商標〗ファゾメーター《sonic depth finder の商品名》.
fáthom·less *adj.* **1** 計り知れない, 底の知れない, 非常に深い. **2** うかがい知ることのできない, 不可解な, 洞察できない: the ～ mystery of the universe 不可解な宇宙の神秘. **～·ly** *adv.* **～·ness** *n.*
fáthom lìne *n.*〖海事〗(水深を「尋(ひろ)」単位で示した)測鉛線 (sounding line).
fa·tid·ic [feɪtídɪk, fə-] 〖《1671》⊏ L *fātidic-us* prophesying ← *fātum* '*FATE*'+*dīcere* to say〗 *adj.* 予言する力のある, 予言の (prophetic).
fa·tíd·i·cal [-dɪkəl, -dɪ- | -dɪ-] *adj.* =fatidic.
fa·ti·ga·ble [fǽtɪgəbl̩, fǽtɪ-, -tə- | fǽtɪ-, fǽtɪ-] 〖⊏ (O)F ～ // LL *fatīgābil-is*: ⇨ fatigue, -able〗 *adj.* 疲れやすい. **fa·tì·ga·bíl·i·ty** [-gəbíləti | -lətɪ, -lɪ-] *n.*

fat·i·gate [fǽtəgèɪt | -tɪ-] 〖ME ⊏ L *fatīgāt-us* (p.p.) ← *fatīgāre* (↓)〗《廃》 *adj.* 疲れた. — *vt.* 疲れさせる, 疲労させる.
fa·tigue [fətíːg] 〖《1669》⊏ F ～ ← *fatiguer* (v.) ⊏ L *fatīgāre* to weary ← **fatis* exhaustion+*ag-* to drive (cf. *agere* to drive)〗 — *n.* **1** (心身の)疲労, 疲れ (weariness, exhaustion). **2** (疲労をきたす)労働, 労苦, 労役 (toil, labor). **3**〖軍事〗**a** (労務)作業, 使役, 雑役: on ～ 雑役に服して. **b** [*pl.*] 作業服[衣]. **4**〖生理〗(細胞・器官などの)疲労《刺激に反応する力を失っている状態》. **5**〖機械〗(材料の)疲労, 疲れ《繰返し応力のため強さの落ちる現象》. — *attrib. adj.* 作業の, 雑役の: a ～ cap 作業帽 / ～ clothes [dress] 作業服[衣] / ～ duty (本務以外の)作業, 使役, 雑役. — *vt.* **1** [しばしば p.p. 形で] 疲れさせる, 疲労させる: be [feel] ～*d* 疲れる. **2**〖機械〗〈材料を〉疲れさせる, 弱める. — *vi.* **1**〖機械〗〈材料が〉疲れる, 強度が減る. **2**〖軍事〗労務作業[雑役]をやる.
fatígue·less *adj.* 疲労しない, 疲れを知らない.
fatígue lìmit *n.*〖物理〗疲れ限度, 疲労限度, 耐久限度, 疲労限界《材料に外力を無限回繰り返して加えても破壊することのない応力変動の最大範囲》.
fatígue pàrty *n.*〖軍事〗作業班, 使役班, 雑役班.
fatígue strèngth *n.*〖物理〗=fatigue limit.
fatígue tèst *n.*〖物理〗疲れ試験, 疲労試験《疲れ限度 (fatigue limit) に至るまでの繰返し回数を求める試験》.
fa·tígu·ing·ly *adv.* 疲労させるように.
Fa·ti·ha [fáːtɪhàː | -tɪ-] 〖⊏ Arab. *fātiḥah* that which begins〗 — *n.* (*also* **Fa·ti·hah** [～]) 〖イスラム教〗ファティハ《コーランの短い第1章, 祈禱文として用いられる》.
Fat·i·ma[1] [fǽtəmə | -tɪ-] 〖← *Fatima*[2]〗 *n.* 女性名.
Fatima[2] *n.* ファーティマ (606?–632; Muhammad の娘の一人; イスラム教徒の間で範とすべき婦人とされている).
Fatima[3] *n.* ファティマ《Bluebeard の7番目すなわち最後の妻で彼に殺されなかった唯一人の妻; 転じて「穿鑿(せんさく)好きの女」の意に用いられる》.
Fat·i·mid [fǽtəmɪd, -məd | -tɪmɪd] 〖⇨ Fatima[2], -id[1]〗 — *n.* **1** ファーティミッド《ファーティマ朝の王; Fatima[2] と Ali の子孫と称した》. **2** [*pl.*] ファーティマ朝 (909–1171)《北アフリカに興り, エジプト・シリア一帯を支配したシーア派 (Shi'a) の王朝; 首都 Cairo を建設した》. **3** Fatima[2] と Ali の子孫.
Fat·i·mite [fǽtəmàɪt | -tɪ-] *n.* =Fatimid.
fát·less *adj.* 〈肉が〉脂肪のない, 赤身の (lean).
fát·lìke *adj.* 脂肪のような (fatty).
fat·ling [fǽtlɪŋ] 〖《1526–34》← FAT (v.)+-LING[1]: cf. nursling〗 *n.* 肥畜《食肉用として肥育した子牛・子羊など》.
fát·ly *adv.* **1** 肥満して, 太って; でぶでぶして, 無器用に. **2** 大いに; 豊富に. **3** 満足そうに, 悦に入って.
fát·ness 〖OE〗 *n.* **1** 太っていること, 肥満. **2** (土地・地味の)肥沃(ひよく). **3** 油っこいこと (oiliness).
Fat·shan [fɑ̀ːtʃɑ́ːn; *Cant.* fatʃaːn] *n.* 仏山《中国広東省 (Kwangtung) の都市》.
fats·hed·e·ra [fæts(h)édərə] 〖← NL *Fatsia* (属名)+*Hedera* (属名: ← L *hedera* ivy)〗 — *n.*〖植物〗セイヨウキヅタ (ivy) とタラノキ (*Aralia elata*) の雑種で掌状葉をもつウコギ科の小高木.
fat·so [fǽtsou | -səu] 〖← *Fats* (肥えた人のあだ名)+*-o*〗 *n.* (*pl.* **～es**)《俗》[しばしば軽蔑・戯言の呼掛け] でぶ.
fát-sòluble *adj.*〖化学〗〈ビタミンが〉油脂に溶解する.
fát·stòck *n.* [集合的] (市場向けに肥育した)家畜.
fát-tàiled shéep *n.*〖畜産〗脂尾羊《尾骨の両側に脂肪の蓄積する粗い毛の羊》.
fat·ted [-tɪd, -təd | -tɪd, -təd] *adj.* 肥育された, 太った: ⇨ *kill the fatted* CALF.[1]
fat·ten [fǽtn] 〖《1552》← FAT (adj.)+-EN[1]〗 — *vt.* **1** 肥満させる, 太らせる, (特に, 食肉用に)肥育する〈*up*〉: ～ (*up*) young animals for market 市場に出すために動物の子を太らせる. **2** 〈土地を〉肥やす. **3**〖トランプ〗**a** (ポーカーで)〈場 (pot) を〉肥やす, 高くする《場代 (ante) や賭金を追加してある回の上りを大きくする》. **b** (ピノクルなどで)〈場札 (trick)〉におみやげをつける《味方が勝ちそうなときに自分の高得点札を出す》. — *vi.* **1** 太る, 肥満する: The cattle ～ *on* the clover. 牛たちはクローバーを食べて太る. **2** 豊かになる〔*on*〕: ～ *on* the labor of workers 労働者の労働を種に私利をはかる.
fat·ten·er [-tnə, -tnə | -tnə(r)] *n.* **1** 肥満させる人; (家畜などの)肥育者. **2** 肥畜《食肉用に肥育された家畜》.
fát·ti·ness *n.* **1** 脂肪分含有度; 脂肪質. **2** 油っこさ (greasiness). **3** 脂肪過多(性).
fát·tish [-tɪʃ | -tɪʃ] 〖ME: ⇨ fat, -ish[1]〗 *adj.* やや太った, やや肥満した, 太り気味の.
fat·ty [fǽti | -tɪ] 〖《c1382》: ⇨ fat (n.), -y[4]〗 — *adj.* (**fat·ti·er; -ti·est**) **1** 脂肪質の; 脂肪様の: ～ tissue 脂肪組織 / a ～ tumor〖病理〗脂肪腫(しゅ) / ⇨ fatty acid, fatty oil. **2** 油っこい. **3**〖病理〗脂肪性の, 脂肪過多(性)の: a ～ heart [liver] 脂肪心[肝]. — *n.* [しばしば呼掛け・あだ名に用いて] でぶちゃん, 太っちょ.
fátty ácid *n.*〖化学〗脂肪酸 (fat acid). 「変性.
fátty degenerátion *n.*〖病理〗(細胞・組織の)脂肪
fátty óil *n.*〖化学〗脂肪油, 脂油《植物または海産動物からとる油脂で, 常温で液体のもの; cf. essential oil》.
fa·tu·i·tous [fət(j)úːətəs, fæ- | -tjúːɪt-, -tjúɪt-] *adj.* 愚鈍な, 間抜けな, とんまな (fatuous).

fa·tu·i·ty [fət(j)úːəti, fæ- | -tjúːəti, -tjúə-, -ɪtɪ] 〖《1538》⊏ F *fatuité* // L *fatuitātem*: ⇨ ↓, -ity〗 — *n.* **1** 愚鈍, 間抜け, 愚かしさ (foolishness). **2** 愚行, 愚言. **3**《古》白痴 (imbecility).
fat·u·ous [fǽtʃuəs | -tjʊ-, -tʃʊ-] 〖《1608》← L *fatu-us* foolish: ⇨ -ous〗 — *adj.* **1** 間抜けの, ぼんやりの: a ～ smile 間抜けた笑い / a ～ attempt 愚挙. **2**《古》実体のない, 空な: a ～ fire 鬼火. **～·ness** *n.*
fát·u·ous·ly *adv.* ぼんやりして; たわいもなく.
fát-wítted *adj.* 愚鈍な, とんまな (stupid).
fau·bourg [foubúə, ⏤⏤, fóubuəg | fə́ubuəg, -bəːg, -buə(r; *F.* fobuːr] 〖《1432》 *fabo(u)r, faubourgh* ⊏ OF *faux-bourg* (F *faubourg*)《原義》false town《通俗語源》← *forsborc* ← *fors* outside (< L *foris* out)+*borc* town (⇨ borough)〗 — *F. n.* (*pl.* **～s** [～z; *F.* ～]) (フランスの都市, 特に Paris の)郊外, 近郊 (suburb); 城外, (もと城外だった)都市の一部.
fau·cal [fɔ́ːkəl] 〖《1864》: ↓〗 *adj.* **1**〖解剖〗口峡(部)の, のどの, 咽頭(いんとう)の. **2**〖音声〗咽頭音の (pharyngeal). — *n.*〖音声〗咽頭音.
fau·ces [fɔ́ːsiːz] 〖《1541》⊏ L *fauc-ēs* throat〗 — *n. pl.* **1** [通例単数扱い]〖解剖〗口峡(部). **2**〖植物〗合弁花冠の咽喉(いんこう)部. **3** (古代ローマ人の住宅の)玄関廊《街路から atrium に至る通路兼ホール》.
fau·cet [fɔ́ːsɪt, fáː-, -sət | fɔ́ː-] 〖《c1400》⊏ (O)F *fausset* vent peg ← *fausser* to force in, damage < LL *falsāre* to falsify ← L *falsus*: ⇨ false〗 — *n.* **1**《米》(水道の)蛇口, 水栓, コック. **2** (樽の)のみ口.
fau·chard [fouʃáə | fəuʃáː(r; *F.* foʃaːr] 〖⊏ F ～〗 *n.*〖武器〗(長柄の)長刀 (glaive). 「部」口峡(部)の.
fau·cial [fɔ́ːʃəl] 〖← L *fauc-ēs* throat+-IAL〗 *adj.*〖解
faugh [pφː, fɔː] 〖擬音語: cf. F *pouh*〗 *int.* うふん, へっ《嫌悪・軽蔑を表わす》.
fauld [fɔ́ːld] 〖《変形》← FOLD[1]〗 *n.*〖甲冑〗(鎧(よろい)の)腰足播(こしさげ)の板《草摺(くさずり)をつける胸当のすその鉄板; ⇨ armor 挿絵》.
Faulk·ner [fɔ́ːknə | -nə(r)] 〖ME *Faukener, Fauconer* ← (O)F *fauconnier* 'FALCONER'〗 *n.* 男性名.
Faulkner, William (**Cuthbert**) *n.* (1897–1962) 米国の小説家; Nobel 文学賞 (1949, 50 年受賞); *The Sound and the Fury* (1929), *Absalom, Absalom!* (1936).
fault [fɔ́ːlt | fɔ́ːlt, fɔ́lt] 〖《?a1300》 *faute* ⊏ (O)F < VL **fallita* ← L *fallere* 'to FAIL, deceive': 現形の *l* はラテン語にならった語源的挿入〗 — *n.* **1** (性格・知性などの)あら, きず, 欠点, 短所 (defect, flaw): a man with many virtues and few ～*s* 美徳が多く欠点の少ない人 / a grave ～ in a theory 理論上の重大な欠点 / With all his ～*s* I like him better than the rest. 彼にはあんなに欠点はあるが他のだれよりも好きだ. **2** 誤り, 過失, 過誤; 落度, 非行 (misdeed): a ～ of grammar 文法上の誤り / acknowledge one's ～*s* 自分の過失を認める. **3** (許しうる程度の) 悪事, 怠慢 (delinquency), 罪 (sin); (悪事の)責任: a small boy's ～*s* 少年のいたずら / The ～ is his own. 罪は彼自身にある / It was my ～ that the experiment failed. 実験が失敗したのは私の責任だった. **4**《廃》欠乏: for (the) ～ of a worse [better] これ以上悪い[よい]のがないから. **5**〖電気〗(回路の)障害, 漏電. **6**〖テニス〗フォールト《サーブの失敗》: ⇨ double fault. **7**〖狩猟〗(獲物の)臭跡のとだえ; 臭跡を失うこと (check). **8**〖地質〗断層: an underwater ～ 海底断層. **9**〖馬術〗馬が障害物を飛び越える時の失敗; 飛越拒否・逸走などによる減点.
at fault (1) 臭跡を失って (cf. 7). (2) 途方にくれて, 当惑して (puzzled). (3) 罪がある, 悪い (guilty); 間違って(いる), 誤って(いる): His observation was not *at* ～. 彼の観察は間違っていなかった. ***find*** [***pick***] ***fault with*** …のあらを捜す, を非難する, とがめる. ***in fault***《古》罪がある, 悪い; 間違って(いる), 誤って(いる): Who is *in* ～? だれが悪いのか. ***to a fault*** 欠点と言ってよいほど, 過度に, 極端に (excessively): He is kind *to a* ～. 彼は親切すぎる. ***with all faults***〖商業〗損傷を保証せず, 一切買主の責任で: The lot was sold *with all* ～*s*. ***without fault***《古》確実に, 間違いなく.
— *vt.* **1** …のあらを捜す. **2** 非難する, とがめる: ～ a person *for* not doing his duty 義務を果たさないことで人を非難する. **3** …でへまをやる: ～ a performance. **4** [通例 p.p. 形で]〖地質〗…に断層を起こさせる. — *vi.* **1** 過失を犯す. **2**〖地質〗断層を起こす.
fáult blóck *n.*〖地質〗断層地塊.
fáult cúrrent *n.*〖電気〗障害電流, 漏電.
fáult·fìnder 〖← *find fault* (*with*) (⇨ fault 成句)〗 — *n.* **1** とがめだて[あら捜し]をする人, やかまし屋. **2**〖電気〗(回路などの)障害点測定器, 故障点検知器, 故障点標定器.
fáult·fìnding 〖↑〗 *adj.* あら捜しをしたがる, 小言をいう, 口やかましい, 揚げ足取りの (censorious). — *n.* とがめだて, あら捜し, 非難.
fáult·i·ly [-təli, -tə- | -tɪlɪ, -tə-] *adv.* 誤って, 不完全に.
fáult·i·ness *n.* 過失[欠点]のあること, 不完全さ.
fáult·ing [-tɪŋ | -tɪŋ] *n.*〖地質〗断層作用; 断層 (fault).
fáult·less 〖《?c1380》 *faultles*〗 *adj.* 欠点のない, 過失のない, 無傷の (flawless); 申し分のない, 完全な (perfect). **～·ly** *adv.* **～·ness** *n.*
fáult lìne *n.*〖地質〗断層線.

fáult lócalizer *n.* 〘電気〙障害点発見装置, 故障点
fáult plàne *n.* 〘地質〙断層面. ⌊標定器.
fault·y [fɔ́:ltɪ | fɔ́:ltɪ, fɔ́lt-] 〘《?*c*1380》▭ ME *fauti* : ⇨ fault, -y⁴〙 ── *adj.* (**fault·i·er; -i·est**) **1** 欠点のある (defective), 不完全な (imperfect) : a ~ digestion 不完全消化. **2** 《古》道徳上とがめられる; 罪のある, 悪い.
fáulty rhýme *n.* 〘詩学〙=imperfect rhyme.
faun [fɔ́:n, fɑ́:n | fɔ́:n] 〘《*c*1385》▭ (O)F *faune* ∥ L *Faun-us* : Faunus〙 ── *n.* 〘ローマ神話〙ファウヌス《牧夫や農夫があがめる半人半獣の林野の神; 通例上半身は人間で, 下半身が山羊の姿をし, 尖った耳と小さな角と尾をもつ; ギリシャ神話の satyr と同一視される》.
fau·na [fɔ́:nə, fɑ́:- | fɔ́:-] 〘《1771》← NL ~ ← L *Fauna* : ↓〙 ── *n.* (*pl.* **~s, fau·nae** [-ni:, -naɪ]) **1** [集合的] (一地域または一時代に特有な)動物相, 動物群, ファウナ; (分布上の)動物区系 (cf. flora) : the ~ of tropical America [the Ice Age] 熱帯アメリカ[氷河時代]の動物相 / marine ~ 海産動物相. **2** (ある地域・時代の)動物誌.
Fau·na [fɔ́:nə, fɑ́:- | fɔ́:-] 〘▭ L ~ : cf. faun〙 *n.* 〘ローマ神話〙ファウナ《Faunus の娘, 姉妹または妻とされる女神; Bona Dea と同一視されている》.
fau·nal [fɔ́:nl̩, fɑ́:- | fɔ́:-] *adj.* **1** 動物群[相]の. **2** 動物誌の. **~·ly** *adv.*
fáu·nist [-nɪst, -nəst | -nɪst] 〘← FAUN(A)+-IST〙 *n.* 動物相[動物区系]研究者.
fau·nis·tic [fɔ:nístɪk, fɑ:- | fɔ:-] *adj.* 動物群[相]研究上[者]の; 動物区系上の.
fau·nís·ti·cal [-tɪkəl, -tə- | -tɪ-] *adj.* =faunistic. **~·ly** *adv.*
fáun·lìke *adj.* faun のような.
faunt·le·roy, F- [fɔ́:ntlərɔ̀ɪ, fɑ́:n- | fɔ́:n-, fɔ́n-] 〘F. H. Burnett 原作の *Little Lord Fauntleroy*(「小公子」, 1886) の主人公の名から〙 ── *adj.* 〘服飾〙フォーントルロイの《1890 年代のドレスアップ用のカラーとカフスにレースのラッフルがついた黒いベルベットの上衣と膝丈のズボンからなる男児服にいう》.
Fau·nus [fɔ́:nəs, fɑ́:- | fɔ́:-] 〘▭ L ~ : cf. faun〙 *n.* 〘ローマ神話〙ファウヌス《ローマの古い森の神で動物・収穫を守る田野の神; ギリシャ神話の Pan に相当》.
Fau·ré [fɔ:réɪ; *F.* fɔre], **Gabriel** *n.* フォーレ《1845–1924; フランスの作曲家: *Requiem* (1887)》.
Faust [fáust; *G.* fáust] 〘▭ G ~ : ⇨ Faustus〙 ── *n.* ファウスト《1480?–?1538; ドイツの魔法使い・錬金術師・占星家; Johann Faust; これが伝説の中に取り入れられ, 権力と知識との交換に魂を悪魔 Mephistopheles に売ったが, 最後に地獄に落ちるという Faust 伝説の主人公となり, Marlowe (ここでの名は Faustus) や Goethe などの作品の元となった》.
Faust·i·an [fáustiən, fɔ́:s- | fáustɪən, -tjən] *adj.* **1** ファウスト (Faust) の(ような). **2** ファウスト的な : **a** (権力・物質的利益などのために)精神的価値を犠牲にする, 魂を売り渡す. **b** 精神的不満感をもつ. **c** 飽くことなく知識と支配を求める.
Faus·ti·na [faustí:nə, fɔ:-] 〘《fem.》↓ : ⇨ -ina²〙 *n.* 女性名《異形 Faustine》.
Faus·tus [fáustəs, fɔ́:s-] 〘← L *faustus* fortunate ← *favor* 'FAVOR'〙 *n.* 男性名.
faute de mieux [fóut-də-mjə́: | fə́ut-; *F.* fo:tdəmjø] 〘▭ F ~ 'for want of a better'〙 *F. adv., adj.* 外によいものがないから(採られた), しかたなく(採られた).
fau·teuil [foutə́:, ⌒⌒, foutə́:i, ⌒⌒ | fə́utə:ɪ, fə(ʊ)tə́:ɪ, fə́utə:l, fə(ʊ)tə́:l; *F.* fotœ:j] 〘《1744》▭ F ~ < OF *faudestuel* : ⇨ faldstool〙 ── *F. n.* (*pl.* **~s** [~z; *F.* ~]) **1** 《古》ひじ掛け椅子 (armchair), 安楽椅子. **2** 《英》**a** (劇場の)一階前方の一等席. **b** (ひじ掛け椅子に似た)バスの座席. **3** フランス学士院の会員の椅子; フランス学士院の会員の地位[資格].
Fauve, f- [fóuv | fə́uv] 〘《1915》▭ F ~ 《原義》wild beast : 他の派から *Les fauves* (=The wild beasts) とあだ名されたことから : ↓〙〘美術〙 ── *n.* **1** フォーヴ, 野獣派画家. **2** 反抗派. ── *adj.* 野獣派の, 野獣派的な.
Fau·vism [fóuvɪzm | fə́u-] 〘《1922》▭ F *Fauvisme* ← *fauve* (↑) : ⇨ -ism〙 ── *n.* 〘美術〙フォーヴィズム, 野獣主義《アカデミズムや新印象主義 (Neo-Impressionism) の画風に飽きたらず, 1906 年頃 Matisse, Rouault, Dufy, Derain などが主唱した一種の表現主義 (expressionism)》.
Fáu·vist [-vɪst, -vəst | -vɪst] *n.* 〘美術〙野獣派画家.
faux bon·homme [fóu-bɔ(:)nɔ́(:)m | fə́u-bɔnɔ́m; *F.* fobɔnɔm] 〘▭ F ~ 'false good-natured man'〙 *F. n.* 食わせ者《一見好人物に見えるが実はずる賢い人物》.
faux·bour·don [fóubədɑ̀n, fòubədɔ́:(ŋ), -dɔ́:ŋ | fə̀ubuədɔ́:(ŋ), -dɔ́(:)ŋ; *F.* foburdɔ̃] 〘《1879》▭ F *faux-bourdon* ← *faux* 'FALSE'+BOURDON〙 ── *n.* 〘音楽〙フォーブルドン (faburden)《14–15 世紀に多く用いられた, 六の和音を主体とする作曲法技; 聖歌の旋律の上方に 3 度および 6 度で上声部が付加されるのが普通》.
faux-na·ïf [fóu-nɑ:í:f | fə́u-; *F.* fonaif] 〘▭ F ~ ← *faux* 'FALSE'+NAÏF (⇨ naïve)〙 *F. adj.* うぶ[純真]に見せかける. ── *n.* かまとと.
faux pas [fóu-pɑ́: | fə́u-; *F.* fopɑ] 〘《1676》▭ F ~ 'false step' : ⇨ false, pace¹〙 ── *F. n.* (*pl.* ~ [~(z) | ~z; *F.* ~]) 過失, 失策, 非礼 (slip, blunder); (特に, 女の)不謹慎, 不品行; 淫らな言葉 : commit a ~.
fa·va [fɑ́:və] 〘▭ It. *fava* ← L *faba* bean〙 *n.* =broad bean 1《fava bean ともいう》.

fa·ve·la [fəvélə] 〘▭ Port. ~〙 *n.* (*also* **fa·vel·la** [~]) (ブラジルの都市郊外にある)安普請の小屋部落.
fa·vel·la [fəvélə] 〘← NL ~ ← L *favus* honeycomb : ⇨ -ella〙 *n.* (*pl.* **fa·vel·lae** [-li:]) 〘植物〙にかわ質の外包で包まれた嚢果(のうか).
fav·el·lid·i·um [fævəlídiəm | -dɪəm] 〘← NL ~ : ⇨ ↑, -idium〙 *n.* (*pl.* **-i·a** [-diə | -dɪə]) 〘植物〙藻類の表面に浸された嚢果(のうか).
fa·ve·o·late [fəví:ələt, -lɪt, -lèɪt | -ví:ə-, -víə-] 〘← NL *faveol-us* ((dim.) ← L *favus* honeycomb)+-ATE²〙 *adj.* 蜂の巣状の, 気胞[小孔]のある.
favi 〘▭ L *favi*〙 *n.* favus 2 の複数形.
fa·vism [fɑ́:vɪzm] 〘▭ It. *favismo* ← *fava* 'FAVA' : ⇨ -ism〙 ── *n.* 〘病理〙そらまめ中毒(症)《ソラマメ (fava) を食べたりまたはその花粉を吸い込んで起きる急性溶血性貧血》.
fa·vo·ni·an [fəvóuniən | fəvə́unjən, feɪ-, -nɪən] 〘《1656–81》▭ L *favōniān-us* : ↓〙 *adj.* **1** 西風の. **2** 穏やかな (mild), 都合のよい (favorable), さい先のよい.
Fa·vo·ni·us [fəvóuniəs | fəvə́unjəs, feɪ-, -nɪəs] 〘▭ L *Favōnius* west wind (cf. *fovēre* to warm)〙 *n.* 〘ローマ神話〙ファヴォニウス《西風の神; cf. Zephyrus》.
fa·vor, 《英》**fa·vour** [féɪvə | -və(r)] 〘《1340》*favo(u)r* ▭ OF (F *faveur*) < L *favōrem* good-will ← *favēre* to be favorable〙 ── *n.* **1 a** 好意, 親切 (kindness) : enjoy the ~ of a person 人の好意にあずかる. **b** 親切な行ない, 世話, 恩恵, 恩顧 : ask a ~ of a person 人に事を頼む / do a person a ~ 人のために尽くす, 人に恩恵を施す / heap ~*s* upon ...に重ね重ね親切を尽くす / by [with] ~ of Mr. A A 氏に託して《封筒の添書》/ A great ~ was granted us. 大きな好意が我々に示された / I shall esteem it a great ~. (そうしていただければ)まことにありがたい / I have a ~ to ask of you. 一つお願いがあります / Would [Will] you do me a ~? お願いがあるのですが. **c** [*pl.*] (人のための)尽力, 心尽くし (attention) : The two courtiers vied with each other for the queen's ~*s*. 二人の廷臣は互いに競い合って女王への忠勤に励んだ. **d** 《古》援助, 後援, 支援, 庇護(ひご) : by [under] (the) ~ of ...の援助のもとに / under ~ of night 闇に紛れて.
2 a 引立て, 愛顧, 寵愛(ちょうあい), 恩寵 (good graces); ひいき, 支持 (support), 是認 (approbation); 人気, 評判 (popularity) : win the ~ of the voters 投票者の支持を得る / He would agree with any doctrine that was *in* ~ at the moment. 彼はそのころ認められているどのような教義にも迎合しようとした / Those ideas were then *out of* ~. それらの思想は当時世人に無視されていた / He was no longer *in* ~ [was now *out of* ~] *with* his master. 彼はもう主人に気に入られてはいなかった / ⇨ *in a person's* FAVOR / find ~ *with* the audience 観客の好評を得る[からひいきされる] / find ~ in a person's eyes 人に目をかけられる[かわいがられる] (cf. *Deut.* 24 : 1) / lose [fall from] ~ *with* one's patron 後援者[パトロン]の愛顧を失う; パトロンからの人気を失う / ⇨ *curry* FAVOR *with* / look with ~ upon an enterprise 企てをひいき目で見る[に好意を示す]. **b** 偏愛, えこひいき : show undue ~ to [toward] ...をえこひいきする / win a position by ~ more than by merit 実力よりも情実で地位を得る / ⇨ *a fair* FIELD *and no favor* / treat a person with ~ 人をえこひいきする / without fear or ~ ⇨ fear 成句. **c** 《古》寛大, 大目にみること; 容認, 許可 : by your ~ = under ~ ご免をこうむって, (こう申しては)失礼ですが.
3 a (昔婦人が騎士に贈ったりなどした)寵愛の印《手袋・リボンなど》. **b** 《米》(パーティーの客などに配る)贈り物, 記念品《クラッカー・紙帽子・小装飾品・花束など》. **c** (政党員などの着ける)記章, 会[団]員章.
4 《古・英》書簡. ★ 特に商用文に用いる : your ~ of yesterday 昨日付けの貴簡.
5 [*pl.* または the ultimate ~ として] (女が男に許す)色よい返事, 情交の同意 : bestow one's ~*s* on one's lover 〈女が〉愛人に身を許す / grant *the ultimate* ~ to a man 男の求めに応じる.
6 a 《古》顔かたち, 容貌, 風貌 (looks, countenance) (cf. well-[ill-]favored). **b** 《古》魅力, 愛くるしさ.
curry favor with 〘《通俗語源》← 《廃》*curry favel* 《部分訳》← OF *estriller fauvel* to curry the chestnut horse, employ deceit〙〈人〉のきげんを取る, 〈人〉に取り入ろうとしてお世辞を使う. ***in a person's favor*** (1) 人に気に入られて[の寵愛を受けて] (cf. 2 a) : He stood [was] high *in the teacher's* ~. 彼は先生の大変なお気に入りだった. (2) 有利に : The evidence is *in his* ~. 証拠は彼に有利である. ***in favor of*** (1) ...を支持して, に賛成して; ...のほうを選んで : I am *in* ~ *of* the proposition. 私はその提議に賛成です / He turned down the athletic scholarships *in* ~ *of* a career in professional baseball. 彼はプロ野球の道を選んで運動選手奨学金の受領を断わった. (2) ...の利益となるように : The jury returned a verdict *in* ~ *of* the accused. 陪審は被告人の無罪を答申した. (3) 〈小切手など〉...に払い渡すように : draw a check *in* ~ *of* Mr. A A 氏受取りの小切手を振り出す.
── *vt.* **1 a** ...に好意を示す; 賛成する; 奨励する; 援助[後援]する : ~ a proposal 提案に賛成する / *Favored* by ...(手紙を)...に託して / Fortune ~*s* the brave. 《諺》勇者は幸運に恵まれる / He decided to ~ the cause *with* ample funds. 彼はその運動に十分な資金援助をすることにした. **b** 〈主張・学説などを〉裏づける, 確証づける. **2 a** 特に目をかける; 偏愛する, えこひいきする : The old father ~*ed* his youngest son. 老いた父は特に末子を可愛がった. **b** ...にくみする (side with) : We should not ~ either side. 我々はどちら側にもくみしてはならない. **c** ...のほうを好む; 〈流行品などを〉好んで用いる[着る] : Some ~ harder beds. 固いベッドのほうがよいと言う人もある. **d** [~ *doing* として] ...するほうを好む (prefer) : I ~ *staying* behind. 私は後に残りたい. **3** 〈人〉に恵む, 贈る, 〔...の〕栄を与える; 〔特性・素質などを〕〈人〉に賦与する 〔*with*〕 : The premier ~*ed* the pressmen *with* an interview. 首相は記者団に会見を許した / Will you ~ us *with* a song? 一つ歌って聞かせて下さいませんか / We beg to be ~*ed with* your orders. (商用文で)御用命のほどお願い致します / She is ~*ed with* good looks and great talent. 才色兼備である. **4** 〈天候・事情などが〉...に便宜を与える, 有利[好都合]である : The weather ~*ed* our voyage. 航海は天候に恵まれた / The market ~*s* the buyers. 市況は買手に有利 / Yellow ~*s* her complexion. 黄色が彼女の顔によく似合う. **5** 〈体の一部などを〉大事にする, (こき使わないで)いたわる : ~ one's eyes 目を大事にする. **6** 《口語》〈親など〉に(顔が)似る : He ~*s* his father in the face. 彼の顔は父親似だ.
fa·vor·a·ble [féɪv(ə)rəbl̩] 〘《*a*1376》▭ (O)F ~ ▭ L *favōrābilis* : ⇨ ↑, -able〙 ── *adj.* **1** 好意的な, 推称する; 賛成[承諾]する〔*to*〕 : a ~ answer 好意のある[色よい]返事 / a ~ comment 好評 / be ~ *to* a scheme 計画に好意を示している. **2** 〈形勢・情況・事情など〉有望な, 順調な; 〈時期・機会など〉有利な, 〔...に〕都合の好い〔*to, for*〕 : a ~ position [opportunity] 有利な立場[好機] / a ~ wind 順風, 追い風 / take a ~ turn 好転する / soil ~ *to* roses ばらに好適の土壌 / The wind was ~ *for* a start. 風は出発に好都合だった. **3** 〈貿易が〉輸出超過の. **~·ness** *n.*
fá·vor·a·bly [-bli | -blɪ] 〘ME〙 ── *adv.* **1** 好意をもって, 好意的に : be ~ disposed toward ...に好意的である / be received ~ 受けがよい, 歓迎される / His novel was ~ spoken of. 彼の小説は好評だった. **2** 好都合に, 順調に, 有利に; 有望に : be ~ impressed by a person 人からよい印象を受ける.
fá·vored *adj.* **1** 好意[好感]を持たれている, 人気のある, 流行の : a ~ movie star 映画の人気スター. **2 a** (便宜・利益などの特典を)恵まれている, 才能のある, 有望な; 特権のある (privileged) : this ~ clime この恵まれた風土 / ⇨ most-favored-nation clause / the ~ classes 特権階級. **b** 特別優遇の, 特恵の : ~ rates of credit 特恵的信用貸し. **3** [通例複合語の第 2 構成素として]顔[外観]が...の, (...の)顔つきの : an ill-*favored* [a well-*favored*] child 醜い顔をした[器量のよい]子供 / hard-*favored* いかつい顔つきの.
fá·vor·er [-vərə | -rə(r)] 〘ME : ⇨ favor, -er¹〙 *n.* 愛顧者; 保護者, 補助者; 賛成者. ⌈順風.
fá·vor·ing [-v(ə)rɪŋ] *adj.* 好都合の, 順調な : ~
fa·vor·ite [féɪv(ə)rɪt, -rət | -rɪt] 〘《1583》▭ OF *favorit* (F *favori*) ▭ It. *favorito* (p.p.) ← *favorire* 'to FAVOR' : ⇨ -ite²〙 ── *n.* **1** お気に入り, 人気者, 寵児(ちょうじ); 好きな物, 好物 : the ~ *of* fortune 運命の寵児 / a general ~ みんなに好かれる人気者 / He is a great ~ *with* [*of*] the ladies. 彼は婦人たちに大もてだ / It is a ~ *with* [*of*] the author himself. 著者会心の作だ. **2** (競技の)優勝候補; [the ~] (特に, 競馬の)人気馬, 本命 : a title ~ 優勝候補 / *The* ~ came in third. 人気馬は 3 着だった. **3** (宮廷の)寵臣 (minion). **4** [通例 *pl.*] (17–18 世紀に流行した, こめかみのあたりでカールする)短い巻き毛. **5** [the ~] 〘証券〙人気株, 愛好株. ── *adj.* 気に入りの, ひいきの, 大好きな; 人気のある (popular) : one's ~ author 愛読の作家 / one's ~ book 愛読書 / a ~ child 秘蔵っ子 / a ~ daughter 気に入りの娘, 愛娘(まなむすめ) / one's ~ dish 好物(の料理) / one's ~ topic 得意の話題.
fávorite séntence *n.* 〘言語〙愛用文《ある言語で最も好んで用いられる型の文; 英語では He won. のような「動作者+動作」型の文》.
fávorite són *n.* 《米》〘政治〙(大統領候補を指名する党大会で)自州の代議員を支持者にもつ候補者.
fá·vor·it·ism [-tɪzm] 〘《1763》← FAVORITE+-ISM〙 *n.* 偏愛; えこひいき, 情実.
fav·o·site [féɪvəsàɪt] 〘⇨ ↓, -ite¹〙 *n.* 〘古生物〙ハチノスサンゴ《ファボシテス属 (*Favosites*) のサンゴの化石》.
Fav·o·si·tes [fæ̀vəsáɪti:z] 〘← NL ~ ← *favosus* (← L *favus* honeycomb)+-ITES¹〙 *n.* 〘古生物〙ファボシテス《床板サンゴ目, Favositidae 科の代表的な属名; 俗に, ハチノスサンゴ (honeycomb coral) ともいいシルリア紀やデボン紀に多く見られた》.
favour *n., vt.* =favor.
fa·vus [féɪvəs] 〘▭ L ~ 'honeycomb' ← ?: 白癬にかかった頭とはちの巣との類似から〙 ── *n.* **1** 〘病理〙黄癬, 白癬(はくせん), しらくも. **2** (*pl.* **fa·vi** [féɪvaɪ]) 六角形の舗装用タイル[石板].
Fawkes [fɔ́:ks], **Guy** *n.* (1570–1606) 1605 年 11 月 5 日英国の議事堂を爆破して国王 James 一世と議員たちを殺そうとしたが発覚した火薬事件 (Gunpowder Plot) の首謀者で, 翌年処刑された (cf. guy² 1 a).
fawn¹ [fɔ́:n, fɑ́:n | fɔ́:n] 〘《*a*1338》*foun* ▭ OF *faon, feon* young animal < VL **fetōnem* ← L *fētus, foetus* offspring, young : ⇨ fetus〙 ── *n.* **1** 子鹿《特に, 乳

離れしていない1歳以下の子；cf. deer)：in ～〈鹿が〉子をはらんで． **2** (子鹿の)鹿毛色，栗毛色《淡黄茶色；fawn brown ともいう》． ― *adj.* 鹿毛色の，淡黄茶色の：a ～ coat. ― *vi.* 〈鹿が〉子を産む．

fawn² [fɔ́:n, fɑ́:n | fɔ́:n] 〖ME *faune(n), faghne(n)* to flatter < OE *fagnian* ← *fægnian* to rejoice, fawn ← *fægen* 'glad, FAIN¹'〗 ― *vi.* **1** 〈犬が〉(手をなめたり，飛び上がったり，尾を振ったりして)じゃれる，甘える〔*on, upon*〕：The puppy is ～*ing on* its master. 子犬が飼い主にじゃれている． **2** 〈人が〉(卑屈な態度で)〔目上の人などに〕ごきげんを伺う，媚びへつらう，おもねる (flatter, cringe)〔*on, upon*〕：～ *upon* one's superiors 目上の者にごまをする．

Fawn [fɔ́:n, fɑ́:n | fɔ́:n] 〖⇨ fawn¹〗 *n.* 女性名.

fáwn-còlored *adj.* 子鹿色の，栗毛色の，鹿毛色の，淡黄茶色の.

fáwn·er 〖ME：⇨ fawn²〗 *n.* 媚びへつらう[おもねる]人.

fáwn·ing 〖ME：⇨ fawn²〗 *adj.* 媚びへつらう，おもねる；〈犬などが〉じゃれる． **～·ness** *n.*

fáwn·ing·ly *adv.* おもねりへつらって，ぺこぺこして.

fáwn lìly *n.* 〖植物〗=dogtooth violet.

fawn·y [fɔ́:ni, fɑ́:- | fɔ́:nɪ] *adj.* (**fawn·i·er**; **-i·est**) 子鹿[栗毛]色に近い色の.

fax [fǽks] 〖《短縮》← FACSIMILE〗 *n.* =facsimile 2.

fay¹ [féɪ] 〖《c1390》 *faie* ▭ OF *fae* (F *fée*) < L *Fāta* the Fates (pl.) ← *fātum* 'FATE'：cf. fairy〗 *n.* 《文語》(おとぎ話の)妖精． ― *adj.* (～·**er**; ～·**est**) 妖精に似た.

fay² [féɪ] 〖OE *fēgan* to join < (WGmc) **fōgjan* (G *fügen*) ← IE **pak-* to fasten (Gk *pēgnúnai* to fix)〗 ― *vt.* 〖造船〗〈船材を〉ぴったり接合させる，密着させる (fit closely). ― *vi.* **1** 〈表面などが〉〔あるものと〕ぴったり合う，密着する〔*into, with*〕/〈*in, together*〉. **2** 《古》一致する，賛成する (agree).

fay³ [féɪ] 〖《a1250》 *fei* ▭ OF (F *foi*)：⇨ faith〗 *n.* 《古》=faith：by my ～ 誓って，確かに.

fay⁴ [féɪ] 〖《頭音消失》← OFAY〗 *n.* 《俗》白人 (ofay).

Fay [féɪ] 〖1：《短縮》? ← FAITH (cf. fay³) // ← ? FAY¹. 2：▭ Gael. *Feich* 《原義》raven〗 *n.* **1** 女性名. **2** 男性名. ★ 19世紀末より一般化した.

Fa·yal [fɑjɑ́:l, faɪɑ́:l; *Port.* fɐjál] *n.* =Faial.

fa·yal·ite [fɑjɑ́:laɪt, faɪɑ́:-] 〖← *Fayal*＋-ITE¹〗 *n.* 〖鉱物〗鉄橄欖石 (Fe_2SiO_4).

fa·yence [feɪɑ́:(n)s, faɪ-, -ɔ́:(n)s, -ɑ́:ns, -ɔ́(:)ns, ―― | faɪɑ́:(n)s, feɪ-, -ɔ́:(n)s, -ɑ́:ns, -ɔ́(:)ns] *n.* =faïence.

Fay·ette [feɪét] 〖(dim.) ← FAY〗 *n.* 女性名《異形 Fayetta》.

Fa·yum [feɪ(j)ú:m, faɪ-] *n.* (*also* **Fa·youm** [～]) =Faiyum.

faze [féɪz] 〖《1843》《変形》← FEEZE〗 ― *vt.* 《口語》[通例否定構文で]…の心を騒がす，あわてさせる，ひるませる，困らす (disturb, bother)：That did*n't* ～ me. そんなことには困らなかった.

fa·zen·da [fəzéndə] 〖▭ Port. ～=Sp. HACIENDA〗 *n.* **1** ブラジルの農園，(特に)コーヒー園. **2** (ブラジルの)農園にある家.

f.b. 《略》flat bar; fog bell; foreign body; freight bill.

f.b., fb 《略》fullback.

F.B. 《略》Fenian Brotherhood; fire brigade; fishery board; flat bottom.

F.B.A. 《略》《米》Federal Bar Association; Fellow of the British Academy 英国学士院会員.

FBI 《略》Federal Bureau of Investigation.

F.B.I. 《略》Federation of British Industries 英国産業連盟《1965年 C.B.I. に併合》.

F.B.O.A. 《略》Fellow of the British Optical Association.

FBR 《略》〖原子力〗fast breeder reactor.

fc, FC 《略》footcandle.

fc, fc. 《略》franc.

Fc 《略》〖気象〗fractocumulus.

f.c. 《略》〖野球〗fielder's choice; 〖校正〗follow copy 原稿のママ.

F.C. 《略》Federal Cabinet; fencing club; Fifth Column; fighter command; fire control (man); food control; football club; Forestry Commission; 《スコット》Free Church.

F.C., f.c. 《略》fideicommissum.

FCA, F.C.A. 《略》《米》Farm Credit Administration 農業金融局.

F.C.A. 《略》《米》Farm Credit Administration; 《英》Fellow of the Institute of Chartered Accountants.

F.C. & S. clàuse 〖← *F(ree of) C(apture) and S(eizure) clause*〗 *n.* 〖海上保険〗捕獲拿捕不担保約款.

fcap, fcap. 《略》foolscap.

FCC, F.C.C. 《略》Federal Communications Commission.

F cènter 〖F：← G *Farbe* color〗 *n.* 〖物理〗F中心《イオン結晶で陰イオンのぬけた空格子点に電子がとらえられたもの》.

F cléf *n.* 〖音楽〗ヘ音記号，低音部記号《譜表上にヘ音の位置を決める記号で，通例第4線に書かれる；bass clef ともいう；cf. C clef, G clef；⇨ clef 挿絵》.

F.C.O. 《略》《英》Foreign and Commonwealth Office.

fcp, fcp. 《略》foolscap.

fcs. 《略》francs.

F.C.S. 《略》Fellow of the Chemical Society.

fcy 《略》fancy.

fd. 《略》field; ford; forward; found(ed); fund.

f.d. 《略》flight deck; focal distance; free delivery; free discharge; free dispatch; free dock.

F.D. 《略》L. *Fidēī Dēfēnsor* (=Defender of the Faith); Fire Department; focal distance.

FDA, F.D.A. 《略》《米》Food and Drug Administration 食品医薬品局.

FDC, F.D.C. 《略》Fire Direction Center; 〖郵趣〗first-day cover.

f.d.c. 《略》〖貨幣〗fleur de coin.

FDIC 《略》Federal Deposit Insurance Corporation (米国の)連邦預金保険公社.

F-displày *n.* 〖電子工学〗=F-scope.

F-distribùtion 〖← (*Sir Ronald*) *F*(*isher*) (1890–1962：英国の遺伝学者・統計学者)〗 *n.* 〖統計〗F分布《$X_1, \ldots, X_m, Y_1, \ldots, Y_n$ が標準正規分布に従う独立な確率変数の時，$X_1, \ldots, X_m$ の平方の平均と $Y_1, \ldots, Y_n$ の平方の平均との商が従う確率分布のこと》.

FDR, F.D.R. 《略》Franklin Delano Roosevelt.

Fe 《記号》〖化学〗iron (← L. ferrum).

fe. 《略》fecit.

feal [fí:l] 〖▭ OF ～《変形》← *feeil* < L *fidēlem* faithful ← *fidēs* 'FAITH'〗 *adj.* 《古》誠実な，忠実な.

fe·al·ty [fí:əlti, fí:l- | -tɪ] 〖《?a1300》 *feaute* ▭ OF *fea(u)lte* (F *féauté*) < L *fidēlitātem* 'FIDELITY'〗 ― *n.* **1** (領主に対して臣下の誓う)忠誠；忠誠の誓い：do [make, swear] ～ to one's lord 主君に忠誠を誓う / receive ～ 忠誠の誓いを受ける. **2** 《古・詩》忠実，信義，誠実 (faithfulness).

fear [fíə | fíə(r)] 〖n.：OE *fǣr* sudden calamity, danger < Gmc **fēraz* (OS *vār* ambush / Du. *gevaar* danger / G *Gefahr*) ← IE **per* to try, risk (L *perīculum* trial, peril). ― v.：OE *fǣran* to frighten ← (n.)〗 ― *n.* **1** (危険・災いなどに対する)恐れ，恐怖：be overcome by ～ 恐怖に打ちひしがれる / feel no ～ こわさを知らない，びくともしない / have a ～ of …を恐れる，こわがる / We passed the night in ～. 我々は恐怖の中に一夜を過ごした. **2** [しばしば *pl.*] 不安，心配，懸念，気づかい (anxiety)：full of hopes and ～*s* 希望と心配で一杯になって / a ～ *for* a person's safety 人の安否を気づかう気持ち / He went in ～ *of* his life. 命を取られはしないかとびくびくしていた / I had a ～ *that* you had lost the train. あなたが列車に乗り遅れたかと心配した. **3** 恐怖[不安]の種[理由]；(危険や好ましくない事の)可能性，恐れ：Unemployment is a constant ～ with workers. 勤労者にとって失業は常に不安のもとである / There is no ～ *of* rain today. きょうは雨の降る心配はない. **4** (神に対する)畏怖，崇敬，畏敬：The ～ of the Lord is the beginning of wisdom. 神を恐るるは知恵の初めなり (*Ps.* 111：10).

for fear of (1) …を恐れて：I dare not enter *for* ～ *of* the dog. 犬がこわくて入れない. (2) …をしない[のない]ように：I didn't call on you *for* ～ *of* disturb*ing* you. お邪魔になるかと思ってお訪ねしませんでした. ***for fear*** (***that*** [***lest***]) …することを[しはしないかと]恐れて，…すると悪いと思って (lest)：He was worried *for* ～ the child would hurt himself. 彼はその子がけがをするのではないかと気づかった. ***have no fears*** (1) 〈人が〉何の心配も(持た)ない：I *have no* ～*s* now. (2) 〈物事が〉〔人に〕何の不安[恐れ]も与えない〔*for*〕：Interviews *had no* ～*s for* him. 彼は面接なんか何とも思わなかった. ***in*** [***with***] ***fear and trembling*** 恐れおののきつつ，おずおず[びくびく]して (*Eph.* 6：5；*Phil.* 2：12, etc.). ***no fear*** [間投詞的に]《口語》心配無用，大丈夫：Did you lend him the money?―No ～！彼にその金を貸したのかね―とんでもない. ***put the fear of God*** [***death***] ***in***(***to***) ***a person*** (ひどく叱責したりして)人を震え[縮み]上がらせる. ***without fear or favor*** 公平に.

― *vt.* **1 a** 恐れる，こわがる，心配する，危ぶむ：～ death [fire, threats] 死[火，脅迫]を恐れる / ～ the worst 最悪の事態(になること)を恐れる / We ～ *what* will happen. 何事が起こるかと懸念している / You need *not* ～ *but* (*that*) he will succeed. 彼の成功することについては心配無用《★この例は否定構文に見られ，*but* (*that*) he will succeed は *that* he will *not* succeed の意》. **b** …ではないかと思う，心配する，危ぶむ (suspect)〈*that*〉：I ～ (*that*) we are too late. もう間に合いそうもない / You are ill, I ～. 君はどうもからだの具合が悪そうだ / Is he angry?―I ～ so. 彼は怒っているのか―そうらしい / Will he get well?―I ～ not. 彼はよくなるだろうか―だめらしい《★この意味では《口語》では fear よりも am afraid が好まれる；cf. I hope》. **c** 〈…するのを〉恐れる，ためらう (hesitate)〈*to do*〉，しりごみする (shrink from)〈*doing*〉：I ～*ed* to see [seeing] him. 彼に会うのをしりごみした / She sat still, ～*ing to* wake the child. 子供を起こすのを恐れてじっと坐っていた. **2** 〈神などを〉かしこみ恐れる，崇敬する：*Fear* God. 神を恐れよ. **3** 《古・方言》恐れさせる，こわがらせる. **4** 《古》[通例再帰形で] 恐れる：*I* ～ *me* he is killed. 彼は殺されたのではないかと思う. ― *vi.* 恐れる，こわがる；気づかう，懸念する，不安がる〔*for*〕：Never ～！心配無用，大丈夫 / I ～ *for* his safety. 彼の安否が心配だ / I ～*ed lest* it might anger him. 彼を怒らせはしまいかと気づかった.

Fear [fíə | fíə(r)], **Cape** 〖この岬で船員たちが難破を恐れて恐慌状態になったことから〗 ― *n.* フィアー岬《米国 North Carolina 州南東沖の小島にある岬；Cape Fear 川の河口にあたる》.

fear·er [fí(ə)rə | fíərə(r)] *n.* 恐れる人，心配する人.

fear·ful [fíəfəl | fíə-] 〖《a1382》 *ferful*：⇨ fear, -ful〗 ― *adj.* **1** 恐ろしい (dreadful, terrible)：a ～ punishment [railroad accident] 恐ろしい罰[鉄道事故] / be ～ to look upon 見るも恐ろしい. **2** [Predicative に用いて] 恐れて，こわがって；〔…を〕気づかって，危ぶんで (afraid)〔*of*〕：be ～ *of* committing an error 間違いをしないかと気づかう / be ～ *to* run the risk 心配でその冒険をしかねている / I am ～ *that* [*lest*] he should do it. 彼がそれをしやしないかと心配だ. **3** 神を恐れる，かしこみ恐れる，敬虔な. **4** こわがる，びくびくした；臆病な (timorous)：a ～ look びくびくした顔つき. **5** 《口語》大変な，ひどい，恐ろしい：What a ～ mess! なんとひどい有様だ.

féar·ful·ly [-fəli | -lɪ] *adv.* **1** びくびくして，恐る恐る，こわがって. **2** 《口語》大いに，ひどく，恐ろしく：be ～ pleased [tired] ひどく喜ぶ[疲れる].

féar·ful·ness *n.* **1** 恐ろしさ，ものすごさ. **2** こわがること，小心；恐怖心：with ～ こわそうに，こわごわ.

féar·less 〖ME：⇨ fear, -less〗 ― *adj.* 恐れを知らない，何物をも恐れない；大胆不敵な，豪胆な；〔…を〕恐れない〔*of*〕：a ～ soldier / He is ～ *of* any danger. 彼はどんな危険も恐れない. **～·ly** *adv.* **～·ness** *n.*

féar·nòught 〖《1772–84》← FEAR (imper.)＋NOUGHT：cf. dreadnought〗 ― *n.* (*also* **féar·nàught**) **1** =dreadnought 3. **2** 〖紡織〗(羊毛用の)調合機《繊維のもつれを開く機械》.

fear·some [fíəsəm | fíə-] 〖← FEAR＋-SOME¹〗 ― *adj.* **1** 〈顔など〉恐ろしい，物凄い (terrible). **2** 恐れている，びくびくした，臆病な (timid)：a ～ mouse. **3** 《口語》大変な，ひどい. **～·ness** *n.*

féar·some·ly *adv.* 恐ろしいほど，物凄く；びくびくして.

fea·sance [fí:zns] 〖▭ AF *fesance*=(O)F *faisance* ← *faire* to do：⇨ -ance：cf. feasible〗 *n.* 〖法律〗作為，行為；(条件・債務・義務などの)履行 (performance).

fea·si·bil·i·ty [fì:zəbíləti | -zəbíləti, -zɪ-, -lɪ-] *n.* 実行できること，成否，(実行の)可能性.

feasibílity stùdy *n.* (工事計画などの)実行可能性の研究[調査].

fea·si·ble [fí:zəbl | -zə-, -zɪ-] 〖《1443》 *fesable* ▭ (O)F *faisable* ← *faire* < L *facere* 'to DO¹'：⇨ fact〗 ― *adj.* **1** 実行できる，実行可能の，可能性のある，うまくゆきそうな：a ～ plan. **2** 《口語》役に立つ；〔…に〕適した〔*for*〕. **3** 《口語》〈話など〉もっともな，ありそうな：a ～ excuse, story, etc. **～·ness** *n.*

féa·si·bly [-bli | -blɪ] 〖《1649》〗 ― *adv.* 実行できるように，(実際的に)間に合うように，うまく：It may very ～ be done. それは実行可能のようだ.

feast [fí:st] 〖n.：《?a1200》 *feste* ▭ OF (F *fête*) < VL **fēstam* (fem. sg.)=L *fēsta* (pl.) ← *fēstus* festal. ― v.：《c1300》 ▭ OF *fest-er* ← (n.)〗 ― *n.* **1** (主に宗教的な)祝祭，祝 (festival)；(毎年の)祭礼；祭日，祝日：the ～*s* of the church=the church ～*s* (教会暦で定めた)祝日，祭日《Ascension Day, Epiphany, Nativity, Pentecost など》/ immovable ～*s* 定祭日《クリスマスのように日の一定したもの》/ ⇨ movable feast 1. **2** 饗宴，祝宴，宴会 (banquet)：a ～ of fat things 山海の珍味 / a wedding ～ 婚礼の祝宴 / give [make] a ～ ごちそうをする / make a ～ of [upon] …をおいしく食べる. **3** (耳目を)喜ばすもの，(…の)喜び，楽しみ，悦楽：a ～ *for* the eyes [ears] 目[耳]のごちそう / the ～ *of* reason 名論卓説，高論清談 (A. Pope, *Satires and Epistles of Horace Imitated*) (cf. the FLOW of soul).

make feast 〖《なぞり》← F *faire fête*〗《古》(1) お祭り騒ぎをする，歓楽を尽くす. (2) ごちそうを食べる.

Feast of Dedication [the ―] 〖ユダヤ教〗聖殿献堂の記念日 (⇨ Hanukkah).

Feast of Fools [the ―] 〖《なぞり》← ML *festum stultōrum*〗 愚人祭，ばか祭り《主に中世フランスの教会内で行なわれた1月1日のばか騒ぎ》.

Feast of Lanterns [the ―] (1) (中国の)上元節《1月15日の夜に行なうものでちょうちんを飾る》. (2) (日本の)盆 (⇨ Bon¹).

Feast of Lights [the ―] 〖ユダヤ教〗=Hanukkah.

Feast of Lots [the ―] 〖ユダヤ教〗=Purim.

Feast of Orthodoxy [the ―] 〖東方正教会〗東方正(統)教会祝日，(東方)正統信仰記念祭《842年，画像崇敬の復活を記念して設けられたもので，四旬節(大斎節)(Lent)の第一主日がその祝日》.

Feast of Tabernacles [the ―] 〖ユダヤ教〗仮庵の祭り (⇨ Sukkoth).

Feast of Trumpets [the ―] 〖ユダヤ教〗=Rosh Hashanah.

Feast of Unleavened Bread [the ―] 〖cf. *Exod.* 23：15：⇨ Passover〗〖ユダヤ教〗種なしパンの祝い《本来 Canaan の農民の大麦の鎌入れの祝いが，過越しの祝いと合体したものとみられ，過越しの祝いの翌日から7日間，酵母なしに焼いたパンを食す》.

Feast of Weeks [the ―] 〖ユダヤ教〗=Shabuoth.

― *vt.* **1** 〈人〉にごちそうする：～ one's friends / I was ～*ed on* steak. ステーキをごちそうになった. **2** 〈耳・目などを〉喜ばせる，楽しませる (delight, gratify)：～ one's ears *with* music 音楽を聞いて耳を楽しませる / ～ one's eyes *on* [*upon*] beautiful scenes 美しい景色を見て目を楽しませる. **3** 毎年祝祭をして祝う. ― *vi.* **1** 祝宴に列する，もてなしにあずかる，ごちそうになる[を食べる]. **2** 〔…を〕大いに楽しむ，楽しんで見る[聞く]〔*on*〕：～ *on* a picture 絵を見て楽しむ.

feast away 饗宴をして過ごす：～ a night *away* 夜通しの宴を張る.

féast dày *n.* (宗教的な)祝日，祝祭日，祭日.

féast·er 〖ME〗 *n.* 饗宴に列する人；饗宴を張る人.

feast·ful [fí:stfəl] 〖ME〗 *adj.* 《古》祭礼の，祝日の，祝祭の (festive, festal)：a ～ day.

feat[1] [fíːt] 〖《a1376》 *fete, fait* action, deed ▭ OF *fet, feit* (F *fait*) < L *factum* deed, (thing) done ← *facere* 'to DO[1]': FACT と二重語〗 ― *n.* **1 a** 《古》行ない, 行為: these crimeful ～*s* これらの犯罪行為. **b** (勇敢な)手柄, 功業, 偉業, 功績, 勲功: ～*s* of arms 武功, 武勲 / achieve a ～ 手柄をたてる. **2** 目ざましいわざ; 演技, 芸当, 離れわざ; すばらしい成果, 業績: a ～ of agility 早わざ / a ～ of strength 力わざ / ～*s* of scholarship 学問的業績 / ～*s* of horsemanship 曲馬 / His performance was a regular ～. 彼の演技は全くすばらしいものだった. **3** 《廃》技術; 専門.

feat[2] [fíːt] 〖《a1450》 *fete* ▭ OF *fet* (F *fait*) (p.p.) ← *faire* to make < L *facere* (↑): ⇨ fact〗 ― *adj.* (～**er**; ～**·est**) 《古·英方言》 **1** 手際のいい, 巧妙な, あざやかな. **2** こぎれいな. **3** 似合う, 適当な.

feath·er [féðə | -ðə(r)] 〖*n.*: OE *feþer* < Gmc **feþrō* (Du. *ve(d)er* / G *Feder*) ← IE **pet-* to rush, fly (Gk *pterón* feather / L *penna* wing). ―v.: OE *(ge)fiþ(e)rian* ← (n.)〗

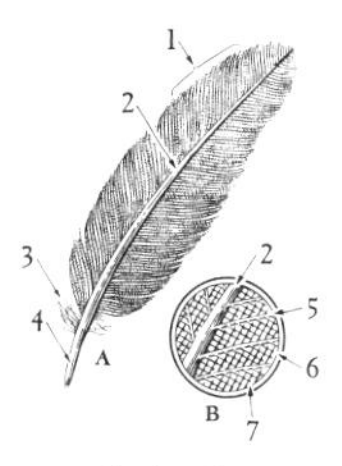

feather 1 a
A feather; B enlarged detail of vane
1 vane; 2 rachis; 3 calamus; 4 quill; 5 barb; 6 barbule; 7 hooks

― *n.* **1 a** (一本の)羽: a white ～ / (as) light as a ～ 羽のように軽い. **b** [しばしば *pl.*] 《古》(美しくて大きい)羽毛 (plume). **c** 《廃》[しばしば *pl.*; 集合的] 羽毛 (plumage). **d** [*pl.*] 《廃》翼 (wings). **e** (犬·馬などの羽毛状の)房毛, 立毛. **2 a** (帽子·衣装などの)羽飾り, 飾り羽. **b** [*pl.*] 衣装, 装い: Fine ～*s* make fine birds. 《諺》「馬子にも衣装」. **c** [集合的にも用いて] 矢羽; 矢はず. **3 a** [集合的] 猟鳥類 (cf. fur 2): fur and ～ ⇨ fur 2. **b** 《廃》鳥. **4 a** (目·ガラス·宝石などの中の)羽状のきず. **b** 羽毛のように軽い[弱い, 小さな, つまらない]物: Your trouble is a mere ～. 君の悩みなぞ全く小さい / I don't care a ～. 私は少しも気にしない / You could [might] have knocked me down with a ～. ⇨ KNOCK *down* (1). **c** =featherweight. **5** (同じ)羽色; (同)種類, たぐい: I am not *of* that ～. 私はそんなたぐいの人間じゃない / birds of a ～ ⇨ bird 成句. **6** 調子, 状態; 気分: *in* good [high, fine] ～ 上機嫌で, 威勢よく, 意気揚々と / ⇨ *in full* FEATHER. **7** (潜水艦の潜望鏡でできる)航跡. **8** 〖木工〗(板の接合の)実(さね), 雇い実. **9** 〖ボートレース〗フェザー《オールのブレードを水平に返すこと; cf. *vt.* 6》. **10** 〖石工〗矢《くさび状の鉄材で, 石に穿った穴に打ち込み石を割る》. **11** 〖機械〗フェザーキー, 平行[すべり]キー.

a feather in one's cap 誇りや光栄となるもの, 立派な業績, 功績, 名誉. ***crop a person's feathers*** 人の高慢の鼻を折る. ***cut a feather*** 〈船が〉スピードを出して進む. ***find a white feather in a person's tail*** ⇨ white feather. ***in feather*** 羽の生えた, 羽のある, 羽で飾った. ***in full feather*** 〈ひななど〉羽の生え揃った; 盛装して, 元気で. ***make the feathers fly*** =*make the fur* FLY[1] (1). ***show the white feather*** ⇨ white feather. ***smooth one's rumpled* [*ruffled*] *feathers*** 落着きを取り戻す.

― *attrib. adj.* 羽毛製の, 羽毛のはいった: a ～ comforter [boa] 羽毛のえり巻き / a ～ pillow.

― *vt.* **1** 〈帽子などに〉羽(飾り)をつける; 〈矢〉に羽をはさむ, 矢羽をつける: ～ an arrow 矢に矢羽をつける. **2** 羽毛でおおう, ふさふさとおおう; (羽毛をつけたように)飾る: a hill ～*ed with* birch かばの木が生えている丘 / boughs ～*ed with* frost 霜のかかった枝. **3** …のへりを取る; 〈毛髪を〉短く先細に切る. **4** 〈鳥が〉〈風を〉翼で切る; 〈魚が〉〈水を〉ひれで切る. **5** 〖木工〗そぎ端(は) (featheredge) に合うように…の端をそぐ. **6** 〖ボートレース〗(オールを戻す時風圧を少なくするため)〈オール〉のブレードを水平に抜く (cf. *n.* 9): ～ one's oar. **7** 〖狩猟〗〈鳥を〉殺さずに羽を撃って落とす: ～ a bird. **8** 〖航空〗〈航空機のプロペラ·ヘリコプターのローターを〉フェザリング (feathering) させる. ― *vi.* **1** 羽毛を生じる, 羽がのびる 〈*out*〉. **2** 羽状をなす; 羽のように動く[揺れる, 広がる]; 羽毛のように浮かぶ: The snow came ～*ing* down. 綿のような雪がちらちら降ってきた. **3** 〈インクが〉にじむ. **4** 〈煙などが〉広がって薄れる 〈*away, out*〉. **5** 〖ボートレース〗(ブレードを水平にするように)オールを抜く. **6** 〖狩猟〗〈猟犬が〉(臭跡を捜しながら)尾を神経質に動かす, 身震いする. **7** 〖航空〗プロペラ[ヘリコプターのローター]をフェザリング (feathering) する. ***feather one's nest*** ⇨ nest *n.* 成句. ***tar and feather*** ⇨ tar[1] *v.* 成句.

féather álum *n.* 〖鉱物〗=alunogen.

féather·bèd *vt.* **1** 〈仕事を〉水増し雇用で行なう. **2** 〈産業·経済などを〉政府補助金で援助する. **3** (利益や便宜を与えて)〈人を〉甘やかす (pamper). ― *vi.* **1 a** 水増し雇用を要求する. **b** (フェザベッド法の下で)生産を制限する. **2** (フェザベッド法の下で)水増し雇用の仕事をする. ― *attrib. adj.* **1** 水増し雇用の: a ～ rule フェザベッド法, 水増し雇用の慣行. **2** 政府補助金で援助された: a ～ job. 「楽な境遇[地位].

féather béd 〖OE〗 *n.* **1** 羽入り敷きぶとん. **2** 安

féather·bèd·ding *n.* 〖労働〗フェザベッド法, 水増し雇用《失業を避けるために故意に生産を低下させるような手段によって雇用者に不必要な労働者を雇わせようとする労働組合の制限的慣行》.

féather bòarding *n.* 〖木工〗下見張り.

féather·bòne *n.* 羽骨《鶏·あひるなどの羽の茎から作った鯨のひげの代用品; コルセット·ガードルの土台やフープスカートの輪骨に用いる》.

féather·bòning *n.* =featherbone.

féather·bràin *n.* 頭のからっぽな人.

féather·bráined *adj.* 頭のからっぽな, ばかな.

féather cròtch *n.* (材の枝別れ部分から採った)ベニヤの木目の羽根模様.

féather·cùt *n.* フェザーカット《カールを羽毛のように見せる女性の髪型》.

féather dúster *n.* 羽ばたき.

féather-dùster wòrm *n.* 〖動物〗ケヤリムシ, カンザシゴカイ《ケヤリムシ科およびカンザシゴカイ科の石灰質の管の中に住み, 頭部に羽のような鰓冠をもつ多毛類の総称: fan worm, feather worm ともいう》.

féath·ered 〖OE: ⇨ feather (n., v.)〗 ― *adj.* **1** 羽毛の生えた: the ～ tribe 鳥類. **2** 〈矢など〉羽をつけた; 羽毛飾りのある; 羽毛状の物をつけた. **3 a** 〈枝·葉など〉羽毛状の: ～ spray 羽毛を散らしたようなしぶき. **b** 〈薄板など〉端を薄くそいだ. **4** 翼のある (winged), 迅速な: one's ～ feet (飛ぶような)速い[軽やかな]足. **5** [通例複合語の第 2 構成要素として] (…の)羽をもった: black-*feathered* 黒羽の.

féather·èdge *n.* **1** 容易に折れたり曲がったりする薄い端. **2** 〖木工〗薄刃べり, そぎ端(は). **3** (石臼の)溝の端. ― *vt.* 〈板〉の片方の端をそぐ, 薄刃べりにする. ― *adj.* =featheredged.

féather·èdged *adj.* 薄刃べりのある, 片刃べりにした, そぎ端のある.

féatheredge fíle *n.* 〖機械〗ひしやすり《断面がひし形や半円形を向かい合わせた形のやすり》.

féather-flèece *n.* 〖植物〗葉が多く茂り鱗茎(りんけい)(球根)のあるユリ科の植物 (*Stenanthium gramineum*).

féather·fòil *n.* 〖植物〗サクラソウ科 *Hottonia* 属の白い花が咲く水生植物の総称. 「dancer.

féather-fóoted *adj.* 静かに軽やかに動く: a ～

féather gerànium *n.* 〖植物〗=Jerusalem oak 1.

féather gràss *n.* 〖植物〗ナガホハネガヤ (*Stipa pennata*) 《ヨーロッパ·アジアに産するイネ科の多年草植物でドライフラワーに利用される》.

féather·hèad *n.* 頭の悪い人 (featherbrain).

féather·héaded *adj.* 頭の悪い, ばかな.

féath·er·i·ness *n.* **1** 羽毛状. **2** 羽毛のような軽さ.

féath·er·ing [-ð(ə)rɪŋ | -ðər-] *n.* **1 a** [集合的] 羽毛, 羽 (plumage): the ～ of a bird. **b** 矢羽のつき具合. **c** [集合的] 矢羽. **2 a** (犬の足などの)羽毛状の房毛. **b** (花の)羽毛状の斑紋. **3** 〖ボートレース〗フェザリング《オールを抜いたときブレードを水平にすること》. **4** 〖音楽〗フェザリング《バイオリンの弓の軽い微妙な使い方》. **5** [集合的] 〖建築〗(窓飾りの)いばら (cusps). **6** 〖航空〗フェザリング: **a** エンジン故障などの際プロペラの翼角を気流に並行にして空気抵抗を減少させること. **b** ヘリコプターの前進飛行中にローター翼の前進側と後退側との揚力を釣合わせるために翼角を周期的に増減すること.

féather jòint *n.* 〖木工〗雇実接(やといざねはぎ)《接合する両方の材に溝を作り, そこに実(さね)をはめて接合する》.

féather kèy *n.* 〖機械〗フェザーキー, 平行キー, すべりキー.

féather·less 〖ME〗 *adj.* 羽毛のない. ～**·ness** *n.*

féather·líght *adj.* 非常に軽い.

féather mèrchant *n.* 《米俗》楽な[責任のない]仕事をしている人, 労力[責任を]回避する人, なまけ者.

féather pàlm *n.* 〖植物〗羽状葉のヤシ (cf. fan palm).

féather·pàte *n.* =featherhead.

féather·páted *adj.* =featherheaded.

féather shòt *n.* 〖金属〗粒状になった銅.

féather stàr *n.* 〖動物〗=comatulid.

féather·stìtch *n.* 〖服飾〗フェザーステッチ《ブランケットステッチの一種で, 羽のようなデザインのジグザグ状ステッチ》. ― *vt.* 羽形に縫う, フェザーステッチで飾る, 羽形に飾る.

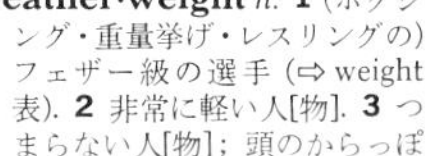
featherstitch

féather-vèined *adj.* 〖植物〗〈葉が〉羽状葉脈の.

féather·wèight *n.* **1** (ボクシング·重量挙げ·レスリングの)フェザー級の選手 (⇨ weight 表). **2** 非常に軽い人[物]. **3** つまらない人[物]; 頭のからっぽの人 (featherbrain). **4** 〖競馬〗最軽量ハンディキャップ; 最軽量騎手. ― *adj.* **1** 非常に軽い. **2** 重要でない, つまらない, 取るに足らない: a ～ comedy. **3** フェザー級の.

féather wòrm *n.* 〖動物〗=feather-duster worm.

féath·er·y [féð(ə)ri | -ðəri] *adj.* (**more～, most～; -er·i·er, -i·est**) **1** 羽の生えた, 羽におおわれた(ような), 羽毛を付けた (feathered). **2** 羽のような, 羽毛状の; 軽い, 軽やかな (airy): ～ spray [clouds, snow] 羽毛を散らしたようなしぶき[雲, 雪].

feat·ly [fíːtli | -lɪ] 〖ME: ⇨ feat[2], -ly[1]〗 ― *adj.* (**more ～, most～; feat·li·er, -li·est**) **1** 上品な. **2** 《廃》きちんとした, こぎれいな; 適当な, ぴったりした. ― *adv.* 《古》 **1** 巧妙に, あざやかに; きちんと, 正しく. **2** こぎれいに, 上品に. **féat·li·ness** *n.*

fea·ture [fíːtʃə | -tʃə(r)] 〖《c1325》 *feture* ▭ OF *faiture* form, shape < L *factūram* something made, formation ← *facere* 'to DO[1], make': ⇨ fact, -ure〗 ― *n.* **1** 顔の造作の一つ《目·耳·鼻·口·額·あごなど》: Her eyes are her best ～. 彼女は目が一番美しい. **2 a** [*pl.*] 顔形, 容貌, 面立ち, 目鼻立ち: a man of handsome [poor] ～*s* 容貌の美しい[まずい]男. **b** 《廃》肉体美. **3** 《古》形, 姿; 風采(ふうさい), 風体(ふうてい), 風姿: that unmatch'd form and ～ of blown youth 咲きほこる青春のあの類のない姿 (Shak., *Hamlet* 3. 1. 167). **4** (著しい)特徴, 特色; 目立つ点, 要点, 主眼点: the geographical ～*s of* a district ある地方の地理的特徴 / a significant ～ *of* our time 現代の著しい特色 / the principal ～*s of* the treaty その条約の主眼点 / The speech contained some excellent ～*s*. その演説には目立ってよい点が幾つかあった. **5** [しばしば形容詞的に] **a** (主要な上映物としての)長編映画《通例 8 巻以上のもの》: ⇨ feature film. **b** (映画·ラジオ·テレビ·演芸などのプログラム中の)呼び物, 聞き物, 見物(みもの): make a ～ *of* …を呼び物とする / a ～ performer 主役俳優, 主演者. **c** (新聞·雑誌の)主要[特別]記事《単なるニュースでない特定の題目についての記事·小論文·随筆·連続漫画·諷刺画など; cf. column 3 b》: ⇨ feature story. **6** 〖言語〗特徴, 素性.

― *vt.* **1** …の(著しい)特徴になる, 特色をなす. **2** 特色[呼び物]にする; 〈新聞·雑誌が〉〈事件など〉を特集する, 特筆する; 〈俳優を〉主演[出演]させる: a story in a newspaper 新聞である記事を呼び物にする / a film *featuring* famous actors 有名な俳優主演の映画 / The show ～*s* this famous dancer. そのショーはこの有名なダンサーを呼び物にしている. **3** 《古》〈人·動植物·物など〉の特徴を描く, 叙述する. **4** 《俗》考える, 想像する: He couldn't quite ～ himself *as* a communist. 彼は自分自身のことを共産主義者とはちょっと考えられなかった. **5** 《方言》顔が〈親など〉に似る. ― *vi.* 主役を演じる, 主演する 〔*in*〕; 呼び物を入れる.

féa·tured 〖ME: ⇨ ↑, -ed 2〗 ― *adj.* **1** 呼び物(記事)の, 特色とされた; スターとしての (starring): a ～ story [article, cartoon] 呼び物となった読物[記事, 漫画] / a ～ actor 主演俳優. **2** [通例複合語の第 2 構成要素として] (…の)顔つきの: a well-*featured* face 目鼻立ちのいい顔 / a sharp-[heavy-]*featured* man きつい[きびしい]顔つきをした人. **3** 《廃》形作られた.

féature fìlm *n.* (主要な上演物としての)長編特作映画. ★ 特に《英》で用い, 《米》では単に feature を用いる (cf. feature *n.* 5 a). 「pictures 長編映画.

féature-léngth *adj.* 《米》〈映画·読物が〉長編の: ～

féature·less *adj.* (著しい)特色[特徴]のない; 何の奇もない, おもしろくない (uninteresting): a ～ landscape 何の変哲もない風景.

féature pìcture *n.* =feature film. 「組.

féature prògram *n.* (一つのテーマによる)特集番

féature stòry *n.* 〖ジャーナリズム〗(単なるニュースでない新聞·雑誌の)主要[特別]記事. 「映画.

fea·tur·ette [fìːtʃərét, ←―] 〖《1942》〗 *n.* 短編特作

féa·tur·ish [-tʃərɪʃ] *adj.* 〖ジャーナリズム〗主要[特別]記事と同質の; 主要[特別]記事となるような, 呼び物記事を掲載している (cf. featured 1, straight 14).

feaze[1] [fíːz, féɪz] *vt.* =feeze.

feaze[2] [féɪz, fíːz] 〖▭ LG *fasen* // ← MDu. *vese* fringe: cf. OE *fæs* fringe〗 *vt.* 〈綱の端を〉ばらばらにほぐす (unravel). ― *vi.* 〈綱の端が〉ほぐれる (unravel).

feaz·ings [féɪzɪŋz, fíːz-] *n. pl.* ほどかれたロープの先端.

Feb. 《略》 February.

feb·ri- [fébri, -rə | -rɪ] 〖← L *febris* 'FEVER'〗「熱 (fever)」の意の連結形.

fe·bric·i·ty [fɪbrísəti, fə- | -səti, -sɪ-] 〖▭ L *febricitātem* ← *febris* (↑)〗 *n.* 熱のある状態, 発熱性.

feb·ri·fa·cient [fèbrəféɪʃənt | -rɪ-] 〖⇨ ↓, -facient〗 〖医学〗 *adj.* 熱を出す. ― *n.* 発熱因子, 発熱剤.

fe·brif·er·ous [fɪbrífərəs, fə-] 〖← FEBRI- + -FEROUS〗 *adj.* 〖医学〗熱を出す.

fe·brif·ic [fɪbrífɪk, fə-] 〖← FEBRI- + -FIC〗 *adj.* 《古》〖医学〗熱を出す, 熱がある (feverish).

fe·brif·u·gal [fɪbrífjʊgəl, fə-, -rífɪ-, -rífə-, fèbrɪfjúː-, -brə- | fɪbrífjʊgəl, fə-, fèbrɪfjúː-] *adj.* 〖医学〗解熱性の, 駆熱性の.

feb·ri·fuge [fébrɪfjùːdʒ, -rə- | -rɪ-] 〖《1686》 ▭ F *fébrifuge* ▭ ML *febrifugia*: ⇨ febri-, -fuge〗 *adj., n.* 〖薬学〗=antipyretic.

feb·rile [fébraɪl, fíːb-, -rɪl, -rəl | fíːbraɪl] 〖《1651》 ▭ F *fébrile* ▭ LL *febrilis* feverish: ⇨ febri-, -ile[1]〗 *adj.* (有)熱性の, 熱の(ある), 発熱の (feverish).

fe·bril·i·ty [fɪbríləti, fə-, fiː-, fe- | fɪbrílətɪ, fə-, fiː-, fe-, -lɪ-] *n.* =feverishness.

Feb·ru·ar·y [fébruèri, fébjuèri | fébru(ə)rɪ, -rərɪ, fébjuərɪ] 〖《1373》 ▭ L *Februāri-us* (*mēnsis*) 《原義》 the month of purification ← *februa* (pl.) festival of purification (この祭りがこの月の 15 日に行なわれたのにちなむ) ∞ 《?c1200》 *feverer* ▭ OF *feverier* (F *février*) < VL **febrārium*=L *februārius*〗 ― *n.* (*pl.* **-ar·ies**, ～**s**) 2 月 (略 Feb., F.)

Fébruary fíll-dike *n.* =February (cf. fill-dike).

Fébruary Revolútion *n.* [the ～] 二月革命 (⇨ Russian Revolution).

fec. 《略》 fecerunt, fecit (cf. del.).
fe·cal [fíːkəl] 〘▭F *fécal* ▭L *faec-, faex*: ↓〙 **1** おり[かす]の. **2** 糞(ふん)の, (大)便の: ~ matter 糞便.
fe·ces [fíːsiːz] 〘▭L *faecēs* (pl.) ← *faec-, faex* dregs: cf. fecula〙 *n. pl.* **1** おり, かす (dregs, sediment). **2** 排泄物, 大便, 糞便.
Fech·ner [féknə, féç- | -nə(r; *G.* féçnɐ], **Gustav Theodor** *n.* フェヒナー《1801–87; ドイツの物理学者・心理学者・哲学者; 精神物理学 (psychophysics) の創始者》.
fe·cial [fíːʃəl] *n., adj.* =fetial.
fe·cit [féɪkɪt, -kət | fíːsɪt, féɪkɪt] 〘▭L ~ 'he (or she) made (it)' ← *facere* to make〙 ── *L. v.* …作る, …画く, …の筆. ★ 作品の署名に添える; 略 fe., fec.; cf. pinxit, sculpsit: John Jones ~ / *fec.* Charles Warner.
feck [fék] 〘ME《スコット》~《頭音消失》← *effeck* 'EFFECT'〙 *n.* 《スコット・北英》 **1** 価値 (worth); 効能. **2** 額, 量. **3** [the ~] 大部分, 大多数.
feck·et [fékɪt, -kət] 〘← ?〙 *n.* 《スコット》男子用チョッキ.
féck·less 〘《1599》← FECK+-LESS〙 ── *adj.* **1** 無能な, 弱々しい (ineffective), 無気力な (spiritless). **2** 無価値な, 取るに足らない, 役に立たない (worthless). **3** 無器用な, へたな. **4** 無思慮な, 軽率な, あてのない; 無責任な, 信頼のおけない. **~·ly** *adv.* **~·ness** *n.*
feck·ly [fékli | -lɪ] *adv.* 《スコット・北英》大部分; ほとんど, たいてい (almost, nearly).
fec·u·la [fékjulə] 〘▭L *faecula* crust of wine (dim.) ← *faex* dregs: cf. feces〙 *n.* (*pl.* **-u·lae** [-lìː]) **1** (昆虫の)糞, 虫糞. **2** 澱粉 (starch); おり, かす (dregs).
fec·u·lence [fékjuləns] 〘▭F *féculence*: ⇨ ↓, -ence〙 *n.* **1** 不潔, 汚濁 (foulness). **2** 汚物 (filth); おり, かす.
fec·u·lent [fékjulənt] 〘《1471》▭F *féculent* // L *faeculent-em* abounding in dregs, impure: ⇨ feces, -ulent〙 ── *adj.* 汚れた, 濁った (muddy, turbid); 汚物がいっぱいの, 不潔な (foul).
fec·und [fékənd, fíːk- | fíːkənd, fék-, -kʌnd] 〘《16C》▭L *fēcund-us* fertile ∽ (c1385) *fecounde* ▭(O)F *fécond*〙 ── *adj.* **1** 多産の (prolific), よく実る, 〈土地が〉肥えた (fertile, productive): a ~ animal 多産の動物 / a ~ soil よく作物のできる土地. **2** よく考え出す, 創造力の豊かな: the ~ mind of Shakespeare シェークスピアの創造力豊かな精神.
fec·un·date [fékəndèɪt, fíːk- | fíːkən-, fék-, -kʌn-] 〘← L *fēcundāt-us* (p.p.): ⇨ ↑, -ate[2]〙 *vt.* **1** 多産[豊饒(ほうじょう)]にする. **2** 《生物》受胎[受精]させる.
fec·un·da·tion [fèkəndéɪʃən, fìːk- | fìːkən-, fèk-, -kʌn-] *n.* 《生物》受胎作用; 受胎, 受精 (impregnation).
fe·cun·di·ty [fɪkʌ́ndəṭi, fe- | fɪkʌ́ndətɪ, fiː-, fe-, -dɪ-] 〘《?1440》▭L *fēcunditāt-em*: ⇨ fecund, -ity〙 ── *n.* **1** (雌性の)生産力, 生殖能力; 多産性, 繁殖性 (productiveness). **2** 多産, 肥沃(ひよく) (fertility). **3** (創造力・想像の)豊かさ: ~ of imagination 豊かな想像力.
fed [féd] 〘OE *fēdde* (pret.), *fēded* (p.p.)〙 ── *v.* feed の過去形・過去分詞. ── *adj.* **1** 〈家畜が〉(市場向けに)肥育された: ~ lambs. **2** 《俗》 [Predicative に用いて] =FED *up*: I was ~ to death. もうほとほといやになった.
fed up 《口語》食傷気味で, 飽き飽きして, ほとほといやになって, 腹にすえかねて: He was really ~ *up with* the whole thing. 何もかもうほとほといやになっていた / I'm ~ *up* (*with*) waiting for him. 彼を待っているのはもううんざりだ.
Fed [féd] 〘《略》← FEDERAL〙 *n.* 《米》 **1** [しばしば f-] **a** =federal 2. **b** 《俗》(連邦政府の)国家公務員; (特に) FBI の一員. **2** [the ~] =Federal Reserve System.
fed. 《略》 federal; federated; federation.
Fed. 《略》 Federal.
fe·da·yee [fɪdɑ́ː(j)iː, fə-, -dɑː-, ─ ─ ˊ] 〘▭Arab. *fidā'ī* one who offers himself for his native land〙 ── *n.* (*pl.* **fe·da·yeen, fe·da·yin** [-(j)íːn]) (反イスラエルの)アラブゲリラ.
fed·er·a·cy [féd(ə)rəsi | -sɪ] 〘《逆成》? ← CONFEDERACY // ← FEDER(ATE)+-ACY〙 *n.* 《古》連合, 同盟.
fed·er·al [féd(ə)rəl] 〘《1645》← L *foeder-, foedus* covenant (cf. L *fidēs* 'FAITH')+-AL[1]〙 ── *adj.* **1** 連邦の, 連邦制の; 連邦政府の, 中央政府の, 連邦組織の (cf. statal 1): a ~ union 連合国家, 連邦 / a ~ government 連邦政府. **2** [しばしば F-] 《米》(各州政府 (State government) に対して)連邦政府の, 合衆国の: a ~ court 連邦[中央]政府裁判所 / *Federal* officers 国家公務員(米国官吏). **3** [F-] (米国の南北戦争当時の)北部連盟[北軍]の[に関する] (cf. confederate 2); (北部)連邦主義者の: the *Federal* States (南北戦争時代の)北部連邦諸州 (cf. CONFEDERATE States of America) / the *Federal* army 北部連盟軍. **4** 《古》連合の, 同盟の (allied). **5** [F-] 《建築》連邦スタイルの《1790 年頃から 1830 年頃の間に, 米国で流行した古典主義復興の建築・装飾様式にいう》. **6** 《キリスト教》(神と人間との関係における)契約(説)の. **7** 《英》《教育》(独立単位として機能する)カレッジ連合の[から成る]. ── *n.* 《米》 **1** [F-] 連邦主義者 (Federalist). **2** [F-] (米国の南北戦争当時の)北部連盟支持者 (Unionist); 北部連盟派の人, 北部連盟の兵士. **3** 米国官吏, 国家公務員.
Federal Bureau of Investigation [the ─] (米国の)連邦捜査局《司法省の一局; 略 FBI》.
Federal Government (of the United States) [the ─] 米国連邦政府.
Féderal Cíty *n.* [the ~] 連邦都市《Washington, D. C. の異名》.
Féderal Communicátions Commìssion *n.* [the ~] (米国の)連邦通信委員会《独立行政機関で, 全国の電気通信組織・放送事業を規制する; 略 FCC》.
Féderal Constitútion *n.* [the ~] 《米》 =CONSTITUTION of the United States.
féderal dístrict *n.* 連邦地域《中央政府所在の特別行政区でメキシコや南米諸国で行なわれている; 米国では Washington, D.C.; federal territory ともいう》.
féderal dístrict cóurt *n.* 《米》《法律》連邦地方裁判所《連邦の裁判権に属するすべての民事・刑事の事件を取り扱う第一審の裁判所》.
fed·e·ra·lese, F- [fèd(ə)rəlíːz, -líːs, ˌ─(─)─ˊ─] 〘← FEDERAL+-ESE〙 *n.* 《米俗》政府用語; 政府独特の表現法.
féderal fúnds *n. pl.* 《米》(連邦準備銀行の)準備金.
Féderal Hóusing Administràtion *n.* [the ~] (米国の)連邦住宅管理局《1934 年の連邦住宅法に基づいて設置された官庁で, 住宅金融公庫などによる住宅の建設を促進する; 略 FHA》.
féd·er·al·ism [-lɪzṃ] 〘《1789》〙 ── *n.* **1** 連邦主義, 連邦制度. **2** [F-] (米国) 連邦党 (Federalist Party) の主義. **3** [F-] 《キリスト教》契約説, 聖約説《神と人間との関係は契約に基づくとする主張; cf. federal adj. 6》.
féd·er·al·ist [-lɪst, -ləst | -lɪst] *n.* **1** 連邦主義者. **2** [F-] (米国の)北部連盟支持者 (cf. confederate 2); 連邦党 (Federalist Party) 員. **3** =world federalist. ── *adj.* =federalistic.
fed·er·al·is·tic [fèd(ə)rəlístɪk] *adj.* 連邦主義(者)の.
Féderalist Pàrty *n.* [the ~] (米国の)連邦党《独立戦争後 Alexander Hamilton や John Adams を指導者として米国憲法制定を主張し, 憲法制定後は強力な中央政府を唱道した初めての全国的政党 (1789–1816); cf. Democratic-Republican Party》.
fed·er·al·i·za·tion [fèd(ə)rəlɪzéɪʃən, -lə- | -laɪ-, -lɪ-] *n.* 連邦化.
fed·er·al·ize [féd(ə)rəlàɪz] *vt.* **1** 連合させる, 連邦にする. **2** 連邦政府の管轄にする: ~ the welfare system.
féd·er·al·ly [-rəli | -lɪ] *adv.* 連合的に, 同盟的に, 連合によって; 連邦的に.
Féderal Pàrty *n.* [the ~] 《米》 =Federalist Party.
Féderal Repúblic of Gérmany *n.* [the ~] ドイツ連邦共和国《西ドイツ (West Germany) の公式名; 略 FRG, F.R.G.》.
Féderal Resérve Bànk *n.* (米国の)連邦準備銀行《全国を 12 区に分ち各地区に 1 行ずつある; 略 FRB; ⇨ central bank》.
Féderal Resérve Bòard *n.* (米国の)連邦準備制度理事会《合衆国大統領の任命による 7 人の委員制で連邦準備銀行の業務を統制監督する; 略 F.R.B., FRB》.
Féderal Resérve nòte *n.* (米国の)連邦準備券《連邦準備銀行の発行する銀行券》.
Féderal Resérve Sỳstem *n.* (米国の)連邦準備銀行制度(略 FRS).
féderal státe *n.* (州または邦の自治権が大幅に認められている)連邦国家.
féderal térritory *n.* =federal district.
féderal theólogy *n.* 《キリスト教》(神と人との間に契約があるとの教義に基づく)契約神学, 聖約神学.
Féderal Tráde Commìssion *n.* [the ~] (米国の)連邦取引委員会《1914 年に連邦取引委員会法によって設立され, シャーマン法・クレイトン法に基づき, 公正な競争的市場を維持するため調査活動などを行なう; 日本の公正取引委員会に相当; 略 FTC》.
féderal univérsity *n.* 《英》連合大学.
fed·er·ate 〘← L *foederāt-us* leagued together (p.p.) ← *foederāre*: ⇨ federal, -ate[2]〙 ── [fédərèɪt] *vt.* **1** 〈国・組織などを〉連合させる, 連邦化する: a ~*d* state. **2** …に連邦制度を布(し)く. ── *vi.* 連合[同盟]に加わる. ── [féd(ə)rət, -rɪt | -dərət, -rɪt, -dərèɪt] *adj.* 連合した, 連盟の, 連邦制度の: ~ nations 連合国, 連邦を構成する国々.
féd·er·àt·ed [-ṭɪd, -ṭəd | -tɪd, -təd] *adj.* 連邦の; 連合の.
féderated chúrch *n.* 《教会》連合教会《教派を異にしながら共通のプログラムの下に連合している地方教会》.
Féderated Maláy Stàtes *n.* [the ~] (旧英領の)マレー連邦諸州《Malay 半島南端の Perak, Selangor, Negri Sembilan および Pahang 4 州の連合; 今は Federation of Malaysia に統合されている; ⇨ Malaysia》.
fed·er·a·tion [fèdəréɪʃən] 〘《1721–1800》▭F *fédération* ▭LL *foederātiō(n-)*: ⇨ federate, -ation〙 ── *n.* **1** 連合; 連邦化. **2** 連邦制度, 連邦政府. **3** 連合組合, 組合連合会, 連盟, 総同盟: a ~ of labor unions 労働組合総同盟 / the *Federation* of the world 世界連合[連盟] (Tennyson, *Locksley Hall* 128).
Federation of Indo-China [the ─] インドシナ連邦《ベトナム・カンボジア・ラオスの連盟で, もとフランス領インドシナ (French Indochina) と称したもの; フランス連合 (French Union) の一員; 連邦首都 Hanoi (Tonkin)》.
Federation of Malaysia [the ─] マレーシア連邦 (⇨ Malaysia).
Federation of Rhodesia and Nyasaland [the ─] ローデシアニアサランド連邦 (⇨ Rhodesia 2).
Federation of South Arabia [the ─] 南アラビア連邦《アラビア南西部の State of Aden (もと英国植民地 Aden) と南アラブ保護領 (Protectorate of South Arabia (もと英国保護領 Aden)) 20 州の中の 16 州とが合併して 1962 年にできた連邦で, 英国保護領; 1967 年抜けていた 4 州も加わって独立し南イエメン (Southern Yemen) となる》.
Federation of the West Indies [the ─] 西インド諸島連邦《西インド諸島中の Jamaica, Trinidad and Tobago および Lesser Antilles 内の英領の島々で構成された英連邦の植民地; 首都 Trinidad 島の Port of Spain; 1958 年成立したが, 1962 年 Jamaica および Trinidad and Tobago が独立したため解消; West Indies Federation ともいう; cf. West Indies Associated States》.
fèd·er·á·tion·ist [-ʃ(ə)nɪst, -nəst | -nɪst] *n.* 連合[連盟]主義者, 連邦論者.
fed·er·a·tive [fédərèɪṭɪv, -d(ə)rəṭ- | -dərətɪv, -rèɪt-] *adj.* 連合の, 連盟の[に基づいた] (federal). **~·ly** *adv.*
Fe·de·ri·co [fèdəríːkou | -kəu; *It.* federíːko, *Sp.* feðeríko] 〘▭It. ~ 'Frederick'〙 *n.* 男性名.
Fe·de·ri·go [fèdəríːgou | -gəu; *It.* federíːgo] 〘▭It. ~《異形》↑〙 *n.* 男性名.
fedn 《略》 federation.
Fë·dor [fíːədɔə, fióuə | fíːə(u)dɔː(r, fíə(u)-, fɪəu-; *Russ.* fjódər, *G.* féːdɔr, -doːɐ] *n.* =Feodor.
fe·do·ra [fɪdɔ́ːrə, fə-, -dóːrə | fɪdɔ́ːrə] 〘← *Fédora* (Sardou 作の劇 (1882))〙 ── *n.* ソフト帽 (trilby) 《ソフトなフェルト製のつばの反(そ)った中折帽》.
Fe·do·ra [fɪdɔ́ːrə, fə-, -dóːrə | fɪdɔ́ːrə] 〘▭F *Fédora*: ⇨ Feodora〙 *n.* 女性名.
Fë·do·ro·vich [fjóudərəvɪtʃ | fjóu-; *Russ.* fjódərəvjitʲ] *n.* =Feodorovich.

fedora

fee [fíː] 〘《a1338》▭AF ~ =OF *fé, feu, fiu* 'FIEF' < VL **feudum*=ML *feodum, feudum* ← ? Frank **fehu-ōd* cattle-property: cf. OE *feoh* cattle〙 ── *n.* **1** 料金, 手数料: an admission ~ 入場料 / a license ~ 免許料 / ~ paid 料金支払済. **2 a** (専門職業者へ払う)報酬, 謝礼: a doctor's ~ for a visit (医師の)往診料 / a lawyer's ~ (弁護士の)弁護料[謝礼金] / an official's ~ (公務員の)給料 / ⇨ retaining fee / Take some remembrance of us, a tribute, not as a ~. 私たちの記念の品をおもちください, 報酬としてではなく贈物として (Shak., *Merch V* 4. 1. 423). **b** (フットボールなどの選手の移籍のためにチームのオーナーに支払う)移籍金. **3** (入学・入会などの)納付金; [しばしば *pl.*] 授業料, 会費: tuition ~*s* 授業料 / a membership ~ 会費. **4 a** 《古》心付け, 祝儀: a porter's ~. **b** 《英方言》(召使の)賃金. **c** 《廃》賄賂. **5** 《封建法》 **a** 領地, 封土(権). **b** 領地所有権. **6** 《法律》相続財産《特に不動産; cf. fee simple, fee tail》: an absolute ~ 無条件相続[世襲]地 / an ecclesiastical ~ 寺領.
at a pin's fee ⇨ pin 成句. ***hold in fee*** (***simple***) 《法律》〈土地を〉単純封土権[無条件相続地]として保有する (cf. fee simple).
── *vt.* (**feed, fee'd**; **~·ing**) **1** …に料金[謝礼金, 給与]を支払う, 心付け[チップ]をやる. **2 a** 《スコット》雇う (hire). **b** 《英方言》用いる, 利用する.
feeb [fíːb] 〘《短縮》← *feebleminded*〙 *n.* 《米俗》あほう.
Fee·bie [fíːbi | -bɪ] 〘← FBI: FEEB との連想による頭文字発音〙 *n.* 《米俗》連邦捜査局 (FBI) の捜査官, G メン.
fee·ble [fíːbḷ] 〘? lateOE *feble* ▭AF=OF (F *faible*) 《音位転換》← *flebe* < L *flēbilem* weeping, weak ← *flēre* to weep: ⇨ -ble: cf. foible〙 ── *adj.* (**fee·bler** [-blə, -bḷə | -blə(r)], **-blest** [-blɪst, -bləst, -bḷ- | -bl-]; **more ~, most ~**) **1 a** (老齢・病気などのため)弱った, 弱々しい: be ~ in health 健康が衰えている / a ~ body, old man, etc. **b** 〈声・光・力・効果など〉弱い, かすかな, 微弱な: a ~ moan 弱々しいうめき声 / a ~ pulse 微弱な脈 / a ~ reason 薄弱な理由. **c** 〈物が〉弱い, こわれやすい, もろい: a ~ barrier 脆い柵. **2** (精神力の)薄弱な, 気力の乏しい, 低能の; 劣った: a ~ mind 薄弱な精神 / a ~ brain 低能. **fée·bly** [-bli, -bḷi | -blɪ] *adv.* **~·ness** *n.*
féeble·mínded *adj.* **1** 精神薄弱の, 精薄の《精神年齢が 8 歳から 9 歳程度の者にいう》. **2** 頭の弱い; 低能な. **3** 《廃》意志の弱い. **~·ly** *adv.* **~·ness** *n.*
féeble·vóiced *adj.* 弱々しくてはっきりしない声の.
fée·blish [-bḷɪʃ, -bl-] *adj.* 弱そうな, やや弱々しい, 力のなさそうな.
feed[1] [fíːd] 〘OE *fēdan* < Gmc **fōðjan* (Du. *voeden* / OHG *fuotan*) ← **fōdon* 'FOOD' ← IE **pā-* to feed (L *pāskere* to feed)〙 ── *v.* (**fed** [féd]) ── *vt.* **1 a** 〈動物などに〉食物を与える, 餌をやる; 〈乳児〉に授乳する; 〈幼児・病人〉に食事をさせてやる, 食物を口に運んでやる: ~ the pigs [chickens] / ~ a baby with a spoon 赤ん坊にスプーンで食事を与える / The baby can't ~ itself yet. 赤ん坊はまだひとりでものが食べられない / ~ the fishes ⇨ fish[1] 成句. **b** 〔動物などに〕食料[餌]として与える 〔*to*〕: ~ turnips *to* cattle 牛にかぶらを与える / ~ milk *to* a cat 猫にミルクを飲ませる.
2 〈土地・牧場などが〉…のための食料を産み出す; 〈穀物・鳥獣などが〉…の食料となる: Plants ~ many creatures. 植物はいろいろな生物の食料となる / These prairies used to ~ great herds of buffalo. この大草原にはもと野牛の大群がその草を食って生きていた.
3 a 養う (nourish); 〔…で〕飼う, 育てる 〔*on, with*〕: ~ a kitten *on* [*with*] cow's milk 子猫を牛乳で育てる /

~ plants *with* fertilizer 肥料を施して植物を育てる / He had to ~ a big family. 大家族を養わなければならなかった / The children are well [poorly] *fed*. 子供たちは栄養がよい[悪い] / Well *fed*, well bred. 《諺》「衣食足って礼節を知る」. **b** (精神的に)養う: ~ the mind.
4 a 〔原料を〕〈機械〉に送り込む,〔燃料を〕〈炉〉に供給する〔*with*〕: ~ a printing press *with* paper 印刷機に紙を送り込む / ~ a furnace *with* coal 炉に石炭をくべる / ~ a computer *with* data 電算機にデータを入れる. **b** 〈機械に〉〈原料を〉送り込む,〈炉に〉〈燃料を〉供給する, くべる〔*to, into*〕: ~ paper *to* [*into*] a printing press 印刷機に紙を送り込む / ~ coal *to* a furnace 炉に石炭をくべる / ~ data *into* a computer 電算機にデータを入れる. **c** 〈川などが〉〈より大きな川・湖など〉に注ぎ込む: a river *fed* by tributaries 支流が注ぎ込む川.
5 a 〈電力を〉送る; …に送電する. **b** 〈信号を〉〔電子回路へ〕送る〔*to*〕. **c** 〈テレビ・ラジオ番組を〉〔送信所へ〕回線を通じて送る〔*to*〕.
6 〈想像などを〉ほしいままにさせる,〈欲望・虚栄心などを〉満足させる (gratify); 〈希望・疑念などを〉つのらせる, あおり立てる (fortify): His vanity was *fed* by their flattery. 彼の虚栄心は彼らの追従(ついしょう)で増長した / That *fed* the flame of jealousy in her mind. そのため彼女の嫉妬の炎があおり立てられた / His enmity was *fed* with envy. 彼の憎しみはねたみによってあおり立てられた.
7 a 〈土地を〉牧場に使用する; 〈牧草を〉家畜に食べさせる: ~ (*down*) grassy land 草地を牧場にする / ~ grass close 家畜に草を短く食わせる. **b** 〈家畜〉に草を食(は)ませる, 放牧する.
8 《口語》〖演劇〗〈相手役〉に台詞(せりふ)のきっかけを与える; 〈喜劇俳優〉に観衆を笑わせるための台詞を言わせる[仕草をさせる]; 〈(きっかけとなる)台詞を〉〈俳優〉につけてやる: ~ lines *to* an actor = ~ an actor his lines 俳優に台詞をつけてやる.
9 〖スポーツ〗(サッカーなどで)〈味方〉にゴールショットのために送球する.
— *vi.* **1 a** 〈牛馬などが〉物を食う (eat): The sheep are ~*ing* in the meadow. 羊は牧場で草を食っている. **b** 《口語》[しばしば軽蔑的・戯言的] 〈人が〉食事をする: ~ well [high, at the high table] 美食する. **2 a** 〔…を〕餌にする, 常食とする (prey) 〔*on, upon, off*〕: Cattle ~ chiefly *on* grass. 牛は主に草を食う / Crows *fed off* a crop of turnips. からすが畑のかぶらを食った. **b** 〔…によって〕生きている, 増長する〔*on, upon*〕: He just ~*s on* hope. 希望を頼りに生きているようなものだ / Her jealousy *fed upon* suspicions. 彼女の嫉妬心は疑惑によってますます増長した. **3 a** 〈原料などが〉〔機械に〕(流れるように)はいる, 送り込まれる〔*into*〕: Fuel ~*s into* the furnace through this hopper. このホッパーを通して燃料が炉に注がれてゆく. **b** 〈弾丸が〉〔銃に〕装塡(そうてん)される〔*into*〕. **4** 《口語》〖演劇〗〈俳優が〉相手役に台詞のきっかけを与える.
fed up ⇨ fed *adj.* 成句. ***feed a cold*** ⇨ cold 成句. ***feed back*** 〖電気・心理・社会学・生物〗フィードバックする, 饋還(きかん)する (⇨ feedback). ***feed up*** 〈人〉にうまい[栄養のある]物をたくさん食べさせる; 〈家畜を〉太らせる (fatten): This child needs ~*ing up*. この子はたくさん食べさせて元気にしなければならない.
— *n.* **1 a** (家畜・家禽(かきん)の)食料, 飼料, まぐさ; (家畜の)混合飼料: ~ *for* horses 馬のかいば. **b** 1回分の飼料: a ~ of oats 一回分のからす麦のかいば / at one ~ 一食に / Let the cow have a ~. 牛に飼料をやりなさい. **2 a** 《口語》(赤ん坊の)食事; 腹一杯のごちそう: We had a good ~. ごちそうを腹一杯食べた. **b** 給食; 給餌. **c** 《廃》食べること. **3 a** (機械への原料の)送り込み, 給送, (工作機械の切削(せっさく)の)送り, (炉への燃料の)供給; 供給材料(の量); 給送装置, 給送口. **b** (銃の)装塡(そうてん). **4** 《口語》〖演劇〗**a** 観衆を笑わせるきっかけをつくる台詞. **b** 台詞のきっかけを与える役. **c** (喜劇俳優に対する)引き立て役. **5** 〖スポーツ〗(チーム仲間への)送球.
off one's feed (1) 〈家畜が〉餌を食べたがらない; 《口語》〈赤ん坊が〉食欲がない, 〈大人が〉食欲がない: The baby is *off its* ~. (2) 《俗》気分がすぐれない; がっくりした, しょげた. ***on the feed*** 〈魚が〉餌について[を求めて]. ***out at feed*** 〈牛などが〉牧場に出て草を食(は)んで.
feed² *v.* fee の過去形・過去分詞.
fee'd *v.* fee の過去形・過去分詞.
féed·bàck 〖《1920》〗 — *n.* **1** 〖電気〗帰還, 饋還(きかん), フィードバック《出力側の信号の一部を入力側に返還する操作; 増幅器・自動制御装置などに用いられる》: ⇨ negative feedback, positive feedback. **2** 〖心理〗フィードバック《出力としての行動の一部を, 目標に向かうように修正するために入力側に戻すこと》. **3** 〖社会〗送還《ある方式を補強修正するために現在の効果の一部を振出しに戻すこと》. **4** 〖生物〗フィードバック《ある物質の生産に関与する径路の各段階の活性が, その径路の最終産物の量によって制御されること》. **5** (操作・実験などの補正的な)結果についての情報; (講演などに対する)反応 (reaction), (参考)意見, 感想 (response): ~ *from* the audience, readers, etc.
— *attrib. adj.* 〖電気〗帰還[饋還]の[を行なった].
féedback inhibítion *n.* 〖生化学〗フィードバック的抑制《一連の代謝過程の後の物質が過剰になった時, その初めの方の反応を抑制すること》.
féed bàg *n.* (馬の首にかける)かいば袋 (⇨ nose bag).
put on the feed bag 《俗》食べる, 食事をする.
féed bèlt *n.* 保弾帯《機関銃など自動火器の送弾に用いる布製[金属製]の弾薬保持用ベルト; cf. cartridge belt》.
féed·bòx *n.* **1** 飼箱. **2** 〖機械〗送り変速装置.
féed·er 〖ME: ⇨ feed, -er¹〗 — *n.* **1 a** 餌を与える者, 飼手, 飼養者; 肥畜飼育者. **b** 餌箱, (自動)給餌器, かいば桶(おけ). **c** 哺乳瓶. **2 a** [通例形容詞を伴って]食い手, 食う人[動物]; 肥料を要する植物: a large [gross] ~ 大食家 / a quick ~ 早食い(の人). **b** 肥育用の家畜; (特に)肥育用去勢牛 (cf. stocker 2). **3** 扇動者, 奨励者: a ~ of riots. **4** 《英》(食事の時に子供がかける)よだれ掛け. **5 a** (河川の給水源となる)支流, 培養水路. **b** (鉄道の)培養支線 (feeder line). **c** (バスの)支線. **d** (航空)支線, 支線航空路. **e** (主要幹線道路に対して)支線道路 (feeder road). **f** 供給源. **6** 〖機械〗供給機[装置]; 送り装置. **7** 〖電気〗給電[送電]線, フィーダー《アンテナと電子回路との間の高周波電流の通路》. **8** 〖鉱山〗(運鉱の)給鉱機; 給水機; 給油器. **9** 《口語》〖演劇〗**a** 脇役, 引き立て役 (straight man) (cf. feed *vt.* 8, *vi.* 4). **b** = feed¹ 4 b.
féeder àirline *n.* = feeder 5 d.
féeder hèad *n.* 〖金属加工〗= feedhead.
féeder lìne *n.* **1** = feeder 5 b. **2** = feeder 5 d.
féeder ràilway *n.* = feeder 5 b.
féeder ròad *n.* = feeder 5 e.
féed·fórward *n.* 〖電気〗フィードフォワード《出力信号を入力側に返還する帰還 (feedback) に対し, 入力や途中の出力の信号を用いて最終出力までの段階で行なう制御の方法》.
féed·hèad *n.* 〖金属加工〗押湯(おしゆ)《鋳物が凝固収縮する際の空洞を防ぐために鋳型上部に設けた湯だまり; riser ともいう》.
féed·ing 〖n.: OE. — adj.: ME〗 — *n.* **1 a** 給食, 飼養; 授乳: artificial [breast, mixed] ~ 人工[母乳, 混合]栄養. **b** 〖医学〗栄養補給. **2 a** 給送; 給水; 給電. **b** [形容詞的に] 給水[給電](用)の: a ~ engine 給水機関. **3** 放牧地, 牧草地. — *adj.* **1** 食物を摂取する; 給食の, 飼料を給する. **2** (刻々)激しさを増す: a ~ storm 荒れ募る暴風雨.
féeding bòttle *n.* = nursing bottle.
féeding cùp *n.* (病人用の)吸い飲み.
féeding gròund *n.* (動物たちの)餌場.
féeding hèad *n.* 〖金属加工〗= feedhead.
féeding·stùff *n.* = feedstuff.
féeding tìme *n.* (動物園などの動物の)給食時間.
féed·lòt *n.* (家畜群を肥育するための)飼育用地.
féed pìpe *n.* 〖機械〗給水管, 送り管.
féed pùmp *n.* 〖機械〗(ボイラーへの)給水ポンプ.
féed scrèw *n.* 〖機械〗送りねじ《おねじとめねじの組合わせによって送り運動を与える場合のおねじ; cf. lead screw》.
féed shàft *n.* 〖機械〗送り軸《工作機械の刃物に送り運動を与えるための軸》.
féed·stòck *n.* 機械または加工工場に供給する原料.
féed·stòre *n.* 家畜用飼料店.
féed·stùff *n.* 飼料 (fodder).
féed tànk *n.* (ボイラー・機関車などの)給水タンク; 飲用水タンク.
féed·thròugh *n.* 〖電気〗フィードスルー《面の逆側にある二つの回路を結ぶ導体》.
féed tròugh *n.* 《米》(家畜用の)細長いかいば桶(おけ).
féed·wàter *n.* (ボイラーへの)給水.
fée fàrm 〖ME *fee ferme* ⇦ AF *fee-ferme* = OF *feuferme, fiofferme*: ⇨ fee, farm〗 — *n.* 〖法律〗(約定地代を納付して保有する)永代借地; 永代地代付き自由保有《実質的には賃借権で特別の負担なし》.
fee-faw-fum [fíːfɔ̀ːfʌ́m] 〖《1605–06》〗 — *int.* ぶるぶるぶるっ, おばけ《おとぎ話 *Jack the Giant Killer* の中の巨人が用いたおどかしの叫び》. — *n.* **1** (子供などをおどかす時の)おどし言葉. **2** 巨人, 化け物, 怪物 (ogre).
feel [fíːl] 〖*v.*: OE *fēlan* < (WGmc) *fōljan (Du. *voelen* / G *fühlen*) ← IE *pel- to touch, feel, shake (L *palma* 'PALM¹' / Gk *palámē*). — n.: ← (v.)〗 — *v.* (**felt** [félt]) — *vt.* **1** …にさわってみる, 触れる (touch): ~ the edge of a knife ナイフの刃にさわってみる / ~ one's pulse 脈をみる / He *felt* the water and saw how cold it was. 彼は水にさわってみてどんなに冷たいかがわかった.
2 a (触覚で)探る; 探り[捜し]出す (search), 〈情勢・人心・反応など〉に探りを入れる, 確かめる (sound) 〈*out*〉: ~ the ground with the foot [a stick] 地面を足で踏んで[つえでたたいて]みる / It was a few minutes before I could ~ *out* my gun in the box. 箱の中で拳銃を手探りで捜し出すのに数分かかった / He *felt out* the opinion of his colleagues about it. それについて同僚の意見を探ってみた. **b** [従属節を目的語として] 〈…を〉さわって確かめようとする 〈*if, whether, how*〉: He *felt if* [*whether*] his wallet was in the pocket. 札入れがポケットにあるかどうかとさわってみた. **c** [~ one's way として] 手探りで[用心しながら]進む; 慎重に事を進める: He *felt his way* in the dark. 暗闇の中を手探りで進んだ.
3 a [しばしば目的語+原形不定詞・doing・過去分詞を伴って] 感じる, 感知する (experience): ~ delight, sorrow, fear, hunger, etc. / ~ a drink 酒の酔いを感じる / ⇨ *feel no* PAIN / I ~ the heat very much. ひどく暑さがこたえる / She *felt* the blood forsake her cheeks. 彼女は顔から血が引いて行くのを感じた / He *felt* his anger rising. 怒りがだんだん湧いてくるのを感じた / I *felt* myself touched by someone. だれかにさわられるのを感じた / An earthquake was *felt* last night. 昨夜地震があった. **b** 〈無生物が〉…の影響[害]を受ける: The auto industry is still ~*ing* the effects of the energy crisis. 自動車業界はエネルギー危機の影響をいまだにこうむっている / The ship began to ~ the helm. 船に舵(かじ)がきき始めた.
4 痛切に感じる, 思い知る, 感得する: ~ a friend's death 友人の死を痛惜する / ~ music [poetry] 音楽[詩]に打たれる / ~ a person's insult keenly 侮辱を身にしみて感じる / She *felt* her husband's infidelity deeply. 夫の浮気に彼女の胸は煮えくり返った / I *felt* the truth of what was said. 言われた事の真実さをつくづくと感じた / He shall ~ my vengeance. 彼に恨みを思い知らせてやるぞ.
5 悟る, 自覚する, 気づく, 意識する: ~ the approach of age 老いの迫るのを感じる, 年取ってきたことに気づく / ~ one's own power 自分の力を自覚する.
6 a [しばしば *that*-clause または目的語+*doing* を伴って] (何となく)感じる, …という感じがする, 気づく: I ~ (*that*) some disaster is impending. 何か災難が迫っているような気がする / The Party *felt* public opinion *turning* against it. その党は世論の支持を失いそうな気配を感じた / ⇨ *feel in one's* BONES. **b** [*that*-clause, 目的語+*to* be, 目的語+補語を伴って] …と思う, 考える: I ~ you'd better have a rest. ちょっと休んだほうがよいと思う / It was *felt to be* inexpedient. それは不得策と思われた / I *felt it* my duty to accompany her. 彼女に同伴するのが義務だと感じた.
— *vi.* **1** 感覚がある, 感じがある: The dead cannot ~. 死者には感覚がない. / His left foot was found to ~ no more. 左足の感覚がなくなっていた.
2 a 探る, 手探りする〔*for*, 《英》*after*〕: I *felt for* the key in my pocket. 手探りでポケットの中の鍵を探った / He was ~*ing* (about [*around*]) *for* [*after*] the light switch in the darkness. 彼は暗やみで電灯のスイッチを探し(回)った. **b** 《米》〔…に〕さわって(調べて)みる〔*of*〕: She *felt of* his hat to see if it was wet. 彼女は彼の帽子が濡れているかどうかさわってみた.
3 [補語を伴って] **a** 〈人が〉…の感じがする, 心持がする,〈寒暑などを〉覚える, …のように感じる: ~ cold [warm] 寒く[暖く]感じる, 寒い[暖い] / ~ comfortable いい気持がする / ~ hungry 空腹を感じる / ~ sad [happy, proud, angry, sure, doubtful] 悲しく[楽しく, 誇らしく, 腹立たしく, 大丈夫に, 疑わしく]感じる / ~ one's age 寄る年波を感じる / ~ at ease 気楽に感じる[思う], 安心する / He *felt* certain that she would succeed. 彼女は成功するだろうと彼は確信した / How are you ~*ing* this morning? けさはご気分はいかがですか / She *felt as if* her head were bursting. 頭が割れるような気がした. **b** 〈物事が〉…の感じがする; …と感じられる: The water *felt* colder than was expected. 水は思ったより冷たかった / How does it ~ to be married? 結婚されてどんな気持ですか. **c** 〈物が〉触感[手ざわり]が…だ: Velvet ~*s* smooth. ビロードはすべすべする / The surface ~*s* rough. 表面はざらざらした感触だ.
4 a 〈人を〉思いやる, 同情する, 哀れむ (be sorry) 〔*for*〕: I ~ *for* you deeply. 君に大いに同情する / He *felt for* her in her troubles. 困っている彼女が可哀そうだと思った. **b** 〈人と〉同感である, 共鳴する〔*with*〕.
5 [副詞(句)を伴って] (賛否などの)感想を抱く, 考え方をする: I ~ *differently* now. 今は考えが変わった / He *felt strongly about* [*on*] the matter. 彼はその事についてはっきりした考えを持っていた / How do you ~ *toward* [*about*] her? 彼女をどう思っているか《好きかきらいか》.
6 (何となく)感じる: Don't mistake ~*ing* for thinking. (何となく)感じるだけのことを考えることと勘違いするな.
feel like (1) 《口語》…したい[を欲しい]ような気がする: She *felt like* crying [being alone]. 泣きたい[ひとりになりたい]ような気持がした / I don't ~ *like* (*taking*) a walk just now. 今は散歩に出たくありません / I ~ *like* (having) a cup of tea. 紅茶を1杯飲みたい. (2) …のように感じられる: I ~ *like* a fool. われながらばかみたいな気がする. ***feel* (*like* [*quite*]) *oneself*** [通例, 否定構文で] (精神や健康が)いつもと変りがない, 調子がよい, 落着いている: He has*n't* been ~*ing like himself* since that. あれ以来彼はどうも調子が変である / I do*n't* ~ *myself*. 何だかいつもの自分のようでない, どうも気分が悪い. ***feel out*** 《口語》(1) 〈人の態度・情勢などを〉探る, 打診する, 〈人〉の気持を探ってみる (cf. *vt.* 2 a): Let's ~ him *out* and see if he is interested in the job. この仕事に関心をもっているかどうか彼に探りを入れてみよう. (2) (慎重な方法で)〈思想など〉の実効性をためす[調べる]. ***feel up*** 《俗》〈人〉の性器(のあたり)を愛撫する. ***feel up to*** [通例, 否定・条件構文で] 《口語》…ができると感じる, …に耐えられそうな気がする: I do*n't* ~ *up to* (going on) a trip in such weather. こんな天気に(旅行に)出かける気になれない.
— *n.* **1** 手ざわり, 感触, 感じ: This handle has a sticky ~. この取手はべとべとする / It is rough [smooth] to *the* ~. 手ざわりがざらざらしている[な

めらかだ] / I know this is silk by *the* ~. 手ざわりで絹だということがわかる. **2** 《口語》[a ~] (手や指で)さわる行為: Just have a ~ of this cloth! ちょっとこの生地にさわってごらんなさい. **3** (物理的・精神的)感じ, 気持 (feeling, sensation),; 雰囲気 (atmosphere): have a ~ *of* home 家庭的な雰囲気がある / There is already a ~ *of* autumn. もう秋の気配が感じられる. **4** (生来の)勘, こつ; (芸術などにおける)感覚, センス: He had a ~ *for* good art. 彼にはすぐれた芸術に対する勘が備わっていた / The artist has a real ~ *for* color. その画家は真の色彩感覚をもっている.

féel·er [-lə | -lə(r] 〖ME: ⇨ ↑, -er¹〗 — *n.* **1** さわってみる人, 触知者. **2** 〖動物〗触角, 触手, 触毛 (tentacle), 触鬚(しょくしゅ) (palpus). **3** (他人・世間の意向[反応]をさぐるための)さぐり, 打診: put [throw] out ~*s* さぐりを入れる / The speech was a ~ to test public reaction to the idea. 演説はその考えに対する世間の反応をためすためのさぐりだった. **4** 〖軍事〗斥候(せっこう) (scout). **5** 隙間ゲージ《隙間の巾を計るため薄い金属板でできた, 厚みの段階的に異なる金属板を組にしたゲージ; feeler gage, thickness gage ともいう》. **6** 〖機械〗(旋盤などに用いて)切歯の位置を制御するために原形・原物の輪郭をたどる指針. **7** 〖海事〗触手鉤(こう)《測深儀のおもりが海底に達するのを触覚で知るための小金具》.

fée·less *adj.* 謝礼のない; 謝礼を要求しない.

féel·ing [-lɪŋ] 〖lateOE *fēling*: ⇨ feel, -ing¹·²〗 — *n.* **1** 触覚; 触感, (肉体的)感覚: lose all ~ in the legs すっかり脚の感覚を失う.
2 a 感じ, 心地, 気持, 心境, 印象, 意見: a ~ *of* pleasure [discomfort, warmth, pain] 快[不快, 温, 痛]感 / a ~ *of* drowsiness 眠気 / a ~ *of* hope [gratitude, joy, fear] 希望[感謝, 歓喜, 恐怖]の心持 / a ~ *of* injury 侮辱されたという気持 / experience a ~ *of* inferiority 劣等感を味わう / express one's ~*s* about …について の印象を述べる[心境を語る] / I had a ~ *that* someone was looking through the hole in the celing. だれかが天井の穴からのぞいているような感じがした / The general ~ of the meeting was against the proposal. 会の一般の空気はその提議に反対だった. **b** 〖心理〗《感情, 感じ《快・不快, 緊張・弛緩, 興奮・沈静などの気持》.
3 a [*pl.*] (鋭敏な)感情 (sensibilities): enter into a person's ~*s* 人の感情を汲み取る / hurt a person's ~*s* 人の感情を傷つける. **b** (反応的な)感情; (個人間・国家間などに生じる)感情: rouse the ~*s* of the mob 群衆の感情をかき立てる / control one's ~*s* 感情を抑制する / relieve one's ~*s* (どなりちらしたり, わっと泣いたりして)気を晴らす / have a friendly [kindly] ~ toward a person 人に親しい気持[好意]を感じる / good ~ 友情, 親しみ / bad [ill] ~ 悪感情, 反感 / The ~ *between* their families was one of animosity. 両家間の感情は敵意であった / No hard ~*s*. 悪く思わないで下さい.
4 思いやり, 同情, あわれみ, なさけ; 恋心: a man of ~ 思いやりのある[感情的な]人 / a man without any ~(*s*) 人情のない人 / show a good deal of ~ *for* the sufferings of other people 他人の苦しみに対して大いに同情する / have no [not a grain of] ~ *for* …に少しも思いやり[同情]がない / I don't have any ~ *about* her. 彼女のことは何とも思っていない.
5 興奮, 感動 (sensation); 険悪な感情, 反感, 敵意: speak *with* ~ 感動して(しみじみ)語る (cf. 8) / *Feeling* over the election ran high. 選挙気分が盛り上がった / His speech roused strong ~*s* on all sides. 彼の演説は各方面に強い反感をまき起こした / I have no ~(*s*) *about* his attack on me. 彼の攻撃に対しては別に何とも思っていない.
6 (周囲などの)感じ, 気配, 雰囲気, 情趣: This building has the ~ *of* a church. この建物にはどこか教会のような感じがある / The party had a ~ *of* false gaiety. パーティーにはわざとらしい陽気な感じがあった.
7 a 感受性 (sensibility); (芸術的・審美的)共感: have a ~ *for* the beautiful 美に対する感受性がある / a man of fine ~ 感受性のこまやかな人. **b** 直観, センス (feel), 適性 (aptitude) 〔*for*〕: an author with a good ~ *for* words 語感のすぐれた作家 / He has a real ~ *for* music. 彼には音楽に対する本当のセンスがある.
8 (芸術作品・芸術家の)喚情性, 叙情性 (emotion); (作品が与える)情調: a poem without ~ 感情の表わされていない詩 / play the violin *with* ~ 感じを込めてバイオリンをひく (cf. 5) / The landscape painting has a pastoral ~. その風景画には田園的情調が漂っている.
9 予感, 虫の知らせ: I had a ~ *that* something would happen. 何かが起こりそうな予感がした.
— *adj.* **1** 感じる, 感覚のある (sentient), 感じやすい (sensitive): a ~ creature. **2** 感動しやすい, 同情[思いやり]のある; 情のこもった: a ~ heart 物に感じる心, 温い心 / in a ~ way 感動的に / a ~ remark 感情のこもった言葉. **3** 《廃》心にこたえる, しみじみと感じる: a ~ grief. **~·ness** *n.*

feel·ing·ful [fíːlɪŋfəl] *adj.* 強く感情を表わした: a ~ remark.

féel·ing·less *adj.* 感情のない, 感知する能力のない; 触感を失った. **~·ly** *adv.*

féel·ing·ly 〖ME: ⇨feeling (pres.p.), -ly¹〗 *adv.* 感情を表わして[こめて], 感動して, しみじみと: speak ~.

feel·thy [fíːlθi | -θɪ] 〖《転訛》← FILTHY: 外国人が [ɪ] を [iː] と発音するのを真似たもの〗 *adj.* 《俗》卑猥な.

fée símple 〖《c1387-95》□ AF ~〗 — *n.* (*pl.* **fees s-**) 〖法律〗単純封土権, 無条件相続地(権)《土地所有権に最も近い不動産権; fee は相続可能性を, simple は法定相続人の範囲に限定のないことを示す; cf. fee *n.* 6, fee tail》.

fée splìtter *n.* fee splitting する人.

fée splìtting *n.* (医師・弁護士などの専門分野を持つ人が同業者から受けた患者・依頼者の紹介に対し)自分の受ける報酬の一部を分けること.

feet *n.* foot の複数形.

fée táil 〖《1427》□ AF *fee tail(l)é*: ⇨ fee, tail²〗 — *n.* (*pl.* **fees t-**) 〖法律〗限嗣封土権, 限嗣相続不動産(権)《権利者の直系卑属のみが相続できる自由保有権; cf. fee simple》.

féet·first *adv.* =feet first (⇨ foot 成句).

féet·less *adj.* 足のない.

fée-TV *n.* 有料テレビ (cf. subscription television).

feeze [fiːz, féɪz] 〖OE *fēs(i)an* to drive ← ?: cf. Norw. *föysa* / Swed. *fösa* to drive away〗 — *n.* **1** 《方言》苛(いら)立ち, 不安, 心配, 狼狽(ろうばい) (worry). **2** 《今は方言》突進, 激突 (crash). — *vt.* **1** 《廃・方言》追い出す (drive away); 驚かす, まごつかせる. **2** =faze.

Féh·ling solùtion [féɪlɪŋ-] 〖← *Hermann Fehling* (1812-85: ドイツの化学者)〗 — *n.* 〖化学〗フェーリング液《ロッシェル塩 (Rochelle salt) を含む水酸化第二銅のアルカリ性溶液で, 酸化剤; Fehling's solution ともいう》.

Fehm·ge·richt [féɪmgərɪkt; G. féːmgərɪçt] *G. n.* =Vehmgericht.

feign [féɪn] 〖《c1300》 *feigne(n)* □ (O)F *feign-, feindre* to feign < L *fingere* to form, invent: cf. fiction〗 — *vt.* **1** 装う, …に見せかける, …のふりをする: ~ indifference 無関心を装う, 無頓着に見せかける / ~ madness [*that* one is mad, oneself (*to be*) mad] 狂気を装う / ~ illness [*to* be ill] 仮病を使う / escape death by ~*ing* it 死んだふりをして死を逃れる. **2** 《古》〈口実・話などを〉こしらえる, 作り上げる; 〈文書を〉偽造する: ~ an excuse [an accusation] 口実[非難]をでっち上げる. **3** 《古》まねる: ~ a person's voice 人の声色(こわいろ)を使う. **4** 《廃》想像する: The poet ~*ed* *that* Orpheus drew trees. 詩人はオルフェウスが木を動かすと想像したのだ (cf. Shak., *Merch* V 5. 1. 79-80). — *vi.* **1** 偽り装う, 見せかけをする. **2** 作り話をする. **~·er** *n.*

feigned 〖ME: ⇨ ↑, -ed 2〗 — *adj.* **1** 虚偽の, にせの, 偽りの (pretended, false): a ~ name 偽名 / ~ compliments そらぞらしいお世辞 / in a ~ voice 声色(こわいろ)を使って. **2** 作り上げた, こしらえた (fictitious): a ~ tale 作り話 / ⇨ feigned issue. **féign·ed·ness** [-nɪdnɪs, -nəd-, -nd-, -nəs | -nɪd-, -nəd-] *n.*

féigned íssue *n.* 〖法律〗仮作争点, 仮装争点《事実問題について陪審の判断を求める目的で当事者間で仮に作られる争点》.

féign·ed·ly [-nɪdli, -nəd-, -nd- | -nɪdlɪ, -nəd-] 〖ME〗 *adv.* 偽り装って, そらぞらしく; 偽って.

féign·ing·ly 〖ME〗 *adv.* 装って, 偽って.

fei·jo·a [feɪjóuə, -hóuə | -jə́uə, -hə́uə] 〖← NL ~ ← *J. de Silva Feijó* (19 世紀のスペインの博物学者)〗 — *n.* 〖植物〗**1** フェイジョア《南米産フトモモ科フェイジョア属 (*Feijoa*) の常緑樹の総称; フェイジョア (*F. sellowiana*) など》. **2** フェイジョアの果実.

Fei·ning·er [fáɪnɪŋə | -ŋə(r], **Lyonel** (**Charles Adrian**) *n.* (1871-1956) 米国の画家.

feint¹ [féɪnt] 〖《1679》□ F *feinte* something feigned (p.p.) ← *feindre* 'to FEIGN'〗 — *n.* **1** 見せかけ, ふり, 装い, 偽り: make a ~ *of* reading 本を読んでいるようなふりをする. **2** 〖フェンシング・ボクシング・軍事〗フェイント, (敵を欺く)牽制(けんせい)運動, 陽動作戦: a ~ *at* the head 頭を打つふり / in ~ / by way of ~ (敵を欺くための)牽制運動として. — *vi.* ふりをする, 偽る; 〔…を〕打つふりをする, フェイントをかける, 牽制攻撃をかける 〔*at, upon, against*〕: He ~*ed at* me with the right hand and struck me with the left. 右手で打つふりをして左手で私を殴った. — *vt.* 見せかけで打つ[欺く]; …のふりをする, 装う.

feint² [féɪnt] 〖《異形》← FAINT¹〗〖印刷〗 — *adj., adv.* (帳簿や帳面の淡青色や灰色の)薄い罫線の[で]: ~ lines 薄罫線 / ruled ~ = *feint*-ruled 薄罫(線)引きの. — *n.* (淡青色や灰色の)薄罫線.

feints [féɪnts] 〖← FAINT¹ + -s¹〗 — *n. pl.* 〖醸造〗フェイント《ウイスキーなどの蒸留の最初と最後に出るフーゼル油 (fusel oil) を含む不純な下等アルコール; cf. low wine》.

fei·rie [fíːri | -rɪ] 〖ME《スコット》*fery* < ? OE **fērig* ← *fōr* going + *-ig* '-Y⁴'〗 *adj.* 《スコット》**1** 頑健な, 強い. **2** 活動的な.

feis [féʃ] 〖□ Ir. ~, *fess* assembly〗 *n.* (*pl.* **fei·sean·na** [féʃənə]) **1** (古代ケルト王の)議会. **2** (アイルランド・スコットランドの)芸術祭.

Fei·sal [fáɪsəl, féɪ-, -sl] *n.* =Faisal.

feiseanna *n.* feis の複数形.

feist [fáɪst] 〖《短縮》← 《廃》*fisting* (dog) small pet dog < OE *fisting* breaking wind〗 — *n.* 《米方言》**1** 雑種の小犬, (特に)気性の荒い野良犬 (cur). **2** つまらない奴; 短気な人.

feist·y [fáɪsti | -tɪ] 〖⇨ ↑, -y⁴〗 — *adj.* (**feist·i·er**; **-i·est**) 《米口語》**1** いらいらした; おこりっぽい, 短気な. **2** よくじゃれる (frisky), 元気のいい. **3** 気取った, 威張った (haughty); わがままな (wilful).

Fei·sul [fáɪsəl, féɪ-, -sl] *n.* =Feisal.

feld·sher [féł(d)ʃə | -ʃə(r] 〖□ Russ. *fel'dsher* □ G *Feldscher* field surgeon〗 — *n.* (*also* **feld·scher** [~]) (ソ連で, 中等医学教育を受け, 医師の助手をつとめる)医師補.

feld·spar [féł(d)spɑə | -spɑː(r] 〖《古形》*feldspath* 《部分訳》← G *Feldspat(h)* ← *Feld* field + *Spat* spar〗 *n.* 〖鉱物〗長石 (《英》 felspar).

feld·spath·ic [feł(d)spǽθɪk] *adj.* 〖窯業〗長石質の, 長石を含む (《英》 felspathic)《特に, 長石を含む磁器釉に用いる》: ~ earthenaware 長石質陶器 / ~ glaze 長石釉.

feld·spath·oid [féł(d)spæθɔ̀ɪd] 〖← G *Feldspat(h)* 'FELDSPAR' + -OID〗 *n.* 〖鉱物〗准長石. **feld·spath·oi·dal** [fèł(d)spæθɔ́ɪdł] *adj.*

feld·spath·ose [féł(d)spæ̀θous | -θəus] 〖⇨ ↑, -ose¹〗 *adj.* 〖窯業〗=feldspathic.

Fé·li·bre [feɪlíːbr(ə); *F.* felibr] 〖□ F ~ □ Prov. *felibre* (イエスが 12 歳の時, 宮で質問をした教師が原義; cf. *Luke* 2: 46) 《F. Mistral による呼称》〗 — *n.* 〖文学〗フェリブリージュ (Félibrige) 運動の共鳴者.

Fé·li·brige [fèliːbríːʒ; *F.* felibriːʒ] 〖↑〗 — *n.* [the ~] フェリブリージュ協会《1854 年に Mistral, Roumanille らによって結成された近代プロヴァンス語再興を目指す文学運動の団体》.

Fél·i·brism [féləbrɪ̀zm | -lɪ-] *n.* フェリブリージュ (Félibrige) 運動[主義].

Fe·lice [fəlíːs | fɪ-, fe-, fə-] 〖1: 《変形》↓; 2: 《変形》← FELIX〗 *n.* **1** 女性名. **2** 男性名.

Fe·li·cia [fəlíʃə, -líʃiə, -líːʃə, -líːsiə | fəlísɪə, fe-, fɪ-, -sjə, -ʃɪə] 〖□ L ~ ← *fēlix* happy〗 *n.* 女性名《異形 Felice, Feliciana, Felicidad, Felicity》.

fe·li·cide [fíːləsàɪd | -lɪ-] 〖← L *fēli-, fēles* cat + -CIDE〗 *n.* 猫殺し(行為).

fe·li·cif·ic [fìːləsífɪk | -lɪ-] 〖□ L *fēlīcific-us* making happy ← *fēlīc-, fēlix* happy: ⇨ -fic〗 — *adj.* **1** 幸福にする[をもたらす]. **2** 幸福によって価値をはかる: a ~ ethics.

felicific cálculus *n.* 〖倫理〗幸福計算《行動するに当たって生じるであろう快楽と苦痛のバランスをはかることによって行動の正しさを決定する方法; hedonic calculus ともいう》.

fe·lic·i·tate [fɪlísətèɪt, fə- | fəlísɪ-, fe-, fɪ-] 〖《1605-06》□ L *fēlīcitāt-us* (p.p.) ← *fēlīcitāre* to make happy ← L *fēlix* happy: ⇨ ate³〗 — *vt.* **1** 祝う, 慶賀する (congratulate): ~ a friend *on* his [her] success [marriage] 友人の成功[結婚]を祝う. **2** [~ one*self* で] 〔…を〕嬉しいと思う 〔*on*〕; 〈…ということを〉幸せ[幸運]と思う 〈*that*〉: He ~*d* himself *on* having [*that* he had] chosen so wisely. 彼はそのように賢明な選択をしたことを幸いに思った. **3** 《古》幸福にする.
— *adj.* 《廃》幸福になった.

fe·lic·i·ta·tion [fɪlìsətéɪʃən, fə- | fəlìsɪ-, fe-, fɪ-] *n.* [通例 *pl.*] 祝賀, 慶賀 (congratulation); 賀詞, 祝辞: offer one's ~*s on* …の祝辞を述べる.

fe·líc·i·tà·tor [-tə | -tə(r] *n.* 祝辞を述べる人, 祝賀客.

fe·lic·i·tous [fɪlísətəs, fə- | fəlísɪt-, fe-, fɪ-, -sə-] 〖《1789》: ⇨ ↓, -ous〗 — *adj.* **1** 〈言葉・表現・用法など〉適切な, 妥当な, うまい (happy): a ~ remark [phrase, allusion, illustration] 巧みな言葉[語句, 引照, 例示]. **2** 表現[言回し]のうまい: be ~ *in* the choice of words 言葉の選択がうまい. **3** 《まれ》幸いな, 幸福な (happy); 楽しい (pleasant). **~·ly** *adv.* **~·ness** *n.*

fe·lic·i·ty [fɪlísəti, fə- | fəlísɪtɪ, fe-, fɪ-, -sɪ-] 〖《c1386》 *felicite* □ OF (F *félicité*) □ L *fēlīcitātem* happiness, good fortune ← *fēlīc-, fēlix* happy: ⇨ -ity〗 — *n.* **1** 幸福なこと[状態], 幸福; 至福. **2 a** 幸福をもたらすもの, 幸い, 天恵; 慶事. **b** 《古》幸運. **3 a** (表現などの)うまさ, 手際のよさ: ~ in speech さわやかな弁舌 / with ~ 適切に, うまく. **b** 適切な表現, 名文, 佳句.

Fe·lic·i·ty [fɪlísəti, fə- | fəlísɪtɪ, fe-, fɪ-, -sɪ-] 〖↑〗 *n.* 女性名.

fe·lid [fíːlɪd, -ləd | -lɪd] 〖⇨ ↓, -id²〗〖動物〗 *adj.* ネコ科の. — *n.* ネコ科の動物《cat, lion, tiger, puma, leopard など》.

Fe·li·dae [fíːlədìː | -lɪ-] 〖← NL ~ ← L *fēles* cat + -IDAE〗 *n. pl.* 〖動物〗(食肉目)ネコ科.

fe·line [fíːlaɪn] 〖《1681》□ L *fēlīn-us* of a cat ← *fēles*: ⇨ ↑, -ine¹〗 — *adj.* **1** 〖動物〗ネコ科の, ネコ属 (*Felis*) の, ネコの. **2 a** 猫のような. **b** 人目を盗む: with ~ care 猫のような慎重さで. **c** ずるい, 陰険な (sly). **d** しなやかな: ~ grace. — *n.* ネコ科の動物 (felid); ネコ. **~·ly** *adv.* **~·ness** *n.*

féline distémper *n.* 〖獣医〗**1** =panleucopenia. **2** ねこ無顆粒(かりゅう)細胞症《猫の伝染病で発熱・睡眠・下痢を伴い死亡率が高い》.

féline enterítis *n.* 〖獣医〗=panleucopenia.

féline panleucopénia *n.* 〖獣医〗=panleucopenia.

fe·lin·i·ty [fɪlínəti | fɪlínətɪ, fiː-, fə-, -nɪ-] *n.* 猫らしさ; 猫の特性.

Fe·lix [fíːlɪks; *G.* féːlɪks] 〖← L *fēlix* happy, lucky: cf. Felicity〗 *n.* 男性名.

Fé·lix [féɪlɪks; *F.* feliks, *Sp.* féliks] 〖□ F ~: ↑〗 *n.* 男性名.

fell¹ [fél] 〖OE *fel(l)* hide, skin < Gmc **fellam* (Du. *vel* / G *Fell*) ← IE **pel-* skin (L *pellis* / Gk *péllā*)〗 — *n.* **1** 獣皮, 毛皮 (pelt, hide). **2** (人間の)皮膚: ⇨ FLESH *and fell*. **3** (皮膚下の)膜皮. **4** (もじゃも

じゃの)毛房, 毛髪；(もつれた)羊毛 (fleece)：a ～ of hair もつれ髪, ぼうぼうの髪.

fell² [fél] 〖(*a*1325) ◻ ON *fjall, fell* mountain: cog. G *Fels* rock〗 — *n.* 《英》 **1** (イングランド北部・スコットランドの荒れた)高原地帯, 丘陵. **2** [地名に用いて] …山 (hill, mountain): Bow *Fell, Scafell*, etc.

fell³ [fél] 〖(*a*1325) ◻ OF *fel* fierce, cruel < VL **fellō(n-)*: ⇨ felon¹〗 — *adj.* (～·**er**; ～·**est**) **1** 《詩・文語》残忍な (cruel)；すさまじい, 激しい (fierce)：a ～ hate [wind] ひどい憎しみ[暴風] / at one ～ swoop ⇨ swoop *n.* **2** 《古》致命的な, 恐ろしい：a ～ poison 猛毒 / a ～ disease 命取りになる病気. **3** 《スコット》ぴりっとくる, 刺激性の. — *adv.* 《スコット》 **1** 激しく, 残忍に. **2** 大いに, 非常に. **～·ness** *n.*

fell⁴ [fél] 〖OE *fellan* < Gmc **falljan* (G *fällen*) (caus.) ← **fallan* 'to FALL'〗 — *vt.* **1 a** 倒す, 切り倒す, 伐採する (cut down)；打ち倒す, 投げ倒す (knock down)：～ a tree / ～ an ox with a single blow 一撃で雄牛を打ち倒す. **b** 殺す (kill)：A stroke of heart attack ～*ed* him. 彼は心臓発作で死んだ. **2** 《スコット》屠殺する. **3** 〖服飾〗〈縫目の縁を〉折伏せ縫いにする：～ a seam. — *n.* (一期の)伐採量.

fell⁴ 3
process of felling
P original seam joining two pieces A and B
Q hemmed-down fell

fell⁵ [fél] 〖OE *fēoll*〗 *v.* fall の過去形・《方言》過去分詞.

Fell [fél], Dr. (John) *n.* ⇨ Dr. Fell.

fel·la [félə, fɑ́lɑː | félə, -lɑː] *n.* ＝fellah¹.

fell·a·ble [féləbl̩] *adj.* 伐採できる, 伐採に適する.

fell·age [félɪdʒ] *n.* (木などを)切り[打ち]倒すこと, 伐採すること.

fel·lah¹ [félə] 〖《変形》← FELLOW〗 *n.* ＝fellow 2.

fel·lah² [félə, fəlɑ́ː | félə, -lɑː] 〖◻ Arab. *fallāḥ* husbandman〗 — *n.* (*pl.* ～**s**, **fel·la·hin**, **fel·la·heen** [fèləhíːn, fəlɑː- | féləhìːn, ⌐⌐⌐]) (エジプト・シリアなどの)農夫[労働者].

fel·late [féleɪt, fe-, fíːleɪt] 〖《逆成》: ↓〗 *vt., vi.* (…に)フェラチオ (fellatio) をする. **fel·la·tion** [feléɪʃən, fe-] *n.* **fel·lá·tor** [-tə | -tə(r)] *n.*

fel·la·ti·o [fəléɪʃiòu, fe-, -lɑ́ːtiòu | feléɪʃɪəu] 〖← NL *fellātiō(n-)* ← L *fel(l)ātus* (p.p.) ← *fel(l)āre* to suck〗 — *n.* (*pl.* ～**s**) フェラチオ, 吸茎《男性性器を口唇で愛撫すること；cf. cunnilingus》.

féll·er¹ [-lə | -lə(r)] 〖ME: ⇨ fell⁴, -er¹〗 *n.* **1** 伐採者. **2** 折伏せ縫いをする人；(ミシンの)伏縫い付属器.

fel·ler² [félə | -lə(r)] *n.* 《俗・戯言》＝fellow 2.
young feller-me-lad 《古俗・戯言》軽薄な若者, 「あんちゃん」.

féll·ing [-lɪŋ] *n.* 伐木, 伐採 (fellage).

féll·mònger *n.* 《英》(獣皮から毛を取る)獣皮[毛皮, 皮革]商人, (特に)羊皮商人.

féll·mòngery *n.* 《英》 **1** (獣皮から毛を取る)獣皮[羊皮]商[業]. **2** 獣皮[羊皮]製造所.

fel·loe [félou | -ləu] 〖OE *felg(e)* < ? (WGmc) **felgam* (Du. *velg* / G *Felge*)〗 *n.* ＝felly¹.

fel·low [félou | -ləu] 〖lateOE *fēolaga* ◻ ON *fēlag-i* partner, 《原義》one who lays down money for a joint undertaking ← *fē* money (⇨ fee)＋**lag-* 'to LAY¹'〗 — *n.* **1 a** [通例 *pl.*] (主に男性の)仲間, 同輩, 同僚：～*s* at school 同窓生 / ～*s* in arms 戦友 / ～*s* in crime 悪事の相棒 / pass all one's ～*s* 同輩をしのぐ. **b** 《古》(悪事の)仲間. **c** 《廃》(幸・不幸を)共にする人：a ～ *in* good fortune [*in* misery] 幸[不幸]を共にする人. **2** [félo(ʊ), -lə | -ləʊ, -lə] 《口語》 **a** 男, 奴：a very pleasant ～ とても感じのいい男 / an able ～ 腕ききの男 / a stupid ～ ばかな奴 / a jolly ～ おもしろい男 / ⇨ good fellow / Poor ～! 気の毒な奴, まあかわいそうに / that ～ あいつ, あの野郎 / call a man ～ 人を(軽蔑して)奴と呼ぶ. **b** [呼び掛けに用いて]君：my dear [good] ～ やあ君 / I say, old ～, would you show me the way to the station? おい君, 駅へ行く道を教えてくれないか. **c** [a ～ として](漠然と)人 (one), (話し手の)自分 (I)：A ～ must eat. 人は食わねばならぬ / A ～ can't work all day long. だれだって一日中働いてばかりいられるものではない / What can *a* ～ say to him? (私は)彼に何と言ったらいいのか. **d** (女の)色男, 恋人, ボーイフレンド. **3 a** (地位・能力・性質などの)同等の人[もの], 同類：He will never find his ～. 彼にはとてもかなう者がいない / Beer has no ～ in summer. 夏はビールが一番だ. **b** [通例 *pl.*] 同時代の人：～*s* of Shakespeare シェークスピアと同時代の人々. **4** (一対の物の)片方, 相手：the ～ of a shoe 靴の片方 / I've found one of my gloves, but the ～ is missing. 手袋の片一方は見つかったがもう一方が見つからない / The boots are not ～*s*. この靴は片ちんばだ. **5 a** (英国の大学の)特別研究員《研究基金 (fellowship) から研究費を支給されて学内に生活し, 多くは教授・講師・教師を兼ねる》. **b** (主に英国の大学でその卒業生中から選ばれた)評議員. **6** (米国の大学の)奨学金給費研究員 (cf. fellowship 4 a). **7** [通例 F-] (学術協会の)特別会員《通例, 普通会員 (Member) よりも高位の会員》：a *Fellow* of the Royal Society, the British Academy, etc. **8 a** 《古》粗野な男, くだらない奴, つまらぬ男. **b** 《廃》[身分の卑しい男に対する呼び掛けに用いて] 野郎.
young fellow-me-lad ＝young FELLER²-*me-lad*.
— *attrib. adj.* **1** 仲間同士である, 同輩の；同業の, 同じ境遇[身分]の：～ students 学友, 同窓生, 同学の友 / ～ sufferers 同じ苦労をする人々, 罹災者同士 / ～ Christians キリスト教信者仲間 / ～ countrymen 同国人 / a ～ citizen 同国の市民 / a ～ lodger 同宿者 / ⇨ fellowman / a ～ member 会員仲間, 同僚 / a ～ soldier 戦友 / ～ traders 同業者 / ～ members of NATO ナトーの加盟国. **2** 同行する, 道連れの：～ passengers 同乗者, 同船者, 乗り合わせた乗客同士.
— *vt.* 《古》…と対等にさせる, …に匹敵する.

féllow cómmoner *n.* (もと Oxford や Cambridge 大学で)評議員 (fellows) と食事の席を共にする特権をもった学生 (cf. gentleman-commoner).

féllow créature *n.* (同じ造物主に造られた)動物同士；(特に)人間同士, 同胞.

féllow féeling *n.* **1** 同情, 共感 (sympathy). **2** 相互理解感, 共同利害感, 連帯感, 仲間意識.

fél·low·ly *adj.* 友愛的な, 社交的な. — *adv.* 友愛的に, 社交的に.

féllow·mán [-mǽn] *n.* (*pl.* **-mén** [-mén]) 人間同士, 同胞.

féllow sérvant *n.* 〖法律〗(同じ主人の)雇人, 共働者, 同僚被用者《同僚の雇人の過失によって傷害を受けた場合には雇主は責任を負わないという法則 (fellow servant rule) があったが, 1948 年に廃止》.

féllow·shìp 〖(*c*1200)〗 — *n.* **1 a** 仲間であること, 仲間同士. **b** (利害などを)共にすること；共同, 協力：～ *in* misfortune 不幸を共にすること. **2** 交友, 親交；友情, 連帯感：good ～ 交友的精神, 和気あいあい (cf. good-fellowship). **3 a** (利害・活動などを同じくする)団体；…会, 社団. **b** (宗教上の)団体, 講社. **c** 《古》(同業)組合. **4 a** (大学の)特別研究員 (fellow) の地位[身分, 給費]；大学評議員の地位[報酬]；(学術協会の)特別会員の地位[身分] (cf. scholarship 2). **b** 研究奨励金授与財団. **c** 《古》(ある会の)会員[同人]であること[資格].
give the right hand of fellowship ⇨ right hand 成句.
— 《米》 *v.* (**fellow·shiped, -shipped; -ship·ing, -ship·ping**) — *vt.* (宗教団体などの)会員にする. — *vi.* (宗教団体などの)会員になる.

féllow-trável 〖《逆成》↓(2)〗 *vi.* (共産党の)同調者である, シンパとして活動する.

féllow tráveler *n.* **1** 旅の道連れ. **2** 〖《なぞり》← Russ. *poputchik*〗(共産党に対する非共産党員の)同調者, シンパ.

féllow-tráveling *adj.* (共産党の)同調者である, シンパとして活動する.

fel·ly¹ [féli | -lɪ] 〖《異形》← FELLOE〗 *n.* (車輪の)外縁(そとぶち), 輪縁 (⇨ wheel 挿絵).

fel·ly² [félli, féli | félɪ] 〖(*c*1290): ⇨ fell³, -ly¹〗 *adv.* 《古》激しく, 無残に, 仮借なく (fiercely, ruthlessly).

fe·lo-de-se [féloudəséɪ, -síː, féɪloudəséɪ, fíːloudəsíː | félə(ʊ)diːsíː, -séɪ] 〖(1651) ◻ ML *fel(l)ō-dē-sē* 'FELON¹ of oneself'〗 — *L. n.* (*pl.* **fe·lo·nes-de-se** [fəlóuniːz-, fe- | fələ́uniːz-, fe-], **fe·los-de-se** [-louz- | -lə(ʊ)z-]) **1 a** 自殺者 (self-murderer). **b** 違法行為を犯した結果自ら死ぬ人. **2** 自殺 (suicide).

fel·on¹ [félən] 〖(*c*1300) *feloun* ◻ (O)F *felon* wicked man, traitor < LL *fellō(n-)* a criminal ← ?: cf. fell³〗 — *n.* **1** 〖法律〗重罪犯人. **2** 《廃》悪党, 暴漢 (villain). — *adj.* 《詩・古》凶悪な (wicked), 残酷な (cruel).

fel·on² [félən] 〖ME *feloun* ◻ ? L *fel* bile, venom // OF *felon* (↑)〗 *n.* 〖病理〗瘭疽(ひょうそ)《whitlow ともいう；医学用語としては paronychia》.

felones-de-se *n.* felo-de-se の複数形.

fe·lo·ni·ous [fəlóuniəs, fe- | fələ́unjəs, fe-, fɪ-, -nɪəs] 〖(1575) ← FELONY＋-OUS〗 — *adj.* **1** 〖法律〗重罪の, 重罪犯の. **2** 《詩・古》凶悪な (malicious), 邪悪な (wicked). **～·ly** *adv.* **～·ness** *n.*

felónious hómicide *n.* 〖法律〗殺人罪《故殺 (manslaughter) と謀殺 (murder) および自殺を含む》.

fel·on·ry [félənri | -rɪ] *n.* **1** [集合的] 重罪人 (felons). **2** (徒刑地における)囚人団.

fel·o·ny [féləni | -nɪ] 〖(*c*1300) ◻ (O)F *felonie*: ⇨ felon¹ (n.), -y¹〗 — *n.* 〖法律〗重罪《昔は処刑された上に全財産没収処分を受けた殺人・強姦・放火などのような重大な罪；cf. misdemeanor 2》.

fel·site [félsaɪt] 〖⇨ ↓, -ITE¹〗 *n.* 〖岩石〗珪(けい)長岩. **fel·sit·ic** [felsítɪk | -tɪk] *adj.*

fel·spar [félspɑə | -spɑː(r)] 〖《変形》← FELDSPAR〗 *n.* 《英》〖鉱物〗＝feldspar.

fel·spath·ic [felspǽθɪk] *adj.* 《英》〖窯業〗＝feldspathic.

fél·stòne [fél-] 〖《部分訳》← G *Felsstein* ← *Fels* rock ＋*Stein* stone〗 *n.* 〖岩石〗＝felsite.

felt¹ [félt] 〖OE ～ < (WGmc) **feltaz*, **feltiz* (G *Filz*) ← IE **pel-* to thrust: ⇨ filter〗 — *n.* **1** フェルト《羊毛を重ね合わせ縮充して製した毛氈(もうせん)》. **2** フェルト製品《帽子など》. **3** フェルト状のもの. — *attrib. adj.* フェルト製の：a ～ carpet フェルト氈, 毛氈 / a ～ hat フェルト帽, 中折れ帽 / ～ slippers フェルト製の室内ばき. — *vt.* フェルト(状)にする；フェルトでおおう：～ the cylinder of a steam engine 蒸気機関の円筒をフェルトで包む / ～*ed* cloth 薄手のフェルト地. — *vi.* フェルト地[状]になる 〈*up*〉.

felt² [félt] 〖OE (ʒe)*f(i)eld(e)*〗 *v.* feel の過去形・過去分詞. — *adj.* (痛切に)感じられる：a ～ earthquake 有感地震《人体に感じる地震》.

félt·ing [-tɪŋ | -tɪŋ] *n.* **1** フェルト製法；縮充(すること). **2** フェルトの材料；フェルト地, 毛氈(もうせん)類：～ products フェルト製品.

félt pén *n.* フェルトペン《ペン先がフェルトで出来たもの；felt-tip pen, felt-tipped pen ともいう》.

félt síde *n.* 〖製紙〗フェルトサイド, フェルト面《機械ずき紙の抄紙機のすき網に接しない面；通例は表面；cf. wire side》.

felt·y [félti | -tɪ] *adj.* (**felt·i·er**; **-i·est**) フェルトに似た, フェルト状の.

fe·luc·ca [fɪlúːkə, fə-, -lʌ́kə | felʌ́kə, fɪ-, fə-] 〖(1628) ◻ It. *felu(c)ca* ◻ Sp. 《廃》*faluca* ◻ Arab. *fulūk* (pl.) ← *fulk* ship〗 — *n.* (*also* **fe·lu·ca** [～]) **1** フェラッカ船《2 本または 3 本マストで, 櫂(かい)または三角帆で走る小型沿岸航行帆船で, 地中海で用いられる》. **2** San Francisco 付近でギリシャ系漁民が用いた小船《1 本マスト三角帆》.

felucca 1

fem [fém] 〖《変形》← FEMME〗 *n.* 女の子, 女性 (cf. femme).

fem. 《略》female; feminine.

fe·male [fíːmeɪl] 〖(*a*1333) *female* (MALE との連想による), *femelle* ◻ (O)F *femelle* < L *fēmellam* (dim.) ← *fēmina* woman: ⇨ feminine〗 — *n.* **1 a** (男性・男子に対して)女性, 女子. **b** (動物の)雌. **2** [軽蔑的に] 女. **3** 〖植物〗雌性植物, 雌株. — *adj.* **1** (男子に対して)女子の, 婦人の；女の, 女性(特有)の：a ～ dress 婦人服 / ～ education 女子教育 / ～ charm [weakness] 女性の魅力[弱さ] / the ～ sex 女性 / a ～ child 女児 / a ～ operative 女工. **2** 雌の：a ～ dog. **3** 〈宝石が〉薄色の：～ sapphires. **4** 《廃》女みたいな, めめしい, 弱々しい. **5** 〖植物〗雌性の, 雌蕊だけある：a ～ flower 雌花 / a ～ gamete 雌性配偶子. **6** 〖機械〗雌型の, 穴型の：a ～ screw 雌ねじ. **～·ness** *n.*

fémale férn *n.* 〖植物〗 **1** ミヤマメシダ (lady fern). **2** ワラビ (*Pteridium aquilinum*).

fémale impérsonator *n.* (寄席(よせ)演芸などで)女性に扮(ふん)する芸人.

fémale lánguage *n.* おんな言葉, 女性用語.

fémale pronúcleus *n.* 〖生物〗雌性前核《多細胞動物の卵細胞が雄性前核と合一するまでの間をいう；cf. male pronucleus》.

fémale rhýme *n.* 〖詩学〗＝feminine rhyme.

fémale súffrage *n.* 婦人参政権 (woman suffrage).

fem·cee [fémsíː] 〖← F(EMALE)＋EMCEE〗 *n.* (ラジオやテレビの)女性司会者 (cf. emcee).

feme [fém, fíːm | fíːm] 〖(1567) ◻ AF & OF ～ (F *femme*) woman < L *fēminam*〗 *n.* **1** ＝femme 1. **2** 〖法律〗婦人 (woman).

féme cóvert 〖◻ AF ～ 'woman covered, *i.e.* protected'〗 *n.* (*pl.* **femes c-**) 〖法律〗既婚婦人, 有夫の婦人 (cf. coverture 2, discovert, feme sole).

féme sóle 〖◻ AF *feme soul(e)* woman alone〗 — *n.* (*pl.* **femes s-**) 〖法律〗 **1** 独身女, 未婚婦人 (spinster), 寡婦, 離婚した女 (divorcée) (cf. feme covert). **2** 独立婦人《財産に関して夫から法律上独立している》.

féme-sòle tráder [mérchant] *n.* 〖英法〗(London の慣習によって)夫とは独立に商業を営む婦人.

fem·i·nal [fémənl̩ | -mɪ-, -mə-] 〖◻ ML *fēminālis* ← L *fēmina* woman: ⇨ -al¹〗 *adj.* 女らしい, 女性的な.

fem·i·nal·i·ty [fèmənǽləti | -mɪnǽlətɪ, -mə-, -lɪ-] 〖⇨ ↑, -ity〗 *n.* **1** 婦人の特色；婦人気質 (womanliness). **2** 婦人の好むもの, 小間物 (knick-knack).

fem·i·ne·i·ty [fèməníːəti | -mɪníːətɪ, -mə-, -níːɪ-] 〖← L *fēmine-us* 'FEMININE'＋-ITY〗 *n.* ＝feminity.

fem·i·nie [féməni | -mɪnɪ, -mə-] 〖(*c*1385) ◻ OF ～ ← L *fēmina* woman〗 *n.* [集合的] 女性, 婦人 (women).

fem·i·nine [fémənɪn, -nən | -mɪnɪn, -mə-] 〖(*c*1380) ◻ (O)F *féminin* // L *fēminin-us* ← *fēmina* woman, 《原義》the sucked one ← IE **dhē(i)-* (⇨ fetus): ⇨ -ine¹〗 — (↔ masculine, virile) *adj.* **1** 女の, 婦人の：～ beauty 女性美. **2** 女らしい, 女性特有の；か弱い, 優しい：a ～ body [voice, nature] 女らしい肉体[声, 性質]. **3** 〈男が〉女じみた, 女のような, めめしい, 柔弱な. **4** 〖文法〗女性の (cf. masculine, neuter)：the ～ gender 女性 / a ～ noun 女性名詞. **5** 〖詩学〗女性押韻の, 女性行末[休止]の：⇨ feminine caesura, feminine ending, feminine rhyme. **6** 〖音楽〗女性終止の：⇨ feminine cadence. — *n.* **1 a** [the ～] 女性的なもの, 女性の本質：the eternal ～ 永遠に女性的なもの. **b** 女らしい女, 女性的な女. **2** 〖文法〗 **a** 女性. **b** 女性名詞《actress, heroine, aviatrix など》；女性代名詞《she, her など》；女性形；女性冠詞《フランス語・イタリア語・スペイン語の la など》. **～·ness** *n.*

féminine cádence *n.* 〖音楽〗女性終止《小節の第 1 強拍以外に最後の主和音がくる終止法；cf. masculine cadence》.

féminine caesúra *n.* 〖詩学〗女性休止《弱音節の直後にくる中間休止；cf. masculine caesura》.

féminine énding *n.* **1** 〖詩学〗女性行末《詩の行末にくる強音節の後に一つまたは二つの弱音節が続くこと；(特に) blank verse で第 11 音節に現われる弱音

節を指す；例: O Cassius, Brutus gave the word too early—Shak. *Caesar*; cf. masculine ending). **2** 〘文法〙女性形語尾《女性形であることを示す語尾で, lio*ness*, hero*ine*, aviat*rix* など》.

fém·i·nine·ly *adv.* 女らしく；めめしく.

féminine rhýme *n.* 〘詩学〙女性韻《強勢のある音節のあとにさらに弱い 1[2]音節が続く2音節または3音節にまたがる押韻; 例: mótion, nótion (double rhyme) / fórtunate, impórtunate (triple rhyme); weak rhyme ともいう; cf. masculine rhyme》.

fém·i·nin·ìsm [-nɪnìzm, -nən- | -nɪn-] 〘《1846》〙 *n.* 女らしい言葉遣い[言い回し].

fem·i·nin·i·ty [fèmənínəṭi | -mɪnínəti, -mə-, -nɪ-] 〘《c1390》: ⇨ feminine, -ity〙 ── *n.* **1** 女らしさ (womanliness): keep one's ~ 女らしさを失わない. **2** めめしさ. **3** [集合的] 婦人, 女性 (women).

fem·i·nism [fémənɪzm | -mɪ-, -mə-] 〘《1851》〙 ── *n.* **1 a** 男女同権主義[論]. **b** 女権拡張運動, 女性解放論《婦人の社会・政治・法律上の権利拡張を主張する説》. **2** 〘病理〙女性化《男性における女性的特徴の現われ》.

fém·i·nist [-nɪst, -nəst | -nɪst] *n.* 男女同権論者；女性解放論者, 女権拡張論者. ── *adj.* 男女同権論の；女権拡張論の: the ~ movement 女権拡張運動.

fem·i·nis·tic [fèmənístɪk | -mɪ-, -mə-] *adj.* =feminist.

fe·min·i·ty [feminəṭi | -mínəti, -nɪ-] 〘《c1390》〙 *n.* = femininity.

fem·i·ni·za·tion [fèmənɪzéɪʃən, -nə- | -mɪnaɪ-, -mə-, -nɪ-] *n.* 女性化.

fem·i·nize [fémənàɪz | -mɪ-, -mə-] 〘⊏F *féminiser*: ⇨ feminine, -ize〙 ── *vt.* **1** 女性化する, 女性的にする. **2** (卵巣移植や女性発情物質の投与によって)〈雄を〉雌性化する. **3** …の数的構成において男性より女性のほうを多くする. ── *vi.* 女性的になる.

femme [fém | fǽm; *F.* fam] 〘⊏F ~: cf. feme〙 ── *F. n.* (*pl.* **~s** [~z | ~]) **1** 女 (woman); 妻 (wife): ⇨ BARON and femme. **2** 《米口語》(同性愛で)女役をする女性, 女役のレズ (cf. butch² 2).

femme de cham·bre [fém-də-ʃɑ́:(m)br(ə), fǽm-, fɑ́:m-, -ʃɔ́:(m)-, -ʃɑ́:m-, -ʃɔ́(:)m- | fǽm-; *F.* famdəʃɑ̃:br] 〘⊏F ~ 'chambermaid': ⇨↑, chamber〙 ── *F. n.* (*pl.* **femmes d-** [~]) **1** 侍女, 小間使い (lady's maid). **2** (ホテルなどの)客室係メード.

femme fa·tale [fém-fətǽl, fǽm-, fɑ́:m-, -tɑ́:l, -fɑ:tɑ́:l | fǽm-fətɑ́:l; *F.* famfatal] 〘⊏F ~ 'FATAL woman'〙 ── *F. n.* (*pl.* **femmes fa·tales** [~(z)]) 魔性の女, 妖婦型の女；妖しい魅力をもった女.

femora *n.* femur の複数形.

fem·o·ral [fém(ə)rəl | -mər-] 〘《1782》← L *femor-*, *femur* 'FEMUR' + -AL¹〙 *adj.* 〘解剖〙大腿(たい)部の, 大腿(たい)の.

fémoral ártery *n.* 〘解剖〙大腿動脈.

fem·to- [fémtoʊ | -tə(ʊ)] 〘← Dan. *femten* fifteen〙「10^{-15} の」の意の連結形: *femto*ampere.

fe·mur [fí:mə | -mə(r)] 〘⊏L ~ 'thigh' ← ?〙 ── *n.* (*pl.* **~s, fem·o·ra** [fém(ə)rə | fémər-, fí:m-]) **1** 〘解剖〙大腿(たい)骨 (⇨ fibula 挿絵); 大腿(部), もも (thigh). **2** 〘昆虫〙(昆虫の)腿節 (⇨ insect 挿絵).

fen¹ [fén] 〘OE *fen(n)* < Gmc **fanjaz* (G *Fenn* fen / ON *fen* bog) ← IE **pen-* swamp (Skt *paṅka* bog)〙 ── *n.* **1** 沼地, 沢地, 沼沢地 (marsh). **2** [the Fens] 《英》沼沢地帯《イングランド東部の Cambridgeshire, Lincolnshire 地方》.

fen² [fʌ́n, fén; *Chin.* fə̄n] 〘⊏Chin. *fên* (分)〙 *n.* (*pl.* ~) **1** 分(フェン)《中華人民共和国の通貨単位; =1/10 角 (chiao), 1/100 元 (yuan)》. **2** 1 分アルミ貨.

fen³ [fén] 〘← FEND〙 *int.* =fain².

FEN, F.E.N. 《略》Far East Network (極東米軍の)極東放送網.

fe·na·gle [fɪnéɪgl̩, fə- | fɪ-] *v.* =finagle.

fén·bèrry [-bèri | -b(ə)ri, -bèri] *n.* 〘植物〙=cranberry.

fence [féns] 〘n.: 《a1338》 *fens* (頭音消失) ← DEFENSE. — v.: 《1435》 ← (n.)〙 ── *n.* **1 a** (侵入・逃亡を防ぐための)囲い; 垣, 柵(さく), 塀, 垣根《木柵・鉄柵・石垣・れんが塀も含む》: ⇨ snow fence / a stone ~ 石垣 / a thorn ~ いばらの生け垣 / ⇨ sunk fence. **b** (外観・機能など)囲い[柵]に似たもの: build a ~ of anti-aircraft guns around the city 都市の周囲に高射砲網を建設する. **c** (障害競馬・馬術競技の)障害物: put the horse at [to] the ~ 馬に障害物(垣など)を飛び越すように仕向ける. **2** 議論の受流しのうまさ, 当意即妙の応答の才: a master of ~ 応答の巧みな人, 討論の名手. **3 a** 盗品売買者, 故買屋. **b** 盗品買受所. **4** [通例 *pl.*] 政治的地盤: mend one's **~s** ⇨ 成句 (2). **5** 《古》剣術, フェンシング (fencing): a master of ~ 剣客, 剣道の達人. **6** 《古》防御, 防御手段, 防護物, 防壁. **7** 〘機械〙案内(取付け), 囲い.

descend* [*come down*] *on the right side of the fence (形勢を見て)旗色のいい方に味方する. ***mend* [*look after, repair*] *one's fences*** (1) 仲直りする, 人気の回復を図る. (2) 〈国会議員が〉自己の地盤の手直しをする. ***on* [*upon*] *the fence*** どっちにも加担せずに, 中立の[で]; 態度が決らない: sit [stand] *on the* ~ 形勢を観望する, 洞(ほら)が峠をきめこむ. ***on the other side of the fence*** 反対側に[で], 反対党に加わって. ***rush one's fences*** 軽率に行動する, あわてすぎる.

── *vt.* **1** …に垣[柵]をめぐらす, 囲いをする, (柵で)囲い込む, (柵で)しめ出す 〈*in, off, out, up*〉: ~ land. **2** 防護する, さえぎる, かばう, 防ぐ (defend, protect) 〔*from, against*〕: ~ the place *from* the wind その場所の周囲に塀をして風を防ぐ. **3** 〈質問を〉巧みに受け流す (evade). **4** 〈盗品を〉売買する, 故買する. **5** 《古》防ぎ止める, 払いのける (ward off, repel) 〈*out, off*〉: ~ *off* an undesirable person 好ましからぬ人物を追い払う. **6** 〘海事〙〈帆にあけた穴など〉の周囲を補強する. ── *vi.* **1** 垣[柵, 塀]を築く. **2** 〈馬・騎手などが〉障害物を飛び越す. **3** 剣を使う, 剣術[フェンシング]をする. **4** 〔質問(者)・議論などを〕(巧みに)受け流す (parry), (うまく)言い抜ける 〔*with*〕: ~ *with* a question [questioner] (うまく)質問[質問者]を受け流す. **5** 盗品を売買する. **6** 《廃》防御する 〔*against*〕.

fence about 〔防護物などで〕囲いをめぐらす〔*with*〕: be ~*d about with* penalties 罰則で保護される. ***fence off* [*out*]** (1) ⇨ *vt.* 1. (2) (巧みに)受け流す: ~ *off* consequences of an action 行為の後始末の責任をうまく逃げる. (3) ⇨ *vt.* 5. ***fence round*** (1) 〈質問などを〉受け流す: ~ *round* the point 要点をうまく逃げる. (2) =FENCE *about*.

fénce·less *adj.* **1** 囲いのない. **2** 《詩・古》無防備の (unfortified). **~·ness** *n.*

fénce lizard *n.* 〘動物〙**1** カキネハリトカゲ (pine lizard). **2** ミドリアノール (American chameleon).

fénce mònth *n.* 《英》(鹿狩の)禁猟期《出産期にかかる6月中頃から7月中頃までの約1か月間》.

fénce-òff *n.* 〘フェンシング〙個人戦や団体戦の優勝決定戦.

fénc·er *n.* **1** 剣客, 剣士 (swordsman); フェンシングの選手. **2** 柵作り人, 柵修理者. **3** 障害物を飛び越す馬: a good ~ 巧みに障害物を飛び越す馬.

fénce-sìtter 〘← (*sit*) *on the fence* (⇨fence (n.) 成句)〙 *n.* 形勢を観望する人, 日和見(ひよりみ)主義者; 中立の人.

fénce-sìtting *n.* 形勢を観望すること, 態度のはっきりしないこと, 日和見(主義).

fen·ci·ble [fénsəbl̩ | -sə-, -sɪ-] 〘ME *fensible* (頭音消失) ← DEFENSIBLE: ⇨ fence, -ible〙 ── *n.* 《古・スコット》国防兵: the *Fencibles* 国防軍. ── *adj.* **1** 《古》防ぐことのできる; 国防兵の. **2** 《スコット》〈人が〉兵役に適する.

fénc·ing 〘ME: ⇨ fence (v.)〙 ── *n.* **1** フェンシング, 剣術 (swordplay). **2** (議論や質問の)巧みな受け流し. **3** 柵[塀]の材料. **4** [集合的にも用いて] 柵, 塀. **5** (馬の)垣[障害物]の跳越え. **6** 《俗》盗品売買, 故買.

féncing màster *n.* フェンシングの教師[師範].

féncing schòol *n.* フェンシング学校[道場].

fend [fénd] 〘《a1325》(頭音消失) ← DEFEND: cf. fence〙 ── *vt.* **1** 受け流す, 払う (ward) 〈*off*〉: ~ *off* blows 打撃を受け流す. **2** 近づけない, 追っぱらう (keep off) 〈*away*〉. **3** 《古・詩》防ぐ (defend) 〔*from*〕. **4** 《英方言》養う, 扶養する. ── *vi.* **1** 防衛する, 抵抗する (resist). **2** 受け流す, そらす (parry). **3** 《口語》やりくりする; 〔…を〕養う (provide) 〔*for*〕: ~ *for* oneself 一人でやっていく, 自活する. ── *n.* 《スコット》自主独行の努力[試み]: make a ~.

fénd·er 〘ME: ⇨↑, -er¹〙 ── *n.* **1 a** (機関車・電車などの前後に付ける)緩衝装置, 排障器. **b** 《米》(自動車などの)フェンダー, 泥よけ (《英》wing). **c** (炉 (fireplace) の前面に置く低い)炉格子, ストーブ囲い (⇨ fireplace 挿絵). **2 a** 〘海事〙防舷材《激突や摩損から船を守るために舷に取り付けた緩衝物》. **b** 防護材《桟橋・岸壁・浮標などの側面に取り付けた木材やゴム材など》. **3** 〘馬術〙フェンダー《騎乗者の脚を保護するために鐙革にとりつける長方形[三角形]の革製の覆い》.

fénder bèam *n.* 〘海事〙(船の舷側につける緩衝用)防舷材.

fénd·ered *adj.* 緩衝装置を付けた.

fénder·less *adj.* 防護物[防護設備]のない.

fénder pìle *n.* 〘海事〙防舷杭.

fénder stòol *n.* 炉格子前の足のせの長台.

Fe·nel·la [fɪnélə, fə-, fe-] 〘⊏Gael. *Fionnghuala* ← *fionn* white + *guala* shoulder〙 ── *n.* 女性名《異形 Finella, アイルランド語形 Finola》. ★ スコットランドに多い.

Fé·ne·lon [fèɪnəlɔ́:(ŋ), -lɔ́(:)ŋ, -nl̩-, féɪnəlɔ̀n, -nl̩- | fèɪnəlɔ́:(ŋ), -lɔ́(:)ŋ, féɪnəlɔ̀n; *F.* fenlɔ̃], **François de Sa·li·gnac de La Mothe** [d saliɲak də la mɔt] *n.* フェヌロン《1651–1715; フランスの教育論者・著述家, Cambrai の大司教; *Aventures de Télémaque*「テレマックの冒険」(1699)》.

fen·er·a·tion [fènəréɪʃən] 〘⊏L *faenerātiō(n-)* ← *faenerāre* to lend on interest ← *faenus* interest〙 *n.* 《廃》〘法律〙高利貸 (usury), 利息付消費貸借.

fen·es·tel·la [fènəstélə | -nɪ-] 〘《1797》⊏L ~ (dim.) ← *fenestra* (↓)〙 ── *n.* (*pl.* **-tel·lae** [-li:], **~s**) 〘建築〙**1** 小窓. **2** 窓形壁龕(がん)《piscina または credence の上に設けられる》.

fe·nes·tra [fɪnéstrə, fə-] 〘L ~ 'window' ← ? Etruscan: cf. G *Fenster* / F *fenêtre*〙 ── *n.* (*pl.* **fe·nes·trae** [-tri:, -traɪ]) **1** 〘解剖・動物〙窓《骨の中などの窓状の穴》. **2** 〘昆虫〙明斑《蛾などの羽の透明斑点》. **3** 〘建築〙窓の型にあけること, 窓. **4** 〘外科〙(内耳開窓術による)窓. **fe·nés·tral** [-trəl] *adj.*

fenéstra o·vá·lis [-oʊvá:lɪs, -ləs | -əʊvá:lɪs] 〘← NL ~ 《原義》oval window〙 *n.* 〘解剖〙(内耳の)卵円窓, 前庭窓.

fenéstra ro·tún·da [-roʊtʌ́ndə | -rəʊ-] 〘← NL ~ 《原義》round window〙 *n.* 〘解剖〙(内耳の)正円窓.

fe·nes·trate [fɪnéstreɪt, fə-, fénəstrèɪt | fɪnéstreɪt, fə-] *adj.* 〘解剖・動物・植物〙=fenestrated 2.

fen·es·trat·ed [fénəstrèɪṭɪd, -ṭəd, fɪnéstreɪṭ-, fə- | fɪnéstreɪt-, fə-] 〘← L *fenestrātus* ((p.p.) ← *fenestrāre* to furnish with windows ← *fenestra* window) + -ED 2〙 ── *adj.* **1** 〘建築〙窓のある, 窓の穿(うが)たれた (windowed). **2** 〘解剖・動物・植物〙窓[穴]のある. **3** 〘外科〙(内耳に)窓をあけた, 開窓術を施した.

fen·es·tra·tion [fènəstréɪʃən | -nɪs-, -nəs-] *n.* **1** 〘建築〙窓割り《建物外面の窓配置を割り付けること》. **2** 〘解剖・動物〙窓[穴](のあること). **3** 〘外科〙(内耳)開窓術.

fén fìre (沼沢地方の)鬼火 (will-o'-the-wisp).

fêng huang [fʌ́ŋ-(h)wɑ́:ŋ; *Chin.* fə̀ŋ xuɑ́ŋ] 〘⊏Chin. ~〙 *n.* 鳳凰(ほうおう) (phoenix)《中国の想像上の瑞鳥》.

Feng·tien [fʌ́ŋtjén; *Chin.* fə̀ŋt'iɛ̄n] *n.* **1** 奉天 (⇨ Mukden). **2** 奉天省《遼寧省 (Liaoning) の旧名》.

Fe·ni·an [fí:niən, -njən | -njən, -niən] 〘《混成》← OIr. *fēne* (古代アイルランド住民の名称の一つ) + OIr. *fiann* (伝説上のアイルランド国王 Finn MacCool 王の親衛兵): ⇨ -ian〙 ── *n.* **1** 〘アイル伝説〙フィニア武士団員《2-3世紀にアイルランドで活躍した豪勇をもって鳴る武士団(Fianna)に属した人; 円卓の騎士と比較される》. **2** フィニア会 (Fenian Brotherhood) 会員. ── *adj.* フィニア会の, フィニア会主義[政策]の.

Fénian Brótherhood *n.* [the ~] フィニア会《アイルランドの独立を目的として在米アイルランド人により 1858年 New York に結成された秘密結社; 1877年以降米国での運動は下火になり, 1921年 Irish Free State ができて消滅した; Irish Republican Brotherhood ともいった》.

Fénian cýcle *n.* [the ~] フィニア伝説《古代アイルランドのフィニア武士団 (Fianna) の武士たちの行動に関する一連の説話》.

Fé·ni·an·ìsm [-nìzm] *n.* フィニア会の主義[運動].

fenks [féŋks] 〘← ?〙 *n. pl.* 鯨脂のかす.

fén·lànd [-lǽnd, -lənd] *n.* [しばしば *pl.*] 沼沢地方.

fén·man [-mən] *n.* (*pl.* **-men** [-mən, -mèn]) (イングランド東部の)沼沢地方の人.

fen·nec [fénɪk] 〘⊏Arab. *fának*〙 ── *n.* 〘動物〙フェネックギツネ (*Fennecus zerda*)《北アフリカ・アラビアの砂漠地帯にすむイヌ科フェネック属の耳が大きいキツネ》.

fennec

fen·nel [fénl̩] 〘OE *fenol*, *finu(g)l* ⊏ VL **fēnoclum* = L *fēniculum* fennel (dim.) ← *fēnum* hay ← ?〙 ── *n.* 〘植物〙**1** ウイキョウ (*Foeniculum vulgare*)《ヨーロッパ地中海沿岸に産し薬用や香味料に供するセリ科の植物》; ウイキョウの実 (fennel seed)《芳香油を採る》. **2** =marihuana 2.

fénnel-flòwer *n.* 〘植物〙=love-in-a-mist.

fénnel òil *n.* ういきょう油《調味料に用いる》.

fénnel wàter *n.* ういきょう水《刺激剤・駆風剤に用いる》.

fén·nish [-nɪʃ] *adj.* 沼地の; 沼沢性の.

Fen·no- [fénoʊ | -nə(ʊ)] 〘⊏Swed. ~ ← L *Fenni* Finns〙「フィンランドと…との; フィンランドを含む」の意の連結形: *Fenno*-German, *Fenno*-Scandian.

Fèn·no·scán·di·a [-skǽndiə | -dɪə] 〘← FENNO- + L *Scandia* (Scandinavia 半島南部の古名)〙 ── *n.* **1** 〘地理〙フェンノスカンジア《フィンランド・スウェーデン・ノルウェー・デンマークを含む北欧地域の名称》. **2** 〘地質〙(古代の)フェノスカンジア亜大陸. **Fèn·no·scán·di·an** [-diən | -dɪ-] *adj.*

fen·ny [féni | -nɪ] 〘OE *fennig*: ⇨ fen¹, -y⁴〙 *adj.* **1** 沼沢性の; 沼沢の多い. **2** 沼地にすむ[特有の].

Fen·ol·lo·sa [fènəlóʊsə | -ləʊ-], **Ernest Francisco** *n.* (1853–1908) 米国の東洋美術研究家; 東京高等師範学校教授 (1890–97).

fén·pòle *n.* 《英》飛越し棒《沼沢地方の人が溝を越すのに用いる棒》.

fén-rèeve *n.* 《英》沼沢地方監督官.

Fen·rir [fénrɪə | -rɪə(r)] 〘⊏ON ~〙 ── *n.* 〘北欧神話〙フェンリル《狼の姿をした怪物で Loki の長子; 小島につながれていたが神々の最期 (Ragnarok) の際自由になり Odin を食いその息子 Vidar に殺される》.

Fén·ris-wòlf [fénrɪs-] *n.* 〘北欧神話〙=Fenrir.

fén-rùnners *n. pl.* (沼沢地方で用いる)スケート.

fens [fénz] *int.* =fain².

fen·tan·yl [fentǽnɪl, -nɪl | -nɪl] 〘《変形》← *phentanyl* ← *phen-* 'PHENYL' + ET(HYL) + AN(ILINE) + -YL〙 ── *n.* 〘薬学〙フェンタニール ($C_{22}H_{28}N_2O$)《鎮痛剤》.

fen·thi·on [fenθáɪɑn, -ən | -ɔn, -ən] 〘← *fen-* (《変形》← *phen-* (↑)) + *-thion* (⇨ thio-)〙 *n.* 〘薬学〙フェンシオン ($C_{10}H_{15}O_3PS_2$)《有機リンの殺虫剤》.

Fen·ton [féntən | -tən] 〘OE *Fenntun* 《原義》marsh farm: ⇨ fen¹〙 *n.* 男性名.

fen·u·greek [fénjʊgrì:k, -nə-, -nɪ- | -njʊ-] 〘OE *fenogrecum* ⊏ L *fēnugraec-um* 《原義》Greek hay ← *fēnum* hay + *Graecum* Greek〙 ── *n.* 〘植物〙コロハ (*Trigonella foenumgraecum*)《マメ科植物でその種子には芳香があり薬用となる》.

feod [fjú:d] *n.* 《古》=feud².

feo·dal [fjú:dl̩] *adj.* 《古》=feudal.

Fe·o·dor [fí:ədɔ̀ə, fióʊdə | fí:ə(ʊ)dɔ̀:(r), fíə(ʊ)-, fíəʊ-; *Russ.* fjódər, *G.* fé:odər, -do:ɐ] 〘⊏Russ. ~ 'THEODOR'〙 *n.* 男性名.

Fe·o·do·ra [fì:ədɔ́:rə, -dó:rə | fì:ə(ʊ)dɔ́:rə, fìə(ʊ)-; *Russ.* fjadórə] 〘⊏Russ. ~ 'THEODORA'〙 *n.* 女性名.

Fe·o·do·ro·vich [fióʊdərəvɪtʃ | fíəʊ-; *Russ.* fjódərəvʲɪtʃ] 〘⊏Russ. ~ 《原義》'son of FEODOR'〙 *n.* 男性名.

feoff [féf, fíːf] 〖《c1290》 feoffe(n) ◻ AF *feoff-er*=OF *fieuffer* (F *fieffer*) ← *fief* 'FIEF': cf. fee〗 — *n.* 封土, 領地. — *vt.* …に領地[封土]を与える, 封じる.
feoff·ee [fefíː, fiː-, ⌐⌐ | fefíː, fiː-] 〖《1411》 ◻ AF *feoffé* (p.p.) ← *feoffer* (↑): ⇨ -ee¹〗 *n.* 封土[領地]受領者.
feoffee in* [*of*] *trustee 封土[領地]管理人; (慈善事業などのための)公共不動産管理人.
feof·fer [féfə, fiː- | -fə(r)] *n.* =feoffor.
féoff·ment 〖ME ◻ AF ~ : ⇨ feoff, -ment〗 — *n.* **1** 領地[封土]授与. **2** 封土公示譲渡《自由保有権 (freehold) の譲渡方法で, 譲渡人が公開で土地を譲受人に引渡した》. **3** 封土授与[譲渡]証書.
feof·for [féfə, fiː-, fefɔ́ə, fiː-, ⌐⌐ | fefɔ́ː(r, fiː-] 〖ME *feffour* ◻ AF: ⇨ feoff, -or²〗 *n.* 領地授与者, 封土譲渡人.
FEPA 《略》 Fair Employment Practices Act (米国の)公正雇用慣行法.
FEPC 《略》 Fair Employment Practices Commission (米国の)公正雇用慣行委員会.
-fer [⌐fə | -fə(r)] 〖◻ L ~ 'bearing' ← *ferre* 'to BEAR²'〗 — *suf.* 形容詞 -ferous に対応する名詞を造る: conifer (=coniferous tree).
FERA 《略》 Federal Emergency Relief Administration (米国の)連邦緊急救済局.
fe·ra·cious [fəréɪʃəs] 〖《1637》 ← L *ferāci-, ferāx* (← *ferre* 'to BEAR²')+-OUS〗 *adj.* 《まれ》 多産な, 肥沃な.
fe·rac·i·ty [fərǽsəti | -səti, -sɪ-] 〖《?1440》 ◻ L *ferācitāt-em* ← *ferāx* (↑)〗 *n.* 《まれ》 多産, 肥沃.
fe·rae na·tu·rae [féraɪ-nətú(ə)ràɪ, fériː-, fí(ə)riː- | fìəriː-nətjúəriː] 〖◻ L *ferae nātūrae* 'of a feral nature': ⇨↓, nature〗 — *L. adj.* 〖法律〗〈動物が〉野生の[で] (cf. domitae naturae): Hares are [The hare is] ~. うさぎは野生動物である《飼育動物ではない》 / animals ~ 野生動物.
fe·ral¹ [fí(ə)rəl, fér- | fíər-, fér-] 〖《1604》 ← L *fera* wild beast ((fem.) ← *ferus* wild)+-AL¹〗 — *adj.* **1** 野生の (wild); 野生に帰った: ~ animals [plants] 野生動物[植物] / a ~ dog 野犬 / plants in their ~ state 野生状態の植物. **2** 〈人が〉野性的な, 猛悪な, 凶暴な.
fe·ral² [fí(ə)rəl, fér- | fíər-, fér-] 〖◻ L *fērālis* of a funeral, of the dead〗 *adj.* **1** 《古》 死の, 致命的な (fatal). **2** 《詩》 弔いの (funereal); 陰鬱な (gloomy).
Fe·ra·li·a [fəréɪliə | fəréɪliə, fɪ-, -ljə] 〖◻ L *Fērālia* (neut.pl.) ← *fērālis* (↑)〗 — *n. pl.* (古代ローマの)フェラリア祭《死者の追善供養祭; 2 月 21 日 (パレンタリア祭 (Parentalia) の最終日)に行なった》.
fer·bam [fə́ːbæm, fə́ə- | fə́ː-, fə́ə-] 〖← *fer*(*ric dimethyldithiocar*)*bam*(*ate*)〗 — *n.* 〖化学〗 ファーバム ($C_9H_{18}FeN_3S_6$)《ジメチルジチオカルバミン酸第二鉄を主成分とする果樹用の農薬で, 殺菌剤》.
Fer·ber [fə́ːbə | fə́ːbə(r)], **Edna** *n.* (1887–1968) 米国の女流小説家・劇作家; *Show Boat* (1926).
fer·ber·ite [fə́ːbəràɪt, fə́ə- | fə́ː-, fə́ə-] 〖◻ G *Ferberit* ← *Rudolph Ferber* (19 世紀のドイツ人, その発見者): ⇨ -ite¹〗 — *n.* 〖鉱物〗 鉄重石 ($FeWO_4$)《タングステンの原鉱》.
fer-de-lance [fέədəlǽns, -lɑ́ːns | fέədəlɑ́ː(n)s, -lɔ̃́ː(n)s, -lɑ́ːns, -lɔ́(ː)ns; *F.* fɛrdəlɑ̃ːs] 〖《1880》 ◻ F ~ 'iron (tip) of a LANCE¹': 頭が槍の穂先のような三角形をしている〗 — *n.* (*pl.* ~) 〖動物〗 フェルドランス (*Bothrops atrox*)《中米やブラジル地方にいる猛毒大型のハブの一種》.
Fer·die [fə́ːdi | fə́ːdɪ] 〖(dim.)↓〗 *n.* 男性名.
Fer·di·nand [fə́ːdənæ̀nd, -dṇ- | fə́ːdɪnənd, -nænd, -dṇ-; *F.* fɛrdinɑ̃; *G.* férdinant; *Swed.* fǽːrdinand] 〖《16C》 ◻ It. *Ferdinando* ← Gmc **farði* journey (cf. fare) + **nanþi* risk (cf. OE *nēðan* to risk)〗 — *n.* 男性名《愛称形 Ferd, Ferdie; 異形 Farrand, Fernande》.
Ferdinand I *n.* **1** フェルナンド一世《1000?–65; Castile 王 (1035?–65), León 王 (1037–65), スペイン皇帝 (1056–65); Ferdinand the Great》. **2** フェルディナント一世《1503–64; 神聖ローマ帝国皇帝 (1558–64), ボヘミアおよびハンガリー王 (1526–64)》. **3** フェルディナント一世《1793–1875; オーストリア皇帝 (1835–48)》. **4** フェルディナント一世《1861–1948; ブルガリア皇帝 (1908–18)》.
Ferdinand II *n.* **1** フェルディナント二世《1578–1637; 神聖ローマ帝国皇帝 (1619–37), ボヘミア王 (1617–19, 1620–37), ハンガリー王 (1618–37), 三十年戦争を再開 (1625)》. **2** ⇨ Ferdinand V.
Ferdinand III *n.* **1** ⇨ Ferdinand V. **2** フェルディナント三世《1608–57; ボヘミアおよびハンガリー王, 神聖ローマ帝国皇帝 (1637–57), Westphalia 条約締結 (1648)》.
Ferdinand V *n.* フェルナンド五世《1452–1516; スペイン王国を創建した王, Seville に宗教裁判所設立 (1480), ユダヤ人およびムーア人を駆逐 (1492), Christopher Columbus の航海を援助(アメリカ発見 1492); Ferdinand 二世として Aragon 王 (1479–1516), また Sicily 王 (1468–1516), Ferdinand 三世として Naples 王 (1504–16), Ferdinand 五世として妻の Isabella 一世と共に Castile の共同支配者 (1474–1504), また単独でスペイン連合国の支配者 (1506–16); 異名 the Catholic》.
Fer·di·nan·da [fə̀ːdənǽndə, -dṇ- | fə̀ːdɪn-, -dṇ-] 〖(fem.) ← FERDINAND〗 *n.* 女性名《異形 Fernanda》.
fere [fíə | fíə(r)] 〖ME *fere* < OE (*ge*)*fēra* 《原義》 fellow-traveler: cf. y-, fare〗 — *n.* **1** 《古》 **a** 友達, 仲間 (companion, mate). **b** つれあい, 配偶者 (spouse). **2** 《英方言》 同階位[能力]の人 (equal, match).
fer·e·to·ry [férətɔ̀ːri, -tɔ̀ri | -rɪt(ə)ri] 〖《15C》 ◻ L *feretrum* ◻ Gk *phéretron* bier ← *phérein* 'to BEAR²' ∽ 《a1338》 *fertre* ◻ AF=OF *fiertre* < L *feretrum*: ⇨ -tory〗 — *n.* 〖キリスト教〗 **1 a** (聖人 (saint) の遺骨を納める)聖骨箱 (shrine), 聖遺物匣(こう) (reliquary)《その聖人の祝日にはかついで行列を行なう》. **b** 《英》 棺架 (bier). **2** (教会堂内の)聖骨箱安置所.

feretory 1 a

fer·fel [fə́əfəl | fέə-] *n.* =farfel.
Fer·gus [fə́ːgəs | fə́ː-] 〖◻ Celt. ~ ← *fer* man+*gustus* choice〗 — *n.* **1** 男性名. ★主にスコットランド・アイルランドで用いられる. **2** 〖アイル伝説〗 ファーガス《Ulster の英雄で Cuchulain の後見人》.
fer·gu·son·ite [fə́ːgəsənàɪt, -sṇ- | fə́ː-] 〖← *R. Ferguson* (*d.*1865: その発見者であるスコットランド人): ⇨ -ite¹〗 — *n.* 〖鉱物〗 フェルグソン石《稀土類元素を含む鉱物》.
Fer·gus·son [fə́ːgəsn | fə́ː-], **Robert** *n.* (1750–74) スコットランドの詩人.
fe·ri·a¹ [fí(ə)riə, fér- | fíəriə, fér-] 〖《c1465》 ◻ ML *fēria* ← L *fēriae* (pl.) holidays: cf. fair¹〗 — *n.* (*pl.* **fe·ri·ae** [fí(ə)riìː, fériɛ̀ɪ | fíəriìː, férɪèɪ], ~**s**) **1** [*pl.*] (古代ローマの)祭日, 休日 (holidays): ~*e Jovi* [-dʒóuvaɪ, -jóuviː | -dʒə́uvaɪ, -jə́uviː] ジュピター (Jupiter) 祭日. **2** 〖カトリック〗 平日《主日[日曜日]以外の月曜日から土曜日まで》.
fe·ria² [fériə, -riɑ̀ː | -rɪə, -rɪɑ̀ː; *Sp.* férja] 〖◻ Sp. ~ 'fair, market' (↑)〗 *n.* (通例, 守護聖人を祝って催されるスペインなどの)市, 縁日 (fair).
feriae *n.* feria¹ の複数形.
fe·ri·al [fí(ə)riəl, fér- | fíəriəl, fér-] 〖《c1384》 ◻ (O)F *férial* ◻ ML *fēriālis*: ⇨ feria¹, -al¹〗 — *adj.* **1** 《古》 休日の. **2** 〖カトリック〗 平日の: ~ service 平日の典礼.
fe·rine [fí(ə)raɪn, fér- | fíər-] 〖《1640》 ◻ L *ferīn-us* ← *fera* wild beast: ⇨ -ine¹〗 — *adj.* =feral¹.
Fe·rin·ghee [fərɪ́ŋgi | -gɪ] 〖《1634》 ◻ Pers. *Farangi* ◻ Arab. *Firanjī* ← OF *Franc* Frank〗 — *n.* (*also* **Fe·rin·ghi** [~], **Fe·rin·gi** [~]) 《インド》 [軽蔑的に] ヨーロッパ人 (European); ヨーロッパ・アジア混血人 (Eurasian); (特に)インド生れのポルトガル人.
fer·i·ty [férəti | -rəti, -rɪ-] 〖◻ L *feritāt-em* wildness: ⇨ feral¹, -ity〗 *n.* **1** 野生(状態). **2** 凶暴, 野蛮.
fer·lie [fə́ːli, fέə- | fə́ːlɪ, fέə-] 〖ME *ferli* < OE *fǣrlić* sudden ← *fǣr* 'FEAR': ⇨ -ly²〗 *n.* 《スコット》 驚異.
Fer·lin·ghet·ti [fə̀ːlɪŋgéti | fə̀ːlɪŋgétɪ], **Lawrence** *n.* (1919–) 米国のビート派の詩人.
fer·ly [fə́ːli, fέə- | fə́ːlɪ, fέə-] *n.* 《スコット》 =ferlie.
Ferm. 《略》 Fermanagh.
Fer·man·agh [fəmǽnə | fə(ː)-] 〖◻ Ir. ~ 《原義》 men of Monach〗 — *n.* 北アイルランドの Ulster 南西部の州; 人口 50,000, 面積 1,850 km², 首都 Enniskillen [ɛ̀nɪskɪ́lən, ɛ̀nəs-, -lɪn | ɛ̀nɪs-].
Fer·mat [fεəmɑ́ː | fεə-; *F.* fɛrma], **Pierre de** *n.* フェルマー (1601–65; フランスの数学者).
fer·ma·ta [fεəmɑ́ːtə | fεəmɑ́ːtə; *It.* fermáːta] 〖◻ It. ~ ← *fermare* to stop < L *firmāre* to make firm ← *firmus* 'FIRM¹'〗 — *n.* (*pl.* ~**s**, **-ma·te** [-teɪ; *It.* -te]) 〖音楽〗 **1** フェルマータ《楽曲により特別な表情をつけるため途中または終わりで拍子の運動を停止すること》. **2** フェルマータ記号《𝄐 または 𝄑; 音符, 休止符両方に使用》.
Fermát's lást théorem 〖↓〗 — *n.* 〖数学〗 フェルマーの大定理, フェルマーの問題《方程式 $x^n+y^n=z^n$ は, $n>2$ の時, 0 でない整数解 x, y, z をもたない, という未証明の命題; Fermat のメモにあったのでこの名がある》.
Fermát's príncipie 〖← *P. de Fermat*〗 *n.* — 〖光学〗 フェルマーの原理《光は 1 点から他の 1 点に進むのに極小の時間で到達し得るような径路をとるという原理》.
Fermát's théorem 〖↑〗 — *n.* 〖数学〗 フェルマーの小定理《整数 a が素数 p の倍数でなければ, a の $(p-1)$ 乗から 1 を引いたものは p で割り切れるという定理》.
fer·ment 〖n.: 《?a1425》 ◻ (O)F ~ ∥ L *fermentum* leaven, agitation ← IE **bh(e)reu-* to boil (⇨ brew). — v.: 《a1398》 ◻ (O)F *ferment-er* to ferment〗 — [fə́ːment, fə(ː)mént | fə́ːment] *n.* **1 a** 発酵体《発酵を起こさせる物質 (enzyme など), または生物体 (yeast)》. **b** 《古》 酵素. **2** 発酵. **3 a** (沸き返るような)大騒ぎ, 騒動, 動乱; 興奮: The country was in a ~. 国中が沸き返るような大騒ぎだった. **b** (しばしば乱雑な)活動的な発達過程. — [fə(ː)mént, fə́ːment | fə(ː)mént] *v.* — *vt.* **1** 発酵させる, …に発酵を起こさせる. **2** …の血を沸き返らせる; 〈感情・激情・不安・騒動などを〉刺激する, 激発する, かき立てる. — *vi.* **1** 発酵する. **2** 〈感情・情勢などが〉沸き返る, 激動する, 沸騰する. — **~·er** [-tə | -tə(r)] *n.*
fer·ment·a·bil·i·ty [fə(ː)mèntəbɪ́ləti | fə(ː)mèntəbɪ́lətɪ, -lɪ-] *n.* 発酵性, 発酵能.
fer·ment·a·ble [fə(ː)méntəbḷ | fə(ː)mént-] *adj.* 発酵可能の, 発酵性の.
fer·men·ta·tion [fə̀ːmənteɪ́ʃən, -men- | fə̀ːmen-, -mən-] 〖《c1395》 ◻ LL *fermentātiō(n-)*: ⇨ ferment, -ation〗 — *n.* **1** 発酵(作用). **2** (沸き返るような)動揺, 動乱 (agitation); 興奮 (excitement).
fer·men·ta·tive [fə(ː)méntətɪv | fə(ː)méntət-] *adj.* 発酵力のある, 発酵による, 発酵性の: ~ changes.
fer·mi [fέəmi(ː) | fέəmiː, fə́ː-, -mɪ] 〖↓〗 — *n.* 〖物理〗 フェルミ《核物理学で用いる長さの単位; $=10^{-15}$ m; 記号 fm; faint meter ともいう》.
Fer·mi [fέəmi(ː) | fέəmiː, -mɪ; *It.* férmi], **Enrico** *n.* フェルミ《1901–1954; イタリア生れの米国の原子物理学者; Nobel 物理学賞 (1938); 原子炉の実用化, フェルミ統計の発見, β 崩壊の理論などで知られる》.
Férmi-Dirác statistics 〖← *E. Fermi & P. A. M. Dirac*〗 — *n.* 〖物理〗 フェルミディラック統計《半奇数 ($^1/_2$, $^3/_2$, …) のスピンをもつ粒子の従う統計で, 二つ以上の同一粒子が同じ状態に存在し得ない; Fermi statistics ともいう; cf. Bose-Einstein statistics》.
Férmi·làb 〖← *Fermi* (*National Accelerator*) *Lab*(*oratory*)〗 — *n.* フェルミ研究所《米国 Illinois 州にある, 500 Gev 陽子シンクロトロンをもつ高エネルギー物理学研究のための国立研究所》.
fer·mi·on [fέəmiɑ̀n, fə́ː- | fέəmɪɒn, fə́ː-] 〖← *E. Fermi* +-ON²〗 — *n.* 〖物理〗 フェルミオン, フェルミ粒子《電子・陽子・中性子などのようにスピンが半奇数でフェルミディラック統計に従う粒子》.
Férmi statistics *n.* 〖物理〗 =Fermi-Dirac statistics.
fer·mi·um [fέəmiəm, fə́ː- | fέəmɪəm, fə́ː-, -mjəm] 〖← *E. Fermi*+-IUM〗 *n.* 〖化学〗 フェルミウム《放射性元素の一つ; 記号 Fm, 原子番号 100》.
fern [fə́ːn | fə́ːn] 〖OE *fearn* < (WGmc) **farno* (Du. *varen* / G *Farn*) ← IE **per* to lead (Skt *parṇa* feather)〗 — *n.* **1** 〖植物〗 シダ《シダ目の植物の総称》: ⇨royal fern. **2** [集合的] シダの茂み: go through heath and ~ (おい茂る)ヒースやシダの中を押し分けて行く. **3** シダの葉.
Fern [fə́ːn | fə́ːn] 〖↑〗 *n.* 女性名.
Fer·nand [fεənɑ́ː(ŋ), -nɔ̃́ː(ŋ), -nɑ́ːŋ, -nɔ́(ː)ŋ | fεə-; *F.* fɛrnɑ̃] 〖◻ F ~ 'FERDINAND'〗 *n.* 男性名.
Fer·nan·da [fə(ː)nǽndə | fə(ː)-] 〖◻ Sp. ~ (fem.) ← *Fernando* 'FERDINAND'〗 *n.* 女性名.
Fer·nán·dez [fənǽndez | fə(ː)-; *Sp.* fernándeθ], **Juan** *n.* フェルナンデス《1530?–?99; スペインの航海者; 南米南岸を初めて周航》.
Fer·nan·dez [fε̃ənɑːndés, -déz | fὲənɑːn-; *F.* fɛrnɑ̃des, -deːz], **Ra·mon** [ramɔ̃] *n.* フェルナンデス《1894–?1944; フランスの作家・評論家; 本名 Petro Estala》.
Fer·nan·do [fənǽndou, fεənɑ́ːn- | fənǽndəu, fεənɑ́ːn-; *Sp.* fernándo, *Port.* fərnéndu, *Braz.* fernéndu] 〖◻ Sp. ~ 'FERDINAND'〗 *n.* 男性名.
Fernándo de No·ró·nha [-də-nəróunjə | -nərə́u-; *Port.* -dinorónjɐ] *n.* フェルナンド デ ノローニャ(島)《南大西洋のブラジルの孤島で, もと流刑地; 人口 1,300, 面積 26 km²》.
Fer·nan·do Po [fənǽndou-póu | -pə́u] *n.* フェルナンド ポー(島)《アフリカ中西部 Guinea 湾内にある島で, 赤道ギニア共和国 (Equatorial Guinea) の一部をなす; 同国の首都 Santa Isabel がある; 人口 64,000, 面積 2,017 km²》.
Fer·nan·do Pó·o [fənǽndou-póu, fεənɑ́ːn- | fənǽndəu-pə́u, fεənɑ́ːn-; *Sp.* fernándopó] *n.* =Fernando Po.
férn·bràcken *n.* 〖植物〗 =fernbrake.
férn·bràke 〖← FERN+BRAKE²〗 *n.* **1** 〖植物〗 ワラビ (*Pteridium aquilinum*)《普通は単に brake, hog brake という》. **2** シダのやぶ.
fern·er·y [fə́ːn(ə)ri | fə́ːnəri] *n.* **1** 群生したシダ. **2** シダ栽培地, (装飾用)シダ栽培ケース.
férn·less *adj.* シダの生えていない.
férn·like *adj.* シダの葉のような, シダ状の.
férn òwl *n.* 〖鳥類〗 ヨーロッパヨタカ (*Caprimulgus europaeus*) (nightjar).
férn sèed *n.* シダの胞子《昔これを持っていると姿が人に見えなくなると信じられていた》.
fern·y [fə́ːni | fə́ːnɪ] 〖《1324》〗 *adj.* (**fern·i·er, -i·est; more ~, most ~**) **1** シダの(ような), シダ状の. **2** シダの多い[茂った].
fe·ro·cious [fəróuʃəs | fərə́u-, fɪ-, fe-] 〖《1646》 ← L *ferōci-, ferōx* (← *ferus* 'FIERCE')+-OUS〗 — *adj.* **1** 獰猛(どうもう)な, 狂暴な, 野蛮な, 残忍な: a ~ look 獰猛な顔つき / a ~ murder 非道な殺人. **2** 《口語》 激しい, ひどい (excessive): ~ heat ひどい暑さ, 酷暑 / a ~ appetite ものすごい食欲. **~·ly** *adv.* **~·ness** *n.*
fe·roc·i·ty [fərɑ́səti | fərɒ́sətɪ-, fɪ-, fe-, -sɪ-] 〖《1606》 ◻ F *férocité* ◻ L *ferōcitātem* fierceness: ⇨↑, -ity〗 — *n.* **1** 獰猛(どうもう)さ, 狂暴(性), 野蛮(性), 残忍(性) (fierceness, cruelty). **2** 狂暴な行為, 蛮行.
-fer·ous [⌐f(ə)rəs] 〖⇨ -fer, -ous〗 「…を生じる, 産する, 含む」などの意の形容詞連結形; 常に -i- を伴って -iferous となる: auriferous, coniferous, pestiferous.
fer·ox [férɑks | -rɒks] 〖◻ L ~ 'FIERCE'〗 — *n.* 《英》 〖魚類〗 スコットランドの深い湖にすむ大型のマスの一種 (*Salmo ferox*)《現在はブラウントラウト (brown trout) と同種にされている; ferox trout ともいう》.
Fer·rand [férənd] 〖(異形) ← FERDINAND〗 *n.* 男性名.
Fer·ra·ra [fərɑ́ːrə; *It.* ferrá:ra] *n.* フェルラーラ《イタリア北部, Po 川の河口に近い都市; 中世紀に創始された古い大学・大聖堂がある; Ariosto および Tasso の誕生地; 人口 156,000》.
fer·rate [féreɪt] 〖← L *ferrum* iron (⇨ ferrum)+-ATE¹〗

n. 〘化学〙鉄酸塩 (H_2FeO_4)《仮説上の鉄酸の塩; 深赤色の結晶》.

fer·re·dox·in [fèrədáksɪn, -sən | -rɪdɔ́ksɪn, -rə-] 〘← L *ferrum* (↑)+REDOX+-IN¹〙 — *n.* 〘生化学〙フェレドキシン《葉緑体の中にある含鉄蛋白質で電子伝達系となる》.

fer·rel [férəl] *n.* 《古》=ferrule.

Fér·rel's láw [férəlz-] 〘← *William Ferrel* (1817–91: アメリカの気象学者)〙 — *n.* 〘気象〙フェレルの法則《コリオリの力 (Coriolis force) の影響で, 南半球では左へ, 北半球では右へ風が偏向する法則》.

fer·re·ous [fériəs | -rɪəs] 〘《1646》← L *ferre-us* of iron: ⇨ ferri-, -ous〙 *adj.* 鉄の[のような, を含んだ].

Fer·rer Guar·di·a [fəréə-gwáːdiə | -réə-gwáːdɪə; *Sp.* ferrér-gwárdja], **Francisco** *n.* フェレール グワルディア《1859–1909; スペインのアナキスト; 処刑された》.

Fer·re·ro [fəré(ə)rou | feréərəu; *It.* ferré:ro], **Gu·gliel·mo** [guʎʎélmo] *n.* フェルレーロ《1871–1942; イタリアの歴史家・社会学者》.

fer·ret¹ [férɪt, -rət] 〘《c1350》*feret* ⊏ OF *fu(i)ret* (F *furet*) < VL **fūrittum* (dim.) ← L *fūr* thief, robber〙 — *n.* **1** 《動物》**a** フェレット (*Mustela fulo*)《ヨーロッパケナガイタチ (European polecat) の畜産品種で, 欧米では飼いならしてウサギ・ネズミなどを穴から追い出すのに用いる》. **b** =black-footed ferret. **2** 探索者 (searcher), 探偵. **3** 〘航空〙レーダー基地探索機. — *vt.* **1 a** フェレットを使って〈ウサギ・ネズミなどを〉狩る. **b** フェレットを使って〈野原を〉狩る[あさる]: ~ the field. **2** 狩り立てる, 狩り出す〈*out*〉. **3** 捜し出す, あばき出す〈*out*〉: ~ *out* a secret, the facts, etc. **4** 《古》〈人を〉苦しめる, いらいらさせる, 責める. — *vi.* **1** フェレットを使って狩をする: go ~*ing*. **2** 捜し回る〈*about*〉; 捜し出す〈*out*〉: ~ *about* among old papers and books 古い書類や書物の中を引っかき回して捜す. **~·er** [-ṭə | -tə(r)] *n.*

ferret¹ 1

fer·ret² [férɪt, -rət] 〘《1576》⊏ It. *fioretti* floss silk (pl.) ← *fioretto* (dim.) ← *fiore* < L *flōrem*, *flōs* flower〙 — *n.* 《古》(絹または木綿の丈夫な)細幅リボン[テープ]《物を括(くく)ったりまた縁飾りなどに用いる》.

férret-bàdger *n.* 〘動物〙イタチアナグマ (*Helictis moschata*)《アジア南部および東部産でアナグマに似たイタチ科の動物獣》.

férret-èyed *adj.* フェレットのような目をした《ふちの赤い丸い小さいぱちくりした目をいう》.

fér·ret·ing [-ṭɪŋ | -tɪŋ] *n.* =ferret².

fer·ret·y [férɪṭi, -rəṭi | -tɪ] 〘← FERRET¹+-Y⁴〙 *adj.* フェレットのような.

fer·ri- [férai, -rɪ, -rə | -rɪ] 〘《変形》← FERRO-〙 **1** ferro- の異形 (⇨ -i-). **2** 〘化学〙「第二鉄 (ferric iron) を含む, 3価の鉄 (Fe^{III}) を含む」の意の連結形.

fer·ri·age [fériɪdʒ] 〘《1330》: ⇨ ferry, -age〙 *n.* **1** 船渡し(便); 渡船業. **2** 渡船料金, 渡し賃.

fer·ric [férɪk] 〘← L *ferr(um)* iron+-IC¹〙 — *adj.* **1** 鉄の[に関する, を含む]. **2** 〘化学〙第二鉄の, 3価の鉄 (Fe^{III}) の (cf. ferrous): ~ iron 第二鉄 / ~ salt 鉄 (III) 塩, 第二鉄塩《3価の鉄塩》/ ~ sulphide 硫化鉄 (III), 硫化第二鉄.

férric ammónium cítrate *n.* 〘化学〙クエン酸鉄 (III) アンモニウム, クエン酸第二鉄アンモニウム ($FeNH_4(SO_4)_2 \cdot 12H_2O$)《赤褐色の鱗片状結晶で, 医薬鉄剤に用いる》.

férric ammónium óxalate *n.* 〘化学〙蓚酸(しゅうさん)鉄 (III) アンモニウム, 蓚酸第二鉄アンモニウム ($(NH_4)_3Fe(C_2O_4)_3 \cdot 3H_2O$)《緑色の水溶性結晶で, 青写真に用いる》.

férric chlóride *n.* 〘化学〙塩化鉄 (III), 塩第二鉄 ($FeCl_3$)《橙色の結晶; iron trichloride, iron perchloride ともいう》.

férric diméthyl·dithiocárbamate *n.* 〘化学〙ジメチルジチオカルバミン酸鉄 (III) (ferbam).

férric hydróxide *n.* 〘化学〙水酸化鉄 (III), 水酸化第二鉄 ($Fe_2O_3 \cdot nH_2O$).

férric óxide *n.* 〘化学〙酸化鉄 (III), 三酸化二鉄, 酸化第二鉄 (Fe_2O_3)《暗赤色粉末または塊, 天然には赤鉄鉱として産する》.

férric súlfate *n.* 〘化学〙硫酸鉄 (III), 硫酸第二鉄 ($Fe_2(SO_4)_3$).

fèrri·cyánic ácid 〘← FERRI-+CYANIC〙 *n.* 〘化学〙ヘキサシアノ鉄 (III) 酸, フェリシアン酸 ($H_3Fe(CN)_6$)《褐色で結晶をなし, 水溶性の固形物質》.

fèrri·cýanide *n.* 〘化学〙ヘキサシアノ鉄 (III) 酸の塩, フェリシアン化物 ($Fe(CN)_6^{---}$) を含む塩: ~ of potash=potassium ~ フェリシアン化カリウム, 赤色血鹵(ろ)塩, 赤血塩 / ~ of soda フェリシアン化ソーダ, 赤血ソーダ.

fer·rif·er·ous [fəríf(ə)rəs, fe-] 〘← FERRI-+-FEROUS〙 *adj.* 鉄を産する[生じる, 含む]: ~ rocks, soil, etc.

fèrri·hémoglobin *n.* 〘生化学〙フェリヘモグロビン (⇨ methemoglobin).

férri·màgnet *n.* 〘物理〙フェリ磁石《フェリ磁性による磁石》.

férri·magnétic *adj.* 〘物理〙フェリ磁性の. **férri·magnétically** *adv.*

fèrri·mágnetism *n.* 〘物理〙フェリ磁性《結晶中に2種類の強磁性原子があり, それらの相互作用で自発磁化を生じる性質》.

Fér·ris whéel [férɪs-, -rəs- | -rɪs-] 〘← *G. W. G. Ferris* (1859–96: その発明者である米国人技師)〙 *n.* (フェリス式)観覧車, 水車型大観覧車.

Ferris wheel

fer·rite [férait] 〘← L *ferr(um)* iron+-ITE¹〙 — *n.* **1** 〘化学〙亜鉄酸塩 ($H_2Fe_2O_4$). **2** 〘冶金〙フェライト《α鉄の組織名の一つ》. **3** 〘鉱物〙フェライト《$MO \cdot Fe_2O_3$ (M は2価の金属)の形をもつ強磁性化合物; 各種電気機器や記憶装置に応用される》. **4** 〘窯業〙フェライト《強磁性を示す焼結材料》.
fer·rit·ic [fəríṭɪk, fe- | -tɪk] *adj.*

férrite mágnet *n.* 〘化学〙フェライト磁石.

fer·ri·tin [férətn̩ | -rɪtɪn] 〘← FERRO-+-ITE¹+-IN¹〙 *n.* 〘生化学〙フェリチン《20% 以上の鉄を含み赤褐色の結晶状をなす金属蛋白質》.

fer·ro- [férou | -rə(u)] 〘← L *ferr-um* iron〙 — **1** 「鉄分を含む, 鉄の」の意の連結形. ★時に ferri- になる. **2** 〘化学〙「第一鉄 (ferrous iron) を含む, 鉄 (II) を含む」の意の連結形: *ferro*cyanide.

fèrro·álloy *n.* 〘化学〙鉄合金, 合金鉄.

fèrro·cálcite *n.* 〘鉱物〙含鉄方解石.

fer·ro·cene [férousìːn | -rə-] 〘← FERRO-+-CENE〙 — *n.* 〘化学〙フェロセン ($(C_5H_5)_2Fe$)《シクロペンタジエン (cyclopentadiene) と鉄の化合物で, ガソリンなどに添加し燃焼効率を良くする》.

férro·chròme *n.* 〘化学〙=ferrochromium.

fèrro·chrómium *n.* 〘化学〙クロミウム鉄, クロム鉄《クロムを 60–90% 含む鉄合金》.

fèrro·cóncrete *n.*, *adj.* 鉄筋コンクリート(の).

fèrro·cyánic 〘← FERRO-+CYANIC〙 *adj.* 〘化学〙ヘキサシアノ鉄 (II) 酸の, フェロシアン酸の.

ferrocyánic ácid *n.* 〘化学〙ヘキサシアノ鉄 (II) 酸, フェロシアン酸 ($H_4Fe(CN)_6$)《無色の結晶物で, 空中で酸化されて青色の Prussian blue に変る》.

fèrro·cýanide 〘← FERRO-+CYANIDE〙 *n.* 〘化学〙フェロシアン化物《$Fe(CN)_6^{----}$ 基を含む塩》: ⇨ potassium ferrocyanide, sodium ferrocyanide.

fèrro·eléctric 〘電気〙 *adj.* 強誘電性の. — *n.* 強誘電体. **fèrro·eléctrically** *adv.*

fèrro·electrícity *n.* 〘電気〙強誘電性《電界をかけると著しい誘電分極が起こる性質》.

Ferrol *n.* ⇨ El Ferrol.

fèrro·magnésian 〘地質〙 *adj.* 〈鉱物・岩石が〉鉄とマグネシウムを含む, 鉄苦土化合物の. — *n.* 鉄とマグネシウムを含んだ鉱物.

fèrro·mágnet *n.* 〘磁気〙=ferromagnetic.

fèrro·magnétic 〘磁気〙 *adj.* 強磁性の《磁界の方向に強く磁化する性質をもつ; cf. paramagnetic》: a ~ body [substance] 強磁性体《鉄・ニッケル・コバルトなど》. — *n.* 強磁性体.

fèrro·mágnetism *n.* 〘磁気〙強磁性《磁界を加えるとその方向に強く磁化する性質; また, この結果として磁界を取り去っても磁化が残る性質》.

fèrro·mánganese *n.* 〘冶金〙フェロマンガン, マンガン鉄《マンガンを多量に含む鉄合金》.

fer·rom·e·ter [fərɑ́məṭə, fe- | -rɔ́mɪtə(r, -mə-] *n.* 〘磁気〙(鋼鉄や鉄などについて)透磁率や強磁性体を決定する装置.

fèrro·molýbdenum *n.* 〘冶金〙モリブデン鉄《モリブデンを 65% 程度含む鉄合金》.

fèrro·níckel *n.* 〘冶金〙ニッケル鉄《ニッケルを 20–40% 程度含む鉄合金》.

fèrro·phósphorus *n.* 〘冶金〙フェロフォスフォル, リン鉄《鉄とリンとの合金》.

fèrro-résonance *n.* 〘電気〙鉄共振《鉄心の飽和特性による跳躍現象を伴う電気的共振》.

fèrro·sílicon *n.* 〘冶金〙フェロシリコン, ケイ素鉄《鉄と 15–95% のケイ素との合金》.

fer·ro·so- [fəróusou, fe-, -sə | -rə́usə(u)] 〘← NL *ferrosus* 'FERROUS'〙 〘化学〙「第一鉄を含む, 第一鉄と…との」の意の連結形: *ferroso*-ferric.

fèrro·titánium *n.* 〘冶金〙フェロチタン, チタン鉄《鋼とチタンの合金》.

fèrro·túngsten *n.* 〘化学〙タングステン鉄《タングステンを 70% 以上含む鉄合金》.

fer·ro·type [férətàip | -rə(u)-] 〘← FERRO-+-TYPE〙 〘写真〙 — *n.* **1** フェロタイプ, つや出し乾燥. **2** 鉄板写真(法) (tintype)《薄い黒色鉄板上に湿板法によって撮影した写真》. — *vt.* **1** 〈焼き付けした陽画[プリント]を〉フェロタイプする, つや出し乾燥する, …にフェロを掛ける. **2** 鉄板写真にとる.

férrotype plàte *n.* 〘写真〙フェロタイプ板《写真陽画の画面を光沢面にするために使用する滑面のクロムメッキ板; 昔は黒エナメル塗り薄鉄板》.

fer·rous [férəs] 〘← L *ferrum* (⇨ ferrum)+-OUS〙 — *adj.* **1** 鉄の, 鉄から採った; 鉄を含む: ~ and nonferrous metals 鉄金属と非鉄金属. **2** 〘化学〙第一鉄の, 2価の鉄 (Fe^{II}) の (cf. ferric): ~ iron 第一鉄.

férrous chlóride *n.* 〘化学〙塩化鉄 (II), 塩化第一鉄 ($FeCl_2$, $FeCl_2 \cdot 4H_2O$).

férrous hydróxide *n.* 〘化学〙水酸化鉄 (II), 水酸化第一鉄 ($Fe(OH)_2$).

férrous óxalate *n.* 〘化学〙蓚酸(しゅうさん)鉄 (II), 蓚酸第一鉄 ($FeC_2O_4 \cdot 2H_2O$).

férrous óxide *n.* 〘化学〙酸化鉄 (II), 酸化第一鉄 (FeO).

férrous sàlt *n.* 〘化学〙鉄 (II) 塩, 第一鉄塩《2価の鉄塩》.

férrous súlfate *n.* 〘化学〙硫酸鉄 (II), 硫酸第一鉄, 緑礬(りょくばん) ($FeSO_4 \cdot 7H_2O$)《染料・インク製造・写真用薬品などに使用; copperas, green vitriol, iron vitriol, iron sulfate ともいう》.

férrous súlfide *n.* 〘化学〙硫化鉄 (II), 硫化第一鉄 (FeS).

fer·ru·gin·e·ous [fèr(j)udʒíniəs | -nɪəs] *adj.* =ferruginous.

fer·ru·gi·nous [fərúːdʒənəs, fe- | ferúːdʒɪ-, fə-] 〘《a1661》← L *ferrūgin(us)* (← *ferrūgō* iron rust ← *ferrum* iron)+-OUS〙 — *adj.* **1** 鉄の, 鉄分を含有する, 鉄質の: a ~ spring 含鉄鉱泉, 鉄泉. **2** 鉄錆(さび)色の, 赤褐色の. — *n.* 鉄錆色, 赤褐色.

fer·rule [férəl | -ruːl, -rəl] 〘《1611》《変形》← 《廃》 *verrel* ⊏ OF *virelle* (F *virole*) < L *virolam* (dim.) ← *viriae* armlets, bracelets: 今の形は L *ferrum* iron との連想による〙 — *n.* **1** (先端の)きせ金具, はめ輪, (つえ・こうもりがさなどの)石突き. **2** 〘機械〙**a** フェルール, (ボイラー管の)はめ輪, 口輪, くさび管. **b** (接合部補強のための)はばき金, 金環. **3** 〘機械〙(弓ぎりの)回し車. **4** 〘釣〙竿の継ぎめの部分. — *vt.* …にきせ金具[石突き, フェルール]を付ける.

fér·ruled *adj.* きせ金具[石突き, フェルール]を付けた.

fer·rum [férəm] 〘⊏ L ~: ⇨ farrier〙 *n.* 〘化学〙鉄 (iron)《記号 Fe, 原子番号 26, 原子量 55.847》.

fer·ry [féri | -rɪ] 〘n.: 《c1286》⊏ ON *ferja* < Gmc **farjōn* ← **far-* to go: ⇨ fare (v.). — v.: OE *ferian* to carry〙 — *n.* **1** 渡し場, 渡船場; 渡船施設. **2** フェリー(ボート) (ferryboat), 渡し船: by ~. **3** 渡し, 船渡し; 渡船営業権. **4 a** (新造飛行機の工場から現場まで運ぶ)フェリー, 自力現場輸送. **b** (2地点間の)定期空輸. **5** 宇宙船フェリー《宇宙飛行士を惑星や宇宙基地へ輸送するフェリー》.
take the ferry 《戯言》死ぬ (die) (cf. Charon 1).
— *vt.* **1 a** 船で渡す: ~ men and animals *over* the water, *across* a river, etc. **b** 〈川などを〉フェリーで渡る[横切る]: ~ the river. **2 a** 〈人・物資を〉フェリーで輸送する; 空輸する. **b** 〈船を〉操る, やる. **c** 〈新造の航空機を〉(異なる基地間, または工場から発注[目的]地まで, 乗客や貨物を載せずに)空輸する. — *vi.* 船で渡る: ~ *across* the river / ~ *across* to Dover.

fer·ry·age [fériɪdʒ] *n.* =ferriage.

férry·bòat *n.* フェリーボート, 渡し船, 渡船, 連絡船.

férry brìdge *n.* (フェリーの乗降に用いる)渡船橋《浮上型・吊り下げ型などがある》.

férry·man [-mən, -mæ̀n] *n.* (*pl.* **-men** [-mən, -mèn]) 渡船業者; 渡し守, 渡船夫.

férry stèamer *n.* 連絡汽船, 蒸気渡船.

fer·tile [fə́ːṭl̩ | fə́ːtail] 〘《1436》⊏ (O)F ~ ⊏ L *fertilis* fruitful ← *ferre* 'to BEAR²': ⇨ -ile¹〙 — *adj.* **1 a** 〈土地が〉肥えた, 肥沃(ひよく)な (productive): ~ land [soil] 肥えた土地[土] / ~ plains 肥沃な平野. **b** 〔…の〕産出力に富んでいる〔*of*, *in*〕: a soil ~ *of* weeds 雑草のよく生える土. **c** 発達に好条件を提供する: ~ soil *for* scholarship 学問の発達に適した土壌. **2 a** 子を多く産む, 多産な (prolific, fecund). **b** 豊作をもたらす: ~ rains 慈雨. **3** 創造力に富んだ, 創意の豊かな; 〔創造・想像力などの〕豊富な〔*of*, *in*〕: be ~ *of* invention [*in* imagination] 独創力[想像力]が豊かである / a ~ brain [imagination] 創意豊かな頭脳[豊かな想像力] / a mind ~ *in* schemes 工夫に富む心. **4** 《廃》豊産の, 豊富な: ~ tears あふれる涙. **5** 〘生物〙**a** 〈種子・卵が〉繁殖能力のある. **b** 生殖能力のある. **c** 受精[受胎]した (fertilized): a ~ egg 受精卵. **d** 〈葉状体などが〉胞子を生じる機能をもった: ⇨ fertile frond. **e** 〈花・木が〉実のなる, 結実する. **f** 〈葯(やく)が〉花粉を含んだ. **6** 〘物理〙核分裂物質に変換できる, 核燃料の原料となる: ~ material (核)燃料親物質 / ~ uranium 238. **~·ly** [-ṭl(l)i | -tailli] *adv.* **~·ness** *n.*

Fértile Bélt *n.* [the ~] 肥沃(ひよく)地帯《カナダの Winnipeg 湖および Wood [wúd] 湖から Rocky 山脈にわたる特に地味の肥えた地帯》.

Fértile Créscent 〘James H. Breasted (1865–1935: アメリカのエジプト学者・考古学者)の造語〙 — *n.* [the ~] 肥沃な三日月地帯《人類が初めて農耕を行なったと考えられている Palestine からアラビアの北部を回ってペルシャ湾に達する三日月形の地域》.

fértile frónd *n.* 〘植物〙実葉, 胞子葉《生殖に直接関連して胞子形成機能をもつ葉の総称》.

fer·til·i·ty [fə(ː)tíləṭi | fə(ː)tílɪti, -lɪ-] 〘《?a1425》⊏ (O)F *fertilité* ⊏ L *fertilitātem*: ⇨ fertile, -ity〙 — *n.* **1** 肥沃, 豊産, 多産; 豊富 (richness): keep the ~ *of* the wheat crop 小麦の豊作を維持する / ~ *of* fancy [invention] 空想[独創力]に富んでいること. **2** (土地の)生産力: the ~ of soil 地力. **3** 出生率 (cf. mortality 3). **4** 〘生物〙受精[受胎]能力, 繁殖力, 生殖力; 〘植物〙稔性. — *attrib. adj.* **1** 豊穣の, 豊作の, 多産の: ~ charms 豊作祈願の呪文. **2** 〘民俗〙豊穣神崇拝の[に結びついた]: ~ myths.

fertílity cùlt *n.* 〘民俗〙**1** 豊穣神崇拝[の儀式]. **2** [集合的] 豊穣信仰の信者たち.

fertílity drùg *n.* 〘薬学〙排卵誘発剤《不妊の婦人に対し排卵を誘発させるために使用する薬剤; 主として性腺刺激ホルモンを使用する》.

fertílity pìll *n.* 〖薬学〗排卵誘発型避妊錠《排卵誘発剤によって排卵日を定め，リズム法による避妊を確実にするタイプのピル》.

fer·til·iz·a·ble [fə̀ːṭəlàɪzəbl, -ṭl- | fə́ːtɪl-, -təl-, -tl-] *adj.* **1** 〈土地が〉肥沃化の可能な. **2** 〖生物〗受精[受胎]の可能な.

fer·til·i·za·tion [fə̀ːṭəlɪzéɪʃən, -lə-, -ṭl- | fə̀ːtɪlaɪ-, -təl-, -lɪ-, -tl-] *n.* **1** 多産化；(地味の)肥沃化，(土地の)肥沃法；施肥. **2** (知的・経済的発達の)促進 (enrichment). **3** 受精[授精](現象)，受胎(現象)，配偶子合体 (cf. synkaryon). **~·al** [-ʃənl, -ʃnəl] *adj.*

fertilizátion cóne *n.* 〖動物〗＝entrance cone 1.

fertilizátion mémbrane *n.* 〖生物〗受精膜《受精後に卵のまわりに形成される膜》.

fer·til·ize [fə́ːṭəlàɪz, -ṭl- | fə́ːtɪl-, -təl-, -tl-] 〖《1648》▭F *fertilis-er*: ⇨ fertile, -ize〗 **— *vt.*** **1** (施肥などによって)〈土地を〉肥沃にする，〈土地〉の地味を肥やす (enrich). **2** 豊富にする，豊かにする：~ the mind. **3** …の発達を促進する. **4** 〖生物〗受精[受胎]させる：~ an animal, a plant, etc. / ~ an egg [an ovum, a female reproductive cell] 卵子[卵細胞，雌性生殖細胞]を受精させる / Insects ~ flowers. 昆虫が花を受精させる.

fér·til·ìz·er *n.* **1** 肥沃[豊か]にするもの[人]. **2** 肥料；(特に)化学肥料. **3** 〖生物〗受精媒介者[物]: Butterflies are good ~*s*. チョウはよく花の受精媒介をする.

fer·til·i·zin [fə(ː)tɪ́ləzɪn, -zən | fə(ː)tɪ́lɪzɪn] 〖← FERTILIZE＋-IN[1]〗 **— *n.*** 〖生化学〗受精素《ウニ・ヒトデ・ゴカイなどの未受精卵から分泌される物質で，精子に作用して凝着を起こさせる》.

fer·u·la [fér(j)ʊlə] 〖ME▭L ~ 'giant fennel, rod'〗 **— *n.*** (*pl.* **~s, -u·lae** [-lìː]) 〖植物〗 **1** [F-] オオウイキョウ属《セリ科の一属》. **2** オオウイキョウ《オオウイキョウ属の植物の総称；地中海・中央アジア地方に産する薬用植物；アギ (asafetida) など；devil's dung ともいう；cf. galbanum》. **3** ＝ferule[1].

fer·ule[1] [férəl | -ruːl] 〖《?1440》▭L *ferula* (↑): cf. OE *ferele* rod〗 **— *n.*** **1 a** むち《体罰用，特にてのひらを打つために用いる物さし状の木べら；cf. rod 2 b, cane 2 c》. **b** むちによる体罰. **2** 厳しい学校訓育：be under the ~ (学校で)厳しく教育される. **— *vt.*** むちで打ち懲らす.

fer·ule[2] [férəl | -ruːl] *n., vt.* ＝ferrule.

fe·rú·lic ácid [fərúːlɪk- | fə-, fe-] *n.* 〖化学〗フェルラ酸 ($HO(CH_3O)C_6H_3CH$: CHCOOH).

fer·ven·cy [fə́ːvənsi | fə́ːvənsɪ] 〖《15C》〗 *n.* 熱烈，熱誠，燃えるような熱情 (fervor).

fer·vent [fə́ːvənt | fə́ː-] 〖《1340》▭(O)F ~ // L *fervent-em* (pres.p.) ← *fervēre* to boil: cf. brew〗 **— *adj.*** **1** 非常に熱い，焼ける，燃える (burning)，白熱する (glowing)：~ heat 白熱 (2 *Pet.* 3:10). **2** 熱烈な (ardent)，熱心な (zealous)；強烈な (intense)：a ~ lover [prayer] 熱烈に愛する[祈る]人 / have a ~ desire for peace 熱烈に平和を望む / ~ love, desire, hatred, etc. **~·ly** *adv.* **~·ness** *n.*

fer·vid [fə́ːvɪd, -vəd | fə́ːvɪd] 〖《1599》▭L *fervid-us* fiery, burning, vehement ← *fervēre* (↑)〗 **— *adj.*** **1** 燃えるような，熱烈な，熱情的な：a ~ preacher 熱烈な説教家 / ~ loyalty 燃えるような忠誠心. **2** 燃える，白熱の，熱い. **~·ly** *adv.* **~·ness** *n.*

fer·vid·i·ty [fəːvɪ́dəṭi | fəːvɪ́dətɪ, -dɪ-] *n.* **1** 白熱. **2** 熱烈，熱情 (zeal, passion).

Fer·vi·dor [fəːvidɔ̀ə | fəːvidɔ̀ː(r; *F.* fɛrvidɔːr] 〖▭F ~ ← L *fervidus* 'FERVID'＋Gk *dōron* gift〗 *n.* 熱月 (⇨ Thermidor).

fer·vor, 《英》 **fer·vour** [fə́ːvə | fə́ːvə(r] 〖《c1384》▭OF *fervo(u)r* (F *ferveur*)▭L *fervōr* violent heat ← *fervēre*: ⇨ fervent, -or[1]〗 **— *n.*** **1** (感情・情熱の)熱烈，熱情：religious ~ 宗教的熱情 / the ~ of one's devotion 熱愛 / preach with great ~ 非常な熱情をもって説教する. **2** 白熱(状態)；炎熱：the ~ of an African climate.

Fès [fés] *n.* ＝Fez.

F.E.S. 《略》 Federation of Engineering Societies; Fellow of the Entomological Society; Fellow of the Ethnological Society; 〖フェンシング〗 foil, épée and sabre.

Fes·cen·nine [fésənàɪn, -nìːn, -sṇ- | -sɪnaɪn, -niːn] 〖《1601》▭L *Fescennin-us* ← *Fescennia*: ⇨ -ine[1]〗 **— *adj.*** **1** (古代 Etruria の一都市) Fescennia の神祭[結婚式]で詠唱された. **2** [しばしば f-] (Fescennia の神祭で歌われた詩歌の文句のように)下品な，卑猥な，淫(いん)らな (obscene)：~ verse, songs, etc.

fes·cue [féskjuː] 〖《c1378》 *festu*▭OF (F *fétu*) straw < VL **festucum*＝L *festūca* straw〗 **— *n.*** **1** 〖植物〗イネ科ウシノケグサ属 (*Festuca*) の植物の総称《ウシノケグサ (sheep fescue) など有用な牧草が多い；fescue grass ともいう》. **2** 〖まれ〗(昔子供に文字の読み方を教える時に用いた藁(わら)・小枝・針金製などの)字突き，教鞭.

féscue fòot *n.* 〖獣医〗(牛の)ウシノケグサ中毒《ウシノケグサを食べて起こる麦角中毒 (ergotism) に似た牛の脚の病気》.

fess[1] [fés] 〖《1486》▭OF *fesse* (F *fasce*) < L *fasciam* band: cf. fascia〗 **— *n.*** (*also* **fesse** [~]) 〖紋章〗フェス《盾の約 1/3 幅の横帯；実際は 1/3-1/5 とその幅は一定していない；⇨ heraldry 挿絵 C》.
in fess 横帯の形に，横帯状に. ***party per fess*** 〈盾が〉上下に二分された (⇨ heraldry 挿絵 E).

fess[2] [fés] 〖《頭部省略》← CONFESS〗 *vi.* (*also* **'fess**) 《口語》告白する，白状する (own) ⟨*up*⟩.

fess[3] [fés] 〖《変形》? ← FIERCE〗 *adj.* 《英方言》 **1** いきいきした，元気のいい. **2** うぬぼれた，厚顔の.

féss pòint *n.* 〖紋章〗盾形紋地のほぼ中心点 (⇨ heraldry 挿絵 B).

féss·wàys *adv.* 〖紋章〗＝*in* FESS[1].

féss·wìse *adv.* 〖紋章〗＝*in* FESS[1].

-fest [fèst] 〖▭G ~ ← *Fest* 'FEAST, celebration'〗 《米口語》「(にぎやかな・非公式の)会合，集い，大会」の意の名詞連結形：song*fest*.

fes·ta [féstə; *It.* fésta] 〖▭It. ~ < VL **festam* 'FEAST'〗 *n.* (イタリアで守護聖人を祝う)祭り，祝祭，祭日，祝日 (festival, holiday).

fes·tal [féstl] 〖《?1479》▭OF *festel*▭L *fēstālis*: ⇨ feast, -al[1]〗 **— *adj.*** (宗教的な)祝祭 (festival) の；祝祭にふさわしい，お祭りらしい，陽気な (gay, joyous)：~ mirth お祭りの歓楽 / a ~ day 祝祭日 / a ~ mood お祭り気分 / ~ music 祝祭音楽.

fés·tal·ly [-təli, -tli | -təlɪ, -tlɪ] *adv.* お祭りのように，祝祭気分で，にぎやかに，陽気に (gaily).

fes·ter [féstə | -tə(r] 〖《a1325》 *festre*▭OF < L *fistulam* ulcer〗 **— *n.*** (体表部の)潰瘍(かいよう)，膿疱(のうほう)；うみ，膿(のう). **— *vi.*** **1** 〈傷口などが〉うむ. **2** 腐る，腐敗する. **3** (炎症を起こして)うずく，痛む. **4** 〈憤り・怒りなどが〉ずきずきする，胸にわだかまる：The resentment ~*ed* in his mind. その恨みは心にずきずきこたえた. **— *vt.*** **1** 〈傷口などを〉うませる. **2** 〈心身を〉悩ます；毒する，…に悪影響を与える.

fes·ti·nate [féstənət, -nɪt, -nèɪt | -tɪ-] 〖▭L *festīnāt-us* (p.p.) ← *festīnāre* to hasten〗 **— *adj.*** 急速な，せっかちな. **—** [-nèɪt] *vi.* **1** 急ぐ，急いで行く. **2** 〖病理〗(神経性疾患の際に次第に)歩行が加速する. **~·ly** *adv.*

fes·ti·na·tion [fèstənéɪʃən | -tɪ-] 〖▭L *festīnātiō(n-)* haste: ⇨ ↑, -ation〗 *n.* **1** 急ぎ (haste). **2** 〖病理〗加速歩行 (cf. festinate 2).

fes·ti·val [féstəvəl | -tə-, -tɪ-] 〖《?c1380》▭OF ~ ▭ ML *festivālis* ← L *festivus* 'FESTIVE'〗 **— *n.*** **1** 祝祭，祭礼，祝い，祭：the ~ of Christmas クリスマス祝祭 / the New Year's ~ 正月の祝い. **2** 祭日，祝日. **3** (定期的)催物シーズン，フェスティバル，…祭：a music ~ 音楽祭 / the Wagner [Wagnerian] ~ (毎年 6 月 Bayreuth で開かれる)ワーグナー祭. **4** (祝祭の)饗宴(きょうえん)，宴楽 (merrymaking)：hold [keep, make] ~ 饗宴を催す. **5** 陽気さ，上機嫌. **6** ＝fair[1].
Festival of Fools [the —] ＝FEAST of Fools.
Festival of Freedom [the —] 〖ユダヤ教〗＝Passover 1.
Festival of Lanterns [the —] ＝FEAST of Lanterns.
Festival of Lights [the —] 〖ユダヤ教〗＝Hanukkah.
Festival of Weeks [the —] 〖ユダヤ教〗＝Shabuoth.
— *adj.* 祝祭[祭礼]の，祝[祭]日の，お祭らしい (festal).

féstival·gòer *n.* 祝祭[フェスティバル]に出かける人.

fes·tive [féstɪv] 〖《1651》▭L *festiv-us* merry ← *festum* 'FEAST': ⇨ -ive〗 **— *adj.*** **1** 祝祭の，お祝いの：the ~ season 祝祭季節《クリスマス季節などのこと》. **2** 祝祭日らしい，喜ばしい，愉快な (joyous, merry)，浮かれる (jovial)：a ~ mood お祭り気分 / ~ mirth 陽気な笑いさざめき. **~·ly** *adv.* **~·ness** *n.*

fes·tiv·i·ty [festɪ́vəṭi | fəs- | festɪ́vətɪ, -vɪ-] 〖《a1387》▭(O)F *festivité* // L *fēstivitāt-em*: ⇨ ↑, -ity〗 **— *n.*** **1** 祭礼，祝祭，祭典. **2** [*pl.*] お祝いの催し，浮かれ騒ぎ，お祭騒ぎ：social *festivities* 社交的なお祭騒ぎ. **3** お祭気分，浮かれ気分，陽気な賑(にぎ)わい；歓楽，歓喜.

fes·ti·vous [féstəvəs | -tɪ-, -tə-] *adj.* ＝festive.

fes·toon [festúːn] 〖《1676》▭F *feston*▭It. *festone* ← *festa* 'FEAST': ⇨ -oon〗 **— *n.*** **1** (装飾などに用いる)花綱(はなづな)；花綱状の物. **2** 花綱飾り，フェストーン，懸華装飾. **3** 〖歯科〗歯肉肥大《歯頸線に沿った歯肉の膨隆》. **— *vt.*** **1** 花綱で飾る，…に花綱を垂らす：~*ed with* electric lights 電飾した. **2** 花綱に作り上げる；花綱状につなぐ. **3** 〖歯科〗〈義歯〉の歯肉形成をする.

festoon 1

festóon clòud *n.* 〖気象〗＝mammatocumulus.

fes·toon·er·y [festúːnəri | -rɪ] *n.* **1** [集合的] 花綱(はなづな) (festoons). **2** (建物などに取り付けた)花綱装飾.

Fest·schrift, f- [féstʃrɪft; *G.* féstʃrɪft] 〖▭G ~ ← *Fest* festival＋*Schrift* writings〗 *n.* (*pl.* **Fest·schrif·ten** [~ən; *G.* ~ən], **~s**) (学術)記念論文集 ⟦*for*⟧.

FET 《略》〖電子工学〗field-effect transistor.

fe·ta [féṭə, féta: | -tə -taː] 〖▭NGk (*turi*) *pheta* ← *turós* cheese＋*pheta* (▭It. *fetta* slice)〗 **— *n.*** フェタ(チーズ)《羊または山羊の乳から造り，塩水で保蔵するギリシャの堅い白チーズ》.

fe·tal [fíːṭl | -tl] 〖← L *fētus* 'FETUS'＋-AL[1]〗 *adj.* 〖生物〗胎児の：~ movement 胎動.

fétal hémoglobin *n.* 〖医学〗胎児ヘモグロビン.

fe·tal·i·za·tion [fìːṭəlɪzéɪʃən, -lə-, -ṭl- | -təlaɪ-, -lɪ-, -tl-] **— *n.*** 〖動物〗胎児化，胎形保有《哺乳類の成体が祖先動物の胎児の形態のまま成体する現象；人類の特徴が類人猿の幼児のそれに似ている事実などはその例；cf. gerontomorphosis, neoteny, paedomorphosis》.

fétal posítion *n.* 〖精神医学〗胎児型姿位.

fétal ríckets *n. pl.* [単数または複数扱い] 〖病理〗胎児佝僂(くる)病 (⇨ achondroplasia).

fe·ta·tion [fiːtéɪʃən] 〖← L *fētāt(us)* ((p.p.) ← *fētāre* to bring forth)＋-ION〗 *n.* 〖生物〗妊娠 (pregnancy).

fetch[1] [fétʃ] 〖OE *feċċ(e)an* 《変形》← *fetian* to fetch, summon ← Gmc **fet-* (G *fassen* to grasp) ← IE **pĕd-* 'FOOT'〗 **— *vt.*** **1** [しばしば二重目的語を伴って] (行って)取って来る，(行って)連れて来る；来て連れて行く：I'll go and ~ the book *from* the library. 図書室から本を持って来よう / She ~*ed* her child home *from* school. 子供を(迎えに行って)学校から連れて帰った / Please (go and) ~ the doctor. 医者を呼んで来て下さい / He went home to ~ his sister. 家へ妹を連れに行った / *Fetch* me my hat. 帽子を取って来て下さい. **2 a** 取り出す，出て来させる，呼び出す，誘い出す，〈血・涙を〉流させる：~ a pump ポンプに呼水をする / The call ~*ed* him at once. 呼声に応じて彼はすぐ出て来た / ~ water *from* a rock 岩から水を引き出す / The words ~*ed* a laugh *from* the students. その言葉に学生は笑い出した / The story ~*ed* tears *from* [*to*] her eyes. その話を聞いて彼女は涙を流した. **b** 《まれ》〈論点・類推などを〉引き出す，推論する ⟦*from*⟧. **3 a** 〈息を〉吸う，吸い込む. **b** 〈呼気・嘆息を〉吐く，漏らす；〈叫び・うめき声などを〉出す，発する：~ a sigh [a deep breath] ため息[深い息]をつく / ~ a scream [groan] 叫び[うめき]声を発する / ~ a sneeze くしゃみをする. **4 a** 《口語》[しばしば二重目的語を伴って]〈一撃を〉食わす：The man ~*ed* him a blow on the nose. その男は彼の鼻頭に一撃をくらわした. **b** 《俗》〈人を〉殺す. **5** 《口語》〈商品が〉〈ある値〉に売れる，〈値を〉呼ぶ，〈収益・収入を〉もたらす：The corn ~*ed* an excellent price at the market. 穀物は市場でいい値に売れた / This won't ~ (you) much. これは大した金にはなるまい / His ability as a teacher did not ~ so much pay here. 彼の教師としての才能でも当地ではさほどよい報酬は得られなかった. **6 a** 《口語》〈人〉の心を動かす，引きつける，魅了する；〈聴衆など〉の人気を呼ぶ[さらう] (cf. fetching)：A little flattery will ~ him. 彼は少しおだててやればすぐいい気になる / The girl's beauty ~*ed* him completely. 彼女の美しさに彼はすっかり参ってしまった. **b** 《英》いらいらさせる. **7** 《方言・古》〈運動・動作を〉やってのける：~ a leap [turn] 跳躍[回転]をする. **8** 〖海事〗(逆風・逆流に打ち勝って)到達する，着く：~ the harbor 着港する. **9** 〖狩猟〗〈猟犬が〉〈獲物を〉捜して持って来る.
— *vi.* **1** 行って物を持って来る：⇨ FETCH *and carry*. **2** 遠回りをして行く；回る ⟨*around, round, about*⟩：They ~*ed around* through the park. 彼らは公園を通って迂回(うかい)した. **3** 《スコット》息切れする. **4** 〖狩猟〗〈猟犬が〉獲物を取ってくる. ★ しばしば犬に向かっての命令に用いる：Go ~! 取って来い. **5** 〖海事〗〈船が〉(ある方向に)針路を保って進航する：~ headway [sternway] 前進[後退]する / to ~ windward 風上に向ける.
fetch about (1) ⇨ *vi.* 2. (2) 〖海事〗〈帆船が〉進行方向の転換点に来る. ***fetch and carry*** (召使のように) ⟦人のために⟧使い走りをする，雑役をする ⟦*for*⟧：He was expected to ~ *and carry for* everybody in the office. 彼は事務所では皆の使い走りをすることになっていた. ***fetch around*** (1) ⇨ *vi.* 2. (2) 《方言》生き返らせる. ***fetch away*** [***way***] 〖海事〗(船の震動につれて)〈船中の物が〉揺れて踊り出す，ずれ動く. ***fetch down*** 射落す，たたき落す (bring down)；〈市価などを〉引き下げる：One shot ~*ed* the bird *down*. 一回の発砲でその鳥は射落された. ***fetch out*** 引き出す (draw forth)；〈色つやなどを〉出す，表わす：~ *out* the colors of marble. ***fetch round*** (1) ⇨ *vi.* 2. (2) 〈人を〉納得させる：His argument ~*ed* me *round*. 彼の議論を聞き私も納得した. ***fetch up*** (*vt.*) (1) 作り出す；思い起こす，思い出す：~ *up* a memory to mind 記憶を呼びもどす，思い起こす. (2) 〈失ったものを〉回復する (make up)：~ *up* lost ground [time] 失地[失った時間]を取りもどす. (3) 《方言》育てる：~ *up* a child. (4) 不意に[ぴたり]と止まらせる：He was ~*ed up* short by a sudden peal of thunder. 突然の雷鳴で急に立ち止まった. (5) 《英》吐く. (*vi.*) 《口語》(1) 〈船・人が〉不意に止まる，ぴたりと止まる；到着する：~ *up* all standing (船が暗礁に乗り上げた時など) 帆を張ったまま突然ぴたりと止まる. (2) ⟦…で⟧終わる，結局⟦…に⟧行きつく ⟦*in, with*⟧：He ~*ed up in* jail. とどのつまりは刑務所行きとなった.
— *n.* **1** 取って[持って]来ること，もたらすこと；取って来る間の距離. **2** 風の吹送距離 (sweep) 《海上・陸上における一定の方向と速さをもった風域の長さ》；(海上・湖面などにおける)波の発生域：a clear ~ of a thousand miles 風[波]のとぎれなく吹き[立ち]渡る千マイルの距離. **3** (何事かをもたらそうとする)術策，策略，計略 (trick). **4** 〖海事〗 **a** (湾などの)対岸の 2 点を結ぶ線，対岸距離，全長. **b** 波の進んだ距離.
~·er *n.*

fetch[2] [fétʃ] 〖← ?〗 **— *n.*** **1** (死の直前に遠くの親族・友人などの所に幻影となって現われるという)生霊(いきりょう) (wraith). **2** (外見・動作など)よく似たもの，そっくりなもの (counterpart). **3** 幽霊，亡霊 (ghost).

fétch càndle *n.* 人魂(ひとだま)《人の死の前にその家から墓場へ行くのが見られるという燐光；死の前兆だと言い伝えられている；corpse candle ともいう》.

fétch·ing *adj.* 人の心を奪う，魅力的な (attractive)：

a ～ hat, girl, gown, etc. **～·ly** *adv.*

fete [féɪt, fét | féɪt] 〘(1754) ▭ F *fête* 'FEAST'〙 (*also* **fête** [～]) ── *n.* **1 a** 祝祭, 祭り (festival); 祝日, 祭日; 祝祭日, 休日 (holiday): a national ～ 国祭日. **b** 〘カトリック〙聖名祝日《当人と同名の聖人の日で誕生日と同様に祝う》. **2** (戸外の)祝宴, 饗宴(きょうえん): a garden [lawn] ～ 園遊会. **3** 慈善バザー. ── *vt.* …のために(宴を張って)祝う[敬意を表する, 賓客扱いする], 饗応する; (式を挙げて)祝う: a plan to ～ the day その日を祝おうという計画 / He was ～*d* everywhere he went. 彼は至る所で饗応[賓客扱い]された.

fête cham·pê·tre [féɪt-ʃɑ̃:(m)pétr(ə), fét-, -ʃɔ̃:(m)-, -ʃɑ:m-, -ʃɔ(:)m-, -péɪt-; *F.* fɛtʃɑ̃pɛtʀ] 〘▭ F ～ 'rural festival'〙 ── *F. n.* (*pl.* **fêtes champêtres** [～]) **1** 野外大園遊会 (garden party). **2** 田舎の祭. 「1).

fête dày *n.* 祭日, 祝日, 祝祭日; 聖名祝日 (cf. fete *n.*

fet·e·ri·ta [fètəríːtə | -tərí:tə] 〘▭ Sudanese Arab. ～: cf. Arab. *faṭīra*ʰ unleavened bread〙 ── *n.* 〘植物〙米国南西部で栽培されるイネ科モロコシの一種 (*Sorghum vulgare*).

fe·ti- [fí:tɪ, -tə | -tɪ] feto- の異形 (⇨ -i-): *feti*cide.

fe·tial [fí:ʃəl] 〘▭ L *fētiāl-is* of the fetials ∥ L *fētiāl-ēs* (pl.) college of priests〙 ── *n.* (*pl.* **fe·ti·a·les** [fèʃiéɪli:z, fì:ʃiéɪli:z | fì:ʃiéɪli:z, fèttiá:leɪs], ～**s**) (古代ローマで人民の代表として宣戦講和などに当たった 20 人の)外交担当祭司団の一員. ── *adj.* **1** (古代ローマの)20 人の外交担当祭司団の. **2** 国際問題・宣戦および平和条約に関する: ～ law. **3** 伝令使の (heraldic); 外交の (diplomatic).

fet·ich [fétɪʃ, fí:t-, féɪt- | fí:t-, fét-] *n.* =fetish.

fét·ich·ism [-ʃɪzm] *n.* =fetishism.

fét·ich·ist [-ʃɪst, -ʃəst | -ʃɪst] *n.* =fetishist.

fet·ich·is·tic [fètɪʃístɪk, fì:ṭ-, fèɪṭ- | fì:t-, fèt-] *adj.* =fetishistic.

fe·ti·cid·al [fì:ṭəsáɪdl | -tɪ-] *adj.* 胎児殺しの, 堕胎の.

fe·ti·cide [fí:ṭəsàɪd | -tɪ-] 〘← FETO- + -CIDE〙 *n.* 胎児殺し, 堕胎.

fet·id [féṭɪd, -ṭəd | fétɪd, fí:t-] 〘▭ L *fētid-us*, *foetid-us* stinking ← *fētēre* to stink: ⇨ -id⁴〙 *adj.* 悪臭のある[を放つ], いやに臭(くさ)い. **～·ly** *adv.* **～·ness** *n.*

fe·tid·i·ty [fetídəṭi, fi:- | fetídɪtɪ, fi:-, -dɪ-] *n.* 悪臭(を発すること).

fe·tip·a·rous [fi:típərəs] 〘← FETO- + -PAROUS〙 *adj.* 〘動物〙〈カンガルーなど有袋類が〉早産の.

fet·ish [féṭɪʃ, fí:ṭ-, féɪṭ- | fí:t-, fét-] 〘(1613) ▭ F *fétiche* ▭ Port. *feitiço* a charm < L *factītium* 'FACTITIOUS'〙 ── *n.* **1** 呪物(じゅぶつ), 物神《未開人などに霊力があるとして崇拝される物》. **2 a** 迷信の対象; 盲目的崇拝物: make a ～ of …を盲目的に崇拝する; …に熱狂する[熱を上げる]. **b** 異常な愛着[崇拝], 病的執着: have a ～ *for* underwear. **3** 〘精神医学〙フェティッシュ《fetishist の性欲の対象物》.

fét·ish·ism [-ʃɪzm] 〘(1801): ⇨ ↑, -ism: cf. F *fétichisme*〙 ── *n.* **1** 呪物(じゅぶつ)崇拝, 物神崇拝《例えば羽毛・木片・塊石などに霊力があるとして, それを崇拝して災を免かれ病気を直そうとする風習》. **2** 盲目的崇拝. **3** 〘精神医学〙フェティシズム, 淫物愛, 拝物愛《異性の体の一部(手足・髪など)や衣類・装身具などの無生物に性愛の対象を置くこと》.

fét·ish·ist [-ʃɪst, -ʃəst | -ʃɪst] *n.* **1** 呪物(じゅぶつ)崇拝者, 物神崇拝者. **2** 〘精神医学〙フェティシスト, 拝物性愛者.

fet·ish·is·tic [fèṭɪʃístɪk, fì:ṭ-, fèɪṭ-, ⌐⌐⌐⌐ | fì:tɪʃístɪk, fèt-, ⌐⌐⌐⌐] *adj.* **1** 呪物(じゅぶつ)の, 物神の. **2** 呪物[物神]崇拝的な; 盲目的崇拝の. **3** 〘精神医学〙フェティシズムの.

fet·lock [fétlɑk | -lɔk] 〘(?*a*1300) *fitlock* 《原義》'LOCK¹ of the FOOT' ← Gmc (cf. G *Fissloch*): cf. fetter〙 ── *n.* **1** けづめ毛《ひずめの上部後方のむら毛》. **2** 球節, けづめ毛突起《馬などの足のけづめ毛の生じる部分; fetlock joint ともいう》. **3** 〘馬具〙=fetterlock 2.

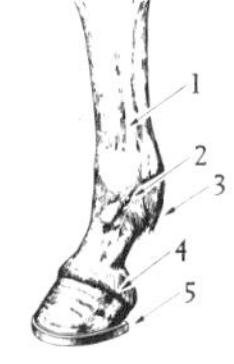

fetlock 1
1 shank; 2 fetlock joint; 3 fetlock; 4 pastern; 5 hoof

fétlock-déep *adv., adj.* けづめ毛の上の所まで(の深さの).

fe·to- [fí:ṭoʊ | -təʊ] 〘← L *fēt-us*, *foet-us* a bringing forth: ⇨ fetus〙「胎児 (fetus)」の意の連結形. ★ 時に feti- になる: *feto*metry.

fe·tol·o·gy [fi:tɑ́ləʤi | -tɔ́ləʤɪ] 〘← FETO- + -LOGY〙 *n.* 胎児学. **fe·tól·o·gist** [-ʤɪst, -ʤəst | -ʤɪst] *n.*

fe·tor [fí:ṭə, -tɔə | -tə(r, -tɔ:(r)] 〘▭ L *fētor*, *foetor* ← *fētēre* to stink: cf. fetid, -or¹〙 *n.* 強い悪臭: ～ of breath.

fet·ter [féṭə | -tə(r)] 〘OE *feter* < Gmc **feterō* (Du. *veter* lace / G 《廃》*Fesser*) ← **fet-* < IE **pĕd-* 'FOOT'〙 ── *n.* [通例 *pl.*] **1** 足をくくり付ける鎖, 足かせ, 足鎖. **2** 束縛, 拘束: in ～*s* 囚人の身で; 束縛されて. ── *vt.* **1** …に足かせをかける. **2** 束縛[拘束]する; 無力[無能]にする: be ～*ed* in prison 獄舎につながれる / be ～*ed* by tradition 因襲にとらわれる.

fétter bòne *n.* 〘獣医〙(馬の)繋(けい)の骨, 馬の第一指骨《けづめと踝(くるぶし)との間の骨》.

fétter·bùsh *n.* 〘植物〙米国南部産ツツジ科アセビ属の常緑低木 (*Pieris floribunda*).

fétter·less *adj.* 足かせのない; 束縛のない, 自由な.

fétter·lòck 〘(15C): ⇨ fetter, lock²〙 *n.* **1** =fetlock 1, 2. **2** 〘馬具〙(昔使用された馬の)D 字形の足かせ. **3** 〘紋章〙D 字形足かせの形をした紋章図形.

fet·tle [féṭl | -tl] 〘(*c*1750) ← ME *fetlen* to get ready ← OE *fetel* girdle < Gmc **fatilaz* ← IE *pĕd-* container: ⇨ vat〙 ── *n.* **1** 状態 (condition): *in* fine [good] ～ すばらしい状態で, 非常に元気で. **2** 〘冶金〙=fettling. ── *vt.* **1** 〘古・方言〙 **a** 修理する (mend); 整理する (arrange). **b** 仕上げをする (finish); 正装する (array). **2** 〘窯業〙…の合せ目の坏土(はいど)を取り除く, …に仕上げを施す. **3** 〘冶金〙〈反射炉〉の炉床を修理する. **4** 〘金属加工〙〈鋳造品の〉から砂を取り除く.

fet·tling [fétlɪŋ, -ṭl- | -tl-, -ṭl-] *n.* **1** 〘冶金〙フェットリング《反射炉の内壁をフラックス・鉱石などで保護する操作; それに用いるフラックス・鉱石など》. **2** 〘金属加工〙鋳肌掃除.

fet·tuc·ci·ne [fèṭətʃí:neɪ | -tə-; *It.* fèttuttʃí:ne] 〘▭ It. ～ (pl.) ← *fettuccina* (dim.) ← *fetta* slice〙 ── *n. pl.* [単数または複数扱い] フェットゥチーネ《幅のせまいリボン状のパスタ; またそれを用いた料理》.

fet·tuc·ci·ni [fèṭətʃí:ni | -tətʃí:nɪ; *It.* fèttuttʃí:ni] *n. pl.* =fettuccine.

fe·tus [fí:ṭəs | -təs] 〘(*a*1398) ▭ L *fētus*, *foetus* a bringing forth, offspring ← IE **dhē(i)-* to suck: cf. filial〙 *n.* 〘動物〙胎児《妊娠 3 か月以後のもの; cf. embryo 1》.

feu [fjú:] 〘(1497) *few* ▭ OF *fieu*: cf. fee〙〘スコット法〙 ── *n.* (兵役義務の代わりに穀物や金銭を支払う)土地保有; 永代賃借地; 領地, 封土. ── *vt.* 〈土地を〉永代賃借として与える.

feu·ar [fjú:ə | fjú:ə(r] 〘⇨ ↑, -ar²〙 *n.* 〘スコット法〙(兵役義務の代わりに穀物や金銭を支払う)土地保有者, 永代賃借者.

Feucht·wang·er [fɔ́ɪktvɑ:ŋə, fɔ́ɪçt- | -ŋə(r; *G.* fɔ́ʏçtvaŋɐ], **Lion** *n.* フォイヒトワンガー《1884–1958; ドイツの小説家・劇作家; 1933 年ナチ政府により国籍を奪われ 1940 年米国に亡命; *Jud Süss*「ユダヤ人ジュース」(1925)》.

feud¹ [fjú:d] 〘(17C) 《*a* を *u* と読み違えたための変形 ?》← 《廃》*fead* < (*a*1325) *fed(e)* ▭ OF *fe(i)de* ▭ OHG *fēhida* (G *Fehde*) enmity < Gmc **faiχiþō* (OE *fǣhþ* enmity): ⇨ foe, -th²〙 ── *n.* **1 a** (2 族間・2 家族間などで流血と復讐を重ねる)確執, 反目, (相互間の)宿恨《deadly feud ともいう; cf. blood feud, vendetta 1》. **b** (長年にわたる激しい)確執, 不和. **2** 反目, 争い: be at ～ with …と反目している, 争っている. ── *vi.* 反目する, 争う〔*with*〕.

feud² [fjú:d] 〘(1200) ▭ ML *feud-um*, *feod-um*: cf. fief, fee〙 *n.* 〘法律〙領地, 封土 (fee), 封.

feu·dal [fjú:dl] 〘(1614) ▭ ML *feudāl-is*: ⇨ ↑, -al¹〙 ── *adj.* **1** 領地の, 封土の (cf. alodial): ～ estates 封土 / ～ tenure 封建的保有地, 封土. **2 a** 封建制(度)の, 封建時代の: the ～ system 封建制度 / ancient ～ castles 昔の封建時代の城 / ～ law 封建法 / the ～ age [days, times] 封建時代 / a ～ lord 封建君主, 藩主, 領主. **b** 封建制(度)に似た.

féudal invéstiture *n.* 封土[領地]授与《封建制度において領主が家臣に封土を授与すること》.

féu·dal·ism [-dəlɪzm, -dḷ-] *n.* 封建制度, 封建制.

féu·dal·ist [-dəlɪst, -ləst, -dḷ- | -dəɪst, -dl-] *n.* 封建制主張[擁護]者.

feu·dal·is·tic [fjù:dəlístɪk, -dḷ-] *adj.* 封建制度の; 封建(制)的な: a ～ idea 封建的思想.

feu·dal·i·ty [fju:dǽləṭi | -lɪti, -lɪ-] 〘▭ F *féodalité*: ⇨ feudal, -ity〙 *n.* **1** 封建性; 封建制. **2** 封土, 領地 (fief). **3** [集合的] 封建貴族, 封建支配階級.

feu·dal·i·za·tion [fjù:dəlɪzéɪʃən, -lə-, -dḷ- | -dəlaɪ-, -lɪ-, -dḷ-] *n.* 封建制化.

feu·dal·ize [fjú:dəlàɪz, -dḷ-] *vt.* …に封建制度[藩制]をしく, 封建制にする; 〈土地を〉封土にする.

féu·dal·ly [-dəli, -dḷi | -dəli, -dḷɪ] *adv.* 封建制度に則(のっと)って, 封建制下に.

feu·da·to·ry [fjú:dətɔ̀:ri, -tòri | -t(ə)rɪ] 〘(1592) ▭ ML *feudātōri-us* ← *feudāre* to enfeoff: ⇨ feud², -atory〙 ── *adj.* **1** 〔…に〕封土を受けている, 家臣である〔*to*〕. **2** 〈土地・国家が〉封土である, 領地として授けられている. ── *n.* **1** 封建臣下, 封臣, 家臣 (vassal). **2** 領地, 封土 (fief, fee).

feu de joie [fɜ́:-də-ʒwɑ́:; *F.* fødəʒwa] 〘▭ F ～ 《原義》'fire of JOY' ← *feu* < L *focum*: ⇨ focus〙 ── *F. n.* (*pl.* **feux de joie** [～]) (銃の発射による勝利の)祝砲; 祝火 (bonfire). 「う人.

féud·ist¹ [-dɪst, -dəst | -dɪst] *n.* 《米》宿恨によって争

féud·ist² [-dɪst, -dəst | -dɪst] *n.* 封建法学者.

Feu·er·bach [fɔ́ɪəbɑ̀:k, -bɑ̀:x | fɔ́ɪə-; *G.* fɔ́ʏɐbàx], **Ludwig Andreas** *n.* フォイエルバッハ《1804–72; ドイツの哲学者; *Das Wesen des Christentums*「キリスト教の本質」(1841)》.

Féuerbach's cìrcle 〘← *Karl Wilhelm Feuerbach* (1800–34: ドイツの数学者)〙 *n.* 〘数学〙フォイエルバッハの円 (⇨ nine-point circle).

Feuil·lant [fɜ:jɑ́:(ŋ), -jɔ́:(ŋ), -jɑ́:ŋ, -jɔ́(:)ŋ; *F.* fœjɑ̃] 〘彼らの会合場所が以前は Feuillants 派 (Languedoc の Feuillants に起こったシトー修道会 (Cistercian Order) の改革派)の修道院だったことから〙 ── *n.* (フランスの)フウイヤンクラブ員《フランス革命当時の立憲王政を主張したクラブ員; このクラブは 1791 年に結成され, 翌年 Jacobin 党に抑圧されて解散した》.

feuil·le·ton [fɜ̀:jətɔ́:(ŋ), -tɔ́(:)ŋ | fɜ́:jətɔ̀(:)ŋ, fɜ́:-, -tɔ̀(:)ŋ; *F.* fœjtɔ̃] 〘(1845) ▭ F ～ 《原義》leaflet added to the newspaper (dim.) ← *feuille* leaf: cf. folio〙 ── *n.* (*pl.* ～**s** [～z; *F.* ～]) **1** (フランスの新聞の)文芸欄《通例ページの下部をそれに当てる》. **2** 文芸欄物《随筆・評論・短編・連載小説など》. **3** (新聞・雑誌の)大衆読者欄; 大衆向けの作品. **～·ism** [-tɔ̃:nɪzm, -tɔ́(:)n- | -tɔ̃:nɪzm, -tɔ̀(:)n-] *n.* **～·ist** [-nɪst, -nəst | -nɪst] *n.*

Feul·gen [fɔ́ɪlgən; *G.* fɔ́ʏlgən] 〘← *R. Feulgen* (1884–1955: ドイツの生化学者)〙 ── *adj.* 〘生物〙フォイルゲンの核染色反応の[に関する, を利用した, で染色した]: ～ mitochondria.

Féulgen reàction *n.* [the ～]〘生物〙フォイルゲンの核染色反応《特別の染色により染色糸 (DNA) の存在を証明する方法》.

fe·ver [fí:və | -və(r] 〘OE *fēfer*, *fēfor* ▭ L *febr-is* ← ? IE **dhegwh-* to burn (L *fovēre* to warm)〙 ── *n.* **1** 発熱(状態); (病気の)熱: Has he any ～? / a high ～ 高熱 / intermittent ～ 間欠熱 / an attack of ～ 発熱 / in a ～ 熱に浮かされて. **2** 熱病: yellow ～ 黄熱病 / quartan ～ 四日熱 / ⇨ scarlet fever, typhoid fever. **3 a** [通例 a ～] 極度の興奮(状態), 激情, フィーバー; (感情・不安・欲望などの)異常な強烈さ: a ～ of passionate love 激しい熱愛 / in a ～ of impatience ひどくあせって / a sea ～ 海へのあこがれ, 海洋熱《海と海上生活への強い憧れ; John Masefield の詩の題名より》. **b** (広く伝播するが一時的な)熱狂: gold ～ 黄金熱, 金鉱熱. **4** 精神的[社会的]に異常な状態. ★ ラテン語系形容詞: febrile. 「*feed a* COLD).

starve a fever 食べないで[絶食して]熱を下げる (cf.

fever and ague 〘病理〙=malaria 1.

── *vt.* **1** 発熱させる; 熱病にかからせる. **2** 興奮させる, 熱狂させる. ── *vi.* **1** 発熱する, 熱が出る. **2** 熱狂的に行動[生活]する.

féver blìster *n.* 〘病理〙=herpes simplex.

fé·vered *adj.* **1** (病的な)熱のある (feverish); 熱病にかかった: one's ～ brow 熱っぽい[熱のある]額(ひたい). **2** 極度に興奮した: a ～ imagination.

fe·ver·few [fí:vəfjù: | -və-] 〘(15C) *fevyrfue* ▭ AF **fevrefue* ∽ OE *feferfug(i)e* ▭ L *febrifug(i)a* a kind of herb ← *febris* 'FEVER' + *fugāre* to put to flight: ⇨ -fuge〙 ── *n.* 〘植物〙ナツシロギク (*Chrysanthemum parthenium*)《白い小さい花が咲くキク科の多年草で, 以前は解熱剤に用いた》.

féver hèat *n.* **1** 熱《病的高体温》. **2** 病的興奮, 熱狂 (fever pitch): The excitement rose to ～. 興奮は熱狂にまで高まった.

fé·ver·ish [-v(ə)rɪʃ] 〘ME〙 ── *adj.* **1** 熱のある, 熱っぽい, 熱性の: a ～ condition 発熱状態 / a ～ forehead 熱で熱い額. **2** 熱病の. **3** 激しく興奮した, 熱狂的な (excited), 焦躁的な (restless); 不安定な: ～ activities 大わらわの活動 / with ～ excitement 熱狂して. **4** 〈土地が〉熱病流行の, 熱病の多い. **5** 不快なほどに暑い, 蒸し暑い. **～·ly** *adv.* **～·ness** *n.*

féver·less *adj.* (病的な)熱のない. 「*adv.*

fe·ver·ous [fí:v(ə)rəs] 〘ME〙 *adj.* =feverish. **～·ly**

féver pìtch *n.* (群衆に急速に広がる)異常な興奮(状態), 熱狂: rise to ～.

féver·ròot *n.* 〘植物〙ツキヌキソウ (*Triosteum perfoliatum*)《アメリカ産のスイカズラ科の植物; その根は薬用になる; feverwort, horse gentian ともいう》.

féver sòre *n.* 〘病理〙=fever blister. 「の一療法).

féver thèrapy *n.* 〘医学〙(発)熱療法《中枢神経梅毒

féver thermòmeter *n.* =clinical thermometer.

féver trèe *n.* 〘植物〙マラリヤ解熱の効があると信じられた数種の樹木の総称: **a** ユーカリ (eucalyptus). **b** 米国南部産アカネ科植物の一種 (*Pinckneya pubens*).

féver·wèed *n.* 〘植物〙セリ科ヒゴタイサイコ属 (*Eryngium*) の植物の総称《西インド諸島産の *E. foetidum*, 米国産の *E. aquaticum*, ヨーロッパ産の *E. campestre* など; 根は芳香があり解熱剤・食用にする》.

féver·wòrt *n.* 〘植物〙 **1** =feverroot. **2** =boneset.

few¹ [fjú:] 〘OE *fēawe*, *fēawa* (pl.) ← Gmc **faw-* (OHG *fōhe* / ON *fār*) ← IE **pōu-* few, little (L *paucus* / Gk *paûros* little, (in pl.) few)〙 ── (↔ many) *adj.* (**～·er**; **～·est**) [複数名詞を修飾して] **1** [否定的] 少数の (not many), 少しの(…しかない), ほとんどない (cf. little B 1): He has ～ friends. 彼には友だちが少ししかいない[ほとんどない] / a man of ～ words 言葉数の少ない人 / I had ～ or no opportunities. ほとんど機会がなかった / Such cases are comparatively ～ nowadays. 近頃はそういうことは比較的少ない / Seeing baseball games is one of his ～ pleasures. 野球観戦が彼の数少ない楽しみの一つだ / The entertainment was welcomed by the ～ people present. その余興は少数の出席者に歓迎された / *Fewer* people study Latin today than fifty years ago. 今日ではラテン語を学ぶ人は 50 年前より少ない / He made the ～*est* mistakes. 彼の誤りが一番少なかった. **2** [a ～ として; 肯定的] 多少の, 少しは(ある) (cf. little B 2): He has *a* ～ friends. 友だちが少しはある / in *a* ～ days 二三日[数日]たてば.

a good few 《英口語》=*quite a* FEW. ***but few*** 《文語》=*only a* FEW: He has *but* ～ chances of success. 成功の見込みがほとんどない. ***every few***… [複数名詞を伴って] 二三…ごとに: *every* ～ minutes [days, hours] 二三分[日, 時間]ごとに. ***few and far between*** 〘T. Campbell の詩, *Pleasures of Hope* (1797) から〙 大きな間隔を置いた[て], ごくまれな[で], たまさかの[で] (cf. angel 1): Visitors, if any, were ～ *and far be-*

tween. 訪ねて来る人は，よしあるとしても，きわめてまれだった． ***no fewer than*** …ほども(多くの[で])，…も (as many as) (cf. *no* LESS *than* (1))：There were *no* ～*er than* fifty present. 50 人も出席者があった． ***not a few*** 少なからぬ，かなり多数の (cf. *pron.*(, *n.*) 成句)：*Not a* ～ students have gone home. 少なからぬ学生は帰って[帰郷して]しまった． ***only a few*** ほんのわずか[少し]の (few) (cf. *pron.*(, *n.*) 成句)：*Only a* ～ people visited us. ほんの少数の人しか我々を訪ねる者がなかった． ***quite a few*** 《口語》かなりの，相当数の (cf. *pron.*(, *n.*) 成句)：He has *quite a* ～ books. ***some few*** 《口語》少数の，少しばかりの (some).
— *pron.* (, *n.*) [複数扱い] **1** [否定的] 少数(しか…ない) (cf. *adj.* 1)：Many are called, but ～ are chosen. 招かるる者は多かれど選ばるる者は少なし (*Matt.* 22: 14) / *Few of* my friends were there. そこには私の友人は少ししかいなかった / *Of* my friends ～ live in England. 私の友人のうち英国に住んでいる者は少ない． ★ *adj.* 用法に準じて very, too, so, as, how などの副詞に修飾されることがある：*Very* ～ understood what he said. 彼の言うことのわかった者はきわめて少数だった． **2** [a ～ として；肯定的] 多少(はある) (cf. *adj.* 2)：He brought *a* ～ *of* them [the books] with him. 彼はその[その本の]うちの少数を持って来た / I met *a* ～ *of* my friends there. 私はそこで数人の友人に会った． **3** [the ～]「多数(者)」に対して)少数(者)，選ばれた人たち (the elect)：privileges for *the* ～ 少数者のための特権 / *the* discerning ～ 洞察力をもった少数者．
a few 《方言・俗》[副詞的に] 幾分，少々 (a little). ***a good few*** 《英口語》＝*quite a* FEW. ***have a few*** 《英口語》酒を 3, 4 杯飲む． ***in few*** 《古》簡単に． ***not a few*** かなり多数 (cf. *adj.* 成句)：*Not a* ～ *of* the students were absent. 学生のうち少なからぬ者が欠席していた． ***only a few*** ほんのわずか[少し] (few) (cf. *adj.* 成句)：*Only a* ～ understood what he said. ほんの少数の人しか彼の言うことを理解しなかった． ***quite a few*** 《口語》かなり多数，相当数 (a good many) (cf. *adj.* 成句)：not a hundred but *quite a* ～ 百はないがかなり多数 / *Quite a* ～ *of* them agreed. 彼らのうち賛成する者もかなり多かった．

few² [fjúː] *n.* ＝feu.

few·er [fjúːə | fjúːə(r, fjúə(r] *adj.* few の比較級 (cf. few¹ *adj.* 1). — *pron.* [複数扱い] より少数(の人々)：Few know and ～ care. 知っている人は少数だが，心配する人はより少数だ / To *the* ～ ye shalt give the less inheritance. 人少なきには少しの産業を与うべし (*Num.* 33: 54).

féw·ness 〖OE *fēanis*：⇨ few¹, -ness〗 *n.* 少数，わずか．

few·trils [fjúːtrɪlz, -trəlz | -trɪlz] 〖← ?〗 *n. pl.* 《英方言》つまらない[くだらない]もの (trifles).

fey [féɪ] 〖OE *fǣge* doomed to death ＜ Gmc **faiȝjaz* (Du. *veeg* about to die / G *feige* cowardly) ← IE **peiĝ-* hostile〗 — *adj.* (～·**er**；～·**est**) **1** 《スコット》 **a** 死ぬ運命の． **b** 死にかかっている，臨終の． **2 a** (臨終近い人のように)興奮した． **b** 気のふれた，狂気の． **3** 〖FAY¹ と連想?〗 **a** 未来を見透すことのできる，第六感のある，千里眼的な． **b** 現実離れした，空想的な． **c** 小妖精のような；異様な． ～·**ness** *n.*

Fey·der [feɪdέə, feɪ- | -dέə(r; *F.* fɛdɛːr], **Jacques** *n.* フェーデ (1888–1948；フランスの映画監督).

Feyn·man [fáɪnmən], **Richard Phillips** *n.* (1918–) 米国の物理学者；Nobel 物理学賞 (1965).

fez [féz] 〖(1802–03) ▭ Turk. *fes* ← *Fez* (↓)〗 *n.* (*pl.* **fez·zes**, ～-**es**) トルコ帽，フェズ《元来はトルコ人が着用した赤いフェルト製円錐台型の帽子で，黒や濃紺の房が下がっている；cf. tarboosh》.

Fez [féz] *n.* フェス《アフリカ北西部，Morocco 北部の都市；人口 322,000》.

Fez·zan [fezǽn | fezάːn, fézæn] *n.* フェザン《アフリカ北部，リビアの南西部，Sahara 砂漠中の肥沃(ひよく)な地方；人口 5–8 万；面積 551,168 km²；主要都市 Murzuq》.

ff 《記号》〖音楽〗 fortissimo.

ff. 《略》 *L.* facerunt (＝(they) made)；folios；(and the) following (pages)；and what follows.

f.f. 《略》 fixed focus.

F.F.A., f.f.a. 《略》 free foreign agent；〖商業〗 free from alongside (ship) 船側渡し．

fff. 《記号》〖音楽〗 fortississimo.

F.F.V 《略》 First Families of Virginia.

f.g. 《略》 fine grain；〖アメリカンフットボール・バスケットボール〗 field goal(s)；fully good.

F.G. 《略》 Federal Government；Fire Guards；Foot Guards；friction-glazed；full gilt.

f.g.a., F.G.A 《略》〖海上保険〗 free of general average.

F.G.C.M. 《略》 field general court-martial.

FGS 《略》〖医学〗 fiber gastroscope.

f.h. 《略》 fore hatch〖海事〗前部倉口《船首の方にある倉口》.

F.H. 《略》 field hospital；fire hydrant 消火栓．

FHA, F.H.A. 《略》 Federal Housing Administration (米国の)連邦住宅庁《1934 年設定；住宅金融公庫などによる住宅の建設を促進する》.

FHLBB 《略》 Federal Home Loan Bank Board (米国の)連邦住宅銀行委員会《3 人の委員から成り，全国 12 の住宅金融銀行・連邦貯蓄金融公社などを監督する》.

f.h.p. 《略》 friction horsepower.

FHWA 《略》 Federal Highway Administration (米国の)連邦道路局．

f.i. 《略》 for instance (cf. e.g.).

F.I. 《略》 Falkland Islands.

F.I., f.i. 《略》〖海運〗 free in.

f.i.a. 〖《頭字語》← full interest admitted〗〖保険〗海上保険で被保険者が保険金額まで被保険利益を有することを保険者が認める趣旨の約款．

F.I.A. 《略》 Fédération Internationale de l'Automobile 国際自動車連盟《国際自動車レースの総括団体》.

fi·a·cre [fiάːkr(ə), -άːk | fiάːkr(ə)；*F.* fjakr] 〖(1699) ▭ F ～ ← *Hôtel de St. Fiacre* (7 世紀アイルランド出身の聖 Fiachra にちなむ Paris のホテルの名，ここで最初にこの馬車が使われた)〗 *n.* (*pl.* ～**s** [～, -kr(ə)z；*F.* ～]) (フランスの)小型四輪乗合馬車，フィアクル馬車．

fi·an·cé [fiːɑːnséɪ, -ɑ̃ː(n)-, fiάːnseɪ, -άː(n)- | fiά(ː)nseɪ, -ɔ̃ː(n)-, -άːn-, -ɔ́(ː)n- ；*F.* fjɑ̃se] 〖(1864) ▭ F ～ (p.p.) ← *fiancer* to betroth ← *fier* to trust ＜ VL **fīdare*＝L *fīdere*〗 — *n.* (*pl.* ～**s** [～z；*F.* ～]) [one's ～] 婚約中の男性，いいなずけの男性，フィアンセ (cf. betrothed).

fi·an·cée [fiːɑːnséɪ, -ɑ̃ː(n)-, fiάːnseɪ, -άː(n)- | fiά(ː)nseɪ, -ɔ̃ː(n)-, -άːn-, -ɔ́(ː)n- ；*F.* fjɑ̃se] 〖(1853) ▭ F ～ (fem.) ← *fiancé* (↑)〗 — *n.* (*pl.* ～**s**) [～z；*F.* ～]) [one's ～] 婚約中の女性，いいなずけの女性，フィアンセ (cf. betrothed).

fi·an·chet·to [fiːənkétou, -tʃét- | -təu；*It.* fjankétto] 〖▭ It. ～ (dim.) ← *fianco* side ▭ OF *flanc* 'FLANK'〗〖チェス〗 — *n.* ヤグラ(に構えること)《ビショップを N2, N7 に据えること》. — *vt.* 〈ビショップを〉ヤグラに構える．

Fi·an·na [fíːənə] 〖↓〗 *n.* 〖アイル伝説〗フィアニ武士団 (cf. Fenian).

Fíanna Fáil [-fɔ́ɪl, -fάɪl] 〖▭ Ir. ～ 'armed men of Ireland' ← *Fianna* band of hunters (cf. Fenian)＋*Fāil* ((gen. sing.) ← *fāl* defensive fortification)：cf. L *vallum* 'WALL'〗 — *n.* アイルランド共和党《1926 年 Sinn Fein 党から分裂して E. de Valera が組織した政党；英国への忠誠を拒みアイルランド共和国の建設を主唱；1932 年以来ほとんど政権をとっている》.

fi·ar [fíːə | fíːə(r] 〖← ME *fiar, fear* ← *fe* 'FEE'＋*-ar* '-ER¹'〗 *n.* 〖スコット法〗生涯権 (life rent) として単純封土権 (fee simple) を有する者．

fi·as·co [fiǽskou, -άːs- | fiǽskəu；*It.* fjásko] 〖▭ It. ～ 'bottle'：cf. flask〗 — *n.* (*pl.* 1 では ～(**e**)**s**, 2 では **fi·as·chi** [-kiː；*It.* -ki]) **1** (野心的企てが滑稽な結果に終わるような)失策，大失敗：His great enterprise ended in a ～. 彼の大きな企画はとんでもない失敗に終わった． **2** 《米》では fiάːskou] ぶどう酒(特に Chianti)用のびん．

fi·at [fíːət, -æt, fáɪət, -æt | fáɪæt, -ət] 〖(1631) ▭ L ～ 'let it be done' ← *fierī* to be done〗 — *n.* **1** (法の権威による)命令，裁命：by ～. **2** 認可：under the ～ of the police 警察の許可を得て． **3** 勝手な布告． **4** (二者択一の)決定，決断：a ～ of conscience.

Fi·at [fíːət, -æt | fíat, fíːæt；*It.* fíːat] 〖▭ It ～《頭字語》← *Fabbrica Italiana Automobili, Torino* Italian automobile factory, Turin〗 *n.* フィアット《フィアット社製の自動車の総称》.

fíat mòney *n.* 《米》名目貨幣，法定不換紙幣《国家によって法的に承認されたもの；cf. metallic money, paper money》.

fib¹ [fíb] 〖(1568)《短縮》? ←《方言》*fible-fable* nonsense 《加重》← FABLE〗 — *n.* ささいな[他愛ない，罪のない]嘘 (trivial lie). — *vi.* (**fibbed**；**fib·bing**) ささいな嘘をつく，ちょっとしたごまかしを言う． ～·**ber** *n.*

fib² [fíb] 〖← ?〗《英俗》 *vt.* (**fibbed**；**fib·bing**) 打つ，たたく (beat)：～ him on the head 彼の頭をたたく． — *n.* (ボクシングなどでの)一撃 (blow).

f.i.b. 《略》〖商業〗 free into barge 艀(はしけ)積込み値段；free into bunkers (石炭の)船内炭庫積込み渡し．

fi·ber, 《英》 **fi·bre** [fáɪbə | -bə(r] 〖(*a*1398) ▭ (O)F *fibre* ▭ L *fibra* fiber, filament, (*pl.*) entrails〗 — *n.* **1** (綿・麻・石綿・ガラスなどの)繊維；繊維質；繊維組織：a ～ of rayon / synthetic ～*s* 合成繊維 / cotton ～ 綿繊維 / wood ～＝xylem fiber. **2 a** 性格，性質，素質；本質：a man of coarse [fine] ～ 粗野な[繊細な]性格の男 / a man *of* strong moral ～ 道義心の堅い人 / the very ～ of his poetic imagination 彼の詩的想像力の本質． **b** 力[実質，実体]を与えるもの，強み，力：His originality gave ～ to his theory. 彼の独創性が彼の理論の強みになっていた． **c** 耐久力；剛毅さ：a youth *of* solid ～ 屈強の若者 / a person *of* real ～ 真に気骨のある人． **3** 〖植物〗繊維細胞；靭皮(じんぴ)繊維；(草などの)ひげ根． **4** 〖解剖・動物〗線維，繊維《神経・筋肉・連結組織の細い糸状の細胞；近年の解剖学の用字では「線維」を用いる》：a muscle ～ 筋線維．

fíber·bòard *n.* 有機質繊維板《建築用》.

fíber bùndle *n.* 〖光学〗光学繊維束《光学ファイバー (optical fiber) を束ねたもの》.

fí·bered *adj.* **1** 繊維を持つ，繊維質の． **2** [複合語の第 2 構成素として] (…の)繊維[素質]から成る：finely-*fibered* 細かい繊維の；気質の繊細な / a tough-*fibered* spirit 強靭(じん)な精神．

fíber·fìll *n.* ファイバーフィル《クッションなどの詰物用の人造繊維》.

fíber gástroscope *n.* 〖医学〗胃ファイバースコープ《自由に曲がるガラス繊維束の光学的性質を利用した胃内視鏡；略 FGS》.

Fi·ber·glas [fáɪbəglæs | -bəglɑːs] 〖← FIBER＋GLAS(S)〗 *n.* 〖商標〗ファイバーグラス《米国 Owens-Corning Fiberglas 社のガラス繊維製品の商品名》.

fíber·glàss *n.* **1** ガラス繊維《糸に紡いで織物材料にしたり，束にして電気の絶縁用にしたりする；fibrous glass, spun glass ともいう》. **2** ガラス繊維入りのプラスチック．

fí·ber·ize [fáɪbəràɪz] *vt.* **1** 繊維にする，繊維化する． **2** …に繊維をまぜる． **fi·ber·i·za·tion** [fàɪb(ə)rɪzéɪʃən, -rə- | -bəraɪ-, -rɪ-] *n.* **fí·ber·ìz·er** *n.*

fíber·less *adj.* **1** 繊維のない． **2** 精神力のない，性格の弱い，骨なしの．

fíber óptics *n. pl.* **1** ファイバーオプティックス《光(像)を伝えるための屈曲自由なガラス繊維の束；内視鏡や胃カメラなどに用いる》. **2** [単数扱い] 繊維光学． **fíber-óptic** *adj.*

fíber saturátion pòint *n.* 〖建築〗繊維飽和点《木材の細胞膜が結合水のみで飽和される含水率；含水率 25–35%》.

fi·ber·scope [fáɪbəskòup | -bəskəup] 〖(1954)〗 — *n.* 〖光学〗ファイバースコープ《自由に屈曲出来る光学繊維束 (optical fiber) を利用し，胃の内部等の直接光の届かない場所を観察する光学器械》.

fíber tráchei̇d *n.* 〖植物〗繊維(状)仮導管《末端が尖って有縁膜孔のある細胞内部の空所(内腔)の小さい仮道管をいう》.

Fi·bi·ger [fíːbɪgə | -bɪgə(r；*Dan.* fíːˈbigər], **Johannes** *n.* フィービゲル (1867–1928；デンマークの病理学者；Nobel 医学生理学賞 (1926)).

Fi·bo·nác·ci nùmbers [sèries, sèquence] [fiːbənάːtʃi- | -bə(u)nάːtʃɪ-；*It.* fibonáttʃi-] 〖← *Leonardo Fibonacci* (1174?–?1250：イタリアの数学者)〗 — *n. pl.* 〖数学〗フィボナッチ数列 (1, 1, 2, 3, 5, 8, 13, …のように，第 3 項以降がそれに先行する 2 項の和になっている数列).

fi·br- [faɪbr] (母音の前に来る時の) fibro- の異形：*fibrin.*

fi·bra·tus [faɪbréɪtəs | -təs] 〖▭ L *fibrātus* ← *fibra* 'FIBER'〗 *adj.* 〖気象〗〈雲が〉毛髪状の，線状の．

fibre *n.* ＝fiber.

Fi·bre·glass [fáɪbəglæs | -bəglɑːs] *n.* 〖商標〗ファイバーグラス《英国 St. Hekens の Fibreglass 社のガラス繊維製品の商品名》.

fi·bri·form [fáɪbrəfɔ̀əm, fíb- | fáɪbrɪfɔːm] *adj.* 繊維状の．

fi·bril [fáɪbrɪl, fíb-, -rəl | fáɪbrɪl] 〖← NL *fibril(la)* (dim.) ← *fibra* 'FIBER'〗 *n.* **1** 小繊維，原繊維． **2** 〖植物〗根毛，ひげ根． **3** 〖解剖〗(神経・筋肉などの)原線維．

fib·ril·lar [fíbrələ, fáɪb-, faɪbrílə, fɪ-, fə- | fáɪbrɪlə(r] *adj.* **1** (小)繊維の． **2** 〖解剖〗原線維(性)の：～ twitchings.

fi·bril·lar·y [fáɪbrəlèri, fíb- faɪbríləri, fɪ-, fə- | fáɪbrɪləri] 〖← NL *fibrilla* 'FIBRIL'＋-ARY〗 *adj.* **1** 小繊維の；根毛の． **2** 〖解剖〗(原)線維の；(原)線維性攣縮(れんしゅく)の．

fi·bril·late [fáɪbrəlèɪt, fíb- | fáɪbrɪ-] *adj.* 小繊維のある． — 〖病理〗 *vi.* 〈心臓の筋肉が〉線維性攣縮を起こす． — *vt.* 〈心臓〉に線維性攣縮を起こさせる．

fí·bril·làt·ed [-tɪd, -təd | -tɪd, -təd] *adj.* ＝fibrillate.

fi·bril·la·tion [fàɪbrəléɪʃən, fìb- | fàɪbrɪ-] *n.* **1** 小繊維組織[根毛]の形成(作用)；小繊維状． **2** 〖病理〗線維(性)攣縮，微振動；(心臓の)細動． **atrial** ～ 心房細動．

fi·bril·li·form [faɪbríləfɔ̀əm, fɪ-, fə- | faɪbrílɪfɔːm]

fi·bril·lose [fáɪbrəlòus, fíb- | fáɪbrɪləus] 〖← NL *fibrilla* 'FIBRIL'＋-OSE¹〗 *adj.* 小繊維の[から成る].

fi·brin [fáɪbrɪn, -brən | -brɪn] 〖← FIBER＋-IN¹〗 *n.* **1** 〖生理〗線維素，フィブリン《血液凝固の際に形成される線維状蛋白質》. **2** 〖植物〗麩(ふ)質 (gluten).

fi·bri·no- [fáɪbrənou, faɪbrín- | fáɪbrɪnə(u), faɪbrín-] 〖↑〗「線維素 (fibrin)」の意の連結形．

fi·brin·o·gen [faɪbrínədʒən, -dʒɪn, -dʒèn] 〖⇨↑, -gen〗 *n.* 〖生理〗線維素原，フィブリノゲン《血漿中に含まれる血液凝固に関与する物質》.

fibrino·génic *adj.* 〖生理〗線維素 (fibrin) を生じる．

fi·bri·nog·e·nous [fàɪbrənάdʒənəs | -brɪnɔ́dʒɪ-] *adj.* 〖生理〗＝fibrinogenic.

fi·bri·noid [fáɪbrənɔ̀ɪd, fíb- | -rɪ-] 〖← FIBRINO-＋-OID〗 *n.* 〖生理〗フィブリノイド《血管壁や結合組織に病変的に形成されるが，胎盤中には正常に存在する一様な好酸性屈折性物質》.

fibrino·kínase *n.* 〖生化学〗フィブリノキナーゼ《バクテリアの中に発見される酵素；plasminogen を plasmin に変える働きをする》.

fi·bri·no·ly·sin [fàɪbrənəláɪsn̩, -nl̩-, -brɪnάlə-, -brə-, -sən | fàɪbrɪnəláɪsɪn, -nɔ́lɪ-] 〖← FIBRINO-＋LYSIN〗 — *n.* **1** 〖生化学〗フィブリノリジン (⇨ plasmin). **2** 〖薬学〗線維素溶解素 (⇨ streptokinase).

fi·bri·no·ly·sis [fàɪbrənəláɪsɪs, -nάlə-, -səs | fàɪbrɪnəláɪsɪs, -brɪnɔ́lə-, -lɪ-] 〖← FIBRINO-＋-LYSIS〗 — *n.* 〖生化学〗線維素溶解現象． **fi·bri·no·lyt·ic** [fàɪbrənəlítɪk, -nl̩- | fàɪbrɪnəlít-] *adj.*

fibrino·péptide *n.* 〖生化学〗フィブリノペプチッド《線維素原 (fibrinogen) を構成するペプチッド》.

fi·bri·nous [fáɪbrɪnəs, fíb-, -brə- | fáɪbrɪ-] 〖← FIBRIN＋-OUS〗 *adj.* 〖生化学〗線維素を含む；線維素質の．

fi·bro [fáɪbrou | -rəu] *n.* 《豪》 **1** 〖建築〗＝fibrocement. **2** フィブロセメントで建てた家．

fi·bro- [fáɪbro(u)-, fíb- | fáɪbrə(u)-] 〖← L *fibra* 'FIBER'〗「繊維；〖医学〗線維 (fiber)」の意の連結形． ★ 母音の前では通例 fibr- になる．

fi·bro·blast [fáɪbrəblæst, fíb- | fáɪbrə(u)-] 〖⇨↑, -blast〗 *n.* 〖解剖・動物〗線維[繊維]芽細胞，フィブロブラスト． **fi·bro·blas·tic** [fàɪbrəblǽstɪk, fìb- | fàɪbrə(u)-] *adj.*

fìbro·cártilage *n.* 〘解剖・動物〙線[纖]維軟骨(構造).
fìbro·cemént *n.* 《英》〘建築〙＝asbestos cement.
fi·bro·cyte [fáɪbrəsàɪt, fíb- | fáɪb-] 〘← FIBRO- ＋ -CYTE〙 *n.* 〘解剖〙線維細胞. **fi·bro·cyt·ic** [fàɪbrəsítɪk, fìb- | fàɪbrəsítɪk] *adj.*
fi·broid [fáɪbrɔɪd, fíb- | fáɪb-] 〘← FIBRO- ＋ -OID〙 ── *adj.* 纖維[線維]性の, 纖維[線維]類似組織の; 線維腫(しゅ)に似た: a ～ tumor 類線維腫. ── *n.* 〘病理〙 **1** 類線維腫. **2** 子宮筋腫.
fi·bro·in [fáɪbroʊɪn, fíb-, -ən | fáɪbrəʊɪn] 〘← FIBRO- ＋ -IN[1]〙 *n.* 〘生化学〙フィブロイン《sericin と共に絹纖維・くもの糸などの主成分をなす硬蛋白質》.
fi·bro·lite [fáɪbrəlàɪt, fíb- | fáɪb-] 〘← FIBRO- ＋ -LITE〙 *n.* 〘鉱物〙＝sillimanite.
fi·bro·ma [faɪbróʊmə, fɪ- | faɪbróʊ-] 〘← NL ～: ⇨ fibro-, -oma〙 *n.* (*pl.* **～s, ～·ta** [～tə | -tə]) 〘病理〙線維腫(しゅ). **fi·bró·ma·tous** [-təs | -təs] *adj.*
fìbro·plásia 〘← FIBRO- ＋ -PLASIA〙 *n.* 〘医学〙(傷の治療などで)線維組織形成.
fìbro·sarcóma 〘← FIBRO- ＋ SARCOMA〙 *n.* 〘病理〙線維肉腫.
fi·bro·sis [faɪbróʊsɪs, fɪ-, -səs | faɪbrə́ʊsɪs] 〘← NL ～: ⇨ fibro-, -osis〙 *n.* 〘病理〙線維症, 線維形成.
fi·brot·ic [faɪbrɑ́tɪk, fɪ- | faɪbrɔ́tɪk] *adj.*
fi·bro·si·tis [fàɪbrəsáɪtɪs, fìb-, -təs | fàɪbrə(ʊ)sáɪtɪs] 〘← NL ～ ← *fibrōsus* (↓) ＋ -ITIS〙 *n.* 〘病理〙結合組織炎.
fi·brous [fáɪbrəs] 〘← NL *fibrōs-us*: ⇨ fiber, -ous〙 ── *adj.* **1** 纖維のある[から成る], 纖維状の; 纖維性の: the ～ husk of the coconut やしの実の纖維質の殻 / a ～ tumor 線維腫(しゅ) / ～ roots 纖維根. **2** 筋骨たくましい, 強靭(じん)な. **～·ly** *adv.* **～·ness** *n.*
fìbrous gláss *n.* ＝fiberglass 1.
fìbrous róot *n.* 〘植物〙ひげ根 (cf. taproot, tuberous root).
fìbro·váscular 〘← FIBRO- ＋ VASCULAR〙 *adj.* 〘植物〙維管束の《纖維組織と伝導性組織から成る》.
fibrovàscular búndle *n.* ＝vascular bundle 1.
fib·ster [fíbstə | -stə(r)] 〘← FIB[1] ＋ -STER〙 *n.* (軽い)嘘をつく人.
fib·u·la [fíbjʊlə] 〘《1673》▭ L *fibula* buckle, pin ← ? *figere* to fix〙 ── *n.* (*pl.* **-u·lae** [-lìː, -làɪ | -lìː], **～s**) **1** 〘解剖〙腓(ひ)骨. ★ ラテン語系形容詞: peroneal. **2** (古代ギリシャの)(通例多少装飾のある)留め金, 衿(えり)留め (⇨ chlamys 挿絵). **3** 〘動物〙脛骨で固着されている動物の後脚. **fib·u·lar** [-lə | -lə(r)] *adj.*

1―
2―
3―
4―
fibula 1
1 femur
2 patella
3 tibia
4 fibula

-fic [⌐ ─ fɪk] 〘▭ L *-ficus* making ← *facere* 'to make, DO[1]': cf. F *-fique*〙 ── *suf.* 「…にする, …を起こす, …に化する, …化的な」などの意の形容詞を造る; 通例 -i- を伴って -ific となる: sopori*fic*, speci*fic*, terri*fic*《例外 bene*fic*, male*fic*》.
F.I.C.A. 《略》Federal Insurance Contributions Act.
-fi·cal·ly [fɪk(ə)li, -fə- | fɪk(ə)lɪ] 〘← FIC ＋ -ALLY〙 *suf.* -fic の副詞を造る: speci*fically* (← specific) / terri*fically* (← terrific).
-fi·ca·tion [⌐ ─ fɪkéɪʃən, -fə- | -fɪ-] 〘ME *-ficaccioun* ▭ (O)F *-fication* // L *-ficātiō(n-)* ← *-ficāre* '-FY': cf. -faction〙 ── *suf.* 「…にすること, …化」の意で -fy に終わる動詞に対応する名詞を造る; 常に -i- を伴って -ification となる: glori*fication* (← glorify) / paci*fication* (← pacify) / puri*fication* (← purify).
fice [fáɪs] 〘cf. ON *fīsa* to break wind〙 *n.* ＝feist.
fiche [fíːʃ, fíʃ] 〘《略》〙 *n.* (*pl.* **～, ～s**) ＝microfiche.
Fich·te [fíktə, fíç-; *G.* fíçtə], **Johann Gottlieb** *n.* フィヒテ《1762–1814; ドイツの哲学者; 自我とそれに対立する非我という知識論の構想によってカント哲学を観念論へと徹底させ, ドイツ観念論の嚆矢(こうし)となった》.
Fich·te·an [fíktiən, fíç- | -tiən] *adj.* フィヒテ (Fichte) の, フィヒテ哲学の. ── *n.* フィヒテ哲学の支持者[研究家].
fichu [fíʃuː, fíːʃ- | fíːʃuː, fíʃ-; *F.* fiʃy] 〘《1803》▭ F ～ (p.p.) ← *ficher* < VL **figicāre* = L *figere* 'to FIX'〙 ── *n.* (*pl.* **～s** [～z; *F.* ～]) フィシュー《三角形のスカーフまたはショールで肩にかけ胸の位置で結ぶ; またはブラウスやドレスのフィシューに似せた胸飾り》.

fichu

Fic·i·dae [físədìː | -sɪ-] 〘← NL ～ ← *Ficus* (属名: ⇨ fig[1]) ＋ -IDAE〙 *n. pl.* 〘貝類〙(中腹足目)イチヂクガイ科.
fi·cin [fáɪsṇ, -sɪn, -sən | -sɪn] 〘← NL *Ficus* (↑) ＋ -IN[1]〙 *n.* 〘生化学〙フィチン《イチジクの樹液中にあるパパイン型の蛋白質分解酵素》.
fick·le [fíkl̩] 〘OE *ficol* deceitful < Gmc **fikala-* (OE *ġefic* deceit, *befician* to deceive) ← IE **peiĝ-* hostile〙 ── *adj.* (**more ～, most ～; fick·ler, -lest**) 変りやすい, 定まりない; 気まぐれな, むら気な, 移り気の: ～ weather 気まぐれ天気 / a ～ lover [woman] 浮気な愛人[女] / Fortune's ～ wheel 定めなき運命(の車).
～·ness *n.* **fíck·ly** [-kli | -kli] *adv.*
fi·co [fíːkoʊ | -kəʊ] 〘▭ It. ～ < L *ficum* 'FIG[1]'〙 *n.* (*pl.* **～es**) **1** 《古》＝fig[1] 4 b, c. **2** 《廃》＝fig[1] 4 a.
fict. 《略》fiction; fictional; fictitious; *L.* fictilis (＝made of pottery).
fic·tile [fíktl̩, -tɪl, -taɪl | -taɪl] 〘《1626》▭ L *fictil-is* made of clay (p.p.) ← *fingere* (↓)〙 ── *adj.* **1** 塑造できる, 可塑性の (plastic): ～ clay. **2 a** 塑造の (molded), 粘土製の: a ～ deity 土製の神体. **b** 陶製の, 陶器の: ～ ware 陶器. **3** 言いなりになる (pliable).
fic·tion [fíkʃən] 〘《c1412》▭ (O)F ～ ▭ L *fictiō(n-)* fiction, a making ← *fingere* 'to fashion, FEIGN'〙 ── *n.* **1** 想像, 虚構, 仮構, 仮作. **2 a** [集合的] 小説, 創作 (novels) (cf. story[1] 5 a, tale 1, romance[1] 2 a, poetry 1); 小説作法: Fact [Truth] is stranger than ～. 《諺》事実は小説より奇なり. **b** (個々の)小説, 物語: He reads only Japanese ～*s*. **3** 作り事, 作り話: an improbable ～ 全くあり得ぬ作り事 / We want facts, not ～*s*. 作り事でなく事実を望む. **4** 《古》作り出すこと. **5** 〘法律〙擬制, 仮説《一方の事実に認められる法的効果を他方の事実にも及ぼすために, 元来異なる両事実を同一視すること; cf. presumption 2》: a legal ～ 法律上の擬制.
fíc·tion·al [-ʃənl̩, -ʃnəl] *adj.* **1** 虚構の, 作り事の, 仮構の, 仮作的な. **2** 小説の, 小説体の; 小説的な, 空想的な: a ～ character, hero, setting, etc. **～·ly** *adv.*
fíc·tion·al·ize [-ʃ(ə)nəlàɪz] *vt.* 小説化する; 小説とみなす; 小説的に扱う. **fic·tion·al·i·za·tion** [fìkʃ(ə)nəlɪzéɪʃən, -lə- | -nəlaɪ-, -lɪ-] *n.*
fic·tion·eer [fìkʃəníə | -níə(r)] *n.* 多作の小説家.
fìc·tion·éer·ing [-níə(ə)rɪŋ | -níər-] *n.* 平凡な小説を多作すること, (小説の)乱作.
fíc·tion·ist [-ʃ(ə)nɪst, -nəst | -nɪst] *n.* 小説家.
fíc·tion·ize [fíkʃənàɪz] *vt.* ＝fictionalize. **fic·tion·i·za·tion** [fìkʃənɪzéɪʃən, -nə- | -naɪ-, -nɪ-] *n.*
fic·ti·tious [fɪktíʃəs] 〘《1615》▭ L *ficticius* feigned (p.p) ← *fingere*: ⇨ fiction, -itious〙 ── *adj.* **1** 仮構の, 創作的な, 小説的な; 想像上の, 架空の (unreal, imaginary): the ～ characters in a novel 小説に出てくる架空の人物 / a ～ narrative 創作の物語. **2** 嘘の, 偽の, 虚偽の, 虚偽の (feigned, false): under a ～ name 偽名で. **3** 〘法律・商業〙擬制の: a ～ bill 空(から)手形 / ～ capital 擬制資本 / a ～ price 掛け値 / ～ transactions 擬制取引, 空取引. **～·ly** *adv.* **～·ness** *n.*
fictítious pérson *n.* 〘法律〙 **1** 仮設の受取人《振出人の意図によって小切手上に受取人と指名されてはいるが, その小切手に対して何ら権利をもたない人》. **2** ＝juristic person.
fictítious yéar *n.* 〘天文〙仮想年.
fic·tive [fíktɪv] 〘▭ F *fictif*: ⇨ fiction, -ive〙 *adj.* **1** 架空の, 虚構の, 仮構の, 虚偽の: ～ tears 空涙. **2** 創作上の, 創作的な: ～ talent 創作の才能. **～·ly** *adv.*
fid [fíd] 〘← ?〙 ── *n.* **1** 〘海事〙くさび, 栓. **2** 〘海事〙(綱のこ (strands) などを開きほぐす)円錐(すい)状木製ピン. **3** 〘海事〙(中檣(しょう)や上檣の下部を固定する)フィッド, 帆柱止め栓. **4** 《英方言》塊り (lump).
fid. 《略》fidelity; fiduciary.
-fid [fɪd, fəd | fɪd] 〘▭ L *-fidus* ← *findere* to cleave〙 ── *suf.*「分割された; 〘植物〙分裂した (lobed, cleft)」の意の形容詞を造る; 通例 -i- を伴って -ifid となる: tri*fid*, multi*fid*, pinnati*fid*.
-fi·date [fədeɪt, -dɪt, -dèɪt | fɪ-] *suf.* ＝-fid.
Fid. Def. 《略》《英》Fidei Defensor.
fid·dle [fídl̩] 〘OE *fiðele* < Gmc **fiþulōn* (G *Fiedel*) ▭ VL **vītula* ← ? L *vītulārī* to celebrate a festival ← *Vītula* goddess of joy and victory〙 ── *n.* **1 a** 《口語》[通俗的・軽蔑的に] バイオリン (violin). ★ country music では violin と呼ばずに fiddle という. **b** バイオリン属の弦楽器《viola, violoncello など》. **2** 《英俗》詐欺(さぎ), 詐取 (swindle). **3** 〘海事〙(船の動揺で食器がテーブルから落ちるのを防ぐ)止め枠, 食器受け.
(as) fit [fine] as a fiddle 至極壮健で, ぴんぴんして. ***hang up one's fiddle when one comes home*** (外では面白いことを言う人物なのに)家に帰るとむっつりしている[黙り込む]. ***have a face as long as a fiddle*** ひどく陰鬱な顔[暗い顔]をしている. ***play first [second] fiddle*** 主役[脇役]を勤める, 〔人の〕上に立つ[下につく]〔*to*〕(cf. *play first* VIOLIN).
── *vt.* **1** 〈曲を〉バイオリンで弾く: ～ a tune. **2** 〈時間などを〉空費[浪費]する〈*away*〉: ～ *away* a whole day [a fortune] まる1日を空費する[一財産使い果たす]. **3** 《俗》だます, かたる, 〈数字などを〉ごまかす; だまし取る: I was ～*d into* buying it. だまされてそれを買わされた / ～ one's income tax report 所得税の申告をごまかす. ── *vi.* **1** 《口語》バイオリンを弾く. **2** 〔…を〕いじくる, (指で)もて遊ぶ〈*about, around*〉〔*with, at*〕: He was *fiddling* (*about*) *with* his hat. 彼は帽子をもて遊んでいた / Stop *fiddling* (*around*) *with* the radio dial and listen to me. ラジオのダイヤルをいじくるのを止めて私の話を聞きなさい. **3** (何をするあてもなく)ぶらぶらしている〈*about, around*〉: ～ *about* doing nothing 何もしないでぶらぶらしている. **4** 〘製本〙(本の折丁や紙葉を綴じ緒で)綴じる.
── *int.* ばかな (Nonsense!) (cf. fiddlestick 3 b).
fíddle·bàck *n.* **1** バイオリンに形の似た物; (特に)バイオリン形の上祭服《fiddleback chasuble ともいう》. **2** 細かい滑らかな波うつような板の目.
── *attrib. adj.* 〈椅子が〉バイオリンに形の似た(背板のある). 「背板のある椅子.
fíddleback cháir *n.* バイオリンの形をした堅い
fíddleback chásuble *n.* ＝fiddleback 1.
fíddle blòck *n.* 〘海事〙フィドル滑車《大きさの異なった2つの車が縦に並んでいるだるま型滑車》.
fíddle bòw *n.* **1** バイオリンの弓. **2** 〘海事〙＝clipper bow.
fíddle bràce bàck *n.* 座の後方突出部から出た2本の筋かい棒で笠木が支持された背もたれのウィンザーチェアー. 「鳴る果実.
fíddle càse *n.* 〘植物〙ある豆の莢のようにがらがら
fid·dle·dee·dee [fìdl̩dìdíː] 〘← FIDDLE ＋ *deedee* (無意味な添加)〙 (*also* **fid·dle·de·dee** [-dɪdíː]) ── *int.* ばかばかしい, ばかな, いらいらするなあ (Nonsense!) 《焦燥・不信・軽蔑を表わす》. ── *n.* ばかばかしいこと.
fíddle drìll *n.* ＝bow drill.
fid·dle-fad·dle [fídl̩fæ̀dl̩] 〘《1577》《加重》← FIDDLE〙 ── *n.* ばかげたこと[言行]; つまらない事[物], さざいな事. ── *adj.* 〈人・物が〉取るに足らない, くだらない, つまらない (petty, fussy). ── *vi.* つまらないことに騒ぐ, 空(から)騒ぎする (fuss, trifle). ── *int.* ばかな.
fíddle-fóoted *adj.* **1** 〈馬など〉物に驚きやすい, 飛びはねる (skittish). **2** 放浪がちな.
fíddle·hèad *n.* **1** 〘海事〙渦巻彫りの船首飾り《船首に取り付けたバイオリンの頭部状の装飾用の彫刻》. **2** 〘植物〙(ゼンマイなどの)渦巻状の若葉.
fíddle-nèck *n.* 〘植物〙ハゼリソウ (*Phacelia tanacetifolia*)《米国 California 州原産の青い花が咲く一年生草本》. 「扇形.
fíddle pàttern *n.* (スプーンやフォークの柄の)軍配
fíd·dler [-dlə, -dl̩ə | -dl̩ə(r), -dlə(r)] 〘OE *fiðelere*: cog. ON *fiðlari*: ⇨ fiddle, -er[1]〙 ── *n.* **1** バイオリン弾き; バイオリニスト (violinist). **2** 《俗》詐欺師. **3** 〘動物〙＝fiddler crab. **4** 〘魚類〙＝spotted cat.
(as) drunk as a fiddler ⇨ drunk *adj.* 1. ***fiddler's news*** 〘流しのバイオリン弾きが, よく古臭い話を新しいニュースのように吹聴したところから〙古臭い話. ***pay the fiddler*** ＝*pay the* PIPER[1].
fíddler càt *n.* 〘魚類〙＝spotted cat.
fíddler cràb *n.* 〘動物〙シオマネキ《スナガニ科シオマネキ属 (*Uca*) のカニの総称で, 河口に群れをなしてすみ, 雄は片方だけ異常に発達した大きいはさみを持っている; 単に fiddler ともいう》.
Fíddler's Gréen 〘バイオリンの音の止むことのない歓楽の園の意から〙 *n.* 水夫や騎兵の楽園《酒と女と歌の歓楽境[天国]》.
fíddle-shàped *adj.* バイオリンの形をした.
fíddle·stìck 〘《15C》〙 ── *n.* **1 a** 《古》(バイオリンの)弓 (fiddle bow). **b** [通例 *pl.*] 《米南部》拍子棒《バイオリンを弓で弾きながら拍子をとるために同時に弦をたたくための棒》. **2** 少し, 少量, わずか (trifle): not care a ～ ちっともかまわない. **3** [通例 *pl.*] **a** くだらない事[物]: utter ～*s*. **b** [間投詞的に] ばかばかしい, くだらない (Nonsense!) 《不信・嘲笑を表わす》.
fíddle strìng *n.* バイオリンの弦.
fíddle·wòod *n.* 〘植物〙西インド諸島産クマツヅラ科 *Citharexylum* 属の樹木の総称《木材は重くて堅い》.
fid·dley [fídli, -dl̩i | -dlɪ, -dl̩ɪ] 〘《1881》← ?〙 *n.* 〘海事〙缶室(かんしつ)通風囲壁(いへき).
fíd·dling [-dlɪŋ, -dl̩-] *adj.* つまらない, くだらない.
fid·dly [fídli | -lɪ] 〘← FIDDLE ＋ -Y[4]〙 *adj.* 《口語》手間[暇]のかかる, 骨の折れる.
FIDE 《略》Fédération Internationale des Échecs (＝International Chess Federation) 世界チェス連盟.
fideicommissa *n.* fideicommissum の複数形.
fi·de·i·com·mis·sar·y [fàɪdiaɪkɑ́məsèri, -kəmísəri | -dɪaɪkɔ́mɪsərɪ, -kəmís-] 〘▭ L *fideī commissārius*: ⇨ ↓, -ary[1]〙 *n.* 〘ローマ法〙信託受益者.
fi·de·i·com·mis·sum [fàɪdiaɪkəmísəm | -dɪ-] 〘▭ L *fideī commissum* (neut. p.p.) ← *fideī committere* 'to entrust to FAITH': ⇨ commit〙 ── *n.* (*pl.* **-mis·sa** [-sə]) 〘ローマ法〙遺贈信託.
Fi·de·i De·fen·sor [fíːdeɪiː-defénsɔə, fáɪdiàɪ-dɪfén-, -dəfén- | fáɪdiàɪ-dɪfénsɔː(r, fíːdeɪiː-defén-] 〘▭ L *Fideī dēfēnsor* 'DEFENDER of the FAITH'〙 ── *L. n.* 法[教え]の守護者, 護教者《英国王の尊称の一つ; 略 F.D., Fid. Def.》.
fi·de·ism [fíːdeɪìzm] 〘← L *fides* 'FAITH' ＋ -ISM〙 ── *n.* 〘哲学〙信仰主義《絶対者, 真理は理性でなく感情・信仰のみによって把握できるとする宗教的・哲学的立場》. **fi·de·ist** [-ɪst, -əst | -ɪst] *n.* **fi·de·is·tic** [fìːdeɪístɪk] *adj.*
Fi·del [fɪdél, fə- | fɪ-; *Sp.* fidél] 〘← L *fidel-is* faithful〙 *n.* 男性名. 「*n.* 女性名.
Fi·de·lia [fɪdíːljə, fə-, -liə | fɪdíːljə, -lɪə] 〘《fem.》↑〙
Fi·del·ism [fɪdélɪzm, fə- | fɪ-] 〘← *Fidel Castro*〙 *n.* カストロ主義《キューバの革命家 Fidel Castro の理論と実践に基づいたラテンアメリカの共産革命運動; Castroism ともいう》.
Fi·dél·ist [-lɪst-, -ləst | -lɪst] *n.* カストロ主義者. ── *adj.* **1** カストロの[に関する]. **2** カストロ主義(者)の[に関する]. 「Fidelist.
Fi·de·lis·ta, f- [fìːdelístə; *Sp.* fidelísta] *n., adj.* ＝
fi·del·i·ty [fɪdéləti, fə-, faɪ- | fɪdélɪti, faɪ-, -lɪ-] 〘《?a1425》*fidelite* ▭ (O)F *fidélité* ▭ L *fidēlitātem* faithfulness ← *fidēlis* faithful: cf. faith〙 ── *n.* **1** 〔約束・義務などの〕厳守; 忠実, 誠実; 忠誠, 忠節 (loyalty)

〔*to*〕: ～ *to* one's principles [religion, leader] 主義[宗教, 統率者]に対する忠誠. **2** (夫婦間の)貞節. **3** (写しなどが原物に)真に迫っていること, 迫真, 正確 (exactness): reproduce with complete ～ 全く原物通りに複製する. **4** 〖通信〗忠実度《ラジオ・増幅器などの電子装置が入力信号を正確に再生する度合い》: a high ～ receiver 高忠実度受信機 (cf. hi-fi). **5** 〖生態〗群落適合度《ある種が調査しているある植物群落とどの程度緊密に結びついているかを表わす度合い》.

fidélity insùrance *n.* 〖保険〗誠実保険《従業員の不正行為による雇主の損害を塡補する保険》.

fi·des Pu·ni·ca [fáidiːz-pjúːnɪkə] 〖□ L *fidēs Pūnica* (原義) 'PUNIC faith'〗 *L. n.* 不信義, 二心, 背信.

fidge [fídʒ] 〖《変形》? ← 《方言》*fitch* (v.): cf. G *ficken* / ON *fikja* to move restlessly〗 *v., n.* 《方言》=fidget.

fidg·et [fídʒɪt, -dʒət] 〖《1674》《変形》↑〗 — *vi.* **1** そわそわ[せかせか]する 〈*about*〉: Be still and don't ～ (about)! そわそわするな, じっとしていなさい. **2** くよくよする, 気にやむ 〔*about*〕. **3** いじりまわす 〔*with*〕: ～ *with* a pen. — *vt.* **1** そわそわさせる, 気をもませる, いらいらさせる: It ～*s* me not to know where he is. 彼の行方がわからないので気がもめる. **2** (落ち着かないで)いじくる. — *n.* **1 a** そわそわ, せかせか, いらいら: be in a ～ そわそわしている. **b** [the ～s] 落着かぬ気持ち; せかせか, そわそわ: have *the* ～*s* そわそわ[もじもじ]する / give a person *the* ～*s* 人をいらいらさせる. **2** そわそわ[くよくよ]する人, 落ち着かない人; 気をもませる人: What a ～ you are! **3** (衣服などの)さらさらする音, 衣(きぬ)ずれ.

fídg·et·ing·ly [-tɪŋ- | -tɪŋ-] *adv.* 落ち着かない様子で, そわそわして, いらいらして.

fidg·et·y [fídʒɪti, -dʒə- | -tɪ] 〖⇨ fidget (n.), -y¹〗 — *adj.* **1** そわそわする, せかせかする, じっとしていられない, 落ち着かない (restless, uneasy). **2** むだな騒ぎ立てをする (fussy); 細部に凝りすぎる, 枝葉末節にこだわり過ぎる: ～ ornamentation. **fídg·et·i·ness** *n.*

fid hòle *n.* 〖海事〗フィッド穴《マストの下端に設けられたフィッド (fid) 差込み用の穴》.

fid·i·bus [fídəbəs | -dɪ-] 〖□ G ～ □ L ～ (abl. pl.) ← *fidēs* lyre: Horace の詩句にそれとなく言及したもの?〗 *n.* (*pl.* ～·es, ～) (パイプなどの)点火用紙より, 点火紙.

fid·ley [fídli | -lɪ] *n.* =fiddley.

fi·do [fáidou | -dəu] 〖《頭字語》← *f*(*reaks*)+*i*(*rregulars*)+*d*(*efects*)+*o*(*ddities*)〗 *n.* (*pl.* ～s) 鋳造ミスの貨幣.

Fi·do [fáidou | -dəu] *n.* 飼犬の名 (cf. Rover).

FIDO [fáidou | -dəu] 〖《頭字語》← *F*(*og*) *I*(*nvestigation*) *D*(*ispersal*) *O*(*perations*)〗 *n.* 〖航空〗ファイドー《滑走路の近くで油などを燃やして霧を消す方法》.

fi·du·cial [fɪd(j)úːʃəl, fə-, faɪ- | fɪdjúːʃɪəl, -sjəl, -sɪəl] 〖《1571》□ LL *fidūciāl-is* reliable ← L *fidūcia* trust ← *fīdere* to trust (cf. *fidēs* 'FAITH')〗 — *adj.* **1** (神を)信じて疑わない, 信頼の堅い: live with a ～ dependence upon God 堅く神を信じて生きる. **2** 信託の (fiduciary). **3** 〖物理・測量・天文〗起点の, 基準の: a ～ line [point] 起線[点], 基準線[点].

fi·dú·cial·ly [-ʃəli | -ʃɪəli, -sjə-, -sɪə-] *adv.* 確信して, 頼みにして.

fi·du·ci·ar·y [fɪd(j)úːʃièri, fə-, faɪ-, -ʃəri | fɪdjúːʃɪəri, -ʃə-, -sjə-, -sɪə-] 〖《1593》□ L *fidūciāri-us* ← *fidūcia*: ⇨ fiducial, -ary〗 — *adj.* **1** 〖法律〗信用の, 信頼の, 信託の, 受託者の: in a ～ capacity [character] 受託者の資格で / ～ estates 信託財産 / a ～ institution 信用機関《銀行・信託会社など》/ a ～ loan (抵当なしの)信用貸付金 / ～ relationship 信頼関係《受託者の受益者に対するまたは取締役の会社に対する関係など》/ ～ work 信託業務. **2** 〈紙幣が〉(正貨準備なく)信用発行の: ～ issue (無保証・無担保の)信用発行, 無準備発行 / ～ notes [paper currency] (無準備発行の)信用紙幣. **3** 《廃》信用[信頼]に基づく. — *n.* 〖法律〗受託者, 被信託者. **fi·du·ci·ar·i·ly** [fɪd(j)ùːʃiérəli, fə-, faɪ-, ─── | fɪdjúːʃɪərəli, -ʃər-, -sjər-, -sɪər-, -rɪlɪ] *adv.*

fidúciary bònd *n.* 〖保険〗受託者保証《受託者の忠実な行為を保証する契約》.

fi·dus A·cha·tes [fáɪdəs-əkéɪtiːz, fíːdus-ɑːkáːtes] 〖□ L *fidus Achātēs* 'faithful ACHATES'〗 — *L. n.* **1** 〖ローマ神話〗忠実なアカーテース《Aeneas の忠実な友》. **2** (アカーテースのような)信義に厚い友.

fie [fáɪ] 〖《c1300》*fi* □ (O)F < L *fī*: cf. ON *fȳ* / F *fi donc!* / G *pfui*〗 — *int.* えーっ, まあ, これ, ちぇっ《不快・非難・嫌悪を表わす; 現在では, しばしばふざけてびっくりした風を装って言う》: *Fie upon* you! まあ, いやだね(君は) / *Fie*, for shame! (子供を叱る時などの)まあみっともない.

fief [fíːf] 〖《1611》□ F ～ 'FEE': cf. feoff〗 *n.* **1** (封建時代の)封土, 領地 (fee, feud). **2** 支配[権利行使]領域.

fief·dom [-dəm] *n.* =fief.

fie-fie [fáɪfáɪ] 〖← FIE〗 *adj.* けしからん, みっともない, 言語道断の (improper, scandalous).

field [fíːld] 〖OE *fēld* < (WGmc) **felþu*(*z*) (Du. *veld* / G *Feld*) ← IE **pelə-* 'PLAIN¹' (OE *folde* earth, land)〗 — *n.* **1** [通例 *pl.*] **a** (森林・建物などのない)野, 原, 野原, 野辺, 原野 (open country): flowers of the ～ 野の花 / over dales and ～*s* 谷を越え野を越えて / in the ～*s* 野原で. **b** (都市周辺の)原っぱ. ★ 単数形は今は《詩》以外は《まれ》; ラテン語系形容詞: campestral.
2 (生け垣・溝・堤などで囲まれた)牧草地; 一画の耕地, 田畑, 耕圃; [the ～s; 集合的] 田野, 野良: a wheat ～ 小麦畑 / a turnip ～ かぶら畑 / go out into *the* ～*s* 畑へ出る.
3 (海・空・氷・雪などの)一面の広がり, (天の原・氷原などの)原 (expanse): a ～ of sea [sky] 海原[大空] / a snow ～ 雪原 / ⇨ ice field.
4 (鉱産物の)埋蔵地帯: a coal ～ 炭田 / a gold ～ 金産地 / oil ～*s* 油田 / diamond ～*s* ダイヤモンド産地.
5 (ある特定の目的のための)地面, …使用地, 広場, 乾燥場: a fuller's ～ (布類の)洗い張り場 / a bleaching ～ 漂白場 / a circus ～ サーカス場 / ⇨ flying field, landing field.
6 a 実戦の場, 戦闘の場[地域]; 戦場, 戦地 (battlefield): a ～ of battle 戦場 / the ～ of Agincourt アジャンクール古戦場 / ⇨ *in the* FIELD / ⇨ *hold* [*keep, maintain*] *the* FIELD / lose the ～ 陣地を失う, 敗戦を招く. **b** 〖口語〗(米陸軍で)ワシントン以外の軍隊所在地. **c** 戦い, 戦闘 (battle). ★ 次のような句に用いる以外は《まれ》: a hard-fought [hardwon] ～ 激戦 / a single ～ 一騎打 / ⇨ stricken field.
7 (実験室・研究室などを離れた)実地活動の場, 現場; 活躍舞台: He left his rival in possession of the ～. 彼は相手に現場をゆずって身を引いた / ⇨ *in the* FIELD.
8 (活動・研究の)領域, 分野 (scope, province): a ～ of research [trade] 研究[取引]範囲 / the ～ of English literature 英文学の領域 / one's ～ of action [activity] 活動方面[舞台] / be pre-eminent in one's own ～ (もちはもち屋で)自分の分野で秀でている / be out of a person's ～ 専門外である, 畑違いである / cover a wide ～ of inquiry 広い研究範囲にわたる / ⇨ *in the* FIELD.
9 a (絵・旗・貨幣などの)地: a flag with a white elephant on a ～ of red 赤地に白い象のある旗. **b** 〖紋章〗escutcheon の表面《紋章図形を描くところ》.
10 a 〖スポーツ〗(トラックの内側の)競技場, フィールド (cf. track 8); (野球・フットボールなどの)屋外グラウンド, 球場: a baseball [cricket] ～ 野球場[クリケット競技場]. **b** 〖野球〗(広義には内野 (infield)・外野 (outfield) を含めた)球場, グラウンド; (狭義には)外野 (right, center, left field).
11 [集合的] **a** 〖スポーツ〗全競技者, 全参加者. **b** 〖アメリカンフットボール〗(グラウンドにいる)全選手. **c** 〖競馬・ドッグレース〗(通例人気馬[犬]以外の)全出走馬[犬]: back [bet on] the ～ (人気馬[犬]以外の)全出走馬[犬]に賭ける (cf. *vi.* 2) / back [bet] against the ～ (他の出走馬[犬]を相手にしないで自分の持ち馬など)ただ一頭に賭ける / ⇨ *play the* FIELD. **d** 〖狐狩〗(猟犬係以外の)全遊猟参加者.
12 〖野球・クリケット〗**a** [集合的] 守備側: 野手 (fielders): take to the ～ 守備につく. **b** 野手 (fielder): ⇨ long field.
13 a 〖光学〗視野, 視界, 視域: the ～ of a microscope [telescope] 顕微鏡[望遠鏡]の視野. **b** 〖テレビ〗映像面《像が映るスクリーンの全面積》; カメラが捕える範囲.
14 〖物理・電気〗(電気力・磁気力・素粒子などの)場《field of force ともいう》: a magnetic ～ 磁場[界].
15 〖電気〗**a** 界磁. **b** =field intensity.
16 〖数学〗**a** 体(たい): a real number ～ 実数体. **b** 場: a vector ～ ベクトル場.
17 〖生物〗(胎生期組織の分化すべき)場; 場形成媒介体.
18 〖心理〗心理的場(ば), 場: the ～ of consciousness 意識の場[視野] / ⇨ field theory.
19 〖言語〗意味の場《一群の語の関係する意味の全領域; 例えば親族名称・色彩名など》.
20 〖写真〗**a** フィールド《撮影する被写体の範囲, 鮮鋭に写る範囲[画角]》. **b** 焦点面, 被写界《許容できる鮮鋭度に写る被写体の前後の範囲》: the depth of the ～ 被写界深度.
21 〖医学〗野, 区, 領域: the ～ of operation 手術野《手術がおこなわれる身体の部位》/ the irradiation ～ (X線などの)照射野.
22 〖電算機〗フィールド, 欄《情報を伝える最小限のデータの集まり》.
a fair field and no favor 機会均等で情実なし, 公平無私, えこひいきなし. ***a good field*** 大勢の好敵手 (cf. *n.* 11). ***hold the field*** (1) 陣地を維持する; 戦闘を継続する. (2) (試合などで)一歩も退かない. (3) (世間で)認められている, 地歩を保つ. ***in the field*** (1) 戦場に出て, 従軍して: be *in the* ～ 戦闘中である, 従軍している. (2) 競技に参加して; 守備について (cf. *at* BAT²). (3) 立候補して. (4) (研究所・実験室でなく)現場で; 実際[地]に(使用して), 実用の際と同じ条件下で使用して: a salesman *in the* ～ 現場の販売員 / The new apparatus was tested for ten months *in the* ～. その新しい装置は10か月にわたって実地使用によるテストを受けた. (5)(野外・現地で)基礎資料を収集中で. (6) 専門分野で. ***keep*** [***maintain***] ***the field*** =*hold the* FIELD. ***play the field*** (1) (人気馬以外の)全出走馬に賭ける (cf. *n.* 11 c, *vi.* 2). (2) 《米口語》(一人ではなく)多くの異性とデートする (cf. *go* STEADY). (3) 《米口語》いろいろな事[方面]に手を出す. ***reverse one's field*** 回れ右をして進む, 逆の方向に向きを変えて進む. ***take the field*** (1) 出陣する, 戦闘を開始する. (2) 競技[試合]を開始する.
field of fire [the ―] 〖軍事〗(銃・大砲の)射界.
field of force [the ―] 〖物理〗=field 14.
field of honor [the ―] (1) 戦場. (2) 決闘場.
field of view [the ―] 〖光学〗=field 13 a.
field of vision [the ―] =visual field.
— *attrib. adj.* **1** 野の, 野原の, 野外(で)の; 野原にすむ[いる]: ～ flowers 野生の草花 / ⇨ field mouse / a ～ work 野良仕事, 畑仕事 (cf. fieldwork). **2** 現場の, 実地の; 現場で働く: a ～ survey [investigation] 実地踏査 / a ～ study 野外研究, 実地調査, フィールドワーク / ～ notes (測量者・採集者などの野外でとった)現場手控え, 野帳 (cf. field book). **3** 〖スポーツ〗競技場の, (track に対して)フィールドの: ⇨ field event, field sports 2. **4** 野戦の: ～ operations 野戦, 野外作戦 / ～ soldiers (後方勤務兵に対して)野戦兵. **5** 畠で働く: a ～ hand 農業労働者, 小作人. — *vt.* **1** ((外)野手として)〈打球を〉さばく: The ball was well ～*ed*. **2** 〈プレーヤー・チームを〉試合[出場]させる: ～ a weak team. **3** 〈穀物を〉野ざらしにする. **4** 〈質問・電話などを〉すばやく処理する, さばく: ～ a question.
— *vi.* **1** (外)野手をやる, ボールをさばく; 守備につく. **2** 〖競馬・ドッグレース〗(人気馬[犬]以外の)全出走馬[犬]に賭ける (cf. *n.* 11 c).

Field [fíːld], **Cyrus West** *n.* (1819–92) 米国の資本家; 最初の大西洋海底ケーブル敷設者 (1858, 1866); D. D. Field の弟.

Field, David Dudley *n.* (1805–94) 米国の法律学者; C. W. Field, S. J. Field の兄.

Field, Eugene *n.* (1850–95) 米国の詩人・ジャーナリスト.

Field, Stephen Johnson *n.* (1816–99) 米国の法律学者; 米国最高裁判所判事 (1863–97); D. D. Field の弟.

fíeld allòwance *n.* 《英》〖軍事〗戦時増俸, 戦地(勤務)手当, 出征特別手当, 演習手当.

fíeld àmbulance *n.* **1** =ambulance 2. **2** 《英》野戦病院部隊.

fíeld àrmor *n.* 野戦用甲冑.

fíeld àrmy *n.* 〖陸軍〗野戦軍 (⇨ army 3).

fíeld àrrow *n.* 狩猟に用いる矢.

fíeld artíllery *n.* 〖軍事〗**1** [集合的] 野(戦)砲, 野戦砲兵 (cf. garrison artillery). **2** [F- A-] 米国野戦砲兵隊.

fíeld bàg *n.* 〖軍事〗=musette bag.

fíeld·bàll *n.* フィールドボール《1チーム11人編成で対抗し, サッカー, バスケットまたはバレーのボールを用い, バスケットやサッカーの技術を応用して相手のゴールへ手で投げて得点する競技》.

fíeld bàttery *n.* 〖軍事〗野砲隊, 野戦砲兵中隊.

fíeld bèd *n.* **1** 野戦用ベッド. **2** アーチ形の天蓋付き小型(可動式)ベッド.

fíeld bòok *n.* (測量者の)野帳, 現場手帳; (採集者の)採集覚帳.

fíeld bòot *n.* [通例 *pl.*] 膝までの長さのぴったりした長靴.

fíeld capácity *n.* 〖土壌〗圃場容水量.

fíeld càptain *n.* 〖アメリカンフットボール〗試合中のオフェンス, ディフェンスのキャプテン.

fíeld chàmomile *n.* 〖植物〗=corn chamomile.

fíeld chìkweed *n.* 〖植物〗=grasswort.

fíeld còil *n.* 〖電気〗界磁コイル, 界磁巻線《モーターの回転子などの場所に磁界を発生させるための電磁石のコイル》.

fíeld còrn *n.* 《米》(家畜の飼料用に栽培する)トウモロコシ《dent corn, flint corn など》.

fíeld-cornét 〖《なぞり》← Afrik. *veldkornet*〗 *n.* (南アフリカ Cape Province などの)下級治安判事; (もと民衆蜂起のころの)民兵隊長.

fíeld crìcket *n.* 〖昆虫〗コオロギ科の昆虫の総称; (特に)米国に生息するふつうのコオロギ (*Acheta assimilis*).

fíeld cròp *n.* 〖農業〗農作物《稲・大豆・牧草・綿花など田・畑に大面積に栽培される作物》.

fíeld cùrrent *n.* 〖電気〗界磁電流.

fíeld dày *n.* **1 a** (陸軍の)野外演習日; (軍艦の)大掃除日. **b** (博物学などの)野外研究日. **c** 《米》(学校の)運動会(日). **d** 戸外の集会, ピクニック. **e** 狩猟日. **2** すばらしいこと[催し物]のある日, 大勝利の日; 重要事件討議(日) (cf. field night).

fíeld drèssing *n.* (戦闘中の)応急手当.

fíeld drìver *n.* (初期 New England で)持主不明の家畜類を没収する役人.

fíelded pánel *n.* 〖建築〗浮出羽目《外縁が繰形(くりかた)で張り巡らされ凸所や凹所のあるパネル raised panel ともいう》; (浮出羽目の)細分されたパネル.

fíeld efféct transístor *n.* 〖電子工学〗電界効果トランジスター《普通の接合トランジスターと違って, 電界により電流の通路幅が変わることを利用したトランジスター》.

fíeld èmission *n.* 〖電気〗電界放出《強い電界をかけた物質の表面から電子が放出される現象; cold emission ともいう; cf. photoemission, thermionic emission》.

fíeld·er 〖ME *feldere* farmer〗 *n.* **1** 〖クリケット〗野手 (fieldsman). **2** 〖野球〗野手, (特に)外野手 (outfielder).

fíelder's chóice *n.* 〖野球〗野選, フィルダースチョイス《失策, 安打がなく, 野手が送球判断を誤ってアウトにできなかった場合のこと》.

fíeld evènt *n.* [通例 *pl.*] 〖陸上競技〗フィールド競技[種目]《砲丸投げ・高跳び・幅跳びなど; cf. track event》.

fíeld èxercise *n.* 〖軍事〗(実戦を想定した)野外演習.

fíeld·fare [fíːldfɛə | -fɛə(r)] 〖ME *feldefare* < lateOE *feldefare* field-goer: ⇨ field, fare〗 — *n.* 〖鳥類〗ノハラツグミ (*Turdus pilaris*)《冬季群れをなして英国に渡って来る北欧産のツグミの一種》.

fíeld formàtion *n.* 〖生物〗場形成 (individuation).

fíeld glàss *n.* [*pl.*] (戸外用の携帯)双眼鏡.

fíeld gòal *n.* 《米》フィールドゴール: **a** 〖アメリカンフットボール〗フィールドからキックして得た点(3点). **b** 〖バスケットボール〗フィールドからのゴール(2点), 野投.

field gràde *n.* 〖陸軍〗佐官級, 佐官クラス (cf. field officer).

field gráy 〘《なぞり》← G *Feldgrau*: ⇨field, gray〙 *n.* 灰緑色; (第一次大戦当時のドイツ兵の)灰緑色の軍服; ドイツ兵.

field guìde *n.* フィールドガイド, 検索図鑑《動植物などの野外観察用ハンドブック》.

field gùn *n.* 野戦砲, 野砲 (fieldpiece).

field hòckey *n.* 《米》ホッケー, フィールドホッケー《各 11 人から成る 2 組のチームで得点を争う競技; プレーヤーは端の曲がった stick でボールを相手方のゴール内に打ち込んで得点する; 単に hockey ともいう; cf. ice hockey; ⇨hockey 挿絵》.

field hòrsetail *n.* 〖植物〗スギナ (*Equisetum arvense*).

field hòspital *n.* 野戦病院 (cf. base hospital).

field hòuse *n.* **1** 競技場付属の建造物《ロッカールーム・更衣室・マッサージ室など》. **2** (陸上競技などを行なう)室内競技場.

field ìce *n.* 〖地理〗野氷, 氷原 (cf. iceberg, ice field).

field·ing *n.* 〖野球・クリケット〗フィールデング, 守備 (cf. batting 2 a).

Fiel·ding [fíːldɪŋ], **Henry** *n.* (1707–54) 英国の小説家; *Joseph Andrews* (1742), *Tom Jones* (1749).

fíelding àverage *n.* 〖野球〗守備率《アウトにしたり, またはアウトに結びつくプレーを全部のプレーの数から割り出したもの》.

fíeld intènsity *n.* 〖電気〗電界の強さ, 磁界の強さ.

fíeld ìon mícroscope *n.* (放射型電子)イオン顕微鏡《試料表面から放出される電子またはイオンを高電圧で加速し, 蛍光板上に表面の拡大像を作る顕微鏡》.

fíeld jàcket *n.* (陸軍の)野戦用上衣, (濃い黄緑色の)作業上衣.

fíeld jùdge *n.* 〖アメリカンフットボール〗フィールドジャッジ, 地域担当《レフェリーを補佐する審判員》.

fíeld kìtchen *n.* 〖陸軍〗 **1** 野外[野戦]炊事場. **2** (携帯用の)野外[野戦]炊事用具.

fíeld làrk *n.* 《米方言》〖鳥類〗=meadowlark.

fíeld làrkspur *n.* 〖植物〗ルリヒエンソウ (*Delphinium consolida*)《ヨーロッパ産の一年草》.

fíeld lèns *n.* 視野レンズ《光学器械の像付近におくレンズ》.

fíeld màgnet *n.* 界磁石《発電機・電動機などの固定磁石》.

fíeld màrigold *n.* 〖植物〗=corn marigold.

Fíeld Márshal *n.* (英国その他の国の軍隊で)陸軍元帥 (cf. GENERAL of the Army).

fíeld màster *n.* 〖狐狩〗狩猟参加者の名誉会員《参加者の行動の責任を負う》.

fíeld mìnt *n.* **1** 〖植物〗=catnip. **2** 〖昆虫〗=corn-moth.

fíeld mòuse *n.* 野ねずみ.

fíeld mùsic *n.* 〖軍事〗 **1** [集合的] 野戦軍[音]楽隊《鼓手・らっぱ手・横笛手・風笛手などの編成で, 軍楽隊の代わりになる》. **2** 野戦音楽.

fíeld mùstard *n.* 〖植物〗=charlock.

fíeld nìght *n.* 重要な事が行なわれる夜《議会などで重要討論が行なわれる夜など; cf. field day》.

fíeld òfficer *n.* 〖陸軍〗佐官級の将校, 佐官《colonel, lieutenant colonel および major; cf. company officer 1, field grade》.

fíeld pèa *n.* 〖植物〗フィールドピー (*Pisum sativum* var. *arvense*)《エンドウの一種; 種穀や牧草用品種, 絹莢エンドウなど東洋起源の莢エンドウが含まれる》.

fíeld pénnycress *n.* 〖植物〗=pennycress.

fíeld·pìece *n.* 野戦砲, 野砲 (field gun).

fíeld pòppy *n.* 〖植物〗=corn poppy.

fíeld prèacher *n.* 野外伝道[説教]者.

fíeld prèaching *n.* 野外伝道[説教].

fíeld pùnishment *n.* 〖軍事〗野戦刑罰 (略 F.P.).

fíeld rànk *n.* 〖陸軍〗=field grade.

fíeld ràtion *n.* 〖米陸軍〗(一人一日分の)野戦糧食, (野戦用)携帯口糧.

fíeld rhéostat *n.* 〖電気〗界磁抵抗器.

fíeld rívet *n.* 現場リベット, 現場鋲《工事現場で打つリベット; cf. shop rivet》.

fíeld-sequéntial sỳstem *n.* 〖テレビ〗フィールド順次方式 (⇨ sequential system).

fíeld sèrvice *n.* (軍隊・社会奉仕団などの)野外活動[奉仕].

fíelds·man [-mən] *n.* (*pl.* **-men** [-mən, -mèn]) 〖クリケット〗野手 (fielder).

fíeld spàniel *n.* フィールド スパニエル《英国で異種交配を繰り返して作出された犬種のイヌ; 胴が長く, 低い猟犬》.

fíeld spàrrow *n.* 〖鳥類〗 **1** 北米東部産ホオジロの一種 (*Spizella pusilla*). **2** =hedge sparrow.

fíeld spòrts *n. pl.* **1** 野外スポーツ (outdoor sports); (特に)狩猟, 銃猟, 魚釣, 乗馬. **2** (トラック競技に対して)フィールド競技.

fíeld·stòne *n.* 《米》(建築用の未加工の)自然石, 粗石.

fíeld stòp *n.* 〖光学〗視野絞り.

fíeld strèngth *n.* 〖電気〗=field intensity.

fíeld·strìp *vt.* 〈武器〉の普通分解をする《手入れまたは小修理のため武器の主要部分のみを分解する》.

fíeld télegraph *n.* 野戦電信(機).

fíeld télephone *n.* 野戦電話.

fíeld-tèst *vt.* 実地に試験する. **fíeld tèst** *n.*

fíeld thèory *n.* **1** 〖物理〗場の理論《場 (field) との相互作用を通じて粒子同士が力をおよぼし合うとする立場で構成された理論》. **2** 〖心理〗場の理論《心理現象を諸過程のダイナミックな相互作用の場としてとらえる理論; cf. field *n.* 18》.

fíeld trìal *n.* **1** (猟犬・作業犬などの)野外における競技 (cf. bench show). **2** 実地試験.

fíeld trìp *n.* **1** (学生の)実地見学(旅行). **2** (研究調査のための)野外研究旅行.

fíeld ùmpire *n.* 〖野球〗塁審.

field·ward [fíːldwəd | -wəd] *adv.* 野原の方へ; 戦場の方へ.

field·wards [-wədz | -wədz] *adv.* =fieldward.

fíeld wàrehousing *n.* 〖商業〗出保管(でほかん).

fíeld-wèakening contròl *n.* 〖電気〗弱め界磁制御《直流電動機の界磁磁束を減らすことによって行なう電気車の速度制御法》.

fíeld wìnding *n.* 〖電気〗界磁巻線.

fíeld·wòrk *n.* **1** [しばしば *pl.*] (臨時に土を盛って作った)堡塁(ほうるい), 土塁, 野戦築城. **2 a** (測量士などの)野外作業, 外業. **b** (博物学者などの)野外研究, 採集. **c** (社会・人類・言語学などの)実地[現地]調査[踏査], (現地での)資料収集, フィールドワーク. **~·er** *n.*

fiend [fíːnd] 〘OE *fēond* enemy, 《原義》the hater < Gmc **fijand-* (G *Feind*) (pres.p.) ← **fijējan* to hate (OE *fēogan*) ← IE **pe(i)-* to hurt: cf. friend〙 — *n.* **1 a** 魔神, 悪霊, 鬼, 悪鬼. **b** [the F-] 悪魔. **2** 鬼[悪魔]のような人, 極悪非道な人. **3** 《口語》 **a** 凝り屋, …狂, …の鬼: a golf [baseball, film] ~ ゴルフ[野球, 映画]狂 / a camera ~ カメラ気違い / a fresh-air ~ 熱狂的な野外主義者. **b** 過度に常用する人, 中毒者: a drug ~ 麻薬中毒患者 / an opium ~ アヘン常用者 / a ~ for icecream アイスクリームをよく食べる人 / ⇨ dope fiend. **4** 《口語》(技術・勉強の)すぐれた人, 達人: a math ~ 数学の鬼 / He's a ~ *at* tennis.

fiend·ish [-dɪʃ] *adj.* **1** 悪魔[悪鬼]のような, 魔性の; 極悪の, 鬼のような, 極悪非道な (cruel): ~ brutalities 鬼畜のような残虐行為. **2** すごく不愉快な, 非常に悪い; とてもむずかしい: ~ weather いやな天気. **~·ly** *adv.* **~·ness** *n.*

fiend·like *adj.* 悪魔[鬼畜]のような.

fiend·ly 〘lateOE *fēondlić*: ⇨ fiend, -ly[2]〙 *adj.* (**fiend·li·er**; **-li·est**) 《古》悪魔のような, 悪魔の.

fierce [fíəs | fíəs] 〘《c1290》*fers* ⊏ AF=OF *fiers* (nom. sing.) ← *fier* (F *fier* proud) < L *ferum* wild: cf. ferocious〙 — *adj.* (**fierc·er**; **-est**) **1 a** (気性・行動など)荒々しい, 獰猛(どうもう)な; 攻撃的な, 好戦的な: a ~ animal [dog] 猛獣[犬] / a ~ fighter 猛烈な闘士 / ~ native tribes 好戦的土着民族. **b** (容貌が)ものすごい, 険(けわ)しい, 人を寄せつけない: ~ looks ものすごい顔つき / a ~ old hermit いかめしい容貌の老隠者. **2** 〈風雨・寒暑など〉荒れ狂う, すさまじい, 猛烈な: a ~ tempest [wind] 猛烈な嵐[暴風] / ~ heat [cold] 猛暑[酷寒] / ~ pain 激痛. **3** 激しい, 熱烈な, 熱狂的な: a ~ desire 激しい欲望 / ~ hatred 激しい憎悪. **4** 《口語》ひどい, 鼻もちならない; 不快な: ~ taste 俗悪な趣味. **5** 〈機械・装置など〉急に作動する, ききがよすぎる. **6** 《英方言》元気のいい, いきいきした. — *adv.* =fiercely. **~·ness** *n.*

fierce·ly *adv.* 荒々しく, 猛烈に; 激しく, すごく, ひどく.

fierc·en [fíəsn | fíə-] *vi.* 荒々しくなる, 獰猛になる.

fi·e·ri fa·ci·as [fàɪəri-féɪʃiəs, -ʃəs, fíːəri-fáːkiàːs | fàɪərài-féɪʃiæs, fíːəri-fáːkiàːs] 〘《1464》L ⊏ *fieri facias* 'cause (it) to be done, see that (the sum) is made' ← *fieri* to be made + *facias* (← *facere* to make, cause)〙 — *n.* 〖法律〗強制執行令状, 差押え令状 (略 fi. fa.).

fi·er·i·ly [-rəli | -rəlɪ, -rɪlɪ] *adv.* 火のように; 火のように激しく, 熱烈に.

fi·er·y [fáɪ(ə)ri | fáɪərɪ] 〘《c1290》*firi*: ⇨ fire, -y[4]〙 — *adj.* (**more ~, most ~; fi·er·i·er, -i·est**) **1 a** 火[火炎]の, 火炎のついた: ~ sparks 火の粉 / a ~ arrow 火矢 / a ~ discharge from a volcano 火山の火炎の噴出. **b** 火がついた, 燃えている: a ~ furnace 火のはいった炉. **c** 火を用いる, 火力による. **d** 〈ガス・炭層など〉引火しやすい: a ~ vapor. **e** (引火性のガスを含んで)爆発しやすい: a ~ coal seam 爆発しやすい炭層. **2** 火のように赤い; 赤々と輝く, きらきら光る: a ~ sky 真赤に輝く空 / ~ red 火のような赤い色 / ~ lips 真赤な唇 / ~ eyes きらきら光る目. **3** 火のように熱い, 灼熱(しゃくねつ)の, 焼けつくような: ~ winds [desert sands] 熱風[砂漠の熱砂] / a ~ heat 焼けつくような暑さ. **4** 〈酒・薬味など〉ひりひりする: a ~ taste. **5** 熱情的な, 熱烈な; 激しやすい, 性急な: ~ zeal 燃えるような熱意 / a ~ temper 激しい気性 / a ~ speech 熱弁 / a ~ steed [courser] はやる馬. **6 a** 炎症を起こした: a ~ tumor 炎症を起こした腫(は)れ物 / a ~ sore 赤いただれ / a ~ face 丹毒にかかった赤い顔. **b** 赤く熱っぽい: a ~ forehead. **7** 〖クリケット〗〈投球が〉危険な程高くはずむ. — *adv.* =fierily. **fí·er·i·ness** *n.*

fíery cróss *n.* **1** 血火の十字架《昔スコットランド高地で戦争開始を知らせ兵を集めるために, 部落から部落へ走者によって運ばれた一部を焼いて, 時には山羊の血にひたした十字架》. **2** 《米》火の十字《Ku Klux Klan の標章》.

Fie·so·le [fiéɪzəlèɪ, fjéɪ-, -li | fɪéɪzəlèɪ, fjéɪ-, -lɪ; *It.* fjέːzole], **Giovanni da** [da] *n.* フィエゾレ (⇨ Fra ANGELICO).

fi·es·ta [fiéstə | fɪ-] 〘⊏ Sp. ~ 'FEAST'〙 *n.* **1** (スペイン・ラテンアメリカで, 宗教上の)祝祭, 聖人の祝日 (saint's day). **2** 祭典 (festivity); 休日 (holiday).

fiésta flòwer *n.* 〖植物〗米国 California 州原産のルリカラクサ属の一年生草本 (*Nemophila aurita*).

FIFA [fíːfə] 《略》 *F.* Fédération Internationale de Football Association (=International Football Federation) 国際フットボール連盟.

fi. fa. [fáɪféɪ] 《略》〖法律〗fieri facias.

fife [fáɪf] 〘《1555》⊏ G *Pfeife* 'PIPE': cf. F *fifre* fife, fifer〙 — *n.* **1 a** (鼓笛隊用の)横笛, ファイフ: a drum and ~ band 鼓笛隊. **b** 〖楽器〗(パイプオルガンの)ファイフ音栓《高く鋭い音を出す》. **2** =fifer. — *vi.* 横笛を吹く. — *vt.* 〈曲を〉横笛で吹く: ~ a tune.

Fife [fáɪf] 〘← *Fibe*, *Fibh* (Pict 族の祖とされる Cruithne の 7 人の息子の 1 人)〙 *n.* スコットランド東部の州; 人口 338,000, 面積 1,300 km², 首都 Cupar.

fíf·er *n.* 横笛吹奏者.

fífe ràil *n.* 〖海事〗 **1** 〖錨を巻き上げる間 fifer がそこで笛を吹いた習慣から?〗(昔の)軍艦の後甲板の手すり. **2** 帆づな止め座《マストの根もとその他に取り付けた手すりのようなものでビレーピン (belaying pin) を差し込むためのもの》.

Fife·shire [fáɪfʃɪə, -ʃə | -ʃə(r, -ʃɪə(r] 〘⇨ Fife, -shire〙 *n.* =Fife.

Fi·fi [fíːfiː | -fɪ] 〘(dim.) ← JOSEPHINE〙 *n.* 女性名.

Fi·fine [fiːfíːn] 〘(dim.) ← JOSEPHINE〙 *n.* 女性名.

FIFO, fifo [fáɪfou | -fəu] *n.* =first-in, first-out.

fif·teen [fɪftíːn, ˌ-ˈ-] 〘OE *fiftēne* ← *fif* 'FIVE' + *-tēne* '-TEEN'〙 — *n.* **1** 15; 15 個, 15 名, 15 歳. **2** 15[XV] の記号[数字]. **3** 15 人[個]一組; ラグビーチーム: a Rugby ~. **4** 15 番サイズの衣料品. **5** [the F-] (英国の) 15 年の乱《James 二世の子 Old Pretender を王に立てようとした Jacobites の 1715 年の反乱》. **6** 〖テニス〗フィフティーン《最初の得点 (1 点); 2 点目を thirty, 3 点目を forty という; cf. love 8》: ~ love [forty] フィフティーン ラブ[フォーティ]《サーブ側 1 点レシーブ側 0[3] 点》/ ~ all フィフティーンオール《双方が最初の 1 点ずつを得た場合》. — *adj.* 15 の, 15 個の, 15 人の[に; [Predicative に用いて] 15 歳の].

fiftéen·fòld *adj., adv.* 15 倍の[に].

fif·teenth [fɪftíːnθ, ˌ-ˈ-] 〘ME *fiftenthe* ∽ OE *fiftēoða* ← *fiftēne* 'FIFTEEN' + *tēoða* tenth: ⇨ -th[1]〙 — *adj.* **1** 第 15 の, 15 番目の (15th). **2** 15 分の 1 の: a ~ part 15 分の 1. — *n.* **1** [the ~] 第 15, 15 番目, 第 15 位; (月の)(第)15 日: *the* ~ [15th] of March 3 月 15 日. **2** 15 分の 1. **3** 〖音楽〗15 度(音程)《2 オクターブ》.

fifth [fɪfθ, fɪftθ] 〘ME *fifte* < OE *fifta* (今の *-th* は *fourth* などからの類推で lateME から): ⇨ five, -th[1]〙 — *adj.* **1** 第 5 の, 5 番目の (5th): the ~ act 第五幕, 終幕; 老境. **2** 5 分の 1 の: a ~ part 5 分の 1. — *adv.* 第 5 に, 5 番目に. — *n.* **1** [the ~] 第 5, 5 番目, 第 5 位; (月の)第 5 日; [*pl.*] 五等品: the ~ [5th] of May 5 月 5 日. **2 a** 5 分の 1. **b** 《米口語》5 分の 1 ガロン《アルコール飲料を計る単位》; 5 分の 1 ガロン入りのびん. **3** 〖音楽〗5 度音程; 第 5 度《音階の主音から数えて 5 番目の音》: the augmented [diminished] ~ 増[減]5 度. **4** 〖自動車〗(変速機の)第 5 段. **5** [the F-] =Fifth Avenue.

Fífth Améndment *n.* [the ~] 〖法律〗(米国憲法の)修正第 5 箇条《被告人が自己に不利益な証言をすることを強要されず, 以前にすでに裁かれて刑が確定した罪状のために再度裁かれることがないこと, および法の正当な手続 (due process of law) によらずに生命, 自由または財産を奪われないことを定めたもの》.

Fífth Ávenue *n.* 五番街《米国 New York 市の中心 Manhattan を南北に貫く大通りで繁華街》.

fífth-cólumn *attrib. adj.* 第五部隊[第五列]員の, 第五列的な: ~ activities.

fífth cólumn 〘《なぞり》← Sp. *quinta columna*: スペイン内乱中 1936 年 Madrid 市の攻略を企図した Emilio Mola 将軍が四縦隊 (four columns) で進撃した時, 同市内の Franco 将軍の隠れた第五縦隊がこれに同調して反逆すると公表されたことによる〙 — *n.* [集合的] 第五部隊, 第五列《スパイ行為によって国内の事情を敵国[敵軍]に通報し, または敵軍の国内への進撃を助けるような裏切行為をする一団の人々; cf. sixth column》.

fífth cólumnist *n.* 第五部隊員, 第五列員; 裏切者, スパイ (cf. fifth column). **fífth cólumnism** [-m(n)ìzm] *n.*

Fífth dáy *n.* (クエーカー派 (Quakers) の間で)木曜日.

fífth·ly *adv.* 第 5 に, 5 番目に.

Fífth Mónarchy *n.* [the ~] 第五王国《アッシリア・ペルシャ・ギリシャおよびローマの滅亡後神が最終的に樹立すると Daniel が預言した王国; cf. *Dan.* 2 : 44》.

Fífth Mónarchy Màn *n.* (*also* **Fífth-mónarchy-màn**) 第五王国結社員《キリストの再来が近づいていると信じて, 暴力を用いても第五王国を急いで樹立しなければならないと唱道した 17 世紀中頃 Cromwell の時代に英国に起こった狂信者の一員》.

fífth posítion *n.* 〖バレエ〗第五ポジション《バレエの基礎技法である脚の五つのポジションの一つ; 両足を 180 度外側に開き, 一方の踵が他方の爪先にくるほど, 深く平行に交叉させる》.

Fífth Repúblic 〘《なぞり》← F *La Cinquième République*〙 — *n.* [the ~] (フランスの)第五共和制《1958 年国民投票による承認をもって発効した新憲法下のフランスの政体; 初代大統領は de Gaulle; cf. Fourth Republic》.

fífth sỳstem *n.* 〖音楽〗五度組織《5 度音程を積み重ねて得られる音列を基礎とする音組織》.

fífth whéel *n.* **1** (四輪馬車の車台下の前車軸の上部に備えた)転向輪. **2** (馬車の)予備車輪. **3** 余分の[余計な]物, 無用の長物; 冗員.

fif·ti·eth [fíftiɪθ, -tiəθ | -tɪɪθ, -tɪəθ] 〖OE *fiftigoða*: ⇨↓, -eth[1]〗 ── *adj.* **1** 第 50 の, 50 番目の (50th) **2** 50 分の 1 の: ～ a part 50 分の 1. ── *n.* **1** [the ～] 第 50, 50 番目, 第 50 位. **2** 50 分の 1.

fif·ty [fífti | -tɪ] 〖OE *fiftiġ* ← *fif* 'FIVE'＋*-tiġ* '-TY[1]'〗 ── *n.* **1** 50; 50 個, 50 人, 50 歳, 50 年. **2** 50(L) の記号[数字]. **3** 50 人[個]一組. **4** 50 番サイズの衣料品. **5** [*pl.*] 50 台, 50 年代[歳台]: a man in his *fifties* 50 代の人. **6** 《英口語》50 ポンド紙幣; 《米口語》50 ドル紙幣. ── *adj.* **1** 50 の, 50 個の, 50 名の; [Predicative に用いて] 50 歳の. **2** (漠然と) 多数の: I have ～ things to tell you. 話したいことが山ほどある.

fífty-fífty 《口語》*adv.* 50 対 50 に, 半々に, 五分五分に, 等分に (equally): go ～ with ...と分け前[負担]を半々にする / divide the loot ～ with him 略奪品を彼と等分する. ── *adj.* **1** 50 対 50 の, 半々の, 五分五分の, 等分の (equal): on a ～ basis 対等で. **2** 運不運が五分五分の; 賛否同数の: a ～ chance to live 生死の見込み五分五分 / a ～ decision 賛否同数の採決.

fífty·fòld 〖ME〗 *adj., adv.* 50 倍の[に].

fífty-nín·er [-náɪnə | -nə(r] *n.* [時に Fifty-Niner] 《米》1859 年 Colorado の金鉱, Nevada の銀鉱発見で西部にやって来た採鉱者 (cf. forty-niner, eighty-niner, Argonaut).

fig[1] [fíg] 〖《?*a*1200》 *fige* ▭ (O)F *figue* ▭ Prov. *figa* < VL **ficam* = L *ficus* fig (tree): cf. Heb. *pagh* half-ripe fig〗 ── *n.* **1** 〘植物〙イチジク (*Ficus carica*)《クワ科の植物; fig tree ともいう》; イチジクの果実《生または乾燥し, またはジャムにして食べる》: green ～*s* 新鮮なイチジク《干したものに対していう》/ ⇨ pulled figs, Smyrna fig, Turkey fig. **2 a** イチジクに似た実をつける植物. **b** イチジクの実に似たもの. **3** (たばこの)小片: a ～ of tobacco. **4** 〖《1579》 ▭ F (*faire la*) *figue* (Make the) fig《なぞり》← It. (*far la*) *fica* ← *fica* fig, vulva〗 **a** 二本の指の間から親指を出す下品な軽蔑の仕草. **b** ちっぽけな物; わずか: not care a ～ [～'s end] *for* ...をてんで問題にしない, ...なんかどうでもいい / It isn't worth a ～. 全然取るに足らない / I would not give a ～ *for* it. そんな物にびた一文でも出すものか(ばかばかしい). **c** [しばしば軽蔑・嘲笑を表わす間投詞的用法で]つまらない物, 無価値なこと: A ～ *for* you! 君なんか何だい, あかんべいだ, ばか / Virtue! a ～! 力だと, ばかばかしい (Shak., *Othello* 1. 3. 322).

fig[2] [fíg] 〖《1810》《変形》? ←《廃》*feague* to do for, settle ▭ G *fegen* to polish〗 ── *vt.* (**figged**; **fig·ging**) **1** 盛装させる, 飾り立てる ⟨*out, up*⟩: ～ *out* [*up*] a horse 馬を飾り立てる / be ～*ged out with* jewelry 宝石をつけてはでに着飾る. **2** (活を入れるために)⟨馬⟩の肛門[膣]にこしょう[ジンジャー]を入れる; 活を入れる, 元気を出させる. ── *n.*《口語》**1** 服装, 身支度: *in* full ～ 盛装して. **2** 様子, 健康状態: be *in* fine [good] ～ きわめて元気だ, 申し分のない状態だ.

fig. 《略》figurative; figuratively; figure(s).

Fi·ga·ro [fígəròu, fí:- | -rəu; *F.* figaro], **le** [lə; *F.* lə] *n.* フィガロ《1856 年創刊のフランス有数の日刊新聞名(朝刊紙); 政治的には保守系でやや右傾的》.

fíg bìrd *n.* 〘鳥類〙オーストラリア産コウライウグイス属(*Sphecotheres*)の主にイチジクを食する大型の緑黄色の鳥の総称.

fíg·èater *n.* **1** 〘昆虫〙= green June beetle. **2** 〘鳥類〙= beccafico.

fig·gy [fígi | -gɪ] 〖《15C》《廃》full of figs〗 *adj.* (**fig·gi·er, -gi·est**) イチジクを入れた[に似た]: a ～ cake.

fight [fáɪt] 〖*v.*: OE *feohtan* < (WGmc) **feχtan* (G *fechten*) ← ? IE **pek-* to pluck the hair, fleece, comb (L *pectere* / Gk *pékein* to comb). ── *n.*: OE (*ġe*)*feoht* ← (*v.*)〗 ── *v.* (**fought** [fɔ́:t]) ── *vi.* **1 a** 戦う, 戦闘する, 合戦する, 格闘する, 組打ちをする (contend in battle): ～ *against* overwhelming odds [*with* an enemy] 優勢な大軍[敵軍]と戦う / ～ *for* one's country [a cause, recognition] 祖国のために[主義のために, 承認を得ようとして]戦う / ～ *for* right *against* wrong 正に味方し邪と戦う / ～ *to* a finish 勝負がつくまで戦う / ～ *to* the last ditch 最後のどたん場まで戦い通す, 死力を尽くして戦う / ～ together 相共に戦う / ～ a lone hand 孤軍奮闘する / ～ tooth and nail 徹底的に[飽くまで]戦う / They are ～*ing* among themselves. 内輪げんか[同士打ち]をしている / two dogs ～*ing over* a bone 1 本の骨を取りあってけんかしている 2 匹の犬 / in ～*ing* trim ⇨ trim *n.* 2. **b** (職業選手として)ボクシングをする. **2** (論争・訴訟などで)戦う, 優劣を競う; (誘惑などに)抵抗して戦う〔*against*〕; 〔...のために〕奮闘する, 努力する〔*for*〕: ～ *against* temptation [despair] 誘惑[絶望]と戦う / ～ *for* existence 生存のために戦う / ～ *for* fame [liberty] 名声[自由]を得ようと奮闘する / ～ *for* one's own hand 利己のために戦う, 自利を図る / We should ～ *for* our cause to the last. 主義のために最後まで奮闘すべきだ / You must ～ *to* achieve your goal. 目的達成のために努力しなければならない.

── *vt.* **1 a** ⟨敵など⟩と戦う; ...とボクシングをする; ⟨病気など⟩と戦う, ...に反対する: ～ an enemy / ～ a fire ⟨消防士が⟩消火にあたる / ～ a bad habit 悪癖と戦う / They *fought* (the passage of) the bill bitterly. 彼らはその法案(の通過)と激しく戦った / ～ the fear of death 死の恐怖と戦う. **b** (行動・議論などで)...と相戦う: ～ the opposition candidate in an election 選挙で反対党の候補者と戦う. **2 a** ⟨戦を⟩交える, 戦う: ～ a battle / ～ the good fight of faith 信仰のためよく戦う (cf. 2 *Tim.* 4:7). **b** ⟨ボクシングの試合⟩に出場する. **3 a** 戦って獲得する, (...を得ようと)争う; ⟨主義・主張などを⟩戦って支持する, ⟨訴訟事件などを⟩争う: ～ a prize 賞を争う / He *fought* the case up to the Supreme Court. 最高裁までその事件を争った. **b** [～ one's way として] 苦労しながら進む, 奮闘して進路を切り開く[活路を見出す]: We *fought our way to* the top. 我々は苦労しながら頂上まで登った / He *fought his way* in life. 彼は奮闘努力の生涯を送った. **4** ⟨ボクサー・闘鶏・犬などを⟩戦わせる: ～ cocks 闘鶏を戦わせる. **5 a** ⟨軍隊・船などを⟩(戦闘中・嵐の中で)操縦する, 動かす. **b** ⟨機具などを⟩手荒く[不器用に]扱う.

fight back (...に)抵抗する, くい止める: ～ *back* nausea 吐き気を抑える / ～ *back* an impulse to ...したい気持を抑える. ***fight down*** 戦って圧倒する, 制圧する: He tried to ～ *down* his fear. 恐怖の心を押し静めようと努めた. ***fight off*** (1) (戦って)駆逐[撃退]する; ⟨ノミなどを⟩退治する. (2) ...から手を引こうと努める: ～*off* the temptation to ...したい誘惑をしりぞける. ***fight out*** (1) ...と最後まで戦う, 凌ぎ抜く: ～ it *out* 飽くまで戦う, 戦い抜く, 雌雄を決する (cf. BOX[3] *vt.* 1) / We have *fought out* a number of difficulties. 幾多の困難を乗り越えて来た. (2) 戦って解決する: the issues which are not *fought out* まだ(係争中で)決着のついていない問題. ***fight shy of*** ⇨ shy[1] *adj.* 成句. ***fight up*** 力戦奮闘する〔*against*〕.

── *n.* **1 a** 戦い, 戦闘, 合戦, 会戦; 闘争, 格闘, 組打ち: a ～ *between* two boys [dogs] / a ～ *between* two armies 二軍の会戦 / ～*s* by land and sea 陸海の戦闘 / a free ～ 乱闘 / a sham ～《英》模擬戦 / a running ～ 追撃戦, (海上の)航走戦 / a snowball ～ 雪合戦 / a stand-up ～ ⇨ stand-up / ⇨ dogfight / give [make] a ～ 一戦を交える / put up a good [poor] ～ 善戦[苦戦]する / valiant in ～ 戦いに臨み勇猛果敢で[な]. **b** ボクシングの試合: ⇨ prizefight. **c** はげしい口論, 激論〔*with*〕. **2** 優劣の争い, 競争; 〔ある目的を達するための〕戦い, 闘争〔*for, against*〕: a ～ *for* superiority 争覇(は)戦 / a ～ *for* higher wages 賃上げ闘争 / a ～ *for* existence 生存競争 / the ～ *against* disease 闘病. **3** 戦闘力, 闘争心, 闘志, 戦意, ファイト: give [show] ～ 戦う気勢を示す, 闘志を表わす, 抵抗する / He is full of ～. = He has plenty of ～ in him. 彼は闘志満々だ. **4** 《廃》〘海軍〙(戦闘中, 甲板上の兵員を保護しまたは隠すため用いた)盾, 防壁, 幕.

make a fight of it 抵抗する.

fight·a·ble [fáɪtəbl̩ | -tə-] *adj.* **1** 戦争[戦闘]に適した: a ～ ship. **2** 戦いたがっている: a ～ wrestler 闘志満々のレスラー.

fíght·bàck *n.* 《英》反撃, 反攻, 逆襲.

fight·er [-tə | -tə(r] 〖ME〗 ── *n.* **1 a** 戦う人, 戦士; 闘士 (combatant): a ～ *for* justice 正義のために戦う人. **b** けんか好きの人. **2** (プロ)ボクサー (prize-fighter). **3** 闘争用にしつけられた動物《闘犬・闘牛・闘鶏など》. **4** 〘軍事〙= fighter plane.

fíghter-bómber *n.* 〘軍事〙戦闘爆撃機.

fíghter-interceptor *n.* 〘軍事〙要撃[迎撃]戦闘機.

fíghter plàne *n.* 〘軍事〙戦闘機.

fight·ing [-tɪŋ | -tɪŋ] 〖ME〗 ── *n.* [形容詞的にも用いて] 戦い, 戦闘, 交戦; 闘争: heavy ～ 激戦 / street ～ 市街戦 / a ～ field 戦場 / ～ forces [units] 戦闘部隊 / a ～ formation 戦闘隊形 / the ～ line 戦線; (軍の)交戦部 / a ～ power 戦闘力. ── *adj.* **1** 戦う, 戦闘する: ～ men 戦闘員, 戦士, 闘士 / a ～ family 武家 / a ～ stock 武家, 軍人の系統. **2 a** 戦闘的な, けんか腰の, 挑戦的な: a ～ attitude けんか腰 / a ～ spirit 闘争心, 闘志 / ～ words (けんかを売るような)挑戦的な言葉, 売り言葉. **b** 《口語》[副詞的に]: ～ drunk [tight] 酔ってけんかっ早くなって / ～ mad ひどく怒って, 激昂して / ～ fit = fighting-fit.

fíghting chàir *n.* 〘釣〙トローリングボートの後尾甲板に取りつけてある回転式の椅子《足が固定できるようになっている》.

fíghting chánce *n.* 努力次第で獲得できる成功の見込み; 可能だがむずかしい見込み: have a ～ to live 努力次第で生きる見込みがある.

fíghting còck *n.* **1** 闘鶏: feel like a ～ 意気盛ん[闘志満々]である / live like a ～ (闘鶏のようにうまい物ばかり食べて)贅沢に暮らす. **2** 《口語》けんか好きな人.

fíghting cràb *n.* 〘動物〙= fiddler crab.

fíghting fìsh *n.* 〘魚類〙= betta.

fíghting-fít *adj.* **1** 戦闘準備のできた. **2** 《口語》体調が良好で, 絶好調の. **～·ness** *n.*

Fíghting Frénch *n.* [the ～]「戦うフランス軍」《1940 年 6 月 de Gaulle の指揮の下, London で結成された自由フランス (Free France) のための戦闘部隊》.

fíghting fùnd *n.* (カンパによる)軍[闘争]資金.

fíghting tòp *n.* (軍艦の)戦闘檣楼(しょうろう)《指揮・見張り・小口径砲の射撃用にマストの中ほどに作った円形の座で, 現代の軍艦では射撃管制所・高射砲操作台などがある》.

fíg lèaf *n.* **1 a** イチジクの葉. **b** (彫刻・絵画などの)イチジクの葉形の局部のおおい (cf. *Gen.* 3:7). **2** (不体裁な事物を)隠すためのもの, 臭いものにするふた.

fíg màrigold *n.* 〘植物〙マツバギク《アフリカ南部産ツルナ科マツバギク属 (*Mesembryanthemum*) の植物の総称; イチジクの形の実を結ぶ》.

fig·ment [fígmənt] 〖《?*a*1425》 ▭ L *figment-um* formation, fiction, image ← **fig-* (stem) ← *fingere* 'to FEIGN': ⇨ -ment: cf. figure〗 ── *n.* 作りごと, 虚構: ～*s* of the mind [imagination] 想像の産物.

fíg shèll *n.* 〘貝類〙イチジクガイ科の巻貝の総称.

fíg trèe *n.* 〘植物〙イチジク (fig).

dwell under one's vine and fig tree ⇨ vine 成句.

fi·gu·ra [fɪgjú(ə)rə, fə- | fɪgjúərə] 〖▭ L *figūra* 'FIGURE'〗 ── *n.* **1** 〘神学〙= type 3. **2 a** ある理想を具現する人物[存在], (ある人にとっての)理想の像. **b** 象徴的行動《性格の特徴を示すような行為[行動]》.

fig·ur·a·ble [fígjurəbl̩, -gər-] *adj.* **1** 定形を取ることのできる, 図形にすることの可能な. **2** 成形性の.

fig·u·ral [fígjurəl, -gər-] 〖《*a*1402》 ▭ OF ～ // LL *figurāl-is*: ⇨ figure, -al[1]〗 ── *adj.* **1** 《廃》像[図]で示された (figurative). **2** 〘音楽〙修飾的な (figurate). **3** 〘芸術〙人間[動物]像から成る.

fig·u·rant [fígjurà:nt, -rɑ̃̀:(ŋ), -rɔ̃̀:(ŋ), -rà:ŋ, -rɔ̀(:)ŋ, -rænt, ⌐⌐⌐ | fígjurənt | fígjurənt; *F.* figyrɑ̃] 〖《1807》 ▭ F ～ (pres.p.) ← *figurer* 'to FIGURE': ⇨ -ant〗 ── *n.* (*pl.* **～s** [fígjurà:nts, -rɑ̃̀:(ŋ)z, -rà:ŋz, -rænts, ⌐⌐⌐, fígjurənts | fígjurənts; *F.* ～]) **1** 〘バレエ〙(グループの一員としてだけ出演する)男性ダンサー. **2** 〘演劇〙(せりふのつかない)端役(はやく).

fig·u·rante[1] [fígjurà:(n)t, -rɔ̃̀:(n)t, -rà:nt, -rɔ̀(:)nt, ⌐⌐⌐ | ⌐⌐⌐; *F.* figyrɑ̃:t] 〖《1775》 ▭ F ～ (fem.) ↑〗 ── *n.* (*pl.* **～s** [～s; *F.* ～]) **1** 〘バレエ〙(グループの一員としてだけ出演する)女性ダンサー. **2** 〘演劇〙(せりふのつかない)端役(はやく)女優.

fig·u·ran·te[2] [fìgjurǽnteɪ | -tɪ; *It.* figuránte] 〖▭ It. ～〗 *It. n.* (*pl.* **-ran·ti** [-ti:; *It.* -ti]) = figurant, figurante[1].

fig·u·rate [fígjurət, -rɪt, -rèɪt] 〖《1548》 ▭ L *figūrāt-us* (p.p.) ← *figūrāre* 'to FIGURE'〗 ── *adj.* **1** 定形をもっている: Plants are all ～. 植物はみな一定の形をもっている. **2** 〘音楽〙修飾的な (florid).

fígurate nùmber *n.* 〘数学〙多角数《平面上に, 同じ大きさの円板を正多角形状に充実して並べた時の個数》.

fig·u·ra·tion [fìgjuréɪʃən, -gə-] 〖《*a*1398》 *figuracioun* ▭ (O)F *figuration* // L *figurātiō(n-)*: ⇨ figurate, -ation〗 ── *n.* **1** 形づけ, 形体[定形]付与, 成形, 成形作用[過程]. **2** (生じた)形, 形状, 形態, 外形 (form, outline). **3** 比喩[象徴]的表現[描写]. **4** (図案などでする)装飾 (ornamentation). **5** 〘音楽〙フィギュレーション《決まりきった音型 (figure) を使用すること》.

fig·u·ra·tive [fígjurətɪv, -gər- | -tɪv] 〖《*a*1397》 ▭ (O)F *figuratif* // LL *figūrātīv-us* ← L *figūrātus* (p.p.) ← *figūrāre* 'to FIGURE': ⇨ -ative〗 ── *adj.* **1** 比喩的な, 形容的な (cf. literal 2): the ～ use of a word 言葉の比喩的用法 / in a ～ sense 比喩的な意味で. **2** ⟨文章や作家が⟩修飾的な, 比喩[形容語句]の多い, 文飾に富んだ, はなやかな: a ～ style 華麗な文体, 美文体 / a highly ～ description 非常に文飾に富んだ描写 / a ～ writer 文飾に富んだ作家. **3** 表象[象徴]的な: a ～ ceremonial 表象的な儀式 / a ～ design 象徴的な意匠. **4** 造形による, 彫塑的表現の, 形象描写の: the ～ arts 造形美術《絵画・彫刻など》. **～·ness** *n.*

fig·u·ra·tive·ly *adv.* 比喩的に; 転義的に.

fig·ure [fígjə | -gə(r] 〖*n.*: 《?*a*1200》 ▭ (O)F ～ ▭ L *figūra* figure (of speech) ← **fig-* (stem) ← *fingere* 'to FEIGN': ⇨ -ure: cf. fiction. ── *v.*: 《1389》 ▭ (O)F *figur-er* ▭ L *figūrāre* ← *figūra*〗 ── *n.* **1** (輪郭のはっきりしている)形, 形態, 形状, 格好 (form, shape): be round in ～ 形が丸い.

2 a 姿, 容姿, 風采, 押出し, かっぷく, 外観 (appearance); 目立つ姿, 異彩: a slender ～ ほっそりした姿 / have a good ～ 姿がりっぱである / keep one's ～ すらりとした姿でいる《太らない》/ make an imposing ～ 押出しが堂々としている / a fine ～ of a man りっぱな体格の男 / ⇨ *cut* [*make*] *a* FIGURE / In the same ～, like the king that's dead. お亡くなりになった先君そのままの姿で (Shak., *Hamlet* 1. 1. 41). **b** (形からのみ判断できるような)人[物]の姿, 人影, 物影: I saw a ～ crouching among the bush. 木立の中にしゃがんでいる人影を見た.

3 a (世間の目に映る)人物, 人; 大人物, 名士, 大立て者: one of the great [big] ～*s* of the age 当代の大人物の一人 / an influential political ～ 政界の実力者 / a ～ in society 社交界の名士 / an international ～ 国際的な名士 / a public ～ 世間に知られた人, 名士 / the dominant ～ of modern immunology 現代免疫学の第一人者. **b** 《古》(人の)重要性 (importance), 著名 (distinction): a man of ～ 有名人, 地位のある人.

4 (絵画・彫刻などの)人物, 彫像, 絵姿, 画像, 肖像, (特に)裸体像: a ～ of Cupid / a wall decorated with ～*s* of birds and flowers 花鳥の絵で装飾された壁.

5 図, 図解, さし絵 (略 fig.): in *Fig.* 1 第一図に.

6 (布地・天然物などの)図案, 紋様, 模様: a polka-dot ～ 水玉模様 / the beautiful ～*s* of agate めのうの美しい紋様 / a ～ in the carpet じゅうたんの模様; すぐはっきりわからない模様.

7 表象, 象徴: The dove is a ～ of peace. 鳩は平和の象徴である.

8 a 数字, (特に)アラビア数字 (Arabic numeral); (計数上の)位, 桁(けた): the ～ 7 数字の 7 / ⇨ significant

figures / give [cite] ～s 数字を挙げる / three [two, double] ～s 三[二]桁の数 / an income of five ～s 1万以上-10万ドル[ポンド, 円]未満の収入, 五桁の収入 / reach three ～s〘クリケット〙百点以上の点をとる. **b**〘紋章〙紋章図形としての数字. **c** 合計の数, 高; 価格: get at a low [high] ～ 安価[高価]で手に入れる / What's the ～? 値段はいくらか. **d** [*pl.*] 計数, 数字計算, 算数: be good at ～s 算数がうまい, 数字に強い. **9 a**〘修辞〙=FIGURE of speech (1), (2). **b**〘文法〙修飾上の変則[破格].
10〘ダンス〙フィギュア《旋回運動 (evolution) の一組》; 一旋回 (cf. figure-dance).
11〘スケート〙フィギュア《滑りながら氷上に画く図型; cf. figure skating》.
12〘音楽〙**a** 音型《いくつかの音で構成された短く特徴のある音楽の要素》. **b** (通奏低音 (figured bass) に与えられる)数字《和声技法上音程の度数または音階の音度を指示する; cf. *vt.* 7》.
13〘数学〙図形, 図: a geometrical ～ 幾何学的図形 / plane ～s 平面図形 / solid ～s 立体図形.
14〘論理〙(三段論法の)格《媒概念の位置によって生じる形式; cf. mood² 2》.
15〘光学〙(反射望遠鏡などの鏡面の)精確な形状.
16〘占星〙天象図, 十二宮図 (horoscope).
cut a figure (1)〈人が(…の)印象を与える, (…に)見える (cf. *n.* 2 a): *cut a* fine [good] ～ =*cut* quite *a* ～ (なかなか)りっぱに見える, 目立つ / *cut a* poor [sorry] ～ みすぼらしく見える / *cut a* ridiculous ～ こっけいに見える. (2)(ある分野で)異彩を放つ, 名を上げる (cf. *n.* 2 a) / *cut* no ～ (世間などで)名が現われない, 問題にされない. ***a figure of fun*** (1) こっけいな[だらしない]様子の人, 異様な人(物). (2) 物笑いの種: make a person *a* ～ *of fun* 人をばかにする, からかう. ***go* [*come*] *the big figure***《米口語》はでにやる, 見えを張る. ***go the whole figure***《米》徹底的にやる. ***make a figure***=*cut a* FIGURE. ***miss a figure***《米口語》計算違いをする; 大間違いをする, しくじる. ***on the big figure***《米》大規模に, 大げさに.
figure of eight (1) 8 字形. (2)〘スケート〙=figure eight 2.
figure of merit 示性数《装置・材料などの使用目的に関する良さを示す数量》.
figure of speech (1)〘修辞〙修辞的表現法, 文彩, 詞姿《種々の表現効果をあげるために用いる修辞法で apostrophe, climax, anticlimax, hyperbole, personification, metonymy, synecdoche, simile, metaphor など》. (2) 言葉のあや, 文の修飾, 比喩的表現 (metaphor). (3) 誇張, うそ.
— *vt.* **1** 形どる, 形象[彫像, 絵画など]に表わす; …の像を作る; 図形に表わす, 図示する; 描写する. **2** 想像する, 心に描く: ～ something to oneself あることを心に描く. **3** …に模様を施す, 図案で飾る (⇨ figured). **4** 比喩で表わす, 表象する. **5 a** 数える, 計算する〈*up*〉: ～ *up* an account. **b** 数字で表わす; …に数字を与える[つける]: water depth which is ～*d* on a bridge pier 橋脚に数字で示してある水深. **6**《口語》**a** …だと判断する, 思う〈*that*〉: I ～*d* he was envious of me. 彼は私をねたんでいるのだと思った. **b** 〈…を〉〈…であると〉考える, 〈…を〉〈…と〉みなす: He ～*s* himself (*to be*) a great scholar. 自分を偉い学者だと考えている. **7**〘音楽〙(数字をつけて)伴奏和音[音階の音度]を示す, 修飾する (cf. *n.* 12). **8**〘光学〙精確な形状に作る.
— *vi.* **1 a** 〔ある人物として〕現われる, 通る, 〔…の〕役を演じる〔*as*〕: ～ *as* a king in a pageant 野外劇に王になって出る. **b** 目立つ, 頭角を表わす, 異彩を放つ: ～ largely in the account 話の中でひときわ目立つ. **2** 計算をする. **3**《米口語》[it あるいは that を主語として]〈立場・要求・行為などが〉筋道が立つ, 予期[予想]通りである, わかる: She likes him.—*That* ～*s*. 彼女は彼が好きなんだ—それは当然だろう[もっともなことだ] / That idea sounds strange, but *it* ～*s*. 変な考えにも思えるが, 道理にかなっている.
figure in (1)《米》計算に加える. (2) …に加わる, 連座する: He didn't ～ *in* his brother's plan. 兄の計画には加わらなかった. ***figure on* [*upon*]**《米》(1) …をたよりにする, 当てにする (rely on, expect): You may ～ *on* me. 私を当てにしてよい / I ～ *on* him helping us. 彼が我々を助けてくれることを当てにしている. (2) 計算[考慮]に入れる: I hadn't ～*d on* that. それは計算に入れてなかった. (3) 計画する, 企画する (plan): I ～ *on going* over to Canada. カナダに行くつもりだ. ***figure out*** (1) 計算して合計を出す (reckon): be ～*d out at*… 総計…と算出される. (2) 〈試験問題を〉解く, …の答えを出す. (3)《米》解決する (solve); 了解する: ～ a problem *out* 問題を解決する / I cannot ～ *out what* he is saying. 彼の言っていることがわからない. (4) 推定する. (5)《米》突き止める, 見分ける.
fig·ured〘ME: ⇨ ↑, -ed 2〙— *adj.* **1** あやのある, 型つきの, 紋織りの, 意匠模様のある: a ～ mat 花ござ / ～ satin 紋繻子(しゅす), 繻珍(しゅちん) / ～ silk 紋織絹 / ～ wall paper 模様入り壁紙 / ⇨ figured glass. **2** (彫刻・刻印などに)形象化された, 描写された, 図示された. **3** 文飾のある, 形容の多い: ～ language 文飾に富む言語. **4**〘音楽〙修飾された, 華彩の; (器楽の低音部譜表で)数字付きの: ⇨ figured bass. **5**〘紋章〙(月・太陽などに)顔を描いた.

fígure-dànce *n.*〘ダンス〙フィギュアダンス《複雑な姿態・旋回を主とするダンス; cf. figure *n.* 10》.
fígure-dàncer *n.* フィギュアダンサー.
fígured báss *n.*〘音楽〙数字付低音《和声を示す数字が付けられたバス声部; continuo と同義に使うことが多い》.
fígured glàss *n.* (ロール成形)型板(かたいた)ガラス《片面あるいは両面に模様をつけた板ガラス》.
fígure éight *n.* **1 a** 一つづきの線を交叉させて二つのつながった輪をつくった形, 8 の字. **b** 8 の字形結び. **2**〘スケート〙エイト《フィギュアスケートで 8 の字を描いて滑ること; 単に eight ともいう》.
fígure-gròund *n.*〘心理〙図—地《背景から浮き上って知覚される対象を図といい, その背景を地という》.
fígure·hèad *n.* **1** 名目上の頭領, 表看板, お飾り(の人). **2**〘海事〙船首像, フィギュアヘッド《水切りの直上を飾る全身・半身または首だけの彫像》.

figurehead 2

fígure·less *adj.* 姿[形]のない (shapeless).
fígure-of-éight knòt *n.*〘海事〙8 字形結び.
fíg·ur·er [-gjərə | -gərə(r] *n.* 型で陶器に図案をつける人.
fígure skàte *n.* フィギュアスケート靴 (cf. hockey skate, racing skate, tubular skate).
fígure skàting *n.* フィギュアスケート《氷上に正確な曲線図形を描くスケート種目; 姿態の正しさと優雅さを目的とする; cf. figure *n.* 11》.
fig·u·rine [fìgjuríːn | ⸗⸗⸗, ⸗⸗⸗]〘《1854》⊏F ～ ⊏ It. *figurina* (dim.) ← *figura* 'FIGURE'〙— *n.* (金属・陶土・テラコッタなどで作った)小立像, 人形 (statuette): a china ～.
fíg wàsp *n.*〘昆虫〙イチジクコバチ (*Blastophaga psenes*)《イチジクコバチ科, 地中海沿岸に分布, caprifig の果実から出た雌が栽培種のスミルナイチジク (Smyrna fig) に入り受粉させる》.
fíg·wòrt〘《1597》← FIG¹ (《廃》piles＋WORT²〙*n.*〘植物〙ゴマノハグサ科ヒナノウスツボ属 (*Scrophularia*) の植物の総称 (cf. carpenter's square).
Fi·ji [fíːdʒiː | ⸗⸗, ⸗⸗]〘《変形》←〘土語〙*Viti Levu* (その最大の島の名)〙— *n.* (*pl.* ～, ～s) **1** フィジー《南太平洋ニュージーランドの北方にある英連邦内の独立国; フィジー諸島 (Fiji Islands) とその付属諸島から成り, もと英国の植民地であったが, 1970 年独立; 人口 600,000, 面積 18,274 km², 首都 (Viti Levu 島の) Suva》. **2 a** [the ～(s)] フィジー族《フィジー諸島に住むメラネシア民族》. **b** フィジー族の人. **3** フィジー語《マライポリネシア語族に属する》.
Fi·ji·an [fíːdʒiːən, -dʒiən, fɪdʒíːən | fiːdʒíːən]〘《1838》〙*adj.* **1** フィジー(諸島)の. **2** フィジー人[語]の. — *n.* フィジー人[語].
Fíji Íslands *n. pl.* [the ～] フィジー諸島《南太平洋にある Viti Levu, Vanua Levu その他の約 250 の小島から成る諸島で, フィジー (Fiji) の大部分を成す; 面積 18,223 km²》.
fike¹ [fáɪk]〘ME *fike(n)* ⊏ ? ON *fik-ja* to move briskly〙— *n.*《英方言》そわそわさせるもの, じれったくさせるもの (fidget); 心配, 面倒 (worry). — *vi.*《英方言》そわそわする, 気をもむ (fuss)〔*about*〕. — *vt.*《スコット》…に痛い目に合わせる, 傷つける (hurt).
fike² [fáɪk] *n.* =fyke.
fil [fíl]〘《逆成》← FILS²〙*n.* =fils.²
fil. (略) filament; fillet; filter; filtrate.
fila *n.* filum の複数形.
fil·a·gree [fíləgrìː] *n., adj., vt.* =filigree.
fil·a·ment [fíləmənt]〘《1594》← NL *filāment-um* ← LL *filāre* to spin ← L *filum* 'FILUM'〙— *n.* **1** (連続して長い)繊条, 単繊維《紡織用繊維 (fiber) の一条》; 細糸; 蜘蛛(くも)の糸. **2**〘植物〙**a** (雄蕊の)花糸. **b** (海草・菌類などの)繊維状細胞. **3**〘鳥類〙綿毛の羽枝(し). **4**〘電気〙(電球・真空管の)フィラメント, 繊条. **5**〘病理〙(尿・炎症液中の)糸状体. **6**《古》〘物理〙光繊維《空気・光線などの目に見えない微粒子の列》.
fil·a·men·ta·ry [fìləméntəri, -tri | -t(ə)ri] *adj.* 繊条の, 繊条質の; 繊維状の; 花糸の. ⌈tery).
fílament bàttery *n.*〘電気〙線条電池 (⇨ A battery).
fíl·a·ment·ed [-məntɪd, -mèntɪd, -təd | -tɪd, -təd] *adj.* 繊条のある.
fil·a·men·tous [fìləméntəs | -təs]〘⊏F *filamenteux*: ⇨ filament, -ous〙*adj.* 繊条の[から成る, を含む]; 繊条状の, 糸状の: a ～ fungus 糸状菌.
fi·lar [fáɪlə | -lə(r]〘← L *fil(um)* thread＋-AR¹〙*adj.* 糸[線]の; 糸[線]をもつ: a ～ microscope.
fi·lar·i·a [fɪléəriə, fə- | fɪléəriə]〘← NL ～: ⇨ filum, -aria¹〙— *n.* (*pl.* -i·ae [-riìː])〘動物〙糸状虫, フィラリア《糸状虫科の一群の寄生線虫; 人畜の血管や組織内に寄生し, フィラリア症・象皮病の原因となる; cf. heartworm》.
fi·lar·i·al [fɪléəriəl, fə- | fɪléərɪ-] *adj.*〘動物・獣医〙糸状虫[フィラリア](症)の: ～ disease フィラリア症.
fil·a·ri·a·sis [fìləráɪəsɪs, -səs | -sɪs]〘← NL ～: ⇨ filaria, -asis〙*n.*〘獣医〙糸状虫症, フィラリア症.
fi·lar·i·id [fɪléəriɪd, fə-, -əd | fɪléərɪd]〘↓〙(*also* **fi·lar·id** [fɪléərɪd, fə-, fílər-, -rəd | fɪléərɪd, fílər-]) 〘動物〙*adj.* 糸条虫科の, フィラリアの. — *n.* =filaria.
Fil·a·ri·i·dae [fìlərárɪədiː | -ráɪɪ-]〘← NL ～: ⇨ filaria, -idae〙*n. pl.*〘動物〙糸状虫科.
fi·lasse [fɪlǽs, fə- | fɪ-]〘⊏F ～ < OF *filace* < VL **filaceam* ← L *filum* 'FILUM'〙*n.* (糸などの原料となる黄麻(こうま)・ラミー (ramie)・綿などの)植物の繊維.
fi·late [fáɪleɪt]〘← L *fil(um)* (↑)＋-ATE²〙*adj.* 糸から成る, 糸状の.
fil·a·ture [fílətʃùə, -tʃə, -t(j)ùə | fílətʃə(r, -tjùə(r, -tjə(r, -tʃùə(r]〘⊏F ～ ← LL *filātus* (p.p.) ← *filāre* to spin ← L *filum* (↑): cf. It. *filatura*〙— *n.* **1** (繭から糸を取る)糸繰り, 製糸 (reeling). **2** 糸繰り車, 糸取り機 (reel). **3** 糸取り場, 製糸場.
fil·bert [fílbət | -bət]〘(*a*1393) ⊏ AF *philbert* (短縮) ← **noix de Philibert* St. Philibert's nut: このハシバミが St. Philibert's day (8 月 22 日) のころ熟すことから〙— *n.* **1**〘植物〙セイヨウハシバミ (*Corylus avellana*)《ヨーロッパ産 hazel の一種》; セイヨウハシバミの実 (hazelnut)《食用になる》. **2** はしばみ色, 薄茶色《filbert brown ともいう》. **3**《俗》自称専門分析家: a football ～. **4**《俗》頭 (head).
filch [fíltʃ]〘(*c*1300) ← ?: cf.《廃》*file* to pick pockets〙*vt.* こっそり盗む, かっぱらう (pilfer).
fílch·er *n.* こそどろ, かっぱらい.
file¹ [fáɪl]〘《1525》⊏(O)F *fil* thread, string < L *filum* 'FILUM'. — n. 4, 5: ⊏F *file* row ← *filer* to spin a thread < LL *filāre* ← L *filum*. — v.: 《1473》⊏(O)F *fil-er*〙— *n.* **1 a** 紙差し具, 状差し, 書類綴(と)じ, ファイル; (書類の)綴じ板, 綴じ金. **b** 綴じひも, 綴じ糸. **2** (書類・新聞などの)綴じ込み, ファイル; (項目別に整理された文書の)綴じ込み, 綴じ込み新聞[雑誌]: a ～ of The Times タイムズ紙の綴じ込み / keep … *in* [*on*] a ～ …を綴じ込みにしておく. **3 a** (通例箱に入れた)整理カード. **b**《古》目録, 名簿 (list, roll). **4 a** (前後に)整列した人[物], (縦の)行, 列, 線 (cf. rank¹ 2 a); (序列のある)一団の人々. **b**〘チェス〙盤の縦の行 (cf. rank¹ 5 a; ⇨ chess¹ 挿絵). **5**〘軍事〙**a** 伍(ご), 縦列《前後に整列した兵員》; 縦列を構成する兵員(の一人): a column of ～s 伍列 / a ～ of men 伍をなす一組《前後の二人》/ a blank ～ 欠伍《後列がいないところ》/ half a ～ 伍の一人 / a leading ～ 先頭伍 / ～ by ～ 組々に; 続々 / in ～ 伍をなして; 次々に, 続々と / double the ～s 伍を重ねる / ⇨ Indian file, RANK and file, single file. **b** 進級名簿上の序列番号. **6**〘電算機〙ファイル《同一集団に属する関連記録の集まり》.
on file 綴じ込んで, (いつでも参照できるように)整理されて: She had a police record and her fingerprints were *on* ～. 前科があったので警察の台帳に指紋が載っていた.
— *vt.* **1** 〈公文書・新聞などを〉ファイルに綴じ込む; 〈書類などを〉綴じ込んで整理をする: ～ letters. **2** 〈告訴・訴状・申請[申告]書・計画(書)などを〉提出する, 提起する: ～ an information 公訴状を提出する, 告訴する / ～ an application *with* …に申し込みをする, 出願する / ～ a complaint *with* the authorities 当局に苦情を申し込む. **3** 〈記者が〉(電話・電信などで新聞社に)〈記事を〉送る: ～ a report, story, etc. **4** 縦列で行進させる. — *vi.* **1** 〔…の〕申し込み[申請]をする〔*for*〕: ～ *for* divorce proceedings 離婚訴訟をおこす. **2**《米》〔予選会 (primary election) に〕候補者として登録する〔*for*〕. **3** 書類をファイルに綴じ込む. **4** 一列となって行進する: ～ *in* 列をなして繰り込む / ～ *off* [*away*] 縦列をなして行進する, (単縦列で)分列行進をする / ～ *out* 列を作って繰り出す / *File* left [right]! [号令] 組々左[右](へ進め).
file² [fáɪl]〘OE *fil, fēol* < (WGmc) **fīχalā* (G *Feile*) ← IE **peig-* tocut (L *pingere* 'to PAINT' / Gk *pikrós* sharp)〙— *n.* **1** やすり: a flat ～ 平型やすり / a nail ～ 爪やすり. **2** みがき立て, 仕上げ: It needs the ～. 今一段の仕上げが必要だ(これでは未完成である). **3**《俗》抜け目のない人, ずるい人; 奴, 人 (person): a close ～ けちん坊 / an old [a deep] ～ 食えない奴. **4**〘昆虫〙鑢(ろ)状器《こすり合わせて音を出すやすり状の部分》.

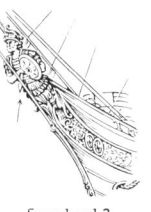

1 2 3 4
A 5
B
C
D

files² 1
A half-round file; B flat file; C three-square file; D round file; 1 tang; 2 heel; 3 face; 4 edge; 5 tip

bite* [*gnaw*] *a file〘やすりを噛みくだこうとした毒へびの寓話から〙(まるで)歯が立たない, むだ骨を折る.
— *vt.* **1** …にやすりをかける; やすりで削る[切る, みがく, とぐ]: ～ an iron bar in two やすりで鉄棒を二つに切る / ～ one's fingernails 指のつめにやすりをかける / ～ *away* [*off*] roughnesses やすりをかけてざらざらをすり落す / ～ a saw やすりで鋸の目立てをする / ～ it smooth やすりをかけてなめらかにする. **2** 〈文章など〉にみがきをかける, 最後の仕上げをする.
— *vi.* やすりを使う; みがきをかける.
file³ [fáɪl]〘OE *fȳlan* to defile < (WGmc) **fūljan* ← **fūlaz* 'FOUL'〙*vt.*《古・方言》汚す, よごす (defile); 堕落させる, …の名を汚す (dishonor).
fíle bóttom *n.*〘海事〙船底の型の一つ; 床部が平ら

で船側へ急に曲がって立ち上がるようになっている.

fíle clèrk *n.* (事務所の)ファイル係.

fíle·fish 〘← FILE[2]+FISH〙 *n.* 〘魚類〙 **1** モンガラカワハギ科の一部, 鱗の退化した魚類の総称 (triggerfish). **2** カワハギ科の魚類の総称.

fil·e·mot [fíləmɑ̀t | -lɪmɔ̀t] 〘《1647》⇐ F *feuille morte* dead leaf〙《古》 *n., adj.* 枯れ葉色[朽葉色](の).

fíl·er[1] [-lə | -lə(r] *n.* 文書綴(と)じ込み整理係 (file clerk).

fíl·er[2] [-lə | -lə(r] 〘ME〙 *n.* やすりをかける[で切る, で削る]人, 目立て屋.

fi·let [fɪléɪ, fə-, fíleɪ | fílɪt, -lət, fɪléɪ, fíleɪ; *F.* filɛ] 〘⇐ F ～: ⇨ fillet (n.) 3〙 *n.* **1** =fillet 3. **2** =filet lace. — *vt.* =fillet 2.

filet lace [ーーー, ーーー] 〘← F *filet* net < OF *filé* (p.p.) ← *filer*: ⇨ file[1]〙 — *n.* メッシュレース《メッシュ地をダーニングステッチ (darning stitch) でうめながらさまざまなパターンを作り出すレース》.

filet mi·gnon [fɪléɪ-mi:njɔ́:(ŋ), -njɔ́(:)ŋ, ーーー; *F.* filɛmiɲɔ̃] 〘⇐ F ～ 'dainty fillet'〙 — *n.* (*pl.* **filets mi·gnons** [～]) フィレミニョン《牛のヒレ肉の細い端に近い部分 (tenderloin tip) から切り取ったステーキ用の肉; 通例ベーコンを巻いて焼く; ⇨ fillet 挿絵》.

fil·i- [fɪlɪ, fáɪl-, -lə | fílɪ, fáɪlɪ] 〘← L *filum*: ⇨ filum〙 「糸」の意の連結形.

fil·i·al [fíliəl, -ljəl | -ljəl, -lɪəl] 〘《?a1387》⇐ LL *filiālis* ← L *filius* son & *filia* daughter: ⇨ -al[1]〙 — *adj.* **1** 子の, 子としての, 子としてふさわしい; 子に関係のある (cf. parental 1): ～ affection [duty] 子としての情愛[義務] / ～ obedience 孝順 / ～ anxiety 子の親(の健康)を気づかう心 / ⇨ filial piety. **2** 〘生物〙雑種の, 雑種世代の: ⇨ filial generation. **～·ness** *n.*

fílial generátion *n.* 〘生物〙後代《交雑の結果生じる子孫; 記号では雑種第1代を F_1, 雑種第2代を F_2, …と記す》.

fí·li·al·ly [-liəli, -ljə- | -ljəlɪ, -lɪə-] *adv.* 子として, 子としてふさわしく, 孝行に: behave ～ 子らしく[孝行に]振舞う.

fílial píety *n.* 孝行《中国道徳の基準徳目》.

fil·i·ate [fílièɪt | -lɪ-] 〘← ML *filiāt-us* (p.p.) ← *filiāre* to have a child: ⇨ filial, -ate[3]〙 *vt.* **1** 《古》=affiliate. **2** 〘法律〙〈嫡出でない子〉の父を決定する.

fil·i·a·tion [fìliéɪʃən | -lɪ-] 〘《c1450》⇐ (O)F ～ ∥ ML *filiātiō(n-)* ← *filiāre*: ⇨ ↑, -ation〙 — *n.* **1** (人の)子であること, (子が親に対する)親子関係. **2** 系統を引くこと, 素性(すじょう), 由来, 系統; (言語・会などの)分派, 分出, 派生: determine the ～ of a language ある言語の発生系統を決定する. **3** 〘法律〙(嫡出でない子の)認知《父を確定し, 扶養の義務を負わすこと》.

fil·i·beg [fíləbèg, fí:l-, -lə- | fílɪ-] *n.* =fillebeg.

Fil·i·bran·chi·a [fìləbrǽŋkiə | -lɪbrǽŋkɪə] 〘← NL ～: ⇨ fili-, -branchio-, -ia[2]〙 *n. pl.* 〘貝類〙糸鰓(しさい)目.

fil·i·bus·ter [fíləbʌ̀stə | -lɪbʌ̀stə(r] 〘《a1587》⇐ Sp. *filibustero* 《原義》freebooter ⇐ ? F. *flibustier, fri-* ⇐ Du. *vrijbuiter* one who plunders freely ← *vrij* 'FREE' + *buiter* plunderer: cf. booty〙 — *n.* **1 a** 不法戦士《外国に侵入して革命を企てたり, 土地侵犯の目的で戦いを仕掛けたりするような不正規兵; 特に, 19 世紀中頃ラテンアメリカの革命や反乱を煽動(せんどう)した米人》. **b** 海賊, 海賊的冒険者. **2** 《米》**a** (少数派議員が法案の通過を妨害するために行なう)長演説; 議事の進行妨害 (cf. obstruction 1 b). **b** 議事妨害演説者. — [《米》ではまた ーーーー] *vi.* **1** 不法戦士として働く, (外国に)みだりに侵入する; 海賊的行為をする. **2** 《米》〔法案の通過を阻止するために〕(長々しい演説などで)議事の進行を妨害する〔*against*〕: ～ *against* a bill. — *vt.* 《米》(長々しい演説などで)〈法案〉の通過を阻止[妨害]する: ～ a bill.

fil·i·bùs·ter·er [-tərə | -rə(r] *n.* **1** =filibuster 1 a. **2** 《米》=filibuster 2 b.

fil·i·bùs·ter·ism [-tərɪzm] *n.* 《米》(長演説などによる)議事進行妨害.

Fil·i·ca·les [fìləkéɪli:z | -lɪ-] 〘← NL ～ ← L *filic-, filix* fern + -ALES〙 *n. pl.* 〘植物〙シダ目.

Fil·i·ces [fíləsì:z | -lɪ-] 〘← NL ～ ← L *filix* (↑)〙 *n. pl.* 〘植物〙=Filicales.

fil·i·cide [fíləsàɪd | -lɪ-] 〘← L *filius* son, *filia* daughter: ⇨ -cide〙 *n.* 子殺し《行為》; 子殺し《犯人》(cf. parricide). **fil·i·cid·al** [fìləsáɪdl | -lɪ-] *adj.*

fil·i·cite [fíləsàɪt | -lɪ-] 〘← L *filic-, filix* fern + -ITE[1]〙 *n.* シダ類の化石.

fil·i·coid [fíləkɔ̀ɪd | -lɪ-] 〘⇨ ↑, -oid〙 〘植物〙 *adj.* シダ様の. — *n.* シダに類似した植物.

fil·i·form [fíləfɔ̀əm, fáɪl- | -lɪfɔ̀:m] 〘← FILI- + -FORM〙 *adj.* 糸状の, 繊維状の (threadlike): ～ crystals of feldspar 長石の糸状結晶.

fil·i·gree [fíləgrì: | -lɪ-] 〘《1693》 *filigreen* ⇐ F *filigrane* ⇐ It. *filigrana* ← L *filum* 'FILUM' + *granum* 'GRAIN[1]'〙 — *n.* **1** (金銀などの)線条細工《主に金・銀・ガラス器具などの部分的装飾に用いる》. **2** 精巧繊細なデザインのすかし細工. **3** 繊弱なもの, (精巧優美に過ぎて)損じやすい脆弱(ぜいじゃく)な物. — *attrib. adj.* (金銀などの)線条細工の, (金銀線などを用いて)すかし細工を施した: a ～ basket 針金(すかし)細工のかご / ～ patterns (金属に施した)すかし模様 / ～ work (レース状の)金銀線細工(品). — *vt.* 線条細工で飾る, 線条細工[すかし細工]にする.

fíl·i·grèed *adj.* (金銀の)線条細工を施した, 針金すかし細工の.

fíl·ing[1] [-lɪŋ] *n.* (資料の)綴じ込み, ファイリング: a ～ system.

fíl·ing[2] [-lɪŋ] 〘ME〙 *n.* **1** やすり仕上げ. **2** [*pl.*] やすり粉, やすりくず: iron ～*s* 鉄のやすりくず.

fil·i·o·pi·e·tis·tic [fìlio(ʊ)pàɪətístɪk | -lɪə(ʊ)-] 〘← L *filius* son + -o- + PIETISTIC〙 *adj.* 先祖[伝統]を過度に崇拝する.

fil·ip [fílɪp, -ləp | -lɪp] *n.* =fillip.

Fil·i·pine [fíləpì:n, ーーー | fílɪpì:n] *adj.* =Philippine.

Fil·i·pi·no [fìləpí:noʊ | -lɪpí:nəʊ, -lə-] 〘⇐ Sp. ～ ← (*das Islas*) *Filipinas* the Philippine islands〙 — *n.* (*pl.* ～s) (キリスト教徒の)フィリピン人. — *adj.* = Philippine.

Filipíno lánguage *n.* フィリピン(共和国)公式国語 (⇨ Pilipino).

Fi·lip·pi·no [fì:lɪpí:noʊ | -nəʊ; *It.* filippí:no] 〘⇐ It. ～ (dim.) (↓)〙 *n.* 男性名.

Fi·lip·po [fɪlí:poʊ | -pəʊ; *It.* filíppo] 〘⇐ It. ～ 'PHILIP'〙 *n.* 男性名.

fill [fíl] 〘v.: OE *fyllan* < Gmc *fulljan (Du. *vullen* / G *füllen*) ← *fullaz 'FULL[1]'. — n.: OE *fyllu* < Gmc *fullin- (G *Fülle*) ← *fullaz〙 — *vt.* **1 a** 〔…で〕〈容器・家・部屋などを〉満たす, 一杯にする; …に一杯[ぎっしり]詰め込む〔*with*〕: ～ one's pipe パイプにたばこを詰める / ～ a cup *with* tea 茶わんにお茶をつぐ / ～ a room *with* people [furniture] 部屋に人[家具]をぎっしり詰め込む / ～ a garden *with* flowers 庭一面に花を咲かせる / a pocket ～*ed with* money 金がたっぷりはいっているポケット / The car was ～*ed* to capacity. 車は満員だった / The old well was ～*ed with* poisonous gas. 古井戸には有毒ガスが充満していた. **b** 〔容器に〕一杯に入れる, つぐ, 詰める (pour, put)〔*into*〕: ～ wine *into* bottles びんにぶどう酒を詰める / ～ sand *into* a box 箱に砂を詰める. **2** 〈心を〉満たす, 一杯にする, 〈人〉の心を満たす〔*with*〕: ～ one's mind 心に(知識を)満たす《学ぶ》/ ～ a person *with* dismay 人を狼狽させる / The happy news ～*ed* his heart *with* joy. その朗報に彼の心は喜びで一杯だった. **3** 〔食物などで〕(十分)満足させる, 飽満させる (satisfy)〔*with*〕; 〈食物などが〉…に満腹感を味わわせる (satiate): ～ one's guest *with* a good meal 客に十分にご馳走する / The meal failed to ～ him. その食事では彼の食欲が満たされなかった. **4** 〈場所・空間・時間などを〉全面的にふさぐ, 占める; …に充満する, 満ちあふれる, 広がる: Smoke ～*ed* the room. 煙が部屋に満ちた / The crowd ～*ed* the hall. 大勢詰めかけて会堂はあふれるばかりだった / Tears ～*ed* her eyes. 涙が目に一杯たまった / Sorrow ～*ed* her heart. 悲しみで彼女の心は一杯だった / That ～*ed* every minute of the day. そのために1日中の時間が全部ふさがってしまった. **5 a** 〈穴・空所・欠所を〉うめる, ふさぐ, …に詰め物をする, 充填(じゅうてん)する〔*with*〕; 〈歯〉に詰め物をする: ～ a tooth 歯をうめる / have three teeth ～*ed* 歯を3本詰め物をしてもらう / ～ the ear *with* cotton 耳に綿を詰める. **b** 〈布地・皮・木材などの〉隙間をうめて加工する, のり[にかわなど]を…の表面に塗る: ～*ed* cottons のりをつけた綿布. **c** 〈食品・石鹸など〉にまぜ物をする: ～*ed* cheese [soaps] まぜ物をしたチーズ[石鹸] / ⇨ filled milk. **d** [通例 p.p. 形で] …に(金などを)被(き)せる: a gold-*filled* watch / ⇨ filled gold. **6** 〈地位を〉占める (occupy, hold), 〈職務を〉勤める; 〈空位を〉満たす, 補充する 〈*up*〉: ～ a position 地位を占める[職につく] / ～ an office satisfactorily りっぱに職を勤める / ～ a vacant place [post] あいている地位を補充する / His place will not be easily ～*ed*. 彼の後任は容易に得られまい. **7** 《米》**a** 〈要求などを〉満たす; 〈需要〉に応じる: ～ a want 要求を満たす / ～ an order 注文に応じる / ～ a person's needs 人の要望にこたえる. **b** 〈業務命令を〉遂行する, 果たす. **c** 〘薬学〙〈処方薬を〉調合する. **8 a** 〈風が〉〈帆を〉はらませる (distend) 〈*out*〉: The wind ～*ed* the sails (*out*). 風をはらんで帆がふくらんだ. **b** 〈帆〉に風をはらませる(ように調節する); (帆が風をはらむように)〈帆桁(ほげた)を〉回す. **9** 〘土木〙土盛りする: ～ low ground *with* sand and earth 低い土地を土砂で土盛りする. **10** 《米》〘トランプ〙(ポーカーで必要な札を引いて)〈full house, flush または straight を〉仕上げる.

— *vi.* **1** 満ちる, 一杯になる, 〔…で〕充満する〔*with*〕: The church ～*ed* rapidly. 教会堂はたちまち一杯になった / The entire sky ～*ed with* stars. 満天に星が満ちていた / His eyes ～*ed with* tears. 彼の目は涙で一杯になった / My heart ～*ed with* grief. 胸が悲しみで一杯になった. **2** 一杯に[なみなみと]注ぐ. **3** 〈帆が〉(風をはらんで)ふくらむ〔*with*〕: The sails ～*ed with* wind. **4** 〘気象〙(中心)気圧を増す: a *filling* cyclone 衰弱しつつある低気圧.

fill and stand on 〘海事〙〈帆船が〉風に切り上げ過ぎて止まってしまった後また風をはらんで走り出す. ***fill away*** 〘海事〙帆桁(ほげた)を回して帆が風をよく受けるようにする; 船首を風下に落して船に前進力をつけて進む. ***fill in*** (*vt.*) (1) 〈穴などを〉ふさぐ, 充填(じゅうてん)する (fill up); 〈時間〉ふさぎをする; 〈証書・手形など〉に所要の書入れをする; 〈数字・事項などを〉書き入れる (insert); 〈輪郭・図画・意匠などを〉完全にする, 精彩のあるものにする: ～ *in* an application 申込書に(必要事項を)書き入れる / ～ *in* the blanks (書類・問題用紙などの)空所に文字[答え]を記入する / Can you ～ *in* the details for us? 細部を補充して下さいませんか. (2) 《口語》〈人〉に〔…のことを〕詳細に知らせる〔*about, on*〕: I'd be glad to ～ you *in about* your faults. よろこんで君の欠点についてくわしく語ってあげよう / He ～*ed us in on* the latest news. 彼はわれわれに最近の情報を流してくれた. (*vi.*) (1) ふさがる, 閉鎖される. (2) 《口語》〔…の〕代理[代役]をする (substitute)〔*for*〕: We'll find someone to ～ *in for* you. 君のかわりをしてくれる人を見つけよう. ***fill out*** (*vt.*) (1) 〈報告などを〉(補充・拡充して)十分[完全]にする; 《米》〈文書・名簿など〉の余白を満たす, 余白に書き込む (cf. FILL *up* (*vt.*) (4)): ～ *out* a check 小切手に書き込みをする, 小切手を書く. (2) 《米》〈任期などを〉全うする. (3) 〈衣類などを〉ふっくらとさせる; 〈頬などを〉ふくらませる. (4) ⇨ *vt.* 8 a. (*vi.*) 十分ふくらむ (swell out); 〈頬・体が〉肉がつく: Her cheeks have begun to ～ *out*. 彼女の頬がふっくらとして来た. ***fill the bill*** ⇨ bill[3] 成句. ***fill up*** (*vt.*) (1) 一杯に満たす: ～ *up* one's cup. (2) 〈自動車を〉満タンにする: *Fill* it [《米口語》her] *up*. 満タンにしてくれ. (3) …に詰め込む, ぎっしりふさぐ; 〈池などを〉埋める: ～ *up* one's room *with* furniture 部屋にぎっしり家具を入れる / The wreckage of the plane ～*ed* the runway *up* completely. 飛行機の残骸が滑走路を完全にふさいだ. (4) 〈余白を〉埋める; 《米》〈文書など〉の余白を満たす (cf. FILL *out* (*vt.*) (1)): ～ *up* the blanks 空欄を埋める. (5) 〈空位を〉補充する. (*vi.*) (1) 〈劇場などが〉一杯[満員]になる, 充満する: The theater ～*ed up* rapidly. 劇場はたちまち一杯になった. (2) 〈溝などが〉埋まる (silt up)〔*with*〕: The channel of the river ～*ed up with* mud. 川床は泥で埋まった.

— *n.* **1** [通例 one's ～] 一杯, 十分 (full supply); (特に)存分, 腹一杯: drink [eat, have, take] *one's* ～ 腹一杯飲む[食う] / take *one's* ～ *of* rest 十分に休む / weep [fret] *one's* ～ 存分に泣く[じれる] / grumble *one's* ～ たらたら不平を言う / She has had *her* ～ *of* sorrow. 彼女はいやというほど悲しみを味わっている. **2** 《英》[a ～] (満量の)詰込み, 一服の盛り (charge): *a* ～ *of* tobacco たばこ一服. **3** 〘土木〙**a** (鉄道工事場などの)盛り土 (embankment). **b** 盛り土の材料《土砂・砂利・石など》. **4** (市場に売り出す前の)家畜の消化管内の中味.

fill·a·gree [fíləgrì:] *n., adj., vt.* =filigree.

fíll càp *n.* フィルキャップ《燃料タンクの給油口についている通例, ねじ式のふた》.

fíll-dìke *adj.* (降雨・雪解けのために)溝の水のあふれる. ★ February の形容語として用いる. — *n.* 2月 (February fill-dike).

fille [fí:j; *F.* fij] 〘⇐ F ～ ⇐ L *filia* daughter〙 *F. n.* (*pl.* ～s [～]) **1 a** 娘 (daughter). **b** 女子 (girl). **c** 未婚の女性 (spinster). **2** 売春婦.

fil·le·beg [fílɪbèg, fí:l-, -lə- | fílɪ-] 〘《1746》⇐ Sc.-Gael. *feileadh-beag* ← *feleadh* fold + *beag* small (cf. *feileadh-mor* large kilt)〙 *n.* 《スコット》=kilt.

fille de cham·bre [fí:jə-də-ʃɑ́:(m)br(ə), -ʃɔ́:(m)-, -ʃɑ́:m-, -ʃɔ́(:)m-; *F.* fijdəʃɑ̃:bʀ] 〘⇐ F ～ 'girl of CHAMBER'〙 — *F. n.* (*pl.* **filles d-** [～]) 《古》侍女, 腰元, 小間使 (chambermaid).

fille de joie [fí:jə-də-ʒwɑ́:; *F.* fijdəʒwa] 〘⇐ F ～ 'girl of joy'〙 *F. n.* (*pl.* **filles d-** [～]) 売春婦.

filled góld *n.* 被せ金, 張り金《真鍮などの台に総重量の 1/20 以上の金を接着させる》.

filled mílk *n.* 脱脂乳に植物性脂肪を加えた牛乳.

fíll·er[1] [-lə | -lə(r] 〘ME〙 — *n.* **1** 満たす人, (クッションなどの中身を)詰める人. **2 a** 満たすもの, 埋めるもの, 充填(じゅうてん)するもの, まぜるもの. **b** (新聞・雑誌の)埋め草記事 (cf. time copy); (時間ふさぎの)短編映画: a ～ from an encyclopaedia. **c** 詰物; (板穴などの)埋木; 目止剤; 填(てん)材《アスファルト・コンクリートなどで骨材の隙間を充填する材料》; [*pl.*] 〘化学〙充填剤. **d** 〘木工〙目止め, 充填材, かい木《二つの材の間にはさんで間隔を正しく保つための木片》. **e** 〘医学・薬学〙賦形(ふけい)剤《微量の有効成分の扱いや服用を便利にするため加える乳糖・澱粉その他の薬物》. **f** (パイなどの)中身; 葉巻の中身のたばこ. **g** 注入器, じょうご, 導管: a fountain pen ～ 万年筆のインキ入れスポイト. **h** (量・重さ・粘りなどを増すための)まぜ物. **i** 〘製靴〙中物《靴の中底と表底との間の充填物 (スポンジ・コルクなど); bottom filler ともいう》. **j** (ルースリーフの)替え紙.

fil·ler[2] [fílεə | -lεə(r; *Hung.* fílle:r] 〘⇐ Hung. *fillér*〙 — *n.* (*pl.* ～s, ～) (*also* **fil·lér** [～]) **1** フィレル《ハンガリーの通貨単位; 以前は pengö の 1/100 であったが, 今は forint の 1/100》. **2** 1 フィレル小銅貨.

fíller càp *n.* 〘自動車〙給油パイプ栓.

fil·let [fílɪt, -lət | fílɪt, -lət, fɪléɪ, fíleɪ] 〘《a1325》 *filet* ⇐ (O)F (dim.) ← *fil*: ⇨ file[1]〙 — *n.* **1** (髪をくくったり頭を縛ったりする)細長いひも[リボン], 髪ひも, はち巻き. **2 a** ひも状のもの. **b** 帯, 縛り帯. **c** (木材・金属などの)条片. **d** (砲口などの)環状帯. **e** (ベルト状の)カード用針布. **f** (物の表面の)高縁(たかぶち), 飾り縁. **3** [《米》ではまた fɪléɪ, fə-, fíleɪ] (*also* **filet**) **a** (主に牛の)ヒレ(肉)《サーロイン (sirloin) の下側の肉; ごく柔らかい; tenderloin ともいう》. **b** 子牛[子羊]のももから取った厚みのある肉 (⇨ veal 挿絵). **c** (鶏など)家禽の骨を

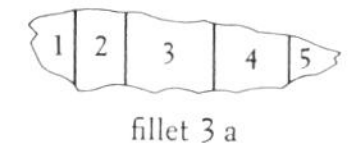

fillet 3 a
1 sirloin end; 2 tournedos; 3 chateaubriand; 4 filet mignon; 5 tenderloin tip

はずした胸肉；(卸して骨を除いた)魚の切身，上身．**4**〘解剖〙(長い帯状の束になっている)神経線維束，(特に)＝lemniscus．**5**〘航空〙フィレット《翼・胴体，翼・ナセル (nacelle) などの取合い部の整形覆い》．**6**〘建築〙(二つの繰形の間の)平縁(ひらぶち)，幕面，フィレット (⇨ molding[1] 挿絵)；(イオニア式またはコリント式円柱の溝と溝との間の)あぜ．**7**〘機械〙隅肉(すみにく)，肉付け《溶接継手で内側の隅を角ばらせずに肉盛りした部分》．**8**〘製本〙(表紙の平 (side) に図柄を押しつけるための)筋車；(筋車を押つけて作った)筋線．**9**〘写真〙(台紙などの)輪郭線条(金筋など)を作る機械．**10**〘紋章〙フィレット《チーフ (chief) の約 $^1/_4$ 幅の図形》．
— *vt.* **1**〈頭髪を〉(リボンで)くくる，飾る，はち巻きをする．**2** [《米》ではまた fɪléɪ, fə-, fíleɪ] **a**〈魚を〉(三枚におろして)骨なしの切身にする．**b**〈肉を〉切り分けてヒレ肉を取る．**3**〘製本〙…に筋線を付ける；筋線で飾る．**4**〘機械〙隅肉にする，…に肉付けをする．

fil·let·ing [fílɪṭɪŋ, -ləṭ- | -tɪŋ] *n.* 〘建築〙(モルタルなどを用いた)雨押え《壁と窓，屋根と煙突などの接合部への雨水の侵入を防ぐための材》．

fíllet wéld *n.* 〘機械〙隅肉(すみにく)溶接《のど厚の方向が母材の面とほぼ 45° の角をなす側面の溶接》．

fíll-in *n.* **1** 代理，補欠，空席をみたす人：He was an able ～ for the vacationing star. 彼は休暇中の俳優の補欠をりっぱに勤めていた．**2 a** (書式などの)書込み，記入 (insertion)．**b** (在庫の)補充商品[注文]．**c** 代用品，埋め草．**3**《口語》概要説明[報告]：an up-to-date ～ on the crisis in Africa アフリカの難局に関する最新の概要報告．**4**〘服飾〙はめ込み；(特に)婦人ドレスやブラウスのロウネックラインのはめ込み．
— *attrib. adj.* 代理[代用品]の[による]：a ～ job during the vacation 休暇中の代理人による仕事．

fíll·ing [-lɪŋ]〘ME〙— *n.* **1** 満たすこと，充塡(じゅうてん)．**2** (パイ・ケーキ・サンドウィッチなどの)中身：the ～ of a pie．**3 a** 詰め物，充塡物．**b**〘歯科〙充塡物《金・アマルガム・セメントなど》：a ～ for a tooth．**4** (織物の)緯糸(よこいと) (woof, weft)．**5**〘服飾〙レースや刺繡のデザインの空間をうめるステッチ．

fílling stàtion *n.* (自動車の)給油所，ガソリンスタンド．

fil·lip [fíləp, -lɪp | -lɪp]〘(1530)〘擬音的延長〙← FLIP[1]〙— *vt.* **1 a**〈指を〉はじく．**b** 指[爪]ではじく；はじき飛ばす：～ *off* a coin [marble] 貨幣[おはじき]をはじく / ～ a little dust *from* one's coat 上着のちりを軽く払い落とす．**2** ぴしっと打つ．**3** 刺激する，促す，喚起する (stimulate)：～ one's memory 記憶を促す．— *vi.* 指はじきをする．— *n.* **1** 指はじき；指はじきの軽打，軽くたたくこと：make a ～ 指はじきする．**2** 刺激；刺激剤：a ～ *to* the memory 記憶の喚起 / a ～ *to* one's spirits 元気を出させる刺激 / Champagne gives a useful ～ on occasion. シャンパンは時には有用な刺激剤となる．**3** つまらない物 (trifle)；つまらない飾り：It is not worth a ～. それは少しの値打ちもない．

fil·li·peen [fíləpìːn, ⌒⌒⌒ | fìlɪpíːn] *n.* ＝philippine 2.

fil·lis·ter [fílɪstə, -ləs- | -lɪstə(r)]〘(1819) ← ?: cf. F *feuilleret*〙— *n.* 〘木工〙**1** ＝fillister plane．**2** (窓障子の組子外縁の)しゃくり溝《ガラスをはめてパテを付ける溝》．

fíllister plàne *n.* 〘木工〙(溝付け用)しゃくりかんな，くりかんな．

Fill·more [fílmɔə, -moə | -mɔː(r)], **Mil·lard** [mílərd | -ləd] *n.* (1800–74) 米国第 13 代の大統領 (1850–53)；M. C. Perry を日本に派遣した (1853)．

fíll-ùp *n.* **1** ガソリン補給．**2** 満たすもの；埋め草．

fil·ly [fíli | -lɪ]〘(1404) ◻ ON *fylja* female foal: cf. foal〙*n.* **1** (通例 4 歳未満の)雌の若馬 (cf. colt 1 b)．**2**《口語》おてんば娘，活発な小娘；女の子 (girl)．

film [fílm, fíʊm | fílm]〘OE *filmen* membrane < Gmc **filminjam* ← **felmon* ← **fellam* 'FELL[1]': cog. Gk *pélma* sole (of foot or shoe)〙— *n.* **1 a** (表面に生じた)薄皮 (pellicle)，(セロファン・プラスティックなどの)薄膜；薄葉．**b** 薄い層：a thin ～ *of* dust ほこりの薄い層 / I could see a ～ of sweat on his forehead. 彼の額にうっすらにじんだ汗が見えた．**c** [通例 *pl.*] (厚さ 0.001–0.009 インチの)雲母板．**2** (目の)かすみ，くもり：a ～ over the eye 目のかすみ．**3** (蜘蛛(くも)の糸のような)細い糸：a ～ of gossamer (空中に漂う)蜘蛛の糸 / floating ～*s* 漂う蜘蛛の糸．**4** 薄がすみ，もや：a ～ *of* twilight 夕闇．**5** (一編の)映画：a silent ～ 無声映画 / a talkie ～ 発声映画 / ⇨ sound film．**6** [the ～s] **a** [集合的] 映画．**b** 映画産業．**7 a**〘写真〙(写真)フィルム《感光乳剤を塗布した薄膜》；感光膜：a roll [spool] *of* ～ for a camera 一巻[一本]の写真フィルム．**b** 一本の写真フィルム．
turn a film〘映画〙(撮影で)カメラ係を勤める．
— *attrib. adj.* 映画の，映画に関する：a ～ actor [actress] 映画俳優[女優] / a ～ censor 映倫委員，映画検閲員 / ～ censorship 映倫，映画の検閲(機関) / ～ cutting 映画編集 / a ～ drama [play] 映画劇 / a ～ face 映画向きの顔 / a ～ fan 映画ファン / ～ music 映画音楽 / ～ rights 映画上映権 / a ～ star 映画スター / a ～ studio 映画撮影所 / a ～ test (映画俳優志願者の)画面審査 / a ～ version (小説の)映画化版．
— *vt.* **1** 薄皮[薄膜]でおおう；〔…で〕薄膜状におおう〔*with*〕：The water was ～*ed with* green. 水面には緑色藻が膜のように張っていた．**2**〘写真〙〈情景などを〉フィルムに納める[写す]：～ a battle．**3**〘映画〙撮影する；〈小説などを〉映画化する：～ a novel．— *vi.* **1** 薄皮でおおわれる，薄膜が張る，(一面に)薄膜[薄がすみ]を生じる，かすむ〈*over*〉〔*with*〕：The scene ～*ed over*. 一面に薄もやがかかった / The lake ～*ed over with* ice. 湖は一面氷が張っていた．**2** 映画化される；映画撮影に従事する，映画を製作する；撮影に向いている：She ～*s* well. 彼女は映画写りがよい / This novel is unlikely to ～ well. この小説は映画に向きそうにない．

film·a·ble [fílməbl̩, fíʊm- | fílm-] *adj.* 〈物語・小説など〉映画化に適する，映画向きの．

fílm bàdge *n.* 〘医学〙フィルムバッジ《放射線取扱者が被曝線量の目安として身につける》．

fílm báse *n.* 〘写真〙フィルムベース《フィルムの感光乳剤を塗布するセルロイドなどの薄く柔軟な支持体》．

fílm·càrd *n.* 〘写真〙＝microfiche.

fílm clìp *n.* 〘テレビ〙フィルムクリップ《生(なま)放送番組の中に補助的に入れて放映する映画フィルム》．

fílm·dom [-dəm]〘⇨ film, -dom〙*n.* **1** 映画界．**2** 映画産業．

Fil·mer [fílmə | -mə(r)], Sir **Robert** *n.* (1589–1653) 英国の政治思想家．王権神授説 (divine right of kings) を主張した；*Patriarcha* (1680)．

fílm gàte *n.* (映写機・プリンターなどの)フィルム窓．

fílm·gòer *n.* よく映画を見に行く人，映画ファン．

film·ic [fílmɪk, fíʊm- | fílm-] *adj.* 映画の(ような)，映画を思わせる．**fílm·i·cal·ly** *adv.*

fílm·i·ly [-mɪli, -mə- | -lɪ] *adv.* 薄皮[薄膜]状に；かすんで；もうろうと．

fílm·ing *n.* (映画の)撮影；撮影期間．

fílm íntegrated círcuit *n.* 〘電子工学〙膜集積回路．

film·ize [fílmaɪz, fíʊm- | fílm-] *vt.* 映画化する．

fílm·lànd *n.* **1** 映画界．**2** ハリウッド (Hollywood) (など)．

film·let [fílmlɪt, fíʊm-, -lət | fílm-] *n.* 短編映画．

fílm lìbrary *n.* 〘図書館〙フィルムライブラリー《図書館で利用に供するために収集された映画・スライドなどのコレクション》．

fílm·màker *n.* **1** 映画製作者．**2** (写真用の)フィルム製造者．

fílm·màking *n.* 映画製作．

film·og·ra·phy [fɪlmágrəfi, fɪʊm- | fɪlmɔ́grəfɪ]〘← FILM＋-O-＋-GRAPHY〙*n.* (テーマ別・監督別などにして系統的に編集した)映画作品リスト，映画誌．

fílm pàck *n.* 〘写真〙容器入りフィルム，フィルムパック《通例 12 枚のフィルムをそのままカメラに装塡し連続して撮影できるようにシートフィルムを容器に入れたもの》．

fílm pìckup *n.* 〘テレビ〙フィルム撮像《映画フィルムをテレビで送ること》．

fílm recòrder *n.* 映画用録音機．

fílm resìstor *n.* 〘電気〙被膜抵抗器《金属薄膜・炭素被膜などを抵抗体とする抵抗器》．

fílm·sèt *adj.* 写真組版[植字]の．— *vt.* 写真組版[植字]にする．**～·ter** *n.*

fílm·sètting *n.* 〘印刷〙写真植字 (photocomposition)．

fílm·slìde *n.* (フィルム)スライド《投影用フィルム》．

fílm·strìp *n.* **1** (教材用などの)フィルムストリップ《1 こまずつを見せるためスライド用に作られた通例 35 ミリのある長さのフィルム；slidefilm, stripfilm ともいう》．**2** (試験用などの)フィルム片．

fílm wìndow *n.* ＝film gate.

film·y [fílmi, fíʊmi | fílmɪ]〘(1604)〙— *adj.* (**film·i·er**; **-i·est**) **1** フィルムのような；薄い，かぼそい；薄皮[薄膜]性の；薄膜状の：～ ice 薄氷 / a ～ veil [curtain, nightie] 薄いベール[カーテン，寝巻]．**2 a** 薄もやのような，おぼろにかすんでいる：～ clouds 薄雲 / the ～ orb of the moon 月のかさ．**b**〈目が〉かすんだ，どんよりした：～ eyes．**fílm·i·ness** *n.*

fílm yéast *n.* 〘醸造〙＝flor.

fil·o- [fílo(ʊ), fáɪl- | fílə(ʊ)] fili- の異形．

fil·o·plume [fíləplùːm, fáɪl-]〘← NL *filopluma*: ⇨ filum, plume〙*n.* 〘鳥類〙毛状羽《羽軸のみあって羽枝(うし)をほとんど欠く羽毛》．

fi·lose [fáɪlous | -ləus]〘← L *filum* (↓)＋-OSE[1]〙*adj.* **1** 糸状の (threadlike)．**2** 先端が糸状になっている．

fil·o·selle [fìləsél, -zél, ⌒⌒⌒; *F.* filɔzɛl]〘(1612) ◻ F ～ ◻ It.《方言》*filosello* cocoon of the silkworm《混成》← VL **follicellus* (＝L *folliculus* little bag (dim.) ← *follis* bag)＋It. *filo* (< L *filum* 'FILUM')〙— *n.* **1** 釜糸《floss silk より品質が劣る》．**2** 釜糸製刺繡糸．

fi·lo·sus [fɪlóusəs, fə- | fɪlə́ʊ-]〘← NL ～ ← L *filum* (↑)＋-*ōsus* '-OSE[1]'〙*adj.* 〘気象〙＝fibratus.

fils[1] [fíːs; *F.* fis]〘◻ F ～ 'son' < L *filium*〙— *F. n.* (*pl.* ～) 息子《フランス人の同名の父子を区別するため Jr. の意味で子の姓に添える；cf. père》：Dumas ～ 小デューマ．★ 他の国の人名に用いる場合は《戯言》：Smith ～.

fils[2] [fíls, fíːls]〘◻ Arab. ～ ← *fals* ◻ LGk *phóllis* small coin〙*n.* (*pl.* ～) **1** フィルス：**a** イラク・ヨルダン・バーレーン・南イエメン・クウェートの通貨単位；＝ $^1/_{1,000}$ dinar．**b** アラブ首長国連邦の通貨単位；＝ $^1/_{100}$ dirham．**2** 1 フィルス硬貨．

fil·ter [fíltə | -tə(r)]〘(*c*1400) ◻ (O)F *filtre* (F *feutre*) ◻ ML *filtrum* strainer ◻ (WGmc) **filtir* 'FELT[1]': フェルトが濾過(ろか)に用いられたことによる〙— *n.* **1** 濾過器，濾過装置，水こし (strainer)；濾(ろ)紙 (filter paper)．**2** 濾過用多孔性物質《フェルト・布・紙・木炭・砂・砂利など》．**3** (たばこの)フィルター；フィルター付きたばこ．**4**《英》(交差点での)左折合流システム (cf. *vi.* 3)．**5**〘写真・光学〙濾光(こう)器，濾光板，色障，フィルター (color filter)．**6**〘電気〙濾波器，フィルター《信号の周波数成分に応じて通過させるもの》．**7**〘数学〙フィルター《一つの集合の部分集合から成る集合で，空集合を含まず，その要素を含む集合がまた要素であり，かつ二つの要素の共通部分がまたその要素であるようなもの》．**8**〘物理〙＝acoustic filter.
— *vt.* **1** こす，濾過する．**2**〈不純物を〉濾過して取り除く〈*off, out*〉：～ *off* [*out*] impurities．**3**〈物が〉…にフィルターの働きをする．— *vi.* **1 a** しみ出る，〈水などが〉こせる〔*through*〕/〈*down, away*〉：～ *through* the sand 砂を通って(水が)こせる．**b**〈光線・X 線などが〉透かしてはいる〔流れ込む〕：Dim light ～*ed* down through the lace curtain. 薄明りがレースのカーテンを通して流れ込んでいた．**c** ゆっくりと[しみ込むように]動く[入る，出る]：They came ～*ing out of* the hall. ホールから徐徐に流れ出てきた．**2**〈風評・思想などが〉漏れる，しみ込む，浸透する〔*into, through*〕：New ideas began to ～ *into* people's minds. 新思想が人々の心にしみ込み始めた．**3**《英》(交差点で直進方向が赤信号の時，警官の合図や緑色の矢印の信号に従い)流れている交差車線に左折合流する．
— *attrib. adj.* 《口語》〈たばこが〉フィルター付きの：a ～ cigarette.

fil·ter·a·bil·i·ty [fìlṭərəbíləṭi, -trə- | -t(ə)rəbílətɪ, -lɪ-] *n.* 濾過(ろか)し得ること，濾過性．

fil·ter·a·ble [fílṭərəbl̩, -trə- | -t(ə)rə-] *adj.* **1** 濾過(ろか)の可能な．**2**〘細菌〙濾過性の《ウイルスのように素焼のフィルターをくぐりぬける；↔ unfilterable》．

fílterable vírus *n.* 〘細菌〙濾過(ろか)性ウイルス．

fílter àid *n.* 濾過(ろか)助剤．

fílter bèd *n.* (水処理用の)濾床(ろしょう)，濾過池．

fílter càke *n.* 濾塊(ろかい)《濾過機において濾紙の上に残った滓(かす)の塊》．

fílter cènter *n.* 防空情報審査所，対空情報本部《航空警戒管制組織内の一部門で，対空監視哨所から来る情報資料を審査し，これを防空統制所および防空指揮所に伝える》．

fíl·ter·er [-tərə | -tərə(r)] *n.* こす[濾過(ろか)する]人；濾過装置を取り扱う[操作する]人．

fílter fàctor *n.* 〘写真〙フィルター係数《フィルターを使用したとき必要な露出倍数》．

fílter fèeder *n.* 〘動物〙濾過摂食者《水中に浮遊している有機物や微小生物を，水流を濾過して集め，食物とする動物》．

fílter flỳ *n.* 〘昆虫〙濾床(ろしょう)バエ《下水処理場などに生息するチョウバエ科のハエの総称》．

fílter·less *adj.* フィルターのついていない：a ～ cigarette.

fílter pàper *n.* こし紙，濾過(ろか)紙．

fílter prèss *n.* フィルタープレス，圧濾(あつろ)器．

fílter tìp *n.* (紙巻きたばこ・葉巻き用)フィルター；フィルター付きたばこ．

fílter-típped *adj.* 〈たばこが〉フィルター付きの．

filth [fílθ]〘OE *fȳlþ*: ⇨ foul, -th[2]〙— *n.* **1** (極端な)不潔，不浄；汚物，不潔物．**2 a** (道徳的)汚らわしさ，堕落，下品，卑猥(ひわい)．**b** 卑猥な言葉[読み物]；猥談，みだらな考え．**3**《廃・英方言》悪党，ならず者；自堕落な女，売春婦．

filth·i·ly [-θɪli, -θə- | -lɪ] *adv.* ひどくきたならしく，不潔に；下品に．

filth·y [fílθi | -θɪ]〘(*a*1300): ⇨ filth, -y[4]〙— *adj.* (**filth·i·er**; **-i·est**) **1** ひどく不潔な，よごれた，きたならしい (very dirty)：a ～ street．**2** けがらわしい，下品な，不潔な，卑猥(ひわい)な：a ～ joke．**3** 堕落[腐敗]しきった，卑劣きわまる：～ politics．**4**〈天候が〉とても不快な，いやな：～ weather．**5**《口語》たくさんある，多くある；〔金など〕くさるほどある〔*with*〕：He is ～ *with* money. 彼には金がくさるほどある．— *adv.* 《口語》ひどく，非常に：～ dirty ひどく不潔な[きたない] / ～ rich 大金持ちの．**fílth·i·ness** *n.*

fílthy lúcre *n.* **1**《廃》不正の金，悪銭 (cf. *1 Tim.* 3 : 3, *Titus* 1 : 7, 11)；悪銭．**2**《戯言》金銭 (money)．

fil·tra·bil·i·ty [fìltrəbíləṭi | -lətɪ, -lɪ-] *n.* ＝filterability.

fil·tra·ble [fíltrəbl̩] *adj.* ＝filterable.

fil·trate [fíltreɪt] *n.* 〘← ML *filtrāt-us* (p.p.) ← *filtrāre* 'to FILTER'〙— *vt., vi.* ＝filter．— [《英》ではまた -trət, -trɪt] *n.* (濾過(ろか)された)こし水，濾過液，濾液．

fíltrate fàctor *n.* 〘生化学〙＝pantothenic acid.

fil·tra·tion [fɪltréɪʃən] *n.* 濾過(ろか)，濾過作用．

filtrátion plànt *n.* 浄水場．

fi·lum [fáɪləm]〘◻ L *filum* thread ← IE **gwheia-* thread, tendon: cf. file[1], fillet〙*n.* (*pl.* **fi·la** [-lə]) 繊条[糸状]組織；繊条 (filament)．

fim·ble [fímbl̩]〘(1484) ◻ LG *fimel* ◻ (O)F (*chanvre*) *femelle*《原義》FEMALE (hemp)〙— *n.* 〘植物〙雄麻 (male hemp)；雄麻の繊維《麻は雌雄異株である；fimble hemp ともいう》．

fim·bri·a [fímbriə | -brɪə]〘(1752) ◻ L ～ 'thread, fringe'〙— *n.* (*pl.* **-bri·ae** [-briìː, -briàɪ | -briìː]) [しばしば *pl.*] **1**〘生物〙(へりの)房，ぎざぎざべり，房状へり．**2**〘動物〙房状縁《おの足類の入水管の縁辺にあるひだ状の突起で感受性が鋭敏》．**fím·bri·al** [-briəl | -brɪ-] *adj.*

fim·bri·ate [fímbrièɪt, -briət, -briɪt | -brɪət, -brɪɪt, -brìèɪt]〘*adj.*: (1829) ← L *fimbriāt-us*: ⇨ ↑, -ate[2]. — v.: (1486) ← L *fimbria* (↑)＋-ATE[3]〙— *adj.* **1**〘生物〙ふさ[ぎざぎざ]のへり取りのある，毛のへり取りのある：～ petals．**2**〘紋章〙＝fimbriated 2．— *vt.* 〘紋章〙〈fess, bend など ordinary (幾何学的図形) を〉細く別の色で縁取る．

fim·bri·at·ed [fímbrièɪṭɪd, -ṭəd | -brièɪt-]〘(15C)〙

— *adj.* **1** =fimbriate 1. **2**〘紋章〙〈fess, bend など ordinary (幾何学的図形)が〉細く別の色で縁取られた (cf. voided 3).

fim·bri·a·tion [fìmbriéɪʃən | -brɪ-]〘□ML *fimbriātiō(n-)*: ⇨ fimbria, -ation〙 — *n.* **1** ふさ飾り, (ふさの)へり取り (fringe). **2**〘生物〙ぎざぎざべり, ぎざぎざのへり取り. **3**〘紋章〙(ordinary (幾何学的図形)に施した)細い帯状の縁取り.

fim·bril·late [fímbrəlèɪt, fɪmbrílət, -lɪt | fímbrɪlèɪt, fɪmbrílət, -lɪt]〘← NL *fimbrilla* ((dim.) ← L *fimbria* 'FIMBRIA') + -ATE²〙 — *adj.*〘生物〙細かいぎざぎざのある.

fin¹ [fín]〘OE *finn* ←? IE **sp(h)ēi-* something pointed (L *spīna* 'SPINE')〙 — *n.* **1** (魚の)ひれ; (アザラシ・ペンギンなどの)ひれ状器官, ひれ状の前肢(ᵛ): ⇨ adipose fin, ANAL fin, caudal fin, dorsal fin, pectoral fin, ventral fin / fish of every ~ あらゆる種類の魚. **2** [通例 *pl.*] (スキンダイビング用の)フリッパー, 水かき (flippers). **3**〘古俗〙腕 (arm); 手 (hand): Tip [Give] us your ~. さあ手を出しな(握手だ). **4**〘海事〙**a** (潜水艦の)水平舵(ᵈ). **b** =fin keel. **5**〘航空〙(飛行機の)垂直安定板. **6**〘自動車〙(テール)フィン《自動車の車体後部に設けられた装飾用または走行安定性を増すためのひれ形突起; tail fin ともいう》. **7**〘機械〙(暖房器・冷却器・空冷機関などの)ひれ; (機械の)ひれ状部. **8 a**〘冶金〙鋳ばり《型板の部分の割れ目に残された金属の隆起; flash ともいう》. **b**〘ガラス製造〙=flash 13 b. — (**finned; fin·ning**) — *vt.* **1**〈魚〉のひれを切り取る; 〈魚を〉(ひれを取って)おろす. **2** [通例 p.p. 形で]〘機械〙ひれをつける. — *vi.* **1 a** ひれを動かす. **b**〈瀕死の鯨が〉ひれで水を打つ. **2** 魚のように泳ぐ, 水に潜って[両手をひれのように動かして]泳ぐ.

fin² [fín]〘□ Yid. *finf* 'FIVE'〙 *n.*《米俗》5 ドル(紙幣).

fin. 《略》ad finem; final; finance; financial; financier; *L.* finis (=the end); finish; finished.

Fin. 《略》Finland; Finnish.

fin·a·ble [fáɪnəbl]〘《15C》: ⇨ fine², -able〙 *adj.* 科料に処せられる, 罰金を課せられる.

fi·na·gle [fɪnéɪgl, fə- | fɪ-]〘← *Feinagel* (George IV 摂政時代の催眠術師で whist の名人として知られたドイツ人) // 《変形》← FAINAIGUE〙《口語》 — *vi.* 小細工を用いる; 詐欺を働く. — *vt.* **1 a** 欺く, だます, ぺてんにかける. **b**〈人を〉だまして[ぺてんにかけて]〈…を〉手に入れる〔*out of*〕: He ~*d* her *out of* her house. 彼女をだまして家を手に入れた. **2** (だまして)うまく手に入れる, せしめる: ~ a job / ~ a week's holiday 1 週間の休暇をせしめる. 「ん師.

fi·ná·gler [-glə, -glə | -glə(r, -glə(r] *n.* 詐欺師, ぺて

fi·nal [fáɪnl]〘《*a*1338》□ (O)F ~ // LL *fīnālis*: ⇨ finis, -al¹〙 — *adj.* **1** 最終の, 最後の; 最後に出てくる: the ~ chapter of a book 本の最後の章 / the ~ round of a sports tournament 競技試合の最終回, 決勝回 / the ~ edition (新聞の)最終版. **2** 変更不可能な; 終局の, 最後的な: a ~ issue 最後の結果 / the ~ ballot 決選投票 / the ~ aim 窮極目的 / make the ~ decision 最後の[最終的]決定を下す / ⇨ final cause. **3** 目的をなす, 目的の; 目的に関する[を表わす]: a ~ clause〘文法〙目的節《in order that, lest などに導かれて目的を表わす節》. **4**〘法律〙〈判決など〉終結的な; 決定的な (determining): a ~ judgment [decree] 終局判決[命令]. **5 a**〈文字・音が〉語[音節]の最後にある, 末尾の, 語末の (cf. initial 2, medial 2): The ~ letter in "autumn" is *n* but the ~ sound is [m]. **b**〈ヘブライ語・アラビア語などの文字が〉語末のみで用いる字体の.

— *n.* **1** 最後[最終]のもの. **2** [通例 *pl.*] (競技などの)決勝戦, 優勝決定戦, ファイナル: the tennis ~*s* テニス決勝戦 / run [play] in the ~*s* 決勝に残って競走[競技]する. **3** [通例 the [one's] ~s] (大学などの)最終[期末]試験 (cf. midyear 2): take *one's* ~*s* 最終試験を受ける / prepare for *the* ~*s* 最終試験の準備をする. **4** (新聞のその日の)最終版. **5 a**〘音声〙語末音, 末尾音. **b** (語・音節の)末尾字. **c** (ヘブライ語・アラビア語などの文字の)語末のみで用いる字体 (⇨ alphabet 表). **6**〘音楽〙終止音《特に教会旋法の主音》.

final cáuse〘《*c*1385》〙 *n.*〘哲学〙**1** 究極(的)原因. **2** 目的因《アリストテレス哲学における 4 原因のひとつ; cf. efficient cause》.

final dríve *n.*〘自動車〙終減速機.

fi·na·le [fɪnǽli, fə-, -nάːli | fɪnάːli, -leɪ]〘□ It. ~ ← (adj.) < L *fīnālem* 'FINAL'〙 — *n.* **1**〘音楽〙終曲, 終楽章, フィナーレ. **2** (演劇・演芸の)最後の幕, 大詰め, フィナーレ. **3** 終局, 結末, 大団円 (end).

fi·na·lis [fɪnάːlɪs, fə-, -ləs | fɪnάːlɪs]〘⇨ final〙 *n.* (*pl.* **fi·na·les** [-leɪs])〘音楽〙=final *n.* 6. 「(cf. teleology).

fi·nal·ism [-nəlìzm, -nl-] *n.*〘哲学〙究極[目的]原因論

fi·nal·ist [-nəlɪst, -ləst, -nl- | -nəlɪst, -nl-]〘□ F *finaliste*: ⇨ final, -ist〙 — *n.* **1** 決勝戦出場者. **2**〘哲学〙究極[目的]原因論の信奉者. — *adj.* 究極[目的]原

fi·nal·is·tic [fàɪnəlístɪk, -nl-] *adj.* =finalistic. 「因論の.

fi·nal·i·ty [faɪnǽləti, fɪ-, fə- | faɪnǽlɪti, fɪ-, -lɪ-]〘《1541》□ F *finalité*: ⇨ final, -ity〙 — *n.* **1** 最後[最終, 決定]的であること, 終局性 (conclusiveness); 結末, 結着: an air of ~ 決定的な[きっぱりした]態度 / in a tone of ~ 断固たる調子で / speak with ~ 決定的に[きっぱりと]言う, 断言する. **2** 最後的な事物; 最後の言葉[行為]. **3**〘哲学〙目的性; 究極性.

fi·nal·ize [fáɪnəlàɪz, -nl-]〘《1922》← FINAL + -IZE〙 — *vt.* **1**〈事を〉決定的にする, 決着をつける, 終了[完成]させる. **2** 決裁する. — *vi.* 終える, 決着をつける. **fi·nal·i·za·tion** [fàɪnəlɪzéɪʃən, -lə-, -nl- | -nəlaɪ-, -lɪ-, -nl-] *n.*

fi·nal·ly [fáɪn(ə)li, -nli | -nəli, -nli]〘《*c*1380》: ⇨ final, -ly¹〙 — *adv.* **1** 最後に, 終わりに当たって, 結論として, 遂に, 結局. **2** 最後的に, 決定的に: be ~ settled 最終的に決定される.

fínal prócess *n.*〘法律〙(終局判決に基づいて発せられる)強制執行令状 (execution).

fínal solútion〘《なぞり》← G *Endlösung*〙 *n.* **1** [the F- S-] (ナチスの)ヨーロッパのユダヤ人殺戮(ᵏ)計画. **2** (人種などの)集団虐殺計画.

fi·nance [fáɪnæns, fɪnǽns, fə-, faɪ- | faɪnǽns, fɪ-, fə-, fáɪnæns]〘《?*c*1400》□ (O)F ~ 'ending, payment' ← *finer* to settle a debt ← *fin* end, settlement: ⇨ fine², -ance〙 — *n.* **1** 財政, 財務: public ~ 国家財政 / the Minister [Ministry] of *Finance* (日本などの)大蔵大臣[省] / a ~ committee 財政委員会 / a ~ secretary 財務長官. **2** 財政学. **3** [*pl.*] (国家・団体・個人の)財政; 金回り, 財源: adjust the ~*s* 財政を整理する / His ~*s* were low then. その頃彼は資金が欠乏していた[財政困難だった]. **4** 資金の調達, 融資. — *vt.* **1** …に金を融通[工面]する, 資金を調達[供給]する, 融資する: ~ an undertaking 事業に金を出す / ~ researchers at a university 大学の研究員に資金を提供する / ~ an enterprise *with* foreign capital 企業に外資を調達する. **2**〈商品を〉掛売りする. — *vi.* 財政を処理する, 財務に従事する, 資金を調達する.

fínance bìll *n.* **1** 財政法案. **2**《米》金融手形.

fínance còmpany *n.* **1**《米》金融会社《商業・製造業・消費者などに対する金融貸付業者》. **2** 割賦金融会社 (cf. hire purchase).

fínance hòuse *n.* =finance company 2.

fi·nan·cial [fɪnǽnʃəl, fə-, faɪ- | faɪ-, fɪ-, fə-]〘《1769》← FINANCE + -IAL〙 — *adj.* **1** 財政上の, 財務の; 財界の; 金融上の: be in ~ trouble 財政困難にある / ~ ability 財力 / ~ administration 財務行政, 財政 / ~ affairs [matters] 財務, 金融(事情); 金銭上のこと / a ~ agent [commissioner] 財務官 / a ~ book 会計簿 / ~ circles=the ~ world 財界 / the ~ condition [situation] 財政状態 / ~ difficulties [operations] 財政困難[操作] / a ~ man 財政家 / a ~ magnate 財界の大立物 / a ~ report 会計報告 / ~ resources 財源 / a ~ editor ⇨ editor 2. **2** (クラブ・組合などの)会費を払う (cf. honorary 1 a): a ~ member (名誉会員に対して会費を払う)通常会員. **3**《豪俗》金のある.

fináncial accóunting *n.*〘会計〙財務会計《企業外部の投資家・債権者などの利害関係者に役立つ会計情報を収集し提供する会計; cf. managerial accounting》.

fi·nán·cial·ly [-ʃəli | -ʃli] *adv.* 財政的に, 財政上: get into trouble ~ 財政(上)困難に陥る.

fináncial sérvice *n.*〘証券〙投資サービス機関《市況案内などの出版物を発行して投資家に投資についての情報や助言を提供する投資顧問の一種》.

fináncial státements *n. pl.*〘会計〙財務諸表《主として損益計算書 (income statement) と貸借対照表 (balance sheet), 資金運用表 (funds flow statement) からなる》.

fináncial yéar *n.*《英》会計年度 (⇨ fiscal year).

fin·an·cier [fìnənsíə, fɪnæn-, fə-, fàɪnæn- | faɪnǽnsɪə(r, fɪ-, fə-, -sjə(r]〘《1618》□ F ~: ⇨ finance (n.), -ier〙 — *n.* **1** 財政家, 理財家; 財務官. **2** 金融業者, 資本家 (capitalist), 金主. — *vt.* …に金をやりくりする. — *vi.* (しばしば非情で抜け目のないやり方で)金融業を営む.

fi·nan·cière [fiːnɑ̃ː(n)sjéə, -nɔ̃ː(n)-, -nɑːn-, -nɔ(ː)n- | -sjéə(r; *F.* finɑ̃sjɛːr]〘□ F (*à la*) *financière* in the manner of a financier〙 — *adj.* フィナンシェールの《鶏のとさか・腎臓・クネル (quenelle)・トリュフ (truffle)・マッシュルームを主材料としトリュフ入りの demi-glace sauce であえた; パイケースに入れたり子牛の胸腺料理などのつけ合わせにする》. 「資金.

fi·nánc·ing *n.* 資金の調達[供給]; 調達[供給]された

fín·bàck〘← FIN¹ + BACK¹ (n.): 背びれが大きいことから〙 — *n.*〘動物〙ナガスクジラ《米国の大西洋岸や太平洋岸に生息するナガスクジラ属 (*Balaenoptera*) のヒゲクジラの総称, 背びれが突き出ている; シロナガスクジラ (sulphur-bottom), イワシクジラ (*B. borealis*) など; finback whale ともいう》.

finch [fíntʃ]〘OE *finċ* < (WGmc) **fiŋkiz* (G *Fink*) ← IE **(s)pingo-* sparrow, finch〙 — *n.*〘鳥類〙**1** アトリ科の小鳥の総称《鳴き声の美しいものが多い; アトリ (mountain finch), ムラサキマシコ (purple finch) など; しばしば複合語の第 2 構成素として用いられる》⇨ bullfinch¹, chaffinch, goldfinch. **2** カエデチョウ科の鳥の一部の総称.

Finch·ley [fíntʃli | -lɪ]〘ME *Finchelee*: ⇨ ↑, lea¹〙 *n.* もとイングランド Middlesex 州の都市, 現在は Greater London の Barnet 区の一部.

find [fáɪnd]〘OE *findan* < Gmc **finþan* to come upon (Du. *vinden* / G *finden* / Goth. *finþan*) ← IE **pent-* to tread (L *pōns* 'bridge, PONS' / Gk *pátein* to step): cf. path〙 — *v.* (**found** [fáund]) *vt.* **1 a** (捜して・努力して)見つけ出す; 〈紛失した物・人を〉捜し出す; 〈人に〈物・人を〉捜してやる: I can't ~ my page [my place in the book]. ページがわからない[読みたいページを見出せない] / We must ~ a suitable person for the post. その職に適当な人を捜さなければならない / The lost child was *found* by the police. 行方不明になっていた子供は警察によって発見された / Will you ~ me my fountain pen? 私の万年筆を捜してくれないか / She *found* a nice necktie *for* me. **b** (研究・実験などの結果)発見する, 見出す: ~ the answer to a question 問題の解答を見出す / *Find* the cube root of 71. 71の立方根を求めよ. **c** (努力して・工夫して)得る; 考え出す, 思いつく: ~ safety in flight 逃亡して身の安全を得る / I could not ~ anything new to say. 新しく言うことを何も思いつけなかった / Can you ~ the time to look over these papers? この書類にざっと目を通していただけるお時間の都合がつきましょうか / I can't ~ the courage to say "No" to him. 私は彼に「ノー」と言う勇気は出ない / We must ~ a way to make both ends meet. 収支償(ᵗ)う方法を見つけなければならない. **d**〘狩猟〙(隠れていた)〈獲物を〉見つける.

2 a [時に目的語+補語, doing または p.p. 形を伴って] (偶然)発見する, 見出す; …に(ふと)出会う, (偶然)会う (come upon): You can ~ water everywhere. 水はどこにでもある / You will ~ a letter in that drawer. あの引き出しをあけると手紙がはいっている / I *found* this in the street. これを通りで拾いました / Leave the room as you ~ it. 部屋はあなたが見た時のままにして置きなさい / The dog was *found* dead [dying]. (発見した時には)犬は死んで[死にかけて]いた / She *found* a baby abandoned by the roadside. 彼女は路傍に赤ん坊が捨てられているのを発見した. **b** [Passive に用いて] 見られる, 存在する (exist): Hares *are found* in this wood. 野うさぎがこの森の中にいる. **c** [~ *oneself* で; 目的語+補語, 前置詞付きの句, doing などを伴って]〈ある場所・状態・健康状態に〉いる[ある]ことに気づく: When he woke up, he *found himself in* (the) hospital. 目がさめてみると病院にいた / I *found myself* outwitted. (気がついた時には)出し抜かれていた / She *found herself* sitting in the church. (いつの間にか)彼女は教会の中にすわっていた / *How* do you ~ *yourself* today? きょうはご気分はいかがですか. **d** [年・月・日・時間などを主語として] 見出だす: Two days later *found* me at Lausanne. 二日後私はローザンヌにいた.

3〈待遇・歓迎などを〉受ける; 〈望ましいものを〉得る: ~ favor with a person 人の愛顧を得る, 人に気に入られる / The Government policy *found* few supporters. 政府の政策を支持する者は少なかった.

4 [しばしば目的語+補語, *to* do または原形不定詞 / *that*-clause を伴って] (経験によって)…と知る, 悟る, 認める, …に気づく, 〈…と〉みなす (perceive, consider): ~ Christ キリストを発見する《キリスト教の真理を霊的に経験して確信をもつ》/ She ~*s* pleasure in reading. 彼女は読書に楽しみを見出している / I *found* him a trustworthy boy. 彼が信頼できる少年だとわかった / They *found* life difficult in that climate. 彼らはその風土での生活が楽なものでないと悟った / You won't ~ it so easy to define these terms. これらの用語の定義をすることはそう容易なものでないと気づくだろう / I *found* the room in perfect order. 部屋はきちんと片づいていた / We *found* the rumor *to be* true. うわさが本当だということがわかった / I ~ (*that*) the business pays=I ~ the business (*to*) pay. やってみるとこの仕事は割に合う.

5 a …が使えるようになる: ~ one's voice 口がきけるようになる / ~ one's feet ⇨ foot 成句 / ⇨ *find one's* TONGUE. **b** [~ *oneself* で] 自分の天分を知る, 本領を発揮する, 適所を得る: Nightingale *found herself* and became a military nurse. ナイチンゲールは自己の天職を自覚して従軍看護婦になった. **c** [~ *oneself* で]〘海事〙〈新造船が〉装備や機具を必要なだけ整備する; 〈鉄鋼船が〉(造船中に得た)磁性を消去し自差修正をする: The ship has not *found herself* yet.

6 a〔…に〕給する, あてがう, 調達する (provide, furnish)〔*for*〕; (特に雇用条件として)〈宿舎・食事を〉支給する: The employer ~*s* accommodation. 雇用者は宿舎を支給する / That hotel does not ~ breakfast. あのホテルでは朝食を出さない / We must ~ food *for* the workmen. 労務員に食物を出してやらなければならない / Bring your baggage, and we'll ~ a car *for* the trip. 手荷物だけ持って来てくれれば旅行用の車はこちらで用意しましょう. ★ (1) 雇用条件をいう場合しばしば p.p. 形で (and) everything [all] found として用いる: They are offering me 20 pounds *and everything found*. 20 ポンドの給料と衣食一切を支給すると言っている / Wages $200 a month *and all found*. 1 か月 200 ドルの給料以外に衣食一切支給. (2) この場合, 口語では everything や all を省略し, and *found* で「食事および宿舎付きで (with board and lodging in addition)」の意味を表わすこともある: $250 a month *and found*. 部屋・賄(ᵐ)い付きで月 250 ドル支給. **b**〔…を〕…に備える, 供給する〔*in*〕: There were a number of soldiers to ~ *in* uniforms. 制服を支給しなければならない兵士もたくさんいた / The house was well *found in* plate and linen. その家には食器類やリンネル類は十分整えてあった. **c** [~ *oneself* で]《英》(衣食を)自弁する: She *found herself in* clothes. 彼女は衣服費は自前でまかなった / Ten pounds a day and ~ *yourself*. 日給 10 ポンドで衣食の費用は自分もち.

7 a 〈目標·的など〉に届く, 達する; 探り当てる: The bullet *found* its mark. 弾丸はその目標に当たった / The blow *found* my chin. その一撃は私のあごに当たった / Water ~*s* its own level. 水は低きにつく / They could not ~ the bottom of the affair. 事件の真相を探り出せなかった[糾明できなかった]. **b** 《古》〈人〉の良心に訴える[届く].
8 《俗》盗む (steal).
9 〘法律〙判定する, …の判決を下す (judge); 〈起訴·評決·判決などを〉宣言[宣告]する: ~ a person guilty 人を有罪と判定する / He was *found* innocent. 彼は無罪になった / ~ a verdict of guilty 有罪の評決を宣する.
— *vi.* **1** 〘法律〙判定を下す: The jury *found for* [*against*] the defendant 陪審は被告人に対して有利[不利]な評決を下した. **2** 《英》〘狩猟〙〈猟犬が〉獲物[嗅跡]を見出す.
find* (*it*) *in one's heart* [*oneself*] *to do [通例, 否定·疑問構文で] …したい[する]気持になる (be inclined to do), (冷酷にも)…しようと思う: He couldn't ~ *it in his heart to* leave the poor orphans. 哀れな孤児たちを残して行くに忍びなかった. ***find one's* [*its*] *way*** ⇨ way 成句. ***find out*** (*vt.*) (1) [しばしば *that*-clause を伴って] 〈事実などを〉発見する, 悟る; 案出する: He tried to ~ *out* her name and address. 彼は彼女の名前と住所を知ろうとした / She *found out that* he was married. 彼が結婚していることがわかった. (2) 〈罪を〉見破る, 〈犯人を〉見つける; 〈人〉の正体[本心]をあばく: Be careful not to be *found out.* ばれぬように気をつけなさい. (3) 〈罪が〉〈その本人を〉暴露する: His sins have *found* him *out.* 彼の罪は露見してしまった (cf. *Num.* 32:23). (*vi.*) 真相を発見する, 秘密を見破る: I hope he won't ~ *out.* 彼が探り出さなければよいが / I *found out about* their quarrel. 彼らのけんかのこと[いきさつ]がわかった.
Find the Lady 〘トランプ〙 = three-card monte.
— *n.* **1 a** 発見; 掘り当てること: make [have] a great ~ すばらしい掘出し物をする. **b** 〘狩猟〙獲物[(特に)狐]の発見. **2 a** 見つけ物, 発見物; (特に)貴重な発見物, 掘出し物: an archeological ~ 考古学上の掘出し物. **b** 《口語》[比喩的に] 掘出し物, めっけ物: This boutique is quite a ~. / The new secretary is a real ~. 今度の秘書は本当に掘出し物だ.
a sure find 《英》(1) 〘狩猟〙獲物がきっといる所《特に, 狐の見つかる所》. (2) 《口語》きっと見つかる人, (尋ねて行けば)必ずいる人. 「見できる.

find·a·ble [fáɪndəbl̩] 〘(15C)〙 *adj.* 見つけ出せる, 発
find·er 〘ME〙 **— *n.*** **1 a** 見つける[見出した]人, 発見者, 拾得者: *Finders* (are) keepers. 《口語》見つけた[拾った]物は自分の物 (cf. finding 1). **b** (税関の)密輸出入品検査係. **2** (カメラの)ファインダー (viewfinder). **3** (大望遠鏡に付属した)見出し望遠鏡; (顕微鏡の)ファインダー, 探知機. **4** (靴屋などの)付属品類 (findings) を売る人.
fin de siè·cle [fɛ̃ː(n)-də-sjékl̩, fæ̀n-, -siékl̩, ―(―) ― | -sjékl̩, -sɛ́kl̩, ―(―)―; *F.* fɛ̃dəsjɛkl] 〘▭F 'end of the century'〙 **— *adj.*** (*also* **fin-de-siè·cle** [~]) **1** 世紀末の《文芸において頽廃(たい)的気風の著しかった 19 世紀末についていう》. **2** 世紀末的な, 頽廃的な (decadent); 近代的な (modern).
find·ing 〘ME〙 **— *n.*** **1** 見出すこと, 発見 (discovery); [通例 *pl.*] 発見物, 拾得物, 掘出し物: *Finding's* keeping. 《諺》拾った物は我が物 (cf. finder 1 a). **2 a** [しばしば *pl.*] (研究や調査の)結果, 結論, 所見, 報告: publish one's ~*s* in an academic journal 研究結果を学術雑誌に発表する. **b** 〘医学〙所見. **3** [*pl.*] 《米》(職業用の)諸道具や付属材料, 付属品類 (accessories): shoemakers' ~*s* 靴屋の付属材料《釘·鳩目金·靴紐·締め金などで革は別》/ dressmakers' ~*s* 洋裁師の付属材料《ボタン·糸·ジッパー·裏地などで生地は別》/ jewelers' ~*s* 宝石細工師の付属材料《引き金·留め金·針金など》. **4** 〘法律〙(判事の審理による)決定, 判決, 裁決, (陪審の)認定, 評決.
find·ing lìst *n.* 〘図書館〙ファインディングリスト《簡潔な記載の図書·古銭などの目録; cf. checklist 1》.
Find·ley [fíndli | -lɪ] 〘《異形》← FINLEY〙 *n.* 男性名.
find·spòt *n.* 〘考古〙(遺物·埋蔵品などの)発見地(点), 出土地(点).
fine[1] [fáɪn] 〘(c1250) ▭(O)F *fin* (cf. G *fein*) < VL **finum* ← L *finire* 'to FINISH[2]'〙 **— *adj.*** (**fin·er; -est**) **1 a** (品質の)優良な, 上等な, 精製した (refined), 〈金属が〉純良な (pure): ~ tea 上等茶 / ~ sugar 精製糖 / ~ gold 純金 / vessels of ~ copper 純銅の器. **b** 〈金·銀など〉…の純度の (略 f., F.): gold twenty-two carats ~ 二十二金.
2 a 立派な, 見事な, すぐれた (excellent, admirable): a ~ house 立派な家 / a ~ specimen of Japanese pottery 日本陶器の見事な一例 / He has a ~ future opened before him. 彼には洋々たる前途が開けている. **b** (技能の)優れた, 優秀な: a ~ musician [singer, performer] 優秀な音楽家[歌手, 演奏家] / ~ singing 見事な歌い振り / a ~ play 見事な演技, 美技.
3 《口語》**a** (弱い意味で)立派な, 申し分のない: My ~ fellow! おいおい, 君 / (That's) ~. 結構です / We had a ~ time. 愉快に時を過ごした, 楽しかった / It will be a ~ thing for him. それは彼にはよい薬になろう. **b** 《米》至極元気で (very fit): I'm ~, and you? 至極元気です, であなたは? **c** [強意的に] 大変な, すごい (awful): in a ~ rage 物すごく怒って / You've made a ~ mess of it. 大変なへまをし出かしたね / The vegetables are coming up ~ *and* full. 野菜がすくすく見事に大きくなってきた《★ fine and で 'satisfactorily' の意の強意語》. ★ しばしば皮肉に反語的意味に用いる: That's a ~ excuse to make. そいつは全くいい口実だ《それで弁解とは恐れ入る》/ A ~ friend you have been! 君は立派な友だちだったよ《友だち甲斐もない男だった》/ It's all very ~, but … それは大いに結構だ, だが…《何が結構なものか》.
4 天気のよい, 快晴の, 明るくさわやかな (bright and clear) (cf. fair[2] 4): a ~ morning, day, etc. / ~ weather 上天気, 快晴 / a ~ climate よい気候 / It turned ~. 晴れ上がった. ★ 次の慣用法では fine がほとんど無意味に用いられる: one ~ day [morning] ある日[朝]《物語などで, 次に何事か起こる場合によく用いる句》/ one of these ~ days いつかそのうち / Some ~ day you will be sorry. いつか後悔する日があるぞ.
5 a (外観·形状など)立派な, 美しい; 〈光景など〉雄大な: a ~ face, nose, etc. / a ~ goose, lobster, cedar, potato, etc. / a man of ~ presence 押出しの立派な男 / a ~ view 絶景, 壮観 / a ~ expanse of water 広々とした一面の水. **b** 〈人が〉美貌な, 魅力のある: a ~ woman 《古》美人 / a ~ young man ハンサム[立派]な青年.
6 a 洗練された, 上品な, 立派な (polished, refined): a man of ~ manners 上品な人 / a ~ character 立派な人物. **b** お上品振った, きざな: a ~ gentleman [lady] お上品な紳士[淑女]《当世風で仕事を軽視するような人》/ She is too much of a ~ lady for me. 《古》彼女はいやにお上品振っていてきらいだ. **c** (体など)よく鍛えた, 鍛えて体重を軽くした, よく発達した: a ~ athlete [horse] すばらしい競技者[馬] / an athlete trained very ~ 立派に鍛えた競技者 / a ~ child for his age 年の割に大きい子供.
7 a 〈衣服など〉派手な, けばけばしい (showy); 身なりのスマートな (smart): a ~ dress / ~ clothes. **b** 〈文章など〉(美辞麗句で)飾り立てた, 華麗な (ornate); 〈言葉が〉お世辞の, 体裁のいい: ~ writing 美文 / say ~ things about …についてお世辞を言う / call things by ~ names 婉曲な言い方をする.
8 a 微細な, 粒の細かい (minute); 細い (very thin); 希薄な, 薄い: ~ dust, powder, etc. / ~ rain [snow] 小ぬか雨[粉雪, 細雪(ささめゆき)] / ~ thread, wire, hair, etc. / a ~ line (製図の)細線 / a ~ pen 先の細いペン / a ~ pencil (細線用)堅質の鉛筆 / ~ tuning (ラジオ·テレビなどの)微調整 / ~ gas 薄いガス / ~ margins of profit わずかの利鞘(ざや) / ⇨ fine gravel, fine print, fine sand. **b** 織目[きめ]の細かい: ~ linen [lace] 目の細かいリンネル[レース] / His skin has a very ~ texture. 彼の膚は非常にきめが細かい. **c** 精巧な, 繊細な: ~ workmanship 精巧な細工 / a ~ adjustment 精密な調整. **d** (尖端の)鋭い: a ~ edge [point] 鋭い刃[先] / a ~ blade on a knife ナイフの鋭い刃.
9 a 〈感覚·識別眼など〉繊細な, 細かい, 微妙な; 鋭敏な, 明敏な, さとい: a ~ mind 明敏な頭 / a ~ distinction 細かい区別立て / a ~ sense of humor ユーモアを解する繊細な感覚 / He has a ~ ear for music. 彼には音楽を聞く鋭敏な耳がある. **b** ほのかな, かすかな, 淡い: ~ irony ほんのりとした皮肉.
10 a 〘印刷〙〈印刷の状態が〉美しい: ~ printing. **b** 〘書店用語〙〈本の保存状態が〉良い.
11 〘製紙〙〈書籍用紙が〉上質の.
12 〘クリケット〙(投球された方向からわずかそれて)三柱門後方への.
all very fine and large [しばしば皮肉な意味をこめて] いかにも大変立派[結構]なことだ (cf. 3 c): That's *all very* ~ *and large*, but… いかにもそれは結構な話だが…. ***not to put too fine a point*** [***an edge***] ***on it*** 率直[ざっくばらん]に言えば (to speak bluntly).
— *n.* **1** 《まれ》晴天, 上天気: in rain or ~ 降っても照っても, 晴雨にかかわらず. **2** [*pl.*] (ふるい分けた)鉱石の細粒, 小鉱石; 細炭; 微繊維; 微粒子.
— *adv.* **1** 《口語》立派に, うまく (finely, very well): go ~ (事が)好都合に運ぶ, うまくゆく / talk ~ うまいことを言う / That will suit me ~. それは好都合だ / I'm doing ~! 《口語》私は元気でやっています. **2** 細かく, 小さな字で; 精巧に, 繊細に. **3** すれすれに, ぎりぎりに (narrowly): The car cut the corner ~. 車は角をすれすれに回って走って行った. **4** 〘玉突〙突き球が相手球にすれすれに触れるように. **5** 〘海事〙できるだけ詰め開きで.
cut [***run***] ***it fine*** (時間·金銭·数量などを)極端に切り詰める, すれすれに[ぎりぎりに]間に合わせる. ***draw it fine*** ⇨ draw 成句.
— *vt.* **1** 〈ワイン·ビールなどの酒類を〉(濾過などで)澄ませる 〈*down*〉; 〈金属〉の純度を高める (purify); 〈ガラスを〉清澄にする (cf. fining). **2** 細く[細かく]する 〈*down*〉; 次第に細める[削減する] 〈*away, down*〉.
— *vi.* **1** 〈ワイン·ビールなどの酒類などが〉(濾過などで)澄む, 澄んでくる 〈*off*〉: The beer gradually ~*d.* **2** 細く[細かく]なる, 先細になる, 次第に細まる[小さくなる] 〈*away, down, off*〉: She will soon ~ *down.* (太った)彼女もじきにやせて来よう.
fine[2] [fáɪn] 〘(c1250) ▭(O)F *fin* < L *finem, finis* end, (in ML) settlement, fine: ⇨ finis: cf. fine[1]〙 **— *n.*** **1 a** 科料, 罰金 (mulct). **b** 〘図書館〙延滞料金. **2** 〘法律〙**a** (民事訴訟で)敗訴側が相手に支払う金. **b** (借地人が借地契約の締結または更新の際地主に納める)負担金. **3** 〘古英法〙**a** (封建領主への)上納金, みつぎ金. **b** 和解譲渡《仮装的訴訟を起こし和解の形式によって行なわれた土地譲渡》. **4** 《古》結末 (end). ★ 今は次の成句にだけ用いる: ***in fine*** 最後に, 結局 (finally); 要するに (in short).
— *vt.* **1** 〈人〉に罰金を科する, 科料に処する: ~ a person heavily *for* speeding 人にスピード違反で重い罰金を科する. **2** [二重目的語を伴って] 〈人〉に〈罰金を〉科する: ~ a person fifty dollars 人に 50 ドルの罰金を科する. **— *vi.*** 《古》罰金を払う.
fi·ne[3] [fíːneɪ; *It.* fíːne] 〘▭It. ~ < L *finem* (↑)〙 *n.* 〘音楽〙フィーネ, (楽曲の)終わり《特にダ カーポ (da capo) 型式の反復部の最後に記される》.
fine[4] [fíːn] *n.* = fine champagne.
fine·a·ble [fáɪnəbl̩] *adj.* = finable.
fíne ággregate *n.* 〘土木〙細骨材《5 mm ふるいを通過する骨材》.
fíne árt 〘(1767)《なぞり》← F *beaux-arts*〙 **— *n.*** **1 a** [通例 *pl.*] 美術, 造形芸術《絵画·彫刻·工芸·建築》. **b** [集合的] 美術品. **2** (広義の)芸術. **3** 高度の技術を要するもの[仕事]; 名人芸: Handling people is a ~. / He's got it down to a ~. 《口語》そのことでは名人だ, こつを知っている.
fine cham·pagne [fíːn-ʃɑ̃ː(m)páːnjə, -ʃɔ̃ː(m)-, -ʃɑːm-, -ʃɔ(ː)m-; *F.* finʃɑ̃paɲ] 〘▭F 'fine champagne'〙 **— *n.*** フィーヌシャンパーニュ《フランスの Grande Champagne と Petite Champagne のぶどう園のぶどうから造られる最高級のブランデー》.
fíne chémical *n.* [しばしば *pl.*] (少量で取り扱う)精薬品《写真薬品·香料·医薬品など; cf. heavy chemical》.
fíne-cút *adj.* 〈たばこが〉細刻みの, 細かく刻んだ (cf. rough-cut).
fine cút *n.* 細刻みのたばこ.
fíne-dráw *vt.* **1** 〈ほころび·裂け目などを〉縫目が見えないように縫い合わせる. **2** 〈針金などを〉細く引き伸ばす. **3** 〈議論などを〉細かいところまでもっていく.
fíne-dráwn *adj.* **1** 〈ほころびなど〉縫目が見えないように縫い合わされた. **2** 〈針金など〉きわめて細く引き伸ばした, 細線の. **3** 〈議論など〉精細をきわめた, 精細に過ぎて主旨の捕え難い: ~ arguments 精細過ぎる議論. **4** 〈スポーツマンなど〉(過度の訓練や練習によって)体重の落ちた.
fíne-gráin *adj.* 〘写真〙**1** 〈感光乳剤が〉微粒子の. **2** 〈現像液が〉微粒子用の.
fíne-gráined *adj.* **1** 〈木材·石材など〉きめ[木目]の細かい. **2** 〘写真〙**a** 〈印画紙など〉微粒状の, 微粒面の. **b** = fine-grain 2.
fine grável *n.* (直径 1–2 mm の)小砂利.
fíne·ish [-nɪʃ] *adj.* = finish[1].
fíne·less *adj.* 《古》無限の: ~ riches.
Fi·nel·la [fɪnélə, fə- | fɪ-] 〘《異形》← FENELLA〙 *n.* 女性名.
fíne·ly 〘ME〙 **— *adv.*** **1** 立派に, 見事に (splendidly): behave ~ 立派に振舞う. **2** 美しく, 立派に: The princess was ~ dressed. 王女は美しい衣装をまとっていた. **3** 微妙に, 繊細に; 敏感に: a noble and ~ modulated voice 気高くかつ繊細な抑揚の声. **4** 細かく, 細く: ~ chopped carrots みじん切りのにんじん. **5** 精巧に, 精細に: a ~ detailed drawing [chart] of the moon 細密な月の描画[図].
fíne·ness 〘(1444): ⇨ fine[1], -ness〙 **— *n.*** **1** (形状などの)立派さ, 見事さ, 美しさ, 上品さ (shapeliness, elegance). **2** (品質の)優良 (excellence). **3** (精神·知能などの)繊細, 精細, 精密, 明敏; 鋭敏. **4** (質の)細かさ, 細さ; (織地の)細かさ, しなやかさ, 精巧. **5 a** 純粋, 純度. **b** (合金中の金銀の)純分度, 公差.
fíneness ràtio *n.* 〘航空·宇宙〙長短比, 細長比《航空機の胴体など流線型の物体の長さと最大直径の比》.
fíne prínt *n.* 細字部分《借地[借家]契約書·保険契約書等に契約者に不利と思われる所を特に細かい字で印刷した契約条件の注意事項》.
fin·er [fáɪnə | -nə(r)] 〘(compar.) ← FINE[1]〙 **— *adj.*** 〘数学〙〈位相が〉強い, 細かい《第一の位相 (topology) の開集合の一員として, 第二の位相の開集合がすべて加わっていること; cf. coarser》.
fin·er·y[1] [fáɪn(ə)ri | -rɪ] *n.* **1 a** (過度な)装飾 (decoration). **b** [集合的] 美服, 美装, 美しい装飾品: a garden in its summer ~ 夏の装いを凝らした庭園. **2** 《廃》華麗, 華美 (splendor).
fin·er·y[2] [fáɪn(ə)ri | -rɪ] 〘▭F *finerie* ← *finer* to refine + *-ie* '-Y[1]'〙 *n.* 精錬所 (refinery).
fíne sánd *n.* (直径 0.05–0.25 mm の)細砂.
fines herbes [fíːn(z)ɛ́əbz | -(z)ɛ́əb; *F.* finzɛrb] 〘▭F ~ 'fine herbs'〙 **— *n. pl.*** フィーヌゼルブ《細かく刻んだチャーヴィル (chervil), チャイヴ (chives), エストラゴン, パセリを合わせたもので, スープやソースに香味を付ける》.
fíne-spún *adj.* **1** 極細に紡いだ; 繊細な (delicate), 華奢(きゃしゃ)な (flimsy). **2** 〈学説·議論など〉余りに精細な, 精細すぎて実際的でない (oversubtle).
fi·nesse [fɪnés, fə- | fɪ-] 〘(1528) ▭F 'fineness, trick': ⇨ fine[1], -ess[2]〙 **— *n.*** **1** (仕上げ·細工·味付けなどの)見事さ, 優雅, 上品さ. **2** 巧妙な処理, 技巧, 手腕, 手際の鮮やかさ[さえ]: the ~ of love 恋の技巧[手練手管] / show ~ in dealing with people 人の扱いに腕のさえを見せる. **3** 術策, 策略. **4** (ワインの)微妙な風味. **5** 〘トランプ〙フィネス《ブリッジ·ホイストで, 敵側の高位札が下手(しもて)にはないことを見越して比較的低位の札を出して勝とうとする戦法》. **— *vi.*** **1** 手腕をふるう, 術策を用いる. **2** 〘トランプ〙フィネスをする, 盗む 〔*for, against*〕: ~ *for* the queen *against* the (opponent's) king 味方のクイーンに向けてフィネスし(敵の)キングを盗む. **— *vt.*** **1 a** 術策[策

略]を用いて行なう[もたらす]: ~ one's way *through* difficulties 策を弄して難局を脱する. **b** 巧みに避ける: ~ the enemy's sentinels 敵の歩哨の目をごまかす. **2** 〖トランプ〗〈味方の低位札〉でフィネスする, ヒネる; 〈敵方の高位札を〉フィネスする, 盗む.

fin·est [fáɪnɪst, -nəst] 〚(superl.) ← FINE¹〛 *n.* [通例, 都市・地域の所有格と共に用いて; 集合的] 警察官たち (policemen): the city's ~.

fíne strùcture *n.* 〖物理〗微細構造《系列的原子スペクトルにおけるスペクトル線の多重性; cf. hyperfine structure》. **fíne strùctural** *adj.*

fíne-tòoth-cómb *vt.* 入念[徹底的]に調査する.

fíne-tòoth cómb *n.* **1** 目のつんだ櫛. **2** 入念[徹底的]な吟味[調査]: go over [through] with a ~ 入念に吟味する.

fíne-tòothed cómb *n.* =fine-tooth comb.

fíne-túne *vt.* 微調整する.

fín·fìsh 〚← FIN¹+FISH¹〛 *n.pl.* (shellfish に対して, ひれのある本当の)魚.

fín·fòot *n.* (*pl.* ~**s**) 〖鳥類〗=sun-grebe.

fín-fòoted *adj.* みずかき[ひれあし]のある.

Fin·gal [fíŋgəl] 〚← Gael. *fionn* fair+*gal* stranger, Norseman〛 *n.* **1** 男性名. **2** =Finn² 2.

Fíngal's Cáve *n.* フィンガルの洞窟《スコットランド Hebrides 諸島中の無人島 Staffa 島の玄武岩の洞窟; Mendelssohn 作曲の同名の序曲 (1830) で有名》.

fin·ger [fíŋgə | -gə(r] 〚OE ~ < Gmc **fiŋʒraz* (Du. *vinger* / G *Finger*) < IE **penkue-ros* 《原義》one of five: cf. five, fist〛 **—** *n.* **1 a** 手指, 指《通例親指 (thumb) 以外の 4 指の一; cf. toe 1》: the index [first] ~ 人差し指 / the middle [second] ~ 中指 / ⇨ little finger, ring finger / by a ~'s breadth ほんのわずかの差で, 危うく / wag [shake, waggle] one's ~ at a person (非難・警告などの身振りとして)人に向かって指を振る《人差し指を立ててこれを相手の鼻先につきつけ上下に振る》/ He has more wit in his little ~ than you (have) in your whole body. 彼はすばらしい知恵者だ / His ~*s* are (all) thumbs. 彼は実に不器用だ / My ~*s* itch to do…. …したくて手がむずむずする, …したくてたまらない / the ~ of God 神の御手, 神の御業(ﾐﾜｻﾞ) (*Exod.* 8: 19; *Deut.* 9: 10). **b** (手袋・グローブの)指. **2 a** 指状のもの: a long ~ of light 長く伸びた一条の光 / *Fingers* of morning sunshine began to touch the mountain top. 朝日の光条が山頂を染め始めた. **b** (機械などの)指状突起. **c** (指の役目をする)指示物, (時計の)指針: the ~ of a clock. **d** (印刷機械の)紙つまみ. **e** (菓子などの)指形小片, フィンガービスケット: ⇨ fish finger. **f** (一本の)バナナ. **g** (空港の)フィンガー《細長く突き出た乗降・送迎用デッキ》. **3 a** 指幅《グラスのウイスキーを量るときに用いる; 約 3/4 インチ》. **b** グラスの指幅分の酒量: a ~ of whiskey. **c** 指の長さ《布を量るときに用いる; 約 4½ インチ》. **4** [*pl.*] 《口語》所有: He got his ~*s* on the industry. 彼はその産業を手に入れた. **5** 《俗》=bird 8 b. **6** 《俗》**a** =finger man. **b** 巡査; 刑事. **c** すり.

burn** one's **fingers (早まったり余計な手出しなどをして)ひどい目にあう, 痛い目にあう. ***crook** one's **little finger*** ⇨ crook 成句. ***cross** one's **fingers*** (1) (まじないの印に, 一本の)指を隣の指の上に折り重ねる (cf. *keep* [*have*] *one's* FINGERS *crossed*). (2) ひたすら幸運[成功]を祈る. ***for the lifting of a finger*** 指一本立てるくらいのたやすさで, 容易に, らくに: You may have it *for the lifting of a* ~. そんなものはすぐ手にはいるさ. ***get** one's **finger out*** =*pull one's* FINGER *out*. ***have*** [***put***] ***a finger in the pie*** (何か)事に関係[関与]している[する]; いらぬ手出しをしている[する]. ***have at** one's **fingers' ends*** [***finger ends***] 〈事を〉非常によく知っている, …に精通している (cf. fingertip). ***keep*** [***have***] one's ***fingers crossed*** (指を折り重ねて)ひたすら幸運[成功]を祈って[願って]いる (⇨ *cross one's* FINGERS). ***lay*** [***put***] ***a*** [***one's***] ***finger on*** [***upon***] (1) …に(敵意をもって)指で触れる: Don't dare to *lay a* ~ *on* me. 私の体に指一本触れるな. (2) 的確に指摘する. (3) 発見する, つきとめる. ***look through** one's **fingers at*** …をそっと見る, 見て見ぬふりをする. ***not lift*** [***move, raise, stir***] ***a finger*** 何もしない, 何も試みない: do *not lift a* ~ to help 少しの援助の労も取らない. ***point finger at*** 〈人を〉軽蔑[指弾]する. ***point the finger at*** 〈人〉を(公然と)非難する. ***pull*** [***take***] one's ***finger out*** [しばしば命令形で]《俗》仕事を始める, 急ぐ, 急いでやる. ***put** one's **finger in another's pie*** 人のいらぬ世話を焼く, 余計なおせっかいをする. ***put** one's **finger in** one's **eye*** 《英口語》(めそめそ)泣く. ***put the finger on*** 《俗》(1) (警察などに)…を密告する. (2) 〈盗賊などが〉(犯行の対象として)〈人・場所を〉指示する, 選ぶ. ***slip through** one's **fingers*** 〈機会などが〉手の中から逃げる: He let the good chance *slip through his* ~*s*. 好機をのがしてしまった / The money *slipped through my* ~*s*. お金がなくなってしまった. ***snap** one's **fingers*** 《口語》(1) 〔…を〕軽蔑[無視]する 〔*at*〕 (cf. snap *vt.* 4 a). (2) (指を鳴らして)〈給仕などを〉呼ぶ 〔*to*〕. ***stick to a person's fingers*** 〈金が〉人の手元にいく, 着服される, 横領される; 盗まれる. ***twist*** [***turn, wind, wrap***] ***a person round*** [***around***] ***one's*** (***little***) ***finger*** 〈人を〉完全に左右する, 意のままに操る (cajole). ***with a wet finger*** 容易に, 苦もなく. ***with fingers crossed*** ひたすら幸運[成功]を祈りながら (cf. *keep* [*have*] *one's* FINGERS *crossed*). ***work** one's **fingers to the bone*** ⇨ bone 成句.

— *vt.* **1** …に指を触れる; 指でいじる, ひねくり回す, もてあそぶ: ~ one's mustache. **2** 《まれ》〈他人の物〉に手を出す, 盗みをする. **3** 指のように…に伸びる[貫く]: The cathedral's tall spire was ~*ing* the sky. 大聖堂の高い尖塔が空に向かって指のように伸びていた. **4** 《俗》**a** 指さす, 指摘する. **b** 尾行する, …から目を離さない. **5** 《米俗》**a** 〈人を〉警察に知らせる, 密告する. **b** (犯行の対象として)〈人・場所を〉実行者に指示する. **6** 〖音楽〗**a** 〈楽器を〉指を使って演奏する. **b** 〈楽曲を〉指定の指使いで演奏する. **c** 〈楽譜〉に符号をつけて運指法を示す: ~ a piece of music. **—** *vi.* **1** 指でさわる, 手先でいじる. **2** 指のように伸びる. **3** 〖音楽〗**a** 〈ピアノ・クラリネットなどが〉ある運指法で演奏される: It ~*s* like a flute. それはフルートと同じ運指法で吹奏される. **b** (演奏に)特定の指使いをする, ある運指法で演奏する.

fínger àlphabet *n.* =manual alphabet.

fínger·bòard *n.* **1** (バイオリン・ギターなどの)指板 (⇨ violin 挿絵). **2** 《まれ》(ピアノ・オルガンなどの)鍵盤. **3** =fingerpost.

fínger bòwl *n.* フィンガーボール《dessert の後に指を洗うための水を入れた小鉢》.

fínger·brèadth *n.* 指幅《約 3/4 インチ; cf. finger 3 a》.

fín·gered 〚⇨ -ed 2〛 **—** *adj.* **1** [通例複合語の第 2 構成素として] (…)指の, 指が…の: three-*fingered* 三本指の / ⇨ light-fingered, rosy-fingered. **2** 〈商品など〉(手で触れられて)傷物になった, いたんだ. **3** 〈楽譜が〉運指記号を記した. **4 a** 〖植物〗〈果実・根が〉指状の; 〈葉など〉掌状の. **b** 〖動物〗指状の.

fíngered cítron [**lémon**] *n.* 〖植物〗=Buddha's-hand.

fín·ger·er [-gərə | -rə(r] *n.* **1** 指で触れる人, 指でいじる人; (特に)どろぼう (thief). **2** 手袋の指を作る人.

fínger fèrn *n.* 〖植物〗=scale fern.

fínger·fìsh *n.* 〖動物〗=starfish.

fínger fòod *n.* 指につまんで食べられる食物《にんじん・はつか大根など》.

fín·ger·ful [fíŋgəfʊ̀l | -gə-] *n.* 指にのるほどの量; 少「量.

fínger glàss *n.* ガラス製フィンガーボール《dessert の後に指を洗うための水を入れたガラス小鉢》.

fínger hòle *n.* **1** (木管楽器の)指穴, 管側孔. **2** (ボウリング用ボールの中指[薬指]を入れる)指穴. **3** (電話のダイヤルの)指穴.

fín·ger·ing¹ [-g(ə)rɪŋ] 〚ME〛 *n.* **1** 指いじり, つまぐり. **2** 〖フェンシング〗指でのフルーレ (foil) の操作. **3** 〖音楽〗運指法; 運指記号.

fín·ger·ing² [fíŋg(ə)rɪŋ] 〚《18C》《古形》*fingram* 《変形》← ? F *fin grain* fine grain〛 *n.* (手編み用)細毛糸 《fingering yarn ともいう》.

Fínger Làkes *n.pl.* [the ~] フィンガー湖《米国 New York 州中部・西部にある一群の細長い氷河湖》.

fínger lànguage *n.* (聾啞(ﾛｳｱ)者が用いる)指話《finger alphabet を組み合わせて言葉とする意思伝達法》.

fínger·less *adj.* 指をなくした; 〈手袋など〉指なしの.

fínger·lìke *adj.* 指のような, 指状の (digitate).

fín·ger·ling [fíŋgəlɪŋ | -gə-] 〚《15C》《廃》fingerstall ← FINGER (*n.*)+-LING¹: cf. G *Fingerling* thimble〛 **—** *n.* **1** (指ほどしかない)小魚; 《英》サケ科の魚の幼魚《1 年までの稚魚をいう; cf. parr》: a ~ trout. **2** 非常に小さいもの.

fínger màn *n.* 《米俗》誘拐団や殺し屋などに殺す[盗む]人間の所在を教える人; 密告者 (informer, spy).

fínger màrk *n.* (よごれた)指跡.

fínger mìllet *n.* 〖植物〗シコクビエ (⇨ raggee).

fínger·nàil 〚ME〛 **—** *n.* (手の)指の爪: bite one's ~*s* 指の爪を嚙む.

to the fingernails 完全に, すっかり.

fínger nùt *n.* 〖機械〗つまみナット (wing nut).

fínger-pàint *vi.* フィンガーペイントを用いる. **—** *vt.* フィンガーペイントでかく.

fínger pàint *n.* フィンガーペイント《指頭画用のジェリー状の絵の具》.

fínger pàinting *n.* 〖美術〗フィンガーペイント画, 指頭画《筆の代りに指で描いた絵》; 指頭画法.

fínger pìn *n.* 〖海事〗=feeler 6.

fínger plàte *n.* 指板《ドアの開閉で扉に指跡がつかないようにドアの立て框(ｶﾏﾁ)に張った金属または陶器の板; cf. hand plate》.

fínger·pòst *n.* **1** 指道標, 案内標, 道しるべ (signpost, guidepost). **2** 案内書, 手引き書: a ~ *to* the study of English.

fínger·prìnt *n.* **1** 指紋: the ~ system of identification 指紋による個人識別法 / take a person's ~*s* 人の指紋を取る. **2** はっきり識別できる跡[特徴]. **3** 〖化学〗指紋: the ~ region 指紋領域《赤外線吸収スペクトルやクロマトグラムなどで指紋と同様に化合物の決定に役立つ特徴的な部分》. **—** *vt.* …の指紋を取る: ~ a car 車から指紋を採取する.

fingerprints 1
1 arch; 2 whorl; 3 loop; 4 composite

fínger·prìnting *n.* 指紋採取.

fínger rèading *n.* (盲人が指でさわって行なう)点字読法.

fínger rìng *n.* 指輪.

fínger-shàped *adj.* 指形の.

fínger·stàll 〚《15C》〛 *n.* (親指以外の)指サック (cf. stall¹ *n.* 3).

fínger-tìght *adj.* 手[指]で力一杯(握り)締めた.

fínger·tìp *n.* **1** 指先, 指頭 (finger end). **2** (指先を保護する)指サック.

have at** one's **fingertips (1) (いつでも使えるように)手元にもって[用意して]いる: He *has* every material *at his* ~*s*. 全材料を手元に用意している. (2) 熟知[習熟]している: He *has* the subject *at his* ~*s*. その事項に習熟している. ***to the*** [***one's***] ***fingertips*** 完全に, 何から何まで: a teacher *to his* ~*s* 完璧な教師.

— *attrib. adj.* **1** 〈コート・ヴェールなど〉フィンガーティップ丈の《腕を下げたとき肩から指先までの長さの》. **2** いつでも使える[用意している]: ~ controls 〖自動車〗指先操作(装置)《自動ドア[天蓋(ﾃﾝｶﾞｲ)]の開閉など指先で簡単にできる操作(装置)》.

fínger wàve *n.* 指ウェーブ《香油を塗った髪を指で押えて作るウェーブ》.

fín·ger·y [fíŋg(ə)ri | -rɪ] *adj.* 指状に広がった, 指のよ「うな.

fin·i·al [fíniəl | fáɪnɪəl, fín-] 〚《1433》《変形》← FINAL: ⇨ -ial〛 **—** *n.* **1 a** 〖建築〗フィニアル, 頂華《切妻・尖塔などの頂点を飾る装飾; cf. terminal *n.* 5; この項の挿絵の他に ⇨ gable 挿絵》. **b** (家具などの頂上に飾る)先端装飾 (⇨ highboy 挿絵). **2** 〖活字〗(イタリック書体で)縦線の筆末の曲がっている部分.

finials 1

fi·ni·cal [fínɪkəl, -nə- | -nɪ-] 〚《1592》← ? FINE¹+-ICAL: MDu. *fijnkens* accurately, neatly の影響か: cf. finicking〛 **—** *adj.* **1** (服装などを)いやに気にする, いやに潔癖な, 凝り性の, 気むずかしい. **2** 《古》凝り過ぎた, 手のこみ過ぎた. **fin·i·cal·i·ty** [fìnəkǽləṭi | -nɪkǽlətɪ, -lɪ-] *n.* **~·ness** *n.* **~·ly** *adv.*

fin·ick [fínɪk] 〚《逆成》↓〛 *vi.* **1** 気どる. **2** ぶらぶらする.

fin·ick·ing [fínɪkɪŋ, -kn, -kən | -kɪŋ] 〚《1661》《変形》← ? FINICAL〛 *adj.* =finicky.

fin·ick·y [fínɪki, -nə- | -nɪkɪ] *adj.* いやに気にする, 凝り性の, 気むずかしい. **fín·ick·i·ness** *n.*

fin·i·kin [fínɪkɪn, -nə-, -kən | -nɪkɪn] *adj.* =finicky.

fín·ing 〚← FINE¹ (v.)+-ING¹〛 **—** *n.* **1** 〖ガラス製造〗清澄《融けたガラスを均質にし, また泡を除くこと》. **2 a** (ワイン・ビールなどの酒類の濾過などによる)清澄法. **b** [しばしば *pl.*] 酒類清澄剤《寒天溶液・卵白など》.

fi·nis [fínɪs, fáɪ-, fíː-, -nəs | fínɪs, fíː-, fáɪ-] 〚《*a*1460》⊏ L *fīnis* end ← ? **fig-suis* firmly set ← *fīgere* 'to FIX': cf. final, fine¹·²〛 **—** *n.* **1** 終わり, 結尾 (end, conclusion)《本の巻末に記す語》. **2** 一生の終わり, 末期(ﾏﾂｺﾞ).

fin·ish¹ [-nɪʃ] 〚《1583》← FINE¹ (adj.)+-ISH¹〛 *adj.* 優秀な, 良質の: ~ carpentry 優秀な木工品.

fin·ish² [fínɪʃ] 〚《*a*1375》*finische(n)* ⊏ OF *feniss-* (F *finiss-*) (stem) ← *fenir* (F *finir*) < L *fīnīre* to limit, end ← *fīnis* end: ⇨ finis, -ish²〛 **—** *vt.* **1 a** 〈仕事などを〉終える, 終了[完了・完成]する; 〈期間・課程などを〉終える: ~ one's work [an investigation] / ~ school 学校を卒業する / ~ one's life in loneliness 孤独のうちに一生を終える / I ~*ed* reading the book and shut it. / My house will soon be ~*ed*. 家は間もなく仕上がるでしょう. **b** …の終わりとなる, 終わりを飾る: The chorus ~*ed* the music. 合唱でその音楽は終わりとなった. **2** 読み[書き]終える; 〈飲食物を〉食べ[飲み]終える, きれいに平らげる, 使い切る 〈*off, up*〉: ~ a book 本を読み[書き]終える / ~ a goose atone meal 一回の食事でがちょう一羽をきれいに平らげる / Your sandwich has ~*ed* the loaf. あなたの分のサンドイッチでパンを使い切った / He ~*ed off* the rest of the water. 彼は残った水を全部飲み干した / He ~*ed up* a can of paint. 一かん分のペンキを使い果たした. **3 a** …の(最後の)仕上げをする 〈*up*〉; 〈木材・布地・革など〉に仕上げを掛ける, 上塗りをする 〔*with, in*〕: ~ (*up*) a painting 絵の仕上げをする / ~ a table *with* varnish テーブルにワニスを塗る / ~ a desk *in* red lacquer 机に赤漆の上塗りをする. **b** 《英》〈人〉に仕上げ教育をする, (特に)〈若い女性を〉花嫁学校 (finishing school) に上げる: Where were you ~*ed*? 学校は最後はどこでしたか. **4** 滅ぼす, …にとって致命的となる, …の命取りとなる; 片づける, 殺す 〈*off*〉: The cavalry charge almost ~*ed* the enemy. 騎兵隊の突撃で敵軍はほとんど潰滅した / This scandal will just about ~ him *off*. このスキャンダルで彼はほとんど一生を棒に振ってしまうだろう / He ~*ed off* the snake with a stick. 彼はへびを棒でたたき殺した. **5** 〖製本〗…の仕上げをする (cf. finishing 1 d).

— *vi.* **1** 済む, 終わる: I thought the sermon would never ~. 説教はいつまでも終わらないのかと思った / The disease ~*ed* fatally for him. その病気は結局彼にとって致命的なものとなった. **2 a** 仕事(など)をし終える; 〔…で〕最後を飾る, おしまいにする[切り上げる] 〔*by, with*〕: I can't come till I have ~*ed*. 仕事が済むまでは帰れない / The pianist ~*ed with* a Chopin polonaise. ピアニストはショパンのポロネーズをひいておしまいにした / As soon as he had ~*ed with* the novel he went on to another. その小説の執筆を済ますとすぐまた別なものにとりかかった / I shall ~ *by* recit-

ing a poem from Wordsworth. 終わりにワーズワースの詩の一節を暗誦することにしよう. **b** [何着の意の補語を伴って] 競走[競技]を〈何着[等]で〉終える, 決勝点にはいる, 〈...の〉決勝となる: She ~*ed first* in the piano contest. 彼女はピアノコンテストで一等になった. **c** 〔...と〕縁を切る, 絶交する〔*with*〕: He ~*ed with* her for ever. 彼女と永久に手を切った. **3**《英》仕上げ教育を受ける, 花嫁学校で学ぶ.

finish off (1)〈仕事などを〉片づける, 仕上げる, 完了する;〈仕事などが〉おしまいになる, 仕上がる. (2) ⇨ *vt.* 2. (3) ⇨ *vt.* 4. ***finish up*** (*vt.*) (1) ⇨ *vt.* 3. (2) ⇨ *vt.* 2. (*vi.*) 完了する; 最後には(...に)陥る: It was three o'clock when I ~*ed up*. 終わったのは3時だった / The car ~*ed up* in the ditch. おしまいには車は溝にはまり込んだ.

— *n.* **1 a** 終わり, 終結, 終局 (end): fight to a ~ 最後まで戦う / a fight to a [the] ~ (いずれか一方が)敗れるまでの敢闘, 死闘 / from start to ~ 初めから終わりまで. **b** (狩猟・競走などの)最終の場面, 決勝点入り, 決勝, フィニッシュ: the ~ of a hunt 狐狩の最後の場面 / a close ~ in the race 競走の接戦の決勝. **2** 身を滅ぼすもと, 破滅の原因 (downfall): His fanatic love for horse racing was his ~. 彼の熱狂的な競馬好きが身を滅ぼすもととなった. **3 a** 最後の仕上げ; 仕上げの出来映え, 仕上げの仕方: a delicate [an artistic] ~ 上品[芸術的]な仕上げ / The artist was doing the ~ on his work. その画家は彼の作品に最後の仕上げをしているところだった / The picture gives just the right ~ to the room. この絵でその部屋の仕上げは完璧だ. **b** (態度・言葉遣いなどの)垢抜け (social polish): Her manners lack ~. 彼女の態度は垢抜けていない. **4 a** 仕上げ; (壁土・しっくい・ペンキなどの)仕上げ塗り, 上塗り, 上張り, つや出し; 上塗り材料: put a mahogany ~ on the table テーブルにマホガニー仕上げをする. **b**《建築》内部工事の仕上げ, 仕上げ用材: a ~ of black walnut 黒くるみ材の仕上げ.

be in at the finish (1)《狐狩》狐の最後を見届ける. (2) 最後の場面に参加する[立ち合う].

fín·ished *adj.* **1** 終えた, 完了した (concluded); 仕上げられた, 仕上がった, 完成した: a ~ novel 完成した小説 / a ~ manuscript 完全原稿 / ~ parts 完成部分品 / ~ stores 加工ずみ原料品 / I'm ~ for the day.《口語》きょうの仕事は済んだ. **2** (技能・教養などの点で)完全な, 磨きのかかった, 申し分のない, 垢抜けした (perfected): a poem written with ~ workmanship 完璧な技巧を凝らして書かれた詩 / a ~ gentleman 垢抜けした紳士 / ~ manners 洗練された[上品な]礼儀作法 / the ~ grace of Mary メアリの完璧な優美さ. **3** 過去のものとなった, 敗北した, 零落した, 気息奄々(えんえん)の, 望みを絶たれた (doomed): the ~ aristocracy 気息奄々の貴族階級 / He is ~ as a politician. 彼は政治家としてはもう過去の人物だ.

fín·ish·er *n.* **1** 完成者, 仕上げた人; 仕上げ工: a leather ~ 皮革仕上げ工. **2** 仕上げ機. **3**《口語》とどめの一撃. **4**《ボクシング》決定打.
the finisher of the law《戯言》死刑執行人, 絞首刑執行吏.

fínisher càrd *n.*《紡績》(毛糸の製造に使用される)3組のカード[梳(そ)毛機]のうちの最後のカード.

fín·ish·ing 〘ME〙 — *n.* **1 a** 最後の仕上げ; (特に各種製品・細工品などの)仕上げ工程. **b** 仕上げ教育, (特に)花嫁教育: She received her ~ in Paris. 彼女はパリの花嫁学校で教育を受けた. **c** [*pl.*]《建築》仕上げ仕事, (目に触れる)表面の仕上げ. **d**《製本》仕上げ(下ごしらえ (forwarding) の後に行なう表紙への文字入れ・箔押しなどの一連の作業; cf. finish² *vt.* 5). **2** [形容詞的に] 仕上げの: a ~ coat 仕上げ塗り, 上塗り / the ~ touch [stroke] 仕上げの一筆(など).

fínishing schòol *n.* 教養学校, 花嫁学校《若い女性が社交界に出る準備として, 職業教育よりも教養・身だしなみを重んじる最後教育を目的とする私立の学校》.

fínish lìne *n.*《米》(走路の)決勝線.

Fin·is·tère [fìnəstɛ́ə | fɪnɪstɛ́ə(r, ━━́; *F.* finistɛːr] *n.* フィニステール《フランス最西端の大西洋に面する県; 人口 769,000, 面積 6,786 km², 首都 Quimper [kɛ̃pɛːr]》.

Fin·is·ter·re [fìnəstɛ́ə, -téri | fɪnɪstɛ́ə(r, ━━́; *Sp.* finistérre], **Cape** *n.* フィニステレ岬《スペイン北西部の岬; スペインの最西端》.

fi·ni·tar·y [fáɪnətèri, fín- | -nɪtəri] 〘⇨ ↓, -ary〙 *adj.*《論理》有限(的)の.

fi·nite [fáɪnaɪt] 〘《1410》⊏ L *finit-us* (p.p.) ← *finire* 'to FINISH²'〙 — *adj.* **1 a** 限度のある, 制限[限定]されている, 有限の (limited): our ~ intelligence われわれの限りある知力 / Human understanding is ~. 人間の悟性には限度がある. **b** 絶対でない, 人間的な, 死すべき. **2**《数学》有限の (cf. infinite), 定まった: a ~ number [decimal] 有限個[小数] / ⇨ finite set. **3**《文法》定形の (cf. infinitive, finite verb). — *n.* [the ~] 有限, 有限性; [集合的] 有限物. **~·ly** *adv.* **~·ness** *n.*

fínite cánon *n.*《音楽》有限カノン(曲)《繰返しをしないカノン曲》.
fínite-diménsional *adj.*《数学》有限次元の.
fínite fíeld *n.*《数学》有限体 (⇨ Galois field).
fínite intersection pròperty *n.*《数学》有限交差性《集合の集合に関する性質で, 有限個の要素は必ず空でない共通部分をもつというもの》.
fínitely áddítive fùnction *n.*《数学》有限加法的集合関数《集合の集合で定義された関数で, 有限個の互いに素な集合の和集合に対する関数値が各集合に対する関数値の和に等しいようなもの》.
fínite sét *n.*《数学》有限集合《有限個の要素から成る集合》.
fínite vérb *n.*《文法》(Participle, Infinitive, Gerund に対し人称・数・時制・法等に制限される)定(形)動詞《例えば be について言えば am, is, are, was, were 等》.
fí·nit·ism [-tìzm] *n.*《哲学》有限論, 有限主義《特定の実在, およびその全体や認識等が有限であるとする立場; 無制限に大きな無限の存在を認めず, 有限記号から構成できる限りの無限を許容する論理・数学の立場》. **fí·nit·ist** [-tɪst, -təst | -tɪst] *n., adj.*
fi·ni·tude [fáɪnət(j)ùːd, fín- | fáɪnɪtjùːd] 〘《1644》← FINITE+-TUDE〙 *n.* 有限であること, 有限性.
fin·jan [fɪndʒɑ́ːn] 〘⊏ Arab. *finjān*〙 *n.* (Levant 地方で zarf に載せる)取っ手のない小型のコーヒー茶わん (⇨ zarf 挿絵).
fink¹ [fíŋk] 〘← ?: 一説では FINGER (n. 6 a) の短縮・変形〙《俗》 — *n.* **1** (会社側に雇われる労働者の)スパイ, 密告者 (informer). **2** スト破り. **3** 不愉快な奴, いやな奴. **4** 刑事, 警察官. — *vi.* **1** 警察に通報する; 密告する〔*on*〕. **2** スト破りをする.
fink out (1) (活動などから)身を引く, 支持するのをやめる, 計画(など)をやめる, 約束を破る. (2) 信頼できなくなる. (3) ひどく失敗する.
fink² [fíŋk] 〘⊏ Afrik. *vink*〙 *n.*《鳥類》 **1**《アフリカ》=finch. **2**《アフリカ南部》=weaverbird.
fín kéel *n.*《海事》 **1** フィンキール, 深(ふか)竜骨《ヨットなどの船底に横流れを防ぐ[重心を下げる]ために深く垂れ下がらせた竜骨; 単に fin ともいう》. **2** フィンキール艇《深竜骨をつけた細長く浅い船[ヨット]》.
Fin·land [fínlənd] 〘⇨ Finn¹〙 *n.* フィンランド《ヨーロッパ北部の共和国; 人口 4,740,000, 面積 337,000 km², 首都 Helsinki; 公式名 the Republic of Finland フィンランド共和国; フィンランド語名 Suomi》.
Finland, the Gulf of *n.* フィンランド湾《フィンランドの南部, バルト海 (Baltic Sea) の湾》.
Fin·land·er [fínləndə | -də(r] *n.* フィンランド人. ★ 今は通例 Finn を用いる.
Fin·lay [fínleɪ | -lɪ] 〘《異形》← FINLEY〙 *n.* 男性名.
fin·let [fínlɪt, -lət] 〘← FIN¹+-LET〙 *n.* (魚等の)小びれ.
Fin·ley [fínli | -lɪ] 〘⊏ Ir.-Gael. *Fionnghalac*《原義》little fair-haired valorous one〙 *n.* 男性名.
fín·lìke *adj.* ひれのような, ひれに似た.
Finn¹ [fín] 〘《1599》⊏ Swed. *Finne* ∽ OE *Finnas* (pl.) < Gmc **Finnar*: cf. L *Fenni* / Gk *Phinnoi*〙 — *n.* **1 a** [the ~s] フィン族. **b** フィン族の人; フィンランド人. **2** (米国・ソ連などに居住し)フィンランド語を話す人.
Finn² [fín] 〘⊏ Ir. *Fiann*: cf. Gael. *fionn* fair, white: cf. Fiona〙 — *n.* **1** 男性名. **2**《アイル伝説》フィン《3世紀頃の英雄で Ossian の父; 豪勇をもって知られる Fianna の指導者で, Macpherson 訳の *Ossian* では Fingal となる》.
Finn.《略》Finnish.
fin·nan háddie [háddock] [fínən-] 〘《変形》← *Findhorn* (スコットランドの漁港の名) ← Gael. *fionn* white: ⇨ haddie〙 *n.* 燻製のハドック.
finned 〘ME〙 — *adj.* **1** ひれ[ひれ状物]のある. **2** [複合語の第2構成要素として] (...の)ひれのある, (...)ひれの: long-[short-]*finned* ひれの長い[短い] / red-[yellow-]*finned* 赤[黄]びれの. **3**《紋章》〈魚が〉ひれが体の色と異なる.
fin·ner [fínə | -nə(r] *n.*《動物》=finback.
finnes·ko [fínzkou, fínəskòu | fínzkəu, fínəskəu] 〘⊏ Norw. *finnsko* ← *finn* Finn¹+*sko* shoe〙 *n.* (*pl.* ~) (表面に毛の生えたままの)トナカイ革の靴.
Fin·nic [fínɪk] 〘《1668》← FINN¹+-IC¹〙 — *adj.* **1** フィン族の. **2** フィン語の, フィン語族の: the ~ languages フィン語派《Finno-Ugric 語族の一分派で Lapp, Finnish, Estonian などの諸語を含む》. — *n.* フィン語派.
fin·nick [fínɪk] *vi.* =finick.
fin·nick·y [fínɪki, -nə- | -nɪkɪ] *adj.* =finicky.
Finn·ish [fínɪʃ] 〘《1789–96》〙 — *adj.* **1** フィンランド (Finland) の; フィンランド人の, フィン族の. **2** フィンランド語の. — *n.* フィンランド語.
Fin·no-U·gri·an [fìnou(j)úːgriən | -nəu(j)úːgrɪən] *adj.* **1** フィンウゴール人の (⇨Ugrian). **2** =Finno-Ugric. — *n.* **1** フィンウゴール人. **2** フィンウゴール語族.
Fin·no-U·gric [fìnou(j)úːgrɪk | -nəujúː-] *adj.* フィンウゴール語族の. — *n.* フィンウゴール語.
Fínno-Úgric lánguages *n. pl.* [the ~] フィンウゴール語族《ヨーロッパ北東部からシベリア西部にわたるウラル語族の一族で, Finnish, Estonian, Magyar を含む; cf. Finnic 2, Ugric》.
fin·ny [fíni | -nɪ] *adj.* (**fin·ni·er; -ni·est**) **1** ひれをもつ (finned); ひれのような (finlike). **2** 魚の, 魚の多い: the ~ deep 魚の多い深海 / the ~ tribe 魚族.
fi·no [fíːnou | -nəu; *Sp.* fíno] 〘⊏ Sp. ~《原義》fine¹〙 *n.* (*pl.* ~s) フィーノー《スペイン産の最も軽い辛口の上質のシェリー酒の総称; cf. sherry》.
fi·noc·chio [fɪnóukiòu, fə-, -nɔ́(ː)k- | fɪnɔ́ukɪəu, -nɔ́k-; *It.* finɔ́kkjo] 〘⊏ It. ~ 'fennel'〙 *n.* (*pl.* ~s)《植物》イタリアウイキョウ (⇨ Florence fennel).
fín rày *n.*《動物》ひれすじ, 鰭条(きじょう)《魚のひれを支える細い線状の構造》.
Fins·bur·y [fínzbəri, -b(ə)ri | -b(ə)rɪ] 〘ME *Finesbury*《原義》'manor of *Finn* (人名)': cf. -burg〙 *n.* もと London の自治区; 現在は Islington 区の一部.
Fin·sen [fínsən, -sn̩; *Dan.* fén'sən], **Niels Ry·berg** [rýːbɛrj] *n.* フィンセン《1860–1904; デンマークの外科医; 光線療法 (phototherapy) の創始者; Nobel 医学生理学賞 (1903)》.
Fínsen lámp 〘↑〙 *n.*《医学》フィンセン灯, 人工太陽灯, 石英[水銀]アーク灯《紫外線療法用》.
Fínsen líght 〘← N. R. *Finsen*〙 *n.*《医学》フィンセン光線《Finsen lamp によって作られる光》.
Fin·ster·aar·horn [fìnstərɑ́ːəhɔən | -tə(r)ɑ́ːhɔːn; *G.* fɪnstɐáːɐhɔrn] *n.* フィンステラールホルン《スイス南部 Bernese Alps 中の最高峰 (4,273 m)》.
fín whàle *n.*《動物》=finback.
F.I.O., f.i.o. 〘《頭字語》← *f*(*ree*) *i*(*n and*) *o*(*ut*)〙 — *n.*《海運》積荷・揚荷船内人夫賃船主無関係《積荷や揚荷のための人夫賃については船主に責任はないという契約, すなわちステベ賃は荷主の負担》.
Fi·o·na [fióunə | fɪə́u-] 〘← *Fiona Macleod* (William Sharp が自分の筆名として造った名) (fem.) ? ← Gael. *fionn* fair, white: cf. Fenella, Finley〙 *n.* 女性名.
Fionn [fín]《アイル伝説》=Finn² 2.
fiord [fiɔ́əd, fjɔ́əd | fjɔ́ːd, fiɔ́ːd; *Norw.* fjɔ́r] *n.* =fjord.
fi·o·rin [fáɪərɪn, fíːə-, -rən | fáɪərɪn] 〘⊏ Ir. *fiorthan*〙 *n.*《植物》コヌカグサ (⇨ redtop).
fio·ri·tu·ra [fìːərətúː(ə)rə, -ɔ̀ːr- | fìɔːrɪtúərə; *It.* fjòritúːra] 〘⊏ It. ~ 'bloom' ← *fiorire* to bloom: cf. florid〙 — *n.* (*pl.* **-tu·re** [-ri, -reɪ | -reɪ; *It.* -re])《通例 *pl.*》《音楽》フィオリトゥーラ《旋律に装飾を施すこと》.
fip [fíp] *n.*《米》=fippenny bit.
fip·pence [fípəns] *n.*《英口語》=fivepence.
fip·pen·ny [fíp(ə)ni | -nɪ] 〘《変形》← FIVEPENNY〙 *adj.*《英口語》=fivepenny.
fíppenny bìt [pìece] 〘《変形》← *fivepenny bit* [*piece*]〙 — *n.*《米》フィップニービット《1857年以前に米国東部で用いられたスペイン銀貨; 約6セント, スペインの real の 1/2 に相当した; fip ともいう》.
fip·ple [fípl̩] 〘← ?: cf. Icel. *flipi* horse's lip〙 *n.*《楽器》(管楽器の歌口の広さを詰める)詰め栓.
fípple flúte *n.*《楽器》fipple のあるフルート《recorder, flageolet など》.
fir [fə́ː | fə́ː(r] 〘《?c1300》 *firre* ⊏ ? ON *fyri-* < Gmc **furxjōn* ← **furxō* (OE *furh(-wudu)* fir-wood, pine / G *Föhre* / ON *fura* fir) < IE **perkwu-s* oak (L *quercus* oak)〙 — *n.* **1** モミ: **a** マツ科モミ属 (*Abies*) の樹木の総称《balsam fir, silver fir など》. **b** モミ属と近縁の樹木の総称《Douglas fir, Scotch fir, spruce fir など》. **2** 樅(もみ)材.
fir.《略》firkin(s).
Fir·bank [fə́ːbæŋk | fə́ː-], **Ronald** *n.* (1886–1926) 英国の小説家; *Vainglory* (1915), *Sorrow in Sunlight* (米国では *Prancing Nigger*) (1924).
fír còne *n.* 樅(もみ)の毬果(きゅうか).
Fir·dau·si [fədáusi, fɪə-, -dɔ́ːsi | fədáusɪ, fɪə-] (*also* **Fir·du·si** [-dúːsi | -sɪ]) *n.* フィルダウシー《940?–1020; ペルシャの叙事詩人; *Shah Namah*「シャーナーメ」; 本名 Abul Qasim Mansur》.
fire [fáɪə | fáɪə(r] 〘OE *fȳr* < (WGmc) **fūir* (Du. *vuur* / G *Feuer*) < IE **pewōr* (Gk *pûr* fire)〙 — *n.* **1 a** 火: *Fire* burns. 火は燃える / strike ~ (こすったり, 吹いたりして)火をつける / There is no ~ without smoke.《諺》(煙を立てずに火は起こせないことから)何ごともよいことばかりでは済まぬ, 二つよいことはないもの / No smoke [There is no smoke] without ~.《諺》火のないところに煙は立たぬ. **b** [*pl.*] (地獄などの)劫火, (火山の)焦熱, 熱火: the ~*s* of hell 地獄の劫火. **2 a** (炉・ストーブの)火, 炉火, 炭火, 焚(た)き火: a cheerful ~ 気持のよい炉の火 / a false ~ (敵をあざむく)おとり火, にせ信号火 / bank up a ~ 火をいける / have a ~ in one's room 部屋に火をたいておく / light a ~ 火を焚きつける / make a ~ 火を焚く[起こす] / lay a ~ (火を焚く用意に)薪(まき)を積む / stir the ~ with a poker 火かき棒で火をかき立てる / put the kettle on the ~ 火にやかんをかける / It is too warm for ~s. 暖いから火はいらない. **b**《英》小型ガス[電気]ヒーター. **3** 火事, 火災: insure against ~ 火災保険をかける / a forest ~ 山火事 / a great ~ 大火 / A ~ broke out. 火事が起こった / The ~ spread rapidly from house to house. 火事は家から家へどんどん燃え広がった / the Great *Fire* of London (1666年の)ロンドンの大火 / *Fire!* 火事だ. **4 a** 火責め; [the ~] 火刑: ~ and fagot (昔, 異端者などに対して行なった)火あぶりの刑 / under threat of *the* ~ 火刑のおどしで. **b** [しばしば *pl.*] 試練, 苦難: go through ~ 辛い試練を受ける / in the ~*s* of performance 実行の試練において. **5 a** [集合的にも用いて] 火花. **b**《古》火薬; 花火: ⇨ Greek fire. **c**《英方言》まき, たきつけ. **d**《古》電光 (lightening), 雷電 (thunderbolt). **6** (古代哲学で四大 (four elements) の一つとしての)火. **7** (病気の)熱; 熱病, 炎症: the ~ of a wound / ⇨ St. Anthony's fire. **8 a** 火のような輝き, 光輝: the ~ of a gem 宝石の光輝 / eyes full of ~ きらきら光る目 / ⇨ St. Elmo's fire. **b**《詩》(星など)きらきら輝くもの, 星 (star): heavenly ~s=~s of heaven 空の星, 星辰. **9** (火酒の)熱気, 火気; 火酒. **10 a** (銃砲・火器の)射撃, 発射, 砲火; (ミサイル・ロケットの)発射, 点火: open ~ on ⇨ *open* FIRE / cease ~ 射撃をやめる, 戦闘を中止する (cf. cease-fire) / be exposed to the enemy's ~ 敵の砲火にさらされる / covering ~ 掩護(えんご)射撃[砲火] / a fierce ~ 猛射 / random ~ 乱射 / ⇨ LINE of fire. **b** (矢継ぎ早の)激しい言葉の攻撃, 非難; (発言などの)連発: a running ~ of questions

質問の連発 / a ～ of reproaches 矢継ぎ早の非難 / He was [His policies were] under heavy ～ in the Diet. 彼[彼の政策]は国会で激しい攻撃を受けた. **11** 情火, 情熱, 燃える思い; 熱血, みなぎる活気: the ～ of love [rage] 燃える愛情[怒り] / be full of ～ and courage 熱情と勇気に満ちている / a speech lacking ～ 熱のない演説 / ～ in the [*one's*] belly やる気, 野心. **12** 激しい想像力, 詩的霊感: a poet's ～ 詩人の霊感.

between two fires 腹背に敵の砲火を受けて, 板ばさみになって: They are caught *between two ～s.* 両面攻撃を受けている. ***blow the fire*** ⇨ blow[1] 成句. ***build a fire under a person*** 人を奮起させる, 人に発破をかける. ***catch fire*** (1) 火がつく: The pile of straw *caught ～.* わら積みに火がついた. (2) 興奮する, 熱狂する. (3) (程度・興味・効果など)激しくなる, 度を増す. ***fight fire with fire*** 相手が用いた手口[戦術]を用いて対抗する; 火の戦いには火で応ずる. ***fire and brimstone*** (1) 火と硫黄(おう), 地獄の責め苦, 天罰 (cf. *Gen.* 19: 24, *Rev.* 19: 20). (2) [間投詞的に]《古》畜生《ののしりの言葉》: *Fire and brimstone!* ***fire and sword*** (侵入軍による)放火や殺戮(りく), 戦禍. ***go on fire*** 《スコット・アイル》燃え始める, 火がつく. ***go through fire (and water)*** 水火をも辞さない, あらゆる危険を冒す, どんな試練にも耐える (*Ps.* 66: 12). ***hang fire*** (1) 〈弾薬が〉遅発する (cf. hangfire). (2) 決断がつかない, ぐずぐずする, 手間取る. ***hold (one's) fire*** 意見を述べることを差し控える, 議論を抑える; 人にしゃべらない. ***miss fire*** (1) 〈弾薬が〉発火しない, 不発に終わる, ミスファイアを起こす. (2) 不成功に終わる, 失敗する. ***on fire*** (1) 火災を起こして, 燃えて: The house is *on ～.* (2) 熱中して, 興奮して. ***open fire*** (1) 火ぶたを切る, [...に対し]砲火[砲門]を開く, 射撃を開始する [*on, at*]. (2) (物事を)始める, 火ぶたを切る. ***play with fire*** (1) 火をいじる, 火遊びする. (2) (軽率に)危険な事に手を出す. ***pull a person's chestnuts out of the fire*** ⇨ chestnut 成句. ***pull [snatch] out of the fire*** (1) 災害から救い出す. (2) 〈(負けそうになった)勝負などを〉盛り返す, 勝利に導く. ***set fire to*** ...=***set*** ...***on fire*** (1) ...に火をつける[放つ], 燃やす, 火災を起こさせる: *set* a house *on ～.* (2) ...を興奮させる, 激させる. ***set the Thames [world, river] on fire*** [通例否定構文で] 華々しい事をして名をあげる: He *won't set the Thames on ～.* ***show the fire*** さっと火にかける[熱する]. ***take fire*** (1) 火がつく, 発火する. (2) 熱狂する, 夢中になる. ***under fire*** (1) 砲火を浴びて. (2) 非難[攻撃]を受けて. ***Where's the fire?*** 《戯言》(急いでいる人に向かって)火事場はどこです.

— *vt.* **1** ...に火をつける, 火を放つ, 燃やす: ～ a house 家に火をつける, 放火する. **2 a** ...に火を入れる, たきつける, 〈炉などを〉たく; 〈たばこ〉の火をつける 〈*up*〉: ～ a boiler [furnace] かま[炉]をたく / ～ *up* a cigar. **b** 〈内燃機関を〉発火させる, 始動させる: ～ a rocket engine. **3 a** 火に当てる[かける], ...に火を通す; 〈れんがなどを〉焼く: ～ bricks [pottery] れんが[瀬戸物]を焼いて作る. **b** 〈茶・たばこの葉などを〉火で乾燥する: ～ tea 茶に火入れをする; 茶をほうじる. **c** いぶし火で〈果樹園など〉の霜を防ぐ (smudge): ～ the young orange grove. **4 a** 〈銃砲を〉撃つ, 発火させる, 発砲する, 発射する, 放つ: ～ a gun, pistol, etc. / ～ a volley 一斉射撃をする / ～ a salute 礼砲を放つ. **b** 〈ミサイル・ロケットなどを〉発射させる: ～ a rocket. **c** 〈爆薬などを〉爆発させる, 爆破する: ～ a coal mine. **5 a** 〈質問・非難などを〉浴びせる: ～ questions at ...に質問を浴びせる / ～ a hard glance at a person 人に激しい一瞥(べつ)を投げる. **b** 《口語》〈石などを〉勢いよく投げる, ぶっつける. **c** 《写真》〈シャッターを〉切る (release). **6** 〈火がついたように〉光らせる, 輝かせる, 赤くさせる. **7** 〈感情・想像力などを〉燃え立たせる, 刺戟する, 熱中させる; 感激させる; ...に霊感を与える: ～ a person's blood 人の熱血を燃え立たせる / ～ the imagination 想像力をかきたてる. **8 a** 《口語》首にする, 解雇する: ～ a servant / be ～*d* 首になる / ～ *out* ⇨ 成句. **b** 《古》火で清める, 追い払う [*out of, from*]: ～ doubt *out of* ...の疑惑をなくす. **9** (ゲーム・試合で)...を得点する: ～ a 40. **10** 《獣医》(焼きごてで)焼烙(らく)する (cauterize).

— *vi.* **1 a** 火がつく, 燃えつく. **b** 〈内燃機関などが〉発火する, 始動する. **2 a** 輝く, 光る, 赤く燃える. **b** 〈穀物が〉(旱魃で)黄熟する. **3** 発砲する, 射撃する; 〈銃砲が〉火を吹く, 発火[発射]する: ～ *at* [*into, on*] a ship 船を射撃する / give the order to ～ 射撃[発砲]の号令を下す / *Fire!* 撃て. **4 a** (興奮して)真赤になる, 熱する, 興奮する, 激する. **b** 急にかっとなる, 憤激する 〈*up*〉. **5** 《口語》石(など)を勢いよく投げる. **6** 火をつける, 火の番をする. **7** 〈瀬戸物などが〉火で変化する: a glaze that ～s blue 火を入れると青色になる釉(ゆう). **8** 《音楽》鐘の音を一斉にならす.

fire ahead =FIRE *away* (*vi.*) (2). ***fire away*** (*vt.*) 〈弾丸などを〉打ち尽くす: ～ *away* all one's ammunition 弾薬を全部打ち尽くす. (*vi.*) (1) 打ち続ける: ～ *away at* the enemy 敵をどんどん射撃する. (2)《口語》〈質問・仕事などを〉どんどん[矢つぎばやに]し始める [*with*]; [命令形で] どしどし[さっさと]やれ: ～ *away at* the prime minister 首相にどんどん質問し始める / "May I ask you some questions?" "*Fire away.*" お尋ねしたいことがありますが—(さあ)どうぞ. (3)《英》写真をとる. ***fire off*** (*vt.*) (1) 撃つ, 発射する (discharge): ～ *off* a gun 銃砲を発射する. (2) 放つ, 飛ばす: ～ *off* questions 質問を放つ. (3) 〈窯(かま)〉の火を落とす, 〈火を〉消す. (4) 写真をとる. ***fire out*** 《米》(*vt.*) 放逐する, 解雇する, 首にする.

fire alàrm *n.* **1** 火災警報. **2** 火災報知機.

fire ànt *n.* 《昆虫》ハリアリ類の総称《主として熱帯地方に多く, 刺針をもつ》.

fíre·àrm *n.* [《英》通例 *pl.*] 火器; (特に)小火器《rifle, pistol など; cf. cold steel》.

fire àrrow *n.* 火矢, 火箭(や)《14世紀の弩砲(ど)(ballista) から発射する火のついた矢》.

fíre·bàck *n.* **1** (炉火反射用の)暖炉の鉄板製の背壁. **2** 《鳥類》コシアカキジ《南アジア産 *Lophura* 属の雄の背後部が金属赤色のキジの総称; ハッカンウチワキジなど; fire-backed pheasant ともいう》.

fíre·bàll *n.* **1 a** 火の玉《太陽など》. **b** 球電《火の玉のように見える稲妻; ball lightning ともいう》. **c** 《天文》火球, 光る大流星 (bolide). **d** 火球, 火の玉《核爆発の際に生じる中心の光輝部》. **2** 《口語》非常に精力的な人, 活動家. **3** 《野球》火の玉速球. **4** 《兵器》(昔の)焼夷(しょうい)弾.

fire ballòon *n.* **1** 熱気球. **2** 花火気球《ある高さまで上ると爆発する仕掛けの花火材料を付けた風船》.

fire bàr *n.* (炉の)火格子棒.

fire bàsket *n.* (かがり火をたく携帯用の)火かご, かがりかご.

fire bày *n.* 《築城》塹壕内の他の部分より前方に弧状に突き出したライフル兵たちのいる区間.

fire bèetle *n.* 《昆虫》**1** ホタルコメツキ《北米南部から中南米の全域にわたるコメツキムシ科 *Pyrophorus* 属の60余種の甲虫の総称》. **2** 《豪》灯火に飛来する甲虫の総称.

fire bèll *n.* 出火警鐘, 火事半鐘.

fire bèlt *n.* (森林地などの)防火帯, 防火線 (firebreak).

fíre·bìrd *n.* 《鳥類》羽が赤色または橙色の小鳥の総称; (特に)バルチモアムクドリモドキ (Baltimore oriole).

fire blàst *n.* 《植物病理》(ホップなどの)枯縮病.

fire blìght *n.* 《植物病理》**1** (リンゴなどの)腐爛(らん)病. **2** 腐爛病病原菌 (*Erwinia amylovora*).

fire blòcks *n. pl.* 火災防塞板.

fíre·bòard *n.* **1** 炉蓋(ぶた), 炉板《夏期使用しない時に fireplace を塞ぐための板》. **2** 《米中部》=mantelpiece.

fíre·bòat *n.* 消防船.

fíre·bòmb *n.* 補助タンク焼夷(しょうい)弾, 火焔爆弾《飛行機の補助タンクに焼夷剤を入れたもの》; 焼夷弾. — *vt.* ...に焼夷弾を落とす; 焼夷弾で攻撃する.

fire bòss *n.* 《米》《鉱山》爆発ガス警戒係《gasman, fireman ともいう》.

fíre·bòx *n.* **1** (ボイラー・機関車の)火室. **2** 火災報知機.

fíre·brànd 《ME》 *n.* **1** たいまつ, 燃え木. **2** (激情を)あおる者, (紛争の)煽動者.

fíre·bràt *n.* 《昆虫》マダラシミ (*Thermobia domestica*)《かまどなど熱い所に集まる》.

fíre·brèak *n.* 防火帯, 防火線《森林・草原中に火事の広がるのを防ぐために開拓伐木された地帯》.

fíre·brìck *n.* 耐火れんが《耐火粘土製のれんが》.

fire brìdge *n.* 火堰(せき)《火格子の後方を仕切る耐火れんがの低い壁》.

fire brigàde *n.* **1** 消防隊[団]. **2** 《英》消防署《《米》fire department》. **3** 《米軍俗》(異常事態発生などの処理のために組織された)機動部隊.

fire bùcket *n.* 非常用消火バケツ.

fíre·bùg *n.* **1** 《口語》放火者, 放火狂. **2** 《米方言》ホタル.

fire chìef *n.* 《米》**1** 消防署長. **2** =fire marshal 2.

fíre·clày *n.* 耐火粘土《耐火れんが用》.

fire còmpany *n.* **1** 消防隊. **2** 火災保険会社.

fire contròl *n.* **1** 《軍事》射撃統制, 射撃(の)指導《射撃の計画準備および実施に関するすべての運用をいう, fire direction より範囲が広い》. **2** 防火, 消火.

fíre·cràcker *n.* **1** 爆竹, 爆竹, かんしゃく玉. **2** 燃えるような赤色.

fíre·crèst *n.* 《鳥類》マミジロキクイタダキ (*Regulus ignicapillus*)《ヨーロッパ産のキクイタダキの一種》.

fire cròss *n.* =fiery cross 1.

fíre-cùre *vt.* 《米》(たばこに特有の味を与えるために)たき火の煙を当てて処理する (cf. flue-cure). **fíre-cúred** *adj.*

fire cùrtain *n.* **1** (劇場などの)耐火カーテン. **2** 《軍事》弾幕砲火.

fired *adj.* [複合語の第2構成素として] (...を)焚(た)く, (...を)燃料とする: a coal-*fired* furnace.

fíre·dàmp *n.* **1** (炭坑内に生じる)爆発ガス《主にメタンから成り, ある程度空気と混じると爆発する; cf. blackdamp》. **2** (爆発ガスと空気の混じった)爆発気.

fire depàrtment *n.* 《米》**1** (都市の)消防部, 消防署《《英》fire brigade》. **2** [集合的] 消防部員.

fire dirèction *n.* 《軍事》射撃指揮《射撃目標の選定・火力の集中と配分・弾薬の配当など, 1部隊以上の火力を戦術的に運用すること; fire control より範囲が狭い》.

fíre·dòg *n.* (炉の)薪(まき)のせ台; 火格子.

fire dòor *n.* **1** (炉・ストーブなどの)焚き口の戸. **2** 防火扉, (特に, 火災の際の熱で作動する)自動防火扉.

fíre·dràgon *n.* =firedrake.

fíre·dràke 《OE *fȳr-draca* firedragon: ⇨ fire, drake[1]》 *n.* 《チュートン神話》火竜《口から火を吐く竜で, 財宝の守護者》.

fire drìll *n.* **1** 消防演習; (学校・工場などの)防火[消火]訓練. **2** (原始人の用いた)火起こし錐(きり).

fíre·èater *n.* **1** 火食い術の魔術師. **2** (血気にはやる)無鉄砲者, けんか好き (bully). **3** 《口語》《米史》(南北戦争前の南部の)熱烈な奴隷制度支持者. ★ 北部の奴隷制度反対者が主に用いた. radical.

fíre-èating *adj.* 血気にはやる, けんか好きの: a ～.

fire èngine *n.* 消防用(蒸気)ポンプ; 消防(自動)車.

fire escàpe *n.* 火災避難装置, 避難ばしご, 非常階段: a wheeled ～ 車台に取り付けた避難ばしご.

fire èxit *n.* 非常口.

fire extìnguisher *n.* 消火器.

fíre-éyed *adj.* 《古・詩》目のきらきらと光る.

fíre·fàng *vi.* 〈肥料・穀物が〉有機物の酸化分解によって極端に乾燥変質する.

fíre·fìght *n.* 《軍事》射撃戦.

fire fìghter *n.* 消防士, 消防隊員 (fireman).

fire fìghting *n.* 消火活動, 消防.

fire flàir *n.* 《英》《魚類》アカエイ (*Dasyatis pastinaca*).

fíre·flàught [-flɔ̀ːt, -flɑ̀xt | -flɔ̀ːt, -flɔ̀xt] 《← FIRE (n.)+《スコット》*flaught* flash (< ME *flaught* turf < OE **fleaht*: cf. flake[1])》 — *n.* 《スコット》**1** 電光, 稲光, 稲妻. **2** 流星. **3** 短気な人, 怒りっぽい人.

fíre·flòat *n.* 消防船.

fíre·flòod *n.* 火攻法, 地下燃焼法《油層内の原油の一部を燃焼させ, 発生したガス圧によって産出を増加させる油田若返り法; fireflooding ともいう》.

fíre·flỳ *n.* 《昆虫》ホタル《ホタル科の昆虫の総称; ただし米国ではコメツキムシ科のヒカリコメツキ類も含むことが多い; cf. glowworm》.

fire gìlding *n.* 金と水銀のアマルガムを用いて金箔をつける方法.

fire gràte *n.* 火格子《fireplace の火床》.

fíre·guàrd *n.* **1** 炉前の囲い金網, ストーブ囲い. **2** 《米》(森林・草原地の)防火地帯. **3** 《米》(森林地帯の)火災監視人.

fire hàll *n.* 《北米・カナダ》=fire station.

fire hòok 《(15C)》 *n.* **1** とび口. **2** 火かき棒.

fire hòse *n.* 消火ホース.

fíre·hòuse 《OE *fȳrhūs*: ⇨ fire, house》 *n.* 《米》消防ポンプ小屋, 消防詰所, 消防署 (fire station).

fire hùnt *n.* 《米》夜間灯火を用いて行なう狩猟; 狩猟地に火を付けて行なう狩猟.

fire hỳdrant *n.* 《米》消火栓, 防火栓 (fireplug).

fire insùrance *n.* 火災保険: a ～ company 火災保険会社 / a ～ contract 火災保険契約.

fire ìrons *n. pl.* **1** 炉辺鉄具[用具]《tongs, poker, shovel など》. **2** (炉の)薪(まき)のせ台 (andirons).

fire làdder *n.* (火災避難用の)非常ばしご; 消防用はしご.

fíre·less *adj.* **1** 火のない, 火の気(け)のない: a ～ room. **2** 活気のない.

fíreless cóoker *n.* 火なしこんろ, 蓄熱料理器.

fíre·lìght 《OE *fȳr-leoht*》 *n.* (炉やキャンプファイヤーなどの)火明り: in the ～.

fire lìghter *n.* **1 a** 火をつける人. **b** 火つけ道具, ライター. **2** 《英》たきつけ.

1 2 3

fire irons 1
1 poker; 2 shovel; 3 tongs

fire lìmits *n. pl.* (建築物に一定の防火基準の要求される, 都市などの)防火区画.

fire lìne *n.* **1** (森林地の)防火線 (firebreak). **2** [通例 *pl.*] (火災現場の危険防止のための)消防非常線.

fíre·lòck *n.* **1 a** (16世紀の)輪燧(りんすい)銃; 輪燧発機 (wheel lock). **b** (17世紀の)燧石銃; 燧発機 (flintlock). **2** 《古》燧発銃兵.

fire màin *n.* (消火用水道の)消火主管.

fíre·man [-mən] 《ME》 — *n.* (*pl.* **-men** [-mən, -mèn]) **1** 消防士, 消防隊員 (fire fighter). **2 a** (炉や機関の)汽罐(かん)員 (stoker). **b** (機関車の)機関助士. **c** 《海事》(昔は)火夫, (今は)機関員. **d** 《米海軍》機関兵. **3** 《野球》火消し役, 救援投手, リリーフピッチャー (relief pitcher). **4** 《鉱山》=fire boss.

fire màrshal *n.* 《米》**1** (州や市の)消防部長. **2** (会社・工場などの)防火管理者《fire chief ともいう》.

fíre-néw *adj.* 《古》真新しい.

Fi·ren·ze [*It.* firέntse] *n.* フィレンツェ《Florence のイタリア語名》.

fire òffice *n.* 《英》火災保険会社の事務所.

fire òpal *n.* 《鉱物》ファイヤーオパール (⇨ girasol 1).

fíre·pàn *n.* 《英》火取り具, 十能; 火鉢 (brazier).

fire patròl *n.* 《保険》=salvage corps.

fire pìnk *n.* 《植物》米国東部産ナデシコ科マンテン属の鮮紅色の花をつける植物 (*Silene virginica*).

fíre·plàce *n.* **1** 壁炉, (部屋の壁に設けられた)暖炉; 炉床. **2** (キャンプ場などにある)野外[戸外]炊事炉.

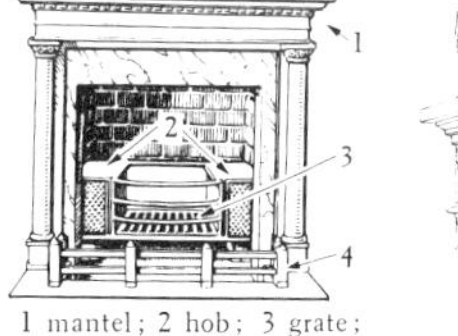

1 mantel; 2 hob; 3 grate; 4 fender; 5 hearth; 6 ash-pit; 7 ash damp; 8 fire-place; 9 throat; 10 damper; 11 smoke shelf; 12 smoke chamber; 13 flue

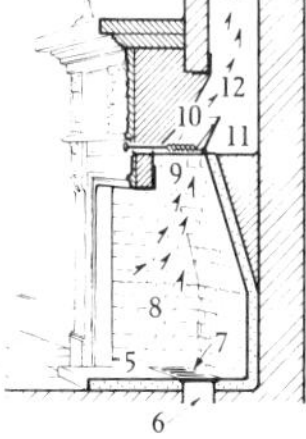

fireplace 1

fíre·plùg *n.* (水道本管と連結している)消火栓, 防火栓 (fire hydrant)《略 F.P.》.
fíre pòint *n.* 〘化学〙(揮発性燃焼物の)発火点 (cf. ignition point).
fíre pòlicy *n.* 火災保険証書.
fíre-pòlish *vt.* 〘ガラス製造〙火仕上げする, 口焼きする.
fíre pòlishing *n.* 〘ガラス製造〙火造り, 口焼き《加工の過程でガラスをガスの炎にあてて軟化させ表面張力によってなめらかに仕上げる方法》.
fíre·pòt *n.* **1** 火つぼ《炉やストーブの燃料の燃える所》. **2** (中世の)磁砲《土器の壺に爆発物を詰めた手投げ弾》. **3** (はんだ用の)るつぼ (crucible).
fíre·pòwer *n.* **1** 〘軍事〙火力, 火力量《部隊または兵器が一定時間に目標に向かって効果的に発射し得る弾丸の能力または総量》. **2** 〘スポーツ〙(チームの)得点可能力.
fíre·pràctice *n.* 《英》=fire drill 1.
fíre·próof *adj.* 防火の, 耐火性の; 不燃性の, 不燃加工をした: a ~ construction 防火構造 / a ~ curtain (劇場の客席と舞台を分かつ)防火幕 / a ~ dish 耐熱皿 / a ~ vault 耐火地下室《金庫室》. — *vt.* 耐火性にする. **~·ness** *n.*
fíre·próof·ing *n.* **1** 耐火性化, 防火装工, 防火処理. **2** 耐火材料.
fír·er [fáɪ(ə)rə | fáɪərə(r] *n.* **1** 点火物. **2** [通例複合語の第2構成要素として] 発火器, 銃: a single-*firer* 単発銃 / a quick-*firer* 速射砲. **3** 発火者, 発砲者, 射撃者. **4** 火の番をする人, (窯などの)火入れ工. **5** 火つけ, 放火犯人.
fíre-ràiser *n.* 《英》放火犯人.
fíre-ràising *n.* 《英》放火罪 (arson).
fíre-réd 〘ME〙 *adj.* 火のように赤い, 朱色の.
fíre rèel *n.* 《カナダ》=fire engine.
fíre resìstance *n.* 耐火性.
fíre-resìstant *adj.* 〈構造物が〉耐火性の.
fíre-retàrdant *adj.* 防火効力のある. — *n.* 防火材料.
fíre-retàrded *adj.* 防火材料で保護[被覆]された.
fíre rìsk *n.* 〘保険〙火災危険.
fíre·ròom *n.* (蒸気船の)火たき室, 汽罐(かん)室.
fíre sàle *n.* 《米》焼残り品特売[売出し].
fíre scrèen *n.* **1** (暖炉の前に置く熱よけ用の)火よけついたて. **2** 《米》=fireguard 1.
Fíre Sèrvice *n.* 《英》消防隊 (fire brigade).
fíre sètting *n.* 〘鉱山〙古く行なわれた岩石の破砕方法; 岩石の前面で焚火をし, その熱で岩石を破壊する.
fíre shìp *n.* 焼打ち船, 火船《昔, 敵艦船を焼き払うため燃料や爆発物を満載点火し敵船の風上に流した船》.
fíre shòvel 〘lateOE *fȳr-scofl*〙 *n.* 石炭を火にくべるためのシャベル, 石炭すくい.
fíre shùtter *n.* (金属製の)防火シャッター.
fíre·sìde *n.* **1** (室内の)炉ばた, 炉辺: sit by the ~. **2 a** 炉辺のまどい, 一家団欒(らん). **b** 家庭 (home), 家庭生活. — *attrib. adj.* 炉辺の: a ~ scene 炉辺(家庭生活)の場面 / a ~ comfort 家庭生活の慰楽 / a ~ chat 炉辺の打ち解けた談話; 炉辺閑談《F. D. Roosevelt 大統領の採った政見発表の形式》.
fíre stàtion *n.* 消防詰所, 消防署 (《米》firehouse).
fíre stèp *n.* 〘軍事〙(塹壕(ざん)内の)発射踏み台《塹壕内の兵士が射撃・敵情観測のため上がる踏み台》.
fíre stìck 〘ME〙 — *n.* **1** (未開人がすり合わせて火を起こした)火起こし棒, 火切り棒. **2** 燃え木, たいまつ (firebrand). **3 a** [*pl.*] (2本の箸からなる原始的な)火ばさみ. **b** 火かき棒 (poker).
fíre·stòne 〘OE *fȳrstān*〙 *n.* **1** (炉の内張り材に適した)珪質岩. **2** 火打石 (flint); (昔, 火打石として用いた)黄鉄鉱 (pyrite).
fíre-stòp *n.* 火災止め《火災の広がりを防ぐために建物の中空層をもつ壁の要所を密封する部材》. — *vt.* …に火災止めをつける.
fíre stòrm *n.* **1** 火事あらし《大火・(原子)爆弾などによって生じる上昇気流によってしばしば雨を伴う強風を引き起こす大気現象》. **2** 《詩》火のあらし.
fíre-tèazer *n.* 《英》火夫, 機関夫 (stoker).
fíre thòrn *n.* 〘植物〙トキワサンザシ (*Pyracantha coccinea*)《南ヨーロッパ・西アジア原産の白い花をつける低木》.
fíre tòwer *n.* (森林などにある)火災監視塔, 火の見やぐら.
fíre·tràp *n.* **1** 火災の際逃げ場のない極めて危険な建物[場所]. **2** 火災を起こす可燃物のがらくた.
fíre trèe *n.* 〘植物〙ヒノキ (⇨ sun tree).
fíre trènch *n.* 〘軍事〙戦闘壕, 散兵壕《小銃発射のための塹壕(ざん)》.
fíre trùck *n.* 《米》消防(自動)車.
fíre tùbe *n.* 〘機械〙=flue³ 2 c.
fíre-tùbe bòiler *n.* 煙管ボイラー.
fíre wàlk *n.* 火渡り《火の中や焼石の上を裸足で歩く宗教的儀式で, Fiji 島などで行なわれる; 昔はヨーロッパでも正邪を決めがたい時の裁判法として行なわれた》.
fíre wàlker *n.* 火渡り術者[行者].
fíre wàlking *n.* 火渡り(の術, 儀式) (fire walk).
fíre wàll *n.* **1** 〘建築〙防火壁. **2** 〘航空〙(エンジン収容部の)防火壁.
fíre wàrd *n.* 《古》=fire warden.
fíre wàrden *n.* 《米》(都市などの)消防監督官; (キャンプの)火の番, 防火責任者; (森林地の)防火官吏.
fíre-wàtcher *n.* 《英》(第二次大戦中の空襲)火災監視人.
fíre·wàter *n.* 強いアルコール飲料, 火酒(しゅ).
fíre·wèed *n.* 〘植物〙焼跡・開墾地に生える厄介な雑草《ヤナギラン (willow herb) やシロバナヨウシュチョウセンアサガオ (jimson weed) など》.
fíre·wòod 〘(15C)〙 *n.* まき, 薪.
fíre·wòrk *n.* **1 a** 花火: a display of ~*s* 花火大会 / light a ~ 花火に火をつける / set ~*s* 仕掛け花火 / let [set] off a ~ 花火を打ち上げる. **b** [*pl.*] 花火大会. **2** [しばしば *pl.*] のろし. **3** [通例 *pl.*; 時に単数扱い] **a** (才気の)ひらめき, 煥発(かん). **b** (論戦などの)火花; (感情・怒りの)ほとばしり: a ~*s* of rage ほとばしる怒り. **4** [*pl.*] 《口語》〘軍事〙(高射砲などの)対空砲火; 砲撃.
fíre wòrship *n.* **1** 拝火. **2** 《俗用》拝火教 (Zoroastrianism).
fíre wòrshiper *n.* 拝火教信者.
fír·ing [fáɪ(ə)rɪŋ | fáɪər-] 〘ME〙 — *n.* **1** (鉄砲・地雷などの)発火, 発砲, 発射, 射撃: ~ practice 射撃演習. **2** (かまどなどの)火入れ; (陶器などの)焼成; (茶の)火入れ. **3** 燃料, 薪炭 (fuel). **4** (不良な土壌などによる植物の)焼けの症状 (scorching). **5** 解雇.
fíring àngle *n.* 〘電気〙点弧角《サイリスター (thyristor) などをオンにする時点を電気角で表現した量》.
fíring bàttery *n.* 〘軍事〙射撃中隊《砲兵部隊の中で本部・管理補給部隊以外の, 実際に射撃を行なう中隊》; 戦砲隊《射撃中隊の中で実際に射撃位置について戦闘するもの》.
fíring dàta *n. pl.* 〘軍事〙射撃諸元《砲兵の射撃のために必要な目標・射撃方向・使用弾薬などに関するデータ》.
fíring ìron *n.* 〘獣医〙烙鉄(らく).
fíring lìne *n.* **1** 〘軍事〙 **a** 火線, 射線 (front line)《主に火器についての用語で, 戦闘または射撃演習の際に射撃のため隊員を配置した線》. **b** 砲列線《firing battery (戦砲隊)が砲列をしいた線》. **2** (活動・行動の)第一線. ★ 主に次の句で: on the ~ 第一線で.
fíring òrder *n.* (多筒内燃機関の各気筒の)点火順序.
fíring pàrty *n.* 〘軍事〙**1** 弔(ちょう)銃発射(部)隊《軍の儀礼により埋葬する死者のため墓地で弔銃を発射する1分隊位の兵》. **2** 銃殺執行(部)隊.
fíring pìn *n.* 〘銃器〙(銃砲の)撃針.
fíring pòint *n.* 〘軍事〙(射撃訓練における)射撃位置.
fíring potèntial *n.* 〘電気〙放電開始電圧.
fíring squàd *n.* 〘軍事〙=firing party.
fíring stèp *n.* 〘軍事〙=fire step.
fír·kin [fə́ːkɪn, -kən | fə́ːkɪn] 〘(1391) *ferdekin* ⊏ MDu. **vierdelkijn*《原義》the fourth part of a barrel (dim.) ← *vierdel* ← *vierde* 'FOURTH' + *-del* part: ⇨ -kin〙 — *n.* **1** ファーキン (略 fir.): **a** 英国の容量単位; kilderkin の 1/2 で, 8-9 ガロン; =1/4 barrel. **b** 英国の重量の単位; 特に, バターを量るのに用いる; 56 ポンドに相当. **2** (バターなどを入れるのに用いる)木製の小おけ《8-9 ガロン入り》.
firm¹ [fə́ːm | fə́ːm] 〘(16C) ⊏ L *firm-us* firm, strong ← IE **dher-* to hold firmly (Gk *thrânos* bench & *thrónos* 'THRONE') ∞ (c1378) *ferme* ⊏ (O)F〙 — *adj.* (~·er; ~·est) **1** 堅い, 堅固な; (堅く)引き締まった: ~ wood 堅(い)木 / ~ flesh [muscles] 引き締まった肉[筋肉] / ~ texture 目のつんだ織地 / ~ ground (海に対して)陸地, 大地. **2** しっかり固着[固定]した, ぐらつかない: ~ teeth ぐらつかない歯 / be (as) ~ as a rock 岩のようにしっかり固着している / be ~ on one's legs しっかり(自分の足で)立っている. **3 a** 〈態度・動作などが〉しっかりした, 力強い, 確固とした: a ~ handshake 力強い握手 / a ~ step しっかりした足取り / a ~ touch on the piano しっかりしたピアノのタッチ. **b** 健全な, 健康な: one's ~ mind. **4 a** 〈信念など〉堅い, 強固な, 不抜の; 〈人物・主義など〉ぐらつかない, 志操堅固な, しっかりした, 堅実な (constant) 〔*to*〕: a ~ faith [belief] 確固たる信仰[信念] / ~ friendship 変わらない友情 / a ~ friend 忠実な友. **b** 〈声・表情など〉毅然たる態度[決意]を示す: a ~ mouth しっかりした口元 / a ~ voice しっかりした声 / a ~ countenance 決意を見せる顔. **5 a** 法的に確定した, 決定した, 最終の: a ~ contract, order, etc. **b** 確実な, 確立した; 十分な: She has a ~ mastery of the language. その言語に十分精通している. **6** 〈相場が〉底強い, 手堅い (↔ weak); 〈市況が〉引き締まった: a ~ market 堅調の市況.
— *adv.* (~·er; ~·est) しっかりと, 堅く, 堅固に (firmly, fast). ★ 主に次の句で用いられる: hold ~ to …にしっかりつかまる, …をどこまでも固守する / stand ~ しっかりと立つ; 断固とした態度を示す.
— *vt.* **1** 堅くする, 固める, 〈樹木を〉しっかり植え付ける 〈*up*〉: ~ the ground after planting 植えた後で地面を固める. **2** 〈契約を〉確定する, (最終的に)決定する 〈*up*〉. **3** 強める 〈*up*〉. — *vi.* **1** 堅くなる, 固まる 〈*up*〉: His face ~*ed*. / His opinions have not yet ~*ed up*.. **2** 〈市場が〉手堅くなる, 引き締まる 〈*up*〉.
firm² [fə́ːm | fə́ːm] 〘(1574) ⊏ It. *firma* (*commerciale*) & Sp. *firma* confirmation, signature ← *firmar* to sign < L *firmāre* to confirm ← *firmus* (↑)〙 — *n.* **1 a** (二人以上の合資で経営される)商会, 商店, 会社. ★ firm は corporation (法人)ではない: a long ~ 《英》(品物を受け取って代金を払わない)インチキ会社, 幽霊商会. **b** 会社名, 社名: the ~ of Smith & Co. **2** 商社, 企業. **3** [集合的] 医療チーム.
fir·ma·ment [fə́ːməmənt | fə́ː-] 〘(c1250) ⊏ (O)F ~ ∥ L *firmāment-um* support, (LL) firmament《なぞり》← Gk *steréōma* solid body《なぞり》← Heb. *rāqīa'*: ⇨ firm¹, -ment〙 — *n.* **1** [通例 the ~] (雲と星の見える)天空, 大空, 蒼穹, 穹天 (heavens, sky): this brave o'erhanging ~ この頭上をおおうすばらしい大空 (Shak., *Hamlet* 2. 2. 312). **2** (古代天文学で)星が固定していると考えた天空.
fir·ma·men·tal [fə̀ːməméntl̩ | fə̀ːməméntl] *adj.* 大空の.
fir·man [fə(ː)mάːn, fə́ːmɑːn, -mən | fəːmάːn, fə́ːmɑːn, -mən] 〘(1616) ⊏ Turk. *ferman* ⊏ Pers. *fermān*〙 *n.* (東洋の君主の発行した)勅令, 勅許(状).
fírm·er chìsel [fə́ːmə- | fə́ːmə-] 〘*firmer*: 《混成》← F *fermoir* chisel (《変形》← *formoir* ← *former* 'to FORM' + *fermer* to make firm (< L *firmāre* ← *firmus* 'FIRM¹')〙 — *n.* (木工用)薄刃のみ.
fírm·ly 〘ME〙 *adv.* しっかりと, 堅く, 堅固に; 断固として.
fírm·ness *n.* 堅固, 堅実, (性格などの)確固; 手堅さ.
fírm·wàre *n.* 〘電算機〙ファームウェア《hardware でも software でもない計算機の構成要素の一種, 通常 hardware で処理される計算機の機能を実現するためのマイクロプログラムはその一種》.
firn [fíən | fíən; G. fírn] 〘⊏ G ~ '(snow) of last year' ← 《Swiss 方言》*firn* of last year: cf. OE *fyrn* old〙 — *n.* 〘地質〙(高峰の)万年雪, (氷河の上方にある, または氷河にたまる)粒状の雪, フィルン《firn snow ともいう》.
fír nèedle *n.* 樅(もみ)の葉.
fír·ry [fə́ː(r)i | fə́ːri] *adj.* **1** 樅(もみ)の, 樅材の. **2** 樅の多い: ~ woodlands.
first [fə́ːst | fə́ːst] 〘OE *fyr(e)st* (adj. & adv.) < Gmc **furistaz* (OHG *furisto* first / G *Fürst* prince) (superl.) ← **fur-*, **for-* < IE **per* forward: 本来 FORE¹ の最上級 (cf. L *prīmus*)〙 — *adj.* **1** (時間・順序・場所など)第1の, 第一番目の (1st); 最初の (↔ last): the ~ form (英国の) 1 年級 / the ~ train (決めた時間の)最初の列車; 一番列車 / the ~ flower of spring 春の初花 / the ~ snow [frost] of the season 初雪[霜] / the ~ impression(s) of …の第一印象 / the ~ month of the year 1 月 / the ~ (day) of May 5 月 1 日 / ~ days of May 5 月早々 / ⇨ first day / the ~ horse in the race 競馬で第1着の馬 / Edward the *First* エドワード一世 / the ~ house you come to あなたが最初にたどり着く家 / the ~ man to cross the Atlantic 最初の大西洋横断者 / the ~ guest to arrive (パーティーなどで)最初[一番先]に着いた[着く]お客 / the ~ two [three] men =the two [three] ~ men 初めの2[3]人 (⇨ last¹ *adj.* 1 a ★) / ⇨ first floor / He obeyed at her ~ word. 彼女の一言ですぐ従った / at the ~ opportunity 機会のあり次第 / on the ~ fine day 天気になり次第. **2** (地位・重要性・価値など)最も重要な, 主要な, 第一流の: a ~ secretary (大公使館の)一等書記官 / of the ~ importance 一番重要な / the ~ scholar of the day 当時の第一流の学者 / the ~ men in the country 国の指導者たち / the ~ subject of the King 国王の第一の臣下 / ⇨ First Lord. **3** ほんのわずかの: I haven't the ~ idea of what you mean. 君の意味していることがすこしもわからない. **4 a** 《米北部》…したがる: He is so ~ to hear about it. 彼はそのことを聞きたがっている. **b** 《英方言》[時を表わす語に後置して] 次の: I'll come to see him Sunday ~. 次の日曜日に彼に会いに行きます. **5** (自動車などの)(第)一速の, 最低速伝動の, ローの: ⇨ first speed. **6** 〘音楽〙(各声部または各楽器群で)最高音部の, 首位を占める: the ~ violin, horn, bass, etc.
in the first instance ⇨ instance 成句. ***in the first place*** ⇨ place 成句. ***(the) first thing*** ⇨ thing¹ 成句.
first axiom of countability [the —] 〘数学〙第一可算公理 (⇨ AXIOM of countability).
First Day of Lent [the —] 大斎始日 (⇨ Ash Wednesday).
First Gentleman of Europe [the —] 英国王 George 四世のあだ名.
first law of thermodynamics [the —] 〘物理化学〙熱力学第一法則 (⇨ LAW of thermodynamics).
— *n.* **1** [the ~] 第1, 第1位[等, 番, 級]; 第1部[号], (本の)初版; 最初の人[物]: He was *the* ~ to help me. 彼が真っ先に私を助けてくれた / I am *the* ~ and the last. われは始めなり終わりなり (*Rev.* 22: 13). **b** (月の)(第)1 日, (時期・治世などの)第1年: *the* ~ *of* August 8 月 1 日 / *the* ~ *of* Elizabeth II エリザベス二世の治世第1年目 / *the* ~ *of* the year [week] 《米》年[週]の初め. **2 a** 初め, 始まり: from ~ to last 初めから終わりまで, 終始 / from the ~ (そもそもの)初めから. **b** [the F-] 《英》9 月 1 日《シャコ (partridge) 猟の開始日》. **3 a** (競走などの)第1着の人, 馬など, 第1位. **b** 《英》(大学の優等試験で)第1級 (first class) (の人) (cf. class 7): get [take] a ~ in mathematics 数学で第1級にはいる. **4** [*pl.*] (小麦粉・バター・陶磁器など日用品の)極上品, 一等品. **5** 〘音楽〙 **a** (管弦楽・合唱の)最高音部. **b** (管弦楽・合唱の各パートの)首席. **6** (自動車などの変速機の)前進第一段, ロー(ギヤ) (first speed). **7** 〘野球〙一塁 (first base).
at first 最初は[に], 初めは[に].
first of exchange 〘商業〙第一手形《組手形の第1号》.
— *adv.* **1** 第一に, (何よりも)先に, 最初に (⇨ firstly): ~ of all まず第一に / He ~ asked my name. 彼はまず私の名を聞いた / Safety ~. 安全第一 / I must get this done ~. まずこれをかたづけてしまわなければならない. **2** 第1位に, 先頭に: come [leave] ~ 真っ先に来る[去る] / *First* come, ~ served. 《諺》先着者から先に接待,「早い者勝ち」/ rank ~ 第1位にいる / come in ~ 1 着になる / stand ~ 先頭に立つ. **3** 一等(車)で (first-class): travel ~ 一等で旅行する. **4 a** 初めて: I ~ met him five years ago. 5 年前に初めて彼に会った. **b** 《米北部》…したてで: when he ~ left

college 大学を出たてのころ. **5** (…する位なら)まず(…する), むしろ(…のほうを選ぶ), いっそ(…のほうがいい) (sooner, rather) : He said he would die ～. (そんな事をする位なら)いっそ死んでしまったほうがよいと彼は言った / I'll see you damned [hanged] ～. そんな事を誰がするものか《絶対的拒絶の決まり文句》. ***first and foremost*** いの一番に, 真っ先に (first of all). ***first and last*** 前後を通じて ; 総じて (on the whole). ***first, last, and all the time*** 《米》終始一貫して : We are against it ～, *last, and all the time.* ***first, midst, and last*** 初めから終わりまで, 終始一貫して (cf. Milton, *Paradise Lost*). ***first off*** 《米口語》まず第一に ; すぐに. ***first or last*** 早晩, 遅かれ早かれ (sooner or later). ***first things first*** 大事なことをまず先に, 重要事項を優先で. ***put the first thing first*** 最も大切なことを最初にやる.

first-áid *adj.* 応急[救急](用)の : a ～ kit 救急箱.

first áid *n.* 応急手当, 救急処置 : give a person ～ 人に応急手当をする. **first-áider** *n.*

First Bálkan Wár *n.* [the ～] 第一次バルカン戦争 (1912-13)《ブルガリア・セルビア・ギリシャ・モンテネグロ対トルコの戦争》.

first báse *n.* 〖野球〗一塁, ファースト ; 一塁の守備位置 : run to ～ 一塁に走る.

reach [get to] first base (1) 〖野球〗一塁に達する. (2) 《米口語》[通例否定・疑問構文に用いて] (目標の)第一歩をやってのける, 実際に開始する ; うまくいく (succeed) : They haven't *got to* ～ *with* their project. 彼らの企画はまだ実っていない.

first báseman *n.* 〖野球〗一塁手.

first·bórn 〖ME〗 *adj.* 最初に生れた, 長子の (eldest) : one's ～ child. **—** *n.* (*pl.* ～, ～**s**) **1** 初産の子, 長子, 長男, 長女. **2** 最初の結果.

first cátegory *n.* 〖数学〗第一類《可算個の疎集合の和集合として表わされる, という位相空間の部分集合に対する条件 ; cf. second category》.

first cáuse 〖《c1390》〗 *n.* **1 a** 〖哲学〗第一原因 (cf. prime mover 4). **b** [しばしば the F- C-] 造物主, 神. **2** 原動力.

first-cáuse àrgument *n.* 〖哲学〗第一原因論《因果系列の究極にはもはや結果とはならない根本の原因がなければならないとする説で, 神の存在証明に多用される ; cf. cosmological argument》.

First Chámber *n.* [the ～] オランダ議会 (States General) の上院.

first-chóp *adj.* 《英口語》最上の, 第一級の, 最優良の 「(cf. chop[4] 2 b).

first-cláss *adj.* **1** 第一等の, 一流の, 最高級の, 最上の ; 優秀な, すてきな (superior) : a ～ hotel [firm] 一流のホテル[商会] / a ～ paper 一流[優良]手形 / a ～ shot 射撃の名人 / The weather was ～. 天気はすばらしかった. **2** 〈列車など〉一等の : a ～ carriage [berth, passenger, ticket] 一等車[寝台, 乗客, 切符]. **3** 〖郵便〗 **a** 《米・カナダ》第一種の : ～ matter 第一種郵便物《一般には書状, 米国では葉書も含む》. **b** 《英》優先扱いの《速達に準ずる ; cf. second-class 3 b》. **—** *adv.* **1** 一等で : go [travel] ～ 一等で行く. **2** 〖郵便〗 first-class で (cf. *adj.* 3). **3** =first-rate.

first cláss *n.* **1** 第一級, 一流 ; (列車・船等の)一等. **2** 〖郵便〗 **a** 《米・カナダ》第一種郵便物. **b** 《英》優先扱いの郵便物. **3** 《英》(大学の優等試験で)最上[第一]級(の学生), 最優良成績(の学生).

first clássman *n.* 《米》(陸海軍士官学校の)四年生.

first cóat *n.* **1** (ペンキの)下(地)塗り. **2** =scratch coat.

first·cómer *n.* 最初の来訪者, 先着者. 「coat.

First Cómmoner *n.* [the ～] 《英》第一平民《位階上貴族の次に位する筆頭平民の地位を占める人で, 1919 年までは下院議長 (the Speaker) であったが, 今は枢密院議長 (Lord President of the Council)》.

first cónsonant shift *n.* 〖音声〗第一子音推移 (⇨ consonant shift 1).

first cóst *n.* 《英》〖経済〗 =prime cost.

first dáy *n.* **1** [F- d-] (クエーカー派 (Quakers) の間で)日曜日. **2** 〖郵趣〗 **a** 初日《郵便切手の発行日》. **b** =first-day cover.

first-dáy cíty *n.* 〖郵趣〗初日発売地《公式に指定された新発行切手にちなむ地で, 記念印が使用される》.

first-day cóver *n.* 〖郵趣〗初日カバー《封筒に切手を貼り, その切手の発行初日の消印を押したもの》.

first-degrée *adj.* **1** 第一度の, 最も低い, 最も軽い : ～ burn 〖病理〗第一度熱傷《最も軽度のもの, 紅斑性熱傷 ; cf. burn 1 a》. **2** 第一級の, 最高の : ～ murder 第一級謀殺.

first derívative *n.* 〖数学〗一次導関数《導関数 ; より高次の導関数と区別ないしは対比したい時に用いる ; cf. second derivative》.

first divísion *n.* 《米》〖野球〗 A クラス《米国の二大プロ野球連盟 (National League と American League) のそれぞれ上位 5 チーム ; cf. second division 2》.

first dówn *n.* 〖アメリカンフットボール〗ファーストダウン《キックオフ後におけるゲームにおいては 10 ヤード区域制があり, この突破に許されている 4 ダウン中の第 1 回目のダウン》.

first edítion *n.* **1** (文学作品などの)初版, 第 1 版 ; (新聞の)第 1 版. **2** 初版本.

First Émpire 〖《なぞり》← F *Le Premier Empire*〗 *n.* [the ～] (Napoleon 一世治下の)フランス第一帝制 (1804-14).

first estáte, F- E- *n.* 第一身分《封建時代の三身分 (the three estates) の最上位のもの ; cf. estate 2》.

first fámily *n.* [the ～] **1** 最高の社会的地位にある一家. **2** [しばしば F- F-] 《米》大統領[州知事]の一家[家族]. **3** 《米》(ある地域の)旧家, 名家.

first féature *n.* 〖映画〗(映画興行番組中の)主要長編物 (cf. supporting program).

first fílial generátion *n.* 〖生物〗雑種第 1 代《交雑によって生じる第 1 代目の子 ; 記号 F_1》.

first fínger *n.* 人差し指 (forefinger).

first flóor *n.* **1** 《米》一階 (ground floor). **2** 《英》二階. **first-flóor** *adj.*

first-fóot 《北英・スコット》 *n.* **1** 元旦の初客《ブルーネットの人なら幸運を, ブロンドの人なら悪運をもたらすと民間に信じられている》. **2** (洗礼・婚礼に行く途中で)最初に会った人. **—** *vt.* **1** 元旦の日に最初に訪問する. **2** [～ it として] 元旦の日に初客となる. **—** *vi.* 元旦の初客になるために訪ね歩く. **～·er** *n.*

first·frúits 〖《a1382》《なぞり》← L *primitiae*〗 **—** *n. pl.* **1** (昔, 神に捧げた)季節最初の収穫物, 初穂, 初物 (cf. *Exod.* 22 : 16). **2** 最初の成果[結果]. **3** 初穂税, 初年度収入税《bishop や archbishop がローマ教皇(宗教改革以後は国王)に上納した就任初年度収入 ; cf. annates》.

first géar *n.* 《英》 =first speed. 「nates).

first-generátion *adj.* 《米》 **1** 〈移民の子が〉米国で生れた. **2** 〈帰化した米国人が〉外国生れの, 一世の.

first·hánd 〖《1748》〗 **—** *adj.* 直接の, じかの, 直接得た (direct) ; じき仕入れの (cf. secondhand) : ～ information 直接に得た情報 / ～ investigation 実地調査 / ～ goods じき仕入れ品. **—** *adv.* 直接に, じかに.

first-ín, first-óut *n.* 〖会計〗先入れ先出し法《仕入単価の異なる同じ種類の商品を出庫する時, 一番先に仕入れた口の商品が, 一番先に出庫したものとして, その払出価額を計算する方法 ; 頭文字をとって FIFO, fifo ともいい, また first-in, first-out method ともいう ; cf. last-in, first-out》.

first ínstance *n.* 〖法律〗第一審 : the court of ～ 第一審裁判所, 事実審裁判所 (trial court).

first inténtion *n.* **1** 〖外科〗一次[一期]癒合(ゆごう) (⇨ healing). **2** 〖スコラ哲学〗第一志向《直接対象に向けられた意識 ; cf. second intention 2》.

First Internátional *n.* [the ～] 第一インターナショナル (⇨ International *n.* 2).

first lády *n.* **1** [しばしば F- L-] 《米》ファーストレディ《米国大統領夫人または州知事夫人》 : the *First Lady* in the land 大統領夫人. **2** 国家元首[首相]夫人. **3** (芸術・職業などで)指導的立場にある女性, 第一人者 : the ～ of the theater.

first lieuténant *n.* **1** 〖米陸空軍・海兵隊〗中尉 (⇨ lieutenant 2). **2** 〖米海軍〗甲板士官. **3** 〖英海軍〗(少佐の階級がまだなかった時代に軍艦で)艦長・副長以外の兵科将校の最先任者《今日の少佐または大尉に当たる》.

first líght *n.* 明け方, 夜明け : at ～. 「たる).

first-líne *adj.* **1** 〖軍事〗第一線の, 最前線の : ～ troops [aircraft]. **2** 最重要の, (品質が)最良の : ～ statesmen / a ～ camera.

first·ling [fə́ːstlɪŋ | fə́ːst-] 〖《1539》← FIRST+-LING[1]〗 *n.* [通例 *pl.*] **1** 初物, はしり ; (同種類中の)最初の物. **2** (家畜の)初児. **3** 最初の産物 ; 最初の結果.

First Lórd *n.* 《英》長官, 委員長.

First Lord of the Admiralty [the —] (英国の)海軍本部委員会 (Board of Admiralty) 第一委員《他国の海軍大臣に当たる ; cf. admiralty 2》.

First Lord of the Treasury [the —] (英国の)国家財政委員長《Treasury Board の委員長で通例首相が兼務する》.

first lóve *n.* **1** 初恋. **2** 気に入りのもの[仕事, 持ち物, 娯楽など]. 「物, 娯楽など].

first·ly *adv.* (まず)第一に. ★ 話題などを列挙するときに用いるが, first のほうを用いて first, secondly, thirdly, …lastly のようにいうことが多い.

first máin tráck *n.* 〖鉄道〗主要幹線鉄道.

first máte *n.* 〖海事〗一等航海士 (chief mate)《副船長格 ; 日本では次席一等航海士》.

first merídian *n.* 〖地理・天文〗本初子午線 (prime meridian). 「meridian).

first mólar *n.* 〖歯科〗第一大臼歯, 六歳臼歯.

first mórtgage *n.* 〖金融〗第一抵当.

first mótion *n.* 〖宇宙〗(発射台からのロケットやミサイルの)最初の動き[運動].

first móver *n.* =first cause.

first-náme *vt.* …に名[洗礼名]で呼び掛ける. **—** *attrib. adj.* (洗礼)名で呼びあえるほどに親しい : I'm on ～ terms with him. 彼とは洗礼名で呼びあえるほど親しい仲だ / be on a ～ basis おれお前の仲だ.

first náme 〖ME〗 *n.* (姓に対して)名, 洗礼名 (⇨ name 1).

first níght *n.* (演劇の)初日 ; 初日の舞台. 「name 1).

first-níghter *n.* (演劇の)初日を欠かさない観客, 初日の常連.

first offénder *n.* 初犯者 (cf. habitual criminal).

first ófficer *n.* **1** 〖海事〗 =first mate. **2** =copilot.

first pápers *n. pl.* 《米》〖法律〗第一次書類, 市民権申請書《外国人が帰化の意志あることを具申する書類で, 帰化手続きの第一段階 ; cf. second papers, citizenship papers》.

first pérson *n.* [the ～] **1** 〖文法〗一人称 (I と we ; cf. person 10). **2** (小説などで)一人称を基調とする文体.

First Philósophy *n.* 〖哲学〗(アリストテレスの)第一哲学《存在そのものを対象とし, 形而上学とほぼ同義 ; cf. second philosophy》.

first posítion *n.* 〖バレエ〗第一ポジション《バレエの技法の基礎である脚の五つのポジションの一つ ; 両足をかかとの部分で密着させ, 足を 180 度に開いて一直線においた状態》.

first príncíples *n. pl.* 〖論理〗第一原理《理論・思想などの体系でもっとも根本的な原理 ; 公理・公準など》.

first-ráte *adj.* **1** 第一流の, 第一級の (cf. second-rate) : a ～ politician, biographer, painter, etc. / the ～ Powers 一等国. **2** すばらしい, すてきな, 優秀な : a ～ dinner / His acting was ～. 彼の演技はすばらしいものだった. **—** *adv.* 《口語》非常に(調子)よく (excellently) : feel ～ 非常に気分がよい / go ～ 〈事が〉とても順調に進む. **～·ness** *n.*

first-ráter *n.* 第一級の人[物].

First Réader *n.* 〖クリスチャンサイエンス〗第一読唱者《M. B. Eddy の著作を読み上げて, 集会や儀式を指揮する ; cf. Second Reader》.

first réading *n.* 〖議会〗第一読会《議案の名称と番号のみを議会に提出する ; cf. second reading, third reading》.

First Réich *n.* [the ～] 第一帝国《神聖ローマ帝国 (Holy Roman Empire) (962-1806) の別称 ; ⇨ Reich》.

First Repúblic *n.* [the ～] (革命後 Napoleon が帝国を樹立するまでの)フランス第一共和制(1792-1804).

first-rún *adj.* 〈映画(館)が〉封切りの : a ～ movie (theater [house]) 封切りの映画(館).

first rún *n.* **1** (映画の)封切り (release). **2** サトウカエデから最初に出てくる豊富な樹液.

First Séa Lórd *n.* (英国の)海軍本部委員会第一軍事委員《米国の Chief of Naval Operations に当たる》.

first sérgeant *n.* 〖米陸軍・海兵隊〗曹長《上級曹長の下, 一等軍曹の上の階級》, 中隊先任下士官.

first spéed *n.* (自動車などの変速機の)前進第一段, ローギア (low gear) (cf. first *adj.* 5).

First Státe 〖1787 年最初に連邦 (the Union) に参加したことから〗 *n.* [the ～] 米国 Delaware 州の俗称.

first stóry *n.* =first floor.

first-stríke 〖軍事〗 *adj.* 第一撃の, 奇襲攻撃の《一般に核兵器に関して, 戦争の最初の攻勢行動についていう ; cf. second-strike》 : a ～ capability 第一撃能力. **—** *n.* 第一撃, 奇襲攻撃.

first-stríng *adj.* 《口語》 **1** (フットボールチームなどで)一軍選手の, レギュラーの (cf. substitute *n.* 1 a). **2** (品質・重要度などの)第一級の, 主要な, すぐれた.

first violín *n.* 〖音楽〗(管弦楽・弦楽四重奏の)第一バイオリン(奏者, 声部)《首席第一バイオリン奏者は concertmaster と呼ばれる》 : play ～ ⇨ violin 成句.

first wátch *n.* 〖海事〗初夜直 (⇨ watch *n.* 5).

first wáter *n.* **1** (宝石類の)最良質 : a diamond of the ～ 最高(級)のダイヤ. **2** 第一等, 第一流 : an error of the ～ 致命的な誤り / a joke of the ～ 高級な冗談.

First Wórld, f- w- 〖《1974》 : cf. Third World〗 **—** *n.* [the ～] 第一世界 (cf. Second World, Third World, Fourth World) : **1** 先進資本主義国《米国・西ヨーロッパ・日本など》. **2** 先進工業国《特に米国・ソ連》.

First Wórld Wár *n.* [the ～] =World War I.

firth [fə́ːθ | fə́ːθ] 〖《c1425》□ ON *fjǫrðr* 'FIORD' : cf. ford〗 *n.* (スコットランド地方の, 陸地に深く入り込んだ)入江, 峡湾 ; 河口 (estuary).

Fir·thi·an [fə́ːθiən | fə́ːθiən, -θjən] 〖← *J(ohn) R(upert) Firth* (1890-1960 : 英国の言語学者) : ⇨ -ian〗 *adj., n.* ファース学派の(人).

fír trèe *n.* 〖植物〗 **1** フトモモ科のニュージーランド産常緑高木 (*Metrosideros tomentosa*)《材は堅硬で建築材》. **2** =sun tree.

fisc [fɪ́sk] 〖□ F ～ □ L *fiscus* basket, purse, treasury〗 *n.* **1** (古代ローマの)国庫 ; (帝政時代の)内帑金(ないど). **2** 国庫 (state treasury, exchequer).

fis·cal [fɪ́skəl] 〖《1539》□ F & Sp. ～ // L *fiscāl-is* : ⇨ ↑, -al[1]〗 **—** *adj.* **1** 国庫の, 国庫収入上の : ⇨ fiscal stamp. **2** 財政上の, 財務の ; 会計の : ～ law 会計法 / ⇨ fiscal policy, procurator fiscal. **—** *n.* **1** (イタリア・スペインなどで)検事 (prosecutor) ; (フィリピンで)検察官. **2** 《スコット》 =procurator fiscal. **3** = fiscal stamp. **～·ly** *adv.* 「period).

fiscal períod *n.* 〖会計〗会計期間 (⇨ accounting period).

fiscal pólicy *n.* 〖経済〗財政政策《特定の経済政策目標を達成するための財政的支出の体系》.

fiscal stámp *n.* 収入印紙 (revenue stamp).

fiscal yéar *n.* 会計年度《企業会計における期間損益計算の, もしくは政府会計における財政収支の年度のこと ; 後者の場合, 米国政府では 9 月 30 日に終わり, 英国政府では 4 月 5 日に終わる ; 英国では通例 financial year という》.

Fi·scher [fɪ́ʃə | -ʃə(r ; *G.* fɪ́ʃɐ], **Edwin** *n.* フィッシャー《(1886-1960 ; スイスのピアニスト》.

Fischer, Emil *n.* フィッシャー《1852-1919 ; ドイツの有機化学者 ; Nobel 化学賞 (1902)》.

Fischer, Hans *n.* フィッシャー《1881-1945 ; ドイツの化学者 ; Nobel 化学賞 (1930)》.

Fi·scher-Jør·gen·sen [fɪ́ʃəjə́ːnsən, -sn | -ʃəjə́ːn- ; *Dan.* fíʃɐjœ́rn'sən], **E·li** [éːli] *n.* フィッシャー ヨーアンセン《1911- ; デンマークの音声学者》.

Fí·scher-Trópsch pròcess [synthesis] [fɪ́ʃə-tróupʃ-, -trɔ́(ː)pʃ-, -trɑ́pʃ- | fɪ́ʃətrɔ́upʃ-, -trɔ́pʃ- ; *G.* fɪ́ʃɐtrɔ́pʃ-] 〖← *Franz Fischer* (1877-1947 : ドイツの化学者) + *Hans Tropsch* (1889-1935 : チェコスロバキア生れのドイツの化学者)〗 **—** *n.* [the ～] 〖化学〗

フィッシャー トロップシュ法《石炭や天然ガスから得られる一酸化炭素を水素と接触化合させて, 液体[気体]燃料その他の有機物を製する法》.

fish¹ [fíʃ] 〚n.: OE *fisc* < Gmc **fiskaz* (Du. *visch* / G

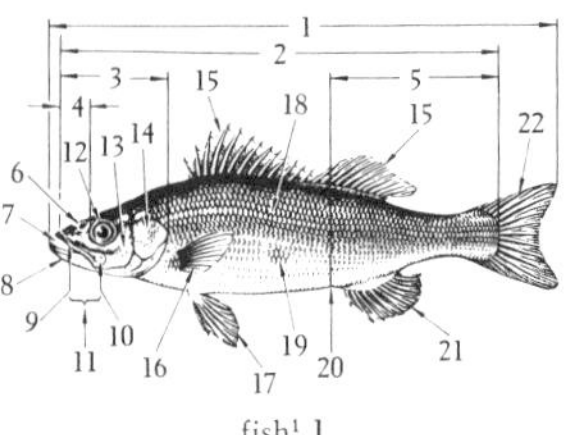

fish¹ 1

1 total length; 2 standard length; 3 head length; 4 snout; 5 tail; 6 external naris; 7 mouth; 8 mandible; 9 premaxilla; 10 maxilla; 11 upper jaw; 12 eye; 13 cheek; 14 operculum; 15 dorsal fins; 16 pectoral fin; 17 pelvic fin; 18 lateral line; 19 scales; 20 anus; 21 anal fin; 22 caudal fin

Fisch) ← IE **peisk-* fish (L *piscis*). — v.: OE *fiscian* ← (n.)〛 ── *n.* (*pl.* ~, ~·**es**) **1** 魚; [集合的] 魚類, 魚族. ★(1) ラテン語系形容詞: piscine. (2) 複数形は集合的の場合 fish; 個別的複数の場合, 一般に種・釣の対象としては fish が用いられ, fishes は特に複数の種類をいうときに用いるが, その場合でも four *fishes* よりも four kinds of *fish* のような表現のほうが好まれる (cf. fruit 1 b ★): I caught a ~ [a lot of ~] this morning. けさ魚を1匹[たくさん]釣った / There are lots of ~ of many kinds in this pond. この池には各種の魚が多数いる / This river teems with ~. この川には魚が多い / The cartilaginous ~*es* are covered with placoid scales. 軟骨魚(類)は板鮫状のうろこにおおわれている / All is ~ that comes to the [his] net. 《諺》 彼は何事でも利用する (cf. 「ころんでもただは起きぬ」) / There are [is] as good ~ in the sea as ever came out of it. 《諺》 魚は海にはいくらでもいる《好機は一度とは限らない》 / The best ~ smell when they are three days old. 《諺》 よい魚も三日たてば臭くなる,「珍客でも三日目には鼻につく」. **2** 魚肉, 魚: dried ~ 魚の干物 / salted ~ 塩魚 / fresh ~ 鮮魚, 生魚 / eat ~ on Fridays 金曜日(精進日)には魚を食べる / ~, flesh and fowl 魚肉・獣肉および鳥肉 (cf. *neither* FISH *nor fowl*) / *Fish* is cheap this week. 今週は魚が安い / Which do you like better, ~ or meat? 魚と肉とではどちらがお好きですか. **3** [通例複合語の第2構成素として] 水産動物, 魚介: shell*fish*, jelly*fish*, star*fish*. **4** 《口語》 **a** [しばしば軽蔑の意を含む形容詞に伴って] (特殊な)人物, 人, 奴: a queer ~ おかしな人, 変人 / a poor ~ 哀れな人 / a dull ~ 鈍感な奴 / a cool ~ 図々しい奴 / a loose ~ だらしのない奴 / ⇨ odd fish. **b** だまされやすい人, かも (sucker): She was an easy ~ to catch. だまされやすい女だった. **5** (*pl.* ~) 《俗》 ドル (dollar). **6** 《米海軍俗》 魚形水雷, 魚雷. **7** [the Fishes] **a** 〘天文〙 うお(魚)座 (⇨ Pisces 2). **b** 〘占星〙 双魚宮, 魚座 (⇨ Pisces 3 a). **8** 〘海事〙 錨釣り揚げ用の滑車装置.

(as) drunk as a fish ひどく酔っ払って, 泥酔して (cf. *drink like a* FISH). ***(as) mute as a fish*** まで黙りこくって. ***cry stinking fish*** 自分自身[自分の仕事]を自分でけなす, 自ら人の不信をかう. ***drink like a fish*** 大酒を飲む, 鯨飲する: He *drinks like a* ~. ***feed the fishes*** (1) 〚「(海の)魚の餌食となる」の意から〛 溺死する. (2) 船酔いする. ***a fish out of water*** (陸に上がった魚のように)場違いの所に出て途方に暮れて[どぎまぎして]いる人: I felt like *a* ~ *out of water* among so many linguists. たくさんの語学者に囲まれて私は陸に上がった魚みたいにどぎまぎするばかりだった. ***have other fish to fry*** 《口語》 他にしなければならない[差し迫った, もっと大切な]用事がある: I was asked to go to the cinema but *had other* ~ *to fry*. 映画に誘われたが他に(やむを得ない)用事があった. ***land one's fish*** 捕えた魚を引き揚げる; 狙った目的物を手中に納める. ***make fish of one and flesh [fowl] of another*** あれこれと分け隔てをする, 差別待遇する. ***neither fish, nor fowl (nor good red herring)*** = ***neither fish, flesh, fowl, nor good red herring*** 得体の知れ[捕えどころの]ない, どっちつかずの; 信念のない(人), 日和見主義の(人).

fish and chips フィッシュアンドチップス《フライドポテトを盛り合わせた魚フライ; fish-and-chips とも書く; cf. chip¹ 2 b》.

── *vi.* **1** (釣竿や網で)魚をとる, 釣をする, すなどる; 水底から採取する: ~ *in* the sea 海で釣をする / go to ~ *in* the sea / go to the sea to ~ / go (out) ~*ing* for trout ます釣に行く[出かける] / ~ *for* pearls 真珠採取をする. **2 a** (水中・懐中などを)捜す, 探る (search, grope) 〔*for*〕: ~ *for* buried treasure 水底に埋蔵されている宝物を探る / He ~*ed in* an inside pocket *for* the paper. 彼は内ポケットに手を入れてその書類を捜した. **b** 《口語》 (油井発掘中に失った)器具を捜す[見つけ出す]. **3** (誘いをかけて)つり出す, (それとなく)手に入れようとする 〔*for*〕: ~ *for* compliments 誘いをかけてお世辞を言わせようとする / ~ *for* information それとなく情報を引き出す. **4** 〈網などが〉漁ができるように用意されている, 魚漁[魚釣]に使用できる.

── *vt.* **1** 〈魚を〉とる, 釣る; 〈さんご・真珠などを〉採取する: ~ trout, salmon, pearls, etc. **2 a** 〈ある場所〉で釣る, …で漁をする: ~ the mouth of a river 河口で魚をとる / This lake has never been ~*ed*. この湖ではまだ誰も釣をした人がいない. **b** 〈船・網・餌を〉使って漁をする, …で釣る. **3** 〔水中・ポケットなどから〕引っ張り出す, 取り出す, 引き揚げる 〔*out of, from*〕: ~ a coin [key] *out of* the pocket ポケットからコイン[鍵]を取り出す / ~ *up* a dead man *from* the pond 池から死人を引き揚げる. **4** 〘海事〙 〈錨を〉滑車で引き揚げる《一旦揚げた錨を錨床に固定するため, その爪の方を引っかけて吊りあげる》: ~ the anchor.

fish in troubled waters ⇨ water 成句. ***fish or cut bait*** 《米口語》 (やるのかやらないのか)二つのうちのどちらかに決める, 去就をはっきりさせる. ***fish out*** (1) 〈池・湖など〉の魚をとり尽くす: This stream seems to have been ~*ed out*. この川の魚はとり尽くされているようだ. (2) 〈物を〉取り出す, 引っ張り出す; 〈事実・秘密・意見・世論などを〉探る, 限なく集める.

fish² [fíʃ] 〚n.: 《(1666)》 ▭ (O)F *fiche* peg, counter (in games) ← *ficher* to thrust in: その形が魚に似ていることから fish¹ と混同. — v.: 《(1626)》 ▭ (O)F *fich-er* < VL **figicāre* ← L *figere* 'to FIX'〛 ── *n.* (*pl.* 1, 2 ~·**es**; 3 ~·**es**, [集合的] ~) **1** 〘海事〙 (帆柱や帆桁の傷ついた部分にかぶせて補強する長い)添え木. **2** = fishplate. **3** (ゲーム用の)魚型の数取り. ── *vt.* **1** 〈レールなどを〉継ぎ目板 (fishplate) で補強する. **2** 〘海事〙 〈帆柱・帆桁〉に添え木をかぶせて補強する.

fish·a·ble [fíʃəbl] *adj.* 魚のとれる[釣れる], 釣に適した; 魚獲を法的に認められた, 魚をとってもよい: a ~ stream. **fish·a·bil·i·ty** [-ʃəbíləti | -ləti, -lɪ-] *n.*

fish back file *n.* = crossing file.

fish ball *n.* フィッシュボール《魚肉にマッシュポテトを混ぜ球状にして揚げたもの》.

fish-bellied *adj.* 〘建築・機械〙 〈はり・継ぎ面など〉底面が凸状の.

fish·bolt *n.* 《英》 (レールの継ぎ目板 (fishplate) 用の)継ぎ目ボルト.

fish·bone *n.* 魚の骨.

fishbone thistle *n.* 〘植物〙 アザミ属の紫色の花をつける植物 (*Cirsium diacantha*) 《シリア産》.

fish·bowl *n.* **1** ガラス製金魚ばち. **2** どこからも見えるもの, ガラス張りの場所[状態].

fish cake *n.* フィッシュケーキ《平たくした fish ball》.

fish-carver *n.* = fish slice a.

fish crow *n.* 〘鳥類〙 ウオクイカラス (*Corvus ossifragus*) 《米国大西洋岸にすみ, 主として魚や貝類を食する》.

fish culture *n.* 養魚(法) (pisciculture).

fish-culturist *n.* 養魚家.

fish davit *n.* 〘海事〙 (昔用いていた)収錨用ダビット《錨を錨床へおさめる時に使う鉤柱(𝑐𝑢𝑡𝑠)》; davit ともいう; cf. cat davit》.

fish day 〚ME〛 *n.* 〘キリスト教〙 肉食禁止日.

fish doctor *n.* 〘魚類〙 ハダカゲンゲ (*Gymnelis viridis*) 《オホーツク海・ベーリング海・北極海でみられるうろこのないゲンゲ科の魚》.

fish duck *n.* 〘鳥類〙 = merganser.

fish eagle *n.* 〘鳥類〙 **1** = osprey 1. **2** = eagle vulture.

fish-eater *n.* **1** 魚を食べる人 (cf. ichthyophagi). **2** 《英》 魚料理用のナイフとフォーク.

fish·er 〚OE *fiscere*〛 ── *n.* (*pl.* ~**s**, 4 ではまた ~) **1** 捕魚性動物. **2** 漁船. **3** 《古》 漁夫, 漁師. **4** 〘動物〙 フィッシャー, ペナントテン (*Martes pennanti*) 《北米産の魚類を食べるテン》; その毛皮.

a fisher of men 福音伝道者 (cf. *Matt.* 4: 19).

Fish·er [fíʃə | -ʃə(r)], **Dorothy Can·field** [kǽnfiːld] *n.* (1879–1958) 米国の女流小説家; *The Bent Twig* (1915).

Fisher, Geoffrey Francis *n.* (1887–　) 英国の聖職者; Canterbury 大主教 (1945–61); Baron of Lambeth.

Fisher, Herbert Albert Laurens *n.* (1865–1940) 英国の歴史家・政治家; *Bonapartism* (1908).

Fisher, Irving *n.* (1867–1947) 米国の経済学者.

Fisher, John Arbuthnot *n.* (1841–1920) 英国の提督; 1st Baron of Kilverstone [-kílvəstən | -və-].

fisher·boat 〚ME〛 *n.* 漁船, 漁舟.

fisher·boy *n.* 少年漁夫.

fisher·man [-mən] 〚《(15C)》〛 *n.* (*pl.* **-men** [-mən, -mèn]) **1 a** 漁夫, 漁師. **b** 釣人, 釣師 (angler). ★ラテン語系形容詞: piscatorial, piscatory. **2** 漁船, 漁舟.

fisherman's bend *n.* 〘海事〙 錨結び《錨綱を錨の鐶(かん)などに結ぶ時の結び方; anchor bend, anchor knot ともいう》.

fisherman's knot *n.* フィッシャーマンズノット《綱の結び方の一つで, 2本の綱をつなぐ時に使う》.

fisherman's reef *n.* 〘海事〙 フィッシャーマンズリーフ《正規の縮帆をせず, シートを充分のばして強い風を帆から抜くようにする方法》.

fisherman's ring *n.* 〘カトリック〙 ローマ教皇がつける認印つき指輪.

Fisherman's Wharf *n.* 米国 San Francisco 北端部の漁港; 観光地.

fisher·woman *n.* 女の漁師[釣人].

fish·er·y [fíʃ(ə)ri | -ʃəri] 〚← FISH (v.) + -ERY〛 ── *n.* **1 a** 漁業, 水産業: inshore [deep-sea] ~ 沿海[深海]漁業 / cod ~ たら漁業. **b** 漁獲高: the salmon ~ for this season 今期の鮭の漁獲高. **c** 漁期. **2 a** 漁場, 海産物採取場: a pearl ~ 真珠採取場 / a salmon ~ さけ漁場. **b** 《米》 魚類養殖[孵化]場. **3** 水産会社. **4** [*pl.*] 漁業技術, 水産技術. **5** 〘法律〙 漁業権 (piscary): ⇨ common fishery.

fish·eye *n.* **1** 魚眼. **2** [the ~] 疑り深そうな目つき: give a person *the* ~ 人に疑いの目を向ける. **3** 石膏の表面にできる斑点の傷. **4** 〘鉱物〙 月長石《宝石に用いる》; a ~ stone 魚眼石 (apophyllite).

fish-eye *adj.* **1** 魚眼の: a ~ lens 魚眼レンズ《180度(以上)の範囲が写せるように造られたレンズ》. **2** 魚眼レンズの[を用いた]: a ~ camera.

fish factory *n.* 水産物加工工場《もっぱら魚油や魚粉を製造する》.

fish farm *n.* 養魚場.

fish-farming *n.* 養魚(法).

fish-finder *n.* 魚群探知器.

fish finger *n.* フィッシュフィンガー《パン粉などをつけ細長い指状に作った魚肉》.

fish flake *n.* 《カナダ》 魚の乾燥台.

fish flour *n.* 魚粉《乾魚の粉末》.

fish fork *n.* **1** 魚肉用フォーク. **2** (漁夫や魚屋が用いる)魚鉤(ᵘᵒ).

fish fry *n.* **1** 魚のフライ. **2** 《米》 魚のフライのピクニック[会食].

fish geranium *n.* 〘植物〙 テンジクアオイ (*Pelargonium hortorum*) 《アフリカ南部の魚類の香気をもっている小低木状の多年草植物》.

fish·gig 〚《通俗語源》 ← FIZGIG〛 *n.* (魚を突く)やす.

fish globe *n.* (球形ガラスの)金魚ばち.

fish glue *n.* にべ (isinglass); にかわ.

fish hawk *n.* 〘鳥類〙 ミサゴ (⇨ osprey 1).

fish·hold *n.* (漁船の)魚倉.

fish·hook [fíʃhʊk, fíʃʊk] 〚ME〛 *n.* **1** 釣鉤. **2** 〘海事〙 収錨鉤(ˢʰᵘᵘᵇʸᵒᵘᵏᵃᵍⁱ) 《fish tackle を掛ける大鉤》.

fishhook 1

1 bend; 2 shank; 3 eye; 4 barb; 5 gape; 6 point; 7 spear; 8 bite

fishhook cactus *n.* 〘植物〙 **1** = cholla. **2** キンセキリュウ(金赤竜) (*Ferocactus wislizenii*) 《米国南西部やメキシコ産のサボテン》.

fish·i·ly [-ʃɪli, -ʃə- | -lɪ] *adv.* **1** 魚のように; 魚臭く. **2** (魚の目のように)どんよりと鈍く. **3** 《口語》 いかがわしく; うさんくさそうに (questionably).

fish·i·ness *n.* **1** 生臭さ, 魚臭. **2** (魚の目のような)どんよりとした鈍さ, 無表情. **2** 《口語》 いかがわしさ, うさんくささ.

fish·ing 〚ME〛 ── *n.* **1** 魚とり, 魚釣; 漁業, 漁獲: be fond of ~ 魚釣が好きである / do a little ~ ちょっと釣をする / line ~ 糸釣, 釣 / net ~ 網漁 / night ~ 夜釣. ★ラテン語系形容詞: piscatorial, piscatory. **2** 漁獲権, 漁業権. **3** 釣場, 漁場 (fishery). **4** 〘細菌〙 釣菌《試料中の菌を釣り上げるように採取すること》.

fishing banks *n. pl.* 漁場となる(海の)浅瀬堆, バンク《洲(ˢᵘ)をなす漁場》.

fishing boat *n.* 漁船, 漁舟, 釣舟.

fishing expedition *n.* 《口語》 **1** 〘法律〙 (事件に直接は役立たない)開示《文書持参証人召喚令状 (subpoena duces tecum) を用いて証拠を開示させたり, 証人を捜すために相手方に対して書類・書物などの提出を強制する命令を申請したりすること》. **2** 適確な資料を得る目的で明確な権限もなく遂行される職務上の調査.

fishing frog *n.* 〘魚類〙 = angler 2.

fishing ground *n.* 漁場.

fishing line 〚《(15C)》〛 *n.* 釣糸 (fishline).

fishing net *n.* 漁網.

fishing pole *n.* 釣竿《竿の先端から直接釣糸をたらす簡素な, 時に即席のものをいう》.

fishing rod *n.* 釣竿《通例ガイド (line guide), 握り手などの付いた竿で, リールとともに用いるものをいう》.

fishing story *n.* = fish story.

fishing tackle *n.* 釣道具, 釣具.

fishing worm *n.* = fishworm.

fishing zone *n.* 漁業水域.

fish joint *n.* 〘土木〙 添接(ᵗᵉⁿˢᵉᵗˢᵘ) 《レールや鉄桁などの継ぎ目を連接する添え板接合》.

fish kettle *n.* 魚のゆで煮用なべ《マスなど一尾丸のまま煮るのに用いる; cf. turbot kettle》.

fish kettle

fish knife 〚ME〛 *n.* 魚肉用ナイフ.

fish ladder *n.* 魚はしご, 魚梯(ᵍᵒᵗᵉⁱ) 《魚がダム・滝・堰などを上れるように作った段状の魚道》.

fish lead [-lèd] *n.* 〘海事〙 漁業用測深鉛.

fish·less *adj.* 魚のいない, 魚のない; 魚肉のない.

fish·like *adj.* **1** 魚のような, 魚臭い: a ~ smell. **2** 冷淡な, 冷血漢の.

fish·line *n.* 釣糸.

fish louse *n.* 〘動物〙 サカナジラミ《魚に寄生する甲殻類の小虫; (特に)鰓(ᵉ)尾目のチョウ属 (*Argulus*) 数種のシラミの総称》.

fish market 〚ME〛 *n.* 魚市場.

fish meal *n.* 魚粉《乾魚の粉末で, 肥料または動物飼料》.

fish·monger 〚ME〛 *n.* 《英》 魚商人, 魚屋 (fish dealer): at a ~'s 魚屋(の店)で.

fish·net 〚ME〛 *n.* **1** 漁網. **2** 粗(ᵃʳ)い孔のあいた布.

fish òil n. 魚油《鯨油・肝油・いわし油などで, 塗料・石鹸などに用いる》.
fish pàste n. 練り魚肉《anchovy paste や日本の鯛(たい)みそ・かまぼこなど; cf. paste 4 c》.
fish·plàte n. (レールなどの)継ぎ目板, 目板.
fish pòle n. =fishing pole.
fish·pònd 〖ME〗 n. 1 養魚池, いけす. 2 《戯言》海 (sea) (cf. herring pond). 3 (魚釣をまねて品物を釣りとらせる)福引き袋 (grab bag).
fish pòol n. =fishpond 1.
fish pòt n. (ウナギ・エビ・カニの捕獲用のかご状の)魚わな, 筌(うえ), 笯(ど) (cf. eel pot).
fish·pòund n. 《米》(魚をとるための)魞(えり), 筌(うえ) (weir).
fish prótein cóncentrate n. 魚類濃縮蛋白《タラなどの魚の蛋白質を乾燥粉末にした無味無臭の食料; 略 FPC》.
fish-scàle disèase n. 《病理》=fishskin disease.
fish·skìn n. 1 魚皮, (特に)サメの皮《木板をみがくのに用いる》. 2 《病理》=fishskin disease.
fishskin disèase n. 《病理》魚鱗癬(ぎょりんせん) (ichthyosis).
fish slìce n. 魚料理用のへら: a 《英》サービス用の魚ナイフ《卓上で切って皿に移す時に用いる》. b 料理用魚返し《なべの中で魚をすくい返す時に用いる》.
fish sòund n. (魚の)気胞, 浮袋, 鰾(ふえ) (cf. sound[4] 3).
fish spèar n. やす《魚を突き刺す道具》.
fish stìck n. フィッシュスティック《小さな細長い形の魚の切り身にパン粉を付けたもの》.
fish stòry 〖釣師のてがら話にほらが多いことから〗 n. 《口語》ほら話.
fish tàckle n. 《海事》フィッシュテークル《一旦揚げた錨を船ばたに引き寄せて錨床へ乗せるための滑車装置》.
fish·tàil 〖(15C)〗 — n. 1 a 魚の尾; (動き・形などが)魚尾状[様]のもの. b 飛翔中尻を振りぐらつく矢. c 進入警報の V 字形鉄道信号. 2 魚尾《平らな炎にするためにバーナーの火口にかぶせる魚尾形のアタッチメント》. 3 《航空》尻振り滑空《着陸の際尾部を左右に急激に動かして減速する操縦法》. — *attrib. adj.* 魚尾状[様]の. — *vi.* 1 〈車が〉後輪を横滑りさせる. 2 船尾を左右に振る. 3 《航空》尻振り滑空する.
fishtail bùrner n. 魚尾灯, 魚尾状バーナー, 拡炎器《魚尾 (fishtail) を火口にとりつけたガスバーナー》.
fish·tàiled adj. =fishtail.
fishtail wìnd n. 不定風, 魚尾風《射撃場で的に向かって吹く弾道を狂わせる風》.
fish torpèdo n. 魚形水雷, 魚雷.
fish wàrden n. 《米》魚類[漁場]監督官.
fish·wày n. (滝・堰に設けた)魚の登り道, 魚道; (特に)魚梯(ぎょてい) (fish ladder).
fish·wèir 〖OE fisćwer〗 n. 簗(やな) (weir).
fish wèll n. (漁船の)いけす.
fish·wife 〖ME〗 n. 1 女の魚売り. 2 言葉遣いの乱暴な[口汚ない]女.
fish·wòman n. =fishwife.
fish·wòrks n. (pl. ~) =fish factory.
fish·wòrm n. 《米》(魚釣の餌にする)ミミズ.
fish·y [fíʃi | -ʃɪ] 〖(?c1475)〗 — adj. (fish·i·er; -i·est) 1 魚の, 魚から成る: a ~ diet 魚料理の食事. 2 〈形状・におい・味が〉魚のような, 魚臭い, なま臭い: a ~ breeze, smell, taste, etc. 3 《戯言・詩》魚の多い: a ~ stream. 4 《口語》いかがわしい, うさんくさい, 怪しい, 眉つばの: a ~ translation 怪しげな翻訳. 5 〈目や宝石が〉(魚の目のように)鈍くどんよりした, 無表情な, 精彩を欠いた: a ~ eye [stare] どんよりした目[凝視] / a ~ diamond 鈍色のダイヤモンド.
fishy·bàck 〖← FISHY+(PIGGY)BACK〗 — n. フィッシュバック方式の輸送《はしけ・船による貨物トレーラーまたは貨物コンテナーでの物資輸送; cf. birdyback, piggyback 2》.
fisk [físk] n. 《スコット》=fisc 2.
Fiske [físk], **John** n. (1842–1901) 米国の歴史家・哲学者; 旧性名 Edmund Fisk Green.
fis·si- [físɪ, -sə | -sɪ] 〖← L *fissus* (p.p.) ← *findere* to cleave: ⇨bite〗「分裂 (fission), 裂開の (cleft)」の意の連結形.
Fis·si·den·ta·ce·ae [fìsədentéɪsiiː | fɪsɪ-] 〖← NL ~ ← *Fissident-, Fissidens* (属名: ⇨↑, denti-) + -ACEAE〗 n. pl. 《植物》(蘚類)ホウオウゴケ科. **fìs·si·den·tá·ceous** [-ʃəs] adj.
fis·sile [físɪl, -səl, -sl̩, -saɪl | -saɪl] 〖(1661) ▭ L *fissil-is*: ⇨fissi-, -ile¹〗 adj. 1 裂けやすい, 分裂性の (cleavable). 2 《物理》=fissionable.
fis·sil·i·ty [fɪsíləṭi | -lɪtɪ, -lɪ-] n. 1 分裂しやすい性質, 裂開性. 2 《地質》(岩石の)剝離性.
fis·sion [fíʃən, -ʒən | -ʃən] 〖(1841–71) ▭ L *fissiō(n-)* a cleaving; ⇨fissi-, -ion〗 — n. 1 裂開, 分裂. 2 《物理・化学》核分裂 (nuclear fission ともいう; cf. fusion 3). 3 《生物》分裂, 分体: reproduction by ~ 分裂繁殖, 分体生殖. — *vt.* 《物理》…に核分裂を起こさせる. — *vi.* 1 《物理》核分裂する. 2 小部分に分裂する.
fis·sion·a·ble [fíʃ(ə)nəbl̩, -ʒ(ə)n- | -ʃ(ə)n-] 《物理》adj. 核分裂性の, 核分裂する: ~ material(s) 核分裂物質《ウランなど》. — n. [pl.] 核分裂物質. **fìs·sion·a·bíl·i·ty** [-nəbíləṭi | -lɪtɪ, -lɪ-] n.
fís·sion·al [-ʃənl̩, -ʒə-, -ʃnəl, -ʒn- | -ʃənl̩, -ʃnəl] adj. 《生物》分裂の, 分体の: ~ reproduction 分裂繁殖, 分体生殖.
fission bòmb n. 核分裂爆弾, 原子爆弾 (cf. fusion bomb).
fission càpture n. 《物理》核分裂(を伴う)捕獲《中性子等が原子核に捕獲(吸収)され核分裂の起こる過程》.
fission chàin reàction n. 《物理》核分裂連鎖反応.
fission fràgment n. 《物理》核分裂の破片.
fission pròduct n. 《物理》核分裂生成物.
fission-tràck dáting n. 《物理》核分裂飛跡による年代決定法《岩石・隕石などの年代を決める方法の一つ; サンプルの中に含まれる放射性原子核の自発核分裂破片が残した飛跡の数がサンプルの年齢に比例することを利用する》.
fis·sip·a·rous [fɪsípərəs, fə- | fɪ-] 〖← FISSI-+-PAROUS〗 adj. 1 《生物》〈細胞が〉分裂繁殖の, 分体生殖の. 2 分裂して広がる. **~·ly** adv. **~·ness** n.
fis·si·ped [físəpèd | -sɪ-] 〖▭ LL *fissiped-, fissipēs*: ⇨fissi-, -ped〗 《動物》adj. 1 分趾の (cloven-footed). 2 裂脚亜目の. — n. 裂脚亜目の動物.
Fis·sip·e·da [fɪsípədə, fə- | fɪsípɪ-] 〖← NL ~ ← LL *fissiped-, fissipēs* (↑)〗 n. pl. 《動物》裂脚亜目.
Fis·si·pe·di·a [fìsəpíːdiə | -sɪpíːdɪə] 〖《変形》↑〗 n. pl. 《動物》=Fissipeda.
fis·si·ros·tral [fìsərɑ́strəl | -sɪrɔ́s-] 〖← FISSI-+ROSTRAL〗 adj. 《鳥類》 1 くちばしの広く裂けた《ツバメなどのように》. 2 〈くちばしが〉深く裂けた.
fis·sure [fíʃə | fíʃə(r, -ʃʊə(r] 〖(a1400) ▭ (O)F ~ // L *fissūra* cleft: ⇨fissi-, -ure〗 — n. 1 裂け目, 割れ目, 亀裂: a ~ in a rock / They were divided by a deep social ~. 両者の間には社会的に深い亀裂があった. 2 《外科・解剖》(脳などの)裂, 裂溝(れっこう); 《歯科》裂溝《歯の咬合面の溝状のくぼみ》. 3 《病理》裂傷, 亀裂: anal ~ 肛門裂傷; 裂痔(れつじ). 4 《地質》岩石中の破断面, 割れ目.
fissure of Ro·lan·do [roʊlǽndoʊ, -lɑ́ːn- | rəʊlǽndəʊ, -lɑ́ːn-] 〖← *Luigi Rolando* (1773–1831: イタリアの解剖学者)〗 《解剖》ローランド裂[溝(こう)] (⇨central sulcus).
— *vt.* …に割れ目[裂け目]を生じさせる. — *vi.* 割れ目[裂け目]が生じる; 分裂する (divide).
fís·sured adj. 裂け目[割れ目]の入った, 亀裂の生じた: a ~ rock.
fist¹ [físt] 〖OE *fȳst* < (WGmc) **fūstiz* (Du. *vuist* / G *Faust*) ← IE **penkwe* 'FIVE'〗 — n. 1 握りこぶし, げんこ, げんこつ: He struck me with his ~. げんこで私を殴った / the mailed ~ 腕力, 暴力 / clench [double] one's ~ こぶしを握る, げんこつを固める / use one's ~ on a person げんこで人を殴る / shake one's ~ (威嚇の身振りで)握りこぶしを振る / with one's closed ~ こぶしを固めて. 2 a 《戯言》手 (hand): Give us your ~, old fellow. おい握手だ(手を出したまえ). b 《口語》筆跡 (handwriting): know a person's ~ 人の筆跡を知っている / write a good [an ugly] ~ 筆跡が見事だ[まずい]. c 《口語》把握: the whip in his ~ 彼の握っている鞭(むち). 3 《口語》試み, 企て: make a good ~ at [of] …をうまく試みる, 上手にやる / He made a poor ~ of sleeping. よく眠れなかった. 4 《印刷》指標, 指じるし (index) (☞ 印). — *vt.* 1 〈手を〉こぶしにする. 2 こぶしで打つ; こぶしで握る. 3 《海事》〈帆・オールなどを〉操縦する, 扱う.
fist² [fáɪst] n. =feist.
físt·ed adj. 1 〈手が〉握ってこぶしにした. 2 [複合語の第 2 構成素として] こぶしの…な, 握りの…な: one's close-[hard-]*fisted* hand しっかり[固く]握り締めた手.
físt·fight n. 素手[握りこぶし]でけんかすること, 殴りあい.
fist·ful [fístfʊ̀l] n. 1 手一杯, 一握り[*of*]: a ~ *of* sand 一握りの砂 / a ~ *of* nuts 手一杯の木の実. 2 多数 [*of*]: a ~ *of* piano pieces たくさんのピアノ作品.
fist·i·an·a [fìstiǽnə, -ɑ́ːnə, -éɪnə | -tɪɑ́ːnə] 〖← FIST¹+-I-+-ANA〗 n. 《戯言》ボクシング界.
fist·ic [fístɪk] adj. 《戯言》ボクシングの (pugilistic); げんこの殴り合いの: ~ skill ボクシング技術 / a ~ contest ボクシング競技 / a ~ arena ボクシング場.
físt·i·cal [-ṭɪkəl, -tə- | -tɪ-] adj. =fistic.
fist·i·cuff [fístɪkʌ̀f, -tə- | -tɪ-] 〖← FIST¹+-I-+CUFF²〗 n. 1 げんこの一撃. 2 [pl.; 単数または複数扱い] 殴り合い; ボクシング: come to ~s 殴り合いになる.
físt·i·cùff·er n. ボクサー, 拳闘家.
fist làw 〖《なぞり》← G *Faustrecht* ← *Faust* 'FIST¹' + *Recht* 'RIGHT'〗 n. 強い者勝ち, 強者の圧制, 弱肉強食.
físt·nòte n. 指じるし注《本・印刷物中に指じるし(☞)で示してある重要な注意[指示]》.
fis·tu·la [fístʃʊlə | -tju-, -tʃʊ-] 〖(a1398) ▭ OF *fistule* // L ~ 'pipe, tube, ulcer': cf. fester〗 — n. (pl. ~s, -tu·lae [-lìː, -lài | -lìː]) 1 (昆虫などの)管状器官, (鯨の)噴気孔 (spout). 2 《病理・獣医》フィステル, 瘻(ろう), 瘻孔, 瘻管: anal ~ 痔瘻. 3 《廃》笛 (pipe).
fis·tu·lar [fístʃʊlə | -tjʊlə(r, -tʃʊ-] 〖▭ L *fistulār-is*: ⇨↑, -ar¹〗 adj. =fistulous.
fis·tu·lar·i·id [fìstʃʊlǽ(ə)riɪd | -tjʊléər-] 〖← NL *Fistularia* (↓)+-ID²〗 adj., n. 《魚類》ヤガラ科の(魚).
Fis·tu·la·ri·i·dae [fìstʃʊlərɑ́ɪədìː | -tjʊləráɪɪ-] 〖← NL ~ ← *Fistularia* (属名: ⇨fistula, -aria¹)+-IDAE〗 n. pl. 《魚類》(トゲウオ目)ヤガラ科.
fis·tu·lize [fístʃʊlàɪz | -tjʊ-, -tʃʊ-] vi. 《病理》フィステル(瘻(ろう))ができる. — *vt.* 《外科》〈フィステルを〉形成する.
fis·tu·lose [fístʃʊlòʊs | -tjʊləʊs] adj. =fistulous.
fis·tu·lous [fístʃʊləs | -tjʊ-] 〖(?1425) ▭ L *fistulōs-us*: ⇨fistula, -ous〗 adj. 1 管状の, 空管様の, 筒形の, 中空の (hollow). 2 《病理》瘻(ろう)(性)の, 瘻状の.
fístulous wíthers n. (pl. ~) [単数または複数扱い] 《獣医》(馬の)鬐甲瘻(きこうろう)《鬐甲にできた化膿性瘻管》.
fit¹ [fít] 〖v.: (?a1400) *fitte(n)* to marshal troops, arrange; be fitting ← ?: cf. ON *fitja* to knit. — adj.: (c1250) ← ?〗 — adj. (fit·ter; -test) 1 a 適当な; 〔…に〕適した, 適合する〔*for*〕, 〈…するのに〉適した 〈*to do*〉: a ~ opportunity 適当な機会 / decide on ~ time and place 適当な時と所をきめる / be ~ *for* the purpose 目的にかなっている / food not ~ *to* eat とても食え(そうに)ない食物 / I am not ~ *to* be seen. このままでは人前に出られない. b 〔…の任に〕耐え得る, 適任の〔*for*〕; 〈…するのに〉耐え得る, 適任で 〈*to do*〉: be ~ *for* the post 適任である / He is physically ~ *to* be a pugilist. 肉体的にボクサーに適している / I found him a ~ man. 彼が適任だということがわかった. c 環境に適合[順応]した. ★ 特に次の句で: the survival of the ~*test* 適者生存. 2 a 〔…に〕似つかわしい, ふさわしい, 相応な〔*for*〕; 至当な, 穏当な: books not ~ *for* young people *to* read 若い人が読むのにふさわしくない本 / ~ *for* a king ⇨king 成句 / *It is* not ~ *that* he should [~ *for* him *to*] say so. 彼がそんなことを言うのは穏当でない. b [think *or* see ~ (*to* do) として] 〈身勝手なこと, ばかげたことなどをするのが〉ふさわしいと思う, (しばしばそうでないのに適当だと考えて)〈…する〉ことにする: Do as you *think* [*see*] ~. 君が適当だと思う通りにやりなさい / He didn't *think* [*see*] ~ *to* recognize me. (私に挨拶するのが都合悪かったので)そ知らぬふりをした. 3 a いつでも〔…の〕用意ができて(いる)〔*for*〕; 〈…する〉ばかりになって(いる) 〈*to do*〉: a ship ~ *for* a voyage 航海を待っている船 / These pears will be ~ *to* eat in three days. このナシは三日たてば食べ頃になる. b [Predicative に用いて] 《口語》(怒り・苦悩・落胆・疲労(など)のあまり)…せんばかりで, 今にも…しそうで 〈*to do*〉: I walked till I was ~ *to* drop. 倒れそうになるまで歩いた / She cried ~ *to* break her heart. 胸も張り裂けんばかりに泣いた / The boss is ~ *to* fire all of them. ボスは彼らを全部くびにする気になっている. 4 [通例 Predicative に用いて] 《口語》(肉体的・精神的に)健康で; (特に)〈運動家・競走馬・軍隊などが〉よい調子[コンディション]で: (as) ~ as a fiddle [flea] ぴんぴんして / feel ~ (体のぐあいが)至極よい / keep ~ 健康でいる / Is he ~ *for* work [~ *to* travel] yet? 彼はもう仕事[旅行]ができますか.
fit to be tied 《俗》今にもかんしゃく玉を破裂させそうで, ひどく立腹して, かんかんになって (cf. 3 b). ***fit to burst*** (あたかも)爆発しそうになって: He was laughing ~ *to burst.* 彼は笑いころげていた. ***fit to kill*** ⇨kill 成句.
— v. (fit·ted, ~; fit·ting) — *vt.* 1 a …に適合する, 合う (suit); …に適当する, 相応する: This dress ~s her perfectly. このドレスは彼女にぴったり合う / I will find a present to ~ the occasion. その場合にふさわしい贈り物を捜そう / The example does not ~ the case. その例はその場合に当てはまらない[適例でない] / The punishment ~s the crime. その処罰は罪に相応している. b 《古》[特に非人称構文で用いて]〈人〉にふさわしい (befit): I must go where it ~s not you to know. お前たちの知ってはならぬ所へ行かねばならぬ (Shak., *Winter's* 4. 4. 304). 2 〔…に〕ぴたりとはめ込む, うまく割り込ませる〔*in, into,* etc.〕; 〔…に〕(うまく)収容する〔*into*〕: ~ a key *in* a lock 鍵を錠に差し込む / ~ one's cigarette *between* one's lips 巻タバコをくわえる / ~ a stopper *into* a bottle びんにきっちりと栓をする / ~ a cupboard *under* the stairs 階段の下に戸棚をはめ込む / He ~*ted* the revolver *into* the hip holster. 拳銃を腰のホルスターに差した / All the pieces of the jigsaw puzzle were successfully ~*ted into* place. はめ絵パズルのはめ込みがうまくいった (⇨FIT *in* (1)). 3 a 〔…に〕適合させる〔*to*〕, (…の寸法・型などを)合わせる, 合わせて作る[作り直す], 調整する: We must ~ our policy *to* the new situation. 我々は政策を新しい情勢に適合させていかなければならない / Please ~ this ring *to* my finger. この指輪を指に合うようにして下さい / I'll go and get my glasses ~*ted*. (度を計って)めがねを合わせてもらいに行って来よう / He agreed to ~ the plans *to* suit us. 彼は我々にも都合のよいように計画を変えることに同意した. b (任に)適させる, …に準備をさせる〔*for, to*〕: Hard training ~*ted* him *for* the job [*to* the work]. 彼は猛訓練の結果その職をやって行ける[その仕事ができる]ようになった. c 《米》…に〔大学入学の〕準備をさせる〔*for*〕: The school ~s students *for* college. その学校は大学の入学準備教育をする. 4 a 〈人〉の〔衣服・めがねなどの〕寸法[度]に合わせて作る[調整する]〔*for*〕; …に〔衣服の〕寸法合わせをする〔*with*〕: He ~*ted* her *with* her new dress. 彼は彼女に新調のドレスの寸法合わせをした / I went to the tailor's to be ~*ted*. 服の寸法を計ってもらいに[仮縫いに]洋服屋へ行った. b 〈部屋など〉の大きさに合わせて〔備品を〕取り付ける〔*for*〕; 〔適当な品を〕〈家・船など〉に備える, 設備する (furnish, equip)〔*with*〕: ~ a room *for* curtains 寸法を計って部屋にカーテンを取り付ける / ~ a library *with* shelves 書庫に棚を設ける / ~ a pistol *with* a silencer ピストルに消音装置を付ける / ⇨FIT *out*, FIT *up*. 5 《数学》〈曲線を〉あたえられた一組の点を通るように調整する.
— *vi.* 1 a 適合する, (形・大きさが)合う, 似合う: Her dress ~s beautifully. 彼女の服はぴったりと体に

合う / The broken pieces won't ~. 破片がうまく合わない / This won't ~ *into* the drawer. これはうまく引出しの中にはいらない. **b** 〔環境などに〕調和する, 和合する (agree)〔*into, with*〕: He did not ~ so easily *into* the life in America. 彼はアメリカでの生活にあまりよくなじめなかった / You will soon ~ *with* the other workers. じきほかの従業員としっくりいくようになろう / ⇨ FIT *in*. **c** 《古》[特に非人称構文で用いて] 適当である, ふさわしい (be fitting): Let it stand where it best ~*s* to be. それを置くに最もふさわしい所に置くがよい (Shak., *2 Hen VI* 2. 3. 44). **2** 《米》(大学予備校に通って)入学準備をする.

fit in (*vt.*) 適合させる, はめ込む, 割り込ませる: ~ *in* a visit 訪問[参観]の時間を割り込ませる / I managed to ~ the bookcase *in* between the windows. 本箱を何とか窓と窓との間にはめ込むことができた. (*vi.*) 適合する, 調和する, はまり込む; 他の人にも都合がよいように調節する: The cupboard ~*s in* nicely. 戸棚はうまくはまり込む / My temperament seemed to ~ *in with* his optimism. 私の性分が彼の楽天主義に適合したようだ. ***fit on*** (*vt.*) (1) 〈衣服を〉合うかどうか着てみる. (2) (仮縫いして)〈衣服を〉〈人に〉着せてみる. (*vi.*) 〈罐(かん)のふたなどが〉うまくはまる: make the lid ~ *on* ふたをうまくはめる. ***fit out*** (*vt.*) (1) 装備する (equip): ~ *out* a ship for a voyage 船を艤装する / ~ *out* an expedition 遠征隊の装備を整える. (2) 〈人〉に〔必要品を〕調達する, 整えてやる〔*with*〕: ~ a man *out with* traveling kit 人に旅装を整えてやる / be ~*ted out for* school (学童が)入学の支度をしてもらう. (*vi.*) 装備する. ***fit up*** (1) 〔付属品·必要品などを〕…に設備する, 備えつける (furnish)〔*with*〕: ~ *up* a room 部屋に家具を入れる / ~ *up* a study as a library 書斎を図書室に改装する / They were being ~*ted up with* electric light. 電灯の設備をしているところだった. (2) 〈器具などを〉取り付ける, 架設する.

— *n.* **1** 適合, しっくりした状態 (adjustment): It will be a tight ~ to get them all in. 皆入れるときちきちだろう. **2** (衣服の)体への合い具合, 着具合; 体に合う衣服[服装品]: This dress is a good ~. この服はぴったりだ / The ~ of her clothes is perfect. 彼女の服のぴったり加減は最高だ / The coat is an easy [a poor, a perfect] ~. その上衣は着具合が楽だ[よく合わない, ぴったりして申し分ない]. **3** 《機械》はまり, はめあい, すり合わせ, なじみ: ⇨ loose fit, tight fit. **4** 《統計》(標準のデータとの)適合度.

fit² [fít] 〘OE *fitt* conflict ← ?〙 — *n* **1** (病気の)発作 (spasm); ひきつけ, さし込み, 瘧攣(けいれん): ⇨ fainting fit / a ~ of epilepsy [apoplexy, rheumatism] てんかん[卒中, リューマチ]発作 / a ~ of coughing (発作的な)ひとしきりのせき込み / fall down *in* a ~ 卒倒する / go *into* ~*s* 卒倒する. **2** (感情の)激発 (outburst): burst *into* a ~ of laughter [rage] ぷっと吹き出す[かっとなる] / *in* a ~ of passion 激情に駆られて / *in* a ~ of anger [rage] 腹立ちまぎれに / in a ~ of remorse 急に自責の念に駆られて. **3** (発作的に起こった)一時的興奮状態, 気まぐれ, (一時的な)気分: *in* a ~ of generosity つい大まかな気になって, 急に気が大きくなって / when the ~ is on one (どうかして)気が向くと. ***beat*** [***knock***] ***a person into fits*** 〈人を〉さんざんにやっつける. ***by fits*** (***and starts***) 発作的に, 時々思い出したように: work *by* ~*s and starts* 気まぐれに[思い出したように]働く. ***give a person a fit*** 〈人に〉不意打ちを食わせる; 〈人を〉怒らせる. ***give a person fits*** 《口語》(1) = *beat a person into* FITS. (2) 〈人を〉ひどく叱る, どなりつける. ***have a fit*** (1) 発作を起こす, ひきつけを起こす. (2) 《口語》ものすごく怒る[興奮する]; びっくり[仰天]する. ***throw a fit*** = *have a* FIT (2).

fit³ [fít] 〘OE *fitt* song ← ?〙 *n.* 《古》**1** (詩の)一節 (canto); (歌の)ひとくさり (strain). **2** 《廃》歌 (song, ballad).

fit⁴ [fít] *v.* 《方言》= fought.

fitch [fítʃ] 〘《1421》▭ MDu. *fisse* polecat〙 — *n.* **1** 《動物》ケナガイタチ (*Mustela putorius*) 《ヨーロッパ·北アジア産のイタチ科の動物; fitchet, polecat ともいう》; ケナガイタチの毛皮. **2** (ケナガイタチなどの毛で作った)絵筆《fitch brush ともいう》.

Fitch [fítʃ], (**William**) **Clyde** *n.* (1865–1909) 米国の劇作家.

Fitch, John *n.* (1743–98) 米国の実質的な蒸気船発明家 (1786).

fitch·ée [fítʃi, fɪtʃéɪ | fítʃɪ, fɪtʃéɪ] 〘▭ F *fiché* (p.p.) ← *ficher* to fix: ⇨ fichu〙 — *adj.* 《紋章》**1** 細くなった, 尖っている: ~ at the foot 〈十字架が〉下の先が尖っている. **2** 尖ったところがある.

fitch·er [fítʃə | -tʃə(r)] 〘← ?〙 *vi.* 〈ドリルの溝が〉詰まる.

fitch·et [fítʃɪt, -tʃət] *n.* 《動物》= fitch 1.

fitch·ew [fítʃuː] 〘《?c1395》▭ OF *fichau* ▭ MDu. *fisse*〙 *n.* = fitch.

fitch·y [fítʃi | -tʃɪ] *adj.* 《紋章》= fitchée.

fit·ful [fítfəl] *adj.* **1** 発作的な, 断続的な, 変わりやすい, 気まぐれな (spasmodic, intermittent): a ~ gleam ちらちら明滅する光り / a ~ wind 思い出したようにときどき吹く風 / a ~ worker 気まぐれな働き手. **2** 《廃》発作病の: ~ fever. **~·ly** *adv.* **~·ness** *n.*

fít·ly *adv.* **1** 適合するように, 適当に, 適切に, ぴったりと (suitably). **2** 適時に, 適宜に (opportunely).

fít·ment *n.* **1** (作り付けの)備品, 家具. **2** [*pl.*] 造作, 取付け, 建具 (fittings).

fít·ness *n.* **1** 適当, 適合; 適任である資格. **2** 適合性, 合目的性, (言行などの)よろしきを得ること, 合宜性 (propriety): the (eternal) ~ of things 事物本来の合目的性. **3** (健康状態の)良好, 健康.

fít·òut *n.* 《英口語》(旅の)支度 (equipment, outfit).

fit·ted [-tɪd, -təd | -tɪd, -təd] *adj.* **1** (体の)形に合うように作られた: a ~ carpet 床面全体に敷きつめられるように切ったじゅうたん / ~ sheets ベッドに合わせて作ったシーツ / a ~ coat 体の線に合うように仕立てた上着. **2** (仕事·職種に)合っている, 適した. **~·ness** *n.*

fit·ten [fítn̩] *adj.* 《方言》適した, 一致した (fit).

fit·ter [-tə | -tə(r)] *n.* **1 a** (作り付け家具などの)取付け人; (機械·備品などの)組立て工, 仕上工; (建具などを取り付ける)仕上げ大工, 取付け大工: a gas-*fitter*. **b** 整備係, 調整係: an engine-*fitter*. **c** 鋸の目立て屋. **2 a** (仮縫いなどの)着付け人. **b** 装身具[旅行用品]商.

fit·ting [-tɪŋ | -tɪŋ] 〘ME〙 — *adj.* 適当な, 適切な, ちょうど頃合の: a ~ observance of the feast 時宜にかなった祭礼の挙行. — *n.* **1** 適合; 合わせてみること; (仮縫いのための)着付け, 試着. **2 a** 取付け, すえ付け. **b** 備品, 付属品; [通例 *pl.*] (作り付け)家具, 建具(類), 造作, (自動車などの)部品: gas and electric-light ~*s* ガスと電灯設備. **3** 《英》《商業》(靴·靴下などの)大きさ, 型: a broad [narrow] ~ 幅の広い[狭い]型. **~·ly** *adv.* **~·ness** *n.*

fítting ròom *n.* (服飾品店などの)試着室.

fítting shòp *n.* 組立て工場[作業場].

fít·ùp *n.* 《英》**1** 臨時劇場; 臨時[携帯用]の舞台(装置). **2** 旅回り劇団《fit-up company ともいう》.

Fitz [fíts] 〘↓〙 *n.* 男性名.

Fitz- [fɪts] 〘▭ AF *fitz* = OF *fiz* (F *fils*) < L *fīlius* son〙 — *pref.* 「(…の)子息 (the son of)」の意 (cf. Ibn-, Mac-, O'). ★ アクセントを伴わず姓の前に添えて通例国王または王族の庶子であることを示す: *Fitz*roy 王(の庶)子 / *Fitz*clarence クラレンス公 (Duke of Clarence) の庶子.

Fitz·ger·ald [fɪtsdʒérəld] 〘⇨ ↑, Gerald〙 *n.* 男性名.

Fitz·Ger·ald [fɪtsdʒérəld], **Edward** *n.* (1809–83) 英国の詩人, *Rubáiyát of Omar Khayyám* の翻訳者.

Fitz·ger·ald [fɪtsdʒérəld], **F**(**rancis**) **Scott** (**Key**) *n.* (1896–1940) 米国の小説家; *The Great Gatsby* (1925).

FitzGérald contràction [**effèct**] 〘← *George F. FitzGerald* (1851–1901: アイルランドの物理学者)〙 — *n.* [the ~] 《物理》フィッツジェラルド短縮《マイケルソンモーリーの実験 (Michelson-Morley experiment) を説明するために FitzGerald が仮定した運動物体の長さの運動方向の短縮》.

Fitz·hugh [fítshjùː] 〘⇨ Fitz-, Hugh〙 *n.* 男性名.

Fiu·me [fjúːmeɪ, fiúː- | fjúː-, fiúː-; *It.* fjúːme] *n.* フィウメ《Rijeka のイタリア語名》.

five [fáɪv] 〘OE *fīf* < Gmc **fimfi* (Du. *vijf* / G *fünf*) < IE **pempe* 《変形》← **penkwe* (L *quinque* / Gk *pénte*): cf. finger, fist¹, penta-, quinque-〙 — *n.* **1** 5; 5個, 5人, 5歳, 5時: ~ and twenty = twenty-*five* 25 / at ~ 5時に / *five*-twenty 5時20分 / a child of ~ 5歳の子供 / the big *Five* 五大国, 五大巨頭 / ⇨ Big Five. ★ ラテン語系形容詞: quinary. **2** 5 [V] の記号[数字]. **3** 5人[個]一組; バスケットボールチーム. **4** (トランプの)5の札; (さいの)5の目; 半面に5個の点のあるドミノの牌: the ~ of spades スペードの5. **5** 《クリケット》5点打. **6** 《英口語》5ポンド紙幣; 《米口語》5ドル札. **7** 5番サイズの衣服; [*pl.*] 5番サイズの手袋[靴]: wear a ~. **8** [*pl.*] 《英》五分利物. **9 a** [*pl.*] 5本指, 手, こぶし (hand): a bunch of ~*s* 《英俗·米古》(握り)こぶし, 手. **b** 《米俗》= 9 a: Give me ~. 握手をしよう. **10** [*pl.*] 《球技》⇨ fives. **11** [the F-] 《音楽》五人組《19世紀ロシヤの作曲家グループ; Balakirev, Borodin, Cui, Mussorgsky, Rimski-Korsakov がそのメンバー; Russian Five ともいう》. ***hang five*** ⇨ hang *v.* 成句. ***take five*** 《口語》(仕事などを)5分間休む.

five of a kind 《トランプ》ファイブカード《ポーカーで4枚の同位札に鬼札 (wild card) を加えた手; 鬼札を使う方式のポーカーでは最高位の出来役とされる》.

— *adj.* 5の, 5個の, 5人の; [Predicative に用いて] 5歳で: ~ percent 5%, 5分, 5パーセント / the ~ senses 五感 (⇨ sense A 1) / ~ o'clock 5時 / ~ years old [of age] 5歳 / a *five*-pound note 5ポンド紙幣.

fíve-and-díme *n.* 《米》= five-and-ten.

fíve-and-tén *n.* 《米》(もと5セントか10セント均一の)安物(雑貨)店《five-and-ten-cent store ともいう; cf. dime store》.

fíve-by-fíve *adj.* 《米俗》太った, ずんぐりした.

Five Civilized Nátions [**Tríbes**] *n. pl.* [the ~] 《米》(1830–40年に Indian Territory (今の Oklahoma 州東部)に強制移住させられた)アメリカインディアンの五族《Cherokee, Chickasaw, Choctaw, Creek および Seminole 族; 伝統文化が発達していたので, 当時の米国役人がこう呼び始めた》.

fíve-dày wéek *n.* 週休二日制《1週5日(労働)制の1週》.

fíve-èighth *n.* 《豪》《ラグビー》ハーフバック (half-backs) とスリークォーターバック (three-quarter backs) との間のプレーヤー; そのポジション.

fíve-fínger *n.* **1** 《植物》**a** = cinquefoil 1. **b** = bird's-foot trefoil. **c** = oxlip. **d** = Virginia creeper. **2** 《動物》ヒトデ (starfish). — *attrib. adj.* 五指の.

fíve-finger éxercise *n.* **1** (ピアノの)五指練習. **2** 簡単なこと[仕事].

fíve·fòld 〘OE *fīffeald*〙 *adj.* **1** 五部分[部門, 要素]のある. **2** 五重の, 5倍の. — *adv.* 五重に; 5倍に.

fíve-gáited *adj.* 《馬術》五種歩訓練ずみの《米国の乗用馬で常歩(なみあし) (walk), 速歩 (trot), 普通駆け足 (canter), 緩歩(かんぽ) (slowgait), ラック (rack) が行なえるように訓練した; cf. three-gaited》.

fíve húndred *n.* 《トランプ》五百, ノートラ《euchre をもとに米国で考案されたゲーム; euchre と同じ32枚に joker を加え, 通常3人が10枚の手札で獲得する組 (trick) 数により得点を競う; 500点に達した者が勝ち》.

fíve húndred rúm [**rúmmy**] *n.* 《トランプ》五百点ラミー《rummy の一種で, 500点先取した者が勝ちとなる; pinochle rummy ともいう》.

fíve-lìne whíp *n.* ⇨ whip 5.

Fíve Nátions *n. pl.* [the ~] 《米》(現在の New York 州に住み, 連合組織を作っていた)アメリカインディアンの五族《Mohawk, Oneida, Onondaga, Cayuga, Seneca; 彼らを総称して Iroquois 族と呼ぶ; cf. Six Nations》.

fíve-o'clóck shádow *n.* (朝剃ったものが伸びて) 5時ごろ男の顔に見えてくるひげ.

fíve-o'clóck tèa *n.* 《英》午後のお茶 (cf. tea 5).

five·pence [fáɪvpéns, fáɪfpəns, fáɪv-] *n.* (*pl.* ~, ~*s*) **1** (英国の) 5ペンス(の価). ★ 用法その他については ⇨ penny 1. **2** 《米》5セント; 5セント(白銅)貨.

five·pen·ny [fáɪvpéni, fáɪfp(ə)ni, fáɪv- | -nɪ] *adj.* 5ペンスの: ~ rate [tax] 1ポンドにつき5ペンスの割の率[税金]. ★ 用法等については ⇨ penny 1. — *n.* (英国の) 5ペンス(白銅)貨 (略 5 p); (以前の) 5ペンス銀貨.

fíve-percénter *n.* 《米》五分の手数料を取って商売人に役所の仕事を世話したり, 代わって役所の請負をする人.

fiv·er [fáɪvə | -və(r)] *n.* 《俗》**1** 《米》5ドル札. **2** 《英》「5ポンド紙幣.

fives [fáɪvz] 〘(pl.) ← FIVE〙 — *n. pl.* [単数扱い] 《英》《球技》ファイブズ《壁で囲まれたコートで手にグラブをはめてまたはバットで革装のボールを前面の壁に打ち当てる2–4人で行なう; cf. Eton fives, Rugby fives, handball 2 a, squash tennis》.

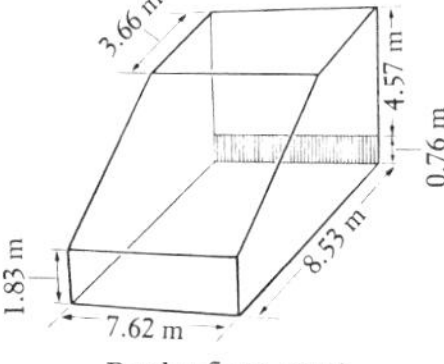

Rugby fives court

fíve-spòt *n.* **1** = five 4. **2** 《米俗》5ドル札. **3** 《植物》米国 California 州産ハゼリソウ科ルリカラクサ属の, 花弁が白色で先端に濃紫色の斑点のある花を付ける一年草 (*Nemophila maculata*).

fíve-stár *adj.* **1** 五つ星の: a ~ general (米国の)陸軍[空軍]元帥 / a ~ admiral (米国の)海軍元帥. **2** 《星印をつけてその評価を示すことから》〈文学作品など〉(評価が)最高水準の, 第一級の, すぐれた.

fíve·stònes *n. pl.* [単数扱い] 《英》五玉(ごだま)遊び《5個の石を用いて行なう一種のお手玉; cf. jackstone 1》.

fíve-to-twó 〘*Jew* と *two* とを韻を踏ませたもの〙 *n.* 《俗》ユダヤ人 (Jew).

Five Tówns *n. pl.* [the ~] ファイブタウンズ《イングランド Staffordshire 州の陶磁器製産地 (the Potteries) の五町村 (Stoke-on-Trent, Hanley, Burslem, Tunstall, Longton) の総称; この名を特に有名にした Arnold Bennett の小説では以上の五町村はそれぞれ Knype, Hanbridge, Bursley, Turnhill, Longshaw となっている》.

five W's *n. pl.* [the ~] 《ジャーナリズム》五つの W 《who (誰が), what (何を), when (いつ), where (どこで), why (なぜ)を指し, how (どのように)とともに 5 W·1 H と呼ばれてニュース報道の際に盛り込まねばならない要素とされる》.

fíve-yèar plán, Fíve-Yèar P- 〘《なぞり》← Russ. *pyatiletka*〙 *n.* [the ~] (政府の)五か年計画《1928年に始められたソ連の経済開発政策が最初》.

fix [fíks] 〘《c1370》▭ ML *fix-āre* // ← L *fix-us* (p.p.) ← *figere* to fix ← IE **dheigw-* to stick: cf. dig, ditch〙 — *v.* (~**ed**, 《詩》**fixt** [fíkst]) — *vt.* **1** 固定[定着, 固着]させる, 据える: ~ a loose plank ゆるい板を固定させる / ~ a bayonet (銃に)銃剣をつける (cf. bayonet 1) / ~ a butterfly 蝶を(ピンで)止める / ~ a tent by means of pegs テントを杭で留める / ~ a statue *upon* a pedestal 像を台の上に据える / ~ a lid *on* a box 箱にふたをする / ~ a post *in* the ground 柱を地面にしっかりと立てる / ~ a feather *in* one's hat 帽子に羽をさす / ~ a picture [lamp] *to* the wall 壁に絵をはりつける[ランプを取り付ける] / ~ a dining table in the middle of a room.

2 a 〈観念·意見などを〉固定させる, 不動なものにする; 〔心·記憶に〕留める (implant)〔*in*〕: ~ one's fluctuating opinions 動揺する意見を固定させる / ~ facts [dates] *in* one's mind 事実[年代や日時]をしっかり覚える / ⇨ fixed idea. **b** 〈言語·文学·文体などを〉固定化する, 恒久化する.

3 a 決定する, 定める, 決める: ~ one's residence in the suburbs 郊外に住居を定める / He ~*ed* the price [rent] at $30. 値段[家賃]を30ドルに決めた / ~ a day for a meeting 会合の日を決める / ~ English spelling 英語のつづり方を決定する / Have the date and place of the wedding been ~*ed* yet? 結婚式の日取りと場所

はもう決めましたか. **b** [~ one*self* または p.p. 形で] (相当の期間)居を定める, 住みつく: He *~ed himself* in New Haven. 彼はニューヘイヴンに住みついた / They are *~ed* in a new home. 新居に落ち着いた.
4 a 〈目・注意などを〉(…に)じっと注ぐ, 向ける〔*on, upon*〕; 〈人・物を〉見据える, じっと見つめる: He stood there *with* his eyes *~ed on* the picture. 彼は目をじっとその絵に向けたままそこに立っていた / ~ one's attention [affection] *on* …に注意[愛情]を傾ける / She *~ed* Tom with a keen glance. 鋭い目付きでトムをじろりと見た. **b** 〈人の目・注意を〉引き留める, 引きつける: try to keep one's mind *~ed* on one's tasks 自分の仕事に集中しようとする / The sight *~ed* her attention. その光景は彼女の目を引き付けた.
5 〈顔つきなどを〉固定させる, すわらせる, こわばらせる (make rigid); 〈顔を〉(ある表情に)する〔*in*〕: ~ one's features きつい顔つきをする / He *~ed* his face *in* an expression of sheer admiration. 彼はまったく感服の至りといった顔をした.
6 〈罪・責任などを〉(人に)帰する, かぶせる, 負わせる (assign)〔*on*〕: ~ the blame [responsibility] *on* a person 人に罪[責任]を負わせる.
7 a 調整[整頓]する, 用意する; 直す, 修理する: ~ a machine so that it will work 動くように機械を調整する / ~ one's hair 髪を整える / ~ a fire (石炭をくべたりして)火の手入れをする / I'll ~ the room *for* you. (すぐおはいりになれるように)その部屋を用意しておきます / He didn't know how to ~ his motor bike. オートバイの修理の仕方を知らなかった / Please ~ the table *for* breakfast. 朝食のための食卓の用意をたのみます. **b** [時に二重目的語を従えて]〈食事〉の支度をする; 〈料理・飲み物を〉こしらえる (prepare): ~ a salad サラダを調理する / He *~ed* himself a meal. 彼は自分で食事の支度をした / I *~ed* you a little snack. あなたに簡単な食事を用意しました. **c** 《口語》始末する, 解決する: That sort of thing won't ~ anything. そのようなことでは何一つ解決しない / ⇨ FIX *it*.
8 《口語》内密[不正]に取り決める, …にいかさまをする; あらかじめ…に手を回す, (賄賂(ワイロ)などで)買収して)抱き込む: ~ a jury 陪審員を買収する / ~ an election 選挙が有利になるように工作する / ~ a race 競馬[競輪]で八百長をする / The jockey had been *~ed* to lose the race. その騎手には負けさせるように手が打ってあった.
9 《俗》やっつける (do for), 罰する, こらしめる; …に仕返しする; 黙らせる (silence), 殺す (kill).
10 《口語》〈愛玩動物などを〉去勢する, …の卵巣を取り去る.
11 《俗》…に麻薬を注射する.
12 a 《染色》色留めする: ~ a color 色留めする. **b** 《写真》定着する: ~ a photographic negative 写真原板を定着する / ⇨ fixing agent.
13 《化学》〈流動体を〉凝固させる, (不揮発性に)固定させる; 〈空気中の窒素を〉(硝酸塩・アンモニアなどとして)固定させる (combine).
14 《生物》〈細胞・組織を〉(薬品で)固定する; 〈標本を〉保存する: ⇨ fixing fluid.
— *vi.* **1** 固定する, 定着する; 固まる, 凝固する (congeal); 〈顔つきなどが〉硬化する, すわる (stiffen). **2** 〈目・注意が〉(…に)留まる, 集中する (focus)〔*on, upon*〕: My eyes *~ed on* a hole in the ceiling. 私の目は天井の穴に留まった. **3** 定住する, 腰をすえる (settle down). **4** 〔日取り・場所・金額などを〕決定する, 決める〔*on, upon*〕: ~ *on* a date for a journey 旅行の日取りを決める / ~ *upon* a person to do the work その仕事をさせる人を決める / I *~ed* with the clerks *on* their wages and working hours. 事務員たちと賃金と就労時間の取り決めをした. **5** 《方言・口語》[主に進行形で; *to* do を伴って]〈…する〉用意をする, 〈…するつもりだ, …しようとする (be about): I *was* just *~ing to* leave home. ちょうど出かけしようとしたところだった / She is *~ing to* be a singer. 彼女は歌手になるつもりでいる. **6** 《俗》麻薬の注射をする.
fix it 《口語》処理する, 取り計らう: any way you can ~ *it* どんな風にやってみても, どうしても / He *~ed it* so I didn't have to do it. 彼は私がそれをしなくてもいいように計らってくれた. ***fix up*** (*vt.*) (1) 《口語》〈人〉のために用意を整える, 〈必要な物・望ましい物・食べ物などを〉…に供給する〔*with*〕: He *~ed* me *up with* a job. 彼は私に仕事を当てがってくれた. (2) 《口語》取り決める, 手配する; 組織する, 編成する: ~ *up* a date for the dance ダンスパーティーの日取りを決める / ~ *up* a tennis tournament テニス試合の編成をする. (3) 《口語》(協調的に)解決する, 取りまとめる: ~ *up* a quarrel [differences] 争い[不和]を解決する, 和解する / I'll ~ it *up* with the manager. 支配人と打ち合わせてみよう. (4) 《口語》〈家・部屋など〉に手を入れる, 整頓する, かたづける, しつらえる, 手を加える, 見せかける: He *~ed* the room *up as* a study. その部屋を書斎に改造した / The murderer *~ed up* the body to look as though somebody else had done it. 犯人は別の人間の仕業(しわざ)に見せかけようとして死体に手を加えていた. (5) 《米口語》修繕する; …の病気を直す: This medicine will ~ you *up*. この薬を飲めば病気が直るだろう. (6) 《米口語》罰する. (7) 《米俗》着飾る: She *~ed* herself *up* as well as she could. できるだけめかし立てた. (*vi.*) 《米俗》着飾る.
— *n.* **1** 《口語》(動きの取れない)苦境, 窮境, 苦しい羽目: be *in* a (pretty) ~ 苦しい羽目[窮境]に陥(おちい)っている, 進退窮まる / I found myself *in* an awful ~. (いつの間にか)恐しい羽目に陥っていた / get oneself *into* a bad ~ 窮境に陥る. **2** (既知点の方角・距離・天体観測・無線信号などによって決定される船舶や航空機の)位置; 決定位置: ⇨ radio fix. **3** 《米俗》(官憲を買収したり顔をきかせたりして行なう)不正な取り決め, 結託; 賄賂(ワイロ), 袖の下; 八百長(試合). **4** 《俗》(ヘロインなど)麻薬の注射; 注射された麻薬(の量): get [give] a ~ (麻薬の)注射を受ける[する].

fix·a·ble [fíksəbl] *adj.* 固定可能の; 留めることのできる; 一定することのできる.

fix·ate [fíkseɪt] 〖← L *fixus* (⇨ fix)+-ATE[3]〗 — *vt.* **1** 固定[定着]させる (fix): ~ the eyes 目を据える, じっと見詰める. **2** …に視線を集中する, 凝視する: Carefully ~ the point marked. 印をつけた点に注意深く視線を集中しなさい. **3** 《精神分析》**a** 〈リビドー (libido) を〉固着させる《リビドーのある段階で, 対象へのリビドー固着が起こり, それが後の段階にまで継続して影響を与える》. **b** 〈人〉のリビドーを固着させる. — *vi.* 固定[定着]する; (…に)視線を集中する〔*on, upon*〕: ~ *on* a light.

fix·a·tion [fɪkséɪʃən] 〖《*a*1393》□ ML *fixātiō(n-)* ← *fixāre*: ⇨ fix, -ation〗 — *n.* **1** 定着, 固着, 固定; 定置, 据付け. **2 a** 視線の集中, 注視, 凝視. **b** 病的執着, 固執. **3** 《化学》(液体・ガス体などの)凝固, 不揮発性化; (空中窒素の)固定 (cf. nitrogen fixation). **4** 《写真》定着. **5** 《染色》染料などを固着すること, 色留め(法). **6** 《生物》固定. **7** 《精神分析》**a** (リビドーの)固着, 固定. **b** 《俗用》(ある物[事]への)執着, 強迫観念.

fix·a·tive [fíksəṭɪv | -tɪv] 〖← FIX+-ATIVE〗 — *adj.* 固定[固着]力のある, 定着性の; (染色で)色留めの. — *n.* **1** 定着剤[液]; (香水に入れる)揮発保留剤《じゃこう・安息香など》. **2** 《写真》(オシログラフ (oscillograph) などの感光紙を一時的に光に安定にする黄色の)安定化液, (感光剤を光・熱などに安定な物質にする)安定化液. **3** 《染色》固着剤, 色留め剤. **4** 《生物》= fixing fluid. **5** 《絵画》(木炭画・クレヨン画などに吹きかける)定着液, フィクサティーフ《薄いワニスなど》.

fix·a·ture [fíksətʃə | -tʃə(r)] 〖← FIXATE+-URE〗 *n.* 《英》(毛髪などの位置を固定させるために用いる)堅練り香油, チック, 鬢(びん)付け.

fixed [fíkst] *adj.* **1** 定着した, 固定した; 取り付けてある, 据え付けの: a ~ bridge 固定性ブリッジ / a ~ pulley 定滑車 / ⇨ fixed light, fixed signal. **2** 〈視線など〉じっとして動かない: look at a person with a ~ gaze 人をじっと見詰める / a ~ smile こわばったほほえみ. **3** 固定的な; 決まった, 確定している, 不変の, 不動の; 〈様式など〉凍結した: a ~ color 不変色 / a ~ date 確定日付, 一定の日 / ~ holidays (毎年暦の上の日が一定している)固定休日 / a ~ income 固定収入, 定額所得《給料などと区別して, 年金・配当金など》/ a ~ salary 固定給 / the ~ par of exchange (為替(かわせ)の)法定平価 / He has no ~ address. 彼は住所不定である. **4** 〈観念など〉固執的な, とらわれた: ⇨ fixed idea. **5** 《米口語》[Predicative に用いて]〔必要なもの, 特に金を〕支給されて〔*for*〕; 金をあてがわれて: How are you ~ *for* money? お金の工面はどうしていますか / She is well [comfortably] ~ for life. 彼女は一生涯生活が安定している[不自由なく暮らしていける]. **6** 《米俗》内密[不正]に取り決めた, あらかじめ工作した; (賄賂(ワイロ)で)買収された: a ~ jury 買収された陪審員 / a ~ match [race] 八百長試合[レース] / a ~ slot machine いかさまスロットマシーン. **7** 《化学》固定した; 凝固した, 不揮発性の: ~ nitrogen 固定窒素 / a ~ acid 不揮発酸 / ⇨ fixed oil. **8** 《数学》(変換に対して)不変の, 固定した. **fix·ed·ness** [-sɪdnɪs, -səd-, -s(t)-, -nəs | -sɪd-, -səd-] *n.*

fíxed árch *n.* 《建築》固定アーチ《両端が固定されてヒンジを一つも使用しないアーチ》.

fíxed ássets *n. pl.* 《会計》固定資産《通常の営業活動で, 1 年以内に現金化されない長期所有の資産のことで, 機械・建物など; cf. current assets, asset 3》.

fíxed béam 《建築》固定ばり.

fíxed béd *n.* 《化学》固定層《触媒粒子を固定した層に反応気体を通じて反応させる装置》.

fíxed cápital *n.* 《経済》固定資本《建物・機械など; cf. circulating capital, capital[1] *n.* 3 a》.

fíxed chárge *n.* 《会計》**1** 固定料金. **2** 確定負債《社債の利子など》. **3** [*pl.*] = fixed costs.

fíxed cóst *n.* [通例 *pl.*] 《会計》固定費《操業度が変化してもその発生総額が変化しない原価のことで, 建物減価償却費・固定資産税・火災保険料など; cf. variable cost》.

fíxed-dó sỳstem [-dóu- | -dóu-] *n.* 《音楽》固定「ド」方式[唱法]《調の変化に関係なく楽譜のハ音 (C) をいつも「ド」として歌う唱法; cf. movable-do system》.

fíxed-fócus *adj.* 《写真》固定[常]焦点の: a ~ camera.

fíxed idéa *n.* **1** 固定観念 (idée fixe). **2** 《心理・精神医学》固定観念, 固着[固執]観念《長い期間にわたって行動を支配し, 一定の方向に向ける観念》.

fíxed-íncome *adj.* 固定収入の, 定額所得の.

fíxed invéstment trùst *n.* 《経済》固定型投資信託 (cf. unit trust).

fíxed liabílity *n.* 《会計》固定負債《支払期限が一年以上の負債, 長期借入金・社債など; funded debt ともいう; cf. current liability》.

fíxed líght *n.* 《海事》不動光《航路標識の灯質の一種で, 一定の光度を持続し暗間のないもの》.

fíxed locátion *n.* 《図書館》固定排架《図書の位置が固定している排架方式; cf. relative location》.

fíx·ed·ly [-sɪdli, -səd-, -st- | -sɪdlɪ, -səd-] *adv.* **1** 定着して, 固定して. **2** 確固として, しっかりと. **3** じっと (intently): stare ~ into space じっと虚空を見詰める / She looked ~ at me. 彼女は私をじっと見詰めた.

fíxed óil *n.* 《化学》不揮発性油; (特に)脂肪油 (cf. volatile oil).

fíxed percéntage mèthod *n.* 《経営》定率法《減価償却費として毎事業年度固定資産の一定比率を見積る方法; cf. straight-line method》.

fíxed-póint *adj.* 《数学》固定小数点の《小数点を用いる通常の仕方で数を表示する方式を採用していること; cf. floating-point》.

fíxed póint *n.* **1** 《化学》定点《温度目盛の基準として用いられる標準物質の沸点・氷点・融点など》: the ~ of temperature 温度の定点. **2** 《数学》不動点《一つの集合からそれ自身への写像によって自分自身に写される点》. **3** 《英》交番, 巡査駐在所.

fíxed príce *n.* **1** 定価, 正札値段; 公定[協定]価格. **2** (レストランの)定食の値段.

fíxed próperty *n.* 《経済》固定資産《不動産》: the ~ tax 固定資産税.

fíxed sátellite *n.* 《宇宙》静止衛星《赤道上の軌道を西から東に向けて 24 時間で地球を一周する人工衛星; そのため地上からは静止しているように見える》.

fíxed sérvice *n.* **1** 《無線》固定業務《一定の固定地点間の無線通信業務; cf. fixed station》. **2** 《電気》常時供給《電力需要のうち変動分を除いた常に必要とする分に対する供給》.

fíxed sígnal *n.* (鉄道の)常置信号機.

fíxed stár *n.* 《天文》恒星 (cf. planet[1] 1 a).

fíxed státion *n.* 《無線》固定局《移動局に対し固定地点の無線局》.

fíxed sýllable *n.* 《音楽》固定綴(てい)字 (⇨ syllable name).

fíxed trúst *n.* 《経済》固定型投資信託 (cf. unit trust).

fíxed-wíng *adj.* 《航空》固定翼の: ~ aircraft [planes] 固定翼航空機.

fíx·er *n.* **1** 取り付ける[固定する]人[物]; 機械修理工. **2** (染色・現像用の)定着剤, 定着液, 固着剤 (fixative) (cf. bath 4 b). **3** 《口語》**a** (買収や権勢を用いて事件などをもみ消したり, 政治的引立てを得させる)仲介者, フィクサー; (事件の)始末屋; 買収者. **b** (サーカス開催の取決めに雇われる)仲介者, 弁護士. **c** (交渉による)党派紛争調停人 (troubleshooter). **4** 《米俗》麻薬販売人.

fíx·ing 〖《15C》〗 — *n.* **1** 固定, 固着; 凝固; 据付け, 取付け. **2** 《写真》定着. **3** 《米》調整, 修理. **4** [*pl.*] 《米口語》付属品[物], 備品, 装飾品[物] (accessories); (特に, 料理の)つま, 付け合わせ: a turkey dinner with all the ~*s* 付け合わせ一式を備えた七面鳥料理.

fíxing àgent *n.* **1** 《写真》定着剤[液]. **2** 《染色》固着剤.

fíxing bàth *n.* 《写真》定着浴.

fíxing flùid *n.* 《生物》(細胞・組織または昆虫標本の)固定液, 保存液 (cf. fix *vt.* 14).

fix·i·ty [fíksəṭi | -sətɪ, -sɪ-] 〖《1666》← L *fixus* (⇨ fix) +-ITY〗 — *n.* **1** 定着, 固定; (所有権の)永久性; (習癖の)不変性: ~ of tenure (不動産の)永久保有 / stare with ~ じっと見据える. **2** 定着物, 固定した物.

fixt [fíkst] *v.* 《詩》fix の過去形・過去分詞.

fix·ture [fíkstʃə | -tʃə(r)] 〖《1600》《MIXTURE との類推による転訛》← FIXURE〗 — *n.* **1** 固定[定着, 決定]すること; 固定(状態), 定着性. **2** 定着物, 固定物; [通例 *pl.*] (建物などの)据付け品, 作り付け備品, 設備; (特に)据付けの電気設備: electric-light ~*s* 電灯設備 / ⇨ gas fixture. **3 a** (一定の職や場所に)居着きの人, 居すわりの人, 帰りそうにない客: Professor A is now a ~ at Oxford. A 教授は今ではすっかりオックスフォードに居着いてしまっている. **b** きまって[いつも]ある物, 根づいた物, お定まりの物: The circus seems to be a ~. そのサーカスは土地に根づいたようだ. **4 a** (競技・競馬など)期日の確定した大会, 競技種目[番組]; 大会予定期日, 開催日: racing ~*s* for the season 当期の競馬開催予定日. **b** (祭など)定期的行事. **5** [*pl.*] 《法律》(土地・建物に付属した)定着物, 付合物《当然主体物件の付属物と見られる建物・植木・埋設鉄管・取付家具などの類で, 特に不動定着物 (immovable fixtures) という; 主体物件に何らの損傷も与えずに取り去り得る造作・器具備品などを可動定着物 (movable fixtures) ということもある; cf. movable》. **6** 《商業》定期貸付け金. **7** 《狐狩》(狐狩猟会通知状 (fixture card) にある一連のスケジュールにより月 1 回開催される)狐狩猟会.

fíxture càrd *n.* 狐狩猟会通知状 (cf. fixture 7).

fíxture·less *adj.* 備品[設備, 取付け物, 造作]のない.

fix·ure [fíkʃə | -ʃə(r)] 〖《15C》□ LL *fixūra* ← *fixus*: ⇨ fix, -ure〗 *n.* 《古》しっかりしていること, 不動, 堅実.

fiz [fíz] *n.* = fizz. — *vi.* (**fizzed; fiz·zing**) = fizz.

Fi·zeau [fi:zóu | -zóu; *F.* fizo], **Armand Hippolyte Louis** *n.* フィゾー《1819–96; フランスの物理学者》.

fiz·gig [fízgɪg] 〖《*a*1529》← ? 《廃》*fise* (⇨ fizzle)+GIG[1] 《廃》frivolous person, whirling thing〗 *n.* **1** 《古》はすっぱ娘, 尻の軽い女. **2** しゅっと音を立てる湿った花火. **3** (しゅっと音をたてる)回転おもちゃ, むちごま. **4** (魚を突く)やす. — *adj.* 《古》軽薄な, はすっぱな.

fizz [fíz] 〖《1665》: 擬音語〗 — *vi.* **1** しゅっと音を立

てる[鳴る], しゅうしゅう沸騰する. **2** わくわくする: ～ with eager anticipation for Christmas クリスマスを楽しみにわくわくする. **—** *n.* **1 a** しゅうという音; 沸騰. **b** 活発, 元気. **2**《口語》**a** 沸騰性飲料; ソーダ水. **b** フィズ《蒸留酒・レモンジュース・砂糖とソーダを混ぜ氷を入れたカクテル》: ⇨ gin fizz. **c** シャンペン.

fízz·er *n.* **1** しゅっと音をたてるもの. **2**《英口語》一流のもの. **3**〖クリケット〗快速球.

fiz·zle [fízl] 〘《c1532》← 《廃》*fise* fart (cf. ON *físa* to break wind)+-LE[3]〙 **—** *vi.* **1** かすかにしゅうという. **2**《口語》(最初の華々しさに似合わず)しくじる, 失敗する; (線香花火のように)あっけなく立消えに終わる, 掛け声だけで終わる, 龍頭蛇尾(りゅうとうだび)に終わる 〈*out*〉: The plan ～*d out* in six months. 計画は半年で立ち消えになった. **—** *n.* **1** しゅうしゅういう音. **2**《口語》しくじり, 失敗 (fiasco, failure).

fízz·wàter *n.* ソーダ水; 沸騰性飲料.

fizz·y [fízi | -zɪ] 〘← FIZZ+-Y[4]〙 *adj.* (**fizz·i·er; -i·est**) しゅうしゅう沸騰する[泡立つ], 沸騰性の (fizzing): a ～ drink. **—** *n.* 沸騰性の飲料《シャンペンなど》.

fjeld [fjéł, fjéł | fiéł, fjéł; *Norw.* fjel] 〘□ Dan. ～: cf. fell[2]〙 **—** *n.*〖地理〗フィエルド《スカンジナビア半島の森林限界以上の高地; 多くは氷蝕をうけており, 波状の高原ないし氷蝕峰をもつ山地となっている》.

fjord [fjɔ́ːd, fjóəd | fjɔ́ːd, fɪɔ́ːd; *Norw.* fjo̞r] 〘《1674》□ Norw. ～: cf. ford, firth〙 **—** *n.* **1**〖地理〗(ノルウェー・アラスカなどの海岸に多い)峡江, 峡湾, フィヨルド《両岸が高い断崖をなし, その間を奥深く谷状に入り込んだ狭い湾》. **2** (スカンジナビアの)湾 (bay).

F.K.C.L. 《略》Fellow of King's College, London.

fl 《略》fluid.

Fl 《略》《廃》〖化学〗fluorine.

FL 《略》focal length; foreign language.

FL 《記号》〖米郵便〗Florida (州).

fl. 《略》floor; floruit; flourished; flower; fluid.

Fl. 《略》Flanders; Flemish.

Fl. 《記号》〖貨幣〗florin(s).

f.l. 《略》*L.* falsa lēctiō (=false reading).

Fla. 《略》Florida.

flab [flǽ(ː)b] 〘《逆成》← FLABBY〙 *n.* **1**《口語》たるんだ[締まりのない]肉; たるみ. **2**《俗》脂肪.

flab·ber·gast [flǽbəgæ̀st | -bəgɑ̀ːst] 〘《1772》← ?: ⇨ flabby, aghast〙 *vt.* 仰天させる, 面くらわせる.

fláb·ber·gàst·ing·ly *adv.* びっくりするほど.

fláb·bi·ly [-bɪli, -bə- | -lɪ] *adv.* たるんで, ゆるんで; 軟弱に, だらしなく.

flab·by [flǽbi | -bɪ] 〘《1697》《変形》← 《廃・方言》*flappy* ← FLAP+-Y[4]〙 **—** *adj.* (**flab·bi·er; -bi·est**) **1** 〈肉・筋肉などが〉ゆるんだ, たるんだ, (ゆるんでいて)締まりがない (flaccid, limp) (cf. firm): ～ muscles [flanks, cheeks] たるんだ筋肉[横腹, 頬]. **2** 気力のない, 意志の弱い, 軟弱な, だれている (weak, feeble): a man of ～ will [character] 意志[性格]の軟弱な人 / a ～ speech だらだら締まりのない演説. **fláb·bi·ness** *n.*

flabella *n.* flabellum の複数形.

fla·bel·late [fləbélət, -lɪt, flǽbəlèɪt] 〘⇨ ↓, -ate[2]〙 *adj.*〖生物〗扇形の, 扇状の.

fla·bel·li- [fləbéli, -lə | -lɪ] 〘← L *flābell-um* 'FLABELLUM'〙「扇 (fan)」の意の連結形.

fla·bel·li·form [fləbéləfɔ̀əm | -lɪfɔ̀ːm] 〘⇨ ↑, -form〙 *adj.*〖生物〗=flabellate.

fla·bel·lum [fləbéləm] 〘□ L *flābellum* fan, fly whisk (dim.) ← *flābrum* breeze ← *flāre* to blow〙 **—** *n.* (*pl.* **-bel·la** [-lə]) **1**〖カトリック〗羽扇, 聖扇《儀礼の際に教皇の前に奉持する白羽の扇》. **2**〖動物〗(甲殻類の動物の)扇状部, 扇状器官.

flac·cid [flǽ(k)sɪd, -səd | flǽksɪd] 〘《1620》□ F *flaccide* // L *flaccid-us* ← *flaccus* flabby〙 **—** *adj.* **1** 〈筋肉など〉ぐにゃぐにゃした, 軟弱な, たるんだ, 締まりのない (flabby, limp) (↔ tense): ～ muscles 締まりのない筋肉. **2** 〈精神など〉ゆるんだ, だらけた, 柔弱な (weak, feeble). **3**〖植物〗〈葉など〉しおれた, しぼんだ. **～·ly** *adv.* **～·ness** *n.*

flac·cid·i·ty [flæ(k)sídəṭi | flæksídətɪ, -dɪ-] *n.* 軟弱, 締まりなさ, 無気力.

flack[1] [flǽk] 〘← ?〙《米俗》*n.* 宣伝係. **—** *vi.* [...の]宣伝係となって働く 〔*for*〕: ～ *for* Martha Mitchell.

flack[2] [flǽk] *n.* =flak.

flack·er·y [flǽkəri | -rɪ] *n.* 《俗》宣伝 (publicity).

flac·on [flǽkən, -kɑn | -kən, -kɔn; *F.* flakɔ̃] 〘□ F ～: cf. flagon〙 *n.* (*pl.* **～s** [～z; *F.* ～]) (栓のある)小びん, 小フラスコ《香水などを入れる; cf. flagon》.

Fla·cour·ti·a·ce·ae [fləkùəṭiéɪsiː, flæ-, -kɔə-, -kòə- | -kùətɪ-, -kɔ̀ː-] 〘← NL ～ ← *Flacourtia* (属名: ← *Étienne de Flacourt* (17 世紀のフランス植民地開拓者)+-IA[1])+-ACEAE〙 **—** *n. pl.*〖植物〗イイギリ科.

fla·còur·ti·á·ceous [-ʃəs] *adj.*

flag[1] [flǽ(ː)g] 〘《a1387》*flagge* reed, rush ← ? *flag* to flutter: cf. Du. *flag* / Dan. *flæg* iris〙 **—** *n.* **1**〖植物〗長い剣形の葉をもつアヤメ科アイリス属 (*Iris*) の植物の総称《キショウブ (*I. pseudacorus*), ガマ (cattail), ショウブ (sweet flag) など》. **2** (ショウブの葉のような)刀状葉片.

flag[2] [flǽ(ː)g] 〘《1415–16》□ ON *flag-a* flagstone: FLAKE[1] の二重語〙 **—** *n.* **1** (敷石用)板石 (flagstone). **2** [*pl.*] 板石舗道. **—** *vt.* (**flagged; flag·ging**) ...に板石を敷く, (板石で)舗装する. **～·less** *adj.*

flag[3] [flǽ(ː)g] 〘《1530》《混成》? ← FLAP (n.)+《廃》*flag* flap // 《転用》? ← 《廃》*flag* (adj.) hanging down (□? OF *flac*)〙 **—** *n.* **1 a** 旗 (cf. banner 1b, ensign, pennant 1, guidon, standard 1, color 6 b): a yellow ～=QUARANTINE *flag* / ⇨ black flag, national flag, red flag, white flag / a ～ of truce 休戦旗《白旗》/ under the ～ of ... の旗の下に(はせ参じて) / dip the ～ 旗を少し下げてまた上げる《商船が軍艦に会った時に行なう敬礼; cf. flag salute》/ drop the ～ (競走の出発または決勝の合図に)旗を振り降ろす / hang out [hoist] a ～ half-mast high 半旗を掲げる《弔意のしるし》/ keep the ～ flying 旗を降ろそうとしない, 降参しない, 戦闘を続ける. **b** 旗艦旗, 司令旗, 将旗. **c** 旗の模様[形]: embroider a ～ on the cushion クッションに旗の刺繍をする. **d** 旗状のもの. **2 a** 旗で表わされるもの. **b** =flagship 1 a. **c** 提督. **d** (登録による船・飛行機の)国籍《registry ともいう》. **3 a** (setter 種や Newfoundland 種の犬の)ふさふさした尾. **b** 鹿の尾. **c** [*pl.*]《古》(鷹などの)脚部の長い羽毛. **4** (タクシーのメーターに取り付けた)フラッグ《"For Hire" と記した金属板》: hold the ～ down (乗客が乗って)フラッグを下げておく. **5** (心覚えのためにカードや紙に取付ける金属製やプラスチック製のカラー)クリップ. **6**〖ジャーナリズム〗=mahestad 2 b. **7**〖音楽〗符鉤(ふこう)《八分音符や十六分音符などの垂直線の先端に付くかぎ; hook ともいう》. **8**〖印刷〗さし紙, フラッグ《植字工が活字の訂正・追加をする部分の行間にはさむ小紙片; watchman ともいう》. **9**〖テレビ・映画〗カメラ用遮光幕. **10**〖電算機〗フラッグ《計算機中である事象の発生を示すのに用いるシンボル・ディジットなど; tag, sentinel ともいう》.

hoist one's [the] flag (1)〖海軍〗将官旗を掲げる; 〈将官が〉司令官に就任する. (2) (発見した領土などに)旗を立てる. ***lower [strike] one's [the] flag*** (1)〖海事〗〈艦船が〉(敬意・降伏などの印に)艦旗[船旗]を降ろす; 将官旗を降ろす; 〈将官が〉司令官を退任する. (2) (議論・競争などで)譲歩する, 降参する. ***put the flag out*** 戦勝(など)を祝う. ***show the flag*** 〈英国船が〉外国の港に公式訪問する; 自分[自国]について相手の認識を求める.

flag of convenience (船の)便宜置籍国の旗《税金その他の点で自国よりも便宜を与えてくれる国に船籍登録する場合のその国の旗》.

— *v.* (**flagged; flag·ging**) **—** *vt.* **1** ...に旗を立てる[掲げる]; 旗で飾る: ～ the streets for a festival 町に旗を立てて祭日を祝う. **2** 旗で合図[信号]する, 旗で示す, 信号旗で警告する: ～ a course 競走路を旗で示す. **3** 〈猟鳥獣を〉旗(など)を振っておびき寄せる. **4** 〈列車を〉信号旗(など)を振って止める (cf. flag station); 〈人・車を〉合図して[声を掛けて]止める 〈*down*〉: ～ (*down*) a train. **5** 信号旗で〈人〉に知らせる (inform); 〈...ということを〉伝える, 伝達する 〈*that*〉. **～·less** *adj.*

flag[4] [flǽ(ː)g] 〘《1545》《擬音語》? //《混成》? ← FLAP (v.)+《廃》*fag* to droop: cf. Du. 《廃》*vlaggheren* to flutter〙 **—** *v.* (**flagged; flag·ging**) **—** *vi.* **1** 〈帆などが〉だらりとたれる; 〈草木が〉(水不足で)しなだれる, しおれる. **2** 〈力・気力などが〉衰える, 弱る, ゆるむ; 〈作風・遊戯・談話などが〉だれる, 興味などが減少する. **—** *vt.* 《古》**1** ...の元気を奪う, ...の力を弱める. **2** しおれさせる, 弱める. **—** *n.*〖植物病理〗(水不足で)しおれた葉, 枯葉; 葉のしおれた[枯れた]枝.

flag[5] [flǽ(ː)g] 〘← ? 《廃》*flag* hanging down: ⇨ flag[3]〙 *n.*〖鳥類〗羽軸《鳥の翼の強い羽根》.

flág bèarer *n.* 旗持ち, 旗手.

flág·bòat *n.* 旗艇《ボートレースなどで目標の旗を掲げた艇》.

flág bòttom *n.* 藺草(いぐさ)で編まれた椅子の座(面).

flág cáptain *n.*〖海軍〗旗艦の艦長.

flág càrrier *n.* 国の代表的な輸送会社《米国の Pan American, 英国の British Airways, ソ連の Aeroflot などの航空会社, あるいは代表的な船会社》.

flág dày *n.* **1** [F- D-]《米》国旗制定記念日《米国の国旗制定 (1777) の記念日, 6 月 14 日》. **2**《英》旗の日《街頭で慈善・公共事業などのために基金を募集する日で, 寄付者には記念の小旗をつけてやる; cf. tag day》.

flagella *n.* flagellum の複数形.

flag·el·lant [flǽdʒələnt, fləʤél- | flǽdʒələnt, -dʒɪ-, flədʒél-, flæ-] 〘《1563–87》□ L *flagellant-em* (pres.p.) ← *flagelāre* 'to FLAGELLATE'〙 **—** *n.* **1** むち打つ人. **2 a** (宗教上の修業の手段として)自己をむち打つ人. **b** [F-] 鞭打(べんだ)苦行者《主に 13–14 世紀頃ヨーロッパで人の見る所で自分をむち打つことを苦行とした一派の狂信者; 今日なお米国 Colorado 州, New Mexico 州に見られる; cf. disciplinant 2》. **3** (性的興奮の手段として)自分[他人]をむち打つ人; むち打たれて喜ぶ性倒錯者. **—** *adj.* **1** むち打ちの; むち打ちを好む. **2** きびしく批判する: a ～ attack. **～·ism** [-tìzm] *n.*

fla·gel·lar [flədʒélə, flǽdʒə- | flədʒélə(r, flæ-, flǽdʒə-, -dʒɪ-] 〘← FLAGELL(UM)+-AR[1]〙 *adj.* 鞭毛(べんもう)状の.

Flag·el·la·ta [flæ̀dʒəláːṭə, -léɪ- | -dʒəláːtə, -dɪʒ-, -dʒe-, -léɪ-] 〘← NL: ⇨ flagellum, -ata: cf. flagellate〙 *n. pl.*〖動物〗鞭毛虫綱 (Mastigophora).

Flag·el·la·tae [flæ̀dʒəláːtiː, -léɪ- | -dʒə-, -dʒɪ-, -dʒe-] 〘cf. L *-atae* (fem. pl.)〙 *n. pl.*〖植物〗鞭毛藻綱《原生物の一群とすることもある》.

flag·el·late 〘《1623》← L *flagellāt-us* (p.p.) ← *flagellāre* to whip: ⇨ flagellum, -ate[1,3]〙 **—** [flǽdʒəlèɪt | -dʒə-, -dʒɪ-, -dʒe-] *vt.* **1** むち打つ (scourge, whip). **2** 鞭韃(べんたつ)する, きびしく罰する[非難する]. **—** [flǽdʒələt, -lɪt, -lèɪt, flədʒélət, -lɪt | flǽdʒəlèɪt, -dʒɪ-, -dʒe-, flədʒélèɪt] *adj.* **1**〖生物〗鞭毛(べんもう) (flagella) のある. **2**〖植物〗(イチゴのように)匍匐枝(ほふくし) (runners) のある. **3**〖動物〗鞭毛虫の[による]. **—** [flǽdʒələt, -lɪt, -lèɪt, flədʒélət, -lɪt | flǽdʒəlèɪt, -dʒɪ-, -dʒe-, flədʒéleɪt] *n.*〖動物〗鞭毛虫《鞭毛虫綱 (Flagellata) の動物》.

flág·el·là·ted [-ṭɪd, -ṭəd | -tɪd, -təd] *adj.* =flagellate 1, 2.

flágellated chámber *n.*〖動物〗鞭毛室《海綿動物の溝系の中心をなす小室》.

flag·el·la·tion [flæ̀dʒəléɪʃən | -dʒə-, -dʒɪ-, -dʒe-] 〘《a1415》□ L *flagellātiō(n-)*: ⇨ flagellate, -ation〙 *n.* **1** むちで打つこと, むち打ち. **2**〖生物〗鞭毛発生.

flág·el·là·tor [-ṭə | -tə(r)] *n.* =flagellant.

flag·el·la·to·ry [flǽdʒələtɔ̀ːri, flədʒélə-, -tɔ̀ːri | flǽdʒələtərɪ, -dʒɪ-, -dʒe-, flədʒélə-] *adj.* むちで打つような, むちで身を打つ苦行の.

fla·gel·li·form [flədʒéləfɔ̀əm | -lɪfɔ̀ːm] 〘← L *flagelli-* (FLAGELLUM (↓) の連結形)+-FORM〙 *adj.*〖生物〗鞭毛(べんもう)状の, 細長くしなやかな.

fla·gel·lum [flədʒéləm | flə-, flæ-] 〘□ L ～ 'whip' (dim.) ← *flagrum* scourge〙 **—** *n.* (*pl.* **-gel·la** [-lə], **～s**) **1 a**〖生物〗鞭毛(べんもう). **b**〖昆虫〗鞭節《昆虫類の触角で第 3 節以下の節を合わせていう》. **2**〖植物〗匍匐枝(ほふくし) (runner). **3** (ローマ時代の)むち, しもと.

fla·geo·let[1] [flæ̀dʒəlét, -léɪ | flæ̀dʒə(ʊ)lét, ⌐ ⌐ ⌐; *F.* flaʒɔlɛ] 〘《1659》□ F ～ (dim.) ← OF *flageol, flajol* flute < VL **flābeolum* ← L *flāre* to blow〙 **—** *n.* **1** フラジョレット《6 個の音孔とくちばし状(など)の歌口のある縦笛》. **2**〖音楽〗フラジョレット奏法《バイオリンなどの弦楽器で弦を軽く押さえ, 弓で軽くひいてフラジョレットに似た音色の倍音を出す奏法》. **3** (パイプオルガンの)フラジョレット音栓.

flag·eo·let[2] [flæ̀dʒoʊléɪ | -dʒəʊ-; *F.* flaʒɔlɛ] 〘《1885》《転訛: ↑ の影響による》← Prov. *fageolet* (dim.) ← *fageole* □ It. *fagiuolo* bean < VL **fabeolum*《混成》← L *faba* bean+*phaseolus* ((dim.) ← *phasēlus* □ Gk *phásēlos* a sort of bean)〙 **—** *n.* (*pl.* **～s** [～]) フランス産のインゲン豆 (kidney bean) の一種.

flágeolet tòne *n.*〖音楽〗フラジョレット音.

flág·fish *n.*〖魚類〗フラッグフィッシュ《熱帯地方の海にすむ鮮かな色彩の魚類の総称》.

flág fóotball *n.*〖スポーツ〗フラッグフットボール《1 チーム 6 人か 9 人で行なわれるフットボールの一種; 選手は特殊なベルトに旗を差し, ボールを運んでいる選手の旗を奪わなければプレーを中断させることができない; 旗の代わりにハンカチーフを腰のポケットにいれてプレーすることもある》.

Flagg [flǽ(ː)g], **James Montgomery** *n.* (1877–1960) 米国の画家.

flág·ging[1] 〘ME: ⇨ flag[2]〙 *n.* **1** 板石畳み, 板石舗装. **2** [集合的] 板石 (flagstones).

flág·ging[2] 〘⇨ flag[4]〙 **—** *adj.* **1** だらりとした, 垂れ下がる (drooping); ぐったりした, 疲れた (fatigued), 衰弱した (weak). **2** だれ気味の, 衰退しかけた, 弱まりかけた: ～ hopes, spirits, etc. **～·ly** *adv.*

flag·gy[1] [flǽgi | -gɪ] 〘← FLAG[4]〙 *adj.* (**flag·gi·er; -gi·est**)《古》**1** 垂れ下がる, だれる. **2** ぐにゃぐにゃの.

flag·gy[2] [flǽgi | -gɪ] 〘ME: ⇨ flag[1]〙 *adj.* はなしょうぶ[いちはつ]の多い.

flag·gy[3] [flǽgi | -gɪ] 〘← FLAG[2]〙 *adj.* **1** 〈土壌が〉板石から成る. **2** 板石状の; (板石のように)はがれる.

fla·gi·tious [flədʒíʃəs] 〘《c1384》□ L *flāgitiōs-us* ← *flāgitium* shameful deed ← *flāgitāre* to whip: ⇨ -ous: cf. flagellum〙 **—** *adj.* **1** 極悪非道の, 凶悪な. **2** 〈罪など〉破廉恥な, ふらちな, 悪名の高い (infamous). **～·ly** *adv.* **～·ness** *n.*

flág lieuténant *n.*〖海軍〗(将官付属の)副官または参謀.

flág lìst *n.*《英》〖海軍〗現役将官名簿.

flág·man [-mən] *n.* (*pl.* **-men** [-mən, -mèn]) 信号旗手, (競馬などの)旗振り信号手; (鉄道の)監視員, 信号手, 踏切番.

flág òfficer *n.* **1**〖海軍〗**a** 将官《その座乗艦には位階を示す将旗を掲げる; cf. flag rank, general officer》. **b** (将官艦隊または戦隊の)司令官. **2** ヨットクラブの会長.

flag·on [flǽgən] 〘《a1470》*flakon* □ OF *fla(s)con*: ⇨ flask〙 **—** *n.* **1** フラゴン: **a** 柄・ふた・口付きの細口びん. **b** 聖餐式[ミサ]用ぶどう酒びん. **c** 首の短い大びん. **2 a** フラゴン一杯分の容量: a ～ of wine. **b** 約 2 クォート (quart) 分の液量.

flág·pòle *n.* 旗竿 (flagstaff).

flá·grance [-grəns] *n.* =flagrancy.

fla·gran·cy [fléɪgrənsi, flǽg- | fléɪgrənsɪ] 〘□ L *flagrantia*: ⇨ fragrant, -ancy〙 *n.* 悪名; 極悪.

flág rànk *n.*〖海軍〗将官の階級 (cf. flag officer).

fla·grant [fléɪgrənt, flǽg- | fléɪg-] 〘《1450》□ L *flagrant-em* (pres.p.) ← *flagrāre* to burn: ⇨ -ant〙 **—** *adj.* **1** 〈犯罪・誤り・犯人など〉極悪の, 悪名高い, はなはだしい, (悪業で)ひどく目立つ: a ～ crime [sinner] 極悪の犯罪[罪人] / a ～ violation of the law 目に余る違法行為. **2**《古》燃えさかる. **～·ly** *adv.*

fla·gran·te de·lic·to [fləgrǽnṭi-dɪlíktoʊ, fleɪ- | -tɪ-dɪlíktəʊ] 〘□ L *flagrante dēlictō* in the blazing of the crime〙 ── *L. adv.*〘法律〙現行犯で: catch an incendiary (in) ～ 放火犯人を現行犯でつかまえる.

flág salùte *n.*〘海事〙船と船または船と沿岸との間で交される敬礼《一杯に掲げておいた国旗を途中まで下げてまた上げて敬意を表わす; cf. dip the flag (⇨flag³ n. 1)》.

flág sèat 〘⇨ flag¹〙 *n.* =flag bottom.

flág·shìp *n.* **1 a** 旗艦《司令官旗を掲げた軍艦で司令官の座乗船》. **b** (船会社の)主要船. **c** 航路就航船[就航機]中の最大豪華客船[航空機]. **2** (グループ・シリーズの中で)最も大きい[美しい, 重要な]もの.

flág smùt 〘⇨ flag¹〙 *n.*〘植物病理〙 **1** 黒穂病. **2** 黒穂病菌 (*Urocystis tritici*).

Flag·stad [flɑ́ːgstɑː, flǽgstæd; *Norw.* flɑ́ksta], **Kirsten Ma·ri·e** [çírstən maríə] *n.* フラグスタート, フラクスター《1895–1962; ノルウェーのソプラノ歌手》.

flág·stàff *n.* 旗竿 (flagpole).

Flag·staff [flǽgstæf | -stɑːf] *n.* 米国 Arizona 州中部の都市; 人口 27,000, 海抜 2,100 m.

flág stàtion *n.*〘鉄道〙(旗の合図のある時だけ列車の止まる)信号停車駅 (cf. flag stop).

flág·stìck *n.*〘ゴルフ〙(グリーンにあるホールの位置を示す)旗竿, フラッグスティック.

flág·stòne 〘← FLAG²+STONE〙 *n.* **1** (敷石用)板石 (slabstone). **2** [*pl.*] 板石道. **3** 敷石にすることのできる石《砂岩・頁岩(ケツ)など》.

flág stòp *n.* (旗の合図のある時だけバス・電車・列車の止まる)臨時停車地点 (cf. flag station).

flág-wàgging *n.* **1** 愛国的誇示[熱意]. **2**《俗》〘海事〙手旗信号. ── *adj.* =flag-waving.

flág-wàver *n.* **1** 旗をふる人, 旗振り信号手. **2** (民衆運動などの)扇動家 (agitator); これみよがしの愛国者. **3** 愛国心を駆り立てるもの《歌など》.

flág-wàving *n.* これみよがしの愛国心. ── *adj.* 過度に愛国的な.

Fla·her·ty [flɑ́ː(h)əṭi, flǽhə- | flɑ́ː(h)əti, flǽhə-], **Robert Joseph** *n.* (1884–1951) 米国の記録映画監督.

flail [fléɪl] 〘ME *fleil* (i) < OE **fleġil* < (WGmc) **flagil-* ▭ ? L *flagellum* ∥ (ii) ▭ OF *flaiel* < L *flagellum* 'FLAGELLUM'〙 ── *n.* **1** (穀物を打つ)殻竿(からざお). **2** (中世に用いた)殻竿状の武器. ── *vt.* **1** 殻竿で〈穀物を〉打つ. **2 a** 連打する, 打つ. **b** むち打って〈動物を〉追う. ── *vi.* **1 a** 殻竿打ちの仕事をする; 打つ. **b** (殻竿を打って進むように)不規則に進む. **2** 激しく[不規則に]揺れる.

flails 2

fláil tànk *n.* フレール戦車, 対地雷戦車《前部に地雷爆破の装置がついている》.

flair [fléə | fléə(r)] 〘《c1390》▭ (O)F ～ 'scent, nose (of a dog), perspicacity' ← *flairer* < VL **flagrāre*《異化》← L *frāgrāre* to emit odor: cf. flagrant〙 ── *n.* **1** 直覚的な識別力, 鋭い眼識, 勘, ひらめき, 第六感; (金もうけなどの)才能 (aptitude): a ～ *for* good poetry よい詩がすぐわかる眼識 / reporters with a ～ *for* news ニュースをかぎつける勘のある報道記者 / have a ～ *for* making money 金もうけの才能がある. **2** 好み, 傾向 (inclination, bent). **3**《口語》スマートさ: have no ～ やぼったい. **4**〘狩猟〙遺臭 (scent); 嗅覚.

flak [flǽk] 〘《1938》▭ G *Flak* ← *Fl(ieger)a(bwehr)k(anone)* anti-aircraft gun〙 ── *n.* (*pl.* ～) **1** 対空射撃, 高射砲火; 高射砲部隊. **2** 矢継ぎ早の非難: take ～ from the left wing 左翼から批難を浴びる.

flake¹ [fléɪk] 〘《a1325》← ? ON (cf. Norw. *flak* / ON *flakna* to flake off): cf. flaw¹〙 ── *n.* **1** 薄片, はがれる一片: ～*s of* stone [ice, rust] 石[氷, さび]の薄片 / ～*s of* fish (タラ・サケの肉のように)はがれた魚肉片 / slice the potatoes into ～*s* じゃがいもを薄切りにする / ⇨ soap flakes. **2** (雪・羽毛などの)断片, 片, ひとひら; (火炎の)一片, (火の粉・火花の)閃光(せんこう), 飛火: ～*s of* snow 雪ひら, 雪片 / a ～ *of* cloud 一片の浮雲 / ～*s of* fire 火の粉 / Snow was falling *in* ～*s*. 雪がちらちら降っていた. **3** [*pl.*] フレークス《穀粒を薄片状にした食料品》; コーンフレークス: crisp ～*s* with cold milk and sugar. **4** カーネーションの園芸品種の一種《2色の縞のある重弁花をつける》. **5**《米俗》風変わりな人, 変人. **6**〘金属加工〙白点《鋼材の仕上面に生じる微細な割れ目でその被面が白色の斑点として現われるもの》. **7**〘考古〙フレーク, 剝片《道具として利用するため打ちはがされた石の破片》. ── *vi.* **1** 薄片になる; 薄片になってはげ落ちる〈*away, off*〉: The dark spots show where the paint has ～*d off*. うすぐろい点はペンキがはげ落ちた所を示す. **2** 片々と舞い落ちる[散る]; 〈雪などが〉ちらちら降る: The flowers were *flaking down* in the breeze. 花がそよ風に片々と舞い落ちていた. ── *vt.* **1** 薄片にする, 薄片にはがす[裂く]: ～ the fish. **2** 薄片でおおう: The floor was ～*d with* shavings. 床はかんなくずの薄片でおおわれていた. **3** …から薄片をけずり取る. **4**〘考古〙〈原石材・石核〉からフレークをうちはがす, 剝片をとる. **flák·er** *n.*

flake² [fléɪk] 〘《15C》▭ ? ON *flaki, fleki* hurdle, wickerwork shield〙 ── *n.* **1 a** 魚干し棚[すのこ]. **b** (食料品などの)貯蔵棚. **2**〘海事〙(修理などの時に吊す)船側足場.

flake³ [fléɪk] 〘《変形》← FAKE²: cf. G *Flechte*〙 *vt., n.*〘海事〙=fake².

flake⁴ [fléɪk] 〘《転用》? ← FLAKE¹〙 *n.*《英》(食料用の)ドッグフィッシュ (dogfish).

flake⁵ [fléɪk] 〘《変形》← FLAG⁴ ∥《方言》*flack* to hang loosely〙 ── *vi.* [通例 ～ *out* として]《俗》(疲れ果てて, または酔いつぶれて)寝入る, こくりこくりする; ぐったりする, 意識を失う (faint).

fláke·bòard *n.* チップボード, 乾式繊維板《木材の薄片を合成樹脂で固めた板》.

flaked 〘← FLAKE⁵〙 *pred. adj.* [通例 ～ *out* として]《口語》疲れ果てて, 寝入って, 無意識となって: He looked a bit ～ *out*. 少々ばて気味の様子だった.

flake·let [fléɪklɪt, -lət] *n.* (雪・石などの)小片, 小薄片.

fláke whíte *n.* =white lead.

flák jàcket *n.* (榴(りゅう)散弾防御用の)防弾チョッキ《鋼鉄板を綿の詰め物でくるんだもの》.

fla·ko [fléɪkoʊ | -kəʊ] 〘← FLAKED+-O〙 *adj.*《米俗》酔っぱらった (drunk).

flák shìp *n.* 高射砲を装備した船.

flák sùit *n.*〘米空軍〙(榴(りゅう)散弾防御用の)防弾服《綿の詰め物を重ねたもの; flak vest ともいう》.

flák tràin *n.* 高射砲を装備した列車.

flák vèst *n.*〘米空軍〙=flak suit.

flak·y [fléɪki | -kɪ] 〘← FLAKE¹+-Y⁴〙 ── *adj.* (**flak·i·er; -i·est**) **1** 薄片から成る, はげ落ちやすい; 〈魚肉など〉はげる: ～ pastry. **2** 薄片状の, 薄片のような: ～ snow ひらひら舞い降りる[落花のような]雪. **3**《米俗》風変わりな, 変わり者の (eccentric, crazy). **flák·i·ly** [-kɪli, -kə- | -lɪ] *adv.* **flák·i·ness** *n.*

flam¹ [flǽ(ː)m] 〘《短縮》← FLIMFLAM: cf.《廃》*flamfew* gewgaw ▭ OF *fanfelue* bubble〙《口語》── *n.* **1** 虚偽, うそ; 瞞着(まんちゃく), ぺてん. **2** たわごと, くだらぬこと. ── *v.* (**flammed; flam·ming**) ── *vt.* 〈人を〉だます, 瞞着する: ～ a person *off* with lies 嘘で人をごまかす. ── *vi.* だます, ぺてんにかける: Stop your ～*ming*! でたらめ言うのはよせ.

flam² [flǽ(ː)m] 〘擬音語?〙 *n.*〘音楽〙フラム《小太鼓 (side drum) で前打音をもってアクセントをつける打ち方の一種》.

flam³ [flǽ(ː)m] 〘《変形》? ←《方言》*flan* to widen outwards ← ?: cf. flange〙 *n.*〘海事〙=flare 5.

flam·ant [flǽmənt, fléɪm-] 〘▭ OF ～ (pres.p.) ← *flamer* 'to FLAME'〙 *adj.*〘紋章〙〈山・木などが〉炎に包まれている.

flam·bé [flɑ̃ː(m)béɪ, flɔ̃ː(m)-, flɑːm-, flɔ(ː)m-; *F.* flɑ̃be] 〘▭ F ～ (p.p.) ← *flamber* to blaze, singe〙 ── *adj.* **1** [通例名詞の後に付けて]〈料理・菓子が〉フランベの《食卓でブランデーなどをかけ火をつけて香りを移すことにいう》. **2**〘陶磁器〙フランベの《色釉(いろぐすり)で起こる変化に富んだ色彩効果にいう》. ── *vt.*〈菓子・料理〉にフランベする: cake ～*ed with* brandy.

flam·beau [flǽmboʊ | -bəʊ] 〘《1632》▭ F ～ ← *flambe* flame ← OF *flamble* < L *flammulam* (dim.) ← *flamma* 'FLAME'〙 ── *n.* (*pl.* **flam·beaux** [～z; *F.* ～], ～**s**) **1** (儀式・余興などに使用する)たいまつ. **2** (装飾付き)大燭台. **3**〘植物〙=royal poinciana.

flam·béed [-béɪd] *adj.* =flambé 1.

flámbé gláze *n.*〘陶磁器〙火炎釉(ゆう)《中国磁器で紫色または青色の筋が火炎のような外観を呈している釉; 新しい陶磁器では上掛釉で作った還元銅釉》.

flam·boy·ance [flæmbɔ́ɪəns] 〘⇨ flamboyant, -ance〙 *n.* (けばけばしい)華麗さ; (趣味・装飾などの)けばけばしさ. **2**〘建築〙火炎状, フランボワイアンス.

flam·bóy·an·cy [-bɔ́ɪənsi | -sɪ] *n.* =flamboyance.

flam·boy·ant [flæmbɔ́ɪənt] 〘《1832》▭ F ～ (pres.p.) ← *flamboyer* to flame ← *flambe*: ⇨ flambeau, -ant〙 ── *adj.* **1** 燃えるような, けばけばしい: ～ colors けばけばしい色彩. **2** 目もあやな, はなやかな, 華麗な: ～ rhetoric 美辞麗句. **3** 遠慮のない, でかでかした: ～ advertising どぎつい広告. **4**〘建築〙 **a** 〈窓飾りなど〉火炎形をした. **b** フランボワイアン様式の, 火炎式の《15–16 世紀中葉のフランスの教会建築に見られる後期ゴシック様式の; cf. rayonnant 1》. ── *n.*〘植物〙=royal poinciana. **～·ly** *adv.*

flame [fléɪm] 〘n.:《c1303》▭ OF ～ (F *flamme*) < L *flammam* ← ? *flagrāre* to blaze: ⇨ flagrant. ── v.:《c1303》▭ OF *flamer* (F *flammer*) < L *flammāre* ← *flamma*〙 ── *n.* **1 a** [しばしば *pl.*] 炎, 火炎; 燃え上がっている状態: the ～ of a gas stove ガスストーブの炎 / burst into ～(*s*) ぱっと燃え上がる / commit a letter to the ～*s* 手紙を焼き捨てる / *in* ～*s* 炎となって, 燃え上がって. **b** 火炎状[形]のもの. **2** 炎のような光輝, 光炎; 輝かしい光彩: the ～*s* of sunset 燃えるような夕映え. **3** 燃えるような情熱, 情火, 激情: ～*s* of anger [indignation, love, enthusiasm] 怒り[憤激, 愛情, 感激]の炎 / fan the ～ 情熱をあおり立てる, 思いをつのらせる. **4**《戯言》恋人, 情人: one's old ～ 昔の恋人. **5** =flame color. ── *vi.* **1** 火炎を発する[吐く], 炎を上げて燃える, 燃え立つ〈*away, forth, out, up*〉. **2** (炎のように)輝く, (燃えるように)照りはえる; 〈顔が〉さっと赤らむ, さっと顔を赤らめる; 〈太陽が〉ぎらぎらと照る; 炎のようにゆらぐ: The western sky ～*d*. 西の空が真赤に燃えた / The garden ～*s* with azaleas. 庭園はつつじで赤々と燃えている / Her face ～*d* with shame. 恥じらってさっと顔を赤らめた / The girl ～*d up*. 少女はぱっと顔を赤らめた. **3** 〈情熱・怒りなどが〉むらむらと燃え上がる; かっと怒り出す〈*out, up*〉: ～ with anger 烈火のように怒る / His anger ～*d out*. 怒りが爆発した / A hot anger ～*d* in her heart. 彼女の胸の中に激しい怒りがむらむらと燃え上がった. **4**《詩》炎のように動く. ── *vt.* **1 a** (殺菌などのために)炎に当てる, 火に掛ける. **b** 〈食物〉にブランデーをかけて火をつける (cf. flambé). **c** (火炎放射器を用いて)〈雑草を〉燃やす. **2** 〈信号などを〉火炎で伝える. **3** 炎で輝かせる, …に燃えている様相を与える: The setting sun ～*d* the sky. 夕日が空を真赤に染めた. **4**《詩》〈感情を〉燃え上らす, 怒らす. **5**《廃》燃やす.

flame out〘航空〙〈ジェットエンジンが〉(燃料・空気不足のために)燃焼室の炎が消えて止まる (cf. flameout).

flám·er *n.*

fláme azàlea *n.*〘植物〙米国東部地方に産するツツジの一種 (*Rhododendron calendulaceum*)《花はオレンジ色ないし真紅色; yellow azalea ともいう》.

fláme cèll *n.*〘動物〙炎(ほのお)細胞, 火炎細胞《後生動物の排出器官の末端にある細胞》.

fláme còlor *n.* 炎色《赤味がかっただいだい色》.

fláme-còlored *adj.* 炎色の.

fláme cùltivator *n.*〘農業〙火炎除草器 (cf. flame thrower).

fláme·fìsh *n.*〘魚類〙北米からブラジルにかけて産するテンジクダイ科の魚 (*Apogon maculatus*).

fláme·flòwer *n.*〘植物〙=red-hot poker.

fláme gùn *n.* 雑草などを焼き払うための火炎放射器.

fláme·hòlder *n.*〘航空〙フレームホルダー《ジェットエンジンのアフターバーナー中の高速の流れの中に火炎を保持するために装備する邪魔板》.

fláme·less *adj.* 炎を出さない, 無炎の: Coke is ～.

fláme·let [fléɪmlɪt, -lət] *n.* 小さな炎, 小火炎.

fla·men [fléɪmən, flɑ́ː- | fléɪmen] 〘《a1338》*flamin* ▭ L *flāmen*: cf. Skt *brahman* 'BRAHMA¹'〙 ── *n.* (*pl.* ～**s, flam·i·nes** [flǽmənìːz, flɑ́ː- | flǽmɪ-]) (古代ローマのある特定の神に奉仕する)神主, 祭主, 祭司.

fla·men·co [fləméŋkoʊ | -kəʊ] 〘《1896》▭ Sp. ～ 'Flemish, gipsy' ▭ ? MDu. *Vlāming* 'FLEMING': ⇨ flamingo〙 ── *n.* (*pl.* ～**s**) フラメンコ《スペイン Andalusia 地方のジプシーの踊り》; その曲[歌]. ── *adj.* フラメンコ(調)の.

fláme·òut *n.*〘航空〙フレームアウト《燃料あるいは空気の供給不足などのためにジェットエンジンの炎が消えること; blowout ともいう》.

fláme photómeter *n.*〘金属加工〙炎光分析計《高温の火炎に溶融した金属塩を溶射し, その分光分析によって金属の成分を定量する装置》.

fláme photómetry *n.*〘金属加工〙炎光分析.

fláme projèctor *n.* =flamethrower.

fláme·próof *adj.* 防炎性の, 防炎加工を施した; 炎によってすぐには発火しない. ── *vt.* 防炎性にする. **～·er** *n.*

fláme reàction *n.*〘化学〙炎色反応《ある種の元素またはその化合物が炎の中でその元素特有の色を現わす現象》.

fláme scàrlet *n.* (強烈な色彩の)赤みがかったオレンジ色.

fláme spéctrum *n.*〘化学〙炎光スペクトル.

fláme stìtch *n.* フレームステッチ《ニードルポイント刺繍のステッチの一種《で炎状にジグザグに刺す》.

fláme·thròwer 〘《なぞり》← G *Flammenwerfer*〙 *n.* 火炎放射器《筒先より火炎を出す器具で, 軍事用または殺虫・除草など農業用に用いられる》.

Fláme Tokáy *n.*〘園芸〙フレームトーケー (⇨ Tokay 2).

fláme trèe *n.*〘植物〙 **1** ゴウシュウアオギリ (*Brachychiton acerifolius*)《オーストラリア産のアオギリ科の常緑樹, 花は鮮紅色で美しい》. **2** =royal poinciana.

fláme·wàre *n.* フレームウェア《直火で食物を煮焼できるガラス容器》.

flamines *n.* flamen の複数形.

flám·ing 〘ME〙 ── *adj.* **1** 火炎を発している, 火を吐く, 燃え立つ: a ～ fire. **2 a** (色彩が)燃えるような, 燃えるように赤い: ～ colors [poppies] 真紅の色[けしの花]. **b** [副詞的に]燃えるように: a ～ red rose 燃えるように赤いばら. **3** じりじり照りつける, 炎熱焼くような: under a ～ sun 焼くように暑い太陽の下で / a ～ August 熱けつくような8月. **4** 情熱に燃える, 熱烈な, 激烈な: ～ eyes きらきら光る目 / ～ enthusiasm [youth] 燃えさかる熱情[青春] / a ～ harangue (舌端火を吐く)熱烈な演説, 熱弁. **5**《古》誇張した, 大げさな, けばけばしい; 大げさにほめた: a ～ picture, description, lie, etc. **6**《英口語・豪俗》[強意語として] 大変な, 途方もない, ひどい: a ～ nuisance 全く厄介なもの. **～·ly** *adv.*

fla·min·go [fləmíŋgoʊ | fləmíŋgəʊ, flæ-] 〘《1565》▭ Port. *flamengo* ▭ Sp. *flamenco* ▭ Prov. *flamenc* (F *flamant*) ← *flama* (< L *flammam* 'FLAME') + *-enc* (← Gmc: cf. -ing³): その羽の色から: cf. flamenco〙 ── *n.* (*pl.* ～**s,** ～**es**)〘鳥類〙フラミンゴ, ベニヅル《フラミンゴ科の鳥の総称》.

flamíngo flòwer [plànt] *n.*〘植物〙サトイモ科ベニウチワ属 (*Anthurium*) の中で朱紅色の仏炎苞を観賞するものの総称《主に次の2種をさす》: **a** ベニウチワ (*A. scherzerianum*). **b** オオベニウチワ (*A. andraeanum*).

Fla·mín·i·an Wáy [fləmíniən- | fləmínɪən-, flæ-, -njən-] *n.* [the ～] フラミニア街道《Rome から北進してアドリア海沿岸の Rimini に至る古代ローマの道路; Gaius Flaminius の監察官時代に建設 (220 B.C.); 長さ 346 km; ラテン語名 Via Flaminia》.

Fla·min·i·us [fləmíniəs | fləmíniəs, flæ-, -njəs], **Gai·us** [géɪəs, gáɪ-|gáɪ-] *n.* フラミニウス《?-217 B.C.; ローマの将軍・政治家; Hannibal に破れた》.
flam·ma·bil·i·ty [flæ̀məbíləṭi | -ləti, -lɪ-] *n.* =inflammability.
flam·ma·ble [flǽməbl̩] *adj.* =inflammable.
flam·y [fléɪmi|-mɪ] 〘(15C)〙 *adj.* (**flam·i·er; -i·est**) **1** 火炎の, 炎々と燃える. **2** 〈色が〉炎のような; 燃えるような色をした.
flan [flǽ(ː)n, flɑ́ː(ŋ), flɔ́ː(ŋ), flɑ́ːŋ, flɔ́(ː)ŋ; *F.* flɑ̃] 〘(1846) ◻F ～ < OF *flaon* ◻ OHG *flado* (G *Fladen*) flat cake: cf. flat¹〙 ― *n.* (*pl.* ～**s** [～z; *F.* ～]) **1** フラン《チーズ・カスタード・果物などをリング状の底のないフラン型に詰めたタルト (tart) の一種》: a fruit ～. **2** (刻印を押しさえすれば)貨幣[メダル]になる金属片, 円形(ᵉⁿ) (blank); (貨幣[メダル]の図柄に対して)地金.
Flan·a·gan [flǽnɪgən, -nə- | -nə-], **Edward Joseph** *n.* (1886-1948) アイルランド生れの米国のカトリック神父; Nebraska 州の Omaha 近くに Boys Town「少年の町」を創立した; 通称 Father Flanagan.
flan·card [flǽŋkəd | -kəd] 〘(*c*1489) ◻OF ～ ← *flanc* (↓)〙 *n.* 《古》〖甲冑〗馬横腹当て.
flanch [flǽntʃ | flɑ́ːntʃ] 〘ME *flaunche* ◻ OF *flanche* (fem.) ← *flanc* '*FLANK*'〙 ― *n.* 〖紋章〗=flaunche. ― *vt.* 〈煙突を〉(先の方に向けて内側に)弓形に傾斜させる. ― *vi.* 〈煙突が〉弓形に傾斜している.
flan·chard [flǽŋkəd | -kəd] *n.* 《古》〖甲冑〗=flancard.
flanche [flǽntʃ | flɑ́ːntʃ] *n.* 〖紋章〗=flaunche.
Flan·ders [flǽndəz | flɑ́ːndəz] 〘◻ Du. *Vlaanderen*: cf. F *Flandre* / ML *Flandri*〙 ― *n.* フランドル, フランダース: **1** ベルギー西部の East Flanders, West Flanders およびそれに隣接するフランス北部とオランダ南西部を含む地域; 第一次大戦中の激戦地. **2** 中世にヨーロッパ西部にあった国, 北海に沿うて Dover 海峡から Scheldt 河口にわたった.
Flánders bríck *n.* フランドルれんが《ナイフなどを磨くのに用いる軟質れんが[砥石]》.
Flánders póppy *n.* 〖植物〗ヒナゲシ (⇨ corn poppy)《第一次大戦戦没者に捧げられた花; Armistice Day には街頭でこの花が売られる》.
flâ·ne·rie [flɑ̀ːnəríː | ←－－; *F.* flanri] 〘◻F ～ ← *flâner* to lounge, loiter ← ? Scand.〙 *F. n.* 遊惰, 怠惰.
flâ·neur [flɑːnə́ː | flɑ́ːnəː(r; *F.* flanœːr] 〘◻F ～ 'lounger, idler': ↑〙 *F. n.* (*pl.* ～**s** [～z; *F.* ～]) のらくら者, 遊び人.
flange [flǽ(ː)ndʒ] 〘(1688)《変形》? ← FLANCH (=projection)〙 ― *n.* **1** 〖機械〗 **a** フランジ(継手)《軸・パイプの補強または結合のために取巻く鍔(ᵗˢᵘᵇᵃ)型の突出部》. **b** (軌道車の車輪の)輪縁. **c** (レールなどの上下の)出縁. **d** (鉄管などの端を折り返した)鍔, 耳. **2** フランジを作る機械, 縁取り機. **3** 〖服飾〗フランジ《タックやはめこみなどで広がりを持たせる衣服のデザイン》. ― *vt.* …にフランジ[鍔, 耳]を付ける. ― *vi.* フランジを付けたようになる, ふくれる 〈*out*〉.

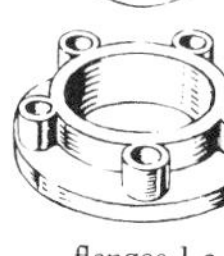
flanges 1 a

flánge·less *adj.* フランジ[鍔(ᵗˢᵘᵇᵃ), 耳]のない.
flánge nùt *n.* 鍔(ᵗˢᵘᵇᵃ)付きナット.
flánge plàte *n.* 〖建築〗フランジプレート (⇨ cover plate 2).
fláng·er *n.* **1** 〖機械〗鍔(ᵗˢᵘᵇᵃ)出し機, 鍔出しプレス. **2** フランジ工, フランジを作る人. **3** 〖鉄道〗フランジャー《軌間内の雪を排除するために除雪車に装備される》.
flánge·wày *n.* 〖鉄道〗輪縁路《レールを走る車の突縁の通路》.
flank [flǽŋk] 〘(?*a*1300) ◻(O)F *flanc* ◻ Frank. **hlanca* side: cf. OHG *hlancha* hip: ⇨ lank〙 ― *n.* **1 a** (人間・動物の)横腹, わき腹, 側腹部《肋骨より下で腰骨より上》. **b** わき腹の筋肉. **c** (牛の)わき腹の肉, フランケ (⇨ beef, veal 挿絵): a thick ～ of beef. **d** わき腹の皮[革]. **2** (建物・山などの)横側, 側面: the ～ of the hill. **3** 〖築城〗側堡(ᵇᵒ) (⇨ bastion 挿絵). **4** 〖軍事〗(隊の)翼(ᵗˢᵘᵇᵃˢᵃ), 翼側, 側面: the right [left] ～ 右[左]翼 / a ～ attack [defense] 側面攻撃[防御] / a ～ movement (敵の側面を迂回する)側面運動 / cover the ～*s* 側面を掩護(ᵉⁿᵍᵒ)する / take…*in* ～ …の側面を衝(ᵗˢᵘ)く / turn the enemy's ～ 敵の側面を迂回して後方に出る / *in* ～ 側面において, 側面から. **5** 〖紋章〗盾の両側 (⇨ heraldry 挿絵 B). **6** 〖機械〗 **a** フランク《ねじ山の頂 (crest) と谷底 (root) を連結する斜面》. **b** (歯車の)歯元の面 (cf. root 12 b). ― *vt.* **1** 〈味方〉の側面を守る[防御する], 側防する. **2 a** 〈敵〉の側面を[から]攻撃する. **b** …の側面を迂回する, …の翼を包囲する; 〔…を〕…の側面に並べる[置く, 配置する]〔*with*〕: a road ～*ed with* [*by*] trees 両側に並木のある道路 / His house is ～*ed by* a high building. 彼の家の横に高い建物が立っている. **3** 《古》…から逃れる, 避ける. ― *vi.* **1** 側面に位置する. **2** 〈堡塁(ʰᵒʳᵘⁱ)などが〉〔…と〕側面を接する, 〔…に〕側面を見せる〔*on*〕: The fort ～*ed on* a lake. 要塞は湖水と側面を接していた.
flánk·er *n.* **1** 側面にある人[物]. **2** 《俗》いんちき, ぺてん. **3** 〖築城〗側面堡塁(ʳᵘⁱ)[砲台], 側堡. **4** 〖軍事〗側兵; 〖集合的〗側衛, 側面部隊. **5 a** 〖アメリカンフットボール〗フランカー, ボール保持有資格者《前衛線右端の競技者の右または左端の競技者の左の線上にいる競技者; flanker back ともいう》. **b** 〖ラグビー〗=flank forward.
flánk fórward *n.* 〖ラグビー〗フランク フォワード《5人のフォワードのうち左右の最も外側にいる選手》.
flánk spèed *n.* 〖海事〗(船の)全速力 (cf. full speed 2): at ～ 全速力で.
flánk stéak *n.* (小売り用の)牛のわき腹肉のカットした肉; そのステーキ.
Flann [flǽ(ː)n] 〘◻ Ir. *Flainn* 《原義》ruddy〙 *n.* 男性名《愛称形 Flannan》. ★ アイルランドに多い名.
flan·nel [flǽnl̩] 〘(1300-01) ◻ Welsh *gwlanen* woolen ← *gwlān* wool〙 ― *n.* **1** フランネル, フラノ《柔らかくて軽い平綾織》: cotton ～ 綿ネル. **2** =flannelette. **3** [*pl.*] **a** フラノ[ニット地]の肌着; (特に, 男子用)ズボン下. **b** フラノ製外衣; (特に, 男子用)ズボン. **c** (クラブやチームの)フラノ製ユニフォーム. **4** 《英》=washcloth 2. **5** 《俗》おせじ, おべんちゃら; ほら; たわごと.
― *attrib. adj.* フランネル製の: ～ trousers.
― *vt.* (**flan·neled, -nelled; -nel·ing, -nel·ling**) **1** フランネルの布切れでふく. **2** …にフランネル衣を着せる. **3** 《俗》…にお世辞を言う, おべんちゃらを言う, …のきげんをとる (flatter).
flánnel bòard *n.* フランネル ボード《緑色などのフランネルの布を張った板で, 教材などをその上に付着させて使用するもの》.
flánnel càke *n.* 《米東部・中部》=griddle cake.
flan·nel·ette [flæ̀nəlét, -nl̩- | ←－－] 〘← FLANNEL+-ETTE〙 ― *n.* (*also* **flan·nel·et** [～]) 綿ネル《片面または両面をけば立てた非常に柔らかいフランネル; ベビー服や寝巻き用》.
flánnel·gràph *n.* フランネルグラフ《flannel board に付着させる様々な形態の布[紙]片で, 視覚教材の1種》.
flán·nel·ly [-nəli, -nl̩i | -nəli, -nl̩ɪ] *adj.* **1** フランネル製の; フランネル類似の. **2** 〈声が〉(フランネルを通したように)不明瞭な, だみ声の (blurred).
flánnel·mòuth *n.* 《米》口先のうまい人, お世辞のうまい人; ほら吹き (braggart).
flánnel·móuthed *adj.* 《米》 **1** 口先のうまい, お世辞のうまい (smooth-spoken). **2** (なまりがあって[あるかのように]不明瞭に話す, だみ声で話す.
flánnelmouth súcker *n.* 〖魚類〗Colorado 川の流域に生息するサッカー科の魚(*Catostomus latipinnis*).
flap [flǽp] 〘*v.*: (*c*1330) *flappe(n)* 《擬音語 ?》: cf. flip¹, flop, slap¹ / G *flappen* to clap. ― *n.*: (?*a*1300) *flap* blow, fly-flap: cf. Du. *flap* stroke, blow〙 ― *v.* (**flapped; flap·ping**) ― *vi.* **1** 〈旗・カーテンなどが〉ぱたぱたする, はためく: Her long hair ～*ped* in the wind. 彼女の長い髪が風にはためいた / broad trousers ～*ping* about the feet すその方がぱたつく幅の太いズボン. **2** 〈翼などが〉羽ばたく, 〈鳥などが〉羽ばたいて飛ぶ 〈*away, off*〉: A few birds ～*ped* by over the fields. 鳥が二三羽ぱたぱたと羽ばたいて野原を飛んでいった. **3** (平たい物で)ぴしゃりとたたく: ～ *at* a fly. **4** 〈帽子のへりなどが〉垂れ下がる. **5** 《口語》 **a** はらはら[そわそわ]する, あわてふためく. **b** そわそわ[心配げに]話す; しつこくむだ話をする 〔*about*〕. ― *vt.* **1** 〈風などが〉〈帆などを〉ぱたぱた動かす, はためかす: ～ the sails [shutters] 帆[よろい戸]をぱたぱた動かす. **2** (扇・蠅(ʰᵃᵉ)叩き・羽・布片・てのひらなどで)はたと[ぴしゃりと]打つ, たたく; たたいて…の注意を喚起する: ～ flies *away* 蠅叩きで蠅を追う / ～ *out* a light 明かりをあおいで消す. **3** 〈鳥が〉〈翼を〉ばたつかせる; 羽ばたき進む. **4** 〈帽子のへりを〉垂れ下がらせる, (垂れ下がるように)引きおろす: ～ one's hat over one's eyes 帽子を目深かに引きおろす. **5** 《口語》(ぴしゃりと・ぱたぱたと)投げる; 〈パンケーキなどを〉ほうり上げてひっくり返す. **6** 〖音声〗弾音[はじき音]で発音する: a ～*ped* r.
(***with***) ***one's ears flapping*** 《口語》耳をそばだてて, 傾聴して: He sat there *with his ears ～ping*.
― *n.* **1** (柔らかい平たい物で軽く打つ)はたき打ち, 平手打ち; ぴしゃりという音: a ～ in the face 顔にくらわせた平手打ち. **2** (鳥の)羽ばたき(の音); (帆・旗などの)ぱたぱた動く音, はためき: the ～ of a swan's wings 白鳥の羽ばたき / the ～*s* of a sail against a mast 帆が風にはためいて帆柱にぱたぱた当たる音. **3 a** (一方だけ止めた)垂れ下がった平たい薄い物. **b** (ポケット・封筒・カートンなどの)垂れぶた. **c** (机などの)垂れ板. **d** (つば広帽子の)垂れぶち. **e** 吊り扉. **f** (鞍の)垂れ. **g** (蝶番(ᶜʰᵒᵘᵗˢᵘᵍᵃⁱ)の)片ひら. **h** (魚の)えらぶた. **i** (靴の)前革. **j** (弁の)舌. **k** (キノコ類の)開いたかさ (cf. button 7). **4** フラップ《自動車のタイヤでリムとチューブの間に入れてチューブの損傷を防ぐゴムのバンド》. **5** 《口語》興奮, 恐怖, 恐慌; 危機: be *in* [get *into*] a ～ はらはらしている[する], あわてている[あわてる]. **6** 《廃》払い除く道具, 蠅叩き (flapper). **7** 〖外科〗(後日の移植用に一端を残して切断した)弁, 皮(ʰⁱ)弁, 組織弁. **8** 〖航空〗(飛行機の)下げ翼, フラップ. **9** 〖製本〗 **a** フラップ《耳折れ表紙のように薄表紙の小口からはみ出している部分》. **b** 折返し, フラップ《本のカバーを表紙の内側に折込んだ部分》. **10** 〖音声〗 **a** 単顫(ˢᵉⁿ)動音 (tap)《舌や口蓋垂などの弾力性のある音声器官を1回だけ震わせて作る音; [ɾ]; cf. trill¹ 3》. **b** 弾音《調音器官がその運動の途中で調音点を1回だけ打つ音》.
fláp·dòodle 〘(1833) ← ?: cf. flap, doodle¹〙 *n.* 《口語》でたらめ, たわごと.
fláp dòor *n.* **1** 落とし戸. **2** 吊り扉, はね上げ戸, しとみ戸.
fláp·dràgon *n.* 〖遊戯〗=snapdragon 2.
fláp·éared *adj.* **1** 〈人が〉耳が大きく左右に突き出た. **2** 〈犬など〉垂れ耳の.
flap·e·ron [flǽpərɑ̀n | -rɔ̀n] 〘← FLAP+(AIL)ERON〙 *n.* 〖航空〗フラッペロン《下げ翼 (flap) に補助翼 (aileron) の作用を兼ねさせたもの》.
fláp·jàck 〘← FLAP+JACK¹〙 *n.* **1** =griddle cake. **2** 《英》(丸くて大きい)コンパクト, おしろい入れ.
fláp·less *adj.* flap のない.
fláp·móuthed *adj.* おしゃべりの.
flap·pa·ble [flǽpəbl̩] *adj.* 興奮しがちな, 落ち着かない, 混乱する.
fláp·per 〘(1570)〙 *n.* **1 a** ぱたぱた打ったり音をたてる物. **b** 蠅(ʰᵃᵉ)叩き. **c** (鳥を追う)鳴子. **d** (穀竿(ᵏᵃˢᵉ)の)振り棒. **2** ぱたつく垂れ下がった物; (魚の)幅の広いひれ; (海獣の)ひれ状の前脚; (エビなどの)平尾. **3** まだ十分に飛べない鳥, (特に)飛び方を習い始めた野鴨[シャコ (partridge)]の雛. **4 a** 若い女の子. **b** 《英》(15-18歳位のまだ十分社交界を知らない)乙女, 少女. **c** 《口語》(1920年代に自由を求めて行動や服装などやや突飛な)なまいきな現代娘, フラッパー. **d** 《古》身もちの悪い女, ふしだらな女. **5** 《俗》手 (hand). **6** 〖*Gulliver's Travels* 中の話から〗記憶を呼び起こさせる人[物].
fláp·per·ish [-pərɪʃ] *adj.* 《口語》小娘[おてんば娘, フラッパー]らしい.
fláp·ping *n.* 〖航空〗フラッピング《関節式ローターを持つヘリコプターローターの上下方向の回転運動》.
flápping flìght *n.* 〖航空〗羽ばたき飛行.
flápping hìnge *n.* 〖航空〗フラッピングヒンジ《ヘリコプターローターにフラッピングの自由度を与えるためにローターハブに装備される関節》.
flap·py [flǽpi | -pɪ] *adj.* 《口語》(**flap·pi·er; -pi·est**) **1** ゆるい, 締まりのない (flabby). **2** 垂れ下がった.
flaps [flǽps] *n. pl.* [単数扱い]〖獣医〗馬の唇浮腫.
fláp vàlve *n.* (ポンプなどの)フラップ弁, 蝶形弁.
flare [fléə | fléə(r] 〘(*c*1550)《混成》? ← FLY¹ // FLAME+GLARE¹: cf. Norw. *flara* to blaze〙 ― *vi.* **1 a** 炎がゆらゆらする, めらめらと燃える: The candle began to ～. ろうそくの火がゆらめき出した. **b** 風にゆらめく[揺れる], ひらひら[ぱたぱた]動く (flutter): Her skirt ～*d* behind her in the wind. 風に彼女のスカートがうしろでひらひらした. **2 a** ぱっと燃え上がる (blaze); 〈嫉妬心などが〉急に燃え上がる 〈*up*〉: ～ *up* into flames ぱっと燃え上がる / The persecutions ～*d up* afresh. 新たに迫害の火の手が上がった. **b** 〈空などが〉ぎらぎらと輝く. **3 a** 急に怒る, かっとなる 〈*up, out*〉: ～ *up* at the slightest thing 些細なことにかっとなる. **b** 〈戦闘などが〉突発する 〈*up*〉. **4** 〈スカートなどが〉朝顔形に広がる, フレヤーがある. **5** 〈船首または船側が〉上方[外方]に張り出る (cf. TUMBLE *home*). ― *vt.* **1 a** 〈ろうそくの火などを〉ゆらゆらさせる. **b** 〈風が〉ぱたぱた[ひらひら]させる, はためかせる: The wind ～*d* her skirts. 風でスカートのすそがふわっと広がった. **2 a** ぱっと燃え立たせる. **b** 〈空などを〉燃え立つように輝かす. **c** 火炎で合図する. **3** 誇示する, ひけらかす (display). **4** 外側に張り出させる, 朝顔形に広がらせる; 〈スカートを〉フレヤーにする: a ～*d* skirt フレヤースカート. **5** 〖航空〗〈機体を〉引き起こす (cf. *n.* 6).
― *n.* **1** ゆらめく炎, (ぎらぎらと)ゆらぐ光: the ～ of torches in the wind 風にあおられてゆらめくたいまつの火. **2 a** にわかにぱっと燃え上がること, 炎上: the ～ of a match in a dark room 暗い部屋にぱっと燃え上がるマッチの火. **b** (多く海上または海岸で用いる)火炎信号: burn ～*s* to attract attention 注目を引くために信号として火をたく. **c** (夜間作業のため, または飛行機の着陸位置を示すための)照明; 照明弾 (flare bomb): drop a ～ over the enemy position 敵陣地の上空に照明弾を投下する. **3** (音響・感情などの)激発, 突発: a ～ of anger, temper, enthusiasm, etc. / a sudden ～ of trumpets 突然鳴り響くらっぱの音. **4 a** (器物などの)朝顔形の張り(部分): the ～ of a bowl, vase, etc. **b** (スカートの)フレヤー: the ～ of a skirt. **c** [*pl.*] フレアー[朝顔]型のズボン[パンタロン], らっぱズボン. **5** 〖海事〗(船首近くで水線から船べり上方にかけての船側の)外曲り, 張出し (flam). **6** 〖航空〗(着陸接地前の)引き起こし《接地直前に昇降舵を引き機首を上げて降下率を小さくし速度を下げる操作》. **7** 〖写真・光学〗光斑, フレアー《光学器械のレンズなどの内面反射・散乱によって像面上の正規の位置以外に広がる光; またはそれによってネガに生じた斑点; flare spot ともいう; cf. flare ghost 6, 7》. **8** 〖天文〗フレア《太陽表面の小範囲に生起する急激かつ短時間の爆発的なエネルギー放出現象, またある種の星に生起する急激かつ一時的増光現象》. **9** 〖アメリカンフットボール〗フレアーパス《バックスの1人がサイドラインに向かって走り抜けようとする際に用いる短いパス》. **10** 〖医学〗(病巣・発赤などの)拡大; 張開; フレア.
fláre·bàck *n.* **1** 噴射炎, 後炎《発砲後砲尾を開いた時に発する, または溶鉱炉の焚口を開いた時に発する戻り火炎》. **2** (批評などに対する)反論, 余憤. **3** (寒さなどの)ぶり返し.
fláre bòmb *n.* 照明弾.
fláre pàth *n.* (飛行機が離着陸するための)照明路.
fláre stàr *n.* 〖天文〗閃光星《表面にフレアが発生し短時間に明るさが増加復帰する恒星》.
fláre·ùp *n.* **1 a** ぱっと光ること, 燃え上がり: a ～ of lightning ぱっと光る電光. **b** (信号の)光炎《flare-

up light ともいう》. **2**《口語》**a** かっと怒ること, 激怒. **b** (一時的な)大人気. **c** 底抜け騒ぎ. **d** (以前静まっていたものが)突発すること, (病気などの)再発.

flar·ing [fléː(ə)rɪŋ | fléər-] *adj.* **1** ゆらゆら[めらめら]燃える; まぶしい. **2** けばけばしい, 豪華な: ~ advertisements けばけばしい広告 / a ~ hotel 豪華なホテル. **3** 張り開いている, 朝顔形の, フレヤーのある: a ~ bowl, vase, etc. / a ~ neckline 広く切り開いてあるネックライン. **~·ly** *adv.*

flash [flǽ(ː)ʃ] 〘(? *a*1200) *flashe(n)* to splash《擬音語?》: *fl-* は運動を(cf. fling, flit, flow, flush[1,2,3]), *-sh* は音を表わす(cf. clash, dash[1], plash[1], splash)〙 **—** *vi.* **1 a** きらめく, ぴかっと光る, 光を放つ, ぱっと発火する: The lightning *~ed across* the sky. 電光が空にきらめいた / I saw the sunlight *~ing on* the water. 日光が水上にきらめいているのが見えた / Their armor *~ed in* the sun. 彼らのよろいかぶとは日の光を受けてきらめいた / He *~ed* crimson *with* anger. 彼の顔は怒りで真赤になった. **b** 〔怒り・興奮・驚きなどで〕〈目が〉ぎらぎら[きらきら]光る (sparkle)〔*with*〕: His eyes *~ed with* anger [excitement]. 彼の目は怒り[興奮]でぎらぎら光った. **2 a** 〈機知・気性などが〉きらめく, ちらりと現われる〈*out*〉; 〈思想・考えなどが〉ぱっと浮かぶ: His old spirit *~ed out* occasionally. 彼の昔の気性が時折ちらりと現われた / An idea just *~ed* across her mind. ある考えがさっと彼女の脳裡をよぎった / A happy idea *~ed into* his mind. うまい考えがぱっと彼の心に浮かんだ / It *~ed upon* me [my mind] that …という考えがふと頭にひらめいた. **b** さっと[ぱっと]現われる[見えてくる]: The moon *~ed from* behind the mountain. 月が山陰からぱっと現われた / The rosy red *~ed through* her face. 彼女の顔がぱっと赤くなった. **c**《古》ぱっと目立つ, 精彩を放つ (show off). **3** さっと通る, 急に過ぎ去る, さっと飛び去る: The express train *~ed past*. 急行列車がさっと通過した / A car *~ed by*. 自動車がさっと走り過ぎた. **4 a** 急に〔ある動作・状態に〕移る, さっと…し出す〔*into*〕: ~ *into* action 急に行動し出す, さっと動き出す / She *~ed* awake at the noise. その物音ではっと目を覚ました. **b**《米俗》〔…を〕さっと理解する, 〔…が〕ぴんと来る〔*on*〕. **5** 〈液体が〉急に蒸発[気化]する: Let the hot water ~ *to* [*into*] steam. そのお湯をどんどん蒸発させなさい. **6**《英俗》他人にいきなり性器を見せる (cf. flasher 3). **7**《古》〈潮流・水が〉奔流する (dash); 〈波が〉はね散る (splash). **8**〘ガラス製造〙〈吹いたガラスが〉板状になる.

— *vt.* **1** 〈火・光を〉ひらめかす, きらめかす, ぴかっと反射させる; 〈鏡など〉に光を反射させる; …の光を急に向ける[浴びせる]: ~ light *with* a mirror 鏡で光をひらめかす / ~ a mirror *in* the sunlight 日光を当てて鏡をきらめかせる / ~ a sword 剣を(振って)きらめかす / His eyes *~ed* fire. 彼の目は(怒りなどで)かっと燃えた[ぎらりと光った] / I had a lantern *~ed* in my face. 真正面からカンテラの光をぱっと浴びせかけられた. **2** 〈火薬・漏れたガスなどを〉ぱっと発火させる; (残留物点検のために)〈爆薬などを〉燃焼させる. **3 a** 〈信号を〉閃光(せんこう)で送る: ~ one's position with a lantern カンテラをかざして自分の居場所を伝える. **b** (光のように)ぱっと伝える, (信号機・電信・無線電信などで)〈情報・信号を〉急送する: ~ a signal ぱっと信号を出す / The news was *~ed* all over the world by radio. そのニュースはたちまち世界中に電送された. **4 a** 〈運転者が〉合図するために《(ヘッド)ライトなどを》点滅させる. **b** (ヘッド)ライトを点滅させて…に合図する. **5 a** 〈視線・ほほえみなどを〉〔…に〕ちらりと向ける〔*at*〕; 〈物を〉ちらりと見せる〔*at*〕: ~ a person a reproachful glance ちらりと非難の一瞥(いちべつ)を投げる / She *~ed* her eyes *at* me. 彼女はちらと私を見た / He *~ed* his ID card *at* her. 彼は彼女に身分証明書をちらりと見せた / She spoke to him, *~ing* a shy smile. 彼女はちらと恥かしそうにほほえみながら彼に話しかけた. **b**《口語》見せびらかす, ちらつかせる: He's always *~ing* a roll of bills. 彼はいつも札束を見せびらかしてばかりいる. **6** (船を通すために堰(せき)をはずして[開いて])〈水路〉に水を流す; 堰水で〈船を〉押し流す: ~ a river 堰を切ってどっと川に水を流す / ~ a boat 堰水で船を押し流して浅瀬(など)を乗り越えさせる. **7** (flash boiler などで)〈液体を〉急速に蒸発させる. **8**《古》〈水を〉はねかす, とび散らせる. **9**〘ガラス製造〙**a** 〈吹いたガラスを〉平板にする: ~ a blown globe of glass 球状にふくらましたガラスを板にする. **b** 〈無地のガラス・ガラス器〉を色ガラスの薄膜でおおう, …に色ガラスをかぶせる; 〈色ガラスの薄膜を〉…にかぶせる〈*on*〉: ~ plain glass *with* ruby 無地のガラスに赤色ガラスをかぶせる. **c** 〈ガラスを〉焼き直して光沢を著しくする. **10**〘建築〙〈屋根など〉に雨押えをする, 水切りをつける (cf. flashing 2). **11**〘写真〙…に強い閃光を作用させる; 〈露光した陰画または陽画〉に(現像前に)フラッシュをかける《一様な光を作用させる; cf. FLASH *in*》. **12**〘トランプ〙〈カードを〉配る間に一瞬表にして見せる. **13** (船体のまわりにケーブルを水平にまきつけそれに通電して)〈船体を〉消磁する.

flash back (1) 〈炎・光が[を]〉照り返す. (2) ぐっとにらみ返す: His eyes *~ed back* defiance. 彼は反抗の目でにらみ返した. ***flash in***〘写真〙〈陰画または陽画の濃淡・色調などを〉フラッシュをかけて修正する. ***flash in the pan*** (1) 火打石銃が火皿の中で発火するだけで空発に終わる. (2) 〈企てが〉派手に始まって[始めは有望に見えて]ついに失敗に終わる, 線香花火的に終わる (cf. *a* FLASH *in the pan* ⇨ *n.* 成句). ***flash on*** (1) 〈光などを〉ぱっと浴びせかける: He *~ed on* the light. (2) ⇨ *vi.* 4 b. (3) ⇨ *vt.* 8 b. ***flash out*** (1) ⇨ *vi.* 2 a. (2) かっと怒る, かっとなって叫ぶ: I *~ed out* before I thought. 思わずかっとなって叫んだ / He could not help *~ing out against* those abuses. その悪口に彼はかっとならずにはいられなかった. ***flash over*** = flashover. ***flash up*** = FLASH *out* (2).

— *n.* **1 a** ぱっと出る光, 閃光(せんこう), 火光, ひらめき: quick as a ~ of lightning 電光のひらめきのように速く, 電光石火のごとく, たちまち / disappear like a ~ パッと消える / *~es* from the guns 大砲から出る閃光, 火光 / Life is but a ~ of a firefly in the night. 生命は夜のほたるの放つ一閃の光に過ぎない. **b** 閃光信号, カンテラ信号; 手旗信号. **c**《米》懐中電灯 (《英》 (electric) torch). **d**〘軍事〙(爆弾・バズーカなどの炸裂による)閃光, 強烈な熱放射. **e**〘写真〙フラッシュ(の閃光); 閃光撮影写真; フラッシュランプ. **2** (感興・機知などの)ひらめき, 突発; (ちらりとした)一瞥(べつ) (glimpse); ほほえみ: a ~ *of* anger 怒りの激発 / a ~ *of* joy [gaiety] 突然わき起こる歓喜[はしゃぎ] / a ~ *of* inspiration [wit, humor] とっさにわき起こる霊感[機知, ユーモア] / a ~ *of* hope (さっと心にさして来る)希望の光 / catch a ~ *of* the scene その光景をちらりと一目見る / *in ~es* 時たま突発的に. **3** ひとひらめきの間, 瞬間: *in* a ~ たちまち, 即座に, すぐさま / grasp the situation *in* a ~ 形勢を即座にみてとる / *For* a ~ she saw me. 一瞬彼女は私を見た. **4 a** (新聞社・放送局に電送される)短い至急報, ニュース速報 (news flash) (cf. bulletin 3 a, news bulletin). **b**〘軍事〙特別緊急《各種通信文の処理の優先順位第一を示す》. **5 a** (俗悪な)派手な虚飾, けばけばしさ. **b**《口語》精彩を放つ人, (特に)機敏で颯爽(さっそう)とした運動選手. **c**《古》派手な身なりの人, だて者. **6 a** (落下装置の)堰(せき), 水門《船に浅瀬などを乗り越えさせる》. **b**《古》堰の落し水. **7**《俗》(麻薬の静脈注射による)最初の強烈な陶酔感. **8**《英俗》他人にいきなり性器を見せること. **9**《廃》(盗人・悪漢仲間の)隠語, 合言葉. **10**《英》〘映画〙フラッシュ《物語の本筋を解説するために写し出される特に回想的な瞬間場面; cf. flashback 1 a》. **11**《英》〘軍事〙(師団などの別を示す)着色記章; (スコットランドの軍人がキルトの膝下に付ける)赤いガーター記章. **12**〘冶金〙= fin[1] 8 a. **13**〘ガラス製造〙**a** 色きせ; きせガラス (⇨ flashed glass). **b** 咬(か)み出し《成形中鋳型の間のつぎ目にガラスが入るためにできるひれ状の突起; fin ともいう》. **14** (液体の)急速な蒸発. **15**〘トランプ〙総花《5 種類のスーツ (suit) からなる特殊なトランプを用いるポーカーで, 5 枚とも全部違った印の札が来ている手》.

a flash in the pan (1) 火打石銃の火皿の中の発火[空発]. (2) 線香花火的な企て, 竜頭蛇尾 (cf. FLASH *in the pan* ⇨ *v.* 成句); ちょっと成功してすぐだめになる人, 三日天下の人.

— *adj.* **1**《口語》**a** いやに派手な, けばけばしい (showy): ~ clothes / a ~ fellow. **b** 安ぴかの, いかがわしい, いんちきな (spurious): ~ jewelry [coins, notes] 安ぴかのにせ宝石[にせ金, にせ札]. **c** かっこのいい, 気のきいた, 粋な (smart); 一流の, ぱりっとした (fashionable): ~ behavior 颯爽とした態度. **d** 素早い, 敏捷(びんしょう)な (fast). **2** [Attributive に用いて]《口語》(博打打ち・盗人・売春婦など)不良仲間の: ~ slang [language] 不良仲間の隠語 / a ~ crib 不良仲間の住処 / a ~ house (不良仲間の出入りする)怪しい家; 魔窟. **3** [Attributive に用いて] **a** 突然で短い, 線香花火のような: a ~ storm つかの間の嵐. **b** 閃光(せんこう)に起因する; 閃光を防ぐための: ~ injuries 閃光による損傷 / ~ gear 閃光防止服[具] / ⇨ flash burn.

flásh·bàck *n.* **1 a**〘映画・テレビ・文学〙フラッシュバック《過去の出来事を物語の進行中に組入れて現出させるモンタージュ手法の一つ; cf. cutback 2, flash-forward》; その場面. **b** まざまざと思い出されてくる過去の出来事. **2**〘金属加工〙逆火(ぎゃっか)《ガス溶接などの吹管において, 炎が火口の中に逆行する現象》.

flásh·bòard *n.* (水位を高くするための)堰板(せきいた), 決潰(けっかい)板, フラッシュボード.

flásh bòiler *n.* フラッシュボイラー《加熱されている円筒容器内に水を霧吹きして蒸気を作る小容量の特殊ボイラー》.

flásh bòmb *n.*〘写真〙(パラシュートに付けた)照明弾, 閃光爆弾, 吊り星《夜間航空写真に用いる》.

flásh·bùlb *n.*〘写真〙閃光球[電球], フラッシュバルブ《酸素とアルミニウム・ジルコニウムなどの繊条または薄片が詰めてある》.

flásh bùrn *n.* 閃光火傷[熱傷]《放電または爆発などの激烈な閃光による火傷》.

flásh càrd *n.* **1** フラッシュカード《学習用・練習用に教師が教室で生徒に瞬間的に見せる単語・数・絵などが書いてあるカード》. **2**〘スポーツ〙フラッシュカード, 採点板《ダイビングや体操などの審判が演技の採点を示すカード》.

flásh còlor *n.*〘動物〙閃光斑(せんこうはん)《薄い体色の動物の, 活動時にだけ目立つ鮮麗な斑紋; 静止すれば見えなくなり敵の目を逃れることができる》.

flásh·cùbe *n.*〘写真〙フラッシュキューブ《フラッシュバルブ 4 個を組み込んで次々に発光できるようにしたもの》.

fláshed gláss *n.*〘ガラス製造〙きせガラス《透明ガラスの上に色ガラスや金属酸化物をきせて作ったガラス; flash ともいう》.

flásh·er *n.* **1 a** (夜間広告用)自動点滅装置. **b** 点滅灯. **c** 自動点滅信号. **2** (ガラスを吹いて作る)板ガラス工. **3**《英俗》露出男 (cf. flash *vi.* 6). **4**《古》派手な人, 見栄を張る人. **5**〘魚類〙= tripletail.

flásh·flòod *vt.* …に鉄砲水を流す.

flásh flóod *n.* 射流洪水, 鉄砲水《山中の豪雨のため狭い谷または砂漠性の斜面などを猛烈な勢いで流れて来る水》.

flásh-fórward *n.*〘映画・テレビ・文学〙フラッシュフォワード《未来の出来事を物語の進行中に組み入れて現出させるモンタージュ手法の一つ; cf. flashback 1 a》; その場面.

flásh·gùn *n.*〘写真〙フラッシュガン《カメラのシャッターに連動してフラッシュバルブを発光させる装置》.

flásh·i·ly [-ʃɪli, -ʃə- | -lɪ] *adv.* **1** ひらめいて, 一瞬きらめいて. **2** いやに派手に, けばけばしく: be ~ dressed いやに派手に着飾っている.

flásh·ing *n.* **1** (下水掃除用などの水を奔流させるための)堰(せき)止め. **2**〘建築〙雨押え, 水切り, 水返し《屋根の谷または屋根と壁の接触面など雨の漏りやすい所をおおう金属板》. **3**〘写真〙閃光(せんこう), 閃発(作用)《印画のプリント露光と別に, 一部分に一様な光を作用させて濃度を高め軟調にする方法》. **4**〘ガラス製造〙色きせ, かぶせ《無色ガラスの表面に色ガラスの薄層をかぶせること》. **—** *adj.* きらめく, きらきら[ぎらぎら]輝く: with ~ eyes 目をぎらつかせて / a ~ lantern (夜間用)発光信号灯 / a ~ light (明滅する)閃光.

fláshing pòint *n.*〘物理化学〙= flash point 1.

flásh làmp *n.*〘写真〙閃光ランプ, フラッシュランプ, 閃光電球 (flash bulb).

flásh·lìght *n.* **1 a** 閃光: signaling by ~ 閃光信号. **b**〘写真〙フラッシュライト《写真撮影用閃光》; 閃光撮影写真. **2 a** 閃光灯. **b** (灯台の)明滅光, 回転灯《revolving light ともいう》. **3**《米》懐中電灯 (《英》 (electric) torch).

flásh·òver *n.* **1**〘電気〙フラッシュオーバー, 閃絡《碍子や整流子の表面に沿って電気火花でつながり, 短絡状態となること》. **2** フラッシュオーバー, 爆燃現象. **—** *vi.* フラッシュオーバーする.

flásh photógraphy *n.* 閃光撮影写真(術).

flásh photólysis *n.*〘化学〙閃光光分解.

flásh pìcture *n.* フラッシュを使って写した写真.

flásh pòint *n.* **1**〘物理化学〙引火点《引火が起こる程度に蒸気を発生する最低の温度; flashing point ともいう》. **2** (物事の勃発する)引火点, 発火点; (怒りの)爆発点.

flásh tèst *n.* 引火点試験.

flásh·tùbe *n.*〘写真〙(写真撮影用)閃光放電管, ストロボ (strobe).

flásh wèlding *n.*〘金属加工〙フラッシュ溶接, 火花(突合せ)溶接.

flash·y [flǽʃi | -ʃɪ] 〘(1583)〙 **—** *adj.* (**flash·i·er**; **-i·est**) **1** 一時的にはなやかな, 線香花火のような: a ~ display. **2** 見かけはすてきな; 俗悪で派手な, 見かけ倒しの; 安ぴかの, けばけばしい (gaudy, showy): ~ jewelry, clothes, cars, etc. / ~ rhetoric 大げさ[派手]な言いまわし. **3** 火のような, 激しい, 衝動的な (impetuous): a ~ temper. **4**《方言》水っぽい, 味のない, 気のぬけた (insipid). **flásh·i·ness** *n.*

flask [flǽ(ː)sk | flɑ́ːsk] 〘(1355–56) □ (O)F *flasque* // ML *flasca* ← ? Gmc **flaska-* ∽ OE *flasce, flaxe* bottle: cf. It. *fiasco* / G *Flasche*〙 **—** *n.* **1 a** (ガラス・金属・皮製の)フラスコ, 筒形びん《とっくり状の栓付きの容器》. **b** (先込め銃のための角・金属または皮製の)火薬入れ[筒] (powder flask). **c** (酒類を入れる平たい)携帯用びん: a whiskey ~ / a pocket ~ (ウイスキーなどの)ポケットびん. **d** 水銀輸送用の鉄製容器《76 ポンド入り》. **e** (実験室用の)フラスコ. **2**〘金属加工〙(鋳物の)型枠(かたわく).

flask·et [flǽskɪt, -kət | flɑ́ːs-] 〘(1299) □ OF *flasquet* small flask ← *flasque* (↑): ⇨ -et〙 **—** *n.* **1** 小型フラスコ. **2**《英方言・古》(両方に取っ手の付いた横長の底の浅い)洗濯物入れかご.

flat[1] [flǽt] 〘(? *c*1300) □ ON *flat-r* < Gmc **flataz* (OHG *flaʒ*) ← IE **plat-* (Gk *platús*): ⇨ place[1]〙 **—** *adj.* (**flat·ter**; **flat·test**) **1 a** 平らな, 平たい, 水平な: a ~ floor [surface] 平らな床[表面] / a ~ land 平地 / ⇨ flat roof. **b** 平べったい, 扁平な; 平坦な, でこぼこのない (level, even): a ~ face [nose] 平べったい顔[鼻] / a ~ plate [dish, pan] 平べったい皿[鉢, なべ] / ⇨ flatfoot. **c** 〈手など〉平らに伸ばした, 広げられた: the ~ hand 平手 / a ~ map (巻かないで)広げた地図.
2 [Predicative に用いて] **a** 大の字なりに伏して, 平伏した (prostrate); べったり横たわった; ばったり(倒れた): The storm left the wheat ~. 嵐が小麦をなぎ倒した / knock a person ~ 打ちのめす / lie ~ on the ground 地上にばったり横たわる / fall ~ on one's face ばったりうつ伏せに倒れる. **b** 〈建物など〉倒壊して; くずれて: lay a city ~ (地震・爆撃などで)都市を(ぺしゃんこに)倒壊させる. **c** (ある面に)べったりくっついた: The picture hangs ~ against the wall. 絵が壁にくっついてかかっている. **3 a** 〈靴のかかとが〉低くて広い. **b** 〈靴が〉かかとの「低い[ない]. **4** 全くの, きっぱりした: give a ~ denial [refusal] 全然[真向から, きっぱりと, にべもなく]否定[拒絶]する / ~ lunacy 全くの狂気 / That's ~. 断然そうだ.
5 a 均一の, 一律の, 変化のない (uniform): a ~ price

均一値段 / a ~ rate of 3% 3パーセントの均一率 / a ~ rate 均一料金 / give everyone the ~ sum of 1,000 dollars 一律に1000ドルずつ全員に与える. **b** きっかりの, 半端(はした)のない (exact): in a ~ 10 seconds 10秒フラット[きっかり]で.
6 a 元気のない, 精彩を欠いた; 意気消沈した, ふさぎこんだ. **b** 平凡な, 無味乾燥な, 単調な, 退屈な; 〈言葉・冗談など〉おもしろくない, つぼのはずれた; 味のない; 気の抜けた: a ~ lecture 無味乾燥な講義 / The joke fell ~. 冗談が冗談にならなかった / How weary, stale, ~, and unprofitable, seem to me all the uses of this world! この世の営みがなんと飽き飽きし, おもしろくなく, つまらなく, 無意味のように思えるのだろう (Shak., *Hamlet* 1. 2. 133). **c** まぬけの, 愚鈍な: He was dull and ~. 彼はぼんやりでまぬけだった. **d** 味のない, まずい: The soup is too ~. そのスープはとてもまずい. **e** 〈発泡性飲料が〉泡の立たない, 気の抜けた (insipid): ~ wine / This beer is ~ to the taste. このビールは気が抜けている. **f** 〈空気タイヤが〉空気の抜けた, ぺしゃんこの: feel a tire go ~ (走行中に)タイヤのパンクをしたのがわかる / ⇨ flat tire. **g** 〈蓄電池が〉電気を出さなくなって.
7 a 〈市場など〉不振の, 不活発な, 不況の (inactive, dull): a ~ market 軟調の市況 / a ~ period 低滞期 / a ~ month 不況の月 / The industrial output was ~ during the summer months. 工業生産高は夏季数か月の間不振だった. **b** 〖証券〗(債券の売買で)利含み値段で[の].
8 《米口語》金のない, 無一文の.
9 〈音・声など〉平板な, 味のない.
10 a 〈色合いなど〉一様な, 明暗のない (uniform): color the walls a ~ tint 壁一面一色に塗る. **b** 〖絵画〗〈絵が〉単調な, 深み[厚み]のない. **c** 〈塗料など〉光沢のない, つや消しの (mat).
11 〖写真〗(影が濃く出ず)コントラストのない, 明暗がはっきりしない, 平調の, フラットな.
12 〖音楽〗変(音)の, 半音低下の (記号♭) (cf. sharp 12 a); 〈音程が〉短… (minor), 減… (diminished): B ~ 変ロ音 / a ~ third 短三度音程.
13 〖音声〗〈a の文字が〉[æ] と発音される (cf. broad 7 a).
14 〖文法〗(品詞を特徴づける)語尾変化のない《例えば breathe *deep* や *sister* ships などのように形容詞や名詞などがそのままの形で副詞や形容詞などに用いられる場合》: a ~ adverb 単純形副詞《-ly の付かない形容詞形のままの副詞》.
15 〖海事〗(縦帆の帆脚索(ほあしづな)を十分に引いて帆面を)ぴんと張った: ~ aft 縦帆をいっぱいに張り込んで平らにした.
16 〖物理〗(一定の周波数範囲内で)〈伝送特性が〉一様な.
17 〖テニス〗〈ボールが〉フラットで打たれた[打った]《スピンをかけずにラケットをボールに直角に当てる》.
fall flat (1) うまく行かない, 失敗する (fail): Our plans *fell* ~. 計画は失敗した. (2) ⇨ *adj.* 2 a. (3) ⇨ *adj.* 6 b. ***flat on one's back*** ⇨ on one's BACK.
— *adv.* **1** きっかり, ちょうど (exactly): at ten seconds = ten seconds ~ きっかり10秒, 10秒フラット. **2** 《口語》全く, すっかり: ~ aback すっかり度肝を抜かれて / be ~ broke すっかり文無しである. **3** そっけなく, きっぱりと, 断然: go ~ against orders 全然命令にそむく / I tell you ~. 君にきっぱり言っておく. **4** 〖音楽〗半音低く: sing ~ 調子を下げて(半音低く)歌う. **5** 〖金融〗無利子勘定で: be sold ~. **6** 〖海事〗帆面をぴんと張って: brace a yard ~ aback 裏帆となるように帆桁(ほげた)を回す.
flat out (1) 全速力で. (2) 全力[資力]を使って. (3) 《方言》率直に, ざっくばらんに (openly).
— *n.* **1** 平たい面, 平たい部分, (…の)ひら: the ~ of a sword [blade] 剣[刃]のひら / the ~ of the hand てのひら. **2** 平面図: represent an object in the ~ 物を平面図に描く. **3 a** [しばしば *pl.*] 平地, 平原; 平瀬《潮の満干によって隠れたり現われたりする比較的広い平らな浅瀬》; 低湿地 (marsh). **b** 〖鉱山〗水平層, 水平鉱床. **4 a** 平べったいもの. **b** (内陸用の)平底船. **c** (底の浅い)平かご. **d** (苗木を育てる)平箱. **e** (婦人用)偏平形の麦わら帽. **f** [しばしば *pl.*] ヒールの低い[ない]婦人靴. **g** 〖建築〗陸(ろく)屋根, 平屋根 (flat roof). **h** 〖海事〗(艦長室・士官室から出られる)台甲板, フラット (level deck). **i** 〖鉄道〗= flatcar. **5** 《口語》空気の抜けた[パンクした](自動車の)タイヤ: I've got a ~. パンクした. **6** 《俗》(人にかつがれやすい)ばか, うすのろ, 間抜け (dupe, duffer). **7** (子供向けの)薄い大型(判)本. **8** [*pl.*] 〖製紙〗平判《折りたたんでないシート仕上げの紙; 平滑な紙面の筆記用紙》. **9** 〖音楽〗フラット, 半音低めた音; (半音低める)変音記号 (♭) (cf. sharp 4): ⇨ SHARPS and flats. **10** 〖劇場〗フラット, 枠張物《背景を構成する一部分で, 左右から押し出す「押出し」, 下から上げる「せり出し」, 上からおろす「落とし」など》: a booked ~ 2枚のフラットを蝶番(ちょうつがい)で連結したもの《two-fold ともいう》/ a French ~ フレンチフラット《数枚のフラットを桟木に打ちつけて繋いだもの》/ ⇨ *join the* FLATS. **11** 〖光学〗= optical flat. **12** 〖金属加工〗平鋼, 平鉄棒《断面が長方形の圧延された棒鋼》. **13** 〖紡織〗(紡績機械用の)針布(しんぷ)でおおわれた一組の細長い小板の1枚. **14** 〖写真〗フラット, 平調《印画の調子が濃淡に乏しく全体が一様な調子のもの》. **15** 〖アメリカンフットボール〗= flat pass. **16** [*pl.*] 《口語》〖陸上競技・競馬〗flat race用のトラック; flat race のシーズン. **17** 〖アイススケート〗フラット《シングルエッジで走るべきカーブをスケートの両刃を使って上方へ背のびするような滑り; double edge ともいう》.
join the flats 〖舞台のフラットを繋ぎ合わせることから〗つじつまを合わせる, 筋を通す. ***on*** [***in***] ***the flat*** 紙[画布]に, 絵にして.
— *vt.* (**flat·ted; flat·ting**) **1** 《古》平らにする (flatten). **2** 《米》〖音楽〗〈調子を〉半音下げる. **3** 〖写真〗〈表面を〉艶消しにする. — *vi.* **1** 《廃》平らになる. **2** 〖音楽〗半音下がる.
flat in 〖海事〗後部縦帆を中央へ引き込む. ***flat out*** 《米》次第に薄れる; 最初の期待に反して失敗に終わる, 竜頭蛇尾に終わる.

flat² [flǽt] 《(1801)《変形》← 《スコット》*flet* inner part of a house < OE *flet* floor, house, hall < Gmc **flatjam* ← **flataz* (↑)》 — *n.* **1** 《英》**a** フラット (《米》apartment)《同一階の数室を一家族が住めるように設備した住居》. **b** [*pl.*] フラット式共同住宅 (block [building] of flats). **2** (家屋の)床(floor), 階, 層(story). — *vi.* 《豪口語》〔人と〕フラットに住む〔*with*〕.

flát árch *n.* 〖建築〗平アーチ, フラットアーチ, 陸(ろく)アーチ (⇨ arch¹ 挿絵).
flát bàck *n.* 〖製本〗角背《丸味出しをしていない, 平らで直角な書物の背》; 角背本; 角背装(丁).
flát·bèd *adj.* 〖印刷〗平台の《平らな版を使った》. — *n.* 〖印刷〗平台印刷機.
flát·bòat *n.* (広幅の)平底船《主に浅水用の運搬船》. — *vi.* 平底船の仕事をする. — *vt.* 平底船で運搬する.
flát-bóttomed *adj.* 〈船が〉平底の.
flát·brèad 《(なぞり) ← Norw. *flatbrød* (↓)》 — *n.* フラットブレッド《ライ麦・大麦などとマッシュポテトで作ったウェーファー状の薄いパン; 特にノルウェーで広く食される; flatbrod ともいう》.
flat·brod [flǽtbròud | -bràud] 《《変形》← Norw. *flatbrød*: ⇨ flat¹, bread》 *n.* = flatbread.
flát bùg *n.* 〖昆虫〗ヒラタカメムシ科の昆虫の総称.
flát·càp *n.* 《古》**1** フラットキャップ《16–17世紀にイングランドで着用した山の低い様々なタイプのキャップ》. **2** フラットキャップをかぶっている人; (特に) London 市民.
flát cáp *n.* フラットキャップ《筆記用紙の寸法の一つ; 17×14 インチ》.

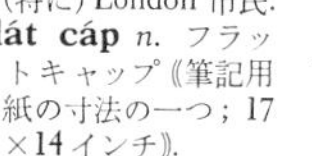

flatcaps 1

flát·càr *n.* 《米》〖鉄道〗長物車 (platform car)《無蓋(むがい)無側の貨車, 長い貨物を積むためのもの》.
flát-chésted *adj.* 〈女性が〉胸の平たい[偏平な].
flát chísel *n.* 平鑿(のみ), 平のみ.
flát-còated retríever *n.* フラットコーテッドレトリーバー《英国で作出された, 毛のぴったりねている水中作業にすぐれた犬種のイヌ》.
flát cút *n.* 〖木工〗(木材の)縦挽き.
flát-féll séam *n.* 〖服飾〗ふせ縫い《2度縫いによって裁ち切り端をかくす縫い方; cf. seam 1 a》.
flát·fish *n.* 〖魚類〗**1** カレイ目の魚類の総称《halibut, flounder, turbot, sole など》. **2** = gizzard shad.
flát·fóot *n.* (*pl.* **-feet**) **1** 〖病理〗扁平足. **2** [ˊ-ˋ] (また *pl.* **~s**) 《俗》巡査, 警官 (policeman); 私服(刑事, 警官). **3** [ˊ-ˋ] 《俗》水夫 (sailor). — *vi.* (扁平足の人のように)足を引きずって歩く.
flát-fóoted *adj.* **1** 扁平足の; (扁平足の人のように)足を引きずって歩く. **2** 《口語》重々しい (ponderous); ぎごちない, へまな; まぬけな. **3** 《口語》**a** 足のしっかりした: a ~ stance しっかりした足構え. **b** 非妥協的な, 決然たる, きっぱりした: give a person a ~ refusal 人に対して断固として拒絶する.
catch a person flat-footed 〈人〉に不意打ちを食らわす; 〈人を〉現行犯で捕える.
— *adv.* 非妥協的に, きっぱりと (flatly).
~·ly *adv.* **~·ness** *n.*
flát-fòur *adj.* 〖機械〗〈エンジンが〉水平対向四気筒の《クランクシャフトをはさんで両側に二つずつのシリンダーが並んでいるエンジン型式についていう》.
flát gláss *n.* 板ガラス.
flát gráin *n.* 〖木工〗板目《板の木目が平行に通っていないもの; 木目が山形や波形をしているもの; cf. edge grain, straight grain》.
flát-gráined *adj.* 〖木工〗板目の.
flát-hàt 〖歩行者の帽子をつぶすほどに低空を飛ぶというたとえから〗 — *vi.* **1** (ばかげた)冒険低空飛行をする. **2** 見せびらかす. **flát-hàtter** *n.*
flát·hèad *n.* **1 a** 〖動物〗ハナダカヘビ (hognose snake). **b** 〖魚類〗コチ《コチ科の魚類の総称》. **c** 〖魚類〗= flathead catfish. **2** [F-] 〖頭部を平らに変形させるくせのあるところから〗**a** 米国の Chinook, Salish, Chocktaw, Waxhaw の諸族に対する別名. **b** = Chinook 1 a. **3** 《俗》まぬけ, とんま (simpleton). — *adj.* = flatheaded: a ~ screw.
fláthead cátfish [cát] *n.* 〖魚類〗米国の淡水にすむナマズ目イクタルルス科の魚の一種 (*Pylodictis olivaris*)《goujon, mud cat 1 ともいう》.
flát·hèaded *adj.* 頭の平たい, 頭部の平らな: a ~ nail, bolt, etc. / ~ snakes.
flátheaded ápple trèe bòrer *n.* 〖昆虫〗= apple tree borer a.
flátheaded bórer *n.* 〖昆虫〗タマムシ科の甲虫の幼虫の総称《flathead borer, hammerhead ともいう》.
flát·iron *n.* アイロン, 火のし, こて (cf. box iron, sadiron).
flát-jóint pòinting *n.* 〖石工〗平目地(ひらめじ)《壁面と同一面に仕上げた石細工の継ぎ目》.
flát kéel *n.* 〖造船〗平板キール《外板より厚い鋼を用いた平板形のキール; flat-plate keel ともいう》.
flát kéy *n.* 平キー《軸にキーの幅だけ平らに削った座を作ったキー》.
flát-knít *adj.* 〈編物が〉平らに編まれた (cf. circular-knit).
flát knòt *n.* こま結び (reef knot).
flát·lànd *n.* **1 a** 平地. **b** [通例 *pl.*] 平地地方. **2** 二次元空間. **flát·lànd·er** *n.*
flat·let [flǽtlɪt, -lət] *n.* 《英》**1** 小フラット (small flat)《2–3部屋のアパート》. **2** 《口語》フラットレット《浴室と小型台所付きの寝室居間兼用一間のアパート; bed-sitter ともいう》.
flat·ling [flǽtlɪŋ] 《(15C) ← FLAT¹ + -LING²》 — *adv.* (*also* **flat·lings** [-lɪŋz]) **1** 《英方言》平らに, 大の字に; (刀剣などの)ひらで. **2** きっぱり, 断然(flatly). — *adj.* 《廃》〈刀剣が〉ひらの: a ~ blow (刀の)ひら打ち.
flát·ly 《(15C)》 — *adv.* **1** 平らに, 水平に (horizontally); 平坦に (evenly). **2** 平たく, 扁平に; ぴたりと, 大の字なりに. **3** 一も二もなく, きっぱり, 有無を言わせず: refuse a request ~ 要求をにべもなく拒絶する / He tells me ~ there is no mercy for me in heaven. 私には天国の慈悲はないと彼はあけすけに言うんです. **4** 平板に, 単調に; 興味[活気]なく, 不活発に.
flát·ness 《(15C)》 *n.* **1** 平坦, 平滑. **2** 平凡, 無味, 単調. **3** きっぱりした態度, 明白さ. **4** 音の低下. **5** 不況, 不景気. **6** 〖統計〗平らさ.
flát-nósed *adj.* 鼻の平たい, しし鼻の.
flát-òut *adj.* **1** 《方言》あけすけな, 率直な (open): a ~ lie 全くのうそ. **2** 全速力の; 懸命の: a ~ run 全力疾走. — *n.* 《米》失敗 (failure).
flát pálm *n.* 〖植物〗= feather palm.
flát páss *n.* 〖アメリカンフットボール〗フラットパス《ボールを敵のサイドラインに向けて地面すれすれに投げるパス》.
flát-plàte kéel *n.* 《英》〖造船〗= flat keel.
flát ràce *n.* **1** 〖陸上競技〗(障害物のない)平地競走 (cf. hurdle race). **2** 〖競馬〗(スピードを競う)平地のレース (cf. steeplechase 1 a).
flát ràte *n.* **1** 《英》単一従量制料金《使用量に比例する電力料金》. **2** 定額制料金《使用量と無関係で一定な電力料金》.
flát róof *n.* 〖建築〗陸(ろく)屋根, 平屋根.
flát-róofed *adj.* 〖建築〗陸(ろく)屋根の, 平屋根の.
flát sìlver *n.* 《米》(食卓用)銀食器類 (flatware).
flát-sláb constrùction *n.* 〖建築〗フラットスラブ構造, 無梁板(むりょうばん)構造《梁(はり)を用いず, 柱頭つきの柱で支えられる鉄筋コンクリートの床構造》.
flát sòur *n.* **1** フラットサワー《罐詰食品の密閉後に起こる発酵作用》. **2** 発酵した罐詰食品.
flát spín *n.* **1** 〖航空〗(飛行機の)水平錐(きり)もみ. **2** 《口語》精神的混乱状態: be in a ~ 周章狼狽する, 混乱状態になる.
flat·ten [flǽtn] *vt.* **1** 平らにする, 平たくする, 平らに伸ばす ‹*out*›: ~ a lawn 芝生を平らにならす / ~ crumpled paper 揉(も)みくしゃになった紙を伸ばす / ~ (*out*) a piece of metal by hammering it 金属片を打ち伸ばす. **2 a** ぱったり倒す (throw down), へたばらせる (prostrate): a field of wheat ~*ed* by a rainstorm 暴風雨になぎ倒された小麦畠. **b** 気力をそぐ (depress, disconcert): She is ~*ed* by grief. 悲しみに打ちひしがれている. **c** 破産させる: Many firms were ~*ed* by the oil crisis. オイルショックでたくさんの会社が倒産した. **d** 《俗》〖ボクシング〗〈相手を〉ノックアウトする, のばす, マットに沈める. **e** 殺す (kill). **3** 〈色調などを〉光沢のないようにする, つや消しにする. **4** 《古》平板[単調]化する, 無味にする. **5** 《英》〖音楽〗〈音調を〉下げる, 半音下げる (flat). **6** 〖金属加工〗= planish 1. — *vi.* **1** 平らになる, 平たくなる. **2** 伸びる; へたばる, 元気がなくなる. **3** 味がなくなる, 気が抜ける. **4 a** 〈声などが〉平板[単調]になる; 鈍る. **b** 〈演技力・物価などが〉安定してくる, 落ち着く, むらがなくなる ‹*out*›.
flatten in 〖海事〗(回頭力を増すため)〈後部帆〉の下端を船の中央に引き締める. ***flatten out*** (*vt.*) ⇨ *vt.* 1. (*vi.*) (1) 〖航空〗上昇または急降下中の機体を水平飛行姿勢に直す; 〈飛行機が〉水平飛行姿勢をとる. (2) ⇨ *vi.* 4 b.
flát·ten·er [-tnə, -tnə | -tnə(r, -tnə(r] *n.* 平らに伸ばす人[物].
flát·ten·ing [-tnɪŋ, -tn- | -tn-, -tn-] *n.* 〖金属加工〗ならし加工, 展伸加工.
flát·ter¹ [-tə | -tə(r] *n.* **1** (金工用)ならし槌(つち), 平へし. **2** 引抜き板《平たい金属片を孔から引き抜いてその大きさを整える》.
flat·ter² [flǽtə | -tə(r] 《(?a1200) *flatere(n)* ⊏ OF *flater* (F *flatter*) to smooth, touch gently ← Gmc **flat-* 'FLAT¹'》 — *vt.* **1** …にこびへつらう, おもねる. **2** お世辞にほめる, …にうれしがらせを言う, ごまをする, うぬぼれさせる, 得意がらせる: Oh, you ~ me. それはお世辞でしょう, いやに持ち上げすぎですね / They ~*ed* him by asking him to assume the post. 彼にその職に就いてほしいと言って満更でもない気分を味わわせた / I felt ~*ed* by an invitation. 招待を受けて得意になった. **3** [~ *oneself* で, しばしば *that*-clause

を伴って〉〈...という〉当てにならない希望をいだく, 勝手に[心ひそかに]〈...と〉思い込む; 〈...と〉うぬぼれる: I rather ~ *myself that* I am no fool. はばかりながらこれでもばかではないつもりだ / You ~ *yourself* if you think he is not after your fortune. 彼が君の財産を狙ってなどいないと思ったら大変な見込み違いだ. **4 a** 〈写真・肖像画などが〉実物以上によく見せる; 〈肖像画家が〉実物以上に美しく描く: This picture ~*s* her. この写真には彼女は実物以上に写っている. **b** 〈衣装・照明などが〉引き立たせる: The soft light ~*ed* her face. 柔らかい照明で彼女の顔が引き立って見えた. **5** 〈感覚・官能などを〉満足させる, 楽しませる (gratify): ~ the eye [ear] / The gentle breeze ~*ed* my skin. そっと吹きつけて来るそよ風が肌に快く感ぜられた. — *vi.* お世辞を使う, おべっかを言う.

flát·ter·er [-tərə | -tərə(r] 〖ME〗 *n.* へつらう人, おべっか使い.

flát·ter·ing [-t(ə)rɪŋ | -tər-] *adj.* **1** へつらいの, お世辞の (adulatory): a man with a ~ tongue おべっかを言う人. **2** 実際の価値以上によく言う, 実物以上によく見せる; 引き立たせる: a ~ review [biography] 追従的書評[伝記] / a ~ likeness 実物以上によく描いてある肖像画 / one's ~ dress よく引立つドレス. **3** うれしがらせの, 自分に都合のよい; 快い, 満更でもない (pleasing): ~ unction 気休め (Shak., *Hamlet* 3. 4. 145) / It is ~ to be remembered. 人に覚えてもらっているということは快いものだ. **~·ly** *adv.*

flat·ter·y [flǽtəri | -təri] 〖(c1330) *flaterie* ⊏ OF (F *flatterie*) ← *flatere* flatterer ← *flater* 'to FLATTER²'〗 — *n.* **1** へつらい, おべっか, 追従(ついしょう) (adulation). **2** お世辞, 甘言: be hoodwinked by ~ お世辞[甘言]に乗せられる. **3** 《廃》身勝手な思い違い, 甘い考え.

flat·tie [flǽti | -tɪ] 〖⇨ flat¹, -ie〗 — *n.* **1** 〖海事〗(Chesapeake Bay に発達した)三角帆を付けた1本マスト (sloop rig) の長い平底帆船. **2** 《口語》ローヒールの[かかとの低い]靴. **3** 《俗》=flatfoot 2.

flát·ting [-tɪŋ | -tɪŋ] *n.* **1** 〖金属加工〗=flattening. **2** (ペンキの)艶消し塗り; (めっき面の)艶消し仕上げ.

flátting mìll *n.* (板金の)平延べ機.

flát tíre *n.* **1** パンクしたタイヤ, 空気が抜けて平たくなったタイヤ: He had a ~. 車がパンクした. **2** 《米俗》退屈なおもしろみのない人; もてない女.

flát·tish [-tɪʃ | -tɪʃ] *adj.* **1** やや平らな, やや平たい: a ~ nose. **2** やや平板[単調]な.

flát·tòp *n.* **1 a** 上部が平たい物. **b** 平屋根の建物. **2** 《米俗》航空母艦, 空母. **3** 《俗》=crew cut.

fláttop anténna *n.* 〖電気〗平頂空中線《頂上が平らなアンテナ》.

flát túning *n.* 〖テレビ・ラジオ〗鈍同調 (cf. sharp tuning).

flat·u·lence [flǽtʃuləns | -tju-, -tʃu-] 〖(1711) ⊏ F ~: ⇨ flatulent, -ence〗 *n.* **1** (胃腸内に)ガスがたまること, 腹の張り, 鼓腸, 鼓脹. **2** 空虚, 慢心, 虚勢.

flát·u·len·cy [-lənsi | -sɪ] *n.* =flatulence.

flat·u·lent [flǽtʃulənt | -tju-, -tʃu-] 〖(1599) ⊏ F ~ ← NL *flātulentus* ← L *flātus* a blowing ← *flāre* (↓): ⇨ -ent〗 — *adj.* **1** 鼓腸[鼓脹]の, 鼓腸性の: ~ colic 〖病理〗鼓腸. **2** 〈食物が〉(胃腸内に)ガスを生じやすい: ~ food. **3** 〈人が〉鼓腸に悩んでいる, ガスで腹が張った. **4 a** 空虚な, うぬぼれた, 慢心しきった (windy, empty): a ~ speaker ほら吹き / be ~ *with* self-praise (自分で偉いものだと)うぬぼれ切っている. **b** 〈文体など〉誇張した, もったいぶった (turgid): a ~ style 仰々しい文体. **~·ly** *adv.*

fla·tus [fléɪtəs | -təs] 〖⊏ L *flātus* (*ventris*) blowing (of the stomach), a puff of wind (p.p.) ← *flāre* 'to BLOW¹'〗 — *n.* **1** 一吹き[一陣]の風. **2** 〖病理〗胃腸内にたまるガス, 鼓腸, 鼓脹; 放屁(ほうひ).

flát·wàre *n.* [集合的] **1** 平皿類《plates, platters, saucers などの総称; cf. hollow ware》. **2** 《米》食器類《knives, forks, spoons など; cf. flat silver》.

flát wàsh *n.* =flatwork.

flát·wàys *adv.* =flatwise.

flát·wìse *adv.* 平らに, 平面に, 平たく.

flát·wòrk *n.* [集合的] 簡単にアイロンがかけられる衣料品《シーツ・タオル・テーブルクロスなど》.

flátwork íroner *n.* 〖機械〗=mangle².

flát·wòrm *n.* 〖動物〗扁形動物《扁形動物門の虫の総称》; (特に)ウズムシ綱 (Turbellaria) の動物の総称.

Flau·bert [floubéə | fləubeə; *F.* flobɛ:r], **Gustave** *n.* フロベール《1821–80; フランスの小説家; *Madame Bovary*「ボバリー夫人」(1857), *L'Éducation sentimentale*「感情教育」(1869)》.

flaunch [flɔ́:ntʃ, flɑ́:ntʃ | flɔ́:ntʃ] *n.* 〖紋章〗=flanch.

flaunche [flɔ́:nʃ, flɑ́:nʃ | flɔ́:nʃ] 〖⇨ flanch〗 *n.* 〖紋章〗盾の chief corner (上部の隅)から base (下部)へかけての円弧《必ず対で使用される; ⇨ heraldry 挿絵 D》.

flaunched 〖《異形》← *flanched*: ⇨ flanch, -ed 2〗 *adj.* 〖紋章〗flaunche 形の.

flaunt [flɔ́:nt, flɑ́:nt | flɔ́:nt] 〖(1566) ← ? 《方言》*flant* to gad about (in finery) ← ON: cf. Norw. *flanta* (< *flana* to roam) / Gk *plánē* roaming (⇨ planet¹)〗 — *vi.* **1** 〈美しい羽毛・旗などが〉はたはた[ひらひら]と(風に)翻る: Banners ~ in the wind. 旗が風にひらめく. **2** (はでな服装などをして)得々と練り歩く, 誇示する, でしゃばる: Overdressed women ~ through the streets. はでに着飾った婦人たちが街路を練り歩く. — *vt.* **1** 〈旗などを〉揚々と翻す, (得意気に)振り回す (flourish). **2** これ見よがしに誇示する, 見せびらかす (show off): ~ one's new clothes. **3** 《米》侮る (flout): ~ the rules. — *n.* **1** 見せびらかし, 誇示 (display, parade). **2** 《廃》見せびらかしの物, 誇示物.

fláunt·er [-tə | -tə(r] *n.* 見せびらかす人, 誇示する人.

fláunt·ing [-tɪŋ | -tɪŋ] *adj.* **1** はたはたと(風に)翻る. **2** これ見よがしの, 見せびらかしの, きらびやかな (ostentatious). **~·ly** *adv.*

flaunt·y [flɔ́:nti, flɑ́:n- | flɔ́:ntɪ] *adj.* (**flaunt·i·er; -i·est**) **1** 〈人が〉外見を飾る, はでな, 見栄を張る (ostentatious). **2** 〈物が〉けばけばしい (showy, gaudy).

flauti *n.* flauto の複数形.

flaut·ist [flɔ́:tɪst, fláu-, -təst | flɔ́:tɪst] 〖(1860) ⊏ It. *flautista* ← *flauto* flute: ⇨ ↓, -ist〗 *n.* =flutist.

flau·to [fláutou | -təu; *It.* fláuto] 〖⊏ It. ~ < LL *flautam* 'FLUTE'〗 *n.* (*pl.* **flau·ti** [-ti:; *It.* -ti]) =flute.

fláuto tra·vér·so [-trɑ:véəsou | -véəsəu; *It.* -travérso] *n.* フラウト トラヴェルソ (transverse flute)《横笛のフルート; cf. recorder 3》.

flav- [fleɪv, flæv] (母音の前に来る時の)flavo- の異形.

fla·va·none [fléɪvənòun | -nəun] 〖← FLAVO-+-ANE²+-ONE〗 *n.* 〖化学〗フラバノン ($C_{15}H_{12}O_2$)《無色の結晶; flavone の製造に用いる》.

fla·ves·cent [fləvésnt] 〖⊏ L *flāvescent-em* ← *flāvus* yellow: ⇨ -escent〗 *adj.* 黄ばんでくる, 黄色を帯びた, 黄色がかった (yellowish).

Fla·vi·a [fléɪviə | -vjə, -vɪə] 〖← L *Flāvius* ← ? *flāvus* (↑)〗 *n.* 女性名. ★ ブロンドに多い名.

Fla·vi·an [fléɪviən | -vjən, -vɪən] 〖(masc.) ↑〗 *n.* 男性名.

fla·vin [fléɪvɪn, flǽv-, -vən | -vɪn] 〖← L *flāvus* yellow+-IN¹〗 — *n.* (*also* **fla·vine** [-vi:n]) **1** 〖生化学〗フラビン ($C_{17}H_{20}N_4O_6$)《動植物組織の中に広く分布している黄色色素で, ビタミン B_2 そのもの; 防腐剤・黄色染料; riboflavin ともいう》. **2** 〖化学〗=quercetin.

flávin ádenine dinúcleotide *n.* 〖化学〗フラビン アデニン ジヌクレオチド ($C_{27}H_{33}N_9O_{15}P_2$)《フラビン酵素に属する酵素の補欠分子族の一種; 略 FAD》.

flávin mononúcleotide *n.* 〖化学〗フラビンモノヌクレオチド ($C_{17}H_{21}N_4O_9P$)《リボフラビンのリン酸エステル; フラビン酵素の補酵素分子; 略 FMN》.

Fla·vi·us [fléɪviəs | -vjəs, -vɪəs] 〖⊏ L *Flāvius* (ローマの家族名): cf. L *flāvus* (↓)〗 *n.* 男性名.

fla·vo- [fléɪvou, flǽv- | -vəu] 〖← L *flāvus*〗「黄色の (yellow); フラビン (flavin) の」の意の連結形. ★ 母音の前では通例 flav- になる.

flàvo·kínase 〖⇨ ↑, kinase〗 *n.* 〖生化学〗フラボキナーゼ《リボフラビンをリン酸化する酵素》.

fla·vone [fléɪvoun, flǽv-, ―́― | fléɪvəun, flǽv-] 〖← FLAVO-+-ONE〗 — *n.* 〖化学〗 **1** フラボン ($C_{15}H_{10}O_2$)《ケルセチンなど各種黄色植物色素の基本物質である無色の有機化合物》. **2** フラボン誘導体.

fla·vo·noid [fléɪvənɔ̀ɪd, flǽv-] 〖⇨ ↑, -oid〗 *n.* 〖化学〗フラボノイド《flavone 系色素, 黄色植物色素》.

fla·vo·nol [fléɪvənɔ̀(:)l, flǽv-, -nòul | -nɔ̀l] 〖↑, -ol¹〗 *n.* 〖化学〗フラボノール ($C_{15}H_9O_2(OH)$)《3 位に水酸基をもつフラボン誘導体の総称》.

flàvo·prótein *n.* 〖生化学〗黄色(酸化)酵素《riboflavin と蛋白質との結合した酵素; 細胞中での酸化反応を促進する》.

flàvo·púrpurin *n.* 〖化学〗黄色プルプリン ($C_{14}H_8O_5$)《黄色結晶質; purpurin と同質異性体の染料》.

fla·vor, 《英》**fla·vour** [fléɪvə | -və(r] 〖(?c1380) *flavo(u)r* smell ⊏ OF *flaor* (F *fleurer*) < ? VL **flātōrem* 《混成》← L *flātus* (← *flāre* 'to BLOW¹')+*foetor* foul odor: 英語の -v- は *savor* の影響〗 — *n.* **1 a** (独特の)味, 風味 (taste); 香味 (relish); 風味[香味]のある物: sweets with different ~*s* いろいろの味の糖菓. **b** 風味を与えるもの, 薬味, 香辛料. **c** (通例余り望ましくない物の)僅かの加味. **2** 味わい, 趣, ゆかしさ, 雅致, 風韻; (ものの)特徴, 特質: the ~ of foreign letters 外国文学の味わい / a phrase with a literary ~ 文学的な味わいのある言い回し / the ~ of Socratic irony ソクラテス的皮肉の味 / There is a Hemingway ~ about his novels. 彼の小説にはヘミングウェイ風の所がある. **3** 《古》香気, かおり (odor), 芳香. **4** 〖物理〗フレーバー《クォーク (quark) やハドロン (hadron) のもつ物理量で, アイソスピン (iso spin), ストレンジネス (strangeness), チャーム (charm) などの総称》.
— *vt.* **1** 〈料理などに〉風味[香気]を添える, 味を付ける, 調味する (season): ~ soup *with* onions 玉ねぎでスープに味を付ける. **2** ...に風趣[雅致, 特徴]を与える 〔*with*〕: The sailor's story was ~*ed with* many thrilling adventures. その船乗りの物語はスリル満点の冒険がたくさんあって味わいがあった. — *vi.* 〔...の〕味がする (savor) 〔*of*〕: The butler's phraseology ~*ed of* Victorianism. その執事の言葉遣いにはビクトリア朝風のおもかげがあった.

flá·vored *adj.* **1** 風味を付けた. **2** [複合語の第2構成素として] 風味の...な: a nicely-*flavored* dish おいしく味を付けた料理.

flá·vor·er [-vərə | -rə(r] *n.* 風味[香気]を付ける人[物].

fla·vor·ful [fléɪvəfəl | -və-] *adj.* 風味[香気]に富む, 味の豊かな (tasteful). **~·ly** *adv.*

flá·vor·ing [-v(ə)rɪŋ] *n.* **1** (料理などに)風味[味]をつけること. **2** 料理などに風味[味]をつけるもの《調味料・香辛料・薬味》: put vanilla ~ in cakes 菓子にバニラの味を入れる.

flávor·less *adj.* 風味[香気]のない, 味のない.

fla·vor·ous [fléɪv(ə)rəs | -vər-] *adj.* **1** 香気に富んだ; 風味のいい (savory). **2** 香りのよい, おいしい (tasty).

fla·vor·some [fléɪvəsəm | -və-] *adj.* 味のよい, 美味な (tasty); 独特の風味のある.

fla·vor·y [fléɪv(ə)ri | -vərɪ] *adj.* 〈茶が〉風味に富んだ.

flavour *n., v.* =flavor.

flaw¹ [flɔ́:] 〖(a1325) *flaue* flake (of snow or fire) ⊏ ON *flaga* slab of stone: cf. flake¹〗 — *n.* **1** (鋳物・宝石・陶器などの)割れ目, ひび, きず (crack): a ~ in a jewel 宝石のきず. **2** きず, 欠点 (defect): a ~ in one's record 履歴上のきず / without (a) ~ 非の打ちどころのない / a ~ in an otherwise perfect character それさえなければ完全となる人格上の欠点, 玉にきず. **3** (法律文書・手続きなどを無効にしてしまうような)不備(な点), 欠陥, 瑕疵(かし): a ~ in a will 遺言書の瑕疵.
— *vt.* **1** ...にひびを入らせる (crack). **2** そこなう, 台無しにする (mar); 無効にする (invalidate): ~ an agreement. — *vi.* ひびが入る, 割れ目ができる.

flaw² [flɔ́:] 〖(1481) ⊏ MLG *vlage* & MDu. *vlāghe* (Du. *vlaag*): cf. Norw. & Dan. *flage* gust of wind〗 — *n.* **1 a** 突風, 疾風(はやて). **b** (雪や雨を伴った)短時間の嵐, 荒れ模様. **2** 《廃》感情の爆発, 激怒.

flawed *adj.* きずのある, 欠陥のある (defective).

fláw·less *adj.* **1** 割れ目[ひび, きず]のない. **2** きず[欠点]のない, 完全な, 完璧な (perfect): in almost ~ Spanish. **~·ly** *adv.* **~·ness** *n.*

flaw·y [flɔ́:i | flɔ́:ɪ] *adj.* (**more ~, most ~; flaw·i·er, -i·est**) 突風[疾風]の, 荒れ模様の.

flax [flǽks] 〖OE *fleax* < (WGmc) **flaxsam* (G *Flachs*) ← IE **plek-* to plait: cf. ply¹〗 — *n.* **1** 〖植物〗 **a** アマ(亜麻) (*Linum usitatissimum*)《中央アジア原産のアマ科の一年草; 葉は互生し夏に青色5弁の花をつける》. **b** =toadflax. **c** =New Zealand flax. **2** アマの繊維, 亜麻《織物・麻糸用》: ~ line 亜麻糸, 麻糸. **3** 亜麻布, リンネル (linen). **4** (亜麻を用いた)灯心: quench smoking ~ ⇨ quench. **5** アマの繊維に似た物. **6** 亜麻色; 淡黄褐色.

fláx bràke *n.* 亜麻用すき具, 麻ほぐし機.

fláx bùsh *n.* 〖植物〗=flax lily.

fláx còmb *n.* (亜麻の種を梳(す)き取る)亜麻こき機 (ripple).

flax·en [flǽksən, -sn] 〖OE *fleaxen*: ⇨ flax, -en²〗 *adj.* **1** 亜麻の; 亜麻製の. **2** 亜麻に似た; 亜麻色の, 淡黄褐色の: ~ hair.

fláxen-háired *adj.* (毛髪が)亜麻色の: a ~ girl.

fláx lìly *n.* 〖植物〗 **1** ニュウサイラン, マオラン (⇨ New Zealand flax). **2** ユリ科キキョウラン属 (*Dianella*) の植物の総称; (特に) *D. laevis*.

fláx·sèed *n.* 亜麻の種子, 亜麻仁(あまに).

flax·y [flǽksi | -sɪ] *adj.* (**flax·i·er; -i·est**) 〈織物が〉亜麻に似た.

flay [fléɪ] 〖OE *flēan* < Gmc **flaxan* (Du. *vlaen* / ON *flā*) ← ? IE *plēk-* to tear: cf. flake¹, flaw¹〗 — *vt.* **1** 〈獣〉の皮を剝(は)ぐ (skin): ~ a rabbit / Marsyas was ~*ed* alive by Apollo. マーシアスはアポロのために生皮を剝がれた. **2** 〈人〉から金銭[物品など]を剝ぎ取る, 強奪する (pillage, plunder), (搾取・強奪・徴発などで)〈人を〉裸にする (fleece): ~ the people with requisitions 徴発で人民を裸にする. **3** 酷評する, こきおろす, 痛烈に非難する (censure): ~ an author 作家を酷評する. ***flay a flint*** ⇨ flint 成句. **~·er** *n.*

F láyer *n.* **1** 〖通信〗F 層《地上 200–400 km の高さにある上層の電離層で, 短波を反射する: Appleton layer ともいう; cf. ionosphere 1》. **2** 〖土壌〗F 層《森林土壌において植物組織が分解されて黄褐色または赤褐色を呈する層位》.

F_1 layer [éf-wʌ́n-] 〖通信〗F_1 層《F 層が夏期には F_1 層と F_2 層にわかれ, その中の低い方で地上約 200km》.

F_2 layer [éf-tú:-] 〖通信〗F_2 層《F 層が夏期には F_1 層と F_2 層にわかれ, その中の高い方で地上 300–400km》.

fláy·flìnt *n.* 《古》守銭奴, どけち (skinflint); 搾取者.

fld. 《略》field; fluid.

fl. dr. 《略》fluid dram(s).

fldxt. 《略》〖薬学〗=fluidextract.

flea [flí:] 〖OE *flēa(h)* < Gmc **flauxaz* (Du. *vloo* / G *Floh* / ON *flō*) ← IE **blou-* flea〗 — *n.* **1** 〖昆虫〗ノミ《生きた鳥や哺乳類動物の外寄生性をし吸血性がある隠翅目の昆虫》. **2** 蚤のように跳ぶ小虫: ⇨ sand flea, water flea. **3** 〖昆虫〗=flea beetle. **4** 暗褐色 (puce).
a flea in one's ear 苦言, いやみ, 当てこすり: go away with *a* ~ *in one's ear* 耳の痛いことを言われて立ち去る / send a person away with *a* ~ *in his ear* 耳の痛いいやみを言って人を追い払う. ***skin a flea for its hide*** (***and tallow***) 《俗》ひどくけちなことをする.

fléa·bàg *n.* 《俗》 **1** ベッド, 寝台 (bed); 寝袋, スリーピングバッグ. **2** 木賃宿, 安ホテル, 安宿 (flophouse). **3** (映画館など)みすぼらしい[不潔な]公共建築物. **4** 蚤のたかった動物. **5** だらしのない婆さん.

fléa·bàne *n.* 〖植物〗ノミヨケソウ《ノミの駆除に効があると言われるキク科の植物の総称; ヨーロッパ産の *Pulicaria dysenterica* アメリカ産のハルジョオン(春女菀) (*Erigeron philadelphicus*) などムカシヨモギ属とヨモギ属 (*Artemisia*) の植物など》.

fléa bèetle *n.* 〖昆虫〗ノミハムシ, トビハムシ《ぴんぴんはねるハムシ科の小甲虫の総称; 植物の葉や若芽を食う; ノミハムシ亜科に属する種類の総称であるが, *Altica, Phyllotreta* など特によく跳躍する小型種のみを指すことも多い》.

fléa·bìte *n.* **1** 蚤食い; 蚤の食い跡. **2 a** ちょっとした傷, わずかな痛みを感じる苦痛. **b** 些細なこと,

わずかの出費 : The cost is a mere ~. その位の費用は何でもない / Your misery is but a ~ to mine. 君の難儀は私のに比べると些細なものだ. **3** (馬の皮膚面の)栗毛[赤毛]の小さい斑点.

fléa-bìtten *adj.* **1** 蚤に食われた, 蚤の跡のある. **2** 〈馬が〉白地[薄色の地]にわずかな栗毛[赤毛]のぶちのある, 連銭芦毛[栗毛]の.

fléa bùg *n.* 〘昆虫〙 **1** 《米》 =flea beetle. **2** =flea-hopper.

fléa cìrcus *n.* 蚤のサーカス.

fléa còllar *n.* (犬などの)蚤取り粉のはいった首輪.

fléa fàir *n.* =flea market.

fléa·hòpper *n.* 〘昆虫〙 ノミハムシ《ハムシ科の跳びはねる小甲虫の総称; 栽培植物の害虫となる》.

fléa-lòuse *n.* 〘昆虫〙 ナシキジラミ《キジラミ科の *Psylla pyri* の幼虫で, ナシの木の大害虫》.

fleam [flíːm] 〘《*a*1425》◻ OF *flieme* (F *flamme*) < VL **fleutomum*=LL *phlebotomus* lancet ◻ Gk *phlebotómos* opening veins : ⇨ phlebotomy〙 **— *n.* 1 a** 〘獣医〙 (牛馬用)放血針, 刺絡針, 瀉血針, 三稜針. **b** 《米》〘外科〙 (もと静脈切開に用いた)ランセット (lancet). **2** のこぎりの歯の角度.

fléa màrket *n.* 《戯言》 蚤(ノミ)の市《ヨーロッパの都市での露天の古物・安物市場; flea fair ともいう》.

fléa-pìt *n.* 《英俗》 不潔な建物[部屋]; 低級な劇場[映画館].

fléa wèevil *n.* 〘昆虫〙 ノミゾウムシ《ゾウムシ科の甲虫の総称; 多くの種類があり, 後腿節は肥大して跳躍に適する; 幼虫は潜葉虫である》.

fléa·wòrt *n.* 〘植物〙 **1** ヨーロッパ産キク科オグルマ属の雑草 (*Inula conyza*). **2** ヨーロッパ産オオバコ属の一年草 (*Plantago psyllium*)《種子の形が蚤に似ており, 薬用になる》. **3** 蚤取りに効用があるとされている植物の総称.

flèche [fléɪʃ, fléʃ | fléɪʃ; *F.* flɛʃ] 〘◻ F ~ 'spire (of a steeple),《原義》arrow, dart'〙 **— *n.*** (*pl.* **flè·ches** [~ɪz, ~əz; *F.* ~]) **1** 〘建築〙 (ゴシック式教会堂の)尖塔《本堂と翼堂の交差する場所の上にある細長い尖塔で, 通例 Sanctus bell をもつ》. **2** 〘築城〙 突角堡《前面に鋭角をなす2面の土塁などを築いた防御施設》. **3** 〘フェンシング〙 フレッシュ《素早く走って行なう攻撃》.

flé·chette [fleɪʃét, fleʃ-; *F.* flɛʃɛt] 〘◻ F ~ (dim.) ← *flèche* (↑)〙 **— *n.*** (*pl.* **~s** [~s; *F.* ~]) 〘軍事〙 (飛行機から投下する鋼鉄製の)投げ矢《第一次大戦で地上掃射用に使用した》.

fleck [flék] 〘n. : 《1598》◻ ON *flekk-r* spot : cf. MD *vlecke* (Du. *vlek*). — v. : ME ◻ ON *flekk-a*〙 **— *n.* 1** (色または光線などの)斑点, 斑紋 : *~s of* sunlight on the ground under a tree 木の下の地面にできる日光の斑紋. **2** (皮膚の)斑点, そばかす (freckle). **3** 微片, 微小片 (speck) : a ~ *of* dust わずかの塵 / a ~ *of* snow 雪の細片. **4** 〘植物病理〙 菌, 細菌, ウイルスなどにより植物の葉などに生じる斑紋. **— *vt.*** …に斑点をつける (spot); まだらにする (dapple) 〔*with*〕 : a sky *~ed with* clouds 点々と雲の漂う空 / dark hair *~ed with* grey 白髪まじりの黒い髪.

flecked 〘ME〙 *adj.* まだらの, 斑点のある.

fleck·er [flékə | -kə(r] 〘← FLECK+-ER⁴〙 *vt.* …に斑紋を付ける, まだらにする.

Fleck·er [flékə | -kə(r], **J**(**ames**) **E**(**lroy**) *n.* (1884–1915) 英国の詩人・劇作家; *The Golden Journey to Samarkand* (1913).

fléck·ered *adj.* 斑紋のある, まだらの.

fléck·less *adj.* 斑点[斑紋]のない; まだらのない, よごれのない (spotless, stainless). **~·ly** *adv.*

flec·tion [flékʃən] 〘《変形》← FLEXION〙 **— *n.* 1** 屈曲, 彎曲, たわみ. **2** 曲り目, 屈曲[彎曲]部 (bend). **3** 〘解剖〙 =flexion. **4** 〘文法〙 語尾変化 (inflection). **5** 〘数学〙 ひずみ (flexure). **~·al** [-ʃənḷ, -ʃnəl] *adj.*

fléction·less *adj.* 〘文法〙 語尾変化のない.

fled *v.* flee の過去形・過去分詞.

fledge [flédʒ] 〘v. : 《1566》← (adj.). — adj. : 《?*a*1300》 *flegge* < OE *-flyċġe* fledged < (WGmc) **fluʒʒja* (G *Flügge*) ← **fleuʒan* 'to FLY¹'〙 **— *vt.* 1** 羽毛がはえそろうまで〈ひなを〉育てる : ~ a young bird. **2** …に羽を付ける, 羽毛でおおう (feather) : ~ an arrow, a nest, etc. **— *vi.* 1 a** 〈ひな鳥が〉羽毛を生じる, 羽がはえそろう, 巣立ちができる. **b** 〈昆虫が〉羽のある成虫になる. **2** 一人前になる, 大人になる. **— *adj.*** 《古》 =fledged.

fledged 〘《15C》〙 **— *adj.* 1** 〈ひな鳥が〉羽毛がはえそろった, 羽が十分伸びた, 巣立ちができる : a ~ bird / ⇨ full-fledged. **2** 〈人が〉一人立ちできるようになった, 一人前の (mature) : a ~ dancer.

flédge·less *adj.* まだ羽のはえない (unfledged).

fledg·ling [flédʒlɪŋ] 〘《1830》← FLEDGE (adj.)+-LING¹〙 **— *n.*** (*also* **fledge·ling** [~]) **1** 羽のはえたての[巣立ったばかりの]ひな鳥. **2** (まだ乳臭い)かけ出しの若輩, 青二才 : a ~ poet かけ出しの若年詩人.

fledg·y [flédʒi | -dʒɪ] *adj.* (**more~, most ~; fledg·i·er, -i·est**) 羽のある; 羽毛でおおわれている.

flee [flíː] 〘OE *flēon* to fly < Gmc **þleuχan* (G *fliehen* / Goth. *þliuhan*) : cf. fly¹〙 **— *v.*** (**fled** [fléd]; **~·ing**) ★ 英国では現在形は《文語》で, 通例その代りに fly を用いる (cf. fly¹ *vi.* 7 a, *vt.* 4); 過去形・過去分詞は fled を常に用いる; また米国では近時この現在形が使われるようになってきている. **— *vi.* 1 a** 〔危険・敵・追跡者などから〕逃げる, 逃れ去る (run away) (cf. flight²) 〔*from*〕 : ~ *from* temptation 誘惑を避ける / The troops *fled* in disorder. 軍隊は算を乱して逃げた / ~ before the enemy 敵に恐れをなして逃走する. **b** (危険を避けて)〔安全な所へ〕逃げる, 避難する 〔*to, into*〕 : ~ *to* a place for safety ある場所に避難する / They tried to ~ *to* the West. 西側に逃れようとした. **2** 急ぐ, 疾走する, 消散[退散]する, 消失する : The color has *fled from* her cheeks. 頬からさっと血の気が引いた / The clouds *fled* before the rising sun. 雲は朝日を受けて消散した / Life had [was] *fled*. 命脈はすでに絶えていた. **3** 《古》〈矢が〉飛ぶ. **— *vt.* 1** …から急に去る. **2 a** 〈人・場所など〉から逃げる, 逃れる : ~ the police 警察から逃れる / She *fled* the country for Paris as a child. 子供のときに国を捨てパリへ逃げた. **b** 避ける, 見捨てる.

fleece [flíːs] 〘OE *flīes, flēos* < (WGmc) **fleusaz* (G *Vlies*) ← IE **pleus-* to pluck (L *plūma* feather)〙 **— *n.* 1 a** (羊・アルパカなどの)刈り取られたコート状の毛 (coat), 毛; 羊毛 : ⇨ Golden Fleece. **b** (1回に刈り取った)羊毛. **2 a** 羊毛状の物 **b** 羊毛に似た頭髪 : the snow-white ~ upon one's head 頭にいただく白髪 / his ~ of hair 羊毛のような彼の頭髪. **c** 白雲. **d** ちらちら降る雪 : the *~s* of descending snow ぼたん雪. **3 a** けばの柔らかい織物《裏地用》; そのけば. **b** 綿の薄いウエーブ状のシート. **4** 〘紋章〙 フリース《輸送しやすいように中央にベルトをかけた図形の羊; 羊毛産業都市の紋章図形に用いられることが多い》.

fleece 4

— *vt.* 1 〈羊〉の毛を刈る : ~ the sheep, flock, etc. **2 a** (強奪または詐欺手段で)〈人を〉丸裸にする; 〔金銭・財産などを〕〈人〉から巻き上げる[ふんだくる] (swindle) 〔*of*〕 : ~ a person *of* all he possesses 人の所有品を全部巻き上げる / be *~d* by sharpers 詐欺師に金を巻き上げられる. **b** 〈人〉に法外な料金を請求する. **3** 〔羊毛状の物で〕…の一面をおおう[まだらにする] 〔*with*〕 : stones *~d with* moss こけむした石 / a sky *~d with* clouds 薄雲の漂う空.

fleece·a·ble [flíːsəbḷ] *adj.* ふんだくられる[そうな]; (間抜けで)だまされやすい (gullible).

fleeced *adj.* **1** [通例複合語の第2構成素として] (…の)羊毛のある : a long-*fleeced* sheep 毛の長い羊. **2** 〈服地が〉柔らかいけばのある.

fléec·er *n.* **1** 羊毛を刈る人. **2** 奪い取る人, 巻き上げる人.

fleech [flíːtʃ] 〘《1375》 *fleche(n)* ← ?〙 *vt.* 《方言》〈人を〉うまい言葉で口説き落とす (coax).

fleec·y [flíːsi | -sɪ] *adj.* (**fleec·i·er; -i·est**) **1** 羊毛質の; 羊毛でおおわれた. **2** 羊毛状の, ふわふわした (flocculent) : ~ hair, clouds, snowdrifts, etc. **fléec·i·ly** [-sɪli, -sə- | -lɪ] *adv.* **fléec·i·ness** *n.*

fleer¹ [flíə | flíə(r] 〘《?*a*1400》 *flerie(n)* ← ? ON (cf. Norw. *flira* to grin)〙 **— *vi.*** あざ笑う, ばかにする, あざける, 愚弄(ぐろう)する 〔*at*〕. **— *vt.*** あざける. **— *n.*** あざけり(の表情, 言葉), あざ笑い, 愚弄.

fle·er² [flíːə | flíːə(r] 〘← FLEE+-ER¹〙 *n.* 逃げる者, 逃亡者.

fleer·ing·ly [flí(ə)rɪŋli | flíərɪŋlɪ] *adv.* あざけって, あざ笑って.

fleet¹ [flíːt] 〘OE *flēot* ship, vessel ← *flēotan* 'to FLEET⁴'〙 **— *n.* 1** 艦隊 (司令官 (flag officer) の指揮の下に編成された艦艇および航空機の部隊; cf. squadron 1 a) : a combined ~ 連合艦隊 / a ~ in being (実力を発動してはいないが戦略上無視できない)現存艦隊. **2** [the ~] 海軍力; (一国の)海軍 (navy). **3 a** (商船・漁船の)船団, 船隊 : a ~ *of* whalers 捕鯨船団 / a fishing ~ 漁船団. **b** (飛行機の)機隊, 飛行隊 : a ~ *of* airplanes =air fleet. **c** (輸送車・戦車などの)車隊, 自動車隊 : a ~ *of* ambulances [tanks] 傷病兵運搬車隊[戦車隊]. **d** (同一所有者に属する)全車両 : a ~ *of* cabs [taxis] 一会社所有の全タクシー / have [keep] a ~ *of* taxis タクシー会社を経営する. **4** 《方言》 (鳥などの)群れ : a ~ *of* crows. **5** 〘水産〙 **a** 《英》 何枚もつなぎ合わせて長くした刺網. **b** たくさんの釣鉤のついた釣糸.

fleet² [flíːt] 〘OE *flēot* flowing water ← Gmc **fleut-* (Du. *vliet* / G *Fliess* brook) : ⇨ fleet⁴〙 **— *n.*** 《英方言・廃》 **1** 入江, 浦, 小湾. **2** 下水道, 排水溝. ★ 今は地名に用いられる以外は《方言》 : ⇨ Fleet Street.

fleet³ [flíːt] 〘《*a*1529》◻ ON *fljōt-r* swift : cf. fleet⁴〙 **— *adj.*** (**~·er; ~·est**) **1** 《文語・詩》 速い, すみやかな, 快速の (swift, rapid) : a ~ horse 駿馬 / be ~ *of* foot 足が速い (cf. fleet-footed). **2** 《詩》 つかの間の, はかない (passing). **~·ly** *adv.* **~·ness** *n.*

fleet⁴ [flíːt] 〘OE *flēotan* to swim, float < Gmc **fleutan* (Du. *vlieten* / G *fliessen* / ON *fljōta* to flow) ← IE **pleu-* 'to FLOW'〙 **— *vi.* 1** 急いで通る, 飛んで行く, 飛び過ぎる (flit) 〈*away*〉 : Clouds were *~ing across* the sky. 空を横切って雲が飛び過ぎていた. **2** 《古》 **a** 〈時間などが〉(滑るように)いつの間にか過ぎる 〈*by, away*〉 : The years ~ *by*. 年月はいつしか過ぎる. **b** 消え去る, 消える. **3** 《廃》 浮かぶ, 漂う (float). **4** 〘海事〙 位置を変える (shift). **— *vt.* 1** 《古》〈時を〉いつの間にか過ごす : ~ the time carelessly のんきに時を過ごす (Shak., *As Y L* 1. 1. 124). **2** 〘《変形》← FLIT〙 〘海事〙 **a** …の位置を転じる[変える] (shift) : ~ a block [rope] 滑車[索]の位置を変える. **b** 〈滑車装置を〉掛けかえる. **c** デッキに〈ロープを〉並べる. **d** キャプスタンや巻き揚げ機の円筒を滑らせて〈補助索〉の位置をかえる.

fleet⁵ [flíːt] 〘← ? FLEET² // < ? OE **flēat* ← *flēotan* 'FLEET⁴' : cf. Du. *vloot*〙 《英方言》 **— *adj.*** 〈水など〉浅い (shallow). **— *adv.*** 浅く; 表面近くに (superficially) : plough [sow] ~ 浅く耕す[まく].

Fleet [flíːt] 〘⇨ fleet²〙 *n.* [the ~] **1** フリート(川) 《London の Fleet Street 東端で Thames 川に合流した小川; 今は暗渠(あんきょ)》. **2** =Fleet Prison.

Fléet Ádmiral *n.* (米国の)海軍元帥《正式には Fleet Admiral of the United States Navy という; cf. ADMIRAL of the Fleet》.

Fléet Áir Àrm *n.* [the ~] (もと)英国海軍航空隊.

Fléet cháplain *n.* 《英》 =Fleet parson.

fléet-fóot *adj.* =fleet-footed.

fléet-fóoted *adj.* 足の速い.

fléet·ing [-ṭɪŋ | -tɪŋ] *adj.* **1** 〈時間など〉(滑るように)いつの間にか過ぎていく : ~ hours, years, etc. **2** 〈歓楽など〉つかの間の, はかない (transitory) : ~ mirth. **~·ly** *adv.* **~·ness** *n.*

Fléet márriage *n.* 《英》 (Fleet parson が手軽に行なった)非公式秘密結婚式《17世紀後期から18世紀初期に行なわれた; Fleet-Street marriage ともいう》.

Fléet párson *n.* 《英》 Fleet Prison に収容されまたはその付近にいた牧師《秘密結婚 (Fleet marriage) の司式者として利用された貧乏牧師》.

Fléet Príson *n.* [the ~] フリート監獄《12世紀から London の Fleet 川の付近にあった監獄; 1640年以後は支払不能の債務者などを収容したが, 1842年閉鎖》.

Fléet Strèet 〘ME *Fletestrete* 《原義》 the street leading to the Fleet River : ⇨ Fleet〙 **— *n.* 1** フリート街《London 中部の街で the Strand に続く; 新聞業の中心地として有名》. **2 a** London [英国]の新聞業界. **b** [集合的] (英国の)新聞記者 (journalists).

Flem. 《略》 Flemish.

Flem·ing [flémɪŋ] 〘lateOE *Flǣmingi* ◻ ON ← MDu. *Vlāming* ← *Vlām-* (⇨ Flanders)+-ING³ : cf. Flemish〙 **— *n.* 1** (ベルギーの) Flanders 地方人. **2** フラマン語 (Flemish) を話すベルギー人.

Flem·ing [flémɪŋ], Sir **Alexander** *n.* (1881–1955) 英国の細菌学者, ペニシリンの発見者 (1928); Nobel 医学生理学賞 (1945).

Fleming, Ian (**Lancaster**) *n.* (1908–64) 英国の作家; James Bond を主人公とするスパイ小説で有名.

Fleming, Sir **John Ambrose** *n.* (1849–1945) 英国の電気工学者.

Fléming's rúles 〘↑〙 **— *n. pl.*** 〘電気〙 フレミングの法則 : **a** 右手の法則 (right-hand rule)《磁界の方向を右手の人差し指, 導線の運動方向を親指に平行にとると中指の方向に電流を流そうとする起電力が生じる》. **b** 左手の法則 (left-hand rule)《左手の中指と人差し指を電流と磁界方向に向けると, 電流に働く力は親指に平行になる》.

Fléming vàlve 〘← *Sir J. A. Fleming*〙 *n.* 〘電子工学〙 二極真空管《1904年に Fleming が発明した》.

Flem·ish [flémɪʃ] 〘《*a*1325》◻ MDu. *Vlāmisch* (Du. *Vlaamsch*) ← *Vlām-* : ⇨ Fleming, -ish¹〙 **— *adj.* 1** フランドル (Flanders) の, フランダースの. **2** フラマン人[語]の, フランダース人[語]の. **3** 〘美術〙 フランダース[フランドル]様式の, フランドル[フラマン]美術の《15世紀にフランス北部・ベルギーとオランダ南西部を含む地域で主として発展した絵画・美術の様式にいう》. **— *n.* 1** フラマン語, フランダース語《オランダ語に近い; cf. Walloon 2》. **2** [the F-; 集合的] フラマン人, フランダース人 (the Flemings). **— *vt.*** [時に f-] 〘海事〙 〈船の綱を〉Flemish coil に巻く 〈*down*〉.

Flémish bónd *n.* 〘建築〙 (れんがの)フレミッシュ積み, フランス積み, フランドル積み《各列とも長手 (stretcher) と小口 (header) が交互に入れ代り, 小口が常にすぐ上列と下列の長手の中心にくるように配列されたもの; ⇨ bond¹ 挿絵》.

Flémish bríck *n.* フランドルれんが《舗装用硬質黄色れんが》.

Flémish cóil *n.* 〘海事〙 フレミッシュコイル《8字形または平渦形などに巻かれて甲板上に置かれ, ロープが走り出しやすいように並べられたロープ》.

Flémish gíant *n.* 〘畜産〙 フレミッシュジャイアント《米国原産の大型で肉用の一品種のウサギ》.

Flémish hórse *n.* 〘海事〙 フレミッシュホース《帆桁(ほげた)外端に特別につけた足場綱 (footrope)》.

Flémish knót *n.* 〘海事〙 8字形結び (figure-of-eight knot).

Flémish schóol *n.* [the ~] 〘美術〙 フランダース[フランドル]派《15–17世紀にフランダースに栄えた画派で代表的な画家は van Eyck, van der Weyden, Memling, Rubens, Van Dyck, Teniers など》.

Flémish scróll *n.* (17世紀の椅子やテーブルの脚などの)フランドル風渦巻き形《ゆるい S 字型曲線をなす》.

Flemish scroll

flench [fléntʃ] *vt.* =flense.

flense [fléns | flénz] 〘《1814》◻ Dan. ~ // Du. *flense-n*〙 *vt.* 〈クジラ・アザラシなど〉の脂肪や皮を採る[剝ぐ].

flesh [fléʃ] 〘OE *flǣsc* < Gmc **flaiskaz* (Du. *vleesch* / G *Fleisch*) ← IE **plēk-* to tear : cf. flay, fleck〙 **— *n.* 1** (人間・動物の)肉, (皮をむいて現われる)身; (特に)

筋肉組織: raw ～ 生き身 / the ～ of the cheeks 頰の肉 / be ～ of one's ～ わが肉の肉である (cf. *be* BONE[1] *of one's bone*) / ～ and blood ⇨ 成句 / ⇨ *an* ARM[1] *of flesh*, proud flesh. **2** 肉, 肉づき: *in* ～ 太って / grow *in* ～ 肉づきがよくなる / lose ～ 肉が落ちる, やせる / get [gain, make] ～ 肉がつく / put [take] on ～ 肉がつく, 太る. **3 a** (身体の)膚, 肌: a man of dark ～ 肌の浅黒い人 / a man of tender ～ 皮膚の弱い人. **b** 肌色, 肉色 (flesh color). **4 a** (食物としての)肉 (animal food), 食肉《今は一般に meat という》: live on ～ 肉食する. **b** (魚肉・鳥肉・臓物と区別して)獣肉: fish, ～ and fowl ⇨ fish[1] 2. **5 a** [the ～] (精神・霊魂と区別して)肉体 (human body) (cf. spirit, soul 1 a): the ills of *the* ～ 肉体的な疾患 / *the* ～ is weak ⇨ spirit 2 a. **b** [the ～] (人間の)獣性, 情欲, 肉欲: the sins of *the* ～ 肉欲の罪, 不貞の罪 / indulgence of *the* ～ 肉欲に耽ること / follow [go after] strange ～ 背倫の[不自然な]肉欲に耽る, 男色をあさる (cf. *Jude* 7). **c** [one ～ として] (夫婦としての)一心同体: become [be made] *one* ～ (夫婦として)一心同体となる (cf. *Gen.* 2:24) / Man and wife is *one* ～. 夫婦は一体である (Shak., *Hamlet* 4. 3. 54). **6** [集合的] 人間 (mankind); 生物 (living creatures): All ～ had corrupted his way upon the earth. 世の人皆その道を乱したればなり (*Gen.* 6:12) / All ～ is grass. 人は皆草なり, 人の命ははかない (*Isa.* 40:6). **7** [主に one's (own) ～ として] 肉親, 身内, 同族 (kindred) (cf. FLESH *and blood* (3)). **8** (獣皮の)裏, 内側《flesh side ともいう; cf. grain 7 a》. **9** (果物など, 皮・種子などと区別して)果肉, (野菜などの)肉, 葉肉.
after the flesh 肉によって, 世俗的に, 人間なみに (cf. *John* 8:15, *2 Cor.* 5:16). ***flesh and blood*** (1) (血の通う)肉体 (body), 血肉; 生きた[生身(なまみ)の]人間: *in* ～ *and blood* 肉体[人間]として / take ～ *and blood* 肉体を備える / things which ～ *and blood* cannot bear 血の通う人間には到底耐えられない事柄. (2) 人間性, 人情. (3) [one's (own) ～ *and blood* として] 骨肉, 肉親 (kindred); 子孫. (4) 現実味, 具体性. (5) [形容詞的に] 現に生きている, 現身(うつしみ)の; 実体のある, 現実の. ***flesh and fell*** 《古》 (1) 全身. (2) [副詞的に] 全部. ***go the way of all flesh*** ⇨ way[1] 成句. ***in the flesh*** (1) 肉体の形で; 生きて; 生身で, 実物で: It was his ambition to see his mother *in the* ～. 生きている母に会うのが彼の大きな願いだった. (2) 自ら, 直接, 現に (in person): attend a meeting *in the* ～ 自ら会に出席する. ***make a person's flesh creep [crawl]*** 人をぞっとさせる. ***one's pound of flesh*** ⇨ pound[1] 成句.
── *vt.* **1 a** 〈猟犬・鷹などに〉獲物の肉を味わせて狩猟の興味を刺激する (cf. blood *vt.* 1 a). **b** 〈兵などを〉血なまぐさい虐殺や戦争に慣らす: ～ a person in bloodshed [slaughter] 人を流血[殺人]に慣らす **c** (成功を当て込んで)〈人を〉興奮させる. **2** 〈刀剣を〉肉に突っ込む, 〈刀を〉(初めて)血で染める; 〈文筆・才能などを〉実地にためす: ～ one's virgin sword 初めて刀剣に血を塗る, 新刀をためす. **3 a** …に肉をつける, 肥えさせる (fatten) 〈*up*〉. **b** …に実体を与える, 肉付けする 〈*out*〉. **4** 〈剝いだ生皮〉の肉を削り落す: ～ a hide, skin, etc. **5** 《古》 …に肉を十分に食わせる; 〈肉欲を〉満たす. ── *vi.* 肉がつく, 太る, 肥える 〈*up, out*〉.

flésh·brùsh *n.* 皮膚摩擦用ブラシ; あかすり.

flésh còlor *n.* 肉色, 肌色.

flésh-còlored *adj.* 肉色[肌色]の.

flésh-èater *n.* 肉食者; 肉食獣 (carnivore).

flésh-èating *adj.* 肉食性の (carnivorous).

fleshed *adj.* [しばしば複合語の第2構成素として] (…の)肉をした: thick-*fleshed*.

flésh·er 〘ME〙 *n.* **1** 生皮の肉を削る人[器具]. **2** 《スコット》 肉屋 (butcher).

flésh flỳ 〘ME〙 *n.* 〘昆虫〙 ニクバエ《卵胎生で腐肉などに直接幼虫を産みつけるハエの総称》.

flésh·hòok *n.* **1** (肉屋の)肉つるしかぎ. **2** (鍋から)肉を引き上げるかぎ.

flésh·i·ness 〘(15C)〙 *n.* 肉づきのよいこと, 肥満 (corpulence); 肉質; (果物・葉などの)多肉質.

flésh·ing knìfe [tòol] *n.* 肉削り刀《両端に取手のある凹状の大刀, 獣皮を削り取るのに用いる》.

flesh·ings [fléʃɪŋz] 〘(15C)〙 *n. pl.* **1** 肌色のタイツ (flesh tights)《肌にぴったりした衣類で, ヒップと足, 時に体全体をおおう》. **2** 皮から削り取った肉片.

flésh·less 〘ME〙 *adj.* **1** 肉の(ついてい)ない; やせこけた (lean): ～ bones, hands, etc. **2** 肉体のない: a ～ ghost.

flésh·ly 〘OE *flǣsclīc*: ⇨ flesh, -ly[2]〙 ── *adj.* (**more** ～, **most** ～; **flesh·li·er**; **-li·est**) **1** 肉体(上)の, 肉体的な (bodily): the ～ nature of man 人間の肉体的性質 / the ～ envelope (精神を包んでいる)肉体. **2** 肉欲に耽る, 肉欲[肉感]的な, 官能的な (carnal): ～ appetites [desire] 肉欲, 情欲 / ～ indulgence 肉欲に耽ること / a ～ poet 官能的な詩人. **3** 現世的な, 俗界の, 世俗的な. **4** 《廃》 よく肉のついた, 肥えた.
Fleshly School of Poetry [the ──] 肉感詩派《1871年に Robert Buchanan が D. G. Rossetti などラファエル前派詩人を攻撃して言った言葉》.
flésh·li·ness *n.*

flésh·mèat 〘OE *flǣsc-mēte*〙 *n.* = flesh 4 b.

flésh·ment 〘(1605)〙 ── *n.* 《廃》 **1** 〘狩猟〙 (猟犬・鷹に初めて)肉を味わせること. **2** 初めての成功の興奮[感激]: in the ～ of this dread exploit この恐るべき手柄に味をしめて (Shak., *Lear* 2. 2. 130).

flésh·pòt 〘(1535)〙 ── *n.* **1** 肉料理用の深鍋. **2** [the ～s] 美食, 贅沢(ぜいたく)な暮らし. ★ 通例次の句に用いて: *the* ～*s* of Egypt (口惜しく, ねたましく思う)美食, 贅沢, 安楽な生活 (cf. *Exod.* 16:3). **3** [*pl.*] 歓楽地, 楽天地.

flésh sìde *n.* = flesh 8.

flésh tìghts *n. pl.* = fleshings 1.

flésh tìnts *n. pl.* 〘絵画〙 (人体の)肌色, 肉色.

flésh wòrm *n.* 〘昆虫〙 ニクウジ《ニクバエ (flesh fly) の幼虫》.

flésh wòund *n.* 浅傷, 軽傷.

flesh·y [fléʃi | -ʃɪ] 〘ME〙 ── *adj.* (**flesh·i·er**; **-i·est**) **1** 肉の, 肉質の; 肉から成る; 肉のような. **2** 肉づきのいい, よく肥えた, 肥満した: a ～ face, woman, etc. / ～ lobes of his ears 彼のふくよかな耳たぶ. **3 a** 多肉質の (pulpy): a ～ fruit. **b** 実体のある, 薄っぺらではない: a ～ mushroom 厚みのあるキノコ.

fletch [flétʃ] 〘《変形》? ← FLEDGE // 《逆成》↓〙 *vt.* 〈矢〉に羽を接着する (feather).

fletch·er [flétʃə | -tʃə(r] 〘(c1330) □ OF *flech(i)er* ← FLÈCHE〙 *n.* 《古》 矢製造人, 矢羽職人.

Fletch·er [flétʃə | -tʃə(r] 〘ME *Flecchere*: (↑)〙 *n.* 男性名.

Fletcher, John *n.* (1579–1625) 英国の劇作家, 前半期には多く Francis Beaumont と協力して多くの劇を書き, また Massinger, Rowley, Shakespeare などとも合作した: *A King and No King* (1611), *The Two Noble Kinsmen* (1613).

Fletcher, John Gould [gúːld] *n.* (1886–1950) 米国の詩人・批評家.

Flétch·er·ìsm [-tʃərìzm] 〘← *Horace Fletcher* (1849–1919: 米国の栄養食料研究者, この食事法を考案・提唱した)〙 ── *n.* 《米》 フレッチャー式食事法《空腹時にだけ食事をして食物を十分にかみこなす健康食事法》.

Fletch·er·ize [flétʃəràɪz] 〘↑〙 *vt.* 〈食物を〉十分にかみこなす.

fletch·ing [flétʃɪŋ] *n.* 矢羽根 (⇨ arrow 挿絵).

Flet·ton [flétn] 〘英国 Cambridgeshire の原産地名から〙 *n.* フレトンれんが《半乾式加圧成形法でつくる英国の普通建築用れんが》.

Fleur [flɜ́ː, flúə | flɜ́ː(r, flúə(r; *F.* flœːr] 〘← F *fleur* 'FLOWER'〙 *n.* 女性名.

fleur de coin [flɜ́ːdəkwǽ(ŋ), -kwǽŋ | flɜ́ː-; *F.* flœːrdəkwɛ̃] 〘← F *à fleur de coin* with the bloom of the die〙 ── *adj.* 〘造幣〙 〈貨幣など〉発行したての, 未使用の (略 f.d.c.).

fleur-de-lis [flɜ̀ːdəlíː, flùə-, -dḷ- | flɜ̀ːdəlíː, -líːs; *F.* flœrdəlis] 〘(19C) □ F *fleur de lis* flower of lily ∽ 《(a1325)》 *flour-de-lys* □ OF〙 ── *n.* (*pl.* **fleurs-de-lis** [～z; *F.* ～], ～) (*also* **fleur-de-lys** [～]) **1** 〘植物〙 アヤメ・イチハツなどアヤメ属 (*Iris*) の植物の総称; (特に)ドイツアヤメ (*I. germanica*); その花. **2** ゆり紋章《1147年頃からフランス王家の紋; 象徴的にフランス王家またはフランスを表わす》. **3** 〘紋章〙 紋章図形に使用されるユリの花《とされているが, 定説ではなく, 槍先・建物の尖塔・笏杖の頭・蜂などをデフォルメしたものとする色々の説がある; 六男を示す血統マーク (cadency mark) としても用いられる; ⇨ heraldry 挿絵 G; 米国では flower-de-luce ともいう》.

fleurs-de-lis 3

fleur·et [flə(ː)rét, flʊ(ə)rét | flúərɪt, flɜ́ːr-, -rət; *F.* flœrɛ] 〘□ F ～ □ It. *fioretto* (dim.) ← *fiore* flower: 剣先が蕾に似ていることから〙 ── *n.* **1** 〘フェンシング〙 = foil[3] 1. **2** = fleurette.

fleu·rette [flə(ː)rét, flʊ(ə)r- | flúə(r)ɪt, -ret; *F.* flœrɛt] 〘□ F ～ (dim.) ← *fleur* 'FLOWER'〙 *n.* (装飾模様の)小花形.

Fleu·rette [flə(ː)rét, flʊ(ə)r- | fluərét; *F.* flœrɛt] 〘↑〙 *n.* 女性名.

fleu·ret·tée [flə̀ː(r)ətéɪ, flʊ̀(ə)r- | flʊ̀ər-, flɜ̀ːr-; *F.* flœrte] 〘□ F ～ (fem.) ← FLEURETTE〙 ── *adj.* (*also* **fleu·ret·té** [～]) 〘紋章〙 **1** (十字の各先端に) fleur-de-lis を付けた (cf. fleury). **2** = fleury. **3** = semée-de-lis.

fleu·ron [flɜ́ː(r)ɑn, flʊ́(ə)r- | flɜ́ːrɔ̃(ŋ), -rɔ́ːŋ; *F.* flœrɔ̃] 〘□ F ～ ← *fleur* 'FLOWER' ∽ 《(c1386)》 *flouroun* □ OF *floron*〙 ── *n.* **1** (建築や貨幣の)小さな花形装飾; (特に, コリント式柱頭に見られる)小さな花の装飾. **2** 〘印刷〙 花形《章題・輪郭などを飾るのに使う草花の模様の装飾活字; floret, flower ともいう》.

fleur·y [flʊ́(ə)ri, flɜ́ː(r)i | flúərɪ, flɜ́ːrɪ] 〘(18C) □ F *fleuré* flowery (p.p.) ← *fleurir* 'to FLOURISH' ∽ 《(1369)》 *flo(u)ri* □ OF *flouré*: ⇨ -y[3]〙 ── *adj.* 〘紋章〙 いちはつ花形図形で飾った: cross ～ クロスフラーリー《十字の先端がいちはつの花びらの形に別れたもの; cf. fleurettée 1》.

flew[1] *v.* fly[1] の過去形.

flew[2] [flúː] *n.* = flue[1].

flews [flúːz] 〘(1575) ～?〙 *n. pl.* (ハウンド犬の特に内側の隅で)垂れている上唇 (⇨ dog 1 挿絵).

flex [fléks] 〘(a1521) ← L *flex-us* (p.p.) ← *flectere* to bend 《変形》? ← *plectere* to plait, intertwine: cf. ply[1]〙 ── *vt.* **1** 〈関節を〉曲げる (cf. flexor); 〈筋肉を〉収縮する, 動かす. **2** 〘考古〙 屈葬する, (膝をあご先に届くように)〈遺体を〉曲げる, 曲げて安置する. **3** 〘地質〙 〈地層を〉たたむ, たたみ曲げる (fold). ── *vi.* 〈関節が〉曲がる (bend). ── *n.* **1 a** (関節を)曲げること, 屈曲(作用). **b** 柔軟性, たわみ. **2** 〘(1905) 《略》 ← FLEXIBLE〙 《英》 〘電気〙 可撓(かとう)線; (電気の)コード. **3** 〘数学〙 = inflection point.

flex. 《略》 flexible.

flex·a·gon [fléksəgɑ̀n, -gən | -gɒn] *n.* フレクサゴン《紙を折って作る多角形, 特に六角形; たたんだり開いたりすると色々な面が出る》.

flex·i·bil·i·ty [flèksəbíləṭi | -səbílɪti, -sɪ-, -lɪ-] 〘□ F *flexibilité* // LL *flexibilitāt-em*: ⇨ ↓, -ity〙 ── *n.* **1** 曲げやすいこと, 屈曲性, たわみ性; 柔軟性, しなやかさ (pliancy). **2** (性質の)御しやすさ, 素直さ. **3** 適応性 (adaptability), 融通性 (versatility).

flex·i·ble [fléksəbl̩ | -sə-, -sɪ-] 〘(? a1425) □ L *flexibilis* pliant: ⇨ flex, -ible〙 ── *adj.* **1** 曲げやすい, たわみやすい, しなやかな, 柔軟な (pliant): a ～ wire しなやかな針金 / a ～ cord 自由に曲がるコード / a ～ tube (ガス用などの)曲げられる管. **2** 素直な, 御しやすい: a ～ mind. **3** 変通自在な, 融通のきく (versatile); 適応性のある (adaptable): a ～ rule 融通のきく規則 / a ～ schedule 自由に変更可能な予定 / a ～ voice 変化の自由な声. **fléx·i·bly** *adv.* **～·ness** *n.*

fléxible bìnding *n.* 〘製本〙 **1** 柔軟背製本, フレキシブルバインディング《柔軟綴じ (flexible sewing) による製本様式》. **2** 薄表紙《柔軟性のある表紙》.

fléxible búdget *n.* 〘会計〙 弾力性予算 (⇨ variable budget).

fléxible dísk *n.* 〘電算機〙 = floppy disc.

fléxible exchánge ràte sỳstem *n.* 〘経済〙 変動為替制度.

fléxible séwing *n.* 〘製本〙 柔軟綴じ《一折ずつ綴じ緒にからげながら綴じる方法》.

fléxible sháft *n.* 〘機械〙 たわみ軸.

flex·ile [fléksəl, -sl̩, -saɪl, -sɪl | -saɪl] 〘□ L *flexil-is*: ⇨ flex, -ile[1]〙 *adj.* 《古》 = flexible.

flex·il·i·ty [fleksíləṭi | -lətɪ, -lɪ-] *n.* = flexibility.

flex·ion [flékʃən] 〘(1603) □ L *flexiō(n-)*: ⇨ flex, -ion〙 *n.* **1** 《英》 = flection. **2** 〘解剖〙 (手足・関節の)屈曲(運動) (cf. extension 7). **～·al** [-ʃənl̩, -ʃnəl] *adj.*

fléxion·less *adj.* = flectionless.

Flex·ner [fléksnə | -nə(r], **Abraham** *n.* (1866–1959) 米国の教育学者.

Flexner, Simon *n.* (1863–1946) 米国の病理学者・細菌学者; A. Flexner の兄.

flex·og·ra·phy [fleksɑ́grəfi | -sɔ́grəfi] 〘← FLEX + -O- + -GRAPHY〙 ── *n.* 〘印刷〙 フレキソ印刷《ゴム版またはプラスティック版に顔料インクを使って印刷する方法; かつて, アニリン染料インクを使ったので aniline printing (アニリン印刷)と呼んだ; flexographic printing ともいう》. **flex·o·graph·ic** [flèksəgrǽfɪk] *adj.* **flèx·o·gráph·i·cal·ly** *adv.*

flex·or [fléksə, -sɔə | -sə(r] 〘← NL ～: ⇨ flex, -or[2]〙 *n.* 〘解剖〙 屈筋 (cf. extensor).

fléxor múscle *n.* 〘解剖〙 屈筋.

fléx·time 〘← FLEX(IBLE) + TIME〙 *n.* 〘労働〙 自由勤務時間制, フレックスタイム《労働者が一定の時間帯のなかで始業と終業の時刻を自由に選べる制度》.

flex·u·ose [flékʃuòus | -sjuəus] 〘□ L *flexuōs-us* tortuous ← *flexus* a bending: ⇨ flex, -ose[1]〙 *adj.* = flexuous.

flex·u·os·i·ty [flèkʃuɑ́səṭi | -sjuɔ́sətɪ, -sɪ-] 〘□ F *flexuosité* □ L *flexuōsitatem*: ⇨ ↑, -ity〙 *n.* 屈曲性, 波状のうねり.

flex·u·ous [flékʃuəs | -sjuəs] 〘□ L *flexuōs-us*: ⇨ flexuose, -ous〙 ── *adj.* **1** 屈曲性の, 曲がりくねった, 屈曲の多い (winding). **2** 柔軟性のある, 融通のきく (flexible). **3** 〘植物〙 波状の (wavy). **～·ly** *adv.*

flex·ur·al [flékʃ(ə)rəl | -sjʊr-] *adj.* 屈曲の, たわみの: ～ rigidity 〘物理〙 曲げ剛性.

flex·ure [flékʃə | -ʃə(r] 〘(1592) □ L *flexūra* a bending: ⇨ flex, -ure〙 ── *n.* **1** 屈曲, 彎曲; 彎曲部, 屈曲部, ひだ (bend). **2** 〘物理〙 たわみ. **3** 〘数学〙 ひずみ. **4** 〘地質〙 (地層の)撓曲(とうきょく) (cf. fold[1] 5).

fley [fléɪ] 〘(?c1200) *fleie(n)* ← OE *ā-flēgan*, *ā-flȳgan* < Gmc ＊flauȝjan (caus.) ← ＊fleuȝan 'to FLY[2]'〙 《スコット》 ── *vt.* **1** びっくりさせる. **2** おどして追い払う 〈*away*〉. ── *vi.* びっくりする, おびえる.

flib·ber·ti·gib·bet [flìbəṭidʒíbɪt, -bət | -bəti-] 〘(1549) 《変形》 ← 《(a1450)》 *flipergebet* 《擬音的造語?》〙 ── *n.* **1** おしゃべり(な人) (gossip). **2** 軽薄な人, (特に)浮気女, はすっぱな女. **～·y** [-ṭi | -tɪ] *adj.*

flic [flíːk; *F.* flik] 〘□ F ～〙 *n.* パリ (Paris) の警察官.

flic-flac [flíkflæk; *F.* flikflak] 〘□ F ～ 《擬音語》: cf. flip-flap〙 ── *n.* 〘バレエ〙 フリックフラック《足を側方へ滑らせるように伸ばしたりもどしたりする時に床を爪先で鞭打つようにする動作》.

flich·ter [flíçtə | -tə(r] 〘? ME 《北部方言》 *flichtere(n)* ← *flicht* 'FLIGHT[1]': ⇨ -er[4]〙 ── *vi.* 《スコット》 **1** 〈鳥が〉羽ばたきをする; 弱々しく飛ぶ. **2** 振動する, 震える. **3** ちらちらする (flicker).

flick[1] [flík] 〘(1447) 《擬音語》: または FLICKER[2] の -er を freq. suf. とみての逆成〙 ── *n.* **1** (むちなどでぴしっと打つ)軽打, (指先などでの)はね飛ばし; ぐいという一揺れ (jerk); ぴしっ, ぱちっ(という音). **2** (手首などを)素早く急に動かすこと: at the ～ of a switch スイッチをぐいっと動かすと. **3** はね飛ばされた物; はね (splash): a ～ of mud 泥のはね.
── *vt.* **1** (むち先のひもなどで)軽くぴしっと打つ; (つま先などで)はじく, はじき飛ばす: ～ a lazy horse ぐずぐずしている馬をむち打つ / ～ *away* a crumb パンくずをはじき飛ばす / ～ a coin *up* 硬貨をはじき上げる. **2 a** (布片・羽ぼうきなどで軽く)払いのける, はたく, (はたいて)払い落とす (flip): ～ *away* [*off*] an insect from one's sleeve with a handkerchief そでについた虫をハンカチで払いのける / ～ cigarette ash on the floor たばこの灰を床に払い落とす. **b** ぐいっと動かす: ～ the light on 電灯のスイッチをぱちんと入れる / ～ off the switch of the radio ラジオのスイッチをパチッと切る / She ～*ed* a malignant look at me. 彼女は私に悪意のあるまなざしをぐっと向けた / He ～*ed* open the diary. 日記をぱっと開いた. **3** 〈むちなどを〉急速に打ち振る, ぴしぴしはねかえす; 〈インキなどを〉はね飛ばす: ～ a whiplash at ...に向かってぴしぴしむちひもを振る / spots of ink ～*ed* at random out of a pen ペン先からやたらにはね飛ばしたインキの跡. — *vi.* **1** ぐいっと[ひょいと, ぴくっと]動く, ぴくぴく動く; ぴしっと打つ: ～ through the phone book 電話帳をぱらぱらめくる. **2** 羽ばたきする, ひらひら飛ぶ (flutter, flit). **～·er**[1] *n.*

flick[2] [flík] 〘《1926》《逆成》↓〙 *n.* 《俗》 **1 a** 映画(1編). **b** [the ～s; 集合的] 映画; (1回の)映画(上演): go to *the* ～*s*. **2** 映画館.

flick·er[1] [flíkə | -kə(r] 〘OE *flicorian* to flutter《擬音語?》: cf. ME *flakere(n)* to flutter / Du. *flikkeren* / ON *flǫkra*〙 — *vi.* **1** 〈木の葉・ヘビの舌などが〉ちらちら震える[動く]; 〈旗などが〉翻る, そよぐ: ～ in the wind 風にそよぐ[はためく] / ～*ing* shadows ちらつく影. **2 a** 〈灯火・希望の光などが〉ちらちらする, ゆらめく, 明滅する: The fire ～*s* low. 火が衰えてゆらぐ / A last faint hope ～*ed up* and died. 最後のかすかな希望がちらと見えたが(すぐ)消えた. **b** 〈視線・目が〉ちらっと向く: His eyes ～*ed at* her. ちらっと彼女を見た. **3** 〈鳥が〉羽ばたきする, ひらひら飛ぶ (flutter). — *vt.* **1** 〈灯火などを〉明滅させる, ゆらめかせる; 震えさせる, そよがせる. **2** 明滅[ゆらめき]で作る[送る]: ～ a signal with a mirror 鏡を使って光を明滅させて信号を送る. — *n.* **1** 明滅する炎[光]: the ～ of a candle ろうそくのゆらめく光. **2** (木の葉などの)そよぎ, ちらつき, 明滅; 急にちょっと動かすこと. **3** (希望・元気などの)ひらめき, (怒り・嘲笑などの)かすかな色: a feeble ～ *of* animation かすかに動く生気 / a ～ *of* interest そこはかとない興味 / She saw a ～ *of* ridicule in his smile. 彼の微笑にかすかな嘲笑の色を見てとった. **4** [通例 *pl.*] 《俗》 映画 (flicks). **5** 〘心理〙 ちらつき《光を明滅させる時, ちらついて見える現象》.

flick·er[3] [flíkə | -kə(r] 〘擬音語〙 *n.* 〘鳥類〙 ハシボソキツツキ《北米産ハシボソキツツキ属 (*Colaptes*) の鳥類の総称》: ⇨ yellow-shafted flicker.

flícker effèct *n.* 〘電気〙 フリッカー効果《真空管に流れる電流の低周波ゆらぎ現象》.

flíck·er·ing [-k(ə)rɪŋ | -kər-] *adj.* **1** ひらひら[ちらちら]する, 明滅する: ～ candlelight. **2** 今にも消えてしまいそうな, 弱々しい, 不安定な: a ～ hope 淡い一縷(いちる)の希望. **～·ly** *adv.*

flícker photómeter *n.* フリッカー測光器, 交照光度計[測光器]《比較する二つの光が交互に視野に現われるようにした光度計》.

flícker·tàil *n.* 〘動物〙 リチャードソンジリス (*Spermophilus richardsoni*)《米国北中部の地上性のリス; Richardson ground squirrel ともいう; cf. spermophile》. 「の俗称.

Flíckertail Státe *n.* [the ～] 米国 North Dakota 州

flick·er·y [flík(ə)ri | -kəri] *adj.* ちらちら[明滅]する (flickering); ゆらぐ (unsteady): a ～ light.

flíck knìfe *n.* 《英》 (押ボタン式の)飛び出しナイフ.

flied *v.* fly[1] の過去形・過去分詞.

fli·er 〘《1440》: ⇨ fly[1], -er[1]〙 — *n.* (*also* **flyer**) **1 a** 空を飛ぶもの. **b** 鳥, 昆虫, 飛び魚(など). **c** 航空機. **d** 飛行家 (aviator). **e** 空中曲芸師. **2 a** 快速で走るもの. **b** 足の早い馬. **c** 快速船, 快速艇; =flyboat. **d** 快走車. **e** [しばしば固有名詞に用いて] 《米》 急行列車[バスなど]: the Western *Flier*. **3** 《英口語》 野心的な人; 秀でた人: He's not a ～ at the accounts. 計算がうまくない. **4** 走り飛び, 飛躍, 跳躍 (flying jump): take a ～ 一飛びする. **5** 《米口語》 無謀な冒険; (知識も経験もなくやる)財政的冒険, 投機. **6** 《米》 ちらし, ビラ (handbill). **7** 〘機械〙 **a** はずみ車. **b** (紡績機の)フライヤー《錘(つむ)の上に差し込む腕》. **c** (印刷機の)紙あおり. **d** (風車の)羽根, 翼帆. **8** 〘建築〙 **a** (直線階段の) 1 段 (cf. winder[1] 4). **b** [*pl.*] 直線階段 (cf. winding stairs). **9** 〘魚類〙 米国 Virginia 州産の緑色をしたサンフィッシュ科の魚 (*Centrarchus macropterus*). **10** 《豪口語》〘動物〙 足の早いカンガルー. ★ 2, 6, 7 では flyer のつづりのほうが好まれる.

flight[1] [fláɪt] 〘OE *flyht* < (WGmc) **fluχtiz* (Du. & MLG *vlucht*) ← Gmc **fleuʒan* 'to FLY[1]'〙 — *n.* **1** (空中を)飛ぶこと, 飛行, 飛翔(ひしょう); 飛び方; 飛ぶ力; (ロケットなどによる)宇宙飛行: a flock of birds *in* ～ 飛んでいる一群の鳥 / a circular [circuitous] ～ 旋回飛行 / a long-distance ～ 長距離飛行 / a night [nocturnal] ～ 夜間飛行 / a reconnaissance ～ 偵察飛行 / a nonstop ～ 無着陸飛行 / refuel the bombers *in* ～ 爆撃機に空中給油する / take [make] a ～ 飛行する; 飛翔する / take [wing] one's ～ 飛ぶ, 飛行する. ★ ラテン語系形容詞: volar[2]. **2** (鳥・飛道具・航空機の)飛行距離, 飛程: a long ～ 長距離飛程 / within an eagle's ～ 鷲の飛びわたる範囲に. **3** 定期航空, (航空機の)便, フライト: a 6 o'clock ～ to Osaka 大阪行き 6 時便 / JAL ～ 22 日本航空 22 便 / regular [domestic] ～*s* 定期[国内]便 / book [cancel] a ～ 飛行便を予約[キャンセル]する. **4** 飛行技術, 飛行法 (flying): study ～ / the art of ～ 飛行術. **5 a** (渡り鳥が群れをなして行なう)移行, 渡り (migration); 飛んで行く鳥の群れ, 飛群 (cf. flock[1] 1 a): a ～ *of* swallows つばめの飛群. **b** (昆虫の)飛んでいる群れ. **c** (矢などの)斉射 (volley): a ～ *of* arrows 矢の一斉発射. **d** (天使の)群れ: ～*s of* angels sing thee to thy rest! 群がる天使が歌い永遠の安息に導いてくれるように (Shak., *Hamlet* 5. 2. 371). **6** (鷹などの)獲物の追撃. **7 a** (矢・弾丸・投矢などの)飛んで行くこと, 疾過. **b** (時の)去り行くこと, 経過 (lapse). **8** (思想・希望・想像などの)飛躍, 躍動, 高揚; (才知などの)ほとばしり (sally): a ～ *of* ambition 天を突く大望 / a ～ *of* imagination 想像の飛躍 / a ～ *of* wit ほとばしる才気. **9** (障害競馬・競技用ハードルの)段列: a ～ *of* hurdles. **10 a** (建物の階と階とをつなぐ)階段, (階段の)一登り; (二つの踊り場の間の)一続きの階段; (時に)階 (floor, story): go up two ～*s of* stairs 階段を二つ登る《一階から三階へ行くなど》. **b** (テラスやコンベイヤーなど)階段状に連続しているもの: a ～ *of* terraces (段々になった)一連続のテラス / a ～ *of* locks on a canal 運河に設けた一連の水門. **11** 〘米空軍〙 飛行中隊《戦闘機の場合は通例 4 機以上; cf. squadron 1 c》; 〘英空軍〙 飛行小隊《通例 5–6 機》. **12** 〘アーチェリー〙 遠矢 (flight arrow ともいう); 遠矢競射 (flight shooting).

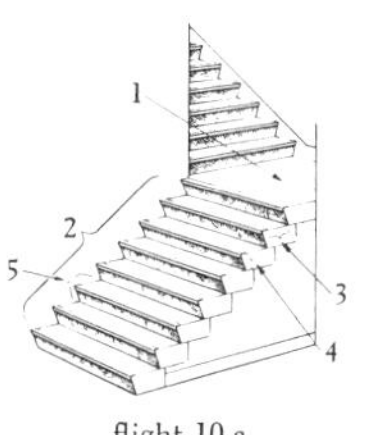

flight 10 a
1 landing; 2 flight; 3 tread; 4 riser; 5 step

in the first* [*top*] *flight (1) 先頭に立って; 率先して, 枢要な地位を占めて. (2) 一流の, 優秀な (excellent).
— *vi.* **1** 〈野生の鳥が〉群れをなして飛ぶ. **2** 《(水)鳥が》群れをなして餌場[休み場]から飛び立つ[に降りる]: Every evening hundreds of wild ducks ～ on the lake. 夕方になると何百羽という野鴨が湖に舞いおりる. — *vt.* **1** 〈群れをなして飛び立った水鳥を〉撃つ; 〈水鳥を〉群れをなして飛びたたせる. **2** 〈矢〉に羽をつける. **3** 〘クリケット〙 〈投球したボール〉の方向と速度を変える.

flight[2] [fláɪt] 〘OE **flyht* < Gmc **þluχtiz* (Du. *vlucht* / G *Flucht*) ← **þleuχan* 'to FLEE'〙 — *n.* **1** (危険を避けるための)逃走, 脱出; 敗走 (cf. flee): Mahomet's *Flight* from Mecca マホメットのメッカからの逃走 / seek safety in ～ 逃げて身の安全を計る. **2** 〘経済〙 (危険・損失を避けるための)貨幣・資本の逃避: a ～ of capital 資本の逃避 / a ～ from sterling ポンドの売り逃げ. 「げ(去)る.

put to flight 敗走させる (rout). ***take* (*to*) *flight*** 逃

flight àrrow *n.* 〘アーチェリー〙 =flight[1] 12.

flight bàg *n.* **1** (航空機用の)旅行鞄《座席の下に入れるようになっている》. **2** 航空バッグ《航空会社の名前入りの鞄》.

flight càll *n.* **1** フライトコール《空港で搭乗を知らせるアナウンス》. **2** 飛んでいる鳥の鳴き声.

flight chèck *n.* 〘航空〙 **1** 航空機乗組員の飛行試験. **2** フライトチェック《航空機の整備後各部の具合を見るために行なう飛行試験》.

flight contròl *n.* 〘航空〙 **1 a** (飛行中の航空機に地上から無線で離着陸の指示などを行なう)航空管制. **b** 航空管制塔, 航空管制所. **c** 航空管制のシステム. **2** (包括的に)操縦装置.

flight dèck *n.* **1** (航空母艦の)飛行甲板. **2** 〘航空〙 フライトデッキ《計器類・操縦装置などが前部にある航空機の操縦室》.

flight dirèctor *n.* 〘航空〙 フライトディレクター《操縦室におく総合計器の一種で, 計算機能を備え, 自機の位置・目的地までの距離や予想所要時間などを表示する》.

flight engineér *n.* 機上整備員, 航空機関士.

flight fèather *n.* 〘鳥類〙 (鳥の翼の)飛び羽, 風切り羽 (remex) (cf. contour feather).

flight formàtion *n.* (2 機以上の)飛行隊形[編隊].

flight ìndicator *n.* 〘航空〙 (航空機の針路・姿勢角などを示す)飛行計器.

flight ìnstrument *n.* 〘航空〙 (航空機の速度・高度・方向・位置を示す)飛行計器. 「の)編隊長.

flight lèader *n.* (空軍の)飛行中隊長, (通例 4 機以上

flight·less *adj.* 〈鳥が〉飛べない: ～ birds.

flight lieutènant *n.* 《英》 空軍大尉 (《米》 captain).

flight lìne *n.* **1** (航空機を駐機したり修理したりするための)飛行場の一区画. **2** (航空機・ミサイルなどの)飛行進路, 軌道; (渡り鳥の)飛翔方角.

flight-mùscle *n.* (鳥の翼の)飛筋, 飛翔筋.

flight-nùmber *n.* (定期航空機の)便番号, 便名, フライトナンバー.

flight nùrse *n.* 《米》 航空看護婦《航空医学の訓練を受け, 患者輸送機などに乗り組み, 輸送患者の看護にも任じる》.

flight pàth *n.* (航空機・宇宙船などの)飛行経路.

flight pày *n.* 〘米空軍〙 航空手当[加俸], 飛行手当[割増金]《一月の間にきめられた最低飛行時間を飛んだ飛行機搭乗員に払われる割増金; flying pay ともいう》.

flight plàn *n.* (パイロットが事前に提出する)飛行計画書, フライトプラン.

flight recòrder *n.* 〘航空〙 フライトレコーダー《飛行中の高度・対気速度・上下加速度その他重要なデータを自動的に記録する装置》.

flight sèrgeant *n.* 《英》 航空軍曹.

flight shòoting *n.* 〘アーチェリー〙 遠矢競射.

flight sìmulator *n.* 〘航空〙 フライトシミュレーター《航空機の飛行状態を模擬的に地上で作りだす装置で, 飛行特性研究用のものとパイロットなどの訓練用のものとがある》.

flight strìp *n.* 〘航空〙 **1 a** 緊急着陸場, 非常用滑走路 (emergency runway)《通例街道に平行して設けてある》. **b** 滑走路 (runway). **2** 連続航空写真.

flight sùrgeon *n.* 〘米空軍〙 航空医官. 「をする.

flight-tèst *vt.* 〈航空機〉の飛行試験[フライトテスト]

flight·y [fláɪṭi | -ti] 〘《1552》 ← FLIGHT[1] + -Y[4]〙 — *adj.* (**flight·i·er; -i·est**) **1 a** 〈性格・行為など〉突飛な, うわついている, 軽はずみの, 気まぐれな (fickle). **b** 〈馬が〉物おじする, 驚きやすい. **2** 少し気が変な, 気違いじみた, どうかしている (crazy). **3** 責任感のない, いいかげんな: a ～ young girl. **4** 《古》 **a** 速い, 速く飛ぶ. **b** はかない (transient). **flight·i·ly** [-ṭɪli, -ṭə-, -tḷi | -tɪli, -tə-] *adv.* **flight·i·ness** *n.*

flim·flam [flímflæ̀m] 〘《*c*1538》《加重》 ← FLAM[1]: cf. whim-wham〙 — *n.* **1** でたらめ, たわごと (nonsense). **2** ごまかし, ぺてん, 瞞着(まんちゃく) (trick). — *vt.* (**flim-flammed; flim·flam·ming**) だます, ごまかす, ぺてんにかける (trick). **flím·flàm·mer** *n.* **flím·flàm·mer·y** [-m(ə)ri | -məri] *n.*

flim·sy [flímzi | -zɪ] 〘《1702》 ← ? **flim* 《音位転換》 ← FILM) + -*sy* (形容詞語尾: cf. clumsy, tricksy, etc.)〙 — *adj.* (**flim·si·er; -si·est**) **1** 弱い, 薄っぺらな, もろい, こわれ[やぶれ]やすい; 材料の悪い, 質の悪い: ～ paper 薄い紙 / a ～ nightie (透き通って見えるほど)薄いネグリジェ / a ～ structure of lath and plaster 木舞(こまい)にしっくいを塗っただけの弱い建物, 安普請(ぶしん). **2** 〈口実・理由など〉薄弱な, 見え透いた, 浅薄な: a ～ pretext [argument] 見え透いた口実[浅薄な議論]. **3** 〈人が〉体の弱い; 軽薄な, 取るに足らぬ. — *n.* **1 a** 薄っぺらな物. **b** (カーボン複写用などの)薄葉紙 (cf. transfer paper). **c** [*pl.*] 薄くて軽い婦人服; (特に)薄い婦人用下着. **2 a** (探訪記者の用いる)薄紙原稿用紙. **b** (新聞の原稿; 同文複写原稿《通信社から各新聞社に送るもの》. **c** 電報. **3** 《英俗》 紙幣. **flím·si·ly** [-zɪli, -zə- | -lɪ] *adv.* **flím·si·ness** *n.*

flinch[1] [flíntʃ] 〘《1563》 ▭ OF *flench-ir* to turn aside《異形》 ← *flechir* (F *fléchir*) to bend ← Gmc (cf. G *lenken* to bend)〙 — *vi.* **1 a** 〔危険・責任・いやなことなどから〕身を引く, しりごみする (shrink) 〔*from*〕: ～ *from* the gun 銃から身を引く / ～ *from* an unpleasant duty 不愉快な仕事にしりごみする. **b** (苦痛に)ひるむ, たじろぐ (wince), (恐怖に)縮みあがる: without ～*ing* 少しもひるまず, 平気で. **2** 〘クロッケー〙 相手の球を駆逐するとき球から足を滑らす (cf. croquet *n.* 2). — *vt.* 《古》 ...からしりごみする, ...にひるむ. — *n.* **1** しりごみ, たじろぎ. **2** 〘トランプ〙 フリンチ《札を番号順に卓上に積み上げるゲームの一種》.

flinch[2] [flíntʃ] *vt.* =flense.

flinch·er *n.* しりごみする[ひるむ]人. 「で.

flinch·ing·ly *adv.* しりごみして, ひるんで, たじろい

flin·ders [flíndəz | -dəz] 〘《*c*1450》 ← ON (cf. Norw. *flindra* splinter)〙 *n. pl.* 破片, 断片 (splinters): break [fly] *in* ～ こっぱみじんに砕く[飛び散る].

Flín·ders bàr [flíndəz- | -dəz-] 〘← *Matthew Flinders* (1774–1814: 英国の航海家)〙 — *n.* 〘海事〙 フリンダーズバー《自差を修正するために磁気コンパスの前に取り付ける垂直軟鉄棒》.

fling [flíŋ] 〘《?*a*1300》 *flinge(n)* ▭ ON **flinga*: cf. Swed. *flänga* to fly, race〙 — *vt.* (**flung** [flʌ́ŋ]) **1 a** (勢いよく, また乱暴に)投げ(つけ)る, 投げ飛ばす, ほうる, ほうり出す (hurl): ～ a coil of rope 巻いた綱を投げる / ～ a die さいころを放る / ～ the hammer (競技会で)ハンマーを投げる / He *flung* the book *away* in disgust. うんざりして本を放り出した / ～ a stone *at* a dog 犬に石をぶつける / He *flung* the parcel *on* the desk. とんとその包みを机の上に放った / He *flung* his eyes *on* [*over*] the crowd. 群衆をさっと見渡した / ～ one's hat *in* the air 帽子を放り上げる / ～ a fact [fault] *in* a person's teeth [face] 事実[過失]を突きつけて面責する / He *flung* the door open [*flung* open the door]. 戸を荒々しく開け放った. **b** かなぐり捨てる, 振り捨てる, 忘れ去る (disregard) 〈*away, off*〉: I *flung* propriety *away*. 礼儀などさらりと捨て去った / He decided to ～ *off* all reserve. 遠慮はすっかり振り捨てることに決めた. **2** 〈人を〉〔より悪い場所・状態へ〕(不意に, また強引に)ほうり込む, 陥らせる (cast) 〔*into*〕: ～ a person *into* prison 人を投獄する / They were *flung into* confusion. 彼らは混乱状態に陥れられた. **3** [通例方向を表わす副詞または前置詞を伴って] **a** 〈腕・頭などを〉振り動かす, 〈両腕を〉急に伸ばす, 投げかける, ぱっと広げる (extend): The horse *flung* its head *about* [*up*]. 馬は首を振り立てた / She *flung out* her arms in hearty welcome. 両腕をさっと広げて心からの歓迎の意を表わした / He *flung out* his arms wide. 両腕を左右に広げた《あきれた[がっかりした]時の身振り》/ She *flung* her arms *round* his neck. 彼女はさっと彼の首に抱きついた. **b** [～ one-*self* で] 激しく〈身を〉投げる[おどらせる]: He *flung himself about* in his anger. 怒って暴れ回った / He *flung himself into* the water [his clothes]. 身をおどら

せて水に飛び込んだ[大急ぎで服を着た] / He *flung himself into* the saddle [chair]. ひらりと鞍(くら)に飛び乗った[どしんと椅子にすわった] / She suddenly *flung herself from* the room. 突然部屋を飛び出した / I *flung myself on* his compassion [generosity]. 私は彼の同情[寛容]にすがった / ⇨ *fling oneself at a person's* HEAD. **4** (レスリングなどで)〈相手を〉振り飛ばす, 投げ倒す (throw down); 〈馬が〉〈乗手を〉振り落とす (throw off). **5** 〈軍勢を〉発する, 繰り出す (launch); 〈武器を〉急送する: ~ shock troops *on* [*against*] the enemy 突撃隊をさし向けて敵軍に攻撃をかける / The fresh troops were *flung into* battle. 新手の軍勢が戦闘に繰り出された. **6 a** 〈資金・努力などを〉〈事業などに注ぎ込む〔*into*〕: He *flung* all his money *into* the campaign. その運動に金全部を注ぎ込んだ. **b** [~ *oneself* で]〔仕事・任務などに〕(本腰を入れて)取り組む, (勢いよく)取りかかる〔*into*〕: He decided to ~ *himself into* his new job. 彼は新しい仕事に早速取りかかることにした. **7** (激しい口調で, 力強く, または手短かに)話す, 言い放つ: He went away, ~*ing* sharp words *at* me. 鋭い言葉を吐きつけるように浴びせて立ち去った / He *flung* a hasty greeting in passing. すれ違いざわに口早に挨拶の言葉を言った. **8** 《古》〈音・香気・光線などを〉放つ, 発散する: ~ a queer sound / ~ a blue light / the flowers ~*ing* their balmy fragrance all around 芳香をあたりに発散している花.
— *vi.* **1** 突進する (rush); 荒々しく突き掛かる, 飛び掛かる, (身をおどらして)飛び出す (flounce): ~ *away* [*off*] in a rage 怒って飛び出す / ~ *to* the door 戸口へかけ出す / ~ *out of* the house 家から飛び出す. **2** 〈馬などが〉暴れ出す, 蹴り飛ばす (kick wildly) 〈*out*〉: The horse *flung out at* me. その馬が私を蹴り飛ばした. **3** 《スコット》はね[跳り]回る (caper about).
fling away (*vt.*) (1) ⇨ *vt.* 1 a, b. (2) 〈機会などを〉棒に振る; 濫費する (squander): ~ *away* one's chances of promotion 昇進の機会を棒に振る. (*vi.*) ⇨ *vi.* 1. ***fling off*** (*vt.*) (1) (無雑作に)〈衣服を〉かなぐり捨てる: ~ one's clothes *off*. (2) ⇨ *vt.* 1 b. (3) (何気なく, 無雑作に)話す, 言ってのける: She *flung off* a remark about getting a new job. 新しい仕事につくことをさりげなく話した. (*vi.*) ⇨ *vi.* 1. ***fling on*** (無雑作に)〈衣服を〉引っ掛ける: ~ one's clothes *on*. ***fling out*** (*vt.*) (1) 〈暴言を〉吐く, 浴びせる: He *flung out* hard words *at* us. 我々に悪口を浴びせた. (2) ⇨ *vt.* 3 a. (*vi.*) (1) 暴言を吐く: He *flung out* sneeringly *against* the old woman. あざけるようにその老婆の悪口を言い放った. (2) ⇨ *vi.* 2. ***fling up*** (1) ⇨ *vt.* 3 a. (2) 放棄する, うっちゃる (give up): I felt like ~*ing* everything *up*. 何もかも諦めてしまいたいような気がした.
— *n.* **1** 振り投げること, 投げ飛ばし (sharp throw): a ~ of the dice さいころの一投げ / Give it a ~. それをさっとほうれ. **2 a** 向こう見ずな[一気にする]挙動, 突進 (rush): at one ~ 一気[一挙]に / in a ~ 猛然[憤然]として. **b** (荒馬などの)はね出し, 暴れ出し, 蹴立て: give a ~ with the heels かかとで蹴り上げる. **3** 手足を素早く振り回す活発な舞踊; (特に) Highland fling. **4** 存分の[したい放題の]ことをするひと時: have one's ~ したい放題のことをする, はめをはずして遊ぶ. **5** ののしり, 悪口, あざけり.
have [***take***] ***a fling at*** (1) ...をちょっと[ためしに]やってみる: He *had a* ~ *at* skiing. スキーをちょっとやってみた. (2) ...をあざける, をばかにする (cf. 5): He often *takes a* ~ *at* abstract art. しばしば抽象芸術を皮肉る. (***in***) ***full fling*** まっしぐらに, 全速力で, 猛然と (impetuously).

fling·er *n.* **1 a** 投げる[投げうつ]人. **b** 〘野球〙投手 (pitcher). **2** 蹴る癖のある馬. **3** Highland fling を踊る人. **4** 〘機械〙油切り《軸受けの軸に沿って流れ出す油を遠心力で周囲にはね飛ばす装置》.

flint [flínt] 〘OE ~ ← Gmc *flī- (MDu. *vlint* / Dan. *flint*) ← IE *(*s*)*plei-* to splice, split (Gk *plínthos* tile): cf. plinth〙 — *n.* **1** 燧石(すいせき), 火打ち石; (ライターの)発火[着火]石; (原始人の用いた)火打ちの道具[石器]: a ~ and steel 火打ち道具 / (as) hard as (a) ~ 石のように堅い[頑固で]. **2** きわめて堅い物, 頑固なもの, (石のように)冷酷無情なもの: His heart is ~. 彼の心は石のように冷たい / a heart of ~ 冷酷な心. **3** =flint glass.
get [***wring***] ***water from a flint*** ⇨ water 成句. ***set one's face like a flint*** ⇨ face 成句. ***skin*** [***flay***] ***a flint*** (爪に火をともすような)けちで強欲なことをする (cf. flayflint, skinflint).
— *vt.* 《古》〈銃〉に火打ち石を備える[付ける].

Flint [flínt] 〘↑〙 *n.* **1** 米国 Michigan 州南東部の都市; 人口 175,000. **2** =Flintshire. 「堅い耐火粘土」.

flint clày *n.* フリントクレー《可塑性に乏しく緻密で

flint còrn *n.* 〘園芸〙硬粒種トウモロコシ (*Zea mays* var. *indurata*)《トウモロコシの一変種; 粒が硬く, 耐寒性がある; 主に飼料用として栽培》.

flint glàss *n.* **1** 無色ガラス《英国で以前はシリカ源に燧石フリントを用いてつくったのでこの名がでた》. **2** フリントガラス《無色透明なガラス; cf. crystal glass》. **3** 光学フリントガラス《光学装置に用いる分散能の大きなガラス》.

flint·head *n.* **1** (火打ち石製の)石矢じり, 矢の根石. **2** 〘鳥類〙アメリカトキコウ (⇨ wood ibis).

flint·hearted *adj.* 冷酷な, 無情な (hardhearted).

flint knàpper *n.* 燧石(すいせき)石工.

flint·like *adj.* 火打ち石のような; 堅い, 頑固な: a ~ resolution.

flint·lòck *n.* **1** (昔の燧石(すいせき)銃の)燧発機《火打ち石と鉄を当てて発火させる仕掛け》. **2** (昔の)燧石銃, 火打ち石銃 (flintlock gun).

flintlock 1
1 cock; 2 flint; 3 steel struck by flint; 4 powder pan; 5 trigger

flint màize *n.* 〘植物〙=flint corn.

Flint·shire [flíntʃɪə, -ʃə | -ʃə(r, -ʃɪə(r] 〘⇨ flint, -shire〙 *n.* ウェールズ北東部の旧州; 今は Clwyd 州の一部; 面積 663 km^2, 首都 Mold [móʊld | mɔ́ʊld]; Flint ともいう.

flint·y [flínṭi | -tɪ] *adj.* (**flint·i·er**; **-i·est**) **1** 燧石(すいせき)質の, 火打ち石の多い: a ~ soil 火打ち石質の土壌. **2** 火打ち石のような, 火打ち石類似の. **3 a** 火打ち石のように堅い: ~ beans. **b** 強情な, 頑固な; 残酷な, 冷酷非情な (cruel, hard): a ~ heart 非情な心. **flínt·i·ly** [-tɪli, -tə-, -ṭḷi | -tɪlɪ, -tə-] *adv.* **flínt·i·ness** *n.*

flip[1] [flíp] 〘(1594) 《擬音語》: cf. ME *flipe*(*n*) to pull (off a fleece)〙 — *v.* (**flipped**; **flip·ping**) — *vt.* **1 a** 指ではじく, はじき落とす[飛ばす] (fillip, flick); ぽんと打つ: ~ a person's ear [cheek] 人の耳[ほお]を爪の先でぽんとたたく / ~ the ash *from* one's cigarette たばこから灰をぽんと落とす / ~ a speck of dust *off* ぽんとほこりをはたき落とす. **b** ぽいと投げる: ~ the ball to second base 二塁にボールをぽいと投げる. **c** 〈貨幣などを〉(空に回転させるように)親指と他の指ではじく, トスをする (toss): We ~*ped* a coin to decide who should do it. 誰がそれをするかを決めるために銭はじきをした. **2** はたはた[ぴしぴし]と動かす: ~ a fan 扇をはたはた動かす / ~ a whip むちをぴしぴし振る. **3** 〈ページ・カードなどを〉さっとめくる, ぱらぱらとめくる, ぱらぱらさせる (leaf). **4** 〈レコード・(ポーカーで)カードなどを〉裏返す, 引っくり返す. **5** [~ *oneself* で] ひれ足で[を使ったように]進む, ぱたぱた歩く. **6** 《俗》〈走っている車〉に飛び乗る.
— *vi.* **1 a** (指で)はじく. **b** 銭はじきをやる, トスをする (toss): ~ for who should do it first 誰が最初にそれをするかで銭はじきをやる. **2** (むちなどで)〔...を〕ぴしと打つ〔*at*〕: ~ *at* an ass with a whip ろばをむちでぴしぴし打つ. **3** ぐいと動く. **4** ページをぱらぱらめくる: ~ *through* a book. **5** ひれ足で[を使ったように]動く, ひれ足のように動く. **6** 《英口語》飛行機で一飛びする. **7** 《俗》**a** 自制を失う 〈*out*〉. **b** 〔...に〕興奮する, 夢中になる〔*over*〕: ~ *over* a girl.
flip one's lid [***top, wig,*** 《米》 ***stack***] 《俗》(1) 自制を失う; 興奮する; 笑いこける; 夢中になる; かっとなる. (2) 気が狂う.
— *n.* **1** 指ではじくこと (fillip), 軽く打つこと (flick). **2** 急にぴく[ぐい]と動く[かす]こと: with a quick ~ of the wrist 手首をぱっと速く動かして. **3 a** ひょいとひっくり返す[返る]こと. **b** 宙返り, (特に)空中とんぼ返り (somersault). **4** 《英口語》**a** (飛行機の)一飛び. **b** 駆け足の旅行. **5** =flip side. **6** 〘アメリカンフットボール〙フリップ《すばやい短いパス》. **7** 〘トランプ〙フリップ《カードを全部伏せて配る方式のスタッドポーカー (stud poker)》.

flip[2] [flíp] 〘(1682) ← ? FLIP[1] (to whip up の意味で)〙 — *n.* フリップ《ビール・蒸留酒またはぶどう酒などをベースに香料・砂糖・強くかき混ぜた卵を加えたカクテル; 通例熱くして飲む一種の卵酒》.

flip[3] [flíp] 〘← FLIP[1] (v.)〙 *adj.* (**flip·per**; **flip·pest**) 《口語》=flippant 1. — *n.* 《俗》でしゃばりな人, なまいきな人; 軽薄な人.

flip chìp *n.* 《口語》〘電子工学〙フリップチップ《混成集積回路を構成するために基板の表面に取付けるトランジスターなどのチップ》.

flip còil *n.* 〘電気〙=search coil.

flip-flap [flípflæ̀p] 〘(1529) 《加重》← FLAP〙 — *n.* **1** ぱたぱた[かたかた]鳴る音. **2** (後ろ)とんぼ返り. **3** (遊戯場の)回転シーソー《長い腕木の端に座席をつけて回転する装置》. — *adv.* ぱたぱたと, かたかたと. — *vi.* **1** (後ろ)とんぼ返りをする. **2** ぱたぱた動く, ぱたつく: The door ~*ped* in the wind. 戸が風にあってぱたぱた動いた.

flip-flop [flípflɑ̀p | -flɔ̀p] 〘↑〙 — *n.* **1** =flip-flap 1. **2** =flip-flap 2. **3** 〘電子工学〙フリップフロップ, 二[双]安定マルチバイブレーター《二つの安定状態を有し, 入力信号がくる度に状態が変わる電子回路; flip-flop circuit ともいう》. **4** 〘広告〙フリップフロップ《通例台の上にのっており, 頭部が蝶番(ちょうつがい)でとめてあり次々とページ毎にめくるようになっている展示》. **5** [通例 *pl.*] フリップフラップ《平底とストラップだけの, プラスチック製またはゴム製のサンダル》. — *adv.* =flip-flap. — *vi.* =flip-flap.

flip jùmp *n.* 〘スケート〙フリップジャンプ《3の字型曲滑りの終わりに爪先を使って行なう回転ジャンプ》.

flip·pan·cy [flípənsi | -sɪ] *n.* **1** 軽薄; 軽々しさ, ふまじめ; 生意気. **2** 軽薄[生意気]な言動.

flip·pant [flípənt] 〘(1605) ← ? FLIP[1] (v.) + -ANT〙 — *adj.* **1** (大切な事・敬意を表すべき人などに対して)まじめさを欠く, 軽薄な, 軽々しい (frivolous); 生意気な, こしゃくな, 軽口な (pert): a ~ answer. **2** 《方言》すばしっこい, 軽快な (nimble). **3** 《廃》流暢な, おしゃべりな (fluent). **~·ly** *adv.* **~ness** *n.*

flip·per 〘← FLIP[1] (v.) + -ER[1]〙 — *n.* **1** ひれ状の足, ひれ足《ウミガメの足・海獣の前あし・クジラの前びれ・ペンギンの翼など》. **2** [通例 *pl.*] 足ひれ, フリッパー《skin diving に使う足に付けるひれ状のもの; fin ともいう》. **3** 《俗》手 (hand). **4** 〘劇場〙せまい枠張物《背景と舞台とのつなぎに用いられる》. — *vi.* フリッパー[足ひれ]で進む. — *vt.* **1** ...にフリッパーを付ける. **2** 足ひれのように動かす.

flip·ping 〘← FLIP[1]〙 — 《英俗》[軽いののしり語として] *adj.* ひどい; 全くの (bloody): a ~ hotel. — *adv.* ひどく; 全く, とても: ~ hot / He is ~ big headed. とてつもなくでかい頭をしている.

flip sìde *n.* (レコードの)裏面, B面《特に, 表がヒット曲の場合にいう》.

flip-tòp *adj.* **1** 〈テーブルなど〉拡張式の《蝶番(ちょうつがい)付きの表面板を広げると2倍になる》: a ~ table. **2** (一方が蝶番式になっていて)親指で押し上げて開く, 押し上げ蓋式の: a ~ can, box, etc.

flirt [flə́ːt | flə́ːt] 〘(1549) 《擬音語?》: cf. OF *fleureter* (原義) to move from flower to flower〙 — *vt.* **1** (活発に)振り動かす, ぱたぱたさせる: ~ a tail 〈鳥が〉尾を振り動かす / ~ a fan 扇をひらひら使う. **2** 《まれ》(はずみをつけて)ひょいと投げる, ひらりとほうる: ~ a glove. — *vi.* **1** ぴくぴく[ひょいひょい]動く; ぴょんぴょん飛ぶ: Butterflies were ~*ing* from flower to flower. 蝶が花から花へと飛び舞っていた. **2** 恋をもてあそぶ, 戯れに恋をする, 〈男女が〉〔...と〕ふざける, いちゃつく〔*with*〕: ~ *with* a young girl. **3** (おもしろ半分に)手を出す, もてあそぶ; ふとした興味を示す〔*with*〕: ~ *with* the idea of getting a job ふと職についてみようかなと考える. — *n.* **1** ひょいと投げること, (ひょいと動く)急激な動き, (尾・扇などの)ひらひら[ひょいひょい]する動き: move about *with* a ~ of one's dress しゃなりしゃなりと着物をひらつかせて歩き回る. **2** 恋をもてあそぶ女[男], 浮気女[男].

flir·ta·tion [flə:téɪʃən | flə:-] *n.* (男女が)ふざけること, ふざけ, いちゃつき; 恋愛遊戯, 戯れの恋.

flir·ta·tious [flə:téɪʃəs | flə:-] *adj.* ふざけたがる, いちゃつく, じゃらじゃらする, 恋愛遊戯的な: throw a ~ glance at a person 人に色目をつかう. **~·ly** *adv.* **~·ness** *n.*

flírt·er [-ṭə | -tə(r] *n.* **1** 振り動かす人. **2** ひょいと投げる人. **3** いちゃつく人, 恋愛遊戯をする人. 「女.

flírt-gìll [-dʒɪ̀l] 〘⇨ gill[4]〙 *n.* 《廃》浮気な女, 尻の軽い

flírt·ing·ly [-ṭɪŋli | -tɪŋlɪ] *adv.* **1** ひょいひょいと(動かして). **2** ふざけて, いちゃついて, 恋をもてあそんで; あだっぽく (coquettishly).

flirt·ish [flə́:ṭɪʃ | flə́:t-] *adj.* =flirtatious.

flirt·y [flə́:ṭi | flə́:tɪ] *adj.* (**flirt·i·er**; **-i·est**) **1** ひらひらする. **2** ふざけたがる, 浮気な (coquettish).

flit [flít] 〘(*a*1200) *flitte*(*n*) to go away, migrate ▭ ON *flyt-ja* to carry, cause to flit ← *fljóa*: ⇨ fleet[4]〙 — *vi.* (**flit·ted**; **flit·ting**) **1** 〈鳥・こうもり・蛾(が)などが〉軽やかに飛ぶ, すいすい[ひらひら]飛ぶ, 飛び回る (flutter); すうっと飛んで行く: bees ~*ting from* flower *to* flower 花から花へ飛び交うみつばち / clouds ~*ting across* the sky 空を飛走する雲 / ~ *past* すうっと飛び過ぎる. **2** 〈人が〉身軽に通る; 〈夢・幻想などが〉去来する; 〈時が〉過ぎ去る: nurses ~*ting through* the hospital wards 病室を身軽に通り過ぎる看護婦 / fancies that ~ *through* the brain ちらと頭をかすめる空想 / Her imagination ~*ted back to* her childhood. 彼女の想像はすっと子供時代に戻った. **3** 《英口語・方言》**a** 住居を移す; (借金取りを避けるために)こっそり逃げる: ~ *to* a new house 新居に移る. **b** 駆落ちする (elope). **4 a** 《古》変更する (shift), 変わる, 不安定である. **b** 〈炎が〉消える. — *vt.* 《スコット・方言》移転[転居]させる, 立ちのかせる (remove). — *n.* **1** 飛び去ること. **2** 《英口語・方言》**a** 引越し, 転居; (借金取りなどから逃れるための)急な引越し, ひそかな転居, 夜逃げ: do a ~ 逃亡する / ⇨ moonlight flit. **b** 駆落ち (elopement). **3** 《俗》同性愛の男, 男色者, ホモ.

flitch [flítʃ] 〘OE *flicce* < Gmc *flikkjam (MLG *vlike* / ON *flikki*) ← IE *plēk- to tear: cf. flay, flesh〙 — *n.* **1** 豚のわき腹肉のベーコン. **2 a** 角切りの鯨の脂肉. **b** (おひょう (halibut) などの)魚の切り身; その燻製品. **3** 〘木工〙**a** 背板 (slab); (flitch beam の)合わせ板. **b** フリッチ《合板の単板1枚分に大よそ木取りした材; 化粧合板などに製品化される板材》.
flitch of Dunmow [the —] =Dunmow flitch.
— *vt.* **1** 〈魚などを〉切り身 (flitch) にする. **2** 〘木工〙合板に組み立てる[組み合わせる].

flitch bèam *n.* 〘木工〙(2枚の板の中間に鋼板 (flitch plate) を入れて締め合わせた)合わせ梁(はり)《flitched beam ともいう》.

flitch gìrder *n.* 〘木工〙サンドイッチ桁(けた)《合わせ梁(はり) (flitch beam) を用いた桁》.

flitch plàte *n.* 〘木工〙フリッチ板《flitch beam の間に入れる補強鋼板》.

flite [fláɪt] 〘OE *flītan* to strive: cf. G *sich befleissen* to busy oneself〙 《スコット・北英》 — *vi.* 口論する, けんかする, 争う〔*against, on, with*〕; ののしる, がみがみ言う〔*at*〕. — *n.* 口論, けんか; ののしり.

flit-gùn 〘← *Flit* (殺虫剤の商標名)〙 *n.* (家庭用小型)殺虫剤噴霧器.

flít·ing [-tɪŋ | -tɪŋ] 〘(?*a*1200): ⇨ flite〙 *n.* 《スコット・北英》口論 (wrangling); ののしり (scolding).

flit·ter¹ [flítə | -tə(r] 〘(?*a*1400) (freq.) ← FLIT: ⇨ -er⁴〙 ── *vi.* 《こうもり・蝶(ちょう)などが》ひらひらと飛び回る (flutter). ── *vt.* ひらひら[あちこち]動かす, はばたかせる.

flít·ter² [-tə | -tə(r] 〘← FLIT (v.)+-ER¹〙 *n.* ひらひら飛ぶ[飛び回る]もの.

flítter·mòuse 〘(1547): ⇨ flitter¹, mouse: cf. Du. *vledermuis* / G *Fledermaus* bat〙 *n.* 《古》こうもり.

flít·ting [-tɪŋ | -tɪŋ] 〘(*a*1398)〙 ── *n.* 《英口語・方言》引越し, 転居: ⇨ moonlight flitting. ── *adj.* ひらひら飛ぶ, 飛び回る; うつろい行く, 束の間の: ~ moments of mirth 束の間の歓楽のひと時. **~·ly** *adv.*

fliv·ver [flívə | -və(r] 〘← ?: 《原義》failure〙 ── 《俗》*n.* **1 a** 小型の安自動車; 《戯言》自動車. **b** (個人用の)小型飛行機. **c** 小型駆逐艦. **2** 失敗; 失敗者[した物] (failure). ── *vi.* **1** 小型の安自動車で旅行をする. **2** 失敗する (fizzle).

flix [flíks] 〘← ?〙 *n.* 《古》(ウサギ・ビーバーなどの)毛皮 (fur); 綿毛.

Flo [flóu | fláu] 〘(dim.) ← FLORENCE²〙 *n.* 女性名.

Flo. 《略》Florence.

float [flóut | fláut] 〘v.: OE *flotian* < Gmc **flotōjan* (ON *flota* / MDu. *vlōten*) ← **flot-* ← **fleutan* 'to FLEET⁴': OF *floter* ((F *flotter*) ← Gmc) の影響もある. ── n.: OE *flota* that which floats, ship // OE *flot* floating〙 ── *vi.* **1 a** 浮かぶ (↔ sink); (水中に)浮流する, 漂う (drift along): A cork ~*s on* water. コルクは水に浮く / Logs were ~*ing down.* 丸太が流されて来ていた. **b** (増水して)浮き上がる, 押し流される 〈*off*〉. **2** (空中・気体中に)浮かぶ, 浮動する, (中空に)かかる: I saw three balloons ~*ing* on high. 風船が3個空高くふわりと浮かんでいるのが見えた. **3** (心中などに)浮かぶ (hover): ideas ~*ing* through the mind 心中に浮かぶ考え / The sight ~*ed* before his eyes. その光景が眼の前に浮かんで来た. **4** 〈風説などが〉広がる, 流布(るふ)する: The rumor was ~*ing about* [*around* town]. そのうわさが方々に[町中に]流れていた. **5** 《俗》〈人が〉ゆったりと[優雅な足どりで]歩く: Mrs. Green ~*ed down* the stairs. グリーン夫人はしとやかに階段を降りて来た. **6 a** (住所・職業など)転々とする, (あてもなく)流浪する: He ~*ed* through life [~*ed* from place to place]. 世をさすらい渡った[転々と居所を変えた]. **b** 〈政党の政策・政党への支持・節操などが〉無定見である, 浮動する, ぐらぐらする; 〈考えが〉ぐらつく, 揺れる. **7** 〈会社・計画などが〉設立される, 起こされる, 企てられる (cf. *vt.* 6 b). **8** 〘商業〙〈引受け済み手形などが〉流通中である. **9** 〘経済〙〈一国の通貨が〉〔他国の通貨に対して〕変動為替相場をとる, フロートする 〔*against*〕. **10** 〘紡織〙〈糸が〉浮かされる《他の2本(以上)の糸の上または下に通される; cf. *vt.* 10》. ── *vt.* **1** (水上に)浮かべる, 浮かす, 浮き上がらせる, 浮流させる, 漂わせる: enough water to ~ a ship 船を浮かべるに足りる水 / The tide ~*ed* us *into* the harbor. 潮流に乗って港へはいった / ~ a raft of logs *down* a river いかだを川に流す. **2** (空中に)浮かべる, 浮揚させる: Coal gas will ~ a balloon. 石炭ガスを入れれば気球は浮揚する. **3 a** 氾濫させる (flood); 灌漑(かんがい)する (irrigate). **b** …の表面を〔水などで〕浸す 〔*with*〕: The field was ~*ed with* blood. 戦場は血に浸された. **4** 〈セメント・しっくい〉(の表面)を鏝(こて)でならす. **5** 〈風説などを〉広める, 流布させる (circulate): ~ a rumor. **6 a** 〈計画・事業など〉のために一般の支持[承認]を得る. **b** (事業などの資金調達のため)〈株・公債などを〉市場に売り出す, 発行[募集]する; (証券などを発行して)〈会社・計画を〉設立する (establish), 起こす, 企てる (launch): ~ a bond issue 公債[社債]を発行する / We must raise enough money to ~ the company. 会社を起こすのに必要な資金を調達しなければならない. **c** 〈貸付けなどを〉協定する, 取り決める: ~ a loan. **7** 〈絵の具を〉水で練り砕く (levigate). **8** 〘土木〙〈構造物を〉マット[いかだ]の土台に載せる. **9** 〘経済〙〈一国の通貨を〉変動為替相場制にする, フロートさせる. **10** 〘紡織〙〈糸を〉浮かす《他の2本(以上)の糸の上または下に通す》; 糸を浮かして〈模様を〉織る. **11** 〘劇場〙〈フラット (flat) を〉(舞台上に)降ろす.

── *n.* **1 a** 浮く物, 浮遊物; 浮氷; 浮き草のかたまり. **b** いかだ (raft): 命来. **c** 浮標 (buoy). **d** 浮袋, 救命具. **e** (釣糸・魚網の)うき. **f** 〘機械〙(水槽の水量を調節する)浮球; 浮子, フロート《気化器のフロート室内にある金属製中空のうき》. **g** 〘動物〙(魚の)浮袋; (深海動物の)気胞体; 〘植物〙(藻(も)の)呼吸根. **h** (繋船用の)浮桟橋; (水泳者用の)浮台 (floating platform). **i** 〘航空〙(水上飛行機の滑走用の)浮舟, フロート. **2 a** (左官の)木鏝(こて); (大理石用の)磨き鏝. **b** 荒片目やすり (float-cut file). **3 a** 《英》(家畜または貨物運搬用の)台車: ⇨ milk-float. **b** (街路を練り歩く)屋台, 花車. **4** =floatboard. **5** 《米》フロート《ルートビア (root beer), コーラなどの上にアイスクリームを浮かせた清涼飲料》: root beer ~ ルートビアフロート. **6** (店の営業開始時に釣り銭・小額の支払いに使うための)ため金, 手持金. **7** (未査定の)浮遊分譲地. **8** 〘経済〙変動為替相場 (cf. *vi.* 9). **9** 〘紡織〙浮糸《錦織にみられるように模様をつくり出すために数本の縦糸[横糸]を飛びこえて織り込まれる横糸[縦糸]》. **10** [*pl.*] 《英》〘演劇〙=footlights. **11** 〘地質〙フロート《岩石や鉱石の風化作用により生じた岩石片》; [しばしば *pl.*] 水中に浮漂する鉱石片. **12** 《米》取立てのために銀行間を転送中の小切手[手形]. **13** 《まれ》浮流, 浮遊, 浮揚: on the ~ 浮かんで, 漂って.

float·a·ble [flóutəbl | fláut-] *adj.* **1** 浮かぶ[浮かべる]ことのできる, 浮揚性の. **2** 〈河流が〉船[いかだ]を浮かべることのできる. **3** 〘鉱山〙浮遊性のある.

float·age [flóutɪdʒ | fláut-] *n.* **1** =flotage. **2** 鉄道車輛を運貨船 (barge) に移す料金.

float·a·tion [flo(u)téɪʃən | flə(u)-] *n.* =flotation.

flóat·bòard *n.* (水車の)水受け板; (外車船の)水かき板《単に float ともいう》.

flóat brìdge *n.* (桟橋から船にかけ渡す)浮橋, いかだ橋《いかだの上に組み立てた橋; cf. pontoon bridge》.

flóat chàmber *n.* 〘機械〙フロート室, フロートチェンバー《フロートで燃料を調節する気化器の燃料室》.

flóat-cùt fìle *n.* 荒片目やすり, 片刃やすり.

flóat·er [-tə | -tə(r] *n.* **1 a** 浮漂物, 浮く物, 浮遊物. **b** (水蓮など)水の表面に葉を浮かべる草, 浮草. **c** 放流びん (drift bottle). **d** [*pl.*] (ビールに)浮遊する小粒子. **e** 《米俗》水に浮かぶ水死体, 水死人, 「土左衛門」. **2 a** 住所[職業]を転々と変える人, 渡り労働者. **b** 浮浪者 (vagrant). **c** (ある職場で)特定の仕事を与えられていない従業員, フリーランサー. **d** (政治的・宗教的に)定見[帰属]のない人. **3 a** 浮動投票者 (floating voter); 《米》買収可能な投票者. **b** 《米》(同一選挙に所を変えて数個所で投票する)不正投票人, 二重投票者. **4** (会社の)設立発起人. **5** 《英俗》しくじり, 失敗 (mistake). **6** 《米俗》(警察の発する)町からの退去命令. **7** 〘野球〙(回転を与えない)スローボール. **8** 〘保険〙包括保険.

flóat-fèed *adj.* 〘機械〙〈気化器など〉うき (float) によって燃料の供給が調節される.

flóat gláss *n.* 〘ガラス製造〙フロートガラス《フロート法 (float process) で作った板ガラス》.

flóat gràss 〘(15C)〙 *n.* 〘植物〙=floating grass.

flóat·ing [-tɪŋ | -tɪŋ] *n.* **1** 浮動, 浮揚, 浮遊. **2** (鏝(こて)による)仕上げ塗り; (しっくい塗りの)中塗り. ── *adj.* **1 a** 浮かんでいる, 浮遊している, 浮かび漂う; 空中に飛び漂う: ~ wreckage 漂流している難破貨物 / ~ thistledown ふわふわ飛んでいるあざみの冠毛. **b** 〈船荷が〉海上にある, 陸揚げ未了の: a ~ cargo 沖がかり貨物, 未着貨物. **2** (住居・職業などで)浮動的な, 流動性の, 一定しない (shifting): the ~ population of a city 都市の浮動人口. **3** 〘医学〙定着していない, 遊動[遊走]性の: ⇨ floating kidney. **4** 〘経済〙**a** 〈資本など〉固定していない, 流動している: ~ money 流動資金, 遊金, 遊資. **b** 〈負債など〉短期返済の《通例利子支払いのための資本が貯えられていない》: ⇨ floating debt. **5** 〘経済〙〈為替・通貨が〉変動的な: the system of ~ exchange rates 変動為替相場制 (cf. floating exchange rate system). **6** 〘機械〙自由動の, 円滑に動く, (防振のために)弾性支持した: a ~ transmission 自由伝動装置 / ⇨ floating axle. **~·ly** *adv.*

flóating ánchor *n.* 〘海事〙海錨(かいびょう) (sea anchor).

flóating ássets *n. pl.* 〘会計〙流動資産 (current assets).

flóating áxle *n.* 〘機械〙浮動軸.

flóating báttery *n.* **1** (大型のいかだや船の上に作った)浮き砲台. **2** 浮動蓄電池《常時充電しながら使用される蓄電池》.

flóating brídge *n.* **1** (橋脚の代りにいかだや舟を並べて渡した)浮き橋, 舟橋. **2** 鎖渡し船《川の両側に固定した鎖をつたわって行き来する渡し船》.

flóating cápital *n.* 〘経済〙=circulating capital.

flóating chárge *n.* 《英》浮動担保, 企業担保 (《米》blanket mortgage).

flóating cráne *n.* 起重機船.

flóating débt *n.* 〘経済〙流動負債 (current liability), 短期負債.

flóating décimal *n.* 〘電子工学〙浮動小数点方式《計算機などで有効数字を多くとるため, 小数点の位置を自動的に変える方式》.

flóating dóck *n.* 〘海事〙浮きドック《修理船を乗せて浮き上がる形のドック; floating dry dock ともいう》.

flóating exchánge ràte sỳstem *n.* 〘経済〙変動為替制《外貨の需給に応じ自由に為替相場が決定される制度》.

flóating flóor *n.* 〘建築〙浮き床《遮音のため, 構造体から浮かせて張った床》.

flóating foundátion *n.* 〘建築〙いかだ基礎, 浮き基礎《弱い地盤の上に建てる場合, 建物底面を全部1枚の基礎盤にしたもの》.

flóating gàng *n.* 《米》〘鉄道〙移動保線区班《不特定地域の鉄道路線補修工夫組; cf. section gang》.

flóating gráss *n.* 〘植物〙ドジョウツナギ属 (*Glyceria*) など沼沢地にはえるイネ科の植物の総称.

flóating héart *n.* 〘植物〙リンドウ科アサザ属 (*Nymphoides*) 植物の総称《アサザ・アメリカガガブタなど; 葉がハート形で水面に浮くためにいう》.

flóating inspéctor *n.* (工場側の要請に基づいたり, あるいは随意に)工場の生産部品を検査する検査員.

flóating ísland *n.* **1** (沼などに見られる)浮き島. **2** カスタードに泡立てた卵白またはクリームを浮かせたデザート.

flóating kídney *n.* 〘解剖〙遊走腎.

flóating léver *n.* 〘鉄道〙浮きレバー, 浮動てこ《ブレーキ棒によって動かされるもの》.

flóating líght *n.* **1** (浮標につけた)浮標灯. **2** 灯船 (lightship)《暗礁・浅瀬・沈船などの危険物を示すため, その場所に係留してマストの上に灯火を掲げた小船》. **3** (灯火をつけた)夜間用救命浮器.

flóating píer *n.* 〘土木〙浮き桟橋.

flóating-póint *adj.* 〘数学〙浮動小数点の《312.8 を 3.128×10^2 と表わすなど, 小数点を適当な位置に動かして数を表わす方式にいう; cf. fixed-point》.

flóating pólicy *n.* 〘海上保険〙フローティングポリシー, 予定保険証券.

flóating ràtes *n. pl.* 船荷税 (cf. floating *adj.* 1 b).

flóating ríb *n.* 〘解剖〙浮動肋骨, 浮肋《胸骨にも他の肋骨の軟骨にも付着していない肋骨; ヒトでは最下端の二対; cf. false rib》.

flóating stáge *n.* **1** 〘劇場〙**a** 機械運転によって舞台裏に移動するステージ. **b** (古代ローマ劇場のような)水上舞台. **2** 演芸船, ショーボート (showboat).

flóating stóck *n.* 〘証券〙浮動株《投機などのため短期的に保有されている株式》.

flóating supplý *n.* **1** (商品などの)在庫, 在庫高. **2** 浮動証券《投機などのため短期的に保有されている株式や債券》.

flóating vòte *n.* **1** 浮動票. **2** [集合的] 浮動投票者.

flóating vòter *n.* 浮動投票者 (floater).

flóating zóne mèlting *n.* 〘冶金〙浮遊帯溶融法 (cf. cage zone melting).

flóat·man [-mən] *n.* (*pl.* **-men** [-mən, -mèn]) 車両運搬船 (car float) 管理者.

flóat·plàne *n.* フロート付きの水上機 (cf. seaplane, flying boat).

flóat pròcess *n.* 〘ガラス製造〙フロート法《帯状のガラスを融けたスズの上に浮べて板ガラスを製造する方法; cf. float glass》.

flóat·stòne *n.* **1** 〘岩石〙浮き石, 軽石《多孔性海綿状の蛋白石》. **2** (れんが仕上工用)磨き石.

flóat swìtch *n.* 〘電気〙フロートスイッチ《液体上に浮くフロート[浮子]の上下で断続する電気スイッチ》.

flóat vàlve *n.* 〘機械〙フロート弁, 浮動弁.

float·y [flóuti | fláuti] 〘ME〙 ── *adj.* (**float·i·er; -i·est**) **1** 浮くことのできる, 浮きやすい (buoyant). **2** 〈船が〉吃水の浅い. **3** 浮くように見える: a ~ chiffon dress.

floc [flák | flɔ́k] 〘(略) ← FLOCCULE〙 ── *n.* **1** フロック《煙・沈殿物など綿状の固まり》. **2** =flock² 1, 2. ── *v.* (**flocced; floc·cing**) ── *vi.* 綿状に固まる. ── *vt.* 綿状に固まらせる.

flocci *n.* floccus の複数形.

floc·cil·la·tion [flɑ̀ksəléɪʃən | flɔ̀ksɪ-] 〘← L **floccill(us)* ((dim.) ← L *floccus* 'FLOCK²')+-ATION〙 ── *n.* 〘病理〙撮空[捜衣]摸床, 頻死のもがき《意識の混濁した患者が寝具をつかむ症状; carphology ともいう》.

floc·ci·nau·ci·ni·hi·li·pi·li·fi·ca·tion [flɑ́ksənɔ̀ːsənìhɪlɪpìlɪfɪkéɪʃən | flɔ́ksɪnɔ̀ːsɪ-] 〘← L *flocci, nauci, nihili, pili* at a small price, at nothing+-FICATION〙 ── *n.* 《戯言》(富などの)軽視, 蔑視.

floc·cose [flákous | flɔ́kəus] 〘□ LL *floccōs-us* ← L *floccus* 'FLOCK²': ⇨ -ose¹〙 *adj.* 〈植物が〉むら毛状の (tufty); むら毛のある (tufted).

floc·cu·lant [flákjulənt | flɔ́k-] 〘← FLOCCULE+-ANT〙 *n.* 〘化学〙凝集剤.

floc·cu·late 〘← FLOCCULUS+-ATE³〙 ── [flákjulèɪt | flɔ́k-] *v.* ── *vt.* 〈雲・沈殿物などを〉綿状[毛状]の固まりにする. ── *vi.* 綿状[毛状]の固まりになる. ── *n.* [-lət, -lɪt, -lèɪt] 綿状[毛状]の固まり (floc). **floc·cu·la·tion** [flɑ̀kjuléɪʃən | flɔ̀k-] *n.* **flóc·cu·là·tor** [-tə | -tə(r] *n.*

floc·cule [flákjuːl | flɔ́k-] 〘← NL *floccul-us*: ⇨ flocculus〙 *n.* **1** 一房の羊毛[羊毛状物質]. **2** (沈殿物中の)羊毛状微片.

floc·cu·lence [flákjuləns | flɔ́k-] 〘⇨ ↓, -ence〙 *n.* 羊毛[むら毛]状, 綿状.

floc·cu·lent [flákjulənt | flɔ́k-] 〘(1800) ← FLOCCUL(US)+-ENT〙 ── *adj.* **1** 羊毛状の, 綿状の, 毛房[むら毛]のような (woolly). **2** 柔毛性の, 綿毛質の (downy); 毛房状の固まりから成る **3** 〈昆虫など〉柔毛におおわれた. **4** 剝離(はくり)性の (flaky). **~·ly** *adv.*

flócculent precípitate *n.* 〘化学〙(水酸化アルミニウムのような)綿状沈殿物.

floc·cu·lus [flákjuləs | flɔ́k-] 〘← NL ~ (dim.) ← L *floccus* (↓)〙 ── *n.* (*pl.* **-cu·li** [-làɪ, -lìː | -làɪ]) **1** 綿状[羊毛状]の固まり (floccule). **2** 〘解剖〙(小脳の)小葉. **3** 〘天文〙羊斑《分光太陽写真で黒点の表面に見える輝いた斑紋; plage ともいう》.

floc·cus [flákəs | flɔ́k-] 〘□ L ~ 'lock, FLOCK²'〙 ── *n.* (*pl.* **floc·ci** [flákaɪ, -kiː, -ksaɪ, -ksiː | flɔ́ksaɪ, -ksiː, -kaɪ, -kiː]) **1 a** 〘植物〙綿毛; (菌類の)菌糸の固まり, わた. **b** (ライオンなど動物の尾の先の)房毛. **c** (ひな鳥の)綿毛. **2** 〘気象〙房状雲. ── *adj.* 〘気象〙〈雲が〉群れをなした房状の.

flock¹ [flák | flɔ́k] 〘OE *floc(c)* < Gmc **fluʒnaz* (ON *flokkr* troop, band) ← ?〙 ── *n.* **1 a** (家畜・家禽または野生動物の)群れ《特に, 羊・やぎ・がちょう・あひるなどにいう; cf. herd¹ 1 a, drove², pack¹ 10, bevy 1, covey 1, flight¹ 5, swarm¹ 1 b, shoal² 1》: a ~ *of* wild ducks 野がもの群れ / a master of many ~*s* 多数の羊の持主 / the flower of the ~ 鶏群の中の鶴; 一家の花形. **b** [*pl.*] (人の財産としての)羊とやぎ: ~*s* and herds. **2 a** 《古》人の群れ, 一団: a ~ *of* young girls 少女の群れ. **b** [*pl.*] 大勢, 多数: come *in* ~*s* 大勢でやって来る, 大挙して来る. **c** (物の)集まり, 多数, 大量, 一山 (heap): a ~ *of* pamphlets 一山のパンフレッ

ト / a ~ of wild surmises 途方もない臆(おく)測の数々. **3** [集合的] **a** 指導者の下にある群衆. **b** (新約聖書などでキリストを「よき羊飼い」(Good Shepherd) と見なして)キリスト教会 (Christian Church); (牧師に対して教会の)信者たち, 会衆 (congregation): the ~ of Christ キリスト教信者. **c** (父母・教師を羊飼いと見なして)子供[生徒]たち: a teacher [mother] and her ~ 先生と引率の生徒たち[母親とその子供たち].

— *vi.* **1** 群れをなす, 群がる 〈*together*〉: Birds of a feather ~ *together*. ⇨ BIRDS *of a feather*. **2** 群れをなして来る[行く] 〔*after, into, to, out of*〕〈*about, out*〉: ~ *to* the country 田舎へ集団で出かける. — *vt.* …に群がる, 集団で押しかける: ~ the beach.

flock[2] [flák | flɔ́k] 〖(c1250) *flok* ⊏ (O)F *floc* < L *floccum* flock ← ?〗 — *n.* **1** 一房の羊毛[毛髪など]: a ~ of wool 羊毛一房 / a ~ of cotton 綿一かたまり. **2** [*pl.* にも用いて] (ふとん・家具などに詰める, また flock paper などを作るのに用いる)毛くず, 綿くず. **3** =floc[1]. — *vt.* **1** 〈ふとんなどに〉毛[綿]くずを詰める. **2** 〈紙など〉毛[綿]くずで飾る[被う] (cf. flock paper).

flóck·bèd 〖⇨ ↑, bed〗 *n.* 毛くず入り(マットレスの)寝台.

flóck·ing *n.* 毛くずで飾った(壁紙などの)模様.

flóck·less 〖← FLOCK[1]+-LESS〗 *adj.* **1** 鳥[獣]群のない. **2** 信者のない.

flóck·màster 〖← FLOCK[1]+MASTER[1]〗 *n.* 牧羊主; 羊飼い.

flóck máttress *n.* 毛[綿]くずを詰めたマットレス.

flóck pàper *n.* フロックペーパー《あらかじめ着色した毛くずや綿くずなどを散布した特殊な紙; 主に壁紙などに用いる》.

flock·y [fláki | flɔ́kɪ] 〖← FLOCK[2]+-Y[4]〗 *adj.* (**flock·i·er; -i·est**) **1** 羊毛状の, 毛房[毛くず]のような[だらけの]. **2** 綿毛のような, 柔毛性の.

Flod·den [fládn | flɔ́dn] 〖(16C) *Floddoun* ← ? OE *flōh* fragment, a bit of stone+OE *dūn* 'DOWN[1]'〗 — *n.* イングランド北東部 Northumberland 州の丘; James 四世に率いられたスコットランド侵入軍がイングランド軍に大敗した所 (1513).

floe [flóu | flə́u] 〖(1817) ⊏ ? Norw. *flo* < ON *flō* layer〗 *n.* 〖地理〗=ice floe.

flóe·bèrg 〖⇨ ↑, berg[1]〗 *n.* (氷山に似た)浮氷のかたまり.

flog [flá(ː)g, flɔ́(ː)g | flɔ́g] 〖(1676) ← ? L *flagellāre* 'to FLAGELLATE'〗 — *v.* (**flogged; flog·ging**) — *vt.* **1 a** (むち・つえなどで)激しく打つ (whip), むち打つ (lash); 罰する, …に体罰を課する: ~ a lazy schoolboy 怠惰な学童をむち打つ / ⇨ *flog a* DEAD HORSE. **b** むち打って直す[教え込む, 進ませる]: ~ laziness *out of* a boy むちを加えて子供のなまけ癖を直す / ~ Latin *into* a boy むち打って少年にラテン語を覚えさせる / ~ a donkey *along* ろばをぴしぴしむち打って進ませる. **2 a** (むち打つように)打ちつける, たたく (strike): Trees were ~*ging* the ground in the strong wind. 木々は強風にあおられて地面を打ちつけていた / The dog ~*ged* the rug with his tail. 犬は尾でじゅうたんをたたいた. **b** (クリケットなどで)〈球を〉猛烈に打つ, 打ちまくる (punish). **c** 〈川〉に釣糸を幾度も投げ入れる: ~ a stream without success. **3** 厳しく批判する: They were severely ~*ged* over sex discrimination. 男女差別のことで厳しく批判された. **4** 駆り立てる (drive): ~ one's memory 記憶力にむち打つ / ~ his car to the country 車を駆って田舎へ行く. **5** 《俗》〈官給品などを〉(不法に)売る, 〈盗品を〉故売する; 盗む. **6** 《英俗》打ち負かす; 疲れさせる: ~ a competitor. — *vi.* 《俗》骨折って進む. **~·ger** *n.*

flóg·ging *n.* むち打つこと, (体罰としての)むち打ち: give a boy a ~ 少年をむち打つ.

flógging chìsel *n.* 〖金属加工〗(鋳鉄造用)大鑿(のみ).

flong [fláŋ, flɔ́(ː)ŋ | flɔ́ŋ] 〖⊏ F *flan* 'FLAN' (フランス語の発音の英語化した綴り)〗 *n.* 〖印刷〗紙型用紙, フロング.

flood [flʌ́d] 〖OE *flōd* flowing, flow, stream < Gmc *flōðuz, *flōðam (Du. *vloed* / G *Flut*) ← IE *pleu- 'to FLOW'〗 — *n.* **1** 洪水, 大水, 浸水, 出水; [the F-] ノアの大洪水 (the Deluge) (cf. *Gen.* 7): Noah's *Flood* ノアの大洪水 / in ~ 洪水となって, とうとうとあふれて / The ~*s* are out all along the railroads. 鉄道全線にわたって大水が出た. ★ ラテン語系形容詞: diluvial. **2** (物の)氾濫, 激しい流出[流入], 殺到, 豊富, 充満 (outpouring): a ~ *of* light (部屋などに)さっとさし込むあふれんばかりの光 / a ~ *of* lava 溶岩の奔出 / a ~ *of* anger 怒りの激発 / a sudden ~ *of* joy 急にこみ上げて来る喜び / a ~ *of* letters 殺到する手紙 / a ~ *of* data 厖大な資料 / burst into a ~ *of* tears わっと泣き出す / ~*s of* words よどみなく語る数千言 / ~*s of* ink (論争などで)おびただしく書き飛ばすこと / ~*s of* rain 車軸を流すような豪雨 / It's raining *in* ~*s*. すごいどしゃぶりだ. **3 a** 上げ潮, 差し潮, 満ち潮 (flood tide) (cf. ebb 1): ebb and ~ 潮の干満 / the moon, the governess of ~*s* 潮の干満を司る月 (Shak., *Mids N D* 1. 2. 103). **b** 高潮, 潮時: at the ~ 潮が満ちて; よい潮時で[に] / reach its ~ 最高潮に達する. **4** 《口語》=floodlight. **5** 《詩・古》海, 川, 湖水; (陸に対して)水: accidents by ~ and field 水陸での出来事 (cf. Shak., *Othello* 1. 3. 135).

— *vt.* **1** …にあふれる, 浸水[冠水]させる; 氾濫させる (inundate); みなぎらせる, 出水[増水]させる; あふれさせる: The river was [The houses were] ~*ed* by the rains. 豪雨で川は氾濫した[家は浸水した] / The river ~*ed* the lowlands. 川が氾濫して低地帯が冠水した / ~*ed* districts 洪水被害地, 水害地 / ~ a bathtub 浴槽に水をあふれさせる. **2** 〈牧草地など〉に水を流す (irrigate); …に多量の水を注ぐ: ~ a meadow by opening the sluices 水門を開いて牧草地に水を流す / ~ a burning house *with* water 燃えている家に多量の水をかける. **3 a** 〈光などが〉…にみなぎる: The light of a fine autumn day ~*ed* the room. すばらしい秋の日の日射しが室内に満ち溢れていた / The room was ~*ed with* sunshine. その部屋は陽光でいっぱいだった. **b** 〔光などを〕…にみなぎらせる 〔*with*〕: ~ the stage *with* light 舞台一面に照明の光をみなぎらせる. **c** …に多数押し寄せる, …に満ちあふれる: Applicants ~*ed* the office. 応募者が事務所に殺到した / She was ~*ed with* fan mail. 彼女にファンレターがいやというほど舞い込んだ. **4** 投光照明で照らす. **5** 〖自動車〗〈気化器 (carburetor)〉に燃料を過剰に供給する. **6** 〖アメリカンフットボール〗複数のパスレシーバーを〈一つの守備側地域〉に送りこむ.

— *vi.* **1** 〈河川が〉出水する, 氾濫する; 〈水などが〉あふれ出る. **2** 〈潮が〉差し込む, 上げる. **3** (洪水のように)多量にどっとやって来る: Applicants ~*ed in*. 申込者が殺到した. **4** 〖医学〗(分娩後, 子宮から)多量に出血する; 〈経血が〉流出する, 月経過多である.

flood out [通例 p.p. 形で] 〈人を〉洪水で立ちのかせる: Thousands of people were ~*ed out*. 数千の人々が洪水で家を失った.

flood·a·ble [flʌ́dəbl] *adj.* 大水のつきやすい; 浸水[冠水]しやすい.

flóodable léngth *n.* 〖造船〗可浸長《船のある部分に浸水させても限界線以上には沈下しない隔壁間の最大限の長さ》.

flóod ànchor *n.* 〖海事〗上げ潮錨(いかり)《双錨泊中, 潮が満ちて来る時に力の掛かる方の錨; cf. ebb anchor》.

flóod contròl *n.* (ダム・水路などによる)洪水調節.

flóod·ed *adj.* 水[油など]が一杯になった, 水につかった: ~ fields 水浸しになった畑.

flóod·er *n.* **1** (牧草地などに)水を流す人, 水に浸す人. **2** 氾濫する河川.

flóod fàllowing *n.* 〖農業〗冠水休閑《休作中に土地に水を湛(たた)えて土壌媒介の病原菌を駆除する方法》.

flóod·gàte 〖ME〗 — *n.* **1** 水門 (sluice); 防潮門《潮の流入を防ぐ水門》. **2** (感情などの)せき止め口, 出口, はけ口: open the ~*s* of wrath [eloquence] 怒り[雄弁]のはけ口を開く.

flóod·ing *n.* 出水, 増水, 氾濫; 充満 (fullness).

flóod insùrance *n.* 〖保険〗洪水保険.

flóod làmp *n.* =floodlight 2.

flóod·less *adj.* 大水[洪水]のない: a ~ area, year, etc.

flóod·light *n.* **1** フラッドライト, 投光照明《シーン全体を一様な明るさで照らすこと; cf. spotlight 1》; (そのように照射される)溢光(いっこう). **2** 投光照明器, 投光器. — *vt.* (~**·ed, -lit**) 投光照明する, フラッドライトで照らす.

flóod·lìghting *n.* 照明投光.

flóodlight projèctor *n.* =floodlight 2.

floodlit *v.* floodlight の過去形・過去分詞.

flóod·màrk 〖ME〗 *n.* 高水痕跡, 満潮標, 高水標.

flood·om·e·ter [flʌdámətə | -dɔ́mɪtə(r, -mə-] 〖← FLOOD+-O-+-METER[1]〗 *n.* (差し潮の)水位記録器, 洪水計, 満潮計.

flóod·plàin *n.* 〖地理〗(高水位時に流水でおおわれる)氾濫原.

flóod stàge *n.* 高水位《河川の特定の水位の一つで, それを越えると洪水を起こす水位》.

flóod tìde *n.* **1 a** 上げ潮, 差し潮 (↔ ebb tide). **b** 満潮, 大潮 (cf. spring tide 1). **2 a** 上げ潮に似たもの. **b** 押し寄せる人: a ~ of children どっと押し寄せる子供たち. **c** 最高潮, ピーク (climax): the ~ of success 成功の最高の時. **d** 多数; 大量: a ~ *of* magazines.

flóod·wàll *n.* 洪水壁《増水による氾濫防止に作られる堤防など》.

flóod·wàter *n.* 河川の氾濫による出水.

flóod·wày *n.* 〖土木〗放水路, 分水路 (diversion channel).

flóod·wòod *n.* 流木, 漂流木 (driftwood).

floo·ey [flúːi | flúːi] 〖← ?〗 *adj.* (*also* **floo·ie** [~]) 《米俗》誤った, まずい; 不首尾な (awry): go ~ うまくいかない, 失敗する.

floor [flɔ́ə, flóə | flɔ́ː(r)] 〖OE *flōr* < Gmc *flōruz (G *Flur*) ← IE *pelə- flat; to spread (L *plānus* 'PLANE[2]')〗 — *n.* **1 a** 床(ゆか), フロアー; 板の間: a bare ~ (敷物のない)裸床. **b** [*pl.*] 床板, 床材 (flooring). **2** (床のように)平らな所, 路面, 場, 階 (level area): the ~ of a bridge 橋の路面 / the ~ of a prize ring ボクシングリングの床 / ⇨ threshing floor. **3 a** (トンネル・洞穴などの)床(とこ), 下底: the ~ of the cave 洞穴の床. **b** (海・湖などの)底: the ~ of the ocean 大洋の底 / the ~ of the valley 谷底. **4 a** (家の)階, 層: the ground ~ 一階《米国では通例 first floor という》/ the upper ~(*s*) 上階 / live on the top ~ 最上階に住む / ⇨ first floor, second floor. **b** [集合的] 同じ階に住んでいる人たち. **5** [the ~] **a** (議事堂などの platform と galleries に対して)議員席; 議場: *the* ~ of the House 議会の議員席. **b** (議員の)発言権: get [have] *the* ~ 発言権を得る[持つ] (cf. *take the* FLOOR (1)). **c** (取引所の)立会場. **d** (ナイトクラブ・レストランなどの踊るための)フロア《dance floor ともいう》. **6** (価格などの)最低, 底 (cf. ceiling 4): a price ~ 最低価格, 底値 / a wage ~ 最低賃金. **7** 〖鉱山〗(水平坑道の)床; 下盤層. **8 a** 〖海事〗床, 船底の(内外の)平らな部分. **b** 〖造船〗肋板(ろくばん). **9** 《英口語》〖クリケット〗地面: put a catch on the ~ 球を落とす, 捕球しそこなう. **10** 〖映画・テレビ〗撮影場, スタジオ, 舞台: on the ~ (映画の)製作[撮影]中で.

cross the floor 《英》〖政治〗(議会で)反対派に加わる; 自党の提出法案に反対投票する. ***from the floor*** (壇上の人・主催者側などからでなく)壇の下[聴衆, 一般出席者など]からの: a question [an opinion] *from the* ~ 聴衆の間から出た質問[意見]. ***mop*** (***up***) [***wipe***] ***the floor with a person*** 《俗》〈人〉を散々にやっつける, 圧倒する, 負かす (defeat). ***take the floor*** (1) 《米》(発言のために)起立する; 討論に加わる (cf. 5 b). (2) ダンスに加わる[を始める] (cf. 5 d).

— *vt.* **1 a** …に床を張る, 床板を敷く: ~ a house 家の床を張る / ~ a room *with* pine boards 松板で部屋の床を張る. **b** …の底をなす: Green moss ~*ed* the valley. 緑のこけが谷の底に生えていた / The Pacific Ocean is ~*ed with* a layer of basalt. 太平洋の底は玄武岩の層から成っている. **2** 〈相手を〉床[地上]に打ち倒す, のす (knock down): ~ a person with a fist 人をげんこでなぐり倒す / get ~*ed* 打ち倒される, やっつけられる; すっかり弱らされる[参ってしまう] (cf. *vt.* 4). **3** 《英》(罰として)〈生徒を〉床の上にすわらせる. **4** 《口語》〈議論・難問などが〉〈人を〉打ち負かす (defeat), やり込める, 閉口させる (silence): be [get] ~*ed* by a problem [an argument] 問題[議論]にすっかり参ってしまう (cf. *vt.* 2). / He was ~*ed* by the shock. そのショックで呆然となった[参ってしまった]. **5** 《米口語》床に[のほうに]押しつける: ~ an accelerator (自動車の)アクセルをいっぱいに踏む. **6** 《学生俗》〈試験問題などを〉あっさり片付ける, 正解する: ~ a paper [question] 問題に全部答える.

floor·age [flɔ́ːrɪdʒ, flóːr- | flɔ́ːr-] *n.* 床面積 (floor space).

flóor·bòard *n.* **1** 床板. **2** (自動車などの)床. — 《俗》 *vt.* 〈自動車のアクセルを〉(床まで)いっぱいに踏む. — *vi.* フルスピード[過剰スピード]で自動車を運転する.

flóor bòx *n.* 〖電気〗床コンセント.

flóor bròker *n.* 〖証券〗フロアブローカー《米国の証券取引所の会員の一種で, 他の会員のために手数料制で行動する者; cf. floor trader》.

flóor·clòth *n.* **1** 床の敷物《じゅうたん代用に敷く油布・リノリウムなど》. **2** 床ふきぞうきん. **3** (ステージ・テントの床などに用いる)粗布製のおおい.

floor·er [flɔ́ːrə, flóːrə | flɔ́ːrə(r] *n.* **1** 床張り職人. **2** (床に)打ち倒す人[物]; 打撃(blow); 徹底的な打撃. **3** 《口語》参らされる議論[反駁(はんばく)]; 難問題. **4** 〖スキットル〗3 個投げるボールのうち最初のボールが, 全部の柱 (pin) を倒す一投げ.

flóor èxercise *n.* 〖体操〗床(ゆか)運動.

flóor fùrnace *n.* 床炉(ろ)《床の直下に設けた炉》.

flóor hìnge *n.* 〖建築〗フロアヒンジ《扉の下端と床との間に取り付けてその開閉をつかさどる蝶番(ちょうつがい)》.

floor·ing [flɔ́ːrɪŋ, flóːr- | flɔ́ːr-] *n.* **1** 床 (floor); [集合的] 床張り (floors): naked ~ 裸床. **2** 床板, 床張り材, 根太板(ねだいた).

flóoring sàw *n.* 〖木工〗床切りのこぎり《先の尖った両刃のこぎり; 床の表面に穴をあけるのに用いる》.

flooring saw

flóor làmp *n.* 《米》(床上に立たせる背の高い)置きランプ, 台ランプ; 床スタンド, フロアスタンド.

flóor lèader *n.* 《米》(政党の)院内総務 (cf. whip 4 a).

flóor-léngth *adj.* 〈衣服など〉床に届く長さの: a ~ gown.

flóor·less *adj.* 床のない.

flóor lìght *n.* ガラス床《ガラスブロックで床を作り, 下階に光を採り入れるもの》.

flóor·man [-mən] *n.* (*pl.* **-men** [-mən, -mèn]) **1** 床掃除人夫. **2** 《米》=floorwalker.

flóor mànager *n.* **1** 《米》(会議などの)進行係《大会での候補者を有利に導いたり, 議案の進行を操作したりする人》. **2** =floorwalker. **3** 《米》(ダンスパーティーの)司会者. **4** 〖テレビ〗フロアマネージャー《ディレクターの指示に従ってスタジオ内で出演者などを監督指揮する人》.

flóor mòdel *n.* **1** 店頭展示物《器具・家具など》. **2** 床上に据えるタイプのラジオ・テレビ・その他の器具・家具類 (console). **3** =floor sample.

flóor nùrse *n.* フロアナース, 病棟看護婦.

flóor nùrsing *n.* 完全看護.

flóor pàrtner *n.* 〖証券〗証券ブローカー商社の出資者で, 証券取引所の会員権を持ち, 取引所立会場での業務を担当する者.

flóor plàn *n.* 〖建築〗平面図, 間取り図, 間取り.

flóor plàte *n.* **1** 〖機械〗基礎板, 床座金《軸受をコンクリートの基礎などに据え付ける時, 床に敷く底板》. **2** 〖建築〗(鋼板製の)床板, フロア板.

flóor pòcket *n.* 〖劇場〗フロアポケット《舞台の床に装備した埋め込み式電気コンセント盤》.

flóor pòlish *n.* 床みがき.

flóor sàmple *n.* 店頭の展示用に使った器具[家具]の売り物類《通常値引して売られる》.

flóor shòw *n.* (ナイトクラブやキャバレーの)余興, フロアショー《ステージでなく床(ゆか)の上で演じるショー; 通例, 歌・ダンス・漫才など》.

flóor slàb *n.*〘土木〙 **1** 床版《鉄筋コンクリート構造で床を形成するスラブ (slab)》. **2** 舗装用石板.

flóor tràder *n.*〘証券〙フロアトレーダー《証券取引所の会員の一種で, 投機目的による自己勘定での売買のみを行なう者; cf. floor broker》.

flóor·wàlker *n.*《米》(百貨店などの)店内巡視, 売場監督 (《英》shopwalker)《floor manager ともいう》.

floo·zy [flúːzi | -zɪ]〘← ?: cf.《方言》*floosy* fluffy / flossy〙 *n.* (*also* **floo·zie, floo·sy, floo·sie** [~])《俗》自堕落な女, 売春婦 (prostitute).

flop [flɑ́p | flɔ́p]〘《1602》《転訛》← FLAP (*-o-* が鈍重感を表わす)〙 — *v.* (**flopped**; **flop·ping**) — *vi.* **1 a** ばったり[どさりと]すわる[ひざまずく, 落ちる, 倒れる]〈*down*〉: ~ *down on* one's knees ばったりひざまずく / ~ *into* a chair 椅子へどさりとすわりこむ / ~ *into* the water どぶんと水に落ちる. **b** どすん[どさっ, どぶん, ばしゃっ]という(音を立てる). **2** (重そうに)ばたばた動く[揺れる] (flap),〈翼や帽子のつばなどが〉ばたばた上下する. **3** よたよた[どさっどさっと]歩く. **4** (政治的に)寝返りを打つ, 変節する (rat)〈*over*〉: ~ (*over*) *to* the other party 反対党に寝返りを打つ. **5**《口語》つぶれる, くずれる; 失敗する. **6**《俗》眠る (sleep). — *vt.* **1** どさっと投げる, ばったり落とす, どしんと降ろす〈*down*〉; どさっとめくる: ~ a bag *down* on the table 机の上にかばんをどさっと落とす / ~ the pages of a book 本のページをどさっとめくる. **2**〈翼・帽子のつばなどを〉ばたばた動かす. **3**〘写真〙〈ネガを〉逆版にする《画像が左右転置されるようにネガを焼き付ける》.

— *n.* **1** ばったり[どさっと]落ちる[倒れる]こと; ばったり[どさっと]落ちる音, ばたりという音: sit down with a ~ どかりと腰を降ろす / take a ~ 倒れる. **2**《米》(政治的)変節, 寝返り. **3**《口語》失敗; (本・劇などの)失敗作; 失敗者: go ~ 失敗する, つぶれる. **4**《米俗》安宿 (flophouse); 寝床 (bed). **5** 背面跳び《バーの上であお向けになり背中から頭を先にバーをクリアーするフォーム; cf. scissors 2 c, straddle 6》.

— *adv.* **1** ばたっと, ばたんと, どさりと: fall ~ into the water どぶんと水に落ちる. **2** まさに, ちょうど: fall ~ on one's face もろにうつ伏せに倒れる.

flóp-èared *adj.*〈犬など〉長いしなだれた耳の.

flóp fórging *n.*〘金属加工〙型鍛造《部品の両側を同じ型板で鍛えて作る鍛造法》.

flóp·hòuse *n.*《米口語》(労働者の)簡易宿泊所, 安宿, 木賃宿,「どや」(《英》doss house).

flóp·òver *n.* **1**〘テレビ〙フロップオーバー《調節が悪いため映像が上下に動くこと》. **2**〘映画〙フロップオーバー《画像の左右が反対にプリントされたシーン》.

flóp·per *n.* **1** ばたばたと打つ人[物], ばたばたする物; 羽をばたばたさせる鴨(かも)のひな (flapper). **2**《米》(政治的に)寝返りを打つ人, 変節者. **3**《米俗》(保険金目当てなどの)事故でっち上げ者.

flop·py [flɑ́pi | flɔ́pɪ] *adj.* (**flop·pi·er**; **-pi·est**)《口語》 **1** ばたばたはためく. **2** だらけている (slack); 締まりのない, だれた, だらしのない (loose). **flóp·pi·ly** [-pɪli, -pə- | -lɪ] *adv.* **flóp·pi·ness** *n.*

flóppy dísk *n.*〘電算機〙フロッピーディスク《電算機の外部記憶用に用いるプラスチック製の磁気円板: flexible disk, diskette ともいう》.

flor [flɔ́ə | flɔ́ːr]〘□ Sp. ~ 'mold, flower' < L *flōrem* 'FLOWER'〙 — *n.*〘醸造〙皮膜, フロール《ぶどう酒などの液体の表面にできる薄い膜状のもの; フロールを作ることを「花を咲かせる」という; film yeast ともいう》.

flor.《略》floruit.

Flor.《略》Florida.

flo·ra [flɔ́ːrə, flóːrə | flɔ́ːrə]〘《1777》← NL ~ ← L *Flōra* 'FLORA'〙 — *n.* (*pl.* ~**s**, **flo·rae** [-riː, -raɪ | -riː]) **1** (一地域または一時代に特有な)植物相, 植物群, フロラ; (分布上の)植物区系 (cf. fauna 1). **2** (ある地域・時代の)植物誌, 植物名一覧表 (cf. silva).

Flo·ra [flɔ́ːrə, flóːrə | flɔ́ːrə]〘□ L *Flōra* ← *flōr-, flōs* 'FLOWER'〙 *n.* **1** 女性名. ★ 犬の名にもよく用いられる. **2**〘ローマ神話〙フローラ《花の女神》.

florae *n.* flora の複数形.

flo·ral [flɔ́ːrəl, flóːr- | flɔ́ːr-, flɔ́r-]〘《1647》□ L *flōrālis*: ⇨ flora, -al¹〙 — *adj.* **1** 花の(ような), 花を用いた, 花から成る; 花模様の: ~ decorations 花の装飾, 花飾り / ~ designs 花の図案, 花模様 / a ~ cross 花で作った十字架 / a ~ offering 花の贈物 / a ~ tribute (葬式の)献花 / a ~ carpet 花模様のじゅうたん. **2** 植物群[相, 区, 系] (flora) の. **3** [F-]〘ローマ神話〙(花の女神)フローラ (Flora) の. — *n.* 花模様, 花の図案; 花模様の布(など). **~·ly** *adv.*

flóral clóck *n.* 花時計《文字盤が花で作られ花壇の地下に機械装置が施されてある時計》.

flóral émblem *n.* (国・州・都市・学校などを)象徴する花 (cf. State flower).

flóral énvelope *n.*〘植物〙花蓋(かがい), 花被 (perianth).

flóral léaf *n.*〘植物〙 **1** 花葉《葉が変形して花を構成する要素で, 花弁・萼(がく)など》. **2** =bract.

flóral wédding *n.* 花婚式《結婚 7 周年の記念式[日]; ⇨ wedding 4》.

flóral zóne *n.*〘植物〙 **1** 植物帯《植物の分布によって区別された地域で, 種々な分割法が行なわれている》. **2** 草本帯《高山の最高の植物帯で, 夏季はお花畑となる》.

-flo·rate [flɔ́ːreɪt, flóːr-, -rət, -rɪt | flɔ́ːr-]〘← L *flōr-, flōs* 'FLOWER' + -ATE²〙「…(個の)花を有する」の意の形容詞連結形: bi*florate*.

Flo·ré·al [flɔ̀ːreɪɑ́ːl; *F.* flɔreal]〘□ F ~ ← L *flōreus* of flowers: ⇨ -al¹〙 *n.* 花月《フランス革命暦の第 8 月; ⇨ Revolutionary calendar》.

flo·re·at [flɔ́ːriæ̀t, flóːr- | flɔ́ːrɪ-, flɔ́r-]〘□ L ~ 'may he [she, it] flourish' (3rd sing. pres. subj.) ← *flōrēre* 'to FLOURISH'〙 — *vi.* 栄えんことを: *Floreat Etona!* (われらが)イートン校に栄えあれ《Eton College のモットー》.

flo·re·at·ed [flɔ́ːrièɪtɪd, flóːr-, -ṭəd | flɔ́ːrièɪt-] *adj.* 「=floriated.

Flor·ence¹ [flɔ́(ː)rəns, flɑ́r- | flɔ́r-]〘□ F ~ □ L *Flōrentia* (fem.)《原義》blooming ← *flōrēns* (pres.p.) ← *flōrēre* 'to FLOURISH'〙 — *n.* フィレンツェ, フローレンス《イタリア中部 Arno 河畔の都市, 昔の Tuscany 大公国の首都; 人口 465,000; イタリア語名 Firenze》.

Flor·ence² [flɔ́(ː)rəns, flɑ́r- | flɔ́r-]〘↑〙 *n.* **1** 女性名《愛称形 Flo, Florrie, Flossie, Floy》. **2** 男性名《★ アイルランドに見られる名》.

Flórence fénnel *n.*〘植物〙イタリアウイキョウ (*Foeniculum vulgare* var. *dulce*)《高さ 40–60 cm 位のヨーロッパ産のセリ科の多年草; 根出葉の基部を食用とする; sweet fennel, finocchio ともいう》.

Flor·en·tine [flɔ́(ː)rəntiːn, flɑ́r-, -tàɪn | flɔ́rəntàɪn]〘《1545》□ L *Flōrentīn-us*: ⇨ Florence¹, -ine¹〙 — *adj.* **1** フィレンツェ[フローレンス] (Florence) の. **2**〘美術〙フィレンツェ派の《13 世紀末から 15 世紀に Florence で発達したルネサンス美術の主流をなした流派; cf. Sienese 2》. **3** [通例名詞の後に置いて] (魚・卵料理で)ほうれん草とともに調理した: eggs ~. — *n.* **1** フィレンツェ人[市民]. **2** [f-] あや絹の一種.

Flórentine íris *n.*〘植物〙ニオイイリス, シロバナイリス (*Iris florentina*)《ヨーロッパ産アヤメの一種で芳香を有しその根は orrisroot といって香水の原料》.

Flórentine schòol *n.*〘美術〙フロレンス[フィレンツェ]派(の画家たち)《13 世紀後半から 15 世紀にかけて Florence で栄えた画家の一派》.

flo·res [flɔ́ːriːz, flóːr- | flɔ́ːr-]〘← NL ~ ← L *flōrēs* (pl.) ← *flōs* 'FLOWER'〙 *n.pl.*〘化学〙華(か)《固体が昇華したさま》.

Flo·res [flɔ́ːrəs, flóːr- | flɔ́ːrɪz; (2では) *Port.* flóriʃ] *n.* **1** フロレス(島)《インドネシア中部, 小スンダ列島 (Lesser Sunda Islands) 中の一島; Celebes 島の南方に位置している; 人口 803,000, 面積 17,150 km²》. **2** フロレシュ(島)《北大西洋 Azores 諸島の最西端の島; 人口 7,000, 面積 150 km²》.

flo·res·cence [flɔːrésns, floːr-, flər- | flɔːr-, flɔr-, flər-]〘《1793》← NL *flōrescentia*: ⇨ ↓, -ence〙 *n.* **1** 開花; 花時, 開花期 (bloom). **2** 盛り, 繁栄期, 全盛期.

flo·res·cent [flɔːrésnt, floːr-, flər- | flɔːr-, flɔr-, flər-]〘□ L *flōrescent-em* (pres.p.) ← *flōrescere* to begin to flower ← *flōrēre* 'to FLOURISH'〙 — *adj.* 開花した, 花が開いた, 花時の, 花盛りの: Dahlias are ~ from July. ダリアは 7 月から花が咲く.

flo·ret [flɔ́ːrɪt, flóːr-, -rət | flɔ́ːrɪt, -rət, -ret]〘《?*a*1400》*flouret* □ OF *floret* (F *fleurette*): ⇨ fleurette〙 — *n.* **1**〘植物〙 **a** 小花. **b** 花の集団の中の一つ一つの花, (キク科植物の)小筒花: a ~ of the disk 中心花《花の中心をなす一つ一つの小花》/ a ~ of the ray《花の周辺をなす一つ一つの花》. **2** フロレット《絹綿を紡いだ絹》. **3**〘印刷〙=fleuron 2.

flo·ret·tée [flɔ̀ːrətéɪ, flòːr- | flɔ̀ːr-]〘《異形》← FLEURETTÉE〙 *adj.* (*also* **flo·ret·ty** [flɔːréti, floːr- | flɔːrétɪ])〘紋章〙=fleurettée.

Flo·rey [flɔ́ːri, flóːri | flɔ́ːrɪ], Sir **Howard Walter** *n.* (1898–1968) オーストラリア生まれの英国の病理学者; Nobel 医学生理学賞 (1945).

flo·ri- [flɔ́ːrɪ, flóːr-, -rə | flɔ́ːrɪ]〘← L *flōs* 'FLOWER'〙「花 (flower)」の意の連結形.

Flo·ri·an [flɔ́ːriən, flóːr- | flɔ́ːrɪ-]〘← L *flōriān-us* blooming〙 *n.* 男性名.

Flo·ri·a·nóp·o·lis [flɔ̀ːriənɑ́pəlɪs, flòːr-, -ləs | flɔ̀ːrɪənɔ́pəlɪs; *Braz.* flòriɐnópulis] *n.* フロリアノポリス《ブラジル南部海岸沖の島にある海港; 人口 139,000》.

flo·ri·ate〘← FLORI- + -ATE²〙 [flɔ́ːrièɪt, flóːr- | flɔ́ːrɪ-] *vt.* 花模様(など)で飾る. — [-riət, -rɪɪt, -rièɪt | -rɪət, -rɪɪt, -rièɪt] *adj.* =floriated.

flo·ri·at·ed [flɔ́ːrièɪṭɪd, flóːr-, -ṭəd | flɔ́ːrièɪt-]〘↑〙 *adj.* 花模様の装飾を施した. 「装飾.

flo·ri·a·tion [flɔ̀ːriéɪʃən, flòːr- | flɔ̀ːrɪ-] *n.* 花模様の

flo·ri·bun·da [flɔ̀ːrəbʌ́ndə, flòːr- | flɔ̀ːrɪ-, flɔ̀r-]〘← NL ~ (fem.) ← *floribundus* ← FLORI- + L *-bundus* (adj. suf.: cf. moribund)〙 — *n.*〘園芸〙フロリバンダローズ《polyantha と tea roses を交配させた房咲きの花をつけるバラの品種群; floribunda rose ともいう》.

flo·ri·cul·ture [flɔ́ːrəkʌ̀ltʃə, flóːr-, ←—— | flɔ́ːrɪkʌ̀ltʃə(r, flɔ́r-]〘← FLORI- + CULTURE〙 — *n.* 花卉(き)園芸, 花卉の栽培(管理) (cf. horticulture). **flo·ri·cul·tur·al** [flɔ̀ːrəkʌ́ltʃ(ə)rəl, flòːr-, ←——(—)— | flɔ̀ːrɪkʌ́ltʃ(ə)rəl, flɔ̀r-, -tʃʊr-, ←——(—)—] *adj.* **flò·ri·cúl·tur·al·ly** *adv.*

flo·ri·cul·tur·ist [flɔ̀ːrəkʌ́ltʃ(ə)rɪst, flòːr-, -rəst, ←——(—)— | flɔ̀ːrɪkʌ́ltʃ(ə)rɪst, flɔ̀r-, -tʃʊr-] *n.* 花卉栽培者.

flor·id [flɔ́(ː)rɪd, flɑ́r-, -rəd | flɔ́rɪd]〘《1642》□ L *flōridus* flowery: ⇨ flower, -id⁴〙 — *adj.* **1** 赤らんだ, 桜色の, 血色のよい (ruddy, rosy): a ~ face, person, etc. / ~ cheeks 桜色のほお. **2 a** 花で飾った. **b** はなやかな, 華麗な (flowery, ornate): a ~ speaker 美辞麗句を多く用いる演説家 / ~ music 華美な音楽 / a ~ prose style 美文体, 華麗体 / a ~ architectural style (装飾的特徴に富む)華麗な建築様式. **3**〈身なりなど〉派手な, けばけばしい (showy). **4**《古》健康な, 壮健な. **5**《廃》花の, 花の多い. **6**〘病理〙病勢の盛んな, 顕症(期)の. **~·ly** *adv.* **~·ness** *n.*

Flor·i·da [flɔ́(ː)rədə, flɑ́r- | flɔ́rɪ-]〘□ Sp. (*pascua*) *florida* (feast) of flowers, i.e. Easter Sunday: スペインの探検家 Juan Ponce de Leon が 1513 年この祭の時に上陸したことから〙 — *n.* 米国南東部の半島を成している州 (⇨ United States of America 表).

Florida, the Straits of *n.* フロリダ海峡《米国 Florida 州と Cuba および Bahama 諸島との間にあって, Mexico 湾を大西洋と結ぶ; Florida Strait ともいう》.

Flórida Kéys *n.pl.* [the ~] 米国 Florida 州南岸沖に 240 km にわたって連なる一連の小島およびさんご礁; その最南西端に Key West 島がある.

Flórida móss *n.*〘植物〙=Spanish moss.

Flor·i·dan [flɔ́(ː)rədn̩, flɑ́r-, -dən | flɔ́rɪ-] *adj.*, *n.* = Floridian.

Flórida Stráit *n.* [the ~] =Straits of FLORIDA.

Flórida vélvet bèan *n.*〘植物〙=velvet bean.

Flórida wáter *n.* フロリダ水《オーデコロンに似た香水》.

Flo·rid·i·an [flərídiən, flɔ(ː)r-, flɑr-, floːr- | flərídɪ-, flɔːr-] *adj.* (米国) Florida 州(人)の. — *n.* Florida 州人.

flo·rid·i·ty [flərídəṭi, flɔ(ː)r-, flɑr-, floːr- | flərídətɪ, flɔːr-, -dɪ-] *n.* **1** 色の鮮かなこと, 血色のよさ, よい血色. **2** はなやかさ, 華麗; けばけばしさ.

flo·rif·er·ous [flɔːríf(ə)rəs, floːr- | flɔːrífər-, flɔr-]〘← L *flōrifer* (⇨ flori-) + -FEROUS〙 — *adj.* **1**〈観賞用植物が〉花を生じる, 花の咲く, 多花の. **2** 華やかな, 華麗な (flowery): ~ language. **~·ly** *adv.* **~·ness** *n.*

flor·i·gen [flɔ́ːrədʒɪn, flóːr-, -dʒən, -dʒèn | flɔ́rɪ-, flɔ́ːr-]〘← FLORI- + -GEN〙 — *n.* 開花(促進)ホルモン. **flo·ri·gen·ic** [flɔ̀ːrədʒénɪk, flòːr-, ←—— | flɔ̀rɪdʒénɪk, flɔ̀ːr-, ←——] *adj.*

flo·ri·le·gi·um [flɔ̀ːrəlíːdʒiəm, flòːr-, -dʒəm | flɔ̀ːrɪlíːdʒɪəm, flɔ̀r-]〘《1647》← NL ~ ← L *flōrilegus* flower gathering ← FLORI- + *legere* to cull, pick out《なぞり》← Gk *anthologia* 'ANTHOLOGY'〙 — *n.* (*pl.* ~**s**, **-gi·a** [-dʒiə | -dʒɪə]) **1**《古》花集, 花譜. **2** 名詩選, 詞華集.

flor·in [flɔ́(ː)rɪn, flɑ́r-, flóːr-, -rən | flɔ́rɪn]〘《*c*1303》□ OF ~ □ It. *fiorino* little flower, a Florentine coin stamped with a lily (dim.) ← *fiore* < L *flōrem* 'FLOWER'〙 — *n.* **1** フロリン銀貨《1849 年以来英国で流通した 2 シリング銀貨; 1971 年 2 月より 10 ペンス価として通用》. **2 a** (オランダの)ギルダー銀貨 (guilder). **b** フロリン《オランダの旧通貨単位 (guilder)》. **3** (ハンガリーの)フォーリント貨 (forint). **4 a** フロレンス金貨《1252 年 Florence 共和国で発行されたフローレンス市紋章のゆりの花の意匠模様入りの金貨で最初の florin 貨》. **b** (Edward 三世在位 (1327–77) 当時の 1343 年発行の)フロリン金貨 (6s.8p. に相当).

Flo·ri·o [flɔ́ːriòʊ, flóːr- | flɔ́ːrɪəʊ], **John** *n.* (1553?–1625) 英国の伊英辞書編集家, Montaigne の *Essays* の翻訳 (1603) 者.

flo·rist [flɔ́ːrɪst, flóːr-, flɑ́r-, -rəst | flɔ́rɪst]〘《1623》← FLORI- + -IST〙 *n.* 草花栽培者[研究家]; 花屋: at a ~'s [~ shop] 花屋の店で.

flo·ris·tic [flɔːrístɪk, floːr- | flɔːr-, flər-] *adj.* 花の, 花に関する; 植物区系研究の, 植物誌の. **flo·rís·ti·cal·ly** *adv.*

flo·ris·tics [flɔːrístɪks, floːr- | flɔːr-, flər-]〘⇨ ↑, -ics〙 *n.*〘植物〙植物区系学《植物群を数量的に扱う植物地理学の一分科》.

flo·rist·ry [flɔ́ːrɪstri, flóːr-, flɑ́r-, -rəst- | flɔ́rɪstrɪ] *n.* 花卉(き)栽培術.

flo·riv·o·rous [flɔːrívərəs, floːr- | flɔːr-]〘← FLORI- + -VOROUS〙 *adj.*〈昆虫が〉花を常食とする.

-flo·rous [flɔ́ːrəs, flóːr- | flɔ́ːr-]〘□ LL *-flōrus* flowered ← L *flōs* 'FLOWER': ⇨ -ous〙「…(個の)花を有する」の意の形容詞連結形: uni*florous*, multi*florous*.

Flor·rie [flɔ́(ː)ri, flɑ́ri | flɔ́rɪ]〘(dim.) ← FLORENCE²〙 *n.* 女性名.

flo·ru·it [flɔ́(ː)r(j)uɪt, flɑ́r-, flóːr-, -ət | flɔ́ːr(j)ʊɪt, flɔ́r-]〘□ L ~ 'he (or she) flourished' ← *flōrēre* 'to FLOURISH'〙 — *n.* **1** (人の)在世期, 活躍期《特に, 出生死亡年月不明の場合に用いる; 略 flor., fl.》. **2** (運動・主義の)最盛期.

flo·ry [flɔ́ːri, flóːri | flɔ́ːrɪ] *adj.*〘紋章〙=fleury.

flóry cóunterflory *adj.*〘紋章〙(紋章に使用される分割線で) fleur-de-lis を正逆交互に配した《単に counterflory ともいう; ⇨ heraldry 挿絵 F》.

flos·cu·lar [flɑ́skjʊlə | flɔ́skjʊlə(r] *adj.* =flosculous.

Flos·cu·la·ri·i·dae [flɑ̀skjʊlərάɪədiː, flɔ̀(ː)s- | flɔ̀skjʊlərάɪɪ-]〘← NL ~ ← *Floscularia* (← L *flōsculus* (↓) + -ARIA) + -IDAE〙 — *n.pl.*〘動物〙(輪虫綱)マルサヤワムシ科.

flos·cule [flɑ́skjuːl | flɔ́s-]〘□ L *flōscul-us* (dim.) ← *flōs* 'FLOWER': ⇨ -cule〙 *n.* 小花 (floret).

flos·cu·lous [flɑ́skjʊləs | flɔ́s-] *adj.* **1** 小花から成る. **2**〈小花が〉筒状花状の (tubular).

flos fer·ri [flɑ́s-férаɪ, flɔ́(ː)s- | flɔ́s-]〘□ L *flōs ferri* flower of iron〙 *L. n.*〘鉱物〙華状あられ石《あられ石の変種で, さんご状をなしている》.

floss [flás, flɔ́(ː)s | flɔ́s] 〖《1759》□ F *floche* < OF *flosche* down, pile of velvet ← ? *floc* 'FLOCK²'〗 ― *n.* **1** (繭の)けば, 繭綿(まわた)《繭の外部を包む短い絹繊維》. **2 a** 釜(かま)糸 (floss silk). **b** 軽い編み糸. **3** (パンヤ (silk cotton) などの)綿状繊維, 絹綿. **4** 絹綿状の物《とうもろこしの毛など》. **5** 〖歯科〗(デンタル)フロス (⇨ dental floss). ― *vi.* 〖歯科〗デンタルフロスを使う.

flóss·flòwer *n.* 〖植物〗=ageratum 1.

flóss hòle *n.* 〖冶金〗かす穴《灰や鉱滓(こうさい)を取り出すために冶金炉・煙道に設けられる穴》.

Flos·sie [flási, flɔ́(ː)si | flɔ́si] 〖(dim.) ← FLORENCE²〗「n. 女性名.

flóss sílk 〖《なぞり》← F *soie floche*〗 *n.* **1** 真綿. **2** 釜(かま)糸《生糸を引きそろえ, よりを掛けずに練ったもの; 錦織や刺繍に用いる; cf. filoselle》.

flóss-sílk trèe *n.* 〖植物〗南ブラジルやアルゼンチン原産のパンヤ科の典型的な大型壺形樹 (*Chorisia speciosa*)《長毛のある種子をもち, パンヤ同様枕の詰め物に使う》.

floss·y [flási, flɔ́(ː)si | flɔ́si] *adj.* (**floss·i·er**; **-i·est**) **1** けば (floss) の, けばでできた. **2** けばのような, 軽くてふわふわした (downy): ～ baby hair. **3** 《口語》けばけばしい; しゃれた (showy, slick): a ～ hotel.

flo·ta [flóʊtə | flə́ʊtə; *Sp.* flóta] 〖□ Sp. ～: ⇨ flotilla〗 ― *Sp. n.* (植民地時代に植民地の産物を輸送獲得する目的で毎年 Cádiz から Vera Cruz に向けて出航したスペインの)船団, 船隊, 艦隊.

flo·tage [flóʊtɪdʒ | flə́ʊt-] 〖← FLOAT (n.)+-AGE: cf. F *flottage*〗 ― *n.* **1** 浮遊, 浮揚; 浮揚力, 浮力 (buoyancy). **2** 浮遊物, 漂流物 (flotsam)《海上の流木・漂流貨物など》. **3** 《英》漂流物拾得権. **4** [集合的] (一河川に)浮かぶ物; 船いかだ類. **5** =floatage 2. **6** 〖造船〗乾舷(かんげん)《船体の吃水線上の部分》.

flo·tant [flóʊtnt | flə́ʊ-] 〖□ OF ～ (pres.p.) ← *floter* 'to FLOAT'〗 *adj.* 〖紋章〗〈紋章図形の旗などが〉風になびいた形の, 旗が広がった形の.

flo·ta·tion [flo(ʊ)téɪʃən | flə(ʊ)-] 〖《1806》← FLOAT+-ATION: cf. F *flottaison*〗 ― *n.* **1** 浮揚: ⇨ CENTER of flotation. **2** 浮体学. **3** (会社の)設立; 起業. **4** 〖証券〗(証券の)募集, (証券の)発行: the ～ of bonds 起債. **5** 〖鉱山〗浮遊選鉱, 浮選. **6** 〖自動車〗(タイヤなどの)沈下抵抗力《悪路・雪面などで沈下せずにとどまり得る能力》.

flo·til·la [flo(ʊ)tílə, flə- | flə(ʊ)-] 〖《1711》□ Sp. ～ (dim.) ← *flota* fleet □ OF *flote* □ ON *floti*: cf. float〗 ― *n.* **1 a** 小艦隊, 小艦隊: a ～ of destroyers [torpedo boats] 駆逐艦[水雷艇]隊. **b** 小艦隊に似た集団: a ～ of fire engines 消防自動車隊. **2** 〖米海軍〗隊群, 小艦艇部隊《駆逐艦またはそれより小型の艦艇から成る戦隊 (squadron) 2 個またはそれ以上による編成》.

Flo·tow [flóʊtoʊ | flə́ʊtəʊ; *G.* fló:to], **Friedrich von** *n.* フロート《1812-83; ドイツの歌劇作曲家; *Martha*「マルタ」(1847)》.

flot·sam [flátsəm | flɔ́t-] 〖《1607》*flotson* □ AF *floteson* ← OF *floter* to float ← Gmc: cf. float〗 ― *n.* **1** (遭難船の)浮荷, 漂流貨物 (cf. jetsam 1, lagan). **2** = FLOTSAM and jetsam (2), (3).

flotsam and jetsam (1) 漂流貨物《浮荷と投げ荷》. (2) がらくた (odds and ends). (3) [集合的] (社会の)くず, 流れ者, 浮浪者: the ～ *and jetsam* of society.

flounce¹ [fláʊns] 〖《1542》《混成》? ← FLAP+BOUNCE¹ // ← ? ON: cf. Swed *flunsa* to plunge〗 ― *vi.* **1** (身もだえして)狂い回る, もがく, あがく, のたうつ (jerk): ～ away [off] 身もだえしながら去る. **2** [通例, 方向の副詞・前置詞を伴って] (怒ったり, いらだったりして体を振って)飛び出す, 躍り出る, 飛び込む: ～ *out of* a room in a rage かっと腹を立てて部屋を飛び出す / ～ *into* the water 水中へ飛び込む. **3** 自分を意識して動く, 人目をひくように歩く: ～ *across* the lobby. ― *n.* 身もだえ, あがき.

flounce² [fláʊns] 〖《1672》《変形》← FROUNCE〗〖服飾〗 ― *n.* フラウンス, ひだ飾り《10-50 cm またはそれ以上の巾の布で, 片側にギャザーやプリーツを入れとじつける衣服の飾り》. ― *vt.* …にフラウンスを付ける.

flounce²

flóunc·ing *n.* フラウンスの素材《片側にギャザーやプリーツなどが施されているレースや刺繍レースまたは布地》.

flounc·y¹ [fláʊnsi | -sɪ] *adj.* (**flounc·i·er**; **-i·est**) もがく, あがく; 自分を意識して動く.

flounc·y² [fláʊnsi | -sɪ] *adj.* (**flounc·i·er**; **-i·est**) フラウンスの付いた[で飾った].

floun·der¹ [fláʊndə | -də(r)] 〖《1304-05》□ AF *floundre* = OF *flondre* □ ON *flyðra* (cf. Norw. *flundra*)〗 ― *n.* (*pl.* ～, ～**s**) 〖魚類〗カレイ目の魚の総称 (flatfish)《カレイ科とヒラメ科の魚類》: ⇨ summer flounder, winter flounder.

floun·der² [fláʊndə | -də(r)] 〖《1576》《混成》← FOUNDER³+BLUNDER〗 ― *vi.* **1** もがく, あがく, のたうつ, じたばたする: ～ *in* mud [snow] 泥[雪]の中でもがく / ～ *into* a morass じたばたして泥沼へはまり込む. **2 a** もがき[あがき]ながら進む: ～ *through* a song つかえつかえ歌をうたう / The explorers ～*ed along* the muddy way. 探検家たちはぬかるみの道をよたよたしながら進んだ. **b** つまりながら[しくじりながら]する[しゃべる]; 四苦八苦しながら仕事をする. ― *n.* もがき, あがき.

flóun·der·ing·ly [-d(ə)rɪŋli | -lɪ] *adj.* もがきながら, まごついて; つまずいてばかりいて.

flour [fláʊə | fláʊə(r)] 〖《*c*1250》*flour* (*of whete*) 'FLOWER or finest part of meal': FLOWER と区別して書かれるようになったのは 18 世紀ごろ: cf. F *fleur de farine*〗 ― *n.* **1 a** 小麦粉, メリケン粉, うどん粉 (cf. meal² 1 a). **b** 穀物の粉, 穀粉. **c** 粉末食品. **2** きわめて細かい粉末, 細粉: ～ of emery 金剛砂. ― *vt.* **1** 《米》粉にする. **2** …に粉を振りかける; 〈肉など〉に粉をまぶす. **3** 〖鉱山〗(金銀精錬のアマルガム法で)〈水銀を〉粉状にする. ― *vi.* 《米》粉状になる.

flóur bàg *n.* 小麦粉袋, メリケン粉袋.

flóur bèetle *n.* 〖昆虫〗コクヌストモドキ (*Tribolium castaneum*)《小麦粉など貯穀粒につくゴミムシダマシ科の小甲虫; 似た種類が多い》.

flóur bòlt *n.* (製粉所で使う)粉ふるい.

flour·ish [flə́ː(r)ɪʃ | flʌ́r-] 〖《? *a*1300》*florishe*(*n*) □ (O)F *floriss-* (stem) ← *florir* (F *fleurir*) to blossom < VL **flōrīre*=L *flōrēre* ← *flōr-*, *flōs* 'FLOWER': ⇨ -ish²〗 ― *vi.* **1** 〈動植物が〉生育する, 〈草木が〉おい茂る, 繁茂する. **2 a** 栄える, 繁盛する, 盛大である, 隆盛をきわめる (prosper); 〈人が〉活躍する, 成功する, 在世する: Socrates ～*ed* about 400 B.C. ソクラテスは紀元前約 400 年ごろ活躍した人だ. **b** 〈人が〉健康である, 身体(からだ)がよい. **3** 腕[刀剣など]を振り回す, ぐるぐる振り回す. **4 a** 見せびらかす. **b** 誇張して[自慢して]言う. **5** 飾り書きに書く, 飾り[装飾]文字を使う. **6** 《まれ》華麗な言葉を使う, 飾って言う[書く]. **7** 〖音楽〗華やかな楽句を演奏する; 華やかに奏する; (トランペット・ホルンなどで)華美にファンファーレを吹奏する. **8** 《スコット・廃》花を開く, 咲く. ― *vt.* **1** 〈武器・むち・腕などを〉振る, 打ち振る, 振り回す (wave): ～ a handkerchief [blade] ハンカチ[刀]を打ち振る. **2** 見せびらかす (parade): ～ one's riches. **3** (花や模様で)はなやかに飾る (embellish). **4** 《廃》飾字体で書く; 装飾的意匠[色彩など]で飾る.

― *n.* **1** (刀・棒・釣竿・帽子などの)振回し: a ～ of a sword [one's hat, one's hand] 刀剣[帽子, 手]を大きく振り回すこと. **2** 見せびらかし; 仰々しさ, 派手さ: with a ～ 仰々しく, 派手に. **3 a** (彫刻・印刷などの)飾り線[文様]; (花文字・署名などの, ひげの長い)飾り書き. **b** 〖修辞〗(文章・演説中の)凝った表現, 文飾, 文彩, 美辞麗句: a speech full of ～*es* 美辞麗句に富む演説. **4** 《まれ》繁栄, 隆盛: in full ～ 盛りをきわめて, 全盛で. **5** 《スコット》開花 (bloom): the ～ of the apple trees. **6** 〖音楽〗装飾楽句, 即興的な挿入楽句[序奏], ファンファーレ (fanfare): a ～ of trumpets (歓迎の時などの)瀏喨(りゅうりょう)たる[華やかに響き渡る]らっぱの吹奏[ファンファーレ].

～·er *n.*

flóur·ish·ing 〖ME〗 *adj.* **1** 繁茂する, (盛んに)おい繁る: a ～ plant. **2** 繁栄する, 隆盛な, 盛大な (prosperous): a ～ business, family, etc. **～·ly** *adv.*

flour·ish·y [flə́ː(r)ɪʃi | flʌ́rɪʃɪ] *adj.* 華麗な, 飾り書きの: ～ handwriting 飾り書きの筆跡.

flóur mill *n.* 製粉機; 製粉所.

flour·y [fláʊ(ə)ri | fláʊərɪ] 〖《15C》〗 *adj.* **1** 粉の, 粉状の, 粉質の: ～ potatoes. **2** 粉まみれの, 粉だらけの; 粉をかぶって白い: ～ hands.

flout [fláʊt] 〖《1551》← ? ME *floute*(*n*) to play the flute □ OF *flaut-er*: ⇨ flute: cf. Du. *fluiten* to play the flute, mock, impose upon〗 ― *vt.* ばかにする, 軽蔑する, 侮辱する (mock): ～ a person's advice 人の忠告を鼻であしらう. ― *vi.* 人をばかにしたようなことを言う, 侮蔑的な振舞いをする (jeer) 〔*at*〕. ― *n.* ばかにした言葉; 軽蔑, あざけり. **～·er** [-ṭə | -tə(r)] *n.*

flóut·ing·ly [-ṭɪŋli | -tɪŋlɪ] *adv.* 軽蔑して, ばかにして.

flow [flóʊ | flə́ʊ] 〖OE *flōwan* ← Gmc **flō-* (ON *flōa* / LG *flojen*) ← IE **pleu-* to flow, swim (L *pluere* to rain / Gk *pleîn* to swim): cf. flee, fleet⁴, flight¹, float, flood, fly¹〗 ― *vi.* **1 a** 流れる; 流れ出る: The river ～*s* northward *to* the sea. 川は北流して海に注ぐ / The water started ～*ing over* the dam. 水はダムをあふれ流れ出した / Tears ～*ed from* her eyes [*down* her cheeks]. 涙が目から流れ出た[ほおを流れた] / Hot air ～*s up* the chimney. 熱した空気は煙突を上って行く. **b** 流れるように到来する 〈*in*〉; 流出する, 奔流する (gush) 〈*out*〉; 〈通行人・車馬などが〉流れるように通る (stream along); 〈弁舌・詩文などが〉すらすらと[流暢(りゅうちょう)に]流れ出る; 〈会話などが〉円滑に進む[進行する]: Orders began to ～ *in upon* us. 注文が我々のもとに殺到し出した / Gold ～*ed out of* the country. 金は国外へ流出した / Traffic ～*s along* the street all day. 交通の往来が終日その通りを流れる / His speech ～*ed on.* 彼の言葉は流れるように続いた. **2** 〈潮が〉上げる, 差す (rise) (cf. ebb *vi.* 1). **3 a** 〈血液・電気などが〉通う, めぐる: Electricity ～*s through* a copper wire. 電気は銅線を伝って流れる / Royal blood ～*s in* his veins. 彼の血管のなかには王族の血が流れている. **b** (暴力などにより)〈血が〉流される: Blood will ～. 流血の騒ぎが起ころう. **4** 〔…から〕生じる, 起こる 〔*from*〕: Wealth ～*s from* industry and economy. 富は勤勉と節約とから生じる. **5** 〈垂れ布・髪の毛などが〉すらりと垂れる: with her hair ～*ing down* her back [*over* her shoulders, *in* the wind] 髪を背中に垂れ下がらせて[肩に垂らして, 風になびかせて]. **6 a** 《古》〔…が〕たくさんある, 充満する 〔*with*〕: a land ～*ing with* milk and honey 乳と蜜との流れる(豊かな)土地 (cf. *Exod.* 3:8) / His heart ～*ed with* gratitude. 彼の心は感謝の念で一杯となった. **b** 〈酒などが〉ふんだんにつがれる: Wine ～*ed* like water. ぶどう酒が飲み放題に振舞われた. **7** (多量に)月経がある. **8** 〖地質〗〈地下の岩石・氷河の氷などが〉(圧力により亀(き)裂を生じないで)しなやかにたわむ[変形する].

― *vt.* **1** 〈土地など〉に氾濫させる, あふれさせる (flood): ～ the land for irrigation 土地を灌漑(かんがい)する. **2** 〈ペンキなどを〉たっぷり塗る: ～ paint *on* a wall. **3** 流す, 流し出す: The cut ～*ed* a little blood. 傷口から血が少し流れ出た.

― *n.* **1 a** 流れ, 流動; 流出, ほとばしり: the ～ *of* air 空気の流れ / a ～ *of* blood [oil, lava] 血[油, 溶岩]の流れ. **b** 多量の流れ[流道], 流れの[流道]状態, 流れ具合. **c** 流水, 流液. **2** (思想・言葉・交通・貿易・供給・物資などの)とうとうたる[よどみのない]流れ: a ～ *of* conversation [eloquence, music, wit] 談話[弁舌, 音楽, 機知]のよどみない流れ / a ～ *of* joy あふれ出る喜び / the ～ *of* soul (和気あいあいの)交歓, 打ち解けた暖い交わり, 歓談 (A. Pope, *Satires and Epistles of Horace Imitated*) (cf. the FEAST of reason) / There has been a continuous ～ *of* gold *into* the country. 国には正貨が間断なく流入している / In his mind strange images arose *in* a steady ～. 彼の心に異様な心象が流れるように次々に浮かんできた. **3 a** 流水量, 流出量, 供給量 (output): a daily ～ *of* 1,000 gallons 一日千ガロンの流出[量] / a good ～ *of* milk 十分な搾乳量 / the oil ～ *of* a well 油井の流出量. **b** 〖生理〗流量《血液その他の液体が一定の器官や部分を一定時間内に流れる量》. **4 a** 上げ潮, 差し潮 (cf. ebb *n.* 1): The tide is *at* [*on*] the ～. 潮が差している / ⇨ EBB *and flow*. **b** (規則的に発生する)氾濫: the ～ of the Nile ナイル川の氾濫. **5** (垂れ布・髪の毛などの)なだらかな垂れ下がり: the beauty of the ～ *of* draperies on the body of the Buddha in wood 木彫の仏像の衣文(えもん)の美しさ / the ～ *of* one's hair *over* one's shoulders 肩にすらりと垂れ下がる髪. **6** 月経 (menstruation). **7** 《スコット》湿地帯, 沼地 (morass); (沿海の)窪地, 小入江. **8** 〖機械〗(高熱による金属部分の)徐々の歪曲. **9** 〖物理化学〗(電気・熱などの)エネルギーの流れ: heat ～ 熱エネルギーの流れ. **10** 〖球技〗(フットボールなどの)(競技者の)流れ[運動]の方向.

flow·age [flóʊɪdʒ | flə́ʊ-] *n.* **1** 流動 (flow); 氾濫; みなぎりあふれること. **2** あふれた水; 流出物. **3** 〖力学〗(アスファルトなどの粘性物質の)流動. **4** 〖地質〗岩石が裂けることなしに徐々に変形すること.

flów·chàrt *n.* **1** 生産工程順序一覧表. **2** 〖電算機〗流れ図, フローチャート《プログラムの流れを図式的に示したもの》.

flów clèavage *n.* 〖地質〗流動劈開(へきかい)《岩石が流動する際に生じる劈開》.

flów diagram *n.* =flowchart.

flow·er [fláʊə | fláʊə(r)] 〖《? *a*1200》*flour* □ OF (F *fleur*) < L *flōrem*, *flōs* flower ← IE **bhel-* to thrive, bloom: cf. bloom¹, blossom, blow³〗 ― *n.* **1** 花 (cf. bloom¹ 1 a, blossom 1 a), 草花, 花卉(かき): The ～*s* are out. 花が咲いた / artificial ～*s* 造花 / the language of ～*s* 花言葉 / ⇨ *a* BED *of flowers* / No ～*s* (by request). 弔花は御辞退申し上げます《死亡広告文句》/ Say it with ～*s*! 《米》「花を召しませ」, 花を買って贈りなさい《広告文》; 思う心を(花に託して)伝えなさい / the national ～ 国花 / ⇨ State flower, wild flower. **2** 開花, 満開: *in* ～ 開花して, 花盛りで / The tulips are *in* full ～. チューリップは満開だ / come *into* ～ 咲き出す, 咲く. **3 a** (装飾用の)花模様; 造花. **b** (紋章の)花形. **4** 詞華 (figure of speech): ～*s* of speech 言葉の綾, 詞華. **5** 盛り, 盛年, 活躍期, 盛期 (prime): in the ～ of one's age [life] 人生の盛りに. **6** よりすぐり, 精粋, 精華 (pick, choice): the ～ of scholarship 学問の精華 / the ～ of chivalry 騎士道の華(はな). **7** [*pl.*] (発酵の)泡 (cf. flor). **8** [*pl.*] 《古》月経, 月華 (cf. *Lev.* 15:24, 33). **9** [*pl.*] 〖化学〗華(か)《昇華でできた粉末状のもの》: ～*s* of sulphur 硫黄華 / ～*s* of zinc 亜鉛華. **10** 〖印刷〗= fleuron 2.

flower of Jove 〖植物〗ヨーロッパ産の白色綿毛のある葉を生じばら色の花が咲くナデシコ科センノウ属の多年草 (*Lychnis flos-jovis*).

flowers of tan 〖植物〗腐蝕した木材や樹皮などに生じる糸状菌[黒かび]の一種 (*Fuligo septica*).

― *vi.* **1** 花を生じる[つける]; 花が咲く, 花盛りになる (blossom, bloom). **2** 栄える, 盛りに達する (flourish) 〈*out*〉; 成熟する (mature). ― *vt.* **1** …に花を咲かせる. **2** 花でおおう[飾る]; 花模様で飾る.

Flow·er [fláʊə | fláʊə(r)] 〖↑〗 *n.* 女性名《ウェールズ語形 Fflur》.

flow·er·age [fláʊ(ə)rɪdʒ | fláʊər-] *n.* **1** [集合的] 花 (flowers). **2** 花形装飾, 花飾り. **3** 開花(期).

flówer arràngement *n.* 生け花, 活花.

flówer-bèaring *adj.* 花のつく, 花を生じる.

flówer bèd *n.* 花壇.

flówer bèetle *n.* 〖昆虫〗 **1** ハナムグリ《ハナムグリ類のように花粉を常食とする甲虫の総称》. **2** ジョウカイ《花に集まり他の昆虫を捕食するジョウカイ科と近縁の科の甲虫の総称》.

flówer bòx *n.* フラワーボックス, プランター (planter)《土を入れて観賞用植物を植える細長い箱; 通例窓の外に置く》.

flówer bùd *n.* 〘植物〙(実のならない花の)花芽 (cf. blossom bud, fruit bud, mixed bud).
flówer bùg *n.* 〘昆虫〙ハナカメムシ《花にすんで他の昆虫を捕食するハナカメムシ科の昆虫の総称》.
flówer chìld *n.* フラワーチャイルド《平和と愛の象徴として花をもっている若いヒッピー (hippie); cf. flower people》.
flów·er-de-lúce [-dəlúːs | -dəlúːs, -ljúːs] 〘⇨ fleur-de-lis〙 *n.* (*pl.* **flowers-**) 《古》〘植物〙 =iris[2] 1.
flów·ered 〘ME〙 ── *adj.* **1** 花でおおわれた : a ～ terrace. **2** 花形で飾った, 花模様の : ～ silk, tapestry, wallpaper, etc. / a ～ carpet. **3** [通例複合語の第2構成素として] (…の)花をつける, …咲きの : single-[double-]*flowered* 単[重]八重]咲きの.
flow·er·er [fláu(ə)rə | fláuərə(r] *n.* **1** [通例, 開花期・咲き方などを示す形容詞と共に用いて] 花の咲く植物 (cf. bearer 3, fruiter 3, grower 1) : an abundant ～ たくさん花のつく植木 / an early [a late] ～ 早咲き[遅咲き]の草花. **2** 花模様を作る職人.
flow·er·et [fláu(ə)rɪt, -rət | fláuərɪt, -rət, -rèt] 〘ME: ⇨ flower, -et〙 *n.* 小花 (floret).
flówer gàrden *n.* 花園, 花畑 (cf. kitchen garden).
flówer gìrl *n.* **1** 花売り娘[女]. **2** 《米》花まき娘《結婚式で花嫁の進む先に花をまき散らしてゆく少女》.
flówer hèad *n.* 〘植物〙頭状花 (capitulum).
flow·er·ing [fláu(ə)rɪŋ | fláuər-] 〘ME〙 ── *adj.* **1** 花をもつ, 花を開く (blooming) : ⇨ flowering plant. **2** 花の咲いている, 花盛りの : a ～ meadow. ── *n.* **1** 開花(期) : a late ～ 遅咲き ; 大器晩成. **2** 花形で飾ること. **3** 花形模様, 花飾り.
flówering chérry *n.* 〘植物〙サクラ類《花を観賞するために栽培されるサクラ属 (*Prunus*) の樹木の総称; cf. cherry 1 a》 : ⇨ Japanese flowering cherry.
flówering cráb *n.* 花木として栽培される野生リンゴ《主にハナカイドウ (*Malus halliana*) などアジア原産の種からなる ; cf. crab apple》.
flówering cúrrant *n.* 〘植物〙 **1** =golden currant. **2** =wild black currant.
flówering dógwood *n.* 〘植物〙ハナミズキ, アメリカヤマボウシ (*Cornus florida*)《北米原産で広く栽培されるミズキ科の落葉樹 ; 春に白または薄紅色の花を開く ; 米国 Virginia 州および North Carolina 州の州花》.

flowering dogwood

flówering férn *n.* 〘植物〙ゼンマイ (osmund).
flówering fláx *n.* 〘植物〙ベニバナアマ (*Linum grandiflorum*)《アフリカ北部産の一年生草本 ; 花は赤》.
flówering glúme *n.* 〘植物〙 =lemma[2].
flówering máple *n.* 〘植物〙イチビ《温帯に広く分布するアオイ科イチビ属 (*Abutilon*) の植物の総称; 葉が掌状でモミジ (maple) に似る》.
flówering plánt *n.* **1** 〘植物〙顕花植物 (cf. FLOWERLESS plant, seed plant). **2** 花物《花を観賞する植物 ; cf. foliage plant》.
flówering quínce *n.* 〘植物〙ボケ《日本・中国に分布するバラ科ボケ属 (*Chaenomeles*) の庭園樹の総称 ; 切花または盆栽用 ; (特に)ボケ (Japanese qniuce)》.
flówering ráspberry *n.* 〘植物〙北米産のキイチゴの一種 (*Rubus odoratus*)《赤紫色の花が咲く落葉低木で, 実は紅く食用にする》.
flówering spúrge *n.* 〘植物〙北米産のトウダイグサ科タカトウダイ属の一種 (*Euphorbia corollata*)《白い苞葉が花のように美しく観賞用に栽培》.
flówering tobácco *n.* 〘植物〙ハナタバコ《ナス科タバコ属 (*Nicotiana*) の多年草で花が美しく, 観賞用に栽培される数種の総称》.
flówer·less *adj.* **1** 花のない ; 花の咲かない, 無花の : a ～ garden 花の(咲いていない)ない庭. **2** 〘植物〙隠花の : a ～ plant 隠花植物 (cf. flowering plant 1).
flow·er·let [fláuəlɪt, -lət | fláuə-] *n.* 小花.
flówer·lìke *adj.* 花のような, 優美な, 美しい.
flówer-pècker *n.* 〘鳥類〙ハナドリ《東南アジア・太平洋諸島・オーストラリアに生息するハナドリ科の小鳥の総称》.
flówer pèople *n.* [集合的] フラワーピープル《平和と愛の象徴として花を体につけて歩きまわるヒッピー (hippies) ; cf. flower child》.
flówer pìece *n.* **1** 花の絵, 花飾り. **2** 生け花.
flówer·pòt *n.* **1** (草花の)植木鉢. **2** 花型の花火.
flówer pòwer *n.* フラワーパワー《ヒッピーたちの主義・主張 ; cf. black power》.
flówer sèrvice *n.* 〘教会〙花祭り《教会を花で飾り, 礼拝式後病院などに寄贈する》.
flówer shòp *n.* 生花店, 花屋. 「ワーショー.
flówer shòw *n.* 草花共進会, 草花品評[展示]会, フラ
flówer stàlk *n.* 〘植物〙花梗(きょう), 花茎 (peduncle).
Flówer Stàte *n.* [the ～] 米国 Florida 州の俗称.
flówer wày 〘《なぞり》← Jap.〙 *n.* 〘劇場〙(歌舞伎などの舞台の)花道.
flow·er·y [fláu(ə)ri | fláuəri] 〘《1369》: ⇨ flower, -y[4]〙 ── *adj.* (**flow·er·i·er ; -i·est**) **1** 花の多い, 花におおわれた, 花の咲き乱れた : a ～ field, meadow, etc. **2** 花のような, (花のように)香りのよい ; 花で飾った ; 花形装飾の, 花形の, 花模様の : a ～ pattern 花模様. **3** 華やかな, 華麗な (florid) ; 美辞麗句を用いる : a ～ style 華麗な文体 / a ～ address 美辞麗句の多い演説 / ～ language 美辞麗句. **flów·er·i·ly** [-rəli | -rəlɪ, -rɪ-] *adv.* **flów·er·i·ness** *n.*
flów·ing 〘OE *flowende*〙 ── *adj.* **1** 流れる : ～ water 流水, 動水 / the ～ tide 上げ潮. **2** 流れるような, なだらかな, 流暢(りゅうちょう)な (fluent) : ～ periods 流麗な文章. **3** 〈線・輪郭など〉なだらかに続く, 流線の : a ～ hand すらすらと書いた筆跡 / the ～ lines of a car 自動車の流線型. **4** 〈幕・毛髪など〉なだらかに垂れている : ～ locks 垂れ髪 / a ～ skirt [garment] (長く)垂れたスカート[服] / ⇨ flowing sheet. 「暢(ちょう)に.
flów·ing·ly *adv.* 流れるように, なだらかに ; 流
flówing shéet *n.* 〘海事〙(風が帆船の真後ろまたは真横から吹いている時に)ゆるめて伸ばした帆脚索(ほあし) : sail with ～*s* (追風を受けて)帆脚索をゆるめて航進する.
flów lìne *n.* **1** 〘地質〙流理《岩漿や岩石の流動の際に生じる条紋》. **2** 〘機械〙流れきず, 流れ模様《射出成形品の表面に現われる模様》. **3** 流れ作業線 (cf. assembly line).
flów·mèter *n.* 流量計《単位時間に管の中を流れる流体の量・速度を測定する計器》.
flown[1] *v.* fly[1] の過去分詞.
flown[2] [flóun | flə́un] 〘OE *flōwen* (p.p.) ← *flōwan* 'to FLOW'〙 ── *adj.* **1** 混ぜ合わせの色で装飾した, ぼかし絵の具を流した : ～ porcelain 流し絵の具の磁器. **2** 《古》〔…で〕過度に満たした, 満ちあふれる, いっぱいの 〔*with*〕 : ～ *with* anger.
flów shèet *n.* 生産工程順序一覧表 (flowchart)《特に, 冶金・化学工程に用いる》.
flów·stòne *n.* 〘鉱物〙流れ石, フローストーン《洞窟内の壁や床を薄くおおう鐘乳石》.
flów tàble *n.* 〘化学〙フローテーブル《コンクリートやモルタルの軟度を定める装置》.
flów tèst *n.* 〘化学〙フロー試験《セメントペースト・プラスチック・油脂などの流動性を決定する試験方法の一つ》.
Floy [flɔ́ɪ] 〘《変形》 1 : ↓. 2 : ← FLORENCE[2]〙 *n.* **1** 男性名. **2** 女性名.
Floyd [flɔ́ɪd] 〘《変形》← LLOYD〙 *n.* 男性名.
fl. oz. 《略》fluidounce(s). 「解放戦線.
F.L.Q. 《略》Front de Libération du Québec ケベック
F.L.S. 《略》Fellow of the Linnean Society.
FLSA 《略》Fair Labor Standards Act (米国の)公正労働基準法.
Flt. Lt. 《略》《英》Flight Lieutenant.
Flt. Off. 《略》《英》Flight Officer.
Flt. Sgt. 《略》《英》Flight Sergeant.
flu [flúː] 〘《短縮》← INFLUENZA〙 *n.* (*also* **'flu** [～]) 《口語》 **1** インフルエンザ, 流感 : a bad ～ / get *the* ～ badly. **2** (漠然と)ウイルスによる呼吸器疾患.
flub [flʌ́b] 〘《混成》? ← FL(OP)+(D)UB[2]〙 《米口語》 ── *v.* (**flubbed ; flub·bing**) ── *vt.* へたにやる, …でへまをする (bungle). ── *vi.* へまをする, 失敗する. ── *n.* 大しくじり, 大手ぬかり, へま (mistake).
flub·dub [flʌ́bdʌ̀b] 〘← ?〙 *n.* 《米口語》気取り, 見栄(え) ; おおげさな[ばかげた]言葉.
fluc·tu·ant [flʌ́ktʃuənt | -tju-, -tʃu-] 〘《1560》□ (O)F ～ ∥ L *fluctuant-em* (pres.p.) ← *fluctuāre* (↓)〙 ── *adj.* **1** 波動する, 波打つ. **2** 動揺する, 上下する, 変動する, 不安定な : a ～ stock market. **3** 〘医学〙波動の.
fluc·tu·ate [flʌ́ktʃuèɪt | -tjʊ-, -tʃʊ-] 〘《1634》← L *fluctuāt-us* (p.p.) ← *fluctuāre* to move as a wave ← *fluctus* wave〙 ── *vi.* **1** 〈意見・感情・行為などが〉動揺する, ふらつく (waver) : ～ between hopes and fears 喜んだり心配したりする. **2** 〈量・程度・株価などが〉変動する, 動揺する, 上下[高下]する (vary) (cf. fluctuating) : The company's stock began *fluctuating* sharply on the New York Stock Exchange. その会社の株は NY 株式市場で乱高下(らんこうげ)し始めた. **3** (波のように)高く低くうねる, 波動する. ── *vt.* 動揺させる.
flúc·tu·àt·ing [-tɪŋ | -tɪŋ] *adj.* 変動のある, 動揺[上下]する : a ～ market 変動の激しい市況[物価] / ～ prices 動揺する物価. **～·ly** *adv.*
flúctuating lóad *n.* 〘電気〙変動負荷《大きさが変動する負荷, またはそのうち常時存在する一定分を差し引いた変動分 ; cf. base load》.
fluc·tu·a·tion [flʌ̀ktʃuéɪʃən | -tju-, -tʃu-] 〘《c1450》□ L *fluctuātiō(n-)* : ⇨ fluctuate, -ation〙 ── *n.* **1** 動揺, 変動, 高下 ; 不安定, 気迷い (instability) : the ～*s* of temperature [prices] 温度[物価]の変動 / violent ～*s* (相場の)乱調, 乱高下(らんこうげ). **2** 波動. **3** 〘生物〙彷徨(ほうこう)変異 (cf. modification 4, mutation 2, variation 6). **4** 〘医学〙波動《体内に液体が貯留したことを示す触診所見》. **5** 〘物理・化学〙ゆらぎ, 揺動《熱運動や確率現象における平均値のまわりの観測量の変動》.
flue[1] [flúː] 〘《1363》□ MDu. *vlūwe* (Du. *flouw*) fishing net〙 *n.* 引き網 (dragnet) ; 掛け網.
flue[2] [flúː] 〘《古形》 *floow, flew* □ Flem. *vluwe* □ ? F *velu* woolly ← L *villus* shaggy hair : cf. velvet〙 ── *n.* **1** 柔らかい綿毛のようなもの. **2** けば, 毛くず, 綿くず. **3** (家具の下などにたまる)ほこりの固まり.
flue[3] [flúː] 〘《c1410》 *flewe* mouthpiece of a hunting horn 《逆成》? ← OE *flēwsa* a flowing ∥ □ ? OF *fluie* a flowing, stream〙 ── *n.* **1** 小煙突 ; (煙突の)煙道 (⇨ fireplace 挿絵). **2 a** 送気管, ガス送管. **b** (暖房装置の)熱気送管. **c** (ボイラーの)煙管, 煙路. **3** 〘音楽〙 **a** パイプオルガンの唇管 (flue pipe). **b** 唇管の口.
flue[4] [flúː] 〘← ?〙 *n.* **1** 〘海事〙鉤(かぎ) ; 錨鉤, 錨爪(fluke). **2** 《まれ》〘鳥類〙(羽の一本の)羽枝(し).
flúe-cùre 〘← FLUE[3]+CURE〙 *vt.* (送気管を通して)〈たばこを〉熱風で乾燥する (cf. fire-cure) : ～ tobacco. **flúe-cùred** *adj.*
flúe dùst *n.* 煙塵(じん). 「行く燃焼ガス》.
flúe gàs *n.* 煙道ガス《燃焼を完了して煙道から出て
flú·ence [-əns] 〘《1909》《頭音消失》← INFLUENCE〙 *n.* =influence.
put the fluence on 〈人〉に魔法[催眠術]をかける.
flu·en·cy [flúːənsi | flúːənsɪ, flúən-] 〘□ LL *fluentia* : ⇨ ↓, -ency〙 ── *n.* (弁舌の)流暢(りゅうちょう), なだらかさ ; (時に)多弁, おしゃべり (volubility) : ～ of speech 能弁 / with ～ 流暢に, よどみなく (fluently).
flu·ent [flúːənt | flúːənt, flúənt] 〘《1589》□ L *fluent-em* (pres.p.) ← *fluere* to flow : ⇨ -ent〙 ── *adj.* **1** (弁舌などの)流れるような, よどみのない ; 流暢な, 能弁な, 弁舌のうまい : ～ speech 能弁 / speak ～ English 流暢な英語を話す / a ～ speaker [talker] 能弁な人 / a ～ liar ぺらぺらと嘘のつける人 / He is ～ *in* German. ドイツ語に堪能だ. **2** 〈動き・彎曲・輪郭など〉なだらかな (easy), 優美な (graceful) : ～ curves [contours] なだらかな彎曲[輪郭] / ～ motion 優美な動き. **3** (よどみなくすらすら)流れる : a ～ stream. **4** 《まれ》流動する, 流動性の. **5** 《まれ》形の一定[安定]しない.
flú·ent·ly *adv.* 流暢に, 能弁に, すらすらと.
flúe pìpe 〘⇨ flue[3]〙 *n.* (パイプオルガンの)唇管 (cf. reed pipe 2).
flu·er·ic [fluːérɪk | fluː-, flʊ-] *adj.* =fluidic.
flu·er·ics [fluːérɪks | fluː-, flʊ-] 〘← L *fluere* to flow +-ICS〙 *n.* 〘物理〙 =fluidics.
flúe stòp 〘⇨ flue[3]〙 *n.* (パイプオルガンの')唇管音栓 (cf. reed stop). 「work).
flúe·wòrk *n.* [集合的] 唇管音栓 (flue stops) (cf. reed-
flue·y [flúːi | flúːɪ] 〘← FLUE[2]+-Y[4]〙 *adj.* 毛[綿]くず質の, けばのような ; ふわふわした (fluffy).
fluff [flʌ́f] 〘《1790》《変形》← ? FLUE[2]〙 ── *n.* **1 a** (鳥の腹部ともも部の間に生えている)綿毛. **b** (ラシャなどの)けば (nap). **c** うぶ毛 ; ひげのはえかけ, 薄ひげ. **2** 綿毛のようなもの, ふわふわした固まり : a ～ *of* clouds ふわふわした雲. **3** つまらないもの, 下らないもの. 《口語》 **a** 間違い, しくじり, ミス. **b** せりふを忘れる[間違える]こと, とちること, とちり.
a bit* [*piece*] *of fluff 《俗》(いかす)若い女, 女の子.
── *vi.* **1** けば立つ, ふわふわになる. **2** ふわりと動く. **3** 《口語》 **a** 間違える, へまをやる. **b** せりふを忘れる[とちる]. ── *vt.* **1** 〈皮の裏など〉にけばを立てる ; 〈外観を〉けばのようにする. **2** (綿毛のように)ふわりとふくらませる 〈*out, up*〉 : The bird ～*ed* itself *out* into a ball. 鳥が羽毛をふくらませて丸くなった / ～ one's hair *out* 髪をふんわりふくらませる. **3** 《口語》 **a** しくじる, 間違える. **b** 〈せりふを〉忘れる, とちる.
flúff·er *n.* **1** ふわりとふくらませる物. **2** (ロンドンの地下鉄などの)線路掃除夫.
fluff·y [flʌ́fi | -fɪ] *adj.* (**fluff·i·er ; -i·est**) **1** けばの, 綿毛の (downy) ; 綿毛におおわれた. **2** ふわふわした : a ～ cake, pillow, sweater, etc. **3 a** (精神・知力などの)弱い ; 〈政策など〉あやふやな : a ～ old man. **b** くだらない, つまらない (trifling) : ～ musicals. **4** 〘演劇・テレビ〙せりふのあやふやな. **flúff·i·ly** [-fɪli, -fə- | -lɪ] *adv.* **flúff·i·ness** *n.*
Flü·gel·horn [flúːgəlhɔ̀ən | -hɔ̀ːn ; *G.* flýːgəlhɔ̀rn] 〘□ G ～ ← *Flügel* wing (← *fliegen* 'to FLY[1]')+*Horn* 'HORN' : 狩猟で側面から獲物を追う勢子(せこ)に合図するために用いられたことから〙 ── *n.* フリューゲルホルン《形は cornet で音色は French horn に似た金管楽器》.
flu·id [flúːɪd, flúːəd | flúːɪd, flúɪd] 〘《?*a*1425》□ (O)F *fluide* ∥ L *fluid-us* ← *fluere* to flow (cf. fluent) : ⇨ -id[4]〙 ── *n.* **1** 流体, 流動体《液体・気体の総称 ; cf. solid 1》. **2** (動植物の)分泌液. **3** 〘医学〙 **a** 体液 : amnionic ～ 羊水 / a ～ balance 体液平衡 / ～ therapy (点滴などによる)輸液療法 / ⇨ cerebrospinal fluid. **b** 薬液. ── *adj.* **1** 流体の, 流動体に関する. **2** 流動性の (liquid) (cf. solid 1) : a ～ substance 流動物質. **3 a** 〈意見など〉変わりやすい, 流動的な, 固定していない (shifting) ; さまざまの用途に利用できる : The opinions of the young are ～. 若い人の意見は変わりやすい / ～ capital 流動資本 / The situation is very ～. 事態はきわめて流動的だ. **b** すぐに現金に換えられる : ～ assets 流動資産. **4** 〈文や動きが〉流れるような, 流麗な. **～·ly** *adv.* **～·ness** *n.*
flu·id·al [flúːɪdl, flúːə- | flúːɪ-, flúɪ-] *adj.* 流体[流動]に関する[の特徴を持った]. **～·ly** *adv.*
flúid cátalyst *n.* 〘化学〙流動触媒《微粒子にして反応にあずかるガスの流れによって流動状態に保ちながら使用する固体触媒》.
flúid clútch *n.* 〘機械〙 =fluid drive.
flúid cóal *n.* 流動粉炭.
flúid cóupling *n.* 〘機械〙 =fluid drive.
flúid drám [**dráchm**] *n.* =fluidram.
flúid dríve *n.* 〘機械〙流体継手, 水力継手.
flúid·éxtract *n.* 〘薬学〙植物抽出液, 流エキス剤.
flúid flýwheel *n.* 〘機械〙 =fluid drive.
flu·id·ic [fluːídɪk | fluː-, flʊ-] 〘《逆成》↓〙 *adj.* **1** 流れの技術[特徴]の[に関する]. **2** [通例, 降神術師が用

いて] 流れの[に関する, の特徴を持つ].

flu·id·ics [fluːídɪks | fluː; fluː-] 〖← FLUID＋-ICS〗 *n.* 〘物理〙フルイディックス, 流体素子工学《流体の流れを使ったスイッチ素子でパワー増幅能力をもち, 自動制御系の要素として使われる; fluidonics ともいう》.

flu·id·i·fy [fluːídəfàɪ | fluːídɪ-, flʊ-] *vt.* 流動体に変じる, 流体にする (fluidize). ── *vi.* 流動体になる, 流体になる; 液体を集める.

flu·id·i·ty [fluːídəṭi | fluːídətɪ, flʊ-, -dɪ-] 〖(1603) ← FLUID＋-ITY〗 ── *n.* **1 a** 流動性; 流動率 (cf. solidity 1). **b** 人口の移動《流出と移入》; 移動率. **2** 変わりやすいこと, 変移性, 柔軟性 (flexibility). **3** 流麗さ.

flu·id·ize [flúːədàɪz | flúːɪdàɪz, flúɪdaɪz] *vt.* 流動体にする (fluidify). **flu·id·i·za·tion** [flùːədɪzéɪʃən, -də- | flùːɪdaɪ-, flùɪ-, -dɪ-] *n.* **flú·id·ìz·er** *n.*

flúid mechánics *n.* 流体力学.

flu·id·on·ics [flùːɪdɑ́nɪks, flùːə- | flùːɪdɔ́n-, fluɪ-] 〖← FLUID＋(ELECTR)ONICS〗 *n.* 〘物理〙＝fluidics.

flúid óunce *n.* 〘薬衡〙液量オンス《液量の単位; ＝8 fluidrams; 略 fl. oz.》: **a** 《米》$^1/_{16}$ pint; 1.8045 立方インチ, 29.573 cm³. **b** 《英》$^1/_{20}$ pint; 1.7339 立方インチ, 28.416 cm³.

flúid préssure *n.* 〘物理〙流体圧力, 流圧.

flu·i·dram [flùː(ɪ)(d)drǽm, flúːə(d)- | flúːɪ(d)-, flúɪ(d)-] 〖← FLUID＋DRAM〗 ── *n.* (*also* **flu·i·drachm** [~]) 液体ドラム《液量の単位; ＝60 minims, $^1/_8$ fluidounce; 略 fl.dr.》: **a** 《米》0.2255 立方インチ, 3.6966 cm³. **b** 《英》0.2167 立方インチ, 3.5520 cm³.

fluke[1] [flúːk] 〖(1561) ← ? FLUKE[3]: その形から〗 ── *n.* **1** 〘海事〙錨爪, 錨鉤 (⇨ anchor 挿絵). **2 a** 錨爪に似たもの. **b** (槍・やす・矢などの穂先の)かかり, 鉤 (barb). **c** 鯨の尾の先の裂片.

fluke[2] [flúːk] 〖(1857) ← ?: cf. 《方言》*fluke* a guess〗 《口語》 ── *n.* **1** まぐれ当たり, 幸運, 僥倖(ぎょうこう), フロック (lucky chance): but for that ~ of fortune あの運命のめぐり合わせがなかったら / win by a ~ まぐれで勝つ. **2** 〘玉突〙フロック《球のまぐれ当たり》. **3** 《英》気まぐれに吹いてくる(幸運の)そよ風. ── *vt.* まぐれで手に入れる[当てる]; 僥倖で得点する. ── *vi.* まぐれで成功する[運悪く失敗する].

fluke[3] [flúːk] 〖OE *flōc* ← Gmc **flōk*- ← IE **plā-k-* to be flat: cf. flake[1]〗 ── *n.* **1** 〘魚類〙ヒラメの一種 (*Paralichthys dentalus*). **2** 〘病理・獣医〙肝蛭(かんてつ) (*Fasciola hepatica*)《家畜の肝臓に寄生するジストマ》; 吸虫類の動物. **3** 《英》卵形のジャガイモの一品種.

flúke infestátion 〖↑〗 *n.* 〘病理・獣医〙＝distomatosis.

flúke·wòrm *n.* 〘病理・獣医〙＝fluke[3] 2.

fluk·y [flúːki | -kɪ] 〖← FLUKE[2]＋-Y[4]〗 ── *adj.* (**fluk·i·er**; **-i·est**) (*also* **fluk·ey**) **1** 《口語》まぐれ当たりの, 僥倖(ぎょうこう)の. **2** 〈風が〉気まぐれな, 変わりやすい, 定まらない (shifting): a ~ wind 変わりやすい風. **flúk·i·ly** [-kɪli, -kə- | -lɪ] *adv.* **flúk·i·ness** *n.*

flume [flúːm] 〖(?a1200) *flum* stream, river ⊏ OF 'river' < L *flūmen* a stream ← *fluere* to flow〗 《米》 ── *n.* **1** (かけひを大きくした形の)流水[用水]路, 水路; 樋(とい), (樋式)用水路《灌漑用水や発電所の水を取ったり, また山で切った材木を下に流すもの》. **2** 急な狭い谷川, 峡谷. ── *vt.* **1** 水路で〈材木などを〉流して運ぶ. **2** 水路で〈水を〉引く. ── *vi.* 流水路を掛ける, (樋式)用水路を作る.

flum·mer·y [flʌ́m(ə)ri | -mərɪ] 〖(1618) ⊏ ? Welsh *llymru* ← ?〗 ── *n.* **1** オートミールを長時間煮た粥(かゆ)状のもの (cf. sowens); これに生クリーム・砂糖・香料などを加えたデザート (cf. frumenty). **2** (ブラマンジュ (blancmange) やカスタード (custard) のような)柔らかいデザート類. **3 a** くだらないもの. **b** くだらない話, たわごと (nonsense); から世辞.

flum·mox [flʌ́məks, -mɪks | -mɪks] 〖(1837) ← ?〗 《俗》 ── *vt.* まごつかせる, 面くらわせる, …の度を失わせる (disconcert). ── *vi.* 失敗する, だめになる (collapse). ── *n.* 失敗 (failure); 当惑, 混乱.

flump [flʌ́mp] 〖(1790): 擬音語〗 ── *vt.* どしんと投げ落とす, どさりと置く. ── *vi.* どさりと落ちる[倒れる] 〈*down*〉. ── *n.* (どしんと響く)投げ落とし; どさり(という音): fall with a ~ どさりと落ちる, どしんと倒れる.

flung *v.* fling の過去形・過去分詞.

flunk [flʌ́ŋk] 〖(1823) 《混成》← FUNK[1]＋FLINCH[1]: もと学生の隠語〗 《米口語》 ── *vi.* **1** 〔試験に〕失敗する (fail) 〔*in*〕: ~ *in* one's exam. **2** (学校などに)とどまることができなくなる, (学業不振などで)退学になる 〈*out*〉: ~ out of school 退学する. **3** 断念する, やめる, 手を引く 〈*out*〉. ── *vt.* **1** 〈試験などを〉しくじる (fail): ~ an examination / ~ history [math] 歴史[数学]を落とす. **2** (成績不良のため)退学させる 〈*out*〉, 〈学生を〉(試験で)落とす, 落第させる. ── *n.* (試験・暗誦などの)失敗 (failure). **~·er** *n.*

flun·ky [flʌ́ŋki | -kɪ] 〖(1782) 《もとスコット》《変形》← ? *flanker* (「いつも側 (flank) にいて用をする人」)〗 ── *n.* (*also* **flun·key** [~]) **1 a** [軽蔑的に] (小使・玄関番など)制服を着た使用人 (footman). **b** 《米》召使, 給仕(人); 料理人, コック. **2** (卑屈な)おべっか使い (toady); くだらない奴.

flún·ky·dom [-dəm] *n.* [集合的] 小使連中; 取巻き連.

flún·ky·ism [-kiìzm] *n.* 小使根性; おべっか主義, 事大主義 (toadyism).

flu·o- [flúːə | flúːə, flúə] fluoro-[1,2] の異形: *fluo*phosphate.

flùo·bórate 〖← FLORO-[1]＋*-borate* (⇨ boro-, -ate[1])〗 *n.* 〘化学〙フッ化ホウ素酸塩《borofluoride ともいう》.

flùo·bóric 〖⇨ fluoro-[1], boric〗 *adj.* 〘化学〙フッ化ホウ素の.

fluobóric ácid *n.* 〘化学〙ホウフッ化水素酸 (HBF_4)《有毒な強い一塩基酸; borofluoric acid ともいう》.

flu·o·cín·o·lone acetónide [flùːəsínəlòun-, -nḷ- | flùːə(ʊ)sínəlàʊn-, flùə-, -nḷ-] 〖← FLUO(RINE)＋CIN(ENE)＋(PREDNIS)OLONE〗 ── *n.* 〘化学〙フルオシノロンアセトニド ($C_{24}H_{30}F_2O_6$)《皮膚病治療抗炎症剤》.

flùo·phósphate 〖⇨ fluoro-[1]〗 *n.* 〘化学〙フツリン酸塩.

flùo·phosphóric ácid *n.* 〘化学〙＝fluorophosphoric acid.

flu·or [flúːɔə, flúːə | flúːɔː(r, flúɔː(r, flúːə(r, flúə(r] 〖(1621) ⊏ L ～ 'flux' ← *fluere* to flow: cf. G *Fluss* flux〗 *n.* 〘鉱物〙＝fluorite.

flu·or- [flúːər | flúər, flúːər] (母音の前に来る時の) fluoro-[1,2] の異形: *fluor*ene, *fluor*escent.

flu·o·rene [flúːəriːn, flɔ́ːriːn, flóːr- | flúːəriːn, flúəriːn] 〖⇨↑, -ene〗 *n.* 〘化学〙フルオレン ($C_{13}H_{10}$)《無色の板状晶をなす環式炭化水素の一つ》.

flu·o·resce [flʊ(ə)rés, flɔːr-, floːr-, flùːər- | fluər-, flùːər-, flùːɔ(ː)r-, flùɔ(ː)r-] 〖《逆成》← FLUORESCENCE〗 *vi.* 〘物理・化学〙蛍光を発する. **flu·o·résc·er** *n.*

flu·o·res·ce·in [flʊ(ə)résiɪn, flɔːr-, floːr-, flùːər-, -siən | fluərésiɪn, flùːər-, flùːɔ(ː)r-, flùɔ(ː)r-] 〖⇨↑, -in[1]〗 ── *n.* (*also* **flu·o·res·ce·ine** [-résiːn]) 〘化学〙フルオレセイン ($C_{20}H_{12}O_5$)《そのアルカリ溶液は微量でも強い緑色蛍光を発し, 水難者の位置標識や水流速度の測定に用いられる; また絹・羊毛などの黄色染料になる》.

flu·o·res·cence [flʊ(ə)résṇs, flɔːr-, floːr-, flùːər- | fluər-, flùːər-, flùːɔ(ː)r-, flùɔ(ː)r-] 〖(1852) ← FLUOR(SPAR)＋-ESCENCE: cf. phosphorescence〗 ── *n.* 〘物理・化学〙**1 a** 蛍光発光《物質に光を照射すると, これとは異なった波長の光を発する現象; cf. phosphorescence 2》. **b** 蛍光性. **2** 蛍光 (cf. luminescence, phosphorescence 2).

fluoréscence mícroscope *n.* 蛍光顕微鏡《被検体の発する蛍光で観察する顕微鏡; cf. ultraviolet microscope》.

flu·o·res·cent [flʊ(ə)résnt, flɔːr-, floːr-, flùːər- | fluər-, flùːər-, flùːɔ(ː)r-, flùɔ(ː)r-] 〖(1853) ← FLUOR(SPAR) ← FLUOR-[2]＋-ESCENT: 英国の数学者 G. G. Stokes (1819–1903) の造語〗 ── *adj.* 蛍光を放つ, 蛍光性の (cf. phosphorescent): ~ light 蛍光 / a ~ substance 蛍光体 / a ~ lamp [tube] 蛍光灯[管] / ~ lighting 蛍光照明.

fluoréscent scréen *n.* 〘物理〙蛍光板《X 線または放射線が当たると目に見える光を放つ板》.

flu·or·i- [flúː(ə)rɪ, flɔ́ːrɪ-, flóːrɪ-, flúːərɪ-, -rə | flúərɪ, flúːərɪ] fluoro-[2] の異形 (⇨ -i-): *fluori*meter.

flu·or·ic [fluːɔ́(ː)rɪk, -ɑ́r- | -ɔ́r-] 〖⊏ F *fluorique*: ⇨ fluoro-[1], -ic[1]〗 ── *adj.* **1** 〘化学〙フッ素 (fluorine) の, フッ素性の: a ~ acid フッ素酸. **2** 〘鉱物〙蛍石(ほたるいし) (fluorite) の, 蛍石性の.

flu·o·ri·date [flúː(ə)rədèɪt, flɔ́ːr-, flóːr- | flúərɪ-, flɔ́ːr-] 〖《逆成》: ↓〗 *vt.* **1** (虫歯を防ぐため)〈飲料水・練歯みがきなど〉にフッ化物を少量入れる. **2** ＝fluoridize

flu·o·ri·da·tion [flù(ə)rədéɪʃən, flɔ̀ːr-, flòːr- | flùərɪ-, flɔ̀ːr-, -raɪ-] 〖⇨↓, ation〗 *n.* **1** フッ化物添加. **2** (歯の)フッ素処理. **~·ist** [-ʃ(ə)nɪst, -nəst | -nɪst] *n.*

flu·or·ide [flúː(ə)raɪd, flɔ́ːr-, flóːr-, flúːəràɪd | flúəraɪd, flɔ́ːr-] 〖← FLUORO-[1]＋-IDE〗 *n.* 〘化学〙フッ化物: ⇨ sodium fluoride.

flu·o·ri·di·za·tion [flù(ə)rədɪzéɪʃən, flɔ̀ːr-, flòːr-, -də- | flùərɪdaɪ-, flɔ̀ːr-, -dɪ-] *n.* フッ素処理.

flu·o·ri·dize [flúː(ə)rədàɪz, flɔ́ːr-, flóːr- | flúərɪ-, flɔ́ːr-] *vt.* 〈歯を〉フッ化物で処理する, 〈歯〉にフッ素処理を施す. **flú·o·ri·dìz·er** *n.*

flu·o·rim·e·ter [flʊ(ə)rímәṭə, flɔːr-, floːr- | fluərímɪtə(r, flùːər-, flùːɔ(ː)r-, -mə-] *n.* 〘化学〙＝fluorometer. **flu·o·ri·met·ric** [flù(ə)rəmétrɪk, flɔ̀ːr-, flòːr-, flùːər- | flùərɪ-, flùːər-, flùːɔ(ː)r-] *adj.* **flu·o·rim·e·try** [flʊ(ə)rímətri, flɔːr-, floːr- | fluərímɪtrɪ, flùːər-, flùːɔ(ː)r-, -mə-] *n.*

flu·o·ri·nate [flúː(ə)rənèɪt, flɔ́ːr-, flóːr- | flúərɪ-, flɔ́ːr-] *vt.* **1** ＝fluoridate. **2** 〘化学〙フッ素化させる. **flu·o·ri·na·tion** [flù(ə)rənéɪʃən, flɔ̀ːr-, flòːr- | flùərɪ-, flɔ̀ːr-] *n.*

flu·o·rine [flúː(ə)riːn, flɔ́ːr-, flóːr-, flúːəriːn, -rɪn, -rən | flúəriːn, flúːəriːn] 〖(1813) ⊏ F ～: ⇨ fluoro-[2], -ine[1]: cf. bromine〗 ── *n.* 〘化学〙フッ素《非金属性元素の一つ; 記号 F, 原子番号 9, 原子量 18.998403》.

flu·o·rite [flúː(ə)raɪt, flɔ́ːr-, flóːr-, flúːəràɪt | flúəraɪt, flúːəràɪt] 〖⊏ It. ～: ⇨ fluoro-[2], -ite[1]〗 *n.* 〘鉱物〙蛍石(ほたるいし) (CaF_2).

flu·o·ro-[1] [flúː(ə)ro(ʊ), flɔ́ːr-, flóːr-, flúːər- | flúərə(ʊ), flúːər-] 〖← NL ～: ⇨ fluor, -o-〗 ──「フッ素性の, フッ化の」の意の連結形: *fluoro*carbon. ★ 母音の前では通例 fluor- になる.

flu·o·ro-[2] [flúː(ə)ro(ʊ), flɔ́ːr-, flóːr-, flúːər- | flúərə(ʊ), flúːər-] 〖← FLUORESCENCE〗「蛍光」の意の連結形: *fluoro*meter. ★ 母音の前では通例 fluor- になる.

flùoro·cárbon 〖⇨ fluoro-[1]〗 *n.* 〘化学〙過フッ化炭化水素《炭化水素中の水素をフッ素で置き換えた化合物; 冷媒・スプレー用ガス・潤滑剤・消火剤用》.

flu·o·ro·chrome [flúː(ə)rəkròum, flɔ́ːr-, flóːr-, flúːər- | flúərə(ʊ)kràʊm, flúːər-] 〖⇨ fluoro-[2], -chrome〗 *n.* 〘生物〙蛍光色素.

flu·o·ro·form [flúː(ə)rəfɔ̀əm, flɔ́ːr-, flóːr-, flúːər- | flúərə(ʊ)fɔ̀ːm, flúːər-] 〖← FLUORO-＋-FORM〗 ── *n.* 〘化学〙フルオロホルム (CHF_3)《クロロホルムの塩素をフッ素で置換した化合物でクロロホルムに似た無色のガス》.

flu·o·rog·ra·phy [flʊ(ə)rɑ́grəfi, flɔːr-, floːr-, flùːər- | fluərɔ́grəfɪ, flùːər-] *n.* ＝photofluorography. **flu·o·ro·graph·ic** [flù(ə)rəgrǽfɪk, flɔ̀ːr-, flòːr-, flùːər- | flùərə(ʊ)-, flùːər-] *adj.*

flu·o·rom·e·ter [flʊ(ə)rɑ́məṭə, flɔːr-, floːr- | fluərɔ́mɪtə(r, flùːər-, flùːɔ(ː)r-, -mə-] 〖← FLUORO-[2]＋-METER[1]〗 ── *n.* 〘化学〙蛍光光度計《蛍光の強度または蛍光物質の濃度を測定する装置》. **flu·o·ro·met·ric** [flù(ə)rəmétrɪk, flɔ̀ːr-, flòːr-, flùːər- | flùər-, flùːər-, flùːɔ(ː)r-] *adj.* **flu·o·rom·e·try** [flʊ(ə)rɑ́mətri, flɔːr-, floːr-, flùːər- | fluərɔ́mɪtrɪ, flùːər-, flùːɔ(ː)r-, -mə-] *n.*

flùoro·phósphate 〖← FLUORO-[1]＋PHOSPHATE〗 *n.* 〘化学〙フルオロリン酸塩[エステル].

flùoro·phosphóric ácid *n.* 〘化学〙フルオロリン酸 (H_2PO_3F, HPF_6, HPO_2H_2 の 3 種の酸の中のどれかを指す).

flùoro·plástic 〖← FLUORO-[1]＋-PLASTIC〗 *n.* 〘化学〙フッ素プラスチック, フッ素樹脂.

flùoro·pólymer 〖← FLUORO-[1]＋POLYMER〗 *n.* 〘化学〙フッ素樹脂, フッ素重合体.

flu·o·ro·scope [flúː(ə)rəskòup, flɔ́ːr-, flóːr-, flúːər- | flúərəskàʊp, flúːər-] 〖← FLUORO-[2]＋-SCOPE〗 〘医学〙 ── *n.* (X 線)透視機械. ── *vt.* (X 線)透視で調べる. **flu·o·ro·scop·ic** [flù(ə)rəskɑ́pɪk, flɔ̀ːr-, flòːr-, flùːər- | flùərəskɔ́p-, flùːər-] *adj.* **flù·o·ro·scóp·i·cal·ly** *adv.*

flu·o·rós·co·pist [-pɪst, -pəst | -pɪst] *n.* (X 線)透視法専門家.

flu·o·ros·co·py [flʊ(ə)rɑ́skəpi, flɔːr-, floːr-, flùːər- | fluərɔ́skəpɪ, flùːər-] *n.* (X 線)透視(検査法).

flu·o·ro·sis [flʊ(ə)róusɪs, flɔːr-, floːr-, flùːər-, -səs | fluərə́ʊsɪs, flùːər-] 〖← FLUORO-[1]＋-OSIS〗 ── *n.* 〘病理・獣医〙フッ素(中毒)症, フッ素(沈着)症. **flu·o·rot·ic** [flʊ(ə)rɑ́ṭɪk, flɔːr-, floːr-, flùːər- | fluərɔ́t-, flùːər-] *adj.*

flùoro·úracil *n.* 〘化学〙フルオロウラシル ($C_4H_3FN_2O_2$)《フッ素を含むピリミジン塩基; 癌治療に用いられた》.

flu·or·spar [flúːəspɑə, flɔ́ːə-, flóːə-, flúːɔə-, flúːə- | flúəspɑː(r, flúːə-, flúːɔ(ː)-] 〖← FLUORO-[2]＋SPAR[2]〗 *n.* 〘鉱物〙＝fluorite.

flùo·sílicate 〖← FLUORO-[1]＋SILICATE〗 *n.* 〘化学〙フッケイ酸塩[エステル]《silicofluoride ともいう》.

flùo·silícic ácid *n.* 〘化学〙フッ化ケイ素酸, ケイフッ酸 (H_2SiF_6)《無色透明の液体で, セメントなどの硬化剤; hydrofluosilicic acid ともいう》.

flu·phen·a·zine [fluːfénəziːn] 〖← FLU(ORO-)[1]＋PHENAZINE〗 *n.* 〘化学〙フルフェナジン ($C_{22}H_{26}F_3N_3OS$)《精神安定剤の一種》.

flúr·ried *adj.* 混乱した, 動揺した, あわてた, 困惑した: in a ~ manner.

flur·ry [flə́ː(r)i | flʌ́rɪ] 〖(1698) ← ? 《廃・方言》*flurr* to whir 《擬音語?》: hurry との類推〗 ── *n.* **1 a** (一陣の)疾風, 突風. **b** (疾風を伴った)にわか雨, 風雪: go through a ~ of snow flakes. **2** 騒動, 混乱, 動揺 (commotion); 狼狽(ろうばい), うろたえ, 困惑: *in* a ~ 狼狽して, あたふたと / *in* the ~ 騒ぎにまぎれて. **3** (もりを打ち込まれた鯨の)死のもがき. **4** (市場の)突然で一時的な活況[価格の波乱]. ── *vt.* あわてさせる, まごつかせる, 狼狽させる (bewilder): get *flurried* あわてる. ── *vi.* あわてる, うろたえる; せわしなく動く[働く]: ~ *about* one's work せわしなく仕事をする.

flush[1] [flʌ́ʃ] 〖(1375) 'pool, puddle' 《混成》? ← FLUSH[3]＋FLASH〗 ── *n.* **1** (水・血などが)どっと[さっと]流れること; (トイレなどのどっと落とす)流し水, 排水. **2 a** (顔・ほおの)紅潮, 赤らみ (cf. blush): ~ face 〘医学〙(熱病・月経閉止などに伴う)顔面潮紅. **b** 《詩》(空・雲などの)あかね色, (夕焼け・朝焼けの)光輝: the ~ of dawn 朝焼け. **3** はつらつとしていること, (健康的・精力的な)新鮮な輝き: in the very ~ of life 元気盛りに. **4** (感情・感激の)高ぶり, 興奮, 大得意, 歓喜: in the full ~ of triumph [hope] 勝利[希望]の感激に酔って. **5** (若草などの)萌(も)え出ること; (草などの)萌え出た若草: the ~ of grass 若草 / the first ~ of spring 萌え出た春の若葉 / young shoots now in full ~ 今を盛りと萌え出た若芽. **6 a** (牛の)乳量の急増. **b** 激増: the great ~ of gold 金の激増. **7** 発熱.

── *vt.* **1 a** 〈水液を〉どっと流す; (堰(せき)を切って)〈池など〉の水を落とす: ~ the water *away* [*down*] 水を流し去る. **b** 〈牧場など〉に水をあふれさせる, 灌漑する: ~ a meadow in autumn 秋に牧草地を灌漑する. **c** 〈下水・街路などを〉水を流して洗う: ~ a drain [sewer pipes, streets] 水を流して下水[下水管, 街路]を洗う / ~ the toilet by pulling the rope 綱を引いてトイレを洗い流す. **2** (恥ずかしさなどで)〈頬などを〉紅潮させる, 赤く染める, ばら色にする, ほてらせる (redden): Shame ~*ed* his cheeks.＝His cheeks were ~*ed with* shame. 彼は恥じて顔を赤くした. **3** [通例 p.p. 形で] 上気[興奮]させる, 得意にさせる, 意気揚々とさせる (elate), 元気づける, 威勢をつける (animate): be ~*ed with* wine [pride] 酒[誇り]でのぼせている / be ~*ed by* a brilliant success [victory] はなばなしい成功[勝利]で意気揚々としている. **4** (繁殖期に)〈羊を〉太らせる (fatten). **5** 〘冶金〙〈高炉〉の鉱滓(こうさい)を取り除く. ── vi. 1〈水が〉どっと[さっと]流れる, 水びたしになる;〈血液が〉さっと顔に上る. 2〈顔・ほおが〉紅潮する, ぱっと赤らむ, ぽっとなる (blush);〈色・光が〉輝き出す,〈空が〉ばら色になる (glow): ~ *into* rage まっ赤になって怒り出す / The girl ~*ed* (*up*) with anger. 娘は怒りで顔を赤くした / She ~*ed* suddenly scarlet. 急にまっ赤に顔を染めた / The eastern sky was ~*ing* over the hills. 山の上の東の空があかね色に輝いていた. 3〈草木が〉急に芽ぐむ, 萌え出る.

flush[2] [flʌ́ʃ] 〘(1594)《形容詞用法》↑?〙 ── *adj.* (~·**er**; ~·**est**) 1〈流れが〉いっぱいになった, あふれるばかりの (brimming): a river ~ *with* the runoff 出水であふれる川. 2〔金などを〕十分持って, 豊富な, 裕福な〔*of*〕;〔…を〕惜しみなく使う, 気前がよい (lavish)〔*with*〕: be ~ *of* money 金をたくさん持っている / Money is ~. 金があり余るほどある[だぶついている] / be very ~ *with* money 金離れがいい / ~ times 好景気, 好況時代. 3 a ぱっと赤くなった, 赤らんだ (ruddy). b《まれ》元気にあふれた (lusty). 4〔…と〕同一平面の, 同高の (even); (ぴったり合うように)端と端とをそろえた〔*with*〕: windows ~ *with* the wall 壁と同じ平面の窓. 5〘海事〙〈甲板が〉船首から船尾まで平らで見通しのきく: a ~ deck 平甲板. 6〘印刷〙(印刷ページの行頭または行末を)そろえた, 片側そろえの, (左または右)ぎめの: ~ left 左ぎめ. 7〘製本〙 a 切付けの, チリなしの《図書の表紙と中身を同時に化粧裁ちし, チリのない状態にいう》. b 裁ち切りの《さし絵などを仕上げ寸法より大き目に刷り, 仕上げ裁ちの時にその一部分を切り落とすことにいう》.
── *adv.* 1 同じ高さに (evenly). 2 じかに, まともに, かっきり (directly): knock a person ~ on the chin 人のあごをまともにぶんなぐる.
── *vt.* 1 平らにする (level);〈凹所・壁の継ぎ目など〉に詰め物をして平らにする. 2〈印刷ページの行頭や行末を〉そろえる.

flush[3] [flʌ́ʃ] 〘(*c*1250) *flusshe*(*n*) to fly about quickly < ? OE **flyscian*《擬音語?》: cf. fly[1], flutter, rush[2]〙 ── *vt.* 1〘狩猟〙〈鳥を〉飛び立たせる (put up). 2 (隠れ場などから)〈犯人などを〉追い出す 〈*out*〉. ── *vi.* 〘狩猟〙〈驚いた鳥が〉(やぶなどから)ぱっと飛び立つ. ── *n.* 1 (追われて)飛び立った鳥(の群れ). 2 鳥を飛び立たせること.

flush[4] [flʌ́ʃ] 〘(*a*1529) ▭ OF *flus* (F *flux*) ▭ L *fluxus* 'FLUX': cf. run (*n.*) 29〙 ── *n.* 〘トランプ〙フラッシュ, 手揃い: a (ポーカーで)同種札(同じ印の札)の5枚揃い; cf. royal flush, straight flush. b (ピノクルで)切札の最高位札5枚続き《150点になる》.
── *attrib. adj.* 〘トランプ〙手揃いの: a ~ hand 手揃い / ~ sequence 5枚続きの手揃い.

flúsh còat *n.* 〘土木〙シールコート, 保護被覆《水密性を与えるため道路舗装の仕上げにアスファルトなどを薄く塗ること》.
flúsh-décked 〘⇨ flush[2]〙 *adj.* 〘海事〙平甲板の.
flúsh-dècker *n.* 〘海事〙平甲板船《上甲板が船首から船尾まで平坦に連続している船; flush-deck vessel ともいう》.
flúsh dòor *n.* フラッシュドア《桟や框(かまち)を内部に収めた平らな扉; cf. panel door》.
flúsh·er 〘⇨ flush[1], -er[1]〙 *n.* 1 (下水の)流し掃除夫. 2 (下水の)流水装置; (道路などの掃除用の)散水装置[タンク].
flúsh gìrt *n.* 〘木工〙(根太と上端の面をそろえた)胴差し (cf. girt[2] 3).
flúsh-hèad rívet 〘⇨ flush[2]〙 *n.* 〘機械〙さら(頭)リベット《頭が外面と一様になるように埋める時に用いるリベット; 主として船舶・航空機用》.
flúsh·ing 〘⇨ flush[1]〙 *n.* 1 瀉水(しゃすい): a ~ box [cistern, tank]=flush tank. 2 (顔・ほおの)紅潮.
Flush·ing [flʌ́ʃɪŋ] 〘← Du. *Vlissingen* (オランダの町の名)〙 ── *n.* 米国 New York 州 New York 市 Queens 区の一地域; 万国博覧会の会場 (1939–40, 1964–65) および国連本部 (1946–51) の跡は Flushing Meadow 公園となっている.
flúsh·ness 〘⇨ flush[2]〙 *n.* (金銭の)豊富, 充満, 潤沢.
flúsh tànk *n.* (下水用の)自動式瀉水(しゃすい)タンク; (水洗便所の)洗浄用貯水槽.
flúsh tòilet *n.* 水洗便所, 水洗式トイレ (water closet).
flúsh vàlve *n.* (水洗便所の)洗浄弁, 瀉(しゃ)水槽バルブ.
flus·ter [flʌ́stə | -tə(r] 〘(1422) ← ? ON (cf. Icel. *flaustra* to be flustered ← *flaustr* bustle): cf. bluster〙 ── *vt.* 1 混乱させる, 騒がせる; 面くらわせる, あわてさせる: ~ oneself (頭が混乱して)取り乱す, 度を失う, うろたえる. 2 酔わせる, 酔って興奮させる. 3 混乱して[取り乱して]言う. ── *vi.* 混乱する, 度を失う, あわてる, うろたえる. ── *n.* 混乱, 狼狽(ろうばい), 取り乱すこと: be all *in* a ~ すっかりあわてている.
flus·ter·ate [flʌ́stərèɪt] *v.* =flustrate.
flus·ter·a·tion [flʌ̀stəréɪʃən] *n.* =flustration.
flus·trate [flʌ́streɪt] *v.* 《口語》=fluster.
flús·trat·ed [-tɪd, -təd | -tɪd, -təd] *adj.* 《口語》取り乱した, あわてた.
flus·tra·tion [flʌstréɪʃən] 〘← FLUSTER + -ATION: frustration にならった造語〙 ── *n.* 《口語》 1 混乱(させること), 面くらわせる[あわてさせる]こと, 狼狽(ろうばい). 2 酔わせること.
flute [flúːt] 〘(*a*1325) *floute* ▭ OF *flahute, flëute* (F *flûte*) ▭ Prov. *flaüt*《混成》← ? *flaujol, flauja* (=OF *flajol*: cf. flageolet[1])+*laut* 'LUTE[1]': cf. G *Flöte* / It. *flauto*〙 ── *n.* 1 a フルート. ★横笛型のものを transverse flute といい, 縦笛型の古典フルートをリコーダー (recorder) という. b (オーケストラの)フルート奏者 (flutist). 2 (オルガンの)笛音音栓. 3 a 笛[フルート]状の物. b 細長いシャンパン用ワイングラス《握りのところに大きな丸こぶ形の装飾 (knop) がある脚付きの円錐形のグラスで, 17世紀に用いられた; flute glass ともいう》. c 細長いフランスパン. d (婦人服の)柔らかいラッフル状ひだ. 4〘建築〙(柱の)縦溝, 溝彫り. ── *vi.* 1 フルートを吹く. 2 フルートのような音[声]を出す. 3〈金属の板などが〉よじれる, まがって割れる. ── *vt.* 1〈曲などを〉フルートで吹く[演奏する]. 2 笛のような声で話す[歌う]. 3〘建築〙〈柱などに〉フルーティングを施す.
flút·ed [-tɪd, -təd | -tɪd, -təd] *adj.* 1 笛声の, 笛の音色の. 2〘建築〙フルーティングを施した;〈板ガラスが〉溝付きの: a ~ column / ~ plate glass すだれガラス.
flúted ármor *n.* =Maximilian armor.
flúte·lìke *adj.* フルートに似た, (フルートのような)澄んだ高音の.
flúte·mòuth *n.* 〘魚類〙ヤガラ (⇨ cornetfish).
flút·er [-tə | -tə(r] 〘ME *flouter* ▭ OF *flauteur*: ⇨ flute, -er[1]〙 *n.* 1 溝彫り器. 2《まれ》フルート奏者 (flutist).
flúte stòp *n.* 〘楽器〙=flute 2.
flut·ey [flúːti | -ti] *adj.* (**flut·i·er**; **-i·est**) =fluty.
flút·ing [-tɪŋ | -tɪŋ] *n.* 1 笛[フルート]の吹奏; 笛の(ような)音. 2〘建築〙 a [集合的にも用いて](柱の)フルーティング, 溝彫り, 縦溝装飾: the ~ of a column. b 溝彫り用材. 3 [集合的]〘服飾〙(婦人服のネックや袖などの装飾に使われる)ラッフル状の柔らかいひだ.
flút·ist [-tɪst, -təst | -tɪst] 〘← FLUTE (*n.*)+-IST: cf. F *flutiste*〙 *n.* 《米》笛吹き, 笛手, フルート奏者 (flautist).
flut·ter [flʌ́tə | -tə(r] 〘OE *floterian* to float about, flutter (as birds) (freq.) ← *flotian* 'to FLOAT': ⇨ -er[4]〙 ── *vi.* 1〈鳥が〉羽ばたきする 〈*about*〉; 羽ばたきして[ばたばた]飛ぶ;〈蝶などが〉ぱたぱた[ひらひら]飛ぶ. 2 a〈帆・旗などが〉ぱたぱたする, はためく, 翻える;〈花びらなどが〉ひらひら震える, ひらひら舞い落ちる: The curtain ~*ed* in the breeze. カーテンが微風にはためいた / A petal ~*ed* to the ground. 花びらが1枚ひらひら舞って落ちた. b〈まぶたなどが〉ぴくぴくする, 痙攣してぴくつく. 3〈脈・心臓が〉早く不規則に鼓動する, どきどきする. 4 (興奮して)動揺する, はらはら[そわそわ]する, (恐怖で)おののく, わなわな打ち震える; (取り乱して)うろうろする: ~ *about* the room 部屋の中をうろうろする. ── *vt.* 1〈鳥が〉〈翼を〉ばたばた打つ (flap);〈帆・旗・ハンカチなどを〉ぱたぱた振り動かす, ひらひら翻す (wave). 2 あわてさせる, 騒がせる, 狼狽(ろうばい)させる, 取り乱させる. 3 うろたえて[取り乱して]言う.
── *n.* 1 a 羽ばたき, 羽打ち; (扇の)はためき, (ぱたぱたする)動揺; (炎の)ちらつき: with a ~ of white feathers 白い羽を羽ばたかせて. b〘医学〙(心臓の)粗動. 2 [a ~] (心の)動揺, 混乱; 大騒ぎ: be *in a* ~ (興奮して)どきどきしている, 胸騒ぎがする, あわてている / fall *into a* ~ どぎまぎする / put *a* person *in* [*into*] *a* ~=throw a person *into a* ~ 人をどきどき[はらはら]させる / make [cause] *a* great ~ (世間を)騒がせる, 大評判になる. 3 (市場の)小波乱 (flurry). 4《英俗》(博打(ばくち)・投機でちょっと)一山張ってみること, (ちょっとした)賭(かけ): have a ~ at bridge [in mining shares] ブリッジ[鉱山株]で一山張ってみる. 5〘水泳〙(クロール・背泳の)ばた足. 6〘航空〙フラッター《空気力のために飛行機の翼などに起こる自励振動》. 7〘音楽〙フラッター(タンギング)《管楽器を舌を速く震わせて鳴らす吹奏法; cf. tonguing》. 8〘電気〙再生むら《レコードプレーヤー・録音再生機からの再生音のむら; cf. wow[2] 1》. 9〘テレビ・ラジオ〙フラッター《受信画面のちらつき》.
flútter·bòard *n.* 〘水泳〙ばた足練習板, ビート板《手で支えて脚の水中練習をする時に用いる板》.
flútter ècho *n.* 〘物理〙多重反響, 鳴き竜《二つの平行面の間で一つの衝撃音波の反響が繰り返して聞こえる現象; multiple echo ともいう》.
flút·ter·er [-tərə | -tərə(r] 〘ME *floterer* vagrant ?〙 *n.* 1 ばたばたさせる人. 2 そわそわする人.
flút·ter·ing·ly [-tərɪŋli | -tərɪŋlɪ] 〘ME〙 *adv.* ばたばたして; そわそわして, おののいて.
flútter kìck *n.* 〘水泳〙=flutter 5.
flútter whèel *n.* 急流[滝]の水で動く水車.
flut·ter·y [flʌ́təri | -tərɪ] *adj.* ひらひら動く, はためく: a ~ skirt.
flut·y [flúːti | -tɪ] 〘← FLUTE (*n.*)+-Y[4]〙 *adj.* (**flut·i·er**; **-i·est**) 〈音調が〉笛に似た, 笛のような, 柔らかく澄んだ. **flút·i·ness** *n.*
flu·vi·al [flúːviəl, -vjəl | -vjəl, -vɪəl] 〘(*a*1398) ▭ L *fluviāl-is* ← *fluvius* river ← *fluere* to flow (⇨ fluid)〙 ── *adj.* 1 川の, 河川の: ~ navigation 河川航行 / ~ law 河川法. 2 河流[流水]作用の, 河流の作用でできた: ~ soil [deposits] 沖積土[物]. 3 河川に生じる, 河流にすむ: ~ plants and animals 河川動植物.
flu·vi·at·ic [flùːviǽtɪk | -vɪǽt-] 〘▭ L *fluviātic-us*: ⇨ ↑, -ic[1]〙 *adj.* =fluviatile.
flu·vi·a·tile [flúːviətàɪl | -vɪə-] 〘(1599) ▭ F ~ ▭ L *fluviātil-is* ← *fluvius* river: ⇨ fluvial, -atile〙 *adj.* 1 川の, 川の作用でできた. 2 河川[川べり]にできる.
flu·vi·o- [flúːvio(ʊ) | -vɪə(ʊ)] 〘← L *fluvius* river: ⇨ fluvial〙「河川, 河流, 河水」の意の連結形: *fluvio*glacial 融氷流の / *fluvi*ology 河川学.
flu·vi·o·graph [flúːviəgræ̀f | -vɪə(ʊ)grɑ̀ːf, -græ̀f] 〘⇨ ↑, -graph〙 *n.* (自記)河川水量計 (fluviometer).
flùvio·maríne 〘← FLUVIO-+MARINE〙 *adj.* 〘地質〙河水と海水との両方の作用でできた, 河口にできた (estuarine): a ~ deposit.
flu·vi·om·e·ter [flùːviɑ́mətə | -vɪɔ́mɪtə(r, -mə-] *n.* =fluviograph.
flux [flʌ́ks] 〘(*c*1350) ▭ (O)F ~ // L *flux-us* a flowing (p.p.) ← *fluere* to flow (⇨ fluid)〙 ── *n.* 1 流れ, 流動(作用). 2 上げ潮, 差し潮 (cf. reflux 1): ~ and reflux (潮の)干満, みちひ; (勢力の)消長, 栄枯盛衰. 3 (言葉・談話などの)とうとうと流れ出ること, おしゃべり, 多弁: a ~ of words とうとうと流れ出る言葉, 多弁. 4 絶え間ない変化, 変遷, 流転(るてん): All things are in a state of ~. 万物は流転する. 5 不確実, 不安定: The ~ followed the death of the king. 王の死後不安定な状態になった. 6〘物理〙 a (水・熱・電気などの)流量, 流動率; (流体力学で)束(そく)《与えられた面を貫いて単位時間に流れる流量》: neutron ~ 中性子束. b 電力束, 磁力束, 磁束. c (一定地域の単位時間内の)放射量. 7〘数学〙連接動, 流動; 流量: A line is the ~ of a point. 線は点の動いたものである. 8〘化学・冶金〙 a 融剤《硼(ほう)砂・蛍石(ほたるいし)その他の金属や鉱石の溶融を促進するもの》. b 溶剤《鉄その他の金属の精錬においてその中の不純物と結合して浮かせるもの》. c 媒溶剤《陶磁器の絵の具に混合する溶けやすいガラスまたはエナメル》. d フラックス《溶接・蠟づけなどの際赤熱された金属の表面の酸化を防ぐもので, 硼砂など》. 9《古》〘医学〙(血液・体液・分泌物・排泄物などの)病的[異常]流出, 下血; 赤痢: bloody ~ 赤痢.
── *vt.* 1 溶かす (fuse); 融剤で処理する. 2《廃》〘医学〙…に下剤をかける (purge). ── *vi.* 1 a どっと流れ出る. b〈潮が〉差す, 満ちる. 2 液体になる, 溶ける.
flux·a·tion [flʌkséɪʃən] *n.* 流動.
flúx dènsity *n.* 〘電磁気〙磁束密度.
flúx gàte *n.* 〘磁気〙フラックスゲート《地磁気誘導の法則に基き地磁場の強さや方向を示す装置》.
flux·graph [flʌ́ksgræ̀f | -grɑ̀ːf, -græ̀f] *n.* 〘磁気〙磁束計《磁場を検出・記録する装置》.
flux·i·ble [flʌ́ksəbl̩ | -sə-, -sɪ-] 〘(1471) ▭ OF ~ ▭ LL *fluxibilis*: ⇨ flux, -ible〙 *adj.* 《古》 1 可溶性の. 2 変化する, 変動する.
flux·ion [flʌ́kʃən] 〘(1541) ▭ F ~ // L *fluxiō(n-)* a flowing ← *fluere* to flow〙 ── *n.* 《古》 1 流動, 流出. 2〘数学〙流率; 微分商 (differential quotient): the method of ~*s* 流率法《Newton の微積分法》.
flúx·ion·al [-ʃənl̩, -ʃnəl] *adj.* 《古》 1 a 流動性の. b 変化する, 変動する. 2〘数学〙微分の: ~ analysis [calculus] 微積分学. **~·ly** *adv.*
flúx·ion·àr·y [-ʃənèri | -ʃ(ə)nəri] *adj.* 《古》=fluxional.
flúx·lìne *n.* 〘物理〙流線《流れの方向・大きさを表わす曲線》.
flúx lìnkage *n.* 〘電磁気〙磁束鎖交数《磁束とこれに交わるコイルの巻数との積》.
flux·me·ter [flʌ́ksmìːtə | -tə(r] 〘▭ F *fluxmètre*〙 *n.* 〘電磁気〙磁束計.
flúx vàlve *n.* 〘磁気〙=flux gate.
fluyt [fláɪt] 〘▭ Du. *fluit*《原義》flute〙 *n.* 〘海事〙フライト《17世紀北ヨーロッパの円い船尾で平底の3本マストの小商船》.
fly[1] [fláɪ] 〘ME *flie(n)* < OE *flēogan* < Gmc **fleuʒan* (Du. *vliegen* / G *fliegen*) ← IE **pleu-* 'to FLOW' (L *plūma* feather): 語源的に異なる FLEE と早くから混同された〙 ── *v.* (**flew** [flúː], *vi.* 9, *vt.* 6 では **flied**; **flown** [flóʊn | fláʊn], *vi.* 9, *vt.* 6 では **flied**) ── *vi.* 1〈鳥・虫などが〉飛ぶ: ~ *about* (そこらを)飛び回る / Many birds were ~*ing in* the air. 多くの鳥が空を飛んでいた / ~ high ⇨ 成句.
2 a (飛行機で)飛ぶ, 飛行[航行]する: ~ *to* Paris (in an airplane) (飛行機で)パリへ飛ぶ / ~ *across* the Atlantic 大西洋を横断飛行する. b 飛行機を操縦する: He has *flown* for more than twenty years. 飛行士になってから20年以上になる. c (衛星・ロケットなどで)宇宙旅行をする;〈ロケットなどが〉宇宙空間を飛ぶ. 3 a〈飛行機・弾丸・矢などが〉飛ぶ, 飛ぶように走る[過ぎる] (pass rapidly): The airplane was ~*ing* southeast. 飛行機は南東に向かって飛んでいた / I saw the clouds ~*ing across* the sky. 雲が空を横切って飛んで行くのが見えた / The pane *flew in* pieces [*to* bits, *into* fragments]. 窓ガラスは粉みじんに飛び散った / The engine suddenly *flew apart*. エンジンが突然炸裂(さくれつ)した[飛び散った]. b《口語》〈人が〉飛ぶように走る, 大急ぎで出かける (rush, hasten): He *flew over* the fence at a bound. 彼はひと跳びに垣を跳び越えた / She *flew to* her mother's arms. 彼女は母のふところに飛び込んだ / All the people *flew to* arms. 人々はみな大急ぎで武器を取った[戦闘準備をした] / All of us *flew to* her assistance [defense]. 我々はみな彼女を助ける[守る]ために駆け寄った / Go and ~ *for* the doctor. 大急ぎで医者を呼んで来ておくれ / I *flew to* meet him. 飛んで行って彼を迎えた / He's always ~*ing around*. いつも忙しそうに飛び回ってばかりいる / It's getting late, we must ~. 遅くなってきた, 飛んで帰ろう. c〈金・財産が〉飛ぶように無くなる: He's just making the money ~. 全く札びらを切って金を使っている. d〈時が〉速く[矢のように]過ぎ去る: Our youth has simply *flown*. 我々の青春も過ぎ去ってしまった / Time *flies*.《諺》「光陰矢のごとし」.

4 (風などに)飛ぶ, 飛揚する, 舞う, 舞い上がる; 〈軽い物が〉吹き飛ばされる; 〈火花などが〉飛ぶ, 飛び散る (shoot forth): The paper kite *flew* higher and higher. 凧は上へ上へと上がって行った / Dust was ~*ing* in clouds. ほこりがもうもうと舞い上がっていた / Bits of paper were ~*ing about*. 紙切れが辺りに飛び散っていた / Sparks ~ *upward*. 火の粉が舞い上がる (cf. *Job* 5:7; ⇨ spark[1] *n.* 成句).
5 〈旗・頭髪などが〉翻る, 風になびく (wave): He saw a flag ~*ing in* the wind. 旗が風にはためいているのが見えた / with her bright hair ~*ing behind* her [*about* her shoulders] きらきらした髪をうしろに[肩の辺りに]なびかせて.
6 a 突然(ある状態に)陥る〔*into*〕: ~ *into* a rage [passion, temper] かっとなって怒る / ~ *into* raptures 跳び上がって喜ぶ. **b** [補語として open を伴って] 突然開く: The door *flew* open. ドアがぱっと開いた.
7 a (飛んで)逃げる; 逃げうせる, 逃げ去る (run away) (cf. flee ★): He had to ~ for his life. 命からがら逃げなければならなかった / The bird is *flown*. ⇨ bird *n.* 1. **b** 消散する, 消えうせる (vanish): The mists were seen ~*ing*. 霧が晴れていくのが見えた.
8 a 〈鷹などが〉〔獲物などを目がけて〕飛びかかる, 飛びつく〔*at*〕: ~ *at* higher game もっと高い所にいる獲物に飛びかかる; さらに高い志をいだく / ~ *at* a person's throat 〈犬などが〉人ののど笛に飛びつく; 急に[猛烈に]人を襲う. **b** 猛烈に〔…に〕食ってかかる, 〔…を〕しかりつける〔*at*〕; 〔…を〕猛烈[急激]に襲う〔*at*, *upon*〕: He *flew at* me for having failed to do my homework. 彼は私が宿題をして来ないと言ってしかりつけた. **c** 《古》鷹(たか)狩りする〔*at*〕.
9 (過去形・過去分詞は **flied**)〖野球〗フライ[飛球]を打ち上げる: He *flied into* [*to*] left field. レフト方向にフライを打ち上げた / ⇨ FLY *out* (4).
— *vt.* **1** 〈鳥・凧などを〉飛ばす, 放つ, 揚げる: ~ a pigeon 鳩を放つ / ~ a balloon 気球を揚げる / Children were ~*ing* their kites. 子供たちが凧を揚げていた / ⇨ *fly a* KITE. **2** 〈旗を〉掲げる, 翻す, 掲揚する: ~ (*out*) a flag 旗を掲げる / a ship ~*ing* signals of distress 遭難信号を掲げた船. **3 a** 〈飛行機・宇宙船・ロケットなどを〉飛行させる, 操縦する. **b** 〈山上・海上などを〉飛行する, 飛行機で飛ぶ: ~ the Atlantic 大西洋を飛ぶ. **c** 〈貨物・乗客を〉飛行機で運ぶ[輸送する]: ~ the merchandise *to* New York 飛行機で商品をニューヨークまで運ぶ. **4** …から逃げる, 逐電する; 避ける (shun) (cf. flee ★): ~ the country 国から逃亡する, 国外へのがれる / ~ the approach of danger 危険の近づくのを避ける. **5** 〖狩猟〗〈鷹を〉飛ばして狩をする, …に獲物のあとを飛び立たせる. **6** (過去形・過去分詞は通例 **flied**)〖劇場〗〈不用になった背景を〉舞台から上げる; 〈フラット(flat)・照明などを〉舞台上に垂らす.
fly high (1) 高く飛ぶ. (2) 大望をいだく, 高望みをする (aim high) (cf. high-flying 2 a). (3) 大得意になる. (4) 高位[名]に達する. ***fly in*** 飛行機で着く. ***fly low*** (1) 低く飛ぶ; 低空飛行をする. (2) 高望みをしない. (3) 表立つことを避ける, 世をはばかる. ***fly off*** (1) 飛び去る, 飛び散る; 蒸散する. (2) 逃げ去る, 急いで立ち去る (hurry off). ***fly on*** 〖劇場〗(幕を降ろさぬまま)大急ぎで道具立て[背景]を変更する. ***fly out*** (1) (急に)飛び出す (rush out). (2) (飛行機で)出かける. (3) 急にどなり出す, 猛然と食ってかかる〔*at*, *against*〕. (4) 〖野球〗フライをあげアウトになる: He *flied out to* the second. セカンドフライを打ち上げてアウトになった. ***fly right*** 《米俗》律義にふるまう, (道義的に)立派なふるまいをする. ***go fly a*** [*one's*] ***kite*** ⇨ kite *n.* 成句. ***let fly*** ⇨ let[1] 成句. ***make the dust fly*** = *make the fur* FLY (2). ***make the feathers fly*** = *make the fur* FLY (1). ***make the fur fly*** (1) 《口語》大げんかを始める; 大騒ぎを引き起こす. (2) 《米口語》手早く[大急ぎで]やってのける. ***send flying*** 〈物を〉投げ飛ばす, 飛び散らす; 〈人を〉追い出す, お払い箱にする.
— *n.* (*pl.* **flies**; 4 b では通例 ~s) **1** 飛行, 飛翔 (flight): have a long ~ 長距離飛行をする. ★ この意味では flight のほうが普通. **2 a** 飛ぶ物体(ボールなど)の通る道. **b** 〖野球〗フライ, 飛球 (fly ball): catch a ~ フライを取る. **c** 〖アメリカンフットボール〗フライ《ボールを相手にカットされないようにパスレシーバーの頭越しにあげられる大きなパス》. **3 a** (前あきの衣服など, 特に男子ズボンのファスナーやボタンをおおう)比翼 (cf. fly front); [しばしば *pl.*] ズボンの前のファスナー: a button in the ~ 比翼のボタン / Excuse me, your *flies* are undone. 失礼ですが前のファスナー[ボタン]が開いて[はずれて]いますよ. **b** テント[幌馬車]のたれ布; (テントの)上おおい. **c** 旗布の横幅 (cf. hoist[1] 3); 旗布の外端. **4 a** 遊覧[運送]馬車. **b** 《英》(*pl.* 通例 ~s) (昔の)一頭立て貸馬車. **5 a** 〖機械〗羽根調速装置, はずみプレス; はずみ車 (flywheel). **b** 〖時計〗風切り《チャイムや時打装置の調速をする風車で輪列の最終段におかれる》. **6** 〖印刷〗**a** (印刷機の)あおり出し装置. **b** = flyboy 1. **7** [*pl.*]〖劇場〗舞台天井《大道具を操作ししまって置く場所; fly loft ともいう; cf. flyman 2》. **8** 〖製本〗= flyleaf.
on the fly (1) 飛んで, 飛行中で (flying); (特に)《米》〈打ったボールが〉空を飛んでグラウンドに落ちないうちに: catch a ball *on the* ~ フライのボールを捕らえる / The ball carried nearly 400 feet *on the* ~. 打球は大きくほとんど 400 フィートも伸びた. (2) 《口語》急ぎの際に, 草々の間(かん)に, 大急ぎで (hurriedly); いつもせかせかして, 物凄く忙しそうにして (awfully busy): They had lunch *on the* ~. 彼らは大急ぎで昼食を済ませた / She is *on the* ~ all day long. 彼女は一日中せかせかしている. (3) 立ちながら, 帰りぎわに: So he said *on the* ~. 彼は帰りぎわにそう言った.

fly[2] [fláɪ] 〖ME *flie* < OE *flȳge, flēoge* < (WGmc) **fleuʒ(j)ōn* (Du. *vlieg* / G *Fliege*) ← Gmc **fleuʒan* (↑)〗 — *n.* **1** 〖昆虫〗**a** ハエ (cf. blowfly, flesh fly, housefly): The chap wouldn't hurt a ~. あの奴ははえ一匹も殺せないだろう, 虫も殺さぬ男だ / Don't let *flies* stick to your heels. 早くしないとかかとにはえがたかる, ぐずぐずするな. **b** = tsetse fly. **2** 飛ぶ昆虫. ★ 現在は複合語として用いる: ⇨ butterfly, mayfly, Spanish fly, firefly. **3** (植物・動物の)はえや小虫による病気[害], 虫害: There has been little [a great deal of] ~ on the beans. 豆の虫害が少な[多]かった. **4** 〖釣〗毛鉤(けばり), フライ (⇨ dry fly, wet fly); はえ[かげろう, とびげら]の生き餌: tie a ~ 毛鉤を巻く[作る]. **5** [the F-]〖天文〗はえ(蠅)座 (⇨ Musca).

fly[2] 4
1 eye; 2 head; 3 cheek; 4 horns; 5 topping; 6 wing; 7 butt; 8 tail; 9 tip; 10 ribbing; 11 body; 12 hackle

break [***crush***] ***a fly on the wheel*** ⇨ wheel *n.* 成句. ***a fly in amber*** (1) 琥珀(こはく)の中の化石化した昆虫《カフスボタンなどに使う》. (2) 原形のままに保存されている遺物. ***a fly in the ointment*** 玉にきず; (楽しみの)ぶちこわし (cf. *Eccl.* 10:1). ***a fly on the wall*** 人に気づかれずに観察している人. ***a fly on the*** (***coach***) ***wheel*** 〖戦車 (chariot) の車輪に止まって「すばらしいほこりを立てるこの勢いを見ろ」と得意がったというイソップ物語中のはえの話から〗(自分の力を過信する)うぬぼれ者. ***like flies*** はえの群がるように; 多数で, 大勢で: They died *like flies*. ころころ[ばたばた]死んだ. ***rise to the fly*** (1) 〈魚が〉毛鉤に食いつく. (2) ぺてんにかかる, だまされる. ***There are no flies on***... 《俗》(1) 〈人〉は全く抜け目がない. (2) …には少しも欠点がない[非の打ちどころがない]; 〈取引きなど〉に少しも後ろめたいところがない.

fly[3] [fláɪ] 〖《1811》← ? FLY[1]: もと盗人の隠語: cf. Du. *vlug* nimble〗 *adj.* (**fli·er**; **fli·est**) 《俗》抜け目のない, 食えない, 機敏な, 油断のない (sharp).

fly·a·ble [fláɪəbl] *adj.* 飛行可能な; 航空に適する: ~ weather 飛行に適した天候 / a ~ airplane.

flý ágaric [**amaníta**] *n.* 〖植物〗ベニテングダケ, アカハエトリタケ (*Amanita muscaria*)《毒キノコで, 昔これから蠅取り紙に塗る毒を採った》.

flý àsh 〖← FLY[1]〗 *n.* フライアッシュ, 飛散灰《通風装置によって運ばれた不燃性の灰; レコード盤・セメント・建築用れんがなどの製品に混入して利用される》.

flý·away *adj.* **1 a** 〈衣服など〉裾や後ろが体から離れてひらひらしている (flowing). **b** 翼のようにひるがえった. **2** 〈人が〉ふわふわした, うわついた, 気の変わりやすい (flighty): a pretty ~ girl. **3 a** 〈工場ででき上った航空機が〉飛行準備のできた, いつでも飛べる. **b** 〈品物など〉いつでも空輸できる. **c** いつでも飛べる[空輸できる]状態での: ~ price. **4** 〈軍需品が〉空輸のために荷造りされた. — *n.* **1** ふわふわした人[物], うわついた人. **2** 逃亡者. **3** (海上で見られる)蜃気楼(しんきろう) (mirage). **4** (工場で完成後, 輸送によらず, みずから納付先まで)飛んで行く飛行機.

flý·bàck *n.* **1** フライバック《ストップウオッチ・クロノグラフなどの秒針が 0 に戻ること》. **2** 〖電子工学〗帰線, フライバック《テレビなどで 1 本[一つの画面]の走査の終わりから次の走査の初めに移る戻り, およびその期間》.

flý bàll *n.* 〖野球〗フライ, 飛球 (cf. grounder).

flý·bàne *n.* 〖植物〗ハエを殺すとされる各種の植物の総称《ベニテングダケ (fly agaric), catchfly など》.

flý·bèlt *n.* (アフリカ南部の)ツェツェバエ (tsetse fly) のはびこる地帯.

flý·bìtten *adj.* ハエ類に刺された(ような)跡のある.

flý blìster *n.* 〖薬学〗カンタリス膏《Spanish fly (ハンミョウの一種)を乾燥して粉にしたもので製した発泡膏(こう)》.

flý blòck *n.* 〖機械・海事〗**1** フライブロック《topsail を展帆する時, 帆桁(ほげた)を引き上げるために使う平たい動滑車》. **2** 滑車装置 (tackle) の動きに応じて位置が変わる方の滑車.

flý·blòw *n.* **1** (肉などの上に産みつけた)キンバエ (blowfly) の卵[うじ]. **2** = fly-strike. — *vt.* **1** 〈キンバエが〉〈肉〉の上に卵を産みつける, …にうじをわかせる. **2** 〈名声・評判などを〉汚す (taint).

flý·blòwed *adj.* 《豪俗》= flyblown 4.

flý·blòwn *adj.* **1 a** キンバエが卵を産みつけた, キンバエのうじのわいた. **b** はえの糞のしみのついた. **2** 汚辱された, 汚れた, 堕落[腐敗]した (spoilt, corrupt): a ~ reputation 汚れた名声. **3** 《口語》**a** 古びた, 新しくない; みすぼらしい (seedy), きたならしい. **b** 古くさい, 陳腐な (trite). **4** 《豪俗》金のない, 無一文の.

flý·bòat 〖□ Du. *vlieboot* ← *Vlie* (北海とゾイデル海を結ぶ海峡の名)+*boot* 'BOAT'〗 — *n.* フライボート: **a** もと広く用いられたが, 現在オランダ沿岸で使用される大型の平底船. **b** 船舶積載ボートや釣舟などに広くいう快速平底船.

flý bòmb *n.* 飛行爆弾 (⇨ robot bomb).

flý bòok *n.* 〖釣〗(紙入れ型の)毛鉤入れ.

flý·bòy *n.* **1** 〖印刷〗紙取り工《刷り上がった紙を手引き印刷機から取りはずす人》. **2 a** 《米空軍俗》航空機搭乗員, (特に)操縦士. **b** 《俗》(米国)空軍軍人.

flý brìdge *n.* 〖海事〗(普通の船橋の屋根の上の)露天船橋《雨ざらしではあっても見透しがよく, コンパスやテレグラフなど二重に設備されており, ここでも操船指揮ができるようになっている》.

flý·bỳ *n.* **1 a** (航空機が偵察・脚の点検などのために近くを通過する)低空飛行. **b** = flyover 1. **2** (科学資料を得るための)宇宙船の天体接近飛行; その宇宙船.

flý-by-nìght *adj.* **1** 《米》〈企業・企業者が〉目先だけの利益を図り財政的に不安定で無責任な; 信用のおけない, 信頼できない (unreliable): a ~ company, salesman, etc. **2** 永久的でない, 一時的の (transitory): a ~ political disorder 一時的政治混乱. — *n.* **1** 夜遊びする人. **2 a** 安定した評判や地位のない企業, 不安定な企業. **b** (借金を踏み倒す)夜逃げ人.

flý-by-nìghter *n.* = fly-by-night 2.

flý-by-wìre *n.* 〖航空〗フライバイワイヤー《航空機の操縦系統を在来の機械的な装置から電気的な信号装置に代えたもの》.

flý càp *n.* フライキャップ《17–18 世紀に流行した両横が翼のように広がった婦人用の帽子》.

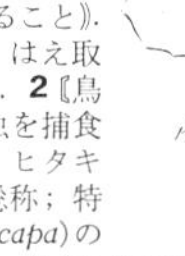
fly cap

flý càsting *n.* 〖釣〗フライキャスティング《竿を振って毛鉤を投げること》.

flý·càtcher *n.* **1** はえ取り(人); はえ取り器. **2** 〖鳥類〗飛んでいる昆虫を捕食する鳥類の総称: **a** ヒタキ《ヒタキ科の鳥の総称; 特にヒタキ属 (*Muscicapa*) の鳥》. **b** タイランチョウ《ヒタキに似た米国産タイランチョウ科の鳥の総称; tyrant flycatcher ともいう》. **c** = dishwasher 2. **3** 〖植物〗ハエジゴク, ハエトリソウ (*Dionaea muscipula*)《米国 Carolina, Florida 州原産のモウセンゴケ科の捕虫用の葉のある植物》.

flý cùtter *n.* 〖機械〗舞いカッター《旋盤の軸に固定し, 回転運動を行なわせて工作物を切削する刃》.

flý dòpe *n.* **1** 防虫剤[薬]. **2** 〖釣〗フライドープ《毛鉤の浮きをよくするために用いる撥水剤》.

flý·er *n.* = flier.

flý-fìsh *vi.* 毛鉤で釣をする. — *vt.* 〈川など〉で毛鉤釣をする.

flý-fìsher *n.* 毛鉤で釣をする人.

flý-fìshing *n.* 毛鉤釣(行為); 毛鉤釣の技術.

flý·flàp 〖《15C》〗 *n.* 蠅(はえ)叩き. — *vt.* 《古》蠅叩きでたたく; たたく (beat). — *vi.* 蠅叩きではえを追う.

flý flòor *n.* 〖劇場〗= fly gallery.

flý fràme *n.* **1** 粗紡機. **2** 〖ガラス製造〗板ガラスの表面を研摩して平滑にする機械.

flý frònt *n.* 〖服飾〗比翼(ひよく)《前身ごろの打ち合せの上前端を二重に作り布と布の間にボタンを隠す仕立て方および打ち合せ; cf. fly[1] *n.* 3》.

flý gàllery *n.* 〖劇場〗(ステージ両側の)大道具操作台.

flý-hàlf *n.* 〖ラグビー〗= standoff half.

flý-in *n.* **1** 飛行機で乗りつけられる劇場 (cf. drive-in). **2** 目的地への飛行.

flý·ing 〖lateOE *flēogende*〗 — *n.* **1** 飛ぶこと, 飛行 (flight); (航空機の)操縦: high [low] ~ 高空[低空]飛行. **2** [*pl.*] 毛くず, 綿くず. **3** [形容詞的に] 航空の: ⇨ flying club, flying field.
— *adj.* **1** 空を飛ぶ, 飛行力のある: a ~ bird [insect] 飛ぶ鳥[昆虫] / ⇨ flying fish [fox]. **2** 空中に浮動する, なびく; ひらひらと翻る (waving): a ~ flag 翻る旗 / ~ clouds たなびく雲, 飛雲 / a ~ kite 空に上がっている凧 / one's ~ hair 風になびく髪の毛 / with [under] a ~ seal 開き封にして. **3 a** 飛ぶように早い: ~ hours ずんずん経過する時間 / speed on ~ feet 大急ぎで(飛んで)行く. **b** 大急ぎの, あわただしい; 急送の, 急派の; 急ごしらえの, 仮の; 束の間の, はかない: a ~ trip [visit] あわただしい旅行[訪問] / a ~ packet 急送小荷物 / a ~ rumor 根も葉もないかりそめのうわさ / a ~ impression 一時だけの印象. **c** 遊撃の, 別働の: ⇨ flying squad. **4** 逃げて行く: the ~ enemy. **5** 〖畜産〗〈家畜の烙印が〉様式化された翼の形をもった. **6** 〖海事〗〈帆が〉下ふちが帆杠(こう)や帆桁(ほげた)または帆脚索(ほあし)などに留めてない, 吹流しの: The sail was set ~. 帆が吹流しになっていた.

flýing bédstead *n.* 〖航空〗= flying test bed.

flýing bòat *n.* **1** 飛行艇《胴体自体が浮力を備えている水上飛行機; cf. seaplane, floatplane》. **2** (メリーゴーラウンドの)ボート形の車.

flýing bòmb *n.* 〖軍事〗飛行爆弾 (⇨ robot bomb).

flýing bóxcar *n.* 《口語》大型輸送機.

flýing brìdge *n.* **1** (ポンツン橋 (pontoon) のような)仮橋. **2** 〖海事〗**a** 最上船橋, 最上艦橋. **b** = fly bridge.

flýing búttress *n.* 〖建築〗フライングバットレス, 飛び控え壁 (⇨ buttress, Gothic 挿絵).

flýing círcus *n.* **1** 〖航空〗飛行機の円形梯状(ていじょう)編隊. **2** 曲技飛行団.

flýing clùb *n.* 飛行クラブ.

flýing còlumn *n.*〘軍事〙遊撃隊, 別働隊.
flýing còrps *n.* 航空隊 : the Royal *Flying Corps* 英国航空隊《Royal Air Force の前身 (1912–18)》.
flýing cráne *n.* クレーンヘリコプター《重力貨物輸送用のクレーンを備えたヘリコプター》.
flýing dèck *n.* (航空母艦の)飛行甲板.
flýing dísk *n.* 空飛ぶ円盤 (⇨ flying saucer).
flýing dóctor *n.* 飛行往診(登録)医, 飛行医, フライングドクター《遠隔地に飛行機で緊急往診する医師》.
flýing drágon *n.* **1**〘動物〙トビトカゲ (⇨ dragon 6). **2**〘昆虫〙= dragonfly.
Flýing Dútchman *n.* [the ～] **1** さまよえるオランダ船《喜望峰付近に出没したと伝えられるオランダの幽霊船; 海員間ではこれを見るのは不吉の兆と考えられた》. **2** 同船の船長《最後の審判の日まで風波と戦いながら海上をさまよう運命にあると思われていた》.

flying dragon 1

flýing fìeld *n.* (airport より小規模な)飛行場.
flýing físh *n.* **1**〘魚類〙トビウオ《トビウオ科の魚類の総称》. **2** [the F- F-]〘天文〙とびうお(飛魚)座 (⇨ Volans).
Flýing Fórtress *n.*「空飛ぶ要塞」《第二次大戦で使用された米軍の重爆撃機 B-17 の愛称》.
flýing fóx *n.* **1**〘動物〙オオコウモリ《南アジア・オーストラリア・マダガスカル島にすむオオコウモリ科 *Pteropus* 属の顔がキツネに似たコウモリの総称; 果実を常食とし果樹園に大害を与える》. **2**《豪》山峡や渓谷を越えて鉱石や泥などを運ぶ空中ベルトコンベアまたはゴンドラ利用の運搬機.
flýing fróg *n.*〘動物〙トビガエル《東インド諸島に分布するアオガエル科アオガエル属 (*Rhacophorus*) の水かきが翼のように発達しているカエルの総称》.
flýing gúrnard *n.*〘魚類〙セミホウボウ《セミホウボウ科の海魚の総称, 発達した胸びれがある; 大西洋産の *Dactylopterus volitans* など》.
flýing hándicap *n.*〘スポーツ〙助走スタート (flying start) で行なうハンディキャップ競走.
flýing hórse **1** = hippogriff. **2** (メリーゴーラウンドなどの)馬(形の座席).
flýing jíb *n.*〘海事〙フライングジブ《最先端のジブで, 船首三角帆のうちで一番先端のもの; ⇨ jib^1 1; ⇨ sail 挿絵》.
flýing jíbboom *n.*〘海事〙フライングジブブーム《第3斜檣(しょう)で, 船首斜檣のうちで最先端のもの》.
flýing júmp *n.* 助走をつけた跳躍, 走り跳び (running jump).
flýing kilómeter *n.* 助走スタート (flying start) で行なう 1 キロメートル競走.
flýing kìte *n.*〘海事〙**1** フライングカイト《微風の時だけ檣頭付近に張られる小型軽帆の総称で, studding sail や jib あるいは sky sail や moon sail など》. **2** (ヨットの)スピンネーカー《レース用ヨットが追手の軟風を受けて走る際, 主帆の反対側に張る三角形のよくふくらむ軽帆》.
flýing léap *n.* = flying jump.
flýing lémur *n.*〘動物〙ヒヨケザル, コウモリザル《フィリピンや東南アジアおよび東インド諸島産ヒヨケザル科ヒヨケザル属 (*Cynocephalus*) の動物; 首から尾にかけて両側に皮膚のひだが広がっていて木から木へと飛ぶ; フィリピンヒヨケザル (*C. volans*), マライヒヨケザル (*C. variegatus*) の 2 種がいる》.
flýing lízard *n.*〘動物〙トビトカゲ《アジア南部, 東インド諸島に生息し樹上生活をする *Draco* 属のキノボリトカゲの総称; dragon ともいう》.
flýing machìne *n.* (初期の)飛行機, 航空機《airplane の旧称》.
flýing-màn [-mæ̀n] *n.* (*pl.* **-men** [-mèn]) 飛行家 (airman, aviator).
flýing máre *n.*〘レスリング〙フライングメーアー《相手の手首をつかみ, 回した後, 自分の背中に背負うようにしての投げ》.
flýing míle *n.* 助走スタート (flying start) で行なう 1 マイル競走.
flýing móor *n.*〘海事〙前進双錨泊《両錨の中間位に船を停泊するのに船を前進させながら行なう方法》.
flýing níghtingale *n.*〘海事〙第 3 斜檣(しょう)の端から第 2 斜檣の下の端にのびている静索.
flýing òfficer *n.*《英》航空中尉.
flýing pày *n.*〘米空軍〙= flight pay.
flýing phalánger *n.*〘動物〙= petaurist.
flýing rìngs *n. pl.*〘体操〙吊り環, 吊り輪《吊した 2 本の綱の先に鉄または木製の環のある体操用具》.
flýing sáucer *n.* 空飛ぶ円盤《世界各地で見られる正体不明の円形飛行物体; flying disk ともいう; cf. UFO》.
flýing shéar *n.*〘金属加工〙フライングシヤー, 走間剪断機(せんだんき)《材料が移動中連続的に切断できる》.
flýing shúttle *n.*〘紡織〙= fly shuttle.
flýing skín *n.*〘航空〙(1 万メートル以上の上空を飛ぶ搭乗員が着用する)耐圧服 (cf. G suit).
flýing skýsail *n.*〘海事〙マストの頂上にあるローヤル帆のさらに上へ特別に張る横帆.
flýing spót *n.*〘テレビ〙飛点, フライングスポット《被写体に当て, そこからの反射光または透過光を光電管に導いて映像信号を発生する走査用スポット(光点)》: a ～ camera 飛点式カメラ.
flýing spót scànner *n.*〘テレビ〙飛点走査装置《画像伝送の入力装置の一つ》.
flýing spót scànning *n.*〘テレビ〙飛点走査《ブラウン管の光点を動かして行なう走査方法》.
flýing squàd *n.* 特務隊《自動車やオートバイを備えた(警官・商社員・労務者などの)別働隊》: a police ～ 特務警官隊 / a ～ car 警察別働車.
flýing squàdron *n.* **1**〘海軍〙遊撃艦隊. **2** (スト・労働争議などで活躍する)行動の機敏な一団, 遊撃隊.
flýing squìd *n.*〘動物〙アカイカ (*Ommastrephes bartramii*)《メキシコ湾流に生息し全長 1 メートルに達しときどき水面から高く跳び出て船の甲板に上る》.
flýing squírrel *n.*〘動物〙北半球に生息し, 前後肢の間や体側に飛膜があり, 滑空するリス科の哺乳類の総称.
flýing stárt *n.* **1** 助走スタート《自動車レースなどで走りながら切るスタート; cf. standing start 1》. **2** 急速な始まり, 素早いスタート; 好調な出だし.
flýing táckle *n.*〘アメリカンフットボール・ラグビー〙フライングタックル《宙に飛んで, ボールをもって走っている相手チームの選手にタックルすること》.
flýing tèst bèd *n.*〘航空〙**1** (エンジンの)空中実験用飛行機. **2** 実験飛行機《VTOL 機の離着陸およびホバー性能を実験するためにエンジンおよび制御装置だけを実機と同じに装備した航空機; flying bedstead ともいう》.
flýing trapéze *n.* = trapeze 1.
flýing wédge *n.* **1** (警察官・警備員などの)くさび形の移動体形. **2**〘フットボール〙= web 1.
flýing wíng *n.* 無尾翼(飛行)機, 全翼(飛行)機.
flý·lèaf *n.* **1**〘製本〙遊び紙《書物の巻頭・巻末の白紙》; 見返しの遊び, 遊び (free endpaper)《効き紙と対をなしている見返しの一部; cf. end paper》. **2** 回状[広告]の白紙ページ. **3** 扉(とびら)紙《ボール箱の内側の左右に張った飾り紙》.
flý líne *n.* **1**〘釣〙毛鉤釣用の釣糸. **2**〘生態〙(渡り鳥の)飛路.
flý lòft *n.*〘劇場〙舞台天井 (⇨ fly^1 *n.* 7).
flý·man [-mən, -mæ̀n] *n.* (*pl.* **-men** [-mən, -mèn]) **1**《英》貸馬車 (fly) の御者. **2**〘演劇〙(舞台天井 (fly loft) で道具を操る)大道具方.
flý mùshroom *n.* = fly agaric.
flý nèt *n.* **1** (馬の)蠅よけ網. **2** (蠅帳・窓などの)虫よけ網.
flý·òff *n.*〘気象〙= evapotranspiration 2.
flý·òver *n.* **1** 展示飛行, 空中分列飛行, パレード飛行, 儀礼飛行《観覧に供するため閲兵式場・都市・広場の上を低空飛行すること; cf. march-past》. **2** (模擬標的の上の)爆撃機の飛行; (上空)通過飛行. **3**《英》**a** (立体交差のための)高架道路. **b** 歩道橋 (pedestrian flyover).
flý·pàper *n.* 蠅取り紙.
flý·pàst *n.*《英》= flyover 1.
flý-pòst《英》*vt.* (許可を得ずに)〈ビラ・ポスターなどを〉急いではる; 〈塀・柱などに〉ビラ[ポスター]を急いではる. — *vi.* (無許可の場所に)ビラ[ポスター]をはる.
flý pòwder *n.* 蠅取り粉.
flý prèss *n.*〘機械〙はずみプレス.
flý ràil *n.* **1**〘家具〙折りたたみ式テーブルの蝶番(ちょうつがい)の付いた板を支える腕木. **2**〘劇場〙舞台天井 (fly loft) の大道具を操作する桟, ブリッジ.
Flý Ríver [fláɪ-] *n.* [the ～] フライ川《New Guinea の大河, Papua 湾に注ぐ (1,100 km)》.
flý ròd *n.*〘釣〙毛鉤釣用さお, フライロッド.
flysch [flíʃ]〘□ G《方言》～ 'that which flows' ← OHG *fliozzan* to flow〙— *n.*〘地質〙フリッシュ《地向斜に堆積した地層の一種; 粘板岩や細粒砂岩の互層から成る; cf. molasse》.
flý shèet *n.* **1** 一枚刷り紙葉《広告・趣意書・効能書など》. **2** ちらし (handbill).
flý shùttle *n.*〘紡織〙飛杼(とびひ)《1733 年 John Kay が発明》.
flý·spèck *n.* **1** 蠅の糞のしみ. **2 a** 小さい点. **b** つまらぬ[無価値の]もの. **3**〘植物病理〙(ナシの実につく)黒斑病. — *vt.* …に小さいしみをつける.
flý·spècked *adj.* 蠅の糞のしみのついた.
flý-sprày *n.* 蠅取りスプレー.
flý-strìke *n.* うじの発生[寄生].
flý-strìp *n.* (殺虫剤をしみこませた)蠅取り用プラスチック片.
flý·swàtter *n.* 蠅叩き.
flyte [fláɪt] *vi., n.*《スコット・北英》= flite.
flý·tìer [-tàɪə | -tàɪə]〘← FLY^2 + TIER^2〙*n.*〘釣〙(趣味で)毛鉤を作る[巻く]人, (職業的なな)毛鉤作り師.
flyt·ing [fláɪtɪŋ | -tɪŋ] *n.*《スコット・北英》**1** = fliting. **2** (16 世紀のスコットランドにおける詩人同士の)論争詩, 悪口の応酬詩.
flý tìtle *n.*《英》〘製本〙= half title.
flý·tràp *n.* **1** 蠅取り器 (flycatcher). **2**〘植物〙食虫植物の総称《サラセニア (pitcher plant)・バシクルモン (dogbane)・ハエジゴク (Venus's-flytrap) など》.
flý·ùnder *n.* 一つの道路の下を通っている道路; 鉄道の下の(別の)鉄道.
flý·wày *n.*〘生態〙(渡り鳥の)飛路.
flý·wèight *n.* (ボクシング, 重量挙げ, レスリングの)フライ級の選手 (⇨ weight 表).
flý·whèel *n.*〘機械〙はずみ車, フライホイール.
flý whìsk *n.* 蠅払い《馬毛を束ねて作った柄の付いた蠅払い; しばしば高位・権威の象徴になる》.
fm《略》〘物理〙faint meter; fermi.
Fm《記号》〘化学〙fermium.
FM, F.M., f.m., f-m《略》〘電子工学〙frequency modulation (cf. AM): an *FM* radio [station].
fm.《略》fathom(s); from.
F.M.《略》Field Marshal; Foreign Missions.
f-màtrix *n.*〘電気〙= fundamental matrix.
FMB《略》Federal Maritime Board.
FMC《略》Foreign Ministers Council (連合国)外相会議.
FMCS《略》Federal Mediation and Conciliation Service 連邦人事調停所.
FM cýclotron〘*FM*: (頭字語) ← *f*(*requency*) *m*(*odulated*)〙*n.*〘物理〙エフエムサイクロトロン (⇨ synchro-cyclotron).
F-méson *n.*〘物理〙F 中間子《チャーム (charm) とストレンジネス (strangeness) とをもつ中間子; 質量は約 2 Gev/c^2》.
FMG《記号》〘貨幣〙Malagasy franc(s).
FMk, FMK《略》Finnish Mark (= markka).
FMN《略》〘化学〙flavin mononucleotide.
F.M.S.《略》Federated Malay States.
F.M.S.A.《略》Fellow of the Mineralogical Society of America.
fn.《略》footnote.
FNLA《略》*Port.* Frente Nacional de Libertação de Angola アンゴラ民族解放戦線(National Front of Liberation of Angola) (cf. MPLA)
FNMA [éfènemér, fænimáː | fænɪ-]《略》Federal National Mortgage Association (米国の)連邦抵当権協会.
f-nùmber〘← *f*(*ocal symbol*)〙— *n.*〘写真〙F ナンバー《F 8, F: 8, f/8 などのように表わす; レンズの明るさはこの数の自乗に逆比例し, F ナンバーは焦点距離を絞りの有効口径で除した数; cf. stop *n.* 15, T-number》.
Fo《略》folio.
f.o., f/o.《略》〘商業〙free overside [overboard].
F.O.《略》field officer;《英》Flying Officer;《英》Foreign Office.
FOA, F.O.A.《略》Foreign Operation Administration (cf. MSA).
foal [fóʊl | fə́ʊl]〘OE *fola* < Gmc **folon* (Du. *veulen* / G *Fohlen*) ← IE **pōu-* few, little (L *pullus* young of an animal / Gk *pôlos*)〙— *n.* **1** 馬[ろば, らば]の子, (特に, 一歳以下の)子馬 (colt, filly). **2** [the F-]〘天文〙こうま(小馬)座 (⇨ Equuleus).
in [*with*] *foal* 〈雌馬が〉子をはらんで.
— *vt.* 〈子馬[ろば, らば]を〉生む. — *vi.* 子馬[ろば, らば]を生む〈*down*〉.
fóal·fòot *n.* (*pl.* **～s**)〘植物〙カントウ(款冬) (coltsfoot).
foam [fóʊm | fə́ʊm]〘n.: OE *fām* (neut.) < (WGmc) **faimaz* (G *Feim* scum) ← IE **(s)poimno-* foam (L *spūma* 'SPUME'). — v.: (?c1375) *fome*(*n*) ← (n.) ∞ OE *fǣman* < (WGmc) **faimjan*〙— *n.* **1** [集合的] (撹拌(かくはん)・発酵・沸騰などによってできた液体中または液体表面の白い)泡(の固まり), あぶく (bubbles, froth): ～ on a jug of beer ジョッキについだビールの泡. **2** (馬などの)泡汗; (癲癇(てんかん)・恐水病患者などの)泡つばき. **3** [the ～]《詩》(泡立つ)海: sail the ～ 海を航行する. **4 a** 消火器から放出される泡状の物質. **b** 泡の層[外形]. **c** = foam rubber. — *vi.* **1** 泡立つ, あぶくを生じる. **2** 〈水などが〉泡立って流れる: ～ *over* 泡立ちあふれる / ～ *off* [*away*] 泡と消える / waves ～*ing along* the beach 浜辺に泡立つ波 / a waterfall ～*ing down* the precipice 崖(がけ)を泡立ち流れる滝. **3 a** (怒って)泡を吹く; 怒る: ～ *at* a person / ～ at the mouth ⇨ mouth 成句. **b** 〈馬が〉泡汗を流す. — *vt.* **1** 泡立せる; 〈コンクリート・モルタル・しっくいなど〉に気泡を生じさせる. **2** …に気泡を入れこむ.
～·er *n.*
fóam·bàck *n.*〘紡織〙発泡体層の裏付け.
fóam cèll *n.*〘病理〙泡沫細胞.
fóam [**fóamed**] **cóncrete** *n.*〘土木〙気泡コンクリート《軽量化のため気泡を混入したコンクリート》.
fóamed plástic *n.*〘化学〙= expanded plastic.
fóam extínguisher *n.* 泡立(あわだち)式消火器.
fóam·flòwer *n.*〘植物〙= false miterwort.
fóam glàss *n.*〘ガラス製造〙泡ガラス《ガラス粉に粉末炭素などの発泡剤をまぜて加熱して造ったガラスで, 救命具・絶縁体などに用いる》.
fóam·ing〘ME〙*adj.* 泡の立つ[立っている], 泡を吹く: ～ ale 泡立つビール / ～ steeds 泡汗をかいている馬. **～·ly** *adv.*
fóaming àgent *n.*〘土木〙(コンクリート・モルタルなどの)起泡剤, 泡立て剤.
Fóam·ite [fóʊmaɪt | fə́ʊ-] *n.*〘商標〙フォーマイト《泡消火剤の原料》.
fóam·less *adj.* 泡のない, 泡の立たない.
fóam rúbber *n.* 気泡ゴム, 泡ゴム, フォームラバー《latex から作り, ふとん・クッションなどに使う; 各気泡が連続していない点が sponge rubber と異なる》.
foam·y [fóʊmi | fə́ʊmi]〘OE *fāmig*: ⇨ -y^4〙— *adj.* (**foam·i·er**; **-i·est**) **1** 泡の多い, 泡だらけの. **2** 泡の, 泡のような. **3** 泡立つ, 泡立っている: the ～ surf 泡立つ寄せ波. **fóam·i·ly** [-mɪli, -mə- | -lɪ] *adv.* **fóam·i·ness** *n.*
fob^1 [fá(ː)b | fɔ́b]〘(1653) □ ? G《方言》*Fuppe* pocket & *fuppen* to pocket stealthily〙— *n.* **1** (ズボンの上部につけた)時計入れ小ポケット《fob pocket ともいう》. **2** (ズボンのポケット (fob) から垂らす)時計の小鎖[ひも, リボン]《fob chain ともいう》. **3** 時計鎖の先に付ける小飾り物. — *vt.* 〈(ズボンの)時計入れ〉の中に入れる[しまう].
fob^2 [fá(ː)b | fɔ́b]〘(?c1375) *fobbe*(*n*) ← ?: cf. fop / G *foppen* to deceive〙— *vt.* (**fobbed**; **fob·bing**)《廃》欺く, だます; だまし取る. ★ 今は次の句で: ***fob off*** (1)

fob^1 3

〈不良品・偽物などを〉つかませる (palm off): ～ *off* an imitation gem *on* [*upon*] a person 人に模造宝石をつかませる. (2) (だまして)〈人を〉うまく避ける (put off): ～ the cops *off* 警察の目をうまくごまかす / ～ a person *off* with empty promises 口先だけの約束で人をうまくはぐらかす.

FOB, F.O.B., f.o.b. 《略》〘貿易〙 free on board (輸出港)本船(積込み)渡し条件[値段](の) (cf. CIF): a price *FOB*＝an *FOB* price 本船渡し値段.

fób chàin *n.* ＝fob[1] 2.

fób pòcket *n.* ＝fob[1] 1.

FOBS 〘《頭字語》← *F*(*ractional*) *O*(*rbital*) *B*(*ombardment*) *S*(*ystem*)〙 — *n.* 〘軍事〙部分軌道爆撃体系, 部分軌道爆弾《軌道を回る宇宙船に積んだ弾頭を地上の目標に発射し, 在来型レーダーの探知を免れる核兵器体系; cf. MOBS》.

fo·cal [fóukəl | fə́u-] 〘《1693》← FOC(US) ＋ -AL[1]〙 *adj.* **1** 焦点 (focus) の: ⇨ focal point. **2** 〘病理〙病巣の, 巣状の; 限局性の.

fócal dìstance *n.* 〘光学・写真〙＝focal length.

fócal infèction *n.* 〘病理・歯科〙病巣感染.

fo·cal·ize [fóukəlàiz | fə́u-] *vt.* **1 a** 焦点に合わせる: Light is ～*d* in the eye. 光は目の中で焦点に集中する. **b** 〈レンズなど〉の焦点を合わせる. **2** 〈注意などを〉集中させる (concentrate). **3** 〘医学〙〈感染などを〉局部的に食い止める. — *vi.* **1** 焦点に集まる; 集中する. **2** 〘医学〙〈病巣・症状などが〉限局[局部化]する. **fo·cal·i·za·tion** [fòukəlɪzéɪʃən, -lə- | fə̀ukəlaɪ-, -lɪ-] *n.*

fócal lèngth *n.* 〘光学・写真〙焦点距離《主点と対応する(主)焦点 (principal focus) との間の距離; ⇨ lens 挿絵》.

fó·cal·ly [-kəli | -lɪ] *adv.* 焦点に(集まって); 局部的に.

fócal plàne *n.* 〘光学〙焦点面, 焦平面《(主)焦点 (principal focus) を通り光軸に垂直な平面》.

fócal-plàne shùtter *n.* 〘写真〙フォーカルプレーンシャッター《写真機の焦点面近くに設けた開閉装置; 黒膜の窓が感光膜面の前を通過するもの; cf. blind shutter》.

fócal pòint *n.* **1** 〘光学〙焦点 (⇨ principal focus) 《俗には像点 (image point) の意に用いることもある》. **2** (活動・注目などの)中心 (center).

Foch [fɔ́(ː)ʃ, fɑ́(ː)ʃ | fɔ́ʃ; *F.* fɔʃ], **Ferdinand** *n.* フォッシュ《1851–1929; フランスの元帥, 第一次大戦の連合軍総司令官 (1918)》.

foci *n.* focus の複数形.

fo·cim·e·ter [fousímətə | fəusímɪtə(r, -mə-] *n.* 〘光学〙＝focometer.

fo·cim·e·try [fousímətri | fəusímɪtrɪ, -mə-] 〘⇨↓, -metry〙 *n.* 〘光学〙焦点距離測定.

fo·com·e·ter [foukɑ́mətə | fəukɔ́mɪtə(r, -mə-] 〘⇐F *focomètre, focimètre* ← NL *foci-, foco-* ← *focus* 'FOCUS': ⇨ -meter[1]〙 — *n.* 〘光学〙フォコメーター, 焦点距離測定器.

fo'c'sle [fóuksl̩ | fə́u-] *n.* 〘海事〙＝forecastle.

fo·cus [fóukəs | fə́u-] 〘《1644》← NL ～ 'burning-point' ← L *focus* hearth, fireplace, (VL) fire ← ?〙 — *n.* (*pl.* ～·**es**, **fo·ci** [fóusaɪ | fə́usaɪ, fə́uki:, -kaɪ]) **1** 〘物理・光学〙焦点《俗には像点 (image point) の意にも用いられる; 更に広く音波, 電子線などが収束あるいはそこから発散するように見える点; cf. focal point, principal focus》: in ～ 焦点が合って, はっきりして / out of ～ 焦点がはずれて, ぼんやりして / a real ～ 実焦点 / a virtual ～ 虚焦点. **2** (嵐・噴火・陰謀などの)焦点, 中心; (興味・注意などの)集中点, 的: a ～ *of* trouble 紛争の焦点 / the ～ *of* the world's attention 世界の注目の的 / the ～ *of* the attack 攻撃目標. **3** 〘数学〙(円錐曲線の)焦点: An ellipse has two *foci.* 楕(だ)円には二つの焦点がある. **4** 〘地震〙震源 (cf. epicenter): the ～ *of* an earthquake 震源. **5** 〘病理〙病巣, 巣(そう)《病変のある部分》.

— *v.* (～**ed**, **fo·cussed**; ～**·ing**, **fo·cus·sing**; ～**·es**, **fo·cus·ses**) — *vt.* **1 a** 焦点に集める: ～ the sun's rays *on* something with a burning glass 天日取りレンズで物に日光を集める. **b** 〈目・レンズ〉の焦点を合わせる (focalize): ～ a pair of opera glasses [the lens of a microscope] オペラグラス[顕微鏡のレンズ]の焦点を合わせる. **2** 〔…に〕〈注意・関心を〉集中させる (concentrate) 〔*on, upon*〕: ～ one's attention *on* a subject ある題目に注意を集中する / All eyes were ～(*s*)*ed on* me. 皆の目が私に集まった / Her attention ～*sed* itself *on* him. 彼女の注意は彼に集中した. — *vi.* **1** 焦点に集まる; 〔…に〕集中する (converge) 〔*on, upon*〕. **2** 焦点を合わす.

fo·cus·a·ble [fóukəsəbl̩ | fə́u-] *adj.* 焦点を合わせることのできる: a ～ camera.

fó·cus·er *n.* 焦点に集めるもの, 焦点を合わせるもの.

fó·cus·ing *n.* 焦点を合わせること.

fócusing còil *n.* 〘電気〙集束コイル.

fócus·less *adj.* 焦点のない; 焦点の合わない.

fod·der [fɑ́də | fɔ́də(r] 〘OE *fōd*(*d*)*or* < Gmc **fōdram* (Du. *voeder* / G *Futter*) ← **fōđon* 'FOOD'〙 — *n.* **1** (家畜の)かいば, まぐさ. **2 a** いつでも需要に応じられるもの, 消費物. **b** 芸術の素材. **c** すぐかき集められるが価値のない連中: cannon ～ (大砲のえじきになるだけの)雑兵 / labor ～ かき集めた労働者連中. **d** 《俗》弾薬 (ammunition). — *vt.* 〘家畜〙にかいば[まぐさ]を与える.

fodg·el [fɑ́dʒəl | fɔ́dʒ-] 〘← 《スコット》 *fodge* (《変形》 ← *fadge* short fat one)＋-EL[2]〙 *adj.* 《スコット》肥えた, 太った, ずんぐりした (fat).

foe [fóu | fə́u] 〘lateOE *fā* 《混成》? ← OE *fāh* (adj.) hostile (< (WGmc) **faix*-)＋*ġefā* enemy (← *ġefāh* at feud < (WGmc) **ʒafaixaz* ← **ʒa*- 'Y-'＋**faix*- (< ? IE **peiĝ*- evil-minded)): cf. feud[1]〙 — *n.* **1** かたき, 敵 (enemy); (競技・勝負事の)相手, 敵手, 敵 (adversary, opponent). **2** 敵軍; 敵兵, 敵国人. **3** (制度・主義などにおける)敵対者, 敵 (ill-wisher); 〔…に〕反するもの, 〔…を〕そこなうもの 〔*to*〕: a political ～ 政敵 / Cleanliness is a ～ *to* disease. 清潔は疾病の敵 / a dangerous ～ *to* health 健康の強敵.

F.O.E. 《略》 Fraternal Order of Eagles イーグル共済組合.

foehn [fə́ːn, féɪn; *G.* fǿːn] 〘⇐G *Föhn* < OHG *phōnno* ⇐ VL **faonius* ← L *Favōnius*: ⇨ favonian〙 — *n.* フェーン《山脈や山地を越えてくる高温で乾燥した気流; もとはアルプス地方でつけられた名称》: a ～ phenomenon フェーン現象.

fóe·man [-mən] 〘OE *fāhman*: ⇨ foe, man[1]〙 — *n.* (*pl.* **-men** [-mən, -mèn]) 《古》敵兵: a ～ worthy of one's steel (刀のけがれとならない)相手として不足のない勇武の士, 好敵手.

foe·tal [fíːtl̩ | -tl] *adj.* 〘生物〙＝fetal.

foe·tal·i·za·tion [fìːtəlɪzéɪʃən, -lə-, -tl̩- | -təlaɪ-, -lɪ-, -tl̩-] *n.* 〘動物〙＝fetalization.

foe·ta·tion [fiːtéɪʃən] *n.* 〘生物〙＝fetation.

foe·ti- [fíːtɪ, -tə | -tɪ] foeto- の異形 (⇨ feto-).

foe·ti·cid·al [fìːtəsáɪdl̩ | -tɪ-] *adj.* ＝feticidal.

foe·ti·cide [fíːtəsàɪd | -tɪ-] *n.* ＝feticide.

foe·tid [fétɪd, -təd | fíːtɪd] *adj.* ＝fetid.

foe·tip·a·rous [fiːtípərəs] *adj.* 〘動物〙＝fetiparous.

foe·to- [fíːto(u) | -tə(u)] ＝feto-.

foe·tor [fíːtə, -tɔə | -tə(r, -tɔː(r] *n.* ＝fetor.

foe·tus [fíːtəs | -təs] *n.* 〘動物〙＝fetus.

fog[1] [fɔ́(ː)g, fɑ́(ː)g | fɔ́g] 〘《1544》《逆成》? ← FOGGY (= covered with rank grass): cf. Dan. (*sne*-)*fog* driving snow〙 — *n.* **1** (濃い)霧, もや, 濃霧, 煙霧 (thick mist) (cf. mist 1 a, haze[1] 1): a dense ～ 濃霧 / London had bad ～*s* in winter. ロンドンの冬は霧がひどかった / *Fog* is the sailor's greatest enemy. 霧は船乗りの一番恐ろしい敵だ. **2** (一面に立ちこめた)煙[ほこり, しぶきなど]: a dust ～ 霧のようなほこり, 立ちこめたほこり. **3** もやもやした状態, 当惑, 混迷, 混乱; もやもや[曖昧に, ぼうっと]させるもの: the ～ of war 戦雲 / in a ～ 当惑して, 途方に暮れて / behind a ～ of sophistication 模糊とした詭弁の背後に / out of a ～ of recollection おぼろな記憶から. **4** 〘写真〙(陰画・印画などの)かぶり《画像光以外の光や化学薬品などの作用による黒化》. **5** 〘物理化学〙煙霧《ガス媒体中に拡散した液体粒子から成るコロイド》.

— *v.* (**fogged**; **fog·ging**) — *vt.* **1 a** 霧[煙霧]でおおう (befog): a ～*ged* landscape 霧に包まれた景色. **b** 霧[霧状のもの]で曇らせる 〈*up*〉: A heavy smoke ～*ged up* the landscape. 濃い煙で景色が曇って見えなかった. **c** 〈目を〉かすませる: My eyes were ～*ged with* intoxication. 酩酊で目がかすんでいた. **2** 濃霧で運行不能にする 〈*in*〉: The airport was ～*ged in* for three days. 空港は濃霧で3日間使用不能になった. **3** 当惑させる, 途方に暮れさせる (confuse, perplex); ぼんやりさせる, 漠然とさせる: The topic was ～*ged up* during the conversation. 会話中に話題がはっきりしなくなってきた. **4** 《俗》〈ボールを〉強く投げる. **5** 〘写真〙〈陰画・印画を〉かぶらせる (obscure, blur). — *vi.* **1** 霧[煙霧]がかかる 〈*up*〉: The airfield ～*ged up.* 飛行場は霧に包まれていた. **2** 霧で曇る; ぼんやりする, 漠然とする: His glasses ～*ged up with* steam. めがねが蒸気で曇った. **3** 《英》〘鉄道〙線路に濃霧信号 (fog signal) を出す (cf. fogger[1] 2). **4** 〘写真〙かぶる, 画像をぼんやりさせる.

fog[2] [fɔ́(ː)g, fɑ́(ː)g | fɔ́g] 〘ME *fogge* rank grass ← ? ON (cf. Norw. *fogg* long grass on damp ground)〙 — *n.* **1** (刈りあとにはえた)二番草 (aftermath). **2** (冬枯れの野の)長い立枯れ草: leave the land *under* ～ 土地の草を立枯れのままにしておく. **3** 《方言》こけ (moss). — *vt.* (**fogged**; **fog·ging**) **1** 《英》〈家畜〉に二番草を食わせる. **2** 《方言》〈土地〉の草を冬枯れまで残して置く.

fóg alàrm *n.* 濃霧警報.

fóg·bànk 〘⇨ fog[1]〙 *n.* 霧峰《遠く海上に層雲のようにかかる濃霧》.

fóg bèll *n.* 〘海事〙フォグベル, 霧中号鐘《霧の中で停泊中の船などが衝突されないように鳴らす鐘》.

fóg bèlt *n.* 霧のよくかかる地帯, 濃霧地帯.

fóg·bòund *adj.* **1** 霧に包まれた. **2** 〈船・航空機などが〉濃霧のため航行不能の, 濃霧で立往生した.

fóg·bòw [-bòu | -bə̀u] *n.* 〘気象〙霧虹, 霧中弧光《霧の中に現われるかすかな白光の虹; fogdog, mistbow, seadog, white rainbow ともいう》.

fóg·dòg *n.* 〘気象〙＝fogbow.

fóg drìp *n.* 霧滴《霧の水分が樹木(特に針葉樹)の葉に凝縮した結果生じる》.

fo·gey [fóugi | fə́ugɪ] *n.* ＝fogy.

fóg fòrest *n.* 霧林《湿度が高く雲がかかっている, 熱帯地方の高地の密林》.

fog·gage [fɔ́(ː)gɪdʒ, fɑ́g- | fɔ́g-] 〘← 《15C》《スコット》 *fogagium* ← FOG[2]: ⇨ -age〙 *n.* 《スコット》＝fog[2] 2.

fóg·ger[1] *n.* **1** 殺虫剤噴霧器. **2** 《英》〘鉄道〙濃霧信号手 (cf. fog[1] *vi.* 3).

fóg·ger[2] 〘⇨ fog[2]〙 *n.* 《英方言》家畜の世話をする農場労働者.

Fog·gia [fɔ́(ː)dʒə, -dʒɑː | fɔ́dʒə, -dʒɑː; *It.* fɔ́ddʒa] *n.* フォッジャ《イタリア南部の都市; 人口 150,000》.

fóg gòng *n.* 濃霧(警戒)信号に用いるゴング[どら].

fóg gùn *n.* 霧砲《濃霧(警戒)信号に用いる銃砲; 一定の間隔をおいて発砲する》.

fog·gy [fɔ́(ː)gi, fɑ́gi | fɔ́gɪ] 〘《*a*1529》← FOG[2] (n.)＋-Y[4]: 《原義》 marshy, thick, murky〙 — *adj.* (**fog·gi·er**; **-gi·est**) **1** 霧の多い; 濃霧のかかった, 霧の立ちこめた, 霧深い: a ～ street, night / a ～ tower 霧にかすんだ塔. **2** 霧のような; ぼんやりした, もうろうとした (dim, confused): He has only a ～ idea of it. 彼にはそれについてぼんやりした考えしかない / He hasn't the *foggiest* notion [idea] of what he is doing. 自分が何をしているのかさっぱりわかっていない. **3** 〘写真〙かぶった, 曇った (blurred). **fóg·gi·ly** [-gɪli, -gə- | -lɪ] *adv.* **fóg·gi·ness** *n.*

Fóggy Bóttom 〘《1947》← *Foggy Bottom* (米国国務省所在地の旧称から)〙 *n.* 米国国務省 (the U.S. Department of State) の俗称.

fóg·hòrn *n.* **1** 〘海事〙フォグホーン, 霧中号角《霧の中で帆船などが衝突しないように鳴らす機械的な発音器》. **2** 強い太声, どら声.

fóg làmp *n.* 〘自動車〙＝fog light.

fo·gle [fóugl | fə́u-] 〘← ?〙 *n.* 《古・俗》絹のハンカチ.

fógle hùnter [hèister] *n.* 《俗》すり (pickpocket).

fóg·less *adj.* 霧[濃霧]のない.

fóg light *n.* 〘自動車〙霧灯, フォグライト[ランプ]《大気中に霧やちりや煙が立ちこめている際に点灯する淡黄色の補助前照灯; fog lamp ともいう》.

fóg signal *n.* **1** 《英》〘鉄道〙濃霧(警戒)信号. **2** 〘海事〙霧中信号《霧の中で船が衝突をさけるために鳴らす汽笛や号角あるいは号鐘》.

fóg siren *n.* 濃霧警戒サイレン[汽笛].

fo·gy [fóugi | fə́ugɪ] 〘《1780》← ? FOGGY 《廃》 moss-grown: cf. 《俗》 *fogram* antiquated (← ?)〙 — *n.* (*pl.* **fo·gies**, ～**s**) [通例 old ～ として] 時勢[時代]遅れの人, (頑固な)旧弊思想家.

fó·gy·ish [-gɪɪʃ] *adj.* 旧弊な, いささか時勢遅れの: a ～ educator, opinion, etc.

fó·gy·ism [-gɪìzm] *n.* 旧弊家気質(かたぎ), 旧弊思想.

foh [pɸː, fóu, fɔ́ː | pɸː, fə́u, fɔ́ː] *int.* ＝faugh.

föhn [fə́ːn, féɪn; *G.* fǿːn] *n.* 〘気象〙＝foehn.

foi·ble [fɔ́ɪbl̩] 〘《*a*1648》⇐《廃》 F ～ (F *faible*) 'FEEBLE, weak point'〙 — *n.* **1 a** (性格・行儀の)ささいな弱点, 欠点, 短所; (長所だとうぬぼれている)短所. **b** 異常な興味[好み], 道楽 (fad). **2** 〘フェンシング〙剣のしなり《中央から鋒(きっさき)までのしなる部分; cf. forte[1] 2》.

foie gras [fwɑ́ːgrɑ́ː; *F.* fwagʀɑ] 〘⇐F ～ 'goose liver'〙 — *n.* 〘料理〙フォワグラ《強制飼育したがちょうの肥大した肝臓, パテ (pâté) などにして食べる》: ⇨ pâté de foie gras.

foil[1] [fɔ́ɪl] 〘《? *a*1300》 *foile*(*n*) ⇐ ? AF **ful-er* = (O)F *fouler* to trample on, full (cloth): ⇨ full[2]〙 — *vt.* **1** 〈相手またはその企図・計略などを〉くじく, くつがえす, 裏をかく (baffle, frustrate): be ～*ed* in an attempt 企てに失敗する. **2** 〈攻撃を〉退ける, 食い止める (repulse). **3** 〘狩猟〙〈猟獣が〉(走路を縦横にかけ回ったり, でたらめに走って)〈臭跡を〉くらます, 〈臭跡のある地点・場所などを〉判らなくさせる: ～ a scent, trail, ground, etc. — *vi.* 〘狩猟〙〈鹿などが〉臭跡をくらます. — *n.* **1** 〘狩猟〙猟獣の足跡《追われて逃げた跡》: run (upon) the ～ 〈猟獣が〉走路を縦横に走る, 臭跡をくらます. **2** 《古》打破, 撃退 (defeat, check): put to the ～ くじく, 撃退する.

foil[2] [fɔ́ɪl] 〘《*c*1325》 *foile* ⇐ OF *foil* (masc.) < L *folium* leaf & *foille* (fem.) (F *feuille*) < L *folia* (pl.): cf. Gk *phúllon*〙 — *n.* **1 a** 金属の薄片, 薄葉, 箔: ⇨ gold foil, tin foil. **b** ホイル《食品・たばこなどを包むアルミ箔》. **2** (鏡の)裏箔《アンモニア水とアルコールの混合液に硝酸銀を溶かしてガラスの片面に塗った銀膜》; 下敷き箔《宝石の光沢をよく見せるために敷く金属箔》. **3** 引立て役(となる人, 物): serve as a ～ 引立て役になる. **4 a** 翼 (airfoil). **b** 水中翼 (hydrofoil). **5** 〘建築〙弁, 葉形飾り《ゴシック様式の狭間(はざま)装飾で, cusp と cusp の間の花弁形の切込み模様; cf. cinquefoil 2, quatrefoil 2, trefoil 2》. — *vt.* **1** …に箔をきせる, 箔を裏打ちする, 箔を敷く. **2** (対照によって)引立たせる, 目立たせる. **3** 〘建築〙〈窓など〉に弁飾りを施す.

foil[3] [fɔ́ɪl] 〘《1594》← ? FOIL[1]〙 — *n.* 〘フェンシング〙 **1** フルーレ《円形のつばのついた柔軟な剣で, 突きで勝負する; cf. épée, saber 4》: a match at ～*s* フルーレの試合. **2** [*pl.*] フルーレ競技(種目)《有効面は頭部・四肢を除く全身》. ～**·ist** [-lɪst, -ləst | -lɪst] *n.*

foil[3] 1

foiled *adj.* 〘建築〙(切込みの)多弁形の, 弁飾りを施した: a ～ arch, window, etc.

fóil·ing [-lɪŋ] *n.* 〘建築〙弁飾り.

fóils·man [-mən] *n.* (*pl.* **-men** [-mən, -mèn]) (フルーレ (foil) を使って)フェンシングをする人 (fencer).

foin [fɔ́ɪn] 〘《*c*1312》⇐ OF *foi*(*s*)*ne* fish-spear (F *fouine*) < L *fuscinam* trident〙 《古》 *n.* (剣先・槍先などでの)突入れ, 突き. — *vi.* 突きを入れる (lunge).

Fo·ïsm [fóuɪzm | fə́u-] 〘← Chin. *fo* (仏) (cf. Buddah)＋-ISM〙 *n.* (中国の)仏教. **Fo·ist** [fóuɪst, -əst | -ɪst] *n.*

foi·son [fɔ́ɪzn] 〖《?*a*1300》 *foisoun* ▭ (O)F *foison* < L *fūsiō(n-)*: FUSION と二重語〗 *n.* **1** 《古》豊富(plenty); 豊作. **2** 《スコット》体力, 精力; 精神力.

foist [fɔ́ɪst] 〖《1545》《原義》to palm (false dice) ▭ ? Du. 《方言》*vuisten* to take in hand ← *vuist* 'FIST¹'〗 ── *vt.* **1 a** 〈偽物などを〉〔人に〕押し付ける, つかませる 〔*on, upon*〕: ~ a forged bank note (*off*) *on* a person 人に偽札をつかませる. **b** 〈作品・文書などを〉偽わって[間違って]〔人の作だ〕とする〔*upon*〕: They ~*ed* the work *upon* him. 彼らはその作品を彼の書いたものだと偽って言った. **2** 〈不正な文句などを〉〔...に〕そっと書き入れる〔*in, into*〕: ~ spurious passages *into* a text テキストに偽の文をこっそり挿入する.

Fo·kine [fɔ́(ː)kiːn, fóu-, ─⌐ | fɔukíːn, fɔ-; *F.* fɔkin], **Michel** *n.* フォーキン《1880-1942; ロシヤ生れの米国のバレエ舞踊家・振付師》.

Fok·ker [fákə, fɔ́(ː)kə | fɔ́kə(r)] *n.* フォッカー《A. H. G. Fokker が設計・製作した航空機; 特に, 第一次大戦中のドイツ軍戦闘機》.

Fok·ker [fákə, fɔ́(ː)kə | fɔ́kə(r; *Du.* fɔ́kər], **Anthony Herman Gerard** *n.* フォッカー《1890-1939; オランダ出身の米国の航空機設計製作者》.

fol. 《略》folio; folium; following; followed.

fo·la·cin [fóuləsɪn, fál-, -sən | fóuləsɪn, fɔ́l-] 〖← FOL(IC) AC(ID)+-IN¹〗 *n.* 〖生化学〗=folic acid.

fo·late [fóuleɪt | fóu-] *n.* 〖生化学〗葉酸 (folic acid).

fold¹ [fóuld | fɔ́uld] 〖OE *f(e)aldan* < Gmc **falþan* (Du. *vouwen* / G *falten*) ← IE **pel-* to fold (L *duplus* double / Gk *di-plóos*): cf. ply¹〗 ── *vt.* **1 a** 〈紙・布・衣類などを〉折る, 折り重ねる, 折り込む, 折りたたむ: ~ a letter [tent] 手紙[テント]を折りたたむ / ~ *up* a newspaper [map] 新聞[地図]をきちんとたたむ / This baby carriage can be ~*ed up*. この乳母車は折りたたむことができる / ~ *down* [*back*] a leaf of book 本のページを折る[折り返す] / ~ *back* the sleeves 袖を折り返す / ~ *over* the edge of a dress 衣服のへりを折り重ねる. **b** 〈鳥・飛行機が〉〈翼を〉折りたたむ, 収める: The hawk alighted, ~*ing* its wings. 鷹はとまると翼を折りたたんだ. **c** 〈人が〉〈脚を〉折りたたむ: He ~*ed* his long legs under himself. 彼は長い脚を曲げて膝を折った. **2** 〈両手・両腕・両足を〉組み合わせる: ~ one's hands / with one's arms ~*ed* 腕組みして, 腕を組んで / with ~*ed* arms ⇨ arm¹ 成句. **3** 〈両腕を〉〔...に〕巻きつける〔*about, (a)round*〕; 〔両腕に〕抱く, かかえる〔*in*〕; 〔胸に〕抱き寄せる〔*to*〕: She ~*ed* her arms *about* his neck. 彼の首に抱きついた / He ~*ed* his child *in* his arms [*to* his breast]. 子供を両腕に抱いた[胸に抱きしめた]. **4** 包む, くるむ; まとう (swathe): ~ one's cloak *about* one マントを体にまとう / hills ~*ed in* mist 霧に包まれた山々 / ~ a parcel *up in* paper 小包を紙に包み込む / The town was ~*ed away* in the mountains. その町は山々のふところに抱かれるようにしてあった. **5** 〖料理〗(へらなどで切るようにざっくり)混ぜ合わせる〈*in*〉: Softly ~ *in* the beaten egg whites. あわ立てた卵の白味をそっと混ぜ合わせなさい / She ~*ed* nuts *into* the batter. 彼女はナッツをねり粉に落して混ぜ合わせた. **6 a** 〖トランプ〗(ポーカーで)〈手を〉たたむ, 伏せて卓上に置く《ゲームから下りる合図》. **b** 《口語》〈事業などを〉打ち切る, 停止する, たたむ (close up): He decided to ~ the business. 彼は商売をたたむことにした. **7** 〖地質〗〈岩石層などを〉褶曲(しゅうきょく)させる.
── *vi.* **1** 折り重なる, たたまる; 折りたためる〈*up*〉: The document ~*s up into* a briefcase. その書類は折りたたんで書類かばんに入れられる / He ~*ed up into* the corner seat. 彼は体を二つに折り曲げて隅の席にすわった / This door ~*s back*. この戸は折り返される. **2** 《口語》**a** (疲労などのため)崩れ倒れる (collapse), へこたれる〈*up*〉: We saw the horse ~ *up* in the homestretch. 馬が最後の直線コースで力尽きて倒れるのが見えた. **b** 〈事業などが〉つぶれる, 生産を打ち切る (close up), 倒産する; 〈劇などが〉公演中止になる〈*up*〉: Many businesses have ~*ed up*. 多くの企業が倒産した / The restaurant on the corner ~*ed* in less than a year. 角のレストランは1年も経たぬうちにつぶれた / The show will soon ~ through lack of patronage. その芝居は不入りのためすぐに打ち切りとなろう. **3** 〖トランプ〗カードを伏せてゲームから下りる.
fold out 〈折りたたんだ物[紙]・折込みページ・折りたたみドアなどが〉開くことができる.
── *n.* **1 a** 折り目, 折りたたみ目; 折り目のくぼみ; ひだ (pleat); 層 (layer): the ~*s* of a skirt スカートのひだ / She carried the coin in ~*s* of tissue paper. 彼女はその金を幾重にもたたんだ紙に包んで持っていた. **b** 《古》(折戸などの)折りたたみ部, とびら (leaf). **2** 折りたたむこと, 折りたたみ: Another ~ gives a 32 mo. もう一度折ると32折り(64ページ)になる. **3** (蛇・縄などの)とぐろ巻き, 一巻き (coil): a ~ of a snake 蛇のとぐろ. **4** 《英》(起伏した土地の)くぼみ, 谷合い (hollow); [*pl.*] 重畳起伏: the ~*s* of the hills 重畳たる山の起伏. **5** 〖地質〗(地層の)褶曲(しゅうきょく) (cf. flexure 4). **6** 〖解剖〗皺襞(しゅうへき) (plica), ひだ: neural [vocal] ~*s* 神経[声帯]皺襞. **7** 〖新聞〗(印刷後二つ折りにした際の)折り目; (第一面その他の主要ページにおける主記事欄と他の記事欄を分ける)仕切り線.

fold² [fóuld | fɔ́uld] 〖OE *fald* ← *falod*: cog. MLG *valt* enclosure〗 ── *n.* **1** 羊の囲い[檻] (pen), 羊舎 (sheepfold). **2** [the ~] (檻の中の)羊の群れ: *the* bleating ~ めーめーと鳴く羊. **3** (キリストを「よき羊飼い」(Good Shepherd) と見立てて)教会 (Christian Church), 集会, 会衆 (cf. flock¹ *n.* 3): the true *Fold* 真の教会《キリスト教会の各派が自称する名称》.
── *vt.* **1** 〈羊を〉囲う, 檻に入れる. **2** 羊を檻に飼って〈土地を〉肥やす.

-fold [fòuld | fɔ̀uld] 〖OE *-f(e)ald* < Gmc **-falþaz* ← IE **pel-* 'to FOLD¹': cf. Gk *dipaltos* double〗 ── *suf.* 数詞または他の数量形容詞に付いて「...倍, ...重」の意を表わす形容詞・副詞を造る: two*fold* (=double) / three*fold* (=triple, treble) / mani*fold*, thousand*fold*. ★ 今では倍数を表わすには通例ラテン語系の語尾 -ple, -ble をもつ語 (triple, treble, quadruple) を用い, -fold の方は比喩的または副詞的に用いられることが多い: with a two*fold* charm 二重の魅力で / be repaid ten*fold* 十倍にして返済される.

fold·a·ble [fóuldəbḷ | fɔ́uld-] *adj.* 折りたたむことのできる, 折り重ね可能な.

fóld·awày *adj.* 折りたたみ式でしまい込める: a ~ bed 折りたたみベッド.

fóld·bòat *n.* 〖海事〗=faltboat.

fóld·bòating *n.* 折りたたみ式ボートで急流を下るスポーツ. **fóld·bòater** *n.*

fólded dípole *n.* 〖通信〗折返しダイポール《金属の棒を折り曲げて作ったダイポール空中線; cf. dipole aerial》.

fóld·er *n.* **1** 折り手, たたむ人; (紙などの)折りたたみ機, 紙折り機. **2** 折本, 折りたたみ広告, 折りたたみ式地図[時間表]: a railroad timetable ~ 折りたたみ鉄道時間表. **3** (厚紙を二つに折った)紙ばさみ, 書類ばさみ. **4** [*pl.*] 折りたたみ式眼鏡.

fol·de·rol [fáldəràl, ⌐─⌐ | fɔ́ldərɔ̀l, ⌐─⌐] 〖← *fal-de-rol, fal-deral* (古い歌の無意味な繰り返しの言葉)〗 ── *n.* **1** 安ぴか物, くだらない物, つまらない飾り物. **2** (昔の歌にあった)無意味な繰り返し. **3** つまらない[くだらない]こと, つまらない話, ばか話.

fóld·ing¹ 〖ME〗 ── *adj.* 折り重ねられる, 折りたたみ式の, たたみ込みの (collapsible): a ~ bed 折りたたみ式ベッド / a ~ fan 扇子 / a ~ screen 屏風(びょうぶ) / a ~ chair [stool] 折りたたみ椅子[腰掛け] / a ~ rule [scale] 折り尺. ── *n.* 〖地質〗=fold¹ 5.

fóld·ing² 〖ME: ⇨ fold²〗 *n.* 《英》集約的輪換放牧.

fólding defèct *n.* 〖金属加工〗=cold shut 2.

fólding dóor *n.* 〖建築〗**1** アコーディオンドア. **2** 片折(かたおり)戸, 折りたたみ戸《蝶番(ちょうつがい)で付けた2枚の扉の一方》.

folding door 1

fólding fín *n.* 〖宇宙〗発射前はヒンジによりロケットやミサイルの内にたたみ込まれている翼.

fólding móney *n.* 《米口語》現金, 大金; (特に)紙幣, 札(さつ) (paper money) (cf. small change 1).

fóld·òut *n.* (出版物に入れる大版紙の)折り込みページ (folded leaf)《地図など》.

folia *n.* folium の複数形.

fo·li·a·ceous [fòuliéɪʃəs | fəulɪ-] 〖▭ L *foliāceus* ← *folium* leaf: ⇨ -aceous〗 ── *adj.* **1** 葉の; 葉でできた; 葉のような, 葉状の. **2** 葉のある, 葉状器官のある. **3** 薄板[薄葉, 薄層]から成る. **~·ness** *n.*

fo·li·age [fóulɪɪdʒ, -lɪdʒ | fóulɪɪdʒ] 〖《1598》 *fuellage, foillage* ▭ (O)F *feuillage* ← *feuille* leaf: ⇨ foil², -age〗 ── *n.* **1** [集合的] **a** (1本の草木の)葉(全部), (繁茂している)一団の葉, 群葉 (leafage): a tree with handsome ~ 葉振りの見事な樹木. **b** 葉・花・枝のかたまり. **2** 〖建築〗(ゴシック装飾・図案などの)葉[花, 枝]飾り, 唐草風の枝葉の群.

fó·li·aged *adj.* **1** 葉でおおわれた: a ~ lattice. **2** 葉飾りのある, 唐草模様の: ~ velvet. **3** [複合語の第2構成素として] (...の)葉のある, 葉が...の: dark-*foliaged* 黒ずんだ葉の / heavy-*foliaged* 葉の茂った.

fóliage lèaf *n.* 〖植物〗普通葉《petal, sepal, bract などの変形葉と区別していう; cf. floral leaf》.

fóliage plànt *n.* 観葉植物《begonia, maidenhair などのように葉を鑑賞する植物; cf. flowering plant 2》.

fo·li·ar [fóulɪə | fə́ulɪə(r)] 〖← NL *foliār-is* ← L *folium* leaf: ⇨ -ar¹〗 *adj.* 葉の; 葉質の, 葉状の, 葉から成る.

fóliar tráce *n.* 〖植物〗=leaf trace.

fo·li·ate 〖《1626》 ▭ L *foliāt-us* leaved ← *folium* leaf: ⇨ -ate²〗 ── [fóulɪət, -lɪɪt, -lɪèɪt | fəulɪət, -lɪɪt, -lɪèɪt] *adj.* **1** [通例複合語の第2構成素として] (...の)葉[葉片, 薄片]のある[をもつ]: three-*foliate* 三葉の. **2** 葉のような, 葉状の. **3** 〖建築〗葉形飾りをあしらった[模様のある]. **4** 〖植物〗=foliolate. ── [-lɪèɪt | -lɪèɪt] *v.* ── *vi.* **1** 葉を出す. **2** 葉片[薄葉]に分裂する. ── *vt.* **1** 葉のような形にする, 葉状にする. **2** 薄葉[箔]にする; ...に箔を敷く (foil): ~ a glass [mirror] 鏡に裏箔を敷く. **3** 〈書籍などに〉丁数を付ける: ~ a book 本に丁付けする. **4** 〖建築〗葉形飾りで飾る.

fó·li·àt·ed [-tɪd, -təd | -tɪd, -təd] *adj.* **1** 葉状の; 葉[葉状物]のついた. **2** 〖結晶〗薄層から成る, 薄片状にはがれ易い. **3** 〖建築〗=foliate 3.

fo·li·a·tion [fòuliéɪʃən | fəulɪ-] 〖《1623》← L *folium* leaf+-ATION〗 ── *n.* **1** 〖植物〗**a** 葉を出すこと, 葉の生成, 発葉 (leafing). **b** 葉の出た状態. **c** 芽型. **2** [集合的] 葉 (foliage). **3 a** 葉で飾ること, 葉飾り. **b** 〖建築〗(ゴシック様式の)葉形飾り. **4** 薄葉化, 箔 (foil) 作り; 箔敷き. **5** 〖印刷〗**a** (書籍・原稿などの)紙葉, 丁付け. **b** 丁数; 総丁数. **6** 〖地質〗葉状構造.

fo·li·a·ture [fóulɪətʃə, -tʃùə | fə́ulɪətʃə(r)] 〖▭ LL *foliātūra*: ⇨ foliate, -ure〗 *n.* [集合的] 《まれ》群葉.

fo·lic [fóulɪk, fál- | fə́ul-, fɔ́l-] 〖← L *folium* leaf+-IC¹〗 *adj.* 〖化学〗葉酸に関する[から派生した].

fólic ácid *n.* 〖生化学〗葉酸 ($C_{19}H_{19}N_7O_6$)《成長促進, 造血促進因子としての働きをもち貧血の特効剤; vitamin Bc, vitamin M, Lactobacillus casei factor, pteroylglutamic acid ともいう》.

fo·lie à deux [foulíː-ɑː-dɜ́ː, fɑ́li- | fəulíː-; *F.* fɔliadø] 〖▭ F ~ 'double insanity'〗 ── *n.* (*pl.* **fo·lies à deux** [-liːz-; *F.* ~]) 〖精神医学〗二人(組)精神病, 感応性精神病《親密な二人の片方が精神病になると, 他方も感応して発病するもの》.

folíe de grandéur [-də-grɑ̃ː(n)dɜ́ː, -grɔ̃ː(n)-, -grɑːn-, -grɔ(ː)n- | -dɜ́ː(r; *F.* -dəgrɑ̃dœːr] 〖▭ F ~ 'delirium of grandeur'〗 ── *n.* (*pl.* **folie de grandeurs** [~; *F.* ~]) 〖精神医学〗誇大妄想(狂).

folíe du dóute [-d(j)ʊ-dúːt, -də- | -djʊ-; *F.* -dydut] 〖▭ F ~ 'insanity of doubt'〗 ── *n.* (*pl.* **folies du doute** [~; *F.* ~]) 〖精神医学〗疑惑癖, 遅疑逡巡症《わずかな決断もできぬ病的状態》.

fo·lies-Ber·gère [foulíː-bɛəʒɛ́ə | fəulíː-bɛəʒɛ́ə(r; *F.* fɔlibɛrʒɛːr] *n.* [the ~] フォリーベルジェール《Paris のミュージックホール; 1867年設立》.

fo·lif·er·ous [foulíf(ə)rəs | fəu-] 〖← L *folium* leaf+-FEROUS〗 *adj.* 〖植物〗葉を生じる.

fo·li·ic·o·lous [fòulɪíkələs | fəu-] 〖← NL *folii-* (← L *folium* leaf)+-COLOUS〗 *adj.* **1** 〈苔類など〉(木の)葉に育つ. **2** 〈かび類など〉(木の)葉に寄生する.

fo·li·if·er·ous [fòulɪíf(ə)rəs | fəu-] *adj.* 〖植物〗=foliferous.

fo·lín·ic ácid [foulínɪk- | fəu-] 〖← FOL(IC)+-IN¹+-IC¹〗 ── *n.* 〖生化学〗フォリニン酸《テトラヒドロ葉酸のフォルミル誘導体で *Leuconostoc citrovorum* などのバクテリアの生育を助ける; citrovorum factor ともいう》.

fo·li·o [fóulɪòu, -ljou | fə́ulɪəu, -ljəu] 〖《1533》 ▭ L (*in*) *foliō* (on) leaf (abl.) ← *folium*: cf. Gk *phúllon* leaflet〗 ── *n.* (*pl.* **~s**) **1 a** (表(おもて)面にだけ番号付のある写本や刊本の)1丁, 1葉, 1枚 (leaf). **b** (本の)丁数. **c** (刊本の)ノンブル (page number). **2 a** 二折(判), フォリオ《2丁(4ページ)になるように全紙を1回折ってできた紙; cf. format 1 a》. **b** 二折本の大きさ: books in ~ 二折判の本. **c** 二折本, フォリオ本. **d** 最も大型の本. **e** (全紙を)半裁にした大きさ; その大きさの紙[ページ]. **3** フォリオ《綴じてない紙・楽譜などをはさんでおく紙ばさみ》. **4** 〖簿記〗**a** (原簿・台帳の借方・貸方を記入する)1ページ; (借方・貸方記入の左右相対する)両ページの一面《同じページ数(ノンブル)が打ってある》. **b** 照合番号, 丁合(ちょうあい)番号《仕訳帳と元帳との間の転記を照合するためのもの; folio reference ともいう》: a ledger ~ 元丁《仕訳帳に設けられる欄で, 転記先の元帳のページ数または勘定番号が記入される; 略 l.f.》. **5** 〖法律〗(文書の長さの)単位語数《英国では72語または90語, 米国では通例100語からなる1ページをさす》. ── *adj.* 二折(判)の, フォリオの; 最大の, 最も大型の: a ~ volume 二折本 / a ~ edition 二折版.
── *vt.* **1** 〈本〉の丁[ページ]数を数える; ...に丁[ページ]付けをする: ~ a book. **2** 〖法律〗〈訴訟書類など〉に単位語数ごとに丁数を付ける.

fo·li·o·late [fóulɪəlèɪt | fə́ulɪə-] 〖← NL *foliolāt-us*: ⇨ ↓, -ate²〗 *adj.* [通例複合語の第2構成素として] 〖植物〗(...の)小葉 (leaflet) のある[をもつ, から成る].

fo·li·ole [fóulɪòul | fə́ulɪəul] 〖▭ F ~ ▭ LL *foliolum* (dim.) ← *folium* leaf〗 *n.* 〖植物〗**1** 小葉 (leaflet). **2** 小葉状器官.

fo·li·ose [fóulɪòus | fə́ulɪəus] 〖▭ L *foliōs-us* ← *folium* leaf: ⇨ -ose¹〗 *adj.* **1** 〖植物〗葉の茂った, 葉の多い (leafy). **2** 葉状の.

fo·li·ot [fóulɪət | fə́ulɪ-] 〖▭ (O)F ~ ← OF *folier* 'to play the FOOL¹'〗 *n.* 〖時計〗棒てんぷ《てんぷの古い形で冠形脱進機 (verge escapement) に使われた》.

-fo·lious [fóulɪəs | fə́ulɪəs, -ljəs] 〖← L *foliōsus* (↑): ⇨ -ous〗 ── 〖植物〗「(...の)葉のある」の意の形容詞連結形: nudi*folious* なめらかな葉の / lati*folious* 幅の広い葉の.

fo·li·um [fóulɪəm | fə́ulɪəm, -ljəm] 〖▭ L ~ 'leaf': cf. foil²〗 ── *n.* (*pl.* **fo·li·a** [-lɪə | -lɪə, -ljə]) **1** 〖地質〗薄層 (lamella). **2** 〖数学〗葉線《方程式 $y^2 = -x^2 (x/3 - a)$ によって与えられる曲線》.

folk [fóuk | fə́uk] 〖OE *folc* < Gmc **folkam* (G *Volk* / ON *folk* people, army) ← ?: cf. L *plēbs* people (← IE **pel-* to fill)〗 ── *n.* **1** [~s] 世人, 人々 (people): *Folks* believe anything they are told. 世間の人は聞くことを何でも信じる / as ~*s* say 俗にいう. **2** [形容詞を伴って ~(s); 複数扱い] (年齢・境遇などが特定の)人々: old ~*s* 老人連 / wise ~*s* 分別のある人たち / fine ~*s* りっぱな人たち / rich [poor] ~(*s*) 金持[貧乏人] / country [town] ~ 田舎[町]の人たち / our ~*s* at home (自分の)故郷の人たち / ⇨ kinsfolk, menfolk, townsfolk, womenfolk. ★ 今は 1, 2 の意味では普通 people を用いる. **3** [the ~; 複数扱い] 常民《国民性を決定し, 文化・慣習・伝統・迷信などを伝承持

続する人々・集団》: *The* ～ are the believers of the superstition. 常民はその迷信を信じている. **4** [one's ～s]《口語》**a** 家族, 親族, 一族 (relatives): my ～s うちの者たち / *your* young ～s お宅の若い方々. **b** 両親 (parents): I begged my ～s to buy me an electric guitar. エレキギターを買ってくれと両親にねだった. **5**《古》**a** 国民 (nation), 民族, 種族 (race, tribe): preserve the legends of the ～ その民族の伝統を保存する. **b** (動物の)種類: The conies are but a feeble ～. 岩だぬきは強くない種類だ (*Prov.* 30:26). **6** ＝folk music.
just folks《米口語》〈人が〉気取らない, 素朴[朴訥]な.
— attrib. adj. **1** 民衆[庶民]の[に関する, を研究する]; 民間の: a ～ remedy 民間療法[治療]. **2 a** 民俗の. **b** 民謡[フォーク](調)の.

fólk àrt *n.* 民俗芸術.
fólk·cràft *n.* 民芸; 民芸品.
fólk cùstom *n.* 民習, 民俗.
fólk dànce 〘《なぞり》← G *Volkstanz*〙 *n.* フォークダンス, 民俗舞踊, 郷土舞踊; フォークダンス曲, 民俗[郷土]舞踊曲 (cf. court dance).
Folke·stone [fóukstən, -stoun | fə́ukstən] 〘OE *Folcanstan*《原義》'*Folca*(人名)'s stone': ⇨ folk, stone〙 **—** *n.* イングランド南東部 Kent 州の Dover 海峡に臨む海港, 海水浴場; 人口 44,000.
Fol·ke·ting [fóulkətiŋ | fə́ul- ; *Dan.* fɔ́lgətèŋ] 〘□ Dan. ～ ← *folk* 'FOLK' ＋ -*ting* parliament: ⇨ thing²〙 **—** *n.* (*also* **Fol·ke·thing** [～]) [the ～] **1** デンマークの国会(一院制). **2** (もとデンマーク議会の)下院 (cf. Landsting, Rigsdag).
fólk etymólogy *n.* 〘言語〙民間[通俗]語源(説)《学問的でない語源解釈, およびそれによって生じる語の転訛: asparagus を *sparrowgrass* と変形する類》.
fólk·ish [-kɪʃ] *adj.* 民俗調[風]の: a ～ song. **～·ness** *n.*
fólk·lànd 〘OE *folcland*〙 **—** *n.* 《英》(アングロサクソン時代に慣習法によって保有された)土地, 公有地《本来は共同体各家族への割当て地; 7-8 世紀頃から bookland に変えられていった》.
fólk làws *n. pl.* 民衆慣習法《特に, 古代西ゲルマン民族などの法律》.
fólk·lìke *adj.* ＝folkish.
fólk líterature *n.* 民俗文学.
folk·lore [fóuklɔ̀ə, -lɔ̀ə | fə́uklɔ̀ː(r] 〘《(1846)》《なぞり》← G *Volkskunde* (⇨ folk, lore¹): 19 世紀英国の好古家 W.J. Thomas が popular antiquities の代りに用いた〙 **—** *n.* **1** [集合的] 民間伝承, 民俗《古くから民間に伝わる習俗・諺・俗言・口碑・伝説・歌謡・舞踊・昔話など文化的残存物の総称語》. **2** 民俗学, フォークロア《自国の民間伝承について研究する学問》. **3** [集合的にも用いて] 広く俗間で持たれているもっともらしい考え.
fólk·lor·ic [fóuklɔ̀ːrɪk, -lɔ̀ːr- | fə́uklɔ̀ːr-] *adj.* 民間伝承の; 民俗学の.
fólk·lor·ish [-lɔ̀ːrɪʃ, -lɔ̀ːr- | -lɔ̀ːr-] *adj.* 民間伝承風の.
fólk·lòr·ism [-lɔ̀ːrɪzm, -lɔ̀ːr- | -lɔ̀ːr-] *n.* **1** 民間伝承研究, 民俗学. **2** 民間伝承主義《オーケストラの中にその国の民謡の旋律を取り入れるなど》.
fólk·lòr·ist [-rɪst, -rəst | -rɪst] *n.* 民俗学者.
folk·lor·is·tic [fòuklɔːrístɪk, -lɔːr- | fə̀uklɔːr-] *adj.* 民俗学の, 民俗学的な.
fólk máss *n.* フォークミサ《ミサの音楽をフォークミュージックでするミサ典礼》.
fólk mèdicine *n.* 民間医学《経験に基づいた薬草などを用いた非専門的な医学》.
fólk mémory *n.* 〘社会学〙民族・国民・地区民共通の過去の記憶.
folk·moot [fóukmùːt | fə́uk-] 〘OE *folcmōt* folk meeting: ⇨ folk, meet¹〙 **—** *n.* (*also* **folk·mote** [-mòut | -mə̀ut]) 《英》(アングロサクソン時代における州や都市の)民会.
fólk mùsic *n.* 〘音楽〙民俗音楽《民間に伝承されてきた音楽》; (現代的な)フォーク音楽.
folk·nik [fóuknɪk | fə́uk-] 〘← FOLK＋-NIK: BEATNIK からの類推〙 *n.* 《俗》フォークソング[シンガー]の熱愛者.
fólk psychólogy 〘《なぞり》← G *Völkerpsychologie*〙 *n.* 民族心理学 (ethnopsychology).
fólk·rìght 〘OE *folcriht*: ⇨ folk, right〙 *n.* 《英》(アングロサクソン時代の)民権《慣習法による人民の権利》.
fólk-ròck *n.* 〘音楽〙フォークロック《フォークソング的なメロディーと歌詞をもつロックンロール (rock'n'roll)》. **～·er** *n.*
fólk·sìnger *n.* フォークシンガー, フォークソング[民謡]歌手.
fólk·sìnging *n.* (グループで)フォークソング[民謡]を歌うこと, 民謡歌唱.
fólk socíety *n.* 〘社会学〙民俗社会《小さく孤立した同質的で集団結合の強い地域社会; cf. urban society》.
fólk sòng 〘《なぞり》← G *Volkslied*《なぞり》← *popular song*〙 *n.* 〘音楽〙 **1** 民謡《民間に伝承されてきた民俗的歌謡》. **2** フォークソング《民謡風の歌謡または流行歌》.
fólk stòry *n.* ＝folktale.
folk·sy [fóuksi | fə́uksi] 〘← *folks* ((pl.) ← FOLK)＋-Y⁴〙 **—** *adj.* (**folk·si·er**; **-si·est**) **1** 《口語》社交的な, 人好きのする (sociable). **2** ごくありふれた, (時に, 不自然にまた過度に)くだけた, 気どらない: a ～ little talk 打ち解けたおしゃべり. **3** 〈芸術・会話など〉民俗的な, 民芸的な: a ～ tale. **fólk·si·ness** *n.*
fólk·tàle *n.* 民間説話, 民話; 民譚(たん), 昔話《民間に伝わる口碑・伝説・昔話; folk story ともいう》.
fólk·wàys *n. pl.* 〘社会学〙習俗, 民習《民間に自然に発達した生活や思考の様式; cf. mores》.
fólk·wèave *n.* 粗くゆるく織られた布《ツイードふうの粗い織物》.
folk·y [fóuki | fə́uki] *adj.* **1** 世人の, 庶民の. **2** 民芸的な (folksy).
foll. 《略》following.
folles *n.* follis の複数形.
fol·li·cle [fɑ́lɪkl, -lə- | fɔ́lɪ-] 〘《(1646)》□ L *follicul-us* (dim.) ← *follis* bellows: ⇨ follis, -cule〙 **—** *n.* **1** 〘植物〙袋果《ヒエンソウ・シキミ・ボタンなどの果皮, 単一心皮から成り一方だけ裂開するさや》. **2** 〘動物・解剖〙濾胞(ろほう); 卵胞, 小嚢(のう), 小胞: a hair ～ 毛包, 毛嚢. **3** 〘解剖〙＝Graafian follicle.
fóllicle mìte *n.* 〘昆虫〙ニキビダニ科ニキビダニ属 (*Demodex*) の, 人間や犬などの毛嚢に寄生するダニの総称《人に寄生するニキビダニ (*D. folliculorum*) など》.
fóllicle-stìmulating hórmone *n.* 〘生化学〙卵胞刺激ホルモン《動物の脳下垂体前葉から分泌される性腺刺激ホルモン; 略 FSH》.
fol·lic·u·lar [fəlíkjulə, fɑ- | fəlíkjulə(r, fɔ-] 〘⇨ follicle, -ar¹〙 **—** *adj.* **1** 〘解剖〙小嚢(のう)(状)の, 濾胞(ろほう)(性)の. **2** 〘病理〙濾胞を冒す[に起こる]. **3** 〘植物〙〈果実が〉袋果状の.
fol·lic·u·late [fəlíkjulət, fɑ-, -lɪt, -lèɪt | fə-, fɔ-] *adj.* **1** 〘解剖〙小嚢(のう)[濾胞(ろほう)]を備えた. **2** 〘植物〙袋果のある.
fol·lic·u·lat·ed [fəlíkjulèɪtɪd, fɑ-, -təd | fəlíkjulèɪt-, fɔ-] *adj.* ＝folliculate.
fol·lic·u·lin [fəlíkjulɪn, fɑ-, -lən | fəlíkjulɪn, fɔ-] 〘⇨ follicle, -in¹〙 *n.* 〘生化学〙エストロゲン (estrogen); (特に)エストロン (estrone).
fol·lic·u·li·tis [fəlìkjuláɪtɪs, -təs | -tɪs] 〘← NL ～ ← L *folliculus* 'FOLLICLE'＋-ITIS〙 *n.* 〘病理〙毛包炎, 毛嚢炎.
fol·lis [fɑ́lɪs, fɔ́(ː)l-, -ləs | fɔ́lɪs] 〘□ L ～ 'bag, bellows' ← IE *bhel- to blow, swell: ⇨ bull¹〙 **—** *n.* (*pl.* **fol·les** [fɑ́liːz, fɔ́(ː)leɪs | fɔ́liːz]) フォリス: **a** 古代ローマの計算貨幣 (money of account) の単位. **b** ローマ皇帝 Diocletianus (284-305) により初めて発行された古代ローマの銀めっきした銅貨. **c** 東ローマ帝国の皇帝 Anastasius 一世 (491-518) の治政下の大型の青銅貨.
fol·low [fɑ́lou, -lə | fɔ́ləu] 〘ME *folwe(n)* < OE *folgian, fylgan* ← Gmc *fulʒ- (Du. *volgen* / G *folgen*) ← ?〙 **—** *vt.* **1 a** …のあとについて行く[来る], …に従う; 〈人など〉といっしょに行く, 連れ立って行く, …に付き添う, 伴う: Go where you like, and I'll ～ you. どこへ行こうとあとについて行く / Please ～ me. 私について来てください. **b** 〈葬儀・会葬者の列〉に従う (attend), 〈遺体〉の後について(墓地まで)行く.
2 追って行く, 追跡する (pursue): ～ a retreating enemy 逃げる敵を追う / ～ the hounds 猟犬を先立てて狩をする.
3 a 〈道など〉について行く, 通って進む, たどる (walk along): He ～*ed* a path through the woods to the lakeside. 森の中の小道をたどって湖のほとりまで歩いて行った. **b** 〈方針・計画など〉に従う (adopt): ～ a course of action ある行動をとる. **c** 〈生業の道を〉たどる (pursue), 〈職業〉に従事する, 従う: ～ the trade of a barber 理髪業を営む / ～ the law 法律に携わる, 弁護士を業とする / ～ the plough 農業に従事する / ～ the sea 船乗りを業とする / ～ the stage 舞台に立つ, 俳優を業とする / In this district wheat-growing is widely ～*ed*. この地方では小麦の栽培が広く行なわれている.
4 a (時間・順序の点で)…の次にくる, …に続く (⇨ following); …の結果として起こる: Night ～*s* day. 夜は昼に続く / A sermon ～*ed* the service. 礼拝式の後に説教があった / One misfortune ～*s* another. 不幸は重なる / Punishment must ～ conviction. 刑罰は判決の後に行なわれるべきだ《判決の前に刑罰を行なってはいけない》/ Trade ～*s* the flag. 貿易は国旗に従う《国の勢力が伸びるに従って貿易が発展する》/ Bankruptcy often ～*s* war. 戦争のあとにはしばしば倒産が起こる. **b** …のあとを継ぐ (succeed); (位が)…の次に位する: ～ one's father in his estates 父のあとを受けて財産を相続する / Earls ～ marquises. 伯爵(はくしゃく)は侯爵の次位である / Mr. Smith ～*ed* Mr. Jones as chairman. スミス氏はジョーンズ氏のあとを継いで会長になった. **c** …のあとを〔…で〕続かせる〔*with*〕: They usually ～ dinner *with* a brandy. 彼らはたいてい夕食のあとにブランデーを飲む.
5 a 〈指導者〉に従う, …のあとに続く, …に率いられる, 随従する (adhere to): ～ a lead (トランプで)最初に出す人について札を出す; 指導に従って行動する / ⇨ *follow* SUIT / ～ a blind guide 盲目の案内者に従う《二人とも溝に落ちる》/ *Follow* me, and you will be all right. 私の言う通りにすれば間違いはない. **b** 〈先例・規則など〉に習う, 追従する, まねる: ～ a person's example 人の例に習う / This translation ～*s* the original faithfully. この翻訳は原文に忠実に従っている / They ～ the fashions slavishly. 彼らは流行に憂き身をやつしている. **c** 〈忠告など〉に従う, 守る; 〈人(の説・教え・主義)を〉奉じる: ～ a person's advice [directions] 人の忠告[指示]に従う / ～ Plato [Confucius] プラトン[孔子]の説を奉じる.
6 a 目で追う; 〈遠ざかるもの・進行中のものを〉じっと見ている: ～ a procession 行列を見送る / He ～*ed* the cricket match with field glasses. 双眼鏡でクリケットの試合の進行をながめた / We ～*ed* the ball over the outfield fence. 我々はボールが外野のフェンスを越えて飛んで行くのをじっと見やった. **b** …の動静[過程]を注目する, (興味をもって)たどる: I have ～*ed* French politics carefully. このところずっとフランス政界の動きを注視してきた. **c** …の理路を心でたどる, 〈話など〉の筋を追う; 〈人・人の言葉・議論・説明など〉についていく, …の意味を理解する (understand): ～ a train of thought 一連の思索の道をたどる《次々と思索を続ける》/ ～ a speaker's words 語り手の言葉を理解する / I do not quite ～ you. どうもおっしゃることがよくわかりません / I am unable to ～ you *in* all your views. ご意見には腑(ふ)に落ちないところがある / Few of us could ～ him *in* his demonstration. 我々の中で彼の論証を理解できるものは少なかった / The argument is too difficult for them to ～. 議論が余りむずかしいので彼らにはついていけない.
7 《文語》求める, 追求する (strive after): ～ fame [knowledge] 名声[知識]を追求する.
— *vi.* **1** あとから(追って)行く; あとについて行く[来る], あとに従う, 随伴する: Go ahead, and I'll ～ with my wife. 先に行っていてください, あとから妻と一緒に参ります / He ～*ed* in his master's steps. 師の道を進んだ. **2** 引き続いて起こる, 次に[あとに]続く: No one knows what may ～. この次に何事が起こるかだれにもわからない / After the poor diet ill health ～*ed*. 粗末な食事をしたあとに不健康が続いた. **3** [通例 *It* ～*s that*…として] 当然の帰結として…になる: If that is true, *it* ～*s that* he was not there. もしそれが本当なら当然彼がそこにいなかったことになる / *It* ～*s from* this *that* she must be innocent. この事から推せば彼女には罪がないに違いない.
as follows 次の通りで: His words were *as* ～*s*. 彼の言葉は次の通りであった. ★ この句の follows は非人称動詞で, 本来, 3 人称単数現在形であるが, 時には主節の主語が複数形である場合, それに引かれて as follow の形で用いられることもある. ***follow after*** 《文語》(1) …のあとについて行く; 〈事が〉…のあとに起こる: *Follow after* me. (2) …を追いかける, 追跡する (pursue). (3) …を追い求める, 追求する (*Ps.* 119:150). ***follow on*** (*vi.*) (1) 《口語》すぐ後から続く; 前の人が止めた所から続ける. (2) 〘クリケット〙続行第 2 回戦の打番になる (cf. follow-on). (3) 〘玉突〙押玉を突く. (*vt.*) …のあとを継ぐ (succeed). ***follow out*** 〈計画・指図などを〉最後まで[徹底的に]やり通す (carry out): ～ *out* one's plan. ***follow the string*** ⇨ string *n.* 5. ***follow through*** (cf. followthrough) (1) 〘野球・ゴルフ・テニス〙打球後バット[クラブ, ラケット]を十分に振りきる. (2) 努力してやり通す, 完全に[最後まで]遂行する: ～ a plan *through*＝～ *through* a plan / He never ～*s through with* anything. 彼は何事もとことんまでやり通すことは決してない / I tried to ～ *through on* my plans. 計画を徹底的に実行しようとした. ***follow up*** (*vt.*) (1) (すぐあとから)追跡する, (どこまでも)追い詰める: ～ *up* a wounded deer 手負いの鹿を追い詰める. (2) (余勢を駆って)さらに徹底させる[強化する]: ～ *up* a blow また一撃打ち込む, 連打を浴びせる / You must ～ *up* your convictions *with* action. 自信を持ったらあとは実行に移らなければならない. (3) 〘新聞・放送〙〈報道済みのニュースなどを〉いっそう詳細に調査する, 徹底させる; …の追掛け記事を載せる, の後報[続編]を流す: They are still ～*ing up* the news item. 彼らはなおそのニュースを追求している. (4) 〘アメリカンフットボール・ラグビー〙〈ボールまたは味方のボール保持者〉のあとを追って攻撃に参加する, フォローアップする. (5) 〘医学〙〈診断・治療後に〉〈患者〉の健康管理を続ける, 継続管理する, フォローアップする: These patients must be ～*ed up* after their discharge. これらの患者たちは退院後も引続き管理を要する. (*vi.*) 適切な事後処置をする: We ～ *up on* customer complaints. 当店では適宜お客様の苦情に対処させていただいております.
— *n.* **1** 追い, 追随, 追走, 追求. **2** ＝follow-up *n.* 2. **3** 《口語》(レストランでの料理の)お代わり. **4** 〘玉突〙 **a** 押し玉《突く技術》; (中心上の接点を突いたときの)球の前の方への回転. **b** ＝follow shot 1.
fol·low·a·ble [fɑ́louəbl | fɔ́ləu-] 〘《(15C)》: ⇨ ↑, -able〙 *adj.* ついて行く[伴う]ことのできる.
fóllow blòck *n.* (カードファイルでカードが倒れないようにする)カード押え.
fóllow bòard *n.* 〘金属加工〙＝oddside.
fól·low·er [-louə, -ləwə | -ləuə(r] 〘OE *folgere*〙 **—** *n.* **1** 従者, 侍者, 随員, 随行者 (attendant). **2** 臣下, 家来 (retainer); 党員, 部下, 手下, 子分 (adherent): Robin Hood and his ～*s* ロビンフッドとその手下ども. **3** (教え・理論などの)信奉者; 学徒, 信徒, 信者, 門弟, 門人, 門下, 弟子 (disciple): a ～ of Freud フロイト信奉者. **4** まねる人, 模倣者 (imitator): a ～ of fashion. **5** 追う人, 追っ手, 追跡者 (pursuer). **6** 《古》女中をくどく男; (女中の)情人, 恋人. **7** (捺印証書・契約書などの第 1 葉の)追加紙葉. **8** ＝follow block. **9** 〘機械〙従動部, 従(動)節, 従輪, 供車 (cf. driver 5 b; ⇨ cam 挿絵).
fóllower·shìp *n.* **1** ＝following 1. **2** 指導者に従う能力[進んで従うこと].
fól·low·ing [-louɪŋ, -ləwɪŋ | -ləuɪŋ] 〘ME〙 **—** *adj.*

1 次に続く, 次の, 以下の (ensuing) (↔ preceding): in the ～ year＝in the year ～ その翌年に / on the ～ day その翌日に / to the ～ effect 次の趣を, 次のように / in the ～ way 以下のように. **2** 〘海事〙〈風が〉船の行手の方に吹く, 順風の, 追風の ; 〈潮が〉船の行手の方に流れる, 順流の, つれ潮の : a ～ breeze 順風 / ⇨ following sea. ── *prep.* …に次いで, …のあとで (after): *Following* the meeting, tea will be served. 会のあとでお茶が出ます. ── *n.* **1** [集合的] 従者, 随員, 家来 ; 支持者, ひいき筋 : a political leader with a large ～ 大勢子分をもった政治指導者 / all the ladies of her ～ お供の婦人すべて / He has a strong ～ in Parliament. 彼には議会に強力な支持者がいる. **2** [the ～] 次[以下]に述べる[掲げる]もの, 下記のもの : *The* ～ are invited. 次の人々が招待されている / *The* ～ is noteworthy. 下記の事項は注目に値する.

fóllowing édge *n.* 〘海事〙 プロペラ翼の後端《プロペラが回転する時の各翼の後端部 ; cf. leading edge 3》.

fóllowing séa *n.* 〘海事〙 追い波《船尾方向から来る波 ; cf. head sea, quartering sea》.

fóllowing stróke *n.* 〘玉突〙 押突き (follow).

fóllowing-úp *adj.* ＝follow-up.

fóllow-my-léader [-mɪ-, -mə-] *n.* ＝follow-the-leader.

fóllow-ón *n.* 〘クリケット〙 続行第 2 回戦《1 回戦で一方が相手よりも規定以下の得点しか得られない場合, 引き続き行なわれる第 2 回戦の競技 ; cf. FOLLOW *on* (2)》.

fóllow shòt *n.* **1** 〘玉突〙 フォローショット, 押し突き《押し玉の方法による突き ; cf. draw shot》. **2** 〘映画・テレビ〙 フォローショット《演技者などを追ってカメラを動かしながら撮影すること ; そのようにして撮影された場面》.

fóllow-the-léader *n.* 大将ごっこ《大将になった者のする通りをまねて, 間違えたら罰を受ける遊戯》.

follow-through [⌐–⌐, ⌐–⌐] *n.* **1** 〘野球・ゴルフ・テニス〙 フォロースルー《打球後ストロークを十分に伸ばし切ること[動作], 打球後のストローク ; cf. FOLLOW *through* (1)》. **2** (案・計画などの)遂行, 達成 (execution) (cf. FOLLOW *through* (2)).

fóllow-ùp 〘← *follow up* (⇨ follow (v.) 成句)〙 ── *adj.* **1** 引き続いての, 追掛け(の) : a ～ visit 追い掛けての訪問 / a ～ letter (見込みのある買手へ出す) 追掛け勧誘状 / a ～ system 追掛け式[追求式]広告販売法《通信販売などで重ねて何度も勧誘状を出して売り込む方法》. **2** (最初の学習・治療などの効果を確かめ強化するための)追跡の, 追掛けの : a ～ survey 追跡調査 / ～ instruction 追掛け教育. ── *n.* **1** 続行, 追掛け ; 追掛け勧誘状. **2** 〘新聞・放送〙 (前に出した記事・物語に新しい情報を提供する)後報, 追掛け記事, 後日物語. **3** 〘医学・統計〙 **a** 追跡調査, 継続(健康)管理, フォローアップ《ある処置・調査後の状態や効果を後日再調査すること》. **b** 要継続管理(患)者.

fol·ly [fɑ́li | fɔ́lɪ] 〘(*?a*1200) *folie* ⇦ (O)F ← *fol* 'foolish, FOOL[1]': ⇨ -y[1]〙 ── *n.* **1** 愚, ばかさ, 愚劣 (stupidity) : an act of ～ 愚行 / the height of ～ 愚の骨頂 / It is ～ to do …するのは愚かなことだ. **2** 愚行, 愚かな行為[考え, 論], 愚挙 : commit a ～ ばかなことをする / youthful *follies* 若気の愚行(道楽) / Lovers cannot see the pretty *follies* that themselves commit. 恋人たちは自分たちの犯す他愛もないばかさ加減が見えないのだ (Shak., *Merch V* 2. 6. 37). **3** 金のかかる事業 ; ばかげた大建築. ★ 多くは資金が続かずに中絶したもので, 通例計画者の名を冠して用いる : Allen's *Folly* アレンの「阿房(ｱﾎｳ)宮」. **4** [*pl.*] **a** [単数扱い] フォリーズ《グラマー女性の魅力が売物のレビュー》. **b** (フォリーズに出演する)レビューガール[ダンサー]たち. **5** 《廃》 不徳, 罪悪 (evil) ; (特に)みだら, 猥褻 (lewdness). **6** 〘建築〙 (無用の)あずまや《庭園内に点景として建てられる作りものの廃墟など》.

Fol·som [fóʊlsəm | fə́ʊl-] 〘← *Folsom* (1925 年に初めて遺跡の発掘された米国 New Mexico 州の地名)〙 *adj.* フォルサム文化の[に関する].

Fólsom màn *n.* フォルサム人《氷河期に北米大陸の Rocky 山脈東方に居住していた旧石器時代人》.

Fo·mal·haut [fóʊməlhɔ̀ːt, -məlòʊ | fə́ʊməlhɔ̀ːt, fɔ́məlhɔ̀ːt] 〘(1594) ⇦ Arab. *fam al-ḥūt* 《原義》 mouth of the fish〙 ── *n.* 〘天文〙 フォーマルハウト《南の魚座 (Piscis Austrinus) の α 星で 1 等星》.

fo·ment [foʊ)mént, fóʊment | fə(ʊ)mént] 〘(*c*1425) ⇦ (O)F *foment-er* ⇦ LL *fōmentāre* ← L *fōmentum* poultice, warm application〙 ── *vt.* **1** 〈患部を〉蒸す, 温湿布[温罨(ｱﾝ)法]する ; 温罨法[温湿布]で治療する : ～ the bruise on the brow 額の傷に温湿布をする. **2** 〈不和・反乱などを〉促進[助長]する, 醸成する, 誘発する : ～ disorder [a rebellion, a riot, hatred] 騒動[反乱, 暴動, 憎悪]を誘発[挑発]する. **～·er** [-tə | -tə(r] *n.*

fo·men·ta·tion [fòʊməntéɪʃən, -men- | fə̀ʊmen-, -mən-] 〘(*a*1400) ⇦ (O)F ～ // LL *fōmentātiō(n-)*: ⇨ ↑, -ation〙 ── *n.* **1** 温湿布, 温罨(ｱﾝ)法 ; 温湿布[温罨法]剤. **2** (不和・反乱などの)醸成, 刺激, 助長, 誘発, 挑発 (instigation, incitement).

fond[1] [fɑ́(ː)nd | fɔ́nd] 〘(*?c*1375) *fonned* infatuated ← *fonne* fool (← ?)＋-ED : cf. fondle, fun (to be fond of＝to like の用法は Shak., *Mids ND* に初出)〙 ── *adj.* (～·er ; ～·est) **1** [Predicative に用いて] 〔…を〕好んで, 〔…が〕好きで 〔*of*〕: be ～ *of* children [music, drink] 子供[音楽, 飲酒]が好きである / get [grow] ～ *of* …が好きになる. **2** 優しい, 情深い (tender) : a ～ mother 優しい母 / give her hand a ～ pat 彼女の手をやさしくたたいてやる / Absence makes the heart grow ～*er.* 《諺》 不在は情を優しくする,「あわねばいやます恋心」. **3** 愛におぼれた, 情に甘い (doting) : a ～ kiss 甘い口づけ / a ～ husband 妻に甘い夫. **4** 他愛もない, 盲信的な, 軽信的な, 楽観的な, 虫のいい : nourish ～ hopes 他愛もない望みをいだく. **5** 《古・方言》 愚かな (foolish, silly), ぼけた (inept) : a ～ parent 愚かな親 / a ～ scheme ばかげた計画. ── *vt.* 《廃》 **1** 〈人を〉ばかにする (befool). **2** 〈人を〉かわいがる (fondle). ── *vi.* 《廃》 **1** ばかなことをする ; ばかげている. **2** 愛する ; 溺愛する (dote).

fond[2] [fɔ́ː(ŋ), fɔ́(ː)ŋ ; *F.* fɔ̃] 〘⇦ F ～, *fonds* < OF *fonz, fons*: ⇨ fund〙 ── *n.* (*pl.* ～**s** [～(z) ; *F.* ～]) **1 a** 基礎. **b** (レース (lace) の)下地 (groundwork). **2** 《廃》 資金 (fund) ; たくわえ, 蓄積 (stock).

fon·dant [fɑ́ndənt | fɔ́n-] 〘(1877) ⇦ F ～ 'sweetmeat ; juicy, melting' (pres.p.) ← *fondre* to melt〙 ── *n.* フォンダン : **a** シロップ状に煮つめた砂糖を練った白いクリーム状のもの ; 菓子の糖衣として用いる. **b** それをベースとして作ったキャンデー.

Fond du Lac [fɑ́ndəlæ̀k, -dl̩-, -dʒulæ̀k | fɔ́ndjulæ̀k, -də-] 〘⇦ F ～ 《原義》 'end of the lake'〙 *n.* 米国 Wisconsin 州東部 Winnebago 湖畔の都市 ; 人口 36,000.

fon·dle [fɑ́ndl̩ | fɔ́n-] 〘(1694) ← FOND[1] to dote ＋ -LE[3] // 《逆成》 ← FONDLING〙 ── *vt.* **1** かわいがる, なでまわす, 愛撫する (caress) : ～ a baby, cat, doll, etc. **2** 《廃》 甘やかす. ── *vi.* **1** かわいがる. **2** 〈愛人(同士)が〉戯れる, いちゃつく 〔*with*〕 / 〈*together*〉.

fón·dler [-dlə, -dlə | -dlə(r] *n.* (抱きしめて)かわいがる人.

fond·ling [fɑ́ndlɪŋ | fɔ́nd-] 〘ME : ⇨ fond[1], -ling[1]〙 *n.* 「愛児, 愛玩動物.

fónd·ly 〘ME *fonnedli*: ⇨ fond[1], -ly[1]〙 ── *adv.* **1** かわいくてたまらないように, かわいがって, 優しく : look ～ at one's children わが子を優しくながめる. **2** 軽信的に, 甘く, 他愛なく : as I ～ imagined あさはかにも想像していたように. **3** 《古》 愚かにも.

fónd·ness 〘ME〙 ── *n.* **1** 愛好, 好み, 趣味 (liking, love) : have a ～ for music 音楽が好きだ[に趣味がある]. **2** いつくしみ, 慈愛. **3** ばかかわいがり, ねこかわいがり, 溺愛. **4** 《古》 軽信, おめでたさ ; 愚かさ.

fon·du[1] [fɑnd(j)úː, ⌐–⌐ | fɔ́ndjuː, ⌐–⌐ ; *F.* fɔ̃dy] 〘⇦ F ～ (p.p.) ← *fondre* (↓)〙 ── *n.* 〘バレエ〙 フォンデュ《軸足の膝(ﾋｻﾞ)を徐々に曲げて (demi-plié) 身体を低くすること》.

fon·due [fɑnd(j)úː, ⌐–⌐ | fɔndjúː, ⌐–⌐ ; *F.* fɔ̃dy] 〘⇦ F ～ (fem. p.p.) ← *fondre* to melt〙 ── *n.* (*pl.* ～**s** [～z ; *F.* ～]) (*also* **fon·du**[2] [～]) **1** フォンデュ《チーズを辛口白ぶどう酒で溶かし調味料を入れた鍋を火にかけながら, フォンデュフォークにパンをつけて, それにからめて食べるスイス料理》. **2** チーズと卵で作ったスフレ (soufflé). **3** (食卓で用いる)フォンデュ(料理)用の鍋.

fondúe Bour·gui·gnónne [-bùəgiːnjɔ́(ː)n | -bùəgiːnjɔ́n ; *F.* -burgiɲɔn] *n.* フォンデュブルギニョン《角切りの牛肉をフォンデュフォークに突きさし, 卓上で熱した油の中に入れて火を通しながら食べる》.

fondúe fòrk *n.* フォンデュフォーク《柄が長く先が二またのフォンデュ用フォーク》.

fons et o·ri·go [fɑ́ns-et-əríːgoʊ, fɑ́nz-, -əráɪ- | fɔ́nz-et-əráɪgəʊ, fɔ́ns-, -ɔ́rí-] 〘⇦ L *fōns et orīgō* fountain and origin〙 ── *L. n.* 源泉, 本源 : the ～ of the problems 問題の根源[原点].

font[1] [fɑ́nt | fɔ́nt] 〘OE ～ ⇦ L *font-, fōns* 'FOUNTAIN'〙 ── *n.* **1** (教会の)洗礼盤 (⇨ baptism 挿絵). **2** (カトリック教会などの入口にある)聖水盤 (stoup). **3** (ランプの)油つぼ. **4** 《古》 泉, 源泉 (fountain).

font[2] [fɑ́nt | fɔ́nt] 〘⇦ F *fonte* ← *fondre* to melt, cast : cf. found[3]〙 ── *n.* 《米》 〘印刷〙 フォント (《英》 fount) 《同一サイズ同一書体の欧文活字一揃い ; 罫線とかフォルマート (furniture) 類の一揃い》 : ⇨ wrong font.

Fon·taine [fɑntéɪn, -tén | fɔn-] 〘cf. fountain〙 *n.* **1** 男性名. **2** 女性名.

Fon·taine [fɑntéɪn, -tén | fɔn- ; *F.* fɔ̃tɛn], **Henri La** [lɑː ; *F.* la] *n.* ⇨ Lafontaine.

Fon·taine·bleau [fɑ́ntənblòʊ, -tn- | fɔ́ntɪnblə̀ʊ ; *F.* fɔ̃tɛnblo] *n.* フォンテンブロー《フランス北部の都市 ; Paris の南東 65 km にあって有名な宮殿 (Palace of Fontainebleau) と森 (Forest of Fontainebleau) があり, 歴代フランス王の居住地であった ; 人口 18,000》.

Fóntainebleau schòol *n.* [the ～] 〘絵画〙 フォンテンブロー派《16 世紀に Fontainebleau の宮殿の装飾に従事した主にイタリアおよびフランダースの画家の一派》.

font·al [fɑ́ntl̩ | fɔ́ntl̩] 〘⇦ LL *fontāl-is* ← L *fōns* 'FOUNTAIN'〙 ── *adj.* **1** 泉の, 泉から発する. **2** 源泉の, 本源である (original). **3** 洗礼盤の ; 洗礼上の.

Fon·ta·ne [fɔ(ː)ntáːnə, fɑn- | fɔn- ; *G.* fɔntáːnə], **Theodor** *n.* フォンターネ《1819–98 ; ドイツの小説家 ; *Effi Briest*「エフィブリースト」(1895)》.

fon·ta·nel [fɑ̀ntənél, -tn̩-, ⌐–⌐ | fɔ̀ntənél, -tn̩-] 〘(*?a*1425) ⇦ (O)F *fontanelle* (dim.) ← *fontaine* 'FOUNTAIN'〙 ── *n.* (*also* **fon·ta·nelle** [～]) **1** 〘解剖〙 (胎児・乳児の頭の)ひよめき, おどり, 泉門. **2** 《廃》 〘病理〙 排膿(ﾉｳ)孔.

Fon·te·nelle [fɔ̃ː(n)tənél, fɔ̃(ː)n- | -tə- ; *F.* fɔ̃tnɛl], **Bernard le Bovier, sieur de** *n.* フォントネル《1657–1757 ; フランスの文人 ; *Entretiens sur la pluralité des mondes*「宇宙の多様性についての対話」(1686)》.

Fon·teyn [fɑntéɪn, ⌐–⌐ | fɔntéɪn], Dame **Mar·got** [mɑ́ːgoʊ | mɑ́ːgəʊ] *n.* (1919–) 英国のバレリーナ ; 本名 Margaret Hookham.

fon·ti·na, F- [fɑntíːnə | fɔn-] 〘⇦ It. ～〙 *n.* フォンティナ(チーズ)《イタリア産のチーズ》.

Fon·ti·na·la·ce·ae [fɑ̀ntənəléɪsiiː, -tn̩- | -tɪn-] 〘← NL ～ ← *Fontinālis* (属名 : ← L *fōns* 'FOUNTAIN')＋-ACEAE〙 *n. pl.* 〘植物〙 (蘚類イヌマゴケ目)カワゴケ科.

fónt nàme *n.* 洗礼名 (first name).

Foo·chow [fùːtʃáʊ ; *Chin.* fútʂōu] *n.* **1** 福州《中国南東部の海港, 福建省 (Fukien) の首都 ; Fuchau ともいう》. **2** 福州語[方言].

food [fúːd] 〘late OE *fōda* ← Gmc **fōðon-* ← IE **pā-* to feed, protect (L *pānis* bread & *pāscere* to pasture) : cf. feed, fodder, foster〙 ── *n.* **1** 食物, 食糧 ; (植物・皮膚などが摂取する)滋養分, 栄養物 (aliment) : animal [vegetable] ～ 動物[植物]性食物 / dog ～ 犬用食料, ドッグフード / be [become] ～ *for* fishes 魚腹に葬られる, 溺死する (cf. *feed the* FISHES) / be ～ *for* (the) worms うじ虫のえじきとなる, 死ぬ / become ～ *for* the flames 燃えてしまう / ～ *for* powder 弾丸のえじき ; 兵士たち (Shak., *1 Hen IV* 4. 2. 72). **2 a** (飲み物に対して)食べ物 : ～ and drink 飲食物. **b** (特殊な)固形食品 ; (市販の)栄養食品 : a breakfast ～ 朝食用の食物《特に, (加工)穀類 ; cornflake, oatmeal など》 / an infant's ～ 乳児栄養食. **3** 精神のかて, (思考・反省の)資料 : ～ *for* thought [meditation] 考えるべきこと, 思考[思索]の材料 / mental [intellectual] ～ 心のかて《書籍など ; cf. pabulum》 / spiritual ～ 霊のかて. **4** [*pl.*] 〘証券〙 食品会社の株式[社債].

fóod chàin *n.* 〘生態〙 食物連鎖《A は B に食われ, B は C に食われ, C は D に食われるというように, 食う生物と食われる生物が順に連鎖をなす関係で, B は A (primary producer (一次生産者)) に対して primary consumer (一次消費者) と呼ばれ, C に対しては secondary producer (二次生産者) と呼ばれる. 同様に C は B に対して secondary consumer (二次消費者), D に対して tertiary producer (三次生産者) の関係にある ; cf. food cycle》.

fóod còlor *n.* 食品用染料.

fóod contròller *n.* 食糧管理官.

fóod còupon *n.* ＝food stamp.

fóod cỳcle *n.* 〘生態〙 食物環《一群の食物連鎖 ; cf. food chain》.

fóod fish *n.* 食用魚 (cf. game fish 1).

fóod-gàtherer *n.* 〘人類学〙 (農耕文化以前の)採集生活を営む人《野生の植物食料を集め, また狩猟・漁撈を行なう段階についていう》.

fóod-gàthering *adj.* 採集生活による.

fóod·less 〘ME〙 *adj.* 食物のない : go ～ 食わずにいる. **～·ness** *n.*

fóod lìft *n.* 《英》 ＝dumbwaiter 1.

fóod pòisoning *n.* 食中毒, 食あたり.

fóod pỳramid *n.* 〘生態〙 ピラミッド状食餌連鎖《食肉獣 → 草食獣 → 草というような連鎖》.

fóod scìence *n.* 食品学.

fóod stàmp *n.* 《米》 食料切符《特定食料品店で普通価格以下で食料品が購入できる ; 貧困者救済のため米国政府(農務省)が発行する》.

fóod·stùff *n.* **1** 食糧, 食料品. **2** 栄養素《蛋白質・炭水化物・ビタミンなど》.

fóod vácuole *n.* 〘動物〙 食胞《原生動物が食物をとった時に細胞内に生じる液胞》.

fóod vàlue *n.* (食品の)栄養価 ; 食物としての価値.

fóod wèb *n.* 〘生態〙 食物網《ある生物群集の食物連鎖 (food chain) と食物環 (food cycle) を総合したもの》.

foo·fa·raw [fúːfərɔ̀ː] 〘? ⇦ F *fou faraud* affected fool〙 ── *n.* (*also* **foo-foo-rah** [-rɑ̀ː, -rɔ̀ː | -rɑ̀ː]) 《米俗》 **1** 派手で安っぽい服[飾り]. **2** くだらないことで騒ぎ立てること, くだらない騒ぎ (fuss).

fool[1] [fúːl] 〘(*?a*1200) *fol* ⇦ OF (F *fou*) fool, madman < L *follem, follis* bellows, bag, empty-headed person : ⇨ follis〙 ── *n.* **1 a** 愚者, ばか者 : a natural [born] ～ 生れつきのばか, 白痴 / a great [big] ～ 大ばか / A man is a ～ or a physician at thirty. 《諺》 三十にもなって自分の体の具合がわからないのはばか者 / There's no ～ like an old ～. 《諺》 老人のばかほどばかなものはない《老いらくの恋などについていう》 / I was a ～ to have refused that offer. あの申し出をことわったのはわれながらばかな事をしたものだ / He is no ～. ばかじゃない, しっかり者だ / A ～'s bolt is soon shot. 《諺》 愚か者の矢はすぐ放たれる《取っておきの矢がない, 議論の種の蓄えがすぐ尽きる》. **b** 《廃》 白痴. **2** (他人に)ばかにされる人, 笑い者, かつがれる人 (dupe) (cf. April fool 1) : be the ～ *of* fate [circumstances] 運命[環境]に翻弄される / ⇨ *make a* FOOL *of*. **3** (昔, 王侯貴族にかかえられた)道化師 (jester, clown) : a court ～ 宮廷おかかえの道化者 / a ～'s coat 道化役の(雑色の)上着 / ⇨ fool's cap, *play the* FOOL. **4** 《俗》 **a** 〔…にかけては〕目のない人, 〔…が〕好きでたまらない人 〔*for*〕: He is a ～ *for* wom-

fool[1] 3
1 motley ; 2 fool's cap ; 3 bauble

en. 彼は女には目がない. **b** [通例現在分詞に伴われて] 熱狂家; 天才的な人, 達人: They are a bunch of danc*ing* ~*s.* 彼らは踊りに情熱を燃やしている連中だ / She is a letter-writ*ing* ~. 彼女は手紙を書くのが実にうまい. **5** [be の補語に用いて]《古》〔…とは〕比べものにならないもの, 〔…の〕足元にも寄りつけないもの〔*to, beside*〕: My house is a ~ *to* [*beside*] yours. 私の家などお宅に比べれば問題にもならない.
act the fool =*play the* FOOL. ***be a fool for one's pains*** 骨折り損のくたびれもうけをする. ***make a fool of***...をばかにする, かつぐ: *make a* ~ *of* oneself ばかなまねをして物笑いになる, ばかをみる / I won't be *made a* ~ *of.* 人にかつがれるようなまねはしない. ***nobody's fool*** (人にだまされたりしない)しっかり者, 抜け目のない人. ***play the fool*** 道化役をする; ばかなまねをする, ふざける: *play the* ~ *with* a person 人にばかをみさせる, 人をだます.
— *adj.*《口語》ばかな (foolish): He was ~ enough to believe it. 彼は愚かにもそれを信じてしまった / that ~ girl あのばかな女の子 / a ~ notion ばかな考え. ★ Attributive に用いるのは主に《米口語》.
— *vt.* **1 a** 〈人を〉ばかにする (befool). **b** だまして〔…を〕奪う (cheat)〔*out of*〕, かついで〔ある状態へ〕導く (lure)〔*into*〕: ~ a person *out of* his money 人をだまして金を巻き上げる / ~ a person *into* believing... 人をかついで…と信じさせる. **c** [~ *oneself* で] 自分を欺く, 思い違いをする: She ~*ed herself* that her husband would come back to her. 彼女は夫が自分のもとに帰って来るだろうという甘い考えを抱いていた. **2** (予想外の, 通例よいことで)びっくりさせる: I don't think he will succeed, but he may ~ me. 彼はうまくいきそうもないと思うが案外うまくいかぬとも限らない. **3** [~ *away* として]《口語》〈時間・金を〉いたずらに費す, 消費する (fritter): I ~*ed* the whole morning *away.* 午前中を無為に過ごしてしまった. **4**《廃》〈人〉に思慮を失わせる, 〈人を〉夢中にさせる (infatuate). — *vi.* **1** ばかなまねをする, おどける: Stop ~*ing!* ばかなまねはよせ. **2** 冗談を言う (joke), ふざける: He is only ~*ing.* 彼はただ冗談を言って[ふざけて]いるだけだ. **3**《口語》**a** 〔…を〕いじくる, もてあそぶ (meddle)〔*with*〕: Don't ~ *around with* that loaded gun. その弾の込めてある銃をいじくり回してはいけない. **b** 〔女と〕遊び半分につき合う (trifle)〔*with*〕: He is always ~*ing around with* girls. 彼は女の子といちゃつき回ってばかりいる. **c** 〔…を〕いい加減に相手にする (toy)〔*with*〕: He is a dangerous man to ~ *with.* いい加減にあしらうには危険な男だ.
fool about《口語》(1) ふらつき回る. (2)《英》=FOOL *around* (1): Stop ~*ing about!* ぼんやりなまけていてはいけない. ***fool along***《米口語》(1) ふらりふらりと歩く, ふらつく (loiter): She just ~*ed along* window-shopping. 店の飾り窓をのぞきながらぶらぶらと歩いただけだった. (2) (仕事などを)だらだらと[いい加減に]やっていく〔*with*〕. ***fool around***《米口語》(1) ぶらぶらして過ごす, のらりくらりする (idle): He isn't working at all, just ~ *ing around.* 彼は何にも仕事をしていない, ただその辺をぶらぶらしているだけだ. (2) ⇨ *vi.* 3.

fool² [fúːl]〘(1598) ← ? FOOL¹: cf. trifle〙*n.*《英》フール《裏ごしした果物に生クリームやカスタードクリームを混ぜて作る冷たいデザート》: ⇨ gooseberry fool.

fóol dùck〘⇨ fool¹: 人を恐れないことから〙*n.*〘鳥類〙=ruddy duck.

fool·er·y [fúːləri, fúːlri | -lərɪ]〘← FOOL¹ (n.)+-ERY〙*n.* **1** 愚かな振舞い, 愚行. **2** (個々の)ばかげた行ない; 愚かなこと[考え, 言葉] (cf. tomfoolery).

fóol·fish *n.*〘魚類〙カワハギ《カワハギ科の海産魚の総称; *Stephanolepis setifer* など; cf. filefish》.

fool·har·dy [fúːlhὰːədi | -hὰːdɪ]〘(*a*1250) ▭ OF *fol hardi*: ⇨ fool¹, hardy¹〙— *adj.* (**fool·har·di·er; -di·est**) 無鉄砲な, 向こうみずな, 無謀な (rash). **fóol·hàr·di·ly** [-dɪli, -dəl-, -dḷi | -dɪli, -də-] *adv.* **fóol·hàr·di·ness** *n.*

fóol hèn〘⇨ fool¹: 人を恐れないので容易に鉄砲で打たれる〙*n.*《米》〘鳥類〙ライチョウ; (特に)ハリモミライチョウ (spruce grouse).

fóol·ing [-lɪŋ] *n.* 道化, おどけ; ふざけ.

fool·ish [-lɪʃ]〘(*a*1325): ⇨ fool¹, -ish¹〙— *adj.* (時に ~·**er**; ~·**est**) **1** 愚かな, ばかな (silly); たわいもない, ふがいない: a ~ person / *It was* ~ *of me to* ask that question. あんなことを聞くなんて私もばかだった. **2** ばかげた, ばからしい, ばかばかしい (absurd): a ~ idea / make a ~ figure もの笑いになる. **3** [Predicative に用いて] きまりの悪い, 恥ずかしい: look ~ きまり悪そうにする / feel ~ 恥ずかしい思いをする. **4**《古》ささいな, 取るに足りない (paltry): We have a trifling ~ banquet towards. 粗末な宴ながら用意しております (Shak., *Romeo* 1. 5. 124). ~·**ly** *adv.* ~·**ness** *n.*

fóolish guíllemot *n.*《英》〘鳥類〙ウミガラス (*Uria aalge*)《ウミスズメ科》.

fool·oc·ra·cy [fuːlάkrəsi | -lɔ́krəsɪ]〘← FOOL¹ (n.)+-O-+CRACY〙*n.*《戯言》愚人政治; 愚人の支配階級.

fóol·próof〘← FOOL¹+-PROOF〙— *adj.*《口語》**1** 〈解説・規則など〉ばか[素人]でも判る[間違えようのない]: ~ rules. **2** 〈機械など〉(いじり回しても)危険のない, とても簡単な, しくじりのない: a ~ camera ばかちょんカメラ.

fools·cap [fúːlskæ̀p | fúːls-, fúːlz-]〘(*a*1700)〙— *n.* **1 a** (筆記用紙・印刷用紙の)長手二折判 (long folio). **b**《英》フールスカップ(判)《紙の寸法; 印刷用は 17×13 インチ [431.8×330.2 mm], 筆記用・図画用は 16×13 インチ [406.4×330.2 mm]; もとこの大きさの紙には道化師帽の透かし模様が漉(す)込まれていた》. **2 a** = fool's cap. **b** フールスカップマーク《手漉紙に漉込む道化師帽の透かし模様》.

fóol's càp [fúːls-, fúːlz- | fúːlz-] *n.* **1** 道化師帽 (⇨ fool¹ 挿絵). **2** =dunce cap.

fóol's érrand *n.* むだな使い走り, むだ足, 徒労, 骨折り損: go on a ~ むだ足をする / send a person on a ~ 人にむだ足をさせる.

fóol's góld〘色が金に似ていることから〙*n.*〘鉱物〙黄鉄鉱 (pyrite), 黄銅鉱 (chalcopyrite).

fóol's páradise〘cf. L *limbus fatuorum* fool's limbo〙*n.* (昔愚者が死後住む所とされた)愚者の楽園; 幸福の幻影, から頼み: live in a ~ (知らぬが仏で)はかない夢を追う, 何も知らずにのほほんとしている.

fóol's pársley *n.*〘植物〙ユーラシア大陸原産のパセリに似たセリ科の有毒植物 (*Aethusa cynapium*)《胃腸薬に使う; dog parsley, dog poison ともいう》.

foot [fʊ́t]〘OE *fōt* (pl. *fēt*) < Gmc **fōt-* (Du. *voet* / G *Fuss* / ON *fōtr* / Goth. *fōtus*) ← IE **pŏd-, *pĕd-* (L *pēs* / Gk *poús* (gen. *podós*) foot / Skt *pāda*): cf. fetter, pedal〙— *n.* (*pl.* **feet** [fíːt], 8, 9 は ~**s**) **1 a** 足《足首から下; cf. leg 1》: the instep of a ~ 足の甲. **b** 足部《軟体動物の触脚など》. ★ ラテン語系形容詞: pedal. **2 a** フィート《英語国民間の長さの単位; =12 inches, 0.333 ヤード, 30.480 cm; 略 ft.; 記号 ′》: in fifty *feet* of water 水深 50 フィートの所で / We will not move a ~. 少しも動かないぞ. ★ (1) 足の長さに起因した尺度の単位. (2) (a) 数詞の次にきてその後に名詞がくるときは単数形 foot を用いる: a two-*foot* rule 2 フィートのものさし / a ten-*foot* pole 10 フィートの棒. (b) 後に他の数詞が続くときにも《口語》では foot が用いられることがある: five ~ [*feet*] six 5 フィート 6 インチ《ただし, この場合 inches を言い[書き]表わすとすれば, five *feet* six inches となる》. (c) 長さを表わす形容詞句が名詞の後に用いられたり, 叙述的に用いられる場合には feet のほうが普通: a floor 30 square *feet* 30 平方フィートの床 / He is six *feet* [《古》~] tall. 身長 6 フィートだ. **b** 平方フィート (⇨ square foot). **c** 立方フィート (⇨ cubic foot). **d** 1 立方フィートに含まれる石炭ガスの量. **3** 徒歩, (人の)歩み, 歩行, 足取り; 速度, 速さ: have a light ~ 足が軽い, 足取りが軽快だ / have leaden [heavy] *feet* 歩みがのろい, 足が重い / be sure *of* ~ 足取りが確かである / be swift [fleet] *of* ~ 足が早い / be graceful and light *of* ~ 足取りが優雅で軽快である / at a ~*'s* pace 歩行の速度で, 並足で / change ~ [*feet*] (行進中)足をふみかえる / with lagging *feet* のろのろと. **4** [集合的]《英》歩兵 (infantry): a regiment of ~ 歩兵連隊 / horse and ~ 騎兵と歩兵 / a captain of ~ 歩兵大尉 / the Fourth *Foot* 歩兵第 4 連隊. **5 a** (形・機能・位置などが)足に似た[相当する]もの. **b** (寝台・墓などの)すそ, 足部 (cf. head 5 a). **c** (器物の)あし; (コップなどの)台足. **d** (山などの)ふもと, すそ; (物の)最下部, 最低部, 基部 (bottom): at the ~ of a mountain 山のふもとで[に] / the ~ of a list [ladder] 表[はしご]の最下部 / the ~ of a page ページの脚部 / the ~ of a column [mast, wall] 柱[マスト, 壁]の根元. **e** (靴下の)足の部分: the ~ of a stocking. **6** (階級・地位の)最下級, 最下位, 末席 (bottom): a pupil at the ~ *of* the class 組でびりの生徒. **7** (ミシンの)押さえ金《presser foot ともいう》. **8** [~s; 単数または複数扱い] 澱(おり), かす (dregs); 粗糖 (coarse sugar). **9** [~s] フットライト, 脚光 (footlights). **10**〘詩学〙詩脚, 音歩《詩句を構成する韻律 (rhythm) の単位で, 古典詩では音節の長短, 英詩ではその強弱の種々な組合わせからなる; cf. iamb, trochee, anapest, dactyl 1, amphibrach, amphimacer》. **11**〘楽器〙(オルガンの音管 (pipe) の)脚部. **12**〘印刷〙**a** (活字の)足《活字の底部の溝をはさんだ両部分の一方; ⇨ type 挿絵》. **b** 地, 罫下 (⇨ tail¹ 15 a). **13**〘製本〙地, 下小口《三方小口の一つで, 下部の辺; bottom, tail ともいう; cf. fore edge, head 28 c》. **14**〘海事〙フット《帆の下縁》. **15**〘植物〙**a** (蘚類子嚢体の)足部. **b** 羊歯・種子植物において胞子世代が有性世代から養分をとる部分.
alight on one's feet 飛び降りて立つ; けがをまぬかれる. ***at a person's feet*** 人の足元に (cf. *sit at a person's feet*; ⇨ foot 成句); 人の言いなりになって, 服従して; 魅了されて (spell-bound): The prima donna had London *at her feet.* そのプリマドンナはロンドンの人たちを魅了した. ***at foot*** 近くに (nearby); 同じ囲いの中で: a foal *at* ~ 母馬のそばから離れない子馬. ***beneath a person's foot*** [***feet***] =*under a person's* FOOT [*feet*]. ***carry a person off his feet*** =*sweep a person off his feet* (⇨ foot 成句). ***catch a person on the wrong foot*** 〈人を〉不意につかまえる, 〈人〉に不意打ちをくらわす. ***change one's feet***《口語》靴をはき替える. ***die on one's feet*** くずれる, 瓦解する. ***drag one's feet*** ⇨ drag 成句. ***drop*** [***fall***] ***on one's feet*** (1) (ねこのように)落ちてもそっくり立つ. (2) 首尾よく困難を免れる, 災難から立ち直る. (3) 僥倖(ぎょうこう)にめぐり会う, 運がよい. ***feet first*** [***foremost***] (1) 足を先にして: land *feet first* 足から先に地につく. (2)《死体を運び出す時足から先に出すことから》《口語》棺に入れられて; 死んで: with one's *feet foremost* 足の方を先にして, 棺に納められて / be carried out [leave (a house)] *feet first* (埋葬のため)棺に入れられて(家から)運び出される. ***feet of clay*** (1) 粘土の足, 不安定な土台 (*Dan.* 2: 33-35). (2) 人格上の弱点[欠点]; 思いもよらない弱点, 重大な欠点: have *feet of clay* 倒れやすい; 思わぬ欠点がある. ***find one's feet*** (1) 〈赤ん坊などが〉歩ける[立てる]ようになる. (2) (経験を積んで)自分の本領を発揮する. ***find*** [***get, have, know, take***] ***the length of a person's foot*** 人の足元を見る, 人の弱点をつかむ. ***get*** [***have***] ***a foot in***... に足場を作る: *get a* ~ *in* the hotel business ホテル業界に足掛かりをつける / He *got a* ~ *in* the door. 交際の手づるを得た. ***get one's feet wet*** 参加する. ***get off on the right*** [***wrong***] ***foot*** =*start on the right* [*wrong*] FOOT. ***have one's feet on the ground*** いつも現実に立脚している, 実際的である. ***have foot in both camps*** (対立する)両陣営に属している. ***have one foot in the grave*** 墓穴に片足を突っ込んでいる, 死にかけている. ***have two left feet*** 大変不器用である, 大変ぎごちない. ***keep one's feet*** (1) 倒れない, まっすぐに立っている[歩く]. (2) 足許を用心する, 慎重に行動する. ***land on one's feet*** =*drop on one's feet* (⇨ foot 成句). ***measure another man's foot by one's own last*** おのれをもって他を推し量る. ***miss one's foot*** 足を踏みはずす; 失脚する. ***my foot!***《口語》[前の言葉を受けて] ばかな, まさか, 冗談じゃない (nonsense): "She is honest."—"Honest *my* ~." 「彼女は正直です」「正直だって, ばかな」. ***not put a foot wrong*** [***right***] 間違えない[間違える]. ***off one's feet*** (1) 足の踏み場を失って: carry [sweep] a person *off his feet* (⇨ foot 成句). (2) 立っていないで, 寝ていて, 横になって: stay *off one's feet* 横になっている. (3) 夢中にさせて. ***on one's feet*** (1) 立ち上がって[上がった状態で]. (2) (病後)起きて, 元気になって. (3) (経済上)独立して: get [stand] *on one's* (own) *feet* 独立してやってゆく, 自立する / set a person *on his feet* 人を一本立ちできるようにしてやる. (4) 準備なしに, ためらわずに, 即座に (extemporaneously). ***on foot*** (1) 立ち上がって; 歩いて, 徒歩で. (2) 動いて; 着手されて, (着々)進行して: set a plan *on* ~ 計画に着手する, 計画の実行にとりかかる. ***on the right*** [***wrong***] ***foot*** 有利[不利]な立場で. ***out on one's feet***《米》〈ボクサーなど〉ふらふらになりながら立っていて; 疲れきって. ***put a foot wrong***《口語》[通例否定構文で] ちょっとした間違いをする: He *never puts a* ~ *wrong.* 彼は決してしくじるということがない. ***put*** [***set***] ***one's best foot forward*** [***foremost***] (1) 精いっぱい急いで行く. (2) 全力を尽くす. (3) できるだけよい印象を与えるようにする. ***put one's feet up***《口語》(横になったりして)くつろぐ. ***put one's foot down*** (1) 足を踏みしめて立つ. (2)《口語》断固として行動する; 抑圧的な態度をとる. (3)《口語》(車のアクセルを踏んで)加速する. ***put one's foot in*** [***into***] ***it*** [***in the mouth***]《口語》(1) (うっかり踏み込んで)苦しい羽目に陥る. (2) 失敗する, へまをする, どじを踏む; へまなことを言う. ***put*** [***set***] ***a person on his feet*** 〈人を〉前の地位に復帰させる, 〈人を〉前の状態にひき戻す. ***run a person off his feet***《口語》人に忙しい思いをさせる. ***scrape one's feet*** (1) (落着かず)足ずりする. (2) 足ずりして弁士の話を聞こえないようにする. ***set foot in*** [***on***] ...に入る. ***set*** [***have, put***] ***one's foot on the neck of*** ...の首を踏みつける; ...を完全に征服する. ***sit at a person's feet*** 人の教え[薫陶(くんとう)]を受ける. ***sit at the feet of*** 〈学説など〉に追随する. ***start on the right*** [***wrong***] ***foot*** うまく[へまをやる, 出足が順調[不調]である. ***sweep a person off his feet*** (1) 〈波などが〉人の足をさらう. (2) 人をたちまち夢中にさせる[陶酔とさせる, 熱狂させる]: He [His courtship] *swept her off her feet.* 彼[彼の愛の言葉は]一瞬のうちに彼女の心を奪った. ***take to one's feet*** 歩く. ***to one's feet*** 立つように: help a person *to his feet* 手を貸して人を立ち上がらせる / jump [spring] *to one's feet* 飛び起きる, 踊り上がって立つ / raise [bring] a person *to his feet* 人を立ち[起き]上がらせる / come *to one's feet* 立ち上がる / rise *to one's feet* 立ち[起き]上がる. ***tramp under one's foot*** [***feet***] 踏みつける; 《比喩》踏みつけにする, 足げにする. ***under a person's feet*** (1) 人の邪魔になって: I couldn't clean the room, because my children were *under my feet.* 子供が邪魔で掃除ができなかった. (2) =*under a person's* FOOT (1). ***under foot*** (1) 足の下に: tread [trample] *under* ~ 踏みにじる; 抑えつける. (2) (踏む)足元が: be wet [damp] *under* ~ 足の下[地面]がじめじめしている. (3) 踏みつけて, 屈服させて. (4) 邪魔になって. ***under a person's foot*** (1) 人の足もとに, 人に服従して, 人の意のままに: They are *under his feet.* 彼らは彼の意のままになっている. (2) =*under a person's feet* (1) (⇨ foot 成句). ***with both feet*** どっしりと (heavily), 強く. ***your foot!*** =*my* FOOT!
— *vi.* **1 a** (乗らないで)歩く, 進む. **b** 踊る, ステップを踏む. **2** 〈帆船が〉速力が出る, 動く. — *vt.* **1 a** ...を踏む, ...の上を歩く[で踊る]: ~ the road 道路を歩く / ~ one's way along the aisle 通路を歩く / ~ the floor 床の上を歩く[で踊る]. **b**《古》[通例同族目的語を伴って] 〈踊りを〉踊る, 〈ステップを〉踏む (dance): ~ a measure ⇨ measure 10. **c** [~ *it* として]《口語》歩く, てくる; 踊る. **2** 〈靴下など〉に新しい足部を付

ける. **3 a** …の勘定をしめる, 合計する〈*up*〉. **b**《口語》〈勘定を〉払う: ～ a bill 勘定を払う (cf. *foot the* BILL³). **4**《古》**a**〈鷹などが〉爪でつかむ. **b** 蹴る. **5**《古》[主に ～ *oneself* または Passive に用いて] 落ち着ける (settle, establish): He ～*ed himself* [*was* ～*ed*] in this land. この土地に落ち着いた.

foot up (1) ⇨ *vt.* 3 a. (2) 合計が〔…に〕達する〔*to*〕: The various items ～ *up to* $50. 各費目は合計 50 ドルに達する.

foot·age [fʊ́tɪdʒ | -tɪdʒ] *n.* **1** (材木・映画フィルムなどの)フィート数, (フィートで計った[表わした])長さ. **2**〘採鉱〙稼(ᵏᵃ)行フィート数による支払い; 稼行支払い額.

fóot-and-móuth disèase *n.*〘獣医〙口蹄(ᵗᵉⁱ)疫《牛や羊の口やひずめを冒す伝染病: aphthous fever, epizootic aphtha ともいう》.

fóot·bàll〘(*c*1350)〙 ― *n.* **1** フットボール《蹴球の総称; cf. touch football》: **a**《英》= soccer. **b**《英》= Rugby football. **c** = American football. **d**《豪》= Australian Rules football. **e**《カナダ》= Canadian football. **2** フットボール用ボール. **3 a** 乱暴に[ぞんざいに]取り扱われる物[人]. **b** (客引き用の)おとり商品. ― *vi.* フットボールをする. ― *vt.* 〈商品を〉おとり商品として原価以下で売る.

fóot·bàll·er *n.* フットボール競技者[選手].

fóotball pòol *n.* [しばしば the ～]《英》サッカーくじ, トトカルチョ.

fóot·bànd *n.* **1**〘海事〙フットバンド《横帆下縁の補強用の帯布; footlining ともいう》. **2**〘製本〙フットバンド《本の中身の背の下部につける布ぎれ; tailband ともいう》. ★ かつては headband, footband と区別したが現在は両者とも headband と呼んでいる.

fóot·bàth *n.* **1** 足を洗うこと. **2** (プールの入口にあるような)足洗い, (保温・消毒用の)足湯: a mustard ～. **3** 足湯用小だらい.

fóot·bòard *n.* **1 a** (足を載せたり, ふんばったりする時に用いる)足台, 踏み板. **b** (機械の)踏み子 (treadle). **c** (馬車の背後の)馬丁踏み台; (御者席前方の)足掛け板 (⇨ coupé 挿絵). **d** (列車・電車などの)乗降用踏み段. **e** (自動車内前方床の)足台, 足のせ. **2** (ベッドの足もとの)止め板, 足板 (cf. headboard). **3** = footplate 2.

fóot·bòy *n.* 給仕, (仕着せを着た)ボーイ (page) (cf. footman 1).

fóot bràke *n.* (自動車などの)足踏みブレーキ (cf. hand brake).

fóot·brìdge〘ME〙*n.* 歩行者専用の橋, 歩道橋.

fóot·càndle *n.*〘光学〙フート燭(ˢʰᵒᵏᵘ)《照度の単位; 1 カンデラ (candela) の光度をもつ点光源を中心とする半径 1 フィートの球の内面の照度》.

fóotcàndle mèter *n.* (フート燭 (footcandle) の目盛をつけた)照度計.

fóot·clòth〘ME〙*n.* **1** (地面まで届く)飾り馬衣, 馬の盛装. **2**《古》敷物, じゅうたん.

fóot-dràgging *n.* てきぱき活動できないこと, 不活発.

fóot·drìll *n.*〘軍事〙(初歩教練の)徒手訓練.

Foote [fʊ́t], **Samuel** *n.* (1720–77) 英国の俳優・劇作家.

fóot·ed [-tɪd, -təd | -tɪd, -təd]〘ME〙― *adj.* **1** 足のある: ～ creatures. **2** [複合語の第 2 構成素として] **a** 足が…の, (…の)足の: black-*footed* 足の黒い / nimble-*footed* 足の素早い / ⇨ four-footed. **b**〘詩学〙…個の詩脚 (foot) からなる, …歩格の: a five-*footed* verse (各行が)五歩格の詩. **3**〘アーチェリー〙堅木の矢尻をはめた: a ～ arrow (金属の矢尻でない)堅木矢尻の矢《練習用》.

fóot·er [-tə | -tə(r)]〘(15C) 'a huntsman who hunts on foot'〙― *n.* **1**《古》歩行者, 徒歩者. **2** [複合語の第 2 構成素として] 身長[長さ, 幅]が…フィートの人[物]: a six-*footer* 身長 6 フィートの人, 6 フィート物. **3**《英俗》フットボール (football), サッカー (soccer), ラグビー (rugby): play ～ フットボールをする.

fóot·fàll〘(1611)〙*n.* **1** 足踏み, 足取り, 歩み (footstep, tread). **2** 足音.

fóot·fàult *vi.*〘テニス・バレーボール〙フットフォールトを犯す.

fóot fàult *n.*〘テニス・バレーボール〙フットフォールト《サーブの際ベースラインまたはエンドラインを踏む反則; バレーボールではプレー中にセンターラインを踏み越す場合にもいう》.

fóot·gèar *n.* [集合的] 足にはく物, はき物《靴・げた・靴下など》.

Fóot Guàrds *n. pl.* [the ～]《英》近衛歩兵連隊《Grenadier, Coldstream, Scots, Irish, Welsh Guards の五個連隊》.

fóot·hill *n.* **1** 山のふもとの小丘. **2** [通例 *pl.*] (山脈のふもとにある)丘陵地帯.

fóot·hòld〘(1625)〙― *n.* **1** 足掛かり, 足場, 足だまり (cf. handhold). **2** 立脚地, 確固たる地位[地歩]: secure [gain] a ～ in the market 市場で足場を固める[獲得する]. **3** [通例 *pl.*] (かかとに紐の付いた)ゴム製のオーバーシューズ[サンダル]《tip ともいう》.

foot·ie [fʊ́ti | -tɪ] *n.*《口語》= footsie.

fóot·ing [-tɪŋ | -tɪŋ]〘(*a*1398)〙― *n.* **1** 足の踏み, 足もと; しっかり立つこと: Mind your ～. (山登りの際など)足の踏みよう[足もと]に気をつけよ / keep one's ～ しっかり立っている, 足場を保つ / lose [miss] one's ～ 足をすべらす, 足場を失う / regain one's ～ 足を踏みこらえて立ち直る. **2** 足場, 足掛かり, 足だまり (foothole); (特に)走路の情況: a ～ on the steep cliff 険しい崖の足掛かり / We had poor ～ on the track. トラックの情況はよくなかった. **3** 確実な地歩; 基盤, 基礎: get [gain, obtain] a ～ in society 社会で確実な地歩を獲得する / We put the business *on* a sound ～. 我々はその事業を堅実な基盤の上に載せて発足した / The nation was *on* a war [peace] ～. 国民は戦時[平時]体制を敷いていた. **4** 立場, 間柄, 関係; 地位; 身分, 資格: be *on* a friendly ～ *with* …と親しい関係にある / *on* one [an equal, the same] ～ 平等の立場で / We all started off *on* an equal ～. 我々はみな対等な資格で出発した. **5 a** (クラブ・職場・社交団体などへの)加入, 参加, 入会. **b** 入会金, 入会の印としてするごちそう: pay one's ～ 入会金を払う. **6** (靴下などに)足部をつけること; 足部; 足部材料. **7**〘建築〙(壁・柱・橋脚などの)フーティング, フーチン, 基礎, 根積み (basis). **8**〘会計〙(一欄の数字の)合計, 合算; しめ高, 合計.

fóoting bèam *n.*〘建築〙基礎ばり, 地中ばり.

fóoting pìece *n.*〘建築〙底板, ベースプレート.

fóoting stòne *n.*〘土木〙根石《構築物脚部の石積み》.

fóot ìron *n.*〘劇場〙フットアイアン《大道具を床に固定する L 型の金具》.

fóot·làmbert *n.*〘光学〙フートランベルト《輝度 (luminance) の単位で, 特に完全拡散面に対して用いられる; 1 footlambert = 1 平方フートあたり 1 カンデラ (cd)/π の輝度》.

foo·tle [fúːtl̩, fúːtl̩ | fúːtl̩]〘(1892) ← ? (方言) *footer* to trifle ▭ (O)F *foutre*: ⇨ fouter〙《口語》― *vi.* **1** ぶらぶら過ごす, 遊んで暮らす (trifle)〈*around, about*〉. **2** ばかなまねをする, くだらないことを言う. ― *n.* たわごと (nonsense); たわけ, 愚行 (folly). **fóo·tler** [-tlə, -tl̩ə | -tlə(r), -tlə(r)] *n.*

fóot·less〘ME〙― *adj.* **1** 足[足部]のない, 無足の. **2** ささえ[拠(ʸᵒ)り所]のない; 実体のない, 見かけ倒しの (unsubstantial). **3**《口語》ぶざまな, たわいのない (clumsy); 役に立たない, だめな (futile): ～ errands 役に立たない使い. **～·ly** *adv.* **～·ness** *n.*

fóot·lìghts *n. pl.* **1**〘劇場〙(舞台を照らす)フットライト, 脚光: appear before the ～ 脚光を浴びて登場する, 舞台に立つ, 役者になる / behind the ～ 観覧席に. **2** [the ～] 舞台 (stage); 役者稼(ᵏᵃ)業: smell of *the* ～ 芝居じみている, どん帳臭い.

across the footlights〘演劇〙舞台越しに, 役者から観衆に: get it *across the* ～ 当たりを取る, 受ける, うまくいく.

fóot lìne *n.* **1**〘印刷〙フットライン《印刷ページの脚部の 1 行; 空白または丁[ページ]数や折記号が示されていることがある》. **2**〘スポーツ〙= foot score.

fóot·ling [-tlɪŋ, -tl̩ɪŋ | -tl-]〘(pres.p.) ← FOOTLE〙*adj.*《口語》つまらない; ばかげた.

fóot·lìning *n.*〘海事〙フットライニング (⇨ footband 1).

fóot·lòcker *n.* フットロッカー《ベッドの足部に置き, 衣服などを入れる兵隊用の錠付き小型トランク》.

fóot·lòose *adj.* 足の向くままの, 好きな所へ行ける, 放浪の (wandering); したいようにできる, 自由な (free): a ～ bachelor.

fóot·màker *n.*〘ガラス製造〙吹き手《ガラス種をとり, 吹いてから金板(ᵇᵃⁿ)台の上で形を整えるガラス職人の組の一員; cf servitor 3》.

fóot·man [-mən]〘(*c*1300)〙― *n.* (*pl.* **-men** [-mən, -mèn]) **1 a** (お仕着せの服を着た)従僕《もと, 車の扉をあけたり, 来客の案内・食卓の給仕・外出の時に主人の付添い役などをする男》. **b** 馬丁, 別当《主人の乗る馬に付き添う者; また, 主人の馬車の前に立って走る者》. **2** 暖炉の前に置いてやかんなどを暖める金属製の長方形または楕円形の台, やかん載せ. **3** 歩兵 (infantryman). **4**《古》歩行者 (pedestrian).

fóotman mòth〘色あいが従僕のお仕着せに似ていることから〙*n.*〘動物〙コケガ《ヒトリガ科コケガ亜科のガの総称》.

fóot·màrk〘ME *fotmerk*《原義》mark or line beyond which the feet must not pass〙*n.* 足跡 (footprint).

fóotmen's gàllery *n.*〘劇場〙(17 世紀後半から 18 世紀初期にかけて英国の劇場での)二階さじき最後部観覧席.

fóot-mùff *n.* (保温用の)足袋.

fóot·nòte〘(1841)〙*n.* **1** 脚注 (cf. headnote 1, marginal NOTE). **2** (主要な陳述に加えられた)補足的な言葉. ― *vt.* …に脚注を付ける, 注釈する.

fóot·pàce〘(1538)〙*n.* **1** 並み足(の歩速), 常歩. **2** (床の上に一段高くした)上段, 壇; (祭壇のある)上段 (dais). **3** (折れ曲る階段の)踊り場.

fóot·pàd¹〘(1683)〙*n.*《古》(徒歩の)追いはぎ (cf. highwayman).

fóot·pàd² *n.* **1**〘動物〙= pad¹ 8. **2**〘宇宙〙支脚皿《宇宙船の支脚の先端につけた平たい皿状の接地部》.

fóot pàge〘ME〙*n.* 給仕; (昔の)小姓(ᶜʰᵒ̄).

fóot-pàn *n.* (金属製の)足洗いだらい (footbath).

fóot pàssenger *n.* 歩行者, 通行人 (cf. driver 3, rider 1).

fóot·pàth〘(1526)〙*n.* **1** 歩行者用の小道 (footway). **2**《英》(車道にそった)人道, 歩道 (sidewalk).

fóot pàvement *n.*《英》舗装歩道[人道].

fóot·plàte *n.* **1** (乗物の)乗降用踏み段. **2** (機関車内の機関手・火夫の立つ)踏み板. **3**〘木工〙土台.

fóot-póund *n.*〘物理〙フィートポンド《仕事の量の単位で, 1 ポンドの重さの物を 1 フィート揚げる仕事量; 略 ft-lb》.

fóot-póundal *n.*〘物理〙フィートパウンダル《仕事の単位で, 1 パウンダルの力に抗して 1 フィート動かす仕事の量; 略 ft-pdl》.

fóot-pòund-sécond sỳstem *n.*〘物理〙フィートポンド秒単位法《長さ・質量・時間の単位としてフィート・ポンド・秒を採用する方式; 略 fps system》.

fóot·prìnt *n.* 足跡: ～*s* in snow [sand] / leave one's ～*s* on the sands of time 名を後世に残す.

fóot pùmp *n.* (自転車用などの)手押し空気入れ《足で押えて使う》.

fóot·ràce *n.* 徒競走, 駆けっこ.

fóot·ràil *n.* **1** (机・テーブルなどの)足掛け桟. **2** (ベッドの足もとの)横木.

fóot·rèst *n.* (足を休める[支える, 置く])足載せ台, 足台, 足掛け.

fóot·ròpe *n.*〘海事〙**1** 足場綱《帆桁(ᵏᵉᵗᵃ)の下に渡してある横のロープで, 帆をたたむ時など水夫の足場となる綱》. **2** (帆または漁網の)下べり綱《下辺に縫いつけてある boltrope》.

fóot ròt *n.* **1**〘獣医〙(牛・羊などの)腐蹄(ᵗᵉⁱ)症. **2**〘植物病理〙種々の原因で植物の根元が腐朽すること.

fóot rùle *n.* **1** フィート物差し, フィート尺. **2** (尺度・判断の)基準 (standard).

fóot·scàld *n.*〘獣医〙(馬の)踏創《蹄底の創傷》, 足裏の炎症.

fóot scòre *n.*〘スポーツ〙(カーリング (curling) の)フットスコア《目標 (tee) から 12 フィート後方の線で, そこから curling stone を滑らせる; ⇨ curling 挿絵》.

fóot·scràper *n.* 泥落とし《家に入る前に靴の裏の泥などを落とすために戸口に取りつけてあるフレームつきの刃のような金属製の横板》.

foot·sie [fʊ́tsi | -sɪ]〘(小児語)(dim.) ← FOOT〙― *n.*《口語》いちゃつき, (特に, テーブルの下などで)足を使って[足で触れ合って]のふざけ合い; (人目に立たぬようにして行なう)親密ぶり[なれ合い].

play footsie (*with*) (1) (…と)いちゃつく, こっそりと親しくなる. (2) (…に)ごまをする, こっそり便宜をはかってもらおうとする.

fóot·slòg *vi.* **1** ぬかるみを骨折って進む. **2**《口語》てくてく歩く, 「てくる」.

fóot·slòg·ger *n.* **1** 歩兵 (infantryman). **2**《口語》歩行者.

fóot·slògging *n., adj.*《口語》徒歩行進(の).

fóot sòldier *n.* 歩兵 (infantryman).

fóot·sòre *adj.* (長い歩行のため)足を痛めた, 足ずれを生じた: He became ～. 足ずれが出来た. **～·ness** *n.*

fóot's pàce *n.* = footpace.

fóot·stàlk〘(1562)〙― *n.* **1**〘植物〙**a** 葉柄 (petiole). **b** 花柄, 花梗 (peduncle). **2**〘動物〙(クラゲの口, 甲殻類の目などを支える)柄, (ツメガイなどの)葉柄状突起. **3** (柱などの)基礎, 台座.

fóot·stàll *n.* **1** (婦人用乗馬鞍の)あぶみ. **2**〘建築〙

fóot·stèp〘(*a*1250)〙― *n.* **1** 足の運び, 歩み, 足取り (tread); 歩幅 (pace): tottering ～*s* よろめく足取り. **2** 足音 (footfall): I hear his ～*s*. **3** 足跡 (footprint). **4** 踏み段, 階段 (step). **5**〘機械〙うす軸受《footstep bearing, step bearing ともいう》.

follow a person in his footsteps* = *follow* [*tread, walk*] *in a person's footsteps 人の例に習う; 人の志を継ぐ.

fóot stìck *n.*〘印刷〙フットスティック《罫下に相当する部分に使用するフォルマート (furniture) の一つ》.

fóot·stòck *n.*〘機械〙= tailstock.

fóot·stòne *n.* **1** (墓の)台石. **2**〘石工〙踏止め石《切妻破風の両端部の石》.

fóot·stòol〘(1530)〙*n.* **1** (腰掛けるとき用いる)足載せ台, 足台 (ottoman). **2** (乗馬の際の)携帯用踏台.

fóot stòve *n.* 足あぶり.

fóot·sùre *adj.* 足もとの確かな (sure-footed).

fóot swìtch *n.* (足で操作する)踏スイッチ.

foot·sy [fʊ́tsi | -sɪ] *n.*《口語》= footsie.

fóot-tón *n.*〘物理〙フィートトン《仕事量の単位で, 1 トンの重さの物を 1 フィートだけ揚げる仕事量》.

fóot vàlve *n.*〘機械〙フート弁《ポンプの吸込管の下端に取付ける逆止弁の一種》.

fóot·wàll *n.* **1**〘鉱山〙下盤(ˢʰⁱᵗᵃᵇᵃⁿ)《鉱脈または鉱床の下位にある岩層》. **2**〘地質〙下盤《鉱体・鉱脈・鉱層・断層などの下側の岩石や岩盤; cf. hanging wall》.

fóot wàrmer *n.* **1** 足あぶり, 足温器《あんか・湯たんぽなど》. **2** 暖かいはきもの.

fóot·wày *n.* = footpath.

fóot·wèar *n.* [集合的] はきもの《靴・スリッパ・ゲートル・靴下などすべて足にはくもの》.

fóot·wòrk *n.* **1** (テニス・ボクシング・フットボール・ダンスなどの)フットワーク, 足さばき, 脚技, (柔道などの)足わざ. **2** (資料集めなどの)方々歩いてする仕事, (新聞記者などの)足による取材. **3** 巧みに事を運ぶこと, 巧みな処置.

fóot·wòrn *adj.* **1** 踏みへらされた, 摩滅した: a ～ carpet. **2** 足を痛めた (footsore): a ～ traveler.

foo·ty¹ [fúːti, fúːti | -tɪ]〘▭ F *foutu* wretched (p.p.) ← *foutre* to copulate (cf. footle, fouter) // (変形) ← (方言) *foughty* musty < OE **fūhtig* (cf. Du. *vochtig*) ← *fūht* damp〙― *adj.* (**foot·i·er**; **-i·est**)《方言》**1** 貧弱な; 値打のない, つまらない. **2** みすぼらしい.

foot·y² [fʊ́ti | -tɪ]〘← FOOT + -Y²〙*n.* **1**《口語》= footsie. **2**《豪口語》フットボール.

foo·zle [fúːzl̩]〘(1857) ▭ ? G (方言) *fusel-n* to work badly〙― *vt.* へま[へた]をやる, やりそこなう; (ゴルフなどで)打ちそこなう (bungle). ― *n.* やりそこない, へま; (ゴルフの)へたな打球.

fop [fáp | fɔ́p]〘(1440) *foppe* fool ▭ ? Du. *fopp-en* to be fool // ? G *fopp-en* to make a fool of: cf. fob²〙― *n.* **1** しゃれ者, めかし屋 (dandy). **2**《廃》ばか, のろま. ― *vt.*《廃》ばかにする, だます.

fop·ling [fáplɪŋ | fɔ́p-] *n.*《古》気取り屋, ハイカラぶった男.

fop·per·y [fáp(ə)ri | fɔ́pərɪ]〘(1545)〙*n.* **1 a** めかす

こと, おめかし, おしゃれ, 見え坊. **b** おしゃれなもの, おしゃれな[気取った]服[態度]. **2** 愚行 (folly).

fóp·pish [-pɪʃ] 〖(1605)〗 *adj.* **1** おしゃれな, めかし屋の, ハイカラな, にやけた: a ~ handkerchief. **2** 《廃》ばかな, ばかげた. **~·ly** *adv.* **~·ness** *n.*

for [fə; fɔ̀ə, fɔ́ə | fə(r; fɔ̀:(r, fɔ́:(r] 〖prep.: OE ~ ← Gmc **fora* before (OE *fore* before, on account of: cf. fore¹) < IE **per* before, forward. — conj.: ME ← *for þon* for that (< OE *for þon þe* for the (reason) that)〗 **— *prep.*** **1** [代理・代用・代表] …の代わりに, …に代わって (in place of); …を代表して (representing): act ~ a person 人の代理を勤める / speak ~ another 代弁する / Could you write a letter ~ me? 手紙を代筆していただけませんか / a substitute ~ butter バターの代用品 / He was returned ~ Birmingham. バーミンガムから代議士として選出された / P.O. stands ~ 'postal order'. P.O. は postal order (郵便為替(ｶﾜｾ))の略である / A ~ Andrew, B ~ Benjamin (電信で) Andrew の A, Benjamin の B.
2 [交換・報償] …に対して, …の代わりに, …の報いとして (in return for): ten ~ a dollar 1ドルに10個 / be thanked ~ one's kindness 親切に対して感謝される / give a person a horse ~ his gun 銃砲を貰う代わりに馬をやる / get a medal ~ saving life 人命救助の報償としてメダルをもらう / play ~ penny points 得点1点につき1ペニーの決めでゲームをする / charge 30 pence ~ breakfast 朝食代に30ペンスを請求する / He was soundly thrashed ~ his pains. 骨折ったあげくにひどく打たれた / a change ~ the better [worse] 好転[悪化] / You shall have this ~ nothing. これはただで上げましょう / I got a rare book ~ £150. 150ポンドで稀覯(ｷｺｳ)書を手に入れた / I won't do it ~ the world. そんなこと絶対するものか.
3 [埋合せ・賠償] …に対して, …の償いに: atone ~ a fault 過失(の責め)に対して埋合せをする / make up [compensate] ~ a loss 損失を償う.
4 [対応・対比] …に対して, …当て (in contrast with): *For* one enemy he has a hundred friends. 敵一人に対して味方が百人ある / Bulk ~ bulk, water is heavier than oil. 量が同じなら水は油より重い / word ~ word 逐語的に / He gave blow ~ blow. 打たれるたびに打ち返した / an eye ~ an eye ⇨ eye 成句 / tit ~ tat ⇨ tit 成句 / give a person a Roland ~ his Oliver ⇨ Roland² 成句 / The prisoners were exchanged man ~ man. 捕虜は一人に一人で交換された.
5 [利害] …のために (in the interest of); …に資するために: Can I do anything ~ you?=What can I do ~ you? 何かご用がございましょうか / buy a new hat ~ one's wife 妻に帽子を新調してやる / ~ the advantage of everybody 皆の利益のために / ~ the good of humanity 人道のために / be good [bad] ~ the [one's] health 健康によい[悪い] / I will knock his head ~ him. 彼の頭をぶんなぐってやるぞ.
6 [擁護・賛成・味方] …のために, の側に (in favor of) (↔ against): die ~ the country 国のために死ぬ / Hurrah ~ fair France! 美しきフランスのために万歳 / vote ~ a person 人のために投票する / Some people were ~ the war and others were against it. 戦争に賛成の者もあれば反対の者もあった / stand ~ a good cause 大義の旗頭として立つ[となる] / I am ~ adopting the plan. その計画を採用するのに賛成だ.
7 [敬意] …のために (in honor of): give a farewell party ~ …のために送別会を催す / name a child ~ a person 《米》人の名にちなんで子供を名づける (cf. after 8 a).
8 [意図・用途] …のために[の]; …用の (adapted to): This is ~ you. これは君に上げます / a letter ~ you あなたへの手紙 / be educated ~ the law 法律家になるための教育を受ける / a book ~ girls 少女向きの本 / a box ~ hats 帽子入れの箱 / money ~ building 建築費 / a machine ~ making boxes 箱を作る機械 / horses (used) ~ riding 乗馬用の馬 / a subject ~ speculation 思索の好主題 / a book adapted ~ beginners 初心者向きに書き改めた本 / an article ~ sale 売物 / not ~ sale 非売品 / a horse ~ hire 貸馬 / a house ~ rent 《米》貸家 / a house ~ sale 売家 / just ~ fun ほんの冗談[慰み]に / a candidate ~ an office 官職の候補者 / read ~ pleasure 娯楽のために読書する / What is a clock good ~? 時計は何の役に立つのか / It is time ~ school. 学校へ行く時刻だ / an engagement ~ tomorrow 明日の約束 / He is not long ~ this world. 間もなく死ぬだろう.
9 [適否] …に適する, …には: not fit ~ food 食用に適さない / not good ~ gout 痛風にはきかない / He's just the man ~ the position. まさに適材適所だ / It is too beautiful ~ words. その美しさは言葉では表わせない / There are too many ~ separate mention. 余り多いので一々言えない / The book is too difficult [easy enough] ~ me to read. その本は私が読むにはむずかし過ぎる[ちょうどいいやさしさだ] (cf. 24).
10 [目的・追求] …のために (for the purpose of), …を得るために, …になるために: go out ~ a walk 散歩に出かける / go ~ a soldier 《古》徴兵に応じる / He was sold ~ a slave. 奴隷に売られた / It is all ~ your good. すべてお前のためになるのだ / I did it ~ your good. お前のためを思ってああしたのだ / ask ~ a holiday 休暇をくれと言う / search ~ the truth 真相を捜す / The team played ~ the trophy. そのチームはトロフィーを得るために競技した / work ~ one's living 生活のために働く / send ~ a doctor 医者を呼びにやる / wire ~ a person 電報で人を呼び寄せる / a suit ~ damages 損害賠償の訴訟 / fight ~ independence 独立のために戦う / struggle ~ existence 生存競争をする / run [flee] ~ one's life [~ dear life] 命大事と[一所懸命]逃げる / prepare oneself [go in] ~ an examination 試験の準備をする[を受ける] / What do you want the money ~? 何のためにその金が欲しいのか.
11 [願望・期待] …を欲して; …を期待して: hope [long] ~ fine weather 好天気を望む[を待ちこがれる] / hunger ~ knowledge 知識を渇望する / be eager ~ news ニュースを知りたがる / a desire ~ fame 名誉欲 / wait ~ an answer 返事を待つ / We were waiting ~ him to arrive. 彼の到着を待っていた (cf. 24) / Now ~ it! さあ始めよう / O(*h*) ~ a fine day! ああ, お天気ならいいがなあ / O ~ a glass of wine! ああワインが一杯飲みたいなあ.
12 [目的地] …に向けて: start ~ London ロンドンに向けて出発する / the train (bound) ~ Paris パリ行きの列車 / sail ~ India インドに向け出帆[出港]する / He made ~ the river. 川の方へ進んで行った.
13 [傾向] …の方へ, …に対して (with inclination toward): have a liking ~ music 音楽を愛好する / have respect ~ one's teachers 師に尊敬の念をいだく / He has an eye ~ beauty. 彼は審美眼がある.
14 [資格・相当] …として (as): I have John ~ a friend. ジョンを友人に持っている / He was hanged ~ a pirate. 海賊として絞首刑になった / choose a person ~ a leader 人を指導者に選ぶ / pass ~ a connoisseur くろうととして通る / take the doe ~ a buck 雌じかを雄じかだと思い違う / I was mistaken ~ my brother. 私は弟と間違えられた / Do you take me ~ a fool? 私をばかだと思っているのか / It was drawn ~ a portrait. それは肖像画として描かれたものだ / know a thing ~ a fact ある事を事実として知っている / I know this ~ certain [sure]. このことはしかと知っている / This room serves ~ my study. この部屋は私の書斎になっている / give a person up ~ lost 人をなくなったものとあきらめる / take it ~ granted それを当然のことだと思う / What is he ~ a man? 《廃・方言》彼はどんな人間か.
15 a [金額を示す名詞の前に置いて] …の額の: He sent me a bank bill ~ £100. 100ポンドの銀行小切手を送ってよこした / I drew on him ~ £50. 彼に50ポンドの手形を振り出した / Put my name down ~ ten pounds. (寄付帳に)10ポンドと記入して下さい. **b** 《クリケット》…得点して; …人アウトになって: Surrey were all out ~ 44. サリー軍は44点あげて残らずアウトになった / The score stood at 150 ~ 6 wickets. 6人アウトになった時得点は150点だった.
16 [意向] …しようとして, …するつもりで: I was just ~ going to bed. ちょうど寝ようとするところだった / I am not ~ disparaging him. 彼を非難するつもりはない.
17 [理由・原因] …のために, の故に: ~ many [several] reasons 多くの[色々な]理由から / be punished ~ stealing 盗みのために罰せられる / shout [cry] ~ joy 喜びの余り叫ぶ / dance ~ joy 小躍りして喜ぶ / The place is famous ~ its beauty. そこは風景の美で名高い / He is notorious ~ parsimony. けちんぼうで有名だ / I could not speak ~ tears [the cold, laughing]. 涙で[寒さで, 笑っていて]物が言えなかった / I am sorry ~ it. それは気の毒だ / I tremble ~ him [his safety]. 彼のこと[安否]が心配でたまらない / ~ fear of accident [punishment] 事故[罰]が恐ろしいので / I cannot see anything ~ the fog. 霧のために何にも見えない / Is that your reason [ground, motive, cause] ~ doing so? それが君がそうする理由[根拠, 動機, 原因]ですか / ⇨ *can't see* WOOD *for trees* / He is the worse ~ liquor. 彼は酒に酔っている / This hat is the worse ~ wear. この帽子は使い古されている.
18 [関連] …については (as regards), …の点では: ~ my part 私としては / I was pressed ~ time. 時間に追われていた / He has no equal ~ running. ランニングにかけては彼にかなう者はない / He wants ~ nothing. 何ひとつ事欠かない / He may do it ~ me. 彼がそうしても私としては文句はない / She married him and trusted Providence ~ the rest. 彼女は彼と結婚し, あとは神様に任せた / I am hard up ~ money. ひどい金詰まりだ / So much ~ today. きょうはこれでおしまい / Alas ~ him! 彼は気の毒だ.
19 …の割には, …としては (considering): He is tall ~ a boy of twelve. 12歳の少年にしては背が高い / It is too warm ~ April. 4月にしては暖か過ぎる / Not bad ~ a beginner! 初心者にしては悪くない.
20 《英》〈会合・夕食などの定刻〉を見越して (in anticipation of): The dinner party will take place on May 6 at 7.30 ~ 8 p.m. 晩餐会は5月6日午後8時に始めたく出席時間を7時半といたします.
21 〈指定された時刻〉に (at): I have an appointment ~ three o'clock. 3時の約束がある.
22 [時間・空間の連続] …の間 (during the continuance of): ~ the past three weeks 過去3週間 / ~ the next two hours 次の2時間 / ~ a long time 長い間 / ~ hours [days, weeks, years] 何時[日, 週, 年]間も / ~ days and days 来る日も来る日も(果てしなく) / ~ ever 永久に / ~ life 一生の間 / ~ (so) long (そんなに)長い間 / ~ a time 一時, しばらく / ~ a while しばらく / I stayed there ~ the night. その晩はそこに泊った / I am safe ~ the present. 差しあたり安全だ. ★ 動詞の直後に来る時 for はしばしば省略される: last (~) an hour 1時間続く / stay (~) a week 1週間滞在する / run (~) a mile 1マイル走る / He lived here (~) more than ten years. 彼はここに10年以上住んだ.
23 [It is *for* a person *to* do の構文で] (…するのは)〈人〉にふさわしい[許される, 義務である]: It is ~ the guilty *to* live in fear. 恐怖の生活を送るのは犯罪をした者にふさわしい / It is ~ you *to* decide. 君が決めるべきものだ / It is not ~ you *to* reproach me. 君が私を責めるのは筋違いだ.
24 [Infinitive の意味上の主語を示して (cf. 9, 11, 23)] …が: *For* him *to* submit would be impossible. 彼が屈服するなんてできることではない / It is time ~ him *to* go. もう彼が行く時だ / It is impossible ~ there *to* be a misunderstanding between us. 私たちの間に誤解があるなんて筈がない / I have chosen some books ~ you *to* read. 君が読むべき本を数冊選びました / It is wicked ~ him *to* smoke. 彼が喫煙するのは良くない / The rule was ~ men and women *to* sit apart. 男女が席を同じくしないのがお定まりであった / *For* her *to* talk to me like that! 彼女が私にこんな口のきき方をするなんて. ★ (1) 利害を表わす形容詞が先行する時は for に「…にとって」の原義が残る点に注意: It is hard [easy] ~ me *to* read this book. この本を読むのは私にはむずかしい[易しい] / It is bad ~ us *to* smoke. 喫煙は体に良くない. (2) like, want, choose などの動詞の後に for を用いるのは主に《米南部・中部方言》: I'd like ~ you *to* go. 君に行ってもらいたい.
as for ⇨ as¹ 成句. ***be for*** [-fɔ̀ə- | -fɔ̀:(r)-] ***it*** 《英俗》処罰される[叱られる]ことになっている, 困ったことになる (=*be* IN *for it*): If he finds it missing, you'll *be* ~ *it.* 彼がないのをやつに見つかったらことだぞ[とっちめられるぞ]. ***for all*** …にもかかわらず (in spite of): *For all* his wealth, he is not contented. あんなに金持ちなのに満足していない / *For all* (that) you say, I still like him. 君が何と言おうとも私はやはり彼が好きだ / *For all* (that) he seems to love her, still she remains cold. 彼は相手を愛しているようだが, 彼女の方は相変らず冷淡だ. ***for all*** [***anything, what***] ***one cares*** (…しようと)かまわない; ことによると, あるいは (perhaps): He may die ~ *all* [*anything, what*] *I care.* 彼が死のうとこっちの知ったことか. ***for all*** [***aught***] ***one knows*** (***to the contrary***) 多分…かもしれない, 恐らくは…だろう: He may be a good man ~ *all I know.* あの男は案外よい男かもしれない. ***for all me*** 私としては, 私の関する限りでは (as for me): *For all me,* I have no objection. 私としては異存はない. ***for all of*** 《米》…に関する限り, …については. ***for all that*** それにもかかわらず: He says he's innocent, but I'm sure he's guilty, ~ *all that.* 彼は自分では潔白だと言っているが, でも彼に罪があることは間違いないと私は信じている. ***for and*** 《廃》そしてまた (and also). ***for a'*** [á:, ɔ́:] ***that*** 《スコット》=FOR *all that.* ***for it*** [it は漠然と事態を指して] それに処すべき(手段, 処置など), それに対して: There was nothing ~ *it* but to run. 逃げるより外に仕方がなかった / There is no help ~ *it.* それは仕方がない. ***for oneself*** ⇨ oneself 成句. ***for to…*** (1) 《古・方言》…するために (in order to; cf. F. *pour,* G. *um zu*): He makes too much haste ~ *to* be rich. 金持になろうとしてあせりすぎる. (2) 《廃》=to: 'Tis good ~ *to* be wise. 賢明であることは良いことだ / I vow ~ *to* revenge his death. 彼の死のあだ討ちすることを誓う. ***if it were not*** [***had not been***] ***for*** …がなければ[なかったなら] (but for): *If it were* [*Were it*] *not* ~ your help, I would not try. あなたの援助がなければ私はやってみないのだが / *If it had* [*Had it*] *not been* ~ your help, I should have failed. あなたの援助がなかったら私は失敗していただろう. ***There's*** [***That's***] … ***for you!*** 《口語》あれはあなた[君]…ですよ[だよ]: *There's* a queer woman ~ *you!* あれはあなた変な女ですよ / *That's* courage ~ *you!* あれが君勇気ってもんだ. ★ for you は発話の内容に相手の注意を引くためのもの; この表現は額面通りにも皮肉にも用いられる. ***turn end for end*** ⇨ END¹ *for end.*
— *conj.* **1** というわけは[その理由は]…だから (since). ★ 主に文語体に用いる; 等位接続詞でその前にコンマなどを置くのが普通; because が初めから意図して直接な理由を述べるのに対し, for は前に言ったことに対する証拠または説明を追加する: I say no more, ~ I detest explanations. もう何も言わない, 私は弁明が大きらいだから / He felt no fear, ~ he was very brave. 彼は少しもこわくなかった, 何しろひどく勇敢な人だったから / I went into the shop, ~ a shop it was. 私はその店(というのはそこは店だったのだ)にはいって行った. **2** 《古》…だから (because): They are jealous ~ they are jealous. 彼らは嫉妬深いから嫉妬する (Shak., *Othello* 3. 4. 161).
— [fɔ́ə | fɔ́:(r] *n.* [*pl.*] 賛成: ~*s* and againsts 賛成と反対.

for. 《略》foreign; forestry.

for-¹ [fə, fɔə | fə(r, fɔ:(r] 〖OE *for-, far-*: cog. G *ver-* / Gk *peri-* / L *per-*: ⇨ for〗 **— *pref.*** **1** 「禁止, 除外, 無視」などの否定的意味: *for*bear, *for*bid, *for*get, *for-*

sake. **2**「破壊」の意: fordo, forswear. **3**「徹底, 過度」など強意を表わす: forlorn, forpined, forworn. ★1600年以後の造語ではまれ.

for-² [fɔə, fə | fɔ:(r, fə(r] *pref.* fore- の異形: forward.

FOR, F.O.R., f.o.r. 《略》〘商業〙free on rail.

fora *n.* forum の複数形.

for·age [fɔ́(:)rɪdʒ, fár- | fɔ́r-] 〘(*a*1333) ◻ (O)F *fourrage* ← *fuerre, forre* fodder ◻ Frank. **fōder* < Gmc **fōðram* 'FODDER'〙 **—** *n.* **1** (牛馬の)飼料, まぐさ, かいば; (特に, 軍馬の)馬糧, 糧秣(まつ) (fodder, provender). **2** 飼料[糧秣]集め, 馬糧徴発 (foraging); 食糧あさり: be on the ～ 〈牛馬が〉食物をあさっている; 〈兵士が〉馬糧[糧秣]徴発をやっている. **3** 略奪 (raid). **—** *vi.* **1** 糧食を捜す, 糧秣[食糧]をあさり回る; 食糧徴発に出る; 〔糧食などを〕あさる, 捜す〔*for*〕: ～ *for* food / a *foraging* party 馬糧[糧食]徴発隊. **2** 略奪する, 荒らす (raid)〔*on*〕. **3** 引っかき回して捜す, あさる (search) 〈*about*〉: ～ *about* to find a book かき回して本を捜す / ～ *among* the old manuscripts 古い原稿の中をかき回す. **—** *vt.* **1** 〈馬〉にまぐさをやる, 糧秣を給する. **2 a** …から糧秣[馬糧]をあさる[捜す]. **b** 《古》食糧徴発のために〈地方を〉荒らす, 略奪する (plunder). **3** 糧秣として徴発する[あさる] 〈*out*〉: ～ corn *from* farmers 農夫から穀物を徴発する.

fórage àcre *n.* 〘畜産〙放牧地の単位《牧草の茂った牧野1エーカーと等しい価値をもつ放牧地の広さ》.

fórage càp *n.* (歩兵の)略帽.

fór·ag·er 〘(?*a*1387) ◻ OF *for(r)agier*: ⇨ forage, -er¹〙 **—** *n.* **1** 糧食[糧秣(まつ)]の徴発者[兵]. **2** [*pl.*] (左右の間隔を広くとって並列行進する)騎兵隊の騎馬行列. **3** 《廃》略奪者. **4** 〘昆虫〙= foraging ant.

fóraging ànt *n.* 〘昆虫〙行軍蟻, 軍隊蟻《群れをなして食料を探し求めるアリ》.

For·a·ker [fɔ́(:)rɪkə, fár-, -rə- | fɔ́rɪkə(r, -rə-], **Mount** *n.* フォラカー山《米国 Alaska 州中部の高峰 (5,304m)》.

fo·ram [fɔ́:rəm, fóːr- | fɔ́:r-] 〘《略》← NL *Fora minifera*〙 *n.* 〘動物〙有孔虫 (foraminifer).

fo·ra·men [fəréɪmən, fo(ʊ)- | fə(ʊ)-] 〘(1671) ◻ L *forāmen* hole ← *forāre* to bore〙 **—** *n.* (*pl.* **fo·ram·i·na** [-rǽmənə | -mɪ-], ～**s**) **1** 〘解剖・動物〙孔, 穴 (orifice, aperture). **2** 〘植物〙珠孔, 小孔. **fo·ram·i·nal** [fərǽmənl, fo(ʊ)- | fə(ʊ)rǽmɪ-] *adj.* **fo·rám·i·nous** [-nəs] *adj.*

forámen mágnum [-mǽgnəm] 〘◻ L *forāmen magnum* great hole〙 *n.* 〘解剖〙大(後頭)孔《後頭骨にある延髄の通る穴》.

forámen o·vá·le [-oʊvǽli:, -vá:l-, -véɪl- | -əʊ-] 〘← NL ～ 'oval hole'〙 *n.* 〘解剖〙卵円孔《胎生時の心臓の心房間の孔》.

foramina *n.* foramen の複数形.

for·a·min·i·fer [fɔ̀(:)rəmínəfə, fàr- | fɔ̀rəmínɪfə(r] 〘◻ F *foraminifère*: ⇨ foramen, -fer〙 *n.* 〘動物〙有孔虫《有孔虫綱に属する各種の微小動物; 白亜(chalk)はこの虫の死体の殻が沈積してできたもの》.

Fo·ram·i·nif·er·a [fəræ̀mənífə(ə)rə, fɔ̀(:)rəmə-, fàr- | fəræ̀mɪ-, fɔ̀rəm-] 〘← NL ～ (pl.) (↑)〙 **—** *n. pl.* 〘動物〙有孔虫綱. **fo·ràm·i·níf·er·al** [-rəl] *adj.* **fo·ràm·i·níf·er·ous** [-rəs] *adj.*

fo·ram·i·nif·er·an [fəræ̀mənífə(ə)rən, fɔ̀(:)rəm-, fàr- | fəræ̀mɪ-, fɔ̀rəm-] 〘動物〙 *adj.* (原生動物)有孔虫綱の. **—** *n.* 有孔虫綱の動物の総称.

for·as·much as [fɔ̀:rəzmʌ́tʃəz, fər- | fərəzmʌ́tʃəz, fɔ̀:r-, fɔ̀r-] 〘(*c*1290) ← *for as much* 《なぞり》← OF *por tant que*〙 **—** *conj.* 《文語》…であるから, …ゆえに (since): ～ the day is long 日は長いことだから.

for·ay [fɔ́(:)reɪ, fár-, fɔ́:r-, — — | fɔ́reɪ] 〘(1375) *forrai* (n.) & *forraie(n)* (v.) 《逆成》← ? *forreour* (↓)〙 **—** *n.* **1** (略奪を目的とする)侵略, 略奪的侵入 (raid): make [go on] a ～ 略奪をする[に出かける]. **2** 急襲, すばやい攻撃. **—** *vi.* 侵入する (raid), 略奪する (forage). **—** *vt.* 《古》侵略する, (侵入して)略奪する (ravage).

fór·ay·er 〘(*a*1338) *forreour* ◻ OF *forrier* forager < VL **fodrārium* ← **fodro* 'FODDER': cf. forage〙 *n.* 侵略者.

forb [fɔ́əb | fɔ́:b] 〘◻ Gk *phorbē* fodder ← *phérbein* to feed〙 *n.* (grass 以外の)広葉の草, 雑草.

forbad *v.* forbid の過去形.

forbade *v.* forbid の過去形.

for·bear¹ [fɔəbéə, fə- | fɔ:béə(r, fə-] 〘OE *forberan*: ⇨ for-¹, bear²〙 **—** *v.* (**for·bore** [-bɔ́ə, -bóə | -bɔ́:(r)], 《古》**-bare** [-béə | -béə(r]; **-borne** [-bɔ́ən, -bóən | -bɔ́:n]) **—** *vt.* **1** 〈…することを〉慎む, 控える 〈*doing, to do*〉; 〈感情・欲情などを〉抑える, 〈怒りを〉忍ぶ, こらえる (withhold): I could not ～ smil*ing*. 思わずほほえんだ / ～ one's revenge [wrath, gluttony] 報復心[怒り, 食欲]を抑える. **2** 《古・方言》我慢する, 忍んで許す. **3** 《廃》避ける, 遠ざける (shun). **—** *vi.* **1** 慎む, 控える (refrain) 〔*from*〕: He could not ～ *from* complain*ing* [ask*ing* questions]. 不平を言わずには[質問をしないでは]おれなかった. **2** 〔…を〕じっとこらえる, 怒りを忍ぶ, 我慢する〔*with*〕: bear and ～ ⇨ bear² *vi.* 2 / ～ *with* his faults 彼の欠点を我慢する. **for·béar·er** [-béərə | -béərə(r] *n.*

for·bear² [fɔ́əbèə | fɔ́:bèə(r] *n.* = forebear.

for·bear·ance [fɔəbéə(ə)rəns, fə- | fɔ:béər-, fə-] 〘(1576)〙 **—** *n.* **1** 勘忍, 容赦, 寛容. **2** 自制, 慎み; 我慢強さ, 辛抱. **3** 〘法律〙(債権者の権利行使の)差控え, 不作為; (債務履行の)猶予: *Forbearance* is no quittance. 催促しないのは帳消しとは別物.

for·béar·ing [-béə(ə)rɪŋ | -béər-] 〘ME〙 *adj.* **1** 我慢強い. **2** 容赦する, 寛容な (lenient). **～·ly** *adv.*

Forbes-Rob·ert·son [fɔ́əbzrɑ́bətsṇ, fɔ́əbɪs-, -bəs- | fɔ́:bzrɔ́bət-, fɔ́:bɪs-], Sir **Johnston** *n.* (1853–1937) 英国の俳優・劇場経営者.

for·bid [fəbíd, fɔə- | fə-, fɔ:-] 〘OE *forbēodan*: ⇨ for-¹, bid¹〙 **—** *v.* (**for·bade** [-bǽd, -béɪd], **-bad** [-bǽd]; **-bid·den** [-bídn], 《古》**-bid**; **-bid·ding**) **—** *vt.* **1 a** 〈物事を〉禁止する (prohibit): Duels are strictly ～*den*. 決闘は厳禁だ / Smoking is ～*den* during office hours. 執務時間中の喫煙は禁止されている. **b** [しばしば目的語＋*to* do, *doing*, または二重目的語を伴って]〈人〉に〈…を〉禁じる; …の使用[…への出入]を禁止する: He *forbade* me (*to* enter) the house. = He *forbade* my enter*ing* the house. 彼は私に家にはいることを禁じた / The law ～*s* liquor *to* be sold to minors. 法律が未成年者への酒類販売を禁止している / I am ～*den* tobacco. 私はたばこを禁じられている / Wine is ～*den* him. 彼には飲酒が禁じられている. **c** [通例仮定法で用い, *that*-clause を伴って]〈神が〉〈…することを〉禁じる: God ～ *that* he should injure you! 彼があなたに危害を加えるなどということは絶対ない(ように). **2** 〈事情・障害などが〉妨げる, 不可能にする (prevent): High walls ～ all approach. 高塀にさえぎられて全く近寄れない《はいりようがない》/ The rain ～*s* us *to* go out. 雨で外出できない. **—** *vi.* 《まれ》禁止をする: God ～! そんなことがあってたまるものか《「願わくは神様がそれを禁じたまわんことを」の意から来た誓言》.

— *adj.* 《古》のろわれた (accursed): He shall live a man ～. 奴めのろいに取りつかれた男のようになろう (Shak., *Macbeth* 1. 3. 21).

for·bid·dance [fəbídṇs, fɔə- | fə-, fɔ:-] *n.* 禁止, 禁制 (prohibition).

for·bid·den [fəbídṇ, fɔə- | fə-, fɔ:-] 〘ME〙 **—** *v.* forbid の過去分詞. **—** *adj.* **1** 禁じられた, 厳禁の, 禁制の (prohibited): a ～ cigar. **2** 〘物理〙禁止の, 禁制の《ある近似理論のもとで遷移が禁じられていることにいう》: ～ line 禁制線《ある近似理論のもとで発光が禁じられているスペクトル線》.

Forbídden Cíty *n.* [the ～] **1** チベットの Lhasa の別称《巡礼以外の外来人の入来を許さないことから》. **2** 紫禁城《北京にある旧清朝の帝居》.

forbídden degrée *n.* 〘法律〙禁婚親等《婚姻禁止の親等; 直系血族, 三親等内の傍系血族および直系姻族; prohibited degree ともいう》.

forbídden frúit 〘(17C)〙 **—** *n.* **1 a** 禁断の木の実《Adam と Eve とが食べることを禁じられた Eden の園の知恵の木の果実; cf. *Gen.* 3》. **b** 禁じられているために一層ほしくなるもの, 不義の快楽: *Forbidden fruit* is sweet. 《諺》禁断の木の実は甘い. **2 a** グレープフルーツ. **b** シロバナキョウチクトウの果実《心臓毒があるためこの名がある》. **3** [F- F-]〘商標〙フォービドゥンフルーツ《ブランデーとザボンで作ったオレンジ色の米国産のリキュール》.

for·bíd·der 〘(15C)〙 *n.* 禁じる人, 禁止者.

for·bíd·ding 〘(15C)〙 **—** *adj.* **1** 近づき難い, 無気味な; 険しい, 険悪な (threatening): *Forbidding* cliffs fringe the coast. 険しい崖が海岸に沿って突っ立っている / ～ clouds 険悪な[今にも降りそうな]雲. **2** こわい, ものすごい (grim, stern): a ～ countenance [look] こわい顔. **～·ly** *adv.* **～·ness** *n.*

forbore *n.* forbear¹ の過去形.

forborne *v.* forbear¹ の過去分詞.

for·by [fɔəbáɪ, fə- | fɔ:-, fə-] 〘(*c*1250) *forbi*: ⇨ for-², by¹: cf. G *vorbei*〙 (*also* **for·bye** [～]) **—** *prep.* **1** 《古》**a** …を過ぎて (past). **b** …に接して, 近く. **2** 《スコット》…のほか (besides). **3** 《スコット》…を除いて. **—** *adv.* 《スコット》その上, それに加えて.

force¹ [fɔ́əs, fóəs | fɔ́:s] 〘n.: (?*a*1300) ◻ (O)F 'strength' < VL **fortiam* ← L *fortis* strong ← ? IE **bheregh-* high (cf. borough, burg). — v.: (?*a*1300) *force(n)* ◻ OF *forc-ier* (F *forcer*) < VL **fortiāre* ← L *fortis*〙 **—** *n.* **1 a** (肉体の)力, 体力, 腕力: I had to use all my ～ in opening the door. その戸を開けるのに全力を振りしぼらなければならなかった. **b** 暴力 (violence); 強圧: brute ～ 暴力 / ～ of arms 武力 / use ～ on a person 人に暴力を振う / He used ～ to restrain his rival. 彼は競争相手を抑えるために強圧手段を用いた / by ～ 暴力によって, 力ずくで, 無理押しに / resort to ～ 暴力に訴える / employ ～ 実力を行使する. **c** 〘法律〙暴力, 暴行, (暴力による)不法強制: by [with] ～ and arms 暴力によって (cf. L *vi et armis*). **2** (物理的な)力 (energy); (落下物・爆発などの)勢い (impetus); (推移・変化の)原動力: centrifugal [centripetal] ～ 遠心[求心]力 / be killed by the ～ of an explosion 爆発で死ぬ / the ～ of a blow 打撃の力 / the ～ of the fall 落下の勢い / the ～ of nature 自然力《嵐・風・地震など》. **3** (精神・意志・感情の)力, 迫力, 気力: ～ of character 人格の力, 強い個性, 気力 / I was overcome by the ～ of his emotions. 彼の感情の勢いに圧倒された / He lacks ～ and determination. 彼は気力と決断力に欠けている. **4 a** (事物の)影響力, 支配力; (他におよぼす)勢力, 説得力; 効力, 効果 (virtue): the ～ of public opinion 世論の力 / the ～ of interest [mortality] 〘保険〙利[死]力, 瞬間利子[死亡]率 / The ～ of his arguments may be keenly felt. 彼の議論には説得力が強く感じられる. **b** (文章・言行などの)迫力, 効力, 効果: His essays are marked by ～ and cogency. 彼のエッセイの特徴は迫真力と説得力にある / The scene was described with vivid ～. その情景は生き生きした力強い筆致で描かれていた. **5 a** (君主・国家がもつ)威力, 制覇(せいは)力; 武力, 戦力. **b** 軍隊, 軍勢, 部隊《陸上部隊・艦船部隊・航空部隊またはそれらの連合部隊》; 〘海軍〙集団《戦艦・巡洋艦・駆逐艦以外の同一艦種よりなるグループで, 艦隊 (fleet) の主要区分の一つ》; [the ～s] (一国の)全戦力, 陸海空軍: a small ～ of infantry 歩兵の小部隊 / the air ～ 空軍 / ⇨ Royal Air Force / the ～ of the Crown 英国陸海軍 / the armed ～*s* (一国の)陸海空軍 / the ～*s* by sea and land 陸海軍. **c** (共同活動のための)(勢力)団体, 隊, 総勢; (特定の目的のために使用される)物の総体: a scout ～ 偵察隊 / a police ～ 警察隊 / a sales ～ 販売部(陣営) / a plantation ～ 移民団, 開拓団 / the third ～ 第三勢力, 中立政党 / the missile ～ ミサイル兵器(の総体) / The labor [work] ～ of the country is estimated at 5,000,000. その国の労働者は総数500万と推定される. **d** [the ～] 警官隊, 警察 (the police). **6** 一勢力, 勢力者, 有力者; 勢力となる要因: social ～*s* 社会上の諸勢力 / He was a ～ in the legal profession. 弁護士団中の有力者だった. **7** (言葉などの)真意: the ～ of a word [phrase] 語[句]の真意 / I see the ～ of what you've said. お言葉の主旨はよくわかりました. **8** (法律の)効力, 施行 (validity): a law now *in* ～ 現行法 / a rule no longer *in* ～ 既に効力を失った規則 / The law remains *in* ～. その法律はまだ効力をもっている / put a law *in* ～ 法律を実施[施行]する / come *into* ～ 〈法律が〉実施される, 効力を発生する / *of no* ～ 効力のない, 無効で. **9** 〘野球〙= force play. **10** 〘玉突〙引き玉. **11** 〘トランプ〙= forcing bid.

by force of 〘《なぞり》← F *à force de*〙 …の力で, …によって (by means of): *by* ～ *of* contrast 著しい対照によって / *by* ～ *of* habit 習慣の力で / *by* ～ *of* circumstances 周囲の事情に迫られて, ついやむを得ず.

in force (1) 大勢で, 大挙して; 〈人が〉力を充実して: They invaded *in* ～. 彼らは大挙して侵入した / *in* great ～ 大勢で; 威勢よく, 元気はつらつと / *in* full ～ 総勢で; 威力を十分発揮して. (2) ⇨ 8. ***join forces*** 力を合わせる, 一体となる: Police and citizens have *joined* ～*s* to prevent violence. 警察と市民が一体となって暴力防止に当たっている.

— *vt.* **1** …に暴行する; (特に)〈女性〉に乱暴する. **2 a** (力ずくで)奪取る (wrest); (強襲で)奪取する: ～ a stronghold 要塞を奪取する / He ～*ed* the knife *from* [*out of*] the boy's hand. 彼は少年の手からナイフをもぎ取った. **b** 力で…に押し進む, 無理に押し通る: ～ a passage 無理に通る / ～ one's entry *into* a building 建物に押し入る / ～ one's way *through* a crowd 群衆の中を押し分けて進む. **c** 押し破る, こじあける: ～ a door [gate, lock] 戸[門, 錠]をこじあける. **3 a** [通例, 目的語＋*to* do, *into* doing を伴って] …に強いて…させる, 〈…することを〉余儀なくさせる, 無理に…させる (compel): Illness ～*d* him *to* resign [*into* resign*ing*] that year. その年病気のため彼は職をやめなければならなくなった / I was ～*d to* yield [*into* yield*ing*]. 無理に屈服させられた / If he won't act voluntarily, he must be ～*d*. 進んでしようとしないのなら強制してやらせなければならない. **b** 強制的にかち取る, 強要する: ～ a confession 無理やりに自白させる / ～ a surrender 強引に降伏を迫る.

4 a [通例, 目的語＋方向を示す前置詞付きの句を伴って] 無理に押しやる[促進する], 強引に通す, 強行する: ～ the bidding (競売で)さし値をぐんぐんせり上げる / ⇨ *force the* GAME¹, *force the* PACE¹ / ～ water *to* the top of a cliff 難工事を強行して水を崖の頂上まで引き上げる / I ～*d* the water *down* her throat. その水を彼女ののどへ無理に流し込んでやった / They managed *to* ～ the bill *through* the legislature. 強行手段を用いて法案を議会で通過させた. **b** 〈心づかいなどを〉〔…に〕押しつけがましく仕向ける〔*on, upon*〕: ～ one's opinion (*up*)*on* a person 自分の意見を人に押しつける. **c** 〈涙・笑いなどを〉無理に引き出す; 〈声・力などを〉無理に出す, 絞る; 〈言葉・解釈を〉こじつける: ～ one's strength [voice] 無理に力[声]を出す / ～ a laugh 無理に笑う / ～ tears *from* the eyes 無理に涙を出す[出させる] / ～ a secret *out of* a person 人から無理やりに秘密を聞き出す / ～ a metaphor 無理[不自然]なメタファーを使う / ～ a phrase *into* a peculiar sense ある句をこじつけて特異な意味を持たせる[に解する].

5 a 〈草木・果樹などを〉(人工的に)促成栽培する: ～ strawberries / Lilies are ～*d for* spring blooming. ゆりは春咲用に促成栽培される. **b** 〈学者などを〉速成する, (特別教育などで)〈子供〉の成熟を速める.

6 《古》強化する, 補強する (reinforce)〔*with*〕.

7 〘野球〙**a** [しばしば ～ *out* として]〈走者を〉封殺する, フォースアウトにする (cf. force-out). **b** [しばしば ～ *in* として]〈投手が〉(満塁のとき四球を出して)押し出しの〈1点を〉与える; 〈走者〉に押し出しの1点をあげさせる.

8 〘トランプ〙**a** 〈高位札や切札を〉相手が出すように仕向ける: ⇨ *force a* CARD. **b** (ブリッジで)〈パートナー〉にビッドを継続させる; 〈特定のビッドを〉(パートナーから)引き出す.

9 〖写真〗〈プリント・ネガを〉普通より濃く現像する；…の露出不足の部分を押す，…の現像時間を長くする．
force down 〈飛行機を〉強制着陸させる：～ a plane *down.*
— *vi.* **1** 無理に押し進む，強行軍をする〈*ahead*〉．**2** 〖トランプ〗相手[パートナー]に特定のプレイ[ビッド]をするように仕向ける (cf. forcing bid).

force² [fɔ́əs, fóəs | fɔ́ːs] 〘(*c*1390) *fors, force* ◻ ON *fors, foss* : cf. Swed. *forsa* to gush〙 *n.* 《北英・方言》滝 (waterfall).
fórce cùp *n.* =plunger 4.
forced *adj.* **1** 強いられた，無理じいの，強制の，強行の：～ labor 強制労働 / ～ service 強制服務 / ⇨ forced draft. **2** 強いて作った，無理な，不自然な，こじつけの：a ～ laugh [smile] 作り笑い，苦笑 / ～ gaiety 取って付けたような陽気さ / ～ tears そら涙 / a ～ analogy 無理な類推 / ～ quotations 作り[人為]相場 / a ～ style 不自然な文体 / a ～ interpretation こじつけの解釈．**3** 緊急の際に行なう，不時の：⇨ forced landing. **4** 〖園芸〗人工的に促成(栽培)した：～ chrysanthemums. **fórc·ed·ness** [-sɪdnɪs, -səd-, -st-] *n.*
fórced-àir cóoling *n.* 強制空冷，風冷．
fórced-chóice *adj.* 〈質問が〉強制選択[二者択一]の．
fórced dráft *n.* 強制通風，押込通気《ボイラーの炉の中へ送風機で燃焼用空気を送り込む方法；そのようにして送りこまれる空気》．
fórced féeding *n.* 強制供[給]食《人や動物(特に飼鳥)に強制的に食物を与えること》．
fórced lánding *n.* (航空機の)不時着 (cf. force land): make a ～ 不時着する．
fórc·ed·ly [-sɪdli, -səd-, -st- | -sɪdlɪ, -səd-] *adv.* 無理じいして，強制的に，無理に．
fórced márch *n.* 〖軍事〗強行軍．
fórced oscillátion *n.* 〖物理〗強制振動[動揺]《振動系に周期的な外力が作用するとき起こる振動; cf. free oscillation》．
fórced sále *n.* 〖法律〗公売，強制売却《執達吏の行なう競売処分》．
fórced sáving *n.* 〖経済〗強制貯蓄《物価上昇などにより消費者が実質消費の低下を余儀なくさせられること》；強制節約．
fórced ventilátion *n.* 押込換気《強制的に送風機によって室内に空気を送り込む換気法》．
fórced vibrátion *n.* 〖物理〗=forced oscillation.
fórce-féed *vt.* **1** 〈動物・人〉に強制的に[無理やり]食物を食べさせる：The nurses *force-fed* the patient. 看護婦たちは患者に強制給食を行なった．**2 a** …に無理やりに受け入れさせる[吸収させる]〔*with*〕．**b** 〈ある学科・コースを〉〈学生〉に強制的に取らせる．
fórce féed *n.* 圧力[強制]給油．
fórce-féeding *n.* =forced feeding.
fórce field *n.* 〖物理〗(電気力・磁気力・素粒子などの)場，力の場．
fórce fit *n.* 〖機械〗=press fit.
force·ful [fɔ́əsfəl, fóəs- | fɔ́ːs-] *adj.* **1 a** 力ある，力のこもった，力強い，気力のある，強力な (mighty, vigorous): with a ～ stroke. **b** 〈演説・講義など〉印象的な，効果的な，迫力のある (impressive). **2** 力によって働く[動く]．**～·ly** *adv.* **～·ness** *n.*
fórce lánd 〘《逆成》← *forced landing*〙 (*also* **fórce-lánd**) *vi.* 〈航空機が〉不時着する．— *vt.* 〈航空機を〉不時着させる．
fórce·less *adj.* 力のない，無力の (weak).
force ma·jeure [fɔ́əs-maːʒə́ː, fóəs-, -mə- | fɔ́ːs-mæʒə́ː(r; *F.* fɔrsmaʒœːr] 〘◻F ～ 'superior force'〙 — *F. n.* **1** 優勢；(強国が弱小国に加える)強迫．**2** 〖法律〗**a** 不可抗力《戦争・ストライキなど契約の履行が免除される原因》．**b** (契約義務が免除されることを規定した)不可抗力条項．
force·meat [fɔ́əsmìːt, fóəs- | fɔ́ːs-] 〘(1688) ←《廃》*force* to stuff, season (《転訛》← FARCE) + MEAT〙 — *n.* 調味した挽き肉《詰物として用いたりそれだけで dumpling などにする; farce ともいう》．
for·ce·ne [fɔ̀əsnéɪ, sn- | fɔ̀ː-] 〘◻F *forcené* (p.p.) ← OF *forsener* to be frantic〙 *adj.* 〖紋章〗〈馬が〉両後足で立った《ライオンの salient に当たる》．
fórce-òut *n.* 〖野球〗封殺，フォースアウト (cf. force¹ *vt.* 7 a).
fórce plày *n.* 〖野球〗フォースプレイ《走者が塁を出て次の塁に走らざるを得なくするプレイ》: a ～ at second base 二塁でのフォースプレイ．
fórce pólygon *n.* 〖機械〗力の多角形《一点に作用する多くの力がある時，それらの合力を求める作図法; cf. TRIANGLE of forces》．
for·ceps [fɔ́əsɪps, -səps, -seps | fɔ́ːseps, -sɪps] 〘(1634) ◻L ～ ← *formus* hot + *-ceps* (← *capere* to catch)〙 — *n.* (*pl.* ～, **～·es, for·ci·pes** [-səpìːz | -sɪ-]) **1** (医師・時計工などの用いる)鉗子(かん)，抜歯鉗子，ピンセット (pincers, tweezers): a pair of ～. **2** 〖動物〗(昆虫などの)鉗子状器官，鉗子状部，(ハサミムシ類の)はさみ．

forceps 1
1 dissecting forceps; 2 bone-holding forceps; 3 sterilizing forceps

fórce pùmp *n.* 押揚げ[圧水]ポンプ (cf. lift pump).
fórc·er¹ *n.* **1 a** 強制者．**b** 促成栽培を行なう人．**2** 押揚げポンプのピストン．**3** 促成栽培用植物．
for·cer² [fɔ́əsə, fóə- | fɔ́ːsə(r] 〘(*c*1250) ◻OF ～, *forcier* : ⇨ force¹〙 *n.* 《古》箱，ひつ (chest).
for·chette [fɔəʃét | fɔː-] *n.* =fourchette 1.
forc·i·bil·i·ty [fɔ̀əsəbíləṭi, fòə- | fɔ̀ːsɪbílətɪ, -sə-, -lɪ-] *n.* **1** 無理じいすること，強引．**2** 強力，有力．
forc·i·ble [fɔ́əsəbl̩, fóə- | fɔ́ːsə-, -sɪ-] 〘(1422) ◻OF ～ : ⇨ force¹, -ible〙 — *adj.* **1** 無理じいされた，強制的な：a ～ purchase 強制買入れ / a ～ entry (into a building) 不法侵入．**2** 強力な；勢いのある，力のこもった，力強い (vigorous)；有力な，説得力のある；有効な：a ～ argument [word, speaker, expression] 力強い議論[言葉，語り手，表現] / ～ reasoning なるほどと思わせる推理[論法]．**fórc·i·bly** *adv.* **～·ness** *n.*
fórcible-féeble 〘← *Forcible* (Shak., *2 Hen VI* に登場する仕立屋 *Francis Feeble* のあだ名)〙 *adj.* 強そうで実は弱い，こけおどしの．
fórc·ing 〘ME〙 *n.* **1** 強制；暴行；奪取．**2** 〖園芸〗促成(栽培)：plants for ～ 促成栽培用植物 / ～ culture 促成栽培．
fórcing bèd *n.* =hotbed.
fórcing bìd *n.* 〖トランプ〗(ブリッジで)応答要求ビッド《自分たちのビッドをせり上げるためのビッドで，パートナーはパスしてはならない；take-out double, jump-shift などが典型的なもの; cf. force *vi.* 2》．
fórcing hòuse *n.* **1** 〖園芸〗促成栽培温室．**2** =hotbed 2.
fórcing pùmp *n.* =force pump.
for·ci·pate [fɔ́əsəpèɪt, fóə- | fɔ́ːsɪ-] 〘⇨ forceps, -ate²〙 *adj.* 鉗子(かん)状の．
forcipes *n.* forceps の複数形．
forc·ite [fɔ́əsaɪt, fóə- | fɔ́ː-] 〘← FORCE¹ (n.) + -ITE¹〙 *n.* フォーサイト《発破用ダイナマイトの一種》．
ford [fɔ́əd, fóəd | fɔ́ːd] 〘OE ～ < (WGmc) **furduz* (Du. *voorde* / G *Furt*) ← IE **per* to lead, pass over : ⇨ fare, port¹〙 — *n.* **1** (川・湖水などの歩いて渡れる)浅瀬，渡り場：cross the ～ 浅瀬を渡る．**2** 《古》流れ，川 (stream). — *vi.* 浅瀬を渡る：～ *over* 浅瀬を渡り越す．— *vt.* 〈水流・川を〉歩いて渡る，徒渉する．
Ford¹ [fɔ́əd, fóəd | fɔ́ːd] 〘← *Henry Ford*〙 *n.* フォード《大衆自動車の典型》: a 1980 ～ 1980 年型フォード / I can't afford a ～. フォードも買えない．
Ford² [fɔ́əd, fóəd | fɔ́ːd] 〘← FORD〙 *n.* 男性名．
Ford *n.* **Ford Mad·ox** [mǽdəks] (1873–1939) 英国の作家；もと Ford Madox Hueffer [héfə | -fə(r] といった; *The Good Soldier* (1915).
Ford, Gerald R(udolph) *n.* (1913–) 米国の政治家；副大統領 (1973–74)；第 38 代大統領 (1974–77).
Ford, Henry *n.* (1863–1947) 米国の自動車製作者；流れ作業方式の大量生産により大衆車を可能にした．
Ford, John *n.* **1** (1586–?1640) 英国の劇作家：*The Broken Heart* (1629). **2** (1895–1973) 米国の映画監督．
ford·a·ble [fɔ́ədəbl̩, fóəd- | fɔ́ːd-] *adj.* 歩いて渡れる[越せる]，徒渉できる：a ～ stream.
Fórd Foundátion *n.* [the ～] フォード財団《人類福祉の増進のために 1936 年 Henry Ford 父子によって米国に創立された》．
fordid *vt.* fordo の過去形．
Ford·ize, f- [fɔ́ədaɪz, fóəd- | fɔ́ːd-] 〘← *Henry Ford* + -IZE〙 — *vt.* **1 a** (流れ作業で)〈製品を〉大量生産[量産]する．**b** 〈工場・産業などを〉量産可能にする：～ a plant. **2 a** (量産化を有効に進めるため)〈人員や作業を〉規格化する．**b** …から個性を奪う．
fórd·less *adj.* 浅瀬のない；徒歩で渡れない，徒渉できない．
for·do [fɔədúː, foə- | fɔː-] 〘OE *fordōn* ← FOR-¹ 2 + *dōn* 'to do' : cf. Du. *verdoen* / G *vertun*〙 — *vt.* (**for·did** [-díd]; **-done** [-dʌ́n]; **-does** [-dʌ́z]) (*also* **fore·do**) 《古》**1** なきものにする，殺す，滅ぼす (kill). **2** [p.p. 形で] 疲れさせる (exhaust): be *foredone with* the work 仕事に疲れ果てる．
fore¹ [fɔ́ə, fóə | fɔ́ː(r] 〘adj. : (1262)《独立形》← FORE- (cf. forefather, foremost) : cf. OE *fore* before, in the sight of / G *vor* before & *für* for. — adv. OE *for(e)* 'FORE-'〙 — *adj.* **1 a** (空間的に)前部の，前方の，前面の (↔ hind, back): the ～ part of a train. **b** (時間的に)前の：in the ～ half of the 19C 19 世紀の前半に(おいて)．**2** 《廃》以前の (former). **3** 〖海事〗(帆船の)前檣(しょう)の；(帆船の)前方支索の；(帆船・船の)船首の，船首部の．— *adv.* **1** 前方に，前部に；前方へ (forward). **2** 《廃》以前に (before). **3** 〖海事〗船首に；船首の方へ：～ and aft 船首と船尾に；船の前後方向に (cf. athwart 3)；船全体にわたって，船中に (cf. fore-and-aft). — *n.* **1** 前部，前面 (front)；(牛・羊などの脳肉の)前四半部 (forequarter)；(馬などの)前足 (foreleg). **2** 〖海事〗**a** 船首部．**b** 前檣(しょう) (foremast): at the ～ 〈旗が〉前檣(頭)に(揚げられて)．**c** おもて《船首の船室，または下級船員》．
to the fore (1) 〈人が〉(その場に)いて，近い所にいて (within call): come *to the* ～ 前面に出て来る / I wish he were *to the* ～ here. 彼がいまここにいたらいいのに．(2) よく見える[著しく目立つ]所に，顕要な地位に：come *to the* ～ 指導的立場をとる，表立ってくる，(世人の)耳目をそばだたせる．(3) 〈金など〉手元に準備[用意]して：He has £1,000 *to the* ～. 手元に 1,000 ポンド持っている．(4) 生きて (alive): The old man is still *to the* ～.
— *prep.* **1** 《古》…の前に (before): *Fore* George! (聖ジョージの御前に)誓って (By George!) / *Fore* Heaven [God], I am innocent. 誓って身に覚えはありません．**2** 《廃》…よりもむしろ：He loveth fame ～ me. 彼は私より名誉を愛する．
fore² [fɔ́ə, fóə | fɔ́ː(r] 〘《頭音消失》? ← BEFORE〙 *int.* 〖ゴルフ〗フォア，(球が)そっちへ行くぞ《球の飛ぶ方にいる人への警告》．
'fore [fɔə, fɔə | fɔː(r] *prep.* 《詩》=before.
fore- [fɔə, foə | fɔː(r] 〘OE *for(e)-* ← *fore* (adv.) in front, before < ? Gmc **forai* ← IE **per* : ⇨ for, fore¹〙 — 次の意味を表わす動詞・分詞形容詞・名詞を造る連結形．**1**「前部の，前面の，前方の」: *fore*head, *fore*arm. **2**「前に，前の，あらかじめ」: *fore*noon, *fore*see, *fore*tell. **3**「頭(かしら)の (superior)」: *fore*man. **4**「前行の，昔の」: *fore*father. **5** 〖海事〗「前檣または船首の[に近い]」: *fore*body, *fore*castle, *fore*hold.
fóre-and-áft 〘← ? LG : cf. Du. *van voren en van achteren*〙 — *adj.* **1** 〖海事〗**a** 船の中心線に平行する，前後方向の，縦の．**b** 縦帆艤装の，縦帆式の (cf. square-rigged). **2** 〈帽子が〉前と後ろにひさしのある：a ～ cap.
fóre-and-áft·er [-ǽftə | -ɑ́ːftə(r] *n.* **1** 〖海事〗**a** (schooner のような) 縦帆(艤装の)船．**b** 縦通材《船の昇降口の上を縦に通じている梁(はり)など》．**c** 両頭船．**2** 前と後にひさしのある鳥打帽．
fóre-and-áft rìg *n.* 〖海事〗縦帆艤装 (cf. square rig). **fóre-and-áft rigged** *adj.*
fóre-and-áft sàil *n.* 〖海事〗縦帆 (cf. square sail).
fóre-and-áft schóoner *n.* 〖海事〗縦帆スクーナー．
fóre·àrm¹ 〘(1741) ← FORE- + ARM¹〙 *n.* **1** 〖解剖〗前腕，前膊(はく)《肘(ひじ)から手首までの間; cf. upper arm》．**2** 〖動物〗(四足獣の)前脚の上部 (⇨ horse 挿絵).
fore·arm² [fɔəɑ́əm, foə- | fɔː(r)ɑ́ːm] 〘(1592) ← FORE- + ARM²〙 *vt.* **1** あらかじめ武装する．**2** 準備する：～ oneself against criticism 批判に備える．
fóre·bày *n.* 〖土木〗フォアベイ，取水庭《水車・タービンなどに水を取入れるための貯水池；または取水口前面の水域》．
fóre bèam *n.* 〖紡織〗=breastbeam 2.
fore·bear [fɔ́əbɛ̀ə, fóə- | fɔ́ːbɛ̀ə(r] 〘(15C)《スコット》～ ← FORE- + ME *beer* (⇨ be¹, -er¹)〙 *n.* [通例 *pl.*] 先祖，祖先，父祖 (ancestor).
fore·bode [fɔəbóud, foə-, fə- | fɔːbə́ud, fə-] 〘OE *forebodian* : ⇨ fore-, bode¹〙 — *vt.* **1** 予示する；…の前兆となる：The clouds ～ rain. 降りそうな雲行きだ．**2** 〈不吉を〉予感する，虫の知らせか〈凶事〉のありそうな気がする：I ～ disaster for the enterprise. この事業には不幸が起こりそうな予感がする / She ～*d that* she might fail. 失敗するのではないかという予感がした．— *vi.* **1** 予言する．**2** 虫の知らせがある．
fore·bód·er *n.* **1** 予言[予見]者．**2** 前兆．
fore·bód·ing 〘ME〙 — *n.* 前知らせ，虫の知らせ，予知，予感；(凶事などの)前兆：He had a sort of ～ about her. 彼女について虫の知らせのようなものを感じた．— *adj.* (凶事を)予感する(ような)，虫の知らせの：a ～ look 不吉なまなざし / ～ thoughts (虫の知らせのような)無気味な予感．**～·ly** *adv.* **～·ness** *n.*
fóre·bòdy *n.* 〖海事〗前部船体 (cf. afterbody 1, middle body).
fóre·bràin *n.* 〖解剖〗前脳．
fóre·càbin *n.* (客船の)前部船室《通例二等客室》．
fóre·càddie *n.* 〖ゴルフ〗フォーキャディー《フェアウェーでボールの停止した位置を示すキャディー》．
fóre·càrriage *n.* (四輪馬車の)前車部《前方の 2 輪が後車輪から独立して回転する》．
fore·cast [fɔ́əkæ̀st, fóə-, –́–̀ | fɔ́ːkɑ̀ːst, –́–̀] 〘(1413) ← FORE- 2 + CAST〙 — *v.* (～, **～·ed**) — *vt.* **1** 〈出来事・結果を〉予測[予想]する：～ the winners in a race. **2** 〈天気を〉予報する：～ tomorrow's weather. **3** …の前兆[前触れ]となる (foreshadow): Such events ～ disaster. このようなできごとは災害の前触れだ．**4** 《古》あらかじめ計画[用意]する，予定する．— *vi.* **1** 予想[予測]する．**2** 《廃》予定する，打合わせをする．
— [–́–̀] *n.* **1** 予想，予測；(天気の)予報 (prediction): a business ～ 景気予想 / a weather ～ 天気予報 / a ～ for the rice crop 米の作柄予想．**2** 《古》先見力．
fóre·càst·er *n.* 先見[予知]者；天気予報官．
fore·castle [fóuksl̩, fɔ́əkæ̀sl, fóə- | fə́uksl̩] 〘(?*a*1400) ← FORE- 1 + CASTLE〙 — *n.* 〖海事〗**1** フォックスル，(商船の)船首楼《船首部に一段と高く作った部分; ↔ poop》；(船首楼内の)水夫部屋．**2** 前檣(しょう)より前の上甲板．

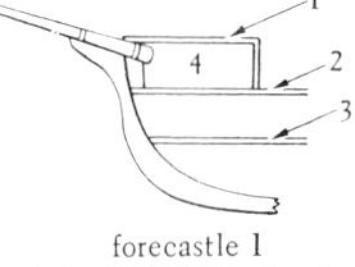

forecastle 1
1 forecastle deck; 2 main deck; 3 lower deck; 4 forecastle

fórecastle dèck *n.* 〖海事〗船首楼甲板《船首の短い小高くなった甲板》．
fórecastle·hèad *n.* 〖海事〗=forecastle 2.
fóre·chèck *vi.* 〖アイスホッケー〗フォアチェックする《相手チームの攻撃を相手チームの陣内で防ぐ; cf. back-check》．
fóre·cìted *adj.* 前に[上に]引用した．
fore·clos·a·ble [fɔəklóuzəbl̩, foə- | fɔːkláuz-] *adj.* **1** 除外[排除]できる．**2** 〖法律〗(担保物の)取戻し権を喪失させうる；抵当流れにすることのできる．
fore·close [fɔəklóuz, foə- | fɔːkláuz] 〘(*c*1290) *forclose(n)* ◻ (O)F *forclos-* (p.p.) ← *forclore* to exclude ← *fors-* outside + *clor(r)e* (< L *claudere* 'to CLOSE¹' : cf. clause)〙 — *vt.* **1** 除外する，締め出す，排除する

(shut out): ～ a person (*out*) *of* the church 人を教会から締め出す. **2** (…しないように)妨げる, 防ぐ (hinder). **3** …に対して独占権を主張する, 独占する. **4** 〈争点などを〉(先決問題として)あらかじめ解決する, 打切りにする, (異議を見越して)あらかじめ答えておく: attempt to ～ discussion 討論を打切ろうとする. **5** 〘法律〙〈抵当権設定者を〉排除する, 〈抵当権設定者〉に(抵当の)受け戻し権を失わせる; 〈抵当物〉に担保権を行使する, 質流れ処分にする, 流す: ～ the mortgagor from a mortgage 抵当権設定者から抵当物の受け戻し権を失わせる / ～ a mortgage [pledge] 抵当物を流す. ── *vi.* 〘法律〙抵当流れ処分にする, 抵当物に担保権を行使する.

fore·clo·sure [fɔəklóuʒə, foə- | fɔːkláuʒə(r] 〘《1728》: ⇨↑, -ure〙 ── *n.* 〘法律〙(担保物の)受け戻し権喪失, 抵当権実行, 流質処分, 抵当流れ: a ～ sale 抵当物件の公売 / be sold under ～ 抵当流れとして売却される / take proceedings for ～ 抵当権実行の手続きをとる.

fóre·cònscious *n.* 〘心理〙 =preconscious.

fóre·còurse *n.* 〘海事〙フォアコース《フォアヤードに取付けた大帆; ⇨ foresail 1》.

fóre·còurt *n.* **1** (建物の)前庭, 前庭広場; (特に, ガソリンスタンドの)給油場. **2** (テニス・バドミントンなどで)フォアコート《テニスではサービスラインとネットの間のコート; バドミントンではショートサービスラインとネットの間のコート; ↔ backcourt》.

fore·dáte *vt.* =antedate.

fóre·dèck *n.* 〘海事〙前部甲板.

fore·do [fɔədúː, foə- | fɔːdúː] *vt.* (**fore·did** [-díd]; **-done** [-dʌ́n]; **-does** [-dʌ́z]) 《古》 =fordo.

fore·doom [fɔədúːm, foə- | fɔː-] *vt.* **1** [通例 p.p. 形で] …にあらかじめ〔…の〕運命を定める (predestine) 〔*to*〕: an attempt ～*ed to* failure 始めから失敗の運命にあった企図. **2** 《古》予知する, 予想する (presage). ── [ˊ-ˋ] *n.* 《古》予定された運命, 運命 (destiny).

fóre èdge *n.* 前べり, 外べり; 〘製本〙(書物の背と反対側の)前小口, 小口 (cf. foot 13, head 28 c).

fóre èdge màrgin *n.* 〘印刷〙小口あき.

fóre-èdge pàinting *n.* 小口絵装飾(法)《前小口を絵で飾ること, またはその方法; 絵は前小口の紙葉をななめにすると見られる》; 小口絵.

fóre·ènd *n.* **1** (物の)前部, 前端. **2** 〘銃砲〙(銃床の)前床《銃床の一部で, 銃身の下, 引金用心鉄の前部; ⇨ rifle[1] 挿絵》.

fóre·fàce *n.* 〘動物〙(四足獣の)前顔《目の前にある顔の部分》.

fore·fàther 〘《*a*1325》 ▭ ON *forfaðir* ∽ OE *forþfæder*〙 *n.* **1** (通例, 遠い血縁の)先祖. **2** [通例 *pl.*] 父祖, 祖先 (forebear).

Fórefathers' Dày *n.* 《米》祖先の日《12 月 21 日; Pilgrim Fathers (1620 年) 米大陸上陸記念日; 主に New England 地方での祝祭日; 旧暦から新暦に改める時に日をとり違えたため, 現在では通例 12 月 22 日を記念日としている》.

fore·feel [ˊ-ˋ] *vt.* 予感する. ── [ˊ-ˋ] *n.* 予感.

fore·fend [fɔəfénd, foə- | fɔː-] *vt.* =forfend.

fóre·fìnger 〘《*a*1425》: ⇨ fore-, finger〙 *n.* 人差し指, 食指 (first finger, index finger).

fóre·fòot 〘《*a*1375》: ⇨ fore-, foot〙 ── *n.* (*pl.* **-feet**) **1** (四足獣の)前足; (昆虫の)前足. **2** 〘海事〙竜骨前端部; 船首水切り, フォアフット《竜骨前端と船首材とのつなぎ目》.

fóre·frònt 〘《*a*1450》: ⇨ fore-, front〙 ── *n.* **1** (部隊の)最前部, 先頭, 第一線: in the ～ of the battle 戦闘の最前線にあって (cf. *2 Sam* 11:15). **2** 最も重要な位置[地位], (活動・興味などの)中心: Fame was in the ～ of her mind. 彼女は名声を得ることをまず念頭においていた / He was in *the* ～ of resistance. 彼は反抗[抵抗]の急先鋒だった.

fore·gath·er [fɔəgǽðə, foə-, -géðə | fɔːgǽðə(r] *vi.* =forgather.

fóre·gìft *n.* 《英》(借地人の払う)権利金, 敷金.

fóre·glìmpse *n.* 未来の予見[予示].

fore·go[1] [fɔəgóu, foə- | fɔːgə́u] 〘OE *foregān* to go before: ⇨ fore-, go[1]〙 ── *v.* (**fore·went** [-wént]; **-gone** [-gɔ́(ː)n, -gɑ́n | -gɔ́n]; **-goes**) ── *vt.* …の先に行く, …に先行する. ── *vi.* 先ぶれをする, 先立つ.

fore·go[2] [fɔəgóu, foə- | fɔːgə́u] *vt.* (**fore·went** [-wént]; **-gone** [-gɔ́(ː)n, -gɑ́n | -gɔ́n]; **-goes**) =forgo.

fore·gó·er 〘ME〙 *n.* **1** 先に行く人[物]; (特に, 猟犬群 (dog team) の)先頭. **2** 先例 (example); 先人, 先代, 先輩 (predecessor). **3** 祖先 (ancestor).

fore·gó·ing 〘《15C》〙 ── *adj.* **1** 先の, 前の; 前述の, 上述の: the ～ chapter 前章. **2** [the ～; 名詞的に] 前記のもの, 前文: *The* ～ are only a few of the instances. 前記は少数の実例に過ぎない.

fore·góne *v.* forego[1,2] の過去分詞. ── [ˊ-ˋ, ˋ-ˊ] 〘《1593》〙 ── *adj.* 先立った, 既往の, 過去の (previous, past): ～ days 過ぎ去った日々.

fóregone conclúsion *n.* **1** 初めからわかり切っている結論. **2** 必然的結果, 確実なこと (certainty): Our victory is a ～. われらの勝利間違いなし. **3** 前にあった[経験ずみの]事: This denoted a ～. これは前にあったことの証拠だ (Shak., *Othello* 3. 3. 428).

fóre·gròund 〘《1695》 ← FORE-＋GROUND[1]: cf. Du. *voorground*〙 ── *n.* [the ～] **1** (風景・絵画の)前景 (cf. background 1, middle distance). **2** 最前面, 表面, 最も目立つ位置: keep oneself in *the* ～ 表面に乗り出している, 最前線にとどまる. ── *vt.* **1** 前景に描く[置く], 前面に置く. **2** 〘言語〙前景化する (⇨ foregrounding).

fóre·gròund·ing 〘《訳》 ← Czech *aktualisace* modernization〙 ── *n.* 〘言語〙前景化《生々しい詩的な比喩のように, 異常なものとして注意をひくような言語手段を用いること》.

fóre·gùt *n.* 〘生物〙(胎児の)前腸《咽頭(いんとう)・食道・胃・十二指腸になる部分; cf. hindgut 1, midgut》.

fóre·hàmmer 〘ME〙 *n.* 前つち《小づちの前に使用する大づち》.

fóre·hànd 〘《1545》〙 ── *n.* **1** 《古》前位; 上位, 優位 (superiority). **2** 馬体の前部《乗り手より前にある部分》. **3** 〘テニス〙 **a** フォアハンド(ストローク)《てのひらを打球方向に向けて打つ打球法; cf. backhand 1》. **b** フォアハンド(ストローク)が用いられる(プレーヤーの)サイド. **4** 〘トランプ〙(skat など 3 人遊びのゲームで)一番手《配り手の左隣で最初に札を配られる人》. ── *adj.* **1** 前[前方]にある (front); 最前部の, 先頭の (foremost). **2** 前もってした, 見越しの: a ～ payment 前払い. **3** 〘テニス〙(打法で)フォアハンドの (cf. backhand): a ～ stroke フォアハンドストローク (⇨ *n.* 3 a). ── *adv.* 〘テニス〙フォアハンドで.

fóre·hánded *adj.* **1** 《米》 **a** 将来の備えがある, 慎重な, 倹約な. **b** 金のたまった, 暮らし向きの楽な, 裕福な. **2** =forehand 3. **～·ly** *adv.* **～·ness** *n.*

fore·head [fɔ́(ː)rɪd, fɑ́r-, -rəd, fɔ́əhèd, fóə- | fɔ́rɪd, -red, fɔ́ːhèd] 〘OE *forhēafod*: ⇨ for-[2], head〙 ── *n.* **1** 前額部, ひたい (brow). **2** (物の)前部. ★ ラテン語系形容詞: frontal.

fóre·hèarth *n.* 〘冶金〙前床(ぜんしょう)《溶鉱炉から取り出された金属・スラグなどをためる炉》.

fóre·hòck 〘⇨ fore-, hock[1]〙 *n.* (豚肉やベーコンの)前肢の部分.

fóre·hòld *n.* 〘海事〙前部船倉.

fóre·hòof *n.* (四足獣の)前脚の蹄.

for·eign [fɔ́(ː)rən, fɑ́r-, -rɪn | fɔ́r-] 〘《*c*1250》 *forein* ▭ (O)F *forain* < LL *forānum* residing outside ← L *forās* outside, abroad: 今の形は REIGN との連想による〙 ── *adj.* **1 a** 外国の, 他国の; 外国に関する, 対外の; 外国からの, 外国行きの: a ～ accent 外国なまり / a ～ country 外国 / ～ languages 外国語 / ～ manners 外国風 / a ～ settlement 外国人居留地 / ～ trade 外国貿易 / a ～ policy 外交政策 / a lighter of a ～ make 外国製のライター / ～ intervention 外国からの干渉 / ～ goods 外貨 / ～ capital 外資 / a ～ visitor 外人客 / ～ mail 外国郵便 / a ～ trip 外国[海外]旅行 / ⇨ Foreign Minister. **b** 外国における, 在外の: ～ deposits 在外預金 / a ～ agency 在外代理店 / a ～ holiday 外国で過ごす休日 / ⇨ foreign correspondent. **c** [複合語をなして] 外国…の: *foreign*-going 外国行きの / *foreign*-made 外国製の / *foreign*-owned (証券など)外国人所有の / *foreign*-born 外国生まれの / *foreign*-built 外国で建造した. **2 a** 他地方の; 特定地域外の. **b** 《米》〘法律〙州法適用地域外の, 州司法管轄外の. **3 a** 他人(から)の; 他の物(から)の. **b** 〘医学〙有機的な部分でない, 外来の, 異質の (extraneous): a ～ body [substance] 異物. **4** 〔…と〕全く異なる (alien), 性質を異にする, 無関係の, (irrelevant) 〔*to*〕: be ～ *to* the question 問題に無関係 / Lying is ～ *to* his nature. うそは彼の性に合わない. **5** 〘鉄道〙他会社に属する: a ～ line 社外線 / ⇨ foreign car.

go foreign 〘海事〙外航船に乗る, 外国へ行く. ***sell foreign*** 〘海事〙外人に〈船を〉売る.

Foreign and Commonwealth Office (英国の)外務省.

fóreign affáirs *n. pl.* 外務 (cf. HOME affairs): the Secretary of State for *Foreign* and Commonwealth *Affairs* 《英》外務大臣 / the Ministry [Minister] of *Foreign Affairs* 外務省[大臣].

fóreign áid *n.* 対外援助(金)《戦争で破壊された国や発展途上の国に与えられるもの》.

fóreign attáchment *n.* 〘法律〙第三債務者に対する差押え; 債権差押え《判決債権者 (judgment creditor) の満足に供するために判決債務者 (judgment debtor) の有する債権を差押える場合, この第三債務者に出頭を命じる手続; cf. garnishment 2》.

fóreign bíll 〘《略》 ← *foreign bill of exchange*〙 *n.* 外国為替(かわせ)手形.

fóreign cár *n.* 〘鉄道〙他線車.

fóreign corporátion [cómpany] *n.* **1** 外国会社《外国法に準拠して外国で設立された会社でありながら国内で営業を営むもの》. **2** 州外会社《州外法に準拠して州外で設立された会社でありながら州内で営業を営むもの》.

fóreign correspóndent *n.* (外国からニュースや論評を送る)通信員, 海外特派員.

fóreign cúrrency depòsit *n.* 〘銀行〙(外国為替銀行における)外貨預金.

fóreign dévil 〘《なぞり》 ← *Chin. yang kuei-tzu*〙 *n.* 洋鬼子《外国人, 特に欧米人に対する蔑称》.

fór·eign·er 〘《*c*1400》: ⇨ foreign, -er[1]〙 ── *n.* **1** 外国人, 外人, 異人 (alien). **2 a** 外来物, 渡り物. **b** 外来動植物. **c** 外国証券. **d** 外国船 (foreign ship). **3** 《方言》よそ者, 外の人, 見知らぬ人 (stranger).

fóreign exchánge *n.* 外国為替(かわせ); 外国為替[外為(がいため)]取引(業).

fóreign exchánge resèrve *n.* 〘経済〙外貨保有(高).

fóreign-flàg *adj.* **1** 〈船・飛行機など〉他国籍の. **2** 《米》〈船舶が〉外国の法規に基づいて登録された.

fór·eign·ìsm [-nìzm] *n.* **1** 外国風(の習慣), 異国風俗. **2** 外国語法[風]; 外来語. **3** 外国風模倣; 外国風の特性.

for·eign·ize [fɔ́(ː)rənàɪz, fɑ́r-, -rɪ- | fɔ́r-] *vt.* 外国風にする.

fóreign légion 〘《なぞり》 ← F *légion étrangère*〙 ── *n.* **1** 外人部隊《外国人から成る傭兵部隊》; 外国人義勇軍. **2** [F- L-] (もと北アフリカ駐屯のフランスの)外人部隊.

Fóreign Mínister *n.* 外務大臣, 外相《英国以外の「外務大臣」の呼称; 英国の Foreign Secretary に当たる》.

fóreign míssion *n.* 〘キリスト教〙外国伝道 (cf. home mission, inner mission).

fór·eign·ness *n.* **1** 外来性; 外国風. **2** 異質[異分子]であること.

fóreign òffice *n.* (一部の国の)外務省《昔の英国外務省は the British Foreign Office と呼ばれた》.

fóreign relátions *n. pl.* **1** 他国との関係. **2** 外務の分野, 国際関係.

Fóreign Sécretary *n.* 《英》 =Foreign Minister.

fóreign sérvice *n.* 《米》〘外交〙 **1** [時に F- S-] 海外勤務職《1924 年に設けられた米国国務省の専門職[一部門]で, 主として海外で外交・領事関係に携わる》. **2** (軍隊の)外地[海外]勤務.

fore·judge[1] [fɔədʒʌ́dʒ, foə- | fɔː-] 〘《1561》 ← FORE-＋JUDGE: cf. F *préjuger* / L *praejūdicāre*〙 *vt.* あらかじめ判断[断定]する, …に予断を下す (prejudge).

fore·judge[2] [fɔədʒʌ́dʒ, fɔə-, foə- | fɔː-] *vt.* 〘法律〙 = forjudge.

fòre·knów 〘《*c*1385》: ⇨ fore-, know[1]〙 *vt.* (**fore·knew**; **-known**) (天啓または超能力によって)予知する, 前もって知る.

fòre·knów·able *adj.* 予知できる, 予知可能な.

fore·knowl·edge [ˊ-ˋ-, ˋ-ˊ-] 〘《1535》 ← FORE-＋KNOWLEDGE ∽ ME *for(e)knouing* 《なぞり》 ← L *praescientia*〙 *n.* 予知, 先見の明 (prescience).

for·el [fɔ́(ː)rəl, fɑ́r- | fɔ́r-] 〘《*a*1325》 ▭ OF *forrel* (F *fourreau*) (dim.) ← *fuerre* sheath: ⇨ fur〙 ── *n.* (*also* **forrel**) **1** フォレル《下級の羊皮紙; 本の表紙に使う》. **2** =slipcase.

fóre·làdy *n.* 《米》(工場の)婦人監督[職長] (forewoman).

fore·land [fɔ́ələnd, fóə- | fɔ́ː-] 〘《?*c*1200》: ⇨ fore-, land[1]〙 ── *n.* **1** 岬 (promontory). **2** (築堤と城壁の間の, あるいは山地などの)前地, 前面地. **3** 前方地, 海岸地方 (cf. hinterland 1 a). **4** 〘土木〙堤外地《堤防の外側(河川あるいは海側)の地域》.

fóre·lèg 〘《15C》〙 *n.* (四足獣・昆虫の)前脚, 前肢; (椅子などの)前脚.

fóre·lìmb *n.* **1** (四足獣の)前肢 (foreleg). **2** 他の脊椎動物の前肢に相当する部分《ひれ・翼など》.

fóre·lòck[1] 〘lateOE *foreloc*: ⇨ fore-, lock[1]〙 ── *n.* **1** 前髪, 額髪: pull one's ～ 〈田舎の人が〉(目上の人への敬礼の印に, 自分の)前髪を軽く引っ張る. **2** (馬の耳の間から顔に垂れている)前髪.

take [seize] time [an occasion, an opportunity] by the forelock 〘「時」は過去は無用として前頭部にだけ毛をはやした形で描かれるところから〙機会を逃さず捕える, (好機を逸せず)機会に乗じる.

fóre·lòck[2] 〘ME: ⇨ fore-, lock[2]〙 *n.* 割りくさび (linchpin). ── *vt.* 割りくさびで留める.

fóre·man [-mən] 〘《1222》 ▭ ON *formann-es* (gen.) ← *formaðr* captain, leader ← *for-* 'FORE-'＋*maðr* 'MAN[1]'〙 ── *n.* (*pl.* **-men** [-mən, -mèn]) **1** (労働者の)職長, 工夫長, 頭(かしら), 監督. **2** 陪審長.

fóreman·shìp *n.* foreman の地位[資格].

fore·mast [fɔ́əmæ̀st, fóə-, -məst | fɔ́ːmɑ̀ːst, -məst] 〘← FORE-＋MAST[1]〙 ── *n.* 〘海事〙フォアマスト, 前檣(しょう), (帆船では)前檣の下檣: a ～ seaman [man, hand] 前檣員; 平水夫.

fóre·màtter *n.* 〘印刷〙 =front matter.

fóre·mìlk *n.* **1** (牛などの)しぼり初めの乳. **2** (産婦の)初乳 (colostrum).

fore·most [fɔ́əmòust, fóə-, -məst | fɔ́ːməust, -məst] 〘《15C》 ← FORE-＋-MOST (cf. backmost) ∽ ME *formest* < OE *formest, fyrmest* (superl.) ← *forma, frum(a)* first (superl.) ← *fore* 'FORE[1]': OE *forma* の -*m*- は superl. suf. (cf. L *prīmus* first)〙 ── *adj.* **1** 一番先の, 真先の: the ～ troops of an army 前進部隊. **2** 第一位の, 一流の, 主要な: the ～ man of his age 当代一流の人物 / a ～ expert on the problem その問題についての第一人者. ── *adv.* 真先に, 第一番に最も重要なこととして: head ～ 頭を先にして, まっさかさまに / ⇨ FIRST *and foremost*.

fóre·mòther *n.* 女性の祖先.

fóre·nàme 〘《1533》 ← FORE-＋NAME: cf. Du. *voornam*〙 *n.* (姓名の姓に対して)名 (first name, Christian name).

fóre·nàmed 〘ME〙 *adj.* 前に名ざした[挙げた], 前述[前記]の.

fore·noon [ˊ-ˋ, -ˊ] 〘《*c*1425》 ← FORE-＋NOON〙 *n.* 午前, 昼前 (morning) 《夜明けから正午までをいうが, 特に早朝に対して 8-9 時から正午頃までをいう》.

fórenoon wàtch *n.* 〘海事〙午前直《午前 8 時から正午までの当直; ⇨ watch *n.* 5》.

fóre·nòtice *n.* 予告.

fo·ren·sic [fərénsɪk, fɔːr-, foːr-, -zɪk | fər-, fɔr-] 〘《1659》 ← L *forensis* 'of FORUM'＋-IC[1]〙 ── *adj.* **1 a** 法廷の[に関する]; 法廷で用いられる, 法廷用の. **b** 法廷弁論の: ～ ability [eloquence] (弁護士としての)法廷弁論の才能[雄弁]. **2** 弁論の, 論争の, 討論の (argumentative). ── *n.* **1** (もと, 米国の大学などで用いら

れた)弁論[討論]演習《口述と論文とからなり, 互いに自分の組を弁護し合う》. **2** [*pl.*; 単数または複数扱い] 雄弁術, 弁論術, 討論術. **for·én·si·cal·ly** *adv.*

forénsic chémistry *n.* 〖法律〗法化学《生命または財産に関して争われている問題について裁判所が妥当な結論に達しうるように助力を求められる自然科学の一つである化学; legal chemistry ともいう》.

forénsic médicine *n.* 法医学.

forénsic psychíatry *n.* 〖法律〗法精神医学《精神異常を理由として刑事責任を決定するなど法廷で精神医学を応用すること》.

fòre·ordáin 〖《15C》〗 *vt.* あらかじめ…の運命を定める, (宿命的に)予定する (predestinate): He was ~*ed to* die early. 彼は早死にの運命にあった.

fòre·ordinátion *n.* あらかじめ運命づけ(られ)ること, (運命の)予定, 前世の約束, 宿命 (predestination).

fóre·pàrt 〖《*a*1400》〗 *n.* **1** 前部, 初めの部分: **a** (靴の)先端. **b** (衣服の)胸の部分. **2** (期間などの)初めの部分, 初期: the ~ of the morning.

fóre·pàssed *adj.* (*also* **fore·past** [~]) 《まれ》 =bygone.

fóre·pàw *n.* (犬・猫などの)前足.

fóre·pèak *n.* 〖海事〗船首倉.

fóre plàne *n.* 〖木工〗荒仕上げかんな.

fóre·plày *n.* (性交の)前戯.

fóre·plèasure *n.* (性交の)前快感《orgasm に先行するもの》.

fóre·pòle *n.* 〖鉱山〗矢木, 矢板《差矢(㊇)法で坑道を掘進するとき坑道周壁に打ち込む板》.

fóre·quàrter *n.* (牛・羊肉などの)前四半部《通例 12 と 13 番めの肋骨間で切る》.

fóre·ràke *n.* 〖海事〗(船首などの)前方傾斜(度).

fore·réach 〖海事〗 *vt.* 〈他船〉に追い迫る, 追い越す. — *vi.* **1** 〔船などに〕追い迫る, 追い越す 〔*on, upon*〕. **2** (エンジンを止めた後に惰力で)進出する.

fóre·ròom *n.* 《米方言》客間 (parlor).

fore·run 〖lateOE *foraernen* to run on in front: ⇨ fore-, run[1]〗 — [fɔərʌ́n, fɔə- | fɔː-] *vt.* (**fore·ran**; **-run**; **-run·ning**) **1** 先駆する, …に先立つ (precede). **2** 予告する, 先触れする (herald). **3** 《古》出し抜く (anticipate, forestall). **4** 《廃》走り越す, 追い越す (outrun). — [⌐⌐] *n.* [しばしば *pl.*] 〖化学〗前留分《蒸留に際して沸点以下の温度で留出する部分》.

fore·run·ner [⌐⌐⌐, ⌐⌐⌐] 〖《*a*1325》《なぞり》← L *praecursor* 'PRECURSOR'〗 — *n.* **1** 先駆者, 先発の使者; 先触れ, 前触れ: a ~ of spring 春の前触れ. **2** (後人から見た)先人; 先祖. **3** (病気などの)徴候; 前駆症状, 前徴 (prodrome). **4** 〖スキー〗前走者《滑降競技などでレース前にコースを試走するスキーヤー》. **5** [the F-] 洗礼者ヨハネ (John the Baptist).

fóre·rùn·ning *n.* 〖化学〗 =forerun.

fóre·sàddle *n.* (子牛の肉・羊肉・鹿肉などの)鞍下肉の前部 (cf. hindsaddle).

fóre·sàid 〖? OE *forsǣdon*〗 *adj.* 《古》 =aforesaid.

fore·sail [fɔ́əsèɪl, fɔ́ə-, -sl̩ | fɔ́ː-] 〖《1481–90》← FORE-+SAIL〗 — *n.* 〖海事〗 **1** フォースル《横帆船の前檣(㊇)の大帆, 前檣の最下の帆; forecourse ともいう; ⇨ sail 挿絵》. **2** (schooner の)前檣縦帆《前檣のガフ (gaff) に取り付けた大縦帆》. **3** (1本マストの cutter, sloop などの)前檣支索縦帆 (forestaysail).

fore·sáy 〖OE *foresecgan*〗 *vt.* (**fore·said**) 《古》 =foretell.

fore·see [fɔəsíː, fɔə- | fɔː-] 〖OE *foresēon*〗 — *v.* (**fore·saw** [-sɔ́ː]; **-seen** [-síːn]) — *vt.* 先見する, 予知する: ~ trouble 困難を見越す / ~ what will happen [how things will turn out] 何事が起こるか[事の成行き]を予知する. — *vi.* 《廃》先見の明を発揮する.

fore·sée·a·ble [fɔəsíːəbl̩, fɔə- | fɔː-] *adj.* 予知することのできる: 予知可能な範囲の: in the ~ future 予見可能な将来において.

fore·sée·ing *adj.* 先見の明のある, 見通しのきく, 深慮の (provident, prudent). **~·ly** *adv.*

fore·sé·er *n.* 予知者; 先見の明のある人.

fore·shádow *vt.* 予表[予示]する, …の徴候を示す (prefigure). **~·er** *n.*

fóre·shànk *n.* (牛の)前脚の上部の肉 (⇨ beef 挿絵).

fóre·shèet *n.* 〖海事〗 **1** フォアシート, 前檣(㊇)帆の帆脚(㊇)綱. **2** [*pl.*] 艇首座《ボートの前すみの三角形の座席; cf. stern sheets》.

fóre·shòck *n.* (地震の)前震.

fóre·shòre 〖《1764》← FORE-+SHORE[1]〗 — *n.* [the ~] **1** 前浜, 前汀(㊇)《満潮線と干潮線との間にある海浜地帯》. **2** **a** 渚(㊇), 磯辺. **b** 水際と耕地[宅地]との間の土地. **c** (湖・池・沼・川などの)水辺の土地.

fore·shórten 〖《1606》← FORE-+SHORTEN〗 *vt.* **1** 〖絵画〗(遠近法によって)…の奥行を縮めて描く, 遠見(㊇)に描く. **2** 短縮する, 縮める, 小さくする (abridge).

fore·shórten·ing *n.* 〖絵画〗(遠近法による)短縮法.

fore·shów 〖OE *foresceawian*〗 — *vt.* (~**ed**; **-shown**) **1** あらかじめ示す, 予示[予表]する. **2** 前もって知らせる, 予報する; 前兆として示す. **~·er** *n.*

fore·shów·ing 〖OE *foresceawung*〗 *n.* 予示, 予表, 予報 (prefiguration); 前兆(となること).

fóre·side 〖《15C》〗 *n.* **1** 《古》前面, 前部 (forepart); 上部 (upper side). **2** 《米》沿岸地帯.

fore·sight [fɔ́əsàɪt, fɔ́ə- | fɔ́ː-] 〖《*a*1325》《なぞり》← L *prōvidentia*〗 — *n.* **1** 先見(の明) (cf. hindsight 2): a man of ~. **2** 将来に対する配慮, 深慮 (prudence). **3** 前途の見通し, 見込み, 前途 (prospect). **4** 前方を見ること, 展望. **5** (鉄砲の)照星 (cf. backsight 2). **6** 〖測量〗前視, フォアサイト《未知測点を規準すること; 水準測量の時には minus sight ともいう》.

fóre·sìght·ed [-tɪd, -təd | -tɪd, -təd] *adj.* 先見の明のある (foreseeing); 将来をおもんぱかる, 深慮のある (provident). **~·ly** *adv.* **~·ness** *n.*

fore·sight·ful [fɔ́əsàɪtfəl, fɔ́ə- | fɔ́ː-] *adj.* 先見の明のある.

fóre·skìn 〖《1535》← FORE-+SKIN〗 *n.* 包皮 (prepuce).

fóre·slèeve 〖ME〗 *n.* **1** 〖服飾〗前腕部をおおっている袖の部分. **2** 取りはずし自由な飾りそで.

fore·spéak 〖ME〗 *vt.* (**fore·spoke,** 《古》 **-spake**; **-spok·en,** 《古》 **-spoke**) **1** 予言する (predict). **2** 前もって注文する[要求する].

fore·spént *adj.* 《古・詩》 =forspent.

for·est [fɔ́(ː)rɪst, fɑ́r-, -rəst | fɔ́rɪst] 〖《? *a*1300》▭ OF ~ (F *forêt*) ▭ LL *forestis* (*silva*) outside (unfenced) (wood) (as opposed to a park) ← L *forās, foris* outside (cf. foreign): または LL *forestis* は L *forum* court of justice (⇨ forum) からの派生で, 原義は land subject to ban とも考えられる〗 — *n.* **1** (下生えの茂った自然の状態の広大な)森林, 山林; 森林地. ★ ラテン語系形容詞: sylvan. **2** 森林の樹木: cut down a ~ 森林の樹木を伐採する. **3** **a** 林立するもの: a ~ *of* chimneys [TV antennas] 林のように突っ立っている煙突[テレビアンテナ] / a ~ *of* masts in the harbor 港内に林立するマスト. **b** たくさん: a ~ of questions. **4** 《英》 **a** (もと狩猟用の)王室御料林, 御猟場 (royal forest) (cf. chase[1] 3, park 2, warren 3). **b** [主に地名に用いて] もと森林だった耕地: ⇨ Sherwood Forest. — *attrib. adj.* **1** 森林の, 森林地方の: ~ dwellers 森林地方居住者. **2** 《英》王室御料林の. — *vt.* 樹木でおおう; …に植林する, 森林にする.

fóre·stàff *n.* (*pl.* **-staves**, ~**s**) 〖測量〗 =cross-staff 2.

fóre·stàge *n.* 〖劇場〗(幕前の)張出し舞台, エプロンステージ (apron).

for·est·al [fɔ́(ː)rɪstl̩, fɑ́r-, -rəs- | fɔ́rɪs-] *adj.* 森林上の, 森林に関する.

fore·stall [fɔəstɔ́ːl, fɔə- | fɔː-] 〖OE *for(e)steal* (n.) ambush, intercepting in the highway: ⇨ fore-, stall[1]〗 — *vt.* **1** …に先んじる, …の機先を制する, 先回りをする; 前もってやる, 事前に考える, 先を見越して処理する. **2** 先回りをして妨げる, 出し抜く: ~ a competitor. **3** **a** (市価をつり上げるためにこっそり)買い占める. **b** (買い占めて)〈市場〉の売りを妨げる (cf. regrate[1] 1, corner 5). **4** **a** 《古》〈人〉の通行の邪魔をする, 待伏せする. **b** 《廃》妨害する. **~·ment** *n.*

fore·stáll·er [-lə | -lə(r)] 〖ME〗 *n.* 機先を制する者; 買占者 (middleman).

for·es·ta·tion [fɔ̀(ː)rɪstéɪʃən, fɑ̀r-, -rəs- | fɔ̀rɪs-] *n.* 造林, 植林.

fóre·stày 〖ME〗 *n.* 〖海事〗フォアステー, 前檣(㊇)前支索《前檣の下檣の頂部から斜檣の根もとへ張り渡した支索》.

fore·stáysail *n.* 〖海事〗フォアステースル《前檣前支索に掛かる三角帆》.

fór·est·ed *adj.* 植林した, 森林にした (wooded).

fór·est·er [-rɪs-, -rəs-] 〖《1296–97》▭ (O)F *forestier*: ⇨ forest, -er[1]〗 — *n.* **1** 森林学者. **2** 森林官, 林務官. **3** 森林地居住者. **4** 〖動物〗森林動物: **a** (New Forest 付近にすむ)野生に近いポニー. **b** トラガ科のガの一種 (*Alypia octomaculata*) 《その幼虫はブドウの害虫; forester moth ともいう》.

For·es·ter [fɔ́(ː)rɪstə, fɑ́r-, -rəs- | fɔ́rɪstə(r, -rəs-], **C**(ecil) **S**(cott) *n.* (1899–1966) 英国の小説家; Captain Hornblower を主人公にした連作海洋小説が有名.

fórest fìre *n.* 山火事.

fórest flòor *n.* 〖土壌〗林床《森林下で鉱質土壌の表面にある落葉落枝や腐植の集積》.

fórest flỳ *n.* 〖昆虫〗ウマシラミバエ (*Hippobosca equina*) 《日本からヨーロッパ・アフリカなどにかけて分布するシラミバエ科のハエで, 牛・犬・野獣などの血を吸う》.

fórest gréen *n.* 濃い黄色がかった緑色.

fo·res·ti·al [fəréstiəl, -tʃəl | -réstɪəl, -tʃəl] *adj.* =forestal.

fóre·stìck *n.* (炉のまきで)手前に置く丸木.

fórest·lànd *n.* 森林地.

fórest làw *n.* 〖法律〗林野法《特に, 英国ノルマン王朝時代の御料林・狩猟地保護に関するもの; 名誉革命 (1688 年)以後全く用いられない》.

fórest màrble *n.* 〖岩石〗(英国の Wychwood Forest に産する)ジュラ紀の鰤(㊇)状大理石《割れやすい一種の石灰岩》.

fórest òak *n.* 〖豪〗〖植物〗オーストラリア産のモクマオウ属の植物 (*Casuarina torulosa*) 《高木で良質の材を産する; cf. she-oak》.

fórest pàrk *n.* 《英》国定森林公園《Great Britain に 7 か所ある》.

fórest rànger *n.* 森林地警備[監視]員, 営林署官吏.

fórest resèrve *n.* 《米》保存林, 保護林.

for·est·ry [fɔ́(ː)rɪstri, fɑ́r-, -rəs- | fɔ́rɪstrɪ, -rəs-] 〖(▭ OF *foresterie*: ⇨ forest, -ry〗 *n.* **1** 林学, 林業. **2** [集合的] 森林; 森林地, 林地 (forest land).

fórest tènt càterpillar *n.* 〖昆虫〗天幕毛虫《北米産のオビカレハの一種の幼虫, 橙色紋があり, 天幕状の巣を作り, 群生して落葉樹の葉を食い荒らす害虫》.

fórest trèe *n.* 林木《森林に茂っているか, または森林に栽培するに適した樹木; cf. fruit tree》.

fore·swear [fɔəswέə, fɔə- | fɔːswέə(r)] *v.* =forswear.

fore·sworn [fɔəswɔ́ən, fɔəswɔ́ən | fɔːswɔ́ːn] *v., adj.* =forsworn.

fore·taste 〖《1435》: ⇨ fore-, taste〗 — [⌐⌐] *n.* **1** (将来の喜び・苦しみなどの一端を)前もって味わう[知る]こと; 予想, 予期 〔*of*〕: have a ~ *of*. **2** 前触れ: a ~ of rain [spring] 雨[春]の前触れ. — [⌐⌐, ⌐⌐ | ⌐⌐] *v.* — *vt.* 前もって味わう[知る], 予想する.

fore·tell [fɔətél, fɔə- | fɔː-] 〖《*a*1325》《なぞり》← L *praedicere*〗 — *v.* (**fore·told** [-tóʊld | -tə́ʊld]) — *vt.* 予告する; 予言する (predict); 予示する, 〈ある事〉の前兆となる (foreshow): ~ a person's failure 人の失敗を予言する / ~ something to come 未来に起こる事を予言する. — *vi.* 《廃》予告する; 予言する.

fore·téll·er [-lə | -lə(r)] *n.* 予告者; 予言者 (prophet).

fore·thought [fɔ́əθɔ̀ːt, fɔ́ə- | fɔ́ː-] 〖《*a*1325》〗 *n.* **1** あらかじめの考慮[意図, 計画]: without ~ あらかじめ考えないで, 思わず. **2** 先見; 深慮, 慎重, 用心. — *adj.* あらかじめ考慮[計画]された; 慎重な.

fore·thought·ful [fɔ́əθɔ̀ːtfəl, fɔ́ə-, ⌐⌐⌐ | fɔ́ːθɔ̀ːtfəl, ⌐⌐⌐] *adj.* (将来に対する)深慮のある, 先見の明のある, 慎重な. **~·ly** *adv.* **~·ness** *n.*

fóre·tìme *n.* 往時, 昔.

fore·token 〖OE *foretācn*: ⇨ fore-, token〗 [⌐⌐⌐] *n.* 前兆 (omen); 徴候 (sign). — [⌐⌐⌐] *vt.* 前兆する, …の前兆となる, 予示する: ~ good weather.

foretold *v.* foretell の過去形・過去分詞.

fóre·tòoth *n.* [通例 *pl.*] 前歯, 門歯.

fóre·tòp 〖《*c*1290》〗 — *n.* **1** (馬の)額のたてがみ. **2** 《古》(人・かつらの)前髪. **3** [-tɑ̀p, -təp | -tɔ̀p, -təp] 〖海事〗前檣(㊇)楼《前檣の下檣の頂部にある檣楼; cf. top[1] *n.* 16 a》.

fóre-topgàllant *adj.* 〖海事〗フォアートゲルンの, フォアーゲルンの, 前檣(㊇)上檣の《前檣を構成する中で下から 3 番目のマストにいう》: a ~ mast 前檣上檣《フォアーマストを構成する中の下から 3 番目のマスト》/ a ~ masthead 前檣上檣頭 / a ~ sail 前檣のトゲルンスル (⇨ sail 挿絵).

fóretop·man [-mən] *n.* (*pl.* **-men** [-mən, -mèn]) 〖海事〗前檣(㊇)楼員《見張りに当たる》.

fóre·tòpmast *n.* 〖海事〗フォアトップマスト, 前檣(㊇)中檣《前檣の下から 2 番目のマスト》.

fóre·tòpsail *n.* 〖海事〗前檣(㊇)トップスル《foretopmast に掛かる横帆》.

for·ev·er [fərévə, fɔː- | fərévə(r)] 〖《1670》← FOR + EVER〗 — *adv.* **1** 永久に, 永遠に (eternally): remain ~ 永久に残る / go away ~ 永久に立ち去る / It ended the matter once and ~. それでこの件は完全に片がついた. **2** [通例, 動詞の進行形に伴って] 絶えず, いつも, ひっきりなしに (always): He's ~ grumbling. 彼はしょっちゅうぶつぶつ言っている. ★ 特に 1 の意味には《英》では通例 for ever と二語につづる.

forever and ever [***forever***] = ***forever and a day*** = 《文語》***forever and aye*** 永遠に.

— *n.* [the ~] 永遠, 永劫(㊇) (eternity).

forèver·móre *adv.* 今後永久に《forever の強調形》.

for·év·er·ness *n.* 永遠 (eternity).

fore·warn [fɔəwɔ́ən, fɔə- | fɔːwɔ́ːn] 〖《*a*1338》〗 — *vt.* あらかじめ警戒する; 前もって注意[通告]する: *Forewarned* (is) forearmed. 《諺》事前の警戒は事前の武装(に等しい). 警戒は即ち武装.

fóre·wàters *n. pl.* 〖医学〗(子宮頸管部に現われる)羊水 (amniotic fluid).

forewent *v.* forego[1,2] の過去形.

fóre·wìng *n.* 〖昆虫〗前翅(㊇).

fóre·wòman 〖(fem.) ← FOREMAN〗 *n.* **1** (女性の)陪審長 (cf. foreman 2). **2** =forelady.

fóre·wòrd 〖《なぞり》← G *Vorwort* ← *vor* fore + *wort* word〗 *n.* まえがき, はしがき, 序文; (しばしば, 著者以外の人の筆になる)序文 (cf. afterword).

fore·worn [fɔəwɔ́ən, fɔəwɔ́ən, fə- | fɔːwɔ́ːn, fə-] *adj.* 《古》 =forworn.

fóre·yàrd *n.* 〖海事〗前檣(㊇)の(最下の)帆桁(㊇).

for·far [fɔ́əfə | fɔ́ːfə(r, -fɑː(r)] 〖← *Forfar* (↓): 原産地名〗 *n.* (スコットランド Forfar 産の)粗麻布, 生(㊇)麻布.

For·far [fɔ́əfə, -fɑə | fɔ́ːfə(r, -fɑː(r)] 〖▭ Goel. *for fuar* cold forest〗 — *n.* **1** スコットランド東部 Tayside 州東部の都市; 旧 Angus 州の首都; 人口 1,000. **2** 旧 Angus 州の旧名《Forfarshire ともいう》.

for·feit [fɔ́əfɪt, -fət | fɔ́ː-] 〖n.: 《*a*1376》 *forfet* ▭ OF *forfet*, (OF *forfait* crime (p.p.) ← *forfaire* to transgress < ML *forisfacere* ← L *foris* outside (the limits of law) + *facere* to act, do. — v.: 《*a*1350》 *forfete(n)* ← OF〗 — *n.* **1** **a** (犯罪・義務怠慢・契約違反などの処罰としての)没収(手続); (処罰としての)没収物: His life was the ~ of his crime. 彼は罪の罰として命を取られた / A murderer pays the ~ *of* his life. 人殺しをした者は死刑に処せられる. **b** 罰金, 科料, 違約金, 追徴金 (penalty, fine). **2** (権利・名誉などの)喪失, 剝奪 (forfeiture): the ~ *of* one's civil rights [honor] 公民権の剝奪[名誉の喪失]. **3** **a** (罰金遊びの)賭け物. **b** [*pl.*; 単数扱い] 罰金遊び.

— *vt.* **1** (罰として没収[剝奪]されて)〈財産などを〉失う, 没収される: He ~*ed* his property by his crime. 彼は犯罪のために財産を没収された. **2** (ある行為の結果として)喪失する, 失う: ~ one's life on the battlefield 戦死する / ~ the esteem of one's friends by one's bad manners 無作法のために友人の尊敬を失う.

— *adj.* 〖← (p.p.)〗没収された, 喪失した (forfeited): His lands and titles were ~. 彼の土地と所有権は没収された / Thy wealth being ~ *to* the state, お前の財産は国庫に没収されてしまうのだから (Shak., *Merch V* 4. 1. 365).

for·feit·a·ble [fɔ́ɚfɪṭəbḷ, -fəṭ-|fɔ́:fɪt-, -fət-] 〖《15C》〗 *adj.* (没収処分に付せられて)喪失すべき, 没収されるべき[ことのできる].

fór·feit·er [-ṭə|-tə(r] 〖《17C》∽ ME *forfetour* ▭ OF *forfeteur*〗 *n.* 没収処分を受ける者.

for·fei·ture [fɔ́ɚfɪtʃùɚ, -tʃɚ, -t(j)ùɚ|fɔ́:fɪtʃə(r, -fə-] 〖《?*a*1387》▭ (O)F *forfaiture*: ⇨ forfeit (v.), -ure〗 ― *n.* **1** (過失・罪などに対する罰としての)没収, (権利・名声の)喪失, (契約などの)失効: the ~ *of* one's property [good name] 財産の没収[名誉の喪失]. **2** 没収物; 罰金, 科料 (penalty, fine).

for·fend [fɔɚfénd|fɔ:-] 〖《*a*1382》← FOR-[1]+FEND〗 ― *vt.* **1** 《米》防ぐ, 防護する: ~ oneself *from* the influenza 流感から身を護る. **2** 《古》 **a** 禁じる, 禁止する: God [Heaven] ~! = God FORBID! **b** 防止する, 避ける: May God ~ such an unfortunate fate! このような不運のふりかかりませんように.

for·fi·cate [fɔ́ɚfɪkət, -fə-, -kɪt, -kèɪt|fɔ́:fɪ-] 〖← L *forfic-*, *forfex* scissors+-ATE[2]〗 *adj.* 〖動物〗〈鳥の尾など〉はさみ状の (scissor-shaped), はさみ尾の.

For·fi·cu·li·dae [fɔ̀ɚfɪkjú:lədi:, -fə-|fɔ̀:fɪkjú:lɪ-] 〖← NL ~ ← L *forficula* ((dim.) ← *forfex* (↑))+-IDAE〗 *n. pl.* 〖昆虫〗(革翅目)クギヌキハサミムシ科.

forgat *v.* 《古》forget の過去形.

for·gath·er [fɔɚgǽðɚ, -géðɚ|fɔ:gǽðə(r] 〖《1513》← FOR-[1] 4+GATHER: cf. Du. *vergaderen*〗 ― *vi.* **1** (寄り)集まる, 会合する. **2** 〔…と〕交わる, 交わりを結ぶ〔*with*〕. **3** 〔…と〕(偶然)出会う〔*with*〕: ~ *with* a friend.

forgave *v.* forgive の過去形.

forge[1] [fɔ́ɚdʒ, fóɚdʒ|fɔ́:dʒ] 〖n.: 《1279》▭ (O)F ~ < L *fabricam* workshop. ― v.: 《*a*1325》 *forge(n)* ▭ OF *forg-ier* (F *forger*) < L *fabricāre* 'to FABRICATE': cf. fabric〗 ― *n.* **1** (鍛冶場の)炉 (furnace). **2** 鍛冶工場, 鍛造工場, 鍛冶場 (smithy). **3** 塊鉄炉 (bloomery). **4** 思想[計画など]を練る所. ― *vt.* **1** 〈金属を〉鍛える (work); 鍛造する: ~ an anchor. **2** 〈計画などを〉(練って)作り出す, 案出する (frame): ~ a design [scheme] 計画を練り上げる. **3** 〈うそなどを〉捏造(ねつぞう)する, こしらえ上げる (devise); 〈紙幣・硬貨などを〉贋造する, 模造する (fabricate); 〈手形などを〉偽造[変造]する: ~ a check [document] 小切手[文書]を偽造する / ~ a person's signature 人の筆跡をまねて署名をする / ~ an antique 古物のにせ物を作る / use ~*d* passports 偽造の旅券を行使する. ― *vi.* **1** 鍛える, 鍛冶屋をする. **2** 文書を偽造[模造]する.

forge[2] [fɔ́ɚdʒ, fóɚdʒ|fɔ́:dʒ] 〖《1796》《転義》↑? // 《変形》← ? FORCE[1]〗 ― *vi.* **1** [通例 ~ *ahead* として] **a** 〈船が〉(惰力または潮流に推されて)進む. **b** 〈船・走者・競走馬などが〉急にスピードを増して進出する: The horse ~*d ahead into* the lead in the homestretch. その馬はホームストレッチで急に先頭に進出した. **2** ゆっくりと[着々と]進む, 進行する.

forge·a·ble [fɔ́ɚdʒəbḷ, fóɚdʒ-|fɔ́:dʒ-] *adj.* **1** 〈金属が〉鍛えることができる, 可鍛性の. **2** 偽造[模造]することのできる. **fòrge·a·bíl·i·ty** [-dʒəbíləṭi|-lɪtɪ, -lɪ-] *n.*

fórg·er 〖《*a*1382》〗 *n.* **1** 捏造(ねつぞう)者; 偽造者, 贋造(がんぞう)者, 偽造犯人: a passport ~ 旅券偽造者. **2** 鍛える人, 鍛職工, 鍛冶工 (smith).

forg·er·y [fɔ́ɚdʒ(ə)ri, fóɚ-|fɔ́:dʒ(ə)rɪ] 〖《1574》← FORGE[1]+-ERY〗 ― *n.* **1** 模造, 偽造, 贋造(がんぞう), 変造. **2** 偽作, 模作物《古物や骨董品などのにせ物》; 偽造物《偽造文書・偽印など》; 贋造物《にせ金・にせ紙幣など》. **3** 《古》作り事, 捏造, 仮作. **4** 〖法律〗文書偽造罪.

for·get [fɚgét, fɔɚ-|fə-] 〖ME *forgete(n)* ← FOR-[1] 1+GET ∽ ME *foryete(n)* < OE *forġ(i)etan* ← (WGmc) **fer-* 'FOR-[1] 1'+**ʒetan* 'to GET'〗 ― *v.* (**for·got** [-gát|-gɔ́t], 《古》**-gat** [-gǽt]; **-got·ten** [-gátn|-gɔ́tn], **-got**; **-get·ting**) ★ 過去分詞としての forgot は, 《米》では forgotten の別形として用いられるが, 《英》では《古・詩》. ― *vt.* **1 a** 忘れる, 失念する; 思い出せない, 覚えていない (↔remember) 〈*that, where*, etc.; *doing*〉: I always ~ dates. 私はいつも年月日を忘れる / I quite ~ your name. お名前はどうしても思い出せない / Don't ~ me! 私を忘れないで(時々思い出して)下さい / I'm ~*ting* [I've *forgotten*] my French. もうフランス語を忘れかけている[忘れてしまった] / I'd *forgotten* all about you coming this evening. 君が今晩来るということをすっかり忘れてしまっていた (cf. *vi.* 2) / Did you ~ (*that*) she was coming? 彼女が来るということを忘れていたのですか / I have *forgotten when* he died. 彼がいつなくなったのか忘れました / I shall never ~ *hearing* her sing the song. 彼女がその歌を歌うのを聞いた時のことは忘れられまい. **b** [*to* do を伴って] 〈…するのを〉(うっかり)忘れる (neglect): He *forgot to* say that he will be away tomorrow. 彼はあす外出することを(うっかり)言い忘れた / You have *forgotten to* take off your hat. 君は帽子をぬぐのを忘れているよ / Don't ~ *to* post that letter. その手紙を投函するのを忘れないように. **c** 〈物を〉置き忘れる, 忘れる (leave behind): He says he has *forgotten* his key. 彼は鍵を忘れて来たと言っている / I was ~*ting* my umbrella. もう少しでかさを忘れるところだった. **2** (意図的に)忘れてしまう, 水に流す, 無視する: Let's ~ this affair. 今度の事は忘れるようにしよう. ★ しばしば《口語》で次の形式の命令文をなして用いられる: *Forget* it. (そんなことは)もういいよ, 心配しさんな, (いや)何でもないよ. **3** ゆるがせにする, なおざりにする: ~ one's duties 自分の務めを忘れる[おろそかにする] / ~ God 信心を忘れる / Don't ~ the waiter. 給仕のこと[にチップをやること]を忘れないように. **4** [~ *oneself* で] **a** 身のほどを忘れる, わが身をわきまえぬ行動をする[ことを言う]; 自分の品位を傷つける, 自制心を失う, かっとなる: You are ~*ting yourself*! 身のほどを知りなさい. **b** 《古》われを忘れる, 没我の状態に陥る: I *forgot myself in* the music. その音楽に陶然と聞き入った. **c** 自己を顧みない, 没我的に[もっぱら他人のために]行動する.
― *vi.* **1** 忘れる, 忘却する: forgive and ~ (過去の恨みなど)きれいに忘れて潔く許す, さらりと水に流す. **2** 《口語》〔…のことを〕忘れる〔*about*〕: I wonder if he has *forgotten about* it. / She seemed to have *forgotten about* turning out the gas. 彼女はガスを消すのを忘れたらしかった.

for·get·ful [fɚgétfəl, fɔɚ-|fə-] 〖《*c*1384》〗 ― *adj.* **1** 忘れっぽい, 忘れやすい; 〔…を〕忘れて〔*of*〕: a ~ person / be very ~ *of* things なんでも忘れっぽい / He is reading ~ *of* all cares. 彼はすべての煩わしさを忘れて読書している. **2** 〔…のことを〕忘れ勝ちな, 怠り勝ちな〔*of*〕: be ~ *of* one's duties 義務を怠り勝ちだ / grow mighty ~ ひどく忘れっぽくなる / My mother thought me ~ *of* her. 母は自分を私が忘れていると思った. **3** 《詩》忘却させる, 忘却を誘う: ~ sleep.

for·gét·ful·ly [-fəli|-lɪ] *adv.* 忘れっぽく, うっかり失念して, そこつにも.

for·gét·ful·ness 〖ME〗 *n.* 忘れっぽさ, 健忘性; そこつ(な性分), 怠慢.

for·ge·tive [fɔ́ɚdʒəṭɪv, fóɚ-|fɔ́:dʒət-] 〖《1597》← ? FORGE[1]+(CREA)TIVE〗 *adj.* 《古》創造力に富む.

forgét-me-nòt 〖《*c*1532》《なぞり》← OF *ne m'oubliez mie* (F *ne m'oubliez pas*)〗 ― *n.* 〖植物〗 **1** ワスレナグサ (*Myosotis scorpioides*) 《南ヨーロッパ原産のムラサキ科ワスレナグサ属の薄青色の花をつける植物; 信実・友愛の表象; 米国 Alaska 州の州花》. **2** ワスレナグサに似た草花《タビラコ・ルリソウなど》.

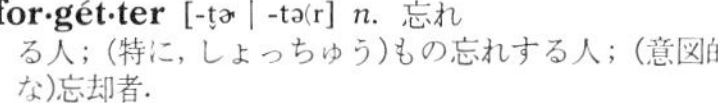
forget-me-not 1

for·get·ta·ble [fɚgéṭəbḷ, fɔɚ-|fəgét-] *adj.* 忘れられやすい; 忘れてもよい.

for·gét·ter [-ṭə|-tə(r] *n.* 忘れる人; (特に, しょっちゅう)もの忘れする人; (意図的な)忘却者.

for·get·ter·y [fɚgéṭəri, fɔɚ-|fəgétərɪ] *n.* 物覚えの悪いこと, 記憶力がにぶいこと.

fórge wèlding *n.* 鍛接.

fórg·ing 〖ME〗 *n.* **1** 鍛造: a ~ hammer 鍛造ハンマー. **2** 鍛造品. **3** 〖法律〗 = forgery 4.

fórging machìne *n.* 鍛造機.

fórging prèss *n.* 〖機械〗鍛造プレス.

for·giv·a·ble [fɚgívəbḷ, fɔɚ-|fə-] *adj.* 許される, 許すことのできる (pardonable): a ~ error. **~·ness** *n.*

for·gív·a·bly *adv.*

for·give [fɚgív, fɔɚ-|fə-] 〖ME *foryive(n)* < OE *forġi(e)fan* to give up, forgive < Gmc **ferʒeban* 《なぞり》← ML *perdōnāre* 'to PARDON': ⇨ for-[1] 1, give〗 ― *v.* (**for·gave** [-géɪv]; **-giv·en** [-gívən]) ― *vt.* [しばしば二重目的語を伴って] **1** 〈罪・人を〉許す, 容赦する (pardon): ~ an insult [a sin] 非礼[罪]を許す / ~ one's enemies / ~ a person's sin [negligence] = ~ a person his sin [negligence] 人の罪[怠慢]を許す / If ye ~ men their trespasses, your heavenly Father will also ~ you. なんじらもし人のあやまちを許さば, なんじらの天の父もなんじを許したまわん (*Matt.* 6: 14) / His offenses were *forgiven* him. = He was *forgiven* his offenses. 彼の罪は許された. **2** 〈借金・負債者を〉許してやる, 免除する: ~ a debt / ~ a person his debt 人の借金を免除してやる. ― *vi.* 容赦する: He is not a man who easily ~*s*. 容易に許すような人ではない / To err is human, to ~ divine. ⇨ err.

for·give·a·ble [fɚgívəbḷ, fɔɚ-|fə-] *adj.* = forgivable. **~·ness** *n.* **for·give·a·bly** *adv.*

for·gíve·ness 〖ME ∽ ME *foryiveness* < OE *forġifennys* ← *forġifen* (p.p.) ← *forġi(e)fan* 'to FORGIVE'〗 ― *n.* **1** (罪などの)容赦, 勘弁 (pardon); 免除: the ~ of sin 罪の許し (*Ephes.* 1: 7) / ask for ~ 赦しを請う. **2** 寛大さ, 寛容性: be full of ~ すこぶる寛大である.

for·gív·er 〖ME〗 *n.* **1** 許す人, 容赦する人. **2** 免除者.

for·gív·ing *adj.* (快く)許す; 寛大な: a ~ nature [spirit] 寛大な性質[心]. **~·ly** *adv.* **~·ness** *n.*

for·go [fɔɚgóu|fɔ:gə́u] 〖OE *forgān* to go over: ⇨ for-[1] 1, go[1]〗 ― *vt.* (**for·went** [-wént]; **-gone** [-gɔ́(:)n, -gán|-gɔ́n]; **-goes**) **1** 〈楽しみなどを〉慎む, 控える, やめる: ~ a trip. **2** 《古》怠る, 顧みない, 看過する. **3** 《古》去る. **4** 《廃》通り過ぎる. **~·er** *n.*

forgot *v.* forget の過去形・《米・英古》過去分詞.

forgotten *v.* forget の過去分詞.

forgótten mán *n.* 忘れられている人《当然受けてよい評価を世間から受けていない人; 米国の社会学者 W. G. Sumner が使い始め, F. D. Roosevelt が 1932 年の大統領選挙に用いてから広まった》.

fo·rint [fɔ́:rɪnt; *Hung.* fórint] 〖▭ Hung. ~ ▭ It. *fiorino* 'FLORIN'〗 ― *n.* **1** フォーリント《1946 年制定のハンガリーの通貨単位; = 100 fillér; 記号 F, Ft》. **2** 1 フォーリント硬貨.

for·judge [fɚdʒʌ́dʒ, fɔɚ-, foɚ-|fɔ:-] 〖ME *forjugge(n)* ▭ OF *forjug-ier* ← FOR-[1]+*jugier* 'to JUDGE'〗 ― *vt.* 〖法律〗(裁判によって)〔権利・物を〕〈人〉から剥奪する 〔*from, of*〕. ★ 前置詞を用いず二重目的語をもつこともある: The tenant was ~*d* (*of*) the land. 借地人は土地を剥奪された.

fork [fɔ́ɚk|fɔ́:k] 〖OE *forca* pitchfork ▭ L *furca* ← ?: cf. F *fourche*: 食卓用フォークの意味は 15 世紀から〗 ― *n.* **1 a** フォーク《通例 2 本以上の先 (prong) を持つ道具》. **b** 食卓用フォーク《通例, 先が四つに分れている》: a table ~ (農業用フォークと区別して)食卓用フォーク / ⇨ DESSERT fork, dinner fork / a knife and ~ ⇨ knife 成句. **c** 農業用フォーク, またぐわ, 熊手 (prong): a hay ~ 乾草用フォーク / a stable ~ うまや用熊手《わらや干草などを動かす》/ a manure ~ 堆肥用フォーク / a garden ~ 股鍬(ぐわ)《土を起こす 3 本叉の鍬》. **d** = forklift. **2 a** フォーク状のもの. **b** (枝・ぶどう蔓などを支える)叉木, 叉材(ざい); (木や枝の)叉. **c** (人体の)股. **d** (道路や川などの)また, 分かれ, 分岐, 合流点 (bifurcation). **e** 叉(さ)状電光. **f** 《廃》矢じりの叉: though the ~ invade the region of my heart 矢じりが私の胸を貫こうとも (Shak., *Lear* 1. 1. 146). **g** (自転車の前車輪の)支え, フォーク. **3** (左か右かの)分かれ道, 岐路: take the right ~ at the crossroads 十字路で右の道を行く. **4** 《米》川の支流 (tributary). **5** 二者択一, 一つの選択 (alternative). **6** 〖音楽〗音叉(おんさ) (tuning fork). **7** 〖チェス〗両当たり, 両取り (cf. *vt.* 3). **8** 〖時計〗フォーク《レバー脱進機のアンクル先端部で, てんぷと係合するため叉状になっている部分》.
― *vt.* **1** フォークの形にする: ~ one's fingers. **2 a** (またぐわ・熊手などで)〈堆肥・干草などを〉突き刺して動かす[運ぶ] 〈*in, out, up*〉; 〈土地を〉かき起こす. **b** フォークで〈食物を〉刺す. **3** 〖チェス〗(knight などの駒で)〈敵の二つの駒〉に両当たり[両取り]をかける (cf. *n.* 7). ― *vi.* **1** 〈川・道路・枝などが〉叉になる, 分岐する: The road ~*ed* right and left. **2** フォークを使う, フォークで働く. **3** (左か右かの分かれ道の)一方に行く.
***fork out* [*over, up*]** 《口語》手渡す, 払う: ~ *out* money 金を支払う.
~·er *n.*

fórk béam *n.* 〖造船〗フォーク形梁 (⇨ beam arm).

fórk connéction *n.* 〖電気〗フォーク結線《3 相を多相に変換する変圧器結線の代表的なもので, 枝分かれした結線》.

fórk dìnner *n.* (フォークだけで食べられる)ビュッフェ式の食事《fork supper ともいう》.

forked [fɔ́ɚkt, fɔ́ɚkɪd, -kəd|fɔ́:kt] *adj.* **1** またに分かれた, (二叉(ふたまた)に)分岐した (cleft): a bird with a ~ tail (つばめのように)尾が二叉に分かれた鳥 / ~ lightning 叉(さ)状電光. **2** [複合語の第 2 構成素として] (…の)叉のある, …叉の: three-*forked* 三叉の. **fórk·ed·ly** [-kɪdli, -kəd-|-lɪ] *adv.* **fórk·ed·ness** [-kɪdnɪs, -kəd-, -nəs] *n.*

fork·ful [fɔ́ɚkfùl|fɔ́:k-] *n.* (*pl.* **~s, forksful**) フォークで(一度に)持てるだけの量, フォーク一杯〔*of*〕.

fórking lárkspur *n.* 〖植物〗 = field larkspur.

fórk·less *adj.* 叉(また)のない, 叉(さ)部のない.

fórk·lìft *n.* **1** 〖機械〗フォークリフト《2 本(以上)の水平な金属の腕をもち, それで荷物を持ち上げたり運んだりする機械》. **2** = forklift truck.

fórklift trùck *n.* フォークリフトトラック《フォークリフトのついた荷物昇降運搬車》.

fórk·lìke *adj.* フォーク状の, 叉(さ)状の.

fórk lùnch *n.* = fork luncheon 2.

fórk lùncheon *n.* **1** (卵・肉などが出る)昼食, 軽食. **2** 《英》(フォークだけで食べられる)簡易食堂 (buffet) の昼食.

fórk sùpper *n.* = fork dinner.

fórk·tàil *adj.* = fork-tailed.

fórk-tàiled *adj.* 〈鳥・魚など〉尾が二叉(ふたまた)に分かれた.

fórk-tailed gúll *n.* 〖鳥類〗 = Sabine's gull.

fork·y [fɔ́ɚki|fɔ́:kɪ] *adj.* (**more ~, most ~; fork·ier, -i·est**) 叉(さ)状の, (叉状に)分岐した (forked): a black ~ beard 左右に分かれた黒いあごひげ.

For·lì [fɔɚlí:|fɔ:-; *It.* forlí:] *n.* フォルリ《イタリア北部の都市; 人口 110,000》.

for·lorn [fɚlɔ́ɚn|fəlɔ́:n] 〖《1535》《変形》← 《廃》*forlore(n)* (p.p.) ← ME *forlese(n)* to lose < OE *forlēosan* ← Gmc **fer-* 'FOR-[1]'+**leusan* 'to LOSE' (Du. *verliezen* / G *verlieren*)〗 ― *adj.* (**more ~, most ~; ~·er, ~·est**) **1** 〔希望などに〕見放された, 〔…を〕失った (forsaken) 〔*of*〕: a man ~ *of* hope. **2** (孤独のため)〈人・場所が〉寄るべのない, わびしい (lonely); 〈様子など〉みじめな, 哀れな (wretched): a ~ building. **3** 絶望した, 絶望的な (hopeless): ~ love 失恋 / a ~ attempt 絶望的な試み. **~·ly** *adv.* **~·ness** *n.*

forlórn hópe 〖《1539》▭ Du. 《廃》*verloren hoop* lost group: cf. heap: 3 は HOPE の語源的誤解から〗 ― *n.* **1 a** 決死隊 (storming party). **b** 決死隊員. **2** 決死的行動, 絶望的な企て. **3** むなしい[あだな]望み (faint hope).

for·lorn·i·ty [fɚlɔ́ɚnəṭi|fəlɔ́:nətɪ, -nɪ-] *n.* **1** 寄るべのない[みじめな]状態. **2** 寄るべのない人, みじめな人[物].

form [fɔ́ɚm|fɔ́:m] 〖n.: 《?*a*1200》 *forme* ▭ (O)F *forme*

＜L *fōrmam* shape, beauty, (in ML) seat《異化》← **morma* ⊏ Gk *morphḗ* form, beauty: cf. morpho-, -morph. — v.:《*c*1290》*forme(n)* ⊏ (O)F *form-er* ＜ L *fōrmāre* ← *fōrma*》 — *n.* **1 a** (物の質・色などを離れての)形, 形状; 形態; 外見, 外観, 外形, 輪郭; 人影, 物影 (shape): take the ～ of …の形を取る / a book *in* [*under*] the ～ of a magazine 雑誌の形式の単行本 / a devil in human ～ 人間の姿をした悪魔 / the dark ～*s* of the trees and rocks 暗やみの中の樹木や岩の形 / I saw a ～ in the dark. 暗黒の中に物影が見えた. **b** (人の)姿, 姿態 (figure), 人体: a well-proportioned ～ 釣合いの取れた姿 / be fair of ～ and face 顔や姿が美しい. **c** (衣服を合わせるための, または, 展示用の)マネキン, 人台(じんだい); (形を決める)型, 鋳型 (mold). **d**《古》美しい姿, みめのよさ. **2** (題材や内容に対する)形式; (思想・感情・芸術作品の)表現形式: *in* the ～ of a drama 戯曲の形式で / attach importance to ～ 形式に重きを置く / a sense of ～ in painting 絵画における形式感 / a piece of music *in* rondo ～ ロンド形式の楽曲. **3** (事物の)存在形式; 種類 (kind), 形態 (type): a ～ of government 政治の一形態 / (minute) ～*s* of life (微)生物 / take a definite ～ 具体化する / water *in* the ～ of steam [snow] 水蒸気[雪]の形を取った水 / *in* book [printed] ～ 単行本として[印刷されて]. **4 a** (ある事を行なうのに決まりきった)方式, きまった型; 決まり文句, 公式的文句 (formula): an established ～ 一定の[きまった]方式 / the ～ of the marriage service 結婚式の式次第 / the ～ of Morning Prayer 朝の礼拝の式文 / ⇨ *a form of* ADDRESS / *in* due [proper] ～ 正式に, 型通りに / That's the common ～. それが普通のやり方だ. **b** (競技者の技術上の)フォーム: the ～ in swimming 水泳のフォーム. **5 a** 礼式, 儀式: social ～*s* 社交上の作法 / be *out of* ～ 礼儀にはずれている. **b** 実のない形式, 虚礼 (formality): for ～'s sake 形式上 / as a matter of ～ 形式(上のこと)として / *in* ～ 形式上, 形式にかなって. **c** [good, bad などの形容詞を伴って](社会的に受け入れられている基準で判断された)作法: It is bad [good] ～ to do …するのは無作法[正しい作法]だ. **6** 雛形(ひながた), 書式; (空所を記入する)用紙, 申し込み用紙 (blank): a telegraph ～ 頼信紙 / an order ～ 注文用紙 / tax ～*s* 納税用紙 / after the ～ of …の書式通りに / fill in a ～ 書式に記入する. **7** (競走馬や運動選手の)心身の状態, コンディション: be *in* [*off, out of*] ～ 好調である[調子が悪い] / be *in* good [great, top] ～ 至極元気である; 試合ぶりがいい / *on* ～ 試合ぶりがいい, 立派にやって, 好調で / He is at the top of his ～. 彼は最高のコンディションだ / What's the ～? 様子はどんな具合ですか. **8**《英》(通例, 背もたれのない学校などの)長腰掛, ベンチ. **9**《教育》(英国の public school その他の中等学校の)年級 (class)《通例, 初級 first form から最上級 sixth form まで》; (米国のある種の私立学校の)年級 (class). **10** 野兎の巣. **11**《印刷》組版 (《英》forme). **12**《哲学》(質料 (matter) に対して)形式, 形相; (プラトン哲学の)イデア (idea); (アリストテレス哲学の)形相. **13**《論理》(推理・命題・概念などの)形式 (cf. matter). **14**《文法》(meaning に対して)形態; 文法形式《例えば複数を示す book*s* の *s* など; cf. function 4》: a derivative ～ 派生形 / the passive ～ 受動形. **15**《言語》**a** 形式 (cf. substance 9). **b** ＝linguistic form. **16**《結晶》結晶形 (crystal form). **17**《美術》フォルム《線・色・形など, 作品における基本的要素のあり方》. **18**《建築》(コンクリート打ち込み用の)型枠. **19**《植物》品種《分類群中の最も低い階級で, 変種 (variety) の下; forma ともいう》. **20**《動物》型《ある集団中の変異体の集まり》. **21**《数学》形式, 同次多項式: a quadratic ～ 二次形式. **22**《競馬》**a** (競走馬の)状態, 調子. **b** (競走馬の)成績, 成績表; 予想紙.

— *vt.* **1** 形づくる, 形成する: ～ a vessel *out of* clay 粘土で容器を作る / ～ a thing *into* a certain shape 物をある形に作り上げる / ～ itself *into* …の形になる / ～ a thing after the model of …に型どって物を作る / ～ a thing by [from, *on*, upon] a pattern 型によって物を作る. **2** 作る, 組織する, 組み立てる; 作り出す (produce); 〈内閣を〉組織する, 組閣する: ～ a line 列を作る / ～ a cabinet 組閣する / ～ a company 会社を創設する / The House is not yet ～*ed*. 議会はまだ構成されていない. **3** …の構成要素になる, …になる: ～ one [part] of …の一員[要素]となる / ～ a substitute for …の代用品となる / Water ～*s* ice when it freezes. 水は凍ると氷になる / This ～*ed* an obstacle to his advancement. これが彼の昇進の邪魔になった. **4** 〈人物・精神・品性などを〉(訓練・教育によって)作り上げる (build up); 養成する, 鍛える: ～ the character of the young 青少年の品性[人格]を練成する / a mind ～*ed* by classical education 古典教育によって陶冶(とうや)された精神. **5** 〈習慣を〉作る, 身につける: ～ good habits 良い習慣をつける. **6** 〈言語・音声を〉はっきりと出す: The baby is beginning to ～ short words. **7** 〈思想・意見などを〉まとめる, 〈概念を〉形づくる (conceive, frame): ～ an opinion, an estimate, a judgment, etc. / I can ～ no idea of it. それは私にはどうにもわからない. **8** 〈同盟・関係を〉結ぶ: ～ an alliance [a friendship] with …と同盟[交わり]を結ぶ. **9**《文法》〈文・節などを〉組み立てる, 構成する; 〈時制などの変化形・合成語などを〉作る: ～ words [sentences] 語[文]を組み立てる. **10**《軍事》〈隊を〉(ある隊形に)整列させる; 〈列を〉作る (draw up): ～ a regiment *into* four lines 連隊を4列に整列させる / ～ a column [line] 縦隊[列]を作る / *Form* fours [two deep]! 4列[2列]を作れ.

— *vi.* **1** 〈物が〉形をなす, (形になって)現われる, 形成する: Ice ～*s* at a temperature of 32°F. カ氏 32 度で氷ができる / A couple of big tears ～*ed* in her eyes. 大粒の涙が二つ彼女の目に現われた. **2** 〈考え・信念・希望などが〉生じる, 現われる (arise): An idea ～*ed* in my mind. **3** 〈野兎が〉巣につく. **4**《軍事》隊形を作る, (列をなして)並ぶ (draw up): The soldiers ～*ed in* columns. 兵士は縦隊に整列した.

form on 〈他の隊〉に続いて隊列を作る[整列する].

form up 整列する: ～ *up in* a line 1 列に並ぶ.

form- [fɔːm | fɔːm] (母音の前に来る時の) formo- の異形.

-form [∸–(–) fɔːm | -fɔːm]《⊏ F *-forme* ⊏ L *-formis* ← *forma* 'FORM'》 — 「…の形を有する, …形(状)の」の意の形容詞連結形; 通例 -i- を伴って -iform になる: cruci*form*, cunei*form*, multi*form*.

for·ma [fɔ́ːmə | fɔ́ː-] *n.* (*pl.* **for·mae** [-miː], **～s**)《植物》＝form 19.

form·a·ble [fɔ́ːməbl̩ | fɔ́ːm-] *adj.* 形成可能な; 形成に適した. **fórm·a·bly** *adv.* **fòrm·a·bíl·i·ty** [-məbílət̬i | -lɪti, -lɪ-] *n.*

for·ma·gen [fɔ́ːmədʒɪn, -dʒən, -dʒɛ̀n]《← L *fōrma* form＋-GEN》 — *n.*《植物》フォルマゲン《器官の形・大きさ・配列などの形態に影響を与える物質》. **for·ma·gen·ic** [fɔ̀ːmədʒénɪk | fɔ̀ː-] *adj.*

for·mal[1] [fɔ́ːməl | fɔ́ː-]《*c*1390》⊏ L *formāl-is*: ⇨ form, -al[1]》 — *adj.* **1** (性質・内容と離れて)形の, 外形上の; 形式の, 形態上の: a ～ resemblance between A and B AとBとの外形上の類似 / ～ beauty 形式美. **2 a** 本式の, 正式の (regular); 形式の整った, きちんとした (trim): a ～ contract [receipt] 正式の契約[領収書]. **b** 〈服装など〉正式用の; 正装の: ～ dress 正装, 礼装 / a ～ dance 夜会服着用の舞踏会 / go ～《米口語》正装で[夜会服を着て]行く. **3 a** 慣習的なやり方に従った, 型通りの, 因襲的な (conventional); 儀式張った, 堅苦しい: ～ manners 堅苦しい行儀 / a ～ occasion 改まった場合[席]. **b** 礼式の, 礼儀にかなった, 儀礼的な: a ～ bow [call] 礼儀正しいお辞儀[儀礼的な訪問] / no noble rite nor ～ ostentation 格式通りの儀式もなくまた礼儀にかなった葬儀の飾りもなく (Shak., *Hamlet* 4. 5. 215). **4 a** (実体のない)形式的な, (単なる)形式だけの, 表面的な: ～ obedience 表面だけの従順 / a ～ Christian うわべだけのキリスト教徒 / His politeness is merely ～. 彼の丁寧はうわべだけ. **b** 名目だけの, 名ばかりの (nominal): a purely ～ requirement 全く名目だけの要求. **5** 形式にこだわる, 形式張った, 形式のやかましい, 厳格な, 几帳面な (punctilious, prim): a ～ man 形式家 / be ～ about …についてやかましい[几帳面だ]. **6** 学校で会得[習得]した, 学究的な, アカデミックな: ⇨ formal education. **7** 〈言葉・語法が〉形式ばった, 正則の, かたい: in ～ English. **8**《論理・哲学》形式(的)の, 形相の: ⇨ formal cause. **9**《劇場》(舞台装置のデザインを簡素化[抽象化]した)構成舞台の. — *n.*《米》**1** (夜会服[イブニングドレス]などを着用する)正式な舞踏会[パーティー]. **2** ＝evening dress. **～·ness** *n.*

for·mal[2] [fɔːmǽl | fɔː-]《略》← FORMALDEHYDE》 *n.*《化学》フォルマル (⇨ methylal).　「《化学》＝molal.

for·mal[3] [fɔ́ːməl | fɔ́ː-]《← FORM(ULA)＋-AL[1]》 *adj.*

fórmal cáuse *n.*《哲学》形相因 (⇨ cause).

form·al·de·hyde [fɔːmǽldəhàɪd, fə- | fɔːmǽldɪ-]《← FORM(IC)＋ALDEHYDE》 *n.*《化学》ホルムアルデヒド (CH_2O)《防腐剤・消毒剤; methanal ともいう》.

fórmal educátion *n.* 形式的教育《主に組織的な学校教育のこと》.

fórmal fállacy *n.*《論理》形式的誤謬《一般に妥当な推論形式にもとる論理的誤謬; cf. material fallacy; paralogism 1 a》.

fórmal gárden *n.*《造園》幾何学式庭園《幾何学的に整然と区画された庭園; cf. landscape garden》.

fórmal grámmar *n.* 形式文法《対象を記号の体系とみなし, アルゴリズム (algorithm) の観点に立って, その記号列の分析・記述を行なう理論》.

for·ma·lin [fɔ́ːməlɪn, -lən, -lìːn | fɔ́ːməlɪn]《← *Formalin* (商標名) ← FORMAL (DEHYDE)＋-IN[1]》 *n.*《薬学》ホルマリン《formaldehyde を 37% 以上含んだ溶液》.

fór·mal·ism [-lìzm]《《1840》← FORMAL＋-ISM》 — *n.* **1** (極端な)形式主義, 虚礼. **2 a** [しばしば軽蔑的に] (宗教・文学・芸術上の)形式(尊重)主義. **b**《文学》ロシヤフォルマリズム《1916–30 年頃のロシヤにおける, 異化の手法を中心に形式を重視する芸術運動; 現代の構造言語学・記号論の源泉となった》. **3**《物理》(物理学的な現象などの)数学的表現[形式]. **4**《数学》形式主義《数学基礎論における立場の一つ; 数学を, あたえられた規則にもとづく記号列の変形操作と考えるもの; D. Hilbert が提唱した》.

fór·mal·ist [-lɪst, -ləst | -lɪst] *n.* **1** 形式主義者[論者]. **2** (形式にこだわり過ぎる)堅苦しい人.

for·mal·is·tic [fɔ̀ːməlístɪk | fɔ̀ː-] *adj.* 形式主義的な, 形式にこだわり過ぎる. **fòr·mal·ís·ti·cal·ly** *adv.*

for·mal·i·ty [fɔːmǽlət̬i | fɔːmǽlɪti, -lɪ-]《《1531》⊏ F *formalité* ∥ L *formālit-ās*: ⇨ formal, -ity》 — *n.* **1** 形式的であること; 型にはまること, 因襲; 几帳面, 儀式張ること; 堅苦しさ: without ～ (堅苦しい)儀式は抜きにして, 儀式張らないで. **2** 形式尊重, 儀式遵奉. **3** 形式的行為, 形式的儀礼, 儀式; 形式上[正式]の手続: the *formalities* of judicial process 裁判の正式手続 / the custom [legal] *formalities* 税関[法律上の]手続 / the *formalities* at a wedding [funeral] 結婚式[葬式]の形式的儀礼 / go through due *formalities* 正式の手続を経る / The passport check was a ～. パスポートの検査は形式的な[形だけの]ものだった. **4** [*pl.*] (市長などの規定された)正装: the mayor in the *formalities* 正装をした市長.　「きる.

for·mal·iz·a·ble [fɔ́ːməlàɪzəbl̩ | fɔ́ː-] *adj.* 形式化で

for·mal·i·za·tion [fɔ̀ːməlɪzéɪʃən, -lə- | fɔ̀ːməlaɪ-, -lɪ-] *n.* **1** 形式化. **2** 儀礼化.

for·mal·ize [fɔ́ːməlàɪz | fɔ́ː-] *vt.* **1** …に一定の形を与える. **2** 正式にする. **3** 形式的にする, 儀式張らせる. **4**《論理》形式化する《表現を記号でおきかえ, 意味を問題にしないで式の構成や変形の規則を厳密にきめることにいう》. **5**《言語》形式化する《言語の規則を記号により表記することにいう》. — *vi.* 形式的である; 形式張る; 形式的に行動する[振舞う].

fór·mal·iz·er *n.*

fórmal lógic *n.* 形式(的)論理(学) (cf. material logic).

fór·mal·ly [-məli | -lɪ]《ME》 — *adv.* **1** 形式的に, 形式上, 形式上の点において. **2** はっきりと, 明白に (explicitly). **3** 正式に, 礼儀正しく. **4** 形式にこだわって, 儀式張って (ceremoniously). **5**《哲学・論理》形式に関して, 形相的に, 形式的に (↔ materially).

fórmal óbject *n.*《文法》形式目的語.　「subject).

fórmal súbject *n.*《文法》形式主語 (grammatical

form·am·ide [fɔəmǽmaɪd, -mɪd, -məd | fɔːmǽmaɪd]《← FORMO-＋AMIDE》 *n.*《化学》フォルムアミド ($HCONH_2$)《蟻(ぎ)酸のアミド》.

form·a·mi·do- [fɔəmǽmɪdoʊ, fɔəmǽmədòʊ | fɔːmǽmɪdəʊ, -ǽmɪdəʊ]《⇨ ↑, -o-》 —《化学》「フォルムアミドから誘導された 1 価基 HCONH- を含む」の意の連結形: para-*formanido*benzoic acid.

for·mant [fɔ́ːmənt, -mænt | fɔ́ːmənt]《⊏ F ～ (pres. p.) ← *former* 'to FORM'》 — *n.* **1**《音声》フォルマント《母音の構成素音; 母音の中に含まれ, その存在によって各母音に特有の音色を与える口内の共鳴音で, 舌の位置・状態と唇の位置で定まる》. **2**《言語》**a** 語幹形成辞《語根に添えて語幹を作る接辞的要素》. **b** 派生接辞 (derivational affix).

for·mat [fɔ́ːmæt | fɔ́ːmæt, -mɑː]《《1840》⊏ F ～ ∥ G *Format* ⊏ L (*liber*) *fōrmātus* (book) formed (in…) (p.p.) ← *fōrmāre* 'to FORM'》 — *n.* **1 a** 判型, 図書の形態《紙を折りたたんだ回数; 紙の折りたたみ回数に基づいて示された図書の大きさと形; folio, octavo, quarto など》. **b** (出版物の)体裁 (makeup), フォルマート: a double-column ～ 二段組み体裁. **2** (テレビ番組・硬貨のデザインなどの)全体としての構成, 型, 割合, 大きさ. **3**《電算機》フォーマット, 書式, 形式《あらかじめ定められたデータの並べ方》. — *vt.* **1** 判型[フォーマット]に従って〈本などを〉作る. **2**《電算機》〈データを〉フォーマットに従って並べる.

for·mate[1] [fɔ́ːmeɪt | fɔ́ː-]《《逆成》← FORMATION》 *vi.*《空軍》〈飛行機が〉編隊に加わる, 編隊を組む.

for·mate[2] [fɔ́ːmeɪt | fɔ́ː-]《← FORM(IC)＋-ATE[1]》 *n.*《化学》蟻(ぎ)酸塩[エステル].

for·ma·tion [fɔəméɪʃən | fɔː-]《《*a*1398》⊏ (O)F ～ ∥ L *formātiō(n-)*: ⇨ form, -ation》 — *n.* **1 a** 形成, 構成, 組成, 編成, 成立: the ～ *of* a Cabinet 内閣の組織, 組閣 / the ～ *of* character 人格の形成 / the ～ *of* good habits よい習慣の形成 / early defects in ego ～ 自我形成における初期の欠陥. **b** 養成, 教育, 訓育; 養成期(間). **2** 組立, 構造 (structure); 形態 (conformation): the ～ of the heart 心臓の構造. **3** 形成物, 組成物, 構成物: new word ～*s* 新造語. **4**《軍事》隊形, 陣形; (飛行機の)編隊, フォーメーション: troops in battle ～ 戦闘隊形の軍隊 / close ～ 密集隊形 / ～ flying 編隊飛行. **5**《地質》層, 層群: rock ～*s* 岩層. **6**《アメリカンフットボール》フォーメーション《チームのとるスクリメージ (scrimmage) 体形》. **7**《生態》群系《同じような気象条件下でみられる一群の大きな植物群落の単位》.

for·má·tion·al [-ʃənl̩, -ʃnəl] *adj.* 形成[構成]の. **～·ly** *adv.*

for·ma·tive [fɔ́ːmət̬ɪv | fɔ́ːmət-]《《1490》⊏ (O)F *formatif* ∥ ML *formātīv-us* ← L *fōrmātus*: ⇨ format, -ative》 — *adj.* **1** 形成する, 構成する; 造形の: a ～ influence 形成力 / ～ arts 造形美術. **2** 形成の, 組成の, 発達の: a ～ substance 形成物質 / a ～ period 発達期. **3**《生物》将来ある物を作る, 形成的な: the ～ tissue [layer] 形成組織[層] / the ～ period 形成期. **4**《文法》語を構成する, 成語的な: ⇨ formative element. — *n.*《文法》**1** ＝formative element. **2** 形式素《統語論の最小単位》. **～·ly** *adv.* **～·ness** *n.*

fórmative èlement *n.*《文法》**1** (語根を含む)構成要素. **2** 成語要素《語根以外の要素; 例えば en-rich, rich*ness*, rich*ly* の en-, -ness, -ly のような接頭辞や接尾辞など》.

fórm bòard *n.* **1**《心理・教育》形態盤《いろいろな形・大きさの板盤を穴にはめこむ動作能力のテスト用具》. **2** (コンクリートの)型枠, 仮枠.

fórm clàss *n.*《言語》形式類《統語構造上同一の位置に生じ, 一つまたはそれ以上の機能的形態的特徴を共有している語のグループ; 例えば hats, books, caps は名詞, 複数の形式類に, walked, looked, hoped は動詞,過去時制の形式類に属するという; distribution class ともいう; cf. major form class)).

fórm críticism *n.* 〘文学〙形式批評.
fórm crìtical *adj.* **fórm crític** *n.*

fórm dràg *n.* 〘物理〙形状抵抗《流体中を運動する物体の不整な形状によって生じる抵抗》.

forme [fɔ́əm | fɔ́:m] 〘《1481》《変形》← FORM〙 *n.* 《英》〘印刷〙組版 (form).

for·mé [fɔ́əmeɪ, ─ ́ | fɔ́:meɪ, ─ ́] *adj.* 〘紋章〙=pattée.

formed *adj.* **1** 形づけられた, 形成された. **2** 十分鍛え抜かれた, 練成された, 成熟した: a ～ literary style. **3** はっきりと決まった, 決定した: a ～ opinion, judgment, idea, etc. **4** 〘生物〙生物の特徴をもった.

fórmed cóil *n.* 〘電気〙型巻コイル.

for·mée [fɔ́əmeɪ, ─ ́ | fɔ́:meɪ, ─ ́] 〘《15C》□F ～ (p.p.) ← *former* 'to FORM'〙 *adj.* 〘紋章〙=pattée.

fórm elastícity *n.* 〘物理〙形状弾性《体積が変化しない変形による弾性》.

for·mer[1] [fɔ́əmə | fɔ́:mə(r)] 〘《*a*1375》← ME *forme* (< OE *forma*) first + -ER[2]: *-er* の語尾は ME & OE *formest* 'FOREMOST' からの類推〙 ── *adj.* **1 a** (時間が相対的に)前の, 先の (previous); 以前の, もとの (earlier): one's ～ enemy / on the ～ occasion 前の折に / She is now more like her ～ self. 以前の彼女らしくなってきた. **b** 《廃》往時の, 昔の (ancient): in ～ times 昔は. **2** (順序が)前のほうの, 先行する (foregoing): in the ～ part of this chapter この章の前の部分で. **3** かつてその職にあった, 前任の, 元(㍿)…(ex-): ～ President Grant グラント元大統領 / the ～ mayor 元[前]市長. **4** [the ～; 代名詞的にも用いて] (二者のうち)前者(の) (cf. latter[3]): *The* ～ proposal was preferred to the latter. 前の提案のほうがあとのものよりも好ましいとみなされた / They keep horses and cattle, *the* ～ for riding, the latter for food. 馬と牛を飼っているが, 前者は乗用, 後者は食用である.

fórm·er[2] 〘ME: ⇨ form (v.), -er[1]〙 ── *n.* **1** 作る人[もの], 形成者, 構成者: Education is a ～ of character. 教育は性格を形成する / a felt ～ フェルト工. **2 a** 成形具, 型, 模型 (pattern). **b** 〘電気〙巻枠(㋹), 巻型. **3** 《英》[通例複合語の第2構成素として] (public school その他中等学校の)…年級生: a second ～ 2年級生. **4** 〘航空〙成形部材《翼や胴体の形を線図通りに保つために入れる小骨やフレーム》.

for·mer·et [fɔ́əmərèt | fɔ́:-] *n.* 〘建築〙=wall rib.

fór·mer·ly 〘《1590》← FORMER[1]+-LY[1]〙 ── *adv.* **1** 先に, 以前(は), 昔, 往時 (once): They ～ lived in this city. / a ～ prosperous family かつては富有だった一家. **2** 《廃》たった今 (just now).

Fórmer Próphets *n. pl.* **1** [the ～] (旧約聖書の)前預言書《Joshua, Judges, 1 & 2 Samuel, 1 & 2 Kings の6書; cf. prophet 4》. **2** [the ～, the f- p-] 前預言書の作者.

fórm fàctor *n.* 〘電気〙波形率《対称な交流波形の半波の実効値と平均値との比で, 波形の尖鋭度を表わす量》.

fórm-fitting *adj.* ぴったり体に合う (close-fitting): a ～ sweater.

form·ful [fɔ́əmfəl | fɔ́:m-] *adj.* (スポーツで)フォームを見せる, フォームが見どころの: a ～ jump.

for·mic [fɔ́əmɪk | fɔ́:-] 〘《1791》← L *formīca* ant+-IC[1]〙 *adj.* **1** 蟻(㋐)の, 蟻から採った. **2** 〘化学〙蟻(㋖)酸の.

For·mi·ca [fɔəmáɪkə, fə- | fɔ:-, fə-] *n.* 〘商標〙フォーマイカ《家具・帳壁などのおおいに使用する加熱硬化性合成樹脂; 薬品・熱に対して抵抗力がある》.

fórmic ácid *n.* 〘化学〙蟻(㋖)酸(HCOOH)《以前蟻(㋐)を蒸留して得られたのでこう呼ばれるが, 今は合成される》.

fórmic áldehyde *n.* 〘化学〙=formaldehyde.

formicaria *n.* formicarium の複数形.

For·mi·ca·ri·i·dae [fɔ̀əmɪkəráɪədì: | fɔ̀:mɪkəráɪɪ-] 〘← NL ～ ← *Formicarius* (属名: cf. L *formīca* ant)+-IDAE〙 *n. pl.* 〘鳥類〙(スズメ目)アリドリ科.

for·mi·car·i·oid [fɔ̀əmɪkέ(ə)riɔ̀ɪd | fɔ̀:mɪkέərɪ-] 〘← NL *Formicarius* (↑)+-OID〙 *adj., n.* 〘鳥類〙アリドリ科の(鳥).

for·mi·car·i·um [fɔ̀əmɪkέ(ə)riəm | fɔ̀:mɪkέərɪ-] 〘□ ML ～ ← L *formīca* ant〙 *n.* (*pl.* **-i·a** [-riə | -rɪə]) = formicary.

for·mi·car·y [fɔ́əmɪkèri | fɔ́:mɪkəri] 〘⇨ ↑, -ary〙 *n.* 蟻の巣, 蟻塚, 蟻の塔 (ant hill).

for·mi·cate [fɔ́əməkèɪt | fɔ́:mɪ-] 〘← L *formīcāt-us* (p.p.) ← *formīcāre* to creep like ants ← *formīca* ant〙 *vi.* 蟻のように群がる (swarm).

for·mi·ca·tion [fɔ̀əməkéɪʃən | fɔ̀:mɪ-] *n.* 〘病理〙蟻(㋐)走感, 蟻痒(㋘)《蟻(㋐)が皮膚をはうような感じ》.

For·mic·i·dae [fɔəmísədì: | fɔ:mísɪ-] 〘← NL ～ ← *Formica* (属名: ⇨ L *formīca* ant)+-IDAE〙 *n. pl.* 〘昆虫〙(膜翅目)アリ科.

for·mi·da·bil·i·ty [fɔ̀əmɪdəbílət̬i, -mə-, fɔəmɪ̀d-, fə- | fɔ̀:mɪdəbíləti, fɔ:mɪ̀d-, fə-,-lɪ-] *n.* 恐ろしいこと; 手ごわいこと; 非常に多い[大きい]こと.

for·mi·da·ble [fɔ́əmɪdəbl, -mə-, fɔəmíd-, fə- | fɔ́:mɪdə-, fɔ:míd-, fə-] 〘《*c*1450》□(O)F ～ □L *formīdābil-is* causing fear ← *formīdāre* to fear ← *formīdō* fear〙 ── *adj.* **1** 恐れを起こさせる, 恐れさせる, 恐ろしい: a ～ appearance 恐ろしい様子. **2** 〈敵・仕事など〉手におえそうにない, 侮り難い, 恐るべき; むずかしい: a ～ task 手におえない仕事 / a ～ army 手ごわい軍 / a ～ enemy 強敵. **3** (大きさ・優秀さ・偉大さで)畏敬の念を起こさせる; 驚くほどに多数[多量]の, 恐ろしく大きな, 非常にすぐれた: a ～ pile of letters 驚くほどの手紙の山. **～·ness** *n.*

fór·mi·da·bly [-bli | -blɪ] *adv.* 恐ろしく; 侮り難いほど, 手ごわく; とても.

fórming tòol *n.* 〘機械〙総形(㋞)バイト《工作物を所要の形に仕上げるように造った切刃》.

fórm·less *adj.* **1 a** (一定の)形のない. **b** 形をなさない, 不恰好な. **c** 無定形の; 実体のない. **2** はっきりしない, 混沌としている. **～·ly** *adv.* **～·ness** *n.*

fórm lètter *n.* 同文の手紙《内容は印刷か複写またはタイプに打ち, 日付や宛名は個別的に記入する手紙》.

fórm màster *n.* (英国の中等学校の)年級担任教師.

for·mo- [fɔ́əmoʊ | fɔ́:məʊ] 〘← *formic acid*〙「蟻(㋖)酸 (formic acid), ホルミル (formyl)」の意の連結形. ★ 母音の前では通例 form- になる.

For·mol [fɔ́əmɔ(:)l, -moʊl | fɔ́:mɔl] *n.* 〘商標〙ホルモル《37% ホルムアルデヒド水溶液の商品名》.

For·mo·sa [fɔəmóʊsə, -zə | fɔ:máʊ-] 〘□ Port. (*Ilha*) *Formosa* beautiful (island) ← L *fōrmōsus* finely formed ← *fōrma* 'FORM'〙 *n.* Taiwan の旧名.

For·mo·san [fɔəmóʊsən, -sn̩, -zən, -zn̩ | fɔ:máʊ-] *adj.* 台湾(人, 語)の. ── *n.* **1** 台湾人. **2** 台湾語. ★ 今は Taiwanese の方が普通.

Formósa Stráit *n.* [the ～] =Taiwan Strait.

fórm stòp *n.* 〘建築〙フォームストップ《コンクリート打ち込みで, 打ち込みに区切りをつけるための型枠内の堰板(㋝)》.

fórm tòol *n.* 〘機械〙=forming tool.

for·mu·la [fɔ́əmjʊlə | fɔ́:-] 〘《*a*1638》□L ～ (dim.) ← *fōrma* 'FORM'〙 ── *n.* (*pl.* **～s, -mu·lae** [-lì:, -làɪ]) **1** (儀式などに用いる)きまった文句, (一定の)式文, 祭文: a ～ of faith 信仰告白文 / the baptismal ～ 洗礼式の式文 / a magic ～ 呪文. **2** (式辞・挨拶などの)きまり文句: the hackneyed ～*s* of condolence 陳腐な弔詞. **3** (一定形式に表現された)信条 (creed), 信仰告白文. **4** 方式, 定則. **5 a** 調理法, 処方 (recipe). **b** 《米》フォーミュラ, 調合乳《ミルクや粉乳に砂糖・水などを混ぜた乳児用飲料》. **6** 〘数学・化学〙公式, 式: a chemical ～ 化学式 / an empirical ～ 実験式 / a binomial ～ 二項式 / a molecular ～ 分子式 / a structural [constitutional] ～ 構造式 / ⇨ rational formula / The ～ for water is H_2O. 水の化学式は H_2O である. **7** 〘自動車〙フォーミュラ《特に, エンジンの排気量によるレーシングカーの分類(法)》: ～ I [One]. ── *attrib. adj.* 〘自動車〙〈レーシングカーが〉フォーミュラ[規格]に従った《車体重量・エンジンの排気量・車体形状などが F.I.A. の定める規格に従ったものにいう》.

for·mu·la·ble [fɔ́əmjʊləbl | fɔ́:-] *adj.* 公式化できる, 公式で示しうる.

formulae *n.* formula の複数形.

for·mu·la·ic [fɔ̀əmjʊléɪɪk | fɔ̀:-] *adj.* 公式の, 公式を成す; きまり文句から成る. **fòr·mu·lá·i·cal·ly** *adv.*

for·mu·la·ri·za·tion [fɔ̀əmjʊlərɪzéɪʃən, -rə- | fɔ̀:mjʊlərаɪ-, -rɪ-] *n.* 公式化, 方式化.

for·mu·la·rize [fɔ́əmjʊləràɪz | fɔ́:-] *vt.* 公式化する, 公式にする (formulate). **fór·mu·la·rìz·er** *n.*

for·mu·lar·y [fɔ́əmjʊlèri | fɔ́:mjʊləri] 〘n.: 《1541》(O)F *formulaire* ∥ ML *formular-ius.* ─adj.: 《1728》← FORMUL(A)+-ARY〙 ── *adj.* **1** 公式の, 定式の; 公式的な, 規定の (prescribed). **2** 定式を固く守る, 型にはまった, 融通のきかない: a stiff ～ man. ── *n.* **1** 式文[祭文]集, 定式(文)集; (教会の)儀式文書[文集]: a liturgical ～ 礼拝用式文集. **2** きまり文句 (formula). **3** 〘薬学〙処方書, 処方集, 薬局方 (pharmacopoeia).

for·mu·late [fɔ́əmjʊlèɪt | fɔ́:-] 〘《1860》← FORMUL(A)+-ATE[3]〙 ── *vt.* **1** 公式化する, 公式で示す[に表わす]. **2** 明確に系統立てて説く, 組織的に述べる. **3** 〈方法・体系などを〉編み出す, 作り出す (devise). **4 a** 処方[調理法]に従って作る. **b** …の処方[調理法]を開発する. **c** 〈プラスチック・石鹸など〉の化学式を開発する. **fór·mu·là·tor** [-t̬ə | -tə(r)] *n.*

for·mu·la·tion [fɔ̀əmjʊléɪʃən | fɔ̀:-] *n.* **1** 公式化. **2** 明確な[系統的]説述.

fórmula wèight *n.* 〘化学〙式量《イオン結晶などにおいて化学式に対応する原子量の和》.

for·mu·lism [fɔ́əmjʊlìzm | fɔ́:-] *n.* **1** 公式[方式]主義. **2** 公式の体系.

fór·mu·list [-lɪst, -ləst | -lɪst] *n.* 公式[方式]主義者.

for·mu·lis·tic [fɔ̀əmjʊlístɪk | fɔ̀:-] *adj.* 公式主義的な, 方式主義者的な.

for·mu·li·za·tion [fɔ̀əmjʊlɪzéɪʃən, -lə- | fɔ̀:mjʊlaɪ-, -lɪ-] *n.* =formulation.

for·mu·lize [fɔ́əmjʊlàɪz | fɔ́:-] *vt.* =formulate 1.

fórm wòrd *n.* 〘文法〙形式語 (⇨ empty word).

fórm·wòrk *n.* 〘土木〙**1** [集合的] (コンクリート打ち込み用の)型枠, 仮枠. **2** 型枠工事, 仮枠工事.

form·y [fɔ́əmi | fɔ́:mɪ] *adj.* 〘紋章〙=pattée.

for·myl [fɔ́əmɪl, -məl | fɔ́:mɪl] 〘← FORM(IC)+-YL〙 *n.* 〘化学〙ホルミル《蟻(㋖)酸から誘導した基 (HCO)》.

for·myl·ate [fɔ́əmɪlèɪt, -mə- | fɔ́:mɪ-] *vt.* 〘化学〙蟻(㋖)酸を〈有機化合物〉に誘導する.

fórmyl gròup [ràdical] *n.* 〘化学〙ホルミル基《蟻(㋖)酸から誘導される O=CH- を有する1価の基》.

For·nax [fɔ́ənæks | fɔ́:-] 〘□L *fornāx* 《原義》furnace〙 *n.* 〘天文〙ろ(炉)座《南天の小星座; the Furnace ともいう》.

for·nenst [fənènst, ─ ́ | fə-] *prep.* 《方言》=fornent.

for·nent [fənènt, ─ ́ | fə-] 〘← FOR(E)[1]+(A)NENT〙 *prep.* 《方言》**1** …の向かいに; …に対して, 面して. **2** …の近くに, …の横に (beside).

for·ni·cate[1] [fɔ́ənəkèɪt | fɔ́:nɪ-] 〘《1552》← ML *fornicāt-us* (p.p.) ← *fornicārī* to visit a brothel ← L *fornix* arch, (underground) brothel (↓)〙 ── *vi.* 〈正式な夫婦以外の男女が〉私通[密通]する, 姦淫を行なう. ── *vt.* …と私通[密通, 姦淫]する.

for·ni·cate[2] [fɔ́ənɪkət, -nə-, -kɪt, -kèɪt | fɔ́:nɪ-] 〘□L *fornicāt-us* vaulted, arched (p.p.) ← *fornicārī* ← *fornix* arch, vaulted chamber〙 ── *adj.* アーチ形の, 弓形の (arched); 〘植物〙弓形鱗(㋷)片をもつ.

fór·ni·càt·ed [-t̬ɪd, -t̬əd | -tɪd, -təd] *adj.* =fornicate[2].

for·ni·ca·tion [fɔ̀ənəkéɪʃən | fɔ̀:nɪ-] 〘《*c*1303》□(O)F ～ □LL *fornicātiō(n-)* ← *fornicārī* 'to FORNICATE[1]'〙 ── *n.* **1** (正式な夫婦以外の男女の)私通, 密通, 姦淫. ★ 通常は未婚の男女(A, B)間のことを意味するが, A が既婚であれば B は私通, A は姦通 (adultery) ということになる. **2** 〘聖書〙**a** 姦淫 (cf. *Matt.* 5: 32). **b** 偶像崇拝 (idolatry) (cf. 2 *Chron.* 21: 11).

fór·ni·cà·tor [-t̬ə | -tə(r)] 〘《*a*1376》□LL *fornicātor*〙 *n.* 私通者, 姦淫者.

for·ni·ca·trix [fɔ̀ənəkéɪtrɪks | fɔ̀:nɪ-] 〘□LL *fornicātrix* (fem.) (↑)〙 *n.* (*pl.* **-ca·tri·ces** [-kətráɪsi:z]) 私通女.

fornices *n.* fornix の複数形.

for·nic·i·form [fɔənísəfɔ̀əm | fɔ:nísɪfɔ̀:m] *adj.* 〘植物〙=fornicate[2].

for·ninst [fənínst, ─ ́ | fə-] *prep.* 《方言》=fornent.

for·nix [fɔ́ənɪks | fɔ́:-] 〘□L ～ 'arch, vault'〙 *n.* (*pl.* **for·ni·ces** [-nəsì:z | -nɪ-]) 〘解剖〙(頭蓋(㋜)などの)円蓋, 脳弓.

for·pined [fəpáɪnd | fə-] 〘ME ～ (p.p.) ← *forpine(n)* to pine away: ⇨ for-[1] 3, pine[1]〙 *adj.* 《古》(飢餓・苦悩などのために)やせ衰えた, やつれた.

for·rad [fɔ́(:)rəd, fά:r- | fɔ́r-] 〘《変形》← FORWARD〙 *adv.* (*also* **for·rard** [-rəd, -rəd | -rəd]) 《方言》=forward.

for·rad·er [fɔ́(:)rədə, fά:r- | fɔ́rədə(r)] 〘《1898》〙 ── *adv.* (*also* **for·rard·er** [-rədə, -rə- | -rədə(r)]) 《方言》forward の比較級 (⇨ forward *adv.* 1): get no ～ ちっとも進まない.

for·rel [fɔ́(:)rəl, fά:r- | fɔ́r-] *n.* =forel.

For·rest [fɔ́(:)rɪst, fά:r-, -rəst | fɔ́rɪst], **Edwin** *n.* (1806–72) 米国の悲劇俳優.

Forrest, John *n.* (1847–1918) オーストラリアの探検家; オーストラリア西部・南部を探検し, Western Australia の初代首相 (1890–1901); 称号 1st Baron Forrest.

Forrest, Nathan Bedford *n.* (1821–77) 米国南北戦争当時の南軍の将校.

for·rit [fɔ́(:)rɪt, fά:r-, -rət | fɔ́rɪt] *adj., adv.* 《スコット》=forward.

for·sake [fəséɪk, fɔə- | fə-, fɔ:-] 〘OE *forsacan* to deny ← FOR-[1] 1+*sacan* to dispute (⇨ sake[1]): cf. Du. *verzaken*〙 ── *vt.* (**for·sook** [-sʊ́k]; **-sak·en** [-séɪkən]) **1** 〈親しい人などを〉見捨てる, 放棄する (abandon): ～ one's wife and children 妻子を見捨てる. **2** 〈従来の習慣などを〉捨てる (give up): ～ a bad habit [one's former way of life] 悪い習慣[従来の生活法]を捨てる. **for·sák·er** *n.*

for·sak·en [fəséɪkən, fɔə- | fə-, fɔ:-] 〘ME〙 *v.* forsake の過去分詞. ── *adj.* 見捨てられた, 見放された, 孤独の: a ～ village. **～·ly** *adv.* **～·ness** *n.*

For·se·ti [fɔ́əsetì: | fɔ́:-] *n.* (*also* **For·se·te** [-tè]) 〘北欧神話〙フォルセティ《正義の神; Balder と Nanna の子》.

forsook *v.* forsake の過去形.

for·sooth [fəsú:θ | fə-, fɔ:-] 〘OE *forsōð* for truth: ⇨ for, sooth〙 ── *adv.* [今はしばしば軽蔑・疑い・皮肉を暗示して] ほんとに, いかにも (truly), 確かに: A pretty story ～. いや, 全く, 結構な話だよ.

for·spent [fəspént, fɔə- | fə-, fɔ:-] 〘(p.p.) ← 《古》*forspend* < late OE *forspendan*: ⇨ for-[1] 3, spend〙 *adj.* 《古》疲れ果てた (exhausted): ～ *with* toil.

Forss·man [fɔ́əsmɑ̀:n, -mən | fɔ́:s-; *G.* fɔ́rsman], **Werner** *n.* フォルスマン《1904– ; 西ドイツの外科医; Nobel 医学生理学賞 (1956)》.

For·ster [fɔ́əstə | fɔ́:stə(r)], **E(dward) M(organ)** *n.* (1879–1970) 英国の小説家・批評家; *A Passage to India* (1924), *Aspects of the Novel* (1927).

for·ster·ite [fɔ́əstəràɪt | fɔ́:-] 〘← *J. R. Forster* (1729–98: ドイツの自然科学者): ⇨ -ite[1]〙 *n.* 〘鉱物〙ホーステライト, 苦土橄欖(㋕)石 (Mg_2SiO_4).

Fórst·ner bìt [fɔ́əstnə- | fɔ́:stnə-] 〘← *Benjamin Forstner* (これを考案した米国人)〙 ── *n.* 〘建築〙フォーストナービット《木材に太柄(㋮)穴などを穿つための木工用の刃》.

for·swear [fɔəswέə | fɔ:swέə(r)] 〘OE *forswerian* ⇨ for-[1] 2, swear〙 ── *v.* (**for·swore** [-swɔ́ə, -swóə | -swɔ́:(r)]; **-sworn** [-swɔ́ən | -swɔ́:n]) ── *vt.* **1** 誓って否定する, 強く否認する: ～ the theft. **2** 誓って絶つ, 断然やめる (abjure): ～ bad habits, smoking, etc. / ～ *to* wed again 二度と結婚しないと誓う. **3** [～ *oneself* で] 偽誓する, 偽証する. ── *vi.* 偽誓する, 偽証する.

for·swéar·er [-swέ(ə)rə | -swέərə(r)] *n.* 偽誓者, 偽証者.

for·sworn [fɔəswɔ́ən | fɔ:swɔ́:n] 〘OE *forsworen*〙 *v.* forswear の過去分詞. ── *adj.* 偽誓[偽証]した (perjured): a ～ witness.

For·syth [fɔ̀əsáɪθ, fə-|fɔ:-], **Peter Taylor** *n.* (1848–1921) 英国の会衆派神学者.

for·syth·i·a [fəsíθiə, fɔə-|fɔ:sáɪθjə, fə-, -θɪə] 〖← NL ～ ← *William Forsyth* (1737–1804: 英国の植物学者・園芸家): ⇨ -ia¹ 4〗 ── *n.* 〘植物〙 レンギョウ《中国・日本・ヨーロッパに産するモクセイ科レンギョウ属 (*Forsythia*) の耐寒性のある落葉低木で, 数種が庭木として栽培される》.

fort [fɔ́ət, fóət | fɔ́:t] 〖《?a1375》▭ (O)F ～《原義》strong < L *fortem* ← IE *bheregh- high: cf. fortress〗 ── *n.* **1** (独立防衛のできる単一の)砦(とりで), 堡塁(ほうるい) (cf. fortress). **2** (北米で, 昔砦のあった場所で, 今はインディアンとの)交易所 (trading post). ★もと fort (1, 2) の所在地で, 今も Fort ...と呼ばれている場所は北米には特に多い. **3** 〘米陸軍〙 常設の陸軍駐屯地《Fort ...と呼ばれる; 一時的な駐屯地は Camp ...という》.

hold the fort (1) 砦を守る. (2) 現状を維持していく. (3) (攻撃・批判に対して)譲らない.

fort. 《略》 fortification; fortified.

For·ta·le·za [fɔ̀ətəléɪzə, -tḷ- | fɔ̀:təléɪ-; *Braz.* fòrtalézə] *n.* フォルタレザ《ブラジル北東部の港市, Ceará 州の首都; Ceará ともいう; 人口 1,110,000》.

for·ta·lice [fɔ́ətəlɪs, -ləs, -tḷ- | fɔ́:təlɪs] 〖《c1425》▭ OF *fortelesce* ‖ ML *fortalitia* 'FORTRESS'〗 *n.* 《古》 **1** 小砦 (small fort); 外堡 (outwork). **2** 要塞 (fortress).

Fórt Cón·ger [-káŋgə | -kɔ́ŋgə(r] *n.* カナダ北部, Ellesmere 島にある寒極地点 (cf. POLES of cold).

Fort-de-France [fɔ̀ədəfrɑ́:(n)s, -frɔ̃́:(n)s, -frɑ́:ns, -frɔ́(:)ns | fɔ̀:-; *F.* fɔrdəfrɑ̃:s] *n.* フォールドフランス《フランスの海外県 Martinique 島の首都; 人口 99,000》.

forte¹ [fɔ́ət, fóət | fɔ́:teɪ, -tɪ, fɔ́:t] 〖《a1648》▭ F *fort* (*fort* strong の名詞用法: cf. fort): *-e* は LOCALE などの連想から誤って加えられたもの〗 ── *n.* **1** [《米》ではまた fɔ́əteɪ, -tḭ] 長所, 得意, えて (strong point): have a ～ for ...が得意である. **2** 〘フェンシング〙 剣の腰《中央からつかまでの丈夫な部分; cf. foible 2》.

for·te² [fɔ́əteɪ, -ti | fɔ́:tɪ, -teɪ; *It.* fɔ́rte] 〖《1724》▭ It. ～ < L *fortem* strong〗 〘音楽〙 ── *adj.* 強音の, フォルテの (loud) (↔ piano). ── *adv.* 強く, 強音に, フォルテで (loudly) (略 f): ～ ～ (略 ff) きわめて強く (fortissimo). ── *n.* フォルテ(の楽節).

for·te·pia·no [fɔ̀ətəpjɑ́:nou, fòə- | fɔ̀:tɪpjɑ́:nəʊ; *It.* fòrtepjá:no] *n.* 《古》 =pianoforte.

for·te-pia·no [fɔ̀əteɪpiɑ́:nou, -tɪ- | fɔ̀:tɪpjɑ́:nəʊ, -piɑ́:-, -teɪ-; *It.* fɔ̀rtepjá:no] *adv.* 〘音楽〙 (ある音を)強く直ちに(続く他の音を)弱く (略 fp.).

fortes *n.* fortis の複数形.

forth [fɔ́əθ, fóəθ | fɔ́:θ] 〖OE *forð* < Gmc *furþa* (Du. *voort* / G *fort*) < IE **pr̥to* ← **per* forward: ⇨ further, fore¹〗 ── *adv.* **1** 前へ, 先方へ (forward): back and ～ ⇨ back¹ *adv.* 成句 / stretch ～ one's hand 手を伸ばす[さし出す]. **2** (...)以後 (onward). ★次の句で: *from* this day ～ 今日以後 (cf. henceforth) / *from* that time ～ その時以後. **3** [運動を表わす種々の動詞に伴って] 外へ, 外部へ, 見える所へ(出て, 出して) (out): come ～ 出て来る, 現われる / ⇨ BRING *forth*, GO¹ *forth*, PUT *forth*, SET *forth*, etc. **4** 《廃》 遠くへ, 国外へ (away, abroad).

and so forth ⇨ and *conj.* 成句. ***forth of*** 《文語》...から外へ (out of). ***so far forth*** その[この]程度まで(は), それ[これ]だけは. ***so far forth as*** =SO FAR *as*.

── *prep.* 《古》 ...から出て (out of): go ～ a house 外出する.

Forth [fɔ́əθ, fóəθ | fɔ́:θ], **the Firth of** 〖← Gael. *foir*, *fraigh* border of a country〗 ── *n.* フォース湾《スコットランド南東部にある入江 (90 km) で, Forth 川の河口をなしている; Edinburgh の付近にこれを横断する有名な Forth Bridge (全長 2,530 m) がある》.

forth·com·ing [ˌ⁻⁻⁻, ⁻⁻⁻] 〖《c1475》(pres.p.) ← 《廃》 *forthcome* < OE *forþcuman* to come forth〗 ── *adj.* **1** やがて来ようと[現われようと]する; 来たるべき, 接近して[迫って]いる (approaching); 〈書物が〉近刊の: a list of ～ books 近刊書目録 / A new edition is said to be ～ in spring. 新版が春に出版されるとのことだ. **2** [しばしば否定構文で] **a** 手近に[すぐに]用意されて, 〈金など〉すぐに出る: The money is not ～. 金は出てこない[出そうもない]. **b** 〈人が〉愛想のいい, 社交的な (sociable); 協力的な, 進んで教えてくれる (informative): a ～ man. ── *n.* 出現 (appearing), 接近.

Fórt Hénry 〖James 一世の王子 *Henry* にちなむ〗 ── *n.* ヘンリー砦(とりで)《米国 Tennessee 州北西部, Tennessee 河畔にあった南軍の堡塁; 1862 年に北軍に奪われた》.

forth·right 〖OE *forð rihte* at once, instantly & *forð riht* (adj.)〗 ── [⁻⁻, ⁻⁻] *adj.* **1** 打ち明けた, あけすけな, 率直な (candid): a ～ man あけすけな人 / the home thrust of a ～ word (思い切った)直言の急所の突き. **2** 毅然とした, ゆるがない (unswerving), ためらわない. **3** 《古》 まっすぐに進む, 直進の. ── [⁻⁻, ⁻⁻] *adv.* **1 a** まっすぐ前に. **b** 率直に, あけすけに (frankly). **2** 《古》 直ちに. ── [⁻⁻] *n.* 《古》 まっすぐな道, 直路: through ～*s* and meanders まっすぐな道と曲がった道を通って (Shak., *Tempest* 3. 3. 3).

～·ly *adv.* **～·ness** [⁻⁻⁻, ⁻⁻⁻] *n.*

forth·with [⁻⁻, ⁻⁻] 〖《?c1200》〗 *adv.* **1** 直ちに, すぐさま, 立ちどころに (immediately). **2** そこで, そこで直ちに (thereupon).

For·ties [fɔ́ətiz | fɔ́:tɪz] 〖40 尋(ひろ)以上深さがあるところから〗 *n.* [the ～] フォーティーズ《スコットランド北東岸とノルウェー南西岸との間の海》.

for·ti·eth [fɔ́ətiɪθ, -tiəθ | fɔ́:tɪɪθ, -tɪəθ] 〖OE *fēowertigoða*: ⇨ forty, -th¹〗 ── *adj.* **1** 第 40 の, 40 番目の (40th). **2** 40 分の 1 の: a ～ part 40 分の 1. ── *n.* **1** [the ～] 第 40, 40 番目, 第 40 位. **2** 40 分の 1: one ～ of the total 総額の 40 分の 1.

for·ti·fi·a·ble [fɔ́ətəfàɪəbḷ | fɔ́:tɪ-] *adj.* 砦[堡塁]で(堅固に)固めることのできる, 防御工事を施しうる, 築城しうる.

for·ti·fi·ca·tion [fɔ̀ətəfɪkéɪʃən, -fə- | fɔ̀:tɪfɪ-] 〖《1429》▭ (O)F ～ ▭ LL *fortificātiō(n-)*: ⇨ fortify, -fication〗 ── *n.* **1** (都市などの)防備, 要塞化; 築城学[術]. **2** [通例 *pl.*] 防備施設, 防御工事, 築城; 砦, 要塞. **3** 強めること, 強化 (enrichment); (ぶどう酒の)アルコール分強化, (食物の)栄養価の強化: vitamin ～ *of* certain foods ビタミン添加による食料品の栄養価の強化.

fórtified wíne *n.* 補強ぶどう酒[ワイン], フォーティファイドワイン《発酵中(または後)にブランデーなどを入れてアルコール分を強めたぶどう酒; デザートワインなどに用いる; cf. dessert wine, natural wine》.

fór·ti·fi·er *n.* **1** 築城家. **2** 強化者[物]. **3** 《戯言》 強壮剤 (tonic), 酒.

for·ti·fy [fɔ́ətəfàɪ | fɔ́:tɪ-] 〖《?a1425》 *fortifie(n)* ▭ (O)F *fortifi-er* ▭ LL *fortificāre* ← L *fortis* strong: ⇨ -fy: cf. fort, forte¹²〗 ── *vt.* **1** 〈都市・地域など〉に防御工事を施す, 砦[堡塁(ほうるい)]で固める, 要害堅固にする; 要塞化する: ～ a town *against* the enemy 敵の襲撃に対して都市に防備を施す / a *fortified* city [port] 武装都市[軍港] / a *fortified* zone 要塞[武装]地帯. **2** 〈組織・構造を〉固める, 強める, 強化する (strengthen): ～ a ship *with* additional timbers 船材を添加して船を補強する. **3** (肉体的・精神的・道徳的に)強くする, 強壮にする, 強固にする, ...の操を固くする (invigorate): ～ oneself *against* the cold 防寒具で身を固める; 寒さしのぎに一杯やる / ～ oneself *with* a glass of wine 一杯のぶどう酒で元気をつける / ～ timidity *by* pride 小心を高慢で補強する. **4** 〈酒〉のアルコール分を増す, 〈酒類を〉強くする (cf. fortified wine): a drink *fortified with* brandy ブランデーを入れて強くした飲物. **5** 〈食物〉に〔ビタミン類や鉄分などを加えて〕栄養価を高める (enrich) 〔*with*〕: powdered milk *fortified with* vitamins ビタミンの添加によって栄養価を強化した粉乳. **6** 《古》 〈説などを〉固める, 確証する, 裏付けする (confirm): ～ one's case *with* statistics 統計を用いて主張の裏付けをする. ── *vi.* 築城する, 要塞を築く; 防備を固める.

for·tis [fɔ́ətɪs, -təs | fɔ́:tɪs] 〖▭ L ～ 'strong'〗 〘音声〙 ── *n.* (*pl.* **for·tes** [-ti:z | -ti:z, -teɪz]) 硬音, 強子音《調音器官が強い閉鎖やせばめを形成し, また呼気圧が高いために強く調音される閉鎖音や摩擦音; 英語の無声の閉鎖音や摩擦音は通例 fortis である; ⇨ lenis》. ── *adj.* 硬音[強子音]の.

for·tis·si·mo [fɔətísəmòu | fɔ:tísɪməʊ; *It.* fortíssimo] 〖▭ It. ～ (superl.) ← *forte*: ⇨ forte²〗 〘音楽〙 ── *adv.*, *adj.* フォルティッシモで[の], きわめて強く[い] (略 ff). ── *n.* (*pl.* **～s**, **-si·mi** [-mì: ; *It.* -mi]) フォルティッシモ(の楽節[音]).

for·tis·sis·si·mo [fɔ̀ətəsísəmòu | fɔ̀:tɪsísɪməʊ; *It.* fòrtissíssimo] 〖▭ It. ～ (二重最上級): ↑〗 ── *adv.*, *adj.* 〘音楽〙 フォルティシシモで[の], 最大限に強く[い] (略 fff.).

for·ti·tude [fɔ́ətət(j)ù:d | fɔ́:tɪtjù:d] 〖? OE *fortitudo* ▭ L *fortitūdō* strength, courage ← *fortis* strong〗 ── *n.* **1** 剛毅(ごうき), 堅忍(不抜), 不屈の精神《七主徳の一つ; cf. seven principal virtues》: bear a calamity *with* ～ 泰然として災禍に耐える. **2** 《廃》 強固, 堅固.

for·ti·tu·di·nous [fɔ̀ətət(j)ú:dənəs | fɔ̀:tɪtjú:dɪ-] *adj.* 剛毅(ごうき)な, 不屈な精神をもった (courageous).

Fòrt Knóx [-nɑ́ks | -nɔ́ks] *n.* 米国 Kentucky 州北部, Louisville 近くの軍保留地; 米政府の金塊の貯蔵所がある.

Fort-La·my [fɔ̀ələmí: | fɔ̀:-; *F.* fɔrlami] *n.* フォールラミ《1973 年 Ndjamena と改称》.

Fòrt Lár·a·mie [-lǽrəmi | -mɪ] *n.* ララミー砦(とりで)《米国 Wyoming 州南東部の昔の砦; Oregon Trail の重要な拠点》.

Fòrt Láu·der·dale [-lɔ́:dədèɪl | -də-] *n.* 米国 Florida 州南東部の都市; 海水浴場; 人口 153,000.

Fòrt McHénry *n.* マックヘンリー要塞(さい)《米国 Maryland 州北部 Baltimore 港の入口にある要塞; 1814 年英軍がこの要塞を砲撃した際 Francis Scott Key により米国国歌が作られた》.

Fórt Monróe *n.* モンロー砦(とりで)《米国 Virginia 州の南東部, Hampton Roads の入口に当たる砦[基地]》.

fort·night [fɔ́ətnàɪt, fóət- | fɔ́:t-] 〖ME *fourtenight* < OE *fēowertȳne niht* fourteen nights: cf. sennight〗 ── *n.* 2 週間 (cf. sennight): a ～'s holiday 2 週間の休暇 / today [this day] ～ 2 週間後[前]のきょう, さ来週[先々週]のきょう / a ～ (from) today 2 週間後[前]のきょう / a ～ on Monday =Monday ～ 2 週間後[前]の月曜日, さ来週[先々週]の月曜 / stay a ～ 2 週間滞在する. ★米国では主に《文語》.

fort·night·ly [⁻⁻⁻ | ⁻⁻⁻, ⁻⁻⁻] ── *adj.* **1** 2 週間に 1 回の: ～ mail 2 週間に 1 回の郵便物. **2** 隔週発刊の: a ～ magazine [review] 隔週雑誌[評論]. ── *adv.* 2 週間ごとに, 隔週に: be published ～ 隔週刊行される / go ～ 2 週間に一度行く. ── *n.* 隔週刊行物.

FORTRAN, For·tran [fɔ́ətræn | fɔ́:-] 〖← *for*(*mula*) *tran*(*slation*)〗 ── *n.* 〘電算機〙 フォートラン《科学技術計算用のプログラム言語の一種; 簡単な数式をプログラム中に書くことができる; cf. computer language》.

for·tress [fɔ́ətrɪs, -trəs | fɔ́:-] 〖《?a1300》▭ (O)F *forteresse* strong place < VL **fortaritiam* ← L *fortis* strong〗 ── *n.* **1 a** 要塞 (stronghold)《大規模で永久的なもの; cf. fort》: an impregnable ～ 難攻不落の要塞. **b** 要塞地, 要塞都市. **2** 堅固な場所, 城郭. ── *vt.* **1** ...に要塞を設ける, 要塞で防護する (fortify): a ～*ed* city 要塞都市. **2** 《古》 〈都市など〉の要塞の役をする.

Fórtress Monróe *n.* =Fort Monroe.

Fòrt Smíth 〖← *T. A. Smith* (*d.*1865: 米国の将軍)〗 *n.* 米国 Arkansas 州西部の都市; 人口 63,000.

Fòrt Súm·ter [-sʌ́mtə | -tə(r] 〖← *Thomas Sumter* (1734–1832: 米国の将軍)〗 ── *n.* サムター砦(とりで)《米国 South Carolina 州 Charleston 港にあった砦; 1861 年 4 月 12 日南軍の砲撃によって南北戦争が開始された》.

for·tu·i·tism [fɔət(j)ú:ətɪzm, fə- | fɔ:tjú:ɪ-, -tjúɪ-] 〖← FORTUIT(OUS)+-ISM〗 *n.* 〘哲学〙 (適応進化における)偶然説 (cf. teleology 1, tychism).

for·tú·i·tist [-tɪst, -təst | -tɪst] *n.* (進化論・哲学上の)偶然論者, 偶然説信奉者.

for·tu·i·tous [fɔət(j)ú:ətəs, fə- | fɔ:tjú:ɪt-, -tjúɪ-, -tjú:ə-, -tjúə-] 〖《1653》← L *fortuit-us* casual ← *forte* (adv.) by chance (abl.) ← *fors* chance: ⇨ -ous: cf. fortune〗 ── *adj.* **1** 偶然発生の, 偶発性の, 偶然の, 不時の (accidental, casual): a ～ event 偶然のできごと / a ～ meeting 偶然の会合. **2** 好運な (lucky).

～·ly *adv.* **～·ness** *n.*

for·tu·i·ty [fɔət(j)ú:əti, fə- | fɔ:tjú:ɪtɪ, -tjúɪ-, -ətɪ] *n.* **1** 偶然性; 偶然 (chance). **2** 偶発事件, 偶然の事.

For·tu·na [fɔət(j)ú:nə | fɔ:tjú:-] 〖▭ L *Fortūna*: *fortūna* fortune の擬人化〗 ── *n.* **1** 女性名. **2** 〘ローマ神話〙 フォーチューナ《運命の女神; ギリシャ神話の Tyche に当たる》.

for·tu·nate [fɔ́ətʃ(ə)nət, -nɪt | fɔ́:-] 〖《a1387》▭ L *fortūnāt-us* (p.p.) ← *fortūnāre* to make prosperous: ⇨ fortune, -ate²〗 ── *adj.* **1 a** 〈人が〉運のよい, しあわせな, 幸運な (lucky): He is very ～ *in* his choice of a wife. 彼はよい奥さんを選び当てて全く運のよい男だ / You are ～ *to* have such rich parents. あんな金持の親があるなんて君も運がいい. **b** [the ～; 名詞的に] 幸運者たち. **2** 幸運のきざしある, さい先のよい: ～ circumstances しあわせな境遇 / a ～ investment 運のよい投資 / You were born under a ～ star. 君は幸運の星のもとに生れた. **～·ness** *n.*

fór·tu·nate·ly 〖《1548》〗 ── *adv.* 幸いに, 運よく (luckily); [しばしば文全体を修飾して] 幸いにも, 幸運にも: *Fortunately* the weather was good. 幸いにも天気がよかった.

for·tune [fɔ́ətʃən, -tʃu:n | fɔ́:tʃu:n, -tʃən, -tju:n] 〖n.: 《a1325》▭ (O)F ～ ▭ L *fortūna* chance, good luck, (goddess of) fate ← *fors* chance, luck ← ?. ── v.: 《1369》▭ (O)F *fortun-er* ▭ L *fortūnāre* to make prosperous〗 ── *n.* **1** (出来事の吉凶を左右する)運 (chance, luck): *by* good [bad] ～ 幸運[不運]にも / have good [bad] ～ 運が良い[悪い] / have ～ on one's side 運に味方される / try one's ～ 運だめしをする / try the ～ of war 武運を試みる; 一か八かやってみる / share a person's ～*s* 人と運命[進退]を共にする / ⇨ *a* SOLDIER *of fortune*. **2** [F-] 運命の女神: *Fortune* waits on honest toil and earnest endeavor. 《諺》 幸運は正直な勤労とまじめな努力にかしずく / *Fortune's* favorite 運命の寵児(ちょうじ), 幸運児 / *Fortune* favors the brave. 《諺》 幸運は勇者に味方する. **3** 運勢, (将来の)運命, 宿命 (fate, destiny); [*pl.*] (運の)盛衰, 人生の浮き沈み: tell ～*s* 〈占者が〉運勢を占う / tell a person's ～ =tell a person his ～ 人の運勢を占う (cf. fortune-teller) / have one's ～ told 運勢を占ってもらう. **4** 幸運, しあわせ, 果報 (good luck), 繁栄, 成功 (success): have the ～ *to* do 幸運にも...する / seek one's ～ 立身出世[成功]を求める / make one's ～(*s*) (家を離れて)立身出世する (cf. 5) / push one's ～ ⇨ push *vt.* 5. **5** 富, 富裕 (wealth); 大身代, 財産 (riches): a man of ～ 財産家 / come into [inherit] a ～ (遺産相続などで)財産を得る / make a [one's] ～ (out of...) (...で)金持になる, 身代を作る (cf. 4) / Her face is her ～. 顔が彼女の身代だ / The diamond must have cost a ～. そのダイヤはずいぶん値が張ったに違いない. **6** 《古》 女財産家, 女相続人 (heiress). ★次の句に用いる以外は《廃》: marry a ～ 財産目当てに結婚する, 金持の女と結婚する (cf. fortune hunter). **7** 《廃》 偶発事件 (incident).

a small fortune 《口語》 かなりの金額, 大金: spend *a small* ～ on books 本にひと財産[大金]を費やす.

── *vt.* **1** 《古》 ...に大財産を与える. **2** 《廃》 ...に幸運[不運]を与える. ── *vi.* 《古・詩》 **1** たまたま[偶然]起こる (chance): *It* ～*d that* he was passing. たまたま彼が通りかかった. **2** 〔...に〕偶然出会う 〔*upon*〕.

For·tune [fɔ́ətʃən, -tʃu:n | fɔ́:tʃu:n, -tʃən, -tju:n] 〖↑〗 *n.* 女性名.

For·tune [fɔ́ətʃən, -tʃuːn | fɔ́ːtʃuːn, -tʃən, -tjuːn], **The** *n.* フォーチュン座《もと London にあった (1600–49) 劇場の名》.

fórtune còoky [còokie] *n.* 《米》(中華料理店などで出される)おみくじの入ったクッキー.

fórtune hùnter *n.* (結婚によって)財産を得ようとする人 (cf. fortune *n.* 6).

fórtune-hùnting *adj., n.* (結婚による)財産目当て(の).

fórtune·less *adj.* **1** 幸運に恵まれない, 不運な, 薄幸の (unfortunate). **2 a** 財産のない, 貧しい (poor). **b** 〈花嫁が〉持参金のない.

Fórtune's whéel 運命の女神のまわす紡ぎ車; 有為(ɔ̃)転変(の象徴).

fórtune-tèller *n.* 占い師, 易者.

fórtune-tèlling *n.* 吉凶判断, 易断, 占い. ― *adj.* 占いをする.

Fòrt Wáyne [-wéɪn] 〚← *Anthony Wayne*〛 *n.* 米国 Indiana 州北東部の工業都市; 人口 186,000.

Fòrt Wílliam 〚← *William McGillivray* (North West 会社の取締役)〛 *n.* カナダ Ontario 州の Superior 湖に臨む港市; 人口 109,000.

Fòrt Wórth [-wə́ːθ | -wɜ́ːθ] 〚← *W. J. Worth* (1794–1849: 米国の将軍, Texas 州軍団の指揮官)〛 *n.* 米国 Texas 州北東部の都市; 人口 359,000.

for·ty [fɔ́əṭi | fɔ́ːti] 〚OE *fēowertiġ*: ⇨ four, -ty[1]〛 ― *n.* **1** 40; 40人[個]; 40歳, 40年, 40度, 40分: a man of ～ 40歳の人 / after ～ 40歳後 / over [under] ～ 40歳以上[以下]. **2** 40 [XL] の記号[数字]. **3** 40人[個]一組. **4** 40番サイズの衣服. **5** [*pl.*] 40台, 40年代[歳台]: a man in his *forties* 40代の人 / ⇨ Hungry Forties, roaring forties. **6** [*pl.*] (紡績糸の) 40番. **7** 〚テニス〛フォーティ《3点目の得点: cf. fifteen 6》.

like forty 《米口語》非常な勢いで, すごく, ひどく.

― *adj.* 40の, 40人[個]の; [Predicative に用いて] 40歳で: ⇨ forty winks.

for·ty-eight·mo [fɔ̀əṭiéɪtmoʊ | fɔ̀ːtiéɪtməʊ] 〚製紙〛 *n.* (*pl.* ～**s**) 四十八枚折(判); 四十八枚折本《quadragesimo-octavo ともいう》. ― *adj.* 四十八枚折(判)の; 四十八枚折本の.

fórty-fíve *n.* **1** 45. **2** 45回転のレコード《通例 45 と書く》. **3** 45口径のピストル《通例 .45 と書く; cf. revolver 1》. **4** [the F-] 《英》1745年の乱《Young Pretender を擁する Jacobites の Stuart 王家復活の企て; スコットランドの Culloden Moor で大敗した》. ― *adj.* 45の, 45人[個]の; [Predicative に用いて] 45歳で.

fórty·fòld *adj., adv.* 40倍の; 40倍も, 40枚も重ねて.

Fórty Hóurs *n. pl.* [通例 the ～; 単数または複数扱い]〚カトリック〛荘厳ミサで始まり終わる四十時間の聖体を前にした信心.

Fórty Immórtals *n. pl.* [the ～]《口語》アカデミーフランセーズ (French Academy) の40人の会員.

for·ty·ish [fɔ́əṭiɪʃ | fɔ́ːti-] *adj.* 四十がらみの.

fórty-níner [-náɪnə | -nə(r)] 〚← (*eighteen*) *forty-nine* +-ER[1]〛 ― *n.* **1** [時に Forty-Niner]《米》49年組《1849年 gold rush 当時金鉱熱にうかされて California に出かけて行った人; cf. fifty-niner, eighty-niner, Argonaut 2 b》. **2** 熱狂的な探鉱者.

fórty-pènny *adj.* 5インチ釘の.

fórty-spòt *n.* 〚鳥類〛ホウセキドリ (*Pardalotus quadragintus*)《タスマニア産ハナドリ科の鳥, 白い円点斑がある》.

Fórty-twó-líne Bíble *n.* [the ～] ＝Gutenberg Bible.

fórty wínks *n. pl.* [単数または複数扱い]《口語》午睡, (特に, 食後の)うたた寝 (short sleep, nap).

fo·rum [fɔ́ːrəm, fóːr- | fɔ́ːr-] 〚(*a*1464) ▭ L ～ 'public place,' (原義) enclosed place around a home ← ? IE **dhwer-* 'DOOR'〛 ― *n.* (*pl.* ～**s**, **fo·ra** [-rə]) **1 a** フォーラム, フォルム《古代ローマ帝国の都市の中央にあった大広場で, 商業取引の場, または裁判・政治など公事の集会所として用いられた》. **b** [the F-] 古代ローマ市のフォーラム. **2** 法廷, 裁判所 (law court); 裁判地, 法廷地. **3** (世論の)批判, 裁断 (tribunal): the ～ of public opinion 世論の批判 / the ～ of conscience 良心の裁断. **4 a** (社会的に興味深い問題を取り上げる)公開討論会(会場): an open ～ 公開討論会. **b** (テレビ・ラジオの)公開討論会番組. **c** フォーラム誌, 公論(誌)《主として討論・議論を掲載する雑誌》.

for·ward [fɔ́əwəd | fɔ́ːwəd] 〚adv.: OE *for(e)weard*: ⇨ fore-, ward. ― adj., n., v.: ← (adv.)〛 ― *adv.* **1** (空間的に)前方へ[に], 先へ: hurry ～ 急いで進む / draw one's chair a little ～ 椅子を少し前に引く / rush ～ 突進する / help a movement ～ 運動を促進する / send scouts ～ 斥候を先発させる / take a step ～ 一歩前に出る, 一段と進歩を示す / put one's watch ～ 時計を進める / They were moving slowly ～ through the snow. 雪の中をゆっくりと前進して行った. ★この意味では《英》では forwards が普通; ただし次の場合には《英》でも forward を用いる: *Forward!* 〚軍事〛(前へ)進め; 〚ボート〛前へ / I can't get any ～*er* [《俗》forrader]. 少しも進めない[進歩しない]. **2** (時間的に)将来に向かって, 先に (onward): from this day [time] ～ 今後 / date a check ～ 小切手を先き日付けにする / look ～ 先[将来]を考える / I look ～ *to* meeting you all again. 君たち皆と再会できる日を楽しみにしている / It will be cheaper ～. 先へ行ったらもっと安くなろう. **3 a** [fɔ́(ː)rəd, fɔ́əwəd | fɔ́rəd, fɔ́ːwəd] 〚海事〛(船の)前部に, 船首の方へ (↔ aft). **b** 〚航空〛(航空機の)前部に[へ]. **4** 〚商業〛先方において, 先払いとして: carriage ～ 運賃先方持ち[着払い]. **5** 〚簿記〛(前葉から, または次葉へ)繰り越して: bring [carry] ～ 前葉から[次葉へ]繰り越す.

come forward (1) 前方に進み出る, 現われる. (2) 志願する, 申し出る (volunteer); 〈候補者が〉打って出る; (衆望に応じて)立つ. (3) 出世する. ***go forward*** (1) 前へ進む; 〈事が〉進行する; 〈人が〉〔…を〕進める〔*with*〕. (2) 《古》起こる (take place). ***play forward*** 〚クリケット〛 ⇨ play[1] *vi.* 3 a.

― *adj.* **1** 前方(へ)の; 前部の; 進行方向に見える[ある]; 前進の: a ～ and backward journey 往復の旅行 / a ～ thrust of a sword 剣の前へのひと突き / a ～ motion 前進運動 / a ～ march 前進, 行軍, 進軍 (cf. 2 a) / the ～ ranks (隊列の)前部 / the ～ slope 前方に見える坂 / ⇨ forward play. **2 a** 前進的な, 促進的な: a ～ movement 進歩, (政治・宗教などの)促進運動 / the ～ march of technology 工業技術の躍進. **b** (政治的・思想的に)進歩的な, 急進的な, 前衛的な (progressive, radical): a ～ person [opinion, view] / ～ measures 急進的な方策 / They are on the ～ fringe of communism. 彼らは共産主義の急進派である. **3 a** 〈子供が〉発育が著しく早い, 早熟の, ませた (precocious): a ～ pupil よくできる[覚えの良い]生徒 / a ～ child 早熟な子供 / The baby is ～ *at* crawling. その赤ん坊は早くはえるようになった. **b** 〈仕事など〉進んだ, はかどった: The work is well ～. 仕事はうまくはかどっている. **c** 《まれ》〈収穫・季節など〉早い, 進んでいる (early): a ～ crop 早できの作, 一番作. **4 a** [Predicative に用いて; しばしば *to* do を伴って] 進んで…する, おくれを取らない (ready, prompt): The crew were ～ *to* assist. 乗組員は進んで援助した / He was ～ *with* an offer to work late. 彼は遅い勤務の申し出に飛びついた. **b** 出過ぎる, でしゃばる, ずうずうしい, 生意気な (pert): a ～ young woman 若いでしゃばり女 / a ～ coxcomb 生意気なハイカラ男. **5** 〚商業〛先[将来]を見越しての, 先物の (prospective): a ～ bargain 先物売買 / ～ business 先物取引 / ～ buying 先物買付け / a ～ contract 先物契約 / ～ delivery (一定期間後に物品を渡す)先渡し, 先ぎり / a ～ exchange 先物為替 / a ～ quotation [price] 先物値段 / ～ rates 先物相場. **6 a** [《英》fɔ́rəd] 〚海事〛(船の)前部の, 船首の方にある: the ～ part of a ship 船の前部. **b** 〚航空〛(航空機の)前部の, 機首の方にある. **7** 〚クリケット〛フォワードプレイ (forward play) の: a ～ stroke. **8** 〚ラグビー〛〈ボールが〉相手のゴールラインに向った.

― *n.* 〚球技〛(バスケットボール・ラグビー・サッカーなどの)フォワード, 前衛(の位置); (アメリカンフットボールの)ラインマン (lineman) (cf. back[1] 9).

― *vt.* **1** 進める, 助成する, はかどらせる, 促進する (promote): ～ a plan [scheme] 計画を進める / ～ a cause 主義[運動]を促進する / ～ the growth of a plant 植物の成育を早める. **2** 〈郵便物を〉〔新住所・旅行先などへ〕転送[回送]する〔*to*〕: He ～*ed* the letters *to* her new address. その手紙を彼女の新しい住所宛に転送してやった / Please ～. [目的語を省略して] ご転送下さい《旅行中の人へ当てた手紙の表書》. **3** 〈貨物・手紙などを〉送付[送達]する, 発送する (send): ～ goods [a bill, a catalog] *to* a customer 荷物[勘定書, カタログ]を顧客へ発送する / Please ～ the article on receipt of our check. 小切手を受領次第品物をお送り下さい. **4** 〚製本〛〈本〉の下ごしらえをする (cf. forwarding 2).

fórward échelon *n.* 〚軍事〛前方群 (cf. rear echelon 1).

for·ward·er *n.* **1** 送達者, 回送者, 運送業者. **2** 〚製本〛下ごしらえ工.

for·ward·ing *n.* **1** [形容詞的にも用いて] 発送(の), 運送(の), 回送(の): a ～ agency 運送[貨物取扱]店 / the ～ business 運送[貨物取扱]業 / a ～ agent [broker, merchant] 運送業者, 貨物取扱人 / a ～ station 発送駅. **2** 〚製本〛下ごしらえ《カガリの後に行なわれる背貼り・表紙つけなど一連の製本作業; cf. finishing 1 d》.

fòrward-lóoker *n.* (世界・人類の改善に)将来をあてにする人, 空想家 (visionary).

fórward-lòoking *adj.* 将来を見通した, 漸進性の, 前向きの, 進歩的な: a ～ attitude.

fór·ward·ly *adv.* **1** 進んで (readily, promptly); さっそく, 迅速(ɔ̃)に. **2** 差出がましく, でしゃばって (presumptuously). **3** 先の方に, 前方へ[に].

fór·ward·ness *n.* **1** 進み具合, 進捗の早さ. **2** 時期の早目, 早期; (作物の)早でき, 早成り; (子供の)ませていること, 早熟 (precocity). **3** (進んで事に当たる)気乗り, 乗り気, 熱心. **4** 出過ぎ, でしゃばり, 生意気.

fórward páss *n.* 〚アメリカンフットボール・ラグビー〛フォワードパス《ボールを敵のゴールの方向にパスすること》.

fórward pláy *n.* 〚クリケット〛フォワードプレー《打手が投手の方に踏み出して球を打つこと; cf. back play》.

for·wards [fɔ́əwədz | fɔ́ːwədz] 〚(?*a*1400): ⇨ forward, -s[2] 1〛 *adv.* ＝forward (⇨ forward *adv.* 1 ★).

for·wea·ried [fəwí(ə)rid | fəwíərɪd] 〚(*c*1250) (p.p.) ← ME *forwēr(i)e(n)* to weary out: ⇨ for-[1] 3, wear[1]〛 *adj.* 《古》＝forworn.

forwent *v.* forgo の過去形.

for·why [fə(h)wáɪ | fɔː-] 〚OE *for hwȳ* because: ⇨ for, why: cf. what〛《古・方言》 *adv.* 何ゆえに, なぜ, 何のために (why). ― *conj.* なぜかと言えば.

for·worn [fəwɔ́ən, -wóən | fəwɔ́ːn] 〚(1508) (p.p.) ← ME *forwere(n)* to exhaust: ⇨ forwearied〛 *adj.* 《古》疲れ果てた.

forz 《略》forzando.

for·zan·do [fɔətsáːndoʊ | fɔːtsáːndəʊ; *It.* fortsándo] 〚▭ It. ～ (ger.) ← *forzare* to force〛 *It. adj., adv.* 〚音楽〛＝sforzando.

F.O.S., f.o.s. 《略》free of stamp; free on station; free on steamer.

Fos·dick [fázdɪk | fɔ́z-], **Harry Emerson** *n.* (1878–1969); 米国の牧師・説教者・著述家.

Fo·shan [fòʊʃáːn | fəʊ-; *Chin.* fó ʂān] *n.* ＝Fatshan.

foss [fɑ́(ː)s, fɔ́(ː)s | fɔ́s] *n.* ＝fosse.

fos·sa[1] [fásə, fɔ́(ː)sə | fɔ́sə] 〚▭ L ～ 'trench, ditch': cf. fosse〛 ― *n.* (*pl.* **fos·sae** [-siː, -saɪ]) 〚解剖〛(骨などの)穴, 窩(ᵏ), くぼみ: the axillary ～ 腋窩, わきの下 / the nasal ～ 鼻窩.

fos·sa[2] [fásə, fɔ́(ː)sə | fɔ́sə] 〚← Malagasy《土語》〛 *n.* 〚動物〛ホッサ (*Cryptoprocta ferox*)《マダガスカル島産ジャコウネコ科の食肉動物》.

fossae *n.* fossa[1] の複数形.

Fos·sa Mag·na [fásə-mǽgnə, fɔ́(ː)sə- | fɔ́sə-] 〚*E. Naumann* の命名〛 *n.* 〚地質〛フォッサマグナ《日本の中部地方で東北日本と西南日本に分ける大地溝帯》.

fos·sate [fáseɪt, fɔ́(ː)s- | fɔ́s-] 〚← FOSSA[1] + -ATE[2]〛 *adj.* 〚動物〛穴[窩(ᵏ)]のある.

fosse [fá(ː)s, fɔ́(ː)s | fɔ́s] 〚lateOE ～ ▭ (O)F ～ ∥ L *fossa* ditch ← *fodere* to dig〛 ― *n.* **1** (城・要塞の)堀 (moat). **2** 溝, 掘割, 運河 (ditch, canal). **3** 《古》地面に掘った穴. **4** 〚解剖〛＝fossa[1].

fos·sette [faséṭ, fɔ(ː)- | fɔ-] 〚▭ F ～ (dim.) ← *fosse* (↑)〛 *n.* 小さいくぼみ.

Fósse Wáy *n.* [the ～] フォッス街道《昔ブリテンに侵攻したローマ人が造った両側に堀 (fosse) のある道路で, Axmouth から London まで通じていた》.

fos·sick [fásɪk | fɔ́s-] 〚(1852) (変形) ← ? (英方言) *fussick* to bustle about ← FUSS: オーストラリア金鉱地の方言〛《豪俗》 ― *vi.* **1** 廃鉱[洗鉱所など]を掘り返して金を捜す〈*about*〉. **2** 〔…を〕捜す[あさる]〈rummage〉〈*about*〉〔*for*〕. ― *vt.* 〈金などを〉掘る, 掘り出す (dig) 〈*out*〉; 捜し出す (hunt) 〈*up*〉.

fós·sick·er *n.* 《豪》廃鉱あさり《人》.

fos·sil [fásəl, fɔ́(ː)s-, -sl | fɔ́sl, -sɪl, -səl] 〚(1569) ▭ F *fossile* ∥ L *fossil-is* dug up ← *fodere* to dig: cf. fosse〛 ― *n.* **1** 化石: hunt for ～*s* 化石捜しをする / Words are ～*s* of thought. 言葉は思想の化石である. **2 a** 時代遅れの人, 旧弊家. **b** 時代遅れの物[理論], 旧制度. **3** 《古》(地中からの)発掘物. **4** 〚言語〛 **a** 化石語《成句以外には廃語になっている語; to and fro の fro など》. **b** 化石語形成要素《away などの接頭辞の a- など現在形成力のないもの》. ― *attrib. adj.* **1** 化石の, 化石質[性]の, 化石になった (petrified): a ～ bone [shell, tree, footprint] 化石の骨[貝殻, 樹木, (動物の)足跡] / ～ remains (動物の)化石になった死体 / ～ wood 埋れ木. **2** 発掘した, 掘りおこして取った: ⇨ fossil fuel. **3** 旧弊な, 時代遅れの (antiquated); 固陋(ᵏ)な: a ～ politician 旧弊な政治家.

fos·sil·ate [fásəlèɪt, fɔ́(ː)s-, -sḷ- | fɔ́s-] *v.* ＝fossilize.

fóssil fúel *n.* 化石燃料《地中から掘り出した燃料; 石炭・石油など; cf. nuclear fuel》.

fos·sil·if·er·ous [fɑ̀sɪlíf(ə)rəs, fɔ̀(ː)s-, -sə- | fɔ̀sɪ-] 〚← FOSSIL + -FEROUS〛 *adj.* 化石を産する[生じる], 化石を含む: ～ rocks [strata] 化石を含んだ岩石[地層].

fos·sil·ist [fásəlɪst, fɔ́(ː)s-, -sə-, -ləst | fɔ́sɪlɪst, -sə-] *n.* 化石学者 (paleontologist).

fóssil ívory *n.* 化石牙.

fos·sil·i·za·tion [fɑ̀səlɪzéɪʃən, fɔ̀(ː)s-, -sə-, -lə- | fɔ̀sɪlaɪ-, -sə-, -lɪ-] *n.* **1** 化石化. **2** (化石のような)形式化, 固定化; 旧弊化.

fos·sil·ize [fásəlàɪz, fɔ́(ː)s-, -sə- | fɔ́s-] *vt.* **1** 化石にする, 化石化する (petrify). **2** (生命のない)形式的なものにする, 固定化する; 時代遅れにする, 旧弊化する. ― *vi.* 化石になる, 化石化する.

fóssil·like *adj.* 化石のような.

fos·sil·o·gy [fasíləd͡ʒi, fɔ(ː)- | fɔsíləd͡ʒɪ] 〚← FOSSIL + -LOGY〛 *n.* 《古》化石学 (paleontology).

fòs·si·lól·o·gist [-d͡ʒɪst, -d͡ʒəst | -d͡ʒɪst] *n.* 《古》＝fossilist.

fos·sil·ol·o·gy [fɑ̀səlálədʒi, fɔ̀(ː)s-, -sə- | fɔ̀sɪlɔ́lədʒɪ] *n.* 《古》＝fossilogy.

fóssil rèsin *n.* 〚地質〛化石樹脂《古代樹脂が土中で化石化したもの; こはく (amber), コーパル (copal) など》.

fóssil tùrquoise *n.* 〚地質〛化石トルコ石 (⇨ odontolite).

fos·so·ri·al [fɑsɔ́ːriəl, fɔ(ː)s-, -sóːr- | fɔsɔ́ːrɪ-] 〚← ML *fossōri(us)* (← L *fossor* digger: cf. fosse) + -AL[1]〛 ― *adj.* 〚動物〛穴を掘る; 穴を掘るに適した; 穴の中に生活している (cf. cursorial): a ～ mammal, foot, etc.

fos·ter [fɔ́(ː)stə, fás- | fɔ́stə(r)] 〚OE *fōstrian* to nurse ← *fōster, fōstor* nursing, nourishment < Gmc **fōstrom* ← **fōd-* 'FOOD' + **-trom* (instr. suf.)〛 ― *vt.* **1** 〈子供・動物の子などを〉育てる, 養育する (nurse); 世話をする (tend): ～ a child もらい子を養育する / ～ the sick 病人を世話する. **2** 心に抱く (cherish): ～ a hope [an idea, a desire for revenge] 希望[思想, 復讐心]を抱く. **3 a** …の成長[発達]を促す; 促進する, 助長する, 育成する (encourage): ～ foreign trade [musical ability, social evils] 外国貿易[音楽的才能, 社会悪]を助長する. **b** 〈環境などが〉〈人・動植物などに〉適している. **4** 《英》〈子供を〉児童養護施設に入れる. **5** 《廃》…に食物を与える, 養う (feed); やさしく世話をする, かわいがる.

— *n.*《廃》養い親, 育ての親, 里親 (foster parent).
— *attrib. adj.*〈真の親子でないものが〉親子同様の(養育)関係にある, 里…: cf. foster brother, foster child, foster parent, etc.

Fos·ter [fɔ́(ː)stə, fɑ́s- | fɔ́stə(r)]〖←ME *forester* 'FORESTER'〗*n.* 男性名.

Foster, Stephen (Collins) *n.* (1826–64) 米国の歌謡作詞・作曲家; *Old Folks at Home, My Old Kentucky Home, Old Black Joe, Oh Susanna*, etc.

Foster, William Z(ebulon) *n.* (1881–1961) 米国の共産党指導者.

fos·ter·age [fɔ́(ː)stərɪdʒ, fɑ́s- | fɔ́s-] *n.* **1** (他人の子[里子]の)養育; 里子に出す[里子を預かる]こと; 里子制度. **2** 養い子[里子]であること, 養い子[里子]の身分. **3** 育成, 促進, 助成, 奨励.

foster brother [ˊ–ˌ– | ˊ–ˌ–] *n.* 乳(ち)兄弟.

fóster cáre *n.* (個人の家や施設で)里子[孤児, 非行児童]を養護すること.

foster child [ˊ–ˌ– | ˊ–ˌ–]〖OE *fōstercild*〗*n.* 養い子, 育て子, 預り子, 里子.

foster daughter [ˊ–ˌ–– | ˊ–ˌ––] *n.* 養い女, 女の里子.

fós·ter·er [-tərə | -rə(r)] *n.* **1** 養育者; 乳母 (nurse), 育ての親, 里親 (foster parent). **2** 育成[助成]者.

foster father [ˊ–ˌ–– | ˊ–ˌ––]〖OE *fōsterfæder*〗*n.* 育ての父, 里親.

fóster hóme *n.* 孤児を預かる家庭《孤児院とは別》.

fos·ter·ling [fɔ́(ː)stəlɪŋ, fɑ́stə- | fɔ́stə-]〖OE *fōstorling*: ⇨ foster (n.), -ling[1]〗*n.* 養い子, 預り子, 里子 (foster child).

fóster·mòther *n.*《英》ひな保育器《孵(ふ)卵器でかえったひなに温度を与えて保育する装置; cf. incubator》. — *vt.* …の育ての母を勤める: ~ two children.

foster mother [ˊ–ˌ–– | ˊ–ˌ––]〖OE *fōstermōdor*〗*n.* **1** 育ての母, 里親. **2** うば, 保母 (nurse).

foster nurse [ˊ–ˌ– | ˊ–ˌ–] *n.* (里子の)養育者, 乳母.

foster parent [ˊ–ˌ–– | ˊ–ˌ––] *n.* 養い親, 育ての親, 里親.

foster sister [ˊ–ˌ–– | ˊ–ˌ––] *n.* 乳(ち)姉妹.

foster son [ˊ–ˌ– | ˊ–ˌ–] *n.* 養い子, 里子.

fos·tress [fɔ́(ː)strɪs, fɑ́s-, -trəs | fɔ́strɪs, -tres] *n.* 女性の育ての親.

FOT, F.O.T., f.o.t.《略》free of tax;《商業》free on truck.

foth·er [fɑ́ðə | fɔ́ðə(r)]〖《変形》← ? LG *fodern* to line〗《古》《海事》 — *vt.* (船底の漏口の浸水を一時的に止めるため)〈防水帆布を〉まいはだ・ロープくずなどでおおう. — *vi.* (防水帆布で)船底の浸水を止める. — *n.* 浸水を防ぐのに用いられる材料.

Foth·er·in·ghay [fɑ́ð(ə)rɪŋgèɪ | fɔ́ð-]〖OE *Frodiġeia* ← **fōdring* grazing ← *fōder* 'FODDER'〗 — *n.* イングランド Northamptonshire 州の村《Mary Stuart がここの城に幽閉されて処刑された (1587)》.

fou [fúː]〖《1535》← ME《スコット》*fow*=*ful* 'FULL[1]'〗*adj.*《スコット》酒に酔った (drunk).

Fou·cault [fuːkóu | -kə́u; *F.* fuko], **Jean Bernard Léon** *n.* フーコー《1819–68; フランスの物理学者》.

Foucáult cúrrent〖← *J.B.L. Foucault*〗*n.*《電気》フーコー電流 (⇨ eddy current).

Foucáult péndulum〖↑〗*n.*《天文》フーコー振子《地球の自転を証明する実験に使う振子》.

fou·droy·ant [fuːdrɔ́ɪənt; *F.* fudrwajɑ̃]〖□F ~ 'thunder-striking' (pres.p.) ← *foudroyer* to strike with lightning ← *foudre* < VL **fulgerem*=L *fulgur* lightning〗 — *adj.* **1** 電撃的な. **2**《病理》電撃性の, 劇症の (fulminant): ~ paralysis 急性麻痺(ひ).

fouet·té [fwetéɪ; *F.* fwɛte]〖□F ~ (p.p.) ← *fouetter* to whip〗*n.*《バレエ》フエッテ《上げた脚を鞭打ち状に急速に動かすこと》.

fou·gasse [fuːgǽs, -gɑ́ːs; *F.* fugas]〖□F ~《変形》← *fougade* □ It. *fogata* pursuit ← *fogare* to put to flight < L *fugāre*: ⇨ fugitive〗 — *n.*《軍事》フガッス地雷《地中に石・鉄片・ガソリンなどを埋め, 火薬の爆発の際それらがあらかじめ決められた方向に飛ぶように設計された地雷》.

fought *v.* fight の過去形・過去分詞.

fought·en [fɔ́ːtn]〖OE *fohten*: FIGHT の古い過去分詞〗*adj.*《スコット》(戦いで)疲れ果てた.

fóughten field *n.*《古》戦場 (battleground).

foul [fáʊl]〖adj., n.: OE *fūl* < Gmc **fūlaz* (Du. *vuil* / G *faul*) ← IE **pū̆-* to rot, decay (L *pūs* 'PUS' & *pūtēre* to stink). — v.: OE *fūlian* to become foul, rot ← *fūl*〗 — *adj.* (~·er, ~·est; **more** ~, **most** ~)
1 a 不潔な, きたない, よごれた; 悪臭のある, むかつくような;〈空気・水が〉濁ってきたない;〈食物など〉腐った, 腐敗した (putrid): ~ air よごれた空気 / ~ breath [gas] 臭い息[ガス] / a ~ hovel きたない小屋 / ~ linen (洗濯に出す)よごれ物 / a ~ smell 悪臭 / ~ water 汚水 / ⇨ *make foul* WATER. **b**〈魚が〉(産卵期で)あたりやすい (cf. clean 13): ~ fish.
2 a〈道路が〉泥だらけの, 泥でぬかる (muddy): a ~ road. **b** (すす・やになどで)詰まっている, 通りが悪い;〈車輪など〉泥がくっついている: a ~ pipe [sewer, chimney, gas jet, gun barrel] 詰まった管[下水, 煙突, ガス灯の火口, 銃身].
3〈天候が〉悪い, 険悪な, しけの (stormy);〈風・潮が〉逆の (contrary): ~ weather 悪天候, 荒天 / in the teeth of a ~ wind ひどい逆風に向かって / They had a ~ tide. 彼らは逆潮(ちょう)に出くわした.
4〈索・鎖など〉からまった, からんだ (entangled): a ~ rope からみ索 / ⇨ foul anchor / The fishline got ~ *with* some seaweed. 釣糸に海草がからみついた.
5 a (道義上)けしからぬ, ひどい (offensive);〈行為・犯罪など〉憎むべき, 邪悪な (wicked);〈戦争・病気など〉無残な, 残酷な: a ~ crime ひどい犯罪 / a ~ deed 醜行, 背徳行為 / the ~ fiend 悪魔 / a ~ murder だまし討ち, 残忍な殺人 / a ~ rogue 悪漢 / ⇨ foul play 3. **b** 悪辣(らつ)な, 不正な; (競技で)反則の (dishonest): a ~ blow (ボクシングで)反則打ち / a ~ hand (ポーカーなどで)反則の手 / a ~ stroke 反則のこぎ方;《玉突》無効の突き / play a ~ game 競技のやり方がきたない[ずるい] / by fair means or ~ 手段の良し悪しを問わず / ⇨ foul play 1, 2, foul shot.
6 a 下品な, けがらわしい, みだらな (obscene): ~ language / a ~ mind みだらな心 / a ~ talk 猥談. **b** 口汚ない, 口の悪い (abusive): a ~ tongue 口汚ない言葉, 悪態 / He called his son ~ names. 彼は息子を口汚なくののしった.
7《口語》ひどく不快な, (ひどく)いやな (awful): a ~ dinner / a ~ dancer ひどくまずい踊り手.
8 不潔なもの[腐肉]を食う. ★ 特に次の句で: a ~ feeder 不潔なもの[腐肉]を食う人.
9《英方言》器量の悪い, 醜い (ugly): be she fair or ~ 美醜いかんにかかわらず.
10《野球》〈打球が〉ファウルの: a ~ grounder ファウルのゴロ / ~ territory [ground] ファウルの区域, ファウルグラウンド / ⇨ foul ball, foul line, foul tip.
11《海事》**a** 船体に(貝殻・海草などが)付着した〔*with*〕: a ship with a ~ bottom 船底に貝殻などのついた船 / a ship ~ *with* barnacles 底にふじつぼ類の付着した船. **b** (浅瀬や暗礁などで)航行が危険な; (停泊中の船が)衝突[接触]の危険のある: a ~ coast 岩礁の伏在する海岸 / ~ ground (暗礁が多くて)航行に危険な海底 / ⇨ foul berth / a ship ~ *of* a rock 岩に衝突した船.
12《印刷》**a**〈ゲラ刷り・原稿など〉間違いの多い, 訂正(個所)の多い: ~ copy (誤記)訂正の多い原稿 (cf. clean 5 a) / a ~ galley proof (校正が多くて)きたないゲラ刷り. **b** 最終校正の前のゲラ刷りの.
fall* [*go, run*] *foul of (1)〈船が〉…と衝突する; …にからまる. (2)〈人が〉…と争う, …とけんかする, …の不興をかう. (3)〈法律など〉に抵触する. (4)《古》…を攻撃する (assault).
foul bill of health《海事》罹患健康証書《foul bill ともいう; cf. BILL[3] of health》.
foul bill of lading《商業》瑕疵(かし)付き船荷証券.
— *adv.* **1** 不正に, 違法に (foully, unfairly): hit ~ (ボクシングで)反則打ちをする; 不正な処置をする / play a person ~ (勝負などで)人に対して違法の手を用いる; 人に(やみ打ち的な)ひどい仕打ちをする, 人を裏切る. **2**《野球》ファウルに.
— *n.* **1** (ボート・オールなどの)(軽い)衝突 (collision), (綱・釣糸などの)もつれ, からまり (entanglement): There was a ~ between the racing sculls. 競漕中の二つのスカルが突き当たった. **2**《古》不幸, 災害 (ill fortune): *Foul* befall him! 彼に不幸あれ. **3**《スポーツ》**a** ファウル, 反則 (略 f.): The referee called a ~ on the guard. 審判員はガード(守備チーム)にファウルの宣告を下した / claim a ~ ファウルだと主張する《相手方の反則を訴える》. **b** =free throw. **4**《野球》=foul ball.
— *vt.* **1** よごす, 不潔にする (soil) 〈*up*〉〔*with*〕: ~ the air *with* smoke 煙で空気をよごす / ~ one's hands *with* …で手をよごす, …に関係して身を汚す[面目をつぶす] / I don't like dogs ~*ing* parks and pavements. 犬が公園や道路を(糞で)汚すのは気に食わない / It's an ill bird that ~*s* its own nest.《諺》どんな鳥も自分の巣はよごさない《内の恥は外に表わすな》. **2**〈煙突・銃身などを〉詰まらせる, ふさぐ (clog);〈通路・線路などを〉ふさぐ (block) 〈*up*〉: ~ a drain *with* grease 下水溝[管]を油脂で詰まらせる / A big truck ~*ed up* the traffic. 大きなトラックのために交通が遮断された. **3 a**〈綱などを〉もつれさせる, からませる 〈*up*〉;〈綱などが〉…にからまる: The rope was ~*ed* (*up*) *in* the shrouds. その綱は横静索にからまった / He saw a raveled rope ~ the pulley. ほぐれた綱が本滑車にからまるのが見えた. **b** …と衝突する: The two boats ~*ed* each other. 2 隻のボートは衝突した. **c**〈海草・貝殻などが〉〈船底〉に付着する《船の航行速度を遅らせる》: The ship's bottom was ~*ed with* [*from*] barnacles. 船底にはふじつぼ類が付着していた. **4**〈名誉などを〉汚す,〈人〉の面目をつぶす (dishonor): ~ one's reputation 名声を汚す / ~ a person *with* unfounded accusations 根拠のない非難を浴びせて人の名誉を汚す. **5**《スポーツ》…に対し反則を犯す, 妨害する. **6**《野球》〈球を〉打ってファウルにする 〈*off, away*〉: He ~*ed* (*off*) the first pitch. 初球を(打って)ファウルにした.
— *vi.* **1** よごれる, 汚れる; 悪臭を放つ, 腐る (rot). **2**〈銃身・煙突・溝などが〉詰まる: This gun is likely to ~. この銃は詰まり勝ちだ. **3 a**〈錨索(びょうさく)などが〉もつれる, からまる: The anchor ~*ed on* a rock. 錨が暗礁にからまった. **b**〈船が〉衝突する (collide): The two boats ~*ed*. **4**《スポーツ》反則を犯す. **5**《野球》ファウルを打つ: The batter ~*ed to* the third baseman. 打者は三塁手にファウルを打った / ⇨ FOUL *out*.
foul out (1)《野球》ファウルを捕られてアウトになる. (2)《バスケットボール》許容回数を越えたファウルを犯して退場になる. ***foul up*** (*vt.*) (1) ⇨ *vt.* 1. (2) ⇨ *vt.* 2. (3) ⇨ *vt.* 3 a. (4)《口語》台無しにする, ごった返す, …にへまをやる, 混乱させる (confuse) (cf. fouled-up). (*vi.*)《口語》こんがらがる, へまをやる (bungle): I've ~*ed up*. へまをやっちゃった.

fóul ánchor *n.* **1**《海事》からみ錨《錨に索がまたは錨と錨がからみ合っているもの》. **2** (航海記章・シールなどに用いる)からみ錨模様.

foul anchor 2

fou·lard [fuláəd, fuː-, fə- | fúːlɑː(r); *F.* fulaːr]〖《1864》□ F ~ □ ? Prov. *foulat* fulled cloth,《原義》fulled ← VL **fullāre* 'to FULL[2]'〗 — *n.* フラール《柔らかく光沢のある薄絹または薄地の綿絹交織布; ネクタイ・ハンカチなどに用いる》; フラール製品.

fóul báll *n.*《野球》ファウルボール《foul line の外に打たれたボール; 略 f.; ↔ fair ball》.

fóul bérth *n.*《海事》(他船や他物に衝突・接触の恐れのある)悪い錨泊位置.

fóul bìll *n.*《海事》=FOUL bill of health.

fóul·bròod *n.*《昆虫病理》腐蛆(そ)病《蜜蜂の幼虫に発生する細菌感染症》.

fou·le [fuːléɪ; *F.* fule]〖□ F *foulé* pressed (p.p.) ← *fouler* 'to FULL[2]'〗*F. n.* フーレ《婦人服用の光沢のある軽い縮充した毛織地》.

fóuled ánchor *n.* =foul anchor.

fóuled-úp *adj.*《口語》混乱した, 混沌とした, めちゃくちゃの.

fóul háwse *n.*《海事》からみ錨鎖《右舷・左舷両方の錨を降ろした時, 鎖がからみ合っている状態; cf. open hawse》.

fóul·ing [-lɪŋ] *n.* **1** 付着, 堆積 (deposit): ~ in a pipe. **2**《金属加工》焼付き, かじり (pickup, galling).

fóuling pòint *n.*《鉄道》車両接触限界.

fóul lìne *n.* ファウルライン: **a**《野球》本塁と一塁, 本塁と三塁とを結んで延長した線. **b**《バスケットボール》バックボードから 15 フィートの距離に引かれたフリースローの行なわれる線. **c**《ボウリング》一番ピンから 60 フィート (約 20.9 m) 離れた位置に引く踏切り線; そこから足が出れば投球は無効.

foul·ly [fáʊ(l)li | fáʊ(l)lɪ]〖OE *fūllīce*: ⇨ foul, -ly[1]〗 — *adv.* **1** きたならしく, 不潔に (filthily). **2** 口汚なく, けがらわしく (obscenely); いやらしく (offensively), 不品に, みだらに (lewdly). **3** 不正に, 不公正に, ずるく (unfairly); 侮辱的に. **4**《古》悪臭を放って.

foul·mart [fúːmət, -maət | -mɑːt] *n.*《動物》=foumart.

fóul·móuthed *adj.* 口汚ない, みだらな言葉を使う, 悪口好きの.

fóul·ness〖OE *fūlness*: ⇨ foul (adj.), -ness〗 — *n.* **1** 不潔, 不浄; けがらわしさ, 口汚なさ, 醜悪; 下品, 猥褻(わいせつ) (obscenity). **2** 不潔物, 汚物 (filth). **3** 悪辣(らつ), 非道, 邪悪. **4** (天候の)険悪. **5** =firedamp.

fóul pláy *n.* **1** (競技の)反則, ファウルプレー. **2** 不正行為, ずる (cheating); 悪辣(らつ)なやり方, 卑怯な仕打ち. **3** 犯罪 (crime); (特に)殺人, 他殺: The police suspect ~. 警察は他殺[殺人]ではないかと見ている.

fouls [fáʊlz] *n. pl.* [単数扱い]《獣医》=foot rot.

fóul shòt *n.*《バスケットボール》=free throw.

fóul-spóken *adj.* 口汚ない (foulmouthed).

fóul stríke *n.*《野球》ファウルストライク《ストライクにカウントされるファウル》.

fóul típ *n.*《野球》ファウルチップ.

fóul-ùp *n.*《口語》**1** (愚行・失敗などによる)混乱, 無秩序 (mix-up). **2** (機械の部品の)不調: a ~ in the steering mechanism of a boat 船の操舵装置の不調.

fou·mart [fúːmət, -maət | -mɑːt]〖《*a*1325》*fulmard* ← *ful* 'FOUL'+OE *mearþ* marten〗 — *n.* **1**《動物》(ヨーロッパ産)ケナガイタチ (fitch). **2**〖軽蔑的に〗軽蔑すべき人, 卑劣なやつ, つまらぬやつ.

found[1] [fáʊnd] *v.* find の過去形・過去分詞. — *adj.* **1**〖後置されて〗(雇用条件で, 給料のほかに食料・宿舎などが無料で)支給される: all [everything] ~ ⇨ find *vt.* 6 a ★. **2**〈部屋・船・乗物など〉普通の設備・家具・備品などをみな備えている. — *n.* (賃金に加えて)食料・宿舎の無料支給.
lost and found ⇨ lost.
losts and founds ⇨ lost.

found[2] [fáʊnd]〖《*c*1290》*founde(n)* □ OF *founder*, (O)F *fonder* < L *fundāre* to lay the bottom of ← *fundus* 'FUND'〗 — *vt.* **1** …に土台を据える, …の基礎を置く;〈建物を〉基礎の上に建てる: ~ a house *upon* [*on*] a rock 岩盤の上に家を建てる. **2** 起こす, 創建する, 創設する, 設立する (establish): ~ a city [colony, church] 都市[植民地, 教会]を建設する / ~ a college [hospital] 大学[病院]を創立する / ~ a fortune 財産を起こす / ~ a family [dynasty] 一家[王朝]を創立する / ~ an independent family 独立の一家を立てる / ~ an association 会を創立する / ~ a theory [school] 学説[一派]を立てる / West Germany was ~*ed* in May 1949. 西独は 1949 年 5 月に生れた. **3 a** (…に)基づいて作る, (…を)…の根拠とする (base, ground)〔*on, upon*〕: ~ arguments *on* facts 論拠を事実に置く / a story ~*ed on* fact(s) 事実に基づいた物語 / a novel ~*ed on* old legends 古い伝説に基づいて作られた小説. **b** …に基礎[根拠]を与える (⇨ founded).
— *vi.* (…に)基づいて述べる,〈議論などが〉(…に)拠(よ)る (depend)〔*on, upon*〕.

found[3] [fáʊnd] 〖《a1399》 founde(n) ▭ (O)F *fond-re* to melt, cast ＜ L *fundere* 'to FUSE[1]'〗 ― *vt.* **1** 〖金属加工〗鋳る, 鋳込む; 鋳造する: ～ a bell 鐘を鋳造する. **2** 〈ガラス原料を〉とかす, 〈ガラス製品を〉造る: ～ a vase of glass ガラスの花瓶を造る.

foun·da·tion [faʊndéɪʃən] 〖《c1386》 ▭ (O)F *fondation* ▭ L *fundātiō(n-)*: ⇨ found[2], -ation〗 ― *n.* **1 a** [しばしば *pl.*] (建物の)基礎, 土台, いしずえ (groundwork, base): a stone [rock] ～ 石[岩]の土台 / the ～(s) of a house 家の土台 / lay [build up] the ～ of ...の定礎式を行なう, の土台を据える / shake to the ～s 根底まで揺り動かす. **b** (建物の)下部構造. **2** (思想・学説・報道などの)基礎, 根底, 根拠 (ground, basis): the logical ～ of belief 信仰の論理的根拠 / a rumor without ～ 根も葉もない流説 / a religion based on a dualistic ～ 二元論に基礎を置く宗教 / The report has no ～ [is without ～]. そのうわさには根拠がない. **3** 建設, 創設, 創建; (基本金寄付による)設立: the ～ *of* an Empire 帝国の建設 / the ～ *of* a church 教会の建立(こんりゅう). **4 a** (公共設立物の)維持基金, 基本金: be on the ～《英》(財団の)給費を受けている / a school on the ～《英》＝foundation-school. **b** (基本金寄付によって維持される)設立物, 協会, 財団《学校・図書館・病院・社会事業団など》: a religious ～ 宗教財団 / the Carnegie *Foundation* カーネギー財団. **5 a** 基礎[土台]となるもの. **b** (衣服の型を保つために用いる)硬くてしっかりした裏打ち布[芯地]. **c** 〖服飾〗ファンデーション (⇨ foundation garment). **d** ファンデーション《下地用の化粧クリーム・乳液など》. **e** (絵の具の)下塗り. **6** 〖トランプ〗(一人遊びの各種ゲームで)台札《他の置き札と別に表向きに出しておき, それに続く番号の札を加えてゆく; 通例エースかキング》.

foun·dá·tion·al [-ʃənḷ, -ʃnəl] *adj.* 基本の, 基礎的な (fundamental). **～·ly** *adv.*

Foundation Dày *n.*《豪》＝Australia Day.

foun·dá·tion·er [-ʃ(ə)nə | -nə(r] *n.*《英》(財団から奨学金を受ける)給費生.

foundátion gàrment *n.* 〖服飾〗ファンデーション(ガーメント)《体型を整えるための婦人用下着類; corset, corselet, girdle などをいう; 単に foundation ともいう》.

foundátion·less *adj.* 基礎のない; 基礎[根底]を欠く, 根拠のない.

foundátion-nèt *n.* ファンデーションネット《ドレスや婦人帽の装飾に用いる腰が強く目の荒いレース》.

foundátion-schòol *n.* 財団設立の学校.

foundátion stòne *n.* **1** 〖建築〗礎石, 土台石; (記念の言葉を刻して定礎式の時に据える)基石 (cf. cornerstone 1). **2** 基礎 (basis); 基礎的事実, 基本原理.

fóund·ed *adj.* [副詞と複合語をなして] 基礎[根拠]が...の: well-*founded* reports 根拠の確かな報道 / ill-*founded* hopes あだな望み.

fóund·er[1] 〖《?a1300》 foundour ▭ OF *fondeor* ▭ L *fundātor* ← *fundāre* 'to FOUND[2]': ⇨ -er[1]〗 ― *n.* 創建者, 創設者, 基金寄付者, 財団創設者; 開祖, 始祖: the ～ of a school [religious sect] 学派[宗派]の始祖 / the ～ of a school [college, library] 学校[大学, 図書館]の創設者(基金寄付者).

fóund·er[2] 〖ME: ⇨ found[3], -er[1]〗 *n.* 鋳造者, 鋳物師.

foun·der[3] [fáʊndə | -də(r] 〖《a1338》 foundre(n) ▭ OF *fondr-er* to submerge ← *fond* bottom ＜ L *fundum* 'FUND'〗 ― *vi.* **1** 〈船が〉浸水して沈没する (sink). **2** 〈地面・建物・堤防などが〉陥没する, 崩れる, 崩壊[倒壊]する (collapse). **3 a** 〈馬が〉(過労のため)よろめく, (崩れるように)倒れる (stumble), びっこになる. **b** 〈乗馬者が〉落馬する. **c** 〈家畜が〉食べ過ぎて病気になる. **d** (沼などにはまって)動けなくなる. **4** 〈計画などが〉失敗する (fail). **5** 〖獣医〗〈馬が〉蹄(てい)葉炎 (laminitis) にかかる. ― *vt.* **1** 〈船を〉浸水沈没させる, 擱坐(かくざ)させる. **2** 〈馬を〉倒れさせる; びっこにさせる. **3** 〖獣医〗〈馬を〉蹄葉炎にかからせる. ― *n.* 〖獣医〗蹄葉炎 (⇨ laminitis); 胸筋萎縮性馬脚炎《body founder, chest founder ともいう》.

fóunder mèmber *n.* 創立会員《創立者である会員》.

foun·der·ous [fáʊnd(ə)rəs] *adj.* 陥没させる; 泥深い, 沼の多い; わだちや穴だらけの: a ～ road.

fóunder's dày *n.* 創立者記念日.

fóunder's kìn *n.*《英》基金寄付者の近親《種々の特権がある》.

fóunders' shàres *n. pl.*《英》〖財政〗(会社創立の功労に報いるための)発起人株.

fóunders' tỳpe *n.*《英》〖活字〗＝foundry type.

fóunding fáther *n.* **1** 創始者, 創設者 (founder). **2** [F- F-] (1787 年の)米国憲法制定者の一人.

found·ling [fáʊndlɪŋ] 〖《?a1300》 *found(e)ling* ← *founde(n)* ((p.p.) ← *finde(n)* 'to FIND')＋-LING[1]: cf. Du. *vondeling*〗 *n.* 拾い子, 捨子.

fóundling hòspital *n.* 捨子養育院, 孤児院.

fóund óbject 〖《なぞり》← F *objet trouvé*〗 ― *n.* 〖美術〗美的価値を持つものとして偶然発見された自然物(流木など)あるいは廃棄物(がらくたなど) (cf. ready-made 1).

fóund póem *n.* 〖文学〗発明詩《W. B. Yeats が W. Pater の散文を適宜改行して自由詩に仕立てたように, 商品目録・電話帳などの一部を適当に配列して詩にしたもの》.

found·ress [fáʊndrɪs, -rəs | -rɪs, -rəs, -res] *n.* 女性の創設者.

foun·drous [fáʊndrəs] *adj.* ＝founderous.

found·ry [fáʊndri | -drɪ] 〖《1601》 ▭ F *fonderie* ← *fondre* 'to FOUND[3]': ⇨ -ry〗 ― *n.* 〖金属加工〗 **1** 鋳物場(いもば), 鋳造工場: an iron ～ 鋳鉄工場 / a type ～ 活字鋳造所. **2** 鋳込み, 鋳造(法); 鋳造業. **3** [集合的] 鋳物類 (castings).

fóundry ìron [pìg] *n.* 〖金属加工〗鋳物用銑鉄(せんてつ) (pig iron).

fóundry pròof *n.* 〖印刷〗(紙型などの)型取り前校正刷り, 型取り前ゲラ《型取り用チェースに組付けた形で行なう校正刷り, ベアラ (bearer) による黒線も印刷されている》.

fóundry tỳpe *n.* 〖活字〗(ライノタイプなどで鋳植した活字に対する)手組み用活字.

fount[1] [fáʊnt] 〖《1593》《略》← FOUNTAIN: cf. F *font* ＜ L *fontem* fountain: cf. mount[2]〗 *n.* **1** 《詩》泉; 源泉, 源 (source). **2** (ランプの)油つぼ; インクつぼ.

fount[2] [fɑ́nt, fáʊnt | fáʊnt, fɔ́nt] *n.*《英》〖印刷〗＝font[2].

foun·tain [fáʊntn̩, -tɪn, -tən | -tɪn] 〖《c1410》 *fountaine* ▭ (O)F *fontaine* ＜ LL *fontānam* (*aquam*) (water of) spring, fountain (fem.) ← L *fontānus* of a spring ← *fōns* spring: cf. font[1]〗 ― *n.* **1** 泉 (spring); (川の)水源 (head). **2** 噴水, 噴泉, 噴水池, 噴水盤; 噴水塔. **3** (公園・広場などに設けた)飲用噴水 (drinking fountain). **4** ＝soda fountain. **5** (徐々に液体を供給する)液体貯蔵容器, ため (reservoir)《ランプの油つぼ・印刷機械の油だめやインクだめなど》. **6** 源, 根源, 源泉 (source, origin): The Crown is the ～ *of* honor [justice]. 国王は栄誉[正義]の本源 / a ～ *of* wisdom 知恵の源泉. **7** 〖紋章〗ファウンテン《円図形 (roundles) の一つで, 泉を表現したもの; 円の中に 3 本の青の波形を描く》. ★ ラテン語系形容詞: fontal.

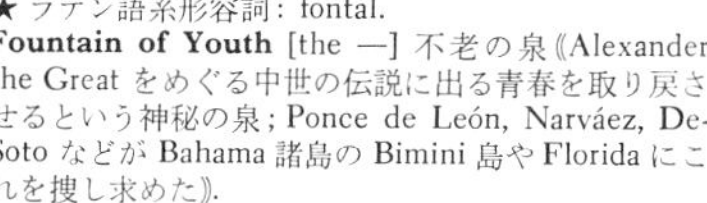

fountain 7

Fountain of Youth [the ―] 不老の泉《Alexander the Great をめぐる中世の伝説に出る青春を取り戻させるという神秘の泉; Ponce de León, Narváez, De Soto などが Bahama 諸島の Bimini 島や Florida にこれを捜し求めた》.

― *vi.* 泉のように流れる[湧き出る]. ― *vt.* 泉のように流れさせる[湧き出させる].

fóun·tained *adj.* 泉[噴水]のある.

fóuntain gràss *n.* 〖植物〗アビシニア原産のイネ科チカラシバ属の観賞用多年草 (*Pennisetum ruppelii*).

fóuntain·hèad *n.* **1** (川の)源泉, 水源 (headspring). **2** 本源, 根源 (source): the ～ of knowledge 知識の根源 / trace an error to its ～ 誤りの本源を究める.

fóuntain pèn *n.* 万年筆.

fóuntain plànt *n.* 〖植物〗ヤナギバゲイトウ (*Amaranthus tricolor* var. *angustior*)《フィリピン原産のハゲイトウの 1 変種; 観葉植物》.

Fou·qué [fuːkéɪ; *G.* fuːkéː], **Friedrich Heinrich Karl** *n.* フーケ《1777–1843; ドイツの詩人・小説家; *Undine*「ウンディーネ」(1811); 称号 Baron de La Motte-Fouqué》.

Fou·quet [fuːkéɪ; *F.* fukɛ], **Nicholas** *n.* フーケ《1615–80; Louis 十四世当時のフランスの大臣; 称号 Marquis de Belle-Isle》.

Fou·quier-Tin·ville [fuːkjéɪtɛ̃ː(ŋ)víːl, -tæŋ-; *F.* fukjetɛ̃vil], **Antoine Quen·tin** [kɑ̃tɛ̃] *n.* フーキエタンビル《1747?–95; 恐怖政治当時フランスの残虐な検察官》.

four [fɔ́ə, fóə | fɔ́ː(r] 〖OE *fēower* ← Gmc **petwor-* (Du. *vier* / G *vier*) ← IE **kwetwer-* four (L *quattuor* / Gk *téssares*)〗 ― *n.* **1** 4; [複数扱い] 4 個, 4 人; 4 歳, 4 時: at ～ and twenty《古》24 歳の時 / at ～ 4 時に / a child of ～ 4 歳の子供. **2** 4 [IV] の記号[数字]. **3** 4 人[個]一組: in ～s 4 つずつの組[群]になって; 〖書誌〗4 葉に / make up a ～ ⇨ MAKE *up* (*vt.*) (11). **4** (トランプの) 4 の札; (1 個のさいの) 4 の目; 半面に 4 個の点のあるドミノの牌: the ～ of clubs クラブの 4. **5** 4 頭の馬: a coach and ～ 4 頭立ての馬車. **6 a** 4 本オールのボート(の乗員). **b** [*pl.*] (4 人で漕ぐ) 4 本オールのボートのレース. **7** 4 番サイズの衣服[靴, 手袋]: wear a ～. **8** 4 気筒エンジン(の自動車). **9** [*pl.*] ＝fourses. **10** 〖クリケット〗4 点打. **11** [*pl.*] 〖製本〗＝quarto: a book printed in ～s 4 折本. **12** [*pl.*] 〖軍事〗4 列縦隊: Form ～s! [号令] 4 列作れ / a column of ～s 4 列側面縦隊 / *Fours* right! [号令] 右へ 4 列.

on all fours ⇨ all fours 成句.

four by four 《口語》〖軍事〗4 輪駆動 4 輪車《4×4 とも書く; cf. FOUR by two (2)》.

four by two 《口語》〖軍事〗(1) 銃身の掃除布. (2) 2 輪駆動 4 輪車《4×2 とも書く; cf. FOUR by four》. (3) 〖英軍〗ビスケット.

four of a kind 〖トランプ〗(ポーカーで)フォアカード《同位札(同じ番号または記号の札) 4 枚揃い; cf. double pair royal; ⇨ poker[2]》.

― *adj.* 4 の, 4 個の, 4 人の; [Predicative に用いて] 4 歳で: ～ figures 4 けたの数字 / ～ balls 〖野球〗四球, フォアボール / ⇨ four bits, four corners, four freedoms, four flush, four seas / *Four* eyes see more than two.《諺》二つの目より四つの目のほうがよく見える,「三人寄れば文殊の知恵」.

fóur ále *n.*《英》**1** 《古》1 クォート (quart) 4 ペンスのビール. **2** ホップの香の弱い安いビール.

fóur-bágger 〖← FOUR＋BAGGER〗 *n.*《俗》〖野球〗ホームラン, 本塁打 (home run).

fóur-bàll 〖ゴルフ〗 *n.* **1** ＝best-ball foursome. **2** フォーボール(マッチ)《二人ずつ二組でする競技で, 4 人が各自第 1 打を打ち, 次に各組がそれぞれ自組の打球のうち, より有利な位置にあるボールを自組のボールとして以後競技を進める; four-ball match ともいう》. ― *adj.* フォーボールの.

fóur-bít *adj.*《米俗》50 セントの.

four bíts *n.*《米俗》50 セント (fifty cents).

Four·cáult pròcess [fuəkóu-, fɔə-, foə- | fuəkáu-, fɔː-] 〖← *Émile Fourcault* (1862–1919: ベルギーの発明家)〗 ― *n.* [the ～] 〖ガラス製造〗フルコール法《溶解ガラスを細長い隙間から垂直に引上げて板ガラスを造る方法》.

fóur-cèntered árch *n.* 〖建築〗フォーセンタードアーチ, 四心アーチ (⇨ arch[1] 挿絵).

four·chée [fuəʃéɪ | fuə-; *F.* furʃe] 〖▭ F ～ (fem., p.p.) ← *fourcher* to fork ← *fourche* fork ＜ L *furcam* 'FORK'〗 ― *adj.* (*also* **four·ché** [～]) 〖紋章〗〈十字架が〉各先端が 2 つに分かれた (⇨ cross[1] 挿絵).

four·chette [fuəʃét | fuə- *F.* furʃɛt] 〖▭ F ～ (dim.) ← *fourche* (↑)〗 ― *n.* **1** 手袋の指の前後を連ねる皮または布切れ, まち. **2** 〖解剖〗陰唇小帯. **3** 〖鳥類〗叉骨(さこつ) (furcula). **4** 〖動物〗蹄叉(ていさ) (frog).

fóur-cólor *adj.* **1** 4 色の. **2** 〖印刷〗(黄・赤・青・黒の)四色刷の, 原色刷の.

fóur-cólor pròblem *n.* 〖数学〗四色問題《地図の上で隣り合う国をそれぞれ別の色で塗るには 4 色あれば十分であるという問題; 1976 年に証明された》.

fóur-còlor prócess *n.* 〖印刷〗原色版法, 四色版法《黄・赤・青・黒の 4 色インクで色彩を再現する方法》.

fóur-córnered 〖ME〗 *adj.* **1** 四隅のある; 四角の (square). **2** 4 人の[による], 4 人から成る: a ～ fight.

fóur córners *n. pl.* **1** [単数扱い] 四つ角, 四つ辻 (crossroads): a bakery at the ～ 四つ角のパン屋. **2** 全領域, 全範囲: the ～ of the earth 地球の四極, 世界の果て[隅々] (*Isa.* 11 : 12) / the ～ of a document 書類の内容[範囲] / within the ～ of an act (法令の)条文の範囲内において. **3** [単数扱い] 〖スポーツ〗四柱戯《4 本の pin を並べて球をころがして倒す遊戯; cf. skittle 1》.

fóur-còurse *adj.* 〖農業〗四年輪作の.

fóur-course rotátion *n.* 〖農業〗四圃(ほ)式輪作.

fóur-cýcle *adj.* 〖機械〗〈内燃機関が〉4 サイクルの《ピストンが気筒内を 2 往復する間に 1 回の動力発生の衝程を成す; cf. two-cycle》: a ～ engine 4 サイクル機関.

fóur-diméntional *adj.* 四次元の: ～ space 四次元空間.

fóur-dóor *adj.* 〈自動車が〉フォー[4]ドアの.

Four·dri·nier, f- [fɔədrəníə, fòə-, fuədríniə, fɔə-, foə- | fɔːdrɪnía(r, fuədrínɪə(r] 〖← *Henry Fourdrinier* (1766–1854: 英国の製紙業者で発明家)〗 ― *n.* 〖製紙〗長網抄紙機 (Fourdrinier machine ともいう).

fóur-éyed *adj.* **1** 四つ目の, 四つ目のように見える. **2** [しばしば軽蔑的に] 眼鏡をかけた.

fóur-èyed físh *n.* 〖魚類〗フォアアイドフィッシュ, ヨツメウオ《中南米産のトウゴロウイワシ目アナブレプス科 *Anableps* 属の魚で, 水上に出た 1 対の目で水上を監視し, 他の 1 対の目で水中を監視する》.

fóur-eyed opóssum *n.* 〖動物〗ヨツメオポッサム (*Philander opossum*)《メキシコから ブラジルにまで広く生息するオポッサム科の一種》.

fóur-èyes *n.* (*pl.* ～) **1** 〖魚類〗＝four-eyed fish. **2** [通例軽蔑的に] 眼鏡をかけた人.

4-F [fɔ̀əéf, fòə- | fɔ̀ː(r)éf] 〖選抜徴兵法による検査で不合格者の区分に用いた記号から〗 *n.* (*pl.* **4-F's**) 《米》(徴兵検査による)不合格(者), 兵役免除(者) (cf. 1-A).

fóur-flùsh *vi.*《米》《口語》はったりをかける, 虚勢を張る (bluff).

fóur flùsh *n.*《米》〖トランプ〗4 枚フラッシュ, えせフラッシュ《ポーカーで 5 枚中 4 枚までが同じ印の札の手; cf. flush[4] a》.

fóur-flùsher *n.*《米》**1** 〖トランプ〗(ポーカーで) four flush する人. **2** 《口語》虚勢を張る人 (bluffer).

fóur·fòld 〖OE *fēowerfeald*: ⇨ four, -fold〗 *adj.* **1** 4 部分[部門, 要素]のある, 四重の. **2** 4 倍の: a ～ increase. ― *adv.* 四重に, 4 倍に.

fóur-fóoted 〖ME〗 *adj.* **1** 四つ足の(ある), 四足の: a ～ animal 四足獣. **2** 四足獣の[に関する].

fóur-fòot wáy *n.* 〖鉄道〗4 フィート規格の軌間《実際は 4 フィート 8 インチ半の標準軌間 (standard gauge) をいう》.

fóur fréedoms, F- F- *n. pl.* [the ～] 四つの自由《Franklin D. Roosevelt 大統領が 1941 年 1 月 6 日議会への教書で自由世界における基本人権として挙げた freedom of speech and expression, freedom of worship, freedom from want, freedom from fear》.

four·gon [fuəgɔ̃ː(ŋ), -gɔ́(ː)ŋ | fúəgɔ̃ː(ŋ), -gɔ(ː)ŋ; *F.* furgɔ̃] 〖▭ F ～《原義》oven fork ← OF *forgier* to search ＜ VL **furicāre* ← L *fūr* theif ← ?〗 ― *F. n.* (*pl.* ～s [～(z); *F.* ～]) **1** (フランスの)小荷物車《屋根つきの長い荷車で貨物や特に軍用品の運送に用いる》. **2** フルゴン型鉄道貨車, 緩急車《車掌付きの客車または貨車》.

Four-H, 4-H [fɔ̀əéɪtʃ, fòə- | fɔ̀ː(r)éɪtʃ] *adj.*《米》4-H の: a ～ club 4-H クラブ《米国農務省に本部を置く農村青年教育機関の一単位; 四つの H は head, heart, hands, and health を象徴し農業技術の向上と公民としての教育を主眼とする》.

fóur-hànd *adj.* ＝four-handed.

fóur-hánd·ed *adj.* **1** (サルなどのように)四つ手の, 四つ手類の (quadrumanous). **2** 〈勝負事など〉4 人でする: ～ cribbage / a ～ game (テニスの)ダブルスゲーム. **3** 〈ピアノなど〉二人連弾の.

4-H'er [fɔ̀əéɪtʃə, fɔ̀ə- | fɔ̀ː(r)éɪtʃə(r] *n.* 《米》4-H クラブ員.
fóur-hòrse *adj.* 4 頭立ての.
Fóur Hórsemen *n. pl.* [the ~] 四騎士《黙示録に出てくる白・赤・黒・青白い馬に乗った騎士で, 人類の破滅の象徴としてそれぞれ pestilence, war, famine, death の擬人化》.
Fóur Húndred, 400 〖Ward McAllister という New York の社交家が同市の富豪 400 人が社交界に活躍していると言ったことから; cf. upper ten (thousand)〗 — *n.* [the ~] 《米》(一都市の)社交界の人々, 上流人士.
fóur-hundred-dáy clóck 〖《なぞり》← G *Vierhunderttageuhr*〗 *n.* 1 年巻き時計《水平に回転振動する長周期のねじり振り子を用いる》.
Fou·rier [fú(ə)rièɪ, -riə | fʊ́rièɪ, fʊ́rɪə(r; *F.* furje], **François Marie Charles** *n.* フーリエ《1772-1837; フランスのユートピア社会主義者; cf. Fourierism》.
Fourier, Baron **Jean Baptiste Joseph** *n.* フーリエ《1768-1830; フランスの数学者・物理学者》.
Fóurier análysis 〖← *J.B.J. Fourier*〗 *n.* 〘数学〙フーリエ解析《周期関数を正弦関数と余弦関数の和に分解することを主題とする数学の分野》.
Fou·ri·er·ism [fú(ə)riərìzm, -rieɪìzm | fʊ́riərìzm, fʊ́rɪeɪìzm] *n.* フーリエ主義《F.M.C. Fourier が唱導した小自治体を基盤にした分権的共産主義の思想と運動; 社会を同趣味同理想の人々の小団体に分けて共同大家屋に居住し, 各自が最も適任の仕事をして暮らすという一種の共同組合的共産団体制; phalansterianism ともいう; cf. phalanstery 1》.
Fóu·ri·er·ist [-rɪst, -rəst | -rɪst] *n.* フーリエ(派社会)主義者.
Fou·ri·er·is·tic [fù(ə)riərístɪk, -rieɪís- | fʊ̀rɪərís-, -rɪeɪís-] *adj.* フーリエ主義(者)の.
Fou·ri·er·ite [fú(ə)riəràɪt, -rieɪàɪt | fʊ́rɪəràɪt, fʊ́rɪeɪàɪt] *n.* =Fourierist.
Fóurier sèries 〖← *J. B. J. Fourier*〗 *n.* 〘数学〙フーリエ級数《正弦関数と余弦関数とから成り, 与えられた関数を近似する無限級数》.
Fóurier's thèorem 〖← *J. B. J. Fourier*〗 *n.* 〘数学〙フーリエの定理《周期関数がある条件の下で正弦関数と余弦関数とから成る級数に展開されるという定理》.
Fóurier trànsform *n.* 〘数学〙フーリエ変換《関数を変換する操作の一つ, およびこの操作によって得られる関数》.
four-in-hand [ˌ-ˌ-ˊ | ˌ-ˌ-ˊ] *n.* **1** 《米》(通例バイヤス裁ちの芯の入った)ネクタイ《一般的なすべり結びで用いる》. **2 a** 御者一人で駆る 4 頭立て[一組]の馬車. **b** この馬車を引く 4 頭の馬. — *adj.* 四頭立ての. — *adv.* 御者一人で 4 頭の馬を御して.
fou rire [fuːríə | -ríə(r; *F.* furiːr] 〖□F ~ (原義) mad laughter〗 *F. n.* 抑えきれない笑い, ばか笑い.
fóur lást thíngs 〖《なぞり》← L *quattuor novissima*〗 *n. pl.* [the ~] 〘神学〙最後の四つの事《死(death), 審判(judgment), 天国(heaven), 地獄(hell)》.
fóur-lèaf clóver *n.* **1** 四つ葉のクローバ《見つけた者に幸運が訪れると思われている; four-leafed [-leaved] clover ともいう》. **2** =cloverleaf.
fóur-légged [-légd, -gɪd, -gəd] *adj.* 四つ足の.
fóur-lètter *adj.* 四文字の: a ~ man ばかな奴, おろか者《dumb の 4 文字から》; いやな男.
fóur-letter wórd *n.* 四文字語, 卑猥語《印刷したり口にしたりするのをはばかる四つの文字から成る性および排泄に関する単音節語; cunt, fuck, shit など》.
fóur-lìne óctave 〖音階を表わす記号にアクセント符が 4 本ついていることから〗 *n.* 〘音楽〙4 点オクターブ《中央ハ音より 3 オクターブ高いハ音から始まるオクターブ》.
fóur-másted *adj.* 4 本マストの.
fóur-mínute màn *n.* 《米》フォアミニット マン《第一次大戦当時, 戦争政策, 特に戦時公債 (liberty bond) の販売を唱道する短い演説をして回った団体の一員》.
Fóur Nóble Trúths *n. pl.* [the ~] 〘仏教〙四諦(たい), 四聖諦《仏教の根本義で, この世は苦である(苦諦), その苦の因は煩悩である(集諦), その煩悩を滅すれば涅槃(はん)が得られる(滅諦), その涅槃に至る道は八正道 (Eightfold Path) である(道諦)という四つを指す》.
fóur-òar *n.* (一人が 1 丁のオールを受けもつ) 4 丁オールのボート.
fóur-óared *adj.* **1** 4 丁オールの. **2** 〈レースが〉4 丁オールのボートで行なわれる.
fóur-o'clòck *n.* **1** 〖午後おそく開花することから〗〘植物〙オシロイバナ科オシロイバナ属 (*Mirabilis*) の植物の総称; (特に)オシロイバナ (*M. jalapa*)《観賞用; marvel-of-Perú ともいう》. **2** 〖鳴声が four o'clock と聞こえることから〗〘鳥類〙=friarbird.
fóur-pàrt *adj.* 〘音楽〙四部の, 四声部の, 四部合唱の: a ~ song 四部合唱歌.
fóur-part hármony *n.* 〘音楽〙四声部和声(法).
four·pence [fɔ́əpéns, fɔ́əpəns, fɔ́ə- | fɔ́ː-] 〖ME〗 — *n.* (*pl.* ~, ~**s**) **1** (英国の) 4 ペンス(の価). ★ 用法その他については ⇨ penny 1. **2** (以前の) 4 ペンス銀貨. **3** 《米》=fippenny bit.
four·pen·ny [fɔ́əpéni, fɔ́əp(ə)ni, fɔ́ə- | fɔ́ːpéni, fɔ́ː-p(ə)ni] *adj.* **1** 4 ペンスの: a ~ piece [bit] (以前の) 4 ペンス銀貨 / ~ ale =four ale. ★ 用法その他については ⇨ penny 1. **2** 〖《15C》: 100 本につき 4 ペンスしたことから〗〈釘が〉$1^1/_2$[$1^3/_8$] インチ(の長さ)の. — *n.* (英国の, 以前の) 4 ペンス銀貨.
fóur·penny óne *n.* 《英口語》強打, 打撃 (blow).

four·plex [fɔ́əpleks, fɔ́ə- | fɔ́ː-] 〖← FOUR+(DU)PLEX〗 *n.* 四世帯一戸建て集合住宅.
fóur-pòst *adj.* 〈寝台が〉四柱式の.
fóur-pósted *adj.* =four-post.
fóur-póst·er *n.* **1** 四柱式寝台《四隅の柱で天蓋を支え, カーテンを吊ったもの》. **2** 4 本マストの帆船.
fóur-pòund·er *n.* **1** 四斤砲《4 ポンド(約 1.8 kg)の砲弾を発射する大砲》. **2** 重さ 4 ポンドの物《パンの固まりなど》.
fóur quéstions *n. pl.* 〘ユダヤ教〙四つの質問《過ぎ越しの祝いの夕食の席上, 最年少者が唱える四つの質問; なぜ今夜はマッツアー(matzo)だけを食べるのか, なぜ今夜はにがい野菜を食べるのか, なぜ野菜を塩水に浸して食べるのか, なぜ今夜はゆっくりくつろいで食べるのか》.
four·ra·gère [fù(ə)rəʒéə, ˌ-ˌ-ˊ | fʊ̀ərəʒéə(r, ˌ-ˌ-ˊ; *F.* fuʀaʒɛːr] 〖□F ~ ← *fourrage* fur-lining: ⇨forage〗 — *n.* (*pl.* ~**s** [~z; *F.* ~]) (フランスや米国陸軍で左肩に着ける先端に金属のついた)組紐飾綬, 飾り紐《特に, ある部隊が戦闘における勲功によって感状を受けたことを示す印として全員に授けられるもの》.
fóur-ròwed bárley *n.* 〘植物〙四条大麦《六条大麦と同じく穂の各節に 3 個の小穂がつくが, 中央の 1 個は上方に向くため, 上から見ると穂が四角形に見えるオオムギ; cf. six-rowed barley, two-rowed barley》.
four·scóre 〖ME: ⇨ four, score (n.)〗 *adj.* 《古》80 の (eighty): ~ and seven years ago 87 年前.
fóur séas *n. pl.* [the ~] (英国を取り囲む)四つの海: within *the* ~ 英本国領土内に.
fóur-séater *n.* 四人乗り《自動車・軽飛行機など》.
fours·es [fɔ́əzɪz, fɔ́ə-, -zəz | fɔ́ː-] 〖← *fours* (pl.)+-ES〗 *n. pl.* [通例単数扱い]《英方言》(収穫者が畑でとる午後 4 時の)軽い食事 (cf. elevenses).
four·some [fɔ́əsəm, fɔ́ə- | fɔ́ː-] 〖OE *fēowra sum*: ⇨ four (adj.), -some²〗 — *n.* **1 a** 四つ組, 4 人組. **b** 二人ずつ二組 (two couples). **c** フォーサム《男女のカップル二組によるパーティーダンスなど; cf. eightsome》. **2** 〘ゴルフ〙**a** フォーサム《4 人が二組に分かれ, 各競技者が 1 個ずつの球を使って行なう競技; cf. single 10》: ⇨ best-ball foursome, mixed foursome. **b** フォーサム《4 人が二組に分かれ各チームが 1 個だけのボールを使い, 交互に打つ競技; Scotch foursome ともいう》. — *adj.* 《スコット》四つから成る; 4 人で行なう.
fóur-spòt *n.* **1** =four 4. **2** 〘魚類〙アメリカ東海岸に生息するヒラメ (flatfish) の一種 (*Paralichthys oblongus*) (fourspot flounder ともいう).
four·square 〖ME: ⇨ four, square〗 — [ˌ-ˊ] *adj.* **1** 正方形の, 四角な (square); 正方形に並べられた. **2** 〈建物などが〉がっしりした, 堅固な (solid). **3 a** 率直な, あからさまの (frank). **b** 毅然とした (forthright). — [ˌ-ˊ] *adv.* **1** 正方形に. **2 a** 率直に, はっきり. **b** 毅然として. — [ˌ-ˊ] *n.* 《古》正方形, 四角. **~·ly** *adv.* **~·ness** *n.*
fóur-stár[-stárred] *adj.* **1** 〈ホテルなど〉優秀な, 優れた. **2** 《米》〈将官が〉四つ星記章の: a ~ general 陸軍[空軍, 海兵隊]大将 / a ~ admiral 海軍大将.
fóur-stríper 〖制服の袖に 4 本の金色のすじがあることから〗 *n.* 《米》海軍大佐 (cf. striper).
fóur-stróke *adj.* 〘機械〙〈内燃機関が〉四行程の, フォーストロークの (cf. four-cycle).
fóur-stròke cýcle *n.* 〘機械〙(内燃機関などの)フォーサイクル, 四行程サイクル.
four·teen [fɔ̀ətíːn, fɔ̀ə-, ˌ-ˊ | fɔ̀ːtíːn, ˌ-ˊ] 〖OE *fēowertiene*: ⇨ four, -teen〗 — *n.* **1** 14; 14 個, 14 人; 14 歳. **2** 14 [XIV] の記号[数字]. **3** 14 人[個]一組. **4** 14 番サイズの衣服. — *adj.* 14 の; 14 個の, 14 人の; [Predicative に用いて] 14 歳で.
fòur·téen·er *n.* **1** 〘詩学〙14 音節詩句《1 行が 14 音節からなる弱強 7 歩格 (iambic heptameter) の詩》. **2** 海抜 14,000 フィート以上の山.
Fóurteen Póints *n. pl.* [the ~] 十四個条《1918 年 1 月 8 日に米国の Wilson 大統領が議会で声明した連合国側の第一次大戦の講和条件》.
four·teenth [fɔ̀ətíːnθ, fɔ̀ə-, ˌ-ˊ | fɔ̀ːtíːnθ, ˌ-ˊ] 〖ME *four-tenthe* ← FOUR+*tenthe* (⇨ -teen, -th¹) ∽ ME *four-teoþe* < OE *fēower-tēoþa*: cf. ON *fjōrtāndi*〗 — *adj.* **1** 第 14 の, 14 番目の (14th). **2** 14 分の 1 の: a ~ part 14 分の 1. — *n.* **1** [the ~] 第 14, 14 番目, 第 14 位; (月の)(第) 14 日: *the* ~ [*14th*] of July 7 月 14 日. **2** 14 分の 1.
fourteenth of July [the —] (フランス革命記念日の) 7 月 14 日 (⇨ Bastille Day).
fourth [fɔ́əθ, fɔ́əθ | fɔ́ːθ] 〖OE *fēo(we)rþa* < Gmc **fi(ð)worþon*: ⇨ four, -th¹〗 — *adj.* **1** 第 4 の, 4 番目の (4th). **2** 4 分の 1 の: a ~ part 4 分の 1. **3** 〈自動車などの変速ギヤが〉前進第 4 段の. — *n.* **1** [the ~] 第 4, 4 番目, 第 4 位; (月の)(第) 4 日: *the* ~ [*4th*] of June 6 月 4 日. **2** 4 分の 1 (quarter): three ~*s* 4 分の 3. **3** [the F-] 《米》=FOURTH of July. **4** (4 人でするゲームなどの) 4 人目の参加者. **5** 《英》(大学の優等試験で)第 4 級(の人) (cf. first 3 a). **6** 〘音楽〙(全音階の)第四度《例えばハ長調におけるヘ音》; 四度音程《ハ-ヘなど》; 第四度の音を基音とする(三)和音. **7** (自動車など変速ギヤの)前進第 4 段 (fourth gear).
Fourth of July [the —] (米国独立記念日の) 7 月 4 日 (Independence Day).
Fourth of June [the —] 《英》Eton College のもっとも重要な祝日.

fóurth bést *n.* =fourth highest.
fourth-chord *n.* 〘音楽〙四度和音 (⇨quartal harmony).
fóurth-cláss *adj.* 〈郵便など〉第四種の: ~ matter 第四種郵便物. — *adv.* 第四種で, 第四種郵便で.
fóurth cláss *n.* **1** 第四階級. **2** (米国郵便制度の)第四種郵便.
Fóurth dáy *n.* (クエーカー派 (Quakers) 間で)水曜日 (Wednesday).
fóurth diménsion *n.* **1** 第四次元, 四次元. **2** 日常経験外のこと.
fóurth-diménsional *adj.* 第四次元の.
fóurth estáte 〖《1752》:「言論界」の意味では E. Burke あるいは Lord Brougham が使い始めたといわれるが不詳; cf. estate 2 a〗 — *n.* [the ~] [しばしば F- E-] 第四階級; 新聞界, ジャーナリズム, 言論界 (the press); [集合的] 新聞記者連, ジャーナリスト.
fóurth híghest *n.* 〘トランプ〙フォース ベスト《ブリッジやホイストの打出し (lead) 法の一つで, 4 枚以上のスーツ (suit) の高い方から 4 番目の札を打ち出すこと; またその札; cf. RULE of eleven》.
fourth·ly *adv.* (列挙して) 第 4 に, 4 番目に.
fóurth márket *n.* 《米》〘証券〙第四市場《非上場証券についての投資者相互間の直接売買取引の総称; cf. third market》.
fóurth posítion *n.* 〘バレエ〙第四ポジション《バレエの技法の基礎である脚の五つのポジションの一つ; 一方の足の土踏まずに他方の足のかかとがくるように前後に平行し, その間を一足長あける》.
fóurth ráil *n.* 第四レール《走行用の 2 本のレールの他に, 正導体として第三レール, 負導体として第四レールを用いる London 地下鉄などの方式; およびその負導体となるレール》.
Fóurth Repúblic 〖《なぞり》← F *Quatrième République*〗 — *n.* [the ~] (フランスの)第四共和制《1946 年 10 月国民投票による承認をもって正式に発効した新憲法下のフランス; 1958 年 Fifth Republic に変わる》.
fóurth wáll *n.* 〘演劇〙第四の壁《舞台と観客とを隔てる目に見えない垂直面》: The stage is a room with the ~ down. 舞台とは第四の壁を取り払った部屋である.
Fóurth Wórld, f- w- 〖《1974》: cf. Third World〗 — *n.* [the ~] 第四世界《後発発展途上国; ほとんど工業化されていないアフリカなどの最貧国; cf. First World 2》.
fóur véctor 〖《なぞり》← G *Vierervektor*〗 *n.* 〘物理〙四次元ベクトル《特殊相対性理論において現われる四次元空間内のベクトル》.
fóur velócity *n.* 〘物理〙四次元速度 (four vector の一種で, 四次元空間内の速度を表わす).
fóur-wày 〖ME〗 *adj.* **1** 四方に通じる, 四路の: a ~ valve 四方弁. **2** 4 人から成る, 4 人構成の: a ~ talk 四者会談.
fóur-wày cóck *n.* 〘機械〙四方コック, 四方水栓.
fóur-whéel *adj.* **1** 4 輪ある, 4 輪式の: a ~ carriage 四輪馬車. **2** 〈自動車の駆動方式が〉4 輪駆動の: a car with ~ drive 4 輪駆動車.
fóur-whéeled 〖ME〗 *adj.* =four-wheel.
fóur-whéeler *n.* 四輪車; (特に) 1 頭立て四輪馬車.
fous·sa [fúːsə] *n.* 〘動物〙=fossa².
fou·ter [fúːtə | -tə(r] 〖← F (*se*) *foutre* (*de*) to care nothing for < L *futuere* to have sexual intercourse with〗 — *n.* **1** 《古》つまらない物 (fig). ★ 軽蔑的無関心を表わすのに以前用いられた語: A ~ for the world! 世間が何だ! not care a ~ ちっとも構わない. **2** 《スコット》いやな奴, つまらぬ奴; 人 (fellow).
fou·tra [fúːtrə] *n.* =fouter².
fo·ve·a [fóuviə | fə́uviə] 〖□L ~ 'small pit'〗 — *n.* (*pl.* **fo·ve·ae** [-viìː, -viàɪ | -viìː, -viàɪ]) **1** 〘解剖・生物〙(骨などの)へこみ, 穴, 窩(か), 陥凹部. **2** 〘解剖〙= fovea centralis. **fo·ve·i·form** [fóuviəfɔ̀əm | fə́uvɪɪ-] *adj.*
fóvea cen·trá·lis [-sentrǽlɪs, -rάːl-, -réɪl-, -ləs | -tréɪlɪs] 〖← NL *fovea centrālis* central fovea〗 *n.* 〘解剖〙(網膜の)中心窩(か)《単に fovea ともいう》.
fo·ve·al [fóuviəl | fə́uvɪ-] *adj.* fovea の; fovea にある.
fo·ve·ate [fóuvièɪt, -viət, -viɪt | -vièɪt, -vɪət, -viɪt] *adj.* 〘生物〙窩(か)のある; 小穴のある (pitted).
fo·ve·o·la [fouvíːələ | fəuvíːə-, -víə-] 〖← NL ~ (dim.) ← L *fovea* (⇨fovea)〗 *n.* (*pl.* **-o·lae** [-lìː], ~**s**) 〘生物〙小窩(か) (small fovea).
fo·ve·o·late [fóuviəlèɪt, fouvíːələt, -lɪt | fə́uvɪəlèɪt, fəuvíːələt, -víə-, -lɪt] *adj.* 〘生物〙小窩(か)のある.
fo·ve·o·lat·ed [fóuviəlèɪtɪd, -təd | fə́uvɪəlèɪt-] *adj.* 〘生物〙=foveolate.
fo·ve·ole [fóuviòul | fə́uvɪəul] *n.* 〘生物〙=foveola.
f.o.w. 《略》〘商業〙first open water; 〘商業〙free on wagon.
fowl [fáʊl] 〖n.: OE *fugol* < Gmc **fuʒlaz* (Du. *vogel* / G *Vogel*) ← **fluʒlaz* ← **fluʒ-*, **fleuʒ-* 'to FLY¹'. — v.: OE *fug(e)lian* ← (n.)〗 — *n.* (*pl.* ~**s**, [集合的] ~) **1** 鶏; (特に食用の)成鶏 (cf. chicken 3): ⇨ barnyard fowl / keep ~*s* 鶏を飼う. **2** 家禽(きん) (poultry) 《あひる・七面鳥など》: ⇨ domestic fowl, game fowl 2. **3** 家禽の肉《鶏・七面鳥など》: fish, flesh, and ~ 魚と(牛豚)肉と鶏肉 / have (a) roast ~ for dinner 蒸し焼きの鶏を晩餐に食べる. **4** [前に限定語を伴って; 集合的] …鳥: wild ~ 野鳥; 野鴨 / sea ~ 海鳥 / a flock of water ~ 水鳥の群れ / ⇨ game fowl 1. **5** 《古》鳥

(bird): Behold the ～*s* of the air. 空の鳥を見よ (*Matt.* 6:26). ― *vi.* 野鳥を捕える, 猟鳥を撃つ.

fówl chòlera *n.* 〘獣医〙 家禽コレラ.

fówl·er [-lə | -lə(r] 〘OE *fuȝelere* : ⇨fowl, -er[1]〙 *n.* 野鳥捕獲者, 野鳥猟者.

Fow·ler [fáulə | -lə(r], **F**(**rancis**) **G**(**eorge**) *n.* (1870–1918) Henry Watson Fowler の弟; 辞書編集家.

Fowler, H(**enry**) **W**(**atson**) *n.* (1858–1933) 英国の辞書編集家・文法学者; *A Dictionary of Modern English Usage* (1926); F. G. Fowler と共著で *The King's English* (1906), *The Concise Oxford Dictionary* (1911), *The Pocket Oxford Dictionary* (1920).

Fówler flàp 〘← *Harlan D. Fowler* (20 世紀のアメリカの航空機設計家)〙 *n.* 〘航空〙 ファウラーフラップ《飛行機の翼の後縁からせり出して作動する下げ翼》.

Fówler's tóad 〘← *Samuel Page Fowler* (19 世紀のアメリカの博物学者)〙 *n.* 〘動物〙 北米産のヒキガエル科の一種 (*Bufo fowleri*).

fówl·ing [-lɪŋ] 〘ME〙 *n.* 野鳥捕獲, 鳥撃ち.

fówling nèt *n.* (野鳥を捕える)鳥網.

fówling pìece *n.* 鳥撃ち銃, 猟銃.

fówl parálysis *n.* 〘獣医〙 鶏の白血病による神経障害《脚麻痺を起こす; range paralysis ともいう; cf. lymphomatosis》. 「の旧名」.

fówl pèst *n.* 〘獣医〙 家禽ペスト《ニューカッスル病

fówl plàgue *n.* 〘獣医〙 鶏ペスト《インフルエンザウイルスによる鶏の伝染病》.

fówl pòx *n.* 〘獣医〙 鶏痘《avian diphtheria, avian pox, sorehead, contagious epithelioma ともいう》.

fówl rùn *n.* 養鶏場, 養鶏囲い地.

fówl spirochetósis *n.* 〘獣医〙 家禽スピロヘーター症《スピロヘーター (*Borrelia anserina*) による家禽の熱病; avian spirochetosis ともいう》.

fówl týphoid *n.* 〘獣医〙 鶏チフス.

fox [fáks | fɔ́ks] 〘OE ～ < (WGmc) **fuχs* (Du. *vos* / G *Fuchs*) ← IE **pūk-* bushy-haired: cf. vixen〙 ― *n.* (*pl.* ～·**es**, ～) **1 a** 〘動物〙 キツネ《イヌ科キツネ属 (*Vulpes*) の動物の総称; クロギツネ (black fox), ギンギツネ (silver fox), アカギツネ (red fox), キットギツネ (kit fox) など; cf. Reynard, vulpine》; 雄ギツネ (cf. vixen 1): ～ farming 養狐(ﾖｳｺ)業. **b** キツネに近縁の動物《fennec など》; (形・顔つきなどが)キツネに似た動物《flying fox (オオコウモリ)など》. ★ ラテン語系形容詞: vulpine. **2** 狐の毛皮 (fox fur). **3 a** (狐のように)狡猾(ｺｳｶﾂ)な人, 陰険で賢い人: an old ～ 老獪(ﾛｳｶｲ)な人 / have the ears of a ～ 耳が早い / play the ～ ずる賢いことをする. **b** 《米俗》 魅力的な女性, 美女. **4** 〘《なぞり》← N-Am.-Ind. *wagosh* 《部属名》, 《原義》 red fox〙 **a** [the Fox(es)] フォックス族《北米インディアン Algonquian の一部族; Wisconsin 州を中心としてその周辺諸州に住む》. **b** [F-] フォックス族の人. **c** [F-] フォックス語《Algonquian 語族に属する》. **5** 〘刀身に彫られてあった狼を狐とまちがえたことから〙 《廃》 刀 (sword): Thou diest on point of ～. お前は刀の露と消える運命 (Shak., *Hen V* 4. 4. 9). **6** 〘海事〙 手よりの小綱(ｺﾂﾅ) (yarn) 《Spanish fox ともいう》. **7** 〘聖書〙 山犬《多分腐肉を食うジャッカル (jackal) のこと; cf. *Ps.* 63:10, *Lam.* 5:18》. 「ない.

(*as*) ***crazy like*** [*as*] ***a fox*** 《口語》 ずる賢い, 抜け目が **fox and geese** 狐とがちょう遊び: (1) 一人が「狐」の駒一つを持ち相手が「がちょう」の駒 16 個でそれを追いつめる盤上の遊び; 十六むさしに似る. (2) 雪の中に車輪状の道を作り, それをたどっての鬼ごっこ. **fox and hounds** 狐と猟犬ごっこ《猟犬となった連中が逃げ隠れる狐役を追って捕える遊び》.

― *vt.* **1** [通例 p.p. 形で] 〈書類〉に狐色のしみを生じさせる, 〈本のページ・印画などを〉狐色に変色させる: The volume was badly ～*ed.* その本はひどく変色して[色が焼けて]いた. **2** 〈ビールなどを〉(発酵の際)すっぱくする. **3** 《口語》 **a** だます, 出し抜く. **b** 当惑させる. **4** 〈靴のつま先を〉(新しい皮で)修繕する; 〈靴のつま先を〉別の皮で装飾する. **5** 《廃》 泥酔させる.

― *vi.* **1 a** ずるく立ち回る. **b** しらばくれる. **2** 〈ビールなどが〉すっぱくなる. **3** 〈本のページ・書類・印画などが〉狐色に変色する, 焼ける.

Fox [fáks | fɔ́ks], **Charles James** *n.* (1749–1806) 英国の政治家; 雄弁家として知られ, 英国のアメリカ植民地政策に反対し, フランス革命を終始支持し続けるなど, 19 世紀の自由主義の先駆者であった.

Fox, George *n.* (1624–91) 英国の説教者, クエーカー派の創始者 (cf. SOCIETY of Friends).

fóx bàt *n.* 〘動物〙 ＝fruit bat.

fóx·bèr·ry [-bèri, -b(ə)ri | -b(ə)ri] *n.* 〘植物〙 **1** クマコケモモ (bearberry). **2** ＝mountain cranberry.

fóx brùsh *n.* 狐の尾《特に, 狐狩の記念品とする》.

fóx-chàse *n.* 狐狩 (fox hunt).

Foxe [fáks | fɔ́ks], **John** *n.* (1516–87) 英国の牧師・殉教史学者; *Actes and Monuments of These Latter and Perillous Dayes* (俗称 *Foxe's Book of Martyrs*) (1563).

fóx èarth *n.* 狐の穴 (fox burrow).

foxed *adj.* 〈古書など〉狐色に変色した, 斑点のある (cf. fox *vt.* 1): the ～ leaves of an old book 古書の変色したページ.

fóx fire *n.* 《米》 **1** 狐火《腐った木などにつく真菌類 (fungi) の発光現象》. **2** 狐火の原因になる真菌類.

fóx·fish *n.* 〘魚類〙 シャレヌメリ《英国産のノドクサリ科の深海魚 (*Callionymus lyra*).

fóx-fùrred *adj.* **1** 狐の毛皮を付けた: a ～ gown. **2** 狐の毛皮[狐の毛皮付きの上着]を着た.

fóx·glòve 〘OE *foxes glōfa* fox's glove〙 *n.* 〘植物〙 ジギタリス (digitalis), (特に)キツネノテブクロ (purple foxglove).

fóxglove béardtongue *n.* 〘植物〙 シロバナツリガネヤナギ (*Pentstemon digitalis*) 《米国・カナダ南部産の白い花が咲くゴマノハグサ科の多年草; 花壇用》.

fóx gràpe *n.* 〘植物〙 北米東部産のブドウ属 (*Vitis*) のヤマブドウの類の総称; (特に) V. *labrusca* 《これから改良されたブドウがラブルスカブドウ》.

fóx·hòle *n.* **1** 〘軍事〙 「たこつぼ」, たこつぼ壕, 各個掩体(ｴﾝﾀｲ)《戦場で敵の銃砲を避けるために掘る穴で, 一人用, 二人用, V 字形 3 人用, Y 字形 3 人用などがある; cf. slit trench》. **2** 避難場, 隠れ家(ｶﾞ).

fóx·hòund *n.* フォックスハウンド《狐狩に用いる犬種のイヌ; American foxhound と English foxhound の二種がある》.

fóx-hùnt *vi.* (犬を使って)狐狩をする.

fóx hùnt *n.* 狐狩《多数の猟犬を使用し, 隊をなして馬に乗って狐を狩る》.

fóx hùnter *n.* 狐狩をする人.

fóx hùnting *n.* **1** 狐狩. **2** [形容詞的に] 狐狩の.

fóx·i·ly [-sɪli, -sə- | -lɪ] *adv.* (狐のように)ずる賢く.

fóx·ing 〘ME〙 *n.* **1** (靴の)甲皮 (upper) に用いられる皮などの材料. **2** (本のページ・印画などの)変色; (古書などの紙上につく)褐色の斑点.

fóx·like *adj.* 狐のような.

fóx màrk *n.* (書類などの)狐色のしみ.

fóx-rèd *adj.* 赤狐色の.

fóx shàrk *n.* 〘魚類〙 ＝thresher shark.

fóx slèep *n.* 片目をあけての眠り, そら寝.

fóx spàrrow *n.* 〘鳥類〙 ゴマフスズメ (*Passerella iliaca*) 《米国産の背が赤褐色, 胸に縞のある大型のスズメ》.

fóx squìrrel *n.* 〘動物〙 キツネリス (*Sciurus niger*) 《北米産の大型のリス; 体色は変化に富み, 黒色型のものを black squirrel といい, ほかに灰色型・褐色型などがある》.

fóx·tàil 〘ME〙 ― *n.* **1** 狐の尾. **2** 〘植物〙 スズメノテッポウ属 (*Alopecurus*), オオムギ属 (*Hordeum*), エノコログサ属 (*Setaria*) の植物の総称; (特に)オオスズメノテッポウ (*A. pratensis*), エノコログサ (*S. viridis*) (など) 《foxtail grass ともいう》.

fóxtail lìly *n.* 〘植物〙 中央アジア産ユリ科エレムールス属 (*Eremurus*) の植物の総称.

fóxtail míllet *n.* 〘植物〙 アワ (*Setaria italica*).

fóx térrier *n.* フォックステリア《かつて狐狩に用いられたテリア; 被毛によって smooth fox terrier と wirehaired fox terrier とに区別される》.

fóx-tròt 〘狐が小走りに走ることから?〙 ― *n.* **1** フォックストロット《小刻みなステップの一種; 馬が trot から walk へ移る際の小走り歩調》. **2 a** フォックストロット《米国から流行しだした 4/4 拍子の, ツーステップを基礎においた活発な社交ダンス; 基本のリズムは slow, slow, quick, quick, slow》. **b** フォックストロットの曲. ― *vi.* フォックストロットを踊る.

fóx wèdge *n.* 〘木工〙 地獄くさび《枘(ﾎｿ)の先端に打ち, 枘を枘穴に打込むと枘先が広がり, 枘が抜けなくなるようにするくさび》.

fox·y [fáksi | fɔ́ksi] 〘← FOX (n.)＋-Y[4]〙 ― *adj.* (**fox·i·er, -i·est; more ～, most ～**) **1** 狐のような (foxlike); ずる賢い, 狡猾(ｺｳｶﾂ)な (sly); ずるそうな. **2 a** 狐色の (reddish-brown); 〈紙など〉狐色に変色した: ～ hair. **b** (色彩が)極端に赤味がかった. **3** 狐臭い, 悪臭のひどい (rank). **4 a** 〈ビール・ぶどう酒など〉(適切な発酵をしないために)すっぱい (sour). **b** 〈ぶどう酒が〉(fox grape などを使ったために)そのぶどうの臭味がある. **5** 品質の悪い. **6** 《米俗》 〈女が〉肉体的な魅力のある, 美しい; セクシーな. **fóx·i·ness** *n.*

foy [fɔ́ɪ] 〘《15C》 □ MDu. *foye* (Du. *fooi*) □ F *voie* way, journey < L *viam* way〙 ― *n.* 《スコット》 **1** (旅立つ人への)餞別, 送別会. **2** 祝宴, (特に)収穫祭り[大漁祝い]の宴 (feast).

foy·er [fɔ́ɪə, fɔ́ɪeɪ, fwáːjeɪ | fɔ́ɪeɪ, fwáːjeɪ, fwáɪjeɪ; *F.* fwaje] 〘《1859》 □ F ~ 'hearth, fireside, 《原義》「芝居の幕間に観衆があたたまりに行った部屋」' < VL **focārium* ← L *focus* hearth: ⇨focus〙 ― *F. n.* (*pl.* ～**s** [～z; *F.* ～]) **1 a** (劇場・図書館・ホテルなどの)休憩室, ホワイエ, ロビー. **b** 玄関の間. **2 a** 集会所 (center): a student ～. **b** 焦点, 集中点. **3** (溶鉱炉の)るつぼ.

fo·zy [fóuzi | fə́uzi] 〘← Du. *voos* spongy＋-Y[4]〙 ― *adj.* (**fo·zi·er, -zi·est; more ～, most ～**) 《スコット》 **1** 海綿状の; 組織のあらい. **2** 〈野菜・果物など〉熟しすぎた. **3 a** 〈人が〉太った; 筋肉のたるんだ. **b** 頭の鈍い, ばかな; うすのろの (fatheaded).

f.p. 《略》 fine paper; fixed price; flame proof; flash-point; footpath; foot-pound(s); fortepiano; forward pass; freezing point; full point.

F.P. 《略》 field punishment; fire plug; 〘保険〙 floating policy; former pupil; fowl pest; Free Presbyterian; fresh paragraph; fully paid.

FPA, F.P.A. 《略》 《米》 Family Planning Association; Food Products Administration; Foreign Policy Association; Foreign Press Association.

F.P.A. 《略》 〘海上保険〙 free of [《英》 from] particular average 分損不担保, (または)単独海損不担保.

FPC 《略》 fish protein concentrate.

FPC, F.P.C. 《略》 Federal Power Commission; Friends Peace Committee.

FPHA, F.P.H.A. 《略》 Federal Public Housing Authority (米国の)連邦公共住宅局.

f.p.m., fpm 《略》 feet [foot] per minute.

FPO 《略》 〘陸軍〙 Field Post Office 野戦郵便局; 〘海軍〙 Fleet Post Office 艦隊郵便局.

fps., f.p.s. 《略》 〘物理〙 feet [foot, frames] per second; 〘物理〙 foot-pound-second (system) (cf. cgs, mks).

fr, fr. 《略》 father; fragment; frame; frequent; from; front; fruit.

Fr 《記号》 〘化学〙 francium; 〘貨幣〙 franc(s).

Fr. 《略》 〘キリスト教〙 Father; France; Francis; *L.* Frater (＝Brother); Frau; French; Friar; Friday.

Fra, f- [frɑː; *It.* frà] 〘□ It. ～ 《略》 ← *frate* brother: cf. frater[1]〙 *n.* …師 (brother). ★ 称号として修道士 (friar) の名の前につける: *Fra* Angelico.

Fra Angelico *n.* ⇨ Fra ANGELICO.

frab·jous [frǽbdʒəs] 〘L. Carroll の造語〙 *adj.* 《英口語》 すばらしい, すてきな; 楽しい (joyous).

fra·cas [fréɪkəs, frǽk- | frǽkɑː; *F.* fraka] 〘《1727》 □ F ～ □ It. *fracasso* crash, uproar ← *fracassare* to smash ← *fra-* completely (< L *infrā* among)＋*cassare* to brake (< L *quassāre* to shake)〙 ― *n.* (*pl.* ～·**es,** 《英》 ～ [～z; *F.* ～]) けんか, けんか騒ぎ, 騒ぎ (brawl, uproar).

fract·ed [frǽktɪd, -təd] 〘← L *fractus* ((p.p.) ← *frangere* to break)＋-ED 2〙 *adj.* **1** 《廃》 壊れた, 折れた (broken): a ～ arrow, plan, etc. **2** 〘紋章〙 〈槍など〉折れた; 〈図形が〉壊れた.

frac·tion [frǽkʃən] 〘《c1400》 □ (O)F ～ // LL *fractiō(n-)* a breaking ← L *frangere* to break〙 ― *n.* **1** (全体の)小部分, 断片 (fragment, bit), ほんの少し (scrap): a ～ *of* the populace 大衆のほんの一部分 / crumble into ～*s* 崩れて断片[ばらばら]になる / at a mere ～ *of* the cost その費用のほんの一部分(の値段)で / for the ～ of a moment [second] ほんのちょっとの間, 瞬時 / (*not*) by a ～ ちっとも(…しない) / It does *not* contain a ～ *of* truth. 少しの真実も含んでいない / The door opened a ～. ドアがほんの少し開いた. **2** (共産党内の)分派, フラクション《非共産主義組織内で活動する共産主義グループ》. **3 a** 破砕, 分割. **b** [しばしば F-] 〘キリスト教〙 聖体(聖餐のパン)分割(式). **4** 《古》 不和 (discord); けんか, 騒ぎ (fracas). **5** 〘数学〙 分数, 端数 (cf. integer 1): a compound [complex] ～ 繁分数, 重分数 / a continued ～ 連分数 / an improper ～ 仮分数 / a proper ～ 真分数. **6** 〘化学〙 (蒸留の)留分《混合物から分離された部分》.

― *vt.* 小部分に分ける, 小分けする.

frac·tion·al [frǽkʃənḷ, -ʃnəl] 〘《1675》: ⇨↑, -al[1]〙 ― *adj.* **1** 断片の, 端数の, はしたの. **2 a** わずかの, 取るに足らないほどの. **b** 小額通貨の. **3** 〘数学〙 分数の (cf. integral 4): a ～ expression 分数式 / ～ numbers 分数. **4** 〘証券〙 1 株未満の, 端(ﾊ)株の. **5** 〘化学〙 分別による, 分別性の: ～ crystallization [precipitation] 分別結晶[沈澱] / ～ decomposition 分別分解 / ⇨ fractional distillation. ～**·ly** *adv.*

fráctional cúrrency *n.* **1** 小額通貨《基本通貨単位の下の硬貨または紙幣》. **2** (米国で 1862–76 年に発行された 3–50 セントまでの)小額通貨[紙幣].

fráctional distillátion *n.* 〘化学〙 分別蒸留《沸点の異なるいくつかの成分を含む気体[液体]混合物を蒸留によって分離すること》.

fráctional equátion *n.* 〘数学〙 分数方程式《分母に未知数を含む方程式; 例えば $x+1/x=2$》.

fráctional harmónic *n.* 〘電気〙 分数調波《基本波の分数倍(普通は整数分の一)の周波数成分》.

frac·tion·al·ize [frǽkʃ(ə)nəlàɪz] *vt.* 小部分に分ける, 細分する. **frac·tion·al·i·za·tion** [frǽkʃ(ə)nəlɪzéɪʃən, -lə- | -laɪ-, -lɪ-] *n.*

fráctional órbital bombárdment sỳstem *n.* 〘軍事〙 部分軌道爆撃体系, 軌道爆弾, 衛星爆弾《ソ連の開発した兵器で, 核ミサイルを人工衛星のように軌道にのせ, 目標近くの上空で逆推進ロケットで速度を減じて落下させる; 略 FOBS》.

frac·tion·ar·y [frǽkʃənèri | -ʃ(ə)nəri] *adj.* **1** わずかの, 断片的な (fragmentary). **2** 〘数学〙 分数の.

frac·tion·ate [frǽkʃənèɪt] *vt.* **1** 〘化学〙 〈混合物を〉(蒸留などによって)分別[分留, 分晶]する; 分別[分留, 分晶]によって得る. **2** 〈全体を〉構成部分に分ける; 細分する. **frác·tion·à·tor** [-tə | -tə(r] *n.*

frac·tion·a·tion [frǽkʃənéɪʃən] *n.* 〘化学〙 分別(法), 分留(法), 分晶(法). 「する.

frac·tion·ize [frǽkʃənàɪz] *vt.* 小部分に分ける, 細分

frac·tious [frǽkʃəs] 〘《1725》 ← FRACTI(ON) 《廃》 brawling＋-OUS: cf. factious〙 ― *adj.* **1** 怒りっぽい, 気むずかしい, じれる, むずかる: a ～ child. **2** 手におえない, 御しがたい: a ～ horse. ～**·ly** *adv.* ～**·ness** *n.*

frac·to- [frǽkto(ʊ) | -tə(ʊ)] 〘← L *fractus* (p.p.) ← *frangere* to break〙 「こわれた, 割れた (broken); 断片 (fracture)」の意の連結形.

fràcto·cúmulus 〘⇨↑, cumulus〙 *n.* 〘気象〙 片積(ﾍﾝｾｷ)雲《積雲がちぎれた形になって浮かんでいるもの; cumulus fractus ともいう》.

frac·tog·ra·phy [frǽktɑ́grəfi | -tɔ́grəfi] 〘← FRACTO-＋-GRAPHY〙 ― *n.* 〘冶金〙 金属の破面・構造上のきずなどの顕微鏡観察. **frac·to·graph·ic** [frǽktəgrǽfɪk] *adj.*

fràcto·strátus 〘← FRACTO-＋STRATUS〙 *n.* 〘気象〙

断片層雲《層雲が不規則にちぎれて浮いているもの; stratus fractus ともいう》.

frac·tur·al [frǽktʃ(ə)rəl] *adj.* 破砕性の; 挫折(ざ)による, 骨折の: a ～ injury 挫傷.

frac·ture [frǽktʃə | -tʃə(r)] 〖(?a1425) ▭ (O)F ～ ∥ L *fractūra* breach: ⇨ fracto-, -ure〗 ― *n.* **1** 破砕, 折断, 挫折(ざ), 分裂 (rupture). **2** 割れ目, 破れ口, ひび (crack). **3** 〖外科〗 骨折, 挫傷(ざしょう): suffer a ～ 骨折をする / a simple ～ 単純骨折 / ⇨ comminuted fracture, compound fracture. **4** 〖地質〗(鉱物や岩石の)破面, 断口: a conchoidal ～ 貝殻状断口. **5** 〖音声〗 =breaking 3. ― *vt.* **1 a** 〈ガラスなどを〉破砕する, 割る (break). **b** 〈骨などを〉折る, くじく, 砕く (crack): ～ a bone, one's leg, etc. **c** 破裂させる: a blow that ～*d* a kidney 腎臓を破裂させた強打. **2 a** 破壊する, だめにする; 混乱させる. **b** 〈規則を〉無視する, 犯す (violate). **3** 《米俗》 大いに笑わせる[興奮させる]. ― *vi.* 折れる, くじける, 骨折する (break).

frácture strèss *n.* 〖物理〗 破壊応力.

frac·tus [frǽktəs] 〖▭ L ～: ⇨ fracto-〗 *adj.* 〖気象〗 〈雲が〉断片を含んだ.

frae 〖ME 《スコット》: ⇨ fro〗 《スコット》 [frèɪ, fréɪ] *prep.* =from. ― [fréɪ] *adv.* =fro.

fraena *n.* fraenum の複数形.

frae·nu·lum [fríːnjuləm, frén-] *n.* (*pl.* **-nu·la** [-lə]) 〖解剖・動物・昆虫〗 =frenulum.

frae·num [fríːnəm] *n.* (*pl.* **frae·na** [-nə], ～**s**) 〖解剖・動物・昆虫〗 =frenum.

frag [frǽ(ː)g] 〖《略》〗 *n.* =fragmentation bomb. ― *vt.* 《米軍俗》 〈上官や仲間を〉破片手榴弾で殺傷する. ～**·ger** *n.*

frag·ile [frǽdʒɪl, -dʒəl, -dʒaɪl | -dʒaɪl] 〖(1513) ▭ (O)F ～ ∥ L *fragil-is* ← *frag-, frangere* to break+-ILE[1]: FRAIL と二重語〗 ― *adj.* **1 a** こわれやすい, もろい (brittle). **b** (体質が)弱い, 虚弱な (frail); 弱々しい: ～ health か弱い健康 / a ～ gesture 弱々しい態度. **2 a** 弱い, 薄弱な (unsubstantial): a ～ connection. **b** 薄く透明な (diaphanous): a ～ skin. **c** とても微妙な (subtle): a ～ wine. **d** くずれやすい, 永続しない, はかない: ～ happiness はかない幸福 / ～ peace いつ崩れるか判らない平和. ～**·ly** [-dʒɪ(l)li, -dʒəlli, -dʒɪli, -dʒəli, -dʒaɪ(l)li | -dʒaɪ(l)li] *adv.*

frágile férn *n.* 〖植物〗 ナヨシダ (*Cystopteris fragilis*) 《北半球の高山帯に生える茎の弱いシダ》.

fra·gil·i·ty [frədʒíləṭi | frədʒílɪti, fræ-, -lɪ-] 〖(a1415) ▭ (O)F *fragilité* ∥ L *fragilitātem* ← *fragilis* 'FRAGILE'〗 ― *n.* **1** こわれやすさ, もろさ. **2 a** 虚弱. **b** はかなさ. **3** こわれやすい物, もろい物; 虚弱なもの. **4** 〖医学〗 脆弱(ぜいじゃく)性, 抵抗減弱(性).

frag·ment 〖(?a1425) ▭ (O)F ～ ∥ L *fragment-um* ← *frangere* to break〗 ― [frǽgmənt] *n.* **1** 破片, 砕片, かけら, 断片: the ～*s* of a broken vase 割れた花びんのかけら / overhear ～*s of* a conversation 会話の断片を小耳にする / in ～*s* 断片となって, 断片的に / reduce to [tear into] ～*s* 破片にする, 寸断する. **2** 端切れ, かけら, 残り物 (scrap). **3** (詩歌の)断章; (断片として残っている)未完遺稿(など): ～*s of* Greek verse ギリシャ詩の断章 / ～*s of* a poem 詩の未完稿. ― [frǽgment, ―́―̀ | ―́―̀] *v.* ― *vi.* ばらばらになる, 分解する, こわれる: The chair ～*ed* under his weight. 彼の重みで椅子がばらばらにこわれた / The vase fell and ～*ed* into small pieces. 花びんが倒れて粉々になった. ― *vt.* 分解する, こわす.

frag·men·tal [frægménṭl | -tl] *adj.* **1** =fragmentary. **2** 〖地質〗 砕屑(さいせつ)質の (clastic): ～ rocks 砕屑岩. ～**·ly** *adv.*

frag·men·tar·i·ly [frægməntérəli, ―̀―́―― | frǽgmənt(ə)rəli, frægméntərə-, -rɪli] *adv.* 断片的に, 断片として; 切れ切れに.

frag·men·tar·y [frǽgməntèri | frǽgmənt(ə)ri, frægméntəri] 〖(1611)〗 ― *adj.* **1** 破片の, 砕片の, 断片的な, 断片から成る, 切れ切れの, ばらばらの (partial, incomplete): a ～ report of an event 事件の断片的報告. **2** 〖地質〗 砕屑(さいせつ)性の《前時代の岩石の断片から成る》. **frág·men·tàr·i·ness** *n.*

frag·men·tate [frǽgməntèɪt | -men-, -mən-] 〖《逆成》↓〗 *v.* =fragmentize.

frag·men·ta·tion [frægmentéɪʃən, -mən- | -men-, -mən-] 〖← FRAGMENT+-ATION〗 ― *n.* **1** 分裂, 破砕; 崩壊 (disintegration). **2** 〖軍事〗(爆弾・手榴弾などの)破砕; (爆弾・砲弾などの)破片効果. **3** 〖生物〗(核の)無糸分裂 (amitosis); (染色体の)切断, 断片化.

fragmentátion bòmb *n.* 〖軍事〗 破片爆弾, 破砕性爆弾《破片による人員殺傷を目的とする爆弾》.

fragmentátion grenàde *n.* 〖軍事〗 破片手榴弾, 破砕性手榴弾《破片による人員殺傷効果を狙いとするもので, 防御用手榴弾 (defensive grenade) に対する》.

fragmentátion shèll *n.* 〖軍事〗 =fragmentation bomb.

frag·ment·ed [frǽgmentɪd, -təd, ―́―̀ | frægmént-, ―́――] *adj.* 破片になった, 断片的となった, 寸断された: one's ～ memory 寸断された[ばらばらの]記憶.

frag·men·tize [frǽgməntàɪz | -men-, -mən-] *vt., vi.* 分裂させる[する], 分断する, 破砕する (fragment). **frág·men·tìz·er** *n.*

Fra·go·nard [frægənáə | -náː(r; *F.* fʀagɔnaːʀ], **Jean Honoré** *n.* フラゴナール (1732–1806; フランスのロココを代表する画家・エッチング作家).

fra·grance [fréɪgrəns] 〖(1667) ▭ (O)F ～ ∥ L *fragrantia*: ⇨ fragrant, -ance〗 ― *n.* **1** 芳香性: the ～ of balsam. **2 a** よい香気, 芳香: a ～ pleasant to the nostrils 鼻孔に快感を与える芳香. **b** 芳香のあるもの《香水・オーデコロンなど》.

frá·gran·cy [-grənsi | -sɪ] *n.* 《古》 =fragrance.

fra·grant [fréɪgrənt] 〖(c1450) ▭ (O)F ～ ∥ L *frāgrant-em, frāgrāns* (pres.p.) ← *frāgrāre* to smell sweet ← IE **bhrag-* to smell〗 ― *adj.* **1** においのよい, 香気のよい, 芳香性の: The hothouse is ～ *with* flowers. 温室は花でよい香りがしている / a ～ oil 芳香油. **2** 快い, 楽しい: ～ memories 楽しい追憶. ～**·ly** *adv.*

frágrant súmac *n.* 〖植物〗 ニオイウルシ (*Rhus aromatica*) 《北米原産のウルシ科ウルシ属の小低木で, 黄緑の花が咲き芳香がある; lemon sumac ともいう》.

F.R.A.I. 《略》 Fellow of the Royal Anthropological Institute.

'fraid [fréɪd] *adj.* 《口語》 =afraid.

fráid·càt [fréɪd-] *n.* 《口語》 臆病者, 恐がり屋《主に子供について用いる》.

fráid·y·càt [fréɪdi- | -dɪ-] *n.* =fraidcat.

frail[1] [fréɪl] 〖(?c1350) *frele* ▭ OF *fraile* (F *frêle*) fragile < L *fragilem* 'FRAGILE'〗 ― *adj.* (～**·er**; ～**·est**) **1** (体質が)弱い (weak), か弱い, 虚弱な; きゃしゃな: a ～ child. **2** 薄弱な (slight), もろい (fragile): ～ support 弱い支持 / ～ happiness はかない幸福. **3 a** 悪の誘惑に陥りやすい, 意志薄弱な, 性格の弱い. **b** 〈女が〉不貞な (unchaste). ― *n.* 《米俗》 女 (woman), 少女 (girl). ～**·ly** [fréɪ(l)li, -li | fréɪlli] *adv.* ～**·ness** *n.*

frail[2] [fréɪl] 〖(c1378) *fraiel* ▭ OF *frael, fraiel* ←?: cf. L *flagellum* young branch〗 ― *n.* **1** (干しぶどう・干しいちじくなどを詰める)いぐさ製のかご. **2** (かご詰め干しぶどうの)一かご量《約 32, 56 または 75 ポンド》.

frail[3] [fréɪl] *vt.* 《米方言》 =flail.

frai·le·ro [fraɪlé(ə)rou | -léərəu; *Sp.* fraɪléro] 〖▭ Sp. ～ 《原義》 belonging to a friar ← *fraile* friar〗 ― *n.* (*pl.* ～**s** [～z; *Sp.* ～s]) フライレエロ《ルネサンス時代のスペインの代表的な肘掛椅子; 背と座部が皮製で, 前部に広い貫(ぬき)があるもの》.

frail·ty [fréɪlṭi | -lti] 〖(c1340) *fre(i)lete* ▭ OF *fraileté*: ⇨ frail[1], -ty[2]〗 ― *n.* **1** もろさ, 薄弱性; たよりなさ: the ～ of human life 人生のはかなさ. **2** 心弱さ (moral weakness), 薄志, 弱行; 誘惑に陥りやすいこと; 弱点, 短所, 過失 (fault): *Frailty*, thy name is woman. もろきものよ, 汝の名は女なり (Shak., *Hamlet* 1. 2. 146).

fraise[1] [fréɪz] 〖(1775) ▭ F ～ 《原義》 ruff ← (O)F *fraiser* to frizzle, curl ← Gmc: cf. OE *frīs* curled〗 ― *n.* **1** (16 世紀に流行した)ひだえり (ruff). **2** 〖築城〗 乱柵(らんさく), 臥柵(がさく)《先の尖った杭(くい)を横にまたは斜めに並べたもの》.

fraise[1] 1

fraise[2] [fréɪz] 〖▭ F ～ ← *fraiser* to enlarge a circular hole (↑)〗 ― *n.* **1** 〖機械〗(大理石などの穴を広げる)穴ぐり具 (reamer); (小形の)フライス. **2** 〖時計〗(以前用いられた時計用歯車の)歯形整形用カッター. ― *vt.* 〈石材の穴を〉拡大する (ream).

fraise[3] [fréɪz; *F.* fʀɛːz] 〖▭ F ～ < VL **frāgam*=L *frāga* (pl.) ← *frāgum* strawberry〗 *n.* **1** 〖紋章〗 = cinquefoil 3. **2** いちご色.

Frak·tur [fraːktúə | -túə(r; *G.* fʀaktúːʀ] 〖▭ G ～ 《原義》 'FRACTURE': 一語の文字と文字の間がつながっていないことから〗 ― *n.* 〖活字〗 ドイツ文字, ひげ文字, 亀の子文字 (German text) (cf. black letter).

F.R.A.M. 《略》 Fellow of the Royal Academy of Music.

fram·a·ble [fréɪməbl] *adj.* 組立てできる; 編制できる.

fram·be·si·a [fræmbíːʒiə, -ʒə, -ziə | -ziə, -zjə, -ʒiə, -ʒə] 〖(1803) ← NL ～ ← F *framboise* raspberry < VL **frambosiam* (i) 《短縮》 ← L *frāga ambrosia* ambrosia strawberry ∥ (ii) ▭ Frank **brāmbasi*: ⇨ bramble, berry: cf. Du. *braambezie* / G *Brombeere*〗 ― *n.* (*also* **fram·boe·si·a** [～]) 〖病理〗 フランベジア (⇨ yaws).

fram·boise [frɑ̃ː(m)bwáːz, frɔ̃ː(m)-, frɑːm-, frɔ(ː)m-; *F.* fʀɑ̃bwaːz] 〖▭ F ～ (↑)〗 ― *n.* **1** きいちご色. **2** フランボアズ《きいちごで造った通例甘味のない Alsace 産のブランデー》.

frame [fréɪm] 〖OE *framian* to further, avail, profit ← *fram* 'forward, FROM': cf. ON *frama, fremja* to further〗 ― *n.* **1** 部分をつないで組み立てたもの; 構造, 結構 (fabric, structure); 構成, 組織, 機構, 体制 (constitution). ★ この意味には framework の方が普通: the ～ of government 政治機構 / the ～ of society 社会機構 / the whole ～ of the universe 宇宙の全機構. **2** (建造物・構造物の)骨組 (framework), ラーメン (cf. G *Rahmen*): a ～ of a building [an airship] 建物[飛行船]の骨組. **3 a** (動物, 特に人間の)体格 (physique); 体, 人体 (body): a man of fragile [iron] ～ 体格の弱々しい[強健な]人 / a girl of [with a] slender ～ 体格のほっそりした少女 / a horse of a good strong ～ がっしりしたりっぱな体の馬 / Sobs shook her ～. 彼女は全身を震わせてすすり泣いた. **b** 《方言》 骨格, 骸骨 (skeleton). **4 a** 枠形のもの. **b** (窓などの)はめ枠, かまち, 枠(構え); 仕切りの枠: a window ～ 窓枠. **c** 飾り縁, 額縁. **d** (野菜などの苗を育てるためにガラスなどで覆った)枠組, フレーム, 冷床 (coldframe), 温床: a cucumber ～ きゅうり促成用フレーム. **e** 枠形の器具[機械]; フレーム; 枠[台]に取り付けられた紡織用の機械: ⇨ water frame, spinning frame. **f** (車両の)車枠, 台枠, 架枠. **g** (刺繍などをする時布地を張るための)枠, 台: ⇨ lace frame, stocking frame. **h** [通例 *pl.*] 眼鏡の枠[フレーム]《レンズをはめる部分》. **i** コイン[メダル]ケース《メダルなどの形にくぼみを作ってビロードを張った平箱》. **j** (ミツバチの巣箱の中に巣を造らせるための)小割板の箱《取りはずしできる》. **5** (飛行機の)機体骨組; (船舶の)肋(ろく)骨, 肋材; (こうもりがさの)骨: a square ～ 直肋骨 / a cant ～ 斜肋骨. **6** (心の)状態, 気分 (mood): a ～ of mind 気持, 気分 / in a happy [sad, discontented] ～ of mind 幸福な[悲しい, 不満の]気持で. **7** (新聞・雑誌の)囲み記事; (漫画の)駒 (box). **8** 《米俗》 =frame-up. **9** 《口語》〖野球〗 回, イニング (inning). **10 a** 〖映画〗(フィルムの)齣(こま); 一齣に記録された映像. **b** 〖テレビ〗 フレーム《走査線の連続で送られる一つの完成された映像》. **11** 《米》〖ボウリング〗 フレーム: **a** (投球の)回, 番. **b** 得点表の正方形の枠. **12** 〖玉突〗(pool でゲーム開始の際 15 の的球 (object balls) を入れる)三角形の木枠; 三角形に並んだ的球; (的球を全部ポケットへ入れるまでの) 1 回分のゲーム (rack). **13** 《英》〖鉱山〗 洗鉱盤. **14** 〖印刷〗 植字台. **15** 〖電算機〗 フレーム《コンピューター内の情報の単位, 各部で種々の定義が行なわれる》. **16** 〖製本〗(本の表紙に型押しした額縁のような)縁飾り, 縁(ふち)取り, 装飾枠. **17** 〖教育〗 フレーム《プログラム学習における基本単位; 生徒に一時に呈示される内容で説明または質問から成る; item ともいう》. **18** (物語・劇の)枠, 枠組み. **19** 〖統計〗 枠《標本を抽出するための母集団の各部分のリスト》.

in frame 〖造船〗(船体の)骨組を組み立て終わり, 外板張りをする用意をして.

frame of reference (1) (系統的な)一組の原理[仮定]; (連鎖する)一群の事実[思想]; 〖論理〗 論議領界 (universe of discourse). (2) 見地, 見解 (point of view); 説, 理論 (theory). (3) 〖物理〗(準拠)座標系. (4) 〖社会学〗 関係枠, 準拠枠《個人や集団がある事態や状況を解釈しそれに意味づけをする場合の一定の規準》.

frame of space and time 〖物理〗(相対論における四次元の)時空系座標《空間軸と時間軸とからなる》.

― *attrib. adj.* 木造の枠組構造の: a ～ building, bridge, cottage, dwelling, etc. / ⇨ frame house.

― *vt.* **1 a** …の骨組を造る, (部分をつないで)組み立てる (construct): ～ a ship, house, etc. / ～ a shelter *out of* brushwood そだを集めて(風雨をしのぐ)小屋を造る. **b** (ある目的に適するように)作[造]る, 形作[造]る 〔*for*〕/〈*to* do〉: a structure ～*d to* resist the fiercest storms どんな激しいあらしにも耐え得るように造ってある建物. **c** 《古》〈人を〉(ある目的に合うように)させる 〔*for, to*〕/〈*to* do〉: a man not ～*d for* hardships 困難に耐えるようにはできていない人. **2 a** 〈計画などを〉考案[工夫]する (devise): ～ a plan 計画を立てる. **b** 仕組む, 構成する (formulate): ～ a rule 規則を立案する / ～ a story 物語を構想する / ～ a theory [a system of philosophy] 理論[哲学体系]を構成する. **c** 〈文などを〉組み立てる: ～ a sentence, an answer, etc. **d** 〈法案を〉作成する, 起草する (draw up). **e** 《古》 想像する (conceive): ～ to oneself 想像する, 心に描く. **3 a** 〈言葉を〉発音する, 言う: ～ a reply. **b** (音を出さずに)…の口をする: Her lips ～*d* her answer but never uttered it. 彼女の唇は返事の口つきをしたものの声にならなかった. **4** 〔ある目的に〕合わす, 適合させる (fit, adjust) 〔*to, into*〕: ～ one's face *to* all occasions ありとあらゆる場合に自分の顔を合わせる. **5** 枠にはめる, …に縁(ふち)をつける; …の飾り縁(ふち)[べり]となる, (枠のようになって)縁どる: ～ a picture 絵を額縁に入れる / a lake ～*d in* woods 周囲を森に囲まれた湖 / The window ～*d* a view of the mountain. 窓は山の景色の飾り縁となっていた. **6** 《米》 **a** 《口語》〈偽りの証拠や罪を〉作り上げる〈*up*〉; (偽りの証拠で)〈人を〉〔…の〕罪に陥れる, ぬれぎぬを着せる 〔*for*〕: be ～*d* 悪だくみに陥る, 無実の罪を着せられる / They ～*d* him *for* stealing. 彼に盗みの罪を着せた. **b** 《俗》〈競馬・選挙の結果などを〉でっちあげる (concoct); …の結果をあらかじめ作っておく, の八百長をやる〈*up*〉. **7** 《古・文語》〈歩を〉向ける (direct): ～ one's steps toward…. **8** 《廃》 生む, 生じる (produce): Fear ～*s* disorder. 恐怖は混乱を生み出す (Shak., *2 Hen IV* 5. 2. 32).

― *vi.* **1 a** 《廃》〈計画・準備などが〉進行する, 目鼻がつく (get on): plans that are *framing* well うまく進んでいる計画. **b** 《古》 行く (go): ～ upstairs. **2** 《方言》 見込みがある 〔*in*〕: He ～*s* well *in* speaking. 演説家としてものになりそうだ.

fra·me·a [fréɪmiə | -mɪə, -mjə] 〖▭ L ～ ←? Gmc〗 *n.* (*pl.* **-me·ae** [-miìː]) 〖武器〗(古代フランク人の)槍, 投槍.

frame·a·ble [fréɪməbl] *adj.* =framable.

fráme àerial [antènna] *n.* 〖通信〗 枠形空中線[アンテナ].

fráme frèquency *n.* 〖テレビ〗フレーム周波数《一秒間に送られる画像の駒数; cf. line frequency》.

fráme hòuse *n.* 枠組壁構造の木造家屋 (cf. wood frame construction).

fráme·less *adj.* 枠のない, 縁なしの; 額縁なしの.

fráme lìne *n.* (映画フィルムの)駒線.

frám·er *n.* **1** 組立て人, 構成者, 立案者, 企画者. **2** 額縁細工師: a picture ～ 額縁製造人.

fráme-sàw *n.* 〖木工〗おさのこ, おさのこ盤《薄い刃を何枚か枠で固定し, 枠全体を機械的に平行に動かして板を切るのこぎり》.

fráme·shìft *n.* 〖生物〗フレームシフト《DNA に一つあるいは3の倍数でない少数のヌクレオチドが付加されたり, それらが欠失したりすることで遺伝暗号の解読枠(フレーム)がずれてしまうことにより起こる突然変異; frameshift mutation, frameshift mutant ともいう》.

fráme stòry [tàle] 〖《なぞり》← G *Rahmenerzählung*〗 *n.* 〖文学〗枠組物語《千一夜物語や *Decameron* に見られる》.

fráme tìmber *n.* (建築の)骨組材(木材); (船の)肋材(ろくざい).

fráme-ùp *n.* 《口語》(人を罪に陥れようとする)陰謀 (plot); (たくらんだ)虚構の罪, ぬれぎぬ; (初めから仕組んだ)不正競技, 八百長.

fráme·wòrk *n.* **1** 枠組, 軸組, フレーム構造, 下部構造 (substructure). **2** 骨格, 骨組 (skeleton): the ～ of a vertebrate animal 脊椎(せきつい)動物の骨格 / the ～ of a building 建物の骨組. **3** (組織の)構成, 体制 (cf. frame 1): the ～ of society = the social ～ 社会機構 / the ～ of law 法の構成. **4** (概念・観念上の)構成, 体系 (structure, system). **5** = FRAME of reference. **6** [集合的] 枠で作ったもの, 枠細工; (編物・刺繍など)掛け枠を用いて作った品. **7** 〖園芸〗(樹形を決める)主要な枝《主幹・主枝・亜主枝など》. —— *vt.* 〖園芸〗〈果樹などを〉高接ぎする (cf. topwork).

frám·ing 〖《15C》〗 *n.* **1** 構成, 結構, 組立て, 編制. **2** 構想, 画策, 立案. **3** 枠組, 骨組, 架構, 枠かまち, かまち組 (frame, framework).

fráming chìsel *n.* 〖木工〗むころまちのみ《荒削り用の大型木工用叩きのみ》.

fráming squàre *n.* 〖木工〗大工用矩尺(かねじゃく).

Fran [frǽ(ː)n] 〖(dim.): 1 ← FRANCIS. 2 ← FRANCES〗 *n.* **1** 男性名. **2** 女性名.

franc [frǽŋk] 〖《*c*1390》 *frank* ◻ (O)F *franc* ← ML *Francōrum rex* king of the Franks (or French): 最初の貨幣の銘から〗 —— *n.* **1** フラン (記号 Fr, F): **a** フランスの通貨単位; = 100 centimes; 1フラン貨幣《もとは銀貨, 今はアルミニウム青銅合金》. **b** 以下の国の通貨単位 (= 100 centimes): スイス, ベルギー, ルクセンブルク, リヒテンシュタイン, カメルーン, 中央アフリカ共和国, チャド, ダオメー, ガボン, コートジボワール, ニジェール, コンゴ, セネガル, トーゴ, オートボルタ, マリ, ルワンダ, モナコ, ベニン, ジブチ, コモロ; ブラジル (記号 FBu), マダガスカル共和国 (記号 Fr, F, FMG); 1フラン貨幣. **c** モロッコの通貨単位 (= 1/100 dirham). **2** (昔のフランスの)フラン金[銀]貨.

France[1] [frǽns | frɑ́ːns] 〖《*a*1121》 *Fraunce* ◻ (O)F *France* ◻ ML *Francia* ← *Francus* 'a FRANK[2]'〗 —— *n.* フランス《ヨーロッパ西部の共和国; 人口 53,080,000, 面積 551,600 km², 首都 Paris; 公式名 the French Republic フランス共和国; フランス語名 la République Française; ⇨ French Community》.

France[2] [frǽns | frɑ́ːns] 〖《略》← *bordure of France* // *label of France*〗 *n.* 〖紋章〗フランス《青地に金のイチハツ (fleurs-de-lis) を置いた紋章》.

France[3] [frǽns, frɑ́ː(n)s, frɑ́ːns | frɑ́ː(n)s, frɔ̃ː(n)s, frɑ́ːns, frɔ̃(ː)ns; *F.* frɑ̃ːs], **Anatole** *n.* フランス《1844–1924; フランスの小説家・批評家; Nobel 文学賞 (1921); *Thaïs*「タイース」(1890), *Les Dieux ont soif*「神々は渇く」(1912); 本名 Jacques Anatole François Thibault》.

Fránce áncient *n.* 〖紋章〗1380 年頃までのフランス王の紋章《semé of fleur-de-lis, semé de lys ともいう》.

Fránce módern *n.* 〖紋章〗1380 年頃以降のフランス王の紋章《1376 年頃フランス王 Charles 五世が聖三位一体の象徴を願って3個の fleurs-de-lis としたと伝えられるが, 年代も含め定説とはなっていない》.

France ancient

France modern

Fran·ces [frǽnsɪs, -səs, -sɪz, -səz | frɑ́ːnsɪs, -səs] 〖◻ OF *Franceise* (F *Françoise*) (fem.) ← *Franceis* 'FRANCIS'〗 —— *n.* 女性名《愛称形 Fanny, Fran, Frannie, Francie, Frankie》.

Fran·ces·ca [frænʧéskə, frɑːn- | frænséskə, -ʧés-; *It.* franʧéska] 〖◻ It. ～ 'FRANCES'〗 *n.* 女性名.

Fran·ces·ca [frænʧéskə, frɑːn- | frænséskə, -ʧés-; *It.* franʧéska], **Pie·ro della** [pjéːro déllа] *n.* フランチェスカ《1420?–92; イタリアルネサンスの画家; 本名 Piero dei Franceschi》.

Fran·ces·co [frænʧéskou, frɑːn- | -kəu; *It.* franʧésko] 〖◻ It. ～ 'FRANCIS'〗 *n.* 男性名.

fran·chise [frǽnʧaɪz] 〖《*c*1290》 ◻ (O)F ～ ← *franc, franche* (fem.) 'free, FRANK[1]' + -ISE[1]〗 —— *n.* **1** [the ～] 市民権, 公民権 (citizenship); (法人団体の)団員権; (特に)選挙権 (suffrage): elective ～ 選挙権 / the parliamentary [municipal] ～ 国会[市会]議員選挙権 / ⇨ fancy franchise. **2 a** (個人または会社に政府から与えられる)特許, 特権: a ～ for a bus service バス営業に対する特許. ★ 英国では今は《古》; 米国では特定の会社についていう. **b** 《米》特権行使許可地区. **3** 《米》(製造主から受ける)一手販売権; 一手販売許可地区. **4** 〖保険〗免責歩合: ⇨ franchise clause. **5** (プロ野球などの)フランチャイズ(制), 本拠地占有権, 球団所有権《プロスポーツチームがある都市に根拠をおいて特別な興業権または放送権を持つこと》. **6 a** 《古》(税金・司法権などからの)特別免除 (exemption). **b** 《廃》(拘禁・隷属・精神的圧迫からの)自由. —— *vt.* **1** 〈個人・会社〉に特権を与える; …に選挙権を与える (enfranchise). **2** 《古》解放する (set free).

fránchise clàuse *n.* 〖保険〗免責歩合約款 (cf. DEDUCTIBLE clause).

fran·chi·see [frænʧaɪzíː, -ʧə- | -ʧaɪ-] *n.* 一手販売権を与えられた人, 一手販売業者.

fran·chise·ment [frǽnʧaɪzmənt, -ʧɪz-, -ʧəz- | frǽnʧɪz-] *n.* = enfranchisement.

frán·chis·er *n.* **1** = franchisee. **2** = franchisor.

fran·chi·sor [frænʧaɪzɔ́ə, -ʧə- | -ʧaɪzɔ́ː(r)] *n.* 一手販売権を与える人.

Fran·chot [frǽnʧət | frɑ́ːn-] 〖◻ F ～ 'FRANCIS'〗 *n.* 男性名.

Fran·cie [frǽnsi | frɑ́ːnsɪ] 〖(dim.) ← FRANCES〗 *n.* 女性名.

Fran·cine [frænsíːn] 〖(dim.) ← FRANCIE, FRANCES〗 *n.* 女性名.

Fran·cis [frǽnsɪs, -səs | frɑ́ːnsɪs; *F.* frɑ̃si] 〖◻ OF *Franceis* (F *François*) ◻ LL *Franciscus* 《原義》'FRANKISH'〗 *n.* 男性名《愛称形 Frank, Frankie》.

Francis, Sir **Philip** *n.* (1740–1818) 英国の役人・政治家・著述家 (cf. Junius).

Francis I *n.* **1** フランソワ一世《1494–1547; フランス王 (1515–47)》. **2** フランツ一世《オーストリア皇帝としての Francis 二世の称号》.

Francis II *n.* フランツ二世《1768–1835; 神聖ローマ帝国最後の皇帝 (1792–1806), Francis 一世と称してオーストリア初代の皇帝 (1804–35); ドイツ語名 Franz; cf. Francis I 2》.

Fran·cis·can [frænsískən] 〖《1594》 ◻ F *franciscain* ← NL *Franciscānus* ← ML *Franciscus* 'FRANCIS': ⇨ -an[1]〗 —— *adj.* 聖フランチェスコ (St. Francis) の; フランシスコ(修道)会の: ⇨ Franciscan Order. —— *n.* 〖カトリック〗**1** フランシスコ修道会士, フランシスコ会(修道)士. **2** [the ～s] フランシスコ(修道)会 (⇨ Franciscan Order).

Fran·cís·can Órder *n.* [the ～] 〖カトリック〗フランシスコ(修道)会《1209年にイタリアの St. Francis of Assisi が創始したもので, 徹底的な貧窮と広く深い愛とをその精神として平民的伝道を旨とし, 托鉢(たくはつ)をその特色とするので Friars Minor と呼ばれ, またその会服の灰色にちなんで Gray Friars ともいう; cf. Dominican Order, Cistercian Order》.

Fran·cis·co [frænsískou | -kəu; *Am. Sp.* fransísko, *Braz.* frẽsíska, *Port.* frẽsíʃku, *Sp.* franθísko] 〖◻ Sp. ～ 'FRANCIS'〗 *n.* 男性名.

Fráncis Férdinand *n.* フランツ フェルディナント《1863–1914; オーストリアの大公, 皇帝 Francis Joseph 一世の甥; 1914年6月28日セルビアの Sarajevo でその妃と共に暗殺され, これが第一次大戦勃発の契機となった; ドイツ語名 Franz Ferdinand》.

Fráncis Jóseph I *n.* フランツ ヨーゼフ一世《1830–1916; オーストリア皇帝 (1848–1916) にして, ハンガリー国王 (1867–1916); ドイツ語名 Franz Josef》.

Fráncis of Assísi, Saint *n.* アッシジの聖フランチェスコ《1182?–1226; イタリア Assisi の修道士, フランシスコ会 (Franciscan Order) の創始者; 本名 Giovanni Francesco Bernardone》.

Fráncis of Pá·u·la [-páːuːlàː; *It.* -páːula], Saint *n.* パオラの聖フランチェスコ《1416–1507; イタリアの修道士, ミニム会 (Minim) の創始者》.

Fráncis of Sáles [-séɪlz; *F.* -sal], Saint *n.* フランソア ド サル(サルのフランソア), フランシスコ サレジオ《1567–1622; Savoy の貴族, Geneva のカトリック司教, 対抗宗教改革の指導者》.

Francis Xavier, Saint *n.* ⇨ Saint Francis XAVIER.

fran·ci·um [frǽnsiəm | -sɪ-] 〖← FRANCE[1] + -IUM: フランスの化学者 Marguerite Perey (1909–) が自分の母国にちなんで造った造語〗 —— *n.* 〖化学〗フランシウム《アルカリ金属元素の一つ; 記号 Fr, 原子番号 87, 原子量 223?》.

Franck [frɑ́ːŋk, frǽŋk; *F.* frɑ̃ːk], **César (Auguste)** *n.* フランク《1822–90; ベルギー生れのフランスの作曲家; 「交響曲ニ短調」(1882)》.

Franck [frɑ́ːŋk, frǽŋk; *G.* fráŋk], **James** *n.* フランク《1882–1964; ドイツ生れの米国の物理学者; Nobel 物理学賞 (1925)》.

Fran·co [frɑ́ːŋkou, frǽŋ- | -kəu; *Sp.* fráŋko], **Francisco** *n.* フランコ《1892–1975; スペインの軍人・政治家; 内乱の反乱軍の総帥 (1936–39), スペイン総統 (1939–75)》.

Fran·co- [frǽŋko(ʊ) | -kə(ʊ)] 〖← ML *Francus* Frank[2], Frenchman〗 ——「フランス人 (French), フランス (France)」の意の連結形: *Franco*-German, *Franco*mania, *Franco*phile, *Franco*phobia, etc.

Fránco-Américan *n., adj.* フランス系アメリカ人(の), (特に)フランス系カナダ系のアメリカ人(の).

Fran·çois [frɑ̃ː(n)swɑ́ː, frɔ̃ː(n)-, frɑːn-, frɔ̃(ː)n-; *F.* frɑ̃swa] 〖◻ F ～ 'FRANCIS'〗 *n.* 男性名.

fran·co·lin [frǽŋkəlɪn, -lən | -kə(ʊ)lɪn] 〖《1653》 ◻ F ～ ◻ It. *francolino* ← ?〗 —— *n.* 〖鳥類〗シャコ《アジア・アフリカに生息する *Francolinus* 属の鳥の総称; cf. black partridge》.

Fran·co·ni·a [fræŋkóuniə, fræn-, -njə | fræŋkə́ʊnjə, -nɪə] *n.* フランケン, フランコニア《Main 川流域にあったドイツ中世の公爵領》.

Fran·co·ni·an [fræŋkóuniən, fræn-, -njən | fræŋkə́ʊnjən, -nɪən] *n.* フランコニア語《フランク人の言語; 西ゲルマン語の一方言で低, 高の差があり, 前者は Old Low German に後者は Old High German に属する》. —— *adj.* **1** フランケン (Franconia) の. **2** フランコニア語の.

Fran·co·phile [frǽŋkəfàɪl, -ko(ʊ)- | -kə(ʊ)-] 〖⇨ -phile〗 *n., adj.* (*also* **Fran·co·phil** [-fɪl]) 親仏家(の), フランス(人)びいき(の), フランス文化崇拝者(の).

Fran·co·phobe [frǽŋkəfòub, -ko(ʊ)- | -kə(ʊ)fə̀ʊb] 〖⇨ ↓, -phobe〗 *n., adj.* フランス恐怖症の(人); フランス(人)ぎらいの(人), フランスアレルギーの(人).

Fran·co·pho·bi·a [fræ̀ŋkəfóubiə, -ko(ʊ)- | -kə(ʊ)fə́ʊbjə, -bɪə] 〖← FRANCO- + -PHOBIA〗 *n.* フランス恐怖症, フランス(人)ぎらい, フランスアレルギー.

Fran·co·phone [frǽŋkəfòun, -ko(ʊ)- | -kə(ʊ)fə̀ʊn] *adj., n.* フランス語を話す(人).

Fránco-Provençál *n., adj.* フランコプロバンス語(の)《Lyon 周辺から東へ Geneva 周辺にかけて話されるロマンス語の一方言》.

Fránco-Prússian Wár *n.* [the ～] 普仏[独仏]戦争《プロイセンとフランスの戦争 (1870–71); プロイセン側が勝利》.

franc-ti·reur [frɑ̀ː(n)tiːrə́ː, frɔ̀ː(n)-, frɑ̀ːn-, frɔ̀(ː)n- | -rə́ː(r; *F.* frɑ̃tirœːr] 〖《1870》 ◻ F ～ ← *franc* free (⇨ frank[1]) + *tireur* shooter〗 —— *F. n.* (*pl.* **francs-ti·reurs** [～z; *F.* ～], ～s) (フランスの不正規の)遊撃隊員, 狙撃(そげき)兵.

fran·gi·bil·i·ty [frænʤəbílət̬i | -ʤɪbílətɪ, -ʤə-, -lɪ-] *n.* こわれやすいこと, もろさ.

fran·gi·ble [frǽnʤəbl̩ | -ʤə-, -ʤɪ-] 〖《?*a*1425》 ◻ OF *frangible* ← L *frangere* to break〗 *adj.* 折れやすい, こわれ[砕け]やすい, もろい. **～·ness** *n.*

frángible bóoster *n.* 〖宇宙〗保安上小破片に破壊してしまえるような材料でケースがつくられたブースターロケット.

frángible grenáde *n.* 〖軍事〗火炎瓶(びん)《投げると発火するような液体(ガソリンなど)を満たしたガラス瓶; 装甲車・戦車攻撃用; 俗に Molotov cocktail ともいう》.

fran·gi·pane [frǽnʤəpèɪn | -ʤɪ-; *F.* frɑ̃ʒipan] 〖《1676》 ◻ F ～ ← *Marquis Frangipani* (Louis 十四世時代のイタリアの貴族, その創案者)〗 —— *n.* **1** フランジパーヌ《卵・牛乳・砂糖・小麦粉・アーモンドの粉末で作ったクリーム; パイの詰めものなどに使う》; このクリームを用いた菓子. **2** = frangipani.

fran·gi·pan·i [frænʤəpǽni, -pɑ́ːni | -ʤɪpéɪnɪ, -pǽnɪ] 〖↑〗 —— *n.* (*pl.* ～, ～s) **1** 〖植物〗インドソケイ(素馨) (*Plumiera rubra*)《熱帯アメリカ産のキョウチクトウ科の小高木または低木; 観賞用に栽培, ハワイではこの花でレイ (lei) を作る》. **2** インドソケイの花から作った香水.

Fran·glais [frɑ̃ː(ŋ)gléɪ, frɔ̃ː(ŋ)-, frɑːŋ-, frɔ̃(ː)ŋ-; *F.* frɑ̃glɛ] 〖◻ F ～ 《混成》← *français* French + *anglais* English〗 —— *n.* フラングレ《英語(特に米語)起源の語句を過度に用いた, 英語まがいのフランス語》.

frank[1] [frǽŋk] 〖《1182》 ◻ (O)F *franc* free < ML *francum* ← LL *Francus* Frank[2] ← Gmc (⇨ Frank[2]): フランク族がゴールにおける唯一の自由民であったことから〗 —— *adj.* (～·er; ～·est) **1** あけっぱなしの, 率直な, 包み隠しのない (candid, sincere): a ～ look in one's eyes 率直な目つき / to be ～ *with* you 腹蔵なく言えば, 実は / make a ～ confession of one's guilt 罪を隠さず白状する. **2** 隠れのない, 公然の, あからさまな, 露骨な (undisguised): show ～ distaste 露骨な嫌悪を示す. **3** 《古》おおまかな, 気前のよい, 寛大な (liberal, generous). **4** 《廃》自由な (free). **5** 〖医学〗臨床的に明白な, 顕症の (manifest): ～ anemia. —— *n.* **1** (郵便物)無料配達の署名[マーク]《郵便切手が使用される以前に多くあった制度, 現在でも若干の国に残っている》. **2** 郵便物無料配達の特典. **3** 無料配達郵便物; 無料配達のスタンプ[署名]のある封筒. —— *vt.* **1 a** 〈郵便物〉に無料配達の署名をする; …の郵税を免除する; 無料で配達する: ～ a letter 封筒に無料配達の署名をする. **b** 〈郵便物〉に料金計器で料金額を表示する. **2** 《古》〈人〉に来往[通行]の便宜を与える; 〈人を〉(会合などに)無料で通す, 〈人〉に出入りの自由を許す; 〈人を〉無料で輸送する; (通行税取り立てなどから)〈人を〉免除してやる (exempt). **3** 〖木工〗〈窓の桟などを〉枘(ほぞ)や組継(くみつぎ)などで直角に組む. **～·ness** *n.*

frank[2] [frǽŋk] *n.* 《米口語》= frankfurter.

Frank[1] [frǽŋk] 〖(dim.) ← FRANCIS, FRANKLIN〗 *n.* 男性名.

Frank[2] [frǽŋk] 〖OE *Franca* < Gmc **Frankon* 《原義》javelin: Rhine 河畔のゲルマン種族で投槍を武器

とした (cf. Saxon): cf. frank¹〗 ── *n.* **1 a** [the ～s] フランク族《Rhine 川流域に住んだゲルマン系の種族; その一派 (Salians) は 500 年ごろ西部ヨーロッパに広大な帝国 (Frankish Empire) を建設し, 後世のフランス・ドイツ・イタリアの起源となった》. **b** フランク族の人. **2** (近東地方で)西ヨーロッパ人 (West European), ヨーロッパ人 (cf. Frankish *adj.* 2).

Frank [frǽŋk, frɑ́ːŋk; *Russ.* fráŋk], **Ilya Mikhailovich** *n.* フランク《1908-76; ソ連の物理学者; Nobel 物理学賞 (1958)》.

Frank [frǽŋk], **Waldo** (**David**) *n.* (1889-1967) 米国の小説家・批評家.

Frank. 《略》 Frankish.

frank·a·ble [frǽŋkəbl] *adj.* 〈郵便物が〉無料配達のできる.

frank·al·moign [frǽŋkælmɔ̀ɪn, ─ ─ ́─] 〖□ AF *fraunke almoigne* ← *fraunke* 'FRANK¹' + *almoign* alms〗 ── *n.* (*also* **frank·al·moin** [～]) 《古》《英法》自由寄進土地保有《宗教法人の宗教的奉仕を義務とするもの》.

Fran·ken·stein [frǽŋkənstàɪn, -stìːn | -stàɪn] 〖Mary Shelley 作の怪奇小説 (1818); 若い医学生の主人公フランケンシュタインは墓地などの死体を材料に人間の形をした怪物を創造したが, 怪物は人間に疎外されて凶悪となり遂に主人公を破滅させる〗 ── *n.* **1** フランケンシュタイン(の怪物): **a** 小説 *Frankenstein* の主人公が造った怪物. **b** 人間の形をした怪物. **c** 造り主を苦しめる[破滅させる]もの. **2** 自分の苦しみ[破滅]を招くものを造り出す人. **Fran·ken·stein·i·an** [frǽŋkənstáɪniən, -stíːn- | -stáɪniən, -njən] *adj.*

Fránkenstein [**Fránkenstein's**] **mònster** *n.* フランケンシュタインの怪物: **a** [the ～] ＝Frankenstein 1 a. **b** ＝Frankenstein 1 b, c.

fránk·er *n.* (郵便物に)無料配達のスタンプを捺(ᵒ)す人[機械].

frank·fort [frǽŋkfət | -fət, -fɔːt] *n.* ＝frankfurter.

Frank·fort [frǽŋkfət | -fət, -fɔːt] 〖《旧名》 *Frank's Ford*: この地で殺された開拓者 *Stephen Frank* にちなむ〗 ── *n.* **1** 米国 Kentucky 州北部にある同州の首都, Kentucky 川に臨む; 人口 15,000. **2** Frankfurt の英語化名.

Fránkfort bláck *n.* フランクフォルト黒色《植物質を炭化して得る黒色顔料》.

frank·fort·er [frǽŋkfəṭə, -fə-, -fɔː- | -fətə(r, -fɔː-] *n.* 《米》＝frankfurter.

Fránkfort horizóntal [**pláne**] *n.* 《人類学》＝Frankfurt horizontal [plane].

fránkfort sáusage *n.* ＝frankfurter.

frank·furt [frǽŋkfuət, -fət | -fət, -fuət] *n.* 《米》＝frankfurter.

Frank·furt [frǽŋkfət, frɑ́ːŋkfuət | frǽŋkfət; *G.* fráŋkfʊrt] *n.* フランクフルト: **1** ＝Frankfurt am Main. **2** ＝Frankfurt an der Oder.

Frankfurt am Main [frǽŋkfət-ɑːm-máɪn, frɑ́ːŋkfuət- | frǽŋkfət-; *G.* fráŋkfʊrt-am-máɪn] *n.* フランクフルト アム マイン《西ドイツ Main 河畔の大都市, 大学および中世紀の寺院がある, Goethe 誕生の地; 人口 635,000; 英語名 Frankfort on the Main》.

Fránkfurt an der Óder [-ɑ̀ndəóudə | -də(r)-óudə(r; *G.* -óːdɐ] *n.* フランクフルト アンデル オーデル《東ドイツ Oder 河畔の都市; 人口 75,000; 英語名 Frankfort on the Oder》.

frank·furt·er [frǽŋkfəṭə, -fə-, -fɔː- | -fɔːtə(r] 〖□ G *Frankfurter* Frankfurt sausage〗 *n.* フランクフルトソーセージ《牛豚肉混合のソーセージ》.

Fránkfurt horizóntal [**pláne**] 〖← *Frankfurt* (*am Main*): 1884 年ここの大学で決められたことから〗 ── *n.* 《人類学》フランクフルト水平《頭蓋(ᵗᵒᵘ)測定において, 左右の耳の外耳孔の上縁中央点と左の眼窩(ᵍᵃⁿ)下縁最下部とを結んだ水平面; eye-ear plane ともいう; cf. mid-sagittal plane》.

fránkfurt sáusage *n.* ＝frankfurter.

Frank·ie [frǽŋki | -kɪ] 〖(dim.): 1 ← FRANCIS, FRANKLIN. 2 ← FRANCES〗 *n.* **1** 男性名. **2** 女性名.

frank·in·cense [frǽŋkɪnsèns, -kən- | -kɪn-] 〖《*a*1398》 *franke ensens* □ OF *franc encens* 'FRANK¹ (i.e., pure) INCENSE'〗 ── *n.* ニュウコウ(乳香)《アフリカおよび西アジア産のカンラン科ニュウコウ属 (*Boswellia*) の樹, 特にニュウコウジュ (*B. carterii*) から採れるゴム樹脂; 古くから香料として祭式の時などにたかれた; olibanum ともいう》.

fránk·ing 〖← (ger.) ← FRANK¹ (vt.)〗 *n.* (郵便物)無料配達: a ～ note 無料配達通知書.

fránking-machìne *n.* 《英》《郵便》郵便料金計器《郵便切手を貼らないで, 印字による料金表示でこれに代わらせる計器; 1920 年に万国郵便連合に承認され, 国際的に通用している; 色は赤と決められ, 国名と承認郵便局名がなくてはならない》.

Frank·ish [frǽŋkɪʃ] 〖《1301》《混成》? ← ME *Frenkish* (< OE *frencisc* 'FRENCH') + *Fra*(*u*)*nceis* Frenchman (□ AF)〗 ── *adj.* **1** フランク族 (the Franks) の: the ～ Empire フランク帝国 (⇨ Frank² 1). **2** 西欧(人)の (West European), ヨーロッパ(人)の (cf. Frank² 2). ── *n.* フランク語《古代フランク族の言語》.

frank·lin [frǽŋklɪn, -lən | -lɪn] 〖《*c*1300》 *frank*(*e*)*lein* freeman □ AF *fraunclein* ← (O)F *franc* 'FRANK¹' + *-lain* '-LING¹'〗 ── *n.* 《英》(14-15 世紀の)自由保有地主(freeholder), 郷士《gentry と yeoman の中間にあった中産地主階級の者》.

Frank·lin¹ [frǽŋklɪn, -lən | -lɪn] *n.* カナダ最北端地方で Northwest Territories の一地区; Victoria 島, Baffin 島, Boothia 半島, Melville 半島などを含む; 面積 1,422,560 km²; 少数のエスキモー人が住む.

Frank·lin² [frǽŋklɪn, -lən | -lɪn] 〖ME *Frankelein* 'freeholder, FRANKLIN'〗 *n.* 男性名《愛称形 Frank, Frankie》. ★ 米国に多い.

Frank·lin³ [frǽŋklɪn, -lən | -lɪn] *n.* ＝Franklin stove.

Franklin, Benjamin *n.* (1706-90) 米国の政治家・外交家・著述家・科学者; 独立宣言の起草委員・駐仏大使を勤め憲法制定会議に参加した; 避雷針の発明者としても有名; *Poor Richard's Almanack* (1732-57), *Autobiography* (執筆 1771-89; 完本発行 1868). 「家.

Franklin, Sir John *n.* (1786-1847) 英国の北極探検

frank·lin·ite [frǽŋklənàɪt | -klɪ-] 〖← *Franklin* (米国 New Jersey 州の産地名): ⇨ -ite¹〗 *n.* 《鉱物》フランクリン鉱 ($ZnFe_2O_4$)《亜鉛の原鉱の一種》.

Fránklin stóve 〖← *Benjamin Franklin* (考案者)〗 ── *n.* 《米》フランクリンストーブ《前あきの暖炉に似た鉄製ストーブ; または それを改造した各種の前あき式ストーブ; 単に Franklin ともいう》.

fránk·ly *adv.* **1** あからさまに, 打ち明けて, 率直に, 腹蔵なく(言えば): *Frankly* (speaking), I don't like him. 率直に言えば彼はきらいだ. **2** 実に, 本当に.

frank·pledge [frǽŋkplèdʒ] 〖《1447-48》 □ AF *fraunc plege* free pledge: 'pledge given by freemen' の意か: OE *frið-borh* peace pledge の誤訳〗 ── *n.* 《古英法》**1** 十人組 (tithing); 十人組員 (cf. headborough 1). **2** 十人組《ノルマン征服当時の治安維持の方策として, 十人組中の 14 歳以上の男子が相互の善行を保証し, もし法を犯す者があれば全員が連帯してその責任を負った; 中国の「五家法」またはわが国の「五人組」の類; cf. tithing 2》.

Fran·nie [frǽni | -nɪ] 〖(dim.) ← FRANCES〗 *n.* 女性名.

Frans [frɑ́ːns; *Du., Finn.* fráns] 〖□ Du. ～: ⇨ Franz〗 *n.* 男性名.

fran·tic [frǽnṭɪk | -tɪk] 〖《*a*1376》 *frenetik* □ (O)F *frénétique* □ L *phrenēticus* 'PHRENETIC': ⇨ -ic¹〗 ── *adj.* **1** (苦痛・怒り・悲しみ・喜びなどのため)狂乱の, 気違いじみた, 血迷った, 逆上した (frenzied): ～ appeals for help 助けてくれという狂乱の訴え / be [become] ～ *with* pain [anxiety] 苦痛[心配]で狂乱している[する] / ～ effort 異常な努力. **2** 《口語》大変な, ひどい (terrific): with ～ haste 猛烈に急いで / I'm in a ～ hurry. とても急いでいます. **3** 《古》狂気の, 気の違った (insane). **frán·ti·cal·ly** *adv.* **～·ly** *adv.* **～·ness** *n.*

Franz [frǽnts, frɑ́ːnts | frǽnts; *G.* fránts] 〖□ G ～ 'FRANCIS'〗 *n.* 男性名.

Franz Fer·di·nand [*G.* frǽnts-fɛ́rdinant] *n.* フランツフェルディナント《Francis Ferdinand のドイツ語名》.

Franz Jo·sef [*G.* fránts-jóːzɛf] *n.* フランツヨーゼフ《Francis Joseph I のドイツ語名》.

Franz Jo·sef Land [frǽnts-dʒóuzɪf-lǽnd, -zəf-, frɑ́ːnts-jóuzəf-lɑ̀ːnt | -dʒə́u-, -jə́u-] *n.* ゼムリャフランツァヨシファ島, フランツヨゼフランド《Barents 海の Spitsbergen の東方 Novaya Zemlya の北方にある群島, 1928 年ソ連領となる; ロシヤ語名 Zemlya Frantsa Iosifa》.

frap [frǽp] 〖《*c*1330》 *frape*(*n*) □ OF *frap-er* (F *frapper* (↓))〗 *vt.* (**frapped**; **frap·ping**) 《海事》(鎖や綱を巻き付けて)堅く締めくくる.

frap·pé [fræpéɪ | ─ ́─; *F.* frape] 〖□ F ～ (p.p.) ← *frapper* to beat, chill ← ? Frank. **hrappan*: cf. rap¹〗 ── *adj.* (*also* **frap·pe** [frǽp, fræpéɪ | frǽpeɪ]) 〈飲物・飲物など〉氷で冷やした (iced): wine ～ 冷やしたぶどう酒. ── *n.* **1** 果物などの風味をつけて半ば凍らせたデザート. **2** フラッペ《カクテルグラスに細かく砕いた氷を入れリキュールを注いだ食後の飲物》. **3** [通例 frappe [frǽp]] 《米東部》＝milk shake. **4** 《バレエ》フラッペ《動かしている足で軸足のくるぶしを打つ動作》.

frase [fréɪz] *n.* 《紋章》＝fraise³ 1.

Fra·ser [fréɪzə, -ʒə | -zə(r] *n.* [the ～] カナダ南西部の川; Rocky 山脈に発し南流して太平洋に注ぐ; 鮭漁で有名 (1,368 km).

frass [frǽ(ː)s] 〖《1854》 □ G *Frass* a devouring ← *fressen* to devour〗 *n.* (昆虫の幼虫の)糞; (昆虫が木材にうがった穴の)粉くず.

frat¹ [frǽt] *n.* 《米口語》**1** ＝fraternity 3. **2** 友愛会 (fraternity) のメンバー.

frat² [frǽt] 〖《略》 ← FRATERNIZE〗 《俗》 *n.* **1** ＝fraternization 2. **2** 占領軍兵士と親密な関係をもつ被占領地の女性. ── *vi.* (**frat·ted**; **frat·ting**) ＝fraternize 2.

fratch [frǽtʃ] 〖《15C》: 擬音語〗 《英方言》 *vi.* 口論する, 争う. ── *n.* 口論, 議論.

fratch·y [frǽtʃi | -tʃɪ] *adj.* (**fratch·i·er**; **-i·est**) 《口語》怒りっぽい; 議論好きな.

fra·te [frɑ́ːteɪ; *It.* fráːte] 〖《1722》 □ It. ～ 'brother' < L *frāterum*, *frāter* (↓)〗 ── *It. n.* (*pl.* **fra·ti** [-tiː; *It.* -ti]) [しばしば称号に用いて] 修道士, 托鉢(ᵗᵃᵏᵘ)修道士 (friar).

fra·ter¹ [fréɪṭə | -tə(r] 〖□ L *frāter* 'BROTHER'〗 *n.* **1** 兄弟; 仲間, 同輩, 同僚. **2** 《廃》修道士 (friar).

fra·ter² [fréɪṭə | -tə(r] 〖《*c*1290》 *freitour* □ OF *fraitur* 《頭音消失》 ← *refreitor* □ ML *refectōrium*: REFECTORY と二重語〗 *n.* 《廃》(修道院の)食堂 (refectory).

fra·ter·nal [frətə́ːnḷ | -tə́ː-] 〖《?1421》 □ ML *frāternāl-is* brotherly ← L *frāternus*: ⇨ frater¹, -al¹〗 ── *adj.* **1** 兄弟の, 兄弟間の; 兄弟らしい (brotherly) (cf. sororal): ～ affection, love, etc. **2** 友愛的な (friendly), 友愛組合の: ⇨ fraternal society. **3** 〈双子が〉二卵性の: ⇨ fraternal twin. ── *n.* **1** 友愛組合会員. **2** ＝fraternal benefit society. **3** ＝fraternal twin.

fratérnal associátion *n.* ＝fraternal society.

fratérnal bénefit socìety *n.* 友愛組合保険を提供する友愛組合.

fratérnal insùrance *n.* 友愛[同胞]組合保険《友愛組合が相互扶助の目的で行なう保険》. 「義.

fra·tér·nal·ìsm [-nəlɪzm, -nḷ-] *n.* 友愛; 友愛組合主

fra·tér·nal·ly [-nəli, -nḷi | -nəlɪ, -nḷɪ] *adv.* 兄弟として[のように].

fratérnal órder *n.* ＝fraternal society.

fratérnal pólyandry *n.* 《社会学》兄弟型一妻多夫 (cf. sororal polygyny).

fratérnal socìety *n.* 《米》友愛組合《友愛の精神をもって共同の福利を計り, または共同の目的を達成しようとする組合》.

fratérnal twín *n.* 《生物》二卵性双生児(のひとり), 同胞双生児(のひとり)《2 個の受精卵から生れたもので兄弟の関係にあるもの; cf. identical twin》.

fra·ter·ni·ty [frətə́ːnəṭi | -tə́ːnətɪ, -nɪ-] 〖《*a*1338》 □ (O)F *fraternité* □ L *frāternitātem* brotherhood ← *frāternus*: ⇨ fraternal, -ity〗 ── *n.* **1** 兄弟関係, 兄弟の間柄 (brotherhood). **2** 兄弟間の情愛, 友愛, 同胞愛: liberty, equality, and ～ ⇨ liberté, égalité, fraternité. **3** 《米》(相互の友情と福利を増進しようとする男子大学生の)友愛会, フラターニティ《通例 3 字のギリシャ文字をその会名とするので Greek-letter fraternity と呼ばれる; cf. sorority 2》. **4** [集合的] 同業者仲間, 同好者同士, 同人: the ～ of the Press 新聞人同士 / the angling [medical] ～ 釣師[医師]仲間. **5** (宗教的また慈善的目的をもった)信徒団体, 講中, 講社, 信心会 (confraternity); 友愛組合 (fraternal association); 共済組合 (benefit society). **6** [集合的] **a** 一夫婦から出た全子孫. **b** 兄弟姉妹.

fratérnity hòuse *n.* 《米》(大学の)友愛会の会館 (cf. fraternity 3).

frat·er·ni·za·tion [fræ̀ṭənɪzéɪʃən, -nə- | -tənaɪ-, -nɪ-] 〖《1792》〗 *n.* **1** 友愛的な親和, 和協, 親睦. **2** 敵国軍人や被占領地の住民(特に女性)と親密になること.

frat·er·nize [frǽṭənàɪz | -tə-] 〖《1611》 □ F *fraterniser* < ML *frāternizāre* ← L *frāternus*: ⇨ fraternal〗 ── *vi.* **1** 〔…と〕兄弟[同胞]として交わる, 友愛的精神でつき合う〔*with*〕: ～ *with* the Indians. **2** 〈兵士が〉〔敵国兵士や被占領国民と〕親しく交わる〔*with*〕; 〈兵士が〉〔被占領国の女性と〕(性的に)親しくなる, 関係する〔*with*〕. ── *vt.* 《古》兄弟のように親しませる. **frát·er·nìz·er** *n.*

fra·ter·y [fréɪṭəri | -tərɪ] *n.* ＝fratry.

frati *n.* frate の複数形.

fra·tor·i·ty [frətɔ́ːrəṭi, -tɔ́(ː)r- | -tɔ́rətɪ, -rɪ-] 〖《混成》 ← FRAT(ERNITY) + (SOR)ORITY〗 *n.* (男女を交えた)社交会, (男女学生を交えた)学生クラブ.

Fra·tres Ar·va·les [fréɪtriːz-ɑəvéɪliːz, frɑ́ːtres-ɑəvɑ́ːles | -ɑː-] *n. pl.* ＝Arval Brothers.

frat·ri·cid·al [frǽtrəsáɪdḷ | frǽtrɪ-, frèɪt-] *adj.* 兄弟[姉妹, 同胞]殺しの.

frat·ri·cide [frǽtrəsàɪd | frǽtrɪ-, fréɪt-] 〖《*a*1500》 □ (O)F ～ // L *frātricīda*: ⇨ frater¹, -cide〗 *n.* **1** 兄弟[姉妹]殺し犯《人》. **2** 兄弟[姉妹]殺し《行為》.

fra·try [fréɪtri | -trɪ] 〖← FRATER¹ + -Y¹〗 *n.* **1** (修道院の)食堂. **2** (修道院の)宿所.

Frau [fráu; *G.* fráu] 〖□ G ～ < OHG *frouwa* (fem.) ← *frō* lord: cf. frow¹〗 ── *G. n.* (*pl.* **Frau·en** [～ən], **～s**) **1** 既婚婦人, 妻, 夫人. **2** [ドイツ人の既婚女性に対する敬称として] …夫人 (Mrs., Madam) (cf. vrouw): ～ Schmidt. **3** ドイツ女性, ドイツ婦人.

fraud [frɔ́ːd] 〖《1345-46》 □ (O)F *fraude* □ L *fraudem*, *fraus* fraud ← ?〗 ── *n.* **1** 詐欺, 欺瞞(ᵐᵃⁿ) (deception, trickery); 《法律》詐欺(罪): actual ～ ＝ ～ in fact 《法律》現実詐欺《計画的な故意の詐欺》/ a pious ～ ⇨ pious 2 / ⇨ constructive fraud, legal fraud / get money by ～ 金を詐取する / Her heart is full of ～. 彼女の心は欺瞞に満ちている. **2** 詐欺行為, 不正手段 (hoax, trick): commit a ～ 詐欺行為を行なう / election ～*s* 選挙違反. **3 a** 詐欺師, いかさま師, ぺてん師. **b** にせ物, まやかし物 (imposture). **4** 《古》詐欺師的性格, まやかし性.

in fraud [***to the fraud***] ***of*** 《法律》…を詐欺手段にかけるために, 故意に欺こうとして.

fraud·ful [frɔ́ːdfəl] *adj.* 《古》＝fraudulent. **～·ly** *adv.*

fráud órder *n.* 《米》(郵便を不正利得の目的に悪用する者に対して郵政長官の発する)郵便配達禁止命令.

fraud·u·lence [frɔ́ːdʒuləns | -dju-] 〖《?*a*1425》 □ OF ～〗 *n.* 欺瞞, 詐欺, かたり.

fráud·u·len·cy [-lənsi | -sɪ] *n.* 《古》＝frandulence.

fraud·u·lent [frɔ́ːdʒulənt | -dju-] 〖《*a*1420》 □ OF ～ // L *fraudulent-em* cheating: ⇨ fraud, -ulent〗 ── *adj.* **1** 詐欺を行なう, 不正直な: a ～ person. **2** 〈行為・企画など〉詐欺的な(手段で遂げられた): ～ bargains [gains] 詐欺的取引[不正利得]. **～·ness** *n.*

fráud·u·lent·ly 〖《15C》〗 *adv.* 詐欺的に, 詐欺手段で: be ～ inclined 詐欺を働く性質がある.

fráudulent misrepresentátion *n.* 《法律》悪意不実表示 (cf. misrepresentation 2).

Frauen *n.* Frau の複数形.

fraught [frɔ́ːt] 〘(*a*1375) (p.p.) laden ▭ MDu. or MLG *vrachten* ← *vracht* load, cargo: cf. freight〙 ── *pred. adj.* **1** 〔…を〕伴った,〔…に〕満ちている,〔…を〕はらんだ〔*with*〕: a policy ～ *with* danger 危険をはらんだ政策 / a heart ～ *with* sorrow 悲しみに満ちた心 / Her gesture seemed ～ *with* significance. 彼女の仕草はいかにも意味ありげに見えた. **2** 《口語》困った, 難儀な, 苦しそうな: Don't look so ～. そんな困った[難儀そうな]顔をするな. **3** 《古・詩》〔荷物を〕積んだ, 積載した (laden)〔*with*〕: a ship full ～ *with* precious wares 貴重品を満載した船. ── *n.* 《廃・スコット》荷, 積荷, 船荷 (load, cargo).

Fräu·lein [frɔ́ɪlaɪn; *G.* frɔ́ʏlaɪn] 〘▭ G ～ (dim.) ← FRAU〙 ── *G. n.* (*pl.* ～, *E.* ～s) **1** (ドイツの)未婚婦人, 令嬢, 娘. **2 a** [ドイツの未婚女性に対する敬称として] …嬢(Miss). **b** [ドイツの未婚女性への呼び掛けとして] お嬢さん. **3** [f-] (英国人家庭における)ドイツ婦人家庭教師 (cf. mademoiselle). (cf. Frau, Herr).

Fraun·ho·fer [fráunhoufə | -həufə(r; *G.* fráunhoːfɐ], **Joseph von** *n.* フラウンホーファー《1787–1826; ドイツの物理学者; Fraunhofer lines を発見 (1814)》.

Fráunhofer diffráction 〘↑〙 *n.* 〘光学〙 フラウンホーファー回折《光源および観測点が回折物体から無限に離れている場合の回折》.

Fráunhofer hólogram 〘← *Joseph von Fraunhofer*〙 ── *n.* 〘光学〙 フラウンホーファーホログラム《物体のフラウンホーファー回折波を用いたホログラム; cf. Fresnel hologram》.

Fráunhofer lìnes 〘← *Joseph von Fraunhofer*〙 *n. pl.* 〘天文〙 フラウンホーファー線《天体の spectrum に現れる吸収線》.

frax·i·nel·la [fræ̀ksənélə | -sɪ-] 〘(1664) ← NL ～ (dim.) ← L *fraxinus* ash (tree): 葉の色にちなむ〙 ── *n.* 〘植物〙 ヨウシュハクセン(洋種白鮮), サンショグサ (*Dictamnus albus*)《南欧のミカン科の耐寒性多年草で薬草; burning bush, gas plant, dittany ともいう》.

fray[1] [fréɪ] 〘(*a*1325) (頭音消失) ← AFFRAY〙 ── *n.* **1 a** 騒々しいけんか, 大騒ぎ. **b** 争い, 戦い, 乱闘. **c** 口論. **d** 討論. **2** 《古・スコット》恐怖 (fright).
eager* [*ready*] *for the fray 争い[けんか]好きで, 事あれかしと待ち構えて.
── *vt.* 《古》恐れさせる, おどす (scare); おどして退散させる. ── *vi.* 《古》けんかする, 騒ぐ (fight, brawl).

fray[2] [fréɪ] 〘(*c*1405) ▭ OF *frei-er* (F *frayer*) < L *fricāre* to rub: cf. friction〙 ── *vt.* **1** 〈布のへり・なわの端などを〉すり切らす; ほぐす (ravel): ～ the edges of a sleeve そで口をすり切らす / be ～*ed into* a fringe 端がばらばらにほぐれる / The wrists of the sweater were ～*ed* with use. セーターの手首のところがすり切れていた. **2** 〈鹿が〉〈新しく生えた角を〉樹木に擦りつける. **3** 〈神経などを〉すり減らす, 無理をさせる, かき乱す: ～ one's nerves. ── *vi.* **1** 〈布・糸の端などが〉ほぐれる, ぼろぼろになる, ささくれる. **2** すれる (rub)〔*against*〕. **3** 〈鹿が〉角をすりつける. **4** 〈神経が〉すり減る; 〈感情が〉ささくれ立つ. ── *n.* (布の)すり切れた[ほぐれた]部分[場所], ささくれ.

frayed *adj.* **1** (へりの)すり切れた: a ～ collar. **2** 〈神経など〉極度に緊張した, すり減った, かき乱れた: one's ～ nerves / His temper became a bit ～. 彼の気持ちが少々乱れてきた.

fráy·ing 〘(15C)〙 *n.* ほぐれ, すり切れた布切れ; (鹿の角から)すり落された皮.

Fra·zer [fréɪzə, -ʒə | -zə(r], Sir **James George** *n.* (1854–1941) スコットランドの人類学者・神話学者; *The Golden Bough*「金枝篇」(1890–1915).

fra·zil [fréɪzəl, fræ̀z-, -zɪ̩, frəzíl | fréɪzɪl] 〘▭ Canad.-F *frasil* ▭ F *fraisil* coal cinders〙 *n.* 《米・カナダ》〘地質〙 (激流にできる)針状の氷の結晶《frazil ice ともいう》.

fraz·zle [frǽzɬ] 〘(*a*1825) (混成) ← FRAY[2] ＋ 《方言》 *fasle* to ravel (< (15C) *faselin* to become threadbare: cog. G *faselen*)〙 《口語》 ── *vt.* **1** (ぼろぼろに)すり切らす (fray out). **2** 疲れ果てさせる. ── *vi.* **1** すり切れる. **2** 疲れ果てる. ── *n.* **1** ずたずた[ぐたぐた](の状態): beat a person *to* a ～ 人をめちゃめちゃに打ちのめす / be worn *to* a ～ 疲労困憊(ぱい)する[している]. **2** ぼろぼろの切れ端 (frayed end): be scratched *to* ～*s* ずたずたにかきむしられる.

fráz·zled *adj.* 《口語》 **1** すり切れた: a ～ cord すり切れたひも. **2** 疲れ果てた (exhausted): He returned ～. くたくたに疲れ果てて帰って来た.

F.R.B., FRB 《略》《米》 Federal Reserve Bank 連邦準備銀行; 《米》 Federal Reserve Board.

FRC, F.R.C. 《略》 Federal Relief Commission; Foreign Relations Committee (米上院)外交委員会.

freak[1] [fríːk] 〘(1563) ← ?: cf. OE *frec* bold, rash & *frīcian* to dance〙 ── *n.* **1** 気まぐれ, 移り気, むら気, 酔狂 (caprice, whim): out of mere ～ ほんの気まぐれ[酔狂]から / as the ～ takes you 気の向くままに. **2** 《略》 ← *freak of nature* (なぞり) ← L *lūsus nātūrae*〙 異形の物, 怪物 (monstrosity); 奇形(の人間, 動物), 変種, 珍奇な見せ物: a collection of human ～*s* (大男・一寸法師・ひげのはえた女など)色々な奇形人物の寄せ集め (cf. freak show). **3** 《俗》 **a** 常識社会の逸脱者, (特に)ヒッピー (hippie). **b** 麻薬常用者. **c** 性倒錯者. **d** 熱狂者 (devotee): a film ～ 映画気違い. **e** 一匹狼的な批評家[造反者]. **4** 《古》気まぐれ性. **5** 〘造幣〙 規準から著しく外れた貨幣. **6** 〘郵趣〙 変則的なバラエティ《用紙の折れ, 曲がった目打, 図案からのインキのにじみなどのきずもの; cf. error 7》.
a freak of nature 造化の戯れ; 奇形 (lusus naturae).
── *adj.* 珍しい, 変わった, 風変わりな (unusual): a ～ copy of a book 珍奇な異本 / ～ bad weather 例年と違った悪天候.
── 《俗》 *vt.* 異常に興奮させる. ── *vi.* 異常に興奮する.
freak out 《俗》 (*vi.*) (1) (麻薬で)現実から逃避する. (2) (悪夢のような)幻覚状態になる. (3) (麻薬のため)常規を逸した行動[生活]をする; 激しい興奮状態になる. (4) 平静を乱す; 怒る. (*vt.*) (1) (麻薬で)幻覚状態にする. (2) 異常な興奮状態にする. (3) …の平静を乱す; 怒らせる (anger).

freak[2] [fríːk] 〘(1637) (動詞用法) ↑ ? // ← *freaked* (混成) ? ← 《廃》 *freckt* freckled ＋ STREAK[1] ＋ -ED: Milton の造語 ?: cf. 《方言》 *freck* dapple〙 《まれ》 ── *vt.* [しばしば p.p. 形で] (色で)…にすじを作る, まだらにする: a moth ～*ed with* azure and crimson 薄青色と深紅色の縞(しま)のある蛾(が). ── *n.* (色の)まだら, 縞.

freaked *adj.* 変わった斑点[まだら]のついた, 変わった縞(しま)模様の(ついた).

fréak·ish [-kɪʃ] *adj.* **1** 気まぐれな, 酔狂な. **2** 奇形的な; 異常な (unusual). ～**·ly** *adv.* ～**·ness** *n.*

fréak-òut *n.* 《俗》 **1** (麻薬による)現実逃避. **2 a** (麻薬による)悪夢のような幻覚状態. **b** 異常な行動. **3** ヒッピーの集まり; 麻薬パーティー. **4** 麻薬幻覚者.

fréak shòw *n.* 奇形の人間[動物]の見世物.

freak·y [fríːki | -kɪ] *adj.* (**freak·i·er**; **-i·est**) **1** ＝freakish. **2** 《俗》麻薬幻覚者[状態]の, ヒッピーの.

Fré·chette [freɪʃét; *F.* freʃɛt], **Louis Honoré** *n.* フレシェット《1839–1908; カナダの詩人・新聞記者・劇作家》.

freck·le [frékɬ] 〘(*a*1400) *frakles* (pl.) (変形) ← *fraknes* ▭ ON *freknur* ← IE *(*s*)*p*(*h*)*ereg-* to scatter〙 ── *n.* **1** [*pl.*] そばかす, 雀卵斑, 夏日斑(かじつはん) (cf. lentigo). **2** 小斑点, しみ. ── *vt.* …にそばかす[斑点]を生じさせる: His skin was slightly ～*ed*. 肌に少々そばかすがあった. ── *vi.* そばかす[斑点]ができる.

fréck·led *adj.* そばかすのある, 斑点のある (speckled): one's ～ face.

fréckle-fàced *adj.* そばかすの顔の, そばかすの多い[だらけの]顔をした: a ～ boy.

fréck·ly [-kli, -kɬi | -klɪ, -klɪ] *adj.* (**more** ～, **most** ～; **freck·li·er**, **-li·est**) そばかすの多い: a ～ face, skin, etc.

Fred [fréd] 〘(dim.) ← FREDERICK〙 *n.* 男性名.

Fre·da [fríːdə] 〘(dim.) ← WINIFRED // (異形) ← FRIEDA〙 *n.* 女性名.

Fred·die [frédi | -dɪ] 〘(dim.): 1 ← FREDERICK. 2 ← FREDERICA〙 *n.* **1** 男性名. **2** 女性名.

Fré·dé·ric [frèdəríːk; *F.* frederik] 〘▭ F ～ 'FREDERICK'〙 *n.* 男性名.

Fred·er·ic [fréd(ə)rɪk | -drɪk], **Harold** *n.* (1856–98) 米国の小説家; *The Damnation of Theron Ware* (1896).

Fred·e·ri·ca [frèdəríːkə, fredríː- | frèdə-] 〘(fem.) ↓〙 *n.* 女性名.

Fred·er·ick [fréd(ə)rɪk | -drɪk] 〘▭ F *Frédéric* ▭ G *Friedrich* < OHG *Fridurīh* ← Gmc **friðu-* peace ＋ **rik-* king〙 *n.* 男性名.

Frederick I *n.* フリードリヒ一世: **a** ＝Frederick Barbarossa. **b** (1657–1713) Brandenburg 選帝侯 (1688–1701), プロイセン初代の王 (1701–13).

Frederick II *n.* フリードリヒ二世: **a** (1194–1250) 両シシリー国王 (1198–1250), 神聖ローマ帝国皇帝 (1212–50); 第6回十字軍を率いて Jerusalem 王国を樹立. **b** ＝Frederick the Great.

Frederick III *n.* フリードリヒ三世: **a** (1463–1525) Saxony 選帝侯 (1486–1525), Martin Luther の擁護者; 通称 Frederick the Wise (賢公). **b** (1415–93) 神聖ローマ帝国皇帝 (1452–93). **c** (1831–88) プロイセン王; ドイツ皇帝 (1888).

Fréderick Barbaróssa *n.* フリードリヒバルバロッサ, フリードリヒ赤髯王《1122–90; ドイツ国王 (1152–90)・神聖ローマ帝国皇帝 (1155–90) Frederick I のあだ名; イタリア遠征を試みること6回; 別称 Red Beard》.

Fred·er·icks·burg [fréd(ə)rɪksbə̀ːg | frédrɪksbəːg] *n.* 米国 Virginia 州北東部 Rappahannock 河畔の都市, 南北戦争で南部連邦軍がここで勝利を得た (1862); 人口 15,000.

Fréderick the Gréat *n.* フリードリヒ大王《1712–86; プロイセン王 (1740–86), Frederick William 一世の子; オーストリア継承戦役や七年戦役などで武威を輝かした, Sans Souci 宮殿を作らせた; Frederick II の尊称; ドイツ語名 Friedrich der Große》.

Fréderick Wílliam I *n.* フリードリヒ ヴィルヘルム一世《1688–1740; プロイセン王 (1713–40), プロイセン軍力の基礎を築いた; ドイツ語名 Friedrich Wilhelm》.

Fréderick Wílliam II *n.* フリードリヒ ヴィルヘルム二世《1744–97; プロイセン王 (1786–97); フランス革命に対抗してオーストリアと同盟を結ぶ》.

Fréderick Wílliam III *n.* フリードリヒ ヴィルヘルム三世《1770–1840; プロイセン王 (1797–1840), Napoleon と戦って敗れ Tilsit 条約 (1807) でその領土の半ばを失った, Vienna 条約 (1815) で回復》.

Fréderick Wílliam IV *n.* フリードリヒ ヴィルヘルム四世《1795–1861; プロイセン王 (1840–61), 革命に対抗してプロイセン憲法を欽定した (1848)》.

Fred·er·ic·ton [fréd(ə)rɪktən | -drɪk-] *n.* カナダ南東部 St. John 川に臨む都市, New Brunswick 州の首都; 人口 25,000.

Fred·rik [frédrɪk; *Dan.* fréðreg] 〘▭ Dan. ～ 'FREDERICK'〙 *n.* 男性名.

free [fríː] 〘adj.: OE *frēo* (原義) dear, favored < Gmc **frijaz* (Du. *vrij* / G *frei*) ← IE **prāi-* to love (Skt *priyá* own, dear): cf. friend. ── v.: OE *frēon*, *frēoġ(e)an* (原義) to love < Gmc **frijējan*〙 ── *adj.* (**fre·er** [fríːə, fríə | fríːə(r, fríə(r]; **fre·est** [～ɪst, ～əst]) **1** 自由な, 自由の身である, 監禁されていない, 釈放された (liberated): get ～ (*of*) (…から)自由の身となる, 釈放される; (…を)脱する / make [set] a person ～ 人を釈放[放免, 解放]する / set ～ a bird from a cage かごから鳥を放つ / The accused left the court a ～ man. 被告は晴天白日の身となって法廷を去った.
2 a (人権・政治上の)自由を享有する, 自由民[国家]である; 自由主義の, 自由制の (liberal); (政府などの)規制[統制]を受けない: ～ citizens 自由市民 / a ～ people 自由国民 / a ～ country 自由国家 (⇨ *It's a* FREE *country.*) / ～ institutions 自由主義制度 / ～ elections 自由選挙 / ⇨ free press, free speech, free world. **b** 〘経済〙 〈経済取引が〉自由制の, 無統制の, 無料の: ⇨ free economy. **c** 《米》奴隷制を認めない: a ～ state 自由州 (cf. Free State 1).
3 a 因襲[伝統, 偏見, 権威など]にとらわれない (unfettered), 自主的な (independent); 自由意志による, 自発的な (voluntary): a ～ action 自由行動 / a ～ offer 自由意志による申し出 / They have their hands ～. 彼らは自由裁量で何でもできる (cf. free hand) / No one gave his ～ consent to the proposal. だれもその提案にみずから進んで賛成しようというものがいなかった. **b** 規則[様式]にとらわれない, 型にはまらない, 自由な: ～ skating 自由型フィギュアスケート(法) / ～ rhythms 自由[無定型]韻律 / ⇨ free verse.
4 [Predicative に用いて] **a** [*to do* を伴って] 〈人が〉〈…するのが〉意のままで, 自由に…できて: You are ～ *to* go or stay as you please. 行くも留まるもあなたの自由です / Please feel ～ *to* do… 自由に[遠慮なく]…して下さい. **b** 《古》 [*It is* ～ for…*to do* の形で] 自由で, 許されて: *It is* ～ *for* him *to* do what he likes. 彼は何でも自由にしたいことをしてよい. **c** [*to do* を伴って] 《古》 進んで…したがって (ready): be ～ *to* confess one's crime 進んで罪を告白しようとする.
5 a 〈人が〉(仕事などの義務から)解放されて, 手があいて, ひまで (at leisure); 〈時間が〉ひまな: I'll be ～ this afternoon. きょうの午後は手がすいています / He has got very little ～ time. 彼にはひまな時間が実に少ない / We are allowed a ～ evening today. 我々はきょうの夜は自由に過ごしてよいことになっている. **b** 〈時間が〉勤務外の: We are now on ～ time. 勤務外時間中です.
6 〈動作・振舞いなど〉堅苦しくない, のんびりした, くつろいだ (easy); 淀みのない, 敏速な (swift): be ～ *in* one's gait 足取りが活発で(早足で)ある / There was a ～ flow of traffic. 交通が淀みなく流れていた / ⇨ FREE *and easy*.
7 a 固定しない, 連結[接触]していない, ほどいた,〔…から〕離れて (loose)〔*of*〕: leave one end of a rope ～ 綱の一端を放して[縛りつけないで]置く / a ～ surface 他と接触していない面 / a ship ～ *of* the harbor 港を離れた船 / He managed to get his arms ～ *of* the chains. 何とか腕の鎖を振りほどいた / The balloon slipped ～ *of* my fingers. 風船はするりと指から抜けて行った. **b** 〈手・足が〉自由に動かせる: Holding the bundle with one hand I grabbed the paper with my ～ hand. 片手で包みを抱えたまま空いている方の手でその書類をひっつかんだ. **c** (体操で)器具を用いない, 徒手の: ～ tumbling 自由[徒手]宙返り.
8 a 自制[遠慮, 慎み]のない, 慣れ慣れし過ぎる (forward); 無制限な, 節度のない; 放縦な, だらしない, みだらな (licentious): ～ manners and speech 無遠慮な言動 / The boss is too ～ *with* his secretary. 社長は秘書に慣れ慣れしくし過ぎる / Don't be so ～ *with* your tongue. そう無遠慮なものの言い方をしてはいけない / She is rather ～ *with* her advice. 彼女はちょっと忠告をし過ぎる / He made ～ use of quotations from other authors. 彼はほかの著者から盛んに引用した / ⇨ *with a free* HAND / I made so ～ as to ask her that question. 思い切って彼女にそのことを尋ねてみた / ⇨ *make* FREE *with* / There was some ～ talking and jesting at the meeting. その会では多少みだらな話や冗談もかわされた. **b** 〔金銭の使い方などが〕大まかな, 締まりがない, 物惜しみしない〔*of*, *with*〕: He is ～ *with* his money. ＝He is a ～ spender. 金離れがいい. **c** くったくのない, 率直な, あけっぴろげの: He is of a ～ and open nature. 竹を割ったような性格の人だ (cf. Shak., *Othello* 1. 3. 405).
9 無料の, 無報酬の (gratuitous); 無月謝の; 無料入場の (cf. *for* FREE): ～ admission 入場無料 / ～ board and lodging 食費間代無料 / a ～ school 無月謝学校 / postage ～ 郵税無料 / a ～ gift 報酬など考えない贈物; (宣伝などのための)おまけ品 / a ～ pass 無料入場[乗車]券, パス / ⇨ free ticket 1, free library / ～ customers (無料の)招待客 / ～ passengers 無賃乗客 / a ～ patient 無料診療患者.
10 〈翻訳・解釈が〉文字にとらわれない, 厳密でない,自由な: a ~ translation 自由訳 (cf. NEAR translation) / a ~ interpretation of the legal text 法文の自由解釈.
11 参加の自由な, 開放された (open); (自由に)入り乱れての (general): a contest ~ *for* all competitors 飛入り勝手の競技 / a ~ competition 自由競争 / a ~ enterprise (国家の制約を受けない)自由(私)企業 (cf. 2 a) / a ~ fight 乱闘, 乱戦 / a ~ market (無制限の自由競争によって価格が決められる)自由市場.
12 **a** 〈道路・通行など〉障害のない, 自由に通れる: The road is now ~ *of* fallen rock. 道路は今では落石も取り除けられて安全に通行できる. **b** 〈場所など〉あいている, 使用されていない (unoccupied): a ~ table 空席 / a ~ taxi 空車のタクシー / He sat in the chair waiting for the bathroom to be ~. 浴室があくまで椅子に腰かけて待っていた / I had to call him three times before the line was ~. 3回電話をかけてやっと通じた / Place this vase on some ~ shelf. この花びんをどこかあいている棚に載せなさい.
13 [Predicative に用いて]〔…を〕自由に使用できる, 〔…に〕自由に出入りできる〔*of*〕: I am ~ *of* this library. この書庫には自由に出入りできる / He has made his colleagues ~ *of* his house. 同僚たちに家を開放している.
14 **a** 〔拘束・義務・税などから〕免れている, 免除されている (exempt); 〔不快なもの・危険などに〕悩まされない, 冒されない, 〔…の〕ない (relieved)〔*of, from*〕: ~ *of* charge 無料で / ~ *of* debt 借金のない / ~ *of* taxes 税を免除されて, 無税の / goods ~ *of* duty 無税品 / apples ~ *of* worms 虫のついてないリンゴ / wipe a gun ~ *of* fingerprints 拳銃から指紋をきれいに拭き取る / This statement is ~ *of* any ironical implication. この言葉には皮肉な意味合いは全然ない / Nothing can be ~ *of* imperfections. 何物も完全無欠ではありえない / a man ~ *from* pain [fear, worry] 苦痛[不安, 苦労]の全然ない人 / a night ~ *from* wind 風のない夜. **b** 無税の, 免税の (duty-free): ~ imports 無税輸入品 / ~ goods ⇨ free goods 1. **c** [複合語の第2構成素として] (…の)ない, (…に)煩わされない: the germ-*free* air 無菌空気 / ⇨ duty-free, fancy-free.
15 〈きめ・構造に〉柔軟性がある, 加工しやすい, 〈石など〉切り出しやすい, 〈土地など〉耕作しやすい.
16 **a** 〘化学〙遊離した, 化合していない: ~ oxygen 遊離酸素 / ~ acids 遊離酸. **b** 〘植物〙特立の, 離生の, 遊離性の (distinct, separate): ~ whorls 離生輪 / ~ stipules 離生托(たく)葉. **c** =freestanding: a ~ column 孤柱.
17 〘音声〙〈音節が〉開いた (open), 開音節の《母音で終わる》; 〈母音が〉開音節に現われる (cf. checked 2): ⇨ free syllable, free vowel.
18 〘言語〙〈形態が〉自立的な《それ自体意味を表わして単独で自由に用いられる; cf. bound[4] 9》: ⇨free form 1.
19 〘海事〙〈風が〉後方または横から吹く, 追い風の.
20 〘数学〙〈ベクトルが〉大きさと方向は定まっているが始点は不定である (cf. bound[4] 7): a ~ vector 自由ベクトル.
21 〘トランプ〙 **a** (ブリッジで)積極的な: a ~ bid / a ~ raise. **b** (ブリッジで)害の小さい, 危険を伴わない: a ~ double / ~ finesse.
22 〘論理〙自由の《式中の変項[数]が量化詞によって束縛されていない; cf. bound[4] 10》: ⇨ free variable.
23 〘物理〙〈粒子・質量が〉自由に移動する, 可動性の: a ~ particle 自由粒子 / ⇨ free electron.
24 〘アメリカンフットボール〙〈プレーヤーが〉ガードすべき特定の相手をもたない: ⇨ free safety.
for free 《米口語》無料で, ただで (for nothing) (cf. 9): The pamphlets were distributed to all the members *for* ~. パンフレットは会員全部へ無料配布された.
free and clear 〘法律〙〈不動産が〉抵当にはいっていない, 留置権[先取特権]がつけられていない: We owned the estate ~ *and clear*. その土地は丸々私たちの財産だった. ***free and easy*** (1) 堅苦しくない, くったくのない, のんびりした; [副詞的に] くったくなく, のんびりと: He laughed a ~ *and easy* laugh. くったくなくからからと笑った / They lived ~ *and easy*. くったくのないのんきな暮らしをしていた. (2) まるでむぞうさな, 大まかな: He is ~ *and easy with* his literary judgments. 彼の文学的鑑定は甘すぎる. (3) [名詞的に; *pl*. free and easies] 《口語》(酒場などでの)気楽で陽気な会合; 余興のついたいかがわしいミュージックホール[居酒屋]. ***It's a free country.*** 《英口語》それくらいのことしたって自由[構わない]じゃないか. ***make free with*** (1) …を自分のもののように使う; …を勝手に食べる[飲む]: He used to *make* ~ *with* our liquor. うちの酒を勝手に飲んだものだ. (2) 〈人〉をあまりに慣れ慣れしく扱う, …に無礼なことをする.
free alongside ship 〘貿易〙船側渡し(の) (略 FAS).
Free and Accepted Masons [the —] フリーメーソン団 (⇨ freemason 2).
free of all average 〘海上保険〙全損のみ担保 (略 FAA).
free on board 〘貿易〙(輸出港)本船(積込み)渡し(の) (略 FOB).
free on rail 〘商業〙鉄道[貨車]渡し(の) (略 FOR).
free on truck 〘商業〙鉄道[貨車]渡し(の) (略 FOT).
free overside [overboard] 〘貿易〙(輸入港)本船[船側]渡し(の) (ex ship) (略 f.o., f/o.).
— *adv*. **1** 自由に, 自在に (freely): a ~ moving machine 運転自在の機械. **2** 無料で: All members admitted ~. 会員は入場無料 / The gallery is open ~. 展覧会は無料公開. **3** 〘海事〙〈帆船が〉追手または横の風を受けて, 帆を詰開きにしないで: sail ~ 詰開きでなしに順帆走する / run ~ 追い風を受けて帆走する.
fall free 自由落下 (free-fall) をする.
— *vt*. (~d; ~·ing) **1** 〔…から〕自由にする; 自由の身とする, 釈放[解放, 放免]する, 〔束縛・抑圧などから〕救い出す (relieve)〔*from, of*〕: ~ a slave / ~ a person *from* bondage [restraint] 人を束縛[抑制]から解放する / ~ a person *from* a charge 人を告訴から放免する / ~ one's country *from* oppression 国を圧制から救う / ~ a person's hands *from* fetters 人の手のかせを解いてやる / He was finally ~*d of* his chains. 彼はようやく鎖を解かれた. **2** 〔義務・負担・不安などから〕免れさせる, 免除する, …から〔…を〕取り除く〔*from, of*〕; 〔危険などから〕安全にする (secure)〔*from*〕: ~ the mind *from* anxiety 心から不安を取り去る / ~ a person *from* debt 借金から人を脱出させる, 人の借金を免除する / He managed to ~ himself *from* his difficulties. どうにかその困難から脱出した / You may be ~*d from* stamp duty. 印紙税は免除されよう / They did their best to ~ the children *from* delinquency. 彼らは子供たちを非行から守ってやるために全力を尽くした / We must ~ our party *of* that bore. 我々は会からあのいやな男を脱退させなければならない. **3** 〔からみついた物・妨害物などを〕…から振りほどく, 取りはずす〔*from, of*〕: He ~*d* the fishline *from* the twig. 釣り糸から小枝を取りはずした / They were ~*ing* the road *of* the debris. 路上の残骸(ざん)を撤去中だった. **4** 《廃》駆除する, 追放する.

frée ágency *n*. (他から制約を受けない)自主的な行動(権), 自主性: the ~ of citizens.
frée ágent *n*. **1** 自主的行動者. **2** 〘スポーツ〙(どの球団への加入契約もできる立場にある)自由なプロのスポーツ選手, 自由契約選手.
frée áir *n*. 〘気象〙 **1** =free atmosphere. **2** 自由空気《局地的影響をうけない空気》.
frée ascént *n*. 〘宇宙〙(エンジン停止後のロケットの)慣性上昇; その軌道.
frée-assóciate 〘《逆成》↓〙 *vi*. 自由な連想をする.
frée associátion *n*. **1** 〘精神分析〙自由連想法《患者に自発的に生じる観念を連想し言語化させることで, 無意識に抑圧されたものを見出す技法》. **2** 自由連想によって出てきた心象[イメージ].
frée átmosphere *n*. 〘気象〙自由大気《地表摩擦の影響を受けない大気; 高度約 1 km より上の大気》.
frée ballóon *n*. 自由気球《係留されていない気球で, 自由に上昇・下降ができる: cf. CAPTIVE balloon》.
frée bánk *n*. 〘英法〙=free bench.
free·bee [fríːbi | -bɪ] *n*., *adj*. =freebie.
frée bénch 〘《なぞり》← ML *francus bancus*〙 **—** *n*. 〘英法〙滕本保有寡婦産《滕本保有権者 (copyholder) たる亡夫所有の土地に対する一種の寡婦産で, dower に似たもの; 1922 年廃止》.
frée bíd *n*. 〘トランプ〙(ブリッジの)フリービッド《パートナーがビッドし, 自分の右隣の人が overcall した後にビッドすることで, 通常の response よりやや強い手を示す》.
free·bie [fríːbi | -bɪ] 〘← FREE + *-bie* (無意味な添加)〙 《米口語》 *n*. (劇場招待券など)無料で提供されるもの. **—** *adj*. 無料の, ただの.
frée-blówn *adj*. 〈ガラス製品が〉宙吹きの《空胴ガラスを吹管を用いて吹いて造ったものにいう》.
frée·bòard *n*. **1** 〘海事〙フリーボード, 乾舷(げん)《満載喫水線からフリーボード甲板 (freeboard deck) の面までの垂直距離》. **2** 〘土木〙余裕高《ダムにおいて計画最高水位から堤頂までの高さ》. **3** (自動車の)車台地上高《地面からシャシーまでの高さ》.
fréeboard dèck *n*. 〘海事〙フリーボード甲板, 乾舷甲板《普通は船の最上の全通甲板》.
fréeboard lèngth *n*. 〘海事〙満載喫水線における船舶の長さ《満載時の水線に接する船首先端から舵の後端まで》.
frée·bòot [-bùːt] 〘《逆成》↓〙 *vi*. 〈海賊が〉略奪する, 荒らす (plunder).
free·boot·er [fríːbùːtə | -tə(r)] 〘(1570) □ Du. *vrijbuiter* ← *vrijbuit* to plunder ← *vrij* 'FREE' + *buit* 'BOOTY': ⇨ -er[1]〙 *n*. 略奪者, (特に)海賊.
frée·bòot·ing [-tɪŋ | -tɪŋ] *n*. 海賊かせぎ, 略奪行為.
frée·bórn 〘ME〙 *adj*. **1** (奴隷ではなく)自由の身に生れた; 自由民の. **2** 自由民にふさわしい.
free·by [fríːbi | -bɪ] *n*., *adj*. 《廃》=freebie.
frée chárge *n*. 〘電気〙自由電荷《原子に束縛されず自由に動ける電荷》; 見掛け電荷《真電荷と分極電荷との和で実効値な電荷》.
frée chúrch *n*. **1** **a** 自由教会《国教と違って国家の制約を受けない教会》. **b** [the F- C-] 《英》非国教派教会. **2** [the F- C-] 《スコット》独立長老教会《1843 年に国教長老教会 (Church of Scotland) から離脱し 1929 年に再統合した Free Church of Scotland; Free Kirk ともいう》. **frée-chúrch** *adj*.
frée chúrchman *n*. **1** [しばしば F- C-] 自由教会会員. **2** [F- C-] 《スコット》独立長老教会会員.
frée cíty *n*. 自由市《中世イタリアの Venice, Florence, Genoa など, ドイツの Hamburg, Bremen, Lübeck, Danzig など, 近世では第一次大戦後の Danzig, Fiume のような独立国家をなした都市》.
frée cóinage *n*. 〘経済〙自由造幣《金属本位制度の下で, 地金(本位金属)を出せばだれでも貨幣に鋳造してもらえるか, または兌換銀行券が与えられること》.
frée compánion *n*. (中世の)傭兵団の一員, 傭兵.
frée cómpany *n*. (中世の)傭兵団[隊]《特定の国に所属せず金次第で従軍した》.
frée cóuplet *n*. 〘詩学〙=open couplet.
freed *v*. free の過去形・過去分詞.
frée delívery *n*. 《米》(郵便物の)無料配達.
frée díver *n*. 《英》フリーダイバー (cf. skin diver).
frée díving *n*. 《英》フリーダイビング《一回ごと浮上して呼吸してもぐる skin diving》.
fréed·man [-mən, -mæ̀n | -mæ̀n, -mən] *n*. (*pl*. **-men** [-mən, -mèn | mèn, -mən]) (奴隷の身分から解放された)自由民; (特に)南北戦争後に解放された米国の黒人.
frée·dom [-dəm] 〘OE *frēodōm*: ⇨ free, -dom〙 **—** *n*. **1** **a** (政治的または市民としての)自由 (liberty); 自主, 独立: ~ of conscience 信教の自由 / ~ of speech [thought, association] 言論[思想, 集会]の自由 / ~ of the press 出版[報道]の自由 / ⇨ four freedoms. **b** (行動の)自由, 自主性; (他より強制されることのない)自由, 自律性, 自己決定力: the ~ *of* the will 意志の自由 / the ~ *in* actions 行動の自由 / There they were enjoying the ~ *of* doing whatever they liked. そこで彼らはしたいと思うことは何でも自由にできていた. **2** 〔義務・負担・心配・欠点などから〕解放されて[免れて]いること, 免除, 脱却 (exemption, release), 〔…が〕全くないこと〔*from*〕: ~ *from* taxation 納税の免除 / ~ *from* care [fear] 心配[恐怖]からの解放 / What he wished for was ~ *from* controls. 彼が求めていたのは統制のなくなることだった. **3** 出入りの自由, 自由使用権〔*of*〕: have the ~ *of* a friend's house 友人の家に自由に出入りする / I gave him the ~ *of* my library. 彼に書庫[蔵書]を自由に利用させた. **4** (動作の)自由自在, ゆったり[のびのび]していること, むぞうさ (ease); (態度・言葉の)あけっぱなし, ぞんざい, 慣れ慣れしさ (frankness); (着想・制作などの)大胆さ, 斬新(ざん)さ (originality): take [use] ~*s* with a person 人に無遠慮な振舞いをする (cf. *take liberties with* ⇨ liberty 成句) / He can speak several languages *with* wonderful ~. 彼は数か国語を驚くほど自在に話しこなせる / She painted the landscape *with* greater ~ than an expert artist ever could. 彼女はその風景を専門の画家でも描けぬと思えるほど闊達(かったつ)な筆致で描き上げた. **5** (市民・会員などに与えられる)権利, 特権 (privilege, franchise): the ~ of the city 名誉市民権《賓客などに授与する名目上の特権, その都市に居住していない有名人にも贈った》/ Nobody is allowed the ~ *to* enter this gate. だれもこの門に入れる権利を認められていない.
freedom of the seas [the —] 〘国際法〙(国籍を問わず一般の商船の)公海の自由航行権《戦時中では特に中立国の船舶についてもいう》; 平時において, 国家が公海にある自国の船舶に対してもつ排他的な管轄権.
fréedom fìghter *n*. 自由のために戦う人, 反体制運動の闘士.
fréedom rìde, F- R- *n*. 《米》フリーダム ライド《乗り物の人種差別反対示威運動として組織的にバスなどに乗って南部諸州へ押しかける運動》.
fréedom rìder, F- R- *n*. 《米》フリーダム ライド (freedom ride) に参加する人.
fréed·wòman *n*. 女性の freedman.
frée ecónomy *n*. 〘経済〙自由主義経済《個人企業制に基づき政府の規制を最小限に留めようとする経済体制; cf. planned economy》.
frée eléctron *n*. 〘物理〙自由電子《真空中・物質中を自由に運動する電子》.
frée éndpaper *n*. 〘製本〙見返しの遊び, 遊び《見返しの一部分で, 表紙の内側に貼付けられていない側の紙; cf. endpaper》.
frée énergy *n*. 〘物理〙自由エネルギー《熱力学的関数の一つ》.
frée énterprise *n*. 〘経済〙 **1** 自由企業体制《私企業は政府から多少の干渉は受けるが, 競争市場において自由にその営利活動を行なうことができるとする私企業主導の経済体制》. **2** 自由企業.
frée-fáll *n*. **1** 〘物理〙自由落下《重力の作用のみによる物体の落下》. **2** (パラシュート降下の際の開傘までの)自由落下. **3** 〘宇宙〙自由落下《誘導もなく, 推力もなく, パラシュートなどによるブレーキもなく, ロケットなどの物体が落下すること》.
frée flíght *n*. 〘宇宙〙推力がなくなった後の飛行.
frée-flóating *adj*. **1** 〈国民が〉独立した, 自主の, 政党に縛られない. **2** 〈精神状態が〉(明白な原因がなく)漠然とした, 曖昧な: ~ anxiety 〘心理〙浮動性不安《はっきりした対象を欠いた不安》/ a ~ fear 〘心理〙はっきりした対象を欠く恐怖 / ~ hostility 曖昧な敵意. **3** 比較的自由に動く.
frée-for-áll [⌐-⌐-⌐] *n*. **1** 飛入り勝手の競争[競技など]. **2** 乱戦, 乱闘 (free fight). **—** [⌐-⌐-⌐] *adj*. **1** 〈競技・討論など〉飛入り勝手の, 自由参加の: a ~ race, discussion, etc. **2** 乱戦の; 規則を守らない.
frée-fòrm *adj*. (デザインが)自由形式の, 形式の自由な: a ~ swimming pool.
frée fórm *n*. **1** 〘言語〙自由形式《他の語の一部としてでなく, それ自体独立単位をなす child, children,

redemption のような普通一般の単語; cf. bound form, secondary word》. **2** 〘美術〙(特定の確固とした形をとらない)自由な抽象形態《Hans Arp や Joan Miró などの現代作家の作品について多く言われる》.

Frée Fránce *n.* 自由フランス《1940 年対独降伏以後, ドイツおよびこれに協力する自国人に対して抵抗したフランス》.

Frée Frénch *n.* [the ~] 自由フランス人 (⇨ Fighting French).

frée góld *n.* **1** 《米》無拘束金塊《法定準備率を越えて保有される金塊; 1968 年以後廃止》. **2** 〘鉱山〙自然金.

frée góods *n. pl.* **1** 無税の輸入品. **2** 戦時中差押えを受けない品. **3** 〘経済〙自由財《多量に存在するため無料で獲得できる品物; cf. economic goods》.

frée gýro *n.* 〘航空〙フリージャイロ《ジンバル (gimbal) によって支持されたジャイロで, 航空機の機首方位・姿勢角検出のための基準を与える; cf. rate gyro》.

frée·hànd *adj.* **1** (器具・ものさしなどを用いず)手で描いた[彫刻した], 自在描写の: ~ drawings 自在画. **2** 既成の形態にとらわれない; 自由な (unrestrained). — *adv.* 自由な描法で: draw a sketch ~.

frée hánd *n.* 自由行動権, 自由裁量権: have [get] a ~ 自由行動ができる / We have given him a ~ in doing the task. 我々は彼の自由裁量に任せてその仕事をさせている.

frée·hánded *adj.* **1** 大まかな, 気前のいい (lavish) (cf. free *adj.* 8 b). **2** =freehand. **~·ly** *adv.*

frée·héarted 〘ME〙 *adj.* **1** 心にこだわりのない, 開放的な, 存分の (open). **2** 度量の広い, 気前のいい (generous). **~·ly** *adv.* **~·ness** *n.*

frée·hòld 〘《?*a*1400》《なぞり》← AF *fraunc tenement*〙〘法律〙 — *n.* (cf. copyhold) **1** (世襲不動産または官職・官位の)自由保有権《世襲として, または終身権として保有される》. **2** 自由保有不動産[官職]《世襲または終身享有不動産, または官職・官位》. — *adj.*, *adv.* 自由保有権の[で保有して], 自由保有権によって保持された[て].

frée·hòlder 〘《1375》《なぞり》← AF *fraunc tenaunt*〙 *n.* 自由所有権保有者, 自由土地保有者.

frée hóuse *n.* 《英》フリーハウス, 独立居酒屋《特定の醸造所のビールに限らず数種のビールを販売するパブまたは居酒屋; cf. tied house 1》.

fréeing pòrt *n.* 〘海事〙放水口《甲板に打上げられた水を舷外に放出する舷牆 (bulwark) の扉つき開口部》.

frée kíck *n.* (アメリカンフットボール・ラクビー・サッカーなどの)フリーキック《相手方の反則に対する罰などとし妨害されることなしに許されるキック》.

Frée Kírk *n.* =free church 2.

frée lábor *n.* **1** (奴隷の労役に対して)自由民の労働. **2 a** (労組の干渉にとらわれずに雇用される)自由労働; 非組合労働. **b** [集合的] 非組合労働者, スト破り労働者. 非組合労働者.

frée láborer *n.* (労組に加入していない)自由労働者.

free-lance [⌐⌐|⌐⌐] *vi.* 自由契約者[フリーランサー]として活動する. — *vt.* 〈作品などを〉自由契約者として契約[提供]する. — *adj.* 自由契約の, 自由寄稿の, フリーランサーの: a ~ journalist, reporter, writer, etc. — *adv.* 自由契約で: work ~.

free lance [⌐⌐|⌐⌐] 〘《1820》〙 — *n.* **1** (中世の)無所属の騎士, 傭兵 (free companion). **2** (特定の派に属さないで, 自由な立場で主義主張などに加担する)自由論客. **3** (定期刊行物の専属でない)自由寄稿家[作家], 自由契約の記者; 自由契約俳優, フリーランサー.

free-lancer [⌐⌐⌐|⌐⌐⌐] *n.* =free lance 3.

frée líbrary *n.* 《英》(公共の)無料図書館.

frée lìst *n.* **1** (自由出入りを許す)優待者名簿; (雑誌などの)寄贈者名簿. **2** 〘商業〙(関税の)免税品目表.

frée-líver *n.* (欲望充足のために)したい放題の生活をする人, 道楽者; (特に)食道楽の人, 美食家 (glutton).

frée-líving *adj.* **1** したい放題の生活をする, 食道楽の, 美食家の. **2** 〘生物〙自由生活の《寄生的でも共生的でも定着性でもない; cf. symbiotic, parasitic 1》.

frée·lóad *vi.* 《俗》 **1** 飲食物などを他人にたかる; 居候する. **2** 他人のものをちゃっかり利用する.

frée·lóader *n.* 《俗》(飲食物を)よくたかる人; 居候.

frée lóve 〘《1822》〙 *n.* 自由恋愛《正式の結婚をしない自由な性的関係, またはその立場を認める主義》.

frée lúnch *n.* (もとバーなどで客寄せ用に酒類を注文した客に供した)無料の昼食.

frée·ly 〘OE *frēolīce*: ⇨ free, -ly¹〙 — *adv.* **1** 自由に, こだわりなく; 意のままに, 進んで. **2** 大ざっぱに, 大まかに, おうように, 豊富に, 惜しげなく: He sweats ~. 彼は汗っかきだ / Tears rolled ~ down her cheeks. 涙がとめどもなく頬を伝った. **3** 腹蔵なく, 遠慮なく, 打ちあけて. **4** 邪魔されず, すらすらと.

frée-machíning *adj.* **1** 〈金属が〉快削性のある《切粉が小さくなり機械削りの良い性質をいう》. **2** 快削鋼の《工作機械で切断・切削し易くなるように硫黄・鉛などの付加剤を加えた鋼鉄類にいう》.

frée·man [-mən, -mæ̀n | -mən; 3 では《英》-mæn, -mən] 〘OE *frēomon*〙 — *n.* (*pl.* **-men** [-mən, -mèn| -mən; 3 では《英》-mèn, -mən]) **1** (個人的・政治的自由を享有する)自由人, 自由民. **2** 自由市民, 公民: a ~ of the City of Oxford オックスフォード市の公民. **3** (奴隷でない)自由民.

Free·man [fríːmən] 〘↑〙 *n.* 男性名.

Freeman, Douglas Sou·thall [sáuðɔːl] *n.* (1886–1953) 米国の編集者・伝記作家.

Freeman, Mary E(leanor) *n.* (1852–1930) 米国の女流小説家; 旧姓 Wilkins; *A New England Nun* (1891).

Freeman, (Richard) Austin *n.* (1862–1943) 英国の法医学者・推理小説家 (Dr. Thorndyke を主人公とする); *The Singing Bone* (1912).

frée márket *n.* 〘経済〙自由市場, 一般市場《自由競争によって価格と数量の決まる市場; cf. open market》.

free·mar·tin [fríːmɑ̀ətn, -tɪn, -tən | -mɑ̀ːtɪn] 〘《1681》← FREE + ? *martin* (← ? Celt.: cf. Ir.-Gael. *mart* cow (fattened for market))〙 — *n.* フリーマーチン《通例, 雄と双生した生殖機能のない雌の子牛》.

free·ma·son [fríːméɪsn, ⌐⌐⌐ | ⌐⌐⌐, ⌐⌐⌐] 〘《?c1383》← FREE + MASON: もとこの組合員は地方のギルドの拘束を受けずに町から町へ自由に移動できたことから〙 — *n.* **1** (中世における)熟練石工組合員. **2** [F-] **a** (石工組合を母体として結成された秘密結社)フリーメーソン団 (Free and Accepted Masons) の会員《17 世紀の初期在来の石工組合 (societies of freemasons) が新たに名誉会員 (accepted mason) の参加を許すようになってから, その会員となることが一種の流行となり, 思想的にも訓練されて次第に発達し, 今日では世界的に広まっている; 会員相互の扶助と友愛を目的とし各国に支部を置き, 理想社会の実現を目ざして世界的平和と人類愛を高唱する; Mason ともいう; cf. grand lodge》. **b** フリーメーソン団員 (Mason). **free·ma·son·ic** [frìːmeɪsɑ́nɪk|-sɔ́n-] *adj.*

free·ma·son·ry [fríːméɪsnri, ⌐⌐⌐⌐ | fríːmèɪsnri, ⌐⌐⌐⌐] 〘《1435》: ⇨ ↑, -ry〙 — *n.* **1** [F-] **a** Freemason 団の主義[制度, 慣行]《その規約や神秘的な儀式など; Masonry ともいう》. **b** [集合的] (各種の)フリーメーソン団 (Masonry). **2** (同じ職業や利害関係をもつ人々が抱く本能的な)仲間意識.

frée-mínded *adj.* 気苦労のない, くったくのない.

frée móney *n.* 〘経済〙自由貨幣《毎週定率で価値が自動的に低落する; 消耗貨幣ともいう; ドイツの Silvio Gesell (1862–1930) の提案による》.

frée·ness 〘《*c*1378》〙 *n.* **1** 自由であること. **2** 無遠慮, 慣れ慣れしさ. **3** 大まか, おうよう. **4** 打解け, 気軽.

free oscillátion *n.* 〘物理〙自由振動《振動を開始させる時以外に外力が働かない状態での振動系の行なう振動; free vibration ともいう; cf. forced oscillation》.

frée páss *n.* =pass¹ 2.

frée páth *n.* 〘物理〙自由行程《電子・分子等の粒子が他の粒子に衝突せずに動く距離》: ⇨ mean free path.

frée pláy *n.* 自由活動: the ~ of mind [imagination].

frée pórt *n.* **1** 自由港《輸出入とも無税で外国貨物および船舶が自由に出入りできる港》. **2** 貨物の出し入れ中関税の除外される港域.

frée préss *n.* 自由出版物《政治・思想上検閲統制を受けていない新聞・雑誌・出版物》.

fre·er [fríːə, fríə | fríːə(r, fríə(r] *n.* 自由にする人, 解放者: the ~ of the slaves.

free rádical *n.* 〘化学〙遊離基, ラジカル.

frée-ránge *attrib. adj.* 〘畜産〙〈ニワトリなど〉放し飼いにした: a ~ egg.

frée ránge *n.* 〘畜産〙ニワトリの放し飼い用の広い場所 (cf. battery 9).

frée réach *n.* 〘海事〙順風帆走針路《風を正横より後方から受けて走ることのできる針路》.

frée réaching *n.* 〘海事〙順風を受けて帆走すること.

frée réed *n.* 〘楽器〙自由簧(こう)《ハルモニウム (harmonium) などのリード; リードの振動のみで一定の音高が得られる; cf. beating reed》.

frée réin *n.* (行動・決定の)無制限の自由; give ~ to a person 人に自由にさせる, 好きなようにさせる.

frée ríde *n.* **1** 労せずして[金をかけずに]得る利益[娯楽, 喝采など], 不労所得. **2** 〘トランプ〙(スタッドポーカーで)ただのり《賭金なしでカードを一枚もらう権利》. — *vi.* 労せずしてもうける; 金をかけずに楽しむ.

frée ríder *n.* 労せずしてもうける人, 不労所得者; (特に)(組合費を払わずに労せずして団体交渉による組合活動の成果を享受している)非組合員労働者.

frée sáfety *n.* 〘アメリカンフットボール〙フリーセイフティー《man-to-man defense でなく, 必要に応じた守備行動をとるセイフティー》.

free·si·a [fríːʒiə, -ʒə, -ziə | -zjə, -zɪə, -ʒɪə, -ʒə] 〘← NL ~ ← *F.H.T. Freese* (*d.* 1876: ドイツの植物学者): ⇨ -ia¹〙 — *n.* フリージア《アフリカ南部原産のアヤメ科フリージア属 (*Freesia*) の温室性球根植物の総称》.

frée sílver *n.* 〘経済〙(金に対して一定の比率, 例えば 16:1 での)銀の自由鋳造.

frée-sóil *adj.* 《米》 **1** (南北戦争前に)准州 (the Territories) への奴隷制度の拡大に反対する. **2** [F-S-] 自由土地党 (Free-Soil party) の.

frée sóil *n.* 《米》(南北戦争前に, 奴隷の使役を許さない)自由土地, 自由地域 (cf. Free State).

frée-sóiler *n.* 《米》自由土地論者; [F-S-] 自由土地党党員.

Frée-Sóil pàrty *n.* [the ~] 《米》自由土地党《新しい準州に奴隷制度の侵入を防止しようと 1848–54 年に活躍した政党》.

frée spéech *n.* 言論の自由 (freedom of speech).

frée-spóken *adj.* 腹蔵なく[率直に, あけすけに]ものを言う (outspoken). **~·ly** *adv.* **~·ness** *n.*

frée·stánding *adj.* 〈建築物・彫刻など〉支柱などなしに立っている, それ自体で独立している: a ~ wall.

Frée Státe *n.* **1 a** [通例 *pl.*] 《米》自由州《南北戦争前の非奴隷使役州; cf. Slave State 1》. **b** [the ~] 米国 Maryland 州の俗称. **2** [the ~] =Irish Free State (⇨ Ireland 2).

Frée Stàter *n.* **1** 自由州 (Free State) の住民. **2** (もとの)オレンジ自由州 (Orange Free State) の白人の住民《南アフリカ共和国の中央部のヨーロッパ系の住民》. **3** アイルランド自由国 (Irish Free State) の住民. **4** Maryland 州の人.

frée·stòne 〘《*c*1290》 *freston* 《なぞり》← OF *fra(u)nche pere* fine stone〙 — *n.* **1** 〘地質〙(特別な石目のないため)どんな方向にも自由に切り取れる岩石《ある種の sandstone, limestone など》. **2 a** 身離れのよい種. **b** 種離れのよい果実《ある種のモモ・スモモなど》. — *adj.* 〈モモ・スモモなど〉種離れのよい (cf. clingstone).

frée·stỳle *n.* 〘スポーツ〙(水泳・フィギュアスケート・レスリングなどの)自由型, フリースタイル. —*attrib. adj.* 自由型の, フリースタイルの: ~ skating.

frée·stỳl·er *n.* (水泳の)自由型選手.

frée-swímmer *n.* 〘動物〙自由遊泳動物《魚など》.

frée-swímming *adj.* 〈動物など〉自由に泳ぎ回る, 自由遊泳性の.

frée-swíng·ing *adj.* 勝手にふるまう, 身の危険など考えない, 無思慮な.

free sýllable *n.* 〘音声〙開音節 (free, play など).

free·thínker 〘《?1692》〙 *n.* **1** (宗教上の)自由思想家. **2** 不可知論者 (agnostic).

free·thínking *adj.* (宗教上で)自由思想を抱く; 自由思想の. — *n.* (宗教上の)自由思想.

free thóught *n.* (権威や伝統の拘束を受けない宗教上の)自由思想; (特に, 18 世紀の)理神論.

free thrów *n.* 〘バスケットボール〙 **1** フリースロー《相手方のファウルのために与えられる投球; foul throw ともいう》. **2** フリースローによる得点《1 点》.

free thrów làne *n.* 〘バスケットボール〙フリースローレーン《3 秒ルールが適用されるフリースローを行なう制限区域》.

free throw lìne *n.* 〘バスケットボール〙フリースローライン《フリースロー投球線; foul line ともいう; ⇨ basketball 挿絵》.

free tícket *n.* **1** 無料切符. **2** 〘野球〙四球.

Free·town [fríːtaun] *n.* フリータウン《アフリカ西部 Sierra Leone 西部にある海港で, 同国の首都; 人口 179,000》.

free tráde 〘《1606》〙 *n.* **1** 自由貿易 (cf. PROTECTIVE trade); 自由貿易制[主義] (cf. protectionism). **2** 《古・スコット》密貿易 (smuggling).

free tráder *n.* **1** 自由貿易主義者. **2** 《古・スコット》密貿易者 (smuggler).

free univérsity *n.* 自由大学《履修課目・単位と関係なく, 学生の興味のある問題を議論し研究し, 学生の自治で運営していく大学内の組織》.

free váriable *n.* 〘論理〙自由変項 (cf. bound variable).

free variátion *n.* 〘言語〙自由変異《同一の環境に生じ, しかも対立しない変異形相互間の関係》.

free vérse 〘《なぞり》← F *vers libre*〙 *n.* 自由詩, 自由詩型《詩の伝統的な定型によらず, 行の長さも自由で通例脚韻をふまない; Whitman を始め現代詩に多い》.

free vibrátion *n.* 〘物理〙=free oscillation.

free vóte *n.* 〘政治〙(党規に拘束されない)自由投票.

free vówel *n.* 〘音声〙自由[開放]母音《英語の長母音・二重母音のように閉音節にも開音節にも現われる母音; cf. checked vowel》.

free wáter *n.* **1** 〘化学〙自由水, 遊離水. **2** (重力によって動く)自然水《gravitational water ともいう》.

frée·wày *n.* **1** 高速道路. **2** 無料高速道路.

frée·whéel *n.* フリーホイール, 自由輪《ペダルや動軸を止めても自由に回転する自転車・自動車の駆動輪およびその機構》. — *vi.* **1** 〈自転車・自動車・運転者などが〉駆動力を切って惰力で走る. **2** 気楽に行動する, 自由奔放にふるまう.

frée·whéel·er *n.* 自由輪つきの自転車[自動車].

frée·whéel·ing *adj.* **1** 自由輪 (freewheel) のような作用の. **2** 〈人が〉自由奔放に動きまわる[ふるまう]; 〈言葉・行動など〉無責任な, 勝手な: a ~ bachelor life 自由気儘(きまま)な独身生活. **~·ness** *n.*

frée·wíll *adj.* **1** 自由意志での, 任意の, 自発的な (voluntary): a ~ gift 自発的贈物. **2** 自由意志説の.

free wíll 〘《?*a*1200》《なぞり》← LL *liberum arbitrium*〙 — *n.* **1** 自由意志, 自由選択: the doctrine of ~ 自由意志説 / of one's own ~ 自由意志で, 自ら進んで. **2** 自由意志説.

Frée-will Báptist *n.* 〘キリスト教〙自由意志バプテスト《Arminius の教説を支持し, open communion を行なうバプテスト系の分派の一員》.

fréewill óffering *n.* 〘キリスト教〙自由献金, 任意献金; 自発の供え物 (cf. *Lev.* 7:16).

free wórld *n.* [the ~] (共産圏に対して)自由世界, 自由主義諸国.

freeze [fríːz] 〘OE *frēosan* < Gmc **freusan* (Du. *vriezen* / G *frieren*) ← IE **preus-* to freeze, burn (Skt *pruṣvā* ice, hoarfrost & *pruṣṭa* burnt)〙 — *v.* (**froze** [fróuz | fráuz]; **fro·zen** [fróuzn | fráu-]) — *vi.* **1** [It を主語として] 氷が張る; 凍るほど寒い: *It froze* hard last night. 昨夜はひどく凍った / *It is freezing* tonight. 今夜は凍るように寒い.

2 a 〈水・湿潤物・水面・地面などが〉凍る, 氷結する, 氷が張る 〈*over, up*〉; 〈水道管などが〉凍結する: Water ～*s* at 32° Fahrenheit. 水はカ氏 32 度で凍る / I'm afraid the washing will ～. 洗濯物が凍りはしないかしら / The faucet often ～*s* about this time of the year. 蛇口は毎年今頃になるとよく凍る / The lake *froze over* as early as November. 湖はまだ 11 月と言うのに氷が張りつめた. **b** 〈溶解した金属などが〉凝固する.
3 a 〔…に〕凍りつく〔*to*〕: His hands *froze to* the oars. 彼の手はオールに凍りついた / The wheels had *frozen to* the ground. 車輪が地面に凍りついていた / The two metal surfaces *froze together*. その 2 枚の金属面は凍りついた. **b** 《米口語》(恐怖のためなどで)〔…に〕しっかりとしがみつく, 〔…を〕握り締める〔*to, onto, on to*〕: He drove on, *freezing to* the wheel. 彼はハンドルをしっかりと握り締めたまま車を走らせて行った.
4 a こごえる, からだが凍るように感じる, 寒さが身にしむ: I am simply *freezing*! 寒くてこごえそうだ / ～ to death 凍死する, こごえ死ぬ. **b** 凍死する; 〈植物が〉寒さで枯死する.
5 a 〈人が〉態度が冷たくなる, よそよそしくなる 〈*up*〉; 〈表情・感情が〉(凍りついたように)硬化する: The smile *froze* on his lips. 唇に浮かんだ笑みが急に止まってしまった / Her affection gradually *froze into* hatred. 彼女の愛情は次第に憎しみの気持ちに硬化して行った / He suddenly *froze up* at the rebuke. そう非難されると彼は急に冷ややかな態度を見せた / All the cordiality *froze* out of her manner. 親切な態度がいっぺんに凍りついたように消えてしまった. **b** (凍りついたように)じっとして動かない, 急に静止する, (恐怖などのため)立ちすくむ, ぞっとする; (恥ずかしさなどで)口もきけなくなる, 何もできなくなる 〈*up*〉: That made my blood ～. それには思わずぞっとした / At the noise he *froze* in his tracks. その物音で彼は思わずその場に立ちすくんだ / She fairly *froze up* with terror. 彼女は恐怖のため全くぞっとした.
6 〈ねじ・釘などが〉(さび付いたりして)固着する, 抜けなくなる: The nut has *frozen to* its bolt. ナットがボルトにくっついてしまった.
7 〖機械〗(過熱・破損のため)作動しなくなる: The piston has *frozen* in the cylinder. ピストンがシリンダー内で動かなくなった.
— *vt.* **1 a** 〈水などを〉凍らせる: The severe cold has *frozen* the water in the tub. 酷寒のためたらいの水が凍った. **b** 〈肉などを〉(貯蔵のため)冷凍する, 〈包装食料品を〉(フリーザーで)急速冷凍する (quick-freeze): Meat is *frozen* and preserved during the summer. 肉は冷凍して夏の間貯蔵する. **c** 〈アイスクリームを〉フリーザーで作る (cf. freezer 2): ～ ice cream.
2 a 〈道路などを〉かちかちに凍らせる, 凍結させる; 〈川・池などに〉氷を張らせる 〈*over*〉: The road is *frozen* hard. 道路がかちかちに凍っている / The lake was *frozen over*. 湖には氷が張りつめた. **b** 氷で詰まらせる; 氷で閉じ込める[閉ざす] 〈*in, up*〉: The water pipes were *frozen* by last night's cold. 昨夜の寒さで水道管が凍った / All the ships were *frozen in* [*up*]. 船はみな氷に閉ざされた.
3 a こごえさせる, 凍るように感じさせる, 冷えこませる (chill): We were *frozen* by the unseasonable cold. 我々は時季外れの寒さに震え上がった. **b** 凍死させる, 〈植物を〉寒さで枯死させる: He was *frozen* (to death) in the snowfield. 雪原で凍死した / The buds have been *frozen* by the late snow. つぼみは時季外れに遅い雪のためしぼんでしまった.
4 a 〔…に〕凍りつかせる〔*to*〕: The washing has been *frozen to* the line. 洗濯物が洗濯ひもに凍りついた. **b** 〈恐怖などが〉〔…に〕しがみつかせる, 〔…を〕しっかりと握らせる〔*to*〕: Fear *froze* him *to* the steering wheel. ぞっとして思わず彼はハンドルを強く握り締めた.
5 〈血を〉凍りつかせる; 〈人・動物を〉(恐怖などで)ぞっとさせる, 立ちすくませる, 身動きできなくさせる: The sight *froze* my blood. その光景を見て血が凍る思いをした / I just stood *frozen* with horror. ぞっとして立ちすくんでしまうばかりだった.
6 固定させる, 恒久化する (stabilize), (ある発達段階で)停止させる (arrest): That served to ～ the status quo. それがもとで現状が恒久化された.
7 〈人〉に冷たく[よそよそしく]ふるまう, つき離したようにあしらう 〈*off*〉; 堅苦しくさせる, …の心を閉ざさせる; (高慢に, またはつれなくあしらって)…の熱意をさまさせる, の心に水をさす, おじけさせる, 煙たがらせる (frighten, discourage): With his haughtiness he used to ～ his colleagues. 高慢な態度をとって同僚たちに煙たい思いをさせたものだった.
8 〖経済〗〈物価・賃金などを〉凍結する; (法令で)釘付けにする, 〈資金・資産・貸金〉の現金化[回収]を停止する, 現金化を差し止める; (特に)〈外国人の銀行預金を〉凍結する (cf. block *vt.* 7); (戦時中など)〈材料〉の生産[使用, 販売]を禁止する; 〈労働者を〉(職場に)釘付けにする: They have *frozen* wages as of January. 賃金は 1 月のままに据え置かれた / Many banks in the city began to ～ investment loans. 市中の銀行で投資貸付けを凍結し出した所が多かった.
9 〖外科〗〈患部〉に寒冷[冷却]麻酔をかける.
10 〖スポーツ〗(バスケットボール・ホッケーで, 試合の終盤に至って追加点をあげずわずかなリードのまま逃げ切ろうとして)〈ボール・パックを〉守り続ける: ～ the ball.
11 〖トランプ〗(カナスタ (canasta) で)鬼札 (joker か deuce の wild card) を出して〈捨て札を〉凍結する (cf. frozen 8).
12 〖映画〗〈画面を〉コマどめする (⇨ freeze-frame).
freeze out 《米》(*vi.*) 〈植物が〉寒さのため枯死する. (*vt.*) 《口語》(冷遇・激しい競争などで)〈人を〉いたたまれないようにする, 追い出す (drive out); (経済的に)締め出す (exclude): The big combines *froze out* most of the smaller traders. 大企業合同のため中小企業者の大多数が締め出しをくわされた.
— *n.* **1** 氷結, 凍結. **2** 氷結期, 厳寒(期) (frost); (数日にわたり広範な地域を襲う)氷点下の寒波. **3** (非常時下における法令による物価・生産・建築などに対する)凍結, 固定: a price ～ 物価の凍結 / put a ～ *on* the production of …の生産を凍結[禁止]する. **4** 《俗》冷たい仕打ち[あしらい方]. **5** 〖スポーツ〗(バスケットボールやホッケーで)ボール[パック]を守り続けること (⇨ *vt.* 10). **6** 〖化学〗＝freezing mixture.

fréeze-drý *vt.* 凍結乾燥させる (lyophilize).
 fréeze-dríed *adj.*
fréeze-drýing *n.* 凍結乾燥 (lyophilization).
fréeze-étching *n.* 〖生物〗フリーズエッチング《電子顕微鏡用の標本作成法の一つで, 生物試料を凍結・切断しその表面のレプリカ (replica) を作る方法》.
fréeze-fràme *n.* 〖映画〗コマどめ, ストップモーション《光学焼付機により一コマを繰り返し焼き付けることによってある動きを特定のコマでストップさせたもの》.
fréeze-òut *n.* 《米》 **1** (冷遇・不親切・策略などによる)締め出し. **2** 〖トランプ〗(ポーカーで)負け抜け方式《一定の元手を決め, それをなくした者が次々と抜けていって最後に残った者が勝ちとなる方式; freeze-out poker ともいう》.
fréez·er *n.* **1** 冷凍装置係. **2** 冷凍装置, 冷凍機, 凍結器; (家庭用の)冷凍(冷蔵)器[庫] (home freezer); フリーザー; 冷蔵庫 (refrigerator), 冷蔵車 (refrigerator car); 冷凍室: ⇨ ice-cream freezer. **3** 《豪口語》羊肉冷凍業者, 冷凍肉用羊飼養者; 冷凍肉用羊. **4** 《俗》刑務所 (prison).
fréezer bùrn *n.* 冷凍焼け《冷凍肉・魚など冷蔵中の氷の昇華のために組織が変化すること》.
fréeze-ùp *n.* **1** (川などの)氷結(状態). **2** 氷結期間.
fréez·ing *n.* **1 a** 氷結(作用), 凍結. **b** 《口語》氷点 (freezing point): above [below] ～. **2 a** (食料品の)冷凍(法). **b** [形容詞的に] 冷凍用の: a ～ machine [chamber] 冷凍機[室]. **— *adj.*** **1 a** 凍る(ような), 極寒の; 〈温度が〉氷点下の, 氷点下に達しそうな: a ～ morning 凍るように寒い朝. **b** [副詞的に] 凍るように: It was ～ cold this morning. けさはこごえそうになるほど寒かった. **2** 〈態度など〉きわめてひややかな (icy), よそよそしい (distant). **3** 〖気象〗〈雨など〉着氷性の《地面や地物に接触して雨氷となる》: a ～ drizzle [rain] 着氷性のみぞれ[雨]. **～·ly** *adv.*
fréezing mìxture *n.* 〖化学〗寒剤, 起寒剤, 凍結剤《氷と食塩のように二つ以上の物質を混合して低温度を得る冷却剤》.
fréezing pòint *n.* 〖化学〗凝固点, 氷点, 析出点《一定の圧力のもとで液相にある物質が固相と平衡を保つ時の温度; 一般に液体の凝固点は融点 (melting point) と同じ》.
fréezing wòrks *n. pl.* [しばしば単数扱い]《豪》屠(と)殺冷凍所《輸出用肉供給所》.
frée zòne *n.* (都市や港の)自由地帯《無税で貨物の受入れや貯蔵のできる区域》.
freez·y [fríːzi | -zɪ] *adj.* (**freez·i·er**; **-i·est**) 《俗》凍るように冷たい.
Fre·gat·i·dae [frɪgǽtədiː, frə- | frɪgǽtɪ-] 〖← NL ～ ← *Fregata* (属名: ← F *frégate* (鳥の名))＋-IDAE〗 *n. pl.* 〖鳥類〗(ペリカン目)グンカンドリ科.
Fre·ge [fréɪgə; G. fréːgə], **Gott·lob** [gɔ́tloːp] *n.* フレーゲ《1848-1925; ドイツの数学者・論理学者・哲学者》.
F règion *n.* 〖通信〗F 層区域《F 層 (F layer) のある領域》.
Frei·burg [fráɪbuəg, -bəːg, -buək | -bəːg; G. fráɪburk] *n.* **1** フライブルク《西ドイツ南部の都市; 人口 175,000; Freiburg im Breisgau [-ɪm-bráɪsgaʊ] ともいう》. **2** Fribourg のドイツ語名.
freight [fréɪt] 〖(1228) *fraught* ▭ ? MDu. or MLG *vrecht* 《変形》← *vracht*: cf. fraught (n.)〗 **— *n.*** **1** 普通貨物運送 (cf. express); 輸送用[車, 機]の賃借り. ★ 英国では主に水上運送, 米国およびカナダでは空中輸送や陸上運送(特に鉄道便)にもいう: send by ～ (通常)運送便で送る. **2** (貨物運送の)運送料, 運賃, 用船料, 空輸料: ～ forward 運賃先払い / ～ free 運賃無料で / ～ paid 運賃支払済 / ～ prepaid＝advanced ～ 運賃前払い. **3 a** 運送貨物, 船荷 (cargo). **b** 荷, 重荷 (burden). **4** 《米・カナダ》＝freight train. **— *vt.*** **1** 〈船・貨車などに〉荷を積む, …に貨物を積載する: ～ a ship, car, etc. **2 a** …に重みをかける, 重荷を負わせる(比喩): His speech was ～*ed with* significance. 彼の言葉は意味がいっぱいこめられていた. **b** 〈作品〉に意味を重く負わせる (charge): His comedy was ～*ed*. 彼の喜劇は意味がいっぱいこめられていた. **c** 〔希望・喜びなどで〕いっぱいにする〔*with*〕: He is ～*ed with* hopes. 希望にあふれている. **3** (貨物として)運送する; (普通貨物便で)積み出す: ～ goods *to*… 貨物を…へ運送する[積み出す]. **4** (貨物運送のために)〈船・貨車を〉貸す (let), 借りる (hire).

freight·age [fréɪtɪdʒ | -tɪdʒ] 〖ME: ⇨ ↑, -age〗 *n.* **1** 貨物運送《英国では水上運送だけにいう》. **2** 貨物運送料, 運賃. **3** 運送貨物, 積荷, 船荷 (cargo, freight).
fréight àgent *n.* 貨物取扱人 《英》 forwarding agent).
fréight càr *n.* 《米》貨車.
fréight dèpot *n.* 《米》貨物駅 (《英》 goods station).
fréight ègine *n.* 《米》貨物機関車.
fréight·er [-tə | -tə(r)] *n.* **1** 船荷積込人, 荷役労務者; 貨物取扱い人. **2 a** 荷送り人, 荷主. **b** 貨物運送業者, 回漕(そう)業者. **3** 貨物船 (cargo vessel); 貨物輸送機.
fréight fòrwarder *n.* 貨物(発送)取扱人, 貨物(発送)取扱会社.
fréight hòuse *n.* 《米》(鉄道の)貨物置場[倉庫], 貨物取扱い施設.
fréight insùrance *n.* 〖海上保険〗運賃保険.
fréight·lìner *n.* 《英》コンテナ連結貨物列車.
fréight ràte *n.* 《米》運賃率《貨物の単位あたりの運賃》.
fréight tòn *n.* (船貨の)容積トン (⇨ ton[1] 2).
fréight tràin *n.* 《米》貨物列車 (《英》 goods train).
fremd [frémd] 〖OE *frem(e)de* < Gmc **framaþja-* (G *fremd* / Dan. *fremmed*) ← **fram-* 'FROM'〗 **— *adj.*** 《スコット》 **1 a** 外国の, 見慣れない. **b** 身内のものでない (unrelated). **2** 不親切な.
frem·i·tus [fréməṭəs | -mɪt-] 〖▭ L ～ 'a roaring' ← *fremere* to murmur, roar〗 *n.* (*pl.* ～, ～**·es**) 〖医学〗振盪(とう)音.
Fré·mont [fríːmɑnt | frɪmɔ́nt], **John Charles** *n.* (1813-90) 米国の探検家・将軍・政治家.
frena *n.* frenum の複数形.
fre·nate [fríːneɪt] 〖← NL *frenutus* ← L *frenāre* ← *frenum* bridle〗 *adj.* **1** 〖解剖・動物〗小帯[繫帯(けいたい)]のある. **2** 〖昆虫〗翅鉤(しこう)[翅棘(しきょく)]のある.
French [fréntʃ] 〖ME *Fren(ki)sch* < OE *Frencisc* < Gmc **frankiskaz* ← **Frankon* 'FRANK[2]': ⇨ -ish[1]〗
— *adj.* **1 a** フランスの; フランス人の; フランス製の; フランス風の. **b** (教養の高さ・ある種の振舞いなどに関して)フランス人風[式]の. **2** フランス語の: a ～ lesson フランス語のレッスン. **3** フランス系の: a ～ Canadian フランス系カナダ人.
— *n.* **1 a** フランス語: Old ～ 古期フランス語《9-13 世紀》, 中世フランス語《9-16 世紀》/ Middle ～ 中期フランス語《14-16 世紀》/ Modern ～ 近代フランス語《16 世紀半以後現在まで》. **b** 《婉曲》下品な[きたない]言葉(遣い); 《英》悪口: Excuse my ～. こんな言い方をして失礼. **2** [the ～; 集合的] フランス人, フランス国民 (the French people); フランス軍. **3** ＝French vermouth. **4** 《俗》＝fellatio, cunnilingus.
French and Indian War [the —] フレンチインディアン戦争《七年戦争(Seven Years' War)の際北米大陸で戦われたフランス軍とアメリカインディアン連合軍対英軍の戦争 (1754-63); フランス軍側は敗れ北米のほぼ全領域を失った》.
— *vt.* [時に f-] **1** フランス風[流]に下準備する: **a** 〈さやいんげん・さやえんどうなどを〉細長く切る. **b** 〈肉を〉フレンチチョップ (French chop) にする. **2** 《俗》〈人〉に fellatio [cunnilingus] をする.
～·ness *n.*
French [fréntʃ], **Daniel Chester** *n.* (1850-1931) 米国の彫刻家.
French, Sir **John Den·ton Pink·stone** [déntn píŋkstoun, -stən | -stəun, -stən] *n.* (1852-1925) 英国の第一次大戦当時の陸軍元帥; 称号 1st Earl of Ypres).
Frénch Acádemy *n.* [the ～] アカデミー フランセーズ《1635 年 Cardinal Richelieu がフランス語の純粋性を維持するために創立したもので, 40 名の学者・文筆家から成る, 現在はフランス学士院 (Institute of France) の一部門; cf. Forty Immortals; フランス語名Académie française》.
Frénch béan *n.* 《英》 **1** ＝snap bean. **2** ＝kidney bean.
Frénch béaver *n.* ビーバー[ヌートリア]に似せて加工した飼兎の毛皮.
Frénch béd *n.* フランス風ベッド《19 世紀初期に流行した S 字形の頭板と足板のある豪華な帝政時代様式の寝台》.
Frénch blúe *n.* 群青(ぐんじょう) (ultramarine).
Frénch bréad *n.* フランスパン《皮のかりかりした細長いパン; cf. French roll》.
french búlldog, F- b- *n.* フレンチブルドッグ《コウモリ耳をもち, 頭蓋に特徴のある小型のブルドッグ; フランス上流社会の婦人たちに人気があった》.
Frénch Cameróons *n.* ⇨ Cameroons.
Frénch Canádian *n.* **1** フランス系カナダ人. **2** フランス系カナダ人の言語. **3** フレンチカナディアン《黒色をしたカナダ産の一品種の小さい乳牛》.
 Frénch-Canádian *adj.*
Frénch chálk *n.* フレンチチョーク, 「チャコ」《ドライクリーニングで油脂の除去や, 洋裁で布に印をつけるのに用いられる; 凍石 (steatite) で作られる》.
Frénch chóp *n.* フレンチ チョップ《通例子羊の骨付きあばら肉の厚切り; 骨の先を出したもの》.
Frénch Commúnity *n.* [the ～] フランス共同体《1958 年の憲法によって制定されたもので, フランス本国と 6 つの共和国 (Central African Republic, Chad, Congo, Gabon, Malagasy Republic, Senegal), 海外県 (French Guiana, Guadeloupe, Martinique, Réunion) および海外領土 (New Caledonia, French Polynesia など)によって構成される; Algeria, Cameroons, Guinea, Niger を除く旧フランス連合 (French Union) に相当する; フランス語名 la Communauté》.
Frénch Cóngo *n.* [the ～] ⇨ French Equatorial Africa.

Frénch crícket *n.*〘スポーツ〙フランス式クリケット《打手の脚を柱(stumps)として使う変則のクリケット》.

Frénch cúff *n.* フレンチカフス《二重に折り返されカフスボタンで留めるカフス; cf. barrel cuff》.

Frénch cúrve *n.* 雲形定木.

Frénch dóor *n.*〘建築〙フレンチドア《方形のガラス入り格子を戸枠の中にはめ込んだ観音開きの戸; cf. French window》.

French door

Frénch dráin *n.*〘土木〙盲下水《砕石で作った吸い込み下水; rubble drain ともいう》.

Frénch dréssing *n.* フレンチドレッシング (⇨ vinaigrette sauce).

Frénch éndive *n.* フランスエンダイブ (⇨ endive 2).

Frénch Equatórial África *n.* フランス領赤道アフリカ《アフリカ中西部のフランス領で, Chad, Gabon, Middle Congo, Ubangi-Shari などの植民地から成り, 1910 年までは French Congo と称した; 1960 年それぞれ Chad, Gabon, the Republic of Congo, the Central African Republic として独立し, フランス共同体 (French Community) 内の共和国となった》.

Frénch fáke *n.*〘海事〙フレンチフェイク《ロープがからまらずに楽に走り出せるように甲板上に並べる方法の一つで, 走行方向に直角にロープを往復させ, しかも互に重ならないように並べる方法; cf. long fake》.

Frénch flát *n.*《英》〘劇場〙⇨ flat[1] *n.* 10.

Frénch fóot *n.* (たんす・本棚・机などを支持する)持ち送り脚《内側が S 字の長い曲線をなし, 外側の角縁がゆるやかに凹状をなしている》.

Frénch fríed potátoes *n. pl.* =French fries.

Frénch frieds *n. pl.* =French fries.

Frénch fríes *n. pl.*《米》フレンチフライドポテト《じゃがいもの拍子切りを揚げたもの; cf. chip[1] 2》.

frénch frý, F- f- 〘《逆成》← *French fried* (*potatoes*)〙 *vt.* 〈じゃがいもの拍子切りなどを〉フレンチフライする.

frénch frýer, F- f- *n.* deep frying 用のかご付き鍋《深いフライパンの中に金のざるが入っていて揚がるとそのざるを持ち上げる》.

Frénch gráy *n.* 緑[薄紫]がかった灰色.

Frénch Guiána *n.* フランス領ギアナ《南米北東岸にあるフランスの海外県; 人口 58,000, 面積 90,000 km², 首都 Cayenne; cf. Guiana》.

Frénch Guínea *n.* フランス領ギニア《アフリカ西部のフランスの植民地; 今は独立して Guinea となる》.

Frénch héel *n.* フレンチヒール《あご部が大きくカーブした婦人靴の中高ヒール; cf. Cuban heel, Spanish heel, spike heel》.

Frénch hóneysuckle *n.*〘植物〙**1** アカバナオウギ (⇨ sulla). **2** ベニカノコソウ (⇨ red valerian).

Frénch hórn *n.* **1** フレンチホルン《渦巻形の金管楽器》. **2** フレンチホルンに似た音を出すパイプオルガンの音栓.

French horn 1

Frénch íce crèam *n.* フレンチアイスクリーム《クリームと卵黄で作る濃厚なアイスクリーム》.

French·i·fy, f- [fréntʃəfàɪ | -tʃɪ-] *vt.* **1** フランス化[風に]する; きどった風にする, おしゃれする, めかす(dandify). **2** フランス語風にする.

French·i·fi·ca·tion, f- [frèntʃəfɪkéɪʃən, -fə- | -tʃɪfɪ-] *n.*

Frénch Índia *n.* フランス領インド《インドの海岸沿いに散在した Mahé, Pondichéry など五つの旧フランス領地; 1949–54 年にインドに返還; 面積 510 km², 首都 Pondichéry》.

Frénch Indochína *n.* フランス領インドシナ, 仏印《アジア南東部にあった旧フランス領植民地; 第二次大戦前は Cochin-China 植民地と Annam, Cambodia, Tonkin, Laos の四保護領および Kwangchowan (広州湾)租借地の連邦であった; 現在は独立してベトナム, ラオスおよびカンボジアとなった; cf. Indo-China》.

Frénch·i·ness *n.* フランス(人)風.

Frénch·ism [-tʃɪzm] *n.* =Gallicism.

Frénch jóint *n.*〘製本〙=open joint.

Frénch-kíss *vt.* …にフレンチキスをする. ― *vi.* フレンチキスをする.

Frénch kíss, f- k- *n.* フレンチキス(deep kiss)《舌と舌をからめ合う熱烈なキス》.

Frénch kníckers *n. pl.* フランス風のニッカボッカー《脚部の広いもの》.

Frénch knót *n.* フレンチノット《針に糸を数回からませ針をもとの穴に通して作る結び目》.

Frénch léave *n.* 無断退出, 挨拶なしで出て行くこと; (特に)借金を払わずに逃げること: take ~ 無断で中座[退席]する. ★ この言い方は 18 世紀のフランスで招待客が主人側に挨拶せずに帰宅した習慣に由来するが, フランス人は同じ意味のことを filer à l'anglaise (=slip away after the English fashion) という.

Frénch létter *n.*《口語》=condom (cf. *F.* capote anglaise (=English cap)).

Frénch·man [-mən] *n.* (*pl.* **-men** [-mən]) **1 a** フランス人(の男). **b** フランス系の人. **2** フランス船. **3**〘石工〙目地(ﾒｼﾞ)ナイフ《モルタル接合部の形を整える道具》.

Frénch márigold *n.*〘植物〙マンジュギク (*Tagetes patula*)《メキシコ原産のキク科センジュギク属の一種; センジュギク (marigold) に比べて小形》.

Frénch Morócco *n.* 仏領モロッコ《Morocco の旧フランス地区 (French Zone); ⇨ Morocco》.

Frénch múlberry *n.*〘植物〙**1** アメリカムラサキシキブ (*Callicarpa americana*)《米国南部産クマツヅラ科ムラサキシキブ属の低木; 紅紫色の実がなる; beauty-berry ともいう》. **2** トウグワ (white mulberry).

Frénch mústard *n.* 酢入り辛子.

Frénch Oceánia *n.* フランス領オセアニア《French Polynesia の旧名》.

Frénch páncake *n.* =crepe 2.

Frénch pástry *n.* フランス風の菓子; (特に)パイ皮にクリームや砂糖漬けの果物などを詰めた小型のもの.

Frénch pítch *n.*〘音楽〙=diapason normal.

Frénch-pólish *vt.* 〈木部〉にたんぽ塗りをする, フランスワニスを塗る[で仕上げをほどこす].

Frénch pólish *n.* たんぽ塗り《ラッカー・ワニスなどの透明塗料で木部の仕上塗りをする方法》.

Frénch-pólisher *n.* フランスワニスの塗り工.

Frénch Polynésia *n.* フランス領ポリネシア《南太平洋のフランスの海外領土で, Society 諸島, Marquesas 諸島など五つの諸島から成る; 人口 114,000, 面積 4,000 km², 首都 Papeete; 旧名 French Oceania》.

Frénch póx *n.*《廃》〘病理〙=pox 2.

Frénch províncial, F- P- *n.* フランス地方様式《17–18 世紀のフランス民家やその家具の様式》.

Frénch Revolútion *n.* [the ~] フランス革命《18 世紀末のフランスの市民革命; 1789 年 7 月 Bastille 監獄の襲撃に始まり, 1792 年には Louis 十六世が捕えられ Bourbon 王朝転覆, 1793–94 の恐怖政治 (Reign of Terror) を経て, 1799 年 Napoleon の権力獲得をもって終わった; cf. Bastille Day》.

Frénch róll *n.* フレンチロール《皮のかりかりしたロールパン; cf. French bread》.

Frénch róof *n.*〘建築〙フランス屋根(mansard roof).

Frénch róse *n.*〘園芸〙フレンチ系バラ (*Rosa gallica*)《最古のバラの一系統で現在のバラの重要な祖先》.

Frénch sáfe *n.*《米口語》=condom.

Frénch séam *n.* 袋縫い《両切れの端をまず表で縫い合わせ, 次に裏から縫って布の端をすっかりおおってしまう縫い方》.

Frénch síxth *n.*〘音楽〙フランス六の和音《長三度・増四度・増六度から成る増六度の和音の一形態》.

Frénch Somáliland *n.* フランス領ソマリランド《Afars and the Issas の旧名》.

Frénch Súdan *n.* フランス領スーダン《アフリカ西部のフランス領西アフリカ (French West Africa) の一植民地; 今は独立して Mali となる》.

Frénch sýstem *n.*〘紡績〙=continental system.

Frénch táb *n.*《英》〘劇場〙=draw tab.

Frénch támarisk *n.*〘植物〙フランス原産ギョリュウ科ギョリュウ属の低木または小高木 (*Tamarix gallica*).

Frénch télephone *n.* =handset.

Frénch tóast *n.* **1** フレンチトースト《パンを牛乳と卵を混ぜた中に浸してフライパンで焼いたもの》. **2** 片面だけバターを塗りもう一方だけトーストしたパン.

Frénch Tógoland *n.* ⇨ Togoland.

Frénch Únion *n.* [the ~] フランス連合《1946 年の憲法によって制定されたもので, フランス本国 90 県 (Departments), 海外 7 県および海外諸植民地・保護領・信託統治領などの全フランス領土の総合体; 1958 年 French Community に移行》.

Frénch vermóuth *n.* フレンチベルモット《フランス産の辛口で薄色のベルモット; cf. Italian vermouth》.

Frénch wálnut *n.*〘植物〙=English walnut.

Frénch·wèed *n.*〘植物〙=pennycress.

Frénch Wèst África *n.* フランス領西アフリカ《アフリカ西部の旧フランス領で Dahomey, French Guinea, French Sudan, Ivory Coast, Mauritania, Niger, Senegal, Upper Volta の各植民地および付属領から成る, 首都 Dakar; 今は French Guinea は Guinea, French Sudan は Mali となり, その他はそのままの名称でそれぞれ独立》.

Frénch Wèst Índies *n. pl.* [the ~] フランス領西インド諸島《西インド諸島中の Guadeloupe と Martinique の二つの海外県を含むフランス領の島々; 人口 576,000, 面積 2,885 km²》.

Frénch wíndow *n.*〘建築〙**1** フランス窓《外壁の中に装置された French door; 通常テラスやポーチに向かって床まで達して設けられ, 人の出入りができる》. **2** 開き窓 (casement window).

Frénch·wòman *n.* フランス婦人, フランス女.

French·y [fréntʃi | -tʃɪ] *adj.* (**more ~, most ~; French·i·er, -i·est**) フランス風[式]の. ― *n.*《俗》フランス人; フランス系カナダ人.

Fre·neau [frɪnóʊ, frə-, fríːnoʊ | frɪnə́ʊ, fríːnəʊ], **Philip** (**Morin**) *n.* (1752–1832) 米国の詩人.

Fre·nét fòrmula [frənéɪ-; *F.* frənɛ-] *n.*〘数学〙フルネ[フレネ]の公式, フルネセレの公式《曲線上の各点における接ベクトルや法ベクトルと曲率や捩率との間の関係を表わす公式》.

fre·net·ic [frɪnétɪk, frə- | frənétɪk, frɪ-, fre-] 〘ME *frenetike* ◻ (O)F *frénétique* ◻ L *phrenēticus* ◻ LGk *phrenētikós* mad ← *phrḗn* mind: cf. phrenic〙 ― *adj.* **1** 精神錯乱の, 狂乱の, 発狂した. **2** 狂熱的な, 狂信的な. **fre·nét·i·cal·ly** *adv.*

fren·u·lum [frénjʊləm] 〘← NL ~ (dim.) ← L *frēnum* (↓)〙 *n.* (*pl.* **-u·la** [-lə]) **1**〘解剖・動物〙小繋帯(ｼｮｳｹｲﾀｲ). **2**〘昆虫〙翅鉤(ｼｺｳ), 繋棘(ｹｲｷｮｸ), 抱棘(ﾎｳｷｮｸ).

fre·num [fríːnəm] 〘◻ L *frēnum* bridle, curb〙 ― *n.* (*pl.* **fre·na** [-nə], **~s**) **1**〘解剖・動物〙繋帯, 小帯: a ~ of the tongue 舌小帯. **2**〘昆虫〙要片《翅の内方と後方との基部にある半月形または三角形の部分》.

frén·zied *adj.* 熱狂した, 熱狂的な, 狂暴な, 血迷った (frantic): ~ enthusiasts 熱狂者 / ~ rage 激怒 / ~ applause 熱狂的拍手喝采 / make ~ efforts 熱狂的に努力する. **~·ly** *adv.*

fren·zy [frénzi | -zɪ] 〘《?a1387》 *frenesie* ◻ (O)F *frénésie* ◻ ML *phrenēsia* = L *phrenēsis* ◻ LGk = G *phrenītis*: ⇨ phrenitis〙 ― *n.* **1** 逆上, 乱心, 狂乱; 熱狂, 激しい興奮: drive a person to [into] ~ 人を逆上させる / work oneself into a ~ 次第に狂乱状態になる / look for the lost jewel in a ~ なくした宝石を血眼になって捜す / in a ~ of grief [excitement, rage] 悲しみ[興奮, 激怒]の余り取り乱して[逆上して]. **2** (発作的)精神錯乱. **3** 熱狂的な活動, 夢中にさせる活動. ― *vt.* [通例 p.p. 形で] 狂乱[逆上]させる (infuriate), 夢中にさせる: become *frenzied* 逆上する / be simply *frenzied with* joy 全く狂喜する.

Fre·on [fríːɑn | -ɔn] 〘← F(LUORINE)+RE(FRIGERANT)+-ON[3]〙 *n.*〘商標〙フレオン《無色無臭のフッ素を含むガス; 冷媒・スプレー用》.

freq.《略》frequency; frequent; frequentative; frequently.

fré·quence [-kwəns] 〘ME ◻ L *frequentia* (↓)〙 *n.* =frequency 1.

fre·quen·cy [fríːkwənsi | -sɪ] 〘《1553–87》◻ L *frequentia*: ⇨ frequent, -ency〙 ― *n.* **1** しばしば起こること, 頻繁, 頻発: the ~ of earthquakes in Japan 日本における地震の頻発. **2** 頻度数, 頻数. **3**〘物理〙(単位時間(通例 1 秒)における)度数, 回数; 振動数; (電波・音波・交流電流などの)周波数: a high [low] ~ 高[低]周波. **4 a**〘数学〙度数《関数が定義域内のある範囲であたえられた値を取る回数》. **b**〘統計〙頻度, 度数《特定のクラスに入るデータの個数》. **5**〘医学〙(1 分間の)脈搏数.

fréquency bánd *n.*〘電気〙周波数帯.

fréquency chànger *n.*〘電気〙周波数変換機, 変周器.

fréquency characterístics *n. pl.*〘電気〙周波数特性《インピーダンス・利得・感度などの特性が周波数と共にどのように変化するかを表わしたもの》.

fréquency convèrter *n.*〘電気〙=frequency changer.

fréquency cùrve *n.*〘統計〙度数[回数]曲線.

fréquency discrìminator *n.*〘電気〙周波数弁別器.

fréquency distribùtion *n.*〘統計〙度数分布.

fréquency divìder *n.*〘電気〙分周器《周波数を整数分の一に下げる装置・回路》.

fréquency divìsion *n.*〘通信〙周波数分割《多重通信の一方式で, 広い周波数帯を分割して, それぞれに信号を割り当てるもの; cf. time division》.

fréquency ìndicator *n.*〘電気〙周波数計《周波数を表示する装置》.

fréquency mèter *n.*〘電気〙周波数計《周波数を測定する装置》.

fréquency modulàtion *n.*〘電子工学〙**1** 周波数変調《搬送波の周波数を信号に応じて変えること; 略 FM; cf. amplitude modulation》. **2** 周波数変調放送《周波数変調方式を応用した放送》.

fréquency múltiplier *n.*〘電気〙周波数逓倍器.

fréquency pólygon *n.*〘統計〙度数多角形, 度数折れ線《度数分布を表わすのに折れ線を用いたもの》.

fréquency respónse *n.*〘電気〙周波数応答《正弦波入力に対する出力の大きさなどを, 入力の周波数を変えて調べたもの》.

fréquency swìng *n.*〘無線〙周波数スウィング.

fre·quent 〘《c1450》◻ (O)F *fréquent* // L *frequentem*, *frequēns* crowded ← ? *farcire* to stuff〙 ― [fríːkwənt] *adj.* **1 a** 度々の, しばしばの, 頻繁な, しばしば起こる, よくある, ありふれた(common): Typhoons are ~ here during early autumn. 当地方では初秋に台風が多い / ~ laughs ときどき起こる笑声 / make ~ trips to the coast 海岸へしばしば行く / This is a ~ occurrence. これはしばしば起こる[よくあることだ] / It is a ~ practice to do …は常によく行なわれることだ. **b** 常習的な (habitual): a ~ customer 常連 / a ~ theatergoer 芝居の常連. **2** 分布が密な: Fossils are ~ in limestone. 化石は石灰岩の中にあることが多い / a coast with ~ lighthouses 灯台があちこちに点在する海岸. **3** 〈脈搏が〉早い. **4**《古》親しい. ― [friːkwént, fríːkwənt, -kwent | frɪkwént, friː-] *vt.* **1** 〈場所〉にしばしば行く, 常に出入する, よく訪れる; (大群をなして)〈場所〉に常に集まる: The ruins are ~*ed* by jackdaws. その荒れ跡には小がらすの群れがすんでいる / Tourists ~ the district. / a restaurant ~*ed* by politicians 政治家のよく行くレストラン. **2** (常々)…と交際する; …と親しむ, よく読む: ~ learned men [good company] 学者[りっぱな人々]と交際する / ~ the society of … とよく会う / I know him, but I don't ~ him much. 知ってはいるが余り交際はしない / ~ Milton ミルトンをよく読む.

~·ness *n.*

fre·quen·ta·tion [frìːkwentéɪʃən, -kwən- | -kwen-] 〘(?a1430) ▭ L *frēquentātiō(n-)* ← *frequentāre* to frequent: ⇨ -ation〙 ―― *n.* しばしば行く[訪れる, 出入りする]こと, 頻繁な往訪; よく親しむ[読む]こと.

fre·quen·ta·tive [friːkwéntətɪv | frɪkwéntət-] 〘▭ F *fréquentatif* ∥ L *frēquentātīv-us* ← *frequentāre* (↑): ⇨ -ative〙 〖文法〗 ―― *adj.* 反復の, 反復表示の: the ～ aspect 反復相《動作の反復の意を表わす相; 言語によって種々の形式で表わされるが, 英語では主として -le, -er などの動詞の接尾辞で示される; iterative aspect ともいう》/ a ～ verb 反復(相)動詞《例: giggle, twinkle, chatter, flicker など》. ―― *n.* **1** 反復(相)動詞. **2** 反復相.

fre·quént·er [-tə | -tə(r] *n.* しばしば行く[訪れる]人, 常客.

fré·quent·ly 〘(1531)〙 *adv.* しばしば, たびたび (often); しきりに, 頻繁に, 頻発的に: Earthquakes occur ～ in this district.

frère [fréə | fréə(r; *F.* frɛːr] 〘▭ F ～ < L *frātrem* 'BROTHER'〙 *F. n.* (*pl.* **～s** [～z; *F.* ～]) **1** 兄弟 (brother), (同一団体の)団員. **2** 修道士 (friar).

fres·co [fréskou | -kəʊ] 〘(1598) ▭ It. ～ 'FRESH, cool' 《略》← 《廃》*al fresco* on the fresh (plaster)〙 ―― *n.* (*pl.* **～es, ～s**) 〖絵画〗 **1** フレスコ画法《塗り立てのしっくい壁面に水彩で描く画法; true fresco ともいう; cf. secco》: dry ～ =secco *n.* / a ～ painter フレスコ画家 / a painting in ～ フレスコ画法で描いた絵, フレスコ画. **2** フレスコ壁画; 壁画 (mural). ―― *vt.* **1** 〈壁面〉にフレスコ画を描く. **2** 〈画を〉フレスコ画風に描く. **frés·coed** *adj.* **～·er** *n.*

frésco sécco *n.* 〖絵画〗 =secco.

fresh [fréʃ] 〘(?c1200) ▭ OF *freis, fresche* (fem.) (F *frais, fraîche*) ▭ VL **friscus* ▭ Gmc ∽ OE *fersc* not salted < Gmc **friskaz* (Du. *vers* / G *frisch*) ← ?〙 ―― *adj.* (**～·er; ～·est**) **1 a** 新しい, 新たに発生した, できたばかりの, 手に入れたばかりの, 新着の: ～ shoots 若芽, 新芽 / ～ footprints 新しい足跡 / ～ tea 入れたての茶 / ～ bread (酸味を帯びない, また固くなっていない)できたてのパン / There is nothing ～ to tell. 何も新しい話はない / It is no ～ information. いっこう新しい情報でもない / Here is a piece of news ～ and ～. 最新のニュースを聞かせて上げよう. **b** 〔…から〕来た[出た, できた]ばかりの (just come), …したての〔*from, out of, off*〕: a man ～ *from* the country 田舎から出て来たばかりの男 / a car ～ *from* the assembly line 工場から出たての[できたばかりの]自動車 / a boy ～ *from* school 学校を出たての少年 / a young teacher ～ *out of* college 大学を出たての若い教師 / a new book ～ *off* the press 刷りたての新刊書. **2** 新鮮な, 新しい, 取り立ての, 生(なま)のよい; (貯蔵・乾燥・塩づけなどしていない)なまの: ～ vegetables, eggs, milk, fruit, etc. / ～ fish 鮮魚, なま魚 / ～ flowers 切りたての花 / The meat is too ～. 肉が新しすぎて固い. **3** (気分の)清新な, 活発な, 元気な, いきいきした (vigorous): a ～ young girl ぴちぴちした女の子 / a ～ horse 元気のよい馬 / a ～ complexion いきいきとさえた顔色 / keep one's mind ～ 心を常に清新にしておく / They are ～ for action. 彼らは元気一杯で行動しようとしている / He felt quite ～ after a long walk. 長い散歩をした後で全くさわやかな気分だった / I never felt ～*er* in my life. こんなさわやかな気持は生れて初めてだ. **4** (使用によって古びないで)真新しい, 鮮かな; 〈服装など〉くたびれていない, ぱりっとした (spruce): ～ paint (まだ乾いていない)塗りたてのペンキ / give the house a ～ coat of paint 家に新しくペンキを塗る / keep one's clothes ～ いつも服装をぱりっとしておく / Go and make yourself ～. (服のしわを伸ばすなどして)身の回りをきれいにしておいで / The scene is still ～ in my memory. その光景はまだ記憶に生々しい. **5** 〈空気など〉清らかな, さわやかな, すがすがしい (refreshing); 〈話など〉新しくて心をそそる: ～ air / in the ～ air 戸外[野外]に出て / a ～ spring morning すがすがしい春の朝. **6** 新たな, 新規の, 別な (new); 斬新な, こと新しい (novel): ～ supplies 新規の供給 / begin [start] a ～ chapter 新たな[新規の]章を始める / break ～ ground ⇨ ground 成句 / make a ～ start 新たに踏み出す, 新規まき直しをやる / throw ～ light on a subject 問題に新しい光を投じる. **7** うぶな, 初心の, 未熟な, 新米の (inexperienced): a ～ recruit 新兵 / a ～ hand 新来者, 新参, 初心者 / He is green and ～. 彼はまだ初々(ういうい)しい[青二才だ]. **8** 〈水・バターが〉塩分のない: ～ water 淡水, 真水 / ～ butter 生バター, 無塩バター. **9** 〈風が〉強い (strong): ⇨ fresh breeze, fresh gale. **10** 〘(通俗語源)? ← G *frech* saucy < OHG *freh* untamed, greedy: cf. freak〙 [Predicative に用いて] 《口語》〔人に対して〕慣れ慣れしくし過ぎる, 厚かましい, なまいきな〔*with*〕: He gets [is] too ～ *with* his secretary. 彼は秘書に慣れ慣れしくし過ぎる. **11** 《米》〈雌牛など〉子牛を生んだばかりの, 新たに乳が出るようになった. **12** 《スコット》霜が降らない, 氷結しない (open).

(***as***) ***fresh as paint*** [***a daisy, a rose***] 元気はつらつとした, ぴんぴんして, 疲れを知らない.

―― *adv.* **1** [通例複合語的に p.p. 形を伴って] 新たに, 新しく (freshly): a ～ *caught* fish 取りたての魚 / a ～ *laid* egg 産みたての卵 / ⇨ fresh-run / The bread is ～ *baked.* パンは焼きたてだ. **2** 《米俗》[～ *out of*… で] 最近, たった今(…を切らしたばかりで) (just now): We are ～ *out of* sugar. ちょうど砂糖を切らしたところです.

―― *n.* **1** (一日・一年・人生などの)初期, 清新な時期: in the ～ of the morning 早朝のすがすがしい時に, 朝まだき. **2** 出水, 増水; (海水に流れ込む)淡水の流れ (freshet); 《米》(上げ潮の際に)川の海水が流れこむ部分よりも上流側の(淡水だけが流れている)部分, またはその沿岸. **3** 《スコット》霜溶け(期) (thaw). **4** 《米俗》新入生 (freshman).

―― *vt., vi.* 《まれ》新鮮に[清新に, すがすがしく]する[なる]〈*up*〉.

～·ness *n.*

frésh áir 〘← FRESH (adj.) 5〙 ―― *attrib. adj.* **1** (空気の新鮮な)野外の: a ～ fiend [maniac] 熱狂的野外主義者. **2** 《米》(不健康地区に住む児童に対する補導事業としての)郊外散策の: the ～ movement 郊外散策運動.

frésh bréeze *n.* 〖気象〗疾風 (⇨ wind scale).

fresh·en [fréʃən] 〘(c1290) ← FRESH＋-EN[1]〙 ―― *vt.* **1 a** 新しくする, 新鮮にする, 生き生きさせる, 清新にする (refresh) 〈*up*〉. **b** [～ *oneself up* として] 身の回りをさっぱりとする, ぱりっとする, おめかしをする (cf. *vi.* 5). **2** 〈海水を〉脱塩する, 淡水化する; …の塩分[塩気]を抜く, 塩出しする: ～ salt fish. **3** 〖海事〗(摩耗を防ぐためロープをゆるめたりして)〈索〉の他物に接する部分を移動させる. ―― *vi.* **1** 新しく[清新に, 新鮮に]なる; 〈花などが〉(雨の後など)新たに勢いづく, 生き生きする. **2** 〈風が〉かなり強くなる, 強風となる: The wind is ～*ing* (*up*). 風が段々強くなってきた. **3** 〈水が〉塩分が抜ける. **4** 《米》〈雌牛が〉子牛を生む; 新たに乳が出る. **5** 《米》(手や顔を洗ったり, シャワーを浴びたり, 着替えをしたりして)さっぱりする〈*up*〉: ～ *up* before going out to dinner 夕食に出かける前にこざっぱりする.

frésh·en·er [-ʃ(ə)nə | -nə(r] *n.* 新鮮にする人[物]; さわやかにするもの; 清涼飲料水; アストリンゼントローション.

frésh·er *n.* 《英俗》=freshman.

fresh·et [fréʃɪt, -ʃət] 〘(1596) ← FRESH (n.)＋-ET〙 ―― *n.* **1 a** (降雨・雪解けによる)出水, 増水. **b** 出水を思わせるもの〔*of*〕: ～*s of* applause あふれんばかりの喝采 / a ～ of price increases 相次ぐ物価の値上げ. **2 a** 海に注ぐ淡水の流れ. **b** 《古》流れ, 川 (stream).

frésh gále *n.* 〖気象〗疾強風 (⇨ wind scale).

frésh·ly 〘ME〙 ―― *adv.* **1** 新たに (anew); 新しく, 近頃 (recently): ～ painted 塗りたての / She sat in her ～ ironed dress. アイロンをかけたての服を着てすわっていた. **2** 新鮮に, 清新に, すがすがしく, さわやかに, いきいきと (vividly): a ～ green leaf. **3** 力[勢い]を新たにして; 強く (strongly): a ～ blowing breeze. **4** なまいきに, でしゃばって (impudently): a ～ forward attitude あつかましく差出がましい態度.

frésh·man [-mən] 〘(c1550)〙 ―― *n.* (*pl.* **-men** [-mən]) **1** (大学の)新入生, 一年生 (cf. freshER, sophomore 1, junior 4, junior class, senior 3). ★《米》では女子または高校の新入生をもいう. **2** 初心者, 新人, 新参 (novice). ―― *attrib. adj.* **1** 新入生らしい. **2** 未熟な, 未経験な. **3** 新入生[初心者]に適当な[必要な]. **4** 最初の, 初めての (initial).

fréshman composítion *n.* 《米》 **1** (ほとんどの大学で必須課目である)基礎作文コース. **2** (大学)一年生に課される作文.

fresh·man·ic [freʃmǽnɪk] *adj.* 新入生[新人, 新参, 初心者]らしい[にふさわしい].

fréshman wèek *n.* 《米》大学新入生学課履習登録週間, 大学新入生オリエンテーション週間.

frésh-rún *adj.* 〈鮭など〉海から川に上ってきたばかりの.

frésh·wàter 〘ME〙 ―― *adj.* **1** 真水の, 淡水の, 淡水性の; 淡水産の (cf. saltwater 1, marine 1): a ～ lake 淡水湖 / a ～ fisherman 淡水漁夫 / ～ fish [shells] 淡水魚[貝]. **2 a** (川や湖の航行に慣れていても)海上では役に立たない, (水夫として)未熟な: a ～ sailor 新米水夫. **b** 経験の少ない, 未熟な, 新米の. **3** 《米》余り知られない, 田舎の (provincial): a ～ college 名の知られない田舎大学. ―― *n.* 淡水の川[湖, 池].

fréshwater drúm *n.* 〖魚類〗米国五大湖, Mississippi 川流域に産するニベ科の淡水魚 (*Aplodinotus grunniens*)《食用魚で体重 50 ポンド以上になる; 水から揚げると音を発するので鳴き魚(bubbler)ともいう》.

Fres·nel [freɪnél; *F.* frenɛl], **Augustin Jean** *n.* フレネル《1788–1827; フランスの物理学者・光学者》.

Fresnél bíprism [freɪnél-, fréznəl- | freɪnél-] 〘↑〙 *n.* 〖物理〗フレネル複プリズム (⇨ biprism).

Fresnél diffráction *n.* 〖光学〗フレネル回折《光源または観測点が回折物体の近くにあって, 入射または回折波が平面波とみなせない場合の回折》.

Fresnél hólogram *n.* 〖光学〗フレネルホログラム《物体のフレネル回折波を用いたホログラム; cf. Fraunhofer hologram》.

Fresnél léns *n.* 〖光学〗フレネルレンズ《多数の同心円の輪帯レンズから成る集光用レンズで, 薄くて焦点距離が短く大口径のものができる; 精確な結像を要しないサーチライト・オーバーヘッドプロジェクター・一眼レフカメラのファインダーなどに用いられる; echelon lens ともいう》.

Fresnél mírrors *n. pl.* 〖光学〗フレネル鏡《同一平面に微小な角度をもってほぼ平行に並べて配置した 2 枚の鏡で, 光の干渉を生じさせるのに用いる》.

Fres·no [fréznou | -nəʊ] 〘← Sp. *fresno* ash tree〙 *n.* 米国 California 州中部の都市; 人口 177,000.

fret[1] [frét] 〘*v.*: OE *fretan* to devour, consume ← Gmc **fra-* 'FOR-[1]'＋**etan* 'to EAT': cog. Du. *vreten* / G *fressen*〙 ―― *v.* (**fret·ted; fret·ting**) ―― *vi.* **1** じれる, いらだつ, やきもきする; くよくよする, 悩む (worry): ～ and fume ぷりぷり怒る / have nothing to ～ *about* 何もくよくよすることはない / ～ *over* the high cost of living 生活費の高騰で頭にくる. **2 a** 〈動物が〉(少しずつ)かむ, 食い込む (gnaw, champ) 〔*into, on, upon, at*〕: ～ *at* the bit 〈馬が〉はみをかむ. **b** 〈恨みなどが〉心に食い込む: His censure ～*ted in* my heart. 侮辱が私の心に深く食い込んだ. **c** 不快な感じを与える, 感情にさわる (grate) 〔*at*〕: The noise ～*ted at* his nerve. その音が神経にさわった. **3 a** 〈川・酸などが〉〔土地・金属などを〕腐食[侵食]する〈*away*〉〔*at*〕. **b** すりむける (chafe); ほぐれる (ravel). **4** 〈水の流れが〉乱れる, 騒ぐ, 波立つ: The stream ～*ted over* the rocks. 流れは岩に当たって波立っていた.

―― *vt.* **1 a** じらす, いらだたせる; 悩ます, くよくよさせる (annoy): a heart ～*ted* by care and anxiety 苦労と心配で悩む心 / It ～*s* me to know that …のことを知っていらいらする. **b** いらだたせて〔ある状態に〕陥れる〔*to, into*〕; くよくよして損ねる〈*away, out*〉: ～ oneself to death ひどくじれる; 死ぬほどいらいらする / ～ oneself *into* a fit いらだって発作を起こす / ～ one's health *away* [*out*] 煩悶(はんもん)して健康を害する. **c** いらいらして〈時間を〉過ごす〈*away, out*〉: ～ *away* [*out*] one's life やきもきして暮らす. **2 a** 〈さび・水・霜などが〉腐食する (corrode): a knife ～*ted with* rust さびついた小刀. **b** すり減らす. **c** 浸食して[食い込んで]作る: ～ a hole 食い込んで穴をあける. **d** 《廃》食う, むさぼる (devour). **e** 《古》むしばむ, …に穴をあける: an insect ～*ting* a garment 着物に穴をあける昆虫. **3** 〈風が〉〈水面を〉乱す, 波立たせる (ruffle).

―― *n.* **1** じれること, いらだち, 焦燥 (irritation); 不機嫌; 苦悩, 不安: in a (state of) ～ いらだって, ぷりぷりして / on [upon] the ～ (不機嫌・焦燥などで)いらいらして. **2 a** 腐食, 侵食. **b** 摩損[腐食]個所.

fret[2] [frét] 〘(c1380) ▭ ? OF *fret-er* ← *frete* (F *frette*) trelliswork ▭ ? Frank. **fetur* (cf. OE *fetor* 'FETTER')〙 ―― *n.* **1** 雷文(らいもん), 卍(まんじ)つなぎ, さや形 (Greek fret). **2** 〖紋章〗bendlet とその逆の bendlet sinister, それに mascle を織り合わせてできた図形 (⇨ heraldry 挿絵 D). **3** 〖時計〗フレット《時計のケースに刻み込まれた消音用装飾》. ―― *vt.* (**fret·ted; fret·ting**) 雷文で飾る; 格子細工にする; 格子模様にする; 〈天井などを〉浮出し[沈め彫り]模様で飾る.

fret[2] 1

fret[3] [frét] 〘(c1500) ▭ ? OF *frete* (F *frette*) band, ring〙 ―― *n.* フレット《ギター類の楽器の指板 (finger board) の勘所に設けた駒(こま)》. ―― *vt.* (**fret·ted; fret·ting**) 〈弦楽器など〉にフレットを付ける.

fret·ful [frétfəl] 〘⇨ fret[1]〙 ―― *adj.* **1 a** 腹立ちやすい, いらだつ, いらいらする, 気むずかしい, 不満の(ある). **b** 不機嫌な, おこった. **2 a** 〈水面が〉波立った. **b** 〈風が〉突風性の. **～·ly** *adv.* **～·ness** *n.*

frét·sàw 〘⇨ fret[2]〙 *n.* 〖木工〗糸鋸(のこ), 回し引き.

frét·ted [-tɪd, -təd | -tɪd, -təd] *adj.* 雷文(らいもん)のある; 引回し細工を施した; 雷文模様になっている: a ～ ceiling 格(ごう)天井.

fret·ty[1] [fréti | -tɪ] 〘⇨ fret[1]〙 *adj.* (**fret·ti·er; -ti·est**) =fretful.

fret·ty[2] [fréti | -tɪ] *adj.* 〖紋章〗bendlets とその逆の bendlets sinister が交錯した図形の (cf. trellis 3).

frét·wòrk *n.* **1** (雷文(らいもん)などの)引回し細工; (天井などの)雷文細工, 透し彫. **2** (雷文細工を思わせる)明暗の斑紋.

Freud [frɔ́ɪd; *G.* frɔ́ʏt], **Sigmund** *n.* フロイト《1856–1939; オーストリアの医師, 精神分析学の開祖; *Die Traumdeutung*「夢判断」(1900)》.

Freud·i·an [frɔ́ɪdiən | -djən, -dɪən] 〘(1910): ↑〙 ―― *adj.* **1** フロイトの; フロイト流[派]の; フロイト学説の. **2** 精神分析(的解釈)による, フロイト的な: ～ symbolism. ―― *n.* フロイト説の学徒.

Fréud·i·an·ìsm [-nìzṃ] *n.* フロイト学説[主義], フロイト精神分析学説 (cf. psychoanalysis).

Fréudian slíp *n.* 〖精神分析〗失錯行動《フロイトが指摘した無意識の欲求や観念が引き起こす失錯行動; 書きちがえ, 言いちがえなど》.

Fréund's ádjuvant [frɔ́ɪndz-, frɔ́ɪnts-] 〘← *Jules T. Freund* (1890–1960: 米国の免疫学者)〙 *n.* 〖免疫〗フロインド アジュバント[佐剤].

Frey [fréɪ] 〘▭ ON *Frey-r*: cog. OE *frēa* lord: cf. Freya[2]〙 *n.* 〖北欧神話〗フレイ《Njord の子; 豊穣・平和・富の神》.

Frey·a[1] [fréɪə] 〘↓〙 *n.* 女性名《異形 Frea》.

Frey·a[2] [fréɪə, fréɪɑː] 〘▭ ON *Freyja*: ⇨ frow[1]〙 *n.* 〖北欧神話〗フレイヤ《Njord の娘; 豊穣・愛・戦い・魔術の女神》.

Freyr [fréə | fréə(r] *n.* 〖北欧神話〗=Frey.

Frey·tag [fráɪtɑːk, -tɑːx, -tɑːg; *G.* fráɪtaːk], **Gustav** *n.* フライターク《1816–95; ドイツの小説家・劇作家; *Soll und Haben*「貸方と借方」(1855)》.

FRG, F.R.G. 《略》Federal Republic of Germany.

Fri. 《略》Friday.

fri·a·bil·i·ty [fràɪəbíləti | -lətɪ, -lɪ-] *n.* 砕けやすさ, もろさ.

fri·a·ble [fráɪəbl̩] 〘《1563》⊏F ～ ∥ L *friābil-is* ← *friāre* to crumble away〙 *adj.* (ぼろぼろに)砕けやすい, 粉末になりやすい, もろい (crumbly). **～·ness** *n.*

fri·ar [fráɪə | fráɪə(r] 〘《?*a*1200》 *frere* ⊏(O)F *frère* < L *frātrem* 'BROTHER'〙 ── *n.* **1** 〘カトリック〙修道士 (monk); (特に)托鉢修道会の修道士: ⇨ Austin Friar, Black Friar, Gray Friar, White Friar. **2** 《古》〘印刷〙ページ中の印刷の不鮮明な個所 (cf. monk 3). **3** 〘鳥類〙＝friar bird.

fríar·bìrd *n.* 〘鳥類〙クロガオミツスイ, オニミツスイ (*Philemon corniculatus*)《オーストラリア産ミツスイ科の鳥の一種; four-o'clock ともいう》.

frí·ar·ly *adj.* 修道士の(ような).

Fríar Májor *n.* (*pl.* **Friars M-**) 〘カトリック〙ドミニコ会(修道)士 (⇨ Dominican Order).

Fríar Mínor *n.* (*pl.* **Friars M-**) 〘カトリック〙フランシスコ会(修道)士 (⇨ Franciscan Order).

Fríar Mínor Convéntual *n.* (*pl.* **Friars M- C-**) 〘カトリック〙＝conventual *n.* 2.

Fríar Préacher *n.* (*pl.* **Friars Preachers, ～s**) 〘カトリック〙 **1** ドミニコ会(修道)士. **2** [Friars Preachers で] ドミニコ修道会 (⇨ Dominican Order).

fríar's bálsam *n.* (*also* **friars' balsam**) 〘薬学〙安息香チンキ《傷につける》.

fríar's-cówl *n.* 〘植物〙＝cuckoopint.

fríar's lántern *n.* 鬼火 (will-o'-the-wisp).

fri·ar·y [fráɪ(ə)ri | fráɪəri] *n.* **1** (托鉢修道会の)修道院 (monastery). **2** 托鉢修道会.

frib·ble [fríbl̩] 〘《*a*1627》: 《廃》*frivol* (⊏(O)F *frivole*: ⇨ frivolous) の影響を受けた擬音語か〙 ── *vi.* くだらないことをやる, 軽々しく振舞う. ── *vt.* くだらないことに〈暇を〉つぶす, 〈時を〉空費する (waste) 〈*away*〉: ～ one's time *away*. ── *n.* **1** くだらないことに日を送る人, 軽々しい人, 小人(しょうじん). **2** くだらなさ; くだらないこと[行為, 考え].

Fri·bourg [fri:búə | -búə(r; *F.* fribu:r] *n.* **1** フリブール(州)《スイス西部の州; 人口 181,000, 面積 1,670 km^2》. **2** フリブール《Fribourg 州の首都; 人口 41,000》.

fric·an·deau [fríkəndòu, ─ ─ ─ | fríkəndəu, -kɑːn-; *F.* frikɑ̃do] 〘《1706》⊏F ～ ← ? *fricasser*: cf. fricassee〙 ── *n.* (*pl.* **～s, -an·deaux** [～z; *F.* ～]) フリカンドー《子牛の肉に豚の背脂を刺して蒸し煮にした料理; cf. grenadin¹》. ── *vt.* 〈子牛肉を〉フリカンドーにする.

fric·an·do [fríkəndòu, ─ ─ ─ | fríkəndáu, ─ ─ ─] *n.* (*pl.* **～es**) ＝fricandeau.

fric·as·see 〘《1568》⊏F *fricassée* (fem. p.p.) ← *fricasser* to mince and cook in sauce ← ?〙 ── [fríkəsì:, ─ ─ ─] *n.* フリカッセ《家禽や子牛などの細切り肉をソースで煮込んだ料理》. ── [─ ─ ─, ─ ─ ─ | ─ ─ ─, ─ ─ ─] *vt.* (**～d; ～·ing**) 〈肉を〉フリカッセ風に調理する: ～*d* chicken 鶏肉のフリカッセ.

fri·ca·tion [frɪkéɪʃən] 〘⊏L *fricātiō(n-)* ← *fricātus* (↓)〙 *n.* 〘音声〙摩擦, 摩擦音 (fricative).

fric·a·tive [fríkətɪv | -tɪv] 〘《1860》⊏NL *fricātīv-us* ← L *fricāt-* (p.p. stem) ← *fricāre* to rub: ⇨ -ive〙 〘音声〙 ── *adj.* 摩擦音の: ～ consonants 摩擦子音. ── *n.* 摩擦音《[f], [v], [θ], [ð], [s], [z], [ʃ], [ʒ], [h] など》.

fricative tríll *n.* 〘音声〙摩擦顫動(せんどう)音《チェコ語の [ř]》.

Frick [frík], **Henry Clay** *n.* (1849–1919) 米国の実業家.

fric·tion [fríkʃən] 〘《1581》⊏L *frictiō(n-)* a rubbing ← *frict-* (p.p. stem) ← *fricāre* to rub: ⇨ -tion〙 ── *n.* **1 a** (皮膚を刺激するための)体の摩擦; (頭の毛根部の)摩擦, 頭皮摩擦[マッサージ]. **b** (物体と物体との)摩擦. **2** (意見の)衝突, 不和, 軋轢(あつれき) (collision): ～ between two countries [parent and child] 二国間[親子]の軋轢. **3** 〘機械・物理〙摩擦: ⇨ rolling friction, sliding friction.

fríc·tion·al [-ʃənl̩, -ʃnəl] *adj.* 摩擦の; 摩擦によって動く[働く, 生じる]: ～ force 摩擦力 / ～ electricity 摩擦電気 / ～ oscillation 摩擦振動 / ～ resistance 摩擦抵抗. **～·ly** *adv.*

fríction bàll *n.* (玉軸受けに用いる)減摩ボール, (ボールベアリングの)小球.

fríction bràke *n.* 摩擦ブレーキ.

fríction càlender *n.* 〘製紙〙フリクションカレンダー, 摩擦光沢機《摩圧によって紙に光沢をつけるロール; cf. supercalender》.

fríction clùtch *n.* 摩擦クラッチ.

fríction-còne *n.* 摩擦円錐(えんすい), 円錐形摩擦車.

fríction-còupling *n.* 摩擦軸継手.

fríction-dìsc *n.* 摩擦円板.

fríction drìve *n.* 摩擦駆動.

fríction gèaring [gèar] *n.* 摩擦伝動装置《歯のかみ合いによらず摩擦で動力を伝える装置》.

fríction hèad *n.* 〘水力学〙摩擦水頭, 摩擦ヘッド《流体摩擦による損失水頭; cf. head 8》.

fríction hórsepower *n.* 〘機械〙摩擦馬力《内燃機関が運転する際各部の摩擦によって損失する動力; 略 f. h.p.》.

fric·tion·ize [fríkʃənàɪz] *vt.* 摩擦によって…に作用を及ぼす.

fríction làyer *n.* **1** 〘気象〙摩擦層《地球の表面に接している厚さ約 1 km 以内の空気の層》. **2** 〘物理〙＝boundary layer.

fríction·less *adj.* **1** 摩擦のない[を生じない]: a ～ bearing. **2** 友好的な: a ～ relation. **～·ly** *adv.*

fríctionless contínuant *n.* 〘音声〙無摩擦継続音《イギリス英語の [ɹ] など》.

fríction lòss *n.* 〘機械〙摩擦損失.

fríction màtch *n.* 摩擦マッチ.

fríction píle *n.* 〘建築〙摩擦杭(ぐい)《基礎杭のうち, 先端が硬質地盤に達しないで回りの地盤の摩擦力によって支持されているもの; cf. point-bearing pile》.

fríction pùlley *n.* ＝friction wheel.

fríction rést escàpement *n.* 〘時計〙摩擦静止式脱進機《がんぎ車が停止している時もてんぷががんぎ車と接触しながら振動する形式の脱進機》.

fríction-sàw *vt.* 摩擦鋸盤[回転摩擦]で切る.

fríction sàw *n.* 〘機械〙摩擦鋸盤《歯のない丸鋸を高速回転させ, その摩擦熱で堅い金属を切断する機械》.

fríction tàpe *n.* 粘着テープ《電線・ケーブルなどの接続部の絶縁に用いるテープ》.

fríction wélding *n.* 〘金属加工〙摩擦溶接, 摩擦圧接《2 つの軸端面を回転・接触させ, 摩擦熱が適当な温度に達した時, 軸方向に圧縮して接合する方法》.

fríction whèel *n.* 摩擦車《friction gearing に用いる; friction pulley ともいう》.

Fri·day¹ [fráɪdi, -deɪ | -dɪ, -deɪ] 〘OE *Frīge-dæg* 'DAY of FRIGG' (cog. Du. *vrijdag* / G *Freitag*)《なぞり》← LL *Veneris diēs* 'day of (the planet) VENUS' (cf. F *vendredi*)《なぞり》← Gk *Aphrodítēs hēméra* 'day of APHRODITE'〙 ── *n.* 金曜日: on ～ (morning, afternoon, evening) 金曜日(の朝, 午後, 晩)に / last [next] ～＝on ～ last [next] この前[次]の金曜日に / ⇨Black Friday, Good Friday. ── *adv.* 《口語》金曜日に (on Friday).

Fri·day² [fráɪdi, -deɪ | -dɪ, -deɪ] 〘金曜日に見つけたことから〙 *n.* **1** フライデー《Robinson Crusoe の忠実なしもべの名》. **2** ＝man Friday; girl Friday.

Fri·days [fráɪdiz, -deɪz | -dɪz, -deɪz] 〘⇨ -s² 1〙 *adv.* 金曜日に, 金曜日ごとに: He always calls on me ～. 彼はいつも金曜日に訪ねてくる.

fridge [fríʤ] 〘《変形》← (RE)FRIGE(RATOR)〙 *n.* 《英口語》＝refrigerator.

fried 〘ME〙 ── *v.* fry¹ の過去形・過去分詞. ── *adj.* **1** 揚げものにした, フライにした: ～ eggs 目玉焼き. **2** 《俗》[Predicative に用いて] 酔っぱらって, ご機嫌で (drunk).

Fried [frí:t, frí:d; *G.* frí:t], **Alfred Hermann** *n.* フリート《1864–1921; オーストリアの平和主義者; Nobel 平和賞 (1911)》.

Frie·da [frí:də] 〘⊏G *Frida* < OHG *fridu* peace: cf. Frederick〙 *n.* 女性名《異形 Frida》.

fríed·càke *n.* 《米》揚げ菓子《ドーナツやクルーラー (cruller) など》.

Frie·dél-Cráfts reàction [fri:délkrǽfts- | -krɑ́:fts-] 〘← *Charles Friedel* (1832–99: フランスの化学者) & *James M. Crafts* (1832–1917: アメリカの化学者)〙 ── *n.* 〘化学〙フリーデル クラフツ反応《塩化アルミニウムを触媒とする有機合成の反応》.

Fried·man [frí:dmən], **Milton** *n.* 米国の経済学者で著名な通貨主義者; Nobel 経済学賞 (1976) (cf. Friedmanite).

Fried·man·ite [frí:dmənàɪt] *n.* 〘経済〙通貨主義者 (monetarist); (特に) M. Friedman 学説の支持者《物価や名目 GNP の変動は名目貨幣量の動きから生じるとし, 通貨供給の変動を一定限度内に抑えることを主張する》.

Fríedman's tést 〘← *Maurice H. Friedman* (1903– : 米国の生理学者)〙 ── *n.* 〘医学〙フリードマン試験[テスト], 妊娠尿家兎試験《被験者の尿を雌兎に注射して行なう妊娠反応》.

Fried·rich [frí:drɪk; *G.* frí:drɪç] 〘⊏G ～ 'FREDERICK'〙 *n.* 男性名《愛称形 Fritz》.

friend [frénd] 〘OE *frēond* friend, lover < Gmc **frijand-* (G *Freund*) (pres.p.) ← **frijōjan* (OE *frēogan* to love) ← **frijaz* 'FREE': cf. fiend〙 ── *n.* **1 a** 友, 友だち, 友人: a ～ of mine 私の友人 / ～*s* and acquaintances 友人知己 / one of my ～*s* 友人の一人 / my ～ John 私の友人のジョン / We are ～*s*. 我々は友人同士である / be [keep] ～*s* with …と親しい[親しくしている] / make ～*s* again 仲直りする / make ～*s* with …と親しく[仲よく]する / great [good] ～*s* 親友, 大の仲よし / A ～ in need is a ～ indeed. 《諺》まさかの時の友こそ真の友 / The dog is a [the] ～ of man. 犬は人間の友だ / These pills are the dyspeptic's ～. この丸薬は胃病患者の友[常備薬]だ / Fortune has been your ～. 運がよかったね. **b** (決闘などの際の)介添役. **2** [呼掛けや引合いに出す時に用いて] (わが)友: my (good) ～ (ねえ)君 / our ～ here ここにおられるこの方 / my honourable [noble] ～ 《英》英国上院[下院]で同党の議員同士の正式の呼び方 / my learned ～ 法廷における弁護士同士の正式の呼び方. **3 a** 〔…に〕好意を寄せる人, 味方; 後援者, 〔主義などの〕支持者, 共鳴者〔*of, to*〕: a ～ *of* [*to*] truth [liberty] 真理[自由]の味方 / a ～ *of* the poor 貧民の友 / He has been a good ～ *to* me. 彼は私に親切にしてくれた / He has been no ～ *to* me. 私に対してちっとも親切でなかった / You will always find a ～ in me. いつでも力になってあげます. **b** [通例 *pl.*] (学園・学校・施設などに常々経済援助をする)後援者たち, 義援団体. **4** (国・党・グループの)連れ; 仲間, 同胞, 同僚: He left the court with his ～*s*. 彼は仲間の人たちと法廷を出て行った / Who was your ～ in the car? 自動車の中にいた君の連れはだれだったか. **5** 助け(となるもの): Her shyness was her best ～. 内気なのが彼女に幸いした. **6 a** デートの相手, 恋人. **b** 《廃》情人. **7** [*pl.*] 《英・スコット》(保証人となり得るような)近親, 身内. **8** [F-] 基督友会[フレンド派] (Society of Friends) の人, クエーカー教徒(Quaker)《クエーカー教徒間では普通の呼掛けとしても用いる》.

a friend at* [*in*] *court (宮中で)引き立ててくれる知人, 有力な伝(つて), よい手づる, ひき.

Friends of God [the ―] 神の友《特に, 14 世紀のドイツ・スイスの神秘的宗教団体》.

── *vt.* 《詩・古》＝befriend.

friend·ed 〘ME〙 *adj.* 《古》友人のある, 友人に伴われた.

friend·less 〘ME〙 *adj.* 友のない, 知るべ[寄るべ]のない, 孤独な. **～·ness** *n.*

friend·li·ly [-lɪli, -lə- | -lɪ] *adv.* 《まれ》友だちらしく, 友情を示して, 親切に; 友好的に.

friend·li·ness 〘《?*a*1440》〙 *n.* 友情, 親切; 友好.

friend·ly [fréndli | -lɪ] 〘OE *frēondlīc* (adj.), *frēondlīce* (adv.): ⇨friend, -ly¹,²〙 ── *adj.* (**friend·li·er; -li·est**) **1** 友人らしい, 友人にふさわしい; 親しみのある, 優しい; 友好的な: exchange a ～ nod [greeting] 親しそうにうなずき合う[挨拶を交わす] / a ～ nation 友好国民, 友邦 / be on ～ terms [have ～ relations] with …と親しくしている[仲よくする] / feel ～ *to* a person 人に親しみを感じる / in a ～ manner [way] 友だちらしく, 親しそうに, 親切に, 好意的に; 友好的に / a ～ match (フットボールなどの)親善競技《楽しむことを目的とし勝利を目当てとしない》. **2** 愛想のよい, 親切な, 優しい, 人なつっこい (amiable): a ～ face / They were all very ～ *to* us. みんな私たちに大変親切にしてくれた. **3** 友愛的な, 互助的な, 共済的な; 〈物が〉役に立つ, 都合のよい: ～ showers 慈雨 / ⇨ friendly lead, Friendly Society. **4** 好意を寄せる, 賛成する, 支持する: I am not ～ *to* revolution. 私は革命には賛成しない. **5** [F-] 基督友会[フレンド派]の, クエーカー教徒の. ── *adv.* (**friend·li·er, -li·est; more ～, most ～**) ＝friendlily. ── *n.* **1** 友好的な人, 《特に, 移住民や侵入者に対し》好意的な原住民. **2** 親善試合 (friendly match).

fríendly áction *n.* 〘法律〙(事実については争いがなく, 単にある法律問題の裁判を目的とする)友誼的訴訟 (amicable action).

Fríendly Íslands *n. pl.* [the ～] フレンドリー諸島 (⇨ Tonga Islands).

fríendly léad *n.* 《英》(隣保事業の)共済慰安会《London の貧民救済資金募集を目的とする催し》.

fríendly socíety, F- S- *n.* 《英》＝benefit society.

fríendly súit *n.* 〘法律〙＝friendly action.

friend·ship [frén(d)ʃɪp] 〘OE *frēondsċipe*〙 ── *n.* **1** 友愛, 友情 (friendliness): help a person out of ～ 友情から人を助ける. **2** 友の交わり, 友交, 親交: a ～ of long standing [twenty years] 多年[20 年来]の親交 / forget old ～*s* 昔の親しい交わりを忘れる.

fri·er [fráɪə | fráɪə(r] *n.* ＝fryer.

Fries [frí:s, frí:z], **Charles Carpenter** *n.* (1887–1969) 米国の英語学者; 英語教授法における oral approach の提唱者; *The Structure of English* (1952).

Frie·sian¹ [frí:ʒən, -ʒiən | -zjən, -zɪən, -ʒɪən, -ʒən] *adj., n.* ＝Frisian.

Frie·sian² [frí:ʒən, -ʒiən | -zjən, -zɪən, -ʒɪən, -ʒən] *n.* 《英》＝Holstein 2.

Fries·ic [frí:sɪk, -zɪk] *adj., n.* ＝Frisian.

Fries·land [frí:zlənd, frí:s-, -lænd | frí:z-; *Du.* frí:slɑnt] *n.* フリースラント(州)《オランダ最北部の州; 人口 566,000, 面積 3,800 km^2, 首都 Leeuwarden》.

frieze¹ [frí:z] 〘《1563》⊏F *frise* ⊏ML *frisium* embroidered cloth《変形》← *frigium* ＝L *Phrygium* (*opus*) Phrygian (work): Phrygia が刺繍で名高いことから〙 ── *n.* **1** 〘建築〙フリーズ, 小壁《建築の柱の上の部分である entablature 中 cornice と architrave の中間の部分; 装飾的な彫刻を施すことが多い; ⇨ entablature 挿絵》. **2** (建築の壁面上部, 時には家具の周囲に施した)帯状装飾, 装飾帯. **3** フリーズを思わせる列[帯]: a ～ of tourists around the tower 塔を取巻いて並んでいる旅行者たち.

frieze² [frí:z, fri:zéɪ, frɪ-, frə- | frí:z] 〘《1376–77》⊏OF *frise* ⊏ MDu. *friese* coarse, hairy cloth ⊏ L *Frisii* 'FRISIAN'〙 ── *n.* **1** フライズ《片面だけけばを立てた外套用の粗紡毛織物; アイルランドはその主要産地》. **2** (けばの長い織物の先を切った, または切らないままの)けば面. ── *vt.* けば立てる.

frieze bòard *n.* 〘木工〙フリーズ板《コーニス (cornice) と腰壁の間のフリーズ状の板》.

friezed 〘⇨ frieze¹〙 *adj.* 〘建築〙フリーズを施した.

frig¹ [fríʤ] 〘《略》〙 *n.* 《英口語》＝refrigerator (cf. fridge).

frig² [fríg] 〘← ? 《廃・英方言》*frig* to wriggle, rub〙 (**frigged; frig·ging**) 《卑》 ── *vi.* **1** ＝fuck. **2** ＝masturbate. **3** ぶらぶら時を過ごす 〈*about, around*〉. **4** 逃げる, 去る (make off) 〈*off*〉. ── *vt.* ＝fuck. ── *n.* ＝fuck.

frig·ate [frígət, -gɪt] 〘《1585》⊏F *frégate* ⊏It. *fregata* ← ? Gk *áphrantos* unfenced, not decked〙 ── *n.* **1** フリゲート艦《1750–1850 年頃の, 上下の甲板に 28–60 門の大砲を備えた木造の快速帆船; 今日の巡洋艦 (cruiser) に相当》. **2** 〘英・カナダ海軍〙護衛艦, 小型駆逐艦《大きさはコルベット艦 (corvette) と駆逐艦 (destroyer) との中間で, 米国の護衛駆逐艦 (destroyer escort) に相当). **3** 〘米海軍〙フリゲート艦《巡洋艦と駆逐艦との中間で, 5000-7000 トンクラス》. **4** 〘鳥類〙=frigate bird.

frígate bìrd *n.* 〘鳥類〙グンカンドリ《熱帯産のグンカンドリ属 (*Fregata*) の大きな海鳥; 飛行力が強く魚類をむさぼり食う; man-o'-war bird ともいう》.

frigate bird (*F. magnificens*)

frígate máckerel *n.* 〘魚類〙ヒラソウダ (*Auxis thazard*)《暖海産の脂っこいサバ科の魚》.

Frigg [fríg] 〘□ON ～ < Gmc **frijjō* wife, beloved ← IE **prāi-* to love: ⇨ free〙 — *n.* 〘北欧神話〙フリッグ, フリッガ《Odin の妻で, 愛・豊穣・女性の守護・家庭の女神; Friday の週名は彼女にちなむ》.

Frig·ga [frígə] *n.* 〘北欧神話〙=Frigg.

fríg·ger 〘← FRIG²+-ER¹〙 *n.* 《卑》=fucker.

fríg·ging [-gɪn, -gɪŋ] *adj.* 《卑》いまいましい, ばかげた.

fright [fráɪt] 〘OE *fryhto*《音位転換》← *fyrhto* < Gmc **furχtīn* (G *Furcht*) ← **furχtaz* afraid ← ?〙 — *n.* **1** (突然の激しい)恐怖, 激しい驚き: in a ～ ぎょっとして, 肝をつぶして / die from [of] ～ 恐怖のために[びっくりしたのが原因で]死ぬ / give a person a ～ 人に非常な恐怖を与える[肝をつぶさせる] / have [get] a ～ 恐怖に襲われる, おびえる / take ～ at …にぎょっとする, びっくりする. **2** (びっくりするような)醜い顔の人[物], おばけのような人[物]: She is [looks] a perfect ～. 全く二目と見られない顔の女だ. — *vt.* 《詩・まれ》=frighten.

fright·en [fráɪtn] 〘(1666): ⇨ ↑, -en¹〙 — *vt.* **1** ぎょっとさせる, …の肝をつぶさせる, びっくりさせる (alarm): She was ～*ed* at the shout [by the shadow]. 彼女はその叫び声[物影]にぎょっとした / be ～*ed of*… ⇨ frightened 2 / be more ～*ed* than hurt ⇨ hurt *vt.* **2 a** 追い立てる 〈*away, out, off*〉; The sound of the siren ～*ed* the thief *away* [*off*]. サイレンの音にびっくりして泥棒は逃げ去った. **b** おどかして(ある状態に)陥れる 〔*into, to*〕: He ～*ed* the boys *out* (*of* the house). 少年どもをおどして(家から)追い出した / ～ a person *into* submission [*into* telling the secret] 人をおどして服従させる[秘密を話させる] / ～ a person *to* death 人を(肝をつぶすほど)ひどくぎょっとさせる / ～ a child *into* fits 子供をこわがらせて発作を起こさせる / ～ a person *out of* drinking 人をおどかして酒をやめさせる / be ～*ed* out of one's wits ⇨ wit 4. **c** おどかしておびき出す: He tried to ～ the secret *out of* the boy. 少年をおどして秘密をはかせようとした. — *vi.* おびえる: She ～*s* easily. 彼女はすぐおびえる.

fríght·ened *adj.* **1** おびえた: a ～ child, cry, etc. **2** [Predicative に用いて] 〔…を〕こわがって (afraid) 〔*of*〕: He is ～ *of* earthquakes [walking in the dark]. 彼は地震[暗がりを歩くの]をこわがっている.

fright·en·ing [-tnɪŋ, -tn-] *adj.* 肝をつぶすような, ぎょっとさせる, 驚くべき: a ～ sight. **～·ly** *adv.*

fright·ful [fráɪtfəl] 〘(*c*1250): ⇨ fright, -ful〙 — *adj.* **1** 恐ろしい, ものすごい (dreadful); ぞっとする[ぎょっとする]ような (shocking): a ～ accident [sight] 恐ろしい出来事[光景] / a ～ storm ものすごい暴風雨 / ～ atrocities ぞっとするような凶行 / a ～ scandal 驚くべき醜聞. **2 a** ひどい, 醜悪な, 二目と見られないような. **b** 《口語》不愉快な, いやな: We had a ～ journey [time]. 不愉快な旅をした[目にあった] / What a ～ hat! 何というひどいいやな帽子だろう. **3** 《口語》大変な, すごい (extreme): a ～ bore 恐ろしく退屈な人 / a ～ thirst 大変な喉のかわき / make a ～ mistake 大変な間違いを犯す.

fríght·ful·ly [-fəli | -lɪ] *adv.* **1** 恐ろしく, すさまじく, ものすごく; 驚くばかりに (alarmingly). **2** 《口語》恐ろしく, 実に, ひどく (very): I'm ～ sorry I have kept you waiting. 待たせて本当にすみませんでした.

fríght·ful·ness *n.* **1** 恐ろしさ, こわさ, ものすごさ; 醜悪さ. **2** 〘《なぞり》← G *Schrecklichkeit*〙(占領地の地方民に対する)暴圧策, 残虐 (terrorism).

fríght wìg *n.* 〘演劇〙びっくりかつら, 逆毛(さかげ)かつら《髪の毛が(必要に応じて)逆立つように作った舞台用のかつら》.

frig·id [frídʒɪd, -dʒəd | -dʒɪd] 〘(?*a*1425) □ L *frīgid-us* cold ← *frīgēre* to be cold ← *frīgus* state of cold ← IE **srīg-* cold: ⇨ -id⁴〙 — *adj.* **1** 寒さの厳しい, 厳寒[極寒]の: ～ weather 寒さのきびしい天候. **2** 暖か味のない, 情熱の欠けている, 冷やかな, 無関心な, 冷淡な (indifferent) 〔*to*〕; 形式的な, 堅苦しい (formal): a ～ conversation 冷たい談話 / a ～ look 冷やかな顔つき / in a ～ manner 冷淡な[冷たい]態度で / a ～ bow (冷たい)形だけのおじぎ. **3** 想像力に欠けた, 心に訴えるもののない (dull): a ～ poem. **4** 〘病理〙〈女性が〉性欲のない, 性交がきらいな; 冷感症[不感症]の (cf. impotent 4). **～·ly** *adv.* **～·ness** *n.*

Frig·i·daire [frɪ̀dʒədéə | -dʒɪdéə(r] 〘商標名: ⇨ ↑, air¹〙 *n.* 〘商標〙フリジデアー《電気冷蔵庫の商品名》.

frig·i·dar·i·um [frɪ̀dʒədé(ə)riəm | -dʒɪdéərɪ-] 〘□ L ～ 'cooling room' ← *frīgidus* 'FRIGID': ⇨ -arium〙 — *n.* (*pl.* **-i·a** [-riə | -rɪə]) (古代ローマの)冷浴場 (cf. caldarium, tepidarium).

fri·gid·i·ty [frɪdʒídəti | -dətɪ, -dɪ-] 〘(?*a*1425) □ (O)F *frigidité* // L *frīgiditāt-em*: ⇨ frigid, -ity〙 — *n.* **1** (態度などの)冷たさ, 冷淡 (indifference); 堅苦しさ, 形式張り (formality). **2** 〘病理〙(女性の)性欲欠乏; 冷感症, 不感症 (cf. impotence 2).

Frígid Zòne *n.* [the ～] 〘地理〙寒帯 (cf. zone 7): the North [South] ～ 北[南]寒帯 (⇨ zone 挿絵).

frig·o·rif·ic [frɪ̀gərífɪk] 〘□ L *frīgorific-us* cooling ← *frīgus*: ⇨ frigid, -fic〙 *adj.* 寒さを起こす[生じる], 冷え冷えする (chilling).

fri·jol [fri:hóʊl, -hɔ́(:)l, ⌐⌐ | fri:hə́ʊl, -hɔ́l; *Sp.* frixól] 〘(1577) □ Sp. ～ < L *phaseolum* kidney bean〙 — *n.* (*pl.* **fri·jo·les** [-hóʊliz, -leɪs, -hɔ́(:)leɪs | -həʊlèɪz, -hɔ́l-; *Sp.* frixóles]) (*also* **fri·jo·le** [fri:hóʊli | -həʊleɪ]) 《米南西部》〘植物〙インゲンマメ (*Phaseolus vulgaris*) (kidney bean); ササゲ (*Vigna sinensis*) (cowpea)《いずれもラテンアメリカ人の重要な食糧》.

frill [fríl] 〘(1591) □ ? Flem. *frul* frill (of a collar)〙 — *n.* **1 a** フリル, ひだ飾り《細長い布にギャザーをよせたもので, えりや袖口などの飾りに用いる》. **b** (骨付き肉の骨の端などにかぶせる)紙飾り. **2 a** (鳥獣の)えり毛. **b** (花や葉の)縁飾り《他と違った色の部分》. **3** [*pl.*] (態度・文体などの)気取り: a style with too many ～*s* 飾りの多過ぎる文体, 美文体[調] / put on (one's) ～*s* 気取る. **4** 安っぽい服飾品, 余分なもの, ぜいたく. **5** 〘写真〙(ゼラチン膜がゆるんでできるフィルムのへりの)ひだ状のしわ. — *vt.* …にひだ飾り[フリル]を付ける, …のひだを取る. — *vi.* 〘写真〙〈フィルムが〉(ゼラチン膜がゆるんで)しわがよる.

frilled *adj.* ひだ飾りを施した, ひだ飾り付きの.

frílled lízard *n.* 〘動物〙エリマキトカゲ (*Chlamydosaurus kingii*)《オーストラリア産の首にひだえりのある大型のトカゲ; 約 90 cm に達する》.

frilled lizard

frill·er·y [fríləri | -rɪ] 〘← FRILL (n.)+-ERY〙 *n.* フリル, ひだ飾り.

frill·ies [frílɪz | -lɪz] 〘⇨ frilly, -es〙 *n. pl.* フリル[ひだ飾り]付き婦人服, (特に)フリル付き下着.

fríll·ing [-lɪŋ] *n.* **1** フリル飾り, ひだ飾り. **2** 〘写真〙(フィルムのへりの)しわ寄り.

frill·y [fríli | -lɪ] *adj.* (**frill·i·er; -i·est**) **1** ひだ飾り[フリル]の付いた: a ～ blouse. **2** ひだべりのような; 装飾的な, 取るに足らない. **fríll·i·ness** *n.*

Fri·maire [fri:méə | -méə(r; *F.* frimɛ:r] 〘□ F ～《原義》month of frost ← *frimas* hoarfrost (← OF *frim* ← Gmc)+-*aire* '-ARY' (1793 年 Fabre d'Églantine の造語)〙 — *n.* 霜月《フランス革命暦の第 3 月; ⇨ Revolutionary calendar》.

fringe [fríndʒ] 〘(1353-54) *frenge* □ OF (F *frange*) < VL **frimbiam*=L *fimbria* 'FIMBRIA'〙 — *n.* **1** (布・帯・肩掛け・すそなどの)フリンジ, 房のふち飾り. **2 a** 房飾り状のもの. **b** へり, 縁, 外べり, 外辺: a common with a ～ of trees 周辺に樹木のある共有地 / on the ～ of the forest 森の外べりに / a ～ of beard on the chin あごのへりに生えたひげ (cf. Newgate fringe) / ⇨ Celtic fringe. **c** (婦人の額ぎわの)切下げ前髪 (bang). **d** (花弁のへりなどの)ぎざぎざ. **3 a** (学問・活動・問題などの)外辺, 周辺; 追加的[二次的]な物事: the mere ～ of philosophy 哲学の外側を少しばかりのぞいただけの知識. **b** (経済・社会・政治・文化面で)主流の周辺の[から逸脱した]集団, 過激派グループ: ⇨ lunatic fringe. **4** 〘光学〙(光の干渉や回折によって生じる)明暗[色]の縞模様. **5** 〘労働〙=fringe benefit. **6** 〘光学〙偽色帯 (cf. chromatic aberration). — *attrib. adj.* **1** 外辺にある, 周縁[周辺]の: ～ countries / ⇨ fringe area. **2** 付加的な: ～ costs 付加費用. **3** 劣った, 二流の: ～ industries 二流の企業. — *vt.* **1** …にフリンジ[房]をつける, 房で飾る. **2** …にへり取りをする, …のへりになる, …にへりを付ける (border), 縁取る 〔*with*〕: a chin ～*d with* a beard へりにひげのはえたあご / a small lot ～*ed* by trees and bushes 木や低木がへりに生えている小さな土地 / The stream is ～*d with* willows. 流れの縁にはやなぎが生えている.

fringe àrea *n.* 〘放送〙フリンジエリア《距離の関係や電波障害などのために受信が弱かったり甚だしく不良になったりする地域》.

fringe bènefit *n.* 〘労働〙(交通費・住宅手当・私的年金・病気休暇など, 労働への直接的対価以外の)追加的給付, 諸手当.

fringed 〘ME〙 *adj.* **1** 房の付いた, 房飾り付きの. **2** 〘植物〙〈花弁のへりなど〉ぎざぎざに裂けた (fimbriate).

fringed gálax *n.* 〘植物〙イワカガミ (*Shortia soldanelloides*)《日本産の葉が丸くて美しく, 淡紅色の花が咲く常緑の多年草》.

fringed géntian *n.* 〘植物〙北米東部産のリンドウの一種 (*Gentiana crinita, G. procera*)《両種とも青紫色の花冠のへりがぎざぎざに裂けている》.

fringed órchis *n.* 〘植物〙米国東部原産のサギソウ属 (*Habenaria*) のランの総称 (rein orchis ともいう).

fringe·flòwer *n.* 〘植物〙=butterfly flower.

fringe·lànd *n.* 辺境, 外郭地帯《中核地帯の周縁地域; cf. heartland, rimland》.

fringe·less *adj.* 房[へり飾り]のない.

fringe-tòed lízard *n.* 〘動物〙コロラドフサアシトカゲ (*Uma notata*)《北米西部およびメキシコの砂漠地帯に生息するトカゲ》.

fringe trèe *n.* 〘植物〙アメリカヒトツバタゴ (*Chionanthus virginicus*)《北米南部産のモクセイ科の落葉樹で白い糸状 4 弁の花をつける》.

frin·gil·lid [frɪndʒílɪd, -ləd | -lɪd] 〘↓〙 *adj., n.* 〘鳥類〙アトリ科の(小鳥).

Frin·gil·li·dae [frɪndʒílədi: | -lɪ-] 〘← NL ～ ← *Fringilla* (属名: ← L *fring(u)illa* chaffinch) + -IDAE〙 *n. pl.* 〘鳥類〙(スズメ目)アトリ科.

fring·ing *n.* ふち取り. — *adj.* ふち取(ってい)る, フリンジになった, 房のふち飾りのある.

fringing fórest *n.* 〘生態〙ガレリア林, 拠水林《サバンナや草原などの川に沿って帯状に分布する樹林》.

fringing réef *n.* 〘地理〙裾礁(きょしょう)《さんご礁の一形式で陸岸に接してできている; cf. barrier reef, atoll》.

fring·y [fríndʒi | -dʒɪ] *adj.* (**fring·i·er; -i·est**) **1** 房で飾った[のある]. **2** 房のような, 房状の.

frip·per·y [fríp(ə)ri | -pərɪ] 〘(1568) □ F *friperie* < OF *freperie* old clothes ← *frepe* rag〙 — *n.* **1** (服装の)けばけばしい装飾品. **2** 虚飾, くだらない見せびらかし. **3** [集合的] 安ぴか物 (gewgaws), つまらない物 (trifles). **4** 華美な文飾[文体] (cf. euphuism). **5** 《廃》古着; 古着店. — *adj.* 安ぴかの, 安くてけばけばしい (tawdry); つまらない (trifling).

frip·pet [frípɪt, -pət] 〘← ?〙 *n.* 《英俗》けばけばしい身なりの若い女; 軽薄な若い女性.

Fris. 《略》Frisian.

Fris·bee [frízbi | -bɪ] 〘米国 Connecticut 州の Frisbie 製菓会社の菓子かんのふたが昔この遊びに用いられたことから〙 — *n.* 〘商標〙フリスビー《プラスチック製の小型の円盤で, 投げたり受けたりして遊ぶ》.

Frisch [fríʃ; *Norw.* fríʃ], **Rag·nar An·ton Kit·til** [rɑ́gnar ɑ́ntɔn kíttil] *n.* フリッシュ (1895- ; ノルウェーの経済学者; Nobel 経済学賞 (1969)).

Fris·co [frískou | -kəu] 〘《短縮》〙 *n.* 《米俗》=San Francisco. ★ 土地の人・教養のある人は用いない.

fri·sé [fri:zéɪ, frɪ-, frə- | frɪ-; *F.* frize] 〘□ F ～ (p.p.) ← *friser* to curl〙 *n.* フリーゼ《一種のじゅうたん地でけばを切らず輪にしたもの》.

Fríse áileron [frí:z-] 〘← *L. G. Frise* (1897- : 英国の技師)〙 *n.* 〘航空〙フリーズ補助翼.

fri·sette [fri:zét, frɪ-, frə- | frɪ-] 〘□ F ～ (cluster of) small curls ← *friser* to curl: ⇨ frizz¹, -ette〙 *n.* 《まれ》(婦人の上額部に作る)前髪の巻毛.

fri·seur [fri:zə́: | -zə́:(r; *F.* frizœ:r] 〘□ F ～ ← *friser* (↑)+-*eur* '-OR²'〙 *F. n.* (*pl.* **～s** [～z; *F.* ～]) 理髪師.

Fri·si·an [fríʒən, frí:-, -ʒiən | fríziən, -zjən, -ʒiən, -ʒən] 〘(1598) ← L *Frisi(i)* the Frisians, 《原義》curly-headed (← Gmc)+-IAN〙 — *adj.* **1** フリースラント (Friesland) の: the ～ cattle フリージアン種乳牛《ホルスタイン種ともいう》. **2** フリジア人の. **3** フリジア語の. — *n.* **1** フリジア人, フリーズ人《オランダのフリースラント地方に住む住民》. **2** フリジア語《英語に最も密接な関係のあるゲルマン語》.

Frísian Íslands *n. pl.* [the ～] フリジア諸島《オランダ・デンマークおよびドイツ沖合にある北海中の列島で, 西フリジア諸島 (West Frisian Islands), 東フリジア諸島 (East Frisian Islands), 北フリジア諸島 (North Frisian Islands) とから成る》.

Fri·si·i [fríziàɪ, -ʒi-, -zii: | -ziàɪ, -zii:] *n. pl.* [the ～] フリジア人《先史時代北海沿岸に居住したゲルマン人》.

frisk [frísk] 〘(1519) ← (15C) *frisk* (adj.) □ OF *frisque* lively ← Gmc: cf. G *frisch* lively〙 — *vi.* (ふざけて)軽快にはね回る, (じゃれて)飛び回る (gambol); ふざける, じゃれる (frolic). — *vt.* **1** (軽快に)動かす, じゃれて動かす. **2** 《俗》**a** 急いで捜す; (特に, 隠している凶器・盗品などを調べようとして着物の上から素早く)〈人・着物を〉捜す, 〈人〉の身体検査をする. **b** (素早くさぐって)から盗む. — *n.* **1** 飛びはね, はね回り. **2** 《俗》(武器・盗品捜査のための着物の上からの)身体検査. **3** 《古》ふざけ (frolic). **～·er** *n.*

frisk·et [frískɪt, -kət] 〘(1683) □ F *frisquette* ← OF *frisque* (↑): ⇨ -et〙 — *n.* 〘印刷〙**1** (手引き印刷機の)あんどんぶた; あんどんぶたに張った紙. **2** マスク《写真印画などを修正する時, 必要な部分しか露出しないようにした板》.

frisk·y [fríski | -kɪ] *adj.* (**frisk·i·er; -i·est**) はね回る, よくじゃれる, 快活な, 陽気な: a ～ kitten. **frísk·i·ly** [-kɪli, -kə- | -kɪli] *adv.* **frísk·i·ness** *n.*

fris·son [fri:sɔ́:(ŋ), -sɔ́(:)ŋ; *F.* frisɔ̃] 〘□ F ～〙 *F. n.* (*pl.* **～s** [～(z); *F.* ～]) 身ぶるい, 戦慄, スリル.

frit¹ [frít] 〘(1662) □ F *fritte* // It. *fritta* fried ← *friggere* < L *frīgere* 'to FRY¹'〙 — *n.* **1** 〘ガラス製造〙フリット《調合物の一成分として作った溶融または煆焼(かしょう)した原料》. **2** 〘陶磁器〙フリット, 白玉(はくぎょく)《釉のある成分または全成分の混合物を溶融し, 水中で急冷して粉砕したガラス状物質》. — *vt.* (**frit·ted; frit·ting**) 〈ガラス原料を〉部分的[完全]に溶融する; 更に加熱する.

frit² *v.* 《英方言》fright の過去分詞.

frít flỳ 〘← ?〙 *n.* 〘昆虫〙双翅目キモグリバエ科の小型のハエ《特に *Oscinella frit*; 幼虫は小麦などイネ科植物の茎にもぐる害虫》.

frith [fríθ] 〘《音位転換》← FIRTH〙 *n.* =firth.

Frith [fríθ], **William Powell** *n.* (1819-1909) 英国ビクトリア時代の風俗画家.

frit·il·lar·i·a [frɪ̀təlé(ə)riə, -tl- | -təléəriə] 〘← NL *fri-*

tillāria ← L *fritillus* dicebox＋-ARIA[1]〗 ── *n.*〖植物〗バイモ《ユリ科バイモ属 (*Fritillaria*) の植物の総称》.

frit·il·lar·y [frítəlèri, -tḷ- | frɪtíləri] 〖《1633》← NL *fritillāria* (↑): ⇨ -ary〗 ── *n.* **1**〖植物〗=fritillaria. **2**〖昆虫〗ヒョウモンチョウ《タテハチョウ科ヒョウモンチョウ類の総称》.

fritt [frít] *n., vt.* =frit.[1]

frítted gláss [-tɪd-, -təd- | -tɪd-, -təd-] *n.* フリットガラス《ガラスを細粉にしたフリットをガラス器に塗布して焼付けた器物》.

frit·ter[1] [frítə | -tə(r] 〖《1686》← ?《廃》*fitters* fragments: cf. OF *fraiture* fragment〗 ── *vt.* **1** (つまらない事に)〈金・時間などを〉ちびちび消費する, むだに使う 〈*away*〉: ~ *away* one's money [time, energy] (あれやこれやに)金銭[時間, 精力]を浪費する. **2**《古》細かにこわす, こなごなにくだく. ── *vi.* **1** 縮まる, 減少する, 退化[退歩]する. **2** 割れる, ばらばらにこわれる. ── *n.* 小片, 細片. **~·er** [-ṭərə | -tərə(r] *n.*

frit·ter[2] [fríṭə | -tə(r] 〖《1381》*friture* □(O)F 'something fried' < VL **frīctūram* ← L *frīgere* 'to FRY[1]': ⇨ -ure〗 ── *n.* **1** [通例 *pl.*] フリッター《小麦粉でつくった濃い衣をつけて揚げた物》: apple *~s* / oyster *~s*. **2** [*pl.*] 鯨脂のかす (fenks).

frit·to mi·sto [frí:tou-místou | -təu-místəu; *It.* frítto místo] 〖□ It. ~ 'mixed fried (food)'〗 ── *n.* フリットミスト《子牛の脳みそ・喉頭肉などや野菜類を別々に揚げて盛り合わせたもの》.

fritz [fríts] 〖← ?〗 ── *n.* ★ 次の成句で: ***on the fritz*** 《米俗》故障して, うまくいかないで; 修繕の要のある: go *on the* ~ 故障する / put ... *on the* ~ ...をだめにする, 台無しにする.
── *vi.* 《米俗》故障する, こわれる (break down) 〈*out*〉.

Fritz[1] [fríts; *G.* fríts] 〖□ G ~ (dim.) ← *Friedrich* 'FREDERICK'〗 *n.* 男性名.

Fritz[2] [fríts] 〖↑〗 *n.* [通例軽蔑的に] (典型的な)ドイツ人《あだ名; cf. John Bull》; ドイツ兵, ドイツ軍, ドイツの飛行機[潜水艦など].

Frit·zi [frítsi | -sɪ] 〖(fem.) ← FRITZ[1]〗 *n.* 女性名.

Fri·u·li·an [friú:liən | friú:ljən, -lɪən] 〖← *Friuli* (イタリアの一地方名) < L *Forojulium*=*Forum Julii* 'FORUM of JULIUS': ⇨ -ian〗 ── *n.* **1** イタリア北東部フリウリ (Friuli) 地方の住民. **2** フリウール語《イタリア北東部地方で話される Rhaeto-Romanic 語の一つ》.

friv·ol [frívəl] 〖《1866》《逆成》← FRIVOLOUS〗 ── *v.* (**friv·oled, -olled; -ol·ing, -ol·ling**)《口語》── *vi.* つまらない[たわいない]振舞いをする (trifle); ふまじめに[ふらふらと]暮らす. ── *vt.* 〈時間などを〉むだに費やす 〈*away*〉: ~ *away* one's time, money, etc.

frív·ol·er [-vələ | -lə(r] *n.* (*also* **friv·ol·ler** [~])《口語》**1** たわいない振舞いをする人. **2** 浪費家.

fri·vol·i·ty [frɪvɑ́ləṭi, frə- | frɪvɔ́lətɪ, -lɪ-] 〖《1796》□ F *frivolité*: ⇨ ↓, -ity〗 *n.* **1** 軽薄, 軽々しさ, ふまじめ. **2** 軽々しい言動, くだらないこと.

friv·o·lous [frív(ə)ləs | -və-] 〖《1459》← L *frivolus* silly, paltry (cf. F *frivole*)＋-OUS〗 ── *adj.* **1** 取るに足らない, つまらない (trivial): ~ complaints 取るに足らない苦情. **2** くだらない, たわいない (silly); ふまじめな, 浮薄な (light-minded): ~ behavior [remarks] 軽薄な振舞い[言葉] / the ~ community 花柳界. **~·ly** *adv.* **~·ness** *n.*

friz [fríz] *v.* (**frizzed; friz·zing**) =frizz[1]. ── *n.* (*pl.* **friz·zes**) =frizz[1].

fri·zette [fri:zét, frɪ-, frə- | frɪ-] *n.* =frisette.

frizz[1] [fríz] 〖《c1620》□ F *fris-er* (to curl)〗 ── *vt.* **1** 〈人〉の毛髪を縮れ毛にする, 〈毛髪を〉縮らせる, 巻毛の房にする (crisp, curl) 〈*up*〉: ~ *up* the hair. **2**〖皮革〗〈裸皮〉の銀面を除く. ── *vi.* 〈毛髪が〉縮れてさか立つ, 巻毛のふさになる. ── *n.* 縮れ; 縮れ毛.

frizz[2] [fríz] 〖《擬音語》: fry[1] にする時の「じりじり」いう音から〗 *vi.* (油で揚げる時に)じゅうじゅう音がする. ── *vt.* じゅうじゅう音をたてて揚げる[料理する].

friz·zen [frízṇ] *n.* (燧石銃の)当て金.

friz·zle[1] [frízḷ] 〖《1565-73》□? OF *freselé* plaited〗 ── *vt.* 〈毛髪を〉細かく縮らせる (frizz) 〈*up*〉. ── *vi.* 〈毛髪が〉細かく縮れる 〈*up*〉. ── *n.* 縮れ; 細かい縮れ髪, カール.

friz·zle[2] [frízḷ] 〖《混成》← FRY[1]＋SIZZLE: cf. frizz[2], -le[3]〗 ── *vi.* **1** 〈肉などが〉じりじり焼ける, 〈揚げ物が〉じゅうじゅういう; (十分揚げられて)かりかりになる. **2** 炎熱にさらされる: I was *frizzling* in Egypt for months. エジプトで幾月も日にあぶられていた. ── *vt.* **1** 〈肉などを〉(かりかりするまで)じりじり揚げる. **2** こがす, 焼く: get *~d* こげる.

friz·zly [frízḷi, -zli | -zḷɪ, -zlɪ] *adj.* =frizzy.

frizz·y [frízi | -zɪ] *adj.* (**frizz·i·er; -i·est**) 縮れ毛の, (細かく)縮れている (curly). **frízz·i·ly** [-zɪli, -zə- | -lɪ] *adv.* **frízz·i·ness** *n.*

Frl. 《略》G. Fräulein.

fro 〖ME □ ON *frā*=OE *fram* 'FROM'〗 ── [frə, fro(ʊ); fróu | frə(ʊ); fráʊ] *prep.* 《スコット・英方言》=from. ── [fróu | fráu] *adv.* 向こうに, あちらへ (away). ★ 次の成句で: ***to and fro*** ⇨ to *adv.* 成句.

Fro·bi·sher [fróubɪʃə | fráubɪʃə(r], Sir **Martin** *n.* (1535?-94) 英国の航海家, 北回りでインドに至る航路を求め, Labrador 北部地方を探検した.

frock [frák | frɔ́k] 〖《1350》*frok* □(O)F *froc* □? Frank. **hrok* cloak〗 ── *n.* **1 a** 丈の長い広袖のゆるやかな聖職服 (habit). **b** 聖職者風(ふう)[向き]の性格. **2** (婦人[子供]用ワンピースの)ドレス, フロック (dress). **3 a** (農夫・労働者・職人などの着る)仕事着 (smock). **b** (船乗り用の)毛織りのジャージー. **4 a** =frock coat. **b** (フロックコートに似たカットの)軍服上衣.
cast* [*throw*] *one's frock to the nettles 〖《なぞり》← F *jeter le froc aux orties*〗 牧師をやめる, 聖職を捨てる.
── *vt.* **1** ...に frock を着せる. **2** 聖職につかせる (cf. unfrock).

frock coat [⌐ ⌐ | ⌐ ⌐] *n.* フロックコート《19 世紀後半から紳士の間で用いられた通例ダブル打合わせでフレアのはいった膝丈の上衣》.

frock coat

Fro·di·na [fro(ʊ)dí:nə | fre(ʊ)-] 〖□ G ~ (fem.) ← *Frodwin* 《原義》wise friend〗 *n.* 女性名.

Fro·dine [fro(ʊ)dí:n | frə(ʊ)-] 〖↑〗 *n.* 女性名.

froe [fróu | fráu] 〖《異形》← FROW[2]〗 *n.* 《米》(おけ板などを割るのに用いる)なた《柄は刃に直角に付いている》.

Froe·bel [fréɪbəl, frí:-, frə́:- | frə́ʊ-, frə́:-; *G.* frø:bəl] (*also* **Frö·bel** [~]), **Friedrich** *n.* フレーベル《1782-1852; ドイツの教育家・幼稚園の創始者 (1837)》. **Froe·be·li·an** [freɪbí:liən, fri:-, frə:- | frəʊbí:ljən, frə:-] *adj.*

Fróe·bel·ism [-lìzṃ] *n.* フレーベルの教育説; (幼稚園児童の)フレーベル式教育法.

Fróebel sỳstem 〖← *F. Froebel*〗 *n.* フレーベル式教育法《幼稚園による幼児教育法》.

frog[1] [frɔ́(:)g, frɑ́(:)g | frɔ́g] 〖OE *frogga* 《愛称形》← *frox* 'FROSH[2]'〗 ── *n.* **1**〖動物〗カエル《無尾類の両生動物の総称; cf. green frog》: (as) cold as a ~ 非常に冷たい. **2** [a ~] のどの痛み, 軽い声のしわがれ: have *a* ~ in one's [the] throat 声がしわがれて[ハスキーになって]いる. **3** 花びんなどの中に入れて草花の茎をささえる小さい重い金具《七宝・剣山と称する物の類》. **4**〖よくかえるを食べるといわれることから〗[F-; 軽蔑的に] フランス人 (cf. frogeater 2, froggy *n.* 2). **5** (れんがのモルタルをつけるための浅い)くぼみ. **6** (バイオリンの弓の)毛留 (nut). ── *vi.* (**frogged; frog·ging**) かえるを捕える[捜す].

frog[2] [frɔ́(:)g, frɑ́(:)g | frɔ́g] 〖《1719》《転用》↑? (その形から): cf. Port. *froco* 'FLOCK, tuft'〗 ── *n.* **1** フロッグ, 花留め《モールやブレードを花のようにデザインした留めの一種で, ループにトグル (toggle) や紐を丸く固めたボタンを通す: 中国服に多くみられる》. **2** (腰帯の)剣差し, つり皮. **3**〖鉄道〗フロッグ, 轍叉(てっさ)《レールの交差点のかえるの後あしの指に似た形のもの》.

frog[2] 1

frog[3] [frɔ́(:)g, frɑ́(:)g | frɔ́g] 〖《1610》: FROG[1] の特殊用法?: cf. It. *forchetta* ((dim.) ← *froca* 'FORK')〗 ── *n.*〖動物〗蹄叉(ていさ)《馬類の蹄底の中央にある三角形の弾性角質の軟骨; cf. cushion 5 c》.

frog[4] [frɔ́(:)g, frɑ́(:)g | frɔ́g] 〖《通俗語源》← G *Frage* question〗 ── *n.*〖トランプ〗フロッグ《solo の前身となったドイツ起源のゲーム; cf. six-bid solo》; (このゲームで)一番低いビッド (bid) の名称.

fróg·bit *n.*〖植物〗**1** トチカガミ (*Hydrocharis morsusranae*)《北半球に広く分布する浮遊性水草; 葉は丸いハート形で白い花が咲く; frog's-bit ともいう》. **2** 熱帯アメリカ産トチカガミ科の浮遊性水草 (*Limnobium spongia*)《American frog's-bit ともいう》.

fróg·èater *n.* **1** かえるを食う人. **2** [F-; 軽蔑的に] フランス人 (cf. frog[1] 4).

fróg·èye *n.*〖植物病理〗葉の輪紋病《一種の菌類による葉の病気; タバコやリンゴの葉に白いまだらを生じる》. **fróg-èyed** *adj.*

fróg·fish *n.*〖魚類〗**1 a** イザリウオ《イザリウオ科の海産魚類の総称》. **b** バラコイデス科の魚類の総称. **2** =toadfish 1.

frogged 〖← FROG[2]＋-ED 2〗 *adj.* 〈衣服など〉フロッグ[花留め]のついた.

frog·gy [frɔ́(:)gi, frɑ́gi | frɔ́gɪ] *adj.* (**frog·gi·er; -gi·est**) **1** かえるのような; かえるの(皮膚の)ように冷たい, (手で触れると)ひやりとする(ような). **2** かえるのたくさんいる. **3** [F-; 軽蔑的に]《俗》フランス(人)の. ── *n.* **1**《小児語》かえる. **2** [F-; 軽蔑的に]《俗》フランス人 (cf. frog[1] 4).

fróg·hòpper *n.*〖昆虫〗アワフキムシ《アワフキムシ科の小昆虫の総称; 飛び方がカエルに似ている; その幼虫は吸った植物の汁を泡にしてその中にすむ》.

fróg kìck *n.*〖水泳〗かえる足.

fróg lily *n.*〖植物〗=spatterdock.

fróg·man [-mæ̀n, -mən | -mən, -mæ̀n] *n.* (*pl.* **-men** [-mèn, -mən | -mən, -mèn]) 潜水工作員, フロッグマン, (特に)潜水工作兵.

fróg·màrch *n.* かえる運び《酔っぱらいや手におえない犯人をうつぶせにして四人がかりで手足を取って運ぶこと》. ── *vt.* 〈人〉の手足を取って運ぶ, かえる運びにして連れていく.

fróg·mòuth *n.*〖鳥類〗ガマグチヨタカ《オーストラリア・南アジア産のガマグチヨタカ科の鳥の総称; 嘴が非常に大きい; cf. morepork》.

fróg's-bìt *n.*〖植物〗=frogbit.

fróg shèll *n.*〖貝類〗ミヤコボラ・オキニシの類の貝類.

fróg's-màrch *n., vt.* =frog-march.

fróg spàwn *n.* **1** かえるの卵. **2**〖植物〗紅藻(こうそう)類のカワモズク属 (*Batrachospermum*) の植物の総称. **3**〖植物〗=frog spit 2.

fróg spìt [**spìttle**] *n.* **1** =cuckoo spit 1. **2**〖植物〗淡水に塊状をなして浮く緑藻(そう)類 (Chlorophyceae) その他の藻(も).

fróg tèst *n.*〖医学〗かえる試験《被験者の尿を雄のカエルやガマに注射して, 射精の有無を見る妊娠反応》.

Froh·man [fróumən | fráu-], **Charles** *n.* (1860-1915) 米国の劇場経営者.

Frois·sart [frɔ́ɪsɑəṭ, frwɑ:sɑ́ə | frwɑ:sɑ́:(r, frɔ́ɪsɑ:t; *F.* frwasa:r], **Jean** *n.* フロワサール《1337?-?1410; フランスの年代記作者・詩人》.

frol·ic [frɑ́lɪk | frɔ́l-] 〖《1538》□ Du. *vrolijk* joyful (cog. G *fröhlich*) ← *vro* glad, leaping with joy (cf. frosh[2])＋*-lijk* -LY[2]〗 ── *n.* **1** ふざけ, 戯れ, 陽気 (prank). **2** 浮かれ騒ぎ, 陽気な騒ぎ; 宴会, パーティー (merrymaking). ── *vi.* (**frol·icked; -ick·ing**) 遊び戯れる, ふざけ[浮かれ]騒ぐ. ── *adj.* 《古》ふざけ喜ぶ, 陽気な (merry). **~·ly** *adv.*

fról·ick·er *n.* 遊び戯れる人, ふざけ騒ぐ人.

frol·ick·y [frɑ́lɪki | frɔ́lɪkɪ] *adj.* =frolicsome.

frol·ic·some [frɑ́lɪksəm | frɔ́l-] 〖← FROLIC＋-SOME[1]〗 *adj.* ふざける, (ふざけて)はね回る, 浮かれ気分の (sportive): a ~ child. **~·ly** *adv.* **~·ness** *n.*

from [frəm; frʌ̀m, frɑ̀m, frʌ́m, frɑ́m | frəm; frɔ̀m, frɔ́m] 〖OE ~, *fram* (prep.) away from, (adv.) away, onward, 《原義》forward (cf. fro) < Gmc **fram* (OHG & Goth. *fram* (prep. & adv.) / ON *frā* (prep.), *fram* (adj.)) ← IE **per* forward, through: cf. for, pro-[1]〗 ── *prep.* **1** [動作の起点] ...から (cf. to): rise ~ a chair 椅子から立ち上がる / leap ~ a seat 席から飛び上がる / jump (down) ~ a window 窓から飛び降りる / part ~ a friend 友人と別れる / Rain comes ~ clouds. 雨は雲から降る / He went ~ me [here] some time ago. 彼はしばらく前に私の所[ここ]から去った / set out ~ London ロンドンから出発する / a train running west ~ Waterloo ウォータールーから西に走る列車 / hang ~ a bough 枝からぶら下がる / remove [move] ~ one place *to* another 甲地を去って乙地に移る / ~ door [house] *to* door [house] (家から家へと)戸毎に / ~ end *to* end 端から端まで, すっかり / ~ hand *to* hand 手から手へ / ~ place *to* place 所々に.
2 [時・順序の起点]: ~ early this morning けさ早くから / ~ childhood [a child] 幼時から / ~ the beginning 最初から / ~ the (very) first (そもそもの)初めから / ~ 1st April 4月1日から / ~ now on 今後 / ~ that time onward その時からこのかた / ~ this time forward 今から以後は, 今後は / five years ~ now 今から5年先に / I know him ~ a boy. 子供の時から彼を知っている / ~ birth till death 生れ落ちてから死ぬまで / *From* 10 *to* 20 boats were ready. 10 隻から 20 隻のボートが用意してあった / ~ beginning *to* end 初めから終わりまで, ずっと通して / count ~ one *to* ten 1から10まで数える / ~ title *to* colophon (本の)全巻を通して / ~ dawn *to* dusk 夜明けから夕暮れまで / ~ time *to* time ⇨ time 成句 / ~ day *to* day ⇨ day 成句 / ~ year *to* year ⇨ year 成句.
3 [変化・推移] ...から(転じる, 移る): awake ~ a dream 夢からさめる / go ~ bad *to* worse ますます悪くなる / recover ~ illness 病気から回復する / rest ~ work 仕事を休んで休息する / *From* being attacked they became the aggressors. 攻撃を受けていたのが一転して侵略者となった / *From* staring at the darkened window, he fell asleep. 暗くなった窓をじっと見つめているうちに寝入った.
4 [距離・隔たり] ...から(離れて): away [absent] ~ home 留守で, 不在で / ten miles ~ here ここから 10 マイル離れて / He is ~ home. 彼は家にいない / distant ~ ...から遠く隔たって / He is absent ~ school. 学校を欠席している / He is a long way ~ being rich. 金持からはなはだ遠い, 金持どころではない / wander ~ one's purpose 目的から離れる / *From* a distance things look to advantage. 離れて見ると物事は引き立ってよく見える / How far is it ~ here? 距離はここからどのくらいですか / apart ~ the context (文の)前後の関係とは別に, 文脈を離れて / I am far ~ saying that. そんなことを言う気はさらにない / It is far ~ satisfactory. とても満足なものでない.
5 [相違・区別]: He doesn't know black ~ white. 白と黒との区別がつかない / distinguish good ~ bad 善を悪から区別する / tell one flower ~ another 甲の花を乙の花と区別する / I differ ~ him in opinion. 彼とは意見が異なる.
6 [分離・除去・選択・奪取・免除・回避される人・物を示して] ...から: He recoiled ~ the sight. その光景を見て後じさりした / blot out a word ~ a page ページから1語を削り取る / take 5 ~ 8 8から5を引く / take his sword ~ a burglar 強盗から刀を取り上げる / exclude ~ the plan その計画から除外する / be expelled ~ school 放校される / Choose one ~ (among) these books. これらの本の中から1冊選びなさい / be released ~ prison 刑務所から釈放される / dissuade a

person ～ folly 人に言い聞かせてばかなことをやめさせる / refrain [keep oneself] ～ laughing 笑わないでいる, 笑いを抑える / save oneself ～ falling 倒れるのを免れる.
7 [出所・根拠]: He comes [is] ～ Wales. ウェールズの出身だ / two colts ～ the same dam 同じ母親から生れた2頭の子馬 / a letter ～ my friend 友人からの手紙 / a message ～ America 米国からの通信 / a gift ～ Providence 天からの賜物, 天賦の才能 / quotations ～ Shakespeare シェークスピアからの引用句 / dig gravel ～ a pit 穴から砂利を掘り出す / gold ～ the mine その鉱山から出た金(きん) / draw a conclusion ～ the premises 前提から結論を下す / People expect much ～ him. 世間では彼に大いに期待をかけている / an inference made ～ facts 事実に基づく推断 / judge ～ appearances 外見から判断する / ～ one point of view ある一つの見地から(論じると) / ～ what I have heard of him (彼のことを)うわさに聞いた所によれば / *From* your silence I fear the fact is so. 黙っているところを見ると事実その通りらしいな.
8 [ひな型・由来] …を真似て; …にちなんで (after): paint ～ nature [life] 写生する / He was named ～ his uncle. おじの名を取って名付けられた.
9 [原因・動機・理由] …から, …の故に (on account of): die ～ fatigue 疲労が元で死ぬ / He is suffering ～ gout. 痛風をわずらっている / act ～ a sense of duty 責任感から行動する / He did it ～ kindness [spite]. 親切[意地悪]からそうした / refuse ～ private reasons 個人的な理由で拒絶する / I know him ～ seeing him at the club. 彼とはクラブで会ったので知っている.
10 [原料] …から, …で (★ 原料から異なった製品ができる; cf. of 4, out of 4): make wine ～ grapes ぶどうでぶどう酒を造る / Gas is made ～ coal. ガスは石炭から造られる / Flour is made ～ wheat. 小麦粉は小麦から造られる / Cider is made ～ apples. りんご酒はりんごから造られる.
11 [場所や時を表わす副詞(句)または前置詞の前に用いて] …から: Rain falls ～ above. 雨は上から降る / look ～ above one's spectacles めがね越しに見る / ～ afar 遠方から / ～ amidst …の中から / That dates ～ before the war. その起源は戦前にさかのぼる / speak ～ behind a door 戸の後ろから物を言う / a voice ～ below 下から聞える声 / come ～ beyond the mountains 山のかなたから来る / ～ far and near 遠近から / ～ long ago ずっと以前から / ～ of old 《文語》昔から / enter ～ outside 外側からはいる / ～ over the sea 海外から / ～ under the table テーブルの下から / ～ within [without] 内[外]から / ～ thence [hence] 《古》そこ[ここ]から (★ from の意味が重複している).
from out (***of***) …の中から (out (of) の強調形): come ～ *out* (*of*) the darkness 暗闇の中から出て来る. ***from this out*** 《米》今後は (henceforth). ***from under*** 《米口語》窮地[苦境]から: get ～ *under* 苦境を切り抜ける / He's finally out ～ *under* financially. ついに財政危機を免れた.

fro·mage [frɔ(ː)mάːʒ | frɔ-; *F.* frɔmaːʒ] 〖□ F ～ 《音位転換》← *formage* ← LL *formāticum* ← L *fōrma* 'FORM'〗 *F. n.* チーズ (cheese).

Fro·men·tin [frὸumɑ̃ː(n)tɛ̃ː(ŋ), -mɔ̃ː(n)-, -maːn-, -mɔ(ː)n- | frɔ̀u-; *F.* frɔmɑ̃tɛ̃], **Eugene** *n.* フロマンタン (1820-76; フランスの小説家・画家・批評家; *Dominique*「ドミニック」(1863)).

fro·men·ty [fróumənṭi | fráuməntɪ] *n.* 《英方言》 = frumenty.

Fromm [fróum, frά(ː)m | frɔ́m; *G.* frɔ́m], **Erich** *n.* フロム (1900-80; ドイツ生れの米国の精神分析学者・著述家; *Escape from Freedom* (1941)).

frond [frά(ː)nd | frɔ́nd] 〖(1785) □ L *frond-em, frōns* leafy branch〗 **—** *n.* **1** 〘植物〙 **a** (シダ・シュロなどの)葉. **b** (海草・地衣などの)葉状体 (thallus). **2** 〘動物〙 葉状枝 (鳥の羽毛や蛾(が)の触角などの微細な枝別れの部分). **～·ed** *adj.*

Fron·da [frάndə | frɔ́n-] 〖cf. ↑〗 *n.* 女性名. (Fronde).

frond·age [frάndɪdʒ | frɔ́n-] *n.* [集合的] (シダ・シュロなどの)葉 (fronds); (茂った)群葉 (leafy foliage).

Fronde[1] [frɔ́(ː)nd, frά(ː)nd | frɔ́nd; *F.* frɔ̃ːd] 〖□ F ～ 'sling'〗 *n.* [the ～] (フランスの)フロンド党 (Louis 十四世の幼時 Cardinal MAZARIN および王党に反抗した不平党); その反乱 (1648, 1650, 1651).

Fronde[2] [frɔ́(ː)nd, frά(ː)nd | frɔ́nd; *F.* frɔ̃ːd] 〖《異形》← FRONDA〗 *n.* 女性名.

fron·des·cence [frandésṇs | frɔn-] 〖← NL *frondescentia* ← L *frondēscent-* (pres.p.) ← *frondēscere* to become leafy〗 **—** *n.* **1** 葉が広がる時期, 葉が発生する過程[状態]. **2** = foliage 1. **fron·des·cent** [frandésṇt | frɔn-] *adj.*

fron·deur [frɔ(ː)ndə́ː, frɔ(ː)n- | -də́ːr; *F.* frɔ̃dœːr] 〖□ F ～ 《原義》 slinger〗 *n.* (*pl.* **～s** [～z; *F.* ～]) 不平屋[分子] (malcontent); 反抗者, 造反家 (rebel).

fron·dose [frάndous | frɔ́ndəus] 〖□ L *frondōs-us*: ⇨ frond, -ose[1]〗 *adj.* 〘植物〙 葉状体の[を生じる] (thalloid). **～·ly** *adv.*

frons [frά(ː)nz | frɔ́nz] 〖□ L *frōns* (↓)〗 *n.* (*pl.* **frontes** [frάntiːz | frɔ́n-]) 〘昆虫〙 前額部, 顔面.

front [frʌ́nt] 〖(*c*1290) *frount* □ (O)F *front* < L *frontem, frōns* forehead, front ← ?〗 **—** *n.* **1** [the ～] **a** (物の)前部, 前面; 前方, 前方の位置 (cf. rear[2] 1); (体の)前部 (↔ back): sit in *the* ～ of the audience 会衆の最前列にすわる / Look to your ～. 前方を見よ / lie on one's ～ うつぶせに寝る. **b** (問題などの)表立った状態, 表面: a question *at the* ～ 表立った[世評に上っている]問題 / The question is again *at the* ～. その問題がまた表面に出てきた.
2 a (建物の)正面, 表(側), 前面 (facade) (↔ back); (建物の)面, 側 (side, face): the ～ of a building 建物の正面 / put on a ～ 門戸を張る / the east ～ (建物の)東側. **b** 表側の部屋: in a first-floor ～ 一階[二階]の表側の部屋で. **c** 表部屋の住人.
3 (道路・海・湖水・川などに面した)地先 (frontage); [the ～] 《英》海浜の遊歩道 (promenade): a hotel on *the* ～ / a lake [river] ～ 湖[川]岸の土地, 湖[川]沿いの土地 / ⇨ seafront, waterfront / have a walk along *the* ～ 海浜の遊歩道を散歩する.
4 a 前部に当てる[着る]もの. **b** (前頭部から額に下げる)ヘアピース. **c** (ワイシャツの)いか胸; 胸あて (shirtfront). **d** 祭壇蔽(おお)い (frontal).
5 a 《詩》前頭部, 額. **b** 顔, 顔面, 顔つき (face): ～ to ～ 面(めん)と向かって. **c** 〘昆虫〙 = frons.
6 a (危険に面しての)態度 (bearing), 落着き(加減): a calm ～ 落着いた態度 / present [put, show] a bold ～ on …に対して傲然(ごうぜん)とした[大胆な]態度を示す / put up a ～ 落着いた様子をする / put up [make] a good [brave] ～ 平気な[勇敢な]態度を装う. **b** 気取った態度, 見せかけの態度; 見かけ, 見栄: maintain a ～ 体裁を保つ. **c** 《まれ》厚かましさ, 厚顔: *have the* ～ *to* do… 厚かましくも…する.
7 《口語》 **a** (団体の)表看板(の名士),「だし」(figurehead). **b** (暴力団などが隠れみのに使う)表向きの首領[団体, 事業など] (front man).
8 a [前に限定詞を伴って] (通例思想的または政治上の目的のための)協力, 提携 (coalition); (共同)戦線: ⇨ popular front / present [show] a united ～ against …に対して共同戦線を張る. **b** 活動の場: progress on the educational ～ 教育面での進歩 / gain a great victory on the film ～ 映画において大勝利を博する / get a strong support of the kitchen ～ 台所戦線の(食料問題に関して婦人の)強力な支持を得る. **c** (ある問題に対しての)立場, 政策 (policy). ★ 通例次の句で: a change of ～ 政策変更, 方向転換.
9 a 《古》(時期などの)初め (beginning). **b** 最初の部分: the ～ *of* the book.
10 〘軍事〙 **a** 最前線, 第一線, 戦線; 戦地: the western ～ 西部戦線 / news from the ～ 戦地からの報道 / go to the ～ 戦線に出る, 出征する / be at the ～ 戦地に行っている / men at the ～ 出征兵士. **b** (隊の)前方, 正面 (van): change ～ 向きを変える.
11 〘気象〙 前線: a cold [warm] ～ 寒冷[温暖]前線.
12 〘劇場〙 **a** 観覧席 (auditorium). **b** 舞台前方. **c** [集合的] 劇場事務室で働く人.
13 〘音声〙 前舌面 (front of (the) tongue ともいう; cf.
14 〘活字〙 = belly 5. back[1] *n.* 14).
come to the front 前面[表面]に現われる, 目立ってくる; 有名になる. ***front of*** 《米》= *in* FRONT *of*. ***get in front of oneself*** 《米口語》(あわてて)急ぐ, あわてる. ***in front*** 前に, 前方に: Please go *in* ～. 先に行って下さい. ***in front of*** (1) …の前に, の正面に (before): the man *in* ～ *of* the car. (2) …の面前で; …に直面して. ***out front*** (1) 戸口[門口, 玄関]の外側で. (2) 《米》競争相手を抜いて. (3) = *up* FRONT (4). (4) 〘劇場〙 観客席で, 観客の中に(交じって). ***up front*** (1) 〘軍事〙 前線で; 前面に. (2) 〘バスケットボール〙 フロントコートで; (特に)(相手チームのフロントコートにおける)フォワード[センター]の位置で. (3) 《米俗》前払いで, 前金で: pay 100 dollars *up* ～. (4) 《米俗》率直な (*about*).
— *attrib. adj.* (2 では時に **～·er**) **1** 前部[前面]の, 正面の, 表の: a ～ view 前面のながめ / a ～ yard 《米》(家の)前庭 / the ～ row 前列 / a ～ seat 前方の席 / the ～ hall 《米》玄関の広間 / a ～ tooth 前歯 / ⇨ front door / be [stand] in the ～ rank 第一流に列する. **2** 〘音声〙 前舌(面)の, 前舌(面)で調音する (cf. back[1] *adj.* 6, central *adj.* 6). **3** 〘ゴルフ〙 (18 ホールのコースで)前半(9 ホール)の (cf. nine *n.* 7).
take a front seat 《米口語》重要な地位を占める.
— *adv.* 前部[前面, 正面]へ[を]: be beset ～ and rear 前後から襲われる / Eyes ～! [号令] 前へならえ / *Front*! [号令] 前へ(進め), 前を見よ; [ホテルや商店などで係りの者への呼び掛けとして] フロントへ(来るように), 誰かいませんか.
— *vt.* **1 a** …に向かう, 面する; …の前に立つ: ～ the sea 〈建物などが〉海に面する / ～ the audience 聴衆に向かって立つ. **b** 《古》…に面と向かう, 立ち向かう (confront): ～ danger 危険に立ち向かう. **2** …の前面に[…を]つける, …に正面をつける, …の正面になる (*with*): a house ～*ed with* brick 正面をれんがで張った家. **3** 〈ジャズバンドなどを〉指揮する. **4** 〘軍事〙〈隊列を〉正面に向かせる. **5** 〘音声〙 前舌(面)で調音する, 口の前部で発音する. **—** *vi.* **1** 〔…の方に〕向かう, 面する (face) 〔*to, toward, upon, on*〕: The building ～*s toward* the south [*on* the lawn]. その建物は南向き[芝生に面する]. **2** 《俗》〔政治団体などの〕前衛を勤める; 〔陰謀・強盗などの仲間の〕手先[だし]に使われる, 隠れみのになる 〔*for*〕. **3** 〘軍事〙〈隊列が〉正面を向く.

front. 《略》frontispiece.

front·ad [frʌ́ntæd] *adv.* 〘解剖・動物〙 前頭部[面]の方へ.

front·age [frʌ́ntɪdʒ | -tɪdʒ] 〖(1622) ← FRONT＋-AGE〗 **—** *n.* **1 a** (建物の)正面, 前面. **b** 外観, 押出し (outlook). **2 a** (街路・水際に面する)臨界地, 地先. **b** 建物正面と道路の間の空地. **3** (建物の)正面幅, (敷地や建物の)間口. **4** 〘軍事〙 (部隊の)正面幅, 戦闘正面(幅).

frónt·ag·er *n.* (道路などの)臨界地 (frontage) 所有者.

frontage ròad *n.* 《米》〘土木〙 = service road.

fron·tal [frʌ́nṭl | -tl] 〖*adj.*: (1656) ← NL *frontāl-is* ← L *frōns* 'FRONT'. — *n.*: (*a*1325) *frountel* □ OF *frontel* < L *frontāle* ← *frōns*〗 **—** *adj.* **1** 正面の, 前面の: a ～ attack 正面攻撃. **2** 〘解剖〙 前頭(部)の, 額の. **3** 〘気象〙 前線の. **4** 〘美術〙 正面性をもった; 〈群像など〉画面と並行する面に配置された. **5** 〘音声〙 前舌(面)の.
— [《英》ではまた frɔ́n-] *n.* **1** (額につける)宝石の飾りバンド. **2** 〘教会〙 祭壇蔽(おお)い, (祭壇上に掛ける)正面掛布. **3** 〘解剖〙 = frontal bone. **4** 〘建築〙 (建物の)正面 (facade). **5** 〘甲冑〙 (馬鎧の)額当(ひたいあて) (小形の馬面). **6** 〘音声〙 前舌(面)音 (前舌面と硬口蓋で調音される音; [c], [f], [ʃ], [ʒ], [ç], [j], [ɲ], [ʎ] など; cf. dorsal 2). **～·ly** [-ṭli, -təli | -təli, -tḷi] *adv.*

fróntal bóne *n.* 〘解剖〙 前頭骨 (cf. occipital bone) (⇨ skull[1] 挿絵).

fróntal convolútion *n.* 〘解剖〙 前頭回 (前頭葉の脳回; frontal gyrus ともいう).

fróntal cýclone *n.* 〘気象〙 前線低気圧 (前線に沿ってできた低気圧, または前線をもつ低気圧).

fróntal gýrus *n.* 〘解剖〙 = frontal convolution.

fron·tal·i·ty [frʌntǽləṭi, fran- | frʌntǽlətɪ, frɔn-, -lɪ-] *n.* 〘美術〙 **1** (彫刻における)正面性 (真正面を向き, 軀幹の曲がることのない影像についていう; 古代エジプトの影像はその典型). **2** (絵画において)描かれる対象の属する平面が画面と並行するように描くこと (群像の場合, 人物は同じ大きさになる).

fróntal lóbe *n.* 〘解剖〙 (大脳の)前頭葉.

fróntal lobótomy *n.* 〘外科〙 前頭葉切截(せつ)[切開](術).

frónt bénch *n.* [the ～] 《英》(議会の)前列席 (議長席に近い与野党幹部の席; cf. back bench).

frónt béncher *n.* 《英》(議会の)前列席の人.

frónt·cóurt *n.* 〘バスケットボール〙 フロントコート (それぞれのチームが攻撃に出た際, 使うコートの部分; フォワードとセンターのポジション).

frónt cráwl *n.* 〘水泳〙 = crawl[1] 2.

frónt cúrtain *n.* 〘劇場〙 grand drapery の後にあって, 幕 (act) の前後に揚げ降ろしされるカーテン.

frónt désk *n.* (ホテルなどの)フロント, 受付け.

frónt díve *n.* 〘水泳〙 正面飛び (飛び込みフォームの一つ).

frónt dóor *n.* **1 a** 正面玄関, 表玄関 (cf. street door). **b** (国・州などへの)入口, 門, 港(など). **2** (目的・場所などへの)最善の近寄り場所, 接近方法.

frónt édge *n.* 〘製本〙 前小口 (fore edge).

Fron·te·nac [frάntənæ̀k, -tṇ- | frɔ́ntən-; *F.* frɔ̃tnak], Comte **de Pal·luau et de** [də palɥo e də] *n.* (コント ド)フロントナク (1622-98; フランスのカナダ総督; Louis de Buade [byaːd]).

fron·te·nis [frɑntɛ́nɪs, fran-, -nəs | frʌnténɪs, frɔn-] 〖□ Am.-Sp. ～ 《混成》← Sp. *frontón* 'FRONTON[2]'＋*tenis* 'TENNIS'〗 **—** *n.* フロンテニス (メキシコ起源の三方壁に囲まれたコートで行なうテニスの一種).

frontes *n.* frons の複数形.

frónt fòot *n.* 《米》(地所の)間口間(けん)数, 間口幅.

fron·tier [frʌntíə, fran-, ⌐⌐ | frʌ́ntɪə(r, frɔ́n-, -tjə(r] 〖(1392) *frountere* □ (O)F *frontière* ← *front* 'FRONT'〗 **—** *n.* **1** 国境地方: the Franco-German ～ 仏独国境 / the German ～ *of* France フランスのドイツ国境地方. **2** 《米》(東部から漸次西に進んで行った)開拓地と未開拓地の境界地方, 辺境, フロンティア. **3** [しばしば *pl.*] **a** (知識・学問などの)未開の分野, 未墾地: the ～*s of* knowledge. **b** (知識・学問の)新開地, 最先端を行く業績: the latest ～*s of* linguistic research 言語研究の最新最先端の業績.
— *attrib. adj.* **1** 国境地方の: a ～ station [fortress, town, incident] 国境の停車場[要塞, 町, 事件]. **2** 《米》辺境の: ～ hardships 辺境地方の困苦 / the ～ spirit 開拓者魂[精神, 気質]. **3** 〈知識・学問が〉最先端を行く, 未開の分野に挑む (pioneering): ～ research in the field その分野における先駆的研究.

frontiers·man [-mən] *n.* (*pl.* **-men** [-mən, -mèn]) 国境地方の住民; 辺境開拓者.

fron·tis [frάnṭɪs, -ṭəs | frʌ́ntɪs, frɔ́n-] 〘略〙 *n.* = frontispiece.

fron·tis·piece [frάnṭɪspìːs, -ṭəs- | frʌ́ntɪs-, frɔ́n-] 〖(1597-98) *frontispice* □ F □ ML *frontispicium* countenance, front (of a church) ← L *fronti-* 'FRONT'＋*spicere* to look: 古形 *-pice* が *piece* に同化したもの〗 **—** *n.* **1 a** (本の)口絵; 口絵のページ. **b** 本の第1ページの冒頭の飾り模様[絵]. **c** 《廃》(本の)とびら, 標題紙. **2** 〘建築〙 (建物の)正面, (特に, 装飾的に取り扱った)玄関正面; (戸・窓上の)装飾壁, (古典建築の)切妻壁 (pediment). **—** *vt.* …に〔…で〕口絵を付ける 〔*with*〕.

frónt·làsh 〖← FRONT＋(BACK)LASH〗 *n.* (反動・反対闘争などに)対抗する行動[意見].

frónt·less *adj.* **1** 正面のない. **2** 《古》厚顔無恥の, 厚かましい.

front·let [frʌ́ntlɪt, -lət] 〖(*c*1470) □ OF *frontelet* (dim.) ← *frontel* 'FRONTAL (n.)'〗 **—** *n.* **1** (動物の)前額部. **2** 〘鳥類〙 額 (特に, 毛色などが目立って他の部分と異なる場合の前頭部). **3** (額につけるリボンなどの)はち巻, 飾りバンド (fillet). **4** 〘ユダヤ教〙 テ

フィラーシェルローシュ《額につける phylactery》. **5** 〖教会〗祭壇蔽(おおい) (frontal) の上に掛ける細長い布片.

frónt-line *adj.* **1** 前線[戦線]用の[に向いた]: a ～ ambulance. **2** (各分野の)第一線で活躍する, 先頭を切る; ベテランの, 一流の: a ～ designer, scholar, teacher, etc.

frónt líne *n.* **1** (活動・闘争などの)先頭, 最前線. **2** 〖軍事〗第一線, 前線, 戦線 (front).

frónt màn *n.* **1** ＝front 7 b. **2 a** (ショーやサーカスの)客引き, 呼込み. **b** (ダンスバンドの)指揮者.

frónt màtter *n.* 〖印刷〗(書物の)前付け《本文の前にある標題紙・序言・目次などの部分; preliminaries, forematter ともいう; cf. back matter》.

frónt mòney *n.* 《米》 **1** 委託売買人に支払う前金. **2** 前貸し金.

fron·to- [frʌ́ntə(ʊ), frʌ́n- | frʌ́ntə(ʊ)] 〖← L *front-, frōns* 'FRONT'〗「前頭骨[部]の[につながる]; 〖気象〗前線の」の意の連結形: *fronto*nasal 前頭鼻部の.

frónt óffice *n.* **1** (会社などの)総務室; 首脳部, 幹部連. **2** 本部 (headquarters); (特に)(警察)本署.

frònto·génesis 〖← NL ～: ⇨ fronto-, -genesis〗 *n.* 〖気象〗前線の発生《雲の発生, 雨・雪を降らせる》. **frònto·genétic** *adj.*

front·ol·y·sis [frʌntɑ́ləsɪs, frʌn-, -səs | frʌntɔ́lɪsɪs, -lə-] 〖← NL ～: ⇨ -lysis〗 *n.* 〖気象〗前線の衰弱[消滅].

fron·ton[1] [frɔ̃:(n)tɔ́:(ŋ), frɑ(:)ntɔ́:(ŋ); *F.* frɔ̃tɔ̃] 〖□ F ～ □ It. *frontone* (aug.) ← *fronte* forehead〗 *n.* (*pl.* ～**s** [～z; *F.* ～]) 〖建築〗＝pediment.

fron·ton[2] [frɑ́ntɑn, ─́─ | frɔ́ntən, ─́─; *Sp.* frontón] 〖□ Sp. *frontón* ← *frente* forehead, front〗 *n.* ハイアライ (jai alai) コート(のある建物).

frónt-páge *attrib. adj.* 新聞の第一面に載った[載せる価値のある]; 重要な: a ～ article 一面記事 / ～ news. ── *vt.* 〈ニュース・記事を〉新聞などの第一面に載せる[報道する].

frónt páge *n.* (新聞の)第一面.

frónt pàssage *n.* 《英口語》＝vagina.

front po·pu·laire [frɔ̃:(m)pɑ̀pjuléə, frɔ́(:)m- | -pɔ̀pjuléə(r; *F.* frɔ̃pɔpylɛ:r] *F. n.* (*pl.* **fronts po·pu·laires** [～]) [しばしば F- P-] 人民戦線 (⇨ popular front).

frónt-pòrch campáign *n.* 《米》〖政治〗居坐り型選挙運動《大統領候補者が地方遊説(ゆうぜい)をせずもっぱら自分の地盤内で演説をする方式の選挙運動》.

frónt posítion *n.* 〖文法〗(文・節・句の)頭部, 前位 (↔ end position).

Frónt Ránge *n.* [the ～] フロント山脈《Rocky 山脈中の最東端の山脈, 米国 Colorado 州中部から Wyoming 州南部にわたる; 4,000 m 以上の高峰が多い, その中の最高峰は Grays Peak [gréɪz-] (4,350 m)》.

frónt-ránk *adj.* 一流の (first-rate): a ～ university.

frónt róom *n.* 玄関の間, (特に, 住宅の表に面した)居間 (living room).

frónt-rúnner *n.* **1** (競争で)先頭に立つ人, リードする人. **2 a** 〖陸上競技〗リードをしているとベストを出せる競技者; ペースメーカー. **b** 〖競馬〗逃げ馬, 先行逃げ切り型の馬.

frónt scène *n.* 〖劇場〗 **1** (垂れ幕の前の)舞台前方の場面[演技]. **2** 舞台前方の垂れ幕[舞台装置].

frónt síght *n.* (銃の)照星《銃口上部にある照準具; cf. foresight 5; ⇨ rifle[1] 挿絵》.

frónt·stáge *n.* 〖劇場〗フロントステージ《舞台前方の空間》.

frónt vówel *n.* 〖音声〗前舌母音《[i], [e], [ɛ], [a] など; cf. back vowel, central vowel》.

front·ward [frʌ́ntwəd | -wəd] *adj.* 正面に向かう, 前方への. ── *adv.* 正面の方へ, 前方へ.

frónt·wards [-wədz | -wədz] *adv.* ＝frontward.

frónt·wàys *adv.* 《米》前[正面]から.

frónt-whéel *adj.* 前輪の; 前輪駆動の: a ～ vehicle.

frónt whéel *n.* (自動車などの)前輪.

frónt-whèel dríve *n.* 前輪駆動.

frore [frɔ́ə, frɔ́ə | frɔ́:(r] 〖OE *froren*: FREEZE の古い過去分詞〗 *adj.* 《古・詩》凍った; 霜凍る, 厳寒の.

frosh[1] [frɑ́(:)ʃ | frɔ́ʃ] 〖《短縮》← FRESHMAN〗 *n.* (*pl.* ～) 《米口語》(大学の)一年生 (freshman).

frosh[2] [frɑ́(:)ʃ | frɔ́ʃ] 〖OE *frox, frosc* < Gmc **froskaz* (G *Frosch*) ← IE **preu-* to hop: cf. frolic〗 *n.* 《英方言》かえる (frog).

frosk [frɑ́(:)sk, frɔ́(:)sk | frɔ́sk] *n.* 《英方言》＝frosh[2].

frost [frɔ́(:)st, frɑ́(:)st | frɔ́st] 〖OE *frost, forst* < Gmc **frustaz* (Du. *vorst* / G *Frost* / ON *frost*) ← **freusan* 'to FREEZE'〗 ── *n.* **1** 霜 (hoarfrost): windows covered with ～ 一面に霜のかかった窓 / There is ～ on the grass. 草に霜が降りている / There was a heavy ～. ひどい霜が降りた / a hard [sharp] ～ きびしい霜 / ⇨ hoarfrost, Jack Frost, white frost. **2** 氷結, 結霜 (freezing); 霜を結ぶほどの寒気, 厳寒, 寒空; 氷点以下の温度: ⇨ black frost / five degrees of ～ 《英》氷点下5度《カ氏27度》. **3 a** (雰囲気などの)うすら寒いような感じ[気分], 陰気. **b** (態度などの)冷やかさ, 冷たさ, 冷淡 (indifference). **4** 《口語》(催し物・会合・劇・書籍などの)不出来, 失敗 (failure, fiasco): The dance turned out a ～. 舞踏会は失敗に終わった.
── *vt.* **1** 霜でおおう 〈*over*〉; (霜で)凍らす, 霜枯れさせる, …に霜害を与える. **2** 〈ガラス・金属を〉つや消しにする, …の表面を曇らす. **3** 〈ケーキ〉に砂糖衣をきせる (ice). **4** [p.p. 形で] 〈頭髪などを〉白くする: with a mustache ～*ed* now 口ひげも今では白味がかっていて. **5** 〈蹄鉄(ていてつ)〉にすべり止めのスパイクをつける. ── *vi.* **1** 霜でおおわれる, 凍る 〈*over, up*〉: All the windows ～*ed over.* 窓という窓すべて霜で白くなっていた. **2** 〈ワニス・ペンキなどが〉霜状の膜を作って乾燥する.

Frost [frɔ́(:)st, frɑ́(:)st | frɔ́st], **Robert (Lee)** *n.* (1874–1963) 米国の詩人; *Boy's Will* (1913), *North of Boston* (1914).

fróst·bìte *n.* 凍傷, しもやけ《通例 chilblains より重症》. ── *adj.* 寒中に行なわれる: ～ running. ── *vt.* …に霜害を与える; …に凍傷を与える: get one's ears *frostbitten* 耳を凍傷にやられる.

fróstbite bóating *n.* 《米口語》＝frostbiting.

fróst·bìter *n.* 《米口語》 **1** 寒中ヨット競技者. **2** 寒中ヨット競技用ヨット.

fróst·bìting *n.* 《米口語》寒中ヨット競技.

fróst·bìtten *adj.* **1** 霜害を被った. **2** 凍傷にかかった.

fróst-bòund *adj.* **1** 霜に閉ざされた, 凍結した. **2** 暖かみのない, 冷たい (frozen).

fróst cràck *n.* 〖林業〗霜割れ, 霜裂, 凍裂《霜害のため, 立木の幹の水分が凍結し, その膨張によって生じた縦裂; cf. season crack 2》.

fróst·ed *adj.* **1** 霜でおおわれた, 霜の降りた: a ～ windowpane 霜のかかった窓ガラス. **2** (貯蔵・販売のため)急速冷凍した (quickfrozen): ～ vegetables. **3** 霜害を受けた, 凍傷にかかった (frostbitten): ～ plants. **4** 砂糖を白くまぶした, 糖衣をきせた: a ～ cake. **5 a** 〈ガラスなど〉つや消しの: ⇨ frosted glass / a ～ light bulb つや消し電球. **b** 霜降り模様に描いた: a ～ Christmas card. **6** (態度・気分など)冷やかな, 高慢ちきな, すました (frigid): a ～ girl. ── *n.* フローステッド《牛乳・香料・アイスクリームなどを混ぜたどろっとした飲み物; cf. milk shake》: chocolate ～.

fròsted gláss *n.* つや消しガラス《金剛砂の吹きつけやフッ化水素酸で腐食させてつや消しをしたガラス》.

fróst·fish *n.* 〖魚類〗 **1** 米国 New England 沿岸や大西洋に分布する, 霜の降りるころ現われるタラ科の魚 (*Microgadus tomcod*) (tomcod). **2** 《ニュージーランド》＝scabbard fish.

fróst flòwer *n.* 〖植物〗 **1** ナガエ(長柄)アマナ (*Milla biflora*)《米国南西部およびメキシコ産のユリ科の球根植物》; ナガエアマナの花《白色星状》. **2** ノギク・シオンなどキク科シオン属 (*Aster*) の植物の総称. **3** ハンニチバナ属 (*Helianthemum*) の植物の総称.

fróst hèave [hèaving] *n.* 〖地質〗凍上《内部の湿気の凍結によってできる地面の盛り上り》.

fróst·i·ly [-tɪli, -tə- | -lɪ] *adv.* 霜の降りるように; 冷やかに: smile ～.

fróst·i·ness *n.* 結霜; 厳寒; 冷淡; 霜白.

fróst·ing *n.* **1** 砂糖衣, 糖衣 (icing). **2** (金属・ガラス面などの)つや消し(仕上げ), つや消し面[地]. **3** ガラス粉《にかわなどと混ぜて表面を梨地にする装飾材料》. **4** (薬品による漂白等のための)毛髪の一部分の脱色 (cf. streaking 1). **5** 〖化学〗フロスティング《加硫したゴムの表面に霜状に充塡剤が出てくる現象》.

fróst·less *adj.* 霜のない; 霜害のない.

fróst·like *adj.* 霜のような, 霜降り状の.

fróst lìne *n.* **1** 地下凍結線, 凍結深度《霜の浸透限度》. **2** (北極地方の)永久氷結土の下位置.

fróst mìst *n.* 〖気象〗 **1** 細氷 (⇨ ice crystals 2). **2** 氷霧.

fróst pòint *n.* 〖気象〗霜点《霜ができる温度》.

fróst·próof *adv.* 耐霜性の, 凍らない.

fróst smòke *n.* 〖気象〗 **1** 氷煙《特に, 極地方の比較的暖かい水面へ冷たい大気が流れた時発生する氷霧》. **2** ＝steam fog.

fróst snòw *n.* 〖気象〗＝ice crystals 2.

fróst wèed *n.* 〖植物〗＝frost flower 3.

fróst·wòrk *n.* **1** (窓ガラスなどの)霜模様, 霜の花. **2** (銀器・ガラスなどに施した)霜模様装飾, 梨地.

frost·y [frɔ́(:)sti, frɑ́sti | frɔ́stɪ] 〖《c1375》← FROST＋-Y[4] ∞ OE *fyrstig*〗 ── *adj.* (**frost·i·er**; **-i·est**) **1** 霜の降りる; 凍る寒さの (freezing, cold): a ～ morning [night] 霜の降りる(寒い)朝[夜] / a ～ sky 霜の降りそうな(寒い)空. **2** 霜の降りた, 霜を置く: ～ trees [ground, pavements]. **3** 〈頭髪が〉半白の, 霜白の (white, gray); 頭に霜をいただく歳ごろの, 老齢の: a ～ head 霜白の頭 / the ～ years of life 老齢. **4** 暖か味のない, 冷やかな, 冷淡な (cold, frigid): a ～ nature 冷たい性質 / a ～ smile 冷やかな笑い.

froth 〖《c1384》□ ON *froð-a* < Gmc **freuþ-* (OE *āfrēoðan* to froth up)〗 ── [frɔ́(:)θ, frɑ́(:)θ | frɔ́θ] *n.* (*pl.* ～**s** [～s, frɔ́(:)ðz, frɑ́(:)ðz | ～s]) **1 a** (攪拌・発酵などによって生じた液体中または液体表面の小さな)泡 (bubbles): the ～ on a glass of beer ビールのコップの泡. **b** 液体表面の不純物, 浮きかす (scum). **2** (病気・興奮のための)泡つば. **3** (内容の)空疎なもの, くだらない話, 空言, 空談 (idle talk): a ～ of words.
── [frɔ́(:)θ, frɔ́(:)ð, frɑ́(:)θ, frɑ́(:)ð | frɔ́θ] *v.* ── *vt.* **1** 泡立たせる: ～ beer [eggs]. **2** 泡でおおう, 泡だらけにする. **3** (口角泡を飛ばして)まくしたてる: ～ a rush of reckless remarks 暴言をまくしたてる. ── *vi.* **1** 泡を出す, 〈馬などが〉泡を吹く (foam): ～ at the mouth 口から泡を出す[吹く]. **2** 〈ビール・波などが〉泡立つ (foam): The sea ～*ed* on the rocks. 波が岩に砕けて泡立った.

fróth·blòwer *n.* 《英戯言》ビール愛飲家; (特に, 慈善団体の会員のニックネームとして)ビール党員《漫画などにビールの泡を口ひげにつけたビヤ樽式の紳士として描かれる》.

fróth-spìt *n.* ＝cuckoo spit 1.

froth·y [frɔ́(:)θi, frɑ́θi, -ði | frɔ́θɪ] *adj.* (**froth·i·er**; **-i·est**) **1** 泡の; 泡の多い, 泡だらけの (foamy): ～ beer, waves, etc. **2 a** 泡のような, 空虚な, つまらない (empty): a ～ conversation 空虚な(内容のない)談話 / a ～ mob orator 浅薄なやじ馬的弁士. **b** 軽くて薄い材料で作った: a ～ garment. **fróth·i·ly** [-θɪli, -θə-, -ðɪ-, -ðə- | -θɪlɪ, -θə-] *adv.* **fróth·i·ness** *n.*

frot·tage [frɔ(:)tɑ́:ʒ, frə- | frɔ-; *F.* frɔta:ʒ] 〖□ F ～ 'a rubbing' ← *frotter* to rub ← ?〗 ── *n.* **1** 〖美術〗フロタージュ, こすり出し《画面をクレヨンなどで摩擦して, 下に置いた木の葉・布目などの模様を浮き出させること; 1925 年 Max Ernst が始めた手法》. **2** 〖精神医学〗フロタージュ《乗物などの中での異性との衣服をへだてた接触摩擦に対する異常欲求》. **3** (マッサージの)軽擦法.

frot·teur [frɔ(:)tə́:, frə- | frɔtə́:(r; *F.* frɔtœ:r] 〖□ F ～: ⇨ ↑, -or[2]〗 *n.* 〖精神医学〗フロタージュ (frottage) を行なう人.

Froude [frú:d], **James Anthony** *n.* (1818–94); 英国の歴史家・随筆家; *The History of England from the Fall of Wolsey to the Defeat of the Spanish Armada* (12 vols., 1856–70).

frou·frou [frú:frù:] 〖《1870》□ F ～: 擬音語〗 ── *n.* **1** (婦人服の)きぬずれの音. **2** フルフル: **a** きぬずれの音を出すようなラッフル (ruffles) やレース飾りなどのドレスのすそ飾り. **b** ラッフル・ビーズ・花飾り・ベールなどの極端な装飾. **3** 《口語》極端な華麗さ, 気取った上品さ.

frounce [fráuns] 〖《a1325》 *frounce(n)* to wrinkle □ OF *fronc-ier* (F *froncer*) □ Frank. **hrunkjan*: cf. G *Runzel* wrinkle〗 ── *n.* 《古》気取り, 虚飾 (affectation). ── *vt.* 《廃》…の髪を巻縮らせる; …にひだを付ける, ひだを取る (plait). ── *vi.* 《廃》顔をしかめる, まゆをひそめる (frown).

frous·ty [fráusti | -tɪ] *adj.* (**frous·ti·er**; **-ti·est**) ＝frowsty.

frouz·y [fráuzi | -zɪ] *adj.* (**frouz·i·er**; **-i·est**) (*also* **frous·y** [～]) ＝frowzy.

frow[1] [fráu, fróu | fráu, fráu] 〖《1390》□ Du. *vrouw* woman: cog. G *Frau* / ON *Freyja* 'FREYA[2]'〗 ── *n.* **1 a** (比較的下層階級の, 既婚の)オランダ[ドイツ]女. **b** 女, 妻, かみさん. **2** 《英方言》だらしのない女, みだらな女.

frow[2] [fróu | fráu] 〖《短縮》← FROWARD《原義》adverse, untoward (柄のつき方から)〗 *n.* 《米》＝froe.

fro·ward [fróu(w)əd, frɔ́əd, fróəd | fráuəd] 〖《a1131》← FRO＋-WARD〗 ── *adj.* **1** わがままで片意地な, 強情な, つむじ曲りの (perverse). **2** 《古》不利な, 害になる (unfavorable). **～·ly** *adv.* **～·ness** *n.*

frown [fráun] 〖《c1395》 *froune(n)* □ OF *froignier* to frown, look sullenly ← *froigne* surly expression ← ? Celt.: cf. Welsh *ffroen* nose〗 ── *vi.* **1** 眉(まゆ)をひそめる, 顔をしかめる (scowl); むずかしい顔をする; 不機嫌な[怒った]顔つきをする (lower): There he stood ～ing *at* the door. むずかしい顔で戸口を見つめながらそこに立っていた. **2** […に]不賛成の意を示す, 不興の色を示す [*at, on, upon*]: ～ *upon* a scheme 計画に難色を示す. **3** 〈物事が〉陰気な[威圧的な]様相を示す: The monastery ～*ed down* from the height above *upon* the village. 修道院は村を見下す高みから睥睨(へいげい)していた. ── *vt.* **1** 〈不快・嫌悪・不賛成などを〉眉をひそめて表わす, 〈不賛成を〉渋面に表わす: ～ disapproval [defiance, disgust] 渋い顔をして不賛成[抵抗, 嫌悪]を表わす. **2** 〈人を〉こわい顔をしてしりぞける[抑える] 〈*away, down, off, back*〉: ～ a person *down* [*away*] こわい顔をして人を威圧する[追い払う] / ～ the noisy children *into* silence うるさい子供たちを睨みつけて黙らす. ── *n.* **1** 眉をひそめること, 苦々しい顔つき, しかめ面, 渋面 (scowl): give no answer but a ～ むずかしい顔をして返事もしない / draw one's brows together in a ～ 眉をひそめる / with a ～ of contemplation 渋い顔で考えこんで. **2** 不機嫌[不賛成]の表示, 難色: Their venture received the ～s of fortune. かれらの冒険は運命の神にいやな顔をされた.

frówn·er 〖《15C》〗 *n.* 眉をしかめる人, しかめ面をする人, 渋面の人.

frówn·ing 〖ME〗 ── *adj.* **1** 眉をひそめた, 不機嫌な: a ～ face しかめ面, 渋面. **2** 威圧するような (menacing), ものすごい, 険(けわ)しい (stern): a ～ storm, rock, etc. **～·ly** *adv.*

frowst [fráust] 〖《逆成》↓〗 《英口語》 *n.* (室内が)むっとすること; むれている空気. ── *vi.* 部屋でぶらぶらする, 暖かい家の中で出無精をきめこむ.

frows·ty [fráusti | -tɪ] 〖《変形》← ? FROWZY: cf. OF *frouste* ruined〗 ── *adj.* (**frows·ti·er**; **-ti·est**) 《英口語》〈部屋など〉いやなにおいのする, むっとする, かび臭い (stuffy, musty).

frow·zy [fráuzi | -zɪ] 〖《1681》← ?〗 ── *adj.* (**frow·zi·er**; **-zi·est**) (*also* **frow·sy** [～], **frousy**) **1** だらしない, むさ苦しい, うすぎたない (dirty). **2** いやなにおいのする, かび臭い, むっとする (musty): a ～ smell. **fréw·zi·ly** [-zɪli, -zə- | -lɪ] *adv.* **fréw·zi·ness** *n.*

froze 〖OE *frēas*〗 *v.* freeze の過去形.

fro·zen [fróuzn | fráu-] 〖ME *frosen* (現在形の影響) ∞ OE *froren*〗 ── *v.* freeze の過去分詞. ── *adj.* **1** 氷の張った, 氷結した; 氷で詰まった: a ～ stream 氷の張った小川 / ～ pipes 凍りついた[氷で詰まった]導

管. **2 a** 〈食料品が〉冷凍した; 急速冷凍した (quick-frozen): ～ fish [meat] 冷凍魚[肉] / ⇨frozen food. **b** 冷やした. **3** こごえた, 凍傷[霜害]を受けた, 凍死した: one's ～ limbs こごえた[凍傷になった]手足. **4** 極寒の (frigid): the ～ regions of the pole 酷寒の極地方 / the ～ zones 寒帯. **5** 態度の冷やかな, 冷たい, 冷淡な, 冷酷な (unfeeling); 感情の枯渇した, 無感動の, 感受性を失った (benumbed): a ～ stare 冷たい凝視. **6** 《口語》固定した, 不動の (rigid, immobile): a ～ social system 固定した社会体制 / the ～ limit (耐えがたい事などの)ぎりぎりの限度, 極限. **7** 〖経済〗〈物価・賃金など〉釘づけにされた, 凍結した; 〈投資・資産など〉現金化不能の: ～ capital 償還不能の元本 / ～ loans 回収不能の貸金. **8** 〖トランプ〗(カナスタ (canasta) で)〈捨て札の山が〉凍結した《一番上のカードと同位札のペアが味方の持札にない場合, または鬼札が一番上に出された場合, その捨て札の山から1枚も取れない》. **9** 〖玉突〗〈玉が〉クッションまたは他の玉に接触している. **～·ness** *n.*

frózen ásset *n.* 〖経済〗凍結資産.

frózen crédit *n.* 〖経済〗(回収不能の)焦付き債権.

frózen dáiquiri *n.* フローズンダイキリ《ラム・ライムジュース・砂糖・氷を混ぜて作るカクテル; ストローしで飲む》.

frózen fóod *n.* 冷凍食品.

fró·zen·ly *adv.* **1** 氷のように, こごえるように. **2** 冷やかに, 冷淡に (impassively); 頑固に (stubbornly).

frózen-páck *n.* (食品の)包装冷凍保存.

frózen púdding *n.* プディングの一種でナッツや砂糖で煮た果物などを含んだ冷凍カスタード《ラムやシェリーで味つけをすることもある》.

frózen shóulder *n.* 〖病理〗五十肩.

FRS 《略》Federal Reserve System.

frs. 《略》francs.

Frs. 《略》Frisian.

frt. 《略》freight.

frt./fwd. 《略》freight forward.

frt./ppd. 《略》freight prepaid.

fruct·ed [frʌ́ktɪd, frúk-, -təd | frʌ́k-] 〖← L *frūctus* (↓) + -ED〗 *adj.* 〖紋章〗〈樹木が〉果実を付けた.

fruc·ti- [frʌ́ktɪ, frúk-, -tə | frʌ́ktɪ] 〖← L *frūctus* 'FRUIT'〗「果実 (fruit)」の意の連結形.

Fruc·ti·dor [frùktɪdɔ́ə | -dɔ́:(r; *F.* fryktidɔ:r] 〖□ F ～ 《原義》month of fruit ← L *frūctus* (↑) + Gk *dōron* gift〗 — *n.* 実月《フランス革命暦の第12月; ⇨Revolutionary calendar》.

fruc·tif·er·ous [frʌktíf(ə)rəs, fruk- | frʌktífər-] 〖← L *frūctifer* fruit-bearing: ⇨ fructi-, -ferous〗 *adj.* 果実を生じる, 結実性の.

fruc·ti·fi·ca·tion [frʌ̀ktəfɪkéɪʃən, frùk-, frù:k-, -fə- | frʌ̀ktɪfɪ-] 〖□ LL *frūctificātiō(n-)*: ⇨ fructi-, -fication〗 — *n.* **1** 結実. **2** (一植物の)果実 (fruit). **3** (シダ・コケなどの)結実機能[器官].

fruc·ti·fi·ca·tive [frʌ́ktəfɪkèɪṭɪv, frúk-, -fə- | frʌ́ktɪfɪkèɪt-] *adj.* 果実のなる, 実のなる.

frúc·ti·fì·er *n.* 実を結ぶ人[物], 果実を生じる物.

fruc·ti·fy [frʌ́ktəfàɪ, frúk-, frú:k- | frʌ́ktɪ-] 〖《1340》 *fructifie(n)* □ (O)F *fructifi-er* □ L *fructificāre* to bear fruit 'FRUIT' ← *fructus*: ⇨ -fy〗 — *vi.* 果実を生じる, 実を結ぶ. — *vt.* …に実を結ばせる, 実らせる.

fruc·to- [frʌ́kto(ʊ) | -tə(ʊ)] 〖⇨ -o-〗 = fructi-.

frùcto·kínase 〖⇨ ↑, kinase〗 *n.* 〖生化学〗フルクトキナーゼ《フルクトース (fructose) のリン酸化に関与する酵素》.

fruc·to·san [frʌ́ktəsæ̀n, frú:k-, frúk- | frʌ́k-] 〖⇨ ↓, -an²〗 *n.* 〖生化学〗フルクトサン《加水分解によってフルクトース (fructose) のみを生じる多糖類の総称》.

fruc·tose [frʌ́ktoʊs, frú:k-, frúk-, -toʊz | frʌ́ktəʊs] 〖← FRUCTI- + -OSE²〗 *n.* 〖化学〗フルクトース, 果糖 ($HOCH_2(CHOH)_3COCH_2OH$) (fruit sugar).

fruc·to·side [frʌ́ktəsàɪd, frú:k-, frúk- | frʌ́k-] 〖⇨ ↑, -ide²〗 *n.* 〖生化学〗フルクトシド《加水分解によってフルクトース (fructose) を生じる配糖体の総称》.

fruc·tu·ous [frʌ́ktʃuəs, frúk- | frʌ́ktju-, -tʃu-] 〖《*a*1382》 □ L *fructuōs-us* fruitful: ⇨ fructi-, -ous〗 — *adj.* 果実の多い, 多産の (fruitful); よい結果を生む, 有利な (profitable). **～·ly** *adv.* **～·ness** *n.*

frug [frú:g] 〖← ?〗 *n.* 〖ダンス〗フルーグ《ツイスト (twist) から生じたロックンロールのダンス》. — *vi.* (**frugged, frug·ging**) フルーグを踊る.

fru·gal [frú:gəl] 〖《1598》 □ L *frūgāl-is* thrifty, economical ← *frūg-, frux* fruit, profit + -AL¹〗 — *adj.* **1 a** 倹約な, つましい: a ～ housekeeper [supper] つましい主婦[夕食]. **b** 〔…を〕節約する〔*of*〕: be ～ *of* one's time and money 時間と金銭を節約する. **2** 費用のかからない, 質素な: ～ living 切りつめた生活 / a ～ meal 質素な食事. **～·ly** *adv.* **～·ness** *n.*

fru·gal·i·ty [fru:gǽləṭi | fru:gǽləti, fru-, -lɪ-] *n.* 倹約, 節約, 節倹 (thrift): live in ～ 質素に暮らす / ～ of praise やたらにほめないこと.

fru·giv·o·rous [fru:dʒívərəs] 〖← L *frūgi-, frux* fruit + -VOROUS〗 *adj.* 果実を常食とする, 果食の.

fruit [frú:t] 〖? lateOE *fru(i)t* □ OF *frui(c)t* (F *fruit*) < L *frūctum* (enjoyment of) the produce of the soil, fruit, revenue ← *frui* to enjoy, 《原義》feed on ← IE **bhrūg-* agricultural produce; to enjoy: cf. brook¹〗 — *n.* (*pl.* **～s**, ～; ⇨ 1 b ★) **1 a** 〖植物〗果実 (cf. achene, berry 1, capsule 6, drupe, legume 2, nut 1, pepo, pome): the flesh ～ 肉果 / the dehiscent [indehiscent] ～ 裂[閉]果 / the aggregate ～ 集合果 / the collective [multiple] ～ 多花果 / the simple ～ 単果 / bear [produce] ～ 実を結ぶ (cf. 3) / feed on ～ 〈鳥獣が〉果実を食とする. **b** 果物; (デザートコースとしての)フルーツ. ★ 通例単数形で集合的にも用いる; 複数形 fruits は特に(複数の)果物の種類を言う時に用いる; 食品としては uncountable (cf. cake 1 ★, fish 1 ★ (2)): ripe ～ 熟した果物 / preserved ～ 砂糖づけの果物 / fresh ～ 生果 / stolen ～ 盗んだ果物《人目を偲ぶ快楽; エバ (Eve) の盗んだ木の実から; cf. stolen》/ I would like some ～. 果物が食べたいね / What ～*s* are in season now? 今はどんな果物がしゅんですか / Pass me the ～, will you? フルーツを回してくれませんか. **2** [通例 *pl.*] なり物《植物から取れる果実・穀物・葉・綿など》: the kindly ～*s* of the earth 大地の恵みでなった物 / ⇨ firstfruits. **3** [しばしば *pl.*] 〔…の〕所産 (product), 報い (reward); 結果, 成果 (result) 〔*of*〕: the ～*s of* industry [study] 勤勉[研究]の成果 / the ～*s of* one's labors 労苦の結果 / Our efforts have borne ～. 我々の努力が効を奏した (cf. 1 a). **4** [通例 old ～ として; 親しみを込めた呼び掛け] 《俗》ねえ[おい]君 (cf. bean 6): Don't you mind me asking, *old* ～? ねえ, 君にこう聞いてもおこらないだろうね. **5** [集合的] 《古》(人間や動物の)子供, 子孫 (offspring): the ～ of the body [loins, womb] 〖聖書〗子供 (children, young) (cf. *Deut.* 28:4). **6** 《俗》男子同性愛者, 男色者, ホモ (homosexual).

in fruit 実を結んで[結んだ]: The trees are now *in* ～. 木には今実がなっている.

— *vi.* 果実を生じる, 実を結ぶ: This tree ～*s* annually. この木は毎年実を結ぶ. — *vt.* …に果実を生じさせる, 実を結ばせる (cf. fruited 1).

fruit·age [frú:ṭɪdʒ | -tɪdʒ] *n.* **1** 結実, 実り. **2** [集合的] 果実 (fruits): a tree bending with ～ 枝もたわわに実をつけている木. **3** 産物, 結果, 成果 (result).

fruit·ar·i·an [fru:tɛ́(ə)riən | -tɛ́əri-] 〖← FRUIT + -ARIAN〗 *n.* 果物常食者, 果食主義者 (cf. vegetarian 1).

fruit bàt *n.* 〖動物〗フルーツコウモリ《オオコウモリ科に属する *Cynopterus* 属, *Chironax* 属など小型種の総称; またはオオコウモリ科のコウモリの総称; 果実を常食とする》.

frúit bòdy *n.* 〖植物〗= fruiting body.

frúit bùd *n.* 〖植物〗実になる芽, 果芽 (cf. blossom bud, flower bud, mixed bud).

frúit·càke *n.* フルーツケーキ《砂糖漬けや乾燥の果物・ナッツ・香辛料などの入った濃厚な味のケーキ; クリスマスなどに用いる》: (as) nutty as a ～ ⇨ nutty 3 a.

frúit cócktail *n.* フルーツカクテル《数種の果物を小さな角切りにしてシェリーやシロップを注いだもの; 冷やして前菜やデザートとして食べる》.

frúit cùp *n.* フルーツカップ《果物を小さく切ったものをガラスのコップに入れたもの; 前菜またはデザート用; cf. fruit cocktail》.

frúit dòt *n.* 〖植物〗= sorus.

frúit·ed [-tɪd, -ṭəd | -tɪd, -təd] *adj.* **1** 果実が実った: a heavily ～ tree. **2** 《米》〈朝食品 (cereal) など〉〈食べる時に〉果物を加えた[入れた]: ～ oatmeal.

frúit·er [-ṭə | -tə(r)] 〖ME ～, *fruitour* fruit seller □ (O)F *fruitier*: ⇨ fruit, -er¹〗 — *n.* **1** 果実運搬船. **2** 《英》果樹栽培者 (fruitgrower). **3** 果実のなる木 (fruitbearer) (cf. bearer 3, flowerer 1, grower 1): a good [poor] ～ 生(な)りの良い[悪い]木.

fruit·er·er [frú:ṭərə | -tərə(r)] 〖《1408》: ⇨ ↑, -er¹〗 *n.* 《英》果物商, 青果商 (fruit dealer).

fruit·er·ess [frú:tərɪs, -rəs | -tərɪs, -rès] *n.* 《英》女性の果物商.

fruit·er·y [frú:ṭəri | -təri] *n.* 《古》果物(類), 果実 (fruit).

frúit fàrm *n.* 《米》果樹園.

frúit flỳ *n.* 〖昆虫〗**1** ミバエ《ミバエ科に属し果実の害虫になる小さなハエの総称; チチュウカイミバエ (Mediterranean fruit fly) など》. **2** ショウジョウバエ《ショウジョウバエ科 *Drosophila* 属のハエの総称; 幼虫は果実や腐敗した野菜を食べる》.

fruit·ful [frú:tfəl] 〖《*c*1390》 ← FRUIT + -FUL〗 — *adj.* **1** よく実を結ぶ, 実りのよい, 多産の, 豊産の: a ～ tree よく実のなる木 / a ～ vine 実りのよいつる植物; 子沢山の女 (cf. *Ps.* 128:3). **2** 豊作をもたらす, (地味の)肥えた (fertile): a ～ rain 滋雨 / ～ soil 肥えた土地. **3** 効果の多い, 良い結果をもたらす, 有利な; 多作の (prolific): ～ labors 収穫のある骨折り / a ～ occupation 実収入の多い職業 / a session ～ in great measures 重要議案を多く成立させた[させるであろう]議会 / a ～ writer 多作の作家 / His studies proved ～. 彼の研究はよい成果を挙げた. **～·ness** *n.*

frúit·ful·ly [-fəli | -lɪ] 〖ME〗 *adv.* **1** 実りよく; 多産に. **2** 有益[有利]に, 効果[成果]多く.

fruit garden *n.* 果樹園.

frúit·ing bòdy [-ṭɪŋ- | -tɪŋ-] *n.* 〖植物〗子実体《菌類が胞子を生じるための特別の器官》.

fru·i·tion [fru:íʃən | fru:-, fru-] 〖《1413》 □ (O)F ～ □ LL *fruitiō(n-)* enjoyment ← L *fruitus* = *fructus* (p.p.) ← *frui* to enjoy: ⇨ fruit, -ion〗 — *n.* **1** 所有, 享有 (possession, enjoyment); (所有・実現の)喜び (pleasure): ～ of love. **2** 〖FRUIT と連想〗結実; 〔目的・希望などの〕達成, 実現, 成就 (realization) 〔*of*〕; 成果: the ～ *of* one's aims [hopes] 目的[希望]の達成 / the ～ *of* one's studies 研究の成就[成果] / be brought to ～ 〈計画・考えなどが〉見事に達成される / come to ～ 実を結ぶ.

fru·i·tive [frú:əṭɪv | -ɪtɪv] 〖□ ML *fruitīv-us*: ⇨ ↑, -ive〗 *adj.* **1** 喜びを生む, 楽しみのある (enjoying). **2** 〖← FRUITION + -IVE〗実りのよい; 効果のある, 成果のあがる (fruitful).

frúit jàr *n.* 砂糖づけ果物(くだもの)用のびん.

frúit jùice *n.* フルーツジュース, 果汁.

frúit knìfe *n.* 果物(用)ナイフ.

frúit·less 〖《*a*1400》: ⇨ fruit, -less〗 — *adj.* **1** 実を結ばない, 実らない. **2** 結果を生じない, 無結果の; かいのない, むなしい; 実りのない, 効果のない, 無益な: ～ negotiations. **～·ly** *adv.* **～·ness** *n.*

fruit·let [frú:tlɪt, -lət] *n.* 小さい果実; 小果実《集合果の中の一つの実》.

frúit machìne *n.* 《英》フルーツマシーン (《米》slot machine) 《自動賭博(とばく)機の一種で, さまざまな果物の絵の組合せによって賞金が出てくる》.

frúit-pìece *n.* 果物の静物画[彫刻].

frúit rànch *n.* 《米西部》果樹園 (fruit farm).

frúit sàlad *n.* **1** フルーツサラダ《果物のサラダ》. **2** 《俗》(軍人が)ずらりと胸に並べた勲章やリボン.

frúit sàlts *n. pl.* [通例単数扱い] 〖化学〗(気泡性の)瀉痢塩の一種 (cf. Epsom salts).

frúit sùgar *n.* 〖化学〗果糖 (levulose, fructose).

frúit trèe *n.* 果樹 (cf. forest tree).

frúit wìne *n.* (ぶどう酒以外の)果実酒.

frúit·wòod *n.* (家具用)果樹材《りんご・なし・桜など》.

fruit·y [frú:ṭi | -tɪ] *adj.* (**fruit·i·er**; **-i·est**) **1 a** 果物に似た, 果物の味[風味]がある. **b** 〈ぶどう酒が〉ぶどうの風味のある: ～ wine ぶどうの風味の強いぶどう酒. **2** 〈音声など〉豊かな, 朗々とした: a ～ voice. **3** 《口語》**a** おもしろい, 愉快な (attractive); とても甘ったるい, センチメンタルな (syrupy). **b** 〈座談・会話など〉あけっぴろげな, あけすけで笑わせる, (他人の情事などを種にして)げらげら笑わせる. **c** きわどい, わいせつな. **4** 《俗》正気でない, 気違いじみた, 気の変な (crazy). **5** 《俗》男色の, ホモの. **frúit·i·ness** *n.*

fru·men·ta·ceous [frù:məntéɪʃəs] 〖□ LL *frūmentāceus* ← L *frūmentum* (↓): ⇨ -aceous〗 *adj.* 穀物に似た, 穀物のような; 穀物でできた.

fru·men·ty [frú:mənṭi | -tɪ] 〖《1381》 □ OF *frumentee* ← *frument* (F *froment* wheat) < L *frūmentum* grain ← ? *frui*: ⇨ fruit〗 — *n.* 《英方言》フルーメンティ《小麦を長時間ボイルし, さらに牛乳・砂糖などで煮た粥(かゆ)状のもの; これに(肉桂皮などの)香料・乾燥果物・卵などを混ぜて固めたもの; furmenty, furmety, furmity ともいう》.

frump [frʌ́mp] 〖《1553》《略》← ? ME *fromplen* to wrinkle □ MDu. *verrompelen* ← *ver-* 'FOR-¹' + *rompelen* 'to RUMPLE'〗 — *n.* **1** うすぎたない女, 魅力のない女. **2** じみで旧式な人.

frúmp·ish [-pɪʃ] *adj.* 〈女が〉うすぎたない, 魅力のない (dowdy, dull). **～·ly** *adv.* **～·ness** *n.*

frump·y [frʌ́mpi | -pɪ] *adj.* (**frump·i·er**; **-i·est**) = frumpish. **frúmp·i·ly** [-pɪli, -pə- | -lɪ] *adv.* **frúmp·i·ness** *n.*

Frun·ze [frú:nzə; *Russ.* frúnzji] 〖□ Russ. ～: 同地出身の将軍 M.V. Frunze (1885–1925) にちなむ〗 *n.* フルンゼ《ソ連邦 Kirghizia 共和国の首都; 人口 523,000》.

frusta *n.* frustum の複数形.

frustra *n.* frustrum の複数形.

frus·trate [frʌ́streɪt | ─́ ─, ─ ─́] 〖《1445》 ← L *frustrātus* (p.p.) ← *frustrārī* to deceive, disappoint ← *frustrā* in vain〗 — *vt.* **1** 〈計画・努力・希望などを〉むなしくする, くじく, 破る, 無効にする, 失敗させる (nullify): ～ a person's designs, scheme, etc. **2** 〈敵〉の裏をかく, …の努力を失敗させる, くじく (baffle); 失望させる (disappoint): ～ one's opponents 相手を破る / ～ a person in his designs 人のたくらみの裏をかく / be ～*d* in attempt 企てが失敗[挫折]する. — *vi.* 失敗をする, くじける, 失望する. — *adj.* **1** 《古》くじかれた, 挫折した (frustrated). **2** 《文語》役に立たない, むだな, 徒労の (futile, useless).

frús·trat·ed [-tɪd, -ṭəd | -tɪd, -təd] *adj.* **1** 失望した, くじかれた; 邪魔をされた: a ～ attempt. **2** 挫折感[欲求不満, フラストレーション]を抱いた: a ～ man.

frús·trat·ing [-ṭɪŋ | -tɪŋ] *adj.* 挫折感[フラストレーション]を起こす. **～·ly** *adv.*

frus·tra·tion [frʌstréɪʃən] 〖《*c*1555》 □ L *frustrātiō(n-)*: ⇨ frustrate, -ation〗 — *n.* **1** 挫折, 失敗 (defeat, overthrow); 無効 (nullification): a ～ *in* love 失恋. **2** 〖心理〗欲求不満, フラストレーション. **3** 〖法律〗契約の目的達成不能, 契約の(主観的)履行不能.

frustrátion clàuse *n.* 〖海上保険〗航海中絶不担保約款.

frus·trum [frʌ́strəm] 〖□ ML ～ 《変形》← L *frustum*〗 *n.* (*pl.* **～s, frus·tra** [-trə]) = frustum.

frustula *n.* frustulum の複数形.

frus·tule [frʌ́stʃu:l, -t(j)u:l | -tju:l] 〖□ LL *frustul-um* (dim.) small piece ← *frustum* (↓): ⇨ -ule〗 — *n.* 〖植物〗実と蓋の関係にある珪酸質の二裂片から成る珪藻(けいそう)の細胞.

frus·tu·lum [frʌ́stʃʊləm | -tjʊ-] 〖← NL ～ ← LL ～ (↓)〗 — *n.* (*pl.* **-tu·la** [-lə]) 〖カトリック〗断食日[斎日]でも許される軽い朝食.

frus·tum [frʌ́stəm] 〖《1658》 □ L ～ 'piece, bit' ← IE **bhreu-s-* to break〗

frustum 1

— n. (pl. ~s, frus·ta [-tə]) 1 〖数学〗切頭体: a ~ of cone 円錐台 / a ~ of pyramid＝prismoid. 2 〖建築〗(石造)建築部材の断片; (壊れた)円柱の一部.

fru·tes·cent [fru:tésn̩t] 〖⇨↓, -escent〗 adj. 〖植物〗低木となる, 低木性の. **fru·tés·cence** [-sn̩s] n.

fru·tex [frú:teks] 〖(1664) ▭ L ~ 'shrub, bush'〗 n. 低木 (shrub).

fru·ti- [frú:ṭɪ, -ṭə | -tɪ] 〖↑〗「低木 (shrub)」の意の連結形.

fru·ti·ce·tum [frù:ṭəsí:ṭəm | -tɪsí:t-] 〖▭ L *fruticētum* place full of shrubs: ⇨↑, -etum〗 — n. (pl. -ce·ta [-ṭə | -tə]) 低木園《植物園などで研究・装飾のため低木ばかり集めてある所; cf. arboretum》.

fru·ti·cose [frú:ṭɪkòus, -ṭə- | -tɪkəus] 〖(1668) ▭ L *fruticōs-us* bushy: ⇨ frutex, -ose¹〗 adj. 低木状の; 低木のような.

frwy. 《略》 freeway.

fry¹ [fráɪ] 〖(c1290) *frie(n)* ▭ (O)F *fri-re* < L *frīgere* to roast, fry ← IE **bher-* to cook〗 — vt. 1 油を使って料理する, いためる, 揚げる; フライ[揚げ物]にする (cf. deep fry) ⟨up⟩: ~ fish. 2 〈冷えた料理を〉フライパンで暖める ⟨up⟩: ~ up the cold food さめた料理を暖め直す. 3 《米俗》電気椅子で処刑する. — vi. 1 〈食品が〉揚げられる: The sausages are ~ing briskly. ソーセージは盛んに揚がっている. 2 《米俗》電気椅子で処刑される. — n. 1 フライ (fried food), 揚げ物料理. 2 (通例フライにする)臓物: lamb's ~ / pig's ~. 3 《米》(しばしば戸外で行なう)フライを中心とした会食: organize a fish ~ 魚のフライの会食を催す. 4 《口語》興奮状態: be in an awful ~ とても興奮している.

fry² [fráɪ] 〖(1293) *fri(e)* 《混成》? ← ON *frjō* (cog. Goth. *fraiw* seed)+OF *fri* ((F *frai*) ← *freier* to spawn, rub)〗 — n. (pl. ~) 1 幼期の魚; 幼期のタイセイヨウサケ《卵黄を吸収し終わってから約1年間のものをいう》; (ハチ・カエルなど)うようよいる虫[動物など]の子: ~ of shellfish 稚貝(ちがい). 2 (群れをなしている)小魚. 3 [small [lesser, young] ~ として; 集合的; 軽蔑的に] 雑輩, 人々, (特に)子供たち, じゃりども.

Fry [fráɪ], **Christopher** n. (1907–) 英国の劇作家; *The Lady's Not for Burning* (1949).

Fry, Elizabeth n. (1780–1845) 英国の Quaker 教徒, 刑務所制度の改革家; 旧姓 Elizabeth Gurney.

Fry, Roger Eliot n. (1866–1934) 英国の美術批評家・画家 (cf. Postimpressionism).

frý·er n. 1 フライ料理をする人. 2 フライなべ, フライヤー. 3 《米》フライ用食品《特に, 鶏肉: cf. broiler² 3》.

frýing pàn 〖ME〗 n. フライなべ; フライパン (《米》skillet, 《米》frypan).

jump* [*leap*] *out of the frying pan into the fire 一難をのがれようとしてかえって大難に陥る, 小難をのがれて大難に陥る (cf. *from* (*the*) SMOKE *into* (*the*) *smother*).

frý·pàn n. 《米》＝frying pan.

Fs 《略》 fractostratus.

F$ 《記号》〖貨幣〗 Fiji dollar(s).

f.s. 《略》 factor of safety; far side; film strip; fire station; flight service; flying saucer; foot second.

F.S. 《略》 Fabian Society; feasibility study; field security; financial secretary; financial statement; fleet surgeon; flight sergeant; foreign service; Friendly Society.

FSA, F.S.A. 《略》 Farm Security Administration; foreign service allowance.

F-scòpe 〖表示映像の形から〗 n. 〖電子工学〗Fスコープ, F表示《アンテナの方向と目標物との上下, 左右のずれを表示するレーダー用の表示器, または表示方向; F-display ともいう》.

FSH 《略》 follicle-stimulating hormone.

FSLIC 《略》 Federal Savings and Loan Insurance Corporation (米国の)連邦貯蓄金融公社 (⇨ FHLBB).

FSP 《略》 Food Stamp Program.

FSR, F.S.R. 《略》 Field Service Regulations.

F.S.S.U. 《略》 Federated Superannuation Scheme [System] for Universities.

F-stàte 〖← *f*(*undamental*)〗 n. 〖物理〗F 状態《軌道角運動量が 3ℏ の状態; ℏ は角運動量の単位で, プランク定数 *h* を 2π で割ったもの; $\hbar = 1.0546 \times 10^{-27}$ erg sec》.

f-stòp 〖← *f*(*ocal length*)〗 n. 〖写真〗カメラのレンズ口径を F ナンバーで示した絞り (⇨ f-stop system).

f-stop sỳstem n. 〖写真〗カメラのレンズ口径を F ナンバーで定めるシステム《factorial stop system, 単に f-stop ともいう; cf. T-stop system》.

Ft 《記号》〖貨幣〗 forint(s).

FT 《略》 free throw.

ft. 《略》 feet; foot; fort; fortification; fortify.

FTC, F.T.C. 《略》 Federal Trade Commission; flight test center.

fth., fthm. 《略》 fathom(s).

ft-L 《略》 footlambert(s).

ft-lb 《略》 foot-pound(s).

ft-pd 《略》 foot-pound(s).

ft-pdl 《略》 foot-poundal(s).

fub·sy [fʌ́bzi | -zɪ] 〖(1780) ← 《廃》*fub(s)* small chubby person ((混成)? ← FAT＋CHUB)＋-Y⁴〗 adj. (**fub·si·er; -si·est**) 《英》太った, ずんぐりした (chubby).

fuc- [fju:k] (母音の前に来る時の) fuco- の異形.

Fu·ca·ce·ae [fju:kéɪsiì:] 〖← NL ~: ⇨ fuco-, -aceae〗 n. pl. 〖植物〗(褐藻植物)ヒバマタ科. **fu·cá·ceous** [-ʃəs] adj.

Fu·ca·les [fju:kéɪli:z] 〖← NL ~: ⇨ fuco-, -ales〗 n. pl. 〖植物〗(褐藻植物)ヒバマタ目.

Fu·chau [fù:tʃáu; *Chin.* fútʂōu] n. ＝Foochow.

Fuchs [fúks], Sir **Vivian** n. (1908–) 英国の地質学者・探検家; 南極大陸を横断した.

fuch·sia [fjú:ʃə] 〖(1753) ← NL ~ ← *Leonhard Fuchs* (1501–66: ドイツの植物学者): ⇨ -ia¹〗 — n. 1 〖植物〗**a** フクシア, ホクシャ《メキシコ・熱帯アメリカ原産のアカバナ科フクシア属 (*Fuchsia*) の観賞植物の総称; ヒノハカマフクシア (*F. albo-coccinea*), ホクシャ (*F. hybrida*) など》. **b** カリフォルニアフクシア (*Zauschneria californica*)《アカバナ科の多年草; 大きな深紅色の花をつける; California fuchsia ともいう》. 2 明るい紫色, 赤色がかった紫色.

fuch·sine [fjú:ksɪn, fú:k-, -sən, -si:n | fú:ksi:n] 〖⇨↑, -ine³: フクシアの色に似ているため〗 — n. (*also* **fuch·sin** [-sɪn, -sən | -sɪn]) 〖染色〗フクシン《アニリン染料の一種》.

fuci n. fucus の複数形.

fu·ci- [fjú:sɪ, -sə | -sɪ] fuco- の異形 (⇨ -i-).

fuck [fʌ́k] 〖(a1503) ← ?: cf. MDu. *fokken* to strike, copulate with (cf. L *futuere* to fuck ← IE **bhau-* to strike)〗 《卑》 — vi. 1 〔…と〕性交する (copulate) ⟨*with*⟩. 2 愚かなことをやる, ばかばかしいふるまいをする; (何もせず)ぶらぶらする ⟨*about, around*⟩: Don't ~ *around*! まじめにやれ. 3 〔…を〕邪魔する, 干渉する ⟨*with*⟩. — vt. 1 …と性交する. 2 不当に扱う; だます (deceive); …に不便[苦悩]を与える, いやがらせ[意地悪なこと]をする.

fuck off (1) 去る, 出ていく (go away). (2) 手淫をする (masturbate). ***fuck up*** こわす, 台無しにする (spoil); へたなやり方をする (bungle).

— n. 1 性交, ファック (copulation). 2 (性交の相手としての)女: a good ~. 3 [強意語として] 一体 (全体): Where the ~ are you? 一体どこにいやがるんだ.

not care* [*give*] *a fuck 少しも構わない, 平気だ.

— int. 畜生, えい, いまいましい《嫌悪・困惑を表わす; 時に強意語として用いる》(eff).

★ いわゆる four-letter word で, fuk, f–k とも書く (cf. eff).

fuck·a·ble [fʌ́kəbl̩] adj. 《卑》性交に望ましい, ファックの相手にいい.

fúcked-óut adj. 《卑》疲れた, 疲労した (exhausted).

fúck·er n. 《卑》 1 性交する人. 2 軽蔑すべき人, いやなやつ.

fúck·ing adj. 《卑》 1 ＝damned. 2 むずかしい, 骨の折れる, きびしい (strenuous, harsh). 3 不快な, いやな, 劣った, 安っぽい (disgusting, cheap). 4 混乱した (confused). — adv. [強意語として] とても, すごく (very, terribly).

fúck-ùp n. 《卑》混乱 (mess).

fu·co- [fjú:ko(u) | -kə(u)] 〖⇨ fucus〗 —「〖植物〗ヒバマタ属の海草 (fucus); 〖化学〗フコース (fucose)」の意の連結形. ★ 時に fuci-, また母音の前では通例 fuc- になる.

fu·coid [fjú:kɔɪd] 〖⇨↑, -oid〗 〖植物〗 adj., n. ヒバマタ属 (*Fucus*) の(海藻).

fu·cose [fjú:kous, -kouz | -kəus] 〖← FUCO-＋-OSE²〗 n. 〖化学〗フコース ($CH_3(CHOH)_4CHO$)《五炭糖の一つで, ムコ蛋白質の一成分》.

fùco·xánthin 〖← FUCO-＋XANTHIN〗 n. 〖生化学〗フコキサンチン ($C_{40}H_{60}O_6$)《赤褐色の結晶; 褐藻類に含まれるカロチノイドの一種》.

fu·cus [fjú:kəs] 〖(1716) ▭ L *fūcus* rock lichen ▭ Gk *phûkos* ← Sem.〗 n. (pl. **fu·ci** [fjú:saɪ], **~·es**) 〖植物〗ヒバマタ属 (*Fucus*) の海藻の総称.

fud [fʌ́d] 〖(略)〗 n. ＝fuddy-duddy.

fud·dle [fʌ́dl̩] 〖(1588) ← ?: cf. G 《方言》*fuddeln* to swindle〗 — vt. 酔わせる (intoxicate); 頭をぼんやりさせる (muddle): ~ oneself 酔っぱらう / in a ~*d* state 酔いしれて; 頭がぼんやりして / be ~*d with* sleep 寝ぼけて. — vi. 《まれ》大酒を飲む (tipple). — n. 酩酊; (頭の)混乱: on the ~ 《英》大酒を飲んで.

fud·dy-dud·dy [fʌ́didʌ̀di, ⸗-⸗⸗ | fʌ́dɪdʌ̀dɪ, ⸗-⸗⸗] 〖? 〗《俗》 — n. 1 時代遅れの人, 古臭い人間. 2 つまらぬことに騒ぎ立てる人, から騒ぎをする人 (fusser). 3 もったいぶった人. — adj. 1 形式ばった, 保守的な; こせこせした, つまらぬことに騒ぎ立てる (fussy). 2 時勢遅れの, 旧式の (old-fashioned).

fudge [fʌ́dʒ] 〖(1615) 《変形》← ? FADGE: cf. G *futsch!* no good!〗 — n. 1 ファッジ《砂糖・バター・牛乳にチョコレートやバニラなどを加えて作った柔らかいキャンデー; 多く家庭で作る》. 2 作り話. 3 ばかげた事, たわごと (nonsense). 4 〖新聞〗**a** (締切後追加的に刷り込む新聞の)別刷り記事《しばしば色刷りにする》. **b** 別刷り記事のステロ版《でき上がったページの一部分と差し替える; cf. stop press》. **c** 別刷り追加記事印刷機. — int. [軽蔑的に] ばかな (nonsense!, humbug!). — vi. 1 不正をする, だます (cheat); 〔債務などを〕すっぽかす (welsh) ⟨*on*⟩. 2 確言を与えない, そらす (hedge) ⟨*off*⟩. 3 追加別刷り記事を入れる. 4 ゆっくり[注意深く]行く ⟨*along*⟩. 5 《英》ばかなことを言う. — vt. 1 〈風説・新聞種などを〉間に合わせにこしらえる, (いい加減に)でっち上げる (fake, concoct) ⟨*up*⟩. 2 よける, そらす (dodge). 3 〖新聞〗〈別刷り追加記事を〉入れこむ.

Fu·e·gi·an [f(j)uéɪgiən, fwéɪ-, -dʒiən, -dʒən | fju:éɪdʒɪən] adj. ティエラデルフエゴ (Tierra del Fuego) の; フエゴ島民の. — n. フエゴ島民《フエゴ島に住み, オナ (Ona) 族, アラカルフ (Alacaluf) 族, ヤーガン (Yahgan) 族からなるが, 現在絶滅に瀕している》.

Fuego n. ⇨ Tierra del Fuego.

Fueh·rer [fjú(ə)rə, fí(ə)r- | fjúərə(r; *G.* fý:rɐ] n. ＝Führer.

fu·el [fjú:əl, fjúəl, fjú:l | fjúəl, fjú:əl, fjú:l] 〖(? a1200) *feuel* ▭ OF *f(o)uaille, feuaile* < VL **focāliam* ← L *focus* 'FOCUS'〗 — n. 1 **a** 燃料《石炭・薪・石油など》⟨*for*⟩; 薪炭. **b** (原子炉の)燃料: nuclear ~ 核燃料. **c** (エネルギー源としての)食糧, 食べ物. 2 熱情をあおるもの: add ~ to the fire [flames] 火に油をそそぐ; 激情をあおる / add more ~ to inflation インフレにさらに油をそそぐ.

— vt. (**fu·eled, -elled; -el·ing, -el·ling**) 1 …に燃料を供給する: ~ the fire 火に燃料をくべる / ~ a ship 船に燃料を供給する. 2 支持する, 刺激する.

— vi. 燃料を求める[得る], 〈船・航空機が〉燃料を積み込む[補給する] ⟨*up*⟩: The ship put into port to ~ *up*. 船は燃料補給のために入港した.

fúel assèmbly n. 〖原子力〗燃料集合体.

fúel cèll n. 〖化学〗燃料電池《燃焼反応を利用した電池》.

fúel èlement n. 〖原子力〗(原子炉の)核燃料要素; (特に)燃料集合体を構成する一単位の核燃料 (cf. fuel pin, fuel rod).

fú·el·er [-lə | -lə(r] 〖(15C)〗 n. 1 燃料供給者; 燃料供給装置. 2 (ガソリンの代わりに特殊の混合燃料を使う)ドラッグレース (drag race) 用の自動車.

fú·el·ing [-lɪŋ] n. 燃料補給[積込み]; 燃料貯蔵.

fúel injèction n. (機関などへの)燃料噴射.

fúel injèctor n. 〖機械〗燃料噴射器.

fúel·ler [-lə | -lə(r] n. ＝fueler.

fúel òil n. 〖化学〗燃料油《特に, ボイラーや各種の炉に用い, 灯油より引火点の高いもの; 重油など》.

fúel pìn n. 〖原子力〗(原子炉の)燃料棒《特に, 直径の小さいもの》.

fúel pùmp n. 〖機械〗(ディーゼル機関の)燃料ポンプ.

fúel ràte n. (ロケット・ジェットエンジンの)秒間燃料消費率.

fúel ròd n. 〖原子力〗(原子炉の)燃料棒.

fúel vàlue n. 燃料価《ある燃料から得られるエネルギーの量》.

fug [fʌ́g] 〖(c1888) 《変形》← ? FUSTY // FOG¹〗 — n. 1 《口語》(部屋などの換気が悪くて)空気がこもった[むっとした]状態. 2 《スコット》濃霧. — vi. (**fugged; fug·ging**) むっとする部屋にいる[じっとしている] ⟨*up*⟩: sit ~*ging* in the house 屋内にくすぶっている. — vt. 〈部屋を〉むっとした状態にする: The room was ~*ged*. 部屋はむっとしていた.

fu·ga·cious [fju:géɪʃəs | fju:-, fjʊ-] 〖(1634) ← L *fugāci-, fugāx* apt to fly (← *fugere*: ⇨ fugitive)＋-OUS〗 — adj. 1 捕え難い, 逃げやすい, はかない (fleeting). 2 (*also* **fu·ga·ceous** [~]) 〖植物〗早く散る, やがてしぼむ, 早落性の (cf. persistent): ~ leaves 早落葉. **~·ness** n.

fu·gac·i·ty [fju:gǽsəṭi | fju:gǽsɪtɪ, fjʊ-, -sɪ-] n. 1 逃げ[消え]やすいこと, はかなさ (transiency); 揮発性 (volatility). 2 〖化学〗逸散能, 逃散能, フガシティー.

fu·gal [fjú:gəl] 〖← FUG(UE)＋-AL¹〗 adj. 〖音楽〗フーガ (fugue) の; フーガ風の. **~·ly** adv.

-fu·gal [⸗ fjʊgəl] 〖⇨ -fuge, -al¹〗「逃げる, …から離れる」の意の形容詞連結形: centri*fugal*.

-fu·gal·ly [⸗ fjʊgəli | -lɪ] -fugal の副詞形.

fu·gate [fjú:geɪt] n. 〖音楽〗フーガ (fugue) 風の曲.

fu·ga·to [fu:gá:ṭou | -təu; *It.* fugá:to] 〖▭ It. ~: ⇨ fugue, -ate¹〗 — n. (pl. ~s) 〖音楽〗フガート《フーガ (fugue) の最初の部分だけ用いる作曲技法で, 楽曲の一部に用いられる》.

-fuge [fjù:dʒ] 〖▭ F ~ < L *-fugum* putting to flight ← *fugere*: ⇨ fugitive〗「駆逐[除去]する物」の意の名詞連結形: febri*fuge*, insecti*fuge*, vermi*fuge*.

fug·gy [fʌ́gi | -gɪ] 〖← FUG (n.)＋-Y⁴〗 — adj. 《口語》 (**fug·gi·er; -gi·est; more ~, most ~**) 1 〈室・室内の空気など〉むっとする, こもっている (stuffy). 2 〈人が〉部屋にいたがる, 出無精な.

fu·gi·tive [fjú:dʒəṭɪv | -dʒət-, -dʒɪt-] 〖(a1382) ▭ (O)F *fugitif*, ~ ▭ L *fugitīvus* running away ← *fugit-* (p.p. stem) ← *fugere* to flee ← IE **bheug-* to flee (Gk *pheúgein*)〗 — n. 1 逃亡者, 脱走者 (runaway, deserter); 亡命者 (refugee): ~*s from* the battle [army] 逃亡兵, 脱走兵 / a ~ *from* justice 逃亡犯人. 2 見つけにくいもの, 捉(とら)えがたいもの.

— adj. 1 逃げる, 逃走する: a ~ criminal [prisoner] 逃亡犯人 / a ~ soldier 脱走兵. 2 **a** はかない, つかの間の, 一時的な, その場限りの (fleeting); 捉えがたい (elusive): ~ flowers うつろいやすい花 / ~ ideas [impressions] 一時的なちょっとした思い付き[印象]. **b** 変色性の《光線や大気中の化学物質などで変色する》: ~ colors あせやすい色. 3 〈文学作品が〉一時的な興味しかない, その時限りの (occasional): ~ publications きわ物的出版物 / ~ essays 折にふれての随筆 / ~ verse 偶詠, 偶作. 4 放浪の (wandering): a ~ theatrical company 巡業劇団.

~·ly adv. **~·ness** n.

fu·gle [fjú:gl̩] 〖(逆成) ↓〗 vi. 《まれ》嚮導(きょうどう)を勤める; 指導する, 模範となる.

fu·gle·man [fjú:gl̩mən, -mæ̀n | -mæ̀n, -mən] 〖(1804) 《変形》← G *Flügelmann* leader of the file ← *Flügel* wing＋*Mann* 'MAN¹'〗 — n. (pl. **-men** [-mən, -mèn | -mèn, -mən]) 1 手本, 模範(となる人) (exemplar); 指

導者；(政党の)幹事. **2**〘軍事〙嚮導(きょうどう)兵《もと訓練兵の模範として隊列の先頭に配置された兵》.

fugue [fjúːg]〘《1597》□F ～ ∥ It. *fuga* < L *fugam* flight ← *fugere*: ⇨ fugitive〙 ── *n.* **1**〘音楽〙フーガ, 遁走(とんそう)曲. **2**〘精神医学〙遁走, もうろう状態《動機があってした家出などの行為をあとで思い出せぬ意識中断状態》. ── *v.* (～d; fugu·ing)〘音楽〙── *vi.* フーガ[遁走曲]を作曲[演奏]する. ── *vt.* 〈曲を〉フーガ[遁走曲]にする, フーガ化[遁走曲風に]する.

fúgue·lìke *adj.* フーガ[遁走(とんそう)曲]風の.

fúgu·ist [fjúːgɪst, -gəst | -gɪst] *n.*〘音楽〙フーガ[遁走(とんそう)曲]作曲者.

Füh·rer [fjú(ə)rə, fí(ə)r- | fjúərə(r; *G.* fýːrɐ]〘□G ～ ← *führen* to conduct < OHG *fuoren*: cf. fare〙 ── *G. n.* (*also* **Fuh·rer** [～]) **1** 指導者. **2** [the [der] ～] 総統《ナチドイツの首領であった Adolf Hitler の称号; cf. El Caudillo, Il Duce》. **3** [f-] 独裁者.

Fu·jai·rah [fuːdʒéɪrə] *n.* フジャイラ《アラビア東部 Oman 湾に臨む首長国; United Arab Emirates の一つ; 人口 27,000, 面積 1,200 km²》.

fu·ji [f(j)úːdʒiː]〘□ Jap.〙 *n.* 富士絹.

Fu·kien [fùːkjén, -kién | -kjén; *Chin.* fútʃièn] *n.* **1** 福建《中国南東部沿海の省; 人口 24,500,000, 面積 118,740 km², 首都福州 (Foochow)》. **2** 福建語[方言].

Ful [fúl] *n.* (*pl.* ～, ～s) ＝Fula.

-ful[1] [fəl]〘OE ～: ⇨ full[1]〙 ── *suf.* 次の意味を表わす形容詞を造る: **1**「…に満ちている, …の多い, …の特性を有する」: beauti*ful*, care*ful*. **2**「…しがちの, …の傾向のある」: forget*ful*, harm*ful*.

-ful[2] [fʊl]〘↑〙 *suf.*「…一杯(の量)」の意の名詞を造る: mouth*ful*, hand*ful*, spoon*ful*. ★ 時に複数名詞に付ける: bags*ful*.

Fu·la [fúːlə, fúlə]〘← Afr.《土語》〙 ── *n.* (*pl.* ～, ～s) **1 a** [the ～(s)] フーラ族《アフリカの Sudan 地方から Senegal にかけて住む黒人系と地中海民族との混血の遊牧民族; 普通は Fulani または Fulbe と呼ばれる》. **b** フーラ族の人. **2** ＝Fulani 2.

Fu·lah [fúːlə] *n.* (*pl.* ～, ～s) ＝Fula.

Fu·la·ni [fúːlɑːni, ─ ─ ́─ | -nɪ] *n.* (*pl.* ～, ～s) **1** ＝Fula 1. **2** フラニ語《フーラ族の言語》.

Ful·be [fúːlbeɪ] *n.* ＝Fula 1.

Ful·bert [fúlbət | -bət]〘□OF ～ □ OHG *Filibert* ← *filu* much＋*berhta* bright〙 *n.* 男性名.

Ful·bright [fúlbraɪt]〘↓〙 *n.* フルブライト奨学金.

Ful·bright [fúlbraɪt], **James William** *n.* (1905–) 米国の政治家; 民主党上院議員.

Fúlbright Àct *n.* [the ～] フルブライト法《William Fulbright 上院議員の提案により, 米政府所有の余剰物資を外国で払い下げた金をその国と米国との文化交流, 特に教育のため使用できるようにした法律; 1946 年制定》.

Fúl·bright·er [-ṭə | -tə(r] *n.* フルブライト奨学生.

ful·crum [fúlkrəm, fʌ́l- | fʌ́l-, fúl-]〘《1674》□ L ～ 'bedpost' ← *fulcīre* to prop〙 ── *n.* (*pl.* ～s, **ful·cra** [-krə]) **1** (てこの)支点; てこまくら, てこ台. **2** 支柱, 支え (support); 要(かなめ), 要点. **3**〘動物〙支持器《動物体の中で, 他の部分の支持に役立っている部分》. **4**〘植物〙支持器《巻きひげなど》. ── *vt.* …に支柱を入れる, …の支柱を作る, 支柱を取り付ける.

ful·fil [fʊlfíl] *vt.* (**ful·filled**; **-fil·ling**) ＝fulfill.

ful·fill [fʊlfíl]〘OE *fullfyllan*: ⇨ full[1], fill〙 ── *vt.* **1** 〈義務・職務などを〉果たす, 遂行する (perform); 〈約束などを〉履行する; 〈命令などを〉果たす, 実行する, 従う, 守る (obey): ～ one's duties [obligations] 職務を遂行する[債務を果たす] / ～ one's promise 約束を履行する / ～ commands [conditions] 命令[条件]を守る / ～ the norm ノルマを果たす. **2** 〈願望を〉遂げる, 全うする; 〈願望〉に添う; 〈計画・予言などを〉実現する; 〈必要・条件などを〉満たす, 満足させる (satisfy); 〈目的〉にかなう (answer): ～ one's hopes 希望をかなえる / ～ one's expectations 期待を実現する / ～ one's requirements 必要を満たす / ～ a useful purpose 有用な用途に役立つ / ～ a prophecy 予言を実現する. **3** 〈期限・仕事を〉満了する, 終える (finish): ～ one's time 人生を全うする. **4** [通例 ～ one*self* で] 〈自分〉の可能性[資質]を十分に発揮する. **5**《古》満たす, 一杯にする (fill). **～·er** [-lə | -lə(r] *n.*

ful·fíll·ment *n.* (*also* **ful·fíl·ment**) **1** 〔義務・職務などの〕履行, 遂行 (execution); 〔約束・条件・命令などの〕実行, 実践 〔*of*〕. **2** 〔願望・期待・予言・祈願などの〕実現, 達成, 成就 〔*of*〕.

ful·gent [fúldʒənt, fʌ́l- | fʌ́l-]〘《?*a*1425》□ L *fulgent-em* (pres.p.) ← *fulgēre* to shine〙 *adj.*《詩》きらきら輝く, 光り輝く, 燦爛(さんらん)たる (radiant). **～·ly** *adv.*

ful·gid [fúldʒɪd, fʌ́l-, -dʒəd | fʌ́ldʒɪd]〘□ L *fulgid-us* ← *fulgēre* (↑)〙 *adj.*《古》光る, 輝く: the ～ sunbeams.

ful·gor [fúlgə, fʌ́l-, -gɔə | fʌ́lgɔː(r, -gə(r]〘□ L ～ ← *fulgēre* (↑)〙 *n.*《古》まばゆさ, 光輝 (splendor).

ful·go·rid [fúlgərɪd, fʌ́l-, -rəd, -rɪd | -rɪd]〘↓〙 *adj.*, *n.*〘昆虫〙ビワハゴロモ科の(昆虫).

Ful·gor·i·dae [fʊlgɔ́(ː)rədìː, fʌl-, -gɑ́r- | -gɔ́rɪ-]〘← NL ～ ← *Fulgora* (属名:《原義》goddess of lightning ← L *fulgur* lightning)＋-IDAE〙 ── *n. pl.*〘昆虫〙(半翅目)ビワハゴロモ科.

ful·gour [fúlgə, fʌ́l- | -gə(r] *n.*《古》＝fulgor.

ful·gu·rant [fúlg(j)urənt, fʌ́l-, -dʒʊ- | fʌ́lgju(ə)r-]〘□ L *fulgurant-em* (pres.p.) ← *fulgurāre* (↓): ⇨ -ant〙 *adj.* (電光のように)ひらめく (flashing).

ful·gu·rate [fúlg(j)urèɪt, fʌ́l-, -dʒʊ- | fʌ́lgju(ə)r-]〘← L *fulgurāt-us* (p.p.) ← *fulgurāre* to lighten ← *fulgur* lightning〙 ── *vt.* **1** 〈愛憎・恐怖など〉のひらめきを発する. **2**〘医学〙〈腫瘍などを〉高周波電流による閃光で治療する. ── *vi.*《廃》(電光のように)ひらめく.

ful·gu·ra·tion [fʊlg(j)uréɪʃən, fʌl-, -dʒʊ- | fʌlgju(ə)r-]〘□ L *fulgurātiō(n-)* (↑)〙 *n.*〘医学〙高周波療法.

ful·gu·rite [fúlg(j)uràɪt, fʌ́l-, -dʒʊ- | fʌ́lgju(ə)r-]〘← L *fulgur* lightning＋-ITE[1]〙 ── *n.*〘地質〙フルグライト, 閃(せん)電岩《雷電の作用で砂中または岩石の中に生じた筒状のガラス質》.

ful·gu·rous [fúlg(j)urəs, fʌ́l-, -dʒʊ- | fʌ́lgju(ə)r-] *adj.* 電光のような, 光輝を発する (lightninglike).

ful·ham [fúləm]〘← ? *Fulham* (↓): かつて賭博師の盛り場として悪名をはせた〙 *n.*《古》いかさまさいころ (loaded die).

Ful·ham [fúləm]〘? OE *Fulanham*《原義》'meadow of *Fulla* (人名)'〙 *n.* London の Hammersmith 区の一地域.

fu·lig·i·nous [fjuːlídʒənəs | -dʒɪ-]〘《1574》□ LL *fūlīginōs-us* full of soot ← L *fūlīgin*, *fūlīgō* soot: ⇨ -ous〙 ── *adj.* **1 a** すすの, すすのような; すすけた (sooty); 煙の, 煙のような (smoky). **b** くもった, もうろうとした, はっきりしない. **2** すす色の, 黒茶色の, 薄黒い. **～·ly** *adv.*

Fulk [fúlk]〘□ OHG *Fulco* ← *folc*-'FOLK'〙 *n.* 男性名《異形 Fulke》.

full[1] [fúl]〘OE *ful(l)* < Gmc **fulnaz* (G *voll* / Goth. *fulls*) ← IE **pel*- 'to FILL' (L *plēnus* full & *-plēre* to fill / Gk *plḗrēs* full)〙 ── *adj.* (～·er; ～·est) **1 a** (いっぱいに)満ちた, いっぱいの, いっぱいにした, 満載した; 〈建物・部屋など〉〔…で〕ぎっしり詰まった (packed)〔*of*〕: The cup is ～. 茶わんはいっぱいである / be ～ to overflowing あふれるほどいっぱいである / be ～ up《口語》いっぱいである, ぎっしり詰まっている / a glass ～ to the brim ふちまでいっぱいのコップ / fill one's glass ～ コップをいっぱいに満たす / The room was ～. 部屋は人でいっぱいだった / with a ～ cargo of coal 石炭を満載して / a face ～ *of* wrinkles しわくちゃの顔 / a ～ audience 満堂の聴衆 / a ～ day いそがしい一日 / have one's mouth ～ 口中いっぱいに物を含む / a ～ stomach 満腹 / eat till one is ～ [as ～ as one can hold] 満腹するまで[腹いっぱい]食べる / a ～ heart 感情でいっぱいになった心 / My heart is too ～ for words. 胸がいっぱいでものが言えない. **b** 〔…に〕夢中になった, 没頭した〔*of*〕: be ～ *of* oneself 自分のことばかり考えている / be ～ *of* one's own affairs 自分のことでいっぱいだ. **c**《豪俗》酔っ(ぱらっ)た: (as) ～ as a tick 泥酔して.

2 十分な, たくさんの, (供給・分量など)たっぷりの; (経験・知識の)豊富な, (内容の)充実した (well-supplied, rich); 〔…の〕多い, たくさんいる〔*of*〕: a ～ purse＝a purse ～ *of* money 金がたっぷり入っている財布 / a ～ meal 十分な食事 / a ～ harvest 豊作 / ～ experience 豊富な経験 / a ～ life 経験豊かな人生; 充実した生活 / a house ～ *of* mice ねずみがたくさんいる家 / a river ～ *of* fish 魚の多い川 / woods ～ *of* game 獲鳥獣の豊富な森 / a book ～ *of* good things ためになる良いことがたくさん書いてある本 / ～ *of* interest [vitality] 興味たっぷり[元気ではちきれるばかり]で[の] / He was very ～ on this point. 彼(の説明)はこの点に関しては詳しかった.

3 〈衣類など〉寸法がたっぷりの, ゆとりのある, ゆるやかな: ～ sleeves たっぷりした袖 / a ～ skirt たっぷりしたスカート / make a coat a little ～*er* across the back 背幅に少しゆとりをつけて上着を仕立てる.

4 a (形が)ふっくらした, 豊満な, 盛り上った, 隆起した (plump, swelling): a ～ figure 恰幅(かっぷく)のいい姿 / be rather ～ in the face 顔がやや太っている / have a ～ bosom 胸がふっくらしている[豊満だ] / have ～ lips ふくらんだ唇をしている. **b** 〈帆が〉風をはらんで (filled); 〈船が〉帆に風をはらませて: in ～ sail 満帆を張って / ～ sails いっぱいに風をはらんだ帆.

5 a 十分な, 完全な, 全面的な, 無削除の (perfect, complete) (cf. half *adj.* 2). ★ 現在は数詞とともに用いる場合,「数詞＋full＋名詞」か「a＋full＋数詞＋名詞」の形で強意語として用いる (cf. *adv.* 2, fully 2): a ～ mile [hour] まる 1 マイル[1 時間] / for two ～ days＝for a ～ two days まる 2 日間 / a ～ supply 十分な[完全]供給 / ～ retreat 総退却 / ～ marks《英》満点 / ～ measure たっぷりの量目[尺度] / a ～ edition 無削除版 / ～ pay 本俸, 全給 / a ～ name フルネーム《略さない詳しい氏名》/ a ～ scene 全景 / in ～ view 全体が見えて[見渡せて]; まる見えで / ⇨ full sentence, full time / give ～ details 委細漏らさず[詳細に]述べる / He had not slept a ～ night since Wednesday. 水曜日から一晩まるまる寝たことはなかった / He has the ～ support of the President. 大統領の全面的な支持を得ている / I give you ～ power to act on my behalf. あなたに全権をゆだねる / ⇨ in full FIG[2], *in full* FEATHER. **b** (仮・一時的でない)正式の (regular): ～ membership 正会員の資格 / ⇨ full professor. **c** 全員[部]そろった: a ～ jury (12 人)全員出席の陪審. **d** 〈本の装釘が〉全面的な: ～ leather 総革.

6 a 最高の, 最大の, 最大限の (maximum): ～ strength 全力 / ～ vigor 元気いっぱい / make ～ use of it それを最大限に利用する / turn something to ～ account ある物を十分に[遺憾なく]利用する / ⇨ full speed. **b** 〈風が〉最大の力の: a ～ gale 最強風 / ⇨ *full* BLAST. **c** 最高頂の: a ～ tide [flood] 満潮 / in ～ bloom 〈花が〉満開で / in ～ activity [swing] 〈競技・ダンス・音楽など〉真最中で, たけなわで / ～ summer 盛夏 / It was ～ spring. 春たけなわだった. **d** 〔…の〕限界にきて, 限界に近づいて〔*of*〕: ～ *of* years and honors 天寿を全うし多くの栄誉を受けて (*Gen.* 25:8). **e** 成熟して, 大人になって (mature, adult): ⇨ full age. **f** 〈ぶどう酒が〉こくのある (full-bodied).

7 a 〈光が〉強い, 強烈な (intense). **b** 〈色彩が〉濃い.

8 同じ両親の: ～ brothers [sisters] 実の兄弟[姉妹] (cf. half brother, half sister).

9《古》〔…に〕飽き飽きしている〔*of*〕: I am ～ *of* the burnt offerings of rams. 我は雄羊の燔祭(はんさい)にあけり (*Isa.* 1:11).

10〘音楽〙**a** 〈声が〉朗々とした, 声量の豊かな (resonant): a ～ voice. **b** 完全な: a ～ close 完全終止. **c** 全…《全声部・全楽器・全音栓(せん)を用いた》: a ～ organ (オルガンの)最強奏部.

11〘野球〙**a** 〈打者のカウントが〉2 ストライク 3 ボールの. **b** 満塁の, フルベースの (loaded): a ～ base 満塁.

full of the news 話したくてうずうずして, 話さずにはいられなくて.

── *adv.* **1** (位置・方向など)きっかり, ちょうど, ぴったり (directly, straight): The blow struck him ～ in the face. 顔をまともに打たれた. **2**《古》十分に, 完全に, 全く (completely, entirely). ★ 数詞を伴った用法は《古》, 現在は fully を用いる (cf. *adj.* 5 a ★): ～ six miles たっぷり[優に]6 マイル / ～ as useful as …と全く同様に役立つ. **3**《文語》[形容詞・副詞を修飾して] 全く, 非常に, いとも (very): ～ many a flower いとも多くの花々 / I know ～ well that he is a liar. 彼がうそつきであることを十分承知している / ～ fain 非常に喜んで(…したい) / ～ soon すぐに / run ～ fast 非常に速く走る / The chair is ～ high. 椅子が高過ぎる. **4** [形容詞や過去分詞の前に複合語をなして] 十分に (fully): *full*-blown, *full*-fledged, *full*-grown, etc.

full and by〘海事〙帆に風をはらみつつ最も詰め開きになるように: sail ～ *and by*. *full out* 全速力で (cf. full-out).

── *n.* **1** 全部 (whole), 十分 (fullness)〔*of*〕: tell the ～ *of* it その事をすっかり話す. **2** (季節・月などの)真盛り, 絶頂 (height): at the ～ 真盛りに, 絶頂に / the ～ of the moon 満月(時) / The moon is at [past] the ～. 月は満月だ[を過ぎた].

in full 全部, 全額: a receipt *in* ～ 全額受領証 / payment *in* ～ 全額支払い / write one's name *in* ～ 氏名を略さずに書く. *to the full* 十分に, 心ゆくまで: enjoy a party *to the* ～.

── *vt.* (ひだ・上げ・ギャザーなどを入れて)たっぷり取る, 〈袖・スカートなどを〉たっぷりに作る.

── *vi.*《米》〈月が〉満ちる.

full[2] [fúl]〘《*a*1325》□(O)F *foul-er* to tread < VL **fullāre* ← L *fullō* 'FULLER[1]': cf. OE *fullian* to whiten cloth〙 ── *vt.* 〈毛織物を〉洗ったり蒸したりして生地を密にする, 縮充[縮絨]する (⇨ fulling): ⇨ fulling mill. ── *vi.* 〈織物が〉生地が厚く[密に]なる, 縮充[縮絨]する.

fúll áge *n.* 成年, 丁年: a man of ～.

ful·lam [fúləm] *n.*《古》＝fulham.

fúll·bàck *n.* フルバック: **a**〘ラグビー・サッカー・ホッケー〙味方陣地の後方にあってディフェンスの要となるプレーヤー (⇨ Rugby football 挿絵). **b**〘アメリカンフットボール〙quarterback の直後に位置するプレーヤー.

fúll bínding *n.*〘製本〙丸装, 丸表紙, 完表紙; 総革(装) (full leather); 総クロス(装) (full cloth)《whole binding ともいう; cf. half binding, quarter binding, three-quarter binding》.

full blood *n.* **1** [─ ─́] 純血種の人[動物] (purebred, thoroughbred): an Indian of ～ 純粋のインディアン. **2** [─́ ─] 同じ両親から血を受けていること: brother and sister of the ～ 両親の同じ兄妹.

fúll-blóoded *adj.* **1** 純血種の, 純血の (thoroughbred): a ～ Negro 純血の黒人. **2** 多血質の; 血気盛んな, 活発な, 元気な (vigorous). **3** 純粋の; 完璧な, 完全な: a ～ socialist 純粋の社会主義者 / a ～ analysis 完全な分析. **4** 内容豊富な: a ～ story. **～·ness** *n.*

fúll-blówn *adj.* **1** 満開の: a ～ rose. **2** 完全に発達した, 成熟し切った: ～ dignity 押しも押されもせぬ貫禄(かんろく). **3** 〈帆など〉十分に展帆した.

fúll bóard *n.* (ホテルでの)寝室と三食(つき).

fúll-bódied *adj.* **1** 〈人が〉太った (stout). **2** 十分実のある, 密度の濃い, (特に)〈ぶどう酒が〉こくのある: ～ wine. **3** 実質のある; 重要な, 有意義な: a ～ novel 内容豊富な小説 / play a ～ role in the world 世界の重要な役割を演じる.

fúll-bósomed *adj.* 〈女性が〉胸の豊かな, ボインの.

fúll-bóttomed *adj.* **1** 〈かつらが〉後ろが肩の下まで垂れている. **2** 船底に多量に積める, 船底部容積の広い, (船底床面が低く)水線下部の積載容積が大きい.

fúll-bóund *adj.*〘製本〙丸装[総革(装), 総クロス(装)]の.

fúll brídle *n.*〘馬術〙別々の手綱によって制御されている軽勒(けいろく) (bridoon) とくつわ鎖 (curb) をもった馬勒.

fúll cádence *n.*〘音楽〙＝perfect cadence.

fúll-céll pròcess [trèatment] *n.*〘土木〙充細胞法, 充満滲液法《木材防腐法の一種; 木材に防腐剤を注入する場合, 薬液を細胞室内に滞留させるように処理する方法; cf. empty-cell process》.

fúll círcle *adv.* 一周して. ★主に次の句で: ⇨ *come full* CIRCLE.

fúll-cóck *vt.* 〈銃を〉発火[発射]準備にする (cf. half-cock).

fúll cóck *n.* (銃の撃鉄を全部あげた)発火[発射]準備 (cf. half cock): at [on] ～ 撃鉄をいっぱいに起こして; 用意が十分で. ── *adv.* ⇨ cock[1] *n.*

fúll cósting *n.* 〚会計〛全部原価計算《直接原価計算 (direct costing) に対する伝統的な原価計算の方法; absorption costing ともいう》.

fúll-cóst prìnciple *n.* 〚経済〛原価に一定のマージンを加算して販売単価とする方法 (cf. cost-plus).

fúll cóusin *n.* いとこ, 従兄弟, 従姉妹.

fúll·créam *n.* 非脱脂クリーム《unskimmed milk から造る》.

fúll-cút *adj.* 〚宝石〛フルカットの, 本切り(ブリリアント)の《テーブル (table) とキューレット (culet) を入れて58面をもつブリリアント式のカットにいう》.

fúll-dréss *adj.* **1** 正装しての; 正式の: a ～ reception 正装のレセプション / a ～ debate 正式の討議, (議会の)本会議 / a ～ rehearsal 本舞台げいこ《本舞台同様の衣装をつけて行なうけいこ》. **2** ありとあらゆる手段[方法]でなされた, 徹底的な, 本格的な: a ～ invasion, investigation, etc.

fúll dréss *n.* **1** 正式な礼服, (特に)正式な夜会服(の一揃い)《男子の場合は黒の燕尾服・ズボン・白のチョッキ・白の蝶ネクタイ・いか胸付きのドレスシャツを含む; cf. evening dress, tuxedo 1 b》. **2** 〚軍事〛正装, 礼装 (cf. service dress).

fúll-dréssed *adj.* 〈船が〉満艦飾の, 満船飾の.

fúll dréss shìp *n.* 満艦飾の軍艦, 満船飾の船《マストの先から船首・船尾まで旗で飾り付けをした船》.

fúll-drèss úniform *n.* (軍服の)正装, 大礼服 (cf. dress uniform, service uniform): in ～ 正装[大礼服]で.

fúll emplóyment *n.* 〚労働〛完全雇用《就労可能な全労働者が一定の実質的賃金の下で就職できる状態; cf. underemployment 2, unemployment》.

fúll·er[1] [-lə | -lə(r] 〚OE *fullere* ← L *fullō* fuller: cf. full[2], -er[1]〛 *n.* (毛織物の)縮充[縮絨]工, 仕上工.

fúl·ler[2] [fúlə | -lə(r] 〚← ? FULL[1] (v.)+-ER[1]〛 ── *n.* **1** 〚機械〛(鍛工用)みぞ付け当てへし, 半丸当てへし, 丸へし. **2 a** 樋(ひ)《刀身にほられたみぞ》. **b** (丸へしを当てて造った蹄鉄(ていてつ)の)みぞ (groove). ── *vt.* **1** 丸へしで〈金属〉の節の部分をへらす. **2** 〈びょうで留めた接合部分〉にすべり止めくぎを付ける. **3** 〈刀剣など〉に樋[みぞ]を形作る.

Ful·ler [fúlə | -lə(r], **R**(ichard) **Buckminster** *n.* (1895–) 米国の技師・建築家.

Fuller, (Sarah) **Margaret** *n.* (1810–50) 米国の女流評論家・編集者; Marchioness Ossoli.

Fuller, Thomas *n.* (1608–61) 英国の牧師・著述家; *Worthies of England* (1662).

fúl·ler·ing tòol [-ləriŋ-] *n.* 〚機械〛(鍛工用)丸へし.

fúller's éarth 〚ME: ⇨ fuller[1]〛 *n.* 〚化学〛フラー土, 酸性白土, 漂布土《油の脱色・鋳物砂の結合剤などに用いる; 古くは布の清浄に用いた》.

fúller's téasel 〚(15C): ⇨ fuller[1]〛 ── *n.* 〚植物〛オニナベナ, ラシャカキグサ (*Dipsacus fullonum*)《とげの多いこの植物の果穂を縮充工 (fuller) が毛織物仕上げの毛羽立てに用いる; 単に teasel ともいう》.

fúll-éyed *adj.* 目のぱっちりした.

fúll·fáce *n.* **1** (人の)正面向きの像[絵]. **2** [ー ー]〚印刷〛**a** =boldface. **b** フルフェース《活字面がボディーいっぱいの大きさの活字》.

fúll-fáce *adj.* =full-faced 2.

fúll fáce *adv.* まともに向かって, 面と向かって: look at a person ～ 人をまともに見る.

fúll-fáced *adj.* **1** 丸顔の, ほおのふくれた; 〈月など〉まん丸の: a ～ moon. **2** 正面向きの, 正面からの: a ～ portrait. **3** 〚印刷〛〈活字書体が〉肉太の (boldfaced); フルフェースの (cf. fullface 2 b).

fúll-fáshioned *adj.* 〈ストッキング・ニットウェアが〉身体にぴったり合うよう編目を増減して編んだ, フルファッションの: ～ hosiery.

fúll fíre *n.* 〚窯業〛大焚(おおだき)《要求される最高焼成温度に到達した時の焼成段階; cf. dégourdi》.

fúll-flédged *adj.* **1** 〈鳥が〉羽がはえそろった. **2** 十分発達した, 成熟した (mature): a ～ adult 一人前の大人 / ～ democracy. **3** りっぱに一人前になった, 資格のとれた: a ～ author, barrister, etc.

fúll-fráught *adj.* 《古》満載した.

fúll gáiner *n.* 〚水泳〛フルゲーナ《前方に飛び出し着水までに後ろ向きの宙返りを1回する飛込み法》.

fúll gílt *n.* 〚製本〛小口金[三方金]の本《小口および天地の三方に金付けした本》.

fúll-grówn *adj.* 十分に成長した, 成熟した, 発育し切った (mature).

fúll hánd *n.* 〚トランプ〛=full house 2.

fúll·héarted *adj.* **1** 勇気と自信に満ちた; 〈作品など〉全心を打ち込んだ, 心をこめた. **2** 胸がいっぱいの, 感慨無量の. **～·ly** *adv.* **～·ness** *n.*

fúll hóuse *n.* **1 a** (劇場などの)大入り満員, 満員の劇場: draw a ～ 満員の観客を集める. **b** (議会などの)全員(に近い)出席. **2** 〚トランプ〛フルハウス《ポーカーで three of a card と one pair から成る手; full hand ともいう; ⇨ poker[2]》.

fúll·ing [-liŋ] 〚ME: ⇨ full[2]〛 *n.* 縮充, 縮絨《紡毛織物を水分・熱・圧力・摩擦力を用いて厚く縮ませること》.

fúlling mìll 〚ME: ⇨ full[2]〛 *n.* (毛織物の)縮充[縮絨]機; 縮充[縮絨]工場.

fúll-léngth *adj.* **1** 全身大の, 等身の: a ～ looking glass 姿見 / a ～ portrait 全身肖像画. **2** 〈小説など〉標準[規格]の長さの, はしょっていない. **3** 手足を伸ばした.

fúll línear gróup *n.* 〚数学〛一般一次変換群《有限次元ベクトル空間からそれ自身への正則一次変換全体のなす群》.

fúll lóad *n.* **1** 〚電気〛全負荷. **2** 〚航空〛全備重量.

fúll lóck *n.* 〚自動車〛(方向転換のための, 前輪の)フル旋回.

fúll-mílk *adj.* (クリームを取らない)完全乳の[で造った].

fúll móon 〚ME〛 *n.* 満月(時) (cf. half-moon 1, crescent 1): at ～ 満月の時に.

fúll-mòon máple *n.* 〚植物〛イロハカエデ (⇨ Japanese maple).

fúll·móuthed [-máuðd, -máuθt] *adj.* **1 a** 大声の, 大音の (loud); 〈歓迎など〉歓声を張り上げた; 〈犬が〉大声でほえる. **b** 〈雄弁・演説など〉朗々たる, よく響く (sonorous). **2** 〈羊・牛など〉歯並びの完全な.

fúll nélson *n.* 〚レスリング〛フルネルソン《両腕を背後から相手の腋(わき)の下に入れ両手を相手のえり首に押しつける首固め; cf. half nelson》: put a ～ on ... にフルネルソンをかける.

fúll·ness 〚ME〛 ── *n.* **1** 充満, いっぱい, 十分, たっぷり (abundance, sufficiency) 〔*of*〕: a feeling of ～ after meals 食後の満腹感 / a ～ *of* wisdom 満身の知恵, 縦横の才知 / a ～ *of* sleeves たっぷりと広い袖 / the ～ *of* the heart 無量の感慨, 真情, 満腔(こう)の至情 / the ～ *of* the world 世界に満ちる物のすべて / in its ～ 十分に, 遺憾なく. **2** 肥満 (plumpness): a great ～ of face 福々しい顔. **3** (色・音などの)豊かさ.
the fullness of time 然るべき時機, 予定の時: in *the* ～ *of time* 時満ちて, 機が熟して, 予定の時に / When *the* ～ *of time* was come, God sent forth his Son. 時満つるに及びては, 神その御子を遣(つか)し給えり (*Gal.* 4:4).

ful·lom [fúləm] *n.* 《古》=fulham.

fúll-órbed *adj.* まん丸の, 満月の: the ～ moon.

fúll-óut *adj.* **1** (省略なく)全部書き出された. **2** 全力の, 全面的な (complete, total): a ～ war effort. **3** 〚印刷〛左ぎめの, 字下りなしの (flush left).

fúll páge *n.* (新聞などの)全面. **fúll-páge** *adj.*

fúll pítch *n.* 〚クリケット〛=full toss. ── *adv.* 〚クリケット〛ボールが打者の所に来るまで地に触れずに, フルピッチで.

fúll póint *n.* =full stop 1.

fúll pówered *adj.* 〚海事〛〈船が〉推進を帆を用いずエンジンにゆだねる.

fúll proféssor *n.* 正教授《大学における最高の教授; cf. professor 1 a ★》.

fúll rhýme *n.* 〚詩学〛=perfect rhyme 1.

fúll-rígged *adj.* **1** 〚海事〛〈帆船が〉全装の《3本以上のマストに全横帆を取り付けた》. **2** 全装備の.

fúll sáil *n.* **1** 風をいっぱいにはらんだ帆 (⇨ full 4 b). **2** [副詞的に] **a** 帆を全部張って: The ship advanced ～. 船は帆を全部張って進んだ. **b** 全力で, 全速力で (rapidly).

fúll-sáiled *adj.* 風をいっぱいにはらんだ帆を持った, 総帆を揚げた: a ～ ship.

fúll-scále *adj.* **1** 実物大の: a ～ portrait 等身大の肖像画. **2** 全面的な (wholesale): a ～ war 全面戦争 / a ～ biography 完全な伝記.

fúll-scántling vèssel *n.* 〚海事〛重構船《法定最大限の満載喫水を与えられる頑丈な構造の船》.

fúll scóre *n.* 〚音楽〛総譜《あらゆる声部ないし楽器を掲記した楽譜》.

fúll séa *n.* 《古》=flood tide.

fúll séntence *n.* 〚文法〛完全文《たとえば英語では主部と述部を含む文》.

fúll-síze *adj.* **1** (特別大きくも, 小さくもなく)普通サイズの: a ～ car. **2** 〈ベッドが〉フルサイズの《横54インチ縦75インチの大きさの; cf. kingsize 2, queen-size 2, twin-size》.

fúll spéed *n.* **1** 最高速度, 全速力: at ～ 全速力で. ★《米》では多く at top [utmost] speed という. **2** 〚海事〛原速《航海において通例維持される速度》. **3** [副詞的に] 全速力で: come [go, ride] ～ 全速力で来る[行く, 馬を走らせる].
Full speed ahead! (もっと)がんばれ.

fúll stép *n.* 〚米軍〛(毎分120歩の速歩(はやあし)における長さ30インチの)一歩; (その)歩幅 (cf. half step 2).

fúll stóp *n.* **1** 終止符, 終止点 (period)《full point ともいう》. **2** 完全な停止.

fúll-térm *adj.* 〚産科〛〈妊娠・胎児が〉満期の, 月満ちた《正常期間を経た》.

fúll-tíme *adj.* 全時間の, 全時間従事する, 専任の, 常勤の (cf. half-time, part-time): a ～ teacher 専任教師 / a ～ union officer 組合専従者 / a ～ employee (パートタイマーに対して)全時間雇用者 / ～ wages 全時間労働に対しての賃金.

fúll tíme *n.* **1** (労働・勤務などの)全時間, 全時間従業[就業]: on ～. **2** (個人の)全時間 (whole time): spend one's ～ in writing 全時間を著述に費やす. **3** 〚競技〛(フットボールなど試合の)終了. ── *adv.* 全時間(制)で, フルタイムで, 専任で, 常勤で: work ～.

fúll-tímer *n.* **1** 《英》授業時間全部に出席する児童. **2** 全時間従業する人, 専任の人 (cf. half-timer, part-timer).

fúll-to-fúll *adj.* 〚海事〛満帆でタックを変える《帆船が充分風をはらんで走っている状態から, 針路を変えて風を別な方向から受け, しかもまた充分に風をはらんで走る》.

fúll tóss *n.* 〚クリケット〛フルトス《投手が投げた球が三柱門までバウンドしないで達する投球; full pitch, full volley ともいう; cf. half volley, volley》.

fúll tráiler *n.* 〚自動車〛フルトレーラー《トレーラーの積荷の重量全部をトレーラーの車輪だけで支持する構造のトレーラー; cf. semitrailer》.

fúll-tùrn stáir *n.* 踊り場ごとに全回転(180度)して上る階段.

fúll twíst *n.* 〚水泳〛フルツイスト《体を一ひねりした逆飛込み; cf. half twist 1》.

fúll vólley *n.* 〚クリケット〛=full toss.

fúll vówel 〚音声〛完全母音《弱化されないで強い強勢を伴って完全な形で発音される母音; cf. reduced vowel》.

fúll-wàve réctifier *n.* 〚電気〛全波整流器 (cf. half-wave rectifier).

fúll wòrd *n.* 〚文法〛実語《辞書的意味を伝える役目をする語で, 一般的に名詞・動詞・形容詞・副詞; cf. empty word》.

ful·ly [fú(l)li | fúli] 〚OE *fullīce*: ⇨ full[1], -ly[1]〛 ── *adv.* **1** 十分に, 完全に, 全く (completely): ～ paid 全額支払済みで / ～ paid-up 全額払い込み / eat ～ 十分食べる. **2** [数詞に先立って] まる(…も), 優に, 少くとも (at least) (cf. full *adj.* 5 a ★, *adv.* 2 ★): for ～ ten years まる 10 年間も / *Fully* 500 students were there. 少くとも 500 人の学生がそこにいた.

fully articulated rótor *n.* 〚航空〛全関節式回転翼《ヘリコプター回転翼の一型式で, 大部分のローターがこの型式; 回転翼の羽根がそれぞれ上下, 前後および羽根の軸まわりの回転方向に角度が変えられるような関節をもつ; cf. rigid rotor, seesaw rotor》.

fully fáshioned *adj.* =full-fashioned.

ful·mar [fúlmə, -mɑə | -mə(r, -mɑː(r] 〚(1698) ⊏ ON *fūlmār* ← *fūll* foul+*mār* seamew, gull: その悪臭にちなむ〛 ── *n.* 〚鳥類〛フルマカモメ (*Fulmarus glacialis*)《北方海洋地方に多いミズナギドリ科の海鳥; fulmar petrel ともいう》.

ful·mi·nant [fúlmənənt, fʌ́l- | fʌ́lmɪ-, fúl-] 〚⊏ L *fulminant-em* (pres.p.) ← *fulmināre* (↓)〛 ── *adj.* **1** 爆鳴性の, (雷鳴のように)とどろく (fulminating). **2** 〚病理〛電撃性の, 劇症の: ～ hepatitis 劇症肝炎.

ful·mi·nate [fúlmənèɪt, fʌ́l- | fʌ́lmɪ-, fúl-] 〚(? a1425) ← L *fulminat-us* (p.p.) ← *fulmināre* to lighten ← *fulmen* lighting: ⇨ -ate[3]〛 ── *vi.* **1** (突然)爆鳴する, 大音を発して爆発する (explode, detonate). **2** 恐ろしいけんまくでどなる[怒る], 怒号する; (特に)〈ローマ教皇が〉激しく非難[叱責]する, きびしくしかりつける 〔*against*〕. **3** 《古》雷が鳴(り稲妻が光)る. **4** 〚病理〛〈病気などが〉電撃的に発症する. ── *vt.* **1** 爆発させる. **2** 〈命令などを〉きびしい調子で発する, 〈非難の言葉などを〉きびしく[大声で]発する. ── *n.* 〚← FULMIN(IC)+-ATE[1]〛〚化学〛**1** 雷酸塩[エステル], (特に)雷酸水銀, 雷汞(こう) (mercury fulminate)《起爆剤》. **2** =fulminating powder 1.

fúl·mi·nàt·ing [-tɪŋ | -tɪŋ] *adj.* **1** 雷鳴とどろく (thundering); 爆発する, 爆発性の, 起爆性の: ～ gas 爆鳴ガス / a ～ cap 雷管. **2** どなりつける, おどしつける. **3** 〚病理〛=fulminant 2.

fúlminating còmpound *n.* 〚化学〛雷酸塩 (fulminate).

fúlminating gòld *n.* 〚化学〛雷金《含窒素金化合物, 組成未確定で爆発性大》.

fúlminating mèrcury *n.* 〚化学〛雷汞(こう), 雷酸水銀 (HgCNO)《起爆剤に用いられる》.

fúlminating pòwder *n.* 〚化学〛**1** 爆粉, 雷粉. **2** 雷酸塩 (fulminate).

fúlminating sìlver *n.* 〚化学〛雷銀 (AgCNO)《爆発性がある》.

ful·mi·na·tion [fʊ̀lmənéɪʃən, fʌ̀l- | fʌ̀lmɪ-, fʊ̀l-] 〚(1502) ⊏ L *fulminātiō(n-)*: ⇨ fulminate, -ation〛 ── *n.* **1** 猛烈な非難, しかりつけ, 怒号: the ～ from the Vatican ヴァチカン宮殿[教皇]からのきびしい非難. **2** 爆発.

fúl·mi·na·tor [-tə | -tə(r] *n.* どなり[おどし]つける人, 厳しい非難者.

ful·mi·na·to·ry [fúlmənətɔ̀ːri, fʌ́l-, -tɔ̀ːri | fʌ́lmɪnèɪtəri, fúl-, -nə-] *adj.* 鳴り響く[とどろく], 爆鳴とどろく (thundering).

ful·mine [fúlmɪn, fʌ́l-, -mən | fʌ́lmɪn] *v.* 《古》=fulminate.

ful·min·ic [fʊlmínɪk, fʌl- | fʌl-, fʊl-] 〚← L *fulmin-*, *fulmen* lightning+-IC[1]〛 *adj.* **1** 爆発性の, 爆鳴する (explosive). **2** 〚化学〛雷酸の, 雷酸性の.

fulmínic ácid *n.* 〚化学〛雷酸 (HCNO)《銀塩など重金属塩は爆発性がある》.

ful·mi·nous [fúlmənəs, fʌ́l- | fʌ́lmɪ-, fúl-] *adj.* 雷電性の.

ful·ness [fúlnɪs, -nəs] *n.* =fullness.

ful·some [fúlsəm] 〚(c1250) *fulsum*: ⇨ full, -some[1]〛 ── *adj.* **1** 〈言葉遣い・讃辞・愛情の表現など〉あくどい, しつこい, いやらしい, 鼻につく (offensive); 追従(ついしょう)的な: ～ praise, compliments, flattery, etc. **2** 〈食物など〉むかつくような, 不快な. **3** (度が過ぎて)悪趣味な: a ～ prose style. **4** 《廃》豊富な (copious); 太った; みだらな. **～·ly** *adv.* **～·ness** *n.*

Ful·ton [fúltn, -tən | -tn, -tən], **Robert** *n.* (1765–1815) 米国の発明家, 初めて実用的な蒸汽船を建造 (1807).

ful·ves·cent [fʊlvésnt, fʌl- | fʌl-] 〚← L *fulvus* tawny+-ESCENT〛 *adj.* 帯黄褐色の, 暗黄褐色を帯びた.

Ful·vi·a [fʌ́lviə, fúl- | fʌ́lviə, -vjə] 〚⊏ L ～ ← *fulvus* (↓)〛 *n.* 女性名. ★黄褐色の髪によく見られる.

ful·vous [fúlvəs, fʌ́l- | fʌ́l-] 〚(1664) ⊏ L *fulvus*: ⇨ -ous〛 *adj.* 朽葉色の, 鈍黄褐色の (tawny, dull yellow).

fu·made [fjuːméɪd] 〚(1599) ⊏ Sp. *fumado* (p.p.) ← *fumar* to smoke < L *fūmāre*〛 *n.* 燻製魚, 燻製にしん(など).

fu·ma·do [fjuːméɪdoʊ | -dəʊ] *n.* (*pl.* ～s, ～es) =fumade.

fu·ma·gil·lin [fjùːmədʒílɪn, -lən | -lɪn] 〖← *fumagill-* (《変形》) ← NL *Aspergillus fumigatus*: ⇨ aspergillus, fumigate)＋-IN[1]〗 ── *n.* 〖生化学〗フマギリン《カビの一種 (*Aspergillus fumigatus*) から製する抗生物質の一種で, 特にアメーバによる伝染病に使用される》.

Fú Man·chú mústache [fúːmæntʃúː-] 〖← *Fu Manchu* (英国の小説家 A. S. Ward (1883–1959) の小説に登場する中国人の悪漢)〗 ── *n.* フーマンチュー髭(ひげ)《Dr. Fu Manchu 独特の八の字髭》.

fu·ma·rase [fjúːmərèɪs, -rèɪz | -rèɪs] 〖← NL *fumar-(ia)* (↓)＋-ASE〗 *n.* 〖化学〗フマラーゼ《フマール酸とりんご酸の相互転化をする酵素》.

fu·ma·rate [fjúːmərèɪt] 〖← *fumaria* (↓)＋-ATE[1]〗 *n.* 〖化学〗フマル酸塩[エステル].

fu·mar·ic [fjuːmǽrɪk, fju-] 〖← NL *fumaria* (← L *fūmus* 'FUME')＋-IC[1]〗 *adj.* 〖化学〗フマル酸の.

fumáric ácid *n.* 〖化学〗フマル酸 ($C_2H_2(COOH)_2$) 《柱状または針状晶, ポリエステル樹脂製造用》.

fu·ma·role [fjúːmərə̀ʊl | -rə̀ʊl] 〖□ F *fumerolle* □ It. *fumaruolo* < LL *fūmāriolum* (dim.) ← L *fūmārium* smoke chamber ← *fūmus* smoke〗 ── *n.* (火山の)噴気孔. **fu·ma·rol·ic** [fjùːmərɑ́ʊlɪk | -rɔ́l-] *adj.*

fu·ma·to·ri·um [fjùːmətɔ́ːriəm, -tɔ́r- | -tɔ́ːr-] 〖← NL ～ ← L *fūmātus* ((p.p.) ← *fūmāre* to smoke)＋-*ōrium* '-ORY[2]'〗 ── *n.* (*pl.* **-ri·a** [-riə | -rɪə], ～s) 燻蒸所, 燻蒸消毒室.

fu·ma·to·ry [fjúːmətɔ̀ːri, -tɔ̀ri | -tərɪ] 〖⇨ ↑, -ory[2]〗 *n.* 《英》燻蒸所[室].

fum·ble [fʌ́mbl̩] 〖《1508》(《変形》) ← ME *famele(n)* (← ? ON) ∥ □ LG *fummel-n* & Du. *fommel-en*: cf. Norw. & Swed. *fumla* to grope〗 ── *vi.* **1** 手探りする, (無器用な手つきで)捜し回る〔*for*〕: He ～*d* in his pocket *for* cigarettes and lighter. もそもそと手探りでポケットのたばことライターを捜した / I was *fumbling about* in the dark room. 暗い部屋の中を手探りで歩き回っていた. **2** (変な手つきで・もじもじと)いじる, いじくり回す〔*at, with*〕: She kept *fumbling with* the ribbon. 彼女はリボンをいじくり続けた. **3 a** 〔方法などを〕模索する〔*after*〕: We ～*d after* some new solution. 我々は新しい解決法を模索した. **b** もそもそと言う, 口ごもる (mumble); まごまごする, へまをやる (blunder): She just ～*ed* in answering. 彼女はただもじもじと口ごもって答えるだけだった. **4** 〖野球〗ボールをファンブルする (cf. muff 2). **5** 〖アメリカンフットボール〗ボールを手に入れてから落とす. ── *vt.* **1** 無器用に取り扱う, もじもじといじくる; …にまごつく, へまをやる (bungle): For some time I ～*d* the pages *for* the place. しばらくの間その箇所を見つけようとページをあちこちとめくり回した / In the utter darkness he ～*d* the door open. 真っ暗闇の中で手探りをしながらドアを開けた. **2** [～ one's way として] 手探りしながら[するようにして]進む: I ～*d my way along* the dark path. 暗い小道を手探りするようにして進んで行った. **3** 口ごもりながら言う (mumble) 〈*out*〉: ～ *out* a few words 二こと三ことももぐもぐと言う. **4** 〖野球〗〈ボールを〉受け[取り]そこねる, 不手際な〈ボール〉の扱いをする, ファンブルする (misplay): The center fielder ～*d* the grounder. センターはゴロをファンブルした. **5** 〖アメリカンフットボール〗〈ボールを〉(手に入れてから, またはそれをつかんで走りながら)取り落とす. ── *n.* **1** 手先の無器用; 無器用な取り扱い, まごつき, へま (bungle): He performed his duty without a ～. 彼は無事にその任務を遂行した. **2** 〖野球・アメリカンフットボール〗ファンブル(すること); ファンブルしたボール.

fúm·bler [-blə, -blə | -blə(r)] *n.* **1** 手探りする人; (無器用に)いじくり回す人. **2** (まごついて)へまをやる人.

fúm·bling [-blɪŋ, -blɪŋ | -blɪŋ] *adj.* (無器用な手つきで)いじくり回す; 無器用な, まごまごした, へまな (awkward). **～·ly** *adv.* **～·ness** *n.*

fume [fjúːm] 〖《c1390》□ OF *fum* (F *fumée*) < L *fūmum* smoke ← IE **dheu-* dust, vapor, smoke, etc.〗 ── *n.* **1** [しばしば *pl.*] (燃焼によるか揮発性物質から出る, 臭気のある息詰まるような, 時に有毒の)ガス, 煙; 煙霧, 蒸発気, いきれ, (刺激性の)発煙: a thin ～ rising from the pipe パイプから出る薄い煙 / the ～*s* of ammonia アンモニアの発煙 / factory ～*s* 工場の煙霧 / car ～*s* 自動車の排気ガス / exhaust ～*s* 排気ガス / ～*s* of heat むっとする熱気 / ～*s* of hay 乾草のいきれ. **2 a** (もと, 酒を飲むと胃から頭へ上ると思われた)毒気: ～*s* of wine 酒の毒気. **b** 理性を鈍らせるもの; のぼせ, もやもや: the ～*s* of sleep ねむけ / be flatulent with ～*s* of self-applause 自画自賛ののぼせで鼻持ちならない. **3** 怒気, 興奮, むかっ腹 (rage). ★ 通例次の句で: be *in a* ～ ぷんぷん怒っている, いきまいている. ── *vi.* **1** (燃焼または化学作用で)煙霧を発する, 発煙する (smoke, reek); (煙霧となって)発散する, 霧消する 〈*away*〉: His hopes had suddenly ～*d away*. 彼の希望は突然消えた. **2** やっきとなる, いきまく, ぷりぷり[かっか]する, 腹をたてる〔*at*〕: fret, fuss and ～ やきもきして怒る. ── *vt.* **1** 煙に当てる, くすべる, (アンモニアガスなどで)いぶす, 燻蒸する. **2** 蒸発[発散]させる: ～ black smoke 黒い煙を発散する. **3** (香などをたいて)…に煙をたなびかせる, 〈祭壇などを〉(香煙で)満たす〔*with*〕.

fúme chàmber *n.* 《英》(実験室などの)有害ガス換気装置.

fumed *adj.* (アンモニアガスなどで)いぶした, 黒いぶしにした: ⇨ fumed oak.

fúmed óak *n.* 黒いぶしのオーク材.

fu·met [fjúːmɪt, -mət] 〖□ F ～ 'odor' ← *fumer* to smoke〗 *n.* フュメ《魚・家禽のだし汁を煮つめた料理》.

fu·meuse [fjuːmə́ːz, -mjúːz; *F.* fymøːz] 〖□ F ～ (《原義》) smoker (fem.) ← *fumeur*〗 ── *n.* (*pl.* ～**s** [～]) フュムーズ《狭い背板に広い笠木をつけ, パイプやたばこ入れを備えた 18 世紀のフランスの喫煙用の椅子; 椅子の背に対して馬乗りに坐る》.

fu·mig·a·cin [fjuːmígəsɪn, -sən | -sɪn] 〖← NL ～ ← L *fūmigātus* (⇨ fumigate)＋-c- (医薬関係の添字)＋-IN[1]〗 ── *n.* 〖生化学〗フミガシン ($C_{32}H_{44}O_8$) 《土壌中のカビの一種 (*Aspergillus fumigatus*) から得られる抗生物質の一種》.

fu·mi·gant [fjúːmɪgənt, -mə- | -mɪ-] 〖□ L *fūmigant-em*: ⇨ ↓, -ant〗 *n.* 〖化学〗燻蒸剤《ガス状あるいは揮発性の殺菌・殺虫用化学物質》.

fu·mi·gate [fjúːməgèɪt | -mɪ-] 〖《1530》← L *fūmigāt-us* (p.p.) ← *fūmigāre* 'to smoke, FUME'〗 ── *vt.* **1** (煙で)いぶす, くすべる (smoke); 燻蒸する, 燻蒸消毒する. **2** 《古》…に香をにおわせる (perfume).

fu·mi·ga·tion [fjùːməgéɪʃən | -mɪ-] 〖《c1380》□ L *fūmigātiō(n-)*: ⇨ ↑, -ation〗 *n.* 燻蒸, 燻蒸消毒(法).

fú·mi·gà·tor [-tə | -tə(r)] *n.* **1** 燻蒸[燻蒸消毒を]する人. **2** 燻蒸器, 燻蒸消毒器[装置].

fu·mi·ga·to·ry [fjúːmɪgətɔ̀ːri, -mə-, -tɔ̀ri | -mɪgèɪtərɪ, -gə-] *adj.* 燻蒸消毒性の.

fúm·ing *adj.* **1** 煙霧を発する; 香煙を発する, 香気を発散する (aromatic). **2** ぷりぷりした, むかっ腹を立てた (raging).

fúm·ing·ly *adv.* やっきとなって, いきまいて, ぷりぷりして.

fúming nítric ácid *n.* 〖化学〗発煙硝酸《酸化剤・ニトロ化剤として用いられる》.

fúming súlfuric ácid *n.* 〖化学〗発煙硫酸 (⇨oleum 2).

fu·mi·to·ry [fjúːmətɔ̀ːri, -tɔ̀ri | -mɪtərɪ] 〖《1516》(《変形》) ME *fumeter* □ (O)F *fumeterre* ← ML *fūmus terrae* smoke of the earth (⇨ fume): そのにおいから〗 ── *n.* 〖植物〗カラクサケマン (*Fumaria officinalis*) 《地中海地方産ケシ科の一年草; ムラサキケマンに似た紫色の花をつける; もと抗壊血病薬として用いた》.

fu·mous [fjúːməs] 〖《*a*1398》□ L *fumōs-us*: ⇨ fume, -ous〗 *adj.* 《廃》発煙性の, 煙る (smoky).

fu·mu·lus [fjúːmjʊləs] 〖← NL ～: ⇨ fume, -ule〗 *n.* (*pl.* ～) 〖気象〗煙状雲《ごく薄いベール状の雲》.

fum·y [fjúːmi | -mɪ] *adj.* (**fum·i·er**; **-i·est**) **1** 煙霧の多い; 煙霧を発する. **2** 煙霧状の, 蒸気状の.

fun [fʌ́n] 〖《1685》(《変形》) ← 《廃》 *fon* to befool ← 《廃》 *fonne* a fool ← ?: cf. fond[1]〗 ── *n.* **1 a** 戯れ, ふざけ(気分), 陽気 (playfulness); からかい, 冷やかし (ridicule): all the ～ of the fair 縁日の(ような)心も浮き浮きする賑(にぎ)わしさ (cf. funfair) / He is fond of ～. 戯(ざ)れ事の好きな人だ / She is full of ～. とても面白い[陽気な]人だ / ⇨ *in* FUN, FIGURE *of fun*. **b** 楽しみ, 慰み, 面白さ (merriment): ⇨ *have* FUN / She is full of her ～. いつも何かして楽しんでいる / I didn't see the ～ of [I didn't get any ～ out of] playing cards. トランプをしてもちっとも面白くなかった / ⇨ *for* FUN. **2** 《口語》[主に be の補語として用いて] 面白いもの[人]: It [He] *is* great [fine, good] ～. とても面白い[面白い男だ] / Hiking *is* no ～. ハイキングなんか面白くない / I didn't think reading so much ～. 読書がこんなに楽しいものとは思わなかった / What ～! 面白いなあ, 愉快愉快. **3** 《口語》大騒ぎ, 激論; ＝FUN *and games* (1).

for fun*＝*for the fun of it* [*the thing*]** (1) (損得ずくではなく)楽しい[面白い]から (for pleasure): read a book *for* ～ 書物を興味本位に読む / play cards *for* ～ 娯楽としてトランプをする. (2) ＝*in* FUN: I teased her just *for the* ～ *of it*. ただ面白半分にからかっただけだ. ***fun and games (1) 《口語》[単数または複数扱い] お祭り騒ぎ; ふざけちらすこと (diversion). (2) [しばしば反語的] たやすい事柄,「遊び」. (3) ＝lovemaking. ***have fun*** (1) 面白く遊ぶ, 興じる (enjoy oneself)〔*with*〕: The child *had* a lot of ～ *with* the toys. 子供はそのおもちゃでとても面白がって遊んだ / We *had* great ～ at the party. パーティーがとても面白かった. (2) 性交する[に耽る]〔*with*〕. ***in fun*** 戯れに, 冗談に, 面白半分に, ふざけて (playfully): I said it *in* ～. 冗談に言ったのだ. ***like fun*** (1) 《口語》面白いように, 勢いよく, 盛んに, どしどし (quickly): sell *like* ～ (面白いほど)盛んに売れる. (2) 《俗》[強調的に否定・疑念を表わして] 全然…でない, まさか…しない (not at all): She told me that she did it by herself.—*Like* ～ she did! 彼女は自分でやったと言っているよ—まさか(冗談じゃないよ). ***make fun of*** ＝***poke fun at*** …を慰み物にする, からかう (ridicule): The pupils *made* ～ *of* the new teacher. 生徒たちは新任の先生をからかった.

── *attrib. adj.* 《口語》娯楽のための; 楽しい, 面白い; お祭り気分の, 華やかな: a ～ party [gift] お楽しみパーティ[プレゼント] / They had a ～ time. 彼らは楽しいひと時を過ごした / Their dresses were on the ～ side. 彼らの服装はちょっと派手やか過ぎていた.

── *vi.* (**funned**; **fun·ning**) 《口語》戯れる, ふざける, 冗談を言う (joke): He is always ～*ning*. いつもふざけている / He ～*ned about* the picture. 彼はその絵のことをからかった.

fu·nam·bu·lism [fjuːnǽmbjʊlɪ̀zm, fjuː- | fjuː-, fjʊ-] *n.* **1** 綱渡り (ropedancing). **2** (頭脳などの)閃(ひら)き, 頭の回転の早いこと.

fu·nám·bu·list [-lɪst, -ləst | -lɪst] 〖《1793》← L *fūnambulus* ropedancer (← *fūnis* rope＋*ambulāre* to walk)＋-IST〗 *n.* 綱渡り芸人 (ropedancer).

Fu·nar·i·a·ce·ae [fjuːnæ̀riéɪsiː | -rɪ-] 〖← NL ～ ← *Funaria* (属名: ← L *fūnis* (↑))＋-ARIA: ⇨ -aceae〗 *n. pl.* 〖植物〗(蘚類ヒョウタンゴケ目)ヒョウタンゴケ科. **fu·nàr·i·á·ceous** [-ʃəs] *adj.*

Fun·chal [fuːnʃɑ́ːl, fʌn- | fʊn-; *Port.* fũʃáɫ] *n.* フンシャル《Madeira 諸島の首都, 海港; 避寒地; 人口 106,000》.

fun·cki·a [fʌ́ŋkiə, fʊ́ŋ- | fʌ́ŋkjə, -kɪə] *n.* 〖植物〗＝funkia.

func·tion [fʌ́ŋ(k)ʃən] 〖《1533》□ (O)F *fonction* ∥ L *functiō(n-)* performance ← *funct-* (p.p. stem) ← *fungi* to perform: ⇨ -tion〗 ── *n.* **1 a** (人間・もの・制度などが本来適合した)機能, 作用, 働き, 仕事, 効用 (role, utility), 目的 (purpose): the ～ of criticism 批評の役割[効能] / The ～ of education is to develop the mind. 教育の本来の目的は精神を発達させることである. **b** (動植物の器官の持つ固有の)機能, 働き: the ～ of the stomach 胃の働き / The primary ～ of any gland is secretion. 腺本来の機能は分泌である / ⇨ animal functions, vital function. **2** 職能, 職務, 職分, 役目; 業 (occupation): the ～ of a judge 判事の職務 / the clerical ～ 僧職, 聖職. **3** 儀式, 式典, 祭典, 祝典 (ceremony, celebration); (通例規模の大きい)社交的会合, 宴会 (social gathering): a social ～ 社交的な集まり / *at* a ～ 社交的な行事[集まり]で / go to a ～ at the palace 宮殿の饗宴に行く. **4** 〖文法〗機能 (cf. form 14). **5** 〖数学〗関数, 写像: an algebraic [a trigonometrical] ～ 代数[三角]関数 / the theory of ～*s* 関数論 / The period of a pendulum is a ～ of its length. 振子の周期は振子の長さの関数である. **6** 〖電算機〗ファンクション《計算機の基本命令》.

── *vi.* **1** 作用する, 働く (work, operate): The telephone was not ～*ing*. 電話は働きをしなかった[こわれていた]. **2** 〔…(として)の〕職分[役目]を果たす, 仕事をする〔*as*〕: ～ *as* a lubricant 潤滑油の役目をする. **3** 〖文法〗機能を果たす: In earlier English the present tense often ～*ed as* the future. 初期の英語ではしばしば現在時制が未来の機能も果たした.

fúnc·tion·al [-ʃənl̩, -ʃnəl] 〖《1631》〗 ── *adj.* **1** 機能の[に関する], 機能上の: ～ grammar 機能的文法 / a ～ change [shift] 〖文法〗機能変化[転換]. **2** 職能上の, 職務上の, 職掌上の (official, formal). **3** 〈建築・日用品など〉機能主義に基づいた[本位の], 実用本位の, 便利な (practical): ～ clothing. **4** 〖生物〗機能を営む, 機能的な (cf. rudimentary 2): a ～ organ 機能器官. **5** 〖医学〗機能(上)の; 機能的な, 機能性の《病気や所見について, 解剖上の変化を伴わない場合をいう; cf. organic 3 b》: a ～ disease 機能性疾患. **6** 〖心理〗機能的な (cf. organic 3 c). **7** 〖精神医学〗〈精神異常が〉はっきりした器質的原因をもたない. **8** 〖数学〗関数の: a ～ symbol 関数記号.

── *n.* 〖数学〗汎関数《関数やベクトルなどを変数とする数値関数》.

fúnctional análysis *n.* 〖数学〗関数解析(学)《線形空間と作用素に関する数学理論》.

fúnctional búrden [búrdening] *n.* 〖言語〗＝functional load.

fúnctional cálculus *n.* 〖論理〗関数計算《数学的論理学での量化理論 (quantification theory) または述語論理 (predicate logic) の部門の別名》.

fúnctional detérminant *n.* 〖数学〗関数行列式 《Jacobian, Jacobian determinant ともいう》.

fúnctional gròup *n.* 〖化学〗官能基《ある分子が他の分子と反応して原子価結合を生じる場合, そのような能力をもつ基 (radical) すなわち原子団をいう》.

fúnctional illíterate *n.* 機能的文盲者《特定の職業や状況の必要性にこたえうるだけの読み書きの能力をもたない人》.

fúnc·tion·al·ìsm [-ʃ(ə)nəlɪ̀zm] *n.* **1** (家具の意匠・建築などの)機能主義. **2** 〖社会学〗機能主義 (cf. structural-functional analysis). **3** 〖心理〗機能主義(心理学).

fúnc·tion·al·ist [-lɪst, -ləst | -lɪst] *n.* 機能主義者.

── *adj.* ＝functionalistic.

func·tion·al·is·tic [fʌ̀ŋ(k)ʃ(ə)nəlístɪk] *adj.* 機能主義の; 機能主義の原理に従って作られた.

fúnctional lóad *n.* 〖言語〗機能負担量《通例音素間の対立が発話を弁別するのに役立つ程度の量; 英語では /p/ /b/ の対立は機能負担量が大きく, /ʃ/ /ʒ/ の対立はそれが小さい》.

fúnc·tion·al·ly [-ʃ(ə)nəli | -lɪ] *adv.* **1** 機能上; 機能的に, 実用本位に: be ～ useless 機能上は無用である. **2** 職能上, 職務上. **3** 〖数学〗関数的に.

fúnctional psychólogy *n.* 〖心理〗＝functionalism 3.

fúnctional representátion *n.* 〖政治〗機能代表《地域的に定められた選挙区からでなく, 職業・経済的地位に応じてあらかじめ定められた諸集団から代表を選出する; occupational representation ともいう》.

fúnctional réquisite *n.* 〖社会学〗機能的要件《社会や集団が統一体として存続したり, 秩序ある変動を行なうために必要な前提条件》.

fúnctional yíeld *n.* 〖言語〗＝functional load.

fúnc·tion·àr·y [-ʃənèri | -ʃ(ə)nəri] 〖《1791》〗 ── *n.* 職務担当者, 職員, 役員; (特に)役人, 公務員 (official):

a public ～ 公務員 / great *functionaries* of the State 国家の大官連 / a petty ～ 小役人. ── *adj.* 機能の, 機能的な, 職能上の (functional).

func·tion·ate [fʌ́ŋ(k)ʃənèɪt] *vi.* 機能を営む, 作用する, 働く; 職能を行なう.

fúnction·less *adj.* 機能[効能, 職能]のない.

fúnction wòrd *n.* 〘文法〙機能語《冠詞・前置詞・接続詞・助動詞など; cf. class word, full word》.

func·tor [fʌ́ŋ(k)tə | -tə(r] 〖← NL ～ ← L *functus* (⇨ function)＋-OR[2]〗 ── *n.* **1** 機能を果たす物, 作用する物, 作動物. **2** 〘数学・論理〙 **a** 関手《圏から圏へのある種の写像》. **b** 関数定数《記号論理において関数を表わすのに用いる記号》.

fund [fʌ́nd] 〖《1677》□ L *fund-us* bottom, estate《音位転換?》← **fudnos* ← IE **bhudh-* 'BOTTOM': FOND[2] と二重語〗 ── *n.* **1** (知識・才能などの)貯え, 蘊蓄(うんちく) (stock, store): a ～ of common sense, knowledge, labor, tenderness, wit, etc. **2** 資金, 基金, 基本金; [通例 *pl.*] (手形・小切手振出しのための)銀行預金; 資本金 (capital): a reserve ～ 積立資金 / a relief ～ 救済資金 / a scholarship ～ 奨学資金 / mission ～*s* 伝道基金 / ⇨ sinking fund / for lack of ～*s* 資金欠乏のため. **3** [*pl.*] 所持金, 財源: *in* [*out of*] ～*s* 金を持って[が切れて] / ～*s* in hand 手元金. **4** [the ～s]《英》公債, 国債 (government securities)《public funds ともいう》: I have £50,000 in *the* ～*s*. 公債で5万ポンド持っている. **5** 特別基金を管理する組織: ⇨ International Monetary Fund.
── *vt.* **1** 〈一時借入金を〉長期公債に借り替える; (利子を支払うべき公債のために)…に資金を供給する. **2** 〈企画・研究などに〉に資金を提供する; …の財源になる: His project is ～*ed* by grants. 彼の企画は助成金から資金の提供を受けている. **3** 《英》〈資金を〉公債に投じる, 投資する. **4** 蓄積する, 積み立てる.

fun·da·ment [fʌ́ndəmənt] 〖《14C》□ L *fundāmentum* foundation (← *fundāre* 'to FOUND[2]': ⇨ -ment) ∽ (c1290) *fondement* □ (O)F〗 ── *n.* **1** (理論・原理などの)基礎, 基盤; 基本原理. **2 a** 臀部, しり (buttocks). **b** 肛門 (anus). **3** 〘地理〙原景観《地形・気候・地質などのような地域の本来の自然的特徴》.

fun·da·men·tal [fʌ̀ndəméntl̩ | -tl̩] 〖《c1443》□ LL *fundāmentāl-is*: ⇨ ↑, -al[1]〗 ── *adj.* **1** 根本[基本]的な, 基礎[根底]的な (basic): ～ rules of grammar [arithmetic] 文法[算術]の基本的規則 / ～ principles [conditions] 基本原則[条件] / ～ human rights 基本的人権 / a ～ change 根本的変化 / a ～ form 基本形, 基形 / the ～ theorem of algebra [arithmetic, calculus] 代数学[算数, 微積分学]の基本定理 / ⇨ fundamental law / No industry is more ～ *to* the American economy than steel. アメリカ経済にとって鉄鋼以上に基本的な産業はない. **2** 本源的な, 根源的な (original, primary); 生得の, 根深い: ～ colors 原色 / ～ numbers 〘数学〙基数《1, 2, …, 9 をいう》/ one's ～ gaiety 生まれながら持っている陽気さ. **3** 重要な, 主要な (essential, vital): one's ～ purpose. **4** 〘音楽〙和音の根音を最低音とする: ⇨ fundamental chord, fundamental note. **5** 〘物理〙基礎の.
── *n.* **1** [しばしば *pl.*] 基本, 根本, 基礎, 原理, 原則, 根本法則: the ～*s* of religion [mathematics] 宗教[数学]の原理. **2** 〘音楽〙 **a** (和声学上の)根音 (fundamental note). **b** (倍音列の)基音 (cf. overtone 1). **3** 〘物理〙(複合波中の)最低振動数の波, 基本波.
～·ly *adv.*

fundaméntal báss *n.* 〘音楽〙根音バス《和音の根音のみで作られた低声部》.

fundaméntal chórd *n.* 〘音楽〙根音[基本]位置の和音《根音を最低音にもつ》.

fundaméntal fréquency *n.* 〘物理〙基本振動数, 基調振動数.

fùn·da·mén·tal·ìsm [-təlìzm, -tl̩- | -təl-, -tl̩-] 〖《1923》〗 ── *n.* **1** [時に F-] 根本[基本]主義《米国プロテスタント内に第一次大戦後起こった思想・運動で, 聖書の記事, 特に創造説・奇跡・処女受胎・キリストの復活等を文字通りに信じるのがキリスト教信仰の基本であると唱え, 進化説を全面的に排撃; cf. modernism 2》. **2** 根本原理を忠実に遵奉する主義[運動].

fùn·da·mén·tal·ist [-təlɪst, -ləst, -tl̩- | -təlɪst, -tl̩-] *n.* 根本主義者《聖書の記事を文字通りに信じる; cf. fundamentalism》. ── *adj.* ＝fundamentalistic.

fun·da·men·tal·is·tic [fʌ̀ndəmèntəlístɪk, -tl̩- | -təl-, -tl̩-] *adj.* 根本主義(者)の.

fun·da·men·tal·i·ty [fʌ̀ndəmentǽləti, -mən- | -mentǽlɪti, -lɪ-] *n.* 基本的であること, 基本性.

fundaméntal láw *n.* 〘法律〙(国の)基本法; (特に)憲法 (constitution).

fundaméntal mátrix *n.* 〘電気〙基本行列, 縦続行列, 下行列《四端子網の入出力関係を示す行列で, 開放電圧比・伝達インピーダンス・伝達アドミタンス・短絡電流比の4要素からなる; chain matrix ともいう》.

fundaméntal nóte *n.* 〘音楽〙根音《ド－ミ－ソの和音におけるドのように三和音や七の和音などの基礎をなす音》.

fundaméntal párticle *n.* ＝elementary particle.

fundaméntal séquence *n.* 〘数学〙基本列《先へ行くに従って, 項の差の絶対値がどれだけでも小さくなる無限数列; Cauchy sequence ともいう》.

fundaméntal stár *n.* 〘天文〙基本星.

fundaméntal tíssue *n.* 〘植物〙基本組織《植物体組織から表皮系と維管束系を除いた残りの組織で植物体の大部分を占める》.

fundaméntal tóne *n.* 〘音楽〙＝fundamental 2.

fundaméntal únit *n.* 〘物理〙(質量・長さ・時間などの)基本単位.

fúnd·ed *adj.* **1** (借入金を)利付長期公債に切り替えた: ⇨ funded debt. **2** 《英》公債に投資した.

fúnded débt [liabílity] *n.* 〘会計〙固定負債 (fixed liability); (特に)社債・長期借入金などの長期負債.

fúnd·hòlder *n.* 《英》公債投資者[所有者].

fundi[1] *n.* fundus の複数形.

fun·di[2] [fʌ́ndi | -dɪ] 〖□ ? Limba (アフリカ大陸西部の土語) *fandi ha* grass〗 ── *n.* 〘植物〙熱帯アフリカ産スズメノヒエ属の草本 (*Digitaria exilis*)《そのアワに似た穎果(えいか)を食用にする》.

fun·dic [fʌ́ndɪk] 〖← FUND(US)＋-IC[1]〗 *adj.* 〘解剖〙基底[部]の; 眼底の.

fúnds flòw stàtement *n.* 〘会計〙資金運用表《資金, すなわち運転資本 (working capital) の源泉と運用とを示した表》.

fun·dus [fʌ́ndəs] 〖□ L ～: ⇨ fund〗 *n.* (*pl.* **fun·di** [-daɪ, -di: | -daɪ]) 〘解剖〙 **1** (胃や子宮など中空臓器の)底(部), 基底. **2** 眼底.

fun·du·scope [fʌ́ndəskòʊp | -skəʊp] *n.* 〘眼科〙眼底鏡.

fun·dus·co·py [fʌndʌ́skəpi | -pɪ] 〖← FUNDU(S)＋-SCOPY〗 *n.* 〘眼科〙眼底検査(法).

Fun·dy [fʌ́ndi | -dɪ], **the Bay of** *n.* ファンディ湾《カナダ南東部, New Brunswick と Nova Scotia の間にある大きな入江 (長さ 150 km, 幅 50 km), 湾奥は潮差が極めて大きい場所として有名》.

fu·ne·bri·al [fju:ní:briəl, -néb- | -brɪ-] 〖《1604》← L *fūnebris* (← *fūnus* (↓))＋-AL[1]〗 *adj.* 《まれ》＝funereal.

fu·ner·al [fjú:n(ə)rəl] 〖《c1385》□ OF *funeraille* (F *funérailles*) □ ML *fūnerālia* funeral rites (neut. pl.) ← *fūnerālis* (adj.) ← L *fūner-, fūnus* burial, funeral: ⇨ -al[1]〗 ── *n.* **1 a** 葬式, 埋葬式, 告別式 (obsequies); (儀式を伴った)死者の埋葬[火葬]: a state ～ 《米》国葬《大統領・副大統領の告別式》/ an official ～ 公葬《国家に著しい功績のあった人に対して国葬に準じて行なわれる》/ attend a ～ 会葬する. **b** 死; 墓. **c** (あるものの)存在の終わり, 終焉(しゅうえん). **2** 葬列. **3** [one's ～ で]〘口語〙自分のなすべき事, (特に, いやな)仕事 (affair): It's not *my* ～. そんな事私の知ったことじゃない / That's *your* ～ [none of *your* ～]. それは君のすることだ[君の知ったことじゃない].
── *attrib. adj.* **1** 葬式の, 葬送の, 葬式用の; 埋葬[火葬]の[に用いる]: ～ honors＝a ～ ceremony [rite, service] 葬儀, 葬式 / a ～ oration (葬儀場での)追悼演説 / a ～ procession [train] 葬列 / a ～ urn 納骨つぼ / ⇨ funeral pile. **2** ＝funereal 2.

fúneral achíevement *n.* 〘紋章〙＝hatchment.

fúneral chàpel *n.* **1** 霊安室[所]《funeral home にある一室で, しばしば会葬者が死者と対面するために用いられる》. **2** ＝funeral home.

fúneral dirèctor *n.* 《米》葬儀屋 (mortician, undertaker).

fúneral hòme *n.* 《米》葬儀施設, 遺体安置場《埋葬または火葬の前に遺体が安置され葬儀の行なわれる場所; funeral parlor ともいう》.

fu·ner·al·ize [fjú:n(ə)rəlàɪz] *vt.* 《米方言》…のために葬儀を催す.

fúneral màrch *n.* 葬送行進曲.

fúneral pàrlor *n.* ＝funeral home.

fúneral pìle *n.* 火葬用のまきの山.

fúneral pỳre *n.* ＝funeral pile.

fu·ner·ar·y [fjú:nərèri | -n(ə)rəri] 〖← LL *fūnerārius* (← L *fūner-* 'FUNERAL')＋-ARY〗 *adj.* 葬式の, 埋葬の: a ～ urn 納骨つぼ.

fu·ne·re·al [fju:ní(ə)riəl, fjʊ- | -níəri-] 〖《1725》← L *fūnereus* (← *fūner-* (↑))＋-AL[1]〗 ── *adj.* **1** 葬式の, 葬送の (funeral): ～ garments 喪服. **2** 葬式のような, しめやかな, 悲しい, 痛ましい (mournful); 陰鬱な: a ～ expression [silence] 陰鬱な顔つき[沈黙].

fu·né·re·al·ly [-riəli | -rɪəli] *adv.* 葬式のように, 悲しみに打ち沈んで, しめやかに.

fu·nest [fju:nést] 〖□ F *funeste* □ L *fūnestus* ← *fūnus* 'FUNERAL'〗 *adj.* 災害や死をもたらす, 不吉な, 致命的な, 悲惨な.

fún·fàir *n.* 《英》遊園地.

fún·fèst [-fèst] *n.* 懇親会, 余興会, 楽しみ会.

fún fùr *n.* 比較的安いまたは合成の毛皮.

fun·gal [fʌ́ŋgəl] *adj.* ＝fungous. ── *n.* ＝fungus.

fung-hwang [fʌ̀ŋ(h)wá:ŋ; *Chin.* fɤ̀ŋxuáŋ] *n.* ＝fêng huang.

fungi *n.* fungus の複数形.

Fun·gi [fʌ́ndʒaɪ, fʌ́ŋgaɪ | fʌ́ndʒɪ, -dʒaɪ] 〖□ L ～ (pl.) ← *fungus* 'FUNGUS'〗 ── *n. pl.* 〘植物〙菌類, 菌類界《広義ではバクテリヤ類 (Schizomycetes) をも含むが, 狭義では粘菌・カビ類・酵母菌類・キノコ類など真菌類 (true fungi) をいう》.

fun·gi- [fʌ́ndʒɪ, -dʒə, fʌ́ŋgɪ, -gə | fʌ́ndʒɪ, -gɪ] 〖← FUNGUS〗「菌」の意の連結形: *fungi*form.

fun·gi·ble [fʌ́ndʒəbl̩ | -dʒə-, -dʒɪ-] 〖《a1765》□ ML *fungibil-is* ← L *fungi* to perform〗〘法律〙 ── *adj.* 代替性のある, (他の物で)代用できる: ～ things [goods] 代替可能物. ── *n.* [通例 *pl.*] 代替物《金銭・穀物など》. **fùn·gi·bíl·i·ty** [-dʒəbíləti | -dʒɪbílɪti, -dʒə-, -lɪ-] *n.*

fun·gi·cid·al [fʌ̀ndʒəsáɪdl̩, fʌ̀ŋgə- | fʌ̀ndʒɪ-, fʌ̀ŋgɪ-] *adj.* 殺菌の; 殺菌剤の. **～·ly** *adv.*

fun·gi·cide [fʌ́ndʒəsàɪd, fʌ́ŋgə- | fʌ́ndʒɪ-, fʌ́ŋgɪ-] *n.* 殺菌剤.

fun·gi·form [fʌ́ndʒəfɔ̀əm, fʌ́ŋgə- | fʌ́ndʒɪfɔ̀:m, fʌ́ŋgɪ-] *adj.* きのこ状の.

fun·gi·stat [fʌ́ndʒəstæ̀t, fʌ́ŋgə- | fʌ́ndʒɪ-, fʌ́ŋgɪ-] *n.* 制菌剤.

fun·gi·stat·ic [fʌ̀ndʒəstǽtɪk, fʌ̀ŋgə- | fʌ̀ndʒɪstǽt-, fʌ̀ŋgɪ-] *adj.* (糸状菌・皮膚寄生菌のような)真菌類の成長を抑制する, 静真菌性の.

fun·giv·o·rous [fʌndʒívərəs, fʌŋgív-] 〖← FUNGI-＋-VOROUS〗 *adj.* 〈ある種の昆虫など〉菌類を食とする.

fun·go [fʌ́ŋgoʊ | -gəʊ] 〖← ?〗 *n.* (*pl.* ～**es**) 〘野球〙 **1** 練習で外野へ飛ばすフライ. **2** ノックバット, 練習用バット《試合用のものより細長い》.

fúngo bàt *n.* 〘野球〙＝fungo 2.

fun·goid [fʌ́ŋgɔɪd] *adj.* **1 a** 菌類似の; 菌性の. **b** (菌のように)急速に成長する. **2** 《英》＝fungous 1. **3** 〘病理〙ポリープ[茸(じょう)]状の. ── *n.* ＝fungus.

fun·gol·o·gy [fʌŋgɑ́lədʒi | -gɔ́lədʒɪ] 〖← FUNGI-＋-O-＋-LOGY〗 *n.* 菌類学 (mycology).

fun·gos·i·ty [fʌŋgɑ́səti | -gɔ́sətɪ, -sɪ-] 〖← L *fungōs-* (↓)＋-ITY〗 *n.* **1** 菌状, 菌性. **2** 〘病理〙ポリープ.

fun·gous [fʌ́ŋgəs] 〖《?1440》□ L *fungōs-us* spongy: ↓, -ous〗 ── *adj.* **1** 真菌の, 真菌による. **2** 菌のような, 菌性の, 菌質の. **3** (菌のように)突然生じる, 一時的な, 永続きしない. **4** 〘病理〙ポリープ状の.

fun·gus [fʌ́ŋgəs] 〖《1527》□ L ～ 'mushroom' □ ? Gk *sp(h)óngos* sponge〗 ── *n.* (*pl.* **fun·gi** [fʌ́ndʒaɪ, fʌ́ŋgaɪ | fʌ́ŋgaɪ, fʌ́ndʒɪ, -dʒaɪ], ～·**es**) **1** 真菌類, 菌類《カビ・酵母菌・キノコなど; cf. Fungi》. **2** (菌のように)にわかに生じるもの, 一時的現象. **3** 《俗》あごひげ (beard). **4 a** 〘病理〙ポリープ; 菌状腫. **b** (魚の)皮膚病. ── *adj.* ＝fungous.

fúngus gnàt *n.* 〘昆虫〙キノコバエ《キノコバエ科のハエの総称; 幼虫は菌類を食用とする》.

fún hòuse *n.* びっくり館《遊園地などで, 建物の中を歩いてゆくと人を驚かしたり面白がらせたりする仕掛けがある建物》.

fu·ni·cle [fjú:nɪkl̩, -nə- | -nɪ-] 〖□ L *fūnicul-us* (dim.) ← *fūnis* rope〗 *n.* 〘植物〙＝funiculus 2.

fu·nic·u·lar [fju:níkjʊlə, fjʊ-, fə- | -lə(r] 〖《1664》← L *fūniculus* (↑)＋-AR[1]〗 ── *adj.* **1** 細索の; 索条[ロープ]の緊張力によって動かされる, 吊り重り作用の: a ～ railway 鋼索鉄道. **2** 〘解剖〙索状の. **3** 〘植物〙珠柄(しゅへい)の. ── *n.* 〘鉄道〙鋼索鉄道, ケーブルカー (cable railway).

funícular pólygon *n.* **1** 〘機械〙糸多角形. **2** 〘力学〙連力図.

fu·nic·u·late [fju:níkjʊlət, fjʊ-, -lɪt, -lèɪt] *adj.* 〘植物〙珠柄(しゅへい) (funiculus) のある.

fu·nic·u·lus [fju:níkjʊləs, fjʊ-] 〖□ L *fūniculus* 'FUNICLE'〗 ── *n.* (*pl.* **-u·li** [-làɪ, -lì: | -làɪ]) **1** 〘解剖〙帯, 索, 束《臍帯・神経線維束・精索など》. **2** 〘植物〙珠柄(しゅへい)《胚珠(はいしゅ)が子房に付着する柄》. **3** 〘昆虫〙触角鞭状部《触角の第2節から先の部分》. **4** 〘動物〙胃緒(いしょ)《コケムシ類の胃の外壁と体壁を連絡する組織》.

funk[1] [fʌ́ŋk] 〖《1743》□ ? Flem. *fonck* a blow ← ?: もと隠語・俗語〗 ── *n.* **1** おじけ, 臆病; 恐慌 (panic): *in* a ～ of …におじけ立って, がくがくして / be *in* a ～ おじけがついている, 震え上がっている / put *in* a ～ びっくりさせる / ⇨ BLUE funk. **2** おじけづく人, 臆病者. **3** 落胆, 悄然. ── *vt.* **1** こわがる, …におじける, 震え上がる (fear): ～ a scolding [whipping, pain] しかられる[むち打たれる, 痛い目にあう]のをこわがる. **2** …にひるむ, しり込みする: ～ a difficulty 困難にしり込みする. **3** こわがらせる, おどかす. ── *vi.* おじけがつく, (おじけて)たじろぐ, ひるむ: ～ at the edge of a precipice がけのふちでこわがる / ～ out of a fight けんかがこわくなって逃げ出す.

funk[2] [fʌ́ŋk] 〖□ ? OF *funk-ier* to emit smoke < ? VL **fumicāre* ＝ LL *fumigāre* ← L *fūmus* smoke〗 《米俗》 ── *n.* 悪臭. ── *vt.* …に煙を吹きかける; 〈パイプ・たばこを〉ふかす. ── *vi.* 煙る, 悪臭を出す.

funk[3] [fʌ́ŋk] 〖《逆成》← FUNKY[2]〗 *n.* 〘ジャズ〙ファンク《1950年代に流行したブルース調をおびたモダンジャズの一種; funk music ともいう》.

Funk [fʌ́ŋk], **Isaac Kauff·man** [kɔ́:fmən] *n.* (1839–1912) 米国の出版業者・辞書編集者.

funked [fʌ́ŋ(k)t] 〖← ?《廃》*funk* stink (← FUNK[2])＋-ED 2〗 *adj.* 《米南部方言》〈たばこの葉が〉くさった, かびの生えた (moldy).

fúnk hòle *n.* 《英俗》 **1** 塹壕(ざんごう), 待避穴 (trench, dugout). **2** 臆病者の逃穴, 安全な避難場所《兵役を免れる口実となる職務など》.

funk·i·a [fʌ́ŋkiə, fʊ́ŋ- | fʌ́ŋkjə, -kɪə] 〖← *H. C. Funck* (1771–1839: ドイツの植物学者): ⇨ -ia[1]〗 *n.* 〘植物〙＝hosta.

fúnk mòney 〖⇨ funk[1]〗 *n.* 《英俗》＝hot money.

fúnk mùsic *n.* 〘ジャズ〙＝funk[3].

funk·y[1] [fʌ́ŋki | -kɪ] 〖← FUNK[1]＋-Y[4]〗 *adj.* (**funk·i·er; -i·est**) 《口語》おじけづいた, びくびくしている (frightened); 臆病な (cowardly). **fúnk·i·ness** *n.*

funk·y[2] [fʌ́ŋki | -kɪ] 〖《黒人隠語》←《廃》*funk* (cf. funked)＋-Y[4]〗 ── *adj.* (**funk·i·er; -i·est**) **1** 〘ジャズ〙ファンキーな《初期のブルース調をおびたどろくさい》: ～ music. **2 a** 風変わりな. **b** 現代風の, スマートな. **3** 《米俗》悪臭のする; 〈においなど〉悪い (foul). **4** 俗っぽい魅力のある. **fúnk·i·ness** *n.*

fun·nel [fʌ́nl̩] 〖《1402–03》*fonel(le)* □ OProv. *fonilh* < L (*in*)*fundibulum* instrument for pouring into ← (*in*)*fundere* to pour: ⇨ found[2]〗 ── *n.* **1** 漏斗, じょうご. **2** (機関車・汽船などの)煙突, 煙筒; (漏斗状の)通風筒, 採光孔. **3** 〘解剖・動物〙漏斗(状器官) (infundibulum) : a ～ breast [chest]〘病理〙漏斗胸. ― *vt.* (**fun·neled, -nelled ; -nel·ing, -nel·ling**) **1** じょうご形にする : ～ one's hands. **2** 〈精力などを〉〔…に〕集中する, 注ぐ (focus)〔*into*〕: ～ all one's energies *into* research projects 全精力を研究計画に集中する. **3** じょうご[狭い通路]に通す. **4** 〈情報などを〉〔…に〕流す ; 送りこむ〔*to*〕. ― *vi.* **1** じょうご形になる. **2** じょうご[狭い通路]を通る. **～·lìke** *adj.*

fúnnel clóud *n.*〘気象〙＝tuba 4.

fún·neled *adj.* **1** 漏斗のある[を備えた] ; 漏斗状の. **2** [複合語の第 2 構成素として] (…本の)煙突を備えた : a two-*funneled* steamer 2 本煙突の汽船.

fúnnel·fòrm *adj.*〘植物〙漏斗状の.

fúnnel tùbe *n.* 漏斗管《脚の長い漏斗》.

fún·ni·ly [-nəli, -nli | -nɪlɪ, -nə-, -nli] *adv.* 面白おかしく, 滑稽に ; 奇妙に : ～ enough 妙なことには.

fun·ni·ment [fʌ́nimənt | -nɪ-] 〘← FUNNY¹＋(MERRI-)MENT〙 *n.* 冗談, おどけ (jest, joke).

fún·ni·ness *n.* おかしさ, 滑稽, 珍妙, 奇妙.

fun·ni·os·i·ty [fʌ̀niάsəṭi | -nɪɔ́sətɪ, -sɪ-] 〘← FUNNY¹＋-OSITY〙 *n.*《戯言》滑稽(さ) ; 滑稽な事[物].

fun·ny¹ [fʌ́ni | -nɪ] 〘(1756) ← FUN＋-Y⁴〙 ― *adj.* (**fun·ni·er ; -ni·est**) **1** 変わっていて笑いを誘う, おかしい, 面白い, 滑稽な (laughable) ; 笑わせようとする, ひょうきんな, おどけた (facetious) : a ～ story, fellow, etc. / ⇨ funny business 1. **2** 《口語》不思議な, 変な, 妙な (queer) : It is ～ that …は変だ[おかしい] / a ～ thing 妙な[わけのわからない]事 / a ～ way to behave 奇怪な振舞い. **3** [Predicative に用いて]《口語》**a** 気分の悪い, 体の具合が悪い (ill) : He felt ～. 気分[体の具合]が変だった / I've gone all ～. どうも具合がよくない. **b** 酔った (intoxicated). **c** 少々気のふれた, 狂った : She is a bit ～ in the head. 頭が少々おかしい. **4** 《口語》人をだます, あやしい, 不正の (deceptive) : ⇨ funny business 2 / There's something ～ about it. 何かおかしな[あやしい]ところがある, いかさま臭い. **5** [Attributive に用いて]《米》(新聞の)漫画の : a ～ column 漫画欄 / ⇨ funny paper.

get funny with 《米口語》〈人〉に対してずうずうしい, 厚かましい : He's *got* ～ *with* me. 変に慣れ慣れしくしてきた.

― *adv.* 《米口語》おかしく, 面白く, 奇妙に : act ～.

― *n.* **1** 面白い言葉, 冗談 : make a ～ 冗談を言う. **2** [通例 *pl.*] (通例 4 駒の)続き漫画 (comic strip) ; (新聞・雑誌の)漫画欄 (funny paper).

fun·ny² [fʌ́ni | -nɪ] 〘(1799) : ↑〙 *n.* (一人漕ぎの細長いスポーツ用の)小ボート.

fúnny bòne *n.* **1** (ひじ先の)尺骨の端, うずく骨《尺骨神経が通っていて打撃に鋭敏 ; crazy bone ともいう》. **2** ユーモアを解する心 : tickle one's ～ 本当に面白いと思わせる.

fúnny bòok *n.* 漫画本.

fúnny bùsiness *n.* 《口語》 **1** おかしな行為, おどけ, ふざけ. **2** いんちき, 不正行為.

fúnny càr *n.*〘自動車〙量産車に似た一体成型の車体をもつドラッグレース専用車.

fúnny fáce *n.* 《口語・戯言》おかちめんこ ; [呼びかけとして] ちんくしゃ君[ちゃん].

fúnny fàrm *n.* 《俗》精神病院.

fúnny-hà-há *adj.* 《口語》おかしい, 面白い, 滑稽な.

fúnny·màn [-mæ̀n] *n.* (*pl.* **-men** [-mèn]) 《米口語》ひょうきん者 ; (特に)喜劇役者, 道化師 (comedian).

fúnny pàper *n.* (新聞の)漫画欄 ; 滑稽な記事を載せる新聞(など).

fúnny-pecúliar *adj.* 《口語》不思議な, 変な, 妙な.

fun·ster [fʌ́nstə | -stə(r)] *n.* (人を笑わせる)喜劇役者, 道化師, 滑稽な人.

fur [fə́ː | fə́ː(r)] 〘(1301) *furre* 《原義》covering, lining ← (?*a*1300) *furre(n)* ⊏ OF *furre-r* (F *fourrer*) to line with fur ← *forre, fuerre* scabbard ⊏ Gmc **fōdram* (G *Futter* sheath)〙 ― *n.* **1** 毛皮《くろてん・ミンク・アストラカンなど柔毛でおおわれた獣皮で貴重な服飾品》. **2** [集合的] 柔毛をもった獣 (cf. feather 3 a) : hunt ～ 毛皮獣(うさぎなど)を狩る / ～ and feather 鳥獣類. **3** [*pl.*] 柔毛のある獣皮 (peltry). **4 a** 毛皮製品. **b** 毛皮の衣服. **c** [通例 *pl.*] 毛皮のえり巻(など). **d** (毛皮の)裏打, 飾り. **5** 柔毛状の被覆物[付着物] : **a** 舌苔(ぜったい). **b** (湯沸し・鉄びんなどに生じる)水あか, 湯あか. **c** (ぶどう酒の表面に生じる)薄皮. **d** (のこぎりで切ったあとの)木のざらざらした表面. **6** [*pl.*]〘紋章〙毛皮模様《ermine, vair, potent などの総称》.

make the fur fly ⇨ fly¹ 成句. ***stroke the*** [*a person's*] ***fur the wrong way*** 人を怒らせる, 人の神経を逆なでする.

― *adj.* 毛皮の, 毛皮製の : a ～ comforter [shawl] 毛皮製えり巻[ショール] / ～ lining (着物の)毛皮の裏地.

― *vt.* (**furred ; fur·ring**) **1 a** …に毛皮を付ける, 毛皮でおおう, 〈衣服〉に毛皮の裏地[へり飾り]を付ける. **b** [通例 p.p. 形で] 〈人〉に毛皮を着せる : The ladies were all ～*red*. 婦人たちはみんな毛皮のコートを着ていた. **2 a** 〈舌〉に舌苔を生じさせる ; 〈湯沸しなど〉に湯あかを生じさせる : Hard water ～*s* a kettle. 硬水では湯沸しに湯あかがつく / The tongue becomes ～*red* in influenza. 流行性感冒では舌に苔ができる. **b** 〈ほこりなどが〉…に積もる, おおう : The box was ～*red* by a thick layer of dust. その箱にはほこりが厚く積もっていた. **3**〘建築〙〈床材・たるきなど〉にかいもの[添え木] (furring) をする〈*down, out, up*〉.

― *vi.* **1** 舌苔が生じる ; (やかんなどに)湯あかがつく. **2** 毛皮を生じる. ⌐further.

fur. 《略》furlong(s) ; furlough ; furnish ; furnished ;

fur- [fjʊ(ə)r | fjʊər] (母音の前に来る時の) furo- の異形.

fu·ran [fjʊ́(ə)ræn, fjʊrǽn | fjʊ́əræn, ―⌐] 〘← FURO-＋-AN²〙 *n.*〘化学〙フラン (C_4H_4O) (furfuran)《酸素原子を環に含む 5 員環の化合物で, 無色の液体》.

fu·ra·noid [fjʊ́(ə)rənɔ̀ɪd | fjʊ́ər-] 〘⇨ ↑, -oid〙 *adj.*〘化学〙フラン (furan) に似た, フラン環を有する : ～ sugar＝furanose.

fu·ra·nose [fjʊ́(ə)rənòus, -nòuz | fjʊ́ərənə̀us] 〘← FURAN＋-OSE²〙 *n.*〘化学〙フラノース (furanoid sugar) 《構造式中にフラン環を有する糖》.

fu·ran·o·side [fjʊrǽnəsàɪd, fjuː-] 〘⇨ ↑, -ide²〙 *n.*〘化学〙フラノシド《フラノース構造をしているグリコ ⌐ら作る樹脂》.

fúran résin *n.*〘化学〙フラン樹脂《フラン誘導体か

fúran ríng *n.*〘化学〙フラン環《フラン C_4H_4O の環》.

fu·ra·zol·i·done [fjʊ̀(ə)rəzóulədòun | fjʊ̀ərəzɔ́lɪdə̀un] 〘← FUR(FURAL)＋AZOL(E)＋-ID(E)²＋-ONE〙 *n.*〘化学〙フラゾリドン ($C_8H_7N_3O_5$) 《寄生虫感染症に用いる薬品》.

fúr·bèarer *n.* (商業的価値のある)毛皮を持つ動物.

fur·be·low [fə́ːbəlòu | fə́ːbɪlə̀u] 〘(*c*1680) 《転訛》← FALBALA〙 ― *n.* **1** (婦人服などの)ひだ飾り《ラッフル (ruffles) やフラウンス (flounce) の飾り》. **2** [通例 *pl.*] けばけばしい装飾, 粉飾 : flounces and ～*s* 華飾.
― *vt.* …にひだ飾りをつける ; ごてごて飾り立てる.

fur·bish [fə́ːbɪʃ | fə́ː-] 〘(*c*1384) *furbishe(n)* ⊏ OF *fo(u)rbiss-* (stem) ← *fo(u)rbir* to clean ⊏ Gmc **furbjan* (OHG *furben*) : ⇨ -ish²〙 ― *vt.* **1** みがく, 研(と)ぐ, …にみがきをかける, つや出しする (polish) ; みがき上げる〈*up*〉: ～ *up* old furniture [a room] 古い家具[部屋]をみがき上げる / ～ a sword [an armor] 剣を研ぐ[よろいをみがく]. **2** 〈知識などに〉にみがきをかける, 〈町など〉の面目を一新する, 更生させる (renovate) 〈*up*〉: ～ *up* one's Latin (忘れかけている)ラテン語にみがきをかける. **～·er** *n.*

fur·cate 〘(1819) ⊏ ML *furcāt-us* : ⇨ fork, -ate²〙 ― [fə́ːkeɪt, -kət, -kɪt | fə́ː-] *adj.* フォーク状の, 分岐している (forked) : a ～ tail 二股に分かれた尾. ― [fə́ː-keɪt | fə́ːkeɪt, ―⌐] *vi.* 股をなす, フォーク状に分かれる, 分岐する. **～·ly** *adv.*

fur·ca·tion [fəːkéɪʃən | fəː-] 〘(1646) ⊏ ML *furcātiō(n-)* : ⇨ ↑, -ation〙 *n.* フォーク状に分かれること, 分岐.

fur·cu·la [fə́ːkjʊlə | fə́ː-] 〘⊏ L ～ (dim.) ← *furca* 'FORK'〙 ― *n.* (*pl.* **-cu·lae** [-lìː, -làɪ | -lìː]) **1**〘鳥類〙(鳥の)叉骨(さこつ), 暢思(ちょうし)骨 (wishbone). **2**〘昆虫〙跳躍器, 叉状器《トビムシ類の跳躍に用いられる先端が二股に分かれた器官》. **fúr·cu·lar** [-lə | -lə(r)] *adj.*

fur·cu·lum [fə́ːkjʊləm | fə́ː-] 〘← NL ～ (dim.) ← L *furca* (↑) : cf. furcula〙 *n.* (*pl.* **-cu·la** [-lə]) ＝furcula 1.

fúr fàrm *n.* 毛皮動物飼育場.

fúr fàrming *n.* 毛皮動物の飼育.

fur·fur [fə́ːfə | fə́ːfə(r)] 〘⊏ L ～〙 *n.* (*pl.* **fur·fu·res** [-fjʊrìːz, -fə- | -fjʊ-]) **1** 表皮剥落, ふけ (scurf, dandruff). **2** [*pl.*] ふけの粉, ふけ状のもの.

fur·fu·ra·ceous [fə̀ːfjʊréɪʃəs, -fə- | fə̀ːfjʊ-] 〘⊏ LL *furfurāceus* : ⇨ ↑, -aceous〙 ― *adj.* **1** ぬかの, ぬか状の (branlike). **2** ふけの多い (scurfy). **3**〘植物〙もみがら状の鱗片(りんぺん)[粉]でおおわれた (scaly).

fur·fu·ral [fə́ːfjʊræ̀l, -fə- | fə́ːfjʊ-] 〘《略》↓〙 ― *n.*〘化学〙フルフラール (C_4H_3OCHO) 《アルデヒド基を有する芳香性油状液体で合成樹脂の製造に用いる ; pyromucic aldehyde ともいう》.

fur·fur·al·de·hyde [fə̀ːfjʊrǽldəhàɪd, -fə- | fə̀ːfjʊ-rǽldɪ-] 〘← FURFUR＋ALDEHYDE〙 *n.*〘化学〙＝furfural.

fur·fur·an [fə́ːfjʊræ̀n, -fə- | fə́ːfjʊ-] 〘← FURFUR＋-AN²〙 *n.*〘化学〙＝furan.

furfures *n.* furfur の複数形.

fur·fu·ryl [fə́ːfjʊrɪl, -rəl | fə́ːfjʊrɪl] 〘← FURFUR＋-YL〙 *n.*〘化学〙フルフリル ((C_4H_3O)CH_2) 《フルフリルアルコールから誘導される 1 価の基》.

fúrfuryl álcohol *n.*〘化学〙フルフリルアルコール ((C_4H_3O)CH_2OH) 《フルフラール (furfural) の還元によって得られる無色透明の液体 ; 空気中で薄黄色から黒色に変わる》.

fu·ri·bund [fjʊ́(ə)rəbʌ̀nd, -bənd | fjʊ́ərɪ-] 〘⊏ L *furibund-us* ← *furere* : ⇨ fury〙 *adj.* 荒れ狂う, 狂暴な.

Fu·ries [fjʊ́(ə)riz | fjʊ́ərɪz] 〘⊏ L *Furiae* (pl.) ← *Furia* : *furia* 'FURY' の擬人化〙 *n. pl.* [the ～]〘ギリシャ・ローマ神話〙⇨ fury 3 a.

fu·ri·o·so [fjʊ̀(ə)rióusou, -zou | fjʊ̀ərɪə́uzəu, -səu ; *It.* furjóːso] 〘⊏ It. ～ < L *furiōsum* (↓)〙 *adv.*〘音楽〙荒れ狂うように. ― *n.* 狂暴な人 ; 狂人.

fu·ri·ous [fjʊ́(ə)riəs | fjʊ́ərɪ-] 〘(*c*1385) ⊏ L *furiōs-us* full of fury : ⇨ fury, -ous〙 ― *adj.* **1** 猛烈に怒った, たけり狂う, 狂暴な (fierce) : a ～ struggle [quarrel] 猛烈な闘争[口論] / ～ hate [anger] 猛烈な憎悪[激怒] / be ～ *with* a person [*at* what a person has done] 人[人のやったこと]に対して猛烈に怒る / He was simply ～. 彼はひどくぷりぷりしていた. **2** 〈風・嵐など〉荒れ狂う, すさまじい, 猛烈な (raging) : a ～ sea 荒れ狂う海 / a ～ storm すさまじい暴風. **3** 〈歓楽など〉騒々しい ; 活動的な, 精力的な. **4** 〈速力・活動など〉猛烈な, 激しい ; 過度な, 突飛な : ～ activity 猛烈な活動 / at a ～ pace 大速力で / gain ～ sums 巨額の金をもうける.

fú·ri·ous·ly 〘(15C)〙 ― *adv.* **1** 荒れ狂って, 狂暴に ; 猛烈な勢いで ; すさまじく. **2** 活動的に, 精力的に. **3** 激しく, ひどく (extremely) : a ～ colorful future study 多彩極まる未来学.

give a person furiously to think ⇨ give 成句.

fu·ri·ous·ness *n.*《古》狂暴 ; 猛威, 猛烈, 凄まじさ.

furl [fə́ːl | fə́ːl] 〘(1556) ⊏ (O)F *ferl-er, fermlier* ← *ferm* 'FIRM¹'＋*lier* to bind〙 ― *vt.* **1** 〈旗・帆などを〉巻く, 巻き収める ; 〈扇子を〉とじる ; 〈翼・傘などを〉収める, たたむ (fold, roll up) (cf. unfurl 1) ; 〈カーテンを〉引寄せて絞る : ～ a flag, the sails, etc. **2** 〈望みを〉捨てる. ― *vi.* 巻き上がる, たたまる〈*up*〉.

furl in a body〘海事〙横帆を中央集中型に巻き上げる. ***furl in the bunt***〘海事〙横帆を均等に上方にあげてたたむ.

― *n.* (帆・旗などを)巻くこと, 巻上げ, 巻収め方 ; 巻き収めたもの《帆・旗など》.

furl. 《略》furlough.

fúr·less *adj.* 柔毛のない : a ～ animal.

fur·long [fə́ːlɔ(ː)ŋ, -lɑŋ | fə́ːlɔŋ] 〘OE *furlang* length of a furrow ← *furh* 'FURROW'＋*lang* 'LONG¹' : 後にローマの *stadium* と同一視された〙 ― *n.* ファーロング《長さの単位, ＝$^1/_8$ mile, 220 yards, 約 201.17 メートル》.

fur·lough [fə́ːlou | fə́ːləu] 〘(1625)《古形》*furloff* ⊏ Du. *verlof* leave ← *ver-* 'FOR-¹'＋*lof* 'LEAVE²' : cog. G *Verlaub* leave : 今の発音は *though, dough* などの影響〙 ― *n.* **1 a** (軍人・官吏などの)賜暇, 休暇 : be (home) on ～ 賜暇(帰省)中である / go home on ～ 賜暇帰国する / have (a) ～ every three years 3 年ごとに休暇をもらう / get a two months' ～ 2 か月の休暇をとる **b** 休暇許可証. **2 a** (被傭者の請求によって雇用主が与える)休暇. **b** (経済事情による)一時的解雇.
― *vt.* 《米》 **1** …に賜暇[休暇]を与える. **2** 〈従業員を〉一時解雇する. ― *vi.* 《米》休暇を過ごす.

fur·men·ty [fə́ːmənṭi | fə́ːməntɪ] *n.* ＝frumenty.

fur·me·ty [fə́ːməṭi | fə́ːmɪtɪ, -mə-] *n.* ＝frumenty.

fur·mi·ty [fə́ːməṭi | fə́ːmətɪ, -mɪ-] *n.* ＝frumenty.

furn. 《略》furnace ; furnished ; furniture.

fur·nace [fə́ːnɪs, -nəs | fə́ː-] 〘(?*c*1200) *furnais(e)* ⊏ OF *fornais* (F *fournaise*) < L *fornācem, fornāx* (fem.) ← *fornus, furnus* oven〙 ― *n.* **1** (火を使う)炉, かまど ; 暖房(用閉鎖)炉 ; 溶鉱炉 (cf. reactor) : ⇨ blast furnace. **2** むろのように熱い場所, 焦熱地獄. **3** 試練の場所, 試練 : be tried in the ～ きびしい試練に会う. **4** [the F-]〘天文〙ろ(炉)座 (⇨ Fornax). ― *vt.* **1**〘冶金〙(溶鉱炉で)〈金属を〉熱する. **2** 《廃》(炉の火のように)吐く, 出す (exhale).

fúrnace blàck *n.*〘化学〙ファーネスブラック《天然ガス・油などを高温炉内で部分燃焼させて造るカーボンブラック》.

fúrnace hèating *n.* 温気炉暖房《暖房炉で温めた空気を各室に送る暖房で, 米国の家庭で普通の暖房法》.

fúrnace thérmal bláck *n.*〘化学〙＝thermal black.

Fur·na·ri·i·dae [fəːnərάɪədìː | fəːnəráɪɪ-] 〘← NL ～ ← *Furnarius* (属名 : ← L *furnarius* baker ← *furnus* oven＋*-arius* '-ARY')＋-IDAE〙 ― *n. pl.*〘鳥類〙(スズメ目)カマドドリ科.

Fur·ness [fə́ːnɪs, -nəs, -nes | fə́ː-], **Horace Howard** *n.* (1833–1912) 米国の Shakespeare 学者 ; *Variorum Shakespeare* の編者.

fur·nish [fə́ːnɪʃ | fə́ː-] 〘(1442) ⊏ OF *furniss-* (stem), *furnir* (F *fournir*) to accomplish, supply ⊏ Gmc **frumjan* to accomplish (OHG *frummen* to provide)〙 ― *vt.* **1** 〔必要物や望ましい物を〕…に供給する, あてがう (provide, supply)〔*with*〕; 〔…に〕給する, 提供する, 与える (afford)〔*to, for*〕: The firm ～*ed* the army *with* boots. その商会は軍部へ靴を供給した《★《米》では with を用いず二重目的語構造を用いることがある : They ～*ed* the army boots.》/ He always ～*ed* us *with* necessary information. 彼は常に我々に必要な情報を提供してくれた / We were well ～*ed with* the basic necessities. 主な必需品は十分に支給を受けた / He decided to ～ food *to* the hungry. 彼は飢えている人たちに食物を供給しようとした / The cow ～*ed* milk *for* all of us. その牛は我々全部のための牛乳を与えてくれた / Green vegetables ～ a wholesome food. 青野菜は健康食となる. **2** 〔必要な家具などを〕〈家・部屋など〉に備え付ける, 設備する, 取り付ける (equip)〔*with*〕: The room was luxuriously ～*ed*. その部屋には贅沢な家具が備え付けられていた / This library is ～*ed with* millions of books. この図書館には数百万冊の本が備え付けてある. ― *vi.* 家具[造作]を備え付ける ; 家具取付けを請け負う.

furnish out 〈必要物・要員などを〉供給する, 補充する ; 〈(本の)ページなどを〉必要な材料[資料]で埋める.

fúr·nished 〘(15C)〙 ― *adj.* **1** 家具・造作付きの : ～ rooms 家具付きの部屋 / *Furnished* House (to Let) [広告]家具付き貸家. **2** [しばしば複合語の第 2 構成素として] 必要物を具備した : a well-*furnished* shop 在荷の豊富な店 / a scantily ～ room 家具らしい家具の置いてない部屋. **3**〘紋章〙**a** 〈馬が〉馬飾り (caparison) を着けて飾られた. **b** 〈鹿が〉角を付けた.

fúr·nish·er *n.* **1** (必要品の)供給者, 調達者 ; (特に, 取付けを請け負う)家具商. **2** (男物の)装飾品店.

fúr·nish·ing *n.* **1** [通例 *pl.*] 備え付け家具, 造作, 備品, 取付け品 (fixtures) ; 設備, 施設. **2** [通例 *pl.*]《米》

服飾品 (accessories): men's ~s 男子用服飾品. **3** 《古》家具の備え付け, 造作取付け.

fur·ni·ture [fə́ːnɪtʃə, -nə- | fə́ːnɪtʃə(r)] 〘《1526》□F *fourniture*: ⇨furnish, -ure〙 **—** *n.* **1** [集合的] (必要に応じて移動できる)家具, 備品, 調度 (cf. fitting 2 b): drawing-room ~ 客間の家具 / kitchen ~ 台所の調度品 / office ~ (机・ソファーなど)事務室用家具 / a piece [an article] of ~ 家具一点 / They don't have much ~. 家具はあまり持っていない. **2** (寝台・船・自動車などの)取付け具, 付属具 (fittings, accessories); (ドア・棺などの)取付け金具. **3** 《古》**a** (物の)内容, 中味 (contents): the ~ of one's pocket ポケットの中味 / the ~ of a bookshelf 本箱の中味. **b** (心に)備わったもの, 知見: the statesmanlike ~ of one's mind 政治家らしい識見《知識・才能など》. **4** 《古》馬具 (harness); 具足 (armor). **5** 〘印刷〙フォルマート, マルト《活字組版の大きな空白部を埋めたり, チェース (chase) 中の組版を固定するのに使う木[金属]製の込め物: 使用される場所によって foot stick, gutter stick, head stick, sidestick と呼ぶ》. **6** 〘海事〙艤装(ぎそう)用具, 滑車装置 (tackle).

remove furniture (職業として)引越荷物を運ぶ, 引越し運送業を営む.

fúrniture bèetle *n.* 〘昆虫〙シバンムシ科シバンムシ属の昆虫 (*Anobium punctatum*)《家具などに穴をあける》.

fúrniture vàn *n.* 家具運搬車.

Fur·ni·vall [fə́ːnəvəl | fə́ːnɪ-], **Frederick James** *n.* (1825–1910) 英国の英語学者; Early English Text Society の創設者; NED の監修者の一人.

fu·ro- [fjʊ́(ə)rou | fjʊ́ərə(ʊ)] 〘← FURFURAL〙 **—** 〘化学〙次の意味を表わす連結形: **1** 「フラン (furan)・フルフラール (furfural) に関する」: *furo*diazole. **2** 「フラン環 (furan ring) を含む」: *furo*quinoline. ★ 母音の前では通例 fur- になる.

fu·ror [fjʊ́(ə)rɔə, -roə | fjʊ́ərɔː(r)] 〘《16C》□L *furor* a raging ← *furere* to rage ∽ 《?*a*1475》 *furour* □ OF *fureur*〙 **—** *n.* **1** (詩人・神秘家などの)激しい感激, 激しい興奮, 狂的熱中 (frenzy): ~ poeticus [-pouétɪkəs, -tə- | -pəuétɪ-] 詩歌狂 / ~ scribendi [-skrɪbéndàɪ] 執筆狂 / ~ loquendi [-loukwéndàɪ | -ləuk-] 弁舌狂. **2** 熱狂的流行 (rage, craze); 熱狂的賞賛: the athletic ~ 運動熱 / create [make] a regular ~ 〈演劇などが〉熱狂的賞賛を博する. **3** 憤激, 激怒 (rage). **4** 動乱, 騒動: stir up a terrific ~ たいへんな騒動を引き起こす.

fu·ro·re [fjʊ́(ə)rɔə, -roə | fjʊ(ə)rɔ́ːri, fjʊərɔ́ː(r)] 〘《1851》□It. ~ < L *furōrem* (↑)〙 *n.* **1** 《英》= furor 2, 4. **2** [《(英)》 furɔ́ːri] 〘音楽〙フローレ, 激情, 情熱.

fur·phy [fə́ːfi | fə́ːfɪ] 〘← *Furphy carts* (第一次大戦中にオーストラリアで使用された衛生車)〙 *n.* 《豪俗》でたらめなニュース, 根も葉もない噂; ばかげた話.

furred 〘ME〙 **—** *adj.* **1** 柔毛でおおわれた. **2** 毛皮製の, 毛皮を付けた, 毛皮の裏地[へり飾り]付きの: a ~ gown 毛皮付きの職服. **3** 毛皮製品を身に着けた: a ~ lady in ermine 白てんの毛皮のコートを着た婦人. **4** 舌苔(ぜったい)の生じた; 湯あかのついた: a ~ tongue 苔のついた舌. **5** 《古》〘建築〙下地骨をとりつけた.

fur·ri·er [fə́ː(r)iə | fʌ́riə(r)] 〘《変形》← ME *furrer* □ AF *furrere* (今の形は CLOTHIER などの影響): ⇨ fur, -ier〙 *n.* **1** 毛皮商人 (fur dealer). **2** 毛皮調製者.

fur·ri·er·y [fə́ː(r)iəri | fʌ́riəri] *n.* **1** 毛皮業. **2** 毛皮加工術. **3** [*pl.*] 《古》毛皮類 (furs).

fur·rin·er [fə́ː(r)ɪnə, -(r)ə- | fʌ́rɪnə(r)] 〘《変形》← FOREIGNER〙 *n.* 《方言・戯言》**1** 外人. **2** 余所者(よそもの).

fur·ring [fə́ː(r)ɪŋ | fʌ́r-] 〘ME〙 **—** *n.* **1** (衣類に用いた)毛皮, 毛皮裏地, 毛皮飾り. **2** 柔毛状の物の生成[付着]; 舌苔(ぜったい)生成; (湯沸しなどの)湯あかの付着. **3** (しっくい塗りなどの)下地, 壁下地; 下地材料. **4** 《古》(衣服の)毛皮の縁取り[裏打ち]. **5** 〘造船〙(船側の)二重張り, 内張り押え. **6** 〘建築〙かいもの《根太などを平らにするため薄板をはさむこと》; かいもの用薄板.

fur·row [fə́ː(r)ou | fʌ́rəu] 〘OE *furh* ← Gmc *furx-* (Du. *voor* / G *Furche*) ← IE *perk-* to dig out, tear out (L *porca* ridge between furrows)〙 **—** *n.* **1** (鋤(すき)で耕された畝(うね)と畝との間の)すじ, 溝, すき道, あぜ溝. **2 a** 鋤道に似たもの. **b** (溝のような)細長いくぼみ (groove). **c** (船の通った)跡, 航跡. **d** (車の)わだち (rut). **e** (顔の)深いしわ: ~s in one's brow 額の深いしわ / His face was wrinkled in deep ~s. 彼の顔は深いしわが刻まれていた. **3** 《詩》耕地, 麦畑.

plow a lonely furrow = ***plow one's furrow alone*** (政治上の)交友を離れる; 孤独の生活を送る, 独自の道を行く.

— *vt.* **1** 〈土地を〉(鋤で)すく, (鋤ですいて)…に畝を立てる (plow), 耕す (cultivate). **2** …にしわを生じさせる: a brow ~*ed with* sorrows 悲しみで深いしわのよった額 / a face ~*ed with* age 老いて深いしわのできた顔 / He ~*ed* his brow in thought. 考えこんで額にしわを刻んだ. **3** 《文語》〈船・魚などが〉〈水を〉切って進む (plow, cleave). **—** *vi.* **1** しわが寄る. **2** 水を切って進む. **3** 《古》鋤道を作る, すく (plow).

~·less *adj.*

fúr·row·er *n.* あぜ溝を作る人, 畑をすく人. 「こと.

fúr·row·ing *n.* **1** 畝立(うねた)て, 耕作. **2** しわを寄せる

fúrrow irrigàtion *n.* 〘農業〙畦間(うねま)灌漑《畝(うね)と畝の間に水を流す灌漑法》.

fúrrow slìce *n.* 鋤(すき)ですき起こした偏平な土塊, 墢「条(すじ).

fur·row·y [fə́ː(r)oui | fʌ́rəui] *adj.* あぜ溝のある; しわの多い.

fur·ry [fə́ː(r)i | fə́ːrɪ] 〘《*a*1674》〙 **—** *adj.* (**fur·ri·er; -ri·est**) **1** 柔毛質の. **2** 毛皮でおおわれている, 毛皮を着けている; 毛皮付きの, 毛皮製の; 毛皮(の裏地や飾り)を付けた: the ~ side of a coat 外套の毛皮の付いた裏側 / a ~ caterpillar 毛むくじゃらの毛虫. **3** 舌苔(ぜったい)を生じた; 湯あかのついた. **4** 〈声が〉こもった, 重い (thick). **5** 《米俗》身の毛もよだつ, ぞっとするような (horrible). **fúr·ri·ness** *n.*

fúr séal *n.* 〘動物〙オットセイ《北太平洋に分布する *Callorhinus* 属の哺乳類; 毛皮は綿毛が密で柔らかく良質, そのため乱獲され数が減少し, 国際協定で保護されている; cf. hair seal》.

Fürth [fʊ́ət, fíət | fʊ́ət, fíət; G. fʏ́rt] *n.* フュルト《西ドイツ南部の工業都市; 人口 95,000》.

fur·ther [fə́ːðə | fə́ːðə(r)] 〘OE *furþor* (adv.), *furþra* (adj.) < Gmc *furþera-* (G *vorder* more advanced) ← **furþ-* 'FORTH': ⇨ -er². **—** v.: OE *fyrþr(i)an* ← (adv.)〙 [far の比較級; cf. farther] ★ 通例, 時間・数量・程度に関しては further を, 空間に関しては farther を用いる傾向があるといわれるが, 実際には無差別に用いることも多い. **—** *adv.* **1** さらに遠く, もっと先に, いっそう遙かに: to be ~ continued なおも続けられるはず, 未完 / go ~ away もっと先へ行く / ~ on もっと先で, もっと進んでから / I'll see you ~ (first). 《口語》(そんな事)まっぴらご免だ《★ further は in hell の意の婉曲語》/ You may go ~ and fare worse. ⇨ fare *vi.* 2 / Nothing was ~ from our thoughts. それくらい私たちの考えから遠いものはない《そんなことは夢にも考えなかった》. **2** なおいっそう(進んで), さらに深く: go [inquire] ~ into the problem さらに問題の調査を進める / until you hear ~ from me 追って何とかお知らせするまでは. **3** なおその上に, さらに (furthermore).

— *adj.* **1** もっと遠い, もっと先の: on the ~ side of the road 道路の向こう側に. **2 a** もっと進んだ, もっと後の: the ~ stage of development もっと発達した段階. **b** その上の (additional), なおいっそうの, それ以上の (more): ~ crimes 余罪 / ~ information 今後の報道, 後報 / until [till] ~ notice [orders] 追って通知[指図]があるまで / Let us have no ~ talk and delay. これ以上話を続けて遅らせることはよそう / For ~ particulars apply to the general affairs section. なお詳細は庶務課にお問い合わせください / I have nothing ~ to say. もうこれ以上話すことはない. **—** *vt.* 進める, 助長[助成]する, 促進する, 増進する (promote): ~ a person's plans 計画を促進する.

fur·ther·ance [fə́ːð(ə)rəns | fə́ː-] 〘《*c*1435》: ⇨↑ (v.), -ance〙 *n.* 助長, 助成, 推進, 促進 (promotion, advancement): in ~ *of* one's interests 利益増進のため.

fúrther educátion *n.* 《英》継続教育《義務教育修了後, 中等学校または大学および成人教育機関に在籍していない者を対象にして行なわれる教育》.

fúr·ther·er [-ðərə | -rə(r)] 〘ME〙 *n.* 助長[促進]する人[物] (promoter).

further·more [⌐⌐⌐, ⌐⌐⌐ | ⌐⌐⌐, ⌐⌐⌐] 〘ME *further more*〙 **—** *adv.* なおその上, さらに (moreover): And ~, this is to be mentioned. さらにまた次のことに言及しなければならない.

fúrther·mòst 〘《*a*1400》〙 *adj.* = farthermost.

fur·ther·some [fə́ːðəsəm | fə́ːðə-] 〘← FURTHER+-SOME¹〙 *adj.* **1** 《古》促進[助成]する, 好都合な (helpful). **2** 《スコット》冒険的な, 向こう見ずの.

fur·thest [fə́ːðɪst, -ðəst | fə́ː-] 〘ME ← FURTH(ER)+-EST¹: cf. far, farthest〙 *adj., adv.* [far の最上級] = farthest.

fur·tive [fə́ːtɪv | fə́ːt-] 〘《1490》□(O)F *furtif* ∥ L *furtīv-us* stolen, secret ← *furtum* theft〙 **—** *adj.* **1** 〈行為・行動が〉ひそかな, そっと人目を忍んだ, こそこそする, 内密の (surreptitious, secret): a ~ gesture [movement] 人目を忍んだ身振り[動作] / cast [take] a ~ glance *at* …を盗み見する / a ~ smile (にやりとする)うすら笑い. **2** こそこそした, ずるい, ごまかし上手の, いい加減な, うさん臭い (sneaky, sly): a ~ manner こそこそした態度 / be ~ in one's actions 行動がこそこそしている. **3** 盗んだ (stolen). **~·ness** *n.*

fúr·tive·ly *adv.* そっと, こそこそと (stealthily).

Furt·wäng·ler [fʊ́ətveŋlə | fʊ́ətveŋlə(r); G. fʊ́rtvɛŋlɐ], **Wilhelm** *n.* フルトベングラー《1886–1954; ドイツの指揮者》.

fu·run·cle [fjʊ́(ə)rʌŋkl | fjʊ́ər-] 〘《1676》□L *fūrunculus* 《原義》petty thief (dim.) ← *fūr* thief〙 **—** *n.* 〘病理〙フルンケル, 癤(せつ); ねぶと, 疔(ちょう) (boil). **fu·run·cu·lar** [fjʊrʌ́ŋkjʊlə | fjʊ(ə)rʌ́ŋkjʊlə(r)] *adj.* **fu·rún·cu·lous** [-kjʊləs] *adj.*

fu·run·cu·lo·sis [fjʊrʌ̀ŋkjʊlóusɪs, -səs | fjʊ(ə)rʌ̀ŋkjʊləusɪs] 〘← NL ~: ⇨↑, -osis〙 **—** *n.* (*pl.* **-lo·ses** [-siːz]) **1** 〘病理〙癤(多発)症. **2** 〘魚類〙細菌 (*Aeromonas salmonicida*) によって起こるサケ科の魚(マスなど)の重篤な感染症《特に魚の密集地では大量の斃死が見られる》.

fu·ry [fjʊ́(ə)ri | fjʊ́ərɪ] 〘《*c*1380》□(O)F *furie* ∥ L *furia* rage, madness ← *furere* to rage〙 **—** *n.* **1 a** 激情; 憤激, 激怒: fly into a ~ 烈火のごとく怒る / in a ~ 烈火のごとく怒って, 激怒して / drive a person to a ~ 人を激怒させる. **b** 霊感 (afflatus). **2 a** 激しさ, 狂暴, 激烈, 猛烈さ, (暴風雨・病気などの)猛威 (violence, vehemence): the ~ of passions [battle] 激情[激戦] / the ~ of desire 激しい欲望 / the ~ of the sun's blaze 焼けつくような暑熱 / the ~ of the elements 猛あらし / the ~ of the waves 荒れ狂う波 / The wind blew in all its ~. 風は猛威をふるって吹きすさんだ / The dry wood burned *with* great ~. 枯れ木は激しく燃えた. **b** [the F-] スペインの暴盾《1576 年オランダ Antwerp で 3 日にわたって行なわれた略奪と虐殺; Spanish Fury ともいう》. **3 a** [the Furies] 〘ギリシャ・ローマ神話〙復讐の女神《Alecto, Megaera, Tisiphone という三姉妹で頭髪がへび; ギリシャ語名 Erinyes, Eumenides》. **b** 怨霊(おんりょう): be haunted by the *furies* of …の怨霊にたたられる. **c** 怒り狂う女 (virago): What a little ~ she is! 何というじゃじゃ馬娘だろう.

like fury 《口語》猛烈に; すばやく, 迅速に.

furze [fə́ːz | fə́ːz] 〘OE *fyrs* ← ? IE **pū-ro-* grain〙 *n.* 《英》〘植物〙ハリエニシダ (*Ulex europaeus*)《ヨーロッパの荒地に自生するマメ科ハリエニシダ属のとげのある低木; 観賞用にも栽培; gorse, whin ともいう》.

furz·y [fə́ːzi | fə́ːzɪ] *adj.* (**furz·i·er; -i·est**) ハリエニシダの; ハリエニシダの茂った(ような).

fu·sain [fjuːzéɪn, ⌐⌐; F. fyzɛ̃] 〘□F ~ 'spindle tree' (木炭の原料) ← L *fūsus* spindle〙 **—** *n.* 〘地質〙フゼイン《瀝青(れきせい)炭中で黒色・絹状光沢を示し, 帯状をなしていて, 成分・外観・性質とも木炭に似ている; cf. clarain, durain, vitrain》.

fu·sàr·i·um wìlt [fjuːzé(ə)riəm- | -zéərɪ-] 〘← NL *fusarium* ← L *fūsus* (↑)+-ARIUM〙 **—** *n.* 〘植物病理〙フザリウム属凋枯症《フザリウム属 (*Fusarium*) 菌によって起こる植物のしおれ・立枯れなど》.

fus·cous [fʌ́skəs] 〘《1662》← L *fuscus* swarthy, dark +-OUS〙 *adj.* 黒ずんだ, 薄黒い, 暗灰色の (somber).

fuse¹ [fjúːz] 〘《1681》← L *fūs-us* (p.p.) ← *fundere* 'to FOUND³'〙 **—** *vt.* **1** (熱で)溶かす, 溶解する (melt, dissolve). **2** 〈金属・制度・会社・計画・愛情などを〉融合させる (blend). **—** *vi.* **1** (熱で)溶ける, 溶解する. **2 a** 〈金属・制度・会社・計画・愛情などが〉融合する, 融和する. **b** 《米》〈政党などが〉融合する, 提携する.

fuse² [fjúːz] 〘《1644》□It. *fuso* < L *fūsum* spindle〙 **—** *n.* **1** 導火線[索], みちび. **2** 〘電気〙ヒューズ, 可溶片: ⇨ safety fuse. **3** = fuze 1.

blow a fuse (1) ヒューズを飛ばす. (2) 《口語》ひどくおこる, かんかんにおこる.

— *vt.* **1** …に信管[導火線]を取り付ける. **2** 〈装置など〉のヒューズを飛ばす. **—** *vi.* 《口語》〈電灯が〉ヒューズが飛んで消えて機能しなくなる.

fúse·bòard *n.* 〘電気〙ヒューズ盤. 「box).

fúse bòx [càbinet] *n.* 〘電気〙ヒューズ箱 (cutout

fúsed alúmina *n.* 〘化学・鉱物〙合成コランダム.

fúsed quártz [sílica] *n.* 〘化学〙= vitreous silica.

fúsed zircónia *n.* 〘化学・鉱物〙合成ジルコン.

fu·see [fjuːzíː, fjʊ-] 〘《1589》□F *fusée* spindleful of tow < VL **fūsutam* sprindleful ← L *fūsus* spindle〙 **—** *n.* **1** (風の中でパイプに火をつけるのに用いた頭の大きな)耐風マッチ. **2** 導火線, 信管, 雷管 (fuse). **3** 〘鉄道〙赤色閃光信号灯《危険信号》. **4** 〘時計〙フュージー, 円錐(えんすい)滑車, 均力車《ぜんまいがほどけるにつれて駆動力が減少するのを補う装置; ぜんまい時計初期に用いられた》.

fu·se·lage [fjúːsəlàːʒ, -zə-, -làːdʒ, ⌐⌐⌐ | fjúːzɪlàːʒ, -zə-, -lɪdʒ] 〘《1909》□F ~ 'body' ← *fuselé* spindle-shaped ← *fuseau* spindle < OF *fusel* spindle < L *fūsum*〙 **—** *n.* (飛行機の)胴体.

fúse lìnk *n.* 〘電気〙ヒューズ.

fú·sel òil [fjúːzəl-, -zl-, -səl-, -sl- | -zəl-, -zl-] 〘*fusel*: 《1850》□G *Fusel* bad spirit, inferior liquor〙 **—** *n.* 〘化学〙フーゼル油《アミルアルコールを主成分とする揮発性有毒油状液体で, アルコール発酵の副産物》.

fuse·tron [fjúːztrɑn | -trɒn] 〘← FUSE²+-TRON〙 *n.* 〘電気〙ヒューズトロン《開路前に短時間の過電流が流せる一種のヒューズ》.

Fu·shan [fùːʃɑ́ːn; *Chin.* fǔʂùn] *n.* (*also* **Fu·shun** [fùːʃʊ́n]) 撫順(ぶじゅん)《中国東北部遼寧省 (Liaoning) の都市, 石炭の産出で有名; 人口 1,019,000》.

fu·si- [fjúːzɪ, -zə | -zɪ] 〘← L *fūs-us* spindle〙「紡錘(ぼうすい)(spindle); 紡錘形の」の意の連結形.

fus·i·bil·i·ty [fjùːzəbíləti | -zəbílətɪ, -zɪ-, -lɪ-] 〘□F *fusibilité* (↓)〙 *n.* **1** 可溶性, 可融性. **2** 溶融度, 溶度.

fus·i·ble [fjúːzəbl | -zə-, -zɪ-] 〘《*c*1395》□(O)F ~ ∥ ML *fūsibil-is*: ⇨ fuse¹, -ible〙 **—** *adj.* 溶けやすい; 溶解することのできる, 可融性の: a ~ plug 可溶栓(せん). **~·ness** *n.* **fús·i·bly** *adv.*

fúsible álloy *n.* 〘金属加工〙易融(えきゆう)合金《純錫の融点 (232°C) 以下の融点の合金の総称》.

fúsible métal *n.* 〘金属加工〙易融(えきゆう)金属《純錫の融点(232°C) 以下の融点の金属の総称; 鉛・蒼鉛・カドミウム・インジウムなど》.

fu·si·form [fjúːzəfɔ̀əm | -zɪfɔ̀ːm] 〘← FUSI-+-FORM〙 *adj.* 〘生物〙(両端が細くなった)紡錘(ぼうすい)状の.

fu·sil¹ [fjúːzɪl, -zəl | -zɪl] 〘《1580》□(O)F ~ < VL **focīlem* ← L *focus* 'FOCUS'〙 *n.* (昔の)火打ち石銃.

fu·sil² [fjúːzɪl, -zəl | -zɪl] 〘《1486》□ OF *fu(i)sel* (F *fuseau*) < VL **fūsellum* (dim.) ← L *fūsus* 'FUSE²': もとは「紡錘形」の意〙 **—** *n.* 〘紋章〙縦長の菱形.

fusil²

fu·sil³ [fjúːzɪl, -zəl | -zɪl] 〘《1301》□ L *fusil-is* molten ← *fūsus*: ⇨ fuse¹〙 **—** *adj.* (*also* **fu·sile** [-zɪl, -zəl, -zaɪl, -saɪl | -saɪl, -zaɪl]) 《古》溶融した;

〘金属加工〙鋳造した, 鋳物の (cast, founded).

fu·sil·ier [fjùːzəlíə, -zɪ̀- | -zɪlíə(r, -zə-, -zɪ̀-] 〘《1680》□F ～: ⇨ fusil¹, -ier〙 ── *n.* (*also* **fu·sil·eer** [～]) **1** (昔の)火打ち石銃兵. **2** [*pl.*]《英》フュージリア連隊《London 市の歩兵連隊 Royal Fusiliers など; 昔火打ち石銃を用いた連隊》.

fu·sil·lade [fjúːsəlàːd, -zə-, -lèɪd, ⌣⌣´ | fjùːzɪléɪd, -zə-] 〘《1801》□F ～ ← *fusiller* to shoot: ⇨ fusil¹, -ade〙 ── *n.* **1** 連続射撃, 一斉射撃(による処刑). **2** (質問・批評などの)一斉射撃, 連発; (野球で)猛打連発, 集中安打: a ～ *of* questions. ── *vt.* 〈敵陣・敵軍などに〉一斉射撃を浴びせる; 〈敵兵を〉皆殺しにする.

fu·sil·ly [fjúːzəli | -zɪlɪ, -zə-] *adj.* 〘紋章〙縦長の菱形模様の《金属色(金, 銀)と原色(赤, 青, 緑など)の 2 色で交互に彩色される》.

fúsing dìsk *n.* 〘機械〙溶融のこ《金属切断用の鋼鉄円板で, 円周速度が, それに接触する金属を摩擦熱で溶融切断できるほど高いもの》.

fu·sion [fjúːʒən] 〘《1555》□L *fūsiō(n-)* a pouring out: ⇨ fuse¹, -ion〙 ── *n.* **1** (熱による)融解, 溶解; 溶解[融解]したもの; 融合したもの (synthesis): the ～ *of* metals 金属の溶解 / metals in ～ 溶解した金属 / the point of ～ 融点 / the heat of ～ 融解熱 / Music is a total ～ *of* form and content. 音楽は形式と内容が完全に融和合体したものだ. **2** 〘政治〙 **a** (党派などの)合同, 連合, 提携 (coalition); 合同[連合]体. **b** [F-] 合同[連合]政党. **3** 〘物理・化学〙核融合《2 個以上の原子核が合一する現象; nuclear fusion ともいう; cf. fission 2》. **4** 〘《なぞり》← G *Verschmelzung*〙〘心理〙融合《二つ以上の刺激が結びつき一つのまとまりをもった感覚を生じさせること》. **5** 〘眼科〙融像, 融合《両眼に生じた像が融け合って一つになること; binocular fusion ともいう》. **6** 〘外科〙癒合; 固定術.

fúsion bòmb *n.* (核)融合爆弾, 水素爆弾 (hydrogen bomb) (cf. fission bomb).

fú·sion·ìsm [-ʒənìzm] *n.* 〘政治〙(政党などの)合同[連合, 提携]主義, 合同[連合, 提携]論.

fú·sion·ist [-ʒ(ə)nɪst, -nəst | -nɪst] 〘□F *fusioniste*: ⇨ fusion, -ist〙 *n.*, *adj.* 合同[連合, 提携]論者(の).

fúsion pòint *n.* 〘物理化学〙=melting point.

fúsion wèld [**wèlding**] *n.* 〘金属加工〙融接《金属の一部を溶融状態にして溶接する方法; ガス・電気・テルミット・原子水素溶接法などの総称》.

fu·so- [fjúːzoʊ | -zə(ʊ)] 〘← L *fūs-us* spindle〙「紡錘(ぼう)(形)の」の意の連結形.

fùso·bactérium 〘← NL ～: ⇨↑, bacterium〙 ── *n.* 〘細菌〙フゾバクテリウム, 紡錘(ぼう)形菌《紡錘形をした嫌気性のグラム陰性のフゾバクテリウム属 (*Fusobacterium*) の微生物》.

fuss [fʌ́s] 〘《1701》: 《擬音語》?〙 ── *n.* **1 a** (つまらないことで)やきもきすること, 興奮: get into a ～ やきもきする. **b** 《口語》ささいな口論, けんか (quarrel). **c** 不平, 異議 (objection). **2 a** 無用の大騒ぎ, 騒ぎ立て, から騒ぎ; ちやほやすること, 甘やかすこと: kick up a ～ 騒ぎ立てて逆らう. **b** 騒ぎ立てる人: She is a terrible ～. すごく騒ぎ立てる女だ. **3** 飾り, 装飾.
make a fuss 騒ぎ立てる; 不平を鳴らす: *make a* great ～ *about* nothing 何でもないことに大騒ぎする, から騒ぎする. ***make a fuss of*** [***over***] *a person* 人をちやほやする, 甘やかす.
fuss and feathers [通例単数扱い] 見え張り, 見せびらかし.
── *vi.* **1 a** 〔つまらぬことに〕やきもきする, から騒ぎする, 大騒ぎする (fret, worry) 〔*about, over*〕: Don't ～ *over* the children so much. 子供のことでそんなに気を使うな. **b** 不平を言う, がみがみ言う (complain), 異議を唱える (protest). **c** 《方言》〔…を〕叱る (chide) 〔*at*〕. **2** やきもきして歩き回る, そわそわする 〈*about, around*〉. **3** 《米俗》女とデートする. ── *vt.* **1** 《口語》(つまらないことで)〈人〉の気をもませる, 悩ませる, 騒がせる: Don't ～ your head about it. そんなことでくよくよするな. **2** 《米俗》〈女〉とデートする.

fúss·bùdg·et [-bʌ̀dʒɪt, -dʒət] *n.* 《口語》=fusser.
fúss·bùdg·et·y [-ṭi | -tɪ] *adj.*

fúss·er *n.* つまらないことに騒ぎ立てる人, から騒ぎする人.

fúss·pòt *n.* 《口語》=fusser.

fuss·y [fʌ́si | -si] *adj.* (**fuss·i·er**; **-i·est**) **1** (つまらないことに)騒ぎ立てる, 大騒ぎする, 仰山がる, こせこせした, こうるさい (nervous, bustling): a ～ old lady こうるさいおばあさん / be very ～ *about* one's clothes [food] 着物[食物]にこうるさい. **2** 〈着物・装飾など〉念の入り過ぎた, いやに凝った; 〈文体など〉凝り過ぎた, あくどい (finicky): a ～ dress [hat] いやに凝った服[帽子] / a ～ literary style あくどい文体. **3** 細々したことに気をつかう, 細かすぎる (fastidious): a ～ man. **fúss·i·ly** [-sɪli, -sə- | -lɪ] *adv.* **fúss·i·ness** *n.*

fus·ta·nel·la [fʌ̀stənélə, fùːs- | fʌ̀s-] 〘《1849》□It. ～ (dim.) ← *fustagno* 'FUSTIAN'〙 ── *n.* (今日のギリシャやバルカン地方で男子が用いる)白リンネル[白木綿]製の短いスカート.

fus·tian [fʌ́stʃən | fʌ́stɪən, -tjən] 〘《?*a*1200》□ OF *fustaigne* (F *futaine*) < ML *fustāneum* (← L *fūstis* cudgel) 《なぞり》← Gk *xúlinon* wooden (← *xúlon* wood)〙 ── *n.* **1** ファスチアン《もとは丈夫な綿または麻織布をいったが, 今は片面にけばを立てたコールテンや綿ビロードなどの綾織綿布》. **2** 誇張した文章, 大言壮語, 大げさな言葉 (bombast). ── *adj.* **1** ファスチアン布製の: a ～ coat. **2** 〈言葉など〉大げさな, 誇大な (bombastic, pompous). **3** 役に立たない, くだらない, ろくでなしの (worthless): a ～ rascal やくざ.

fus·tic [fʌ́stɪk] 〘《1461–62》□ (O)F *fustoc* □ Sp. □ Arab. *fústuq* □ Gk *pistákē* 'PISTACHIO'〙 ── *n.* **1 a** 〘植物〙オウボク(黄木), ファスティック (*Chlorophora tinctoria*)《熱帯アメリカ産のクワ科の大木》. **b** オウボク[ファスティック]材《黄色またはオリーブ色の色素をとる》. **2** ファスティック染料《オウボクの心材から抽出した黄色植物染料》.

fus·ti·gate [fʌ́stəgèɪt | -tɪ-] 〘《1656–81》← LL *fūstigāt-us* (p.p.) ← *fūstigāre* to cudgel to death ← L *fūstis* cudgel〙 ── *vt.* **1** (棍棒(こん)で)打つ, なぐる (cudgel). **2** きびしく批評する (castigate).

fus·ti·ga·tion [fʌ̀stəgéɪʃən | -tɪ-] 〘□L *fūstigātiō(n-)*: ⇨↑, -ation〙 *n.* **1** 棒で打つこと. **2** きびしい批評.

fús·ti·gà·tor [-ṭə | -tə(r] *n.* 棒で打つ人.

fus·ti·nel·la [fʌ̀stɪnélə, -tə- | -tɪ-] *n.* =fustanella.

fus·ty [fʌ́sti | -tɪ] 〘《*a*1398》□ OF *fusté* ← *fust* trunk of a tree < L *fūstem*: ⇨ -y⁴〙 ── *adj.* (**fus·ti·er**; **-ti·est**) **1** かび臭い (musty); むっとする, 息の詰まるような: a ～ atmosphere むっとするような空気. **2** 古ぼけた, 古臭い, 陳腐な; 旧弊な, 頑迷な: a ～ book 古くさい本 / a ～ old professor 頑迷な老教授. **fús·ti·ly** [-tɪli, -tə- | -lɪ] *adv.* **fús·ti·ness** *n.*

fu·su·la [fjúːzələ] 〘← NL ～ ← L *fūsus* spindle + -ULA¹〙 *n.* (*pl.* **fu·su·lae** [-lìː], **～s**) 〘動物〙吐糸口《絹糸腺が通っているクモの紡績突起の末端の突起》.

fut [fʌ́t] *int.* =phut.

fut. 《略》future.

fu·thark [fúːθaək | -θɑːk] 〘《1851》: その最初の六字 *f, u, þ* (=*th*), *a* or *o, r, c* (=*k*) から: cf. rune, ABC〙 ── *n.* (*also* **fu·tharc** [～], **fu·thorc** [-θɔək | -θɔːk], **fu·thork** [-θɔək | -θɔːk]) フサルク, ルーン字母 (runic alphabet).

fu·tile [fjúːṭḷ, -taɪl | -taɪl] 〘《*c*1555》□ (O)F ～ ∥ L *fūt(t)il-is* worthless 《原義》that easily pours out ← *fundere* 'to pour, FOUND³'〙 ── *adj.* **1** 〈行為など〉役にたたない, むだな, 徒労の, 無益な (useless, fruitless): a ～ attempt むだな試み / ～ talk むだ話, 空談 / It was ～ to try to teach him English. 彼に英語を教えようとしてもむだだった. **2** 〈人が〉軽薄な, くだらない, やくざな (frivolous): a ～ sort of person やくざな人間. **～·ness** *n.*

fu·tile·ly [-ṭḷ(l)i, -taɪlli | -taɪlli] *adv.* むだに, 無益に, 徒労に, むなしく.

fu·til·i·tar·i·an [fjuːtɪ̀lətɛ́(ə)riən, fjuː- | fjuːtɪ̀lɪtɛ́ərɪ-, fjʊ-] 〘《混成》← FUTIL(E) + (UTIL)ITARIAN〙 ── *n.* **1** くだらない仕事[研究, 趣味など]に打ち込んでいる人. **2** (人生のむなしさを説く)無益論者. ── *adj.* (人間の希望も努力も結局はむなしいことだと説く)無益論の.

fu·tìl·i·tár·i·an·ìsm [-nìzṃ] *n.* 無益論.

fu·til·i·ty [fjuːtíləṭi, fjuː- | fjuːtílətɪ, fjʊ-, -lɪ-] 〘《1623》□ F *futilité* ∥ L *fūt(t)ilitāt-em*: ⇨ futile, -ity〙 ── *n.* **1** (行為の)無益, 無用, 無価値. **2** 無用のもの, たわいもない[愚かな]行為. **3** (精神・性格の)空虚, 軽薄.

fut·tock [fʌ́ṭək | -tək] 〘《1294–95》*fottek* 《転訛》← ? **fot-hok* foot, hook〙 ── *n.* 〘海事〙フトック, (中間)肋(ろく)材《大型木船では肋材を 1 本の木材で作れないので, 何本もつないで作るが, その中間彎曲部に当たる肋材》.

fúttock hòop [**bànd**] *n.* 〘海事〙フトックバンド《マストの下橋頂部近くにはめる金属のバンドで, ここへ futtock shroud の下端が留められる》.

fúttock plàte *n.* 〘海事〙檣楼(しょうろう)座板《中檣の横静索(さく)の脚(きゃく)を開かせるために, 下檣の頂部にはめる船の中心線に直交させた鉄材》.

fúttock shròud *n.* 〘海事〙檣楼(しょうろう)下静索(さく)《檣楼や futtock plate の両端を通して中檣の横静索の下端を下檣の上部に固定している短い幾本かの鉄棒》.

fu·ture [fjúːtʃə | -tʃə(r] 〘《*c*1380》□ (O)F *future* □ L *futūrus* about to be (fut. p.) ← *esse* to be〙 ── *n.* **1** 未来, 将来 (time to come) (cf. past 1, present¹ 1): (in) the ～ 未来に[は]《★ in ～ に対し, in *the* ～ は特に in the past, in the present と対照的な意味を表わす時に用いる》/ *in* the near [*in* no distant] ～ 近い将来に, 遠からず / *for* the ～ 将来(に関する限り)《★ 特に, 文頭に多く用いられる》. **2** これから先に起こること[もの]: You cannot tell the ～. 先のことはわからない. **3** 将来性, 行く末, (有望な)前途 (outlook, prospect): have a great ～ すばらしい将来性がある / have a bright ～ before one 前途きわめて有望である / a man with [with no] ～ 有望な[見込みのない]人 / There is no ～ in it. 成算がない, 危険だ. **4** 〘文法〙未来時制 (future tense). **5** [*pl.*] 〘商業〙先物, 先物契約: deal in ～*s* 先物を買う, おもわく買いをやる.
── *attrib. adj.* **1** 未来の, 将来の (cf. past, present): ～ events [hopes] 未来の出来事[将来の望み] / at some ～ day 将来いつか / in ～ ages 後の世[時代]に, 後世 / for ～ use 将来使うために / ～ generations of men 後代の人々 / ～ prospects 将来[前途]の見込み / one's ～ wife 未来の妻, いいなずけの女 / ⇨ future price. **2** 死後の, 来世の: a ～ life あの世, 来世 / a ～ state 死後の状態. **3** 〘文法〙未来の (cf. past 7, present 4): ⇨ future perfect, future tense.

fúture·less *adj.* 将来性[前途]のない.

fúture pérfect *n.*, *adj.* 〘文法〙未来完了時制(の); 未来完了形(の) (cf. present perfect, past perfect).

fúture prìce *n.* 〘商業〙先物価格《先物契約による商品の価格; cf. spot price》.

fúture ténse *n.* 〘文法〙未来時制.

fú·tur·ìsm [-tʃərìzm] 〘《1909》《なぞり》← F *futurisme* ∥ It. *futurismo*〙 ── *n.* **1** 未来主義《過去・現在より未来に意義や充足を見出そうとする立場》. **2** 〘芸術〙未来派《1910 年ごろイタリアに起こった芸術上の新主義; 旧来の一切の約束・伝統を捨てて, 動的で機械的な表現を宣言した》.

fú·tur·ist [-rɪst, -rəst | -rɪst] 〘cf. F *futuriste* / It. *futuristo*〙 ── *n.* **1** 人類の進歩を信じる人. **2** =futurologist. **3** 〘芸術〙未来派の人. **4** 〘神学〙未来信者《聖書ヨハネ黙示録中の預言の成就を信じる人; cf. presentist》. ── *adj.* 未来派の, 未来信者の.

fu·tur·is·tic [fjùːtʃərístɪk] *adj.* 未来の[に関する]; 未来派的な, 未来派の: ～ art 未来派芸術. **fù·tur·ís·ti·cal·ly** *adv.*

fu·tu·ris·tics [fjùːtʃərístɪks] 〘-ics〙 *n.* 未来論[学].

fu·tu·ri·ty [fjuːt(j)ʊ́(ə)rəṭi, fjuː-, -tʃʊ́(ə)r- | fjuːtjʊ́ərətɪ, fjʊ-, -tʃʊ́ər-, -rɪ-] 〘《1637》〙 ── *n.* **1** 未来, 後世 (future). **2 a** [しばしば *pl.*] 未来の状態, 未来の出来事. **b** 後世の人々 (posterity). **3** あの世, 来世. **4** =futurity race.

futúrity ràce *n.* **1** 〘競馬〙誕生時またはそれ以前に出走馬が指名登録されているレース《通例, 三歳馬のレース; cf. produce race》. **2** 〘スポーツ〙出場参加申し込み後時日を経て行なわれる競走[競技].

futúrity stàkes *n. pl.* 〘競馬〙 **1** futurity race にかけた金. **2** =futurity race.

fù·tu·ról·o·gist [-dʒɪst, -dʒəst | -dʒɪst] *n.* 未来学者.

fu·tu·rol·o·gy [fjùːtʃərɑ́lədʒi | -rɔ́lədʒɪ] 〘← FUTURE + -O- + -LOGY〙 *n.* 未来学. **fu·tu·ro·log·i·cal** [fjùːtʃərəlɑ́dʒɪkəl, -dʒə- | -lɔ́dʒɪ-] *adj.*

futz [fʌ́ts] 〘《変形》? ← Yid. *arumfartzen*〙 *vi.* ぶらぶらする (loaf), ぶらぶら時を過ごす 〈*around*〉.

fuze [fjúːz] 〘《変形》← FUSE²〙 *n.* **1** 信管, 雷管, 起爆装置 (cf. time fuze). **2** =fuse² 1, 2. ── *vt.* …に信管[雷管, 起爆装置]をつける[装着する].

fu·zee [fjuːzíː, fjʊ-] *n.* =fusee.

fuzz [fʌ́z] 〘《1674》: 《擬音語》? / 《逆成》← FUZZY〙 ── *n.* **1** (ラシャ・果物の皮などの)けば, 微毛, 綿毛 (down, fluff). **2** 《俗》警官, 刑事,「さつ」; [集合的] 警察. **3** ぼやけ. ── *vi.* **1** ふわふわと飛び散る 〈*out*〉. **2** けば立つ, ふわふわになる. ── *vt.* **1** けば立たせる, ふわふわさせる. **2** ぼやけさせる 〈*up*〉: ～ *up* the argument 論点をぼかす / My head is still ～*ed* from the drink. 飲み過ぎて頭がまだぼうっとしている.

fúzz·bàll *n.* 《英方言》〘植物〙ホコリタケ (puffball).

fúzz bòx *n.* 〘音楽〙ファズボックス《エレキギターにつけるアンプの一種; 故意に音を濁らせるときに用いる; fuzz tone ともいう》.

fuzz·y [fʌ́zi | -zɪ] 〘《1616》□ ? LG *fussig* spongy: cf. Du. *voos* spongy〙 ── *adj.* (**fuzz·i·er**; **-i·est**) **1** けばのような, けばでおおわれた, けば立った (fluffy). **2** ぼやけた (indistinct); はっきりしない (vague): ～ outlines [sounds] ぼやけた輪郭[音]. **3** (酒などを飲んで)支離滅裂な, もうろうとなった. **4** 〈毛髪が〉ほぐれた, 縮んだ (fluffy, frizzy): ～ blond hair. **fúzz·i·ly** [-zɪli, -zə- | -lɪ] *adv.* **fúzz·i·ness** *n.*

fúzzy-héaded *adj.* **1** おろかな, 考えの足りない, 軽率な. **2** 頭の変な.

fúzzy lógic *n.* 〘電子工学〙ファジイ論理, あいまい論理《0 と 1 (または真と偽)の 2 種のみを扱う論理に対して, 何らかの形でその中間も扱う論理体系》.

Fuzz·y-Wuz·zy, fuzz·y-w- [fʌ́ziwʌ́zi | -zɪwʌ́zɪ] 〘《1890》《加重》← FUZZY: その乱髪にちなんで英国兵がつけたあだ名〙 ── *n.* **1** 《口語》スーダン共和国の黒人; スーダン兵(士). **2** 《俗》ニューギニアまたはソロモン群島の原住民.

f.v. 《略》*L.* *foliō versō* (=on the back of the page).

FWA, F.W.A. 《略》《米》Federal Works Agency (1949 年廃止).

f.w.b. 《略》four wheel brake [braking].

fwd. 《略》foreward; forward.

f.w.d. 《略》four-wheel drive; front-wheel drive; 〘保険〙freshwater damage.

FWPCA 《略》《米》Federal Water Pollution Control Administration.

FX, f.x. 《略》foreign exchange.

fy [fáɪ] *int.* =fie.

FY 《略》fiscal year.

f.y. 《略》《米》fiscal year.

-fy [⌣ fàɪ] 〘ME *-fie(n)* □ (O)F *-fier* < L *-ficāre* to do, make: cf. -fic, -fication〙 ── *suf.*「…にする, …になる, …のようになる[させる], …化する」の意の動詞を造る: satis*fy*. ★ 直接子音に続く時は -ify になる: beaut*ify*, French*ify*, simpl*ify*.

fyce [fáɪs] *n.* =feist.

fye [fáɪ] *int.* =fie.

Fyfe [fáɪf] 〘□ Pictish-Scotch *Fibe, Fibh*: ⇨ Fife〙 *n.* 男性名.

f.y.i. 《略》for your information.

fyke [fáɪk] 〘□ Du. *fuik*〙 *n.* =fyke net.

fýke nèt *n.* 長袋(ぶくろ)網《ニシンなどを捕える魚網の一種》.

fyl·fot [fílfɑt | -fɔt] 〘《*a*1500》← *fill (the) foot* (of a window): 彩色ガラス窓下半分の模様にちなむ?〙 *n.* 卐(まんじ)形, 鉤(かぎ)十字, ハーケンクロイツ (swastika).

Fyn [fín; *Dan.* fýːʼn] *n.* フューン(島)《デンマーク南部の島; 人口 434,000, 面積 2,980 km²》.

Fyo·dor [fíːədɔə | fíːə(ʊ)dɔː(r, fíə(ʊ)-; *Russ.* fjódər] 〘□ Russ. ～ 'THEODORE'〙 *n.* 男性名《異形 Feodor》.

fytte [fít] *n.* 《古》=fit³.

fz. 《略》〘音楽〙forzando.

G

G[1], **g** [dʒíː] 〖OE *G*, *g* ▭ L (C の音価が Etruscan で [g] から [k] に変わったので，ラテン語の [g] を表わすため C を変形したもの：⇨C)：⇨A[1]★〗 **— *n.*** (*pl.* **G's, Gs, g's, gs**) **1** 英語アルファベットの第 7 字. **2** (活字・スタンプなどの) G または g 字. **3** [G] G 字形(のもの). **4** 文字 g が表わす音：a hard *g* 硬音の g《game, go, gum, dig などの [g]；⇨ hard *adj.* 20》/ a soft *g* 軟音の g《gem, giant, page などの [dʒ]；⇨ soft *adj.* 26》. **5** (連続したものの) 7 番目(のもの)：Company G 第七中隊. **6** 中世ローマ数字の 400. **7** 〘音楽〙 **a** ト音，(ドレミ唱法の)ソ音；ト音の弦[鍵(けん)]，(パイプオルガンの)パイプ]：G clef ト音記号 / G sharp 嬰(えい)ト音《記号は G♯》/ G flat 変ト音《記号は G♭》. **b** ト調：*G* major [minor] ト長[短]調 (cf. key[1] 9 a). **8** [G] 〘(略) ← GRAND〙《米俗》千，千ドル.

g 《記号》〘物理〙重力加速度《約 9.81 m/s²》.

g 《略》〘物理〙gravity.

g, g. 《記号》〘心理〙general factor g 因子，一般因子《知能のすべての面に共通する基本的な一般知能の因子》；〘心理〙general intelligence 一般知能；〘気象〙gloomy.

G[2] [dʒíː] 〘(略) ← GENERAL〙 *n., adj.* 〘映画〙すべての観客に向くとすすめられる(映画) (cf. PG, R[2], X[2]).

G 《略》〘軍事〙general staff；〘物理〙giga-；〘軍事〙gun.

G 《記号》〘電気〙conductance；〘物理〙constant of gravitation；〘物理〙gauss；〘電気〙grid direction；〘貨幣〙gourde(s), guarani(s), guilder(s), guinea(s), gulden(s)；〘物理〙specific gravity.

g. 《略》garage；*F.* gauche (=left)；gelding；gender；general；generally；genitive；gold；good；gray；great；*F.* gros, grosse (=large)；〘アメリカンフットボール〙guard；gun；gunnery.

g., G. 《略》game；gauge；gilt；goal；goalkeeper；government；grain；gram(s)；grand；gravity；green；ground color；guardian；guide；gulf.

G. 《略》German；Germany；Guernsey.

-g 《略》-ing.

Ǥ 《記号》〘貨幣〙gourde(s), guarani(s).

Ga [gáː] *n.* (*pl.* **~s, ~**) **1 a** [the ~(s)] ガー族《Ghana に住む一部族》. **b** ガー族の人. **2** ガー語《Kwa 語の一つ》.

Ga 《記号》 **1** 〘化学〙gallium. **2** 〘← GIGA-〙〘地質〙billion years 10 億年.

GA 《略》〘米郵便〙Georgia (州).

GA 《記号》⇨ GARUDA.

ga. 《略》gauge.

Ga. 《略》Gallic；Georgia.

g.a., G.A., g/a, G/A 《略》〘海商〙general average.

G.A., GA 《略》General Agent；General American；General Assembly；General of the Army；graphic arts.

gab[1] [gǽ(ː)b] 〘(1681)《変形》? ← GOB[3]：cf. gabble〙 **— *n.*** 《口語》おしゃべり，(特に)むだ話 (idle talk)：Stop [Stow] your ~! おしゃべりはよせ，黙れ / ⇨ *the* GIFT *of (the) gab.* **— *vi.*** (**gabbed**；**gab·bing**) むだ話する，おしゃべりをする〔*about*〕.

gab[2] [gǽ(ː)b] 〘▭ ? Flem. *gabbe* notch〙 *n.* 〘機械〙(偏心棒などに付いている)引っ掛け (hook).

gab[3] [gǽ(ː)b] 〘《変形》? ← GOB[3]〙 *n.* 《スコット》 **1** 口 (mouth)；舌 (tongue). **2** 味 (taste).

G.A.B. 《略》General Arrangements to Borrow《IMF の一般借入取決め》.

GABA [gǽbə] 〘《頭字語》← *g*(*amma*)-*a*(*mino*)*b*(*utyric*) *a*(*cid*)〙 **— *n.*** 〘生化学〙ガンマアミノ酪酸 (NH_2CH_2-$(CH_2)_2COOH$)《動物の脳や植物に見出され，特に脳でグルタミン酸代謝に関連した GABA 回路が考えられている》.

Ga·bar [gáːbə | -bə(r] 〘▭ Pers. ~ ▭ Arab. *kāfir* unbeliever〙 *n.* イラン派の拝火教徒，イラン人ゾロアスター教徒 (cf. Parsi).

gab·ar·dine [gǽbədìːn, ⌐⌐⌐ | -bə-] 〘《異形》← GABERDINE〙 **— *n.* 1 a** ギャバジン《毛，木綿またはスパンレーヨンの目のつんだあや織；昔は主にレインコートに用いたが，今は一般服地としても用いる》. **b** ギャバジン製の衣服. **2** =gaberdine 1, 2.

Gab·bai, g- [gɑːbáɪ, ⌐⌐] 〘▭ Mish.Heb. *gábbay* collector〙 **— *Heb. n.*** (*pl.* **Gab·ba·im** [gɑːbáɪɪm, gáːbaɪːm], **~s**) **1** ユダヤ教会堂の理財・会計を担当する平信者役員. **2** ユダヤ教徒コミュニティーの収税吏《貧者への施しの分配を管理する》.

gab·bard [gǽbəd | -bəd] 〘▭ OF *gab(b)arre* (F *gabare*) ▭ OProv. *gabarra* ▭ ? LL *carabus* small boat ▭ Gk *kárabos* horned beetle, light ship：cf. caravel〙 **— *n.*** (*also* **gab·bart** [gǽbət | -bət]) (もとスコットランドの河川で用いられた)小型の平底帆船，はしけ.

gáb·ber 〘⇨ gab[1], -er[1]〙 *n.* 《口語》饒舌(じょうぜつ)な人，多弁家，おしゃべり.

gab·ble [gǽbḷ] 〘(1577) ▭ MDu. *gabbel-en*《擬音語》：cf. gobble[1]〙 **— *vi.* 1** 早口に[ぺちゃくちゃ]しゃべる (chatter) 〈*away, on*〉〔*about*〕；早口に読む. **2** 《鵞鳥(がちょう)・雌鶏などが》がーがーいう (cackle). **— *vt.*** (よくわからないほど)早口に言う[読む] 〈*away, on*〉〔*about*〕：~ *out* an apology 早口に言訳をする. **— *n.* 1** 早口ではっきりわからないおしゃべり，わけのわからない話. **2** (鵞鳥・雌鶏などの)がーがーという鳴き声. **gáb·bler** [-bḷə, -blə | -bḷə(r, -blə(r] *n.*

gab·bro [gǽbrou | -brəu] 〘(1837) ▭ It. ~ ← L *glaber* bald, smooth：⇨ glabrous〙 **— *n.*** (*pl.* **~s**) 〘岩石〙斑糲(はんれい)岩，かすり石《深成岩の一種》. **gab·bro·ic** [gæbróuɪk | -bráu-] *adj.* **gab·bro·i·tic** [gæbrouítɪk | -brəuít-] *adj.*

gab·broid [gǽbrɔɪd] 〘⇨ ↑, -oid〙 *adj.* 斑糲(はんれい)岩類「似[様]の.

gab·by [gǽbi | -bɪ] 〘← GAB[1]+-Y[4]〙 *adj.* (**gab·bi·er**；**-bi·est**) 《口語》おしゃべりの (talkative)，口達者な (loquacious). **gáb·bi·ness** *n.*

Gab·by [gǽbi | -bɪ] 〘1：(dim.) ← GABRIEL. 2：(dim.) ← GABRIELLA〙 *n.* **1** 男性名. **2** 女性名.

Gabe [géɪb] 〘(dim.) ← GABRIEL〙 *n.* 男性名.

ga·belle [gəbél] 〘(1413) ▭ (O)F ~ ▭ It. *gabella* tax ▭ Arab. *qabāla*[h] impost〙 *n.* **1** 税 (tax). **2** (フランスで 1790 年以前にあった)塩税.

gab·er·dine [gǽbədìːn, ⌐⌐⌐ | -bə-] 〘(16C) ▭ Sp *gabardina*《原義》pilgrim's frock ← MHG *wallevart* pilgrimage ∽ (1520) *gawbardyne* ▭ OF *gauvardine* ← MHG〙 **— *n.* 1** (中世ユダヤ人の用いた)ゆるやかな長い上衣[外套]. **2** 《英》ゆるやかな労働着. **3** =gabardine 1.

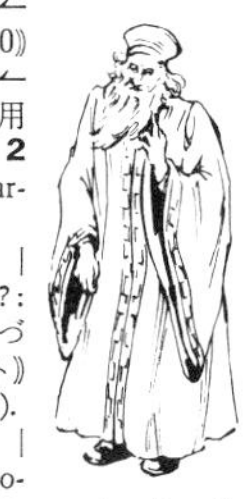

gaberdine 1

gab·er·lun·zie [gæbəlʌ́nzi, -lín- | gæbəlʌ́nzɪ, -lǽnjɪ, ⌐⌐⌐⌐] 〘← ?：-*zie* の *z* は *y* のスコットランドつづり：cf. *Menzies*〙 **— *n.*** 《スコット》浮浪こじき；托鉢(たくはつ)僧 (mendicant).

Ga·be·ro·nes [gɑ̀ːbəróunɪs, -nəs | gæbəráunɪz] *n.* ガベロネス《Gaborone の旧名》.

Ga·bès [gáːbəs, -bes；*F.* gabɛs] *n.* ガベス《北アフリカ，Tunisia の東岸にある湾 (Gulf of Gabès) の奥に位置する港市；人口 41,000》.

gab·fest [gǽbfèst] 〘← GAB[1]+G *Fest* feast〙 *n.* 《米口語》 **1** おしゃべりの会，むだ話の会合. **2** おしゃべり，長談議.

Ga·bie [géɪbi, gǽbi | -bɪ] 〘(dim.) ← GABRIELLA〙 *n.* 女性名.

Ga·bin [gæbɛ̃ː(ŋ), -bǽŋ；*F.* gabɛ̃], **Jean** *n.* ギャバン《1904–76；フランスの映画俳優》.

ga·bi·on [géɪbiən, gǽb- | géɪbjən, -bɪən] 〘(1579) ▭ F ~ ▭ It. *gabbione* (aug.) ← *gabbia* < L *caveam* 'CAGE'〙 **— *n.* 1** 〘築城〙堡籃(ほうらん)《木や枝で編んだ筒をたて，中に土石を満たしたもの；堡塁の築造などに用いた》. **2** 〘土木〙蛇籠(じゃかご)，石がまち，土俵《水流をせき止めたり突堤の土台などに用いる》.

ga·bi·o·nade [gèɪbiənéɪd, gæ̀b-, -náːd | gèɪbjə-, -bɪə-] 〘▭ F *gabionnade*：⇨ ↑, -ade〙 **— *n.* 1** 〘築城〙堡籃墻(ほうらんしょう)《堡籃を並べて築いた堡塁》. **2** 〘土木〙蛇籠(じゃかご)[石がまち]工事.

ga·ble [géɪbḷ] 〘(1347–48) ▭ OF ~ ▭ ? ON *gafl*：cf. G *Giebel* gable〙 〘建築〙 **— *n.* 1** 切妻(きりづま)，破風(はふ)，ゲーブル. **2** =gable wall. **3** (家具やゴシック様式の戸口・窓上などの)装飾用の破風形の部分. **— *vt.*** 切妻造りにする.

Ga·ble [géɪbḷ] 〘(dim.) ← GABRIEL〙 *n.* 男性名.

Gable, Clark *n.* (1901–60) 米国の映画俳優.

gable 1

1 gable wall；2 finial；3 bargeboard

gáble·bòard *n.* 〘建築〙=bargeboard.

gá·bled *adj.* 切妻のある：a ~ roof 切妻屋根.

gáble ènd 〘ME〙 *n.* 〘建築〙 **1** =gable wall. **2** 切妻.

gáble ròof *n.* 〘建築〙切妻屋根《両端が切妻になるような両流し屋根》.

ga·blet [géɪblɪt, -blət] 〘(15C) ▭ AF ~ (dim.) ← OF *gable*：⇨ gable, -et〙 *n.* 〘建築〙(窓上などの)破風(はふ)形の小張出し，小破風.

gáble wàll *n.* 〘建築〙妻壁(つまかべ) (⇨ gable 挿絵).

gáble wíndow *n.* 〘建築〙 **1** 切妻窓《切妻の部分に設けられた窓》. **2** 破風形の窓《上部が破風形の窓》.

Ga·bo [gáːbou, -bə | -bəu], **Naum** [náum] *n.* ガボ《1890–　；ロシヤ生れの米国の彫刻家；Antoine Pevsner の弟；旧姓 Pevsner》.

Ga·bon [gæbɔ́ː(ŋ), -bɔ́(ː)ŋ | gæ-, gə-；*F.* gabɔ̃] *n.* **1** ガボン《アフリカ中西部，Guinea 湾に臨むフランス共同体 (French Community) 内の共和国；もとフランス領赤道アフリカ (French Equatorial Africa) の一部で，1960 年独立；人口 530,000，面積 267,667 km²，首都 Libreville；公式名 the Gabonese Republic ガボン共和国》. **2** [the ~] ガボン(川)《ガボン中部を西流して大西洋に注ぐ川 (64 km)》.

Gab·o·nese [gæ̀bəníːz, gɑ̀ːb-, -níːs | gæ̀bəníːz, -bə-] 〘← *Gabon*+-ESE〙 *adj.* ガボンの；ガボン人の. **— *n.*** (*pl.* ~) ガボン人，ガボンの(原)住民.

ga·boon[1] [gəbúːn, gæ-, gɑː- | gə-] 〘《変形》← *Gabon*〙 **— *n.* 1 a** ガブーン材《アフリカ産の軽くて柔らかい赤みがかった家具用材》. **b** 〘植物〙ガブーン《ガブーン材になるカンラン科の木；特に *Aucoumea klaineana*, *Canarium schweinfurthii* の 2 種》. **2** (Gabon 産の)良質の黒檀(こくたん). **3** [G-] ガボン共和国の黒人.

ga·boon[2] [gɑːbúːn, gə- | gə-] 〘← *gab*- 《変形》← GOB[1] lump of tobacco)+-OON：cf. gob[3]〙 *n.* 《米方言》たんつぼ (spittoon).

gabóon mahógany *n.* =gaboon[1] 1.

Ga·bor [gáːbɔə | -bɔː(r], **Dennis** *n.* ガボール《1900–79；ハンガリー生れの英国の物理学者；Nobel 物理学賞 (1971)》.

Ga·bo·riau [gəbɔ́ːriòu | gæ̀bɔːrɪáu, gəbɔ́ːrɪəu；*F.* gabɔrjo], **Émile** *n.* ガボリオー《1835–73；フランスの探偵小説家；*Monsieur Lecoq*「ルコック氏」(1869)》.

Ga·bo·ro·ne [gɑ̀ːbəróuni | -ráunɪ] *n.* ガボローネ《アフリカ南部，Botswana 南東部にある同国の首都；人口 37,000；旧名 Gaberones》.

Ga·bri·el [géɪbriəl | -brɪ-；*F.* gabrjɛl, *Sp.* gàbriél, *G.* gáːbrièːl] 〘▭ Heb. *Gabhrī'ēl*《原義》man of God ← *gébher* man+*Ēl* God〙 **— *n.* 1** 男性名《愛称形 Gabby, Gabe, Gable》. **2** ガブリエル《七大天使 (archangels) の一人；人間への慰めと吉報の天使 (cf. *Dan.* 8：15–19；9：21)；イエスキリストの懐胎をマリアに告げる (cf. *Luke* 1：19, 26)；コーランではマホメットを天国へ連れ行き，預言者であることを示す》.

Ga·bri·el·a [gèɪbriélə, gæ̀b- | -brɪ-；*Sp.* gàbriéla] 〘⇨ Gabriella〙 *n.* 女性名.

Ga·bri·e·le [gɑ̀ːbriéɪleɪ | -brɪ-；*It.* gàbriɛ́ːle] 〘▭ It ~ 'GABRIEL'〙 *n.* 男性名.

Ga·bri·e·li [gɑ̀ːbriéɪli | -brɪeɪlɪ；*It.* gàbriɛ́ːli], **Andrea** *n.* ガブリエリ《1510?–86；イタリアのヴェネツィア楽派の作曲家》.

Gabrieli, Giovanni *n.* ガブリエリ《1555?–?1612；イタリアのヴェネツィア楽派の作曲家，A. Gabrieli の甥》.

Ga·bri·el·la [gèɪbriélə, gæ̀b- | -brɪ-] 〘(fem.) ← GABRIEL〙 *n.* 女性名《愛称形 Gabby, Gaby；異形 Gabriela, Gabrielle》.

Ga·bri·elle [gèɪbriél, gæ̀b- | -brɪ-] 〘▭ F ~ 'GABRI-ELLA'〙 *n.* 女性名.

ga·bun [gəbúːn, gæ-, gɑː- | gə-] *n.* =gaboon[1].

ga·by [géɪbi | -bɪ] 〘← ? ON：cf. Icel. *gapi* frivolous person ← *gapa* 'to GAPE'〙 *n.* 《古・英方言》間抜け，とんま.

Ga·by [géɪbi | -bɪ] 〘(dim.) ← GABRIELLA〙 *n.* 女性名.

Ǵ àcid *n.* 〘化学〙G 酸 ($HOC_{10}H_5(SO_3H)_2$)《アゾ染料の中間体として用いる；cf. K acid》.

G/A con. 《略》〘海商〙general average contribution.

gad[1] [gǽ(ː)d] 〘(*a*1460)《逆成》← ?《廃》*gadling* companion < OE *gædeling* ← *gæd* fellowship (cf. gather)+-LING[1]〙 **— *vi.*** (**gad·ded**；**gad·ding**) **1** 出歩く，遊び歩く，ほっつき歩く，ぶらつく 〈*about, abroad, out*〉. **2** 《廃》[主に現在分詞形で] 〈草木が〉はびこる：~*ding* plants はびこり広がる草木. **— *n.*** 出歩くこと，ほっつき歩き，出遊び. ★ 主に次の句に用いる：on [upon] the ~ ぶらついて，出歩いて. **gád·der** *n.*

gad[2] [gǽ(ː)d] 〘(*c*1250) ▭ ON *gadd-r* spike：cf. yard[1]〙 **— *n.* 1** (家畜を駆るための)とげ棒，突き棒 (goad). **2** 《米西部》拍車 (spur). **3** 《廃》大くぎ，やじり，やり先き，くさび. **4** 〘石工・鉱山〙たがね，突きがね.

upon the gad 《廃》突然，不意に.

— *vt.* (**gad·ded**；**gad·ding**) 〈岩などを〉たがねで割る. **— *vi.*** たがねを用いる.

Gad[1] [gǽ(ː)d] 〘▭ Heb. *Gādh*《原義》? fortune〙 **— *n.*** 〘聖書〙 **1** ガド《Jacob の第 7 子，母は Zilpah；cf. *Gen.* 30：11–12》. **2** ガド族《ガドを祖とするイスラエル十

二支族の一つ；勇猛をもって知られる；cf. *1 Chron.* 12：8). **3** ガデ《ダビデ王 (David) 宮廷の預言者・編年史家；cf. *2 Sam.* 24：11–19》.

Gad², **g-** [gǽ(ː)d] 〖《1611》《婉曲的変形》← GOD〗 *int.* まあ，とんでもない《軽いののしりを表わす》：by *Gad!* ちぇ，まあ，とんでもない (cf. begad).

gád·abòut 〖← GAD¹＋ABOUT〗 *n., adj.* 《口語》内を外に遊び歩く(人)；(特に，うわさや刺激を求めて)ぶらぶら出歩く(人).

Gad·a·ra [gǽdərə] *n.* ガダラ，ゲラセネ《古代 Palestine の Decapolis の町；cf. *Mark* 5：1, *Luke* 8：26》.

Gad·a·rene [gǽdəriːn, ⌐⌐⌐, ⌐⌐⌐, ⌐⌐⌐] 〖□ LL *Gadarēn-us*〗 ── *adj.* **1** Gadara (住民)の. **2** 〖← *Gadarene swine*：悪魔にとりつかれて海に飛び込み溺れた豚の話から (↓)〗向こう見ずに飛び込む.

Gádarene swíne *n.* ガダラ[ゲラセネ]の豚(の群)《悪魔にとりつかれた者のたとえにしばしば用いられる；cf. *Matt.* 8：28–32, *Mark* 5：1–13, *Luke* 8：26–39》.

Gad·da [gáːdaː; *It.* gadda], **Carlo E·mi·lio** [emíːljo] *n.* ガッダ《1893–1973；イタリアの小説家；*Quer pastic ciaccio brutto de via Merulana*「メルラーナ街の恐るべき混乱」(1957)》.

gad·di [gʌdíː, gádi | gʌ́dɪ] 〖□ Hindi *gaddī* 《原義》cushion〗 *n.* (*pl.* ~, ~**s**) 《インド》 **1** (君主の座席の)クッション；王座，玉座. **2** 主権者の地位，主権.

gád·flỳ 〖← GAD²＋FLY²〗 *n.* **1** 〖昆虫〗ウシアブ《哺乳動物の血を吸うアブ科ウシアブ類の昆虫数種の総称》. **2** (執拗に批判や要求攻めをする)うるさい人.

gadg·et [gǽdʒɪt, -dʒət] 〖《1886》□ F *gâchette* ← *gâche* lock：⇨ -et〗 ── *n.* **1 a** 簡単な機械装置，小道具，付属品《水道のカラン・戸締りのねじ金など》. **b** (実用的ではないが)気のきいた代物，小物：a ~ *for* opening cans. **2** 〖ガラス製造〗カッパ《手造りのワイングラス製造でボウルを仕上げている間脚を支えておく道具》.

gadg·e·teer [gæ̀dʒɪtíə, -dʒə- | -tíə(r)] *n.* (簡単な)機械類を作る[考案する]人；機械類を買ったり使ったりすることの好きな人. 「機械装置.

gadg·et·ry [gǽdʒɪtri, -dʒə- | -trɪ] *n.* [集合的] (簡単な)

gadg·et·y [gǽdʒɪṭi, -dʒə- | -tɪ] *adj.* 機械装置の；機械いじりの好きな.

Ga·dhel·ic [gədélɪk, gæ- | gæ-, gə-] 〖《1796》← Ir. *Gaedheal* & Sc.-Gael. *Gāidheal* 'GAEL'＋-IC¹〗 *adj., n.* ＝Goidelic.

ga·di [gʌdíː, gádi | gʌ́dɪ] *n.* ＝gaddi.

ga·did [géɪdɪd, gǽd-, -dəd | -dɪd] 〖↓〗 *adj., n.* 〖魚類〗タラ科の(魚).

Gad·i·dae [gǽdədìː | -dɪ-] 〖← NL ~ ← *Gadus* cod (属名：← Gk *gádos* fish)＋-IDAE〗 *n. pl.* 〖魚類〗タラ科.

ga·doid [géɪdɔɪd, gǽd-] 〖《1842》← NL *Gadus* (↑)＋-OID〗 *adj., n.* 〖魚類〗タラ亜目の(魚).

gad·o·lin·ite [gǽdəlɪnàɪt, -dḷ- | -dəlɪ-, -dḷ-] 〖□ G *Gadolinit* ← *J. Gadolin* (1760–1852：その発見者であるフィンランドの化学者)：⇨ -ite¹〗 ── *n.* 〖鉱物〗ガドリン石《主成分は $Be_2FeY_4Si_2O_{10}$；種々の希土類元素を含むケイ酸塩鉱物で，希土類元素の一資源》.

gad·o·lin·i·um [gæ̀dəlíniəm, -dḷ- | -nɪ-] 〖⇨ ↑, -ium〗 *n.* 〖化学〗ガドリニウム《希土類金属元素の一つ；記号 Gd, 原子番号 64, 原子量 157.25》.

ga·droon [gədrúːn] 〖《1723–24》□ F *godron* < OF *goderon* (dim.)? ← *godet* drinking cup □ MDu. *codde* cylindrical piece of wood：⇨ -oon〗 ── *n.* **1** (銀器などのへり飾りに用いる)丸ひだ装飾. **2** 〖建築〗円形そりひだ彫り繰形. **~ed** *adj.* 「[装飾].

ga·dróon·ing *n.* 丸ひだ装飾 (gadroon) を用いた飾り

Gads·den [gǽdzdən] *n.* 米国 Alabama 州北東部の工業都市；人口 54,000. 「外交官・軍人.

Gads·den [gǽdzdən], **James** *n.* (1788–1858) 米国の

Gádsden Púrchase *n.* [the ~] ガズデン買収地区《James Gadsden が 1853 年メキシコと条約を結んで合衆国に買い取った地域；現在の Arizona 州と New Mexico 州の一部；面積 117,940 km²》.

gad·wall [gǽdwɔːl] 〖《古形》*gaddel* ← ?〗 *n.* (*pl.* ~**s**, ~) 〖鳥類〗オカヨシガモ (*Anas strepera*) 《水面鴨(ᵍ)(俗に野鴨)の一種》.

Gad·zooks [gædzúks, -zúːks | -zúːks] 〖《17C》《転訛》← ? *God's hooks* (十字架上で釘づけにされたキリストにちなむ)：cf. Gad²〗 ── *int.* 《古》ちえっ，ちくしょう《軽いののしりを表わす》.

gae [géɪ, gə] 〖ME《スコット・北英方言》：⇨ go¹〗 *vi.* (**gaed** [géɪd]; **gane** [géɪn]; 現在分詞 **gaun** [gɔ́ːn]) 《スコット》＝go¹.

Gae·a [dʒíːə] 〖□ L ~ □ Gk *Gaîa* 《原義》earth〗 *n.* 〖ギリシャ神話〗ガイア《大地の女神；Oceanus, Cronus および Titan 族の母》.

-gae·a [dʒíːə, dʒíə] 〖← NL ~ (↑)〗「(特定の)地理的地域」の意の名詞連結形：afro*gaea*.

Gaek·war [gáɪkwɑə | -kwɑː(r)] *n.* ＝Gaikwar.

Gael [géɪl] 〖《1810》□ Sc.-Gael. *Gāidheal* □ ? OIr. *Gōidel* Celt □ OWelsh *Gwyddel* ← ? *gwydd* wild：cf. Goidelic〗 ── *n.* **1 a** [the ~s] ゲール族《スコットランド，アイルランド，Man 島のケルト人；特に，ゲール語を話すスコットランド高地人》. **b** ゲール族の人. **2** スコットランド人；アイルランド人.

Gael. 《略》Gaelic.

Gael·ic [géɪlɪk, gǽl-, gáːl- | géɪl-, gǽl-] 〖《1774》□ Sc.-Gael. *Gāidhealach* of the Gaels & *Gaidhlig* the Gaelic language：⇨ Gael, -ic¹〗 ── *adj.* ゲール族の；ゲール語の. ── *n.* **1** ＝Goidelic. **2** (特に，スコットランド高地人の話す)ゲール語.

Gáelic cóffee *n.* ＝Irish coffee.

Gael·tacht [géɪltəxt] 〖□ Ir.-Gael. *Gaedhealtacht* ← *Gaedheal* 'GAEL'〗 *n.* アイルランド語を日常語とする地方.

Ga·e·ta·no [gɑːeɪtáːnoʊ | -nəʊ; *It.* gaetáːno] 〖□ It. ~〗 *n.* 男性名.

gaff¹ [gǽ(ː)f] 〖《?a1325》□ (O)F *gaffe* boat hook □ OProv. *gaf*〗 ── *n.* **1** (大きな魚を陸揚げする時に使う)魚鉤(ᵍ)，鉤竿(ᵍ)：bring a hooked fish to ~ (釣鉤(ᵍ)にかかった魚を)引き寄せて魚鉤に引っ掛ける. **2** (闘鶏のけづめに付ける)鉄けづめ. **3** (電信・電話の架線工夫等が使う)金かんじき；その靴釘(ᵍ). **4** 《米俗》[the ~] **a** 苦難，試練；(特に)執拗な非難[からかい]：stand *the* ~ 苦境にたえる，じっと我慢する. **b** 虐待，酷使. **5** 《俗》だまし，ぺてん，いかさま；トリック. **6** 〖海事〗ガフ，斜桁(ᵍ)《staysail 以外の縦帆の上縁や gaff-topsail の下縁を張り出している円材》.
── *vt.* **1** 〈魚を〉鉤に引っ掛ける，魚鉤で引き上げる. **2** 〈闘鶏〉に鉄けづめを付ける. **3** 《俗》 **a** ごまかす，だます. **b** (だます目的で)…に巧妙な仕掛けを付ける：~ the dice.

gaff² [gǽ(ː)f] 〖《1753》GAFF¹ の特別用法?：客が *gaff* (＝cheat) されるところから〗《英俗》 ── *n.* **1** 低級な娯楽場，安芝居小屋，低俗寄席，安ダンスホール《通例 penny gaff という》. **2** 家，店，建物. ── *vi.* (特に，銭投げなどの)ばくちをする (gamble).

gaff³ [gǽ(ː)f] 〖《1812》← ?〗 *n.* **1** 《英俗》おしゃべり，くだらぬ話. **2** 叫び声，どなり声.
blow the gaff 《英俗》秘密[計画]をしゃべる，密告する.

gaffe [gǽ(ː)f; *F.* gaf] 〖《1909》□ F ~：cf. gaff¹〗 *n.* (社交・外交上の)失敗，非礼：make [commit] a ~ へまをする.

gaf·fer [gǽfə | -fə(r)] 〖《1575》《変形》← ME *godfar* 《略》← *godfader* 'GODFATHER'〗 ── *n.* **1** (田舎の)じいさん，おやじさん (aged rustic)《多く名前に付けて呼掛けに用いる；もとは親愛を表わす語であったが今は軽蔑的；cf. gammer》：*Gaffer* Johnson ジョンソンじいさん. **2** 《英口語》 **a** 雇主 (employer). **b** (パブ (pub) の)主人 (landlord). **c** (労働者の)監督 (overseer)，親方，組頭. **3** 《米俗》父親. **4** (ガラス器具の)吹き手；組長《ガラス吹きの主任》. **5** 《俗》(映画撮影所・テレビスタジオの)電気係主任；照明係主任.

Gáff·ky scàle [**tàble**] [gáːfki- | -kɪ-; *G.* gáfki-] 〖← *George Gaffky* (1850–1918：ドイツの細菌学者)〗 ── *n.* 〖病理〗ガフキー等級《顕微鏡下での痰(ᵍ)の中の結核菌数を 0 から X までの 11 段階に分けたもの》.

gáff sàil *n.* 〖海事〗ガフスル《ガフに張った縦帆》.

gáff topgállant sàil *n.* 〖海事〗ガフゲルンスル《4 檣バーク型船の後檣に下段ガフと上段ガフがあり，その間にガフトップスルがある時，さらにその上に掛ける三角形の縦帆》.

gáff-tópsail *n.* 〖海事〗ガフトップスル：**a** ガフスル (gaff sail) の直上に張る通例三角形の頂帆. **b** 小型帆船のスパンカー (spanker) の上に張る四辺形の縦帆.

gàff-tópsail cátfish *n.* 〖魚類〗ナマズ目アリウス科の魚の一種 (*Bagre marinus*)《米国大西洋岸および メキシコ湾沿岸に分布》.

gag¹ [gǽ(ː)g] 〖《1440》窒息の声をまねた擬音語：cf. ON *gagg* yelp〗 ── *n.* **1** 物が言えないように口の中に押し込む物；さるぐつわ. **2** 口止め，発言禁止，言論圧迫：⇨ gag law / place [put] a ~ upon freedom of speech 言論の自由を束縛する. **3** (歯科用・外科手術用)開口器. **4** 冗談，(人を)かつぐこと；作り話. **5** 〖議会〗討論終結 (cloture). **6** 〖演劇〗(役者が舞台で臨機に入れる)入れぜりふ，アドリブ；(寄席・芝居・映画の台本などに取り入れられた)場当たり文句，滑稽，だじゃれ，冗談，ギャグ (joke). **7** 〖馬具〗(馬の口にはめる)責めぐつわ. **8** 〖金属加工〗ギャグ《棒材・レールなどを整直または曲げるときに用いるかませもの》.
pull a gag 《口語》いたずらをする，かつぐ.
── *v.* (**gagged**; **gag·ging**) ── *vt.* **1 a** (物が言えないように)…の口に物を詰め込む，(口に物を詰め込んで)黙らせる，…にさるぐつわをはめる 〔*with*〕. **b** 〈馬〉に責めぐつわをはめる. **2** 口止めする，…の発言を差し止める[禁じる]，黙らせる (silence)，…の言論を圧迫[束縛]する：~ the press 報道の自由を圧迫する. **3** (開口器を用いて)〈あごを〉開ける. **4 a** 〈喉を〉詰まらせる (choke). **b** 〈人〉に「げえ」と言わせる，むかつかせる. **5** 〈水管などを〉詰まらせる. **6** 〈人を〉かつぐ，一杯食わせる，だます. **7** 〖演劇〗〈劇・映画などにギャグを入れる〈*up*〉. **8** 〖金属加工〗ギャグを用いて整直[曲げ加工]する. ── *vi.* **1** 〖演劇〗〈役者が〉入れぜりふを言う，ギャグを使う；ギャグのやりとりをする 〔*with*〕. **2 a** (吐こうとして)「げえ」と言う，(胸が)むかつく (retch). **b** 吐き気を催すほど〔…を〕きらう 〔*at*〕. **3** 詰まる. **4** (人を)かつぐ，だます.

gag² [gǽ(ː)g] 〖← ?〗 *n.* 〖魚類〗米国南部沿岸に棲む小型のスズキ科の魚 (*Mycteroperca microlepis*).

ga·ga [gáːgɑː, -gə | gáːgɑː, gǽg-] 〖《1921》□ F ~ 'foolish old man'《擬音語》〗 ── *adj.* 《俗》 **1** 気の変な，おめでたい (fatuous). **2** 老いぼれた，恍惚の. **3** 〔恋(人)などに〕夢中になった，いかれた 〔*over, about*〕：She is ~ *about* him. 彼にべたぼれだ / He's gone ~ *over* jazz. ジャズにいかれている.

Ga·ga·ku, g- [gɑːgáːkuː] 〖《1893》□ Jap.〗 *n.* 雅楽.

Ga·ga·rin [gəgáːrɪn, -rən | -rɪn; *Russ.* gagárjin], **Yu·ri** [júrji] **Alekseevich** *n.* ガガーリン《1934–68；ソ連の宇宙飛行士；1961 年一人乗り人工衛星 Vostok で世界最初に地球を一周》.

gág bìt *n.* (調教用の)責めぐつわ.

gage¹ [géɪdʒ] 〖《?a1300》□ OF *g(u)age* (F *gage*) □ Frank. **wadi*：WAGE と二重語〗 ── *n.* **1** 《古》抵当物，担保 (pledge, security)：in ~ of …の抵当として / deliver [give] a thing in ~ 物を質[抵当]に置く. **2 a** (昔，挑戦のしるしとして投げた)手袋，帽子(など)《これを拾うことは応戦を意味する》. **b** 挑戦.
throw down the gage 挑戦する (challenge).
── *vt.* 《古》 **1** 抵当に入れる，質に置く. **2** 賭ける. **3** …に言質を与える；(責任をもって)断言する.

gage² [géɪdʒ] *n., vt.* ＝gauge.

gage³ [géɪdʒ] *n.* 〖園芸〗＝greengage.

Gage [géɪdʒ], **Thomas** *n.* (1721–87) 米国独立戦争当時の英国の将軍；Bunker Hill の戦いの英軍指揮官.

gag·er [géɪdʒə | -dʒə(r)] *n.* ＝gauger.

gág·ger *n.* **1** ギャグ作者，ギャグを入れる人. **2** 〖金属加工〗(鋳造用の)中子(ᵍ)支え《空洞のあるものを鋳造する時に，空洞を作るための中子を支える部分》.

gag·gle [gǽgl] 〖《c1350》*gagele(n)* 《擬音語》?：cf. ON *gagl* young goose〗 ── *n.* **1** (水上の)ガチョウの群れ (cf. skein)：a ~ *of* geese ガチョウの(があがあ言う)群れ. **2** 《軽蔑》(女の)群れ；(人・物の乱雑な)集まり (group)：a ~ *of* women [reporters] やかましい女連[新聞記者たち] / a ~ *of* islands 群島. **3** ガチョウの鳴き声，があがあ. ── *vi.* **1** 〈ガチョウなどが〉があがあ鳴く. **2** ガチョウが鳴くような声を出す.

gág làw *n.* 《米》 **1** 言論抑圧令，箝口(ᵍ)令. **2** ＝gag rule.

gág·màn [-mæ̀n] *n.* (*pl.* **-men** [-mèn]) **1** (劇・映画・ショーなどの)ギャグ作者. **2** (ギャグやアドリブで笑わせる)喜劇役者，コメディアン. 「いだ手綱).

gág rèin *n.* 〖馬具〗責め手綱(ᵍ)《責めぐつわにつな

gág·ròot 〖← GAG¹＋ROOT¹：吐剤として用いられることから〗 *n.* 〖植物〗＝Indian tobacco 1.

gág rùle *n.* 《米》(審議機関などで)討論禁止[制限]令.

gag·ster [gǽgstə | -stə(r)] *n.* **1** ＝gagman. **2** ＝practical joker.

gahn·ite [gáːnaɪt] 〖□ G *Gahnit* ← *J. G. Gahn* (1745–1818：スウェーデンの化学者)：⇨ -ite¹〗 *n.* 〖鉱物〗ガーナイト，亜鉛スピネル ($ZnAl_2O_4$).

Gai·a [géɪə] *n.* 〖ギリシャ神話〗＝Gaea.

gai·e·ty [géɪəṭi, géɪətɪ, géɪɪ-] 〖《1634》□ F *gaieté* ← *gai* 'GAY'：⇨ -ity〗 ── *n.* **1** 陽気，陽気な気分，楽しさ，愉快，にぎやかさ，はしゃぎ. **2** はで，華美，はなやかさ：~ of apparel はでな服装. **3** [しばしば *pl.*] 歓楽，お祭り騒ぎ：the *gaieties* of the London season ロンドン社交季節のにぎわい.
the gaiety of nations 多くの人の愉楽，大衆の楽しみ；明るい[陽気な]風潮《Dr. Johnson, *The Lives of the Poets* 中の句》.

Gaik·war [gáɪkwɑə | -wɑː(r)] 〖□ Marathi *Gāekvād* 《原義》cowherd：もと家族名〗 *n.* インドのバロダ (Baroda) 王の称号.

gail [géɪl] *n.* ＝gyle.

Gail [géɪl] 〖1：(dim) ← ABIGAIL. 2：⇨ Gale〗 *n.* **1** 女性名. **2** 男性名.

gail·lard [gǽljəd | -ljɑːd] *n., adj.* ＝galliard.

Gail·lárd Cút [gɪljáːəd-, géɪlɑəd- | gɪljáːd-, géɪlɑːd-] 〖← *David Du Bose Gaillard* (1859–1913：米国の技術将校)〗 ── *n.* [the ~] Panama 運河の，切り開かれた人工の谷の部分(長さ 13 km).

gail·lar·di·a [gəláədiə, geɪ- | -láːdɪə, -djə] 〖← NL ~ ← *Gaillard de Marentonneau* (18 世紀フランスのアマチュア植物学者)：⇨ -ia¹〗 ── *n.* 〖植物〗キク科テンニンギク属 (*Gaillardia*) の植物[花].

gai·ly [géɪli | -lɪ] 〖《a1375》〗 ── *adv.* **1** 陽気[快活]に，楽しく，浮かれて. **2** はでに，華美に，はなやかに：a ~ dressed girl はでな服装の娘 / a ~ painted house はでな色に塗った家 / a ~ decorated table はなやかに飾られた食卓. **3** 《スコット》かなりに.

gain¹ [géɪn] 〖n.：《?c1200》□ (O)F ~ (masc.) ← OF *ga(a)ign(i)er* (F *gagner*) < VL **gwadanjāre* □ Gmc **waiþanjan* ← **weiþō* (OHG *weida* pasturage / OE *wāþ* hunting). ── v.：《1530》□ OF *ga(a)ign(i)-er*〗
── *n.* **1 a** 利益，利得 (↔ loss)：without great ~ or loss 大きな損得なしに / personal ~ 私利 / a clear ~ of 300 dollars 300 ドルの純益 / be blinded by the love of ~ 利欲に眼がくらむ. **b** [通例 *pl.*] 利益金，収益，もうけ (profits, earnings)；報酬，賞金，得点：ill-gotten ~s 不正利得品[金] / No ~s without pains. 《諺》骨折りなければ利得なし. **2** 増加，増大：a ~ *in* strength [knowledge] / make sufficient ~ [a ~ of a pound] *in* weight 体重が十分[1 ポンド]増す / a ~ *of* 5 percent *over* last year 昨年度に対し 5 パーセント増. **3** 獲得，収穫. **4** 〖電気〗 **a** (テレビ・ラジオ・プレイヤーなどの)音量の増大；音量の調整. **b** (増幅器などの)利得《入力に対する出力の割合》；利得調節. **c** (指向性アンテナなどの)空中線利得.
ride (the) gain (テレビ・ラジオなどで送信に適するように)音量を調整する.
── *vt.* **1 a** 〈望ましいもの・必要なものなどを〉(努力して)得る，獲得する，手に入れる；〔二重目的語を伴って〈物事が〉…に〈名声などを〉得させる，もたらす (obtain) (↔ lose)：~ one's end(s) 目的を達する / ~ full marks (試験で)満点をとる / ~ one's (heart's) desire

(心から)望むものを手に入れる / ~ a living [one's livelihood] 生活費を得る, 生計を立てる / ~ experience 経験を積む / ~ the whole world and lose one's (own) soul 全世界を得て自己の魂を失う《かえって大事な物を失う; cf. *Matt.* 16:26》/ ~ a person's ear ⇨ ear[1] 4 / Nothing can be ~*ed* without an effort. 骨を折らなくては何も得られない / ~ acceptance among ...〈計画などが〉...の間で[によって]承認される / His speech ~*ed* the attention of the whole audience. 彼の演説は全聴衆の注意を引きつけた / He was about to have a hard fall but could ~ his feet. 激しく転びかけたが立ち直れた / His affability ~*ed* him widespread popularity. 愛想がよいために広く人気を得た. **b** (利益として)得る, 〈金を〉もうける, 利得する: ~ five pounds, a large sum, etc. **c** (埋立てなどで)〈海などから〉〈土地を〉獲得する〔*from*〕: land ~*ed from* the sea (海岸の)埋め立て地. **2** (競争して)得る, 勝ち取る: ~ a victory 勝利を得る / ~ the first prize / ~ the battle [day] 戦いに勝つ / ~ one's point 自分の意見を通す / ~ the upper hand (of...) (...より)優勢となる, (...に)勝つ / ~ an advantage *over* another 相手より有利な立場を得る. **3 a** (増加として)得る, 増す, 加える: ~ speed 段々速力を増す / ~ strength [weight] 力[体重]が増す / ~ ten pounds *in* weight 重さ[体重]が 10 ポンド増す / ~ impetus はずみが出てくる. **b** 〈健康を〉回復する: She soon ~*ed* her health again. **4** 〈損失などを〉こうむる, 招く: He ~*ed* nothing but shame. 彼の得たものは恥辱だけだった. **5** 説得する, 味方に引き入れる〈*over*〉: We managed to ~ him *over* in the dispute. 彼を争議の味方に引き入れることができた. **6** 〈目的地などに〉(努力して)達する, 着く: ~ the port, the summit of a mountain, the shore, etc. **7** 〈時計が〉〈ある時間〉進む (↔ lose): This clock ~*s* three minutes a day. この時計は一日に 3 分進む. **8** 〈ある距離を〉進む: He ~*ed* 3 yards *on* his rivals. 競争相手を 3 ヤード引き離した. — *vi.* **1** 利益を得る, もうける. **2 a** 増す, 増大する (increase)〔*in*〕: ~ *in* beauty 美しさを増す / ~ *in* fame 名声を高める / ~ by comparison [contrast] 比較[対比]によって一層引き立つ. **b** 体重が増える; 〈病人などが〉快方に向かう, 丈夫になる: He ~*ed* a lot. 大いに体重がふえた. **3** 〈時計が〉進む (↔ lose): My watch ~*s by* one minute a day. 私の時計は日に 1 分進む. **4 a** 〔...に〕迫って行く, 追い迫る (get nearer)〔*on, upon*〕: The eagle was ~*ing on* its prey. わしは次第に獲物に迫っていた. **b** 〈競争者などを〉後に引き離す, 駆け離す〔*on, upon, over*〕: He was ~*ing on* his pursuers every minute. 見る見るうちに追手を引き離して行った. **5** 〈海が〉〔陸地を〕侵食する〔*on, upon*〕. **6** 《古》〔...の〕歓心を得る, 〔...に〕取り入る〔*on, upon*〕.
~·a·ble [-nəbl̩] *adj.*

gain[2] [géɪn] 〖← ?: cf. 《廃》 *gane* an ugly countenance ← OE *gānian* to gape or yawn〗《木工》 — *n.* (桁(けた)・梁(はり)のための)溝 (groove), 切欠(きりかき) (notch), 枘穴(ほぞあな). — *vt.* ...に溝[切欠, 枘穴]を付ける; 溝[切欠, 枘]で継ぐ: a ~*ed* joint 腰掛継ぎ.

gáin·er *n.* **1** 獲得者; 利得者; 勝利者 (↔ loser): come off a ~ もうける, 勝つ. **2** 《水泳》逆とんぼ返り《前向き飛込み空中逆とんぼ返りの飛込み; full gainer ともいう; cf. half gainer》.

Gaines·ville [géɪnzvɪl, -vəl | -vɪl] 〖← *Gen. E. P. Gaines* (1777–1849: Seminole 族との戦闘の際の指揮官)〗 — *n.* 米国 Florida 州北部の都市; University of Florida がある; 人口 65,000.

gain·ful [géɪnfəl] 〖《1555》〗 — *adj.* **1 a** 利益のある, 有利な, もうかる. **b** 収入を伴う (paid): a ~ occupation. **2** 〈人が〉有給の職にある. **~·ness** *n.*

gáin·ful·ly *adv.* 金になるように, 有利に; 有給の形で: be ~ employed 有給の職についている.

gáin·gìving 〖《1375》 *gayne-gevyng* ← *gayne-* against (< OE *ġeġn-*, *ġēan-*: cf. gainly)+*gevyng* giving〗 *n.* 《古》不安, 心配 (misgiving).

gain·ings [géɪnɪŋz] *n. pl.* かせぎ(高) (earnings); 所得, 利益, 収益 (profits); 賞品, 賞金 (winnings).

gáin·less *adj.* 利益のない, 得(とく)にならない (unprofitable). **~·ly** *adv.* **~·ness** *n.*

gain·ly [géɪnli | -lɪ] 〖《?c1200》 *geinlich* ← *gein* convenient, deft ▭ ON *gegn* straight, favorable: ⇨ -ly[2]: cf. OE *gegnum* straight on / again〗 — *adj.* 《方言》〈態度・人などが〉感じのいい, 上品な (graceful) (cf. ungainly).

gain·say [geɪnséɪ] 〖《c1303》 *geinseie(n)* ← *gein-* against (⇨ gaingiving) + *seie(n)* 'to SAY[2]'〗 — *vt.* (**gain·said** [geɪnséɪd, -séd]; **~s** [geɪnséɪz, -séz | -séɪz]) [通例否定・疑問構文で] **1** 《古》反対[反駁]する; 論争する. **2** 否定する. ★ 次の形式以外では《文語》: There is *no* ~*ing* his genius. 彼が天才であることは否めない. — *n.* 《古》反駁, 否定. **~·er** *n.*

Gains·bor·ough [géɪnzbə:rə, -b(ə)rə | -b(ə)rə], **Thomas** *n.* (1727–88) 英国の肖像・風景画家; *Blue Boy* (c1770).

gainst, 'gainst [genst | genst, geɪnst] *prep., conj.* 「《詩・廃》 =against.

Gai·se·ric [gáɪzərɪk] *n.* =Genseric.

gait[1] [géɪt] 〖《1509》《異形》← GATE[2]〗 — *n.* **1 a** 歩き[走り, 進み]方, 歩きぶり, 足つき: an awkward ~ ぶかっこうな歩きぶり / walk with an unsteady ~ あぶなっかしい足取りで歩く. **b** 《医学》歩行: an ataxic ~ 失調(性)歩行 / a scissors ~ がにまた歩き. **2** (動き・進行などの)速度 (speed): at a leisurely ~ ゆっくりした速さで. **3** [*pl.*]《馬術》歩様(ほよう), 歩態《馬の歩き[駆け]方; walk, amble, trot, pace, rack, canter, gallop の順に速くなる》.
go one's (own) gait 自分の思いどおりにする.
— *vt.* **1** 〈馬を〉正しい歩様に調練する: ~ a horse. **2** 〈ドッグショウに出る犬を〉〈姿勢・動きを展示するために〉審査員の前に連れていく.

gait[2] [géɪt] 〖《変形》? ← GATE[1]〗 *n.* **1** レース機のキャリッジ間の距離. **2** 《英》紡毛織物の綜絖(そうこう)に関する一つの完全な繰返し.

gáit·ed [-tɪd, -təd | -tɪd, -təd] *adj.* [通例複合語の第 2 構成素として]...の歩調[足並み]を持った: a slow-[heavy-]*gaited* ox のろい[重々しい]歩調の牡牛 / ⇨ three-gaited.

gai·ter [géɪtə | -tə(r] 〖《1775》 ▭ F *guêtre* ▭ ? Frank. **wrist* ankle: cf. wrist〗 — *n.* **1** ゲートル《靴の上から足の甲またはふくらはぎをおおう布または革》. **2** 《米》(革またはラシャ製でボタン留めまたは伸縮性のある襠(まち)を入れた)深靴.

gaiters 1

gái·tered *adj.* ゲートルをつけた.

gáiter·less *adj.* ゲートルをつけていない.

Gait·skell [géɪtskəl | -skəl, -skɪl], **Hugh Todd Naylor** [néɪlə | -lə(r] *n.* (1906–63) 英国の政治家; 労働党首 (1955–63).

Gai·us [géɪəs, gáɪ- | gáɪ-] *n.* ガイウス《110?–?180; ローマの法律学者》.

gal[1] [gǽl] 〖← *Galileo Galilei*〗 *n.* 《物理》ガル《加速度の単位; =1 cm/s[2]》.

gal. 《略》gallery; gallon(s).

Gal. 《略》Galatians (新約聖書の)ガラテヤ書; Galen; 「Galway.

Gal. 《略》Galatians (新約聖書の)ガラテヤ人への書;

ga·la [géɪlə, gǽlə, gɑ́:lə | gɑ́:-, géɪ-] 〖《1625》 ▭ It. ~ 'festal pomp' ▭ Sp. ~ ▭ OF *gale* merrymaking ← *galer* to make merry: ⇨ gallant〗 — *adj.* お祭りの, お祭り騒ぎの; 愉快な: a ~ day 祭日, 祝日 / a ~ dress 晴れ着, 盛装 / a ~ night (劇場・映画館などでの)特別興行の夕べ / a ~ occasion (にぎやかな行事などのある)特別な場合, はなやかな行事の時[日] / a ~ season お祭の季節 / in ~ mood 愉快な気持で. — *n.* **1** 祭礼, 祝祭. **2** 《古》お祭り騒ぎ. **3** 晴れ着. ★ 主に次の句で用いて: in ~ 晴れ着に着飾って. **4** 《英》(祝典などのための)競技会, 運動会(などの行事): at a swimming ~ 特別水泳競技会で.

gal·a- [gǽlə] 〖← GALACTOSE〗《化学》「ガラクトースと同じ立体配置の」の意の連結形. 「の異形.

ga·lact- [gəlǽkt] *n.* (母音の前に来る時の) galacto-[1,2]

ga·lac·ta·gogue [gəlǽktəgɑ̀g | -gɔ̀g] 《医学・獣医》 *adj.* 催乳性の, 乳汁の分泌量を増す. — *n.* 催乳剤.

ga·lac·tan [gəlǽktən, -tæn] 〖← GALACTO-[2] + -AN[1]〗 *n.* 《生化学》ガラクタン《加水分解によりガラクトースを生じるヘキソサン; 寒天の主成分》.

ga·lac·tase [gəlǽkteɪs, -teɪz | -teɪs] *n.* 《生化学》ガラクターゼ《乳汁中の可溶性蛋白分解酵素》.

ga·lac·tic [gəlǽktɪk] 〖▭ LL *galactic-us* ▭ Gk *galaktikós* milky ← *gála* milk: ⇨ -ic[1]〗 — *adj.* **1 a** 《天文》銀河系 (Galaxy) の; 星雲 (galaxy) の. **b** 巨大な, 莫大な: a ~ fantasy. **2** 乳の; 乳汁分泌の, 乳汁分泌催進の. 「tor.

galáctic círcle *n.* [the ~]《天文》=galactic equa-

galáctic coórdinates *n. pl.* 《天文》銀河座標《銀河の平均位置に沿った天球上の大円を赤道面とする天球座標系》.

galáctic equátor *n.* [the ~]《天文》銀河赤道《銀河の平均位置に沿った大円》.

galáctic látitude *n.* 《天文》銀緯《銀河座標における緯度で南北に各 90 度まで計られる》.

galáctic lóngitude *n.* 《天文》銀経《銀河座標における経度で 0 度(銀河系の中心の方向)から東へ 360 度まで計られる》.

galáctic nóise *n.* 《天文》銀河電波《銀河および銀河系内天体から放たれる電波放射》. 「を含む平面》.

galáctic pláne *n.* [the ~]《天文》銀河面《銀河赤道

galáctic póle *n.* 《天文》銀河極《銀河赤道の極》.

ga·lac·tin [gəlǽktɪn, -tən | -tɪn] *n.* 《生化学》=prolactin.

ga·lac·tite [gəlǽktaɪt] 〖▭ OF ~ ▭ L *galactītēs* ▭ Gk *galaktítēs* (*líthos*) stone that makes water milky ← *gála* milk: ⇨ -ite[1]〗 — *n.* 《岩石》ガラクタイト《正体不明の水溶性の石; これが溶けた乳白色の水は中世に多くの伝説や迷信の元となった》.

ga·lac·to-[1] [gəlǽkto(ʊ) | -tə(ʊ)] 〖▭ OF ~ ▭ L ~ ▭ Gk *galakto-* ← *gála* milk〗 — 次の意味を表わす連結形: **1** 「乳 (milk)」: *galactor*rhea. **2** 〖← GALACTIC〗《天文》「銀河系 (Galaxy) の; 星雲 (galaxy) の」: *galacto*centric. ★ 母音の前では通例 galact- になる.

ga·lac·to-[2] [gəlǽkto(ʊ) | -tə(ʊ)] 〖← NL ~ ← GALACTOSE〗 — 《化学》次の意味を表わす連結形: **1** =gala-. **2** 「ガラクトース (galactose) に関する」: *galacto*pyranose. ★ 母音の前では通例 galact- になる.

ga·lac·to·gogue [gəlǽktəgɑ̀g | -gɔ̀g] 《医学・獣医》 *adj., n.* =galactagogue.

gal·ac·tom·e·ter [gæ̀ləktɑ́mətə | -tɔ́mɪtə(r, -mə-] *n.* 乳汁比重計 (lactometer)《濃度測定用》. 「乳管.

ga·lac·to·phore [gəlǽktəfɔ̀ə, -fɔ̀ə | -fɔ̀:(r] *n.* 《解剖》

gal·ac·toph·o·rous [gæ̀ləktɑ́fərəs | -tɔ́f-] 〖▭ Gk *galaktophór-os*: ⇨ galacto-[1], -phorous〗 *adj.* 《解剖》乳汁を運ぶ, 乳汁の通る: a ~ duct.

ga·lac·to·poi·et·ic [gəlæ̀ktəpɔɪét̬ɪk | -tɪk] 《医学》 *adj.* 乳汁の分泌を増す. — *n.* 催乳剤 (galactagogue).

ga·lac·tor·rhe·a [gəlæ̀ktərí:ə | -tə(ʊ)ríə, -ríːə] 〖← NL ~: ⇨ galacto-[1], -rrhea〗 *n.* (*also* **ga·lac·tor·rhoe·a** [~]) 《病理》乳汁漏出(症).

ga·lac·tos·a·mine [gəlæ̀któʊsəmì:n, -zə- | -táʊ-] 〖⇨↓, amine〗 — *n.* 《生化学》ガラクトサミン ($C_6H_{11}O_5 \cdot NH_2$)《ガラクトースの誘導物; 動物の細胞や組織の支持物質; 例えば軟骨質中に存在する》.

ga·lac·tose [gəlǽktoʊs, -toʊz | -təʊs] 〖▭ F ~: ⇨ garacto-[2], -ose[2]〗 *n.* 《化学》ガラクトース《乳糖などに含まれる六炭糖の一種》.

ga·lac·tos·e·mi·a [gəlæ̀ktəsí:miə | -tə(ʊ)sí:mɪə, -mjə] 〖← NL ~: ⇨↑, -emia〗 *n.* 《病理》ガラクトース血(症). **ga·lac·to·se·mic** [gəlæ̀ktəsí:mɪk | -tə(ʊ)-] *adj.*

ga·lac·to·si·dase [gəlæ̀któʊsədèɪs, -zədèɪz | -tə́ʊsɪdèɪs] 〖⇨↓, -ase〗 *n.* 《生化学》ガラクトシダーゼ《ガラクトースを含む糖類を加水分解する酵素》.

ga·lac·to·side [gəlǽktəsàɪd] 〖GALACTOSE + -IDE[2]〗 *n.* 《生化学》ガラクトシッド《加水分解してガラクトースを分離する糖類》.

ga·lac·to·syl [gəlǽktəsɪl] 〖← GALACTOSE + -YL〗 *n.* 《化学》ガラクトシル《ガラクトースから誘導される基》.

ga·lact·u·rón·ic ácid [gəlæ̀kt(j)ʊránɪk- | -tjʊ(ə)rɔ́n-] *n.* 《化学》ガラクツロン酸 ($C_6H_{10}O_7$)《ウロン酸の一種》.

ga·la·go [gəléɪgoʊ, -lɑ́:- | -gəʊ] 〖← NL ~ ← ? Afr. 《土語》 *golgkh* monkey〗 — *n.* (*pl.* **~s**) 《動物》ガラゴ《熱帯アフリカ産ガラゴ属 (*Galago*) の霊長類の総称; 尾は毛深くて長く, 目は大きい; オオガラゴ (*G. crassicaudatus*), アレンガラゴ (*G. alleni*) など; bush baby ともいう》.

ga·lah [gəlɑ́:] 〖← Austral. 《土語》〗 — *n.* **1** 《鳥類》モモイロインコ (*Catatua roseicapillus*)《オーストラリア原産で, 背は灰色で頭・腹はピンクのオウム; roseate cockatoo ともいう》. **2** 《豪俗》間抜け (fool).

Gal·a·had [gǽləhæ̀d] 〖*La Queste del' Saint Graal* (The Quest of the Holy Grail) の作者 (? Walter Map) が Gilead に基いて作った語; 一説では Welsh *gwalch* hawk+*hâv*, *hâf* summer〗 — *n.* **1** 男性名. **2** [Sir ~]《アーサー王伝説》ガラハッド《円卓の騎士中最も高潔な騎士; Lancelot と Elaine の子; その純潔によって聖杯 (the Holy Grail) を見ることができた》. **3** (Sir Galahad のように)高潔な人.

gal·an·gal [gǽlɪŋgæ̀l, -lən-, -lɪŋ-, -ləŋ- | -lɪŋ-] *n.* (*also* **gal·an·gale** [gǽləŋgèɪl, -ləŋ- | -ləŋ-]) 《植物》=galingale.

gal·an·tine [gǽlənti:n, ⌣–⌣] 〖《c1305》 ▭ OF *gala(n)tine* (F *galantine*) ▭ ML *galatina*: cf. gelatine〗 — *n.* ガランティーヌ《家禽などの骨を抜き詰物をし, ふきんで包んで形を整え, 出し汁でゆで煮てから重しをかけて冷し, 薄切りにしてゼリーを添える》.

ga·lán·ty shòw [gəlǽnt̬i- | -tɪ-] 〖《1821》 *galanty*: ▭ ? It. *galanti* (pl.) ← *galante* 'GALLANT'〗 — *n.* 影絵, 影絵芝居 (shadow play)《19 世紀英国で行なわれたもので, 操り人形を壁やスクリーンに映し出して物語を演じる見世物》.

Ga·lá·pa·gos finch [gəlɑ́:pəgəs-, -lǽp- | -lǽpəgəs-, -gɔ̀s-; *Sp.* galápaɣos-] *n.* 《鳥類》ガラパゴスフィンチ《Galápagos 諸島に生息するアトリ科の鳥類の総称; キツツキフィンチ (*Camarhynchus pallida*), *C. heliobates*, *Geospiza difficilis* など 14 種がいる; Darwin's finch ともいう》.

Galápagos Íslands 〖*Galápagos*: ← Sp. *galápagos* tortoises〗 — *n. pl.* [the ~] ガラパゴス諸島《南米エクアドルの西方約 960 km の太平洋上にある同国領の諸島; 珍しい動物に富み, C. Darwin がここを訪れて進化論の着想を得た; 単に the Galápagos ともいう; 人口 4,000, 面積 8,000 km[2]》.

Gal·a·ta [gǽlət̬ə, gɑ̀:lətɑ́: | gǽlətə] *n.* ガラタ《トルコ Istanbul の主要商業地区で, Golden Horn の北岸》.

gal·a·te·a [gæ̀lətí:ə | -tíə] 〖《1882》 19 世紀の英国軍艦の名から: この生地が子供のセーラー服に用いられたことから〗 — *n.* 白地に青い縦縞のはいった綿布《制服・子供の遊び着などに用いる》.

Gal·a·te·a [gæ̀lətí:ə | -tíə] 〖▭ L ~ ▭ Gk *Galáteia*〗 — *n.* **1** 女性名. **2** 《ギリシャ・ローマ神話》ガラテイア《Pygmalion の造った象牙の処女像; Pygmalion はこの像に恋し Aphrodite に願って生命を与えてもらい妻とした》. **3** 《ギリシャ神話》ガラテイア《一つ目の巨人 Polyphemus が片思いをよせた海のニンフ》.

Ga·la·ţi [gəlɑ́:ts(i) | -ts(ɪ); *Rum.* galátsj] *n.* ガラチ《ルーマニア東部, Danube 河畔の都市で同国最大の貿易港; 人口 240,000》.

Ga·la·tia [gəléɪʃə, -ʃiə | -ʃɪə, -ʃə] 〖▭ L ~ ▭ Gk *Galatía*〗 — *n.* ガラテヤ《小アジア中部にあった古代ケルト人の国で, 25 A.D. にローマ帝国の一州となった; 現在の Ankara 付近》.

Ga·la·tian [gəléɪʃən, -ʃiən | -ʃɪən, -ʃən] *adj.* ガラテヤ (Galatia) の, ガラテヤ人の. — *n.* **1** ガラテヤ人. **2** [the ~s; 単数扱い] (新約聖書の)ガラテヤ(人への)書[手紙] (The Epistle of Paul to the Galatians) (略 Gal.).

gal·a·tine [gǽləti:n, ⌣–⌣] *n.* =galantine.

gal·a·vant [gǽləvæ̀nt | gæ̀lɪvǽnt, ⌐⌐ ⌐] *vi.* ＝gallivant.

ga·lax [géɪlæks] 〘← NL ～ ← Gk *gála* milk：その白い花から〙 *n.* 〘植物〙米国南東部産イワウメ科 *Galax* 属の常緑草本《葉は主に葬儀装飾用》.

gal·ax·y [gǽləksi | -sɪ] 〘(*c*1380) □ (O)F *galaxie* □ L *galaxias* □ Gk *galaxías* ← *gálakt-*, *gála* milk〙 ── *n.* **1** 〘天文〙 **a** [the ～; しばしば the G-] (夜空に見える)銀河, 天(ぁ)の川 (the Milky Way). **b** [the ～; しばしば the G-] 銀河系 (the Milky Way galaxy)《太陽系を含む恒星・星団・星間物質などの渦状の大集団》. **c** (銀河系外の)星雲, 銀河, 小宇宙, ギャラクシー《銀河系の外部にあり銀河系と同格の恒星などの大集団》. **2** (有名人などの)はなやかな集り, きらびやかな群れ, きら星：a ～ *of* beauties [talent] 美人[才子]のはなやかな集り.

Gal·ba [gǽlbə, gɔ́ːl- | gǽl-], **Ser·vi·us Sul·pi·cius** [sə́ːviəs sʌlpíʃəs | sə́ːvjəs, -vɪəs] *n.* ガルバ《5 B.C.?–69 A.D.; 第6代ローマ皇帝 (68–69)》.

gal·ba·num [gǽlbənəm, gɔ́ːl- | gǽl-] 〘(*a*1382) □ L (Vulgate) ～ □ Gk (Septuagint) *khalbánē* □ Heb. *ḥelbᵉnāʰ* ← *ḥēlebh* fat ∞ OE *galpani* □ L〙 ── *n.* 〘化学〙ガルバヌム, 楓子(ふう)香《一種のゴム質樹脂で, オオウイキョウ (ferula) から採れる》.

Gal·braith [gǽlbreɪθ | ⌐ ⌐], **John Kenneth** *n.* (1908–　) カナダ生れの米国の経済学者; Kennedy 政権時代の駐インド大使：*The Affluent Society* (1958).

Gal·bu·li·dae [gæ̀lbjúːlədiː, gɔːl- | gæ̀lbjúːlɪ-] 〘← NL ～ ← *Galbula* (属名：← ? Celt. (cf. OIr. *gel* white)) ＋-IDAE〙 *n. pl.* 〘鳥類〙(キツツキ目)キリハシ科.

Gal·cha [gǽltʃə, gɔ́ːl-] *n.* (*pl.* ～**s**, ～) **1 a** [the ～(s)] ガルチャ族《Pamirs 高原の Hindu Kush 山脈に住むイラン人》. **b** ガルチャ族の人. **2** ガルチャ語. **Gal·chic** [gǽltʃɪk, gɔ́ːl-] *adj.*

gale[1] [géɪl] 〘(1547) ← ? *gale* (*wind*) bad (wind) □ ? Norw. *galen* bad < ? ON *galinn* bewitched〙 ── *n.* **1 a** 強い風, 大風：a ～ of wind 一陣の強風 / It is blowing a ～. 大風が吹いている. **b** 〘気象〙強風《風速毎秒 13.9–28.4 m; ⇨ wind scale》：a moderate ～ 強風 / a fresh ～ 疾強風 / a strong ～ 大強風 / a whole ～ 全強風. **2** 《口語》(感情・笑いなどの)爆発, あらし：go [break] into ～*s* of laughter どっと笑い出す. **3** 《古・詩》微風, そよかぜ：auspicious ～*s* 順風 (Shak., *Tempest* 5. 1. 314).

gale[2] [géɪl] 〘OE *gagel*: cf. Du. *gagel* / G *Gagel*〙 *n.* 〘植物〙＝sweet gale.

gale[3] [géɪl] 〘(*c*1640) ← ? 《廃》*gavel* < OE *gafol* ← *ġiefan* 'to GIVE': cf. gavelkind〙 *n.* 《英》(地代・家賃などの)定期払い：hanging ～ 家賃の滞り.

Gale [géɪl] 〘1: ← OE *gal* gay. 2: ⇨ Gail〙 *n.* **1** 男性名. **2** 女性名.

Gale, Zo·na [zóʊnə | zə́ʊ-] *n.* (1874–1938) 米国の女流小説家・劇作家; *Miss Lulu Bett* (1920).

ga·le·a [géɪliə | -lɪə, -ljə] 〘← NL ～ ← L ～ 'helmet' □ Gk *galéē* weasel〙 ── *n.* (*pl.* **-le·ae** [-liːː], ～**s**) **1** 〘解剖〙かぶと[ヘルメット]状のもの; (特に)帽状腱膜《後頭前頭筋の後頭部と前頭部を連結しているかぶと状の腱膜》. **2** 〘植物〙(特に, 花冠または萼(がく)の)兜(かぶと)状体, かぶと状突起. **3** 〘動物〙外葉《節足動物の口器の一部分》. **4** 〘医学〙頭に使う包帯の一種. **ga·le·ate** [géɪlièɪt, -liət, -liɪt | -lɪèɪt, -lɪət, -lɪɪt] *adj.* **ga·le·at·ed** [géɪlièɪṭɪd, -ṭəd | -lɪèɪt-] *adj.*

ga·lee·ny [gəlíːni | -nɪ] 〘(1796) □ Sp. *gallina* (*morisca*) (Moorish) hen □ L *gallina* hen ← *gallus* cock：⇨ -y[2]〙 *n.* 《英方言》〘鳥類〙ホロホロチョウ (guinea fowl).

ga·le·i·form [gəlíːəfɔ̀ːəm | -líːɪfɔ̀ːm] 〘□ F *galéiforme* ← L *galea* helmet＋F *-forme* '-FORM'〙 *adj.* かぶと形の (helmet-shaped).

Ga·len [géɪlən | -lɪn, -lən] 〘□ L *Galen-us* □ Gk *Galēnós*〙, **Claudius** *n.* ガレノス, ガレヌス, ガレン《131?–?201; 古代ギリシャの医学者》.

ga·le·na [gəlíːnə] 〘(1671) □ L *galēna* lead ore ← ?: cf. Gk *galḗnē* lead sulphide〙 *n.* 〘鉱物〙方鉛鉱 (PbS)《最も重要な鉛鉱石》.

ga·le·nic [gəlíːnɪk, -lén-] *adj.* 〘鉱物〙方鉛鉱の, 方鉛鉱を含む.

Ga·len·ic [geɪlénɪk, gə-] *adj.* **1** ガレノス (Galen) の, ガレン派医学の. **2** [通例 g-] 本草医学的な.

ga·le·ni·cal[1] [gəlíːnɪkəl, -lén-, -nə- | -nɪ-] *adj.* ＝galenic.

ga·len·i·cal[2] [geɪlénɪkəl, gə-, -nə- | -nɪ-] *n.* 〘薬学〙ガレヌス製剤《生薬から有効成分を抽出濃縮した製剤; チンキ剤・浸剤・煎剤・エキス剤など》. ── *adj.* **1** [通例 G-] ＝Galenic 1. **2** ＝Galenic 2.

Galénic phármacy *n.* **1** ガレヌス薬学《生薬の抽出製剤》. **2** (近代製剤を含めて)製剤学.

Gá·len·ism [-nɪzṃ] *n.* ガレン派[流]医術. **Gá·len·ist** [-nɪst, -nəst | -nɪst] *n.*

ga·le·nite [gəlíːnaɪt] 〘□ G *Galenit*: ⇨ galena, -ite[1]〙 *n.* 〘鉱物〙＝galena.

Ga·le·o·rhin·i·dae [gèɪliəríːnədiː | -lɪəríːnɪ-] 〘← NL ～ ← *Galeorhinus* (属名：← Gk *galeós* shark＋NL *-rhinus* (← Gk *rhīnē* shark))＋-IDAE〙 ── *n. pl.* 〘魚類〙ホシザメ科.

ga·lère [gəléə | -lέə(r; *F.* galεːr] 〘□ F ～ 《原義》'GALLEY'〙 *F. n.* (*pl.* ～**s** [～(z); *F.* ～]) (好ましくない)連中, 仲間; (思いがけない)立場, 破目 (cf. *in this* GALLEY).

ga·le·ro [gəlέ(ə)roʊ | -léərəʊ; *It.* galéːro] 〘□ It. ～ < L *galērum* conical cap made of leather, fur cap: ⇨ galea〙 ── *n.* (*pl.* ～**s**) 〘カトリック〙ガレロ《枢機卿がかぶる上の平らなつば広の赤い帽子; cf. cardinal's hat, biretta, zucchetto》.

gal·et [gǽlɪt, -lət] *n., vt.* ＝gallet.

gál Fríday *n.* ＝girl Friday.

Ga·li·bi [gəlíːbi, gǽlə- | -bɪ] *n.* (*pl.* ～**s**, ～) **1 a** [the ～(s)] ガリビ族《French Guiana, Surinam のカリブ人 (Caribs) の一支族》. **b** ガリビ族の人. **2** ガリビ語.

Ga·li·cia [gəlíʃə, -ʃiə | -ʃɪə, -sɪə, -sjə] *n.* **1** ガリチア《ポーランド南東部からソ連邦 Ukraine 北西部にかけての地方; もとオーストリア領; 面積 79,963 km²》. **2** ガリシア《スペイン北西部の海岸地方; 紀元 5-6 世紀は王国; 人口 2,584,000, 面積 29,150 km²》.

Ga·li·cian [gəlíʃən, -ʃiən | -ʃɪən, -sɪən, -sjən] *adj.* **1** ガリチアの (⇨ Galicia 1). **2** ガリシアの (⇨ Galicia 2). ── *n.* **1** ガリチア人; ガリチアのユダヤ人. **2** ガリシア人.

Gal·i·le·an[1] [gæ̀ləlíːən, -léɪən | -lɪlíːən, -líən, -léɪən] *adj.* ガリレイ (Galileo Galilei) の.

Gal·i·le·an[2] [gæ̀ləlíːən | -lɪlíːən, -líən] *adj.* **1** ガリラヤ (Galilee) の. **2** ガリラヤ人の; キリスト教徒の. ── *n.* **1** ガリラヤ人. **2** 《古》キリスト教徒. **3** [the ～] (ガリラヤ人)イエス (Jesus).

Galiléan sátellites *n. pl.* [the ～] 〘天文〙ガリレイ衛星《1609 年 Galileo Galilei が発見した木星の四大衛星; Io, Europa, Ganymede, Callisto》.

Galiléan télescope *n.* 〘光学〙ガリレイ望遠鏡《凸レンズを対物レンズ, 凹レンズを接眼レンズとして用いる方式の屈折望遠鏡》.

Galiléan transformátion *n.* 〘物理〙ガリレイ変換《非相対論的運動論で二つの一様な速度で運動する座標系間の座標変換; cf. Lorentz transformation》.

gal·i·lee, G- [gǽləliː | -lɪ-] 〘(1593) □ OF *galilée* □ ML *galil(a)ea* porch of the church ← L *Galilaea* 'GALILEE': 礼拝堂の入口を聖地の僻地 Galilee にたとえたもの: cf. *Galilee of the Gentiles* (*Matt.* 4: 15)〙 ── *n.* (英国の中世の教会の西端にある)礼拝堂(chapel), 玄関 (porch)《塔の下にあることが多い》.

Gal·i·lee [gǽləliː | -lɪ-] 〘□ L *Galilaea* □ Gk *Galilaía* □ Heb. *Gālīl* 《原義》region or district〙 ── *n.* ガリラヤ《Palestine 北部の古代ローマ帝国の一州; 現在のイスラエル北部; イエスは主にこの地で福音を説いた》. **Man of Galilee** [the ―] ⇨ man[1] *n.*

Galilee, the Sea of *n.* ガリラヤの海《Palestine 北東部にあり, Jordan 川が流れ込む; 長さ 21 km, 海面下 209 m; 旧約聖書では Sea of Chinnereth [tʃínərèθ] (cf. *Num.* 34: 11), 新約聖書では Lake of Gennesaret [gɪnézərɪt, ge-, gə-, -rèt] (cf. *Luke* 5: 1), Sea of Tiberias (cf. *John* 6: 1) と呼ばれる》.

Ga·li·le·i [gæ̀ləléɪiː | -lɪ-; *It.* gàliléːi], **Ga·li·le·o** [gæ̀ləlíːoʊ, -léɪ- | -lɪléɪəʊ, -líː-; *It.* gàliléːo] *n.* ガリレイ《1564–1642; イタリアの物理・天文学者》.

gal·i·ma·ti·as [gæ̀ləméɪʃiəs, -mǽṭiəs, -məṭjáː | -lɪmǽsɪɑː; *F.* galimatja] 〘(1653) □ F ～ ← ?: cf. LL *ballinathia* indecent songs〙 ── *n.* 無意味な言葉, ちんぷんかんぷん, たわごと (gibberish).

gal·in·gale [gǽlɪŋgèɪl, -lən-, -lɪŋ- | -lɪŋ-] 〘(*a*1300) □ OF *galingal* □ Arab. *khulunjān* □ Pers. *khūlanjān* □ Chin. *ko liang kiang* (高良薑) ∞ OE *gallengar* □ ML *gallingar* □ Arab.〙 ── *n.* 〘植物〙 **1 a** コウリョウキョウ (*Alpinia officinalis*)《東南アジア産ショウガ科ハナミョウガ属の薬用植物》. **b** バンウコン (*Kaempferia galanga*)《インド産バンウコン属の香料・薬用植物》. **c** コウリョウキョウ[バンウコン]の根茎《香料・薬用に用いられた》. **2** 英国産カヤツリグサ属の一種 (*Cyperus longus*)《根に芳香がある》.

gal·i·ot [gǽliət, -liòt | -lɪət] *n.* ＝galliot.

gal·i·pot [gǽləpɑ̀t, -pòʊ | -lɪpɔ̀t; *F.* galipo] 〘□ F ～: cf. MDu. *harpois* boiled resin〙 *n.* 南ヨーロッパ産カイガンショウ (*Pinus pinaster*) から採る松やに.

gall[1] [gɔ́ːl] 〘OE *galla*, *ġealla* < Gmc **ʒallam*, **ʒallon* (G *Galle* / Du. *gal* / ON *gall*) ← IE **ghel-* to shine (L *fel* / Gk *kholḗ* bile, gall): cf. yellow〙 ── *n.* **1** 胆汁 (bile)《特に, 牛の胆嚢(のう)から得た ox gall は薬用にする》. **2 a** ひどく苦いもの, 苦味. **b** 苦々しい思い, 遺恨. **3** 《口語》厚かましさ, 図々しさ, 鉄面皮：*have the* ～ *to* do 図々しくも…する. **4** 《古》〘解剖〙胆嚢 (gallbladder). **5** 〘ガラス製造〙＝glass gall.

(as) bitter as gall (1) 非常に苦い. (2) ひどく苦々しく思って. ***gall and wormwood*** 胆汁とニガヨモギ; 遺恨, 深い憤り (*Lam.* 3. 19). ***the gall of bitterness*** (1) (神への)激しい恨み[反感]. (2) 非常に辛い(破)目 (cf. *Acts* 8: 25). ***write*** [***dip one's pen***] ***in gall*** 毒筆をふるう：a pen *dipped in* ～ 毒筆.

gall[2] [gɔ́ːl] 〘OE *ġ(e)alla* sore on the horse □ L *galla* (↓)〙 ── *n.* **1** (皮膚の)すり傷; (特に, 馬の)皮膚のすりむけ, 鞍(くら)ずれ. **2** 気に障ること[物], 心痛, 苦悩 (irritation). **3** 《古》弱点 (flaw). ── *vt.* **1** すりむく (abrade). **2** 苛(いら)立たせる, 怒らせる, 癪(しゃく)に障らす：be ～*ed* by severe criticism 酷評されて腹を立てる / That remark ～*s* me. あの言葉が癪に障る. **3** (砲火で)困らせる, 悩ます. ── *vi.* すりむける.

gall[3] [gɔ́ːl] 〘(*a*1398) □ (O)F *galle* < L *gallam* oak apple, gallnut ← ?〙 ── *n.* 〘植物病理〙癭瘤(えいりゅう)《ある種の昆虫や菌類などの寄生により植物の葉・茎・根などにできる異状生長部; 多量のタンニンを含むものは染色・皮なめしなどに利用される》; (特に, 昆虫による)虫癭, 虫こぶ; (時に, 菌類による)菌癭, 菌こぶ.

gall. 《略》gallery; gallon(s).

gall- [gæl] (母音の前に来る時の) gallo- の異形.

Gal·la [gǽlə, gɑ́ːlə] 〘← ? Arab. *ghalīẓ* rough, wild〙 ── *n.* (*pl.* ～**s**, ～) **1 a** [the ～(s)] ガラ族《エチオピア・ケニアに住む遊牧民》. **b** ガラ族の人. **2** ガラ語《クシ語 (Cushitic) の一方言》.

gál·la·mine triethíodide [gǽləmìːn-] 〘*gallamine*: ← (PYRO)GALL(OL)＋(A)MINE)〙 ── *n.* 〘生化学〙ガラミン-3-エチオヨード《筋肉を弛緩させる(特に麻酔中)のに用いる》.

gal·lant 〘(*a*1430) *galaunt* □ (O)F *galant* (pres.p.) ← OF *galer* to rejoice ← *gale* merrymaking ← Gmc: cf. gala, weal[1]〙 ── [gǽlənt] *adj.* **1** 〈人・行為など〉勇ましい, 勇敢な, 雄々しい, 任侠(にんきょう)の (brave, chivalrous)：the honorable and ～ member 〘英議会〙陸海軍出身の議員を呼ぶ敬語 (cf. honorable 4). **2** (服装・様相などの)きらびやかな, 美装した, 華美な, 飾り立てた (showy)：make a ～ show きらびやかに飾る. **3** 〈船・軍馬など〉美々しく飾り立てた, 華麗な, 堂々とした (stately)：a ～ ship 立派な船. **4** 《古》すばらしい, すてきな：a ～ sight. **5** [gəlǽnt, gæ-, -lɑ́ːnt | gǽlənt, gəlǽnt] **a** 婦人に親切な, 慇懃(いんぎん)な：be ～ to the ladies 婦人にやさしい. **b** 恋愛の, 色事の (amorous)：～ adventures 情事. ── [gəlǽnt, gæ-, -lɑ́ːnt, gǽlənt | gǽlənt, gəlǽnt] *n.* 《古》 **1** 勇ましい人, 任侠の人. **2 a** 婦人に丁重な男, やさ男 (lady's man). **b** 求婚者; 恋人. **c** 色男, 情人. ── [gəlǽnt, gæ-, -lɑ́ːnt | gǽlənt, gəlǽnt] *v.* 《古》 ── *vt.* **1** 〈婦人〉に丁重にする, 付き添う, …のお伴をする. **2** 〈女〉にふざける. ── *vi.* **1** 婦人に付き添う[丁重にする]. **2** 色男を気取る; 〔女と〕ふざける 〔*with*〕. ～**·ness** *n.*

gal·lant·ly [gǽləntli | -lɪ] *adv.* **1** 勇ましく, 勇敢に, 雄々しく. **2** 美々しく, はでに; 立派に, 堂々と. **3** [gəlǽntli, gæ-, -lɑ́ːnt- | gǽləntlɪ, gəlǽnt-] (婦人に対して)優しく, 慇懃(いんぎん)に.

gal·lant·ry [gǽləntri | -trɪ] 〘(1601) ← GALLANT＋-RY // □ F *galanterie*〙 ── *n.* **1 a** 勇敢, 勇壮, 勇気. **b** 勇敢な行為, 勇ましい振舞い[言葉]. **2** 《廃》[集合的]勇士たち (gallants). **3 a** (婦人に対する)慇懃(いんぎん). **b** 慇懃な言葉[行為]. **4 a** つやごと, 恋愛事件, 情事. **b** (性的)不道徳. **5** 《古》はでないでたち, 美服.

gal·late [gǽleɪt, gɔ́ːl-] 〘← GALLO-＋-ATE[1]〙 *n.* 〘化学〙没食子(もっしょくし)酸塩[エステル]《食品用抗酸化剤》.

Gal·la·tin [gǽləṭɪn, -tən | -tɪn], **Albert** *n.* (1761–1849) 米国の財政家・政治家.

gall·ber·ry [gɔ́ːlbèri, -b(ə)ri | -b(ə)rɪ] 〘⇨ gall[3]〙 *n.* 〘植物〙＝inkberry 1.

gáll·blàdder 〘⇨ gall[1]〙 *n.* 〘解剖〙胆嚢(のう).

Galle [gɑ́ːl, gǽl] *n.* ガル《スリランカ南西部の海港; 人口 73,000》.

Gal·le [gɑ́ːlə; *G.* gálə], **Johann Gottfried** *n.* ガレ《1812–1910; ドイツの天文学者; 海王星を発見 (1846)》.

gal·le·ass [gǽliəs, -liæ̀s | -lɪ-] 〘□ F *galéasse* < OF *galeace* □ It. *galeazza* (aug.) ← *galea* 'GALLEY'〙 ── *n.* ガレアス船《16–17 世紀に地中海で用いられた 3 本マストの軍艦で, ガレー船のオールによる運動力とガリオン船の帆走力とを兼ね備えた大型低甲板艦; 通例 20 門の大砲を備え奴隷に漕がせた》.

gal·le·in [gǽliɪn, -liən, -liːn | -lɪn, -liːn] 〘← GALLO-＋(PHTHAL)EIN〙 *n.* 〘化学〙ガレイン ($C_{20}H_{12}O_7$)《紫の染料》.

gal·le·on [gǽliən, -ljən | -lɪən, -ljən] 〘(1529) □ Sp. *galeon* □ OF *galion* (aug.) ← *galie* 'GALLEY': ⇨ -on[4]〙 ── *n.* **1** ガリオン船《15–18 世紀にスペインで主に軍船としてまたは米国貿易に用いた普通三層または四層甲板の大帆船》. **2** (ガリオン船を思わせる)大型帆船.

galleon 1

gál·ler·ied *adj.* **1** 回廊[桟敷(さじき)]のある. **2** 坑道[地下道]のある.

gal·ler·y [gǽləri, gǽlri | -lərɪ] 〘(?*a*1439) □ (O)F *galerie* □ It. *galleria* □ ML *galeria* 《変形》? ← *galilaea* 'GALILEE'〙 ── *n.* **1 a** 回廊, 柱廊, 歩廊 (colonnade)《屋根付きの吹抜けの廊下》. **b** (英国の country house にあるような片方に窓の続く)細長い部屋, 廊下 (corridor). **2 a** (建物の二階外側に設けた)廊下, 露台, バルコニー (balcony). **b** 《米南部》縁側, ベランダ. **3 a** (教会・劇場などの内壁から張り出した)二階の回廊, 桟敷(さじき), ギャラリー; (議会などの)傍聴席; (特に, 劇場の)最上階の桟敷, 天井桟敷, ギャラリー《最も安い席》：the west ～ (教会の)中 2 階《ここにもと choir がすわった》. **b** [the ～; 集合的] (劇場で)最上階桟敷の見物人, 三階連, 大向こう：bring down *the* ～ 大向こうをうならせる (cf. *bring down the* HOUSE). **c** (低俗な趣味の)一般大衆. **d** [集合的] (議会などの)傍聴者; (討論会などの)聴衆 (audience). **e** (ゴルフ試合などの)見物人, ギャラリー. **4 a** 画廊, 美術品陳列室[場]; 美術館 (museum)：the National *Gallery* (ロンドンの)国立美術館. **b** [集合的] (美術館などで展覧または所蔵の)美術品：the ～ of the Louvre. **c** [集合的] (粒ぞろいの人・物の)集まり, 群れ：The huge prize money attracted a ～ of international players. 莫大な賞金によって各国の一流プレーヤーが集まった. **5 a** 写真撮影所[室], スタジオ. **b** (射撃などの)練習所 (shooting gallery); (囲いをした標的射撃訓練用の)狭窄(きょうさく)

射撃場. **6 a** 通廊に似たもの. **b** (モグラなどの)地下の通路. **c** 〖築城〗地下道. **d** 〖鉱山〗坑道. **e** (水道工事の)暗渠(きょ). **7** (テーブル・棚・陳列台などのへりの)縁飾り. **8** (ランプの)ほや受け. **9** 〖海事〗(昔の船の)船尾展望台. **10** (court tennis で) 側壁の penthouse の下にネットを境にそれぞれ三つずつある網を張った開口部: ⇨ winning gallery.

play to the gallery (1) 大向こうを喜ばせるように演じる (cf. 3 b). (2) 一般の(下等な)好みに媚(こ)びる, 俗受けをねらったことをする, 俗趣味に迎合する.

— *vt.* **1** …に回廊[桟敷など]を設ける. **2** 〖軍事〗…に地下道を作る (tunnel).

gállery fórest *n.* 〖生態〗=fringing forest.

gállery·gòer *n.* よく美術館に通う人.

gállery hìt [**shòt, stròke**] *n.* (クリケット・演劇などで)喝采が目的の場当り[人気取り]演技.

gal·let [gǽlɪt, -lət] 〖□F *galet* pebble (dim.) ← *gal*: cf. OIr. *gall* stone pillar〗 — *n.* (石・鉱石の)砕片, かけ (spall). — *vt.* 〖石工〗〈粗石積み工事の目地〉に石の小片をさし込む (garret).

gál·let·ing [-tɪŋ | -tɪŋ] *n.* 〖石工〗(粗石積み工事の)石飼い《石の目地に小石を差込んで仕上げる手法》.

gal·ley [gǽli | -lɪ] 〖(?c1225) *galeie* □ OF *galie* (F *galée*) □ ML *galeia* □ LGk *galaía* ← Gk *galéē* weasel〗 — *n.* **1** ガレー船《中世に主として地中海で用いられた帆と多数のオールを有する単甲板の大型船; 主に奴隷や罪人に漕がせた》: condemn [send] a man to the ~*s* 人をガレー船漕ぎの刑に処する《フランス・スペインなど地中海沿岸諸国に行なわれた刑罰の一形式》: row in the ~ (ガレー船で)苦役に服する; ひどく辛い思いをする. **2** (古代ギリシャ・ローマの)オールを主とし帆を副とした軍船. **3** 喫水の浅い帆船《装備は様様で, 時には長大なオールで動かすこともできる; 18-19 世紀にかけて米海軍で用いた》. **4** (艦船・航空機内の)厨房(ちゅうぼう), まかない所, 調理室 (kitchen). **5** 〖印刷〗 **a** ゲラ《組版を入れる盆》. **b** ゲラ刷り, 校正刷り.

in this galley 〖Molière: *Scapin* II, xi '*Que diable allait-il faire dans cette galère?* What the devil are you going to do in this galley?' から〗この思わぬ[意外な]立場に立って, こういう破目になって (cf. galère).

gálley pròof *n.* 〖印刷〗ゲラ刷り, 校正刷り. 「正.

gálley rèading *n.* 〖印刷〗棒組み校正, ゲラ刷り校

gálley slàve *n.* **1** ガレー船をこぐ奴隷[囚人]. **2** 苦しい仕事をする人 (drudge).

gálley-wést 〖《転訛》← ? 《英方言》*collywest(on)* in an opposite direction (もと人名か)〗 *adv.* 《米口語》すっかりだめに, めちゃめちゃに: knock ~.

gálley·wòrm 〖その形をオールの突き出たガレー船に見立てたもの〗 *n.* 〖動物〗ヤスデ (millipede).

gáll·flỳ 〖⇨ GALL³〗 *n.* 〖昆虫〗幼虫が虫癭(ちゅうえい)(gall) を作る昆虫の総称《タマバチ, タマバエなど》.

gáll gnàt 〖⇨ GALL³〗 *n.* 〖昆虫〗=gall midge.

Gal·li¹ [gǽlaɪ] 〖← NL ~ (pl.) ← L *gallus* cock〗 *n. pl.* 〖鳥類〗キジ亜目.

Galli² *n.* Gallus の複数形.

Gal·li·a [gǽliə | -lɪə] *n.* ガリア (⇨ Gaul).

gal·li·am·bic [gæ̀liǽmbɪk | -lɪ-] 〖(1846) ← L *galliambus* song of priests of Cybele (← *Gallus*＋IAMBUS)＋-IC¹〗 〖詩学〗 — *adj.* ガリアンブス格の《ローマの詩人 Catullus が *Attis* で用いた 4 脚の短々長々格[⏑⏑⏑—]; Tennyson の *Boadicea* にその模倣が見られる》. — *n.* [通例 *pl.*] ガリアンブス格の詩行.

gal·liard [gǽljəd | -liɑ̀:d] 〖adj.: (c1390) □ (O)F *gaillard* gay ← VL **galia* strength ← ? Celt.: ⇨ -ARD〗 — *n.* **1** ガリアルダ《16-17 世紀に行なわれた二人で踊る三拍子の快活な舞踊》. **2** ガリアルダの曲. — *adj.* 《古》快活な, 陽気な.

gal·li·ass [gǽliəs, -liæ̀s | -lɪ-] *n.* =galleass.

gal·lic¹ [gǽlɪk, gɔ́:l-] 〖(1791) □ F *gallique*: ⇨ gall³, -ic¹〗 *adj.* 〖化学〗付子(ふし)の, 没食子(もっしょくし)性の.

gal·lic² [gǽlɪk] 〖← GALL(IUM)＋-IC¹〗 *adj.* 〖化学〗ガリウム (III) イオンの, 3 価のガリウム (Ga^{III}) を含む.

Gal·lic [gǽlɪk] 〖(1672) □ L *Gallic-us* ← *Gallus* 'a GAUL'〗 — *adj.* **1** ガリア (Gaul) の, ガリア人の. **2** [しばしば戯言的] フランスの, フランス人の (French): take ~ leave こっそり[無断で]辞去する (cf. French leave).

gállic ácid 〖《なぞり》← F *acide gallique*: ⇨ gallic¹〗 *n.* 〖化学〗没食子(もっしょくし)酸 ($C_6H_2(OH)_3COOH$)《用途はインク・染料原料など》.

Gal·li·can [gǽlɪkən, -lə- | -lɪ-] 〖1: □ L *Gallicān-us* ← *Gallicus* 'GALLIC'. 2: □ ML *Gallicān-us*〗 — *adj.* **1** =Gallic. **2 a** ガリア教会の《フランスにおけるカトリック教会の》; フランスカトリック教徒の《1870 年以前のフランスカトリック教会内の教皇権の制限を主張した一派の》. **b** ガリア主義の. — *n.* フランスカトリック教徒; 教皇権制限主義者 (↔ ultramontane).

Gál·li·can·ìsm [-nìzm] 〖□ F *gallicanisme* (↑)〗 — *n.* ガリア主義《フランスのカトリック教会の中に古くからあったローマからの支配を嫌う自治的な傾向; ↔ ultramontanism》. **Gál·li·can·ist** [-nɪst, -nəst | -nɪst] *n.*

Gállican líberties *n. pl.* ガリア主義の主張したフランスカトリック教会の自由.

Gal·li·ce, g- [gǽləsì:, -si | -lɪsì:, -sɪ] 〖□ L *gallicē* in Gaulish ← *Gallicus* 'GALLIC'〗 *adv.* [英語の語句などにフランス語を与える時に用いて]フランス語では.

Gál·li·cìsm, g- [-ləsìzm | -lɪ-] 〖□ F *gallicisme*: ⇨ Gallic, -ism〗 — *n.* **1 a** フランス語特有語法. **b** フランス語流の言い回し, フランス語風[語調]. **2** フランス風の習慣[考え方, やり方].

Gal·li·cize, g- [gǽləsàɪz | -lɪ-] *vt.* 〈言語・感情・性格などを〉フランス風にする, フランス化する. — *vi.* フランス風になる, フランス化する. **Gal·li·ci·za·tion** [gæ̀ləsɪzéɪʃən, -sə- | -lɪsaɪ-, -sɪ-] *n.*

Gal·li-Cur·ci [gæ̀lɪkúətʃi, gɑ̀:l-, -lə-, -kɜ́:- | -lɪkúətʃɪ, -kɜ́:-; *It.* gállikúrtʃi], **A·me·li·ta** [àmelí:ta] *n.* ガリクルチ《1882-1963; イタリア生れの米国のソプラノ歌手》.

Gal·li·for·mes [gæ̀ləfɔ́əmi:z | -lɪfɔ́:-] 〖← NL ~ ← *Gallus* (⇨ Galli)＋-*formes* ((pl.) ← -*formis* '-FORM')〗 *n. pl.* 〖鳥類〗キジ目.

gal·li·gas·kins [gæ̀lɪgǽskɪnz, -lə- | -lɪ-] 〖(1577) *gallogascaine, galeygascoyne* □ F 《廃》*garguesque* □ It. *grechesca* Grecian breeches (fem.) ← *grechesco* Grecian ← *Greco* Greek: 今の形は GALLEY などとの類推か〗 — *n. pl.* **1** (16-17 世紀に用いられた)ゆるい半ズボン. **2** 《戯言》 **a** 太いだぶだぶズボン. **b** (半)ズボン. **3** 《スコット》(遊猟用の)革製ゲートル.

gal·li·mau·fry [gæ̀ləmɔ́:fri | -lɪmɔ́:frɪ] 〖(1551-56) □ F *galimafrée* hash, ragout ← ? OF *galler* to live a gay life (⇨ gallant)＋ONF *mafrer* to eat much〗 — *n.* **1** 寄せ集め, ごたまぜ (medley): a ~ of languages. **2** 《米》残りものの肉などで作るごった煮 (ragout).

gal·li·na·cean [gæ̀lənéɪʃən | -lɪ-] 〖⇨ ↓, -an¹〗 *n.* 〖鳥類〗キジ目の鳥類の総称《ニワトリ・キジ・シャコ・ライチョウなど》. — *adj.* =gallinaceous.

gal·li·na·ceous [gæ̀lənéɪʃəs | -lɪnéɪʃəs, -ʃɪəs] 〖(1783) □ L *gallināceus* of domestic poultry ← *gallina* hen ← *gallus* cock: ⇨ -ous〗 — *adj.* **1** 家禽の[に似た]. **2** 〖鳥類〗キジ目の.

Ga·lli·nas [gɑjí:nəs; *Am. Sp.* gajínas], **Point** *n.* ガイナス岬《コロンビア北東部の岬; 南米大陸最北端》.

gáll·ing [-lɪŋ] *adj.* 苦しめ悩ます, 苛(いら)立たしい, 癪(しゃく)に障る. — *n.* 〖金属加工〗焼付き, かじり. **~·ly** *adv.*

gal·li·nip·per [gǽlənɪ̀pə, -lə- | -lɪnɪ̀pə(r)] 〖← ? GALLEY＋NIPPER〗 *n.* 《米口語》人を刺す虫: **a** 大型のカ (*Psorophora ciliata*). **b** 南京虫 (bedbug).

gal·li·nule [gǽlən(j)ù:l | -lɪnjù:l] 〖← NL *Gallinula* ← L (dim.) ← *gallina* hen〗 *n.* 〖鳥類〗クイナ科バン属 (*Gallinula*) の水鳥の総称《バン (*G. chloropus*) など》.

Gal·li·o [gǽliòu | -lɪəu] 〖← *J.A. Gallio* (宗教上の問題に干渉することを拒んだローマの地方総督の名: cf. *Acts* 18: 12-17)〗 — *n.* (*pl.* ~**s**) 職掌外の責任を逃げる役人; 無頓着でのん気な人: a careless ~.

Gal·li·on·ic [gæ̀liɑ́nɪk | -lɪɔ́n-] 〖⇨ ↑, -ic¹〗 *adj.* 無責任でのん気な.

gal·li·ot [gǽliət, -liòt | -lɪət] 〖(c1200) □ (O)F *galiote* □ ML *galiōta* (dim.) ← *galea* 'GALLEY'〗 — *n.* **1** (昔地中海で用いられた帆とかい両用の)快速小型ガレー船. **2** 〖□ Du. *galjoot* □ (O)F〗 1 本マストの軽快なオランダ商船[漁船].

Gal·lip·o·li [gəlɪ́pəli | -lɪ] *n.* [the ~] ガリポリ(半島) 《Dardanelles 海峡北側のヨーロッパトルコの半島; 1915-16 年英国軍が上陸作戦に失敗した所; Gallipoli Peninsula ともいう; トルコ語名 Gelibolu》.

gal·li·pot¹ [gǽlɪpɑ̀t, -lə- | -lɪpɔ̀t] 〖(1465) *gali-pot* ← *gali* '? GALLEY'＋POT: もと galley 船で地中海地方から輸入したことから〗 *n.* **1** 口の小さい陶器の小壺; (特に, 薬種商が油薬等を入れる)薬壺. **2** 《口語》薬種商.

gal·li·pot² [gǽlɪpɑ̀t, -lə- | -lɪpɔ̀t] *n.* =galipot.

gal·li·um [gǽliəm | -lɪ-] 〖(1875) ← NL ~ ← L *gallus* cock＋-IUM: これを発見したフランスの化学者 *Lecoq de Boisbaudran* (1838-1912) の *Lecoq* をもじったもの〗 — *n.* 〖化学〗ガリウム《希金属元素の一つ; 記号 Ga, 原子番号 31, 原子量 69.72》.

gállium ársenide *n.* 〖化学〗ヒ化ガリウム (GaAs) 《半導体として用いる》.

gal·li·vant [gǽləvæ̀nt | gæ̀lɪvǽnt, ⌐⌐⌐] 〖(1823) 《変形》← ? GALLANT: -*vant* は LEVANT¹ からの類推か〗 — *vi.* 《口語》[しばしば …ing 形で] **1 a** (異性と連れ立って)ぶらつき回る, (快楽を求めて)遊び回る 〈*about*〉. **b** 旅行する. **2** いちゃつく: go ~*ing with* women 女性といちゃつく. **~·er** [-tə | -tə(r)] *n.*

gal·li·wasp [gǽləwɑ̀sp, -wɔ̀(:)sp | -lɪwɔ̀sp] 〖(1725) ← ? GALLEY＋WASP: 初め西インド諸島で船を悩ますハチの意に用いられた〗 — *n.* **1** 〖動物〗ギャリウォスプ《西インド諸島産ギャリウォスプ属 (*Diploglossus*) のトカゲ類の総称; 四肢が非常に短い》. **2** 〖魚類〗カリブ海産のアカエソ属の魚 (*Synodus foetens*).

gáll·less *adj.* **1** 胆汁[胆嚢(のう)]のない. **2** 遺恨[悪意]を抱くことのない; 怒らない, 穏和な.

gáll mìdge *n.* 〖昆虫〗(双翅目)タマバエ科の昆虫《幼虫が植物に虫癭(ちゅうえい)を作る; gall gnat ともいう》.

gáll mìte *n.* 〖動物〗フシダニ科のうちで植物に虫癭(ちゅうえい) (gall) をつくるダニ類の総称.

gáll·nùt *n.* 〖植物病理〗没食子(もっしょくし), ふし(五倍子).

gal·lo- [gǽlo(ʊ) | -lə(ʊ)] 〖← GALLIC ACID〗「没食子酸」の意の連結形. ★ 母音の前では通例 gall- になる.

Gal·lo- [gǽlo(ʊ) | -lə(ʊ)] 〖(17C) ← L *Gall-us* 'a GAUL'〗 —「ゴール(の); フランス(の); ゴール[フランス](人)と…との」の意の連結形: *Gallo*-Briton [-German] 仏英[独]の / a *Gallo*-American 仏系[親仏]アメリカ人.

gal·lo·glass [gǽlo(ʊ)glæ̀s | -lə(ʊ)glɑ̀:s] *n.* 《古》=gallowglass.

Gal·lo·ma·ni·a [gæ̀lo(ʊ)méɪniə, -njə | -lə(ʊ)méɪnɪə, -nɪə] 〖□ F *gallomanie*: ⇨ Gallo-, -mania〗 *n.* フランス心酔, フランス狂, フランスかぶれ.

Gal·lo·ma·ni·ac [gæ̀lo(ʊ)méɪniæ̀k | -lə(ʊ)méɪnɪæ̀k] *n.* フランス心酔者, フランス狂.

gal·lon [gǽlən] 〖(?c1225) □ ONF *galon* 《変形》← *jalon* < VL **gallone* ← ML *gallēta* jug ← ? Celt.: cf. F *jale* bowl〗 — *n.* **1** ガロン《液量の単位; =4 quarts, 8 pints; 略 gal.》: **a** 《米》231 立方インチ, 3.7853 リットル《U.S. gallon ともいう: ⇨ wine gallon》. **b** 《英》277.420 立方インチ, 4.546 リットル《imperial gallon ともいう》. **2** 《英》ガロン《乾量の単位; $=\frac{1}{8}$ bushel》. **3** 《口語》[通例 *pl.*] たくさん, 大量: ~*s of* tea.

gal·lon·age [gǽlənɪdʒ] *n.* ガロン量.

gal·loon [gəlú:n] 〖(1604) □ F *galon* lace ← OF *galonner* to decorate with ribbons ← ? Frank. *wōlōn* to tie up with cord: ⇨ -oon〗 — *n.* (しばしば金・銀糸を織り込んだ毛糸・絹・人絹の)細ひも, 打ひも, 細幅レース.

gal·lóoned *adj.* galloon で装飾した: a ~ watchcase.

gal·loot [gəlú:t] *n.* =galoot.

gal·lop [gǽləp] 〖(a1425) □ (O)F *galop-er* 《変形》← ONF *waloper* □ Frank. **walahlaupan* to run well〗 — *n.* **1** ギャロップ, 襲歩, 競走駆歩(かけあし)《四足獣, 特に馬が 1 脚着地するとその直後宙に浮いて駆ける最も速い 3 拍子の駆け方; 右前脚と左後脚(またはその逆)が対になって着地する; cf. gait¹ 3》: a snail's ~ 《戯言》のろのろした歩み. **2** ギャロップで駆けること, 疾駆, 全力疾走; 急速度. **3** 〖病理〗=gallop rhythm. **4** [通例 *pl.*] 〖競馬〗(競走馬の)調教場.

gallop 1

at a gallop (1) ギャロップで. (2) 全速力で, 大急ぎで: speak *at a* ~ 早口で話す. ***(at) full gallop*** =*at a* GALLOP.

— *vi.* **1 a** 〈馬が〉ギャロップで駆ける; 疾駆する. **b** 〈人が〉馬に乗ってギャロップで駆ける; 馬で疾駆する 〈*forth, off*〉. **2 a** 大急ぎで駆ける 〈*off*〉. **b** (早口に)話す 〈*away*〉; 走り読みする, 大急ぎに読む: ~ *through* [*over*] a book 本を飛ぶように急いで読む. **c** 〈時間が〉飛ぶように過ぎて行く. **3** 〈病気が〉ずんずん進む, 急速に進行する. — *vt.* **1** 〈馬を〉ギャロップで駆けさせる. **2** 大急ぎで運ぶ.

gal·lo·pade [gæ̀ləpéɪd, -pɑ́:d | -péɪd] 〖□ F *galopade* ← *galoper* (↑): ⇨ -ade〗 *n., vi.* =galop.

gál·lop·er *n.* **1** 馬を疾駆させる人. **2** ギャロップで駆ける馬. **3 a** (昔英国の連隊で用いた)軽野砲. **b** (軽野砲を載せる)砲車. **4** 《英》〖軍事〗副官, 伝令将校.

Gal·lo·phile [gǽləfàɪl | -lə(ʊ)-] (*also* **Gal·lo·phil** [-fɪl]) *n., adj.* =Francophile. 「cophobe.

Gal·lo·phobe [gǽləfòʊb | -lə(ʊ)fəʊb] *n., adj.* =Fran-

Gal·lo·pho·bi·a [gæ̀ləfóʊbiə | -lə(ʊ)fóʊbjə, -bɪə] 〖← NL ~: ⇨ Gallo-, -phobia〗 *n.* =Francophobia.

gál·lop·ing *adj.* **1** ギャロップのような動きの; 急速に動く[増大する]: ~ inflation 〖経済〗駆け足インフレ. **2** 〈病気が〉急速に進行する, 奔馬性の: ~ consumption 奔馬性結核.

gállop rhỳthm 〖馬のギャロップに似ていることから〗 *n.* 〖病理〗(心臓の)奔馬律(動), 奔馬性リズム《普通の二心音の他に, 第三(時に第四)心音が現れること》.

Gàllo-Románce *n.* ガロロマンス語《600-900 年フランスで話されたラテン語の転訛した言語》.

gal·lous [gǽləs] 〖← GALL(IUM)＋-OUS〗 *adj.* 〖化学〗ガリウム (II) イオンの, 2 価のガリウム (Ga^{II}) を含む.

Gal·lo·vid·i·an [gæ̀ləvɪ́diən | -lə(ʊ)vɪ́dɪən, -djən] 〖← ML *Gallovidia* (↓)＋-AN¹〗 *adj., n.* =Galwegian.

Gal·lo·way [gǽləwèɪ] 〖(1597) □ ML *Gallovidia* □ Welsh *Gallwyddel* = Ir. *Gallgaedheal* 《原義》foreign Gaels ← *gall* foreign＋*Gaedheal* (=Sc.-Gael. *Gāidheal* 'GAEL')〗 — *n.* **1** スコットランド南西端の地方; 牛馬の名産地. **2** ギャロウェイ: **a** Galloway 原産の小型の頑丈な一品種の小馬. **b** Galloway 原産の無角の一品種の肉牛.

gal·low·glass [gǽlo(ʊ)glæ̀s | -lə(ʊ)glɑ̀:s] 〖(1515) □ Ir.-Gael. *gallōglach* ← *gall* foreigner＋*ōglah* a youth, servant ← OIr. *ōac* young (cf. OE *ġeong* 'YOUNG')〗 — *n.* **1** 中世後期のアイルランド人の族長配下の雇い兵《主に Hebrides 諸島とスコットランドから徴集された; 17 世紀に消滅》. **2** 重武装アイルランド歩兵 (cf. kern² 1).

gal·lows [gǽlouz, -ləz | -ləuz] 〖(c1300) *galwes* (pl.) ← *gal(e)we* < OE *ġ(e)alga* < Gmc **ʒalʒon* (G *Galgen* / ON *galgi*) ← IE **ghalgh-* branch, rod〗 — *n.* (*pl.* ~, ~·**es**) **1 a** (2 本柱に横木をわたした)絞首刑用木枠 (cf. gibbet): A ~ was set up. 絞首台が立てられた. **b** [the ~] 絞首刑: come to [die on, get] *the* ~ 絞首刑に処せられる / send [condemn] a man to *the* ~ 人を絞首刑に処する / cheat *the* ~ 絞罪をうまく逃れる. **2 a** 絞首

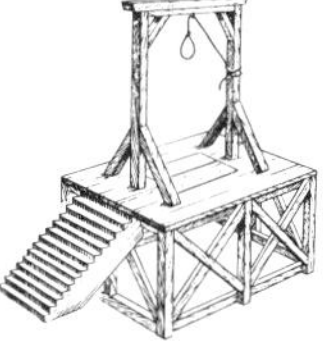

gallows 1 a

台形の物《調理用》つるし台, もの掛け, (体操用)鉄棒など》. b [*pl.*]《方言》ズボン吊り (suspenders). **3** 絞首刑に処すべき罪人, 極悪人 (gallows bird). **4**〘鉱山〙=headframe. **5** [*pl.*]〘海事〙=gallows bitts.
have the gallows in one's face 絞首刑を免れそうもない(凶悪な)人相をしている.
— *attrib. adj.* **1** 絞首台向きの, 絞首刑に値する. **2**《英方言》凶悪な (wicked); 悪党じみた, いたずらな: a ~ look 凶悪な目つき.

gállows bìrd *n.*《口語》(絞首刑に処すべき) 極悪人.

gállows bìtts *n. pl.*〘海事〙 **1** バイキング船などで甲板上中央に取り付けた予備円材収納用の木製の T 型架台. **2** トロール船用(アーチ型の)滑車架台.

gállows fràme *n.*〘鉱山〙=headframe.

gállows hùmor *n.* 非常に深刻な[恐ろしい]事態を茶化すようなユーモア; 気味の悪い冗談[皮肉].

gállows-rìpe *adj.* 絞首刑の用意のできた, いつでも絞首刑のできる.

gállows trèe〘OE *galg-trēow*〙*n.* 絞首台 (gallows).

gáll·stòne [cf. gall[1]] *n.* **1**〘病理〙胆石. **2** 明るい鬱金(うこん)色 (light chrome yellow).

gal·lumph [gəlʌ́mf] *vi.* =galumph.

Gal·lup [gǽləp], **George Horace** *n.* (1901–) 米国の統計学者.

Gállup pòll〘(1940)〙— *n.* ギャラップ世論調査《G. H. Gallup が所長である American Institute of Public Opinion が行なう, ある代表的問題点に関する世論の標本抽出調査》.

gal·lus [gǽləs]〘《転訛》← GALLOWS〙*n.* [通例 *pl.*]《方言》ズボン吊り.

Gal·lus [gǽləs]〘□L ~〙*n.* (*pl.* **Gal·li** [-laɪ]) ガッルス《女神 Cybele の神官で, 去勢していた》.

gál·lused *adj.*《方言》ズボン吊りをつけた.

gáll wàsp *n.*〘昆虫〙タマバチ《タマバチ科の昆虫の総称; 種々の植物に虫癭(ちゅうえい)(gall) を作る; cf. gallfly》.

Ga·lois [gælwɑ́ː; *F.* galwa], **É·va·riste** [evarist] *n.* ガロア《1811–32; フランスの数学者》.

Galóis fìeld *n.*〘数学〙ガロア域, 有限体《要素の個数が有限個であるような体; finite field ともいう》.

Galóis thèory *n.*〘数学〙ガロアの理論《代数方程式が代数的に解けるか否かを判定するための数学理論》.

ga·loot [gəlúːt]〘(1812) ← ?: cf. Du. *gelubt* eunuch: もと船員の俗語〙*n.*《俗》気のきかない男, 間抜け.

gal·op [gǽləp, gælóu | gǽləp, gælɔ́p; *F.* galo]〘(1837) □F ~ ← *galoper* 'to GALLOP'〙— *n.* ガロップ《19 世紀に流行した $^2/_4$ 拍子の急速な舞踊》; ガロップの曲. — *vi.* ガロップを踊る.

gal·o·pade [gæ̀ləpéɪd, -pɑ́ːd | -péɪd] *n.*, *vi.* =galop.

ga·lore [gəlɔ́ə, -lóə | -lɔ́ː(r)]〘(1675) □Ir.-Gael. *go l(e)ōr* enough ← *go* to+*leōr* sufficiency, sufficient〙— *adv.* [名詞の後に置いて] たくさんに, 豊富に (in abundance): whiskey ~ たくさんのウイスキー / make mistakes ~ 多くのまちがいをする / There were presents ~. プレゼントがどっさりあった. — *n.*《廃》豊富 (abundance): in ~ たくさんに.

ga·losh [gəlɑ́ʃ | -lɔ́ʃ]〘(*c*1353) □(O)F *galoche* < LL *gallicula* (dim.) ← L *gallica* ← (*solea*) *gallicus* Gaulish (sandal)〙— *n.* (*also* **ga·loshe** [~]) [通例 *pl.*] ガロッシュ, 半長オーバーシューズ《防水・防寒用に靴の上にはくゴムまたは防水布製の半長の靴; cf. overshoe, rubber[1] B 2 g》: a pair of ~*es*.

gals.《略》gallons.

Gals·wor·thy [gɔ́ːlzwəːði, gǽlz- | -wəːði], **John** *n.* (1867–1933) 英国の小説家・劇作家; Nobel 文学賞 (1932); *The Forsyte Saga* (1922).

Gal·ton [gɔ́ːltṇ, -tən | gɔ́ːltṇ, gɔ́lt-, -tən], Sir **Francis** *n.* (1822–1911) 英国の遺伝学者; 優生学を創始し, 英国に指紋確認法を紹介した; Charles Darwin のいとこ.

Gal·to·ni·an [gɔːltóuniən | gɔːltə́unjən, gɔl-, -niən] *adj.* Galton の(唱えた).

ga·lumph [gəlʌ́mf]〘(1872)《混成》← GAL(LOP)+(TRI)UMPH: Lewis Carroll の造語〙— *vi.* **1** 得々として行く, 意気揚々と歩く. **2** 重々しげに歩く, どたんどたんと音をたてて歩く[走る, 動く].

Ga·luth, g- [gɑːlúːθ]〘□Heb. *gālūth* exile〙*n.* (*also* **Ga·lut** [-lúːt]) パレスチナ (Palestine) からのユダヤ人の流浪, 四散 (Diaspora).

galv.《略》galvanic; galvanism; galvanized; galvanometer.

Gal·va·ni [gælvɑ́ːni, gɑːl- | gælvɑ́ːnɪ; *It.* galvá:ni], **Luigi** *n.* ガルバーニ《1737–98; イタリアの解剖学者・生理学者》.

gal·van·ic [gælvǽnɪk]〘(1797)〙— *adj.* **1**〘電気〙ガルバーニ電気 (galvanism) の[に関する, の作用による], 直流電気の. **2**〈動作など〉電気にかかったような, どきっとさせる (startling), 痙攣(けいれん)的な (spasmodic); (電気をかけたように)生き生きさせる, 興味をそそる: a ~ smile ひきつった笑い / a ~ personality 興味を引く個性. **3**〘医学〙直流の: a ~ bath 直流浴 / ~ cautery 電気焼灼(しょうしゃく)(法). **gal·ván·i·cal·ly** *adv.*

galvánic báttery *n.*《廃》〘電気〙化学電池 (voltaic battery) (cf. battery 6, cell 5 a).

galvánic bélt *n.*《廃》(医療用の)電気帯.

galvánic céll *n.*〘電気〙=galvanic battery.

galvánic cóuple *n.*〘電気〙電池の両極を構成する一対の金属や炭素などの導電材料.

galvánic corrósion *n.*〘化学〙ガルバニック腐食, 接触腐食《異種金属の接触によっておこる腐食》.

galvánic cúrrent *n.*〘電気〙直流 (direct current).

galvánic electrícity *n.*〘電気〙動電気, 流電気《静電気に対して持続的に電流の流れるような電気》.

galvánic píle *n.*〘電気〙電堆(でんたい)《化学電池として動作する円板を重ねて直列接続したもの》.

gal·va·nism [gǽlvənɪ̀zm]〘(1797) □F *galvanisme* □It. *galvanismo* ← *Luigi Galvani*〙— *n.* **1**〘電気〙ガルバーニ電気《化学作用によって起こされる電気》; 流電気, 直流電気; 流電気学. **2**〘医学〙直流(通電)療法. **3** 活気, 生き生きした活動.

gál·va·nist [-nɪst, -nəst | -nɪst] *n.* 流電気学者.

gal·va·ni·za·tion [gæ̀lvənɪzéɪʃən, -nə- | -naɪ-, -nɪ-] *n.* **1**〘医学〙直流(電気)をかける[かけられる]こと; 直流通電(法). **2**〘冶金〙亜鉛めっき.

gal·va·nize [gǽlvənàɪz]〘(1802) □F *galvanis-er* ← *Luigi Galvani*〙— *vt.* **1** …に電流を作用させる[かける, 通じる]. **2** (電気をかけたように)急に刺激する; 刺激して〔行動などを〕とらせる〔*into, to*〕: ~ a person *into* life [*to* new life] 人を活気づかせる; 人を生き返らせる / ~ a person *into* action [running] 人を急に活動させる[走らせる]. **3**〘医学〙〈筋肉・神経を〉直流電流で刺激する, 直流通電療法を施す (cf. faradize). **4**〘冶金〙〈鉄・鋼鉄などを〉亜鉛めっきする.

gál·va·nìz·er *n.*

gálvanized íron *n.* 亜鉛めっき鉄, 亜鉛引き鉄《トタン板など》.

galv·an·neal·ing [gælvəníːlɪŋ] *n.*〘冶金〙ガルバニーリング《亜鉛めっき鉄を作る際に, 付着性を良くし有孔度を少くするための熱処理》.

gal·va·no- [gǽlvəno(u), gælvǽn- | -nə(u)]「直流 (galvanic current); 直流電気 (galvanism)」の意の連結形.

gàlvano·cáutery *n.*〘医学〙電気焼灼(しょうしゃく)(法).

gàlvano·contractílity *n.*〘生理〙電気収縮性.

gal·van·o·graph [gælvǽnəgræ̀f, gǽlvənə- | -grɑ̀ːf, -græ̀f] *n.* 電鋳銅凹版; 電鋳銅凹版画.

gal·va·nog·ra·phy [gæ̀lvənɑ́grəfi | -nɔ́grəfɪ] *n.* ガルバノグラフィー《電鋳で銅凹版を作る方法》.

gàlvano·magnétic *adj.*〘物理〙電流磁気の.

galvanomagnétic efféct *n.*〘物理〙電流磁気効果《結晶中を流れる電流が磁場の影響を受ける現象の総称》.

gal·va·nom·e·ter [gæ̀lvənɑ́mətə | -nɔ́mɪtə(r, -mə-] *n.*〘電気〙検流計.

gal·va·no·met·ric [gæ̀lvəno(u)métrɪk, gælvæ̀nə- | -nə(u)-] *adj.* 検流計の[で計った].

gal·va·nom·e·try [gæ̀lvənɑ́mətri | -nɔ́mɪtrɪ, -mə-] *n.* 電流測定法.

gàlvano·plástic *adj.* 電鋳法の, 電気版術の.

gal·va·no·plas·tics [gæ̀lvəno(u)plǽstɪks, gælvæ̀n- | -nə(u)-] *n.* 電鋳法, 電気版術 (electrotypy).

gal·va·no·scope [gælvǽnəskòup, gǽlvənə- | -skə̀up] *n.*〘電気〙検流器. **gal·va·no·scop·ic** [gælvæ̀no(u)skɑ́pɪk, gæ̀lvən- | -nə(u)skɔ́p-] *adj.*

gàlvano·táxis〘← NL ~: ⇨galvano-, -taxis〙*n.*〘生物〙走電性《電流の刺激による生物の走性》.

gàlvano·therapéutics *n.*〘医学〙直流通電療法.

gàlvano·thérapy *n.*〘医学〙=galvanotherapeutics.

gal·va·not·ro·pism [gæ̀lvənɑ́trəpɪzṃ | -nɔ́t-] *n.*〘植物〙向電性, 屈電性《電流に刺激されて起こる植物の屈曲運動; cf. electrotropism》.

Gal·ves·ton [gǽlvɪstən, -vəs-, -tṇ | -vɪs-] 〘↓〙*n.* 米国 Texas 州南東部, Galveston 湾入口の島 (Galveston Island) にある都市; 硫黄などの輸出港; 人口 62,000.

Gálveston Báy〘← *Bernardo de Gálvez* (1746–86: Louisiana 州の知事): ⇨-ton〙*n.* ガルベストン湾《米国 Texas 州南東部, メキシコ湾内部の入江》.

Gálveston plàn *n.*〘米政治〙ガルベストンプラン [計画]《1901 年 Galveston において初めて採用された市政全般にわたって各種委員会が処理する委員会制度; commission plan ともいう》.

Gal·way [gɔ́ːlweɪ] *n.* **1** アイルランド共和国西部, Connacht 地方の州; 人口 150,000, 面積 5,939 km². **2** 同州の首都で海港; 人口 28,000.

gal·ways, G- [gɔ́ːlweɪz]〘← ? *Galway*〙*n. pl.* 下顎に沿って耳から耳に達するひげ.

Gal·we·gi·an [gælwíːdʒiən, -dʒən | -dʒɪən, -dʒən]〘(1774) ← GALLOWAY: NORWEGIAN からの類推〙*adj.*, *n.* (スコットランドの)Galloway の(人).

gal·yak [gǽljæk, gɔ́ːl-, gəljǽk]〘□Russ.《方言》~ 'premature lamb'〙*n.* (*also* **gal·yac** [~]) 子羊・子山羊の皮でつくった滑らかで光沢のある毛皮.

gam[1] [gǽ(ː)m]〘《変形》← GAME[1] //《略》? ← GAMMON[3]〙— *n.* **1** 鯨の群れ. **2**《米》(捕鯨船間に交換される) 社交的な訪問, 交歓; (一般人の)社交, 交際.
— *v.* (**gammed; gam·ming**) — *vi.* **1**〈鯨が〉群れをなす. **2**《米》(捕鯨船間で)交歓する; 交歓する, 交際する. — *vt.*《米》**1**〈捕鯨船や漁船の乗組員が〉(他船を訪問して)…と交歓する;〈人を〉訪問する,〈人〉と交際する. **2** おしゃべりして〈時間を〉過す.

gam[2] [gǽ(ː)m]〘《変形》← GAMB〙*n.*《俗》脚, (特に)女の魅力的な脚.

GAM, G.A.M.《略》guided aircraft missile.

gam.《略》gamut.

gam- [gæm] (母音の前に来る時の)gamo- の異形.

-gam [⌐–gæ̀m]〘← NL *-gamia* ← Gk: cf. -gamy〙〘植物〙「…の生殖法をもつ部類に属する植物」の意の名詞連結形: cryptogam.

ga·ma [gǽmə | gɑ́ːmə]〘《変形》← ? GRAMA〙*n.*〘植物〙米国産イネ科の牧草 (*Tripsacum dactyloides*).

Ga·ma [gǽmə, gɑ́ːmə | gɑ́ːmə; *Port.* gémɐ], **Vasco da** [dɐ] *n.* ガマ《1469?–1524; ポルトガルの航海者; 喜望峰を回るインド航路を発見 (1498)》.

-ga·mae [⌐gəmìː]〘← NL ~ (fem. pl.) ← *-gamus* '-GAMOUS'〙〘植物〙「(分類上)…の生殖器官・生殖法をもつ植物部類」の意を表わす名詞連結形: Agamae.

gáma gràss *n.*〘植物〙=gama.

Ga·ma·li·el [gəméɪliəl, -ljəl | -ljəl, -lɪəl]〘□L ~ □Gk *Gamaliēl* □Heb. *Gamlī'ēl*《原義》? God rendered good ← *gāmal* to deal fully+*Ēl* God〙— *n.* **1** 男性名. **2** [英国のユダヤ人の間ではまた gəmáːlɪəl, gæmǽlɪəl]〘聖書〙ガマリエル《パリサイ人でユダヤの律法博士; 使徒パウロ (Paul) の師; cf. *Acts* 22:3》.

gamb [gǽ(ː)mb, gǽ(ː)m]〘□ONF *gambe*=F *jambe*: ⇨jamb〙*n.*〘紋章〙猛獣の脚.

gam·ba [gɑ́ːmbə, gǽm- | gǽm-]〘(1598) □It. ~《略》← *viola da gamba*〙— *n.* **1** =viola da gamba. **2** ガンバ音栓《viola da gamba または cello の音色を出すオルガンのストップ; gamba stop ともいう》.

gam·bade [gæmbéɪd, -bɑ́ːd]〘□F ~: cf. gambol〙*n.* =gambado[2].

gam·ba·do[1] [gæmbéɪdou, -bɑ́ː- | -béɪdəu]〘(1656) ← It. *gamba* leg+-ADO: cf. gambol〙— *n.* (*pl.* **~es, ~s**) **1** (乗馬のさい, 泥はねを防ぐため)鞍に取り付けた長靴; あぶみ代り. **2** 長ゲートル.

gam·ba·do[2] [gæmbéɪdou, -bɑ́ː- | -dəu]〘(1820) □Sp. *gambada* ← *gamba* leg〙— *n.* (*pl.* **~es, ~s**) **1** (馬などの)騰躍 (curvet). **2** はね回り, ふざけ (caper, gambol); 突然の意外な動き, おどけた挙動 (antic).

gambe [gǽ(ː)mb, gǽ(ː)m] *n.*〘紋章〙=gamb.

gam·be·son [gǽmbəsn, -zṇ | -bɪ-]〘(? *a*1300) *gaumbisoune* □OF *gambeson* ← ? Frank. **wamba* belly: cf. womb〙— *n.*〘甲冑〙(13–14 世紀頃鎖かたびらの下に着た)芯に羊毛を入れた刺子の鎧下(よろいした).

Gam·bet·ta [gæmbéṭə, gɑ̃(m)bətɑ́ː, gɑːm- | gæmbétə; *F.* gɑ̃bɛta], **Léon** (**Michel**) *n.* ガンベッタ《1838–82; フランスの政治家; Napoleon 三世反対派指導者, 首相 (1881–82)》.

Gam·bi·a [gǽmbiə | -bɪə, -bjə] *n.* **1** ガンビア《アフリカ西部にある英連邦内の共和国; もと英国直轄植民地で保護領であったが, 1965 年独立; 人口 550,000, 面積 11,569 km², 首都 Banjul; 公式名 the Republic of The Gambia ガンビア共和国》. **2** [the ~] ガンビア(川)《ガンビアを西流して大西洋に注ぐ (1,127 km)》.

Gam·bi·an [gǽmbiən | -bɪən, -bjən] *adj.* ガンビア(人)の. — *n.* ガンビアの住民, ガンビア人.

gam·bier [gǽmbɪə | -bɪə(r)]〘(1830) □Malay *gambīr* (植物名)〙— *n.* (*also* **gam·bir** [~])〘化学〙ガンビール阿仙(あせん)薬, びんろう膏(こう), ガンビア《インド産のアカネ科カギカズラ属の植物 (*Uncaria gambir*) から製した止血・収斂(しゅうれん)剤, また皮なめし用や染料にする; cf. catechu 1》.

gam·bit [gǽmbɪt, -bət | -bɪt]〘(1656) □It. *gambetto* a tripping up ← *gamba* leg: ⇨gambol〙— *n.* **1**〘チェス〙(ポーン (pawn) などを捨て駒にして掛ける) 序盤の手, 仕掛け. **2 a** 先に口を切ること, 手初め, 口火. **b** 話題. **3** (行動・取引・議論などの)先手; 術策, 方策, 手. **4**〘軍事〙ギャンビット(戦術), 対潜おびき出し戦術《深く潜没した敵潜水艦に対し, 航空機が攻撃を断念したように見せかけ, 探知と攻撃の機会をつかもうとする戦術》. — *vi.* **1** 先手をとる, 仕掛ける. **2**〘軍事〙ギャンビット[対潜おびき出し]戦術をとる, (術策により)潜水艦攻撃の機会をうかがう.

gam·ble [gǽmbḷ]〘(1775)《変形》← ?《廃》*gamel* to play games (cf. -le[3])《変形》← ME *gamene(n)* < OE *gamenian* to play, sport ← *gamen* 'amusement, GAME[1]': ただし現在分詞形では (1726) に用例あり〙— *vi.* **1** 賭け事をする, 賭博(とばく)をする, 賭ける: ~ *on* horse races 競馬に金を賭ける / ~ *at* cards トランプでばくちをする, 賭けトランプをする. **2** 投機をする: ~ *in* railway shares [wheat] 鉄道株で[小麦の]相場をやる. **3** (一か八かの)冒険をする: ~ *with* one's future 未来を賭ける大冒険をする. **4** 〔…を〕当てにする, 信用する, 確実と思う; 〔…であることに〕望みをかける〔*on*〕: You can't ~ *on* his assistance. 彼の援助は期待できない / You may ~ *on* the weather being fine. 大丈夫天気になるよ. — *vt.* **1**〈大事なものを〉賭ける (wager, bet)〔*on*〕: ~ one's money *on* horse races 競馬に金を賭ける / He ~*d* himself out of house and home. 彼は賭博で身代をつぶした. **2**〈財産などを〉ばくち[賭け事]で失う〈*away*〉: ~ *away* one's fortune 賭博で身代をする. **3** 冒険する, 危険を冒してやる.
— *n.* **1** ばくち, 賭博, ギャンブル: on the ~ 賭博をして[にふけって]. **2 a** 冒険, やま (venture): take a ~ 一か八かやってみる, 冒険する〔*on*〕. **b** 賭事的な[不確かな]こと: It's a ~ whether he recovers or not. 彼が回復するかどうか危ないものだ.

gám·bler [-blə | -blə(r)]〘(1747)〙*n.* ばくち打ち; 相場師: take a ~'s chance 一か八かやってみる.

gám·bling [-blɪŋ] *n.* ばくち, 賭博, 賭け事, ギャンブル.

gámbling dèn [**hèll, hòuse**] *n.* [しばしば軽蔑的に] 賭博場.

gámbling tàble *n.* 賭博台; 賭場(とば), 賭博場.

gam·boge [gæmbóudʒ, -búːʒ | -búːʒ]〘(1712) ← NL *gambogi-um* ← *Cambodia* (インドシナの地名):「かぼちゃ」と同語源〙— *n.* **1**〘化学〙雌黄(しおう)《インドシナ地方に産するオトギリソウ科の高木ガンボシ (*Garcinia hanburyi*) の樹皮から採る褐色の樹脂; 下剤・顔料となる》. **2** ガムボージ, 雌黄色《赤味がかっ

た黄色; gamboge yellow ともいう》.

gam·bol [gǽmbəl] 〘《1503》 gamba(l)d ▭ F gambade leap, caper ▭ It. gambata caper, kick ← gamba leg < LL camba, gamba ▭ Gk kampḗ a bend, joint〙 ── n. [通例 pl.] (子山羊や子供が)とびはねまわること, はねとび, ふざけ. ── vi. (**gam·boled, -bolled; -bol·ing, -bol·ling**) はねまわる, 跳びまわる, ふざける, じゃれる ⟨about, around⟩.

gam·brel [gǽmbrəl] 〘《1547》 ▭ ONF gamberel butcher's gambrel ← gambe=F jambe leg: ⇨ jamb〙 ── n. **1** (獣類, 特に馬の)飛節 (hock). **2** =gambrel stick. **3** 〘建築〙=gambrel roof.

gámbrel ròof n. 〘建築〙 **1** 《米》腰折れ屋根. **2** 《英》入り母屋屋根. **gámbrel-ròofed** adj.

gámbrel stìck n. (肉屋で獣肉を吊るす)馬脚状の鉄かぎ[棒].

gambrel roof 1

gam·broon [gæmbrúːn] 〘《1831》 ← Gambroon (ペルシャ湾沿岸の町)〙 ── n. 毛と綿[麻]との交織のあや布.

gam·bu·si·a [gæmb(j)úːʒiə, -ʒə | -zɪə, -zjə, -ʒɪə, -ʒə] 〘← NL ~ ← Am.-Sp. (Cuban) gambusino〙 ── n. 〘魚類〙 カダヤシ属 (Gambusia) の小型淡水魚.

game[1] [géɪm] 〘OE gamen, gomen sport, joy ← ? Gmc *gam- to enjoy (OHG & ON gaman joy): cf. Goth. gamen participation〙 ── n. **1 a** 遊戯, 遊び, 娯楽: children's ~s / What a ~! これはおもしろい. **b** [the [The] G-] ジェスチャーゲーム. **2** 遊戯の道具: toys and ~s おもちゃやゲーム類. **3 a** 競技; 勝負, 試合: a ~ of skill (チェスなど) 熟練がものを言う勝負事 / a ~ of chance (ダイスなど) 運がものを言う勝負事 / athletic ~s 体育競技 / a ~ of football, tennis, etc. / a ~ at chess, cards, etc. / a called ~ 判定勝負, コールドゲーム / a drawn ~ 引分け試合 / no ~ 〘野球〙無効試合 / have a ~ of play ひと勝負[試合]する. ★《米》では -ball のつく競技には game を用い, golf, tennis などには match を用いるのが普通; 《英》では一般に match を用いる. **b** (一試合の一部である)一勝負, ゲーム (cf. set n. 13): a rubber of three ~s 3 番勝負 / ~ all ゲームオール, ゲームカウント 1 対 1. **c** [pl.] (学科目としての)競技, スポーツ. **d** [pl.] (古代ギリシャ・ローマで, 定期に催された運動・演劇・音楽・文学などの)大競技[競演]会; 競技大会: ⇨ Olympic games. **4 a** 勝負に勝つのに必要な点数; 勝ち目, 勝利; 勝負の形勢, 得点: The ~ is yours. 勝負は君の勝ちだ / 100 is the ~. 100 点でゲームだ[勝負がつく] / How [What] is the ~? 得点[形勢]はどうだ / The ~ is 4 all [love three]. 得点おのおの 4 点[0 対 3] / have the ~ in one's hands 勝敗のかぎを握る, 勝利はこっちのもの / lose a ~ to ... と勝負して負ける. **b** 〘トランプ〙(勝を決める)最低得点 (auction bridge では 30 点; contract bridge では 100 点). **5 a** (勝負の)仕方; (同じ目的に対して人と張り合う)勝負, 競争: play a ~ 勝負する / play a good [poor] ~ 勝負がうまい[まずい] / play a dangerous ~ 危い芝居を打つ / play a losing [winning] ~ 勝つ見込みのない[ある]勝負をする, 負けるのを[勝つのを]承知でやる. **b** [the ~] 公正な[ルールを守った]勝負の仕方: ⇨ play the GAME. **6 a** 冗談, 戯れ, ふざけ: speak in ~ 冗談に言う. **b** 愉快な[おもしろい]事柄, 慰み(になる事柄). **7** たくらみ, もくろみ; 計略, 策略: ⇨ waiting game / Don't try any of your ~s. もうその手はよせ / So that's your little ~. なるほどそれが君のけちな手[魂胆]だな / see through a person's ~ 人の策略を見抜く / play a deep ~ 深いたくらみをする / play a double ~ 裏表のあるやり方をする / the ~ of politics 政略 / the same old ~ 相も変らぬ同じ手 / ⇨ play a person's GAME / None of your ~s. その手は食わぬぞ / Two can play at that ~. =That's a ~ that [at which] two can play. その手で来ればこちらもその手でゆくぞ. **8 a** [集合的] 猟の獲物, 猟鳥獣類 (cf. poultry); 猟鳥獣の肉: winged ~ 猟鳥類 / eat ~ 猟鳥獣の肉を食べる / ⇨ big game, fair game 1. **b** (追求・攻撃・嘲笑などの)目標, えじき,「かも」. ★ しばしば次の句で: ⇨ fair game 2. **c** (飼ってある白鳥の)群れ: a ~ of swans. **9** 《口語》(通例賭けの要素のある)仕事, 職業, 商売: the stock-market ~ 株式売買業 / be in the political ~ 政治に関係している. **10** [the ~] 《俗》売春 (prostitution); 泥棒 (thieving): be on the ~ 売春[泥棒を]する. **11** 《古》闘志, 元気, 勇気 (cf. adj. 2). **12 a** 《古》色事. **b** 《卑》性交.

ahead of the game 《米口語》(1) 勝機をつかんで, リードして; 有利で. (2) (時間に)早く (early); 早すぎて. ***beat a person at his own game*** 人をその同じ手で打ち負かす. ***fly at high game*** 大志をいだく, 望みが高い: fly at higher ~ 一層高い望みをいだく, (そんな物には目もくれずに)お高く止まる. ***force the game*** 〘クリケット〙得点を挙げようと無理なことをする. ***give the game away*** 《口語》(内密にしておいた計画の)秘密[内幕]を漏らす. ***have a game with*** = ***make game of*** ...をからかう, ばかにする, を愚弄する. ***make game to do [be]*** (冗談に)...する真似をする, ...であるふりをする. ***on [off] one's game*** (競技などで)調子が良い[悪い], コンディションが良い[悪い]. ***play a person's game*** 無意識に人の利益になるようなことをする. ***play the game*** 正々堂々と試合をする, 尋常に勝負する; 公明正大に行動する, 立派に役割を果す. ***play the ... game*** ...のルールに従って行動する; (カムフラージュのため)表面は...のルールに同調しているように見せかける: play the democratic ~. ***spoil a person's game*** 人の計画を(出し抜いて)だめにする. ***spoil the game*** せっかくの骨折りをむだにする, しくじる. ***The game is up.*** 成功の見込みなし, 万事休す.

game and game 〘テニス〙 ゲームカウント 1 対 1.

game and (set) 〘テニス〙 セット終了. ★ set を省略した場合には and を [ǽ(ː)nd] と発音する; またその場合 game-and ともつづる.

game, set, and match (1) 〘テニス〙 試合終了, ゲームセット. (2) 圧勝, 完全な勝利.

── adj. (**gam·er; -est**) **1** 猟の獲物の[に関する] (cf. rough adj. 16); 猟鳥獣の(肉の): a ~ pie. **2** (シャモ (gamecock) のように)勇ましい, 元気な, 負けじ魂の. **3** 《口語》(...を)いとわない [for]; (...する)気[元気]がある ⟨to do⟩: He is ~ for [to do] anything. 元気で何でもする / Are you ~ for a walk [to walk]? 歩く元気があるかい. **4** 〘トランプ〙勝を決定するような: a ~ bid [contract] (コントラクト・ブリッジで)成功すれば得点が 100 点以上に達するようなビッド[契約].

(as) game as Ned Kelly 《豪口語》とても勇敢で[な]. ***die game*** 勇敢に戦って死ぬ; 最後まで奮闘する.

── vi. 勝負する; ばくちを打つ (gamble). ── vt. 《古》⟨財産などを⟩ばくち[賭け事]で失う ⟨away⟩.

game[2] [géɪm] 〘《1787》 ← ?: cf. F 《方言》gambi limping〙 adj. 《口語》⟨脚・腕など⟩かたわの, びっこの (lame); (負傷して)使えない: a ~ leg.

gáme àct n. =game law.

gáme ànimal n. (法律で定められた)狩猟獣.

gáme bàg n. (猟の)獲物袋, 獲物入れ《背にかついでしとめた鳥を入れる通例ひも付きの袋》.

gáme bàll n. **1** ゲームボール《あと 1 ポイントでゲームに勝てる時のサービス》. **2** ゲームボール《サッカー・ラグビーなどでチームの勝利に寄与した選手やコーチにそのチームから贈られるボール》.

gáme bìrd n. **1** (法律で定められた)狩猟鳥. **2** game ball 1 に相当するバドミントンでの呼び名.

gáme·còck n. **1** (雄の)シャモ, 闘鶏. **2** 不屈のけんか好きな人.

gáme·ègg n. シャモの卵.

gáme fish n. **1** スポーツ釣の対象となる魚; 釣の対象魚. **2** サケ科の魚の総称 (cf. coarse fish 2).

gáme fòwl n. **1** 狩猟鳥. **2** 闘鶏, シャモ.

gáme·kèeper n. 猟場番人.

gam·e·lan [gǽməlæ̀n, -lən | -mɪ-] 〘▭ Jav. ~ 'bamboo xylophone'〙 ── n. 〘音楽〙 **1** ガムラン《インドネシアの打楽器を主とする合奏形態》. **2** ガムラン音楽. **3** ガムラン《ガムラン音楽に用いるシロホンに似た打楽器》.

gáme làw n. [通例 pl.] 狩猟法.

gáme lìcense n. 狩猟免許(状)[鑑札]; 猟鳥獣販売免許(状).

gáme·ly 〘ME〙 adv. (闘鶏のように)勢いよく, 屈せずに, 勇敢に (pluckily).

gáme·ness n. 勇敢, 不屈, 不撓, 負けずぎらい.

gáme plàn n. 《米》綿密に計画された行動方針, 策略.

gáme pòint n. 〘球技〙 ゲームポイント《そのゲームの勝敗が決まる 1 点; 例えばテニスでは各セットの 1 単位であるゲームを決するポイント; cf. set point 1, match point 1》.

gáme presèrve n. 猟鳥獣保護林, 猟園; 禁猟区.

gáme-presèrver n. 猟鳥獣保護者《自分の所有地内に禁猟区を設け, 狩猟法を厳重に励行して鳥獣の繁殖を計る人》.

gáme ròom n. (卓上ゲームのできる)娯楽室.

gámes-áll n. 〘テニス〙 ゲームカウントがタイ (tie) (cf. game[1] 3 b).

gámes·man [-mən] n. (pl. **-men** [-mən]) 試合[ゲーム]をする人; (特に)試合の掛け引きの上手な人.

gámesman·shìp n. (試合・ゲームの)掛け引き.

gámes màster n. 《英》体育教師, 体育主任.

gámes mìstress n. 《英》女性の体育教師.

game·some [géɪmsəm] 〘《a1375》: ⇨ game[1] (n.), -some[1]〙 adj. ふざけ好きな, 陽気にはしゃぎ回る, 戯れる (sportive, frolicsome). **~·ly** adv. **~·ness** n.

game·ster [géɪmstə | -stə(r)] 〘《1553》〙 n. **1 a** 賭け勝負をする人, ばくち打ち. **b** (スポーツの)選手; 度胸のいい選手. **2** 《廃》陽気にはしゃぐ人; 色事師.

gámes thèory n. =THEORY of games.

ga·met- [gəmíːt, gǽmət | gəmíːt, gǽmɪt] (母音の前に来る時の) gameto- の異形.

gam·e·tan·gi·um [gæ̀mətǽndʒiəm | -mɪtǽndʒɪ-] 〘← NL ~: ⇨ gameto-, angio-, -ium〙 n. (pl. **-gi·a** [-dʒiə | -dʒɪə]) 〘生物〙 配偶子嚢(のう).

ga·mete [gəmíːt, gǽmiːt] 〘《1886》 ← NL gameta ← Gk gametḗ wife, gamétēs husband ← gameîn to marry〙 ── n. 〘生物〙 配偶子《高等な生物の卵と精子の総称》.

ga·met·ic [gəmétɪk | -tɪk] adj. **ga·mét·i·cal·ly** adv.

gáme tènant n. 狩猟[遊漁]権借受人.

gáme thèory n. ゲームの理論 (⇨ THEORY of games).

ga·me·to- [gəmíːṭo(ʊ), gǽmə- | gəmíːtə(ʊ), gǽmɪ-] 〘← NL ~ ← gameta 'GAMETE'〙 〘生物〙「配偶子 (gamete)」の意の連結形. ★ 母音の前では通例 gamet- になる.

ga·me·to·cyte [gəmíːṭəsàɪt, gǽmə- | gəmíːt-, gǽmɪt-] n. 〘生物〙 生殖母細胞《配偶子をつくる細胞》.

gamèto·génesis n. 〘生物〙 配偶子形成《卵ができること (oogenesis), また精子のできること (spermatogenesis)》. **gamèto·génic** adj. **gam·e·tog·e·nous** [gæ̀mətɑ́dʒənəs | -mɪtɔ́dʒɪ-] adj. **gam·e·tog·e·ny** [gæ̀mətɑ́dʒəni | -tɔ́dʒɪni] n.

ga·me·to·phore [gəmíːṭəfɔ̀ə, -fɔ̀ə | -təfɔ̀ː(r)] n. 〘植物〙 配偶子体《配偶子を造る蘚類の部分》. **ga·me·to·pho·ric** [gəmìːṭəfɔ́(ː)rɪk, -fɑ́r- | -təfɔ́ːr-] adj.

ga·me·to·phyte [gəmíːṭəfàɪt | -tə-] n. 〘植物〙 配偶体《有性生殖体[器官]を造る植物体》. **ga·me·to·phyt·ic** [gəmìːṭəfítɪk | -təfít-] adj.

gáme wàrden n. 狩猟法実施官, 猟区監視官.

ga·mey [géɪmi | -mɪ] adj. (**~·er; ~·est**) =gamy.

gam·ic [gǽmɪk] 〘▭ Gk gamik-ós of or for marriage ← gámos marriage: cf. gamete〙 adj. 〘生物〙 有性の (sexual) (↔ agamic).

-gam·ic [gǽmɪk] 〘← NL -gamia (⇨ -gamy) + -IC[1]〙「...の生殖器官を有する; ...の受精作用をする」の意の形容詞連結形: dichogamic, monogamic.

gam·i·ly [géɪmɪli, -mə- | -lɪ] adv. =gamely.

ga·min [gǽmɪn, -mən | gǽmɪn, -mɛ̃ː(ŋ), -mæŋ; F. gamɛ̃] 〘《1840》 ▭ F ~ ← ?〙 n. (pl. **~s** [~z; F. ~]) **1** 宿なし子, 浮浪児; いたずらっ子. **2** =gamine 2.

ga·mine [gæmíːn, gǽmiːn, -mɪn, -mən | gǽmiːn; F. gamin] 〘▭ F ~ (fem.) ← gamin (↑)〙 ── n. (pl. **~s** [~z; F. ~]) **1** おてんば娘, 男の子のような娘 (tomboy). **2** 小妖精のような魅力ある娘.

gám·ing n. **1** 賭博, ばくち. **2** (ゲームの理論 (theory of games) における)ゲームの展開.

gáming hòuse n. =gambling house.

gáming tàble n. 賭博台.

gam·ma [gǽmə] 〘《?a1425》 ▭ L ~ ▭ Gk gámma ← Sem.: ⇨ gimel[1]〙 ── n. **1** ガンマ《ギリシャ語アルファベット 24 字中の第 3 字: Γ, γ (ローマ字の C, c に当たる; ⇨ G, g の語源欄); ⇨ alphabet 表》. **2 a** 3 番目, 第 3 位のもの, 第 3 級 (cf. alpha, beta). **b** 《英》(学業成績の)可, C: ~ plus [minus] 可の上[下], C^+ [C^-]. **3** 〘天文〙 [通例 G-; 星座名の属格を伴って] ガンマ (γ) 星《通例星座中で 3 番目に明るく見える星》: Gamma (γ) Pegasi [pégəsàɪ] ペガサス座のガンマ星. **4** 〘化学〙 [形容詞的に] ガンマの, γ-, 第 3 の (⇨ alpha[1] 5). **5** 〘物理〙 ガンマ《磁場の強さを表わす単位; =0.00001 oersted》. **6** 〘写真〙 ガンマ《感光材料の調子の硬さを表わす言葉で数値の大きい程硬調; 特性曲線の直線部が水平軸と成す角の正接》. **7** 〘テレビ〙 ガンマ《画像の明暗のコントラストの度を表わす単位》. **8** 〘物理〙 ガンマ (microgram)《100 万分の 1 グラム》.

gámma ácid n. 〘化学〙 ガンマ酸 ($HOC_{10}H_5(NH_2)SO_3H$)《アミノナフトールスルホン酸の俗称; アゾ染料の中間体として用いる》.

gámma cèllulose n. 〘化学〙 ガンマセルロース《セルロース試料中で 17.5% 水酸化ナトリウム液に溶ける部分のうち, 酸性にしても沈澱しない部分; cf. alpha cellulose, beta cellulose》.

gam·ma·cism [gǽməsìzm] 〘← LL gammacismus ← GAMMA + -cismus (⇨ iotacism)〙 n. 〘病理〙 ガ行発音不全(症).

gámma decày n. 〘物理〙 ガンマ崩壊《ガンマ線を放出する原子核や素粒子の崩壊; 通例 γ-decay と書く》.

gam·ma·di·on [gəméɪdiɑ̀n, gæ-, -diən | gæméɪdɪən] 〘《1848》 ▭ MGk gammádion (dim.) ← Gk gámma 'GAMMA': ガンマ (Γ) 4 個からなるとみて〙 ── n. (pl. **-di·a** [-diə | -dɪə, -djə]) 4 個のガンマ (Γ) を組み合わせた十字の飾り模様; (特に)卍(まんじ).

gámma fùnction n. 〘数学〙 ガンマ関数《自然数 n に n−1 の階乗 (n−1)! を対応させる関数の定義域を複素数にまで拡張したもの; 記号 Γ(z); cf. beta function》.

gámma glóbulin n. 〘生化学〙 ガンマグロブリン《血漿(けっしょう)蛋白質の一成分で抗体に富む》.

gámma infínity n. 〘写真〙 極限ガンマ《ある写真感光材料の現像を長くした時得られる最大のガンマ値》.

gámma ìron n. 〘化学〙 ガンマ鉄《鉄の変態の一つで, 910–1400°C の間で安定し, 面心立方晶系の非強磁性体; cf. alpha iron》.

gámma móth n. 〘昆虫〙 ガンマキンウワバ (Plusia gamma)《ヤガ科のガ; ヨーロッパからアジア北部に広く分布; 羽に γ 字形の紋がある》.

gámma radiàtion n. 〘物理〙 ガンマ放射線; ガンマ線放射《通例 γ-radiation と書く》.

gámma ràỳ n. [pl.] 〘物理〙 ガンマ線《X 線よりも波長の短い電磁波; 通例 γ-ray と書く》.

gámma-ràỳ astrónomy n. ガンマ線天文学《天体からくるガンマ線によって天体や宇宙を研究する天文学の一部門》.

gam·ma·rid [gǽmərɪd, -rəd | -rɪd] 〘↓〙 adj., n. 〘動物〙 ヨコエビ科の(動物).

Gam·mar·i·dae [gəmǽrədìː, gæ- | -rɪ-] 〘← NL ~ ← Gammarus (属名: 《変形》 ← L cammarus lobster) + -IDAE〙 n. pl. 〘動物〙 ヨコエビ科.

gámma·sònde n. 〘気象〙 ガンマゾンデ《上層大気中のガンマ放射線を測定するラジオゾンデ》.

gámma súrgery n. ガンマ手術.

gam·mer [gǽmə | -mə(r)] 〘《1575》《短縮》 ← GODMOTHER // GRAN(D)M(OTH)ER〙 n. 《古》ばあさん, (特に田舎出の)老婆 (cf. gaffer 1).

Gam·mex·ane [gæméksein, gə-, gǽmɪksèɪn] 〘← GAMM(A)+(H)EXANE〙 *n.* 〘商標〙 ガメクサン《有機合成殺虫剤 lindane の商品名》.

gam·mon¹ [gǽmən] 〘《?*a*1425》 *gambon* ▭ ONF (F *jambon*) ham ← *gambe* leg=F *jambe*: ⇨ jamb〙 ── *n.* **1** ガモン《豚の脇腹肉の臀部に近い部分》: a ～ of bacon. **2** 塩蔵・燻製にした豚のもも肉 (ham) または脇腹肉 (bacon); 厚切りのハム肉料理. ── *vt.* 〈豚肉を〉(塩などで)保蔵処理する.

gam·mon² [gǽmən] 〘《1730》← ? ME *gamen* 'GAME¹'〙 ── *n.* **1** 《古》バックギャモン (backgammon). **2** (バックギャモンで敗者が駒を一つも盤から外せないで負け)賭け金の 2 倍を払う手. ── *vt.* (2 倍点で)大敗させる.

gam·mon³ [gǽmən] 〘《1720》《転用》← ? GAMMON² cf. *to give gammon, to keep in gammon* 《俗》(一人が話しかけて注意を引いている間に相棒がする)〙《英口語》 ── *n.* (ごまかすための)たわごと, でたらめ, ごまかし. ── *vi.* **1** たわごとを言う. **2** とぼける, しらばくれる; もっともらしく話す. ── *vt.* ごまかす, だます. ── *int.* ばかな.

gam·mon⁴ [gǽmən] 〘← ? GAMMON¹ (ハムをひもでしばって貯蔵することから)〙〘海事〙 ── *vt.* (綱などで)〈第一斜檣(しょう)を〉船首材に固定する. ── *n.* = gammoning.

gám·mon·ing *n.* 〘海事〙 船首の第一斜檣(しょう)[やりだし]を船体に縛りつける)繫索(けい).

gam·mop·a·thy [gæmάpəθi | -mɔ́pəθɪ] 〘← *gamma* (*globulin*)+-PATHY〙 ── *n.* 〘病理〙 ガンマグロブリン症《免疫グロブリンを造るリンパ球系細胞の異常増殖による病気で, 多発性骨髄腫ほか各種のものがある》.

gam·my [gǽmi | -mɪ] 〘← ? GAME²+-Y⁴〙 *adj.* (**gam·mi·er**; **-mi·est**) =game².

gam·o- [gǽmo(ʊ) | -mə(ʊ)] 〘← NL ～ ← Gk *gámos* marriage〙 ── 次の意味を表わす連結形: **1** 〘生物〙「雌雄合体 (sexual union)」: *gamo*genesis. **2** 〘植物〙「部分の合体 (union of parts)」: *gamo*petalous. ★ 母音の前では通例 gam- になる.

gam·o·deme [gǽmədìːm] 〘⇨ ↑, deme〙 *n.* 〘生物〙 ガモデーム《他の個体群から交配の上で区別される一群; cf. deme 2》.

gàmo·génesis 〘《1861》〙 *n.* 〘生物〙 有性[両性]生殖. **gàmo·genétic** *adj.* **gàmo·genétically** *adv.*

gam·one [gǽmoʊn | -məʊn] 〘← GAMO-+(HORM)ONE〙 *n.* 〘生化学〙 ガモン《配偶子から出されるホルモン様物質》.

gàmo·pétalous *adj.* 〘植物〙 合生花弁の, 合弁の (cf. polypetalous): a ～ corolla 合弁花冠.

gàmo·phýllous *adj.* 〘植物〙 合生葉の.

gàmo·sépalous *adj.* 〘植物〙 合生萼(がく)片の, 合片萼の: a ～ calyx 合片萼.

-ga·mous [∸gəməs] 〘← Gk *gámos* marriage+-OUS: cf. -gamy〙 -gamy に対応する形容詞連結形.

Ga·mow [géɪmaʊ], **George** *n.* ガモフ《1904–1968; ロシヤ生れの米国の原子物理学者》.

gamp [gǽmp] 〘《1864》← *Mrs. Sarah Gamp* (Dickens 作の *Martin Chuzzlewit* に出る看護婦の名: 彼女の持っていた大きな傘から)〙 ── *n.* 《英口語》大きな傘; (だらしなく巻いた)大形で不細工なこうもり傘.

gam·ut [gǽmət] 〘《1529》← ML *gamma ut* (*gamma* は Guido d'Arezzo が中世音階の最低音に与えた名称 (*c*1040), L *ut* (that) は 6 声音階の基音の名称で後世の *do*: これらの音名は次のラテン語の賛美歌から来た: *Ut* queant laxis *re*sonare fibris, *Mi*ra gestorum *fa*muli tuorum, *Sol*ve polluti *la*bii reatum, Sancte Iohannes. 6 声音階では最後の *si* がない): ⇨ gamma, ut¹〙 ── *n.* **1** 〘音楽〙 **a** 音階. **b** (声音・楽器の)全音域. **c** (全音階的)長音階 (major scale). **2** 全範囲, 全域: experience the ～ *of* emotions あらゆる種類の感情を経験する / the whole ～ *of* experience [suffering] あらゆる経験[苦難] / run the ～ *of* dissipation 放蕩の限りを尽くす / run up and down the ～ (of...) (…の範囲内を)上下する.

gam·y [géɪmi | -mɪ] 〘← GAME¹ (n.) + -Y⁴〙 ── *adj.* (**gam·i·er**; **-i·est**) **1** 〈主に動物・魚が〉最後まで屈しない; 負けん気の. **2** 猟鳥獣のにおいのする; 〈猟鳥獣の肉が〉(腐りかけて)ややにおう《食通などに喜ばれる; high *adj.* 12》: a ～ flavor. **3** 《米》いかがわしい, きわどい: a ～ joke. **gám·i·ness** *n.*

-ga·my [∸gəmi | -mɪ] 〘←Gk *gámos* marriage+-Y¹: cf. -gamous〙 ── 次の意味を表わす名詞連結形: **1** 「結婚 (marrying)」: bi*gamy* 重婚. **2** 〘生物〙「両性結合 (sexual union)」: allo*gamy* 他花[異花]授粉. **3** 〘生物〙「受精・受粉の様式」: cleisto*gamy* 閉花受粉.

gan [gǽ(ː)n] 〘ME *gan*(*e*)〙 *v.* gin³ の過去形.

Gance [gά(ː)n(t)s, gɔ́ː(n)s, gάns, gɔ́(ː)ns; *F.* gɑ̃ːs], **Abel** *n.* ガンス《1889– ; 無声映画初期に活躍したフランスの映画監督》.

Gand [*F.* gɑ̃] *n.* ガン《Ghent のフランス語名》.

Gan·da [gǽndə] *n.* (*pl.* ～**s**, ～) **1 a** [the ～(s)] ガンダ族《Uganda 南部に住む農耕民族》. **b** ガンダ族の人. **2** ガンダ語《Bantu 語の一種で Uganda の主要言語》.

gan·der¹ [gǽndə | -də(r)] 〘OE *gan*(*d*)*ra* ← Gmc *ʒanr-* ← IE **ghans-* goose (L *ānser* < **hanser* goose): cf. gannet, goose〙 ── *n.* **1** ガン・ガチョウの類の成鳥の雄 (↔ goose). **2** ばかもの, 間抜け. **3** 《米古》妻と別居している夫.

gan·der² [gǽndə | -də(r)] 〘《転用》? ↑: ガンが首をのばして見回すしぐさから〙《俗》 ── *n.* 一瞥(べつ), 見ること (look): take [have] a ～ at ...をちらっと[ひと目]見る. ── *vi.* 一瞥する, 見る.

Gan·dha·ra [gʌndάːrə, gən-; *Hindi* gəndhəra] *n.* ガンダーラ《古代インド北西部の地方, 現在の Peshawar 周辺; ヘレニズム文化の影響を受けた仏教美術が栄えた》. ── *adj.* ガンダーラの, ガンダーラ住民[美術]の.

Gan·dha·ran [gʌndάːrən, gən-] *adj.* =Gandhara.

Gan·dhi [gάːndi, gǽn- | gǽndiː, gάːn-, -dɪ; *Hindi* gāndhi], **In·di·ra (Nehru)** [índərə, ɪndí(ə)rə | índɪrə, ɪndíərə] *n.* ガンジー《1917– ; インドの政治家, J. Nehru の娘; 首相 (1966–77, '80–)》.

Gandhi, Mo·han·das K(ar·am·chand) [mòʊhəndάːs kʌ̀rəmtʃʌ́nd | mə̀ʊ-] *n.* ガンジー《1869–1948; インドの宗教的政治的指導者でインド解放の闘士; 凶漢に射殺された; 通称 Mahatma Gandhi》.

Gan·dhi·an [gάːndiən, gǽn- | gǽndjən, gάːn-, -dɪən] *adj.* ガンジー (M. K. Gandhi) の, ガンジー主義の; 非暴力主義の.

Gándhi càp *n.* ガンジー帽《インドの男性がかぶる白い帽子; 幅広のバンドがつき頂きは前後が尖っていて, overseas cap に似ている》.

Gan·dhism [gάːndɪzm, gǽn- | gǽn-] *n.* (*also* **Gan·dhi·ism** [-dìɪzm]) ガンジー主義, 無抵抗非屈服主義 (cf. Satyagraha).

gán·dy dàncer [gǽndi- | -dɪ-] 〘← *Gandy Manufacturing Company* (Chicago にあった鉄道工具会社): 鉄道工夫がこの会社製の道具で作業をした時のリズミカルな動きから〙 ── *n.* 《俗》 **1** (鉄道の)保線区員, 臨時作業班の工夫. **2** 巡回[季節]労働者.

gane [géɪn] 〘ME *gayn*(*e*)〙 *vi.* gae の過去分詞.

ga·nef [gάːnɪf, -nəf | -nɪf] 〘▭ Yid. ～ ▭ Mish.Heb. *gannābh*〙 *n.* 《俗》泥棒, ごろつき.

gang¹ [gǽŋ] 〘n.: OE ～, *gong* a going, road ← Gmc **gang-* (G *Gang*) ← IE **ghengh-* 'to GO¹': 「群」の意は OE *gangdæg* processional day 中の *gang* または OE *genge* troop, band から: cf. gangway. ─ v.: OE *gangan* to go < Gmc **ʒanʒan*〙 ── *n.* **1** (同じ仕事に従事する作業員などの)一団, 一群, 一隊: a ～ *of* laborers, slaves, etc. **2** (悪党などの)一団, 一味, 暴力団, ギャング団《★ ひとりを言う場合は gangster》: a ～ *of* burglars [roughs] 強盗[暴力]団 / a political ～ 政治的暴力団 / ～ war(fare) 暴力団間の抗争. **3** (少年の)遊び仲間; 非行少年の群れ: a boy who has no ～ 仲間のない子供. **4** (同時に動く道具[機械]の)ひとそろい, ひと組: a ～ *of* oars, saws, etc.

── *vt.* **1** 〈労働者などを〉組に編成する, グループにまとめる. **2** 《米口語》集団で襲う. **3 a** 〈同時に動く道具[機械]類を〉組にそろえる. **b** 〈機械を〉同時に作動させる[操作する]. ── *vi.* 《口語》一団[一隊]になる, 団体として行動する, 徒党を組む; 仲間になる 〈*up*〉〔*with*〕.

***gang up on* [*against*]** 《口語》…を集団で襲う, …に集団で反対する: ～ *up on* a person 人を袋叩きにする.

gang² [gǽŋ] 〘OE *gangan* (↑)〙 *vi.* 《スコット》行く, 進む (go): ～ agley 〈計画などが〉だめになる, 失敗する / ～ one's ain (=own) gait 自分の思う通りに行動する.

gang³ [gǽŋ] *n.* 〘地質〙 =gangue.

gáng-bàng *vt., vi.* 《俗》〈多数の男が〉(一人の女と)次次に性交する.

gáng bàng *n.* 《俗》(多数の男と一人の女との)性交パーティー.

gáng·bòard *n.* 〘海事〙 **1** (船首楼と船橋楼または船尾楼とを連結する)道板(どう)または狭い通路. **2** = gangplank.

gáng càsk *n.* 〘海事〙 (ボートで本船に真水を運ぶ)小型水槽(そう).

gáng cùltivator *n.* 〘農業〙 連動中耕機《数条の畦(あぜ)を一度に軽く中耕するために用いるもの》.

gáng drìll *n.* 〘機械〙 (同時に数個所に穴をあけるように組み立てた)多頭ボール盤.

gáng·er¹ 〘← GANG¹+-ER¹〙 *n.* 《英》(一組の労働者の)かしら, 組頭, 工夫長 (foreman).

gáng·er² 〘ME: ⇨ gang², -er¹〙 *n.* **1** 《スコット》徒歩旅行者. **2** 《英方言》足の早い馬.

Gan·ges [gǽndʒiːz] *n.* [the ～] ガンジス(川)《Himalaya 山脈中に発しインドの北東部を南東に流れて Bengal 湾に注ぐ大河 (2,506 km)》.

Gan·get·ic [gændʒétɪk | -tɪk] 〘▭ L *Gangetic-us* of the Ganges ← Gk *Gággēs* the Ganges〙 *adj.* ガンジス川の[に関する].

gáng hòok *n.* 〘釣〙 錨鉤(いかりばり)《二, 三本を錨形に合わせた釣鉤》.

gáng·lànd *n.* **1** ギャングの町, 暗黒街. **2** [集合的] ギャングたち (gangsters). ── *attrib. adj.* 暗黒街の, ギャングの: a ～ boss.

gan·gle [gǽŋgl] 〘《逆成》← GANGLING〙 *vi.* ぎこちなく動く, だらしなく動く. ── *n.* ぎこちない[だらしない]動き.

gan·gli- [gǽŋgli | -glɪ] (母音の前に来る時の) ganglio- の異形.

ganglia *n.* ganglion の複数形.

gan·gli·ate [gǽŋgliət, -lɪɪt, -lièɪt | -glɪət, -glɪɪt, -glɪèɪt] *adj.* 〘解剖〙 =gangliated.

gan·gli·at·ed [gǽŋglièɪtɪd, -təd | -glɪèɪt-] 〘← GANGLIO-+-ATE³+-ED〙 *adj.* 〘解剖〙 神経節のある.

gan·gli·form [gǽŋgləfɔ̀ːm | -glɪfɔ̀ːm] *adj.* 神経節形[状]の.

gan·gling [gǽŋglɪŋ, -glən | -glɪŋ] 〘← GANG²+-LING¹: cf. gangrel〙 *adj.* (体が)ひょろ長い, ひょろひょろした (spindly, lanky): a ～ youth.

gan·gli·o- [gǽŋglio(ʊ) | -glɪə(ʊ)] 〘← NL ～: ⇨ ganglion〙「神経節 (ganglion)」の意の連結形. ★ 母音の前では通例 gangli- になる.

gan·gli·o·cyte [gǽŋglio(ʊ)sàɪt | -glɪə(ʊ)-] *n.* =ganglioncell.

gan·gli·o·cy·to·ma [gæ̀ŋglio(ʊ)saɪtóʊmə | -glɪə(ʊ)saɪtə́ʊ-] 〘← NL ～: ⇨ ganglio-, -cyte, -oma〙 *n.* 〘病理〙 (神経)節細胞腫.

gan·gli·oid [gǽŋgliɔ̀ɪd | -glɪ-] *adj.* 神経節に似た.

gan·gli·o·ma [gæ̀ŋglióʊmə | -glɪə́ʊ-] 〘← NL ～: ⇨ ganglio-, -oma〙 *n.* (*pl.* ～**s**, ～**·ta** [～ṭə | ～tə]) 〘病理〙 神経節腫.

gan·gli·on [gǽŋgliən | -gl-] 〘《1681》 ▭ LL ～ 'a kind of swelling' ▭ Gk *gágglion* tumor under a skin or near tendon〙 ── *n.* (*pl.* **-gli·a** [-gliə | -glɪə], ～**s**) **1** 〘解剖〙 神経節. **2** 〘病理〙 結節腫(しゅ); ガングリオン《主に手首にできる良性の嚢腫》. **3** (知的・産業的活動の)中心, 中枢.

gan·gli·on·ate [gǽŋgliənèɪt | -glɪ-] *adj.* =ganglionated.

gan·gli·on·at·ed [gǽŋgliənèɪṭɪd, -ṭəd | -glɪənèɪt-] *adj.* 〘解剖〙 神経節のある (gangliated).

gánglion cèll *n.* 〘解剖〙 神経節細胞.

gan·gli·on·ec·to·my [gæ̀ŋgliənéktəmi | -lɪənéktəmɪ] *n.* 〘医学〙 神経節切除(術).

gànglio·neuróma 〘← NL ～: ⇨ ganglio-, neuroma〙 *n.* 〘病理〙 =gangliocytoma.

gan·gli·on·ic [gæ̀ŋgliάnɪk | -glɪɔ́n-] *adj.* 神経節の, 神経節性の.

gangliónic blócking àgent *n.* 〘薬学〙 神経節遮断薬.

gan·gli·on·i·tis [gæ̀ŋgliənάɪṭɪs, -ṭəs | -glɪə(ʊ)nάɪtɪs] 〘← NL ～: ⇨ ganglion, -itis〙 *n.* 〘病理〙 神経節炎.

gan·gli·o·side [gǽŋgliəsàɪd | -glɪə(ʊ)-] *n.* 〘生化学〙 ガングリオシド《神経組織の神経節細胞に見出される糖脂質様物質》.

gan·gly [gǽŋgli | -glɪ] 〘《変形》← GANGLING〙 *adj.* (**more** ～, **most** ～; **gan·gli·er**, **-gli·est**) =gangling.

gáng·màster *n.* (労働者の)組頭, 親方, 工夫長.

gáng·plànk *n.* 〘海事〙 (船から波止場などに掛け渡した)道板(どう), 歩み板《通例滑り止めの桟が打ってある》.

gáng·plòw *n.* 〘農業〙 複式すき.

gáng pùnch *n.* 〘電算〙 *n.* 多数のカードを同時に鑽孔(さん)する装置. ── *vt.* 多数のパンチカードに〈同じ情報を〉パンチする; 同じ情報を〈多数のカード〉にパンチする.

gang·rel [gǽŋ(ə)rəl, gǽŋgrəl] 〘《?1348》: ⇨ gang² (v.), -rel: cf. wastrel〙 ── *n.* 《スコット》 **1** 乞食(こじき), 浮浪者. **2** ひょろ長いやせた人, ひょろひょろしてしまりのない人. **3** 歩き始めた子 (toddler).

gan·grene [gǽŋgriːn, gæŋ-, ∸∸ | gǽŋgriːn] 〘《1543》 ▭ L *gangraena* ▭ Gk *gággraina* 《原義》(which eats away)〙 ── *n.* **1** 〘病理〙 壊疽(えそ), 脱疽(だっそ) (cf. necrosis 1). **2** (道徳的)腐敗; 堕落(の根源). ── *vt.* 壊疽にかからせる; 壊疽を生じさせる; 腐らせる. ── *vi.* 壊疽にかかる; 壊疽を生じる; 腐る.

gan·gre·nous [gǽŋgrənəs | -grɪ-] *adj.* 壊疽(えそ)[脱疽]の[にかかった]; 壊疽[脱疽]性の.

gang·sa [gάːŋsɑː] 〘▭ Indonesian *gampang gangsa* ← *gampang* musical instrument+*gangsa* brass〙 ── *n.* ガンサ《竹の共鳴器をもった Bali 島の打楽器; metallophone の一種》.

gáng sàw *n.* 連成鋸(のこ), 竪鋸盤, ガングソー.

gáng shàg *n.* =gang bang.

gángs·man [-mən] *n.* (*pl.* **-men** [-mən, -mèn]) = ganger¹.

gang·ster [gǽŋ(k)stə | -stə(r)] 〘《1896》〙 *n.* 暴力団員, ギャング (cf. gang¹ 2): a ～ film.

gáng·ster·ìsm [-stərɪzm] *n.* ギャング的振舞, 暴力行為.

gáng switch 〘⇨ gang¹〙 *n.* 〘電気〙 連結スイッチ.

Gang·tok [gǽŋtɑk, gǽn-, gʌ́ŋ- | -tɔk] *n.* ガントク《Sikkim 南東部にある同国の首都; 人口 9,000》.

gangue [gǽŋ] 〘《1809》 ▭ F ～ ▭ G *Gang* passage, mineral vein: cf. gang¹〙 *n.* 〘地質〙 脈石《鉱床を形造る鉱物のうち鉱石以外の非金属鉱物》.

gang·way [gǽŋwèɪ] 〘OE *gangweg* road: ⇨ gang¹, way¹〙 ── *n.* **1** 通路, 出入口; (建築現場などの臨時の)通路, 渡り板. **2** 《英》 **a** (劇場・講堂・レストランなどの)座席間の通路 (aisle). **b** (英国下院で)議場中央を横切る通路《幹部議員席と平議員席とを分かつ》: sit above [below] the ～ 幹部議員席[平議員席]に着く / a member above [below] the ～ 幹部[平]議員. **3** 〘海事〙 **a** 《古》=gangboard 1. **b** 舷門(げん), ガングウェー《船側に開いた出入口》. **c** =gangway ladder 1. **d** =gangplank. **e** (船側と甲板室の間の)露天甲板. **4** (人込みの中などの)通路. ★ しばしば間投詞的に用いて (cf. hall 8): A ～, please! 道をあけて / *Gangway*, ～! どいた, どいた. **5** 〘鉱山〙 主要運搬坑道. **6** (木材が水中から製材機に送り上げられる)斜面, 斜道. **7** 〘鉄道〙 **a** 蒸気機関車の機関士室と炭水車との間. **b** ディーゼル[電気]機関車の側面の入口.

bring to the gangway (水夫の懲罰として)舷門(げん)に引き出してむち打つ.

gángway bòard *n.* 〘海事〙 舷門(げん)板《船の手すり板の一部をあけて作った舷門の門扉》.

gángway làdder *n.* 〘海事〙 **1** 舷梯(げん), タラップ (accommodation ladder). **2** 桟橋などから船の舷門に通じる道板(どう) (gangplank) につながるはしご.

Ganis [gǽnɪs, -nəs | -nɪs], Sir **Bors de** *n.* ⇨ Bors.

gan·is·ter [gǽnɪstə, -nəs- | -nɪstə(r)] 〘▭ ? G 《方言》 *Ganster*〙 ── *n.* **1** 〘岩石〙 ガニスター, 軟ケイ石《英

国 Yorkshire 地方の下部夾炭層の中にある緻密なケイ質粘板岩; 耐火材料として炉の内壁を張るのに用いる; 今は石英を粉砕して作った人造製品もある). **2** ガニスター《ケイ石れんが原料に用いられる砂岩質のケイ岩》. **3** ガニスター《炭層のケイ質岩床に溶けたケイ酸が沈積してできたケイ岩》.

gan·ja [gάːndʒə, gǽn-, -dʒɑː] 〘□ Hindi *gāñjā* □ Skt *gañjā*〙 *n.* (*also* **gan·jah** [~]) (強力な)マリファナ.

gan·net [gǽnɪt, -nət] 〘OE *ganot* ← Gmc **ʒanitaz*, **ʒanoton* (Du. *gent* gander) ← IE **ghans-* goose : cf. gander[1]〙 **—** *n.* **1** (*pl.* **~s, ~**) 〘鳥類〙 シロカツオドリ (*Sula bassana* or *Morus bassana*) 《大西洋産のカツオドリ科の海鳥; 飛行力にすぐれ急降下のダイビングをする; solan (goose) ともいう》; カツオドリ類の総称. **2** 《俗》 欲張りな人.

gan·o·blast [gǽnəblæ̀st] 〘← Gk *gános* brilliance + -BLAST〙 *n.* 〘解剖〙 = ameloblast.

ga·nof [gάːnəf] *n.* = ganef.

gan·oid [gǽnɔɪd] 〘《1839》 □ F *ganoïde* ← Gk *gános* brilliance : ⇨ -oid〙 〘魚類〙 **—** *adj.* **1 a** 〈魚のうろこが〉光滑な, ほうろう質状の. **b** 〈魚が〉硬鱗(こうりん)のある. **2** 硬鱗魚類の. **—** *n.* 硬鱗魚類の魚《チョウザメなど》.

Ga·noi·de·i [gænɔ́ɪdiàɪ, gə- | -dɪ-] 〘← NL ~ : ↑〙 *n. pl.* 〘魚類〙 硬鱗魚類.

gánoid scàle *n.* 〘魚類〙 硬鱗(こうりん), 硬(こう)うろこ.

gan·o·in [gǽnouɪn, -ən | -nəuɪn] 〘← GANO(ID) + -IN[1]〙 *n.* (*also* **gan·o·ine** [~]) 〘魚類〙 硬鱗(こうりん)質.

ga·no·sis [gənóusɪs, -səs | -náusɪs] 〘□ Gk *gánōsis* ← *gános* brilliance〙 **—** *n.* (*pl.* **-no·ses** [-siːz]) (古代ギリシャ・ローマで)大理石彫刻が光りすぎるのを和らげるため彫刻家が使った磨きの手法.

gant·let[1] [gɔ́ːntlɪt, gάːnt-, -lət | gɔ́ːnt-] *n.* = gauntlet[1].

gant·let[2] [gɔ́ːntlɪt, gάːnt-, -lət | gɔ́ːnt-] *n.* = gauntlet[2].

gant·let[3] [gɔ́ːntlɪt, gάːnt-, -lət | gɔ́ːnt-] 〘← GAUNTLET[2]〙 〘鉄道〙 **—** *n.* 捺線《トンネルや橋梁において複線の線路が互に交叉接近して単線のように運転する部分》. **—** *vt.* 〈線路を〉捺線にする : ~ tracks.

gant·line [gǽntlàɪn, -lɪn, -lən | -làɪn, -lɪn] 〘《変形》 ← GIRTLINE〙 *n.* 〘海事〙 (下檣(かしょう)の頂上の単滑車に通した)引上げ索(さく) (girtline).

gan·try [gǽntri | -trɪ] 〘《1356》 *gauntre* □ ONF *gantier* = OF *chantier* □ L *canthērius* beast of burden □ Gk *kanthḗlios* pack ass〙 **—** *n.* (*also* **gan·tree** [~]) **1** 樽台(たるだい). **2** 〘機械〙 (ガントリー起重機 (gantry crane) の) 構台; ガントリー起重機. **3** 〘鉄道〙 信号橋. **4** 〘宇宙〙 発射整備塔, ガントリー《ロケット発射前の整備・点検のための足場付きフレーム状移動構造物》.

gantry 3

gántry cràne *n.* 〘機械〙 ガントリークレーン[起重機].

Gan·y·mede [gǽnɪmìːd, -nə- | -nɪ-] 〘《1591》 □ L *Ganymēdēs* □ Gk *Ganumḗdēs* cupbearer to Zeus, 《原義》 rejoicing in his virility〙 **—** *n.* **1** 〘ギリシャ神話〙 ガニュメデス《Zeus のために酒の酌をした Troy の美少年; cf. Hebe[1] 2》. **2** 〘天文〙 ガニメデ《木星 (Jupiter) の第 3 衛星で最大の衛星; cf. Galilean satellites》. **3** 給仕, 酌をする少年 (cupbearer).

GAO 《略》 General Accounting Office.

gaol [dʒéɪl] 〘《?*a*1300》 *gay(h)ole, gaile* □ ONF *ga(i)ole* = OF *jaiole* 'JAIL'〙 *n., vt.* 《英》 = jail.

gáol·bìrd *n.* 《英》 = jailbird.

gáol·brèak *n.* 《英》 = jailbreak.

gáol delìvery *n.* 〘英法〙 = jail delivery.

gaol·er [dʒéɪlə | -lə(r)] *n.* 《英》 = jailer.

gáol fèver *n.* 《英》 = jail fever.

Ga·on [gάːoun, ―⌐ | gάːəun, ―⌐] 〘□ Heb. *gā'ōn* exaltation, pride〙 **—** *n.* (*pl.* **Ge·o·nim** [geɪóunɪm, -nəm | -óunɪm], **~s**) **1** (Babylonia, Palestine などの) ユダヤ教学院の長の尊称《学院長は 6-11 世紀の間, ササン朝ペルシア, ついでイスラム国家のもとで, ユダヤ教徒共同体の精神的指導者であった》. **2** タルムードの深い学識で知られたユダヤ教学者.

gap [gǽp] 〘《*a*1325》 □ ON ~ : cf. Swed. *gap* chasm & *gapa* 'to GAPE'〙 **—** *n.* **1** (垣・壁などの)割れ目, 穴: a ~ *in* the hedge 生け垣の切れ目 / Mind the ~. (電車とホームの間があいている時など)足元に御注意下さい. **2** 切れ目, 絶え間, 欠陥, すき, 空所 (break, interval) : a ~ in historical records 歴史記録の中断[空白] / a long ~ of time 長い時間の空隙(くうげき) / fill [bridge, close, stop, supply] a ~ (in…) (…の)ギャップを埋める. **3** (見解などの)大きな懸隔[相違, ずれ] 〔*between*〕; 不均衡 〔*in*〕: a ~ *between* theory and practice 理論と実践のずれ / a ~ *between* generations = generation gap. **4** 峡谷, 山間(さんかん). **5** 山間を通る道, 山道. **6** 〘航空〙 (複数の)翼の上下間隔. **7** 〘電気〙 ギャップ, 火花放電間隙 (spark gap) : ~ length ギャップ長 / ⇨ sphere gap. **8** 〘植物〙 維管束が中心柱から側方に分枝するとき生じる間隙. **—** *v.* (**gapped; gap·ping**) **—** *vt.* …に割れ目[すき間]を作る. **—** *vi.* 割れ目[すき間]が出来る; 開く (open): His shirt ~*ped* open. シャツの前が大きくあいた[はだけた].

GAPA 《略》 ground-to-air pilotless aircraft.

gape [géɪp, gǽp | géɪp] 〘《?*c*1200》 □ ON *gap-a* to open the mouth: cf. G *gaffen*〙 **—** *vi.* **1** (驚いたり感心したりして思わず)ぽかんと口をあけ(て見とれ)る, あきれて〔…を〕見つめる〔*at*〕: He stood *gaping at* her. 口をあけて彼女に見とれて立っていた. **2** (眠さなどで)あくびをする (yawn). **3** (飲みこもう[噛もう]として)口をぐっとあける: Baby birds ~ until they are fed. 餌をもらうまでひな鳥は口を大きくあけている. **4** 〈傷口・割れ目・貝などが〉ぱくりと開く[開いている]; 〈地面などが〉大きく割れる, 裂ける, ひび割れる (cleave). **5** 《古》 〔…を得たいと〕あこがれる, 渇望する 〔*after, for*〕; 〈…したいと〉しきりに思う 〈*to* do〉. **6** 《古》 大声でわめく (shout).
— *n.* **1 a** あくび. **b** [the ~s] あくびの発作: give a person *the* ~*s* 人にあくびをさせる. **2 a** ぽかんと口をあけて見とれること. **b** 驚き. **3** すき間, 裂け目, 切れ目. **4** 〘動物〙 あいた口[くちばし]の広さ, 口開(こうかい). **5** [*pl.*; 通例単数扱い] 〘獣医〙 開嘴(かいし)病《キカンカイシチュウ (gapeworm) による鳥類の寄生虫病》.

gáp·er 〘《15C》〙 **—** *n.* **1** 思わず大口をあける人, あくびをする人, ぽかんと口をあけて見とれる人. **2** 《口語》 〘クリケット〙 楽に捕球できる球. **3** 〘貝類〙 エゾオオノガイ科の食用貝の総称《殻を閉じた時でも前後は左右両殻の間が開いている; エゾオオノガイ (*Mya truncata*) など》. **4** 〘魚類〙 = cabrilla.

gápe·sèed *n.* 《英方言》 **1** 口をあけてぽかんと見とれさせるような事[物, 人]; 白日夢, 空想, 夢想; 空想的で現実性のない計画[目標]. **2** ぽかんと見とれる人, 田舎者.
buy [*seek, sow*] *gapeseed* 《英方言》 (1) ただぽかんとながめまわす. (2) 不可能な[現実性のない]目標を得ようと計画する[懸命になる, 望む].

gápe·wòrm *n.* 〘動物〙 キカンカイシチュウ (*Syngamus trachea*) 《家禽(かきん)の気管に寄生して開嘴病 (gapes) の原因となる》.

gáp·ing *adj.* **1** 大きく口をあけた, ぱくりと開いた: a ~ wound. **2** 〈目など〉見開いた, 見張った: with her ~ eyes 大きく目を見張って. **3** 〈過失など〉大きな, 重大な: a ~ omission 重大な見落し.

gáp·ing·ly *adv.* 口をあんぐりあけて, あきれて, 熱心に(など).

gáp·less *adj.* 切れ目[すき間]のない.

gápped scále *n.* 〘音楽〙 ギャップトスケール《7 音音階を基本とする立場から 5 音, 6 音音階等をいう》.

gap·py [gǽpi | -pɪ] *adj.* (**more ~, most ~; gap·pi·er, -pi·est**) **1** 連絡のない, 切れ切れの (broken). **2** すき間だらけの, 欠陥の多い.

gáp-tóothed *adj.* 歯と歯の間にすき間がある.

gar[1] [gάə | gάː(r)] 〘《略》 ← GARFISH〙 **—** *n.* (*pl.* **~, ~s**) 〘魚類〙 **1** 米国産硬鱗(こうりん)魚類ガーパイク属 (*Lepisosteus*) の淡水魚の総称《強い長いくちばしで他魚を食い荒らす; alligator gar, longnose gar など》. **2** ニュージーランドやオーストラリアに生息するサヨリ (halfbeak) の類の魚類. **3** ダツ科の魚の一種 (*Belone belone*).

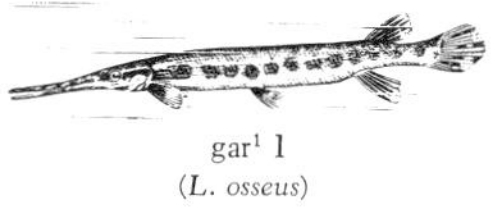

gar[1] 1
(*L. osseus*)

gar[2] [gάə | gάː(r)] 〘ME *gare(n)* □ ON *ger-(v)-a* to make〙 **—** *vt.* (**garred; gar·ring**) 《スコット》 [目的語＋原形不定詞を伴って] 〈人〉に…を(むりやり)させる: ~ them *keep* the promise 無理にも約束を守らせる.

gar. 《略》 garage.

G.A.R., GAR 《略》 Grand Army of the Republic (⇨ grand); guided aircraft rocket.

ga·rage [gərάːʒ, -rάːdʒ | gǽrɑːdʒ, -rɪdʒ, -rɑːʒ, gərάːdʒ, -rάːʒ] 〘《1902》 □ F ~ ← *garer* to put in shelter □ Frank. *warōn* (G *wahren*) to heed: ⇨ -age: cf. ware[3]〙 **—** *n.* **1** ガレージ, 自動車置場, 車庫. **2** 自動車修理場[所]. **3** 《古》 (飛行機の)格納庫 (hangar). **—** *vt.* 〈自動車を〉車庫に入れる[入れて置く].

garáge·màn [-mæ̀n] *n.* (*pl.* **-men** [-mèn]) ガレージ従業員; 自動車修理場員.

garáge sàle *n.* 《米》 (個人が自分の家で行なう)中古[不要]品セール.

Gar·a·mond [gǽrəmɑ̀nd, gæ̀rəmɔ̃ː(ŋ), -mɔ́ː(ː)ŋ | gǽrəmɔ̀nd, gæ̀rəmɔ̃ː(ŋ), -mɔ́ː(ː)ŋ; *F.* garamɔ̃] *n.* 〘活字〙 ガラモンド《オールドフェースの活字書体; フランスの Claude Garamond (1499–1561) または Geneva 生れの Jean Jannon (1580–1658) がデザインした》.

Ga·ránd rífle [gərǽnd-, gǽrənd-] 〘← *John C. Garand* (1888–1974: 米国の発明家)〙 *n.* ガランド式銃, ガランドライフル (⇨ M-1 rifle).

garb[1] [gάəb | gάːb] 〘《1591》 □ F 《廃》 *garbe* graceful appearance □ It. *garbo* elegance ← Gmc **ʒarwī* (MHG *garwe* gear)〙 **—** *n.* **1** (職業・時代・国柄に特有の)服装, 衣装: fantastic ~ 異様な服装 / *in* clerical ~ 牧師服[僧服]を着て / *in* the ~ of a sailor 水兵服を着て / Hamlet *in* Japanese ~ 和服を着たハムレット. **2** 外観, 身なり: under the ~ of a nun 尼に身をやつして. **3** 《廃》 やり方, 流儀: He could not speak English *in* the native ~. イギリス人のように英語をしゃべることができなかった (Shak., *Hen V* 5. 1. 80). **—** *vt.* [通例 p.p. 形または ~ *oneself* で] …に(特定の)服装をさせる (dress): ~ *oneself* [be ~*ed*] *in* …の服を身につける / be savagely [elegantly] ~*ed* 野蛮な[上品な]装いをする.

garb[2] [gάəb | gάːb] 〘□ ONF *garbe* (F *gerbe*) □ OHG *garba* (G *Garbe*)〙 *n.* 〘紋章〙 小麦の束.

garb[2]

gar·bage [gάəbɪdʒ | gάː-] 〘《1422》 《廃》 'giblets of a fowl' □ AF **garbage* ← ? It. 《方言》 *grabužo* < OIt. *garbuglio* 'GARBOIL': ⇨ -age〙 **—** *n.* **1** (台所から出る食料品の)ごみ, 厨芥(ちゅうかい), 生ごみ, 残菜, 廃物 (rubbish) : a ~ collector, truck, etc. **2** 《英》 (家畜などの)臓物, あら. **3** つまらないもの, 下らないもの, くず (trash): literary ~ 下らない[不潔な]読み物. **4** 《俗》 くだらない話, うそ, ばかなこと. **5** 《俗》 (見せかけなどのためにのみ, 他のものに付け加えられる)不必要なもの, 飾りもの. **6** 〘宇宙〙 (軌道上にある役に立たなくなった)人工衛星やロケットの残骸. 「bin).

gárbage càn *n.* 《米》 ごみ入れ, ごみばけつ (《英》 dust-

gárbage wàgon *n.* 《米》 ごみ(運搬)車 (《英》 dustcart).

gar·ban·zo [gɑəbǽnzou | gɑːbǽnzəu] 〘□ Sp. ~ 《変形》 ← OSp. *arbanço* (*garroba* carob と連想) ← Gmc〙 *n.* (*pl.* **~s**) 〘植物〙 = chick-pea.

gar·ble [gάəbl̩ | gάː-] 〘《1419–20》 □ It. *garbell-are* □ Arab. *ghárbala* to sift □ ? LL *cribellāre* ← *cribellum* (dim.) ← *cribrum* sieve〙 **—** *vt.* **1** (事実を曲げるために)…の一部分だけをえり抜く[強調する, 隠す]; …の事実を曲げる, 歪曲(わいきょく)する: a ~*d* text [account] 勝手に直されたテキスト[記事]. **2** (知らないで)〈引用・話などを〉ごっちゃにする. **3 a** …から不純物をふるい分ける. **b** 《古》 精選する, えりぬく: ~ the coins (両替屋などが良貨幣を輸出または鋳つぶすために)貨幣をえり分ける. **—** *n.* **1** (事実を曲げるための)取捨選択; 歪曲. **2** 勝手に改変を加えた語句[一節]. **3** 香辛料からふるいにかけて取り除いた不純物.

gár·bler [-blə, -blə | -blə(r), -bl-] *n.*

Gar·bo [gάəbou | gάːbəu], **Gret·a** [grétə | -tə] *n.* ガルボ (1905–　; スウェーデン生れの米国の映画女優; マスコミぎらいで有名; 本姓 Gustafsson [gʌ́stəfsn̩]).
do a Garbo 《口語》 (ガルボのように)人目[人(中)]を避ける; お高くとまる.

gar·board [gάəbɔ̀əd, -bòəd | gάːbɔ̀ːd] 〘《1626》 □ Du. 《廃》 *gaarboord* ← *ga(de)ren* to gather + *boord* board〙 **—** *n.* 〘造船〙 ガーボード, 竜骨翼板《竜骨に接し前後に走る厚い底板; garboard [ground] strake ともいう》.

gar·boil [gάəbɔɪl | gάː-] 〘□ OF *garbouil(le)* □ OIt. *garbuglio* (freq.) ← L *bullīre* to boil〙 *n.* 《古》 混乱, 混雑.

Gar·cí·a Lor·ca [gɑəsíːə-lɔ́əkə | gɑːsíːə-lɔ́ː-; *Sp.* garθíalórka], **Federico** *n.* ガルシア ロルカ (1899–1936; スペインの詩人・劇作家).

García Mo·re·no [-məréɪnou | -nəu; *Sp.* -moréno], **Gabriel** *n.* ガルシア モレノ (1821–75; エクアドルの政治家・大統領 (1861-65, '69-75)).

gar·çon [gɑəsɔ́ː(ŋ), -sɔ́(ː)ŋ | gɑː-; *F.* garsɔ̃] 〘《1839》 □ F ~ 'boy, waiter' ∽ 《?*a*1300》 *garsoun* □ OF *garçun* (nom. *gars*) □ Frank. **wrakjo* (cf. OHG *rekko* outlaw / OE *wrecca* knave) : cf. F *ga(r)s* chap (< OF *gars* (nom.))〙 **—** *F. n.* (*pl.* **~s** [~z; *F.* ~]) **1** [通例呼び掛け] ガルソン, ボーイ《フランスのホテル・レストランの給仕人》. **2** 少年; 独身男. **3** 下男.

gar·çon·nière [gɑ̀əsɔ(ː)njέə | gɑ̀ːsɔnjέə(r); *F.* garsɔnjεːr] 〘□ F ~ : ↑〙 *F. n.* (男の)独身者アパート.

Gard [gάə | gάː(r; *F.* gaːr] *n.* ガール(県)《フランス南部の地中海に面する県; 人口 494,000, 面積 5,848 km², 首都 Nîmes》.

Gard, Roger Martin du *n.* ⇨ Martin du Gard.

Gar·da [gάədə | gάː-] 〘⇨ Gerda〙 *n.* 女性名.

Gar·da [gάədə | gάː-; *It.* gárda], **Lake** *n.* ガルダ湖《イタリア北部にある同国最大の湖; 長さ 54 km, 面積 370 km²; イタリア語名 Lago di [lάːgo di] Garda》.

gar·dant [gάədn̩t | gάː-] *adj.* 〘紋章〙 = guardant 1.

gar·de·bras [gɑ̀ədəbrά: | gɑ̀ː-; *F.* gardəbra] 〘《15C》 *garbrasse* 《変形》 ← (O)F *gardebras* ← *garder* 'to GUARD' + *bras* arm〙 **—** *n.* (*pl.* **~** [~(z); *F.* ~]) 〘甲冑〙 (馬上槍試合 (tilt) 用の)腕補強具.

garde-feu [gɑ̀əd(ə)fə́ː | gɑ̀ːd(ə)-; *F.* gardəfø] 〘□ F ~〙 *F. n.* (*pl.* **~, garde-feux** [~]) = fire screen.

garde-man·ger [gɑ̀əd(ə)mɑ̃ː(n)ʒéɪ, -mɔ̃ː(n)-, -mɑːn-, -mɔ(ː)n- | gɑ̀ːd(ə)-; *F.* gardəmɑ̃ʒe] 〘□ F ~ ← *garder* to guard + *manger food*〙 **—** *F. n.* (*pl.* **~, ~s**) **1** 冷肉料理担当のコック[コック長]. **2** (冷肉料理を作ったり保存したりする)冷房食糧室.

gar·den [gάədn̩ | gάː-] 〘《*c*1280》 *gardin* □ ONF 《変形》 ← (O)F *jardin* < VL **gardinum* ← **gardo* fence □ Gmc **ʒardon* (G *Garten*) : cf. yard[2], garth〙 **—** *n.* **1 a** (花・果樹・野菜などを植えてある)庭, 庭園 (cf. yard[2] 1); 菜園; 果樹園: a flower ~ 花園 / a fruit ~ 果樹園 / a Japanese ~ 日本庭園 / ⇨ kitchen garden, market garden, rock garden / build a ~ 庭を造る / plant a ~ 庭に木を植える. **b** (窓の所に置く植木鉢のような)小型庭園, ガーデンボックス: ⇨ dish garden. **2** [しばしば *pl.*] 公園, 遊園: a public ~ 公園 / Kensington *Gardens* (ロンドンの)ケンジントン公園 / a botanical ~ 植物園 / ⇨ zoological garden. **3** (椅子・テーブルなどのある)屋外施設, 野外軽食堂: ⇨ beer garden, roof garden, tea garden 2. **4** 地味の肥えた農耕地方. **5** [*pl.*; 地名を前に添えて] 《英》 …街, …広場: Onslow *Gardens* / Spring *Gardens*. **6** 〘Epicurus

がその哲学を Athens の彼の庭園の中で教えたことにちなむ』[the G-] エピクロス学派, 庭園学派 (cf. porch 3, academy 3, Lyceum 2): philosophers of *the Garden* エピクロス学派の哲学者. **7** (バスケットボール・ボクシングなどの)屋内大競技場. **8** 《俗》『野球』外野.
cultivate** one's **garden 〘Voltaire: *Candide* (1759) XXX 'Il faut cultiver notre jardin' の訳〙 自分のことに精を出す. ***Everything in the garden is lovely.*** 《口語》すべて満足, 申し分なし (All is well.). ***lead a person up the garden** (**path**)* 《口語》〈人を〉惑わす, だます, 迷わす (delude).
Garden of Eden [the —] エデンの園 (⇨ Eden).
Garden of England [the —] イングランドの花園[菜園]《Kent 州, 旧 Worcestershire 州などのこと》.
Garden of the Gods [the —] 米国 Colorado 州 Colorado Springs 市付近の奇岩の多い砂岩地帯.
Garden of the West [the —] 米国 Kansas 州の美称.
— *attrib. adj.* **1 a** 庭の, 庭園用の, 園芸用の: a ~ wall, gate, path, etc. / a ~ trowel 移植ごて / a ~ roller 庭の地ならし器 / a ~ fork (土を掘り起こす) 3本または4本またのすき. **b** 庭のような, 風光の美しい; 庭のある, 庭付きの; 〈都市など〉田園式の: a ~ spot of the world 世界の庭園《風光の美しい遊覧地》/ ⇨ garden apartment, garden city. **2 a** (温室栽培種と区別して)露地栽培(種)の (cultivated); 〈野生でなく菜園で〉栽培された (↔ wild): a ~ plant 園芸植物 / ~ vegetables / ⇨ garden stuff, garden truck. **b** 〈鳥・虫など〉よく庭にいる. **c** ありふれた, 普通の (commonplace): a ~ variety of cat 普通の種類の猫 / ⇨ COMMON *or garden.* — *vi.* 庭を造る, 庭いじりをする, 庭に手入れをする, 園芸をする. — *vt.* **1** 庭にする; 庭[菜園]として耕す. **2** …に庭を付ける.

Gar·de·na [gɑədíːnə | gɑː-] 〘← GARDEN: ⇨ -a[1]〙 *n.* 米国 California 州南西部, Los Angeles 郊外の都市; 人口 42,000.
gárden apártment *n.* 《米》 **1** ガーデンアパート《芝生や植木に囲まれた低いアパート》. **2** 庭の使用ができる1階のアパート, 庭付きアパート.
gárden bàlm *n.* 『植物』=lemon balm.
gárden bàlsam *n.* 『植物』ホウセンカ (*Impatiens balsamina*)《balsam, balsamine ともいう》.
gárden búttercup *n.* 『植物』ヨーロッパ産キンポウゲの一種 (*Ranunculus aconitifolius*)《花は白または黄色》.
gárden cènter *n.* 園芸用品販売所.
gárden cíty *n.* 田園都市《近代的設備と田園美を兼ねるよう理想的に設計された住宅都市》.
Gárden Cíty *n.* 米国 Michigan 州南東部, Detroit 郊外の都市; 人口 42,000.
gárden crèss *n.* 『植物』コショウソウ (⇨ cress a).
gár·dened *adj.* 庭園のある; 庭園(風)に造った.
gárden éel *n.* 『魚類』ガーデンイール《水深 20 m 前後の砂地底に穴を掘って群生するアナゴ科の魚類の総称》.
gárden ègg *n.* 『植物』=eggplant.
gar·den·er [-dnə, -dn̩- | -dnə(r] 〘《c1280》⊏ ONF *gardinier*=(O)F *jardinier*: ⇨ garden, -er[1]〙 — *n.* **1** 植木屋, 庭師, 園丁; 野菜栽培者: a nursery gardener =nurseryman / ⇨ market gardener. **2** 趣味に庭仕事をする人, 庭造りの上手な人. **3** 《俗》『野球』外野手.
gárdener's-delíght *n.* 『植物』=mullein pink.
gar·den·esque [gɑ̀ədənésk, -dn̩- | gɑ̀ː-] 〘← GARDEN (n.)+-ESQUE〙 *adj.* 庭園風[式]の.
gárden-fràme *n.* =frame 4 d.
gárden-frésh *adj.* 菜園[果樹園]からとれたばかりの, 取り[もぎ]たての: ~ vegetables.
gar·den·ful [gɑ́ədn̩fʊ̀l | gɑ́ː-] *n.* 庭いっぱい 〔*of*〕: a ~ *of* roses.
gárden-glàss *n.* (園芸植物保護用の)釣鐘形のガラス製おおい.
Gárden Gróve *n.* 米国 California 州南西部, Los Angeles 郊外の都市; 人口 122,000.
gárden héliotrope *n.* 『植物』 **1** ヨウシュカノコソウ (*Valeriana officinalis*)《ヨーロッパおよびアジア北部原産のオミナエシ科の多年生薬用植物; valerian ともいう》. **2** ヘリオトロープ (*Heliotropium arborescens*)《ペルー原産ムラサキ科の多年草, 香料をとる》.
gárden hòuse *n.* **1** 庭園にある小さな建物[あずまや]. **2** 《米中部・南部》屋外便所 (privy).
gar·de·nia [gɑədíːnjə, -niə | gɑːdíːnjə, gə-, -nɪə] 〘《1760》← NL ~ ← *Alexander Garden* (1730–91: スコットランド生れの米国の博物学者): ⇨ -ia[1]〙 — *n.* 『植物』 **1** [G-] クチナシ属《アカネ科の一属》. **2** クチナシ《クチナシ属の植物の総称; クチナシ (*G. jasminoides*) など》; クチナシの花.
Gar·de·nia [gɑədíːnjə, -niə | gɑːdíːnjə, gə-, -nɪə] 〘↑〙 *n.* 女性名.
gár·den·ing [-dnɪŋ, -dn̩- | -dn-] *n.* 造園, 庭造り, 畑作り; 園芸: do ~.
gárden pàrty *n.* 園遊会 (《米》 lawn party).
gárden pèa *n.* 『植物』ガーデンピー, 剝実用エンドウ (*Pisum sativum* var. *sativum*)《未熟の種子を蔬菜(そさい)として用いる》.
gárden phlòx *n.* 『植物』フロックス (*Phlox paniculata*)《米国東部産の様々な色の花が大きな円錐状につくハナシノブ科の草本》.
gárden pínk *n.* 『植物』ナデシコ属 (*Dianthus*) の植物数種の総称; (特に)タツタナデシコ (cottage pink).
gárden póppy *n.* 『植物』=opium poppy.
gárden portuláca *n.* 『植物』マツバボタン (⇨ wax pink).
gárden ròcket *n.* 『植物』 **1** キバナスズシロ (*Eruca sativa*)《ヨーロッパ原産アブラナ科の一年草, サラダに用いる》. **2** =dame's violet.
gárden sàge *n.* 『植物』セージ (⇨ sage[2] 1).
gárden sèat *n.* **1** 庭園用腰掛, 庭園ベンチ. **2** 《英》(乗合バスの)屋上席.
gárden snáil *n.* 『動物』ニワマイマイ, デンデンムシ, カタツムリ《ヒメリンゴマイマイ (*Helix aspersa*), *H. hortensis* など; 時に庭の植物に害を与える》.
gárden sórrel *n.* 『植物』スイバ, スカンポ (*Rumex acetosa*)《世界中の温帯に生じるタデ科の雑草; フランスなどでは葉をサラダ・スープ・ソースに用いる》.
gárden spíder *n.* 『動物』庭などにいるコガネグモ科のコガネグモ属 (*Argiope*) やオニグモ属 (*Araneus*) のクモの総称: **a** ニワオニグモ (*Araneus diadematus*) 《ヨーロッパ産》. **b** コキコガネグモ (*Argiope aurantia*)《米国産》. **c** シマコガネグモ (*Argiope trifasciata*)《米国産》.
Gárden Státe *n.* [the ~] 米国 New Jersey 州の俗称.
gárden stúff *n.* 野菜類, 青果物 (cf. garden *adj.* 2 a).
gárden súburb *n.* 《英》田園住宅地《田園風の郊外住宅地; cf. garden city》.
gárden trùck *n.* 《米》野菜類 (garden stuff); (特に)市場向け野菜 (cf. truck garden).
gárden-varíety *attrib. adj.* =garden 2 c.
gárden verbèna *n.* 『植物』赤・黄・ピンク・白などの花が咲くビジョザクラの一種 (*Verbena hortensis*).
gárden víllage *n.* 《英》田園村(む) (cf. garden city).
gárden wàrbler *n.* 『鳥類』ニワムシクイ (*Sylvia borin*)《ヨーロッパでよく見られるウグイス科の鳥》.
gárden whíte *n.* 『昆虫』モンシロチョウ《シロチョウ科モンシロチョウ属 (*Pieris*) のシロチョウ類の総称; モンシロチョウ (*P. rapae*), オオモンシロチョウ (*P. brassicae*) など》.
garde·robe [gɑ́ədròʊb | gɑ́ːdrəʊb] 〘《15C》⊏ (O)F ~ ← *garder* 'to GUARD'+*robe* 'ROBE'〙 *n.* **1** 衣装[洋服]だんす; 衣装だんすの中身. **2** 小さな私室, 寝室. **3** 《婉曲》(中世建築の)便所. **4** 兵器庫, 兵器室.
Gar·di·ner [gɑ́ədnə, -dn̩ə | gɑ́ːdnə(r], **Sir Alan Henderson** *n.* (1879–1963) 英国の言語学者・エジプト学者; *The Theory of Speech and Language* (1932).
Gardiner, Alfred G(eorge) *n.* (1865–1946) 英国のジャーナリスト・随筆家; 筆名 'Alpha of the Plough'.
Gardiner, Samuel Raw·son [rɔ́ːsn̩] *n.* (1829–1902) 英国の歴史家; *A History of the Great Civil War, 1642–49* (4 vols., 1886–91).
Gardiner, Stephen *n.* (1483–1555) 英国の神学者・政治家・英国国教会主教.
Gard·ner [gɑ́ədnə | gɑ́ːdnə(r] 〘← ME *gardiner* 'GARDENER'〙 *n.* 男性名《異形 Gardiner》.
Gardner, Erle Stanley *n.* (1889–1970) 米国の弁護士・推理小説家; Perry Mason を主人公とする一連の作品が有名.
Gardner, John *n.* (1933–) 米国の小説家; *The Sunlight Dialogues* (1972), *October Light* (1977).
gar·dy·loo [gɑ̀ədilúː | gɑ̀ːdɪ-] 〘《転訛》? ← F *garde à l'eau* beware of the water〙 — *int.* そら水だ《昔 Edinburgh で階上の窓から水を捨てるとき通行人に注意した叫び》.
gare·fowl [gɛ́əfàʊl | gɛ́ə-] 〘《1698》⊏ Icel. *geirfugl*: cf. garfish〙 *n.* (*pl.* ~**s**, ~) 『鳥類』=great auk.
Gar·eth [gǽrɪθ, -rəθ | gǽreθ, -rəθ, -rɪθ] 〘⊏ OF *Gahariet* ← ? Welsh: cf. Garth〙 — *n.* **1** 男性名. **2** 『アーサー王伝説』ガレス《Arthur 王の甥(おい), 円卓の騎士の一人》.
Gar·ey [gɛ́(ə)ri | gɛ́ərɪ] 〘⇨ Gary[2]〙 *n.* 男性名.
Gar·field [gɑ́əfiːld | gɑ́ː-] 〘cf. OE *gārafeld* triangular field〙 *n.* 男性名.
Garfield, James Abram *n.* (1831–81) 米国第 20 代の大統領 (1881); 暗殺された.
gar·fish [gɑ́əfɪʃ | gɑ́ː-] 〘《1440》 *garfyshe* ← *gar* (< OE *gār* spear)+*fyshe* 'FISH[1]'〙 *n.* (*pl.* ~·**es**, ~) 『魚類』=gar[1].
gar·ga·ney [gɑ́əgəni | gɑ́ːgənɪ] 〘⊏ It. 《方言》 *garganei* 《擬音語》?〙 *n.* 『鳥類』シマアジ (*Anas querquedula*)《水面鴨[陸鴨]の一種》.
Gar·gan·tu·a [gɑəgǽntʃuə | gɑːgǽntjuə, -tʃuə] 〘⊏ F ~ ⊏ Sp. *garganta* gullet ← *garg- 《擬音語》: cf. garget〙 — *n.* ガルガンチュア《フランスの風刺作家 Rabelais 作 *Gargantua* (1534) の主人公で, 鯨飲馬食する陽気な巨人》.
Gar·gan·tu·an [gɑəgǽntʃuən, -tʃən | gɑːgǽntjuən, -tʃʊ-] 〘《1596》〙 — *adj.* **1** ガルガンチュアのような. **2** [g-] 巨大な, すばらしく大きい: a ~ meal, banquet, appetite, task, etc.
gar·get [gɑ́əgɪt, -gət | gɑ́ː-] 〘《1587》⊏ OF *gargate* throat ← *garg-: ⇨ gargle, gargoyle〙 — *n.* **1** 『獣医』 **a** (牛・羊などの)乳房炎 (mastitis). **b** (牛・豚などの)咽喉(いんこう)頭の浮腫を主徴とする熱性疾患. **2** 『植物』アメリカヤマゴボウ (*Benthamidia florida*)《garget plant, garget root または pokeweed ともいう》. **gár·get·y** [-ṭi | -tɪ] *adj.*
gar·gle [gɑ́əgl̩ | gɑ́ː-] 〘《1527》⊏ (O)F *gargouill-er* ← *gargouille* (↓)〙 — *vt.* **1 a** うがいして〈喉・口を〉清める: ~ one's throat *with* salt water. **b** 〈液体を〉口に含ませてがらがらさせる. **2** がらがら声で言う: ~ one's words. — *vi.* **1** うがいをする. **2** がらがら声を出す. — *n.* **1** うがい薬, 含嗽(がんそう)剤. **2** うがいをする(ような)音, がらがら声.
gar·goyle [gɑ́əgɔɪl | gɑ́ː-] 〘《1286》 *gargoile* ⊏ OF *gargouille* throat ← *garg- (cf. L *gargarīzāre* to gargle)〙 — *n.* **1** 『建築』ガーゴイル, 樋嘴(ひはし)《ゴシック建築に用いられる鬼・怪獣などの形に作った屋根の水の落し口》. **2** (人や動物の)奇怪な彫像. **3** 奇怪な容貌の人: a derelict old ~. **gár·goyled** *adj.*

gargoyle 1

gár·goyl·ism [-lɪ̀zm̩] *n.* 『病理』ガーゴイリスム, 脂肪軟骨ジストロフィー, ハーラー症候群, 鬼瓦症《脂肪[骨格]代謝異常により容貌・体型・舌歯の異常や精神障害などを伴う遺伝性疾患》.
gar·i·bal·di [gæ̀rəbɔ́ːldi, gèr- | gæ̀rɪbɔ́ːldɪ, -bǽl-] 〘《1862》: ↓〙 — *n.* (*pl.* ~**es**) **1** (Garibaldi 将軍が用いた赤シャツに似た)婦人・子供用のゆるいブラウス《襟が小さく, ゆったりした袖のブラウスで, 19 世紀中ごろ米国で流行した》. **2** 『魚類』スズメダイ科の赤い魚の一種 (*Hypsypops rubicundus*)《米国南 California 産》. **3** 《英》ガリバルディビスケット《間に干しぶどうなど乾燥果物をはさんだサンドイッチ状のビスケット; garibaldi biscuit ともいう》.
Gar·i·bal·di [gæ̀rəbɔ́ːldi, gèr- | gæ̀rɪbɔ́ːldɪ, -bǽl-; *It.* gàribáldi], **Giuseppe** *n.* ガリバルディ《1807–82; イタリアの愛国者・将軍; イタリア統一の功労者, 赤シャツ党の指導者; cf. red shirt[1]》.
Gar·i·bal·di·an [gæ̀rəbɔ́ːldiən, gèr- | gæ̀rɪbɔ́ːldɪən, -bǽl-, -djən] *adj.*, *n.* ガリバルディ (Garibaldi) の(支持者).
GARIOA 《略》Government and Relief in Occupied Areas ガリオア基金《第二次大戦の米国の占領地域に対する救済政府予算》.
gar·ish [gɛ́(ə)rɪʃ | gɛ́ər-, gǽr-] 〘《1545》 *gurish* ← ? 《廃》 *gaur* < ME *gaure(n)* to stare ← ? ON: ⇨ -ish[1]〙 — *adj.* **1** 〈光・目など〉いやにぎらぎら光る. **2** 〈衣服・色合など〉けばけばしい, いやにはでな. **3** 〈文体など〉華麗に飾り立てた, 奇想をこらした. **4** はでに飾り立てた; 鮮かな色の服装をした. **5** あくどい, 胸が悪くなるような. ~·**ly** *adv.* ~·**ness** *n.*
gar·land [gɑ́ələnd | gɑ́ː-] 〘《?c1300》 *garlond(e)* ⊏ OF *garlande* ← ? Gmc (cf. Frank. *wiara wire, fine gold)〙 — *n.* **1 a** (花・葉・枝などで作って頭・首につける)花輪, 花冠. **b** (歓喜・勝利などのしるしとして建築・金属板などに彫刻する)花輪模様. **2** (勝利・成功の)栄冠, 栄誉, 名誉, 光栄: carry away [gain, win] the ~ (競技などで)勝利(の栄冠)を得る. **3** 詩文選集, 名句集. **4** 『海事』索(さく)で作った輪, つな輪《円材を輪がけにしたり, すれ止めその他に用いる》. — *vt.* **1** 花輪にする. **2** …に花輪をいただかせる, 花輪で飾る, 花冠をつけさせる〔*with*〕; …の花輪となる. ~**ed** *adj.*
Gar·land [gɑ́ələnd | gɑ́ː-] 〘↑〙 *n.* 男性名.
Garland, (Hannibal) Ham·lin [hǽmlɪn, -lən | -lɪn] *n.* (1860–1940) 米国の小説家; *Main-Travelled Roads* (1891).
gárland cráb *n.* 『植物』=American crab apple.
gárland lárkspur *n.* 『植物』東アジア産の華やかな青い花の咲くキンポウゲ科ヒエンソウ属の多年草 (*Delphinium cheilanthum*).
gar·lic [gɑ́əlɪk | gɑ́ː-] 〘OE *gārlēac* ← *gār* spear (< Gmc *ʒaizaz ← IE *ghaiso-: その小鱗茎の形から)+*lēac* 'LEEK'〙 — *n.* **1** 『植物』ネギ属 (*Allium*) の植物数種の総称《ネギ・タマネギ・ニラなど》; (特に)ニンニク (*A. sativum*). **2** (料理に用いる)ニンニクの球茎[粉末], ガーリック. **3** ニンニクの風味[におい].
— *attrib. adj.* ニンニクの; ニンニクで味付けした: ~ salt.
gárlic bréad *n.* ニンニク風味のトースト《フランスパンにバターとニンニクをつけてかりかりになるまでオーブンで焼いたもの》.
gar·lick·y [gɑ́əlɪki, -lə- | gɑ́ːlɪkɪ] *adj.* **1** ニンニクのような, ニンニクのはいった. **2** ニンニクの味[におい]のする: ~ stew.
gárlic mústard *n.* 『植物』ニンニクに似たにおいのするヨーロッパ産の雑草 (*Alliaria officinalis*).
gar·ment [gɑ́əmənt | gɑ́ː-] 〘《?a1300》⊏ (O)F *garnement* ← *garnir* 'to GARNISH': ⇨ -ment〙 — *n.* **1 a** 衣服の一点《gown, cloak など》. **b** 下着の一点; (特に)婦人用肌着; =foundation garment. **2** [*pl.*] 衣類, 衣服. **3** (物の)外被, 外観: the earth's ~ of green 大地を装う緑衣. — *vt.* [通例 p.p. 形で] 装う, …に着せる: go out ~*ed in* white 白い服を着て外出する.
gárment bàg *n.* ガーメントバッグ《衣服を半分に畳んでいれる, 携帯に便利なように真中に手さげのついた旅行用衣服かばん》.
Gárment Dìstrict *n.* [the ~] New York 市 Manhattan 区の一地域; 多くの婦人用衣類の製造工場とショールームがある.
gárment fàctory *n.* 衣類製造工場.
Gar·mon [gɑ́əmən | gɑ́ː-] 〘⊏ Welsh ~ 'GERMAN[1]'〙 *n.* 男性名.
garn [gɑ́ən | gɑ́ːn] 〘《転訛》← *Go on!*〙 *int.* 《英口語・ロンドン方言》ばか言え《不信・嘲笑の意を表わす》.
gar·ner [gɑ́ənə | gɑ́ːnə(r] 〘lateOE *gerner(e)* ⊏ OF *gernier* (F *grenier*) < L *grānārium* 'GRANARY'〙 — *n.*

1 穀倉 (granary); 穀物入れ (grain bin). **2** 貯蔵, 蓄積 (accumulation): a ~ *of* knowledge. **—** *vt.* **1** 穀倉に入れる, 倉に貯える; 貯える, 蓄積する 〈*up*〉. **2** 《米》(努力して)得る, 得点[得票]する: The party ~*ed* 30% of the total votes. 党は総得票数の 30 パーセントを獲得した. **—** *vi.* 蓄積する, たまる.

gar·net[1] [gáːənɪt, -nət | gáː-] 〘《*c*1325》 *gernet* ▭ MDu. *gernate* ▭ OF *grenat* ← (*pome*) *grenate* 'POMEGRANATE'〙 **—** *n.* **1** 〘鉱物〙 ガーネット, ざくろ石 《Fe, Mn, Mg, Ca, Al などの複雑なケイ酸塩鉱物; 宝石に用いる; ⇨ birthstone》. **2** ガーネット色, 暗紅色.

gar·net[2] [gáːənɪt, -nət | gáː-] 〘《1485》 ▭ ? MDu. *garnaat* ← ?〙 *n.* 〘海事〙 **1** 軽量貨物の荷役用に支索などに臨時に取り付けた滑車装置. **2** =gun tackle.

Gar·net [gáːənɪt, -nət | gáː-] 〘← ? AF *Guarin* 'WARREN[2]' + -ET〙 *n.* **1** 男性名. **2** 女性名.

gárnet·bèr·ry [-bèri, -b(ə)ri | -b(ə)ri] *n.* 〘植物〙 アカスグリ (*Ribes rubrum*) (cf. red currant).

gar·net·if·er·ous [gàːənɪtíf(ə)rəs, -nə- | gàːnɪ-] *adj.* 〘鉱物〙 ガーネット[ざくろ石]の入った[を含んだ].

gárnet pàper *n.* (garnet の粉がついた)紙やすり.

gar·nett [gaːənét | gáːnɪt] 〘← ? *Garnett* (家族名)〙 〘紡織〙 *vt.* 反毛する 《織物のくずをほぐして繊維の状態に再生する》. **—** *n.* ガーネット(マシーン), 反毛機.

Gar·nett [gáːənɪt, -nət, gaːənét | gáːnɪt], **Constance** *n.* (1862–1946) 英国のロシヤ文学翻訳家; D. Garnett の母; 旧姓 Black.

Garnett, David *n.* (1892–　) 英国の小説家; *Lady into Fox* (1922).

gárnett wìre *n.* 〘紡織〙 ガーネットワイヤー 《反毛機 (garnett) のシリンダーに装置する歯型の鋼線》.

gar·ni [gaːəníː | gɑː-; *F.* garni] 〘▭ F ~ (p.p.) ← *garnir* 'to GARNISH'〙 *adj.* 〈料理が〉つまを付けた[あしらった], 付け合わせをした.

gar·ni·er·ite [gáːəniəràɪt | gáːnɪə-] 〘← *Jules Garnier* (1839–1904: フランスの地質学者): ⇨ -ite[1]〙 **—** *n.* 〘鉱物〙 ケイニッケル鉱 ($(Mg \cdot Ni)_3Si_2O_5(OH)_4$) 《ニッケルの鉱石》.

gar·nish [gáːənɪʃ | gáː-] 〘《?*c*1380》 ▭ OF *garniss-*, *garnir* to prepare, warn ▭ ? Gmc **warnjan* to guard (cf. warn): ⇨ -ish[2]〙 **—** *vt.* **1** 装飾する, …の外観を一新する (decorate): swept and ~*ed* ⇨ sweep 成句. **2** 〈料理を〉飾る, 〈料理〉に〔…の〕付け合わせを添える, 〔つまを〕あしらう 〔*with*〕: ~ a dish *with* parsley, slices of lemon, etc. **3** 〈作品などを〉美しい語句で飾る (embellish). **4** 〘法律〙 **a** …に通告する. **b** 《廃》 (係争中の訴訟に第三者として加わるよう法廷に)呼び出す (summon in). **c** (第三債務者に対する通告によって)〈債権を〉差し押える (cf. garnishee). **—** *n.* **1** 装飾物, 飾り物. **2** (料理に添える野菜・クルトン (crouton) などの)つま, 付け合わせ. **3** 文飾, 修飾, 美辞麗句. **4 a** (昔英国の新しい入獄者から取り立て, 牢名主などに渡した)酒手, つるがね. **b** 《俗》 (新入り労働者が要求される)心づけ, 上前(ｳﾜﾏｴ). **~·er** *n.*

gárnish bòlt *n.* 〘造船〙 装飾頭つきボルト.

gár·nished *adj.* 〘紋章〙 (金・銀などで)飾られた.

gar·nish·ee [gàːənɪʃíː, -nə- | gàːnɪ-] 〘《1627》〙 〘法律〙 **—** *n.* garnishment を受けた人, 第三債務者. **—** *vt.* **1** (差押え命令によって)〈債権を〉差し押える. **2** …に債権差押え通告書を送達する.

garnishée òrder *n.* 〘法律〙 (第三債務者に対して発する)債権差押え命令.

gár·nish·ing *n.* [しばしば *pl.*] 装飾(物), 飾り.

gár·nish·ment 〘▭ AF *garnissement* legal garnishment, (OF) equipment: ⇨ garnish, -ment〙 **—** *n.* **1** 装飾. **2** 〘法律〙 **a** (債務を満足させるための)財産差押えの通知. **b** (被告の債務者に対する)出廷命令, 召喚通知. **c** 財産保全の通知 《債務者に属する財産を所持する人に訴訟の終結まで債務者にその財産を引渡さぬようにとの通知・警告; cf. foreign attachment》.

gar·ni·ture [gáːənɪtʃə, -nə-, -tʃùə | gáːnɪtʃə(r] 〘《1532》 ▭ F ~ ← *garnir* to furnish: ⇨ garnish〙 **—** *n.* **1** 装飾物, 飾り. **2** (料理の)付け合わせ, つま. **3** 備え付け品, 備品, 家具調度. **4** (衣装の)装飾, 装飾品.

Ga·ronne [gərάn, -róun | -rɔ́n; *F.* garɔn] *n.* [the ~] ガロンヌ(川) 《フランス南西部の川; Pyrenees 山脈から北西に流れて下流は Gironde 川となる (580 km)》.

ga·rotte [gərάt, gæ-, -róut, gǽrət, gér- | gərɔ́t] *n.*, *vt.* =garrote.

GARP 《略》 Global Atmospheric Research Program 地球大気開発計画.

gár·pìke *n.* 〘魚類〙 =gar[1] 1.

gar·ran [gǽrən] *n.* 《スコット・アイルド》 =garron.

gar·ret[1] [gǽrət, gér-, -rɪt | gǽr-] 〘《?*c*1300》 *garit(e)* ▭ OF *garite* (F *guérite*) watchtower (p.p.) ← *garir* to guard ▭ ? Gmc **warjan* to defend〙 **—** *n.* **1** 屋根裏)部屋 (attic): from cellar to ~=from ~ to kitchen [cellar] 家じゅう隈なく. **2** 《俗》 頭 (head): be wrong in the ~ 頭が変だ, 気が違っている / have one's ~ unfurnished 頭がからっぽだ.

gar·ret[2] [gǽrət, gér-, -rɪt | gǽr-] 〘《変形》 ← GALLET〙 *vt.* 〘石工〙 =gallet.

gar·re·teer [gæ̀rətíə, gèr-, -rɪ-, ⌣⌣⌣ | gæ̀rətíə(r, -rɪ-] *n.* 《古》 屋根裏部屋に住む人; (特に)三文文士, 貧乏作家.

gár·ret·ing [-tɪŋ | -tɪŋ] *n.* 〘石工〙 =galleting.

Gar·rett [gǽrət, gér-, -rɪt | gǽr-] 〘《変形》 ← GERARD〙 *n.* 男性名.

Gar·rick [gǽrɪk, gér- | gǽr-], **David** *n.* (1717–79) 英国の俳優・劇作家; Drury Lane 座の主宰者; Shakespeare 劇の演技で有名.

gar·ri·son [gǽrəsn̩, gér- | gǽrɪ-] 〘《*a*1300》 《廃》 defense, treasure ▭ OF *garison* ← *garir* to defend: ⇨ garret[1]〙 **—** *n.* **1** 駐屯部隊, 守備隊, 駐屯軍. **2** (守備隊の守る)要塞, 駐屯地. ★ ラテン語系形容詞: presidial, presidiary.

go* [*be sent*] *into garrison 守備につく[派遣される].

in garrison 守備について.

— *vt.* **1** 〈都市・要塞など〉に守備隊を置く, 守備隊で守る; 〈占領都市など〉に守備隊を駐屯させる; 〈軍隊が〉守備隊として…に駐屯する: a regiment ~*ing* the town その町を守備している連隊. **2** 〈軍隊を〉守備隊として派遣[配置]する, 守備につかせる: soldiers ~*ed* in a fort 要塞に配置された兵士.

Gar·ri·son [gǽrəsn̩, gér- | gǽrɪ-], **William Lloyd** *n.* (1805–79) 米国の奴隷廃止運動の指導者.

gárrison artíllery *n.* 〘軍事〙 要塞砲兵 (cf. field artillery 1).

gárrison càp *n.* =overseas cap.

gárrison dùty *n.* 守備任務: on ~ 守備任務を帯びて.

Gárrison fínish 〘← ? *Snapper Garrison* (19 世紀に逆転勝ちで有名だった米国の競馬騎手)〙 **—** *n.* 《米口語》 (競馬・競技などでの)逆転勝ち, ごぼう抜きの追込み勝ち, どん尻強襲勝ち.

gárrison hòuse *n.* 《米》 **1** (植民地時代にインディアンの襲撃に備えて作った)堅固に防備を施した丸太作りの家. **2** =blockhouse. **3** 2 階が 1 階の正面に張り出した作りの家.

gárrison stàte *n.* 軍事国家, 軍人国家 《軍人・軍事政策によって支配された全体主義的国家; cf. police state》.

gárrison tówn *n.* 守備隊駐屯都市.

gar·ron [gǽrən, gərɔ́(ː)n | gǽrən, gərɔ́n] 〘《1540》 ▭ Gael. *gearran*〙 *n.* 《スコット・アイルド》 **1** 小柄で丈夫な馬; 小型の馬車馬. **2** 廃馬, おいぼれ馬.

gar·rot [gæróu | gǽrət; *F.* garo] 〘▭ F ~〙 *n.* (*pl.* **~s** [~(z); *F.* ~]) 〘鳥類〙 =goldeneye 1.

gar·rote [gərάt, gæ-, -róut | gərɔ́t] 〘▭ Sp. ~ 'a stick to draw cord tight with' ▭ OF *garrot* club 《変形》 ← *guaroc* 《逆成》 ← *garokier* to bend down ← ?〙 **—** *n.* **1 a** (スペインで死刑執行の際, 後ろから鉄環で首を絞める)鉄環絞首刑. **b** 鉄環絞首刑具. **2 a** 絞殺強奪 《背後からなわ・皮ひもなどで首を絞めて金品を奪うこと》. **b** 人の首を絞める道具. **—** *vt.* **1** (鉄環絞首刑具で)絞首刑に処する. **2** (往来などで)〈人〉の首を絞めて金品を奪う.

gar·rót·er [-tə | -tə(r] *n.* 首絞め強盗.

gar·rotte [gərάt, gæ-, -róut, gǽrət, gér- | gərɔ́t] *n.*, *vt.* =garrote.

gar·rót·ter [-tə, | -tə(r] *n.* =garroter.

gar·ru·li·ty [gərúːləti, gæ-, ge- | gərúːlətɪ, gæ-, -rjúː-, -lɪ-] 〘《1581》 ▭ F *garrulité* ▭ L *garrulitātem* chattering ← *garrulus* (↓): ⇨ -ity〙 **—** *n.* くどいおしゃべり, 多弁; 冗長.

gar·ru·lous [gǽrələs, gér-, -rju- | gǽr(j)ʊ-, -rə-] 〘《1611》 ▭ L *garrulus* chattering, talkative (p.p.) ← *garrīre* to talk, chatter: ⇨ -ous〙 **—** *adj.* **1** (つまらないことを)くどくどしゃべる, 多弁な; 〈話など〉言葉数の多い, 冗長な: a ~ old man. **2** 〈鳥が〉騒々しくさえずる (chattering); 〈小川など〉ざわめく, ざわつく (babbling). **~·ly** *adv.* **~·ness** *n.*

Gar·ry [gǽri, géri | gǽrɪ] 〘⇨ Gary[2]〙 *n.* 男性名.

gar·ter [gáːətə | gáːtə(r] 〘《*a*1325》 ▭ ONF *gartier* = OF *jartier* (F *jarretière*) ← *garet*, *jaret* bend of the knee ← Celt.: cf. Bret. *garr* leg〙 **—** *n.* **1** ガーター, 靴下留め: **a** 輪になったゴムバンド. **b** (ガーターベルト・コルセットなどについている)靴下吊り (《英》 suspender). **2** (もとワイシャツの袖をつり上げるのに用いた)ゴムひもの腕輪 (arm garter, sleeve garter ともいう). **3** [the G-] **a** ガーター勲章 《英国の最高勲章; ガーターおよび首飾り・星章から成り, ガーターは左脚に付ける》. **b** ガーター勲位 (⇨ ORDER of the Garter). **c** ガーター勲爵士 (Knight of the Garter). **d** =GARTER King of Arms. **4** 〘紋章〙 ガーター: **a** 紋章の盾を取り巻くガーター紋 《ガーター勲章受章者は紋章に授あるいは頸章 (collar) を加えるのが通例》. **b** bend (斜めの帯)の $^1/_3$ 幅のもの.

Garter King of Arms [the —] (英国の紋章院 (College of Arms) の)ガーター紋章官 《上級紋章官 (King of Arms) の首席ならびにガーター騎士団の首席事務官; 古くは Garter Principal King of Arms と呼ばれた; 単に Garter ともいう》.

— *vt.* **1** 〈靴下を〉ガーターで留める, 〈脚を〉ガーターで締める. **2** ガーター勲位に叙する, …にガーター勲章を授ける.

gárter bèlt *n.* 《米》 ガーターベルト (《英》 suspender belt) 《婦人の靴下留め用ベルトでウエストに着用する》.

gárter snàke *n.* 〘動物〙 ガーターヘビ (*Thamnophis sirtalis*) 《北米東部にすむ半胎生の無毒蛇》; ガーターヘビ属の無毒蛇の総称.

gárter stìtch *n.* 〘服飾〙 ガーター編み.

garth [gáːəθ | gáːθ] 〘《*c*1325》 ▭ ON *garð-r* = OE *ġeard* 'YARD[2]'〙 *n.* **1 a** 《古》 中庭, 庭 (yard, court). **b** = cloister garth. **2** (魚をとる)やな, 堰堤.

Garth [gáːəθ | gáːθ] 〘↑〙 *n.* 男性名.

Gärt·ner's bacíllus [géətnəz- | géətnəz-; *G.* gértnɐ-] 〘← *August Gärtner* (1848–1934: これを発見したドイツの細菌学者)〙 **—** *n.* 〘細菌〙 ゲルトネル菌 《グラム陰性, 周毛をもつ運動性の杆菌; 人間に食中毒をおこさせる》.

ga·ru·da [gáːrudàː] 〘▭ Skt *garuḍa*〙 *n.* **1** 〘インド神話〙 ガルーダ 《半分は鷲(ﾜｼ), 半分は人間の怪鳥》. **2** 鷲じるし 《インドネシアの国章》.

GARUDA 《略》 Garuda Indonesia Airways ガルーダインドネシア航空(記号 GA).

Gar·vey [gáːəvi | gáːvɪ], **Marcus** (**Mo·zi·ah**) [mo(ʊ)záɪə | mə(ʊ)-] *n.* ガーベイ 《1887–1940; ジャマイカ生れの黒人の民族運動指導者; 主に米国で活躍》.

Gár·vey·ism [-viìzm] *n.* ガーベイ主義 《黒人の分離とアフリカに黒人自治の国を建設しようという M. Garvey の唱道した主義》.

Gar·vey·ite [gáːəviàɪt | gáːvɪ-] *n.* ガーベイ主義者.

Gar·y[1] [gé(ə)ri | géərɪ] 〘← *Elbert Henry Gary* (1846–1927: 米国の実業家)〙 *n.* 米国 Indiana 州北西部, Michigan 湖畔の鉄工業都市; 人口 176,000.

Gar·y[2] [gé(ə)ri | géərɪ] 〘OE **Gārwīg* 《原義》 spear of battle ← *gār* spear + *wīg* battle (cf. wight[2])〙 *n.* 男性名.

Gáry plàn *n.* [the ~] 〘教育〙 =Gary system.

Gáry schóol sỳstem *n.* [the ~] =Gary system.

Gáry sỳstem *n.* [the ~] 〘教育〙 ゲーリーシステム, ゲーリー式学校組織 《教育設備を極度に活用して一つの学校で普通の 2 倍の生徒を収容するように計画された組織; 米国の教育学者 William A. Wirt が 1908 年米国 Gary 市にこの式の学校を創設した》.

gas[1] [gǽ(ː)s] 〘《1658》 ▭ Du. ~: ベルギーの化学者 J. B. van Helmont (1577–1644) の造語 (Gk *kháos* 'CHAOS' から暗示されたもの)〙 **—** *n.* (*pl.* **~·es, gas·ses**) **1** ガス, 気体; (体内の)ガス: have ~ 腹が張る. **2 a** (灯用・温熱用の)ガス, 石炭ガス (coal gas): fuel ~ 燃料ガス / illuminating [lighting] ~ 灯用ガス / ⇨ natural gas / light the ~ ガス(灯)をつける / turn down the ~ ガス灯の光を細くする / turn on the ~ (栓をひねって)ガスを出す; 《俗》 気炎を上げる / turn out [off] the ~ (栓をひねって)ガスを止める[消す]. **b** (炭坑内の)爆発ガス. **c** (歯科医などが麻酔薬として用いる)亜酸化窒素ガス, 笑気 (laughing gas). **3** 毒ガス (poison gas) 《戦争用毒ガス・催涙ガスなど》. **4** 《俗》 むだ話, だぼら: talk ~ むだ話をする, だぼらを吹く. **5** 《俗》 とても愉快な[面白い]もの[こと, 人]: It's a ~ to do New York. ニューヨーク見物は面白い.

All* [*Everything*] *is gas and gaiters. 《口語》 万事申し分なし. ***gas and gaiters*** 《俗》 大げさな言葉, くだらぬ話 (nonsense).

— *v.* (**gassed; gas·sing; gas·ses**) **—** *vt.* **1** 〈部屋など〉にガスを供給する; 〈気嚢(ｷﾉｳ)〉にガスを満たす. **2** ガスで処理する; (けばを除くために)〈糸を〉ガスに通す, ガスで焼く: ~*sed* yarn ガス糸. **3 a** 毒ガスで攻撃する, …に毒ガスをまく; 毒ガスで負傷させる[殺す]: They were ~*sed*. 毒ガスにやられた. **b** [~ *oneself* で] ガス自殺する. **4** 《俗》 …にばか話をする, うそをつく. **5** 《俗》 〈人を〉とてもおもしろがらせる, 夢中にさせる. **—** *vi.* **1** 〈蓄電池などが〉ガスを出す. **2** 毒ガス攻撃をする. **3** 《俗》 ばか話をする, だぼらを吹く: What were you ~*sing about with* them? あの連中と何のばか話をしていたのかね.

gas[2] [gǽ(ː)s] 〘《1905》 《略》〙 《米口語》 **—** *n.* **1** ガソリン (gasoline). **2** (自動車の)加速機, アクセル.

step on the gas ⇨ step *v.* 成句.

— *v.* (**gassed; gas·sing; gas·ses**) **—** *vt.* 〈自動車〉にガソリンを補給する 〈*up*〉: You'd better ~ *up* the car before you start. 出かける前に車にガソリンを入れたほうがよい. **—** *vi.* (自動車などに)ガソリンを補給する 〈*up*〉.

gás alàrm *n.* (ガスの存在を知らせる)ガス警報(器); (ガスで作動する, 種々の)警報器.

gás attàck *n.* ガス攻撃, 毒ガス[ガス弾]攻撃.

gás bacìllus *n.* 〘細菌〙 ガス壊疽(ｴｿ)菌 《傷にガスを生じる *Clostridium* 属の杆菌; cf. gas gangrene》.

gás·bàg *n.* **1** (気球・飛行船などの)気嚢(ｷﾉｳ), ガス袋; 飛行船, 気球. **2** (パイプ修理などの時, 中でふくらませて栓の役をする)ガス袋. **3** 《俗》 おしゃべり; ほら吹き, 駄弁家.

gás bàttery *n.* 〘電気〙 =gas cell 2.

gás blàck *n.* 〘化学〙 ガスブラック (⇨ channel black).

gás bòmb *n.* =gas shell.

gás bràcket *n.* (壁から張り出した)ガス灯受け, 張出しガス灯.

gás bùoy *n.* ガス灯浮標 《アセチレンガスを燃料とする浮標》.

gás bùrner *n.* ガスバーナー, ガス燃焼器; (ガス灯・ガスこんろなどの)火口.

gás càp *n.* 〘天文〙 ガスキャップ 《落下する流星前面の圧縮高温ガス》.

gás càrbon *n.* ガスカーボン, ガス炭 《石炭ガス製造中にできる》.

gás cèll *n.* **1** (飛行船の)気嚢(ｷﾉｳ)の一区画. **2** 〘電気〙 ガス電池, 気体電池 《2 種類のガス電極から成る電池》.

gás chàmber *n.* (死刑用または動物を殺すための)ガス処刑室, ガス室 (cf. lethal chamber 2).

gás chromátograph *n.* 〘化学〙 ガスクロマトグラフ, ガスクロマトグラフィー用装置 《固定相による吸着または分配で, ガス状試料を分析する装置》.

gás chromatógraphy *n.* 〘化学〙 ガスクロマトグラフィー, 気相クロマトグラフィー 《移動相としてガスを使用するクロマトグラフィー; 重要な分析法の一つ》. **gás chromatográphic** *adj.*

gás còal *n.* ガス製造用石炭, ガス用炭.

Gas·cogne [*F.* gaskɔɲ] *n.* ガスコーニュ 《Gascony のフランス語名》.

Gas·coigne [gǽskɔɪn], **George** *n.* (1525?–77) 英国の詩人・劇作家; *Supposes* (喜劇, 1566 上演).

gás còke *n.* ガスコークス 《石炭ガス製造の副産物》.

Gas·con [gǽskən] 〖ME *gascoine* ▭ (O)F *gascon* < VL *Wasco＝L *Vasco(n-)* 'BASQUE'〗 ── *n.* **1** (フランスの)ガスコーニュ (Gascony) 人《ほら吹きとされる》. **2** [g-] 自慢家, ほら吹き (boaster). ── *adj.* **1** ガスコーニュ(人)の. **2** [g-] 自慢家の, ほら吹きの.

gas·con·ade [gæ̀skənéɪd] 〖(1709) ▭ F *gasconnade* ← *gascon* (↑): ⇨ -ade〗 ── *n.* 自慢(話), ほら (boast, bragging). ── *vi.* 自慢する, 大ぼらを吹く (brag). **gàs·con·ád·er** *n.*

gás cònstant *n.* 〚化学〛気体定数, ガス定数《理想気体の状態式に使われる定数で R で表わし, 8,314 J・K^{-1}・mol^{-1} である》.

Gas·co·ny [gǽskəni | -nɪ] *n.* ガスコーニュ《フランスの南西部地方; もと州; フランス語名 Gascogne》.

gás còoker *n.* ＝gas stove.

gás-còoled *adj.* 〚原子力〛〈原子炉など〉ガス冷却式の: a ～ reactor ガス冷却炉.

gás cùtting *n.* 〚金属加工〛ガス切断《ガスの火炎で金属を局部的に加熱し溶断すること》.

gàs-dynámic *adj.* 気体力学の.

gàs-dynámic láser *n.* 〚物理〛ガスダイナミックレーザー《気体の燃焼を利用したレーザー》.

gàs·dynámics *n.* ＝aerodynamics.

gas·e·i·ty [gæsíːəṭi | -síːətɪ, -síːɪ-] *n.* ガス質, ガス状.

gas·e·lier [gæ̀səlíə, ーーー | gæ̀səlíə(r] *n.* ＝gasolier.

gás èngine *n.* ガス機関《LPG などを燃料とする》.

gas·e·ous [gǽsiəs, gǽʃəs | gǽsjəs, géɪ-, -sɪəs, -zjəs, -zɪəs, -ʃɪəs] *adj.* **1** ガス(質)の, ガス状の; 気体の (cf. solid 1 a). **2** 《口語》空な, 実のない, 不確かな, はっきりしない: ～ information. **～·ness** *n.*

gáseous dischárge *n.* 〚電気〛気中放電《蛍光灯やネオン管, 雷のような気体中の放電; 固体・液体中の放電に対する語》.

gás field *n.* 天然ガス発生地.

gás-fìlled *adj.* ガス入りの: a ～ lamp ガス入り電球.

gás fìre *n.* ガス火; ガスストーブ.

gás-fìred *adj.* 燃料にガスを使う.

gás fìtter *n.* ガス取付け人, ガス工事人.

gás fìtting *n.* **1** ガス取付け工事(業). **2** a ガス器具. b [*pl.*] ガス装置用器具類.

gás fìxture *n.* (ガス管から火口までガスを引く)ガス装置[設備].

gás fùrnace *n.* **1** (燃料としてガスを用いる)ガス炉. **2** ガス発生炉.

gás gàngrene *n.* 〚病理〛ガス壊疽(えそ) (gaseous gangrene)《深部の創傷に各種のガス壊疽菌 (gas bacillus) がついてガスを発生して生じる》.

gás gènerator *n.* (ガスタービン用)ガス発生器, 水性ガス発生炉 (cf. water gas).

gás gùzzler *n.* 《米口語》ガソリンを食う(大型)車.

gash[1] [gǽ(ː)ʃ] 〖(1548)《変形》← *garsh*《変形》← (15C) *garse* ▭ ONF *garse ← *garser* to scarify ▭ ? LL *charaxāre* to carve, cut ▭ Gk *kharássein*: cf. character〗 ── *n.* **1** (長く深い)切傷, 深傷, 大傷 (slash); 深く傷つけること: have [get] a deep ～ in the leg 脚を深く切る. **2** (地面などの)割れ目, 裂け目 (fissure, cleft). **3** 《卑》女性の性器; 性交. ── *vt.* …に深傷を負わせる, 深く切る.

gash[2] [gǽ(ː)ʃ] 〖《略》← ? 《俗》*gashion* additional〗《英俗》*adj.* 余分の, 余計な (spare, extra). ── *n.* 余分のもの, 残りもの; くず, ごみ.

gash[3] [gǽ(ː)ʃ] 〖← ?〗《スコット》*n.* おしゃべり. ── *adj.* おしゃべりな. ── *vi.* おしゃべりをする.

gash[4] [gǽ(ː)ʃ] 〖← ?〗 *adj.* (～·er; ～·est)《スコット》**1** 賢い, 利口な, 鋭い. **2** 見るからに賢明な, 威厳ある. **3** 立派な服装をした, りゅうとした身なりの.

gás hèater *n.* ガス加熱器, ガス暖房器, ガスストーブ.

gás hèlmet *n.* ヘルメット型防毒面, 防毒マスク.

gás·hòlder *n.* ガス溜め, ガスタンク (gasometer).

gás·hòuse *n.* ＝gasworks《★ もと貧民街やギャングなどの連想を伴った語》: a ～ district ガス工場地域.

gas·i·fi·a·ble [gǽsəfàɪəbḷ, ーーーー | gǽsɪfàɪəbḷ, géɪzɪ-, ーーーー] *adj.* ガス体に変じることができる, 気化させることができる.

gas·i·fi·ca·tion [gæ̀səfɪkéɪʃən, -fə- | gæ̀sɪfɪ-, gèɪzɪ-] *n.* ガス化, 気体化, 気化.

gas·i·form [gǽsəfɔ̀əm | -sɪfɔ̀ːm] *adj.* ガス状の, 気体の.

gas·i·fy [gǽsəfàɪ | gǽsɪ-, géɪzɪ-] *vt.* ガスにする, 気化させる. ── *vi.* ガスになる, 気体になる, 気化する. **gás·i·fì·er** *n.*

gás jèt *n.* **1** ガス灯[こんろ]の火口, ガスバーナー. **2** ガス灯の炎.

Gas·kell [gǽskəl | -kəl, -kel], Mrs. **(Elizabeth Cleghorn** [kléghɔən | -hɔːn]**)** *n.* (1810–65) 英国の女流小説家; *Cranford* (1851–53), *North and South* (1855), *Life of Charlotte Brontë* (1857); 旧姓 Stevenson.

gas·ket [gǽskɪt, -kət] 〖(1622)《変形》← F *garcette* thin rope, little girl (dim.) ← *garce* girl (fem.) ← *gars* boy: cf. garçon〗 ── *n.* **1** 〚海事〛ガスケット, 括帆索(かつはんさく)《畳み上げた帆を帆桁(ほげた)にくくりつける小綱または帯状の帆布; gassit ともいう》. **2** 〚機械〛 **a** ガスケット《シリンダー・管継手などの継目を埋めるために用いる繊維板・コルクなど》. **b** 詰め物, ガスケット. ***blow a gasket*** 《俗》ひどく[かんかんに]おこる.

gas·kin[1] [gǽskɪn, -kən | -kɪn] 〖《短縮》← GALLIGASKINS〗 *n.* **1** (馬の)飛節 (hock) と後膝(ひざ)関節との間の部分 (⇨ horse 挿絵). **2** [*pl.*]《廃》＝galligaskins 3.

gas·kin[2] [gǽskɪn, -kən | -kɪn] 〖《変形》← GASKET〗 *n.* (also **gas·king** [-kɪŋ]) ＝gasket.

gás làmp *n.* ガス灯.

gás láser *n.* 〚物理〛ガスレーザー, 気体レーザー《気体の放電を利用したレーザー》.

gás làw *n.* 〚物理化学〛 **1** ＝ideal-gas law. **2** ＝Boyle's law. **3** ＝Charles's law.

gás·less *adj.* **1** ガス[気体]のない. **2** ガスを生じない[用いない].

gás·lìght *n.* **1** ガス光; ガス灯, ガス灯光. **2** ガス灯の火口.

gás lìghter *n.* **1** ガス点火器[装置]. **2** ガスライター.

gáslight pàper *n.* 〚写真〛ガスライト紙, 密着焼き用印画紙, 塩化銀印画紙《日光焼き印画紙に比して感度が高くガス灯で焼付けのできる感光紙》.

gás-lìquid chromatógraphy *n.* 〚化学〛気液クロマトグラフィー《ガスクロマトグラフィーの一種; 固定相として担体に高沸点液体をつけたものを用いる; cf. thin-layer chromatography》.

gás lìquor *n.* 〚化学〛ガス液《石炭乾留ガスを冷却した際にできるアンモニアを含んだ水溶液》.

gás·lit *adj.* ガス灯で照らされた.

gás lòg *n.* (ガス暖炉に用いる)丸太状の燃管《丸太が燃えているように見える》.

gás màin *n.* ガス輸送本管.

gás·màn [-mæ̀n] *n.* (*pl.* **-men** [-mèn]) **1 a.** ガス製造業者. **b** ガス会社従業員. **c** ガス検針人; ガス集金人. **2** ガス工事人. **3** 〚鉱山〛爆発ガス警戒係.

gás màntle *n.* ガスマントル (mantle).

gás màsk *n.* ガスマスク, 防毒マスク (respirator).

gás mèter *n.* ガスメーター, ガス量計, ガス計量器.

gás-mòtor *n.* ガス機関 (gas engine), ガス発動機.

gas·o·gene [gǽsədʒìːn | -sə(ʊ)-] 〖▭ F *gazogène*: ⇨ gas[1], -gen〗 *n.* **1** (木炭自動車などの燃料用の)ガス発生装置. **2** ポータブル炭酸水製造器.

gas·o·hol [gǽsəhɔ̀(ː)l, -hɑ̀l | -hɔ̀l] 〖《混成》← GASO(LINE)＋(ALCO)HOL〗 *n.* ガソール, ガソホール《ガソリンとアルコールの混合燃料》.

gás òil *n.* 〚化学〛ガス油, 軽油《昔オイルガスの製造に用いられた; 灯油と重油の中間の留分; ディーゼル燃料, バーナー燃料に用いられる》.

gas·o·lene [gǽsəlìːn, ーーー | gǽsə(ʊ)lìːn] *n.* ＝gasoline.

gas·o·lier [gæ̀səlíə, ーーー | gæ̀səlíə(r] 〖← GAS[1]: CHANDELIER からの類推〗 ── *n.* ガスシャンデリア《19 世紀後期のシャンデリア風の装飾的なガス灯; cf. chandelier, electrolier》.

gas·o·line [gǽsəlìːn, ーーー | gǽsə(ʊ)lìːn] 〖(1871) ← GAS[1]＋-OL[2]＋-INE[3]〗 *n.* **1** 《米》ガソリン (《英》petrol). **2** 揮発油. **gas·o·lin·ic** [gæ̀səlínɪk, -líːn-] *adj.*

gásoline èngine *n.* 《米》ガソリン機関[エンジン] (《英》petrol engine).

gásoline pùmp *n* 《米》(給油用の)ガソリンポンプ (《英》petrol pump).

gas·om·e·ter [gæsɑ́məṭə | gæsɔ́mɪtə(r, gəs-, gəz-, -mə-] 〖▭ F *gazomètre*: ⇨ gas[1], -o-, -meter[1]〗 *n.* **1 a** ガス計量器. **b** ガス貯蔵器. **2** ガスタンク.

gas·om·e·try [gæsɑ́mətri | gæsɔ́mɪtrɪ, gəs-, gəz-, -mə-] *n.* ガス定量, 気体定量; (特に混合物中の)ガス計量. **gas·o·met·ric** [gæ̀səmétrɪk | -sə-, -zə-] *adj.* **gàs·o·mét·ri·cal·ly** *adv.*

gás-óperated *adj.* 〚銃砲〛〈火器が〉ガス利用の, ガス圧式の《発射時の火薬ガスの一部によって発射装置を自動的に作動させる》.

gás òven *n.* **1** (料理用)ガスオーブン. **2** ＝gas chamber.

gasp [gǽ(ː)sp | gɑ́ːsp] 〖(*a*1393) ▭ ON *geispa*《音位転換》← *geipsa to yawn ← *geip* idle talk: cf. gape〗 ── *vi.* **1** 喘(あえ)ぐ, 息せく; (驚きなどで)息が止まる: ～ *with* horror 恐ろしくて息が止まる / ～ *for* breath [air] 息が苦しくて喘ぐ, 息せき切る / It made me ～. 息が止まるほどびっくりした. **2** 〔…を〕渇望する, 熱望する (desire, crave) 〔*for, after*〕: ～ *for* liberty. ── *vt.* **1** 喘ぎながら言う, 息を切らして言う 〈*out, forth, away*〉: ～ *out* a few words. **2** 喘ぎながら吐き出す[息をする].

gasp one's life away [out] ＝***gasp one's last*** 最後の息を引き取る, 息が絶える (die).

── *n.* **1** 喘ぎ, 息切れ; (恐怖・驚きなどのため)息が止まること: give a ～ of surprise 驚いて息をのむ. **2** 喘ぎながら言うこと[言葉]: His words came in ～s. 彼は喘ぎ喘ぎ言った.

at one's [the] last gasp (1) 死ぬ間際に, いまわの際に. (2) せっぱ詰まって. (3) 疲れ果てて. ***to the last gasp*** 最後まで, 息を引き取るまで.

Gas·par [gǽspə | -pɑ(r] 〖《変形》← JASPER: cf. Caspar〗 *n.* 男性名.

Gas·pé Peninsula [gæspéɪ—ーーー, ーーーーー; *F.* gaspe-] *n.* [the ～] ガスペ半島《カナダ Quebec 州南東端, St. Lawrence 湾に突き出た半島》.

gásp·er *n.* **1** あえぐ者. **2** 《英俗》安たばこ.

gásp·ing *adj.* **1** 喘(あえ)いでいる, 息づかいのせわしい. **2** ぴくぴくする (spasmodic). ── *n.* 〚医学〛喘ぎ《gasping respiration ともいう》. **～·ly** *adv.*

gás pìpe *n.* ガス管; ガス管状のもの.

gás plànt *n.* 〚植物〛＝fraxinella.

gás plìers *n. pl.* ガスプライヤー《やっとこの一種; 小径の鉛管や丸い棒をつかむためのもの》.

gás pówer plànt [stàtion] *n.* ガス発電所《天然ガスなどを利用してガス機関を原動機とする発電所》.

gás prodùcer *n.* 〚化学〛＝producer 4.

gás-próof *adj.* 毒[有害]ガスを通さない[に冒されない].

gás rànge *n.* 《米》(調理用)ガスレンジ (gas cooker).

gás rìng *n.* ガスこんろ.

gassed *adj.* **1** 毒ガスに冒された[で殺された]. **2** 《俗》酔っぱらった.

Gas·sen·di [gæsɑ̃ː(n)díː, -sɔ̃ː(n)-, -sɑːn-, -sɔ(ː)n-; *F.* gasɑ̃di], **Pierre** *n.* ガサンディ (1592–1655; フランスの哲学者・科学者).

gás·ser *n.* **1** 天然ガス井(せい). **2** 《俗》むだ話をする人, ほら吹き. **3** 《俗》とても面白いもの[人]; ひどく滑稽な冗談.

Gas·ser [gǽsə | -sə(r], **Herbert Spencer** *n.* (1888–1963) 米国の生理学者, Nobel 医学生理学賞 (1944).

Gasset, José Ortega y *n.* ⇨ Ortega y Gasset.

gás shèll *n.* ガス爆弾, 毒ガス弾 (gas bomb).

gás·sing *n.* **1** (糸などの)ガス処理; ガス殺菌[消毒]. **2 a** 毒ガス攻撃; 毒ガス戦. **b** ガス中毒. **3** (蓄電池の充電または電解の際の)ガス発生. **4** 《俗》むだ話, だぼら.

gas·sit [gǽsɪt, -sət | -sɪt] *n.* 〚海事〛＝gasket 1.

gás stàtion *n.* 《米》ガソリンスタンド, 給油所.

gás stòve *n.* (調理用)ガスストーブ, ガス厨炉(ちゅうろ).

gas·sy [gǽsi | -sɪ] *adj.* (**gas·si·er**; **-si·est**) **1** ガス質[状]の. **2** ガスの満ちた[を含んだ]; (腹に)ガスのたまった (flatulent). **3** 《口語》よく自慢話[むだ話]をする; 〈話など〉自慢の多い (boastful): a ～ talk. **4** 《俗》すてきな, すばらしい. **gás·si·ness** *n.*

gás tànk[1] *n.* 《米》ガスタンク.

gás tànk[2] *n.* 《米》(自動車・飛行機などの)ガソリンタンク, 燃料タンク.

gás-tàr *n.* コールタール (coal tar).

gas·ter [gǽstə | -tə(r] 〖← NL ～ ← Gk *gastḗr* belly〗 *n.* **1** 〚昆虫〛膨腹部《アリなどの腹柄の後方のふくらんだ部分》. **2** 〚解剖〛胃 (stomach).

gas·ter- [gǽstər] (母音の前に来る時の) gastero- の異形.

-gas·ter [gǽstə | -tə(r] 〖⇨ gaster〗「胃と関係を持つ部分; …の消化器を持つ生物」の意の名詞連結形.

gas·ter·o- [gǽstəro(ʊ) | -rə(ʊ)] 〖⇨ gaster〗〚生物〛次の意味を表わす連結形: **1** 「腹部 (ventral area)」. **2** 「胃 (stomach)」. ★ 母音の前では通例 gaster- になる.

Gas·ter·o·phil·i·dae [gæ̀stəro(ʊ)fílədìː | -rə(ʊ)fílɪ-] 〖← NL ～ ← *Gasterophilus* (属名: ⇨ gastero-, -philous)＋-IDAE〗 *n. pl.* 〚昆虫〛(双翅目)ウマバエ科.

gas·ter·o·pod [gǽst(ə)rəpɑ̀d | -pɔ̀d] *adj., n.* 〚動物〛＝gastropod.

gas·ter·os·te·id [gæ̀stərɑ́stiɪd, -tiəd | -tɪɪd] 〖↓〗 *adj., n.* 〚魚類〛トゲウオ科の(魚).

Gas·ter·o·ste·i·dae [gæ̀stəro(ʊ)stíːədìː | -rə(ʊ)stíːɪ-] 〖← NL ～ ← *Gasterosteus* (属名: ← GASTERO-＋*osteus, osseus* bony)＋-IDAE〗 *n. pl.* 〚魚類〛トゲウオ科.

gast·haus [gɑ́ːsthàʊs; *G.* gásthàʊs] 〖▭ G ～《原義》guest house〗 *n.* (*pl.* **～·es, -häus·er** [-hɔ̀ɪzə | -zə(r; *G.* -hɔʏzɐ]) ドイツの宿屋[酒場].

gás thermòmeter *n.* 気体[ガス]温度計.

gás·tìght *adj.* ガスの漏れ[通ら]ない; (特定ガスを特定圧力の下に置いて通さない)耐ガス構造の. **～·ness** *n.*

Gas·ton [gǽstən; *F.* gastɔ̃] 〖▭ F ～《変形》← 《古形》*gascon* (民族名)〗 *n.* 男性名.

gastr- [gæstr] (母音の前に来る時の) gastro- の異形.

gas·trae·a [gæstríːə] 〖← NL ～: ⇨ gaster〗 ── *n.* 〚動物〛腸祖動物《一般の動物の発生初期に見られる腸胚(はい) (gastrula) に似た構造を持っていたと想像された架空の原始動物》. **gas·tráe·al** [-əl] *adj.*

gas·tral [gǽstrəl] *adj.* 〚動物〛胃の: the ～ cavity 胃腔 (cf. spongocoel).

gas·tral·gi·a [gæstrǽldʒiə, -dʒə | -dʒɪə, -dʒə] 〖← NL ～: ⇨ gastro-, -algia〗 ── *n.* 〚病理〛胃痛. ★「胃部の痛み」をさす語として現代医学用語としては epigastralgia (心窩部痛)が標準的.

gas·trea [gæstríːə] *n.* 〚動物〛＝gastraea.

gas·trec·ta·si·a [gæ̀strektéɪʒiə, -ziə | -zjə, -zɪə] 〖← NL ～ ← GASTRO-＋Gk *éktasia* stretching out＋-IA[1]〗 *n.* 〚病理〛胃拡張.

gas·trec·ta·sis [gæstréktəsɪs, -səs | -sɪs] 〖↑〗 *n.* 〚病理〛＝gastrectasia.

gas·trec·to·my [gæstréktəmi | -mɪ] *n.* 〚外科〛胃切除(術).

gas·tri- [gǽstrɪ] gastro- の異形 (⇨ -i-).

gas·tric [gǽstrɪk] 〖(1656) ▭ F *gastrique* ∥ ← NL *gastric-us*: ⇨ gastro-, -ic[1]〗 *adj.* 胃の, 胃部の; 胃に似た.

gástric achýlia *n.* 〚病理〛胃液欠乏(症).

gástric atónia *n.* 〚病理〛胃アトニー.

gástric cóld *n.* 《口語》腹かぜ, 不定の胃腸症状(を起こすかぜ).

gástric irrigátion *n.* 〚医学〛＝gastric lavage.

gástric júice *n.* 〚生理〛胃液.

gástric lávage *n.* 〚医学〛胃洗(浄).

gástric secrétion *n.* 〚生理〛胃液分泌.

gástric úlcer *n.* 〚病理〛胃潰瘍(かいよう).

gas·trin [gǽstrɪn, -trən | -trɪn] 〖← GASTRO-＋-IN[1]〗 *n.* 〚生化学〛ガストリン《胃液分泌を促すホルモン》.

gas·tri·tis [gæstráɪṭɪs, -təs | -tɪs] 〖← NL ～: ⇨ gastro-, -itis〗 *n.* (*pl.* **gas·trit·i·des** [-tríṭədìːz | -tɪ-]) 〚病理〛胃炎. **gas·trit·ic** [gæstríṭɪk | -tɪk] *adj.*

gas·tro- [gǽstro(ʊ) | -trə(ʊ)] 〖← Gk *gastḗr* stomach〗 ──「腹部 (belly); 胃 (stomach); 胃と…との (gastric and)」の意の連結形. ★ 時に gastri-, また母音の前では通例 gastr- になる.

gàstro·cámera *n.* 〚医学〛胃カメラ, ガストロカメラ《胃の内部を撮影する超小型カメラ》.

gas·tro·cele [gǽstro(ʊ)sìːl | -trə(ʊ)-] *n.* 〚病理〛胃ヘルニア.

gas·troc·ne·mi·us [gæ̀strɑkníːmiəs, -trək- | -trɔkníːmɪəs, -trək-, -mjəs] 〖← NL ～ ← Gk *gastroknēmia* calf of the leg ← GASTRO-+knḗmē shin〛 ── n. (pl. -mi·i [-miàɪ | -mɪ-]) 〘解剖〙腓腹(ひふく)筋《下腿の後側にある強大な筋》.

gas·tro·coel [gǽstrəsìːl | -trə(ʊ)-] 〘□F gastrocèle: ⇨ gastro-, -coel〙 n. (also **gas·tro·coele** [~]) 〘生物〙原腸.

gàstro·cólic adj. 胃と結腸の.

gastrocólic oméntum n. 〘解剖〙大網, 胃結腸膜 (⇨ greater omentum).

gas·tro·derm [gǽstro(ʊ)dɚ̀ːm | -trə(ʊ)dəːm] n. =endoderm.

gas·tro·der·mis [gæ̀stro(ʊ)dɚ́ːmɪs, -məs | -trə(ʊ)dɜ́ːmɪs] 〘← NL ~: ⇨ gastro-, -dermis〙 n. 〘動物〙ヒドロ虫類の胃腔に面する細胞層.

gàstro·duodénal adj. 〘解剖〙胃と十二指腸との.

gàstro·entéric adj. =gastrointestinal.

gàstro·enterítis 〘← NL ~: ⇨ gastro-, enteritis〙 n. 〘病理〙胃腸炎.

gas·tro·en·ter·o- [gæ̀stəro(ʊ)éntəro(ʊ) | -trə(ʊ)éntərə(ʊ)] 「胃と腸との」の意の連結形.

gàstro·èn·ter·ól·o·gist [-dʒɪst, -dʒəst | -dʒɪst] n. 消化器病学者; 消化器専門医.

gàstro·èn·ter·ól·o·gy [-èntərɑ́lədʒi | -tərɔ́lədʒɪ] 〘⇨ gastro-, entero-, -logy〙 ── n. 消化器病学, 胃腸病学. **gàstro·èn·ter·o·lóg·i·cal** [-èntərəlɑ́dʒɪkəl, -dʒə- | -tərəlɔ́dʒɪ-] adj.

gàstro·enteróstomy n. 〘外科〙胃腸吻合(ふんごう)(術).

gàstro·esophagéal adj. 〘解剖〙胃(と)食道の.

gàstro·fíberscope n. 〘医学〙胃ファイバースコープ《胃の内部を観察するため, 細いガラス・プラスチックの繊維を束ねた管を利用した内視鏡; cf. gastroscope, endoscope》.

gas·tro·gen·ic [gæ̀strədʒénɪk] adj. 〘医学〙胃性の, 胃原性の.

gas·trog·e·nous [gæstrɑ́dʒənəs | -dʒɪ-] adj. =gastrogenic.

gàstro·intéstinal adj. 胃腸の.

gastrointéstinal tráct n. 〘解剖〙胃腸管, 消化管 (alimentary tract)《しばしば GI tract と略す》.

gas·tro·lith [gǽstrəlɪθ] n. 〘病理〙胃石.

gas·trol·o·ger [gæstrɑ́lədʒɚ | -trɔ́lədʒə(r)] n. 美食家, 食通.

gas·trol·o·gist [-dʒɪst, -dʒəst | -dʒɪst] n. 1 胃専門医. 2 =gastrologer.

gas·trol·o·gy [gæstrɑ́lədʒi | -trɔ́lədʒɪ] 〘□Gk gastrología (4世紀のギリシャの詩人 Archestratos の美食遍歴をうたった詩の題名): ⇨ gastro-, -logy〙 ── n. 1 〘医学〙胃(病)学. 2 美食学, 料理学.

gas·tro·nome [gǽstrənòʊm | -nəʊm] 〘□F ~ (逆成) ← gastronomie 'GASTRONOMY'〙 n. 美食家, 料理通, 食通 (gourmet, epicure).

gas·tron·o·mer [gæstrɑ́nəmɚ | -trɔ́nəmə(r)] n. =gastronome.

gas·tro·nom·ic [gæ̀strənɑ́mɪk | -nɔ́m-] adj. 美食法の, 料理法の, 食道楽の. **gàs·tro·nóm·i·cal** adj. **~·ly** adv.

gas·trón·o·mist [-mɪst, -məst | -mɪst] n. 料理学者; 美食家.

gas·tron·o·my [gæstrɑ́nəmi | -trɔ́nəmɪ] 〘(1814) □F gastronomie □Gk gastronomía: ⇨ gastro-, -nomy〙 n. 美食学; 料理法.

gàstro·photógraphy n. 〘医学〙(胃カメラによる)胃内撮影法.

gas·tro·pod [gǽstrəpɑ̀d | -pɔ̀d] 〘(1826): ↓〙 〘動物〙 adj. 腹足綱の. ── n. 腹足綱の動物《各種の巻貝・ウミウシ・カタツムリ・ナメクジなど》.

Gas·trop·o·da [gæstrɑ́pədə | -trɔ́p-] 〘← NL ~: ⇨ gastro-, -poda〙 n. pl. 〘動物〙腹足綱. **gas·tróp·o·dous** [-dəs] adj.

gas·trop·o·dan [gæstrɑ́pədn̩ | -trɔ́p-] adj., n. =gastropod.

gas·trop·to·sis [gæ̀strɑptóʊsɪs, -səs | -trɒptə́ʊsɪs] 〘← NL ~: ⇨ gastro-, ptosis〙 n. 〘病理〙胃下垂.

gas·tro·scope [gǽstrəskòʊp | -skəʊp] 〘医学〙 n. 胃鏡《胃内を観察するのに用いる; cf. endoscope, gastrofiberscope》. ── vt. 〈患者を〉胃鏡で検査する.

gas·tros·co·py [gæstrɑ́skəpi | -trɔ́skəpɪ] 〘(1855)〙 ── n. 〘医学〙胃鏡検査(法). **gas·tro·scop·ic** [gæ̀strəskɑ́pɪk | -skɔ́p-] adj. **gas·trós·co·pist** [-pɪst, -pəst | -pɪst] n.

gas·tro·spasm [gǽstrəspæ̀zm̩] n. 〘病理〙胃痙攣(けいれん).

gas·tros·to·my [gæstrɑ́stəmi | -trɔ́stəmɪ] n. 〘外科〙胃フィステル形成(術), 胃造瘻(ろう)術《胃と腹壁の間に交通路を作ること》.

gas·trot·o·my [gæstrɑ́təmi | -trɔ́təmɪ] n. 〘外科〙胃切開(術).

gas·tro·trich [gǽstrətrɪk] n. 〘動物〙腹毛綱の動物.

Gas·trot·ri·cha [gæstrɑ́trɪkə, -trə- | -trɔ́trɪ-] 〘← NL ~: ⇨ gastro- tricho-〙 n. pl. 〘動物〙腹毛綱. **gas·trót·ri·chan** [-kən] adj., n.

gàstro·váscular adj. 〘動物〙消化と循環に関係する: ~ canals (腔腸(こうちょう)動物の)消化循環管 / the ~ system 胃水管系.

gas·tru·la [gǽstrələ] 〘← NL ~ (dim.) ← Gk gastḗr belly: ⇨ -ula¹〙 ── n. (pl. ~s, -tru·lae [-lìː, -làɪ]) 〘生物〙嚢胚(のうはい), 腸胚, 原腸胚《卵発生において胞胚 (blastula) に次いで起こる段階》: the ~ stage 嚢胚期. **gás·tru·lar** [-lə | -lə(r)] adj.

gas·tru·late [gǽstrəlèɪt] vi. 〘生物〙嚢胚(のうはい)[腸胚]を形成する.

gas·tru·la·tion [gæ̀strəléɪʃən] n. 〘生物〙嚢胚(のうはい)形成, 腸胚形成.

gás tùrbine n. ガスタービン.

gás wàrfare n. 毒ガス戦.

gás wèlding n. 〘金属加工〙ガス溶接《通例酸素とアセチレンを熱源として用いる溶融溶接》.

gás wèll n. 天然ガス井(せい).

gás·wòrks n. (pl. ~) ガス工場, ガス製造所.

gat¹ [gǽt] 〘ME ~〙 v. 《古》get の過去形.

gat² [gǽt] 〘《略》← GATLING GUN〙 n. 《俗》ピストル, 鉄砲.

gat³ [gǽt] 〘□? Du. ~ opening (↓)〙 n. (沿岸から内陸に伸びる)水道, 水路.

gate¹ [géɪt] 〘OE gatu (pl.) ← ġeat opening < Gmc *ʒatam (Du. gat hole, breach)〙 ── n. 1 (垣・柵・壁などの)とびら, 木戸《しばしばすかし細工になっている点で door と区別される》; 木戸口, 門; 出入口; 改札口; (城壁・都市の外壁・大建築物の外べいなどの)門, 城門, 通用門. ★ 両開きであるためしばしば pl. で用いられる: go [pass] through the ~(s) 門をくぐる / a back ~ 裏門 / the ~(s) of heaven [hell] 天国[地獄]の門 / keep the ~ 門番をする / enter at a ~ 門からはいる. 2 《比喩》出入口, 入り口; 〔…に至る, …を得る〕道 〔to, for〕: a ~ to fortune 富を得る道 / open a ~ to [for] …に道を開く, 機会を与える / through the natural ~s and alleys of the body 体の入り口や通路を通って, 五体中に (Shak., *Hamlet* 1. 5. 67). 3 a (門に似た狭くなった)通路, 口(など). b (空港の)搭乗口, ゲート. c (競馬の)出発門, ゲート (starting gate). d (運河・ダムなどの)水門, 閘門(こうもん). e (狭い)山道, 山峡. 4 (道路や踏切りで一時通行遮断のための)可動の柵, 遮断機, 開閉機. 5 (運動競技会・博覧会などの)入場者(総数); 入場料(総額) (cf. gate money): There was a ~ of thousands. 何千という入場者があった / There is a big [good] ~. 多数の入場者[多額の入場収入]がある. 6 〘スキー〙旗門《回転競技で選手が通過しなければならない2本のポールの作る門》. 7 〘自動車〙ゲート《H字形などに開口した, 変速レバーの案内枠》. 8 〘聖書〙法廷《gate(s) of the city の略; cf. *Ruth* 4: 11》. 9 (竪鋸盤 (gang saw) の刃を架装する)鋸枠. 10 〘映画〙ゲート《撮影用カメラまたは映写機のレンズの背後でフィルムを支える枠》. 11 〘金属加工〙(鋳型の)湯口, 堰(せき), ゲート《ingate ともいう》; 脚《湯口のあとに残る凸部》. 12 〘電子工学〙 a ゲート《サイリスター (thyristor) などの素子の制御用の端子》. b ゲート回路《入力端子に入った信号を出力端子に伝えるか伝えないかを制御する回路》.

at the gate(s) すぐ近くに, 間近かに: *at the* ~(s) of death 死の間際に. ***crash the gate*** (1) (劇場・パーティーなどに)無切符[無断]ではいり込む. (2) うまくはいる; 成功する, 合格する. ***get the gate*** 《米俗》(1) (恋人に)振られる, 交際を断たれる. (2) 解雇される, 首になる(cf. *show a person the* DOOR, get the sack ⇨ sack¹ 5). ***give a person the gate*** 《米俗》(1) 〈恋人を〉振る, 〈異性〉との交際を断つ. (2) 〈人を〉解雇する, 首にする.

gate of horn [the ─] 〘ギリシャ神話〙(眠りの家の)角(つの)の門《この門から正夢が出る; cf. ivory gate》.

gate of ivory [the ─] 〘ギリシャ神話〙象牙の門 (⇨ ivory gate).

── vt. 1 …に門をつける. 2 《英》(大学などで)〈学生〉に禁足を命じる. 3 〘電子工学〙ゲートで〈電子装置〉の働きを制御する. ── vi. 〘金属加工〙湯口[堰]を作る[使う].

gate² [géɪt] 〘(?c1200) □ON gat-a street < Gmc *ʒatwōn (G Gasse lane, street): cf. gate¹, gait¹〙 ── n. 1 《古》道, 街路, 通り. ★ 一般に Kirkgate, Highgate のように特殊の名称を冠して「…通り」の意の地名として用いる. 2 《方言》方法, 手段, 手口; 常套手段.

ga·teau [gɑːtóʊ | gǽtəʊ; F. gato] 〘□F gâteau < OF gastel ← Gmc: cf. 《廃》wastel bread made of finest flour〙 ── n. (pl. **ga·teaux** [~z; F. ~]) 1 (粉・バター・卵などで作る)菓子, ガトー (cake); (特に)砂糖衣やクリームで飾ったケーキ. 2 ガトー《白身魚・子牛・うさぎ肉などを小さなケーキ形にして焼いたもの》.

gáte bàr n. 門扉のかんぬき, 木戸の横木.

gáte-cràsh 〘《逆成》↓〙 《口語》 ── vt. 〈パーティー・催し物など〉に招待を受けないで[無切符で]押しかける, …に押し入る (cf. *crash the* GATE¹): ~ a party. ── vi. 招待を受けないで[無切符で]押しかける, 押し入る.

gáte-cràsher 〘← *crash the gate* (⇨ gate¹ (n.) 成句)〙 ── n. 《口語》闖入(ちんにゅう)客, 押しかけ客《招待を受けないで勝手に会合などに押しかける客》; (劇場などの)無切符入場者《単に crasher ともいう》.

gáte·fòld 〘← GATE¹+FOLD¹〙 n. 〘製本〙折込み.

gáte·hòuse 〘ME〙 ── n. 1 (猟園などの)門番小屋 (lodge). 2 a 城門. b (中世都市外壁などの)門楼《しばしば牢獄に用いられた》. 3 (ダム・貯水池などの)水門小屋《中に流水量調節の機械・装置などがある》.

gáte·kèeper n. 1 門番, 門衛; (スキーの)旗門員; 踏切保安係. 2 〘昆虫〙キイロウラジャノメ (*Lasiommata megera*)《ヨーロッパ・中央アジア産のジャノメチョウの一種; 英国では wall brown ともいう》.

gáte-lègged táble n. =gateleg table.

gáte·lèg táble n. 折りたたみ式テーブル《甲板の端部が自在板となる; cf. butterfly table》.

gáte·less adj. 門のない.

gáte·man [-mən, -mæ̀n] n. (pl. **-men** [-mən, -mèn]) = gatekeeper 1.

gáte mòney n. (競技会などの)入場料(収入).

gáte·pòst n. 〘建築〙門柱: a 蝶番(ちょうつがい)などで扉を取付ける柱《hanging post, hinging post, swinging post ともいう》. b 締めた扉を支える柱《shutting post ともいう》.

between you and me and the gatepost ⇨ between 成句.

gateleg table

Gates·head [géɪtshed] 〘OE Gātesħēafed 《原義》Headland or hill frequented by (wild) goats: ⇨ goat, -s¹, head (n. 5)〙 ── n. イングランド Tyne and Wear 州中部, Tyne 川に臨み Newcastle upon Tyne の対岸にある工業都市; 人口 222,000.

gáte tàble n. =gateleg table.

gáte tòwer n. (中世の城の)門塔, 門楼.

gáte vàlve n. 〘機械〙ゲート弁《流れ方向に直角に仕切板を出し入れする仕切弁》.

gáte·wày n. 1 (壁・へい・垣・建造物などを突き抜けた)門口, 出入口, 通用口: ~ *to* the Orient 東洋への関門. 2 出入口の構築, アーチ. 3 〔…に至る, …を得る〕道, 手段 〔to〕: a ~ *to* knowledge, success, etc.

Gath [gǽ(ː)θ] 〘□Heb. ~ 《原義》wine press〙 ── n. 〘聖書〙ガテ《ペリシテ人の pentapolis の一つ; 巨人 Goliath の生地》.

Tell it not in Gath. この事をガテに告ぐるなかれ《「敵の耳に入れるな」の意で戯言的に用いる; 2 *Sam.* 1: 20》.

Ga·tha [gɑ́ːtə, -tɑː | -tə, -tɑː] 〘□Aves. gāthā-: cog. Skt gāthā song〙 ── n. 〘ゾロアスター教〙ガーサー《ゾロアスターに帰せられる17の聖歌 (the Gathas) の一つ; 聖典 (Avesta) の重要な一部を占める》.

gath·er [gǽðɚ, géðɚ | gǽðə(r)] 〘OE gad(e)rian < (WGmc) *ʒadurōjan ← *ʒaduri 'TOGETHER' (Du. gaderen / MHG gatern to unite) ← IE *ghedh- to unite: cf. good〙 ── vt. 1 〈人や物を〉集める, 寄せ集める (bring together): ~ things (*together*) 物を集める / The preacher ~*ed* a crowd *about* [(*a*)*round*] him. 説教者のまわりに群衆が集まった. 2 蓄積する, 収集する, ためる (collect): ~ wealth 富を得る / ~ information 情報を収集する / A rough surface ~*s* dust. ざらざらした表面にはほこりがたまる. 3 a (次第に)増す, 増大する (gain) (cf. 6 a): ~ strength 勢いを増す, 次第に強くなる / ~ volume 量を増す / ~ speed 速度を増す / ~ weight 重要性を増す, 次第に強まる / His complexion ~*ed* color. 顔色に血色が出て来た / The baby began to ~ flesh. 赤ん坊は肉がつき始めた[太り出した]. b 〘海事〙★ 次の句で: ~ way [headway] 〈船が〉(停止した状態またはごく遅い速度から)動き始める[前進力がつき出す]. 4 拾い集める, 採集する (pick up); 〈税金などを〉徴収する; 〈花・果実などを〉摘む; 〈穀物などを〉収穫する; 〈詩文などを〉集録する, 選集する: ~ shells 貝殻を拾い集める / ~ eggs in the hen-house 鶏舎で卵をとり集める / ~ flowers 花を摘む / ~ nuts 木の実を拾う / ~ crops 作物を取り入れる / ~ things *out* 物を選び出す. 5 a (心に)取り入れる, 貯える, (次第に)得る: ~ experience / I could ~ little *from* what he said 彼の言葉からはほとんど得るところがなかった. b 〈…と〉推測する 〈*that*〉: I ~ *from* this letter *that* he is angry. この手紙から察すると彼は怒っているらしい. 6 a 〈力・知力などを〉集中する, 〈考えを〉まとめる 〈*up*〉: ~ one's energies 精一杯の力を出す / ~ one's wits 知恵をしぼる / ~ (*up*) one's strength 力を振りしぼる / ⇨ *gather* BREATH. b [~ *oneself* として] 身を緊張させる, 体を引き締める, 気を落ち着かせる 〈*together*〉: He ~*ed himself* to jump off the diving board. 跳び込み台から飛び込もうとしてぐっと体を引き締めた. 7 a 〈覆い・衣服を〉引き寄せる, かき集める, まとう: ~ a shawl *about* one's shoulders 肩をショールでくるむ / She ~*ed* her skirts in her hands. 彼女は(かさばった)スカートのすそを両手にかき寄せた. b 抱き寄せる[締める]: She ~*ed* (*up*) the child *in*(*to*) her strong arms. 子供を頑丈な腕にひしと抱き寄せた. 8 a 〈衣服など〉の一部を〉縮める, 引きしめる; 〈布地〉にひだを取る, ギャザーを作る (cf. shirr 2); 〈ひだを〉作る: The blouse was ~*ed* at the neck. ブラウスは首のところにギャザーが取ってあった. b 〈まゆを〉ひそめる, …にしわを寄せる: ~ one's brow(s). 9 〘製本〙(製本のため)〈折丁を〉順序正しく集める, …の丁合取りをする (cf. gathering 5 a). 10 〘ガラス製造〙〈種を〉とる (cf. *n.* 4). 11 《英》〘スポーツ〙(クリケット・ラグビーで)〈ボールを〉(着地前に)すくい捕る.

── vi. 1 寄り集まる, 群がる, 集合する; かたまる: ~*ing* clouds 群がる雲 / ~ (*a*)*round* a fire 炉のまわりに集まる / *Gather round*, all of you! みんな集まれ / Birds ~ in flocks. 鳥は群をなして集まる. 2 蓄積する, たまる: a tear ~*ing* in the eye 目にたまった涙 / Dust ~*ed* on the table. テーブルの上にほこりがたまった. 3 増す, 増大する, 次第に募る: the ~*ing* dusk 深まる暮色 / The storm ~*ed* (*in* intensity). あらしが募って来た / The tale ~*ed* like a snowball. その話は雪玉がころがるようにだんだん大きくなった[尾ひれがついた] / Fear ~*ed* in his mind. 不安が彼の心に募った. 4 〈額・布地などが〉縮まる, 縮む, しわが寄る: Wrinkles have ~*ed* about his eyes. 彼の目のまわりにしわができてきた / A little frown ~*ed* on her forehead. 額に少ししわを寄せていた / Your coat ~*s* under the arms. あなたの上着は脇の下の所がしわが寄っている. 5 〈腫物(はれもの)が〉化膿(かのう)する, うむ, はれ上がる, 寄りが出来る: The boil has ~*ed* and burst. おできはうんで破れた. 6 〘海事〙〈船が〉接近する, 行脚(ゆきあし)を持つ[付ける] (make way): Our boat was ~*ing on* the one ahead. われわれの船は前方の船に

接近していた / The ship ~ed toward the northwest. 船は北西方へ寄っていた.
be gathered to** one's **fathers** [**people**]* 死ぬ (die) (cf. *Gen.* 25: 8; *Judges* 2: 10). ***gather in (1) 〈作物を〉取り入れる, 収穫する; 《口語》拾って自分の物にする. (2) 〖野球〗〈打球を〉捕える. ***gather in upon*** 〖機械〗〈歯車の歯が〉…に合う, かみ合う (fit into). ***gather up*** (1) 集める, 拾い集める, 寄せ集める: ~ *up* one's tools [books] 道具[書物]を(取り)まとめる. (2) 概括する, まとめる. (3) 〈手足・体などを〉縮める, 〈手綱などを〉引き締める; 〈精力を〉かき立てる (cf. *vt.* 6 a). (4) 〈畑の土を〉うねに盛り上げる.
— *n.* **1** 寄り集まり; 縮まり, 収縮 (contraction). **2** 集積, 収穫; 収集, 拾い集め. **3** [通例 *pl.*] 〖服飾〗ギャザー《布を縫いしぼった際にできるしわ; ふくらみ・ゆとりを付けるために用いる; cf. shirring》. **4** 〖ガラス製造〗**a** 種とり《溶融ガラス種を種とり鉄棒 (punty) または吹きざおに取ること》. **b** 溶融ガラス種.

gath·er·a·ble [gǽð(ə)rəbl, géð- | gǽð-] *adj.* **1** 集めることができる. **2** 推測可能の (inferable).

gáth·er·er [-ðərə | -rə(r] 〖ME〗 *n.* **1** 集める人; 収集者; 集金人. **2** (ミシンの)ギャザー寄せ装置. **3** (馬の)門歯. **4** 〖ガラス製造〗種まき者, 種とり(人).

gáth·er·ing [-ð(ə)rɪŋ] 〖OE *gaderung*: ⇨ -ing[1]〗 — *n.* **1** 集める[集まる]こと, 収集, 収穫. **2** (人々の)集まり, 集会, 会; 群衆: a social ~ 懇親会 / a political ~ 政治的集会. **3 a** (物の)集まり, 集積: a ~ of dust on the floor 床一面にたまったほこり. **b** 集金; 慈善寄付(金). **c** 編纂. **4** 寄り(ができること)《はっきり頭をもったはれ物になること》, 化膿(かのう); はれ物, 膿瘍(のうよう). **5** 〖製本〗**a** 丁合い, 丁合い取り《折丁を順番にそろえる作業》. **b** (刷り紙を所定の順で折りたたんだ)折丁, 折り. **6** 〖服飾〗ギャザー付け; ギャザー (cf. shirring). **7** 〖建築〗絞り《配管工事で, 太い管を途中から細い管に絞り込むこと; 複数の管を一本の管に集約すること》. **8** 〖ガラス製造〗種とり.

gáthering còal *n.* 種火《終夜炉の中に埋めておく石炭の大塊》.

gáthering crỳ *n.* (戦闘開始の)集合命令.

gáthering gròund *n.* (川の)水源地, 集水地.

Gát·ling gún [gǽtlɪŋ-] 〖(1870) ← *R. J. Gatling* (1818–1903: これを発明した米国人)〗 — *n.* ガットリング機関銃《多数の銃身が束になって回転しながら発射する初期の機関銃; 単に Gatling ともいう》.

GATT [gǽt] 《略》〖経済〗General Agreement on Tariffs and Trade 関税および貿易に関する一般協定, ガット《1947 年 Geneva で調印され翌年発効した; 貿易促進による経済発展を意図した多国間条約で, 通商に関する条文と加入各国の認めた関税表から成る》.

gat-toothed [gǽttù:θt, -tù:ðd] *adj.* =gap-toothed.

Ga·tun [gətú:n] *n.* ガツン《パナマ運河地帯北部の町》.

Gatún Dám *n.* [the ~] ガツン堰堤(えんてい)《パナマ運河地帯 Gatun の近くにある大堰堤; 長さ 2.5 km》.

Gatún Láke *n.* ガツン湖《Gatun Dam によってできた人造湖; 面積 430 km^2》.

gauche [góuʃ | gə́uʃ] 〖(1751) ◻ F ~ 《原義》left-handed (cf. sinister) ← OF *gauchir* to turn aside ← Gmc〗 — *adj.* **1 a** (態度などが)ぎこちない, 気のきかない, 不器用な, 無骨な (tactless, awkward). **b** 〈文体など〉生硬な, ぎこちない. **2** 〖数学〗平坦でない. **3** 左手用の. **~·ly** *adv.* **~·ness** *n.*

gau·che·rie [gòuʃ(ə)rí: | gə́uʃəri:, -rɪ; *F.* goʃri] 〖◻ F ~ ← *gauche* (↑)+*-erie* '-ERY'〗 — *n.* 気のきかないこと, ぎこちなさ, 不器用; 生硬さ; 気のきかない動作[言葉]; 生硬な文体[表現].

Gau·chér's disèase [gouʃéɪz- | gəu-; *F.* goʃe-] 〖← *P.C.E. Gaucher* (1854-1918: フランスの医師)〗 — *n.* 〖病理〗ゴーシェ病, 家族性脾性貧血, セレブロシドリポイド症.

gau·cho [gáutʃou | gáutʃəu, gɔ́:-] 〖(1824) ◻ Am.-Sp. ~ ◻ ? Kechua *wáhcha* poor person〗 — *n.* (*pl.* ~s) ガウチョ《南米草原地方 (pampas) のカウボーイでスペイン人とインディアンとの混血》.

gaud [gɔ́:d, gá:d | gɔ́:d] 〖(?a1350) ◻ ? AF *gaude* ← (O)F *gaudir* to make merry ◻ L *gaudēre* to rejoice〗 — *n.* **1** 安価でけばけばしい装飾品, 安ぴか物 (trinket). **2** [通例 *pl.*] お祭り騒ぎ, けばけばしい儀式.

gau·de·a·mus [gɔ̀:diéɪməs, gàudeɪá:mus | gɔ̀:dɪéɪməs, gàudeɪá:mus] 〖← NL ~ 'let us be joyful' (↑): 中世の有名な学生歌の冒頭の句〗 — *n.* (特に, 大学生の)お祭り騒ぎ, 酒盛り (merrymaking).

gaud·er·y [gɔ́:dəri, gá:- | gɔ́:dəri] *n.* **1** 上品でない飾り立て, 趣味の悪いはでやかさ. **2** けばけばしい装飾品, 美装 (finery): women shameless in their ~ ごてごて飾り立てた恥知らずの女たち.

Gau·dí i Cor·net [gaudí:-i:-kɔ́ənet | -kɔ́:-; *Sp.* gaudí i kórnet], **An·to·ni** [antóni] *n.* ガウディ《1852–1926; スペインの建築家; Barcelona の Sagrada Familia 教会(未完成)が代表作》.

gau·dy[1] [gɔ́:di, gá:- | gɔ́:dɪ] 〖(1380) ◻ L *gaudi-um* joy ← *gaudēre* to rejoice: cf. gaud〗 — *n.* 《英》祝祭, 饗宴(きょうえん); (特に英大学で毎年同窓者などのために催す)大晩餐会, 同窓会: the ~ night 大晩餐会の夜.

gaud·y[2] [gɔ́:di, gá:- | gɔ́:dɪ] 〖(a1529) ← GAUD+-Y[4]: cf. ↑〗 — *adj.* (**gaud·i·er**; **-i·est**) **1** はなやかな, ぴかぴか光る, 華麗な; (特に)けばけばしい, いやにぴかぴかする, はでで俗っぽい: ~ dress, decorations, etc. / rich, not ~ 立派ではあるが華美[はで]ではない (Shak., *Hamlet* 1. 3. 71; cf. NEAT[2] (*but*) *not gaudy*). **2** 〈文体など〉飾り過ぎた, 華麗な. **gáud·i·ly** [-dəli, -dɪ-, -dɪi | -dɪlɪ, -də-] *adv.* **gáud·i·ness** *n.*

gauf·fer [gɑ́fə, gɔ́:f-, góuf- | gɔ́:fə(r] *vt., n.* =goffer. **~ed** *adj.*

gau·fre [góufr(ə), góufə, gɔ́:fə | gə́ufə(r; *F.* go:fr] 〖◻ F ~ 《原義》honeycomb: ⇨ wafer〗 — *n.* (*pl.* ~s [~z; *F.* ~]) ゴーフル《2 枚の鉄板で造った型ではさみつけて焼いた薄いウェファースの一種》.

gauge [géɪdʒ] 〖*n.*: (1432) ◻ ONF ~ 《異形》← *jauge* gauging-rod ← Gmc: cf. OHG *galgo* cross. — *v.*: (a1440) ◻ ONF *gaugier* 《異形》← *jauger* (F *jauger*)〗 (*also* **gage**) ★ *n.* 9 の意味では通例 gage とつづる; 《米》では *n.*, *v.* のすべての場合に gage もしばしば用いる. — *n.* **1** 標準寸法, 標準規格; 鉄板の厚さ. **2** (評価・判断・検査などの)手段, 方法, 標準. **3** 程度, 範囲; 能力. **4** 計器, ゲージ: a steam ~ 蒸気圧力計 / a rain ~ 雨量計 / a marking ~ (大工の使う)罫(け)引き / ⇨ pressure gauge, wind gauge, wire gauge. **5** (自動車などの)ゲージ, ホイールゲージ《左右の車輪間の距離》. **6** 〖鉄道〗軌間《2 本のレールの頭部内面間の最短距離》: the ~ of track 軌間 / the standard ~ 標準軌間《米英共 56.5 inches=1.435 m》/ the broad [narrow] ~ 広[狭]軌《標準軌間 (standard gauge) より広い[狭い]もの》. **7** 〖銃器〗ゲージ, (銃腔の)口径値《特に散弾銃の口径を示す数値; 直径が銃の内径に等しい鉛球の重量で 1 ポンドを割った数》. **8** 〖印刷〗ゲージ《組版や余白の寸法などを定めるもの》. **9** 〖海事〗**a** (船の満載時の)喫水. **b** (風と他船に対する)関係位置: ⇨ lee gauge, weather gauge. **10** 〖土木〗ゲージ《しっくい工事で固結を早めるために普通のしっくいに混合される焼石膏 (plaster of Paris) の定量》. **11** 〖建築〗(屋根にふいた時のかわら・タイル・スレート・こけらなどの)露出面の長さ, ふき足; その列. **12** 〖紡織〗ゲージ《メリヤスの細かさの単位; 1½ インチ幅にある目数(めかず)で表わす》: 50-*gauge* hosiery 50 番ゲージの靴下. **13** 〖物理〗ゲージ《電磁場の強さを変えないような電磁ポテンシャルの不定性》.
get the gauge of …の意向をさぐる[計る]. ***take the gauge of*** …を計る, 評価する.
— *vt.* **1** 〈物の寸法・数量・容量などを〉正確に測る, 測定する: ~ the velocity of the wind 風速を計る / ~ the height of a mountain 山の高さを計る / ~ a cask 樽の容量を計る. **2** 〈人物などを〉評価する, 判断する: ~ a person, a person's character, a person's ability, etc. **3** 標準に合わせる, 標準の型[寸法]にする. **4** 計り分ける, 区分する; …の輪郭を描く. **5** 〈焼石膏とモルタルを〉一定量に混合する. **6** 〖石工〗〈れんが・石などを〉一定の形に切ったりみがいたりして仕上げる.

gauge·a·ble [géɪdʒəbl] *adj.* 測定する[計る]ことのできる, 評価のできる. **gáuge·a·bly** *adv.*

gáuge bóson *n.* 〖物理〗ゲージボソン《ゲージ不変な理論に導入されるボソン》.

gáuge còck *n.* ゲージ[計量器]の活栓.

gáuged árch *n.* 〖石工〗本アーチ, 本迫持(せりもち)《れんがを台形に仕上げ, 目地が放射状になるように組上げたアーチ》.

gáuged píle *n.* 〖建築〗=guide pile.

gáuge glàss *n.* (ボイラーなどの)水面計ガラス.

gáuge lìne *n.* 〖鉄道〗ゲージライン, 軌間線《軌間測定の基準線》.

gáuge pìle *n.* 〖建築〗=guide pile.

gáuge pòint *n.* 径規, ゲージポイント《ジグ・限界ゲージ等の位置決めのために用いられる標点》.

gáuge prèssure *n.* 〖物理〗ゲージ圧《圧力計が示す圧力; cf. absolute pressure》.

gáug·er 〖(15C) ◻ AF *gaugeour*: ⇨ gauge, -er[1]〗 — *n.* **1** 計る人[物], 計量者[器]. **2** 《英》(酒その他消費税のかかる飲料の)量器検査官, 収税官. **3** (機械工場で)小さな部品の寸法を検査・照合する係.

gáug·ing-ròd *n.* (収税官用の)計量ざお.

Gau·guin [gougǽ(ŋ) | -gǽŋ | gəu-; *F.* gogɛ̃], **(Eu·gène Henri) Paul** *n.* ゴーギャン, ゴーガン《1848–1903; フランスの後期印象派の画家; Tahiti 島滞在中の作品は有名》.

Gau·ha·ti [gauhá:ṭi | -tɪ] *n.* ガウハチ《インド Assam 州中西部の都市; 人口 124,000》.

Gaul [gɔ́:l] 〖◻ (O)F *Gaule* ◻ Frank. **walu* < Gmc **walχoz* foreigners, i.e., Latin and Celtic peoples (pl.) ← **walχaz* foreign: cf. OHG *walh* foreigner, esp. a Gaul / L *Gallia* Gaul (← *Gallus* a Gaul) / Welsh〗 — *n.* **1** ガリア, ゴール《古代ケルト人の地; 今の北イタリア・フランス・ベルギーの全部とオランダ・ドイツ・スイスの各一部を含む; Alps 山脈の南東部を Cisalpine Gaul, 北西部を Transalpine Gaul と呼んだ》. **2** ガリア《ローマ人が Gallia と呼んだ地方で, 古代ローマ帝国の属州; 現在のフランス, ベルギー, オランダ南部, スイス, ライン河以西のドイツを含む》. **3** ゴール人. **4** フランス人 (Frenchman).

Gau·lei·ter, g- [gáulàɪṭə | -tə(r; *G.* gáulaɪtɐ] 〖◻ G ~ ← *Gau* province, district+*Leiter* leader〗 — *n.* **1** (ドイツナチ政府支配下の)地方長官. **2** (全体主義政権などにおいて重要な地位を占める)下級行政官. **3** Gauleiter 的人物, (横柄で威張る)小役人.

Gaul·ish [gɔ́:lɪʃ] 〖(1659)〗 *adj.* ゴール(人)の; ゴール語の. — *n.* ゴール語《今日では死滅した大陸ケルト語》.

Gaulle, Charles de *n.* ⇨ de Gaulle.

Gaull·ist [góulɪst, gɔ́:l-, -ləst | gə́ulɪst, gɔ́:l-] 〖◻ F *gaulliste*: ⇨ -ist〗 — *n.* **1** ドゴール (de Gaulle) 派の人《特に, 第二次大戦後 de Gaulle の指導の下に集った保守政治の信奉者》. **2** 第二次大戦中ナチの占領に抗して戦ったフランスレジスタンス運動を支持したフランス人. **Gáull·ism** [-lɪzm] *n.*

Gault [gɔ́:lt] 〖(1575) ← ? Scand.: cf. Norw. *galt* hard ground〗 *n.* 〖地質〗ゴールト階《Greensand 層中の粘土質の中生代の地層で英国南部に発達している》.

gaul·the·ri·a [gɔ:lθí(ə)riə | -θíəriə] 〖← NL ~ ← *Jean-François Gaultier* (d. 1756: カナダの医者・植物学者)+-IA[1]〗 — *n.* 〖植物〗ツツジ科シラタマノキ属 (*Gaultheria*) の植物の総称《ヒメコウジ (wintergreen) など高山植物が多い》.

gaulthéria óil *n.* 〖化学〗ガウルテリア油 (⇨ wintergreen oil).

gaum·less [gɔ́:mlɪs, -ləs] 〖← 《方言》*gaum* heed (< ME *gome* ◻ ON *gaum*)+-LESS〗 *adj.* 《英口語・米方言》頭の鈍い, のろまの.

gaun *vi.* gae の現在分詞.

gaunt [gɔ́:nt, gá:nt | gɔ́:nt] 〖(1440) ← ?: cf. F 《方言》*gaunet* yellowish / Norw. *gand* thin person〗 — *adj.* (**~·er**; **~·est**) **1** 〈人・顔など〉やせた, やつれた. **2** 〈樹木・物影など〉ひょろ長い. **3** 〈場所など〉ものすごい, 気味の悪い; 寂しい: a ~ heath 荒涼としたヒースの荒野. **~·ly** *adv.* **~·ness** *n.*

Gaunt, John of *n.* ⇨ John of Gaunt.

gaunt·let[1] [gɔ́:ntlɪt, gá:nt-, -lət | gɔ́:nt-] 〖(?a1425) ◻ (O)F *gantelet* (dim.) ← *gant* glove ◻ Frank. **want*: ⇨ -let〗 — *n.* **1** 〖甲冑〗(よろいの)籠手(こて) (⇨ armor 挿絵). **2** 手首から上部が広がっていて腕の一部をおおう長さの手袋. **3** 〖中世騎士が挑戦のしるしに籠手を投げたことから〗[the ~] 挑戦. ★ 次のような成句で: ***fling*** [***throw***] ***down the gauntlet*** 〖《なぞり》← F *jeter le gant*〗(籠手を投げて)挑戦する; 反抗する (cf. *throw down the* GLOVE). ***take*** [***pick***] ***up the gauntlet*** 〖《なぞり》← F *relever le gant*〗(籠手を拾って)挑戦に応じる, 弁護する; 反抗する (cf. *take up the* GLOVE).

gaunt·let[2] [gɔ́:ntlɪt, gá:nt-, -lət | gɔ́:nt-] 〖(1661) 《転訛》← 《古形》*gantlope* ◻ Swed. *gatlopp* ← *gata* way + *lopp* running course: GAUNTLET[1] に同化された〗 — *n.* **1** (昔の軍隊・学校などで行なわれた)むち打ち刑《過失を犯した者を 2 列に並ぶ人々の間を走らせて, 皆でこれをむちなどで打った》. **2** (2 列にならんで)むち打ち刑を行なう人々. **3** (十字砲火・質問など)両側[回り中]からの一斉攻撃. **4** 試練.
run the gauntlet (1) むち打ちの刑を受ける. (2) 手厳しい批評[攻撃]を受ける, 苦しい試練に遭(あ)う.

gaunt·let[3] [gɔ́:ntlɪt, gá:nt-, -lət | gɔ́:nt-] *n., vt.* 〖鉄道〗=gantlet[3].

gáunt·let·ed [-ṭɪd, -ṭəd | -tɪd, -təd] *adj.* 籠手(こて)を着けた[で守られた]; 長手袋をはめた.

gaun·try [gɔ́:ntri, gá:n- | gɔ́:ntri] *n.* =gantry.

gaup [gɔ́:p] 〖《変形》← ME *galpen* to yawn, gape: cf. yelp〗《方言》*vi.* じろじろ見る 〔*at*〕. — *vt.* がつがつ呑み込む.

gaur [gáuə | gáuə(r] 〖◻ Hindi ~: cf. cow[1]〗 — *n.* (*pl.* **~s**, ~) 〖動物〗ガウア, ガウル, インドヤギュウ (*Bibos gaurus*)《インド産の野牛; Indian bison ともいう; cf. gayal》.

gauss [gáus] 〖↓〗 *n.* (*pl.* ~, **~·es**) 〖物理〗ガウス《磁場の強さの cgs 単位系の電磁単位; 記号 G; 工学では tesla (記号 T) を用い 1 T=10^4G》.

Gauss [gáus; *G.* gáus], **Karl Friedrich** *n.* ガウス《1777–1855; ドイツの数学者・天文学者》.

Gáuss cúrvature *n.* 〖数学〗=Gaussian curvature.

Gauss·i·an [gáusiən | -sɪən, -sjən] *adj.* ガウス (K. F. Gauss) の.

Gáussian cúrvature *n.* 〖数学〗ガウスの曲率, 全曲率《曲面上の一点における二つの主曲率の積》.

Gáussian cúrve *n.* 〖統計〗ガウス曲線, 正規曲線, (ガウスの)誤差曲線《誤差の分布状態を示す統計学上最も基本的な曲線; 正規分布の密度関数のグラフ; probability curve, normal curve, error curve (of Gauss) ともいう》.

Gáussian distribútion *n.* 〖統計〗ガウス分布, 正規分布《密度曲線がガウス曲線になるような分布; normal distribution ともいう》.

Gáussian ímage *n.* 〖光学〗ガウス結像点《ガウス光学で得られる収差のない理想光学系の像点; cf. Gaussian optics》.

Gáussian íntegera *n.* 〖数学〗ガウスの整数《実数部分 a も虚数部分 b も整数であるような複素数 $a+bi$》.

Gáussian óptics *n.* 〖光学〗ガウス光学《共軸回転対称光学系で物点・像点・入射点がいずれも光軸のごく近傍にあるとしたとき成り立つ理想的な幾何光学; cf. geometrical optics》.

Gáussian pláne *n.* 〖数学〗=Argand diagram.

Gáuss' láw *n.* 〖物理〗ガウスの法則《閉曲面を貫いて外部に向う電束の量は, その閉曲面の内部にある電荷の総量に比例するという法則》.

Gáuss' lémma *n.* 〖数学〗ガウスの補題《原始多項式の積はまた原始多項式であるという定理》.

gáuss mèter *n.* 〖電気〗ガウスメーター《磁力計 (magnetometer), 磁束計 (fluxmeter) の俗称》.

Gáuss' notátion *n.* 〖数学〗ガウスの記号《実数 x を超えない最大の整数を表わす記号 [x]》.

Gáuss pláne *n.* 〖数学〗ガウス平面 (⇨ Argand diagram).

Gáuss' théorem *n.* 〖数学〗ガウスの定理, 発散定理《ある種の 3 重積分を 2 重積分に関係づける定理; cf.

Green's theorem, Green-Gauss-Stokes' theorem, Stokes' theorem〗.

Gau·ta·ma [gáuṭəmə, gɔ́ː- | gáut-; *Hindi* gəwtəmə] 〖← Skt *Gotama*《原義》descendant of the greatest ox: cf. gaur〗 *n.* ゴータマ《Buddha の姓》.

Gau·tier [goutjéɪ | gəu-; *F.* gotje], **Thé·o·phile** teɔfil] *n.* ゴーティエ《1811–72; フランスの詩人・小説家・批評家; *Mademoiselle de Maupin*「モーパン嬢」(1835)》.

gauze [gɔ́ːz] 〖《1561》gais ▭ (O)F *gaze* ← *Gaza* (Palestine 地方の町の名) // ▭ Arab. *ḳazz* floss silk〗 — *n.* **1 a** (綿・絹などの)薄織; 紗(しゃ), 絽(ろ). **b** ガーゼ. **2** (細針金で織った)金網 (wire gauze). **3** (紗のように淡い)もや, 薄がすみ: a blue ~ of smoke 青い薄煙. — 《英》 *vt.* ガーゼでおおう; 〈窓を〉目の細い金網でおおう. — *vi.* 薄もやがかかる, おぼろになる. **~-like** *adj.*

gauz·y [gɔ́ːzi | -zɪ] *adj.* (**gauz·i·er**; **-i·est**) 紗(しゃ)[絽(ろ)]のような, 薄い, 透き通る: a ~ mist 薄がすみ, 薄もや / a ~ costume 透き通って見える衣装. **gáuz·i·ly** [-zɪli, -zə- | -lɪ] *adv.* **gáuz·i·ness** *n.*

ga·vage [gəvάːʒ, gɑː-; *F.* gavaːʒ] 〖▭ F ~ ← *gaver* to gorge〗 — *n.* 胃管栄養, 強制飼養 (forced feeding)《特に, 胃に挿入したゴム管や圧力ポンプなどを用いて家禽(きん)や人間に強制的に食餌を与えること》.

gave 〖OE *gæf*, *ġeaf*〗 *v.* give の過去形.

gav·el¹ [gǽvəl] 〖《1860》《変形》← ?《スコット》*gable* tool with forked handle < OE *gafol* (cf. G *Gabel*): cf. gavelock〗 — *n.* **1** 石工槌(づち). **2** (議長などが議場整理に用いる)議長槌: relinquish the ~ 議長席を譲る. **3** (競売人の用いる)槌 (mallet).

take the gavel 《米》〈議長・裁判官・競売人などが〉槌を手に取る; 議長席[裁判官席]に着く, 競売人の役を勤める.

— *vt.* (議長槌を用いて)要求[強行]する.

gav·el² [gǽvəl] 〖OE *gafol* ← Gmc *ʒab-* 'to GIVE': cf. gabelle〗 *n.* (封建時代の)貢税, 年貢.

gav·el·kind [gǽvəlkàind | -kànd, -kìnd] 〖《1191》← OE *gafol* (↑) + *ġecynd* 'KIND¹'〗 — *n.* 〖英法〗ガヴェルカインド: **1** (もと)労[兵]役ではなく金銭や作物で地代を払う土地保有. **2** 男子均分相続土地保有《遺言のない死者の遺産をその男子全体に均分する慣習に支配される土地保有の態様》. **3** 男子均分相続土地保有の仕方で保有される土地.

gave·lock [gǽvlɑk | -lɔk] 〖OE *gafeluc* ← Celt.: cf. gavel¹〗 *n.* 《英方言》かなてこ (crowbar).

ga·vi·al [géɪviəl | -vɪ-] 〖《1825》▭ F ~ ▭ Hindi *ghariyāl*〗 — *n.* 〖動物〗ガビアル (*Gavialis gangeticus*)《インドとビルマにすむ大型の淡水ワニ; 口先が細長く伸び, 魚を主食にする》.

Ga·vi·al·i·dae [gèɪviǽlədìː | -viǽlɪ-] 〖← NL ~ ← *Gavialis* (属名: ⇨ gavial) + -IDAE〗 *n. pl.* 〖動物〗ガビアル科.

Gav·in [gǽvɪn, -vən | -vɪn] 〖⇨ Gawain〗 *n.* (スコットランドに多い)男性名.

Gäv·le [jévlə; *Swed.* jɛ̂ːvlə] *n.* イェヴレ《スウェーデンの Bothnia 湾に臨む海港; 人口 88,000》.

ga·votte [gəvάt | -vɔ́t] 〖《1696》▭ F ~ ▭ Prov. *gavoto* アルプス山中の Gap の住民すなわち *Gavot* (《原義》mountaineers, rustic) 人の踊り〗 (*also* **ga·vot** [~]) — *n.* ガボット: **a** 17 世紀に流行した ⁴/₄ 拍子の活発で優美なフランスの舞踊. **b** その楽曲《古典的組曲の一楽章となることがある》. — *vi.* ガボットを踊る.

G.A.W., GAW 《略》guaranteed annual wage.

Ga·wain [gəwéɪn, gάːwɪn, gáuən | gάːweɪn, gǽw-] 〖▭ (O)F *Gauvain* ▭ ? Welsh *Gwalchmei* ← *gwalch* hawk + *Mei* ? May〗 — *n.* **1** 男性名. **2** 〖アーサー王伝説〗ガーウェイン《円卓の騎士の一人; Arthur 王の甥(おい)で礼節に富み, 'perfect knight' と呼ばれる》.

gawk [gɔ́ːk, gάːk | gɔ́ːk] 〖《1785》《変形》← ?《廃》*gaw* to stare, gape < ME *gawe(n)* ▭ ON *gā* to heed: cf. gowk〗 — *n.* 気のきかないのろま, 内気で自信のない人, 間抜け: a ~'s errand ⇨ errand 1. — *vi.* 《口語》ぽかんと見とれる〔*at*〕. **~·er** *n.*

gáwk·ish [-kɪʃ] *adj.* =gawky. **~·ly** *adv.* **~·ness** *n.*

gawk·y [gɔ́ːki, gάː- | gɔ́ːkɪ] *adj.* (**gawk·i·er**; **-i·est**) (体ばかり大きくて)間の抜けた, 総身に知恵のまわりかねた, ぶざまな (clumsy, awkward); 内気で自信のない. — *n.* 間抜け, のろま. **gáwk·i·ly** [-kɪli, -kə- | -lɪ] *adv.* **gáwk·i·ness** *n.*

gawp [gɔ́ːp] *v.* =gaup.

gay [géɪ] 〖《?c1300》▭ (O)F *gai* ← ? OProv.: cf. OHG *gāhi* swift〗 — *adj.* (~·**er**; ~·**est**) **1** 〈人・性質・行為など〉陽気な, 快活な, 晴れやかな, 浮き浮きした (merry, cheerful) (cf. 5): ~ people / ~ voices にぎやかな[陽気な]人声 / a ~ dance [laugh] 陽気な踊り[笑い] / be in a ~ mood 浮き浮きしている. **2** 〈服装・色彩など〉はでな, はなやかな, けばけばしい, きらびやかな (bright, showy); 華やかに飾られた〔*with*〕: ~ colors, flowers, etc. / The garden was ~ *with* roses. 庭はバラが咲き誇ってはなやかだった. **3** 《婉曲》放蕩(とう)な, 放埒(らつ)な (loose, dissipated); 〈女が〉不身持ちな, 売春をやる: lead a [the] ~ life 浮いた生活をする / a ~ dog 道楽者 / a ~ lady 浮気女; (トランプの)女王(札) / the ~ quarters [world] 色町, 花柳界. **4** 《米俗》厚かましい, ずうずうしい, なまいきな (impertinent): Don't get ~ *with* me. 出しゃばるな, なれなれしくするな. **5** 《俗》同性愛の (homosexual); 同性愛者の行く[好む, ための]: a ~ bar ゲイバー. **6** 〈イヌやネコの尾が〉ぴんと立って(巻いた). **7** 〖英方言〗健康な: I don't feel very ~. 体の調子があまりよくない. — *n.* 《俗》同性愛者 (homosexual). **~·ness** *n.*

Gay [géɪ] 〖↑ // ← ? *Gaye* (フランスの地名): 家族名から〗 *n.* 女性名.

Gay, John *n.* (1685–1732) 英国の詩人・劇作家; *The Beggar's Opera* (1728).

Ga·ya [gəjάː, gάːjə, gáɪə] *n.* ガヤ《インド北東部, Bihar 州中部の都市で, ヒンズー教の巡礼地; 付近に仏教の聖地 Buddh Gaya がある; 人口 180,000》.

ga·yal [gəjάːl] 〖▭ Bengali *gayāl*〗 *n.* (*pl.* ~**s**, ~) 〖動物〗ガヤール (*Bibos frontalis*)《インド産野牛 gaur に似た畜用種》.

ga·ya·tri [gάːjətrìː] 〖▭ Skt *gāyatrī* ← *gāyatra* song, hymn ← *gāyati* he sings〗 — *n.* 〖ヒンズー教〗**1** 古代インドの 24 音節より成る韻律. **2** ヒンズー教のこの韻律より成る聖句[呪文].

gáy·cát *n.* 《米俗》**1** 新米[新入り]の浮浪者. **2** 時折仕事をする浮浪者.

gay·e·ty [géɪəṭi | géɪəti, géɪɪ-] *n.* =gaiety.

gáy·fèather *n.* 〖植物〗キク科ユリアザミ属 (*Liatris*) の植物の総称: **a** ユリアザミ, ヒメキリンギク (*L. pycnostachya*). **b** マツガサギク (*L. scariosa*)《北米原産の青紫の花が咲く多年草》. **c** リアトリス, キリンギク (*L. spicata*)《北米東部産の多数の葉をつけ, ばら色がかった紫の花が咲く多年草》.

Gayle [géɪl] 〖⇨ Gale〗 *n.* **1** 女性名. **2** 男性名.

Gay·lord [géɪlɔəd | -lɔːd] 〖← OF *gaillard* lively: 家族名から〗 *n.* 男性名.

Gay-Lus·sac [gèɪləsǽk; *F.* gɛlysak], **Joseph Louis** *n.* ゲイリュサック《1778–1850; フランスの物理学者・化学者》.

Gay-Lussác's láw 〖↑〗 *n.* 〖物理化学〗ゲイリュサックの法則: **1** =Charles's law. **2** 気体反応の法則.

gay·lus·site [gáɪləsàɪt] 〖▭ F ~: ⇨ Gay-Lussac, -ite¹〗 *n.* 〖鉱物〗ゲーリュサック石 ($Na_2Ca(CO_3)_2 \cdot 5H_2O$)《カルシウムとナトリウムの加水炭酸塩鉱物》.

gáy·ly *adv.* =gaily.

Gay·nor [géɪnə | -nə(r)] 〖(dim.) ← GUENEVERE〗 *n.* 女性名.

gay·o·la [geɪóulə | geɪə́u-] 〖《混成》← GAY 5 + (*pay*)*ola* undercover payment for commercial favor (《変形》? ← PAYOFF)〗 — *n.* 《米俗》(犯罪組織などに払う)ゲイバーやホモの店の賄賂.

Gay-Pay-Oo [géɪpèɪúː; *Russ.* gepeú] 〖← Russ. *G(osudarstvennoe) P(oliticheskoe) U(pravlenie)* Government Political Administration: 頭字のロシヤ語の発音〗 — *n.* [the ~] ゲーペーウー《1922 年 Cheka が改組になって後, 1934 年 NKVD ができるまであったソ連の秘密警察; 略 G.P.U.; Ogpu ともいう》.

gáy scíence 〖《なぞり》← Prov. *gai saber*〗 *n.* [the ~] 詩 (poetry); 《特に, 中世南仏プロヴァンス語詩人の流れをくむ》恋愛詩.

gáy·wìngs *n.* (*pl.* ~) 〖植物〗北米東部産のヒメハギ科の低木 (*Polygala paucifolia*).

gaz. 《略》gazette; gazetteer.

Ga·za [gάːzə, gǽzə, géɪzə | gάːzə] *n.* **1** ガザ《Palestine 南西部の海港; 古代貿易路上の要地; 人口 119,000》. **2** 〖《英》ではまた géɪzə〗〖聖書〗ガザ《Samson が死んだ所; cf. *Judges* 16: 1–30》: Eyeless in ~ ガザに盲(めしい)て (Milton, *Samson Agonistes* l. 41).

ga·za·bo [gəzéɪbou | -bəu] 〖▭ ? Sp. *gazapo* artful knave 《逆成》← *gazapatón* foolish talk〗 *n.* (*pl.* ~**s**) 《米俗》男 (fellow), やつ (guy).

Gáza Stríp *n.* [the ~] ガザ地区《Gaza 市を含む地中海沿岸の一地域; 1967 年の中東戦争以来イスラエルが占領している本来はエジプト領》.

gaze [géɪz] 〖《c1395》← ? ON: cf. Swed. 《方言》*gasa* to gape, stare〗 — *vi.* じっと見つめる, 凝視する〔*at, on, upon*〕: He ~*d at* her wonderingly. 彼はいぶかるように彼女を見つめた / For a few minutes I stood *gazing on* the scene. 数分間私は立ちすくんだままその光景を見つめた / ~ *into* the sky 空を見つめる / ~ *into* a person's face つくづく人の顔をながめる / ~ *after* a ship 船をじっと見送る.

— *n.* 注視, 注目, 凝視: fix one's ~ upon ... をじっと見つめる / attract the ~ of people 人目を引く.

at gaze (1) 〖紋章〗〈鹿類が〉(体を側面にして)正面にじっと顔を向けて(いる): a stag *at* ~. (2) じっと見つめて: stand *at* ~.

ga·ze·bo¹ [gəzéɪbou, -zíː- | -zíːbəu] 〖《1752》← GAZE (v.) + L (*vid*)*ēbō* I shall see: ラテン語の語尾をつけた諧謔的造語〗 — *n.* (*pl.* ~**s**, ~**es**) **1** (公園・庭園などの)見晴らし台, あずまや. **2** (建物の屋根に設けた)見晴らし台, 望楼.

ga·ze·bo² [gəzéɪbou, -zíː- | -zíː-bəu] *n.* =gazabo.

gáze·hòund *n.* 臭覚よりも視覚により鳥獣を狩る犬.

ga·zelle [gəzél] 〖《1600》▭ (O)F ~ ▭ Arab. *ghazāl* ← *ghá̧zala* to make love〗 *n.* (*pl.* ~**s**, ~) **1** 〖動物〗ガゼル《ガゼル亜科ガゼル属 (*Gazella*) の動物の総称; アフリカ・西アジア産の姿が優美な小型のレイヨウ; cf. ariel》. **2** ガゼルの(なめし)革.

gazélle-éyed *adj.* (ガゼルのように)目の優しい.

gazelle 1
(*Gazella* sp.)

gazélle hòund *n.* ガゼル狩り用の猟犬 (cf. saluki).

gáz·er *n.* **1** 見つめる人, 凝視者. **2** 《俗》警官; 麻薬取締官.

ga·zette [gəzét] 〖《1605》▭ F ~ // It. *gazzetta* = Venetian *gazeta* (dim.) ← ? *gaza* magpie: ⇨ -ette: もと gazette 一部の代金に相当した Venice の貨幣の名〗 — *n.* **1** 新聞. ★ 今は多く新聞名に用いる: Westminster *Gazette*. **2** 《英》**a** 官報 (official journal); 官報の公示: the London [Edinburgh] *Gazette* ロンドン[エディンバラ]官報《それぞれ 1 週 2 回発行》/ an official ~ 官報 / go into [be in] the ~ 破産者として官報に公示される. **b** (Oxford 大学などの)学報.

— *vt.* (**ga·zet·ted**; **-zet·ting**) 《英》[通例 p.p. 形で] 〈任命・辞職などを〉官報に載せる, 官報で公示する: He was ~*d* a lieutenant [~*d out* (*of* the army)]. 中尉に任命[(軍職の)辞職]が官報で発表された.

gaz·et·teer [gæ̀zətíə, ⸗⸗ˊ | gæ̀zətíə(r, -zɪ-] 〖《1611》▭ F《廃》*gazettier*: ⇨ ↑, -eer〗 — *n.* **1** 地名辞典; (レストラン・ワイン産地などの)地理的案内本. **2** 《英》官報発行係. **3** 《古》(官報)記者, 新聞記者.

ga·zi, G- [gάːzi | -zɪ] *n.* =ghazi.

Ga·zi·an·tep [gɑ̀ːziɑːntép | -zɪ-; *Turk.* gɑzíɑntɛp] *n.* ガジアンテプ《トルコ南部の商業都市で戦略上の要地; 人口 301,000》.

gaz·o·gene [gǽzədʒìːn | -zə(u)-] *n.* =gasogene.

ga·zoomph [gəzúmf] 〖《変形》← 《俗》*gezumph* ← ? Yid.〗 《英俗》 *vt.* だます, 詐取する. — *vi.* 詐欺を働く. — *n.* 詐欺, 詐取. **~·er** *n.*

gaz·pa·cho [gəzpάːtʃou, gəs- | -tʃəu; *Sp.* gaθpátʃo] 〖▭ Sp. ~〗 — *n.* (*pl.* ~**s** [~z; *Sp.* ~s]) ガスパーチョ《トマト・きゅうり・たまねぎ・にんにくなど生の野菜をすりつぶし, 酢・油を加え, タバスコ・塩・こしょうなどで調味したスペインの冷たいスープ》.

ga·zump [gəzʌ́mp] 〖⇨ gazoomph〗 *vt.* 《英俗》**1** (口頭で売る約束をしておきながら)〈買手〉に売家(など)の値段をつり上げる. **2** =gazoomph.

GB 〖記号〗〖化学〗sarin.

G.B. 《略》Great Britain; guide book; gunboat.

G.B.E. 《略》Knight [Dame] Grand Cross (of the Order) of the British Empire.

G.B.S., GBS 《略》George Bernard Shaw.

GC 《略》〖化学〗gas chromatography; gigacycle(s).

G.C. 《略》George Cross; gliding club; Goldsmiths' College; golf club; good conduct; Grand Chancellor; Grand Chaplain; Grand Chapter; Grand Conductor; Grand Cross; gyrocompass.

GCA, G.C.A. 《略》〖航空〗ground-controlled approach.

g-cal. 《略》gram calorie(s) (⇨ calorie 1 a).

G.C.B. 《略》good conduct badge; Knight [Dame] Grand Cross of (the Order of) the Bath.

G.C.D., g.c.d., gcd 《略》〖数学〗greatest common divisor.

G.C.E., GCE 《略》General Certificate of Education.

G.C.F., g.c.f., gcf 《略》〖数学〗greatest common factor.

GCI 《略》ground-controlled interception.

G clef *n.* 〖音楽〗ト音記号, 高音部記号《譜表上にト音の位置を決める記号で, 通例第 2 線に書かれる; treble clef ともいう; cf. C clef, F clef; ⇨ clef 挿絵》.

G.C.L.H. 《略》Grand Cross of the Legion of Honor.

GCM, G.C.M. 《略》general court-martial.

G.C.M., g.c.m., gcm 《略》〖数学〗greatest common measure.

G.C.M.G. 《略》Knight [Dame] Grand Cross (of the Order) of St. Michael and St. George.

GC-MS 《略》〖化学〗gas chromatography-mass spectrometry ガスクロマトグラフィーと質量分析法を組み合わせた装置.

GCT, G.C.T. 《略》Greenwich Civil Time グリニッジ常用時 (⇨ Greenwich Time).

G.C.V.O. 《略》Knight [Dame] Grand Cross of the Victorian Order.

gd 〖記号〗〖数学〗Gudermannian.

Gd 〖記号〗〖化学〗gadolinium.

gd. 《略》good; granddaughter; ground; guard.

G.D. 《略》Graduate in Divinity; Grand Duchess; Grand Duchy; Grand Duke; Gunnery Division.

Gdańsk [gdάːnsk, gdǽnsk; *Pol.* gdáïsk] *n.* グダンスク《ポーランド北部の海港; 人口 427,000; 旧名・ドイツ語名 Danzig》.

Gde 〖記号〗〖貨幣〗gourde(s).

Gdn(s). 《略》Garden(s).

GDR, G.D.R. 《略》German Democratic Republic.

gds. 《略》goods.

Gdy·nia [gdínjə, -niə | -njə, -nɪə; *Pol.* gdínja] *n.* グディニア《ポーランド北部の港市; 人口 224,000》.

ge [dʒíː] *n.* =gee³.

Ge [dʒíː, gíː] *n.* 〖ギリシャ神話〗=Gaea.

Ge 〖記号〗〖化学〗germanium.

GE 《略》General Electric (Company).

g.e. 《略》〖製本〗gilt edges (化粧裁ちした図書の小口に金箔付けをした)小口金, 三方金 (cf. t.e.g.).

ge- [dʒiː | dʒiː, dʒɪ] (母音の前に来る時の) geo- の異形.

-ge·a [dʒíːə | dʒíːə, dʒɪə] =-gaea.

ge·an·ti·cli·nal [dʒìːæntɪklάɪnḷ, -ṭə- | -tɪ-] 〖地質〗 *adj.* 地背斜の (↔ geosynclinal). — *n.* =geanticline.

ge·an·ti·cline [dʒìːǽnṭɪklàɪn, -ṭə- | -tɪ-] 〖← GEO- + ANTICLINE〗 — *n.* 〖地質〗地背斜《地向斜に隣接した地殻の隆起帯, または地向斜内部に生じた隆起部; cf. geosyncline》.

gear [gíə | gíə(r)] 〖《?a1200》*gere* ▭ ON *gerv-i*, *gǫrvi* gear, apparel ← Gmc *ʒarwin-* ← *ʒarwu-* 'YARE':

cf. OE *ġearwe* (pl.) equipment〗 ── *n.* **1 a**〘機械〙ギヤ, (歯車などによる)伝動装置. **b** (自動車などの)ギヤ, 変速機[装置]の(第1速・第2速・中立などの)特定の噛み合い位置: first [second, third] ～ (変速機の)第1[2, 3]速 / ⇨ high gear, top gear, low gear, bottom gear. **c** (伝動装置が)噛み合った[連動した]状態: put [set, throw]...into ～ …の伝動装置を掛ける, …のギヤを入れる / get into ～ 伝動装置[ギヤ]が掛かる / throw ...out of ～ …の伝動装置をはずす / get out of ～ 伝動装置がはずれる. **d** (伝動装置の)歯車: a train of ～*s* 歯車列. **2 a** 特定の役目を果たす機械[機構], 装置: a steering ～ 舵取り装置. **b**《米》飛行機の着陸装置 (landing gear). **3** [集合的] **a** 道具, 用具: fishing ～ 釣道具 / climbing ～ 登山用具 / a carpenter's ～ 大工道具. **b** (馬の)引き具 (harness). **4** [集合的] 家具; 動産. **5** [集合的] **a** (特定の用途のための)衣服, 服装 (clothes): hunting ～ 狩猟服 / in rain ～ 雨具を身につけて / 100 police in riot ～ 乱闘服に身をかためた100人の警察官. **b**《英俗》(尖端的な)流行服. **c** 身の回り品, 持物. **d**《古》武装, 具足. **6**《英方言》**a** くず. **b** 事柄, 事件. **7**〘海事〙**a** (帆・円材などに付属する)索具や滑車の一式 (rigging). **b** 船員の私物《道具・衣服など》.

change gear(s) ギヤを変える. ***in gear*** (1) 伝動装置がつながって[連動して]: be *in* ～〈機械などが〉連動している;〈人が〉車などのギヤを入れている. (2)〈事が〉円滑に進行して, 調子よく (in order). ***out of gear*** (1) 伝動装置がはずれて: be *out of* ～〈機械などが〉連動していない;〈人が〉車などのギヤをつないでいない. (2) 調子が狂って (out of order): The whole system was completely thrown *out of* ～. 全組織が全く混乱した. (3)〔他の部分などと〕伝動[連動]しないで, 調子が合わないで〔*with*〕. ***shift gears***《米》(1) ギヤを変える,(高速から低速へ, またその反対に)変速する. (2) 問題の扱い方を変える. ***That's*** [***It's***] ***the gear.***《英俗》そうだ(その通りだ), いいぞ.

── *adj.*《英俗》すてきな, いきな, すばらしい.

── *vt.* **1 a**〈機械〉に伝動装置を付ける. **b** …のギヤを掛ける;〔…に〕連動させる〔*to*〕: ～...*down* [*up, level*] …に低[高, 平]速連動を掛ける / ～ the wheels *to* the engine 車輪をエンジンに連動させる. **2**〈馬など〉に引き具をつける (harness)〈*up*〉. **3** [しばしば p.p. 形で] **a**〔計画・必要などに〕適合させる, 調節[調整]する (adapt, adjust)〔*to*〕: Their efforts were ～*ed* *to* the overall plan. 彼らは全体の計画の線に沿って努力した. **b** (能率的に活動できるように)整える, 準備する〈*up*〉〈*to* do〉: an economic program ～*ed to* win a broad public backing 広い大衆の支持を得るように整えられた経済計画 / ～ oneself *up for* an examination 頑張って受験準備をする. ── *vi.* **1**〈歯車が〉噛み合う;〈機械が〉連動になる[掛かる]. **2** 適合[調節]する, よく一致する〔*with*〕. **3** 準備をする, 用意する (prepare, plan)〈*up*〉: ～ *up for* the Christmas sale クリスマス売出しの準備に大わらわになる.

gear up (1) ⇨ *vt.* 1, 2, 3 b, *vi.* 3. (2) 促進する (speed up): ～ *up* industry to meet defence needs 防衛の線に沿う産業を促進する.

géar·bòx *n.*〘機械〙**1** =gear-case. **2** (自動車などの)変速機, 変速装置 (transmission).

géar-càse *n.*〘機械〙歯車箱, ギヤケース《鎖・歯車などの伝動装置を囲むおおい》.

géar chànge *n.*《英》〘機械〙=gearshift.

géar cùtter *n.*〘機械〙**1** 歯切盤《歯車の素材に歯を切る工作機械》. **2** 歯切刃物《フライス盤に取付けて歯車を切るのに用いる刃物》.

géared éngine *n.*〘航空〙減速(歯車付)発動機.

géared túrbine *n.*〘機械〙歯車減速タービン.

gear·ing [gí(ə)rɪŋ | gíər-] *n.* **1** 伝動装置, 歯車装置. **2** 伝動, 連動: in [out of] ～ 伝動して[しないで].

géaring chàin *n.* 伝動用チェーン, 伝動鎖.

géar·less *adj.* ギヤのない.

géar lèver *n.*〘機械〙=gearshift.

géar pùmp *n.*〘機械〙歯車ポンプ《同形の2個の歯車の噛み合いによって送水する回転ポンプの一種》.

géar ràtio *n.*〘機械〙歯車比, 歯数(はすう)比, ギヤレシオ《互いに噛み合う歯車列で最初の原動側歯車の回転速度と最終の従動側歯車の回転速度との比》.

géar shàper *n.*〘機械〙歯車形削り盤.

géar·shìft *n.*《米》〘機械〙変速てこ[レバー], ギヤ転換装置.

géar stìck *n.*〘機械〙=gearshift.

géar whèel *n.* 歯車; (特に)大歯車(おおはぐるま)《噛み合う二つの歯車のうち大きい方; cf. pinion[2]》.

geb.《略》G. geboren (=born); G. gebunden (=bound).

Geb [géb] *n.*〘エジプト神話〙ゲブ《古代エジプトの大地の神; 妻である天空神 Nut に相対し, 大気の神 Shu の下に横たわった姿で表わされる; Ra の子, Isis, Osiris の父》.

Ge·bal [gí:bəl, -bæl] *n.* ゲバル (⇨ Jubayl).

Ge·brauchs·mu·sik [gəbráuksmu:zì:k; G. gəbráuxsmuzi:k]〖⇨ G ～ ← *Gebrauch* use + *Musik* music〗 ── *n.*〘音楽〙実用音楽《祝典・映画などの実用的目的のために作曲された曲》.

Ge·car·cin·i·dae [dʒì:kɑəsínədì: | -kɑ:sínɪ-]〖← NL ～ ← *Gecarcinus* (属名: ← GEO- + Gk *karkinos* crab) + -IDAE〗 *n. pl.*〘動物〙オカガニ科.

geck [gék]〖⇨ LG *geck-en* to make a fool of ← MLG *geck* fool《擬音語》〗《スコット》 ── *n.* **1** 軽蔑すべき人間. **2** (ばか・まぬけな人に対する)軽蔑の仕草; 冷笑. ── *vt.* 冷笑する. ── *vi.* **1** あざける, 冷笑する〔*at*〕. **2** (横目を使ったり, 頭をぐいともたげたりして)軽蔑の態度をする.

geck·o [gékou | -kəu]〖(1774) ⇨ Malay *ge'kok*: 鳴き声の擬音語〗 *n.* (*pl.* ～**s**, ～**es**)〘動物〙ヤモリ《ヤモリ科の爬虫類の総称》.

GED《略》general educational development.

Ged·des [gédi:z], **Norman Bel** *n.* (1893–1958) 米国の舞台装置家・室内装飾家.

gee[1] [dʒí:]〖(1628) ← ?〗 ── *int.* **1** はいはい《馬を急がせる掛声》: *Gee* up! はいはい (Gee-up!) (cf. whoa 1). **2** (馬に向かって)右に回れ, 右へ (cf. haw[4] 2). ── *n.* =gee-gee. ── *vi.*〈馬が〉右に曲がる (cf. haw[4]). ── *vt.*〈馬を〉右に曲げる; 避ける, よける.

gee[2] [dʒí:]〖(1895)《転訛》← JESUS〗 *int.* (驚き・喜び・賞賛を表わして)ひえっ, 驚いた. ***Gee whiz(z)*** [***whillikins***]! (驚き・喜びの意を表わして)おやまあ.

gee[3] [dʒí:] *n.* **1** ジー (G) の字. **2**〖GRAND の頭字の発音から〗《米俗》千ドル. **3**〖GUY[2] の頭字の発音から〗《米俗》男 (man).

Gee [dʒí:]〖← ?〗 *n.*〘航空〙ジー《ロラン (loran) に似た電波航法方式で, 第二次大戦中英国で開発された双曲線航法の一つ》.

gee·gaw [dʒí:gɔ:, gí:-] *n.* =gewgaw.

gee-gee [dʒí:dʒì:]〖(加重) ← GEE[1]〗 *n.*《英》**1**《口語・小児語》馬, おうま, はいどうどう (horse): play ～ お馬ごっこをする. **2**《俗》競走馬 (racehorse).

gée hó〘擬音語〙*int.* =gee[1] 1.

geek [gí:k]〖《方言》～ 'fool' ⇨ Du. *gek* madman // MLG *geck*: ⇨ geck〗 ── *n.*《米俗》**1** 男, やつ. **2** とんま, 間抜け. **3** (カーニバルでにわとり・蛇などの生首を食いちぎって見せる)首食い興行師.

geel·dik·kop [gi:ldíkɑp | -kɔp]〖⇨ Afrik. ～《原義》yellow thickhead〗 ── *n.*〘獣医〙ハマビシ (*Tribulis terrestris*) の摂取によるアフリカ南部のメンヨウ・ヤギの植物中毒症《黄疸(おうだん)と光過敏症を主徴とする》.

Gee·long [dʒɪlɔ́(:)ŋ, dʒə- | -lɔ́ŋ] *n.* オーストラリア Victoria 州南部にある海港; 人口 18,000.

geep [dʒí:p]〖《混成》← G(OAT) + (SH)EEP〗 *n.* ヤギとヒツジの交配種 (cf. shoat[2]).

gée pòle〖← GEE[1]〗 *n.* 犬ぞりのかじ棒.

geese〖OE *gēs*〗 *n.* goose の複数形.

geest [géɪst, gí:st]〖⇨ G ～ ⇨ LG ～ 'sandy, dry soil' ← *güst* barren: cf. OE *gǣsne* barren〗 *n.*〘地質〙**1** 沖積層《現在の水系で運ばれ堆積した土砂》. **2** 風化土.

gée·strìng [dʒí:-] *n.* =G-string.

gée-úp *int.* ⇨ gee[1] 1.

gee-whiz [dʒí:(h)wíz]〖← GEE[2] + *whiz* (← ?)〗 ── *adj.* **1** (特に, 大向うをうならすような語句を用いて)あっと言わ[驚か]せるような: ～ journalism. **2** 目を見張るような, びっくりするような.

Ge·ez [gi:éz, geɪ-]〖← Ethiopic〗 *n.* (*also* **Ge'ez** [～]) ゲーズ語, 古代エチオピア語 (⇨ Ethiopic 1).

gee·zer [gí:zə | -zə(r)]〖(1885)《変形》←《方言》*guiser* ← GUISE + -ER[1]: 方言の発音を示す〗 *n.*《俗》変わった人[老人], 変人; やつ.

ge·fil·te fish [gəfíltə- | -tə-]〖⇨ Yid. ～ 'filled fish'〗 ── *n.* パン粉や卵を合わせた魚のすり身を, だんご状にまとめて魚のだし汁で蒸し煮にするか, またはもとの魚(皮)に詰めて火を通したユダヤ料理.

ge·gen·i·on [géɪgənàɪən, -ɑn | -ən, -ɔn]〖⇨ G ～ ← *gegen* opposite + ION〗 *n.*〘物理化学〙=counterion.

ge·gen·schein [géɪgənʃàɪn; G. gé:gənʃàɪn]〖⇨ G ～ ← *gegen* (↑) + *Schein* light〗 *n.*〘天文〙対日照《晴れた暗い夜に太陽と反対側の天空に見える微光》.

Ge·hen·na [gɪhénə, gə-]〖(1594) ⇨ LL ～ ⇨ Gk *Géenna* ⇨ Heb. *Gē Hinnōm* hell ← *Gē Ben-Hinnōm*《原義》the valley of son of Hinnom〗 ── *n.* **1**〘旧約聖書〙ゲヘナ《Jerusalem 近くの Hinnom の谷で, Moloch や Tammuz が崇拝された場所; 後に市民のごみ捨て場; 悪気を清めるために絶えず火が燃やされていた; *Jer.* 7: 31》. **2**〘新約聖書〙地獄 (hell)《悪人の魂が劫罰を受けるにふさわしい所とされた》. **3** 苦難の地, 焦熱地獄.

geh·len·ite [géɪlənàɪt]〖⇨ G *Gehlenit* ← *A. F. Gehlen* (1775–1815: ドイツの化学者): ⇨ -ite[1]〗 *n.*〘鉱物〙ゲーレン石 ($Ca_2Al_2SiO_7$).

Gehr·ig [gérɪg], **Henry Louis** *n.* (1903–41) 米国の野球選手; 強打者として知られた; 通称 Lou Gehrig.

Gei·ger [gáɪgə | -gə(r)] *n.*《口語》〘物理〙**1** =Geiger counter. **2** Geiger counter で検出される放射性粒子.

Géi·ger còunter [gáɪgə- | -gə-]〖← *Hans Geiger* (1882–1945: ドイツの物理学者)〗 ── *n.*〘物理〙ガイガー(ミューラー)カウンター[計数管]《放射線・宇宙線などの中の荷電粒子線を検出する装置; Geiger-Müller counter ともいう》.

Gei·ger-Mül·ler counter [gáɪgəmjú:lə ‐‐‐, -mílə-, -mʌ́lə- | -gəmjú:lə-, -mílə-, -mʌ́lə-; G. gáɪgəmʏ́lɐ-]〖← *H. Geiger* (↑) & *W. Müller* (20世紀のドイツの物理学者)〗 ── *n.*〘物理〙ガイガーミューラーカウンター (⇨ Geiger counter).

Geiger-Müller tube [‐‐‐‐‐‐]〖↑〗 ── *n.*〘物理〙ガイガー(ミューラー)管, ガイガーミューラー計数管《宇宙線, または放射性物質から放射される荷電粒子の数を数える計数管; Geiger tube ともいう》.

Géiger tùbe *n.*〘物理〙=Geiger-Müller tube.

Gei·kie [gí:ki | -kɪ], Sir **Archibald** *n.* (1835–1924) スコットランドの地質学者.

geisa *n.* geison の複数形.

Gei·sel [gáɪzəl, -zl], **Theodor Seuss** [sɔ́ɪs] *n.* (1904–) 米国の小説家・挿絵画家; 筆名 Dr. Seuss.

gei·sha [géɪʃə, gí:- | géɪ-]〖(1887) ⇨ Jap.〗 *n.* (*pl.* ～, ～**s**) 芸者.

géisha gìrl *n.* =geisha.

gei·son [géɪsɑn, gáɪ- | -sɔn]〖⇨ Gk *geîson*〗 *n.* (*pl.* **gei·sa** [-sɑ:])〘建築〙=cornice 1.

Géiss·ler pùmp [gáɪslə- | -lə-; G. gáɪslɐ-]〖← *Heinrich Geissler* (1814–79: ドイツの機械技師)〗 ── *n.*〘機械〙ガイスラー真空ポンプ《液体水銀をピストンの代りに使って排気する》.

Géissler tùbe〖← *H. Geissler* (↑)〗 *n.*〘電気〙ガイスラー管《低圧気中放電の実験用放電管》.

Geist, g- [gáɪst; G. gáɪst]〖⇨ G ～: cf. ghost〗 *n.* 精神, 霊魂 (spirit); 知的感受性, 知的熱情.

gei·to·nog·a·my [gàɪtənɑ́gəmi, -tn- | -tənɔ́gəmɪ]〖← Gk *geitono-*, *geitōn* neighbor + -GAMY〗 ── *n.*〘植物〙自家受粉《両性花の同株における受粉; cf. xenogamy》. **gèi·to·nóg·a·mous** [-məs] *adj.*

gek·ko·nid [gékənɪd, -nɪd, -nəd | -nɪd]〖↓〗 *adj., n.*〘動物〙ヤモリ科の(動物).

Gek·kon·i·dae [gəkɑ́nədì: | -kɔ́nɪ-]〖← NL ～: ⇨ gecko, -idae〗 *n. pl.*〘動物〙(有鱗目)ヤモリ科.

gel [dʒél]〖(1904)《略》← GELATIN〗 ── *n.* **1**〘物理化学〙ゲル, 膠(こう)化体《液体を媒質とするコロイド系がゼリー状に固化したもの; 例えば, 固まったゼラチン・寒天など; これらは温水中ではゾル (sol) となる》. **2** ゼリー状の物質. **3**〘劇場〙=gelatin 5. ── *vi.* (**gelled**; **gel·ling**)〘物理化学〙ゲルになる, 膠質化する. **gél·a·ble** [-ləbl] *adj.*

gel·a·da [dʒélədə, gél-]〘土語〙── *n.*〘動物〙ジェラダヒヒ (*Theropithecus gelada*)《エチオピア産のヒヒの一種; 雄の成獣は長いたてがみがある; gelada baboon ともいう》.

ge·län·de jump [gəléndə ‐; G. gəléndə-]〖↓〗 *n.*〘スキー〙ゲレンデジャンプ (⇨ geländesprung).

ge·län·de·läu·fer [gəléndəlɔ̀ɪfə | -fə(r; G. gəléndəlɔ̀ʏfɐ]〖⇨ G ～ ← *Gelände* ground, field + *Läufer* runner〗 *n.* クロスカントリースキーヤー (langläufer)《山スキーに対し比較的平らな山野でスキーをする人》.

ge·län·de·sprung [gəléndəsprùŋ, -ʃprùŋ; G. gəléndəʃprùŋ]〖⇨ G ～ ← *Gelände* (↑) + *Sprung* jump〗 ── *n.*〘スキー〙ゲレンデシュプルンク, ゲレンデジャンプ《クロスカントリー中障害物をストックをついて飛び越す技術または競技; gelände jump ともいう》.

gel·ant [dʒélənt] *n.*〘物理化学〙=gellant.

Ge·las·to·cor·i·dae [dʒəlæ̀sto(u)kɔ́(:)rədì:, -kɑ́r- | dʒəlæ̀stə(u)kɔ́rɪ-]〖← NL ～ ← *Gelastocoris* (属名: ← Gk *gelastós* laughable + *kóris* bug) + -IDAE〗 ── *n. pl.*〘昆虫〙(半翅目)アシブトメミズムシ科.

gel·ate [dʒéleɪt] *vi.*〘物理化学〙=gel.

ge·lat·i·fi·ca·tion [dʒəlæ̀təfɪkéɪʃən, -fə- | dʒɪlæ̀tɪfɪ-, dʒe-, dʒə-] *n.* =gelatinization.

gel·a·tin [dʒélətn, -tɪn, -tən | -tɪn]〖(1800) ⇨ F *gélatine* ⇨ It. *gelatina* (dim.) ← *gelata* jelly < VL **gelātam* = L (fem. p.p.) ← *gelāre* to freeze, stiffen: ⇨ -in[1]〗 ── *n.* **1** ゼラチン, 精製にかわ. **2** ゼラチン類似の物質: vegetable ～ 寒天 (agar). **3**《米》ゼリー《ゼラチン(類似物質)を主成分とし, 砂糖・香料・酸味などを加えた製品; デザート・サラダ用》. **4** ゼラチン状爆薬: explosive ～ = blasting gelatin. **5**〘劇場〙(照明用の)ゼラチン(フィルター).

ge·lat·i·nate [dʒəlǽtənèɪt, -tn- | dʒəlǽtɪn-, dʒe-, dʒɪ-, -tn-] *v.* =gelatinize.

ge·lat·in·a·tion [dʒəlæ̀tənéɪʃən, -tn- | dʒəlæ̀tɪn-, dʒe-, dʒɪ-] *n.* ゼラチン化.

gélatin dýnamite *n.*〘化学〙ゼラチンダイナマイト, ゼリグナイト, 桜ダイナマイト《ニトログリセリン50%前後を含有する膠(こう)質ダイナマイトの一種; cf. blasting gelatin》.

gel·a·tine [dʒélətn, -tɪn, -tən | dʒèlətí:n, ‐‐‐] *n.* =gelatin.

gel·a·tin·i·form [dʒəlǽtɪnəfɔ̀əm | -nɪfɔ̀:m] *adj.* ゼラチン[ゼリー]状の.

ge·lat·i·ni·za·tion [dʒəlæ̀tənɪzéɪʃən, dʒèlət-, -nə-, -tn- | dʒəlæ̀tɪnaɪ-, dʒe-, dʒɪ-, -tə-, -nɪ-] *n.* ゼラチン化.

ge·lat·i·nize [dʒəlǽtənàɪz, -tn-, dʒélətn-, -tən- | dʒəlǽtɪn-, dʒe-, dʒɪ-, -tən-] *vt.* **1** ゼラチン[ゼリー]状にする, にかわ質にする, ゼラチン化する. **2**〘写真〙ゼラチンで覆う[処理する]. ── *vi.* ゼラチン状[にかわ質]になる.

ge·lát·i·nìz·er *n.*〘化学〙ゼラチン化剤, ゲル化剤.

ge·lat·i·noid [dʒəlǽtənɔ̀ɪd, -tn- | dʒəlǽtɪn-, dʒe-, dʒɪ-] *adj.* ゼラチン[ゼリー]状の (gelatinous). ── *n.* ゼラチン[ゼリー]状物質.

ge·lat·i·nous [dʒəlǽtənəs, -tn-, -tn- | dʒəlǽtɪn-, dʒe-, dʒɪ-, -tən-, -tn-]〖(1724) ⇨ F *gélatineux*: ⇨ gelatin, -ous〗 ── *adj.* **1** ゼラチン[ゼリー]状の, にかわ質の (jellylike). **2** ゼラチンの[に関する, から成る]. ～**·ly** *adv.* ～**·ness** *n.*

gélatin pàper *n.*〘写真〙ゼラチン感光紙.

gélatin pròcess *n.* ゼラチン法, ゼラチン印画法: **1**〘写真〙ハロゲン化銀などの感光物質を分散して膜とするのにゼラチンを用いた写真法. **2**〘印刷〙**a** ゼラチンフィルムによる複製印刷法. **b** コンニャク版のようにゼラチンを利用した複写法.

ge·la·tion[1] [dʒɪléɪʃən, dʒə-, dʒe- | dʒɪ-, dʒe-, dʒə-]〖⇨ L *gelātiō(n-)* ← *gelāre* to freeze: ⇨ -tion〗 *n.* 凍結, 氷結 (freezing).

gel·a·tion[2] [dʒeléɪʃən, dʒɪ-, dʒə-]〖← GEL + -ATION〗 *n.*〘物理化学〙ゲル化 (cf. gel 1).

geld[1] [géld]〖(1610) ⇨ ML *geld-um* ⇨ OE *ġeld*, *ġield* payment < Gmc **ʒeldam* (G *Geld* money / Goth.

gild tribute) ← IE **ghel-tō* to pay: cf. yield (v.)〛 ── *n.*〘英史〙(アングロサクソン時代やノルマン王朝時代に地主が君主に納めた)税, みつぎ, 支払金 (tax) (cf. Danegeld).

geld² [gέld] 〚(*c*1200) ▭ ON *geld-a* ← *geldr* barren〛 ── *vt.* (~·ed, gelt[gέlt]) **1** …の睾丸(こうがん)を抜く; (特に)〈動物を〉去勢する; …の卵巣を抜く. **2** …から重要な部分を取り去る, 骨抜きにする, 弱体化する; 〈書物〉のある個所を削除する. **~·er** *n.*

Gel·der·land [géldəlæ̀nd | -də-; *Du.* xέldərlɑ̀nt] *n.* ヘルダーラント州《オランダ南東部の州, 歴史上帰属の変遷が多かった; 人口 1,654,000, 面積 5,131 km², 首都 Arnhem》.

géld·ing 〚(*a*1382) ▭ ON *gelding-r* ← *gelda*: ⇨ geld²〛 *n.* **1** 去勢 (castrating). **2** 去勢獣; (特に)去勢馬. **3** 《古》宦官(かんがん) (eunuch).

ge·lech·i·id [dʒəlékiɪd, -kiəd | dʒelékiɪd] 〚↓〛〘昆虫〙 *adj.* キバガ(科)の. ── *n.* キバガ《キバガ科のガの総称》.

Gel·e·chi·i·dae [dʒèləkáɪədi: | -lɪkáɪɪ-] 〚← NL ~ ← Gk *gēlekhḗs* sleeping on earth + -IDAE〛 *n. pl.*〘昆虫〙《鱗翅目》キバガ科.

Ge·lée [ʒəléɪ; *F.* ʒəle], **Claude** *n.* ジュレ (⇨ Claude Lorrain).

Ge·li·bo·lu [gèləbəlú: | -lɪ-; *Turk.* gelíbolu] *n.* ゲリボルー(半島) (Gallipoli (Peninsula) のトルコ語名).

gel·id [dʒélɪd, -ləd | -lɪd] 〚(1606) ▭ L *gelid-us* icy cold ← *gelu* frost, cold: ⇨ -id⁴〛 ── *adj.* **1** 氷のような, 凍るような; 氷のように冷たい, 極寒の. **2** 〈気質・態度など〉冷たい, 冷淡な. **~·ly** *adv.*

Ge·lid·i·a·ce·ae [dʒəlìdiéɪsiː: | dʒɪlìdɪ-, dʒe-, dʒə-] 〚← NL ~ ← *Gelidium* (属名: ← L *gelidus* (↑) + -IUM) + -ACEAE〛 *n. pl.*〘植物〙テングサ科.

Ge·lid·i·a·les [dʒəlìdiéɪliːz | dʒɪlɪdɪ-, dʒe-, dʒə-] 〚← NL ~ ← *Gelidium* (↑) + -ALES〛 *n. pl.*〘植物〙テングサ目.

ge·lid·i·ty [dʒəlídəṭi, dʒe- | dʒɪlídəti, dʒe-, dʒə-, -dɪ-] *n.* 非常に冷たいこと, 極冷; 冷淡.

gel·ig·nite [dʒélɪgnàɪt, -ləg- | -lɪg-] 〚(1889) ← GEL(ATIN) + L *ignis* fire + -ITE¹〛 *n.*〘化学〙=gelatin dynamite.

gel·lant [dʒélənt] 〚← GEL + -ANT〛 *n.*〘物理化学〙ゲル化剤.

Gell-Mann [gélmɑːn], **Murray** *n.* (1929–) 米国の物理学者; Nobel 物理学賞 (1969).

gel·se·mi·um [dʒelsí:miəm | -mɪəm, -mjəm] 〚← NL ~ ← It. *gelsomino* ▭ Arab. *yāsamīn* 'JASMINE'〛 ── *n.* (*pl.* ~s, -mi·a [-miə | -mɪə, -mjə]) 〘薬学〙ゲルセミウム《アジア・米国南部産のフジウツギ科のつる植物の根を乾燥させたもの; 鎮静剤に用いた》.

Gel·sen·kir·chen [gèlzənkíəkən, -zn̩- | -kíə-; *G.* gɛ̀lzn̩kírçən] *n.* ゲルゼンキルヘン《西ドイツ North Rhine-Westphalia 州 Ruhr 地方の工業都市; 人口 318,000》.

gél strèngth *n.* =jelly strength.

gelt¹ *v.* geld² の過去形・過去分詞.

gelt² [gélt] 〚▭ Yid. ~ & G *Geld* money: cf. yield〛 *n.* 《俗》金銭, 金 (money).

gem [dʒém] 〚(*a*1300) *gemme* ▭ (O)F < L *gemmam* bud, jewel ← ? IE **gembh-* tooth, nail (cf. comb) ∽ OE *ġim* ▭ L〛 ── *n.* **1 a** 宝石, 宝玉 (jewel)《特に, 美しく磨いたりカットを施したりしたもの》. **b** 準宝石. **2** 宝石のように美しい[貴重な]もの, 珠玉, 逸品; (宝石のように)大事な人, 最高の人: the ~ of the whole collection 全収集中で最も光っているもの[最優秀品] / a ~ of a boy 玉のような(かわいらしい)男の子. **3** 《米》=muffin 1 b. **4** 《英》〘活字〙ジェム《活字の大きさの古い呼称; 約4アメリカンポイントに相当; ⇨ type 10 ★》.

Gem of the Mountains [the —] 米国 Idaho 州の俗称.

── *vt.* (**gemmed; gem·ming**) …に宝石をちりばめる, 宝石で[のように美しく]飾る: a ring ~*med with* rubies ルビーをはめた指輪 / the foliage ~*med with* dewdrops 露の玉で飾られた木の葉.

GEM [dʒém] 《略》ground-effect machine; guidance evaluation missile 誘導精度測定ミサイル.

gem- [dʒem] 〚← GEMINATE〛〘通例イタリックで〙〘化学〙「2個の同じ基が同一原子についている」の意の連結形.

Ge·ma·ra [gəmáːrə, -mɔ́ːrə | gemáːrə, gɪ-] 〚(1613) ▭ Aram. *gᵉmārā* completion〛 ── *n.* [the ~] ゲマラ《ユダヤの律法書 Talmud の第2部で第1部 Mishnah の注解》; =Talmud. **Ge·ma·ric** [gəmáːrɪk, -mɔ́ː- | gemáː-, gɪ-] *adj.* **Ge·má·rist** [-rɪst, -rəst | -rɪst] *n.*

gém cùtting *n.* 宝石研摩(術).

ge·mein·schaft, G- [gəmáɪnʃɑːft; *G.* gəmáɪnʃaft] 〚▭ G ~ ← *gemein* common + *-schaft* '-SHIP'〛 ── *n.* (*pl.* **-schaf·ten** [-tən; *G.* -tən]) 〘社会学〙ゲマインシャフト, 共同社会《血縁・地縁・友愛のような自然な意志によって結ばれた人間結合; cf. gesellschaft》.

gem·el [dʒéməl] 〚(1391) ~, *gemeu* ▭ OF *gemel* (F *gémeau*) < L *gemellum* (dim.) ← *geminus* twin〛 ── *n.* **1** ジェメル瓶(びん)《二つの別々に作ったガラスびんを融合した別々の方向の首をもつ瓶》. **2** 《廃》蝶番(ちょうつがい) (hinge). **3** 〘紋章〙ジェメル《2本一組になった横帯; bar gemel ともいう》. ── *adj.* 対になった.

gém engràving *n.* 宝石彫刻(術).

gem·i·nal [dʒémənl̩ | -mɪ-] *adj.*〘化学〙ジェムの, 一対の《一つの炭素原子に二つの同じ原子または原子団がついている》. **~·ly** *adv.*

gem·i·nate 〚(1598) ← L *geminātus* (p.p.) ← *gemināre* to double, unite ← *geminus* twin, double: ⇨ -ate³〛 ── [dʒémənèɪt | -mɪ-] *v.* ── *vt.* 二重にする, 対にする. ── *vi.* 二重になる, 対になる. ── [-nət, -nɪt, -nèɪt] *adj.* **1** 〈葉・花など〉双生の, 対になった, 二つなりの. **2** 〘音声・文法〙=geminated. ── [-nət, -nɪt, -nèɪt] *n.*〘音声〙重複した子音(字)[母音(字)]. **~·ly** *adv.*

gém·i·nàt·ed [-ṭɪd, -ṭəd | -tɪd, -təd] *adj.* **1** 〘音声〙〈子音(字)や母音(字)が〉重複した《例: homemade [hóʊmméɪd | háʊm-] の [mm]》. **2** 〘文法〙〈子音字が〉重複した《例: ladder の -dd-》.

gem·i·na·tion [dʒèmənéɪʃən | -mɪ-] 〚(1597) ▭ L *geminātiō(n-)* ← *gemināre* 'to GEMINATE'〛 ── *n.* **1** 重ねる[重なる]こと, 重複, 反覆, 倍加 (duplication). **2** 〘音声〙子音(字)や母音(字)の重複. **3** 〘文法〙子音字の重複. **4** 〘修辞〙反覆《修辞的効果のため同じ語句を繰返すこと》.

gem·i·ni [dʒéməni | -mɪnɪ] 〚(転訛)? ← LL *Jesū Domine* lord Jesus!: cf. G *gemine* / Du. *jemenie*〛 *int.* 《古》=jiminy.

Gem·i·ni [dʒémənaɪ, -ni, -nàɪ, gémənì: | dʒémɪnàɪ, -nì:, -nɪ] 〚(1391) ▭ L ~ (pl.) ← *geminus* twin, double〛 ── *n.* **1** 〘天文〙ふたご(双子)座《北天の星座, 黄道12星座の一つで, Castor と Pollux の二つの一等星を含む; the Twins ともいう》. **2** 〘占星〙**a** ふたご座, 双子宮《黄道12宮の第3宮; the Twins ともいう; cf. zodiac》. **b** ふたご座生まれの人. **3** [dʒémənì | -mɪnɪ] ジェミニ《軌道上でのランデブー用に設計された米国の二人乗り宇宙船》. **4** [g-; 複数扱い]〘医学〙双胎, ふたご.

Ge·mi·nia·ni [dʒèmɪnjáːni | -nɪ; *It.* dʒeminjáːni], **Francesco Sa·ve·rio** [savέːrjo] *n.* ジェミニアーニ《1680?–1762; イタリアのバイオリニスト・作曲家》.

Gem·i·nid [dʒémənɪd | -mɪ-] 〚← GEMINI + -ID¹〛 *n.* [通例 *pl.*]〘天文〙ふたご座流星群.

gém·like *adj.* **1** 宝石のような. **2** 申し分のない, すばらしい (perfect, exquisite): ~ beauty.

gem·ma [dʒémə] 〚▭ L ~ 'bud, gem': ⇨ gem〛 ── *n.* (*pl.* **gem·mae** [-miː]) **1** 〘植物〙無性芽, 子芽《葉面や葉先などに発生する小植物体で地に落ちて根が生じ個体となる》. **2** 〘動物〙芽体《将来特定の組織や器官に発達する一群の未分化の細胞》.

Gem·ma [dʒémə] 〚▭ It. ~ 《原義》gem〛 *n.* 女性名.

gem·ma·ceous [dʒeméɪʃəs] *adj.* **1** 〘植物〙無性芽の[に似た, に関する]. **2** 〘動物〙芽体の[に似た, に関する].

gemmae *n.* gemma の複数形.

gem·mate [dʒémeɪt] 〚▭ L *gemmāt-us* (p.p.) ← *gemmāre* to bud ← *gemma* 'GEMMA'〛 ── *adj.* **1** 〘植物〙無性芽(gemma)のある. **2** 〘動物〙芽体のある. ── *vi.* 発芽する; 無性芽[芽体]によって繁殖する.

gem·ma·tion [dʒeméɪʃən] *n.* **1** 〘植物〙発芽; 無性芽繁殖[生殖]; 芽の配列法. **2** 〘動物〙芽球形成《海綿が芽球 (gemmule) を作ること》.

gem·mif·er·ous [dʒemíf(ə)rəs | -mífər-] 〚← GEMMA + -I- + -FEROUS〛 ── *adj.* **1** 宝石を産する[含む]. **2** 〘植物〙無性芽(gemma)を生じる[で繁殖する]. **3** 〘動物〙芽体(gemma)を生じる[で繁殖する].

gem·mi·form [dʒéməfɔ̀ːm | -mɪfɔ̀ːm] *adj.*〘植物・動物〙無性芽[芽体] (gemma) に似た.

gem·mip·a·rous [dʒemípərəs] 〚← GEMMA + -I- + -PAROUS〛 *adj.*〘生物〙発芽する; 芽によって繁殖する. **~·ly** *adv.*

gem·mól·o·gist [-dʒɪst, -dʒəst | -dʒɪst] *n.* 宝石学者, 宝石鑑定人.

gem·mol·o·gy [dʒemáləʤi, dʒɪ-, dʒə- | dʒemɔ́ləʤɪ] 〚← L *gemma* 'GEM' + -LOGY〛 *n.* 宝石学. **gem·mo·log·i·cal** [dʒèməládʒɪkəl, -dʒə- | -lɔ́dʒɪ-] *adj.*

gem·mu·la·tion [dʒèmjʊléɪʃən] *n.* =gemmation.

gem·mule [dʒémjuːl] 〚▭ L *gemmula* little bud: ⇨ gemma, -ule〛 ── *n.* **1** 〘植物〙=gemma. **2** 〘動物〙芽球《淡水海綿などが冬を越して翌春新生するための芽》; 小芽体, 無性体. **3** 〘生物〙ジェミュール《Darwin が遺伝形質を伝えると考えた仮説的生命単位の一つ》.

gem·mu·lif·er·ous [dʒèmjʊlíf(ə)rəs] *adj.*〘動物〙芽球 (gemmule) を生じる.

gem·my [dʒémi | -mɪ] 〚(15C)〛 *adj.* (**gem·mi·er; -mi·est**) **1** 宝石をちりばめた. **2** 宝石のように; きらめく.

gem·ól·o·gist [-dʒɪst, -dʒəst | -dʒɪst] *n.* =gemmologist.

gem·ol·o·gy [dʒemáləʤi, dʒɪ-, dʒə- | dʒemɔ́ləʤɪ] 〚← GEM + -LOGY〛 *n.* =gemmology. **gem·o·log·i·cal** [dʒèməládʒɪkəl, -dʒə- | -lɔ́dʒɪ-] *adj.*

ge·mot [gəmóʊt | gɪmóʊt, gə-] 〚OE *ġemōt* ← *ġe-* together + *mōt* meeting: ⇨ y-, moot〛 ── *n.* (*also* **ge·mote** [~]) 〘英史〙(アングロサクソン時代の)民会《司法・立法のための集会; cf. witenagemot》.

gem·pyl·id [dʒempílɪd, -ləd | -lɪd] 〚↓〛 *adj., n.*〘魚類〙クロタチカマス科の(魚).

Gem·pyl·i·dae [dʒempílədi: | -lɪ-] 〚← NL ~ ← *Gempylus* (属名: ← Gk *gempúlos* young tunny) + -IDAE〛 *n. pl.*〘魚類〙クロタチカマス科.

gems·bok [gémzbɑ̀k | -bɔ̀k] 〚(1777) ▭ Afrik. ~ ▭ G *Gemsbock* ← *Gemse* chamois + *Bock* buck〛 ── *n.* (*pl.* ~s, ~) 〘動物〙ゲムズボック, ケープオリックス (*Oryx gazella*)《アフリカ南部産のオリックス属の(まっすぐな長い角を持った大型のレイヨウ》.

Gém Stàte *n.* [the ~] 米国 Idaho 州の俗称.

gém·stòne *n.* 〚← GEM + STONE: cf. OE *ġimstān*〛 *n.* 貴石, 宝石用原石.

ge·müt·lich [gəmúːtlɪk, -míːt-, -mjúːt-; *G.* gəmýːtlɪç] 〚▭ G ~〛 *G. adj.* 心持ちのよい, 情趣に富む.

gen [dʒén] 《略》← *gen(eral information)*〛《英俗》── *n.* 情報: have the ~ *on* …のことを知っている. ── *v.* (**genned; gen·ning**) ── *vi.* (すぐに)覚える, 知る (learn) 〈*up*〉〔*about, on*〕. ── *vt.* …に知識を与える (inform) 〈*up*〉〔*about, on*〕(cf. genned-up).

gen. 《略》gender; genera; general; generally; generator; generic; genetic; genital; genitive; genuine; genus.

Gen. 《略》〘軍事〙General; Genesis (旧約聖書の)創世記; Geneva; Genevan.

gen-¹ [dʒen] (母音の前に来る時の) geno-¹ の異形.

gen-² [dʒiːn, dʒen] (母音の前に来る時の) geno-² の異形.

-gen [dʒɪn, dʒən, dʒèn] 〚▭ F *-gène* ▭ Gk *-genēs* born, produced ← *gennān* to bear, produce〛 (*also* **-gene**) ── 科学用語で, 次の意味を表わす名詞連結形: **1**「…を生じるもの, 発生させるもの」: dermatogen, hydrogen, nitrogen, phosgene. **2**「…から生じたもの」: acrogen, endogen, exogen. **3** [通例 -gene]〘地質〙地層形成・変形の型・方法を表わす: tectogene.

ge·na [dʒíːnə, génə | dʒíːnə] 〚▭ L ~: cf. chin〛 *n.* (*pl.* **ge·nae** [dʒíːniː, génaɪ | dʒíːniː]) 〘動物・解剖〙頰(ほお), 頰部(きょうぶ).

Gen AF 《略》General of the Air Force.

ge·nal [dʒíːnl̩] *adj.*〘解剖〙頰(部)の[に関する].

ge·nappe [dʒənǽp, ʒə-] 〚(1858) ← *Genappe* (ベルギーの原産地名)〛 *n.*〘紡織〙=genappe yarn.

genáppe yàrn *n.*〘紡織〙滑らかで光沢のある梳毛(そもう)糸《打ちひもなどを作るのに用いる》.

gen·darme [ʒɑ́ːndɑəm, dʒɑ́n- | ʒɑ̃́(n)dɑːm, ʒɔ̃́(ː)n-, ʒɑ́ːn-, ʒɔ́(ː)n-; *F.* ʒɑ̃darm] 〚(*c*1550) ▭ F ~ (sing.) 《逆成》← *gens d'armes* men at arms ← *gens* people + *de* of + *armes* 'ARMS'〛 ── *n.* (*pl.* ~s [~z; *F.* ~]) **1 a** (ヨーロッパ諸国, 特にフランスの)警察官; (フランスの)警察保安隊員, 憲兵隊員. **b** 《俗》警官. **2** (革命前の)フランス騎兵隊員. **3** 〘地質〙ジャンダルム《山の背に突き出たとがり岩》.

gen·dar·me·rie [ʒɑːndɑ́ːməri, dʒɑːn- | ʒɑ̃(n)dɑ́ːmərɪ, ʒɔ̃(ː)n-, ʒɑːn-, ʒɔ(ː)n-; *F.* ʒɑ̃darməri] 〚▭ F ~: ⇨ ↑, -ery〛 ── *n.* (*also* **gen·darm·er·y** [~]) [集合的] (ヨーロッパ各地の)警察保安隊 (gendarmes); (フランスの)警察保安隊, 憲兵隊.

gen·der¹ [dʒéndə | -də(r)] 〚(?*c*1350) ▭ OF *gendre* (F *genre*) ▭ L *gener-, genus* race, kind: ⇨ genus〛 ── *n.* **1** 〘文法〙性, 性別, 性称: grammatical ~ 文法的性 / the common ~ 通性 / the masculine [feminine] ~ 男[女]性 / the neuter ~ 中性 / ⇨ natural gender. **2** 《口語》性 (sex). **3** 《古》種類 (kind).

gen·der² [dʒéndə | -də(r)] 〚(*a*1338) ▭ OF *gendr-er* ▭ L *generāre* to produce ← *gener-* (↑)〛《古》*vt.* 産む, 生じる. ── *vi.* 交接する, 交尾する.

génder·less *adj.*〘文法〙性のない, 無性の.

gene [dʒíːn] 〚▭ G *Gen* 《略》← *Pangen*: ⇨ pan-, -gen〛 ── *n.*〘生物〙遺伝子, 因子, 遺伝単位, 遺伝因子, ゲン《染色体に存在する生物遺伝の根本単位; Mendelian factor ともいう; cf. genome, stirp 2》.

Gene [dʒíːn] 〚1: (dim.) ← EUGENE. 2: (dim.) ← EUGENIA〛 *n.* **1** 男性名. **2** 女性名.

-gene [dʒiːn] =-gen.

geneal. 《略》genealogical; genealogy.

ge·ne·a·log·ic [dʒìːniəlɑ́dʒɪk, dʒèn- | -njəlɔ́dʒ-, -nɪə-] *adj.* =genealogical.

ge·ne·a·log·i·cal [dʒìːniəlɑ́dʒɪkəl, dʒèn-, -dʒə- | -njəlɔ́dʒɪ-, -nɪə-] 〚(1577–87) ← F *généalogique* (▭ Gk *genealogikós*) + -AL¹ ∽ (15C) *genealogial*: ⇨ genealogy, -ical〛 ── *adj.* **1** 系図の[に関する], 系図上の. **2** 系統[家系]を示す, 家筋の: a ~ table [chart] 系図, 系譜. **~·ly** *adv.*

genealógical trée *n.* **1** (家)系図 (family tree). **2** 系統樹《生物の進化の過程などを図示したもの》.

gè·ne·ál·o·gist [-dʒɪst, -dʒəst | -dʒɪst] 〚(1605)〛 *n.* 系図学者, 系譜学者.

ge·ne·al·o·gize [dʒìːniɑ́lədʒàɪz, dʒèn-, -niǽl- | -niǽl-] *vt.* …の系図を尋ねる, 系統をたどる. ── *vi.* 系図を論じる, 系統を調べる.

ge·ne·al·o·gy [dʒìːniɑ́lədʒi, dʒèn-, -niǽl- | -niǽlədʒɪ] 〚(*a*1325) ▭ (O)F *généalogie* // LL *geneālogia* ▭ Gk *geneālogía* tracing of descent ← *geneá* race, family: ⇨ -logy〛 ── *n.* **1 a** 家系, 血統, 血筋. **b** (生物・言語の)系統. **2** 系図, 系譜, 系統図. **3** 系図学, 系譜学.

gèn·e·cól·o·gist [-dʒɪst, -dʒəst | dʒɪst] *n.* 品種生態学者.

gen·e·col·o·gy [dʒìːnɪkɑ́lədʒi, dʒèn-, -nek-, -niːk-, -nək- | -niːkɔ́lədʒɪ, -nɪk-, -nek-] 〚← GEN(US) + ECOLOGY〛 ── *n.* 品種生態学, ゲネコロギー. **gen·e·co·log·ic** [dʒìːnìːkəlɑ́dʒɪk, dʒèn-, -nèk- | -lɔ́dʒ-] *adj.* **gèn·e·co·lóg·i·cal** *adj.* **gèn·è·co·lóg·i·cal·ly** *adv.*

géne flòw *n.*〘生物〙遺伝子流動[拡散]《自由交配をするある集団へ, 別の自由交配集団から遺伝子が継続的に移入されること》.

géne frèquency *n.*〘生物〙遺伝子頻度[度数]《ある集団の全遺伝子量における対立遺伝子の頻度》.

géne insèrtion *n.*〘生物〙遺伝子挿入《欠失した遺伝子が外から挿入されること》.

géne mutàtion *n.*〘生物〙遺伝子突然変異.

géne pòol *n.*〘生物〙遺伝子プール, 遺伝子給源, 遺伝子溜.

genera *n.* genus の複数形.

gen·er·a·ble [dʒén(ə)rəbl] 〘(15C) ▭ L *generābil-is* ← *generāre* to bear: ⇨ generate, -able〙 *adj.* 発生される；(知力・想像力などによって)生み出される.

gen·er·al [dʒén(ə)rəl] 〘(?*a*1200) ▭ (O)F *général* ▭ L *generālis* of a (whole) race (cf. *speciālis* 'SPECIAL') ← *gener-* 'GENUS': ⇨ -al¹〙 — *adj.* **1** (社会・団体などの)全員に関する, 全体に通じる；特定[特殊, 部分的, 地方的]でない；全般的な, 総体的な, 全体的な, 普遍的な: a ~ attack 総攻撃 / a ~ catalog 総目録 / a ~ examination 総[全科]試験 / a ~ manager 総支配人 / a ~ meeting [council] 総会 / a ~ panic 全国的恐慌 / a ~ war 全面戦争 / ~ principles 通則, 一般原則 / ~ provisions 〘法律〙総則, 通則 / a ~ rainfall 全国的降雨 / ⇨ general agent, general rule. **2** 社会の大部分に共通な, 世間一般の: a ~ practice [custom] 世間一般の慣行 / a ~ opinion 一般的世論 / the ~ public 一般社会, 公衆 / a matter of ~ interest [experience] 広く一般の人々が興味を持つ[経験する]事柄 / for the ~ good 公益のために / It is a ~ belief that ... というのが世間一般の信じるところである. **3** 特定の一部門に限らない, 専門的でない, 一般的な (↔ special): ~ affairs 庶務 / ~ culture 一般教養 / a ~ dealer 雑貨商 / a ~ reader (専門家でない)一般読者 / a ~ storekeeper 《米》=《英》a ~ shopkeeper 雑貨店主 / a ~ servant 雑役女中 / ~ household work 家事の雑用 / ⇨ general education, general practitioner, general shop, general store / work of a ~ character (専門的でない)一般的性質の仕事, 庶務. **4** 概括的な, 大体の；概略の, 漠然とした (cf. specific 1): ~ comments 概説 / a ~ idea [concept, notion] 一般観念[概念] / a ~ outline 概要 / ~ resemblance 大同小異 / in ~ terms 概括的な言葉で, 漠然と / in the ~ direction of the church おおよそ[だいたい]教会の方向に / The ~ idea is that... その大意は...である / The statement is too ~. その言葉は大ざっぱすぎる. **5** 長官の；将官級の: ⇨ general officer. **6** [官職名のあとに付けて] 総..., ...長(官): a governor ~ 総督 / a postmaster ~ 郵政長官[大臣] / ⇨ attorney general. **7** 〘医学〙全身の: a ~ condition 全身[一般]状態 / ~ treatment 全身療法 / ⇨ general anesthesia.

as a general rule [***thing***] 一般に, 通例, 概して. ***in a general way*** 一般的に, 概して.

General Agreement on Tariffs and Trade [the —] 関税および貿易に関する一般協定 (⇨ GATT).

General Certificate of Education 〘教育〙(1) [the —] 一般教育履修証明試験《イングランドとウェールズで, 大学進学または専門職希望の主に中等学校上級生(16歳以上)を対象に大学と関連をもつ8つの試験委員会が個別的に行なう；各科目は普通課程 (O (=Ordinary) level) と上級課程 (A (=advanced) level) とに分かれ, 後者には別に大学奨学金希望者のための特別試験 (S (=Special) level) がある》. (2) 一般教育証明書《(1) の試験に合格した科目の成績証明書；略 G.C.E.; cf. C.S.E.》.

general theory of relativity [the —] 〘物理〙一般相対性理論 (⇨ relativity 3).

— *n.* **1 a** 〘陸軍・空軍・海兵隊〙将官: ⇨ brigadier general, lieutenant general, major general, GENERAL of the Air Force, GENERAL of the Army / the ~ in command = the commanding ~ 軍司令官《将官》/ *General* Gordon ゴードン将軍 / *General* MacArthur マッカーサー元帥 / *General* Nogi 乃木大将. ★ 米国では将官の位階は星の数で示すので俗に准将から元帥までの五階級を順次 a one-star, two-star, three-star, four-star, five-star general という. **b** 陸軍大将, 空軍大将. ★ 特に他の将官と区別する場合には full general という. **c** 戦略[戦術]家, 将軍: a good [great] ~ 大戦略家, 名将 / He is no [a bad] ~. 将軍の器[戦略家]ではない. **2** 《英口語》雑働き (general servant). **3** 〘▭ ML *generāl-is* ← L (adj.)〙〘カトリック〙(修道会の)総会長: the Franciscan ~ フランシスコ会総会長. **4** [通例 the ~] 《古》〘論理〙(「特殊」に対して)一般, 全体, 総体, 全般的なもの (cf. particular *n.* 4). **5** 一般的なこと；通則, 一般原則 (general principles) (↔ particulars). **6** [the ~] 《古》一般社会, 一般大衆 (the general public): ⇨ CAVIAR *to the general.*

in general 全般に；概して, 普通: people *in* ~ 一般の人々.

General of the Air Force (米国の)空軍元帥.

General of the Armies [the —] (米国の)第一次大戦米軍総司令官 John J. Pershing に与えられた位《今の General of the Army に相当》.

General of the Army (米国の)陸軍元帥 (five-star general)《海軍の Fleet Admiral に相当；1946年創設, 現役では4名以下に限定されている; cf. Field Marshal》. **~·ness** *n.*

géneral áct *n.* 〘法律〙=general law.

géneral adaptátion sýndrome *n.* 〘生理〙汎適応症候群《ストレス学説の主要概念で, ストレスに対して生体が一定の順序で示す非特異的な反応の総称》.

géneral admíssion *n.* 自由席の入場料.

géneral ágent *n.* **1** 総代理人. **2** 〘保険〙総代理店.

Géneral Américan *n.* 一般アメリカ語《東部の New England 諸州と南部を除いた中西部全域で行なわれる典型的な米語》.

Géneral Américan Spéech *n.* =General American.

géneral anesthésia *n.* 〘医学〙全身麻酔(法), 全麻 (cf. local anesthesia).

Géneral Assémbly, g- a- *n.* **1** [the G- A-] 国連総会《公式名 General Assembly of the United Nations》. **2** (米国の幾つかの州の)州議会. **3** (長老教会などの)総会, 大会. **4** [the G- A-] (ニュージーランドの)国会《一院制》.

géneral áverage *n.* 〘海商〙共同海損《general average act によって生じた損害および費用; cf. particular average》.

géneral áverage àct *n.* 〘海商〙共同海損行為《海難にあった時, 船舶と積荷に共同の危険を救うため, 船長が故意になした行為》.

géneral áverage contribùtion *n.* 〘海商〙共同海損分担額.

géneral áverage sàcrifice *n.* 〘海商〙共同海損犠牲.

géneral aviátion *n.* 〘航空〙汎用航空《軍および輸送事業を除く他の航空一般》; 汎用航空機.

Géneral Báptist *n.* 〘キリスト教〙一般バプテスト《Arminius 的な神学的立場に立っているバプテスト; cf. Particular Baptist》.

géneral cárgo *n.* 一般貨物《一般の荷主から引き受ける積付けに特別な注意を必要としない雑貨等の船荷》.

géneral condítions *n. pl.* 〘保険〙普通約款.

géneral conféssion *n.* 〘キリスト教〙総告白, 総告解《過去の罪を全て告白すること》; (会衆が共唱する)一般懺悔(ざんげ).

Géneral Cóurt *n.* **1** (米国植民地時代の New England の)立方権・司法権を持った諸地方集会. **2** (米国 Massachusetts 州と New Hampshire 州の)州議会.

géneral cóurt-mártial *n.* 《米》〘軍事〙高等軍法会議, 総合軍法会議 (cf. special court-martial, summary court-martial).

gen·er·al·cy [dʒén(ə)rəlsi | -sɪ] *n.* 〘軍事〙将官の地位[任期].

géneral defénse *n.* (local defense に対して)全般防空.

géneral degrèe *n.* 〘英大学〙=pass degree.

géneral delívery *n.* 《米》**1** 留置郵便 (poste restante). **2** (郵便局の)留置郵便課.

géneral dischárge *n.* 〘軍事〙**1** 普通除隊《在隊期間中, 勤務成績の優秀な隊員で, 無事故除隊 (honorable discharge) の資格には達しない者に与えられる除隊の一形式》. **2** 普通除隊証明書.

géneral éditor *n.* (辞書とか継続して出される出版物全体の調整をする)編集主幹.

géneral educátion *n.* (専門教育に対して)一般教育 (cf. liberal education).

géneral eléction *n.* 総選挙《英国で5年以内に行なわれる下院議員選出選挙; 米国では広く地方・州・国の選挙にいう; cf. by-election》.

Géneral Eléction Dày *n.* (米国の)総選挙日《祭日の一つ; 4年目ごとの十一月の第一月曜日の次の火曜日》.

géneral éxcise tàx *n.* 一般消費税.

Géneral Fébruary *n.* [擬人的] 冬将軍 (cf. General Winter).

géneral grámmar *n.* 〘言語〙一般文法論, 普遍文法 (⇨ universal grammar).

géneral héadquarters *n. pl.* [単数または複数扱い] 総司令部 (略 GHQ, G.H.Q.).

géneral hístory *n.* 一般史, 歴史概説.

géneral hóspital *n.* **1** 総合[全科]病院 (↔ special hospital). **2** 〘軍事〙総合病院, 一般病院《後方地帯にあり, 全科の診療を行なう固定病院》.

géneral-in-chíef *n.* (*pl.* **generals-**) 〘軍事〙総司令官《19世紀米陸軍将官の最長老に与えられた称号》.

géneral íntegral *n.* 〘数学〙⇨ general solution.

gen·er·al·ise [dʒén(ə)rəlàɪz] *v.* 《英》=generalize.

gen·er·a·lis·si·mo [dʒèn(ə)rəlísəmòʊ | -sɪməʊ] 〘(1621) ▭ It. ~ (superl.) ← *generale* 'GENERAL'〙 — *n.* (*pl.* ~s) **1** (英米以外のある国々で, 陸・海・空を統合した)全軍最高司令官, 総統, 大元帥. **2** (数個の同盟国軍隊が協同作戦を行なう場合の)連合軍最高司令官.

géneral íssue *n.* 〘法律〙一般答弁《相手方の主張を概括的な言葉で全面的に否認する答弁; cf. special issue》.

gen·er·al·ist [-lɪst, -ləst | -lɪst] *n.* **1** 多方面の知識をもつ人, 博学の人; 万能家 (↔ specialist). **2** (学校で)一般教養課程の履修者.

gen·er·al·i·ty [dʒènərǽləṭi | -lətɪ, -lɪ-] 〘(*c*1378) ▭ (O)F *généralité* ▭ L *generālitātem*: ⇨ general, -ity〙 — *n.* **1** 一般的であること, 一般性, 普遍性. **2** 一般法則, 通則; 概論, 概要, 概説; 漠然とした陳述: a hasty ~ 早急な概説 / deal [speak] in vague *generalities* 漠然と一般的に論じる / descend from *generalities* to particulars 概論から各論にはいる. **3** 大部分, 大多数: in the ~ *of* cases 一般の[大抵の]場合に / The ~ *of* people are indifferent to this sort of thing. 一般の人はこういう事には無関心である.

gen·er·al·i·za·tion [dʒèn(ə)rəlɪzéɪʃən, -lə- | -laɪ-, -lɪ-] 〘(1761) ▭ F *généralisation*: ⇨ ↓, -ation〙 — *n.* **1** 一般化, 普遍化; 総合, 概括, 帰納, 法則化; 一般論: hasty ~ (少数の事例から帰納した)早合点, 速断 / sweeping ~*s* 一掃的[十把(じっぱ)ひとからげ的な]概括論. **2** 帰納的結果; 通則. **3** 〘論理〙**a** 概括; 一般化 (↔ determination). **b** 汎化; 普遍化 (↔ instantiation). **4** 〘心理〙**a** 刺激般化, 般化《ある刺激に対して起きた反応が, 他の同様な刺激に対しても起きること; stimulus generalization ともいう》. **b** =response generalization. **c** =mediated generalization.

gen·er·al·ize [dʒén(ə)rəlàɪz] 〘(*a*1751) ▭ F *généraliser*: ⇨ general, -ize〙 — *vi.* **1** 概括する, 概括的に結論を導き出す 〔*from*〕; (漠然と)概括的に論じる, 一般論をする (↔ specialize). **2** (美術的表現などで, 個性的な特色や細部よりも)一般性を強調する; 掃描する, (地図を描く時に)細部を省略する. **3** 身体全体に及ぶ[行きわたる]. — *vt.* **1** 一般的法則に概括[帰納]する, 一般法則化する, 一般化する; 総合する: ~ a conclusion (事実などから)一般的結論を導き出す. **2** 〈物の使用・知識などを〉一般化する, 広める, 普及させる: ~ a new method 新方法を普及させる / ~ the use of a machine 機械の使用を広める. **3** 一般的に[漠然と]説く. **4 a** 〈法律〉に一般的適用性を与える. **b** (個々の特徴をぼかして)漠然とさせる. **5** (美術的表現で)...の一般性だけを描く; 掃描する, (地図を描く時に)〈細部を〉ぼかす. **gén·er·al·iz·a·ble** [-zəbl] *adj.*

gén·er·al·ìzed *adj.* **1** 一般化された. **2** 〘生物〙(特殊に)分化していない, 環境に適応した形態をもたない. **3** 〘医学〙全身[広汎, 汎発](性)の (cf. systemic 2).

géneralized coórdinate *n.* 〘物理〙一般座標.

gén·er·al·ìz·er *n.* **1** 概括者; 一般論者. **2** 普及者.

Gé·né·ral Jacque·mi·not [ʒèɪneɪrɑ́ːl-ʒɑ̀ːk(ə)mɪnóʊ | -nə́ʊ; *F.* ʒeneralʒak(ə)mino] 〘← *Viscount J.F. Jacqueminot* (1787-1865: フランスの将軍・博物学者)〙 — *n.* 〘園芸〙ジェネラルジャックミノー《ハイブリッドパーペチュアル系バラ (hybrid perpetual rose) の品種名; 半つる性春咲きで, 紅色系バラとして重要な交配親の一つであった》.

Géneral Jánuary *n.* [擬人的] 冬将軍 (cf. General Winter).

géneral láw *n.* 〘法律〙一般的法律《すべてのものに対して一般的に適用のある制定法; general act, general statute ともいう; cf. private act, special law》.

géneral lédger *n.* 〘会計〙一般元帳, 総勘定元帳.

géneral linguístics *n.* 〘言語〙一般言語学《発音・文法などの特定面の言語研究を基に, 言語一般に共通する現象をとらえて研究する》.

gén·er·al·ly [-rəli | -lɪ] 〘(1340)〙 — *adv.* **1** 一般に, 広く, あまねく (widely): These boys are ~ welcomed. これらの少年は一般的に(多くの人々から)歓迎される. **2** 大体において, 概して: The opinion of the meeting was ~ favorable. 集った人達の意見は大体好意的であった. **3** 通例, 普通: We ~ dine at eight. うちではたいてい8時に食事をする.

generally speaking = ***speaking*** (***quite***) ***generally*** 一般的に言えば[言って], 大体に, 概して (in general).

géneral maláise *n.* 〘医学〙全身倦怠(感).

géneral mobilizátion *n.* 総動員.

géneral mórtgage *n.* 〘経済〙総括抵当 (blanket mortgage)《現在および将来における会社の全財産一切に対して包括的に設定される担保》.

géneral obligátion bònd *n.* 一般政府保証債券《利子・元本の支払が発行者たる政府によって保証された債券》.

géneral ófficer *n.* (陸軍・空軍・海兵隊の)将官 (cf. flag officer 1 a).

géneral órder *n.* [通例 *pl.*] 〘軍事〙**1** 一般命令, 合同命令《司令部からの命令で, 部隊の全員に適用されるもの; cf. special order》. **2** 一般守則《歩哨(ほしょう)の任務を規程した永続的な守則》.

géneral parálysis *n.* 〘病理〙全身麻痺(ひ), 進行麻痺, 麻痺性痴呆(ほう)《梅毒の症状; general paralysis of the insane ともいう; cf. general paresis》.

géneral parésis *n.* 〘病理〙(梅毒による)全身不全麻痺(ひ), 進行麻痺.

géneral pártner *n.* 〘法律〙一般社員, 無限責任社員 (cf. limited partner, special partner, secret partner).

géneral pártnership *n.* **1** 〘法律〙一般組合, 通常組合《ある特定の種類に属するすべての取引を行なうことを目的とする組合; cf. particular partnership》. **2** 無限責任組合, 合名会社《組合員が組合のすべての負債に対して無限責任を負う組合; cf. limited partnership》.

géneral phonétics *n.* 一般音声学.

géneral pòst *n.* **1** (午前)第一回配達郵便《general post delivery ともいう》. **2** 〘遊戯〙郵便ごっこ《席にそれぞれ地名がつき一度に二つずつ代り合い general post の言葉で全員が入れ替る遊び》. **3** (人員の急激な)大々的な入替え, (内閣などの)大改造, 大移動.

Géneral Póst Òffice *n.* [the ~] ロンドン郵便本局 (略 G.P.O.).

géneral práctice *n.* 〘医学〙一般診療.

géneral practítioner *n.* (専門医 (specialist) に対して)一般開業医 (略 G.P.).

géneral precéssion *n.* 〘天文〙一般歳差《月日歳差 (lunisolar precession) と惑星歳差 (planetary precession) の和》.

géneral proposítion *n.* 〘論理〙普遍命題.

géneral-púrpose *adj.* 〈動物・道具など〉色々の用途に使われる, 用途の広い, 多目的の: a ~ horse.

géneral quárters *n. pl.* 〘海軍〙総員配置《戦闘準備のために総員が一斉に部署につくこと》.

géneral rúle *n.* (法廷における)一般規則 (cf. special rule).

géneral semántics *n.* 一般意味論《Alfred Korzybski によって1933年に系統立てられた新しい意味論で, 記号・符号・言語を含む記号体系 (symbol-system) をより上手に, より批判的に用いる訓練を通して, 人間の意味論的反応の習慣を改善しようとする学問・教育的訓練; 正しい自然認識と人間関係の樹立がねらい》.

Géneral Sérvices Administràtion *n.* (米国の)総務庁《米連邦政府の一機関で, 政府財産の管理維持, 法令の公布その他を行なう; 略 GSA》.

géneral sérvice schòol *n.* 〘軍事〙業務学校《将校[幹部]以下に対し全職種に関する事項を教育する》.

géneral séssions *n. pl.*〘法律〙 **1**《英》治安裁判所《2人以上の治安判事によって開廷される記録裁判所で, 治安委員会や制定法に与えられた権限を執行する; cf. special session 2, petty sessions》. **2**《米》(ある州で)一般刑事裁判所.

géneral·shìp *n.* **1** 大将の器[人物]; 大軍統率の手腕, 用兵・戦略の手腕. **2** 将官の職[地位, 身分]. **3** 指揮[統御, 統率]の手腕 (leadership).

géneral shòp *n.*《英》=general store.

géneral solútion *n.*〘数学〙 **1** (連立一次方程式や常微分方程式の)一般解《幾つかの不定の数を含み, それらに具体的な数を代入することにより, すべての解が得られるもの; 常微分方程式の時には general integral ともいう; cf. particular solution》. **2** (偏微分方程式の)一般解《幾つかの不定の関数を含み, それらに具体的な関数を代入することにより, すべての解が得られるもの; general integral ともいう; cf. complete solution》.

géneral stáff *n.*〘軍事〙一般幕僚《陸軍・海兵隊では師団以上, 空軍では航空団以上の部隊の幕僚; cf. CHIEF of staff (2), personal staff, special staff, unit staff》: the naval ~ 海軍軍令部.

géneral státute *n.*〘法律〙=general law.

géneral stòre *n.*《米》雑貨店 (《英》general shop).

géneral stríke *n.* 総(同盟)罷業, ゼネスト; [G- S-] (英国における1926年の)ゼネスト.

Géneral Supplicátion *n.*〘英国国教会〙=litany 2.

Géneral Sýnod, g- s- *n.*〘キリスト教〙総会, 大会《特に長老派教会では General Assembly に次ぐ全体的教会会議》.

géneral térm *n.* **1**〘論理〙普遍[一般]名辞. **2**〘数学〙(数列の)一般項. **3**〘法律〙事件審理のための裁判所の通常の開廷期; 裁判官全員出席の開廷期間 (cf. special term 1).

géneral topólogy *n.*〘数学〙一般位相数学 (⇨ topology 2 b).

gen·er·al·ty [dʒén(ə)rəlṭi | -tɪ] *n.*《古》=generality.

géneral vérdict *n.*〘法律〙一般評決《陪審が自ら認定した事実に法律を適用して, 事件について有罪・無罪または勝訴・敗訴などの結論を述べたもの; cf. special verdict》.

géneral wélfare clàuse *n.*〘米法〙一般福祉条項《米合衆国憲法第1条第8節第1項にある規定で, しばしば連邦議会の権限の拡張解釈に用いられる》.

géneral wíll〘《なぞり》← F *volonté générale*: Rousseau の言葉〙 ── *n.* 一般意志《個々の利害ではなく, 社会全体の共通の利害としての人民の意志; 人々の特殊意志の総和にすぎぬ volonté de tous と対立》.

Géneral Wínter *n.* [擬人的] 冬将軍《軍事行動に大きな影響を与えるところから》.

gen·er·ate [dʒénərèɪt]〘《1509》← L *generāt-us* (p.p.) ← *generāre* to produce, engender ← *gener-, genus* offspring: ⇨ genus〙 ── *vt.* **1** 〈子を〉産む (beget). **2** 〈熱・電気などを〉(物理的・化学的に)生じる, 起こす, 発生させる (produce): ~ gas [electricity] ガス[電気]を発生させる / heat ~*d* by friction 摩擦によって生じた熱. **3** 〈結果・状態・感情などを〉引き起こす, 来たす, 招く: A sensation was ~*d* by his speech. 彼の演説で波紋が生じた / Uncleanliness ~*s* disease. 不潔は病気のもととなる. **4**〘数学〙 **a** (点・線・面が動いて) 〈線・面・立体を〉画く: a *generating* point [line, surface, figure] 母点[線, 面, 形] (cf. generatrix). **b** 生成する《集合の幾つかの要素が他のすべての要素をつくり出す; cf. generator 4 a》. **5**〘言語〙生成する, 記述する, 説明する (cf. generative grammar). ── *vi.* 産む, 生まれる; 発生する.

gén·er·at·ing stàtion [-ṭɪŋ- | -tɪŋ-] *n.* 発電所.

gen·er·a·tion [dʒènəréɪʃən]〘《a1325》□ (O)F *génération* □ L *generātiō(n-)*: ⇨ generate, -ation〙 ── *n.* **1** 子を産むこと; 産出. **2** (血統の)代, 世代; 同じ代の子孫: a person's descendants [ancestors] in the tenth ~ ある人の10代目の子孫[先祖] / from ~ to ~ 代々 (引き続いて) / ~ after ~ 来る代も来る代も, 世々, 代代 / They have been living here for four ~*s*. 彼らは4代続いてここに住んでいる / They form the fourth ~. 彼らは4代目だ. **3** 子孫, 一族, 一門 (descendants): The Czar and all his ~ were murdered in the revolution. ロシヤ皇帝とその一門は皆革命で殺された. **4 a** [集合的] 同時代の人々; 時代 (period, age): the rising [coming, young] ~ (ある特定の時代の)青年(層) / the growing ~ 青少年(層) / the present ~ 現代(の人々) / the last ~ 前代 / the future ~*s* 後世, 後代 / the war ~ 戦争の世代,「戦中派」. **b** 同時代の信仰・態度・行動などを共にする人々, …族, 世代: ⇨ beat generation, lost generation. **c** 同時代に同じ社会的地位を持つ人々. **5** 一代, 一世代《子が親になり, またはその子が生まれるまでの平均期間; 約30年または1/3世紀》: a ~ ago 30年ばかり前, 一代前 / for ~*s* 数代にわたって. **6** (同時代の物・商品などで, 同じひな型から作られたり, 多くの共通の類似点を持つ)型, タイプ, 種類. **7** (物理的・化学的な)発生, 生成 (production); (特に)発電: the ~ *of* heat, steam, gas, electricity, etc. **8** (感情などの)発生, 誘発, 醸成 (development): the ~ *of* ill feeling, hatred, etc. **9**〘生物〙世代, 発生: the ~ of bacteria バクテリアの発生 / equivocal [spontaneous] ~ =abiogenesis / sexual [asexual] ~ 有性[無性]世代. **10**〘数学〙(他の図形の運動による幾何学的図形の)生成: the ~ of a line by a point.

generation of vipers〘聖書〙蝮(まむし)の裔(すえ), 偽善者 (cf. *Matt.* 3:7; 12:34; 23:33). ***wise in one's generation*** 世才がある, 世故にたけて, 利口で, 賢い (cf. *Luke* 16:8).

gèn·er·á·tion·al [-ʃənḷ, -ʃnəl] *adj.*

generátion gàp *n.* 世代間の断絶[ずれ, ギャップ].

gen·er·a·tive [dʒénərèɪṭɪv, -n(ə)rəṭ- | -n(ə)rətɪv, -nərèɪt-]〘《a1398》□ (O)F *génératif* // LL *generātīvus* ← L *generātus*: ⇨ generate, -ive〙 ── *adj.* **1** 発生の, 産出の, 発生上の; 生殖の (procreative): a ~ cell〘生物〙生殖細胞 / the ~ organs 生殖器. **2** 発生力[産出力]のある, 原動の (originating): ~ force [power] 発生力, 原動力, 生殖力. **3**〘言語〙生成的な, 生成力をもつ. **~·ly** *adv.*

génerative grámmar *n.*〘言語〙 **1** 生成文法《文法を, 文法的な文をすべて生成し, かつ非文法的な文を生成しないような一組の有限な規則の体系と考える文法(理論); 提唱者 N. Chomsky によれば, 文法はすべて生成文法でなければならない》. **2** =transformational grammar.

génerative núcleus *n.*〘植物〙雄原核, 生殖核《種子植物の花粉内に形成される生殖細胞》.

génerative semántics *n.*〘言語〙生成意味論《変形生成文法における深層構造は意味構造であり, 統語論と意味論は同一であって区別されるべきではないとする理論; cf. interpretive theory》.

génerative-transformátional grámmar *n.*〘言語〙生成変形文法 (⇨ transformational-generative grammar).

gén·er·à·ti·vist [-vɪst, -vəst | -vɪst] *n.* 生成文法家, 生成文法論者.

gén·er·à·tor [-ṭə | -tə(r)]〘《1646》□ L *generātor*: ⇨ generate, -or²〙 ── *n.* **1** 発生させる人[物] (originator). **2**〘電気〙(通例電磁感応による)発電機 (dynamo): an A.C. ~ 交流発電機 (alternator) / a D.C. ~ 直流発電機 / a welding ~ 溶接用発電機 / a signal ~ (電気)信号発生器. **3**〘化学〙ガス〘蒸気〙発生器. **4**〘数学〙 **a** 生成元《集合の他のすべての要素をつくり出すことのできる幾つかの要素》. **b** =generatrix.

gen·er·a·trix [dʒènəréɪtrɪks, ─ ─ ─ | ─ ─ ─ ─]〘□ L *generātrix*: ⇨ generate, -trix〙 ── *n.* (*pl.* **-a·tri·ces** [dʒènəréɪtrəsìːz, -n(ə)rətráɪsìːz | dʒénərèɪtrɪsìːz])〘数学〙母量《線・面・立体を作り出す母点・母線・母面; cf. generate *vt.* 4 a》.

ge·ner·ic [dʒənérɪk | dʒɪ-, dʒə-, dʒe-]〘《1676》□ F *générique* ← L *gener-* 'GENUS': ⇨ -ic¹〙 ── *adj.* **1**〘生物〙属 (genus) の, 属に特有な (cf. specific 3, varietal 1): a ~ character 属特有の性質 / a ~ description 属の特性記載 / a ~ difference 属差 / a ~ name [term] 属名. **2** 広く通じる, 一般的な, 包括的な (cf. specific 1). **3**〘文法〙同類の全体を表わす; 総称的な: the ~ singular 総称的単数《例: The dog is a faithful animal. の dog》/ the ~ person 総称的人称《普通の人称を超越してすべての人称に通じる we, you, they, one など》. **4** 商標登録による保護を受けてない; 一般名称の. **5** 〈ぶどう酒が〉産地名で呼ばれる (cf. varietal 2). ── *n.*〘薬学〙一般名《同一成分の医薬品が種々の商品名で販売されている場合, 共通の名称として定めるもの》. **~·ness** *n.*

ge·nér·i·cal [-rɪkəl, -rə- | -rɪ-] *adj.*《古》=generic.

ge·nér·i·cal·ly *adv.* 属に関して, 属的に; 総称的に.

gen·er·os·i·ty [dʒènərɑ́səṭi, -sti | dʒènərɔ́sətɪ, -sɪ-]〘《?a1425》□ L *generōsitāt-em* ← *generōsus* (↓)〙 ── *n.* **1** 寛大, 寛容, (高潔な)雅量. **2** 物惜しみしないこと, 気前のよさ. **3** [通例 *pl.*] 寛大な[気前のよい, 義侠(ぎきょう)的な]行為. **4** 豊富, 多量, 多大, たっぷり; 大きいこと: a ~ of hips. **5**《古》高貴な生れ; 高貴.

gen·er·ous [dʒén(ə)rəs]〘《1588》← L *generōs-us* of noble birth (← *gener-* 'GENUS') + -OUS〙 ── *adj.* **1** 寛大な, 寛容な, 度量の大きい, 雅量のある, 高潔な (gracious, noble-minded); 思いやりのある (kindly): a ~ spirit, nature, etc. / be ~ *in* one's judgment of others 人の見方が寛大である. **2** 物惜しみしない, 気前のよい, 金離れのよい (liberal) 〔*to, toward*〕: a ~ giver, contributor, etc. / a ~ gift 惜し気なく与えられた贈与物 / be ~ *with* one's money 金離れがよい. **3** たくさんの, 豊富な (abundant); たっぷりの, 十分な (ample): a ~ table [fare] 豊富な食卓[食事] / of ~ size [amount] 十分大きい[多量の]. **4** 〈土地が〉豊かな, 肥えた (fertile). **5** 〈酒が〉濃厚な, こくのある; 馥郁(ふくいく)とした, 芳香を放つ. **6**《古》高貴な生れの: the ~ islanders この島の偉い方々 (cf. Shak., *Othello* 3. 3. 280). **~·ness** *n.*

gén·er·ous·ly *adv.* **1** 寛大に; 高潔に. **2** 惜しみなく, 気前よく. **3** おびただしく, どっさり.

geneses *n.* genesis の複数形.

-ge·ne·si·a [dʒɪníːʒiə, dʒə-, -ʒə | -zɪə, -zjə, -ʒɪə, -ʒə]〘← NL ~: ⇨ ↓, -ia¹〙(*pl.* **-si·ae** [-ʒiː | -ziː, -ʒiː])「発生; 形成」の意の名詞連結形: paragenesia.

gen·e·sis [dʒénəsɪs, -səs | -nɪsɪs, -nə-]〘lateOE ~ □ L ~ □ Gk *génesis* origin ← IE *gen- to give birth (Gk *genetḗ* birth, *genetḗr* father)〙 ── *n.* (*pl.* **-e·ses** [-sìːz]) **1** [通例 the ~] 起源, 起り, 発生, 創始, 発生の様式[由来], 来歴: *the* ~ of a book 書物の由来. **2** [G-] (旧約聖書の)創世記《モーセ五書 (Pentateuch) の第四書; 略 Gen.》.

-gen·e·sis [dʒénəsɪs, -səs | -nɪsɪs, -nə-]〘↑〙「発生, 創始 (genesis)」の意の名詞連結形: abio*genesis*, bio*genesis*, partheno*genesis*.

gen·et^{1} [dʒénɪt, -nət]〘《1418》□ OF *genete* (F *genette*) □ Sp. *gineta* □ Arab. *járnaiṭ*〙 ── *n.*〘動物〙ジェネット《ヨーロッパ南西部・アフリカ産のジャコウネコ科ジェネット属 (*Genetta*) の動物の総称; ヨーロッパジェネット (*G. genetta*) など体・尾は細長く, 灰色に褐色の斑紋がある》.

genet¹ (*G. genetta*)

gen·et^{2} [dʒénɪt, -nət] *n.* =jennet.

Ge·net [ʒənéɪ; *F.* ʒənɛ], **Jean** *n.* ジュネ《1910– ; フランスの劇作家・小説家・詩人; *Journal du voleur*「泥棒日記」(1948)》.

Ge·nêt [ʒənéɪ; *F.* ʒənɛ], **Edmond Charles Édouard** *n.* ジュネ《1763–1834; フランスの外交官; 初代の駐米公使; 1793年以後米国に住む; 通称 Citizen Genêt》.

ge·neth·li·ac [dʒɪnéθliæ̀k, dʒə- | dʒɪnéθlɪ-, dʒe-, dʒə-]〘□ LL *genethliac-us* □ Gk *genethliakós* ← *genéthlē* birth: ⇨ -ac: cf. genesis〙 ── *adj.*〘占星〙誕生(日)に関する, 誕生時の星相に関する.

ge·neth·li·al·o·gy [dʒɪnèθliǽlədʒi, dʒə-, -liɑ́l- | dʒɪnèθlɪǽlədʒɪ, dʒe-, dʒə-]〘□ L *genethlialogia*: ⇨ ↑, -logy〙 *n.*〘占星〙誕生時の星相を考察する学問.

ge·net·ic [dʒɪnéṭɪk, dʒə- | dʒɪnét-, dʒe-, dʒə-]〘《1831》← GENESIS: *antithetic* などからの類推による造語〙 ── *adj.* **1** 遺伝学 (genetics) の. **2** 発生の, 起源の[に関する]; 発生論的な. **3** 遺伝子[ゲン] (gene) の, 遺伝子によって生じた. **ge·nét·i·cal** *adj.* **ge·nét·i·cal·ly** *adv.*

-ge·net·ic [dʒɪnéṭɪk, dʒə- | dʒɪnét-, dʒe-, dʒə-]〘↑〙 ── **1** -genesis に終わる名詞に対応する形容詞連結形: partheno*genetic*. **2** =-genous: psycho*genetic*, spermato*genetic*.

genétic códe *n.*〘生物〙遺伝情報, 遺伝暗号《遺伝子の本体である DNA 中の塩基配列の順序によって指示される情報; これに基き特定の蛋白質が作られる》.

genétic dríft *n.*〘生物〙遺伝子[遺伝的]浮動《集団における遺伝子構成の変動》.

genétic engineér *n.* 遺伝子工学者.

genétic engineéring *n.* 遺伝子工学.

genétic fállacy *n.*〘論理〙発生論的虚偽[誤謬]《発生的方法や説明を, 不適切な仕方で, また適応不可能な状況で用いることから生じる誤謬》.

ge·nét·i·cist [-ṭəsɪst, -səst | -tɪsɪst] *n.* 遺伝学者.

genétic lóad *n.*〘生物〙遺伝(的)荷重《個体あるいは集団の遺伝子中に含まれる致死遺伝子や有害遺伝子によって生じる死や異常の割合》.

genétic máp *n.*〘生物〙=map 4.

genétic márker *n.*〘生物〙遺伝学的マーカー《遺伝子解析に用いる位置や効果がはっきりわかっている遺伝子; これを目印にして, 他の遺伝子の配列などを決める》.

genétic méthod *n.* [the ~] 発生論的方法《物事[出来事]をその起源・発達の点から説明・評価すること》.

genétic psychólogy *n.*〘心理〙発達心理学《新生児から成人までの心理的な発達を研究する領域》.

ge·net·ics [dʒɪnéṭɪks, dʒə- | dʒɪnét-, dʒe-, dʒə-] *n.* **1 a** 遺伝学. **b** 遺伝学書[教科書, 論文]. **2** 遺伝子の特質, 遺伝現象. **3** =genesis 1.

genétic súrgery *n.*〘外科〙遺伝外科.

ge·nette [dʒɪnét, dʒə- | dʒɪnét] *n.*〘動物〙=genet¹.

ge·ne·va [dʒɪníːvə, dʒə-]〘《1706》□ Du.《廃》*genever* (Du. *jenever*) □ OF *genevre* (F *genièvre*) < L *jūniperum* 'JUNIPER'〙 ── *n.* ジェネバ, オランダジン (Hollands)《オランダ製のジン; cf. gin² 1 a》.

Ge·ne·va^{1} [dʒɪníːvə, dʒə-]〘← ? Celt.〙 ── *n.* **1** ジュネーブ《スイス南西部 Geneva 湖に臨む都市; 国際赤十字社, ILO, WHO などの本部があり, また国際連盟の本部があった (1920–46); 人口 156,000; フランス語名 Genève》. **2** ジューネーブ(県)《スイス南西部の県; 人口 332,000, 面積 282 km², 首都 Geneva》.

Ge·ne·va^{2} [dʒɪníːvə, dʒə-]〘⇨ Guinevere〙 *n.* 女性名.

Geneva, Lake *n.* ジュネーブ湖《スイスとフランスの国境にある湖; 長さ 72 km, 面積 581 km²; Lake Leman ともいう》.

Genéva bánds *n. pl.* ジュネーブバンド《首の前に垂れる幅の狭い白紗(しゃ)の2本の飾りひも; もとスイスのカルヴァン派の牧師が用いた; Geneva tabs ともいう》.

Genéva Bíble *n.* [the ~] ジュネーブ聖書《1557–60年 Geneva に亡命中のピューリタンの学者・聖職者によって翻訳・出版された英訳聖書; 小型で読み易く編集されていたので好評を得た; 俗に Breeches Bible ともいう》.

Genéva Convéntion *n.* [the ~] ジュネーブ条約《1864年から数度にわたってジュネーブに開かれた国際的会議で戦時中の傷病兵・捕虜などの取扱いを協定した諸条約》.

Genéva cróss〘*Geneva Convention* によって定められたことから〙 *n.* 赤十字 (⇨ Red Cross 4).

Genéva gòwn〘*Geneva* のカルヴァン派の牧師が用いたことから〙 ── *n.*〘教会〙ジュネーブガウン《プロテスタントの牧師の用いる広袖黒色の説教用長衣; もとカルビン派の牧師が着たもの》.

Genéva mòvement [mòtion] *n.*〘機械〙ジュネーブ機構《動輪のピンがこれとかみ合う歯車に間欠

的な動きを与えるようになっている機構; 時計・映写機などに用いられる》.

Ge·ne·van [dʒɪníːvən, dʒə-] *adj.* **1** ジュネーブ (Geneva) の. **2** カルヴァン派の (Calvinistic): ~ theology ジェネバ派[カルヴァン派]神学. — *n.* **1** ジュネーブ人. **2** カルヴァン派の信者 (Calvinist).

Genéva nómenclature *n.* [the ~]〘化学〙=Geneva system.

Genéva stóp *n.* **1**〘時計〙ゼネバ式巻き止め装置《ぜんまいの巻きすぎ防止, ぜんまいのトルク安定部分の利用等の目的で香箱 (barrel) に設けられるストッパー機構; Maltese cross ともいう》. **2**〘機械〙= Maltese cross 3.

Genéva sỳstem 〖← *Geneva*[1] (この命名法を定めた会議の開催地)〗 — *n.* [the ~]〘化学〙ジェネバ命名法《1892 年に定められた有機化合物命名法; 後に現在の IUPAC 命名法に発展した》.

Genéva tábs *n. pl.* =Geneva bands.

Ge·nève [*F.* ʒənɛːv] *n.* ジュネーブ《Geneva のフランス語名》.

Gen·e·vese [dʒènəvíːz, -víːs | -víːz] *adj.*, *n.* (*pl.* ~) =Genevan.

Gen·e·vieve [dʒénəvìːv | dʒènɪvíːv, -nə-, ⌐—⌐] 〖□ F *Geneviève* □ LL *Genovefa* ← ? Celt.〗 *n.* 女性名.

Gene·viève [dʒénəvìːv | ʒènvɪéɪv; *F.* ʒənvjɛːv], Saint *n.* ジュヌビエーブ《422?–512; フランスの修道女; Attila 来襲の時 Paris 市民の苦難を救った; それ以来同市の守護聖人》.

Ge·nev·ra [dʒənévrə | dʒɪ-, dʒe-, dʒə-] 〖⇒ Guinevere〗 *n.* 女性名.

Gen·ghis Khan [dʒéŋgɪs káːn, géŋ-, -gəs- | dʒéŋgɪs-, -gɪz-] *n.* ジンギスカン(成吉思汗), チンギスハーン《1162–1227; モンゴル帝国の始祖; アジアの大部分とヨーロッパ東部を征服した》.

Ge·ni·a [dʒíːniə, -njə | -njə, -nɪə] 〖⇒ Eugenia〗 *n.* 女性名.

ge·nial[1] [dʒíːnjəl, -niəl | -njəl, -nɪəl] 〖《1566》□ L *geniālis* festive, jovial, 《原義》of generation or marriage ← *genius* tutelary spirit: ⇒ genius, -al[1]〗 — *adj.* **1** 親切な, 懇切な, 温情のある; 愛想のよい, 優しい, 温和な: a ~ disposition, nature, manner, etc. / a ~ smile. **2** 〈気候・空気など〉温暖な, 快適な: a ~ climate / ~ sunshine. **3** 《まれ》天才の, 天才的な. **4** 《詩・古》生殖の; 婚姻の. **~·ly** *adv.* **~·ness** *n.*

ge·ni·al[2] [dʒɪnáɪəl, dʒə- | dʒɪ-] 〖← Gk *géneion* chin + -AL[1]: cf. Gk *génus* lower jaw〗 *adj.* 〘解剖・動物〙あご (chin) の.

ge·ni·al·i·ty [dʒìːniǽləṭi | -nɪǽlətɪ, -lɪ-] *n.* **1** 親切, 懇切, 温情, 愛想のよさ. **2** 温和, 温暖, 快適.

ge·nial·ize [dʒíːnjəlàɪz, -niə- | -njə-, -nɪə-] *vt.* 温和にする; 温情的にする.

ge·ni·an [dʒíːniən, -njən | -njən, -nɪən] *adj.* 〘解剖・動物〙=genial[2].

gen·ic [dʒíːnɪk, dʒén-] 〖← GENO-[2] + -IC[1]〗 *adj.* 〘生物〙遺伝子の[に関する, に似た, に起因する]. **gén·i·cal·ly** *adv.*

-gen·ic [dʒénɪk] 〖← -GEN, -GENY + -IC[1]〗 次の意味を表わす形容詞連結形: **1** =-genous: patho*genic*, iatro*genic*. **2** 「…によく適した」: photo*genic*.

génic bálance *n.* 〘生物〙遺伝子平衡《生物の個体の機能が安定し, 調和しているためには, 個体がもつ遺伝子系が平衡を保つ必要があるという遺伝子平衡説の基礎となる考え》: the ~ theory 遺伝子平衡説.

ge·nic·u·late [dʒɪníkjulət, dʒə-, -lɪt, -lèɪt] 〖□ L *geniculātus* knotted ← *geniculum* small knee, knot on stalk of plant (dim.) ← *genū* 'KNEE': ⇒ -cule, -ate[2]〗 — *adj.* 〘動物〙 **1** 膝(ひ)状関節のある. **2** 膝(ひ)状に曲がった.

genículate bòdy *n.* 〘解剖〙膝(ひ)状体《脳の一部》.

ge·nic·u·lat·ed [dʒɪníkjulèɪṭɪd, dʒə-, -ṭəd | -tɪd, -təd] *adj.* 〘動物〙=geniculate.

ge·nic·u·la·tion [dʒɪnìkjuléɪʃən, dʒə-] *n.* 〘解剖・動物〙膝(ひ)状彎曲(形成, 部).

ge·nie [dʒíːni, dʒéni | dʒíːnɪ] 〖《1655》□ F *génie* □ L *genius* tutelary deity: ⇒ genius: cf. jinn〗 *n.* (*pl.* **~s**, **ge·ni·i** [-niàɪ | -nɪ-]) 〘イスラム伝説〙=jinn.

genii *n.* genius または genie の複数形.

-gen·in [dʒénɪn, ⌐dʒənɪn, -nən, -nìːn | dʒénɪn, ⌐dʒɪnɪn, -nìːn] 〖← -GEN + -IN[1]〗 —〘化学〙「アルカロイドが配糖体をつくっている時のもとのアルカロイド」の意の名詞連結形: sali*genin*.

ge·ni·o- [dʒɪnáɪo(ʊ), dʒə- | dʒɪnáɪə(ʊ)] 〖□ Gk *geneio-* ← *géneion* chin: ⇒ genial[2]〗 「あご (chin); あごと…との」の意の連結形: *genio*plasty, *genio*glossal.

ge·nip [gənép, -níp] 〖□ Sp. *genipa* □ F ← Guarani〗 — *n.* 〘植物〙 **1** =genipap 1. **2 a** メリコッカノキ (*Melicocca bijuga*)《熱帯アメリカ産のムクロジ科の植物》. **b** メリコッカノキの果実《食用》.

gen·i·pap [dʒénəpæ̀p | -nɪ-] 〖□ Port. *genipapo* ← Tupi〗 — *n.* 〘植物〙 **1** チブサノキ (*Genipa americana*)《熱帯アメリカ産アカネ科の小高木》. **2** チブサノキの果実《オレンジ大で食用》.

ge·nis·ta [dʒɪnístə, dʒə- | dʒɪ-, dʒe-, dʒə-] 〖《1625》← NL ~ ← L ~ 'broom': cf. Jap. えにしだ □ Du. *genista* □ L〗 — *n.* 〘植物〙 **1** [G-] ヒトツバエニシダ属《マメ科の一属》. **2** =Canary broom.

genit. 《略》genitive.

gen·i·tal [dʒénəṭḷ | -nɪtḷ] 〖《a1382》□ (O)F *génital* // L *genitālis* ← *genitus* (p.p.) ← *gignere* to beget: ⇒ genus, -al[1]〗 — *adj.* **1** 生殖の; 性器[生殖器]の: a ~ gland 生殖腺 / the ~ organs 性器, (外部)生殖器. **2** 〘精神分析〙 **a** (Freud の幼児性欲論による第三期の)性器(愛)期の (cf. anal 2, oral 4). **b** (思春期の)性器(愛)期の. — *n.* [*pl.*] 性器, (外部)生殖器. **~·ly** *adv.*

génital glánders *n. pl.* [単数または複数扱い]〘獣医〙媾疫(こうえき) (⇒ dourine).

gen·i·ta·lia [dʒènətéɪljə, -liə | -nɪtéɪljə, -lɪə] 〖□ L *genitālia* (pl.): ⇒ genital, -ia[2]〗 — *n. pl.* 性器, (外部)生殖器 (genitals), 交尾器. **gen·i·tal·ic** [dʒènətǽlɪk, -téɪl- | -nɪ-] *adj.* **gèn·i·tá·li·al** [-liəl | -lɪəl, -ljəl] *adj.*

génital rídge *n.* 〘動物〙生殖隆起, 生殖堤《脊椎動物の体腔背壁から体腔中に突出する隆起》.

gen·i·ti·val [dʒènəṭáɪvəl | -nɪ-] *adj.* 〘文法〙属格 (genitive) に関係のある, 属格形をとる: a ~ adverb 属格形副詞《例えば always, needs など古い時代の英語では名詞の属格形が副詞として用いられた名残り》. **~·ly** *adv.*

gen·i·tive [dʒénəṭɪv | -nɪt-, -nət-] 〖《a1398》□ (O)F *génitif* // L *genitīvus* of generation ← *genitus*: ⇒ genital, -ive〗〘文法〙 — *adj.* **1** 属格の, 第二格の: the ~ case 属格, 第二格 (⇒ *n.*). **2** (語形変化は伴わないが)属格の関係を表わす, 属格の役割をはたす: a ~ phrase 属格相当句《例えば the legs of a table における of a table》. — *n.* 属格, 第二格《英語では主に所有を表わすから possessive case (所有格)と同義に用いられることもあるが, 常に所有を表わすとは限らず, それよりも広義》; 属格の語[語群]: the adverbial ~ 副詞的属格《副詞的に用いられた名詞の属格; afterwards, always, hence, needs, nowadays, once などにその跡が残っている》.

génitive ábsolute *n.* 〘文法〙(ギリシャ語の)絶対属格, 独立属格構文《文中で他の要素と文法的に関係せず孤立的に用いられた属格(句); 例: Gk *toútōn lekhthéntōn anéstēsan* 「これらのことが言われた後に彼らは立ち上った」; cf. ablative absolute》.

gen·i·to- [dʒénəṭo(ʊ) | -nɪtə(ʊ)] 〖← L *genitus* (p.p.): ⇒ genital〗「生殖器と…との」の意の連結形.

gen·i·tor [dʒénəṭə, -tɔ̀ə | -nɪtə(r, -tɔ̀ː(r)] 〖□ L ~ ∞ 《15C》 *genitour* □ (O)F *géniteur* □ L〗 *n.* (法律上の父親に対して)生みの父親.

gènito·úrinary *adj.* 〘解剖・生理〙尿性器の, 泌尿生殖器の.

gen·i·ture [dʒénəṭʃùə, -tʃə, -t(j)ùə | -nɪtjùə(r, -tʃə(r)] 〖《15C》□ L *genitūra* ← *genitus*: ⇒ genital, -ure〗 *n.* **1** 誕生, 出生. **2** 〘占星〙=nativity 4.

ge·nius [dʒíːnjəs, -niəs | -njəs, -nɪəs] 〖《1513》□ L ~ 'tutelary spirit, 《原義》male generative or creative principle' ← *gignere* to beget: cf. genus, genesis〗 — *n.* (*pl.* 1 b では **~·es**; 4–6 では **ge·ni·i** [-niàɪ | -nɪ-]) **1 a** 天才(的才能), 非凡な才能: a man of ~ 天才. **b** 天才(の人), 英才: a ~ *in* mathematics 数学の天才 / a ~ *at* characterization 性格表現の天才 / an infant ~ 神童. **2** [通例 a ~, one's ~] 生れつきの才, 天性, 素質, 適性: have *a* ~ *for* finance [making friends] 生れつき財政の才がある[友だちを作ることがうまい] / a task suited [repugnant] to *one's* ~ 人の天性に適した[合わない]仕事. **3 a** [通例 the ~] (人種・言語・制度などの)特質, 特性, 真髄; (時代・国民・社会などの)傾向, 精神, 風潮, 思潮: *the* ~ *of* the French people, the British constitution, Christianity, the English language, etc. / *the* ~ *of* modern civilization, the 18th century, etc. **b** (ある場所に付随する)気分, 感じ, 連想 (mood): the ~ *of* Boston / be influenced by the ~ *of* the place 土地の気風に感化される. **4** (土地・制度などの)守り神, 守護神. **5** (人の運命を左右すると想像されている)善玉, 悪玉; 他人(の性格・運命など)に強い影響を与える人: one's evil [good] ~ 身につきまとう悪魔[守り神], 悪い[よい]感化を与える人. **6** [通例 genii] 悪魔, 鬼神, 霊魔 (demon).

génius dó·mus [-dóʊməs | -dáʊ-] 〖□ L ~ '(tutelary) genius of home'〗 *n.* (*pl.* **genii d-**) 家の守護神.

génius fa·míl·i·ae [-fəmíliìː] 〖□ L ~ '(tutelary) genius of the family'〗 *n.* (*pl.* **genii f-**) 家庭の守護神.

génius ló·ci [-lóʊsaɪ, -kiː, -siː | -lə́ʊsaɪ, -lə́ʊkaɪ, lɔ́kiː] 〖□ L *genius loci* (tutelary) genius of the place: ⇒ genius, locus〗 — *n.* (*pl.* **genii l-**) **1** (土地の)守護神, 鎮守の神 (tutelary deity). **2** [通例 the ~] (土地の)雰囲気, 土地柄.

genl. 《略》general.

génned-úp [dʒénd-] 〖⇒ gen〗 *adj.* 《英俗》情報に通じた, よく知っている.

Gen·nes·a·ret [gɪnésərèt, gə-, -rɪt, -rət | gɪnézərɪt, ge-, -rət, -rèt], **the Lake of** *n.* 〘聖書〙ゲネサレ湖 (⇒ the Sea of GALILEE).

gen·o-[1] [dʒéno(ʊ) | -nə(ʊ)] 〖← Gk *génos* race: ⇒ kin〗 — 次の意味を表わす連結形: **1** 「人種」: *geno*cide. **2** 「性 (sex)」: *geno*phobia. **3** 「生成する (generating)」: *geno*blast. **4** 〘化学〙アルカロイドの窒素が酸化された化合物に用いる: *genom*orphine. ★ 母音の前では通例 gen- になる.

ge·no-[2] [dʒíːno(ʊ), dʒén- | -nə(ʊ)] 〖← GENE〗〘生物〙「遺伝子 (gene)」の意の連結形. ★ 母音の前では通例 gen- になる.

gen·o·a, G- [dʒénoʊə, dʒɪnóʊə, dʒə- | dʒénəʊə, dʒənə́ʊə] 〖↓〗 *n.* 〘海事〙=genoa jib.

Gen·o·a [dʒénoʊə, dʒɪnóʊə, dʒə- | dʒénəʊə, dʒənə́ʊə] *n.* ジェノバ《イタリア北西部, Genoa 湾に臨む港市; 人口 801,000; イタリア語名 Genova》.

Genoa, the Gulf of *n.* ジェノバ湾《Ligurian Sea 北部の湾》.

Génoa càke *n.* ジェノバケーキ《刻んだアーモンドを上にのせたフルーツケーキ》.

génoa jib, G- j- *n.* 〘海事〙ジェノア(ジブ)《競走用ヨット等に用いる大型のジブ; 単に genoa ともいう》.

gen·o·cide [dʒénəsàɪd | -nə(ʊ)-] 〖《1944》← GENO-[1] + -CIDE〗 — *n.* **1** (人種・国民などの計画的な)集団大虐殺, 民族皆殺し, ジェノサイド. **2** 集団殺戮(さつりく)計画[実行]者. **gen·o·ci·dal** [dʒènəsáɪdḷ | -nə(ʊ)-] *adj.*

Gen·o·ese [dʒènoʊíːz, -íːs | dʒènəʊíːz] 〖《1553》← *Genoa* + -ESE〗 *adj.* ジェノバ (Genoa) の; ジェノバ人の. — *n.* (*pl.* ~) ジェノバ人.

Génoese spónge *n.* バターをたっぷり用いるスポンジケーキの一種.

ge·nome [dʒíːnoʊm | -nəʊm] 〖← GENO-[2] + (CHROMOS)OME〗 — *n.* (*also* **ge·nom** [-nɑm | -nɔm]) 〘生物〙ゲノム《一つの細胞の中にある半数染色体 (haploid) とその中にある遺伝子 (gene) とを合わせていう; 従って卵と精子にはそれぞれゲノムは一つずつ, 受精卵と体細胞には二つ, 四倍体 (tetraploid) には四つある》. **ge·no·mic** [dʒiːnóʊmɪk, -nɑ́m- | -nə́ʊm-, -nɔ́m-] *adj.*

ge·no·ne·ma [dʒìːnəníːmə] 〖← GENO-[2] + Gk *nêma* thread〗 *n.* 〘生物〙=chromonema.

gè·no·spécies [dʒìːno(ʊ)-, dʒèn- | -nə(ʊ)-] *n.* 〘生物〙 **1** =pure line. **2** 遺伝種, 同遺伝種《同一遺伝子型の個体群がつくるグループ》.

ge·no·type [dʒíːnətàɪp, dʒén-] 〖← GENO-[1,2] + TYPE〗 — *n.* 〘生物〙 **1 a** 遺伝子型, 因子型《生物体に内在する遺伝子の構成; cf. phenotype》. **b** 共通の遺伝子型を持つ個体群. **2** 模式種(しゅ) (typical species)《属や亜属の基準として定められた種; ただし現行の動物命名規約では type species を用いる》. **3** 性型. **ge·no·typ·ic** [dʒìːnətípɪk, dʒèn-] *adj.* **gè·no·týp·i·cal** *adj.* **gè·no·týp·i·cal·ly** *adv.* **gè·no·ty·píc·i·ty** [dʒìːnətaɪpísəṭi, dʒèn- | -sətɪ, -sɪ-] *n.*

-gen·ous [⌐dʒənəs | -dʒɪ-] 〖← -GEN + -OUS〗 — -gen, -geny に終わる名詞に対応し, 「生じる, 発生する; …によって発生する」の意を表わす形容詞連結形: nitro*genous*, exo*genous*.

Ge·no·va [*It.* dʒɛ́ːnova] *n.* ジェノバ《Genoa のイタリア語名》.

Gen·o·vese [dʒènəvíːz, -víːs | -víːz] *adj.*, *n.* (*pl.* ~) =Genoese.

Gen·o·ve·va [dʒènəvíːvə] 〖⇒ Genevieve〗 *n.* 女性名.

genre [ʒɑ́ː(n)r(ə), ʒɑ́ː(ŋ)-, ʒɔ̃ː(n)-, ʒɑ́ːn-, ʒɔ̃(ː)n-; *F.* ʒɑ̃ːr] 〖《1816》□ F ~: ⇒ gender[1]〗 — *n.* (*pl.* **~s** [~z; *F.* ~]) **1** 部類, 種類 (kind). **2** (芸術作品の)類型, 形式, 様式, ジャンル. **3** 〘美術〙(宗教画・歴史画・肖像などと区別して)風俗画 (genre painting)《日常生活の一断面によって一定の階層(農民・市民・貴族など)を表現した絵》; (風俗画の)写実的画風. — *attrib. adj.* 〘美術〙日常生活を描いた; 風俗画の: a ~ picture [painting] 風俗画 / a ~ painter [style] 風俗画家[風].

gen·ro [génroʊ, ⌐—⌐ | génrəʊ, ⌐—⌐] 〖□ Jap.〗 *n. pl.* [しばしば G-] (日本の)元老.

gens [dʒénz, géns, génz | dʒénz] 〖《1847》□ L ~ 'clan, race': ⇒ gentile〗 — *n.* (*pl.* **gen·tes** [dʒéntiːz, génteɪs | dʒéntiːz]) **1** ゲンス《古代ローマの小家族集団; トリブス (tribe), クリア (curia) につぐ氏族制社会の最小単位》. **2** 〘人類学〙父系氏族集団.

gen·seng [dʒínsæŋ, dʒén-, -seŋ, -sɪŋ | dʒénseŋ] *n.* =ginseng.

Gen·ser·ic [génsərɪk, dʒén-] *n.* ゲンセリック, ガイセリック《390?–477; バンダル族 (the Vandals) の王 (427–477); 北アフリカを征服し, 455 年ローマを略奪した; Gaiseric ともいう》.

gent[1] [dʒént] 〖《1564》《略》← GENTLEMAN〗 — *n.* 《口語》 **1 a** 紳士; 紳士気取りの男. **b** [*pl.*] (店で)紳士, 男子. **c** 《米》男, やつ. **2** 《英》[the Gents('), the ~s('); 単数扱い] 男子用便所. ★《英》では戯言的以外には非標準的な語.

gent[2] [dʒént] 〖《c1250》□ OF ~ < VL **gentum* = L *genitus* (p.p.) ← *gignere* to beget〗 *adj.* **1** 《廃》生れのよい. **2** 《古》優美な, 上品な.

Gent., gent. 《略》gentleman, gentlemen.

gen·ta·mi·cin [dʒènṭəmáɪsṇ | -təmáɪsɪn] 〖《変形》← 《廃》gentamycin ← *genta-* (← ? *gentian violet*: それが生産される菌の色から) + -MYCIN〗 — *n.* 〘生化学〙ゲンタマイシン《糸状菌から採れる広範囲の病原菌に効く抗生物質》.

gen·teel [dʒentíːl | dʒen-, dʒən-] 〖《1599》□ F *gentil* 'well-bred, GENTLE': cf. gentile〗 — *adj.* **1 a** 上品な, 優雅な, 礼儀正しい; 身なりのよい. **b** 《古》上流社会の, 紳士階級の; 生れのよい, 育ちのよい. **2** 《皮肉》**a** お上品な, 気取った, 上品ぶった, 紳士ぶった: a ~ reader. **b** 目立たない, 月並みな.

do the genteel 気取る, 上品ぶる.

~·ly [-tíːlli, -tíːli | -tíːlli] *adv.* **~·ness** *n.*

gen·teel·ism [-lɪzm] 〖《1908》〗 *n.* 気取り, 上品語法《sweat の代りに perspire, read の代りに peruse を用いるなど》.

gentes *n.* gens の複数形.

gen·tian [dʒénʃən | -ʃɪən, -ʃən] 〖《1373》□ OF *genciane* □ L *gentiāna* ← *Gentius* (リンドウの薬性を発見したという Illyria の王の名): ⇒ -an[1]〗 — *n.* **1** 〘植物〙リンドウ《リンドウ属 (*Gentiana*) の植物の総称》. **2** 〘薬学〙ゲンチアナ, 竜胆《リンドウの一種 (*Gentiana lutea*) の根を干したもので, 苦味健胃剤・強壮剤用》.

Gen·ti·a·na·ce·ae [dʒènʃiənéɪsiìː, -ʃə- | -ʃɪə-, -ʃə-] 〖← NL ~: ⇒ ↑, -aceae〗 *n. pl.* 〘植物〙リンドウ科. **gèn·ti·a·ná·ceous** [-ʃəs] *adj.*

Gen·ti·a·na·les [dʒènʃiənéɪliːz, -ʃə- | -ʃɪə-, -ʃə-] 〖←

NL ～ ← L *gentiāna*: ⇨gentian, -ales〛 *n. pl.* 〖植物〗(双子葉植物)リンドウ目.

géntian-bítter *n.* 〖薬剤〗ゲンチアナ苦味剤《gentian の根からとった健胃剤・強壮剤》.

gen·ti·a·nel·la [dʒènʃiənélə, -ʃə- | -ʃɪə-, -ʃə-] 〚← NL ～ (dim.): ⇨gentian, -ella〛 ── *n.* 〖植物〗ヨーロッパ産リンドウ属のチシマリンドウ類の濃い藍色の花をつける高山植物 (*Gentiana acaulis*).

gen·ti·án·ic ácid [dʒènʃiǽnɪk- | -ʃɪ-] *n.* 〖化学〗＝gentisin.

géntian ròot *n.* 〖薬学〗＝gentian 2.

géntian víolet *n.* 〖薬学〗メチルバイオレット《紫色の染料ないし酸塩基指示薬; 米国薬局方の名称》.

gen·tile [dʒéntaɪl] 〚《?c1380》□ OF *gentil* // L *gentil-is* belonging to a people, national ← *gent-*, *gens* race ← *gignere* to beget: ⇨genus〛 ── *adj.* **1** [しばしば G-] (ユダヤ人から見て)異邦人の, 非ユダヤ人の; (ユダヤ人と区別して)キリスト教徒の. **2** [しばしば G-] (モルモン教徒から見て)非モルモン教徒の. **3** 異教(徒)の (pagan). **4** 〖文法〗〈名詞・形容詞など〉国民[民族, 国家]を示す: "German" and "French" are ～ adjectives. **5** 民族[部族, 氏族]の. ── *n.* **1** [しばしば G-] (ユダヤ人から見た)異邦人 (non-Jew); (特に)キリスト教徒: Jews and ～*s*. **2** [しばしば G-] (モルモン教徒から見た)非モルモン教徒 (non-Mormon). **3** 異教徒. **4** 〖文法〗国民[民族, 国家]を示す語.

Gen·ti·le da Fa·bri·a·no [dʒentíːliːdaːfɑːbriáːnoʊ | -lɪ-daː-fɑːbriáːnəʊ; *It.* dʒentíːledafàbriáːno] *n.* ジェンティーレ ダ ファブリアーノ《1370?–?1427; イタリアのウンブリア派の画家》.

gen·ti·lesse [dʒèntəlés, -tl̩- | -tɪl-] 〚《?a1300》□ (O)F ～: ⇨gentle, -ess²〛 *n.* 《古》(洗練された上品な振舞いに見られるような)育ちのよさ, 高貴な生れ.

gén·til·ìsm [-təlìzm, -tl̩- | -tɪl-, -tl̩-] *n.* 異教風, 異教 (paganism).

gen·ti·li·tial [dʒèntəlíʃəl | -tɪ-] 〚← L *gentilitius* (← *gentilis*: ⇨gentile)+-AL¹〛 ── *adj.* **1** 氏族[部族]の, 氏族固有の: a ～ insignia [name] 家紋[家名, 氏]. **2** 生れのよい (gentle).

gen·til·i·ty [dʒentíləṭi | dʒentílɪti, dʒən-, -lɪ-] 〚《1340》□ (O)F *gentilité*: ⇨gentle, -ity〛 ── *n.* **1 a** 上品, 優雅, 高尚; 身だしなみ. **b** 《皮肉》上流気取り, お上品ぶり: shabby ～ (貧を隠して紳士の体面を維持しようと努力する)さもしい上流気取り. **2** [the ～] 上流社会; [集合的]上流階級の人たち. **3** 《古》よい生れ, 紳士の身分.

gen·ti·sate [dʒéntəsèɪt | -tɪ-] 〚⇨↓, -ate¹〛 *n.* 〖化学〗ゲンチシン酸塩, ゲンチシン酸エステル《ナトリウム塩は解熱鎮痛剤》.

gen·tís·ic àcid [dʒentísɪk-, -zɪk-] 〚*gentisic*: ← GENTIS(IN)+-IC¹〛 *n.* 〖化学〗ゲンチシン酸 ($C_6H_3(OH)_2COOH$)《リンドウ (gentian) の根に存在する》.

gen·ti·sin [dʒéntəsɪn, -sən | -tɪsɪn] 〚← NL *Gentiana* (属名: ⇨gentian)+-*sin* (⇨pepsin)〛 ── *n.* 〖化学〗ゲンチシン ($C_{14}H_{10}O_5$)《リンドウ (gentian) の根から得られる黄色の結晶》.

gen·tle [dʒéntl̩ | -tl] 〚《?a1200》 *gentil* □ (O)F *gentil* of good family, noble < L *gentilem*: ⇨gentile〛 ── *adj.* (**gen·tler** [-tlə, -tl̩ə | -tlə(r)]; **-tlest** [-tlɪst, -tl̩-, -əst | -tl-]) **1 a** 生れのよい, 家柄のよい, 良家の; 身分のよい, 上流階級の; 〈生れ・家柄など〉よい, 立派な: ～ and simple [しばしば名詞的] 貴賤(きせん)上下(の) / a man of ～ blood [birth] (貴族ではないが)家柄のよい人. **b** 上品な, 洗練された, 教養のある; 紳士の[らしい]. **c** 〈人・言葉・行為など〉温和な, おとなしい, 優しい, 親切な; 落着いた, 慇懃(いんぎん)な, 上品な: a ～ nature [heart] おとなしい性質[優しい心] / ～ manners 上品な作法 / a ～ smile [glance] 優しいほほえみ[まなざし] / be ～ *with* children 子供たちに優しい / ⇨gentle sex. **2** 〈支配・処罰・批判など〉厳しくない, 寛大な, 情けのある, 穏やかな: a ～ reproof 穏やかな小言 / a ～ rule [sway] 情けのある支配 / by ～ means 平和的手段で / ～ reader(s) 寛大な読者(諸氏)よ《昔著者が緒言などの中で読者に呼掛けた言葉》. **3** 〈物の動き・動作・自然現象など〉穏やかな, 平穏な, 静かな; 〈坂・流れなど〉急でない, ゆるやかな: a ～ wind [rain] 静かな風[雨] / ～ heat [glow] ほんのりした温度[ほてり] / a ～ slope ゆるい坂 / a ～ blow [push] 軽い一打ち[一押し] / ⇨gentle breeze / a ～ touch on the shoulder 軽く肩にさわること. **4 a** 〈音など〉低い, 静かな: a ～ rustle in the grass 草の中に静かにかさかさいう音 / call in a ～ voice 静かな声で呼ぶ. **b** 〈薬・たばこなど〉強くない, きつくない, 軽い; 〈味・気分など〉品のいい, 柔かな: a ～ wine, nocturne, etc. **5** 〈動物が〉従順な, おとなしい, すなおな, 扱いやすい: a ～ horse. **6** 《古》礼儀正しい, 高潔な, 義俠(ぎきょう)心に富んだ: a ～ lady, knight, etc. **7** 《英方言》妖精の, 妖精のよく出る: a ～ place. ── *n.* **1** 《古》家柄のよい人, 紳士. **2** 〚← (adj.)《廃》'soft, yielding to pressure' の意から〛(魚釣の餌にする)うじ《アオバエ (bluebottle fly) の幼虫》. ── *vt.* **1 a** 〈荒馬などを〉慣らす. **b** 〈人を〉なだめる. **c** 静かに撫(な)でる; 愛撫(あいぶ)してなだめる. **2 a** 〈性格・行動を〉穏やかにする, 温和にする. **b** 〈動作・音などを〉静かにする, 柔かくする. **3** 《廃》貴族に列する. **～·ness** *n.*

géntle árt *n.* [the ～] ＝gentle craft.

géntle bréeze *n.* 〖気象〗軟風 (⇨wind scale).

géntle cráft 〚《a1593》: 戯言的用法から〛 *n.* [the ～] **1** 釣 (angling). **2** 忍耐 [《皮肉》力] を要する活動[仕事]. **3** 《廃》靴作り.

géntle·fòlk *n. pl.* 身分ある[良家の]人々.

géntle·fòlks *n. pl.* ＝gentlefolk.

géntle·hòod *n.* 家柄のよいこと.

géntle·man [-mən] 〚《?c1150》《部分訳》← OF *gentilz hom* (F *gentilhomme*): ⇨gentle, man¹〛 ── *n.* (*pl.* **-men** [-mən, -mèn]) **1 a** 生れのよい人, 良家の人; 立派な人, 教養のある人, 紳士; 有閑階級の人《教養のある人格の立派な人, 趣味が高尚で振舞いの上品な人, 身分が高く働かなくても生活のできる人; cf. lady》: a fine ～ 立派な紳士, ハイカラ紳士; 色男, しゃれ者 / play the ～ 紳士ぶる / ⇨country gentleman. **b** 《古》(収入があるので)働かなくてもいい人, 無職の人. **2** 〖英史〗郷紳(きょうしん), ジェントルマン《貴族ではないが家紋を付ける資格があり, knight の下, yeoman の上に位した身分の人; 身分を示すために氏名の後に Gent. と略して書添えることがある》. **3 a** [男性に対する敬語または呼掛けとして]紳士, 殿方, 男, (あの・この)方(かた) (cf. lady 8): *Gentlemen!* 紳士諸君 / Ladies and *gentlemen!* 皆さん. **b** [*pl.*; 会社あての手紙の冒頭の挨拶として]: *Gentlemen* 拝啓 (cf. sir 1 c). **c** 《軽蔑・戯言》: my ～ 例の男, 御当人, 奴さん. **4** [the ～] 男性議員《下院で議員に言及する時の言葉》: *the* ～ from New York. **5** 《英》[the Gentlemen('s), the gentlemen('s); 単数扱い] 男子用便所 (cf. gent¹ 2): *Gentlemen* 男子用《便所掲示》. **6** (国王・貴人に仕える)侍従, 従僕《gentleman in waiting ともいう》: ⇨gentleman's gentleman. **7** 《英古》(クリケットの)アマチュア競技者 (↔ player). **8** 《婉曲》密輸者.

a gentlemen at large 《戯言》無職の人. ***a gentleman of fortune*** 海賊; いかさま師; 冒険家. ***a gentleman of the press*** 新聞記者. ***a gentleman of the road*** (1) 追いはぎ. (2) 外交員. (3) ジプシー. (4) 《米》浮浪人, 乞食(こじき).

géntleman-at-árms *n.* (*pl.* **gentlemen-**) (英国の)儀仗(ぎじょう)の衛士《儀式のとき国王に侍する護衛で総員 40 名; 退役陸軍将校が任じられる; もと gentleman-pensioner といった》.

géntleman-cómmoner *n.* (*pl.* **gentlemen-commoners**) (もと Oxford, Cambridge 両大学で)特別自費生《普通の自費生 (commoner) より高い授業料を払う代りに, 学服・食堂のテーブルが他の者と別で, 講義出席も免除されるなどの特典を与えられた; cf. fellow-commoner》.

géntleman fármer *n.* (*pl.* **gentlemen farmers**) (主に趣味で)百姓をする(大)地主; (労働をせずに農場の収入で暮らす)農場経営者, 豪農 (cf. dirt farmer).

géntleman fríend *n.* (*pl.* **gentlemen friends**) ボーイフレンド, 恋人.

géntleman·hòod *n.* 紳士の身分[品格].

géntleman·lìke *adj.* 〈人・行為が〉紳士のような[らしい, にふさわしい], 紳士的な.

gén·tle·man·ly 〚《15C》〛 ── *adj.* 紳士らしい, 紳士的な, 礼儀正しい; 紳士にふさわしい. ── *adv.* 《まれ》紳士らしく[にふさわしく]. **gén·tle·man·li·ness** *n.*

géntleman-pénsioner *n.* (*pl.* **gentlemen-pensioners**) ⇨gentleman-at-arms.

géntleman-ránker *n.* (*pl.* **gentlemen-rankers**) 《英》紳士階級の出身ながら英軍の一兵卒として勤務する人; 《俗》もとは身分があって落ちぶれた兵士.

géntleman's agréement *n.* ＝gentlemen's agreement.

géntleman's géntleman *n.* (*pl.* **gentlemen's gentlemen**) 従僕 (valet) (cf. gentleman 6).

géntleman·shìp *n.* ＝gentlemanhood.

géntleman úsher 〚《15C》〛 *n.* (*pl.* **gentlemen ushers**) (英国王室の)案内係式部官 (cf. Black Rod 1).

géntlemen's agréement *n.* **1** 紳士協約[協定]《法的拘束力はないが相互の信義に基く非公式の国際協定または個人間の口約束など》. **2** (少数派などに対する差別的な)不文協定.

géntle séx *n.* [the ～] 女性 (women).

géntle·wòman 〚《?c1200》《部分訳》← OF *genti(l)femme*〛 ── *n.* **1** 《古》生れ[育ち]のよい婦人, 良家の婦人; 立派な婦人, 教養のある女性, 淑女. **2** (昔貴な婦人にかしずいた)侍女, 腰元. **3** [the ～] 女性議員《下院で女性議員に言及する時の言葉》: *the* ～ from New York. **～·like** *adj.* **～·ly** *adj.*

gent·ly [dʒéntli | -lɪ] 〚《?a1200》〛 ── *adv.* **1** 穏やかに, おとなしく, 優しく, 親切に (mildly); 静かに, ゆるやかに, 柔らかに, 徐々に (quietly, softly): *Gently!* (急がないで)ゆっくり **2** 生れよく, 紳士[淑女]として, 身分よく; 上品に: be ～ born [bred, reared] 生れ[育ち]がよい, 良家の生れである.

gen·too [dʒéntuː, ─ ́] 〚《1860》□ ? Port. *gentio* 《原義》GENTILE〛 *n.* (*pl.* **～s**) **1** 〖鳥類〗＝gentoo penguin. **2** [通例 G-] 《古》＝Hindu.

géntoo pénguin *n.* 〖鳥類〗ジェンツーペンギン (*Pygoscelis papua*)《亜南極地方の島にすむペンギンの一種; 単に gentoo ともいう》.

gen·try [dʒéntri | -trɪ] 〚《c1303》 *gentrie* 《変形》← *gentrise* gentle birth □ OF *genterise* 《変形》← *gentelise* nobility ← *gentil* 'GENTLE': ⇨-ry〛 ── *n.* **1** [通例 the ～; 集合的; 複数扱い]生れのよい人たち, 良家の人たち, 上流の人たち; 上流階級. **2** [the ～; 複数扱い] (英国の)郷士階級, ジェントリー: **a** 貴族 (nobility) の次に位する階級. **b** (特に, 大地主で)先祖の代から紋章を使用してきた家系の人たち. **3** [集合的; 複数扱い] 《軽蔑》(特定の社会の)連中 (people): these ～ このやから, こういう手合い / the light fingered ～ すり. **4** 紳士 (gentleman) の地位[身分]. **5** 《廃》育ちのよさ, 礼節: show us so much ～ and goodwill 礼節と好情を示す (cf. Shak., *Hamlet* 2. 2. 22). **6** [the ～; 集合的; 複数扱い] 《英方言》妖精たち (the fairies).

Gen·try [dʒéntri | -trɪ] 〚↑〛 *n.* 男性名.

ge·nu [dʒíːn(j)uː, dʒén-, génuː | dʒíːnjuː, dʒén-] 〚← NL *genū* ← L: cf. Gk *gónu* / Skt *jānu* knee〛 *n.* (*pl.* **gen·u·a** [dʒén(j)uə, génuə | dʒénjuə]) 〖解剖・動物〗 **1** 膝(ひざ) (knee). **2** (胼胝(べんち)体など, 膝のような)彎曲(部).

gen·u·al [dʒénjuəl | -njʊ-] *adj.*

gen·u·flect [dʒénjʊflèkt | -nju:-, -njʊ-] 〚《1630》□ LL *genūflect-ere* ← *genū* (↑)+*flectere* to bend〛 ── *vi.* **1** (特に, 礼拝のため)(片)膝(ひざ)をつく, ひざまずく. **2** 卑屈に追従する. **gén·u·flèc·tor** *n.*

gen·u·flec·tion [dʒènjʊflékʃən | -nju:-, -njʊ-] 〚《c1425》□ LL *genūflexiō(n-)* ← *genūflexus* (p.p.) ← *genūflectere*: ⇨↑, -ion〛 ── *n.* (*also* **gen·u·flex·ion** [～]) **1** (特に, 礼拝のため)(片)膝(ひざ)を折ること. **2** 卑屈な追従.

gen·u·ine [dʒénjuɪn, -njuən | -njuɪn] 〚《1596》□ L *genuīn-us* native, natural, authentic, 《原義》placed on the knee ← *genū* knee: 生れたばかりの赤ん坊を父親の膝(ひざ)の上に置くことが認知の方法であったという古代の習慣から: ⇨-ine¹〛 ── *adj.* **1** 〈物が〉真実の, 本物の, 真正の (cf. specious): a ～ Rubens 本物のルーベンス(作の絵) / the ～ signature 本人真筆の署名 / the ～ article 本物 / ～ worth 真価 / a ～ writing 真筆, 直筆. **2** 〈人・感情など〉誠実な, 偽りのない, 真心からの, 本当の: a ～ friend 誠実な[本当の]友人 / a ～ sceptic 全くの懐疑家 / ～ repentance 真実の悔悟. **3** 純種の, (血統の)純粋の: a bulldog of a ～ breed 純種のブルドッグ / a ～ Germanic people 純粋のゲルマン民族. **4** 〖医学〗真性の, 特発性の: ～ epilepsy 真性癲癇(てんかん). **～·ness** *n.*

gén·u·ine·ly *adv.* 純粋に; 紛れもなく; 誠実に, 真実に, 本当に.

gen·u·péc·tor·al posítion [dʒènjupéktə(r)əl-] 〚*genupectral*: ← GENU+PECTORAL〛 ── *n.* 〖医学〗胸膝(しつ)位, 膝胸位《胸と膝で体重を支える四つんばいに近い体位》.

ge·nus [dʒíːnəs | dʒíːn-, dʒén-] 〚《1551》□ L ～ 'descent, race, descendant, class': cog. Gk *génos*: cf. genius, kin〛 ── *n.* (*pl.* **gen·er·a** [dʒénərə], **～·es**) **1** 〖生物〗(動植物分類上の)属 (cf. classification 1 b): the ～ Homo [時に戯言的に] 人類. **2** 〖論理〗類, 類概念 (cf. species 2). **3** 種類, 部類, 類.

génu válgum [-vǽlgəm] 〚← NL ～〛 *n.* ＝knock-knee 1.

génu várum [-vé(ə)rəm | -véər-] 〚← NL ～〛 *n.* 〖病理〗＝bowleg.

-ge·ny [← dʒəni | -dʒɪnɪ] 〚← NL *-genia* ← Gk *-geneia* ← *-genēs* born, produced: ⇨-gen, -y¹〛 発生・起源などを表わす名詞連結形: progeny, phylogeny.

geo [dʒóʊ | gjə́ʊ] 〚← Scand.: cf. ON *gjā* chasm〛 *n.* (*pl.* **～s**) 《スコット》[しばしば地名に用いて] (Orkney Islands などの深く狭い)入江.

Geo. 《略》George; Georgia.

ge·o- [dʒíːoʊ | dʒíːəʊ, dʒɪə(ʊ)] 〚□ L ～ □ Gk *geō-* ← *gê* the earth〛「地球, 土地; 地理の, 地理と…との」の意の連結形. ★ 母音の前では通例 ge- になる.

gèo·ánticline *n.* 〖地質〗＝geanticline.

gèo·bótanist *n.* 地球植物学者, 地植物学者.

gèo·bótany *n.* 地球植物学, 地植物学. **gèo·botánic** *adj.* **gèo·botánical** *adj.* **gèo·botánically** *adv.*

ge·o·car·py [dʒíːo(ʊ)kɑ̀ːpi | dʒíː(ʊ)kɑ̀ːpɪ, dʒíə(ʊ)-] *n.* 〖植物〗地下結実《花は地上で咲くが, 受精後は地下に入って結実する現象》. **gèo·cárpic** *adj.*

ge·o·cen·tric [dʒìːo(ʊ)séntrɪk | dʒìːə(ʊ)-, dʒɪə(ʊ)-] *adj.* **1** 〖天文〗**a** 地心の, 地球を中心とした, 地球中心の (cf. heliocentric): the ～ theory 天動説. **b** 地球の中心から見た: the ～ zenith 地心天頂 (cf. astronomical zenith) / ⇨geocentric latitude, geocentric longitude. **2** 〖地理〗地球の中心からの[測定した] (cf. topocentric). **3** (物事の評価を)地球[地上の生活]を基準にして判断する. **gè·o·cén·tri·cal·ly** *adv.*

ge·o·cén·tri·cism [-sìzm] *n.* 地球中心説, 天動説.

geocéntric látitude *n.* 〖天文〗地心緯度《地球回転楕円(だえん)体の中心と観測地点とを結ぶ直線が赤道面に対して傾く角度》.

geocéntric lóngitude *n.* 〖天文〗地心経度《地球中心を原点とする地心座標における経度》.

geocéntric párallax *n.* 〖天文〗地心視差《地球上の観測地点と地球の中心とが天体で張る角; diurnal parallax ともいう》.

gèo·chémist *n.* 地球化学者.

gèo·chémistry 〚← GEO-+CHEMISTRY〛 ── *n.* **1** 地球化学《地球の化学的組成を研究する》. **2** 物質の化学的地学的性質. **gèo·chémical** *adj.* **gèo·chémically** *adv.*

gèo·chronólogist *n.* 地質年代学者.

gèo·chronólogy 〚← GEO-+CHRONOLOGY〛 *n.* 地質年代学. **gèo·chronológic** *adj.* **gèo·chronológical** *adj.* **geò·chronológically** *adv.*

gèo·chronómetry *n.* 地質年代測定(法). **gèo·chronométric** *adj.*

gèo·coróna *n.* 〖宇宙〗地球の超高層大気(水素やヘリウムなど)が太陽光の共鳴散乱で光っている状態《太

陽の回りのコロナにたとえたもの》.
geod. 《略》geodesy; geodetic.
ge·ode [dʒíːoud | dʒíːəud, dʒíəud] 〘⇨L *geōdēs* precious stone ⇨Gk *geṓdēs* earthy ← *gê* the earth: ⇨ -ode¹〙 ── *n.* **1** 〘地質〙晶洞(しょうどう) (druse) の一種《石灰質・粘土質岩中にできる中空球状体で, 内面に石英などの結晶が生じているもの》. **2** 晶洞様のもの.
ge·od·ic [dʒiːάdɪk | dʒiːɔ́d-, dʒɪ-] *adj.*
ge·o·des·ic [dʒìːədésɪk, -díːs-, -déz-, -díːz- | dʒìːə(ʊ)dés-, dʒìə(ʊ)-, -díːs-] 〘⇨F *géodésique*: ⇨ geodesy, -ic¹〙〘数学〙 ── *adj.* **1** 測地線の. **2** ＝geodetic 1. ── *n.* 測地線 (geodesic line)《ある空間において任意の二点を結ぶ最短曲線》. **gè·o·dés·i·cal** *adj.*
geodésic dóme *n.* 〘建築〙ジオデシックドーム, 測地線ドーム《立体的な格子の組合わせによって, 最少の直線部材で構成されるドーム》.
geodésic líne *n.* 〘数学〙＝geodesic.
ge·ód·e·sist [-sɪst, -səst | -sɪst] *n.* 測地学者.
ge·od·e·sy [dʒiάdəsi | dʒiːɔ́dɪsɪ, dʒɪɔ́d-, -də-] 〘(1570) ← NL *geodaesia* ← Gk *geōdaisía* art of mensuration ← GEO-＋*daisia* (← *daíein* to divide): ⇨ -y¹〙 ── *n.* **1** 〘数学〙測地学《地球の大きさや地表の数学的測定を扱う応用数学の部門; 限られた地面の測量 (surveying) と区別される》. **2** 〘測量〙＝geodetic survey.
ge·o·det·ic [dʒìːədéṭɪk, -díːt- | dʒìːə(ʊ)dét-, dʒìə(ʊ)-, -díːt-] *adj.* 〘数学〙 **1** 測地学の. **2** ＝geodesic 1. **gè·o·dét·i·cal** *adj.* **gè·o·dét·i·cal·ly** *adv.*
geodétic líne *n.* 〘数学〙地球表面上の測地線《具体的には大円弧》.
ge·o·det·ics [dʒìːədéṭɪks, -díːṭ- | dʒìːə(ʊ)dét-, dʒìə(ʊ)-, -díːt-] *n.* 〘数学・測量〙＝geodesy.
geodétic súrvey *n.* 〘測量〙測地学《地球の大きさや地表面上の点の位置などを地球の曲率や形状を考慮して定める学問; 限られた地面の局地測量 (plane surveying) に対比して大地測量学ともいう》.
geodétic surveýing *n.* 〘測量〙大地測量, 測地測量《地表面の曲率を考慮して行なう広い区域の測量; cf. plane surveying》.
Ge·o·dim·e·ter [dʒìːədímәṭɚ | dʒìːə(ʊ)dímɪtə(r, dʒìə(ʊ)-, -mə-] 〘← *geod(etic)*＋-METER¹〙 ── *n.* 〘商標〙ジオジメーター《光速度測定を原理とした距離測定用の電子装置の商品名》.
ge·o·duck [gúːidʌ̀k | gúːɪ-] 〘⇨Chinook *go-duck*〙 *n.* 〘貝類〙ナミガイ (*Panope generosa*)《米国で食用にする大型の二枚貝》.
gèo·dynámics 〘← GEO-＋DYNAMICS〙 *n.* 地球力学.
gèo·dynámic *adj.* **gèo·dynámical** *adj.*
gèo-económic *adj.* 地経済学の《自然科学としての地学の立場から, それにかかわる経済的事象を研究する学問にいう》.
Geoff [dʒéf] 〘(dim.) ↓〙 *n.* 男性名.
Geof·frey [dʒéfri | -rɪ] 〘ME *Geoffrey* ⇨(O)F *Geoffroi* ⇨OHG *Gaufrid* (← Gmc **ʒa-* district＋**friðu* peace) ∥ *Walahfrid* (← Gmc **wala-* traveler): cf. Godfrey〙 ── *n.* 男性名《愛称形 Geoff, Jeff; 異形 Jeffrey》.
Géoffrey of Mónmouth *n.* モンマスのジェフリー《1100?-54; 英国の聖職者・年代記編者; *Historia Britonum*「ブリトン史」》.
geog. 《略》geographer; geographic; geographical; geography.
Ge·o·glos·sa·ce·ae [dʒìːo(ʊ)glαséɪsiìː | -ə(ʊ)glɔs-] 〘← NL ← *Geoglossum* (← GEO-＋Gk *glôssa* tongue)＋-ACEAE〙 *n. pl.* 〘植物〙テングノメシガイ科.
ge·og·no·sy [dʒiάgnəsi | dʒɪɔ́gnəsɪ] *n.* 《古》鉱物・岩石・地層などについての記載的学問. **ge·og·nos·tic** [dʒìːagnάstɪk, -əg- | -ɔgnɔ́s-, -əg-] *adj.* **gè·og·nós·ti·cal** *adj.*
ge·og·ra·pher [dʒiάgrəfɚ | dʒɪɔ́grəfə(r] 〘(1542) ← LL *geōgraphus* (⇨ geo-, -graph)＋-ER¹〙 *n.* 地理学者.
ge·o·graph·ic [dʒìːəgrǽfɪk | dʒɪəgrǽfɪk, dʒìə(ʊ)-] 〘(1610) ⇨ LL *geōgraphic-us*: ⇨ geography, -ic¹〙 *adj.* ＝geographical.
ge·o·graph·i·cal [dʒìːəgrǽfɪkəl, -fə- | dʒɪəgrǽfɪ-, dʒìə(ʊ)-] 〘(1559)〙 ── *adj.* 地理学(上)の, 地理学に関する; 地理的な: ～ features 地勢 / ～ distribution (事物の)地理的分布. **～·ly** *adv.*
geográphical bótany *n.* 植物地理学 (phytogeography).
geográphical látitude *n.* 地理学的緯度《ある地点と地球の中心を結ぶ線と赤道面とのなす角》.
geográphical lóngitude *n.* 地理学的経度《地表のある地点の経度》.
geográphical médicine *n.* 地理医学《地理上・風土上の要因を医学的に論ずる学問》.
geográphical míle *n.* 地理マイル, 海里 (nautical mile)《もと赤道における経度 1 分の長さとして設定; 約 1,852 m; cf. mile 1》.
geográphical póint [position] *n.* 〘天文〙地理的位置《ある天体が天頂に見える地球上の点》.
geográphic detérminism *n.* 〘社会学〙地理的決定論《地理的条件が社会生活の決定要因であるとする学説》.
geográphic envíronment *n.* 〘社会学〙(人間を取りまく)地理的環境.
geográphic ráce *n.* 〘生物〙地理的品種《同一種の生物が地方によって形態的に差異のある場合にいう》.
geográphic ránge *n.* 〘海事〙 **1** 地理的視認距離. **2** 地理的光達距離《灯光が充分強い時地表面の彎曲と灯の高度ならびに観測者の眼高によって限定される最大光達距離; cf. luminous range》.
ge·og·ra·phy [dʒiάgrəfi | dʒɪɔ́grəfɪ, dʒɔ́g-] 〘(1542) ⇨F *géographie* ∥ L *geōgraphia* ⇨Gk *geōgraphía*: ⇨ geo-, -graphy〙 ── *n.* **1** 地理学: human [historical, political, economic] ～ 人文[歴史, 政治, 経済]地理学 / physical ～ 自然地理学, 地文学. **2** (通例地球の, 時には月・火星表面の)地勢, 地形, 地理: the ～ of Shikoku, Mars, the Arctic, etc. **3** 地理(学)書[教科書, 論文], 地誌. **4 a** (構成要素の)組織的配列, 配置 (configuration). **b** [the ～]《英口語》(建物などの)配置, 間取り, 間取り (arrangement);《婉曲》手洗, トイレ: Will you show me *the* ～ (of the house)? トイレはどちらですか. **5** 地名のみを使う一種の尻取あそび.
gèo·hydrólogy 〘← GEO-＋HYDROLOGY〙 *n.* 地下水学. **gèo·hydrológic** *adj.*
ge·oid [dʒíːɔɪd] 〘⇨G ～ ⇨Gk *geōidés* earthlike: ⇨ geo-, -oid〙 ── *n.* 〘地球物理〙ジオイド《表面を全部平均海面と見なした地球の形》; ジオイドの表面. **ge·oi·dal** [dʒiːɔ́ɪdl] *adj.*
geol. 《略》geologic; geological; geologist; geology.
ge·o·log·ic [dʒìːəlάdʒɪk | dʒɪə(ʊ)lɔ́dʒɪk] *adj.* ＝geological.
ge·o·log·i·cal [dʒìːəlάdʒɪkəl, -dʒə- | dʒə(ʊ)lɔ́dʒɪ-] *adj.* 地質学(上)の: a ～ epoch 地質年代 / a ～ map 地質図 / a ～ survey 地質調査. **～·ly** *adv.*
geológical áge *n.* 〘地質〙地質時代.
geológic tíme *n.* 〘地質〙地質学的時間, 地質年代.
ge·ól·o·gist [-dʒɪst, -dʒəst | -dʒɪst] 〘(1795)〙 *n.* 地質学者.
ge·ol·o·gize [dʒiάlədʒàɪz | dʒɪɔ́lə-] *vi.* 地質学を研究する; 地質調査をする. ── *vt.* 〈ある地方を〉地質学的に調査する.
ge·ol·o·gy [dʒiάlədʒi | dʒɪɔ́lədʒɪ] 〘(1735) ← NL *geōlogia*: ⇨ geo-, -logy〙 ── *n.* **1** 地質学: ⇨ economic geology, historical geology, structural geology. **2** (ある地方の)地質, 岩石(分布): the ～ of Okinawa. **3** 地質学書[論文]. **4** 月や惑星の物質の研究: lunar ～.
geom. 《略》geometer; geometric; geometrical; geometry.
gèo·magnétic *adj.* 地磁気の; 地球磁場の. **gèo·magnétically** *adv.*
geomagnétic fíeld *n.* 地球磁場.
geomagnétic stórm *n.* 〘地球物理〙＝magnetic storm.
gèo·mágnetism *n.* **1** 地磁気, 地球磁気. **2** 地球磁気学.
ge·o·man·cer [dʒíːəmæ̀nsɚ | -ə(ʊ)mæ̀nsə(r)] *n.* 土占い者.
ge·o·man·cy [dʒíːəmæ̀nsi | -ə(ʊ)mæ̀nsɪ] 〘(*a*1376) ⇨OF *geomancie* ⇨ ML *geōmantia* ⇨Gk *geōmanteía*: ⇨ geo-, -mancy〙 ── *n.* 土占い《一握りの土砂を地上に投げた時の形状や, 紙上のでたらめの点をつなぐ形状によって占う》. **ge·o·man·tic** [dʒìːəmǽnṭɪk | dʒìːə(ʊ)mǽnt-] *adj.*
gèo·médicine *n.* ＝geographical medicine.
ge·om·e·ter [dʒiάməṭɚ | dʒɪɔ́mɪtə(r, -mə-] 〘(15C) *gemeter* ⇨(O)F *géomètre* ∥ L *geōmetra*, *geōmetrēs* ⇨Gk *geōmétrēs* land measurer, geometer: ⇨ geo-, -meter¹〙 ── *n.* **1** 幾何学者. **2** 〘昆虫〙シャクトリムシ (looper)《シャクガ科に属するガの幼虫の総称》.
ge·o·met·ric [dʒìːəmétrɪk | dʒìə(ʊ)-] 〘(1630) ⇨L *geōmetric-us* ⇨Gk *geōmetrikós*: ⇨ ↑, -ic¹〙 ── *adj.* **1 a** 幾何学に関する, 幾何学(上)の, 幾何学的な. **b** 幾何[等比]数列的に増加する. **2** 〈建築・装飾・模様など〉幾何学的な: a ～ pattern (定規とコンパスで描いたような)幾何学的模様. **3** [G-]〘美術〙〈古代ギリシャの壺・小像が〉幾何学的な模様や形態を特色とする《紀元前 10 世紀から同 700 年頃の一様式》: *Geometric* pottery.
gè·o·mét·ri·cal *adj.* **gè·o·mét·ri·cal·ly** *adv.*
geométrical óptics *n.* 幾何光学《光を光線の集合として, 純粋に幾何学的な取扱いをする光学の一部門; cf. physical optics》.
geométrical páce *n.* 2 歩幅《約 5 フィート; 約 1.5 m》.
geométrical pítch *n.* 〘航空〙幾何学的ピッチ《プロペラ翼断面の翼弦線で定義されるもの》.
geométrical progréssion *n.* 〘数学〙＝geometric progression.
geométrical propórtion *n.* 〘数学〙等比比例.
geométrical stáirs *n. pl.* ＝geometric stairs.
geométrical trácery *n.* 〘建築〙(円あるいは三つ葉形の)基本的幾何図形で構成されるゴシック様式の窓飾り.
geométric áverage *n.* 〘数学〙＝geometric mean.
ge·o·me·tri·cian [dʒiὰmətríʃən, dʒìːə- | dʒɪə(ʊ)mə-, dʒɪɔ̀m-, -mɪ-] *n.* 幾何学者.
geométric isómerism *n.* 〘化学〙幾何異性《有機化学で二重結合に結合する置換基の配置によって生じる異性; cf. optical isomerism》.
geométric láthe *n.* 〘機械〙模様出し旋盤.
geométric méan *n.* 〘数学〙幾何平均, 相乗平均《*n* 個の数の相乗積の *n* 乗根; cf. arithmetic mean, harmonic mean》.
geométric progréssion *n.* 〘数学〙幾何数列, 等比数列 (cf. arithmetic progression).
geométric propórtion *n.* 〘数学〙＝geometrical proportion.
geométric rátio *n.* 〘数学〙公比《等比数列や等比級数の任意の項とその一つ前の項との比》.
geométric séries *n.* 〘数学〙幾何級数, 等比級数 (cf. arithmetic series).
geométric spíder 〘幾何図形のように規則正しい網を張ることから〙 *n.* 〘動物〙コガネグモ科のクモ類の総称.
geométric stáirs *n. pl.* 〘建築〙(親柱なしの)螺旋(らせん)階段.
ge·om·e·trid [dʒiάmətrɪd, dʒìːəmét-, -trəd | dʒɪɔ́mɪtrɪd] 〘↓〙〘昆虫〙 *adj.* シャクガ(科)の. ── *n.* シャクガ(シャクガ科の総称).
Ge·o·met·ri·dae [dʒìːəmétrədìː | -rɪ-] 〘← NL ～ ← L *geōmetra* 'GEOMETER'＋-IDAE〙 *n. pl.* 〘昆虫〙(鱗翅目)シャクガ科.
ge·om·e·trize [dʒiάmətràɪz | dʒɪɔ́mə-, dʒɔ́m-, -mɪ-] *vi.* 幾何学を研究する; 幾何学的原理[方法]で処理する. ── *vt.* **1** 幾何学的な図形にする. **2** …に幾何学の原理[法則]を応用する.
ge·om·e·try [dʒiάmətri | dʒɪɔ́mətrɪ, dʒɔ́m-, -mɪ-] 〘(*c*1330) *ge(o)metrie* ⇨(O)F *géométrie* ⇨L *geōmetria* ⇨Gk *geōmetría*: ⇨ geo-, -metry〙 ── *n.* **1** 幾何学: analytical ～ 解析幾何学 / (non-)Euclidean ～ (非)ユークリッド幾何学 / ⇨ descriptive geometry, plane geometry, solid geometry, spherical geometry. **2** 幾何学書[論文, 教科書]. **3** (外面・固体の)形状, 形態. **4** (機械部品などの)幾何学的配列, ジオメトリー.
gèo·mórphic *adj.* 地球[地球面]の形の[に関する]; 〈形が〉地球に似た.
gèo·morphólogist *n.* 地形学者.
gèo·morphólogy 〘← GEO-＋MORPHOLOGY〙 ── *n.* **1** 地形学. **2** 地形学書[論文]. **3** 地形学的特徴.
gèo·morphológic *adj.* **gèo·morphológical** *adj.* **gèo·morphológically** *adv.*
ge·o·my·id [dʒìːo(ʊ)máɪɪd, -máɪəd | dʒìːə(ʊ)máɪɪd, dʒìə(ʊ)-] 〘↓〙 *adj., n.* 〘動物〙ホリネズミ科の(動物).
Ge·o·my·i·dae [dʒìːo(ʊ)máɪədìː | dʒìːə(ʊ)máɪɪ-, dʒìə(ʊ)-] 〘← NL ～ ← *Geomys* (属名: ← GEO-＋Gk *mûs* mouse)＋-IDAE〙 *n. pl.* 〘動物〙ホリネズミ科.
gèo·navigátion *n.* 〘海事〙地文航法《地物観測をすることによって行なう航法を基礎とし, 船の針路・航程によって船位を推測する方法などを含む航法; cf. celestialnavigation》.
Geonim *n.* Gaon の複数形.
ge·óph·a·gist [-fədʒɪst, -dʒəst | -fɪdʒɪst] *n.* 土を食べる人間.
ge·oph·a·gy [dʒiάfədʒi | dʒɪɔ́fədʒɪ] *n.* 土を食べる習慣 (dirt-eating)《未開社会では鉱物性物質を補給するため広く行なわれている》.
ge·oph·i·lous [dʒiάfələs | dʒɪɔ́fɪ-] *adj.* 〘生物〙好地性の《地上や浅い土中にすむある種の動物または地中に結実する植物などにいう》.
Ge·o·phone [dʒíːəfòun | dʒíːə(ʊ)fəun, dʒíə(ʊ)-] *n.* 〘商標〙ジオホン《岩・土などを通ってくる震動を発見する高感度の地中聴音機》.
gèo·phýsical *adj.* 地球物理学(上)の. **～·ly** *adv.*
gèo·phýsicist *n.* 地球物理学者.
gèo·phýsics 〘← GEO-＋PHYSICS〙 *n.* 地球物理学.
ge·o·phyte [dʒíːəfàɪt | dʒíːə(ʊ)-] *n.* 〘植物〙土中植物, 地中植物, 地下植物《冬期地上部は枯死し, 地下部で生命を維持し続け翌春また地上に発育する植物; cf. chamaephyte, phanerophyte》.
gèo·polítical *adj.* 地政学の. **～·ly** *adv.*
gèo·politícian *n.* 地政学者.
gèo·pólitics 〘← GEO-＋POLITICS《なぞり》← G *Geopolitik* (スウェーデンの政治学者・地理学者 Rudolf Kjellén (1864-1922) の造語 (*c*1916))〙 ── *n.* **1** 地政学《国家の政治・外交問題を政治・経済地理学によって解明し, 政策立案に寄与する学問; ドイツではこれによってナチの侵略政策を正当化した; cf. Lebensraum 1》. **2** 一国[一地方]を特徴づける地理的・政治的要因. **3** 地政学による国政.
gèo·pól·i·tist [-pάləṭɪst, -ṭəst | -pɔ́lɪtɪst] *n.* ＝geopolitician.
ge·o·pon·ic [dʒìːəpάnɪk | dʒìːə(ʊ)pɔ́n-, dʒìə(ʊ)-] 〘⇨Gk *geōponik-ós* ← *geōpónos* husbandman ← GEO-＋*pónos* toil, labor: ⇨ -ic¹〙 *adj.* 《まれ》農耕の, 農業の.
ge·o·pon·ics [dʒìːəpάnɪks | dʒìːə(ʊ)pɔ́n-, dʒìə(ʊ)-] 〘⇨ ↑, -ics〙 *n.* 農耕術, 農業学.
gèo·poténtial *n.* 〘物理〙ジオポテンシャル《単位質量の物体を海面から地球の重力に抗してその高度にまで持ち上げるのに要する仕事量》.
geopoténtial áltitude *n.* 〘航空〙ジオポテンシャル高度《高度による地球重力の差を考慮した仮空の高さ; 高度 20,000 m 位までは実際の高さとほぼ一致》.
géo·pròbe *n.* 〘宇宙〙ジオプローブ《惑星間空間内に閉じ込められた磁気圏を含む地球周辺の宇宙空間の探測器》.
ge·o·ram·a [dʒìːərǽmə, -rάːmə | dʒìːə(ʊ)rάːmə, dʒìə(ʊ)-] 〘⇨F *géorama* ← GEO-＋(PANO)RAMA〙 ── *n.* ジオラマ《大円球の内側面に自然界の景色を描いて中心部から眺めるように仕組んだ一種のパノラマ》.
Geor·die¹ [dʒɔ́ədi | dʒɔ́ːdɪ] 〘↓〙 ── *n.* **1** 《スコット・北英》 **a** (Tyne 川流域出身の[で働く]) 炭坑夫 (pitman); Tyne 川流域に住む人. **b** (Tyne 川の)石炭船 (collier): a ～ skipper 石炭船の船長. **2** 《スコット・北英》(George Stephenson の考案した炭坑夫用の)安全灯. **3** 《スコット・北英》ジョーディー《(昔の) 1 シリング (white Geordie), 1 ギニー (yellow Geordie)》. **4** 《豪口語》スコットランド人.
Geor·die² [dʒɔ́ədi | dʒɔ́ːdɪ] 〘(dim.) ← GEORGE¹〙 *n.* 男性名. ★ イングランド北部とスコットランドに多い.
Ge·org [geɪɔ́ək, ∸– | geɪɔ́ːk, ∸–; G. geɔ́rk, géːɔrk, *Dan.* géːɔrɣ, *Swed.* jéːɔrj] 〘⇨G & Du. ～ 'GEORGE¹'〙 *n.* 男性名.
George¹ [dʒɔ́ədʒ | dʒɔ́ːdʒ] 〘ME ⇨(O)F *George(s)* ⇨

LL *Geōrgius* ⊏ Gk *Geṓrgios* ← *geōrgós* farmer, worker of the soil ← GEO-+*érgon* to work』 n. 男性名.

George² [dʒɔ́ədʒ | dʒɔ́ːdʒ] *n.* **1** (英国のガーター勲章の)ジョージ像《St. George の竜退治の宝石像》. **2** St. George 像のある貨幣《半クラウンまたは1ギニー金貨 (yellow-George)》. **3** =brown George. **4** 《英俗》 **a** (主に空軍で) [未知の人(特に飛行士)への親しみの呼び掛け] ねえ[おい]君. **b** (飛行機の)自動操縦装置. **5** 《米俗》黒人; (ホテルなどの黒人の)ボーイ.
by George 本当に, 全く, まあ《軽い驚き・誓い・決意・賛成などの意を表わす; George は St. George の意》.
let George do it [通例命令文で]《口語》(いやな仕事を)だれかほかの者にやらせる[引き受けさせる].

George, Saint *n.* ゲオルギウス, ジョージ《270?-?303; イングランドの守護聖人, 七守護聖人 (Seven Champions of Christendom) の一人; 小アジアの王族の出で Diocletian 帝の時代に殉教した伝説的勇士; Cappadocia で竜を退治し, 同国をキリスト教に改宗させたとの伝説から, 騎馬で竜と戦う姿に描かれる; 祝日4月23日》.

George, David Lloyd *n.* ⇨ Lloyd George.

George, Henry *n.* (1839-97) 米国の経済学者で土地のみに税を課する単一課税論者; *Progress and Poverty* (1879).

George [dʒɔ́ədʒ | dʒɔ́ːdʒ], **Lake** *n.* ジョージ湖《米国 New York 州東部の湖; 長さ 53 km, 幅 1.6-5 km》.

Ge·or·ge [geɪɔ́əgə | -ɔ́ː-; G. geɔ́rgə], **Stef·an** [ʃtɛ́fan] *n.* ゲオルゲ《1868-1933; ドイツの詩人, フランス象徴派 (Symbolists) の影響をうけたドイツ新文学運動の盟主; *Das Jahr der Seele*「魂の年」(1897)》.

George I *n.* **1** (1660-1727) 英国王 (1714-27), ドイツの Hanover 選挙侯, 英国 Hanover 王朝初代の王; Queen Anne をもって Stuart 王朝が絶えたため, 1701年の王位継承法 (Act of Settlement) に基づいて即位. **2** ゲオルギオス一世《1845-1913; ギリシャ王 (1863-1913), デンマーク王 Christian 九世の第二子; Salonika で暗殺された; ギリシャ語名 Georgios [geɔ́rgiɔs]》.

George II *n.* **1** (1683-1760) 英国王 (1727-60), George 一世の子; 治世中に七年戦役 (Seven Years' War) があった. **2** ゲオルギオス二世《1890-1947; ギリシャ王 (1922-23, 1935-47); ゲオルギオス一世の孫; ギリシャ語名 Georgios [geɔ́rgiɔs]》.

George III *n.* (1738-1820) 英国王 (1760-1820), George 二世の孫; 治世中に米国が独立; 晩年発狂し, 長男 George (IV) が摂政を務めた (cf. regency 4).

George IV *n.* (1762-1830) 英国王 (1820-30), George 三世の子でその摂政 (1811-20) (cf. prince regent 2).

George V *n.* (1865-1936) 英国王 (1910-36), Edward 七世の子; 治世中に第一次大戦が起こり, 王家名を Saxe-Coburg-Gotha から Windsor と変えた (1917).

George VI *n.* (1895-1952) 英国王 (1936-52), George 五世の第二子, Edward 八世の弟.

Geórge Cróss *n.* ジョージクロス《主に民間人の特に英雄的な行為の表彰として与えられる George 六世制定 (1940) の英国の勲章; 略 G.C.》.

Geórge Médal *n.* ジョージメダル《民間人・軍人の勇敢な行為の表彰として与えられる George 六世制定 (1940) の英国の勲章; 略 G.M.》.

Georges [dʒɔ́ədʒ | dʒɔ́ːdʒ; F. ʒɔrʒ] 〘⊏F ～ 'GEORGE¹'〙 *n.* 男性名.

George·town [dʒɔ́ədʒtaʊn | dʒɔ́ːdʒ-] 〘英国王 *George* 二世にちなむ〙 ― *n.* ジョージタウン: **1** 南米 Guyana 北部にある海港で同国の首都; 人口 64,000. **2** 米国の首都 Washington 市の住宅地区. **3** (*also* **George Town**) Penang 3 の旧名.

geor·gette [dʒɔədʒɛ́t | dʒɔː-] 〘← *Mme. Georgette* (Paris の裁縫師)〙 *n.* ジョーゼット《薄地の絹またはレーヨンのクレープ; georgette crepe ともいう》.

Geor·gette [dʒɔədʒɛ́t | dʒɔː-] 〘(fem. dim.) ← GEORGE¹〙 *n.* 女性名.

Geor·gia¹ [dʒɔ́ədʒə | dʒɔ́ːdʒə, -dʒɪə] 〘(fem.) ← GEORGE¹〙 *n.* 女性名.

Geor·gia² [dʒɔ́ədʒə | dʒɔ́ːdʒə, -dʒɪə] *n.* **1** 〘英国王 *George* 二世にちなむ〙 米国南東部の州 (⇨ United States of America表). **2** 〘← *St. George*: 同国の守護聖人にちなむ〙 グルジヤ《ソ連邦 Caucasus 山脈南部の共和国, ソ連邦構成共和国の一つ; 人口 5,041,000, 面積 69,700 km², 首都 Tbilisi; 公式名 the Georgian Soviet Socialist Republic グルジヤソビエト社会主義共和国; ロシヤ語名 Gruziya》.

Georgia, the Strait of *n.* ジョージア海峡《Vancouver 島とカナダ本土との間の海峡; 長さ 240 km, 幅 48 km》.

Geórgia bárk *n.* 〘植物〙 =bitter bark.

Geor·gian [dʒɔ́ədʒən | dʒɔ́ːdʒən, -dʒɪən] *adj.* **1** **a** (英国の) George 王朝(時代)の《George I-IV, 1714-1830》: the ～ era ジョージ王朝. **b** 1714年以後の18世紀の. **c** (英国の) George 五世 (1910-36) または六世 (1936-52) 時代の《文学上は特に前者の前半を指し, 一般に肯定的な能度と叙情性を特色とした; cf. Victorian, Edwardian 1》: ～ literature, poetry. **d** ジョージ王朝時代(特に, 1714-1830年)の英国の建築[美術, 工芸]様式の: a ～ building. **2** (ソ連の)グルジヤ (Georgia) 共和国の; グルジヤ人[語]の. **3** 米国 Georgia 州(人)の. ― *n.* **1** **a** George (I-IV, V, VI) 王朝時代の人. **b** 1910年代から20年代前半の詩人・作家. **2** 英国 George 王朝時代風[特性]. **3** (カフカスの)グルジヤ人; グルジヤ語《南カフカスの主要言語》. **4** (米国の) Georgia 州人.

Geor·gi·an·a [dʒɔ̀ədʒiǽnə | dʒɔ̀ːdʒiɑ́ːnə] 〘(fem. dim.) ← GEORGE¹〙 *n.* 女性名《愛称形 Gina》.

Géorgian Báy *n.* ジョージア湾《北米 Huron 湖の北東部, カナダの Ontario 州に入り込んだ湾》.

Géorgia píne *n.* 〘植物〙 =longleaf pine 1.

geor·gic [dʒɔ́ədʒɪk | dʒɔ́ː-] 〘《1513》⊏L *geōrgic-us* agricultural ⊏ Gk *geōrgikós* of husbandry ← *geōrgós* husbandman: ⇨ -ic¹〙 ― *adj.* 農事の, 農業の. ― *n.* 農事詩: *the Georgics*「農耕歌」《ローマの詩人 Virgil 作の農事詩 (29 B.C.)》.

Geor·gie [dʒɔ́ədʒi | dʒɔ́ːdʒɪ] 〘(dim.) ← GEORGE¹〙 *n.* 男性名.

Geor·gi·na [dʒɔədʒíːnə | dʒɔː-] 〘(fem. dim.) ← GEORGE¹〙 *n.* 女性名.

gèo·scíence *n.* **1** 地球科学《地質学・地球物理学・地球化学など地球を対象とする総合科学》. **2** 地球科学のうちの一科学.

gèo·scíentist *n.* 地球科学者.

gèo·státic *adj.* 地圧の, 土圧の; 地圧に耐える: a ～ curve 土圧曲線.

gèo·státionary *adj.* 〘宇宙〙〈人工衛星が〉地球上から見て不動の地球静止軌道 (geostationary orbit) にある: a ～ satellite 静止衛星 (fixed satellite).

geostátionary órbit *n.* 〘宇宙〙 地球静止軌道《赤道面上高度 36,000 km の円軌道で, この軌道上を地球の自転と同じ速度で西から東へまわる衛星は地球上から見ると同じ所にとどまっているように見える》.

gèo·strátegist *n.* 戦略地政学者; 地政学に基づく戦略家.

gèo·strátegy *n.* **1** 戦略地政学. **2** 地政学に基づく戦略. **gèo·stratégic** *adj.*

ge·o·stroph·ic [dʒìːəstrɑ́fɪk | dʒìːə(ʊ)strɔ́f-, dʒìə(ʊ)-] 〘← GEO- + Gk *strophik-ós* (← *stréphein* to turn)〙 ― *adj.* 〘気象〙 地球自転による偏向力の. **gè·o·stróph·i·cal·ly** *adv.*

geostróphic wínd *n.* 〘気象〙 地衡風《気圧傾度力とコリオリの力 (Coriolis force) とが釣合った状態で吹く風; cf. gradient wind》.

gèo·sýnchronous *adj.* =geostationary. **～·ly** *adv.*

geosýnchronous órbit *n.* 〘宇宙〙 =geostationary orbit.

gèo·synclínal 〘地質〙 *adj.* 地向斜の. ― *n.* =geosyncline.

gèo·sýncline *n.* 〘地質〙 地向斜《地盤沈下が著しく, 厚い水成岩・火山岩層を堆積する海域; cf. geanticline》.

ge·o·tac·tic [dʒìːo(ʊ)tǽktɪk | dʒìːə(ʊ)-, dʒìə(ʊ)-] 〘↓〙 *adj.* 〘生物〙 走地[趨地]性の. **gè·o·tác·ti·cal·ly** *adv.*

ge·o·tax·is [dʒìːo(ʊ)tǽksɪs, -səs | dʒìːə(ʊ)tǽksɪs, dʒìə(ʊ)-] 〘← NL ～: ⇨ geo-, -taxis〙 ― *n.* (*pl.* **-tax·es** [-siːz]) 〘生物〙 走地性, 趨地(すうち)性《重力の方に向かい, または離れていく性質》.

ge·o·tax·y [dʒíːo(ʊ)tæ̀ksi | dʒíːə(ʊ)tæ̀ksɪ, dʒíə(ʊ)-] *n.* =geotaxis.

gèo·technólogy *n.* 地質工学.

gèo·tectónic *adj.* 〘地質〙 構造地質学的な. **gèo·tectónically** *adv.*

gèo·tectónics 〘← GEO- + TECTONICS〙 *n.* ジオテクトニックス, 構造地質学.

ge·o·therm [dʒíːəθə̀ːm | dʒíːəθəːm, dʒíə-] *n.* 〘地質〙 地熱.

ge·o·ther·mal [dʒìːo(ʊ)θə́ːməl | dʒìːə(ʊ)θə́ː-, dʒìə(ʊ)-] *adj.* 地熱の. **～·ly** *adv.*

geothérmal pówer plánt *n.* 地熱発電所.

ge·o·ther·mic [dʒìːo(ʊ)θə́ːmɪk | dʒìːə(ʊ)θə́ː-, dʒìə(ʊ)-] *adj.* =geothermal.

ge·o·tro·pic [dʒìːətróʊpɪk, -trɑ́p- | dʒìːə(ʊ)trɔ́p-, dʒìə(ʊ)-] *adj.* 〘生物〙 屈地性の[に関する]; 向地性の[に関する]. **gè·o·tróp·i·cal·ly** *adv.*

ge·ot·ro·pism [dʒiɑ́trəpɪzm | dʒɪɔ́t-] *n.* 〘生物〙 **1** 屈地性《重力が刺激となって起こる生物(主に植物)の屈曲運動; cf. apogeotropism》: positive [negative] ～ 正の[負の]屈地性. **2** 向地性, 正の屈地性《重力の方向に起こる屈曲運動》.

ger. 《略》 gerund; gerundive.

Ger. 《略》 German; Germany.

ge·rah [gí(ə)rə | gíərə] 〘⊏ Heb. *gērāʰ*: cf. Akkad. *girū*〙 *n.* (*also* **ge·ra** [～]) ゲラ《古代ヘブライの重さの単位; =1/20 shekel》.

Ge·raint [dʒəréɪnt, dʒə- | gérɑɪnt] 〘⊏ Welsh ～: cf. Gk *gérō* old〙 *n.* 〘アーサー王伝説〙 ゲレイント《円卓の騎士の一人; Enid の夫》.

Ger·ald [dʒérəld] 〘ME ⊏ OF *Giraut, Giralt* ⊏ OHG *Gērwald* 《原義》 spear wielder ← *gēr* spear + *waltan* to rule〙 *n.* 男性名《愛称形 Geny, Jerry》.

Ger·al·dine [dʒérəldiːn | -diːn, -dàɪn] 〘(fem.) ← GERALD〙 *n.* 女性名.

Ge·ra·ni·a·ce·ae [dʒərèɪniéɪsiiː | -nɪ-] 〘← NL ～: ⇨ geranium, -aceae〙 *n. pl.* 〘植物〙 フウロソウ科.
ge·rà·ni·á·ceous [-ʃəs] *adj.*

ge·ra·ni·al [dʒəréɪniæ̀l | dʒɪréɪnjəl, dʒə-, -nɪəl] *n.* 〘化学〙 =citral.

Ge·ra·ni·a·les [dʒərèɪniéɪliːz | -nɪ-] 〘← NL ～: ⇨ geranium, -ales〙 *n. pl.* 〘植物〙 フウロソウ目.

ge·ra·ni·ol [dʒəréɪniɔ̀(ː)l, -niòʊl | dʒɪréɪniɔ̀l, dʒə-] 〘← GERANI(UM) + -OL¹〙 ― *n.* 〘化学〙 ゲラニオール, ゼラニオール ($CH_3C(CH_3)=CH(CH_2)_2C(CH_3)=CHCH_2OH$)《バラに似た香気を放ち香水に用いられる》.

ge·ra·ni·um [dʒəréɪniəm, -njəm | dʒɪréɪnjəm, dʒə-, -nɪəm] 〘《1548》← NL ～ ← L ～ ⊏ Gk *geránion* 《原義》 small crane ← *géranos* crane: ⇨ -ium〙 ― *n.* **1** 〘植物〙 **a** [G-] フウロソウ属《フウロソウ科の一属》. **b** フウロソウ《フウロソウ属の植物の総称; ゲンノショウコ (*G. nepalense*), コフウロ (*G. tripartitum*) など》. **2** 〘植物〙 =pelargonium. **3** ゼラニューム色《黄赤色》.

gerànium òil *n.* 〘化学〙 ゼラニウム油《テンジクアオイ属 (*Pelargonium*) の各種の植物から採るバラの香りのある油; 香料に用いる》.

Ge·rard [dʒərɑ́əd | dʒérɑːd, -rəd, dʒərɑ́ːd, dʒə-; *Du.* xéːrɑrt, *G.* géːrart] 〘ME ⊏ OF *Gerart* (F *Gérard*) ⊏ OHG *Gērhart* ← *gēr* spear + *hart* 'HARD'〙 *n.* 男性名.

Gé·rard [ʒeɪrɑ́ə | dʒerɑ́ːd; *F.* ʒeraːr], Comte **Étienne Maurice** *n.* ジェラール《1773-1852; Napoleon に組したフランスの元帥》.

ge·rar·di·a [dʒərɑ́ədiə | dʒerɑ́ːdɪə, dʒə-, -djə] 〘← NL ～ ← *John Gerard* (1545-1612: 英国の外科医・植物学者)〙 ― *n.* 〘植物〙 ゴマノハグサ科 *Gerardia* 属の植物の総称.

ger·a·tol·o·gy [dʒèrətɑ́lədʒi | -tɔ́lədʒɪ] 〘← Gk *gērat-, gêras* old age + -LOGY〙 *n.* 老年学. ★ geriatrics, gerontology が標準的.

ger·ber·a [gə́ːbərə, dʒə́ː- | dʒə́ː-, gə́ː-] 〘← NL ～ ← *Traugott Gerber* (*d.* 1743: ドイツの博物学者)〙 ― *n.* 〘植物〙 センボンヤリ《アジア・アフリカ産キク科センボンヤリ属 (*Gerbera*) の植物の総称》.

ger·bil [dʒə́ːbɪl, -bəl | dʒə́ːbɪl] 〘⊏ F *gerbille* ← NL *Gerbillus* (dim.) ← *gerbo* 'JERBOA'〙 ― *n.* (*also* **ger·bille** [dʒə́ːbɪl, -bəl | dʒə́ːbɪl; *F.* ʒɛrbij]) 〘動物〙 アレチネズミ《アジア・アフリカ・ソ連南部などの砂漠・草原にすむアレチネズミ亜科の動物の総称; 耳・後肢などが長く, トビネズミ類に似る》.

Ger·da [gə́ːdə | gə́ː-] 〘⊏ ON ～ ← *garðr* enclosure, guardian: 北欧神話の神 Freyr の妻の名〙 *n.* 女性名《異形 Garda, Gerdie》.

Ger·die [gə́ːdi | gə́ːdɪ] 〘《異形》← GERDA〙 *n.* 女性名《異形 Gerdye》.

ge·re·fa [jeréɪvɑː] 〘OE *ġerēfa*: ⇨ y-, reeve¹〙 *n.* 〘英史〙 (アングロサクソン時代の英国の)役人, 代官 (cf. reeve¹ 1, sheriff 2).

Ge·reint [dʒəréɪnt] 《説》 =Geraint.

Ge·reint [dʒɪréɪnt, dʒə- | géraɪnt] *n.* 〘アーサー王伝説〙

ge·rent [dʒí(ə)rənt | dʒíər-] 〘《1576》⊏ L *gerent-is* (pres.p.) ← *gerere* to bear, conduct〙 *n.* 支配者, 執行者, 権力者 (cf. vicegerent).

ger·en·to·crat·ic [dʒèrəntəkrǽtɪk | -təkǽtɪk] 〘⇨ ↑, -cratic〙 *adj.* (支配階級としての)管理者的な.

ger·e·nuk [gérənùk, gərénək | gérɪnʊk] 〘⊏ Somali *garanug*〙 *n.* 〘動物〙 ジェレヌク, ゲレヌク (*Litocranius walleri*) 《東アフリカ産の頸と脚が長いレイヨウ》.

ger·fal·con [dʒə́ːfæ̀lkən, -fɔ̀ːk- | dʒə́ːfɔ̀ːlkən, -fɔ̀lk-, -fɔ̀ːk-, -fæ̀l-] *n.* 〘鳥類〙 =gyrfalcon.

Ger·hard [gə́ːhɑəd, gɛ́əhɑət | gə́ːhɑːd, gɛ́əhɑːt; *G.* géːɐhàrt, *Du.* xéːrɑːrt] 〘⊏ G ～ 'GERARD'〙 *n.* 男性名《異形 Gerhart》.

Ger·hart [gɛ́əhɑət | gɛ́əhɑːt; *G.* géːɐhàrt] 〘⊏ G ～ 'GERARD'〙 *n.* 男性名.

ger·i·at·ric [dʒèriǽtrɪk, dʒì(ə)r- | dʒèrɪ-] 〘← Gk *gêras* old age + -IATRIC〙 ― *adj.* **1** 老人医学の: a ～ patient 老人病患者. **2** 老人の; 老人用の: ～ medicine 老人医学, 老年医学. ― *n.* 老人(病患者).

ger·i·a·tri·cian [dʒèriətrɪ́ʃən, dʒì(ə)r- | dʒèrɪ-] *n.* 老人医学専門家, 老人病専門医.

ger·i·at·rics [dʒèriǽtrɪks, dʒì(ə)r- | dʒèrɪ-] 〘⇨ geriatric, -ics〙 *n.* 老人医学, 老年医学 (cf. gerontology).

ger·i·at·rist [dʒèriǽtrɪst, dʒì(ə)r-, -trəst, ⌐⌐⌐, dʒɪráɪət-, dʒə- | dʒérɪətrɪst, -rìæt-] *n.* =geriatrician.

Gé·ri·cault [ʒeɪrɪkóʊ | -kə́ʊ; *F.* ʒeriko], **Théodore** *n.* ジェリコー《1791-1824; フランスの画家; フランス美術の伝統を破ってロマン主義(運動)の指導者となった》.

ger·kin [gə́ːkɪn, -kən | gə́ːkɪn] *n.* =gherkin.

germ [dʒə́ːm | dʒə́ːm] 〘《*c*1450》⊏ (O)F *germe* < L *germen* sprout ← OL **genmen* ← IE **gen-* to beget〙 ― *n.* **1** 微生物, 細菌, 黴菌(ばいきん) (microbe); (特に)病原菌, 病菌. **2** [通例 the ～] 芽ばえ, 根源, 起源; (発達の)初期: *the* ～ *of* a new theory 新しい理論の芽ばえ / in ～ 芽ばえのうちの[で], まだ発達しない(時期に). **3** 〘生物〙 **a** 幼芽, 胚(はい), 胚種 (cf. soma¹); (女性の)胚原, 原種 (cf. sperm 1). **b** =germ cell. ― *attrib. adj.* 〘病理〙 微生物[細菌]の, 微生物[細菌]によって起こる, 細菌性の: a ～ disease. ― *vi., vt.* =germinate.

Germ. 《略》 German; Germany.

Ger·main [dʒə(ː)méɪn | dʒə(ː)-; *F.* ʒɛrmɛ̃] 〘⇨ Germaine〙 *n.* 女性名.

Ger·maine [dʒə(ː)méɪn | dʒə(ː)-; *F.* ʒɛrmɛn] 〘(fem.) ← GERMAN¹〙 *n.* 女性名《異形 Germain》.

ger·man [dʒə́ːmən | dʒə́ː-] 〘《15C》⊏ L *germān-us* having the same father (and mother) ← *germen* 'GERM' ∽ 《?*c*1300》 *germain* ⊏ (O)F〙 ― *adj.* **1** [複合語の第2構成素として常に名詞のあとに付けて] **a** 同父母から出た (cf. whole 5): ⇨ brother-german, sister-german. **b** 同祖父母から出た: a cousin-*german* ⇨ cousin 1 a. **2** 《古》 =germane.

Ger·man¹ [dʒə́ːmən | dʒə́ː-] 〘↓〙 *n.* 男性名.

Ger·man² [dʒə́ːmən | dʒə́ː-] 〘《*a*1387》 *Germaines* (pl.) ⊏ L *Germān-us* ← ? Celt. 《原義》 neighbor (cf. OIr. *gair*) ∥ noisy man (cf. OIr. **gāirm* to shout)〙 ― *adj.* ドイツの, ドイツ風の; ドイツ人の; ドイツ語の.
― *n.* **1** **a** ドイツ人; ドイツ人の子孫. **b** (ドイツ以外の地で)ドイツ語を話す人: a Swiss ～. **2** ドイツ語 (cf. Germanic): High ～ 高地ドイツ語《もと南ドイツおよび中部ドイツの一部に用いられたが, 今は全ドイツ, オーストリア, スイスの公用語》/ Low ～ 低地ドイツ語《北部ドイツに用いられる方言; High German を除き英語・オランダ語などをも含む West Ger-

manic の諸語》/ Old High ～ 古期高地[古高]ドイツ語《約 800-1100 年》/ Middle High ～ 中期高地[中高]ドイツ語《約 1100-1500 年》/ Old Low ～ 古期低地ドイツ語《8-12 世紀の北部ドイツおよびオランダで用いられた》/ Middle Low ～ 中期低地ドイツ語《およそ 1100-1500 年に Rhine 川から Elbe 川にわたるヨーロッパ北西部の低地地方で用いられた》. **3** [g-] **a** ジャーマンダンス《パートナーを交換しながら, 複雑に回転するワルツをまじえたダンス》. **b** ジャーマンダンスの行なわれる舞踏会. 「(の).

Gérman-Américan *adj.*, *n.* ドイツ系アメリカ人

Gérman bánd *n.* 《米》街頭音楽隊 (street band).

Gérman Báptist Bréthren *n. pl.* [the ～] ドイツバプテスト同胞教会《18 世紀初めドイツに起こり, 迫害を受けて米国に移った新教の一派; 1908 年以降正式名は the Church of the Brethren; cf. Dunker》.

Gérman cátchfly *n.* 〘植物〙ムシトリビランジ (*Lychnis viscaria*)《地中海沿岸・シベリア原産のナデシコ科の多年草; 赤または紫の花が咲き, 装飾に使用》.

Gérman cóckroach *n.* 〘昆虫〙チャバネゴキブリ (*Blattella germanica*)《世界共通の黄褐色の小型のゴ

gérman cotíllion *n.* ＝German² 3 a. 　⌊キブリ》.

Gérman Democrátic Repúblic *n.* [the ～] ドイツ民主共和国《東ドイツ (East Germany) の公式名; 略 GDR, G.D.R.》.

ger·man·der [dʒə(ː)mǽndə | dʒə(ː)mǽndə(r] 〘《1373》□ ML *germandra* 《変形》← *gama(n)drea* ＝ L *chamadreos* □ LGk *khamandruá* ＝ Gk *khamaídrūs* ← *khamai* on the ground ＋ *drûs* oak〙 ― *n.* 〘植物〙ニガクサ属 (*Veronica*) の植物の総称; (特に) ＝germander speedwell.

germánder spéedwell *n.* 〘植物〙カラフトヒヨクソウ (*Veronica chamaedrys*).

ger·mane [dʒə(ː)méɪn | dʒəːméɪn, ⌐⌐] 〘《19C》《変形》← GERMAN〙 ― *adj.* 〈考え・言葉など〉密接な関係がある; 適切な (pertinent) [to]: a remark hardly ～ *to* the question その問題にあまり適切でない言葉. **～·ly** *adv.*

Gérman Éast África *n.* ドイツ領東アフリカ《アフリカ東部の旧ドイツ帝国植民地 (1885-1920); 後のタンガニーカ》.

Gérman Émpire *n.* [the ～] ドイツ帝国 (1871-1918)《Bismarck のドイツ統一により成立, プロイセン以下 25 国の連邦》.

ger·man·ic [dʒə(ː)mǽnɪk | dʒə(ː)-] 〘← GERMAN(IUM) ＋-IC¹〙 *adj.* 〘化学〙ゲルマニウム (IV) の, 4 価のゲルマニウム (Ge^{IV}) を含む (cf. germanous).

Ger·man·ic [dʒə(ː)mǽnɪk | dʒə(ː)-] 〘《1633》□ L *Germānic-us*: ⇨ German², -ic¹〙 ― *adj.* **1** ドイツ(人)の (German); ドイツ的な. **2** ゲルマン民族[語]の (Teutonic). ― *n.* ゲルマン語(派)《印欧語族 (Indo-European languages) の一分派》: Primitive ～ 原始ゲルマン語《後に西・北・東ゲルマン語に分化した; ⇨ East Germanic, North Germanic, West Germanic》.

Ger·mán·i·cus Július Cáesar [dʒə(ː)mǽnɪkəs-, -nə- | dʒə(ː)mǽnɪ-] *n.* ゲルマニクス (15 B.C.-A.D. 19; ローマの将軍, Caligula の父).

Gérman íris *n.* 〘植物〙ジャーマンアイリス, ドイツアヤメ《*Iris germanica* およびその改良種の総称》.

Gér·man·ìsm [-nɪ̀zṃ] *n.* **1** ドイツ精神, ドイツ魂, ドイツ人気風. **2** ドイツ語風; ドイツなまり. **3** ドイツびいき, ドイツ心酔.

Gér·man·ist [-nɪst, -nəst | -nɪst] *n.* ドイツ[ゲルマン]語学者; ドイツ文化[文学]研究者.

Ger·man·i·ty [dʒə(ː)mǽnəṭi | dʒə(ː)mǽnətɪ, -nɪ-] *n.* ドイツ風, ドイツ精神, ドイツ人かたぎ.

ger·ma·ni·um [dʒə(ː)méɪniəm | dʒə(ː)méɪnjəm, -nɪəm] 〘← NL ～ ← L *Germānia* 'GERMANY': ⇨ -ium〙 ― *n.* 〘化学〙ゲルマニウム《希金属元素の一つ; 記号 Ge, 原子番号 32, 原子量 72.59》.

Gérman ívy *n.* 〘植物〙ツタギク (*Senecio mikanioides*)《アフリカ南部産キク科の多年草; 葉がツタに似て黄色い花が咲く》.

Ger·man·ize [dʒə́ːmənàɪz | dʒə́ː-] *vt.* **1** ドイツ(語)風にする, ドイツ化する; …にドイツ式方法を用いる. **2** 《古》ドイツ語訳する. ― *vi.* ドイツ風になる.

Ger·man·i·za·tion [dʒəːmənɪzéɪʃən, -nə- | dʒəː-m(ə)naɪ-, -nɪ-] *n.* **Gér·man·ìz·er** *n.* 「rubella.

Gérman méasles *n. pl.* [単数または複数扱い] ＝

Gérman míllet *n.* 〘植物〙コアワ (*Setaria italica* var. *stramineofructa*)《イネ科アワの類で雑穀として栽培される; golden wonder millet ともいう》.

ger·man·o- [dʒə(ː)mǽno(ʊ), dʒəːmən- | dʒə(ː)mǽnə(ʊ), dʒəːmən-] 〘← NL *germanium*〙 ― 〘化学〙「ゲルマニウム (germanium)」の意の連結形《特に炭化水素の炭素原子をゲルマニウム原子で置き換えた時》.

Ger·man·o- [dʒə(ː)mǽno(ʊ), dʒəːmən- | dʒə(ː)mǽnə(ʊ), dʒəːmən-]「ドイツの; ドイツ人の; ドイツ(人)と…との」の意の連結形.

Gérman Ócean *n.* [the ～] North Sea の旧名.

Ger·ma·no·ma·ni·a [dʒə(ː)mæno(ʊ)méɪniə, dʒəː-mən- | dʒə(ː)mæ̀nə(ʊ)méɪnjə, dʒəːmən-, -nɪə] *n.* ドイツ狂, ドイツ心酔, ドイツかぶれ.

Ger·man·o·phile [dʒə(ː)mǽnəfàɪl | dʒə(ː)-] *n.*, *adj.* (*also* **Ger·man·o·phil** [-fɪl]) 親独家(の), ドイツ(人)びいき(の), ドイツ(文化)崇拝者(の).

Ger·man·o·phobe [dʒə(ː)mǽnəfòʊb | dʒə(ː)mǽnə-fəʊb] *n.*, *adj.* ドイツ(人)恐怖症の(人), ドイツ(人)ぎらいの(人), 排独主義の(人).

Ger·ma·no·pho·bi·a [dʒə(ː)mæno(ʊ)fóʊbiə, dʒəː-mən- | dʒə(ː)mæ̀nə(ʊ)fəʊbjə, dʒəːmən-, -bɪə] *n.* ドイツ恐怖症, ドイツ(人)ぎらい, 反独主義.

ger·man·ous [dʒə(ː)mǽnəs | dʒə(ː)-] 〘← GERMAN(-IUM)＋-OUS〙 *adj.* 〘化学〙ゲルマニウム (II) の, 2 価のゲルマニウム (Ge^{II}) を含む (cf. germanic).

Gérman páste *n.* (小鳥用)すりえの一種.

Gérman shépherd dòg *n.* ドイツシェパード, シェパード《代表的な作業犬種のイヌ; German shepherd, (英国では) Alsatian ともいう》.

Gérman shórt-hàired póinter *n.* ジャーマンショートヘヤードポインター《ドイツ原産の短毛のポイントする狩猟犬種のイヌ》.

Gérman síding *n.* 〘木工〙ドイツ下見(みな), 箱目地(はこ)張り下見《板を横に垂直に張り, 相决(じゃく)りでつなぎ, 水平の目地を強調した下見》.

German siding

Gérman sílver *n.* 〘冶金〙洋銀, 洋白 (⇨ nickel silver).

Gérman síxth *n.* 〘音楽〙ドイツの六の和音《長三度・完全五度および増六度から構成される増六度和音の一種; 増五六の和音とも呼ばれる》.

Gérman Sóuthwest África *n.* ドイツ領南西アフリカ《もとドイツ帝国の保護領 (1884-1920); 現在の South-West Africa》.

Gérman téxt *n.* 〘活字〙ドイツ文字 (Fraktur).

Ger·man·town [dʒə́ːməntàʊn | dʒə́ː-] *n.* **1** 米国 Philadelphia 市の北西部の地区. **2** 《口語》(米国の都市で)ドイツ系住民が多い地区.

Gérman wíre-hàired póinter *n.* ジャーマンワイヤーヘヤードポインター《ドイツ原産の剛毛の狩猟犬種のイヌ》.

Ger·ma·ny [dʒə́ːm(ə)ni | dʒə́ːm(ə)nɪ] 〘□ L *Germānia*: ⇨ German², -y¹〙 ― *n.* ドイツ《第二次大戦後は 4 地帯 (Zones) に分割され米・英・仏・ソの占領下にあったが, 1949 年 West Germany, East Germany 両共和国に分かれた; ドイツ語名 Deutschland》.

ger·mar·i·um [dʒə(ː)mέ(ə)riəm | dʒə(ː)mέərɪ-] 〘← NL ～: ⇨ germ, -arium〙 *n.* 〘動物〙胚腺《扁形動物などの卵殻中で胚となるべき胚細胞を作る腺》.

gérm bànd *n.* 〘動物〙胚条《表割を行なう節足動物卵において, 卵割によってできた胚胞膜を形成する細胞のうち, 将来胚を形成する細胞群》.

gérm bòmb *n.* 細菌弾, 細菌爆弾.

gérm càrrier *n.* (病原体の)キャリアー, 保有者, 保菌者, 担体. 「somatic cell).

gérm cèll *n.* 〘生物〙生殖細胞, 性細胞, 胚細胞 (cf.

ger·men [dʒə́ːmən, -men | dʒə́ː-] 〘□ L ～: ⇨ germ〙 ― *n.* (*pl.* **～s, ger·mi·na** [-mənə | -mɪ-]) **1** 《古》＝germ. **2** 〘← NL ～〙 **a** 〘解剖〙＝gonad. **b** 〘生物〙＝germ cell.

Ger·mer [dʒə́ːmə | dʒə́ːmə(r], **Lester Halbert** *n.* (1896-1971) 米国の物理学者.

gérm·frèe *adj.* **1** 無菌の: a virtually ～ environment ほとんど無菌の環境. **2** 〈実験動物など〉無菌状態で飼育された: ～ animals 無菌動物.

ger·mi·cid·al [dʒə̀ːməsáɪdḷ | dʒə̀ːmɪ-] *adj.* 殺菌の, 殺菌性の, 殺菌力のある: a ～ lamp 殺菌灯.

ger·mi·cide [dʒə́ːməsàɪd | dʒə́ːmɪ-] 〘← GERM＋-I-＋-CIDE〙 *n.* 殺菌剤.

germina *n.* germen の複数形. 「-lɪ-] *n.* 発芽力.

ger·mi·na·bil·i·ty [dʒə̀ːmənəbíləṭi | dʒə̀ːmɪnəbílətɪ,

ger·mi·nal [dʒə́ːmənl, -mənḷ | dʒə́ːmɪnḷ] 〘□ F ～ ← L *germin-*, *germen* 'GERM': ⇨ -al¹〙 ― *adj.* **1** 幼芽の, 胚種(はい)の, 原子の, 子房の; 幼芽[胚種, 生殖細胞]の特徴をもつ. **2** 新しい思想[力]を生み出す: a ～ thinker. **3** 本源の, 根源の, 原始の, 初期の: ～ ideas. **～·ly** *adv.*

Ger·mi·nal [dʒə́ːmənḷ | dʒə́ːmɪ-; *F.* ʒɛrminal] 〘□ F ～ (↑)〙 *n.* 芽月《フランス革命暦の第 7 月; ⇨ Revolutionary calendar》.

gérminal área *n.* 〘生物〙胚域《部域間に形態の違いが生じていない発生初期の胚の各部域》.

gérminal dísc *n.* 〘生物〙 **1** 胚盤 (⇨ blastodisc). **2** ＝germinal area.

gérminal epithélium *n.* 〘動物〙生殖上皮, 胚上皮《脊椎動物の体腔上皮のうち, 生殖腺の表面をおおう部分》.

gérminal vésicle *n.* 〘生物〙卵核胞, 胚胞《卵母細胞の成長期から減数分裂までの間にみられる大型の核》.

ger·mi·nant [dʒə́ːmənənt | dʒə́ːmɪ-] 〘□ L *germinant-em* (pres.p.) ← *germināre* (↓)〙 *adj.* 芽を出す, 発芽する, 成長力のある.

ger·mi·nate [dʒə́ːmənèɪt | dʒə́ːmɪ-] 〘《1610》← L *germināt-us* (p.p.) ← *germināre* to germinate ← *germin-*, *germen* 'GERM'〙 ― *vi.* **1** 生育し始める, 大きくなる (develop). **2** 〈考えなどが〉生じる, 始まる, 発達する. **3** 〘植物〙〈種子・胞子・球根などが〉発芽する, 芽を出す; 〈植物が〉芽を出す, 芽ぐむ (sprout). ― *vt.* **1** 発芽させる, …の芽を出させる. **2** 〈考えなどを〉生じさせる, 発達させる.

ger·mi·na·tion [dʒə̀ːmənéɪʃən | dʒə̀ːmɪ-] 〘□ L *germinātiō(n-)*: ⇨ ↑, -ation〙 *n.* **1** 発芽, 萌芽(ほう). **2** 発生, 発達.

ger·mi·na·tive [dʒə́ːmənèɪṭɪv, -nəṭ- | dʒə́ːmɪnət-, -nèɪt-] *adj.* **1** 発芽の, 発芽力のある. **2** 発生[発達]力のある. 「**2** 発芽力試験器.

gér·mi·nà·tor [-ṭə | -tə(r] *n.* **1** 発芽させるもの[人].

Ger·mis·ton [dʒə́ːmɪstən, -məs- | dʒə́ːmɪs-] *n.* ジャーミストン《南アフリカ共和国 Transvaal 州の都市; 世界最大の金精錬所がある; 人口 211,000》.

gérm làyer *n.* 〘生物〙胚葉《ectoderm (外胚葉), endoderm (内胚葉), mesoderm (中胚葉)に分かれる》.

ger·mon [dʒɛəmɔ̃ː(ŋ), -mɔ́(ː)ŋ | dʒɛə-; *F.* ʒɛrmɔ̃] 〘□ F ～ ← ?〙 *n.* (*pl.* **～s** [～z; *F.* ～]) 〘魚類〙＝albacore 1.

gérm plàsm 〘Weismann の造語〙 *n.* 〘生物〙生殖(細胞)質《生物の遺伝と生殖に関する生物体の要素; cf. kinoplasm, trophoplasm》.

gérm·próof *adj.* 耐菌性の.

gérm thèory *n.* **1** 〘生物〙胚種説, 生原説《生命は無生の物質から発展したものでなく, ある種の胚原 (germ) から発達したという説; cf. biogenesis 1》. **2** 〘医学〙細菌(学)説《伝染病の原因を微生物とする説》.

germ·ule [dʒə́ːmjuːl | dʒə́ː-] 〘← GERM＋-ULE〙 *n.* 〘生物〙小幼芽.

gérm wárfare *n.* 細菌戦.

germ·y [dʒə́ːmi | dʒə́ːmɪ] *adj.* (**germ·i·er**; **-i·est**) 黴菌(ばい)[病菌]だらけの; 不潔な: ～ water.

ger·o·don·tics [dʒèrədɑ́nṭɪks | -dɔ́nt-] 〘← Gk *gêras* old age＋-ODONT＋-ICS〙 *n.* 老年歯科学.

Gé·rôme [ʒeɪróʊm | -rə́ʊm; *F.* ʒeroːm], **Jean Léon** *n.* ジェローム (1824-1904; フランスの画家・彫刻家).

Ge·ron·i·mo¹ [dʒərɑ́nəmòʊ | -rɔ́nɪməʊ] *n.* ジェロニモ (1829?-1909; アメリカインディアンのアパッチ族 (Apache) の指導者; 長年にわたり米政府に反抗した).

Ge·ron·i·mo², g- [dʒərɑ́nəmòʊ | -rɔ́nɪməʊ] 〘← *Geronimo*¹〙 ― *int.* **1** 《米》わあー, うおー《落下傘部隊が飛行機から飛びおりる時に発する鬨(とき)の声》. **2** ひゃー, いいぞ, しめしめ, やったぞ《驚き・喜び・得意などの感情を表わす》.

ge·ront- [dʒɪrɑ́nt, dʒə- | dʒɪrɔ́nt, dʒə-, gɪ-, gə-] (母音の前に来る時の) geronto- の異形. 「の.

ge·ron·tic [dʒɪrɑ́nṭɪk, dʒə- | -rɔ́nt-] *adj.* 老齢の, 老衰

ge·ron·to- [dʒɪrɑ́nṭo(ʊ), dʒə- | dʒɪrɔ́ntə(ʊ), dʒə-, gɪ-, gə-] 〘□ F *géronto-* □ Gk *gérōnt-* (stem) ← *gérōn* old man〙 ―「老齢」の意を表わす連結形. ★ 母音の前では通例 geront- になる.

ger·on·toc·ra·cy [dʒèrəntɑ́krəsi, -rɑn- | -rɔntɔ́krəsɪ, -rən-] 〘□ F *gérontocratie*: ⇨ geronto-, -cracy〙 *n.* 老人政治; 老人政府; 長老制.

ge·ron·to·crat [dʒɪrɑ́nṭəkræ̀t, dʒə- | -rɔ́nt-] *n.* 老人政治の支持者; 老人政府の一員.

ge·ron·to·crat·ic [dʒɪrɑ̀nṭəkrǽṭɪk, dʒə- | dʒɪrɔ̀ntə-krǽt-] *adj.* 老人政治[政府]の. 「者.

gèr·on·tól·o·gist [-dʒɪst, -dʒəst | -dʒɪst] *n.* 老人病学

ger·on·tol·o·gy [dʒèrəntɑ́lədʒi, -rɑn- | dʒèrɔntɔ́lədʒɪ, gèr-, -rən-] 〘← GERONTO-＋-LOGY〙 ― *n.* 老人病学 (cf. geriatrics). **ge·ron·to·log·i·cal** [dʒɪrɑ̀nṭəlɑ́dʒɪ-kəl, dʒə-, dʒèrən-, -ṭḷ-, -dʒək- | dʒɪrɔ̀ntəlɔ́dʒɪ-, dʒə-, gɪ-, gə-, dʒèrən-, gèr-] *adj.*

gerònto·mórphosis 〘← NL ～: ⇨ geronto-, morphosis〙 *n.* 〘生物〙成体進化《形質変化などが成体期に起こるもの; cf. fetalization》.

-ger·ous [⌐dʒ(ə)rəs] 〘← L *-ger* (← *gerere* to bear, carry)＋-OUS〙 ―「生じる (producing), 生む (bearing)」などの意の形容詞連結形 (cf. -ferous). ★ 通例 -i- を伴って -igerous となる: denti*gerous*.

Ge·rou·si·a [dʒɪrúːʒiə, dʒə-, -ʒə | -ʒɪə] 〘□ L *gerūsia* □ Gk *gerousía* ← *gérōnt-*, *gérōn* old man: cf. -ia²〙 ― *n.* **1** (古代ギリシャの)長老会議, (特に)スパルタの元老院. **2** ＝Sanhedrin.

ger·o·vi·tal [dʒèro(ʊ)váɪṭḷ | -rə(ʊ)váɪtḷ] 〘← Gk *gérōn* old man＋VITAL〙 ― *n.* 〘薬学〙ゼロバイタル《局所麻酔剤プロカイン中に含まれると主張されている抗脳動脈硬化症作用物質; vitamin H_3 ともいう》.

Ger·ri·dae¹ [dʒérədiː | -rɪ-] 〘← NL ～ ← *Gerris* (属名)＋-IDAE〙 *n. pl.* 〘昆虫〙(異翅目)アメンボ科.

Ger·ri·dae² [dʒérədiː | -rɪ-] 〘← NL ～ ← *Gerres* (属名)＋-IDAE〙 *n. pl.* 〘魚類〙クロサギ科.

Ger·ry [géri | -rɪ] 〘1: (dim.) ← GERALD, GERARD. 2: (dim.) ← GERALDINE〙 *n.* **1** 男性名. **2** 女性名.

Ger·ry [géri | -rɪ], **El·bridge** [élbrɪdʒ] *n.* (1744-1814) 米国の政治家; 副大統領 (1813-14); 独立宣言の署名者の一人 (cf. gerrymander).

ger·ry·man·der [dʒèrimǽndə, -rɪ-, ⌐⌐⌐⌐, gèri-mǽndə, -rə-, ⌐⌐⌐⌐ | dʒérɪmæ̀ndə(r] 〘《1812》← (*Elbridge*) *Gerry*＋(SALA)MANDER: 彼が Massachusetts 州知事時代(1812)に改めた同州の選挙区の地形が salamander に似たのによる〙 〘政治〙 ― *vt.* **1** 〈州・郡などの選挙区を〉自党に有利になるように勝手に改変する. **2** 都合のよいように勝手に手加減する, …に勝手な改変を加える (garble). ― *vi.* 選挙区を勝手に改変する. ― *n.* **1** ゲリマンダー《一党を不当に利する様な勝手な選挙区などの改変》; (自派のための)手加減, 勝手な改変. **2** (ゲリマンダーによって改変された)ゲリマンダー選挙区[地域].

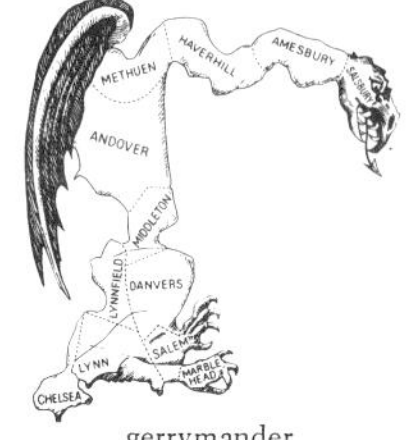

gerrymander

★《英》では jerrymander ともつづる.

Gers [ʒéə|ʒéə(r; *F.* ʒɛːr] *n.* ジェール(県)《フランス南西部の県; Armagnac 地方に相当する; 人口 179,000, 面積 6,254 km², 首都 Auch [ɔːʃ]》.

gers·dorff·ite [gέəzdɔəfàɪt, géəs- | géəzdɔːf-, géəs-] 〘□ G *Gersdorffit* ← *von Gersdorff* (19 世紀オーストリアの鉱山所有者の一族の家族名): ⇨ -ite¹〙 ── *n.* 〖鉱物〗ゲルスドルフ鉱 (NiAsS)《銀白色ないし鋼灰色をしたニッケルの鉱石》.

Ger·shom [gə́ːʃəm | gə́ː-] 〘□ Heb. *Gēršōm*《原義》? small bell,《通俗語源》exile〙 *n.* 男性名. ★ ユダヤ系に多い.

Gersh·win [gə́ːʃwɪn, -wən | gə́ːʃwɪn], **George** *n.* (1898–1937) 米国の作曲家; *Rhapsody in Blue* (1924), *An American in Paris* (1928).

Gert [gə́ːt | gə́ːt] 〘(dim.) ← GERTRUDE〙 *n.* 女性名.

Ger·tie [gə́ːṭi | gə́ːtɪ] 〘(dim.) ← GERTRUDE〙 *n.* 女性名《異形 Gerty》.

ger·trude [gə́ːtruːd | gə́ː-] 〘↓〙 *n.* スリップのような子供の下着.

Ger·trude [gə́ːtruːd | gə́ː-] 〘□ F ～ □ OHG *Geretrudis* ← *gēr* spear + *drūd* strengh〙 *n.* **1** 女性名《愛称形 Gert, Gertie, Gerty》. **2** ガートルード《Shakespeare 作 *Hamlet* 中の先王 Claudius の妻, Hamlet の母》.

Ger·ty [gə́ːṭi | gə́ːtɪ] 〘(dim.) ← GERTRUDE〙 *n.* 女性名.

ger·und [dʒérənd, -rʌnd, -rʌnd] 〘(1513) □ LL *gerund-ium* ← L *gerundum*《異形》← *gerendum* (ger.) ← *gerere* to bear, conduct ← ?〙 ── *n.* **1** 〖文法〗動名詞, 動詞状名詞, ジェランド《名詞的機能を果たす動詞の -ing 形; cf. -ing¹》. **2** 〖文法〗(OE の) 語尾変化不定詞《例: OE *to witanne* = to wit》. **3** 〖ラテン語文法〗動詞的中性名詞《目的語・副詞をとり, 格変化をする動詞状名詞; 例えば *dicere* (= to say) から生じる *dicendi* (gen.), *dicendō* (dat., abl.), *dicendum* (acc.) (= saying) で主格形を欠く》. 「師.

gérund-grìnder *n.* 《古》学者ぶるラテン文法の教

ge·run·di·al [dʒɪrʌ́ndiəl, dʒə- | dʒɪrʌ́ndɪəl, dʒe-, dʒə-, -djəl] *adj.* 〖文法〗= gerundive.

ger·un·di·val [dʒèrəndáɪvəl] *adj.* 〖ラテン語文法〗動詞的形容詞 (gerundive) の[に関する].

ge·run·dive [dʒɪrʌ́ndɪv, dʒə- | dʒɪ-, dʒe-, dʒə-] 〘(*a*1425) □ LL *gerundīv-us* ← *gerundium* 'GERUND'〙 ── *adj.* 〖文法〗gerund の[に関する], gerund のような. ── *n.* 〖ラテン語文法〗動詞的形容詞《gerund の語幹から作り, 受動の「必要」「適当」などの意を表わすもの; 例: *Delenda est Carthago.* (Carthage must be destroyed.) の *delenda*》. **～·ly** *adv.*

Ger·vais [ʒəəvéɪ | ʒəə-; *F.* ʒɛrvɛ] 〘□ F ～ □ OHG *Gērvas* serving with one's spear ← *gēr* spear〙 *n.* 男性名《異形 Gervase》.

Ger·vase [dʒə́ːvəs | dʒə́ː-] 〘↑〙 *n.* 男性名.

Ge·ry·on [dʒí(ə)riən, géri- | gérɪ-] 〘□ L ～ □ Gk *Gēruṓn*〙 *n.* 〖ギリシャ神話〗ゲリュオン《三体三頭の怪物; Hercules に殺された》.

Ge·samt·kunst·werk [gəzáːmtkʊ̀nstvɛək | -vɛək; *G* gəzámtkʊ̀nstvɛrk] 〘□ G ～ ← *gesamt* total + *Kunstwerk* work of art〙 *n.* 総合芸術作品.

Ge·sell [gəzél], **Arnold L(ucius)** *n.* (1880–1961) 米国の児童心理学者.

ge·sell·schaft, G- [gəzéɫʃɑ̀ːft; *G.* gəzélʃàft] 〘□ G ～ ← *Geselle* companion + *-schaft* 'SHIP'〙 ── *n.* (*pl.* **～s, -sell·schaf·ten** [-tn̩, -tən; *G.* ～n̩]) 〖社会学〗ゲゼルシャフト, 利益社会《考慮・打算・契約のような選択意志によって結ばれる人間結合; cf. gemeinschaft》.

ge·sith [jesíːθ] 〘OE *gesīþ* companion〙 *n.* 〖英史〗(アングロサクソン時代の)王の近侍の武士, 従士.

Ges·ner [gésnə | -nə(r; *G.* gésnɐ], **Konrad von** *n.* ゲスナー《1516–65; スイスの博物学者・医者》.

ges·ne·ri·a [gesní(ə)riə | -níərɪə] 〘← NL ～: ⇨ ↑, -ia¹〙 ── *n.* 〖植物〗**1** [G-] ゲスネリア属《イワタバコ科の一属》. **2** 熱帯アメリカ産ゲスネリア属の植物の総称.

Ges·ne·ri·a·ce·ae [gesnɪ̀(ə)riéɪsiː | -nɪ̀ərɪ-] 〘← NL ～: ⇨ ↑, -aceae〙 *n. pl.* 〖植物〗イワタバコ科. **ges·nè·ri·á·ceous** [-ʃəs] *adj.*

ges·so [dʒésou | -səu] 〘(1596) □ It. ～ < L *gypsum* 'GYPSUM'〙 *n.* (*pl.* **～es**) 彫刻絵画用石膏(せっこう)(粉) (plaster of Paris); (絵画用)石膏を塗った下地[表面].

gest¹ [dʒést] 〘(?*c*1225) □ (O)F *geste* □ L *gesta* (neut. pl. p.p.) ← *gerere* to bear, perform〙 ── *n.* **1 a** (中世の)韻文物語; 冒険談, 武勇談: ⇨ chanson de geste. **b** 《古》物語. **2** 《古》冒険, 武勇, 手柄.

gest² [dʒést] *n.* 《古》= geste².

ges·ta·gen [dʒéstədʒɛ̀n] 〘← GESTA(TION) + -GEN〙 *n.* 〖生理〗ゲスターゲン《黄体ホルモン様作用をもつ物質》. **ges·ta·gen·ic** [dʒèstədʒénɪk] *adj.*

ge·stalt, G- [gəʃtáːlt, -stáːlt, -ʃtɔ́ːlt, -stɔ́ːlt | -ʃtáːlt, -ʃtæ̀lt; *G.* gəʃtált] 〘(1922) □ G ～ 'form'《頭部省略》← MHG *ungestalt* deformity ← *un-* 'UN-²' + *stellen* to place〙 ── *n.* (*pl.* **～s, ge·stal·ten** [-tn̩, -tən; *G.* ～n̩]) 〖心理〗**1** 形態, ゲシュタルト《単なる要素の総計ではない心理過程の統一的な全体構造; configuration ともいう》. **2** 形態[ゲシュタルト]の一例.

Gestált psychólogy *n.* 〖心理〗ゲシュタルト心理学, 形態心理学《心理過程を要素の総計としてではなく, 一つのまとまった全体構造としてとらえる心理学説; ドイツの心理学者 Wertheimer, Köhler などが唱えた; configurationism ともいう》.

Gestált thèrapy *n.* 〖精神医学〗ゲシュタルト療法《ゲシュタルト心理学を応用した精神病治療》.

Ges·ta·po [gɪstáːpou, gəs- | gestáːpəu, gəs-; *G.* gestáːpo] 〘(1934) □ G ～ ← *Ge(heime) Sta(ats)po(lizei)* secret state police〙 ── *n.* (*pl.* **～s**) [通例 the ～] **1** ゲシュタポ《ナチスドイツの秘密国家警察》. **2** 秘密警察.

Ges·ta Ro·ma·no·rum [dʒéstə-ròumənɔ́ːrəm, -nɔ́ːr- | -rəumənɔ́ːr-] 〘□ L *Gesta Rōmānōrum* 'the deeds of the Romans'〙 *n.* [the ～] ゲスタ ロマノールム《13 世紀末頃にイングランドで編集された Vulgar Latin による騎士道物語や聖人伝説集》.

ges·tate [dʒésteɪt | dʒestéɪt] 〘← L *gestāt-us* (p.p.) ← *gestāre* to carry about ← *gestus* (p.p.) ← *gerere* to carry ← ?〙 ── *vt.* **1** 懐胎する. **2** 〈考え・計画などを〉(心の中で)徐々に熟させる, 練る. ── *vi.* **1** 懐胎する. **2** 構想(など)を練る.

ges·ta·tion [dʒestéɪʃən] 〘(1533) □ L *gestātiō(n-)* a carrying: ⇨ ↑, -tion〙 ── *n.* **1** 妊娠, 懐胎《受精した卵子の着床から出産までの状態; cf. conception 3 a》; 懐胎期間. **2** (思想・計画などの)形成, 創案; 形成期間. **ges·tá·tion·al** [-ʃənl̩, -ʃnəl] *adj.*

gestátion pèriod *n.* **1** 妊娠[懐胎]期間. **2** (思想・計画などの)形成期間.

ges·ta·tó·ri·al cháir [dʒèstətɔ́ːriəl-, -tóːr- | -tɔ́ːrɪ-] 〘*gestatorial*: ← L *gestātor* one who carries (← *gestāre* to carry (⇨ gestate)) + -IAL〙 ── *n.* (儀式などの際に教皇を乗せて運ぶ)かつぎ椅子, 輿(こし).

geste¹ [dʒést] *n.* = gest¹

geste² [dʒést] 〘□ F *geste* □ L *gestus* gesture〙 *n.* 《古》**1** 態度, 振舞い; 品行. **2** = gesture.

ges·tic [dʒéstɪk] 〘← L *gestus* gesture + -IC¹〙 *adj.* (ダンスの)身体運動の[に関する]. **gés·ti·cal** *adj.*

ges·tic·u·lant [dʒestíkjʊlənt, dʒɪs-, dʒəs- | dʒes-, dʒɪs-] *adj.* 身振りする.

ges·tic·u·lar [dʒestíkjʊlə, dʒɪs-, dʒəs- | dʒestíkjʊlə(r, dʒɪs-] 〘← L *gesticulus* (↓) + -AR¹〙 ── *adj.* 身振りの, 手まねの; 身振り[手まね]を使う: a ～ language 身振り言語.

ges·tic·u·late [dʒestíkjʊlèɪt, dʒɪs-, dʒəs- | dʒes-, dʒɪs-] 〘(1601) ← L *gesticulāt-us* (p.p.) ← *gesticulārī* to make mimic gestures ← *gesticulus* (dim.) ← *gestus* (p.p.) ← *gerere* to carry, perform〙 ── *vi.* (興奮したり勢いづいたりして)しきりにジェスチャーを交える, 盛んに身振り[手まね]を使う (cf. gesture). ── *vt.* 身振り[手まね]で表わす[示す]: He ～*d* his anger. 怒りを身振りで表わした. **ges·tíc·u·là·tor** [-ṭə | -tə] *n.* 「で.

ges·tíc·u·làt·ing·ly [-ṭɪŋli | -tɪŋlɪ] *adv.* 身振り手まね

ges·tic·u·la·tion [dʒestɪ̀kjʊléɪʃən, dʒɪs-, dʒəs- | dʒes-, dʒɪs-] 〘(15C) □ L *gesticulātiō(n-)*: ⇨ gesticulate, -ation〙 ── *n.* **1** ジェスチャーを交えること, 身振り手まね(で話すこと): He made various savage ～*s.* 彼はいろいろと獰猛な身振りをしてみせた. **2** 誇張[興奮]した身振り[手まね].

ges·tic·u·la·tive [dʒestíkjʊlèɪṭɪv, dʒɪs-, dʒəs-, -lət- | dʒestíkjʊlət-, dʒɪs-] *adj.* 身振り[手まね]を好む, 身振りたくさんの. **～·ly** *adv.*

ges·tic·u·la·to·ry [dʒestíkjʊlətɔ̀ːri, dʒɪs-, dʒəs-, -tòː-ri | dʒestíkjʊlət(ə)rɪ, dʒɪs-, -lèɪt-] *adj.* 身振り[手まね](たくさん)の; 身振り[手まね]を伴う[で示す].

ges·tur·al [dʒéstʃərəl] *adj.* 身振り[手まね]の, ジェスチャーによる.

ges·ture [dʒéstʃə | -tʃə(r] 〘(*c*1400) □ ML *gestūra* ← L *gestus* (p.p.) ← *gerere* to carry, conduct ← ?: ⇨ -ure〙 ── *n.* **1** 身振り, 手まね; (劇・演説等での)しぐさ, ジェスチャー: by ～ 身振りで / make a ～ of despair 絶望のしぐさをする. **2** (心的態度・感情等を表わす)そぶり, 挙動; (単なる儀礼上の)意志表示, (外交上等の)意味ありげな手: say something as a ～ of sympathy 同情を示すものとして何か言う / a friendly ～ on the part of ...側の友好的な意志表示 / It's simply a ～. そんなことは単なるジェスチャーだ《誠意のある意志表示ではない》. **3** 《古》身のこなし, 物腰.
── *vi.* (話しながら, または話の代りに)身振りをする, 手まねをする, 身振り[手まね]で示す (cf. gesticulate): He ～*d to* the stool beside him. 手まねで自分のそばの椅子にすわるように示した / He ～*d for* them *to* stop. 停止するように身振りで合図した. ── *vt.* **1** 身振り[手まね]で表わす[示す]. **2** ...に身振り[手まね]で指示する: He ～*d* her *to* a chair opposite his desk. 机の向いの椅子にすわるように手で合図した.

gésture lánguage *n.* = sign language 1.

Ge·su·al·do [dʒèɪzuáːldou | -zuáːldəu; *It.* dʒèzuáldo], **Don Carlo** *n.* ジェズアルド《1560?–1613; ルネサンス期イタリアの作曲家; 半音階を多用したマドリガーレにすぐれる; 称号 Prince of Venosa [venóːsa]》.

ge·sund·heit [gəzúnthaɪt; *G.* gəzúnthaɪt] 〘□ G ～《原義》health: cf. sound²〙 ── *G. int.* **1** (乾杯で)ご健康を祝します ((To your) health). **2** (くしゃみをした人などに)お大事に.

ges·warp [géswɔ̀əp | -wɔ̀ːp] *n.* 〖海事〗= guess-warp.

get¹ [gét] 〘(?*c*1200) *gete(n)* □ ON *get-a*: cf. OE *begietan* to get, beget ← Gmc **ʒetan* (G *vergessen* to forget) ← IE **ghend-* to seize, take (L *prehendere* to seize, take / Gk *khandánein* to hold, contain)〙 ── *v.* (**got** [gát | gɔ́t], 《古》**gat** [gǽt]; **got,** 《米》ではまた **got·ten** [gátn̩ | gɔ́tn̩]; **get·ting.** ★ ただし, p.p. 形で ill-gotten のように複合語をなす場合には《英》《米》とも gotten; cf. HAVE² *got* ★ (2)). ── *vt.* **1 a** 得る, 手に入れる; 〈賞・名誉・信用などを〉得る, かち取る, 獲得する (win, acquire): ～ a prize, glory, credit, wealth, etc. / ～ something *into* one's hand [possession] 物を手に入れる / ～ something *on* a person《口語》人に対して不利な事柄を手に入れる, 人の弱点を握る. **b** 〈作物を〉取り入れる; 〈石炭などを〉採掘する: ～ a good crop いい収穫を得る, 取入れが多い. **c** (ゲームで)〈得点を〉あげる: ～ runs (野球, クリケットで)得点をあげる.
2 かせいで得る, もうける (earn, gain): ～ a living [livelihood] 生活費をかせぐ / ～ much [little, nothing] 利益が多い[少ない, ない] / Ill *gotten* [*got*], ill spent.《諺》悪銭身につかず.
3 a 〔...から〕受ける, 受け取る, もらう; 〔...から〕(要求・懇願などによって)得る〔*from, out of*〕: ～ a letter, permission, an answer, etc. / I *got* a nice gift *from* her. 彼女から結構な贈り物をもらった. **b** 〈休息などを〉得る; [動作名詞 (action noun) を目的語として] うまく...する, ...する機会を得る: ～ a rest, sleep, walk, etc. / ～ possession of ...を手に入れる / ～ a glimpse of ...をちらと見る / ～ a good look at ...をよく見る[調べる] / ～ hold of ⇨ hold¹ *n.* 1.
4 [しばしば間接目的語を伴って] **a** 買う, 買い求める; 求める, 得る: ～ a new coat, a ticket, some stamps, etc. / Can I ～ a drink here? ここでは飲ましてもらえるかね / *Get* me a good teacher. = *Get* a good teacher *for* me. 私にいい先生を見つけて下さい. **b** 持って来る, 取って来る: Let me ～ my hat. 帽子を取りに行かせてくれ / Go (and) ～ your textbook. 教科書を取って来たまえ / *Get* me my hat. = *Get* my hat *for* me. 私の帽子を取って来てくれ / Won't you ～ a glass of water *for* me? 水を一杯持って来てくれませんか.
5 〈考え・印象などを〉持つ, 受ける; 〈習慣・知識・教育などを〉身につける (acquire): ～ an idea [a notion] *into* one's head ある考えを起こす / I *got* sight of him coming nearer. 彼がだんだん近づいて来るのが目にはいった / ～ a good education 立派な教育を受ける.
6 a 学ぶ, 知る (learn): ～ a lesson 教訓を学ぶ / ～ a poem by heart 詩を暗誦する. **b** (計算・実験などで)〈答・結果などを〉見い出す: Dividing nine by three we ～ three. 9 を 3 で割れば 3 が立つ. **c** 《口語》聞きとる, 聞いて知る: I didn't ～ your name [the last sentence]. お名前[最後の文]が聞きとれませんでした. **d** 《口語》理解する, ...(の言うこと)がわかる (understand): I don't ～ him [his idea]. 彼の言うこと[彼の考え]がわからない / Don't ～ me wrong. 誤解しないでくれ / ⇨ GET *it* (2). **e** 《口語》[通例, 命令文で] ...に注目する, 見る: *Get* him [the look on his face]! あの彼の(うぬぼれた)様子[顔付き]を見てみなさい.
7 a 〈病気〉にかかる (catch): ～ a cold 風邪を引く / She *got* measles *from* her sister. 彼女は妹のはしかがうつった. **b** 《口語》〈思想などに〉夢中になる, かぶれる: ～ socialism [films] 社会主義[映画]にかぶれる / ⇨ *get* RELIGION.
8 a 〈打撃・敗北・失敗などを〉こうむる, 受ける, 喫する (meet with, suffer): ～ a blow [a whipping] 打[むち打]たれる / ～ a slight bruise 軽い打撲傷を受ける / I *got* a bump on my head. 頭をがんとぶたれた; 頭にこぶができた / We *got* the worst of the bargain. その取引きでは散々な目にあった. **b** 罰として受ける, ...の刑に処される: He *got* ten years in jail. 懲役 10 年の刑に処された (cf. give *vt.* 11) / ⇨ GET *it* (1).
9 (電話などで)〈人・場所〉と連絡をつける; 呼び出す; 〈放送局・チャンネルなどを〉受信[受像]する, キャッチする (pick up): I'll ～ him *on* the phone. 彼に電話で連絡をつけよう / I'm just ～*ting* Chicago. シカゴに電話がつながったところだ / We can ～ 6 channels on TV. テレビで 6 チャンネル受像できる.
10 a 《英》〈距離を〉頑張り通す, 走り抜く: No other horse could ever ～ that course of ditches and hedges. あの溝と生垣だらけのコースを走り通せるのはあの馬以外にありはしない. **b** 《廃》...に届く, 達する.
11 ...の精神を写し出す, 再現する: The painter has *got* my grandfather's expression fairly well. この画家は祖父の表情をかなりよく描き出している.
12 a 〈食事を〉準備する, 用意する: ～ breakfast / She will ～ dinner by five o'clock. 夕食を 5 時までには用意するだろう. **b** 《口語》〈食事などを〉とる, 食べる: Go and ～ your breakfast. 朝食を食べて来なさい.
13 〈通例, 動物の雄が〉〈子を〉こしらえる (beget).
14 〈人・動物・魚などを〉捕える, つかまえる, 取る (catch); 〈列車など〉に間に合う, 乗車する: ～ many fish / The police *got* the thief. 警察は泥棒をつかまえた / ～ the eight o'clock train 8 時の列車に乗る.
15 《口語》打つ, ...に当る (hit, strike): The blow *got* him *on* the chin [*in* the eye]. その一撃は彼のあご[目]に当った / I *got* him first shot. 一発で彼にあてた.
16 《口語》**a** 圧倒する, 打ち倒す, 参らせる, (議論などで)負かす; 感動[感激]させる (move); 興奮させる: His illness finally *got* him. 彼も遂に病気に倒れた / Frost *got* our crop. 作物は霜にやられた / Now I've *got* you. さあ参ったか / That tune ～*s* me. 私はその曲にはぞくっとする / His wife's tears *got* him. 妻の涙に強く心を打たれた. **b** 困らせる, 苦しめる, 閉口させる, いらいらさせる (irritate): This question ～*s* me. この問題には参った / His ignorance ～*s* me. 彼の無知なことにはいらいらする. **c** ...に仕返しをする, やっつける; 殺す (kill): I'll ~ you *for* that. あんな仕打ちをして今にひどい目に会わせてやる / Who *got* the pigeon? だれが鳩を殺したのか. **d** 《野球》〈ランナーを〉アウトにする, 刺す (put out): The catcher *got* him as he slid in to home plate. 捕手は彼が本塁に滑り込むところをアウトにした.

17 a [目的語+副詞または前置詞付きの句を伴って] (ある場所・位置に)連れて[持って]来る[行く], もたらす (bring); (ある状態に)至らせる: ~ something *in* [*out, down*] 物を入れる[出す, 降ろす] / ~ something *into* [*out of*] a box 物を箱に入れる[から出す] / ~ a chair *upstairs* 椅子を二階へ運ぶ / ~ a person *home* 人を家へ連れ戻す[帰らせる] / ~ a child *to* bed 子供を床に入れる / ~ a woman *with* child 女をはらませる / ~ pigs *into* a cart 豚を車にのせる / ~ a person *upon* a subject ある題で人に話させる / I cannot ~ the key *in* the hole. 鍵を鍵穴に入れることができない. **b** 《古》[通例, 命令文で ~ thee (=thyself), ~ you (=yourself) として] 行く (go): *Get thee* hence, Satan. サタンよ, 退け (*Matt.* 4:10) / *Get you* home. 帰れ (Shak., *Merry W* 2.1.155).

18 [目的語+*to* do を伴って] …に…させる (cause), 説得して[勧めて]…させる (persuade); 〈物を〉…するようにする: You should ~ your friend *to* help you. あなたは友だちに助力してもらうべきだ / I can't ~ this door *to* shut properly. この戸はよく締まらない. ★ 対応する have の用法 (cf. have[1] 24 a) に比べ口語的.

19 [目的語+p.p. を伴って (cf. have[1] 23)] **a** [使役的] …を…させる, …してもらう: We must ~ the laws obeyed. 法律には服従させねばならない / Where can I ~ this printed? どこでこれを印刷してもらえるだろうか. **b** [受動的] …を…される: He *got* his ankle sprained while running. 走っているうちに足首を捻挫(ねんざ)した. ★ 使役的意味の場合の get には強勢があり, 受動的意味の場合にはない. **c** 《口語》[完了の意を強めて] …を…してしまう: I must ~ my work finished [done]. 仕事をしてしまわなければならない.

20 [形容詞・現在分詞などを目的補語として] …にする: ~ one's feet wet / ~ everything all right again すっかりもと通りに直す / We have *got* everything ready to depart. 出発の用意万端が整った / You may ~ the hook loose. ホックをはずしてもよい / Don't ~ your hands dirty. 手をよごすな / He *got* the clock going. 時計を動かした (cf. GET *going* (*vi.*) (1)) / It ~*s* me discouraged. 《口語》それにはがっかりしてしまう / *Get* thee gone. 《古》行ってしまえ, 去れ (cf. 17 b).

21 [you [we] get… として] 《口語》…がある[いる] (there is [are] …): Nowadays *we* ~ women studying politics. 今日では政治学を勉強する女性がいる.

— *vi.* 1 a [(…へ)来る, 行く, 着く, 到着する (arrive) [*to*]: When will you ~ *to* London? ロンドンにはいつお着きになりますか. ★ get to… は arrive at [in]… や reach… よりも口語的. **b** [種々の前置詞・副詞を伴って] (ある場所・状態に)至る, 到達する: ~ *into* [*out of*] a room 部屋にはいる[から出る] / ~ *in* 中へはいる / ~ *out* 外へ出る / ~ *before* 前に来る, 先になる / ~ *home* [*back*] 家に帰り着く / ~ *into* a rage 怒り出す / ~ *to* blows なぐり合いになる / ⇨ *get to* SLEEP / We *got* no *further* than there. それより先へは達しなかった / Dust ~*s on* everything. ほこりはすべての物の上にたまる / Where has it [he] *got to*? 《口語》(見当たらないが)あれ[彼]はどうなったのか (What has become of it [him]?).

2 [形容詞またはその相当語句を補語として] …になる, なって来る (become, grow): The weather is ~*ting* warm. 天気は暖かになって来た / He is ~*ting* old. 年を取って来た / The days are ~*ting* longer and longer. 日はだんだん長くなって来た / The work began to ~ more difficult. 仕事がますます困難になって来た / She has *got* well again. 彼女はもと通り元気になった / Have you *got* ready? 準備ができましたか / ~ drunk 酔っ払う / ~ done with …をし終える, …してしまう / ~ used to …に慣れる / *Get* set! (陸上競技などで)用意 / I had great difficulty ~*ting* in touch with her. 彼女と連絡をとるのに随分骨が折れた / How stupid can you ~? 《口語》何というぼんやり者だ.

3 [Passive の助動詞として p.p. と共に] …される: ~ slapped ぴしゃりと打たれる / ~ dismissed 解雇される / ~ hurt けがをする / ~ left ⇨ leave[1] 成句 / They *got* married last Sunday. 彼らはこの日曜に結婚式を挙げた / I *got* caught in a storm on the way back. 帰りに嵐に遭(あ)った. ★ (1) Passive の助動詞として be が「動作」と共に「状態」をも表わすのに対し, get は「動作」だけを表わし口語的. (2) get を用いる Passive には通例, 動作主を表わす by 句は用いられず, また p.p. には beaten, broken, burned, caught, drowned, found out, hurt, killed, punished, stuck などがしばしば用いられる.

4 《口語》[*to* do を伴って] **a** …するようになる (come): They soon *got to* be good friends. 彼らはじきに大の仲よしになった. **b** …することができる (be able): I never *got to* go to college. 私はとうとう大学には行けなかった.

5 《口語》[do*ing* を伴って] …し始める (begin) (cf. GET *to* (2)): ~ think*ing* / He *got* talk*ing* about his trip. 彼は旅行のことをしゃべり出した / ⇨ GET *going*.

6 もうける, 金持ちになる: *Getting* and spending, we lay waste our powers. もうけては費やし, こうしてわれわれの精力はすりへってしまう (Wordsworth, *The World is Too Much with Us*).

7 《俗・方言》[通例命令文で] 立去る (cf. git): Now ~! さあ行ってしまえ, とっとと立去れ / You ~!

get about (1) 歩き[動き]回る (move about); (病後などに)歩ける[出歩ける]ようになる (begin to walk): The invalid is unable to ~ *about* yet. 病人はまだ(出)歩けない. (2) 《口語》(社交的に)あちこち立ち回る[遊び回る], 遠くまで出歩く. (3) 〈うわさ・ニュースなどが〉知れ渡る, 広まる: A rumor *got about* that … というううわさが広まった.

get across (*vi.*) (1) (川・橋などを)渡る (pass over), (道路などを)横切る, (国境などを)越える: ~ *across* a river by boat ボートで川を渡る. (2) 《口語》〈考え・情報などが〉〔人に〕理解される, 通じる (be clear); 〈人が〉考えなどを〔相手に〕わからせる〔*to*〕: The idea *got across* (*to* him). その考えが(彼に)わかってもらえた / I couldn't ~ *across to* him. 彼に考えを理解してもらえなかった. (3) 〘《略》← *get it across the footlights* (⇨ footlights 成句)〙《口語》(観客・聴衆に)人気を取る, 受ける, 効を奏する (succeed). (4) 《英口語》〈人〉を怒らせ, いらいらさせる, …の機嫌をそこなう (annoy): He ~*s across* everyone. 彼はだれでも怒らせてばかりいる. (5) 《英方言》仲たがいになる〔*with*〕. (*vt.*) (1) (川などの)向こうに渡す[渡らせる]: ~ a person *across* a river 人を渡河させる. (2) 〈考えなどを〉〔人に〕わからせる, 認めさせる, 納得させる〔*to*〕: Am I ~*ting* this point *across to* you? この点わかってもらえているでしょうか.

get after 《口語》(1) …の後を追う, …を追いかける (follow). (2) 叱る (scold)〔*for*〕; …するように…をしつこく[しきりに]促す, せき立てる 〈*to* do〉.

get ahead (1) 〔…の〕先に出る; 〔…を〕しのぐ, 出し抜く〔*of*〕. (2) (事業・社交界などで)進出する, 成功する (succeed), 出世する (get on): ~ *ahead* in the world 出世する / ~ *ahead* well *with* a project 計画を順調に進める.

get along (1) 《口語》去る, 出て行く, 出かける (depart, go off): I think I'd better be ~*ting along*. そろそろ出かけたほうがよさそうだ / *Get along* (*with* you)! ⇨ 成句. (2) 進む, はかどる (progress): How are you ~*ting along with* your work? 君の仕事の進みぐあいはどうかね / The patient is now ~*ting along* pretty well. 患者はもうかなり快くなっています. (3) 暮らして[やって]行く; どうにかやって行く (manage): How are you ~*ting along*? どうして(暮して)いますか / ~ *along* on a small income わずかな収入でどうにか暮らす / He had to ~ *along without* any help. 人手を煩わさないで何とかやって行かなければならなかった. (4) 〔人と〕一致する, 気が合う〔*with*〕: He is rather hard to ~ *along with*. 彼は中々折り合って行きにくい人だ / They are ~*ting along together*. 彼らはいっしょに仲よく暮らしている. (5) (時刻が)遅くなる (become late); 年を取る (grow older): It was ~*ting along* toward evening. もう夕方になりかかっていた / He is ~*ting along* (in years). 彼ももう年だ.

***Get along* (*with you*)!** 《口語》(1) (あっちへ)行ってしまえ. (2) [間投詞的に] ばか(言う)な, まさか (Nonsense!). 「わる.

get among …の中にはいる, 仲間入りをする, …に加

get anywhere [《米》***anyplace***] [通例否定構文で] 《口語》多少とも目的を達する, 成功を収める (cf. GET *nowhere*): He'll *never* ~ *anywhere* doing like that. あんなふうにやっているのではとてもうまくは行くまい.

get around (1) (方々)歩き回る, 旅をして回る (go about); 《米》(社交的に)歩き回る, 世間を知る, 〔…に〕顔が広い〔*with*〕. (2) 知れ渡る, 広まる (get about). (3) (…を)迂回する; 〈法律など〉を出し抜く, 〈困難など〉をうまく避ける (evade): ~ *around* a law 法をくぐる. (4) 《口語》…をうまくくどき落す, 籠絡(ろうらく)する; …に一杯くわす (outwit): He is very good at ~*ting around* his mother. 彼は母を言いくるめるのが大変うまい.

get around to …の時間の余裕を見つける; …まで手が回る[届く]ようになる: I never *got around to* thank*ing* him. (忙しくて)とうとう彼に礼を言わずじまいだった / We'll have to ~ *around to* the matter sooner or later. いずれはその事も考えねばなるまい.

get at (1) …に達する, 届く, 近づく (reach); …を手に入れる (obtain): I stretched my arm but could not ~ *at* it. 手を伸ばしてみたが届かなかった / You cannot easily ~ *at* him. 彼には中々近づけない. (2) 〈意味・真実など〉を知る, 理解する, つかむ (find out): I'm trying to ~ *at* her point. 彼女の真意を知ろうとしているところだ. (3) [通例進行形で] …をほのめかす, 言おうとしている (imply): I don't see what you *are* ~*ting at*. 君が何を言おうとしているのかわからない. (4) 《口語》…をからかう, 当てこする; 非難[攻撃]する: Who are you ~*ting at*? 誰のことを(当てこすって)言っているのか. (5) 《口語》[しばしば Passive で] …に賄賂(わいろ)を使う, …を買収する (bribe); おどして[不正手段を使って]…をなびかせる. (6) 〈仕事など〉に取りかかる (apply oneself to).

get away (*vi.*) (1) 退く, 去る (leave), 行ってしまう (go away) (cf. *vi.* 1 b); 逃げる (escape)〔*from*〕: ~ *away from* prison 脱獄する / I cannot ~ *away from* work just now. 今ちょうど仕事から抜け[離れ]られない / *Get away* (with you)! = GET *along* (*with you*)! (2) [通例否定構文で] 〔事実などを〕避ける, 否定する〔*from*〕: There's *no* ~*ting away from* it. それから逃れることはできない, それは否定できない. (3) 〈競走馬などが〉出走する, スタートする (start). (4) 〈植物などが〉(よく)生育しはじめる. (*vt.*) (1) 連れ[持ち]去る; 取り去る[上げる]〔*from*〕. (2) 送り出す, 〈手紙などを〉郵送する.

get away with (1) …を持ち逃げする. (2) 《口語》(罰せられたりしないで)…をうまくやり遂げる, …をして[言って]無事にすむ: He is often late for work. I'd like to know how he manages to ~ *away with* it. 彼はよく遅刻をする, あれでどうやって事なく済ませられるのか知りたいものだ / ⇨ *get away with* MURDER. (3) 《俗》〈飲食物〉を平らげる, 片付ける (consume).

get back (*vi.*) (1) 戻る, 帰る (return) (cf. *vi.* 1 b); 〔…へ〕復旧する〔*to*〕. (2) [しばしば命令文で] (後方へ)下がる. (*vt.*) 〈人・物を〉かえす; 取り戻す (recover): You never ~ *back* what you have lost. 一旦失ったものは決して取り戻せない / ⇨ *get one's* OWN *back*.

get back at 《口語》〈人〉に仕返しをする.

get behind (1) (…より)遅れる (fall behind). (2) 〔支払い・家賃などを〕滞らせる〔*with*〕. (3) …を後援する, 支持する (support). (4) 《口語》…を解明する.

get by (1) (…の側を)通り過ぎる, 通過する (pass); 通過させる: I moved aside for him to ~ *by*. 彼が通り抜けられるようにわきに寄った. (2) 《米口語》(人の)目を逃れる, (とがめられずに)通り抜ける; …をだます (deceive): He *got by* the guards. 警備員に見つからずに通った. (3) 《口語》どうやらうまく行く; 切り抜けて行く, しのぎ通す (manage): I think I *got by on* [*in*] the exam. 試験は何とかうまく行ったと思う / This will be a hard year, but we'll ~ *by*. 今年は大変な年だが, 何とかやって行こう.

get down (*vi.*) (1) (乗物・木などから)降りる (descend) (cf. *vi.* 1 b); 〈子供が〉(食後に)食卓を離れる: He *got down* (*from*) the tree. / Many people were ~*ting down from* the bus. たくさんの人がバスから降りていた. (2) 身をかがめる: ~ *down* on all fours 四つんばいになる. (3) 《口語》元気がなくなる, めいる. (*vt.*) (1) 降ろす (bring down) (cf. *vt.* 17 a); 撃ち落とす; 〈失業率などを〉下げる: Just help me ~ *down* those dishes off the shelf. ちょっと棚からあのお皿を降ろすのを手伝ってください. (2) (やっと)飲み下す, のどに通す (swallow): I cannot ~ my food *down*. (3) 書きとる[写す] (copy down); 書きしるす (describe). (4) 《口語》…の元気をなくさせる, めいらせる (depress): This miserable weather is ~*ting* me *down*. このいやな天気には気がめいってしまう.

get down on 《米口語》〈人〉をきらうようになる.

get down to 〈仕事・問題など〉に(落着いて)取りかかる, …に(真剣に)取組む: ~ *down to* it 仕事に真剣[精力的]に取りかかる.

get far 遠くへ行く; 進歩する, 成功する.

get forward 進む, はかどる, 進歩する (advance); 〈仕事を〉どんどん進める.

get going 《口語》(*vi.*) (1) 出かける (start); 活動を始める, 仕事にかかる; 〈事が〉進み出す (cf. *vt.* 20): We were all ready to ~ *going on* the work. 我々は皆すぐにでも仕事に取りかかれるばかりになっていた / Once he ~*s going*, he never stops. 一旦やり出すと決してやめない. (2) 急ぐ (make haste): *Get going*! (*vt.*) 《米》〈人を〉興奮させる, 刺激する, おこらせる: If you say that sort of thing, you will ~ him *going* again. そんなことを言ったら彼はまた怒りだすだろう.

get his 〈彼が〉正当な報い[罰]を受ける; 《俗》殺される.

get home ⇨ home *adv.* 成句.

get in (*vi.*) (1) はいる (cf. *vi.* 1 b); (乗物に)乗り込む (enter). (2) 〈列車・汽船などが〉(駅・港に)はいって来る, 到着する (arrive): The boat *got in* on time. 船は時間通りに入港した. (3) (議員・委員などに)選挙される, 当選する: He *got in* with a large majority. 彼は大差をつけて当選した. (4) 入学[入社, 入会, 入党]する; 〔議論・旅行などに〕加わる〔*on*〕. (5) 〔…と〕掛かり合いになる, 親しくなる〔*with*〕; 〔…に〕巻き込まれる, はまり込む〔*with*〕: He *got in with* a group of gamblers. 彼はばくち打ちの仲間にはいった. (*vt.*) (1) 入れる (bring in) (cf. *vt.* 17 a); 〈言葉を〉差しはさむ (inject); 〈商品を〉仕入れる (put in stock); 〈医者・修理屋などを〉(家に)呼ぶ; 〈人を〉当選させる: ~ *in* the washing 洗たく物を取り込む. (2) 取り入れる, 収穫する (gather in): ~ the crops *in*. (3) 〈種を〉まく (sow). (4) 〘印刷〙〈活字を〉詰めて組む (set close). (5) 〈牛馬などを〉くびきに入れる (yoke), …に馬具を着ける (harness); 小屋に追い込む: ~ the horses *in*. (6) 〈仕事などを〉ある期間内に入れる[間に合わせる]. (7) 《口語》〈打撃などを〉うまく加える, 的中させる: ~ a blow [punch] *in*. (8) 〈人を〉掛かり合いにする, 巻き込む (involve).

get into (1) …にはいる, 到着する, 〈馬車など〉に乗り込む (enter) (cf. *vi.* 1 b); …に入れる: ~ *into* a subject 問題の研究にはいる / ~ *into* a paper 新聞に出る / ⇨ *get into one's* HEAD / The train *got* him *into* the town at noon. 列車で正午に町に着いた. (2) 〈ある状態〉にはいる, …になる; 〈人を〉〈悪い状態〉に陥れる: ~ *into* a habit 癖がつく / ~ *into* conversation [correspondence] with …と談話[通信]を始める / ~ *into* mischief いたずらをやる. (3) 〈職務など〉につく; 〈会など〉に加入する (join): ~ *into* office 就任する / ~ *into* business [trade, the movies] 実業界[商

売,映画界]にはいる / ～ *into* bad company 悪い仲間にはいる. (4)〈仕方など〉を知る,…に慣れる. (5)〈考えなどが〉〈人〉に取り付く,…を支配する (come over): What has *got into* her? (いつもとちがうが)彼女は(一体)どうしたのか. (6)《口語》〈服など〉を身につける,着る,はく (put on): ～ *into* an overcoat [pajamas].

get it (1)《口語》叱られる,罰せられる (catch it): You'll ～ *it for* losing the camera. カメラをなくしたりして叱られるぞ. (2)《口語》理解する,わかる (understand); (電話・ベルなどに)応答する,出る: Now I ～ *it*. ああわかった. (3) [have got it bad(ly) として]《俗》惚れ込んでいる,のぼせている.

get it all together《米口語》(1)〈人が〉落ち着きを失わない,物事に動じない; (考え方が)しっかりしている. (2)〈女性が〉立派な体つきをしている. 「る.

get it on《俗》(1) 興奮する,乗ってくる. (2) 性交す

get nowhere《口語》進歩しない,効果がない,失敗に終わる (cf. GET *anywhere*, GET *somewhere*).

get off (*vi.*) (1) (馬・乗物などから)降りる (↔ get on); (…から)出る,はずれる,離れる; 去る: ～ *off* a horse, bus, train, etc. / ～ *off* the grass 芝生から出る / ～ *off* the track 脱線する / ～ *off* a river 〈ボートの人などが〉川から(岸に)上がる / Let's ～ *off* this topic. この話はやめよう / ～ *off* ((*from*) work) at 5 o'clock 5時に仕事から離れる,退社する / ⇨ *tell a person where to* GET *off*. (2) 出発する,出かける (start): We ～ *off on* the three o'clock flight to New York. 3時の飛行機でニューヨークへ立った. (3) (仕事などから)逃れる (escape); (刑罰などを)免れる: ～ *off doing* one's homework 宿題を(するのを)逃れる / He *got off with* a slight fine. 軽い罰金ですんだ / ～ *off* easy [lightly] 軽い罰ですむ. (4) [*doing* を伴って]《口語》図々しくも…する: Where does she ～ *off telling* me such things? よくも彼女が私に向かってそんなことを言えるものだ. (5) 休暇をとる,休む. (6) =*get off to* SLEEP (1). (7)《俗》〔麻薬で〕陶酔する (get high); 〔…に〕恍惚(こう)とする,感動する 〔*on*〕. (8)《口語》〔異性と〕親しくなる; 結婚[婚約]する 〔*with*〕. (*vt.*) (1) (…から)取りはずす,取り除く (remove) (cf. *vt.* 17 a); 〈衣服を〉脱ぐ (take off): ～ one's overcoat *off* 外套を脱ぐ / ～ a ring *off* one's finger 指から指輪をはずす. (2)〈人を〉出発させる; 〈子供などを〉送り出す; 避難させる: He *got* his family *off on* the first train. 彼は家族を一番列車に乗せてやった / ⇨ *get off to* SLEEP (2). (3) …の刑罰を免れさせる,放免する; …の刑を軽くしてやる: His lawyer *got* him *off*. 弁護士は彼を無罪にしてくれた[彼の刑を軽くしてくれた]. (4) 覚える (learn): ～ *off* a short passage by heart 短い一節を暗記する. (5)〈手紙などを〉書いて出す,郵送する,発送する (dispatch): ～ a letter [telegram] *off to* a person 人に手紙[電報]を出す. (6)〈娘を〉結婚させる,片付ける. (7)《口語》〈冗談・意見などを〉(適当な時に)言う,飛ばす (utter): ～ *off* a joke. (8)《俗》〈麻薬が〉〈人を〉…させる; 〈音楽などが〉〈人を〉感動させる.

get on (*vi.*) (1) (馬・乗物などに)乗る (mount) (↔ get off). (2) 去る,行ってしまう (go off); 進む (get along); 〈仕事などが〉はかどる; 〔…を〕どんどん進める 〔*with*〕: I'll ～ *on with* my studies. 研究を進めよう / Let him ～ *on with* it.《口語》彼の好きなようにそのままやらせておきなさい《あとのことは知らない》 / *Get on* (*with* you)! =GET *along* (*with you*)! (3)《口語》[進行形で]〔ある年令・時間・数などに〕近づく (come close) 〔*for, to, toward*〕: He is ～*ting on for* seventy. そろそろ 70 歳になる / It *was* ～*ting on to* [*toward*] eleven o'clock when I arrived home. 家に着いたのはかれこれ 11 時近かった. ★この用法から転じて, getting on for が'almost, nearly'の意味の副詞句として用いられることがある: We have lived here ～*ting on for* twenty years. ここに住むようになってからかれこれ 20 年になる. (4) [通例進行形で]〈時刻が〉遅くなる; 〈人が〉年を取る (age): I *am* ～*ting on* (in years). 私も年を取って来た. (5) 進歩する,成功する,うまく行く (progress): He seems to be ～*ting on* very well at school. 学校では優秀な成績をあげているようだ. (6) やって行く,(どうにか)過ごして行く (manage): How is your mother ～*ting on*? お母さんはどうしておられますか / I think I can ～ *on without* the money. あの金がなくてもどうにかやって行けると思う. (7)〔…と〕うまく折り合って行く,協調して行く 〔*with*〕: She is ～*ting on* quite well *with* my mother. 彼女は母と結構うまくやっている. (8)〈チーム・計画など〉に参加する. (9)《口語》〈神経〉にひどくさわる: That noise ～*s on* my nerves. あの音には頭に来てしまう. (10)《英口語》(電話などで)〔…に〕連絡する,通報する 〔*to*〕. (11)《口語》〈人〉をしかる,罰する (reprimand, punish); 〔…に〕うるさく言う,うるさく〔…の〕あら捜しをする 〔*at, to*〕: She is always ～*ting on to* me about my clothes. 彼女は服装のことでいつも私にうるさく言う. (12)《口語》〔…を〕見つける,発見する,〔…が〕わかる,〔…の〕意味[真相,正体]をさとる (understand) 〔*to*〕. (13)《口語》〔ある事柄に〕進む,取りかかる: ～ *on to* the main issue 本論に進む. (*vt.*) (1)〈服を〉着る,身につける,〈靴などを〉はく (put on): ～ a coat *on*. (2)〈やかんなどを〉(火に)かける. (3) (乗物などに)乗せる: The bus will stop long enough for us to ～ our bags *on*. かばんをバスに乗り込ませる時間ぐらい停車するだろう. (4)〈人を〉進歩させる.

get out (*vi.*) (1) (…から)出て行く,去る (depart) (cf. *vi.* 1b); 逃げる (escape);《米口語》(社交的に)出歩く: *Get out!*《口語》出て行け; [間投詞的]ばかを言え,まさか / He *got out* the door [window]. 玄関[窓]から出た (cf. out *prep.* 2). (2) (乗物を)降りる (get off). (3)〈秘密・ニュースなどが〉漏れる,知れる: The secret *got out*. (4) (仕事などから)手を引く,引退する,やめる (cf. GET *out of* (*vi.*) (3)). (5)〘クリケット〙アウトになる. (*vt.*) (1) (…から)出す,取り出す (take out); 抜く,引き出す (cf. *vt.* 17 a); (図書館から)〈本を〉借り出す. (2) …が逃げるのを助ける,逃がす. (3)〈著書・新聞などを〉公けにする,出版する,発行する (publish); 〈仕事などを〉仕上げる,完成する (complete): ～ a new edition *out* 新版を出す. (4)〈言葉を〉やっと言う,(口から)発する (emit). (5)〈秘密などを〉聞き出す,見つける. (6)〈問題などを〉解く,〈計算などを〉する. (7)〘クリケット〙アウトにする.

get out of (*vi.*) (1) …から出る[降りる]; 〈衣服〉を脱ぐ: ～ *out of* a car [taxi] 車[タクシー]を降りる / ～ *out of* bed on the wrong side ⇨ bed *n.* 成句. (2) …の届かない所へ行く (get beyond): ～ *out of* sight 見えなくなる,姿を消す. (3) …を脱する,捨てる (abandon); 〈仕事など〉から手を引く,引退する (retire from): ～ *out of* a bad habit 悪い癖を捨てる / He managed to ～ *out of* the job. やっとその仕事から抜け出せた. (4)《口語》〈義務など〉を避ける,逃れる,…を免れる (avoid): You cannot ～ *out of* that. それを免れることはできない / He tried to ～ *out of paying* his share. 割当て分を払わずに済まそうとした. (*vt.*) (1) …から引き抜く[抜き取る],引き[取り]出す: ～ a cork *out of* a bottle びんのコルク栓を抜く / ～ a person *out of* one's mind 人のことを忘れる. (2) …から逃がす,免れさす: His illness *got* him *out of having* to attend the meeting. 病気のため会に出るに及ばなかった. (3) …から〈秘密などを〉聞き出す; …から〈もうけなどを〉引き出す: I could ～ nothing *out of* him. 彼からは何も聞き出せ[一銭ももらえ]なかった.

get over (*vi.*) (1) (…を)通り越す,(…を)越える,乗り越える (climb over); (…の向こう側へ)渡って行く,動いて行く (cross); 〈ある距離〉を越す,行く (cover): ～ *over* a river, stile, ten miles, etc. (2)《口語》出向く,足を運ぶ: I'll ～ *over to* see him in a few days. 二三日中に彼を訪ねて行ってみよう. (3)〈困難など〉を乗り越える,に打ち勝つ (overcome): ～ *over* a difficulty, opposition, one's shyness, etc. (4)〈病気など〉から回復する (recover from): ～ *over* an illness, injury, etc. (5) [通例否定構文で]〈不幸・ショックなど〉を忘れる,諦(あきら)める,から立ち直る (forget): He could *not* ～ *over* his son's death. 彼は息子の死を諦められなかった / She has *not got over* her former husband. 彼女は前の夫のことを忘れられないでいる. (6)《口語》[通例否定構文で] …に驚かなくなる: I *can't* ～ *over* his [him] behaving like that! 彼のあの振舞いには全く驚くよ. (7)《口語》(議論などで)〈人〉を負かす,に勝つ. (8) [通例否定構文で]〈ある事〉を否定する,打ち消す (deny): We *cannot* ～ *over* this fact. この事実を否定することはできない《認めざるを得ない》. (9)《口語》〈考えなどが〉〔人に〕理解される,通じる (get across); 〈人が〉考えなどを〔相手に〕分からせる 〔*to*〕. (*vt.*) (1)〈人・物を〉(乗り)越えさせる,(向こう側へ)渡らせる. (2)《口語》〈面倒な仕事などを〉やってしまう,済ませる (finish) (cf. GET *over with*): We hope to ～ the meeting *over* quickly. 会は早く済ませたいと思っている / Let's ～ it *over* (and done with). さっさと済ませてしまおう. (3)《口語》〈考えなどを〉〔人に〕理解させる,納得させる (make clear) 〔*to*〕: He could not ～ his case *over to* the electorate well enough. 彼は自分の立場を選挙民に十分に理解させることができなかった.

get over with《口語》やってしまう,片付ける: He was in a hurry to ～ the work *over with*. 大急ぎで仕事を片付けようとしていた.

get round =GET *around*.

get round to =GET *around to*.

get somewhere《口語》成功の糸口をつかむ,いい線を行く,うまく行く (succeed) (cf. GET *nowhere*): Now we're ～*ting somewhere*. ようやく前途が明るくなって来た / He is determined to ～ *somewhere*. 彼はもうしっかりとした将来の方針を立てている.

get theirs《俗》〈彼らが〉殺される.

get there《口語》(1) 目的を達する,成功する. (2) 合点(がてん)する.

get through (*vi.*) (1) (…を)通り抜ける,(中へ)泌み込む (cf. *vi.* 1b); …をうまく通過する,しのぎ通す (survive): That tree may not ～ *through* this winter. あの木はこの冬もたないかもしれない. (2)〔目的地などに〕達する 〔*to*〕. (3)〈学校〉を卒業する; (試験に)及第する,〈科目〉に合格する (pass); 〈議案などが〉(議会を)通過する: I *got through* everything except mathematics. 数学以外は全部に合格した. (4) (電話・無線などで)〔…に〕連絡をとる,電話が通じる; 〔…に〕連絡をつける,意向を通じる,理解される 〔*to*〕; 〈通信などが〉〔…へ〕通達される 〔*to*〕: ～ *through* (on the phone) *to* London / I wonder if my warning has *got through to* him. 私の警告が彼にわかってもらえたかどうだろうか. (5)〔…を〕(うまく)終らせる,し遂げる,片付ける 〔*with*〕: Let's ～ *through with* this unpleasant job at once. このいやな仕事をすぐに片付けてしまおう. (6) …を終らせる,終了する,完成する (complete); 〈食物など〉を平らげる; 〈金〉を使い果たす. (7)〈時間〉を過ごす,しのぐ (while away): I had an hour to ～ *through*. 1時間の暇があった. (*vt.*) (1) (…に)押し通す,泌み込ませる. (2) うまく(…に)通過させる; (試験に)及第させる; 〈議案などを〉(議会で)通過させる,承認させる: I managed to ～ my baggage *through* the customs. どうにか手荷物を税関にパスさせることができた. (3)〔目的地などに〕到達させる; 〔…に〕通じさせる,理解させる 〔*to*〕: The operator *got* me *through to* London. 交換手がロンドンにつないでくれた.

get to (1) ⇨ *vi.* 1. (2)〈仕事など〉にかかる,…を始める; [*doing* を伴って]《口語》…し始める,…し出す (begin) (cf. *vi.* 5): ～ *to* business, work, etc. / I *got to* remember*ing* those good old times. ふと私はあの懐しい昔を思い出した. (3)《口語》…と連絡がつく,…に会えるようになる (contact). (4)《口語》〈人〉に影響[感銘]を与える: The song *got to* me. その歌は私を感激させた / The drink *got to* him at last. その酒にとうとう彼は酔った / The heat was really ～*ting to* me. 暑さは本当に私にこたえていた. (5)《米口語》(賄賂を使ったりおどしたりして)〈人〉の心を動かす,…をなびかせる (influence); …をいらいらさせる.

get together (*vi.*) (1) 集まる,会合する (meet) (cf. get-together): We still ～ *together* once a year. 今でも年に1度会を開いている. (2) (意見が)一致する (agree): They could not ～ *together on* the proposal. その提案は意見がまとまらなかった. (3) 団結する; 合同する. (*vt.*) (1) 集める,寄せ集める (collect). (2)《口語》〈物事を〉うまく処理する,まとめる.

get under (1) (…の)下にはいる[入れる]; (…に)屈服する: *Get under* quick! 身を沈めろ,早く. (2)〈火事などを〉静める,鎮圧する (subdue): They *got* the fire *under* in about an hour. 火事は1時間ばかりで消し止められた.

get up [《米》ではまた gɪtáp] (*vi.*) (1) 起きる,起床する; (地面から)起き上がる,(席などから)立ち上がる: He *got up* from the chair. (2)〈獲物が〉やぶから飛び立つ (rise from cover); 〘クリケット〙〈球が〉(pitch を離れて)鋭くはね上がる. (3) (…を)昇る,(…に)乗る (climb, mount): ～ *up* a hill [tree] / ～ *up* the stairs 階段を昇る / He *got up on* the horse [the roof]. 馬に乗った[屋根に昇った]. (4)〔…に〕近づく,接近する (come close); 〔…に〕到達する 〔*to*〕; 前進する (advance): ～ *up to* page 50 50ページまで進む. (5)〈風・海・火などが〉勢いを増す,激しくなる: The sea *got up* at dawn. 海は明け方に荒れ出した. (6)《口語》化粧する,扮装する (get oneself up) (cf. (*vt.*) (4)). (7)《口語》[命令文で] (馬に呼び掛けて)進め,はいはい (cf. giddap). (*vt.*) (1)〈人を〉起こす; 起立させる; 上げる,引き上げる (raise); 乗せる (cf. *vt.* 17 a): *Get* me *up* at six tomorrow morning. あすの朝6時に起こしてください. (2) 計画する,準備する,催す (organize); 起草する,書きあげる: ～ *up* a concert [party]. (3)〈洗濯物を〉仕上げる: ～ *up* linen. (4) (…の身なり・髪型などを)装う,化粧させる,扮装させる (dress); 〈部屋〉の飾り付けをする (decorate); 〈本を〉装丁する: She ～*s* herself *up* like a young girl. 彼女は若い女の子みたいな身なりをする / She was well *got up*. 彼女は上手に化粧していた / He was *got up as* a doctor [for the doctor's part]. 医師の役に扮した. (5)〈劇を〉上場[上演]する (stage). (6)〈蒸気などを〉起こす,発する (produce); 〈スピードなどを〉上げる(increase): ⇨ *get up* STEAM. (7) (ある目的のために)勉強する (study), (試験などのために)〈科目〉の準備をする,覚える (study up); 《英》勉強し直す,…にみがきをかける (polish up): ～ *up* history *for* an examination 歴史の試験勉強をする / ～ *up* one's English 英語をやり直す. (8) (心の中に)〈感情を〉かき立てる,奮い起こす (work up). (9)〈食べた物を〉吐き出す (disgorge).

get up against (1) …のすぐ近くにいる[寄る,置く]. (2)〈人〉と対立する.

get up and go [***get***]《口語》(1) てきぱき動き出す,頑張り始める (cf. get-up-and-go). (2) 急ぐ (make haste).

get up to《口語》〈子供などが〉〈いたずらなど〉を仕出かす: He ～*s up to* all sorts of tricks. どんなわるさをもし兼ねない.

get with it ⇨ with 成句.

have got ⇨ have² 成句.

tell [***show***] ***a person where to get off*** [***where he gets off***] 〘← *get off* (vi.) (1) (⇨ get (v.) 成句): バスの車掌が無作法な乗客に下車を命じる意から?〙《口語》〈人〉をたしなめる,ずけずけ言ってやる,ぎゃふんと言わせる (cf. GET *off* (*vi.*) (4)).

— *n.* **1 a** (動物が)子を産むこと (begetting); 血統 (lineage); [集合的]〈雄の動物の〉子 (offspring): the ～ of a stallion. **b**《スコット》子供,「がき」(child); (特に)私生子. **2**〘スポーツ〙《口語》(テニスなどで)難しい打球の好返球. **3**《豪俗》逃走 (getaway): do [make] a ～. **4**《英方言》もうけ,かせぎ,給料 (earnings).

get² [gét] 〘□ Mish.Heb. *gēṭ* document □ Gk *khártēs* paper: ⇨ chart〙 — *Heb. n.* (*pl.* **git·tin** [gɪtíːn]) 〘ユダヤ教〙**1** 義務免除の証書,(特に)離縁状 (bill of divorce). **2** (ユダヤ法によって認められた)宗教上の離婚.

get·a·ble [gétəbl | -tə-] *adj.* =gettable.

get·at·a·ble [getǽtəbl | -tǽt-] 〘← *get at* (⇨ get¹ 成句): ⇨ -able〙 — *adj.* 達することができる,知ることができる,近づきやすい (accessible); 手に入れられる

(cf. come-at-able). **～·ness** *n.* **get·àt·a·bíl·i·ty** [-ṭəbíləṭi | -təbílətɪ, -lɪ-] *n.*

gét·awày *n.* **1** (狐が)やぶ[潜伏場所]から飛び出すこと. **2** (犯行後の)逃走 (escape): make one's [a] ～ 逃走する. **3** (競馬・自動車の)スタート: a poor ～ へたなスタート. **—** *adj.* 逃走(用)の: a ～ car.

Geth·sem·a·ne [geθséməni | -nɪ] 〖◻Gk *Gethsēmanē*, *Gethsēmanei* ◻Aram. *Gath šᵉmānī* oil press〗 **—** *n.* **1** 〖聖書〗ゲッセマネ《Jerusalem の東方, Olives 山のふもとの園; イエスが苦難に会い裏切られた地; cf. *Matt.* 26: 36》. **2** [g-] 精神的[霊的]大苦難の場所[経験].

Gethsémane chéese *n.* =Trappist cheese.

gét-òut *n.* **1** 《口語》(困難な立場などからの)脱出 (escape); 脱出の手段[方法]. **2** 《英》〖劇場〗1週間の巡業上演費用.
as* [*like*] *all get-out 《米俗》この上もなく, 非常に, ひどく, とても, べらぼうに: He was (*as*) rich *as all* ～. うなるほど金があった / They are studying *like all* ～. 彼らはすごく勉強している.

gèt-rích-quick *adj.* (人の投機心に付け込む)一攫(かく)千金的な: a ～ advertisement, method, promoter, etc.

gèt-rích-quick·er *n.* 一攫(かく)千金を夢みる人.

gett [gét] *n.* (*pl.* **git·tin** [gítí:n]) 〖ユダヤ法〗=get².

get·ta·ble [géṭəbḷ | -tə-] *adj.* 得られる, 手にはいる.

get·ter [géṭə | -tə(r] 〖ME《廃》'parent, begetter of Christ'〗 **—** *n.* **1** 得る人. **2** 〖電気〗ゲッター《電球や真空管内の残留ガスを吸収させる物質; 例えば電球のフィラメントに付けて置くリンや真空管中に置かれるマグネシウムなど》. **3** 《カナダ》(田畑を荒らすねずみなどを退治するための)毒入り餌. **—** *vi.* 〖電気〗ゲッターを用いる. **—** *vt.* 〖電気〗(ゲッターを用いて)〈残留ガスを〉取除く.

gét·ter·ing [-ṭərɪŋ | -tə-] *n.* 〖電気〗(ゲッター (getter) 使用による)残留ガスの除去.

gét-togèther *n.* 《口語》相談; 会合 (meeting); (特に)社交の会, 懇親会: a ～ meeting 親睦会.

gèt-tóugh *adj.* 《口語》毅然とした心構えの, 断固とした, 決然とした: a ～ policy.

Get·tys·burg [géṭizbə:g | -tɪzbə:g] 〖← *J. Gettys* (18世紀のこの町の建設者): ⇨ -burg〗 **—** *n.* 米国 Pennsylvania 州南部の町; 南北戦争の戦跡 (1863年)で, その戦闘で倒れた将兵を葬った国立墓地がある; 人口 8,000.

Géttysburg Addréss *n.* [the ～] ゲティスバーグの演説《南北戦争で倒れた将兵を葬った国立墓地が 1863年11月19日 Gettysburg に開かれた際 Abraham Lincoln が行なった演説; その中の "government of the people, by the people, for the people" という句は有名》.

gét·ùp *n.* 《口語》 **1** 装い, 身支度, 身なり, 風采 (outfit): a queer ～. **2** (書物の)装丁, 体裁: the ～ of a book. **3** 精力, 気力 (energy); 野心; 積極性.

get-ùp-and-gét *n.* =get-up-and-go.

get-ùp-and-gó *n.* =getup 3 (cf. GET¹ *up and* go (1)).

Geu·lincx [gə́:lɪŋks, géɪ-; *Du.* xǿ:lɪŋks], **Arnold** *n.* ゲーリンクス《1624–69; オランダの哲学者; 機会原因論 (occasionalism) を唱えた》.

ge·um [dʒí:əm | dʒí:əm, dʒíəm] 〖《1548》← NL ～ ← L *g(a)eum* herb bennet〗 *n.* 〖植物〗=avens.

GeV, Gev 《記号》〖物理〗gigaelectron volt(s).

gew·gaw [gjú:gɔ:, gú:- | gjú:-] 〖《?a1200》*giue-goue* (加重) ← ? *gawen* to stare: cf. F *joujou* toy〗 **—** *n.* (値打ちのない)安ぴか物, 見かけ倒しの物; つまらぬ物 (trifle). **—** *adj.* やすぴかの, 見かけ倒しの.

gey [géɪ] 〖《変形》← GAY〗《スコット》*adj.* かなりの (considerable). **—** *adv.* かなり, 非常に.

gey·ser 〖《1780》◻Icel. *Geysir* (Iceland の間欠泉の名)《原義》gusher ← *geysa* to gush: ⇨ gust¹〗 **—** *n.* **1** [gáɪzə | gáɪzə(r, gí:-] 間欠泉, 間欠温泉, 間欠噴泉. **2** [gí:-] 《英》(風呂・台所などに取り付けた)瞬間湯沸かし器. **—** *v.* [gáɪ- | gáɪ-, gí:-] **—** *vi.* (間欠泉のように)噴出する. **—** *vt.* (間欠泉のように)噴出させる.

gey·ser·ite [gáɪzəràɪt | gáɪ-, gí:-] 〖◻F *geysérite*: ⇨ ↑, -ite¹〗 **—** *n.* 〖鉱物〗ガイザリット, 珪華(けいか) (siliceous sinter)《間欠泉その他の温泉または冷泉の周囲に沈積する蛋白石状ケイ酸の一種》.

gf 《略》gram-force.

GFE 《略》government-furnished equipment.

G.F.T.U. 《略》General Federation of Trade Unions (英国の)労働組合総連合.

g.g., G.G. 《略》gamma globulin; gas generator.

G.G. 《略》Governer-General; 《英》Grenadier Guards.

GGPA 《略》graduate grade-point average.

g.gr. 《略》great gross 12 グロス (=1728 個).

GHA 《略》〖天文・海事〗Greenwich hour angle.

ghaf·fir [gæfíə | -fíə(r] 〖◻Arab. *ghafīr* guard〗 *n.* (*also* **gha·fir** [～]) (エジプトの)現地人の警官, 夜警.

Gha·na [gá:nə, gǽnə | gá:nə] *n.* ガーナ《アフリカ西部, Guinea 湾に臨む英連邦内の共和国; 旧英領 Gold Coast で 1957 年独立; 人口 10,480,000, 面積 238,539 km², 首都 Accra; 公式名 the Republic of Ghana ガーナ共和国》.

Gha·na·ian [gɑ:néɪən, gæ-, -náɪən, gá:nəjən, gǽn-, -njən, -niən | gɑ:néɪən] *adj.* ガーナ (Ghana) の; ガーナ人の. **—** *n.* ガーナ人.

Gha·ni·an [gá:niən, gǽn-, -njən | gá:njən, -nɪən] *adj., n.* =Ghanaian.

ghar·ry [gǽri, gá:ri | -rɪ] 〖◻Hindi *gāṛī* cart〗 *n.* (*also* **ghar·ri** [～]) 《インド》辻馬車. 「(ghastly).

ghast·ful [gǽstfəl | gá:st-] 〖ME〗 *adj.* 《古》物凄い

ghast·i·ly [gǽstɪli, -tə- | gá:stɪlɪ, -tə-] *adv.* =ghastly.

ghást·li·ly [-lɪli, -lə- | -lɪ] *adv.* =ghastly.

ghast·ly [gǽstli | gá:stlɪ] 〖《?a1300》*gastli(ch)* ← *gast* frightened (p.p.) ← *gaste(n)* < OE *gǣstan* to terrify (cf. aghast): ⇨ -ly²: 現在のつづり字と語義2は GHOST の影響による〗 **—** *adj.* (**ghast·li·er; -li·est; more ～, most ～**) **1** 恐ろしい, 物凄い, ぞっとするような, 気味悪い (horrible, frightful): a ～ dream, sight, story, etc. **2** 〈顔つきなど〉幽霊[死人]のような, ぞっとさせる; 青ざめた (pale): a ～ appearance, look. **3** 《口語》ひどい, いやな (very bad): a ～ bore たまらなく退屈な男 / a ～ failure ひどい失敗. **—** *adv.* **1** 《古》恐ろしく, ぞっとするほど, 物凄く. **2** 幽霊[死人]のように, 青ざめて: be ～ pale. **ghást·li·ness** *n.*

ghat [gɔ́:t, gá:t | gɔ́:t] 〖◻Hindi *ghāṭ* mountain pass, landing place ← Skt *ghaṭṭa*〗 **—** *n.* 《インド》 **1** 山道, 峠(とうげ) (mountain pass). **2** [*pl.*] 山脈 (mountain range). **3** (船着き・水浴などのために設けた)川端の階段; 船着き場: ⇨ burning ghat.

Ghats [gɔ́:ts, gá:ts | gɔ́:ts] *n. pl.* [the ～] ガーツ《インド南部の Deccan 高原の両側にある二つの山脈; Bengal 湾の海岸線に平行する Eastern Ghats (東ガーツ山脈)と西海岸をアラビア海に接して縦走する Western Ghats (西ガーツ山脈)》.

ghaut [gɔ́:t, gá:t | gɔ́:t] *n.* =ghat.

ghaz·el [gǽzəl, -zḷ] 〖◻Arab. *gházal* love (poetry)〗 **—** *n.* (*also* **ghazal** [～]) 〖詩学〗ガザル《アラビア・ペルシャなどの叙情詩型《5–12 の 2 行連句から成り, 恋愛や酒をテーマにしたものが多い》.

gha·zi, G- [gá:zi | -zɪ] 〖◻Arab. *ghāzī* (pres.p.) ← *gházā* to fight〗 **—** *n.* **1** 異教徒と戦いこれを殺害することを誓約したイスラム戦士. **2** [G-] トルコで凱旋将軍・大統領などに与えられる最高の称号.

Ghe·ber, 《英》**Ghe·bre** [géɪbə, gí:- | -bə(r] *n.* =Gabar.

ghee [gí:] 〖《1665》◻Hindi *ghī* clarified butter ← Skt *ghṛta* (p.p.) ← *ghṛ* to sprinkle〗 *n.* ギー《インドの水牛または牛の乳からつくる液状バター》.

Ghent [gént] *n.* ヘント, ガン《ベルギー北西部の工業都市; Scheldt 川と Lys 川との合流点にある港; 人口 463,000; フランス語名 Gand, フラマン語名 Gent [xɛ́nt]》.

Ghént azàlea *n.* 〖園芸〗ゲント アザレア《ベルギーの Ghent 地方を中心にヨーロッパで交雑育種された落葉性ツツジの園芸品種》.

gher·kin [gə́:kɪn, -kən | gə́:kɪn] 〖《1661》◻Du. **(a)gurkkijn* (dim.) ← *a(u)gurk* cucumber ← Slav.〗 **—** *n.* **1 a** 〖植物〗ガーキン (*Cucumis anguria*)《西インド諸島・米国南部産のキュウリの一種; とげのある小さな実を酢漬けにする》. **b** ガーキンの実の酢漬け. **2** (主に酢漬けに用いる未熟な)小きゅうり.

ghet·to [géṭoʊ | -təʊ] 〖《1611》◻It. *getto* foundry (← *gettare* to cast ← L *jacere* to throw: 16世紀の Venice で *getto* (鋳造所)の近くにユダヤ人強制居住区域が定められたことから?) // 《頭音省略》← It. *borgetto* (dim.) ← *borgo* settlement outside the city wall (⇨ borough): Mish.Heb. *gēṭ* divorce (⇨ get²) と連想?〗 **—** *n.* (*pl.* **～s, ～es**) **1 a** ユダヤ人地区, ゲットー《昔, 主にイタリアでユダヤ人の居住地に指定された地区; 一定時刻後は地域外に出ることを許されなかった》. **b** (都市の)ユダヤ人町. **2 a** (黒人・プエルトリコ人などの少数民族の住んでいる)スラム街. **b** (同上を思わせるような)孤立集団. **—** *vt.* =ghettoize.

ghet·to·ize [géṭoʊàɪz | -təʊ-] *vt.* ゲットー (ghetto) の中に孤立させる; 〈ある地区・地方を〉ゲットーにする, 孤立化させる. **ghet·to·i·za·tion** [gèṭoʊɪzéɪʃən, -ṭoʊə- | gètəʊaɪ-, -təʊɪ-] *n.*

ghi [gí:] *n.* =ghee.

Ghib·el·line [gíbəli:n, -làɪn, -lɪn, -lən | -bɪlàɪn] 〖《1573》◻It. *Ghibellino* ◻MHG *Wibeling* (G *Waiblingen*) (ドイツの Hohenstaufen 王家の領地の名)〗 **—** *n.* **1** [the ～s] ギベリン派, 皇帝派《中世の神聖ローマ帝国で教皇派 (the Guelfs) に対抗してドイツ皇帝に加担した党派》. **2** ギベリン派の人, 皇帝派の人. **—** *adj.* ギベリン派の.

Ghi·ber·ti [gɪbéəṭi | -béətɪ; *It.* gibérti], **Lorenzo** *n.* ギベルティ《1378–1455; ゴシック後期の Florence の彫刻家》.

ghib·li [gíbli | -lɪ] 〖◻Arab. *giblī* south wind〗 *n.* 〖気象〗北アフリカの砂漠にみられる熱風 (cf. khamsin, sirocco).

Ghi·ór·des knót [gjɔ́ədəs-, gɔ́ə- | gjɔ́:-, gɔ́:-] 〖← *Gördes* (*Ghiordes*) (トルコ絨毯(じゅうたん)の生産地として有名なトルコの町)〗 **—** *n.* 〖紡織〗ジオルド結び《手織の絨毯のパイル糸の結び方》.

Ghir·lan·da·io [gɪələndá:joʊ, -dáɪoʊ | gɪələndá:jəʊ, -dáɪəʊ; *It.* girlandá:jo] (*also* **Ghir·lan·da·jo** [～]), **Domenico** *n.* ギルランダーヨ《1449–94; Florence の画家》. 「*adj.* =Gurkha.

Ghoor·ka [gúəkə, gɔ́:- | gúə-, gɔ́:-] *n.* (*pl.* **～, ～s**)

ghost [góʊst | gə́ʊst] 〖OE *gāst*, *gǣst* < (WGmc) **ʒaistaz* (G *Geist* / Du. *geest*) ← IE **gheis-* (Goth. *us-gais-jan* to frighten): *-h-* は Caxton 以来のもので Flem. *gheest* の影響〗 **—** *n.* **1 a** 死者の霊, 幽霊, 亡霊 (cf. wraith): the ～ of Hamlet's father ハムレットの父の亡霊 / lay [raise] a ～ 幽霊を退散させる[出て来させる] / be afraid of a ～ 幽霊をこわがる / look like a ～ (やせて青白くて)幽霊みたいだ / He looked as if he had seen a ～. 幽霊でも見たように(おびえて)真っ青な顔をしていた. **b** 幽霊のような人: He had lost so much blood that he was now a walking ～. ひどく出血したのでひょろひょろして幽霊のようだった / He is a mere ～ of his former self. 昔のおもかげは更にない. **2** 幻影, まぼろし, ほんの影; わずかな印 〔*of*〕: a ～ *of* the past 過去の幻影 / a ～ *of* a smile (影のように)ごくかすかな微笑 / have not the [a] ～ *of* a chance 影ほどの[わずかな]見込みもない / I haven't got the ～ *of* an idea what it is all about. それが一体何のことなのか私には全く見当がつかない. **3** =ghostwriter. **4 a** [時に G-] 霊的存在: ⇨ Holy Ghost. **b** 《廃》生命の源, 魂, 霊魂 (spirit): ⇨ *give up the* GHOST. **5** [*pl.*; 単数扱い] ゴースト《文字遊びの一種; 最初の一人がアルファベットの一文字を言い, あとの人は各各一文字ずつつけ加えて全体が一語の一部分になるようにする; 数回失敗した人は除かれて 'ghost' と呼ばれる》. **6** 〖光学〗ゴースト《光学系において, 像面の正規の位置以外に生じる望ましくない像; cf. flare *n.* 7》. **7** 〖写真〗ゴースト《カメラのレンズ面で数回反射した光がフィルム面に到達して, 正規の像以外に生じる像; ghost image ともいう; cf. flare 7》. **8** 〖物理〗ゴースト, 偽線《回折格子でスペクトル線を撮影する時, 真の線の左右対称の位置に現われる線》. **9** 〖テレビ〗多重像, 複像, ゴースト《反射電波などによる望ましくない映像; ghost image ともいう》. **10** 〖電子工学〗仮像《進路を離れたため目標発見の役目を果さなかった反射電波によるレーダー像》. **11** 〖金属加工〗ゴーストライン《不純物のため加工した鉄鋼の表面にできる疵》. **12** ゴースト: **a** 〖生物〗細胞やウイルスなどの内容が失われたとき残った外側の構造体. **b** 〖生理〗溶血してヘモグロビンなど内容物を失った赤血球.
give* [《古》*yield*] *up the ghost (1) 死ぬ (die) (cf. *Gen.* 25: 8; *Job* 10: 18; *Matt.* 27: 50, etc.). (2) 絶望する.
ghost in the machine [the ―] 〖哲学〗機械の中の幽霊《G. Ryle の *The Concept of Mind* (1949) におけるデカルト的身心二元論批判の言葉》.
— *vt.* **1** 代作する (ghostwrite) 〔*for*〕: the book I ～*ed for* him 私が代作した彼の本. **2** (幽霊のように)…につきまとう (haunt). **3** 〖印刷〗(版を作る前に)〈写真〉の背景をぼかす[弱くする]. **—** *vi.* **1** 代作する. **2 a** (幽霊のように)静かに動く, 出る. **b** 〈帆船が〉風もないのに[風を受けていないらしいのに]静かに航行する.

ghóst càndle *n.* 幽霊除(よ)けの蠟燭(ろうそく)《死体の周囲にともす》.

ghóst cràb 〖夜間, 光が当たると影が動くように見えるところから〗 **—** *n.* 〖動物〗スナガニ科スナガニ属のカニ (*Ocypode albicans*)《砂浜に穴を掘ってすむ白色またはクリーム色のカニで行動が早い》.

ghóst dànce *n.* (死者の霊と交通するために行なう)宗教的舞踊; (19 世紀後半に起こったアメリカインディアンのメシア的宗教運動の)集団舞踏.

ghóst·fish *n.* 〖魚類〗 **1** 白っぽいまたは透きとおるような魚の総称《ソトイワシやウナギの幼魚など》. **2** 北米大西洋産ハダカオオカミウオ属の魚の一種 (*Cryptacanthodes maculatus*)《wrymouth ともいう》.

ghóst ìmage *n.* 〖写真・テレビ〗=ghost 7, 9.

ghóst·lìke *adj.* 幽霊のような, 無気味な. **—** *adv.* 幽霊のように.

ghóst·ly 〖OE *gāstlić*: ⇨ ghost, -ly²: cf. ghastly〗 **—** *adj.* (**ghost·li·er; -li·est**) **1** 幽霊の, 幽霊に関する, 幽霊の出るような: a ～ visitant たずねて来る幽霊 / a ～ legend 幽霊の伝説 / the ～ hour (幽霊の出る)丑(うし)三つ時. **2** 幽霊のような, かすかな, ぼんやりした, 影のような (faint, shadowy): The tree loomed ～ in the twilight. その木がたそがれの中にぼんやりと見えた. **3** 代作者 (ghostwriter) の[に関する]. **4** 《文語・古》精神的な, 霊的な, 宗教的な (spiritual) (cf. bodily, fleshly): ～ comfort 霊的な[宗教的な]慰安 / a ～ counsel (臨終の時など聖職者の与える)勧戒 / a ～ father [adviser] 聖職者, 聴罪師[司祭] / ～ lore 宗教上の学識 / our ～ enemy 悪魔. **ghóst·li·ness** *n.*

ghóst mòth *n.* 〖昆虫〗コウモリガ《コウモリガ科のガの総称; 夕刻にコウモリのように飛ぶ; swift ともいう》.

ghóst shrìmp *n.* 〖動物〗潮間帯から浅海の砂泥底にすむスナモグリ科の白色の甲殻類 (*Callianassa californiensis*).

ghóst sìgnal *n.* 〖通信〗ゴースト信号《直接受信される信号に対し, 反射などにより少し遅れて入る信号; これによりテレビの複像 (ghost) が起きる》.

ghóst stàtion *n.* 《英》廃止駅; 無人駅.

ghóst stòry *n.* **1** 幽霊話, 怪談. **2** 事実より想像をもとにした物語, 空想話.

ghóst tòwn 〖《1931》〗 *n.* 幽霊都市, ゴーストタウン《天然資源枯渇などのために住民が他へ移住してさびれてしまった町》.

ghóst tràin *n.* **1** 幽霊列車《公式に運行されていない列車》. **2** (遊園地の)お化け列車[電車]. **3** 夜間除雪[除霜]列車.

ghóst-wèed *n.* 〖植物〗ハツユキソウ (⇨ snow-on-the-mountain 1).

ghóst wòrd 〖《1886》: 語源学者 Skeat の用語〗 *n.* 幽

霊語《誤植・考え違い・民間語源などに由来する語》.

ghóst·write 〘《逆成》← GHOSTWRITER〙 *vi.* 代作する〔*for*〕. — *vt.* 〈文学作品・スピーチなどを〉代作する〔*for*〕: a *ghostwritten* article 代作品, 代作.

ghóst·writer 〘《1927》〙 *n.* (文学作品・スピーチなどの)代作者, ゴーストライター.

ghoul [gúːl | gúːl, gáʊl] 〘《1786》□ Arab. *ghūl*〙 — *n.* **1** 食屍鬼(しょくし)《砂漠のデーモンで姿をいろいろに変え, 墓をあばいて死肉を食うと言われる》. **2** 鬼のような人; 死体盗人 (body snatcher); 恐ろしい事をして[物を見て]愉快がる人.

ghóul·ish [-lɪʃ] *adj.* **1** 食屍鬼(しょくし)のような, 残忍な (cruel). **2** 実にいやな, 不愉快な: a ~ picture. **~·ly** *adv.* **~·ness** *n.*

GHQ, G.H.Q. 《略》general headquarters.

Ghur·kha [gʊ́əkə, gə́ː- | gə́ː-, gʊ́ə-] *n.* (*pl.* ~, ~s), *adj.* =Gurkha.

ghyll [gíl] *n.* =gill².

GHz 《記号》〘電気〙 gigahertz.

Gi 《記号》〘電気〙 gilbert(s).

GI [dʒíːáɪ] 〘《1928》: もと米陸軍で *galvanized iron* でできた品 (garbage can など) を需品係が記帳するさいの略字として用いられたが, のち *government* [*general*] *issue* の略字と考えられ, すべての「官給品」, さらにその支給を受ける「兵隊」を意味するようになった〙《口語》 — *n.* (*pl.* **GI's, GIs**) **1** (米軍)兵士《婦人兵も含める》; (特に, 米陸軍の)徴募兵, 下士官兵: an ex-*GI* 退役兵. **2** (米軍)退役兵, 退役婦人兵.
— *adj.* **1** 軍規格の, 官給の; 官給用に規格された; 官給品のような: *GI* shoes 兵隊靴 / a *GI* haircut ジーアイカット《短い刈り方》. **2** GI の, (米軍)兵士の, 現役[退役]軍人の; 兵隊らしい: a *GI* Joe 男子兵, (特に, 第二次大戦中の)米兵 / a *GI* Jane [Jill, Josephine] 婦人兵士 / a *GI* bride (外地で米軍兵士と結婚した他国の)戦争花嫁 (war bride) / *GI* morale 兵隊の士気 / *GI* slang 兵隊俗語 / *GI* training courses 復員兵士教育課程. **3** 軍規を厳格に守る: He is very *GI*. とても軍規に厳しい人だ.
— *adv.* 軍規に厳しく.
— *v.* (**GI'd; GI'ing**) — *vt.* 〈官給品などを〉点検に備えてきれいにする, (点検のある場合などに)〈床などを〉特に清掃する; 整頓する. — *vi.* 軍規を厳守する.

gi. 《略》gill(s).

g.i., G.I. 《略》galvanized iron; gastrointestinal; general issue, government issue (cf. GI).

Gia·co·met·ti [dʒɑ̀ːkəméti | -tɪ; *It.* dʒàkométti], **Alberto** *n.* ジャコメッティー《1901–66; 主にフランスに在住したスイスの彫刻家・画家》.

Gia·co·mo [dʒáːko(ʊ)mòʊ | -kə(ʊ)məʊ; *It.* dʒáːkomo] 〘□ It. ~ □ LL *Jacomus* 'JACOB'〙 *n.* 男性名.

gial·lo an·ti·co [dʒáːloʊæntíːkoʊ, -ɑːn- | -ləʊæntíːkəʊ, -ɑːn-; *It.* dʒàlloantíːko] 〘□ It. ~ 'ancient yellow'〙 — *It. n.* 〘考古〙イタリアの古跡廃墟で発見される濃黄色の大理石《Algeria から運ばれたものと考えられている》.

gi·ant [dʒáɪənt] 〘《c1300》 *geaunt* □ (O)F *géant* < VL **gagantem* = L *gigantem*, *gigās* □ Gk *gígās* giant ∽ OE *gigant* □ L *gigant-*〙 — *n.* **1 a** 巨漢, 大男: a ~ of a man 大男. **b** (非凡な才能・知力・性格などを備えた)偉大な人: a ~ among statesmen [poets] 抜群の政治家[詩人] / There were ~*s* (in the earth) in those days. 昔の人は偉かった (cf. *Gen.* 6:4). **2 a** [the Giants]〘ギリシャ神話〙ギガス族《Uranus の流した血で Gaea がみごもって生れた巨人族; 人間の頭に腰から下は竜の姿で表わされる》; Gigantes ともいう; cf. gigantomachia 1 a》. **b** [G-] ギガス《巨人族の一人》. **c** [G-] (中世物語・伝説などに現われる)巨人. **3 a** 巨大なもの[国]: the Communist ~*s* 共産主義の大国. **b** 巨大な動植物. **4** 〘天文〙巨星《直径と光度が著しく大きい恒星; Antares や Betelgeuse などがその例; cf. dwarf star》: a super ~ 超巨星. **5** 〘鉱山〙(水圧採鉱用の)大ノズル.
like a giant refreshed (酒によって)元気を新たにした勇士のように, 元気づいて (cf. *Ps.* (*Prayer Book*) 78:66): feel *like a* ~ *refreshed*.
— *attrib. adj.* **1** 巨人のような; 並外れて大きな, 巨大な (gigantic, huge): a ~ potato 並外れて大きなじゃが芋 / a man of ~ strength 大力の男 / a ~ company マンモス会社. **2** 抜群にすぐれた, 偉大な. **3** [しばしば動植物名に用いて] 大…: ⇨ giant clam, giant kangaroo, etc.

gíant árrowhead *n.* 〘植物〙タイリンオモダカ (*Sagittaria montevidensis*)《南米原産のオモダカ属の多年草; 花は白色で基部に紫褐色の斑点がある》.

gíant báss *n.* 〘魚類〙米国 California 州産のスズキ科の大型食用魚 (*Stereolepis gigas*).

gíant ca·bú·ya [-kəbúːjə] 〘*cabuya*: □ Sp. ~ ← Taino《土語》〙 — *n.* 〘植物〙オオマンネンラン (*Furcraea gigantea*)《ブラジル原産のリュウゼツランに近いヒガンバナ科の多年草; 繊維をとるために栽培される; giant lily ともいう》.

gíant cáctus *n.* 〘植物〙=saguaro.

gíant céll *n.* 〘解剖・病理〙巨細胞, 巨大細胞.

gíant clám *n.* 〘貝類〙オオシャコガイ (*Tridacna gigas*)《シャコガイ科の大型二枚貝》.

gíant cráb *n.* 〘動物〙タカアシガニ (*Macrocheira kaempferi*)《日本特産で, 節足動物中最大のカニ; Japanese crab ともいう》.

gíant dáisy *n.* 〘植物〙ヨーロッパ原産キク科の丈の高い多年草 (*Chrysanthemum uliginosum*).

gi·ant·esque [dʒàɪəntésk] *adj.* 巨人らしい; 巨大な.

gi·ant·ess [dʒáɪənṭɪs, -ṭəs | dʒáɪəntès, -tɪs, -təs, dʒàɪəntés] 〘ME: ⇨ -ess¹〙 *n.* 女の巨人, 大女.

gíant fíber *n.* 〘生物〙(ある種の無脊椎動物の神経系の)巨大神経線維.

gíant fúlmar *n.* 〘鳥類〙=giant petrel.

gíant gárlic *n.* 〘植物〙 **1** オオハナニラ (*Allium giganteum*)《中央アジア原産の桃色の花が咲く観賞草本》. **2** ヒメニンニク (rocambole).

gíant hólly fèrn *n.* 〘植物〙北米西部産のシダ植物でイノデの一種 (*Polystichum munitum*).

gíant hórnet *n.* 〘昆虫〙モンスズメバチ (*Vespa crabo*)《ヨーロッパでは最大のハチであるが, 日本にはさらに巨大な種類のオオスズメバチ (*V. mandarinia*) を産する》.

gi·ant·ism [-tìzm] *n.* **1** 巨人であること[状態], 極端な[異常な]大きさ. **2** 〘病理〙 **a** 巨人症 (gigantism) (cf. nanism). **b** (細胞や核の)異常巨大状態.

gíant kangaróo *n.* 〘動物〙オオカンガルー, ハイイロカンガルー (*Macropus giganteus*)《オーストラリアの平原にすみカンガルー類中最大のものの一つ》.

gíant·like *adj.* 巨人のような, 巨大な (huge).

gíant líly *n.* 〘植物〙 **1** オオマンネンラン (⇨ giant cabuya). **2** ジャイアントリリー (⇨ spear lily).

gíant órder *n.* 〘建築〙=colossal order.

gíant pánda *n.* 〘動物〙オオパンダ (⇨ panda 1 b).

gíant pétrel *n.* 〘鳥類〙オオフルマカモメ (*Macronectes giganteus*)《南極海産で, アホウドリに匹敵する位大きい海鳥》.

gíant pówder *n.* 〘化学〙(硝酸グリセリンと珪藻(けいそう)土とを混ぜた)ダイナマイトの一種.

gíant réed *n.* 〘植物〙ダンチク, ヨシタケ (*Arundo donax*)《ヨーロッパ南部・南アジア産の丈の高いイネ科の多年草; 木質の茎でオルガンの舌 (reed) を造る》.

gíant sálamander *n.* 〘動物〙オオサンショウウオ (*Megalobatrachus japonicus*)《体長 1.3 m に達し, 世界最大の両生類》.

Gíant's Cáuseway *n.* [the ~] 北アイルランド北東部, Antrim 州北部海岸から海に突き出ている玄武岩の岬.

gíant schnáuzer *n.* ジャイアントシュナウザー《Bavaria 南部の原産で, 頑丈な筋骨たくましい作業犬種のイヌ; 体高 $21^1/_2$ インチから $25^1/_2$ インチのものをいう》.

gíant séa bàss *n.* 〘魚類〙=giant bass.

gíant sequóia *n.* 〘植物〙セカイヤオスギ, セコイアデンドロン (*Sequoiadendron giganteum*)《米国 California 州産の巨大な針葉樹; 高さ 100 m に達し樹齢 3,000 年に及ぶものもある; big tree ともいう》.

gíant slálom *n.* 〘スキー〙大回転《所定の旗門 (gates) を通過しつつ滑降するスキー回転競技の一つ》.

gíant slóth *n.* 〘動物〙オオナマケモノ (*Megatherium americanum*) (cf. sloth 3).

gíant snówdrop *n.* 〘植物〙オオユキノハナ (*Galanthus elwesi*)《西南アジア原産のヒガンバナ科の多年草》.

gíant stár *n.* 〘天文〙=giant 4.

gíant stèp *n.* **1** [*pl.*; 単数扱い] 鬼ごっこの一種《鬼が一人一人にある歩数だけ自分に近づくように指定する, だれか一人が鬼にさわったら皆もとのスタートの線まで逃げる, その時鬼につかまったものが新しく鬼になる》. **2** (この遊びで, 一人が進むことの出来る一歩の)最大の歩幅 (cf. baby step, umbrella step).

gíant stríde *n.* 回旋塔《公園などにある子供の遊戯器械; giant's stride ともいう》.

giant stride

gíant súnflower *n.* 〘植物〙北米産の丈の高いヒマワリ (*Helianthus giganteus*)《高さ 3.5 m 位になり, 塊根は食用になる; Indian potato ともいう》.

gíant swíng *n.* (器械体操の)大車輪.

gíant tórtoise *n.* 〘動物〙ゾウガメ《リクガメ属 (*Testudo*) のうちで特に巨大な草食性のカメの総称; インド洋西部の島や Galápagos 諸島にすむガラパゴスゾウガメ (*T. elephantopus*) など多種いたが, 乱獲のため絶滅の危機に瀕している》.

gíant wáter lily *n.* 〘植物〙オオオニバス (⇨ royal water lily).

giaour [dʒáʊə | dʒáʊə(r] 〘《1564》 *gower* □ Turk. *giaur* □ Pers. *gaur*, *gabr* fire worshipper〙 — *n.* 不信者, 邪宗徒, 異端者 (infidel)《トルコでイスラム教信者以外の者, 特にキリスト教徒を指していう語》.

Gi·auque [dʒióʊk | dʒɪə́ʊk], **William Francis** *n.* (1895–) カナダ生れの米国の物理化学者; Nobel 化学賞 (1949).

gib¹ [gíb] 〘← ? GIBBET〙 — *n.* **1** 〘魚類〙産卵期および産卵後の雄の(鼻曲り)サケの下あごのかぎ状屈曲. **2** 〘機械〙ジブ, 凹(おう)字くさび《コッタ継手 (cottered joint) の補強部品》. — *vt.* (**gibbed; gib·bing**) 〘機械〙ジブで締める.

gib² [gíb] 〘ME《短縮》← GILBERT: cf. Gib〙 *n.* 雄猫; (特に)去勢した雄猫.

gib³ [gíb] 〘《変形》← GIP¹〙 *vt.* (**gibbed; gib·bing**) = gip¹.

Gib [gíb] 〘(dim.) ← GILBERT〙 *n.* 男姓名《異形 Gibb》. ★ 猫の名としてよく用いられる.

Gib. 《略》Gibraltar.

gi·ba·ro [híːbəròʊ | -rəʊ; *Am. Sp.* híbaro] *n.* (*pl.* ~s [~z; *Am. Sp.* ~s]) =jibaro.

gibbed [gíbd] 〘← GIB²+-ED〙 *adj.* 〈猫が〉去勢された (castrated).

gib·ber¹ [dʒíbə | dʒíbə(r, gíb-] 〘擬音語〙 *vi.* わけのわからないことを早口にしゃべる (chatter). — *n.* =gibberish.

gib·ber² [gíbə | -bə(r] 〘□ Austral.《土語》〙 *n.* 《豪》石, 丸石 (boulder).

gib·ber·él·lic ácid [dʒìbərélɪk-] 〘*gibberellic*: ← NL *Gibberella* (菌類の一属名: (dim.) ← L *gibber* hump on the back)+-IC¹〙 — *n.* 〘生化学〙ジベレリン酸, ジベレリン酸 ($C_{18}H_{21}O_4COOH$)《植物の生長促進ホルモン》.

gib·ber·el·lin [dʒìbərélɪn, -lən | -lɪn] 〘← NL *Gibberella* (↑)+-IN¹〙 — *n.* 〘生化学〙ジベレリン, ジベレリン《植物の生長ホルモン; イネのばか苗病から抽出され, A_1, A_2, A_3, B, C の 5 種がある》.

gib·ber·ish [dʒíb(ə)rɪʃ, gíb-] 〘《c1554》: ⇨ gibber¹, -ish¹: *English* にならった造語〙 — *n.* **1** 早口でわけのわからないおしゃべり, ちんぷんかんぷん. **2** 風変わりな[異国風な]言葉[方言]. **3** その分野の専門家にしかわからない言葉. **4** もったいぶった[無用に曖昧な]話[言葉]. — *adj.* 《古》ちんぷんかんぷんの.

gib·bet [dʒíbɪt, -bət] 〘《?a1200》□ (O)F *gibet* (dim.) ← *gibe* staff: ⇨ gibe, -et〙 — *n.* **1 a** 絞首人さらし柱《もと処刑後死体を鎖で吊ってさらしものにするのに用いた ㄱ 字型の垂直の柱で, gibbet tree ともいう; cf. gallows 1 a》. **b** 絞首台 (gallows): die on the ~ 絞首刑にされる. **2** 絞首刑. — *vt.* **1** 絞首人さらし柱に吊す; 絞首刑にする. **2** 公けに恥をさらさせる, 公けに恥ずかしめる: be ~*ed* in the press 新聞で天下の物笑いにされる.

gib·bon [gíbən] 〘《1774》□ F ~ ← ? Ind.《土語》〙 — *n.* 〘動物〙中国南西部・インド・東南アジアなどに生息するテナガザル の総称 (*Hylobates* 属と *Symphalangus* 属の類人猿数種の総称).

Gib·bon [gíbən], **Edward** *n.* (1737–94) 英国の歴史家; *The Decline and Fall of the Roman Empire* (1776–88).

Gib·bons [gíbənz], **Orlando** *n.* (1583–1625) 英国の作曲家・オルガン奏者.

gib·bose [dʒɪbóʊs, dʒə-, gɪ-, gíboʊs | dʒɪbə́ʊs, gíbəʊs] *adj.* =gibbous.

gib·bos·i·ty [dʒɪbɑ́səṭi, dʒə-, gɪ- | gɪbɔ́sətɪ, dʒɪ-, -sɪ-] 〘《a1400》□ (O)F *gibbosité*: ⇨ ↓, -ity〙 — *n.* **1** 凸(とつ)面であること, 中高, 凸彎曲. **2** ふくれ上り, 隆起. **3** せむし, 突背(とつ) (cf. hunchback).

gib·bous [dʒíbəs, gíb- | gíb-, dʒíb-] 〘《a1400》□ L *gibbōs-us* humped ← *gibbus* humped: ⇨ -ous〙 — *adj.* **1** 凸(とつ)面の, 中高の (bulging, convex); 隆起している, (一方が)ふくれた. **2** 〈月・惑星など〉半円よりふくらんだ状態の: the ~ moon 半円よりふくらんだ月. **3** せむしの. **~·ly** *adv.* **~·ness** *n.*

Gibbs [gíbz], **James** *n.* (1682–1754) 英国の建築家; London の St. Martin-in-the-Fields Church (1722–26) が代表作.

Gibbs, J(**osiah**) **Willard** *n.* (1839–1903) 米国の理論物理学者・理論化学者.

Gibbs, Sir **Philip** *n.* (1877–1962) 英国の新聞記者・小説家; 第一次大戦では従軍記者として活躍.

Gibbs frée énergy 〘← *J. Willard Gibbs*〙 *n.* 〘物理化学〙ギブズの自由エネルギー《熱力学的関数の一つ; 化学平衡を論ずる際に重要; 記号 G で表わす; thermodynamic potential ともいう》.

gibbs·ite [gíbzaɪt] 〘← *George Gibbs* (1776–1833: 米国の鉱物学者): ⇨ -ite¹〙 *n.* 〘鉱物〙ギブザイト ($Al(OH)_3$)《ボーキサイト (bauxite) の重要な一成分》.

Gíbbs' próduct [gíbz-] 〘← *J. Willard Gibbs*〙 *n.* 〘数学〙ギブズ積 (⇨ dyad 2).

gib·bus [dʒíbəs, gíb-] 〘□ L ~ 'hump'〙 *n.* 〘病理〙突背(とつ).

gíb dòor [dʒíb-] *n.* 〘建築〙=jib door.

gibe [dʒáɪb] 〘《1567》□ ? OF *gib-er* to handle roughly, shake ← ? *gibe* staff, bill hook ← Gmc: cf. ON *geipa* to talk nonsense〙 — *vi.* 口やかましくあざける, 愚弄(ぐろう)する, ばかにする〔*at*〕. — *vt.* あざける, 愚弄する (mock). — *n.* あざけり, 愚弄. **gíb·er** *n.*

gi·bel [gíːbəl] 〘□ G *Gi*(*e*)*bel*〙 *n.* 〘魚類〙アジア大陸北部に生息するフナ属の魚 (*Carassius auratus gibelio*).

Gib·e·on [gíbiən | -bɪ-] *n.* ギベオン《Palestine の古都; cf. *Josh.* 9:3》.

Gib·e·on·ite [gíbiənàɪt | -bɪ-] *n.* 〘聖書〙ギベオンの住民《詭計によって Joshua を欺き, みな殺しを逃れ, 主のために水を汲む者となる; cf. *Josh.* 9:3–27》.

gíb-hèad kéy *n.* 〘機械〙頭付きキー《打込み・抜取りがしやすいように鍵頭の付いたキー》.

gíb·ing·ly *adv.* あざけって, 愚弄して (mockingly).

gib·let [dʒíblɪt, -lət] 〘《a1387》□ OF *gibelet* ragout, stew (dim.) ? ← *gibier* flesh of birds □ Frank. **gabaiti* hunting with falcons〙 — *n.* **1** [通例 *pl.*] (鶏などの)臓物《砂嚢(さのう)・肝臓・心臓など食べられる部分》. **2** [*pl.*]《古》くず, ぼろ.

Gi·bral·tar [dʒɪbrɔ́ːlṭə, dʒə- | dʒɪbrɔ́ːltə(r, -brɔ́l-] 〘□ Arab. *jábal al-Ṭāriq* mount of Tariq: 711 年ここに上陸したアラビアの将校 Tariq ibn Zayid にちなむ〙 — *n.* **1** ジブラルタル《スペイン南部の Rock of Gibralter を含む地域で英国の直轄領; 地中海の要衝 (Key to [of] the Mediterranean); 人口 28,000, 面積

5.8 km^2; 今は堅固な要塞で, その下の湾は英国海軍の根拠地, 港》. **2** 堅固な要塞, 難攻不落の地.
Gibraltar, the Rock of *n.* **1** ジブラルタルの岩山《スペイン南端に近い岬にある岩山 (426 m); 単に the Rock ともいう; 古名 Calpe; ⇨ PILLARS of Hercules》. **2** 《口語》信頼できる力を持つ人[物].
Gibraltar, the Strait of *n.* ジブラルタル海峡《ヨーロッパとアフリカの間の海峡で大西洋から地中海への入口; 幅 13 km》.
Gi·bral·tar·i·an [dʒɪbrɔ̀ːltέ(ə)riən, dʒə-, dʒìbrɔːt- | dʒɪbrɔ̀ːltέəri-, -brɔ̀l-] *adj.* ジブラルタル (Gibraltar) の. — *n.* ジブラルタルの住民.
Gib·ran [dʒɪbrάːn, dʒə-], **Kah·lil** [kəlíːl] *n.* ジブラン《1883-1931; 1910 年から米国に住んだレバノンの小説家・詩人・画家》.
Gib·son[1] [gíbsn] 〚← *Hugh Gibson* (1883-1954: 米国の外交官)〛 *n.* ギブソン《小粒の玉ねぎ (pearl onion) をあしらったジンと辛口ベルモットのカクテル》.
Gib·son[2] [gíbsn] 〚ME *Gibsone*《原義》son of GIB〛 *n.* 男性名.
Gibson, Charles Dana *n.* (1867-1944) 米国の画家・さし絵画家.
Gíbson Désert *n.* [the ~] ギブソン砂漠《オーストラリア Western Australia 州中部の砂漠; 塩沼が多い; 面積 336,698 km^2》.
Gíbson gìrl 〚《1901》〛 — *n.* 《米》 **1** (C. D. Gibson の描いたような 1890 年代の)米国美人の典型《ハイネックでたっぷりした袖のシャツブラウスにロングスカートを着て, 肩幅が広くウエストの細いシルエットが特徴》. **2** 携帯用無線送信機《腰部が細く, 海上に不時着した飛行士が用いる》.
gi·bus [dʒáɪbəs | dʒáɪb-, dʒíb-] 〚《1848》□ F ~: 製造者である 19 世紀のパリの洋品雑貨商の名から〛 — *n.* オペラハット《gibus hat ともいう》.
gid [gíd] 〚《逆成》← GIDDY〛 — *n.* 〚獣医〛旋回病《多頭条虫 (*Multiceps multiceps*) の幼虫 (*Coenurus cerebralis*) が羊・山羊・牛などの有蹄類の脳脊髄に寄生して起こる》.

Gibson girl 1

gid·dap [gɪdǽp] 〚《転訛》← *get up*〛 *int.* 《口語》[馬に向かって用いて] 進め, もっと早く歩け.
gíd·di·ly [-dəli, -də-, -dḷi | -dɪlɪ, -də-] *adv.* めまいがして[するほど], ふらふらして, 目が回るほど; 軽率に, 軽はずみに.
gid·dy [gídi | -dɪ] 〚OE *gydiġ* mad, 《原義》god-possessed, insane < Gmc **ʒuðiʒaz* ← **ʒuðam* 'GOD'〛 — *adj.* (**gid·di·er; -di·est**) **1** めまいがする, 目がくらむ (dizzy): feel [turn] ~ めまいを感じる[催す]. **2** 〈人・精神・行動など〉ふらふらした, うわついている; 軽はずみの, 軽率な: a ~ mind, girl, etc. **3** めまいを起こさせる, 目の回るような: a ~ height [motion] めまいのするような高所[運動] / at a ~ speed 目の回るような速さで. **4** めまぐるしい, 気の転倒しそうな: a ~ round of pleasures めまぐるしいほどの次々の快楽 / ~ heights of fame 目がまわるほど高い栄誉. **5** 〈羊など〉旋回病 (gid) にかかった. **6** [しばしば皮肉な強意語として] とんでもない, どえらい.
My giddy aunt! おや, まあ《驚きを表わす》. *play* [*act*] *the giddy goat* [*ox*] (1) ふざけ(回)る. (2) ばかなまねをする.
— *vt.* …にめまいを起こさせる. — *vi.* めまいがする.
gíd·di·ness *n.*
giddy-héaded *adj.* うわついた, 軽率な.
Gide [ʒíːd; *F.* ʒid], **André** (**Paul Guillaume**) *n.* ジード, ジッド《1869-1951; フランスの小説家・批評家; Nobel 文学賞 (1947); *L'Immoraliste*「背徳者」(1902), *Les Faux-Monnayeurs*「贋金(にせがね)作り」(1926)》.
Gid·e·on [gídiən | -dɪ-] 〚□ Heb. *Gidh'ōn*《原義》? with hurt hand and head〛 — *n.* **1** 男性名. **2** 〚聖書〛ギデオン《イスラエルの士師 (judge); イスラエル民族を Midianites の圧迫から解放した; cf. *Judges* 6:11-17:25》. **3 a** 国際ギデオン協会員 (cf. Gideons International). **b** [the ~s] =Gideons International.
Gídeon Bíble *n.* 国際ギデオン協会 (Gideons International) によりホテル等に備えつけられている聖書.
Gídeons Internátional *n.* [the ~] (米国の)国際ギデオン協会《1899 年設立; ホテルや病院などに聖書を寄贈することを目的とする; 旧名 Gideon Society》.
Gídeon Socíety *n.* [the ~] Gideons International の旧名.
gie [gíː] *vt., vi.* (~**d**; ~**d, gien** [gíːn]; ~·**ing**) 《スコット》=give.
Giel·gud [gílgud, gíːl- | gíːl-], Sir (**Arthur**) **John** *n.* (1904-) 英国の俳優・演出家.
gien *v.* gie の過去分詞.
Gie·rek [gjérek; *Pol.* gjérɛk], **Edward** *n.* ギエレク《1913- ; ポーランドの労働運動指導者; 統一労働者党第一書記 (1970-80)》.
Gier·ke [gíəkə | gíə-; *G.* gíːɐkə], **Otto von** *n.* ギールケ《1841-1921; ドイツの法学者》.
Gie·se·king [gíːzəkɪŋ; *G.* gíːzəkɪŋ], **Walter** (**Wilhelm**) *n.* ギーゼキング《1895-1956; フランス生れのドイツのピアニスト》.
Gif·ford [gífəd | gífəd, dʒíf-] 〚ME □ ML *Gifard-us* □ ? OHG *Gifard, Gebahard*《原義》gift hardy ← *geban* to give+*hart* 'bold, HARD'〛 *n.* 男性名.
gift [gíft] 〚《*c*1250》□ ON *gift, gipt* < Gmc **ʒeftiz* (OE *ġift* price of a wife, (pl.) marriage): cf. give〛 — *n.* **1** 贈物, 進物; 寄贈品: birthday ~*s* / a Christmas ~ / make a ~ *to* …に寄付する, 贈物をする. **2** 天賦(の才), 資性, 天資; 才能: a man of many ~*s* 多才の人 / have a ~ *for* [*of*] painting 画才がある / ⇨ GIFT of tongues. **3** 与えること, 贈与: by [of] free ~ ただで, 無償で. **4** [通例 a ~]《英口語》手に入れやすいもの, 割安なもの; 容易にやれる[理解できる]事. **5** 〚法律〛与える権利, 贈与権: The office is not in his ~. その地位を授ける権能は彼にない.
a gift from the Gods 好運, 好機. *as* [《古》*at*] *a gift* [通例否定構文で] ただでも (even for nothing): I wouldn't take [have] it *as a* ~. ただでもいらない. *the gift of* (*the*) *gab* 《口語》弁才; 多才: have *the* ~ *of the* gab 弁才がある; 口達者だ, おしゃべりだ.
gift of tongues [the —] (1) 語学の才能. (2) 異言の賜物, 舌がかり《初期キリスト教会などで聖霊を受け宗教的法悦状態から発する, 意味不明の言葉による祈り, 法悦の言葉; glossolalia, speaking in tongues ともいう; cf. *Acts* 2:3-4, *1 Cor.* 12:10-11》.
— *vt.* **1 a** 〈人〉に〔物を〕贈る (present)〔*with*〕: ~ a person *with* a thing. **b** 《英》〔人に〕…の贈物をする, 贈物として与える〈*away*〉〔*to*〕: ~ a thing *to* a person. **2** [主に p.p. 形で]〔性質などを〕…に賦与する (endow)〔*with*〕: He is ~*ed with* poetic genius. 彼は詩才に恵まれている.
gíft·bòok *n.* **1** 贈呈本, 寄贈本. **2** 贈答用図書《19 世紀の初めに毎年出版された贈物用の美麗な本; annual, keepsake ともいう》.
gíft certíficate *n.* 商品券.
gíft còupon *n.* 《英》(商品に付ける)景品引換券, クーポン券《所定の枚数で景品がもらえる》.
gíft·ed *adj.* **1** 天賦の才のある, 生れつき才能のある (talented); (特に)〈子供が〉非常に聡明な: a ~ child 天才児, 知能の高い子. **2** すぐれた, 傑出した (outstanding): She has a ~sense of music. 彼女はすぐれた音感をしている. **~·ly** *adv.* **~·ness** *n.*
gíft hòrse *n.* 贈物の馬. ★ 次の諺で用いて: Don't look a ~ in the mouth. 《諺》〚馬は歯で年齢がわかるところから〛もらった馬の口の中は見るな, もらい物のあらを捜すな.
gíft·ie [gífti | -tɪ] 〚⇨ gift, -ie〛 *n.* 《スコット》才能, 能力.
gíft shòp *n.* 贈答品専門店, みやげ物店.
gíft tàx *n.* 《米》贈与税.
gíft vòucher *n.* 《英》景品引換券, サービス券 (cf. gift coupon).
gíft wràp *vt.* 〈品物を〉(綺麗な紙やリボンで)贈物[進物]用に包装する.
gíft·wràpping *n.* 贈物[進物]用包装.
gig[1] [gíg] 〚《?*a*1200》← ME *gigg* giddy girl, something that whirls ← ? ON: cf. giggle〛 — *n.* **1** ギグ馬車《一頭引き二輪馬車》. **2** 風変わり[異様]な様相の人. **3 a** 回転する[くるくる回る]もの. **b** 《廃》こま (top). **4** 〚海事〛**a** ギグ《船長[艦長]用船載[艦載]ボート》. **b** (通例鎧張り (clinker-built) で早く進む)ボートの一種. — *vi.* (**gigged; gig·ging**) ギグ馬車に乗って行く.
gig[2] [gíg] 〚《1722》《略》← FISHGIG〛 — *n.* **1** 一種の魚やす (fishgig). **2** 〚釣〛引っ掛け鉤仕掛《水面近く魚群中を引き回して漁獲するのに用いる》. — *v.* (**gigged; gig·ging**) — *vt.* **1** 〈魚を〉魚やす (gig) で刺す. **2 a** 《米西部》…に拍車をかける; 悩ます. **b** 《豪》刺激する. — *vi.* 魚やすで魚をとる: ~ *for* fish.
gig[3] [gíg] 〚⇨ gig[1]〛 *n.* (ラシャの)毛羽立て機. — *vt.* 毛羽立て機で(織物に)毛羽を立てる.
gig[4] [gíg] 〚← ?〛《俗》 — *n.* **1** (軍律・学校規則などの)軽微な違反事実の報告(書); 罰点. **2** (違反報告にもとづく)軽い処罰. — *vt.* (**gigged; gig·ging**) …の違反報告をする; 違反報告にもとづいて処罰する.
gig[5] [gíg] 〚← ?〛 *n.* 《口語》 **1** ジャズ演奏会; 一夜興業 (one-night stand). **2** 仕事 (job).
gig·a- [dʒígə, gígə | gígə, gáɪ-] 〚← Gk *gígās* 'GIANT'〛 〚物理〛「10 億 (10^9), ギガ」の意の連結形 (cf. kilo-, mega-, tera-): *giga*meter.
gíga·bìt 〚⇨ ↑, bit[5]〛 *n.* 〚電算機〛ギガビット《記憶容量の単位; =10^9 bits》.
gíga·bỳte *n.* 〚電算機〛ギガバイト《記憶容量の単位; =10^9 bytes》.
gíga·cỳcle *n.* 〚電気〛ギガサイクル《周波数の単位; 毎秒 10^9 (10 億) サイクル, 現在は gigahertz を用いる》.
gíga·elèctron vólt *n.* 〚物理〛10 億電子ボルト《素粒子・イオンなどの運動エネルギーの単位; 記号 GeV》.
gíga·hèrtz *n.* 〚電気〛ギガヘルツ《周波数の単位で 10^9 (10 億)ヘルツ; 記号 GHz》.
gíga·mèter *n.* ギガメートル《10 億メートル, 100 万キロメートル; 略 Gm》.
gi·gant- [dʒaɪgǽnt, dʒɪ-, dʒə- | dʒaɪ-] (母音の前に来る時の) giganto- の異形: *gigant*ism.
gi·gan·te·an [dʒàɪgæntíːən, dʒaɪgǽnṭiən, dʒɪ-, dʒə- | dʒàɪgæntíːən, -tíən] 〚← L *giganteus* (□ Gk *gigánteios*)+-AN[1]: ⇨ giant〛 — *adj.* 巨人のような(大きさの), 巨大な, 偉大な (gigantic, colossal).
Gi·gan·tes [dʒaɪgǽntiːz, dʒə- | dʒɪ-] 〚□ Gk *Gígantes* (pl.) ← *Gigās* 'GIANT'〛 *n. pl.* [the ~] 〚ギリシャ神話〛ギガンテス (⇨ giant 2 a).
gi·gan·tesque [dʒàɪgæntésk, -gən-, dʒaɪgǽntesk, dʒɪ-, dʒə- | dʒàɪgæntésk] 〚□ F ~ □ It. *gigantesco* ← *gigante* □ L *gigant-, gigās* 'GIANT': cf. giantesque〛 — *adj.* 巨大な.
gi·gan·tic [dʒaɪgǽnṭɪk, dʒɪ-, dʒə- | dʒaɪgǽnt-] 〚《1612》← L *gigant-* (↑)+-IC[1]〛 — *adj.* **1** 巨人のような, 巨人にふさわしい: a ~ stature. **2** 巨大な, おそろしく大きい: a ~ enterprise. **gi·gán·ti·cal·ly** *adv.*
gi·gan·tism [dʒaɪgǽntɪzm, dʒɪ-, dʒə-, dʒáɪgæntɪzm | dʒaɪgǽntɪzm] *n.* **1** 巨大なこと. **2** 〚病理〛=giantism 2 a. **3** 〚植物〛(染色体の倍加現象による)巨大化.
gi·gan·to- [dʒaɪgǽnṭo(ʊ), dʒɪ-, dʒə- | dʒaɪgǽntə(ʊ)] 〚□ Gk ~ ← *gígās* 'GIANT'〛「巨人; 巨大な (giant)」の意の連結形. ★ 母音の前では通例 gigant- になる.
gi·gan·to·ma·chi·a [dʒaɪgæ̀nṭəméɪkiə | -təméɪkɪə, -kjə] 〚□ Gk *gigantomakhia* battle of giants: ⇨ giant, -machy〛 — *n.* **1 a** [G-] 〚ギリシャ神話〛ギガントマキア《巨人族 (Giants) とオリュンポスの神々との戦争; この戦争で巨人族は滅ぼされた》. **b** ギガントマキアを表わした絵画[彫刻]. **2** 巨人[巨大国]間の争い.
gi·gan·tom·a·chy [dʒàɪgæntάməki | -tɔ́məkɪ] *n.* =gigantomachia.
gi·gan·to·pi·the·cus [dʒaɪgæ̀nṭo(ʊ)pɪθíːkəs, dʒɪ-, dʒə-, -pə-, -píθɪkəs, -θə- | dʒaɪgæ̀ntə(ʊ)pɪθíːkəs, -píθɪkəs] 〚← NL ~ ← GIGANTO-+Gk *píthēkos* ape〛 — *n.* 〚古生物〛ギガントピテクス《中国の洪積層やインドの新第三紀から発掘された *Gigantopithecus* 属の類人猿の総称》.
Gi·gan·tos·tra·ca [dʒàɪgæntάstrɪkə, dʒɪgæ̀n-, dʒə-, -trə- | dʒàɪgæn-, dʒɪgæn-] 〚← NL ~ ← GIGANTO-+Gk *óstrakon* shell〛 *n. pl.* 〚古生物〛=Eurypterida.
Gig·ar·ti·na·ce·ae [dʒìgəṭɪnéɪsiiː, -ṭə- | -gɑːtɪ-] 〚← NL ~ ← *Gigartina* (属名: ← Gk *gígarton* grape seed)+-ACEAE〛 *n. pl.* 〚植物〛スギノリ科.
Gig·ar·ti·na·les [dʒìgəṭɪnéɪliːz, -ṭə- | -gɑːtɪ-] 〚← NL ~ ← *Gigartina* (↑)+-ALES〛 *n. pl.* 〚植物〛スギノリ目.
gi·gas [dʒáɪgəs] 〚← L *gigās* 'GIANT'〛 *adj.* 〚植物〛巨大型の《丈の高い, 厚い葉をもった, 花・実の大きい植物の形容に用いる》.
gíga·sècond *n.* ギガセカンド《10 億秒; 略 Gs》.
gíga·tòn *n.* **1** 10 億トン. **2** ギガトン《高性能爆薬 (TNT) 10 億トンに相当する爆発力; 熱核兵器について用いる単位; 略 GT; cf. megaton》.
gíga·wàtt *n.* 〚電気〛ギガワット《電力の単位; 10 億ワット, 100 万キロワット; 略 GW》.
gíga·wòrd *n.* 〚電算機〛ギガワード《記憶容量の単位; =10^9 words》.
gig·gle [gígḷ] 〚《1509》《擬音語》: cf. MHG *gickeln*〛 — *vi.* くすくす笑う, 忍び笑いする. — *vt.* くすくす笑って言う. — *n.* **1** くすくす[忍び]笑い: give a ~ くすくす笑う / have (a fit of) the ~*s* (思わず)くすくす笑い出す. **2** 《口語》**a** おもしろい人[物]: He's [It's] a ~. **b** 冗談(事): for a ~ おもしろ半分に. **3** 《英口語》女の子[子供]の一群[集まり]: a ~ *of* schoolgirls 一群の女学生. **gíg·gler** [-gḷə, -glə | -gḷə(r, -glə(r] *n.* **gíg·gling·ly** [-gḷɪŋli, -glɪŋ- | -lɪ] *adv.*
gig·gly [gígḷi, -gli | -gḷɪ, -glɪ] *adj.* (**gig·gli·er; -gli·est**) よくくすくす笑う.
gíg-làmp *n.* ギグ馬車 (gig) のランプ《両側に一個ずつある》.
gig·let [gíglɪt, -lət] 〚《*a*1325》 *gigelot* ← ? *gig(ge)* flighty, giddy girl (⇨ gig[1])+-LET〛 *n.* **1** おてんば娘. **2** 《古》淫らな[浮気な]女.
Gi·gli [dʒíːl(j)iː; *It.* dʒíʎʎi], **Be·nia·mi·no** [bènjamíːno] *n.* ジーリ《1890-1957; イタリアのテノール歌手》.
gig·lot [gíglət] *n.* =giglet.
gíg·màn [-mæ̀n] 〚← GIG[1]+MAN[1]: 2 は Carlyle の造語〛 *n.* (*pl.* **-men** [-mèn]) **1** ギグ馬車(gig)所有者. **2** (ギグ馬車を所有することを誇りとするような)俗物.
gig·man·i·ty [gɪgmǽnəṭi | -nətɪ, -nɪ-] 〚← GIGMAN+-ITY: HUMANITY にならった Carlyle の造語〛 *n.* 俗物社会 (cf. gigman 2).
gíg mìll 〚⇨ gig[3]〛 *n.* (ラシャの)毛羽立て機; 毛羽立て機を使う織物工場.
gig·o·lo [dʒígəlòʊ, ʒíg- | ʒígəlòʊ, dʒíg-; *F.* ʒigolo] 〚□ F ~ 《逆成》← *gigolette* dance-hall woman, prostitute ← *giguer* to dance ← *gigue* (↓)〛 — *n.* (*pl.* ~**s** [~z; *F.* ~]) **1** 《軽蔑》女に養われる男, ひも, 男妾, ジゴロ. **2** (キャバレーなどで女性の相手をする)男の職業ダンサー.
gig·ot [dʒígət] 〚《1526》□ F ~ (dim.) ← 《方言》*gigue* leg, fiddle: ⇨ gigue〛 *n.* **1** 羊の脚《料理用》. **2** =LEG-OF-MUTTON.
gígot slèeve *n.* =LEG-OF-MUTTON sleeve.
gigs·man [gígzmən] *n.* (*pl.* **-men** [-mən, -mèn]) 〚海事〛ギグ (gig) 係の船員.
gigue [ʒíːg | ʒíːg, ʒíg; *F.* ʒig] 〚□ F ~ 'leg, fiddle' □ OHG *giga*: cf. It., Sp. & Port. *giga* / G *Geige*: cf. jig[1]〛 — *n.* **1** ジグ《16 世紀に英国で流行した jig から発展し, 17-18 世紀にフランスで流行した軽快な舞踊の一種》; その楽曲《しばしば組曲の結尾に用いられた》. **2** ギーガ《中世のバイオリン形の弦楽器》.
Gi·jón [hɪhóʊn, -hɔ́(ː)n | -hɔ́n; *Sp.* xixón] *n.* ヒホン《スペイン北西部の港市; 人口 188,000》.
Gil [gíl] 〚《略》← GILBERT〛 *n.* 男性名.
Gil. 《略》Gilbert.
Gi·la [híːlə] 〚□ Sp. ~ ← N.-Am.-Ind. (Yuman)《原義》salty water〛 — *n.* **1** [the ~] 米国 New Mexico 州南西部から西流して Arizona 州南部を横切り Colorado 川に注ぐ川 (1,015 km). **2** =Gila monster.
Gíla mónster *n.* 〚動物〛アメリカドクトカゲ (*Heloderma suspectum*)《米国南西部の砂漠地方にすむ大型の有毒トカゲ》.
Gíla wóodpecker *n.* 〚鳥類〛サボテンキツツキ (*Centurus uropygialis*)《米国南西部およびメキシコにすむキツツキの一種; saguaro の幹に巣を造る》.
Gilb. 《略》Gilbert.

gil·bert [gílbət | -bət] 〚← *William Gilbert* (1540–1603: 英国の物理学者)〛 *n.* 〘電気〙ギルバート《起磁力の cgs 単位; =0.796 ampere-turn》.

Gil·bert [gílbət | -bət] 〚ME ▭ OF *Gilebert* (F *Gilbert*) ▭ OHG *Gisilbert* 《原義》 bright pledge ← *gisil* pledge+*beraht* 'BRIGHT'〛 ── *n.* 男性名《愛称形 Bert, Gil, Gillie》.

Gilbert, Cass [kǽ(ː)s] *n.* (1859–1934) 米国の建築家.

Gilbert, Sir **Humphrey** *n.* (1539?–83) 英国の航海家・軍人; Newfoundland に植民地を開いた (1583); Walter Raleigh の異父兄.

Gilbert, Sir **William Schwenck** [ʃwéŋk] *n.* (1836–1911) 英国のユーモア詩人・劇作家; 彼の歌詞と Sir Arthur Sullivan の作曲による喜歌劇は Gilbert and Sullivan operas と呼ばれる (cf. Savoy operas); *The Mikado* (1885). 「*n.* 女性名.

Gil·ber·ta [gɪlbə́ːṭə | -bə́ːtə] 〚(fem.) ← GILBERT〛

Gílbert and Súllivan óperas 〚← *Sir William Schwenck Gilbert & Sir Arthur Sullivan*〛 *n. pl.* ⇨ Savoy operas.

Gil·bert·i·an [gɪlbə́ːṭiən | -bə́ːtjən, -tɪən] *adj.* 〈筋・対話など〉 W. S. Gilbert の喜歌劇風の; 滑稽な, とんちんかんの: a ~ opera / a ~ situation (Gilbert の喜劇にあるような)とんちんかんな場面[事態].

Gílbert Íslands *n. pl.* [the ~] ギルバート諸島《中部太平洋の旧英領植民地 Gilbert and Ellice Islands から分離した旧英領植民地; Gilbert, Line, Phoenix の諸島群から成る; 現在は独立して Kiribati となる; 人口 54,000, 面積 684 km², 首都 Tarawa [tərɑ́ːwə]》.

Gil·christ [gílkrɪst] 〚▭ Ir.-Gael. *Giolla-Chriost* servant of Christ〛 *n.* 男性名.

gild[1] [gíld] 〚OE *gyldan* < Gmc *ʒulþjan* ← *ʒulþam* 'GOLD'〛 ── *vt.* (~·**ed**, **gilt** [gílt]) **1** …に金[金箔(ぱく)]をきせる, 金めっきする, 金色に塗る; 金色に光らす: ~ a frame 額縁に金を塗る / The setting sun ~*ed* the sky. 入日が空を金色に輝かせた. **2** 美しく飾る, 彩る, 輝かす: The dusk was ~*ed with* fireflies. 夕闇にほたるが美しく光っていた. **3** 体裁よく見せる, 粉飾する. **4** 《古》(血などで)赤くする.
gild the lily ⇨ lily 成句. ***gild the pill*** ⇨ pill[1] 成句.

gild[2] [gíld] *n.* =guild. 「*n.* 女性名.

Gil·da [gíldə] 〚← ? Celt.: cf. OE *gyldan* 'to GILD[1]'〛

gíld·ed 〚cf. OE *ġegyld*〛 ── *adj.* **1** 金箔をきせた, 金(粉)を[金色に]塗った, 金めっきした: a ~ frame (額の)金縁, 金色の額縁 / the ~ spurs 《英古》(勲爵士 (knight) の記章である)金の拍車. **2** (うわべだけ)華やかな, きらびやかな, けばけばしい (tawdry): a thin, ~ weekly 薄ぺらなけばけばしい週刊誌. **3** 金持の, 豪奢(ごう)な: ~ vanities 富豪の虚栄 / ~ youth 富と地位のあるハイカラな若紳士(連), 貴公子連.

Gilded Áge 〚Mark Twain と C. D. Warner 合作の風刺小説 *The Gilded Age*「めっき時代」(1873) の題名より〛 ── *n.* [the ~] (南北戦争直後 (1865) から四半世紀にわたる米国の)好況時代, 金ぴか時代, めっき時代.

gíld·er[1] *n.* めっき師, 箔(はく)置き師.

gild·er[2] [gíldə | -də(r)] *n.* =guilder 1.

gild·ing 〚ME〛 *n.* **1** 金めっき, 塗金: electric ~ 電気めっき. **2** 金めっき[塗金]した表面. **3** 金めっき材料, 金粉. **4** (美しい)うわべの飾り, 虚飾, 粉飾: ~ of the pill 不快な事実の粉飾 (cf. *gild the* PILL[1]).

gílding bràss [**mètal**] *n.* 〘冶金〙光輝黄銅《銅95%, 亜鉛 5% の合金》. 「guildsman.

gilds·man [gíldzmən] *n.* (*pl.* **-men** [-mən, -mèn]) =

Gil·e·ad [gíliəd | -lɪæ̀d] 〚▭ Heb. *Gil'ᵉ'ādh* 《原義》 rough (country)〛 ── *n.* ギレアデ《古代 Palestine の Jordan 川東方の地域; 現在はヨルダン領; cf. *Josh.* 12: 2, *Gen.* 37: 25》.
balm in Gilead ⇨ balm. 「(1,096 m)》.

Gilead, Mount *n.* ギレアデ山《ヨルダン北西部の山

Gil·e·ad·ite [gíliədàɪt | -lɪ-] 〚← GILEAD+-ITE[1]〛 ── *n.* **1** ギレアデ人《Manasseh の子孫であるユダヤの一支族の者; cf. *Num.* 26, 29, *Judges* 12: 4》. **2** ギレアデの住人.

Giles [dʒáɪlz] 〚▭ F *Gilles* ▭ L *Aegidius* 《原義》 wearer of goatskin ← *aegis* 'AEGIS': cf. F *Gide*〛 *n.* 男性名.

Giles, Saint *n.* アエギディウス, ジャイルズ《十四救難聖人の一人; 8 世紀にフランスに住んだギリシャの隠者; 身体障害者や乞食の守護聖人; 祝日 (St. Giles's day) は 9 月 1 日》.

gi·let [ʒɪléɪ, ʒə- | ʒɪ-; *F.* ʒilɛ] 〚▭ F ~ ▭ Turk. *yelek*〛 ── *n.* **1** ジレ《前身頃に装飾のあるブラウスに見せかけた袖なし胴着で, 上着の下に着る》. **2** ベスト, チョッキ.

Gil·ga·mesh [gílgəmèʃ] 〚← Babylonian〛 *n.* ギルガメシュ《バビロニア伝説の王; 紀元前 2,000 年ごろの叙事詩 Gilgamesh Epic の主人公》.

gil·guy [gílgàɪ] 〚← ?〛 *n.* 〘海事〙 **1** 臨時にガイ (guy) として使われるロープ. **2** =gadget 1 a.

Gil·iak [gɪljǽk] *n.* (*pl.* ~, ~**s**) =Gilyak.

gill[1] [gíl] 〚(*a*1325) *gile* ← ? ON **gil*: cf. Swed. *gäl* / Dan. *gjælle*〛 ── *n.* **1** [通例 *pl.*] 鰓(えら) (branchia). **2** **a** (ニワトリ・シチメンチョウなどの)肉垂 (wattle). **b** [通例 *pl.*] (人の)あごの下の肉. **3** (キノコのかさの裏側の)ひだ, 菌褶(きんしゅう).
be rosy about the gills 健康そうに見える. ***be white*** [***blue, green, yellow***] ***about the gills*** (病気・恐怖などで)元気がない, 不健康そうに見える. ***fed to the gills*** 《俗》食傷気味で, 飽き飽きして, 全くいやになって 〔*with*〕. ***to the gills*** できるだけいっぱい. ***turn red in the gills*** 怒る.
── *vt.* **1** 〈魚を〉刺し網 (gill net) で取る. **2** 〈魚〉のはらわたを抜く. ── *vi.* 〈魚が〉刺し網に引っかかる.

gill[2] [gíl] 〚(1191–1210) ▭ ON *gil* glen〛 *n.* 《英》(しばしば樹木の茂った)峡谷 (ravine); (その中を流れる)小川, 細流.

gill[3] [dʒíl] 〚(1310) *gille* ▭ OF *gille, gelle* wine measure ▭ LL *gillo* water pot〛 *n.* ジル《液量の単位; ¼ pint; 略 gi.》: **a** 《米》4 fluidounces, 7.218 立方インチ, 0.118291 リットル. **b** 《英》5 fluidounces, 8.669 立方インチ, 0.142066 リットル. **c** 《英方言》=½ pint.

gill[4] [dʒíl] 〚(*c*1390) 《略》← GILLIAN〛 *n.* [しばしば G-] =jill.

Gill 〚1: (dim.) ← GILBERT. 2: (dim.) ← GILLIAN〛 *n.* **1** [gíl] 男性名. **2** [dʒíl] 女性名. 「著述家.

Gill [gíl], **Eric** *n.* (1882–1940) 英国の彫刻家・版画家・

gíll àrch [gíl-] *n.* 〘動物〙=branchial arch.

gil·la·roo [gɪlərúː, ˌ-ˌ-ˈ-] 〚▭ Ir.-Gael. *giolla ruadh* ← *giolla* boy+*ruadh* red〛 ── *n.* (*pl.* ~**s**) 〘魚類〙スコットランドとアイルランドの一部の湖にすむブラウントラウト (brown trout) (*Salmo trutta*) の地方的変異《別種 (*S. stomachicus*) と考えられたこともあった》.

gíll bòx [gíl-] *n.* 〘機械〙ギルボックス《スライバー (sliver) の太さを均整にする機械》.

gíll clèft [gíl-] *n.* 〘動物〙=branchial cleft.

gíll còver [gíl-] *n.* 〘動物〙鰓蓋(さいがい), 鰓(えら)ぶた.

gilled [gíld] *adj.* **1** 鰓(えら)のある. **2** 〈キノコが〉(かさの裏に)ひだのある.

Gil·les·pie [gɪléspi | -pɪ], **John Birks** [bə́ːks | bə́ːks] *n.* (1917–) 米国のジャズトランペット奏者・作曲家; 通称 Dizzy Gillespie.

Gil·lett [dʒɪlét, dʒə- | gílɪt, -let, gɪlét, dʒɪ-] 〚▭ OF *Gillet* (dim.) ← GILBERT, GILES〛 *n.* 男性名《異形 Gillette》.

Gil·lette [dʒɪlét, dʒə- | dʒɪ-] 〚↑〛 *n.* 男性名.

gíll fùngus [gíl-] *n.* 〘植物〙かさの裏にひだのある褶(ひだ)菌類のキノコ.

Gil·li·an [dʒíliən, -ljən | dʒílɪən, gíl-, -ljən] 〚1: 《変形》← JULIAN[1]. 2: ← ? Gael. *Gill' Eoin*〛 *n.* **1** 女性名. **2** 男性名.

gil·lie [gíli | -lɪ] 〚(1681) ▭ Sc.-Gael. *gille* servant, boy: cf. Ir. *giolla*〛 *n.* **1** 《スコット・アイル》遊漁[遊猟]の案内人. **2** 《スコット》(高地族長の)従者, 従僕. **3** かかとの低い飾りひもつきの靴. ── *vi.* (~**d**; **gil·ly·ing**) **1** 《スコット・アイル》遊漁[遊猟]の案内人になる[をする]. **2** 《スコット》(高地族長の)従者になる. 「lyflower.

gil·li·flow·er [dʒílɪflàuə | -lɪflàuə(r)] *n.* 〘植物〙=gil-

gill·ing [gílɪŋ] 〚⇨ gill[1]〛 *n.* 〘紡織〙ギル整条《羊毛など長繊維をくしけずること》.

Gil·ling·ham [dʒílɪŋəm] 〚OE *Gillingahām* 《原義》 'the village of *Gylla's* people' ← *Gylla* (部族の指導者の名?)+-LING[1] 2+*hām* 'HOME'〛 ── *n.* イングランド Kent 州の都市, William Adams (三浦按針)の生地; 人口 96,000.

gil·li·on [gíljən, dʒíl-] 〚← GI(GA)- + (MI)LLION〛 *n.* 《英》10 億, 10^9《時に billion の代わりに用いられる》.

gíll·nèt [gíl-] *vt.* 〈魚を〉刺し網で取る.

gíll nèt [gíl-] *n.* 刺し網《水中に垂直に張りその網の目に魚が刺さったりからんだりする; cf. drift net》.

gíll-nèt·ter *n.* 刺し網漁師; 刺し網漁船.

gíll-òver-the-gròund [gíl-] 〚⇨ gill[4]〛 *n.* 〘植物〙カキドウシ (⇨ ground ivy).

gíll ràker [gíl-] *n.* 〘動物〙鰓耙(さいは), 鰓師《魚類または両生類の幼生の鰓弓側面にできる突起; 呼吸水中の食物などをこし取る働きをする》.

gíll slit [gíl-] *n.* 〘動物〙=branchial cleft.

gil·ly[1] [gíli | -lɪ] *n.* =gillie.

gil·ly[2] [gíli | -lɪ] 〚← *gill* two-wheeled frame for moving timber (← ?)+-Y[2]〛 ── *n.* ギリー車《サーカス[謝肉祭]用道具の運搬(自動)車》. ── *vt.* ギリー車 (gilly) で運ぶ. ── *vi.* ギリー車で運ばれる.

gil·ly·flow·er [dʒílɪflàuə | -lɪflàuə(r)] 〚(16C) 《変形》← ME *gilofre* ▭ OF (F *giroflée*) clove < ML *caryophyllum* ▭ Gk *karuóphullon* clove tree ← *káruon* nut +*phúllon* leaf: 今の形は FLOWER との連想から〛 *n.* 〘植物〙 **1** ナデシコ《ナデシコ科ナデシコ属 (*Dianthus*) の植物の総称》. **2** =stock[2] 18. **3** =wallflower.

Gil·son·ite [gílsənàɪt, -sn-] 〚← *S. H. Gilson* (発見者, 米国 Utah 州 Salt Lake City の人)〛 *n.* 〘商標〙ギルソナイト《uintaite の商品名》.

gilt[1] [gílt] 〚ME (p.p.) ← *gilden* 'to GILD[1]': cf. OE *ġegyld*〛 ── *v.* gild[1] の過去形・過去分詞. ── *adj.* 金めっきした, 金をきせた, 金色に塗った (gilded); 金色の (golden): ~ letters 金文字 / a ~ top (装丁の)天金 / the (three) ~ balls 《俗》金色の三つ玉《質屋の看板》; 質屋. ── *n.* **1** (きせたまたは塗った)金, 金箔, 金めっき (gilding); 金色: The ~ is off. 金箔がはげている. **2** うわべだけの美しさ[けばけばしさ]. **3** 一流証券 (gilt-edged security). **4** 《俗》金銭 (money).
take the gilt off the gingerbread 〚⇨ gingerbread (n.) 2〛 見掛けの美しさ[魅力]を取り去る.

gilt[2] [gílt] 〚(*c*1350) *gilte* ▭ ON *gylt-r*〛 *n.* (子を産んだことのない)若い雌豚.

gílt·cùp *n.* 〘植物〙=buttercup.

gílt-édge *adj.* =gilt-edged.

gílt-édged *adj.* **1** 〈紙・書籍など〉へりに金を塗った, 金縁の (cf. g. e.). **2** 〈証券など〉優良の, 一流の (cf. blue-chip 1): a ~ bill [paper] 一流手形《振出人の信用が極めて確実なもの》 / a ~ security [stock] 一流証券, 金縁証券《もとは政府発行の有価証券で用紙が金縁であった》.

gílt·hèad *n.* 〘魚類〙 **1** 地中海と大西洋に分布するクロダイの類の食用魚 (*Sparus aurata*). **2** 大西洋産ベラ科の魚類の一種 (*Crenilabrus melops*).

Gil·yak [gɪljǽk] *n.* (*pl.* ~, ~**s**) **1** **a** [the ~(s)] ギリヤーク族《シベリアのアムール地方に住むモンゴル族》. **b** ギリヤーク族の人. **2** ギリヤーク語.

gim·bal [gímbəl, dʒím- | dʒím-, gím-] 〚(1780) 《変形》← GIMMAL〛 ── *n.* [通例 *pl.*; 単数扱い] 〘海事〙ジンバル, 遊動環《コンパスやクロノメーターを水平に保つための十字吊装置; gimbal ring ともいう》. ── *vt.* …にジンバルを備える.

gím·baled *adj.* ジンバル (gimbals) 付きの.

gim·crack [dʒímkræ̀k | gím-, dʒím-] 〚(1360) *gibecrake* inlaid woodwork ← ?〛 ── *adj.* 見かけ倒しの; 安ぴかの, つまらない. ── *n.* **1** 見かけ倒しの物, つまらない物, 子供だまし, 安ぴか物. **2** 《古》しゃれ者.

gim·crack·er·y [dʒímkrækəri | gímkrækərɪ, dʒím-] *n.* [集合的] 安ぴか物, 見かけ倒しの装飾.

gi'me [gími | -mɪ] =gimme.

gim·el[1] [gíməl] 〚▭ Heb. *gīmél*: cf. Akkad. *gaml* sickle〛 ── *n.* ギーメル《ヘブライ語アルファベット 22 字中の第 3 字 ג (ギリシャ文字の *Γ* (⇨ gamma 1) に当たる); ⇨ alphabet 表》.

gim·el[2] [dʒíməl] *n.* 〘音楽〙=gymel.

gim·let [gímlɪt, -lət] 〚(*c*1350) ▭ OF *guimbelet* (F *gibelet*) (dim.) ← *guimbel* 'WIMBLE'〛 ── *n.* **1** ボード錐(きり), 撞木錐(しゅもくぎり), 手錐: eyes like ~*s* 鋭い目, (穴のあくほど)じろじろ見る目. **2** ギムレット, ジンライム《ジン・甘味入りのライムジュースをシェイクしソーダ水または水を加えて冷たくして飲むカクテル》.
── *attrib. adj.* 貫き[突き]通すような, 穴をうがつような: ~ eyes 鋭い[刺し通すような]目(つき). ── *vt.* **1** …に手錐で穴をあける; (穴のあくほど)じろじろ見る. **2** 〘海事〙〈宙吊りにした錨を〉望む姿勢に回す.

gímlet-éyed *adj.* 刺すような目をした, 鋭い目の.

gim·mal [gíməl, dʒím-] 〚(1596) 《変形》← GEMEL〛 *n.* (時計などの)回転部分の運動を伝達する継ぎ手.

gim·me [gími | -mɪ] 〚《転訛》← *give me*〛 《俗》 ── = give me; (時に) =give it to me. ── *n.* [通例 *pl.*] 獲得欲, 欲張り; 贈り物への欲望: have [get] the ~*s*.
── *adj.* 金銭[寄付, 施し物]を求める: a ~ girl.

gim·mel [gíməl] *n.* =gimel[1].

gim·mick [gímɪk] 〚《混成》? ← 《廃》*gimm(er)* trick finger ring+(MAG)IC〛 ── *n.* **1** 《口語》 **a** (ルーレットなどに仕組んだ)いかさま仕掛け. **b** (手品師・香具師(やし)などの)秘密の仕掛け. **2** 《俗》 **a** (人の注意を引くための)巧妙な仕掛け[装置]; 新案物 (gadget). **b** (商品などを売りさばくための)場当たりの方法[作戦]. **3** 〘電子工学〙2 本の絶縁線を撚り合わせて作ったコンデンサー. ── *vt.* 《口語》…に巧妙な[いかさまの]仕掛けをつける 〈*up*〉.

gim·mick·er·y [gímɪk(ə)ri | -rɪ] *n.* (*also* **gim·mick·ry** [-kri | -krɪ]) 《口語》 **1** 巧妙な[いかさまの]仕掛けを用いること. **2** [集合的] いろいろの巧妙な[いかさまの]装置.

gim·mick·y [gímɪki | -kɪ] *adj.* 《口語》巧妙な[いかさまの]仕掛けの[を用いた].

gimp[1] [gímp] 〚(1664) ▭ Du. *gimp* ∥ F *guimpe*: cf. wimple / F *guimpeure* 《鼻音化》← GUIPURE〛 ── *n.* **1** (洋服や家具などのへり飾りに用いるウール・絹・綿などの)打ちひも・組みひも, 細幅の織物. **2** レース編みの模様を地から浮き上がらせるために使う絹で覆った強い糸. **3** 細い銅線の芯を入れてある絹の釣糸. ── *vt.* 打ちひも[組みひも]で飾る[作る].

gimp[2] [gímp] 〚← ?〛 *n.* 《口語》元気, 精力 (spirit).

gimp[3] [gímp] 〚← ? 《方言》 *gimp* a short, irregular curve or bend〛 *n.* 《俗》不具者; びっこ; びっこを引くこと. ── *vi.* びっこを引く.

gímp nàil [**tàck**] *n.* (布張り家具の外縁に使う絹織の組みひも (gimp) を止める)飾り釘.

gimp·y [gímpi | -pɪ] 〚← GIMP[3]+-Y[4]〛 *adj.* 《俗》(**gimp·i·er**; **-i·est**) びっこの (lame).

gin[1] [dʒín] 〚(?*a*1200) ▭ OF ~ 《頭音消失》← *engin* 'ENGINE'〛 ── *n.* **1** **a** 機械, 機械仕掛 (machine). **b** 三叉; 三脚[移動式]起重機. **c** 抗打ち機; ジンブロック. **d** 綿繰り機. **2** (狩猟用の)わな. ── *vt.* (**ginned**; **gin·ning**) **1** 〈綿を〉綿繰り機にかけて種を除く, 繰る. **2** わなに掛ける (snare).

gin[2] [dʒín] 〚(1714) 《短縮》← GENEVA〛 ── *n.* **1** **a** ジン《ライ麦またはトウモロコシを麦芽で発酵させ, 杜松 (juniper) の実とともに蒸留したオランダ原産の酒 (cf. geneva); 辛口, 甘口の他, ストロベリーの実を入れたもの, オレンジなどの香りをつけたものもある》: ~ and bitters 《米》=pink gin / ~ and it [It] ジンとイタリアンベルモットとのカクテル / ~ and tonic ジントニック《ドライジンをトニックウォーターで割り, レモンかライムを添える》. **b** ジン 1 杯. **2** 合成ジン《酒精に杜松・オレンジ類の皮・アンゼリカ (angelica) の根などで芳香をつけたジンに似た酒》. **3** 《俗》酒類. ── *vi.* 《英口語》ジンを飲む, 酒を飲む; 酔う 〈*up*〉.

gin[3] [gín] 〚(?*a*1200) *ginne(n)* < OE *ginnan* 《短縮》← *onginnan*: cf. OE *beginnan* 'to BEGIN'〛 ── *vt., vi.*

(gan [gǽn]; gun·nen [gʌ́nən]; gin·ning) (also **'gin** [~]) 《古・詩》=begin.

gin[4] [dʒín] 〘《転用》← ? GIN[2]〙 — n. 〖トランプ〗 **1** = gin rummy. **2** ジン《ジンラミーで, 持ち札10枚が全部メルド (meld) され遊離札が1枚もない状態で上がること》. — vi. ジンで上がる.

gin[5] [gín] 〘← ?: cf. 《スコット》gif 'IF'〙 conj. 《スコット・方言》=if; whether.

gin[6] [dʒín] 〘← Austral. 《土語》〙 n. 《豪》原住民の女.

Gi·na [dʒíːnə; It. dʒíːna] 〘□ It. ~ (dim.) ← REGINA〙 n. 女性名.

gin blòck [dʒín-] n. 〖機械〗一輪滑車.

gi·nep [gənép] n. 〖植物〗=genip.

Gi·nev·ra [dʒɪnévrə, dʒə- | dʒɪ-] 〘□ It. ~ 'GUENEVERE'〙 n. 女性名.

gín fízz n. ジンフィズ《ジンに砂糖・レモン汁・炭酸水を加えたカクテル》.

gin·gal [dʒíŋgɔːl] 〘□ Hindi *janjāl*〙 n. (also **gin·gall** [~]) 〖銃砲〗=jingal.

gin·gel·ly [dʒíndʒəli | -lɪ] 〘□ Hindi *jinjalī* □ Arab. *juljulān, jiljilān*〙 n. (also **gin·ge·li** [~]) ごま.

gin·ger [dʒíndʒə | -dʒə(r] 〘《14C》□ OF *gingi(m)bre* (F *gingembre*) □ ML *gingiber* = L *zingiber(i)* □ Gk *ziggíberis* □ Prakrit *siṅgabera* = Skt *śṛṅgavera* ← *śṛṅga* horn + *vēra* body ∽ ME *gingivere* < OE *ġinġifere* □ L *zingiber*〙 — n. **1 a** 〖植物〗ショウガ (*Zingiber officinale*). **b** ショウガの根《薬用・香辛料・砂糖菓子に用いる》. **2** 《口語》元気, 意気 (pep); ぴりっとしたところ, 気骨 (piquancy). **3 a** しょうが色, 橙褐色; (頭髪の)赤色: ~ hair しょうが色の髪, 赤毛. **b** [G-] 《英》しょうが色の髪の人, 「赤毛」《あだ名》. — vt. **1** …にしょうがで味をつける ⟨up⟩. **2** 元気づける, 活気づける; 励ます, 鼓舞する ⟨up⟩.

Gin·ger [dʒíndʒə | -dʒə(r] 〘《変形》← VIRGINIA[2]〙 n. 女性名.

gin·ger·ade [dʒìndʒəréɪd, ⌐–⌐ | dʒìndʒə(r)éɪd] 〘← GINGER + -ADE〙 n. 《英》ジンジャーエード《しょうがで香りを付けた清涼飲料》.

gínger ále n. ジンジャーエール《ジンジャーエッセンスで味をつけた甘い炭酸清涼飲料》.

gínger béer n. ジンジャービヤ《ginger ale よりジンジャーの味が強い清涼飲料; cf. beer 2》.

gínger·brèad 〘《14C》《変形》← 《1228》*gingebrad, gingebras* preserved ginger □ OF *gingembras* ← ML *gingiber* 'GINGER': 今の形は BREAD との連想による〙 — n. **1** しょうが風味のケーキ[クッキー]《甘味料として蜂蜜・砂糖も用いるが, 元来は糖蜜を主とした; クッキーの方は種々の形に仕上げ, 色つきの砂糖衣をかぶせることが多い》. **2** 見かけ倒しの物, 安ぴか装飾.
take the gilt off the gingerbread ⇨ gilt[1] 成句.
— attrib. adj. 安ぴかの, 見かけ倒しの, けばけばしい (showy, tawdry): ~ work 安ぴか細工[装飾].

gíngerbread nút n. (丸いボタン形の)しょうが風味のクッキー.

gíngerbread pálm n. 〖植物〗=doom palm.

gíngerbread plúm n. **1** 〖植物〗西アフリカ産のバラ科の木 (*Parinarium macrophyllum*). **2** その実《大きな澱粉質の実で食用になる》.

gíngerbread trèe n. 〖植物〗=gingerbread plum 1.

gínger·brèad·y [-di | -dɪ] adj. =gingerbread.

gínger córdial n. ジンジャーコーディアル《しょうが・干しぶどう・レモンの皮・水で造ったリキュール; ウイスキーかブランデーで補強することもある》.

gínger gròup n. 《英》(政党で消極的な多数派を鼓舞煽動する)積極的な少数派.

gin·ger·ly [dʒíndʒəli | -dʒəlɪ] 〘《1519》← ? OF *genzor* (compar.) ← *gent* delicate: cf. gentle, -ly[1,2]〙 — adj. (音を立てないようまたは何か失策をしないように)非常に用心[注意]深い, 極めて慎重な (cautious): in a ~ manner. — adv. 用心深く, 慎重に (cautiously); こわごわ: walk ~. **gín·ger·li·ness** n.

gínger nùt n. =gingerbread nut.

gínger póp n. =ginger ale.

gínger·ròot n. しょうがの根, 根しょうが.

gínger·snàp n. (薄くて割れやすい)しょうが風味の糖蜜入りクッキー.

gínger wìne n. ジンジャーワイン《しょうが・砂糖を混ぜて発酵させた飲料》.

gin·ger·y [dʒíndʒəri | -rɪ] adj. **1** しょうがの(ような味がする); 辛い, ぴりっとする (pungent). **2** 〈頭髪など〉しょうが色の. **3** 元気な, 威勢のよい (lively). **gín·ger·i·ness** n.

ging·ham [gíŋəm] 〘《1615》□ Du. *gingang* □ Malay *ginggang* striped (cotton)〙 n. ギンガム《色糸・サラシ糸を用いた棒縞(ぼうじま)または弁慶縞などの平織り綿布》.

gin·gi·li [dʒíndʒəli | -dʒɪlɪ] n. =gingelly.

gin·giv- [dʒíndʒəv, dʒɪndʒáɪv | dʒíndʒɪv, dʒɪndʒáɪv] (母音の前に来る時の) gingivo- の異形.

gin·gi·va [dʒíndʒəvə, dʒɪndʒáɪ- | dʒíndʒɪ-, dʒɪndʒáɪ-] 〘□ L *gingiva* ← ?〙 — n. (pl. **-gi·vae** [dʒíndʒəvìː, dʒɪndʒáɪviː | dʒíndʒɪvìː, dʒɪndʒáɪviː]) 〖解剖〗歯肉(しにく), 歯齦(しぎん) (gum).

gin·gi·val [dʒíndʒəvəl, dʒɪndʒáɪ- | dʒíndʒɪ-, dʒɪndʒáɪ-] 〘《1669》← NL *gingivāl-is* ← L *gingiva* gum: ⇨ -al[1]〙 — adj. **1** 〖解剖〗歯肉の, 歯齦の. **2** 〖音声〗=alveolar 2. — n. 〖音声〗=alveolar 2.

gíngival recéssion n. 〖歯科〗歯肉退縮.

gíngival súlcus n. 〖歯科〗歯肉溝《歯と歯肉の間にできた浅い溝》.

gin·gi·vi·tis [dʒìndʒəváɪtɪs, -təs | -dʒɪváɪtɪs] 〘← NL ~: ⇨ ↓, -itis〙 n. 〖病理〗歯肉炎, 歯齦炎.

gin·gi·vo- [dʒíndʒəvo(ʊ), dʒɪndʒáɪ- | dʒíndʒɪvə(ʊ), dʒɪndʒáɪ-] 〘← L *gingiva*〙「歯肉の, 歯茎の; 歯肉と…との」の意の連結形. ★ 母音の前では通例 gingiv- になる.

ging·ko [gíŋkou | -kəʊ] n. (pl. **~s, ~es**) 〖植物〗= ginkgo.

ginglymi n. ginglymus の複数形.

gin·gly·moid [dʒíŋglɪmɔ̀ɪd, gíŋ-, -glə- | -glɪ-] 〘⇨ ↓, -oid〙 adj. 〖解剖〗ちょうつがい関節の, ちょうつがい関節で連結されている, ちょうつがい関節状の.

gin·gly·mus [dʒíŋglɪməs, gíŋ-, -glə- | -glɪ-] 〘《1657》← NL ~ ← L ~ □ Gk *gigglumos* hinge, joint〙 — n. (pl. **-gly·mi** [-màɪ, -mìː]) 〖解剖〗ちょうつがい関節 (hinge joint)《一平面内だけの運動をする関節》.

gín·hòuse [dʒín-] 〘⇨ gin[1]〙 n. 綿繰り工場.

gink [gíŋk] 〘← ? 《方言》*gink* trick〙 n. 《俗》人, やつ (guy); 変り者, いやなやつ.

gink·go [gíŋkou, gíŋkgou | gíŋgəʊ] 〘《1773》← NL ~ ← ? Jap. *ginkyō* (銀杏) □ OChin. *ngien hang* (Chin. *yin hsing*): 今の形は *ginkyo* の y を g と誤記したため〙 — n. (pl. **~s, ~es**) 〖植物〗イチョウ (*Ginkgo biloba*)《maidenhair tree ともいう》.

Gink·go·a·ce·ae [gìŋgouéɪsiiː | -gəʊ-] 〘← NL ~: ⇨ ↑, -aceae〙 n. pl. 〖植物〗イチョウ科. **gìnk·go·á·ceous** [-ʃəs] adj.

Gink·go·a·les [gìŋgouéɪliːz | -gəʊ-] 〘← NL ~: ⇨ ginkgo, -ales〙 n. pl. 〖植物〗イチョウ目.

gínkgo nùt n. ぎんなん《イチョウの実》.

gín mìll [dʒín-] n. 《米俗》酒場 (bar).

ginned [dʒínd] 〘⇨ gin[2]〙 adj. 酔った (intoxicated).

gin·ner [dʒínə | -nə(r] 〘⇨ gin[1]〙 n. 綿繰り工.

gin·ner·y [dʒínəri | -rɪ] 〘← GIN[1] + -ERY〙 n. 綿繰り工場.

gin·ney [gíni | -nɪ] 〘《変形》← GUINEA〙 n. 《米俗》〖通例軽蔑的〗イタリア人 (Italian).

Gin·nun·ga·gap [gínʊŋgəgàːp] 〘□ ON ~〙 n. 〖北欧神話〗ギンヌンガガップ《Niflheim と Muspelheim の間にある空隙で, 後に Ymir の体で創られた居住世界》.

gin·ny [dʒíni | -nɪ] 〘⇨ gin[2], -y[4]〙 adj. (**more ~, most ~; gin·ni·er, -ni·est**) ジン(酒)の; ジンで酔った.

gín pàlace [dʒín-] n. (けばけばしく飾った)酒場.

gín pòle [dʒín-] n. 〖機械〗 **1** 三脚起重機 (gin) の脚の1本. **2** 一本クレーン, ジンポール《1本の支柱で重量物を揚げる起重機》.

gín rúmmy [dʒín-] 〘← GIN[2] + RUMMY[2]: 酒の名の rum をトランプの rum (=rummy) にかけて作った造語〙 — n. 〖トランプ〗ジンラミー《二人で遊ぶラミー (rummy) で遊離札の合計点が10以下になった時上がることを許す方式》.

Gins·berg [gínzbəːg | -bəːg], **Allen** n. (1926–　) 米国の詩人, Beat Generation を代表する一人; *Howl and Other Poems* (1956).

gin·seng [dʒínsæŋ, -seŋ, -sɪŋ | -seŋ, -səŋ; Chin. ɹə́nʂə́n] 〘《1654》□ Chin. *jên shên* (人参)〙 — n. **1** 〖植物〗チョウセンニンジン (*Panax schinseng*); 同属の北米産種 (*P. quinquefolium*). **2** チョウセンニンジンまたは同属の北米産種の根; それから製した薬.

Ginz·berg [gínzbəːg | -bəːg], **Ash·er** [ǽʃə | ǽʃə(r] n. ギンズバーグ (1856–1927; ロシヤ生れのヘブライの社会哲学者・著作家; 筆名 Aḥad Ha'am).

gin·zo [gínzou | -zəʊ] 〘《変形》← ? GUINEA: cf. ginney〙 n. (pl. **~es**) 《米俗》〖通例軽蔑的〗イタリア人.

Gio·con·da [dʒo(ʊ)kɑ́ndə | dʒə(ʊ)kɔ́n-; It. dʒokónda], **La** [lɑː; It. la] n. ラ ジョコンダ (⇨ Mona Lisa).

gio·co·so [dʒo(ʊ)kóusou | dʒə(ʊ)kə́ʊsəʊ; It. dʒokóːso] 〘□ It. ~: cf. jocose〙 adv. 〖音楽〗明るく活発に, 愉快に, おどけて.

Gior·da·no [dʒɔədɑ́ːnou | dʒɔːdɑ́ːnəʊ; It. dʒordáːno], **Um·ber·to** [umbérto] n. ジョルダーノ (1867–1948; イタリアのオペラ作曲家; *Andrea Chenier* (1896)).

Gior·gio [dʒɔ́ədʒou | dʒɔ́ːdʒəʊ; It. dʒórdʒo] 〘□ It. ~ 'GEORGE[1]'〙 n. 男性名.

Gior·gio·ne [dʒɔədʒóuni | dʒɔːdʒə́ʊnɪ; It. dʒordʒóːne], **Il** [il] n. ジョルジオーネ (1478?–1510; イタリア Venice の画家; Giovanni Bellini の弟子; 別名 Giorgione da Castelfranco [da kàstelfráŋko], 本名 Giorgio Barbarelli [bàrbarélli]).

Giot·to [dʒɑ́ʊtou, dʒɔ́(ː)t-, dʒiɑ́t-, dʒiɔ́(ː)t- | dʒɔ́təʊ; It. dʒɔ́tto] n. ジオット (1266?–1337; イタリア Florence の画家・建築家; 別名 Giotto di Bondone [bondóːne]).

Gio·van·ni [dʒo(ʊ)vɑ́ːni, -vǽni | dʒiə(ʊ)vɑ́ːnɪ, dʒə(ʊ)-, -vǽnɪ; It. dʒovánni] 〘□ It. ~ 'JOHN[1]'〙 n. 男性名.

gip[1] [gíp] 〘← ? ON (cf. Norw. 《方言》*gipa* to cause to gape): cf. gib[3]〙 vt. (**gipped; gip·ping**) (塩漬けまたは干物を作るため)〈魚〉のはらわたを取る.

gip[2] [dʒíp] n., v. =gyp[2].

gip[3] [dʒíp] n. =gyp[3].

gi·pon [dʒɪpɑ́n, ⌐–⌐ | dʒɪpɔ́n, ⌐–⌐] n. 〖甲冑〗=jupon 2.

gip·py [dʒípi | -pɪ] 〘《短縮》← EGYPTIAN〙 n. 《俗》 **1 a** エジプト人, (特に)エジプト兵. **b** エジプトたばこ. **2** ジプシー (Gypsy).

gíppy túmmy n. 《英俗》熱帯地方旅行者の下痢.

Gip·sy, g- [dʒípsi | -sɪ] n., adj., vi. =Gypsy[1].

gi·raffe [dʒəræ̀f | dʒɪrɑ́ːf, dʒə-, -rǽf] 〘《17C》□ F *girafe* □ It. *giraffa* □ Arab. *zarāfa*^h ∽ 《1594》*giraffa* □ It.〙 — n. (pl. **~s** [~s, -rǽvz | ~s]) **1** 〖動物〗キリン, ジラフ (*Giraffa camelopardalis*). **2** [the G-] 〖天文〗きりん(麒麟)座 (⇨ Camelopardalis). **gi·ráf·fish** [-fɪʃ] adj.

gi·ran·do·la [dʒɪrǽndələ, dʒə-, -dlə | dʒɪrǽndələ, -dlə] n. =girandole.

gir·an·dole [dʒírəndòul | -dəʊl] 〘《1634》□ F ~ □ It. *girandola* ← *girare* to turn □ L *gȳrāre*: ⇨ gyrate〙 — n. **1** 枝付きの飾り燭台. **2** 燭台つきの鏡; 飾り玉のついた丸形凸面鏡. **3** 回り花火; 回り噴水. **4** ジランドール《周囲に小さい宝石の飾りの付いたペンダント式イヤリング》. **5** 連続爆発仕掛けの地雷, 連設地雷.

girandole 2

Gi·rard [dʒərɑ́əd | dʒɪrɑ́ːd], **Stephen** n. (1750–1831) フランス生れの米国の銀行家・慈善事業家.

gir·a·sol [dʒírəsɔ̀(ː)l, -sòul, -sɑ̀l | -sɔ̀l] 〘《c1581》□ F ~ // It. *girasole* (← *girare* to turn + *sole* sun) 《なぞり》← Gk *hēliotrópion*〙 (also **gir·a·sole** [-sòul | -sə̀ʊl]) — n. **1** 〖鉱物〗火蛋白石《半透明の青みがかった白色で強い光をあてると赤く反射する; fire opal ともいう》. **2** 〖植物〗=Jerusalem artichoke. — attrib. adj. 火蛋白石のような.

Gi·rau·doux [ʒìːro(ʊ)dúː | -rə(ʊ)-; F. ʒirodu], **Jean** n. ジロドゥー (1882–1944; フランスの劇作家・小説家・外交官; *La Guerre de Troie n'aura pas lieu*「トロヤ戦争は起こらなかった」(1935)).

gird[1] [gə́ːd | gə́ːd] 〘OE *gyrdan* < Gmc **ʒurðjan* (G *gürten*) ← IE **gher(d)-* to grasp, enclose〙 — vt. (**~·ed, girt** [gə́ːt | gə́ːt]) **1 a** 〔帯などで〕〈人(の腰)を〉巻く, 締める, 縛る ⟨up⟩ 〔with〕: ~ the waist *with* a sash 腰を帯で締める / ~ oneself 帯を締める / He was *girt* about *with* a rope. 彼は縄を巻きつけられた《いましめられた》. **b** 〈帯・剣などを〉着ける, まとう; 〈着物などを〉帯で締める, まとう: ~ a belt / ~ *on* one's armor [sword] よろいをまとう[帯剣する]. **c** 〔剣などを〕…に付ける 〔with〕: be *~ed with* a sword 剣を帯びている. **2** [~ oneself で] 用意する, 仕度する ⟨up⟩; (仕事などに備えて)体を引き締める, 緊張する: ~ *oneself* (*up*) *for* [*to*] a fight, task, etc. / He *~ed himself to* strike his opponent a blow. 相手に一撃をくらわそうときっと身構えた. **3** 取り巻く, 囲む, めぐらす 〔with〕: ~ a castle *with* a moat 城に堀をめぐらす / an island *~ed* by [*girt with*] the sea=a sea-*girt* island 海に囲まれた島. **4** …に〔権力・力などを〕授ける, 賦与する 〔with〕: He is *girt with* supreme power. 最高権力を持っている.
— vi. 〔戦闘・行動などに〕備える 〔for〕.
gird (***up***) ***one's loins*** ⇨ loin 成句.

gird[2] [gə́ːd | gə́ːd] 〘《?a1200》*girde(n)* to strike, pierce ← ?: cf. OE *ġ(i)erd* rod〙 — vi. あざける, ばかにする (jeer) 〔at〕. — vt. 《廃》〈人を〉ばかにする. — n. 《古》あざけり, 冷笑.

gird·er [gə́ːdə | gə́ːdə(r] n. 〖土木・建築〗ガーダー, 桁(けた), 大梁(おおばり), ガード: a framed ~ 組立て梁.

gird·er·age [gə́ːdərɪdʒ | gə́ːd-] n. [集合的] 〖土木・建築〗桁, 桁構え (girders); 桁組 (system of girders).

gírder bridge n. 桁橋(けたばし), ガード.

gírd·er·ing [-dərɪŋ] n. 〖土木・建築〗ガーダー (girder) によって構造物を構造すること, 桁組み.

gir·dle[1] [gə́ːdl̩ | gə́ː-] 〘OE *gyrdel* ← *gyrdan* 'to GIRD[1]': ⇨ -le[1]〙 — n. **1** (剣やかぎを下げるための腰のまわりにつける)帯, ベルト: a ~ of chastity=chastity belt. **2 a** ガードル《ウェストやヒップの形を整えるためにつける女性用コルセット》. **b** 〖キリスト教〗ガードル (⇨ cincture 1 b). **3** (取り巻く)帯, 輪; 範囲: within the ~ of the sea 海に囲まれた中に / put a ~ round the earth 《比喩》世界を一周する (cf. Shak., *Mids N D* 2. 1. 175). **4** 〖園芸〗樹皮を輪状にはぎ取った部分. **5** 《まれ》〖天文〗獣帯 (zodiac); 黄道 (ecliptic); 赤道. **6** 〖宝石〗ガードル, 周稜《宝石の上面と下面の合う線; 台の爪がくわえる部分; ⇨ brilliant cut 挿絵》. **7** 〖解剖〗帯(たい)《骨あるいは神経繊維が集まって帯のようになったもの》, 環状骨, 帯状束: the hip ~=pelvic girdle / the shoulder ~ 肩甲帯. **8** 〖建築〗バンド, 胴輪《円柱の柱身を巻く装飾帯》.
have [***hold***] ***under one's girdle*** 服従させる, 支配下に置く, 統御する.
girdle of Venus 〖手相〗金星帯.
— vt. **1** …に帯をしめる; (帯・ひもなどで)縛る, 巻く ⟨*in, about, round*⟩. **2** (枯れさせるため, または結実を多くするため)〈樹木〉の樹皮を輪状に切り取る. **3** 取巻く, 囲む (surround): The town is *~d with* railways. **4** 〈人・物・世界など〉のまわりを回る, 一周する.

gir·dle[2] [gə́ːdl̩ | gə́ː-] n. 《スコット》=griddle.

gírdle·càke n. 《スコット》=griddle cake.

gir·dler [-dlə, -dl- | -dlə(r, -dl-] 〘《ME》〙 n. **1** 《古》帯造り職人, 帯[ガードル]屋. **2** 取り巻く人[物]. **3** 樹皮を輪状に食う昆虫の総称.

gírdle-tàiled lízard 〘身を守るため軟かな腹部にとげの生えた尾を巻きつける習性から〙 — n. 〖動物〗ヨロイトカゲ《アフリカ南東部にすむヨロイトカゲ科のトカゲ類の総称》.

Gi·rel·li·dae [dʒɪréləḍìː, dʒə- | dʒɪrélɪ-] 〘← NL ~ ← *Girella* (属名: ← F *girelle* a kind of fish) + -IDAE〙 n. pl. 〖魚類〗メジナ科.

girl [gə́ːl | gə́ːl] 〘《?a1300》*gerl, gurl* young person (of either sex) ← ? OE *gyrla* dress, robe (for either sex): OE → ME の意味の変化については cf. skirt 《俗》'girl'〙 — n. **1 a** 女の子, 女児 (↔ boy); (おとなに

対して)少女, 未婚の女性, 若い娘 (cf. woman): She was married when she was a mere ~. まだ子供のようなころに結婚した. **b** [形容詞的に] 女の子の, 少女の, 若い娘の: ⇨ girl friend. **c** 《口語》女 (woman). **d** [年齢に関係なく親しい婦人や妻に対する呼掛けにも用いて] 君, あなた: my dear ~ おまえ《妻などに対する愛称》/ ⇨ old girl 2. **e** [the ~s として] (一家の)女[娘]たち; 女仲間, 女連中 (cf. boy 1 c).
2 [しばしば one's ~ として]《口語》**a** (年齢に関係なく)娘 (daughter): She wanted her ~ to go on the stage. 娘を女優にしたいと思った. **b** 愛人, 恋人, 情婦 (sweetheart): Jones and his ~ / one's best ~ いい女, 恋人.
3 女中 (maidservant); 女事務員, 女店員 (shopgirl).
4 《口語》売春婦 (prostitute): a ~ of the town.
5 [les [lei] ~s として; 集合的] **a** コーラスガールたち (chorus girls). **b** =1 c.

gírl-crázy *adj.* 〈男の子が〉しきりに女の子とつき合いたがる, 女の子に夢中な.

gírl Fríday 〖《1940》: ⇨ man Friday〗 *n.* **1** 重宝な女中[女性アシスタント]; 女秘書. **2** (小さい事務所で雑務をする)女事務員, オフィスガール.

gírl frìend 〖《1896》〗 *n.* (*also* **gírl·frìend**) **1** ガールフレンド, (特定の)女性の恋人 (cf. boy friend). **2** (女性のつき合う)女友だち. **3** (情事の)相手の女性, 愛人.

gírl guíde *n.* 《英》 **1** Girl Guides の団員 (cf. girl scout 1). **2** [the Girl Guides; 単数または複数扱い]《英》ガールガイド《健康増進・性格陶冶(とうや)などを目的とする 7 歳から 17 歳までの少女の団体; 英国では 1910 年設立, 米国では 1912 年 Georgia 州の Savannah に結成されたが, 翌年全米的組織に編成変えされ, Girl Scouts と改称された; cf. boy scout 2》.

gírl·hòod *n.* **1** 少女であること. **2** 少女時代, 娘時代: in one's (days of) ~ 少女時代に. **3** [集合的] 少女たち.

girl·ie [gə́ːli | gə́ːlɪ] *n.* **1** [愛称]娘, 娘っ子, 嬢ちゃん. **2** 《俗》売春婦. ── *adj.* 〈雑誌・ショーなど〉ヌード女性(が呼び物)の: a ~ magazine.

gírl·ish [-lɪʃ] *adj.* **1** 少女の; 少女時代の: ~ pursuits, games, etc. **2** 少女[処女]のような, 娘らしい. **~·ly** *adv.* **~·ness** *n.*

gírl scòut *n.* 《米》 **1** Girl Scouts の団員 (cf. boy scout). **2** [the Girl Scouts; 単数または複数扱い]ガールスカウト団 (⇨ girl guide 2).

girl·y [gə́ːli | gə́ːlɪ] *adj.* **1** 女の子らしい, 女の子っぽい. **2** =girlie.

gírly-gírly *adj.* いやに少女っぽい.

gi·ro[1] [dʒáɪrou | dʒáɪrəu] *n.* (*pl.* **~s**) 〖航空〗=autogiro.

gi·ro[2], **G-** [dʒáɪrou, ʒí(ə)r-, dʒí(ə)r- | dʒáɪrəu; G. ʒíːro] 〖《1896》□ G *Giro* □ It. *giro* circulation (of money)〗 ── *n.* (*pl.* **~s**) (銀行などの)振替制度; (特に)郵便振替制度, ジーロ (Post Office National Giro)《1968 年に英国郵政で始められた郵便振替制度; EC その他ヨーロッパ諸国との振替もできる》: Giro (Account) No. 252-8053 郵便振替口座番号 252-8053.

gi·ron [dʒáɪrən, -rɑn | dʒáɪərən, -rɔn] *n.* 〖紋章〗=gyron.

Gi·ronde [dʒərɑ́nd, ʒɪ- | dʒɪrɔ́nd; *F.* ʒiʀɔ̃ːd] *n.* **1** ジロンド(県)《フランス南西部の県; 人口 1,037,000, 面積 10,000 km², 首都 Bordeaux》. **2** [the ~] ジロンド(川)《フランス南西部, Garonne 川と Dordogne 川が合流して Biscay 湾に注ぐまでの入江; 長さ 72 km》. **3** [the ~] ジロンド派《フランス革命当時の穏和な共和派; この派の指導的な人々は Gironde 県の選出議員であった》.

Gi·ron·din [dʒərɑ́ndɪn, ʒɪ-, -dən | dʒɪrɔ́ndɪn; *F.* ʒiʀɔ̃dɛ̃] 〖□ F ~ ← GIRONDE〗 *n.*, *adj.* =Girondist.

Gi·rón·dist [-dɪst, -dəst | dɪst] 〖□ F《廃》*Girondiste* (=*Girondin*)〗 *n.* ジロンド派の人. ── *adj.* ジロンド派 (the Gironde) の: the ~ party.

girt[1] [gə́ːt | gə́ːt] *v.* gird[1] の過去形・過去分詞. ── *adj.* **1** 〖海事〗〈船が〉(風や潮で振れ回らないよう)両舷の錨鎖を張り合わせて停泊した. **2** 用意の出来た (prepared) 〔*for*〕: be ~ *for* a test 試験の準備ができている.

girt[2] [gə́ːt | gə́ːt] 〖《1563》《変形》← GIRTH〗 ── *n.* **1** 周囲(の長さ) (girth); (でこぼこ面の)実長測定. **2** 〖土木・建築〗=girder. **3** 〖建築〗胴差し《柱と柱の上端を結ぶ太い横木》. ── *vt.* **1** 〈樹木〉の周囲[でこぼこ面]を計る: ~ a tree. **2** 巻く, 帯でしめる. ── *vi.* **1** 回りを計る. **2** 周囲が…の実長がある: The tree ~s eighteen feet. その木は周囲 18 フィートある.

girth [gə́ːθ | gə́ːθ] 〖《1288–89》*girth, gerth* □ ON *gjorð* girdle, hoop: cf. gird[1]〗 ── *n.* **1 a** (馬などの)腹帯 (⇨ harness 挿絵). **b** 帯径(たいけい)《馬体の帯が通る部分》. **2** 帯, バンド. **3 a** (人間の)胴回り(の寸法)《ウエストまたはヒップラインでの体の寸法》; (物の)周囲(の寸法), 回り(の長さ) (circumference): the ~ of a tree, the earth, etc. / His ~ is increasing. 段々太ってきている. **b** 大きさ. **4** 〖建築〗胴差し (⇨ girt[2] 3); 糸尺(いとじゃく)《繰形などの断面に沿って測った長さ》. **5** 〖造船〗ガース, 胴周《フレームに沿って測った船の胴回りの長さ》. ── *vt.* **1** …に腹帯を着ける; 腹帯で締める 〈*up*〉. **2** 取り巻く (encircle). **3** …の胴回り[周囲の寸法]を測る; 〈動物〉の胴回りを測っておおよその体重を求める. ── *vi.* =girt[2].

Gir·tin [gə́ːtn | gə́ːtɪn], **Thomas** *n.* (1775–1802) 英国の風景画家; 近代水彩画法の祖.

gírt·lìne 〖← ? GIRT[1]+LINE[2]〗 *n.* 〖海事〗=gantline.

gi·sarme [gɪzɑ́ːəm, dʒɪ-, ʒɪ- | -zɑ́ːm] 〖《*c*1250》 *gis(h)arme* □ OF *g(u)isarme* □ OHG *getisarn* weeding iron ← *getan* (G *gäten*) to weed+*isarn* 'IRON'〗 ── *n.* (中世ヨーロッパで歩兵の用いた)長刀(なぎなた)槍, 矛(ほこ).

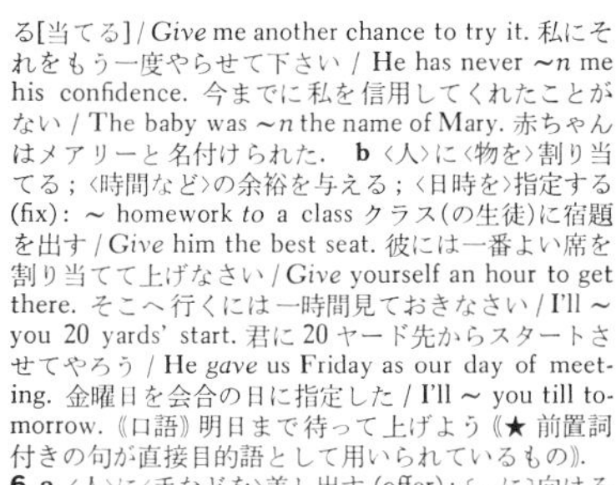
gisarmes

Gis·card d'Es·taing [ʒɪskɑ̀ədestɛ́ː(ŋ), -tǽŋ | -kɑ̀ː-; *F.* ʒiskaʀdɛstɛ̃], **Valéry** *n.* ジスカールデスタン《1926– ; フランスの政治家; 大統領 (1974–81)》.

Gi·selle [ʒɪzél; *F.* ʒizɛl] 〖□ OHG *Gisela* ← *gisl* pledge〗 ── *n.* 女性名《異形 Gisela, Gisele》. ★ カトリック教徒に多い.

Gish [gíʃ], **Dorothy** *n.* (1898–1968) 米国の無声映画俳優, Lillian の妹.

Gish, Lillian *n.* (1896–) 米国の無声映画俳優, 「Dorothy の姉.

gis·mo [gízmou | -məu] *n.* (*pl.* **~s**) =gizmo.

Gis·sing [gísɪŋ], **George** (**Robert**) *n.* (1857–1903) 英国の小説家; *New Grub Street* (1891), *The Private Papers of Henry Ryecroft* (1903).

gist [dʒíst] 〖《1726》□ OF ~ (F *gît*) (3rd pers. sing. pres. ind.) ← *gésir* to lie, rest < L *jacēre*: ⇨ jet[2]〗 ── *n.* **1** (事の)要点, 要旨, 骨子 (essence): the ~ *of* the matter, a letter, etc. / I will give you the ~ *of* it. 君にその要点を話そう. **2** 〖法律〗(訴訟の)基礎, 主要訴因 (ground)《それがなければ訴訟原因 (cause of action) が存在すると言い得ないような訴訟の本質的基礎または目的》.

git [gít] 〖《変形》← GET[1]〗 ── *vi.* 《俗》=get[1]: *Git!* 行ってしまえ, 出て行け (cf. get[1] *vi.* 7). ── *n.* 《英俗》つまらないやつ, くだらぬやつ: You idle ~! このなまけ者め.

G.I. tàg *n.* 《口語》=identification tag.

git·tern [gítən | -təːn] 〖《?1350–75》□ OF *guiterne*: ⇨ guitar〗 *n.* ギターン《中世に使用されたギター属の楽器》.

gittin *n.* get[2] の複数形.

Giu·ki [gjúːki | -kɪ] 〖□ ON *Gjūki*〗 *n.* 〖北欧伝説〗ギューキ《*Volsunga Saga* で Grimhild の夫; Gunnar, Gudrun の父》.

Giu·lio Ro·ma·no [dʒúːljou-ro(u)mɑ́ːnou | -ljəu-rə(u)mɑ́ːnəu; *It.* dʒúːljoromáːno] *n.* ジュリオ ロマーノ《1492?–1546; イタリアの画家・建築家, Raphael の弟子; 本名 Giulio Pippi de' Gianuzzi [píppi de dʒanúttsi]》.

Giu·sep·pe [dʒuːzépeɪ; *It.* dʒuzɛ́pe] 〖□ It. ~ 'JOSEPH'〗 *n.* 男性名.

give [gív] 〖《?c1200》 *give(n), geve(n)* □ ON *gefa* ∽ ME *yeve(n), yive(n)* < OE *ġi(e)fan* < Gmc **ʒeban* (Du. *geven* / G *geben* / Goth. *giban*) ← IE **ghebh-* to give or receive: cf. gift〗 ── *v.* (**gave** [géɪv]; **giv·en** [gívən]) ── *vt.* ★ [構文] 大体 1–18 (9 c, 13 a などを除く)の場合を通じ, 基本的には「間接目的語(通例, 人)+直接目的語(通例, 物)」を従える: I *gave* the boy a book. / I *gave* him a book. ただし, 直接目的語に人称代名詞が用いられる場合, 次のようになる: I *gave* it *to* the boy. / I *gave* it (*to*) him. 《to を省くのは《英》》/ I *gave* them *to* him. [Passive では] He was ~*n* a book. / The book was ~*n* him. / It was ~*n* (*to*) the boy: **1 a** 〈人〉に〈物を〉(無償で)与える, くれる, やる, 贈る (bestow freely); 手渡す, 取ってやる (hand): He *gave* me a present. 彼は私に贈り物をくれた / I'll ~ you a card to him. 彼の所に行くなら名刺を上げよう / *Give* me a slice of that bread. そのパンを一切れ取ってください / I ~ and bequeath [devise, legate] £10,000 to …へ遺産として 1 万ポンドを与える《遺言書の様式》. **b** 〈労力・便宜などを〉(無償で)提供する: I gave him some advice. 彼に少し助言した.
2 (代償として)与える, 〔物・労力などに〕(代価・報酬・賠償として)〈金額を〉払う (pay); 〔ある金額で〕〈物・労力などを〉売る (sell) 〔*for*〕/〔*to* do〕: *Give* me the goods, and I will ~ you the money. その品物を下さい, 代金を上げます / I *gave* him ten dollars *for* that book. その本に対して彼に 10 ドル払った / What will you ~ *for* this cow? この牛はいくらで買ってくれますか / I *gave* it *to* him *for* ten dollars. 彼に 10 ドルで売ってやった / I would ~ the world [anything] *to* have my health restored. 健康を回復するためなら何でも犠牲にする.
3 〈医師が〉〈薬などを〉投じる, 施す; 〈聖職者が〉〈聖餐式〉にあずからせる (administer): ~ an injection 注射をする / ~ the Sacrament 聖餐にあずからせる / What medicine did the doctor ~ you? 医者はどんな薬を飲ませたのですか.
4 渡す, 任す, 委託する; 譲る, 明け渡す, 捨てる; 譲歩する, 認める: ~ one's daughter in marriage 娘を嫁にやる / ~ a person in custody 人を拘禁させる[警察に引き渡す] / ~ a thing into the hands of …の手[管理]にある物を任せる / ⇨ *give* GROUND, *give* PLACE[1] *to*, *give* WAY[1] / She *gave* the porter her suitcase to carry. 彼女は赤帽にスーツケースを持たせた / ~ a point in an argument 議論である点を譲る / I'll ~ you that. 《口語》それはその通りだ, いかにもそうだ.
5 a 〈人〉に〈名誉・地位・任務などを〉与える, 授ける; 〈許可・機会などを〉与える (grant); 〈愛情・信頼などを〉寄せる; 〈名を〉付けてやる: ~ a person an important post 人に重要な地位を与える / ~ a person a title 人に爵位(しゃくい)を与える / ~ an actor a role 俳優に役をふる[当てる] / *Give* me another chance to try it. 私にそれをもう一度やらせて下さい / He has never ~*n* me his confidence. 今までに私を信用してくれたことがない / The baby was ~*n* the name of Mary. 赤ちゃんはメアリーと名付けられた. **b** 〈人〉に〈物を〉割り当てる; 〈時間など〉の余裕を与える; 〈日時を〉決定する (fix): ~ homework *to* a class クラス(の生徒)に宿題を出す / *Give* him the best seat. 彼には一番よい席を割り当てて上げなさい / *Give* yourself an hour to get there. そこへ行くには一時間見ておきなさい / I'll ~ you 20 yards' start. 君に 20 ヤード先からスタートさせてやろう / He *gave* us Friday as our day of meeting. 金曜日を会合の日に指定した / I'll ~ you till tomorrow. 《口語》明日まで待って上げよう《★ 前置詞付きの句が直接目的語として用いられているもの》.
6 a 〈人〉に〈手などを〉差し出す (offer); 〔…に〕向ける (expose) 〔*to*〕: I got up and *gave* him my hand. 立ち上がって彼に手を差し出した[握手を求めた]. **b** (余興・もてなしとして)提供する, 開催する, 上演する, 演出する: ~ a concert [dinner, garden party] 音楽会[晩餐会, 園遊会]を催す / ~ a play 劇を上演する / They *gave* us a welcome party. 我々のために歓迎会を開いてくれた.
7 〈人〉に〈病気などを〉うつす, 感染させる: He's ~*n* me his cold. 彼のかぜが私にうつった / Your cat has ~*n* me fleas. 君の猫からのみが私にうつった / One boy can ~ measles *to* a whole school. 一人の生徒からはしかが学校全体にうつることがある.
8 a 産する, 生じる: Cows ~ (us) milk. / This tree ~*s* good fruit. この木にはいい実がなる. **b** (結果として)与える; 〈人〉に〈ある感情を〉起こさせる, かき立てる: 104 divided by 13 ~*s* 8. 104 割る 13 は 8 / The research has ~*n* no result. その研究は何の成果ももたらさなかった. / It will ~ me pleasure to accompany you. 喜んでお伴いたしましょう / His speech *gave* them offense. 彼の演説は彼らの感情を害した. **c** 〈男〉との間に〈子を〉生む (bear); 〈女〉に〈子を〉はらませる, 生ませる: She'll ~ you lots of children. あなたとの間に沢山の子供を生むでしょう.
9 a 〈知識・報道などを〉与える, 伝える; 〈命令などを〉発する; 述べる, 表明する; 発表する; 記述する, 描写する: ~ a message / ~ news ニュースを伝える / ~ lessons in music 音楽の教授をする / ~ orders [instructions, signs] 命令[指図, 合図]を出す / ~ evidence (法廷で)証言する / ~ one's opinion 意見を言う[述べる] / ~ one's age as 30 30 歳だと言う / give a reason for one's conduct 行動の理由を説明する / The author ~*s* the social condition of his day. 著者は当時の社会情勢を伝えている / ~ a work *to* the world [public] 作品を世に出す[出版する] / Can you ~ me the time [your phone number]? 時刻[あなたの電話番号]を教えてくれませんか. **b** 《口語》〈人〉に〈途方もないことを〉言って聞かせる: What are you *giving* me now? 何をいい加減なことを言おうというのか. **c** [p.p. 形で] 〈公文書を〉〈何月何日付け〉に作成する, 発行する (date): *Given* under my hand and seal this 10th day of May. 5 月 10 日付け自筆署名捺印の上作成[発行].
10 〈人〉に〈祝福・挨拶などを〉贈る; 〈誓言などを〉行なう (offer): ~ one's blessing / *Give* John my love. ジョンによろしく / Please ~ my best wishes *to* your mother. お母さまによろしくお伝え下さい / I ~ you my word (of honor) that …名誉に賭けて…ということを誓います.
11 〈判決・刑などを〉言い渡す; 〈人〉に〈罰を〉課する (inflict on): ~ a sentence 刑の宣告をする / ~ a man two years' hard labor 人を 2 年の懲役に処する / ~ a boy a flogging 少年をむち(など)で打つ / ⇨ give something to CRY for [about].
12 〈例などを〉挙げる; 〈徴候などを〉示す; 〈計器が〉〈度を〉示す: She has not ~*n* any sign of an illness yet. まだ何も病気の徴候を示していない / This word is not ~*n* in the dictionary. この語はその辞書に載っていない / He *gave* a passage from the book. 本の中の一節を挙げた[読んだ] / The thermometer *gave* 80°. 温度計は 80 度を示した / We shall ~ you some examples. 例をいくらか挙げたいと思う / The census ~*s* the population of the town *as* 13,586. 人口調査の結果その町の人口は 13,586 人と発表された / The weight is ~*n as* ten pounds. その目方は 10 ポンドだという.
13 a 〈音・声・光などを〉発する, 出す (emit, utter): ~ a cry 一声叫ぶ / ~ a groan うめく, うなる / ~ a sigh ため息をつく / ~ a cough 咳をする / The sun ~*s* light and heat. 太陽は光と熱を出す. **b** 〈人・物事〉に対して〈動作・行為を〉する, なす, 〈打撃などを〉加える (execute, deliver): ~ a person an answer 返事をする / ~ a guess 一つ当ててみる / ~ a try 一つやって見る / ~ a glance ちらと見る / ~ a blow 一つなぐる / ~ a kick ける / ~ a faint smile かすかな微笑を浮かべる / ~ a shrug (of the shoulders) 肩をすくめる / He *gave* it a pull [push]. それをぐっと引いた[押した].
14 [命令文で me または us を間接目的語として] …の方がよい (I [we] prefer): *Give* me Mozart. (作曲家のうちで)私はモーツァルトが一番好きだ, (何と言っても)モーツァルトに限る / *Give* me the good old times. (今に比べると)昔はよかった / *Give* me liberty, or ~ me death! ⇨ liberty 1.

15 〈出席者〉に〈講演者などを〉紹介する (present); 〈人〉に…のため乾杯するように求める: Ladies and gentleman, I ～ you our speaker for tonight. 皆さん, 今夜の講演者をご紹介します / I ～ you the Queen. 女王様のため乾杯しましょう.
16 [しばしば命令文で] (電話で)〈発話者〉に〈受話者を〉つなぐ, 出させる: *Give* me Mr. Smith, please. スミスさんをお願いします.
17 a 〈人〉に〈責任などを〉帰する: He *gave* her the blame. 彼は彼女にその責があると考えた. **b** 《古》〔…によって〕制作されたものとみなす〔*to*〕: The pamphlet is ～*n to* his pen. そのパンフレットは彼の書いたものと言われている.
18 a 〈人・生命などを〉〔…に〕捧げる, 犠牲にする (sacrifice)〔*to, for*〕: She *gave* her only son *to* the ministry. 彼女は一人息子を聖職に捧げた《牧師にした》/ ～ one's life *for* the country 国のために命を捨てる / Many people have ～*n* their lives in [*to*] the cause of liberty. 多くの人が自由のために身を投げ出して戦ってきた. **b** 〔…に〕傾注する (devote)〔*to*〕: ～ one's attention *to* the speaker 話し手に注意を払う / He *gave* his youth *to* the study of English philology. 彼は青年時代を英語学の研究に捧げた. **c** [～ one*self* で]〔…に〕没頭する, 夢中になる〔*to*〕(cf. given *adj.* 3, GIVE *up* (2)): He was *giving himself to* the game [problem]. 夢中になってそのゲーム[問題]をやっていた.
19 [～ one*self* で]; 〈女が〉〔男に〕身を許す[まかせる]〔*to*〕: She finally *gave herself to* the artist. 彼女は遂にその画家に身を許した.
20 [目的語＋to do を伴って] **a** …に…させる (cause), 得させる (enable): You *gave* me *to* understand that you were willing to accept my application. 私の申し込みを受け入れて下さるというご意向だと知りました / The struggle *gave* her *to* experience the miseries of life. この苦闘は彼女に人生の苦難を経験させた. ★ Passive では間接目的語に当たる人をさす語が主語となる: I *am* ～*n to* understand that …ということがわかる. **b** 《文語》〈神などが〉〔…に〕…しうる力[権能]を与える〔*to*〕. ★ 次のような受動構文で用いる: *It is* ～*n to* few to understand this. このことを理解し得る者は少ない (cf. *Matt.* 13:11).
21 《口語》[通例, 否定構文で] …ほどの関心を持つ, ほどにも思う (care): I *don't* ～ a damn [hang, etc.] whether he likes it or not. 彼が好もうが好むまいが私の知ったことではない.
22 [通例 p.p. 形で独立句をなして] (前提として)認める, 仮定する (admit, assume) (cf. given *adj.* 4): ～*n* these facts＝these facts ～*n* これらの事実を仮定[前提と]すれば / *Given* health, one can achieve anything. 健康であれば何でも成し遂げられる / *Given that* the radius is 10 cm, find the circumference. 半径 10 センチの場合の円周を求めよ / *Given that* you are right, how will you explain this phenomenon? 君の言うのが正しいとして(も)この現象をどう説明するかね.
— *vi.* **1** 物を与える, 贈物をする, 施しをする: ～ generously *to* charity 借しまずに慈善をする / It is more blessed to ～ than to receive. 与うるは受くるよりも幸いなり (*Acts* 20:35). **2 a** (圧力などを受けて)つぶれる, くずれる; へこむ, ゆるむ, 反応する: The ice *gave under* his weight. 氷は彼の重みでくずれた / His knees *gave*.＝He *gave at* the knees. ひざが立たなくなった / The foundations are *giving*. 土台がゆるんで来た / If one stitch ～*s*, the others will. 一目ほぐれるとみんなほぐれる / At length the lock *gave*. やっと鍵があいた. **b** しなう, はずむ: This mattress ～*s* comfortably. このマットレスはふかふかして気持がいい. **3** 譲歩する, 妥協する, 歩み寄る: They reached an agreement after each had ～*n* to some extent. 双方がある程度歩み寄って話がまとまった. **4** 〈天気が〉ゆるむ, 和らぐ; 〈氷や霜が〉溶ける: The weather is *giving*. / The frost *gave* before noon. 霜は昼前に溶けた. **5** (共同の活動・人中などに)溶け込む, 飛び込んで行く. **6** 《口語》情報をもらす, 口をわる, しゃべる: Now, ～! さあ, 言ってしまえ. **7** 《《なぞり》← F *donner sur*》[フランス語法]〈窓・道路などが〉〔ある場所へ〕開く, 面する, 通じる〔*on, onto, over, into*〕: The window *gave on* a lawn. 窓は芝生に面していた / a road which ～*s onto* [*on to*] the highway 本街道に通じる道路 / a wicket gate *giving into* an avenue 並木道に通じる小門. **8** 《《なぞり》← G *geben* to give, happen (cf. *Was gibt's?* What is going on ?)》《口語》起こる. ★ 主に次の表現に用いる: What ～*s*? 何事が起こっているのか, どうしたというのか / What ～*s with* this [him]? これはどうなって[彼はどうして]いるのか.
give about 配布する; 〈うわさなどを〉広める. ***give and take*** (1) 公平な交換をする; 互いに譲り合う, 妥協し合う (⇨ give-and-take). (2) 意見を交換する. ***give a person as good as one gets*** 人からもらっただけ返す, 〈人〉に十分に応酬する, しっぺい返しする. ***give away*** (*vt.*) (1) 贈る, 寄贈する, 寄付する, 〈賞品などを〉配る. (2) (意識的・無意識的に)〈秘密・真相・手品の種などを〉漏らす, 明かす; 〈人〉の正体を暴露する (cf. giveaway 1): ～ a secret *away* 秘密を漏らす / ⇨ *give the* GAME *away*, *give the* SHOW *away* / His accent *gave* him *away*. 言葉のなまりで彼の素性(など)がわかった / She *gave* herself *away* by mentioning her name. 彼女はうっかり名前を言ったので正体がばれた. (3) 《口語》〈人を〉裏切る, 〈仲間を〉〔警察などに〕密告する〔*to*〕. (4) (結婚式で)〈花嫁の父などが〉〈花嫁を〉花婿に引き渡す: The bride was ～*n away* by her father. (5) 〈好機・試合などを〉(不注意で)失う, 逃がす. (6) 《競馬》⇨ *give away* WEIGHT. (*vi.*) 〈壁・床・土手などが〉くずれる, 倒れる (give way): The seat began to ～ *away* under my weight. 座席は体の重みでくずれ出した. ***give back*** (*vt.*) (1) 返す, 戻す (…に)〈自由・能力などを〉回復させる: Please ～ me *back* the book I lent you the other day. 先日お貸しした本を返して下さい. (2) …で返報する; …に応酬する, 口答えする; 〈音・光を〉返す, 反響[反射]させる: ～ *back* insult for insult 侮辱に侮辱をもって応じる. (*vi.*) 引っ込む, 退く: The enemy *gave back* before us. 敵はわれわれの勢いに押されて退いた. ***give best*** ⇨ best 成句. ***give down*** 〈牛が〉〈乳を〉出す. ***give forth*** (1) 〈音・においなどを〉発する, 放つ, 出す. (2) 〈うわさなどを〉広める, 言いふらす. ***give a person* (*furiously*) *to think*** 《《なぞり》← F *donner* (*furieusement*) *à penser*》〈人〉に(深く, 一心に)考えさせる, 頭を悩まさせる: The matter *gave* him *furiously to think*. 彼はその事でいろいろ考えた. ***give in*** (*vt.*) (1) 〈書類などを〉差し出す, 提出する (hand in); (候補[希望]者などとして)〈名前を〉〔…へ〕届ける〔*to*〕: Now you all ～ *in* your exam papers. さあ皆答案を出しなさい. (2) 宣言する, 表明する: ⇨ give in one's ADHESION to. (3) (中に)添える, 加える: ～*n in* gratis 無料添付. (*vi.*) (1) 降参する, 屈服する, 折れる; 〔人・意見・感情などに〕屈する, 〔…の〕言いなりになる〔*to*〕: They kept on fighting valiantly but finally *gave in*. 彼らは勇敢に戦い続けたが遂に降参した / Even if he pleads with you to let him go alone, you must not ～ *in to* him. たとえ彼が一人で行かせてくれと頼んで来ても言いなりになってはいけない. (2) めり込む, へこむ (cave in): The floor is *giving in* under the weight of the safe. 床は金庫の重みで下がりかけている. ***give it away*** 《豪俗》〈事を〉よす, やめる (give it up). ***give it* (*to*)** 《口語》…をやっつける, 責める, しかる; …をなぐる: I'll ～ *it* (*to*) him (hot). 今に彼を(ひどく)とっちめてやるぞ / The man suddenly *gave it to* him between the eyes. 男はいきなり彼の眉間(ミケン)をなぐった. ***give of*** …を(惜しまず)分け与える, 寄付する, 捧げる: She used to ～ *of* her abundance. 彼女はその富を他人に分け与えたものだった / He ～*s* too much *of* himself. 《口語》彼は献身的に努めすぎる. ***give off*** (1) 〈蒸気・におい・光などを〉発する, 放つ, 出す: The flowers *gave off* a sickly odor. 花はいやなにおいを発していた. (2) 〈枝などを〉分つ, 出す (send out); 枝が出る, 分岐する (branch off). ***give or take*** [命令文で]《口語》…程度の増減[誤差]はあるにしても: They will have attained that level by about the year 2000, ～ *or take* ten years. 大体 10 年の出入りはあるとしても紀元2千年までにはその水準に到達しているだろう. ***give out*** (*vt.*) (1) 配る, 配布する; 配給[支給]する: An usher stood at the door *giving out* programs *to* all of them. 案内係りが戸口の所に立って皆へプログラムを配っていた. (2) 発表する; 〈…と〉公表する〈*to* be, *that*〉: ～ *out* notices, news, etc. / The announcer *gave out that* the 14:30 train to Manchester would start from Platform 3. 告知係がマンチェスター行き 14 時 30 分の列車は 3 番線ホームから発車するとアナウンスした / He *gave* himself *out to be* a revolutionalist. 彼は自ら革命家だと名乗った. (3) (礼拝式で会衆のために)〈賛美歌〉の歌詞を読み上げる. (4) 〈音・においなどを〉発散する, 放つ, 出す: ～ *out* a shriek of laughter かん高い笑い声をあげる. (5) 《野球・クリケット》…にアウトを宣する: The umpire *gave* the batsman *out*. 審判は打者にアウトを宣した. (*vi.*) 《口語》〈物資・燃料・供給・体力・気力などが〉不足する, 尽きる (run short); 体力が尽きる, 倒れる; つぶれる, くずれる: The water supply *gave out* at last. 給水がついに絶えた. ***give out with*** 《米口語》気の向くままに…を始める; 思いっきり…を口に出す: He *gave out with* a yell. 思いっきり大きな声で叫んだ. ***give over*** (*vt.*) (1) 〈人に〉(世話[管理]してもらうように)引き渡す, 預ける, 譲る〔*to*〕: She *gave* her child *over to* the nurse. 彼女は子供を乳母のもとに預けた. (2) [～ one*self over* または Passive で]〔…に〕ふける, 我を忘れる〔*to*〕: ～ one*self over to* drink [laughter, tears] 酒にふける[我を忘れて笑いころげる, 泣きくずれる]. (3) [通例 Passive で]〔…の〕専用にする, 〔…に〕充当する〔*to*〕: The back lot *was* ～*n over to* a dumping ground. 裏の空地はごみ捨て場に当てられていた. (4) 《口語》やめる: *Give over* teasing the cat. 猫をかまうのはよしなさい / He should ～ *over* that kind of conduct. あんな振舞いはやめるべきだ. (*vi.*) 《口語》やめる, 止まる: *Give over*, both of you! 二人ともやめなさい. ***give up*** (*vt.*) (1) 〔…に〕渡す, 引き渡す; 〔…に〕〈席を〉譲る〔*to*〕; 手離す, 棄てる (part with): ～ *up* one's job [position] 仕事[地位]を棄てる / ～ *up* the ghost ⇨ ghost *n.* 成句 / I urged her to ～ herself *up to* the police. 彼女に警察へ自首して出るように奨めた / He *gave up* his seat *to* an old man. 老人に席を譲った. (2) [～ one*self up* で]〔…に〕身を任せる, ふける, 没頭する〔*to*〕: He was *giving himself up to* the task [writing his thesis]. その仕事[論文書き]に没頭していた. (3) [しばしば Passive で]〔…のために〕向ける, 費す〔*to*〕: Saturday afternoons *are* ～*n up to* games and sports. 土曜の午後は遊戯やスポーツに当てている. (4) やめる, 廃する: ～ *up* one's faith 信仰を放棄する / ～ *up* drink*ing* [smok*ing*] 酒[たばこ]をやめる. (5) 見放す, 見限る, 諦める (despair of): ～ *up* a riddle [problem] (解決できないものとして)なぞ[問題]の究明を諦める / He was ～*n up* by the girl he had loved so much. あれほど愛していた女に見棄てられた / The doctor finally *gave* him *up as* incurable. 医者は遂に彼を不治の病と見放した / We *gave* him *up for* [*as*] dead. 彼を死んだものと諦めた / Everybody *gave* her *up for* [*as*] lost. だれもが彼女をもうだめだ[見つからぬ]と諦めた. (6) 〈共犯者などの名前を〉明かす. (7) 《野球》〈投手が〉〈ヒット・得点を〉許す. (*vi.*) 絶望[降参]する; (だめだと)諦める, やめる: I *gave up* after running about ten minutes. 10 分ほど走ってみたが諦めた. ***give up on*** 《口語》〈人・事〉に見切りをつける: I ～ *up on* you. 君にはもう期待しない.
— *n.* **1 a** (物の)弾力, 弾性: There is no ～ in this mattress.＝This mattress has no ～. **b** (外力によって)変形する性質, たわみ[へこみ, のび]. **2** (精神的な)弾力性, 柔軟性, 順応性: He did not show any (sign of) ～. 応じる様子は全然見せなかった.

gíve-and-táke *n.* **1** 対等[公平]な条件での交換, 妥協, 互譲, ギブアンドテイク: a ～ principle 互譲精神. **2** (言葉などの)やりとり, 意見の交換.

gíve·awày *n.* **1** (秘密・正体・真相などを)うっかり漏らすこと (betrayal); (秘密などの)ばれるもと: His fingerprints were a dead ～. 彼の指紋が決め手となった / The lipstick on his collar was a ～. 彼のカラーについた口紅でばれてしまった. **2 a** (売行きを助ける)景品, 添え物 (premium). **b** 捨値. **3** 《米》(相手をだましてもうける)無法な取引き; (公有地などの)横領. **4** 《ラジオ・テレビ》懸賞付き番組[ショー]《クイズ番組などで, それに出演した一般参加者に懸賞として金銭・物品を与えるショー》. — *attrib. adj.* **1** 捨売りの: a ～ price 捨値. **2** 《ラジオ・テレビ》〈番組など〉(通例クイズ式による)懸賞付きの: a ～ show [program] 懸賞付きショー[番組].

giv·en [gívən] 《ME》 *v.* give の過去分詞. — *adj.* **1** 贈られた, 贈与[寄贈]された: a ～ book 寄贈書. **2** 一定の, 既定の, 特定の: within a ～ period 一定の期間内に / under a ～ condition 与えられた条件のもとで. **3** [Predicative に用いて]〔…を〕しがちで, 好む, 〔…の〕癖がある, 〔…に〕ふけって〔*to*〕(cf. give *vt.* 18 c): He is ～ *to* drink [reading]. 酒[読書]が好きだ / They are ～ *to* exaggerating what they have done. 彼らは自分のしたことをつい誇張したがる / She was ～ *to* frequent fainting spells. 彼女はよく脳貧血を起こした / He is romantically ～. 彼はロマンティックな性質の人だ / I am not ～ that way. 私はそういうようなことをする人間じゃない. **4** 《数学・論理》(計算の基礎・前提として)与えられた, 所与の, 仮設の, 既知の (cf. give *vt.* 22): a ～ magnitude 与えられた量. — *n.* **1** 《哲学》所与, 与件. **2** 前提, 既定の事実.

gíven náme *n.* (姓に対する)名 (cf. Christian name).

gív·er 《ME》 *n.* 与える人, 贈与者, 寄贈者, 施与者: the *Giver* of all good 神 / ⇨ almsgiver, lawgiver.

gíve-ùp *n.* 《米》 **1** 放棄, 譲渡, 降服. **2** 《証券》 **a** 証券業者が委託者の名を明示して取引を行なうこと《委託者が決済の義務を負う》. **b** 他の証券業者への手数料の分与《他の証券業者の顧客のために売買を執行した場合, または大口顧客のために売買を執行し, その顧客の指示する他の証券業者に分与する場合》.

Gi·za [gíːzə] *n.* (*also* **Gi·zeh** [gíːzə | -zeɪ, -zə]) ギーザ《エジプト北東部, Cairo に面する Nile 川西岸の都市; 近くに Cheops 王のピラミッドとスフィンクスがある; 人口 854,000; El Giza [el-] ともいう》.

giz·mo [gízmou | -məu] 《⊏ ? Sp. 《方言・廃》 *gisma* 《変形》← *chisme* trifle》 *n.* (*pl.* ～**s**) 《米俗》仕掛け, からくり (gadget); もの (thing).

giz·zard [gízəd | -zəd] 《(1373) *giser* ⊏ OF (F *gésier*) < VL **gicerium* ← L *gigēria* (pl.) entrails of poultry ← Pers. *jigar*: 現在の -*d* は非語源的添加》 — *n.* **1** (鳥などの)砂嚢(サノウ), 真胃, 砂袋, 筋胃 (cf. crop B 5 a, proventriculus 1). **2** 《口語・戯言》内臓 (innards), 胃. ***fret one's gizzard*** 心を痛める, 悩む, 苦しむ. ***stick in one's gizzard*** ⇨ stick[2] *v.* 成句.

gízzard shád *n.* 《魚類》 **1** 北米東部および中部産のニシン科コノシロ亜科の魚 (*Dorosoma cepedianum*)《砂嚢(サノウ)状の胃があり, 魚の餌にする; hickory shad ともいう》. **2** コノシロ亜科の魚の総称.

Gjel·le·rup [gélərùp; *Dan.* gélˀərɔb], **Karl** *n.* ゲレルプ《1857–1919; デンマークの小説家; *Germanernes Laering*「ゲルマン民族の弟子」(1882); Nobel 文学賞 (1917)》.

gjet·ost [jéɪtoust | -təust; *Norw.* jé̜tost] 《⊏ Norw. ～ ← *gjet* goat＋*ost* cheese》 *n.* 《畜産》エートオースト《山羊の脱脂乳から作るノルウェー産のチーズ》.

Gk, GK 《略》Greek.

Gl 《記号》《化学》glucinium.

gl. 《略》gill(s); glass; gloss.

G.L. 《略》Gothic Letter; ground level; gun layer; ⌈gun licence.

gla·bel·la [gləbélə] 《← NL ～ (fem.) ← L *glabellus* smooth, hairless (dim.) ← *glaber* bald: cf. glabrous》 — *n.* (*pl.* **-bel·lae** [-liː, -laɪ]) 《解剖》眉間(ミケン), グラベラ《左右の眉(マユ)の間にある平らな頭蓋(ズガイ)計測点の一つ》. **gla·bél·lar** [-lə | -lə(r)] *adj.*

gla·bel·lum [gləbéləm] 〘← NL ～ (neut.) ← *glabellus* (↑)〙 *n.* (*pl.* **-bel·la** [-lə]) 〘解剖〙=glabella.

gla·brate [gléɪbreɪt, -brət, -brɪt] 〘▭L *glabrāt-us* (p.p.) ← *glabrāre* to make bald or smooth ← *glaber* bald: ⇨ glabrous〙 ── *adj.* **1** 〘生物〙=glabrous. **2** 〘植物〙=glabrescent.

gla·bres·cent [gleɪbrésnt] 〘▭L *glabrescent-em* (pres.p.) ← *glabrescere* to become bald ← *glaber* (↓)〙 ── *adj.* 〘植物〙無毛の, 滑らかな (glabrous), 無毛[滑らか]になる傾向のある.

gla·brous [gléɪbrəs] 〘← L *glabr-*, *glaber* smooth, bald＋-OUS: cf. OE *glæd* 'bright, GLAD[1]'〙 *adj.* 〘植物〙無毛の (hairless), 滑らかな (smooth). **～·ness** *n.*

gla·cé [glæséɪ | ⌐⌐; *F.* glase] 〘(1850) ▭F ～ (p.p.) ← *glacer* to freeze, glaze ← *glace* ice < VL **glaciam* =L *glaciēs* (↓)〙 ── *adj.* **1** 〈布・皮など〉滑らかで光沢のある: ～ kid / a ～ finish 滑沢仕上げ. **2** 〈果物・菓子など〉砂糖衣をかけた, 砂糖づけの (candied): ～ cherries / ⇨ marrons glacés. **3** 《米》凍らせた (frozen), 氷で冷やした (iced). ── *vt.* **1** …に光沢仕上げを施す. **2** …に砂糖衣をつける.

gla·cial [gléɪʃəl, gléɪsjəl, -sɪəl, -ʃɪəl, -ʃəl, glǽsɪəl, -sjəl] 〘(1656) ▭F ～ // L *glaciāl-is* icy ← *glaciēs* ice: ⇨ -al[1]〙 ── *adj.* **1 a** 氷の. **b** 氷のような; 氷のように冷たい, 極寒の: ～ weather. **2 a** 氷河時代の. **b** [G-] =Pleistocene. **3 a** 氷河の(作用による): ～ soil. **b** 氷河の進行を思わせる, 進行ののろい: ～ progress. **4 a** 〈態度・目つきなど〉ひややかな, 冷淡な: a ～ look [stare] ひややかなまなざし. **b** 冷静な, 冷然とした. **5** 〘化学〙〈酢酸が〉氷状の: ⇨ glacial acetic acid. ── *n.* 〘地質〙氷河期. **～·ly** *adv.*

glácial acétic ácid *n.* 〘化学〙氷酢酸《99.5% 以上の濃酢酸; 16.7°C で凝固し, 冬季は氷状に結晶する》.

glácial depósit *n.* 〘地質〙氷河堆積物.

glácial èpoch *n.* 〘地質〙[the ～] **1** 氷期《氷河時代 (glacial period) の中で, 比較的寒冷で氷河でおおわれていた時期》. **2** 更新[洪積]世 (Pleistocene epoch).

glá·cial·ist [-lɪst, -ləst | -lɪst] *n.* 氷河学者.

glácial méal *n.* 〘地質〙=rock flour.

glácial pèriod *n.* 〘地質〙[the ～] 氷河時代: **a** カナダ・米国の東北部・ヨーロッパ北部・アジア北部地域が氷河におおわれていた第四紀更新世. **b** 先カンブリア代 (Precambrian) 以降数回あった氷河時代.

gla·ci·ate [gléɪʃièɪt, -sièɪt | glǽsièɪt, gléɪs-] 〘← L *glaciāt-us* (p.p.) ← *glaciāre* to freeze ← *glaciēs* ice: ⇨ -ate[3]〙 ── *vt.* **1** 凍らせる, 氷結させる (freeze). **2** [p.p. 形で] …に氷河作用を及ぼす; 氷河でおおう: a region which was ～*d* 氷河でおおわれた地帯. ── *vi.* 凍る, 氷[氷河, 雪]でおおわれる.

glá·ci·àt·ed [-t̬ɪd, -t̬əd | -tɪd, -təd] *adj.* 氷河作用を受けた, 氷河で浸食された; 氷河[氷原]でおおわれた: a ～ region 氷河[氷原]地帯.

gla·ci·a·tion [glèɪʃiéɪʃən, -siéɪ- | glæ̀siéɪ-, glèɪs-] 〘⇨ glaciate, -ation〙 *n.* 氷河作用, 氷食作用.

gla·cier [gléɪʃə, -ʒə | glǽsjə(r), gléɪs-, -sɪə(r)] 〘(1744) ▭F ～ ← *glace* ice: ⇨ glacé, -ier[1]〙 *n.* 氷河.

glácier lìly *n.* 〘植物〙Rocky 山脈産カタクリ属の一種 (*Erythronium grandiflorum*).

Glácier Nátional Párk *n.* グレーシャー国立公園《米国 Montana 州北西部にあり, 山と森の中に無数の湖と約 60 の小氷河がある, 1910 年指定; カナダの Waterton Lakes National Park とともに Waterton-Glacier International Peace Park を成す; 面積 4,100 km²》.

gla·ci·o- [glèɪʃio(ʊ), -si- | glæ̀sɪə(ʊ), glèɪs-] 〘← GLACIER〙「氷河; 氷河と…との」意の連結形.

gla·ci·ól·o·gist [-dʒɪst, -dʒəst | -dʒɪst] *n.* 氷河学者.

gla·ci·ol·o·gy [glèɪʃiálədʒi, -si- | glæ̀siɔ́lədʒɪ, glèɪs-] 〘⇨ glacio-, -logy〙 ── *n.* **1** 氷河学. **2** (ある地方の)氷河形態. **gla·ci·o·log·ic** [glèɪʃiəládʒɪk, -siə- | glæ̀sɪə(ʊ)lɔ́dʒɪk, glèɪs-] *adj.* **glà·ci·o·lóg·i·cal** *adj.*

gla·cis [glǽsi:, glǽsi, gléɪsi:, gléɪs-, -səs | glǽsɪs, -sɪ] 〘(1672) ▭F ～ 《原義》icy or slippery place ← OF *glacier* to slip ← *glace* ice: ⇨ glacé〙 ── *n.* (*pl.* ～ [glǽsi:z, glǽsiz, gléɪsiz | glǽsɪz], **～·es** [glǽsɪsɪz, gléɪs-, -sɪsəz | glǽsɪsɪz, -səz]) **1** なだらかな坂. **2** 緩衝国 (buffer state); 緩衝地帯 (buffer zone). **3** 〘築城〙(堀の外壁などの前面の)斜堤.

glad[1] [glǽ(:)d] 〘adj.: OE *glæd* < Gmc **ʒlaðaz* (ON *glaðr* bright, glad / Du. *glad* & G *glatt* smooth) ← IE **ghel-* to shine (L *glaber* smooth: cf. glabrous). — v.: OE *gladian* ← (adj.)〙 ── *adj.* (**glad·der**, **glad·dest**; **more ～, most ～**) **1** [Predicative に用いて] **a** 嬉しい, 喜ばしい, 満足で (pleased): They were all ～ *at* the news. その報道を聞いて彼らは皆喜んだ / I'm ～ *of* it. それは嬉しいことだ, それはよかった / I'm very ～ (*that*) I wasn't there. そこに居合わせなくって本当によかった / Out they went, ～ of heart. 《文語》彼らはいそいそと家をあとにした. **b** 〈…して〉嬉しい; 喜んで[快く]〈…する〉(willing) 〈*to do*〉: I'm very ～ *to* see you. お目にかかって大変嬉しい / *Glad to* meet you. お近づきになれて嬉しい / I shall be ～ *to* do what I can to help you. お助けすることができれば何でも喜んで致します / I should be ～ *to* hear it. 《反語》それはぜひお聞きしたいものだ. **2 a** 〈顔・表情・声など〉嬉しそうな, 晴れやかな, 満足そうな (joyous): a ～ smile 嬉しそうなほほえみ / give a ～ shout 歓声をあげる. **b** 喜びを与える, 喜ばしい, めでたい (joyful): ～ tidings 吉報, 福音 / a ～ occasion 慶事. **3** 《文語》輝かしい, 美しい (bright): a ～ autumn morning 晴れ晴れとした秋の朝. **4** 《古》〈人が〉性格の明るい, 明朗な (cheerful); 幸福な: A wise son maketh a ～ father. 知恵ある子は父を喜ばす (*Prov.* 10: 1). ── *vt.* (**glad·ded**; **glad·ding**) 《古》喜ばせる (gladden). **～·ness** *n.*

glad[2] [glǽ(:)d] *n.* 《口語》=gladiolus 1.

Glad [glǽ(:)d] 〘(dim.) ← GLADYS〙 *n.* 女性名.

glad·den [glǽdn̩] 〘ME: ⇨ glad[1], -en[1]〙 ── *vt.* 喜ばせる, 嬉しがらせる, 〈人の目・耳を〉楽しませる: He was ～*ed* by the sight of his home. 家が見えて来て喜んだ. ── *vi.* 《古》喜ぶ, 嬉しがる. **～·er** [-dnə, -dn̩ə | -dnə(r, -dn-] *n.*

glade [gléɪd] 〘(?c1380) ← ? GLAD[1] 《廃》bright (place)〙 *n.* **1** 林間[森中]の空地. **2** 《米》低い湿地, 沼沢地.

glad·ey [gléɪdi | -dɪ] *adj.* =glady.

glád èye *n.* [the ～] 《俗》(人をひきつけるための)親し気な目付き; (特に女の使う)色目: give a young man *the* ～ 若い男に色目を使う, 秋波を送る.

glád-hànd 《口語》*vt.* **1** 〈人〉に友好的な握手をする; 暖かく迎える. **2** 大袈裟に歓迎する, あいそをふりまく. ── *vi.* 大袈裟に[暖かく]歓迎する. **～·er** *n.*

glád hànd *n.* 《口語》**1** 友好的な握手. **2** 暖かい[大袈裟な]歓迎: give a person the ～ 人を暖かく[大袈裟に]歓迎する.

glad·i·ate [glǽdièɪt, -diət, -diɪt | -dɪèɪt, -dɪət, -dɪɪt] 〘← NL *gladiāt-us* ← L *gladius* sword: ⇨ -ate[2]〙 *adj.* 〘植物〙〈葉など〉剣状の (sword-shaped).

glad·i·a·tor [glǽdièɪt̬ə | -dɪèɪtə(r)] 〘(1541) ▭L *gladiātor* ← *gladius* sword: ⇨ ↑, -ator〙 ── *n.* **1** 剣闘士《古代ローマで, 公衆の観覧のために武器を取って互いに戦いまたは獣類と格闘した者; 通例奴隷または捕虜》. **2** 職業拳闘選手, プロボクサー (prizefighter). **3** 論争者, 論客. **glad·i·a·to·ri·al** [glæ̀diətɔ́:riəl, -tó:r- | -dɪətɔ́:rɪ-, -djə-] *adj.*

glad·i·o·la [glæ̀dióʊlə | -dɪə́ʊ-] 〘(15C) ▭L ～ (neut. pl. を fem. sing. 扱いしたもの): cf. gladiolus〙 *n.* (*also* **glad·i·ole** [glǽdiòʊl | -dɪə̀ʊl]) 〘植物〙=gladiolus 1.

glad·i·o·lus [glæ̀dióʊləs | glæ̀dɪə́ʊləs, ⌐⌐⌐⌐, glǽdɪəl-] 〘(1567) ▭L ～ 'little sword' (dim.) ← *gladius* sword〙 ── *n.* (*pl.* ～, **-o·li** [-dióʊlaɪ, -laɪ | glæ̀dɪə́ʊlaɪ, ⌐⌐⌐⌐, glǽdɪəlàɪ], **～·es**) **1** 〘植物〙グラジオラス, スイセンアヤメ《アヤメ科グラジオラス属 (*Gladiolus*) の植物の総称》. **2** (*pl.* **-o·li**) 〘解剖〙胸骨体.

glád·ly 〘OE *glædlīce*〙 *adv.* 喜んで, 嬉しそうに, 快く.

glád ràgs *n. pl.* 《口語》晴れ着; 夜会服.

Glads·heim [glɑ́:tsheɪm] 〘▭ON *Glaðsheim-r*〙 *n.* 〘北欧神話〙グラズヘイム《Odin の住居で, ここに Valhalla がある》.

glad·some [glǽdsəm] 〘(a1382): ⇨ glad[1], -some[1]〙 ── *adj.* 《古》**1** 喜ばせる, 楽しくする (cheering): ～ tidings 喜びのおとずれ. **2** 喜ばしい, 嬉しい, 楽しい (cheerful): a ～ countenance 嬉しそうな顔. **～·ly** *adv.* **～·ness** *n.*

Glad·stone, g- [glǽdstoʊn, -stən | -stən] 〘(1864): ↓〙 ── *n.* **1** (真中から二つに開く)旅行かばん (Gladstone bag). **2** 二人乗り四輪の遊覧馬車.

Gladstones 1

Glad·stone [glǽdstoʊn, -stən | -stən], **William Ew·art** [jú:ət | jú:ət, jʊ́ət] *n.* (1809–98) 英国の政治家; 1868–94 年に 4 回首相となった自由党党首で保守党の Disraeli と対抗した; Grand Old Man といわれた.

Gládstone bàg 〘↑〙 *n.* =Gladstone 1.

Glad·sto·ni·an [glædstóʊniən | -stə́ʊnjən, -nɪən] *adj.* グラッドストン (W. E. Gladstone) 派[流]の. ── *n.* グラッドストン派の人[支持者]《特に, 彼の提案したアイルランド自治法案についていう》.

glad·y [gléɪdi | -dɪ] *adj.* (**glad·i·er**; **-i·est**) **1** 林間の空地のある[の多い]. **2** 《米》沼沢地のある[の多い].

Glad·ys [glǽdɪs, -dəs | -dɪs] 〘▭Welsh *Gwladys* 《変形》← ? CLAUDIA〙 *n.* 女性名《愛称形 Glad》.

Glag·o·lit·ic [glæ̀gəlít̬ɪk | -gə(ʊ)lít-] 〘(1861) ← NL *glagolitic-us* ▭Serbo-Croatian *glagolica* the Glagolitic alphabet ← *glagol* word: cf. OSlav. *glagolŭ* word〙 ── *n.* 〘言語〙グラゴル文字《9 世紀ごろ古代スラブ人が聖書などの翻訳に使用した文字; cf. Cyrillic alphabet》. ── *adj.* グラゴル文字の[で書かれた].

glaik·it [gléɪkɪt, -kət | -kɪt] 〘ME 《スコット》← ?〙 *adj.* (*also* **glaik·et** [-kɪt, -kət]) 《スコット》**1** 愚かな, ばかげた. **2** 〈女が〉気紛れな, 軽率な.

glair [gléə | gléə(r] 〘(1296) ▭(O)F *glaire* < VL **clāria* (*ovi*) white (of egg) ← L *clārus* clear〙 (*also* **glaire** [～]) ── *n.* **1 a** (絵画を保護するためのワニスとして用いる)卵白. **b** (製本および金付けで金を保持するためのサイズ (size) として用いる)卵白. **2** 卵白に似た粘着性のある透明物質; 粘着物質. ── *vt.* …に粘着透明物質[卵白]を塗付する.

glair·e·ous [glé(ə)riəs | gléərɪ-] *adj.* 《古》=glairy.

glair·y [glé(ə)ri | gléərɪ] *adj.* (**glair·i·er**; **-i·est**) **1** 卵白状[質]の. **2** 卵白を塗った. **gláir·i·ness** *n.*

glaive [gléɪv] 〘(?a1300) *gleyve* ▭(O)F *glaive* sword ▭L *gladius* sword〙 *n.* 《古》剣, (中世の)長刀(なぎなた) (cf. fauchard).

glaive

glam [glǽ(:)m] *vi.* 《スコット》=glaum.

Glam. 《略》Glamorganshire.

glam·or [glǽmə | -mə(r)] *n.*, *vt.* =glamour.

Gla·mor·gan [gləmɔ́əgən | -mɔ́:-] 〘▭Welsh *Glanna Morgan* Morgan's shore: ⇨ Morgan[2]〙 *n.* =Glamorganshire.

Gla·mor·gan·shire [gləmɔ́əgənʃìə, -ʃə | -mɔ́:gənʃə(r, -ʃɪə(r)] *n.* ウェールズ南部の旧州; 石炭・鉄の大産地, 現在は West Glamorgan, Mid Glamorgan, South Glamorgan の 3 州に分かれている; Glamorgan ともいう; 面積 2,119 km², 首都 Cardiff.

glam·or·ize [glǽməràɪz] *vt.* **1** 〈人・物〉に魅力を添える, 魅惑的にする, すてきに見えるようにする: ～ oneself, a room, a person, etc. **2** ロマンチックに扱う, 美化する. **glam·or·i·za·tion** [glæ̀mərɪzéɪʃən, -rə- | -raɪ-, -rɪ-] *n.* **glám·or·ìz·er** *n.*

glam·or·ous [glǽm(ə)rəs | -mər-] *adj.* 魅力に満ちた, 魅惑的な (fascinating); 性的魅力のある: a ～ blonde. **～·ly** *adv.* **～·ness** *n.*

glámorous stóck *n.* 〘証券〙値上がりの期待される「株式.

glam·our [glǽmə | -mə(r)] 〘(1720) 《スコット》*glammar* 《異化》← GRAMMAR (=occult learning, magic): Walter Scott によって一般化された: cf. gramarye / F *grimoire* book of magic〙 (*also* **glamor**) ── *n.* **1** 魔力, 魅力; 詩的[神秘的]な魅力, 妖しい美しさ; (特に, 女性の)容姿上の魅力, 性的魅力. **2** 《古》魔法, 魔術: cast a ～ over …に魔術[魔法]をかける, …を迷わせる. ── *vt.* **1** 魅する, 迷わす. **2** 《口語》魅惑的にする 〈*up*〉. ★ この語のつづりは米国でも glamour が普通, ただし最近やや glamor の形が多くなって来ている.

glámour bòy *n.* **1** 魅力的な男性. **2** 《英俗》英国空軍隊員.

glámour gìrl *n.* (女優・モデルのような)魅惑的な女「(の子), グラマー.

glámour·less *adj.* 魅力のない.

glámour pùss *n.* 《俗》人を引きつける[すばらしい]顔立ちの女性, 魅力的な女性.

glance[1] [glǽns | glɑ́:ns] 〘(1441) *glenche*, *glaunche* 《鼻音化》← ME *glace*(*n*) to strike a glancing blow ▭OF *glacier* to slip ← *glace* ice: cf. glacé〙 ── *vi.* **1** ちらと見る, ひと目見る〔*at*〕; ざっと目を通す[見回す]: ～ *at* a clock, paper, etc. / ～ *about* [*round*] あたりを見回す / ～ *up* [*down*] ちょっと見上げる[見下ろす] / ～ *down* [*over*, *through*] an account 計算書にざっと目を通す / ～ *over* a letter 手紙をざっと読む / He ～*d back* [*sideways*] *at* the girl. 少女をふり返って[横目に]見た. **2** ちょっと言及する[触れる] (allude)〔*at*, *over*〕; ほのめかす, 当てこする. **3 a** 〈弾丸・打撃などが〉(まともに当たらず)斜めに当たる, かすめる〔*off*〕: The ball ～*d off* (the wall). ボールは(塀を)それた / The sunlight ～*d off* the water of the pond. 日光が池の水面をはすかいに照らした. **b** 〘クリケット〙〈打者が〉球を左[右]後方に斜め打ちにする (cf. *vt.* 2 b). **c** 《古》(談話や文章で)わき道へそれる, 転々と主題を変える〔*off*, *from*〕. **4** ぴかり[きらり]ときらめく; 〈虫などが〉きらめきながら飛びかう: a bracelet *glancing* in the sun 日光に輝く腕輪. ── *vt.* **1** 《古》ちらと見る, ひと目見る; 〈目などを〉ちらと向ける: ～ one's eyes *over* [*down*, *through*] …をざっと見る, …にざっと目を通す. **2 a** 〈物を〉かすめるように投げる[射る, 打つ]. **b** 〘クリケット〙〈打者が〉〈球を〉左後方に[(左打ちでは)右後方に]斜め打ちにする, グランスさせる (⇨ *n.* 3 a; cf. hit to leg ⇨ leg *n.* 9). **3** 《古》〈光などを〉投げる; 反射させる 〈*back*〉. **4** 《古》〈皮肉などを〉それとなく向ける, 放つ: ～ a censure *at* a person. ── *n.* **1** (ちらりと)一見, ひと目; 速い目くばせ: at a ～ ひと目見て, ひと目で / at (the) first ～ ひと目見ただけで, 一見して / give a ～ *to* [*into*, *over*] …にちょっと目を通す / He gave it a cursory ～. それをざっと見た / steal a ～ *at* her 彼女をちらりと盗み見する / take a backward ～ ふり返って見る, 過去を顧みる / exchange ～*s* 互いに目くばせする / He cast [shot, darted] a roguish ～ *at me*. 彼はいたずらっぽい目で私を見やった. **2** (反射面から発するような)きらめき, 一閃(せん); 反射光. **3 a** 〘クリケット〙斜め打ち, グランス《打者が打球棒の平たい面を斜めに構えて打球すること; cf. *vt.* 2 b》. **b** 《古》それ, はね返り (rebound); 斜衝撃 (oblique impact). **4** 《古》それとなく言った皮肉[当てこすり].

glance[2] [glǽns | glɑ́:ns] 〘▭G *Glanz* brightness, luster: cf. glint〙 ── *n.* 〘鉱物・冶金〙輝鉱《光沢のある金属硫化物の総称》: antimony ～ 輝安鉱, 輝アンチモン鉱 / copper ～ 輝銅鉱 / lead ～ 方鉛鉱 (⇨ galena) / silver ～ 輝銀鉱.

glance[3] [glǽns | glɑ́:ns] 〘▭? Du. *glanzen* to polish ← MDu. *glans* luster < MHG *glanz*: cf. glance[2]〙 *vt.* (みがいたりして)…に光沢を与える.

glánce còal *n.* 〘鉱物〙輝炭《表面が投射光線を反射して輝く石炭; 主として木質部から成る》; (特に) 無煙炭 (anthracite).

glánc·ing *adj.* **1** きらめく, きらきら光る: a ～ eye. **2** 〈弾丸など〉当たってそれる, かすめる: a ～ blow. **3 a** 〈言及など〉付随的な, 簡単な: a ～ reference. **b** 遠回しの: make a ～ allusion それとなくほのめかす.

c さりげない, 巧まない. **~·ly** *adv.*

glàncing ángle *n.* 〘光学〙視射角, 照(射)角《光が照射面となす角, すなわち入射角の余角》.

gland[1] [glǽnd] 〘《1692》□ F *glande*《変形》← OF *glandre* □ L *glandula* (dim.) ← *glāns* acorn〙 — *n.* **1 a** 〘解剖〙腺: ⇨ ductless gland, pituitary gland, salivary gland, sweat gland. **b** リンパ腺《lymph node を古くは lymph gland といった》. **2** 〘植物〙(蜜などを分泌する)腺, (モウセンゴケなどの)腺毛.
gland of Bartholin 〘解剖〙=Bartholin's gland.
gland of external secretion 〘解剖〙=exocrine gland.
gland of internal secretion 〘解剖〙=endocrine gland.
~·less *adj.* **~·lìke** *adj.*

gland[2] [glǽnd] 〘《変形》? ← *glam*, 《廃》*glan*《変形》← CLAMP[2]: cf. 《スコット》*glaund* iron clamp〙 — *n.* 〘機械〙パッキン押え, グランド《パッキン箱 (stuffing box) 内のパッキンを圧する可動蓋; packing gland ともいう》.

glan·dered [glǽndəd | glǽndəd, glɑ́:n-] *adj.* 〘獣医〙〈馬・ろばなど〉鼻疽(びそ)にかかった.

glan·ders [glǽndəz | glǽndəz, glɑ́:n-] 〘《c1410》□ OF *glandres* (pl.) ← L *glandulae* (swollen) glands: cf. gland[1]〙 — *n. pl.* 〘単数または複数扱い〙〘獣医〙鼻疽(びそ)《馬・ろばなどの伝染病で人間・犬・羊・山羊にも感染するが, 牛にはしない》. **glán·der·ous** [-d(ə)rəs] *adj.*

glandes *n.* glans の複数形.

glan·di·form [glǽndəfɔ̀əm | -dɪfɔ̀:m] 〘← GLAND[1] +-I-+-FORM〙 *adj.* **1** 腺状の. **2** 堅果状の.

glan·du·la [glǽndʒʊlə | -djʊ-] 〘← NL ← L ~: ⇨ gland[1]〙 *n.* (*pl.* **-du·lae** [-lì:, -làɪ]) 〘解剖〙=glandule.

glan·du·lar [glǽndʒʊlə | -djʊlə(r] 〘← L *glandula* (⇨ gland[1])+-AR[1]〙 — *adj.* **1 a** 腺の[に関する], 腺状の. **b** 腺から成る[を含む]. **c** 腺の異常から生じる; 腺病質の. **2** 先天的な, 生れつきの. **3** 肉体的な (physical); (特に)性的な (sexual). **~·ly** *adv.*

glándular féver *n.* 〘病理〙腺熱, 伝染性単核症 (infectious mononucleosis).

glan·dule [glǽndʒu:l | -dju:l] 〘□ F ~ □ L *glandula*: ⇨ gland[1], -ule〙 *n.* 〘解剖〙腺 (gland).

glan·du·lous [glǽndʒʊləs | -djʊ-] *adj.* **1** 腺の多い. **2** 〘獣医〙鼻疽(びそ)にかかった.

glans [glǽnz] 〘□ L *glāns* acorn〙 *n.* (*pl.* **glan·des** [glǽndi:z]) **1** 〘解剖〙亀頭 (cf. glans penis, glans clitoridis). **2** 〘植物〙総苞におおわれた堅果.

gláns cli·tó·ri·dis [-klɪtɔ́:rədɪs, -klə-, -tɔ́:r-, -dəs | -klɪtɔ́:rɪdɪs] 〘← NL ~ ← L *glāns* (↑) + *clitoridis* ((gen.) ← CLITORIS)〙 *n.* 〘解剖〙陰核亀頭.

gláns pénis 〘← NL ~ ← L *glāns* (↑)+*pēnis* ((gen.) ← *pēnis* 'PENIS')〙 *n.* 〘解剖〙(陰茎)亀頭.

Glán-Thómpson prism [glǽntɑ́m(p)sn- | -tɔ́m(p)-] *n.* 〘光学〙グラントムソンプリズム《偏光プリズムの一種》.

glare[1] [glɛ́ə | glɛ́ə(r] 〘《c1275》□ ? MDu. & MLG *glaren*: cf. glass / OE *glæren* glassy〙 — *vi.* **1** ぎらぎら輝く, まばゆく光る: The sun ~s *down upon* the sand. 太陽が砂の上にぎらぎら照りつける. **2** 〈野獣・人間が〉目を怒らす, ねめつける 〔*at, upon*〕: She ~d *at* the impertinent boy. 無作法な子をにらみつけた. **3** 《古》〈飾りなど〉いやにめだつ; 〈色が〉どぎつい. — *vt.* にらみつけて〈怒り・反抗などを〉示す: He ~d anger *at* me. 怒りの目を私に向けた. — *n.* **1** まぶしい光, ぎらぎらする光; ぎらぎら照りつける陽光: the ~ of the footlights まぶしい脚光, はなやかな舞台. **2** にらみ, ねめつけ. **3** 《古》いやに目立つこと; はなばなしさ, どぎつさ: in the full ~ of publicity 非常に目立って, ひどく世間の評判になって.

glare[2] [glɛ́ə | glɛ́ə(r] 〘GLARE[1] の特殊用法?〙《米》*n.* (氷などの)輝いてなめらかな表面: a ~ of ice. — *adj.* 〈氷など〉輝いてなめらかな.

gláre ìce *n.* 《米》表面が鏡のようになめらかでつるつるの氷.

glar·ing [glɛ́(ə)rɪŋ | glɛ́ər-] 〘ME〙 — *adj.* **1** 〈光など〉ぎらぎら輝く, ぎらぎらする, まばゆい (dazzling): ~ spotlights / the ~ sea まばゆいばかりの海原. **2** 〈色・飾りなど〉けばけばしい, はなやかな (garish): ~ colors. **3** 〈欠点・悪い所など〉目立つ, ひどい, 紛れもない (conspicuous): ~ faults, errors, defects, etc. / mistakes too ~ to be overlooked だれの目にもつく大きな誤り / a ~ lie 白々しいうそ. **4** 〈目が〉にらみつける, ねめつける: one's ~ eyes. **~·ness** *n.*

glár·ing·ly *adv.* ぎらぎらと; 目立って; はっきりと.

glar·y[1] [glɛ́(ə)ri | glɛ́əri] *adj.* (**glar·i·er, -i·est; more ~, most ~**) ぎらぎらする; まぶしい (glaring).

glar·y[2] [glɛ́(ə)ri | glɛ́əri] 〘《古形》*glarie* icy ← GLARE[2] +-Y[4]〙 *adj.* (**glar·i·er; -i·est**) 《米》〈氷など〉なめらかですべっこい.

Glas. 《略》Glasgow.

Gla·ser [gléɪzə | -zə(r], **Donald Arthur** *n.* (1926–) 米国の物理学者; 泡箱 (bubble chamber) の発明者; Nobel 物理学賞 (1960).

Glas·gow [glǽskou, -gou, glǽzgou | glɑ́:sgəu, glɑ́:z-, glɑ́:skəu, glǽs-, glǽsgəu, glǽz-] 〘← Welsh *glas cau* green hollows // *glas chu* gray hound〙 — *n.* スコットランド中部 Strathclyde 州の港市; Clyde 川に臨み, 造船業の中心地, 1451 年創設の大学がある; 英国第 3 の都市; 人口 817,000.

Glas·gow [glǽskou, -gou, glǽzgou | glɑ́:sgəu, glɑ́:z-, glɑ́:skəu, glǽs-, glǽsgəu, glǽz-], **Ellen (Anderson Ghol·son)** [góutsn | gə́ut-] *n.* (1874–1945) 米国の女流小説家; *Barren Ground* (1925).

Glas·pell [glǽspel], **Susan** *n.* (1882–1948) 米国の女流小説家・劇作家; *Alison's House* (1930).

glas·phalt [glǽsfɔ:lt, -fælt | glɑ́:sfælt] 〘← GLASS + (AS)PHALT〙 *n.* 〘化学〙グラスファルト《ガラスから作られる道路の舗装材料》.

glass [glǽ(:)s | glɑ́:s] 〘OE *glæs* < Gmc **glazam* (Du. *glas* / G *Glas*) ← IE **ĝhel-* to shine: ⇨ gold, glow〙 — *n.* **1 a** ガラス: ⇨ crown glass, cut glass, safety glass, spun glass, stained glass, wire glass / a ~ foundry ガラス工場 / blow ~ ガラスを吹く, 吹いてガラス器を作る (⇨ glassblower, glassblowing). **b** ガラス状[ガラス質]の物質: ~ of antimony アンチモニガラス. **2 a** ガラスを用いた製品. **b** (ガラスの)コップ, グラス. **c** 窓ガラス. **d** (絵をおおう)ガラス板. **e** 鏡, 姿見 (mirror, looking glass): look in the ~ 鏡を見る[のぞく]. **f** 砂時計 (hourglass, sandglass): ⇨ egg glass 1. **g** (時計の)ガラスぶた (watch glass). **h** [時に集合的] 温室; ガラスのフレーム. **i** 温度計. **j** 晴雨計: How is the ~? 晴雨計[天気ぐあい]はどうか / The ~ is rising [falling]. 晴雨計が上がって[下がって]いる. **3 a** レンズを用いた光学器具. **b** レンズ, (特に)拡大鏡. **c** 単眼鏡 (monocle). **d** 顕微鏡. **e** [*pl.*] オペラグラス; 双眼鏡. **f** 望遠鏡. **g** [*pl.*] 眼鏡: read without ~*es* 眼鏡なしで読む / wear a pair of ~*es* 眼鏡をかけている. **4** [集合的] ガラス製品[器具](glassware): ~ and china ガラス器と陶器 / dinner ~ ディナーグラス《晩餐用ガラス器具》. **5** コップ[グラス]一杯; 飲酒: a ~ *of* wine [milk] ぶどう酒[牛乳]一杯 / a friendly ~ 気の合った同士の一杯 / enjoy [be fond of] one's [a] ~ now and then 時々一杯やる / have a ~ too much 飲みすぎる, 酔っぱらう. **6** 〘岩石〙(マグマの急冷によってできた)非晶質火山岩.
raise one's glass to …の健康を祝して杯を上げる.
through a glass darkly ⇨ darkly 4. ***under glass*** フレーム[温室]内で: grown *under* ~ 温室作りの[で].
— *attrib. adj.* **1 a** ガラス(製)の (cf. hyaline, vitreous): a ~ bottle / a ~ button ガラスボタン / ~ beads ガラス玉, 南京玉 / a ~ case (商店などの)ガラスケース. **b** ガラスのような (glassy). **2** ガラス板をはめた, ガラスで覆った (glazed): a ~ door, roof, etc.
— *vt.* **1 a** …にガラス板を入れる[はめる]: ~ a window, picture, etc. **b** ガラスでおおう[囲む], ガラスの箱に入れる 〈*in*〉: The porch is ~*ed in*. ポーチはガラスで囲まれて[ガラス張りになって]いる. **2** (保存・運搬などのため)〈果物・野菜などを〉ガラスの容器に詰めて密封する 〈*up*〉. **3** 〈目を〉どんよりさせる; 〈皮を〉滑らかにする. **4** 《詩》[しばしば ~ *oneself* で] …の影を映す: The mountains ~*ed themselves* in the lake. 山々が湖水に影を映していた. **5** (特に, 狩の獲物を見つけるために双眼鏡等で)〈地形などを〉よく調べる. — *vi.* **1** 〈水面が〉鏡のようになる. **2** 〈目が〉どんよりする. **3** (双眼鏡などで)獲物をさがす.

glass blóck *n.* 〘建築〙ガラスブロック[れんが]《建物の採光に使用されるガラス製の中空ブロック》.

gláss·blòwer *n.* ガラス吹き手《ガラス器を手吹きで作る場合の吹き手》.

gláss·blòwing *n.* 〘ガラス製造〙吹きづくり, ガラス種子吹き, 宙吹き《鉄管製の吹ざおの一端に溶けたガラスをまきとり, 他端から吹いてガラス細工を行なうこと》.

gláss-cerámic *n.* 結晶化ガラス《あらかじめ成形したガラスを熱処理して失透 (devitrification) させてつくった結晶質のガラス》.

gláss chín *n.* 〘ボクシング〙=glass jaw.

gláss clòth *n.* **1** ガラス器用ふきん. **2** (研摩用の)ガラス布《ガラス粉を布に塗ったもの》. **3** [⌐⌐] ガラス織物《ガラス糸 (glass yarn) で織った布》.

gláss cúrtain *n.* 薄くて透ける窓かけ[カーテン].

gláss cùtter *n.* **1** ガラス切り《器具》. **2** ガラス切り職人; ガラスの表面に模様などを切り込む職人.

gláss-dùst *n.* (研摩用の)ガラス粉.

glássed-ín *adj.* ガラスで囲んだ, ガラス張りの: a ~ roof.

gláss eléctrode *n.* 〘化学〙ガラス電極《pH 測定に用いられる》.

gláss éye *n.* **1** ガラス製義眼. **2** 白色の虹彩の目(の人). **gláss-éyed** *adj.*

gláss fíber *n.* ガラス繊維, グラスファイバー.

gláss·fìsh *n.* 〘魚類〙タカサゴイシモチ属 (*Ambassis*) の魚の総称《体は側偏しガラスのように透明で骨や内臓が見えるので X-ray fish ともいわれ, 観賞魚とされるものもある》.

glass·ful [glǽsfʊ̀l | glɑ́:s-] 〘《15C》〙 *n.* コップ[グラス]一杯(の量) 〔*of*〕: a ~ *of* milk.

gláss fùrnace *n.* ガラス窯(よう)《ガラスバッチ (batch) 溶融用》.

gláss gàll *n.* 〘ガラス製造〙ゴール, 塩(えん)《ガラスの原料に硫酸塩を用いた時, 反応不充分でガラス素地面に浮く浮きかす; sandever ともいう》.

gláss-glàzed *adj.* 〘窯業〙〈陶器など〉ガラスで覆った, ガラスがかかったような.

gláss harmónica *n.* グラスハーモニカ《一組の水飲みコップに異なる量の水を入れて調音したもので, 指先を濡らしてそのへりを擦って奏楽する; musical glasses ともいう》.

gláss·hòuse 〘ME〙 *n.* **1** ガラス製造所, ガラス工場. **2** 《英》温室. **3** 《英軍俗》軍刑務所, 営倉.

glass·ie [glǽsi | glɑ́:sɪ] *n.* **1** ガラス製のビー玉. **2** 透明の高級ガラス.

glass·ine [glæsí:n] 〘⇨ -ine[3]〙 — *n.* グラシンペーパー, グラシン紙《パルプを叩解・抄造・スーパーカレンダーがけした, 薄くて強い透明または半透明の紙; 本や食品の包装に用いる》.

glássing-jàck *n.* 《英》皮革のつや出し機.

gláss jàw *n.* 〘ボクシング〙(打たれるとすぐノックダウンされるような)弱いあご.

gláss·less *adj.* ガラスのない.

gláss lìzard *n.* 〘動物〙=glass snake.

gláss·màker *n.* ガラス(器)製造人[家].

gláss·màking *n.* ガラス(器)製造術[業].

gláss·man [-mən, -mæ̀n] 〘ME〙 *n.* (*pl.* **-men** [-mən, -mèn]) **1** ガラス商, ガラス屋; ガラスはめ職人 (glazier). **2** ガラス製造人 (glassmaker).

gláss òven *n.* 〘ガラス製造〙徐冷窯(よう).

gláss pàper *n.* (ガラス粉を塗布した)紙やすり.

gláss pòt *n.* 〘ガラス製造〙ガラス溶解用るつぼ.

gláss pòx *n.* 〘病理〙=alastrim.

gláss slìpper 〘《なぞり》← F *pantoufle en vair* fur slipper: *vair* fur を *verre* glass と誤訳〙 *n.* (シンデレラ (Cinderella) の)ガラスの靴.

gláss snàke 〘脚が退化しているので見掛けはヘビに似ているが, 尾の自切性が高く, ガラスのように砕け散ることから〙 — *n.* 〘動物〙 **1** バルカンヘビガタトカゲ (*Ophisaurus apodus*)《バルカン半島と小アジアにすむヘビガタトカゲ属の動物》. **2** ミドリヘビガタトカゲ (*Ophisaurus ventralis*)《北米南東部産》. **3** ヘビガタトカゲ《ヘビガタトカゲ属のトカゲの総称》.

gláss spònge *n.* 〘動物〙六放海綿《骨格がガラスのようなケイ酸質でできている; カイロウドウケツカイメン (Venus's-flower-basket), ホッスガイ (*Hyalonema sieboldi*) など》.

gláss tànk *n.* 〘ガラス製造〙ガラス溶解窯《ガラスが火炎の下でじかに溶解される反射炉》.

glas·steel [glǽssti:l | glɑ́:s-] 〘← GLASS + STEEL〙 *attrib. adj.* ガラスと鋼鉄で作られた: a ~ building.

gláss·wàre *n.* [集合的] ガラス製品, ガラス器具類, (特に)ガラス食器.

gláss wóol *n.* 〘化学〙ガラス綿, グラスウール《羊毛状の糸ガラス繊維; 断熱・吸音・濾過(ろか)用》.

gláss·wòrk *n.* **1** ガラス(器)製造(業); ガラスの取付け (glazing). **2** [集合的] ガラス製品, ガラス器類 (glassware). **3** [*pl.*; 通例単数扱い] ガラス工場.

gláss·wòrker 〘ME〙 *n.* ガラス工[細工職人].

gláss wòrm *n.* 〘動物〙=arrowworm.

gláss·wòrt 〘もとこれを焼いてその灰からガラス製造用のソーダ灰を採ったことから〙 — *n.* 〘植物〙 **1** アッケシソウ (*Salicornia europaea*)《アカザ科アッケシソウ属の植物》; (その他)同属の植物の総称. **2** ノハラヒジキ (*Salsola kali*)《アカザ科の植物》.

glass·y [glǽsi | glɑ́:sɪ] 〘ME〙 — *adj.* (**glass·i·er, -i·est; more ~, most ~**) **1** ガラス状の; ガラス質の (vitreous). **2 a** 〈水面など〉鏡のよう(に穏やか[透明])な: a ~ lake 鏡のように穏やかな湖水. **b** 〈表面が〉滑らかな. **3** 〈目が〉生気のない, ぼんやり見つめた, どんよりした (dull); 冷たい, 同情のない: give a person a ~ eye 人をぼかんと眺める. — *n.* =glassie.
gláss·i·ly [-sɪli, -sə- | -lɪ] *adv.* **gláss·i·ness** *n.*

gláss yárn *n.* ガラス糸《直径数 μ の単繊維のガラスを集めて作った糸》.

Glas·ton·bur·y [glǽstənbèri, -b(ə)ri, glǽsn- | glǽstənb(ə)ri, glǽstn-, glǽsn-, glɑ́:s-] 〘OE *Glæstingabyrig, Glestingaburg* ← *Glæstingas* 'the people of *Glastonia*, 《原義》the place where woad grows' ← OCelt. *glasto-* woad: ⇨ -burg〙 — *n.* イングランド南西部 Somerset 州の古都; アリマタヤのヨセフ (Joseph of Arimathea) が聖杯 (Holy Grail) を携えて来たという伝説の地; 人口 7,000.

Glas·we·gian [glæswí:dʒən, -dʒiən | glæswí:dʒɪən, glɑ:s-, glæz-, glɑ:z-, -dʒən] 〘《1818》← GLASGOW: cf. Galwegian〙 — *adj.* Glasgow の(人の). — *n.* Glasgow の人.

glau·ber·ite [gláubəràɪt, glɔ́:- | glɔ́:-, gláu-] 〘□ F *glaubérite*: ⇨ ↓, -ite[1]〙 *n.* 〘鉱物〙グラウバー石《ナトリウムとカルシウムの硫酸塩鉱物》.

Gláu·ber's sált [gláubəz-, glɔ́:- | glɔ́:bəz-, gláu-] 〘《1736》← *Johann Rudolf Glauber* (1604–68: ドイツの医者・錬金術師)〙 — *n.* [しばしば *pl.*] 〘化学〙グラウバー塩, 芒硝(ぼうしょう)《硫酸ナトリウム 10 水塩 ($Na_2SO_4 \cdot 10H_2O$) の俗称; 下剤などに用いる; Glauber salt ともいう; cf. sodium sulfate》.

glauc- [glɔ:k, glauk | glɔ:k] (母音の前に来る時の) glauco- の異形.

glau·ces·cent [glɔ:sésnt] 〘⇨ ↓, -escent〙 *adj.* 〘植物〙やや青白色粉でおおわれた.

glau·co- [glɔ́:ko(u), gláu- | glɔ́:kə(u)] 〘← Gk *glaukós* gleaming, bluish green ← ?〙「緑灰色の, 淡緑青色の」の意の連結形: *glauco*phane. ★ 母音の前では通例 glauc- になる.

glau·co·dot [glɔ́:kədɑ̀t | -dɔ̀t] 〘□ G *Glaukodot* ← GLAUCO-+Gk *dotḗr* giver〙 — *n.* (*also* **glau·co·dote** [-dòut | -dəut]) 〘鉱物〙グローコドート(鉱) ((Co·Fe)AsS)《硫ヒ鉄鉱族の一種》.

glau·co·ma [glaukóumə, glɔ:- | glɔ:káu-] 〘《1643》□ Gk *glaúkōma* opacity of the crystalline lens: ⇨ glauco-, -oma〙 — *n.* 〘病理〙緑内障, あおそこひ (cf. amaurosis, cataract 2 a).

glau·co·ma·tous [glaukóuməṭəs, glɔ:-, -kɑ́mə- | glɔ:kə́umətəs] *adj.* 緑内障の[に関する, を患った].

glau·co·nite [glɔ́ːkənàɪt] 〖□ G *Glaukonit* ← Gk *glaukón* (neut. adj.): ⇨glaucous, -ite¹〗 ── *n.* 〖鉱物〗海緑石, 海緑砂《多く粒状を成す土状鉱物で, 水成岩中に散在し, 今日の海底でも生成しつつある》. **glau·co·nit·ic** [glɔ̀ːkənítɪk | -tɪk] *adj.*

glau·co·phane [glɔ́ːkəfèɪn] 〖□ G *Glaukophan*: ⇨ glauco-, -phane〗 *n.* 〖鉱物〗藍閃(らんせん)石 ($Na_2(Mg\cdot Fe)_3$-$Al_2Si_8O_{22}(OH)_2$)《角閃石の一種》.

glau·coth·o·e [glɔːkáθouìː | -kɔ́θəʊ-] 〖← NL ~ ← ? L *glaucus* (↓)〗 *n.* 〖動物〗グラウコトエ《ヤドカリ類の浮遊性後期幼生》.

glau·cous [glɔ́ːkəs] 〖《1671》□ L *glauc-us* □ Gk *glaukós* gleaming, bluish or grayish green: ⇨-ous〗 ── *adj.* **1** 緑灰色の, 淡緑青色の. **2** 〖植物〗〈ブドウ・スモモなど〉白粉 (bloom) でおおわれた. **~·ness** *n.*

gláucous gúll *n.* 〖鳥類〗シロカモメ (*Larus hyperboreus*)《北極洋産の大形のカモメ》.

Glau·cus [glɔ́ːkəs] 〖□ L ~ □ Gk *Glaûkos*: cf. glaucous〗 ── *n.* 〖ギリシャ神話〗グラウコス: **a** Bellerophon の父, また Homer の *Iliad* では Bellerophon の孫. **b** Scylla と Circe (一説には Amphitrite) に愛された海の神. **c** Minos の息子; 蜜のつぼで窒息したが予言者の見つけた魔法の薬草で生返った.

glaum [glάːm, glɔ́ːm] 〖← ? Sc.-Gael. *glaim* to handle awkwardly: cf. clam²〗 *vi.* 《スコット・英方言》つかむ (grasp) 〔*at*〕.

glave [gléɪv] *n.* 《廃》=glaive.

glaze [gléɪz] 〖《1369》 *glase(n)* ← *glas* 'GLASS'〗 ── *vt.* **1 a** 〈窓などに〉ガラスをはめる[入れる, 張る]; 〈建物〉にガラス窓をつける: ~ a window 窓にガラスを入れる. **b** ガラスで囲む〈*in*〉: ~ a cage *in* おりをガラスで囲む[おおう]. **2 a** 〈陶磁器〉に釉(うわぐすり)をかける, 施釉(せゆう)する; 〈絵〉に透明な上塗りをかける (cf. glazed 2). **b** 釉をつけたようにおおう〔*with*〕: trees *~d with* ice 樹氷. **3 a** 〈料理や菓子〉にグレーズをかける, 照りをつける (cf. *n.* 3). **b** 〈人参・たまねぎなどを〉艶煮にする. **c** 〈料理〉に(おろしたチーズなどをふりかけ, オーブンで表面を)さっと焼き艶をつける. **4** 〈革・紙など〉に(光滑剤を塗って)なめらかな光沢をつける, 艶つけをする; …に光沢を出させる, 艶出しする (polish). **5** (死期が近づいてまたは病気で)〈目を〉どんよりさせる, かすませる. **6** (貯蔵[輸送]中水気がなくなるのを防ぐため)〈冷凍魚などを〉氷の膜で覆う. ── *vi.* **1 a** ガラス[釉(うわぐすり)]のようになる. **b** 〈氷が〉一面に凍りつく〈*over*〉. **2** 〈目が〉どんよりする〈*over*〉.
── *n.* **1** つやつやした表面, (表面の)艶. **2** (艶出し加工をした布や紙の)なめらかで光沢のある表面. **3** グレーズ《砂糖・シロップ・ゼラチンなど菓子や料理にかけてその表面に艶をつけるもの; また肉や魚の煮出し汁にゼラチンを溶かし料理にかけ風味を増すものもいう》. **4** (目にできる)どんよりした膜. **5** 〖窯業〗釉(うわぐすり)《陶磁器などの表面に焼床でつけ生成された薄いガラス質の層; またはその上薬》. **6** 〖絵画〗上塗り《完成した絵に塗る透明で光沢のある塗料》. **7** 《米》〖気象〗雨氷《過冷却の雨が地物の表面に当って凍りついたもの; sleet ともいう》.

glazed *adj.* **1** ガラスをはめた[を入れた, でおおった]: the ~ walls ガラス窓のある壁. **2** 釉(うわぐすり)をかけた, 艶づけをした; なめらかな, 光沢のある; 〈紙が〉強光沢の: ~ bricks 施釉れんが, 化粧れんが / ~ paper 強光沢紙 / a ~ photograph 光沢写真. **3 a** (艶がつくように)グレーズをかけた (cf. glaze *n.* 3). **b** 艶煮にした. **4** 〈目が〉どんよりした.

glázed fróst *n.* 《英》〖気象〗=glaze 7.

gláze ìce *n.* 〖気象〗=glaze 7.

gláz·er *n.* 〖窯業〗 **1** 施釉(せゆう)工; 自動施釉機. **2** グレーザー《自動的に押型でつくられた食卓器具などの表面を火仕上げするために用いる小さな窯》.

gla·zier [gléɪʒə, -ziə | -zjə(r, -zɪə(r, -ʒɪə(r, -ʒə(r] 〖《1296–97》 *glasier* ← *glas* 'GLASS': ⇨-ier¹〗 ── *n.* **1** (ガラスの)はめ込み工事人, ガラス屋 (glassworker): Is your father a ~? 《戯言》君のおやじさんはガラス屋かい《君の体はガラスじゃあるまいし, そう人の前に立ちふさがるな》. **2** 〖窯業〗=glazer.

glázier's pòint *n.* 三角釘, パテ釘《ガラスを建具にパテで取付ける際, ガラスを固定するために用いる三角形の金属片》.

gla·zier·y [gléɪʒəri, -ziə- | -zjəri, -zɪə-, -ʒɪə-, -ʒə-] *n.* 「ガラス職人の仕事.

gláz·ing 〖ME〗 ── *n.* **1** ガラス板を窓枠にはめ込むこと, はめ込み; ガラス張りにすること. **2** 〖ガラス製造〗ガラス化; 火仕上げ; 口やき. **3** 〖窯業〗施釉(せゆう), くすりがけ.

glázing bàr *n.* 《英》〖建築〗=muntin 1.

Gla·zu·nov [glɑ̀ːzunɔ́(ː)f | glǽzuːnɔ̀f, -zu-, -nɔ̀v; *Russ.* glǝzunóf], **Aleksandr Konstantinovich** *n.* グラズノフ《1865–1936; ロシヤの作曲家》.

glaz·y [gléɪzi | -zɪ] 〖ME〗 ── *adj.* (**glaz·i·er; -i·est**) **1** ガラスのような, ガラス質の (vitreous). **2** 釉(うわぐすり) (glaze) をかけたような, つやつやした. **3** 〈目が〉どんよりした, 生気のない (glassy). **gláz·i·ness** *n.*

glb 《略》〖数学〗greatest lower bound.

GLC 《略》〖化学〗gas-liquid chromatography.

G.L.C. 《略》Greater London Council; Greater London Councillor.

gld., Gld. 《略》guilder(s); gulden(s).

gleam [glíːm] 〖OE *glǣm* < Gmc *ʒlaimiz* (OHG *gleimo* glowworm) ← IE *ǵhel- to shine: cf. glimmer, glimpse〗 ── *n.* **1 a** ちらとさす光, かすかな光, 微光: the distant ~ from a lighted window 明りのともっている窓からさす遠いかすかな光 / the ~ of the sea at night 夜の海の微光. **b** (瞬間的な)きらめき. **2** (希望・機知などの)ひらめき: a ~ of humor, wit, intelligence, etc. / There was not a faint ~ of hope. 一縷(る)の望みもなかった. **3** 《廃》(太陽の)輝き.
a gleam in one's eye ⇨ eye 成句.
── *vi.* **1** かすかに光る, 弱く輝く; ちらちらする, 〈みがいた面などが〉光を反射する: a ~*ing* jewel / Something ~*ed* white in the east. 何かが東の方で白くかすかに光った. **2** 〈希望・機知などがひらめく: Anger ~*ed* in his eye. 彼の目に怒りの色が走った.
── *vt.* 《まれ》〈光を〉発する (emit) 〈*out, forth*〉.

gleam·y [glíːmi | -mɪ] *adj.* (**gleam·i·er; -i·est**) 〈弱い光が〉きらめく; 〈光・色が〉薄明るい.

glean [glíːn] 〖《*c*1330》□ OF *glen-er* (F *glaner*) < LL *glen(n)āre* ← ? Celt.: cf. Welsh *glan* clean, tidy〗 ── *vt.* **1 a** 〈刈残し・落穂・採残しのぶどうなどを〉拾う, 拾い集める, 集める: ~ the grain that is left. **b** 〈田畑・ぶどう園〉から落穂を拾う, 刈残し[採残し]を集める: ~ a field, vineyard, etc. **2 a** 〈知識・事実などを〉(断片的に)骨折って集める, 収集する: ~ information, knowledge, etc. / facts ~*ed from* books. **b** (知識・材料を収集するために)〈本などを〉あさる. **3** (断片的な情報を寄せ集めて)…の粗略な知識を持つ; 学ぶ, 発見する, 確かめる. ── *vi.* **1** 刈残し[採残し]を集める, 落穂を拾う. **2** (知識などの)断片を拾い集める, 収集する. **glèan·a·ble** [-nəbl] *adj.*

gléan·er 〖《15C》〗 *n.* 落穂拾い(人); 断片収集者.

gléan·ing 〖《15C》〗 *n.* **1** 刈残し[採残し]を集めること, 落穂拾い. **2** [通例 *pl.*] (拾い集めた)刈残し, 採残し, 落穂; (知識などの)断片的収録, 拾遺.

gle·ba [glíːbə] 〖← NL ~ ← L *glēba, glaeba* clod of earth〗 ── *n.* (*pl.* **gle·bae** [-biː]) 〖植物〗グレバ, 基本体《担子菌類において, 皮殻におおわれた子実体の内部の胞子をつくる組織》.

glebe [glíːb] 〖《?*c*1378》□ L *glēba* (↑)〗 *n.* **1** 《古・詩》土, 土壌 (earth, soil); 耕地, 畑地 (field). **2** 教会所属畑地, 聖職領耕地《glebe land ともいう》.

glébe hòuse *n.* 《古》牧師館 (parsonage).

glébe lànd *n.* =glebe 2.

glede [glíːd] 〖OE *glida* 《原義》gliding bird < Gmc *ʒliðon (ON *gledha*) ← *ʒlīðan 'to GLIDE'〗 ── *n.* (*also* **gled** [gléd]) 〖鳥類〗(ヨーロッパ産の)トビ (*Milvus milvus*).

glee¹ [glíː] 〖OE *glēo* < Gmc *ʒliujam (ON *glý*) ← IE *ǵhel- to shine: cf. glad¹〗 ── *n.* **1** 大喜び, 歓喜: in high ~ 大喜びで, 大はしゃぎで. **2** 〖音楽〗グリー合唱曲 (part song)《多く無伴奏で三部以上から成る, 主として男声のための曲; 18 世紀に特に流行した》.

glee² [glíː] 〖ME *glie(n)* ← ? ON: cf. OIcel. *gljá* to shine / glee¹〗 《スコット》 ── *vi.* **1** やぶにらみである; 横目で見る. **2** 片目で見る, (特に)狙いをさだめる. ── *n.* **1** やぶにらみ; 横目. **2** 片目で見ること, (特に)狙い.

glée clùb *n.* (特に, 男声の)合唱団, グリークラブ.

gleed [glíːd] 〖OE *glēd* < Gmc *ʒlōðiz (G *Glut* / ON *glōð*): cf. glow〗 *n.* 《古・英方言》(赤々と)燃えている火[石炭]; おき (ember).

glee·ful [glíːfəl] *adj.* 大喜びの, 上機嫌の, 大はしゃぎの, 陽気な; 楽しい, 嬉しい: ~ news 嬉しいニュース / in a ~ mood 上機嫌で. **~·ly** *adv.* **~·ness** *n.*

gleek [glíːk] 〖《(dim.) ← ? GLEE¹》〗 《古》 *n.* **1** あざけり, 冗談 (gibe, jest); 悪ふざけ (practical joke). **2** こびを見せる目つき. ── *vi.* あざける, ふざける.

glée·màiden 〖OE *glēo-mǣgden*: ⇨glee¹, maiden〗 *n.* (中世の)女旅芸人; (特に)女性吟遊詩人.

glee·man [-mən, -mæ̀n] 〖OE *glēomann*: ⇨↑, man¹〗 *n.* (*pl.* **-men** [-mən, -mèn]) (中世の)旅芸人; (特に)吟遊詩人 (minstrel). 「**~·ness** *n.*

glee·some [glíːsəm] *adj.* 《古》=gleeful. **~·ly** *adv.*

gleet [glíːt] 〖《*c*1340》 *glet(te)* □ (O)F *glette* mucus, pus ← ?〗 ── *n.* **1** 〖病理〗 **a** 慢性淋菌性尿道炎, 後淋(こうりん). **b** (粘液性もしくは化膿性の)尿道分泌物. **2** 〖獣医〗(馬の)慢性鼻炎による鼻汁. **gleet·y** [glíːṭi | -tɪ] *adj.*

gleg [glég] 〖□ ON *glǫgg-r*: cf. OE *glēaw* wise〗 *adj.* 《スコット》 **1** 聡(さと)い, 明敏な. **2** 敏感な.

Gleich·schal·tung [gláɪkʃɑ̀ːltʊŋ, gláɪç-; G gláɪçʃáltʊŋ] 〖□ G ~ ← *gleich* 'ALIKE' + *schalten* to govern〗 *n.* 〖政治〗グライヒシャルトゥンク, 等制.

glei·za·tion [gleɪzéɪʃən] *n.* 〖土壌〗グライ化作用《グライ土壌 (gley) が形成される過程》.

glen [glén] 〖《1489》□ 《廃》Sc.-Gael. *gle(a)nn*: cf. Welsh *glyn*〗 *n.* 谷間, 峡谷 (narrow valley).

Glen [glén] 〖↑〗 *n.* 男性名《異形 Glenn》.

glén chéck *n.* 〖服飾〗グレンチェック (⇨glen plaid).

Glen·da [gléndə] 〖□ Welsh ~ ← *glān* holy + *da* good〗 *n.* 女性名. 「+DORA¹〗 *n.* 女性名.

Glen·do·ra [glendɔ́ːrə, -dóːrə | -dɔ́ːrə] 〖← ? GLENDA

Glen·dow·er [glendáuə, ⸗–(–) | glendáuə(r)], **Owen** *n.* (1359?–?1416) Henry 四世に対して反乱を起こしたウェールズの豪族.

glen·gar·ry [glengǽri | -rɪ] 〖《1858》 *Glengarry* (スコットランド Invernesshire の山中の谷) ← GLEN+*Garry* (川の名: ← Gael. *garidh* copse, rough place)〗 ── *n.* グレンガリー《スコットランド高地人が軍装用に用いた毛織りの小型の帽子; 後部にリボンがあり, 前を高く後へ低くかぶる; glengarry bonnet, glengarry cap ともいう; ⇨ kilt 挿絵》.

glengarry

Glen·is [glénɪs, -nəs | -nɪs] 〖⇨ Glenyss〗 *n.* 女性名.

Glen·liv·et [glenlívɪt, -vət] 〖《1822》 ← *Glenlivet* (スコットランドの産地名) ← ? Gael. *liobh aite* smooth, polished place〗 ── *n.* (*also* **Glen·liv·at** [~]) 〖商標〗グレンリベット《スコッチウイスキーの商品名》.

Glen·na [glénə] 〖← OWelsh *glyn* // Ir.-Gael. *ghleanna* little valley〗 *n.* 女性名.

glen·oid [glénɔɪd, glíːn-] 〖《1709》□ F *glénoïde* □ Gk *glēnoeidḗs* like a shallow joint socket ← *glḗnē* socket of joint: ⇨-oid〗 ── *adj.* 〖解剖〗浅窩(せんか)の(ある), 関節窩の(ある), 関節窩に似た: the ~ cavity 関節窩.

glén pláid 〖*glen*: 《略》 ← *glenurquhart* ← *Glen Urquhart* 《変形》? ← *Clan Urquhart* (スコットランドの家族名): cf. clan〗 ── *n.* **1** グレンプレイド《破れチェックの綾紋様; もとは白地に黒, 現在は白地に他の色も使われる; glen check ともいう》. **2** グレンプレイドの服地.

Glen·yss [glénɪs, -nəs | -nɪs] 〖□ Welsh ~ ← *glān* holy + -ys (fem. suf.)〗 *n.* 女性名《異形 Glenis, Glenice》.

gles·site [glésaɪt] 〖□ G *Glessit* ← L *glaesum* amber: ⇨-ite¹〗 *n.* 〖鉱物〗グレシット《琥珀(こはく)の一種》.

gley¹ [gléɪ] *vi., n.* 《スコット》=glee².

gley² [gléɪ] 〖□ Russ. *glei* 'CLAY'〗 *n.* 〖土壌〗グライ(土壌)《排水不良地に発達し, 還元された鉄の青灰色ないし緑灰色を呈する土壌》. 「異形.

gli- [glaɪ, gli | glaɪ, glɪ] (母音の前に来る時の) glio- の

gli·a [gláɪə, glíːə] 〖← NL ~ ← MGk *glia* glue〗 *n.* 〖解剖〗グリア, (神経)膠(こう)《神経細胞の間にありこれを結合させる役割をしている組織; neuroglia ともいう》.

-gli·a [⸗ gliə, gláɪə, glíːə | ⸗ glɪə, gláɪə, glíːə] 〖← NL ~ (↑)〗〖解剖〗「グリア (neuroglia)」の意の名詞連結形: macro*glia*.

gli·a·din [gláɪədɪn, -dən | -dɪn] 〖□ It. *gliadina*: ⇨ glia, -in¹〗 *n.* 〖生化学〗グリアデン《コムギやライムギに含まれる単純蛋白質; prolamine の一種》.

gli·al [glíːəl, gláɪəl | gláɪəl] 〖⇨ glia, -al¹〗 *adj.* 〖解剖〗グリア[神経膠(こう)] (neuroglia) の[に関する].

glib [glíb] 〖《1594》← ? LG *glibberig* slippery < MLG *glibberich* (Du. *glibberen* to slide): cf. 《廃》*glibbery* slippery〗 ── *adj.* (**glib·ber, glib·best; more ~, most ~**) **1 a** 口の達者な, 舌のよく回る, おしゃべりな (talkative); べらべらと口先だけの: a ~ politician, tongue, etc. **b** 軽薄な, 表面的な, うすっぺらな (superficial). **2** 〈動作・態度など〉身軽な, 何げなくやる, 楽な. **3** 《古》すべすべした, 滑らかな (smooth). ── *adv.* **1** べらべらと, 流暢(りゅうちょう)に (volubly): talk ~. **2** 身軽に, 楽々と. **~·ly** *adv.* **~·ness** *n.*

glid *v.* 《古》glide の過去形・過去分詞.

glid·der [glídə | -də(r] 〖← 《廃》*glidder* slippery < OE *glid(d)er* ← *glīdan* 'to GLIDE'〗 《英方言》 ── *vt.* **1** …に釉(うわぐすり)[上塗り]をほどこす. **2** 氷で覆う (glaze). ── *vi.* 滑る, 滑るように滑るように動く (slide).

glid·der·y [glídəri | -rɪ] *adj.* 《英方言》=slippery.

glide [gláɪd] 〖OE *glīdan* < (WGmc) *ʒlīðan (Du. *glijden* / G *gleiten*) ← ? IE *ǵhel- to shine〗 ── *v.* (**glid·ed,** 《古》**glid** [glíd]) ── *vi.* **1** すうっと[滑るように]動く[進む]; 音もなく歩く, そっと注意深く動く: ~ *in* [*out*] すうっとはいる[出る] / ~ quietly *out of* the room 音もなくすうっと部屋から出て行く. **2 a** 〈船・列車などが〉するすると動く, 滑る; 〈船が〉(進水台を)滑り下りる: The train ~*d by*. 列車は滑るように過ぎ去った. **b** 〈水が〉音もなく流れる. **3 a** 〈時が〉いつの間にか過ぎる: Time ~*d on* [*along*]. 時がいつの間にか過ぎていった. **b** 〈事・動作などが〉次第に移る[変る]: ~ *into* betraying the secret ついうっかり秘密を洩らしてしまう. **4** 〖航空〗 **a** 〈航空機が〉(エンジンを絞って)滑空する; (特に)〈グライダーが〉滑空する (cf. soar 2 b). **b** グライダーで飛ぶ[滑空する]. **5** 〖音声〗(一音から他音に)わたる, 移行する. **6** 〖音楽〗音の間をなめらかに切目を感じさせずに歌う[奏する] (slur). ── *vt.* **1** 滑らせる, するすると動かす: ~ the feet in dancing ダンスで足をするすると動かす. **2** 〈船などを〉滑るように走らせる; 〈航空機を〉滑空させる. **3** グライダーで飛び越える.
── *n.* **1** 滑り, 滑走, するすると動くこと[動作], 音もなく行くこと. **2** (ダンスの)滑るような動き, 滑るような動きのダンス. **3** (川の)浅い静かな流れ. **4** (家具の)移動を容易にするための装置《家具の脚の底部にとりつけた丸い金属製の地板》. **5** 〖音声〗 **a** わたり《ある音から他の音へと移行する際に必然的に生じる音》: ⇨ on-glide, off-glide. **b** わたり音, 移行音《一定の位置を保って調音されず, ある方向へ向って移動している音; 英語の [j], [w] など》. **6** 〖音楽〗 **a** 滑唱, 滑奏, スラー (slur)《弧線で連結されている音符を間隙(かんげき)なくなめらかに歌う[奏する]こと》. **b** スラーの記号. **7** 〖航空〗滑空 (cf. slip¹ 11 a). **8** 〖クリケット〗=glance¹ 3 a. **9** 〖冶金〗=slip¹ 16.

glíde-bòmb *vt.* …に降下[滑空]爆撃をする (cf. dive-bomb).

glíde bòmb *n.* 滑空爆弾《目標に滑空して行くよう翼がついている; glider bomb ともいう》.

glíde bòmbing *n.* 降下爆撃, 滑空爆撃《航空機が水平線に対し 65 度より小さな角度で降下しながら爆弾を投下する爆撃法》.

glíde pàth *n.* 〖航空〗 **1** グライドパス《計器飛行状態の航空機が安全に着陸できるよう地上から無線標識

で示す進路; cf. localizer》. **2** グライドパスを示す信号電波.
glíde plàne *n.* **1** 〘結晶〙映進面《映進 (glide reflection) の対称で基準となる面》. **2** 〘物理・金属加工〙滑り面 (⇨ slip plane).
glíd·er *n.* **1** 滑る(ように動く)人[物]. **2** グライダー, 滑空機. **3** (喫水が浅くて強力エンジンを持つ)滑走艇. **4** 《米》ぶらんこ椅子《ベランダなどに置く長椅子の一種》. **5** =glide 4.
glíde ràtio *n.* 〘航空〙滑空比《滑空角 (gliding angle) の余接》.
glíder bòmb *n.* =glide bomb.
glíde reflèction *n.* 〘結晶〙映進《結晶のもつ内部的対称性の一つ; ある面に対する鏡像と, この面に平行で単位の長さの 1/2 または 1/4 の移動との組合わせ》.
glíde slòpe *n.* =glide path.
glíd·ing *adj.* すべるような, すらすら[すーっと]した. **~·ly** *adv.*
glíding àngle *n.* 〘航空〙滑空角《グライダーまたは飛行機が動力を絞って滑空するときその滑空方向と水平線のなす角》.
glíding grówth *n.* 〘植物〙滑り生長《細胞が生長する時, 細胞壁が接触面に沿って隣接する細胞の上をずれる現象; cf. intrusive growth》.
glim [glím] 〘《?1380》← ?: cf. gleam, glimmer〙 *n.* **1** 《俗》ちらりと見ること, 一目. **2** 《俗》灯火, あかり. **3** 《俗》目. **4** 《スコット》少し, 小片, 小部分.
glím làmp *n.* 〘電気〙=glow lamp.
glím·mer [glímə | -mə(r)] 〘《a1375》*glemere(n)* to gleam ← ? ON (cf. Swed. *glimra*): cf. gleam〙 **—** *vi.* **1** 弱く断続的な光を発する, ちらちら光る, 明滅する; 微光を放つ, かすかに光る. **2** 微かに[ぼんやり]見える[現れる].
go glimmering 《米俗》〈名声・機会などが〉消滅する, 消える (die away): By that time all hope had *gone ~ing.* その時までには望みはすべて露と消えていた.
— *n.* **1** 弱く断続的な光, 明滅する光, ちらちらする光; 微光, 薄光: a ~ of a lamp. **2** おぼろげな認識[感知]; うすうす感ずくこと; おぼろげな様相. **3** (望み・理解などの)かすかな現われ, 少量, わずか (bit): a ~ *of* hope 一縷(ᵒ)の希望.
glím·mer·ing [-m(ə)rɪŋ | -mər-] 〘《a1400》〙 **—** *n.* **1** かすかな光, 明滅. **2** おぼろげな感知, 思いあたり: have a ~ *of* ...に感づいている, ...を薄々知っている / get a ~ *of* the truth 薄々真相がわかる. **3** (望みなどの)かすかな現われ: a ~ *of* hope かすかな希望の光. **—** *adj.* ちらちら光る, 明滅する. **~·ly** *adv.*
glimpse [glím(p)s] 〘《a1325》*glymse(n)* to shine < ? OE **glimsian* ← (WGmc) **ʒlimisōjan* (MHG *glimsen* to glow): cf. glimmer〙 **—** *n.* **1** 一見, 一目: catch [get] a ~ of ...をちらりと見る / see by ~*s* ちらりちらり見る. **2** ちらっと[かすかに]見えること[現れること]. **3** おぼろげな感知, それとなく感づくこと. **4** 《古》微光, おぼろげな光: the ~*s* of the moon 夜の世界; 月下の光景 (cf. Shak., *Hamlet* 1. 4. 53). **—** *vt.* ちらと見る, 一目見る. **—** *vi.* **1** ちらと見る〔*at*〕. **2** 《古》ちらりと[ぼんやり]見える.
Glin·ka [glíŋkə; *Russ.* glʲínkə], **Mikhail Ivanovich** *n.* グリンカ《1804–57; ロシヤの作曲家; *Ruslan and Lyudmilla* (歌劇, 1842)》.
glint [glínt] 〘《c1250》*glente(n)* to glance, shine, move quickly ← ON (cf. Swed. 《方言》*glänta* & *glinta* to slip, shine): cf. G *glänzen* / gleam〙 **—** *vi.* **1** ぴかっと光る, きらりと光る: ~ in the sun (日光を受けて)きらりと輝く / The sun ~*ed* through the leaves. 太陽は木の葉の間からきらめいた. **2** 《古》ちらりと動く; (矢のように)飛ぶ, 突進する. **—** *vt.* 〈光などを〉きらめかせる; きらきら反射させる, 照り返す. **—** *n.* **1** ひらめき, きらめき, 閃光 (flash). **2** きらきら光る輝き (luster). **3** かすかな[一時的な]現れ, 気配(ᵏᵉʰᵃⁱ), 気味: a ~ *of* humor ちらりと見えるユーモア / with a ~ *of* triumph in one's eyes 勝利を一瞬目に輝かせて.
a glint in one's eye ⇨ eye 成句.
gli·o- [glíːo(ʊ), gláɪo(ʊ) | gláɪə(ʊ)] 〘← NL ~ ← MGk *glía* glue: cf. glia〙 **—** 次の意味を表わす連結形: **1** 「神経膠腫(ᶜᵒ)(性)の, グリオーム(性)の」: *glio*myoma. **2** 「(神経)膠細胞[組織]の, グリア(細胞)の」: *glio*sis. **3** 「膠様基質に包まれた」: *glio*bacteria. **4** 「膠(ⁿⁱᵏᵃʷᵃ)様[状]の」: *glio*de. ★ 母音の前では通例 gli- になる.
gli·o·ma [glióumə, glaɪ- | glaɪóʊ-] 〘← NL *gliōma*: ⇨ glia-, -oma〙 **—** *n.* (*pl.* **~s, ~·ta** [~tə | ~tə]) 〘病理〙神経膠腫(ᶜᵒ), グリオーム《グリア細胞から発生した腫瘍》. **gli·óm·a·tous** [-ámətəs, -óum- | -ómətəs, -óʊm-] *adj.*
gli·o·ma·to·sis [glìːo(ʊ)mətóusɪs, glàɪ-, -səs | glàɪə(ʊ)mətóʊsɪs] 〘⇨ ↑, -osis〙 *n.* 〘病理〙神経膠腫(ᶜᵒ)症.
glir·id [glírɪd, -rəd | -rɪd] 〘↓〙 *adj., n.* 〘動物〙ヤマネ科の(動物).
Glir·i·dae [glírədìː | -rɪ-] 〘← NL ~ ← *Glir-, Glis* (属名: ← L) + -IDAE〙 *n. pl.* 〘動物〙(齧歯(ᵍᵉᵗˢᵘˢʰⁱ)目)ヤマネ科.
glis·sade [glɪsáːd, glə-, -séɪd | glɪ-] 〘《1843》▭ F ~ ← *glisser* to slip, slide: ⇨ -ade〙 **—** *n.* **1** 〘登山〙グリセード《氷雪の斜面をピッケルの石突きを後ろに突いて, 靴底で制動滑降すること》. **2** 〘バレエ〙グリサード, 滑歩《滑るステップ》. **3** 〘音楽〙=glissando. **—** *vi.* **1** 〘登山〙グリセードする. **2** 〘バレエ〙滑歩で踊る. **glis·sád·er** *n.*
glis·san·do [glɪsáːndou, glə- | glɪsǽndəʊ, -sáːn-; *It.* glissándo] 〘▭ pseudo-It. ~ ← F *glissant* (pres.p.) ← *glisser* (↑)〙 〘音楽〙 **—** *n.* (*pl.* **-san·di** [-diː; *It.* -di], **~s**) グリッサンド, 滑走奏《楽器演奏の際指を迅速に滑らせる奏法》; (楽曲の)滑走奏音部. **—** *adv., adj.* グリッサンドで(奏される).
glis·ten [glísn] 〘OE *glisnian* ← Gmc **ʒlis-* ← IE **ghel-* to shine: ⇨ -en¹: cf. OE *glisian* to glitter〙 **—** *vi.* (濡れたり・みがかれたりした表面のように, 反射光で)ぴかぴか光る, きらきら輝く, きらめく: leaves ~*ing with* dew 露できらきら光る木の葉 / Their eyes ~*ed with* excitement. 彼らの目は興奮で輝いた / His brow ~*ed with* perspiration. =Perspiration ~*ed on* his brow. 額が汗で光っていた. **—** *n.* きらめき, 輝き.
glís·ten·ing [-snɪŋ, -sn- | -sn̩-, -sn-] 〘《15C》〙 *adj.* ぴかぴか光って[きらきら輝いて]いる: ~ stars きらめく星. **~·ly** *adv.*
glis·ter [glístə | -tə(r)] 〘《c1380》▭ ? MDu. *glisteren* ← Gmc **ʒlis-*: ⇨ glisten, -er⁴〙 *vi., n.* 《古》=glisten.
glitch [glítʃ] 〘▭ ? G 《俗》*Glitsche* a mistake ← *glitschen* to slip ← *gleiten* 'to GLIDE'〙 **—** *n.* **1 a** 《俗》(偶発の)ちょっとした欠陥, 小事故; ちょっとした技術上の問題. **b** (宇宙船などの)不調, 故障. **2** 《米》〘電気〙電力の短時間動揺; 誤った[にせの]電気信号. **3** 〘天文〙(pulsar などにあるような)周期の急変.
glit·ter [glítə | -tə(r)] 〘《?a1300》▭ ON *glitr-a* (freq.) ← *glita* to shine: ⇨ -er⁴: cf. OE *glitenian* / G *gleissen* & *glitzern* / glint〙 **—** *vi.* **1** (多くの小さな輝く光が反射して)ぴかぴか光る, きらきら輝く; きらめく: The dark sky ~*ed with* a myriad stars. =A myriad stars ~*ed in* the dark sky. 暗い空に無数の星がきらきら輝いた / Her eyes ~*ed with* pride. 彼女の目は得意になってきらきら輝いた / All is not gold that ~*s.* 《諺》光る物必ずしも金ではない《見かけは当てにならない》. **2** 華美である, けばけばしい, 華麗を極める〔*with*〕: ladies ~*ing with* jewels 宝石をちりばめて華華しく飾り立てた貴婦人たち. **—** *n.* **1** きらめき, 輝き, 光輝 (sparkle, shine). **2** きらびやかさ, 華麗, 光彩 (splendor). **3** きらきら光る小さな飾り.
glít·ter·ing [-tərɪŋ, -tr- | -t(ə)r-] *adj.* **1** きらきら輝く, きらめく: ~ brass buttons / a ~ starry night 星のきらめく夜. **2** 華麗な, きらびやかな: ~ scenes of a court 宮廷のきらびやかな光景 / a ~ life of New York ニューヨークの華麗な生活. **3** 見かけだけは立派な, 見かけ倒しの: a ~ promise. **~·ly** *adv.*
glítter ròck *n.* 〘音楽〙女性のようなけばけばしい服装・化粧をした男性歌手が演じるロック.
glit·ter·y [glítəri | -təri] *adj.* =glittering.
gloam [glóum | gláʊm] 〘《逆成》← GLOAMING〙 *vi.* 《スコット》薄暗くなる, たそがれる, ぼんやりとなる. **—** *n.* 《古》たそがれ, 薄暮 (twilight).
gloam·ing [glóumɪŋ | gláʊm-] 〘OE *glōmung* ← *glōm* twilight ← Gmc **ʒlō-*: ⇨ glow〙 *n.* [the ~] 《詩》薄明り, 薄暮: in the ~ of one's life 晩年に.
gloat [glóut | gláʊt] 〘《1575》← ? ON: cf. ON *glotta* to grin, smile scornfully: cf. G *glotzen* to stare〙 **—** *vi.* **1** 満足そうに[嬉しそうに]ながめる; (意地悪そうに)いい気味だと思う[ってながめる]〔*over, on, upon*〕: ~ *over* one's treasures 満足そうに宝をながめる / ~ *over* another's misfortune いい気味だと思って人の不幸をながめる. **2** 《廃》こっそり[そっと]ながめる; やさしく[ほれぼれと]見つめる. **—** *n.* **1** 満足する[ほくそえむ]こと; 満足そうな様子[態度]. **2** (しばしば悪意を伴う)満足した[勝ちほこった]気持. **~·er** [-tə | -tə(r)] *n.*
glóat·ing [-tɪŋ | -tɪŋ] *adj.* さも満足そうな; いい気味と思っている(ような); ひとりほくそえんで(いる): a ~ smile さも満足そうなほほえみ. **~·ly** *adv.*
glob [glɑ́(ː)b | glɔ́b] 〘《混成》← ? GLOBE + BLOB〙 *n.* **1** (ねばっこい液体の)かたまり (blob), 小滴 (globule). **2** (粘土など可塑性物の)丸い塊.
glob·al [glóubəl | gláʊ-] 〘《1676》〙 **—** *adj.* **1** 球の, 球形の. **2** 地球上の; 全世界の; 全世界にわたる, 世界的規模の (worldwide): a ~ war 世界戦争, 全面戦争 / a nonstop ~ flight 無着陸世界一周飛行 / ~ inflation 世界的なインフレ. **3** 全体的な, 包括的な; 全てを網羅した, 完全な: the ~ output of a factory 工場の総生産高. **4** 〘数学〙大域的な《空間全体あるいは空間の広い範囲に関係した; cf. local 7》.
glób·al·ìsm [-lìzm] *n.* **1** 世界的規模化. **2** 世界的規模化助成の政策[組織], 世界的見地[視野]にたつ政策[展望].
glob·al·ize [glóubəlàɪz | gláʊ-] *vt.* 世界的規模にする, 全世界に及ぼす[適用する]. **glo·bal·i·za·tion** [glòubəlɪzéɪʃən, -lə- | glàʊbəlaɪ-, -lɪ-] *n.*
glób·al·ly [-bəli | -li] *adv.* **1** 全世界的に; 世界的規模で, 世界中に. **2** 全体的に, 包括的に.
glóbal tectónics *n.* 〘地球物理〙=plate tectonics.
glo·bate [glóubeɪt | gláʊ-] 〘▭ L *globāt-us* (p.p.) formed into a ball ← *globus* 'GLOBE': ⇨ -ate²〙 *adj.* 球状の (spherical).
glo·bat·ed [glóubeɪtɪd, -təd | gláʊbeɪt-] *adj.* 《古》球状の, 球形に形作られた.
globe [glóub | gláʊb] 〘《1551》▭ (O)F ~ // L *glob-us* round solid body, sphere: cf. *glēba* clod〙 **—** *n.* **1** 球, 球体, 円球. **2 a** [the ~] 地球 (the earth). **b** 天体《太陽・惑星など》: ~*s* in space 宇宙の天体. **3** 地球儀; 天球儀: teach [learn] the use of the ~*s* 《古》地理・天文学を教える[習う]. **4 a** 球状の物. **b** 眼球. **c** 球形のガラス器《ランプやガス灯の丸い傘・ほや・電球・金魚鉢など》. **d** (帝王権の表徴である)金球 (orb)《英国王が王笏(ᵒᵘˢʰᵃᵏᵘ)(scepter)と一緒に手に持つ》. **5** 〘植物〙=APPLE of Peru (1). **—** 《古》*vt.* 球状にする. **—** *vi.* 球状になる.
glóbe ámaranth *n.* 〘植物〙センニチソウ (*Gomphrena globosa*)《ヒユ科の草本》.
glóbe ártichoke *n.* 〘植物〙=artichoke 1.
glóbe·fìsh *n.* 〘魚類〙**1** フグ《フグ科の魚の総称; puffer ともいう》. **2** マンボウ (*Mola mola*). **3** ダンゴウオ科の魚の一種 (*Aptocyclus ventricosus*).
glóbe·flòwer *n.* 〘植物〙**1** キンポウゲ科キンバイソウ属 (*Trollius*) の植物の総称; (特に)セイヨウキンバイ (*T. europaeus*). **2** =kerria.
glóbe lìghtning *n.* 〘気象〙=ball lightning.
glóbe·lìke *adj.* 球状の.
Glóbe Théatre *n.* [the ~] グローブ座《1599 年 London の Southwark に R. Burbage らによって建てられた劇場; Shakespeare の劇の初演場として名高い; 1613 年焼失し翌年再建されたが, 1644 年清教徒によって取り壊された》.
glóbe thìstle *n.* 〘植物〙**1** =artichoke 1. **2** キク科ヒゴタイ属 (*Echinops*) の植物.
glóbe-tròt 〘《逆成》← *globe-trotter*〙 *vi.* 世界(観光)旅行をする, (かけめぐり)世界一周をする. **—** *n.* 世界(観光)旅行, (かけめぐり)世界一周.
glóbe-tròtter *n.* 世界(観光)旅行者, (かけめぐり)世界一周旅行者, 世界漫遊家.
glóbe-tròtting *n.* 世界(観光)旅行, (かけめぐり)世界一周: a long ~ journey. **—** *adj.* (しばしば)世界(観光)旅行をする: a ~ artist.
glóbe vàlve *n.* 〘機械〙玉形弁《流入口と流出口が一直線に配置された止め弁, 外形が玉形をしている》.
glo·big·e·ri·na [gloubìdʒəráɪnə, -ríː- | glàʊ-] 〘← NL ~ ← L *globi-, globus* 'GLOBE' + *-ger* carrying: ⇨ -ina¹〙 **—** *n.* (*pl.* **-ri·nae** [-ráɪniː, -ríːnaɪ]) 〘動物〙グロビゲリナ《タマウキガイ科クロビゲリナ属 (*Globigerina*) の海産の浮遊性有孔虫類の総称; 海底に死殻が堆積してグロビゲリナ軟泥を作る》.
globigerína òoze *n.* 〘地質〙グロビゲリナ[紡錘虫]軟泥《海底の軟泥でその大部分はグロビゲリナその他の有孔虫類の死殻から成る》.
glo·bin [glóubɪn, -bən | gláʊbɪn] 〘⇨ ↓, -in¹〙 *n.* 〘生化学〙グロビン《ヘモグロビンの蛋白質成分》.
glo·bo- [glóubo(ʊ) | gláʊbə(ʊ)] 〘← NL ~ ← L *globus* ball: cf. globe〙「球形(の); 世界的規模の」の意の連結形: *globo*cell, *globo*-historical.
glo·boid [glóubɔɪd | gláʊ-] *adj.* ほぼ球形の. **—** *n.* 球状体.
glo·bose [glóubous, glo(ʊ)bóus | gláʊbəʊs, glə(ʊ)báʊs] 〘《?a1425》▭ L *globōs-us* round as a ball: ⇨ globe, -ose¹〙 *adj.* 球形の, 球状の; 丸味を帯びた. **~·ly** *adv.*
glo·bos·i·ty [glo(ʊ)bɑ́səṭi | glə(ʊ)bɔ́sətɪ, -sɪ-] *n.* 球形, 球状.
glo·bous [glóubəs | gláʊ-] *adj.* 《古》=globose.
glob·u·lar [glɑ́bjulə | glɔ́bjulə(r)] 〘《1656》← L *globul-us* 'GLOBULE' + -AR¹〙 **—** *adj.* **1** 球状の, 球形の. **2** 小球体から成る. **3** 全体の, 完全な; 全世界の, 世界的規模の. **~·ly** *adv.* **~·ness** *n.*
glóbular chárt *n.* 球状図法による地図.
glóbular clúster *n.* 〘天文〙球状星団《1 万–100 万個程度の恒星が球状に密集した星団; cf. open cluster》.
glob·u·lar·i·ty [glɑ̀bjulǽrəṭi, -lér- | glɔ̀bjulǽrətɪ, -rɪ-] *n.* 球状, 球形.
glóbular líghtning *n.* 〘気象〙=ball lightning.
glóbular projéction *n.* (地図作製上の)球状図法.
glóbular sáiling *n.* 〘海事〙=spherical sailing.
glob·ule [glɑ́bjuːl | glɔ́b-] 〘《1664》▭ F ~ // L *globul-us* (dim.) ← *globus*: ⇨ globe, -ule〙 *n.* **1** (液体の)小球体, 小滴: ~*s* of sweat 玉の汗. **2** 〘薬学〙球剤.
glob·u·lif·er·ous [glɑ̀bjulíf(ə)rəs | glɔ̀b-] *adj.* 小球体を含む, 小滴を作る.
glob·u·lin [glɑ́bjulɪn, -lən | glɔ́bjulɪn] 〘← GLOBULE + -IN¹〙 *n.* 〘生化学〙グロブリン《塩類溶液に溶け, 蒸留水に溶けない単蛋白質の総称》.
glob·u·lous [glɑ́bjuləs | glɔ́b-] *adj.* =globular.
glo·bus hys·ter·i·cus [glóubəs hɪstérɪkəs, -həs-, -rə- | gláʊbəs-hɪstérɪ-] 〘← NL ~ 'hysteric ball'〙 **—** *n.* 〘病理〙ヒステリー球《ヒステリーの時しばしば起こる症状で胸からのどを球が詰って上下する感じ》.
glochidia *n.* glochidium の複数形.
glo·chid·i·ate [gloukídiət, -dɪɪt, -dièɪt | gləʊkídiət, -dɪɪt, -dièɪt] *adj.* 〘生物〙鉤(ᵏᵃᵍⁱ)状の刺毛[毛]のある.
glo·chid·i·um [gloukídiəm | gləʊkídiəm] 〘← NL ~ ← Gk *glōkhís* point of arrow + -IDIUM: cf. glossary〙 **—** *n.* (*pl.* **-i·a** [-diə | -dɪə]) **1** 〘植物〙鉤(ᵏᵃᵍⁱ)状の刺毛. **2** 〘動物〙グロキディウム, 有鉤(ᵏᵃᵍⁱ)子《淡水産二枚貝イシガイ科の貝類の幼生; 魚類の鰓(ᵉʳᵃ)や体表に寄生する》.
glo·chis [glóukɪs, -kəs | gláʊkɪs] 〘← NL ~ ← Gk *glōkhís* (↑)〙 *n.* (*pl.* **glo·chi·nes** [gloukáɪniːz | gləʊ-]) 〘植物〙=glochidium 1.
glock·en·spiel [glɑ́kənspìːl, -ʃpìːl | glɔ́k-; G. glɔ́kənʃpiːl] 〘▭ G ~ ← *Glocken-, Glocke* bell + *Spiel* play〙 **—** *n.* **1** グロッケンシュピール, 鉄琴. **2** 鐘声を出す金属製円筒管を持つ鍵盤楽器. **3** 組み鐘 (carillon)《調音した一揃いの鐘》.
gloe·a [glíːə] 〘← NL ~ ← Gk *gloía* glue〙 *n.* 〘動物〙膠(ᵏᵒᵘ)《ある種の原生動物などがまわりに分泌する粘着性の物質》.

gloe·o- [glíːo(ʊ) | -ə(ʊ)] 〖← NL ～ ← Gk *gloiós* glutinous substance (↑)〗「粘着質の」の意の連結形.

glogg [glúg, glʌ́g] 〖▭ Swed. *glögg* ← *glödga* to mull, burn ← OSwed. *glöss* ember〗 ── *n.* グロッグ《ぶどう酒にブランデーまたはウイスキーと砂糖・香料を加えて熱し, 干しぶどう・アーモンド・オレンジピールを入れたパンチ風の温い飲物》.

gloi·o- [glɔ́ɪo(ʊ) | -ə(ʊ)] =gloeo-.

glom [glɑ́(ː)m, glɔ́(ː)m | glɔ́m] 〖《変形》? ← GLAUM〗 ── *vt.* (**glommed**; **glom·ming**)《米俗》 **1** 引っつかむ, 捕える (seize); (特に)逮捕する (arrest). **2** 盗む (steal). **3** 見渡す, ながめる, 見る.
glom on to《米俗》…をつかまえる; …を手に入れる, 盗む; …を理解する (understand).

glomera *n.* glomus の複数形.

glom·er·ate [glɑ́mərət, -rɪt, -rèɪt | glɔ́m-] 〖《1634》▭ L *glomerāt-us* (p.p.) ← *glomerāre* to wind, form into a ball ← *glomer-*, *glomus*: ⇨ glomus〗 ── *adj.* 〖植物・解剖〗球状[糸まり状]になった, (ぎっしり)固まり合った. ── *vt., vi.* 球状に集める[集まる].

glom·er·a·tion [glɑ̀məréɪʃən | glɔ̀m-] *n.* 球状の塊; 集塊 (accumulation).

glo·mer·ul- [gləmér(j)ʊl, glo(ʊ)- | glə(ʊ)-] (母音の前に来る時の) glomerulo- の異形.

glo·mer·u·late [gləmér(j)ʊlət, glo(ʊ)-, -lɪt, -lèɪt | glə(ʊ)-] 〖← ? NL **glomerulāt-us*: ⇨ ↓, -ate²〗 *adj.* 〖植物〗団集花序の.

glom·er·ule [glɑ́mər(j)ùːl | glɔ́m-] 〖▭ F *glomérule* // NL *glomerul-us*: ⇨ glomerulus, -ule〗 ── *n.* **1**〖植物〗団集花序, 団散花序《集散花序の一種で多くの花が塊状に集まったもの》. **2**〖解剖〗=glomerulus.

glomeruli *n.* glomerulus の複数形.

glo·mer·u·lo- [gləmér(j)ʊlo(ʊ), glo(ʊ)- | glə(ʊ)mér(j)ʊlə(ʊ)] 〖← NL ～: ⇨ glomerulus〗「(腎の)糸球体」の意の連結形. ★ 母音の前では通例 glomerul- になる.

glomèrulo·nephrítis *n.* 〖病理〗糸球体腎炎.

glo·mer·u·lus [gləmér(j)ʊləs, glo(ʊ)- | glə(ʊ)-] 〖← NL ～ (dim.) ← L *glomus* ball (of yarn, thread, etc.): ⇨ -ulus〗 ── *n.* (*pl.* **-u·li** [-làɪ, -lìː]) 〖解剖〗(腎の)糸球体. **glo·mér·u·lar** [-lə | -lə(r)] *adj.*

glo·mus [glóʊməs | glə́ʊ-] 〖← NL ～ ← L *glomer-*, *glomus* ball〗 *n.* (*pl.* **glo·mer·a** [glɑ́mərə, glóʊm- | glɔ́m-, glə́ʊm-]) 〖解剖・生物〗グロムス, 糸球.

glon·o·in [glɑ́noʊɪn, -noʊən | glɔ́nəʊɪn] 〖← GL(YCERIN)+O(XYGEN)+N(ITROGEN)+-O-+-IN¹〗 *n.* 〖化学〗グロノイン (⇨ nitroglycerin).

gloom [glúːm] 〖v.: 《c1300》 *gloum(b)e(n)*, *glomme(n)* to frown, lower ← ? ON (cf. Norw. 《方言》 *glome* to stare somberly and suspiciously): cf. glum. ── n.: 《1596》 ← (v.) // 《逆成》 ← GLOOMY〗 ── *n.* **1** 暗がり, 薄暗やみ; 暗い物陰; 《詩》暗やみの場所: in the ～ of a dense forest 密林の暗がりの中で / be enveloped in ～ 暗やみに包まれる / cast a ～ over …に暗影を投じる; …を陰気にする. **2 a** (心の)陰気, 陰鬱, 憂鬱: chase one's ～ away 憂鬱を打ち払う, うさを散じる / be deep in ～ ふさぎ込んでいる. **b** [通例 the ～s] 気のふさぎ, 憂鬱症. **3** 憂鬱な顔つき, 沈んだ表情. **4** 陰鬱[陰気]な人. ── *vi.* **1** 暗くなる, 薄暗くなる; 〈空などが〉曇る, 険悪になる: It was ～*ing* in the wood. 林の中は暗くなって来ていた. **2** ぼんやり見える, ぼうっと浮ぶ. **3** 〈人が〉陰気[陰鬱]になる, 沈み込む, 顔を曇らせる. ── *vt.* **1** 暗くする, 曇らせる. **2** 《古》…の気をふさがせる, 憂鬱にする.

glóom·i·ly [-mɪli, -mə- | -lɪ] *adv.* **1** 暗く, 薄暗く, ぼんやりと. **2** 陰気に, 憂鬱に.

glóom·ing *n.* **1** 苦い顔, 渋面 (scowl). **2** 《古》= gloaming. ── *adj.* 暗い, 薄暗い (dark). **～·ly** *adv.*

gloom·y [glúːmi | -mɪ] 〖《1590》 ← 《廃》 *gloom* a frown (← GLOOM (v.))+-Y⁴〗 ── *adj.* (**gloom·i·er**, **-i·est**; **more ～, most ～**) **1 a** 暗い, 陰気な (dark, dismal): ～ weather どんよりした空模様. **b** 険悪な, こわい (forbidding): a ～ countenance こわい顔. **2** 気分の暗い, 陰気な, 憂鬱な, ふさぎ込んだ: feel ～. **3** 気分を暗くさせる; 希望のない, 陰惨な, 悲観的な: a ～ story 暗い物語 / a ～ prospect 暗い見通し / take a ～ view 悲観的な見方をする / feel ～ *about* one's future 将来を悲観する. **glóom·i·ness** *n.*

glop [glɑ́p | glɔ́p] 〖《混成》? ← GL(UE)+(SL)OP²: または擬音語か〗 ── *n.* 《米俗》 **1** べっとり[ねっとり]したもの. **2** (特に, べたべた[ねとねと]した)まずそうな食物. **3** 涙もろさ, 感傷癖 (sentimentality). **4** 無趣味な[くだらぬ]もの. **～·py** [-pi | -pɪ] *adj.*

Glo·ri·a¹ [glɔ́ːriə, glóːr- | glɔ́ːrɪə] 〖▭ L *Glōria*: ↓〗 *n.* 女性名《異形 Gloriana》.

Glo·ri·a² [glɔ́ːriə, glóːr- | glɔ́ːrɪə] 〖▭ LL *glōria* 'GLORY'〗 ── *n.* **1** 〖キリスト教〗(儀式文 (the Liturgy) 中で神の栄光をたたえる)頌栄(しょうえい), 栄光の聖歌, 栄光の頌(しょう), グロリア《通例 'Gloria in Excelsis Deo', 'Gloria Patri' ときに 'Gloria Tibi, Domine' などが用いられる》. **2** [g-] グロリアの暗誦[答誦]. **3** [g-] グロリアの曲; (特に)栄光の頌(しょう) (Gloria in Excelsis Deo) の曲. **4** [g-] 後光, 光輪. **5** [g-] 密に織られた軽目の経(たて)絹, 緯(よこ)梳毛(そもう)糸の織物《こうもりがさまたは服地用》.

Glória in Ex·cél·sis Dé·o [-ɪn·eksélsɪs·déɪoʊ, -ektʃél-, -səs- | -sɪs·déɪəʊ] 〖▭ L *Glōria in Excelsis Deō* Glory to God in the highest〗 ── *L. n.* [the ～]「いと高きところには栄光神にあれ」(Glory be to God on high) で始まる頌栄(しょうえい), 大頌栄 (Greater doxology), 大栄光の頌, グロリア イン エクセルシスデオ(―) (cf. glory *n.* 2 a)《聖公会では「大栄光の頌」, カトリックでは「栄光頌」という》.

Glo·ri·an·a [glɔ̀ːriǽnə, glòːr- | glɔ̀ːrɪɑ́ːnə] 〖《変形》 ← GLORIA¹〗 *n.* 女性名.

Glória Pá·tri [-pɑ́ːtri | -trɪ] 〖▭ L *Glōria Patrī* Glory to the Father〗 ── *L. n.* [the ～]「父と子と聖霊に栄光あれ」(Glory be to the Father, and to the Son, and to the Holy Ghost) で始まる頌栄(しょうえい), 小頌栄 (Lesser doxology), グロリア パトリ《聖公会では「栄光の頌」, カトリックでは「栄誦, 栄唱」という》.

Glória Tí·bi, Dó·mi·ne [-tíːbi dɑ́mənìː | -tíːbɪ dɔ́mɪ-] 〖▭ L *Glōria Tibi, Domine* Glory to thee, O Lord〗 ── *L. n.* [the ～]「主よ, 栄光なんじにあれ」(Glory be to Thee, O Lord) の頌栄(しょうえい) (doxology).

glo·ri·fi·ca·tion [glɔ̀ːrəfɪkéɪʃən, glòːr-, -fə- | glɔ̀ːrɪfɪ-] 〖《15C》▭ LL *glōrificātiō(n-)*: ⇨ glorify, -fication〗 ── *n.* **1 a** 神の栄光をたたえること, 賛美, 頌栄(しょうえい): the ～ of Christ キリストの賛美. **b** 栄化《神の栄光を授けること》; 栄光《神の栄光を授けられた状態》. **2** 栄光の賛歌, 頌栄(しょうえい) (doxology). **3** 称揚, 賛美: the ～ of labor [science] 労働[科学]の賛美. **4** 実際以上によく見せること, 美化; 美化されたもの. **5** 《口語》お祭騒ぎ, 祝賀 (celebration).

glό·ri·fì·er 〖《15C》〗 *n.* 光栄を与える人, 賛美者.

glo·ri·fy [glɔ́ːrəfàɪ, glóːr- | glɔ́ːrɪ-] 〖《1340》▭ (O)F *glorifi-er* ▭ LL *glōrificāre*: ⇨ glory, -fy〗 ── *vt.* **1** 〈神・聖人など〉の栄光をたたえる, 賛美する: ～ God, the saints, etc. **2** 天の栄光にまで高める, …に天の栄光を授ける: *glorified* spirits in heaven. **3** 称賛[称揚]する, 賛美する (extol): ～ labor. **4** 実際よりよく[美しく, 大きく]見えるようにする, 美化する. **5** …に光栄を加える, 名誉を与える, …の名を高からしめる: the names which ～ this country この国の名誉を一段と高める人々. **6** …に光彩[輝き]を与える.

glo·ri·ole [glɔ́ːriòʊl, glóːr- | glɔ́ːrɪəʊl] 〖▭ F ～ ▭ L *glōriola* (dim.) ← *glōria* 'GLORY'〗 *n.* 後光, 光背, 光輪.

glo·ri·ous [glɔ́ːriəs, glóːr- | glɔ́ːrɪ-] 〖《c1275》▭ AF ～ = OF *glorieus* ▭ L *glōriōsus* full of glory: ⇨ glory, -ous〗 ── *adj.* **1** 栄光ある, 名誉の, 光輝ある: a ～ achievement, victory, age, etc. / France is ～ *in* her art. フランスは世界に誇る美術国だ / ⇨ glorious Fourth, Glorious Revolution. **2** (天上界を思わせるように)壮麗な, 荘厳な, 燦爛(さんらん)たる: a ～ sunset 荘厳な入日 / a ～ day 美しく晴れ渡った日 / a ～ view 壮観, 絶景. **3** 《口語》 **a** 愉快きわまる, 楽しい, すてきな: have a ～ time [holiday] 非常に愉快な時[休日]を過ごす / It was ～ fun. すばらしくおもしろかった. **b** 《反語》すごい, たいへんな: a ～ mess [muddle] めちゃくちゃ, ごった返し / a ～ row たいへんな騒ぎ; 大げんか. **4** 《口語》飲んで上機嫌の, 一杯機嫌の.
～·ness *n.*

Glórious Fóurth *n.* [the ～] 栄光の四日《米国独立記念日; 7月4日》.

gló·ri·ous·ly 〖ME〗 *adv.* 立派に, 堂々と; すばらしく.

Glórious Revolútion *n.* [the ～] 名誉革命《English Revolution (1688–89) の別称》.

Glórious Twélfth *n.* [the ～] 《英》栄光の十二日《8月12日; 雷鳥猟 (grouse shooting) の解禁の日》.

glo·ry [glɔ́ːri, glóːri | glɔ́ːrɪ] 〖《?a1200》▭ OF *glorie* (F *gloire*) ▭ L *glōria* glory, fame ← ?〗 ── *n.* **1 a** 光栄, 名誉, 誉れ: win ～ 名誉を得る / the field of ～ 名誉の場《戦場など》/ return with ～ 栄誉をになって帰る, 凱旋(がいせん)する. **b** 光栄[名誉, 誇り]を与える物[人], 誇りとなる物[人]: His name is the ～ of the town. 彼の名はその町の誇りである. **2 a** (神に属する)栄光, さかえ; 賛美, 頌栄(しょうえい), 礼拝: the ～ of God 神の栄光 / give ～ to God 神に栄光を帰する, 神を賛美する / *Glory* be to God on high.=*Glory* to God in the highest. いと高きところには栄光神にあれ(Gloria in Excelsis Deo) (cf. *Luke* 2:14). **b** 天上の栄光, 至福, 天国; 永遠: dwell with the saints in ～ 聖人と共に栄光に住む《天国にある》. **3 a** (地上の)栄華, 華麗, 壮観: reign in great ～ 栄華を極めて統治する / Even Solomon in all his ～ was not arrayed like one of these. 栄華を極めたるソロモンだに, そのよそおいこの花の一つにしかざりき (*Matt.* 6:29) / the ～ that was Greece and the grandeur that was Rome ありし昔のギリシャの栄華とローマの壮麗 (Poe, *To Helen* 2). **b** (自然界の)壮観, 美観, はなばなしさ: the ～ of the morning 朝の壮観 / the ～ of the woods in autumn 秋の森の美観. **c** (成功・繁栄などの)絶頂, 全盛; 大得意, 大満足: ancient Greece *in* its ～ 全盛期の古代ギリシャ / He was *in* his ～, surrounded by a crowd of admirers. 崇拝者の群に囲まれて彼は得意の絶頂にあった. / The party was *at* its ～. その党は正にその全盛期にあった. **4 a** 光背, 後光, 光輪. **b** 幻日.
go to glory 天国へ行く, 昇天する, 死ぬ. *send a person to glory* 《戯言》〈人を〉天国へ送る, 殺す.
glory of the seas 〖貝類〗ウミノサカエイモガイ (*Conus gloriamaris*)《世界最高値の貝として収集家に珍重される》.
── *vi.* **1** 喜ぶ, 誇り[得意]を感じる 〔*in*〕: ～ *in* one's victory 勝利を誇る / ～ *in* enjoying one's health 健康であることに喜びを感じる / *Glory* ye *in* his holy name. その清きみ名を誇れ (*Ps.* 105:3). **2** 《古》きらきら輝く. **3** 《廃》自慢する, いばる (boast) 〔*in*〕.
── *int.* 《略》 ← *Glory be to God*〗ありがたい, まあ, うれしい, しめしめ; これは驚いた《Glory be! ともいう》.

glóry bòx *n.* 《豪》結婚準備の女の衣装箱.

glóry hòle *n.* **1** 〖ガラス製造〗だるま口, だるまの口《ガラス器具を手でつくる時, 再加熱するために使用する窯の口》. **2** がらくたをしまう部屋[引出し, 入れもの]. **3** 〖海事〗 **a** =lazaret 1. **b** 機関員や司厨手らの入る船内居住区. **4** 《米》〖鉱山〗グローリホール《露天採掘で地表にできた円錐形のくぼみ》.

glóry-of-the-snów *n.* 〖植物〗ユリ科ユキゲユリの類の植物; (特に) *Chionodoxa luciliae*.

glóry-of-the-sún *n.* 〖植物〗チリ原産ユリ科の青色の花が咲く多年草 (*Leucocoryne ixioides*).

glóry pèa *n.* 〖植物〗ニュージーランド産マメ科の鮮紅色の花が咲くつる植物 (*Clianthus puniceus*).

glóry trèe *n.* 〖植物〗美しい花をつけるクサギ属 (*Clerodendron*) の低木の総称《観賞用》.

Glos., Glos 《略》Gloucestershire.

gloss¹ [glɑ́(ː)s, glɔ́(ː)s | glɔ́s] 〖《1548》《変形》 ← GLOZE: L *glossa* の影響による変形〗 ── *n.* **1** (古写本などで)行間や欄外などに書き込んだ注解. **2** 評注, 注釈, 解説. **3 a** 用語解. **b** (外国語テキストの)行間訳; (テキストの)連続的注釈. **4** こじつけ解釈, 曲解. ── *vt.* **1** 注解する, …に注釈をつける. **2** …にこじつけの解釈をする, 曲げて解釈する, もっともらしく説明する 〈*away*〉. ── *vi.* **1** 注解[注釈]する 〔*on, upon*〕. **2** 《古》悪く解釈する, 酷評する 〔*on*〕.

gloss² [glɑ́(ː)s, glɔ́(ː)s | glɔ́s] 〖《1538》← ? ON: cf. Icel. *glossi* spark, blaze / Norw. *glose* / MHG *glosen* to glow〗 ── *n.* **1** 光沢, 艶, (絹などの)練り (luster, sheen): the ～ of silk, satin, etc. / put [set] a ～ on …に光沢をつける, …の艶を出す; …のうわべを飾る. **2** 虚飾, うわべの飾り, 見せかけ: a ～ of culture. ── *vt.* **1** …の光沢を出す, 艶出しする, 〈絹などを〉練る. **2** 体裁よく[もっともらしく]〈誤ち・欠点など〉のうわべを飾る; うまくごまかす[言い抜ける, かくす] 〈*over*〉: ～ *over* one's faults. ── *vi.* 光沢[艶]が出る: Serge is apt to ～. サージは光りが出やすい.

gloss. 《略》glossary.

gloss- [glɑs, glɔ(ː)s | glɔs] (母音の前に来る時の) glosso- の異形.

glos·sa [glɑ́sə, glɔ́(ː)sə | glɔ́sə] 〖← NL ～ ← Gk *glôssa* tongue: ⇨ glossary〗 ── *n.* (*pl.* **glos·sae** [-siː, -saɪ], **～s**) **1** 〖昆虫〗中舌《ハエなどの昆虫の口器の下唇の内様を形成する管状物》. **2** 〖解剖〗舌.

-glos·sa [glɑ́sə, glɔ́(ː)sə | glɔ́sə] 〖← NL ～ ← Gk *glôssa* tongue〗 (*pl.* ～) 「…の舌(状のもの)を持つもの」の意の名詞連結形: Eri*glossa*.

glossae *n.* glossa の複数形.

glos·sal [glɑ́səl, glɔ́(ː)s-, -sl̩ | glɔ́s-] *adj.* 舌の, 舌に関する (lingual).

glos·sar·i·al [glɑsέ(ə)riəl, glɔ(ː)s- | glɔsέərɪ-] *adj.* 語彙(ごい)の, 用語解 (glossary) の: a ～ index 解説付きの語彙索引. **～·ly** *adv.*

glós·sa·rist [-rɪst, -rəst | -rɪst] 〖《1774》〗 *n.* (テキスト)注解者; 用語解編者.

glos·sa·ry [glɑ́səri, glɔ́(ː)s- | glɔ́sərɪ] 〖《?c1350》▭ ML *glossāri-um* ← L *glossa* antiquated or foreign word needing elucidation ▭ Gk *glôssa*, *glôtta* tongue, speech (cf. *glōkhis* barb of an arrow): ⇨ -ary〗 ── *n.* (ある作家・著作・学術などに特有な難語や術語などを説明した)小辞典, (解説付き)語彙用語解.

glos·sa·tor [glɑ́seɪtə, glɔ́(ː)s-, ―⌐― | glɔséɪtə(r)] 〖ME ▭ ML *glossātor* ← L *glossa* (↑): ⇨ -or²〗 *n.* 注釈者; (特に中世の)ローマ法や教会法の注釈者.

glos·sec·to·my [glɑséktəmi, glɔ(ː)s- | glɔséktəmɪ] *n.* 〖外科〗舌切除(術).

glos·se·mat·ics [glɑ̀səmǽtɪks, glɔ̀(ː)sə- | glɔ̀sɪmǽt-] 〖← GLOSSO-+Gk *sēmat-*, *sêma* sign+-ICS〗 ── *n.* 〖言語〗言理学, 言語記号学《言語形式素 (glosseme) の分布と相互関係に基づく言語分析法; デンマークの言語学者 Hjelmslev の提唱した言語理論》.

glos·seme [glɑ́siːm, glɔ́(ː)s- | glɔ́s-] *n.* 〖言語〗言語形式素, 言素《形態素 (morpheme) と文法素 (tagmeme) からなる, 意味をもつ最小の言語要素; 語幹, 格, 音調, 語順など》.

-glos·si·a [glɑ́siə, glɔ́(ː)s- | glɔ́sɪə, -sjə] 〖▭ Gk *-glōssia*: ⇨ glossa, -ia¹〗「…の舌を持つ状態」の意の名詞連結形: pachy*glossia*.

glos·si·na [glɑsáɪnə, glɔ(ː)s-, -síː- | glɔs-] 〖← NL ～: ⇨ glosso-, -ina¹〗 *n.* 〖昆虫〗=tsetse.

glos·si·pho·ni·id [glɑ̀səfóʊniɪd, glɔ̀(ː)s-, -niəd | glɔ̀sɪfə́ʊnɪɪd] 〖↓〗 *adj., n.* 〖動物〗グロシフォニ科の(ヒル).

Glos·si·pho·ni·i·dae [glɑ̀səfənáɪədiː, glɔ̀(ː)s- | glɔ̀sɪfənáɪɪ-] 〖← NL ～ ← *Glossiphonia* (属名: ← GLOSSO-+L *siphō(n-)* 'SIPHON'+-IA²)+-IDAE〗 ── *n. pl.* 〖動物〗(吻蛭(ふんびる)目)グロシフォニ科.

glos·si·tis [glɑsáɪtɪs, glɔ(ː)s-, -təs | glɔsáɪtɪs] 〖← NL ～: ⇨ glosso-, -itis〗 *n.* 〖病理〗舌炎.

glóss·mèter *n.* 光沢計.

glos·so- [glɑ́so(ʊ), glɔ́(ː)s- | glɔ́sə(ʊ)] 〖← Gk *glôssa* tongue, speech〗「舌 (tongue); 言語 (language)」の意の連結形. ★ 母音の前では通例 gloss- になる.

glos·sog·ra·pher [glɑsɑ́grəfə, glɔ(ː)s- | glɔsɔ́grəfə(r)] *n.* =glossarist.

glos·sog·ra·phy [glɑsɑ́grəfi, glɔ(ː)s- | glɔsɔ́grəfɪ] *n.* 注釈作製(法).

glos·so·la·li·a [glɑ̀səléɪliə, glɔ̀(ː)s- | glɔ̀səléɪlɪə, -ljə] 〖← NL ～ ← GLOSSO-+Gk *laliá* (n.) speaking〗 *n.* = GIFT of tongues (2).

glos·sol·o·gy [glɑsɑ́lədʒi, glɔ(ː)s- | glɔsɔ́lədʒɪ] 〖←

GLOSSO-＋-LOGY〗 *n.* 《古》言語学 (linguistics).

glòsso·pharyngéal 〘解剖〙 *adj.* **1** 舌咽(ぜつ)の, 舌と咽頭の[に関する]. **2** 舌咽神経の. ── *n.* ＝glossopharyngeal nerve.

glossopharyngéal nérve *n.* 〘解剖〙 舌咽神経《ninth (cranial) nerve ともいう》.

glos·so·ple·gi·a [glɑ̀səplíːdʒiə, glɔ̀(ː)s-, -dʒə | glɔ̀səplíːdʒɪə] 〘← NL ～: ⇨ glosso-, -plegia〙 *n.* 〘病理〙 舌麻痺.

glos·sot·o·my [glɑsɑ́təmi, glɔ(ː)s- | glɔsɔ́təmɪ] *n.* 〘外科〙 舌切開(術).

gloss·y [glɑ́si, glɔ́(ː)si | glɔ́sɪ] 〘(1556)〙 ── *adj.* (**gloss·i·er**; **-i·est**; **more ～, most ～**) **1** 光沢[艶]のある, つやつやした (lustrous): ～ silk / a ～ surface. **2 a** 〈紙など〉表面が光沢のある. **b** 〈雑誌・パンフレットなど〉光沢紙に印刷した: a ～ magazine＝glossy *n.* 1. **3** 体裁のよい, 見かけのよい, もっともらしい (specious, plausible): a ～ deceit. ── *n.* **1** 《口語》(用紙がつやつやかでロマンチックなさし絵のある)美麗な大衆雑誌 (slick). **2** 〘写真〙 光沢(面); 光沢印画, グロッシー (cf. mat² 4). **glóss·i·ly** [-sɪli, -sə- | -lɪ] *adv.* **glóss·i·ness** *n.*

glost [glɑ́(ː)st, glɔ́(ː)st | glɔ́st] 〘《方言における変形》← GLOSS² (n.)〙 *n.* 〘窯業〙 釉(ゆう) (glaze), うわぐすり; 釉をかけた焼物 (glazed ware).

Glo's·ter [glɑ́stə, glɔ́(ː)s- | glɔ́stə(r)] *n.* ＝Gloucester.

glóst fíring *n.* 〘窯業〙 本焼; 釉焼《施釉素地を焼成すること》.

-glot [ー ー glɑ̀t | -glɔ̀t] 〘← Gk *glōtta* tongue (Attic 方言形): cf. -glossa〙「(幾つかの)言語に通じている」の意の形容詞連結形: poly*glot*, mono*glot*.

glott- [glɑt | glɔt] (母音の前に来る時の) glotto- の異形.

glot·tal [glɑ́tḷ | glɔ́tḷ] 〘(1846) ← GLOTT(IS)＋-AL¹〙 ── *adj.* **1** 〘解剖〙 声門 (glottis) の. **2** 〘音声〙 声門音の: ⇨ glottal stop. ── *n.* 〘音声〙 声門音《声門で調音される音; [h], [ʔ] など》.

glot·tal·ic [glɑtǽlɪk | glɔ-] *adj.* 〘音声〙 声門閉鎖を伴った, 声門気流による (cf. pulmonic 3, velaric).

glot·tal·i·za·tion [glɑ̀tḷɪzéɪʃən, -lə-, -tḷ- | -təlaɪ-, -lɪ-, -tḷ-] *n.* 〘音声〙 声門(音)化.

glot·tal·ize [glɑ́tḷàɪz, -tḷ- | glɔ́təl-, -tḷ-] *vt.* 〘音声〙 声門(音)化する; 声門音で発音する.

glót·tal·ized *adj.* 〘音声〙 声門(音)化された; 声門音で発音された: ～ consonants 声門(音)化子音.

glóttal stóp *n.* 〘音声〙 声門閉鎖音《日本語の驚いて発音した「えっ」[ʔeʔ], 英語の強調された absolutely [ʔǽbsəlúːtli | -lɪ] などで現われる; 音声記号は [ʔ]》.

glot·tic [glɑ́tɪk | glɔ́t-] 〘⊏ Gk *glōttikós* ← *glōtta* tongue: ⇨ -glot, -ic¹〙 *adj.* **1** 舌の, 舌に関する. **2** 《古》言語の, 言語学(上)の. **3** 〘解剖〙 ＝glottal 1.

glot·tis [glɑ́tɪs, -təs | glɔ́tɪs] 〘(1578) ← NL ～ ← Gk *glōttís* mouth of a windpipe ← *glōtta* tongue: ⇨ -glot〙 ── *n.* (*pl.* **～·es**, **glot·ti·des** [-tədìːz | -tɪ-]) 〘解剖〙 声門《左右の声帯 (vocal cords) の間の空間》.

glot·to- [glɑ́to(ʊ) | glɔ́tə(ʊ)] 〘⊏ Gk *glōtto-* ← *glōtta*: ⇨ -glot〙「言語 (language)」の意の連結形. ★ 母音の前では通例 glott- になる.

glòtto·chronólogy 〘(c1950): ⇨ ↑, chronology〙 ── *n.* 〘言語〙 言語年代学《米国の言語学者 Morris Swadesh (1909–67) の提唱した, 同系統の言語の分離の時期を推定する方法; 語彙(ご)統計学 (lexicostatistics) の一部門》. **glòtto·chronológical** *adj.*

glot·tól·o·gist [-dʒɪst, -dʒəst | -dʒɪst] *n.* 《廃》言語学者.

glot·tol·o·gy [glɑtɑ́lədʒi | glɔtɔ́lədʒɪ] 〘← GLOTTO-＋-LOGY〙 *n.* 《廃》言語学 (linguistics). **glot·to·log·i·cal** [glɑ̀tḷɑ́dʒɪkəl, -tḷ-, -dʒə- | glɔ̀təlɔ́dʒɪ-] *adj.*

Glouc. 《略》Gloucestershire.

Glouces·ter [glɑ́stə, glɔ́(ː)s- | glɔ́stə(r)] 〘OE *Glowečeastre* ← OWelsh *gloiu* bright＋OE *čeastre* 'fort, -CHESTER'〙 ── *n.* **1** イングランド南西部 Gloucestershire 州の首都; Severn 河口に臨み大聖堂がある; 人口 91,000. **2** ＝Gloucestershire. **3** グロスター(チーズ)《イングランド Gloucestershire 州産のハードチーズ; Gloucester cheese ともいう》.

Gloucester, Duke of *n.* **1** ⇨ Humphrey². **2** ⇨ Thomas of Woodstock. **3** ⇨ Richard III. **4** (1900–) 英国王 George 五世の子; オーストラリア総督 (1945–47); 本名 Henry William Frederick Albert.

Glóucester chéese *n.* ＝Gloucester 3.

Glouces·ter·shire [glɑ́stəʃɪə, glɔ́(ː)s-, -ʃə | glɔ́stəʃə(r, -ʃɪə(r] *n.* イングランド南西部の州; 1974 年に南西部は Avon 州の一部となる; 人口 493,000, 面積 2,639 km², 首都 Gloucester.

glove [glʌ́v] 〘OE *glōf* < Gmc *ʒlōfō (ON *glōfi*) ← *ʒa- together (⇨ y-)＋*lōp- palm (← IE *lēp- to be flat)〙 ── *n.* **1 a** 手袋《各指が分れているもの; cf. mitten 1》: a pair of ～*s* 一対の手袋 / put on [take off] one's ～*s* 手袋をはめる[ぬぐ] / with the ～*s* on 手袋をはめたままで / Excuse my ～. (戸外で男子が止むをえず手袋のまま婦人と握手をする時)手袋のままで失礼します / ⇨ white gloves. **b** ＝gauntlet¹ 1, 3. **2** 〘スポーツ〙 **a** 野球用グローブ. **b** ボクシング用グラブ (boxing glove).

bite one's glove 復讐(ふくしゅう)を誓う. ***fit like a glove*** 〈服など〉ぴったり合う (fit exactly). ***hand and* [*in*] *glove*** ⇨ hand *n.* 成句. ***put on the gloves*** 《口語》(グラブをはめて)ボクシングをする. ***take the gloves off*** (論争・議論に)(肌脱ぎになって)本気でかかる; 〔人を〕容赦しないでやっつける 〔*to*〕. ***throw down* [*take up*] *the glove*** 挑戦する[挑戦に応じる] (cf. gauntlet¹ 3). ***with gloves*** 優しく; 慎重に (cf. kid glove, velvet glove): handle a person [thing] *with* ～*s*. ***without gloves***＝***with gloves off*** (1) 荒々しく, 容赦なく. (2) 本気で; 大胆に.

── *vt.* **1** 〈手・人〉に手袋をはめる: in one's ～*d* hand 手袋をした手に. **2** …に手袋として役だつ. **3** 〘野球〙〈ボールを〉グローブでとる.

glóve bòx *n.* **1** 手袋入れの箱. **2** 《英》＝glove compartment. **3** 〘原子力〙 グローブボックス《比較的少量の放射性物質などを扱うための小型の箱で, 備えつけのゴムの手袋によって外部から操作する》.

glóve compàrtment *n.* グローブボックス, グラブコンパートメント《自動車の計器板 (dashboard) にある小物入れ》.

glóve dòll *n.* ＝hand puppet.

glóve·less *adj.* 手袋のない, 手袋をはめていない, 素手の.

glóve·man [-mən] *n.* (*pl.* **-men** [-mən, mèn]) 〘野球・クリケット〙 ＝fielder.

glóve-mòney *n.* **1** 《古》(手袋代として召使に与えた)チップ (tip), 祝儀. **2** 〘英法〙 手袋金《かつて巡回裁判所で, 執行すべき有罪被告人のなかった場合に州の長官 (sheriff) が裁判官および書記に支払った金銭》.

glóve pùppet *n.* ＝hand puppet.

glóv·er *n.* 手袋製造人; 手袋屋, 手袋商.

glóve sìlk *n.* グラブシルク《女性の手袋・下着などに用いるトリコット生地》.

glóve spònge *n.* 手袋状の下等海綿《英領 Bahama 諸島や米国 Florida 州産》.

glow [glóʊ | glə́ʊ] 〘OE *glōwan* ← Gmc *ʒlō- (G *glühen* / ON *glōa*) ← IE *ghel- to shine: cf. glass, gleam〙 ── *vi.* **1 a** (溶けた金属・ガラスなどのように)熱と光を出して輝く, 白熱光を発する, 白光を放つ. **b** 〈薪(まき)・石炭などが〉(炎をあげずに)真赤に燃える (cf. blaze¹). **c** 〈ランプ・ホタルなどが〉光を放つ, 光る: Stars ～*ed* big and pale in the mist. 霧の中で星は大きく青白く光っていた. **2 a** 〈ほお・顔が〉赤くほてる, ぽっと赤くなる, 紅潮する (flush), 上気する; 〈目が〉輝く (flash): ～ *with* pride, happiness, pleasure, etc. **b** (運動の後など)体がぽかぽかする, ぽかぽか暖い, ほてる. **3** 〈感情が〉熱する; 〈人が〉〔激情・怒り・誇りなどに〕燃える 〔*with*〕: ～ *with* enthusiasm, patriotism, anger, etc. **4** 燃えるような色である, (色彩が)目の覚めるようである: Tulips ～ in the garden. 庭にはチューリップが目の覚めるような色で咲いている. ── *vt.* 《廃》真赤に燃えさせる, 紅潮させる.

── *n.* **1** 白熱, 赤熱 (incandescence); (炎のない)真赤な輝き, 白熱[赤熱]光: the ～ of embers, sunset, etc. **2 a** (ほおの)紅潮, 赤らみ, ほてり, よい色つや; (目の)輝き: the ～ of health in the cheeks 健康そうなほおの色つや. **b** ぽかぽかする体のぬくもり, ぽかぽかする心地よさ: a pleasant ～ after a bath 風呂の後の気持のよいぬくもり. **3** 心地よい満足感, (満ち足りた)幸福感, 喜び: feel the ～ of happiness 幸福の喜びを感じる. **4** 熱情, 熱心, 感興, 真剣さ (ardor): in the ～ of enthusiasm 熱心[熱狂]の余り. **5** (色彩などの)燃えるようなあざやかさ, 燃え立つような色彩, 光彩 (vividness): the ～ of colors, flowers, etc. / the ～ of sunset in the sky 真赤な夕焼けの空 / the evening ～ 夕焼け. **6** 〘電気〙 グロー《低圧気中放電により発生する光の一種でアーク放電によるもの(蛍光灯・水銀灯など)よりは弱い, ネオン管などがこれを利用》.

in a glow＝***all of a glow*** 熱くほてって (hot, flushed): The fire is *in a* ～. 火が赤く起こっている / His body was *all of a* ～. 体中がぽかぽかほてっていた.

glów dischàrge *n.* 〘電気〙 グロー放電《ネオン管などに見られるグロー (electric glow) を発する放電》.

glów·er¹ *n.* 〘電気〙 ネルンスト灯の発光体.

glow·er² [gláʊə | gláʊə(r)] 〘(1500)《変形》← ? ME *glo(u)re(n)* to shine, glare ← ? ON (cf. Norw. 《方言》 *glora* to glow)〙 ── *vi.* **1** 顔をしかめる, 苦い顔をする, にらみつける (lower, scowl) 〔*at, upon*〕. **2** 《英方言》じっと[驚いて]見つめる (gaze) 〔*at, upon*〕. ── *n.* **1** (不機嫌な)こわい顔, 苦い顔, ふくれつら (frown). **2** 《英方言》じっと[驚いて]見つめること.

glow·er·ing·ly [gláʊ(ə)rɪŋli | gláʊərɪŋlɪ] *adv.* 苦い顔をして.

glów·fly *n.* 〘昆虫〙 ホタル (firefly).

glów·ing 〘ME〙 ── *adj.* **1** 白熱[赤熱]している (incandescent); 赤々とした: ～ embers 真赤に燃えているおき. **2** 〈感情・表現など〉熱している, 熱烈な (warm, enthusiastic); 〈人が〉熱心な, 熱中した: ～ patriotism 熱烈な愛国心 / a ～ evangelist 熱烈な伝道者 / give a ～ account of …を熱情をこめて[賞賛して]伝える / in ～ terms 熱心に. **3** 〈ほおなど〉(興奮・健康などで)紅潮した, 生気にあふれる: with ～ cheeks ほおをほてらせて. **4** (色彩が)燃えるように輝かしい[鮮やかな]: paint…in ～ colors …を燃えるような色彩で描く; 《比喩》…を非常にほめて描く[述べる]. **5** 〘副詞的に〙燃えるように, 白熱的に: ～ hot. **～·ly** *adv.*

glówing clóud *n.* 〘地質〙 ＝nuée ardente.

glów làmp *n.* 〘電気〙 グロー電球[ランプ]《ネオン・アルゴンなどを封じた陰性グローを利用した電球》.

glów switch [stàrter] *n.* 〘電気〙 (蛍光灯用の)点灯管.

glów·wòrm 〘ME〙 ── *n.* 〘昆虫〙 ツチボタル《ホタルの類 (firefly) の幼虫または羽のない成虫の雌で発光する; オーストラリアとニュージーランドでは双翅目のホタルバエ (*Arachnocampa luminosa*) の幼虫》.

glox·in·i·a [glɑksíniə, -síːn- | glɔksínɪə, -njə] 〘← NL ～ ← *B. P. Gloxin* (1785 年ごろそれを発見したドイツの植物学者): ⇨ -ia¹〙 ── *n.* 〘植物〙 グロキシニア (*Sinningia speciosa*)《白・赤・紫などの美麗な鐘状大輪の花を開くブラジル原産イワタバコ科の観賞用多年生草本》.

gloze [glóʊz | glə́ʊz] 〘v.: (c1300) ⊏ (O)F *gloser* ← *glose*. ── n.: (c1300) ⊏ (O)F *glose* ⊏ ML *glōsa*＝L *glossa* a word needing explanation ⊏ Gk *glôssa* tongue, (foreign) language: GLOSS¹ と混同された〙 ── *vt.* **1** 都合よく[こじつけて]説明する, もっともらしく言い繕う[説明する] (gloss) 〈*over*〉. **2** 《古》…に注釈する. **3** 《古》へつらう. ── *vi.* 《古》 **1** 注釈する, 説明する 〔*on, upon*〕. **2** お世辞をいう. ── *n.* 《古》 **1** 注釈 (gloss). **2** へつらい, おべっか. **3** ごまかし, 偽り.

glt. 《略》〘製本〙 gilt 金(箔)付けされた, 金(箔)付けの.

gluc- [gluːk, gluːs] (母音の前に来る時の) gluco- の異形.

glu·ca·gon [glúːkəgɑ̀n | -gɔ̀n] 〘⊏ G *Glukagon* ← *Gluko-* 'GLUCO-'＋? Gk *agṓn* (⇨ agon)〙 ── *n.* 〘生化学〙 グルカゴン《膵臓(すいぞう)中にある血糖上昇作用をもつホルモン性物質》.

glu·cide [glúːsaɪd] 〘← GLUCO-＋-IDE²〙 *n.* 〘化学〙 糖質《糖を主な成分とする物質の総称; 蛋白質・脂質に対して用いる》.

glu·cin·i·um [gluːsíniəm | -nɪ-] 〘← NL ～ ← F *glucine* ← Gk *glukús* sweet: ⇨ -ium〙 *n.* 〘化学〙 グルシヌム《4 番元素 beryllium の古称》.

glu·ci·num [gluːsáɪnəm, -síːn-] 〘↑〙 *n.* 〘化学〙 ＝glucinium.

Gluck [glʊ́k | glʊ́k, glúːk; G. glʊ́k], **Christoph Willibald** [vílibàlt] **von** *n.* グルック《1714–87; ドイツの歌劇作曲家; *Orfeo ed Euridice*「オルフェオとエウリディーチェ」(1762); *Iphigénie en Aulide*「アウリスのイフィジェニー」(1774)》.

glu·co- [glúːko(ʊ) | -kə(ʊ)] 〘← GLUCOSE〙 **1**「グルコース, ぶどう糖 (glucose)」の意の連結形. **2** 《まれ》＝glyco- 1. ★ 母音の前では通例 gluc- になる.

glùco·córticoid 〘← GLUCO-＋CORTICO-＋-OID〙 ── *n.* 〘生化学〙 糖質コルチコイド, グルココルチコイド《糖質・蛋白質の脂肪代謝に対する作用を有する副腎皮質ホルモン》.

glùco·génesis *n.* 〘生化学〙 ぶどう糖生成, グルコゲネシス《他の糖から生物体内でぶどう糖が形成されること; cf. gluconeogenesis》.

glùco·kínase *n.* 〘生化学〙 グルコキナーゼ《リン酸転位酵素に属するヘキソキナーゼ (hexokinase) の一種》.

glu·co·nate [glúːkənèɪt] *n.* 〘化学〙 グルコン酸塩[エステル].

glùco·nèo·génesis 〘← GLUCO-＋NEO-＋-GENESIS〙 ── *n.* 〘生化学〙 ぶどう糖新生《生物の体内で糖以外の物質からぶどう糖が新たに作られること; cf. glucogenesis》.

glùco·nèo·genétic *adj.* 〘生化学〙 ぶどう糖新生の.

glu·co·ne·o·gen·ic [glùːko(ʊ)nìːo(ʊ)dʒénɪk | -kə(ʊ)nìːə(ʊ)-] 〘⇨ -genic〙 *adj.* 〘生化学〙 ＝gluconeogenetic.

glu·cón·ic ácid [gluːkɑ́nɪk- | -kɔ́n-] 〘*gluconic*: ← GLUCO-＋-ON(E)＋-IC¹〙 ── *n.* 〘化学〙 グルコン酸 ($HOCH_2(CHOH)_4COOH$)《グルコースの酸化により生じる》.

glu·co·no·ki·nase [glùːkəno(ʊ)káɪneɪs, -kín-, -neɪz | -nə(ʊ)káɪneɪs, -kín-] 〘⇨ ↑, kinase〙 *n.* 〘生化学〙 グルコノキナーゼ《グルコン酸に ATP の燐酸を転位する酵素》.

glùco·prótein *n.* 〘生化学〙 ＝glycoprotein.

glu·cos·a·mine [gluːkóʊsəmìːn, -zə- | -kə́ʊ-] 〘← GLUCOSE＋AMINE〙 *n.* 〘化学〙 グルコサミン ($C_6H_{13}NO_5$)《グルコースのアミノ誘導体》.

glu·co·san [glúːkəsæ̀n] 〘⇨ ↓, -an²〙 *n.* 〘化学〙 グルコサン (($C_6H_{10}O_5)_n$)《加水分解で六糖類を生じる多糖類の一群; cf. levoglucosan》.

glu·cose [glúːkoʊs, -koʊz | -kəʊs, -kəʊz] 〘(1840) ⊏ F ～ ← Gk *gleûkos* must, sweet wine (cf. *glukús* sweet): ⇨ -ose²〙 ── *n.* **1** 〘化学〙 グルコース, ぶどう糖 ($OHC(CHOH)_4CH_2OH$). ★ 単糖類の一種で, 大別して次の二種類がある. (1) D(形)グルコース, 右旋糖, 右旋性ぶどう糖《自然界に最も多量に存在する重要な糖で, 単にグルコースという場合はこれを指すことが多い; dextro-glucose, *d*-glucose ともいう》. (2) L(形)グルコース, 左旋糖, 左旋性ぶどう糖《L-グルコン酸ラクトンの還元によって人工的にのみ得られる糖; levo-glucose, *l*-glucose ともいう》. **2** 澱粉から製した糖化液 (starch syrup)《主に商業上用いられる》. **glu·cos·ic** [gluːkɑ́sɪk | -kɔ́s-] *adj.*

glúcose-1-phósphate [-wʌ́n-] 〘リン酸基のつく位置から〙 *n.* 〘化学〙 グルコース-1-リン酸《糖代謝の重要な中間体の一つ》.

glúcose-6-phósphate [-síks-] 〘↑〙 *n.* 〘化学〙 グルコース-6-リン酸《糖代謝の重要な中間体の一つ》.

glúcose phósphate *n.* 〘化学〙 グルコースリン酸 ($C_6H_{13}O_7P$)《グルコースのリン酸エステル, 糖代謝中間体として重要》.

glúcose tólerance tèst *n.* 〘医学〙 糖負荷試験《糖尿病の検査; 略 GTT》.

glu·co·si·dase [gluːkóʊsədèɪs, -zə-, -dèɪz | -kə́ʊsɪdèɪs] 〘⇨ ↓, -ase〙 ── *n.* 〘生化学〙 グルコシダーゼ《配糖体 glucosid から糖を加水分解するまたはその逆反応をする酵素》.

glu·co·side [glúːkəsàɪd]〖← GLUCOSE＋-IDE²〗*n.*〘化学〙グルコシド, 配糖体. **glu·co·sid·ic** [glùːkəsídɪk] *adj.* **glù·co·sid·i·cal·ly** *adv.*

glùco·súlfone *n.*〘薬学〙グルコスルフォン($[C_6H_{12}O_5(SO_3Na)NHC_6H_4]_2SO_2$)《ハンセン病の治療薬》.

glu·cos·u·ri·a [glùːko(ʊ)s(j)ʊ́(ə)riə, -ʃʊ́(ə)r- | -kə(ʊ)s(j)ʊ́əriə, -sjʊ(ə)ríə] *n.*〘病理〙＝glycosuria.

glu·cos·u·ric [glùːko(ʊ)s(j)ʊ́(ə)rɪk, -ʃʊ́(ə)r- | -kə(ʊ)s(j)ʊ́ər-] *adj.* ＝glycosuric.

gluc·u·rón·ic ácid [glùːkjʊránɪk- | -rɔ́n-]〖*glucuronic*: ← GLUCO- ＋ Gk *oûron* 'URINE' ＋ -IC〗 **—** *n.*〘生化学〙グルクロン酸($HOOC(CHOH)_4CHO$)《生体内の代謝産物として生じるグルコースのウロン酸》.

gluc·u·ron·i·dase [glùːkjʊránədèɪs, -dèɪz | -rɔ́nɪdèɪs]〖⇨↓, -ase〗*n.*〘生化学〙グルクロニダーゼ《グルクロン酸の配糖体を加水分解する酵素》.

gluc·u·ro·nide [gluːkjʊ́(ə)rənàɪd | -kjʊ́ər-]〖⇨ glucuronic, -ide²〗*n.*〘生化学〙グルクロン酸化合物《グルクロン酸と糖などとが結合した複合糖の一つ》.

glue [glúː]〖《1225》□(O)F *glu* birdlime < LL *glūtem*, *glūs*: cf. gluten〗 **—** *n.* **1** にかわ: stick like ～ to a person 人にしつこく[うるさく]つきまとう. **2** にかわ類似の物質; 接着剤. **—** *vt.* **1 a** …にかわ(など)を塗る. **b** にかわ(など)で密閉する, 付ける. **2 a** [しばしば p.p. 形で] くっつけて離さない, つきまとわせる, こびりつかす〔*to*〕: listen with one's ear ～*d to* [*against*] the keyhole 鍵穴に耳をくっつけて聞く / She stayed ～*d to* her mother the whole evening. ひと晩中母親のそばにくっついて離れなかった. **b** [～ *oneself* または p.p. 形で] 注ぐ, 集中する〔*to, on*〕: with one's eyes ～*d on* …をじっと見つめて / have one's eyes ～*d to* the spot その場所を見すえる / He ～*s himself to* the study. その研究に熱中している.

glúe cèll *n.*〘動物〙＝adhesive cell.

glúe-ètched gláss *n.* 氷花ガラス, 結霜(けっそう)ガラス《すりガラス表面ににかわの水溶液を塗布し, 乾燥後これをはぎ取って装飾模様を付けたガラス》.

glúe·pòt *n.* **1** にかわなべ《にかわを煮る二重なべ》. **2**《英口語・豪》(奥地の道の)粘着質のどろんこ道.

glu·er [glúːə | glúːə(r, glúə(r]〖《15C》〗*n.* にかわで付ける人; くっついて離れない人.

glúe-snìffing *n.* (トルエンなどの接着剤の芳香を吸いこむ)シンナー遊び,「風船遊び」. **glúe-snìffer** *n.*

glue·y [glúːi | glúːɪ, glúɪ]〖ME〗 **—** *adj.* (**glu·i·er, -i·est; more ～, most ～**) にかわ質[状]の; にかわを塗った, にかわだらけの; ねっとりとべたべたする, 粘着性の (sticky). **glú·i·ly** [-ɪli, -əli | -lɪ] *adv.*

glum [glʌ́m]〖《1547》(変形) ← ? ME *glome(n)*, *glo(u)mbe(n)* 'to GLOOM': cf. LG *glum* turbid, muddy〗 **—** *adj.* (**glum·mer, glum·mest; more ～, most ～**) **1** むっつりした, 陰気な顔をした, ふさぎ込んだ; 陰気な (sullen, gloomy): a ～ face. **2**《英方言》〈天候が〉険悪な. **～·ly** *adv.* **～·ness** *n.*

glu·ma·ceous [gluːméɪʃəs]〖← GLUME＋-ACEOUS〗*adj.*〘植物〙**1** 穎(えい)[包穎] (glume) のある[から成る]. **2** 穎状の, 包穎状の.

glume [glúːm]〖《1789》← NL ～ ← L *glūma* hull or husk (of grain)〗*n.*〘植物〙穎(えい), 穎苞(ほう), 包穎, 護穎, はかま《穀類の穎果を覆う鱗片(状の葉)》.

Glu·mi·flo·rae [glùːməflɔ́ːriː, -flóːr- | -mɪflɔ́ːr-]〖← NL ～ ← *glūmi-*, *glūma* (↑)＋*-flōrae* (← L *flōr-*, *flōs* 'FLOWER')〗*n. pl.*〘植物〙イネ目《イネ科・スゲ科を含む》.

glump·y [glʌ́mpi | -pɪ]〖← *glump* ((変形) ← ? GLUM) ＋-Y⁴〗 **—** *adj.* (**glump·i·er, -i·est; more ～, most ～**)《古》＝grumpy. **glúmp·i·ly** [-pɪli, -pə- | -lɪ] *adv.* **glúmp·i·ness** *n.*

glu·on [glúːɑn | -ɔn]〖← GLU(E)＋-ON²〗*n.*〘物理〙グルーオン《クォーク (quark) 間の力を媒介するボソン》.

glu·side [glúːsaɪd]〖← NL *glucidum* ← ? Gk *glukús* sweet＋*-idum* '-IDE²'〗*n.*〘化学〙＝saccharin.

glut [glʌ́t]〖《*a*1333》 *glot(i)e(n)* □(O)F *glout-ir* to swallow < L *gluttīre*: ⇨ glutton¹〗 **—** *v.* (**glut·ted; glut·ting**) **—** *vt.* **1 a**〈人・胃などを〉ごちそうに飽きさせる,〈人〉にたらふく食わせる, 満腹させる〔*with*〕: ～ oneself *with* …を飽きるほど食べる. **b**〈食欲・欲望を〉満たす (satiate): ～ one's appetite. **2** 飽き飽きさせる (cloy, surfeit)〔*with*〕; 思う存分…する: ～ one's eyes 飽きるほどながめる / ～ one's revenge 十分に恨みを晴らす. **3**〈市場などを〉供給過多にする (overstock)〔*with*〕: ～ the market (市価の維持ができないほど)市場に商品をあふれさせる. **4**〈道などを〉つまらせる, ふさぐ (choke up). **—** *vi.* たらふく食う, 飽きるほど食う. **—** *n.* **1** 満腹, 食傷. **2** 十分な供給; (商品の)供給過剰: a ～ of cotton goods 綿製品のだぶつき / a ～ in the market 市場の在荷過剰.

glu·ta·mate [glúːṭəmèɪt | -tə-]〖⇨↓, -ate¹〗*n.*〘化学〙グルタミン酸塩, グルタミン酸エステル.

glu·tám·ic ácid [gluːtǽmɪk-]〖← GLUT(EN)＋AMIC ACID〗*n.*〘化学〙グルタミン酸 ($HOOCCH_2CH_2CH(NH_2)COOH$)《アミノ酸の一種; コンブの呈味成分》.

glu·ta·min·ase [glúːṭəmənèɪs, gluːtǽmə-, -nèɪz | glúːtəmɪnèɪs, gluːtǽmɪ-]〖⇨↓, -ase〗*n.*〘生化学〙グルタミナーゼ《グルタミンをグルタミン酸とアンモニアに分解する酵素》.

glu·ta·mine [glúːṭəmìːn, -mɪn, -mən | -təmìːn, -mɪn]〖← GLUT(EN)＋AMINE〗 **—** *n.*〘化学〙グルタミン ($HOOCCH(NH_2)CH_2CH_2CONH_2$)《結晶性アミノ酸の一種》.

glu·tar·al·de·hyde [glùːṭərǽldəhàɪd | -tərǽldɪ-]〖⇨↓, aldehyde〗 **—** *n.*〘化学〙グルタルアルデヒド, グルタルジアルデヒド($CHO(CH_2)_3CHO$)《皮なめし, 生物組織の固定剤》.

glu·tár·ic ácid [gluːtǽrɪk-]〖← GLUT(EN)＋(TART)-ARIC ACID〗*n.*〘化学〙グルタル酸 ($HOOC(CH_2)_3COOH$)《プラスチック用可塑剤の中間体》.

glu·ta·thi·one [glùːṭəθáɪoʊn, ⌣–⌣–́ | glùːtəθáɪəʊn, ⌣–⌣–́]〖← *gluta(mic)*＋THIO-＋-ONE〗*n.*〘生化学〙グルタチオン ($C_{10}H_{17}N_3O_6S$)《動物組織中に見られる一種のペプチドで新陳代謝上重要な役割をする》.

glu·te·al [glúːṭiəl, gluːtíːəl | glúːtɪəl, gluːtíːəl, -tíəl]〖← GLUTE(US)＋-AL¹〗*adj.*〘解剖〙臀(でん)部の, 臀筋の.

glutei *n.* gluteus の複数形.

glu·te·lin [glúːṭəlɪn, -lən, -ṭl-, gluːtél- | glúːtəlɪn, -tl-, gluːtél-]〖《変形》↓〗*n.*〘生化学〙グルテリン《植物性単純蛋白質の一群》.

glu·ten [glúːtn̩, | -tən, -tɪn, -tn̩]〖《1597》□ F ～ □ L *glūten* ← *glūt-*, *glūs* 'GLUE'〗 **—** *n.* **1** グルテン, 麩(ふ)質, 粘液素《小麦粉に特有な蛋白質》. **2**《古》にかわ, にかわのようにくっつくもの.

glúten brèad *n.* グルテンパン《gluten flour で作った麩(ふ)に類したパン; 主に糖尿病患者が用いる》.

glúten flòur *n.* グルテン粉《小麦粉から澱粉の大部分を取り去ったもので, gluten bread の材料》.

glu·ten·ous [glúːtənəs, -tn̩-, -tn- | -tɪn-, -tən-, -tn̩-] *adj.* **1** グルテン状の, 麩(ふ)のような. **2** グルテン[麩質]を多量に含む.

glu·teth·i·mide [gluːtéθəmàɪd | -θɪ-]〖← GLUTEN＋THIO-＋(A)MIDE〗*n.*〘薬学〙グルテチミド ($C_{13}H_{15}NO_2$)《白色の結晶, 催眠剤・鎮静剤》.

glu·te·us [glúːṭiəs, gluːtíːəs | glúːtɪəs, gluːtíːəs, -tíəs]〖← NL ～ ← Gk *gloutós* rump, (pl.) buttocks〗 **—** *n.* (*pl.* **-te·i** [glúːṭiàɪ, gluːtíːaɪ | glúːtɪàɪ, gluːtíːaɪ])〘解剖〙臀(でん)筋.

glu·tin [glúːtn̩ | -tən, -tɪn, -tn̩]〖□ F *glutine* ← L *glūten* 'GLUTEN': ⇨ -in¹〗*n.*〘生化学〙**1** グルチン《軟性ゼラチン》. **2** (小麦から取る)グルテンカゼイン.

glu·tin·ant [glúːtənənt, -tn̩- | -tɪn-]〖□ L *glūtinantem* ← *glūtināre* to glue: ⇨ gluten, -ant〗 **—** *n.*〘動物〙膠胞(こうほう), 粘着刺胞[細胞]《クシクラゲなどの触手にあり, 他の動物に粘着する細胞》.

glu·ti·nos·i·ty [glùːtənɑ́səṭi, -tn̩- | -tɪnɔ́sɪtɪ, -sɪ-] *n.* 「粘着性, ねばり.

glu·ti·nous [glúːtənəs, -tn̩-, -tn- | -tɪn-, -tən-, -tn̩-]〖《1576》□ (O)F *glutineux* ∥ L *glūtinōs-us* gluey: ⇨ gluten, -ous〗 **—** *adj.* **1** にかわ質の; 粘着性の, ねばる (sticky): ～ rice もちごめ. **2**〘植物〙粘液でおおわれた. **～·ly** *adv.* **～·ness** *n.*

glu·tose [glúːtoʊs, -toʊz | -təʊs]〖← GLU(COSE)＋(FRUC)TOSE〗*n.*〘化学〙グルトース ($HOCH_2CH(OH)CO(CHOH)_2CH_2OH$)《糖蜜の一成分》.

glut·ton¹ [glʌ́tn̩]〖《?*a*1200》 *glot(o)un* □ OF *gluton* (F *glouton*) < L *gluttōnem* glutton: cf. L *gluttīre* to swallow〗 **—** *n.* **1** 大食家, 大食い, 暴食家 (gormandizer): make a ～ of oneself 大食する. **2 a** 耽溺(たんでき)家, 凝り屋, 熱中屋: a ～ *of* books 本の虫. **b**〔仕事などに熱中する人〔*for*〕: a ～ *for* work 仕事の虫[鬼]. ***a glutton for punishment***〖どんなに痛めつけられても平気なボクサー(など)の意から〗辛い[いやな]仕事を幾らでもや(れ)る人.

glut·ton² [glʌ́tn̩]〖《なぞり》← G *Vielfrass* (← *viel* much＋*fressen* to devour)《変形》← Norw.《廃》*fjeldfross* mountain-cat: ドイツ語は Norw. *fjeldfross* の通俗語源による誤訳: 英語名から NL の動物名 *gulo* が生じた〗 **—** *n.*〘動物〙クズリ (*Gulo gulo*)《樺太・シベリア・北ヨーロッパ産の肉食獣; 北米産のものは wolverine と呼ばれる》.

glutton²

glut·ton·ize [glʌ́tənàɪz, -tn̩- | -tən-, -tn̩-] *vi., vt.*《古》大食する, たらふく食う.

glut·ton·ous [glʌ́tənəs, -tn̩-, -tn- | -tən-, -tn̩-]〖《*c*1350》〗 **—** *adj.* **1** 食いしんぼうの, 食い意地の張った; 大食いの (voracious). **2** 貪欲な (greedy), 飽くことを知らない (insatiable): be ～ *of* …をむさぼる, 欲張る, …に凝る. **～·ness** *n.* 「欲張って.

glút·ton·ous·ly *adv.* いじぎたなく, むさぼるように,

glut·ton·y [glʌ́tni, -tn̩i, -ṭəni | -tənɪ, -tn̩ɪ]〖《?*a*1200》 *glotonie* □ OF *gloutonie*: ⇨ glutton¹, -y¹〗*n.* (特に, 習慣的な)大食い, 暴食, 暴飲.

glyc- [glaɪk, glaɪs | glaɪk, glɪk, glaɪs, glɪs] (母音の前に来る時の) glyco- の異形.

gly·can [gláɪkæn] *n.*〘化学〙＝polysaccharide.

gly·ce·mi·a [glaɪsíːmiə | -mjə, -mɪə]〖← GLYCO-＋-EMIA〗*n.*〘医学〙血糖. 「ero- の異形.

glyc·er- [glísər]〘化学〙(母音の前に来る時の) glyc-

glyc·er·al·de·hyde [glìsərǽldəhàɪd | -dɪ-] *n.*〘生化学〙グリセルアルデヒド ($HOCH_2CHOHCHO$)《グリセロールの酸化により形成されるアルデヒド》.

gly·cer·ic [gləsérɪk, glɪ-, glísər- | glɪsér-, glísər-] *adj.*〘化学〙グリセリンの[から得た]. 「(OH)COOH).

glycéric ácid *n.*〘化学〙グリセリン酸 ($HOCH_2CH$-

glycéric áldehyde *n.*〘生化学〙＝glyceraldehyde.

glyc·er·ide [glísəràɪd, -rɪd, -rəd | -ràɪd, -rɪd] *n.*〘化学〙グリセリド《グリセリンの脂肪酸エステルの総称; cf. monoglyceride, diglyceride, triglyceride》. **glyc·er·id·ic** [glìsərídɪk] *adj.*

glyc·er·in [glís(ə)rɪn, -rən | -sərɪn]〖《1838》□ F *glycérine* ← Gk *glukerós* sweet: ⇨ -in¹〗*n.*〘化学〙グリセリン, リスリン (⇨ glycerol).

glyc·er·in·ate [glís(ə)rɪnèɪt, -rə- | -sərɪ-]〖⇨↑, -ate³〗〘化学〙 **—** *vt.* グリセリン[グリセロール]で処理する. **—** *n.* グリセリン酸塩. **glyc·er·in·a·tion** [glìs(ə)rɪnéɪʃən, -rə- | -sərɪ-] *n.*

glyc·er·ine [glís(ə)rɪn, -rən | glìsəríːn, ⌣–⌣–́, glísərɪn] *n.*〘化学〙＝glycerin.

glyc·er·ite [glísəràɪt] *n.*〘薬学〙グリセリン剤.

glyc·er·o- [glísəro(ʊ) | -rə(ʊ)]〖← GLYCERIN〗 **—**〘化学〙「グリセロール (glycerol); グリセロール[グリセリン酸]の」の意の連結形. ★ 母音の前では通例 glycer- になる.

glyc·er·ol [glísərɔ̀(ː)l, -ròʊl | -rɔ̀l]〖← GLYCERO-＋-OL¹〗*n.*〘化学〙グリセロール ($HOCH_2CHOHCH_2OH$)《グリセリン (glycerin) の学問的名称》.

glyc·er·ose [glísəròʊs, -ròʊz | -rəʊs] *n.*〘生化学〙＝glyceraldehyde.

glyc·er·yl [glís(ə)rɪl, -rəl | -sərɪl]〖← GLYCERO-＋-YL〗 **—** *n.*〘化学〙グリセリル基《グリセリンの OH 基を 1 から 3 除いた基, $HOCH_2CH(OH)CH_2\cdot$, $HOCH_2\dot{C}HCH_2\cdot$, $\cdot CH_2\dot{C}HCH_2\cdot$》.

glýceryl mon·o·ác·e·tate [-mɑ̀noʊǽsətèɪt | -mɔ̀nəʊǽsɪ-] *n.*〘化学〙グリセリン酢酸エステル (⇨ acetin a).

glýceryl trinítrate *n.*〘化学〙三硝酸グリセリン (⇨ nitroglycerin). 「学〙＝olein 1.

glýceryl tri·ó·le·ate [-traɪóʊliɪt | -ə́ʊlɪ-] *n.*〘化

gly·cine [gláɪsiːn, -sn̩ | gláɪsiːn, glís-, -sɪn]〖⇨↓, -ine³〗 **—** *n.* **1**〘化学〙グリシン (H_2NCH_2COOH)《アミノ酸の一種, 甘味のある無色結晶; aminoacetic acid, glycocoll ともいう》. **2**〘写真〙写真用グリシン ($C_6H_4\cdot OH\cdot NHCH_2\cdot COOH$)《現像主薬の一種》.

gly·co- [gláɪko(ʊ) | gláɪkə(ʊ), glík-]〖← Gk *glukús* sweet ← IE **dl̥kú-* sweet (L *dulcis*)〗 **—** **1**「糖 (sugar) の; 甘い (sweet)」の意の連結形. **2**「グリセロール (glycerol); グリコーゲン (glycogen); グリコール (glycol); グリシン (glycine)」の意の連結形. ★ 母音の前では通例 glyc- になる.

gly·co·coll [gláɪko(ʊ)kɑ̀l | gláɪkə(ʊ)kɔ̀l, glík-]〖← GLYCO-＋Gk *kólla* glue〗*n.*〘化学〙グリココル (⇨ glycine 1).

gly·co·gen [gláɪkədʒən, -dʒɪn, -dʒèn | glíkə(ʊ)dʒèn, gláɪk-]〖《1860》← GLYCO-＋-GEN〗 **—** *n.*〘生化学〙グリコーゲン, 糖原 ($(C_6H_{10}O_5)_n$)《肝臓の中に含まれる澱粉に似た白色無味の多糖類; animal starch ともいう》.

gly·co·gen·ase [gláɪkədʒənèɪs, -nèɪz | glíkədʒənèɪs, gláɪk-] *n.*〘生化学〙グリコゲナーゼ, 解糖酵素《肝臓中にあり, グリコーゲンを分解してぶどう糖に変える》.

glỳco·génesis 〖← NL ～: ⇨ glyco-, -genesis〗*n.*〘生化学〙糖原形成, グリコーゲン形成《単糖類をグリコーゲンに変える作用》.

glỳco·genétic *adj.*〘生化学〙糖原形成の.

gly·co·gen·ic [glàɪko(ʊ)dʒénɪk | glìkə(ʊ)-, glàɪk-] *adj.*〘生化学〙**1** 糖原形成の. **2** グリコーゲンの[による].

gly·co·gen·ol·y·sis [glàɪkədʒənɑ́ləsɪs, -səs, ⌣–⌣–⌣–́– | glìkə(ʊ)dʒɪnɔ́lɪsɪs, glàɪk-, -lə-, ⌣–⌣–⌣–́–]〖← NL ～: ⇨ glycogen, -lysis: cf. electrolysis〗 **—** *n.*〘生化学〙糖原分解, グリコーゲン分解《グリコーゲンをぶどう糖に変える作用》.

gly·co·ge·no·sis [glàɪko(ʊ)dʒɪnóʊsɪs, -dʒə-, -səs | glìkə(ʊ)dʒɪnə́ʊsɪs, glàɪk-, -dʒe-, -dʒə-]〖← NL ～: ⇨ glycogen, -osis〗 **—** *n.*〘病理〙糖原病, 糖原貯蔵症《異常代謝によって糖原を過剰に体内に蓄積貯蔵する小児の疾患; glycogen storage disease ともいう》.

gly·cog·e·nous [glaɪkɑ́dʒənəs | glɪkɔ́dʒɪ-, glaɪ-] *adj.*〘生化学〙＝glycogenetic. 「genosis.

glýcogen stòrage disèase *n.*〘病理〙＝glyco-

gly·cog·e·ny [glaɪkɑ́dʒəni | glɪkɔ́dʒɪnɪ, glaɪ-] *n.*〘生化学〙＝glycogenesis.

gly·col [gláɪkɔ(ː)l, -koʊl | gláɪkɔl, glík-]〖← GLYCO-＋-OL¹〗*n.*〘化学〙**1** グリコール (⇨ ethylene glycol). **2** 2 価アルコール の総称.

gly·co·late [gláɪkəlèɪt | gláɪk-, glík-] *n.*〘化学〙グリコレート《グリコール酸の塩またはエステル》.

gly·col·ic [glaɪkɑ́lɪk | glaɪkɔ́l-, glɪ-] *adj.*〘化学〙グリコールの, グリコールから生じた.

glycólic ácid *n.*〘化学〙グリコール酸 ($HOCH_2COOH$)《サトウキビ中に存在》.

gly·co·lip·ide [glàɪko(ʊ)lípaɪd, -pɪd, -pəd | glàɪkə(ʊ)lípaɪd, glɪk-, -pɪd]〖← GLYCO-＋LIPIDE〗 **—** *n.* (*also* **gly·co·lip·id** [-pɪd, -pəd | -pɪd])〘生化学〙糖脂質《ガラクトース(まれにぶどう糖)を含む複合脂質》.

gly·col·late [gláɪkəlèɪt | gláɪk-, glík-] *n.*〘化学〙＝glycolate. 「glycolic.

gly·col·lic [glaɪkɑ́lɪk | glaɪkɔ́l-, glɪ-] *adj.*〘化学〙＝

gly·col·y·sis [glaɪkɑ́ləsɪs, -səs | glɪkɔ́lɪsɪs, glaɪ-, -lɪ-]〖← NL ～: ⇨ glyco-, -lysis〗 **—** *n.*〘生化学〙解糖作用, グリコリシス《グリコーゲンおよびぶどう糖が乳糖に分解する反応》.

gly·co·lyt·ic [glàɪkəlíṭɪk | glàɪkə(ʊ)lít-, glɪk-]〖⇨↑, -lytic〗*adj.*〘生化学〙糖分解の, 解糖作用を引起こす.

glỳco·nèo·génesis *n.*〘生化学〙＝gluconeogenesis.

gly·con·ic [glaɪkɑ́nɪk | -kɔ́n-]〖《1670》□ F *glyconique*

▭LL *glyconius*▭Gk *glukōneiós*←*Glúkōn*（ギリシャの詩人）: ⇨ ic¹〗〘古典詩学〙 ── *adj.* グリュコン詩体の《叙情詩に用いる》. ── *n.* グリュコン詩体の詩.

gly·co·pep·tide [glàɪko(ʊ)péptaɪd | glàɪkə(ʊ)-, glɪ̀k-] *n.* 〘生化学〙 =glycoprotein.

gly·co·pex·i·a [glàɪko(ʊ)péksiə | glàɪkə(ʊ)péksɪə, glɪ̀k-] 〘↓〙 *n.* 〘生理〙 =glycopexis.

gly·co·pex·is [glàɪko(ʊ)péksɪs, -səs | glàɪkə(ʊ)péksɪs, glɪ̀k-] 〘← GLYCO-+Gk *pêxis* coagulation〙 *n.* 〘生理〙 糖蓄積《糖類[グリコーゲン]の組織内への固定・蓄積》.

glỳco·prótein *n.* 〘生化学〙 糖蛋白質《炭水化物と蛋白質との結合した複合蛋白質の総称; glucoprotein, glycopeptide ともいう; cf. mucoprotein》.

gly·co·si·dase [glaɪkóusədèɪs, -zə-, -dèɪz | glaɪkə́ʊsɪdèɪs, glɪ-] *n.* 〘生化学〙 グリコシダーゼ《広義ではカルボヒドラーゼ (carbohydrase) と同じ; 狭義では配糖体や少糖類のグリコシド (glycoside) 結合を加水分解する酵素》.

gly·co·side [gláɪkəsàɪd | gláɪkə(ʊ)-, glík-] 〘← *glycose* (《変形》← GLUCOSE)+-IDE²〙 ── *n.* 〘生化学〙 配糖体, グリコシド《有機塩やフラボン類などに糖が結合したもの》. **gly·co·sid·ic** [glàɪkəsídɪk | glàɪkə(ʊ)-, glɪ̀k-] *adj.*

gly·cos·u·ri·a [glàɪko(ʊ)s(j)ʊ́(ə)riə, -ʃʊ́(ə)r- | glàɪkə(ʊ)s(j)ʊ́ərɪə, glɪ̀k-, -sjʊ(ə)ríə] 〘← NL ~ ← *glycose* (《変形》← GLUCOSE)+-URIA〙 *n.* 〘病理〙 糖尿. **glỳ·cos·ú·ric** [-s(j)ʊ́(ə)rɪk, -ʃʊ́(ə)r- | -s(j)ʊ́ər-] *adj.*

gly·co·syl [gláɪkəsɪl | gláɪk-, glík-] 〘⇨↑, -yl〙 *n.* 〘化学〙 グリコシル基《グルコースの1位炭素についた水酸基を除いた1価の基》.

gly·cyl [gláɪsɪl, -səl | gláɪsɪl, glís-] 〘GLYCO-+-YL〙 *n.* 〘化学〙 グリシル (H_2NCH_2CO)《グリシンから誘導される1価の基》.

Glyc·y·mer·i·dae [glɪ̀səmérədìː | -sɪmérɪ-] 〘← NL ~ ← *Glycymeris* (属名: ← L ~ 'shellfish')+-IDAE〙 *n. pl.* 〘貝類〙 タマキガイ科. 「性名.

Glyn [glín] 〘▭ Welsh ~ 《原義》 little valley〙 *n.* 男

Glynde·bourne [gláɪn(d)bɔən, -boən | -bɔːn] 〘← OE *glind* fence (cf. MLG *glinde* enclosure)+*burna* 'BURN¹'〙 ── *n.* イングランド East Sussex 州西部 Lewes の近くにある村; そこにあるオペラ劇場では1934年以来毎年国際歌劇フェスティバルが開かれる.

Glyn·is [glínɪs, -nəs | -nɪs] 〘(fem.) ← GLYN〙 *n.* 女性名.

gly·ox·al [glaɪɑ́ksæl | glɪɔ́k-, glaɪ-] 〘← GLYCOL+*oxal*(*ic acid*)〙 *n.* 〘化学〙 グリオキサール (OHC·CHO)《最も簡単なジアルデヒド; 黄色の結晶》.

gly·ox·a·line [glaɪɑ́ksəlìːn, -lɪn, -lən | glɪɔ́ksəlìːn, glaɪ-, -lɪn] 〘⇨↑, -INE³〙 *n.* 〘化学〙 グリオキサリン (⇨ imidazole).

gly·ox·ime [glaɪɑ́ksiːm, -səm | glɪɔ́k-, glaɪ-] 〘← GLY(OXAL)+OXIME〙 *n.* 〘化学〙 グリオキシム ((CH=NOH)₂)《グリオキサールのジオキシム白色板結晶》.

glyph [glíf] 〘《1775》▭F *glyphe*▭Gk *gluphḗ* a carving ← *glúphein* to carve〙 ── *n.* **1 a** 〘考古〙 彫像, 浮彫り像; 絵文字 (hieroglyphic), 象形文字 (pictograph). **b** 〈道案内の矢印のような, 言葉によらない情報伝達の〉記号. **2** 〘建築〙 縦溝(ﾀﾃﾐｿﾞ). **~·ic** [-fɪk] *adj.*

glyph·o·graph [glífəgræ̀f | -grɑ̀ːf, -græ̀f] 〘《逆成》← *glyphography*〙 *n.* 〘印刷〙 蠟刻電鋳版. 「電鋳版師.

gly·phog·ra·pher [glɪfɑ́grəfə | -fɔ́grəfə(r)] *n.* 蠟刻

gly·phog·ra·phy [glɪfɑ́grəfi | -fɔ́grəfɪ] *n.* 〘印刷〙 蠟刻電鋳版術. **glyph·o·graph·ic** [glɪ̀fəgræ̀fɪk] *adj.*

glypt- [glɪpt] (母音の前に来る時の) glypto- の異形.

Glyp·tal [glíptl] 〘← GLYCERIN+*p*(*h*)*t*(*h*)*al*(*ic acid*)〙 *n.* 〘商標〙 グリプタル《グリセリンとフタル酸の縮合物から成る樹脂; 接着剤に用いられる》.

glyp·tic [glíptɪk] 〘▭F *glyptique* // Gk *gluptik-ós* of carving ← *glúphein* to carve: cf. glyph〙 *adj.* (宝石)彫刻の. ── *n.* (宝石)彫刻術[工程].

glyp·tics [glíptɪks] 〘⇨↑, -ics〙 *n.* 宝石彫刻術.

glyp·to- [glípto(ʊ) | -tə(ʊ)] 〘← Gk *gluptós* engraved〙「彫刻する[された]」の意の連結形: *glypto*graph. ★ 母音の前では通例 glypt- になる.

glyp·to·don [glíptədɑ̀n | -dɔ̀n] 〘← NL ~: ⇨ glypto-, -odon〙 *n.* 〘古生物〙 =glyptodont.

glyp·to·dont [glíptədɑ̀nt | -dɔ̀nt] *n.* 〘古生物〙 彫歯獣《貧歯目グリプトドン属 (*Glyptodon*) の armadillo の類の巨大な前世紀の哺乳動物で, その遺骸は南米で多く発見されている》.

glyp·to·graph [glíptəgræ̀f | -grɑ̀ːf, -græ̀f] *n.* 彫刻した宝石類; 宝石の彫り模様. **glyp·to·graph·ic** [glɪ̀ptəgræ̀fɪk] *adj.*

glyp·tog·ra·phy [glɪptɑ́grəfi | -tɔ́grəfɪ] 〘← GLYPTO-+-GRAPHY〙 *n.* **1** 宝石彫刻術. **2** 彫刻宝石学.

Gm 《略》 gigameter(s).

gm. 《略》 gram(s).

G.M. 《略》 General Manager; general merchandise; general mortgage; General Motors; Geological Museum; George Medal; gold medal; gold medalist; Grand Marshal; Grand Master; guided missile.

G-man [dʒíːmæ̀n] 〘← G(OVERNMENT)+MAN¹: もと Dublin 警察の G 課の職員を指したものともいう〙 ── *n.* (*pl.* **-men** [-mèn]) 《米口語》 連邦捜査局 (FBI) 所属の捜査官, ジーメン.

Gmc, Gmc. 《略》 Germanic. 「医師会議.

G.M.C. 《略》 General Medical Council (英国の)全国

g.m.q., G.M.Q. 《略》 good merchantable quality.

GMT, G.M.T. 《略》 Greenwich Mean Time.

GMW 《略》 gram-molecular weight.

Gn., gn. 《略》 guinea(s).

G.N. 《略》 Graduate Nurse.

gnam·ma [nǽmə] 〘← Austral. 《土語》〙 *n.* 《豪》〘地質〙 岩石中の水を含む穴 (gnamma hole ともいう).

gnar [nɑ́ə | nɑ́ː(r)] 〘《擬音語》: cf. MLG *gnarren*〙 *vi.* (**gnarred**; **gnar·ring**) 〈犬が〉怒ってうなる, 歯をむいていがむ (snarl, growl).

gnarl¹ [nɑ́əl | nɑ́ːl] 〘《逆成》← GNARLED〙 *n.* (木の)ふし, こぶ (knot). ── *vt.* ねじる (twist).

gnarl² [nɑ́əl | nɑ́ːl] 〘(freq.) ← GNAR〙 *vi.* 〈犬・狼などが〉(怒って)うなる (snarl, growl).

gnarled 〘《1603》《変形》← *knurled*〙 ── *adj.* **1 a** 〈木の幹など〉ふし[こぶ]だらけの. **b** 〈手・指など〉ふしくれ立った (knotty). **c** 〈顔など〉ごつごつして, 日焼けした: a ~ worker. **2** 〈性格が〉ねじけた, ひねくれた (perverse): a ~ critic.

gnarl·y [nɑ́əli | nɑ́ːlɪ] *adj.* (**gnarl·i·er**; **-i·est**) = 「gnarled.

gnarr [nɑ́ə | nɑ́ː(r)] *vi.* =gnar.

gnash [nǽ(ː)ʃ] 〘《1496》《変形》← ME *gnaste*(*n*)▭? ON *gnastan* 《擬音語》〙 ── *vt.* **1** 〈歯を〉きしらせる (grind together): ~ one's teeth (怒り・苦痛などで)歯ぎしりする. **2** 歯をきしらせて…にかみつく. ── *vi.* **1** 歯ぎしりする. **2** 〈歯が〉きしる. ── *n.* 歯ぎしり; 歯をきしらせてかむこと (bite).

gnat [nǽt] 〘OE *gnæt*(*t*) ← Gmc **ʒnatt-* (G 《方言》 *Gnatze*) ← ? IE **ghen-* 'to GNAW'〙 ── *n.* 〘昆虫〙 血を吸う小さな双翅類の昆虫の総称: **1** 《米》 ヌカカ (biting midge)・ユスリカ (midge)・ブユ (black fly)・キノコバエ (fungus gnat) (など). **2** 《英》 アカイエカ (house mosquito).

strain at a gnat 〘*strain at a gnat, and swallow a camel*「蚋(ﾌﾞﾖ)を漉(ｺ)し出して駱駝(ﾗｸﾀﾞ)を呑むなり」(*Matt.* 23:24) の句から〙 (大事を見過ごして)小事にこだわる (cf. *swallow a* CAMEL).

gnát·càtcher *n.* 〘鳥類〙 ブユムシクイ《アメリカ大陸産ブユムシクイ属 (*Polioptila*) の小鳥の総称》.

gnát·èater *n.* 〘鳥類〙 アリサザイ《南米産アリサザイ科の小鳥の総称; ant-pipit ともいう》. 「異形.

gnath- [neɪθ, næθ] (母音の前に来る時の) gnatho- の

-gna·tha [⌐ gnəθə] 〘← NL ~ (fem. sing. & neut. pl.) ← *-gnathus*: ⇨ -gnathous〙 (*pl.* ~)「…のあご (jaw) をした人」の意の名詞連結形. 「(jaw) の.

gna·thal [néɪθəl, nǽθ-] *adj.* =gnathic.

gnath·ic [nǽθɪk] 〘《1882》← GNATHO-+-IC¹〙 *adj.* あご

gnáthic índex *n.* 〘人類学〙 あご示数《basion から prosthion までの長さの, basion から nasion までの長さに対する百分比》.

gna·thi·on [néɪθiɑ̀n, nǽθ- | -θɪɔ̀n] 〘← NL ~ (dim.) ← Gk *gnáthos* jaw〙 *n.* 〘人類学〙 グナチオン, 下顎(ｶｶﾞｸ)点《下顎骨中央矢状面の最下点》. 「態.

gna·thism [néɪθɪzm̩, nǽθ-] *n.* 〘人類学〙 口辺部の状

gna·thite [néɪθaɪt, nǽθ-] 〘⇨↓, -ite¹〙 *n.* 〘動物〙 等脚類の口肢.

gna·tho- [néɪθo(ʊ), nǽθ- | -θə(ʊ)] 〘← Gk *gnáthos* jaw〙「あご (jaw)」の意の連結形: *gnatho*podite. ★ 母音の前では通例 gnath- になる.

gna·thon·ic [neɪθɑ́nɪk, næ- | -θɔ́n-] 〘《1637》▭L *Gnathōnic-us* ← *Gnathōnem*, *Gnathō* (Terence 作の戯曲中の食客の名)← Gk *gnathós* jaw: ⇨ -ic¹〙 ── *adj.* 《まれ》 へつらいの, おべっかを言う (flattering).

gna·thos·to·mi·a·sis [nəθɑ̀stəmáɪəsɪs, -səs | -θɔ̀stə-máɪəsɪs] 〘← NL ~ ← *Gnathostoma* (病原体の属名: ⇨ gnatho-, -stoma¹)+-IASIS〙 ── *n.* 〘病理〙 顎口(ｶﾞｯｺｳ)虫症《家畜の胃壁に寄生する線虫の一種有棘(ﾕｳｷｮｸ)顎口虫 (*Gnathostoma spinigerum owen*) の幼虫が人の皮膚に寄生して起こす線状の発赤やかゆみ》.

-gna·thous [⌐ gnəθəs] 〘← NL *-gnathus* ← Gk *gnáthos* jaw: ⇨ -ous〙「…のあごをした」の意の形容詞連結形: oxy*gnathous*.

-gna·thus [⌐ gnəθəs] 〘↑〙 〘動物分類の属名に用いて〙「…のあごをした動物」の意の名詞連結形: Desmo*gnathus* ウスグロサンショウウオ属.

gnát·stràiner 〘cf. gnat 成句〙 *n.* 大事を見過ごして小事にこだわる人, 軽重を誤る人. 「多い.

gnat·ty [nǽti | -tɪ] *adj.* (**gnat·ti·er**; **-ti·est**) gnat の

gnaw [nɔ́ː] 〘OE *gnagan* ← Gmc **ʒnaʒ-* (G *Nagen* / ON *gnaga*) ← IE **ghen-* to gnaw 《擬音語》〙 ── *v.* (**~ed**; **~ed, gnawn** [nɔ́ːn]) ── *vt.* **1** 〈ネズミなどのように前歯で繰返し〉かじる, かみ切る, かじり減らす; 〈爪などを〉かむ, しゃぶる: a dog *~ing* a bone 骨をしゃぶっている犬 / ~ the grass *away* [*off*] 草をかみ切る. **2** かじって作る: Rats *~ed* a hole through the wall. ネズミがかじって壁に穴をあけた. **3** 〈心配・病気などが〉苦しめる, 悩ます, さいなむ (harass, torment): be constantly *~ed* by pain [anxiety] 痛み[心配]のために絶えず苦しめられる. **4** すり減らす, 腐食する, 浸食する (corrode): The river continually *~s* its banks. ── *vi.* **1** (しきりに)かじる, かみ減らす; かむ, しゃぶる: ~ *at* a bone 〈犬などが〉骨をしゃぶる / ~ *on* a crust of bread パンをかじる / ~ *into* a wall 〈ネズミなどが〉かじって壁に穴を明ける. **2** 絶えず苦しめる, さいなむ, 悩ます: Fever *~s at* his life. 熱病が彼の生命をむしばむ / anxiety *~ing at* one's heart 心に食い入る心配. **3** 〈酸などが〉腐食する 〈*at*〉.

gnáw·er 〘《15C》〙 *n.* **1** かじるもの, かみ減らす人. **2** 〘動物〙 =rodent.

gnáw·ing 〘ME〙 ── *n.* **1** かじること, かむこと. **2** [通例 *pl.*] (肉体的・精神的な)絶え間ない苦痛, 苦悩 (pangs): the *~s* of hunger, conscience, etc. ── *adj.* **1** かじる, かむ: a ~ animal 齧歯(ｹﾞｯｼ)動物 (rodent). **2** 〈苦痛など〉食い入るような, 責めさいなむような: ~ pain, hunger, grief, etc. 「さいなむように.

gnáw·ing·ly *adv.* (苦痛などが)食い入るように, 責め

gnawn *v.* gnaw の過去分詞.

GNE 《略》〘経済〙 gross national expenditure.

gneiss [náɪs | náɪs, gnáɪs] 〘《1757》▭G *Gneiss* 《変形》← MHG *gneiste* spark〙 ── *n.* 〘岩石〙 片麻岩《片状構造をもった花崗岩質岩石》. **~·ic** [-sɪk] *adj.* **~·ose** [-sous | -səʊs] *adj.* 「類似[様]の.

gneiss·oid [náɪsɔɪd | náɪ-, gnáɪ-] *adj.* 〘岩石〙 片麻岩

Gne·ta·ce·ae [nɪtéɪsiìː, nə- | nɪ-] 〘← NL ~ ← *Gnetum* (属名: ← Malay *ganemu* (植物名))+-ACEAE〙 *n. pl.* 〘植物〙 グネツム科. **gne·tá·ceous** [-ʃəs] *adj.*

Gne·ta·les [nɪtéɪliːz, nə- | nɪ-] 〘← NL ~ ← *Gnetum* (↑)+-ALES〙 *n. pl.* 〘植物〙 マオウ目.

GNI 《略》 gross national income.

gnoc·chi [nɑ́ki, nɔ́(ː)ki | nɔ́kɪ, njɔ́kɪ; *It.* ɲɔ́kki] 〘▭It. ~ (pl.) ← *gnocco* 《変形》← *nocchio* knot (in wood): cf. MHG *knoche* knot〙 ── *n.* 小麦粉やじゃが芋の生地を絞り出してゆでたパスタの一種《おろしたチーズやソースであえてつけ合わせに用いることが多い》.

gno·me¹ [nóum, nóumiː | nóumiː] 〘▭Gk *gnṓmē* opinion, maxim ← *gignṓskein* to know〙 *n.* (*pl.* **~s, gno·mae** [nóumi | nə́ʊ-]) 金言, 格言 (aphorism).

gnome² [nóum | nə́ʊm] 〘▭F ~ ← NL *gnomus* (Paracelsus の造語) ← ? Gk *gnṓmē* (↑)〙 ── *n.* **1** (地中の宝を守ると信じられた)小人の姿をした精, 地の神, 小鬼 (goblin, elf) (cf. salamander 2 b). **2** しわくちゃの背の低い老人. **3** [the ~s] 《口語》 国際的金融市場で活躍する投機的金融[銀行]業者: *the ~s* of Zurich チューリッヒの小鬼《スイスの大銀行家たち》.

gno·mic [nóumɪk | nə́ʊm-] 〘《1815》▭Gk *gnōmik-ós*: ⇨ gnome¹, -ic¹〙 ── *adj.* **1** 金言[格言]に関する, 金言[格言]的な. **2** (ギリシャ詩人などの書いた)格言詩の: ~ poetry (ギリシャの)格言詩. **3** 〘文法〙 〈時制が〉格言的な《例えば men *were* deceivers ever におけるように, 時制は過去であるが一般的真理を表わすものにいう》: ~ preterit 格言過去. **gnó·mi·cal** *adj.* **gnó·mi·cal·ly** *adv.*

gnóm·ish [-mɪʃ] *adj.* 小鬼 (gnome) のような.

gnó·mist [-mɪst, -məst | -mɪst] *n.* 金言[格言]作者.

gno·mol·o·gy [noumɑ́lədʒi | nəʊmɔ́lədʒɪ] 〘▭Gk *gnōmologia*: ⇨ gnome¹, -logy〙 *n.* **1** 金言集, 格言集. **2** 格言体の著述, 警句の多い著作.

gno·mon [nóumɑn, -mən | nə́ʊmɔn, -mən] 〘《1546》▭L *gnōmōn*▭Gk *gnṓmōn* one who knows, indicator: cf. gnome¹〙 ── *n.* **1** 晷針(ｷｼﾝ)《古代人が垂直に立てた柱・オベリスクなどの影の長さや位置によって太陽の高度・場所の位置などの測定を行なった一種の日時計》. **2** (日時計の)指柱, ノモン (style). **3** 〘数学〙 平行四辺形からその一角を含むそれに相似な平行四辺形を取り去った残りの図形.

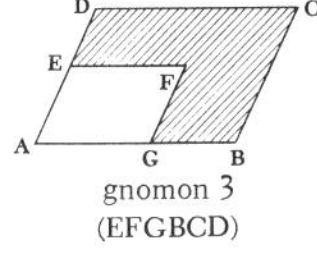

gnomon 3 (EFGBCD)

gno·mon·ic [noumɑ́nɪk | nəʊmɔ́n-] 〘▭L *gnōmonic-us*: ⇨↑, -ic¹〙 ── *adj.* **1** 日時計の, 晷針(ｷｼﾝ)の. **2** 日時計で時(間)を計る. **3** =gnomic. **gno·món·i·cal** *adj.*

gnomónic projéction *n.* **1** 〘数学〙 グノーモン投影, 心射図法, 球心投影. **2** 〘海事〙 大圏図法, 大圏図 (great-circle chart)《地球中心に視点をおいて投影した図で, 大圏はすべて直線で示される》.

gno·mon·ics [noumɑ́nɪks | nəʊmɔ́n-] 〘← GNOMON+-ICS〙 *n.* 日時計構造の原理, 日時計製作法.

-gno·my [⌐ gnəmi | -mɪ] 〘▭Gk *-gnōmia* ← *gnṓmē*: ⇨ gnome¹〙「判断術[学]」の意味の名詞連結形: physio*gnomy*.

gno·se·o·log·i·cal [nòusiəlɑ́dʒɪkəl, -dʒə- | nə̀ʊsɪəlɔ́dʒɪ-] *adj.* 〘哲学〙 認識形而上学の.

gno·se·ol·o·gy [nòusiɑ́lədʒi | nə̀ʊsɪɔ́lədʒɪ] 〘← NL *gnoseologia*: ⇨ gnosis, -logy〙 *n.* 〘哲学〙 認識形而上学 (N. Hartmann の用語).

gno·si·o·log·i·cal [nòusiəlɑ́dʒɪkəl, -dʒə- | nə̀ʊsɪəlɔ́dʒɪ-] *adj.* 〘哲学〙 =gnoseological.

gno·si·ol·o·gy [nòusiɑ́lədʒi | nə̀ʊsɪɔ́lədʒɪ] *n.* 〘哲学〙 「=gnoseology.

-gnoses -gnosis の複数形.

gno·sis [nóusɪs, -səs | nə́ʊsɪs] 〘《1703》▭Gk *gnōsis* knowledge, wisdom ← *gignṓskein* to know〙 *n.* 覚知, 霊知, 霊的直観的認識 (cf. gnostic).

-gno·sis [(g)nóusɪs, -səs | (g)nə́ʊsɪs] 〘← NL ~ (↑)〙 ── (*pl.* **-gno·ses** [-siːz])「(特に, 病的状態の)認識 (recognition)」の意の名詞連結形: dia*gnosis*, pro*gnosis*, psycho*gnosis*.

gnos·tic [nɑ́stɪk | nɔ́s-] 〘《1585》▭LL *Gnostic-us*▭Gk *gnōstikós* pertaining to knowledge: ⇨ gnosis, -ic¹〙 ── *adj.* **1** [G-] グノーシス主義 (Gnosticism) の; グノーシス派(の人)の. **2** 知識に関する; 霊知の. **3** 利口な, 賢い. ── *n.* [G-] グノーシス主義者, グノーシス派の人: the *Gnostics* グノーシス派(の人々). **gnós·ti·cal** *adj.* **gnós·ti·cal·ly** *adv.*

-gnos·tic [gnɑ́stɪk | gnɔ́s-] 〘↑〙「知識の, 認識の」の意の形容詞連結形: a*gnostic*, dia*gnostic*.

Gnós·ti·cìsm, g- [-təsìzm | -tɪ-] *n.* グノーシス主義[説]《初期キリスト教会で異端とされた一派の説；元来，霊知 (gnosis) を根本主張とするギリシャ・東洋の諸思想を混合した宗教思想で，一時キリスト教会で優勢を見る》.

Gnos·ti·cize, g- [nástəsàɪz | nɔ́stɪ-] *vi.* グノーシス主義[説]を採用する[支持する]. ━ *vt.* …にグノーシス主義[説]的解釈を下す[特徴を与える]. 「=-gnosis.

-gno·sy [⌐gnəsi | -sɪ] 〖← NL *-gnosia*: ⇨ gnosis〗

gno·to·bi·ote [nòuṭo(ʊ)báɪoʊt | nàʊtə(ʊ)báɪəʊt] 〖⇨ gnotobiotics〗 *n.* 〖動物〗ノトバイオート《特定の微生物を接種された無菌動物》.

gno·to·bi·ot·ic [nòuṭo(ʊ)baɪáṭɪk | nàʊtə(ʊ)baɪɔ́t-] *adj.* 〖動物〗ノトバイオート (gnotobiote) の《実験動物などに，特定の細菌のみを寄生させた状態の》. **gnò·to·bi·ót·i·cal·ly** *adv.*

gno·to·bi·ot·ics [nòuṭo(ʊ)baɪáṭɪks | nàʊtə(ʊ)baɪɔ́t-] 〖← Gk *gnōtós* known (← *gignṓskein* to know)+*-biotic* (← *biotḗ* a living): ⇨ -ics〗 ━ *n.* 〖動物〗ノトバイオート (gnotobiote) を研究する学問.

GNP, G.N.P. 《略》gross national product.

GŃP deflátor *n.* 〖経済〗GNP デフレーター《国民総生産を基準年次価格で表記するための物価指数》.

gnr. 《略》gunner.

G.N.R. 《略》《米》Great Northern Railway.

gns. 《略》guineas.

gnu [nú:, njú:] 〖(1777) ◻ Kaffir *nqu*〗 ━ *n.* (*pl.* ~**s**, ~) 〖動物〗ヌー，ウシレイヨウ，ツノウマ《ウシに似たアフリカ南部および東部産の *Connochaetes* 属のレイヨウ2種 (brindled gnu, white-tailed gnu) の総称》.

gnu
(*C. taurinus*)

go[1] [góʊ | gə́ʊ] 〖v.: OE *gān* to proceed, walk < Gmc **ʒǣn* (Du. *gaen* / G *gehen*) < IE **ghēno-* ← **ghē-* to release, let go (Gk *kikhánein* to reach / Skt *jáhāti* he leaves, abandons): cf. gang[1,2]; (pret.) *went* (⇨ wend) ∽ *yede* < OE *ēode*. ━ n. 《1680》← (v.)〗 ━ *v.* (**went** [wént]; **gone** [gɔ́(:)n, gá(:)n | gɔ́n]; **goes**; 《古》直説法単数現在形は二人称 **go·est** [góʊɪst, -əst | gə́ʊ-], 三人称 **go·eth** [góʊɪθ, -əθ | gə́ʊ-]) ━ *vi.* **1 a** 行く，進む，向かう (proceed, make way): *go to* France, London, the station, etc. / *go to* a meeting [theater] 集会[芝居]へ行く / *go to* school [church, market] 学校へ(勉強に)[教会へ(礼拝に)，市場へ(買物・売りに)]行く / *go to* bed [sleep] 寝る / a train *going to* London ロンドン行きの列車 / *go by* train [ship, rail, air, land, sea] 汽車で[船で，鉄道で，空路で，陸路で，海路で]行く / *go on* foot [horseback] 歩いて[馬で]行く / *go on* a journey [an excursion, a hike, a picnic, a demo] 旅行[遠足，ハイキング，ピクニック，デモ]に行く / *go for* a walk [ride, drive, swim] 散歩[乗馬，ドライブ，水泳]に出かける / I'm *going* to Paris next week. 来週パリへ行く(つもりだ) / The air becomes thinner as you *go* higher. 上へ行くに従って空気が希薄になる / Who *goes* there? だれか《番兵の誰何(ｽｲｶ)》/ *Go and* see her tomorrow. あす彼女の所へ行ってごらん / I *went and* got a newspaper. 新聞を買いに出かけた《行って買った》/ Just look at that car *go*. ちょっとあの車が走ってるのをご覧. ★(1) *Go and* see…. は *Go to* see her …と同意の口語的表現法 (cf. d); なお，この場合テンポの速い口語では，go に原形不定詞が直結することもある: Go *see* her…. / I'll go make you a cocktail. あなたにカクテルを作って来ましょう / Go fetch ⇨ fetch *vi.* 1 b / ⇨ go HANG. (2) 距離・場所・目的・方向などを表わす前置詞なしの副詞句を伴うことがある: *go* one's way 道をたどる / *go* the same way 同じ方へ行く / *go* the shortest way 一番近道を通って行く / *go* the circuit 巡回する / *go* a walk=*go for* a walk / *go* a journey 《古》=*go on* a journey / *go* places ⇨ place[1] *n.* 成句 / I *went* thirty miles to the north. 北へ30マイル行った. **b** 出かける，出発する，去る (start, leave) (↔ come): It is really time for us to *go*. もう本当に出かける時間です / The train has just *gone*. 列車はちょうど出たところだ / She has *gone to* post her letters. 彼女は手紙を出しに行きました / He is *gone*. 彼は行ってしまった / 《口語》彼は留守だ / Get you *gone*! 《古》去れ，行ってしまえ / One, two, three, *go*! 一，二，三，それっ《競技の出発合図》/ Here *goes*! 《口語》さあやるぞ，そら行くぞ / There *goes* a shooting star! ほら流れ星だ / Where do we *go from* here [there]? 《口語》次は何をするとしようか (What shall we do next?). **c** [doing を伴って] …しに行く，出かける (cf. 13 c): *go* hunting [shooting, fishing, skating, shopping, camping, blackberrying, bird's-nesting] 狩[銃猟，魚釣り，スケート，買物，キャンプ，クロイチゴ摘み，鳥の巣取り]に行く / *go* out drinking 飲みに出かける / We *went* out duck shooting. 我々は鴨猟に出かけた / I go *a* fishing. 《古》われ漁猟(ｽﾅﾄﾞﾘ)に行く (*John* 21:3) (★ *a* はもと動名詞の前に付けた前置詞 on に由来するが，無意味の接頭辞とみなされ，この a が脱落して ing 形は現在分詞とも感じられるようになった: cf. a-[1] 2). **d** 《口語》[強意的迂言法をなして] [doing を伴い] 〈…する〉ようなことまでする，…のようなまねをする《非難の意を表わす》; [*go and* …で] (愚かにも・運悪く)…する，してしまう: Don't *go* pick*ing* any more of those pears. もう(これ以上)あのなしをもいだりしてはいけない / You shouldn't *go* tell*ing* me lies. 私にうそなどついてはいけない / Don't *go and* spend all your money on drink. 酒に金を全部使ってしまうようなことはよせ / She *went and* told it to everybody she met. 浅はかにも彼女は人に会うとだれにでもそれを話した / You've been and *gone and* said it. 《俗》よせばいいのに君はそれを言ってしまった. ★この場合，特に不定詞形の go に原形不定詞が直結して,「早まって[大変なことになるが]…のようなことまでする」の意味を表わすことがある: Why did you have to *go* talk to him like that? どうして彼にそんな口のきき方をしなければならなかったのか / *Go* hit your head against the wall. 壁に頭でもぶっつけてこい.

2 〈時が〉過ぎる，経過する (pass, elapse): The afternoon *went* pleasantly. 午後は楽しく過ぎた / One week is already *gone*. もう1週間経った.

3 a 〈機械などが〉動く，(順調に)運転する，機能する (move, work); 〈心臓が〉打つ，鼓動する (beat): The car *goes* by electricity. その車は電気で動く / The wheels *go* round. 車輪が回転する / My watch won't *go* [*goes* well]. 時計が動かない[具合がよい] / This clock will *go* a week without winding. この時計は一週間巻かなくてもよい / The engine *went* beautifully all day. エンジンは一日中好調だった / His pulse is *going* very fast. 脈が非常に速い / I could feel my heart *going* at a tremendous rate. 心臓が恐ろしい速さで打つのが感じられた / He set the machine *going*. 彼は機械を運転し始めた. **b** 〈鐘・時計などが〉鳴る，打つ (sound); (くずれたり折れたりして)鳴る: *go* bang 〈鉄砲が〉ずどんと鳴る，〈火薬などが〉爆発する / *go* crash [snap] がちゃんとくずれる[ぽきんと折れる] / Crack *went* the whip. ぴしっとむちが鳴った / I hear the bells *going*. 鐘が鳴っているのが聞こえる.

4 a [しばしば副詞(句)を伴って] 〈事が〉進行する，運ぶ，〈…という結果と〉なる，なってゆく; 成功する: Things have *gone badly* with me of late. 私は近ごろ事がうまく行かない / How did the play *go*? 芝居(の受け)はどうでしたか / How did the voting [election] *go*? 投票[選挙]の結果はどうでしたか / How *goes* it? ⇨ how *adv.* 2 / This is the way the show *goes*. ショーの出来はこんなところです / Everything *went better* than I expected. 万事予期以上に好都合に運んだ / Has anything *gone wrong* with him? 彼には何か都合の悪いことが起こったのか / Let it *go*. そのままにしておけ，ほっておけ / Let it *go* at that. そんなところでよいとしておこう / This plan will not *go*. この計画はだめだろう / He is just the man to make things *go*. 彼こそ物事をうまく運ぶにはもってこいの人だ / This jazz band can really *go*. 《口語》このジャズバンド(の演奏)は実に乗る / The decision *went against* [*for*] him. 判決は彼の不利[有利]に決した / ⇨ *have* (*got*) … GO*ing for one*. **b** 《米俗》起こる: What *goes*? 何が起こっているのか，何が起こっているのか; [挨拶]やあ，どうだね.

5 a 〈人が〉振舞う (behave)，行動する，仕事をする: All the time he was speaking he *went* like this. 彼は話しているあいだ中(手まねなどをして)こんな具合でした / You can't *go* wrong with it. (何でもないことだから)やりそこなうはずはない / I *went by* what the doctor said. 医者の言う通りにした / We have a good rule to *go by*. 我々にはよるべき好規準がある / They still had no evidence to *go on*. 頼れる証拠がまだ見つかっていなかった / He refused to *go with* the times [tide]. 時勢に順応しようとしなかった / *go with* the crowd ⇨ crowd[1] *n.* 2 / ⇨ go SLOW / *go* straight ⇨ straight *adv.* 5. **b** 〈事が〉〔…に〕よる，基づく，〔…によって〕決定される〔*by, on, upon*〕: Promotion *goes by* length of service. 昇進は勤続年数による / All this talk *goes upon* a supposition. この話はすべて全く仮想に基づいている. **c** 〔…と〕釣り合う，適合する，調和する (harmonize)〔*with*〕: Is there any envelope to *go with* this notepaper? この便箋に合った封筒がありますか / Fish doesn't *go* well *with* tea. 魚とお茶はしっくりしない / Blue and green don't *go together*. 青と緑とは釣り合わない.

6 a 〈貨幣などが〉流通[通用]している; 〈うわさなどが〉一般に言われて[伝えられて]いる: Formerly the sovereign *went* everywhere. 以前には1ポンド金貨はどこででも通用した / Those myths once *went for* truth. それらの神話はかつては本当のことと思われていた / The story [report] *goes* that …という話[うわさ]がある，話[うわさ]では…だ / as the story *goes* 何でも話によると. **b** 〔(…という)名で〕知られている，通っている〔*by, under*〕: He *went by* the alias of John Smith for many years. 彼は長年の間ジョンスミスという偽名で通した / That play *goes under* his name. その劇は彼の作とされている. **c** 適用する，有効である，当てはまる; 認められる: The rule still *goes*. その規則はまだ有効である / That *goes for* us too. それは我々の場合にも当てはまる / Anything *goes*. 《口語》何でも[何をしても]構わない. **d** 〈主張などが〉人々から受け入れられる，権威をもつ: What you say *goes*. 《口語》君の言うことなら何でもオーケーだ.

7 a [*as* の導く節に用いて] 一般に(…で)ある，普通(…と)判断される: *as* the world *goes* 世間なみに(は) / *as* times *go* (今の)時世では / He is a good singer *as* singers *go*. 彼は一般の歌手に比べればいい歌手だ / He is young *as* politicians *go*. 政治家としては彼は若い方だ. **b** 関係する: as far as it *goes* ⇨ AS FAR *as*.

8 a 〈諺などが〉(…と)書いて[言って]いる，(…と)ある (run); 〈表現・言葉・調子などが〉(…と)なっている: *as* the saying *goes* 諺に言うように / It *goes* as follows. 文言[文面]は次の通り / The lines *go with* a swing. その詩(のリズム)は調子がよい / This is *how* the tune *goes*. その節回しはこうです / I forget exactly *how* the words *go*. その言葉がどんなだったかははっきりは覚えていない / *Thus goes* the Bible. 聖書にこうある. **b** 〈歌詞・歌が〉〔曲に〕合う (be suited)〔*to*〕: This song *goes to* the old air. この歌はその古い曲に合う.

9 [形容詞・前置詞付きの句などを補語として] **a** 常に[いつも]〈…で〉ある，〈…と〉なっている (remain): *go* hungry いつも腹をすかしている / ⇨ *go* STEADY / *go* unrewarded [unpunished] 報いられ[罰せられ]ないでいる / *go* armed いつも武装している / *go* hatless [without a hat] 帽子をかぶらないでいる / *go in* rags ぼろを着ている / Savages *go* naked. 蛮人はいつも裸である. **b** 《(しばしば)望ましくない状態に》なる，変る: *go* bad 悪くなる，腐る / *go* mad [blind] 気違い[盲目]になる / go bald 頭がはげる / *go* black in the face (窒息または激して)顔が紫色になる，怒って顔色が変る / *go* cold all over 全身ぞっとなる / *go* green with envy 激しい嫉妬心が目に現われる / *go* red with anger 怒って真赤になる / ⇨ *go* HOT *and cold* (*all over*) / ⇨ *go* PUBLIC / *go* short (of) ⇨ short *adv.* 成句 / *go* apprentice 《まれ》徒弟になる / *go* Conservative [Democrat(ic), Socialist] 保守派[民主党員，社会党員]になる / *go* native [Japanese] 〈ヨーロッパ人などが〉(外地で)原地人[日本人]風にやる[生活する] / *go into* debt 負債ができる，借金する / The whole place *went* black. 建物はどこもまっ暗になった / He's *going* gray on the temples. こめかみのところが髪が白くなりかけている / He is just *gone* twenty. ちょうど二十を越したばかりだ (cf. gone[1] *adj.* 4 a) / The sea *went* very high. 海はひどく荒れた《波が高かった》.

10 a 消えて行く，尽きる，なくなる: The clouds will soon *go*. 雲はじきに消えるだろう / I wish my pain would *go* (*away*). 痛みがとれてくれるといいが / The flowers have *gone*. 花は散った / All hope has [is] *gone*. 望みはすべて絶えた / The money *went* fast. お金はたちまちなくなった / The camera was *gone*. カメラがなくなっていた. **b** くずれる，倒れる，つぶれる; 弱る，衰える; 〈人が〉死ぬ (cf. gone[1] *adj.* 1 b); 〈食品が〉悪くなる，腐る; 〖クリケット〗〈三柱門が〉倒れる: First the sail and then the mast *went*. 最初に帆が次に帆柱が参った / The bank may *go* any day. 銀行はあすにもつぶれそうだ / The platform *went* under the weight. 重さのため台がこわれた / Horses *go* first in the loins. 馬は腰がまず弱る / His sight is *going*. 彼の視力は衰えてきた / The trade was *going*. 商売はだめになってきていた / The patient may *go* at any moment. 患者は今にも死ぬ[息を引き取る]かもしれない / Here today and *gone* tomorrow. きょうここにあるかと思えばあすはない《寿命の定めないこと，または絶え間ない移動についていう》. **c** [通例 must, have to, can と共に] 取り除かれる，廃される: The house *must go*. 家は取り去らなければ[売り払わなければ]ならない / War [Drink] *must go*. 戦争[酒]は廃止しなければならない / This clause of the bill will *have to go*. 法案のこの条項は削除しなければなるまい.

11 〔…の値で〕売れる，販売される〔*at, for*〕: These boots will *go at* a high price. このブーツは高く売れるだろう / The picture *went for* a mere £50. その絵はわずか50ポンドで売られた / *go for* a song ⇨ *for a* SONG / *Going, going, gone* (*for* six thousand dollars)! (せり売りで)売れるぞ，売れるぞ，そら (6千ドルで)売れた!

12 〈遺産・勝利・名誉などが〉〔…の〕所有に帰する，ものとなる，手に渡る〔*to*〕: The property *went to* the eldest son. 財産は長男のものになった / Victory always *goes to* the strong. 勝利は常に強者のもの / Honors do not invariably *go to* the most deserving. 名誉は必ずしも最も功績のある者に行くとは限らない.

13 a 〔…の手段に〕訴える; 〔権威などに〕頼る (resort)〔*to*〕; 〔面倒な事などを〕するに至る (put oneself)〔*to*〕: *go to* extreme measures 極端な処置に出る / *go to* blows なぐり合いを始める / *go to* war 武力に訴える，戦争を始める / *go to* law [court] 訴訟を起こす / You need not *go to* that trouble. そういう労には及ばない，そこまで面倒をしなくてもよい / He *went to* great expense to complete it. それを完成するのに大金をかけた / You must *go to* the original *for* true appreciation. 真の鑑賞は原文によらなければならない. **b** 〔…に〕取りかかる，〔…を〕始める〔*to*〕; [*to* do を伴って] …しようとする: *go to* work 仕事に取りかかる / They *went to* fighting. 闘争を始めた / When he *went to* get up from his chair, he could not move. 椅子から立ち上がろうとしたが動けなかった. **c** [*doing* を伴って] (職業として)〈…に〉従事する，なる (cf. 1 c): *go* teach*ing* [nurs*ing*, bricklay*ing*] 教師[看護婦，れんが積み]を始める / *go* begg*ing* ⇨ beg[1] 成句.

14 〈線・道路などが〉伸びる，至る，達する (extend, lead); (程度が)及ぶ: This road *goes to* Paris. この道はパリに通じている / Where does the path *go to*? こ

の道を行けばどこへ出るか / The boundary *goes* along the river. 境界線はその川に沿っている / a rope long enough to *go* there [(*a*)round (the box)] そこまで届く[(箱のまわりを)ぐるりと回る]長さの綱 / The difference *goes* deep. 相違は大きい.

15 (あるべき場所などに)納められる, 置かれる, 入れられる (be placed): That vase *goes on* the mantelpiece. その花びんはマントルピースに置くのだ / The silver *goes in* the safe every night. 銀器は毎晩金庫にしまわれる / Where is this box to *go*? この箱はどこへ置くのですか / Your right hand should *go* here. 右手はここへ置かなければいけない.

16 〈数量などが〉(全部で)〔…に〕なる (amount) 〔*to*〕; 〈物・数などが〉含まれる, はいる, 通過できる: How many days *go to* the year? 何日で1年になるか / All that will *go into* a very few words. それはわずか数語で言える / The bookcase won't *go in* [*through* the door]. 本箱は(大きすぎて)中に[戸口から]入らない / Five *into* twelve *goes* twice and [with] two over. 12を5で割れば2が立って2余る / Four *goes* five times *into* twenty. 20を4で割れば5 / Seven *into* five won't *go*—borrow two. 5から7は引けない—2を借りる.

17 a 〈金などが〉〔…に〕充当される (be applied), 費やされる, 割り当てられる (be allotted) 〔*for, in, on,* (*to*)*ward*〕: All the money *goes to* keeping up the asylum. 金はすべてその養育院の維持に使われる / All the money he got *went for* food [*on* [*in*] books]. 得た金は皆食費に当てられた[本になった] / Most of her time *went in* watching television. 大半の時間はテレビを見て費された. **b** [*to* do を伴い] 〈…するのに〉役立つ, 資する (help, conduce): He has none of the qualities that *go to* make a statesman. 彼には政治家になれるような素質は何もない / ⇨ *go to* SHOW.

18 a 〈人・言動などが〉(程度・徹底さなどにおいて)(…まで)及ぶ, (…ほどまで)する: This is *going* too *far*. これでは行き過ぎだ / He *went* so *far* as to say that …とまで言った / He *went* as *high* as 1,000 dollars. 1,000ドルまで値をつけた. **b** (ある期間)続く, 持ちこたえる (last): There was enough food to *go* another month. もうひと月もつだけの食糧があった.

19 [be *going to* do として] **a** (…し)ようとして[思って]いる (intend): I'*m going to* see him tomorrow. あす彼に会うつもりだ / *Are* you *going to* behave like a gentleman or not? 紳士らしく立派に振舞う気なのか, どうなのか《★ *Will* you behave…? よりも多分に話者の聴者への気持を反映させた主観的な表現法》/ He *was going to* buy a new car. 新しい車を買おうとしていた. ★ be *going* [*coming*] (行く[来る]つもりだ)に対して, 時にはその「意図」を強調するために *be going to go* [come] の形が用いられることがある: *I'm going to go* to Paris tomorrow. **b** まさに…しようとしている, …しかけている; …しそうである: The bus *was* just *going to* start. ちょうどバスは出発するところだった / Do you think it'*s going to* rain? 雨になると思いますか / She'*s going to* have a baby. 彼女には赤ん坊が生まれる / There'*s going to* be a storm. 嵐がやって来そうだ. ★ going to は《米口語》ではしばしば [gòuənə, gòunə, gə(ː)nə] と発音される; ⇨ gonna.

20 [しばしば go somewhere として]《口語》用便を足す, トイレへ行く: Mommy, I want to go.

— *vt.* 1 《口語》[通例否定構文で] 耐える, 我慢する (tolerate): I can*not go* this arrangement [her]. この取り決めには承服できない[彼女には我慢できない].

2 《口語》 **a** 〈金を〉賭ける; 〈金を〉払う, 出す: I'll *go* a dollar on the first race [*that* he loses the game]. 第1レースに[彼が勝負に負けるということに]1ドル賭けよう / Nobody can *go* a hundred pounds *for* such a vase. だれだってあんな花びんに100ポンドも出せはしない. **b** 〖トランプ〗ビッドする, …で行くと宣言する (bid): go four no-trump(s) ノートラの4で行く(切札なしで10組取る)と宣言する.

3 《英》〈時計などが〉〈時刻を〉打つ, 打ち鳴らす (strike): The clock [It] has just *gone* seven. 時計はちょうど7時を打ったところです.

4 〈ある分量を〉生じる, 生産する (yield); …の重さがある (weigh): The plantation *goes* many tons of sugarcane. その農園からは何トンもの砂糖きびが採れる / This fish will *go* a hundred pounds. この魚なら目方が100ポンドもあろう.

5 a …の役目を引き受ける, 責任を果たす: They agreed to *go* partners. 共同出資をすることにした / ⇨ *go* BAIL[1] *for*. **b** …の程度に参与する[あずかる]: They *went* halves [fifty-fifty] on the deal. その取引きの利益は折半にした.

6 《口語》食べる, 飲む (enjoy): Could you *go* a piece of cake? お菓子ひとついかがですか.

get going ⇨ get[1] v. 成句.

go about (1) 歩き回る; 〈うわさなどが〉広まる. (2) 〖軍事〗転回する, 回れ右をする; 迂回する; 〖海事〗〈船が〉針路を転じる, (特に)上手(うわて)回しをする, 間切る (tack). (3) 〔…と〕付きあう 〔*with*〕. (4) せっせと〈仕事など〉をする; …に取りかかる; …しようとする, 努める (endeavor): *go about* one's work せっせと仕事をする / He immediately *went about* finding me a house. 早速私のために家捜しに取りかかってくれた / ⇨ *go about one's* BUSINESS.

go across (1) (…を)横切る, 渡る. (2) 〈話などが〉伝わる.

go after 《口語》〈利益・名誉など〉を求める, 追求する (pursue), 得ようとする; 〈犯人・異性など〉を追いかける.

go against (1) 〈競争・事業・判定などが〉…の不利に終る, …に利がない (cf. *vi.* 4 a). (2) …に反抗[反対]する, 逆らう, 反する, …と衝突する (oppose): *go against* the stream 時勢に逆らう / *go against* the grain [hair] 気に入らない, 性に合わない / It *goes against* my principles. それは私の主義に反する / It *went against* me to do so. そうすることは私の性に合わなかった.

go ahead (1) 先へ進む, 〔…の〕先に行く, (競走などで)先頭に出る 〔*of*〕; 〔…を〕進める, (ぐずぐずしないで)続ける 〔*with*〕: Let's *go ahead with* the work. 仕事を続けるとしよう / *Go ahead!* すぐ行け, やれっ, 進めろ; 《米》〖電話〗お話し下さい; 〖海事〗ゴーヘー, 前進 (↔ Go astern!). (2) 進歩する, はかどる: Things are *going ahead*. 事はとんとん拍子に運んでいる.

go all out ⇨ *all* OUT (3).

go along (1) 進んで行く, やって行く: You will understand it as you *go along*. やって行くうちにわかる / *Go along* with you! 《口語》あっちへ行け (Be off!); ばか言え. (2) 〔…と〕同行する, 〔…に〕ついて行く 〔*with*〕; 〈家具・品物などが〉〔…に〕付随する 〔*with*〕: I was asked to *go along with* them on the trip. 彼らと旅行にいっしょに行かないかと誘われた. (3) 〔人・意見などに〕賛成する, 同意する, 協調する, 協力する 〔*with*〕: I am willing to *go along with* you [your proposal]. ご意見[ご提案]には異存がありません.

go around (1) (…を)一回りする; 取り囲む: *go around* the world / A fence *went around* the garden. 庭はフェンスに囲まれていた. (2) 回って行く, 回り道をする; 《口語》ちょっと訪ねる[寄る]: I'll just *go around* to see my friend. ちょっと出かけて友人を訪ねてみよう. (3) 歩き回る. (4) 〔…と〕よく行き来をする, しょっちゅう一緒にいる, 付きあっている 〔*with*〕. (5) 〈うわさ・病気などが〉広まる: Some strange rumors are *going around*. (6) 〈食物などが〉皆に行き渡る: There wasn't enough wine to *go around*. 皆に行き渡るだけのぶどう酒がなかった.

go at (1) 《口語》…に襲いかかる, 打ってかかる, …を攻撃する (attack); (批評の対象などとして)…を取り上げる; 〈仕事・食物など〉に取り組む (tackle): He *went at* Tom *with* his fists. 彼はトムにげんこで打ってかかった / *go at* it hammer and tongs ⇨ HAMMER *and tongs*. (2) ⇨ *vi.* 11.

go away (1) 立ち去る, 出かける, 家をあける; 〔…を〕持ち去る; 〔…と〕駆け落ちする 〔*with*〕: The couple *went away* on their honeymoon. 二人は新婚旅行に出発した / I'd like to *go away* for the week end. 週末にはどこかへ出かけたいと思っている / *Go away!* 《口語》あっちへ行ってしまえ; ばか言え / ⇨ GONE[1] *away*. (2) 消えて行く (⇨ *vi.* 10 a). (3) 〖スポーツ〗大差をつけて勝つ, 逃げ切る: Jack won the bout *going away*. ジャックは最後まで大差をつけて試合に勝った.

go back (1) 〔もとの場所・論題などに〕帰る, 戻る 〔*to*〕; 初めに帰る, やり直す; (過去に)さかのぼる, 回顧する. (2) 〈植物などが〉盛りを過ぎる, 衰えて来る, 下り坂になる: These old trees are *going back*. これらの老樹もそろそろ衰えて来た. (3) 〈時計が〉(冬時間で)針を戻される.

go back of 《口語》…を調べる.

go back on 《口語》(1) 〈約束など〉を取り消す, 破る, 撤回する. (2) 〈人〉を裏切る, …にそむく; 〈体力などが〉…にとって十分でなくなる (fail): Father's eyes are *going back on* him. 父の視力が弱って来ている.

go before (1) (…に)先立つ, 先んじる (go in advance): We mustn't forget what was done by those who have *gone before* (us). (我々の)先人たちの業績を忘れてはならない. (2) (審判などを受けるために)…の前に現われる; 〈計画案・問題などが〉…の判定にゆだねられる: The matter must *go before* the committee. その件は委員会にかけなければならない.

go behind …の裏面を探索する, 裏面に回って調べる: *go behind* the evidence 証拠を裏面から調べる / *go behind* what has been said 話の真偽をなお詳しく調べる / You *go behind* my words. 君は私の言葉を疑っている.

go (a person) better = GO *one better*.

go between ⇨ between 成句.

go beyond ⇨ beyond 成句.

go by (1) 〈行列などが〉(…の)そば[前]を通る, 通り過ぎる; 〈時などが〉過ぎて行く, 経過する (pass) (cf. bygone): in times *gone by* 過ぎた昔に / Years have *gone by*. 年月が経った. (2) 〈機会などが〉見逃ごされる, 無視される (pass unheeded): Let those things *go by*. それらの事はほっておけ. (3) 《米口語》(…を)ちょっと訪問する, 立ち寄る (call): He was quite well when I *went by*. 私が寄ってみた時には彼はとても元気だった. (4) 〈標準・規則など〉による, 従う, …を信頼する (⇨ *vi.* 5 a, b); …によって判断する; 〈名〉で通る (⇨ *vi.* 6 b).

go down (1) 降りる, 下る, 落ちる; 〈道路などが〉下りになる (lead downward); 〈温度などが〉下がる; 〈物(の値段)が〉下落する, 〈数などが〉減少する; 〈物(の質など)が〉低下する: *go down* on one's knees ひざまずく / Prices [Eggs] are *going down*. 物価[卵の値]が下がってきた / A path *went down to* the farmhouse. 農家まで小道がついていた. (2) 〈船などが〉沈む, 沈没する; 〈太陽・月などが〉没する, 沈む: The ship *went down* with all hands (on board). 船は乗員もろとも水中に沈んだ. (3) (時間的に)〔…まで〕続く, 達する, 及ぶ 〔*to*〕: The history *goes down to* the year 1700. その歴史は1700年までを扱っている. (4) 〔…に〕書き留められる 〔*in*〕; 記憶に残る, 〔後世に〕伝わる 〔*to*〕: He will *go down to* posterity as a traitor. 反逆者として後世まで名が残るだろう. (5) 倒れる (fall down); 〔…に〕屈服する, 負ける 〔*before*〕; 〖野球〗アウトになる: *go down* out swinging から振りでアウトになる. (6) 《口語》〔病気に〕かかる 〔*with*〕: He *went down with* pneumonia. 彼は肺炎で倒れた. (7) 〈膨(は)れなどが〉小さくなる, しぼむ, 〈波・風・炎症などが〉静まる, おさまる: The tire [My ankle] has *gone down*. タイヤの空気が抜けた[足首の膨れがひいた] / The wind had altogether *gone down*. 風はすっかりおさまっていた. (8) 《英》(大学で)〈学生が〉(休暇・退学などのため)学校を離れる[やめる], 帰省する, 退学[休学]する (↔ go up); (特に)卒業する; 田舎へ行く. (9) 《口語》〈飲食物・薬などが〉飲み込まれる, のどを通る: This medicine will *go down* easily with some water. この薬は水と一緒なら楽に飲める. (10) 《口語》〔…に〕信用される, いれられる, 認容される (find acceptance) 〔*with*〕: His speech *went down* well *with* the audience. 彼の演説は聴衆の受けがよかった / Such a story does not *go down with* me. そんな話は腑(ふ)に落ちない. (11) 〖トランプ〗(a) (コントラクトブリッジで)ダウンする, 落ちる《契約しただけのトリック (trick) を取れない》. (b) (ジンラミーで)手を下ろす, 上がる《持札全部を場に開いて上がりを宣言する; cf. knock *vi.* 6》: ~ *down* for 6 遊離札6点で上がりを宣言する. (12) 《俗》投獄される. (13) 《俗》起こる.

go far (1) 大いに役立つ[効果がある] (cf. *vi.* 17 b): The measure would *go far toward* solving the problem. その方策は問題の解決に大いに役立とう. (2) 〈食料・衣服などが〉長くもつ (cf. *vi.* 18 b); 〈金銭などが〉使いでがある, 大いに買物ができる: A ten-dollar bill does not *go far* these days. 10ドル紙幣一枚では今は大して使いでがない. (3) 成功する: He will *go far*.

go for (1) …を取り[買い, 呼び]に行く: I'll *go for* some milk. ミルクを買いに行こう. (2) …を目指す, ねらう, 得ようと努める, ほしがる; 《口語》[しばしば否定構文で] …が好きになる: He *went for* the Senate seat. 上院の議席を狙った / I do*n't go for* mutton. マトンは好きでない. (3) …に賛成する, …を支持する; …の方がよいと思う, …を選ぶ; …に有利である (cf. *vi.* 4 a): I cannot *go for* such a proposal. とてもそんな提案には賛成できない. (4) 《口語》…を攻撃する, ののしる: H *went for* the city authorities. 市当局を攻撃した. (5) …の値打ちがある, …に売れる (be sold for) (cf. *vi.* 11); 〈金銭が〉…を買うのに使われる (cf. *vi.* 17 a); …の役に立つ, 足しになる: All my trouble *went for* nothing [little]. 私の尽力は何にも[ほとんど何にも]ならなかった. (6) …で通る, …と思われる (be taken as) (cf. *vi.* 6 a); …に当てはまる (hold true of) (cf. *vi.* 6 c).

go for broke ⇨ broke 成句.

go forth (1) 出て行く. (2) 〈命令などが〉出る, 発布される.

go forward ⇨ forward *adv.* 成句.

go in (1) (中に)はいる, 引っ込む (cf. *vi.* 15, 16, 17 a); 〈太陽・月などが〉雲に隠れる, かげる. (2) 頭にはいる, 理解される. (3) (競技などに)参加する, 加わる: Go *in* and win! 《口語》さあ, 行って頑張ってこい. (4) 〔…に向かって〕進む, 前進する 〔*on*〕; 〈軍隊が〉攻撃する 〔*at*〕. (5) 《口語》〈会衆・生徒などが〉定刻にはいる, 集まる; 〈礼拝・授業などが〉始まる. (6) 〖クリケット〗打者となる, 打撃側になる (go to bat). (7) 〖トランプ〗(ポーカーで)行く《最初の賭で相手と同じだけ張ってゲームに残る》.

go in for (1) 〈運動・改革など〉に賛成する, …を支持する. (2) 《口語》〈職業・趣味〉を志す, …にたずさわる; 〈流行・食物など〉を特に好む, …に熱中する; …を得ようと努める, 求める: Do you *go in for* any sport? 何かスポーツをやっていますか / He has *gone in for* stamp collecting. 彼は切手集めに夢中になっている / They are *going in for* freedom [being modern]. 彼らは自由を得ようと[現代的であろうと]努力している. (3) 〈競技など〉に参加する; 〈試験などを〉受ける; …の候補に立つ (enter for).

go into (1) …にはいる (cf. *vi.* 16); …に手(など)を入れる; 〈戸口などが〉…に通じる (open into): The door *goes into* the garden. (2) …にぶつかる, 衝突する. (3) …に加入する, 参加する (take part in); …に従事する (occupy oneself with): *go into* Parliament 国会に出る / *go into* a war 参戦する / *go into* opposition 反対(党)に回る / *go into* business [politics, law] 実業界[政界, 法曹界]にはいる / *go into* television (職業・企業として)テレビ(界)にはいる[進出する]. (4) 〈ヒステリーなど〉を起こす; 〈ある状態〉に陥る (cf. *vi.* 9 b): *go into* ecstasies 有頂天になる / *go into* hysterics ヒステリーを起こす. (5) …の服装をする: *go into* mourning 喪服を着る. (6) …を調べる, 調査する; …を論じる, …に立ち入る (treat of): I don't propose to *go into* details. 詳細に立ち入ろうとは思っていない / The matter is worth *going into*. その問題は検討に価する.

go in with …に仲間入りする, 加わる, …と提携する (join): We asked him to *go in with* us. 彼に我々の仲間に加わってくれるように頼んだ.

go it 《口語》(1) 〈車などが〉猛烈な勢いで走る: He [The car] was *going it*. (2) 元気でやる, どんどんやる, 早くやってのける: *Go it*, Tom! トム, 元気で行け[頑張れ] / *Go it*, ye cripples! 《戯言》(競技などで)よ

お, 頑張れえ, 足はあるのか (★ cripples はひやかしにつけ加えたもの) / I'll *go it* alone even if nobody helps me. だれも手伝ってくれなくてもひとり[独力]でやろう / *go it* blind ⇨ blind *adv.* 成句. (3) はめをはずす, むだ使いをする, 放蕩する (carry on): You're *going it*! 豪勢なものだ, 中々やってるね, 大したものだね.

go off (1) 立ち去る; 〔…を〕持ち逃げする; 〔…と〕駆け落ちする〔*with*〕; 〈俳優が〉退場する: *go off* on a weekend trip 週末の旅行に出る / Jones has *gone off with* a friend's wife. ジョーンズは友人の細君と駆け落ちした. (2) 〈鉄砲が〉発射される; 〈爆弾・花火などが〉爆発する, 打ち上げられる; 〈目覚まし時計・サイレンなどが〉鳴り出す: The gun *went off* bang. 銃砲がずどんと鳴り響いた. (3) 急に〔ある状態に〕陥る, 〔笑い声などを〕急に発する (burst out) 〔*into*〕: *go off into* a coma 昏睡状態になる / *go off into* (a fit of) laughter 急にどっと笑い出す. (4) 《英》〈苦痛などが〉(急に)消え去る (die away): The headache soon *went off*. 頭痛はじきに止まった. (5) 《口語》質[技術]が落ちる, 衰える; 〈飲食物が〉悪くなる, 腐る (go bad): Her looks are *going off*. 彼女の容色は衰えてきた / Meat soon *goes off* in this weather. この陽気では肉はすぐ悪くなる. (6) 意識を失う, 失神する; 死ぬ: *go off* (to sleep) 寝込む / *go off* in a faint 気絶する. (7) 〈ガス・水道などが〉止まる, 使えなくなる; (期間が)切れる, 終わる: When does the bargain *go off*? 契約の期限はいつ切れますか. (8) 《口語》[通例, 副詞(句)を伴って] 〈事が〉運ぶ, 行なわれる (turn out); 〈事が〉起こる: The concert *went off well* [*badly*]. 演奏会はうまくいった[いかなかった] / I wonder what is *going off*. 一体何が起こったのだろうか. (9) 〈商品が〉売れる: The article will *go off* at a high price. その品は良い値で売れるだろう. (10) …が好きでなくなる: He seems to have *gone off* coffee. 彼はコーヒーをきらいになったようだ. (11) 《俗》射精する, オーガズムを経験する, 果てる.

go on (1) (なおも)進む, 進み続ける (go along); 続く: *Go on!* 進め, 続けてやれ; 《口語》[間投詞的に] ばか言え; まさか (★ あとの意味では, いっそう強意的には *Go on with* you! ともいう); やれ, やってみろ / The battle *went on* all day. 戦闘は一日中続いた. (2) 〔行動・習慣などを〕続ける, 継続する〔*with, in*〕; …し続ける 〈*doing*〉; 続けて…する 〈*to do*〉, 次に〔…へ〕進む〔*to*〕: *go on with* one's work 仕事を続ける / *go on speaking* しゃべり続ける / *go on to* say that …と付け加えて[言葉を改めて]言う / I *went on to* read the letter. (一度やめたあと, または他の事をしてから)続けて[次に]手紙を読んだ / He *went on to* his second point. 彼はさらに第二の論点へと進んだ / to go [be *going*] *on with* 手はじめに, さし当り / Five pounds will be enough to *go on with*. 5ポンドあれば当分は間に合う. (3) 〈時間が〉経過する: As the days *went on*, her grief deepened. 日がたつにつれて彼女の悲しみは深まった. (4) 《口語》やって行く, 暮す: They are *going on* well [badly]. 彼らはうまくやっている[みじめな暮しをしている] / How did you *go on for* food? 食物の方はどうやっていましたか. (5) 起こる (take place): What's *going on* next door? 隣で何が起こっているのか. (6) 《口語》(通例悪い意味で)振舞い続ける, 振舞う: Don't *go on* like that! そんな振舞いはよせ. (7) 《口語》しゃべる, (…のことを)(くどくどと)まくしたてる (talk volubly) 〔*about*〕; 〔…を〕ののしる〔*at*〕: The speaker *went on about* it. 講演者はそれを長々と弁じた / You should not *go on at* me like this. こんなに私をののしることはない. (8) 〈着物・靴などが〉着られる, はける, 合う: These shoes won't *go on*. この靴は足に合うまい. (9) 〈電気・水道などが〉つく, 出る: The lights *went on* after a few seconds. 数秒後に電気がついた. (10) 〈俳優が〉舞台に出る, 登場する (enter); 〖クリケット〗投球番につく (begin to bowl). (11) 〈旅行など〉に出る (⇨ *vi.*1); (遊園地などで)〈馬・乗物など〉に乗る. (12) 〈金が〉…に費される (cf. 17 a). (13) …による, 基づく (cf. *vi.* 5 a, b); …の給料[手当]で就任する; …の救助を受ける, 世話になる: *go on* a relief fund 救済資金の救護を受ける / *go on* the parish ⇨ *on the* PARISH (1). (14) [通例否定構文で] 《口語》…を好む: I *don't go* much *on* him [skating]. 彼[スケート]はあまり好かない.

go one better (1) 〖トランプ〗(人よりも)高値を張る. (2) 《口語》(競売などで, 相手より)高値をつける, せり上げる (outbid). (3) 《口語》(競争相手に)勝つ, まさる, うわてを行く[である], 差をつける (outdo): I go (him) *one better on* it. 私はそのことでは(彼より)一枚うわてだ / He made a good joke, but she *went* (him) *one better*. 彼がうまいしゃれを言ったら彼女はもっとうまいしゃれを言って(差をつけ)た. ★ 目的語を用いるのは《米》.

go on (*for*) [現在分詞形 *going* で用いて] 《口語》〈年齢・時刻〉に近づく: It must be *going on for* six. かれこれ6時に違いない / My son is ten *going on* eleven. 息子は十だがやがて十一になる. ★(1) for のないのは《米》; また《英》では going だけを同じ意味に用いることもある (⇨ going *adj.* 5). (2) going on for で 'almost, nearly' の意の副詞のように用いられることもある (cf. getting on for ⇨ GET *on* (3)): I have known him *going on for* ten years. 彼とはかれこれ10年来の知り合いだ.

go on to (1) 〈新しい主題など〉に移る: We will *go on to* the next problem. 次の問題に移ることにしよう. (2) 〈新方式・療法など〉を採用する, を始める.

go out (1) 出て行く, 外出する, 出かける (cf. *vi.* 1c); 出征[出陣]する; 《米》〈戸・窓・門など〉から出る (go out of); (拓植民などとして)出て行く, 出稼ぎに行く〔*to*〕; 〈女子が〉(…として)働きに出る〔*as*〕: He's just *going out to* the post. 郵便局へ出かけるところです / He *went out to* Brazil to farm. 彼はブラジルに農園を営みに出かけた. (2) 〈火・灯火が〉消える. (3) 《米》〈堤防などが〉決壊する, くずれる; 〈エンジンなどが〉利かなくなる, とまる. (4) 《口語》意識を失う; [婉曲的に] 死ぬ: *go out* for the count ノックアウトされる. (5) 〈潮が〉引く. (6) 退職する, 〈内閣が〉退陣する. (7) すたれる, はやらなくなる: That fashion *went out* years ago. その流行は何年も昔にすたれた. (8) 〈歳月が〉終る, 暮れる (↔ come in): When March comes in like a lamb, it *goes out* like a lion. 3月はおとなしく始まるが荒々しく終わる. (9) (社交などに)出歩く, (求めて)交際する; 《口語》〔異性と〕出歩く, デートする〔*with*〕: *go out* and about 出歩く / His wife *goes out* a lot. 彼の細君はよく出歩く / She *goes out with* any boy she can date. 彼女はデートのできる男の子ならだれとでも付き合う. (10) 〈趣意書などが〉公けにされる, 発行される; 発送される (be sent out); 放送される: All the invitations for the party have *gone out*. パーティーの招待状は全部発送した. (11) ストライキをやる (go on strike): The workers are ready to *go out*. 従業員はストライキをする構えでいる. (12) 〖クリケット〗(1回の勝負が終り)〈打者が〉退く; 〖野球〗アウトになる. (13) 〈心が〉〔…に〕引かれる, 〈愛情・同情などが〉注がれる (flow out) 〔*to*〕: My heart *went out to* the poor girl. 私はその可哀そうな少女に同情した. (14) 〔運動チームなどの〕選手選抜テストを受ける, 入部を志願する (try out) 〔*for*〕: John is planning to *go out for* the baseball team. ジョンは野球チームの選抜テストを受けようと思っている. (15) 《英》起こる, 行なわれる (take place). (16) = go all out (⇨ *all* OUT (3)). (17) 〖ゴルフ〗(18ホールのうち)前半の9ホールをプレーし終える. (18) 〖トランプ〗上がる: (a) そのゲームで勝ちとなる最低点に達する. (b) (ラミー・カナスタなどで) 最後の手札を(メルドして)場に出す (cf. knock *vi.* 6). (19) 決闘する.

go out of …から出て行く; …から消滅する: *go out of* the world 世界から消えて行く, 死ぬ / The anger *went out of* his face. 怒りの色が彼の顔から消えた / *go out of* date [fashion] 時代[流行]おくれになる / *go out of* cultivation [production] 栽培[製造]されなくなる / *go out of* print 絶版になる / *go out of* one's mind [senses] 発狂する.

go over (1) (…を)渡る, 越える; (海・山を越えて)〔…へ〕行く〔*to*〕: *go over to* Italy イタリアへ出かける. (2) 倒れる, ひっくりかえる: The huge tree *went over* with a crash. その巨木は大きな音をたてて倒れた. (3) …を視察する, 下見[下検分]する: *go over* a house. (4) …を入念に調べる, 検査する, 点検する; 〈部屋・車など〉を掃除する: *go over* a machine, the accounts, etc. (5) …を復習する, 読み返す, 書き直す; 下稽古する; 繰り返す: I *went over* my paper before handing it in. 答案を提出する前にもう一度読み直した / Let's *go over* the first scene. 第1場をもう一度やってみよう. (6) …の全体をおおう: The mask *went over* his face. そのマスクは彼の顔をすっかりおおっ(てい)た. (7) 《米》〈議案・動議などが〉延期される. (8) 〔…に〕改宗[転向]する (become converted), 〔別の政党などに〕移る; (新たに)〔…を〕採用する〔*to*〕: *go over to* Rome (ローマ) カトリックに改宗する. (9) 《口語》うまく行く, 受ける, 成功する: The new musical *went over* very well. 新しいミュージカルは大成功を収めた.

go round = GO *around*.

go some ⇨ some *adv.* 2.

go through (1) (…を)通り抜ける, 貫通[通過]する (cf. *vi.* 16): They *went through* the desert. 彼らは砂漠を通り抜けた / Has the nail *gone through*? 釘が下まで打ち通せましたか / The telephone call *went through* in a few minutes. 数分で電話は通じた. (2) 〈仕事など〉をやり通す, 遂行する; 〔…を〕終りまでやり通す, 完遂する〔*with*〕: They have *gone through* their task without a hitch. 彼らは無事に任務を遂行した / Once you've started the work, you must *go through with* it. 仕事をやり出した以上最後までやり通さなければならない. (3) …を隈なく調べる[捜す], 精査[捜査]する: He *went through* his accumulated mail. たまった郵便物を入念に調べてみた. (4) 〈苦難・経験など〉を経る, なめる (undergo): They have all *gone through* the war. 彼らはみな戦争(の苦しみ)を経験してきたのだ / *go through it* 辛酸をなめる, いろいろと苦しむ / *go through* fire (and water) ⇨ fire 成句. (5) 〈本が〉〈版〉を重ねる: The novel *went through* a great many editions. その小説は随分と版を重ねた. (6) 〈財産・食料など〉を使い果たす (use up): *go through* three pairs of shoes 靴を3足はきつぶす / He *went through* his whole inheritance in less than three years. 3年もたたないうちに遺産の全部を使い果たした. (7) 〈法案・原案などが〉(…に)承認される, (…を)通過する; 〈取引などが〉妥結する, 成立する.

go to (1) ⇨ *vi.* 12, 13, 16. (2) …に役立つ (cf. 17 b): the qualities that *go to* the making of a scientist 科学者となるに必要な素質. (3) 《古》[命令法で] (勧告などを表わして)これ, さあ (Come!); (不満・不信などを表わして)まさか, どうだか.

go together (1) 相伴う, 同行する; 恋人同士である: John and May have *gone together* for three years. ジョンとメイは3年間恋人同士として付き合って来ている. (2) 釣り合う, 調和する (match) (cf. *vi.* 5 c).

go to it 《口語》(早速)取りかかる, (直ちに)始める (go ahead).

go under (1) 〈船などが〉沈む, 沈没する. (2) ⇨ *vi.* 10 b. (3) 〔…に〕屈服する, 負ける〔*to*〕; 破滅する, 零落する (be ruined); (事業などに)失敗する: The firm has *gone under*. 商会は倒産した. (4) 《古》死ぬ. (5) 〈名〉で通る (⇨ *vi.* 6 b).

go up (1) (…を)昇る, 上る: *go up* in a balloon 気球に乗って上昇する / His eyebrows *went up*. 彼は眉をあげた / *go up* in the world 出世する. (2) 〈数・値段などが〉増す, 上る; 〈温度などが〉上る; (質などが)向上する: Prices are *going up* these days. このごろ物価はどんどん上っている. (3) 〈建物などが〉建てられる, 建つ; 〈掲示などが〉立てられる (be put up): A new hotel is *going up*. A FOR SALE sign *went up* in the front yard. 前庭に「売物」の掲示が立った. (4) 《英》大学に行く[入学する] (↔ go down); ロンドンへ行く, 上京する; 〔試験などを〕受ける〔*for*〕. (5) 破裂する, 爆発する (be blown up), 破壊される; 〈歓声などが〉(わき)上がる: *go up* in flames 燃え上がる, 炎上する / *go up* in smoke 煙と消える / *go up* in the air ⇨ *up in the* AIR (3). (6) 《米口語》破滅する, 破産する. (7) 〈俳優などが〉(台詞を忘れて)途方に暮れる, 立ち往生する: He *went up* (in [《英》 on] his lines). 彼は台詞を忘れて立ち往生した. (8) 〖演劇〗舞台の後方へ行く (↔ come down). (9) 〖トランプ〗(ブリッジで)上がる (高い札を出して勝ち, 打出し権を取る): He *went up* with the ace and led trumps. 彼はエースで上がって切札(のスーツ)を出した.

go with (1) …と同行[同伴]する, …に伴う. (2) 《口語》〈特に, 異性〉と付き合う, (恋人同士として)交際する (cf. GO *out* (9)): He has been *going with* her for three years. 彼女とは3年来恋人としてつき合って来ている. (3) …に同意する; …と行動を共にする, …に従う (cf. *vi.* 5 a): I can't *go with* you in everything you say. あなたの言うことに何でも従うというわけにはいかない. (4) …に付随する, …が…付きである (be attached to): The land *goes with* the house. その土地は家に付いている (土地付きだ) / Obligations *go with* rights. 権利には義務が伴う. (5) 〈物が〉…と釣り合う, 調和する (cf. *vi.* 5 c). (6) 〈子〉をはらんでいる (be pregnant with) (cf. gone 4 b): *go with* young 子をはらんでいる.

go without (1) …を身に着けずに出かける, …なしで出歩く: It is too hot to *go without* a hat. 暑くて帽子なしに出歩けない. (2) …なしで済ます[やって行く, 我慢する] (do without): He cannot *go without* wine even a single day. 彼はただの一日たりとも酒なしには済まされない. ★ without を副詞として用いることもある: If you don't like the food that is provided, you will have to *go without*. 出される食べ物がいやなら食べずに済まさなければなるまい.

go without saying 〖《なぞり》← F *aller sans dire*〗[通例 It…that …の構文で] 言うまでもない (be a matter of course): *It goes without saying that* they will all join us. 彼らがみな我々に加わるのは言うまでもない / That *goes without saying*. それはもちろんの[わかりきった]ことだ.

have a person going 《米俗》〈人を〉当惑させる, まごつかせる.

have (***got***)***…going for*** one 《口語》〈ある事〉のために得をしている[有利な立場にある]: He *has* everything *going for him*. あらゆることが彼を有利にしている.

leave go ⇨ leave[1] 成句.

let go ⇨ let[1] 成句.

let oneself go ⇨ let[1] 成句.

to go [不定詞句; 形容詞的に用いて] 《口語》(1) [時間・距離など]まだ過ぎて[終わって]いない, 残っている: just five minutes *to go* あとちょうど5分 / There are three miles *to go* before I get home. 家までまだ3マイルある / You have still three questions *to go*. (クイズ番組などで)まだあと3問あります. (2) 《米口語》〈食物など〉(店から)持って出る[帰る]ための, テークアウト用の (to be taken out): At the restaurant I got three pizzas *to go*. レストランでピザを持ち帰り用に3人分買った.

— *n.* (*pl.* **goes**) **1** 行く[去る]こと, 進行: There was a great come and go of sightseers. 観光客の往来が激しかった. **2** 《口語》成り行き, (思いがけない)事態: a rum [jolly, queer] go 妙な[変な]こと / a near go 《米》 = narrow escape / Here's a pretty [fine] go! 弱ったこと[とんだ羽目]になった / Here's a go! = What a go! 困ったことが起こった, 弱ったなあ. **3** 《口語》 **a** うまく行くこと, 成功: make a *go of* a business 商売に成功する《うまくいく》/ They made a *go of* their marriage. 二人は結婚を成功させた《結婚してうまくいった》/ I tried several times to start the car, but it was *no go* (= no good). 何度か車を動かそうとしたがだめだった / He's *no go*. 彼はだめ(な男)だ (cf. no-go). **b** 約束事, 決まった事 (bargain): It is a go! それで決まった. **4** 《口語》 **a** ためし, 試み; (試みる)機会; 一時[一気]の動作: I'll have a *go at* it. ひとつやってみよう / give it a go 《豪》やってみる / He passed the test (*at* the) first *go*. 1回でテストに合格した / I read the book *at* one *go*. その本を一気に読んだ / He managed to get all his baggage into the room *in* one *go*. 一度に全部の荷物を部屋に持ち込むことができた. **b** (ひとしきりの)病気 (attack of illness): He had a bad *go* of flu. ひどい流感にやられた. **c** (ゲームなどの)番: Now it's your *go*. さあ君の番だ. **5** 《口語》(酒などの)ひと飲み, 1杯, 一人前: have three *goes* of whiskey ウイスキーを3杯飲む. **6** 《口語》 **a** (ボクシングなどの)試合, 勝負 (bout). **b** 議論. **7** 《口語》 **a** 精力, 元気: The music had no go. 音楽は気が抜けていた / He has plenty of *go* in him.＝He is full of *go*. 彼は元気一杯だ. **b** 活発な活動, 活気: It's all *go* in Tokyo. 東京は非常に忙しいところだ. **8** 《口語》(進行・発進)許可 (go-ahead): give a plane a *go for* landing 飛行機に着陸オーケーを出す. **9** [the go]《口語》流行: This type of hats is all [quite] *the go*. この型の帽子が大流行です. **10** 《英古》⇨ great go, little-go. **11** 〘トランプ〙(クリベッジで)持ち札が出せないという宣言《出せば場札の番号の合計が31を越える場合》.

from the word 'go' ⇨ word 成句. ***on the go*** (1)《口語》絶えず活動して, 働きづめで: I've been *on the go* ever since daybreak. きょうは早朝から息つく暇もなかった. (2)《古》衰えて, 衰微して.

— *adj.* 《口語》 **1** 〈宇宙船が〉正確に作動して, 準備万端整って (ready); 好調で, 大丈夫で (all right): All systems (are) *go*. 運転準備完了, 万事オーケー[支障なし]. **2** 現代的な, 進歩的な.

go², Go [góu | gə́u] 〘《1890》□ Jap.〙 *n.* 碁(ご), 囲碁.

GO, G.O., g.o. 《略》 gas operated; general office; general officer; general order; Group Officer.

go·a [góuə | gə́uə] 〘《1846》□ Tibetan *dgoba*〙 *n.* 〘動物〙チベットガゼル, ゴウア (*Gazella picticaudata*)《チベット産の小型のレイヨウ》.

Go·a [góuə | gə́uə] *n.* ゴア《インド西海岸 Bombay の南 400 km にあるもとポルトガル領インドの一地区; 1961年インドに併合され, 連邦政府直轄領となる; 同領土の人口 858,000, 面積 3,635 km², 首都 Panaji [pɑːnɑ́ːdʒi | -dʒɪ]》.

Góa béan *n.* **1** 〘植物〙トウサイ (*Psophocarpus tetragonolobus*)《インド原産マメ科トウサイ属の植物》. **2** トウサイの莢(さや)《食用》.

goad [góud | gə́ud] 〘OE *gād* spear, arrow < Gmc **ȝaidō* (Lombard *gaida* arrowhead) ← IE **ghei-* to prick: cf. gore³, garfish〙 — *n.* **1** (家畜などを駆(か)るのに用いる)突き棒, 刺し棒. **2** (精神的な)刺激, 激励. — *vt.* **1** 突き棒で突く[駆る, 追い立てる]. **2** 刺激する, 駆り立てる, 扇動する; いらいらさせる: ~ a person *to* do [*into* doing] something 人をそそのかして事をさせる / ~ a person *to* madness [*into* fury] 人を刺激して狂気のようにする[大いに怒らせる] / ~ people *to* rebellion 人々を扇動して反乱を起こさせる / He had to be ~*ed* by threats *into* doing anything. 彼は何事によらずおどしつけてさせなければならなかった / The ambition ~*ed* him *on*. その野心にずっと駆り立てられていた. **3** 苦しめる, 責めさいなむ: be ~*ed* by incessant pain 絶え間なく痛みに苦しめられる.

goaf [góuf | gə́uf] 〘□ ON *gōlf* floor, apartment: cf. Swed. *golv*〙 *n.* (*pl.* **goaves** [góuvz | gə́uvz]) 〘鉱山〙＝gob¹ 3.

go-ahead [ˊ-ˋ- | ˊ-ˋ-, ˋ-ˊ-] 《口語》 *adj.* **1** 前進[進捗]する. **2** 進取的な, 積極的な, 冒険心のある. — *n.* **1 a** 前進. **b** [the ~] 進め[進行]の信号[許可], 青信号 (cf. green light 2). **2** 野心, 気魄(きはく), 意気; 積極的な人.

go-a·head·a·tive·ness [gòuəhédəṭɪvnɪs, -nəs | gə̀uəhédət-] *n.* 《米口語》進取の気象; 積極性.

goal [góul | gə́ul] 〘《*a*1333》 *gol* boundary, limit < ? OE **gāl* obstacle // ← ? OF *gaule* pole: cf. OE *gǣlan* to hinder, impede〙 — *n.* **1** 目的地, 行先 (destination). **2 a** (努力・野心などの)目的, 目標 (object, end): the ~ of one's ambitions, desires, etc. / one's ~ *in* life 人生の目的 / obtain one's ~ 目的を達成する. **b** 〘心理〙目標. **3** 〘スポーツ〙 **a** 決勝線, 決勝点. **b** (各種球技の)ゴール《得点場所》: He kicked the ball into the ~. **c** ゴールを陥れること; (ゴールを陥れて得た)得点: drop a ~ (ラグビーで)ドロップキックによって得点する (cf. dropped goal) / get [kick] a ~ ゴールを得る / make [score] a ~ ゴールする / a ~ from the field (アメリカンフットボールで)ドロップキック[プレースキック]により得られたゴール. **4** ＝goalkeeper: keep ~ ゴールキーパーを勤める. — *vt.* 〘ラグビー〙〈トライを〉ゴールにする (convert): ~ a try. — *vi.* ゴールする, 得点する.

goal·ie [góuli | gə́uli] 〘⇨↑, -ie〙 *n.* (*also* **goal·ee** [~]) 《口語》＝goalkeeper.

góal·kèeper *n.* (サッカー・アイスホッケーなどで)ゴールキーパー, ゴールの守備者.

góal·kèeping *n.* (サッカーなどで)ゴールの守備(のやり方).

góal kìck *n.* 〘サッカー〙ゴールキック《攻撃側がゴールラインからボールを外に出した時守備側に与えられる間接フリーキック》.

góal·less *adj.* **1** 目標[目的]のない. **2** (両チームとも)ゴール[得点]のない: a ~ draw 無得点引分け試合.

góal lìne *n.* **1** 〘アメリカンフットボール〙得点ゾーンの前のライン. **2** 〘サッカー・ラグビー〙ゴールライン《field のゴールの線; cf. touchline 1》.

góal·mòuth *n.* (サッカー・ホッケーなどの)ゴール前の地域.

góal·pòst *n.* [通例 *pl.*] ゴールポスト《ゴールライン上のゴールを成す支柱; 各種スポーツに用いられる》.

góal-post màst *n.* 〘海事〙鳥居形マスト, ゴールポストマスト《左右対をなすマストが主体となる》.

góal·tènder *n.* 《米》＝goalkeeper.

góal·tènding *n.* 《米》 **1** ＝goalkeeping. **2** 〘バスケットボール〙バスケットに向かってくるボールやリムの上[中]のボールに触れて得点させないようにすること《反則》.

Go·an [góuən | gə́u-] *adj., n.* ＝Goanese.

Go·a·nese [gòuəníːz, -níːs | gə̀uəníːz] *adj.* ゴア (Goa) の, ゴア人の. — *n.* (*pl.* ~) ゴア人.

Góa pòwder *n.* 〘薬学〙ゴア末, 粗製クリサロビン (chrysarobin)《南米ブラジル産マメ科の *Andira araroba* (araroba) から採る皮膚病薬》.

gó-aròund *n.* **1** 一試合 (round); 激論, 激しい闘争. **2** 回避, 言いのがれ (runaround). **3** 回り道, ひと回り. **4** 〘航空〙着陸復行《着陸を途中で断念して再び離陸あるいは上昇すること》.

gó-as-you-pléase *adj.* 規則[条件]に拘束されない, 気随気ままな, 勝手な; 行き当りばったりの.

goat [góut | gə́ut] 〘OE *gāt* she-goat < Gmc **ȝaitaz* (G *Geiss*) ← IE **ghaido-* goat (L *haedus* kid)〙 — *n.* (*pl.* ~**s**, ~) **1** 〘動物〙 **a** ヤギ《ウシ科ヤギ属 (*Capra*) の動物の総称》: a billy [nanny] ~ ＝ a he-[she-] *goat* 雄[雌]ヤギ. **b** ＝mountain goat. ★ ラテン語系形容詞: capric, hircine. **2** [the G-] **a** 〘天文〙やぎ(山羊)座 (⇨ Capricornus). **b** 〘占星〙＝Capricorn 2. **3** 悪人 (cf. sheep 2 a): ⇨ *separate the* SHEEP *from the goats*. **4** 好色漢 (lecher): an old ~ 助平じじい. **5** 《米口語》人の責めを負う人, 身代り, 犠牲 (scapegoat). **6** 山羊皮 (goatskin). **7** 《口語》ばか, とんま (fool).

get a person's goat 《俗》人を怒らせる, いらいら[うんざり]させる: A fellow like that *gets my* ~. ああいう男には全く腹が立つ. ***play* [*act*] *the giddy goat*** ⇨ giddy 成句. ***ride the goat*** 〘儀式にヤギが用いられたことから〙《米口語》(秘密結社に)加入する.

góat àntelope *n.* 〘動物〙ヤギ亜科のレイヨウに似た動物の総称《シャモア (chamois), ゴーラル (goral), シロイワヤギ (mountain goat) など》.

góat·bèard *n.* 〘植物〙＝goatsbeard.

góat chéese *n.* ヤギ乳から製したチーズ.

goa·tee [goutíː | gəutíː] 〘《1844》← GOAT＋-EE²〙 *n.* (下あごだけに生やした)山羊ひげ, あごひげ.

góat·fìsh *n.* 〘魚類〙ヒメジ科の魚類の総称.

góat gòd *n.* (神話の)山羊足の神, 牧羊神 (Pan, satyr).

góat·hèrd 〘ME〙 *n.* ヤギの番人, 山羊飼い.

góat·ish [-ṭɪʃ | -tɪʃ] *adj.* **1** ヤギのような. **2** 淫乱な, 好色な (lustful). **~·ly** *adv.* **~·ness** *n.*

Góat Ísland *n.* ゴート島《Niagara 川にあり, Niagara Falls を American Falls と Horseshoe Falls に分けている島》.

góat·lìke *adj.* ヤギのような.

goat·ling [góutlɪŋ | gə́ut-] *n.* 《英》子ヤギ; (特に, 1–2歳の)雌ヤギ.

góat mòth 〘その幼虫が雄ヤギを思わせる臭気を発することから〙 *n.* 〘昆虫〙ボクトウガ科のガの総称; (特に)オオボクトウ (*Cossus cossus*).

góat pèpper *n.* 〘植物〙小さな実をつけるトウガラシの総称.

góat-pòx *n.* 〘獣医〙山羊痘.

góat rùe *n.* 〘植物〙＝goat's rue 2.

góats·bèard *n.* 〘植物〙 **1** キバナムギナデシコ, バラモンギク (*Tragopogon pratensis*)《ユーラシア産キク科バラモンジン属の野草》; (その他)同属の植物の総称. **2** ヤマブキショウマ (*Aruncus sylvester*)《北米産バラ科ヤマブキショウマ属の多年草》; (その他)同属の植物数種の総称.

góat·skìn 〘ME〙 *n.* 山羊皮; 山羊皮製品《上衣・水袋など》.

góat's pèpper *n.* 〘植物〙＝goat pepper.

góat's rùe *n.* 〘植物〙 **1** ＝catgut 2. **2** 地中海沿岸地方産のマメ科の植物 (*Galega officinalis*).

góat·sùcker 〘《1611》《なぞり》← L *caprimulgus* ← *capra* she-goat＋*mulgēre* to milk: ヤギの乳を吸うとの昔の迷信から〙 — *n.* 〘鳥類〙ヨタカ《ヨタカ科の鳥の総称; whippoorwill, chuck-will's-widow, nighthawk など; nightjar ともいう》.

góat wìllow *n.* 〘植物〙＝sallow¹.

goat·y [góuṭi | gə́uti] *adj.* (**goat·i·er**; **-i·est**) ＝goatish.

goaves *n.* goaf の複数形.

gó-awày bìrd 〘擬音語〙 — *n.* 〘鳥類〙ムジハイイロエボシドリ《Sahara 砂漠以南のアフリカに生息するエボシドリ科ムジハイイロエボシドリ属 (*Corythaixoides*) の飛行力が強い開豁(かいかつ)地生の鳥類の総称》.

gob¹ [gɑ́(ː)b | gɔ́b] 〘《*c*1382》 *gobbe* lump, mass □ OF *go(u)be* mouthful, lump (F *gobbe* food-ball, pill) ← *gober* to swallow ← Celt. **gobbo-* mouth (cf. Ir. *gob* mouth)〙 — *n.* **1** かたまり. **2** [通例 *pl.*]《米口語》たくさん, 大量: ~*s of* money. **3** 〘鉱山〙 **a** 充填(じゅうてん)材料《廃石・尾鉱・砂など》, ずり, 「ぼた」. **b** 採掘跡, 古洞(ふるどう) (goaf). **4** 〘ガラス製造〙たね《成形のために取られた熱いガラスの塊》. — *vt.* (**gobbed**; **gob·bing**) 〘鉱山〙 **1** 〈採掘跡を〉ずりや選鉱廃砂で埋める. **2** 〈ずり・選鉱廃砂などを〉採掘跡に埋める.

gob² [gɑ́(ː)b | gɔ́b] 〘← ?〙 *n.* 《俗》(米国の)水兵, 二等水夫.

gob³ [gɑ́(ː)b | gɔ́b] 〘□ Ir. ~ 'mouth': cf. gab¹·³〙《俗》 *n.* 口 (mouth). — *vi.* (**gobbed**; **gobbing**) つば[たん]を吐く (spit).

g.o.b. 《略》〘商業〙 good ordinary brand 中の上の品.

go·bang [goubǽŋ | gəu-] 〘□ Jap. 碁盤〙 *n.* 五目ならべ, 連珠.

Go·bat [go(u)bɑ́ː | gə(u)-; *F.* gɔba], **Charles Albert** *n.* ゴバ《1843–1914; スイスの政治家・平和運動家; Nobel 平和賞 (1902)》.

gob·bet [gɑ́bɪt, -bət | gɔ́b-] 〘《1290》 *gobet* lump, section □ OF (dim.) ← *gobe* mouthful: ⇨ gob¹, -et〙 — *n.* **1** 《口語》(試験などで翻訳・評釈用に抜き出された)テキストの一部分; 楽曲の断片: some ~*s* of the 'Unfinished'「未完成(交響曲)」中のところどころ. **2** 《古》 **a** (生肉などの)塊り (hunk); (食物の)塊り, 一口. **b** (体液の)一滴.

gob·ble¹ [gɑ́bḷ | gɔ́bḷ] 〘《1601》← ? GOB¹: ⇨ -le³〙 — *vt.* **1** 大口にがぶがぶ飲み込む, がつがつ(むさぼり)食う 〈*up, down*〉. **2** (欲張って)飛び付く, ひったくる (grab) 〈*up*〉. **3** むさぼり読む. — *vi.* がつがつ食う: He doesn't eat, he simply ~*s*. 彼は物を食べるのではなくてまるで鵜呑(うの)みだ.

gob·ble² [gɑ́bḷ | gɔ́bḷ] 〘← ? GOBBLE¹〙 *n.* 〘ゴルフ〙球をパットで素早くホールインすること.

gob·ble³ [gɑ́bḷ | gɔ́bḷ] 〘《1680》: 擬音語〙 *vi.* 〈七面鳥が〉鳴く; 七面鳥のような声を立てる. — *n.* 七面鳥の鳴き声.

gob·ble·dy·gook [gɑ́bḷdigùk, -gùːk | gɔ́bḷdɪgùːk] 〘米国 Texas 州の共和党員 Maury Maverick (1895–1954) の造語; 七面鳥の鳴き声を表わしたものか: ⇨ gobble³, gook²: cf. hobbledehoy〙 — *n.* (*also* **gob·ble·de·gook** [~]) 《口語》(公文書のような)回りくどくてわかりにくい言葉 (officialese).

gób·bler¹ [-bḷə, -blə | -bḷə(r, -blə(r] *n.* がつがつのどを鳴らして食う人; むさぼり読む人.

gób·bler² [-blə | -blə(r] 〘← GOBBLE³＋-ER¹〙 *n.* シチメンチョウ(の雄) (turkey cock).

Go·be·lin [góubəlɪn, gɑ́b-, -læ̃ | gə́ubəlɪn, gɔ́b(ə)-; *F.* gɔblɛ̃] 〘《1823》← *Gobelins* (15世紀の Paris の染色家の一族)〙 — *adj.* ゴブラン織の; ゴブラン織のような: a ~ tapestry ゴブラン織のタペストリー《手織の絵画的意匠で有名》. — *n.* **1** ゴブラン(織); ゴブラン織の壁掛け(など). **2** 暗青緑色 (Gobelin blue).

Góbelin stìtch *n.* ゴブランステッチ《ゴブラン織の効果をまねたステッチ[縫い方, 刺繍]》.

gobe·mouche [goubmúːʃ | gɔ́bmuːʃ; *F.* gɔbmuʃ] 〘□ F ~ 'fly swallower, credulous person' ← *gober* to swallow＋*mouche* fly〙 — *F. n.* (*pl.* ~**s** [~, ~ɪz, ~əz; *F.* ~]) 何でも真に受ける人, 信じやすい人.

gó-betwèen 〘《1598》〙 *n.* **1 a** 媒介人, 取持人, 仲立人; (不正取引の)媒介者. **b** (恋愛・結婚の)仲立人, 男女の仲介人, 仲人. **2** つなぐもの, 橋 (bridge).

Go·bi [góubi | gə́ubɪ] *n.* [the ~] ゴビ(砂漠)《モンゴルと中国北西部にまたがる砂漠; 面積 1,295,000 km²; 中国語名 Shamo》.

go·bi·e·soc·id [goubàɪəsɑ́sɪd, -səd | gəubàɪɪsɔ́sɪd] 〘↓〙 *adj., n.* 〘魚類〙ウバウオ科の(魚).

Go·bi·e·soc·i·dae [goubàɪəsɑ́sədiː | gəubàɪɪsɔ́sɪ-] 〘← NL ~ ← *Gobiesco-*, *Gobiesox* (属名: ← L *gōbius* 'GOBY'＋*esox* pike)＋-IDAE〙 *n.pl.* 〘魚類〙ウバウオ科.

go·bi·id [góubiɪd, -əd | gə́ubiɪd] 〘↓〙 *adj., n.* 〘魚類〙ハゼ科の(魚).

Go·bi·i·dae [goubáɪədìː | gəubáɪɪ-] 〘← NL ~ ← *Gobius* (属名: ← L *gōbius* 'GOBY')＋-IDAE〙 *n.pl.* 〘魚類〙ハゼ科.

Go·bi·neau [goubinóu | gəubinə́u; *F.* gɔbino], Comte **Joseph Arthur de** *n.* ゴビノー《1816–82; フランスの外交官・小説家・著述家; アーリアン人種の優越性の理論はのちにナチスに利用された》.

go·bi·oid [góubiɔ̀ɪd | gə́ubɪ-] 〘↓〙 *adj., n.* 〘魚類〙ハゼ亜目の(魚).

Go·bi·oi·de·a [gòubiɔ́ɪdiə | gə̀ubɪɔ́ɪdɪə] 〘← NL ~ ← *Gobius* (⇨ Gobiidae)＋-OIDEA〙 *n.pl.* 〘魚類〙ハゼ亜目.

gob·let [gɑ́blɪt, -lət | gɔ́b-] 〘《?*c*1380》□ (O)F *gobelet* (dim.) ← *gobel* drinking cup ← ? Celt.: ⇨ -et〙 — *n.* **1** ゴブレット《高脚付きのグラス》. **2** 《古》(金属またはガラス製の)酒杯《はち (bowl) 形で手がなく時に台とふたが付いていた》.

góblet cèll *n.* 〘解剖〙さかずき細胞.

gob·lin [gɑ́blɪn, -lən | gɔ́blɪn] 〘《?*c*1320》□ AF **gobelin* // ML *gobelin-us* ← ? LL *cobālus* a kind of demon □ Gk *kóbālos* rogue, (pl.) evil spirits invoked by rogues〙 — *n.* (人に害を与える醜怪な)鬼, 悪鬼 (cf. fairy 1).

gob·line [gɑ́blàɪn | gɔ́b-] 〘← *gob* (← ?)＋LINE²〙 *n.* 〘海事〙＝martingale backrope.

gob·lin·ry [gɑ́blɪnri, -lən- | gɔ́blɪnri] *n.* [集合的] 悪鬼の仕業(しわざ).

go·bo [góubou | gə́ubəu] 〘← ?〙 — *n.* (*pl.* ~**s**, ~**es**) **1** 〘テレビ・映画〙遮光(しゃこう)板《カメラのレンズに散光が入射するのを防ぐ》. **2** (マイクに雑音のはいるのを防ぐ)吸音性スクリーン.

go·bo·ny [gəbóuni | -bə́uni] 〘← 《廃》 *gobon* slice (□ AF＝OF *gobet*: ⇨ gobbet)＋-Y³〙 *adj.* 〘紋章〙＝compony.

go·by [góubi | gə́ubɪ] 〘《1769》□ L *gōbi-us*, *cōbius* □ Gk *kōbiós*: cf. gudgeon¹〙 *n.* (*pl.* **go·bies**, ~) 〘魚類〙ハゼ科の魚類の総称.

gó-bỳ 〘← go by (⇨ go¹ (v.) 成句)〙 — *n.* [the ~]《口

語》見て見ぬふりをして通り過ぎること, (意図的な)通過, 回避 (passing). ★ 通例次の句に用いる: give a person *the* ~ 人を知らないふりして通り過ぎる; 人をわざと避ける; 人を追い越す / give a thing *the* ~ 物(事)を避ける[無視する] / get *the* ~ 見過ごされる, 無視される. 「Orthodox Church.

G.O.C. 《略》General Officer Commanding; Greek

gó-càrt 〖(1676) ← GO¹《廃》to walk + CART〗 ― *n.* **1** (歩き始めの小児がつかまって歩く)歩行器, あんよ車 (walker). **2** 小型うば車, ベビーカー (stroller). **3** 手車, 手押し車 (handcart). **4** (昔の)無蓋(むがい)軽装馬車. **5** = kart 2. 「Chief.

G.O.C.-in-C. 《略》General Officer Commanding-in-

God [gá(:)d, gɔ́(:)d | gɔ́d] 〖OE < Gmc *ʒuðam (Du. *god* / G *Gott* / ON *goð* / Goth. *guþ*) < IE *ghu-to-m invoked being, god ← *ghau- to call out, invoke〗 ― *n.* **1** [しばしば g-] (各種の信仰に基づく)神, 神霊 (deity, divinity); 男神 (↔ goddess): the ~*s* of the Greeks [of Greece] ギリシャ人[ギリシャ]の神々 / the ~ of day 日輪の神, 太陽 (⇨ Apollo) / the ~ of fire 火の神 (⇨ Vulcan) / the ~ of heaven 天の神 (⇨ Jupiter) / the ~ of hell 地獄[下界]の神 (⇨ Pluto) / the ~ of love = the blind ~ 恋愛の神 (⇨ Cupid) / the ~ of the sea 海の神 (⇨ Neptune) / the ~ of war 軍の神 (⇨ Mars) / the ~ of wine 酒の神 (⇨ Bacchus) / the ~ of this world 悪魔, 魔王 (⇨ Satan).
2 [g-] 神像, 偶像 (idol); 神に祭られた人; 崇拝の対象, 神: Money is his *god*. / ⇨ tin god / make a *god* of ... を崇拝の対象にする, 大事にしすぎる / Their *god* is their belly. 神様よりも食う方が大事な連中だ.
3 a 〖キリスト教〗神, 創造の神, 造物主, 万有の神, 天主: the Almighty ~ = ~ Almighty 全能の神 / ~ the Father, ~ the Son, ~ the Holy Ghost 父と子と聖霊(三位一体)の神 / the Lord ~ 主なる神, 主の御神《旧約聖書の原文に YHWH [já:weɪ] (Yahweh) と Elohim との2語が重ねて用いられていた所の英訳から始まった言い方》/ ~ is love. 神は愛なり (*1 John* 4:8) / ⇨ God's truth / ⇨ SON¹ *of God*. **b** 〖クリスチャンサイエンス〗無限の神霊, 神.
4 [感嘆・のろい・祈願などの成句に用いるが, 不敬を避けるためにしばしば God を省略したり (cf. gracious *int.*) 他の語に代えたりする (cf. good *adj.* 15 b ★, goodness 3, heaven 3 ★) ことがある]: by ~ 神かけて, きっと, 必ず / for ~'*s* sake 後生だから / ~ be thanked! ありがたい, しめた / ~ bless me [my life, my soul, you, etc.]! あらっ, うわっ, おや, 大変だ《驚きを表わす》/ ~ bless you [him, etc.]! あなた[彼]の身に幸いあれ / ~ speed you!《古》ごきげんよう; 御成功を祈る / My [Good, O, Oh, etc.] ~! おお神様, これは大変, けしからん《困った時・悲しい時・苦しい時・腹の立つ時などの間投詞》/ Thank ~! [挿入句的に用いて] ありがたい, うれしい, やれやれ / ~ damn you! こん畜生 / ~ forbid! 神様どうかそうでないように, そんなことがあってたまるものか, とんでもない, めっそうな / ~ grant...! わが願いを聞かせたまえ / ⇨ *God* HELP *a person*, SO¹ *help me God*.
5 [the gods] (劇場の)天井桟敷(さじき); 天井桟敷の観客, 大むこう (cf. nigger heaven): be among *the gods* 天井桟敷で見物する.
before God! 神に誓って, 必ず. ***for the gods*** (神々にも適するような)すばらしい: a feast fit *for the gods* すばらしいごちそう / ⇨ *a* SIGHT *for the gods*. ***God knows*** ⇨ know¹ 成句. ***God willing*** 神様がお許しになるなら, 事情が許せば (cf. D.V.). ***God wot***《古》= god knows (⇨ know¹ 成句). ***in God's good time*** 時いたらば. ***on God's earth*** 全世界に《*on earth* の強調》: nowhere *on* ~*'s earth* 世界中どこにも(ない). ***on the knees of the gods* = *in the lap of the gods*** 〖《なぞり》← Gk *theōn en goúnasi*〗〈事(の決定)が〉神の手にゆだねられて, 人間の力[知力]の及ばない; (どちらになるか)未定で, いずれとも決まらない. ***play God*** 神のようにふるまう, 全能たらんとする. ***please God***《文語》神の御意ならば, なるものならば: That will be cleared up some day, *please* ~. うまく行けばいつかはっきりするだろう. ***tempt God*** ⇨ tempt 成句. ***the hand of God*** ⇨ hand 成句. ***under God*** 神に次いで, 神の外に: No power *under* ~ is going to stay me. だれにも私の邪魔をさせはしないぞ. ***walk with God*** 神と共に歩む《信心深く正しい生き方をする; *Gen.* 5:22》. ***with God*** 主と共に, 死んで天国に (in heaven): He is now *with* ~. ***Ye gods (and little fishes)!***《戯言》おお神々よ《まあ驚いた, いやとんでもない, などの意の間投詞》.
god from the machine = deus ex machina.
― *vt.* (**god·ded**; **god·ding**) **1** [g-] 神化する, 神にする (deify). **2** [god it として] 神の役をする.

Go·dard [go(ʊ)dáə | gɑ(ʊ)dá:(r; *F.* gɔda:r], **Jean-Luc** [ʒɥlyk] *n.* ゴダール《1930– ; フランスの映画監督》.

Go·da·va·ri [gədá:vəri, go(ʊ)- | gə(ʊ)dá:vəri] *n.* [the ~] ゴダバリ(川)《インドの川; ヒンズー教の聖河; Western Ghats に発し Bengal 湾に注ぐ (1,450 km)》.

Gód-áwful, gód-á- *adj.*《口語》非常にひどい, ぞっとするような (abominable): a ~ liar.

gód·bòx *n.*《俗》教会, 礼拝堂 (church, chapel).

gód·chìld 〖(?*a*1200) ← GOD + CHILD ∞ OE *godbearn*〗 ― *n.* 教子(きょうし), 名づけ子《自分が教[代]父母 (sponsor) になって洗礼・堅信礼に立ち合ってやった人; cf. godfather, godmother》.

gód·dámn 〖← GOD + DAMN〗 (*also* **god·dam** [~]) ― *int.*《口語》畜生. ― *n.* **1** (ののしり・強調をあらわす) 'goddamn' という語. **2** とるにたらないもの (damn): not give a good ~ ちっとも構わない. ― *adj.* いまいましい, ひどい (damned). ― *adv.* いまいましく, ひどく, とても (damned). ― *vt.* のろう, ののしる (damn). ― *vi.* 'goddamn' と言う, のろう.

gód·dámned [-dǽmd] *adj.* (最上級 **~·est, -damnd·est**), *adv.* = goddamn.

God·dard [gádəd | gɔ́dəd, -dɑ:d], **Robert Hutch·ings** [hʌ́tʃɪŋz] *n.* (1882–1945) 米国の物理学者; 世界最初の液体燃料ロケットの打上げに成功した (1926).

gód·dàughter 〖OE *god-dohtor*〗 *n.* 教女(きょうじょ), 名づけ子《娘; cf. godchild》.

God·den [gádn̩ | gɔ́dn̩], **Ru·mer** [rú:mə | -mə(r] (1907–) インドで育った英国の女流小説家; *Black Narcissus* (1939).

god·dess [gádɪs, -dəs | gɔ́dɪs, -des, -dəs] 〖(?*a*1350)〗 ― *n.* **1** 女神 (↔ god): the ~ of corn 五穀の女神 (⇨ Ceres) / the ~ of heaven 天の女神 (⇨ Juno) / the ~ of hell 地獄の女神 (⇨ Proserpine) / the ~ of love 恋愛の女神 (⇨ Venus) / the ~ of the moon 月の女神 (⇨ Diana) / the ~ of war 戦の女神 (⇨ Bellona) / the ~ of wisdom 知恵の女神 (⇨ Minerva). **2 a** 崇拝[あこがれ]の的である女性. **b** 絶世の美女. **3** [the ~es] 天井桟敷(さじき)の女性の観客.

góddess·hòod *n.* 女神であること, 女神の特性.

góddess·shìp *n.*《古》= goddesshood.

Go·de·froy de Bouil·lon [gɔ́(:)dəfrwà:-də-bu:-jɔ́:(ŋ), -jɔ́(:)ŋ; *F.* gɔdfrwadbujɔ̃] *n.* ゴドフロア ド ブイヨン《1060?–1100; フランスの Basse Lorraine (バスロレーヌ)伯; 第1回十字軍の指揮者; 英語名 Godfrey of Bouillon》.

Gö·del [gə́:dl̩, géɪ- | gə́:-], **Kurt** *n.* ゲーデル《1906–78; チェコスロバキア生れの米国の数学者・論理学者》.

Go·des·berg [góʊdəsbə̀:g, -bèək | gə́ʊdəsbə̀:g, -bèək; *G.* gó:dəsbɛ̀rk] *n.* ゴデスベルク《西ドイツ西部の都市; 人口 74,000; 公式名 Bad Godesberg [bá:t-]》.

go·det [go(ʊ)dét | gə(ʊ)-] 〖▭ F ~《原義》drinking cup〗 ― *n.* (スカートの裾や袖口などにフレヤーを入れるために用いる)まち, ゴデ. ― *attrib. adj.* まち[ゴデ]を入れた: a ~ skirt ゴデを入れたフレヤースカート.

go·de·tia [go(ʊ)dí:ʃə, -ʃɪə | gə(ʊ)dí:ʃə, -ʃɪə] 〖(1840) ← NL ~ ← *Charles H. Godet* (1797–1879: スイスの植物学者): ⇨ -ia¹〗 ― *n.* 〖植物〗アカバナ科ゴデチア属 (*Godetia*) の植物の総称.

gó-dèvil *n.*《米》**1** (油井内の)ダイナマイト爆破器《先のとがった鉄のおもりで, これを落下させて下に装置した爆薬を爆発させる》. **2** 給油管 (pipe line) 清掃器. **3** (木材・石などを運ぶ)そり. **4** 《俗》〖鉄道〗保線用手動車[ガソリン車], ハンドカー (handcar).

gód·fàther 〖OE *godfæder*《なぞり》← L *pater in Deo*〗 ― *n.* **1** 教父(きょうふ), 名親, 〖カトリック〗代父(だいふ)《洗礼式に立ち合って洗礼を受ける者の神に対する約束の証人となり, またはそれに代わって神に約束を立てその父母に代わって宗教教育を保証する男性; cf. godchild》: stand ~ *to* a child 子供の名親になってやる. **2 a** 教父のような立場にある人. **b** (人・物の)発展[育成]に責任のある人, 後見者. **c** 《古》(人・物の)命名者. **3** [しばしば G-]《米俗》(マフィア (Mafia) などの)陰の指導者, 黒幕.
My godfather!《婉曲》= My God! (⇨ God 4).
― *vt.* ...の教父となる, の名親に立つ; ...に命名する; ...の養育[世話]の責任を負う.

Gód-fèaring 〖cf. ME *godfriht*〗 *adj.* 神を恐れる; 信心深い (pious): a ~ person.

Gód·forsàken, g- *adj.* **1** 〈人が〉神に見捨てられた, 堕落し果てた; 哀れな, 不幸な. **2 a** 〈場所・物など〉荒れ果てた. **b** 〈場所が〉人里離れた, 寂しい.

God·frey [gádfri | gɔ́dfri] 〖ME ▭ OF *Godefrei* (F *Godefroi*) ▭ OHG *Godafrid* (G *Gottfried*) ← *got* 'GOD' + *fridu* peace〗 *n.* 男性名. 「英語名.

Gódfrey of Bouillón *n.* Godefroy de Bouillon の

gód-gìven *adj.* 神から与えられた; 天与の, 絶好の.

God·head [gádhèd | gɔ́d-] 〖(?*a*1200): ⇨ God, -head〗 ― *n.* **1** [the ~] 神 (God). **2** 神性, 神格 (deity). **3** 〖モルモン教〗神会《神とキリストと聖霊により構成される》. **4** [g-]《まれ》神 (god); 女神 (goddess).

gód·hòod 〖OE *godhād*〗 *n.* 神であること, 神格, 神位, 神性 (divinity): be elevated to ~ 〈人間が〉神にまで高められる[神になる].

Go·di·va [gədáɪvə | gə(ʊ)-] 〖OE *Godgifu* ← GOD + *gifu* gift〗 ― *n.* (1040?–?80) 英国のマーシア伯 (Earl of Mercia) Leofric の妻; 伝説によれば夫が Coventry の町民に課していた重税を廃止してもらう約束のもとに町中を裸で馬を乗り回したという (cf. Peeping Tom); 通称 Lady Godiva.

God·kin [gádkɪn, -kən | gɔ́dkɪn], **Edwin Lawrence** (1831–1902) アイルランド生れの米国のジャーナリスト・作家; *The Nation* 誌 (1865–81) の創設者・編集者.

gód-kìng *n.* 神王《神の力[性質]を持つとされた王》.

gód·less *adj.* **1** 神の存在を否定する[信じない], 神を認めない. **2** 反宗教的な, 不信心な, 不敬な, 邪悪な (impious, wicked). **3** 神のいない, 神の加護のない: a ~ universe. **~·ly** *adv.* **~·ness** *n.*

gód·lìke *adj.* **1** 神のような, 神々(こうごう)しい (divine). **2** 神にふさわしい. **~·ness** *n.*

gód·li·ness 〖(1531)〗 *n.* **1** 敬神, 信心 (piety). **2** 篤信な生活, 清い人格, 信心深い性格.

god·ling [gádlɪŋ, gɔ́(:)d- | gɔ́d-] 〖⇨ God, -ling¹〗 *n.* (神威の弱い)小神 (minor god).

god·ly [gádli | gɔ́dli] 〖ME〗 *adj.* (**god·li·er**; **-li·est**) **1** 神を敬う, 信心深い. **2** 《古》神の, 神から生ずる; 神聖な. **gód·li·ly** *adv.* 「mother.

god·mamma [⌐⌐⌐ | ⌐⌐⌐] *n.* 《小児語》= god-

Gód-mán [-mǽn] *n.* **1** 〖神学〗神人《キリストのこと》. **2** [g-] (*pl.* **god-men** [-mén]) 神であり人間である人, 神と人間の両方の性質を持つ人, 半神半人 (demigod); 超人 (superman).

gód·mòther 〖OE *godmōdor*〗 ― *n.* **1** 教母(きょうぼ), 名親, 〖カトリック〗代母(だいぼ)《教母の役割は godfather と同じ; cf. godfather》: ⇨ fairy godmother. **2** 女の後援者[保証人] (female sponsor). ― *vt.* ...の教母になる; ...の後援者になる, 後援する (sponsor).

Go·dol·phin [gədálfɪn, go(ʊ)-, -fən | gədɔ́lfɪn], **Sidney** *n.* (1645–1712) 英国の政治家・財政家; 称号 1st Earl of Godolphin.

gó·dòwn 〖(1588) ▭ Malay *gudang*〗 *n.* (インドおよび東部アジアで)倉庫 (warehouse).

god·papa [⌐⌐⌐ | ⌐⌐⌐] *n.* 《小児語》= godfather.

gód·pàrent *n.* 教父[母], 代父[母], 名親 (cf. godfather, godmother).

go·droon [go(ʊ)drú:n | gə(ʊ)-] *n.* = gadroon.

Gód's ácre 〖(1617)《なぞり》← G *Gottesacker*: 《原義》甦りを望んで死者の骨を播く神の畠〗 *n.* (教会付属の)墓地 (churchyard).

Gód Sáve the Kíng [Quéen] *n.* 「ゴッドセイブザキング[クィーン]」《英国の国歌; 作者不明, 1745 年初演》.

Gód's bòok 〖OE *Godes bōc*〗 *n.* 聖書 (the Bible).

Gód's còuntry *n.* **1** 神の恵みの豊かな土地, 理想的な国[土地], 楽園《God's own country ともいう》. **2 a** 都会から離れた場所; 広々とした田園地方. **b** 自分の生まれた地方[州]《米国人が自国[故郷]などに対して用いる誇称; 通例 God's own country という》.

gód·sènd 〖(1814)《変形》← *God's send*《変形》← ME *goddes sonde* (← OE *sond, sand* message, service)〗 ― *n.* 天の賜物, 思いがけない授かり物[幸運], うってつけのもの[出来事].

gód·sènt *adj.* 神[天]から与えられた(ような), うってつけの.

gód·shìp *n.* 神の地位[性格] (deity).

gód's ímage *n.* 人体 (human body) (cf. *Gen.* 1:27).

gód·sòn 〖OE *god-sunu*〗 *n.* 教子(きょうし), 名づけ子 (cf. godchild).

Gód's ówn cóuntry *n.* ⇨ God's country.

Gód·spéed 〖《略》← *God speed you*〗 ― *n.* 成功 (success); 成功[道中安全]の祈願《人の企業・成功や旅行の無事などを祈る挨拶》: wish [bid] a person ~ 人の道中の安全[事業などの成功]を祈る.

Gód's plènty *n.* **1** 人間が必要とする[欲する]よりも多い量, 有り余ること. **2** 非常な数[量]: The book was issued in ~. その本は非常に多数発行された.

Gód's quàntity *n.* 《口語》たくさん (large amount): There was ~ *of* fish. たくさんの魚がいた.

Gód's trúth *n.* 絶対の真理, 誓って間違いのない事柄《しばしば 'struth, 'strewth と略して軽いののしりを表わす》.

Gód's Wórd *n.* 聖書 (the Bible).

Godt·haab [gɔ́(:)thɔ̀:b, gɑ́t- | gɔ́t-; *Dan.* gɔ́dhɔ:'b] *n.* ゴットホープ《Greenland 南西部にある同島の首都; 人口 8,000》.

Go·du·nov [góʊdənɔ̀(:)f, gɔ́(:)d-, gúd-, -dn̩- | gɔ́dənɔ̀v, -nɔ̀f; *Russ.* gədunóf], **Bo·ris** [bɑ́rɪs] **Fëdoro·vich** *n.* ゴドノフ《1551–1605; ロシヤの皇帝 (1598–1605)》.

God·ward [gádwəd | gɔ́dwəd] 〖ME〗 *adv.* **1** 神に向かって. **2** 神に関して. ― *adj.* 神への[に向けた].

Gód·wards [-wədz | -wədz] *adv.* = Godward.

God·win¹ [gádwɪn, -wən | gɔ́dwɪn] 〖OE *Godwine* ← GOD + *wine* friend〗 *n.* 男性名.

Godwin² *n.* (?–1053) 英国の貴族; Edward the Confessor を王位につけた; 称号 Earl of Wessex.

Godwin, Mary Wollstonecraft *n.* (1759–97) 英国の著述家・女権拡張論者; William Godwin の妻, 旧姓 Wollstonecraft; M. W. Shelley の母; *A Vindication of the Rights of Woman* (1792).

Godwin, William *n.* (1756–1836) 英国の社会思想家・小説家; 英国の anarchism の先駆者; M. W. Godwin の夫, M. W. Shelley の父; *An Enquiry concerning Political Justice, and its Influence on General Virtue and Happiness* (1793).

Gódwin Áusten 〖← *Henry Haversham Godwin-Austen* (1834–1923: 英国の地質学者・探検家・軍人)〗 *n.* ゴッドウィンオーステン《K2 の別名》.

god·wit [gádwɪt | gɔ́d-] 〖(1552)《擬音語》?: cf. Du. *rödvitte*《原義》little red thing〗 *n.* 〖鳥類〗オグロシギ属 (*Limosa*) のシギ類の総称; (特に)オグロシギ (*L. limosa*).

Goeb·bels [gə́:bəlz; *G.* gœ́bəls], **Joseph (Paul)** *n.* ゲッベルス《1897–1945; ドイツの政治家, ナチ最高指導者の一人, 第三帝国の宣伝相 (1933–45)》.

gó·er 〖ME〗 ― *n.* **1** 行く人[物]: comers and ~*s* 来る人去る人《旅人・客人など》. **2 a** [通例複合語の第2構成要素として] よく[いつも]出席する人: ⇨ churchgoer, theatergoer, filmgoer. **b** [特に, 前に遅速などに

関する限定詞を伴って] 行人, 道行く人; 動くもの, 運転するもの: a good [poor, slow] ～ 足の達者な[弱い]人; 足の速い[のろい]馬; よく動く[遅れる]時計(など).

Goe·ring [gɔ́ːrɪŋ, géɪr- | gɜ́ːr-; *G.* gǿːrɪŋ], **Hermann (Wilhelm)** *n.* ゲーリング《1893-1946; ドイツの軍人・政治家; ナチ最高指導者の一人; 第三帝国の計画長官・空軍司令官・国家総元帥 (1940-45); Göring とも綴る》.

goest *v.* 《古》go[1] の二人称単数直説法現在形.

goeth *v.* 《古》go[1] の三人称単数直説法現在形.

Goe·thals [góʊθəlz | gə́ʊ-], **George Washington** *n.* (1858-1928) 米国陸軍少将で陸軍技師; パナマ運河の建設技師長.

Goe·the [gɜ́ːṭə, gə́ː-, géɪ- | gə́ːtə, -tɪ; *G.* gǿːtə], **Johann Wolfgang von** *n.* ゲーテ《1749-1832; ドイツの詩人・劇作家・小説家・政治家; *Die Leiden des jungen Werthers*「若きウェルテルの悩み」(1774), *Faust*「ファウスト」(1808, '32)》.

Goe·the·an [gɜ́ːṭiən, gə́ː-, géɪ- | gə́ːtiən, -tjən] (*also* **Goe·thi·an** [～]) *adj.* ゲーテの[に関する], ゲーテ風の, ゲーテ主義の. — *n.* ゲーテ崇拝者[研究家].

goe·thite [gɜ́ːtaɪt, géɪ- | gə́ː-] 〘⊏G *Göthit*: ⇨ Goethe, -ite[1]: Goethe の鉱物学上の貢献を記念して〙 *n.* 〘鉱物〙針鉄鉱 (FeO(OH))《鉄鉱石からの風化物》.

go·fer[1] [gɑ́fə, gɔ́(ː)fə, góʊfə | gə́ʊfə(r)] *n.* 《英》=gaufre.

go·fer[2] [góʊfə | gə́ʊfə(r)] *n.* 《米俗》=gopher[3] 2.

go·fer[3] [gɑ́fə, gɔ́(ː)fə, góʊfə | gə́ʊfə(r)] *vt., n.* =goffer.

gof·fer [gɑ́fə, gɔ́(ː)fə, góʊfə | gə́ʊfə(r)] 〘《1706》⊏F *gaufrer* to stamp cloth, paper, etc. ← OF *gaufre* honeycomb, waffle ⊏ MLG *wāfel*: cf. waffle[1], wafer〙 — *vt.* **1** (アイロンなどで)〈布など〉にひだを付ける, しわを寄せる, 縮める. **2** 〘製本〙〈図書の小口金〉に型押しする. — *n.* **1** (着物などの装飾に付ける)ひだ付け; しわ, 縮み. **2** ひだ付け器, アイロン. **～·er** [-fərə | -rə(r)] *n.*

gof·fered *adj.* **1** ひだ付け(仕上げ)をした: a ～ ruff. **2** 〘製本〙(図書の小口金に)型押し模様を付けた: ～ edges.

gof·fer·ing [-f(ə)rɪŋ | -fər-] *n.* **1** ひだ付け, ひだ取り. **2** ひだ飾り.

Gog [gɑ́(ː)g, gɔ́(ː)g | gɔ́g] *n.* 〘聖書〙ゴグ《Magog の地の君主; cf. *Ezek.* 38-39; ⇨ Gog and Magog 1》.

gó gàge *n.* 〘機械〙通りゲージ《機械部品の寸法が規定の寸法範囲にできているかどうかを検査する道具の一つ; 通りゲージを通過し, 止りゲージ (no-go gage) を通過できなければ合格となる》.

Gog and Ma·gog [gɑ́g-ən-méɪgɑg | gɔ́g-ən-méɪgɔg] 〘⊏Heb. *Gōgh, Māghōgh*: 2 は ME *Gogmagog* (伝説上の英国の巨人の名で ML *Goemagot* のヘブライ語との連想による変形)から〙 — *n. pl.* **1** ゴグとマゴグ《聖書の処々に散見する名; *Rev.* 20: 8 では Gog and Magog は Satan にだまされ, 神に最後の戦いを挑む地上の国民たちを表わす》. **2 a** 〘英伝説〙ローマ皇帝 Diocletian の娘の後裔である 2 巨人の名; 英国に攻め入り捕えられて, London に送られ労役に賦された. **b** London の市会議事堂 (Guildhall) にある 2 体の大木像の名.

gó-gètter *n.* 《口語》ひどく積極的な人, 敏腕家, 活動家, やりて.

gó-gètting 《口語》*adj.* 敏腕で活動的な. — *n.* 積極的活動[企業, 金もうけ].

gog·gle [gɑ́gl̩ | gɔ́gl̩] 〘《*a*1400》*gogele(n)* to stagger, shake ← ? Celt. (cf. Ir. *gog* nod / Welsh *gogi* to shake) // または ← *gog* (上下運動を表わす擬音語)か: ⇨ -le[3]〙 — *vi.* **1** 〈目が〉飛び出る, 〈目玉が〉ぎょろぎょろする; 目玉をぎょろつかせる. **2** (驚いて)目を見張る; 目を丸くして見る (stare) 〔*at*〕. **3** 水中にもぐってやすで魚をとる (spearfish). — *vt.* 〈目玉を〉ぎょろぎょろさせる, ぎょろつかせる 〈*about*〉. — *n.* **1** (驚き・恐れて)目を見張ること, 目をむくこと, (おどけて)目をぎょろつかせること; ぎょろ目. **2** [*pl.*] (オートバイ乗りなどの用いる)保護めがね, 防塵[防眩]めがね, ゴーグル; 潜水めがね: a pair of ～*s*. — *adj.* 〈目が〉飛び出た(ような), ぎょろぎょろした: ～ eyes 出目, ぎょろ目. **gog·gly** [gɑ́gli, -gli | gɔ́gli, -gli] *adv.*

góggle-bòx *n.* 《英俗》テレビ(受像機) (cf. idiot box).

góggle-èye 〘《15C》〙 *n.* 〘魚類〙目が大きくて突出た魚類の総称: **a** =rock bass 1. **b** =big-eyed scad.

góggle-èyed 〘《15C》〙 *adj.* 出目の, ぎょろ目の; (特に)驚いて目をむいた.

góggle-eye jáck *n.* 〘魚類〙=big-eyed scad.

góg·gler [-glə, -glə | -glə(r), -glə(r)] 〘《15C》〙 *n.* **1** 目を見ひらいて[まるくして]見る人. **2** やすで魚をとる人. **3** 〘魚類〙=big-eyed scad.

Gogh, Vincent van *n.* ⇨ van Gogh.

gog·let [gɑ́glɪt, -lət | gɔ́g-] 〘《古形》*gurglet* ⊏ Port. *gorgoleta* ← L *gurga* abyss, throat〙 *n.* (特に, インドで用いられる素焼きの)水冷しびん.

go-go [góʊgoʊ | gə́ʊgəʊ] 〘《1962》← *Whisky à Gogo* (Paris のディスコテックの名) ← F *à gogo* in plenty, ad lib., in a joyful manner: cf. agog〙 — *adj.* **1** (ロック (rock and roll) のリズムに合わせて激しく体をゆり動かす)ゴーゴーダンスの; ゴーゴーを踊らせる (cf. a-go-go *n.*): a ～ dance, dancer, girl, discotheque, etc. **2** 活発な, 精力的な, エネルギッシュな; 進取の気象に富む: a ～ banker. **3** 当世風の, はやりの (fashionable). **4** 投機的な (speculative): ⇨ go-go fund. — *n.* **1** ゴーゴー(ダンス). **2** 絶え間ない活動, ハッスル. **3** 〘証券〙=go-go fund.

à go-go =à-gogo.

gó-go fúnd *n.* 〘証券〙短期間に大きな値上がり益を得ようとする方針の投資信託.

Go·gol [góʊgəl, -gɔ(ː)l | gə́ʊgɔl; *Russ.* gógəlj], **Nikolai Vasilievich** *n.* ゴーゴリ《1809-52; ロシヤの小説家・劇作家; *The Government Inspector* (1836), *Dead Souls* (1842)》.

goi [gɔ́ɪ] *n.* (*pl.* **goy·im** [gɔ́ɪɪm, gɔ́ɪəm | gɔ́ɪɪm], **～s**) =goy.

Goi·â·ni·a [gɔɪǽniə | -nɪə; *Braz.* gojɐ́njɐ] *n.* ゴイアニア《ブラジル中部の Goiás 州の首都; 人口 519,000》.

Goi·ás [gɔɪɑ́ːs; *Braz.* gojás] *n.* ゴイアス《ブラジル中央部の州; 人口 5,299,000, 面積 642,092 km^2, 首都 Goiania》.

Goi·del [gɔ́ɪdl̩] 〘⊏OIr. *Gōidel* ⊏ OWelsh *Gwyddel*: ⇨ Gael〙 — *n.* **1** ゲール族, ゴイデル人《ケルト人 (Celts) の一分派で Ireland と Scotland のそれをさす》. **2** その言語《ケルト語派に属する》.

Goi·del·ic [gɔɪdélɪk] *adj.* ゲール族 (Gaels) の; ゴイデル語(群)の. — *n.* ゴイデル語(群)《ゲール語 (Gaelic) の古称; ケルト語派 (Celtic) の一分派で, 本来は Ireland の Irish をさしたが, その移民から発展した Scotland, Isle of Man の言語にも用いられ, またその総称》.

gó·ing 〘ME〙 — *n.* **1** [しばしば複合語の第 2 構成素として] 行くこと, 通うこと, 歩行: ⇨ churchgoing, play-going. **2** 出かけること, 旅立ち, 退去: the comings and ～*s* of people 人々の行き来[出入り] / Let me know the day of your ～. ご出発の日をお知らせ下さい. **3 a** 歩行[旅行]の仕方, 進行速度: Forty miles an hour is pretty good ～. 1 時間に 40 マイルとは相当なスピードだ. **b** 《口語》進行情況, 進行: He found the work hard ～. その仕事はなかなか大変だと知った[遅々として進まなかった]. **4** (歩行・競走などの)道の状態, 走路のコンディション: The ～ was very hard over the mountain pass. 山路の歩行はなかなか骨が折れた. **5** [通例 *pl.*] 処世法, 行為, 行状 (cf. goings-on). **6** 《廃》足なみ, 歩調. **7** 〘建築〙=run[1] 25 b, c.

while the going is good 情況が不利にならないうちに, 足元の明るいうちに: He went [got out] *while the ～ was good.* 足元の明るいうちに逃げ出した.

— *adj.* **1** 活動中の, 運転[運行]中の: in ～ order 運転できる[異状のない]状態で. **2** (現今)流通している, 現行の, 通例の: the ～ rate 現行料率[利率] / the ～ value (会社の)営業価値. **3** (平常の)業務遂行中の, (好調に)営業中の: a ～ business (うまくいっている)営業中の商売. **4** [被修飾語に後置して] 現にある, 世間にある; 得られる, 利用できる: He is the best writer ～. いま一番すぐれた作家だ / There is sure to be coffee ～. きっとコーヒーにありつけるだろう. **5** 《英口語》(年齢・時刻)に近づいて[た] (⇨ GO[1] *on* (*for*) ★ (1)): He is ten ～ eleven. 十だがやがて十一になる.

góing-awày *attrib. adj.* **1 a** (花嫁の)新婚旅行用の: a ～ dress. **b** 送別の, 餞別(用)の: a ～ party / a ～ gift. **2** 積立て旅行会の: a ～ club.

góing concérn *n.* **1** 〘会計〙継続企業《企業実体 (business entity) の属性で, 現代会計理論は企業の解散を予定せず企業活動の継続性を仮定した上で構成される》. **2** 採算のとれている事業.

góing concérn vàlue *n.* 〘会計〙継続企業価値 (cf. liquidation value).

góing-óver *n.* (*pl.* **goings-**) 《口語》 **1** 徹底的調査[尋問]: give a person a ～ 人を徹底的に調べる, 根掘り葉掘り尋ねる. **2** きびしい小言, 叱責; 打擲(ちょうちゃく) (thrashing): give a person a good ～ *for* ...のことでひどく人を叱る[打つ].

góings-ón *n. pl.* 《口語》 **1** (通例悪い意味を含めて)行為, 所業, しわざ, ふるまい (doings) (cf. ongoing 2): a person's strange ～. **2** 最近の出来事.

góing tràin *n.* 〘時計〙調速輪列《香箱車より 2, 3, 4 番車をへてがんぎ車に至り, 脱進機によって調速される歯車列; time train ともいう》.

goi·ter, 《英》**goi·tre** [gɔ́ɪṭə | -tə(r)] 〘《1625》⊏F *goitre* ← L *guttur* throat: ⇨ guttural〙 — *n.* 〘病理〙甲状腺腫(しゅ) (struma ともいう): ⇨ exophthalmic goiter. **gói·tered,** 《英》**gói·tred** *adj.*

goi·tro·gen [gɔ́ɪtrədʒɪn, -trɪ-, -dʒən, -dʒèn] 〘← GOITER+-O-+-GEN〙 *n.* 〘医学〙甲状腺腫誘発物質. **goi·tro·gen·ic** [gɔ̀ɪtrədʒénɪk] *adj.*

goi·trous [gɔ́ɪtrəs] *adj.* 〘病理〙甲状腺腫の[に関する, 性の].

Go-kart [góʊkɑ̀ət | gə́ʊkɑ̀ːt] *n.* (*also* **Go Kart** [～]) 〘商標〙ゴーカート (⇨ kart).

Gó·lan Héights [góʊlɑːn-, -lən- | gə́ʊ-] *n. pl.* [the ～] ゴラン高原《シリア南西部の高地; 中東戦争の戦場で, 1967 年よりイスラエルが占領; 面積 1,150 km^2》.

Gol·con·da [gɑlkɑ́ndə | gɔlkɔ́ndə] *n.* **1** ゴルコンダ《インドの古都で, その遺跡は Hyderabad の西 8 km; イスラム王国の首都 (1512-1687), その富とダイヤモンドの研ぎで有名であった》. **2** [しばしば g-] 豊かな鉱山; 無限の宝庫, 富源, 宝の山.

gold [góʊld | gə́ʊld] 〘OE ～ < Gmc *ʒulþam (Du. *goud* / G *Gold* gold & *Geld* money) ← IE *ĝhel- to shine (Russ. *zoloto* gold): cf. yellow〙 — *n.* **1** 〘化学〙金(きん)《金属元素の一つ; 記号 Au, 原子番号 79, 原子量 196.9665》; 黄金: a crown made of pure ～ 純金製の冠 / worth one's weight in ～ 千金の価がある, 実に貴重[有益]な. **2 a** 金貨 (gold coin(s)): in ～ 金貨で. **b** 金製品(類). **3** 富, 金(かね), 金銭, 財宝: greed of ～ 金銭の欲, 黄金欲. **4** 金本位制 (gold standard): go off ～ =*go off the* GOLD STANDARD. **5** 金のように高貴なもの; 親切, 温和: a heart of ～ 美しい心, 純真[親切]な心(の人) / a voice of ～ 甘美な声 / She is pure ～. 彼女は純潔だ. **6** (純金のまたは金を模した)金かぶせ, 金流し, 金めっき, 金粉, 金絵具, 金糸, 金モール, 金箔(など). **7** 金色, 黄金色, 山吹色: hair of ～ 金髪 / the red and ～ of autumn 秋の赤や黄のもみじ / ⇨ old gold. **8** 〘アーチェリー〙(的の真中の)金星, 金的: hit the ～ =make a ～ 金星を射当てる.

(***as***) ***good as gold*** (1) 〈子供が〉(とても)おとなしい: That little boy is *as good as* ～. あの坊や本当に行儀がよい[おとなしい]. (2) (必ず)信頼できる: His promise is *as good as* ～. 彼の約束は実に信頼できる.

age of gold [the ―] =golden age.

gold of pleasure 〘植物〙アマナズナ (*Camelina sativa*) 《ヨーロッパ原産アブラナ科の黄色の花をつける草; 昔, 種子から油を採るため栽培された》.

— *attrib. adj.* (**～·er**; **～·est**) **1** 金で作った[できた], 金製の (cf. golden 2): a ～ watch, ring, etc. / a ～ coin 金貨. **2** 金のような; 金色の (golden). **3** 金貨支払いの; 金本位制の; (価値の低下した通貨の金額について)平価で計算した: ～ francs 金フラン.

Gold [góʊld | gə́ʊld], **Herbert** *n.* (1924-) 米国の小説家; *The Fathers* (1967).

Gold, Michael *n.* (1894-1967) 米国の共産主義者・ジャーナリスト・小説家; *Jews Without Money* (1930).

Gol·da [góʊldə | gə́ʊl-] 〘⇨ Goldie〙 *n.* 女性名.

gold amálgam *n.* 〘冶金〙金アマルガム《水銀と金との合金》.

gol·darn [gɑldɑ́ən | gɔldɑ́ːn] *int., n., adj., adv., v.* 《米口語・婉曲》=goddamn.

gol·darned [gɑldɑ́ənd | gɔldɑ́ːnd] *adj.* (最上級 **～·est**), *adv.* 《米口語・婉曲》=goddamned.

Góld·bach's conjécture [góʊldbɑːks- | gə́ʊld-; *G.* gɔ́ltbax-] 〘← *Christian Goldbach* (1690-1764: プロシア生れの数学者)〙 — *n.* 〘数学〙ゴルトバッハの予想《6 よりも小さくないすべての偶数は二つの奇素数の和であるという未証明定理》.

góld·bànd líly *n.* 〘植物〙ヤマユリ (*Lilium auratum*) 《golden-banded lily ともいう》.

góld bàsis *n.* 〘財政〙金本位基準: on a ～ 金本位基準で.

góld·bèater 〘ME〙 *n.* 金箔師.

góldbeater's skìn *n.* 金箔師が金箔を打つ時箔の間にはさむのに用いる牛の腸の膜製の薄い皮《傷口に張ったり, 飛行船の気嚢(のう)の裏付けなどにも用いる》.

góld·bèating *n.* 金箔製造(法, 術).

góld bèetle *n.* 〘昆虫〙甲虫類ハムシ科ジンガサハムシの類の昆虫の総称.

Gold·berg·i·an [goʊldbɜ́ːgiən | gəʊldbɜ́ːgɪən, -gjən] *adj.* =Rube Goldberg.

góld blòc *n.* 〘経済〙金ブロック《金本位国同士の通貨ブロック》.

góld bònd *n.* 〘財政〙金貨債券《指定された目方および純度の金貨で支払うべき債券; cf. currency bond》.

góld·brìck *n.* **1** 《口語》**a** 金れんが《詐欺師がこれを人に売り付けるれんが型のにせの金塊》. **b** にせ物. **2** 《米口語》なまけ者, 浮浪人 (loafer); 仮病使い. **3** 《米》**a** (炊事・給食など楽な役務のため)きびしい訓練を免れる兵士. **b** 勤務を怠る兵士 (shirker).

sell a person a goldbrick 《俗》〈人を〉ぺてんにかける.

— *vt.* 《俗》ごまかす, ぺてんにかける (swindle). — *vi.* 《米軍俗》勤めを怠る, 仮病を使う, ずるける (shirk).

góld·brìck·er *n.* =goldbrick 2, 3.

góld brònze *n.* 〘冶金〙ゴールドブロンズ《印刷や塗装に金の代わりに用いる粉末の銅合金; 銅 90%, 亜鉛 5%, 鉛 3%, スズ 2% から成る》.

góld·bùg *n.* 《米》 **1** 〘昆虫〙=gold beetle. **2** 金本位制支持者. **3** 金満家 (plutocrat).

góld búllion stàndard *n.* 〘経済〙金塊本位(制), 金地金(じがね)本位(制)《中央銀行がその発行紙幣を棒状地金で保証する準金本位制》.

góld certíficate *n.* 《米》〘経済〙金証券《1934 年以降米国で国庫に寄託された一定量の金に対して政府が発行する証券で, $50, $100, $500, $1,000, $5,000, $10,000 などの額面を有し, 通貨同様の流通性をもつ; cf. silver certificate》.

góld chlóride *n.* 〘化学〙**1** 塩化金, (特に)塩化第二金 ($AuCl_3$)《紅色の結晶》. **2** =chloroauric acid.

góld cláuse *n.* 〘経済〙金約款《負債返還の際, 当初の負債の金貨と同一量の金貨またはそれに相当する金額で返済するという約款》.

Góld Còast *n.* **1** [the ～] 黄金海岸 (⇨ Ghana). **2** 《米口語》高級住宅区域《Chicago の Michigan 湖沿いの上流地域のあだ名から》.

góld cóin stàndard *n.* 〘経済〙=gold currency standard.

góld·crèst *n.* 〘鳥類〙キクイタダキ (*Regulus regulus*) 《ヨーロッパ産ウグイス亜科の頭が黄金色の小鳥》.

góld·cùp *n.* 〘植物〙 **1** =buttercup. **2** =marsh marigold.

góld cúrrency stàndard *n.* 〘経済〙(厳密な意味での)金本位(制)《単に gold standard ともいう》.

Góld Démocrat *n.* 〘米政治〙黄金民主党員《1896 年 Bryan の主候補に反対して国民民主党を結成した民主党員》.

góld-dìg 〘《逆成》↓〙《俗》*vt.* 〈女が〉おだてて〈男〉から金品を巻き上げる. — *vi.* 男をたらし込んで金品を巻き上げる.

góld dìgger *n.* **1** 金鉱捜し, 探金者; 採金者, (特に)砂金掘り; 黄金狂. **2** 《俗》男をたらし込んで金品を巻き上げる女; 強欲な女.

góld dìgging *n.* **1** 金掘り, 金鉱捜し; (特に)砂金採取. **2** [*pl.*] 砂金地帯.

góld dùst *n.* **1** 砂金, 金粉. **2** 〘植物〙=basket-of-gold.

góld embàrgo *n.* 〖財政〗金輸出禁止.
gold·en [góʊldən, -dn | gə́ʊl-] 〘(c1300) ← GOLD＋-EN[2] ∞ ME *gilden* < OE *gylden*〙 ── *adj.* (~·er, ~·est; more ~, most ~) **1** 金色の, 黄金色の, 金のように輝く, 山吹色の, ブロンドの: ~ hair, sunset, tinge, etc. **2** 金で作った, 金製の, 金の: a ~ key / a ~ knife. ★ この意味では gold が普通. **3** 金を生じる, 金を含む. **4** 金のように貴重な, すばらしい, 絶好の: ~ days 全盛期 / a ~ opportunity 絶好の機会 / ~ hours 愉快な[絶好の]時間 / a ~ remedy 妙薬 / a ~ saying 金言 / win ~ opinions 絶大の信望(と賞賛)を得る, 絶賛を受ける (cf. *Macbeth* 1. 7. 32–33) / Speech is silver, silence is ~. ⇨ speech 1 a. **5 a** 生気に満ちた, 輝かしい. **b** 才能に恵まれた, 成功を約束された: ⇨ golden boy. **c** 人気のある. **6** 50 年目の, 50 周年記念の: ⇨ golden wedding, golden anniversary. **7** 声の甘美な, 朗々たる: a ~ tenor. **~·ly** *adv.* **~·ness** *n.*
gólden áge 〘(なぞり) ← L *aurea aetās* (Ovid の用語)〙 ── *n.* **1** [the ~] [しばしば G- A-] 〖ギリシャ神話〗黄金時代《伝説の四時代, すなわち golden age, silver age, bronze age, iron age 中最古の時代で, 人間が清浄・幸福の生活を送った時代》. **2** (文学・国家などの)最盛期, 黄金時代; 全盛期. **3** [通例 the G- A-] (ラテン文学の)黄金時代《70 B.C.–A.D. 14; Cicero, Catullus, Horace, Virgil, Ovid などの時代; cf. silver age 2》.
gólden-áger, Golden-A- 〘← *Golden Age clubs* (老齢者の保養・娯楽の充実を目的とする団体の名)〙 ── *n.* 《米》老人, お年寄り《特に, 実務から退いた 65 歳以上の老年者》.
gólden alexánders *n.* (*pl.* ~) 〖植物〗北米産セリ科の草本 (*Zizia aurea*)《黄色の小花をつける》.　「典.
gólden anniversary *n.* 50 周年記念日, 50 周年祝
gólden áster *n.* 〖植物〗北米産キク科 *Chrysopsis* 属の植物の総称; (特に)その野生種 *C. mariana.*
gólden bálls *n. pl.* 金色の三つ玉《質屋の看板》.
gólden bambóo *n.* 〖植物〗 **1** ダイサンチク (*Bambusa vulgaris*). **2** ホテイチク (*Phyllostachys reticulata* var. *aurea*)《日本・中国産のマダケ属のタケ》.
gólden-bànded líly *n.* 〖植物〗=goldband lily.
Gólden Bóugh *n.* 〖ローマ神話〗Proserpina を祭る聖なる黄金のやどり木の枝《Aeneas が下界に行く時の通行証の役目をする》.

golden balls

gólden bòy *n.* 人気者, 売れっ子, 寵児: the ~ *of* boxing ボクシング界の人気者《第一人者》.
gólden brídge *n.* =*a* BRIDGE[1] *of gold.*　「bit.
gólden búck *n.* 〖料理〗落し卵をのせた Welsh rab-
Gólden Búll *n.* [the ~] 金印勅書, 黄金文書《金印を付したドイツ帝国法文書 (cf. bull[2] 1) で, 1356 年神聖ローマ帝国皇帝 Charles 四世が発した》.
gólden cálf *n.* **1** 〖聖書〗黄金の子牛: **a** Aaron がシナイ山の麓(ふもと)で造った金の偶像 (cf. *Exod.* 32). **b** Jeroboam が建てた二つの同種の偶像 (cf. *1 Kings* 12: 28–29). **2** (物質崇拝の対象としての)富 (wealth), 金 (money): worship the ~ 金銭を崇拝する《金もうけのためには主義も道徳も捨てる》.
gólden cálla *n.* 〖植物〗アフリカ南部産サトイモ科オランダカイウ属 (*Zantedeschia*) の草本の総称; (特に)キバナカイウ (yellow calla).
gólden cháin *n.* 〖植物〗キングサリ (⇨ laburnum).
gólden clématis *n.* 〖植物〗北東アジア産キンポウゲ科の黄金色の花の咲くつる植物 (*Clematis tangutica*).
gólden coreópsis *n.* 〖植物〗ハルシャギク, クジャクソウ, ジャノメソウ (*Coreopsis tinctoria*)《米国中部産キク科の鮮黄色の花が咲く一年草》.
gólden crównbeard *n.* 〖植物〗メキシコ原産キク科の黄色い花が咲く一年草 (*Verbesina encelioides*).
gólden-cròwned kínglet *n.* 〖鳥類〗アメリカキクイタダキ (*Regulus satrapa*)《米国産ヒタキ科キクイタダキ属の鳥》.
gólden cúp *n.* 〖植物〗メキシコ産ケシ科の金色の花をつける花壇用植物 (*Hunnemannia fumariaefolia*).
gólden cúrrant *n.* 〖植物〗コガネスグリ (*Ribes aureum*)《米国西部産ユキノシタ科スグリ属の低木; 花は黄金色で芳香がある》.
Gólden Delícious *n.* 〖園芸〗ゴールデンデリシャス《米国のリンゴの品種; 黄色で大果》.
gólden déwdrop *n.* 〖植物〗ハリマツリ, タイワンレンギョウ (*Duranta plumieri*)《熱帯アメリカ原産クマツヅラ科ハリマツリ属の観賞用常緑低木; 米国中南部では生垣に用いる; sky-flower ともいう》.
gólden dísc *n.* =gold record.
gólden éagle *n.* 〖鳥類〗イヌワシ (*Aquila chrysaetos*)《ワシタカ科イヌワシ属の後頭部に黄色の羽毛のある大型のワシ》.
gólden éardrops *n.* (*pl.* ~) 〖植物〗米国 California 州産ケシ科ケマンソウ属の黄色い花が房になって咲く多年草 (*Dicentra chrysantha*).
gólden éggs *n.* (*pl.* ~) 〖植物〗=suncup.
gólden·èye *n.* (*pl.* ~s, ~) **1** 〖鳥類〗ホオジロガモ (*Bucephala clangula*)《ガンカモ科ホオジロガモ属の海ガモの一種》. **2** 〖昆虫〗クサカゲロウ《クサカゲロウ科の昆虫の総称》.
gólden-èyed flý *n.* 〖昆虫〗=goldeneye 2.
gólden-eyed gráss *n.* 〖植物〗米国 California 州産アヤメ科の黄色い花が咲く多年草 (*Sisyrinchium californicum*).
gólden fláx *n.* 〖植物〗キアマ (*Linum flavum*)《ヨーロッパ原産の黄金色の花が咲くアマ科の多年草》.
Gólden Fléece *n.* [the ~] **1** 〖ギリシャ伝説〗金の羊毛《英雄 Jason が Argonauts を率いて Colchis より奪還した; フランス語名 toison d'or; cf. Medea》. **2** 金羊毛勲爵士団[章]《1429 年にフランスのブルゴーニュ公 Philip (1396–1467) によって始められ, 後にオーストリアおよびスペインに伝わり, 両国が共和国となるまであった最高騎士団, またその勲章; 正式名 the Order of the Golden Fleece; フランス語名 l'ordre de la toison d'or》. **3** 〖紋章〗=fleece.
gólden flòwer *n.* 〖植物〗キク科キク属 (*Chrysanthemum*) の植物数種の総称; (特に) =corn marigold.
Gólden Gáte *n.* [the ~] ゴールデンゲート[金門]海峡《San Francisco 湾を太平洋につなぐ海峡; ここに径間(わたりま) 1,280 m の大鉄橋 Golden Gate Bridge がかかっている》.　「golden boy》.
gólden gìrl *n.* 人気者, 売れっ子, 寵児《女性; cf.
gólden glòw *n.* 〖植物〗ハナガサギク (*Rudbeckia laciniata* var. *hortensia*)《キク科の植物》.
gólden góose *n.* [the ~] 金の卵を生むがちょう《1 日 1 個の金の卵を産むがちょうを, 愚かな持主が全部の卵を一時に得ようと思って殺してしまったという Aesop 物語の話から; cf. goose 成句》.
gólden grám *n.* 〖植物〗=mung bean.
gólden hámster *n.* 〖動物〗ゴールデンハムスター (*Mesocricetus auratus*)《東ヨーロッパ・西アジア原産; ヨーロッパハムスター (*Cricetus cricetus*) よりも小さく性質はおとなしい; 実験用やペットとして飼育される》.
gólden hándshake *n.* (解雇・強制退職などの際の多額の)退職金: retire with a ~.
gólden hárdhack *n.* 〖植物〗=shrubby cinquefoil.
Gólden Hórde 〘(なぞり) ← Tatar *altūn ordū*〙 ── *n.* [the ~] 黄金軍団《抜都汗(ばつかん) (Batu Khan) に率いられ 1237 年ヨーロッパに侵入したモンゴル族の遠征軍; 抜都汗はそのテントが黄金色であったため, 「金張汗(かん)」と呼ばれたことから》.
Gólden Hórn *n.* [the ~] 金角湾《Bosporus 海峡にある入江で, Istanbul 市の港になっている》.
gólden júbilee *n.* =golden anniversary.
gólden kéy *n.* **1** 〖聖書〗金のかぎ《聖ペテロが天国の門を開けるに用いるといわれる; cf. *Matt.* 16: 19》. **2** (障害を取除くために使う)賄賂(わいろ), 鼻薬.
Gólden Légend, The *n.* 「聖人伝集」, 「黄金聖人伝」《13 世紀に Genoa の大司教 Jacobus de Voragine [dʒəkóubəs-də-vɔ(ː)rǽdʒəni | -kə́ubəs-də-vɔ(ː)rǽdʒɪnɪ] によって編纂(へんさん)された *Legenda Aurea* の英訳; 1483 年に Caxton の手で印刷》.
gólden líp *n.* 〖貝類〗シロチョウガイ (*Pinctada maxima*)《Arafura 海に多く, 真珠養殖の母貝とし, 殻は工芸品の材料》.
gólden méan 〘(なぞり) ← L *aurea mediocritās* (Horace の用語)〙 *n.* [the ~] 中庸, 中道.
gólden móle *n.* 〖動物〗キンモグラ《アフリカ南部産のキンモグラ科の動物数種の総称》.
gólden·móuthed 〘(なぞり) ← Gk *khrusóstomos* ← *khrūsós* gold ＋ *stóma* mouth: 4 世紀の伝道者 John archbishop of Constantinople のあだ名〙 ── *adj.* 雄弁な.
gólden nématode *n.* 〖動物〗バレイショシストセンチュウ (*Heterodera rostochiensis*)《ヨーロッパ・ソ連・米国などに広く分布するじゃがいもの有害線虫; 被嚢(ひのう)の色は黄色》.
gólden númber 〘(15C)〙 ── *n.* 黄金数《メトン周期内の年の番号; 西暦年数に 1 を加えて 19 で除した残りの数; cf. Metonic cycle》.
gólden óld·ie [-óʊldi | -ə́ʊldɪ] *n.* 《口語》昔ヒットした歌[レコード], 「なつめろ」.
gólden óriole *n.* 〖鳥類〗キガシラコウライウグイス (*Oriolus oriolus*)《ヨーロッパ・西アジア産; コウライウグイス科の鳥》.
gólden phéasant *n.* 〖鳥類〗キンケイ (*Chrysolophus pictus*)《中国産の美しいキジの類の鳥; 金色の羽冠と腰羽をもつ》.
gólden plóver *n.* 〖鳥類〗ムナグロ《チドリ科ムナグロ属 (*Pluvialis*) の胸が黒く背面は黄金色の小斑が散らばっている渡り鳥数種の総称; ムナグロ (*P. dominica*), ヨーロッパムナグロ (*P. apricaria*), ダイゼン (*P. squatarola*) など》.
gólden quéen *n.* 〖植物〗レブンキンバイソウ (*Trollius ledebouri*)《シベリア原産キンポウゲ科の多年草で黄色い花をつける》.
gólden ráin *n.* 〖植物〗キングサリ (⇨ laburnum).
gólden·ràin trèe *n.* 〖植物〗モクゲンジ, センダンバノボダイジュ (*Koelreuteria paniculata*)《東アジア産ムクロジ科の落葉高木; 寺院に多く植えられる》.
gólden retríever *n.* ゴールデン レトリーバー《英国原産の黄金色の被毛をもった猟犬種のイヌ》.
gólden róbin *n.* 〖鳥類〗=Baltimore oriole.
gólden·ròd *n.* **1** 〖植物〗アキノキリンソウ《キク科アキノキリンソウ属 (*Solidago*) の植物の総称; 北米に種類が多く, セイタカアワダチソウ (*S. altissima*) などを含む》. ★ 米国 Alabama, Kentucky および Nebraska 州の州花. **2** 鮮黄色. ── *adj.* 鮮黄色の.
gólden róse *n.* 〖カトリック〗(花弁に宝石をちりばめた)黄金のばら《ローマ教皇によって四旬節の第 4 日曜日に清められたもので, 特別の名誉のしるしとして国の元首や都市に贈られることがある》.
gólden rúle *n.* **1** [the ~] 黄金律《キリスト山上垂訓中の一節 Therefore all things whatsoever ye would that men should do to you, do ye even so to them. すべて人にせられんと思うことは人にもまたそのごとくせよ (*Matt.* 7: 12); 通俗には Do to others as you would be done by. などと簡約される》. **2** 指導原理.
gólden·sèal *n.* 〖植物〗米国産キンポウゲ科の草本 (*Hydrastis canadensis*)《その太い黄色の根は以前止血剤として用いられた》.
gólden séction *n.* [the ~] **a** 〖数学〗黄金分割《線分や幾何図形を, 小さい方と大きい方との比が大きい方と全体との比に等しくなるように分けることをいう; このような比を golden ratio または EXTREME and mean ratio ともいう》. **b** 〖美術〗黄金分割《線を二分する際, 長短の比を $a : b = b : (a + b)$ に切ること; この比の時が美的効果が最も大であるといわれる》.
gólden shíner *n.* 〖魚類〗北米東部に普通にみられるコイ科の淡水魚の一種 (*Notemigonus crysoleucas*)《体側が銀色に輝く》.
gólden spíder lìly *n.* 〖植物〗ショウキズイセン (*Lycoris aurea*)《東アジア原産で鮮黄色の花が咲くヒガンバナ科の球根植物》.
gólden stár *n.* 〖植物〗=golden aster.
gólden stárs *n.* (*pl.* ~) 〖植物〗キク科 *Bloomeria* 属の植物の総称; (特に) *B. crocea.*
Gólden Státe *n.* [the ~] 米国 California 州の俗称.
gólden sýrup *n.* 《英》ゴールデンシロップ《糖蜜 (treacle) に他の成分を加えて作ったシロップ; 主に製菓用》.　「verse).
gólden téxt *n.* (日曜学校の)訓話用聖句 (cf. memory
gólden wárbler *n.* 〖鳥類〗=yellow warbler.
gólden wáttle *n.* **1** ピクナンサアカシア (*Acacia pycnantha*)《オーストラリア産マメ科アカシアの一種; その黄色花は同国の非公式の国花; 樹皮からタンニンを採る》. **2** ピクナンサアカシアに似たオーストラリア産のアカシア数種の総称; (特に)ナガバアカシア (*Acacia longifolia*).
gólden wédding *n.* 金婚式《結婚 50 周年の記念式[日]; cf. wedding 4》.　「let.
gólden wónder mìllet *n.* 〖植物〗=German mil-
góld-exchànge stàndard *n.* 〖財政〗金為替(かわせ)本位制《中央銀行が金のほかに金本位制の外貨を保有し, 一定比率でその兌換に応じる一種の金本位制》.
góld·èye *n.* (*pl.* ~s, ~) 〖魚類〗米国中部地方産の淡水魚 (*Hiodon alosoides*)《型はニシンに似るが類縁関係は遠く, オステオグロッスス目に属する》.
góld fèver *n.* 黄金熱, 金鉱(発見)熱.
góld·fìeld *n.* 採金地, 金鉱地.
góld fìelds *n.* (*pl.* ~) 〖植物〗北米西海岸沿いに見られるキク科 *Baeria* 属の植物数種の総称.
góld-fílled *adj.* 金張りの, 金被(き)せの.
góld·fìnch 〘OE *goldfinc*〙 *n.* 〖鳥類〗 **1** ゴシキヒワ (*Carduelis carduelis*)《ヨーロッパ産》. **2** 米国産 *Spinus* 属のヒワの総称; 特にオオゴンヒワ (*S. tristis*).
góld·fìnny *n.* 〖魚類〗ヨーロッパの大西洋岸に分布するベラ科の魚 (*Ctenolabrus rupestris*).
góld·fìsh *n.* **1** 〖魚類〗キンギョ (*Carassius auratus*). **2** 〖魚類〗=garibaldi 2. **3** 《俗》かん詰めの鮭. ── *adj.* (金魚鉢の中の金魚のように)世間の目にさらされた: a ~ life.
góldfish bówl *n.* **1** 金魚鉢. **2** 《口語》ガラス張りの[世間の目にさらされる]状態, プライバシイを保てない場所.
góld fóil 〘(15C)〙 *n.* 金箔《gold leaf よりは幾倍か厚いもの; 歯科充填用, その他金張り用に用いる》.
góld hydróxide *n.* 〖化学〗水酸化金 ($Au(OH)_3$ と AuOH の二種があり, 前者は auric acid ともよばれる).
Góld·ie [góʊldi | gə́ʊldɪ] 〘cf. ME *gōldī* golden // OE *golde* marigold〙 *n.* 女性名《異形 Golda, Goldy》.
gold·i·locks [góʊldilɑ̀ks | gə́ʊldɪlɔ̀ks] 〘← 《廃》*goldy* (← GOLD＋-Y[4])＋LOCK[1]〙 ── *n.* (*pl.* ~) **1** 金髪の人[娘]. **2** 〖植物〗ヨーロッパ産でアキノキリンソウ (goldenrod) の類の草本 (*Linosyris vulgaris*). **3** 〖植物〗キンポウゲの一種 (*Ranunculus auricomus*).
Gol·ding [góʊldɪŋ | gə́ʊl-] 〘lateOE *Golding* son of the golden one: ⇨ gold, -ing[3]〙 *n.* 男性名.
Golding, Louis *n.* (1895–1958) 英国の小説家・詩人・随筆家.
Golding, William (Gerald) *n.* (1911–　) 英国の小説家; *Lord of the Flies* (1954).
góld láce *n.* 金モール.
góld léaf *n.* 金箔 (cf. gold foil).
góld médal *n.* (優勝者に贈られる)金メダル.
góld médalist *n.* ゴールドメダリスト, 金メダル保持者.
góld mìne 〘(15C)〙 *n.* **1** 金鉱, 金山. **2** 《口語》宝の山, 大富源; 宝庫: a ~ of information 知識の宝庫 / Oil is a ~ for the company. 石油はその社のドル箱だ.
góld·mìner *n.* 金山を採掘する人; 金鉱の坑夫.
góld mìning *n.* 金鉱採掘(法).
góld nòte *n.* 《米》金貨兌換(だかん)紙幣.

góld nùmber *n.* 〖物理化学〗金数《保護コロイド (protective colloid) の保護作用の強さを定量的に表わすための尺度》.

góld-of-pléasure *n.* 〖植物〗＝GOLD of pleasure.

Gol·do·ni [gaɫdóuni, gɔ(ː)ɫ- | gɔɫdáuni; *It.* goldóːni], **Carlo** *n.* ゴルドーニ《1707-93; イタリアの新喜劇の創始者, 作品 260 篇余; *La Locandiera*「宿屋の女主人」(1753)》.

góld-pláte *vt.* …に金めっき[金張り]する.

góld pláte *n.* **1** (食卓または装飾用の)金器類. **2** 金めっき.

góld pòint *n.* **1** 〖経済〗金現送点《金本位制度のもとで, 外貨の法定平価に金の現送費用を加減した値; 為替相場がこの範囲外に出ると国際収支は金現送によって決裁される》: the export ～ 金現送点. **2** 〖物理〗金点《1 気圧での金の融点; 1063.0°C で, 国際実用温度目盛の定点として用いられる》.

góld récord *n.* ゴールド レコード, 黄金のレコード《百万枚売れた または百万ドルの総収益をあげたレコードの歌手[奏者]に賞として与えられる》.

góld resèrve *n.* 〖財政〗正貨準備.

góld-rímmed *adj.* 金縁の: ～ spectacles.

góld rùsh *n.* **1** ゴールドラッシュ《1849 年 California にあったような新金鉱地への殺到; cf. forty-niner》. **2** 一攫(ｶｸ)千金を求めて新しい[もうかる]土地[分野]に殺到すること.

góld shèll *n.* 金粉または金箔を溶かして内部に塗った貝殻《画家が金泥を塗る時に用いる》.

góld sìze *n.* 〖化学〗ゴールドサイズ, 箔下(ﾊｸｼﾀ)ワニス, 箔下地塗料《コーパル (copal) などをボイル油 (boiled oil) に溶解した油ワニス; 金箔付着用に用いるのでこの名がある; cf. size²》.

góld·smith 〖OE *goldsmiđ*: ⇨ gold, smith〗 *n.* 金細工人, 飾り職《18 世紀までは往々金融業を兼ねた》.

Gold·smith [góuɫ(d)smɪθ | gáuɫd-], **Oliver** *n.* (1730?-74) アイルランド生れの英国の詩人・小説家・劇作家; *The Vicar of Wakefield* (小説, 1766), *The Deserted Village* (詩, 1770), *She Stoops to Conquer* (戯曲, 1773).

góldsmith bèetle *n.* 〖昆虫〗 **1** ツヤアオハナムグリ (*Cetonia aurata*)《ヨーロッパ産のコガネムシ科ハナムグリ亜科の鮮緑色の甲虫》. **2** 米国産の鮮黄色の大型コガネムシ (*Cotalpa lanigera*).

Góldsmiths' Háll *n.* (London の)金細工職組合本部.

góld stàmp [**stàmping**] *n.* 〖製本〗金箔押し.

góld stàndard *n.* 〖経済〗金本位(制) (cf. gold *n.* 4, silver standard, paper standard): go off the ～ 金本位制を離脱する.

góld stár *n.* 《米》戦死者を表わす金星, 金星章《民家・学校・事務所などに掲げた白地に濃赤色の縁を取った軍籍旗にその戦死者の数だけの金色の星をつける》: a ～ mother 金星[戦死者]の母.

Góld Stìck *n.* (英国で)式典などの際, 王[女王]に従って金色の棒を捧持する宮内官; [g- s-] その金色棒.

góld·stòne *n.* 〖鉱物〗砂金石, 黄玉 (aventurine).

góld·thrèad *n.* **1** 〖植物〗北米産キンポウゲ科オウレン属の植物 (*Coptis trifolia*)《ほっそりした黄色い根をもつ》; オウレン属の植物の総称. **2** その根《薬用・染料用》.

góld-típped *adj.* 先端に金の付いた; (特に)〈巻たばこが〉金口の: a ～ cigarette.

gol·durn [gaɫdə́ːn | gɔɫdə́ːn] *adj., adv., vt.* 《口語》＝goldarn.

gol·durned [gaɫdə́ːnd | gɔɫdə́ːnd] *adj.* (最上級 ～·est), *adv.* 《口語》＝goldarned.

Gold·was·ser, g- [góuɫdvàːsə, -wàːsə | gáuɫdvàː-sə(r, -wàː-s-; *G.* gɔ́ltvàse] *n.* ＝Danziger Goldwasser.

góld·wàter 〖《なぞり》← G *Goldwasser*〗 *n.* ＝Danziger Goldwasser.

Gold·water [góuɫdwɔ̀(ː)ṭə | gáuɫdwɔ̀ːtə(r)], **Barry Morris** *n.* (1909-　) 米国の政治家.

góld·wòrk *n.* 金細工.

Gold·wyn [góuɫdwɪn, -wən | gáuɫdwɪn], **Samuel** *n.* (1884-1974) ポーランド生れの米国映画製作者; MGM 映画生みの親の一人; 旧姓 Goldfish.

Góld·wyn·ism [-nìzm] 〖↑〗 *n.* 言葉のおかしな使い方[誤用]を含む表現《*include me out* など; cf. bull³ 1, malapropism》.

Gold·y [góuɫdi | gáuɫdɪ] 〖⇨ GOLDIE〗 *n.* 女性名.

go·lem [góuləm, gɔ́ɪ-, géɪ- | gáulem] 〖⊏ MHeb. *gōlem* ＜ Mish.Heb. 'shapeless matter'〗 ── *n.* **1** 〖ユダヤ伝説〗ゴーレム《人工によって作られ, 聖なる名前の魔術的力によって生命を与えられ, 命令によって働くとされる空想上の人または生物》. **2** 自動人形. **3** ばか, まぬけ.

golf [gáɫf, gɔ́(ː)ɫf, gá(ː)f, gɔ́(ː)f | gɔ́ɫf] 〖《1457》《スコット》～, *gouff* ⊏ ? Du. *kolf* club: cf. Swed. *kolf* butt end〗 ── *n.* ゴルフ: play ～ ゴルフをする. ── *vi.* ゴルフをする: go ～*ing* ゴルフに行く. ── *vt.* (ゴルフクラブで打ったように)打つ, 高く打ち上げる (loft). ★《英》ではゴルファーは時に [gɔ́f] とも発音する.

gólf bàg *n.* ゴルフバッグ.

gólf bàll *n.* **1** ゴルフボール, ゴルフの球. **2** 《口語》(シングル)エレメント, ゴルフボール《電動タイプライターの活字が球形の表面についているもの》.

gólf càrt *n.* **1** ゴルフカート《ゴルフバッグを運ぶ小型の手押車》. **2** ゴルフカー《ゴルファーを運ぶ小型電動車; golf car ともいう》.

gólf clùb *n.* **1** (ゴルフの)クラブ. **2** ゴルフクラブ《ゴルフ愛好者の団体, またはその施設のある場所》. **3** 《英》＝country club.

golf clubs 1
1 driver
2 mashie niblic
3 sand wedge
4 putter

gólf còurse *n.* ゴルフ場, ゴルフコース (golf links).

gólf·er *n.* **1** ゴルフをする人, ゴルファー. **2** カーディガン (cardigan).

gólf lìnks *n.* (*pl.* ～) ＝golf course.

gólf shòe *n.* ゴルフシューズ《靴底に釘が打ってあるゴルフ用のオックスフォードシューズ》.

gólf wìdow *n.* ゴルフウィドー《ゴルフにばかり行っている夫をもつ妻》.

Gol·gi [gɔ́(ː)ɫdʒi | gɔ́ɫ-; *It.* gɔ́ldʒi] 〖↓〗 *adj.* 〖解剖〗ゴルジ体[器官]の[に関する].

Golgi [gɔ́(ː)ɫdʒi | gɔ́ɫ-; *It.* gɔ́ldʒi], **Ca·mil·lo** [kamíllo] *n.* ゴルジ《1844-1926; イタリアの解剖学者・病理学者; Nobel 医学生理学賞 (1906)》.

Gólgi apparàtus *n.* 〖解剖〗(細胞の)ゴルジ装置.

Gólgi bòdy *n.* 〖解剖〗(細胞の)ゴルジ体.

Gólgi còmplex *n.* 〖解剖〗(細胞の)ゴルジ装置.

Gol·go·tha [gáɫgəθə, gɔ́(ː)ɫ-, gaɫgáθə, gɔ(ː)ɫgɔ́(ː)θə | gɔ́ɫgəθə] 〖⊏ LL ～ ⊏ Gk (N.T.) *golgothá* ⊏ Aram. *gulgūltā* skull〗 ── *n.* **1** 〖聖書〗ゴルゴタ《Jerusalem 郊外の丘でキリストはりつけの地 (cf. *Matt.* 27: 33, *John* 19: 17); cf. Calvary 1》. **2** [g-] **a** 埋葬地, 墓地 (graveyard); 納骨堂. **b** 受難の地, 殉教[犠牲]の場所.

go·liard [góuljəd, -ljaəd | gáuljəd, -ljaːd] 〖《1483》⊏ OF ～ 'jester, 《原義》glutton' ← *gole* (F *gueule*) ＜ L *gulam* throat, palate, gluttony: ⇨ -ard〗 ── *n.* [時に G-] (11-13 世紀の英・独・仏の)遊歴書生《各地の大学などを遍歴しながら, 中世ラテン語による恋愛・歓楽・風刺詩を作った》.

go·liar·der·y [gouljáədəri | gəuljáːdərɪ] *n.* 遊歴書生の作った中世ラテン詩(集).

go·liar·dic [gouljáədɪk | gəuljáː-] *adj.* [時に G-] 遊歴書生の作った中世ラテン詩の(ような).

Go·li·ath [gəláɪəθ | gə(u)-] 〖⊏ LL ～ ⊏ Heb. *Golyáth*〗 ── *n.* **1** 〖聖書〗ゴリアテ《David に殺されたペリシテ人 (Philistines) の巨人; cf. *1 Sam.* 17: 4, 49-51》. **2** 巨人 (giant): the ～ of English literature 英文学界の巨人. **3** [g-] 〖機械〗＝goliath crane. **4** [g-] 〖鳥類〗＝goliath heron.

golíath bèetle *n.* 〖昆虫〗ゴライアスオオツノハナムグリ《コガネムシ科ハナムグリ亜科の一種で, 中央アフリカを中心に約 5 種を含む; シラフゴライアス (*Goliathus meleagris*) など世界最大の甲虫と称され体長 15 cm に及ぶものがある》.

golíath cràne *n.* 〖機械〗ゴライアスクレーン, 橋形クレーン, 門形移動クレーン.

golíath hèron *n.* 〖鳥類〗アフリカ産サギ科アオサギ属のオニアオサギ (*Ardea goliath*)《goliath ともいう》.

Gol·lancz [gəlǽnts, gálənts | gəlǽnts, gɔ-, gɔ́lənts, gɔ́læŋks, ─́─], Sir **Israel** *n.* (1864-1930) 英国の中世英語英文学者.

gol·li·wog [gáliwàg | gɔ́lɪwɔ̀g] 〖《1895》← GOLL(Y)＋(POLL)IWOG: Florence K. Upton が奇妙な人形のさし絵を描いた本 (1895) が Golliwogg books と呼ばれたことから〗 ── *n.* (*also* **gol·li·wogg** [～]) 真黒い顔をしたグロテスクな人形; お化けのような顔の人.

gol·lop [gáləp | gɔ́ləp] *v., n.* (*also* **gol·lup**) 《方言・口語》＝gulp.

gol·ly [gáli | gɔ́lɪ] 〖《1848》: *God!* を婉曲にした変形, もと黒人用語〗 ── *int.* 《口語》[驚き・強調などを表わして] やっ, おや, まあ (O Lord!): By [My] ～! おやおや; 実に.

gólly·wòbbler 〖← ?〗 ── *n.* 〖海事〗ゴリー ウォブラー《スクーナー型帆船のフォアマストとメンマストの間の支索に張るステースルの一種で, 大型の四辺形の縦帆》.

go·lop·tious [gəláp∫əs | -lɔ́p-] *adj.* ＝goluptious.

go·losh [gəlá∫ | -lɔ́∫] *n.* 《英》＝galosh.

go·lup·tious [gəláp∫əs] 〖《1856》: VOLUPTUOUS などとの類推による恣意的造語〗 *adj.* 《戯言》おいしい, 美味な (delicious); 楽しい.

G.O.M. 《略》《英》Grand Old Man《W. E. Gladstone のあだ名》.

gom·been [gambíːn | gɔm-] 〖《1862》⊏ Ir. -Gael. *gaimbín* rent, interest ⊏ ? ML *cambium* ← *cambiāre* to exchange〗 *n.* 《アイル》(法外な)高利 (usury).

gombéen-màn [-mæ̀n] *n.* (*pl.* **-men** [-mèn]) 《アイル》金貸し, 高利貸し (usurer)《しばしば商店や居酒屋を経営しながら法外な利をむさぼる》.

gom·bo [gámbou | -bəu] *n.* (*pl.* ～**s**) ＝gumbo.

gom·broon [gambrúːn | gɔm-] 〖← *Gombroon* (ペルシャ湾に臨む町の名)〗 *n.* (白色半透明の)ペルシャ陶器.

Go·mel [góuməl, gɔ́(ː)m- | gáum-, gɔ́ːm-; *Russ.* gómjiɫj] *n.* ゴメリ《ソ連邦ベロルシア共和国東南部の都市; Dnieper 川の支流に臨む; 人口 360,000》.

gom·er·al [gám(ə)rəɫ, -rɪɫ | gɔ́m-] 〖← ?《廃》*gome* man (＜ OE *guma*)＋-EREL〗 *n.* (*also* **gom·er·el** [～], **gom·er·il** [～]) 《スコット・北英》間抜け, あほう, ばか.

Gó·mez [góumeɪθ | gáu-; *Sp.* gómeθ], **Juan Vicente** *n.* ゴメス《1857?-1935; ベネズエラの軍人・政治家; 独裁者 (1908-35); 大統領 (1908-15, 1922-29, 1931-35)》.

Gómez de la Ser·na [─́ -deɪ-laː-séənə | -séə-; *Sp.* -dela sérna], **Ramón** *n.* ゴメス デ ラ セルナ《1888-1963; スペインの小説家・伝記作家・批評家; 通称 Ramón; *Flor de greguerías*「寸評選」(1933)》.

Go·mor·rah [gəmɔ́(ː)rə, -márə | -mɔ́rə] 〖⊏ Gk *Gómorrha* ⊏ Heb. *'amōrāh*《原義》overflowed?〗 ── *n.* **1** (*also* **Go·mor·rha** [～]) 〖聖書〗ゴモラ《住民の邪悪のため Sodom と共に神に滅ぼされた死海の近くの古代の町; cf. *Gen.* 13: 10; 18-19》. **2** 罪悪の都, 邪悪の町.

Gom·pers [gámpəz | gɔ́mpəz], **Samuel** *n.* (1850-1924) 英国生れの米国の労働運動指導者; 米国労働総同盟 (AFL) の創立者・会長 (1886-94, 1896-1924).

gom·phi·a·sis [gamfáɪəsɪs, -səs | gɔmfáɪəsɪs] 〖⊏ Gk *gomphíasis* toothache ← *gomphíos* molar tooth: ⇨ -asis〗 *n.* 〖歯科〗(特に, 大臼歯の)歯牙弛緩(ｼｶﾝ).

gom·pho·sis [gamfóusɪs, -səs | gɔmfə́usɪs] 〖← NL ～ ← Gk *gómphōsis* nailing together ← *gómphos* nail, bolt: ⇨ -osis〗 ── *n.* (*pl.* **-pho·ses** [-siːz]) 〖解剖〗丁植, 釘(ﾃｲ)植《骨の連結の一つの形式で, 歯が顎骨の歯槽に入っているように, 一方が他方にはまり込んでいるもの》.

gom·roon [gamrúːn | gɔm-] *n.* ＝gombroon.

Go·mul·ka [go(u)múɫkə | gə(u)-; *Pol.* gəmúwka], **Wła·dy·sław** [vwadíswaf] *n.* ゴムルカ《1905-　; ポーランドの政治家; 統一労働者党第一書記 (1956-70)》.

go·mu·ti [go(u)múːṭi | gə(u)múːtɪ] 〖⊏ Malay *gěmuti*〗 ── *n.* **1** 〖植物〗サトウヤシ (*Arenga pinnata*)《樹液は砂糖およびしゅろ酒の原料; gomuti palm ともいう; cf. sago palm》. **2** サトウヤシの葉柄から採れる繊維《ロープを作るのに用いる》.

gon- [gan | gɔn] (母音の前に来る時の) gono- の異形.

-gon [─ -gàn, -gən | -gɔn, -gən] 〖← NL -*gonum* ← Gk -*gōnos* angled ← *gōnía* angle: cf. knee〗「…角形」の意の名詞連結形: hexagon, polygon / n-gon n 角形.

go·nad [góunæd | gə́u-] 〖← NL ～ ← GONO-＋-AD¹〗 ── *n.* 〖解剖〗性腺, 生殖腺《生殖細胞の作られる卵巣・睾丸(ｺｳｶﾞﾝ)・精巣など》. **go·nad·al** [gounǽdl, ga- | gəunéɪdl] *adj.* **go·na·di·al** [gounéɪdiəl | gənéɪdɪəl, -djəl] *adj.* **go·nad·ic** [gounǽdɪk, ga- | gəu-, gɔ-] *adj.*

go·nad·ec·to·mize [gòunədéktəmàɪz, -næd- | gə̀u-] *vt.* 〖外科〗…の性腺を摘出する, 去勢する. **gò·nad·éc·to·mized** *adj.*

go·nad·ec·to·my [gòunədéktəmi, -næd- | gə̀unədéktəmɪ, -næd-] *n.* 〖外科〗去勢, 性腺摘出.

go·nad·o·tro·phic [gounæ̀dətróufɪk, gan-, gànədo(u)-, -tráf- | gəunæ̀də(u)trɔ́f-, gɔ̀nəd-] *adj.* 〖生化学〗生殖腺刺激性の, 向生殖腺性の: a ～ action [hormone].

go·nad·o·tro·phin [gounæ̀dətróufɪn, gànədo(u)-, -fən | gəunæ̀də(u)tráufɪn, gɔ̀nəd-] *n.* 〖生化学〗ゴナドトロピン《脳下垂体前葉の生殖腺刺激ホルモン》.

go·nad·o·trop·ic [gounæ̀dətrápɪk, gan-, gànədo(u)- | gəunæ̀də(u)trɔ́p-, gɔ̀nəd-] *adj.* ＝gonadotrophic.

go·nad·o·tro·pin [gounæ̀dətróupɪn, gànədo(u)-, -pən | gəunæ̀də(u)tráupɪn, gɔ̀nəd-] *n.* 〖生化学〗＝gonadotrophin.

gon·a·poph·y·sis [gànəpáfəsɪs, -səs | gɔ̀nəpɔ́fɪsɪs] 〖← NL ～: ⇨ gono-, apophysis〗 ── *n.* (*pl.* **-y·ses** [-sìːz]) 〖動物〗陰具片《昆虫類の雌の尾端にある三対の突起で, 産卵管 (ovipositor) を形成する》.

Gon·cha·rov [gɑ̀ntʃəró(ː)f, -ráf | gɔ̀ntʃəróv, -rɔ́f; *Russ.* gantʃaróf], **Ivan Aleksandrovich** *n.* ゴンチャロフ《1812-91; ロシヤの小説家; *Oblomov* (1859)》.

Gon·court [gɔ̃ː(ŋ)kúə, gɔ(ː)ŋ- | -kúə(r; *F.* gɔ̃kuːr], **Edmond Louis Antoine Huot de** [ɥo d] *n.* ゴンクール《1822-96; フランスの小説家・美術評論家; 弟 Jules と共同で創作; *Journal* (兄弟一緒の)「日記」(20 vols.) (1956-58)》.

Goncourt, Jules Alfred Huot de *n.* ゴンクール《1830-70; フランスの小説家; Edmond の弟》.

Gończourt Príze *n.* ゴンクール賞《Goncourt 兄弟の遺志により 1902 年創設されたゴンクール協会 (Académie Goncourt) が毎年その年のフランスの最高小説作品に授ける賞; フランス語では Prix Goncourt》.

Gond [gáːnd | gɔ́nd] 〖土語〗 ── *n.* **1 a** [the ～s] ゴンド族《中部インドのデカン高原 (the Deccan) に住むドラビダ系 (Dravidians) の種族》. **b** ゴンド族の人. **2** ゴンド語 (Gondi).

Gon·dar [gándə, -daə | gɔ́ndə(r, -daː(r] *n.* ゴンダル《エチオピア北西部の都市; 16-19 世紀には同国の首都; 人口 39,000》.

Gond·i [gándi | gɔ́ndɪ] *n.* ゴンド語《ドラビダ語族; cf. Gond》.

gon·do·la [gándələ, gandóu- | gɔ́ndə-] 〖《1549》⊏ It. (Venetian) ～ ← ?《北東部方言》*gondolà* to rock, roll〗 ── *n.* **1** [《米》gándə-] ゴンドラ《Venice 特有の平底船》. **2** (気球・飛行船・ロープウェー・スキーリフト・高所工事用などの)ゴンドラ, つりかご. **3** 《米》無蓋(ﾑｶﾞｲ)の大型貨車. **4** 《米》大型平底船《独立戦争当時 New England 地方で砲艦として使われ, 後にはしけ (lighter) として同地方および Ohio, Mississippi 両河でも使われた》. **5** ゴンドラ椅子《背がゴンドラの舳先(ﾍｻｷ)のように下方へ曲線を描いて伸びていて, ひじ掛けをなす》. **6** ゴンドラ(ケース)《スーパーマーケットや小売店で商品を周囲から自由に取り出せる売り台》. **7** 〖自動車〗ホッパー型コンクリート車《コンクリート運搬用ホッパー型コンテナ付きトラックまたはトレーラー》.

～·dom *n.*

gón·dola càr *n.* ＝gondola 3.
gón·dola chàir *n.* ＝gondola 5.
gon·do·lier [gɑ̀ndəlíə | gɔ̀ndəlíə(r] 〘▭F ～ ▭It. *gondoliere*: ⇨ gondola, -ier²〙 *n.* ゴンドラの船頭. ― *vt.* ゴンドラで運ぶ.
Gon·do·mar [gɑ̀ndəmɑ́ə | gɔ̀ndəmɑ́:(r; *Sp.* gòndomár], **Diego Sar·mien·to de A·cu·ña** [sarmjénto de akúɲa] *n.* ゴンドマル《1567–1626; スペインの外交官》.
Gond·wa·na [gɑndwɑ́:nə | gɔn-] 〘▭? Skt *goṇḍavana* ← *goṇḍa* 'GOND' ＋*vana* forest〙 ― *n.* 〘地質〙ゴンドワナ大陸《古生代中頃から中生代初期頃まで南米・アフリカ・インド・オーストラリア・南極大陸を結合していたと考えられる南半球の大陸塊; Gondwanaland ともいう; cf. Laurasia》. **Gon·dwa·ni·an** [gɑndwɑ́:niən | gɔndwɑ́:nɪən, -njən] *adj.*
gone¹ [gɔ́(:)n, gɑ́(:)n | gɔ́n] 〘OE *ġegān*〙 ― *v.* go¹ の過去分詞.
― *adj.* **1 a** 過ぎ去った, 過去の: Those days are past and ～. その時代はもう遠い昔となってしまった. **b** 死んだ: They are all dead and ～. 彼らは皆死んでしまった. **2 a** だめになった, 見込みのない, 落ちぶれた: a ～ man / a ～ case《口語》抜き差しならぬ羽目(になっている人); もう助からぬ人[病人] / a ～ goose [gosling]《口語》全く見込みのない人[もの], どうしようもないやつ / a ～ coon《米俗》しようもない人; 絶望的な事柄[状態]. **b** 気力の衰えた, 滅入るような: a ～ feeling [sensation] 滅入るような気分. **c** 疲れ果てた, へとへとになった; 死にかけて. **3**《口語》**a** 〔…に〕はまり込んで; 夢中になった, 興奮した〔*in*〕: be ～ *in* love 恋にうつつを抜かしている / They are far ～ *in* crime. 彼らは犯罪の淵にはまり込んでしまっている. **b** 〔異性に〕ほれこんで〔*on*〕: He is dead ～ *on* that girl. 彼はあの女の子にすっかり夢中になっている. **4 a** 〈年齢・時間を〉越えて[た], …過ぎで[の], 以上で[の] (more than) (cf. going *adj.* 5): a man ～ ninety years of age 90 歳を過ぎた人 / It is ～ ten years since they last met. 彼らがこの前会ってから 10 年以上になる / It is ～ nine. 9 時過ぎである. **b** (ある期間)妊娠している, はらんでいる (pregnant): She is already eight months ～. もう妊娠 8 か月である. **5** 〈矢が〉的の上を通り過ぎて. **6**《俗》すてきな, すばらしい (great): a real ～ girl.
Gone away! 〘狐狩〙そら, 飛び出したぞ, 始まったぞ《狩り出された獲物を猟犬が一斉に追跡し始めたことを知らせる猟犬係の合図の叫び声》.
gone² [góun | gə́un] 〘▭Gk *gonḗ* seed〙 *n.* ＝germ cell.
góne-bỳ *adj.* 過去の, 昔の (bygone).
gon·ef [gɑ́nɪf, -nəf | gɔ́nɪf] *n.* ＝ganef.
góne·ness *n.* 疲れ果てた[衰弱しきった]状態, 滅入るような気分 (exhaustion).
gon·er [gɔ́(:)nə, gɑ́nə | gɔ́nə(r] 〘← GONE¹＋-ER¹〙 *n.* 《口語》 **1** 破産した人, 落ちぶれた人, 敗残者; 見込みのなくなった人; 死者. **2** だめな事[物], 絶望的状態.
Gon·er·il [gɑ́nərəl | gɔ́nərɪl] *n.* ゴネリル《Shakespeare 作 *King Lear* 中の人物; Lear 王の長女で, 次女 Regan と共に不孝娘の典型; cf. Cordelia》.
gon·fa·lon [gɑ́nfəlɑ̀n, -lən | gɔ́nfələn] 〘《1595》▭It. *gonfalone* banner ▭F *gonfalon* 《変形》← *gonfanon*: ⇨ gonfanon〙 ― *n.* **1** 横木からつるす旗, 旒旗(りゅうき), 吹きながし《すそが通例二, 三本に割れている》. **2** (中世イタリア都市国家などで用いた)旗 (standard).

gonfalon 1

gon·fa·lon·ier [gɑ̀nfələníə, -lə- | gɔ̀nfələníə(r] 〘▭It. *gonfaloniere*: ⇨↑, -ier¹〙 *n.* **1** 旒旗手. **2** (中世イタリア都市国家の)長官 (chief magistrate).
gon·fa·non [gɑ́nfənɑ̀n, -nən | gɔ́nfənən] 〘《?a1300》▭OF *gounfanoun* (F *gonfalon*) ▭OHG *gundfano* war flag (cf. OE *gūþfana*) ← *gund* war: cf. fanon, gonfalon〙 ― *n.* (中世騎士の)槍の軸先につけた旒旗(りゅうき) (cf. gonfalon 1).
gong [gɑ́ŋ, gɔ́(:)ŋ | gɔ́ŋ] 〘《1600》▭Malay *gōng*: 擬音語〙 ― *n.* **1** どら, ゴング《集合の合図などに打つ》: a dinner ～. **2 a** (呼びりんなどに付けた)皿形のベル, ゴング (gong bell ともいう). **b**《英》(パトロールカーの)警告ベル. **3**《英俗》メダル, 勲章 (medal). **4** 〘時計〙りん《ハンマーで打って時報等の音を鳴らすための棒状または渦巻状の針金》. ― *vt.*《英》警告ベルを鳴らして〈運転手〉に停車の合図をする. ― *vi.* どらを鳴らす; どらのような音を出す.
góng bùoy *n.* 〘海事〙どら浮標, ゴングブイ《波で動くたびに音色の違うどら 3–4 個が鳴るように仕掛けてあるブイ》.
Gón·go·ra y Ar·go·te [gaŋgɔ́:rə-i:-ɑəgóuteɪ, gɔ(:)ŋ-, -gɔ́:rə- | gɔŋgɔ́:rə-i:-ɑ:gə́u-; *Sp.* goŋgóraiargóte], **Luis de** *n.* ゴンゴラ イ アルゴテ《1561–1627; スペイン黄金時代の代表的詩人》.
Gon·go·rism [gɑ́ŋgərìzm, gɔ́(:)ŋ- | gɔ́ŋ-] *n.* (スペイン文学で, Góngora y Argote 風の)手の込んだバロック風文体. **Gon·go·ris·tic** [gɑ̀ŋgərístɪk, gɔ̀(:)ŋ- | gɔ̀ŋ-] *adj.*
go·ni- [góuni | gə́uni] (母音の前に来る時の) gonio- の異形.
gonia *n.* gonion, gonium の複数形.
go·ni·al [góuniəl | gə́unɪəl, -njəl] *adj.* **1** 〘生物〙生殖原細胞 (gonium) の. **2** 〘人類学〙ゴニオン (gonion) の.
go·nid·i- [go(u)nídi | gə(u)nídɪ] (母音の前に来る時の) gonidio- の異形.
gonidia *n.* gonidium の複数形.
go·nid·i·al [go(u)nídiəl | gə(u)nídɪəl, -djəl] *adj.* 〘植物〙ゴニジア (gonidium) から成る[を含む].
gonídial láyer *n.* 〘植物〙ゴニジア層《地衣類でゴニジア (gonidia) が皮層の下に集まって連続した層》.
go·nid·i·o- [go(u)nídio(u) | gə(u)nídɪə(u)] 〘↓〙〘植物〙「ゴニジア (gonidium)」の意の連結形. ★ 母音の前では通例 gonidi- になる.
go·nid·i·um [go(u)nídiəm | gə(u)nídɪəm, -djəm] 〘← NL ～: ⇨ gono-, -idium〙 ― *n.* (*pl.* **-i·a** [-diə | -dɪə, -djə]) 〘植物〙 **1** (地衣類などの)ゴニジア, 緑顆(か)体. **2** 地衣体内部にある緑色の藻類細胞《多くの場合は層状をなす散在することもある》.
gon·if [gɑ́nɪf, -nəf | gɔ́nɪf] *n.* (*also* **gon·iff** [～]) ＝ganef.
gon·i·mo·blast [gɑ́nəmo(u)blæ̀st | gɔ́nɪmə(u)-] 〘← Gk *gónimos* productive (← *gígnesthai* to become)＋-BLAST〙 ― *n.* 〘植物〙造胞糸《受精した紅藻類の造卵器から発生する糸状の植物体》.
go·ni·o- [góunio(u) | gə́unɪə(u)] 〘← Gk *gōnía* angle〙 ― 次の意味を表わす連結形: **1**「角 (angle), 隅 (corner)」: *goniometry*. **2** 〘人類学〙「ゴニオン (gonion)」. ★ 母音の前では通例 goni- になる.
go·ni·om·e·ter [gòuniɑ́mətə | gə̀unɪɔ́mɪtə(r, -mə-] *n.* **1** (測量・人体測定・鉱物学などで用いる)ゴニオメーター, 角度計, 測角器. **2** 〘電気〙 **a** ゴニオメーター, 無線方位計《直交した一組のコイルと回転コイルからなり, 電波の到来方向の測定に用いる》. **b** ＝direction finder. **go·ni·o·met·ric** [gòuniəmétrɪk | gə̀unɪə-] *adj.* **gò·ni·o·mét·ri·cal** *adj.*
go·ni·om·e·try [gòuniɑ́mətri | gə̀unɪɔ́mɪtrɪ, -mə-] *n.* 角度測定, 測角術.
go·ni·on [góuniɑ̀n | gə́unɪɔ̀n] 〘← NL ～ ← Gk *gōnía* angle〙 *n.* (*pl.* **-ni·a** [-niə | -nɪə]) 〘人類学〙ゴニオン, 下顎(がく)角点《下顎骨下縁と下顎枝後縁との交点》.
go·ni·tis [gounáɪtɪs, -təs | gəunáɪtɪs] 〘← NL ～ ← Gk *gónu* knee＋-ITIS〙 *n.* 〘病理〙膝関節炎.
go·ni·um [góuniəm | gə́unɪəm, -njəm] 〘← NL ～: ⇨ gono-, -ium〙 *n.* (*pl.* **-ni·a** [-niə | -nɪə, -njə], ～**s**) 〘生物〙生殖原細胞, 性原細胞《有糸分裂によって生殖母細胞 (精母細胞, 卵母細胞) となる細胞で卵原細胞 (oogonium) と精原細胞 (spermatogonium) の総称》.
-go·ni·um [góuniəm | gə́unɪəm, -njəm] 〘↑〙〘生物〙「生殖細胞, 生殖体」の意の名詞連結形: arche*gonium* 蔵卵器.
gon·na [gɔ̀(:)nə, gonə, gənə | gɔ̀nə, gənə] *v.* 《米口語・英卑》＝going to (cf. go¹ *vi.* 19): I'm ～ do it. (＝I'm going to do it.) / He('s) ～ get married.
gon·o- [gɑ́no(u) | gɔ́nə(u)] 〘▭LL ～ ▭Gk ～ ← *gonḗ* seed, generation ← *gígnesthai* to be born〙 ―「性の (sexual); 生殖の (reproductive)」の意の連結形. ★ 母音の前では通例 gon- になる.
gon·o·cho·rism [gɑ̀nəkɔ́:rɪzm, -kɔ́:r- | gɔ̀nəkɔ́:r-] *n.* 〘生物〙＝dioecism.
gon·o·coc·cus [gɑ̀nəkɑ́kəs | gɔ̀nəkɔ́k-] 〘← NL ～: ⇨ gono-, coccus〙 ― *n.* (*pl.* **-coc·ci** [-kɑ́k(s)aɪ, -kɑ́k(s)i:, | -kɔ́k(s)aɪ]) 〘細菌〙淋菌 (*Neisseria gonorrhoeae*). **gòn·o·cóc·cal** [-kəl] *adj.* **gòn·o·cóc·cic** [-kɑ́k(s)ɪk | -kɔ́k(s)-] *adj.*
gon·o·cyte [gɑ́nəsàɪt | gɔ́n-] *n.* 〘生物〙生殖母細胞, 性母細胞《卵母細胞 (oocyte) と精母細胞 (spermatocyte) のこと》.
gon·o·duct [gɑ́nədʌ̀kt | gɔ́n-] *n.* 〘動物〙生殖輸管《輸精管・輸精小管・輸卵管・両性管の総称》.
gòno·génesis 〘← NL ～: ⇨ gono-, -genesis〙 *n.* 〘生物〙成熟細胞形成.
gó-nó-gó 〘← GO¹＋NO¹＋GO¹〙 *adj.* 《口語》 **1** (行動方針の)継続か中止かを決定する. **2** 準備完了か未完了を表わす: a ～ indicator.
gon·o·phore [gɑ́nəfɔ̀ə, -fòə | gɔ́nəfɔ̀:(r] *n.* **1** 〘動物〙(ヒドロ虫類などの)生殖体. **2** 〘植物〙花軸の花被上への延長部《雄蕊・雌蕊を付ける》. **gon·o·phor·ic** [gɑ̀nəfɔ́(:)rɪk, -fɑ́r- | gɔ̀nəfɔ́r-] *adj.* **go·noph·o·rous** [gənɑ́fərəs, gɑ- | gə(u)nɔ́f-, gɔ-] *adj.*
gon·o·po·di·um [gɑ̀nəpóudiəm | gɔ̀nəpə́udɪəm, -djəm] 〘← NL ～: ⇨ gono-, podium〙 ― *n.* (*pl.* **-di·a** [-diə | -dɪə, -djə]) 〘魚類〙交尾鰭(き)《交尾に役立つよう変形した魚の尻鰭; カダヤシ (mosquito fish) などの雄に見られる》.
gon·o·pore [gɑ́nəpɔ̀ə, -pòə | gɔ́nəpɔ̀:(r] *n.* 〘動物〙生殖口《生殖輸管 (gonoduct) の体外への開口部》.
gon·or·rhe·a,《英》**gon·or·rhoe·a** [gɑ̀nərí:ə | gɔ̀nəríə] 〘← NL ～ ← LL ～ ▭Gk *gonórrhoia*: ⇨ gono-, -rrhea: 古く淋疾時の炎症性分泌物を精液と誤認したため〙 ― *n.* 〘病理〙淋(疾), 淋病《性病 (venereal disease) の一種》.
gon·or·rhe·al [gɑ̀nərí:əl | gɔ̀nəríəl] *adj.* 〘病理〙淋菌性の, 淋疾の: ～ ophthalmia 淋菌性眼炎[結膜炎] / ～ threads 淋糸.
gonorrhoea *n.* ＝gonorrhea.
gon·o·the·ca [gɑ̀nəθí:kə | gɔ̀n-] 〘← NL ～: ⇨ gono-, theca〙 *n.* (*pl.* **-the·cae** [-θí:si:]) 〘動物〙生殖体包, 生殖莢(きょう)《腔腸動物ヒドロ虫の有鞘類の生殖体の包鞘》.
-go·ny [⌐gəni | -nɪ] 〘▭L *-gonia* ← Gk: ⇨ -gonium: cf. -geny〙 ―「発生 (generation), 起源 (origination)」の意の名詞連結形: cosmo*gony*, mono*gony*, theo*gony*. ★ 通例連結辞 -o- をとって -ogony になる.
go·ny·au·lax [gòuniɔ́:læks | gə̀unɪ-] 〘← NL ～ ← Gk *gónu* knee＋*aûlax* furrow〙 ― *n.* 〘動物〙 **1** [G～] ゴニオラックス属《異常発生して赤潮やヒトの貝毒の原因となる発光性の海産双鞭毛虫を含む一属; 淡水産のものもある》. **2** ゴニオラックス属の原生動物.
gon·y·camp·sis [gɑ̀nɪkǽmpsɪs, -səs | gɔ̀nɪkǽmpsɪs] 〘← Gk *gónu* knee＋*kámpsis* bending〙 *n.* 〘病理〙膝(しつ)彎曲《膝関節の異常な彎曲状態》.
go·nys [góunɪs, -nəs | gə́unɪs] 〘← NL ～《変形》← ? Gk *génus* under-jaw〙 *n.* 〘鳥類〙底線《カモメなどの下くちばしの中央の尾根状部分》.
goo [gú:] 〘《略》← ? BURGOO //《変形》? ← GLUE〙 *n.* 《俗》 **1** べたつく物, ねばつく物. **2** いやらしい感傷.
goo·ber [gú:bə | -bə(r] 〘▭Bantu or Angolan *nguba*〙 *n.* 《米南部》落花生, 南京豆 (goober pea ともいう).
Góoch crúcible [fílter] [gú:tʃ-] 〘← *F. A. Gooch* (1852–1929: 米国の化学者)〙 ― *n.* 〘化学〙グーチるつぼ《陶磁器で作って, 底に多数の穴をあけた定量分析の濾過(ろか)用るつぼ》.
good [gúd] 〘OE *gōd* 《原義》? fitting, suitable < Gmc *ȝōðaz (Du. *goed* / G *gut* / ON *gōðr* / Goth. *gōþs*) ← IE *ghōdh-, *ghedh- to unite, fit (Lith. *goda* honor / ChSlav. *godŭ* proper time): cf. gad¹, gather〙 ― *adj.* (**bet·ter** [bétə | -tə(r]; **best** [bést]) **1 a** (品質・内容・外観など)良い, 上等の, 優良な, 結構な, 申し分のない, 立派な (excellent, honorable): a ～ road, house, knife, play, picture, etc. / a ～ view 見事な眺め / a ～ name 名声, 好評 / ～ features [looks] いい顔立ち[器量] (cf. good-looking) / ～ manners [form, breeding] よい作法[礼儀, しつけ] / ～ luck [fortune] 幸運 / ～ news よい知らせ, 吉報 / ～ English よい[立派な]英語 / ～ use [usage] 標準語法 / ～ nature 善良な性質, よい気立て; 優しい気質, 好人物 (↔ ill nature) (cf. good-natured) / a person's ～ qualities 人の良い性質 / a ～ plain dinner あっさりしたおいしいご馳走 / a pencil with a ～ point 先のよくとがった鉛筆 / look ～ *to*…によさそうに見える / Show me some ～ cloth, please. 上等の生地を見せて下さい / He writes a ～ bold hand. なかなか達者な字を書く / She is of ～ family [of ～ birth]. 彼女は家柄[生れ]が良い. **b** (学生の成績評価として)良の[で]. **c** 〈衣服など〉最上の, とっておきの (best): She came to the party in her ～ dress. 彼女は晴れ着姿でパーティーに出席した.
2 幸福な, 愉快な, 楽しい; 幸運な; 面白い, うまい: ～ humor 上機嫌 (cf. good-humored) / a ～ joke うまい冗談 / have a ～ time (of it) 楽しい時を過ごす, 楽しい思いをする / ⇨ *as good as a* PLAY / in the ～ old days 古き良き時代に, 昔は《★ good は軽い賛美の意の添え言葉; cf. old *adj.* 9 b》/ It is ～ to have a holiday now and then. 時々休暇のあるのは楽しい / That's a ～ one ['un]. 《口語》それは面白い, うまいこと[嘘, 冗談]を言うね / We've never had it so ～. 《米口語》かってこんないいご時世がなかった《今ほど楽に暮せたことがない》/ It's a ～ job we brought our umbrellas. かさを持って来たのは上出来だった / *Good* show! ⇨ show *n.* 8 / ⇨ good thing.
3 a 〔ある目的にとって〕具合の良い, 好適な, 適切な (fitting, proper), 望ましい (desirable)〔*for*〕: a ～ answer / a ～ question ⇨ question 1 / ⇨ *in good* TIME / It is not ～ that the man should be alone. 人ひとりなるは良からず (*Gen.* 2:18) / I thought it ～ to do so. そうするのが良いと[そうしようと]思った / That is not [hardly] ～ enough. それはどうもまずい[満足できない], それではいけない / It's a ～ day *for* swimming. 水泳にもってこいの日だ / Not so ～! 《皮肉》それはひどい, ひどい失敗[間違い]だ / *Good!*＝Very ～! (返事に用いて)よし, 結構, その通り / *Gòod for yóu!* 《口語》でかした, うまいぞ《★《豪俗》では *Gòod ón you!* という》. **b** 〔…にとって〕効果のある, 有効な, 〔…の〕ためになる, 健康に良い〔*for*〕: Exercise is ～ *for* the health. 運動は健康によい / This medicine is ～ *for* headaches. この薬は頭痛にきく / Milk is ～ *for* you. 牛乳は君の健康に良い / Discipline is ～ *for* everybody. 訓練は誰にでもためになる / It is ～ *to* eat [drink]. それは食べられる[飲める] / There was no lamp ～ *to* read by. 本が読めるような電灯がなかった.
4 a 善良な, 有徳の (virtuous); 信心深い (pious); 忠実[忠順]な (dutiful): a ～ wife 良妻 / a ～ king 名君 / a ～ Democrat 忠実な民主党員 / a ～ and holy man 高徳の聖者 / It is difficult to be ～ amid the temptations of the world. 世の誘惑の中にいて善良でいることはむずかしい / *Good* man! あっぱれ, よくやった. **b** [名詞的に; the ～; 複数扱い] 善人 (↔ the bad, the wicked): *The* ～ die young. 善人は若死にする. ★ 対句的表現法では the が省かれる: *Good* and bad alike respect him. 善人も悪人も等しく彼を尊敬する.
5 〈特に, 子供が〉行儀の良い, おとなしい: a ～ boy [girl] 良い子 / Be ～! 《口語》じゃあ気をつけて[しっかりしてね]《別れの挨拶に言う》/ That's [There's] a ～ boy [girl, fellow]. 《口語》いい子だから, いい子だね《子供に用事を言いつける時や用事を足してくれた子供をほめる時の表現》/ ⇨ (*as*) *good as* GOLD (1).
6 仲の良い, 親しい (close); 機嫌のよい, あいそのよい (gracious): a ～ friend 親友, 仲良し / a ～ loser 負けても[損をしても]くよくよしない人.
7 〔…に〕親切な, 思いやりのある〔*to*〕: a ～ turn 親切, 好意 / ⇨ good offices / say a ～ word for …をほめる,

推薦する / They were ~ *enough* [*so* ~ *as*] *to* take me with them. 彼らは親切にも私を一緒に連れて行ってくれた / Be ~ *enough to* hold your tongue. そうしゃべらないで下さい / He is very ~ *to* his poorer neighbors. 近所の貧しい人たちに随分親切にしてやっている / *It is* extremely ~ *of* you *to* take so much trouble. そんな面倒をして下さるとは本当に御親切様です / How ~ *of* you! これは御親切にありがとう.

8 a 有能な, 手腕のある; 熟練の, 〔...が〕上手な, うまい〔*at, in*〕; 適任の, 資格のある: a ~ carpenter, farmer, lawyer, teacher, workman, etc. / He is a ~ rider [dancer]. 乗馬[ダンス]がうまい / He is ~ *at* figures [languages, golf, telling a story]. 計算[語学, ゴルフ, 話をすること]がうまい / You are ~ *at* evading your obligations. 《皮肉》君は義務を逃がれることにかけては抜け目がない / He is ~ *at* [*in*] carpentry. 大工仕事が得意だ / She is ~ *on* the violin. バイオリンが上手だ / He is ~ *with* children [a rifle, a pen, the telephone]. 子供の扱い[射撃, 字, 電話の応待]がうまい / They are in need of a ~ man *for* the post. 彼らはその地位の適任者を求めている / She is ~ *for* nothing. 何も能のない[全くつまらない]女だ (cf. good-for-nothing). **b** 〔金銭を〕支払う能力[意志]がある〔*for*〕: My friend will be ~ *for* that sum of money. 友人はそれだけの金額を支払ってくれるだろう. **c** 〔笑いを〕さそえる, 巻き起こす力がある〔*for*〕: He [His joke] is always ~ *for* a laugh. 彼[彼の冗談]はいつでも人を笑わせずにはおかない.

9 a 健全な (sound), 強い, 丈夫な (strong), 健康な (healthy); 〈顔色など〉つややかな, すべすべした: He has ~ lungs. 肺が強い / My sight is still ~. 私の視力はまだ丈夫だ / She is enjoying ~ health. 彼女は丈夫でいる / I'm feeling ~. 《米口語》体の具合がよい, 元気が出てきた. **b** 〈ある期間・活動など〉役に立つ, もつ, 大丈夫で〔*for*〕: He [This car] is ~ *for* another ten years. 彼[この車]はまだ 10 年は働ける[もつ] / Are you ~ *for* a five mile walk [another game]? 5 マイル歩く[もうひと勝負する]体力があるか.

10 無傷な, 完全な (free from flaws); 新鮮な, 悪くなって[腐敗して]いない (fresh): This egg is not very ~. この卵はあまり新しくない / This wine will keep ~ for a long time. このぶどう酒は長いこと取っておける.

11 a にせ[偽り]でない, 真正の (genuine): tell false money from ~ にせ金を本物と区別する (cf. good money). **b** 正当な, 有力な (cogent); 有効な (valid): a ~ reason [excuse] 正当な理由[弁解] / a ~ title 〘法律〙有効な権原, 良権原 / This ticket is ~ *for* 2 days. この切符は 2 日間有効です / The same thing holds ~ *for* us Japanese. 同じ事は我々日本人にも当てはまる. **c** 価が〔...に〕相当する, 〔...分に〕価する〔*for*〕: A postal card is ~ *for* 20 yen. 葉書一枚が 20 円に当たる.

12 a (商業的に)信用できる (reliable), 確実な, 安全な (safe): ~ securities 優良証券 / a ~ firm 発展性のある企業 / a ~ debt 回収確実な貸金 / An Englishman's word is as ~ as his bond. 英国人の言葉[約束]は証文のように確かだ / ⇨ (*as*) *good as* GOLD (2). **b** 《口語》有利な, 有益な, もうかる (profitable): ⇨ good thing.

13 a 十分な, たっぷりの; 相当な, かなりの; 存分な, 完全な; 〈意図・決意など〉かなり強い: a ~ meal [drink] 十分な食事[飲み物] / a ~ crop [year] 豊作[年] / a ~ while ago かなり前に[の] / a ~ deal of trouble [money] かなり大変な面倒[たくさんの金] / give a ~ beating [scolding] さんざんぶって[小言を言って]やる / have a ~ supply of coal 十分な石炭の供給[貯蔵]がある / have a ~ rest [cry] 存分に休む[泣く] / take a ~ look at ...をよく見る / keep up a ~ fire 火をよく起こして[燃やして]おく / make a ~ profit 相当な利益をあげる / Make ~ use of your opportunity. 機会は十分に活用せよ / He has put ~ money into the business. 彼はその事業にかなりの金を注ぎ込んだ. **b** [数詞の前または *a* ~ で] 十分な, 丸... (full): *a* ~ day's work たっぷり一日の仕事 / It is a ~ *three* miles from the station. 駅から 3 マイルたっぷりある / He was a ~ ten years my senior. 完全に 10 年は私より年上だった. **c** [*good*] [形容詞に先立ち, 副詞的にその意味を強めて] 《口語》かなり, 相当に; 十分に (cf. GOOD *and*): ~ hard work かなりきつい仕事 / a ~ strong dose かなり強い服用量 / a ~ many books かなりたくさんの本 / a ~ few ⇨ few *adj.* 成句 / with the sails ~ full 〘海事〙(特に詰め開きで)帆に十分風を受けて / It will take a ~ long time. かなり長い時間がかかるだろう.

14 (米国公定の格付けで)〈食肉, 特に牛肉が〉良の《最上等 (prime), 上等 (choice) の次の格付け》.

15 a [gʊ̀d] [挨拶の成句に用いて]: ⇨ good afternoon, good-bye, good day, good evening, good morning, good morrow, good night. **b** [強い感情や驚きなどを表わす句に用いて]: *Good* gracious! = *Good* God [heavens]! = *Good* me! おお神よ, おやおや, これは驚いた, えーっ / *Good* Lord, no! まあ, (そんな事)とんでもない / *Good* grief! 大変, ああ, こわい. ★ ⇨ God *n.* 4.

16 a [呼掛けにまたは慣習的な敬称として] 親愛な, いとしい (dear); 《古》尊敬すべき (honorable): my ~ sir [lady] あなた / my ~ friend 君《時には皮肉にまたは怒って》/ your ~ lady あなたの奥様 / this ~ man このお方《時には皮肉に》/ ~ Mr. Hooper フーパーさん / ~ my lord [your ladyship] 《古》御前[奥方]様 / You did it for your ~ pleasure. 《皮肉》君の勝手でしたのだろう. **b** [船・都市の名に添えて]: the ~ ship X 誉れの X 丸 / the ~ town of Y 名誉ある Y 市.

as good as [副詞的に] (...したも)同然で: He is *as* ~ *as* dead. 死んだも同然だ / That's *as* ~ *as* said. それは言ったも同然だ. ***good and*** [gʊ̀dn̩] [後に続く形容詞または副詞を強調して] 《口語》非常に, 全く (very); 十分に, 完全に (cf. 13 c, NICE *and*): He's ~ *and* hungry. とても腹がへっている / I'll leave when I'm ~ *and* ready. 準備がすっかりできたら出かける / You must work ~ *and* hard. しっかり勉強しなければならない / He fell for her ~ *and* proper. 彼女にすっかり惚れ込んだ. ***good in parts***(, ***like the curate's egg***) ⇨ curate's egg. ***good men and true*** 立派で正直な人々, 正義の士 (Shak., *Much Ado* 3. 3. 1); 陪審員: twelve ~ *men and true* 普通陪審員 (common jury). ***make good*** (*vt.*) (1) 〈損害などを〉償う, 補償する (compensate), 〈破損物などを〉修復する; 〈不足などを〉補う; 弁済する, 返金する: He promised to *make* ~ all the damage. 損害は全額弁償すると約束した. ★ しばしば make good で一語の他動詞のように感ぜられて目的語をその後に置く; 次のように自動詞的に用いることもある: I took the article back to the storekeeper and asked him to *make* ~. その品物を返しに店主の所へ持って行って金を返してくれと申し出た. (2) 〈約束を〉履行する (fulfil); 〈目的を〉なし遂げる, 果たす: *make* ~ one's promise 約束を果たす / *make* ~ one's boast 自慢だけのことをする / *make* ~ one's escape 逃げおおせる. (3) 〈言説・非難など(の真実なこと)を〉立証[実証]する: *make* ~ one's allegations 自分の主張の正しさを証明する. (4) 〘海事〙直航針路を計算で求める, 直航速力を計算で求める. (*vi.*) 《口語》成功する (succeed); うまく更生する.

— *adv.* 《米口語》うまく, 具合よく, 首尾よく (well): I'll show you how ~ everything is going. 万事いかに順調に行っているかを見せてあげよう. ★ 動詞を修飾する good の副詞用法は一般に非標準語法とみなされ, well に代えられるべきであると言われる.

— *n.* **1 a** 善, 徳 (virtue) (↔ evil); 良い点, 長所 (merit): the highest ~ 最高善, 至上善 (summum bonum) / an influence for ~ 善に対する感化力 / do ~ 善行をする / I find no ~ in him. 彼には良い所が少しもない. **b** 良い事[物, 結果]: for ~ or evil 良かれ悪しかれ / after [up to] no ~ 良からぬ事をたくらんで, いたずらにふけって / come to no ~ 不幸な結果に終わる, 大した事[もの]にならない; 〈人が〉良からぬ事をしでかす / To some life is a doubtful ~. 人によっては人生が良いものかどうか疑問なこともある.

2 a 利益, ため (advantage, benefit); 幸福, 福利: the common ~ 公益 / I am saying this *for* your ~. あなたのためを思ってこれを言っているのです. **b** 《口語》役, 価値: Is it any ~ to you? それで君に役に立つのか / It is no ~ talk*ing*. 話したってむだだ / She is no ~. 彼女はつまらない女だ / What is the ~ *of* doing it? そんなことをして何になるのか / This weather will do her a lot of ~. この天気は彼女の体には大変よいでしょう / Much ~ may it do you! 《反語》それは大いに役に立つだろうよ《何の役に立つものか》.

3 (特に米国の牛肉の格付けで) 上(じょう) (cf. *adj.* 14).

4 [*pl.*] 〘法律〙(有体)動産 (movables); 《古》財産, 所有物 (possessions): household ~*s* 家財 / ~*s* and chattels 〘法律〙人的財産《個人の所有物一切》/ ~*s* and effects 〘法律〙(通例, 無体動産も含めて)動産.

5 [*pl.*] **a** 商品, 品物 (merchandise): the latest spring ~*s* 最新流行の春物 / canned [tinned] ~*s* かん詰類 / fancy ~*s* 小間物類 / leather ~*s* 皮革製品 / soft ~*s* 織物類 / ~*s* in stock 在荷, 在庫品 / ⇨ dress goods, dry goods, wet goods. **b** 《米》[時に単数扱い]織物, 反物, 生地類: broad [narrow] ~ 広[小]巾物 / printed ~*s* プリント地類 / wash ~*s* 洗いのきく生地.

6 [*pl.*] 《英》 **a** (鉄道)貨物 (《米》freight); [単数扱い] 貨物列車: air-borne ~*s* 空輸貨物 / by ~*s* 貨車で. **b** [形容詞的に] a ~*s* agent 貨物取扱人, 運送店 / a ~*s* engine 貨物列車を引く機関車 / a ~*s* truck [van] 無蓋(むがい)[有蓋]貨車 / a ~*s* platform 貨物ホーム / a ~*s* shed 貨物上屋(うわや) / a ~*s* station 貨物駅 / a ~*s* train 貨物列車 / a ~*s* waggon (特に長距離用の)大型貨車 / a ~*s* yard 貨車操車場.

7 [the goods; 時に単数扱い] 《口語》 **a** 待望の物[人], あつらえ向きの物[人], 本物 (genuine article); 必要な素質[力量, 資格]: It's *the* ~*s*. / He has *the* ~*s*. 彼には全くその素質がある. **b** 盗品; (犯行の)確証: be caught with *the* ~*s* 盗品を持っているところをつかまる / They had *the* ~*s on* him. 彼の(犯行)に対して確証を握っていた.

a bit of goods 《英俗》(若い)女, あま. ***a piece of goods*** ⇨ piece 成句. ***bring one's goods to a bad*** [***the wrong***] ***market*** ⇨ market 成句. ***deliver the goods*** 〘← 7 a〙《口語》約束を果たす, 予定を遂行する; 期待にかなう. ***for good*** (***and all***) これを最後に, 永久に (forever): He lost his job *for* ~. 彼は永久に職を失った / I am going *for* ~ *and all*. 私はこれきり帰って来ない. ***have*** [***put***] ***all one's goods in the*** (***front***) ***window*** [***the shopwindow***] 〈人が〉見掛け倒しである, 奥行きがない, 浅薄である (be superficial). ***in good with*** 《口語》...に気に入られて. ***to the good*** (1) 効果をあげて, 有利に: His efforts were all *to the* ~. 彼の努力は十分に報いられた. (2) 貸越しとして, 純利として(余分に); 勝越しで: He was one pound *to the* ~ over the deal. その取引で 1 ポンドもうけた / The win put our team three points *to the* ~. その勝利で我々のチームは 3 点勝越しとなった. / one *to the* ~ 1 点勝ち越して.

gòod afternóon *int.* こんにちは; さようなら《午後の挨拶》. 「1, 2).

Góod Bóok *n.* [the ~] 聖書 (the Bible) (cf. book *n.*

good-bye [gʊ̀(d)báɪ, gə(d)-] 〘《1573–80》*Godbwye* 《短縮》← *God be with ye*: good- は GOODNIGHT などの類推〙 (*also* **good-by** [~]) — *int.* さようなら (farewell) 《別れ・電話での会話の終わりの挨拶》. — *n.* 別れの言葉[挨拶], いとまごい, 告別 (farewell): say [bid, wish] a person ~ 人に別れを告げる, いとまごいをする / wave [kiss] a person ~ 手を振って[キスをして]人に別れを告げる / Last ~*s* have been spoken. 最後のいとまごいがなされた.

góod chéer 〘ME〙 — *n.* **1** 上機嫌, 快活, 元気: with ~ 元気よく, 快く / of ~ 元気な, ほがらかな / Be of ~! 元気を出しなさい, しっかりしなさい. **2** 楽しい飲み食い, 饗宴; 浮かれ騒ぎ. **3** ごちそう: make [enjoy] ~ ごちそうを食べる / be fond of ~ 口がおごっている. 「合の.

góod-condítioned *adj.* 調子のよい, 好調の, 好都

Góod Cónduct Mèdal *n.* 〘米軍〙善行記章.

gòod dáy 〘ME〙 *int.* こんにちは; さようなら《昼間の挨拶》. ★ 今はやや堅苦しい表現.

Goo·de·ni·a·ce·ae [gʊ̀diːniéɪsiìː | -nɪ-] 〘← NL ~ ← *Goodenia* (属名: ← *Samuel Goodenough* (19 世紀の英国の主教・植物学者) + -IA[2]) + -ACEAE〙 — *n. pl.* 〘植物〙クサトベラ科. 「拶》.

gòod évening *int.* こんばんは; さようなら《晩の挨

góod féllow 〘ME〙 — *n.* **1** 愉快な人, 親しみやすい人, いい男: my ~ おい君《親しみをもった呼掛け; good はしばしば戒める調子を含む》/ There's a ~. いい子だからね《言うことを聞くんだよ》. **2** 《古》飲み友達.

góod-féllowship 〘《15C》〙 *n.* **1** 友達のよしみ, 友情; 社交性, あいそよさ (geniality). **2** 《古》飲み友達のよしみ (cf. fellowship 2).

góod fólk *n. pl.* [the ~] = good people.

góod-for-nàught *n.* = good-for-nothing.

góod-for-nòthing *adj.* 役に立たない, 価値のない, 毒にも薬にもならない (worthless, useless). — *n.* やくざ者, ろくでなし. **~·ness**

góod-for-nòught *adj., n.* = good-for-nothing.

Góod Fríday 〘ME〙 — *n.* 聖金曜日, 受苦日, 聖大金曜日《復活祭の前の金曜日でキリストの十字架の受難を記念する教会の祭日; 米国の幾つかの州, さらにいくつかのキリスト教国で法定休日にしている》.

góod-héarted *adj.* 親切な, 思いやりのある (kind); 善意の (well-meaning). **~·ly** *adv.* **~·ness** *n.*

Gòod Hópe, the Cape of *n.* ⇨ Cape of Good Hope.

góod húmor *n.* 上機嫌, あいそのよさ: in (a) ~.

góod-húmored *adj.* 上機嫌な, 陽気な, あいそのよい, 気さくな (cheerful). **~·ly** *adv.* **~·ness** *n.*

good·ish [-dɪʃ] *adj.* **1** まあよい方の, かなりよい. **2** [a ~] (数量・大きさなど)かなりの, 相当な: *a* ~ number かなりの数 / walk about *a* ~ time かなりの時間歩きまわる. 「い奴 (cf. Joe[2] 1).

góod jóe, g- J- *n.* 《米口語》(気の)いい男, 感じのい

Góod-Kìng-Hénry *n.* 〘植物〙ヨーロッパ原産アカザ科の多年草 (*Chenopodium bonus-henricus*) 《蔬菜(そさい)用》.

góod lífe *n.* **1** 善良[有徳]な生活. **2** 生活水準の高い生活, 楽な暮らし.

góod·li·ness 〘《15C》〙 *n.* **1** 上質, 上等, 優秀. **2** 器量のよいこと (beauty). **3** (量・数などの)十分.

góod líver *n.* **1** 善良[有徳]な生活を送っている人. **2** 楽な暮らしの人, ぜいたくな生活をしている人.

góod líving *n.* ぜいたくな生活[食事].

góod-lóoker *n.* 顔立ちのいい人, 美人.

góod-lóoking *adj.* **1 a** 〈人が〉器量[顔立ち]のよい, 美しい (↔ plain-looking). **b** 善良[有徳]そうな. **2** 〈物が〉よく似合う, 立派な: a ~ coat. **~·ness** *n.*

good·ly 〘OE *gōdlić*: ⇨ good, -ly[2]〙 — *adj.* (**good·li·er**; **-li·est**) **1 a** 器量のよい, 美しい. **b** 立派な, 上等な: a ~ gift, land, etc. **2** 相当に大きい, 十分の, かなりの: a ~ amount, number, etc.

good·man [gʊ́dmən | -mæ̀n] 〘《a1121》〙 — *n.* (*pl.* **-men** [-mən, -mèn | -mèn]) **1** 《古・方言》(家の)主(あるじ), 家長 (householder); 夫. **2** [しばしば G-] 《古》男子の敬称 (Mr.) 《gentleman より一つ下の格の敬称として姓に付けて用いた》: *Goodman* Hodge.

Good·man [gʊ́dmən], **Benny** *n.* (1909–) 米国のクラリネット奏者・バンドリーダー; 本名 Benjamin David Goodman.

Goodman, Paul *n.* (1911–72) 米国の小説家・詩人・劇作家・社会評論家; *Making Do* (小説, 1963).

góod móney *n.* **1** 本物の金, 良貨 (cf. good *adj.* 11 a); 何かで有効に使えた金. **2** 《口語》高い賃金, 高給. ***throw good money after bad*** 損の上塗りをする,「盗人(ぬすっと)に追い銭」; むだな事にこだわる (cf. *cut one's* LOSSES).

gòod mórning 〘《?a1400》*gode morne*〙 *int.* おはよう, こんにちは; さようなら《午前中の挨拶》.

gòod mórrow 〘《c1390》〙 *int.* 《古》= good morning.

góod-nátured *adj.* 人のよい, 気立てのよい, 優しい,

親切な, あいそのよい, 気さくな; お人よしの (↔ ill-natured). **~·ly** *adv.* **~·ness** *n.* 「の.
góod-néighbor *adj.* (国と国とが)善隣の, 友好関係
góod néighbor *n.* **1** 友好的な人. **2** (特に, ラテンアメリカにおける米国の)善隣国. 「しみ.
gòod-néighborhood *n.* 善隣のよしみ, 近隣の親
Góod Néighbor Pòlicy *n.* [the ~] 善隣政策《1933年米国大統領 F. D. Roosevelt が発表したラテンアメリカ諸国との政治·経済的親善外交政策》.
góod·ness 〚OE *gōdnes*: ⇨ good, -ness〛 ── *n.* **1 a** (道徳的)よさ, 善良, 有徳 (virtue); 慈善 (benevolence). **b** 優しさ, 親切 (kindness): the ~ of heart 心の優しさ, 親切心 / have *the* ~ *to* do 親切にも…する / Have *the* ~ to come in, please. どうぞお入り下さい. **2 a** 良い所, 粋, 美点, 長所, 精髄, (食品の)滋養分: boil all the ~ out of meat 肉の滋養分をすっかり煮出す. **b** (質の)よさ, 優良, 優秀: the ~ of workmanship, material, etc. **3** [感嘆句その他に God の代わりに用いて (cf. God *n.* 4)]: for ~' sake お願いだから, 後生だから(どうぞ) / in the name of ~ 神の御名において, 神明に誓って; 一体全体 / *Goodness* (gracious)!=(My) ~ me! これはこれは, おやおや, 何だと《驚きや怒りを表わす》/ *Goodness* knows…=God knows… ⇨ know[1] 成句 / wish to ~ …であってほしい / Thank ~! ありがたや.
Góod Nèws Bíble *n.* [the ~] 福音聖書《新約は1966年, 旧約は1976年に米国で出版された現代口語訳聖書; (the Bible in) Today's English Version ともいう》.
gòod níght 〚《?*a*1200》〛 *int.* さようなら, おやすみなさい《夜の別れ·就寝時の挨拶》.
góod óffices *n. pl.* 斡旋(あっせん), 世話, 口きき; (外交上の)調停, 仲裁: through the ~ of a friend 友人の尽力によって.
good-oh [gúdòu | -dəu] 《英口語》*int.* よし, うまいぞ《同意·承諾·称讃を表わす》. ── *adv.* **1** 間違いなく, ちゃんと. **2** よろしい (yes). 「people 8).
góod péople *n.* [the ~] 《婉曲》妖精たち (fairies) (cf.
goods [gúdz] *n. pl.* ⇨ good *n.* 4, 5, 6, 7.
góod Samáritan, G- S- *n.* 良い[善き]サマリア人, 苦しむ人の真の友 (cf. *Luke* 10: 33, 30–37).
góod sénse *n.* (直観的な)分別, 良識.
Góod Shépherd *n.* [the ~] よき羊飼い《キリストのこと; cf. *John* 10: 11, 14》.
góod-sízed *adj.* 大型の; かなり大きい: a ~ audience かなり多数の聴衆. 「person ~.
gòod spéed *n.* 幸運, 成功 (cf. Godspeed): wish a
góod-témpered *adj.* (めったに怒ったりしないで)穏やかな, おとなしい; あいそのよい. **~·ly** *adv.* **~·ness** *n.* 「の会員.
Góod Témplar *n.* 1851年米国に組織された禁酒会
góod thíng *n.* **1 a** 良い物. **b** 《口語》有利な事; 好運; 好機; うまい仕事 (cf. good *adj.* 12 b): be onto [on (to)] a ~=have a ~ going うまい仕事[もうけ口]にありついている. **2** [*pl.*] 御馳走, 珍味 (dainties); 贅沢品 (luxuries).
too much of a good thing (美点·完全さなどの度が強すぎて)うんざりさせるもの, ありがた迷惑(なもの) (cf. Shak., *As Y L* 4. 1. 123): That's *too much of a* ~. それは行きすぎだ[うんざりする].
góod-tìme *adj.* 〈人が〉快楽を求める, 放蕩な: a ~ girl 遊び好きな若い女, プレイガール. **góod·tìmer** *n.*
góod-tìme Chár·lie [**Chár·ley**] [-tʃáəli | -tʃáːli] *n.* 《口語》のん気で遊び好きな[陽気な]男, 陽気な楽天家.
góod·wìfe 〚《*c*1250》〛 ── *n.* (*pl.* **-wives**) **1** 《スコット》女主人, 主婦 (cf. goodman). **2** [しばしば G-] 《古》婦人の敬称 (Mrs.) 《Lady というより低い格の敬称として姓につけて用いる》.
góod·wíll 〚? OE *god(e) wil*〛 ── *n.* (*also* **góod wíll**) **1** 好意, 親切, 厚情 (favor) 〔*to, toward*〕. **2** 喜んで応じること, 快諾 (willingness, readiness). **3** 〘商業〙(店·商売の)株; のれん; 営業権. **góod·wílled** *adj.*
Góod·win Sánds [gúdwɪn-, -wən- | -wɪn-] 〚ME *Godewynsonde* ← Goodwyn 《原義》good friend (← GOOD+OE *wine* friend)+*sonde* 'SAND'〛 ── *n. pl.* [the ~] イングランド南東部, Dover 海峡の北の入口にある砂洲(す) (長さ 16 km) で航海の難所《the Goodwins ともいう》.
Good·wood [gúdwud] 〚ME *Godivewod* 《原義》the wood of *Gōdgifu* (女性名)〛 ── *n.* **1** イングランド West Sussex 州にある村; 競馬場で知られる. **2** Goodwood で開催の競馬 ('glorious' Goodwood とも呼ば
góod wórks *n. pl.* 慈善行為, 善行. 」れる).
good·y[1] [gúdi | -dɪ] 〚《1559》《転訛》← GOODWIFE: cf. hussy〛 *n.* 《古》**1** (Harvard 大学等で)学生部屋の掃除婦, おばさん. **2** おかみさん, おばさん《しばしば下層社会の既婚婦人の姓に付けて用いた》: *Goody* Smith.
good·y[2] [gúdi | -dɪ] 〚《1745》← GOOD (adj.)+-Y[2]: cf. bonbon〛 ── *n.* 《口語》**1** [通例 *pl.*] **a** 糖菓, キャンデー (sweetmeat). **b** とくに魅力ある[楽しい, 良い]もの. **2** (映画·テレビなどの)英雄, 善玉 (↔ baddy).
good·y[3] [gúdi | -dɪ] 〚《1813》← GOOD+-Y[4]〛《口語》*adj.* =goody-goody. ── *int.* すてき, すごい《特に, 子供が喜びを表わす時に使う》. **good·i·ness** *n.*
Good·year [gúdjɪə, -dʒɪə | -djəː(r, -djə(r, -dɪə(r], **Charles** *n.* (1800–60) 米国の発明家; ゴムの加硫法を発明 (1844).

góody-góody 《口語》*adj.* いやに善人ぶった ── *n.* いやに善人ぶった人. **góody-góod·i·ness** *n.*
goo·ey [gúːi | gúːi] 〚← GOO+-EY〛《俗》 ── *adj.* (**goo·i·er; -i·est**) **1** ねばねばした, べたつく (sticky). **2** 感傷的な, センチな (sentimental). ── *n.* **1** ねばつく物[食物], 糖蜜(など). **2** 弱い性格の人.
goof [gúːf] 〚《変形》← ? 《廃·方言》*goff* dolt, daft person ▭ F *goffe* stupid ▭ It. *goffo* ▭ ML *gufus* coarse〛《俗》 ── *n.* **1** ばか, 間抜け. **2** (不注意による)間違い, へま, どじ: make a ~ へまをやる. ── *vi.* **1** しくじる, へまをやる. **2** 時間をつぶす; 仕事をなまける, さぼる 〈*off, around*〉: ~ *off on* the job 仕事をさぼる. **3** (麻薬で)陶酔状態にある. ── *vt.* **1** (ばかげたへまをして)台無しにする 〈*up*〉. **2** [通例 p.p. 形で] (麻薬で)陶酔させる, 麻痺させる 〈*up*〉.
góof·báll 〚⇨ ↑, ball[1]〛 ── *n.* 《俗》**1 a** 睡眠[安定]剤(の錠剤)《barbiturate を主剤とする陶酔感を与えるもの》. **b** 麻薬, (特に)マリファナ (marijuana). **2** 間抜け, 能なし; 変人. 「やる人; 間抜け.
goof·er [gúːfə | -fə(r] 〚← *goof(y)*+-ER[1]〛 *n.* へまを
go-off [⌐⌐ | ⌐⌐] *n.* 《口語》出発, 初め, 始まり (start): at one ~ 一度で, 一気に / At the first ~ 最初の一度で, 直ちに; 初め(に)は / succeed at the first ~ 最初で成功する. 「ら (cf. goof *vi.* 2).
góof-òff *n.* 《俗》いつも責任[仕事]逃れする人, ぐうた
góof pìll *n.* =goofball 1.
góof-ùp *n.* 《俗》(特に, 不注意や無責任のために)いつも物事を台無しにする[面倒を起こす]人 (cf. goof *vt.* 1).
goof·y [gúːfi | -fi] *adj.* (**goof·i·er; -i·est**) 《俗》ばかな, 間抜けな (foolish), 狂った, いかれた (crazy). **góof·i·ly** [-fɪli, -fə- | -lɪ] *adv.* **góof·i·ness** *n.*
góofy-fòot *n.* (*pl.* ~**s**) 右脚を前に出してサーフボード (surfboard) に乗りサーフィン[波乗り]をする人《goofy-footer ともいう》.
goo·gly[1] [gúːgli | -glɪ] 〚《1904》← ?〛 ── *n.* 〘クリケット〙グーグリー, 曲球《leg 側から切れると見せかけて off 側から切れる球》.
goo·gly[2] [gúːgli | -glɪ] 〚← GOGGLE: ⇨ -y[4]〛 *adj.* 〈目が〉丸くて大きい: *googly*-eyed 出目の, ぎょろ目の.
goo·gol [gúːgɔ(ː)l, -gɑl | -gɔl] 〚米国の数学者 Edward Kasner (1878–1955) の9歳の甥の言葉からの造語〛 ── *n.* 〘数学〙グーゴル《1の後へ0を100個つけて得られる数, すなわち 10^{100}》.
goo·gol·plex [gúːgɔ(ː)lplèks, -gɑl- | -gɔl-] 〚← GOOGOL+(DU)PLEX〛 *n.* 〘数学〙グーゴルプレックス《1の後へ0をグーゴル個 (10^{100} 個) つけて得られる数》.
goo-goo [gúːgùː] 〚*good government* の頭字から〛 *n.* 政治改良運動家[擁護者].
góo-goo èyes 〚*goo-goo*: 《変形》? ← GOGGLE: cf. goggle eye〛 *n. pl.* 《口語》色目, 流し目 (ogling): make ~ *at* a girl.
gook[1] [gʊ́k, gúːk] 〚← ?〛 *n.* 《米俗》[軽蔑的に] 外国人《特に, 黄色[褐色]人種など》.
gook[2] [gʊ́k, gúːk] 〚《変形》? ← GOO〛 *n.* 《米俗》**1** べたつく物, ねばねばする物 (goo). **2** ばかげた[つまらない, くだらない]こと. **góok·y** [-ki | -kɪ] *adj.*
goon[1] [gúːn] 〚← 《方言》*gooney* fool ← ?: E. C. Segar (1894–1938) の漫画に出る Alice the Goon によって広まった〛 ── *n.* **1** 《俗》ばか, とんま (dolt). **2** 《英》(英国捕虜から見たドイツの)護送兵, 見張り (guard). **góon·y** [~i | ~ɪ] *adj.*
goon[2] [gúːn] 〚↑〛 *n.* 《俗》暴漢 (roughneck); (特に, 争議に雇われる)暴力団員.
goon·die [gúndi | -dɪ] 〚土語〛 *n.* (オーストラリア原住民の)小屋.
góo·ney [gúːni | -nɪ] 〚← 《方言》*gooney*: ⇨ goon[1], -y[2]〛 ── *n.* (*also* **goo·ny, goo·nie** [~]) 〘鳥類〙アホウドリ (albatross) の類の総称; (特に)クロアシアホウドリ (black-footed albatross), コアホウドリ (*Diomedea immutabilis*)《gooney bird ともいう》.
goop[1] [gúːp] 〚米国の漫画家 Gelett Burgess (1866–1951) の創作した人物から〛 *n.* **1** 《米》行儀の悪い子. **2** 《俗》間抜け (dope). **goop·y** [~i | ~ɪ] *adj.*
goop[2] [gúːp] 〚← GOO+(SOU)P〛 *n.* 《米俗》べたつく物, どろりとした物. 「goral.
goo·ral [gʊ́(ə)rəl | gúər-] *n.* (*pl.* ~**s**, ~) 〘動物〙
goo·san·der [guːsǽndə | -də(r] 〚← GOOSE+《廃》(*berg*)*ander* sheldrake〛 *n.* 〘鳥類〙カワアイサ (*Mergus merganser*)《カモの一種》.
goose [gúːs] 〚OE *gōs* (pl. *gēs*) ← Gmc **ʒans-* (Du. *gans* / G *gans* / ON *gās* goose) ← IE **ghans-* goose (L *anser* / Gk *khḗn* / Skt *haṃsa* water bird): cf. gander[1]〛 ── *n.* (*pl.* 1–3 では **geese** [gíːs], 4–5 では **goos·es**) **1 a** 〘鳥類〙ガン, ガチョウ《ガン亜科の鳥類の総称; ハイイロガン (gray goose), シジュウカラガン (Canada goose) など》; ガン·ガチョウ類の雌鳥 (↔ gander): the domestic ~ ガチョウ / ⇨ wild goose / a gone ~ ⇨ gone[1] 2 a / All his *geese* are swans. 《諺》自分の物ならがちょうも白鳥に見える《自分の持物[親類, 友人]を過大評価する》/ The ~ hangs [honks] high. 《米口語》万事好都合だ, 形勢有望だ, (ゲームなど)調子がいい / The old woman is picking her *geese.* 雪が降っている《子供の 'It is snowing' の言い方》. **b** ガン·ガチョウ類の肉: What is sauce for the ~ is sauce for the gander. 《諺》甲に適するものは乙にも適する; 夫のやることは妻もしていい; この文句は私からあなたに言うのが当然だ《議論のしっぺい返しに言う》. ★ ラテン語系形容詞: anserine. **2** あほう(な女), 間抜け (simpleton). **3** (ガチョウの首のように曲がる取手[自在取手]がある)仕立屋の火のし. **4** 《廃》(昔, 英国で)盤上でさいころを振って駒 (counters) を進めたゲーム. **5** 《俗》人の感じやすい所(特に, 尻[股]の間)を手や指でつつくこと.
all right on the goose =sound on the GOOSE. ***can't say boo*** [***bo, boh***] ***to a goose*** とても気が弱い[はにかみ屋だ], 非常に臆病だ. ***cook a person's goose*** 《口語》人の熱意[計画, 希望など]をくじく[に水をさす]; 人の先の見込みをすっかりだめにする. ***kill the goose that lays*** [***laid***] ***the golden eggs*** 現在[一時]の利益のために将来の利益を犠牲にする (cf. golden goose). ***shoe the goose*** むだな仕事に時間を費す. ***sound on the goose*** 〈人が〉(政治的な考え方など)穏健で, 党の方針に忠実で.
── *vt.* **1 a** 〈人〉の感じやすい所をつつく; (特に)〈人〉の尻[股]の間を背後から手や指でつつく[突きあげる]. **b** =fuck 1. **c** 刺激する, 励ます (prod). **2** 〈エンジン〉にガソリンを不規則に送り込む.
góose bàrnacle 〚この中からガチョウ (goose) が生れるという伝説から〛 *n.* 〘動物〙エボシガイ《甲殻類·蔓(まん)脚類に属するエボシガイ科エボシガイ属 (*Lepas*) の動物の総称; 船底や浮木に付着する》.
goose·ber·ry [gúːsbèri, gúːz-, -b(ə)ri | gúzb(ə)ri] 〚《1532》《通俗語源》← ? GOOSE+BERRY ∽ ? **grozeberry* (cf. F *groseille* / Gk *rausbeere*)〛 ── *n.* **1 a** 〘植物〙グースベリ, スグリ《ユキノシタ科スグリ属 (*Ribes*) の植物の総称》; (特に)マルスグリ, セイヨウスグリ (*R. grossularia*). **b** スグリの実《ジャムなどにする》. **2** 《古》グースベリ(ワイン) (cf. wine). **3** (恋人たちの)付添い: play ~ 恋人たちの付添い役をする; 恋人たちにはありがたくない同行[席]者となる.

gooseberry 1 a (*R. grossularia*)

play old gooseberry with …をめちゃくちゃにする, 台無しにする, ぶちこわしにする.
góoseberry búsh *n.* グースベリの木《次の文などで子供などに赤ん坊がどこから生れるのかを説明する表現に用いる》: I found him [her] under a ~. 赤ちゃんはグースベリの木の下で見つけたのよ.
góoseberry fóol *n.* グースベリをどろどろに煮て冷やしてからクリームと砂糖を加えたデザート.
góose bùmps *n. pl.* 《米》=gooseflesh.
góose ègg *n.* **1** ガチョウの卵. **2** 《米俗》(競技などで)ゼロ, 零点 (duck's egg). **3** 《米俗》(なぐられてできた)大きなこぶ.
góose·flèsh *n.* (寒気·恐怖などによる)鳥肌: be ~ all over (ぞっとして)全身に鳥肌が立つ / feel the ~ rise 鳥肌の立つのを感じる.
góose·fòot 〚葉がガチョウの足に似ているのによる〛 *n.* (*pl.* ~**s**) 〘植物〙アカザ《アカザ科, 特にアカザ属 (*Chenopodium*) の草本の総称》. 「ウを飼育する女.
góose·gìrl 〚《なぞり》← G *Gänsemädchen*〛 *n.* ガチョ
goose·gog [gúzgɑ̀g | -gɔ̀g] 〚← GOOSE+*gog* (← ?)〛 *n.* 《英口語》=gooseberry.
góose gràss 〚ME〛 *n.* 〘植物〙**1** =cleavers. **2** =knotgrass 1. **3** =silverweed 1.
góose grèase *n.* ガチョウ脂《ガチョウの脂肪を溶かしたもので, 膏薬として家庭薬に用いられる》.
góose·hèrd 〚ME〛 *n.* ガチョウの飼育者.
góose·nèck *n.* **1** ガチョウの首のように曲がった[曲がる]器具[排水管など], 雁首(がんくび): a ~ lamp 首[柄]を自由に曲げられる卓上電気スタンド. **2** 〘海事〙グースネック《ブームの根本をマストなどへ取付けるための金具装置》. **~ed** *adj.*
góose pìmples *n. pl.* =gooseflesh.
góose quìll *n.* ガチョウの羽軸; 鵞(が)ペン.
góose·skìn *n.* **1** ガチョウの肌. **2** =gooseflesh.
góose-stèp *vi.* **1** 〘軍事〙ひざを曲げない観兵[閲兵]式歩調で行進する. **2** (圧迫や報復を恐れて)無思慮に従う, 順応する. **~·per** *n.*
góose stèp 〚《なぞり》← G *Gänseschritt*〛 ── *n.* 〘軍事〙**1** (前進しない)直立歩調教練《一本足で立ち, もう一方の足を前後に振って歩調をとる》. **2** (ドイツ軍隊などの, ひざを曲げないで)足をまっすぐに伸ばして歩く観兵[閲兵]式歩調.
góose·wìng *n.* 〘海事〙**1** 補助帆, 三角スタンスル (studding sail). **2** グースウィング《縮帆のため横帆の中央部を帆桁(ほげた)に引き上げ左右はそのままにした形》. **3** グースウィング《大[前]檣(しょう)帆の中央部を帆桁に引き上げた時, 垂れ下がっている下隅の部分》.
góose-wìnged *adj.* 〘海事〙**1** (横帆の場合)風上側はぴんと張ったまま風下側下隅を巻上げて. **2** (縦帆の場合, 追風の時)観音開きにして《前帆と主帆とを反対側に開いて》.
góosewing jìbe *n.* 〘海事〙グースウィングジャイブ《ジャイブ (jibe) をする時に, 帆の下端のブームだけを反対側へ回して, 上部のガフ (gaff) などは後回しにするやり方》.
goos·ey[1] [gúːsi | -sɪ] 〚← GOOSE+-Y[2]〛 *n.* 《小児語》**1** ガチョウ (goose). **2** おばかちゃん《おどけて子供を叱る時の言葉》.
goos·ey[2] [gúːsi | -sɪ] 〚← GOOSE+-Y[4]〛 ── *adj.* (**goos·i·er; -i·est**) **1** ガチョウのような; ばかな. **2** 《俗》**a**

すぐ鳥肌になる (cf. gooseflesh). **b** ものおじする, 神経質な (nervous). **c** すぐ驚く, 過敏な (ticklish).

Goos·sens [gúːsnz], Sir **Eugene** *n.* (1893–1962) 英国の指揮者・作曲家.

goos·y [gúːsi | -sɪ] *adj.* (**goos·i·er**; **-i·est**) ＝goosey².

G.O.P., GOP 《略》 Grand Old Party.

go·pher¹ [góufə | gə́ufə(r] 〘《1791》《頭部省略》← 《廃》 *magofer* ← ? ∥ ▭ ? F *gaufre* honeycomb (この動物の巣穴の形状から): cf. goffer〙 **— n. 1** 〘動物〙 **a** ホリネズミ, ポケットゴファ《北米からパナマまで分布するホリネズミ科の動物の総称; pocket gopher ともいう》. **b** ジリス《北米の草原に生息する *Citellus* 属の地上性リスの総称; cf. ground squirrel》. **2** 〘動物〙 アナホリガメ (*Gopherus polyphemus*)《米国南部にすむ陸生のカメ; 土中に深い穴を掘って暑さを避ける》. **3** 〘動物〙 ＝gopher snake. **4** 〘植物〙 ＝gopherwood. **5** [G-] 《米》 Minnesota 州人. **6** ＝gopher ball. **— vi.** 行きあたりばったりに坑道を掘る.

go·pher² [góufə | gə́ufə(r] *vt., n.* ＝goffer.

go·pher³ [góufə | gə́ufə(r] 〘*go far* (＝go for broke) の戯言的つづり〙 **— n.** 《米俗》 **1** 熱心な人; (特に) 外交員, セールスマン. **2** (たばこ・コーヒーなどを買いに出される) 使い走りの従業員[助手].

go·pher⁴ [góufə | gə́ufə(r] *n.* 〘野球〙 ＝gopher ball.

gópher bàll 〘打者が *go for it* (＝to hit it) and *go for* two or three bases or a home run する投球の意〙 **— n.** 《米俗》〘野球〙 (打者にとってホームラン向きの) 絶好球《単に gopher ともいう》. 「bull snake.

gópher snàke *n.* 〘動物〙 **1** ＝indigo snake. **2** ＝

Gópher Stàte *n.* [the ～] 米国 Minnesota 州の俗称.

gópher tòrtoise [**tùrtle**] *n.* 〘動物〙 ＝gopher¹ 2.

gópher·wòod 〘← GOPHER¹ + WOOD¹〙 *n.* 〘植物〙 オオバユク, アメリカユクノキ (⇨ yellowwood 1 a).

gó·pher wòod [góufə- | -fə-] 〘*gopher*: ← Heb. *gōpher*〙 *n.* ノアの箱船 (Noah's ark) を造ったと言われる木《想像では cypress; cf. *Gen.* 6:14》.

go·pu·ra [góupərə | gə́u-] 〘← Skt ～ ← *go* 'cow¹' + *pura* city〙 *n.* ゴプラ《南インドの寺院の門; cf. shikara, vimana》.

gor [gɔ́ə | gɔ́ː(r] 〘《転訛》← GOD〙 *int.* 《英方言》 神かけて, きっと; おや, 大変, まさか《軽いののしりや呪い・驚き・不信などを表わす》.

go·ral [gɔ́ːrəl, góːr- | gɔ́ːr-] 〘▭ Hindi ～〙 **— n.** (*pl.* **～s, ～**) 〘動物〙 ゴーラル《ヒマラヤ南部・中国・朝鮮・東南アジア産のチョウセンカモシカ属 (*Naemorhedus*) の数種の動物の総称》.

gor·bli·mey [gɔ̀əblάɪmi | gɔ̀ːblάɪmɪ] 〘《1896》← GOR + BLIMEY〙 *int.* (*also* **gor·bli·my** [～]) 《英俗》 しまった, 畜生《驚き・当惑を表わす》.

gór·còck [gɔ́ə- | gɔ́ː-] 〘← ? GORE¹ + COCK¹: その色から〙 *n.* 《英方言》〘鳥類〙 アカライチョウ (red grouse) の雄; バン (moorhen) の雄.

Gor·di·an, g- [gɔ́ədiən | gɔ́ːdjən, -dɪən] 〘← GORDI(US) + -AN¹〙 *adj.* **1** ゴルディオス (Gordius) の. **2** (Gordian knot のような) 解決至難の.

Górdian knót, g- k- 〘《1590》: Gordius 王 (↓) が戦車の長柄(ﾅｶﾞｴ)をくびきに結びつけた結び目を解く者は全アジアを支配するとの神託が出ていたが, 長い間だれもこれを解き得なかった; のち Alexander 大王がこれを剣で切断してこの難題を解決したとの故事にちなむ〙 **— n.** 至難事, 難問題.

cut the Gordian knot 思い切った手段で[大胆に]難問題を一気に解決する, 快刀乱麻を断つ.

Gor·di·us [gɔ́ədiəs | gɔ́ːdjəs, -dɪəs] 〘▭ L ～ ▭ Gk *Górdios*〙 *n.* ゴルディオス《古代フリジア (Phrygia) の王; cf. Gordian knot》.

Gor·don [gɔ́ədn̩ | gɔ́ː-] 〘地名に由来するスコットランドの家族名から: cf. OE *gāradūn* a triangular hill (⇨ gore²) / OF *gourd* dull, stupid〙 *n.* 男性名.

Gordon, Charles George *n.* (1833–85) 英国の軍人・将軍; 中国で太平天国の乱 (Taiping rebellion) を鎮定, 後スーダンの Khartoum で Mahdi の反乱軍に襲われて戦死; Chinese Gordon とも呼ばれる.

Gordon, Lord **George** *n.* ⇨ Gordon Riots.

Górdon Ríots *n. pl.* 〘英史〙 ゴードン暴動《1780 年 6 月 London で起こった反カトリック暴動; プロテスタント協会の会長 Lord George Gordon (卿) (1751–93) を指導者に, 約 1 週間市内を暴れ回った》.

Górdon sétter 〘スコットランドの愛好家 Gordon 公爵 (1745?–?1827) にちなむ〙 *n.* ゴードンセッター《スコットランド原産の猟犬種のイヌ》.

gore¹ [gɔ́ə, góə | gɔ́ː(r] 〘OE *gor* dung, dirt ← ?: cf. Du. *goor* mud〙 *n.* (傷から流れ出た) 血, (特に) 血のかたまり, 凝血, 血糊.

gore² [gɔ́ə, góə | gɔ́ː(r] 〘OE *gāra* corner, triangular piece of land (cf. G *Gehere* gusset) ← *gār* spear < Gmc **ʒaizaz* ← IE **ghaiso-* stick〙 **— n. 1 a** 〘服飾〙 ゴア《台形状の布切れでスカートに挿入したり, またはぎ合わせてスカートを作る; cf. gusset》. **b** (帆やこうもりがさに張る) 三角切れ. **2** 《米方言》 三角形の小地所. **— vt.** 〈着物など〉に三角切れ[まち, おくみ]をつける[入れる]: ～ a skirt.

gore³ [gɔ́ə, góə | gɔ́ː(r] 〘《a1400》← ? OE *gār* (↑)〙 **— vt. 1** 〈牛・イノシシなどが〉角や牙で突き刺す[突いて傷つける]: be ～d to death by a bull 雄牛に突き殺される. **2** 利器で突き刺す[傷つける]. **3** 〈岩が〉〈船腹などを〉貫く, 突き破る (pierce).

Go·ren [gɔ́ːrən, góːr- | gɔ́ːr-], **Charles H**(**enry**) *n.* (1901–) 米国のトランプ研究家・著述家; contract bridge の bidding 方式を飛躍的に改良した.

Gor·gas [gɔ́əgəs | gɔ́ː-], **William Crawford** *n.* (1854–1920) 米国陸軍軍医総監; パナマ運河建設の際の衛生施設指揮官.

gorge¹ [gɔ́ədʒ | gɔ́ːdʒ] 〘《c1350》▭ (O)F ～ 'throat' < VL **gurgam* ＝L *gurges* whirlpool〙 **— n. 1** 《英古》 のど (throat). ★ 強い嫌悪感・不快感, 時に締めつけられるような感覚を伴う気持ちを示す場合に用いる; 特に, 動詞 rise が用いられる (cf. rise *vi.* B 9 b): One's ～ rises (*at*...). (…のことで) 胸が悪くなる, たまらなくいやになる (*Hamlet* 5. 1. 207) / rouse [stir] the ～ ひどくいやがらせる, 怒らせる / make a person's ～ rise 人に激しい怒り[嫌悪]を引き起こさせる. **2 a** 胃 (stomach); 腹一杯の食事: a full ～ 腹一杯, 満腹. **b** 鷹の嗉嚢(ｿﾉｳ). **3** 食べた[胃の中の]食物. **4** 原始的な釣鉤の一種《両端を尖らせた骨や石の真中に糸を固定したものなど; 飲むとはずれにくい; gorge hook ともいう》. **5** (両側が絶壁になっている)峡谷, 山峡, ゴルジュ (canyon, ravine). **6** 《米》 (川・通路などを)ふさぐ集積物[氷塊] (jam): a rubbish ～ in a river. **7** 〘築城〙 バスティオン (bastion) の後部の入口 (⇨ bastion 挿絵). **— vi. 1** むさぼり食う; がつがつ食う, たらふく食う (eat greedily). **2** 《米》〈氷が〉張って流れをふさぐ. **— vt. 1 a** がつがつ食う, むさぼり食う: ～ a heavy meal. **b** がつがつ飲み込む. **2** [主に ～ *oneself* または p.p. 形で] 食物を詰め込む: ～ *oneself* [be ～*d*] *with* [*on*] …を腹一杯詰め込む. **3** [主に p.p. 形で] 詰まらせる (choke up) 〔*with*〕.

cast the gorge at 〈食べ物を〉きらってはねつける.

heave [***cast*** (***up***)] ***one's gorge*** (1) 吐き気を催す, むかつく. (2) 《廃》 食べた物を吐く.

górg·er *n.* 「＝water bouget 2.

gorge² [gɔ́ədʒ | gɔ́ːdʒ] *n.* 〘紋章〙 **1** [*pl.*] ＝gurges. **2**

gorged *adj.* **1** 腹一杯になった. **2** 詰まった. **3** 〘紋章〙 〈動物が〉首に[宝冠・環などを]はめてある 〔*with*〕.

gor·geous [gɔ́ədʒəs | gɔ́ː-] 〘《a1500》▭ OF *gorgias* fashionable, elegant; ruff for the neck ← (i) *gorge* (⇨ gorge¹) ∥ (ii) *Gorgias* (*c*483–376 B.C.: ギリシャの修辞家): ⇨ -ous〙 **— adj. 1** 絢爛豪華な, 華麗な, 壮麗な, 目のさめるような, きらびやかな (splendid): a ～ sunset. **2** 《口語》 楽しい, 愉快な, すばらしい: have a ～ time すばらしく愉快な時を過ごす / That's ～! そりゃすてきだ / He is perfectly ～ as Romeo. 彼はロメオの役として全くすばらしい. **～·ness** *n.*

gór·geous·ly 〘《1532》〙 *adv.* 豪華に, 華麗に, 壮麗に, 目のさめるように, 見事に.

gor·ger·in [gɔ́ədʒərɪn, -rən | gɔ́ːdʒərɪn] 〘▭ F ～ ← *gorge* throat: ⇨ gorge¹〙 *n.* 〘建築〙 (ドリス式の) 柱頭と柱身との接合部《hypotrachelium ともいう; ⇨ capital² 挿絵》.

gor·get [gɔ́ədʒɪt, -dʒət | gɔ́ː-] 〘《a1400》▭ OF *gorgete* (dim.) ← *gorge*: ⇨ gorge¹, -et〙 **— n. 1** 〘甲冑〙 (鎧(ﾖﾛｲ)の) 頸甲(ｹｲｺｳ) (⇨ armor 挿絵). **2 a** 首から肩をおおう襟状の飾り《14–15 世紀頃着用したもので, 耳の上の毛の中でとめる》. **b** (17 世紀に流行した鎧の頸甲を真似た) 肩から胸をおおうカラーのようなネックウェア. **c** (石・貝・骨などに穴をあけて作る原始的な) 首飾り. **3** 〘軍事〙 三日月章 (18–19 世紀前半に将校がリボンで首から胸に垂らした三日月型の記章): a ～ patch 襟章. **4** 〘動物〙 (鳥や獣の) くびの斑紋.

górge wìnd *n.* 〘気象〙 ＝canyon wind 2.

gor·gio [gɔ́ədʒou | gɔ́ːdʒəu] 〘▭ Romany ～〙 *n.* (*pl.* **～s**) ジプシー (Gypsy) でない人.

Gor·gon [gɔ́əgən | gɔ́ː-] 〘《a1398》▭ L *Gorgō(n-)* ▭ Gk *Gorgṓ* ← *gorgós* terrible ← ?〙 **— n. 1** 〘ギリシャ神話〙 ゴルゴー(ン)《Phorcys の三人の娘 Stheno, Euryale, Medusa の各一人をさす名称; 特に, Perseus に殺された Medusa; 頭髪は蛇で見る人を石に化す眼を持つ; ⇨ Graeae》. **2** [g-] 二目と見られない醜婦.

Gor·go·na·ce·a [gɔ̀əgənéɪʃiə | gɔ̀ːgənéɪʃɪə] 〘← NL ～ ← *Gorgonia* (← *Gorgō* (↑) + -IA²: 空気にさらされると硬化するサンゴの意から) + -ACEA〙 **— n. pl.** 〘動物〙 (腔腸動物門花虫綱) ヤギ目.

gorgonea *n.* gorgoneum の複数形.

gor·go·nei·on [gɔ̀əgənάɪɑn, -níːɑn, -néɪən | gɔ̀ːgəníːɔn, -nάɪɔn] 〘▭ Gk *gorgóneion*: ⇨ Gorgon〙 **— n.** (*pl.* **-nei·a** [-nάɪə, -níːə, -néɪə | -níːə, -nάɪə]) 〘美術〙 ゴルゴネイオン《Gorgon の首の絵または浮彫りを付けた盾または額; ギリシャでは魔除けに用い, 女神アテナ (Athena) の胸甲の中央に必ず付いていた》.

gor·go·ne·um [gɔ̀əgəníːəm | gɔ̀ː-] 〘← NL ～ ← Gk *gorgóneion* (↑)〙 *n.* (*pl.* **-ne·a** [-níːə]) 〘美術〙 ＝gorgoneion.

gor·go·ni·an [gɔ̀əgóuniən, -njən | gɔ̀ːgə́unjən, -nɪən] 〘← *gorgonia* (⇨ Gorgonacea) + -AN¹〙 〘動物〙 *adj.* ヤギ目の. **— n.** ヤギ目の動物の総称 (cf. sea fan).

Gor·go·ni·an [gɔəgóuniən, -njən | gɔːgə́unjən, -nɪən] 〘← GORGON + -IAN〙 *adj.* ゴルゴーン (Gorgon) の(ような); 非常に恐ろしい (terrifying).

gor·gon·ize [gɔ́əgənàɪz | gɔ́ː-] *vt.* (ゴルゴーン (Gorgon) のように) 睨んで麻痺させる; …をものすごい顔で睨みつける.

Gor·gon·zo·la [gɔ̀əgənzóulə | gɔ̀ːgənzə́u-] 〘▭ It. ～: イタリア Milan 付近の産地名〙 **— n.** ゴルゴンゾラ(チーズ)《味の強いイタリア産のブルーチーズ; Gorgonzola cheese ともいう》.

gór·hèn [gɔ́ə- | gɔ́ː-] 〘← ? GORE¹ + HEN: cf. gorcock〙 *n.* 〘鳥類〙 アカライチョウ (red grouse) の雌; バン (moorhen) の雌.

go·ril·la [gərílə] 〘《1853》← NL ～ ← Gk *gorillai* hairy humans ← ? W-Afr.〙 **— n. 1** 〘動物〙 ゴリラ (*Gorilla gorilla*)《アフリカ産のゴリラ属の動物; 低地生の lowland gorilla と高地生の mountain gorilla がいる》. **2 a** 醜悪で粗暴な男. **b** 《米俗》 暴漢 (ruffian); 強盗, ギャング (gangster).

gor·ing [gɔ́ːrɪŋ, góːr- | gɔ́ːr-] *n.* 〘海事〙 ゴーリング《横帆両下隅の三角形の部分; 台形の帆を作るのに帆布を三角形に切って作らなければならない部分》.

Gö·ring [G. gǿːrɪŋ] *n.* ＝Goering.

Gor·ki [gɔ́əki | gɔ́ːkɪ; *Russ.* górjkjij] 〘← *Maksim Gorki*: 旧名 Nizhni Novgorod をロシヤの文豪にちなんで改称〙 *n.* (*also* **Gor·ky** [～]) ゴーリキー《ソ連邦ロシヤ共和国中部, Volga 川と Oka 川との合流点にある都市; 人口 1,319,000》.

Gor·ki [gɔ́əki | gɔ́ːkɪ; *Russ.* górjkjij], **Mak·sim** *or* **Max·im** [maksjím] *n.* (*also* **Gor·ky** [～]) ゴーリキー《1868–1936; ロシヤの小説家・劇作家; *The Lower Depths* 「どん底」(戯曲, 1902), *Mother* (小説, 1906); 本名 Aleksei Maksimovich Peshkov》.

Gor·man [gɔ́əmən | gɔ́ː-] 〘▭ Ir.-Gael. ～《原義》 little blue-eyed one〙 *n.* 男性名. 「mand.

gor·mand [gɔ́əmənd, -mɑːnd | gɔ́ːmənd] *n.* ＝gour-

gor·man·dize [gɔ́əməndàɪz | gɔ́ː-] 〘《1548》← 《c1450》 *gormandise* excessive eating ▭ F *gourmandise* gluttony: ⇨ gourmand, -ize〙 **— vi., vt.** 大食する, むさぼり食う, がつがつ食う.

gór·man·dìz·er *n.* 暴食する人, 大食家 (glutton).

górm·less [gɔ́əm- | gɔ́ːm-] 〘← 《方言》 *gaumless* ← ME *gome* (n.) care ▭ ON *gaum*: ⇨ -less〙 *adj.* 《英口語》 愚かな, まぬけな (dull, stupid).

gó-ròund *n.* ＝go-around.

gorse [gɔ́əs | gɔ́ːs] 〘OE *gors*(*t*) ← ? Gmc **ʒorst-* (G *Gerste* barley) ← IE **ghers-* to bristle (L *hordeum* barley / Gk *krithḗ*)〙 **— n. 1** 〘植物〙 ハリエニシダ (⇨ furze). **2** ハリエニシダのやぶ; ハリエニシダの茂った野: Sussex ～.

Gor·sedd [gɔ́əseð | gɔ́ː-] 〘▭ Welsh ～ 'session, 《原義》 high seat'〙 **— n. 1** (昔ウェールズでの) 吟遊詩人やドルイド僧 (Druids) の集会. **2** (ウェールズの) 芸術祭 (eisteddfod) の期間中, 本祭に先立って毎日開催される詩人たちの集会. 「ニシダの(多い).

gors·y [gɔ́əsi | gɔ́ːsɪ] *adj.* (**gors·i·er**; **-i·est**) ハリエ

Gor·ton [gɔ́ətn̩ | gɔ́ː-], **John Grey** *n.* (1911–) オーストラリアの政治家; 首相 (1968–71).

gor·y [gɔ́ːri, góːri | gɔ́ːrɪ] 〘《15C》〙 **— adj.** (**gor·i·er**; **-i·est**) **1** 血だらけの, 血みどろの (bloody, bloodstained). **2** 流血の, 残虐な, 殺人的な (murderous): a ～ battle. **3** ぞっとする, 身の毛もよだつような.

gór·i·ly [-rəli | -rəlɪ, -rɪ-] *adv.* **gór·i·ness** *n.*

gosh [gά(ː)ʃ, gɔ́(ː)ʃ | gɔ́ʃ] 〘*God* の婉曲的変形〙 *int.* えっ, おや, 大変, きっと《軽いののしり・驚きを表わす》: by ～! 神かけて, きっと, 必ず (by god!).

gós·hàwk [gάs- | gɔ́s-] 〘OE *gōshafoc*: ⇨ goose, hawk¹〙 **— n.** 〘鳥類〙 ワシタカ科ハイタカ属 (*Accipiter*) のタカの総称《鷹狩に用いられる; オオタカ (*A. gentilis*) など》.

Go·shen [góuʃən | gə́u-] 〘▭ Heb. *Gōšen*〙 **— n. 1** ゴセンの地《エジプト出国以前にイスラエル人の住んだエジプト北部の肥えた牧羊地; cf. *Gen.* 45:10, *Exod.* 9:26》. **2** 豊沃の地, 実りの豊かな国, 楽土.

go·shen·ite [góuʃənàɪt | gə́u-] 〘← *Goshen* (発見地である米国 Massachusetts 州の地名): ⇨ -ite¹〙 **— n.** 〘鉱物〙 ゴッセン石, ゴシェナイト《無色の緑柱石 (beryl); 宝石として使われる》.

gos·lar·ite [gάslərὰɪt, gάz- | gɔ́s-] 〘▭ G *Goslarit* ← *Goslar* (ドイツ中部の Harz 山脈にある町名): ⇨ -ite¹〙 *n.* 〘鉱物〙 皓礬(ｺｳﾊﾞﾝ) ($ZnSO_4 \cdot 7H_2O$).

gos·ling [gάzlɪŋ, gɔ́(ː)z-, -lən | gɔ́zlɪŋ] 〘《c1350》 *goselynge* ← *gos* 'GOOSE' + *-lynge* '-LING¹' ∽ ME *geslynge* ▭ ON *gæ̆sling-r* ← *gās* goose〙 **— n. 1** ガチョウのひな[子]: a gone ～ ⇨ gone¹ 2 a. **2** 青二才, 愚かな未熟者.

gó-slów *adj., n.* 《英口語》 (労働者が) わざとゆっくりやる(戦術); 計画的に遅らせる(戦術): a ～ strike サボタージュ, 怠業.

gos·pel [gάspəl | gɔ́spəl, -pel] 〘OE *gōdspel* ← *gōd* 'GOOD' + *spel* tidings (⇨ spell¹): L *evangelium* (▭ Gk *euaggélion*: ⇨ evangel¹) のなぞり, 前半は God と混同された〙 **— n. 1** 〘キリスト教〙 **a** (救世主と救いと神の王国に関する) 福音, よきおとずれ. **b** イエスとその使徒たちの説いた教え; キリスト教の教義: preach the ～ [*Gospel*] キリストの教え[キリスト教]を説く. **c** キリストの福音の解釈. **2 a** [通例 G-] 〘聖書〙 福音書《イエスの生涯と教えを説いた新約聖書の最初の四書, マタイ伝・マルコ伝・ルカ伝・ヨハネ伝の中の一》: the *Gospel* according to St. Matthew [Mark, Luke, John]. **b** [the G-] 聖餐式その他の儀式で朗読する福音書の一部: *the Gospel* for the Day 当日読まれる聖福音. **3** (行動などの) 主義, 信条 (principle, doctrine): a political ～ 政治信条 / the ～ of efficiency [laissez faire, soap and water] 能率[放任, 清潔]主義. **4** 絶対的真実(とされているもの): take something for ～ ある事を金科玉条と考える. **5** 〘音楽〙 福音歌《福音書による歌; gospel song ともいう》.

— attrib. adj. 1 福音(書)の[による]: a ～ oath 福音

書による宣誓. **2** 福音伝道の (evangelical). **3**〘音楽〙ゴスペル(調)の : a ~ singer.

gós·pel·er, (英) **gós·pel·ler** [-pələ | -lə(r] 〘OE *gōdspellere* : ⇨↑, -er¹〙 ── *n.* **1** 聖餐式に福音書を読む者[助祭] (cf. epistoler 2). **2** 福音を説く人, 福音伝道者 (preacher) : ⇨hot-gospeler. **3** (廃) 福音書記者, 福音史家《Matthew, Mark, Luke, John の 4 人の一人 ; evangelist 1》.

gos·pel·ize [gáspəlàɪz | gɔ́s-] *vt.* …に福音を説く, 伝道する.

góspel sìde, G- s- *n.* (祭壇の)福音書側《聖餐式において福音書を朗読する側 ; 会衆席から祭壇に向かって左側 ; cf. epistle side》.

góspel sòng *n.*〘音楽〙 **1** =gospel 5. **2** ゴスペルソング《黒人霊歌・ブルース・ジャズの要素が混合された黒人宗教音楽》.

góspel trúth *n.* =gospel 4.

Gos·plan [gásplæn, gɔ́(ː)splɑ̀ːn, gasplɑ́ːn | gɔsplɑ́ːn ; *Russ.* gasplán] 〘(1926) ▭ Russ. ~ ← *gos(udarstvennyi) plan(ovyi komitet)* State Planning Committee〙 ── *n.* (ソ連邦)国総合国家計画委員会, ゴスプラン《貿易・産業・農業・教育・公衆衛生にわたる計画案を起草する委員会 ; 1921 年に設立された》.

gos·po·din [gɑ̀spədíːn | gɔ̀s- ; *Russ.* gəspadjín] 〘▭ Russ. ~ 'lord'〙 ── *Russ. n.* (*pl.* **-po·da** [-pədáː ; *Russ.* -pədá]) …様, …殿《Mr. に相当する敬称 ; 多く外国人に対して用いる》.

gos·port [gáspɔət, -poət | gɔ́spɔːt] 〘↓〙 *n.*〘航空〙(教官が訓練生に指示を与えるための)機内通話管《gosport tube ともいう》.

Gos·port [gáspɔət, -poət | gɔ́spɔːt] 〘ME *Goseport* (原義) market-place where geese were sold ← *gos* 'GOOSE'+OE *port* (market) town (⇨ port¹)〙 ── *n.* イングランド Hampshire 州南部の港市 ; Portsmouth の対岸で, 海軍基地がある ; 人口 83,000.

gos·sa·mer [gásəmə, gáz(ə)mə | gɔ́səmə(r] 〘(?a1300) *gos(e)-somer* (⇨ goose, summer 1) : 11 月の初めすなわち Indian summer にはガチョウを食う習慣がありその頃クモの巣が目立つことから : cf. G *Gänsemonat* November〙 ── *n.* **1**〘動物〙流れ糸《空中に浮遊しまたは茂みなどにかかっている繊細な小グモの糸》. **2** 繊細なもの. **3 a** 薄地の紗織(しゃ), ベール形式の薄物 ; 防水した薄い布地. **b** (婦人用)極薄レインコート. **4** (英) **a** 軽いシルクハット《もと商標名》. **b** 帽子 (hat). ── *adj.* 小グモの糸のような ; 薄物のような (gauzy), 薄くて軽い, 繊細な (delicate).

gós·sa·mered *adj.* 細い小グモの糸のかかった ; 小グモの糸のような.

gos·sa·mer·y [gásəməri, gáz(ə)m- | gɔ́səməri] *adj.* =gossamer.

gos·san [gásn̩ | gɔ́sn̩] 〘▭ Cornish *gossen* ← *gōs* blood〙 *n.*〘地質〙ゴッサン《黄鉄鉱・磁鉄鉱に富む鉱床の露頭 ; iron hat ともいう》.

Gosse [gɑ́(ː)s, gɔ́(ː)s | gɔ́s], Sir **Edmund** (**William**) *n.* (1849–1928) 英国の文芸批評家・詩人 ; *Ibsen* (1907).

gos·sip [gásɪp, -səp | gɔ́sɪp] 〘OE *godsibb* baptismal sponsor ← GOD + *sibb* related, (n.) relationship : cf. sib (adj.)〙 ── *n.* **1** 打ち解けたむだ話, 雑談 (idle talk, chat) ; (特に)人のうわさ話, 世間話 : have a good ~ 楽しい閑談をする. **2** (社交界や名士などに関する新聞紙上の)噂話, ゴシップ, 漫筆 ; ゴシップ[噂]の種 : the ~ column ゴシップ欄 / a ~ writer ゴシップ記者. **3** おしゃべり (talker) ; 他人の噂をふれ回る人, 金棒引き. **4** (古・方言) 代父[母] (godparent). **5** (古) 親友, (特に, 女の)友達. ── *vi.* **1** むだ話[うわさ話]をする〔*about*〕. **2** 他人のうわさをして回る. **3** ゴシップ風の文体で書く. ── *vt.* **1** 噂話として述べる. **2** (古・方言) …の代父[母]となる.

gós·sip·er *n.* 人の噂をふれ歩く人, おしゃべり, 金棒引き.

gós·sip·ing *n.* おしゃべり, 雑談 ; 雑談[座談]会. ── *adj.* うわさ話をする, おしゃべりの ; 雑談風の : in a ~ manner 雑談風に. **~·ly** *adv.*

góssip·mònger *n.* むだ話[噂話]の好きな人.

gos·sip·ry [gásɪpri, -səp- | gɔ́sɪpri] *n.* **1** [集合的]むだ話, 雑談, うわさ話. **2** おしゃべり(すること).

gos·sip·y [gásɪpi, -sə- | gɔ́sɪpɪ] *adj.* **1 a** 話好きな ; 人のうわさをしたがる, おしゃべりな. **b** うわさ話の多い. **2** 〈談話・文体など〉漫談風の, ゴシップ風の.

gos·soon [gɑsúːn | gɔ-] 〘(1684) (転訛) ← F *garçon* boy〙 *n.* (アイル) 若者, 少年 (boy) ; (特に)給仕.

gos·sy·pol [gásəpɔ̀(ː)l, -pòʊl | -pɔ̀l] 〘← L *gossypion* cotton+-OL¹〙 *n.*〘化学〙ゴッシポール ($C_{30}H_{30}O_8$)《綿の種子に含まれるフェノール性色素 ; 有毒》.

gos·sy·pose [gásəpòʊs | gɔ́sɪpəʊs] 〘← NL ~ ← *Gossypium* (← L *gossypion* cotton+-IUM) + -OSE²〙 *n.*〘化学〙ゴッシポース (⇨ raffinose).

gó-stóp *n., adj.* =stop-go.

Gos·torg [gɑstɔ́əg | gɔstɔ́ːg ; *Russ.* gastórk] 〘▭ Russ. ~ ← *gos(udarstvennyi)* of the state+*torg* trade〙 *n.* ゴストルグ, (ソ連邦)国営輸出入貿易事務所《今はない》.

got 〘ME *gate* ▭ ON *gat, gātum*〙 *v.* get の過去形・過去分詞 (cf. gotten).

Go·ta·ma [gɔ́ːṭəmə, góʊ- | gáʊtə-, gɔ́ː-] *n.* =Gautama.

Gö·te·borg [jə̀ːṭəbɔ́ːri, jèː-, -bɔ́ːrjə | gəːtəbɔ̀ːg ; *Swed.* jø̀ːtəbɔ́rj] *n.* イェーテボリ《スウェーデン南西部, Kattegat 海峡に臨む港市 ; 人口 441,000 ; Gothenburg ともいう》.

Goth [gɑ́(ː)θ, gɔ́(ː)θ | gɔ́θ] 〘(*c*1380) ▭ LL *Gothī* (pl.) ← *Gothus* ▭ Goth. **Gutans* (部族名) (原義) the good people' ← *gut-* ∞ OE *Gotan* (pl.) ← *Gota* : cf. good〙 ── *n.* **1 a** [the ~s] ゴート族《ゲルマニア種族の一つで, 3–5 世紀にローマ帝国に侵入し, イタリア・フランス・スペインに王国を建設した》: the East ~s = Ostrogoth 1 / the West ~s = Visigoth 1. **b** ゴート族の人, ゴート人. **2** 趣味や教養を欠いた野蛮な無作法者, 無知な乱暴者, 文化破壊者 (barbarian) (cf. Vandal 2).

Goth. (略) Gothic.

Goth·am [gɑ́θəm, góʊθ- | gáʊθ-, gɔ́θ-] 〘(15C) ← OE *Gātham* (⇨ goat, home) : 英国 Nottinghamshire 州の村の名〙 *n.* **1** [(英) gɔ́ʊtəm] ゴタムの町, 愚か村《英国 Nottingham 近郊の村で, 住民がすべて愚鈍であったという昔話がある》: the wise men of ~ ゴタムの賢人たち《ばか者ども》. **2** New York 市の俗称.

Goth·am·ite [gɑ́θəmàɪt, góʊθ- | gáʊθ-, gɔ́θ-] 〘⇨↑, -ite¹〙 *n.* **1** [(英) gɔ́ʊt-] ゴタムの住民 ; まぬけ, ばか (simpleton). **2** ニューヨーク市民 (New Yorker).

Goth·en·burg [gɑ́θənbə̀ːg, gɑ́tn̩- | gɔ́θənbə̀ːg, gɔ́tn̩-] *n.* =Göteborg.

Goth·ic [gɑ́θɪk | gɔ́θ-] 〘(1611) ▭ LL *Gothic-us* : ⇨ Goth, -ic¹〙 ── *adj.* **1** ゴート人[語]の ; ゴート人[語]のような. **2 a** 中世期風の (medieval). **b** 無教養な, 無趣味な, 原始的な (uncultivated). **c** 野蛮な, 残忍な (barbarous). **3**〘建築・美術〙ゴシック様式の《フランス北部に発達し 12–16 世紀にヨーロッパに広く行なわれたルネサンス直前の建築・彫刻・装飾などの様式で, 尖頭アーチ・飛梁などを特徴とする ; イタリアでは 12–13 世紀, 北欧では 14–15 世紀まで》. **4**〘音楽〙ゴシック様式の《特に, 1200–1450 年頃の北部ヨーロッパの音楽にいう》. **5**〘文学〙ゴシック派の《中世期を背景として怪奇な恐怖的材料を取り扱った 18 世紀後期 19 世紀初期にはやった英国小説の一派にいう》: a ~ novel ゴシック小説《Horace Walpole 作 *The Castle of Otranto* が代表的》. **6**〘書体〙〈手書き書体が〉ゴシック(書)体の : a ~ letter. **7**〘活字〙〈活字書体が〉ゴシック(体)の : ~ type ゴシック体(活字). ── *n.* **1** ゴート語《古代ゴート人の言語で 7–9 世紀に消滅 ; 4 世紀の Ulfilas の聖書に保存され, 最も古いゲルマン語の姿を伝えている》. **2**〘建築・美術〙ゴシック様式. **3** [しばしば g-]〘書体〙ゴシック(書)体書き, ゴシック体筆跡《12 世紀の北ヨーロッパでキャロライン小文字から派生した手書き書体 ; 縦長で角ばっている》. **4** [しばしば g-]〘活字〙ゴシック(体) : **a** (米) =sans serif. **b** (英) =black letter. **5**〘文学〙ゴシック小説 (⇨ *adj.* 5). **~·ness** *n.*

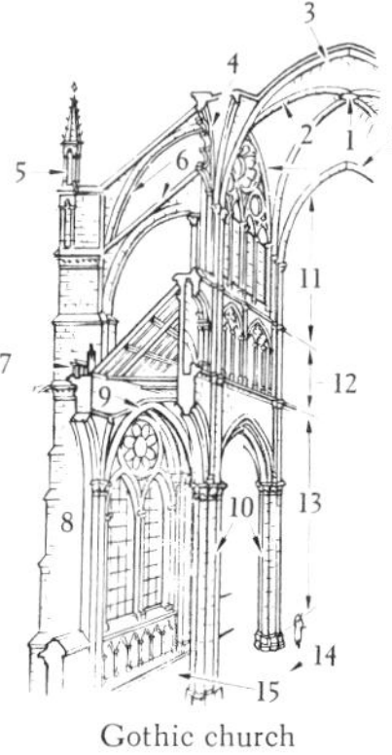

Gothic church

1 boss ; 2 diagonal ribs ; 3 transverse ribs ; 4 wall ribs ; 5 pinnacle ; 6 flying buttress ; 7 parapet ; 8 buttress ; 9 aisle vaulting ; 10 piers ; 11 clerestory ; 12 triforium ; 13 nave arcade ; 14 nave ; 15 aisle

Góth·i·cal·ly, g- *adv.* ゴシック風に.

Góthic árch, g- a- *n.*〘建築〙尖頭アーチ (pointed arch) の総称《ゴシック様式に用いる二つの円弧を組み合わせた頂部の尖ったアーチ》.

Góthic árchitecture *n.*〘建築〙ゴシック(様)式建築 (⇨ Gothic *adj.* 3 ; cf. Tudor architecture).

Góth·i·cìsm [-θəsìzm | -θɪ-] *n.* **1** ゴシック趣味[文化], 中世趣味. **2** (古) [しばしば g-] 野蛮 (barbarism) ; 無趣味, 殺風景 (inelegance). **3**〘建築〙ゴシック(様)式復興主義 ; ゴシック風. **4**〘文学〙ゴシック風《崇高と怪奇の雑然たる作風で古典的統一と簡素を欠く》. **5**〘言語〙ゴート語風, ゴート語語法. **Góth·i·cist** [-sɪst, -səst | -sɪst] *n.*

Goth·i·cize [gɑ́θəsàɪz | gɔ́θɪ-] *vt.* ゴシック風[様式]にする, ゴート風[擬中世風]にする.

Góthic Revíval *n.* [the ~] ゴシックリバイバル《18–19 世紀の, 特に建築におけるゴシック(様)式復興運動》.

Góthic Revívalist *n.* (18–19 世紀の)ゴシック(様)式復興主義者.

Goth·ish [gɑ́θɪʃ | gɔ́θ-] *adj.* (古) =Gothic.

gö·thite [gə́ːtaɪt, géɪ- | gɔ́ː-] *n.*〘鉱物〙=goethite.

Go·thon·ic [gɑθɑ́nɪk, gɔ(ː)-, goʊ- | gɔθɔ́n-, gəʊ-] 〘← L *Gothōnes* (本来はバルチック語族 (Baltic) を指したものらしい) : ⇨ Goth, -ic¹〙 ── *adj.* ゲルマン語 (Germanic) の.

Got·land [gɑ́tlænd, -lənd | gɔ́t- ; *Swed.* gɔ̂tlant] *n.* ゴトランド(島)《バルト海にあるスウェーデンの島 ; 人口 55,000, 面積 3,140 km², 首都 Visby》.

gó-to-méeting *attrib. adj.* (衣服が)教会へ行くのにふさわしい, よそ行きの : ~ clothes 晴れ着.

gotten 〘ME *goten* ∞ *geten* ▭ ON *getinn*〙 ── *v.* get の過去分詞 (cf. got). ★ (英) では *ill-gotten* のような複合語に用いる以外は (古) ; (米) では現用 (cf. HAVE² *got* ★ (2)).

Göt·ter·däm·mer·ung [*G.* gœtɐdέmərʊŋ] 〘▭ G ~ 'twilight of the gods'〙 ── *n.* **1** [the ~] **a**〘北欧神話〙神々の黄昏(たそがれ)《Ragnarok のドイツ語名》. **b** 「神々の黄昏」《Wagner 作の 4 部から成る楽劇 *The Ring of the Nibelung* の最終部の表題》. **2** (政体などの)崩壊, 分裂.

Gott·fried [gɑ́tfriːt | gɔ́t- ; *G.* gɔ́tfriːt] 〘▭ G ~ 'GODFREY'〙 *n.* 男性名.

Gott·hold [gɑ́thoʊlt, -hɔlt | -həʊlt, -hɔlt ; *G.* gɔ́thɔlt] 〘▭ G ~ (原義) favored by God〙 *n.* 男性名.

Göt·tin·gen [gə́ːtɪŋən, gέt- | gɑ́t- ; *G.* gœ́tɪŋən] *n.* ゲッチンゲン《西ドイツ中部の都市 ; 人口 124,000》.

Gott·lieb [gɑ́tliːp | gɔ́t- ; *G.* gɔ́tliːp] 〘▭ G ~ (原義) loved by God〙 *n.* 男性名.

Gott·wald [gɑ́tvɑːlt | gɔ́t- ; *Czeck* gɔ́tvalt], **Klement** [klémɛnt] *n.* ゴットワルト《1896–1953 ; チェコスロバキアの政治家, 大統領 (1948–53)》.

gót-ùp *adj.* (引き立てるためまたはだますために)飾り立てた ; 仕組んだ, 人工的な : a ~ affair 作り事, 仕組んだ芝居 / a ~ match 八百長試合 / hastily ~ にわか仕立ての.

Gou. (略) gourde(s).

gouache [gwɑ́ːʃ, guɑ́ːʃ | guɑ́ːʃ, gwɑ́ːʃ ; *F.* gwaʃ] 〘(1882) ▭ F ~ ▭ It. *guazzo* < L *aquātiō* pool ← *aqua* water〙 ── *n.*〘美術〙 **1 a** グワッシュ《アラビアゴム・樹脂類で溶いた不透明色絵具を用いた水彩画》. **b** グワッシュの絵具. **2** グワッシュ画法.

Gou·da [gáʊdə, gúː- | gáʊdə ; *Du.* xɔ́ʊdaː] *n.* **1** ハウダ《オランダ西部, Rotterdam の北東にある都市 ; 有名なチーズの産地 ; 人口 37,000》. **2** =Gouda cheese.

Góuda chéese *n.* ゴーダチーズ《オランダの Gouda 原産 ; 偏平球の形をしていて通例表面に赤いろうが塗ってある》.

gouge [gáʊdʒ | gáʊdʒ, gúːdʒ] 〘(1350–51) ▭ (O)F ~ < LL *gu(l)biam* ← ? Celt. (cf. OIr. *gulba* sting)〙 ── *n.* **1** まるのみ, 穴たがね. **2** まるのみ細工[仕事] ; まるのみなどで彫った溝[穴]. **3** (米口語) **a** 金(かね)の強要, ゆすり ; 詐取. **b** 強要して取った額. **4**〘地質〙グージ, 断層粘土《断層面の間隙を脈状に満たす粘土 ; selvage ともいう》. ── *vt.* **1** まるのみで彫る[造る] ; (まるのみで)掘り出す. **2** 〈目玉を〉えぐる, …に親指を突込む ; 〈人〉の目玉に親指を突込む. **3** (米口語) 〔金銭などを〕…から巻上げる, だまし取る〔*for*〕.

gouge out (1) 〈コルクなどを〉丸く切取る ; 〈海峡などを〉掘開く. (2) 〈目玉を〉(親指で)えぐり出す.

góug·er *n.*

gou·jon [gúːdʒən] 〘▭ F ~ : ⇨ gudgeon¹〙 *n.* (*pl.* **~s**, **~**) 〘魚類〙=flathead catfish.

Gou·lárd's éxtract [guːlɑ́ədz- | -lɑ́ːdz-] 〘← *Thomas Goulard* (1720–90 : フランスの外科医)〙 *n.*〘医学〙鉛糖水《酢酸塩の水溶液で湿布に使う》.

gou·lash [gúːlɑːʃ, -læʃ | -læʃ, -lɑːʃ] 〘(1900) ▭ Hung. *gulyás (hús)* herdsman's (meat)〙 ── *n.* **1** グーラッシュ《もとハンガリー料理 ; パプリカで強い風味をつけた牛肉と野菜のシチューまたはスープ》. **2** 異質な要素のまぜ合わせ, ごたまぜ (jumble). **3**〘トランプ〙(ブリッジで)グラッシュ《片寄った組合せの手を作るための特別な配り方》.

góulash cómmunism *n.*〘政治〙ハンガリー共産主義《消費材の生産増大と人民の生活水準向上を強調する》.

Gould [gúːld], **Glenn Herbert** *n.* (1932–) カナダのピアニスト.

Gould, Jay *n.* (1836–92) 米国の実業家・投資家 ; 本名 Jason Gould.

Gould, Morton *n.* (1913–) 米国の作曲家・指揮者.

gou·mi [gúːmi | -mɪ] 〘▭ Jap.〙 *n.*〘植物〙ナミグミ (*Elaeagnus multiflora*)《日本・中国産 ; cf. silverberry》.

Gou·nod [gúːnoʊ | -nəʊ ; *F.* guno], **Charles** (**François**) *n.* グノー《1818–93 ; フランスの作曲家 ; *Faust* (1859), *Roméo et Juliette*「ロメオとジュリエット」(1867)》.

gou·ra·mi [gʊrɑ́ːmi | -mɪ] 〘▭ Malay *gurāmi*〙 ── *n.* (*pl.* **~**, **~s**, **~es**) **1**〘魚類〙グーラミ (*Osphronemus goramy*)《東南アジア産キノボリウオ科の淡水食用魚 ; 空気を呼吸し巣を営む》. **2** キノボリウオ科グーラミ属 (*Trichogaster*), ドウォーフグーラミ属 (*Colisa*), キッシンググーラミ属 (*Helostoma*) などの魚類の総称《ブルーグーラミ (*T. trichopterus sumatranus*) など》.

gourami 1

gourd [gɔ́əd, góəd, gúəd | gúəd, gɔ́ːd] 〘(*c*1303) ▭ (O)F *gourde* ▭ L *cucurbita* : cf. cucurbit〙 ── *n.* **1** ウリ科植物の果実 : **a** (英) キュウリ, スイカなどの果実《pepo ともいう》. **b** ヒョウタン (bottle gourd) などの果実《calabash ともいう》. **c** ヘチマ (dishcloth gourd) の果実. **d** (英) =pumpkin 1 a, b. **2 a** ひょうたんで作った容器. **b** ひょうたん形をした首の細いびん[フラスコ].

saw gourds (米南部・中部) いびきをかく (snore).

gourde [gúəd | gúəd ; *F.* gurd] 〘▭ F ~ (fem.) ← *gourd* numb, heavy < L *gurdum* dull, obtuse〙 ── *n.* (*pl.* **~s** [~z ; *F.* ~]) **1** グルド《ハイチの通貨単位 ; =100 centimes ; 記号 G̸, G, Gde》. **2** 1 グルド貨.

góurd mèlon *n.*〘植物〙=wax gourd.

gour·mand [gúəmɑ̀ːnd, gɔ́ə-, góə-, -mənd | gúə-mənd ; *F.* gurmɑ̃] 〘(1491) ▭ (O)F ~ 'gluttonous' ← ?〙 ── *n.* **1** 大食家 (glutton). **2** 美食家, 食通, 食い道楽の人 (gourmet).

gour·man·dise [gúəməndì:z, góə-, góə- | gúə-; *F.* gurmɑ̃di:z] 〖cf. gormandize〗 *n.* (*pl.* **-man·dis·es** [~ɪz, ~əz, ~; *F.* ~]) 美食, 食い道楽.

góur·mand·ism [-dìzm] *n.* 美食主義, 食い道楽.

gour·met [gúəmeɪ, góə-, góə-, ―⌐ | gúəmeɪ, gɔ́:-; *F.* gurmɛ] 〖(1820) ▭ F ~ 'epicure, winetaster, (OF) winetaster's assistant'《変形》← OF *gromet, gromes* boy servant, winemerchant's assistant: gourmand の影響による変形: cf. groom〗 ── *n.* (*pl.* ~**s** [~z; *F.* ~]) 食通, 食い道楽の人, 美食家, グルメ (epicure).

Gour·mont [guəmɔ̃:(ŋ), -mɔ́(:)ŋ | guə-; *F.* gurmɔ̃], **Re·my de** [rəmi d] *n.* グールモン《1858–1915; フランスの批評家・作家; 中期まで symbolism の理論的擁護者; *Promenades littéraires*「文学散策」(1904–27)》.

gout [gáʊt] 〖(?1200) ▭ OF *go(u)te* (F *goutte*) < L *guttam* drop, (ML) gout ← ?: ある体液のしずくによると考えられたため〗 ── *n.* **1** [時に the ~]〖病理〗痛風《多量の尿酸が体内に蓄積して, ことに足や手の関節ではしばしば激痛を起こす病気》: rich [poor] man's ~ 栄養過多[不足]による痛風. **2** (血などの)しずく, したたり (drop), かたまり (clot).

goût [gú:; *F.* gu] 〖▭ F ~ < L *gustum* taste〗 *n.* **1** (食物の)味, 味覚; 好み, 趣味 (taste): have no ~ *for* music 音楽の趣味がない. **2** (芸術的)鑑識(力).

góut·ish [-tɪʃ | -tɪʃ] 〖ME〗 *adj.* 痛風にかかりやすい, 痛風気味の (gouty). ⌈guttée.

goutte [gú:t] 〖▭ F ~ 'drop': ⇨ gout〗 *n.* 〖紋章〗 =

gout·té [gu:téɪ; *F.* gute] 〖▭ F ~ (↑)〗 *adj.* (*also* **gout·tée** [~], **gout·ty** [gú:ṭi, gʌ́ṭi | -tɪ]) 〖紋章〗 = guttée.

góut·wèed *n.* 〖植物〗セリ科エゾボウフウ属の草本 (*Aegopodium podagraria*).

gout·y [gáʊṭi | -ti] 〖(*a*1398)〗 ── *adj.* (**gout·i·er**; **-i·est**) **1 a** 痛風の, 痛風性の: ~ pains. **b** 痛風にかかりやすい; 痛風にかかっている: a ~ constitution 痛風性体質. **c** 痛風の原因となる[なりがちな]. **d** 痛風の時に用いる. **2** (痛風のように)ふくれた, はれた (swollen): a ~ finger. **góut·i·ly** [-ṭɪli, -ṭə-, -ṭḷi | -tɪlɪ, -tə-] *adv.* **góut·i·ness** *n.*

gou·ver·nante [gù:vɛənɑ́:(n)t, -nɔ̃:(n)t, -nɑ́:nt, -nɔ́(:)nt | -vɛə-; *F.* guvɛrnɑ̃:t] *n.* (*pl.* ~**s** [~]) = governante.

Gov., gov. 《略》government; governor.

Gove [góʊv | gə́ʊv], **Philip B**(**abcock**) *n.* (1902–72) 米国の辞書編集者; *Webster's Third New International Dictionary* (1961) の編集長.

gov·ern [gʌ́vən | -vən] 〖(?*c*1280) ▭ OF *govern-er* (F *gouverner*) < L *gubernāre* to steer a ship, to manage ▭ Gk *kubernân* to steer, govern〗 ── *vt.* **1 a** 〈国家・国民・市民などを〉治める, 統治する, 支配する (rule): ~ a state 国家を治める / the ~*ed* 被治者. **b** 〈公共機関などを〉管理する, …の運営をつかさどる (administer): ~ a school. **2** 〈人・行動を〉支配する, 左右する (influence): be ~*ed* by circumstances 境遇に支配される / ~ one's decision 決定を左右する / I will be ~*ed* by you in what I do. すべて御指示に従って行動します / Never let your passions ~ you. 感情に支配されてはいけない. **3** 〈原則・政策などが〉決定する, 律する: principles ~*ing* a phenomenon 現象を支配する原理 / a nomad law that ~*s* the theft of a goat or a sheep 山羊や羊の窃盗を律する遊牧民の法律. **4** 抑制する, 制御する, 抑える (restrain): ~ one's passions [temper] 激情[かんしゃく]を抑える / ~ oneself 自制する. **5** (特に, 自動調速機で)〈機械など(の速力)を〉調節する (regulate). **6** 〖文法〗〈動詞・前置詞などが〉〈目的語などを〉支配する: A transitive verb ~*s* (a noun or pronoun in) the objective case. 他動詞は目的格(の名詞や代名詞)を支配する.
── *vi.* **1** 政治を行なう, 政務を執る: The king reigns, but does not ~. 国王は君臨するが政務は執らない, 国王は君臨すれども統治せず《立憲君主政治の原則》/ In Great Britain the Prime Minister is the man who really ~*s*. 英国では総理大臣が真に政治を行なう人である. **2** 支配的勢力を奮う, 支配する, 左右する.

gov·ern·a·ble [gʌ́vənəbl | -və-] *adj.* 〈国民など〉統治[支配]可能な, 統治しやすい; 抑制可能な[しやすい]. **gòv·ern·a·bíl·i·ty** [-nəbílәṭi | -nəbílәtɪ, -lɪ-] *n.* **~·ness** *n.*

gov·ern·ance [gʌ́vənəns | -v(ə)n-] 〖(*c*1303) ▭ OF ~: ⇨ govern, -ance〗 ── *n.* **1** 支配, 統治, 統御, 管理. **2** 支配権, 支配力, 統轄力; 統治力, 権威 (authority). **3** 被支配状態: from ~ to self-government 被支配状態から自治へ. **4** 統治方式[組織], 管理法[組織].

gov·er·nante [gʌ́vənənt, gàvənɑ́:nt | -və-] 〖▭ F *gouvernante* (fem. pres.p.) ← *gouverner* 'to GOVERN'〗 ── *n.* **1** 《古》(婦人の)付添い (chaperon). **2** 《廃》= governess 1.

gov·ern·ess [gʌ́vənɪs, -nəs | -v(ə)n-] 〖(*c*1450)《略》← ME *governeresse* ▭ OF: ⇨ governor, -ess 1〗 ── *n.* **1** (多く住み込みの)女家庭教師. **2 a** 《古》知事[総督]夫人. **b** 《廃》女知事, 女総督 (female governor). ── *vt.* 〈女性が〉…の家庭教師をする, (女家庭教師として)〈子供を〉監督する. ── *vi.* 〈女性が〉家庭教師をする.

góverness càrt [**càr**] *n.* 《英》左右両側に向き合った座席のある軽二輪馬車.

gov·ern·ess·y [gʌ́vənɪsi, -nə- | -v(ə)nɪsɪ, -nə-] *adj.* 女家庭教師らしい[を思わせる]; (特に)とりすました (prim): a ~ air.

góv·ern·ing *adj.* 統治する; 管理する, 統御する, 統制する; 支配[指導]的な: the ~ classes 支配階級 / the ~ body (病院・学校などの)管理機関, 理事会 / a ~ principle 指導原理[精神].

gov·ern·ment [gʌ́və(n)mənt, -v(ə)m- | -və(n)m, -v(ə)m-] 〖(*c*1380) ▭ OF *governement* (F *gouvernement*): ⇨ govern, -ment〗 ── *n.* **1** (国家などの)政治, 統治; 統治権, 行政権: the ~ of a country 一国の政治 / church ~ 教会政治 / petticoat ~ 婦人政治; かかあ天下. **2** 政治体制[組織], 政体; 国家組織《通例行政機関をもち, 行政・立法・司法上の均衡を保つ》: representative [monarchical, democratic] ~ 代議[君主, 民主]政体. **3** (公共機関などの)管理, 支配 (control, management): He accepted the ~ of the hospital. その病院の管理を引き受けた / The school throve under the wise ~ of this headmaster. その学校はこの校長の管理よろしきを得て栄えた. **4** [集合的; 時に複数扱い] 統治機関 (governing body); [しばしば G-] 政府, 内閣 (administration): the English *Government* 英国政府 / the United States *Government* 米国政府 / the local ~ 地方政府, 地方機関 / form a *Government* (首相が)内閣を組織する, 組閣する / against the *Government* 政府に反対で[して] / The *Government were* [《米》*was*] defeated in the last election. 政府はこの前の選挙に敗北した. **5** 政治学 (political science). **6** 《古》統治[管轄]区域 (district governed); 国家 (state), 領土 (territory). **7** 〖文法〗支配 (regimen): the ~ of nouns by verbs 動詞による名詞の支配. **8** [通例 *pl.*]《米》=government security. **9** 《廃》手足[体]の抑制; 行状, 身持ち, 分別 (conduct, discretion).
agin the government [***Government***] 《戯言》〈アイルランド人など〉政府に反対で; (何でも)権威に反抗しがちで.

gov·ern·men·tal [gʌ̀və(n)ménṭl, -v(ə)m- | -vənménṭl] *adj.* 政府の; 官設の; 政治(上)の; 統治の. **~·ly** *adv.*

gòv·ern·mén·tal·ism [-ṭəlìzm, -ṭḷ- | -təl-, -tḷ-] *n.* 〖政治〗政府主義《政府活動の拡大・強化を主張する理論》; 政府主義的傾向. **gòv·ern·mén·tal·ist** [-ṭəlɪst, -ləst, -ṭḷ- | -təlɪst, -tḷ-] *n.*

gov·ern·men·tal·ize [gʌ̀və(n)ménṭəlàɪz, -v(ə)m-, -ṭḷ- | -vənméntəl-, -tḷ-] *vt.* 政府の統制下に置く.

Góvernment Hóuse, g- h- *n.* **1** (英国植民地の)総督官邸. **2** (英国植民地の)政庁.

góvernment íssue, G- I- 《米》*n.* 官給品《例えば兵士の軍服など; cf. G.I.》. ── *adj.* 官給の.

góvernment màn *n.* **1** 官吏; (特に) FBI の捜査官, ジーメン (G-man). **2** 現政府支持者.

góvernment nòte *n.* 〖財政〗政府発行紙幣.

góvernment òffice *n.* 官庁.

góvernment offícial *n.* 官吏, 国家公務員.

góvernment pàper *n.* (政府発行の)債券証書.

Góvernment Prínting Òffice *n.* [the ~] (米国)印刷局《議会の監督のもとで政府刊行物の印刷・刊行を行なう; 略 G.P.O.; cf. H.M.S.O.》.

góvernment secúrity *n.* [通例 *pl.*] 政府発行有価証券《公債証書・大蔵省証券など》.

gov·er·nor [gʌ́v(ə)nə, -vənə | -v(ə)nə(r] 〖(?*a*1300) ▭ OF *governeo(u)r* (F *gouverneur*) < L *gubernātōrem* steersman, ruler: ⇨ govern, -or²〗 ── *n.* **1 a** 支配者, 統治者 (ruler). **b** (県・地方・都市などの)長官, 知事: a civil ~ 民政長官, 知事. **c** (米国各州の)知事 (略 Gov.). **d** (英国植民地・属領地の)総督 (略 Gov.). **e** (要塞・守備隊などの)司令官. **f** 《英》(官庁・協会・銀行などの)総裁, 所長, 院長, 長官; (公共機関などの)管理委員(長), 理事: the board of ~*s of* a school [club] 学校[クラブ]の理事会 / the *Governor of* the Bank of England イングランド銀行総裁. **g** 《英》刑務所長. **2** 《英俗》**a** おやじ, 父親 (one's father); 雇主, 親方 (employer, master). **b** [呼掛け] だんな (sir). **c** 《戯言》身分などが上の[高い]人. **3** 〖機械〗ガバナー, 調速機, (ガス・スチーム・水などの)調整器, 調圧器 (regulator): an atmospheric [electric] ~ 空気[電気]調整器 / a pendulum ~ 振子調速機.

governor 3
1 slow-speed position of rotating weights; 2 high-speed position; 3 link to control power

gov·er·nor·ate [gʌ́v(ə)nərət, -vən-, -rɪt, -rèɪt | -v(ə)n-] *n.* governor による行政区画.

góvernor-eléct *n.* (就任前の)新知事, 新総督.

góvernor-géneral *n.* (*pl.* **governors-g-**, ~**s**) **1** (配下に副知事の居る)知事. **2** (英国植民地などの)総督.

góvernor-géneral·shìp *n.* 総督の職[地位, 任期].

góvernor's cóuncil *n.* (米国のいくつかの州における)知事諮問委員会. ⌈職[地位, 任期].

góvernor·shìp *n.* governor (知事・長官・総裁など)の

Góvernors Ísland 〖英国総督の官舎が置かれたことから〗 *n.* ガバナーズ島《米国 New York 港 East River 南端の島で, 米国沿岸警備隊最大の基地がある》.

Gov.-Gen. 《略》Governor-General.

Govt., govt., Gov't 《略》government.

gow·an [gáʊən] 〖(1570)《変形》← ?《廃》*gollan(d)* ← ON (cf. ON *gullinn* golden / Gael. *gugan* bud, flower): cf. gold〗 *n.* 《スコット》〖植物〗ヒナギク (English daisy).

gowd [gáʊd] *n.* 《スコット》=gold.

Gow·er [gáʊə, góə, góə | gáʊə(r, gɔ́:(r] 〖← OWelsh *gwyr* pure〗 *n.* 男性名.

Gower, John *n.* (1325?–1408) 英国の詩人: *Confessio Amantis*「愛する者の告白」(*c.* 1390).

gowk [gáʊk, góʊk | gáʊk] 〖(*a*1300) *gok(e)* ▭ ON *gauk-r*: cf. OE *ġēac* cuckoo / G *Gauch* cuckoo, fool〗 ── *n.* 《英方言》**1** 〖鳥類〗カッコウ (cuckoo). **2** ばか, あほう, まぬけ (simpleton).

gown [gáʊn] 〖(?*a*1325) ▭ OF *goune* < LL *gunnam* skin, fur ← ? Celt.〗 ── *n.* **1** ガウン《ウエストを締めないゆるやかな形の外衣》: **a** 婦人の色々なタイプのドレス《時にフォーマルなものを指す》: a dinner [tea] ~ 晩餐(㌽)会[お茶の会]に着るガウン / ⇨ evening gown. **b** 化粧着 (dressing gown). **c** ねまき (night gown). **d** (大学教授・学生・卒業生・市長・市参事会員・裁判官・弁護士・聖職者などの着る)職服, 正服, 法服: an academic ~ 大学のガウン / a judge's ~ 判事服 / ⇨ CAP¹ and gown, Geneva gown, silk gown / in wig and ~ かつらとガウン(法官服)をつけて / take the ~ 聖職者[弁護士]となる. **e** (外科医の)手術着: a surgeon's ~. **2** [the ~] (ガウンを職服とする)聖職, 法曹職. **3** 大学の学生と教授団, 大学関係者: town and ~ ⇨ town 2 c. **4** (古代ローマ市民の)外衣, トーガ (toga); 《詩》平和の服.
── *vt.* [~ oneself または p.p. 形で] …にガウンを着せる: a ~*ed* professor ガウンを着けた教授. ── *vi.* ガウンを着る.

gówns·man [-mən] 〖(1579)〗 *n.* (*pl.* **-men** [-mən, -mèn]) **1** 職業上ガウンを着る人《法曹人・大学教授など; cf. townsman》. **2** 《古》民間人 (civilian).

gowp [gáʊp] *vi., vt.* =gaup.

gox, GOX [gάks | gɔ́ks] 《略》〖化学〗gaseous oxygen.

goy [gɔ́ɪ] 〖▭ Yid. ~ ▭ Heb. *gōy* nation〗 ── *n.* (*pl.* **goy·im** [gɔ́ɪɪm, gɔ́ɪəm | gɔ́ɪɪm], ~**s**) **1** (ユダヤ人からみた)異邦人, 異教徒 (gentile). **2** ユダヤ教の戒律を守らぬユダヤ人. **góy·ish** [-ɪʃ] *adj.*

Go·ya [gɔ́ɪə; *Sp.* gója], **Francisco de** *n.* ゴヤ《1746–1828; スペインの画家; Francisco José de Goya y Lucientes [lusjéntes]》.

goyim *n.* goy, goi の複数形.

Gp., gp. 《略》group. ⌈primer.

g.p. 《略》galley proofs; geometrical progression; great

G.P. 《略》Gallup Poll; general paresis; 〖音楽〗general pause; 《英》general practitioner; Gloria Patri; Graduate in Pharmacy; Grand Prix.

GPA 《略》grade-point average.

Gp. Capt. 《略》Group Captain.

gpd, g.p.d. 《略》gallons per day.

gpm, g.p.m. 《略》gallons per minute.

G.P.O., GPO 《略》General Post Office; Government Printing Office.

gps, g.p.s. 《略》gallons per second.

G.P.U., GPU [dʒí:pì:jú:, gèɪpèrú:] 《略》Gay-Pay-Oo.

GQ, G.Q., g.q. 《略》general quarters.

gr. 《略》grade; grain(s); grammar; gram(s); grand; gravity; gray; great; grind; gross; ground; group;

Gr. 《略》Grecian; Greece; Greek. ⌊gunner.

G.R. 《略》General Reserve: 《英》*L.* Georgius Rex (= King George); *L* Guillelmus Rex (=King William).

G.R.A. 《略》Grand Army of the Republic.

Gráaf·i·an fóllicle [**vésicle**] [grɑ́:fiən-, grǽf- | grɑ́:fɪən-] 〖← *Regnier de Graaf* (1641–73: オランダの解剖学者): ⇨ -ian〗 ── *n.* 〖解剖〗(卵巣の)グラーフ卵胞, 胞状卵胞.

Graal [grɑ́:l] *n.* =Holy Grail.

grab¹ [grǽ(:)b] 〖(1589) ▭ MDu. & MLG *grabb-en*: cf. grasp / Swed. *grabba* to seize〗 ── *v.* (**grabbed**; **grab·bing**) ── *vt.* **1 a** (急に)つかむ, ひっつかむ, ひったくる (clutch, snatch): ~ a purse 財布をひったくる. **b** 〈人を〉捕える, 逮捕する (arrest). **2 a** (不当に)さっと取る: ~ a seat. **b** 横領する, 乗っ取る: ~ public lands 公有地を横領する. **3** 《俗》〈人〉の心をしっかりつかむ, ひどく感動[感激]させる: ~ an audience. **4** 《米》大急ぎでやる[利用する, 取る]: ~ a bite to eat [a cup of coffee] 大急ぎで食べる[コーヒーを飲む] / ~ a bath さっとひと風呂浴びる. ── *vi.* **1** ひったく(ろうと)する, ひっつかむ[もうとする] (*at*, 《米》*for*): ~ *at* the chance of going abroad 外国へ行く機会に飛びつく. **2** =overreach 3. **3** 〈自動車のブレーキが〉がたつく.
── *n.* **1 a** ひったくり; 略奪, 不法入手[所得]: make a ~ *at* …をひっつかもうとする / a policy of ~ 略奪政策, 火事場泥棒政策. **b** ひったくった物. **2** 〖機械〗(泥などをさらう)グラブ, つかみ機 (clamshell).
have [***get***] ***the grab on*** 《俗》…より有利な地歩を占める, …にまさる. ***up for grabs*** 《米俗》努力次第で誰にでも得られる, 容易に手にはいる.
── *attrib. adj.* **1** (支えとして)つかまるための: ⇨ grab bar. **2** 任意の: a ~ sample.

grab² [grǽ(:)b] 〖(1680) ▭ Arab. *ghurāb*《原義》raven〗 *n.* 〖海事〗グラブ船《東洋の二檣(しょう)帆船の一種; 沿岸貿易用》.

gráb bàg *n.* 《米》 **1** 宝捜し袋, 福袋 (《英》lucky dip)《料金を取って袋の中の品物をつかみ出させる一種の富くじで慈善市などで行なわれる》. **2** 種々雑多な寄集め. 「せつかみ棒, 手すり.

gráb bàr *n.* (シャワーや浴槽の近くの壁に取付けた)

gráb·ber *n.* **1** ひったくる人; 強奪者. **2** 欲張り (greedy person). **3** =land-grabber.

grab·ble [grǽbḷ] 〖《1579》□ ? Du. *grabbel-en* (freq.) ← *grabben* 'to GRAB¹': ⇨ -le³〗 ― *vi.* **1** 手探りする, 手探りで捜す (grope) 〔*for*〕. **2** 四つんばいになる.

gráb·bler [-blə, -blə | -blə(r, -bl-] *n.* 「shell 2 a).

gráb bùcket *n.* 〖土木〗つかみあげバケツ (⇨ clam-

grab·by [grǽbi | -bɪ] *adj.* (**grab·bi·er**; **-bi·est**) 《口語》欲張りの, 強欲な, がめつい (greedy).

gráb drèdge [drèdger] *n.* 〖土木〗グラブ浚渫(しゅんせつ)船《グラブを用いて水底の泥を浚渫する船》; 浚渫機.

gra·ben [grɑ́ːbən] 〖□ G *Graben* ditch (cf. *graben* to dig)〗 *n.* 〖地理〗=rift valley.

gráb ròpe [lìne] *n.* 〖海事〗握り綱 (⇨guest rope 1).

Grac·chi [grǽkiː, -kaɪ] 〖□ L ～ (pl.) ← *Gracchus* (↓)〗 ― *n. pl.* [the ～] グラックス兄弟《Tiberius Sempronius [taɪbí(ə)riəs sempróuniəs | -bíəriəs sempráunjəs, -nɪəs] Gracchus (163–133 B.C.) と Graius Sempronius Gracchus (153–121 B.C.) の兄弟; 共に古代ローマの護民官 (tribune) で民権擁護のため戦った; 兄は暗殺され, 弟は騒乱の中で自殺した》.

Grac·chus [grǽkəs] *n.* グラックス (⇨ Gracchi).

grace [gréɪs] 〖? lateOE ← □(O)F *grâce* □ L *grātia* favor, charm, thanks ← *grātus* pleasing ← IE *g^{w}er(ə)- to praise aloud (Celt. **bardo-* 'BARD¹' / Skt *gṛṇāti* he sings, praises)〗 ― *n.* **1** (動作·姿勢·態度などの)気品, 優雅, 優美, しとやかさ, 上品 (delicacy, elegance): the ～ of bearing [carriage, action, deportment] 物腰[姿勢, 行動, 態度]の優美さ / with ～ 優雅に.
2 [通例 *pl.*] 美質, 美点, 魅力, 愛嬌(あいきょう); たしなみ (accomplishment); 上品ぶった態度, 気取り (affectation): a saving ～ 短所を補う取り柄 / have all the social ～*s* 社交上のたしなみをすべて身につけている / find a thousand ～*s* in a beloved person 愛する人に無数の美点を見出す / airs and ～*s* ⇨ air¹ 6 a.
3 (文体·表現などの)優雅, 洗練, 雅致, みやびやかさ.
4 a 《古》慈悲, 寛大 (mercy): ⇨ ACT of grace (1). **b** 親切, 優しさ, 好意, 善意 (goodwill); (上の立場に立つ人が示す)情け, 寛大な処置, 特別の計らい: ⇨ ACT of grace (2) / by special ～ 特別のお情けで / sue for ～ 特別の計らいを願う. **c** [*pl.*] 愛顧, 知遇 (favor): be in a person's good [bad] ～*s* 人に気に入られて[嫌われて]いる. **d** 《廃》(神または運命による)好意, 運 (luck, fate); 幸福: hard [evil] ～ 不運, 不幸.
5 礼儀, 体面, 雅量 (decency, propriety); 道徳的強さ, 徳 (virtue): have *the* ～ *to* do …をする位の礼儀[雅量]はある; 潔く[親切にも]…する / have the ～ to refuse 拒絶する勇気がある / We cannot with any ～ ask him. 面目なくて彼には頼めない.
6 猶予 (respite): give [grant] a day's [fortnight's, moment's] ～ 1日[2週間, ちょっと]の猶予を与える / grant a week's ～ (法律上の期限以上に) 1週間の猶予を許す / ⇨ DAYS of grace. 「祈りをする.
7 食前[後]の感謝の祈り: say (a) ～ 食前[後]の感謝の
8 (Oxford, Cambridge 両大学で)(ある種の特権に関する)評議員会の許可[認可].
9 [通例 G-] 閣下, 閣下夫人《公爵·公爵夫人·大主[司]教に対する尊称》: His [Her, Your] *Grace* 閣下 / His *Grace* the Duke of York ヨーク公閣下 / Will your *Grace* receive him? 閣下は彼に御面会になりますか. ★ もとは王[女王]に対しても用いられた.
10 〖神学〗 **a** (神の)恵み, 恩恵, 恩寵(おんちょう), 聖寵 (divine mercy): ～ abounding あふれるばかりの神の恵み / ⇨ *but for the* GRACE *of God, by the* GRACE *of God* / an inward and spiritual ～ ⇨ sign 9. **b** (神の人間に与えた)更生と聖別の贈り物. **c** 神の恩寵に浴している状態 (state of grace). **d** (神から授かった)徳, 美徳 (virtue): the ～*s* of charity, humility, etc. / the Christian ～*s*. **e** [G-] (恩寵の源としての)神 (God).
11 [*pl.*] 〖音楽〗装飾音 (cf. grace note).
12 [G-] 〖ギリシャ·ローマ神話〗美の三女神の一人: the (three) *Graces* 美の三女神 (cf. L *Grātiae* / Gk *Khárites*)《それぞれ輝き (brilliance)·喜び (joy)·開花 (bloom) を象徴した三人姉妹の女神 Aglaia, Euphrosyne および Thalia をいう》.
but for the grace of God 〖英国の聖職者 John Bradford (1510?–55) が刑場に引かれて行く罪人たちを見て発した言葉から〗神の恩寵がなかったら: There(,) *but for the* ～ *of God*(,) goes X.Y. [go I]. 神の恩寵がなかったらこの X.Y. [自分]もあんな風になっているだろう. ***by (the) grace of*** …のお陰で (thanks to). ***by the grace of God*** 神の御恩寵によって《特に, 正式な文書には王号の後に付加する》: James, *by the* ～ *of God*, King of Great Britain. ***do grace*** 《廃》飾る (adorn). ***fall from grace*** (1) 〖神学〗神の恩寵を失う, 堕落する. (2) 権力の座にある人の好意[ひいき]を失う. ***with (a) bad grace*** = ***with (an) ill grace*** いやいやながら, 渋々と. ***with (a) good grace*** 快く, 進んで (willingly).
year of grace ⇨ year.
― *vt.* **1** 優美にする, 優雅にする, 美しく飾る (adorn): a character ～*d* by [*with*] every virtue あらゆる美徳に輝く人物. **2** …に名誉を与える, 光彩を添える (dignify): ～ a person *with* a title 人に爵位を与える / Her presence ～*d* the occasion.=She ～*d* the occasion *with* her presence. 彼女の臨席はその場に光彩を添えた. **3** 〖音楽〗…に装飾音やカデンツァ (cadenza) を付加する.

Grace [gréɪs] 〖□ ML *Grācia* ← *grātia* (↑)〗 ― *n.* 女性名《アイルランドで Grainne に代用される; 愛称形 Gracie》. ★ 灯台守の娘 Grace Darling にちなんでよく用いられる.

gráce-and-fávor *adj.* (英国で)〈住居など〉王室や政府などから使用料無料で下付された; 王室などから下付された住居の: ～ apartments [residents].

gráce cùp *n.* **1** (食後の祈りの後で順次に飲み回す)乾杯[祝杯]の杯; (その杯で飲む)乾杯. **2** 別れの杯.

grace·ful [gréɪsfəl] 〖《a1449》〗 ― *adj.* (言語·動作などが)優美な, 優雅な, しとやかな, 奥ゆかしい, 品位のある: a ～ girl (動作の)優美な少女 / make a ～ bow to …に優雅におじぎする. **～·ly** *adv.* **～·ness** *n.*

gráce·less 〖《c1385》〗 ― *adj.* **1 a** 品のない, 優雅さのない[を欠いた], 見苦しい (ugly). **b** 芸術的に優雅さを欠いた, 審美的に美しくない. **2** 無作法な, 野卑な (indecorous): a ～ rogue 無作法な悪者. **3** 《古》神に見離された, 堕落した. **～·ly** *adv.* **～·ness** *n.*

gráce nòte *n.* 〖音楽〗装飾音, 装飾音を示す音符.

gráce pèriod *n.* 〖保険〗猶予期間《保険料の払込猶予期間》. 「*n.* 女性名.

Gra·cia [gréɪʃə, -ʃɪə | -ʃɪə, -ʃə] 〖□ L ～ 'GRACE'〗

gra·cias [grɑ́ːθiɑ̀ːs, -θjɑːs | -θiɑ̀ːs, -θjɑːs; *Sp.* gráθjas] 〖□ Sp. ～ 'thanks'〗 *Sp. int.* ありがとう (thank you).

Gra·cie [gréɪsi | -sɪ] 〖(dim.) ← GRACE〗 *n.* 女性名.

Grac·i·la·ri·i·dae [grǽsələráɪədìː | -sɪlərárɪ-] 〖← NL ～ ← *Gracilaria* (属名: ← L *gracilis* (↓) +-ARIA¹) +-IDAE〗 *n. pl.* 〖昆虫〗(鱗翅目)ホソガ科.

grac·ile [grǽsəl, -sḷ, -sɪl, -saɪl | -saɪl] 〖□ L *gracil-is* slender, meager〗 ― *adj.* **1** ほっそりした, か細い, か弱い (slender, thin). **2** 〖grace との誤った連想から〗ほっそりして優美な, すらりとして上品な. **3** = graceful. **～·ness** *n.*

grac·i·lis [grǽsəlɪs, -ləs | -sɪlɪs] 〖← NL ～ (↑)〗 *n.* (*pl.* **-i·les** [-lìːz], **～·es**) 〖解剖〗(大腿)薄筋《gracilis muscle ともいう》.

gra·cil·i·ty [græsíləṭi, grə- | -lətɪ, -lɪ-] 〖□ L *gracilitātem*: ⇨ gracile, -ity〗 ― *n.* **1** ほっそりして優美なこと; か弱さ. **2** 優美[優雅]なこと (gracefulness). **3** (文体が)飾りけがなく簡素なこと.

grac·ing [gréɪsɪŋ] 〖《略》← *g(reyhound) racing*〗 *n.* 《英俗》グレーハウンド競走.

gra·ci·o·so [grɑ̀ːsióusou, -zou | -siə́usəu; *Sp.* graθjóso] 〖□ Sp. ～《原義》gracious (↓)〗 ― *n.* (*pl.* **～s** [～z; *Sp.* ～s]) **1** (スペイン喜劇の)道化役 (clown, buffoon). **2** 《廃》(宮廷の)お気に入り (favorite).

gra·cious [gréɪʃəs] 〖《c1303》□ OF *gracious* (F *gracieux*) □ L *grātiōsus* enjoying favor, obliging: ⇨ grace, -ous〗 ― *adj.* **1** 〈人·人品·態度など〉愛想のよい, 人好きのよい (affable): a ～ host, manner, etc. **2 a** 親切な, 思いやりのある, 優しい. **b** 礼儀正しい, 慇懃(いんぎん)な (courteous). **3** (特に, 目下に対して)寛大な, 大様(おおよう)な (indulgent). **4** (形式的に王·女王または長上者に用いて)仁愛深い: Our *Gracious* King / His Most *Gracious* Majesty 仁愛深い陛下 / my ～ sir. **5** 〈生活など〉優雅な, 上品な, 優美な: ～ living 優雅な生活《時に皮肉な意味にも用いる》. **6** 〈神など〉情深い, 慈悲深い (merciful) (cf. *int.*). **7** 《古》気に入るような, 感じのよい (pleasing). **8** 《古》神の恵みあふれる, 祝福に満ちた, 神聖な (holy): So hallow'd and so ～ is the time. (クリスマスの)時期はかく神聖にかく恵みにあふれている (Shak., *Hamlet* 1. 1. 164). **9** 《廃》幸いな, 幸福な (fortunate, happy): a ～ rain 慈雨.
― 〖《略》← *Gracious God!*〗 *int.* おや, まあ, これは大変, しまった《驚き·当惑を表わす; cf. *adj.* 6》: Good *Gracious*!=*Gracious* Heaven!=*Gracious* me!=My *Gracious*!=*Gracious* goodness!=Goodness ～!=*Gracious*! **～·ly** *adv.* **～·ness** *n.*

grack·le [grǽkḷ] 〖《1772》← NL *grācula* ← L *grāculus* jackdaw〗 ― *n.* 〖鳥類〗 **1** ムクドリ科の鳥類の総称《キュウカンチョウ (hill myna) など》. **2** 羽が黒みがかった色をしたアメリカ産ムクドリモドキ科の鳥類の総称《オオクロムクドリモドキ (purple grackle), オナガクロムクドリモドキ (boat-tailed grackle), bronzed grackle など》.

grad¹ [grǽ(ː)d] 〖《略》← GRADUATE〗 *n.* 《口語》卒業生.

grad² [grǽ(ː)d] 〖□ F *grade* degree: ⇨ grade〗 *n.* 〖数学〗=grade 9.

grad. 《略》gradient; grading; graduate; graduated.

grad·a·ble [gréɪdəbḷ] *adj.* 等級[等格]付け可能な.

gra·date [gréɪdeɪt, ─́─, grədéɪt | grədéɪt, greɪ-] 〖《逆成》← GRADATION〗 ― *vi.* 〈色が〉漸次他の色に移る, ぼける (shade off). ― *vt.* **1** 〈各種の色を〉移り変りが目立たないように配する, ぼかす. **2** 段階[等級]に排列する, …に段階をつける 〈*off*〉. ― *adj.* 〈生物の発生など〉段階的な, 勾配的な.

gra·da·tim [greɪdéɪṭɪm | -tɪm] 〖□ L *gradātim* ← *gradus* 'GRADE'〗 *L. adv.* 一歩一歩, 一歩ずつ (step by step), 漸次に, だんだん (by degrees).

gra·da·tion [greɪdéɪʃən, grə- | grə-, greɪ-] 〖《1538》□ L *gradātiō(n-)*: ⇨ grade, -ation〗 ― *n.* **1** 階級[等級, 段階, 程度]に分けること[分けられた状態]. **2 a** (連続的段階をもつ)一続き (series): a ～ of ranks in society 社会階級の段階. **b** [通例 *pl.*] 等級, 段階, 階級: There are endless ～*s* between wealth and poverty. 貧富の間には無限の段階がある. **3 a** (各種の状態·性質·程度などが)徐々に変化すること, 漸次的移行. **b** (色彩·色調·明暗の)漸次的移行, 濃淡法, グラデーション. **4** 〖写真〗階調《写真画像を見た場合の濃度変化の知覚的評価》; 感光材料本来の調子. **5** 〖言語〗母音交替 (⇨ ablaut). **6** 《廃》〖修辞〗=climax 2 a.

gra·dá·tion·al [-ʃənḷ, -ʃnəl] *adj.* 順序のある, 等級的な; 漸進的な, 漸次の; ぼかした. **～·ly** *adv.*

grade [gréɪd] 〖《1511》□ F ─ ∥ L *gradus* step, degree ← IE *ghredh- to walk (L *gradī* to walk, go)〗 ― *n.* **1 a** (位階·品質·価値·程度などの)等級, 階級, 品等 (degree): A major in the army is one ～ higher than a captain. 陸軍少佐は大尉の一級上だ / a poor ～ of tea 質の悪い茶 / a high ～ of intelligence 高等な知性. **b** 標準 (accepted standard): up to ～ 標準に達した, かなり上等の / below ～ 標準以下の, 下等の. **2 a** (熟達·知能·課程などの)度合, 程度: higher ～ schools 高等程度の学校 / students of university ～ 大学程度の学生. **b** (過程·経過などの)段階, 進歩の度合 (step, stage). **3** 《米》 **a** (学校の)年級, 学年 (《英》 form)《もとは小学校だけであったが, 今は中等学校 (high school) も grade 制になった; 米国の公立学校では通例幼稚園以後12学年に分かれている》: a student in the tenth ～ 10学年生. **b** [集合的] 同学年の全生徒. **c** (学校の)年級制度. **d** [the ～s] 小学校 (elementary school): teach in *the* ～*s* 小学校の教師をする. **4** (生徒·学生の)成績点, 評点, 評価 〔*in, on*〕: a passing [failing] ～ 合格[落第]点 / The teacher gave him a high ～ for his work. 先生は彼の勉強に高い評点をつけた / He got a ～ B [a ～ of seventy] *in* [*on*] the test [*in* science]. テスト[科学]の成績は B [70 点] だった. **5** [集合的] 同一の階級[等級, 程度]に属するもの. **6** 勾配, 傾斜度 (gradient); (鉄道·道路などの)勾配個所, 坂 (slope): 5 percent ～ 5 パーセントの勾配 / a down [an up] ～ 下り[上り]勾配, 下り[上り]坂 / a ～ of 1 in 100 $^{1}/_{100}$ 勾配 / make a ～ 勾配を上る[下る] (cf. *make the* GRADE). **7 a** 〖畜産〗(普通の牛·羊などに純血種をかけた)改良雑種. **b** 同等程度の発達の動物群. **8** 〖《なぞり》← G *Stufe*: cf. step〗〖言語〗階梯《母音交替 (ablaut) を形態論的な手続きに用いる言語において, 関係する母音の量的·質的な差をいう; 例えば OE *writ-(an)* (to write) における *i* は strong [full] grade, OE *wrĭt-(en)* (written) における *ĭ* は weak [reduced] grade である》. **9** 〖数学〗グレード《直角の $^{1}/_{100}$》. **10** 〖建築·土木〗(建築物周囲の)平面[地盤] (ground level): over [under] ～ 平面より上[下]に, 上[下]方で / ⇨ *at* GRADE (1).
at grade (1) 《米》(鉄道·道路の交差する際)同一平面で: crossing *at* ～ 平面交差. (2) 〈川床が〉侵蝕や土砂の堆積が起こらないように傾斜や水量·流速に合わせて整備してある. ***make the grade*** (1) 急な坂を上りつめる. (2) 標準に達する, 成功する, 合格する (succeed). ***on the down grade*** (1) 下り坂で. (2) 衰えて. ***on the up grade*** (1) 上り坂で. (2) 盛んで, 栄えて.
― *attrib. adj.* **1** 《米》(小学校の)初等学年の: a ～ teacher 小学校教員. **2** 〖畜産〗改良雑種の.
― *vt.* **1** 階級[品質など]に従って配列する, 等級分けにする, 類別する. **2 a** …の等級を定める, 等級をつける. **b** 《米》〈生徒を〉年級に配する. **c** 〖商業〗格付けする. **3** 〈生徒·学生〉に評点をつける; 〈答案を〉採点する (mark). **4** 〖畜産〗(純血種を交配して)…の種を改良する, 改良雑種を作る 〈*up*〉. **5** 〈道路など〉の勾配をゆるくする: ～ a road / a well-*graded* road. **6** 〈色などを〉漸次移らせる, ぼかす (gradate). **7** [p.p. 形で] 〖言語〗母音を交替させる. ― *vi.* **1 a** 等級付けられている. **b** [補語を伴って] 〈…に〉位する (rank), 〈…の〉等級[品質]である: It ～*s* A, not B. それは B 級でなくて A 級だ. **2** だんだんに変る, 諸段階を移行する 〈*down, off, over, up*〉〔*into*〕.
grade up (*vt.*) (1) ⇨ *vt.* 4. (2) 改善する, 改良する (improve). (*vi.*) ⇨ *vi.* 2. ***grade up with*** …に匹敵する, にふさわしい (compare with).

gráde·less *adj.*

-grade [─(─)grèɪd] 〖← L *gradus* step ∥ *gradī* to walk: ⇨ grade, gradient〗 ― **1** 「歩く, 動く, 行く」の意の動詞連結形: retrograde. **2** 〖動物〗歩行の仕方を表わす名詞·形容詞連結形: digitigrade, plantigrade.

Gráde Á, g- Á *adj.* **1** 第1級の, 最優良の. **2** 《口語》一流の, すばらしい (excellent)《時に皮肉の意味にも用いる》.

grade·a·bil·i·ty [grèɪdəbíləṭi | -lətɪ, -lɪ-] *n.* (自動車の坂に対する)登攀能力.

gráde cròssing *n.* 《米》(道路·鉄道などの)平面交差; 踏切り (《英》 level crossing) (cf. grade separation).

grád·ed schòol *n.* 《米》=grade school.

grade·ly [gréɪdli | -lɪ] 〖ME *greithely* ready, prompt □ ON *greiðlig-r* ← *greiðr* ready: ⇨ -ly²〗《英方言》 ― *adj.* **1** 良い, 立派な, 上品な (good, excellent). **2** 完全な (complete), 全くの (thorough). **3** (容貌の)美しい, 器量のよい. **4** 健康な (healthy, well). **5** ふさわしい, 適当な (appropriate). **6** 真実の (real). ― *adv.* 全く, ほんとうに (quite, really); 適当に, よく.

gráde·màrk *n.* (材木などの)品質の等級を示す印. ― *vt.* …に(品質を示す)印を付ける.

gráde pòint *n.* 〖教育〗=quality point.

gráde pòint áverage *n.* 〖教育·数学·統計〗= quality point average (略 GPA).

grád·er *n.* **1** 等級をつける[を成す]人[物]; 選別機[装

置]. 2 《米》[序数詞に伴って] …学年生: a fourth ～ 四年生. 3 グレーダー, 地ならし機 (cf. grade *vt.* 5). 4 《米》(答案・成績の)採点者, 評点者: a hard ～ 採点のからい人.

gráde schòol 〘(1869)〙 *n.* (米国の学年制の)小学校 (elementary school) (cf. common school): a boy in ～ 小学校の生徒.

gráde separàtion *n.* 《米》立体交差 (cf. grade crossing).

gra·di·ent [gréɪdiənt | -djənt, -diənt] 〘(1641) ◻ L *gradient-em* (pres.p.) ← *gradī* to walk: cf. grade〙 — *n.* 1 a (道路・鉄道などの)勾配, 傾斜度: a ～ of one in six 1/6 の勾配. b 坂道 (slope), 傾斜路 (ramp). 2 〘物理〙(温度・気圧の)勾配, 傾度, 変化度, グラジエント; それを表わす曲線. 3 〘数学〙(スカラー場の)傾き, 勾配, グラジエント, 勾配ベクトル. 4 〘生物〙勾配 (⇨ axial gradient). — *adj.* 1 傾斜した, だんだんに昇る[降りる]. 2 〈獣など〉歩行する, 歩行性の (gressorial). 3 〈鳥の足など〉歩行に適する.

gra·di·ent·er [gréɪdiènt̬ə | -dièntə(r] *n.* 〘測量〙微角計, 測斜計《トランシットについている勾配測定器》.

grádient velócity [wìnd] *n.* 〘気象〙傾度風《気圧傾度力が遠心力とコリオリの力 (Coriolis force) とに釣合った状態で吹く風; cf. geostrophic wind》.

gra·din [gréɪdn̩, -dɪn | -dɪn; *F.* gradɛ̃] *n.* (*pl.* ～**s** [～z; *F.* ～]) =gradine.

gra·dine [gréɪdiːn, grədíːn] 〘◻ F *gradin* ◻ It. *gradino* (dim.) ← *grado* < L *gradus* 'GRADE'〙 — *n.* 1 低い階段[階段座席]の一段. 2 〘教会〙祭壇の後部または上の棚《蠟燭や花などを供える》.

grád·ing *n.* 1 a 等級[段階]付け. b 〘商業・統計〙格付け. 2 〘土木〙地ならし; 勾配緩和; 粒度《土・砂・砂利などの粒の大きさの分布状態》.

gra·di·om·e·ter [grèɪdiάmət̬ə | -diɔ́mɪtə(r, -mə-] 〘GRADI(ENT)+-O-+-METER¹〙 *n.* 勾配計《地球磁場のような物理量の勾配を測る器械》.

grad·u·al [grǽdʒuəl, -dʒʊl | -dʒuəl, -dʒʊl, -djuəl, -djʊl] 〘(1541) ◻ ML *graduāl-is* ← L *gradus* 'GRADE': ⇨ -al¹〙 — *adj.* 1 だんだんの, 漸次の, 漸進的な: the ～ increase of knowledge 徐々にふえてゆく知識. 2 だんだん昇る[降りる], 次第に上る[下る]; ゆるやかな: a ～ ascent, fall, slope, curve, etc. — *n.* [しばしば G-] 〘カトリック〙 1 (グラデュアル)応答歌, 昇階誦[唱]《ミサ聖祭で書簡と福音書の朗読の間に司祭と合唱隊とによって歌われる応答歌》. 2 ミサ可変部(分)聖歌集, (聖歌隊用)ミサ聖歌集. **～·ness** *n.* **gràd·u·ál·i·ty** [-dʒuǽlət̬i | -djuǽlɪti, -lɪ-] *n.*

grád·u·al·ìsm [-lìzm] *n.* 1 漸進主義, 漸進政策. 2 〘哲学〙(反二元論的)連続観, 連続主義, 段階主義 (cf. dualism 2). **grád·u·al·ist** [-lɪst, -ləst | -lɪst] *n.*

grád·u·al·ly [-dʒuəli, -dʒʊli | -dʒuəli, -dʒʊli, -djuəli, -djʊli] 〘(1646)〙 *adv.* 次第に, だんだん, 徐々に, 漸次.

Grádual Psálm *n.* 〘聖書〙=SONG of Ascents.

grad·u·and [grǽdʒuænd, ⌐―⌐ | grǽdjuænd, -dʒʊ-, ⌐―⌐] 〘◻ ML *graduand-us* (gerundive) ← *graduāre* (↓)〙 *n.* 《英》近く学位を受ける人, 卒業予定者.

grad·u·ate 〘(*a*1415) ◻ ML *graduāt-us* (p.p.) ← *graduāre* to graduate ← L *gradus* 'GRADE': ⇨ -ate²,³〙 — [grǽdʒuət, -dʒuɪt, -dʒuèɪt | -dʒʊət, -dʒʊɪt, -dʒʊèɪt, -dju-] *n.* 1 卒業生《英国では大学で学位を取った卒業生[学士]; 米国では大学以外の学校の卒業生にもいう》: a ～ of Oxford. 2 《米》大学院生 (graduate student). 3 〘化学〙度盛り器, メートルグラス. — [grǽdʒuət, -dʒuɪt, -dʒuèɪt | -dʒʊət, -dʒʊɪt, -dʒʊèɪt, -dju-] *attrib. adj.* 1 (大学を卒業して)学士号を受けた: ～ members of the university. 2 (大学の)卒業生の(ための), 大学院の (postgraduate): a ～ student 大学院生 / a ～ course 大学院課程 / ～ work 大学院における研究 / ⇨ graduate school. 3 =graduated. — [grǽdʒuèɪt | -dju-, -dʒʊ-] *v.* — *vi.* 1 a 卒業する〔*from*, 《古》*at*〕. ★ 英国では学位を取って大学を卒業するの意; 米国では大学以外の各種の学校を卒業するの意にも用いる: ～ *from* Yale University [*at* Oxford] エール[オックスフォード]大学を卒業する / ～ *in* Medicine 医学部を卒業する / a *graduating* class [student] 卒業予定の学級[学生]. b (修業して)〔…の〕資格を取る (qualify)〔*as*〕. 2 (経験・進歩などによって)〔上の段階へ〕進む, 昇進する〔*into*, *to*〕. 3 徐徐に変化してゆく〈*away*〉/〔*into*〕. — *vt.* 1 《米》[しばしば Passive に用いて] …に学位 (degree) を授ける, 〔大学を〕卒業させる〔*from*〕: *be* ～*d from* Harvard ハーバードを卒業する (★《米》でも今は自動詞用法 (⇨ *vi.* 1 a) の方が普通). 2 〈生徒などを〉〔上級へ〕進める〔*to*〕. 3 …に等級をつける, 等級別にする; 〈税を〉累進的にする: lessons carefully ～*d to* the children's powers 生徒の学力に応じて入念に難易の順に配列された学課. 4 〈計測器など〉に目盛り[度盛り]する: This ruler is ～*d in* inches. この物さしの目盛りはインチになっている. 5 濃縮する (cf. graduation 6).

grád·u·àt·ed [-t̬ɪd, -t̬əd | -tɪd, -təd] *adj.* 1 目盛りをした, 度を盛った: a ～ glass [cup] メートルグラス[計量カップ]. 2 等級[階級]別にした, 等級順に配列した: a ～ series of units 一貫して階級[等級など]の順に配列した単元. 3 〘税制〙累進的な (progressive): ～ taxation 累進課税 / a ～ income tax 累進式所得税. 4 〘鳥類〙凸尾の, 凸尾状の《鳥の尾が先端が漸次細くなっている》.

gráduate núrse *n.* 《米》(正規の看護教育機関出身の)看護婦《trained nurse ともいう》.

gráduate schòol 〘(1895)〙 *n.* 大学院.

grad·u·a·tion [grædʒuéɪʃən | -dju-, -dʒu-] 〘(15C) ◻ ML *graduātiō(n-)*: ⇨ graduate, -ation〙 — *n.* 1 (強弱・寸法などの)度盛り(すること), 目盛り(付け). 2 [集合的にも用いて](メートルグラスなどの)目盛り, 度: the ～*s* on a medicine glass 薬量グラスの度盛り. 3 〘絵画・写真〙(色調・明暗などの)漸淡度, ぼかし. 4 (品質に応じて付けた)階級, 等級(別); 等級付け, 格付け. 5 卒業 (cf. graduate *vi.* 1 a); 《米》卒業式; 《英》(大学の)卒業式, 学位授与式 (cf. commencement 2): on ～ 卒業すると / a ～ dress 《米》卒業式用ドレス / ～ exercises 《米》卒業式 / They gathered on the campus for ～. 卒業式にキャンパスに集まった. 6 濃縮《液体を容器に入れ蒸発によって濃化すること》.

grád·u·à·tor [-t̬ə | -tə(r] *n.* 1 (量器などの)目盛りを付ける人. 2 目盛り器械. 3 濃縮器 (cf. graduation 6).

gra·dus [gréɪdəs | grǽdəs, gréɪ-] 〘← L *Gradus* (*ad Parnassum*) Step (to Parnassus): 17 世紀に出版された韻律辞典の表題〙 — *n.* 1 韻律辞典, 詩学便覧《英国の public school でラテン詩, 後にはギリシャ詩を作る学生用参考書》. 2 (法律用語・書式などの)便覧, 練習帳. 3 〘音楽〙練習曲集, 教則本《平易な曲から漸次難しい曲に進むように編集されたもの》.

Grae·ae [gríːiː, gráɪaɪ] 〘◻ L ～ ◻ Gk *Graîai* 《原義》gray-haired, old〙 — *n. pl.* [the ～] 〘ギリシャ神話〙グライアイ《Phorcys の娘, Gorgon たちの姉妹; 一眼一歯を共有していたという三人姉妹; Gorgon たちの保護者でその住居を守ったが, Perseus はその目と歯を盗んで Gorgon たちのありかを教えるまでは返さなかった》.

Grae·ci·a Mag·na [gríːʃiə mǽgnə | -ʃɪə-] 〘◻ L ～ 'Great Greece'〙 *n.* =Magna Graecia.

Grae·cism [gríːsɪzm] *n.* =Grecism.

Grae·cize, g- [gríːsaɪz] *v.* =Grecize.

Grae·co- [gréko(ʊ), gríːk- | -kə(ʊ)] =Greco-.

Gráeffe mèthod [grǽ(ː)f-] 〘← *Gräffe* (ドイツの数学者)〙 — *n.* 〘数学〙グレッフェの方法《代数方程式の根の平方を根とする方程式を作る操作を繰返し, できた方程式の係数を利用してもとの方程式の根の近似値を求める方法》.

Graf [grάːf; *G.* grάːf] 〘◻ G ～: cf. burgrave, landgrave, margrave〙 — *G. n.* (*pl.* ～·**en** [-fən; *G.* -fən]) (ドイツ・オーストリア・スウェーデンの)伯爵《英国の earl, count に相当》.

graf·fi·to [grəfíːtoʊ, grə-, grɑː- | grəfíːtəʊ, græ-] 〘(1851) ◻ It. ～ (dim.) ← *graffio* scratch ← LL *graphium* (↓)〙 *n.* (*pl.* **-fi·ti** [-tiː, -t̬i | -tɪ, -tiː]) 1 [*pl.*] (歩道・建物の壁・公衆便所などに書かれた)落書き. 2 [*It.* graffíːto] 〘考古〙(古代 Rome, Pompeii などの古跡の壁に書き付けられた)掻(か)き絵[文字] (cf. sgraffito).

graft¹ [grǽ(ː)ft | grάːft] 〘(?c1475) 《変形》← ME *grafe* ◻ OF *gra(i)fe* (F *greffe*) pencil, shoot for grafting ◻ ML *graphium* ◻ Gk *grapheîon* stylus ← *gráphein* to write: ⇨ -graph〙 — *n.* 1 a (接木(つぎき)の)接穂(つぎほ) (scion). b 接穂が接がれる場所. c 接いでできた植物. d 接木(法) (grafting). 2 (接木のような)結合. 3 〘外科〙移植; 移植皮片: a skin ～ 皮膚移植; 植皮片. — *vt.* 1 a 〔台木に〕〈接穂を〉接ぐ〔*on*, *upon*, *on to*〕: ～ the pear *on* the plum スモモの台木に西洋ナシを接ぐ. b 〔接穂を〕…に接ぐ〔*with*〕: ～ a plum tree *with* a damson ダムソンスモモをスモモに接木する. c 〈植物を〉接木によって繁殖させる[改良する]. 2 (接木をするように)差込む, 付ける (insert, attach), 融合[融和]させる〔*on*, *upon*, *on to*〕: ～ pagan rites *upon* Christian usage 異教の儀式をキリスト教の慣例の上に継ぐ. 3 〘外科〙〈皮膚や肉を〉移植する: ～ new skin *over* [*on*] the burned hand やけどした手に植皮する. 4 〘海事〙ポインティングする, 〈ロープを〉先細にして小索で巻く. 5 〘化学〙グラフトする《骨幹となる直鎖状重合体に任意の重合体の枝を付ける》. — *vi.* 1 a 接木する. b 接木できる: The pear ～*s* well *on* the plum. セイヨウナシの木はスモモの台木にうまく接木できる. 2 〘外科〙移植手術を行なう.

graft² [grǽ(ː)ft | grάːft] 〘(1620) ◻ ? ON *grǫft-r* act of digging ← Gmc *ʒrab- to dig: cf. grave²〙 — *n.* 1 《英方言》a 一鋤(すき)で掘り起こす土の深さ[量]. b (刃が三日月形の)溝掘り用の鋤. 2 《英俗》(特に, 激しい)仕事 (work), 労働 (labor); 職業 (occupation). — *vi.* 1 《英方言》掘る (dig). 2 《英俗》(懸命に)働く.

graft³ [grǽ(ː)ft | grάːft] 〘← ? GRAFT¹: cf. job¹ (n. 6)〙 《口語》 — *n.* (地位・職権などを悪用した)不正利得, 汚職, 収賄 (jobbery, corruption); 不正利得の金品[利権]: a ～ scandal 収賄事件, 疑獄. — *vt.* 〈金などを〉地位・職権などの悪用によって得る. — *vi.* 〈公職にある者が〉不正利得をはかる, 収賄する, 汚職をする.

graft·age [grǽftɪdʒ | grάːft-] *n.* 接木, 接木技術.

gráft·er¹ [⇨ graft¹] *n.* 接木をする人.

gráft·er² [⇨ graft²] *n.* 《英俗》一所懸命働く人, 働き者.

gráft·er³ [⇨ graft³] *n.* 《口語》汚職公務員, 腐敗[収賄]官吏; 詐欺師 (swindler).

gráft hýbrid *n.* 〘園芸〙接木雑種《接木によって生じた, 新しい遺伝形質をもつ植物個体》.

gráft·ing *n.* 1 接木法, 接木をすること. 2 〘外科〙移植(術); 移植片.

gráfting wàx *n.* 〘園芸〙接蠟(つぎろう)《接合部をおおう接木用の蠟》.

gra·ger [grάːgə | -gə(r] 〘◻ Yid. ～ ◻ Pol. *grzegarz* rattle〙 — *n.* 〘ユダヤ教〙グラーガ《プリム祭 (Purim festival) 中に会堂でエステル書 (the Book of Esther) を読む間に, ペルシャにおけるユダヤ人殺戮を企てたハマン (Haman) の名が出る度毎に子供達が鳴らすがらがら様のもの》.

gra·ham [gréɪəm, grǽ(ː)m | gréɪəm, gréəm] *adj.* グラハム粉で作った. — *n.* =graham bread.

Gra·ham [gréɪəm, grǽ(ː)m | gréɪəm, gréəm] 〘← OE *grǣg-hām* 《原義》gray land (⇨ gray, home): 地名に由来するスコットランドの家族名から〙 *n.* 男性名.

Graham, Martha *n.* (1894?–　) 米国の女性舞踊家・振付師; 近代舞踊の先駆者.

Graham, Thomas *n.* (1805–69) スコットランドの化学者; Graham's law を発見 (1831).

Graham, William Franklin *n.* (1918–　) 米国の福音伝道家; 通称 Billy Graham.

gráham brèad *n.* グラハムパン《グラハム粉 (graham flour) でつくったパン》.

gráham cràcker *n.* グラハムクラッカー《グラハム粉 (graham flour) で作った甘味の薄いクラッカー》.

Gra·hame [gréɪəm, grǽ(ː)m | gréɪəm, gréəm], **Kenneth** *n.* (1859–1932) スコットランドの作家; 特に児童文学者として有名.

gráham flòur 〘← *Sylvester Graham* (1794–1851: 米国の牧師・食餌(しょくじ)法改革者)〙 — *n.* グラハム粉《小麦全粒を粉砕し, 皮や胚芽を分離しないもの; whole wheat flour ともいう》.

gra·ham·ite [gréɪəmàɪt, grǽmaɪt | gréɪəmàɪt, gréəmaɪt] 〘← *J. A.* & *J. L. Graham* (19 世紀の米国の鉱山主): ⇨ -ite¹〙 — *n.* 〘鉱物〙グラハム鉱《ピッチ黒色を呈して光沢のある土瀝青(どれきせい)の一種》.

Gráham Lànd *n.* =Antarctic Peninsula.

Gráham's làw 〘← *Thomas Graham*〙 — *n.* 〘物理化学〙グレアムの法則《同じ条件のもとに, 細孔から低圧側へ流出する気体の速度はその分子量の平方根に反比例するという法則》.

gráham wàfer *n.* 《カナダ》=digestive biscuit.

Grai·ae [gréɪiː, gráɪaɪ] *n. pl.* 〘ギリシャ神話〙=Graeae.

grail¹ [gréɪl] 〘(?*a*1300) *greal*, *graal* ◻ OF *graal* < ML *gradālis* flat dish ← ? VL **crātālis* ← L *crāter* cup〙 — *n.* 1 [the G-] =Holy Grail. 2 [時に G-] 長期にわたる努力[探究]の究極的目標.

grail² [gréɪl] 〘(1688) ◻ F *grêle* ← *grêler* to make slender, taper and smooth (the teeth of a comb)〙 *n.* くし製造用のやすり.

grail³ [gréɪl] 〘(*a*1300) ◻ OF *grael* < ML *gradāle* = *graduāle*〙 *n.* 〘古〙=gradual 1.

grain¹ [gréɪn] 〘(1228) *greyn* 《混成》← (O)F *grain* (< L *grānum* 'CORN¹')+(O)F *graine* red dye (< L *grāna* (fem.) ← *grānum* grain, seed)〙 — *n.* A 1 a 穀粒《wheat, oats, rice, rye, millet など堅い小粒のもの》. b [集合的] 穀物, 穀類 (cf. corn¹ 2): sacks of ～ 穀物の袋. 2 [集合的にも用いて] 穀草《畑にあるものも刈り取られたものもいう》. 3 粒状体; (砂・砂糖・塩・ひいたコーヒー豆などの)粒; 粒子: a ～ of salt [shot] 塩[散弾]の一粒 / large [small] ～ powder 大[小]粒火薬. 4 [集合的にも用いて] a 結晶; (砂糖などの)結晶 (crystallization). b 〘冶金〙金属の結晶粒. 5 [主に否定構文で]ほんの少し, 微量: He has *not a* ～ *of* sense [courage, intelligence]. けし粒ほどの分別[勇気, 知性]もない / There is *not a* ～ *of* truth in what he says. 彼の言うことには少しの真実もない / *without a* ～ *of* love いささかの愛情もなく / with some ～*s* of allowance 多少割引きして[控え目に]. 6 グレン, グレイン《衡量の最小単位; 略 gr., g.》: a (常衡で) = 0.036 dram, 0.002285 ounce, 0.0648 g. b (金衡で) = 0.042 pennyweight, 0.002083 ounce, 0.0648 g. c (薬衡で) =0.05 scruple, 0.002083 ounce, 0.0166 dram, 0.0648 g. 7 a (皮の)銀面《毛の生えていた側; grain side ともいう; cf. flesh *n.* 8》. b (ざらざらした)粒々のある[の模様をつけた]面. c (皮・合成皮革の面に作った)粒々, 粒起面, しぼ. 8 [*pl.*] (酒類の醸造で発酵桶に残った)麦芽かす. 9 a 《廃》〘昆虫〙コチニールカイガラムシ (cochineal insect), カーミンカイガラムシ (kermes); それらからとる赤色染料. b 赤色染料, えんじ, 洋紅; (さめにくい)染料: ⇨ DYE *in* (*the*) *grain*. c 《古・詩》色, 色合い (color). d 赤味がかった明るい黄褐色. 10 〘宝石〙グレイン《真珠, 時にダイヤモンドの重さの単位で 1/4 カラット (0.05 グラム) に相当》. 11 〘宇宙〙ロケット用の成型された固体推進薬.
B 1 a (木材の)木目, 木理(もくり), 木目模様; 木目方向: straight [cross] ～ (材木の)柾目(まさめ)[板目]. b (石・石炭の)きめ, 肌, 石目, 目: stone of fine [coarse] ～ きめ[肌]の細かい[粗い]石材. c 〘紡織〙地の目. d 〘ゴルフ〙芝の目の方向. 2 (人の)性質, 性分, 気質 (nature, temper); 本質: friends similar [very different] in ～ 気質の同じ[全く違った]友人.

against the [*one's*] ***grain*** (木目に反することから)意に反して, 性分に反して; 怒らせるように: It goes *against the* ～ (with me). それは私の性に合わない / rub a person *against the* ～ 人を怒らせる. ***a grain of mustard seed*** 一粒の芥子(からし)種《大きな発展のもととなる小さなもの; cf. *Matt.* 13: 31, *Mark* 4: 30, *Luke* 13: 19》. ***a grain of wheat in a bushel of chaff*** 大騒ぎして結果がきわめて少ないこと,「大山鳴動して鼠一匹」. ***in grain*** 〘《なぞり》← OF *en graine* in kermes dye〙 (1) [特に, 軽蔑的意味の語に付いて] 根深い, よくよくの (deeply seated), 生れつきの (by nature): a rogue *in* ～ よくよくの悪者. (2) 《廃》深紅の

(scarlet). (3) さめにくい色に染まった (cf. DYE *in (the) grain* [*in the wool*]. ***with a grain of salt*** ⇨ salt[1] 成句.

grain of rice 〘窯業〙=grains-de-riz.

grains of paradise 〘《なぞり》← OF *graine de paradis*〙アフリカ産ショウガ科の植物 (*Aframomum melegueta*) の種子《シュクシャ・ショウズクの類で健胃剤・獣医薬に用いる; guinea grains ともいう》.

— *vt.* **1** 粒にする, 粒状にする. **2** しみ込ませる〔*into*〕; 染める〔*with*〕: This vice is ~*ed into* him. この悪徳が彼にしみ込んでいる. **3 a** 〈革など〉の表面をざらざら[粒々]にする. **b** 〈獣皮〉から毛を除く. **4** 《米》…に穀物を飼料として与える. **5** 〈木材・大理石などを〉木目まがいに塗る. — *vi.* 粒[穀粒]を生じる; 粒状となる. **~·er** *n.*

grain[2] [gréɪn] 〘《?*a*1300》 *grein* ◻ ON branch, arm of the sea〙 *n.* **1** 《英方言》入江; 支流; 枝. **2** [*pl.*; 単数扱い] やす, もり.

gráin àlcohol *n.* 〘化学〙グレーンアルコール《穀物から製したエチルアルコール(ethyl alcohol); cf. wood alcohol》.

Gráin Cóast 〘'grains of paradise' といわれた Guinea pepper を積出したことにちなむ〙 — *n.* [the ~] 穀物海岸《Guinea 湾に面する西部アフリカの一地域の旧名; 今の Liberia 地方》.

grained *adj.* **1** [通例複合語の第2構成素として] **a** 粒状の, 穀粒を実らせる, 粒のある: small-*grained* wheat 粒の小さな小麦 / fine-*grained* sand 粒の細かな砂. **b** 木目[石目]のある: a straight-*grained* wood 木目の真っ直ぐな材, 柾目の木. **c** …の気質をもった: a tough-*grained* journalist 気質の強靱(きょうじん)な新聞[雑誌]記者. **2** 木目塗りの: a ~ cabinet. **3 a** 面がざらざらした, 粒々のある. **b** 〈革など〉しぼ付きの. **c** 〈貨幣の縁が〉ぎざぎざのある (milled).

gráin èlevator *n.* =elevator 3.

gráin·fìeld *n.* 穀物畑.

Grain·ger [gréɪndʒə | -dʒə(r)], **Percy (Al·dridge)** [ɔ́ːldrɪdʒ | ɔ́ːl-, ɔ́l-] *n.* (1882–1961) オーストラリア生れの米国の作曲家・ピアニスト.

gráin gròwth *n.* 〘冶金〙結晶粒成長《結晶粒が温度の上昇と共に増大し, 他の結晶粒を併合して大きくなること》.

gráin·ing *n.* **1** 木目塗り《木目・石目まがいにペンキを塗ること, またそうして出来た木目(模様)》. **2** 〘印刷〙砂目立て《平版の版材(金属板や石版石)の表面を研磨して, 細かな凹凸を付けること》; 砂目. **3** 〘皮革〙しぼ仕上げ, もみ仕上げ, しぼ付け.

gráin lèather *n.* 〘皮革〙グレーンレザー《しぼ仕上げの革, または銀面をつぶつぶの石目にした革》.

gráin·less *adj.* 粒のない; 木目のない.

gráin refìner *n.* 〘冶金〙結晶微細化用添加剤, 結晶成長抑制剤.

gráin rùst *n.* 〘植物病理〙穀草類を冒すさび菌類; (特に)ムギ類の黒さび病菌 (*Puccinia graminis*)《メギ科のヒロハヘビノボラズ (*Berberis amurensis*) を中間寄主とする》.

grains-de-riz [grɛ̃ː(n)dəríː, gréɪn-; *F.* grɛ̃dʀi] 〘◻ F ~ 《原義》 grains of rice〙 — *n.* 〘窯業〙蛍手(ほたるで) (grain of rice)《素地(きじ)に楕円形の穴をあけ, 釉(ゆう)で埋め, 米粒に似せて模様にした磁器の装飾》.

grains d'orge [gréɪndɔ́ːʒ, -dɔ́əʒ | -dɔ́ːʒ; *F.* grɛ̃dɔʀʒ] 〘◻ F ~ 'grains of barley'〙 — *n.* 〘甲冑〙鋲頭(びょうがしら)《鎖かたびらの鎖輪を作るのにその輪の両端をひしゃいで重ねて留めた鋲の頭》.

gráin·sìck *n.* 〘獣医〙(反芻獣の)飼料の多給による第一胃の膨満症状.

gráin sìde *n.* (獣革の)毛の生えていた側, 表側, 銀面 (↔ flesh side).

gráin sòrghum *n.* 穀実用モロコシ《コウリャンなどアジア, 熱帯アフリカ, アメリカその他に種実用として栽培されるモロコシ類; cf. sorghum 1》.

gráin whìskey *n.* グレーンウイスキー《麦芽と他の穀類を原料に発酵させ, パテント スチル (patent still) で蒸留して製するウイスキー; cf. malt whiskey》.

grain·y [gréɪni | -nɪ] 〘《15C》〙 — *adj.* (**grain·i·er**; **-i·est**) **1** 粒状の; 粒の多い. **2** 〈声・音が〉ざらざらする, 耳ざわりな. **3** 木目のある; 模造の木目状の模様のある: a ~ wood / ~ plastic tile. **gráin·i·ness** *n.*

gral·loch [grǽlək, -ləx] 〘《1848》 ◻ Sc.-Gael. *grealach* intestines〙 《英》 *n.* (鹿などの)臓腑. — *vt.* 〈鹿など〉の臓腑を抜く (disembowel).

gram[1] [grǽ(ː)m] 〘《1702》 ◻ Port. *grão* (もと *gram* とも書いた) < L *grānum* 'GRAIN[1]'〙 *n.* 〘植物〙 **1** = chick-pea. **2** =mung bean.

gram[2] [grǽ(ː)m] 〘《1797》 ◻ F *gramme* ◻ LL *gramma* ◻ Gk *grámma* letter, small weight ← *gráphein* to write〙 — *n.* グラム《メートル法の重さの単位; セ氏4度における水 1 cc の重さ; 略 g., gm., gr.》.

gram[3] [grǽ(ː)m] 〘短縮〙 *n.* **1** (*also* **'gram** [~]) = telegram, cablegram. **2** =gramophone.

gram[4] [grǽ(ː)m] 〘略〙 *n.* =grandmother.

Gram [gráːm] *n.* 〘北欧伝説〙グラム (*Volsunga Saga* で Sigmund の剣; 二つに折れて彼は戦死する, その後彼の息子 Sigurd が大蛇 (Fafnir) を退治するために Regin に鋳直してもらう》.

gram. 《略》 grammar; grammarian; grammatical.

-gram [← ˌgræm] 〘← Gk *grámma* something written ← *gráphein* to write〙「書いた物, 描いた物; 記録」の意の名詞連結形: cable*gram*, epi*gram*, tele*gram*.

gram·a [grǽmə, gráːmə | gráːmə] 〘◻ Sp. ~ 'a kind of grass' < L *grāmen* grass: cf. grass〙 — *n.* 〘植物〙米国西部に広く生えるイネ科 *Bouteloua* 属の牧草の総称 (grama grass ともいう; blue grama など).

gram·a·rye [grǽməri | -rɪ] 〘《*c*1330》 ◻ AF *gramarie* = OF *gramaire* 'GRAMMAR, magic'〙 *n.* (*also* **gram·a·ry** [~]) 《古》魔法, 魔術 (magic).

grám àtom *n.* 〘化学〙グラム原子《ある元素の原子量の数値に等しいグラム数の量》.

grám-atómic wéight *n.* 〘化学〙=gram atom.

grám calòrie *n.* 〘物理化学〙(熱量単位としての)グラムカロリー (⇨ calorie 1 a).

grám-céntimeter *n.* 〘物理〙グラムセンチメートル: **a** 1g の物体を重力に抗して 1cm 上げるのに要する仕事量. **b** 1cm のてこの腕に作用する 1 グラムのトルク.

grám equìvalent *n.* 〘化学〙グラム当量《化学当量に等しいグラム数の単体または化合物の量》.

gra·mer·cy [grəmə́ːsi | -mɔ́ːsɪ] 〘《*c*1300》 *grand mercy*, *gramercy* ◻ OF *grant merci*: ⇨ grand, mercy〙 — *int.* 《古》 **1** ありがとう (Thanks!); これはこれは《感謝を表わす》. **2** これは大変, おやっ《驚きを表わす》. — *n.* 《廃》感謝(の言葉), 謝意 (thanks).

grám-fòrce *n.* 〘物理〙グラム重(量)《1 g の質量に働く重力の大きさに等しい力; 略 gw, gf》.

gram·i·ci·din [grǽməsáɪdn | -mɪsáɪdɪn] 〘← GRAM(-POSITIVE)+-CIDE+-IN[1]〙 — *n.* 〘生化学・医学〙グラミシジン《土壌細菌の一種 *Bacillus brevis* から得られた抗生物質》.

gram·in- [grǽmən | -mɪn] (母音の前に来る時の) gramini- の異形.

gram·i·na·ceous [grǽmənéɪʃəs | grǽmɪ-, grèɪm-] *adj.* =gramineous.

Gra·min·e·ae [grəmíniìː] 〘← NL ~ (fem. pl.) ← L *grāmineus* (↓)〙 *n. pl.* 〘植物〙イネ科.

gra·min·e·ous [grəmíniəs | grəmínɪəs, græ-, greɪ-, -njəs] 〘《1658》 ◻ L *grāmineus* ← *grāmen* grass: ⇨ grama, -eous〙 — *adj.* **1** 牧草 (grass) の, 牧草のような (grasslike). **2** 〘植物〙イネ科の. **~·ness** *n.*

gram·i·ni- [grǽmənə | -mɪnɪ] 〘← L *grāmin-*, *grāmen* grass: ⇨ grama〙「牧草 (grass)」の意の連結形. ★ 母音の前では通例 gramin- になる.

gra·mi·nif·er·ous [grǽmənífərəs | -mɪ-] *adj.* 牧草を生じる.

gram·i·niv·o·rous [grǽmənív(ə)rəs | -mɪ-] *adj.* 〘動物〙 **1** 牧草を食とする, 草食の (grass-eating). **2** 〈動物のあご・歯など〉穀類を食うに適した.

gram·ma [grǽmə, gráːmə | gráːmə] *n.* 〘植物〙 = grama.

gram·ma·log [grǽməlɔ̀(ː)g, -lɑ̀g | -lɔ̀g] 〘⇨ -gram, -logue〙 *n.* (*also* **gram·ma·logue** [~]) (速記で)単一の記号 (logogram) で表わされた言葉; その記号.

gram·mar [grǽmə | -mə(r)] 〘《*a*1387》 *gramere* ◻ OF *gramaire* (F *grammaire*) ◻ L *grammatica* ◻ Gk *grammatikḗ* (*tékhnē* art) (fem.) ← *grammatikós* pertaining to letters or literature: ⇨ grammatical〙 — *n.* **1 a** 文法, 文法学: English ~ 英文法 / comparative ~ 比較文法(学) / philosophical [universal] ~ =general grammar / historical ~ 歴史的文法(学) / ⇨ generative grammar, transformational grammar. **b** 〘生成文法〙文法《言語使用者のもっている言語能力, すなわち言語についての知識》. **c** 文典, 文法論, 文法書. **2** 標準語法, (文法にかなった)語法, (各人の)語法: He knows his ~. 彼は正しい言葉遣いをする / His ~ is shocking. 彼の言葉遣いは乱暴きわまる / "That's him" is bad ~. 'That's him' という言い方は文法にかなった語法でない. **3** (芸術・学術などの)根本原理 (elements); (根本原理を説いた)入門書, 手引き, 外国語の入門書[基本教科書]: the ~ of painting 画法の根本理論 / *A Grammar of Politics*「政治学入門」(書名). **4** 《英口語》=grammar school.

gram·mar·i·an [grəmé(ə)riən | -méərɪ-] 〘《?*c*1375》 ◻ OF *gramarien* (F *grammairien*): ⇨ grammar, -ian〙 — *n.* **1** 文法学者, 文法家; 文法の教師. **2** 文法[語法]を心得ている人: a poor ~ 文法をよく知らない人, 文法に反する語法を使う人. **3** 入門書の著者.

grámmar·less *adj.* **1** 文法のない, はっきりした文法的形態[関係]の見られない. **2** 文法を知らない, 文法がめちゃくちゃの.

grámmar schòol *n.* **1** (英国の)グラマースクール《16 世紀に普及したラテン語文法を教える学校; 1944 年以降は 11+ (eleven plus) 試験に合格した生徒に大学進学準備の教育をする(公立)中等学校》. **2** 《まれ》(米国の)初等中学校《かつての中等教育段階の Latin grammar school; 20 世紀以降は小学校と high school にまたがる(特に 4, 5-8 年級に相当する)中等学校》.

gram·mat·i·cal [grəmǽtɪkəl, -tə- | -tɪ-] 〘《1526》 ◻ LL *grammaticāl-is* ← L *grammaticus* ◻ Gk *grammatikós* skilled in grammar ← *grammat-*, *grámma* letter (⇨ -gram): ⇨ -ical〙 — *adj.* **1** 文法の[に関する], 文法上の (cf. lexical); 文法通りに解釈された, 文字通りの (literal): ~ analysis 文法的分析 / a ~ category 〘言語〙文法的範疇(はんちゅう)《性・数・格・人称・時制などをいう》/ a ~ interpretation 文法的解釈 / a ~ sense 文法的意味, 文字通りの意味 / a ~ rule 文法規則 / ⇨ grammatical gender, grammatical meaning. **2** 文法にかなった; 語法の正しい (correct): This construction is not ~. この構文は文法的に正しくない.

grammátical chánge *n.* 〘言語〙文法的変化.

grammátical génder *n.* 〘文法〙文法的[上の]性《指示物の自然界における性別とは区別される; cf. natural gender》.

gram·mat·i·cal·i·ty [grəmæ̀tɪkǽləti, -tə- | -tɪkǽlɪtɪ, -lɪ-] *n.* 〘言語〙=grammaticalness.

gram·mát·i·cal·ly 〘《1477》〙 — *adv.* **1** 文法上, 文法的見地から: ~ speaking 文法上から言えば / be ~ correct 文法的には正しい. **2** 文法にかなって; 語法的に正しく.

grammátical méaning *n.* 〘言語〙文法的意味《文法的範疇(はんちゅう)の表わす意味; cf. lexical meaning》.

gram·mát·i·cal·ness 〘《1650》〙 *n.* 〘言語〙文法性.

grammátical súbject *n.* 〘文法〙文法的主語《文構成上の主語のこと; cf. logical subject》.

gram·mat·i·cize [grəmǽtəsàɪz | -tɪ-] 〘◻ ML *grammatizāre*〙 *vt.* 文法的にする; 文法に合わせる. — *vi.* 文法上の問題を論じる.

gram·ma·tist [grǽmətɪst, -təst | -tɪst] 〘◻ F *grammatiste* // L *grammatista* ◻ Gk *grammatistḗs*: grammar, -ist〙 — *n.* (通例)学者ぶる文法家. **gram·ma·tis·ti·cal** [grǽmətístɪkəl, -tə- | -tɪ-] *adj.*

gramme [grǽ(ː)m] *n.* =gram[2].

Grám mèthod, g- m- *n.* 〘細菌〙=Gram's method.

grám-molécular *adj.* 〘化学〙グラム分子の.

grám-molécular wéight *n.* 〘化学〙=gram molecule.

grám mòlecule *n.* 〘化学〙グラム分子《単体または化合物のその分子量に等しいグラム数の量; cf. mole[4], Avogadro number》.

Gram·mont [græmɔ̃ː(ŋ), -mɔ́(ː)ŋ; *F.* gʀamɔ̃], **Philibert de** *n.* =Philibert de GRAMONT.

gram·my [grǽmi | -mɪ] *n.* おばあちゃん (grandmother).

Gram·my [grǽmi | -mɪ] 〘← GRAM(OPHONE)+-Y[2]〙 *n.* (*pl.* **~s**, **Gram·mies**) グラミー賞《米国のレコード界ですぐれた功績に毎年贈られる小像》.

Grám-négative, gram-n- [grǽm-] 〘cf. Gram's method〙 — *adj.* 〘細菌〙グラム陰性の《グラム染色法 (Gram's method) によって染色されないもので淋菌・細胞核などにいう; cf. Gram-positive》.

Gra·mont [græmɔ̃ː(ŋ), -mɔ́(ː)ŋ; *F.* gʀamɔ̃], **Philibert de** *n.* グラモン《1621–1707; フランス Louis 十四世の宮廷人・軍人; 後英国に渡り Charles 二世の愛顧を受けた; 称号 Comte de Gramont》.

gram·o·phone [grǽməfòun | -fəun] 〘《1888》《商標名》: *phonogram* の両要素の転換: その発明者 Emile Berliner (1851–1929) の造語: ⇨ -gram, phono-〙 — *n.* 《英》蓄音機 (phonograph)《今は record player の方が普通》.

gramp [grǽmp] 〘《変形》← *grandpa*〙 *n.* =gramps.

Gram·pi·an [grǽmpiən | -pjən, -pɪən] *n.* スコットランド北東部の州; 1975 年に新設, 旧 Aberdeen, Banff, Moray, Kincardine 諸州より成る; 面積 8,700 km^2, 人口 448,000, 首都 Aberdeen.

Grámpian Hílls [**Móuntains**] *n. pl.* [the ~] グランピアン山脈《スコットランドの中央部を南西から北東に横断して高地方 (Highlands) と低地方 (Lowlands) との境をなす低い山脈; 最高峰 Ben Nevis (1,343 m)》.

Gram·pi·ans [grǽmpiənz | -pjənz, -pɪənz] *n. pl.* [the ~] =Grampian Hills.

Grám-pósitive, grám-p- [grǽm-] 〘cf. Gram's method〙 — *adj.* 〘細菌〙グラム陽性の《グラム染色法 (Gram's method) によって紫色に染色されるもので, ジフテリア菌・結核菌・破傷風菌・脾脱疽(ひだつそ)菌などにいう; cf. Gram-negative》.

gramps [grǽmps] 〘《変形》← *grandpa*〙 *n.* (*pl.* ~) 《口語》おじいちゃん (grandfather).

gram·pus [grǽmpəs] 〘《1529》 *graundepose* 《変形》← ME *grapeys* ◻ OF *graspeis* < ML *crassum piscem* fat fish: ⇨ crass, fish[1]〙 — *n.* **1** 〘動物〙 **a** ハナゴンドウ《イルカに似たハナゴンドウ属 (*Grampus*) の動物の総称; ハナゴンドウ (*G. griseus*) など》. **b** サカマタ, シャチ (orca)《マイルカ科サカマタ属の動物》: blow [snore] like a ~ 《口語》大いびきをかく. **2** (サカマタのような)息遣いの荒い人.

Grám-Schmídt orthogonalizàtion [grǽmʃmít-; *Dan.* grɑ́m', *G.* ʃmít] 〘← *H. C. J. Gram* (⇨ Gram's method) & *B. Schmidt* (⇨ Schmidt camera)〙 — *n.* 〘数学〙(グラム)シュミットの直交化法《ヒルベルト空間 (Hilbert space) の基底を直交化する方法の一つ; Schmidt's orthogonalization ともいう》.

Gram·sci [gráːmʃiː; *It.* grámʃi], **Antonio** *n.* グラムシ《1891–1937; イタリア共産党の理論的指導者》.

Grám's méthod [grǽ(ː)mz-] 〘← *H. C. J. Gram* (1853–1938: デンマークの医師, この方法の発明者)〙 — *n.* 〘細菌〙グラム染色法《細菌を染色によって陽性・陰性に分類する識別法; Gram method ともいう; cf. Gram-negative, Gram-positive》.

Grám's solútion *n.* 〘細菌〙グラム溶液《グラム染色法 (Gram's method) に使用するヨード溶液》.

Grám's stáin *n.* 〘細菌〙=Gram's method.

gran [grǽ(ː)n] 〘《略》← GRANDMOTHER〙 *n.* 《口語・幼児語》おばあちゃん (granny, grandmother).

gra·na [gréɪnə, grǽnə, gráːnə] 〘← NL ~ (pl.) ← L *grānum* 'GRAIN[1]'〙 — *n., pl.* 〘植物〙グラナ《葉緑体の中にあって葉緑素とリポ蛋白質からなり, 光合成を行なう小円板状のもの》.

Gra·na·da [grənáːdə; *Sp.* granáda] 〘◻ Sp. ~ ← *granada* (↓): その地形が割れたざくろに似ていることから〙 — *n.* グラナダ: **1** スペイン南部, 地中海

沿岸にあったムーア人の王国 (1241-1492). **2** スペイン南部の都市; もとグラナダ王国の首都で, スペインにおけるムーア人最後の拠り所; Alhambra 宮殿の所在地; 人口 203,000.

gran·a·dil·la [grænədílə, -díː(j)ə] 〚(1613) ▭ Sp. ~ (dim.) ← *granada* pomegranate: ⇨ grenade〛 — *n.* **1** 〘植物〙トケイソウ (passionflower) の類の植物の総称; (特に)オオナガミクダモノトケイソウ (*Passiflora quadrangularis*) 《熱帯アメリカ産》. **2** グラナディラ《食用として珍重されるオオナガミクダモノトケイソウの果実; passion fruit ともいう》.

Gra·na·dos [grənɑ́ːdous, -dəs | -dɔs; *Sp.* granáðos], **En·ri·que** [enríke] *n.* グラナドス《1867-1916; スペインの作曲家・ピアニスト》.

gra·na·ry [gréɪn(ə)ri, grǽn- | grǽnəri] 〚(1570) ▭ L *grānārium*: ⇨ grain¹, -ary〛 — *n.* **1** (脱穀後の)穀物貯蔵所, 穀倉, 穀物倉. **2** 穀類を豊富に産する地方, 穀倉地帯. **3** 源, 源泉 (source).

gránary wèevil *n.* 〘昆虫〙グラナリアコクゾウ (*Sitophilus granarius*) 《コクゾウムシ科の甲虫》.

Gran Ca·na·ria [grɑ́ːŋ-kɑnɑ́ːriə | -rɪə; *Sp.* gráŋkanárja] *n.* =Grand Canary.

Gran Cha·co [grɑ́ːn-tʃɑ́ːkou | -kəu; *Sp.* grántʃáko] *n.* [the ~] グランチャコ《アルゼンチン北部・パラグアイ・ボリビア南部にわたる亜熱帯の大平原; 面積 725,000 km²; 単に Chaco, また El Chaco [el-] ともいう》.

grand [grǽ(ː)nd] 〚(*a*1399) ▭ AF *graunt* = OF *grant* (F *grand*) < L *grandem, grandis* large, great ← ?〛 — *adj.* (~·er; ~·est) **1 a** 雄大な, 壮大な, 壮麗な (imposing, magnificent); 広大な, 広壮な, 堂々たる (stately, majestic); 豪奢な, 豪華な (luxurious): a ~ mountain 雄大な山 / ~ scenery 広大な景色 / a ~ entertainment 豪奢な饗宴(きょうえん) / live in a ~ house 堂々たる家に住む / live in ~ style 豪勢な暮らしをする. **b** 〈人・風采・服装など〉堂々とした, 威厳のある, 気品のある; 偉い, 高貴な (important, distinguished): a company of ~ people 上流人士の集まり / a ~ lady (立派な服装をして気品のある)高貴の婦人 / He has a ~ air. 風采に気品がある / ⇨ grand manner. **c** 高遠な, 崇高な (noble, exalted), 偉大な, 雄大な (great, majestic): a ~ conception 雄大な構想 / a ~ character 崇高な人格 / a ~ achievement 偉大な成功 / ⇨ grand old man. **2 a** 尊大な, もったいぶった, 気位の高い, 傲慢な (self-important, haughty), 気取った, 仰々しい (pretentious): put on a ~ air 偉そうなふりをする / He was much too ~ to speak to me. 彼は偉そうに構えて私などに話しかけもしなかった. **b** 〈文体など〉荘重な (lofty and dignified): ⇨ grand style. **3 a** (大きさ・程度・価値などが)大きい (great); 最も重大な, 最大の, 重大な (foremost): a ~ question 重大問題 / a matter of ~ importance きわめて重要な事柄 / a ~ imposture 大詐欺 / ⇨ grand tour / make a ~ mistake 重大な誤りをする. **b** (位階・勲位などの上位を示して)大…: ⇨ grand cross, grand duke, grand master, grand seigneur, grand vizier. **4** 主要な, 主な (principal, main): the ~ entrance (大邸宅などの)表門 / the ~ staircase (大邸宅・ホールなどの)玄関の大階段. **5** 〘口語〙すてきな, すばらしい; 立派な (splendid): look ~ 立派に見える / feel ~ すばらしくいい気分である / have a ~ time すてきにおもしろい時を過ごす / We had ~ weather for our trip. 旅行には上々の天気だった / It will be ~ if you can come. あなたが来られたらすばらしいでしょう / Where are you off to in those ~ clothes? 《皮肉》そんなご大層な恰好でどこへお出かけです. **6** すべてを含めた, 総括的な (comprehensive): the ~ total 総計, 累計. **7** 〘音楽〙大規模に書かれた, 大合奏用の, 全…: a ~ fugue 大フーガ / a ~ sonata 大ソナタ[奏鳴曲] / a ~ orchestra グランド[全, 大]オーケストラ / a ~ chorus 全[大]合唱.
do the grand 〘口語〙気取る, 見栄を張る (cf. do¹ *vt.* 10).
Grand Army of the Republic [the —] (米国の)南北戦争従軍者在郷軍人会《1866-1949; 北軍の復員者から成り 19 世紀末に政治的影響力をもった; 略 G.A.R.; 単に Grand Army ともいう》.
grand period of growth 〘植物〙生長の大期, 大生長期.
— *n.* **1** グランドピアノ (grand piano): ⇨ baby grand. **2** (秘密結社など) grand という形容詞の付いている職名を持っている人; (クラブなどの)会長. **3** (*pl.* ~) 《米俗》1,000 ドル: three ~ 3,000 ドル.
gránd·ness [-(d)-] *n.*

grand- [grǽnd] 〚▭ F ~ (↑) ∞ OE *ealde-* 'OLD'〛 基本の語より一親等を隔てた血縁者を示す連結形: *grand*aunt, *grand*father, *grand*son.

grán·dàd [grǽn-] *n.* 〘口語〙=granddad.

gran·dam [grǽndæm, -dəm | -dæm] 〚(?*c*1200) ▭ AF *graund dame*: ⇨ grand-, dame〛 — *n.* (*also* **gran·dame** [grǽndeɪm, -dəm | -deɪm]) 《古》 **1** 祖母 (grandmother); 女性の祖先. **2** 老婆, ばあさん. **3** 母獣の母獣.

Gránd Ármy 〚▭ F *La Grande Armée*〛 *n.* [the ~] **1** 〘フランス史〙大陸軍 (Napoleon のロシヤ遠征(1812)の大軍). **2** =GRAND Army of the Republic.

gránd assíze *n.* (英国の昔の)大審問裁判, 土地回復裁判《Henry 二世制定; 被告の希望により決闘裁判 (trial by battle) でなく, 16 人の陪審員 (knights) の評議に付して決せられた; 1833 年廃止》; 大審問裁判の陪審.

gránd·àunt *n.* 親のおば, 大おば (great-aunt).

gránd·bàby *n.* (まだ幼児の)孫.

Gránd Bánk *n.* [the ~] =Grand Banks.

Gránd Bánks *n. pl.* [the ~] Newfoundland 南東沖の大浅瀬; 世界的な大漁場の一つ; 長さ 560 km.

Gránd Canál *n.* [the ~] 大運河: **1** 中国の天津と杭州を結ぶ大運河; 長さ 1,600 km. **2** イタリア Venice の大運河; 同市の幹線路をなす, 長さ 3 km.

Gránd Canáry *n.* グランカナリア島《Canary 諸島中の一島; 人口 520,000, 面積 1,533 km², 首都 Las Palmas; Gran Canaria ともいう》.

Gránd Cányon *n.* [the ~] 米国 Arizona 州北西部にある Colorado 川の大峡谷; 長さ 450 km 以上, プラトー部の海抜 1,500-2,700 m.

Gránd Cányon Nátional Párk *n.* グランドキャニオン国立公園《米国 Arizona 州北西部にあり, Grand Canyon とその周辺を含む, 1919 年指定; 面積 2,725 km²》.

Gránd Cányon Státe *n.* [the ~] 米国 Arizona 州の俗称.

gránd·chìld [-(d)-] 〚(1587)〛 *n.* 孫.

gránd climácteric *n.* 大厄年《63 歳または 81 歳》.

gránd commíttee *n.* (英国下院で開期中 Law and Trade Bills を審議する)常設委員会.

Gránd Cóu·lee [-kúːli | -lɪ] *n.* [the ~] 米国 Washington 州中部, Columbia 川流域最大の峡谷; 氷河期にできたもので, 長さ 84 km, 深さ 120 m 以上.

Gránd Cóulee Dám *n.* [the ~] グランドクーリーダム《Grand Coulee 峡谷の北端にある世界最大級の重力ダム; 1942 年完成, 高さ 168 m》.

gránd cóuncil fíre *n.* (最低 3 隊以上の隊を必要とする)キャンプファイヤー少女団 (camp fire girls) の正式な集まり.

gránd cóup *n.* 〘トランプ〙グランクー《ブリッジ・ホイストで, ダミー (dummy) の勝札をわざと切札で取って自分の手番にする高等戦術の一つ》.

gránd cróss *n.* 《英》ナイト (knight) の最上級勲章(の受勲者) (knight [dame] grand cross).

gránd·dàd [-(d)-] *n.* =granddaddy.

gránd·dàddy [-(d)-] *n.* 〘口語〙 **1** おじいちゃん (grandfather). **2** 最も古い[目立つ, 大きい, 尊敬すべき]人[もの], 元祖, 始祖.

gránd·dàughter [-(d)-] 〚(1611)〛 *n.* 孫娘.

gránd drápe *n.* 〘演劇〙額縁舞台上部の縁から観客席側に垂れた短い飾りカーテン.

gránd-dúcal [-(d)-] *adj.* 大公[大公妃]の[にふさわしい].

gránd dúchess [-(d)-] *n.* **1** 大公妃; 女大公《大公国の女君主》. **2** (帝政ロシヤの)皇女, 皇孫女.

gránd dúchy, G- D- [-(d)-] *n.* 大公国.

gránd dúke [-(d)-] 〚《部分訳》← F *grand duc* 《なぞり》← It. *granduca*〛 *n.* **1** 大公《大公国の君主》. **2** (帝政ロシヤの)皇子, 皇孫.

Grande, Rio *n.* ⇨ Rio Grande.

Grande Char·treuse [grɑ́ː(n)d-ʃɑətrɜ́ːz, grɔ̃ː(n)d-, grɑ́ːnd-, grɔ́(ː)nd- | -ʃɑː-; *F.* grɑ̃dʃartrøːz], **La** [lɑː; *F.* la] 〚cf. Chartreuse〛 — *n.* グランドシャルトルーズ《フランスの Grenoble にあるカルトジオ会 (Carthusians) の修道院》.

grande dame [grɑ́ːn(d)-dɑ́ːm; *F.* grɑ̃ddam] 〚▭ F ~〛 *F. n.* (*pl.* **grandes dames** [~]) (老)貴婦人 (great lady).

gran·dee [grændíː] 〚(1598) ▭ Sp. & Port. *grande* great (person): ⇨ grand〛 — *n.* **1** 大公《スペイン・ポルトガルの最高貴族; 王の面前で帽子着用, 着席の権利をもつ》. **2** 高位の人, 高官, 貴顕.

grande pas·sion [grɑ́ː(n)d-pɑːsjɔ̃ː(ŋ), grɔ̃ː(n)d-, grɑ́ːnd-pɑːsjɔ́(ː)ŋ, grɔ́(ː)nd-, -pæs-; *F.* grɑ̃dpasjɔ̃, -pɑsjɔ̃] 〚▭ F ~〛 *F. n.* (*pl.* **grandes passions** [~]) =grand passion.

grande toi·lette [-twɑːlét; *F.* grɑ̃dtwalɛt] 〚▭ F ~〛 *n.* 式服, 礼服.

gran·deur [grǽndʒə, -dʒʊə, -d(j)ʊə, -djə, -də | -dʒə(r, -djʊə(r, -dj(ə)r] 〚(*c*1500) ▭ F ~: ⇨ grand, -ure〛 — *n.* **1 a** 雄大, 壮大, 壮麗 (brilliance, magnificence); 豪奢, 豪華 (luxury): the ~ that was Rome ⇨ glory *n.* 3 a / the ~ of mountain scenery, nature, etc. **b** 威風, 威厳, 威光 (power, dignity). **c** (人格などの)偉大, 高潔, 崇高 (nobility). **d** (文体などの)荘重さ. **2** (思想・学識などの)偉大, 遠大, 高遠, 深遠 (magnitude, breadth): the ~ of ideas, conception, design, etc. **3** 壮大[雄大, 偉大]な事柄[もの].

Gránd Fálls *n. pl.* Churchill Falls の旧名.

gránd·fàther [-(d)-] 〚(1424-25) 《部分訳》← F *grand-père*〛 — *n.* **1** 祖父. **2** 祖先 (forefather). **3 a** 祖父[祖先]に相当する人[もの]. **b** (人・動物・ものの)先祖, 原型, もと. **c** 年を経ていて尊ぶべき人[もの]. **4** =grandfather clock.

grándfather cháir *n.* 背の高い大形の布[革]張りのそで椅子 (wing chair) 《grandfather's chair ともいう》.

grándfather cláuse *n.* **1** (米国の, 昔の)祖父条項《1867 年以前に選挙権を持っていた父または祖父の子孫以外の無教育黒人に選挙権を与えないとする, 南部の一部の州で行なわれていた州憲法条項; 1915 年以降失効》. **2** 〘法律〙祖父条項《特定の活動[事業]を禁止している制定法中の条項で, その法律成立以前すでに行なわれていた活動[事業]をその禁止の適用から除外するもの》.

grándfather clóck 〚Henry C. Work (アメリカの作詞者) の *My Grandfather's Clock* という歌 (1878) にちなむ〛 — *n.* グランドファーザー時計《おもりと振子で動く背の高い箱型の大時計; long-case clock の後世の呼び名; grandfather's clock ともいう》.

gránd·fà·ther·ly *adj.* **1** 祖父のような. **2** 親切に心配してくれる, 優しい, 柔和な (benignant). **3** 古びて神々しい (venerable): a ~ tree.

grándfather's cháir *n.* =grandfather chair.

grándfather's clóck *n.* =grandfather clock.

grand feu [grɑ́ː(ŋ)-fɜ́ː, grɔ̃ː(ŋ)-, grɑ́ːŋ-, grɔ̃(ː)ŋ-; *F.* grɑ̃fø] 〚▭ F ~ 《原義》big fire〛 *n.* 〘窯業〙=full fire.

grand-father clock

gránd finále *n.* (オペラ・ショーなどの)大団円, 大詰め, グランドフィナーレ.

gránd fír *n.* 〘植物〙=lowland fir.

gránd·fòlks [-(d)-] *n. pl.* 祖父母 (grandparents).

gránd guárd *n.* 〘甲冑〙(馬上槍試合用の)あごと左胸を覆う補強具《tilt armor の部品》.

Grand Gui·gnol [grɑ́ː(ŋ)-giːnjɔ́(ː)l, grɔ̃ː(ŋ)-, grɑ́ːŋ-, -grɔ̃(ː)ŋ-, -njóul | -njɔ́l; *F.* grɑ̃giɲɔl] 〚▭ F ~ ← *Le* ~ 《原義》Great Punch (Paris にある小劇場の名): F *Guignol* は *Chignolo Po* (Lyons にこの人形芝居を持ち込んだイタリア人の郷里)からか〛 — *n., adj.* グランギニョール(の)《Paris の Le Grand Guignol 座で演じるような戦慄(せんりつ)的な短い劇》: a ~ play.

gránd hotél *n.* [しばしば G- H-] (国際的な)大ホテル.

gran·di·flo·ra [grændəflɔ́ːrə, -flóːrə | -dɪflɔ́ːrə] 〚← NL ~ ← L *grandis* 'GRAND' + *-flora* (← L *flōs* 'FLOWER')〛 — *adj.* 大型の花をつける. — *n.* 〘園芸〙グランディフロラ系バラ《株バラで房咲きの一系統のバラ; 大きな花をつける; フロリバンダローズ (floribunda) に由来しハイブリッドティー系バラ (hybrid tea rose) との交配が盛ん》.

gran·dil·o·quent [grændíləkwənt] 〚(1593) ← L *grandiloquus* speaking loftily ← *grandis* 'GRAND' + *loqui* to speak: 後半部は ELOQUENT からの類推〛 — *adj.* 大げさな[誇張した]言葉遣いをする; 〈言葉遣いが〉大げさな, 誇大な, 仰々しい (bombastic). **~·ly** *adv.* **gran·dil·o·quence** [grændíləkwəns] *n.*

gránd ínquest *n.* 〘法律〙=grand jury.

gránd inquísitor *n.* 宗教裁判所長.

gran·di·ose [grǽndiòus, ⌐–⌐ | grǽndɪəus, -dɪəuz, ⌐–⌐] 〚(1840) ▭ F ~ ▭ It. *grandioso* ← *grandis* < L *grandem*: ⇨ grand, -ose¹〛 — *adj.* **1** 壮大な, 偉大な, 崇高な, 雄大な (lofty, sublime). **2** 気取っていて大げさな, 仰々しい (bombastic, high-flown): a ~ speech, style, etc. **~·ly** *adv.* **~·ness** *n.* **gran·di·os·i·ty** [grændiɑ́səṭi | -dɪɔ́sɪtɪ, -sɪ-] *n.*

gran·dio·so [grɑ̀ːndióusou, græn-, -zou | grændɪə́usəu, grɑ̀ːn-, -zəu; *It.* grandjóːso] 〚▭ It. ~ (↑)〛 — *adv.* 〘音楽〙グランディオーソ, 雄大に, 堂々と, 荘重に.

Gran·di·so·ni·an [grændəsóuniən | -dɪsə́unjən, -nɪən] 〚(1829) ← *Sir Charles Grandison* (S. Richardson の小説 *The History of Sir Charles Grandison* (1754) の主人公): ⇨ -ian〛 — *adj.* (Sir Charles Grandison のように)18 世紀の典型的英国紳士の, 丁重で勇気がありきわめて騎士[紳士]的な.

grand je·té [grɑ́ː(n)-ʒətéɪ, grɔ̃ː(n)-, grɑ́ːn-, grɔ́(ː)n-; *F.* grɑ̃ʒəte] 〚▭ F ~: ⇨ jeté〛 *n.* (*pl.* **grands je·tés** [~]) 〘バレエ〙グランジュテ《跳躍技の一つ; 脚を投げだすように力強い跳躍で, 前後開脚の空中姿勢で上半身を後方へ反らせ, アティチュード (attitude) のポジションを保つ; 跳躍の中で一番大きく華麗なパ (pas) といえる》.

gránd júror *n.* 大陪審員《大陪審 (grand jury) の構成員; grand juryman ともいう》.

gránd júry *n.* 〘法律〙大陪審, 起訴陪審《12-23 人から成り起訴状を審査し証拠十分と認め, かつ 12 人以上の賛成があれば起訴を決定する; 英国では 1948 年廃止; 米国では, 死刑または自由刑を伴う犯罪の訴追には大陪審の申告または起訴の手続が要求されている(連邦憲法修正 5 条); cf. petty jury》.

gránd júryman *n.* =grand juror.

Gránd Láma, g- l- *n.* [the ~] =Dalai Lama.

gránd lárceny *n.* 〘法律〙重窃盗(罪)《英国では 1 シリング以上の物, 米国では通例 200 ドル以上の物の窃盗罪; 英国では grand larceny と petty larceny との区別は 1827 年廃止 (さらに現在は larceny は廃止され, theft と呼ばれるようになった (Theft Act 1968))》.

gránd lódge *n.* (フリーメーソンなど秘密結社の)本部 (cf. lodge 4, grand master 2).

gránd·ly 〚(1654)〛 — *adv.* **1** 雄大に, 壮大に, 壮麗に, 堂々と; 豪奢に, 豪勢に, 盛大に, 華やかに. **2** 尊大に, もったいぶって, 傲然と, 気取って, 仰々しく, **3** 崇高に, 偉大に, 高遠に, 荘厳に, 荘重に.

grand·ma [grǽn(d)mɑ̀ː, -mɔ̀ː, grǽmɑː, -mɔː | grǽnmɑː] *n.* 〘口語〙おばあちゃん (grandmother).

grand mal [grɑ́ːn(d)mɑ́ːl, grɑ́ː(m)-, -mǽl, grǽn(d)mǽl | grɑ́ː(m)mɑ́ːl, grɔ̃ː(m)-, grɑ́ːm-, grɔ̃(ː)m-; *F.* grɑ̃mal] 〚▭ F ~ 'big illness'〛 — *n.* 〘病理〙(癲癇(てんかん)の)大発作 (cf. petit mal).

grand·ma·ma [⌐–⌐, ⌐–⌐, -(d)- | ⌐–⌐, -(d)-] *n.* (*also* **grand·mam·ma** [~]) 〘口語〙おばあちゃん.

Gránd Ma·nán [-mənǽn] *n.* カナダ New Brunswick 州 Fundy 湾口の島で避暑地, 面積 148 km².

gránd mánner 〚《なぞり》← F *grande manière*〛 *n.* **1** 堅苦しい態度, 形式ばった表現法. **2** (美術・音楽・文学などの)崇高調, 荘重体: in the ~ 荘重な調子で.

gránd márch *n.* グランドマーチ《舞踏会の開会に客全部で行なう堂々巡り》.

gránd máster 〚《部分訳》← F *grand maître*〛 ― *n.* **1** (英国の昔の Hospitallers, Templars など騎士団の)団長. **2** (フリーメーソンなど秘密結社の)本部長 (cf. grand lodge). **3** (チェス・ブリッジなどの)名人《世界チャンピオンに次ぐ最高の称号》.

Gránd Mónarch 〚《なぞり》← F *le Grand Monarque*〛 *n.* [the ~] グラン モナルク《フランスの Louis 十四世のあだ名》.

grand monde [grɑ̃ː(m)-mɔ̃ː(n)d, grɔ̃ː(m)-, grɑ́ːm-mɔ́(ː)nd, grɔ́(ː)m-; *F.* grɑ̃mɔ̃ːd] 〚□F ~ 'great world'〛 *F. n.* 上流社会 (fashionable society).

gránd·mòther [-(d)-] 〚(*a*1420)《部分訳》← OF *grantmere* (F *grand mère*)〛 *n.* **1** 祖母. **2** 女性の祖先 (ancestress). **3** 祖母に相当する人[もの].
teach one's grandmother to suck eggs 祖母に卵の吸い方を教える,「釈迦(しゃか)に説法する」.
― *vt.* **1** 大事にする, 甘やかす. **2** …の祖母になる.

grándmother clóck *n.* グランドファーザー時計 (grandfather clock) の約 ²/₃ 程度の大きさの振り子時計.

gránd·mòth·er·ly *adj.* **1** 祖母の(ような). **2** こまごまと世話を焼き過ぎる; ささいなことにまで干渉する (fussy): ~ legislation, government, etc.

Gránd Múfti, g- m- *n.* (各大都市における)イスラム法の最高権威《昔オスマン帝国時代には Constantinople の grand mufti は国教の教主であった》.

Gránd Nátional *n.* [the ~] グランドナショナル《英国 Liverpool 市北方の Aintree で毎年 3 月行なわれる大障害物競馬; 1839 年創設, 距離 4 マイル 856 ヤード (約 7,219 m), 出走資格は 7 歳以上, 障害飛越回数は延べ 30 回; 単に the National ともいう》.

gránd·nèphew [-(d)-] *n.* 甥[姪]の息子, 兄弟[姉妹]の孫息子.

gránd·nìece [-(d)-] *n.* 甥[姪]の娘, 兄弟[姉妹]の孫娘.

gránd òld mán *n.* **1 a** 老偉人. **b** 元老, 長老. **2** [the G- O- M-] 英国の政治家 W. E. Gladstone または W. Churchill のあだ名 (略 G.O.M.).

Gránd Òld Párty *n.* [the ~] (米国で)1880 年以来用いられている共和党 (Republican Party) の愛称 (略 G.O.P.).

gránd ópera *n.* 〖音楽〗グランドオペラ《対話の部分も全部音楽的に処理したもの; cf. opéra comique》.

gránd·pà [grǽn(d)pɑ̀ː, -pɔ̀ː, grǽmpɑː, -pɔː | grǽnpɑ̀ː] *n.* 《口語》おじいちゃん (grandfather).

grand·pa·pa [ˌ-ˈ-, ˈ-ˌ-, -(d)- | ˈ-ˈ-, -(d)-] *n.* =grandpa.

gránd·pàrent [-(d)-] *n.* 祖父[母]. **gránd·parént·al** *adj.*

grándparent·hòod *n.* 祖父[母]であること.

gránd pássion 〚□F *grande passion*〛 *n.* 熱烈な恋(の対象); 熱烈な恋愛(関係).

gránd piáno *n.* グランドピアノ, 平型ピアノ (cf. upright piano).

Grand Pré [grɑ́ː(m)préɪ, grɔ́ː(m)-, grɑ́ːm-, grɔ́(ː)m-; *F.* grɑ̃pre] *n.* グランプレ《カナダ Nova Scotia 州西部の村; Longfellow 作の *Evangeline* の舞台》.

grand prix [grɑ́ː(m)-príː, grɔ́ː(m)-, grɑ́ːm-, grɔ́(ː)m-; *F.* grɑ̃pri] 〚(1880) □F ~ 'grand prize' (↓)〛 ― *n.* (*pl.* **grands prix** [~(z); *F.* ~]) 大賞, グランプリ (great prize).

Grand Prix [grɑ́ː(m)-príː, grɔ́ː(m)-, grɑ́ːm-, grɔ́(ː)m-; *F.* grɑ̃pri] 〚(1863) □F ~〛 ― *n.* (*pl.* ~, **Grands Prix** [~(z); *F.* ~], **Grand Prixes** [~(z); *F.* ~]) グランプリ: **1** Paris 郊外の Longchamp [lɔ̃ʃɑ̃] 競馬場で行なわれる明け 4 歳馬のレース; 距離 3,100 m; 正式名 Grand Prix de Paris パリ大賞典. **2** 国際馬術連盟公認の馬術競技大会で最も権威のある種目《馬場馬術と障害飛越の両方にある》. **3** 世界各地で行なわれる国際的な長距離自動車レース.

Gránd Rápids 〚Michigan 湖に注ぐ *Grand River* の急流 (rapids) にちなむ〛 ― *n.* 米国 Michigan 州南西部の商工業都市; 特に家具で有名; 人口 188,000. ― *adj.* Grand Rapids 式[風]の; 質の落ちる大量生産の家具の.

gránd-scále *adj.* 大規模な (large-scale).

grand sei·gneur [grɑ́ː(n)-seɪnjɜ́ː, grɔ́ː(n)-, grɑ́ːn-, grɔ́(ː)n- | -njɜ́ː(r; *F.* grɑ̃sɛɲœːr] 〚□F ~〛 ― *n.* (*pl.* ~**s**, **grands sei·gneurs** [~]) **1** (もと)大貴族 (great noble), 大君主 (great lord); 貴族 (aristocrat) (cf. seigneur). **2** 貴族的威厳を備えた人.

gránd séignior 〚cf. seignior, signor〛 *n.* オスマン帝国の皇帝スルタン (Sultan) に対するヨーロッパ側の呼称; トルコ皇帝.

gránd sérgeanty 〚ME *graunte sergeaunte* □AF〛 ― *n.* 〖英国中世法〗大奉仕による土地保有《土地保有について軍役は負わないが, 王に対して, 戴冠式に際して旗[剣]の捧持(ほうじ)など名誉的な自らの奉仕を負った; grand serjeanty ともつづる; cf. petit sergeanty》.

Grand Siè·cle [grɑ́ː(n)-sjékḷ | grɔ́ː(n)-, grɑ́ːn-, grɔ́(ː)n-; *F.* grɑ̃sjɛkl], **le** [lə] 〚□F ~ 'the great century'〛 ― *F. n.* グラン シエークル《フランス Louis 十四世の治世; 軍事および文物にすぐれていた》.

gránd·sìre [-(d)-] 〚(*c*1300) □AF *graunt sire*: ⇨ grand, sire〛 ― *n.* **1 a** 《方言》祖父 (grandfather). **b** 《古》祖先 (forefather). **c** 《古》老人 (old man). **2** 《鳴鐘法》(教会の鐘の)転調鳴鐘法 (change ringing) の一つ.

gránd-slám *adj.* 〖野球〗満塁ホームランの.

gránd slám *n.* **1** 〖トランプ〗(ブリッジで)グランドスラム《敵方に 1 組も取らせず完勝すること; 最高得点が与えられる; cf. small slam》. **2** 〖野球〗満塁ホームラン. **3** 〖スポーツ〗グランドスラム《ゴルフ・テニスなどで一度に[一シーズン中に]すべての(主な)選手権試合に勝つこと》.

gránd·sòn [-(d)-] 〚(1586)〛 *n.* (男の)孫, 孫息子.

gránd són·ne·rie [-sɑ́nəri | -sɔ́nəri] 〚□F ~: ⇨ sound¹, -ery〛 *n.* 〖時計〗15 分毎に時を打つ時計の機構.

gránd·stànd *n.* **1** (競馬場・運動競技場などの)(特別)正面観覧席. **2** [集合的]正面観覧席の観客. ― *attrib. adj.* **1** 正面観覧席にある(かのような): ~ seats 正面観覧席. **2** 正面観覧席の[から見る]ような: a ~ view 特等席から見るような眺望. **3** 観客をわかすための[ような]: a ~ finish スタンドをわかす最終場面. ― *vi.* (~·**ed**) 《口語》観客を喜ばせるような競技をする, スタンドプレーをする. **~·er** *n.*

grándstand plày *n.* 《米》(観覧席のファンを喜ばせるように)必要以上に技巧をもてあそぶプレー, スタンドプレー; 場当り的演技, 芝居気たっぷりのジェスチャー.

gránd stýle 〚(1772): cf. L *stilus grandiloquus*〛 ― *n.* 〖文学〗荘重体《Matthew Arnold が Homer, Dante, Milton の詩風に与えた名称で, 崇高な事象を簡素荘重に表現する文体》.

Gránd Té·ton Nátional Párk [-tíːtɑn- | -tɔn-] 〚*Grand Teton*: □F ~ 《原義》big breast〛 ― *n.* グランドティートン国立公園《米国 Wyoming 州北西部にあり, 山岳地帯と森林で有名な国立公園; 1929 年指定; 面積 1,255 km²》.

gránd tóur 〚□F ~ 'great circuit'〛 ― *n.* **1** (昔英国で上流家庭の子弟にその教育の仕上げとして行なわせた)ヨーロッパ大陸巡遊旅行. **2** ヨーロッパ大旅行. **3** (案内付きの)観光[遊覧]旅行.

gránd tóuring càr *n.* 〖自動車〗グランドツーリングカー, GT カー《長距離高速走行に十分な性能と快適な居住性, 広いトランクなどを備えた乗用車; 通例 2 人乗りのクーペ; 略 GT; Gran Turismo ともいう》.

gránd·ùncle 〚(15C)〛 *n.* 親のおじ, 大おじ (great-uncle).

gránd unificátion *n.* 〖物理〗大統一《素粒子の理論において強・電磁・弱相互作用および重力を統合すること》.

gránd únified théory *n.* 〖物理〗大統一理論 (cf. grand unification).

gránd vícar *n.* 〖カトリック〗(フランス司教区の)司教総代理 (vicar-general).

gránd vizíer *n.* (イスラム教国の)首相 (cf. vizier).

grange [gréɪndʒ] 〚(*c*1300) *graunge* □AF = (O)F *grange* < ML *grānicam* ← L *grānum* 'GRAIN¹'〛 ― *n.* **1** 農場, 農園 (farm); (特に, 納屋その他の建物の付いた)田舎の地主の邸宅; (田舎の)豪農の邸宅. **2** (昔, 英国の荘園 (manor) または修道院から離れた)付属農場の住居《穀倉などを備えていた》. **3** 《米》**a** [the G-] 農民共済組合《農民互助団体 (Order of the Patrons of Husbandry) として農家の利益促進のため 1867 年創立された秘密結社で, 1870–80 年代米農民運動 (Granger movement) の母体となった》. **b** [G-] 農民共済組合の地方支部. **4** 《古》穀倉 (granary).

gráng·er 〚(*a*1195) □AF *graunger*: ⇨↑, -er¹ 2〛 ― *n.* **1** 《古》大農場の管理人 (farm steward). **2** 《米》農夫, 百姓 (farmer). **3** [G-] 《米》農民共済組合 (Grange) 員. **4** 《米》穀物輸送鉄道.

gráng·er·ism¹ [-dʒərìzṃ] 〚⇨↑, -ism〛 *n.* 《米》農民共済組合制[主義].

gran·ger·ism² [gréɪndʒərìzṃ] 〚⇨↓, -ism〛 *n.* 本の挿絵を切り抜いて他の本の挿絵として入れること.

gran·ger·ize [gréɪndʒəràɪz] 〚(1882) ← *Rev. J. Granger* (1723–76: 多数の白紙を綴込んで読者が随意に他書からの切抜き挿絵を貼付けられるように工夫した *Biographical History of England* (1769) の著者): ⇨ -ize〛 ― *vt.* **1** 〈本〉に他の本から切取った挿絵[印画など]を差込む[補充する]: ~ a book. **2** (他の本に差込む[補充する]ために)…から挿絵などを切り抜く: ~ a book. **grán·ger·ìz·er** *n.* **gran·ger·i·za·tion** [grèɪndʒərɪzéɪʃən, -rə- | -raɪ-, -rɪ-] *n.*

gran·i- [grǽni, gréɪ-, -nə | -nɪ] 〚← L *grānum* grain〛「穀粒 (grain), 種子 (seeds)」の意の連結形.

gra·nif·er·ous [grənɪ́f(ə)rəs] *adj.* 穀粒を生じる, 粒状の実を結ぶ.

gran·i·form [grǽnəfɔ̀əm | -nɪfɔ̀ːm] *adj.* 穀粒状の.

Gran·it [grɑ́ːniːt; *Swed.* grɑ́ːnit], **Rag·ner** [rɑ́ːgnəə | -nə(ː)r] **Arthur** *n.* グラニット (1900– ; フィンランド生れのスウェーデンの生理学者; Nobel 医学生理学賞 (1967)).

gran·ite [grǽnɪt, -nət | -nɪt] 〚(1646) □It. *granito* grained (i.e. granular stone) (p.p.) ← *granire* ← *grano* grain < L *grānum* 'GRAIN¹'〛 ― *n.* **1** 〖岩石〗花崗岩, みかげ石: (as) hard as ~ 石のように堅い; 非常に頑固な, 強情な / bite on ~ むだな努力をする. **2 a** 堅固, 強固, 確固: a man of ~. **b** みかげ石のように固い[堅固な, 耐久性のある, 確固とした]もの. **~·like** *adj.*

Gránite Cíty *n.* [the ~] スコットランド Aberdeen 市の俗称.

gránite pàper *n.* 〖製紙〗花崗岩模様紙《着色した繊維を添加して抄造したまだら模様の紙; 壁紙用》.

Gránite Státe *n.* [the ~] 米国 New Hampshire 州の俗称.

gránite·wàre *n.* **1** 金属素地(きじ)を焼成前に適正に腐蝕させてみかげ石模様にした一度掛けほうろう器. **2** みかげ石模様の精陶器. **3** 硬質陶器に似た精陶器.

gra·nit·ic [grænɪ́tɪk, grə- | -tɪk] *adj.* **1** 花崗岩質の, みかげ石の: ~ rock. **2** (みかげ石のように)堅い, 不動の, 堅固な: a ~ fist, morality, etc.

gra·nit·i·form [grænɪ́təfɔ̀əm | -tɪfɔ̀ːm] *adj.* 花崗岩状[質]の.

gran·it·ite [grǽnɪtàɪt, -nə- | -nɪ-] *n.* 〖岩石〗黒雲母花崗岩.

gran·it·oid [grǽnɪtɔ̀ɪd, -nə- | -nɪ-] *adj.* 花崗岩構造の, 「みかげ石に似た.

gra·ni·vore [gréɪnəvɔ̀ə, grǽn-, -vɔ̀ə | -nɪvɔ̀ː(r] 〚《逆成》← GRANIVOROUS〛 *n.* 〖動物〗穀食動物[鳥].

gra·niv·o·rous [grənɪ́v(ə)rəs, greɪ-, græ-] 〚← GRANI- + -VOROUS〛 *adj.* 〈鳥・四足獣など〉穀物や草の種子を食とする, 穀食の.

Gran·jon [grǽndʒən] 〚← *Robert Granjon*: この字体をカットした 16 世紀のフランスの活字意匠家・印刷者)〛 ― *n.* 〖活字〗グランジョン《オールドフェースの活字書体》.

gran·ny [grǽni | -nɪ] 〚(1663) ← GRAND(MOTHER) + -Y²〛 ― *n.* (*also* **gran·nie** [~]) **1** 《口語・小児語》**a** おばあちゃん (grandmother); おばあさん, 老婆 (old woman). **b** 仰々しく騒ぎ立てる人, うるさいおせっかい屋. **2** 《米南部・中部》産婆 (midwife) 《granny woman ともいう》. **3** =granny knot.

gránny drèss *n.* (昔おばあさんが着たような)首から足首までの長いゆったりしたドレス.

gránny glàsses *n. pl.* (昔おばあさんが掛けたような)小さいレンズの金[金属]縁めがね.

gránny knòt *n.* さかさ結び, 縦結び.

gránny's bènd [**knòt**] *n.* =granny knot.

gran·o- [grǽnoʊ | -nə(ʊ)] 〚□G ~ ← *Granit* 'GRANITE'〛「花崗岩(質)の; 粒状の」の意の連結形.

gràno·díorite *n.* 〖岩石〗花崗閃緑岩.

gra·no·la [grənóʊlə | -nə́ʊ-] 〚← 《商標名》*Granola*〛 ― *n.* グラノーラ《押しからす麦に干しぶどう・ココナッツ・ナッツ・黒砂糖を調合したもの; 朝食または健康食に用いる》.

gran·o·lith [grǽnəlɪθ] *n.* **1** 〖岩石〗グラノリス《花崗岩的構造を有する火成岩の一般的名称》. **2** 花崗コンクリート《花崗岩の砕石で作った人造石》. **~·ic** [grǽnəlɪ́θɪk] *adj.*

gran·o·phyre [grǽnəfàɪə | -fàɪə(r] *n.* 〖岩石〗文象(もんしょう)斑岩. **gran·o·phyr·ic** [grǽnəfɪ́rɪk] *adj.*

grant [grǽnt | grɑ́ːnt] 〚(?*c*1225) □AF *grant-er* = OF *graanter* 《変形》← *creanter* to guarantee, confirm < VL **crēdentāre* ← L *crēdentem* (pres.p.) ← *crēdere* to trust, believe: ⇨ credit〛 ― *vt.* **1** [しばしば二重目的語を伴って]〈願いなどを〉聞き届ける, 許す, 許容する (allow): ~ a request 願いをいれる / The king ~*ed* the old woman her wish. 王様は老婆の希望を聞き入れてやった / May God ~ success *to* all of you! 皆さま御一同の御成功をお祈りします / God ~ *that* we get there alive. 神よ願わくは我々が無事にその地に着きますように / It was ~*ed* us to attain the goal. 神の御加護により我々は目的を達することができた / Beg pardon!—*Granted.* ご免なさい—ああいいですよ《わびに対する丁寧な応答; cf. *vt.* 3 a》.
2 a [しばしば二重目的語を伴って] (公式に)与える, 授ける, 授与する, 下賜する (give, bestow): ~ permission 許可を与える / ~ a general pardon 大赦を行なう / ~ a pension 年金を下賜する / ~ a right 権利を付与する / They ~*ed* scholarships *to* some students. 何人かの学生に奨学金を与えた / God has ~*ed* us the blessings of health. 神は我々に健康の恵みをお授け下さった. **b** (占有の引渡し (livery of seisin) を伴わないで書面によって)〈財産などを〉譲渡する (transfer): ~ rights of pasture 放牧の権利を譲渡する.
3 a 認める, 認容する (concede, admit): ~ the truth of …の真実であることを認める / I ~ you. あなたの言われる通りです / I ~ (*that*) your argument is right. 確かに君の議論は間違っていない / He is poor, I ~, yet he is honest. 彼はなるほど貧乏ではあるがそれでも正直だ / This ~*ed*, what next? これはよいとしさて次は? / They've been very happy.—*Granted,* but… 彼らは大変仕合わせに過ごしてきた—その通りですがしかし…《yes に相当するが後に通例 but が来る; cf. *vt.* 1》. **b** (議論のために)仮に…であるとする, (問題ないと)仮定する (assume): I ~ that point. かりにその点は認めるとしよう. ★ しばしば次のような分詞形で譲歩の節や句を導く: ~*ing* for a moment *that* it really happened それが本当に起こったとしばらく仮定して / *Granted* [*Granting*] *that* he did say so, we cannot be sure what he really meant. 実際そう言ったとしても彼の真意はわかったものではない / *Granted* his premises, his conclusion is still false. 前提はよいとしても結論はやはり間違っている.
take…for granted (1) (よく考えもしないで)〈事を〉正しい[当然なこと]と思う (assume): *take* a point *for* ~*ed* 論点を正しいと決めてかかる (cf. *beg the* QUESTION (1)) / I *took it for* ~*ed that* you would join. あなたはもちろん参加するものと思った. (2) (慣れっこになって)〈人・物〉の気持ち[値打ち]をよく考えない, 顧みない, 放っておく: *take* one's husband [wife,

friends] *for* ~*ed* / *take* modern conveniences *for* ~*ed* 現代の便利な設備などを当たり前のものと思う《ありがた味を忘れる》.
— *n.* **1** 認可, 許可〔*of*〕; 授与[下付]された物, (特に)補助金: a ~ *of* money, land, etc. / a Government ~ *to* universities 大学への政府補助金 / a ~ in aid of … 補助金 (cf. grant-in-aid) / a capitation ~ 人頭補助金. **2**〘法律〙(占有の引渡しを伴わない, 書面による財産の)譲渡; 譲渡証書; 譲渡財産: lie in ~ (財産が)証書によってのみ譲渡できるようになっている. **3**〘米〙(Vermont, Maine, New Hampshire 州で)土地の一区域《もと個人または団体に下付された地域》.

Grant [grǽnt | grɑ́:nt]〘ME ◻ AF *graunt* 'GRAND'〙*n.* 男性名.

Grant [grǽnt | grɑ́:nt], **Ulysses S**(**impson**) *n.* (1822–85) 米国の将軍で第 18 代大統領 (1869–77); 南北戦争当時の北軍の総司令官.

grant·a·ble [grǽnṭəbl | grɑ́:nt-] *adj.* **1** 許容できる; 下付できる. **2** 譲渡されうる.

gránt-àided schòol *n.* =aided school.

gránt·ed·ly [-ṭɪdli, -ṭəd- | -tɪdli, -təd-]〘(*a*1638)〙*adv.*《まれ》疑いなく, 明らかに (admittedly).

grant·ee [grænti: | grɑ:n-]〘← GRANT+-EE[1]〙*n.* 被授与者, 被交付者, 譲受人 (↔ grantor).

gránt·er [-ṭə | -tə(r)]〘ME〙*n.* 許容する人; 授与者; 「譲渡者.

Granth [grʌ́nt]〘◻ Hindi ~ 'book, code' ← Skt *grantha* tying, literary composition ← *gra(n)th* to tie〙*n.* [the ~] グラント《シーク教徒 (Sikhs) の聖典》.

gránt-in-áid *n.* (*pl.* **grants-**) **1** (公共事業について中央政府から地方政府に与える)補助金, 交付金 (subsidy). **2** (特に, 公の機関や民間団体[財団]から教育機関または個人に対して教育上の目的で与えられる)補助金, 助成金.

gran·tor [grǽnṭə, -tɔə, grænt5ə | grɑ:ntɔ́:(r)]〘◻ AF ~: ⇨ grant, -or[2]〙*n.* 譲渡者, 譲与者, 授与者, 交付者 (↔ grantee).

gránts·man [-mən] *n.* (*pl.* **-men** [-mən, -mèn]) (研究)助成金を得る術をよく心得ている人.

grántsman·shìp *n.* (研究)助成金を得る術[手腕].

Gran Tu·ris·mo, g- t- [grɑ́:n-tu:rí:zmou, grǽn- | grɑ́:n-tu:rí:zməu; *It.* grànturízmo]〘◻ It. ~《原義》great touring〙*n.* =grand touring car. 「異形.

gran·ul- [grǽnjul] (母音の前に来る時の) granulo- の

gran·u·lar [grǽnjulə | -lə(r)]〘(1794) ← LL *grānulum* 'GRANULE'+-AR[1]〙— *adj.* **1 a** 粒の. **b** 粒から成る[を生じる]; (組織や表面が)粒状の, 顆粒(かりゅう)状の. **2** 〈音・声が〉ざらざらした, 耳ざわりな. **gran·u·lar·i·ty** [grænjulǽrəṭi | -rəti, -rɪ-] *n.* **~·ly** *adv.*

gránular snów *n.*〘気象〙霧雪(むせつ)《小さい雪状の粒; 直径 1 mm 以下》.

gran·u·late〘(1666) ← LL *grānul-um* 'GRANULE'+-ATE[3]〙— [grǽnjulèɪt] *v.* — *vt.* **1** 粒にする; (顆)粒状にする. **2** 〈革など〉の表面に小粒を造る, ざらざら[粒々]にする, …にしぼを付ける. — *vi.* **1** 粒(状)になる; 表面がざらざらになる, 粒々が出来る. **2**〘病理〙〈傷などが〉肉芽組織 (granulation tissue) を形成する; 顆粒化する. — [-lət, -lɪt] *adj.* =granulated.

gran·u·la·tive [grǽnjulèɪṭɪv | -tɪv] *adj.*

grán·u·làt·ed [-ṭɪd, -ṭəd | -tɪd, -təd] *adj.* **1** 粒から成る, (顆)粒状の: ⇨ granulated sugar. **2** 表面に粒粒のある, 表面のざらざらする: ~ glass (ステンドグラスなどに用いる)凹凸(おうとつ)のあるガラス板.

gránulated súgar *n.* グラニュー糖.

gran·u·la·tion [grænjuléɪʃən]〘(1612)〙— *n.* **1** 粒[顆粒]になる[する]こと, 造粒, ざらざらになる[する]こと, 粗粒化: ~ of gunpowder. **2 a** (表面が)ざらざらになること, 粒立て. **b** (表面の)粒点, 小さな突起. **3**〘医学〙肉芽(形成), 顆粒(形成). **4**〘薬学〙造粒. **5**〘天文〙粒状斑《太陽光球面に見える微小で粒状の明暗の模様》. **6**〘園芸〙鬆(す)上り《カンキツ類の果実の生理的障害; 砂瓤(さじょう) (juice sacs) が水分を失い品質が低下する》. 「肉芽組織 (proud flesh).

granulátion tìssue *n.*〘病理〙(傷が直る時生じる)

grán·u·là·tor [-ṭə | -tə(r)] *n.* **1** 粒にする人[物]. **2** (砂糖などの)造粒機.

gran·ule [grǽnju:l]〘(1652) ◻ LL *grānul-um* (dim.) ← *grānum* 'GRAIN[1]'〙— *n.* **1** (砂糖・花粉などの)小粒, 細粒 (small grain); 微粒, 小球 (pellet). **2**〘生理〙顆粒. **3**〘薬学〙顆粒剤, 細粒剤, 粒剤. **4**〘天文〙**a** グラニュール《太陽光球中の小さい(直径 1000 km 程度)短命な(5 分程度)対流セル》. **b**《まれ》=granulation 5. **5**〘地質〙細礫(さいれき)《径 2–4 mm 位のもの; cf. boulder, cobble[1] 3, pebble 1 b》.

gran·u·li- [grǽnjulɪ, -lə | -lɪ] granulo- の異形 (⇨ -i-).

gra·nul·i·form [grænjú:ləfɔ̀əm, grə- | -lɪfɔ̀:m] *adj.* 細粒状の, 粒子状の, 粒状構造の.

gran·u·lite [grǽnjulàɪt] *n.*〘岩石〙**1** 白粒岩《長石・石英・輝石・ざくろ石から成る変成岩》. **2** 半花崗岩. **3** 砕粒岩《破砕後の結晶作用により粒状構造になった岩石》. **gran·u·lit·ic** [grænjulíṭɪk | -tɪk] *adj.*

gran·u·lo- [grǽnjulo(u) | -lə(u)]〘← LL *grānulum* 'GRANULE'〙「小粒, 微粒子」の意の連結形. ★ 時に granuli-, また母音の前では通例 granul- になる.

gran·u·lo·blast [grǽnjulo(u)blæ̀st | -lə(u)-] *n.*〘解剖〙顆粒芽球《各種の顆粒球になる母細胞; cf. granulocyte》.

gran·u·lo·cyte [grǽnjulo(u)sàɪt | -lə(u)-] *n.*〘解剖〙顆粒球《白血球のうちで myeloblast (ないし granuloblast) から分化した顆粒をもったものの総称》. **gran·u·lo·cyt·ic** [grænjulo(u)síṭɪk | -lə(u)sít-] *adj.*

gran·u·lo·cy·to·pe·ni·a [grænjulo(u)sàɪṭo(u)pí:niə | -lə(u)sàɪtə(u)pí:nɪə, -njə]〘← NL ~: ⇨ granulocyte, -penia〙*n.*〘病理〙顆粒球減少(症).

gran·u·lo·cy·to·poi·e·sis [grænjulo(u)sàɪṭo(u)pɔɪí:sɪs, -səs | -lə(u)sàɪtə(u)pɔɪí:sɪs]〘← NL ~: ⇨ granulocyte, -poiesis〙*n.*〘生理〙=granulopoiesis.

gran·u·lo·ma [grænjulóumə | -lə́u-]〘← NL ~: ⇨ granulo-, -oma〙*n.* (*pl.* **~s, ~·ta** [~ṭə | ~tə])〘病理〙肉芽腫. **~·tous** [~ṭəs | ~təs] *adj.*

granulóma in·gui·ná·le [-ɪŋgwənǽli, -nɑ́:-, -néɪ- | -gwɪnɑ́:lɪ, -néɪ-]〘← NL ~ 'inguinal granuloma'〙*n.*〘病理〙=lymphogramuloma 2.

granulomata *n.* granuloma の複数形.

gran·u·lo·ma·to·sis [grænjulòumətóusɪs, -səs | -lə̀umətə́usɪs] *n.*〘病理〙肉芽腫症.

granulóma ve·né·re·um [-vəní(ə)riəm | -níərɪ-]〘← NL ~ 'venereal granuloma'〙*n.*〘病理〙=lymphogranuloma 2.

gran·u·lo·met·ric [grænjulo(u)métrɪk | -lə(u)-]〘◻ F *granulométrique*: ⇨ -metric〙*adj.*〘地質〙粒度分析の《堆積物の構成粒子を大きさに応じて分ける》.

gran·u·lo·pe·ni·a [grænjulo(u)pí:niə | -lə(u)pí:nɪə, -njə]〘← NL ~: granulo-, -penia〙*n.*〘病理〙=granulocytopenia. 「〘生理〙顆粒球生成.

grànulo·poiésis〘← NL ~: granulo-, -poiesis〙*n.*

gran·u·lose [grǽnjulòus | -lə̀us]〘← GRANULE+-OSE[1]〙*adj.* **1** =granular 1. **2** 細粒でざらざらした表面の.

gran·u·lo·sis [grænjulóusɪs, -səs | -lə́usɪs]〘← NL ~: ⇨ granulo-, -osis〙— *n.* (*pl.* **-lo·ses** [-si:z])〘昆虫〙グラニュローシス《昆虫の幼虫に起こるウイルス病; 侵された細胞の中に顆粒を作る》.

gran·u·lous [grǽnjuləs] *adj.* 細粒状の, 粒子から成る.

gra·num [gréɪnəm, grǽn-, grɑ́:n-]〘◻ L *grān-um* 'GRAIN'〙*n.* (*pl.* **gra·na** [-nə])〘植物〙グラナ《葉緑体の中のクロロフィルを含む粒子》.

Gran·ville [grǽnvɪl]〘◻ F ~《原義》big place: ⇨ grand, vill〙*n.* 男性名.

Gran·ville [grǽnvɪl], 1st Earl *n.* (1690–1763) 英国の政治家; 本名 John Carteret.

Gran·ville-Bar·ker [grǽnvɪl-bɑ́ːkə | -bɑ́:kə(r)], **Harley** (**Granville**) *n.* (1877–1946) 英国の劇作家・演出家・俳優・批評家; *The Voysey Inheritance* (1905), *Prefaces to Shakespeare* (1927–47).

grape [gréɪp]〘(*c*1250) ◻ OF ~ (F *grappe*) bunch of grapes,《原義》hook ← *graper* to gather with a hook ← Gmc (cf. G *Krapf* hook: ⇨ cramp 2): cf. grapple, grapnel〙— *n.* **1**〘植物〙ブドウ《ブドウ属 (*Vitis*) のつる植物の総称; ヨーロッパブドウ (*V. vinifera*) など》; ブドウの実: a bunch of ~*s* 一房のぶどう / The ~*s* are sour. あのぶどうはすっぱい《イソップ物語でぶどうを取りそこねた狐が悔し紛れにはいたせりふ; cf. sour grapes》; (負惜しみに)あんなものはつまらない. **2** ぶどう色《青味のある黒ずんだ赤紫色》. **3** [the ~] ぶどう酒 (wine)《the juice of the grape ともいう》. **4**〘銃砲〙=grapeshot. **5** [*pl.*]〘獣医〙**a** (馬の)第一指関節(球節)部位の皮膚に生じる真菌による肉芽腫. **b** [単数扱い] (牛の, 特に漿膜の)結核結節《grape disease, pearl tubercle ともいう》.
the grapes of wrath (神の怒りの象徴としての)怒りのぶどう (J. W. Howe, 'The Battle Hymn of the Republic') (cf. *Isa.* 63: 2–3, *Rev.* 14: 19–20). ★ Steinbeck 作の小説 (1939) の題名となる. 「ランデー.

grápe brándy *n.* ぶどう(酒)から造った生一本のブ

grápe cùre *n.*〘医学〙ぶどう療法《もっぱらブドウを食べて病気(主に結核)を直そうという古い治療法》.

grápe disèase *n.*〘獣医〙=grape *n.* 5 b.

grápe fèrn *n.*〘植物〙ハナワラビ《ハナワラビ属 (*Botrychium*) のシダの総称; 胞子嚢穂がブドウの房のように見える; ヒメハナワラビ (*B. lunaria*) など》.

grápe·frùit〘(1859): ブドウのように実が房状になることから〙— *n.* (*pl.* ~, ~*s*)〘植物〙**1** グレープフルーツ《ザボンに類する北米南部特産の果実; pomelo ともいう; cf. shaddock》. **2** グレープフルーツ (*Citrus paradisi*)《grapefruit tree ともいう》.

grápefruit lèague〘grapefruit の産地である気候温和な地方で行なわれるところから〙— *n.*《口語》〘野球〙春の練習時期にやるリーグ内(またはリーグ間)のオープン戦.

grápe hòuse *n.* ブドウ栽培温室 (vinery).

grápe hỳacinth *n.*〘植物〙ムスカリ《ユリ科ムスカリ属の植物の総称》; (特に)ルリムスカリ (*Muscari botryoides*)《小花が集まってぶどうの房状を成す》.

grápe jùice *n.* ぶどう果汁, グレープジュース《未発酵で水で薄めたもの》. 「ブドウの病害.

grápe ròt *n.*〘植物病理〙瘡痂(そうか)病《寄生菌類による

grap·er·y [gréɪp(ə)ri | -rɪ] *n.* ブドウ園; ブドウ栽培温室.

grápe·shòt〘その形から〙*n.*〘銃砲〙ぶどう弾《昔, たくさんの小鉄丸を厚布で包んだり枠にはめたりしたぶどう状の先込式大砲用の散弾; cf. canister 3》.

grapeshot

grápe·stòne *n.* ブドウの種.

grápe sùgar *n.*〘化学〙ぶどう糖 (dextrose).

grápe·vìne *n.* **1** ブドウつる; = grape 1. **2**〘↓〙[the ~] **a** (口から口へ伝えられる)秘密情報; うわさ, 流言, デマ (rumor). **b** 情報[うわさ]の経路 (grapevine telegraph) (cf. bush telegraph): I heard it on [over, through] *the* ~ (that …). (…ということを)うわさで聞いた. **3**〘ダンス〙グレープバイン(ステップ)《ダンスステップの一種; ブドウのつるがからまるようなステップで横へ移動する; grapevine step ともいう》. **4**〘スケート〙グレープバイン《フリーフィギュアの基本種目の一つ》.

grápevine tèlegraph〘南北戦争中の流行語 *a despatch by grapevine telegraph* から: 本来は 1859 年に California 州の Placerville と Virginia City との間に引かれた電線の異称でブドウのつるを電線に擬したもの〙— *n.* =grapevine 2 b.

grap·ey [gréɪpi | -pɪ] *adj.* (**grap·i·er; -i·est**) =grapy.

graph[1] [grǽ(:)f | grǽf, grɑ́:f]〘(1878)《略》← *graphic formula*〙— *n.* **1** グラフ, 図式, 図表, 図 (diagram)《統計・数学・自然科学・社会科学などの数量の関係を点・棒・曲線などで表わしたもの》: a bar ~ 棒グラフ / a line ~ 線グラフ. **2**〘数学〙**a** グラフ, 図式《方程式や関数を座標幾何の原理により表示するもの》. **b** リニアグラフ (linear graph), 線分グラフ. — *vt.* グラフで示す, 図式に表わす, 図示する〈*out*〉.

graph[2] [grǽ(:)f | grǽf, grɑ́:f]〘⇨ -graph〙*n.*〘言語〙綴り体《書記素 (grapheme) が実際に現われる形》.

graph- [grǽf] (母音の前に来る時の) grapho- の異形.

-graph [← græf | -grɑ:f, -græf]〘◻ Gk *-graphos* -written, -writing, -writer ← *gráphein* to draw, write〙— **1**「書く[描く, 記録する]ための機器; 記録を伝送するための機器; 書かれた物, 記録」の意の名詞連結形: oscillo*graph*, tele*graph*, auto*graph*. **2**「…で書く[描く, 記録する]」の意の動詞連結形: hecto*graph*.

Graph·al·loy [grǽfəlɔɪ] *n.*〘商標〙グラファロイ《減摩材として使われる黒鉛と銅・金・銀または青銅などの混合物》.

graph·eme [grǽfi:m]〘(1937) ← GRAPHO-+-EME: cf. morpheme〙— *n.*〘言語〙書記素《ある一つの音素(phoneme)を表わす文字および文字結合の総和; 例えば音素 / f / を表わす fall の f, phone の ph, cough の gh を成員とする 〈f〉 など》.

gra·phe·mic [grəfí:mɪk] *adj.*〘言語〙書記素の, 書記素論の. **gra·phé·mi·cal·ly** *adv.*

gra·phe·mics [grəfí:mɪks]〘(1951) ← GRAPHEME+-ICS〙— *n.*〘言語〙書記素論《書記素の性質とその体系を研究する分野; graphonomy (書記論) と同義に用いられることもあるが, 一般的にはその一部門》.

-gra·pher [← grəfə | -fə(r)]「書く人, 描く人, 記録者」の意の名詞連結形: steno*grapher*, tele*grapher*.

graph·ic [grǽfɪk]〘(*a*1637) ◻ L *graphic-us* ◻ Gk *graphikós* belonging to drawing or writing ← *graphḗ* drawing, writing: ⇨ -graph, -ic[1]〙— *adj.* **1** 文字に書く, 文字[記号]の; 書画・印刻などの: a ~ symbol 書写記号《文字・絵文字など》/ a ~ error 書き誤り. **2** 〈記述など〉生き生きと表現された, 目のあたりに見るような, 絵を見るような, 写実的な (vivid); 生き生きとした描写をする: a ~ description of an event ある事件の目に見るような描写 / a ~ writer 描写の鮮明な作家. **3** 図式で表わす, 図式使用の, グラフ式の: a ~ method 図式法, グラフ法. **4** グラフィックアート (graphic arts) の[に関する]: ~ design / a ~ designer. **5**〘数学〙グラフ[図式]使用の《普通の計算によらず図上の直接測定により値を求めて問題を解く》. **6**〘岩石〙〈鉱物が〉文字状の模様のある, 文象(ぶんしょう)状の: ⇨ graphic granite.
— *n.* **1** グラフィックアートの作品. **2** (例解・図解に用いられた)グラフ, 図表. **3**〘電算機〙グラフィック《電子計算機の出力を陰極線管上にグラフ表示すること》. **~·ness** *n.*

-graph·ic [grǽfɪk]〘◻ LL *-graphicus* (↑)〙— 次の意味を表わす形容詞連結形: **1**「ある方法で書かれ[伝達された]」: photo*graphic*, steno*graphic*. **2**「ある分野[主題]で書かれたものに関する」: hagio*graphic*.

gráphic áccent *n.*〘言語〙**1** (文字の上に付けた)強勢符号《例えばスペイン語の rápido の (′) など》. **2** 区分発音符号のアクセント記号, (特に)強勢符号 (′).

gráph·i·cal [-fɪkəl, -fə- | -fɪ-] *adj.* =graphic.

-gráph·i·cal [-fɪkəl, -fə- | -fɪ-] =-graphic.

gráph·i·cal·ly〘(1576)〙*adv.* 写実的に, 絵を見るように; 文字で, 図式で.

gráphic árts *n. pl.* グラフィックアート《一定の平面に文字・絵などを表示・装飾・印刷する技術や芸術の総称》.

gráphic fórmula *n.*〘化学〙構造式.

gráphic gránite *n.*〘岩石〙文象(ぶんしょう)花崗(かこう)岩《文象構造のある花崗岩; cf. pegmatite》.

graph·ics [grǽfɪks]〘⇨ -ics〙— *n.* **1** 製図法, 図学. **2** 図式算法, グラフ算法. **3** [複数扱い] =graphic arts. **4**〘電算機〙グラフィックス《電子計算機の出力を陰極線管上にグラフで表示し, またそれをライトペンなどで操作する技術》.

gráphic téxture *n.*〘岩石〙文象(ぶんしょう)構造《石英と長石が交互にくさび形文字状に結晶した構造》.

graph·ite [grǽfaɪt | grǽf-, gréɪf-]〘(1796) ◻ G *Graphit* ← Gk *gráphein* to mark, draw, write: ⇨ -ite[1]〙— *n.*〘化学〙グラファイト, 黒鉛, 石墨《炭素の同素体の一つ; 光沢をもつ黒色板状の結晶; 鉛筆の芯・ルツボ材・原子炉の減速材として用いられる; black lead, plumbago ともいう》. **gra·phit·ic** [græfíṭɪk | græfít-, greɪ-] *adj.*

gráphite brúsh *n.* 〘電気〙黒鉛ブラシ《直流電動機・発電機・掃除機などの家庭用小形電動機の回転子に電流を伝えるもの》.
gráphite reàctor *n.* 〘原子力〙黒鉛減速炉.
graphític cárbon *n.* 〘化学〙黒鉛炭素, 遊離炭素《鉄中に含まれる炭素の中, 鉄と分離して存在するもの; cf. combined carbon》.
graph·i·tize [grǽfɪtàɪz, -fə-, -faɪ- | -fɪ-] *vt.* **1** 黒鉛化する. **2** …に黒鉛を塗る. **gráph·i·tiz·a·ble** [-zəbl̩] *adj.* **graph·i·ti·za·tion** [grǽfɪtɪzéɪʃən, -fə-, -faɪ-, -tə- | -fɪtaɪ-, -tɪ-] *n.*
gráphitized cárbon *n.* 〘電気〙=electrographite.
graph·i·toid [grǽfaɪtɔ̀ɪd, -fɪ-, -fə- | -fɪ-] 〘← GRAPHITE+-OID〙 *adj.* 石墨状の.
graph·o- [grǽfo(ʊ) | -fə(ʊ)] 〘▭ F ~ ▭ Gk ~ ← *gráphein* to write〙「書字, 書くこと」の意の連結形. ★ 母音の前では通例 graph- になる.
graph·o·lite [grǽfəlàɪt] *n.* 〘岩石〙石盤石.
gra·phól·o·gist [-dʒɪst, -dʒəst | -dʒɪst] *n.* 筆跡学者; 筆跡観相家.
gra·phol·o·gy [græfɑ́lədʒi | -fɔ́lədʒɪ] 〘← GRAPHO-+-LOGY〙 — *n.* **1** 筆跡学; (特に, 筆跡によって人の性格を判じる)筆跡観相法. **2** 〘言語〙書記素論 (graphemics). **graph·o·log·i·cal** [grǽfəlɑ́dʒɪkəl, -dʒə- | -lɔ́dʒɪ-] *adj.*
graph·o·ma·ni·a [grǽfəméɪniə | -njə, -nɪə] *n.* 〘精神医学〙書字狂, 書記症《字を書きたがる強迫的欲求》.
graph·o·ma·ni·ac [grǽfəméɪniæ̀k | -nɪ-] *n.* 〘精神医学〙書字狂患者. 「る].
gràpho·mótor *adj.* 〘生理〙文字を書く運動の[に関す
gra·phon·o·my [græfɑ́nəmi | -fɔ́nəmɪ] *n.* 〘言語〙書記論《書記法とその体系を研究する分野; graphemics (書記素論)を含み, それよりもやや広義》.
Graph·o·phone [grǽfəfòʊn | -fə̀ʊn] 〘*phonograph* の替綴り: cf. grapho-, -phone〙 — *n.* 〘商標〙グラフォフォン《ワックスレコードを用いる初期の録音・再生器》. **graph·o·phon·ic** [grǽfəfɑ́nɪk | -fɔ́n-] *adj.*
graph·o·spasm [grǽfəspæ̀zm̩] *n.* 〘病理〙書痙(しょけい) (writer's cramp).
graph·o·type [grǽfətàɪp] *n.* **1 a** 白亜凸板法《チョーク粉末とゼラチンで凸版面を作る製版法》. **b** 白亜凸版. **2** [G-] 〘商標〙グラフォタイプ《紙テープの指示に従って作動する電動植字機》.
gráph pàper *n.* グラフ用紙, 方眼紙.
graph·y [grǽfi | -fɪ] 〘▭ F *graphie*〙 — *n.* 〘言語〙 **1** =mater lectionis. **2** 書記法《語または語連続の表記; 正書法によるもののほか音声表記・誤った表記なども含む》.
-gra·phy [⌐grəfi | -fɪ] 〘▭ Gk *-graphia* ← *gráphos*: ⇨ -graph, -y[1]〙 — 次の意味を表わす名詞連結形: **1** 「画法, 書法, 写法, 記録法」などの意: callig*raphy*, lithog*raphy*, stenog*raphy*, stereog*raphy*, typog*raphy*. **2** 「記述したもの, …学的記述, …誌, …記」などの意: biog*raphy*, geog*raphy*, topog*raphy*.
grap·nel [grǽpnl̩] 〘《1373》▭ AF **grapenel* (dim.) ← OF *grapon* (F *grappin*) a kind of hook ← Gmc: ⇨ -el[1]: cf. grape〙 — *n.* **1** 〘海事〙四爪錨, 多爪錨, 引掛け錨《3-6 本の爪のある小型の錨; 小舟・浮標・気球などの錨として, また水底をさらう時に用い, また古くは敵船に引っ掛けて引き寄せるために用いた; ⇨ anchor 挿絵》. **2** =grapple 1.
grap·pa [grɑ́ːpə, -pɑː; *It.* gráppa] 〘▭ It. ~ 'cramp iron': cf. grape〙 — *n.* グラーパ《ぶどう酒を造る時のぶどうの絞り滓より蒸留したイタリア産の辛口で無色のブランデー》.
grap·ple [grǽpl̩] 〘《1530》▭ OF *grapil* ▭ Prov. ← *grapa* hook: cf. grapnel〙 — *vt.* **1** 〈船などを〉(引掛けかぎで)引掛ける, 引掛けて捕える. **2** (手で)つかむ, 握る (grip, grasp). **3** …と組打ちする, 取っ組み合いをする. **4** 《廃》しっかりと結びつける. — *vi.* **1** 引掛けかぎを用いる; (引掛けかぎを用いて)くっつける, 離れないようにする. **2** 〔人と〕組打ちする, つかみ合う, 取っ組み合いをする (struggle) 〔*with*〕. **3** (全力を尽くして)成し遂げよう[解決しよう]と努力する; 〔困難・難問などと〕取組む 〔*with*〕: ~ *with* a problem. **4** 《廃》手探りする (grope).
— *n.* **1** 引掛けかぎ. **2** ぎゅっとつかむ[握る]こと, 強い握り. **3** (レスリングや取っ組み合いで)しっかりつかむこと. **4** 組打ち, つかみ合い, 格闘, 取っ組み合い: come to ~*s with* …と取っ組み合いになる. **5** 浚渫(しゅんせつ)用バケット《クラムシエル (clamshell) よりも爪が多い》. **6** 〘海事〙=grapnel 1.
grápple drèdge *n.* 〘機械〙グラブ船《船上からグラブ (grab) を下ろして土砂をつかみ上げる浚渫(しゅんせつ)船》.
grápple plànt *n.* 〘植物〙アフリカ南部産の強いとげのあるゴマ科の草本 (*Harpagophytum procumbens*).
gráp·pler [-plə, -plə | -plə(r, -pl-] *n.* **1** 引掛ける物[人]. **2** 格闘する人 (wrestler).
grápple shòt *n.* 〘海事〙 **1** (海難救助の際などに銃砲で発射される)引掛け錨 (anchor shot). **2** (銃砲による)錨発射. 「=grapnel 1.
gráp·pling [-plɪŋ, -pl-] *n.* **1** =grapple 1. **2** 〘海事〙
grάppling ìron [hòok] *n.* 〘海事〙引掛け錨, 四爪金具《ボートを停泊させたり, 2 隻の船を互に引寄せたり, 海底に没した物を引上げたりするのに使う; grapnel はその 1 種》. 「の[に関する].
grap·sid [grǽpsɪd, -səd] 〘↓〙 *adj.* 〘動物〙イワガニ科
Grap·si·dae [grǽpsədìː | -sɪ-] 〘← NL ~ ← *Grapsus* (属名: ← Gk *grapsaîos* crab)+-IDAE〙 *n. pl.* 〘動物〙(短尾目)イワガニ科.
grap·soid [grǽpsɔɪd] 〘← NL *Grapsus* (↑)+-OID〙 *adj., n.* 〘動物〙イワガニ科の(カニ).
grap·to·lite [grǽptəlàɪt] 〘← NL *graptolith-us* ← Gk *graptós* engraved ← *gráphein* to draw, write: ⇨ -lite〙 — *n.* 〘古生物〙フデイシ(筆石)《腔腸(こうちょう)動物に属する化石動物》. **grap·to·lit·ic** [grǽptəlɪ́tɪk | -tɪk] *adj.*
Grap·to·lith·i·da [grǽptəlɪ́θədə | -θɪ-] 〘← NL ~ ← *Graptolithus* (↑)+-IDA〙 *n. pl.* 〘古生物〙=Graptolitoidea.
Grap·to·li·toi·de·a [grǽptəlɪtɔ́ɪdiə, -lə- | -lɪtɔ́ɪdɪə] 〘← NL ~ ← *Graptolithus* (⇨ graptolite)+-OIDEA〙 *n. pl.* 〘古生物〙筆石(ふでいし)類.
grap·y [gréɪpi | -pɪ] 〘ME〙 — *adj.* (**grap·i·er; -i·est**) **1** ぶどうの; ぶどう状の. **2** 〈ぶどう酒が〉ぶどうの味がする《特に, アメリカ産ぶどう酒にいう》. **3** 〘獣医〙〈馬・牛が〉grapes にかかっている (⇨ grape 5).
GRAS 《略》generally recognized as safe.
Gras·mere [grǽsmɪə | grɑ́ːsmɪə(r)] 〘ME *Gressemer* ← ON *gras* 'GRASS'+OE *mere* 'MERE[1]'〙 — *n.* **1** イングランド北西部, Cumbria 州 Lake District にある湖; 長さ 1.6 km. **2** この湖の北端にある村; 詩人 Wordsworth が住んだ所でその墓がある.
grasp [grǽ(ː)sp | grɑ́ːsp] 〘《*c*1350》*graspe(n), grapse(n)* ▭ ? LG *grapsen*: cf. OE *ġegræppian* to grope〙 — *vt.* **1** つかむ, しっかと握る; つかまえる, 捕える; 抱き捕える, 抱きつく: ~ a gun by the barrel 銃身をつかむ / ~ a chance 機会をとらえる / *Grasp* all, lose all. 《諺》「欲張りのまる損」/ ~ the shadow and let go the substance 影を捕えて実をのがす《欲を起して現実の利益を犠牲にする》. **2** 理解する, わかる (comprehend, understand): I failed to ~ the meaning [situation]. 意味[形勢]を理解しかねた. — *vi.* つかもうとする 〔*at, for*〕; 〔機会などに〕飛びつく (snatch) 〔*at*〕: ~ *at* the air 虚空をつかむ / ~ *at* an opportunity 機会に飛びつく / I was ready to ~ *for* any support. どんな支えでもつかまえようと身構えた.
— *n.* **1** しっかりつかむこと, 強い握り (grip); 抱きしめること (embrace): make a ~ *at*… をつかまえようとする / He had a firm ~ *of* the bat. バットをしっかりと握った / She took the girl in her ~. 彼女は少女をぎゅっと抱きしめた. **2** 統制, 支配, 所有 (control, possession): be in the fatal ~ of despotism 専制の致命的支配下にある / be freed from the tyrant's ~ 暴君の手からのがれる. **3** (知的)把握(はあく), 理解 (comprehension): have a good ~ *of* the details 詳細な点を十分に理解している. **4** 手の届く範囲 (reach); 理解力, (知的)把握力: *beyond* [*within*] one's ~ 手の届かない[届く]所に; 理解の及ばない[及ぶ]ところに / a problem *beyond* one's ~ 理解の及ばない問題 / a mind of wide ~ 理解の広い心. **5 a** (オールの)にぎり (handle). **b** (錨(いかり)の)つめ (fluke).
take a grasp on oneself 自己の感情を抑える.
grasp·a·ble [grǽspəbl̩ | grɑ́ːsp-] *adj.* 握り[つかみ]うる; 理解できる.
grásp·er *n.* つかむ物[人]; (特に)欲深な人, 握り屋.
grásp·ing *adj.* **1** つかむ, 握る; 固着させる. **2** 欲の深い, 握り屋の, がめつい. **~·ly** *adv.* **~·ness** *n.*
grass [grǽ(ː)s | grɑ́ːs] 〘OE *græs, gærs* < Gmc **ʒrasam* (Du. *gras* / G *Gras* / ON & Goth. *gras*) ← IE **ghrē-* to grow: cf. graze[1], green, grow〙 — *n.* **1** 〘植物〙イネ科に属する植物の総称. ★ (1) wheat, rye, sugarcane, bamboo など, その多くは牧草となり, 穀果は人畜の食料となる; 2 の意味との混同を避けるためにこの類の植物を true grasses (真正イネ科植物) ともいう (cf. forb). (2) 草の種類をいうときは ~es となる; 集合的にも用いられる. **2 a** (家畜の食べるような)草, 牧草, 緑草, 芝《イネ科の草 (true grasses) 以外にスゲ (sedge) その他カヤツリ科の各種の草やイ(藺)類 (rush) を含む細長い葉の緑草をいう; 刈り込んで芝生にする: cf. bluegrass》: a blade of ~ [leaves of the ~] 草の葉 / lay down a field in ~ 畑に牧草を植え付ける[芝を張る] / While the ~ grows, the steed starves. 《諺》伸び過ぎるまぐさもあるに馬飢える,「急(せ)かねば事が間に合わぬ」. **b** 〘《頭部省略》← SPARROWGRASS〙《俗》アスパラガス. **c** 《俗》葉の多い野菜; (特に)レタス. **3** 草地, 草原; 牧草地 (meadow), 牧場 (pasture); 芝生 (lawn): ten acres of ~ 10 エーカーの牧草地 / lie on the ~ 草原に寝ころぶ / Half the land is ~. その土地の半分は牧草地だ / cut the ~ 芝生を刈り込む / *Grass* is (always) greener. 隣の[遠くの]芝生は(いつも)青い《人は自分の境遇に満足しないものだ》/ Keep off the ~. [掲示]芝生に入ってはいけない; 人の事に余計な手出しをするな. **4** [*pl.*] 草の葉や茎. **5** 《方言》緑草の季節, 春季 (spring): a horse five years old next ~ 来春 5 歳になる馬. **6** 《俗》マリファナ: blow ~ マリファナを吸う. **7** 《俗》密告者, 警察通報者 (informer). **8** 《英》〘鉱山〙坑外, 地表: bring ores to ~ 鉱石を坑外へ出す. **9** 《口語》〘電子工学〙草《雑音 (noise) によってレーダーのスクリーンに表れる線》. **10** 〘印刷〙臨時雇い, 臨時仕事.
at grass (1) (牧場で)草を食って (at pasture). (2) 仕事を休んで, 休暇を取って; 田舎に隠退して. (3) 〘鉱山〙坑外に出て. ***between grass and hay*** まだ大人になり切らない(若者で). ***cut the grass from under a person's feet*** 人の邪魔をする, 人をつまずかせる. ***go to grass*** (1) 〈家畜が〉牧場に行く. (2) 《口語》仕事をやめる; 休暇を取る; 田舎に隠退する. (3) 《俗》(ボクシングなどで)打ち倒される, 打ちのめされる: *Go to* ~! くたばっちまえ. ***hear the grass grow*** 非常に耳が敏感である; 全く油断がない. ***hunt grass*** 打ち倒される. ***let the grass grow under one's feet*** [通例否定構文で] ぐずぐず[ぼやぼや]している, チャンスを逃がす: He *never lets the* ~ *grow under his feet.* ***out at grass*** =*at* GRASS. ***put [send, turn (out)] to grass*** (1) 牧場へ放す, 放牧する. (2) 暇を出す, 解雇する; 隠退させる. (3) なぐり倒す, 打ち倒す.
— *vt.* **1** 草でおおう, …に芝を張る 〈*over, down*〉; …に草を生えさせる, 草の種をまく: ~ a field, quadrangle, etc. / be ~*ed over* 一面に草でおおわれている. **2** 《米》〈家畜〉に草を食わせる, 牧場に放す, 放牧する (graze). **3** 〈織物などを〉(漂白するために)草の上に広げる: ~ flax. **4** 〈人を〉打ち倒す (knock down); 〈鳥を〉射落す (shoot down); 〈魚を〉陸へ釣り上げる (land). **5** 《俗》(特に, 警察に)密告する, たれこむ; 裏切る (betray). — *vi.* **1** 草を生じる, 草におおわれる 〈*up*〉. **2** 〈家畜が〉牧場で草を食う (graze). **3** 《俗》(特に, 警察に)〔…のことを〕密告する, たれこむ 〔*on*〕. **4** 《英》〘印刷〙〈植字工が〉片手間[半端]仕事をする.
Grass [grɑ́ːs; *G.* grás], **Gün·ter** [gʏ́ntɐ] (**Wilhelm**) *n.* グラス《1927– ; ドイツの作家; *Die Blechtrommel*「ブリキの太鼓」(1959)》.
gráss-blàde *n.* 草 (grass) の葉. 「器》.
gráss·bòx *n.* (芝刈器の)集草箱《刈った草の入る容
gráss càrp *n.* 〘魚類〙ソウギョ (*Ctenopharyngodon idellus*)《アジア大陸東部原産コイ科の大型淡水魚; 水草や陸草を好んで食う》.
gráss chàracter 〘《なぞり》← Chin. *ts'ao tzu* (草字)〙 *n.* (漢字・ひらがなの)草書.
gráss clòth 〘《なぞり》← Chin. *hsia pu* (夏布)〙 *n.* からむし布《ラミー (ramie)・ジュート・麻など植物繊維で作る丈夫な布》; (特に)ラミー布.
gráss cóurt *n.* 〘テニス〙グラスコート, ローンコート《芝生のテニスコート; cf. clay court, hard court》.
gráss cùtter *n.* **1** 草刈機, 芝刈機. **2** 草刈人; (特に, インドの)まぐさ刈り人夫. **3** 《俗》低空飛行の飛行機. **4** 《米俗》〘野球〙猛ゴロ.
grassed *adj.* 草を生やした, 芝を張った: a ~ walk, ⌊court, etc.
gráss·er *n.* 《英俗》=grass 7.
gras·se·rie [gràːs(ə)ríː, grɑ̀ː-, ⌐⌐⌐] 〘▭ F ~ ← *gras* fat: ⇨ -ery〙 *n.* 〘養蚕〙核多角体病, 膿病《蚕のウィルス病; 黄色い斑点が出て, 体内が液化する》.
gráss fìnch *n.* 〘鳥類〙 **1** =vesper sparrow. **2** セイコウチョウの類の総称; (特に)コキンチョウ (*Chloebia gouldiae*)《オーストラリア産カエデチョウ科キンセイチョウ属の小鳥》.
gráss-gréen 〘OE *græsgrēne*: ⇨ grass, green〙 *adj.* 萌黄(もえぎ)色の (yellowish green).
gráss gréen *n.* (若草のような)生き生きした緑色, 萌
gráss-grówn *adj.* 草の生えている. ⌊黄(もえぎ)色.
gráss hànd *n.* **1** 〘《なぞり》← Chin. *ts'ao shou* (草手)〙(漢字の)草書体. **2** 《英》〘印刷〙臨時雇いの植字工.
gráss hòckey *n.* 《カナダ》=field hockey.
grass·hop·per [grǽshɑ̀pə | grɑ́ːshɔ̀pə(r)] 〘《*a*1300》*gras-hoppere* ∽ ME *gras-hope* < OE *gærshoppa* ← *gærs* 'GRASS'+*hoppa* (← *hoppian* 'to HOP[2]')〙 — *n.* **1** 〘昆虫〙バッタ科・キリギリス科の昆虫の総称《広くバッタ (short-horned grasshopper)・キリギリス (long-horned grasshopper) などをいう; cf. locust 1》. **2** 《米軍俗》(軽快無武装の)探察連絡機《野砲攻撃の援助などに使用》. **3** グラスホッパー《crème de menthe または crème de cacao とクリームで作るカクテル》. — *adj.* **1** 〈行動・様子など〉バッタのような, バッタを思わせる. **2** 上っ調子な, 軽薄な (frivolous): a ~ mind. — *vi.* **1** バッタのように飛ぶ 〈*over*〉. **2** 〘釣〙(生きたバッタまたはバッタに似せて作った毛鉤を使って)ふっとばし釣りをする.
grásshopper spàrrow *n.* 〘鳥類〙北米東部産ホオジロ科の草地性の小鳥 (*Ammodramus savannarum*).
gráss·lànd [-lænd | -lænd, -lənd] *n.* **1** 牧草地, 草地. **2** (大)草原, 草原地帯. 「い.
gráss·less 〘《15C》〙 *adj.* 草の生えていない, 草のな
gráss·lìke *adj.* (特に, 細長い葉をもつ)草のような.
Grass·mann [grɑ́ːsmɑːn; *G.* grásman], **Hermann Gün·ther** [gʏ́ntɐ] *n.* グラスマン《1809–77; ドイツの数学者・サンスクリット学者・言語学者》.
Grássmann's láw *n.* 〘言語〙グラスマンの法則《連続した二音節がともに帯気性閉鎖音を含む時, 一方(ふつう前)が帯気性を失うという一種の異化現象で, サンスクリット, 古代ギリシャ語に見られる: 例 **bheudho-* → **beudho* → Skt *bodho-* (⇨ Buddha); cf. Grimm's law》.
gráss-of-Parnássus *n.* 〘植物〙ウメバチソウ《ユキノシタ科ウメバチソウ属 (*Parnassia*) の植物の総称; ウメバチソウ (*P. palustris*), シラヒゲソウ (*P. faliosa*) など》. 「用; cf. citronella oil》.
gráss òil *n.* oil grass から採った芳香性揮発油《香料
gráss pàrrakeet 〘鳥類〙 *n.* オーストラリアの原野に生息するインコ類の総称《セキセイインコ属 (*Melopsittacus*), キキョウインコ属 (*Neophema*) の小鳥》.
gráss pìnk *n.* 〘植物〙 **1** タツタナデシコ, トコナデシコ (*Dianthus plumarius*). **2** 北米東部産のラン科の植物 (*Calopogon pulchellus*).
gráss·plòt *n.* (*also* **gráss·plàt**) 草地, 芝生 (lawn).

gráss·quìt [-kwìt] 〖← GRASS＋*quit* (Jamaica 原産の小鳥の名《擬音語》?)〗 ― *n.* 〘鳥類〙熱帯アメリカ産ホオジロ科クビワスズメ属 (*Tiaris*), *Volatinia* 属などの finch に似た小鳥の総称.

gráss-róots *adj.* **1** 農業地帯の, 田舎の: ～ regions. **2** 農民の; (特に)一般民衆の, 大衆の: ～ opinions 民衆から盛上がった世論 / a ～ movement 民衆運動,「草の根運動」/ ～ workers 一般の労働者.

gráss róots *n.* (*pl.* ～) **1 a** (都市・工業地区に対して)農牧地区. **b** [集合的] (政治・経済的集団としての)農牧民; 一般民衆, 大衆, 庶民. **2** (思想・運動などの)基礎, 根本: the ～ of art, philosophy, etc. **3** 〘鉱山〙地表に近い土, 浅土.
get down to the grass roots 問題の根本に論及する, 掘下げて論じる.

gráss-ròots demócracy *n.* 〘政治〙草の根民主主義《民衆のすみずみまでゆきわたる大衆的なアメリカの民主主義》.

gráss shèars *n. pl.* (芝刈機では刈りにくい場所用に作られた)芝刈鋏(ばさみ).

gráss snàke *n.* 〘動物〙 **1** ヨーロッパヤマカガシ (*Natrix natrix*)《ヨーロッパに広く分布するヘビ科の無毒蛇; 水辺を好んですみ, 主にカエルを食う》. **2** ＝ green snake. **3** ＝garter snake.

gráss snìpe *n.* 〘鳥類〙＝pectoral sandpiper.

gráss sòrghum *n.* 〘植物〙青まぐさ (green feed) や干し草用に栽培される葉の多いイネ科モロコシ属 (*Sorghum*) の牧草の総称《Sudan grass など》.

gráss spònge *n.* 〘動物〙メキシコ湾・西インド諸島・フロリダ沖などに産するもろくて質の悪い暗褐色・大型の市販用海綿 (*Spongia graminea*).

gráss stàggers *n. pl.* [単数扱い] 〘獣医〙 ＝grass tetany.

gráss stỳle *n.* 草書体.

gráss tètany *n.* 〘獣医〙グラステタニー《乳牛などの疾病; 青草の過食によって血中カルシウムおよびマグネシウムが低下し, 破傷風に罹患したような症状(強直痙攣(けいれん)昏睡)を呈し, しばしば斃死する》.

gráss trèe *n.* 〘植物〙 **1** オーストラリアおよび付近の島々特産のユリ科ススキノキ属 (*Xanthorrhoea*) の常緑低木の総称; (特に)ススキノキ (*X. hastilis*)《直立した幹の頂上にイ(藺)のような葉を生じる; 幹から acaroid gum を採る; オーストラリアでは blackboy ともいう》. **2** ススキノキに類似した同地方産の植物の総称《ニオイシュロラン (ti) など》.

gráss wídow 〖《1528》《原義》woman in a bed of straw or grass: cf. Du. *grasweduwe*〗 ― *n.* **1** 離婚した女; 夫と別居している女. **2** 夫が一時不在の女. **3** 《方言》 **a** 捨てられた女. **b** 不義の子を生んだ女.

gráss wídower *n.* **1** 離婚した男; 妻と別居している男. **2** 妻が一時不在の男.

gráss·wòrk 〖← GRASS＋WORK〗 *n.* **1** イ(藺)草などで作った工芸品. **2** 《英方言》〘鉱山〙坑外作業. **～·er** *n.*

gráss·wòrt *n.* 〘植物〙セイヨウミミナグサ (*Cerastium arvense*)《北米・ヨーロッパ産の白い花をつけるナデシコ科の雑草》.

grass·y [grǽsi | grɑ́ːsi] 〖《?1440》〗 ― *adj.* (**grass·i·er; -i·est**) **1 a** 草の多い, 草深い, 草の茂った: a ～ lawn. **b** 草のにおい[香り]のする: ～ butter. **2** 草のような (grasslike); 草色の (grass-green). **3** 草食の: ～ sheep. **gráss·i·ness** *n.*

grássy-gréen *adj.* 草のような緑の, 緑草色の (grassy).

grat *v.* greet[2] の過去形.

grate[1] [gréɪt] 〖《1348》□ OF ～ ＜ VL **grātam* ＝L *crātis*: cf. crate〗 ― *n.* **1 a** (炉で燃える石炭を支える)火格子, 火床(ひどこ) (⇨ fireplace 挿絵). **b** (料理で肉などをあぶる)鉄灸(きゅう), 鉄架. **c** 炉. **2** 鉄格子; 格子戸. ★ 英国では今は grating の方が普通. **3** 〘鉱山〙(角格子のはまった)ふるい. **4** 《廃》(格子のはまった)檻(おり), 牢屋. ― *vt.* …に(火)格子を付ける.

grate[2] [gréɪt] 〖《*a*1399》□ OF *grat-er* (F *gratter*) ← Gmc (cf. G *kratzen* to scratch)〗 ― *vt.* **1** する, (おろし金で)おろす, すりつぶす: ～ cheese [a nutmeg] チーズ[ニクズク]をおろす. **2** すり合わせる, きーきーこする; きしらせる: ～ the teeth 歯をきしらせる. **3** 耳障りな声で述べる. **4** いらいらさせる, …の感情を害する (fret, irritate). **5** 《古》すり減らす, 摩滅させる (wear away) 〈*down, away*〉. ― *vi.* **1** すれ合う; きしる, きしむ; すれてきーきーいう 〔*against, on, upon*〕: Wheels ～ *on* the axle. 車輪が心棒にすれてきーきーいう. **2** 〔人・耳・神経などに〕障る, いやな感じを与える (jar, perturb) 〔*on, upon*〕: The sound ～*s on* the ear. いやな音だ / Such expressions rather ～ *upon* me. そういう言い方はどうも私には不快だ.

grate·ful [gréɪtfəl] 〖《1552》← 《廃》*grate* pleasing, thankful (□ L *grāt-us* pleasing)＋-FUL[1]〗 ― *adj.* **1** 感謝する, ありがたく思う, ありがたがる (thankful): a ～ heart / I am most ～ *to* you *for* your kindness. ご親切に深く感謝します. **2** 謝意を表わす: a ～ letter, look, etc. / make a ～ acknowledgment for …に対しありがたく感謝する. **3** 《文語》うれしい, 快い, 気持のよい (agreeable, refreshing): ～ warmth 気持のよい温かさ. **～·ly** *adv.* **～·ness** *n.*

grát·er [-tə | -tə(r] 〖《15C》〗 *n.* **1** おろす[すりつぶす]人. **2** おろし金: a ginger ～.

Gra·ti·an [gréɪʃiən, -ʃən | -ʃɪən] *n.* グラティアヌス (359-383; ローマ皇帝 (375-383), 西の正帝として Valentinian 一世と共同で統治; ラテン語名 Flavius Gratianus [fléɪviəs-grèɪʃiéɪnəs | -vjəs-, -ɪəs-, -ʃɪ-]).

gra·tic·u·la·tion [grətìkjuléɪʃən] 〖□ F ～: ⇨ ↓, -ation〗 *n.* (レンズ面や転写紙上に)目盛り[区画]をつけること.

grat·i·cule [grǽtəkjùːl | -tɪ-] 〖□ F ～ □ L *craticula* gridiron (dim.) ← *crātis* hurdle〗 ― *n.* **1** (転写の便宜のために方形に区画した)方眼区画図面. **2** (地図・海図上の経緯度の)十字線. **3** 〘光学〙グラティキュール《望遠鏡・測量光学器械の接眼鏡の焦点面におかれた十字線または目盛り》.

grat·i·fi·ca·tion [grӕ̀təfɪkéɪʃən, -fə- | -tɪfɪ-] 〖《1576》□ F ～ // L *grātificātiō(n-)*: ⇨ gratify, -fication〗 ― *n.* **1** 満足させること, 喜ばせること; 満足, 喜び, 満足感 (pleasure): the ～ *of* sight and hearing 目と耳を喜ばせること, 目と耳の満足 / the ～ *of* one's love for art 芸術愛好心の満足 / Your approval gives me much ～. 御承認を得て私は非常に満足です. **2** 満足[喜び]を与えるもの: It is a ～ to know that …ということを知るのは喜びである. **3** 《古》報酬 (reward); 心付け, 鼻薬 (gratuity).

grát·i·fì·er *n.* 満足させるもの[人], 喜ばせるもの[人].

grat·i·fy [grǽtəfàɪ | -tɪ-] 〖《*a*1400》□ F *gratifier* // L *grātificārī* to do favor to ← *grātus* pleasing ＋ *facere* to do: ⇨ -fy〗 ― *vt.* **1** 〈欲望・趣味などを〉満足させる, 満たす (satisfy): ～ one's desires [appetite] 欲望[食欲]を満たす / ～ one's taste for music 音楽の趣味を満足させる. **2** 〈人・耳・目などを〉楽しませる, 喜ばせる (please), ありがたがらせる (oblige): beauty that *gratifies* the eye 目を楽しませる美 / Your kindness *gratifies* me highly. 御親切には深く感謝します / I am much *gratified by* his success [*with* the result]. 彼の成功[その結果]に大変喜んでいる / I am *gratified to* learn that you have done so much for my son. 息子のためそれほどまでのことをして下さったと伺いうれしく存じます. **3** 《古》…に心付け[報酬]を与える.

grát·i·fỳ·ing *adj.* 満足を与える, 満足な, 愉快な: ～ results 好成績 / The success of the undertaking is most ～. 事業の成功は何よりだ. **～·ly** *adv.*

gra·tin [grǽtn̩, grɑ́ː- | grǽtæ̃ː(ŋ), -tæŋ; *F.* gʀatɛ̃] 〖《1846》□ F ～ ← *gratter*, 《古形》*grater* to scrape: ⇨ grate[2]〗 *n.* グラタン(の上部の焦げ皮) (cf. au gratin).

grat·i·nate [grǽtənèɪt, -tn̩- | -tɪn-] *vt.* 〈食物を〉グラタンにする.

grát·ing[1] [-tɪŋ | -tɪŋ] *n.* **1** 格子, 格子細工. **2** 鉄格子, 格子窓[戸口] (cf. grate[1]). **3** (ボートの底などに敷く)格子のすのこ, 格子, 縦横格子. **4** 〘光学〙回折格子 (⇨ diffraction grating).

grat·ing[2] [-tɪŋ | -tɪŋ] *adj.* **1** きしる, きーきー言う, 〈音が〉耳障りな (harsh): a ～ noise. **2** いらいらさせる, いやな気持にさせる: a ～ speech. **～·ly** *adv.*

gra·tis [grǽtɪs, gréɪt-, -təs | gréɪtɪs, grɑ́ːt-, grǽt-] 〖《1444》□ L *grātīs* (abl. pl.) ← *grātia* thanks, favor: ⇨ grace〗 ― *adv.* 無料で, ただで (for nothing): be admitted to a performance ～ ただで入場を許される / The sample is sent ～. 見本は無料送付します / give away free ～ 無代で進呈する. ― *adj.* [Predicative に用いて] ただで, 無料で: Entrance is ～. 入場無料. ★ しばしば free とともに用いて意味を強める.
free gratis for nothing 《俗・戯言》ただで, ロハで.

grat·i·tude [grǽtət(j)ùːd | -tɪtjùːd] 〖《*a*1447》□ ML *grātitūdō* ← L *grātus* 'GRATEFUL': ⇨ -tude〗 ― *n.* ありがたく思うこと, 感謝(の念), 謝意: express (one's) ～ *to* a person 人に対して感謝の意を表わす / out of ～ 恩返しに / with ～ 感謝して / in ～ *for* a person's kindness 人の親切に感謝して.

Grat·tan [grǽtn̩], **Henry** *n.* (1746-1820) アイルランドの政治家・雄弁家; アイルランドの独立を唱えた.

grat·toir [grætwɑ́ə | -twɑ́ː(r; *F.* gʀatwaːʀ] 〖□ F ～ ← *gratter* to scrape: ⇨ grate[2]〗 ― *n.* (*pl.* **～s** [～z; *F.* ～]) 〘考古〙グラトア, グラトワール《旧石器時代後期以降に使われた石器で, 肉から皮をはがしたり木を削ったりするのに用いた道具の一種》.

gra·tu·i·tous [grət(j)úːətəs | -tjúːɪtəs, -tjúɪ-] 〖《1656》□ L *grātuītus* done without reward or profit, spontaneous ← *grātus* 'GRATEFUL': ⇨ -ous〗 ― *adj.* **1** ただで得た, ただで与えられた; 無料の, 無報酬の (free): ～ service 無料[無償]奉仕 / a ～ distribution of tickets 切符の無料配布 / ～ blessings 天恵. **2** 理由[原因]のない, いわれのない (unwarranted); その必要のない (uncalled-for): a ～ blunder, lie, insult, etc. / a ～ liar ただわけもなく嘘をつく人. **3** 〘法律〙無償の (cf. onerous 2): a ～ conveyance [trust] 無償不動産譲渡[信託]. **～·ness** *n.*

gratúitous báilment *n.* 〘法律〙無償寄託.

gratúitous cóntract *n.* 〘法律〙無償契約《受約者が約因 (consideration) を提供していない契約; 捺印証書 (deed) によらなければ成立しない》.

gra·tú·i·tous·ly 〖《1697》〗 *adv.* **1** 無料で, ただで, 無報酬で. **2** いわれなく, むやみに.

gra·tu·i·ty [grət(j)úːəṭi | -tjúːətɪ, -tjúə-, -tjúːɪ-, -tjúɪ-] 〖《1523》□ F *gratuité* □ ML *grātuitas* (free) gift ← L *grātuītus* 'GRATUITOUS'〗 ― *n.* **1** 心付け, 祝儀, チップ (tip). **2** 求めずに与えられるもの, 贈物 (gift). **3** 《英》(除隊の際などに兵士に与えられる)賜金, 給与金, 慰労金 (bounty).

grat·u·lant [grǽtʃulənt | -tju-] 〖□ L *grātulant-em* (pres.p.): ⇨ ↓, -ant〗 *adj.* 満足気な; 祝賀の.

grat·u·late [grǽtʃulèɪt | -tju-] 〖《1556》← L *grātulātus* (p.p.) ← *grātulārī* to evince joy, congratulate: ⇨ -ate[3]〗 《古》 ― *vt.* **1** 見て喜ぶ, 喜んで迎える. **2** 祝する, 祝う. ― *vi.* 同慶の意を表する, 喜びを述べる.

grat·u·la·tion [grӕ̀tʃuléɪʃən | -tju-] 〖《*a*1475》□ L *grātulātiō(n-)*: ⇨ ↑, -ation〗 *n.* 《古》 **1** 喜び (joy), 満足 (satisfaction). **2** 祝賀, 慶賀 (congratulation).

grat·u·la·to·ry [grǽtʃulətɔ̀ːri, -tòːri | -tjuléɪtəri, -lət-] 〖□ LL *grātulātōri-us*: ⇨ gratulate, -ory[1]〗 *adj.* 祝賀の, 祝辞を述べる: a ～ message 祝辞.

Grau [gráu], **Shirley Ann** *n.* (1929-) 米国の女流小説家; *The Keepers of the House* (1964).

Grau·bün·den [graubíndən, -bún-; *G.* graubʏ́ndn̩] *n.* グラウビュンデン(州)《スイス東部の州; 人口 163,000, 面積 7,163 km²; St. Moritz などの保養地がある; 首都 Chur; フランス語名 Grisons》.

graunch [grɔ́ːntʃ, grɑ́ːntʃ | grɔ́ːntʃ] 〖擬音語〗 *vt.* ぎいぎいいう音を立てさせる; 〈機械を〉損傷する. ― *vi.* ぎいぎいいう.

grau·pel [gráupəl] 〖□ G ～ 'hailstone' (dim.) ← *Graupe* hulled grain: cf. Lusatian *krupa* barleycorn, hailstone〗 *n.* 〘気象〙雪あられ (soft hail).

Grau·stark [gráustɑək, grɔ́ː- | -stɑːk] 〖← ～ (米国の小説家 George B. McCutcheon (1866-1928) によるロマンチックな冒険小説 *Graustark* (1901) に出て来る仮想の国)〗 ― *n.* **1** 非常にロマンチックな仮想の国. **2** 非常にロマンチックな文学作品. **Grau·stark·i·an** [graustɑ́əkiən, grɔː- | -stɑ́ːkɪ-] *adj.*

gra·va·men [grəvéɪmən | -men] 〖《1602》□ LL *gravāmen* inconvenience ← L *gravāre* to burden, weigh down ← *gravis* heavy: ⇨ grave[4]〗 ― *n.* (*pl.* **gra·va·mi·na** [-mənə | -mɪ-], **～s**) **1** 苦情, 不平; (特に, 英国国教会の聖職会議 (Convocation) で下院から上院に提出する)陳情書. **2** 〘法律〙(訴訟・告訴・陳情などの)最重要点: the ～ of a charge 告訴の主理由.

grave[1] [gréɪv] 〖OE *græf* cave ＜ (WGmc) **ʒraba* (G *Grab*) (↓)〗 ― *n.* **1** 墓穴; 埋葬所, 墓所 (tomb, sepulcher): be in one's ～ 死んでいる / find one's ～ in a foreign country 外国で死ぬ / (as) silent [secret] as the ～ (墓のように)沈黙した[絶対に秘密な] / sink into the ～ 死ぬ / (on) this side (of) the ～ この世で[の] (in life) / with [have] one foot in the ～ ⇨ foot 成句 / Someone is walking on [across, over] my ～. 自分の墓場になる所をだれかが歩いている《わけもなくぞっと身ぶるいする時に言う文句》. **2** [the ～] (墓の象徴する)死 (death); 破滅 (ruin); 破滅の地, 墓場: the dread of *the* ～ 死の恐怖 / a ～ of reputations 名声の墓場《多くの人が名声を失った場所・状況・原因など》. **3** 《英方言》野菜類貯蔵穴.
dig one's own grave 自ら墓穴を掘る[破滅を招く].
dig the grave of …の墓穴を掘る, 破滅を招く.
from the cradle to the grave ⇨ cradle *n.* 2. *turn (over) in one's grave* 〈故人が〉地下で落ち着いていられない[安らかに眠れない]: That would make him *turn in his* ～. それでは彼も地下で嘆くだろう[浮かばれまい].

grave[2] [gréɪv] 〖OE *grafan* to dig, carve ← Gmc **ʒrab-* (G *graben*) ← IE **ghrebh-* to dig, bury, scratch (Ch.Slav. *grebǫ* I dig): cf. grave[1], groove, gravure〗 ― *v.* (**～d; grav·en** [-vən], **～d**) ― *vt.* **1** 〈形を〉刻む (carve out); 彫る, 刻する; 彫刻する (incise, engrave): ～ an image 像を刻む / ～ marble with an inscription＝～ an inscription upon marble 大理石に銘を刻む. **2** 〔心・記憶に〕刻みつける, 銘記する (impress deeply) 〔*in, on*〕: ～ the words *in* the heart その語を肝に銘じる / *Grave* his counsel *on* [*in*] your memory. 彼の忠言を胸に刻みつけよ / be ～*n on* [*in*] the mind 心に刻みつけられる. **3** 《古》掘る (dig); 埋める (bury). ― *vi.* 彫り物をする, 彫刻をする.

grave[3] [gréɪv] 〖《1462》← F *grave, grève* beach: ⇨ gravel〗 *vt.* 〘海事〙たでる, 〈木造船の底〉の付着物を焼き[掻(か)き]落としてコールタールなどを塗る.

grave[4] 〖《1541》□ F ～ □ L *gravis* heavy, important ← IE **gʷer-* heavy (Gk *barús*: cf. baro-, bary-)〗 ― [gréɪv] *adj.* (**grav·er; -est**) **1** まじめな考慮を要する, 重要な (important): ～ matters, responsibilities, etc. **2** 危機をはらんだ, 由々しい, 容易ならぬ, 重大な; 〈病気が〉危篤の, 生命にかかわる (critical): a ～ consequence, international situation, etc. / a ～ illness 重病 / be in ～ danger とても危険な状態にある. **3** 〈人・性格・顔つき・声など〉まじめな (serious), 厳粛な, 荘重な (solemn, dignified), 落着いた (sober, sedate): a ～ quiet man 落着いた静かな人 / look ～ おごそかな[むずかしい, まじめな]顔をする / be ～ as a judge (裁判官のように)きわめて厳粛である. **4** 〈色・服装など〉くすんだ, 地味な, 沈んだ, 落着いた (dull, somber): ～ colors. **5** [gréɪv, grɑ́ːv | grɑ́ːv] 〘音声〙 **a** アクセントのない (unaccented). **b** (文字に)低アクセント (`) (grave accent) のついた, 低音の (cf. acute 7); 低音調の (⇨ gravity 3). ― [gréɪv, grɑ́ːv | grɑ́ːv] *n.* 〘音声〙 **1** ＝grave accent. **2** 低音調性. **～·ness** *n.*

gra·ve[5] [grɑ́ːveɪ; *It.* gráːve] 〖《1683》□ It. ～ □ L *gravis* (↑)〗 〘音楽〙 *adj.* ゆるやかな (slow), おごそかな (solemn). ― *adv.* 遅くおごそかに.

gráve áccent [gréɪv-, grɑ́ːv- | grɑ́ːv-] *n.* 〘音声〙低アクセント (`)《古代ギリシャ語では下降調を表わしたといわれる; 現在では英語のように第二強勢を示したり, フランス語のように母音の質を示したりする (è＝[ɛ]); 単に grave ともいう; cf. accent 2》.

gráve·clòthes *n. pl.* 死者に着せる衣, 経帷子(きょうかたびら) (cerements).

gráve·dìgger *n.* **1** 墓掘り(人). **2** (物事を)破滅に導くもの[人]: They were the ~*s* of the institution. 彼らはその制度の崩壊[廃止]のもとになった. **3** 〘昆虫〙 =burying beetle.

gráve góods *n. pl.* 〘考古〙副葬品《先史・古代の墓で遺骸に副えて収め埋められた武器, 装飾品, 道具, 器具などの品々》.

grav·el [grǽvəl] 〘《?*c*1225》▭ OF *gravele* (F *gravelle*) (dim.) ← *grave* sandy beach ▭ Celt. **gravo-* gravel, pebbles: ⇨ -el¹〙 **— *n.*** **1** [集合的] 砂利 (cf. sand 1, pebble): a ~ road 砂利道 / a ~ walk (庭園・公園などの中の)砂利道. **2** 〘地質〙砂礫(されき)層. **3** 〘病理〙 **a** 尿砂《結石より小さいが同じ性状のもの》. **b** 尿砂症.
— *vt.* (**grav·eled, -elled; -el·ing, -el·ling**) **1** 〈道などを〉砂利で覆う, …に砂利を敷く: ~ a path, walk, drive, etc. **2** 面食らわせる, あわてさせる, 当惑させる, 立往生させる (embarrass): be ~*ed* 困る, 立往生する. **3** 《米口語》いら立たせる, 怒らせる (irritate). **4** [通例 Passive で] (砂利粒がひずめと蹄鉄の間にはいって)〈馬〉の歩行を不自由にする.

grável-blìnd 〘《1596》: cf. sand-blind〙 *adj.* 半盲の《sand-blind より悪く stone-blind よりは見える; cf. Shak., *Merch* V 2. 2. 38》.

grável cùlture *n.* 〘農業〙礫耕(れきこう)《礫を用いて植物体を支持し, 作物を水耕する方法》.

gráve·less *adj.* **1** 墓のない; 葬られない (unburied). **2** 墓のいらない, 不死の (deathless).

gráv·el·ly [-vəli | -li] 〘ME〙 **— *adj.*** **1** 砂利の, 砂利の多い, 砂利でできた, 砂利のような: a ~ soil. **2** 〈声が〉がらがらの, 耳障りな (harsh): a ~ voice がらがら声. **3** 〘病理〙尿砂の, 尿砂による.

grável pìt *n.* 砂利(採集)坑, 砂利採取場.

grável·stòne *n.* **1** 小石 (pebble). **2** 〘病理〙小結石.

grável-vóiced[-thróated] *adj.* がらがら声の.

grável·wèed *n.* 〘植物〙 =bush honeysuckle 1.

gráve·ly 〘《1553》〙 *adv.* **1** まじめに, おごそかに, 荘重に, 厳粛に, 重々しく. **2** 重大に, ひどく.

gra·ve·men·te [grɑ̀ːvəméntei ; *It.* grɑ̀ːveménte] 〘▭ It. ~ ← *grave* ' GRAVE⁵, low ' + *-mente* (adv. suf.)〙 *It. adv.* 〘音楽〙遅くおごそかに (grave).

grav·en [gréivən] 〘OE *-grafen*〙 *v.* grave² の過去分詞. **— *adj.*** **1** 深く刻み込まれた, 感銘させられた, 肝に銘じた. **2** 彫った, 彫刻した: ⇨ graven image.

Gravenhage, 's *n.* ⇨ 's Gravenhage.

gráven ímage 〘《*c*1384》〙 *n.* 彫んだ像, 偶像 (cf. *Exod.* 20: 4): worship a ~ 偶像を崇拝する.

Grav·en·stein [grɑ́ːvənstàin, grǽvənstìːn] 〘← *Gravenstein* (デンマークの産地名; もとドイツ領で Schleswig-Holstein と呼ばれた)〙 **— *n.*** 〘園芸〙生娘《ドイツのリンゴの品種; 深紅色とだいだい色のすじがある》.

gráv·er 〘OE *grafere, græfere*〙 *n.* **1** 〘版画〙(銅版の)彫刻刀; (旋盤細工に用いる, 先端にダイヤモンドをつけた)バイト. **2** 彫刻師, (特に, 石の)銘刻師 (engraver).

gráve·ròbber *n.* (埋葬した貴重品や屍体を盗む)墓荒し, 墓あばき (ghoul).

graves [greivz] *n. pl.* 《古》 =greaves.

Graves [grɑːv ; *F.* gʀaːv] 〘← *Graves* (フランス南西部の Gironde 川流域の産地名)〙 *n.* グラーブ(ワイン)《赤または白の Graves 産のぶどう酒》.

Graves [greivz], **Robert (Ran·ke)** [rǽŋkə] *n.* (1895–) 英国の詩人・小説家・批評家; *Good-bye to All That* (1929), *The White Goddess* (1948).

Gráves' disèase [gréivz-, -vɪz-, -vəz-] 〘← *R. J. Graves* (1796–1853: アイルランドの医師)〙 *n.* 〘病理〙グレーブズ病 (⇨ exophthalmic goiter).

Graves·end [gréivzénd] 〘ME *Grauesend*: ⇨grove, -s² 2, end¹〙 *n.* イングランド Kent 州北部の港市, Thames 川河口付近の南岸にある; 人口 54,000.

gráve·sìde *n.* 墓場のそば(の土地), (特に)埋葬のとき会葬者の集まる所: at the ~. **— *adj.*** 墓場のそばの[で行われる]: a ~ service.

gráve·stòne *n.* 墓石, 墓碑 (tombstone).

Gra·vett·i·an [grəvéṭiən | -tiən, -tjən] 〘← *la Gravette* (フランスの Dordogne 川岸の後期旧石器時代の遺跡): ⇨ -ian〙 **— *adj.*** (ヨーロッパの)グラベット期[文化]の.

grave·ward [gréivwəd | -wəd] *adj.* 墓[死]へ向かう, 死にかかった. **— *adv.*** 墓の方へ, 死に瀕(ひん)して.

gráve·wards [-wədz | -wədz] *adv.* =graveward.

gráve·yàrd *n.* **1** 墓地. **2** (古物の)廃棄場; (特に)古自動車解体処理場. **3** 陰気で不快な場所.

Gráveyard schòol *n.* [the ~] 墓場派《Edward Young, Robert Blair など, 墓場や死の哀愁を歌った18世紀中頃の英国の叙情詩人たちの一派》.

gráveyard shìft *n.* **1** (三交替制の)第三次作業, 深夜勤務《夜 12 時頃から朝 8 時頃までの作業》. **2** [集合的] 第三次作業[深夜勤務]に従事する労働者たち.

grav·i- [grǽvɪ, -və | -vɪ] 〘← L *gravis* ' GRAVE⁴ '〙「重い」の意の連結形.

grav·id [grǽvɪd, -vəd | -vɪd] 〘《1597》▭ L *gravid-us* loaded, pregnant ← *gravis* heavy: ⇨ grave⁴, -id⁴〙 **— *adj.*** **1 a** 妊娠している (pregnant). **b** 〘医学〙〈子宮が〉妊娠中の, 胎児の入った. **c** 〘動物〙〈魚・虫が〉成熟した[受精した]卵でいっぱいになった. **2** いっぱいの, ふくれた (filled, distended) 〔*with*〕. **3** 先触れの, 前兆の (portentous). **~·ly** *adv.*

grav·i·da [grǽvədə | -vɪ-] 〘▭ L ~ ← (fem.) (↑)〙 *n.* (*pl.* **~s, -i·dae** [-dìː]) 〘医学〙妊婦.

gra·vid·i·ty [grævídəṭi, grə- | -dəti, -dɪ-] 〘▭ L *graviditātem* ← *gravidus* ' GRAVID '〙 *n.* 〘医学〙妊娠(状態) (pregnancy).

gra·vim·e·ter [grəvímətə, grə-, grǽvəmìːtə | grævímɪtə(r, grə-, -mə-, grǽvɪmìːtə(r] 〘▭ F *gravimètre*: ⇨ gravi-, -meter¹〙 **— *n.*** **1** 〘化学〙比重計《比重を測定する器具; うきばかり (hydrometer), 比重びん (pycnometer) など》. **2** 〘物理〙重力計 (gravity meter).

grav·i·met·ric [grævəmétrɪk | -vɪ-] *adj.* **1** 重量(による)測定の, 重量によって測定された (cf. volumetric). **2** 重力計[場]の変化の[によって定められた].

gràv·i·mét·ri·cal [-trɪkəl, -trə- | -trɪ-] *adj.* **gràv·i·mét·ri·cal·ly** *adv.* 〔volumetric analysis).

gravimétric análysis *n.* 〘化学〙重量分析 (cf.

gra·vim·e·try [grævímətri, grə- | -mɪtri, -mə-] *n.* **1** 〘化学〙重量測定, 重量分析. **2** 〘物理〙重力場測定.

gráving dòck 〘← GRAVE³〙 *n.* 〘海事〙船底の掃除用ドック; 乾ドック (dry dock).

gráving tòol *n.* **1** 彫刻用具; (銅版の)彫刻刀 (burin). **2** [the G- T-] 〘天文〙ちょうこくぐ(彫刻具)座 (⇨ Caelum).

grav·i·sphere [grǽvəsfɪə | -vɪsfɪə(r] *n.* 〘天文〙重力圏《月・惑星などある特定の天体をかこみ, その重力の影響が優勢である球状の空間》. 〔の異形.

grav·it- [grǽvət | -vɪt] (母音の前に来る時の) gravito-

gra·vi·tas [grǽvətɑ̀ːs, grɑ́ː- | -vɪ-] 〘▭ L *gravitās*: ⇨ gravity〙 *n.* まじめさ, 厳粛.

grav·i·tate [grǽvətèɪt | -vɪ-] 〘《1644》← NL *gravitātus* (p.p.) ← *gravitāre* ← *gravitās*: ⇨ gravity, -ate³〙 **— *vi.*** **1** (重力の作用によって)他の物体の方へ動く, 引力に引かれる: The earth ~*s toward* the sun. **2** 沈む, 沈下する, 下降する (sink, fall): ~ *to* the bottom. **3** 〈人・関心などが〉(知らず知らず)引きつけられる, 引かれる, 引寄せられる 〔*to, toward*〕: In summer many people ~ *to* the seaside. 夏には多くの人が海浜に引寄せられる / The population ~*s toward* the town. 人口が都会に集中する. **— *vt.*** 重力によって下降[沈下]させる 〈*down*〉.

grav·i·ta·tion [grævətéɪʃən | -vɪ-] 〘《1644》← NL *gravitātiō(n-)*: ⇨ ↑, -ation〙 **— *n.*** **1** 〘物理〙重力, 引力; 重力[引力]作用: terrestrial ~ 地球引力, 重力 / universal ~ 万有引力 / ⇨ LAW¹ of gravitation. **2** 沈下, 下降. **3** 自然の傾向 〔*to, toward*〕: the ~ *of* population *toward* the cities 人口の都市集中傾向.

gràv·i·tá·tion·al [-ʃənḷ, -ʃnəl] *adj.* 重力(作用)の, 引力(作用)の. **~·ly** *adv.* 〔mechanics.

gravitátional astrónomy *n.* 〘天文〙 =celestial

gravitátional collápse *n.* 〘天文〙重力崩壊《大質量の恒星などで重力の釣合いが破れ, 急激につぶれる現象》. 〔gravitation.

gravitátional cónstant *n.* 〘物理〙 =CONSTANT of

gravitátional fíeld *n.* 〘物理〙重力場《質量をもった物体は互に引合う引力の場》.

gravitátional interáction *n.* 〘物理〙重力相互作用.

gravitátional wáter *n.* =free water 2.

gravitátional wáve *n.* 〘物理〙重力波《一般相対性理論 (general theory of relativity) における重力場方程式から導かれる重力場の波動》.

grav·i·ta·tive [grǽvətèɪṭɪv, -ṭəṭ- | -vɪtət-, -tèɪt-] *adj.* 重力[引力]の(作用を受ける); 引力に引かれる.

grav·i·to- [grǽvəṭo(ʊ) | -vɪtə(ʊ)] 〘← GRAVITY〙「重力 (gravity)」の意の連結形: *gravito*chemical. ★ 母音の前では通例 gravit- になる.

grav·i·ton [grǽvətɑ̀n | -vɪtɔ̀n] 〘← GRAVITY+-ON²〙 *n.* 〘物理〙重力量子《重力波を量子化して得られる量子でスピン 2 を有する》.

grav·i·ty [grǽvəṭi | -vəti, -vɪ-] 〘《1509》▭ F *gravité* ∥ L *gravitāt-em* weight, seriousness: ⇨ grave⁴, -ity〙 **— *n.*** **1 a** まじめさ, 真剣さ (seriousness); 厳粛 (solemnity); 沈着, 落着き (sedateness): keep one's ~ 笑わないでいる / with ~ まじめな態度で. **b** 重大性, ゆゆしさ (seriousness); 危機, 危篤状態 (criticalness): the ~ of the situation 事態の重大性 / the ~ of his illness 彼の病気の危篤状態. **2** 重さ, 重量 (weight): ⇨ CENTER of grairty, specific gravity. **3** 〘音声〙低音調性. **4** 〘← NL *gravitas*〙〘物理〙 **a** 地球引力 (terrestrial gravitation); 重力, 引力 (gravitation): the law of ~ 重力の法則. **b** 重力加速度 (acceleration of gravity). **c** 比重.

grávity cèll *n.* 〘電気〙重力電池《比重の差で 2 種の電解液(硫酸亜鉛と硫酸銅など)を分離している電池》.

grávity clòck *n.* 〘時計〙重力時計《ラックやコードにそってゆっくり下がる仕掛けでその際自分の重みが動力となって動く時計》.

grávity dàm *n.* 〘土木〙重力ダム《自重によって水圧などの外力に抵抗するダム》.

grávity escàpement *n.* 〘時計〙重力脱進機《古く野外用の大時計に使われた脱進機の一種; おもりが一定距離落下する動きで振り子に衝撃を与える機構》.

grávity fàult *n.* 〘地質〙重力断層, 正断層 (cf. thrust fault).

grávity fèed *n.* 〘機械〙 **1** (重力を応用した燃料などの)重力送り. **2** 重力送りの仕組み[装置].

grávity hìnge *n.* 重力蝶番(ちょうつがい)《特に, シャッター・よろい戸などに使われるもので, 開いた時に重力によって自動的に保持される》.

grávity mèter *n.* 〘物理〙 =gravimeter 2.

grávity ràilroad [ràilway] *n.* 重力利用鉄道.

grávity tànk *n.* 〘航空〙重力(供給式の燃料)タンク.

grávity wàve *n.* 〘物理〙 **1** 重力波《水または他の液体の表面を水平にしようとする重力の作用によって伝播(でんぱ)される波; さざ波 (ripple) 以外の波はすべてこれである》. **2** =gravitational wave.

grávity wìnd *n.* 〘気象〙重力風, 山風《斜面を吹き下りる風; drainage wind, katabatic wind ともいう》.

grávity yàrd *n.* 〘鉄道〙 =hump yard.

gra·vure [grəvjʊ́ə, greɪ- | grəvjʊ́ə(r] 〘《1893》▭ F ~ ' engraving ' ← *graver* to engrave ← Gmc: ⇨ grave²〙 **— *n.*** 〘印刷〙 **1 a** 凹版製版法. **b** 凹版; 凹版印刷物. **2 a** =photogravure. **b** =rotogravure.

gra·vy [gréɪvi | -vɪ] 〘《1381》▭ OF *gravé* 《誤読》← ? *grané* cooking ingredients ← *grain* ' spice, GRAIN¹ '〙 **— *n.*** **1** グレービー《肉を煮焼きする時ににじみ出る肉汁》; (この肉汁を調味して作る)グレービーソース. **2** 《俗》 **a** ぼろいもうけ; (たなぼた式の)思いがけない利益[収入]. **b** 不正な利益, 賄賂. 〔を表わす》.
by* [*good*] *gravy 《米口語》まあ, おや《軽いののしり

grávy bòat *n.* **1** (舟形の)グレービー入れ《sauceboat ともいう》. **2** =gravy train.

grávy tràin *n.* 《俗》うまい汁が吸える地位, ぼろもうけできる仕事 (gravy boat): ride [board, on] the ~ ぼろい仕事にありつく, ぼろもうけをする.

gray [gréɪ] 〘OE *grǣġ* < Gmc **ʒrǣwaz* (Du. *grauw* / G *grau*) ← IE **ĝher-* to shine (L *rāvus* gray)〙 (*also* **grey**) ★《米》では主に gray, 《英》では主に grey が好まれる. **— *adj.*** (**~·er; ~·est**) **1** 灰色の, ねずみ色の, グレーの, 薄墨色の: ~ clothes, eyes, etc. **2 a** ねずみ色[グレー]の(制)服を着た: ⇨ Gray Friar, gray monk, etc. **b** 〈動物が〉ねずみ色の(毛並の), 〈馬が〉葦毛(あしげ)の: ⇨ gray mare. **3 a** 〈天候など〉曇った, どんよりした, 灰色の, 陰気な (dull, cloudy); 薄暗い, ほの暗い (dim): a ~ day, sky, etc. / a ~ dawn. **b** 〈顔など〉(突然の恐怖や病気で)青ざめた, 青白い (pale). **4** 暗い, 陰鬱な, 寂しい, わびしい, 味気ない (dreary, dismal): a ~ future / Life is ~. **5 a** 白髪まじりの, 半白の; 白髪まじりの髪をした, ごま塩頭の (gray-haired): He is growing ~. 白髪になりかけている / ~ hairs 老年. **b** 老齢の, 老人らしい, 老成[成熟]した: ~ experience 円熟した経験, 老練. **c** 太古の: the ~ past 古代, 太古. **6** 〈人が〉無名の, 特徴のない: the ~ men of politics 無名の政治家. **7 a** 中間の, 境界線上の. **b** 闇取引きに近い: ⇨ gray market. **c** 〈都市地区が〉スラム化しつつある. **8** 〘紡織〙〈生地が〉未漂白の: ~ goods. **9** 《米黒人俗》白人の.
— *n.* **1** 灰色, ねずみ色, グレー, 薄墨色, 鉛色. **2 a** ねずみ色絵の具, 灰色染料. **b** 〘紡織〙ねずみ色(未漂白)生地: in the ~ 未漂白[生地のまま]で. **c** グレーの服(地); [*pl.*] グレーのフランネルズボン: be dressed *in* ~ グレーの服を着ている. **d** グレーの制服の人; [しばしば G-] 《米》(南北戦争当時の)南軍(の兵士) (cf. blue 4 b). **3** 葦毛の馬 (gray horse): the (Scots) *Greys* 英国竜騎兵第二連隊(の別名)《その乗馬の色から》. **4 a** 薄闇, 薄明, 薄暮: in the ~ of the morning. **b** 無名の人, 特徴のない人. **5** 《米黒人俗》白人.
— *vt.* **1** 灰色[ねずみ色]にする. **2** 白髪[半白]にする. **3** 〘写真〙つや消しにする. **— *vi.*** **1** 灰色[ねずみ色]になる. **2** 白髪になる. **3** 〘写真〙つや消しになる.
gray out 灰色くらみ (grayout) を起こす.
~·ness *n.*

Gray [gréɪ], **Asa** *n.* (1810–88) 米国の植物学者.

Gray, Henry *n.* (1827–61) 英国の解剖学者.

Gray, Thomas *n.* (1716–71) 英国の詩人; *Elegy Written in a Country Churchyard* (1751).

gráy·bàck *n.* **1** 〘軍服の色から; cf. bluecoat, gray (n.) 2〙《米》南北戦争当時の南軍の兵士. **2** 背中が灰色の動物や鳥類の俗称《gray whale, hooded crow, scaup など》.

gráy·bèard *n.* **1** 半白のあごひげのある人; 老人 (old man); 賢人 (sage). **2** =bellarmine.

gráy-béarded *adj.* 半白のあごひげのある.

gráy bírch *n.* 〘植物〙 **1** 米国東部産カバノキ科シラカバ属の植物 (*Betula populifolia*)《二次林に生じ樹肌が灰白色で美しい》. **2** =western paper birch. **3** yellow birch 1.

gráy bódy *n.* 〘物理〙灰色体《熱放射の放射率が波長によらず一定である物体: cf. black body》.

gráy cást íron *n.* 〘冶金〙 =gray iron.

gráy-chèeked thrúsh *n.* 〘鳥類〙北米産ツグミ科モリツグミ属の鳥 (*Hylocichla minima*).

gráy crów *n.* 〘鳥類〙 =hooded crow.

gráy dógwood *n.* 〘植物〙北米北東部の白い花と白い実をつけるミズキ科の低木 (*Cornus racemosa*).

gráy dúck *n.* 幼鳥や雌鳥の羽毛が灰色のカモの総称《オカヨシガモ (gadwall), オナガガモ (pintail) など》.

gráy éminence 〘《なぞり》← F *L'Eminence grise*〙 *n.* =éminence grise.

gráy-éyed *adj.* 灰色の目をした.

gráy·fish *n.* 〘魚類〙 **1** タラ (pollack); (特に)その幼魚. **2** 《米》 =dogfish 《市場用語》.

gráy fóx *n.* 〘動物〙ハイイロギツネ (*Urocyon cinereoargenteus*)《北米・中米・南米北部産の背が灰色の原始的なキツネ》.

Gráy Fríar 〘ME〙 **— *n.*** 〘カトリック〙 **1** フランシ

スコ会(修道)士 (⇨ Franciscan Order ; cf. gray monk, gray sister). **2** [the ~s ; 複数扱い] フランシスコ修道会.

gráy góldenrod *n.* 〘植物〙 =dwarf goldenrod.

gráy góose *n.* 〘鳥類〙 =greylag.

gráy gúm *n.* 〘植物〙 オーストラリア産フトモモ科ユーカリ属 (*Eucalyptus*) の樹皮が灰色の植物の総称 (*E. propinqua, E. tereticornis* など).

gráy-háired 〘ME〙 *adj.* =gray-headed 1.

gráy·hèad *n.* **1** 白髪まじり[ごま塩頭]の人; 老人. **2** 〘動物〙 マッコウクジラ (sperm whale) の雄.

gráy-héaded *adj.* **1 a** 白髪まじりの, ごま塩頭の; 老年の (old). **b** 古くからの. **2** 《英》〔…に〕長く勤めた, 精通した, 老練な〔*in*〕. **3** 雄のマッコウクジラの.

gráy hén 〘《15C》〙 *n.* 〘鳥類〙 クロライチョウ (black grouse) の雌 (cf. blackcock).

gráy·hòund *n.* =greyhound.

gráy ìron *n.* 〘冶金〙 ねずみ銑, ねずみ鋳鉄《黒鉛が析出している銑鉄で, 折り口が灰色を呈する ; gray cast iron ともいう》.

gráy·ish [-ɪʃ] *adj.* 灰色[ねずみ色]がかった.

Gráy Lády 〘その制服の色から〙 *n.* 米国赤十字社で医療奉仕する女性篤志家.

gráy·làg *n.* 〘鳥類〙 =greylag.

gray·ling [gréɪlɪŋ] 〘《1326》: ⇨ gray, -ling[1]〙 ── *n.* (*pl.* ~, ~**s**) **1** 〘魚類〙 カワヒメマス《カワヒメマス属 (*Thymallus*) の淡水魚数種の総称》; (特に, ヨーロッパ産の)カワヒメマス (*T. thymallus*). **2** 〘昆虫〙 ジャノメチョウ《ジャノメチョウ科の灰色がかったまたは褐色がかったチョウ類の総称》.

gráy·ly 〘《1818》〙 *adv.* 灰色に, ねずみ色に ; 薄暗く, 「陰気に.

gráy máre 〘← *The gray mare is the better horse.* 《諺》女房が夫を尻に敷く,「かかあ天下」: '葦毛の馬が良馬' と言い張る妻の強引さにまけて, 葦毛の雌馬を買わされた男の故事から〙 ── *n.* 亭主を尻に敷く女.

gráy márket *n.* 〘経済〙 幾分合法的な闇(取引き)市場, 闇類似市場 (cf. black market).

gráy màtter *n.* **1** 〘解剖〙 (脳・脊髄(せき)の)灰白質 (cf. white matter). **2** 《口語》 脳みそ, 頭脳 ; 知力 (brains).

gráy móld *n.* 〘植物病理〙 灰色かび《果物・野菜などの表面が灰色になる ; gray mold rot ともいう》.

gráy mónk 〘ME : ねずみ色の衣を着ていることから : cf. Gray Friar, gray sister〙 *n.* 〘カトリック〙 シトー会修道士 (Cistercian monk).

gráy múllet *n.* =mullet[1] 1.

gráy·òut *n.* 〘航空医学〙 グレイアウト, 灰色くらみ《航空機乗員に加速度が影響して一時的に視覚を失うこと ; その程度により grayout, redout, blackout という》.

gráy párrot *n.* 〘鳥類〙 ヨウム (*Psittacus erithacus*) 《アフリカ産の灰色で尾と上下尾筒の赤いオウム ; African gray ともいう》.

gráy plóver *n.* 〘鳥類〙 =black-bellied plover.

gráy pólypody *n.* 〘植物〙 北米産ウラボシ科エゾデンダ属のシダの一種 (*Polypodium polypodioides*).

grays·by [gréɪzbi | -bɪ] 〘← ?〙 *n.* 〘魚類〙 西大西洋熱帯地域産のスズキ科の魚(*Petrometopon cruentatum*).

gráy scàle *n.* グレースケール, 無彩色スケール《白または透明から黒までの一定濃度の小片を一定の濃度差に並べた系列 ; 色彩調整の基準として写真・印刷・テレビに用いる》.

gráy séa èagle *n.* 〘鳥類〙 =white-tailed sea eagle.

Gráy's Ínn *n.* [the ~] ⇨ INNS of Court.

gráy síster *n.* 〘カトリック〙 灰色童貞会修道女, 聖フランシスコ第三会修道女.

gráy skáte *n.* 〘魚類〙 英国近海に生息するガンギエイ属の魚 (*Raja batis*).

gráy snápper *n.* 〘魚類〙 西大西洋熱帯地域産のフエダイ科の食用魚 (*Lutjanus griseus*). 「の筆名.

Gray·son [gréɪsn̩], **David** *n.* Ray Stannard BAKER

gráy squírrel *n.* 〘動物〙 ハイイロリス (*Sciurus carolinensis*) 《北米東部原産のリスで, 米国の公園などに多く見られる ; 背が灰色でアカリス (red squirrel) より大きい》. 「の建物.

gráy·stòne *n.* **1** 〘岩石〙 灰色火山岩. **2** 灰色火山岩

gráy tróut *n.* 〘魚類〙 **1** =squeteague. **2** =lake trout.

gray·wack·e [gréɪwæ̀kə] 〘《部分訳》 ← G *Grauwacke* ← *grau* gray + *Wacke* 'WACKE'〙 *n.* 〘地質〙 硬砂岩《円磨度の低い砂粒が固結して出来た硬い砂岩》.

gráy whále *n.* 〘動物〙 コククジラ(克鯨), コクジラ(児鯨) (*Rhachianectes gibbosus*) 《北太平洋産のヒゲクジラ》.

gráy wólf *n.* 〘動物〙 オオカミ (*Canis lupus*) 《北米でアメリカアカオオカミ (*C. niger*) と区別する意味で使う ; cf. timber wolf》.

Graz [grɑ́ːts ; G. grá:ts] *n.* グラーツ《オーストリア南東部の都市 ; 人口 249,000》.

graze[1] [gréɪz] 〘OE *grasian* ← *græs* 'GRASS'〙 ── *vi.* **1** 〈家畜が〉牧場の草を食う ; 〔牧草を〕食う〔*on*〕. **2** 放牧する. ── *vt.* **1** 〈動物が〉〈牧場の草を〉食う (eat, feed on): cattle *grazing* the herbage (野で)草を食っている牛. **2** 〈草・草地などを〉家畜に食わせる, 牧場として使う 〈*down*〉: ~ a field before haying it 野の草を干し草にする前に家畜を放して食わせる. **3** 〈家畜を〉放し飼いにする, 放牧する ; 〈草を食べている家畜〉の番をする. **4** 〈草地が〉〈家畜〉の放牧に適する, …のための牧草となる.

send a person to graze 〈人〉に暇を出す, 解雇する.

── *n.* **1** 草を食わせる[食う]こと ; 放牧. **2** 牧草.

gráze·a·ble, gráz·a·ble [-zəbl̩] *adj.*

graze[2] [gréɪz] 〘《1604》《転用》 ← ? GRAZE[1] : 《原義》 to come close to the grass : cf. raze / 《廃》 *glace* to glance off〙 ── *vt.* **1** 軽く触れて[こすって]通る, かする, かすめて通る. **2** 〈皮膚などを〉すりむく (abrade). ── *vi.* 軽く触れて通る, すれすれに通る, かすめる 〔*against, along, through, by, past*〕. ── *n.* **1** かすり通ること, かすめること ; すりむくこと. **2** かすり傷, すりむけ (abrasion) ; かすった跡, すりむいた所.

gráz·er *n.* 草を食うもの[食わせる人] ; (特に)放牧家畜.

gra·zier [gréɪʒə | -zjə(r, -zɪə(r, -ʒɪə(r, -ʒə(r] 〘《1275》: ⇨ -ier[2]〙 *n.* **1** 牧畜業者. **2** 《豪》 牧羊業者.

gra·zier·y [gréɪʒəri | -zjəri, -zɪə-, -ʒɪə-, -ʒə-] 〘⇨↑, -ery〙 *n.* 牧畜業. 「場 (pasture).

gráz·ing 〘《15C》〙 *n.* **1** 放牧. **2** 牧草 ; 牧草地, 牧

grázing àngle *n.* 〘物理〙 限界見通し角.

grázing ìncidence *n.* 〘物理〙 俯角入射.

grázing lànd *n.* (放)牧場.

gra·zio·so [grɑ̀ːtsióʊsoʊ, -zoʊ | -tsɪə́ʊsəʊ, -zəʊ ; *It.* gratsjóːso] 〘⇨ It. ~ : ⇨ gracious〙 *It. adv.* 〘音楽〙 グラツィオーソ, 優美に, 典雅に (with grace).

Gr.Br. 《略》 Great Britain.

Gr.Brit. 《略》 Great Britain.

grease 〘《c1300》 ⇨ AF *gresse*=(O)F *graisse* < VL **crassiam* ← L *crassus* thick, fat : ⇨ crass〙 ── [gríːs] *n.* **1** (溶解して得た)柔らかい獣脂. **2** 半固体の油性[脂肪性]潤滑剤, グリース(滑剤)《機械類の減摩剤または greasepaint 用》: axle ~ 心棒用グリース. **3** 〘紡織〙 **a** 羊毛の脂肪性物質. **b** 未脱脂生羊毛, 新毛 (grease wool). **4** 〘獣医〙 =grease heel.

fry in one's own grease 自分の愚行の報いを受ける, 自業自得で苦しむ. ***in pride* [*prime*] *of grease*** =*in* (*the*) GREASE (1). ***in* (*the*) *grease*** (1) 《猟鳥獣が》脂が乗りきって, ちょうど食べごろで. (2) (羊毛・毛皮など)脱脂しない状態で, 刈り取ったままの: furs [wool] *in the* ~ まだ脱脂してない毛皮[刈り取ったままの羊毛].

── [gríːs, gríːz | gríːz, gríːs] *vt.* **1 a** …にグリースを塗(って滑らかにす)る: ~ an axle / ⇨ *grease the* WHEELS. **b** グリースでよごす. **2** …の滑りをよくする, すらすら運ばせる, 促進[助長]する (facilitate). **3** …に賄賂(わいろ)を使う (bribe). **4** 《俗》〈飛行機を〉順調に[滑るように]着陸させる. **5** 〘獣医〙 〈馬を〉水疵(すいし)病 (grease heel) にかからせる. ── *vi.* 《俗》 飛行機を順調に[滑るように]着陸させる.

grease the fat pig* [*sow*]** 必要もない人に物を与える, 余計なことをする. ***like* [*quick as*] *greased lightning 《俗》 電光石火のように, 非常に速く (very fast).

gréase·bàll *n.* 《米》 [通例軽蔑的に] ラテンアメリカ人 ; (特に)メキシコ人.

gréase-bòx *n.* グリース箱《車両の軸受けに取り付けたグリースを入れる箱》.

gréase·bùsh *n.* 〘植物〙 =greasewood.

gréase cùp *n.* グリースカップ《機械に付属したグリース入れ》.

gréase gùn *n.* **1** グリース注入器, グリースガン (cf. gun[1] 5). **2** 《軍俗》 (グリースガンに似た)自動小銃, 短機関銃《肩または腰に構えて射撃する》.

gréase hèel *n.* 〘獣医〙 水疵(すいし)病, 繋皸(けいくん)《馬の第一指関節部位に多発する慢性肥厚性皮膚炎》.

gréase·less *adj.* グリースのない[切れた].

gréase mònkey *n.* 《俗》 (自動車または飛行機の)機械工, 修理工, 整備士 (mechanic).

gréase·pàint *n.* **1** グリースペイント, ねりおしろい, ドーラン《俳優が顔ごしらえに用いる蠟や油脂で練ったクレヨン状の顔料》. **2** (俳優の)顔ごしらえ, メーキャップ (makeup).

gréase·próof *adj.* グリース[油, 蠟]をはじく[通さない]: ~ paper.

gréas·er [-zə, -sə | -zə(r, -sə(r] 〘ME〙 ── *n.* **1** (車両・機械の)油差し《人・器具》. **2** (汽船の)機関士. **3** 《俗》 お世辞たらたらの人, ごますり (greasy person) ; いやなやつ. **4** 《俗》 オートバイを乗り回す長髪の若者. **5** [-zə | -zə(r] 〘その外見が脂じみているところから〙 《米俗》 [通例軽蔑的に] ラテンアメリカ人 ; (特に)メキシコ人.

gréase tràp *n.* グリーストラップ, グリース止め《脂肪類が流れ込んで下水管が詰まらないように流しの排水口に設けた装置》.

gréase·wòod *n.* 〘植物〙 **1** 米国西部に多いアカザ科の低木 (*Sarcobatus vermiculatus*) ; それに類似したアカザ科の低木の総称《orache などいずれも燃料や, 家畜の飼料となる ; Mexican greasewood ともいう》. **2** =white sage. **3** =creosote bush.

gréase wòol *n.* 〘紡織〙 =grease 3 b.

gréas·i·ly [-sɪli, -sə-, -zɪ-, -zə- | -zɪlɪ, -zə-, -sə-] 〘《1594》〙 *adv.* **1** 脂のように, 脂っこく, 脂じみて. **2** すべっこく. **3** お世辞たらたらで ; 下卑て.

greas·y [gríːsi, -zi | -zɪ, -sɪ] 〘《1514》〙 ── *adj.* (**greas·i·er ; -i·est**) **1** 脂じみた, 脂だらけの, 脂で汚れた : a ~ hand, plate, apron, etc. **2** 脂の多い, 脂っこい, 脂ぎった (oily): ~ food, wool, etc. **3** グリースのような, 油脂性の : a ~ substance 油脂性の物質 / ~ luster 脂肪光沢. **4** 〈道路など〉泥でぬるぬるした, 滑りやすい (slimy, slippery). **5** (滑石・石墨などのように)滑らかな, すべすべした, つるつるした (smooth): a ~ feeling すべすべした感触. **6** いやに口先のうまい, お世辞たらたらの (unctuous, oily). **7** 〘海事〙 〈天候・空模様が〉どんよりした, 荒れ模様の, 険悪な (threatening, dirty). **8** 〘獣医〙 水疵(すいし)病[繋皸(けいくん)]にかかった. **9** 《廃》 みだらな, 下卑た, 下品な : a ~ jest. ★ 語義によって発音を違え, 《米》では 6-8 の意味で [gríːzi] を, その他では [gríːsi] を用いる人もある. また同様に《英》では 1-3 の意味で [gríːsɪ] を, その他では [gríːzɪ] を用いる人もある. **gréas·i·ness** *n.*

gréasy héel *n.* 〘獣医〙 =grease heel.

gréasy póle *n.* 脂棒《脂を塗った棒で, 田舎の祭りの余興などにそれをよじ登ったりその上を歩いたりする遊戯用具》.

gréasy spóon [réstaurant] *n.* 《俗》 うす汚ない安レストラン, 一膳飯屋.

great [gréɪt] 〘OE *grēat* < (WGmc) **ȝrauta* thick, coarse, 《原義》 coarsely ground (Du. *groot* / G *gross*) ← ? IE **ghrēu-* to grind (OE *grēot* 'GRIT')〙 ── *adj.* (~·**er** ; ~·**est**) **1 a** 大きい ; 巨大な, 壮大な, 大… : a ~ mountain, river, lake, city, building, house, fire, etc. **b** (驚き・賞賛・嫌悪・軽蔑などを含意して)大きな, でかい : He put his ~ foot on the flower bed. でかい足で花壇を踏みつけた. **c** [大きさなどを表わす形容詞に先立ちそれを強調して] 《口語》 えらく, とても : a ~ hulking fellow 図体をもて余しているような男 / a ~ big man [loaf] とても大きな人[パン]. ★ この場合 great に続く形容詞はしばしば弱強勢.

2 a (同種の物の中で他と区別して)大きい (greater): a ~ A 大文字の A / *Great* Caesar 大シーザー / ⇨ great anteater / ⇨ Great Bear, Great Britain, Great Charter, Great Fire, Great Lakes, Great Mogul, Great War. **b** [the G- ; 歴史上の人物名のあとに付け, 称号に用いて] …大王[帝]: Alfred *the Great* アルフレッド大王 / Charles *the Great*=Charlemagne.

3 a [主に数量を表わす名詞を伴って] 大勢の, 多量の, たくさんの, おびただしい (numerous, abundant): a ~ army, company, pile, etc. / a ~ many people たくさん[大勢]の人々 / a ~ number of houses たくさん[多数]の家 / a ~ deal たいそう, ひどく / a ~ deal of たくさん[多量]の… / the ~ majority [body, part] of … の大部分 / the ~*est* happiness of the ~*est* number 最大多数の最大幸福《Jeremy Bentham の唱えた功利主義 (utilitarianism) の原則》. **b** 〈時間が〉長い, 久しい (long, protracted): a ~ while ago ずっと前に, 大分以前に / live to a ~ age 長生きする. **c** 細心の, 十分な (elaborate, ample): in ~ detail 大変詳しく.

4 a 際立った, 顕著な, 著しい ; 〈行事など〉重要な, 盛大な : a ~ rogue [fool] 大悪漢[大ばか者] / a ~ mistake [surprise] 大きな誤り[驚き] / ~ patience [learning] 非常な忍耐[学識] / a ~ occasion 大切[盛大]な催し(の時) (cf. occasion 1 b) / one's ~*est* weakness 最大の弱点 / take ~ care 大いに気をつける / have a ~ mind to do 非常に…したい, …したくてたまらない / have a ~ notion that …と考えたがる / It's no ~ matter to me. それは私には大したことではない. **b** 高度の, 強い, 激しい (intense) ; 〈音・声など〉大きい : ~ pain 激痛 / a ~ voice, uproar, noise, etc. **c** 遠大な, 視野の広い : a ~ plan 遠大な計画. **d** 非常な ; とても親しい : a thing of ~ beauty 非常に美しいもの / a ~ friend 親友.

5 [限定的に ; しばしば行為者を表わす名詞を伴って] 大の (extreme): a ~ talker [reader] 大のおしゃべり[読書家] / a ~ smoker ヘビースモーカー (heavy smoker) / a ~ lover of art 芸術の熱愛者.

6 a (才能など)すぐれた, 卓越した, 優秀な, 偉大な (excellent, superior) ; 有名な, 著名な : a ~ statesman, soldier, composer, book, picture, etc. / a nation ~ in arms 軍備の強大な国. **b** 崇高な, 深遠な, 雄大な (lofty): a ~ soul, idea, deed, truth, etc.

7 身分[生れ]の貴い, 地位の高い, 高貴の (noble): a ~ lady 高貴な婦人 / the ~ families 名門諸家 / the ~ world 《なぞり》 ← F *le grand monde*〙 貴族[上流]社会 / ~ people 高貴の人々, お歴々 (cf. *n.* 1).

8 [the ~] **a** 最大の, 中心的な (chief): *the* ~ attraction of the circus サーカスの最大の呼び物 / *the* ~ poet of the Elizabethan age エリザベス朝の最大の詩人. **b** 〈建物(の一部)・場所など〉主要な, 主だった (main, principal): *the* ~ hall 大広間 / ⇨ great house.

9 大いに[好んで]用いられる : a ~ word among scientists 科学者の好んで用いる[に大もての]言葉.

10 《口語》 すてきな, すばらしい : We had a ~ time. とても面白かった / It is a ~ thing to have it. それを持っていることはすばらしいことだ / That's a ~ story. それはすばらしい話だ / That's ~ ! すてきだ.

11 [Predicative に用いて] **a** 《口語》 〔…に〕通じた, 詳しい, 巧みな, 上手な (versed, clever) 〔*at, on*〕: be ~ *at* golf ゴルフがうまい / be ~ *on* international relations 国際関係に詳しい. **b** 《口語》 〔…に〕大いに興味をもつ, 熱心な (much interested, keen) 〔*on, at, for*〕: be ~ *on* heraldry 紋章学に凝っている / be ~ *on* discipline [decorum] 規律[礼儀]が実にやかましい / He is ~ *at* discussing politics. 彼は政治論となると実に熱心だ / ⇨ *be a* GREAT *one for*. **c** 〔感情などで〕いっぱいで, 満ちて (full, big) 〔*with*〕: He was ~ *with* anger [sorrow]. 怒って[悲しんで]いた.

12 《古・方言》 はらんで, 妊娠して (pregnant). ★ 主に次の句で : be ~ *with* child 子をはらんでいる.

be a great one for …にとても熱心である : She *was a* ~ *one for* the proprieties [reading]. 彼女は礼儀作法

にとてもやかましかった[大の読書家だった]. ***Great God* [*Caesar, Scott, Sun*]!** おや, まあ驚いた, やれやれ《驚き・軽いののしりなどを表わす》.
— *adv.* 《米口語》うまく, 立派に (successfully, well): He's getting on ~. とてもうまくやっている / Things are going ~. 事態は万事うまくいっている.
— *n.* **1** [the ~; 集合的] 身分の高い人々, お歴々: Both (*the*) ~ and (the) small admire him. 身分の高い人も低い人も(上下とも)彼を賞賛する. **2 a** [しばしば *pl.*] 名士, 大物, 花形, 巨匠; 重要なもの: the ~*s* of French literature フランス文学界の巨匠たち. **b** [the ~*est* として]《俗》最も[際立って]よい人 (the best): You're *the* ~*est*. 君が最高だ. **3** [*pl.*; しばしば Greats]《英》(Oxford 大学で)古典文学科; その B.A. 学位をとるための本試験 (cf. little-go); (そのために)勉強する学科目. **4**《古》全体, 総体 (the whole): build a ship in the ~ 船を全部[そっくり]造る. **5** = great organ.
a great* (*of*)** 《米口語》たくさん(の) (a great many), 多量(の) (a large amount (of)): *a* ~ *of* books. ***no great 《米口語》たくさんでない, たいしたものでない (nothing great): There is *no* ~ to see. たいして見るべきものはない / She made *no* ~ *of* a match. たいした結婚はしなかった.
~·ness *n.*

great- [gréɪt] 《← GREAT》 — uncle, aunt, nephew, niece や grand- の付く基本の語より一代遠い親等を示す連結形 (cf. great-great-): *great*-grandnephew [-grandniece] おい[めい]の孫.
gréat áloe *n.* 〘植物〙リュウゼツラン (*Agave americana*).
Gréat Américan Désert *n.* [the ~] 大アメリカ砂漠《中西部から Rocky 山脈まで, 耕作に適さないと考えられていた地域の総称; 現在は California 州南東部と Arizona 州南西部の砂漠地域を指す》.
gréat ánteater *n.* 〘動物〙オオアリクイ (⇨ ant bear 1).
gréat ápe *n.* 〘動物〙大型類人猿《gibbon, orangutan, chimpanzee, gorilla など》.
Gréat Assíze 《(c1303)》 *n.* [the ~] 最後の審判 (the Last Judgment).
gréat áuk *n.* 〘鳥類〙オオウミガラス (*Pinguinus impennis*)《もと北大西洋方面にいた飛ぶことのできない海鳥; 19 世紀中に絶滅した》.
gréat-áunt *n.* = grandaunt.
Gréat Austrálian Bíght *n.* [the ~] グレートオーストラリア湾《オーストラリア南部の大湾》.
Gréat Awákening *n.* [the ~] 〘キリスト教〙大覚醒(かく), 覚醒(かく)大運動《18 世紀の中頃, New England を中心に起こったキリスト教の信仰覚醒運動》.
gréat barracúda *n.* 〘魚類〙大西洋産のカマス属の全長 2 m に達する魚 (*Sphyraena barracuda*).
Gréat Bárrier Rèef *n.* [the ~] グレートバリアリーフ, 大堡礁《オーストラリア北東部, Queensland 海岸沿いの世界最大の珊瑚(さ)礁; 長さ 2,000 km》.
Gréat Básin *n.* [the ~] 米国西部, Nevada 州の大部分と Utah, California, Oregon, Idaho 諸州の一部を含む大盆地; この中に Death Valley などがある; 面積 490,000 km².
Gréat Béar *n.* [the ~] 〘天文〙おおぐま(大熊)座 (⇨ Ursa Major).
Gréat Béar Láke *n.* グレートベアー湖《カナダ北西部の湖; 1,792 km²》.
Gréat Bélt *n.* [the ~] 大ベルト海峡《デンマークの Sjælland 島と Fyn 島の間の海峡で北海の Kattegat 海峡とバルト海とを結ぶ海峡の一つ; 長さ 64 km, 幅平均 16 km; cf. Little Belt》.
Gréat Bíble *n.* [the ~] 大聖書《Coverdale を監訳者として 1539 年に出版された大型版聖書; 1540 年出版の第 2 版からは Cranmer の序文が付けられたので Cranmer's Bible ともいう》.
gréat blúe héron *n.* 〘鳥類〙オオアオサギ (*Ardea herodias*)《南・北アメリカ産》.
Grèat Brítain 《(c1400): 対岸フランスの Brittany (= Little Britain) と区別した名称》 — *n.* **1** 大ブリテン(島)《イギリス諸島最大の島で, England, Scotland, Wales を含む》. ★ 政治的には Wight 島, Hebrides 諸島, Orkney 諸島, Scilly 諸島, Shetland 諸島を含み, 時として Channel 諸島, Man 島を含めることもある. **2** 《俗用》= United Kingdom.
gréat bústard *n.* 〘鳥類〙ノガン (*Otis tarda*)《ヨーロッパ・アジア産のガン; 重さ 13 kg 以上, 翼を広げると 2.5 m 位になる》.
gréat cálorie *n.* 〘物理化学〙大カロリー (⇨ calorie 1 b).
gréat célandine *n.* 〘植物〙クサノオウ (⇨ celandine 1).
gréat cháir *n.* 肘掛け椅子 (armchair).
Gréat Chám *n.* **1**《古》韃靼(だっ)王. **2** 大御所: the ~ of Literature ジョンソン博士 (Dr. Johnson) のあだ名《Smollet の用いた言葉から》/ H. W. Fowler was the ~ of English usage. H.W. ファウラーは英語の語法の大御所だった.
Gréat Chárter *n.* [the ~] = Magna Charta 1.
gréat círcle *n.* **1** (球面上の)大円, 大圏《球の中心を通る平面と球面との交わりとして得られる円》. **2** 〘地球物理〙(地球面上の)大圏《地球上の 2 点と地球の中心点を含む平面によって地球の表面を切った線で, 2 点間の最短距離》.
gréat-cìrcle chárt *n.* 〘海事〙心射図, 大圏図 (gnomonic projection)《地球上の任意の 2 点を結ぶ大圏がすべて直線で表される図; 地球上の 2 点間の最短距離を知るのに便利》.
gréat-cìrcle sáiling *n.* 〘海事〙大圏航法《地球の大圏上を航行する方法》.
gréat·còat *n.* **1** 大外套(がい)《厚地の外套; cf. topcoat》. **2** 暖かい上着《毛皮の裏打ちがある時もある》.
Gréat Cómmoner, g- C- *n.* [the ~] 偉大なる下院議員《英国で William Pitt (1708–78), 後には Gladstone のあだ名; 米国では Henry Clay, Thaddeus Stevens などのあだ名》.
gréat cóuncil 〘ME〙 — *n.* **1** 〘英史〙(ノルマン王朝時代の)王政庁大会議, 全国評議会, 封臣会議《アングロサクソン時代の witenagemot の後身で, 聖俗の全貴族から成る国王の諮問機関; cf. Curia Regis》. **2** (昔のイタリアの)市[町]議会. **3** (アメリカインディアンの)酋長会議.
gréat crésted grébe *n.* 〘鳥類〙カンムリカイツブリ (*Podiceps cristatus*)《ユーラシア大陸にすむ大型のカイツブリ》.
gréat cústom *n.* 《英》昔輸出入品に課せられた関税.
Gréat Dáedala *n.* 〘ギリシャ史〙大ダイダラ (⇨ Daedala).
Gréat Dáne *n.* グレートデーン《イノシシ狩や作業に用いられる大型の犬種のイヌ》.
Gréat Dáy *n.* [the ~] 最後の審判日 (the Judgment Day).
Gréat Depréssion *n.* [the ~] 〘経済〙大恐慌《1929 年10月米国に始まった経済不況; 単に the Depression ともいう》.
Gréat Divíde, g- d- *n.* **1** [the G- D-] 〘地理〙大分水界; (特に)北米大陸分水嶺(れい) (Continental Divide)《Rocky 山脈のこと》. **2** (併置された二つのものの間にある)きわだった[重大な]対立[相違, 区分]点; (運命を決する)重大時期, 危機 (crisis); 生死の境.
cross the Great Divide 幽明境(きょう)を異にする, 死ぬ.
Gréat Divíding Ránge *n.* [the ~] 大分水山脈《オーストラリア東岸に沿って, Queensland 州, New South Wales 州, Victoria 州にわたる山脈; Eastern Highlands ともいう》.
Gréat Dóg *n.* [the ~] 〘天文〙おおいぬ(大犬)座 (⇨ Canis Major).
great·en [gréɪtn̩] 《(?a1200) *grete(n)*: cf. OE *grēatian*》《古・文語》 — *vt.* 大きくする, 偉大にする; 増大する (increase), 拡大する (enlarge). — *vi.* 大きくなる, 偉大になる; 増大する, 拡大する.
Gréat Éntrance *n.* 〘東方正教会〙大聖入, 大入堂, 奉献の行進《Eucharist の際に未聖別のパンとぶどう酒を奉献台 (prothesis) から聖壇に携え運ぶ荘厳な入堂行進; cf. Little Entrance》.
Great·er [gréɪtə | -tə(r)] *adj.* 大…《中心となる地域に周辺を含めたものを言う時に用いる》: ~ Tokyo 大東京《近郊を含む》/ ⇨ Greater London.
Gréater Antílles *n. pl.* [the ~] 大アンチル諸島《西インド諸島中の列島; Cuba, Jamaica, Hispaniola および Puerto Rico の島々から成る; cf. Lesser Antilles》.
Gréater Báiram *n.* 〘イスラム教〙大バイラム祭 (⇨ Bairam).
gréater célandine *n.* 〘植物〙クサノオウ (⇨ celandine 1).
gréater circulátion *n.* 〘生理〙大循環, 体循環 (cf. lesser circulation, pulmonary circulation).
gréater cúrvature *n.* 〘解剖〙(胃の)大彎(わん) (cf. lesser curvature).
Gréater Khíngan Móuntains *n. pl.* [the ~] 大シアンリン山脈 (⇨ Khingan Mountains).
Gréater Lóndon *n.* 大ロンドン《1965 年以降, 旧 London に旧 Middlesex 州の大部分および旧 Essex, Kent, Surrey, Hertfordshire 各州の一部を合併させた行政区域で, 現在の London 1 と同義; 人口 7,029,000, 面積 1,706 km²》.
Gréater Mánchester *n.* イングランド中西部の州; 1974 年に新設; Manchester 市およびその周辺部よりなる; 人口 2,674,000, 面積 1,285 km², 行政上の中心地 Manchester.
Gréater Nèw Yórk *n.* 大ニューヨーク《1898 年旧来の Manhattan 島上の New York に周辺の 4 区 (Bronx, Brooklyn, Queens, Richmond) を加えてできた区域; 現在の New York City と同義; 通俗にはそれに周囲の郊外地を加えてこう呼ぶこともある, その場合の人口 16,679,000》.
gréater oméntum *n.* 〘解剖〙大網《胃の大彎から横行結腸に至る腸間膜の一部で, 目につきやすい前垂れ状の部分; caul, gastrocolic omentum ともいう; cf. lesser omentum》.
gréater shéarwater *n.* 〘鳥類〙ズグロミズナギドリ (*Puffinus gravis*)《大西洋産のミズナギドリ科の鳥》.
Gréater Súnda Íslands *n. pl.* [the ~] 大スンダ列島《Sunda Islands 中の列島; Java, Sumatra, Borneo, Celebes および付近の島々から成る; 面積 1,333,722 km², 人口 112,139,000; cf. Lesser Sunda Islands》.
gréater yéllowlegs *n.* (*pl.* ~) 〘鳥類〙オオキアシシギ (*Tringa melanoleuca*)《北米産のシギの一種》.
gréatest cómmon divísor *n.* [the ~] 〘数学〙= greatest common measure (略 G.C.D., g.c.d., gcd).
gréatest cómmon fáctor *n.* [the ~] 〘数学〙最大公因数, 最大公約数 (略 G.C.F., g.c.f., gcf; highest common factor ともいう).
gréatest cómmon méasure *n.* [the ~] 〘数学〙最大公約数 (略 G.C.M., g.c.m., gcm; greatest common divisor ともいう).
gréatest-ínteger fùnction *n.* [the ~] 〘数学〙最大整数関数《各実数 *x* にそれを超えない最大の整数 [*x*] を対応させる関数; cf. Gauss' notation》.
gréatest lówer bóund *n.* [the ~] 〘数学〙最大下界(かい), 下限, 下端 (略 glb; infimum ともいう; cf. bound¹ 4).
Gréat Exhibítion *n.* [the ~] (1851 年に London の Hyde Park の Crystal Palace で開かれた)万国大博覧会, 大英博覧会.
Gréat Fálls *n.* 米国 Montana 州中部, Missouri 川に臨む工業都市; 人口 60,000.
gréat fée *n.* 〘封建法〙(国王)直属受封地《国王から直接受けた領地》.
Gréat Fíre *n.* [the ~] ロンドン大火《1666 年 9 月の大火で London の大部分を焼いた》.
gréat fórty dáys *n. pl.* [the ~] 復活祭 (Easter) から昇天日 (Ascension Day) までの 40 日.
gréat gáme *n.* [the ~] **1** ゴルフ (golf). **2** スパイ活動.
gréat gó *n.* [the ~] 《英古》= greats (⇨ great *n.* 3).
gréat-grándchild *n.* ひ孫, 曾孫.
gréat-gránddaughter *n.* (女の)ひ孫, ひ孫娘.
gréat-grándfather *n.* 曾祖父, ひじじ.
gréat-grándmother *n.* 曾祖母, ひばば.
gréat-grándparent *n.* 曾祖父[母].
gréat-grándson *n.* (男の)ひ孫, 曾孫.
gréat gráy ówl *n.* 〘鳥類〙カラフトフクロウ (*Strix nebulosa*)《寒帯林にすむ大型の頭の丸いフクロウ》.
gréat-gréat- great- の示す親族関係より更に一代遠い関係を示す連結形《一代遠ざかるごとに great- を一つずつ増していく》: a *great-great*-granddaughter 孫の孫娘 / a *great-great*-great-uncle 大おじの祖父.
gréat gróss *n.* 大グロス《12 グロス; 1,728 個》.
great group *n.* 〘土壌〙大群《最近における米国の包括的土壌分類体系の中で, 高次の分類単位; cf. great soil group》.
gréat gún *n.* = big gun 1.
Gréat Háre *n.* [the ~] = Manabozho.
gréat·héarted 〘ME〙 — *adj.* **1** 心の大きい, 寛大な, 高潔な (magnanimous). **2** 勇敢な, 勇気のある (courageous); 元気のよい. **~·ly** *adv.* **~·ness** *n.*
gréat hórned ówl *n.* 〘鳥類〙アメリカワシミミズク (*Bubo virginianus*)《北米産の大型のミミズク》.
gréat hóuse *n.* 《英・米南部》[the ~] 村一番の豪家; (農園などの)母屋.
gréat húndred *n.* 120 (long hundred).
Gréat Índian Désert *n.* [the ~] = Thar Desert.
Gréat Ínquest *n.* [the ~] = Great Assize.
Gréat Karróo *n.* [the ~] グレートカルー (⇨ karroo 3).
Gréat Khíngan Móuntains *n. pl.* [the ~] 大シアンリン山脈 (⇨ Khingan Mountains).
Gréat Lákes *n. pl.* [the ~] 五大湖《東から順次 Ontario, Erie, Huron, Michigan, Superior; Michigan 以外はカナダと米国の境にある》.
gréat láurel *n.* 〘植物〙= big laurel 2.
gréat lobélia *n.* 〘植物〙米国東部産の暗青色の花をつける丈の高いキキョウ科サワギキョウ属の多年草 (*Lobelia siphilitica*).
gréat·ly 《(?a1200)》 — *adv.* **1** [通例, 動詞・過去分詞・比較級とともに用いて] 大いに, 非常に, はるかに (much, very): be ~ esteemed 大いに重んじられる[尊重される] / be ~ superior はるかにすぐれている. **2** 偉大に, 気高く, 高尚に (nobly), 寛大に.
Gréat Mógul *n.* **1** [the ~] インドのムガール帝国 (Mogul Empire) の皇帝の称号. **2** [g- m-] 大立者, 大人物.
gréat múllein *n.* 〘植物〙ビロウドモウズイカ (*Verbascum thapsus*)《ゴマノハグサ科の一年草で牧場の雑草》.
gréat-nèphew *n.* = grandnephew.
gréat-nìece *n.* = grandniece.
gréat nórthern díver *n.* 〘鳥類〙= common loon.
gréat óctave *n.* 〘音楽〙大字オクターブ, 平仮名オクターブ《小字オクターブ (small octave) よりオクターブ低い各音》.
gréat órgan *n.* グレートオルガン《パイプオルガンの特に大きい音を奏出する多くの音栓をもつ主要部分; またその部分を操作する鍵盤》.
Gréat Plágue *n.* [the ~] (London の)大疫病《1664–65 年に大流行したペストで, 約 7 万人が死亡》.
Gréat Pláins *n. pl.* [the ~] 北米 Rocky 山脈東方 Mississippi 川に至る米国・カナダにわたる広大な草原地帯.
Gréat Pówer *n.* 強国; [the ~s] 世界の大国, 列強.
gréat póx *n.* = pox 2.
gréat prímer *n.* 〘活字〙グレートプライマー《活字の大きさの古い呼称; 18 アメリカンポイントに相当; 昔この大きさの活字で聖書を印刷したことから Bible text ともいう; ⇨ type 10 ★》.
Gréat Proletárian Cúltural Revolútion *n.* [the ~] (中国の)プロレタリア文化大革命.
Gréat Pýramids *n. pl.* [the ~] (エジプト Giza の)大ピラミッド《三つありその中で PYRAMID of Cheops が最大; cf. SEVEN Wonders of the World》.
Gréat Pýrenees *n.* (*pl.* ~) グレートピレネーズ《Pyrenees 原産の大きな番犬または牧羊犬種のイヌ; 英国では Pyrenean mountain dog ともいう》.
Gréat Rebéllion *n.* [the ~] 〘英史〙大反乱《英国の Civil War すなわち清教徒革命 (Puritan Revolution) の別称》.
Gréat Ríft Válley *n.* [the ~] 東部アフリカ大地溝帯《アジア南西部, Jordan 河谷からアフリカ東部 Mozambique に至る》.
gréat rósebay [rhododéndron] *n.* 〘植物〙= big laurel 2.

Gréat Rússian *n.* **1** 大ロシヤ人《ロシヤ民族の主要種族; ソ連邦ヨーロッパの中部と北部地方に住む; cf. Little Russian》. **2** 大ロシヤ語《主にソ連邦ヨーロッパの中部と北東部地方で使用される主要なロシヤ語方言; 官用語》. — *adj.* **1** 大ロシヤ人の. **2** 大ロシヤ語の.

Gréat Sált Láke *n.* グレートソルト湖《米国 Utah 州北西部にある西半球最大の塩水湖; 面積 5,180 km^2; 単に Salt Lake ともいう》.

Gréat Sándy Désert *n.* [the ~] **1** =Rub'al Khali. **2** グレートサンデー砂漠《オーストラリアの Western Australia 州北中部の砂漠地帯; 面積 647,500 km^2》.

Gréat Schísm *n.* [the ~]〘キリスト教〙 **1** ローマ教会の大分裂(1378–1417; Avignon と Rome にそれぞれ教皇がいて反目した; Schism of the West ともいう). **2** 東西教会の分裂[分離] (1054)《ローマカトリック教会とギリシャ正教会[東方正教会]との分裂; Schism of the East ともいう》.

gréat séal 〘《c1400》〙 *n.* **1** 国璽(じ) (seal of state). **2** [the G- S-] **a** (英国の)国璽尚書 (cf. Lord Keeper). **b** (英国の)国璽尚書の職[地位].

gréat skúa *n.*〘鳥類〙オオトウゾクカモメ (*Catharacta skua*)《南北極地で繁殖する大型のトウゾクカモメ; 他の鳥を襲い餌を奪う》.

Gréat Sláve Láke *n.* グレートスレーブ湖《カナダ Northwest Territories にある大湖; 面積 28,400 km^2》.

great seal of the United States

Gréat Smókies *n. pl.* [the ~] =Great Smoky Mountains.

Gréat Smóky Móuntains *n. pl.* [the ~] グレートスモーキー山脈《米国 North Carolina 州と Tennessee 州にまたがる山脈; Appalachian 山系の一部で最高峰 Clingmans Dome (2,025 m)》.

Gréat Smóky Móuntains Nátional Párk *n.* グレートスモーキー山岳国立公園《米国 North Carolina 州西部から Tennessee 州東部にわたり, 山岳地帯と原始時代の森林で有名; 1930 年指定; 面積 2,091 km^2》.

Gréat Socíety *n.* [the ~] 偉大な社会《米国の L. B. Johnson 大統領が 1965 年に掲げた教育改革・貧困追放などの社会・経済政策》.

gréat sóil gròup *n.*〘土壌〙大土壌群《米国で長年用いられていた土壌分類の高次分類単位; cf. great group》.

Gréat Spírit *n.* [the ~] アメリカインディアンの守護神.

gréat spótted wóodpecker *n.*〘鳥類〙アカゲラ (*Dendrocopos major*)《ヨーロッパ・アジア産; 背面が黒で肩やつばさに白い斑点がある》.

Gréat St. Bernárd *n.* [the ~] 大サンベルナール峠《スイス南西部とイタリア北西部との間の Alps の山道; 1800 年 Napoleon 軍がここを越えた; 高さ 2,469 m》.

Gréat Súnda Íslands *n. pl.* [the ~] =Greater Sunda Islands.

gréat tít *n.*〘鳥類〙シジュウカラ (*Parus major*).

gréat tóe *n.* 足の親指. ★ 今は big toe が普通.

gréat-úncle 〘《15C》〙 *n.* =granduncle.

Gréat Unknówn *n.* [the ~] 偉大なる匿名作家《その実名が知れるまで *Waverley Novels* の作者 Sir Walter Scott に与えられた名》.

gréat unwáshed *n.* [the ~; 集合的]《軽蔑》下層社会, 下層民 (the populace), 賤民 (cf. unwashed).

Gréat Véhicle 〘《なぞり》← Skt *mahāyāna*〙 *n.*〘仏教〙大乗(仏教) (⇨ Mahayana).

Gréat Victória Désert *n.* [the ~] グレートビクトリア砂漠《オーストラリアの Western Australia 州南東部から South Australia 州西部にわたる砂漠地帯; 面積 323,750 km^2, 海抜 150–300 m》.

Gréat Vówel Shíft *n.* [the ~]〘言語〙大母音推移《ME name [nɑ́ːmə] が ModE で [nǽːm], [nɛ́ːm], [néːm] を経て [néɪm] に変ったような, 長母音の舌の位置が高くなり, また [iː], [uː] が二重母音化して [aɪ], [aʊ] となったような一連の音韻変化をいう; Jespersen の用語》.

Gréat Wáll of Chína *n.* [the ~] (中国の)万里の長城《全長約 6,700 km; the Chinese Wall ともいう》.

Gréat Wár *n.* [the ~] =World War I.

Gréat Wèek 〘《なぞり》← LGk *megálē hebdomás*〙 *n.*〘東方正教会〙=Holy Week.

gréat whéel *n.*〘時計〙一番車《動力軸に取り付けられた歯車》.

Gréat Whíte Fáther *n.* **1** 米国の大統領《アメリカインディアンが使った俗称》. **2** 権力者, 権門.

gréat whíte héron *n.*〘鳥類〙オオシロサギ (*Ardea occidentalis*)《北米産大型白色のサギ》.

gréat whíte shárk *n.*〘魚類〙ホオジロザメ (*Carcharodon carcharias*)《太平洋・大西洋の熱帯に分布するネズミザメ科の大型のサメ; 人を攻撃するといわれる; 俗に man-eater ともいう》.

gréat whíte tríllium *n.*〘植物〙オオバナエンレイソウ (*Trillium grandiflorum*)《米国東部・中部産のユリ科の植物; 花は白色で後ばら色に変る》.

Gréat Whíte Wáy *n.* [the~] =Broadway 2.

Gréat Yármouth *n.* イングランド東部, Norfolk 州の海港で海水浴場; にしん漁の中心地; 人口 79,000《単に Yarmouth ともいう》.

gréat yéar 〘ME《なぞり》← L *annus magnus*〙 *n.*〘天文〙=Platonic year.

greave [gríːv] 〘《1345–49》 *greves* (pl.) ← OF *greve* shin, greave ← ? Gmc: cf. Sp. *greba*, *greva*〙 *n.* [通例 *pl.*] (鎧(よろい)の)脛(すね)当て (⇨ armor, hoplite 挿絵).

greaves [gríːvz] 〘《1614》□ LG *greven* (pl.) ← *greve* refuse of tallow: cf. OE *greofa* melting pot〙 *n. pl.* 脂肪のかす (cracklings)《犬の食物・魚の餌に用いる》.

grebe [gríːb] 〘《1766》□ F *grèbe* ← ?〙 *n.* (*pl.* ~, ~s)〘鳥類〙カイツブリ《主に湖沼・入江にすむカイツブリ科の鳥の総称; カンムリカイツブリ (great crested grebe) など》.

Gre·cian [gríːʃən] 〘《1547》← L *Graecia* 'GREECE' +-AN¹〙 — *adj.* ギリシャの; ギリシャ人の (Greek). ★ 今は建築・美術・人の顔形および特定の句にのみ用いる: ~ architecture ギリシャ建築 / a ~ profile ギリシャ型横顔. — *n.* **1**《古》ギリシャ化したユダヤ人 (Grecian Jew) (*Acts* 6:1); ギリシャ人 (Greek). **2** ギリシャ語学者[文学者]; ギリシャ語に堪能な人. **3** (英国の Christ's Hospital で)最上級[六学年]生.

Grécian bénd *n.*《英》(1870 年ごろに婦人の間に流行した歩くときに上体を少し前屈にした姿勢《Milo の Venus 像の姿勢を模するものと想像される》.

Grécian gíft *n.* =Greek gift.

Gre·cian·ize, g- [gríːʃənàɪz] *v.* =Grecize.

Grécian knót *n.*《英》ギリシャ束髪《古代ギリシャ風を模して頭の後に束ねる》.

Grécian nóse *n.* ギリシャ鼻《鼻柱の線が額から一線になっている; cf. Roman *adj.* 3》.

Grécian sándal *n.* (古代ギリシャのサンダルに似た)フラットシューズ《現在はイブニングやリゾートに用いる》.

Grécian slípper *n.*《英》グリーシャンスリッパ《底の浅い柔らかい浅ぐつ》.

Gre·cism [gríːsɪzm] 〘□ ML *Graecism-us*: ⇨ Greek, -ism〙 — *n.* **1** (他国語中の)ギリシャ語法, ギリシャ語風の表現. **2** (芸術・文化に表われた)古代ギリシャ精神, ギリシャ風. **3** ギリシャ文化[様式]の模倣.

Gre·cize, g- [gríːsaɪz] 〘□ ML *Graecizāre*: ⇨ Greek, -ize〙 — *vt.* **1** ギリシャ風[式]にする. **2** ギリシャ語に翻訳する. — *vi.* ギリシャ風になる; ギリシャ語法[習慣など]にならう.

Greco, El *n.* ⇨ El Greco.

Grec·o- [grékoʊ, gríːk- | -kə(ʊ)] 〘← L *Graecus* 'GREEK'〙「ギリシャ(人); ギリシャと…との」の意の連結形.

Grec·o·ma·ni·ac [grèko(ʊ)méɪniæ̀k, grìːk- | -kə(ʊ)méɪnɪ-] *n.* ギリシャ心酔家.

Grèco-Róman *adj.* ギリシャとローマの; ギリシャの影響を受けたローマの: ~ art. — *n.*〘レスリング〙=Greco-Roman wrestling.

Gréco-Ròman wréstling *n.*〘レスリング〙グレコローマン(スタイル)《ギリシャ・ローマ時代から始まったといわれるレスリングで, 腰から下に手をかけたり脚をからめたりすることは禁じられている; cf. catch-as-catch-can》.

gree¹ [gríː] 〘《?a1300》 *gre* □ OF *gré* < L *gradum* step: cf. grade〙 — *n.* **1**《スコット》**a** 優越, 優秀 (superiority), 制圧 (mastery), 勝利 (victory). **b** 賞品 (prize): bear the ~ 賞品を取る. **2**《廃》(特に, 社会階級での)地位; 階層 (step, grade).

gree² [gríː] 〘《c1300》 *gre* □ (O)F *gré* < LL *grātum* (neut.) ← *grātus* pleasing, grateful: cf. grace〙 — *n.*《古》**1** 好意, 恩恵 (goodwill, favor): in ~ 好意で, 親切から; 善意に. **2** (損害・被害の)賠償 (satisfaction): do [make] ~ 損害を償う.

gree³ [gríː] 〘《頭音消失》← AGREE: cf. F *gréer*〙 *vt., vi.* (**greed; gree·ing**)《英方言》=agree.

Greece [gríːs] 〘□ L *Graecia* ← *Graecus* 'GREEK': ⇨ -ia¹ 3〙 — *n.* ギリシャ《ヨーロッパ南東部, Balkan 半島の南端部を占める共和国; 古代ギリシャ語名 Hellas, 現代ギリシャ語名 Ellás; 人口 9,170,000, 面積 131,944 km^2, 首都 Athens; 公式名 the Hellenic Republic ギリシャ共和国》.

greed [gríːd] 〘《1609》《逆成》← GREEDY: cf. OE *grǣdum* (dat. pl.) with greediness〙 *n.* **1** 貪欲(どんよく), 欲張り, 強欲 (covetousness, avarice): one's ~ *of* gain [money] 利得[金銭]欲. **2** 食い意地; 大食い (gluttony).

greed·i·ly [-dɪli, -də-, -dḷi | -dɪlɪ, -də-] 〘OE *grǣdelīce*, *grǣdi(g)līce*〙 *adv.* 欲張って, 欲深く; むさぼって, 意地きたなく: eat ~ がつがつ食う.

greed·i·ness 〘OE *grǣdignes*〙 — *n.* **1** 食をむさぼること, 意地きたないこと, 食いしんぼう (voracity). **2** 貪欲, 強欲, 欲張り, 欲深 (covetousness). **3** 渇望, 熱望 (eagerness): one's ~ *for* knowledge 知識欲.

greed·less *adj.* 欲のない, 無欲な.

greed·y [gríːdi | -dɪ] 〘OE *grēdiġ*, *grǣdiġ* < Gmc *ʒrēðaʒaz ← *ʒrēðuz hunger, greed (ON *grāðr* hunger / Goth. *gredus*) ← ? IE *ghér- to like: cf. greed〙 — *adj.* (**greed·i·er; -i·est**) **1** 食い意地の張った, 食いしんぼうの: a ~ boy / He is not hungry, merely ~. 腹がすいているんではなくて食い意地が張っているだけだ. **2** 貪欲(どんよく)な, 欲の深い 強欲な [*for, of*]: be ~ *of* [*for*] gain 強欲に利得を求める / cast ~ eyes upon …をいかにもほしそうに見る. **3** 切望する, 渇望する, 熱望する [*for, of*]; しきりに…したがる ⟨*to do*⟩: be ~ *of* praise 賞賛を切望する / be ~ *for* love 切に愛情を求める / be ~ *to* go abroad しきりに外国へ行きたがる.

gréedy-gùts *n.*《英俗》大食家.

gree·gree [gríːgrìː] *n.* =gris-gris.

Greek [gríːk] 〘ME *Grek* ← OE *Grēcas* (*pl.*) < Gmc *Krēkaz □ L *Graecus* □ Gk *Graikós*《原義》inhabitants of Graia (Boeotia の一地方)〙 — *n.* **1** ギリシャ人, (特に)古代ギリシャ人: When ~ meets ~, then comes the tug of war.《諺》両雄相まみえれば激闘が起きる. **2 a** 古代ギリシャ人的精神[気質, 見識]の人, ギリシャ文化[精神]を身につけた人. **b** 古代ギリシャ彫刻を思わせる容貌の人. **3 a** ギリシャ語: Ancient [Classical] ~ 古代[古典]ギリシャ語《紀元 200 年ごろまで》/ Late ~ 後期ギリシャ語《6 世紀まで; 9 世紀ごろまでの初期ビザンチン時代および教父文学のギリシャ語を指すこともある》/ Medieval [Middle] ~ 中世ギリシャ語《15 世紀末まで》/ Neo-Greek =New ~ 近代ギリシャ語《16 世紀初めから現在まで》/ Modern ~ 近代ギリシャ語 (Neo-Greek); 現代ギリシャ語《口語的な Demotic と文語的な Katharevusa に分れる; cf. Romaic》. **b** 古代[古典]ギリシャ語. **4** 〘← L《諺》*Graecum est; non potest legi* It is Greek; it cannot be read〙全く意味のわからない言葉, ちんぷんかんぷん (gibberish): That is all ~ *to* me. それは私にはさっぱりわからない (cf. Shak., *Caesar* 1. 2. 285). **5**《米口語》Greek-letter fraternity [sorority] の会員. **6** ギリシャ正教会[東方正教会]信者. **7** 〘cf. F *grec*〙 [しばしば g-]《古》詐欺師 (swindler), ぺてん師 (sharper); トランプでいかさまをする男. — *adj.* **1** ギリシャ(人)の; ギリシャ(人)風の (Hellenic): the ~ mind ギリシャ精神. **2** ギリシャ語の. **3** ギリシャ文字の[に関する]. **4** ギリシャ正教会[東方正教会]の.

Gréek cálends 〘← L (*ad*) *kalendas Graecas* (*solvere*)《原義》to pay at the Greek calends〙 *n. pl.* [the ~] ★ 次の成句に用いて: ***on* [*at*] *the Greek calends*** 〘古代ギリシャ暦にはローマ暦にある calends という名称がないことから〙ギリシャ暦の一日(ついたち)が来たら; いつまで経っても決して…しない (never): The debt will be paid *on the* ~. 負債はみそかに月が出たら返す《決して返さない》.

Gréek Cátholic *n.* **1** ギリシャ正教会信徒. **2** ローマ教会の教義を奉じながらギリシャ正教会の儀式や形式に従っている信徒 (cf. Uniate).

Gréek Chúrch *n.* [the ~] **1**〘キリスト教〙ギリシャ(正)教会 (⇨ Orthodox Eastern Church). **2** (今のギリシャの国教である)ギリシャ(正)教会《東方正教会の一部を構成するギリシャの国教の呼称》.

Gréek cróss *n.* ギリシャ十字《縦横が同寸法の十字; ⇨ cross 挿絵》.

Gréek Fáthers *n. pl.* ギリシャ教父《ギリシャ語で著述した初期のキリスト教教父たち》.

Gréek fíre *n.* **1** ギリシャ火(び)《東ローマ帝国の艦隊が敵艦その他の建造物焼払いに用いた燃焼物で硝石・硫黄(いおう)・れきせいなどの混合物; 水中でも燃えたと言われる》. **2** 燃焼(混合)物 (wildfire).

Gréek frét *n.* 組格子(くみごうし)模様, 雷紋(らいもん), ギリシャ雷紋 (Greek key).

Gréek gíft 〘トロイの木馬 (Trojan horse) から〙 *n.* 人を害するために贈る贈物 (cf. Virgil, *Aeneid* 2: 49).

Gréek gód *n.* **1** ギリシャの神; 男性美の典型. **2** (Appolo 像などに見られる)頭全体を巻き毛にした短い髪型.

Gréek kálends *n. pl.* =Greek calends.

Gréek kéy *n.* =Greek fret.

Gréek·less *adj.* ギリシャ語を知らない: ~ Greek (Oxford 大学で)翻訳物のみによるギリシャ文学研究.

Gréek-lètter fratérnity *n.*《米》男子ギリシャ文字クラブ《大学生の社交または学術振興を目的とする通例全国的結社で会員の資格には種々の制限がある; その名称には Phi Beta Kappa (最古で最も有名)のように通例ギリシャ語のアルファベット 3 字を用いる》.

Gréek-lètter sorórity *n.*《米》女子ギリシャ文字クラブ (⇨ Greek-letter fraternity).

Greek·ling [gríːklɪŋ] 〘《1636》← GREEK+-LING¹《なぞり》← L *Graeculus* (dim.) ← *Graecus* 'GREEK'〙 *n.*《古》くだらない[軽蔑すべき]ギリシャ人.

Gréek Órthodox *adj.* =Eastern Orthodox.

Gréek Órthodox Chúrch *n.* [the ~]〘キリスト教〙ギリシャ正教会 (⇨ Orthodox Eastern Church).

Gréek pártridge *n.*〘鳥類〙ハイイロシャコ (*Alectoris graeca graeca*)《南フランス・ギリシャなどに分布するイワシャコ属の猟鳥; 羽毛により敵をカムフラージュする》.

Gréek ríte *n.*〘キリスト教〙ギリシャ式典礼《ギリシャ正教会と一部のローマカトリック教会で用いるギリシャ語による典礼様式; Byzantine rite ともいう; cf. Roman rite》.

Gree·ley [gríːli | -lɪ], **Horace** *n.* (1811–72) 米国のジャーナリスト・政治家; *New York Tribune* 紙を創刊 (1841).

Gree·ly [gríːli | -lɪ], **Adolphus Washington** *n.* (1844–1935) 米国の軍人, 北極探検家で気象学者.

green [gríːn] 〘adj.: OE *grēne* < Gmc *ʒrōnjaz (G *grün*) ← *ʒrō- 'to GROW'. — n.: OE *grēne* ← (adj.). — v.: OE *grēnian* to become green ← (adj.): cf. grass〙 — *adj.* (**~·er; ~·est**) **1 a** 緑(色)の, 草色の, エメラルド色の: a ~ coat / ~ ink. **b**《信号が》青色の; 青信号の: ⇨ green light. **c** 万事好調に進んでいる.

2 緑におおわれた, 青々とした (verdant); (草木の)緑のめだつ: ~ fields, hills, etc.
3 (根菜と区別して)葉菜の, 菜っ葉の, 青物の; 青野菜から成る: ~ vegetables 青物, 青菜類 / a ~ salad 野菜サラダ / ⇨ green crop, greenfeed, green food.
4 〈時節が〉雪のない, 温暖な, 凌(しの)ぎよい (snowless, mild): A ~ Christmas [winter] makes a full [fat] churchyard. 《諺》クリスマス[冬]に雪が降らなければ墓場がにぎわう《暖い冬は健康に悪い》. 「な老齢.
5 元気な, 活気のある, 若々しい: a ~ old age 元気
6 新鮮な, 最近の, 新しい (fresh, new): his still ~ recollections 彼のまだ生々しい思い出 / a ~ wound 生傷 / keep one's memory ~ 忘れずに記憶に留めておく / be ~ in earth 埋葬されて間もない.
7 a 〈果物など〉未熟な, 青い (unripe); 〈まぐさが〉青草の: ~ fruit / ⇨ green bean. **b** 〈肉が〉屠殺して取ったばかりの: ⇨ green meat. **c** 〈市場の魚が〉水揚げされたばかりの. **d** 〈各種の食料品や木材・皮など〉貯蔵加工しない (uncured, unseasoned), 未乾燥の (undried), 生(なま)の (unripened): ~ timber [wood] (未乾燥の)生材木 / ⇨ greenhide / ~ starch 未乾燥澱粉. **e** 〈酒・チーズなど〉熟成していない: ~ liquor / ⇨ green cheese. **f** 〈れんが・陶器など〉生(なま)の, 素地(きじ)の《成形体で乾燥, 焼成前の状態をいう》: ~ bricks [pottery]. **g** 〈セメント・モルタルなど〉まだ十分固まっていない. **h** 〘冶金〙未焼結の: a ~ pellet 未焼結ペレット.
8 〔恐怖・病気・嫉妬などで〕青い顔色をした, 顔色の青ざめた (pale, wan) 〔*with*〕; 《口語》嫉妬深い (jealous): be ~ *with* fear 恐怖で顔色が青ざめている / be ~ *with* envy [jealousy] うらやましさ[嫉妬]で顔が青ざめている; ひどくうらやんで[妬んで]いる / a ~ eye 嫉妬の目 (cf. green-eyed 2) / She turned ~ at the scene. その光景に顔が青ざめた.
9 a 若い, 未熟な, うぶな, 未経験な: the ~ years 青年期 / a ~ youth 青二才 / a ~ hand 未熟者 / (as) ~ as grass 全くの青二才で, 世間知らずで / ~ *to* one's job 仕事に慣れないで / Do you see anything ~ in my eye? 俺の目に青い所があるか, そんな手に乗る青二才ではないぞ (cf. *n.* 7). **b** ばかな, だまされやすい.
10 〈馬が〉馴らされているがまだ訓練されていない: This horse is still a bit ~ in harness. この馬はまだ少し馬具に馴れていない.
11 〘動物〙 **a** 〈雌魚が〉産卵の準備をしていない, 未熟な. **b** 〈カニが〉脱皮の準備をしていない.
12 〘金属加工〙 **a** 〈鋳物砂が〉十分湿っていて型の裏張りとしてそのまま使える. **b** 〈鋳物が〉型から出したままの. 「*Luke* 23:31).
***in the green wood* [*tree*]** 元気な[繁栄の]時代に (cf.
— n. 1 緑色, 草色. **2** 緑色絵の具, 緑色顔料, 緑色塗料, 緑色染料: ⇨ chrome green, Paris green. **3 a** 緑色の布地; 緑色の着物: be dressed in ~. **b** [*pl.*] (米陸軍の)緑色の制服. **c** 青信号 (green light). **d** (snooker などに用いる)緑のボール. **4 a** 草地, 草原, 芝生(しばふ), 緑地 (lawn). **b** (球技・布さらしなど特殊の用に供する)草地: ⇨ bowling green. **c** (町・村の中心にある芝のはえた)共有地 (common), 公園 (park): a village ~ 村の共有草地《池にはガチョウなどが放し飼いされ芝生は村人の遊び場になるような所》. **d** 〘ゴルフ〙(パッティング)グリーン (putting green); ゴルフコース: through the ~ ティー (tee) とグリーン間のフェアウェイで / miss a ~ グリーンをはずす. **e** (弓の)射場. **5** [*pl.*] **a** (装飾用の)緑葉《緑の葉のついた枝》; 緑葉の花輪: Christmas ~ モミ, ヒイラギの緑枝装飾. **b** 青物, 葉菜, 青菜; 野菜料理. **6** 新鮮さ (freshness); 青春, 血気盛り, 元気, 男盛り. ★ 通例次の句で: in the ~ 少壮の, 血気盛んな. **7** 無経験の風, 未熟の色; まぬけ, うすのろ: see ~ in a person's eye 御しやすい[与(くみ)しやすい]と見て見くびる / Do you see any ~ in my eye? 私の目に青い所が見えるか, そんな手に乗る青二才ではないぞ (cf. *adj.* 9). **8** [時に *pl.*] 《俗》金, (特に)札 (paper money) (cf. greenback): ⇨ folding green, long green. **9** [the G-] (アイルランドの象徴たる)緑色, 緑色記章; [the Greens] 緑色党, アイルランド国民党. **10** 《俗》粗悪なマリファナ[麻薬]. **11** [*pl.*] 《俗》性交.
— vt. 1 緑色にする, 緑に染める, 緑色を塗る; 緑化する: the ~*ing* of cities 都市の緑化. **2** 《俗》(だましたりして)からかう. **— vi.** 緑色になる, 緑変する.

Green, John Richard *n.* (1837–83) 英国の歴史家; *A Short History of the English People* (1874).
Green, Julian *n.* (1900–) フランスに住む米国の小説家; 作品はフランス語で発表する; *The Dark Journey* (原題 *Léviathan*) (1929).
Green, Paul (Eliot) *n.* (1894–) 米国の劇作家; *In Abraham's Bosom* (1927).
Green, William *n.* (1873–1952) 米国の労働運動指導者, AFL の会長 (1924–52).
gréen ácid *n.* 〘化学〙グリーン酸《石油留分特に白油の硫酸精製の際に副生する炭化水素のスルホン酸混合物の水溶性の部分》.
gréen álga *n.* 〘植物〙緑藻植物綱の藻.
Gree·na·way [gríːnəwèɪ], **Kate** *n.* (1846–1901) 英国の画家; 児童読物のさし絵で有名; 本名 Catherine Greenaway.
gréen·bàck *n.* 《米》 **1 a** 米国紙幣《裏面が緑色なのでこう呼ばれる; cf. long green》. **b** [*pl.*] 金 (money). **2** 背が緑色の動物の総称《ダツ科の魚 *Belone vulgaris*, チドリ科の鳥 *Charadrius dominicus*, green frog など》. 「back party の党員.
Gréen·bàck·er [-bæ̀kə | -kə(r)] *n.* (米国の) Green-
Gréenback pàrty *n.* [the ~] (米国の)南北戦争中発行された不換紙幣 greenback の増発を主張し, 政府の正金支払い復活政策に反対した政党 (1874–84).
gréen bàg *n.* 《英》 **1** (もと弁護士が訴訟書類を入れて持ち歩いた)緑色の布製鞄(かばん)[袋]. **2** 《俗》弁護士業; 弁護士.
gréen bàll *n.* 〘植物〙北米大西洋・太平洋岸のシオグサ属の緑藻 (*Cladophora trichotoma*) の球状の群体.
Gréen Báy *n.* **1** グリーン湾《米国 Wisconsin 州北東部, Michigan 湖の湾》. **2** 同湾南端の港で工業都市; 人口 92,000.
gréen béan *n.* 〘園芸〙(インゲンの)緑莢(りょくきょう)種《成熟前の莢の表面が緑色の種類; cf. wax bean》.
gréen·bèlt *n.* (都市周辺の)緑地帯. 「色](の腰)帯.
gréen bélt *n.* (柔道連盟から与えられる)グリーン[緑
gréenbelt tówn *n.* 緑地帯都市《周辺に十分の緑地帯を設けた計画都市》.
gréen berét *n.* **1** グリーンベレー部隊員のかぶるベレー帽. **2 a** [G- B-] グリーンベレー部隊員. **b** [the Green Berets] グリーンベレー部隊《米陸軍特殊部隊》.
gréen-blìnd *adj.* 緑色盲(もう)の.
gréen blìndness *n.* 緑色(色)盲.
gréen·bòard *n.* 緑色の黒板.
gréen bòok *n.* **1** 緑表紙の本. **2** [しばしば G- B-] (緑表紙のついた)政府の刊行物.
gréen·bòttle flý *n.* 〘昆虫〙キンバエ《クロバエ科 *Lucilia* 属のうち金属光沢のあるハエの総称; キンバエ (*L. caesar*) など; 単に greenbottle ともいう》.
gréen·brìer *n.* 〘植物〙サルトリイバラ (*Smilax rotundifolia*)《ユリ科シオデ属の植物》; シオデ属の植物の総称《horse brier, catbrier ともいう》.
gréen búg *n.* 〘昆虫〙緑色のアブラムシの一種 (*Schizaphis graminum*)《栽培イネ科植物の大害虫》.
gréen cárd *n.* **1** 《米》(メキシコ人・その他の外国人の米国農場労働のための)米国・メキシコ間の国境通過許可証. **2** 《英》海外での自動車事故災害保険証.
gréen-cárd·er [-kάədə | -kάːdə(r)] *n.* 《米》 green card を持つメキシコ人・その他の外国人労働者.
gréen chárge *n.* 粉砕して十分混合する前の火薬成分混合物.
gréen chéese 〘ME〙 **— n. 1** (できたての)未熟なチーズ (unripened cheese). **2** (セージの葉で色と風味をつけた緑色の)セージチーズ (sage cheese). **3** (凝乳 (curd) を漉(こ)した残りの whey で製した質の悪い)ホウェーチーズ (whey cheese).
gréen clóth 〘(15C)〙 **— n. 1** テーブル掛け用の緑色ラシャ《baize など》. **2** 〘台に緑色のラシャやフェルトが張ってあることから〙 **a** 賭博(とばく)台 (gaming table). **b** 玉突き台 (billiard table). **3** 〘《略》← Board of Green Cloth: ここで用いられたテーブル掛けが緑色だったことから〙[G- C-] (英国王室の)家政局《Lord Steward (宮内大臣) に直属し一切の支出を司る; もとは宮中の司法権をも行使したが, 1782 年の法により大幅に権限を制限された》. 「コシ (Indian corn).
gréen còrn *n.* (料理用の)未熟な柔らかいトウモロ
gréen cràb *n.* 〘動物〙ワタリガニ科のカニ (*Carcinus maenas*)《ヨーロッパ・アメリカ・オーストラリアなどに広く分布し, 特に実験動物として利用される》.
gréen cróp *n.* 緑のまま収穫する作物, 葉菜, 青菜《サヤエンドウ・ホウレンソウなど; cf. white crop》.
Gréen Cróss Còde *n.* 《英》(学童用)交通安全規則.
gréen drágon *n.* 〘植物〙 **1** サトイモ科のテンナンショウに類する野草 (*Dracunculus vulgaris*)《ヨーロッパ産》. **2** アメリカ産のテンナンショウに似た草 (*Arisaema dracontium*).
gréen dráke *n.* 〘昆虫〙=mayfly.
gréen dúck *n.* アヒルのひな; (特に)生後 9–13 週間位のふとったアヒルのひな《食用》.
Greene [gríːn], **Graham** *n.* (1904–) 英国の小説家・劇作家; *The Power and the Glory* (1940), *The Heart of the Matter* (1948). 「軍
Greene, Nathanael *n.* (1742–86) 米国独立戦争の将
Greene, Robert *n.* (1558?–92) 英国の劇作家; *Friar Bacon and Friar Bungay* (上演 1594).
gréen éarth 〘(なぞり) ← F *terre verte* // It. *terra verde*〙 *n.* =terre verte.
green·er [gríːnə | -nə(r)] 〘← GREEN (adj. 9a)+-ER[1]〙 *n.* (新しく入国した外人の)無経験職工, 新米職人.
Gréen Érin *n.* =Green Isle.
green·er·y [gríːn(ə)ri | -nəri] 〘(1797)〙 *n.* **1** [集合的] 青葉, 緑樹 (green foliage). **2** 温室 (greenhouse).
gréen-éyed *adj.* **1** 緑色の眼をした. **2** 嫉妬深い, 悋気(りんき)深い (jealous). ★ 次の Shakespeare の句から言う: ~ jealousy (*Merch V* 3.2.110) / the ~ monster 嫉妬, 悋気 (*Othello* 3.3.166).
gréen fát *n.* 海亀の脂(あぶら)身《珍味とされる》.
gréen fée *n.* グリーンフィー《ゴルフコースの(ビジターの払う)利用料金》.
gréen·féed *n.* 《豪》(干し草でない)青まぐさ.
gréen·finch 〘(15C)〙 *n.* 〘鳥類〙アオカワラヒワ (*Chloris chloris*)《ヨーロッパ産》.
gréen fíngers *n. pl.* 《英口語》=green thumb.
gréen fíre *n.* 緑色花火《通例硝酸バリウムを含む》.
gréen·físh *n.* 〘魚類〙緑色や青色をした種々の魚類の総称《pollack, bluefish, opaleye など》.
gréen flásh *n.* 〘気象〙緑光(りょっこう), 緑閃光(せんこう)《太陽が地平線に没するかまたは地平線上に出る時その上縁が緑色にきらめく現象》.
gréen·flỳ *n.* (*pl.* ~, -flies) 《英》〘昆虫〙アブラムシ (aphid); (特に)モモアカアブラムシ (green peach aphid).
gréen fóod *n.* (食料・飼料としての)野菜.
gréen fròg *n.* 〘動物〙北米東部・中部やカナダなどに普通にみかけるカエル (*Rana clamitans melanota*).
green·gage [gríːngeɪdʒ | gríːn-, gríːŋ-] 〘(1759) ← GREEN+(*Sir William*) *Gage* (1725 年ごろ初めてこれをフランスから輸入した英国人)〙 **— n.** 〘園芸〙小型で緑色ないし黄緑色の果実を産するスモモの総称.
Gréen-Gáuss-Stókes' théorem *n.* 〘数学〙グリーン ガウス ストークスの定理《ある種の *n* 重積分と (*n*−1) 重積分とを関係づける定理; グリーンの定理 (Green's theorem), ガウスの定理 (Gauss' theorem), ストークスの定理 (Stokes' theorem) の拡張》.
gréen·gìll [-gìl] *n.* 〘貝類〙珪藻類を食べてえらなどが緑色になったカキの総称.
gréen glánd *n.* 〘動物〙緑腺, 触角腺 (antennal gland)《高等甲殻類の第二触角の基部に開く排泄(はいせつ)腺》.
gréen glàss *n.* **1** (びんなどを作る)緑色ガラス (bottleglass). **2** 原料に不純物(特に鉄)が入っていて緑色をしたソーダ石灰ガラス.
gréen góddess dréssing 〘← *the Green Goddess* (スコットランドの劇作家 William Archer による劇 (1921) の題名)〙 **— n.** マヨネーズにパセリ・チャイヴ・アンチョビーなどで作ったサラダ用ドレッシング.
gréen gòods *n. pl.* **1** 青果, 野菜類 (vegetables). **2** 《米俗》にせ札(さつ).
gréen góose *n.* **1** ガチョウのひな, (特に)生後 10–12 週間位のふとったガチョウのひな. **2** まぬけ, ばか.
gréen grám *n.* 〘植物〙ヤエナリ (⇨ mung bean).
gréen grásshopper *n.* 〘昆虫〙=katydid.
gréen·gròcer *n.* 《英》青物商人, 八百屋.
gréen·gròcery *n.* 《英》 **1** 青物業, 八百屋商売. **2** 八百屋(の店), 青物屋. **3** [集合的] 青物, 青果.
gréen·hèad *n.* **1** 〘鳥類〙マガモ (mallard) の雄. **2** 〘昆虫〙アブ科アブ属の緑の目をもったアブ (*Tabanus nigrovittatus*).
gréen·hèart *n.* **1** 〘植物〙リョクシンボク(緑心木)《緑色を帯びた固い木材を産する熱帯アメリカ産クスノキ科の樹木の総称; bebeeru など》. **2** 緑心木材《木質きわめて堅固で橋・波止場(はとば)の建造や船材用; その樹皮からはキニーネに似た bebeerine を産する》.
gréen hèron *n.* 〘鳥類〙サギ科ササゴイ属 (*Butorides*) のサギの総称; (特に)アメリカササゴイ (*B. virescens*)《北米・中米産》.
gréen·hìde *n.* 生皮(なまかわ)《剝皮したままで塩蔵処理・乾燥等の保存処理がしていない皮》.
gréen·hòrn 〘(1455)《原義》角の出始めの牛〙 *n.* **1** 無経験[未熟]な人, 青二才, 新米 (novice); (特に)新来の移民. **2** だまされやすい人, うすのろ, 間抜け.
gréen·hòuse *n.* **1** 温室 (glasshouse). **2** 〘空軍俗〙(飛行機の操縦席・キャビン・砲塔・機首などの)プラスチック製のおおい. **3** 《英》〘窯業〙焼成前に生素地(きじ)(陶磁器や耐火物)を乾燥するための家屋.
gréenhouse efféct *n.* 〘気象〙温室効果《空気中の炭酸ガス・水蒸気の増加による地球表面の温度上昇》.
gréen·ing 〘(*a*1200): ⇨ -ing[1,3]〙 *n.* **1** 〘園芸〙アオリンゴ (果皮が緑色のリンゴ). **2** 〘園芸〙日入れ《軟白栽培の仕上げに一部の部分を光にあて緑色にすること》. **3** 若返り (rejuvenation), 再生 (rebirth).
gréen·ish [-nɪʃ] 〘ME〙 *adj.* 緑がかった, 緑色を帯びた: ~ stool 〘医学〙緑色便. **~·ness** *n.*
Gréen Ísle *n.* [the ~] アイルランドの別称 (cf. Emerald Isle).
gréen Júne bèetle *n.* 〘昆虫〙米国東部産コガネムシ科ハナムグリ亜科のハナムグリの一種 (*Cotinis nitida*)《figeater ともいう》.
gréen·kèeper *n.* ゴルフ場管理人.
gréen·kèeping *n.* ゴルフ場管理.
Green·land [gríːnlənd, -lænd] 〘(なぞり) ← Dan. *Grønland*: 移民を引きつけるためにつけた美称〙 **— n.** グリーンランド《北米大陸北東方にある, 世界第一の大島, デンマーク領; デンマーク語名 Grønland; 人口 47,000, 面積 2,175,600 km^2, 首都 Godthaab》.
Green·land·er [gríːnləndə, -lændə | -də(r)] *n.* グリーンランド人.
Gréenland Séa *n.* [the ~] グリーンランド海《北極海南部, Greenland 東方の海》.
Gréenland spár *n.* 〘鉱物〙=cryolite.
Gréenland whále *n.* 〘動物〙ホッキョククジラ, グリーンランドクジラ (*Balaena mysticetus*)《北半球特産セミクジラ科のヒゲクジラ; 小型のプランクトンを食べる; bowhead ともいう》. 「morphite).
gréen léad óre [-léd-] *n.* 〘鉱物〙緑鉛鉱 (⇨ pyro-
gréen léek *n.* 〘鳥類〙ミカズキインコ (*Polytelis swainsonii*)《オーストラリア産》.
green·let [gríːnlɪt, -lət] *n.* 〘鳥類〙モズモドキ (vireo).
gréen líght *n.* **1** 緑灯《Go を意味する交通信号灯》; 青信号, 安全信号 (cf. red light). **2** 《口語》[the ~] (特定の計画に対する)正式の許可 (cf. go-ahead *n.* 1 b): give [get] *the* ~ 正式の許可を与える[得る].
green·ling [gríːnlɪŋ] 〘⇨ -ling[1]〙 *n.* 〘魚類〙 **1** 北米北太平洋沿岸産アイナメ科の魚の総称. **2** スジアイナメ (*Hexagrammos octogrammus*)《アラスカ産》.
gréen línnet *n.* 〘鳥類〙=greenfinch.

gréen·ly *adv.* (**green·li·er, -li·est; more ～, most ～**) **1** 緑色に；青々と緑におおわれて. **2** 新鮮に, みずみずしく. **3** 未熟に, 不慣れに, ぎこちなく.

gréen mált *n.* グリーンモルト《大麦・ライ麦などを水に漬け発芽させたままで乾燥させていないもの; cf. malt》.

gréen mán *n.* **1** =Jack-in-the-green. **2** ゴルフ場管理人.

gréen-manúre *vt.* 緑肥で〈土地を〉肥沃にする.

gréen manúre *n.* 〘農業〙 **1** 緑肥《クローバその他窒素固定植物で肥料とするため緑草のまますき込むもの》. **2** 不熟の厩肥(きゅうひ).

gréen méat *n.* **1** 屠殺したばかりの獣の肉 (cf. green *adj.* 7 b). **2** 《英》 =green food.

gréen móld *n.* 〘植物〙アオカビ《緑色の *Penicillium, Aspergillus* 属の子囊(のう)菌類の総称; cf. blue mold》.

gréen mònkey *n.* 〘動物〙ミドリザル, サバンナモンキー (*Cercopithecus aethiops sabaeus*)《西アフリカ産の緑灰色のオナガザル》.

Gréen Móuntain Bòy 〘↓〙 *n.* 《米》 **1** [the ～s] 独立戦争当時の Vermont 植民地の不正規義勇軍《指導者は Ethan Allen》. **2** Vermont 州の男《俗称》.

Gréen Móuntains *n. pl.* [the ～] グリーン山脈《米国 Vermont 州の山脈; アパラチア山系 (Appalachian Mountains) の一部, 最高峰 Mt. Mansfield (1,339 m)》.

Gréen Móuntain Státe 〘Vermont の語源から〙 *n.* [the ～] 米国 Vermont 州の俗称.

gréen·ness 〘OE *grēnnes*: ⇨ green, -ness〙 *n.* 緑, 緑色, 若緑; 新鮮, なま, 未熟; 無経験, うぶ, 幼稚; 活力, 精力.

gréen ócher *n.* =terre verte.

Gree·nock [gríːnək, grín-, grén-] 〘(dim.)? ← Gael. *grian* the sun〙 ── *n.* スコットランド南西部, クライド湾 (Firth of Clyde) に臨む海港; James Watt の出生地; 人口 78,000.

gree·nock·ite [gríːnəkàɪt] 〘← *C. M. Cathcart, Lord Greenock* (1783-1859: その発見者): ⇨ -ite¹〙 *n.* 〘鉱物〙硫カドミウム鉱 (CdS).

gréen óil *n.* 〘化学〙緑油 (⇨ anthracene oil).

gréen ónion *n.* =spring onion.

gréen ósier *n.* 〘植物〙 **1** 北米東部産の丸い葉で白い花が咲くミズキ科の低木 (*Cornus rugosa*). **2** =blue dogwood.

Gree·nough [gríːnoʊ | -nəʊ], **Horatio** *n.* (1805-52) 米国の彫刻家.

gréen páper, G- P- *n.* 《英》緑書《討議資料として発行する政府見解または提案; cf. white paper 3》.

Gréen Párk *n.* グリーンパーク《London の Buckingham Palace の北に隣接する小さな公園》.

gréen péach áphid *n.* 〘昆虫〙モモアカアブラムシ (*Myzus persicae*)《半翅目アブラムシ科の淡黄緑色の昆虫; 冬季はモモ, スモモなどに寄生し, 夏季は種々の植物に寄生し, ウイルス病を媒介する害虫》.

gréen péak *n.* 《英方言》〘鳥類〙=green woodpecker.

gréen pépper *n.* **1** アマトウガラシ(の実) (sweet pepper). **2** トウガラシ属 (*Capsicum*) の植物の青い果実.

gréen plóver *n.* 〘鳥類〙タゲリ (⇨ lapwing).

gréen revolútion *n.* [the ～] 緑の革命《特に, 発展途上国経済改善のための高生産穀物の大規模開発》.

Gréen Ríver *n.* [the ～] グリーン川《米国 Wyoming 州西部から Utah 州東部を流れて Colorado 川に注ぐ川 (1,175 km)》.

Gréen Ríver Órdinance 〘この条令が 1931 年に Wyoming 州の Green River の町で初めて制定されたことにちなむ〙 ── *n.* [the ～] 〘米法〙(地方自治体の)物品戸別販売禁止条令.

gréen·ròom *n.* **1** 〘もと緑色に装飾したことから〙(劇場の)俳優[出演者]休憩室, 楽屋《出を待つ間の休憩室; cf. dressing room 2》. **2** 未完成品(まだ焼かない陶器など)の置場.

gréen·sànd *n.* 〘岩石〙生砂(なまずな), 緑砂《glauconite を含む砂岩 (sandstone)》.

Greens·bor·o [gríːnzbə̀ːrə | -bàrə] 〘← *Nathanael Greene*: ⇨ borough〙 *n.* 米国 North Carolina 州北部の工業都市; O. Henry の出生地; 人口 156,000.

gréen séa *n.* 〘海事〙青波《波の青く見える海水のかたまり; 巨大な力によって船に損傷を与えることが多い; green water ともいう》.

gréens fèe *n.* =green fee.

gréen·shànk *n.* 〘鳥類〙アオアシシギ (*Tringa nebularia*)《ヨーロッパ・アジアの北部で繁殖するシギ; ぴょーぴょーとよい声で鳴く》.

gréen·sìck 〘(1681) 《逆成》 ↓〙 *adj.* 萎黄(いおう)病にかかった.

gréen·sìckness 〘(1583)〙 *n.* 〘病理〙萎黄(いおう)病 (chlorosis).

gréens·kèeper *n.* =greenkeeper.

gréen snàke *n.* 〘動物〙アオヘビ《アオヘビ属 (*Opheodrys*) および近縁の群に含まれる無毒蛇の総称》.

gréen sòap *n.* 緑石鹸(せっけん)《カリ石鹸の一種; 水酸化カリウムと植物油から作る緑色の薬用石鹸》.

Gréen's théorem 〘← *George Green* (1793-1841: イギリスの数学者)〙 ── *n.* 〘数学〙グリーンの定理《ある種の 2 重積分と 3 重積分とを関係づける定理; cf. Gauss' theorem》.

gréen·stick frácture *n.* 〘外科〙若木骨折《不完全骨折の一種で, 骨の一方の側が折れ他の側が彎曲したもの; 特に小児に多い》.

gréen·stòne *n.* 〘岩石〙緑色岩《閃(せん)緑岩・輝緑岩など緑色をした岩石の総称》.

gréen stréngth *n.* 〘金属加工〙 **1** 生砂(なまずな)強度《常温で混砂配合された鋳物砂の強度》. **2** (粉末成形における)圧粉体強度.

gréen·stùff *n.* [集合的] 青物, 青野菜類 (green vegetables).

gréen·swàrd *n.* 芝原, 芝生 (green turf).

gréen tàble 〘緑色のテーブル掛けを用いたことから〙 *n.* **1** =gambling table. **2** =council board.

gréen téa *n.* 緑茶 (cf. black tea).

greenth [gríːnθ] 〘← GREEN (adj.)＋-TH²: WARMTH などからの類推による造語〙 *n.* 《まれ》(草木の)緑; 緑草, 緑葉, 緑樹 (verdure).

gréen thúmb *n.* 植物[野菜類]を育てる才能, 園芸の才: have a ～. **gréen-thúmbed** *adj.*

gréen túrtle *n.* 〘動物〙アオウミガメ (*Chelonia mydas*)《特に肉は珍重され, turtle soup の材料となる; 日本では小笠原諸島で繁殖; cf. sea turtle》.

gréen vérditer *n.* **1** 〘化学〙岩緑青(いわろくしょう)《塩基性炭酸銅より成る緑色顔料》. **2** =malachite green 2.

gréen vítriol *n.* 〘化学〙緑礬(りょくばん)《硫酸鉄 (II) の俗称; ⇨ ferrous sulfate》.

gréen·wàre *n.* 〘窯業〙生素地(きじ)《焼成前の生(なま)製品》.

gréen wáter *n.* 〘海事〙=green sea.

gréen wáttle *n.* 〘植物〙モリシマアカシア (*Acacia decurrens*)《オーストラリア原産マメ科アカシア属の高木; 葉は濃緑色, 樹皮にタンニンを含む》.

gréen·wèed *n.* 〘植物〙=woodwaxen.

Green·wich 〘OE *Grēnewič*: ⇨ green, -wick¹〙 ── *n.* **1** [grínɪdʒ, grén-, -nɪtʃ] London の中央部 Thames 河岸の自治区 (borough); もと王立天文台 (Royal Greenwich Observatory) があった (1675-1958) が, Sussex 州 Herstmonceux に移転, 現在は国立海事博物館となっている; 人口 217,000. **2** [grénɪtʃ, gríːnwɪtʃ, grínwɪtʃ] 米国 Connecticut 州南西部, Long Island Sound に臨む都市; 人口 60,000.

Gréenwich hóur àngle *n.* 〘天文〙グリニッジ時角《英国 Greenwich を通る 0° のグリニッジ子午線に対する時角》(略 GMT).

Gréenwich Méan Tìme *n.* =Greenich Time

Gréenwich Tìme, G- t- *n.* グリニッジ(標準)時《英国 Greenwich を通る 0° の子午線における地方時; 天体観測や通信・航空のように経度によって異なる各国の地方時では不便な場合に世界共通の時刻[世界時]として使用される; Greenwich Civil Time (略 CCT), Greenwich Mean Time ともいう》.

Gréen·wich Víllage [grénɪtʃ-, grín-, -nɪdʒ-] *n.* 米国 New York 市 Manhattan 区の南西部の一地区; ボヘミアンの芸術家・作家などが多く住んでいる.

gréen·wìng *n.* 〘鳥類〙=green-winged teal.

gréen-wìnged téal *n.* 〘鳥類〙アメリカコガモ (*Anas carolinensis*)《ガンカモ科マガモ属のカモ》.

gréen·wòod *n.* **1** 青葉の茂った林, (春・夏の)緑林《英国では, 特に Robin Hood のような追放者 (outlaw) の生活場面として文学的な連想を持つ》: go to the ～ 追放者となって緑林の生活を送る. **2** 〘植物〙=woodwaxen. **3** 〘園芸〙緑枝《葉をつけ生育中の枝》.

gréenwood cútting *n.* 〘園芸〙緑枝ざし《さし木法の一つ》; 緑枝ざしの穂木.

gréen wóodpecker *n.* 〘鳥類〙ヨーロッパアオゲラ (*Picus viridis*)《ヨーロッパ産の緑色のキツツキ》.

green·y [gríːni | -nɪ] *adj.* (**green·i·er; -i·est**) 緑色をおびた, 緑がかった (greenish).

gréen·yàrd *n.* **1** 芝生のある中庭. **2** 《英》(持主不明の家畜を保管する)獣おり (pound).

Greer [gríə | gríə(r)] 〘(dim.) ← L *Grēgoria* (fem.) ← *Grēgorius* 'GREGORY'〙 *n.* 女性名.

greet¹ [gríːt] 〘OE *grētan* to approach, greet ＜ (WGmc) **ʒrōtjan* to cry out, address (G *grüssen*) ← IE **ghrēd-, *gher-* to call out〙 ── *vt.* **1** (口頭・身ぶり・書面などで)…に挨拶を述べる, 敬礼する (hail, salute): ～ a person *with* a cheerful "Good morning!" 元気よく「おはよう」と人に挨拶する. **2** 〔親愛・尊敬・歓喜, 時には悪意・ののしりなどをもって〕迎える〔*with*〕: ～ a person *with* cheers, an embrace, a smile, etc. / ～ a person's return *with* jeers [a scowl, a volley of arrows] やじりながら[にがい顔をして, いっせいに矢を放って]人の帰りを迎える / His remark was *～ed with* hisses. 彼がそういったらやじが飛んだ / Jeers *～ed* the candidate. あざけりの笑声が候補者を迎えた. **3** 〈光景などが〉…に現れる (appear to), 〈目・耳など〉に触れる, はいる (strike): A wide expanse of sea *～ed* the eye. 広い海が目にはいった / A terrible noise *～s* our ears [us]. すごい物音が聞こえてきた / A sweet smell *～s* the nose. 甘い香りがただよってくる. ── *vi.* 《廃》挨拶をかわす.

greet² [gríːt] 〘OE *grētan*, **grǣtan* ＜ (WGmc) **ʒrǣtan* (ON *grāta* to weep) ← IE **gher-* (↑): cf. regret〙 ── *vi., vt.* (**grat** [grǽt]; **grut·ten** [grʌ́tn]) 《古・スコット》泣く, 嘆く, 悲しむ (weep, lament).

gréet·er [-tə | -tə(r)] 〘ME〙 *n.* 迎える人, 挨拶する人.

gréet·ing [-tɪŋ | -tɪŋ] 〘OE *grēting*: ⇨ greet¹, -ing¹〙 ── *n.* **1** 挨拶, 敬礼 (salutation); (伝統的作法としての)歓迎のお辞儀: give a person a friendly ～ 人に親しげに挨拶する / return the ～ 挨拶を返す. **2** [通例 *pl.*] 挨拶の言葉, 挨拶状; (その場にいない人の送る)挨拶, メッセージ: send Christmas *～s* / exchange *～s* 挨拶を交わす / with the season's *～s* 時候の挨拶を申し添えて. **3** 《米》手紙の書き出し《Dear Sir など》.

gréeting càrd *n.* (クリスマスなどの)挨拶状, 賀状.

Greg [grég] 〘(dim.) ← GREGORY〙 *n.* 男性名《異形 Gregg》.

gre·ga·le [greɪgɑ́ːleɪ; *It.* gregáːle] 〘⊏ It. *grecale, gregale* ← LL *Grecālis* ← L *Graecus* 'GREEK': ⇨ -al¹〙 ── *n.* 〘気象〙グリゲール《地中海中央部の冷たい強い北東風; Euroclydon ともいう》.

greg·a·rine [grégəràɪn, -rìːn, -rɪn, -rən | -ràɪn, -rìːn, -rɪn] 〘← NL *Gregarina* ← L *gregārius*: ⇨ gregarious, -ine¹〙 〘動物〙 ── *n.* ゾクチュウ(簇虫)《グレガリナ目の原生動物; 種々の動物の消化器などに寄生する》. ── *adj.* ゾクチュウ目の.

greg·a·rin·i·an [grègərínian | -nɪ-] *adj.* 〘動物〙 = gregarine.

Greg·a·rin·i·da [grègərínədə | -nɪ-] 〘← NL ～ ← *Gregarina* (⇨ gregarine)＋-IDA〙 *n. pl.* 〘動物〙グレガリナ目, ゾクチュウ目.

gre·gar·i·ous [grɪgé(ə)riəs, grə- | grɪgéəriəs, grə-, gre-] 〘(1668) ⊏ L *gregāri-us* belonging to flock ← *greg-, grex* flock; ⇨ -ous〙 ── *adj.* **1 a** 〈動物が〉群居する, 群生する, 群居性の (cf. solitary 4, social 5). **b** 〘昆虫〙〈ハチなど〉群生[集団]性の《集団で巣を作るが, 社会性をもつまでに至っていない一群のハチ(ツチスガリ・ハナダカバチ・コハナバチなど)についていう》. **2** 群の, 群居の, 集団の. **3** 〈人が〉社交好きな, 社交的な (sociable). **4** 〈植物が〉群生する, 叢生(そうせい)する. **～·ly** *adv.* **～·ness** *n.*

grège [gréɪʒ; *F.* grɛːʒ] 〘⊏ F (*soie*) ～ 'raw (silk)' ⊏ It. *greggio* raw ← ?〙 *n.* (*also* **grege** [～]) **1** 〘紡織〙 **a** 生糸 (raw silk). **b** 未漂白の生地. **2** グレーがかったベージュ色. ── *adj.* **1** 〈生地が〉未漂白の. **2** グレーがかったベージュ色の.

greg·er [grégə | -gə(r)] *n.* 〘ユダヤ教〙=grager.

Gregg [grég], **John Robert** *n.* (1864-1948) 米国の教育家, Gregg 式速記法の創案者.

greg·ger [grégə | -gə(r)] *n.* =grager.

gre·go [gríːgoʊ, gréɪ-] 〘⊏ Catalan ～ ← L *Graecus* 'GREEK'〙 ── *n.* (*pl.* **～s**) グレイゴー《ギリシャ人・東部地中海沿岸地方の人が着るフード付きの短い外套(がいとう)[上着]》.

Greg·or [grégə | -gə(r); *G.* gréːgɔr, *Russ.* grjigórj] 〘⇨ GREGORY〙 *n.* 男性名.

Gre·go·ri·an [grɪgɔ́ːriən, grə-, gre-, -gó:r- | -gɔ́ːrɪ] 〘(1598) ⊏ LL *Gregoriān-us*: ⇨ Gregory, -an¹〙 ── *adj.* **1 a** 教皇グレゴリウス (Gregory) 十三世の[に関する]. **b** グレゴリオ暦の[による]: the ～ style 新暦 / the ～ epoch (1582 年以後の)新暦時代. **2 a** 教皇グレゴリウス (Gregory) 一世の[に関する]. **b** 〘音楽〙グレゴリオ聖歌の[に関する, の特徴をもった]. ── *n.* **1** 〘音楽〙=Gregorian chant. **2** =Gregorian telescope.

Gregórian cálendar *n.* [the ～] グレゴリオ暦《現行の太陽暦; 1582 年に教皇 Gregory 十三世が在来のユリウス暦 (Julian calendar) を改正した新暦》.

Gregórian chánt *n.* [the ～] 〘音楽〙グレゴリオ聖歌《教皇 Gregory 一世によって整備完成されたと伝えられるローマカトリック教会の単旋律の典礼用聖歌; cf. Ambrosian chant》.

Gregórian móde *n.* 〘音楽〙グレゴリオ旋法 (⇨ ecclesiastical mode).

Gregórian Refórm *n.* [the ～] グレゴリウス七世改革《Gregory 七世が行なった教会の改革運動》.

Gregórian télescope *n.* グレゴリー望遠鏡《スコットランドの数学者 James Gregory (1638-75) が考案した反射望遠鏡の一形式》.

Gregórian wáter *n.* 〘カトリック〙グレゴリオ聖水《ぶどう・灰・塩を混ぜて司教に聖別された水; 献堂式のとき用いる》.

Greg·o·ry [grég(ə)ri, gréɪg- | grégəri] 〘ME ⊏ L *Grēgori-us* ⊏ Gk *Grēgórios* ← *grēgoros* watchful〙 ── *n.* 男性名《愛称形 Greg, Grig, 異形 Graegor (スコットランド)》.

Gregory, Lady (**Isabella**) **Augusta** *n.* (1859-1932) アイルランドの女流劇作家; Abbey Theatre の創立に尽力した主宰者となった; 旧姓 Persse; *Seven Short Plays* (1909).

Gregory I, Saint *n.* グレゴリウス[グレゴリオ]一世《540?-604; ローマの貴族・知事, 後に修道士; 教皇 (590-604); 596 年に St. Augustine を英国に派遣した; 祝日 3 月 12 日; 通称 Gregory the Great; cf. Gregorian chant》.

Gregory VII, Saint *n.* グレゴリウス[グレゴリオ]七世《1020?-1085; イタリア生れ; 教皇 (1073-85); 教会内改革, 聖職者の独身制を確立し, 神聖ローマ帝国皇帝 Henry 四世を破門し, 教皇支配権を確立した; 祝日 5 月 25 日; 本名 Hildebrand》.

Gregory XIII *n.* グレゴリウス[グレゴリオ]十三世《1502-85; イタリア生れ; 教皇 (1572-85); その改訂暦 Gregorian calendar は現今用いられている; 本名 Ugo Buoncompagni [úːgo bwɔŋkompáɲɲi]》.

Grégory of Naz·i·án·zus [-næziǽnzəs | -zɪ-] *n.* ナジアンゾスのグレゴリウス《329-389; カッパドキア (Cappadocia) 三教父の一人, 神学者; cf. Saint BASIL》.

Grégory of Nýs·sa [nísə], Saint *n.* ニッサのグレゴリウス《330?-?395; 小アジア Nyssa の主教, カッパドキア (Cappadocia) 三教父の一人; Saint Basil の弟》.

Grégory of Tóurs, Saint *n.* トゥールのグレゴリウス《538?-594; フランク王国の司教で歴史家》.

Grég·o·ry's pówder 〘← *James Gregory* (1758-1822: スコットランドの医師)〙 *n.* 〘薬学〙グレゴリー(粉)末《ダイオウ (rhubarb), 煆(か)性マグネシア (magnesia), ショウガを調合した緩下剤: gregory-

powder ともいう》.
greige [gréɪ, gréɪʒ; F. grɛːʒ] 〖⇨ grège: cf. beige〗 n. adj. =grège.
grei·sen [gráɪzn̩] 〖□G ~《変形》← Greiss ←《方言》greissen to split〗 ― n. 〖岩石〗グライゼン, 英雲岩, 珪雲岩《気成作用によって主に花崗(こう)岩から変質した岩; 石で石英とリシア雲母などから成る》.
gre·mi·al [gríːmiəl | -mɪ-] 〖《1563》□LL gremiālis (adj.) ← L *gremium* bosom, lap: ⇨ -ial〗 ― n. 《カトリック》(ミサ・聖職按(あん)手礼などに司教の用いる)絹または麻の膝掛け《gremial veil ともいう》. ― adj. 膝の, 胸の.
grem·lin [grémlɪn, -lən | -lɪn] 〖《1941》《混成》? ← Ir.-Gael. *gruaimín* ill-humored little fellow (← *gruaim* ill humor)+GOBLIN〗 ― n. 《俗》 1 a グレムリン《飛行機のエンジンなどに故障を起こさせるという目に見えない小さな魔物; 第二次大戦中に英国空軍の飛行士が使い始めた語》. b 訳のわからない破壊力. 2 =gremmie.
grem·mie [grémi | -mɪ] 〖(dim.) ↑〗 n. (*also* **grem·my** [~]) 《俗》波乗り[サーフィン]の新米; (波乗りもせずに)浜をうろつくちんぴら(娘).
Gre·na·da [grənéɪdə | gre-, grə-] n. グレナダ: 1 西インド諸島 Windward Islands の一島; 面積 311 km². 2 同島と Grenadines 南部とから成る国; もと英領西インド諸島国家連合 (the West Indies Associated States) の一部; 1974 年独立; 人口 100,000, 面積 344 km², 公式名 the State of Grenada グレナダ国.
gre·nade [grɪnéɪd, grə- | grɪ-, gre-, grə-] 〖《1532》□F ~《変形》← OF (*pome*) *grenate* 'POMEGRANATE': 形をざくろに見立てたもの〗 ― n. 〖軍事〗 1 手榴(しゅりゅう)弾, 擲弾(てきだん) (hand grenade): ⇨ frangible grenade. 2 薬品入りガラス球, 投弾式薬品球《投げつけるとガラスが破れ消火剤や催涙ガスが拡散する》.
grenáde làuncher n. (ライフル銃・カービン銃に取付けた)擲弾(てきだん)発射筒, 擲弾筒.
gren·a·dier [grènədíə, ーーー | grènədíə(r] 〖□F ~: ⇨ grenade, -ier²〗 ― n. 1 a 擲弾(てきだん)兵《手榴(しゅりゅう)弾の投擲を任務にした歩兵》. b 〖擲弾兵が中隊の隊伍の右側に位置し, 服装も他の兵とは異なって目立ったことから〗選り抜きの兵, 精鋭兵. 2 〖1 b からの転用〗英国近衛(このえ)歩兵第一連隊 (Grenadier Guards) の兵. 3 〖魚類〗ソコダラ科に属する海魚の総称《尾部にゆくに従って先細りになる; rattail ともいう》.
Grénadier Gúards n. pl. [the ~] (英国の)近衛(このえ)歩兵第一連隊《Charles 二世の亡命中彼に従った歩兵部隊が, 王政復古後の 1660 年代に改編され, 精鋭部隊としてこの地位を与えられたのに始まる; ⇨ Foot Guards》.
gren·a·dil·la [grènədílə, -díː(j)ə] n. 〖植物〗=granadilla.
gren·a·din¹ [grénədɪn, -dən | -dɪn] 〖□F ~ ← *grenade*: ⇨ grenade〗 ― n. グレナディン《小さく薄切りにし, ベーコンをさして蒸し煮にした(主に子牛)肉; cf. fricandeau》.
gren·a·din² [grénədɪn, -dən | -dɪn] 〖□F *grenadine*: ⇨ grenade, -ine⁵〗 ― n. (*also* **gren·a·dine** [grènədíːn, ーーー]) 〖植物〗オランダセキチク, カーネーション (clove pink); (特に)香りの強いカーネーション.
gren·a·dine¹ [grènədíːn, ーーー] 〖《1865》□F ~ (i) ← OF *pome grenate* 'POMEGRANATE' // (ii) ← *grenade* silk of a grained texture (← *grenu* grained ← *grain* 'GRAIN¹')+-*ine* '-INE⁵': *Granada* (スペインの都市名)との連想〗 ― n. グレナディン《絹・人絹・毛などの薄い紗(しゃ)模様のもの; 婦人服などに使用》.
gren·a·dine² [grènədíːn, ーーー] 〖《1896》□F (*sirop de*) ~ 'pomegranate syrup' (dim.) ← *grenade*: ⇨ grenade, -ine⁵〗 ― n. 1 グレナディン(シロップ)《ざくろで造った赤くて甘いシロップで, アルコール分を若干含む場合もある; カクテルなどに用いる》. 2 赤黄色《grenadine red ともいう》.
Gren·a·dines [grènədíːnz] n. pl. [the ~] 英領西インド諸島国家連合 (the West Indies Associated States) 中の Windward Islands の一部で, 約 600 の島から成る列島; 面積 78 km²; 行政上, 北部は St. Vincent 島に, 南部は Grenada 島に属する.
Gren·del [gréndḷ] n. グレンデル《古英語叙事詩 *Beowulf* 中の獣人; 母と共に沼に住んで人を食ったが, Beowulf に退治される》.
Gre·no·ble [grənóʊbḷ | -nə́ʊ-; F. grənɔbl] n. グルノーブル《フランス南東部, アルプス山中, Isère 河畔の商工業・観光都市, Isère 県の首都; 近くに La Grande Chartreuse がある; Stendhal の生地; 人口 165,000》.
Gren·ville [grénvɪl, -vəl | -vɪl], **George** n. (1712–70) 英国の政治家, 首相 (1763–65); 対米植民地政策を強行して独立戦争を招いた.
Gresh·am [gréʃəm], Sir **Thomas** n. (1519–79) 英国の商人で財務官; Gresham's law の提唱者.
Grésham's láw n. 〖経済〗グレシャムの法則《「悪貨は良貨を(市場から)駆逐する」という法則》.
gres·so·ri·al [gresɔ́ːriəl, -sɔ́ːr- | -sɔ́ːrɪ-] 〖← L *gressor* walker (← *gradī* to walk)+-IAL〗 adj. 〖動物〗〈鳥・昆虫などの足が〉歩行に適した.
Gre·ta [gríːtə, grétə | gríːtə, grétə, gréɪtə] 〖□Swed. ~ // G *Grete*《短縮》← *Margarete* 'MARGARET'〗 n. 女性名.
Gret·chen [grétʃən; G. gréːtçən] 〖□G ~ (dim.) ← *Margarete* (↑)〗 n. 1 女性名. 2 グレートヘン《Goethe の作 *Faust* 第一部の女主人公》.
Grét·na Gréen [grétnə-] 〖*Gretna*: 《原義》hollow of greeting ← OE *grētan* 'to GREET¹': cf. Icel. *grāta* to weep〗 ― n. 1 スコットランド Dumfries and Galloway 州のイングランド国境に近い村; スコットランドの婚姻法が寛大であったので, 1754–1940 年までイングランドで結婚を認められない男女がここへ駆落ちして鍛冶(かじ)屋の立会いで結婚した. 2 駆落ち者が行って結婚する所.
Grétna Grèen márriage 〖↑〗 n. 駆落ち結婚.
Greuze [grɔ́ːz; F. grøːz], **Jean Baptiste** n. グルーズ《1725–1805; フランスの画家》.
grew 〖OE *grēow*〗 v. grow の過去形.
Grew [grúː], **Joseph Clark** n. (1880–1965) 米国の外交官; 駐日大使 (1932–41), 国務次官 (1944–45).
grew·some [grúːsəm] adj. =gruesome.
grey [gréɪ] adj. (~·er; ~·est), n., v. =gray.
Grey [gréɪ], **Charles** n. (1764–1845) 英国の政治家; 首相 (1830–34); 称号 2nd Earl Grey.
Grey, Sir **Edward** n. (1862–1933) 英国の政治家; 外相 (1905–16); 称号 1st Viscount Grey of Fallodon.
Grey, Lady **Jane** n. (1537–54) 英国王 Henry 七世の曽(そう)孫, 1553 年 Edward 六世の死後義父の策謀により女王にされたが, 九日間で退位, 王位簒奪(さんだつ)者として Mary 一世のために夫 Lord Guildford Dudley と共に処刑された; Lady Jane Dudley.
Grey, Zane [zéɪn] n. (1875–1939) 米国の西部小説作家.
grey area n. 《英》灰色地帯《貧民街であるが, 政府の特別援助を受けるほどの貧困になっていない地帯; cf. development area》.
grey cells 〖A. Christie の用語〗 n. pl. 《英口語》=gray matter.
grey·cing [gréɪsɪŋ] n. 《英口語》=greyhound racing.
Gréy Fríar n. =Gray Friar.
grey·hound [gréɪhaʊnd] 〖ME *gre(i)hound* □ ON *greyhund-r* ← *grey* dog, bitch+*hund* 'HOUND¹' ∽ OE *grīghund*〗 ― n. 1 グレーハウンド《野ウサギ狩りに使われた体高のある脚の速い猟犬種のイヌ》: (as) swift [lithe] as a ~. 2 (大洋航行の)快速汽船 (cf. ocean greyhound). ★「灰色」の grey と関係がないので, 米国でも grayhound のつづりはまれ; 米国の長距離バス会社名も Greyhound とつづる.
gréyhound-ràcing n. グレーハウンド競走 (cf. dog racing).
gréy·làg 〖← GRAY (adj.)+? LAG¹ (adj.): 他の渡り鳥よりも長く滞留するのにちなむ〗 ― n. 〖鳥類〗ハイイロガン (*Anser anser*)《ガンの一種; ヨーロッパのガチョウの原種; greylag goose ともいう》.
grib·ble [gríbḷ] 〖← ? GRUB+-LE¹〗 n. 〖動物〗キクイムシ《キクイムシ科 *Limnoria* 属の小型甲殻類の総称; *L. lignorum* など海中の木材を食う》.
grid [gríd] 〖《1839》《略》← GRIDIRON〗 ― n. 1 (鉄)格子 (grating). 2 a (肉などをあぶる)焼き網, 鉄灸(きゅう) (gridiron). b (自動車の荷物を載せる格子状の)荷台. 3 a (鉄道・電線・水道・ガスなどの)敷設網 (network): electricity on *the* ~ 送電網による電力. b (テレビ・ラジオ局の)ネットワーク. 4 a (街路の)碁盤目, 直交する道路網. b (地図の上に縦横に引いた)碁盤目, 方眼《縦と横の線に付けられた記号番号によって求める地点を容易にさがすことができる》. c 《米》=gridiron 4; アメリカンフットボール. 5 =gridiron 2 c. 6 〖電気〗 a グリッド《蓄電池内鉛板》. b グリッド, 格子《多極真空管・水銀整流器などの電子管で陽極と陰極との中間に装置する金属の格子状電極》. 7 〖海事〗=gridiron 5. 8 〖自動車レース〗(スターティング)グリッド《格子状に配された車のスタート位置》. 9 〖郵趣〗=grill². 10 〖印刷〗(写真製版用の文字類を一定の順に配列した)母型盤.
― *attrib.* adj. 《米》アメリカンフットボールの.
gríd bìas n. 〖電子工学〗グリッドバイアス《真空管のグリッドのカソードに対する平均電位として与える電圧》.
gríd capàcitor n. 〖電子工学〗グリッドコンデンサー《真空管のグリッドに信号を伝え, 直流的には分離するためのコンデンサー》.
gríd cìrcuit n. 〖電子工学〗グリッド回路《真空管回路のうちグリッドの周辺の部分》.
gríd condènser n. 〖電子工学〗=grid capacitor.
gríd contròl n. 〖電気〗格子制御《真空管・放電管・水銀整流器などのグリッド[格子]に信号を与えて陽極電流を制御すること》.
grid cùrrent n. 〖電子工学〗グリッド電流, 格子電流.
grid·der [grídə | -də(r] 〖← GRID 4 c+-ER¹〗 n. 《米口語》アメリカンフットボール選手[ファン].
grid·dle [grídḷ] 〖《?a1200》*gridel* □ OF *gridil* < VL **crāticulum* small grid ← L *crāticula* (dim.) ← *crātis* wickerwork: cf. grill 1, gridiron〗 ― n. 1 グリドル《料理用の丸いフライパン状の鉄板》; グリドル状の料理器具. 2 〖鉱山〗選鉱用ふるい.
on the griddle 《米俗》尋問されて, 調べられて.
― vt. 1 グリドルで焼く. 2 〖鉱山〗ふるう 〈*out*〉.

griddle 1

gríddle càke n. グリドルで両面を焼いた平たいパンケーキ (pancake).
gride [gráɪd] 〖《?a1400》《音位転換》← GIRD²: cf. grate²〗 ― vi. 〈かんぬきなどが〉ぎーぎーきしる, がりがりする 〈*along, through*〉. ― vt. 1 ぎーぎーこする. 2 《古》突き通す[切る]. ― n. きしる[ぎーぎーいう]音.
grid·e·lin [grídəlɪn, -lən, -dḷ- | -dəlɪn] 〖□F *gris de lin* gray of flax〗 n. 灰紫色.
gríd-glòw túbe n. 〖電気〗グリッドグロー管, リレー放電管.
grid·i·ron [grídàɪən | -àɪən] 〖《c1300》*gredirne, gridere*《変形》← *gredil* 'GRIDDLE': ME *ire, irne* 'IRON' との連想による変形: cf. andiron〗 ― n. 1 (肉や魚をあぶる)焼き網, 鉄灸(きゅう). 2 a 鉄灸に似たもの. b (鉄道・電線などの)敷設網. c (劇場や映画撮影所の)舞台天井のはり構え《下げ幕などを操作する機構を支える》. 3 (昔の火刑用の)炮烙(ほうらく). 4 《米》アメリカンフットボール競技場《5 yards ごとに引いた白線があるから》. 5 〖海事〗格子(こうし)船台《鉄材の骨組を低潮面の高さに作っておき, 高潮の時船をその上に運び, 低潮時にはこの台の上に船が乗るようにした修理用の船台》.

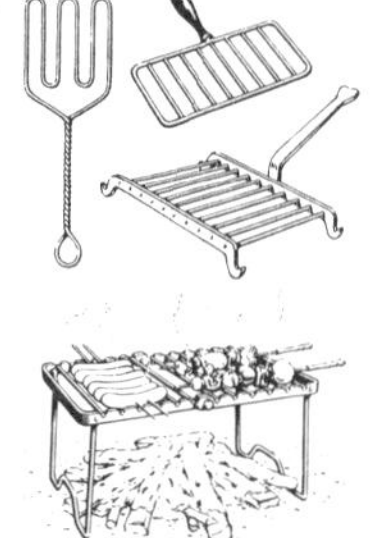
gridirons 1

grídiron pèndulum n. 〖時計〗簀(す)の子形振り子《周期変化を少くするために膨張係数の異なる 2 種の金属棒を簀の子状に組合せた振りざおをもつ補正振り子》.
grídiron-tàiled lízard n. 〖動物〗=zebra-tailed lizard.
gríd lèak n. 〖電子工学〗グリッドリーク《偏倚(へんい) (bias) を調整するために真空管のグリッド回路に用いられる抵抗器》.
gríd mètal n. 〖化学〗=antimonial lead.
gríd modulàtion n. 〖電子工学〗格子(こうし)変調《格子回路に信号・搬送波を加えて行う変調》.
gríd variàtion n. 〖航空〗=grivation.
grief [gríːf] 〖《?a1200》□AF *gref*=(O)F *grief* ← *grever* 'to GRIEVE'〗 ― n. 1 (死別・苦痛・後悔・絶望などによる)深い悲しみ, 嘆き, 悲嘆, 悲痛: die of ~ 悲しみで死ぬ / suffer ~ at the loss of a son 息子に死なれて悲嘆に暮れる. 2 悲しみ[悲嘆]のもと[種]; 不幸, 不運, 事故: His conduct was a ~ to his parents. 3 《廃》苦痛, 苦難 (pain); 苦痛の種, 病気.
bring to grief (1) 〈人を〉不幸におとし入れる. (2) 失敗させる; 破産[破滅]させる. ***come to grief*** (1) 不幸におちいる; 事故に会う. (2) 失敗する; 破産[破滅]する. ***Good [Great] grief!*** 大変, ああ, いやなことだ《驚き・嫌悪などを表わす》.
grief·less adj. 悲しみのない, 憂いのない.
grief-strìcken adj. 悲しみに打たれた, 悲嘆に暮れた.
Grieg [gríːg, gríg | gríːg; Norw. gríg], **Ed·vard** (**Ha·ge·rup**) [édvard háːgərup] n. グリーグ《1843–1907; ノルウェーの作曲家・ピアニスト; *Peer Gynt*「ペールギュント」(初演 1876)》.
Grier·son [gríəsn | gríə-], Sir **Herbert John Clifford** n. (1866–1960) 英国の文芸批評家; *Cross Currents in English Literature of the Seventeenth Century* (1929).
griev·ance [gríːvəns] 〖《?a1300》□OF *grevance* ← *grever* 'to GRIEVE': ⇨ -ance〗 ― n. 1 不平, 不満, 苦情 (resentment, complaint): nurse [cherish] a ~ 不満をいだく / remedy a ~ 不平の種を除く / have a ~ *against* a person 人に対して不満をいだく / ~ machinery 苦情処理機関. 2 a (非難・不平・抗議の正当な理由と感じられる)不安[苦痛]の原因: the ~ of taxation. b (労働者によって)不満とされ抗議される労働条件; (特に)団体協約違反の労働条件. 3 (雇用者への不当待遇に対する)労働者の苦情. 4 《古》苦難, 悲嘆 (grief); 苦痛[悲嘆]の種[原因].
grievance committee n. 〖労働〗(労働組合または労使双方によって作られる)労務苦情処理委員会.
griev·ant [gríːvənt] 〖⇨ ↓, -ant〗 n. 苦情を仲裁にゆだねる人.
grieve¹ [gríːv] 〖《?a1200》*greve(n)* □ (O)F *grev-er* < L *gravāre* to weigh down ← *gravis* heavy: ⇨ grave⁴〗 ― vt. 1 深く悲しませる, 悲嘆させる, 心痛させる (distress): The girl's death ~*d* her old parents. 少女をなくして老いた両親は悲嘆に暮れた / I am terribly ~*d* to hear the news. その知らせを聞いてとても悲しい. 2 《古》…に害を加える, 不当な目にあわせる (injure, harm). ― vi. 深く悲しむ, 悲嘆する, 心痛する (feel grief), 嘆く (lament) 〔*at, for, about, over*〕: ~ *at* the news その報道を聞いて悲しむ / ~ *for* a loss 損失[人の死]を嘆く / ~ *over* a friend's death 友人の死を嘆き悲しむ. **griev·er** n.
grieve² [gríːv] 〖OE《北部方言》*grǣfa*=*ġerēfa* 'REEVE¹'〗 n. 1 《古》州の長官 (sheriff). 2 《スコット》農場管理人 (farm manager).
griev·ing adj. 悲嘆して[心を痛めて]いる. **~·ly** adv.
griev·ous [gríːvəs] 〖《c1300》*grevous* □ OF ← *grever* 'to GRIEVE¹': ⇨ -ous〗 ― adj. 1 悲しませる, 悲しい (sad): ~ news. 2 〈病気・傷など〉苦痛を与える, 苦しい, つらい; 激しい: ~ pain, cruelty, harm, etc. 3 悲しむべき, 嘆かわしい; ひどい: a ~ mistake, accident, sin, etc. 4 悲しそうな, 悲痛な: a ~ cry. 5 《古》重い, 圧迫的な: burthens too ~ to be borne 運

ぶに耐えられない重荷 / ~ tyranny 圧制的暴政. **~·ly** *adv.* **~·ness** *n.*

grievous bódily hárm *n.* 〘法律〙重傷, 重大な身体傷害.

griff [gríf] 〘(略)← GRIFFIN⁴〙 *n.* 《英俗》(賭などの)確かな情報, (特に)内報 (tip): give a person the straight ~ 人に確かな[信頼できる]内報を与える.

griffe¹ [gríf] 〘(1875) □ F ~ 'claw' ← Gmc (cf. OHG *grif*)〙 *n.* (*also* **griff** [~]) 〘建築〙けずめ (spur)《円柱基部から下の四角の台石のかどに伸びた爪形装飾》.

griffes

griffe² [gríf] 〘□ F ~ □ Am.-Sp. *grifo* □ Sp. kinky-haired ← (n.) 'GRIFFIN²'〙 ― *n.* 《米方言》 **1** 白黒混血児(特に女)と黒人との間の混血児《白人の血が 1/4 混った混血児; cf. quadroon, octoroon》. **2** 黒人とアメリカインディアンとの混血児. **3** (女の)白黒混血児 (mulatto).

grif·fin¹ [grífɪn, -fən | -fɪn] 〘(1793)《転用》? ← GRIFFIN²〙 *n.* (インドまたは東洋への)新来のヨーロッパ人; (無経験な)新渡来者, 新米 (greenhorn).

grif·fin² [grífɪn, -fən | -fɪn] 〘(1338) *griffo(u)n* □ OF *grifoun* (F *griffon*) < LL *grȳphus, grȳps* □ Gk *grúps* curved, hook-beaked □ ? Heb. *kᵉrûbh* 'CHERUB'〙 ― *n.* **1** 〘ギリシャ神話〙グリフィン《ライオンの胴体にワシの頭と翼などを持つ怪獣; Scythia に住んでその地の黄金を守ると信じられた; 紋章では dragon とならんで架空の動物では最も多く登場する》. **2** 〘鳥類〙=griffon vulture.

griffin² 1

grif·fin³ [grífɪn, -fən | -fɪn] *n.* =griffe² 1.

grif·fin⁴ [grífɪn, -fən | -fɪn] 〘← ?〙 *n.* =griff.

Grif·fith [grífɪθ, -fəθ | -fɪθ] 〘□ Welsh *Gruffydd* ← ? L *Rūfus*《原義》red: cf. rufous, Rufus〙 *n.* 男性名.

Grif·fith, D(avid) (**Lew·el·yn**) **W**(ark) [luːélɪn wɔ́ək, -lən | -lɪn wɔ́ːk] *n.* (1875–1948) 米国の映画製作者;「アメリカ映画の父」と呼ばれる初期の監督.

grif·fon¹ [grífən, -fɑn | -fən] *n.* =griffin².

grif·fon² [grífən, -fɑn | -fən] 〘□ F ~ : cf. griffin²〙 *n.* **1** =Brussels griffon. **2** =wirehaired pointing griffon.

gríffon vùlture *n.* 〘鳥類〙シロエリハゲワシ属 (*Gyps*) のハゲワシの総称; (特に)シロエリハゲワシ (*G. fulvus*)《南ヨーロッパの山岳地方や北アフリカに生息する》.

grift [gríft] 〘《変形》? ← GRAFT³〙《米俗》 ― *n.* **1** [the ~; 時に複数扱い] (いかさま師 (grifter) のする)いかさま, ぺてん. **2** いかさま[ぺてん]でもうけた金. ― *vi.* いかさまを(商売に)する. ― *vt.* 〈金などを〉ぺてんにかけてもうける.

gríft·er *n.* 《米俗》(縁日など人出の多い所で店などを出す)いかさま師, ぺてん師, でんすけ賭博師 (trickster).

grig [gríg] 〘(?*a*1400) *grege* dwarf ← ? ON: cf. Grig〙 ― *n.* **1 a** 小さい人[生物]. **b** コオロギ, キリギリス (cricket), バッタ (grasshopper). **c** (チャボなど)脚の短い鶏. **d** 小さなウナギ. **2** (通例若くて小柄な)元気な人: a merry ~ 快活な人 / (as) merry [lively] as a ~ ばかに陽気な, 大はしゃぎの.

Grig [gríg] 〘(dim.) ← GREGORY〙 *n.* 男性名.

Gri·gnard [griːnjáə(d) | -njáː(r; *F.* griɲaːr], (**Fran·çois Auguste**) **Victor** *n.* グリニャール《1871–1935; フランスの化学者; Nobel 化学賞 (1912)》.

Grignárd reàction *n.* 〘化学〙グリニャール反応《種々の有機化合物に対するグリニャール試薬の反応》.

Grignárd reàgent *n.* 〘化学〙グリニャール試薬《無水エーテル中でハロゲン化アルキルを金属マグネシウムと作用させて得られる反応性に富む化合物; 有機合成試薬として重要》.

Gri·go·ri [grɪgɔ́ːri | -rɪ; *Russ.* grjigórjij] 〘□ Russ. ~ 'GREGORY'〙 *n.* 男性名.

Gri·go·rie·vich [grɪgɔ́ːriəvɪtʃ | -rɪə-; *Russ.* grjigórjivjitʃ] 〘□ Russ. ~《原義》'son of GRIGORI'〙 *n.* 男性名.

gri·gri [gríːgriː] *n.* =gris-gris.

gri·has·tha [gəhástə | gə-] 〘□ Skt *gṛhastha*〙 *n.* 〘ヒンズー教〙家住期《アーシュラマ (ashrama) の第三期; 家長としての義務を果たす時期》; 家住期にある人.

grill¹ [gríl] 〘v.: (1668) □ F *griller* ← *gril* gridiron. — n.: (1766) □ F *gril* < OF *grille, grail* < VL **grāticulum* = L *crāticula* (dim.) ← *crātis* wickerwork, hurdle: cf. grille〙 ― *n.* **1 a** (肉などを焼く)焼き網, 鉄灸(てっきゅう) (gridiron). **b** (焼肉用の)溝のついた鉄板. **2 a** グリル《上部にヒーターのついたあぶり器》; (オーブンなどの)上部ヒーター, 上火: under a ~. **b** 《英》=hot plate 1 b. **3** (焼き網で焼いた)焼肉[魚] (grilled food): ⇨ mixed grill. **4** =grillroom. ― *vt.* **1** 焼き網[鉄灸]で焼く[あぶる]. **2 a** 酷熱で苦しめる. **b** 〈警察などが〉厳しく尋問する, ぎゅうぎゅう問い詰める. **c** 難題[無理な要求, 負担]を与えて苦しめる. ― *vi.* **1** 〈肉などが〉(火で)焼ける, あぶられる. **2 a** 酷熱に晒(さら)される: ~ in the sun 太陽に焼きつけられる. **b** 手厳しい尋問を受ける. **c** 難題をふっかけられる. **~·er** [-lə | -lə(r)] *n.*

grill² [gríl] 〘《変形》← GRILLE〙 ― *n.* 〘郵趣〙グリル《正方形・長方形またはダイヤ形の十字に交叉した線による対称的な形》: **a** 切手を容易に配置できるようにアルバム・リーフに軽く印刷された四角のマス目. **b** 版に凹凸を作りそれが用紙に写され, 消印を除去しにくくしたもの《米国では 1867–71, ペルーでは1874–79 の切手に見られる》. **c** 切手に用いられたダイヤモンド形の消印《1849–51 年のフランスのグリル消印として知られる》. ― *vt.* 〈切手に〉グリル形消印を押す.

gril·lade [grɪlɑ́ːd, grə- | grɪ-; *F.* grijad] 〘□ F ~ : ⇨ grill¹, -ade〙 *n.* **1** 焼き網で焼いた肉料理. **2** 焼き網で焼くこと. ― *vt.* 《廃》=grill¹ 1.

gril·lage [grílɪdʒ] 〘□ F ~ : ⇨ ↓, -age〙 *n.* 〘土木〙格地形(こうじぎょう)《軟弱な地盤上の建造物の土台を支えるための木材などの基礎枠組》.

grille [gríl] 〘(1661) □ F ~ 'grating': ⇨ grill¹〙 ― *n.* **1** (門・扉・窓などの通例装飾的意匠のある)格子, 鉄格子 (grating), 透かし造りの柵. **2** (切符売場・銀行窓口または刑務所・観想修道院などで面会用などの)格子窓. **3 a** 格子状のもの. **b** =gridiron 1. **c** (ラジオなどの, スピーカーを保護する)網目状の飾格子. **d** 通風装置の網目状の覆い; それがはめてある通風口. **e** (自動車の)ラジエータグリル, 放熱器かこい格子. **f** 一見不規則に穴のあけてある覆いでそれを紙の上において穴をたどると言葉や暗号文が書けるもの. **g** もと英国下院婦人傍聴席の前に張ってあった金網. **4** (コートテニス (court tennis) で)ハザード (hazard) 側のコート壁の四角な口.

gril·lé [griːjéɪ; *F.* grije] 〘□ F ~ (p.p.) ← *griller* 'to GRILL¹'〙 *adj.* **1** (レースの)地(じ)が格子(こうし)模様の. **2** =grilled 2.

grilled *adj.* **1** 〈窓・扉など〉格子(こうし)のある. **2** 焼かれた, あぶった (broiled).

Grill·par·zer [grílpɑətsə | -pɑːtsə(r; *G.* grílpartsɐ], **Franz** *n.* グリルパルツァー《1791–1872; オーストリアの劇作家・詩人》.

gríll·ròom *n.* **1** グリル(ルーム)《ホテル・レストランなどで焼肉などの一品料理を供する手軽な食堂》. **2** 簡易食堂[レストラン].

gríll ròom *n.* (警察署の)取調べ室, 尋問室.

gríll·wòrk *n.* =grille 1; 格子状のもの.

grilse [gríls] 〘(1416–17)《音位転換》← ? OF *grisle* (dim.) ← *gris* gray〙 ― *n.* (*pl.* ~, ~s) **1** 降海後初めて川を上って来た若いタイセイヨウサケ (Atlantic salmon) (cf. parr, smolt). **2** 《米》(一般に)降海後初めて川を上って来たサケ.

grim [grím] 〘OE *grimm* fierce < Gmc **ʒrimmaz* (G *grimm* / ON *grimmr*) ← **ʒrem-, *ʒram-* ← IE **ghrem-* angry (Russ. *grom* thunder)〙 ― *adj.* (**grim·mer; grim·mest**) **1** 厳しい, 厳格な, 妥協の余地のない: a ~ reality [truth] 厳然たる現実[真実] / a ~ necessity 冷厳な必然. **2** 頑として動かない, 不屈の: ~ courage, determination, etc. **3** 恐ろしい, 物凄い; 不吉な, 気味の悪い, ぞっとするような: a ~ smile, countenance, joke, tale, etc. / ~ humor にこりともせず言う無気味なしゃれ / the ~ face of law 法律のこわい顔《厳しい法律》. **4** 荒々しい, 猛々(たけだけ)しい, 狂暴な; 冷酷な, 残忍な: a ~ war / ~ wolves. **5** 不愉快な, いやな: a ~ task. **~·ly** *adv.* **~·ness** *n.*

gri·mace [grímɪs, -məs, grɪméɪs, grə- | grɪméɪs, gríməs] 〘(1651) □ F ~ < OF *grimas(se), grimuche* ← Frank. **grīma* (cf. OE *grīma* mask, helmet): cf. grim〙 ― *n.* **1** (不機嫌・憎しみ・軽蔑・苦痛などを表わす)しかめつら: make ~s 顔をゆがめる, しかめつらをする. **2** (気取った)作り顔; 気取り. ― *vi.* しかめつらをする, 顔をゆがめる 〔*at*〕. **grí·mac·er** *n.*

Gri·mal·di [grɪmɑ́ːldi, grə-, -mɔ́ːl- | grɪmǽldɪ, -mɔ́ːl-], **Joseph** *n.* (1779–1837) 英国の道化役者.

Grimáldi ràce [**màn**] 〘← *Grimaldi cave* (フランスの国境に近いイタリアの洞窟)〙 ― *n.* 〘人類学〙グリマルディ人種《Grimaldi の洞窟で発見された人骨に代表される原始人の一型; Negro と関連があると見なされている》.

gri·mal·kin [grɪmɔ́ː(l)kɪn, grə-, -mǽl-, -kən | grɪmǽlkɪn] 〘(1630)《変形》← *Graymalkin* (魔女の使いの雌猫: cf. Shak., *Macbeth* 1. 1. 8) ← GRAY (adj.) + MALKIN: cf. F. *grimaud*〙 ― *n.* **1** 猫 (cat); (特に)年取った雌猫. **2** 意地悪ばばあ.

grime [gráɪm] 〘(*a*1450) *grime(n)* ← ? LG: cf. WFlem. *grijm* / Du. *grim, griim* soot〙 ― *n.* (表面にこびりついた)汚れ, 垢(あか), 埃(ほこり); 薄汚なさ. ― *vt.* (垢・すすなどで)汚す, 汚なくする (befoul).

Grímes Gólden [gráɪmz-] 〘← *Thomas P. Grimes* (米国の園芸家): 1790 年ごろ栽培〙 *n.* 〘園芸〙玉霰(たまあられ)《米国のリンゴの品種名; 黄色》.

Grim·hild [grímhɪld] 〘□ ON *Grīmhild-r*〙 ― *n.* 〘北欧伝説〙グリームヒルド《*Volsunga Saga* で Giuki の妻; 魔法にたけ, Sigurd に忘れ薬を飲ませて Brynhild を忘れさせ, 娘 Gudrun と結婚させる; 彼の死後娘が Atli と結婚するよう彼女に憂さ忘れ薬を飲ませる》.

Grimm [grím; *G.* grím], **Jacob** (**Ludwig Karl**) *n.* グリム《1785–1863; ドイツの言語学者・神話民俗学者; *Deutsche Grammatik*「ドイツ文典」(1819–37); cf. Grimm's law》.

Grimm, Wilhelm (**Karl**) *n.* グリム《1786–1859; J. Grimm の弟, 兄と共に *Kinder- und Hausmärchen*「子供と家庭の童話」('Grimm's Fairy Tales') (1812–15), *Deutsches Wörterbuch*「ドイツ語大辞典」(Vol. I, 1854) の編者》.

Grim·mi·a·ce·ae [grɪmiéɪsiiː | -mɪ-] 〘← NL ~ ← *Grimmia* (属名: ← *Johann F. K. Grimm* (*d.* 1821: ドイツの植物学者): ⇨ -ia²)+-ACEAE〙 ― *n. pl.* 〘植物〙ギボウシゴケ科.

Grímm's láw 〘← *Jacob Grimm* (1822 年にこの法則を発表)〙 *n.* 〘言語〙グリムの法則《ゲルマン系言語における子音推移に関する法則; cf. Grassmann's law, Verner's law》.

Grím Réaper, g- r- *n.* =reaper 3.

Grims·by [grímzbi | -bɪ] 〘ME *Grimesbi* ← *Grimes* (← ? ON *Grīmr*《原義》masked person = OE *grīma* mask)+OE *bȳ* (□ ON *bȳ-r* village)〙 ― *n.* イングランド東部の Lincoln 州, Humber 河口の港, 英本国中で最大の漁港; 人口 94,000.

grim·y [gráɪmi | -mɪ] *adj.* (**grim·i·er; -i·est**) **1** (垢・すすなどで)よごれた, 汚い, 垢じみた: a ~ wall. **2** けちで不愉快な: a ~ rascal. **grím·i·ly** [-mɪli, -mə- | -lɪ] *adv.* **grím·i·ness** *n.*

grin [grín] 〘OE *grennian* to bare the teeth ← Gmc **ʒran-* (G *greinen* / ON *grīna*): cf. groan〙 ― *v.* (**grinned; grinning**) ― *vi.* **1** (喜び・満足・きまり悪さなどで)歯を見せて笑う, (口をあけてにこっと[にっと, にやりと]笑う, にやにやする 〔*at*〕: ~ *at* a person / ~ *with* joy 嬉しくてにこっと笑う / ~ sheepishly 間が悪そうににやっと笑う / ~ like an idiot / ~ from ear to ear 口を大きくあけてにやにや笑う. **2** 〈犬などが〉(いがむ時に)歯をむく; 〈人が〉(苦痛・怒り・嘲笑などで)歯をむき出す: ~ *with* pain. **3** 〈隙間などが〉あく (gape open); 〔隙間, 割れ目などから〕見える, のぞく 〔*through*〕. ― *vt.* にこっと笑って[歯をむき出して]…の意を表わす: ~ one's approval [satisfaction] / ~ defiance 歯をむいて反抗を示す.

grin and bear it (不愉快な事を)笑って[黙って]我慢する. ***grin like a Cheshire cat*** ⇨ Cheshire cat. ***grin through a horse-collar*** 馬の首輪から顔を出して歯をむきながらにらめっこをする《田舎の遊戯》.

― *n.* **1** 歯を見せて笑うこと, にこっと[にっと]笑うこと, にやにや笑い (toothy smile); 苦笑: a broad ~ (口を大きくあけた)朗らかなにこにこ顔 / on the (broad) ~ (朗らかに)にこにこ顔で / She gave me a quick ~. ちらりと私の方に歯を見せて笑った. **2** (苦痛などで)歯をむき出すこと; しかめっつら.

wipe [***take***] ***the grin off*** *one's* [*a person's*] ***face*** = *wipe* [*take*] *the* SMILE *off one's* [*a person's*] *face*.

grind [gráɪnd] 〘OE *grindan* ← IE **ghren(dh)-* to grind (L *frendere* to gnash the teeth / Gk *khraínein* to graze)〙 ― *v.* (**ground** [gráʊnd], 《古》**~·ed**) ― *vt.* **1 a** 碾(ひ)いて粉にする, すり砕く, すりつぶす, (臼で)碾く, する 〔*to, into*〕: ~ corn, coffee, meat, etc. / ~ something small [*down*] 小さく碾く[すりつぶす] / ~ something *to* powder [*into* dust] 物を碾いて粉にする. **b** 碾いて〈粉を〉作る: ~ flour 粉を碾く. **2 a** (こすって)摩滅させる, すり減らす (wear away); 〈波が〉〈岩を〉打ち砕く (break up). **b** 磨く, 研ぐ (polish, whet): ~ lenses レンズを磨く / ~ a knife [an ax, a scythe] 小刀[斧, 鎌]を研ぐ / ~ glass ガラスをすって面をざらざらにする. **c** 〈機械の部品〉の表面を(研磨して)滑らかにする; 〈機械の部品を〉(すり合わせて)はめこむ 〈*in*〉/〔*into*〕: ~ a valve *in* / ~ a valve *into* its seat すり合わせてバルブを弁座にぴったりおさめる. **3** [しばしば p.p. 形で] 〈苦労・困難などが〉〈人〉の心身を弱らせる, …の精根を尽きさせる, 疲れ切らせる (wear out, fatigue); 〈搾取・暴政などが〉苦しめる, 虐(しいた)げる (afflict, oppress): ~ the faces [face] of ⇨ face 成句 / be *ground* by tyranny [poverty, misery] 暴政[貧困, 不幸]に打ちひしがれる. **4** 〈碾き臼・手回しオルガンなど〉(の柄)を回す; 回して鳴らす, ひく: ~ a hand mill, a barrel organ, etc. **5** ぎしぎしこする; ぎいぎいこすり付ける (grate, grit): ~ the teeth 歯ぎしりする / ~ a pebble *into* the ground with one's heel 靴のかかとで小石を地面にぎいぎい踏みつける / ~ *out* a cigarette たばこの火をもみ[こすりつけて]消す. **6** 《口語》**a** 〈人〉に骨折って教え込む: ~ a boy *in* Latin 少年にラテン語を教える, ラテン語で少年を鍛える. **b** 〈知識・科目などを〉〔人に〕詰め込む (coach, cram) 〔*into*〕: ~ Latin *into* a boy's head 少年の頭にラテン語をたたき込む. ― *vi.* **1** 粉を碾く, 臼を碾く. **2** [補語を伴って]粉になる, 碾ける: This wheat ~s *well* [*fine*]. この小麦はよく[細かく]碾ける. **3** 〈臼が〉回る: Though the mills of God ~ slowly, yet they ~ exceeding small. 神の臼は回転はのろいが碾く粉はきわめて細かい,「天網恢々(かいかい)疎にして漏らさず」(Friedrich von Logau (1604–55) の epigram の Longfellow 訳 (*Retribution*) から). **4** きしる, ぎいぎいすれる (grate); 歯ぎしりする: ~ *to* a halt 〈車が〉(ブレーキをきしませて)騒々しく止まる. **5** 〈刃物が〉研げる, (研ぐと)刃がつく: Steel ~s *to* a sharp edge. 鋼は研ぐと鋭い刃がつく. **6** 《口語》骨折って働く, (特に, 試験などのために)こつこつ勉強する 〈*away*〉: ~ (*away*) at one's duties あくせくと務めに励む / ~ *for* an examination こつこつと試験勉強をする. **7** 《俗》**a** (ストリップや性交などで)〈女性が〉腰を回転させる, グラインドをする (⇨ *n.* 5 a). **b** 性交する.

grind down (*vt.*) (1) ⇨ *vt.* 1. (2) すり減らす, 摩滅させる (wear away): ~ *down* a knife. (3) 圧制する, 苦しめる, 虐げる (oppress, afflict): be *ground down* by poverty. (*vi.*) (碾けば)粉になる: This corn will ~ *down into* [*to*] a nice white flour. この穀物は碾け

ば上質の白い粉になるだろう. **grind on** 〈活動・手続などが〉(容赦なく)どんどん進む. **grind out** (1) (碾いて, すって)作る. (2) (歯をきしらせて)言う; 骨折って作り出す: ～ *out* an oath 歯をきしらせて悪態をつく. (3) (手回しオルガンの柄を回して)奏する: ～ *out* a tune on an organ 手回しオルガンの柄を回して一曲奏する. (4) 〈著作・音楽などを〉機械的にどんどん作り出す: ～ *out* a few verses 二三篇の詩を次々に作る. (5) ⇨ *vt.* 5. **grind up** 碾き砕く, すり砕く.

— *n.* **1 a** 碾(ひ)くこと, すり砕くこと, 粉にすること. **b** (コーヒー豆などの)碾き加減; 粉(の大きさ). **2** すれる音, きしる音. **3** 《口語》骨が折れて退屈な仕事[勉強]: Sawing is a considerable ～. のこぎり(を使うこと)はなかなかつらい仕事だ / It is a hard ～ to learn a foreign language. 外国語の勉強はつらい. **4** 《米口語》猛勉強家, がり勉. **5** 《俗》**a** グラインド《ストリップや性交で腰を回転させる動作; cf. bump[1] *n.* 5》. **b** 性交. **6** 〘病理〙膿痂疹(のうかしん), インペチゴ (impetigo).

grin·de·lia [grɪndíːljə, -liə | -ljə, -lɪə] 〘← NL ～ ← *D. H. Grindel* (1777–1836: ロシヤの植物学者): ⇨ -ia[1]〙 — *n.* **1** 〘植物〙＝gumweed. **2** gumweed の乾燥させた葉や茎《グリンデロールなどの精油成分を含み, 皮膚炎などの医薬品に用いる》.

grind·er 〘OE *grindere*: ⇨ grind, -er[1]〙 — *n.* **1 a** 碾(ひ)く[すり砕く]人. **b** 研ぐ人, 研ぎ屋: a knife ～. **c** 手回しオルガン演奏者: an organ ～. **d** 《英俗》(受験準備の)家庭教師 (private tutor, crammer). **e** 《米口語》こつこつ勉強する学生, がり勉, 猛勉強家. **f** 薄給で人を酷使する人. **g** 《俗》グラインドのうまい人[ストリッパー] (⇨ grind *vi.* 7). **2 a** 粉砕機; 研摩機, 研削盤, 砥石(といし). **b** 砕木機, グラインダー《砕木パルプを製造するために, 木材を摩砕する機械》. **3 a** 臼歯(きゅうし) (molar) (cf. cutter 3). **b** [*pl.*] 歯 (teeth). **4** 《米》＝hero sandwich. **5** 〘通信〙(遠雷によって生じる)臼音. **6** 〘鳥類〙**a** ヨーロッパヨタカ (*Caprimulgus europaeus*). **b** ＝restless flycatcher.

take a grinder 左の親指を鼻頭に当て右の手をその周囲に回してあざける (cf. snook[3]).

grínder's ásthma *n.* 〘病理〙研磨工喘息(ぜんそく)《研磨工にみられる喘息様症状で金属粉の吸入によるもの》.

grínder's phthísis *n.* 〘病理〙研磨工肺痨(ろう), 珪肺結核(症).

grind·er·y [gráɪnd(ə)ri | -dəri] *n.* **1** 研ぎ屋, 研摩所. **2** 《英》革細工[靴]製造具(店): a ～ warehouse 靴屋材料店.

grínd·ing 〘ME〙 — *n.* **1** (粉を)碾(ひ)くこと, 製粉; 粉砕; (ガラス製造で)荒摺(あらず)り; 研削, 研削加工; きしり, 摩擦. **2** 歯ぎしり. **3** 《口語》詰込み教授[勉強]. **4** [形容詞的に] 碾く[すりつぶす]ための[に適した]: the ～ teeth 臼歯 / ～ corn. — *adj.* **1** ぎーぎー鳴る, きしる; 〈音など〉耳障りな: ～ gears / a ～ sound / come to a ～ halt 〈車などが〉(ぎいっと)停止する. **2** 骨の折れる, 退屈な, あきあきする: ～ toil. **3** 圧迫[圧制]する, 暴虐な: ～ tyranny. **4** じりじり痛む[悩ます] (tormenting): a ～ toothache きりきり痛む歯痛 / ～ poverty 赤貧. **～·ly** *adv.*

grínding mìll *n.* 〘機械〙円筒粉砕機, ボールミル.

grínding òrgan *n.* 手回しオルガン (barrel organ).

grínding whèel *n.* 砥石車; 研削ホイール; (鋳物で)ばり取り機.

grínd·stòne 〘(1228)〙 — *n.* **1** (回転式の研摩用)砥石. **2** 砥石用の石材. **3** 石臼 (millstone).

keep* [*have, hold, put*] *a person's nose to the grindstone ⇨ nose 成句.

grindstone 1

grin·go [gríŋgou | -gəu] 〘(1884) ◻ Mex.-Sp. ～ 'gibberish' (転訛) ← Sp. *griego* 'GREEK, stranger'〙 — *n.* (*pl.* ～**s**) [しばしば軽蔑的に] (中南米地方で)外国人, (特に)英米人.

grin·ner 〘(15C)〙 *n.* 歯を見せて笑う人, にやにや笑う人; 歯をむき出すもの《怒った犬など》.

grín·ning·ly *adv.* 歯をむき出して, にやにや笑って.

grip[1] [gríp] 〘OE *gripe* grasp & *grippa* handful, sheaf ← *gripan* 'to GRIPE': cf. G *Griff*〙 — *n.* **1 a** (手などでしっかりと)つかむこと, 握ること, 把握(はあく) (grasp, clutch); つかむ力, 握力: lose one's ～ (*of*) (…から)手を放す, 手放す, 放す / take a ～ *on* a rope 綱をしっかりつかむ / feel a strong ～ *on* one's arm 誰かにぎゅっと腕を握られる / The eagle has a strong ～. ワシのつかむ力は強い. **b** (バット・クラブ・ラケットなどの)つかみ方, 握り方, グリップ: shorten [lengthen] one's ～ (バットなどを)短く[長く]握る. **c** (秘密結社の同志間の)握手法: A Freemason is recognized by his ～. フリーメーソン(秘密結社の同志)は特殊な握手法でそれと知れる. **2** (精神的)把握力, 理解力, のみ込み (mental grasp): His mind has lost its ～. 彼の頭は理解力を失った / have a good [poor] ～ *on* [*of*] …をよく理解して[わかって]いる[いない] / He has a feeble ～ *of* my idea. 彼には私の考えがよくわかっていない. **3** 注意を引く力, 興味をつなぎせる能力; 統御力, 統率力 (control); 支配, 左右すること (mastery): have a ～ *on* one's audience 聴衆の心をつかむ[引きつける] / get a ～ *on* oneself 自己の感情を抑える / lose ～ *of* one's audience 聴衆の興味がつなげなくなる / get into the ～ of …に支配される / be *in the* ～ *of* a powerful emotion 強い感情に捕われる / be *in the* ～ *of* disease 病気にかかっている / The story never got any ～ of me. その物語には私は少しも興味を感じなかった. **4 a** (器物の)柄, つか, 握り, 取っ手 (handle, hilt); (クラブ・ラケットなどの)握り, グリップ. **b** 〘機械〙つかみ, グリップ; (ケーブルカーの運動装置の)グリップ (cf. gripman). **c** 《英》＝hairgrip. **5 a** (旅行かばんなどの)手荷物. **b** ＝gripsack. **6** 差し込み, 痙攣(けいれん). **7** 《俗》〘演劇〙舞台係[方], 道具方の助手 (stagehand).

at grips つかみ合っていて, 取り組んで: be *at* ～*s with* one's subject 問題と取り組んでいる, 研究に没頭している. ***come* [*get*] *to grips with*** (1) …と取っ組み合う, 摑(つか)み合う, つかみ合いをする. (2) 〈問題など〉にこつこつと従事する[努める].

— *v.* (**gripped, gript** [grípt]; **grip·ping**) — *vt.* **1** しっかりつかむ, 固く握る (seize firmly); …と握手をする: ～ him by the hand 彼の手をしっかり握る. **2** 〈機械が〉つかむ, 締める: The brake doesn't ～ the wheel properly. ブレーキがうまく車輪を締めない. **3** 〈心・注意などを〉つかむ, 強く引く (arrest, rivet): ～ a person's attention 強く人の注意を引く / ～ an audience 観衆の心を捕える / Fear ～*ped* his heart. 恐怖が彼の心を捕えた. **4** 理解する (comprehend, grasp): I cannot ～ his argument. — *vi.* **1** しっかりとつかむ, 捕える, 抑える. **2** 心について離れない.

grip[2] [gríp] 〘OE *grypa* & *grype* ← Gmc *ʒr(e)up-* to hollow out (Du. *grep*)〙 *n.* 《英方言》小さい溝, どぶ.

grip[3] [gríp] 〘⇨ grippe〙 *n.* 〘病理〙＝grippe.

gríp bràke *n.* 〘機械〙つかみブレーキ.

gripe [gráɪp] 〘OE *grīpan* < Gmc *ʒrīpan* (G *greifen* to seize) ← IE *ghreib- to grip: cf. grip[1], grope〙 — *vt.* **1** しっかり握る, 握り締める (grasp tightly). **2** 苦しめる, 悩ます (distress, afflict), 圧迫する (oppress): the tyranny which ～*s* the poor 貧乏人を苦しめる圧制. **3** [しばしば p.p. 形で] 腹痛で苦しめる: He was badly ～*d.* ひどい腹痛に悩まされた, きりきり腹が痛んだ / He is ～*d* by colic. 疝痛(せんつう)に苦しんでいる. **4** 《米俗》いらいら[立腹]させる (irritate, anger): a freshman ～*d* by school regulations 学校の規律にいらだつ新入生. — *vi.* **1** 《古》つかむ, つかみ取る (grasp, clutch): ～ *at* gain 利得に飛びつく. **2** 腹が痛む. **3** 《口語》不平を言う, ぼやく (complain, grumble); 小言[文句]を言う (find fault) 〔*about, at*〕: ～ *at* the regulations 規則に泣きごとを言う. **4** 〘海事〙(風上に逆走中かじをきかせているにもかかわらず)〈船が〉風上に切上がる[逸出しがちである].

— *n.* **1** 《古》しっかりつかむ[握る]こと; 握りしめ (grasp). **2** 《古》把握(はあく), 制御 (grasp, control), 束縛; 悩み: be *in the* ～ *of* hunger [poverty, winter] 飢え[貧困, 冬]に苦しめられている. **3 a** (機械の)グリップ, クラッチ, ブレーキ(など). **b** 《まれ》(器具の)取手, 柄, つか (handle, hilt). **4** 《口語》苦情[癪(しゃく)の種]; 不平 (complaint), 腹立ち (vexation): We have no ～*s about* our society. 社会に不満はない. **5** [*pl.*] 〘海事〙ボート繋止(けいし)帯[索]《船に吊ってあるまたは納めてあるボートの固縛索》. **6** [通例 the ～s] 〘医学〙急激で鋭い痛み, 疝痛(せんつう) (colic).

come to gripes with ＝come to GRIPS with.

grip·er *n.* **1** 握る[つかむ]もの, ひっつかむ人. **2** 苦しめるもの. **3** 《口語》不平屋, ぼやき屋 (grumbler).

grípe wàter *n.* ＝dill water.

grip·ey [gráɪpi | -pɪ] *adj.* (**grip·i·er**; **-i·est**) ＝gripy.

gríp·man [-mən] *n.* (*pl.* **-men** [-mən, -mèn]) ケーブルカーの運転手《ケーブルカーのグリップ (grip) を動いているケーブルに掛けたりはずしたりして動かしたり止めたりする》.

grippe [gríp | gríp, gríːp; *F.* grip] 〘(1776) ◻ F ～ ← *gripper* to seize ← Gmc (cf. gripe)〙 — *n.* [通例 the ～] 〘病理〙流行性感冒, インフルエンザ (influenza).

gríp·pal [-pəl] *adj.*

gríp·per *n.* **1 a** つかむ人[物]. **b** (各種の)はさむ道具. **c** グリッパー《子供服・スポーツウェアなどの大型のスナップ》. **2** 〘印刷〙くわえ爪《印刷機の紙をくわえるための爪》.

gríp·ping *adj.* 〈本・劇など〉人の心[関心]を引く, 魅惑的な, うっとりさせる (fascinating): a ～ book, play, etc. **～·ly** *adv.*

grip·py[1] [grípi | -pɪ] 〘← GRIP[1] + -Y[4]〙 *adj.* (**grip·pi·er**; **-pi·est**) 《スコット》けちな, 物惜しみをする (stingy).

grip·py[2] [grípi | -pɪ] 〘← GRIPPE + -Y[4]〙 *adj.* (**grip·pi·er**; **-pi·est**) 《口語》流行性感冒 (grippe) にかかった.

gríp·sàck *n.* 《米》旅行用手さげかばん, スーツケース (suitcase).

gript *v.* grip の過去形・過去分詞.

grip·y [gráɪpi | -pɪ] 〘← GRIPE + -Y[4]〙 *adj.* (**grip·i·er**; **-i·est**) きりきり腹が痛む: ～ pains.

Gri·qua [gríːkwə, grík- | grík-] 〘◻ Afrik. *Griekwa*〙 *n.* (アフリカ南部の, アフリカ原住民とヨーロッパ人との間の)混血児.

Gris [gríːs; *Sp.* grís], **Juan** *n.* グリス (1887–1927; スペインの画家; Cubism で知られる).

gri·saille [grɪzáɪ, grə-, -zéɪl | grɪzéɪl, griːzáɪ, grɪzáɪ, -záɪl; *F.* grizɑːj] 〘(1848) ◻ F ～ ← *gris* gray + *-aille* (集合名詞語尾) (< L *-ālia* (neut. pl.) ← *-ālis* (adj. suf.): ⇨ -al[2]): ⇨ grizzle[1]〙 — *n.* 〘絵画〙**1** グリザイユ《ねずみ色一色で薄肉彫に似せて描く画法; 壁面装飾・飾り字・ステンドグラスなどに応用する》. **2** グリザイユ画法による絵[ステンドグラス窓など].

Gri·sel·da [grɪzéldə, grə- | grɪ-] 〘◻ It. ～ ◻ G *Grishilda, Griselde* ← OHG *gris* gray + *hildi* battle〙 — *n.* **1** 女性名《愛称形 Girzie, Grissel, Gritty, Griz, Grizel, Grizzel, Grizzie; 異形 Griseldis》. **2** グリセルダ《Boccaccio, Petrarch, Chaucer など中世ヨーロッパの物語中の人物; 模範的貞淑温順な婦人; Patient Griselda とも呼ばれる》. **3** 貞淑温順の典型的な婦人.

Gri·sel·dis [grɪséldɪs, grə-, -zél-, -dəs | grɪséldɪs, -zél-] 〘(変形) ← GRISELDA〙 *n.* 女性名. ★ スコットランドに多い.

gris·e·o·ful·vin [grìzio(u)fúlvɪn, grìs-, -fʌ́l-, -vən | -vɪn] 〘← NL *griseofulum* (*Penicillium griseofulvum* の種名) + -IN[1]〙 — *n.* 〘生化学〙グリセオフルビン ($C_{17}H_{12}ClO_6$) 《カビの一種 (*Penicillium griseofulvum*) から発見されたカビに対する抗生物質》.

gris·e·ous [grízɪəs | -zɪəs] 〘← ML *grise-us* gray: ⇨ -ous〙 *adj.* 灰色の; (特に)灰色がかった (grizzly).

gri·sette [grɪzét, grə- | griː-; *F.* grizet] 〘(1700) ◻ F ～ ← (fem.) ← *gris* gray: ⇨ -ette: もと灰色の服を着ていたことから〙 — *n.* **1** フランスの労働階級の若い女, 女工員, 女店員. **2** 副業に売春をやる若い女.

gris-gris [gríːgriː] 〘◻ Louisiana-F ～ ◻ Sp. ～ ◻ Afr. 《土語》～ 'charm'〙 *n.* (*pl.* ～ [～z]) (アフリカ原住民の用いる)護符, お守り (talisman, amulet).

gris·kin [grískɪn, -kən | -kɪn] 〘(*a*1700) (dim.) ← ME *gris* pig ◻ ON *griss* young pig: ⇨ kin〙 — *n.* 《英》**1** (脂肪の少ない)豚の背の部分の肉 (pork loin). **2** (豚肉の)厚い切り身.

gris·ly[1] [grízli | -lɪ] 〘OE *grislic* horrible (← *gris-* to shudder + *-lic* '-LY[2]'): cf. OE *āgrisan* to shudder〙 — *adj.* (**gris·li·er**; **-li·est**) **1** ぞっとするような, 気味の悪い (loathsome); こわい, 物凄い: a ～ monster / a ～ countenance. **2** 不快な, いやな. — *adv.* (**more** ～, **most** ～; **gris·li·er**, **-li·est**) 気味悪く, 物凄く. **grís·li·ness** *n.*

gris·ly[2] [grísli | -lɪ] *adj.* (**gris·li·er**; **-li·est**) 《廃》＝gristly.

gris·ly[3] [grízli | -lɪ] *adj.* (**gris·li·er**; **-li·est**) ＝grizzly[1].

Gris-Nez [griːnéɪ; *F.* grine], **Cape** 〘◻ F *gris nez* gray nose〙 — *n.* グリネ岬《Dover 海峡に突き出たフランス北部の岬; Calais の南西 24 km にありフランスから英本国に一番近い地点》.

gri·son [gríz(ə)n] 〘◻ F ～ 'grayish' ← *gris* gray〙 — *n.* 〘動物〙**1** グリソン (*Grison vittatus*) 《中南米産で体下面および前後肢が黒色のイタチ科グリソン属の肉食獣》. **2** グリソン属の動物の総称.

Gri·sons [griːzɔ́ː(ŋ), -zɔ́(ː)ŋ | ∸∸; *F.* grizɔ̃] *n.* グリゾン(州) 《Graubünden のフランス語名》.

Gris·sel [grís(ə)l] 〘(dim.) ← GRISELDA〙 *n.* 女性名.

grist[1] [gríst] 〘OE *grist* ← *grindan* 'to GRIND'〙 — *n.* **1 a** 製粉用の穀物. **b** 碾(ひ)いた穀物, 碾き割り (meal). **c** 1 回に碾く穀物[碾かれた碾き割り]の量. **2** (醸造用の)碾き割り麦芽 (malt). **3** 《米口語》**a** 多量, たくさん: *a* ～ *of* bees [stories] たくさんの蜂[物語]. **b** 必要とされる[通常の]量. **4** 《米》(物語や分析の基礎となる)興味[価値]のある事柄.

bring grist to the mill もうけになる, 利益になる.

grist to* [*for*] *one's mill もうけ口, 利益のもと: All is ～ that comes *to his mill.* 彼は何事でもうまく利用する《ころんでもただは起きない》.

grist[2] [gríst] 〘← ?: cf. gird[1], girth〙 *n.* 糸・綱の太さ《common grist はまわり 3 インチ》.

gris·tle [grísl] 〘OE ～ ← ? Gmc *ʒristil- ← ? IE *ghrēi- to rub: cf. OE *grost* cartilage〙 — *n.* **1** 軟骨 (cartilage); (肉の中にある)すじ, 軟骨質のもの. **2** 気骨, 精神力 (backbone).

in the gristle まだ骨の固まらない, まだ成熟しない.

gris·tly [grísli, -slɪ, -slɪ] 〘ME〙 — *adj.* (**gris·tli·er**; **-tli·est**) 軟骨質の, 軟骨のような, 軟骨から成る (cartilaginous); 〈食用肉が〉軟骨の多い: tough ～ meat. **grís·tli·ness** *n.*

gríst·mill *n.* (依頼人の自家用穀物を碾(ひ)く)製粉所 (custom mill).

Gris·wold [grízwould | -wəuld] 〘《原義》gravelly woodland ← OE *grēot* (↓): ⇨ wold[1]: もと Warwickshire 州の地名から〙 *n.* 男性名.

grit [grít] 〘OE *grēot* sand, gravel < Gmc *ʒreutam* (G *Griess*) ← IE *ghrēu- to rub (Gk *khrōs* skin), 《原義》rough surface): cf. great, grits〙 — *n.* **1 a** (物にまざったり機械などにはいって害となる)小砂: I have got a bit of ～ in my eye. 目に砂がはいった. **b** 鶏などが消化を助けるために食べる砂粒(など). **2** 砥石(といし)に適した石質: a hone of good ～ 良質の砥石. **3** 《口語》堅実, 堅忍, 気概, 闘志, 勇気, 意気 (pluck): Americans of the true ～ 生粋(きっすい)の米国人 / They don't have ～ enough to do it. それをするには気概が足りない. **4** [G-] カナダ自由党員. **5** 〘岩石〙角張った石英粒などからなる砂岩《gritrock, gritstone ともいう》.

put* (*a little*) *grit in the machine 行動を妨げるようなことをする[言う], 事務の円滑な進行を妨げる.

— *v.* (**grit·ted**; **grit·ting**) — *vi.* 砂を踏むような音を出す, ぎしぎし音がする. — *vt.* **1** きしらせる (grate, grind); 歯ぎしりしてしゃべる: ～ one's teeth 歯ぎしりする; (歯を食いしばって)頑張る. **2** 〈道など〉に小砂をまく[入れる].

grith [gríθ] 〘lateOE *griþ* ◻ ON *grið* home, (pl.) peace〙 *n.* (中世初期英国で一定期間内に限られた)教

会または国王による安全の保障.
grit·less *adj.* **1** 小砂のない; 故障のない. **2** 闘志のない, 意気地無しの.
grít·ròck *n.* 〘岩石〙 =grit 5.
grits [gríts] 〘OE *gryttan* (pl.) ← *grytt* < (WGmc) **ʒrutjō* (G *Grütze*) ← Gmc **ʒreut-*: ⇨ grit〙 ── *n. pl.* [単数または複数扱い] **1** (籾殻をすりとった)粗碾(ひ)き穀物《小麦・からす麦・米など》. **2** 粗碾(ひ)き大豆粕.
grít·stòne *n.* 〘岩石〙 =grit 5.
grit·ty [gríṭi | -ti] *adj.* (**grit·ti·er**; **-ti·est**) **1** 小砂のはいっている, じゃりじゃりする; 砂のような (sandy). **2** 《口語》意志の強い, 勇気のある. **grít·ti·ly** [-ṭəli, -ṭə-, -ṭḷi | -tɪli, -tə-] *adv.* **grít·ti·ness** *n.*
gri·va·tion [grɪvéɪʃən, grə-, graɪ- | grɪ-, graɪ-] 〘← *gri(d) v(ari)ation*〙 ── *n.* 〘航空〙 グリッド偏差《地球上のあらゆる地点における子午線と磁気子午線とのなす角; grid variation ともいう》.
griv·et [grívɪt, -vət] 〘□ F 《廃》 ～ ←? *gris* gray + (VER)VET〙 ── *n.* 〘動物〙 グリベット(モンキー) (*Cercopithecus aethiops*)《北東アフリカ産のミドリザル (green monkey) の類のオナガザル属の動物》.
Gri·zel [grɪzél, grə- | grɪ-] 〘(dim.) ← GRISELDA〙 *n.* 女性名.
griz·zle[1] [grízḷ] 〘《1347》 □ OF *grisel* gray-haired man (dim.) ← *gris* gray ← Gmc (OHG *gris* gray-haired)〙 ── *adj.* 灰色の (gray). ── *n.* **1** 《古》半白の髪 (gray hair); 灰色のかつら (gray wig). **2** 灰色; 葦毛(あしげ)(の馬) (roan). **3** (ねずみ色の)半焼けの不良れんが. ── *vi.* 灰色になる. ── *vt.* 灰色にする.
griz·zle[2] [grízḷ] 〘《1746》《転用・変形》? ← GRIZEL (cf. Griselda 2) // cf. MHG *grisgramen* to gnash one's teeth / G *Griesgram* sourpuss〙 ── *vi.* 《英口語》 **1** 不平をいう, 文句をいう〔*about*〕. **2** 〈子供が〉ぐずる, むずかる (fret), しくしく泣く. **3** 嘆く, 悲しむ.
gríz·zled *adj.* **1** 〈頭髪・ひげなど〉半白の, 白髪まじりの (gray-haired). **2** 灰色の, ねずみ色の (gray); 灰色のすじのある; 灰色を帯びた (grayish).
griz·zly[1] [grízli | -lɪ] 〘《1594》〙 ── *adj.* (**griz·zli·er**; **-zli·est**) **1** ねずみ色がかった, 灰色を帯びた (grayish, grizzled). **2** 白髪まじりの (gray-haired). ── *n.* **1** グリズリー《鉱石・石炭などをふるい分ける目の粗(あら)いふるい》. **2** 〘動物〙 =grizzly bear.
griz·zly[2] [grízli | -lɪ] *adj.* (**griz·zli·er**; **-zli·est**) = grisly[1]. ── *adv.* (**more ～, most ～; griz·li·er, -li·est**) =grisly[1].
grízzly bèar *n.* 〘動物〙 ハイイログマ (*Ursus horribilis*)《北米西部原産の大型のクマ; 気が荒い; 黄褐または淡褐で毛先が白く, 霜降り状》.
grm. 《略》 gram(s).
gro. 《略》 gross.
groan [gróun | gráun] 〘OE *grānian* < Gmc **ʒrainōjan* (G *greinen* to whine) ← **ʒrain-*, **ʒrin-*: cf. grin〙 ── *vi.* **1 a** (苦痛・悲しみ・切望などのため低い声で)唸(うな)る, 呻(うめ)く. **b** 唸り声で(...を)求める〔*for*〕: ～ *for* a cup of water 水が1杯欲しいと苦しそうに言う. **2** ぶうぶう不平を言う; (唸り声で)嘲笑する. **3** (嵐や圧力を受けて)〈帆柱・ドアなどが〉唸るような[ぎいぎい]音を出す: an old oak ～*ing* in the storm 嵐の中で轟々(ごうごう)と唸るオークの老木. **4** 〈棚などが〉重い荷を支えている: a shelf ～*ing with* books たくさんの本を載せた棚 / The table literally ～*ed with* food. 食卓が重くて撓(たわ)むほど料理があった, 食卓にはごちそうが山のように載せてあった / a ～*ing* board ご馳走を山のように並べた食卓. **5** 呻き苦しむ, 煩悶(はんもん)する〔*under, with, beneath*〕: ～ inwardly 苦悩する / ～ *under* tyranny [heavy taxes] 圧制[重税]に苦しむ. ── *vt.* **1** 唸り声で言う, 呻きながら言う: "I'm ruined," he ～*ed*. / ～ (*out*) the tale of one's woes 自分の不幸の話を苦しそうに話す. **2** 不満の唸り声で迎える.
groan down 〈人を〉唸り声で黙らせる: ～ *down* a speaker.
── *n.* **1** (悲しみ・苦痛などの低い)唸り声, 呻き声; (帆柱・ドアなどの)唸るような[ぎいぎいいう]音: give a ～ 呻き声をあげる. **2** ぶうぶう言う不平の声; (演説者などに対する)不賛成[不満, 嘲笑]の声.
gróan·er 〘《15C》〙 *n.* **1 a** 唸(うな)る[呻(うめ)く]人; 不平を言う人. **b** 《米方言》 =whistling buoy. **2** 《古俗》 葬式などに紛れ込む泥棒.
gróan·ing·ly *adv.* 呻(うめ)く[唸(うな)る]ように.
groat [gróut | gráut] 〘《a1376》 *groot, grōte* □ MDu. *groot* 《原義》 thick (coin): cf. groschen〙 ── *n.* **1** グロート《昔の英国の4ペンス銀貨 (1351–1662)》. **2** 《古》 たった一文, わずかな額: not worth a ～ 一文の価値もない / don't care a ～ 少しもかまわない.
groats [gróuts | gráuts] 〘lateOE *grotan* (pl.) ← *grot* particle: ⇨ grits〙 ── *n. pl.* [単数または複数扱い] **1** (穀類の)碾(ひ)き割り《grits より大粒なのが普通》. **2** (外皮 (hull) をとった)からす麦[大麦, そばなど]の穀粒《食用になる部分》.
gro·bi·an [gróubiən | gráubjən, -bɪən] 〘《1609》 □ G ～ □ ML *Grobiānus* ← G *grob* coarse: CYPRIAN[1] などの連想による戯言的造語〙 *n.* 無骨な田舎者 (boor).
gro·cer [gróusə | gráusə(r)] 〘《1418》 □ OF *grossier* wholesale merchant ← ML *grossus* 'GROSS': ⇨ -ier[2]〙 ── *n.* 食料雑貨商《英国では小麦粉・砂糖・茶・コーヒー・香味料・バター・石鹸・マッチなどを, 米国ではその他果物・肉類・野菜類を商う人》: a ～'s (shop) 食料雑貨店 (cf. grocery 2).
grócer's ítch *n.* 〘病理〙 穀物・乾燥果実・チーズなどにひそむダニによる皮膚炎.
gro·cer·y [gróus(ə)ri | gráus(ə)rɪ] 〘《1419》 □ OF *grosserie*: ⇨ grocer, -y[1]〙 ── *n.* **1** 食料雑貨販売業: a ～ business. **2** 食料雑貨店 (grocery store): a corner ～ 角(かど)の食料雑貨店《この商売は角店が多い》. **3** [通例 *pl.*] (食料雑貨店で販売する)食料雑貨類 (cf. grocer). **4** 《米方言》 酒場 (barroom).
grócery stòre *n.* 《米》 食料雑貨店.
gro·ce·te·ri·a [gròusətí(ə)riə | gràusətíərɪə] 〘《混成》 ← GROCE(RY) + (CAFE)TERIA〙 *n.* 《米》 セルフサービス方式の食料雑貨店.
Grod·no [grádnou, grɔ́(ː)d- | grɔ́dnəu; *Russ.* gródnə] *n.* グロドノ《ソ連邦ベロルシア共和国の都市; ポーランド国境に近く, Neman 川に臨む; 人口 182,000》.
Groe·nen·dael [grúːnəndɑ̀ːl, gróun-, gréɪn-, grén- | grúːn-, gráun-; *Du.* xrúːnəndáːl] 〘← Du. ～ (それが作り出されたベルギーの村)〙 ── *n.* グルーネンダール《ベルジャンシープドッグから作出された黒い長毛の犬種のイヌ》.
Groe·te [grúːṭə | -tə; *Du.* xrúːtə], **Gerhard** *n.* = Gerhard GROOT.
Gro·fé [gróufeɪ | gráu-], **Fer·de** [fə́ːdi | fə́ːdɪ] *n.* (1892–1972) 米国の作曲家・指揮者; *Grand Canyon Suite* (1931).
grog [grɑ́(ː)g, grɔ́(ː)g | grɔ́g] 〘《1770》 ← *Old Grog* (1740年にこの飲物を部下に飲ませた Admiral Edward Vernon のあだ名): 着ていた外套(がいとう)の地が grogram だったことから〙 ── *n.* **1 a** グログ《水または湯で割ったラムまたはリキュール; レモン汁・砂糖を加えることがある》. **b** 《豪口語》 酒: half and half ～ 酒と水半々の飲み物. **2** 〘化学〙 グロッグ, 焼粉, 石粉《耐火粘土を焼成してから粉砕したもの, るつぼなどを造るのに用いる; chamotte ともいう》. ── *v.* (**grogged**; **grog·ging**) ── *vi.* グログを飲む. ── *vt.* (熱湯を注いで)〈酒樽の〉酒気を抜く; (酒気を抜くために)〈酒樽を〉熱湯に漬ける.
gróg blòssom *n.* (飲酒のために顔に生じる)赤鼻, ざくろ鼻.
grog·ger·y [grɑ́g(ə)ri, grɔ́(ː)g- | grɔ́gərɪ] *n.* 《米》 居酒屋, 安酒場 (saloon).
grog·gy [grɑ́gi, grɔ́(ː)gi | grɔ́gɪ] 〘《1770》〙 ── *adj.* (**grog·gi·er, -gi·est; more ～, most ～**) **1 a** 〈人・馬など〉足元がよろよろする, よろよろの (tottery). **b** 〈ボクサーが〉(さんざん打たれて)よろける, ふらふらする, グロッキーの. **c** (病気・精神的衝撃のため)よろめく, ふらふらする. **2** 〈柱・壁・家など〉ぐらぐらする: a ～ tooth. **3** 《古》 酒に酔った (intoxicated); 飲酒にふける, 酒飲みの. **gróg·gi·ly** [-gɪli, -gə- | -lɪ] *adv.* **gróg·gi·ness** *n.*
grog·ram [grɑ́grəm, gróug- | grɔ́g-] 〘《1562》 ← F *gros grain* coarse grain: ⇨ grosgrain〙 ── *n.* (しばしばゴムで硬くした)絹・毛または絹と毛混ぜ織りの粗布《今は用いられない》; それで作った衣類.
gróg·shòp *n.* 《英》 (安)居酒屋, 飲み屋.
groin [grɔ́ɪn] 〘《15C–16C》 *grine, gryne* ← ME *grynde* < ? OE *grynde* abyss ← Gmc **ʒrund-* 'GROUND[1]'〙 ── *n.* **1** 〘解剖〙 鼠径(そけい)部《股の付け根》. ★ラテン語系形容詞: inguinal. **2** 〘建築〙 **a** 円筒形天井 (vaults) の交会線, 穹稜(きゅうりょう). **b** (穹稜を支える)肋材(ろくざい). **3** 〘数学〙 交差した3個の円筒(より成る面). **4** 〘土木〙 水制; 防砂堤; 海岸突堤 (groyne). ── *vt.* 〘建築〙 穹稜に作る: a ～*ed* vault 交差円筒ヴォールト天井. ── *vi.* 〘建築〙 穹稜になる.

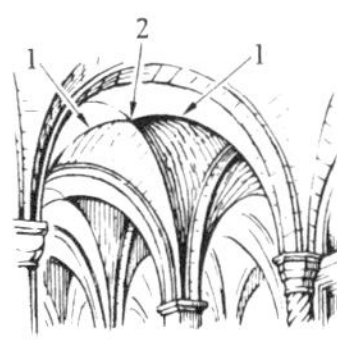

groin 2 a
1 groins; 2 groin point

gróin·ing *n.* 〘建築〙 **1** 稜(りょう)付け. **2** [集合的] 交差したヴォールト (vault); 交差ヴォールト天井, 交差穹稜(きゅうりょう).
gróin pòint *n.* 〘建築〙 穹稜(きゅうりょう)の交点 (⇨ groin 挿絵).
gróin vàult *n.* 〘建築〙 交差(円筒)ヴォールト《正方形平面上に半円筒形を直交させた形の架構で, 稜線が天井に現われる; cf. cloister vault》.
Gro·li·er [gróulɪər | gráulɪeɪ(r), -ljə(r); *F.* grɔlje] *adj.* グロリエ (⇨ Grolier de Servières) の, グロリエ式(意匠)の: ～ binding [design] グロリエ式装丁[意匠]《2本の筋線を幾何学的に組合せた軽妙で優雅な装丁様式》.
Gro·li·er de Ser·vières [gròulɪéɪdəsɛəvjɛ́ə | gràulɪéɪdəsɛəvjɛ́ə(r); *F.* grɔljedsɛrvjɛːr], **Jean** *n.* グロリエ ド セルヴィエール《1479–1565; フランスの愛書家, その美しい装丁本で有名》.
gro·ma [gróumə | gráu-] 〘□ L *grōma, grūma* surveyor's measuring rod〙 ── *n.* 古代ローマの測量用道具《十字形の木枠で両腕の先端に重りをつけた糸 (plumb line) を下げて, 既にある直線に対して直角な線の地取りに使った》.
grom·met [grɑ́mɪt, grʌ́m-, -mət | grɔ́m-, grʌ́m-] 〘《1626》 □ F 《廃》 *gromette* curb of bridle ← OF *gourmer* to curb〙 ── *n.* **1** 〘海事〙 グランメット: **a** 帆の上縁をヤードに取りつけている, またオール受けとして代用される索(さく)の輪, 索環. **b** 索を輪にして作った目 (eye). **2** 〘機械〙 **a** グロメット, 輪綱(わづな)パッキン《麻 (hemp) と鉛丹 (red lead) を混ぜた接合用パテ》. **b** はと目金 (eyelet). **3** 〘米軍〙 軍帽の屋根の形がくずれないように入れてある枠(わく), (帽子の)しん.

grommets 2 b
1 grommet; 2 grommet with washer; 3 grommet with teeth

grom·well [grɑ́mwəl, -wel | grɔ́m-] 〘《?a1300》 *gromyl* □ OF *gromil* (F *grémil*) < VL **grūnum milium* crane millet ← L *grūs* 'CRANE' + *milium* 'MILLET'〙 ── *n.* 〘植物〙 ムラサキ属 (*Lithospermum*) の植物の総称; (特に)ヨウシュムラサキ (*L. officinale*).
Gro·my·ko [grəmíːkou, gro(u)- | grə(u)míːkəu; *Russ.* gramíko], **Andrei Andreevich** *n.* グロムイコ《1909– ; ソ連の外交官, 外相 (1957–)》.
Gro·ning·en [gróunɪŋən | gráu-; *Du.* xróːnɪŋə] *n.* フローニンゲン《オランダ北東部の都市, 商業・交通の中心地; 人口 162,000》.
Grøn·land [*Dan.* grœ̀nlan'] *n.* Greenland のデンマーク語名.
groom [grúːm, grúm] 〘《?a1200》 *grom(e)* boy ← ?: OE *grōwan* 'to GROW' と同根か: cf. OF *gromet* servant (⇨ grummet) / OE *guma* man〙 ── *n.* **1** 馬丁, 別当. **2** 〘《略》 ← BRIDEGROOM〙 花婿(むこ). **3** 《英》 侍従職に属する種々の宮内官: the *Groom* of the Robes 御衣装係り官 / the *Groom* of the Stole 宮内次官に次ぐ高官, 宮内次官補 / a ～ in waiting 国王奉仕官. **4** 《古》 **a** 従僕 (boy); 下男. **b** [時に軽蔑的] 男.
── *vt.* **1** 〈馬などの〉世話[手入れ]をする (tend), ブラシをかけてきれいにする (brush down, clean): ill-[well-]*groomed* 世話の行き届かない[行き届いた]. **2** [通例 ～ *oneself* または p.p. 形で]〈身なりを〉こぎれいにする, 整える; 〈猿などが〉...の毛づくろいをする, グルーミングする: ～ *oneself* for the party パーティーに出るために身づくろいする / be well [badly] ～*ed* 身づくろいがよい[悪い]. **3** ...の手入れをする, 優雅にする, 洗練する. **4** 〈人を〉〔官職・選挙などに〕立てる, 推薦する, 訓練する, 仕込む (prepare)〔*for, as*〕: ～ a person *as* a candidate 人を候補者として立てる / ～ a person *for* the presidential race 人を大統領選挙戦に向くように仕込む. ── *vi.* 身じまいする, 身づくろいする.
gróom·er *n.* (犬・馬などの)手入れをする人.
gróom's càke *n.* (幾層にも段々に積み上げた)婚礼用のフルーツケーキ.
gróoms·man [-mən] 〘《1698》〙 ── *n.* (*pl.* **-men** [-mən, -mèn]) 花婿の付添人 (bridesman) (cf. bridesmaid). ★付添人が数人いる時にはその主要な人を best man という; 英国では best man 以外に男の介添をつける習慣がなくなったので, groomsman という語も今では用いられない.
Groot [gróut | gráut; *Du.* xróːt] (*also* **Groo·te** [gróuṭə | gráutə; *Du.* xróːtə]), **Gerhard** *n.* グロート《1340–84; オランダの説教者, カトリック内の精神改革運動 "Devetio Moderna" の創始者, 共同生活兄弟会 (Brothers of the Common Life) の創始者; ラテン語名 Gerardus Magnus [dʒəráːdəs mǽgnəs | dʒerɑ́ː-, dʒə-]》.
groove [grúːv] 〘《?a1400》 *grofe* □ ON *grōf* // MDu. *groeve* ditch ← Gmc **ʒrōb-* (G *Grube* ditch, pit): cf. grave[1,2]〙 ── *n.* **1 a** (木材・石・金属などの表面に刻んだ)溝. **b** (レコードの)溝. **c** (刀剣の)樋(ひ); (銃砲の中の)溝. **d** 〘建築・木工〙 しゃくり. **e** 〘活字〙 (活字の底部の)溝 (⇨ type 挿絵). **f** 〘製本〙 =kerf 3. **2** 細長い凹み, 溝, すき道 (furrow), 轍(わだち) (rut), 水路 (channel): The river has cut a deep ～ through the plain. 川は平野に深い溝を掘った. **3 a** 常道, 常例, 慣例, きまり, 常軌 (fixed routine): the social ～ 社会の慣例 / get [fall] *into* a ～ 型にはまる, 常習になる, 千篇(せんぺん)一律になる / get out of the ～ 型にはまった生活から抜け出す / His mind works *in* a narrow ～. 彼の心の働きは狭い[窮屈だ] / run *in* a ～ 単調に経過する. **b** 自己の能力[興味]に適した所, 適所 (niche): find one's ～ in education 教育に自分の適所を得る. **4** 《俗》 **a** 楽しいもの[経験], すばらしいもの[経験]: Baseball is really a ～. 野球は実に楽しい. **b** 調子よく演奏されるジャズ, 名演奏のジャズ. **5** [the ～] 〘野球〙 グルーブ《本塁の真中を通る球すじ》.
in the groove 〘← GROOVE (n. 1 b): レコードの溝に針がぴったりとはまって音がでることから〙 《俗》 (1) 最高調で, 至極好調で. (2) 〘ジャズ〙 聞き手を熱狂させるように演奏して[されて], 上々の調子で, 調子が乗って, 張り切って. (3) 流行して, 当世風で; すてきな, いかしてる (cf. groovy 2). (4) 〘野球〙 〈投球が〉本塁の真中を通って.
── *vt.* **1** ...に溝を彫る[作る]. **2** 溝に入れる[はめ込む]; 常軌[常道]に落着かせる. **3** 《俗》 〈音楽を〉調子よく演奏する. **4 a** 《俗》 〈人を〉楽しませる (please); 興奮させる (excite): ～ one's mind *with* marijuana. **b** 享楽する, 楽しむ (enjoy): ～ exciting experiences. **5** 〘野球〙 〈球を〉コントロールよく投げる. **6** 〘ゴルフ〙 〈スウィングを〉ぴたりと決める. ── *vi.* **1** 溝ができる; 溝にはまる. **2** 〔決まった仕事などに〕腰を落ちつける 〈*down*〉〔*into*〕. **3** 《俗》 音楽[ダンスなど]を楽しむ; 〈物事が〉楽しい. **4** 《俗》 〔人と〕交際する (associate); ぴったりいく, うまくいく〔*with*〕.
── *attrib. adj.* 〘音声〙 〈狭めが〉溝型の《左右が狭く奥深い》: ～ fricatives [spirants] 溝型摩擦音《[s], [z], [ʃ], [ʒ] など; cf. slit 3》.
grooved *adj.* **1** 溝のある, 溝付きの: a ～ ax. **2** 〘考古〙 溝付きの: a ～ ax / ～ ware 条溝文土器.
gróov·er *n.* **1** 溝を彫る人; 溝つけ器. **2** 《俗》 いかす人.
gróov·ing *n.* 溝彫り, 溝切り: a ～ plane 溝削りかんな / a ～ saw 溝切りのこぎり.

groov·y [grúːvi | -vɪ] *adj.* (**groov·i·er, -i·est; more ~, most ~**) **1** 千篇(せん)一律の, 型にはまった, 常套(じょう)的な. **2** [cf. *in the groove* ⇨ groove (n.) 成句]《俗》すてきな, いかす, かっこいい.

grope [gróup | grə́up] 〖OE *grāpian* to feel with the hand < (WGmc) **ʒraipōjan* ← IE **ghreib-* to grip: cf. gripe (v.)〗 **— *vi.*** **1** 手探りする: ~ *around* [*about*] in the dark 暗闇で手探りする. **2 a** 手探りで捜す, 暗中模索する〔*for*〕: ~ *for* one's hat under the seat 座席の下の帽子を手探りする. **b** (心の中で)探る〔*for, after*〕: ~ *for* a clue 手がかりを捜す / ~ *after* the truth 真理を求める / He ~*d about for* further information. もっと情報を得ようと捜し回った. **— *vt.*** **1** [~ one's way として] 手探りで進む; (解決の道などを)捜し求める, 発見しようと努める; 暗中模索を続ける: The blind man ~*d his way along* the corridor. 盲人は廊下を手探りで進んで行った / We ~*d our way toward* an understanding [a conviction]. 我々は理解[確信]に到達しようと努力した. **2**《俗》(性的快感を得るために)〈人, 特に女性〉の体をさわる[さわろうとする]. **— *n.*** 手探り.

gróp·er[1] *n.* 手探りする人, 手探りして進む人.

gro·per[2] [gróupə | grə́upə(r] 〖《変形》← GROUPER〗 **— *n.***〖魚類〗**1** スズキ科のうち主にマハタ属 (*Epinephelus*) の魚類の総称. **2** オーストラリア産ベラ科の食用魚 (*Achoerodus gouldii*).

gróp·ing *adj.* 手探りしている, 暗中模索的な; 〈行動など〉頼りなさそうな, ためらいがちな. **~·ly** *adv.*

Gro·pi·us [gróupiəs | grə́upɪ-; *G.* gróːpius], **Walter** *n.* グロピウス《1883–1969; ドイツの建築家, 1937 年以後米国在住; ⇨ Bauhaus》.

Gros [gróu | grə́u; *F.* gro], **Antoine Jean** *n.* グロ《1771–1835; フランスの歴史画家》.

gros·beak [gróusbìːk | grə́us-, grɔ́s-, grɔ́z-] 〖《1678》《部分訳》← F *grosbec*《原義》large beak: ⇨ gross, beak[1]〗 **— *n.***〖鳥類〗大きな円錐形のくちばしをもつ小鳥の総称《アトリ科のシメ (hawfinch), キビタイシメ (evening grosbeak) など》.

gro·schen [gróuʃən, grɔ́(ː)ʃ-, grɑ́ʃ-, -ʃɪn | grə́uʃən, grɔ́ʃ-; *G.* grɔ́ʃən] 〖《1617》□ G ~《変形》← MHG *grosse* □ Czech *groš* □ ML (*denārius*) *grossus* thick (penny) ← L *grossus* 'thick, GROSS': cf. groat〗 **— *n.*** (*pl.* ~) **1 a** グロッシェン《オーストリアの通貨単位; $=^1/_{100}$ schilling》. **b** 1 グロッシェン青銅貨. **2**《口語》ドイツの小ニッケル貨 (10 pfennigs). **3** 昔のドイツの小銀貨.

gros de Lon·dres [gróu-də-lɔ̃ː(n)drə, -lɔ̃(ː)n- | grə́u-; *F.* grodlɔ̃ːdr] 〖□ F ~ 'heavy (silk) of London'〗 **— *n.*** グロ ド ロンドル《2 色または大小の糸を交互にしたうね織りの軽量のドレス用絹布》.

gros de Na·ples [gróu-də-nɑ́ːpḷ | grə́u-; *F.* grodnapl] 〖□ F ~ 'heavy (silk) of Naples'〗 *n.* グロ ド ナプル《イタリアの Naples 原産の厚地絹布の一種》.

gros·grain [gróugrèɪn | grə́u-; *F.* grogrɛ̃] 〖□ F ~ 'coarse grain': ⇨ gross, grain[1]〗 *n.* グログラン《絹または人絹製厚地うね織り》.

gros point [gróu-pɔ̀ɪnt | grə́u-pwɛ̃ː(ŋ), -pwæŋ; *F.* gropwɛ̃] 〖□ F ~ 'large point'〗 **— *n.*** **1** グロポワン《大きなテントステッチを用いた区限刺繍; cf. petit point 1》. **2** グロポワン《模様が大きくて盛り上っているベネシアンレースの一種》.

gross [gróus | grə́us] 〖《1347–50》□ (O)F *gros* large (cf. F *grosse* (n.) twelve dozen) < L *grossum* thick (cf. OIr. *bres* big)〗 **— *adj.*** (**~·er, ~·est; more ~, most ~**) **1 a** (差引きなしで)総体の, 全体の, 総計の; 〈重さが〉風袋(ふう)込みの (↔ net): the ~ amount 総額 / the ~ area 総面積 / the ~ earnings 総収益 / ~ investment 総投資, 粗投資 / the ~ proceeds 総売上高, 総手取金 / ~ error〖数学〗誤差の総計 / ⇨ gross income, gross weight. **b** 全般的な, 大まかな, 一般的な: a ~ outline 大筋, 概略. **2** 大きな (big, large); かさ張った, 厚みのある, ずんぐりした (bulky, thick), たくましい (burly); 太っちょの, でぶでぶの: a ~ body でぶでぶの体 / ~ features 大きな目鼻立ち / a ~ stalk 太い茎 / a ~ woman 太っちょの女. **3 a** 目立つ, ひどい (glaring, flagrant); 全くの, 紛れもない, ひどい (complete, utter): a ~ blunder [error] 大間違い / a ~ injustice はなはだしい非法 / ~ carelessness ひどい不注意 / a ~ fool 全くの馬鹿 / a ~ traitor 紛れもない裏切者. **b**《古》明白な (evident): examples ~ as earth 大地ほどに明白な実例. **4 a** 大粒の, きめの粗い (coarse-grained): a ~ powder 粒々の多い粉. **b** 〈気体・液体など〉濃い, 濃密な (dense, compact): a ~ fog 濃霧 / ~ darkness 深い闇 / ~ vapors もうもうとした(濃い)水蒸気. **5 a** 洗練されていない, 粗末な, 雑な (coarse, crass); 粗食をする: ~ food 粗食 / a ~ feeder 悪食(あく)家; 肥料を食う植物. **b** 〈感覚が〉鈍い, のろい (dull, blunt): one's ~ ear 鈍感な耳. **c**《古》品質の劣った. **6 a** 粗雑な, 粗野な (indelicate), 野卑な, 下卑た, 下品な (vulgar), 淫(いん)らな (obscene): ~ language, manners, jests, tastes, etc. **b** 無知な, 教育のない (ignorant). **7** 〈植物など〉生(お)い茂った, はびこった (rank): ~ vegetation. **8**〖生物〗肉眼で見える(ほどの); 肉眼的な (macroscopic): ⇨ gross anatomy. **— *n.*** **1 a** (差し引きなしの)総体, 総計, 総量. **b**《古》大部分 (bulk). **2** (*pl.* ~, ~·**es**) グロス《12 ダース, 144 個; 略 gr., gro.》: a ~ [six ~] of bottles / sell by the ~ 1 グロスいくら[グロス単位]で売る / buy *in* ~*es* グロス単位で買う / How many ~*es are* there? 何グロスあるか / a small ~ 10 ダース《120 個》/ ⇨ great gross.

by the gross (1) ⇨ *n.* 2. (2) 大量で, まとめて, 卸(おろし)で. ***in gross*** 〖《なぞり》← ML *in grosso*〗〖法律〗絶対独立の《土地や荘園に付属しないで個人に属する》: advowson *in* ~ 絶対聖職授与権 / a common *in* ~ 独立共有地 / a villain *in* ~ 独立農奴, 個人隷属農奴. ***in (the) gross*** 〖《なぞり》← F *en gros*〗(1) 大量に, 卸しで. (2)《古》概して, 一般に, 大体, 総体で.

— *vt.*《口語》…の総粗(あら)利益[収益]をあげる, 総計…もうける: ~ a million dollars 総計100万ドルもうける.

gross out (粗野な言動で)〈人を〉怒らせる, 侮辱する.

gross up 〈正味の額を〉必要控除前の総額にする.

~·ly *adv.* **~·ness** *n.*

gróss advénture *n.*〖法律〗冒険貸借《船主が航海の費用を借受け, その担保として船自体を提供する貸借契約》.

gróss anátomy *n.*〖解剖〗肉眼解剖学.

grosse caisse [gróus-kés | grə́us-kés, -kéɪs; *F.* groskɛs] 〖□ F ~: ⇨ gross, case[2]〗 *n.* グロスケース, 大太鼓.

「[映画]: a big ~.

gróss·er *n.* [通例限定詞を伴って] 利益をあげるもの

gróss íncome *n.* 総収入 (cf. net income).

gróss nátional expénditure *n.*〖経済〗国民総支出 (略 GNE).

gróss nátional próduct *n.*〖経済〗国民総生産《略 GNP, G.N.P.; cf. net national product, national income》.

gróss prémium *n.*〖保険〗総保険料, 営業保険料.

gróss prófit *n.*〖会計〗売上総利益, 粗(あら)利益《売上高から売上原価を控除した利益》.

gróss tón *n.* (船舶の)総トン (⇨ ton[1] 3 a).

gróss tónnage *n.* (船舶の)総トン数 (cf. tonnage 1 a).

gros·su·lar [grɑ́s(j)ulə, -ʃu- | grɔ́sjulə(r] 〖↓〗 *n.*〖鉱物〗= grossularite.

gros·su·la·rite [grɑ́s(j)ulərὰɪt, -ʃu- | grɔ́sju-] 〖□ G *Grossularit* ← NL *Grossulāria* (属名: ← F *groseille* gooseberry + L *-āria* '-ARY') + -ITE[1]: その色にちなむ〗 **— *n.***〖鉱物〗緑ざくろ石, 灰礬(ばん)ざくろ石 ($Ca_3Al_2(SiO_4)_3$)《ざくろ石 (garnet) の一種》.

gróss wéight *n.* **1** (風袋込みの)総重(量), 荷造重量. **2**〖航空〗(航空機の)全備重量《all-up weight ともいう》.

grosz [grɔ́(ː)ʃ | grɔ́ʃ; *Pol.* grɔ́ʃ] 〖□ Pol. ~ □ Czech *groš*: cf. groschen〗 *n.* (*pl.* **gro·szy** [-ʃi | -ʃɪ; *Pol.* -ʃi]) **1** グロシ《ポーランドの通貨単位; $=^1/_{100}$ zloty》. **2** 1 グロシアルミ貨.

Grosz [gróus | grə́us], **George** *n.* (1893–1959) ドイツ生れの米国の画家.

groszy *n.* grosz の複数形.

grot [grɑ́t | grɔ́t] 〖《1506》□ F *grotte* □ It. *grotta* < VL **cruptam* = L *crypta* 'subterranean passage, CRYPT'〗 *n.*《詩》= grotto.

Grote [gróut | grə́ut], **George** *n.* (1794–1871) 英国の歴史家; *A History of Greece* (1846–56).

gro·tesque [gro(u)tésk | grə(u)-] 〖《17C》□ F ~ □ It. (*pittura*) *grottesca* grotesque (painting) ∽《1561》《廃》*crotes(c)que* □ MF *crotesque* □ It. (*pittura*) *grottesca* ← *grotta* 'GROT' + *-esco* '-ESQUE': 主として地下の墓窟(くつ) (grotto) に多く見出されたので〗 **— *n.*** **1** [the ~]〖美術〗グロテスク模様《唐草模様の中に人間・動物・果実・草花・武器などをあしらった古代ローマの装飾模様》; (文学などの)グロテスク風, 怪奇主義: *the* ~ in art and literature. **2 a** グロテスク[怪奇, 異様, 怪異]なもの《姿・顔・人物など》. **b** グロテスクな作品. **3**〖活字〗グロテスク体 (sans serif). **— *adj.*** **1**〖美術〗グロテスク風の (⇨ *n.* 1). **2** 怪奇な, 奇怪な, 異様な, 奇妙な, グロテスクな (bizarre, fantastic): a ~ gesture [make-up] 奇怪な身振り[扮装] / The old woman's face looked ~ *with* her heavy make-up. 老婦人の顔は厚化粧のためにグロテスクに見えた. **3** 滑稽な, おかしな, ばかげた, 荒唐無稽な (ridiculous, absurd): ~ manners, mistakes, etc. **~·ly** *adv.* **~·ness** *n.*

gro·tes·que·rie [gro(u)téskəri | grə(u)tésk(ə)rɪ] 〖← GROTESQUE + F *-erie* '-ERY'〗 **— *n.*** (*also* **gro·tes·que·ry** [~]) **1** グロテスクなこと[性質]. **2** グロテスクなもの[模様, 作品].

Gro·te·wohl [gróuṭəvòul | grə́utəvə̀ul; *G.* gróːtəvòːl], **Otto** *n.* グローテボール《1894–1964; 東ドイツの政治家, 首相 (1949–64)》.

Gro·ti·an [gróuʃiən, -ʃən | grə́uʃɪən] *adj.* グロチウス (Grotius) の, グロチウス法学の.

Gro·ti·us [gróuʃiəs, -ʃəs | grə́uʃɪəs], **Hugo** *n.* グロチウス《1583–1645; オランダの法学者・国際法の祖: *De Jure Belli et Pacis*「平和と戦争の法」(1625)》.

grot·to [grɑ́ṭou | grɔ́təu] 〖《1617》*grotta* □ It. *grotta*, *grotto*: ⇨ grot〗 **— *n.*** (*pl.* **~es, ~s**) **1** 小さなほら穴, 小洞窟(くつ). **2** (貝殻などで美しく装飾した)岩屋, またはそれに似せた建物《避暑室にする》.

grótto·wòrk *n.* = grotto 2.

grot·ty [grɑ́ṭi | grɔ́tɪ] 〖← GROT(ESQUE) + -Y[4]〗 **— *adj.*** (**grot·ti·er; -ti·est**)《英俗》**1** きたない, 不潔な, 不愉快な, さもしい (dirty, ugly). **2** 役立たない, がらくたの (useless).

grouch [gráutʃ] 〖《1900》《変形》←《廃》*grutch* □ OF *grouch-ier* to grumble ← ?: cf. grouse[2] (v.), grudge〗 **— *vi.*** 不機嫌な顔をする, すねる; ぶつぶつ不平を言う (grumble). **— *n.*** **1** 不機嫌, すねた気分; 不平 (complaint): have a ~ on 機嫌が悪い. **2** 不機嫌な人, すねている人; 不平[不満]家.

grouch·y [gráutʃi | -tʃɪ] *adj.* (**grouch·i·er; -i·est**) (不平そうに)すねた, 不機嫌な, 気むずかしい (morose, sulky). **gróuch·i·ly** [-tʃɪli, -tʃə- | -lɪ] *adv.* **gróuch·i·ness** *n.*

Grou·chy [gruːʃíː; *F.* gruʃi], **Emmanuel** *n.* グルシ《1766–1847; ナポレオン戦争中のフランスの将軍; 称号 Marquis Emmanuel de Grouchy》.

ground[1] [gráund] 〖OE *grund* < Gmc **ʒrunduz* (Du. *grond* / G *Grund*) ← ? IE **ghren-* 'to GRIND'〗 **— *n.*** **1** [通例 the ~] 地面, 地, 地表: lie on *the* ~ 地面に横たわる / It was buried deep under *the* ~. それは地下深く埋められていた / She seemed hardly to touch the ~ as she walked. 彼女は歩く時に足が地につかないように見えた.

2 土, 土壌, 地 (soil, earth); 土地 (land): stony [sandy] ~ 石[砂]地 / poor [fertile] ~ やせた[肥えた]土地 / rising ~ 高台 / sloping ~ 傾斜地 / classic ~ 史跡 / fruits of the ~ 地の産物《穀物・果実・野菜など》/ till the ~ 土地を耕す (cf. *Gen.* 2: 5).

3 (ある特殊な目的のための)場所, …地[場], グラウンド: a baseball ~ 野球場 / a picnic ~ ピクニック場 / a recreation ~ 運動場 / a parade ~ 練兵場 / ⇨ breeding ground, fishing ground, hunting ground.

4 [*pl.*] (家屋・建物の周囲の)庭園 (gardens), 構内, 敷地: well-kept ~*s* 手入れの行き届いた庭園 / one's house and ~*s* 家屋敷 / the hospital ~*s* 病院の構内《しばしば花壇・芝生などがある》.

5 陣地; (議論などの)地歩, 立場 (position): ⇨ *gain* GROUND, *lose* GROUND, *on one's own* GROUND / *on* common ~ 共通の立場から, (見解などの)一致点に立って / hold [stand] one's ~ 自分の地歩[立場, 主張]を固守する, 一歩も引かない, 持ちこたえる / shift one's ~ 攻撃地点を移動する; 議論[意図]を変更する, 立場を変える.

6 [通例無冠詞で] (研究などの)分野, 話題, 問題 (topic, subject): delicate ~ 微妙な問題[話題] / touch on forbidden ~ 論じてはならない問題に触れる, 口にしてはならないことに言及する / ⇨ *cover (the)* GROUND.

7 a 基礎, 根底, 根本 (foundation, basis): God is the ultimate ~ *of* all reality. 神はすべての実在の究極的根元である. **b** [しばしば *pl.*] 根拠, 拠り所, 理由 (basis, reason); 動機, 原因 (motive, cause): ~*s for* suspicion 嫌疑の根拠 / have good ~(*s*) [no ~(*s*)] *for thinking* …と考える十分な根拠がある[何らの理由もない] / on firm [solid] ~ (議論などで)確かな基礎に立脚して / I see no ~ *for* his action. 彼の行為の動機がわからない / What are the ~*s of* your complaint? 君の不平の根拠は何だ / *on* (the) ~*s of* …の理由で, …を口実にして / *on* religious ~*s* 宗教上の理由で / He refused to disclose it *on* the ~*s that* it would be a breach of confidence. 彼は信義を破ることになるという理由からそれを打ち明けるのを拒んだ.

8 a (絵画・浮彫り・レース・織物などの)地, 下地, 下塗, 地色, バック; (塗装の)下地塗: roses on a black ~ 黒地にばらの模様[絵]. **b**〖エッチング〗地塗り (etching ground)《銅板防食用の蠟(ろう)》.

「(pit).

9 a [the ~]《英》床 (floor). **b**《廃》(劇場の)一階席

10 [*pl.*] (特にコーヒーの)かす, おり (dregs): coffee ~*s* コーヒーかす.

11 a〖海事〗海底, 水底 (bottom); 浅瀬の水底 (cf. aground): strike ~ 〈測鉛線が〉海底に達する; 〈船が〉浅瀬に乗り上げる / ⇨ *break* GROUND (3), SMELL *the ground, touch* GROUND (1), *take (the)* GROUND. **b**《廃》底 (bottom).

12〖音楽〗= ground bass.

13〖電気〗**a** アース, 接地 (earth); アース導体: an arcing ~ アーク接地. **b** 地気《大地に対して絶縁されていなければならない送電線などが接地してしまう事故》.

14〖鉱山〗母岩, 地山.

15〖クリケット〗**a** (打者の)打手線 (popping crease) より後の位置, グラウンド: The batsman is in [out of] his ~. 打者はグラウンド内[外]にいる《後の場合にだけアウトにされうる》. **b** = ground staff 2.

16〖アメリカンフットボール〗ランニングプレーを用いる攻撃.

above ground 地上に; 生きて(いて) (alive) (cf. above-ground). ***be dashed to the ground*** 〈計画・希望などが〉くじかれる, 失敗する, 破れる. ***below ground*** (死んで)埋葬されて. ***bite the ground*** ⇨ bite 成句. ***break ground*** (1) (建築などのために)地面を掘る; 土地を耕す; (運河・鉄道などの)作業を始める. (2) 事業を開始する[切り開く], 新分野に進出する. (3)〖海事〗錨(いかり)を巻き上げる, 抜錨(ばつびょう)する. ***break new [fresh] ground*** (1) 新しく土地を耕す, 開墾する. (2) (研究上の)新分野[新天地]を切り開く, 新天地を開拓する. ***cover (the) ground*** (1) (ある)距離[地域]を行く; 調子よく進む. (2) 〈会議・論述・研究などが〉(特定の)問題を(適切に)扱う; (所定の)仕事を(てきぱき)処理する[こなす]: The lecturer *covered* much ~. 講師の話は広範囲にわたった / The article *covers the* ~ pretty well. 論文は問題をかなりよく扱っている. ***cut the ground from under a person [a person's feet]*** (議論・計画などで)先手を打って人を参らせる, 裏をかく. ***down to the ground*** ⇨ down[3] *adv.* 成句. ***fall to the ground*** 地に倒れる[落ちる]; 〈計画などが〉失敗に帰する, 〈希望が〉失われる. ***from the ground up***《口語》(1) 全く新しく, 最初から出直して: He decided to learn Latin *from the* ~ *up.* ラテン語を初めから勉強しようと決心した. (2) 完全に, 徹底的に (thoroughly): She knew it *from the* ～ *up*. ***gain ground*** (1)(敵と対陣していて)陣地を得る; 優勢になる. (2) 前進[進出]する, 進歩する; 〔…を〕圧する, 侵す (encroach)〔*on*〕; 〔…に〕近づく, 迫る〔*upon*〕. (3)〈説などが〉受け入れられる, 普及する, 広まる: The theory seems to be *gaining* ～. その説は広まってきているようである. ***get ground of*** (1) …を蚕食する. (2) …より優勢になる. (3)〈追跡者〉を引き離す. ***get off the ground*** (1)〈飛行機が〉離陸する. (2)《口語》(順調に)開始する, すべり出す, 始まる. ***give ground*** 退却する; 優勢な地歩を失う, 譲る, 負ける. ***go to ground*** (1)〖狩猟〗〈狐が〉穴まで追い詰められる; 〈犬が〉獲物を穴まで追い詰める. (2)〈人が〉地下に潜る, 隠遁(とん)する. ***go to the ground*** 負ける, 敗退する; 滅びる, 消え去る (perish). ***kiss the ground*** ⇨ kiss 成句. ***lick the ground***＝LICK *the dust* (1). ***lose ground*** (1)(戦に負けて)退く (retreat); (競走などで)先を越される, 不利な立場に陥る, 敗北する. (2) 人気[名声]を失う, 失墜する. (3)(健康が)一層悪化する. ***make (up) ground*** 進出する, 躍進する. ***on one's own ground*** 味方の陣地で; 勝手の知った場所[状況]で, 得意[専攻]の分野で. ***on the ground*** (1)(事の起こった)現場に (on the spot); 仕事にとりかかって. (2)〖航空〗(航空機を)整備中で. ***run into the ground*** 《口語》(1) やり過ぎる, 過度にやる: Don't *run* your case *into the* ～. 君の言い分をあまり押し出し過ぎてはいけない. (2) 完全に打ち負かす; 厳しく論駁[批判]する. (3) 疲れ切(らせ)る. ***run to ground*** (1)〖狩猟〗〈獲物を〉隠れ場まで追い詰める. (2)〈人を〉追って突き止める. ***save ground***〖競馬〗〈馬が〉インコースを走る, 経済コースを進む. ***take (the) ground***〖海事〗〈船が〉浅瀬[暗礁]に乗り上げる, 擱座(かく)する (run ashore). ***to the ground*** 《口語》＝DOWN³ *to the ground*. ***touch ground*** (1)〖海事〗〈船が〉水底に触れる. (2)(議論が)現実に触れてくる, 具体的になる; 本題に及ぶ. ***worship the ground a person walks on*** (その踏んだ地面を拝むほど)人を熱愛する, 人に熱を上げる.

— *attrib. adj.* **1** 地面(近く)の, 地上の[で勤務する]: a ～ attack 地上攻撃 / ～ troops 地上部隊 / a ～ hostess 地上勤務のスチュワーデス. **2 a**〈鳥が〉地上生の. **b**〈動物が〉地上[穴]にすむ. **c**〈植物が〉地を這う.

— *vt.* **1 a** 地上に置く: ～ a rifle 銃を立てる / ～ arms〖軍事〗武器を地上に置く《降伏のしるし》. **b** 地上に着ける; 〈ボクサーなどが〉〈相手を〉倒す. **2**〖海事〗〈船を〉乗り上げさせる, 擱座(かく)させる (run aground). **3**〈議論・主張・意見などを〉〔…に〕基づかせる, 立脚させる (found, establish)〔*on*〕: ～ one's arguments *on* experience 議論の根拠を経験に置く / Both morals and ethics should be ～*ed on* religion. 道徳も倫理も宗教に基づいているべきである. **4**〈人〉に〔学科などの〕基礎知識を授ける〔*in*〕: ～ a child *in* arithmetic 子供に算数の初歩を教える / be well ～*ed in* Latin ラテン語の基礎がしっかりしている. **5**〈絵画・装飾などに〉下塗りをする, バックを塗る; 〈壁紙〉に(捺染(なっせん)前に)地色をかける. **6**〖電気〗アース[接地]する (《英》earth). **7**〖航空〗**a** (故障・天候不順・免状取り上げなどのため)〈飛行機・操縦士・乗客を〉地上に釘付けにする. **b**〈航空機を〉強制的に着陸させる. **c**〈操縦士〉の飛行勤務を解く, 地上整備員 (ground crew) とする. **8**〖アメリカンフットボール〗(ボールを保持している攻撃側プレーヤーが守備側プレーヤーによるタックルを避けるため)故意に〈ボールを〉グランド前方に投げる.

— *vi.* **1** 地上に着く[落ちる]. **2**〖海事〗〈船が〉〔浅瀬に〕乗り上げる, 擱座(かく)する (run aground): ～ *on* a sand bank 砂洲(す)に乗り上げる. **3** 着陸する; 地上に落下する. **4**《廃》〔…を〕基礎とする, 〔…に〕基づく〔*on, upon*〕. **5**〖野球〗**a** ゴロを打つ: ～ *to* the shortstop. **b** [通例 ～ *out* として] ゴロを打ってアウトになる.

ground² [gráund]〘OE *grundon* (pt.pl.) & **grunden* (p.p.)〙— *v.* grind の過去形・過去分詞. — *adj.* **1** 碾(ひ)いた, すり砕いた, 粉にした: ～ rice / ～ pulp 砕木パルプ (⇨ groundwood 2) / ～ beef 牛の挽(ひ)き肉. **2** すった, 研いだ: ～ finish 磨き仕上げ. **3** ざらざらにした: ⇨ ground glass.

gróund·age [gráundɪdʒ]〘(15C)〙 *n.* 《英》(船の)停泊料[税].

gróund alèrt *n.*〖軍事〗**1** 地上待機, 地上警戒体制《飛行士が戦闘機の近くに直ちに飛立つ用意をして待機している状態》. **2** 地上警戒体制で待機中の飛行機.

gróund àngling *n.*〖釣〗(浮きなしでする)底釣り, 沈み釣り, ぶっ込み釣り.

gróund ásh *n.* トネリコの若木 (ash sapling); 同上製ステッキ《根をそのまま柄にしたもの》.

gróund bàit *n.*〖釣〗寄せ餌(え), まき餌, こませ《魚を集めるために漁場[釣場]に投じるもの》. **gróund-bàit** *vt.*

gróund báll *n.*〖野球・クリケット〗＝grounder.

gróund báss [-béɪs] *n.*〖音楽〗グラウンドベース, 固執低音 (basso ostinato)《低声部で何回も繰返される短い旋律的動機》.

gróund bèam *n.*〖建築〗**1** ＝sleeper 7. **2** ＝groundsill.

gróund bèetle *n.*〖昆虫〗オサムシ《オサムシ科(ゴミムシ類も含む)に属する甲虫のうち地上生の昆虫の総称; carabid ともいう》.

gróund bòx *n.*〖植物〗花壇のへり取り用のツゲ属 (*Buxus*) の植物の総称.

gróund·brèaker *n.* 開拓者, 開発者, 草分け (pioneer).

gróund càble *n.*〖海事〗浮標錨鎖(びょうさ)《浮標を定置するためのいくつかの錨(いかり)から浮標直下地点までの地をはう錨鎖》.

gróund cèdar *n.*〖植物〗**1** ＝lycopodium 1. **2** トショウ (*Juniperus communis*).

gróund chàin *n.*〖海事〗**1** 根付けチェーン《錨から錨鎖第1節までの間に取付けた短い錨鎖; 錨(いかり)を揚げた時, 船からこの部分でぶら下る》. **2** ＝ground cable.

gróund-chèrry *n.*〖植物〗**1** ヨーロッパ産の低木状のサクラ数種の総称; (特に)ホウキザクラ (*Prunus fruticosa*). **2 a** ホオズキ《ナス科ホオズキ属 (*Physalis*) の草本の総称》. **b** ホオズキ(の実)《食用になるものもある》.

gróund clòth *n.* **1** 舞台の床おおいの粗布. **2** ＝ground sheet.

gróund còat *n.* (ペンキの)粗面塗り, 下塗り.

gróund còlor *n.* **1** (絵画などの)基色, 地色, バック. **2** ＝ground coat.

gróund connèction *n.*〖電気〗接地, アースをとること.

gróund contròl *n.*〖航空〗(航空機・宇宙船などの)地上操作[管制, 誘導].

gróund-contròlled appròach *n.*〖航空〗地上誘導着陸(方式)《地上からの無線誘導に基づく計器着陸; 略して GCA という時, 主としてその設備を指す》.

gróund-contròlled intercèption *n.*〖空軍〗地上要撃管制《地上のレーダー施設が敵機の位置を味方戦闘機に伝えて要撃させる方法》.

gróund còver *n.* **1** 森林の下生え. **2** (地面をおおっている)下草, 地被植物.

gróund crèw *n.* (飛行場の)地上整備員 (《英》ground staff) (cf. groundsman 2).

gróund cùrrent *n.*〖電気〗地電流 (earth current).

gróund detèctor *n.*〖電気〗検漏器《電気機器の外箱など通常接地されるところと, 本体の内部との間の絶縁が正常であるかどうかを検査するもの》.

gróund dòve *n.*〖鳥類〗スズメバト (*Collumbigallina passerina*)《アメリカ産の地上生の小型のハト》; *Collumbigallina* 属, ナンベイキジバト属 (*Leptotilia*) などのハトの総称.

gróund·ed *adj.* [通例副詞に伴い複合語の第2構成素として] 基礎をすえた, 根拠のある: a well-[an ill-]*grounded* suspicion 根拠の十分な[不確かな]嫌疑.

gróunded anténna *n.*〖通信〗接地空中線, 接地アンテナ《アンテナの一種で一端を接地したもの》.

gróund·ed·ly *adv.* 《古》十分な根拠をもって, しっかりと (firmly).

gróund-effèct machìne *n.*〖航空〗底面または底面の周辺に空気を吹出し浮上する水陸両用の乗物《略 GEM; air-cushion vehicle ともいう; cf. Hovercraft》.

gróund èlder *n.* 《英》〖植物〗＝goutweed.

gróund·er *n.*〖野球・クリケット〗ゴロ (cf. fly ball).

gróund fàult *n.*〖電気〗接地事故, 地絡事故.

gróund fìr *n.*〖植物〗直立茎を生じるヒカゲノカズラ属 (*Lycopodium*) マンネンスギの類の植物の総称.

gróund·fìre *n.* 地上砲火《航空機に対する地上からの銃砲撃》.

gróund·fìsh *n.* 水底にすむ魚, 底魚《タラ・オヒョウ・ヒラメなど》.

gróund-fìshing *n.*〖釣〗＝ground angling.

gróund flóor *n.* **1** 一階 (《米》first floor). **2** 《口語》(事業・取引などで, 最初から加わっての)最も有利な立場[関係]: be in on the ～ 最初から加わって有利な立場にある / get in on the ～ 有利な立場に入る[立つ], 有利な取引をする.

gróund fòg *n.*〖気象〗地上霧《地面が冷えて地表近くにできる霧》.

gróund fòrm〘《なぞり》← G *Grundform*〙 *n.*〖言語〗(語の)基本形, 語幹 (theme).

gróund fròst *n.* **1** 地表の霜; 凍った地面. **2** (植物が被害を受ける)地表氷結温度.

gróund gàme *n.* [集合的]《英》地上にすむ猟獣《猟鳥 (wing game) と区別してウサギなどにいう》.

gróund glàss *n.* **1 a** すりガラス. **b**〖写真〗グラウンドグラス《焦点ガラス; カメラの結像面におき, 像を見るためのすりガラス》. **2** (研磨剤として使う)すりつぶしたガラスの粉, 粉末ガラス.

gróund hèmlock *n.*〖植物〗米国北東部産のイチイ属 (*Taxus*) の常緑低木数種の総称; (特に)カナダイチイ (*T. canadensis*).

gróund·hòg〘《なぞり》← Du. *aardvark* 'AARDVARK'〙 *n.*〖動物〗**1** ＝woodchuck 1. **2** ツチブタ (aardvark).

Gróundhog Dày〘この日 GROUNDHOG が初めて穴を出て, もし地上に自分の影を見れば更に6週間の冬ごもりに引き返すとの伝説から〙— *n.* 《米》ウッドチャックの日《2月2日, 一部の地方では2月14日; 春の到来を占う日で, この日晴天ならば冬がまだ終わらず, 曇天であれば春が近いとされる; cf. 「啓蟄(けいちつ)」》.

gróund ìce *n.*〖地質〗底氷 (⇨ anchor ice).

gróund·ing〘ME〙— *n.* **1** 基礎工事; 基礎教授; 基礎知識, 根底: have a good ～ *in* English 英語の基礎が十分できている. **2** (刺繍・染色などの)下地, 地色. **3**〖海事〗擱座(かく), 座礁; (船体検査または修繕のため)船を海岸などに引き上げること.

gróunding clàuse *n.*〖海商〗グラウンディング クローズ, 乗揚げ約款.

gróund ìtch *n.*〖病理〗土壌疹, こえかぶれ《十二指腸虫の幼虫が皮膚から侵入して生じる皮膚鉤虫(こうちゅう)症の代表的な形》.

gróund ìvy〘ME〙 *n.*〖植物〗カキドウシ (*Glechoma hederacea*)《シソ科の小雑草で茎は地を這い紫色の花をつける; gill-over-the-ground, cat's-foot ともいう》.

gróund·kèeper *n.* (公園・墓地・運動場・球場などの)管理人《grounds keeper ともいう》.

gróund làndlord *n.* 《英》(宅地の)地主 (cf. ground rent).

gróund·less〘OE *grundlēas* bottomless: ⇨ ground¹, -less〙— *adj.* 根拠[基礎]のない, 無根の, いわれのない, 理由のない (unfounded, baseless): ～ fears, rumors, etc. ～**·ly** *adv.* ～**·ness** *n.*

gróund lèvel *n.*〖物理〗基底状態 (ground state) のエネルギー準位.

gróund·lìne *n.* **1**〖釣〗＝setline 1. **2** [*pl.*]《古》**a** 輪郭 (outlines). **b** 基礎, 根本.

gróund·ling [gráundlɪŋ]〘(1601)〙— *n.* **1** 水底にすむ魚《ドジョウなど》. **2** 地上または地面近くに住む動物. **3** 地を這う植物, 地面すれすれに生える植物, 矮小(わいしょう)植物, 匍匐(ほふく)植物. **4** 地上勤務の人. **5 a** (エリザベス朝時代の劇場の)土間客《床もベンチもなかったから文字通り地面の上に立って見た》: split the ears of the ～*s* 土間客の耳をつんざく (Shak., *Hamlet* 3. 2. 12). **b** 鑑賞眼の低い観客[読者], 大向う, 趣味の低級な人 (Philistine).

gróund lòad *n.*〖航空〗(航空機の)地上荷重.

gróund lòg *n.*〖海事〗対地測程器《手用測程器のログチップ (log chip) の代りに 7-9 ポンドの錘(おもり)を取りつけたもので, 浅海でこれを海底に投じ船の移動の方向と距離を知るもの》.

gróund lòop *n.*〖航空〗グラウンドループ《尾輪式の飛行機で離着陸の際時々起こる急激な尻振り》.

gróund·màn [-mæ̀n, -mən] *n.* (*pl.* **-men** [-mèn, -mən]) **1** 地上作業員. **2** (クリケット・野球などの)グラウンド管理人, 球場係《groundsman ともいう》. **3** 接地係の電気機械工.

gróund màrker *n.*〖空軍〗(目標地域を照らすためパラシュートなしで落とす)照明弾.

gróund·màss *n.*〖岩石〗石基《斑(はん)状火山岩において斑晶の間を満たす細粒状またはガラス質の部分》.

gróund mèristem *n.*〖植物〗基本分裂組織《将来基本組織系に分化する前分裂組織》.

gróund nòise *n.*〖音響〗基礎雑音《録音再生系や増幅器から出る信号以外の雑音》.

gróund nòte *n.*〖音楽〗基音, 根音 (fundamental).

gróund·nùt *n.*〖植物〗**1 a** 地下に実を結ぶ植物の総称《アメリカホドイモ (*Apios tuberosa*), dwarf ginseng など》. **b** その塊茎《食用となる》. **2** 《英》＝peanut 1. **3** ＝chufa.

gróund obsèrver *n.* 地上監視員《地上の監視所で敵の航空機の動きを監視・追跡・報告する人》.

gróund·òut *n.*〖野球〗打者が内野手へのゴロを打ってアウトになること.

gróund òwl *n.*〖鳥類〗＝burrowing owl.

gróund pàrrot *n.*〖鳥類〗キジインコ (*Pezoporus wallicus*)《オーストラリアの海岸・湿地・不毛地にすむ地上生の緑色のインコ》.

gróund pèa *n.*〖植物〗**1** ＝peanut 1. **2** ＝groundnut 1 a.

gróund pèarl *n.* 西インド諸島産のカイガラムシ (*Margarodes formicarum*) の雌《その作る殻を原住民は糸に通して首飾りにする》.

gróund pìg *n.*〖動物〗＝cane rat.

gróund pìne *n.*〖植物〗**1** ヨーロッパ産キランソウ属の一種 (*Ajuga chamaepitys*). **2** ＝lycopodium 1.

gróund pìnk *n.*〖植物〗**1** 米国 California 州南部地方産のナデシコに似たハナシノブ科の草 (*Gilia dianthoides*). **2** ＝moss pink.

gróund plàn *n.* **1** (建築物の)平面図 (cf. elevation 7). **2** 基礎計画; 概要 (outline).

gróund plàne *n.* (投射図の)基平面.

gróund plàte *n.* **1**〖鉄道〗(枕木の下の)鉄床板. **2**〖電気〗アース板, 接地板. **3**《古》〖建築〗＝groundsill.

gróund·plòt *n.* **1** 建地, 建地面; 下計画. **2** ＝ground plan 1. **3**〖航空〗グラウンドプロット《既知の地点からの飛行時間と対地速度を掛けて航空機の現在の位置を機上で決める方法》.

gróund plùm *n.* **1**〖植物〗米国西部産のマメ科レンゲソウ属の草本 milk vetch の一種 (*Astragalus caryocarpus*). **2** ground plum の実《食用》.

gróund pòwer *n.*〖航空〗(航空機用の)地上電源.

gróund rènt *n.* 《英》(建物の)地代, 借地料.

gróund rèsonance *n.*〖航空〗(ヘリコプターの)地上共振.

gróund ròbin *n.*〖鳥類〗＝towhee.

gróund·ròw *n.*〖劇場〗**1** 横長の低いフラット. **2** (舞台の)横に並べた一組のストリップライト.

gróund rùle *n.* **1**〖スポーツ〗(特定のグラウンドやコートの条件に則して定められた)グラウンドルール. **2** [通例 *pl.*] (特定の行動の)基本原則, 行動原理.

gróund sèa *n.* ＝ground swell.

gróund·sel¹ [gráun(d)səl, -sl̩]〘OE *g(r)undeswelge*《原義》pus-absorber ← *gund* pus (cf. red gum¹)＋*swelgan* 'to SWALLOW²' (薬用になるところから)': *gr-* のつづり字は, この草が急速に生長して地面に広がるところから GROUND¹ と連想した通俗語源による〙— *n.* キク科サワギク属 (*Senecio*) の草本の総称《特に, 英国産のノボロギク (*S. vulgaris*); 米国産の *S. aureus*》.

gróund·sel² [gráun(d)səl, -sl̩]〘(1418) *gro(u)nsel*: ⇨ ground¹, sill〙 *n.*〖建築〗＝groundsill.

gróund·shèet *n.* グラウンドシート《湿気よけに地面に敷く防水敷布; ground cloth ともいう》.

gróund·sìll *n.* 《古》〖建築〗土台, 根太.

gróunds kèeper *n.* ＝groundkeeper.

gróund slúice *n.* 〘鉱山〙樋(ˢ), 洗砂樋(ʰ), トラフ《金などの鉱物を含む砂や泥を洗うために地表に作られた; 溝や樋; 砂鉱の採掘に用いられる》.
gróunds·man [-mən | -mən, -mæn] *n.* (*pl.* **-men** [-mən, -mèn]) **1** 《英》=groundman 2. **2** =groundkeeper.
gróund spèed *n.* (飛行機の)対地速度 (cf. air speed).
gróund squìrrel *n.* 〘動物〙地上生のリスの総称: **a** ジリス, ハタリス《リス科ジリス属 (*Citellus*)・アフリカジリス属 (*Xerus*) などで耳・尾・毛が短く地面に穴を掘ってすみ, ほお袋があるリスの総称; ハタリス, ヨーロッパハタリス (*C. citellus*) など; spermophile ともいう》. **b** 《米中南部》シマリス (chipmunk).
gróund stàff *n.* **1** 《英》=ground crew. **2** 〘クリケット〙クリケットクラブ専属のプロ選手および整備員.
gróund stàte *n.* 〘物理〙基底状態《最低のエネルギーをもった状態》.
gróund stàtion *n.* 〘通信〙地上局《通信局のうち, 人工衛星・航空機・列車などの移動局 (mobile station) に対し, 地上の固定局をいう》.
gróund-stràfe *vt.* =strafe 1, 2.
gróund stràke *n.* 〘造船〙=garboard.
gróund stròke *n.* 〘テニス〙グラウンド ストローク《球がバウンドしてから打つ打ち方; cf. volley 3 a》.
gróund sùbstance *n.* 〘生物〙基質《結合組織の細胞間にある多量の細胞間質》.
gróund swèll *n.* **1** (遠方の大風などに原因する)波の大うねり, 余波. **2** (国民感情や世論などの)大うねり, 大きな動き.
gróund tàble *n.* 〘建築〙=earth table.
gróund tàckle *n.* 〘海事〙停泊用具《錨(ᶦᵏᵃʳᶦ)・錨綱・錨鎖(ʲᵒᵘ)などの総称》.
gróund tìssue *n.* 〘生物〙=parenchyma 2.
gróund-to-áir 〘軍事〙*adj.* 地対空の《地上から(発射して)空中の目標を攻撃するものにいう》: a ~ missile. — *adv.* 地対空へ.
gróund-to-gróund 〘軍事〙*adj.* 地対地の《地上から(発射して)地上の目標を攻撃する》: a ~ missile. — *adv.* 地対地へ. ⌈ter).
gróund·wàter 〘《15C》〙 *n.* 地下水 (cf. surface wa-
gróundwater lèvel *n.* **1** =water table 1. **2** 地下水位.
gróund wàve *n.* 〘通信〙地表波《海上も含め地球の表面に沿って伝わる電波; cf. sky wave》.
gróund wàys *n. pl.* 〘造船〙進水固定台, 進水台《船台の上に固定された 2 条の丈夫な木製の台; 上に獣脂などを塗って進水架の滑りをよくする; standing ways ともいう》.
gróund wìre *n.* 《米》〘電気〙地線, アース(線)(《英》earth wire).
gróund·wòod *n.* **1** 砕木《砕木パルプを製造するために砕木機 (grinder) で摩砕された木材》: ~ pulp 砕木パルプ / ~ paper 更紙. **2** 砕木パルプ《木材を摩砕して製造した機械パルプの一種; 不純物が多く下級紙用; cf. chemical pulp》.
gróund·wòrk 〘cf. Du. *grondwerk* / G *Grundwerk*〙 *n.* **1** 基礎, 土台: lay the ~ for ...の基礎を置く. **2** (絵画・刺繍(ʲᵘ)などの)下地. **3** 基本原理, 原則.
ground·y [gráundi | -dɪ] *adj.* (**ground·i·er; -i·est**) 〈コーヒーが〉土くさい味[香り]のする.
gróund zéro *n.* ゼロ地点《核爆弾爆発の真下または真上の地面または水面》.
group [grúːp] 〘《1686》▭ F *groupe* ▭ It. *gruppo* ▭ Gmc **kruppaz*: ⇨ crop〙 — *n.* **1** 群, 集団, かたまり, 集り (cluster, assemblage): a ~ *of* persons, cows, trees, rocks, stars, islands, etc. / A ~ *of* boys are playing baseball. 一群の少年たちが野球をしている / in a ~ 群になって / in ~*s* 群をなして, 三々五々. **2 a** (政治・宗教・学術界などで説・主義・信仰などを同じくする人の)群, グループ. **b** (会・党・教会などの中の)分派, …派: the free trade ~ in the Conservative Party 保守党内の自由貿易派. **c** (趣味・興味などで集まる)同好会, サークル (circle): a dance ~ ダンス同好会. **d** (資本系列が同じ)企業グループ. **3** (種々の科学的分類上の)群, 群団. **4** 〘美術〙群, グループ, 群像《絵画または彫刻において構図の一単位を成す数個の人または物の集団》: the Laocoön ~ ラオコーン群像. **5** 〘化学〙**a** 基 (radical). **b** (周期表上の)縦の元素の集合. **c** 群, 原子団《分子中で特殊な結びつき方をする原子の群》. **6** 〘言語〙**a** 語派《語族 (family) の下の区分》. **b** (地理的その他の関係による)言語群. **7** 〘地質〙**a** 層群《地層区分上の一単位》. **b** 界《地質系統上の最大区分; 地質時代の代 (era) に当たる》. **8** 〘数学〙群《数の加法や乗法のように結合法則をみたす演算について閉じた代数系で, 単位元をもち, かつ各元に対し逆元のあるもの》. **9** 〘音楽〙**a** 音群《符桁(ᵏᵉᵗᵃ)で結合した一連の音符群》. **b** 音群《オーケストラの同種の楽器から成る部分》. **c** =pop group. **10 a** 〘米陸軍〙群, 戦闘群《司令部と 2 個以上の大隊からなる戦術的部隊》. **b** 〘米空軍〙航空群, 群《航空団 (wing) の編成単位で, 2 個以上の飛行大隊 (squadron) よりなる; 地上部隊の連隊 (regiment) に相当》. **c** 〘英空軍〙飛行連隊.
— *attrib. adj.* **1** 集団の, 団体の (collective): a ~ discussion. **2** 〘文法〙語群から成る: a ~ preposition 群前置詞 / a ~ verb 群動詞 / a ~ genitive 群属格.
— *vt.* **1** 群にする, 集団にする, 一団にする, (ひとかたまりに)寄せ集める (cluster): ~ a family for a photograph 写真を撮(ᵗ)るために家族の人々を並べる / The family ~*ed* themselves [were ~*ed*] *around* the fire. 家族の人たちは火の回りに集まった. **2 a** 同じ[いくつかの]グループに集める, (系統的に)分類する (classify) 〈*together*〉: Languages are ~*ed* in accordance with their genealogical relations. 言語はその系統関係によって分類される. **b** (色・形などによって)調和よく配置する, 調和させる 〈*together*〉: Tulips are best ~*ed together* in the garden by colors. 庭のチューリップは色別にまとめて植えるのが一番よい.
— *vi.* **1** 集団[かたまり]になる, 群を成す. **2 a** 集団[群]の一部を成す. **b** 〈集まったものが〉調和が取れる, 配合ができる: The tulips ~ splendidly in the garden. 庭のチューリップの配合がすばらしい. **3** 集中命中する. **~·a·ble** [-pəbl] *adj.*
gróup annùity *n.* 〘保険〙団体年金.
gróup càptain *n.* 〘英空軍〙空軍大佐.
gróup demodulátion *n.* 〘電子工学〙群復調《群変調 (group modulation) された信号を元の信号に戻すこと》. ⌈ともいう》.
gróup díalect *n.* 集団特有の言語《group language
gróup dynámics *n.* 〘社会学〙集団力学, 社会力学《主として小集団内の人間関係の動態や諸力の相互作用を研究する経験的社会学の一部門》.
gróuped cólumns *n. pl.* 〘建築〙吹寄せ柱, 群柱《同一の柱台上に建てられた 3 本以上の柱》.
grou·per [grúːpə | -pə(r] 〘《1687》▭ Port. *gar(o)upa* ← ? S-Am.-Ind.〙 — *n.* (*pl.* ~**s**, ~) 〘魚類〙**1** スズキ科のうち主にマハタ属 (*Epinephelus*)・*Mycteroperca* 属の食用魚数種の総称. **2** カサゴ科の数種の魚類の総称《カサゴ・メバル・アコウダイなど》.
Group·er [grúːpə | -pə(r] 〘← (*Oxford*) *Group* + -ER[1]〙 *n.* Oxford Group movement の支持者, ブックマン主義者 (Buchmanite).
gróup fláshing líght *n.* 〘海事〙群閃光《一定周期に 2 回以上発光する航路標識の灯光》.
gróup grópe *n.* 《俗》乱交パーティー.
group·ie [grúːpi | -pɪ] *n.* 《俗》**1 a** (特に, 十代の)ロックグループのファンの女の子. **b** 有名人のあとを追い回す十代のファン, 「親衛隊」. **2** 〘英空軍〙=group captain. **3** group sex をする人.
gróup·ing *n.* **1** 集合させる[する]こと. **2** グループ分け, 組分け; グループ (group). **3** (物の集合の)配置, 布置; (構図などの)配合, 配置, (形象の)取り合わせ.
gróup insùrance *n.* 〘保険〙団体保険《通例医師の検診なしに, 多数の人[従業員]の集団を被保険者とする生命・年金・傷害・疾病保険》: *group* life [accident and health] *insurance* 団体生命[傷害健康]保険.
Group·ist [grúːpɪst, -pəst | -pɪst] *n.* =Grouper.
gróup lánguage *n.* =group dialect.
gróup márriage *n.* 〘社会学〙群婚, 集団婚《男性の一群と女性の一群とが集団的に婚姻する形態; cf. punalua》.
gróup mèdicine *n.* =group practice.
gróup mìnd *n.* 〘社会学・心理〙集団心理, 集団精神《個人と同様に集団が統一的全体として持つ独自の精神や心》.
gróup modulátion *n.* 〘電子工学〙群変調《複数個の信号を同時に共通に変調する方式》.
gróup nótes *n. pl.* 〘音楽〙連音符《拍子の単位に従わない分割法による音符群》.
gróup occúlting líght *n.* 〘海事〙群明暗光《一定周期に 2 回以上明滅する航路標識の灯光》.
gróup·oid [grúːpɔɪd] 〘← GROUP + -OID〙 *n.* 〘数学〙亜群《特定の要素について積や商が定まっており, 積について結合法則が成立するような集合》.
gróup pràctice *n.* グループ診療, 集団開業《専門の違う医師が共同で普通同じビル内で開業する診療形態; group medicine ともいう》.
gróup psychólogy *n.* 集団心理学《集団心理・群集心理を研究する社会心理学の分野》.
gróup psychothérapy *n.* 〘心理〙集団心理療法《患者や来談者の集団を作って, 治療者の参加のもとに総合の討論や心理的交流によって, 精神障害・心理的問題の解決をはかる治療法》.
gróup representátion *n.* 〘政治〙集団代表制《地理的区域でなく利益・事業関係に基づく職能代表制》.
gróup selèction *n.* 〘保険〙団体選択 (↔ individual selection).
gróup séx *n.* 集団性行為 (cf. groupie 3).
gróup thèory *n.* 〘数学〙群論.
gróup thérapy *n.* 〘心理〙集団(心理)療法《集団心理療法を含め, さらにレクリエーションなどの集団行動を通じて行なう療法》. **gróup thérapist** *n.*
gróup·thìnk *n.* 〘倫理〙集団思考《集団の考え方, 価値観に雷同する思考(様式)》.
gróup velòcity *n.* 〘物理〙群速度《振幅波形の進行速度; cf. particle velocity, phase velocity》.
gróup wòrk *n.* グループワーク《個人の環境への適応やコミュニティ活動への参加を促進するために社会事業関係者が用いる方法や技術; cf. social work》. **~·er** *n.*
group·y [grúːpi | -pɪ] *n.* =groupie 1.
grouse[1] [gráus] 〘《1531》← ?: cf. ME *grue* crane〙 — *n.* (*pl.* ~, ~**s**) 〘鳥類〙**1** ライチョウ《ライチョウ科の鳥類の総称; 猟鳥の王座を占めるもので, ヨーロッパではクロライチョウ (black grouse) やオオライチョウ (wood grouse), 米国ではエリマキライチョウ (ruffed grouse) やハリモミライチョウ (spruce grouse) などが主要種》. **2** 《英》アカライチョウ (red grouse).
grouse[2] [gráus] 〘《1892》← ?: cf. grouch / OF *groucier* to murmur〙 《口語》*vi.* ぶつぶつ言う, 不平を言う 〔*about*〕. — *n.* 不平. **gróus·er** *n.*
grouse[3] [gráus] 〘← ?〙 *adj.* 《豪俗》すばらしい, すごい, すてきな (excellent, wonderful).
gróuse shòoting *n.* 雷鳥猟《英国では毎年 8 月に始まる; cf. Glorious Twelfth》.
grout[1] [gráut] 〘OE *grūt* ← Gmc **ʒrūt-* (Du. *gruit* dregs / G *Grauss*) ← IE **ghrēu-* to rub: cf. grit, groats〙 — *n.* **1** [通例 *pl.*] かす, おり (lees, grounds). **2** 《古》**a** あら粉, 碾(ʰ)き割り (coarse meal). **b** [*pl.*] =groats 2. **3** 〘土木〙グラウト《岩石の割れ目や石積みのすき間などに圧力で注入するセメント[モルタル]; cf. grouting 1》. **4** 〘建築〙(壁・天井などの)仕上げ塗り, 上塗り. — *vt.* …にグラウトを詰める, グラウトで仕上げる; グラウトにする[のように用いる]. **~·er** [-tə | -tə(r] *n.*
grout[2] [gráut] 〘《*a*1723》《変形》← 《廃》*groot* (v.) to grub up the ground, (n.) dry earth, soil ← ?: cf. OE *grēot* 'earth, GRIT'〙 《英》— *vt.* 〈豚が〉〈土などを〉鼻で掘り起こす. — *vi.* 〈豚が〉鼻で掘り起こす.
gróut·ing [-tɪŋ | -tɪŋ] *n.* 〘土木〙**1** グラウチング《セメント・ペースト・モルタルの注入》. **2** 〘建築〙=grout[1] *n.* 3.
grout·y [gráuti | -tɪ] 〘← ? GROUT[1] + -Y[4]〙 *adj.* (**grout·i·er; -i·est**) 《米方言》不機嫌な, むっつりした (cross).
grove [gróuv | gráuv] 〘OE *grāf* ← ?: cf. OE *grǣfa* thicket〙 — *n.* **1 a** (通例下草を取り除き散策などに適した)小森, 木立: the ~(*s*) of Academe = academe 2. ★ ラテン語系形容詞: nemoral. **b** 神の森, 「鎮守の森」《昔しばしば, キリスト教以外で神を祭るために植樹したもの》. **2** (特に柑橘(ᵏᵃⁿ)類の)果樹園 (orchard): an orange ~.
Grove [gróuv | gráuv], **Sir George** *n.* (1820–1900) 英国の音楽学者; *Grove's Dictionary of Music and Musicians* (1878–89) の編者.
grov·el [grávəl, grʌ́v- | grɔ́v-, grʌ́v-] 〘《1593》《逆成》← GROVELING (adv.): cf. sidle〙 — *vi.* (**grov·eled, -elled; -el·ing, -el·ling**) **1** (卑下してまた恐怖で)這(ʰ)う, 腹ばう (crawl). **2** (権威などの前に)平伏する, 卑屈に振舞う; 卑下する: ~ *before* [*to*] authority 権威の前に屈服する. **3** 卑しいことに耽る (wallow) 〔*in*〕. ⌈低頭する.
***grovel in the dust* [*dirt*]** 地に頭をすりつける, 平身
gróv·el·er [-v(ə)lə | -lə(r] *n.* **1** 這(ʰ)う人. **2** おべっか使い, 卑屈な人 (sycophant). **3** 下卑た人.
gróv·el·ing [-(ə)lɪŋ] 〘《?*a*1350》*grufelinge* (adv.) on the face ← *a gruffe* on the face ▭ ON *ā grūfu*: ⇨ -ling[2]〙 — *adj.* **1** 腹ばいする, 匍匐(ʰᵒ)性の (prone): ~ creatures. **2** 言いなり次第になる, へいへいする, 卑屈な (abject, servile). **3** 下卑た, 下品な, 下等な (base, mean): a ~ nature, thought, etc. — *adv.* 《古》うつ伏せになって. **~·ly** *adv.*
gróv·el·ler [-v(ə)lə | -lə(r] *n.* =groveler.
gróv·el·ling [-v(ə)lɪŋ] *adj., adv.* =groveling.
grov·y [gróuvi | gráuvi] *adj.* (**grov·i·er; -i·est**) 小森[木立]のような, 小森の多い, 小森の中にある.
grow [gróu | gráu] 〘OE *grōwan* to grow (of plants) ← Gmc **ʒrō-* (Du. *groeien* / ON *grōa* to grow, grow green) ← IE **ghrē-* to grow, become green: cf. grass, green〙 — *v.* (**grew** [grúː]; **grown** [gróun | gráun]) — *vi.* **1** 〈生物などが〉発育する, 成長する, 伸びる (develop); 〈草木が〉生える, 育つ, 生長する, 茂る, 産する (flourish): The olive ~*s* in Italy. オリーブはイタリアにできる / Willows ~ very well in this soil. 柳はこの土壌(ᵈᵒ)には非常によく育つ / My hair has ~*n*. 髪が伸びた / He *grew* two inches this year. 今年 2 インチ背が伸びた / The tree has ~*n to* an immense size. その木は大変な大木になった / The boy will ~ *into* a very fine man. その少年は立派な大人になるだろう / Great oaks *from* little acorns ~. 《諺》オークの大木も小さなどんぐりから. **2** 芽生える, 生じる, 発生する: Friendship soon *grew* between them. 二人の間に間もなく友情が芽生えた / The quarrel *grew out of* a mere conversation. そのけんかは単なる雑談から生じた. **3** (次第に)大きくなる, 増大する: ~ *in* experience 経験を増す / ~ *in* fame 名声が高まる / The number of colleges has ~*n* since the war. 大学の数が戦後増加した / Tensions were ~*ing*. (国際間の)緊張が高まりつつあった. **4** [補語を伴って] (次第に)…になる, なっていく (become, turn); [*to* do [be] を伴って] …するようになる (come): ~ tired 疲れてくる / ~ less 減る, 減少する / as we ~ old 年を取るにつれて / It was ~*ing* darker. だんだんあたりが暗くなってきていた / I have ~*n to* like it. それが気に入るようになった / She is ~*ing* (*to* be) like her mother. 彼女は母親に似てきている / The sound *grew to* a shriek. その音はだんだん悲鳴に変った / The wind *grew into* a storm. 風は嵐になった. **5** 〘海事〙〈錨鎖(ʲᵒᵘ)などが〉(ある方向に)伸びる (tend).
— *vt.* **1** 育てる, 栽培する (cultivate): ~ apples, rice, roses, etc. / Grapes are [Wine is] ~*n* in the district. その地方はぶどう[ぶどう酒]の産地だ. **2** 生(ʰ)やす, 伸ばす: ~ a beard ひげを生やす / ~ one's hair long 髪を長く伸ばす. **3** (心の中に)発達させる, 養う (develop): ~ a good taste いい趣味を養う. **4** [p.p.

形で〕〔草木で〕おおう (cover) 〈*about, over, up*〉〔*with*〕: The land is well ~*n with* trees. その土地は木がよく茂っている / The stone was ~*n about with* grass. その石は草に囲まれた.
grow away (1) (よく)成長する. (2)〔習慣などから〕抜け出す,〔親・兄弟・仲間などと〕疎縁になる〔*from*〕. ***grow downward*** 下の方に生長する[伸びる]; 減少する (diminish). ***grow into*** (1) 成長して…になる (cf. *vi.* 1). (2) (次第に変化して)…になる (cf. *vi.* 4). (3) 成長して…を着られる[つけられる]ようになる; 〈職業など〉が立派にできるようになる, …に熟練する: He *grew into* his father's suits. 彼は父の服が着れるほどに大きくなった / The boy will soon ~ *into* the job. その少年はじきに仕事がよくできるようになろう[仕事に熟練するだろう]. ***grow on*** [***upon***] (1) 次第に…を支配するようになる, …にだんだん大きく影響してくる: a habit that rapidly ~*s on* him どんどんつのる習慣 / The business was ~*ing upon* my hands. 事業はだんだん私の手に負えなくなってきていた. (2) …にとってだんだんよいと思われてくる, に価値がわかってくる: His style will soon ~ *on* you though you may not like it at first. 彼の文体は初めは気に入らなくても, そのうちに君もよいと思うようになるだろう. ***grow out*** (1) 芽を出す, 芽生える (sprout). (2) 〈動物などを〉十分に成長させる. ***grow out of*** (1) …から生じる (cf. *vi.* 2). (2) 成長して〈悪癖など〉から抜け出す, 大きくなって…が直る: He will ~ *out of* the bad habit in time. そのうちに悪い癖が直るだろう. (3) 成長して…が着られなくなる[…を失う] (outgrow): ~ *out of* one's clothes [shoes] 成長して着物[靴]が合わなくなる / ~ *out of* recognition [knowledge] 見違えるほど成長する. ***grow together*** (1) 〈つたなどが〉伸びて一つになる. (2) 〈傷が〉癒合(ゆごう)する. ***grow up*** (1) 〈人・動物が〉成熟する, 成人する, 大人になる (cf. grown-up); [主に命令文で]大人らしく振舞う[考える]: ~ *up to* manhood 成人する / *Grow up!* (2) 〈植物が〉地中から現れる, 発芽する, 上に伸びる (spring up). (3) 〈慣習・事態などが〉発生する, 生じる, 行きわたる (become prevalent): An alarming situation is ~*ing up*. 憂慮すべき事態が発生しつつある.

grow·a·ble [gróuəbl | gráu-] *adj.* 成育[生長]させることができる, 栽培できる.

grów·er 〘(15C)〙 — *n.* **1** [修飾語を伴って] …に育つ植物 (cf. bearer 3, fruiter 3, flowerer 1): a free [rapid, shy, rank] ~ 自由に[早く, のろのろ, はびこって]育つ植物 / a slow ~ 晩生植物 / a fast [quick] ~ 早生植物. **2** (市場に出す花・果物・野菜類の)栽培者, 培養者, 作る人: a fruit ~ 果物栽培者 / a well-known ~ of roses 有名なばら作り.

grów·ing *n.* 成長, 生長, 発育 (growth); 栽培. — *adj.* **1** 成長[生長]している, 生(は)えている; 生きている, 生き生きしている: ~ trees 生えている樹木 / ~ crops 生えている作物, 立毛(たちげ). **2** 発育期にある, 発育盛りの: a ~ child. **3** 増大しつつある: ~ discontent, anxiety, prosperity, etc. **4** 成育に適した[を促す]: a ~ season (*for*...) (植物・穀物の)生育期 / ~ weather 穀物などの生長を促す天候. **~·ly** *adv.*

grówing pàins *n. pl.* **1 a** 成長痛《少年から青年への成長期の手足の痛み》. **b** 思春期の情緒的障害[困難]. **2** (新計画・新発展に伴う)初期の困難, 生みの苦しみ.

grówing pòint *n.* **1** 〘植物〙生長点. **2** (物事の)発達[成長]の原点[出発点], 成長点〔*of, in*〕.

growl [gráuł] 〘(*a*1425)《擬音語》?: cf. G *grollen* to grumble〙 — *vi.* **1** 〈犬などが〉(怒って)うなる, いがむ: The dog ~*ed at* me. 犬は私に向ってうなった. **2** がみがみ言う, ぶつぶつ不平を鳴らす (grumble). **3** 〈雷・大砲・胃などが〉ごろごろ鳴る (rumble): Thunder ~*ed* in the distance. 遠方で雷が轟いた. — *vt.* 怒った声で言う, がみがみ声で言う: He ~*ed* (*out*) his disapproval.「いかん」とどなった. — *n.* **1 a** うなること[声]. **b** がみがみ[ぶつぶつ]言うこと[声]. **c** (雷などの)ごろごろいうこと[音]. **2** 〘ジャズ〙(トランペットなどの)うなるような音(を出す奏法).

grówl·er [-lə | -lə(r)] *n.* **1 a** うなる人[もの], がみがみ屋. **b** 《方言・俗》犬. **2** 《英口語》(昔の)四輪辻馬車 (four-wheeled cab). **3** 《米口語》**a** (もと)計り売りのビールの入れ物《かん・水差しなど》. **b** 1 ケッグ (keg) 分のビール《$^1/_8$ バレル (barrel) に相当》. **4** 氷岩; (船舶に危険を及ぼす程の大きさの)小氷山, 浮氷の塊. **5** 〘電気〙グラウラー《短絡(たんらく)用電機子を試験するための一種の変圧器》.

growl·er·y [gráuləri, -lri | -ləri] 〘← GROWL＋-ERY: Dickens, *Bleak House* での用法から〙 *n.* 《戯言》(不機嫌な顔をしていても構わない)私室.

grówl·ing [-lɪŋ] *adj.* うなっている; がみがみいう; ごろごろ鳴る: in a ~ voice がみがみ声で. **~·ly** *adv.*

growl·y [gráuli | -lɪ] *adj.* (**growl·i·er; -est**) うなるような: in a ~ voice. **grówl·i·ness** *n.*

grown [gróun | gráun] 〘OE *grōwen* (p.p.)〙 — *v.* grow の過去分詞. — *adj.* **1 a** 成長した, 成育した (matured): a ~ boy 大きくなった少年 / a well-[an ill-]*grown* tree 成育のよい[悪い]木 / You are (very) ~. (とても)大きくなったね. **b** 成熟した, 大人の (adult): a ~ man 成人, 大人. **2** [複合語の第 2 構成素として] **a** …栽培[製造]の: home-*grown* 家庭[自家]栽培[製造]の. **b** …の生い茂った: a rush-*grown* stream 藺(い)の生い茂った小川.

grown-up [ˊ-ˊ] *n.* 成長した人, 成人, 大人 (adult). — [ˊ-ˋ] *adj.* **1** 成熟した, 成人した, 大人になった (adult). **2** 大人らしい, 大人に適した, 成人向きの.

growth [gróuθ | gráuθ] 〘(1557)〙 — *n.* **1 a** 成長, 生長, 成育, 発育, 発達 (development); 成長段階: *Growth* is rapid in infancy. 幼児期には成長が速い / The tree has reached [attained] its full ~. その木は完全に生長している. **b** (精神的・教養的)成熟, 陶冶(とうや). **c** 発展, 進展 (progress): the ~ of democracy, economy, industry, etc. **d** 進化 (evolution): the ~ and decay of languages. **e** 増加, 増大 (increase); 拡張, 伸長 (expansion): the ~ of cancer, population, etc. / a ~ *in* fame, skill, etc. **2** 栽培, 培養 (cultivation); 製作 (production), 産出, …産: the ~ *of* fruit 果実の栽培 / apples of home [foreign] ~ 国[外国]産のりんご / a story of English ~ 英国で始まった話 / roses of one's own ~ 自分で栽培した[自作の]ばら. **3 a** 生(は)えているもの. **b** 草木 (vegetation), 茂み, 植物 (plant): a ~ of weeds 雑草の茂み, 草むら / the dense ~ of the tropics 熱帯地方の樹木の繁茂. **c** 枝, 側枝. **d** (爪・髪・ひげなどの)身体に生えたもの: a three-days' ~ of beard 3 日間のばしたままのあごひげ. **4** 成長[発達]する[した]もの. **5** 〘病理〙(細胞や組織の)増殖(物), 腫瘍: a malignant ~ 悪性腫瘍(しゅよう) / a cancerous ~ 癌腫(がんしゅ) / a new ~ ＝newgrowth. **6** 〘経済〙(経済)成長: economic ~ 経済成長.

grówth còmpany *n.* 〘経済〙成長企業《平均的水準よりも高率で成長する企業; cf. growth stock》.

grówth fàctor *n.* 〘生化学〙生長因子《比較的微量で生物の生長を促す物質; ホルモン・ビタミン・抗生物質など》.

grówth hòrmone *n.* 〘生化学〙生長[成長]ホルモン《auxin, heteroauxin, somatotropin など》.

grówth ìndustry *n.* 〘経済〙成長産業《一般水準に比し高速度で成長し経済成長の主導力となる産業》.

grówth règulator *n.* 〘農業〙生長調節物質《微量で生長に影響を与える物質, 特に自然の生長ホルモン類似の効果をもつ合成物質》.

grówth retàrdant *n.* 〘農業〙生長抑制剤《花や果樹などの草丈(くさたけ)の伸び過ぎを抑える化学薬品》.

grówth rìng *n.* 〘植物〙年輪《annual ring, year ring ともいう》.

grówth shàres *n. pl.* 《英》〘証券〙＝growth stock.

grówth stòck *n.* 〘証券〙成長株《収益の伸び率が大きく, 将来有望な企業の株式》.

groyne [grɔ́ɪn] 〘《変形》〙〘土木〙 *n.* ＝groin 4. — *vt.* ＝groin.

gróz·ing ìron [gróuzɪŋ- | gráuz-] 〘《部分訳》← Du. *gruisijzer* ← *gruizen*, 《方言》*groezen* to crush (← *gruis* gravel)＋*yzer* iron〙 — *n.* **1** (鉛管工事で, はんだづけした部分に使う)仕上げ用のこて. **2** 《古》鋼鉄製のガラス切り.

Groz·ny [grɔ́(ː)zni, gráz- | grɔ́znɪ; *Russ.* gróznɨj] *n.* グロズヌイ《ソ連邦ロシヤ共和国内 Checheno-Ingush 自治共和国の都市, カスピ海西方にある石油産地; 人口 387,000》.

Grp. 《略》Group.

grs. 《略》grains; grandson.

GR-S 〘← G(*overnment*) R(*ubber*)＋S(TYRENE)〙 *n.* 〘化学〙ジーアールエス《ブタジエン (butadiene) とスチレン (styrene) の共重合によってできる人造ゴム》.

gr.t.m. 《略》gross ton mile.

GRU 《略》*Russ.* Glavnoye Razvedyvatelnoye Upravlenie (ソ連の)国防省参謀本部諜報部 (cf. KGB).

grub [grʌ́b] 〘(*a*1325) *grubbe*(*n*) to dig ＜ OE **grybban*, **gribbian* ← Gmc **ʒrub*- (G *grübeln* to grub, rake) ← IE **ghrebh*- to dig: cf. grave²〙 — *v.* (**grubbed; grub·bing**) — *vt.* **1** 掘る, 掘り起こす, 掘り取る 〈*up, out*〉: ~ the roots of a tree / ~ bushes. **2** 〈土の表面を〉掘り返す; 〈土地を〉掘り返して木の根などを除く: ~ the ground / ~ an old plantation. **3** (記録・書物などから)骨折って捜し出す 〈*out, up*〉: ~ (*out*) one's family history 自分の家系を突き止める. **4** 《俗》…に食物を与える (feed). — *vi.* **1** 地面を掘る[掘り返す]; (木の根を掘って)地面を開く. **2** 掘って[掘るようにして]捜す; 熱心に捜し求める, 熱心に研究する〔*for*〕: ~ *about* among records 記録をあさる. **3** あくせく働く 〈*on, along, away*〉: ~ *for* a living. **4** 《俗》食べる.
— *n.* **1** 昆虫(特に甲虫)の幼虫, うじ (cf. larva 1). **2** 《古》**a** 薄汚なくだらしない人, 無精な人. **b** 猛勉強家, いやな仕事をこつこつやる人; 三文文士 (literary hack). **3** 《口語》食べ物 (food): lovely ~ おいしい食べ物, ごちそう. **4** (開墾地に残された)根株. **5** 〘クリケット〙グラブ《地面を這(は)うように投げられた球》.
Grub up! 《口語》食事ですよ, 食事の用意ができました.

grúb àx *n.* 木の根掘り用つるはし.

grúb bèam *n.* 〘造船〙グラブビーム《木船の円形船尾の一部を形作る削って湾曲させた木製ビーム》.

grúb·ber 〘(*c*1386)〙 *n.* **1 a** 木の根株を掘る人. **b** ＝grub hoe. **c** ＝grub ax. **2 a** こつこつ働く人, 勉強家. **b** けちけち金をためこむ人, 蓄財家.

grub·by [grʌ́bi | -bɪ] *adj.* (**grub·bi·er; -bi·est**) **1** うじのわいた, 地虫がたかった. **2** 汚ない, よごれた (dirty, unclean); だらしがない, 無精な (slovenly). **3** 〈性格など〉下等[下劣]な, 卑しい. **grúb·bi·ly** [-bɪli, -bə- | -lɪ] *adv.* **grúb·bi·ness** *n.*

grúb hòe *n.* 根株を掘るくわ, 根掘りくわ.

grúb hòok *n.* (鋤(すき)に似た)根株抜き鉤(かぎ)型鎌(かま).

grúb scrèw *n.* 〘機械〙止めねじ《頭部がなく, 上端部の六角穴等の凹みにねじ回しを差込んで締め付ける》.

grúb·stàke 〘← GRUB (n. 3)＋STAKE²〙 《米》 *n.* **1 a** (利益の分け前を受ける条件で探鉱者に与える)物質的援助《資金・食料その他の必要品》. **b** (同上により出資者の受ける)利益の分け前. **2** (新企業や困った人に与えられる)物質的援助《前貸しなど》. — *vt.* 〈人〉に物質的援助を与える (cf. *n.* 1 a, 2). — *vi.* 利益の分け前を受ける (cf. *n.* 1 b). **grúb·stàker** *n.*

grub·street, G- [grʌ́bstrìːt] 〘↓〙 *n.* ＝Grub Street 2. — *attrib. adj.* 三文文士の; (三文文士の作品のように)低級な: a ~ hack 三文文士 / ~ books.

Grúb Strèet [grʌ́b-] 〘(1630) ← *Grubbe* (人名) // GRUB (n. 2 b)〙 — *n.* **1** London の旧町名《もと三文文士連が住んでいた》. **2** [集合的] 三文文士連.

grudge [grʌ́dʒ] 〘(15C) 《変形》← ME *gruche*(*n*) ◻ OF *grouch-ier, groucier* to murmur, grumble ← ? Gmc (MHG *grunzen* to grunt): cf. grouch〙 — *vi.* 不満を感じる, 不平をいう (complain, grumble). — *vt.* [しばしば二重目的語を伴って] **1** 〈人〉に〈物を〉与えるのを喜ばない, 与えたがらない, 許すのをいやがる, 出ししぶる, 惜しむ; しぶしぶ与える[出す, 許す]: ~ a person everything [nothing] 人に何も与えたがらない[何でも惜しまずに与える] / The miser ~*d* his dog its food. そのけちんぼうは犬に食物をしぶしぶ与えた / ~ the time 時間を惜しむ / I ~ going. 行きたくない / I ~ his going. 彼を行かせたくない. **2** 〈他人〉の〈所有・幸運などを〉うらやむ, そねむ, ねたむ (envy): I ~ such a stupid fellow his fine house and pictures. あんなばかな男にあんな立派な家や絵を持たせるのはしゃくだ / No one can ~ success *to* such a worthy man. あんな立派な人が成功するのをねたむ者はいない.
— *n.* 恨み, 遺恨, 怨念(おんねん); 恨みの種: bear a person a ~＝bear [have, 《米》hold] a ~ *against* a person 人に恨みをいだく / owe a person a ~ 人に恨みを持つ / harbor [nurse] a ~ 恨みをいだく / work [pay] off a ~ 恨み[意趣]を晴らす. 「人; そねむ人.

grúdg·er 〘(15C)〙 *n.* 悪意[恨み]を持つ人; 惜しむ

grúdg·ing *adj.* **1** 物惜しみする, けちな (niggardly): be ~ *of* money 金にけちけちする. **2** いやいやの, 不承不承の (reluctant): a ~ acknowledgment, praise, expression of gratitude, etc. **~·ly** *adv.*

gru·el [grúːəl, grúəl, grúːl | grúːəl, grúəl] 〘(*c*1330) ◻ OF ~ (F *gruau*) (dim.) ← Frank. **grūt* meal: ⇨ -el¹: cf. groats, grout¹〙 — *n.* **1** うすい粥(かゆ), (特に)オートミール粥《穀類を牛乳または水で煮た流動食; 主に病人用; cf. porridge》. **2** 《英古》罰 (punishment); 死 (death): give a person his ~ 人をひどく罰する; やっつける; 殺す / have [get, take] one's ~ 厳しい罰を受ける; やっつけられる; 殺される. — *vt.* (**gru·elled; -el·ling**) 《英》ひどく罰する, やっつける; 殺す.

grú·el·ing [-lɪŋ] (*also* **gru·el·ling** [~]) *adj.* へとへとに疲れさせる (exhausting); 厳しい要求をする, ひどい目にあわせる, 激しい (severe). — *n.* 《英》罰; こっぴどい仕打ち, ひどい目. **~·ly** *adv.*

Gru·es [grúːiːz] 〘← NL ~ (pl.) ← *Grus* (属名: ⇨ Grus)〙 *n. pl.* 〘鳥類〙ツル亜目.

grue·some [grúːsəm] 〘(1570) ← 《廃・方言》*grue* to shudder (◻ ? MDu. *grūwen* to abhor)＋-SOME¹: cf. G *grausam* horrible〙 — *adj.* ぞっとするような, 身の毛もよだつような; 物凄い, 気味の悪い: a ~ story. **~·ly** *adv.* **~·ness** *n.*

gruff [grʌ́f] 〘(1533) *grof* coarse, rough (of stones) ◻ Du. ＜ (WGmc) **ʒaχruba* ← **ʒa*- 'Y-' ＋ **χrub*- 'ROUGH'〙 — *adj.* (~·**er**; ~·**est**) **1** 〈人・態度など〉荒々しい, 粗暴な, 粗野な, つっけんどんな. **2** どら声の, しわがれた: in a ~ voice. **3** 《スコット》目の粗い, 木目の粗い. — *vt.* どら声[荒々しい態度]で言う. **~·ly** *adv.* **~·ness** *n.*

grúff·ish [-fɪʃ] *adj.* 多少粗暴な, ややぶっきらぼうな; 幾分どら声の.

gruff·y [grʌ́fi | -fɪ] *adj.* (**gruff·i·er; -i·est**) ＝gruff.

gru·gru [grúːgrùː] 〘◻ Sp. *grugrú* ← ? Caribbean〙 — *n.* **1** 〘植物〙熱帯アメリカ産ヤシ科オニトゲココヤシ属の植物の総称《西インド諸島産 *Acrocomia aculeata*, ブラジル産 *A. sclerocarpa* など; 羽状葉で幹にとげがある; grugru palm ともいう》. **2** 〘昆虫〙シュロ・ヤシ・サトウキビなどの木髄を害する *Rhyncophorus* 属のヤシオオゾウムシの類の幼虫《grugru grub, grugru worm ともいう》.

Gru·i·dae [grúːədìː | grúːɪ-] 〘← NL ~: ⇨ Grus, -idae〙 *n. pl.* 〘鳥類〙ツル科.

Gru·i·for·mes [grùːəfɔ́əmiːz | grùːɪfɔ́ː-] 〘← NL ~: ⇨ Grus, -form〙 *n. pl.* 〘鳥類〙ツル目.

grum [grʌ́m] 〘《混成》← GR(IM)＋(GL)UM: cf. Dan. *grum* furious〙 — *adj.* (**grum·mer; grum·mest**) 《まれ》〈人の顔が〉むっつりした, 不機嫌な (morose, surly): a ~ face. **~·ly** *adv.* **~·ness** *n.*

grum·ble [grʌ́mbl] 〘(1586) (freq.) ← ME *grumme*(*n*) ◻ MDu. *grommen* 《擬音語》: ⇨ -le³: cf. OE *grymman* to mourn / F *grommeler* to mutter / G *grummeln* to rumble〙 — *vi.* **1** 不満らしくつぶやく, ぶつぶつ言う, 不平をこぼす〔*at, over, about*〕: ~ *about* one's food 食べ物の不平を言う / The old man ~*ed at* his wife, muttering something. 老人は何かつぶやいて妻に不平を言った / He is always *grumbling*. いつ

もぶつぶつ言っている. **2** 小声でうなる. **3** 〈遠雷・荷車などが〉ごろごろ[がたごと]鳴る, 低く轟く: Thunder was *grumbling* in the distance. 雷が遠くでごろごろ鳴っていた. — *vt.* 不平声で[不平がましく]言う〈*out*〉: ～ one's complaints ぶつぶつと不平を言う. — *n.* **1** (ぶつぶつ言う)不平, 苦情; 不平の種[理由]. **2** (雷などの)ごろごろ鳴る音, 轟き.

grúm·bler [-blə, -bḷə | -blə(r)] *n.* ぶつぶつ言う人, 不平家.

Grum·ble·to·ni·an [grʌ̀mbḷtóuniən | -táunjən, -niən] 〖← GRUMBLE＋-*tonian*: *Miltonian, Hamiltonian* にならった造語〗 — *n.* **1** 不平党員《17 世紀末英国で Court Party に反対した Country Party の党員のあだ名》. **2** [g-] 不平家 (grumbler).

grúm·bling [-blɪŋ, -bḷɪŋ | -blɪŋ] *n.* ぶつぶつ言うこと, 不平(を言うこと); ごろごろ[がたごと]と鳴る音. — *adj.* ぶつぶつ言う, 不平を鳴らす, 小言を言う; ごろごろ[がたごと]と鳴る. **～·ly** *adv.*

grúmbling appéndix *n.* 《口語》(軽い)慢性虫垂炎, 時々痛む虫垂[盲腸].

grum·bly [grʌ́mbli, -bḷi | -blɪ, -bḷɪ] *adj.* (**grum·bli·er**; **-bli·est**) ぶつぶつ言う, 不平を鳴らす.

grume [grúːm] 〖《1555》□ F《廃》*grume* (F *grumeau*) knot, bunch ＜ L *grūmus* little heap of earth〗 — *n.* 《まれ》(血液などの)粘塊 (viscid fluid); (特に)血塊, 凝血 (clot).

grum·met [grʌ́mɪt, -mət] *n.* ＝grommet.

gru·mose [grúːmous | -məus] 〖← GRUME＋-OSE[1]〗 *adj.* 〖植物〗〈根が〉集団顆粒(かりゅう)から成る.

gru·mous [grúːməs] *adj.* 血塊[凝血]のような, 〈血が〉凝固した (clotted).

grump [grʌ́mp] 〖cf. grumble, grunt〗 — *n.* **1** [しばしば *pl.*] 不機嫌. **2** むっつりした人, 気むずかしい人, 不平家. — *vi.* ぶつぶつ文句をいう, 不平をいう. — *vt.* ぶつぶつ言う.

grúmp·ish [-pɪʃ] *adj.* ＝grumpy.

grump·y [grʌ́mpi | -pɪ] 〖《1778》〗 — *adj.* (**grump·i·er**; **-i·est**) むっつりした, 気むずかしい, 無愛想な (surly), 不機嫌な, 意地の悪い. **grúmp·i·ly** [-pɪli, -pə- | -lɪ] *adv.* **grúmp·i·ness** *n.*

Grun·dy [grʌ́ndi | -dɪ], **Mrs.** 〖Thomas Morton (1764?-1838) の喜劇 *Speed the Plough* (1798) 中の人物 Dame Ashfield が 'What will Mrs. Grundy say?' と言って, いちいちその隣人 Mrs. Grundy の思惑を恐れたことから〗 — *n.* 世間の口, 世間, 因襲的な上品ぶった人: What will *Mrs.* ～ say [think]? 世間は何と言う[思う]だろう / Many are afraid of God, and more of *Mrs.* ～. 神を恐れる者は多いが世間を恐れる者の方がなお多い / I have not the smallest regard for the ～ tribe. グランディのやからにはいささかの関心も持たない《世間の口など少しも気にかけない》.

Grún·dy·ìsm [-diɪ̀zm̩] *n.* 過度の因襲尊重, 世間体(てい)を気にすること.

Grü·ne·wald [grúːnəwɔ̀ːld, -vɑ̀ːlt | -væ̀lt; *G.* gryː-nəvalt], **Matthias** *n.* グリューネワルト《1470?-1528; ドイツの画家; 本名 Mathis Neithardt-Gothardt [mátis náɪthart gɔ́thart]》.

grun·gy [grʌ́ndʒi | -dʒɪ] 〖← ?〗 *adj.* (**grun·gi·er**; **-est**) 《米俗》悪い, 劣った, 見苦しい, 不潔な.

grun·ion [grʌ́njən] 〖□ ? Sp. *gruñón* grunter〗 — *n.* (*pl.* ～, ～**s**) 〖魚類〗トウゴロイワシ科の魚の一種 (*Leuresthes tenuis*)《米国 California 州南部沿岸産で, 大潮に大群で来遊し砂浜に産卵することで有名》.

grunt [grʌ́nt] 〖OE *grunnettan* (freq.) ← *grunian* to grunt ← Gmc **ʒrun-* (G *grunzen*) ← IE **gru-* to grunt (L *grunnīre*)〗 — *vi.* **1** 〈豚などが〉ぶうぶういう. **2** **a** (豚のように)ぶうぶう言う. **b** ぶうぶう不平を言う. — *vt.* うなるように言う〈*out*〉. — *n.* **1** (人・豚などの)ぶうぶう言う声; ぶうぶう言う不平. **2** 〖陸にあげた時ぶうぶう音を立てることから〗〖魚類〗イサキ科の魚類の総称. **3** 《米軍俗》(特にベトナム戦争時代の米陸軍海兵隊の)歩兵 (foot soldier).

grúnt·er [-tə | -tə(r)] 〖《15C》〗 *n.* **1** ぶうぶう[ぐうぐう]いう動物[人], 不平家; (特に)豚 (hog). **2** 〖魚類〗 **a** ＝grunt 2. **b** ＝drum[1] 9.

grúnt·ing [-tɪŋ | -tɪŋ] *n.*, *adj.* ぶうぶう言う(こと). **～·ly** *adv.*

grun·tle [grʌ́ntḷ | -tḷ] 〖ME: ⇨ grunt, -le[3]〗 *vi.* 《英方言》ぶうぶう言う (grunt). — *vt.* 《口語》喜ばせる (please), 満足させる (satisfy).

grunt·ling [grʌ́ntlɪŋ] 〖← GRUNT＋-LING[1]〗 *n.* 子豚.

Grus [grʌ́s, grúːs] 〖← NL ～ ← L *grūs* crane〗 *n.* 〖天文〗つる(鶴)座《南天の星座; the Crane ともいう》.

grutten 〖《19C》《変形》← ME *greten*〗 *v.* greet[2] の過去分詞.

Gru·yère cheese [gruːjéə ⏝, griː- | grúːjɛə-, -jə-; *F.* gryjɛːr] *n.* グルュエール(チーズ)《スイス La Gruyère 地方および東部フランス産の淡黄色で空孔の多いチーズ; 単に Gruyère ともいう》.

Gru·zi·ya [*Russ.* grúzʲijə] *n.* グルジヤ《Georgia[2] 2 のロシヤ語名》.

gr. wt. 《略》gross weight.

gryl·lid [grílɪd, -ləd | -lɪd] 〖↓〗 *n.* 〖昆虫〗コオロギ科の昆虫.

Gryl·li·dae [gríləd iː | -lɪ-] 〖← NL ～ ← NL *Gryllus* (属名: ← L *gryllus* cricket □ Gk *grúllos* Egyptian dance (performer), comic figure)＋-IDAE〗 — *n. pl.* 〖昆虫〗(直翅目)コオロギ科.

gryph·on [grífən, -fɑn | -fən] *n.* ＝griffin[2].

grys·bok [gréɪsbɑ̀k, gráɪs- | gráɪsbɔ̀k] 〖《1786》□ Afrik. ～ ← Du. *grijs* gray＋*bok* 'BUCK[1]'〗 — *n.* (*pl.* ～, ～**s**) 〖動物〗グリスボック (*Raphicerus melanotis*)《アフリカ南東部産の脚が細長く背が褐色の小型のレイヨウ》.

Gs 《略》gigasecond(s).

GS, G.S. 《略》General Secretary; General Service; General Staff; Geographical Survey; Geological Survey; Girl Scouts; Gold Standard; Grammar School.

G$ 《記号》〖貨幣〗Guyana dollar(s).

gs. 《略》grandson; guineas.

g.s. 《略》grandson; 〖航空〗ground speed.

GSA, G.S.A. 《略》《米》General Services Administration; Girl Scouts of America.

GSC, G.S.C. 《略》General Staff Corps.

GSO, G.S.O. 《略》General Staff Officer 参謀本部将校, 一般幕僚.

G.S.T. 《略》Greenwich sidereal time.

Ǵ-strìng *n.* **1** 〖← G 7〗 [通例 g string] 〖音楽〗ジー線, ゲー線《バイオリンの最低音線》. **2** **a** (未開人などの着ける)ふんどし (breechcloth). **b** (ストリッパーなどの)バタフライ.

Ǵ sùit 〖← G(RAVITY)＋SUIT〗 *n.* 〖航空〗G スーツ, 耐 G 服《加速度の影響による失神を防ぐために用いる飛行服; anti-G suit, space suit ともいう; cf. flying skin》.

GSV 《略》〖宇宙〗guided space vehicle 飛翔(ひしょう)径路を制御する手段を内蔵している宇宙飛翔体.

GT 《略》gigaton(s); grand touring car; Gran Turismo.

gt. 《略》gilt; great; 〖処方〗*L.* gutta (＝drop).

g.t. 《略》gas tight; 〖製本〗gilt top 天金(＝t.e.g.); gross tonnage; gross ton(s).

Gt.Br. 《略》Great Britain.

Gt.Brit. 《略》Great Britain.

G.T.C., g.t.c. 《略》〖商業〗good till canceled [countermanded] 取消しあるまで有効.

gtd. 《略》guaranteed.

G.T.M., g.t.m. 《略》〖商業〗good this month 今月中有効.

GTS 《略》gas turbine ship.

GTT 《略》〖医学〗glucose tolerance test.

gtt. 《略》〖処方〗*L.* guttae 点滴薬 (drops).

G.T.W., g.t.w. 《略》〖商業〗good this week 今週中有効.

GU 《略》〖米郵便〗Guam.

Gu. 《略》Guinea; gules.

g.u., g.-u. 《略》genitourinary.

G.U. 《略》gastric ulcer; genitourinary.

gua·ca·mo·le [gwɑ̀ːkəmóuli | -máulɪ; *Sp.* gwàkamóle] 〖□ Am.-Sp. ～ □ Nahuatl *ahuacamolli* ← *ahuacatl* avocado＋*molli* sauce〗 — *n.* ガカモーレ《アボカド (avocado) をつぶしたものに香辛料・トマト・たまねぎを混ぜたソース; サラダなどに用いる》.

gua·cha·ro [gwɑ́ːtʃəròu | -rəu] 〖□ Sp. *guácharo* ← *guacho* orphan, little bird □ Quechua *wáhcha* (dim.) ← *wah* strange〗 — *n.* (*pl.* ～**s**) 〖鳥類〗アブラヨタカ (⇨ oilbird).

gua·cin [gwɑ́ːsɪn, -sən | -sɪn] 〖← GUACO＋-IN[1]〗 *n.* 〖薬学〗グアシン《guaco から採る樹脂; リューマチ・下痢の治療に用いる》.

gua·co [gwɑ́ːkou | -kəu] 〖□ Sp. ～ ← S-Am.-Ind.〗 — *n.* (*pl.* ～**s**) 〖植物〗 **1** 熱帯アメリカ産キク科ツルヒヨドリ属のつる植物 (*Mikania guaco*); その乾燥葉《毒蛇の解毒用》. **2** 熱帯アメリカ産ウマノスズクサ科のつる植物 (*Aristolochia maxima*)《毒蛇の解毒用》.

Gua·da·la·ja·ra [gwɑ̀ːdələhɑ́ːrə; *Am. Sp.* gwàdalaхára] *n.* グアダラハラ《メキシコ中西部 Jalisco 州の都市; 人口 1,641,000》.

Gua·dal·ca·nal [gwɑ̀ːdḷkənǽl, -də(ḷ)k- | -dəlk-] *n.* ガダルカナル(島)《太平洋南西部, 英領 Solomon 諸島中最大の島; 1942 年 8 月から 11 月まで日米激戦の地; 人口 24,000, 面積 6,475 km²》.

Gua·dal·qui·vir [gwɑ̀ːdḷkwívə, -kɪvíə | -dḷkwívə(r), -dəlkɪvíə(r, -dḷ-; *Sp.* gwàdalkiβír] *n.* [the ～] グアダルキビル(川)《スペイン南部の川; 西流して Cádiz 湾に注ぐ (657 km)》.

Gua·da·lupe Hi·dal·go [gwɑ̀ːdəlúːp(i)-hɪdǽlgou, -lúːpi-iːdɑ́ːl-, -dḷ- | -dəlúːpɪ-iːdɑ́ːlgəu; *Am. Sp.* gwàdalúpeiðálgo] *n.* グアダルペ イダルゴ《メキシコ南中部, Mexico City の郊外都市; 有名な聖母マリアの聖殿がある; アメリカメキシコ戦争終結の調印地 (1848); 公式名 Gustavo A. Madero; 人口 1,183,000》.

Guá·da·lupe Móuntains Nátional Párk [gwɑ́ːdəluːp-, -dḷ-, ⏝⏝⏝ | gwɑ̀ːdəlúːp-] *n.* グアダループ山岳国立公園《米国 Texas 州西部にあり, 山岳の景観で有名, 1966 年指定; 面積 333 km²》.

Guádalupe pàlm *n.* 〖植物〗メキシコハクセンヤシ (*Erythea edulis*)《米国 California 州南部産; 黒色の実は食用になる》.

Gua·de·loupe [gwɑ́ːdəluːp, -dḷ-, ⏝⏝⏝ | gwɑ̀ːdəlúːp; *F.* gwadlup] *n.* **1** グアドループ《フランス領西インド諸島の Leeward 諸島中の連接する二つの島》. **2** グアドループ(県)《上記の島とその付近の五つの小島より成るフランスの海外県; 人口 327,000, 面積 1,769 km², 首都 Basse-Terre》.

Gua·di·a·na [gwɑ̀ːdiɑ́ːnə, -ǽnə | -dɪɑ́ːnə; *Sp.* gwaðjána, *Port.* gwɐdjɐ́nɐ] *n.* [the ～] グアジアナ(川)《スペイン中南部に発しポルトガル南東部を流れて Cádiz 湾に注ぐ川 (930 km)》.

guai·ac [g(w)áɪæk, -ək | gwáɪ-] *n.* ＝guaiacum 1 b, 2.

guai·a·col [g(w)áɪəkɔ̀(ː)l, -kòul | gwáɪəkɔ̀l] 〖← GUAIAC(UM)＋-OL[1]〗 — *n.* 〖化学〗グアヤコール ($CH_3OC_6H_4OH$)《guaiacum resin から製される無色または淡黄色の結晶または油状液体; 防腐薬・殺菌薬・分析用試薬; methylcatechol ともいう; cf. guaiacum 2》.

guai·a·cum [g(w)áɪəkəm | gwáɪ-] 〖← NL ～ ← Sp. *guayaco* ← Haitian〗 — *n.* **1** 〖植物〗 **a** ユソウボク《熱帯アメリカ産ハマビシ科ユソウボク属 (*Guaiacum*) の樹木の総称; ユソウボク (*G. officinale*), *G. sanctum* など》. **b** ユソウボク材《非常に堅くて重い; cf. lignum vitae》. **2** 〖化学〗グアヤック樹脂, 癒瘡木脂《抗酸化剤・酸化剤の検出用試薬; guaiacum resin ともいう; cf. guaiacol》.

Guaira, La *n.* ⇨ La Guaira.

Guam [gwɑ́ːm] *n.* グアム《西太平洋 Mariana 諸島中の主島, 米国領で軍事基地がある; 人口 111,000, 面積 540 km², 首都 Agaña》.

sail* [*clear out*] *for Guam 知らぬ港に向けて出帆する.

Gua·ma·ni·an [gwɑːméɪniən, gwə- | -nɪən, -njən] *n.* グアム島の住民, (特に)グアム島のチャモロ族 (Chamorro) の原住民. — *adj.* グアム島の.

gua·mu·chil [gwɑːmúːtʃiːl] *n.* 〖植物〗＝camachile.

guan [gwɑ́ːn] 〖□ Am.-Sp. *guan*, *cuan* ← Caribbean〗 *n.* 〖鳥類〗シャクケイ《中南米産のホウカンチョウ科の鳥類の総称; *Penelope cristata* など》.

gua·na [gwɑ́ːnə] *n.* 〖動物〗＝iguana 1.

gua·na·ba·na [gwənɑ́ːbənə] *n.* ＝soursop 2.

Gua·na·bá·ra Báy [gwɑ̀ːnəbǽrə-, -bɑ́ːrə | -bɑ́ːrə-; *Braz.* gwenabára] *n.* グアナバラ湾《ブラジル南東部, 大西洋の湾; その南西岸に Rio de Janeiro がある; Rio de Janeiro Bay ともいう》.

gua·na·co [gwənɑ́ːkou | -kəu] 〖《1604》□ Sp. ～ □ S-Am.-Ind. (Quechua) *huanacu*〗 — *n.* (*pl.* ～**s**, ～) 〖動物〗グアナコ (*Lama guanacoe*)《南米アンデス山地産のラクダ科の哺乳類》.

guanaco

Gua·na·jua·to [gwɑ̀ːnə(h)wɑ́ːtou | -təu; *Am. Sp.* gwànahwáto] *n.* **1** グアナフアト(州)《メキシコ中部の州, 銀鉱業の中心地; 人口 2,286,000, 面積 30,589 km²》. **2** グアナフアト《同州の首都; 人口 34,000》.

gua·na·mine [gwɑ́ːnəmiːn, ⏝⏝⏝] 〖← GUAN(IDINE)＋AMINE〗 *n.* 〖化学〗グアナミン ($C_3H_5N_5$)《無色針状晶, 誘導体は医薬品に用いられる》.

gua·nase [gwɑ́ːneɪs, -neɪz | -neɪs] 〖← GUAN(INE)＋-ASE〗 *n.* 〖生化学〗グアナーゼ《グアニン (guanine) をキサンチン (xanthine) に変化させる》.

gua·nay [gwənáɪ] 〖□ Am-Sp. ～ ← ? S-Am.-Ind. (Quechua)〗 — *n.* (*pl.* ～·**es**, ～**s**) 〖鳥類〗グアナイウ (*Phalacrocorax bougainvillii*)《ペルー沖諸島産のウ; グアノ (guano) は主にこの鳥の糞が堆積(たいせき)してできたもの; guanay cormorant ともいう》.

gua·neth·i·dine [gwɑːnéθɪdiːn, -θə- | -θɪ-] 〖《混成》← GUANIDINE＋ETH(YL)〗 *n.* 〖薬学〗グアネチジン ($C_{10}H_{22}N_4$)《血圧降下剤》.

gua·ni·dine [gwɑ́ːnədiːn, -dɪn, -dən | -nɪdiːn, -dɪn] 〖← GUAN(INE)＋-IDINE〗 — *n.* 〖化学〗グアニジン ($(H_2N)_2C{=}NH$)《無色潮解性の結晶; チューリップ・キノコなどに含まれる; carbamidine ともいう》.

gua·nif·er·ous [gwɑːníf(ə)rəs] 〖← GUANO＋-I-＋-FEROUS〗 *adj.* グアノ (guano) を生じる.

gua·nine [gwɑ́ːniːn, -nɪn, -nən | -niːn, -nɪn] 〖← GUANO＋-INE[3]〗 *n.* 〖化学〗グアニン ($C_5H_5N_5O$)《生体に含まれるプリン (purine) 化合物; 核酸の一成分》.

gua·no [gwɑ́ːnou | gwɑ́ːnəu, gjuɑ́ː-, gjuɑ́ː-] 〖《1604》□ Sp. ～ □ S-Am.-Ind. (Quechua) *huanu* dung〗 — *n.* (*pl.* ～**s**) **1** グアノ, 糞化石《グアナイウ (guanay) やコウモリなどの糞が堆積(たいせき)して硬化したもので, 燐酸と窒素を多く含み肥料に用いる; 南米特にペルーの太平洋岸に多く産する》. **2** グアノと同成分の魚肥などの肥料. — *vt.* ...にグアノを施す.

gua·no·sine [gwɑ́ːnəsiːn, -sɪn, -sən | -siːn, -sɪn] 〖《混成》← GUANINE＋RIBOSE〗 — *n.* 〖生化学〗グアノシン《リボ核酸を加水分解して得られるヌクレオシド (nucleoside); DNA や RNA の構成成分の一つ》.

Guan·tá·na·mo [gwɑːntɑ́ːnəmòu | -məu; *Am. Sp.* gwantánamo] *n.* グアンタナモ《キューバ南東部の都市; 人口 149,000》.

Guantánamo Báy *n.* グアンタナモ湾《キューバ南東部の湾》.

gua·nýl·ic ácid [gwɑːnílɪk-] 〖*guanylic*: ← GUANINE＋-YL＋-IC[1]〗 — *n.* 〖生化学〗グアニル酸 ($C_{10}H_{14}N_5O_8P$)《グアノシンのリン酸エステル; リボ核酸を構成するプリンヌクレオチド》.

Gua·po·ré [gwɑ̀ːpəréɪ; *Braz.* gwàporé, *Sp.* gwàporé] *n.* [the ～] グアポレ(川)《南米中西部の川; 一部がブラジルとボリビアとの国境をなす; 北西に流れて Mamoré 川に注ぐ (1,749 km); ボリビア語名 Iténez》.

guar [gwɑ́ə | gwɑ́ː(r)] 〖□ Hindi *guār*〗 *n.* 〖植物〗グアー (*Cyanopsis psoralioides*)《飼料用のマメ科の植物; 種子は製紙・織物のサイジング (sizing) に用いる》.

guar. 《略》guaranteed.

gua·ra·cha [gwərɑ́ːtʃə] 〖□ Sp. ～ ← OSp. *guar* place＋*hacha* a dance performed with legs and feet〗 *n.* グワラチャ《活発なキューバの踊り; 6/8 拍子》; その音楽.

gua·ra·na [gwɑ̀ːrənɑ́ː, ⏝⏝⏝] 〖□ Sp. & Port. *guaraná* □ S-Am.-Ind. (Tupi) *guaraná*〗 — *n.* 〖植物〗ガラナ (*Paullinia cupana*)《ブラジル産ムクロジ科のつる植物の一種; 種子から刺激剤・興奮性飲料などを製する》.

Gua·ra·ni [gwɑ̀ːrəníː] 〖《1797》□ Guarani *Guaraní*

《原義》warrior〗 ― *n.* (*pl.* ～, ～**s**, ～**es**) **1 a** [the ～(s)] グアラニー族《南米中部に住んだ Tupi 族中の主要種族》. **b** グアラニー族の人. **2** グアラニー語《スペイン語と共にパラグアイの主要言語; cf. Tupi-Guaranian》. **3** [g-] **a** グアラニー《パラグアイの通貨単位; =100 centimos》. **b** 1 グアラニーステンレススチール貨[紙幣].

guar·an·tee [gæ̀rəntíː, gɑ̀r- | gæ̀r-] 〖《(1679)》《変形》← GUARANTY: -EE[1] を語尾に持つ他の法律用語からの類推〗 ― *n.* **1** 保証, 引き受け, 請け合い; 保証契約: a loan ～ 融資保証 / under ～ 保証付きで / on a ～ of=under the ～ of …の保証付きで / a year's ～ *on* [*with*] a clock 時計に対する 1 年間の保証 / The new car has a one-year ～. その新車には 1 年間の保証がついている. **2** 保証人, 引受人 (guarantor, surety): be [stand] ～ *for* …の保証人である[になる]. **3** 保証[担保]を受ける人, 被保証人 (cf. guarantor 2). **4** 担保物件, 担保 (security, pledge); 保証となるもの, 保証書: A diploma is no ～ *of* efficiency. 卒業証書は有能の保証にはならない / His verbal promise is no ～ *that* he will keep it. 口約束だけでは彼がそれを守るという保証にはならない. **5** (物事の)前兆, きざし: Those clouds are a ～ *of* snow. あの雲は雪の前兆だ.

― *vt.* **1** 〈債務・義務の履行(者)など〉の保証人に立つ, 保証する, (保証人として)請け合う: ～ a contractor [a person's debts] 契約者[人の債務]の保証に立つ / ～ the carrying out of a contract 契約の履行を保証する / He ～*d that* the contract should be faithfully performed [*that* the debt should be paid]. 契約が忠実に履行される[負債が返済される]ことを保証した. **2** (…の確実性を)保証する, 請け合う (warrant): ～ a dividend of 10% 1 割の配当を保証する / Good quality and durability are specially ～*d*. 品質の優良と耐久性は特に保証付き / ～ a watch for twelve months 時計を 1 か年保証する / The punctual arrival of airplanes cannot be ～*ed*. 飛行機の時間通りの到着については保証できない. **3** 〔損害・危険などのないことを〕…に保証する〔*against, from*〕: ～ a person *against* [*from*] a risk 人に危険のないことを保証する / be ～*d against* loss 損害に対する保証を受ける. **4** (軽い意味で)請け合う, 保証する, 約束する: ～ a person's success 人の成功を保証する, きっと成功すると言う / I ～ *that* he will be pleased. 彼が喜ぶことは請け合いだ / Perfect satisfaction is ～*d to* our customers. お客様には十分の御満足を保証致します / I will ～ *to* prove the report. その報告に間違いのないことを保証する.

guáranteed ánnual íncome *n.* 年間保証所得 (⇨ negative income tax).

guáranteed ánnual wáge *n.* 〖労働〗年間保証賃金《雇用者が雇人に対して一年間の賃金の最低額または雇用を保証する取り決め》.

guáranteed bónd *n.* 〖証券〗保証債券《元本または利子, あるいはその両方の支払いが第三者によって保証されている債券》.

guáranteed stóck *n.* 〖証券〗保証株式《配当が発行会社以外の第三者により保証されている株式》.

guáranteed wáge *n.* 〖労働〗保証賃金《雇用者が雇人に支払いを保証する一定期間一定額の賃金》.

guarantée enginéer *n.* 〖海事〗保証技師《船舶機関を納品して後最初の航海に同乗する, メーカーから派遣の保証調整技師》.

guarantée fùnd *n.* 〖金融〗=guaranty fund.

guar·an·tor [gæ̀rəntɔ́ə, gɑ̀r-, gèr-, ˌ-ˈ-ˌ-, gǽrəntə, gɑ́r-, gér- | gæ̀rəntɔ́ː(r, ˌ-ˈ-ˌ-, gərǽntɔː(r] *n.* **1** (安全などを)保障するもの[人], 保障制度. **2** 〖法律〗保証人, 担保提供者, 引受人 (cf. guarantee 3).

guar·an·ty [gǽrənti, gɑ́r-, gér- | gǽrəntɪ] 〖《(1592)》⊏ AF *guarantie*=(O)F *garantie* ← *guarant* warrant: WARRANTY と二重語〗 ― *n.* **1 a** 保証, 請け合い; 保証書. **b** 〖法律〗保証契約《通例主たる債務者からは独立して別個の契約によって二次的に責任を負う; cf. suretyship》. **2** 担保(物件) (security, pledge). **3** 保証人 (guarantor). ― *vt.* =guarantee.

guáranty fùnd *n.* 《米》〖金融〗保証基金《銀行破綻のさい, 預金者への払戻しを保証するため, 利益の一部または醵金(ᵏʸᵒᵏⁱⁿ)を積立てたもの》.

guard [gɑ́əd | gɑ́ːd] 〖*n.*: 《(*c*1400)》*garde* ⊏ (O)F *garde* watching ← *garder*. ― v.: 《(1448–*a*1500)》⊏ (O)F *garder* < VL **wardāre* ⊏ (WGmc) **warðōn* (OS *wardōn* / G *warten* to wait): WARD と二重語〗 ― *n.* **1** (ありうる攻撃・危険などに備えての)見張り, 監視, 警戒 (watch, vigilance); 見張り[監視, 警戒]勤務: on [off] ～ 当番[非番]で / come off ～ 〖軍事〗下番[非番]になる / keep ～ 見張りをする, 警戒する / mount ～ 〖軍事〗上番になる, 番兵に立つ, 衛兵勤務に出る / relieve [change] ～ 番兵交代をする, 交代して番兵に立つ / row the ～ (脱艦兵の見張りのため)艦の周囲をボートで警戒する / run the ～ 番兵の目をかすめて通る / stand [mount] ～ *over* …の番兵に立つ, …を監視する / keep a person *under* close ～ 人を厳重な監視の下に置く.

2 a 見張り[警戒]する人; 見張番, 番人, 監視人, 守衛 (protector, guardian). **b** 《米》看守 (prison warder). **c** 〖軍事〗歩哨(ʰᵒˢʰᵒ), 衛兵, 番兵 (sentry, sentinel): ⇨ advanced guard, rear guard. **d** 護衛兵[隊] (escort), (捕虜などの)護送兵[隊]; (主権者の)親兵, 親衛兵, 近衛(ᵏᵒⁿᵒᵉ)兵; [the Guards] (英国の)近衛連隊: *the* Life Guards 近衛騎兵第一第二連隊 / *the* Royal Horse Guards 近衛騎兵第三連隊 / *the* Grenadier *Guards* 近衛歩兵第一連隊 / *the* Dragoon *Guards* 近衛竜騎兵連隊 / ⇨ Old Guard / Changing of the *Guard* ⇨ change. **e** 〖海事〗護衛艦[船, 艇].

3 a 《英》(列車・乗合馬車などの)車掌 (《米》 conductor). **b** 《米》(地下鉄・高架鉄道の)ドア開閉係; 制動手 (brakeman).

4 a 防護[擁護]用の物, 危険防止器. **b** (刀剣の)つば (⇨ sword 挿絵). **c** (銃の)用心がね. **d** (暖炉の前に立てる)炉格子(ᵏᵒᵘˢʰⁱ); (車の)泥よけ (fender): a mud ～ 泥よけ. **e** (時計の)鎖, ひも; 帽子を衣服に留める細ひも. **f** =guard ring. **g** (汽船などの甲板の船体外に張り出した)外輪車遮蔽(ˢʰᵃʰᵉⁱ)部; デッキの柵 (rail). **h** 防具, 具足, 当て物: ⇨ shin guard.

5 守るもの, 保護手段 (safeguard): reason as a ～ *against* rash actions 軽率な行動を防ぐもの[手段]しての理性.

6 〖フェンシング〗(受けの)構え, ガルド, ガード; 〖ボクシング〗ガード; 守勢: learn all the ～*s* あらゆる受けの構えを学ぶ / strike down a person's ～ 相手の受けの構えを打ち破る / at open ～ 隙(ˢᵘᵏⁱ)のある構えで / on ～ 第一の姿勢[受けの構え]をして. ★ フェンシングには, prime, seconde, tierce, quarte, quinte, sixte, septime, octave の 8 種の基本的な guard がある.

7 〖クリケット〗三柱門防護のバットの構え: give [take] ～ 三柱門防護の正しい位置を打者に取らせる[位置にバットを構える].

8 〖スポーツ〗ガード: **a** (アメリカンフットボールで) ラインマン (lineman) でセンターの左右に位置する競技者; そのポジション. **b** (バスケットボールで)後部左右に位置する競技者.

9 〖製本〗**a** 足《図表などのさし込み物ののどの部分に紙や布を継ぎ足して綴じしろとした部分; stub ともいう》. **b** 枕《小口がふくらむのを避けるためにのどに挿入される板紙; cf. guard book》. **c** ガード《折目の裏貼り》.

10 〖チェス〗他の駒を支援しまたは守る駒.

11 〖トランプ〗ガード《高位の札が取られないように, それに付き添わせておく低位の札》.

One's ***guard is up*** [***down***]. (1) 警戒の身構えをしている[いない]. (2) 感情・言葉を抑制している[いない]. ***off one's guard*** 警戒を怠って, 油断して: catch a person *off his* ～ 人の油断につけこむ / throw [put] a person *off his* ～ 人を油断させる. ***on*** [***upon***] ***one's guard*** 攻撃[来襲]を警戒して, 警備して; 見張って (alert, vigilant): put [set] a person *on his* ～ 人に警戒させる, 用心させる / stand [lie] *upon one's* ～ 警戒する, 用心する.

guard of honor 儀仗(ᵍⁱʲᵒᵘ)兵《内外の元首・高官の送迎や式典・軍葬などに参列する; honor guard ともいう》.

― *vt.* **1** 見張る, …の番をする; 〔…から〕守る, 守護する (protect, defend) 〔*from, against*〕: ～ life and property [one's reputation] 生命と財産[評判]を守る / ～ a house *from* thieves 家に泥棒の入るのを防ぐ. **2** 〈囚人・狂人などを〉監視する (watch over). **3** (用心のために)抑制する (restrain): ～ the tongue 口を慎む. **4** …に安全装置[防護物]を付ける. **5** 《古》…に付き添う (escort). **6** (球技・チェスなどで)〈防御者や他の駒などを置いて〉〈ゴール・駒などを〉守る; 〈敵を〉防ぐ. **7** 〖トランプ〗(低位の札を付き添わせて)〈高位の札を〉守る. **8** 〖フェンシング〗…に(受けの)構えをとる, 守勢をとる. ― *vi.* **1** 警戒する, 見張る, 用心する, 防ぐ〔*against*〕: ～ *against* accidents, errors, temptation, suspicion, misunderstanding, etc. **2** 〖フェンシング〗(受けの)構えを取る.

Guar·da·fui [g(w)ɑ̀ədəfwíː, -fúːi | gwɑ̀ːdəfwíː], **Cape** *n.* グアルダフイ岬《アフリカ大陸最東端, Aden 湾を抱く岬》.

guar·dant [gɑ́ədn̩t | gɑ́ː-] 〖⊏ F *gardant* (pres.p.): ⇨ guard, -ant〗 ― *adj.* **1** 〖紋章〗〈猛獣, 特にライオンが〉(体を側面にして)顔を正面に向けた《鹿など弱い動物には at gaze を用いる; cf. regardant 1》. **2** 《廃》保護者の役をする, 保護する (guarding). ― *n.* 《廃》保護者, 番兵.

guárd bànd *n.* 〖ラジオ・テレビ〗保護周波数帯《隣接チャンネルとの混信を防ぐためにあける周波数の帯域》.

guárd bòat *n.* 〖海軍〗巡邏(ʲᵘⁿʳᵃ)艇; (水上警察の)巡視艇[船], 監視船[艇].

guárd bòok *n.* 《英》〖製本〗枕入り本《のどの部分に板紙を入れたアルバム・スクラップブックなど; 台紙・紙などを追加綴込みできるもの; cf. guard *n.* 9 b》.

guárd cèll *n.* 〖植物〗孔辺細胞, 開閉細胞《気孔のへりにあってそれを開閉する》.

guárd-chàin *n.* (時計・衿(ᵉʳⁱ)止めなどの)留め鎖.

guárd-chànging *n.* 衛兵交替 (cf. Changing of the Guard ⇨ change).

guárd dùty *n.* 〖軍事〗衛兵勤務, 警備勤務.

guárd·ed *adj.* **1** 〈人・言葉・態度など〉用心深い, 慎重な (cautious, careful): be very ～ *in* one's speech [answers] 言葉[応答]が非常に用心深い / ～ remarks 慎重な言葉. **2** 防護[保護]された, 守備のある (protected); 監視された (watched). **～·ly** *adv.* **～·ness** *n.*

guard·ee [gɑ̀ədíː | gɑ̀ːdɪ] *n.* 《英口語》近衛兵 (guardsman).

guárd·er *n.* **1** 守る人[もの]; 番人, 見張人, 守護者, 護衛. **2** 守りになるもの; 保護装置.

guárd flàg *n.* 〖海軍〗(警衛勤務に服している艦艇のかかげる)当直旗.

guárd hàir *n.* (毛皮獣の下毛 (underfur) の上にある) 長粗毛; その毛で作った外套.

guárd·hòuse *n.* **1** 衛兵所, 警衛所《内部の秩序維持および警戒にあたる本部のある建物》. **2** 〖軍事〗(一時的な)営倉, 監禁所, 留置所.

guárdhouse láwyer *n.* 〖軍俗〗営倉の中の法律家《軍則・軍法・軍人の権利などの博識を自任する兵士; 特に, 営倉に監禁中の兵士》.

guard·i·an [gɑ́ədiən | gɑ́ːdjən, -dɪən] 〖《(1417)》*gardein* ⊏ AF (F *gardien*) ← OF *g(u)arder* 'to GUARD'〗 ― *n.* **1** 保護者, 守護者, 管理人, 保管者: a ～ of the peace 警官, 巡査. **2** 〖法律〗(未成年者・精神病者その他の無能力者のための)後見人 (cf. ward 3). **3** 〖カトリック〗(フランシスコ会の)修道院長. **4** 《英》[また G-] =GUARDIAN of the poor.

guardian by nature 〖法律〗=natural guardian.

guardian of the fire [the ―] 《米》義勇少女団キャンプファイヤーガール (Camp Fire Girl) の班長.

guardian [**Guardian**] **of the poor** 《英》(1834 年の救貧法による)救貧委員《Board of Guardians の一員》.

― *attrib. adj.* 保護する, 守護の: a ～ saint 守護聖人.

Guar·di·an [gɑ́ədiən | gɑ́ːdjən, -dɪən], **The** *n.* 「ガーディアン」《英国の Manchester 市で発行されている自由主義的・進歩的な日刊紙; 1821 年創刊され, *The Manchester Guardian* と称していたが, 1959 年現在の名称に変更された》.

guárdian ad lí·tem [-æd-láɪtəm | -təm] 〖⇨ ad litem〗 ― *n.* 〖法律〗訴訟のための後見人《未成年者に対して訴えが提起された時, その者の財産などの保護のため裁判所が任命する後見人》.

guárdian ángel *n.* **1** (個人・社会・地方の)守護天使. **2** 大いに援助してくれる人.

guárdian·shìp *n.* 後見人の役[職務], 後見: under the ～ of the laws 法律の保護の下に.

guárdian spírit *n.* 守り神, 守護神 (genius).

guárd·less *adj.* **1 a** 番人のない, 無防備の. **b** 油断した. **2** 防護物のついていない; 〈刀剣が〉つばなしの.

guárd nèt *n.* 〖電気〗保護網《高圧送電線などの下に張って, 切断した際に道路・通信線などを保護する》.

guárd pìn *n.* 〖時計〗けん先《レバー脱進機でてんぷとの係合を保つため, アンクルの先端にとりつけられたピン; safety pin ともいう》.

guárd·ràil *n.* **1** (道路などの)ガードレール, (欄干(ʳᵃⁿᵏᵃⁿ)などの)手摺(ᵗᵉˢᵘʳⁱ) (handrail). **2** 〖鉄道〗護輪レール, ガードレール《カーブや危険個所で脱線を防ぐためにレールの内側に設けた補助レール》.

guárd rìng *n.* 留め指輪《他の指輪, 特に結婚指輪が抜けるのを防ぐためその上にはめるもの; keeper ともいう》.

guárd·ròom *n.* 〖軍事〗警衛所, 衛兵[警衛]詰所, 警備員室, 哨所, 番兵詰所.

Guárds Divísion *n.* [the ～] (英国の)近衛師団.

guárd·shìp *n.* 〖海軍〗警備艦[艇]; 監視艦[艇], 哨艦, 当直艦.

guárds·man [-mən | -mən, -mæ̀n] 〖1, 2: ← GUARD + -s[1] + MAN[1]. ― 3: ← -s[2] 2〗 ― *n.* (*pl.* **-men** [-mən, -mèn]) **1** 《英》近衛連隊 (Guards) の軍人, 近衛兵. **2** 《米》州民軍 (National Guard) 兵士, 州兵《正規軍 (Regular Army) および陸軍予備軍 (Army Reserve) に対するもの》. **3** 《古》番人, 監視員 (guard); 番兵, 衛兵 (sentry).

guárd's ván *n.* 《英》=caboose[1].

guárd tènt *n.* 衛兵テント《詰め所》.

guár gúm *n.* 〖化学〗グアーゴム《マメ科植物グアー (guar) の種子から採られる黄白色の粉末; 製紙業でサイジング (sizing) などに用いる》.

Guar·ne·ri [gwɑəní(ə)ri, -nɛ́(ə)ri | gwɑːníərɪ; *It.* gwarnɛ́ːri], **Giuseppe Antonio** *n.* グアルネリ《1698–1744; イタリア Cremona のバイオリン製作者; ラテン語名 Guarnerius》.

Guar·ne·ri·us [gwɑəní(ə)riəs, -nɛ́(ə)r- | gwɑːníərɪ-] 〖*Guarneri* のラテン語形〗 ― *n.* グアルネリウス《Cremona の G. A. Guarneri またはその一族が 17–18 世紀に製作したバイオリン》.

Guar·nie·ri [*It.* gwarnjɛ́ːri], **Guiseppe Antonio** *n.* =Guiseppe Antonio GUARNERI.

Guat. 《略》Guatemala.

Gua·te·ma·la [gwɑ̀ːtəmɑ́ːlə | gwæ̀tɪ-, gwɑ̀ːt-, -tə-; *Sp.* gwàtemála] *n.* **1** グアテマラ《中央アメリカの国; 人口 6,440,000, 面積 108,888 km², 首都 Guatemala (City); 公式名 the Republic of Guatemala グアテマラ共和国》. **2** =Guatemala City.

Guatemála Cíty *n.* グアテマラシティー《Guatemala の首都; 人口 701,000》.

Gua·te·ma·lan [gwɑ̀ːtəmɑ́ːlən | gwæ̀tɪmɑ́ːlən, gwɑ̀ːt-, -tə-] *adj.* グアテマラの. ― *n.* グアテマラ人.

gua·va [gwɑ́ːvə, gwɔ́ː- | gwɑ́ː-] 〖⊏ Sp. ～, *guayaba* ← S-Am.-Ind. (Tupi)〗 ― *n.* **1** 〖植物〗バンジロウ, グアヴァ (*Psidium guajava*)《熱帯アメリカ産フトモモ科バンジロウ属の植物》; (その他)同属の植物数種の総称: ⇨ Brazilian guava, strawberry guava. **2** バンジロウの果実《ビタミン C が多く, 生食のほかゼリーやジャム, ジュースに加工する》.

Guay·a·quil [gwàɪəkíːl, gwáɪəkɪ̀l; *Sp.* gwàjakíl] *n.* グアヤキル《南米エクアドル南西部の海港で同国最大の商工業都市, Guayaquil 湾に臨む; 人口 8,240,000》.

Guayaquil, the Gulf of *n.* グアヤキル湾《南米エク

アドル南西部の太平洋の一湾》.

gua·yu·le [(g)waɪúːli | -lɪ; *Am. Sp.* (g)wajúle] 〘□Am.-Sp. ～□Nahuatl *cuauhuli* ← *cuahuitl* plant＋*uli* gum, 《原義》ball〙 ― *n.* (*pl.* ～s [～z; *Am. Sp.* ～s]) **1** 〘植物〙グアユールゴムノキ (*Parthenium argentatum*)《メキシコ, 熱帯アメリカ産キク科の小低木》. **2** グアユールゴム《グアユールゴムノキから採取したゴム; guayule rubber ともいう》.

gub·bins [gʌ́bɪnz, -bənz | -bɪnz] 〘(pl.) ← *gubbin* fragment《変形》←《廃》*gobone* portion＜ME *gobyne, goboun*: cf. gobbet〙 ― *n. pl.* 《英》[単数または複数扱い] **1** がらくた, くだらぬもの. **2** 《口語》ばか: You silly ～!.

gu·ber·nac·u·lum [gjùːbənǽkjʊləm | -bə-] 〘← NL ～ ← L ～ 'rudder' ← *gubernāre* to steer＋*-culum* '-CULE'〙 ― *n.* (*pl.* **-u·la** [-lə]) 〘解剖・動物〙導帯《体内の二つの部分[器官]をつないでいる構造; その間を他の部分[器官]が移動するのを助ける》.

gu·ber·na·to·ri·al [gùːbənətɔ́ːriəl, gjùːb-, gúb-, -bə-, -tóːr- | gjùːbənətɔ́ːrɪ-] 〘(1734) ← L *gubernātor* steersman, governor＋-IAL〙 ― *adj.* 《米》(州)知事の, 総督の, 地方長官の; 行政の: a ～ election 州知事選挙.

gu·ber·ni·ya [guːbɛ́əni(j)ə | -bɛ́ənɪ-; *Russ.* gubʲérnʲijə] 〘□Russ. ～□Pol. *gubernja*□L *gubernāre* to govern〙 ― *n.* (*also* **gu·ber·ni·a** [～]) 県《革命前のロシヤで, Peter 一世によって導入された行政区; 1929 年まで存続》.

guck [gʌ́k] 〘《混成》? ← G(OO)＋(M)UCK〙 *n.* 《米俗》 **1** (べとべとした)気持ち悪いもの, いやなもの. **2** ねば土, へどろ (slime).

gude [gʏ́d, gíd] *adj., n., adv.* 《スコット・北英》＝good.

Gude [gʏ́d, gúːd] *n.* 《スコット・北英》＝God.

Gu·der·mann·i·an [gùːdəmáːniən | -dəmáːnɪən, -njən] 〘← *C. Gudermann* (1798–1852: ドイツの数学者)〙 ― *n.* 〘数学〙グーデルマン関数 ($\tan f(x) = \sinh x$ であるような関数 $f(x)$; 記号 gd).

gud·geon[1] [gʌ́dʒən] 〘(*a*1425) *gojoun* □(O)F *go(u)jon* ＜L *gōbiō(n-)* ← *gōbius* 'GOBY'〙 ― *n.* **1** 〘魚類〙 **a** タイリクスナモグリ (*Gobio gobio*)《ヨーロッパ産のコイ科の淡水魚; 容易に捕獲され食用または魚釣の餌(え)に用いられる》. **b** オーストラリア産カワアナゴ科の魚類の総称. **2** だまされやすい人, のろま (dupe, gull). **3** 餌 (bait), 誘惑物 (allurement). ― *vt.* 《古》だます, ...からだまし取る (cheat).

gud·geon[2] [gʌ́dʒən] 〘(1317–18) *gojoun* □(O)F *goujon* pin of a pulley (dim.) ← *gouge* 'GOUGE'〙 ― *n.* **1** 〘機械〙クロスヘッドピン; ピストンピン. **2** 〘海事〙ガジョン, つぼ金《舵 (rudder) の軸受け》.

gúdgeon pìn *n.* 〘機械〙ピストンピン (piston pin); クロスヘッドピン (crosshead pin).

Gud·run [gúdruːn] 〘□ON *Guðrūn* ← *guðr* battle＋*runa* close friend (cf. rune[1])〙 ― *n.* **1** 〘北欧伝説〙グドルーン《*Volsunga Saga* で Giuki の娘, Sigurd の妻, 後にフン族の王 Attila の妻; *Niebelungenlied* の Kriemhild に当たる》. **2** グードルーン《13 世紀のゲルマン民族の叙事詩「グードルーンの歌」(*Gudrun Lied*) の女主人公で, フリースランド王 Hettel の娘; 求婚者の一人に誘拐(ゆう)され恋人に救われる》.

Gue·bre [gíːbə, géɪ- | -bə(r] 〘(1687) □F *guèbre* □Pers. *gabr*〙 *n.* ゾロアスター教徒 (Zoroastrian).

Gue·dal·la [gwɪdǽlə, gwə-, gwe- | gwɪ-, gwe-, gwə-], **Philip** *n.* (1889–1944) 英国の伝記作家・歴史家.

guél·der róse [géldə- | -də-] 〘(1597)《なぞり》← Du. *geldersche roos* ← *Guelders* ∥ *Guelder(land)* (オランダの一州, 旧 Gelderland 公国; Guelders はその首都)〙 ― *n.* 〘植物〙テマリカンボク (*Viburnum opulus* var. *roseum*)《アメリカカンボク (cranberry tree) の改良変種; 真白い小花をまり状につけるので snowball ともいう》.

Guel·ders [géldəz | -dəz] *n.* ＝Gelderland.

Guelf [gwélf] 〘(1579) □It. *Guelfo* □MHG *Welf* (ドイツ王家の創始者の名) ＜OHG *(h)welf* 'WHELP'〙 ― *n.* (*also* **Guelph** [～]) **1 a** [the ～s] ゲルフ派, 教皇派《12–15 世紀にかけてイタリアにおいてドイツ皇帝派 (the Ghibellines) の勢力に対抗して教皇を擁護した市民派》. **b** ゲルフ派の人, 教皇派の人. **2** 19 世紀初頭に外国の支配者および反動思想に反対したイタリアの秘密結社員. **～·ic** [～ɪk] *adj.*

gue·mal [g(w)éɪməl] 〘□Am.-Sp. *güemul* □Arawcanian *huemul*〙 ― *n.* 〘動物〙アンデスシカ, ゲマル《南米産の小型のシカ; *Hippocamelus bisulcus, H. antisiensis* の 2 種がいる》.

Guen·e·vere [gwénəvɪə | -vɪə(r] 〘□Welsh *Gwenhwyvar* ← *gwen* white＋*gwyf* smooth, yielding: cf. Gwendolen, Jennifer, Winifred〙 ― *n.* 女性名《異形 Ginevra, Guenever [gwénəvə | -və(r], Guinevere》.

gue·non [gənɔ́ː(ŋ), -nɔ́(ː)ŋ; *F.* gənɔ̃] 〘□F ～ ← ?〙 ― *n.* 〘動物〙グエノン《アフリカ産の *Cercopithecus* 属およびその近似属のオナガザルの総称; grivet, green monkey, vervet など》.

guer·don [gə́ːdn̩ | gə́ːdən, -dn̩] 〘(*c*1380) □OF *guer(e)don* ＜ML *widerdōnum*《変形》← OHG *widarlōn* (＝OE *wiþerlēan*) ← *widar* again＋*lōn* reward: ML の語形は L *dōnum* gift との連想による〙《古・詩》 ― *n.* 報い, 報酬. ― *vt.* ...に報いる, 報酬を与える.

gue·rez·a [gəréza] 〘← Afr.《土語》〙 *n.* 〘動物〙ゲレザ, コロブス《アフリカ産オナガザル科コロブス属 (*Colobus*) の数種のオナガザルの総称; (特に) *C. guereza*》.

gue·ri·don [gèrɪdɔ́ː(ŋ), -dɔ́(ː)ŋ; *F.* geridɔ̃] 〘□F *guéridon* ← *Guéridon* (家族名)〙 ― *n.* (*pl.* ～s [～z; *F.* ～]) (灯火・花瓶(かびん)などを置くための)小卓《通例縁った装飾[彫刻]が施されている》.

gue·ril·la [gərílə, ge-, g(j)ɪ- | gə-, gjə-] *n., adj.* ＝guerrilla.

Gué·rin [geɪrɛ̃ː(ŋ), -rǽŋ; *F.* gerɛ̃], **(Georges) Maurice de** *n.* ゲラン《1810–39; フランスの詩人》.

Guer·ni·ca [gɛəníːkə | gɛə-; *Sp.* gerníka] *n.* ゲルニカ《スペイン北部, Bilbao 北方の町; スペイン内乱中 1937 年にナチスドイツ空軍に爆撃・破壊され, このことを題材にした P. Picasso の絵画 (1937) は有名》.

Gue·rick·e [géɪrɪkə; *G.* géːrɪkə], **Otto von** *n.* ゲーリケ《1602–86; ドイツの物理学者; cf. Magdeburg hemisphere》.

Guern·sey [gə́ːnzi | gə́ːnzɪ] *n.* **1** ガーンジー《Guernsey 島原産の一品種の乳牛》. **2** [g-] 毛糸のジャージの類の厚編みジャケット《主に水夫用》.

Guern·sey [gə́ːnzi | gə́ːnzɪ], **the Isle of** *n.* ガーンジー島《英国 Channel Islands 第二の島; 人口 53,000, 面積 63 km²》.

Guérnsey líly *n.* 〘植物〙鮮紅色の繖(さん)形花をつける球根植物 (*Nerine sarniensis*)《アフリカ南部原産で, Guernsey 島に帰化》.

Guer·re·ro [gəréə(ə)roʊ | -réərəʊ; *Sp.* geréro] *n.* ゲレロ(州)《メキシコ南部, 太平洋岸の一州; 人口 1,598,000, 面積 63,794 km², 首都 Chilpancingo [tʃìlpanθíŋo]》.

guer·ril·la [gərílə, ge-, g(j)ɪ- | gə-, gjə-] 〘(1809) □Sp. ～ (dim.) ← *guerra* war □OHG *werra* strife, quarrel: cf. war[1]〙 ― *n.* **1** ゲリラ兵《主として敵をいう》, 遊撃隊員《主として味方をいう》; 不正規兵, 別働[ゲリラ]隊員: an urban ～ 都市ゲリラ隊員. **2** 《古》ゲリラ戦, 不正規戦, 遊撃戦. ― *attrib. adj.* ゲリラ兵[戦]の: a ～ band ゲリラ隊 / ～ war(fare) ゲリラ戦.

guerrílla thèater *n.* ゲリラ演劇《街頭で行なわれる反戦劇・前衛劇など; street theater ともいう》.

guess [gés] 〘(*c*1303) *gesse(n)* ← ? ON (OSwed. *gissa* / ODan. *giste*) ∥ MDu. *gess-en* (Du. *gissen*) ＜? Gmc **getisōn* to try to get (cf. ON *geta* to guess) ← IE **ghend-* to take, seize: *gu-* の綴りは 16 世紀から: ⇨ get[1]〙 ― *vt.* **1 a** (不十分な根拠から)臆測する, (当て)推量する: We can only ～ the reason for his resignation. 彼の辞任の理由はただ臆測するしかない. **b** (ある程度の根拠から)推測[推量]する, ...を[...(である)と]見当をつける〔*at*〕/ 〈*to* be〉: *From* his appearance I should ～ his age *at* 40 [～ him *to* be 40, ～ *that* he is 40]. 彼の様子から見て年は 40 歳見当だと思う. **2** 言い[考え, 解き]当てる; 当ててみる: ～ an answer, a riddle, the result, etc. / *Guess* how old I am. 私がいくつか当ててごらん. **3** 《米口語》[通例 *that*-clause を伴って]〈...と〉思う, 信じる (suppose, believe): I ～ he is sick. 彼は病気らしい / I ～ I'll go, too. 私も行くことにしよう / I ～ *so* [*not*]. そう思う[そうではなかろう].

― *vi.* **1** 推量して言う, 当て推量を言う; 推測する〔*at*〕: ～ right [wrong] うまく言い当てる[当てそこなう] / You are merely ～*ing*. 君はただ当て推量を言っているだけだ / Can you ～ *at* the height of the tower? あの塔の高さの見当がつきますか / I can't even ～ *at* what she wants. 彼女が何を望んでいるのか見当もつかない / I can only ～ *about* it. それはただ推測するしかない. **2** うまく言い当てる.

keep a person guessing 《口語》〈人を〉不安にして[気をもませて]おく: She always *keeps me* ～*ing*.

― *n.* 推測, 推量, 臆測, 当て推量: a lucky [good] ～ うまく当たった推量, 図星 / an educated [inspired] ～ 経験をふまえた[直感による, 事実に基づかない]推測 / give [make, take] a ～ 当て推量する / Give it a ～. 一つ当ててごらん / Have a ～ *at* the number. 数の見当をつけてみなさい / My ～ is [It is my ～] that ...はまず間違いないと思う / Your ～ is as good as mine. それは(君にわからぬと同様)私にもわからない.

anybody's* [*anyone's*] *guess 《口語》(だれにもいろいろに推測されるが)はっきりわからない[予測できない]事: What will happen now is *anybody's* ～. 今どんなことが起るものやらわかったものではない / *Anybody's* ～ is nobody's ～. 本当のこと[どうなるか]はわかりっこない. ***at a guess*** 推測して(言えば), だいたいの見当で(は): *At a* ～ more than twenty houses were damaged. 推測すると 20 軒以上の家が被害を受けたようだ. ***by guess*** 推測によって, 当てずっぽうで: He did all the problems *by* ～. 問題をすべて当てずっぽうでやった. ***by guess and by God* [*Godfrey*]** 《俗》全く当て推量で, 盲滅法(めくらめっぽう)に《もと, 船の操縦についていった》; およその目測で《測量するなど》. ***have another guess coming*** 《口語》考え違いをしている, 間違っている: If you think so, you *have another* ～ *coming*. そう思うなら間違いだ.

guéss·er 〘(15C)〙 *n.* 当て推量を言う人, 推測者; 言い当てる[当てた]人.

guéss·ing·ly *adv.* 当てずっぽうで, 臆測的に.

guéss-ròpe 〘《変形》← *guest rope*: GUESS-WARP との連想による変形〙 *n.* 〘海事〙 **1** ＝guess-warp 2, 3. **2** ＝guest rope.

guess·ti·mate 〘← GUESS ＋ (ES)TIMATE〙《口語》 ― [géstəmèɪt | -tɪ-] *vt.* (明確な事実・資料によらないで)推量[推定]する, 当てずっぽうで見積る. ― [-mət, -mɪt] *n.* いい加減な推定[見積り].

guéss-wàrp 〘(15C) *gyes warp* ← *gyes* (← ? GUY[1])＋WARP: cf. guest rope〙 ― *n.* 〘海事〙 **1** ＝guest rope. **2** 船内から出した円材の先にたらした綱《ボートをつなぐ》. **3** 船外の固定物(錨など)まで伸ばした綱《この綱を船上からたぐって船をそこに移動させる》.

guéss·wòrk *n.* **1** 当て推量, 当てずっぽう: *by* ～＝*by* GUESS. **2** 当て推量の結果.

guest [gést] 〘ME *gest(e)* □ON *gest-r* ∽ OE *ġ(i)est* ＜Gmc **ʒastiz* (Du. *gast* / G *Gast*) ＜IE **ghostis* (L *hostis* stranger, enemy): cf. host[1,2]〙 ― *n.* **1** (食事・会合・家庭などに招かれた)客, 客人; (市・クラブ・学校・式などの)賓客(ひんきゃく), 来賓 (↔ host): a few ～s *to* dinner 晩餐に招かれた数人の客 / the ～s at a wedding 結婚式出席者 / the ～ of the city 市の賓客, 市賓 / an unexpected ～ 招かれざる客 / I was his ～ for three weeks. 3 週間彼の客になった / Lunch with me at the hotel as my ～. ホテルで昼飯をごちそうしよう / The swallow is a summer ～ in Britain. 英国ではツバメは夏の訪問客だ. **2** (ホテル・下宿・旅館・レストランなどで料金を払う)客, 旅客, 泊り客, 宿泊人: a paying ～ (私宅の)下宿人《lodger, boarder を体裁よく言ったもの》. **3** (ラジオ・テレビ番組・オーケストラ・劇団などの)ゲスト《レギュラーではなく客演する人; guest artist, guest star ともいう》. **4** 《廃》他国者, 異国人 (stranger). **5** 〘動物〙(他の巣の中に同居する)寄生[共生]動物 (inquiline)《主に昆虫》. **6** 〘植物〙寄生植物. **7** 〘地質〙鉱物(や岩石)中にとりこまれた別種の鉱物[岩石] (cf. host[2] 6).

Be my guest 《口語》どうぞ御自由に(お使い下さい, お召上り下さいなど); どういたしまして (You are welcome). ***a guest of honor*** (1) (晩餐会・式などの)主賓. (2) 社交会などに特に招待された著名人, 貴賓.

― *adj.* **1** 賓客として行なう, 招待[招聘(しょうへい)]された: ～ players (運動などの)招待選手 / a ～ speaker 来賓演説者 / a ～ member (regular member に対して)お客さま, 客員. **2** 客用の, 接待用の: ⇨ guest room. **3** (ラジオ・テレビ番組・オーケストラなどで)ゲスト(として)の (cf. *n.* 3): a ～ performer ゲスト出演者 / a ～ conductor (オーケストラの)客演指揮者. **4** 〘動物〙寄生[共生]する: a ～ ant / ～ bees, moths, etc.

― *vt.* 〈人を〉客としてもてなす. ― *vi.* **1** 《古》客である[になる]. **2** 《口語》〔ラジオ・テレビ番組などに〕ゲストとして出演する〔*on*〕.

guést àrtist *n.* ＝guest 3.

guést·chàmber 〘ME〙 *n.* ＝guest room.

guést-condúct *vt.* 〈オーケストラなどを〉客演指揮する.

guést flàg *n.* 〘海事〙ゲストフラッグ《ヨットの持主が不在で客が乗っていることを示す青地に白の対角線のはいった四角い旗》.

guést·hòuse 〘OE *ġiest-hūs*〙 ― *n.* **1** 高級下宿, ゲストハウス《通例客に食事と宿泊と娯楽施設などを提供する》. **2** (敷地内にある)来客用の離れ. **3** (修道院などで巡礼者のための)宿坊.

gues·ti·mate [*v.* géstəmèɪt | -tɪ-; *n.* -mət, -mɪt] *vt., n.* 《俗》＝guesstimate.

guést·less *adj.* 客のない, 賓客のない; 宿泊人のない.

guést-nìght *n.* 《英》(クラブ・学校などで)賓客接待の夜.

guést ròom *n.* **1** (個人の家でふだん明けてある)来客用寝室. **2** (ホテル・宿泊所などの)客室.

guést ròpe 〘(1623): 《原義》? rope to aid guests coming aboard: 第一要素は GUY[1] の変形か (cf. guess-warp)〙 ― *n.* 〘海事〙 **1** ゲスロープ, つかまり綱《船側に沿って張った綱で, 横付けするボートに手掛りを与えるためのもの; chest rope, grab rope ともいう》. **2** (towline のほかに)引き船に付けた第二の綱《船の左右への逸出を防ぐためのもの》.

guést stàr *n.* ＝guest 3.

guést-tòwel *n.* 客用のタオル《小型のハンドタオル》.

Gue·va·ra [geɪvɑ́ːrə; *Sp.* gebára], **Ernesto** *n.* ゲバラ《1928–67; アルゼンチン生れのキューバの革命家・政治家; Castro とともにキューバ革命を指導, のち Bolivia でゲリラ活動中殺された; 通称 Ché Guevara》.

Gue·vá·rist [-rɪst, -rəst | -rɪst] *n.* ゲバラ (Ché Guevara) の信奉者《テロリストのゲリラ活動によって革命へ導く》.

gu·fa [gúːfə] 〘□Arab. *qúffa*[h] basket〙 ― *n.* グーファ《Mesopotamia で昔から使われている小枝細工を骨組みとし, 獣皮を張りさらにピッチを塗って水密にした円形の小舟; kufa ともいう》.

guff [gʌ́f] 〘《混成》← GU(ST[1])＋(PU)FF: または擬音語〙 *n.* 《俗》ばか話, でたらめ, ナンセンス.

guf·fa [gúːfə] *n.* ＝gufa.

guf·faw [gʌfɔ́ː, gə-] 〘(1720) 擬音語 ?〙 *n.* [《米》ではまた gʌ́fɔː] (下品な)ばか笑い, げらげら笑い (horselaugh): give a loud ～. ― *vi.* ばか笑いする.

Gug·gen·heim [gúgənhàɪm, gúːg-] 〘人名から〙 *n.* 〘遊戯〙＝category 4.

Gug·gen·heim [gúgənhàɪm, gúːg-], **Daniel** *n.* (1856–1930) 米国の資本家・博愛主義者.

Gúggenheim Féllowship *n.* [the ～] グゲンハイム助成金《1925 年米国上院議員 Simon Guggenheim (1867–1941) とその妻が設立した the John Simon Guggenheim Memorial Foundation から, 毎年芸術家や学者に対して与えられる》.

gug·gle [gʌ́gl̩] 〘擬音語: cf. gurgle, gargle〙 ― *vi.* **1** (瓶(びん)から流れ出る水のように)ごくごく[どくどく]音

を立てる. **2** ごくごく[どくどく]音を立てて飲む[流れる]. ― *vt.* ごくごく音を立ててつぐ[飲む].
― *n.* ごくごく[どくどく, ぶくぶく, ごぼごぼ]という音.

gug·let [gʌ́glɪt, -lət] *n.* =goglet.

guhr [gúə | gúə(r)] 〖□ G《方言》*Gu(h)r*《原義》ferment: cf. G *gären* to ferment〗 ― *n.* **1**〖岩石〗岩石の割れ目に水の作用によってたまった土状の沈殿物. **2**〖地質〗=kieselguhr.

Gui. 《略》Guiana.

Gui·a·na [giǽnə, -ɑ́:nə, gaɪǽnə | gaɪǽnə, giɑ́:nə] 〖《土語》← ?〗 ― *n.* ギアナ: **1** 南米北東部で Orinoco, Río Negro, Amazon の三河に囲まれた大西洋岸の広大な熱帯地域; 狭義のGuiana (⇨2) のほかにブラジル北部とベネズエラ東部を含む; 面積 1,787,091 km². **2** 上記地方の大西洋岸地方; 西から Guyana, Surinam, および French Guiana の 3 地域に分れる. ★ この三域を合わせて the (three) Guianas ということもある.

Gui·a·nese [gàɪəní:z, gì:ə-, -ní:s | gàɪəní:z] *adj.* ギアナ地方の; ギアナ地方の(原)住民の. ― *n.* (*pl.* ～) ギアナ地方の(原)住民.

guib [gíb] 〖□ Afr. ～〗 *n.*〖動物〗ブッシュバック, ギブ (*Tragelaphus scriptus*)《サハラ砂漠以南のアフリカ産のたてがみや縞模様がある小型のレイヨウ》.

gui·chet [gi:ʃéɪ | ―; *F.* giʃɛ] 〖□ F ～ 'wicket' ← Gmc (cf. MDu. *wi(n)ket* wicket)〗 *n.* 格子のついた入口, 小門; (特に)出札口, 切符売場 (ticket window).

guid [gʏ́d, gíd] *adj.* 《スコット》=good.

guid·a·ble [gáɪdəbl] *adj.* 導くことができる, 指導できる, 案内することができる.

guid·ance [gáɪdns] 〖《1538》〗 ― *n.* **1 a** 導き, 案内, 手引き, 指導, 指揮, 指図 (direction); 手本, 模範 (model): under a person's ～ 人の案内[指導]で. **b** (学生)指導, 補導, ガイダンス《生活指導と職業指導の両方の概念を含んでおり, 社会へ児童・生徒を適応させると共に, 現実の中から児童・生徒の意欲を引き出し, その能力を伸ばしてやること; cf. orientation 3 b》: vocational ～ 職業指導. **2**〖心理〗ガイダンス《心理的な問題を持つ人たちに, 心理相談を通じて, その解決に協力すること》. **3**〖宇宙〗(宇宙船・ミサイルなどの飛行進路の)誘導 (cf. guided missile).

guide [gáɪd] 〖*v.*: 《*c*1385》 *g(u)ide(n)* □ (O)F *guid-er* 《変形》← *guier* < VL **wīdāre* □ Gmc **witan* to look after (OE *witan* to blame) ← **wit-* (⇨ wit¹, wise³). ― n.: 《*a*1376》□ (O)F ～〗 ― *vt.* **1 a** 道案内する, 案内する (direct); 〈観光客を〉ガイドする: He ～*d* me *through* the city. 彼は私を町中に案内してくれた / The lights in the harbor ～*d* the ship *to* port. 港内の灯火に導かれて船は入港した / The blind man was ～*d* by his dog. その盲人は犬に道案内されていた. **b** 〈車・道具・動物などを〉(ある方向に)押し進める, 動かす. **2** (勉強などで)指導する, 手引きする (instruct): ～ the boys *in* their studies 少年達の勉強を指導する / ～ a person *through* the intricacies of the Greek syntax 複雑なギリシャ語統語法を人に(手引きして)教える. **3** (行動・方針・考えなどを)指導する, 統制する (regulate); 〈国家などを〉支配する, 管理する. **4** 〈思想・感情などが〉左右する, 導く, 動かす (lead, influence): be ～*d* by one's sense of duty [one's passions, one's love for truth] 義務感[激情, 真理の愛]に導かれる / Let wisdom ～ our feet. 知恵によって歩もう. **5** 《スコット》扱う, 使う (treat). ― *vi.* 道案内をする.
― *n.* **1** 案内人, 道案内; (観光客・博物館などの)案内人, ガイド; 山の案内人, 職業登山家. **2 a** 指導者, 教導者, 先達 (leader, conductor), 亀鑑(きかん) (model): one's ～ *in* religion [*through* life] 宗教の[人生の]先達. **b** (行動・思想などのための)指導原理, 基準, 指針: Instinct is not always a safe ～. 本能は必ずしも安全な手引きではない. **3 a** 旅行案内(書) (guidebook): a ～ *to* Scotland スコットランド旅行案内. **b** 案内書, 手引き, 入門書, 便覧 (handbook): a ～ *to* English studies [poultry keeping] 英語研究[養鶏]の手引き / a postal ～ 郵便規則便覧. **4 a** 道しるべ, 道標 (guidepost). **b** (器具・機械などの)案内, 誘導装置, すべり座[道]; (外科用探針の)導子; (釣竿(つりざお)・ミシンなどに付けた)糸道: a sewing-machine ～ ミシンの糸道. **c** =guide card. **5 a** 少女団員 (girl guide). **b** Girl Guides の 指導団員《11–16 歳; cf. brownie 2 a》. **6 a**〖陸軍〗基準, 嚮導(きょうどう)《隊列の最前列の右または左に位置し, 隊の整列・行進・方向転換の基準となる》; 基準部隊. **b** 偵察隊員; [*pl.*] 偵察隊. **c**〖海軍〗嚮導艦[船]《通例, 旗艦》.

guíde bàr *n.*〖機械〗案内棒 (slide bar).

guíde·bòard *n.* 道案内板.

guíde·bòok 〖《1823》〗 *n.* 旅行案内(書), 遊覧案内, ガイドブック: Baedeker's ～.

guíde càrd *n.* 見出しカード《カード目録の所々に差し込んだ一部分突き出た厚紙または金属板》.

guíd·ed *adj.* **1** 案内人[ガイド]に付添われた[案内された]: a ～ group. **2** 誘導された: a ～ bomb.

guíded míssile *n.*〖軍事〗(遠隔操作や自動装置により誘導される)誘導弾, 誘導ミサイル, 誘導飛翔体, 誘導性飛行体.

guíde dòg *n.* 盲導犬.

guíded tóur *n.* =conducted tour.

guíded wáve *n.*〖物理〗導波《導体または誘電体に沿って伝播する波動》.

guíde·less 〖《15C》〗 *adj.* 案内人[指導者]のない; 指導のない.

guíde·lìne *n.* **1** (図案・絵画の薄い)下書きの線; (タイプ印書の)目印; 罫(けい)(線). **2** (岩場・地下通路などの)案内[誘導]ロープ〔*to*〕. **3** [通例 *pl.*] (政策など決定の)指針, 指標, 路線, ガイドライン〔*on*〕. **4**〖舞台〗背景の移動・幕の昇降をする鋼線.

guíde nùmber *n.*〖写真〗ガイドナンバー《閃光撮影の際の露出を示す数値; 閃光源から被写体までの距離に絞りの F 数を乗じたもの》.

guíde pìle *n.*〖建築〗親杭(おやぐい)《掘削工事で, 横矢板を受ける土止め杭; gauge pile ともいう》.

guíde·pòst *n.* **1** (路傍に立てた)道しるべ, 道標. **2** 指針, 路線 (guideline).

guíd·er *n.* **1** 導く[案内する]もの. **2 a** 指導者. **b** Girl Guides の指導者[隊長].

guíde ràil *n.* (扉や窓の)案内レール.

guíde ròpe 〖ME〗 *n.* **1** (クレーンの引揚げ綱に添えて正しい位置に導く)抑え綱, 張り綱 (guy). **2**〖航空〗(気球・飛行船の)誘導索, 調節綱 (trail rope).

guíde·wày *n.*〖機械〗案内面, 滑り溝.

guíde whèel *n.* (自転車の)補助輪.

guíde wòrd *n.* =catchword 2 a.

Gui·do [gwí:dou | -dəʊ; *It.* gwí:do] 〖□ It., Sp. & Port. ～: ⇨ Guy〗 *n.* 男性名.

Gui·do d'A·rez·zo [gwí:dou-dərétsou | -dəʊ-dərétsəʊ; *It.* gwí:dodaréttso] *n.* グイード ダレッツォ 《992?–1050 イタリアあるいはフランスのベネディクト会修道士・音楽理論家; 階名唱法の基礎を定め, 4 線譜表を完成したと伝えられる; Guido Aretino, Fra Guittone [gittó:ne] ともいう; ⇨ Guidonian syllable》.

gui·don [gáɪdn, -dn | -dən, -dn] 〖《1548》□ F ～ □ It. *guidone* ← *guidare* < VL **wīdāre* 'to GUIDE'〗 ― *n.* **1** (もと騎兵隊の)槍(やり)旗, 三角旗 (cf. flag³ 1 a); その旗手. **2**〖陸軍〗**a** (つばめの尾の形をした旗で部隊の識別に用いる)隊旗. **b** 隊旗の旗手.

Gui·do·ni·an [gwi:dóuniən | -dáʊnjən, -nɪən] *adj.* グイードダレッツオ (Guido d'Arezzo) (式)の.

Guidónian sýllable *n.*〖音楽〗グイードの音名綴り字《Guido d'Arezzo が創始したと伝えられる ut (= do), re, mi, fa, sol, la の 6 音名の視唱用綴り字》.

Guido Reni *n.* ⇨ Reni.

guid·wil·lie [gʏdwíli, gɪd- | -lɪ] 〖← *guidwill*《スコット》'GOODWILL' + -IE〗 *adj.* 《スコット》**1** 気前のよい. **2** 元気づけの[る].

Gui·enne [gwi:jén; *F.* gɥiɛn] *n.* ギエンヌ(県)《フランス南西部大西洋岸の旧県; 首都 Bordeaux; フランス語名 Guyenne》.

guige [gí:dʒ, gí:ʒ; *F.* gi:ʒ] 〖《?*c*1450》□ OF ～〗 *n.*〖甲冑〗楯の吊り革ひも《これで楯を肩に下げる》.

gui·gnol [gi:njɔ́(:)l, -njóul | -njɔ́l; *F.* giɲɔl] 〖□ F ～ ← *Guignol* (人形芝居の登場人物の名)〗 ― *n.* **1** (手で操る)人形 (puppet); (特に)指人形 (hand puppet) (cf. marionette); 人形芝居, ギニョール. **2 a** = Grand Guignol. **b** =Punch-and-Judy show.

guild [gíld] 〖ME *gild(e)* □ MLG & MDu. *gilde* (Du. *gild*) < Gmc **ʒelðjōn* ∥ ON *gild-i* guild, payment < Gmc **ʒelðjam* ∽ OE *ġi(e)ld* payment, offering (⇨ geld¹): *gu-* の綴りについては ⇨ guilt〗 ― *n.* **1** (中世の)ギルド《共同基金をなしまたは共同の目的を遂行するため広く行なわれた各種の友交団体; その目的により宗教的・慈善的・工業的・商業的・行政的の各組合に分かれた》: ⇨ guild merchant, trade guild. **2** (近代の)同職[同業]組合; 仲間, 組合, 会 (fellowship, society): a ～ of bank clerks. **3**〖植物〗ギルド《ある程度他の植物に依存する生活様式をもった植物の類; 普通腐生植物 (saprophytes), 寄生植物 (parasites), 着生植物 (epiphytes), 蔓(つる)生植物 (lianas) の四つがあげられる》.

guild·er¹ [gíldə | -də(r)] *n.* (近代)同業組合員.

guil·der² [gíldə | -də(r)] 〖《?1458》 *gildre(n)* □ Du. *gulden*: *r* は *kroner* との連想による非語源的挿入〗 ― *n.* **1** ギルダー《オランダの通貨単位; =100 cents; 記号 G; florin, gulden ともいう》. **2** 1 ギルダー銀貨.

Guild·ford [gílfəd | -fəd] 〖OE *Ġyldeford*《原義》ford where golden flowers grew ← **gyld* marsh marigold: ⇨ gold, ford〗 ― *n.* イングランド南東部 Surrey 州中部の都市; 人口 121,000.

guild·hall [―́―; ―́―] 〖OE (*ġe*)*ġyld healle*〗 ― *n.* **1** 中世ギルドの集会場, ギルド会議所. **2** (もとギルドの集会所であった)市役所, 町役場 (town hall, city hall). **3** [the G-] London 市庁.

guild mérchant 〖《1418》□ AF *guilde merchante* □ LL *gilda mercātōria*: *merchant* は形容詞〗 ― *n.* 商人ギルド《国王への献金を代償として商業の独占権などを有した中世都市の商人組合; merchant guild ともいう》.

guild·ry [gíldri | -rɪ] *n.* 《スコット》「ギルド, 組合 (guild). 《スコット》(royal burgh の)

guild·shìp 〖OE *ġieldscipe*: ⇨ guild, -ship〗 *n.* **1** =guild 1. **2** ギルド (guild) の組合員の身分.

guilds·man [gíldzmən] *n.* (*pl.* **-men** [-mən, -mèn]) **1** ギルドの組合員. **2** ギルド社会主義信奉者.

guild sócialism *n.* ギルド社会主義《全産業を国有化して各職種ごとのギルドが管理・運営するという社会主義思想; 20 世紀初頭の英国で唱えられた》.

guild sócialist *n.* ギルド社会主義者. **guild-so·ciálistic** *adj.*

guile [gáɪl] 〖《?*a*1200》□ OF ～ □ ? ON **wihl-* 'WILE'〗 *n.* **1** 陰険なずるさ, 狡猾(こうかつ). **2**《古》策略, 術策. ― *vt.* 《古》だます.

guile·ful [gáɪlfəl] 〖ME〗 *adj.* 悪巧みのある, ずるい, 陰険な (crafty, cunning). **～·ly** *adv.* **～·ness** *n.*

guíle·less *adj.* 偽りのない, たくらみのない; 正直な, 純真な, 明朗な. **～·ly** *adv.* **～·ness** *n.*

Guil·laume [gijóum | -jáʊm; *F.* gijo:m] 〖□ F ～ 'WILLIAM'〗 *n.* 男性名.

Guillaume, Charles Édouard *n.* ギヨーム《1861–1938; スイス生れのフランスの物理学者; invar を発明 (1897); Nobel 物理学賞 (1920)》.

Guilláume de Macháult [-də-mɑ:ʃóu | -ʃáʊ; *F.* -dəmaʃo] *n.* ギヨーム ド マショー《1300?–77; 中世フランスの聖職者・詩人・作曲家》.

guil·le·mot [gíləmɑ̀t | -lɪmɔ̀t] 〖《1678》□ F ～ (dim.) ← GUILLAUME: cf. robin¹〗 ― *n.*〖鳥類〗ウミスズメ科ウミガラス属 (*Uria*) とウミバト属 (*Cepphus*) の海鳥の総称《ウミガラス (*U. aalge*), ハジロウミバト (*C. grylle*), ウミバト (pigeon guillemot) など; cf. murre》.

guil·loche [gɪlóuʃ, gə-, gijóuʃ | gɪlɔ́ʊʃ, gijɔ́ʃ; *F.* gijɔʃ] 〖□ F *guillochis* (もとこの模様を彫る道具の名) ← It.《方言》*ghicciare* ← *gocciare* to drip ← L *gutta* a drop: cf. gout〗 ― *n.*〖建築〗組ひも飾り, 縄編み模様.

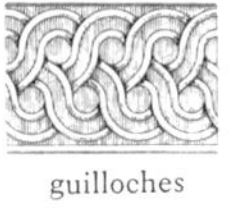
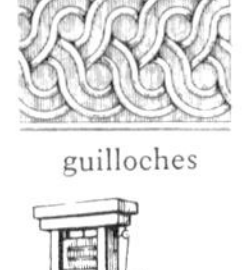

guilloches

guil·lo·tine [gílətì:n, gì:jətí:n, ―́―́ | gìlətí:n, ―́―́] 〖《1793》□ F ～ ← *J.I. Guillotin* (1738–1814: 1789 年にこの首切りの刑具を提案したフランスの医師)〗 ― *n.* **1** ギロチン, 断頭台: go to the ～ 断頭台に登る, 斬首刑に処せられる. **2** (紙などの)断裁機. **3**《英》討議打切り《討議の時間を限定して議事妨害を防ぎ議案の通過を図る方法》: The ～ fell at 11 p.m. and the House divided. 午後 11 時討論打切りとなり議会は賛否分かれて投票した. **4**〖外科〗ギロチン《輪と可動性の刃があって, 扁桃などの突出した病変を切除する器具》. **5**〖レスリング〗ギロチン《相手をあお向けにし half nelson と scissors を組合せたフォール》. ― *vt.* **1** ギロチン[断頭台]で…の首を切る. **2** 〈紙を〉断裁機で切る. **3** 広幅シヤー (guillotine shears) で〈金属細片などを〉切る. **4**《英》討論打切りで〈議案〉の通過を急ぐ, 強行採決する. **5**〖外科〗〈扁桃・口蓋垂などを〉切除する. ★《英》では *n.* を [―́―́], *v.* を [―́―́] と発音する人がある. **guíl·lo·tìn·er** *n.*

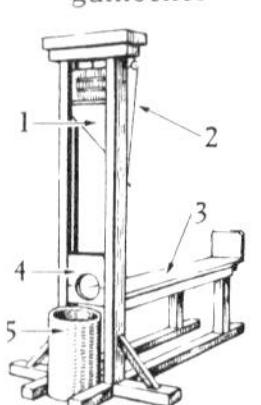

guillotine 1
1 knife; 2 cord; 3 board to which a victim is tied; 4 lunette; 5 basket

guillotine amputátion *n.*〖外科〗ギロチン切断(法)《緊急の場合に行なう手足の輪状切断で, 断端を閉じないもの》.

guillotine shèars *n. pl.*〖機械〗広幅シヤー《板材・金属細片の切断に用いられる刃渡りの長い押切り機》.

guilt [gílt] 〖OE *ġylt* offense ← ?: cf. OE *ġieldan* to pay for / *scyld* sin: 今の *gu-* はフランス式綴り〗 ― *n.* **1** 罪を犯していること, 罪があること, 有罪: establish a person's ～ 人の有罪を確定する / confess one's ～ 罪を犯したことを自白する / fix ～ on a person 人に罪を負わせる. **2** 犯罪行為, 非行, 罪 (crime); (罪・過失の)責任 (blame): a life free from ～ 罪のない生涯. **3** 罪悪感. **4**〖法律〗犯罪 (criminality).

guílt còmplex *n.*〖心理〗罪責複合《無意識のうちに潜在する罪責感》.

guílt·i·ly [-tɪli, -tə- | -tɪlɪ, -tə-] *adv.* 罪になるように; 罪ありげに, やましい様子[気持]で.

guílt·less 〖lateOE *gyltlēas*: ⇨ guilt, -less〗 ― *adj.* **1** 罪のない, 潔白な. **2** 〔…の〕経験のない, 〔…を〕知らない, 持たない〔*of*〕: be ～ *of* writing poems 詩作をしたことがない / be ～ *of* speaking French フランス語が話せない / be ～ *of* humor ユーモアがない. **～·ly** *adv.* **～·ness** *n.*

guilt·y [gílti | -tɪ] 〖OE *ġyltiġ*: ⇨ guilt, -y⁴〗 ― *adj.* (**guilt·i·er; -i·est**) **1 a** 〔…の〕罪を犯した, 有罪の〔*of*〕: a ～ man / be ～ *of* larceny 窃盗罪を犯す / be ～ *of* murder 殺人の罪がある / ～ [not ～]〖法律〗有罪[無罪]《刑事裁判における陪審員の評決》/ He was found ～. 有罪と判決[評決]された / I plead ～ *to* ingratitude. 忘恩の罪を認めます. **b** 〔過失などを〕犯した, 〔…の〕欠点のある〔*of, about*〕: be ～ *of* a blunder 過失を犯す / be ～ *of* a breach of good manners 作法にはずれた事をする / be ～ *of* bad taste 趣味の悪いことをする / I still feel ～ *about* that error. 今でもあの間違いのことは悪かったと思っている. **2** 罪となるような, 犯罪的な; 罪の[に関する]: a ～ secret 悪事の秘密 / a ～ deed [intent] 犯罪行為[意志], 犯行[意]. **3** 罪の自覚のある, 罪悪感のある, 身に覚えのある, やましい所のある: a ～ look, blush, etc. / have a ～ conscience *about* …について気がとがめる. **4**《廃》〔…に〕処せられるべき (deserving)〔*of*〕: He is ～ *of* death. 彼は死に当たれり (*Matt.* 26:66). **guílt·i·ness** *n.*

guimpe [gǽmp, gímp; *F.* gɛ̃:p] 〖□ F ～ 'WIMPLE' ← Gmc〗 ― *n.* **1**〖服飾〗ギンプ, ガンプ《1910 年ごろ着用されたローネックのドレスの下につけたジレー (gilet) の一種; レースやネットでできていてスタンドカラーのついているもの》. **2** (修道女などの)肩と首をおおうための幅の広い布. **3** 子供の短いブラ

ウス《ピナフォ (pinafore) を上に着ることが多い》. 4

Guin. 《略》 guinea(s). ⌊=gimp¹ 1, 2.

guin·ea [gíni | -nɪ] 〖《1664》 GUINEA 産の金で鋳造したのにちなむ〗 ── *n.* **1** ギニー(金貨)《1663 年から 1813 年まで英国で鋳造された金貨; 最初 20–22 シリングの価値であったが, 1717 年以後 21 シリングに一定された》. **2** ギニー《現通貨制度 (1971 年) 以前の 21 シリングに当たる英国の通貨単位; 弁護士・医師などの謝礼や公共団体などへの出金, 絵画・競走馬・地所などの値段に常用された》. **3** **a** アフリカから米国へ輸入されたばかりの奴隷. **b** [通例軽蔑的]すぐそれとわかるような外国人. **c** 《米俗》[通例軽蔑的]イタリア[スペイン]系移民. **4** 《俗》うまやの下働き. **5** 〘鳥類〙=guinea fowl.

Guin·ea [gíni | -nɪ] 〖⇨ Port. *Guiné* ← ? *Ghana*〗 ── *n.* ギニア: **1** アフリカ西部の共和国; もと French West Africa の一部で French Guinea といったが, 1958 年独立; 人口 4,650,000, 面積 245,857 km², 首都 Conakry; 公式名 the Republic of Guinea ギニア共和国. **2** アフリカ中部の大西洋沿岸地方; 広義にはおよそ Gambia 川から Gabon 河口あるいは Angola 南部まで, 狭義には Guinea 湾沿岸地方; ⇨ Portuguese Guinea, Equatorial Guinea.

Guinea, the Gulf of *n.* ギニア湾《アフリカ大陸西海岸の大湾, 大西洋の一部》.

Guin·ea-Bis·sau [gínibɪsáu | -nɪ-] *n.* ギニアビサウ《アフリカ西海岸の共和国; 旧ポルトガル海外領土で Portuguese Guinea と呼ばれたが 1974 年独立; 人口 540,000, 面積 36,125 km², 首都 Bissau; 公式名 the Republic of Guinea-Bissau ギニアビサウ共和国》.

Guínea còrn *n.* 〘植物〙=durra.

guínea fòwl *n.* 〘鳥類〙ホロホロチョウ (*Numida meleagris*); (その他)ホロホロチョウ科の鳥の総称.

guinea fowl

guínea gràins *n. pl.* = GRAINS of paradise.

guínea gráss *n.* 〘植物〙ギニアソウ (*Panicum maximum*)《アフリカ原産イネ科の牧草》.

guínea hèn *n.* 〘鳥類〙ホロホロチョウ (guinea fowl) の雌; =guinea fowl.

guínea-hèn flówer *n.* 〘植物〙ヨーロッパおよびアジア産の淡色に紫色または栗色の市松模様のある花をつけるユリ科バイモ属の球根植物 (*Fritillaria meleagris*).

Guínea·man [-mən] *n.* (*pl.* **-men** [-mən, -mèn]) **1** =Guinean. **2** 《古》ギニアとの貿易船[貿易商人].

Guin·e·an [gíniən | -nɪən, -njən] *adj.* **1** ギニア地方の; ギニア地方(原)住民の. **2** ギニア共和国の; ギニア共和国人の. ── *n.* **1** ギニア地方の(原)住民. **2** ギニア共和国人.

Guínea pèpper *n.* **1** 〘植物〙熱帯アフリカのこしょうに似た実のなるバンレイシ科の木 (*Xylopia aethiopica*); その実. **2** アフリカ産の各種のこしょうの総称. **3** =GRAINS of paradise.

guínea pìg 〖この動物の産地である南米の Guiana と混同したためか〗 ── *n.* **1** 〘動物〙テンジクネズミ (*Cavia porcellus*)《南アメリカ産, 畜用品種は医学・生物学などの実験用またはペット用; 俗にモルモットという; marmot とは別》. **2** (いろいろな面での)実験材料, 実験台; 調査資料. **3** 《英古》ギニー金貨の報酬を受ける人《重役会議に列席する名義だけの会社重役, 他教区の礼拝式を代行する牧師, 医師など》.

Guínea wòrm *n.* 〘動物〙メジナチュウ (*Dracunculus medinensis*)《熱帯インド・アフリカに分布する線虫類の一種; 人などの筋肉組織, 特に足部に寄生して潰瘍(ｶｲﾖｳ)を起こさせる》.

Guin·e·vere [gwínəvɪə | gwínɪvɪə(r, gín-] 〖⇨ Guenevere〗 ── *n.* (*also* **Guin·e·ver** [-və | -və(r)]) **1** 女性名. **2** 〘アーサー王伝説〙グイネヴィア《Arthur 王の妃, Lancelot の愛人》.

Guin·ness [gínɪs, -nəs] *n.* 〘商標〙ギネス《スタウト (stout) の商品名》.

Guin·ness [gínɪs, -nəs, gɪnés, gə- | gínɪs, gɪnés], **Sir Alec** *n.* (1914–) 英国の俳優.

gui·pure [gɪp(j)ʊ́ə | -pjʊ́ə(r; *F.* gipy:r] 〖《1843》⇨ F ～ ← *guiper* to cover or whip with silk ← Gmc: ⇨ wipe, whip, -ure〗 ── *n.* (*pl.* ～**s** [～z; *F.* ～]) ギピールレース: **1** 地になる網目がなく, 模様と模様を直接につなぎ合わせたレースの一種. **2** 絹・綿・レーヨンなどを針金に巻いた飾糸.

gui·ro [(g)wí(ə)rou | gwíərəu; *Am. Sp.* (g)wíro] 〖⇨ Am.- Sp. *güiro* 《原義》bottle gourd ← Taino〗 ── *n.* (*pl.* ～) ギロ《ラテンアメリカ起源の打楽器; へちま型空洞状で表面に洗濯板状のぎざぎざがあり, 棒でこすって音を出す》.

gui·sard [gáɪzəd | -zəd] 〖《古形》*gysart* ← 《スコット・廃》*gys(e)* to disguise: cf. guise〗 *n.* 仮装した人.

gui·sarme [gɪzáəm | -zá:m; *F.* gizarm] *n.* =gisarme.

Guis·card [gi:skáə | -ká:(r; *F.* giska:r], **Robert** *n.* ギスカール《1015?–85; 南イタリア・シチリアを征服したノルマン人; 別称 Robert de Hauteville [oʊtvíːl; *F.* otvil]》.

guise [gáɪz] 〖《?*a*1300》⇨ (O)F *guise* ⇨ Gmc **wīsōn* (G *Weise* manner): ⇨ wise²〗 ── *n.* **1** 姿, 様子, 外観: old ideas *in* a new ～ 表面は新しいが中味は旧来の考え. **2** 仮装, 変装; うわべ, 見せかけ: *under* [*in*] the ～ of friendship [patriotism] 友情[愛国心]を装って. **3** 服装, 身仕度: a foreigner *in* strange ～ 奇妙な服装の外国人. **4** 《古》やりかた, 流儀, 風. ── *vt.* **1** 《古》装わせる (dress) 〔*in*〕. **2** 《英方言》仮装させる. ── *vi.* 《英方言》変装[仮装]している.

Guise [gí:z, gwí:z; *F.* gɥi:z, gi:z], **2nd Duc de** *n.* ギーズ公《1519–63; フランスの大貴族, 将軍・政治家; 本名 François de Lorraine》.

Guise, 3rd Duc de *n.* ギーズ公《1550–88; フランスの大貴族, 将軍で新教徒反対派の首領, サンバルテルミーの虐殺 (Massacre of St. Bartholomew) の首謀者の一人; 本名 Henri I de Lorraine; François de Lorraine の息子》.

gui·tar [gɪtáə, gə- | gɪtá:(r)] 〖《1621》⇨ F *guitare* ⇨ Sp. *guitarra* ⇨ Arab. *qīthāra*ʰ ⇨ Gk *kithára* cithara: CITHARA, ZITHER と三重語〗 ── *n.* ギター: ⇨ acoustic guitar, electric guitar. ── *vi.* (**gui·tarred; -tar·ring**) ギターを弾く.

guitár·fìsh *n.* 〘魚類〙サカタザメ《サカタザメ科の数種のエイの総称; 上から見た体型がギターに似ている》.

gui·tár·ist [-tá:rɪst, -rəst | -rɪst] *n.* ギターを弾く人 「[奏者], ギタリスト.

guit·guit [gwítgwìt] 〖擬音語〗 *n.* 〘鳥類〙熱帯アメリカ産の小型のミツドリ (honeycreeper) 数種の総称.

Gui·try [gi:trí | -trɪ; *F.* gitri], **Sa·cha** [saʃa] *n.* ギトリ《1885–1957; フランスの劇作家・俳優》.

Gui·zot [gi:zóu | -zə́u; *F.* gizo], **François Pierre Guillaume** *n.* ギゾー《1787–1874; フランスの政治家・歴史家》.

Gu·ja·rat [gù:dʒərá:t, gùdʒ-; *Hindi* gwɟrat] *n.* **1** グジャラト《インド西部の Narbada 川の北方の平野地方で, もと王国》. **2** グジャラト(州)《インド西部の州; もとの Bombay 州; 人口 26,688,000, 面積 187,090 km², 首都 Ahmadabad》.

Gu·ja·ra·ti [gù:dʒərá:ṭi, gùdʒ- | -tɪ; *Hindi* gúɟrati] 〖⇨ Hindi *gujurātī* ← *Gujurāt* Gujurat〗 ── *n.* (*pl.* ～) **1** **a** (インド西部の)グジャラト語. **b** グジャラト語を書くためのアルファベット. **2** グジャラト人.

Gu·je·rat [gù:dʒərá:t, gùdʒ-; *Hindi* gwɟrat] *n.* = Gujarat.

Gu·je·ra·ti [gù:dʒərá:ṭi, gùdʒ- | -tɪ] *n.* =Gujarati 1.

Guj·ran·wa·la [gù:dʒrənwá:lə, gùdʒ-] *n.* グジランワラ《パキスタン北東部 Punjab 州 Lahore 北方の都市; 人口 361,000》. 「=Gujarati 2.

Guj·ra·ti [gu:dʒrá:ṭi, gudʒ- | -tɪ; *Hindi* gwɟrati] *n.*

gu·la [g(j)ú:lə | gjú:-] 〖⇨ L ～ 'throat, GULLET'〗 ── *n.* (*pl.* **gu·lae** [g(j)ú:li:, gú:laɪ | gjú:li:], ～**s**) **1** 〘動物・昆虫〙喉板《頭部の下面の中央部を形成している喉の節片》. **2** 〘建築〙 **a** 大きなくぼみのある(一団の)繰形. **b** =ogee.

gu·lar [g(j)ú:lə | gjú:lə(r)] 〖⇨ ↑, -ar¹〗 *adj.* 〘動物・昆虫〙咽喉の[に関する, にある].

gulch [gʌ́ltʃ] 〖《1835》← ? 《廃・方言》*gulch* to swallow greedily 《擬音語》: cf. gulp〗 *n.* 《米》(急流のある)峡谷.

gul·den [gúːldən, gúl- | gʊ́l-, gú:l-] 〖《16C》⇨ Du. & G ～ 《原義》golden〗 ── *n.* (*pl.* ～**s**, ～) グールデン: **a** オランダの通貨単位 (=guilder²; 記号 G); 1 グールデン銀貨[紙幣]. **b** オランダ領 Antilles 諸島・Surinam の通貨単位; 1 グールデン貨幣[紙幣]. **c** 昔のダンチッヒ (Danzig) の通貨単位[銀貨] (1920–39). **d** オーストリアの florin. **e** 昔ドイツで 14 世紀からまたオランダ地方で 15 世紀から行なわれた種々の金貨.

gules [gjú:lz] 〖《?*c*1320》*goules* ⇨ OF (F *gueules*) red fur neckpiece (pl.) ← *gole* throat < L *gulam* jaw: cf. ML *gulae* (pl.) ermine dyed red〗〘紋章〙 ── *n.* (*pl.* ～) 赤色, 紅色《無彩色図では垂直平行線で示す; ⇨ heraldry 挿絵》. ── *adj.* 赤色の, 紅色の.

gulf [gʌ́lf] 〖《?*c*1380》*goulf* ⇨ (O)F *golfe* ⇨ It. *golfo* < VL **colpum* ⇨ LGk *kólphos* = Gk *kólpos* bosom, fold, bay ← IE **kʷelp-* to arch (OE *hwealf* vault)〗 ── *n.* **1** 湾《通例 bay より大きいもの, または幅に比べて奥行の深いもの》: the *Gulf* of Mexico. **2** **a** 深い穴, 深い裂け目[割れ目]. **b** 《詩》(海・川の)深み, 深い淵(ﾌﾁ) (abyss), 深海. **3** 《古》 **a** (吸い込む)渦巻 (whirlpool). **b** 呑み込んでしまうもの. **4** (社会的地位・立場・意見などの)大差, 懸隔, 大きな隔たり: a great ～ fixed 越えられない境界[障壁] (*Luke* 16:26) / the ～ *between* rich and poor 貧富の懸隔. **5** 《英俗》(大学で優等試験に落第した)普通及第者名列[席次], 普通及第: get a ～.
── *vt.* **1** 深みに巻き[呑み]込む, 吸い込む, 巻き込む (engulf). **2** 《英俗》〈大学の優等試験受験者を〉普通及第にする.

Gúlf Stàtes *n. pl.* [the ～] メキシコ湾に臨む米国の諸州《Florida, Alabama, Mississippi, Louisiana, Texas の 5 州》.

Gúlf Strèam *n.* [the ～] **1** メキシコ湾流《北大西洋の暖流; Mexico 湾から北米大陸東岸を北上し, Newfoundland 沖合で北大西洋海流に移行する》. **2** = Gulf Stream system.

Gúlf Strèam sỳstem *n.* [the ～] メキシコ湾流系《メキシコ湾流・フロリダ海流・アンチール海流・北大西洋海流を含む》.

gúlf·wèed *n.* 〘植物〙(メキシコ湾産の)ホンダワラ数種の総称; (特に) *Sargassum bacciferum* 《しばしば海流にのって流れ藻となる》.

gulf·y [gʌ́lfi | -fɪ] *adj.* (**gulf·i·er; -i·est**) 渦巻き[深み]の多い.

gull¹ [gʌ́l] 〖《*a*1450》⇨ ? Welsh *gwyl-an* ∥ Corn. *guilan* ← Celt. **voilenno-*〗 *n.* 〘鳥類〙カモメ《カモメ属 (*Larus*) および近縁の属の水鳥の総称》.

gull² [gʌ́l] 〖《1594》← ? 《廃・方言》*gull* unfledged bird ← ? ME *gull* yellow ⇨ ON *gul-r*: cf. 《廃》*gull* to swallow〗 ── *n.* **1** だまされやすい人, のろま (dupe). **2** 《廃》悪巧み, 詐欺 (trick, deception). ── *vt.* だます, 欺く (deceive, dupe); だまして…から取る (swindle): ～ a person *into doing* 人を欺いて…させる / ～ a person *out of* his money 人から金をだまし取る.

gull·a·ble [gʌ́ləbl] *adj.* =gullible.

Gul·lah [gʌ́lə] 〖← ? *Gola* tribal group in Liberia ∥ ? *Ngola* tribal group in the Hamba Basin of Angola〗 ── *n.* **1** ガラ《米国 Georgia, South Carolina 両州の沿岸または近海の島に奴隷として定住した黒人》. **2** (ガラの使う)ガラ訛の英語.

gul·ler·y¹ [gʌ́ləri | -rɪ] 〖← GULL¹+-ERY〗 *n.* カモメ類の集団繁殖地[群棲地]. 「欺 (deception).

gul·ler·y² [gʌ́ləri | -rɪ] 〖← GULL²+-ERY〗 *n.* 《古》詐

gul·let [gʌ́lɪt, -lət] 〖《*c*1390》*golet* ⇨ (O)F *goulet* (dim.) ← *gole, goule* (F *gueule*) throat < L *gulam* throat ← IE **gʷel-, *gel-* to swallow (OIr. *gelim* I eat up): cf. gules, glutton¹〗 ── *n.* **1** 食道 (food passage, esophagus); のど (throat). ★ 咽喉と食道の総称として使われることが多い. **2** **a** 食道状のもの. **b** 水路, 海峡 (channel). **c** 峡谷 (gully, ravine). **d** のこぎりの歯と歯の間のくぼんだ部分, 目. **e** 〘土木〙(掘削作業でトロッコの通れる程度の)予備的切開き. **f** 〘動物〙消化道《原生動物の細胞内で, 原形質が陥入して食物をとり入れる部分》. ── *vt.* **1** …に水路[峡谷]を作る. **2** 〈のこぎり〉の目立てをする.

gul·ley¹ [gʌ́li | -lɪ] *n.* =gully¹.

gul·ley² [gúli, gʌ́li | gʌ́lɪ] *n.* 《スコット・北英》=gully².

gull·i·ble [gʌ́ləbl | -lə-, -lɪ-] *adj.* だまされやすい, のろまな, 何でもすぐ真に受ける (credulous). **gùll·i·bíl·i·ty** [-ləbíləṭi | -ləbílətɪ, -lɪb-, -lɪtɪ] *n.* **gúll·i·bly** *adv.*

gúll·ish [-lɪʃ] *adj.* ばかな, のろまな.

Gúl·li·ver's Trávels [gʌ́ləvəz- | -lɪvəz-] *n.* 「ガリバー旅行記」《英国の Jonathan Swift 作の社会・政治を風刺した作品 (1726) の通称; Lemuel Gulliver という人物が Lilliput, Brobdingnag, Laputa および Houyhnhnms の国々を訪れる航海記の形をなしている》.

Gull·strand [gʌ́lstrǽn(d); *Swed.* gúlstrand], **All·var** [álvar] *n.* グルストランド《1862–1930; スウェーデンの眼科医; Nobel 医学生理学賞 (1911)》.

gúll-wìng *adj.* **1** 〘航空〙かもめ型翼の. **2** 〘自動車〙〈ドアが〉ガルウイング型の《屋根に蝶番があって上方に開く型式のものにいう》.

gúll wìng *n.* 〘航空〙かもめ型翼《高翼形式の一種で主翼の上反角 (dihedral angle) が付根で大きく, 途中から小さくなっているもの; cf. inverted gull wing》.

gul·ly¹ [gʌ́li | -lɪ] 〖《1538》《変形》← GULLET: ⇨ -y¹〗 *n.* **1** **a** 雨溝, 雨裂《降雨時の流水に侵食されてできた溝状の小谷で通常は水が涸(ｶ)れている》. **b** 〘登山〙ルンゼ, クーロワール《岩壁にできた岩溝》. **2** 溝, 下水 (gutter, drain). **3** (路面鉄道の)溝型レール (hollow rail), 板レール (tram plate). **4** 〘クリケット〙打者の後方右側 (point と slips との間)の守備位置; その位置を守る野手. ── *vt.* **1** …に溝を作る. **2** 〈水が〉〈峡谷を〉侵食して作る. ── *vi.* 侵食されて峡谷ができる.

gul·ly² [gúli, gʌ́li | gʌ́lɪ] 〖《略》← *gully knife* ← *gully* (《変形》? ← GULLET)+KNIFE: 肉屋が gullet を切るのに用いたことから?〗 *n.* 《スコット・北英》大型ナイフ; 刀.

gúlly-dràin *n.* (下水を落し口まで流す)下水道.

gúlly eròsion *n.* 〘地質〙ガリ侵食《強雨などによる土壌侵食》.

gúlly-hòle *n.* (街路上の鉄格子(ｺｳｼ)蓋(ﾌﾀ)をした)下水の落ち口.

gúlly knìfe *n.* =gully².

gúlly-tràp *n.* 下水の落ち口の防臭弁.

gu·lose [g(j)ú:lous, -louz | gjú:ləus] 〖《変形》← GLUCOSE〗 ── *n.* 〘化学〙グロース ($C_6H_{12}O_6$)《合成で得られる炭素 6 個の糖の一種; 非醗酵性シロップ状, 甘味がある》.

gu·los·i·ty [g(j)u:lɑ́səṭi | gju:lɔ́sətɪ, -sɪ-] 〖⇨ LL *gulōsitāt-em* ← L *gulōsus* gluttonous ← *gula* throat: ⇨ -ity〗 *n.* 《まれ》大食 (gluttony); 貪欲(ﾄﾞﾝﾖｸ).

gulp [gʌ́lp] 〖《*a*1376》⇨ Du. *gulpen* to gulp 《擬音語》〗 ── *vt.* **1** 〈液体を〉がぶがぶ[ぐっと]飲む; 〈食物を〉がつがつ食べる, 無理に飲み込む 〈*down*〉: ～ *down* a drink. **2** 〈話などを〉盲信する, 鵜呑(ｳﾉ)みにする 〈*down*〉. **3** 〈こみ上げて来る悲しみ・涙・くやしさなどを〉呑む, こらえる, ぐっと抑える 〈*back, down*〉: ～ *back* [*down*] tears, sobs, emotion, etc. ── *vi.* **1** ごくりと[ごくごく]飲む. **2** (物を飲み込むかのように)息を殺す, 息詰まる: ～ *with* excitement 興奮で息詰まる. ── *n.* **1** ぐっと[ごくごく]飲むこと; ごくりと[ごくごく]飲む音: take a ～ of a drink 飲物をごくごく[ごくりと]飲む / swallow at one [a] ～ 一気にぐいと飲む. **2** (飲物の)大口一杯, 一気に飲む量: a ～ *of* milk 牛乳の一飲み. **～·er** *n.*

gúlp·ing *adj.* のどを鳴らしている, ごくごく飲む. **～·ly** *adv.*

gulp·y [gʌ́lpi | -pɪ] *adj.* (**gulp·i·er; -i·est**) ごくりと飲む(ような): ～ sobs むせぶようなすすり泣き.

gum¹ [gʌ́m] 〖《*a*1325》*gomme* ⇨ (O)F < VL **gum-*

mam = L *gummi*《変形》← *cummi* ▭ Gk *kómmi* ▭ Egypt. *kemai*〙 ── *n.* **1 a** ゴム質《諸種の植物の樹皮から分泌する乳状液; 空気中で凝固し, また樹脂 (resin) と異なりアルコールに溶けず水に溶ける; cf. mucilage 1》. **b** (一般に)ゴム《上記本来のゴムの外に resin や gum resin, mucilage をも含む植物分泌物》. **c** (工業用・美術用などの)加工ゴム. **2 a** ゴム質のもの, 粘性のもの. **b** ゴム糊, アラビア糊 (adhesive, glue). **c** 〘郵趣〙切手の裏側につけられている糊. **d** (セリシン (sericin) のように)生糸の外部についている粘性の物質: in the ～ 〈生糸が〉粘性物質をとり除く以前の段階にある. **3** 目やに, 目くそ. **4 a** =gumdrop. **b** 《米》チューインガム (chewing gum). **5** 《米》 **a** 弾性ゴム (elastic gum, rubber). **b** ゴム製オーバーシューズ[長靴]. **6 a** 〘植物〙ゴムノキ (⇨ gum tree). **b** =gumwood.

── *v.* (**gummed; gum·ming**) ── *vt.* **1** …にゴム[ゴム質]を塗る, ゴムを引く, ゴムで固める[付ける, 継ぐ]〈*down, together, up, in*〉. **2** ゴム質でふさぐ, ゴムで滑りを悪くする〈*up*〉. **3** 《口語》〈計画などを〉だめにする, 狂わせる (spoil)〈*up*〉. **4** 〘アライグマやフクロネズミが狩人の目を逃れるためにモミジバフウ (sweet gum) の木かげに隠れる所から ?〙《米俗》欺く, だます (cheat, deceive). ── *vi.* **1** ゴム質を分泌する; 〈果樹が〉病的樹液を分泌する. **2** ゴム状[粘着性]になる.

gum (up) the works ⇨ work 成句.

gúm·mer *n.*

gum² [gʌ́m] 〘OE *gōma* palate, inside of the mouth ← Gmc *ʒo-ma- (ON *gómr* / G *Gaumen* palate) ← IE *ghēu- to yawn, gape (Gk *kháos* 'CHAOS')〙 ── *n.* [通例 *pl.*] 歯茎, 歯肉(しにく) (gingiva). ★ ラテン語系形容詞: gingival.

beat one's gums 《米俗》くだらぬことをしゃべる,「だべる」.

── *vt.* (**gummed; gum·ming**) **1** 〈すりへったのこぎり〉の目をたてる[たておす]〈*out*〉. **2** 《方言》〈食物を〉歯茎でかむ. ── *vi.* 《方言》食物を歯茎でかむ.

gum³ [gʌ́m] 〘《1832》《変形》← GOD〙 *int.* 《口語》〘軽いののしり・誓言に用いて〙: By ～! = By God! / My ～! = My God! (⇨ God *n.* 4).

gúm ammóniac *n.* 〘化学〙アンモニアゴム (⇨ ammoniac).

gúm árabic 〘ME *gumme arabik*《なぞり》← NL *gummi Arābicum*〙 ── *n.* 〘化学〙アラビアゴム《アフリカ産のアカシア類 (特に, アラビアゴムノキ (*Acacia senegal*), アラビアゴムモドキ (*A. arabica*)) から分泌されるゴム; ゴム糊・インク・菓子・生地のプリント印刷などに用いる》.

gúm bénjamin [bénzoin] *n.* 〘化学〙=benzoin 1.

gúm-bichrómate pròcess *n.* 〘写真〙=gum-dichromate process.

gum·bo [gʌ́mbou | -bəu] 〘《1859》▭ Louisiana-F *gombo* ▭ Afr. (Angolan) *kingombo* (*ki-* は Bantu 土語の pref.)〙 ── *n.* (*pl.* ～**s**) 《米》 **1** 〘植物〙オクラ (⇨ okra 1); オクラのねばねばする(食用の)さや (okra pods). **2** ガンボー《オクラのさやなどで濃厚にしたスープ; 野菜に鶏肉または魚介類を入れる》: ⇨ chicken gumbo. **3** [しばしば G-] 〘← ? Kongo *mkômbó* goat, runaway slave〙 Louisiana 州のフランス系住民や黒人の使うフランス語方言. **4** 混合(物) (mixture). **5** 〘地質〙=gumbo soil.

── *attrib. adj.* オクラ[ガンボー]の[に関する, に似た].

gúm·bòil 〘← GUM² + BOIL¹〙 *n.* 〘歯科〙歯肉下膿瘍(のうよう)《歯肉にできる化膿(かのう)巣》.

gum·bo-lim·bo [gʌ̀mboulímbou | -bəulímbəu] 〘← Afr. (Bantu)〙 ── *n.* (*pl.* ～**s**) 〘植物〙熱帯アメリカ産のカンラン科の樹木 (*Bursera simaruba*)《その樹皮からとれる樹脂はワニス製造や医薬品として古くから使われた; gum elemi ともいう》.

gúm bòot *n.* [通例 *pl.*] 《英》ゴム長靴 (rubber boot).

gúmbo sòil *n.* 〘地質〙(米国西部地方の)ねば土《氷河堆積(たいせき)物の表面が風化して粘土となったもので, 降雨後ははなはだしいぬかるみとなる; cf. gumbotil》.

gum·bo·til [gʌ́mbo(ʊ)tɪl | -bə(ʊ)-] 〘← GUMBO + TILL⁴〙 ── *n.* 〘地質〙(氷河によって運搬された土砂が完全風化してできた)粘着性粘土《その厚さによって間氷期の長さを比較する; cf. gumbo soil》.

gúm canàl *n.* 〘植物生理〙=gum duct.

gúm cópal *n.* 〘化学〙=copal.

gúm-dichrómate pròcess *n.* 〘写真〙ゴム印画法《アラビアゴムと重クローム酸塩の混合物の感光性を利用する印画法》.

gúm·dìgger *n.* 《ニュージーランド》カウリ樹脂 (kauri) を掘る人.

gúm drágon 〘《変形》←《古形》*gum dragant* ▭ F *gomme adragant(e)*: 現在の形は通俗語源による変形: ⇨ gum¹, tragacanth〙 *n.* =tragacanth.

gúm·dròp *n.* 《米》ガムドロップ《甘味と香りを加えたアラビアゴム・ゼラチンなどで作った固いゼリー状のドロップ》.

gúm dùct *n.* 〘植物生理〙ゴム道《ゴム質を分泌する細胞間隙; gum canal ともいう》.

gúm elàstic 〘《なぞり》← F *gomme élastique*〙 *n.* 〘化学〙弾性ゴム, ゴム (rubber).

gúm élemi *n.* **1** 〘化学〙=elemi. **2** 〘植物〙=gumbo-limbo.

gu·mi [gúːmi | -mɪ] *n.* 〘植物〙=goumi.

gúm jùniper *n.* 〘化学〙杜松(としょう)ゴム (⇨ sandarac 1).

gúm kíno *n.* 〘化学〙=kino 1.

gum·lah [gʌmlɑ́ː] 〘▭ Hindi *gamlā*〙 *n.* (インドの陶器の)大水差し.

gum·ma [gʌ́mə] 〘← NL ～ ← L *gummi* 'GUM¹'〙 *n.* (*pl.* ～**s**, ～·**ta** [-mətə | -tə]) 〘病理〙(第三期梅毒の)ゴム腫(しゅ).

gúm mástic *n.* 〘化学〙=mastic 1 a.

gummata 〘← NL ～〙 *n.* gumma の複数形.

gum·ma·tous [gʌ́mətəs | -təs] 〘← NL *gummat-* (⇨ gumma) + -ous〙 *adj.* 〘病理〙ゴム腫(しゅ)(性)の.

gummed *adj.* ゴムを塗った[引いた], ゴム状の, 粘着性の: ～ labels ゴムのり付きのレッテル.

gum·mif·er·ous [gʌmíf(ə)rəs] 〘← L *gummi* 'GUM¹' + -FEROUS〙 *adj.* ゴムを生じる.

gúm·ming *n.* **1** ゴムを生じること. **2** 〘植物病理〙 **a** (果樹の)病的樹液分泌. **b** =gummosis. **3** 〘印刷〙ゴム引き《製版作業で, 石版石にアラビアゴム溶液を塗布すること》.

gum·mite [gʌ́maɪt] 〘▭ G *Gummit* ← *Gummi* (▭ L *gummi* 'GUM¹') + -*it* '-ite¹'〙 ── *n.* 〘鉱物〙グンマイト《閃ウラン鉱の変質によってできたウラン鉱物集合体; uranium-ocher ともいう》.

gum·mo·sis [gʌmóusɪs, -səs | -məusɪs] 〘← NL ～: ⇨ gum¹, -osis〙 *n.* 〘植物病理〙異状樹脂分泌病《サクラ・スモモ・サトウキビ・ワタなどに起こる》.

gum·mous [gʌ́məs] *adj.* **1** ゴム質[性]の, ゴム状の; ゴム用の. **2** 〘病理〙ゴム腫(しゅ)性の.

gum·my¹ [gʌ́mi | -mɪ] 〘ME〙 ── *adj.* (**gum·mi·er; -mi·est**) **1** ゴムの, ゴム性の, 粘着性の. **2** ゴムの付いた, ねばねばする. **3** ゴム液を出す. **4 a** (ゴムのような)腫れ物ができた, ゴム腫に似た, 腫れた: a ～ tumor. **b** 〈馬の足が〉ふくれた. **5** 円滑でない, 滑りの悪い; 不愉快な. **gúm·mi·ly** [-mɪli, -mə- | -lɪ] *adv.* **gúm·mi·ness** *n.*

gum·my² [gʌ́mi | -mɪ] *adj.* 歯茎を見せる; (特)に歯のない: a ～ smile.

gúm-mỳrtle *n.* 〘植物〙米国 California 州産フトモモ科の常緑高木 (*Angophora lanceolata*)《orange gum, rusty gum ともいう》.

gump [gʌ́mp] 〘← ?〙 *n.* 《方言》まぬけ, うすのろ (dolt).

gúm plànt *n.* 〘植物〙=gumweed.

gump·tion [gʌ́m(p)ʃən] 〘《1719》《スコット》? ～ ← ? ME *gome* ▭ ON *gaum* care, heed〙 ── *n.* 《口語》 **1** 世才, 常識, 手腕. **2** 積極性, 進取の気性. **3** 〘絵画〙 **a** 絵の具の調合法. **b** 融媒剤, メギルプ (megilp).

gúm ràsh *n.* 〘病理〙=strophulus.

gúm rèsin *n.* 〘化学〙ゴム樹脂《ゴムと樹脂の混合物; cf. gum¹ 1 b》.

gúm ròsin *n.* 〘化学〙ガムロジン《生松やにを水蒸気蒸留して残るロジン》.

gúm Senegál *n.* =Senegal gum.

gúm·shòe *n.* 《米》 **1** [通例 *pl.*] **a** ゴム製オーバーシューズ. **b** ゴム底の靴, スニーカー (sneaker). **2 a** (ゴム靴をはいているように)静かに歩く人. **b** 警官, 刑事, 探偵. ── *attrib. adj.* 《口語》こっそり歩く; こっそり[ひそかに]行なう, 暗中飛躍の: a ～ business, campaign, etc. ── *vi.* (～**d**; ～·**ing**) 《口語》(ゴム靴をはいているように)静かに[こっそり]歩く, こっそり行動する, 探偵する.

gúm trágacanth *n.* =tragacanth.

gúm trèe *n.* 〘植物〙ゴムノキ《ゴムを産する種々の木; モミジバフウ (sweet gum), ヌマミズキ (black gum), ニッサ (tupelo), サポジラ (sapodilla), ユーカリ (eucalyptus) など; 単に gum ともいう》. ★ rubber plant (インドゴムノキ)とは別.

up a gum tree 《英口語》=*up a* TREE (cf. *a* POSSUM *up a gum tree*).

gúm túrpentine *n.* ガムテレビン, ガムターペンチン, 生松やに (turpentine).

gúm·wèed *n.* 〘植物〙米国西部産キク科ネバリオグルマ属 (*Grindelia*) の植物の総称《葉から粘質の分泌物を出し薬用に使う; ネバリオグルマ (*G. sqnarrosa*) など》.

gúm·wòod *n.* ゴム樹材《ゴムノキ (gum tree) の木材, 特にオーストラリア産ユーカリ材または米国西部産モミジバフウ材など》.

gun [gʌ́n] 〘《?a1300》*gunne, gonne* ← ? *Gunne* (dim.) ← *Gunnhild* ballista (もと女性名) ▭ ON *Gunnhildr* ← *gunnr* war + *hildr* war: cf. Big Bertha〙 ── *n.* **1 a** 砲, 大砲, 火砲: a heavy field ～ = a ～ of position 備砲, 野戦重砲 / (as) sure as a ～ ⇨ sure 成句 / blow a person from (the mouth of) a ～ ⇨ blow¹ *vt.* 7 a. ★ howitzer や mortar と区別して口径と砲身の比が特に大きいものをいう (cf. cannon 1 a). **b** 携帯火器, 銃器, 銃, 鉄砲《小銃・ライフル銃・騎兵銃など》; 猟銃 (shotgun) (cf. rifle¹ b). **c** (連発)拳銃, ピストル (pistol) (cf. revolver 1); (競技の)スターターのピストル. **d** (火薬の爆発装置によらない)…銃, …鉄砲: a squirt ～ 水鉄砲 / ⇨ air gun, popgun, set gun. **2 a** 銃に似た装置. **b** 吹付け[注入]器具: a cement [grease] ～ セメント[グリース]ガン. **c** (殺虫剤の)噴霧器. **d** (写真の)フラッシュガン (flashgun). **e** 《米俗》(麻薬用の)注射器. **f** 〘電子工学〙=electron gun. **3 a** (礼砲・祝砲・弔砲・号砲などの)大砲の発射: a salute of seven ～s 七発の礼砲 / the morning [evening] ～ 〘海軍〙朝[夕べ]の号砲. **b** (ものごとの)最初と最後を示す合図[もの]. **4** 《英》狩猟隊の一員: a party of five ～s 5 名の狩猟隊. **5 a** 《俗》殺し屋 (killer). **b** 《米俗》(ピストルを持つ)暴漢, ギャング (gunman). **6** 〘《俗》*ganef* (▭ Yiddish *gan(n)ef* thief, rascal) との連想による〙《俗》泥棒 (thief). **7** 〘初期の飛行機の加速装置[スロットルレバー]が銃の引き金に似ていることから〙《俗》 **a** (飛行機などのエンジンの)スロットル, 絞り弁 (throttle). **b** 絞り(弁)取手, スロットルレバー (throttle lever). **8** 《俗》大立物: ⇨ big gun 1 a. **9** =gun shearer. **10** 《俗》〘サーフィン〙(大波用の)大型サーフボード《big gun ともいう》.

beat the gun =*jump the* GUN. ***blow great (guns)*** ⇨ blow¹ 成句. ***carry [hold] (big) guns*** 有力な立場にある. ***carry [have] the guns for*** …の能力がある, …する力がある. ***carry too many [the biggest] guns for*** …には強すぎる, (論争などで)相手を寄せつけない. ***give it [her, etc.] the gun*** 《俗》乗物を加速させる, 乗物のスピードを出させる (accelerate), エンジンを始動させる (start). ***go great guns*** [通例進行形で]《口語》〈人が〉大いに[ばりばり]やる; 〈事が〉とんとん拍子にいく. ***Great guns!*** おやおや, しまった. ***guns and butter*** 《米》大砲とバター《軍事計画と国民経済計画の両方を平等に強調する政策》. ***guns before butter*** 〘ドイツの宣伝相 J.P. Goebbels が 1942 年に使った言葉から〙バターより大砲《国民の社会的経済的発展よりも軍事の拡大を重視する政策》. ***jump the gun*** (1) フライングを犯す《スタートの合図[号砲]前に跳び出す》. (2) 早まって行動する, スタートを誤る; 先走る. ***spike a person's guns*** 人の計画をくじく[の裏をかく]. ***stick [stand] to one's guns*** = ***stand by one's guns*** 自分の意見[立場](など)を固守する. ***under the gun(s)*** 武装監視のもとで.

── *v.* (**gunned; gun·ning**) ── *vi.* **1** 火器を使用する, 銃で追う, 銃で撃つ; 銃で猟をする: go ～ning 銃猟に行く. **2 a** 銃をもって捜す; 殺す[対決する]つもりで追跡する〔*for, after*〕. **b** 求める (seek), 得ようと努める〔*for*〕: ～ *for* support, votes, etc. ── *vt.* **1** 《口語》銃で撃つ, 撃ち殺す〈*down*〉. **2** …に銃[大砲]を装備する: a ship heavily ～*ned* 重備砲の船. **3** 〈エンジン〉の弁を開く; (エンジンの弁を開いて)急に〈車など〉の速度を増す, 加速させる: ～ an engine.

Gun. 《略》gunnery.

gu·na [gúnə, gúː-] 〘← Skt *guṇa* thread, quality〙 *n.* 〘インド哲学〙グナ《数論(すろん)派 (Sankhya) で説く自然 (prakriti) の三要素 (rajas, tamas, sattva) の総称; cf. purusha》.

gún bàrrel *n.* 砲身, 銃身.

gún·bòat *n.* **1** 〘海事〙(河川・港湾パトロール用の喫水の浅い)小型砲艦. **2** 〘鉱山〙ガンボート《石炭用に用いられるスキップ (skip) の一種》. **3** [通例 *pl.*] 《米俗》大きな靴; 大きな足.

gúnboat diplómacy *n.* 軍事力介入の威嚇を用いての外交.

gún càptain *n.* 〘海軍〙砲長, 砲員長《砲についている数人からなる砲員の長, 通例下士官》.

gún càrriage *n.* 砲架《固定または移動式の砲のささえ》; 砲架車《全体が車両となっているもの》.

gún·còtton *n.* 綿薬, 綿火薬, 強綿薬《ニトロセルロース (cellulose nitrate) の爆薬; nitrocotton ともいう》.

gún crèw *n.* [集合的] 砲員, 砲[銃]側員《軍艦の一砲門を受けもつ弾薬手・装塡手・照準手など全部をいう》.

gun·da·low [gʌ́ndəlòu | -ləu] *n.* =gondola 4.

gún·dèck *n.* 〘海軍〙砲列甲板《昔の軍艦で, 両舷(げん)に多数の砲をのぞかせている甲板; 通例, 露天甲板の下》.

gun·de·low [gʌ́ndəlòu | -ləu] *n.* =gondola 4.

gún·dòg *n.* 銃猟犬 (setter, pointer, retriever など).

Gun·dolf [gúndɑlf, -dɔ(ː)lf | -dɔlf; G. gúndɔlf], **Friedrich** *n.* グンドルフ《1880–1931; ドイツの文芸批評家・文学史家; *Shakespeare und der deutsche Geist*「シェークスピアとドイツ精神」(1911)》.

gún·fìght 《米口語》*n.* 銃撃戦, ピストル[銃]による決闘. ── *vi.* 銃(器)で戦う.

gún·fìghter *n.* ピストル撃ちの名人, (特に, 米国の西部開拓時代の)名拳銃使い.

gún·fìre *n.* **1** 発砲, 砲火, 砲撃; (朝夕の)号砲(時). **2** 〘軍事〙(銃剣・魚雷・突撃・奇襲など他の攻撃方法と区別して)火砲攻撃: ～ support 支援射撃, 艦砲の援護.

gún·flìnt *n.* (燧発銃(すいはつじゅう)の)火打石.

gunge [gʌ́ndʒ] 〘擬態語 ?〙 *n.* 《英俗》=gunk.

gung ho [gʌ́ŋhóu | -háu] 〘▭ Pidgin ～ ▭ Chin. *kung ho* (工和) work together: 第二次大戦中の米国海兵隊奇襲部隊の標語〙 ── *adj.* 《口語》熱心な, 心から忠誠を尽くす, すごく協力的な: He was very ～ *for* National Socialism. 熱烈な国民社会主義者だった.

gún-harpòon *n.* 捕鯨砲が発射する銛(もり).

gún·hòuse *n.* (軍艦の)砲郭《中口径砲の掩体で, 装甲が比較的薄く, 砲弾の破片を防ぐもの》.

Gun·ite [gʌ́naɪt] 〘← GUN + -ITE¹〙 *n.* 〘商標〙グナイト, ガナイト《セメントガンなどで直接施工面に吹付けられるモルタル》.

gunk [gʌ́ŋk] 〘擬態語 ?〙 *n.* 《俗》(気持ち悪く)べとべとしたもの, ねば.

gúnk·hòle *n.* **1** 《口語》(小型のヨットが利用する)静かな奥まった小さな入江[小湾]. **2** (泥・岩・植物の群生などによって)船が通ることの困難な浅い入江.

gún·làyer *n.* 《英》(大砲の)照準手.

gún·less *adj.* 銃砲を持っていない[必要としない].

gún·lòck *n.* 銃機, 引き金.

gún·màker *n.* 鉄砲かじ, 銃砲製造業者 (gunsmith).

gun·man [-mən, -mæ̀n] *n.* (*pl.* **-men** [-mən, -mèn]) **1** 銃器携帯者. **2** ピストルを持つ悪漢, 暴漢, ごろつき, ギャング (gangster); 殺し屋 (killer) (cf. gun moll 1). **3** 銃[ピストル]の名人, 早撃ちの名手. **4** 銃砲工, 鉄砲かじ (gunsmith).

gún·mètal *n.* **1** 〘冶金〙砲金《昔大砲の砲身に用いた銅・スズの合金で青銅の一種; 今はこれに亜鉛を加えて器具・機械材料として用いる》. **2** =gunmetal gray.

gúnmetal gráy *n.* 砲金灰色《あまり光らない, わずかに青みを帯びた赤灰色).

gún mòll *n.* 《米俗》 **1** ギャングの情婦[女共犯者](cf. gunman 2). **2** 女ギャング.

Gun·nar [gúnɑə, gúːn-, -nə | gúnɑː(r, gúnə(r; *Dan.* gónˀər, *Swed.* gúnar] 〚⊏ ON *Gunnar-r* (原義) battle ← *gunnr*: cf. gun〛 ── *n.* **1** 男性名. **2** 〚北欧伝説〛 グンナル (*Volsunga Saga* で Giuki と Grimhild の長男, Sigurd の手助けで Brynhild を妻にする; *Nibelungenlied* の Gunther に当たる).

Gúnn díode [gʌ́n-] *n.* 〚電子工学〛 ガンダイオード (ガン効果 (Gunn effect) を用いたマイクロ波用半導体素子).

gunned *adj.* [しばしば複合形の第2構成素として] 大砲を備えた, 備砲した: an over-[under-] *gunned* ship 砲を載せ過ぎた[載せ足りない]船.

Gúnn effèct [gʌ́n-] 〚← *J.B.Gunn* (1928– : 米国の物理学者)〛 ── *n.* 〚電子工学〛 ガン効果 (マイクロ波発振などに応用される, 強電界下の半導体中に見られる効果の一つ).

gun·nel[1] [gʌ́nl] *n.* 〚海事〛 =gunwale.

gun·nel[2] [gʌ́nl] 〚← ?〛 *n.* 〚魚類〛 北大西洋産ニシキギンポ属の魚の一種 (*Phliso gunnellus*); ニシキギンポ科の魚類の総称.

gunnen 〚ME〛 *v.* (古・詩) gin[3] の過去分詞.

gún·ner 〚(1345–48) *gonner*〛 ── *n.* **1 a** 〚陸軍・空軍〛 砲手, 射手, 射撃手. **b** 〚米陸軍〛 砲兵伍長, 照準手 (砲の照準係). **c** 〚英陸軍〛 砲兵隊員. **d** 〚海軍〛 掌砲長 (准士官). **2 a** 銃猟家. **b** (捕鯨用のもりを撃つ)砲手. **3** [数詞と共に用いて] 砲 …門搭載艦: a thirty-*gunner* 砲30門搭載艦.
kiss* [*be married to, be introduced to*] *the gunner's daughter (英) 〈水兵が〉砲に縛りつけられて打たれる.
marry a person to the gunner's daughter 〈水兵を〉砲に縛りつけてむちで打つ.

gun·ner·a [gʌní(ə)rə, gə-, -né(ə)rə | -níərə, -néərə] 〚← *J.E. Gunner* (1718–73: ノルウェーの植物学者): ⇨ -a[1]〛 ── *n.* 〚植物〛 アリノトウグサ科グンネーラ属 (*Gunnera*) の草本の総称 (装飾用の観葉植物).

gun·ner·y [gʌ́n(ə)ri | -nəri] 〚(1497)〛 *n.* **1** 砲術. **2** (古) 砲撃. **3** [集合的] 砲, 銃砲 (guns).

gúnnery jàck *n.* (俗) 〚英海軍〛 =gunnery-lieutenant.

gúnnery-lieutènant *n.* 〚英海軍〛 砲術長.

gúnnery òfficer *n.* 砲術将校.

gúnnery sèrgeant *n.* 〚米海兵隊〛 一等軍曹 (staff sergeant の上, master [first] sergeant の下).

gún·ning *n.* **1** 発砲(練習), 砲撃(練習), 砲術. **2** 銃猟(法). **3** 銃殺, 射殺. **4** 〚窯業〛 ガニング (セメントガンで耐火粉末やスラリー (slurry) を吹きつけること).

gun·ny [gʌ́ni | -nɪ] 〚(1711) ⊏ Hindi *gonī* sack, sacking ← Skt *goṇi*〛 *n.* **1** 黄麻布(こうまふ) (黄麻 (jute) で織った粗布で, 包装用袋を作る). **2** =gunnysack.

gúnny-bàg *n.* =gunnysack.

gúnny clòth *n.* =gunny 1.

gúnny·sàck *n.* 南京(なんきん)袋, ガンニーバッグ, 麻袋(またい) (gunny-bag) (黄麻(こうま)布 (gunny) で作った包装用袋).

gún·pàper *n.* 〚軍事〛 紙火薬 (綿火薬の綿と同様に紙を硝酸で処理した火薬).

gún pìt *n.* 〚陸軍〛 凹座(おうざ)掩体(えんたい), 凹座肩墻(けんしょう) (砲および砲兵を掩護する塹壕(ざんごう)).

gún plàtform *n.* 砲床, 砲座.

gún·plày *n.* 銃の打合い, 銃撃戦; 銃の手さばき.

gún·pòint *n.* (米) 銃口. ★ 主に次の成句で用いる: ***at gunpoint*** ピストルをつきつけて[られて], ピストルでおどして[されて].

gún·pòinter *n.* 〚海事〛 照準手, 乗組砲手.

gún·pòrt *n.* (軍艦の)砲門 (porthole); (トーチカ・飛行機などの)銃眼.

gún·pòwder 〚(1400)〛 *n.* **1** (黒色)火薬, 煙硝: smokeless ～ 無煙火薬 / white ～ 白色火薬. **2** = gunpowder tea.

Gúnpowder Plòt *n.* [the ～] 〚英史〛 火薬陰謀事件 (1605年11月5日, 議事堂の爆破と James 一世と議員の殺害を企てたカトリック教徒の陰謀; cf. Guy Fawkes day).

gúnpowder tèa *n.* 中国産上質茶の一種.

gún ròom *n.* **1** (主に個人の私宅の)銃器室, 猟用具室. **2** 〚英海軍〛 士官次室 (初級将校および士官候補生用で, 米海軍用語の junior officers' quarters に相当).

gún·rùnner *n.* 銃砲火薬類の密輸入者.

gún·rùnning *n.* 銃砲火薬類の密輸入.

gun·sel [gʌ́nsəl, -sl] 〚⊏ Yid. *genzel* gosling ← MHG *gensel* (G *Gänslein*) (dim.) ← *gans* goose: cf. gosling〛 ── *n.* (米俗) **1** 鈍感な男, 単純な若者. **2** 裏切者. **3** 男色の相手の少年, 稚児(ちご) (catamite). **4** 〚gun との連想による〛 =gunman 2.

gún shéarer *n.* (豪) 羊毛刈りの名人.

gún·shìp *n.* ガンシップ, 対地攻撃用武装ヘリコプター (helicopter gunship ともいう).

gún·shòt 〚(?c1421)〛 *n.* **1** 銃砲から発射された弾丸. **2** 射撃, 発砲. **3** 射程, 着弾距離: within [out of, beyond] ～ 着弾距離内[外]に. ── *attrib. adj.* 弾丸による, 撃たれた: a ～ wounds 弾丸による負傷, 銃創.

gún-shỳ *adj.* **1** 〈猟犬や馬が〉銃声を恐れる. **2** ひどく恐れる[いやがる] 〔*of*〕. **～·ness** *n.*

gún·slìnger *n.* =gunman 2.

gún·slìnging *n.* (特に, 銃撃戦やピストルの決闘における)発砲, 射撃.

gún·smìth 〚(1588)〛 *n.* 鉄砲かじ, 砲工, 銃工.

gún·stìck *n.* 槊杖(さくじょう) (銃砲掃除用の細長い棒; cf. ramrod 1).

gún·stòck 〚(1495–97)〛 *n.* 銃床.

gún·stòcking 〚↑: 大砲を船に積む時, これを支えるための硬材敷板を敷いたことから〛 *n.* 〚海事〛 ガンストッキング (軟材甲板上にはめ込んだ補強用の硬材板).

gúnstock stìle *n.* 〚建築〛 上細框(かまち) (中桟より上が台形状に狭まったガラス戸などを入れる戸框; diminished stile ともいう).

gún·stòne 〚(1402)〛 *n.* (廃) 石弾 (昔砲弾 (cannonball) として用いた丸い石).

gún tàckle *n.* 〚海軍〛 ガンテークル, 砲具 (昔の艦砲を動かす滑車装置).

gun·ter [gʌ́nṭə | -tə(r] *n.* **1** 〚測量〛 =Gunter's scale. **2** 〚その形が GUNTER'S SCALE に似ていることから〛 〚海事〛 =gunter rig.

Gun·ter [gʌ́nṭə | -tə(r), **Edmund** *n.* (1581–1626) 英国の数学者, Gunter's scale などの発明者.
according to Gunter (米廃) =*according to* COCKER.

gúnter lùg *n.* 〚海事〛 ガンターラグ (帆装の一つの型で, マストに対してほとんど垂直にガフ(斜桁)を付けた形に帆桁を付け, これに縦帆を張るもの).

gúnter rìg *n.* 〚海事〛 ガンター艤装(ぎそう) (小帆船の特殊艤装; マストの上半に見える垂直ガフが上下に移動する; 単に gunter ともいう).

Gúnter's cháin 〚← *Edmund Gunter*〛 *n.* 〚測量〛 ⇨ chain 4★.

Gúnter's scále 〚↑〛 *n.* 〚測量〛 ガンター比例尺 (2フィートの木製物さしで各種の計算用目盛がある; 測量術・航海術に用いることが多い).

Gun·ther[1] [gʌ́nθə | -θə(r] 〚↓〛 *n.* 男性名 (異形 Gunnar, Gunter).

Gun·ther[2] [gúnṭə | -tə(r] 〚⊏ G ～ < OHG *Gundhard* (原義) bold in war ← *gund* war (cf. gun) + *hart(i)* 'bold, HARD'〛 ── *n.* 〚ニーベルンゲン物語〛 グンテル (Burgundy の王, Kriemhild の兄, Brunhild の夫; 北欧神話における Gunnar と同一人物とされる).

Gun·ther [gʌ́nθə | -θə(r), **John** *n.* (1901–70) 米国のジャーナリスト; 内幕物で有名; *Inside U.S.A.* (1947), *Death Be Not Proud* (1949).

gún-tòting *attrib. adj.* (悪事などのために)銃[ピストル]を持ち歩く.

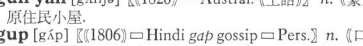

gun·wale [gʌ́nl] 〚(1466) ← GUN + WALE[1]: 砲がその上に載せられたことから〛 ── *n.* 〚海事〛 **1** (甲板張りの船の)舷縁(げんえん), ガンネル, 船べり (舷側の頂部). **2** (無甲板の舟の)舷側上縁(うわべり).
gunwale down* [*to*]** 船べりが水面に触れるほど傾いて[沈下して]. ***gunwale under 船べりを水面下に没して, 船べりが水にくぐるほど傾いて.

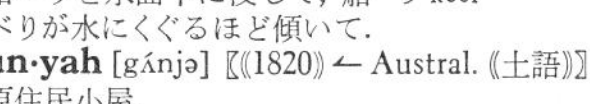

gunwale 2
1 gunwales; 2 thwart; 3 keel

gun·yah [gʌ́njə] 〚(1820) ← Austral. (土語)〛 *n.* (豪) 原住民小屋.

gup [gʌ́p] 〚(1806) ⊏ Hindi *gap* gossip ⊏ Pers.〛 *n.* (口語) ばか話, くだらない話 (silly talk).

gup·py[1] [gʌ́pi | -pɪ] 〚← *R. J. Lechmere Guppy* (最初にこの魚を英国に紹介した Trinidad 在住の人)〛 ── *n.* 〚魚類〛 グッピー, ニジメダカ (*Poecilia reticulata*) (南米のベネズエラ, Barbados 島, Trinidad 島などの原産のカダヤシ科の卵胎生の小魚; 色が美しい (特に雄) ため観賞用に飼われる).

gup·py[2] [gʌ́pi | -pɪ] 〚← *g(reater) u(nderwater) p(ropulsive) p(ower)* + -Y[2]〛 *n.* 〚海軍〛 グッピー (吸気管を水面に出して走る艦体を流線化した初期の潜水艦).

Gup·ta [gúːptə, gúp- | gúp-; *Hindi* gwpta] 〚⊏ Skt ～〛 ── *n.* **1** [the ～s] グプタ王朝[王家] (4–7世紀に北インドを支配した王朝; その洗練された文化・芸術で有名). **2** グプタ王朝[王家]の人. ── *adj.* グプタ王朝[王家]の.

gurge [gə́ːdʒ | gə́ːdʒ] 〚ME ⊏ L *gurg-es* whirlpool: cf. gorge[1]〛 *n.* (まれ) 渦巻き (whirlpool). ── *vi.* 渦巻く.

gur·ges [gə́ːdʒiːz | gə́ː-] 〚⊏ L ～ (↑)〛 *n.* 〚紋章〛 渦巻[同心円]の紋章図形 (whirlpool) (銀と青で彩色されるのが原則で, 水を象徴する).

gur·gi·ta·tion [gə̀ːdʒətéɪʃən | gə̀ːdʒɪ-] 〚(1542) ← L *gurgitātus* ((p.p.) ← *gurgitāre* to surge ← *gurgit-*, *gurges* (↑)) + -ION〛 *n.* (まれ) (液体の)動揺, 煮えくり返り.

gur·gle [gə́ːgl | gə́ː-] 〚(*a*1425): (擬音語)?: cf. G *gurgeln* / ML *gurgulāre* (← L *gurgulio* gullet)〛 ── *vi.* **1** ごぼごぼ[ぶくぶく, どくどく]と流れる[言う]. **2** 〈人・鳥が〉がーがー[ごろごろ]のどを鳴らす. ── *vt.* ごろごろ声で言う. ── *n.* **1** ごぼごぼ[どくどく, ぶくぶく]いうこと[音], ごぼごぼ流れること[音]. **2** 〚医学〛 グル音, 腹鳴(ふくめい) (腸内の液体とガスが腸の動きに伴ってごろごろいう音).

gúr·gling·ly [-glɪŋli, -gl- | -glɪŋlɪ] *adv.* ごぼごぼ[がーがー]音をさせて.

gur·goyle [gə́ːgɔɪl | gə́ː-] *n.* =gargoyle.

gur·jun [gə́ːdʒən | gə́ː-] 〚⊏ Bengali *garjan*〛 ── *n.* (*also* **gur·jan** [～]) **1** 〚植物〛 東インド地方産のフタバガキ科 *Dipterocarpus* 属の大樹木 (gurjun balsam を採取する). **2** 〚化学〛 =gurjun balsam.

gúrjun bálsam *n.* 〚化学〛 ガージャンバルサム (gurjun から採った薬用・工業用樹脂; wood oil ともいう).

Gur·kha [gúəkə, gə́ː- | gə́ː-, gúə-] 〚(1848) ⊏ Hindi ～ (Nepal の州名) ← Skt *go* 'cow[1]' + *rakṣa* guard〛 ── *n.* (*pl.* ～, ～s) **1 a** [the ～(s)] (中部ネパールに住む)グルカ族. **b** グルカ族の人. **2** 英軍[インド軍]中のグルカ兵 (勇猛なことをもって知られる). ── *adj.* グルカ族の.

gur·nard [gə́ːnəd | gə́ːnəd] 〚(1344) ⊏ OF *gornart* = **gronart* ← L *grunnīre* to grunt: ⇨ -ard: 釣り上げられた時にぶうぶう音を出すところから〛 ── *n.* (*pl.* ～, ～s) 〚魚類〛 **1** ホウボウ (ホウボウ科の魚の総称). **2** ネズッポ科ネズッポ属の深海にすむ魚 (*Callionymus draco*).

Gur·ney·ite [gə́ːniàɪt | gə́ːnɪ-] 〚← *J. J. Gurney* (1788–1847: 英国人の牧師)〛 ── *n.* ガーニー派の人 (聖書の権威, 贖罪, 義認, 聖化を強調する福音主義キリスト教を説いて米国に渡った英国のクエーカー派の牧師 J.J. Gurney の信奉者; cf. Wilburite).

gur·rah [gə́ː(r)ə | gʌ́rə] 〚⊏ Hindi *gārhā* thick〛 *n.* **1** (インド産)粗質モスリン (coarse muslin). **2** (インドの)甕(かめ).

gur·ry [gə́ː(r)i | gʌ́rɪ] 〚← ?〛 *n.* (米) **1** (罐詰(かんづめ)工場などで出る)魚・鯨などのあら. **2** 魚油 (fish oil).

gursh [gə́ːʃ | gə́ːʃ] 〚⊏ Arab. *ghurš*〛 *n.* グルシュ, ギルシュ (サウジアラビアの補助通貨単位; =5 halala, $^1/_{20}$ riyal).

gu·ru [gəruː, gú(ə)ruː | gúruː, gúːr-, gúər-; *Hindi* gwru] 〚(1613) ⊏ Hindi *gurū* ← Skt *guru* heavy, venerable; teacher〛 ── *n.* **1** 〚ヒンズー教〛 導師 (religious teacher). **2 a** 先生; (精神的・宗教的)指導者. **b** 専門家, 権威者.

Gus [gʌ́s] 〚(dim.) 1: ← AUGUSTUS & GUSTAVUS. 2 ← AUGUSTA[1]〛 *n.* **1** 男性名. **2** 女性名.

gush [gʌ́ʃ] 〚(?*a*1200) ← ?ON: cf. ON *gjosa* to gush / Icel. *gusa* / G *gieβen* to pour〛 ── *vi.* **1** 〈液体が〉強く[大量に]流れ[わき]出る, 噴出する, ほとばしる 〈*forth, out*〉. **2 a** 〈涙・血などが〉盛んに流れる. **b** 〈言葉・音が〉流れ出る, ほとばしる 〈*forth, out*〉; 噴出する, あふれ出す 〔*with*〕: His nose ～*ed with* blood. 鼻から血があふれ出た. His words ～*ed out* [*forth*]. 言葉がとめどなくあふれでてきた. **3** 〈女性などが〉(感傷的[大げさ]に)しゃべり立てる[表現する] 〔*over*〕. ── *vt.* **1** わき出させる, 噴出させる. **2** ほとばしるように話す. ── *n.* **1 a** (液体などの)激しい流出, 噴出; ほとばしり. **b** (感情・光などの)ほとばしり. **c** (言葉の)感傷的なほとばしり: a ～ of enthusiasm / speak with ～ ひどく感傷的に[大げさに感情をこめて]しゃべり立てる. **2** 流れ[あふれ]出る液体[涙など].

gúsh·er *n.* **1** ほとばしり出るもの; (特に, 大規模な)噴油井. **2** 大げさに感情をこめてしゃべる人, 感情家.

gúsh·ing *adj.* **1** ほとばしり出る, 噴出する. **2** 感情を大げさに表わす, いたずらに感傷的な: a ～ person, letter, style, etc. **～·ly** *adv.* **～·ness** *n.*

gush·y [gʌ́ʃi | -ʃɪ] *adj.* (**gush·i·er**; **-i·est**) ほとばしり出る, 噴出する; 心情を吐露する. **gúsh·i·ly** [-ʃɪli, -ʃə- | -lɪ] *adv.* **gúsh·i·ness** *n.*

gus·set [gʌ́sɪt, -sət] 〚(1322) *guschet* ⊏ (O)F *gousset* armpit, piece of armor under armpit (dim.) ← *gousse* pod, husk ← ?: ⇨ -et〛 ── *n.* **1** 〚服飾〛 まち (三角など の形をした布切や皮; 腋の下の縫合わせや手袋の指の付根などに用い補強やゆとりの役目をする; cf. gore[2] 1 a). **2** 〚機械〛 ガセット (truss などの補強ブラケット板). **3** 〚甲冑〛 鎧(よろい)の腋の下などの隙間を補うため鎧下(よろいした)に縫いつけた鎖片. ── *vt.* …にまちを付ける; …にガセットを付ける. **～·ed** [-tɪd, -ṭəd | -tɪd, -təd] *adj.*

Gus·sie [gʌ́si | -sɪ] 〚⇨ Gus, -ie〛 *n.* **1** 男性名. **2** 女性名.

gus·sy [gʌ́si | -sɪ] 〚← (豪・俗) *gussie* affected, effeminate man ← ? GUS (⇨ -y[2]): cf. 'Gorgeous Gussie' Moran (派手な服装で人気のあった米国のテニス選手)〛 ── *vt.* (俗) [～ *up* として] 着飾らせる (dress); 派手に飾る, 飾りたてる 〔*with*〕.

gust[1] [gʌ́st] 〚(1588) ⊏ ON *gust-r* gust, blast ← *gjósa* to gush ← Gmc **ʒus-* ← IE **gheu(s)-* to pour: cf. found[3]〛 ── *n.* **1** さっと吹く風, (風の)ひと吹き, 突風: a violent ～ *of* wind. **2 a** 突風を思わせるもの. **b** (水・火・音・雨・煙などの)噴出, 突発: a ～ *of* rain にわか雨 / a ～ *of* fire ぱっと燃え立つ火. **c** (感情・欲望などの)激発: in a ～ *of* rage 激怒して / a ～ *of* laughter 爆笑 / a fresh ～ *of* tears あらたにこみ上げてくる涙. **d** 急に現われるもの, (感情などの)波: a ～ *of* pain 急な痛み / a ～ *of* loneliness 急に打ち寄せる孤独感. ── *vi.* 突風となって[のように]吹く[動く].

gust[2] [gʌ́st] 〚(15C) ⊏ L *gust-us* taste: ⇨ gusto〛 ── *n.* **1** (古) 賞味; (物事に対する)心からの喜び; 賛美: with ～ 舌つづみを打って; さも楽しそうに, 思いきり / have a ～ *for* [*of*] …が大好きである, …を賛美する. **2** (古) (飲食物の)風味, 味わい. **3** (廃) **a** 味覚. **b** 好み, 嗜好, 趣味. **c** 鑑賞. ── *vt.* (スコット) 味わう, 賞美する.

Gus·ta [gʌ́stə] 〚(dim.) ← AUGUSTA[1]〛 *n.* 女性名.

gus·ta·ble [gʌ́stəbl] 〚lateME ⊏ LL *gustābilis*: ⇨ gust[2], -able〛 *adj.* (古) **1** おいしい, 味のいい. **2** 〈品質などの〉味覚で区別のできる.

Gus·taf [gústɑːf; *Swed.* gústav] 〚⊏ Swed. ～ 'GUSTAVUS'〛 *n.* 男性名.

gus·ta·tion [gʌstéɪʃən] 〚(1599) ⊏ L *gustātiō(n-)* ← *gustāre* to taste: ⇨ gusto, -ation〛 *n.* 味わうこと; 味覚, 味感.

gus·ta·tive [gʌ́stəṭɪv | -tɪv] 〚(1620) ⊏ ML *gustātīvus* ← L *gustātus* (p.p.) ← *gustāre*: ⇨ ↑, -ive〛 *adj.* = gustatory.

gus·ta·to·ri·al [gʌ̀stətɔ́ːriəl, -tóːr- | -tɔ́ːrɪ-] *adj.* = gustatory.

gus·ta·to·ry [gʌ́stətɔ̀ːri, -tɔ̀ːri | gʌ́stət(ə)rɪ, gʌstéɪt-]〘(1684)← L *gustātus*: ⇨ gustative, -ory¹〙 *adj.* 味覚の, 味感の: a ～ nerve 味覚神経. **gús·ta·to·ri·ly** [gʌ́stətɔ̀ːrəli, -tɔ́ːr- | gʌ́stət(ə)rəli, gʌstéɪt-, -rɪli] *adv.*

gústatory búd *n.*〘解剖・動物〙(舌面の)味蕾(㍉).

Gus·tav [gúːstɑːf, -tɑːv; *G.* gʊ́staf, *Swed.* gʉ́stav]〘▭ G ～ 'GUSTAVUS'〙 *n.* 男性名.

Gus·tave [gʊ́stɑːv, gɪs-; *F.* gystaːv]〘▭ F ～ 'GUSTAVUS'〙 *n.* 男性名.

Gus·ta·vo A. Ma·de·ro [gəstɑ́ːvoʊ-ɑ́ː-mədé(ə)roʊ, gʌs- | -vəʊ-ɑː-mədéərəʊ; *Sp.* gustáβoamaðéro] *n.* グスタボ ア マデロ《Guadalupe Hidalgo の公式名》.

Gus·ta·vus [gʌstéɪvəs, -stɑ́ː-, gəstɑ́ːvəs, gʌs-]〘← NL ～ ← G *Gustav* ‖ Swed. *Gustaf*《原義》staff of the Goths〙 ── *n.* 男性名《愛称形 Gus, Gussie; 異形 Gustave》.

Gustavus I *n.* グスタフ一世《1496-1560; デンマークから独立(1523)後の最初のスウェーデン王(1523-60); 通称 Gustavus Vasa [vɑ́ːsə; *Swed.* vɑ́ːsa]》.

Gustavus II *n.* グスタフ二世《1594-1632; Gustavus 一世の孫, スウェーデン王(1611-32); 三十年戦争に勇名をはせた; 'Lion of the North' と呼ばれる》.

Gustavus VI *n.* グスタフ六世《1882-1973; スウェーデン王(1950-73); 考古学の分野の活動で国際的に有名》.

gust·ful¹ [gʌ́stfəl] *adj.* 突風の多い, 風の吹きすさぶ.

gust·ful² [gʌ́stfəl] *adj.*《古》味のいい, おいしい.

gúst·i·ly [-tɪli, -tə- | -lɪ] *adv.* 風が強く, 強く吹付けて, 突風的に; 突風を思わせるように, 突発的に.

gus·to [gʌ́stoʊ | -təʊ]〘(1629)▭ It. & Sp. ～ < L *gustum* ← IE **geus-* 'to CHOOSE': cf. gust²〙 ── *n.* (*pl.* ～**es**) **1** (物を食べたり飲んだりして感じる)おいしさ: eat *with* (a) ～ 舌鼓をうって食べる / enjoy the full ～ of ...を十二分に味わう. **2** 心からの楽しさ[喜び]: talk *with* ～ いかにも楽しそうに語る. **3** 元気, 活気 (vitality). **4** 好み, 嗜好(ㄕ), 趣味. **5**《古》芸術的風格, 高雅な気品: works of noble ～.

gust·y¹ [gʌ́sti | -tɪ]〘(1600)〙 ── *adj.* (**gust·i·er; -i·est**) **1 a** 〈風・雨・嵐など〉突風性の: a ～ wind. **b** 突風の多い, 風の吹きすさぶ: a ～ day. **c** 〈音・笑いなど〉突発的な, 爆発的な. **2** (中身のない)大げさな話をする. **3** 元気な, 威勢のいい: a ～ woman. **gúst·i·ness** *n.*

gust·y² [gúːsti, gʌ́s- | -tɪ] *adj.* (**gust·i·er; -i·est**)《スコット》味のよい, おいしい.

gut [gʌ́t]〘OE *guttas* (pl.) ← **ʒut-* (OE *gēotan* to pour) ← Gmc **ʒhud-* ← IE **gheu-* to pour: cf. gust¹, found³〙 ── *n.* **1 a** (幽門から肛門までの)消化管; 腸 (bowel): the large [small] ～ 大[小]腸 / ⇨ blind gut. **b** [*pl.*] 内臓, はらわた (bowels, entrails): a pain in the ～*s* 腹痛. **c** [通例 *pl.*]《俗》胃 (stomach); 腹 (belly). **2 a** 腸壁質: sheep's ～ 羊の腸壁《ソーセージの袋用》. **b** ガット, 腸線 (catgut)《羊などの腸で作り, ラケットやバイオリンの弦, 外科用縫糸などに用いる》. **c**〘釣〙(昔, 釣鉤のはりすに使った)てぐす《蚕が繭をかけようとする時期に殺して作る》. **3 a** 狭い通路; 小路, 路地. **b** 瀬戸, 狭水道. **c** 山峡. **d** 溝 (gully). **e**《英》(Oxford や Cambridge 大学でボートレースの)コースの屈曲部. **4** [*pl.*]《口語》**a** (物の)実質, 中身 (substance): have no ～*s* 中身がからっぽである / the ～*s* of a dictionary 辞書の中身. **b** (装置などの)内部. **5** [*pl.*]《口語》**a** 勇気, 元気, 気力, 決断力, はら, 「ガッツ」: a man with plenty of ～*s* 気力が大いにある男, ガッツのある奴 / have the ～*s* to venture 冒険する勇気がある / He has no ～*s*. 彼は臆病だ. **b** 厚かましさ, 横柄(㍉).
bust [*rupture*] *a gut*《口語》大いに努力する. *hate a person's guts*《口語》人を心(ㄑ)から[腹の底から]憎む. *run a person through the guts* 〈人を〉いじめつける. *sweat* [*work*] *one's guts out*《口語》一生懸命[汗水流して]働く.
── *vt.* (**gut·ted; gut·ting**) **1** 〈魚・鳥〉のはらわたを抜く[取り除く]〈*out*〉: ～ and cure herrings. **2** 〈家の中の物を〉すっかり略奪する. **3 a** 〈建物〉の内部を破壊する, 〈火事が〉(外壁を残して)〈建物の内部を〉すっかり焼き尽くす: a house completely ～*ted* by fire. **b** ...の実質的な力[効力]を破壊する. **4** 〈本・論文などの〉要所[要点]を抜き去る[取り除く].
── *adj.*《口語》**1** 〈問題など〉根本的な, 重要な: a ～ issue. **2** やさしい, 簡単な: a ～ course in college. **3** 〈感情・反応など〉心の奥底から出てくる, 感情的な, 本能的な.

gút·bùcket〘← ? GUTTER+BUCKET〙〘ジャズ〙 *n., adj.* ガットバケット(の)《barrelhouse に似た 2 拍子の騒々しい即興的なホットジャズ》.

gu·ten A·bend [G. gúːtn-áːbənt] *G. int.* = good evening.

gu·te Nacht [G. gúːtə-náxt] *G. int.* = good night.

Gu·ten·berg [gúːtnbə̀ːg | -bɜ̀ːg; *G.* gúːtnbɛrk], **Johann** *n.* グーテンベルク《1399?-1468; ドイツの活版印刷術発明者; 本名 Johann Gensfleisch zum [géns-flaɪʃ zuːm] Gutenberg》.

Gútenberg Bíble *n.* [the ～] グーテンベルク聖書《1455 年ごろに Mainz で印刷されたラテン語訳聖書 (the Vulgate); Mazarin Bible, Forty-two-line Bible ともいう》.

gu·ten Mor·gen [G. gúːtn-mɔ́rgən] *G. int.* = good morning.

gu·ten Tag [G. gúːtn-táːk] *G. int.* = good day.

gút·fìghter *n.* 強力な敵, 手ごわい相手.

Guth·rie [gʌ́θri | -rɪ]〘←《スコット》～ ← Gael. *gaothair* windy: 地名に由来する家族名から〙 *n.* 男性名.

Guthrie, A(lfred) B(ertram), Jr. *n.* (1901-) 米国の西部小説作家; *The Way West* (1949).

gút·less *adj.*《口語》**1** 勇気のない, 意気地のない (cowardly). **2** 中身のない, 実質のない. **～·ness** *n.*

guts [gʌ́ts]〘← GUT (v.)〙 *vi.*《口語》がつがつ[むさぼり]食う.

gút-scràper *n.*《戯言》バイオリン弾き (fiddler).

guts·y [gʌ́tsi | -tsɪ]〘← *guts* (⇨ gut 4, 5)+-Y⁴〙 ── *adj.* (**guts·i·er; -i·est**)《口語》**1** 勇気のある, 大胆な; 力強い, 強力な. **2** 〈ジャズなど〉煽情的な. **3** 食欲な, 飽くことを知らない. **gúts·i·ness** *n.*

gut·ta¹ [gʌ́tə, gʊ́tə | gʌ́tə]〘ME ▭ L ～ 'drop' ← ?: cf. gout〙 ── *n.* (*pl.* **gut·tae** [-tiː, -taɪ | -tiː], ～**s**) **1**〘薬学〙したたり, しずく (drop). **2** [*pl.*]〘建築〙グッタエ, 滴状装飾《ドリス式建築の mutule の下部などにつける一連の円錐台形の装飾; ⇨ entablature 挿絵》.

gut·ta² [gʌ́tə | -tə]〘⇨ gutta-percha〙 *n.*〘化学〙グッタ《gutta-percha や balata の主成分である炭水化物》.

guttae *n.* gutta¹ の複数形.

gut·ta-per·cha [gʌ̀təpə́ːtʃə | -təpə́ː-]〘(1845)▭ Malay *gĕtah pĕrcha* ← *gĕtah* gum + *pĕrcha* gutta-percha tree: gutta- は GUTTA¹ との連想〙 ── *n.* グッタペルカ: **1**〘植物〙マレー地方産アカテツ科の *Palaquium* 属, *Payena* 属の常緑高木. **2** *P. gutta* の樹液を乾燥させたゴム様物質《絶縁体・歯科充填(㍉)材・ゴルフボールなどに用いる》.

gut·tate [gʌ́teɪt]〘▭ L *guttāt-us* (p.p.) ← *guttāre* to drop: ⇨ gutta¹〙 *adj.*〘生物〙滴粒状の, 滴粒状の斑点のある; 滴粒を含んでいる.

gut·tat·ed [gʌ́teɪtɪd, -təd | -tɪd, -təd] *adj.* = guttate.

gut·ta·tion [gʌtéɪʃən] *n.*〘植物〙排水(現象), 溢液(㍉)(現象)《排出された水が葉などの上に液滴としてたまる現象》.

gut·tée [guːtéɪ]〘▭ AF *gutté* (F *goutte*) < L *guttātum*: ⇨ gutta¹〙 *adj.* (*also* **gut·té** [～])〘紋章〙(紋地に金・銀・赤・青などの)滴状の斑点のある.

gut·ter [gʌ́tə | -tə(r)]〘(1280) *goter(e)* ▭ AF *gotere* = OF *gotiere* (F *gouttière*) ← *goute* (< L *guttam* drop) + *-ière* (adj. fem. suf.) (< L *-āriam* '-ARY')〙 ── *n.* **1 a** 樋(㍉)の細長いくぼみ. **b** (屋根の)樋. **c** (車道と人道の境にある)溝, 街渠(㍉), 地先下水, 側溝(㍉)《路面の雨水を流す開渠》; (水を流す)溝. **d**〘ボウリング〙ガター《球をころがす部分の両側にある溝; 球が溝にころがり入ってしまうこと》. **2** (流水や蠟燭(㍉)の溶けた蠟などの作った)流れ跡, 溝 (groove). **3** [the ～] (路傍の溝を生活の場とするような)どん底の生活, 極貧の環境: the language [manners] of *the* ～ 下層社会の言語[作法] / children of *the* ～ 浮浪児 / rise from *the* ～ 卑しい身分から出世する / take [raise] a child out of *the* ～ 子供を貧民街から救い出して育てる. **4**〘印刷〙= river¹ 4. **5**〘製本〙のどあき《左右両ページ間の余白; または, その余白を作るための版面のあきの部分》. **6**〘郵趣〙ガター: **a** 切手シートの印面と印面との間のあき. **b** 切手のシート状全紙のペーン (pane) の間の部分《普通は空白, 時に網目などが印刷されている》. ── *vt.* **1** ...に樋を付ける, に溝を設ける. **2** 〈流水などが〉〈地面など〉に流れ跡[溝]をつける, ...に溝を掘る. ── *vi.* **1** 流れ跡[溝]ができる; 〈涙などが〉流れる. **2** 〈蠟燭が〉溶けた蠟を垂らす[流す]. **3** 〈蠟燭・ランプの火などが〉(風にあおられて)小さくなる, 消えそうになる〈*away*〉.
gutter out (1) 〈蠟燭の火などが〉徐々に消えていく. (2) 弱々しく[劇的でなく]終わる.
── *attrib. adj.* **1** どん底生活の, 貧民街の: a ～ urchin. **2** 野卑な, 下品な: ～ press 煽情的な下等新聞.

gút·ter·ing [-tərɪŋ | -tər-]〘(15C)〙 ── *n.* **1** 樋(㍉)[溝]つけ. **2** 樋材. **3** 樋装置. **4** (溶けた蠟のように)垂れる[流れる]こと. **5** (燭蠟の側面にそって)溶けて垂れた蠟.

gútter·man [-mən] *n.* (*pl.* **-men** [-mən, -mèn]) 安物呼び売りの大道商人.

gútter·snìpe〘(1869)〙 ── *n.* **1 a** 宿なし児, 浮浪児 (street Arab). **b** 道徳性の弱い人, ちんぴら, よたもの (hoodlum). **c** (経済的に)最下層の人. **2**《米》ビラ, ちらし (handbill). **3**《米俗》(道ばたで取引をする)もぐりの株式仲買人. **gútter·snìp·ish** [-pɪʃ] *adj.*

gútter stìck *n.*〘印刷〙ガタースティック《チェース (chase) 中の組版を固定するのに使うフォルマートの一つで, のどあき (gutter) に相当する部分に使用する込め物; cf. furniture 5》.

Gut·tif·er·ae [gʌtɪ́fəriː]〘⇨ NL ～ (fem. pl.) ← *guttifer*: ⇨ gutta², -i-, -fer〙 *n.*〘植物〙(双子葉植物ツバキ目) オトギリソウ科.

gut·tif·er·ous [gʌtɪ́f(ə)rəs]〘⇨ ↑, -ous〙 *adj.* ゴム[樹脂]を生じる.

gut·ti·form [gʌ́təfɔ̀ːm | -tɪfɔ̀ːm]〘← GUTTA¹+-I-+-FORM〙 *adj.* 滴状の (drop-shaped).

gut·tle [gʌ́tl | -tl]〘(1654) ← GUT (v.)+-LE³: cf. guzzle〙 *vt., vi.* むさぼり食う, がつがつ食う[飲む].

gút·tler [-tlə, -tlə | -tlə(r, -tl-] *n.* 大食家.

gut·tur·al [gʌ́tərəl, -trəl | -t(ə)rəl]〘(1594) ← NL *gutturāl-is* ← L *guttur* throat ← ?: ⇨ -al¹〙 ── *adj.* **1** のど (throat) の. **2**〘音声〙喉(㍉)音の. **3** (俗に)のど音の, ぜいぜい言う (harsh, rasping). ── *n.*〘音声〙喉音《古くは軟口蓋音 (velar) または喉頭音 (laryngeal) ないし咽頭音 (pharyngeal) を指した》. **～·ly** *adv.* **～·ness** *n.* **gut·tur·al·i·ty** [gʌ̀tərǽləti | -tərǽlətɪ, -lɪ-] *n.*

gút·tur·al·ìsm [-lɪzm] *n.* 喉(㍉)音性; 喉音を出す癖.

gut·tur·al·ize [gʌ́tərəlàɪz, -trə- | -t(ə)rə-] *vt.* のどで発音する, のど声で言う. ── *vi.* のど声でしゃべる. **gut·tur·al·i·za·tion** [gʌ̀tərəlɪzéɪʃən, -trə-, -lə- | -t(ə)rəlaɪ-, -lɪ-] *n.*

gut·tur·o- [gʌ́təroʊ | -tərə(ʊ)]〘← L *guttur* throat ← ?〙「喉頭(㍉)の, 喉頭性の; 喉頭と...との」の意の連結形: *gutturo*nasal.

gut·ty¹ [gʌ́ti | -tɪ]〘(1890)〘略〙← *gutta-percha ball*: ⇨ -y²〙 *n.* (ゴルフ用の)グッタペルカ球《グッタペルカ (gutta-percha) を用いて作られたゴムボール》.

gut·ty² [gúːti, gʌ́ti | -tɪ] *adj.*〘紋章〙= guttée.

gut·ty³ [gʌ́ti | -tɪ] *adj.* (**gut·ti·er; -ti·est**) = gutsy.

guv [gʌ́v]〘略〙 *n.* = governor 2.

guv'·nor [gʌ́vnə | -nə(r)]〘短縮〙 *n.* = governor 2.

guy¹ [gáɪ]〘(1623) ← ? LG: cf. Du. (廃) *gei* brail〙 ── *n.*〘機械〙ガイ, 張り綱, 維持索《起重機につるした荷物を安定させまたは置場所に導くためのロープ》; (デリック・旗竿(㍉)・煙突・電柱などの)支え線[綱], 控え綱. ── *vt.* ガイで導く, 支索で支える[定着させる].

guy² [gáɪ]〘(1806)〘← *Guy Fawkes*〙 ── *n.* **1 a** [しばしば G-]《英》Guy Fawkes の像《11 月 5 日 Gunpowder Plot の記念日 (Guy Fawkes day) にその張本人 Guy Fawkes の奇怪な像を作り子供らが町内を引き回して夜に焼き捨てる風習があり, 今でも地方には残っている》. **b** (不人気な人などの)滑稽な人形像. **2 a**《英》滑稽な服装の人, 奇異な風体(㍉)の人; だらしのない[みすぼらしい]風をした人: He looks a regular ～. まるでかかしみたいだ. **b** 物笑いの種になる人. **3**《俗》男, 奴 (man, fellow, chap) (cf. doll¹ 3); 人 (person): a nice ～ いい奴 / a queer ～ 変な奴. **4**《英俗》逃走, 逃亡: do a ～ 姿を消す, とんずらする / give the ～ to ...から逃げ出す, ...をまいて逃げる.
── *vt.* **1** 〈不人気な人などを〉異様な人形の像で表わす, 人形にしてさらしものにする. **2** 笑い草にする, からかう, なぶる (ridicule).

Guy [gáɪ; *F.* gi]〘ME ▭ OF *Gui*《原義》leader (⇨ guide): cf. Guido〙 *n.* 男性名.

Guy·an·a [gaɪǽnə] *n.* ガイアナ《南米北東部にある英連邦内の共和国; もと British Guiana といったが, 1966 年独立; 人口 810,000, 面積 214,970 km², 首都 Georgetown; 公式名 the Cooperative Republic of Guyana ガイアナ共和国》.

Guy·a·nese [gàɪəníːz, -níːs | -níːz] *adj.* ガイアナ(人)の. ── *n.* (*pl.* ～) ガイアナ人.

gúy dèrrick *n.*〘機械〙ガイデリック《四方から控え綱 (guy) を張って垂直に自立させた起重機》.

Guy·enne [gwiːjén; *F.* gɥiɛn] *n.* ギエンヌ《Guienne のフランス語名》.

Gúy Fáwkes dày [nìght] [gáɪfɔ́ːks-] *n.*《英》Gunpowder Plot の記念日《11 月 5 日; ⇨ guy² 1 a》.

Guy·on [gwiːjɔ́ː(ŋ), -jɔ́(ː)ŋ; *F.* gɥijɔ̃], **Madame** *n.* グウィヨン《1648-1717; 静寂主義的な神秘家; Paris から追放された》.

guy·ot [gíːoʊ, ─ ˊ | gíːəʊ, ─ ˊ]〘← *A. H. Guyot* (1807-84: 米国の地質学者・地理学者)〙 ── *n.*《米》〘地質〙ギュヨー, ギヨー, 平頂[卓状]海山 (tablemount)《頂上が平坦な海山; cf. seamount》.

guz·zle [gʌ́zl]〘(1579) ▭ ? OF *gosill-ier* to vomit ← *gosier* throat ← ?: cf. OF *desgosiller* to gulp, swallow down〙 ── *vi.* 暴飲[鯨飲]する, 酒浸りになる. ── *vt.* **1 a** 〈酒を〉がぶがぶ飲む. **b** がつがつ食う. **2** 〈金銭などを〉飲酒に浪費する〈*away, down*〉: ～ one's money *away* 金をみんな飲んでしまう.

gúz·zl·er [-zlə, -zlə | -zlə(r, -zl-] *n.* 大酒飲み, 大酒家.

GW《略》gigawatt(s).

Gwa·li·or [gwɑ́ːliɔə | -lɪɔː(r, -ljɔː(r; *Hindi* gvalyər] *n.* グワリオル《インド中部 Madhya Pradesh 州北部の都市; 人口 385,000》.

Gwen [gwén]〘(dim.) ← GWENDOLEN〙 *n.* 女性名.

Gwen·da [gwéndə]〘↑〙 *n.* 女性名.

Gwen·do·len [gwéndələn, -lən, -dl- | -dəlɪn]〘▭ Welsh ～ ← *gwen* ((fem.) ← *gwyn* fair, white) + *dolen* bow, ring:《原義》? 月の女神〙 ── *n.* 女性名《愛称形 Gwen, Wendy; 異形 Guendolen, Gwendolin; Gwendoline, Gwendolyn》.

Gwen·do·lyn [gwéndələn, -lən, -dl- | -dəlɪn]〘↑〙 *n.* 女性名.

Gwent [gwént] *n.* ウェールズ南東部の州, 1974 年に新設, 旧 Monmouthshire 州と旧 Breconshire 州南東部よりなる; 人口 441,000, 面積 1,360 km², 首都 Cwmbran [kʊmbrɑ́ːn].

Gwil·ym [gwɪ́lɪm, -ləm | -lɪm]〘▭ OF *Guillaume* 'WILLIAM'〙 *n.* 男性名. ★ ウェールズに多い.

gwine [gwàɪn] *v.*《方言・非標準的な語》go¹ の現在分詞.

Gwyn [gwɪ́n]〘1: ▭ Welsh ～《原義》white, fair: cf. Gwen. ─ 2: (dim.) ← GWYNETH〙 *n.* **1** 男性名《異形 Gwynn》. **2** 女性名《異形 Gwynne》.

Gwyn, Nell *n.* (1650-87) 英国の女優で Charles 二世の愛人; 本名 Eleanor.

Gwyn·edd [gwɪ́nəð] *n.* ウェールズ北西部の州; 1974 年に新設, 旧 Anglesey, Caernarvonshire 両州および旧 Merionethshire, Denbighshire 両州の西部よりなる; 人口 221,000, 面積 3,867 km², 首都 Caernarvon.

Gwyn·eth [gwɪ́nəθ]〘▭ Welsh G*wynaeth*《原義》felicity〙 *n.* 女性名.

gwyn·i·ad [gwíniæ̀d | -nɪ-] 〚◻ Welsh ～ ← *gwyn* white: ⇨ -ad[1]〛 *n.* 〘魚類〙英国の淡水湖産サケ科コレゴナス属の一種 (*Coregonus clupeoides pennantii*).

Gwynne [gwín], **Nell** *n.* ＝Nell GWYN.

gybe [dʒáɪb] 〚◻ Du.《廃》*gijbe-n*〛 *v., n.* 〘海事〙＝jibe[1].

gyle [gáɪl] 〚ME ◻ Du. *gijl* unfermented beer ← *gijlen* to ferment〛 *n.* **1** 発酵中の麦芽汁. **2** 一回分のビール醸造量. **3** 発酵槽(そう).

gym [dʒím] 〚《1889》《略》← GYMNASIUM[2]〛 ── *n.* **1** 《口語》**a** 体育館. **b** (学科の)体操 (gymnastics). **2** (ぶらんこ・シーソー・吊輪(つりわ)などを組み合わせた)戸外運動道具の金属製支え枠.

gym·el [dʒíməl] 〚《変形》← OF *gemel* 'GEMEL'〛 ── *n.* 〘音楽〙 **1** ジメル《中世英国音楽で主旋律に対しその 3 度下に対旋律をつけて歌う複音楽の一種》. **2** ジメル《16 世紀の多声音楽で現在の divisi と同じ意味で使われた指示用語》.

gym·kha·na [dʒɪmkáːnə, -kǽnə | -káːnə] 〚《1861》◻ Hindi *gendkhāna* racket court ← *gend* ball ＋ *khāna* house: *gym-* は GYMNASTIC, GYMNASIUM[2] への同化〛 ── *n.* **1** 公共競技場. **2** 運動競技大会, 体育祭; 馬術大会; 自動車障害物競走, ジムカーナ.

gymn- [dʒɪmn] (母音の前に来る時の) gymno- の異形.

gym·nan·thous [dʒɪmnǽnθəs] *adj.* 〘植物〙＝achlamydeous.

gymnasia *n.* gymnasium[2] の複数形.

gym·na·si·arch [dʒɪmnéɪziɑ̀ək | -ziɑ̀ːk] 〚◻ L *gymnasiarch-us* ◻ Gk *gumnasíarkhos* ← *gumnásion* 'GYMNASIUM[2]' ＋*arkhós* (⇨ -arch[1])〛 ── *n.* **1** (古代ギリシャの)競技取締員. **2** 学校の校長.

gym·na·si·ast[1] [dʒɪmnéɪziæ̀st, -ziəst | -zɪ-; G. gymnàːziást] 〚◻ G ～: ⇨ ↓, -ast〛 *n.* ギムナジウム (gymnasium[1]) の生徒[卒業生].

gym·na·si·ast[2] [dʒɪmnéɪziæ̀st, -ziəst | -zɪ-] *n.* ＝gymnast.

gym·na·si·um[1] [dʒɪmnéɪziəm, -ziùm | -zɪ-; G. gymnáːzium] 〚◻ G ～ ◻ L (↓)〛 ── *n.* (ドイツなどの)文科中学校, ギムナジウム《大学予備教育機関で 9 年制[7 年制]の中等学校; cf. realschule》.

gym·na·si·um[2] [dʒɪmnéɪziəm, -ʒəm | -zjəm, -zɪəm] 〚《1598》◻ L ～ 'school' ◻ Gk *gumnásion* exercise ← *gumnázein* to exercise the body ← *gumnós* naked: 裸で練習したのにちなむ: ⇨ -ium〛 ── *n.* (*pl.* ～**s**, **-si·a** [-ziə, -ʒə | -zɪə, -zjə]) **1** (屋内)競技場, 体育館, ジム. **2** (古代ギリシャの青年が集まって身体を練った)練成所, 体育場. **gym·ná·si·al** [-ziəl, -ʒiəl, -ʒəl | -zjəl, -zɪəl] *adj.*

gym·nast [dʒímnæst, -nəst | -næst] 〚《1594》◻ F *gymnaste* // Gk *gumnast-ḗs* trainer of athletes ← *gumnázein* (↑): ⇨ -ast〛 *n.* 体操教師, 体育家, 体育専門家.

gym·nas·tic [dʒɪmnǽstɪk] 〚《1574》◻ F *gymnastique* // L *gymnastic-us*〛 ── *adj.* 体操の, 体育の; 知的訓練の: ～ apparatus 体操用具. ── *n.* 身体[知的]訓練(課程). **gym·nás·ti·cal·ly** *adv.*

gym·nas·tics [dʒɪmnǽstɪks] 〚《1652》: ⇨ -ics〛 ── *n.* **1** [複数扱い] **a** 体操 (gymnastic exercises)《組織的な体育運動》. **b** 知的訓練: mental ～ 頭の体操. **2** [単数扱い] 体操術, 体操科, 体育.

gym·no- [dʒímno(ʊ) | -nə(ʊ)] 〚← Gk *gumnós* naked〛 〘植物〙「裸体の, 裸の」の意の連結形. ★ 母音の前では通例 gymn- になる.

gỳmno·cárpic *adj.* 〘植物〙＝gymnocarpous.

gỳmno·cárpous *adj.* 〘植物〙裸果の.

Gym·no·cer·a·ta [dʒɪmno(ʊ)sérəṭə | -nə(ʊ)sérətə] 〚← NL ～ ← GYMNO-＋*-cerata* (← Gk *kéras horn*)〛 *n. pl.* 〘昆虫〙(半翅目, 異翅亜目)顕角群.

Gym·no·din·i·a·ce·ae [dʒɪmno(ʊ)dìniéɪsiìː | -nə(ʊ)dìnɪ-] 〚← NL ～ ← *Gymnodinium* (属名: ← GYMNO-＋Gk *dineîn* to whirl＋-IUM)＋-ACEAE〛 ── *n. pl.* 〘植物〙(鞭毛藻類)ギムノジニウム科.

gym·nog·e·nous [dʒɪmnɑ́dʒənəs | -nɔ́dʒɪ-] *adj.* 〘動物〙(ある種の鳥などの様に)生れた時羽毛がない.

gym·nog·y·nous [dʒɪmnɑ́dʒənəs | -nɔ́dʒɪ-] 〚⇨ gymno-, -gynous〛 *adj.* 〘植物〙裸の子房をもつ.

Gym·no·lae·ma·ta [dʒɪ̀mno(ʊ)líːməṭə | -nə(ʊ)líːmətə] 〚← NL ～ ← GYMNO-＋*laem-* (← Gk *laimós* throat)＋-ATA〛 ── *n. pl.* 〘動物〙(触手動物の)裸喉(こう)亜綱. **gỳm·no·láe·ma·tous** [-ṭəs | -təs] *adj.*

Gym·no·phi·o·na [dʒɪ̀mno(ʊ)fáɪənə | -nə(ʊ)-] 〚← NL ～ ← GYMNO-＋*-ophiona* (← Gk *ophióneos* of a snake ← *óphis* snake)〛 ── *n. pl.* 〘動物〙アシナシイモリ目《熱帯地方にすむ体形がミミズに似た両生類を含む》.

gỳmno·rhínal 〚← NL ～: ⇨ gymno-, rhinal〛 *adj.* 〘鳥類〙〈鳥が〉(羽毛に覆われていないで)露出鼻孔の.

gym·nós·o·phist [-fɪst, -fəst | -fɪst] 〚《1576》◻ F *gymnosophiste* ◻ L *gymnosophistae* (pl.) ◻ Gk *gumnosophistai* (⇨ gymno-, sophist) ∽ (*c*1350) *genosophis* (pl.) ◻ Gk **gumnósophos*〛 ── *n.* **1** 裸行者《裸体で宗教的黙想にふけった古代インドの行者》. **2** 裸体主義者 (nudist).

gym·nos·o·phy [dʒɪmnɑ́səfi | -nɔ́səfɪ] *n.* **1** 裸体苦行. **2** 裸体主義 (nudism).

gym·no·sperm [dʒímnəspə̀ːm | -spə̀ːm] 〚↓〛 *n.* 〘植物〙裸子植物 (cf. angiosperm). **gym·no·sper·mous** [dʒɪmnəspə́ːməs | -spə́ː-] *adj.*

Gym·no·sper·mae [dʒɪ̀mnəspə́ːmiː | -nə(ʊ)spə́ː-] 〚← NL ～: ⇨ gymno-, -spermae〛 *n. pl.* 〘植物〙裸子植物門.

gym·no·spore [dʒímnəspɔ̀ə, -spɔ̀ə | -nə(ʊ)spɔ̀ː(r)] *n.* 〘植物〙裸生する胞子.

Gym·not·i·dae [dʒɪmnɑ́ṭədìː | -nɔ́tɪ-] 〚← NL ～ ← *Gymnotus* (属名: ← GYMNO-＋*-notus* (⇨ noto-[1]))＋-IDAE〛 *n. pl.* 〘魚類〙(硬骨魚類コイ目)ジムノティ科.

gým shòe *n.* 《米》(ゴム底・ズックの)運動靴, スニーカー (sneaker).

gým slìp *n.* 《英》ジムスリップ《もと女生徒用の肩から腿(もも)までのそでなしベルトつき上着; 制服の一部》.

gým sùit *n.* ジムスーツ《ブラウスとブルマーやショーツの組合わせ, またはワンピースになった女性用運動着》.

gým tùnic *n.* ＝gym slip.

gyn. 《略》gynecological; gynecology.

gyn- [gaɪn, dʒɪn | gaɪn] (母音の前に用いる時の)gyno- の異形.

-gyn [dʒɪn, dʒən | dʒɪn] 〚← NL ～: ⇨ -gynia〛「…本の雌蕊(しべ)を持つ植物」の意の名詞連結形: hexa*gyn*.

gy·naec- [gáɪnɪk, dʒín-, -nək | gáɪnɪk] (母音の前に来る時の)gynaeco- の異形 (⇨ gyneco-).

gy·nae·ce·um [dʒɪnɪsíːəm, gàɪn-, -nə- | gàɪnɪ-, -niː-, -nə-] 〚《1610》◻ L *gynaecē-um* ◻ Gk *gunaikeîon* apartment for women ← *gunaik-* (⇨ gyneco-)〛 ── *n.* (*pl.* **-ce·a** [-síːə], ～**s**) **1** 〘植物〙＝gynoecium. **2** (古代ギリシャ・ローマの家の)婦人部屋用の一郭《主に家の後部にあった》.

gy·nae·cic [gaɪníːsɪk, dʒɪ-, dʒə- | gaɪ-] *adj.* ＝gynecic.

gy·nae·co- [gáɪnɪko(ʊ), dʒín-, -nə-, gaɪníː-, dʒɪ-, dʒə- | gáɪnɪkə(ʊ), -niː-, -nə-, gaɪníː-] ＝gyneco-.

gy·nae·coc·ra·cy [gàɪnɪkɑ́krəsi, dʒɪn- | gàɪnɪkɔ́krəsɪ, -niː-, -nə-] *n.* ＝gynecocracy.

gy·nae·co·crat [gaɪníːkrəkæ̀t, dʒɪ- | gaɪ-] *n.* ＝gynecocrat.

gỳ·nae·cól·o·gist [-dʒɪst, -dʒəst | -dʒɪst] *n.* ＝gynecologist.

gy·nae·col·o·gy [gàɪnɪkɑ́lədʒi, dʒìn-, -nə- | gàɪnɪkɔ́lədʒɪ, -niː-, -nə-] *n.* 〘医学〙＝gynecology. **gy·nae·co·log·ic** [gàɪnɪkəlɑ́dʒɪk, dʒìn-, -nə- | gàɪnɪkəlɔ́dʒ-, -niː-, -nə-] *adj.* **gỳ·nae·co·lóg·i·cal** *adj.*

gynàeco·mórphous *adj.* 〘生物〙＝gynecomorphous.

gy·nae·o- [gáɪnio(ʊ), dʒín- | gáɪniə(ʊ)] ＝gyneo-.

gyn·an·der [gaɪnǽndə, dʒɪ-, dʒə- | gaɪnǽndə(r)] 〚← GYNO-＋-ANDER〛 *n.* 〘生物〙雌雄モザイク, 雌雄嵌合(かんごう)体.

gyn·an·dro·morph [gaɪnǽndrəmɔ̀əf, dʒɪ-, dʒə- | gaɪnǽndrə(ʊ)mɔ̀ːf] 〚⇨ ↓, -morph〛 ── *n.* 〘動物〙雌雄モザイク, 性(的)モザイク《雌雄異体の生物で, 雄性部分と雌性部分とが明らかな境界をもって混在している状態; cf. hermaphrodite 1, intersex》. **gyn·an·dro·mor·phic** [gaɪnæ̀ndrəmɔ́əfɪk | -drə(ʊ)mɔ́ː-] *adj.* **gyn·àn·dro·mór·phous** [-fəs] *adj.*

gyn·an·drous [gaɪnǽndrəs, dʒɪ-, dʒə- | gaɪ-] 〚◻ Gk *gúnandros* of doubtful sex: ⇨ gyno-, -androus〛 ── *adj.* **1** 〘植物〙雄蕊(ずい)が雌蕊に結合した. **2** 〘生物〙雌雄同体の.

gyn·an·dry [gaɪnǽndri, dʒɪ-, dʒə- | gaɪnǽndrɪ] 〚⇨ ↑, -y[1]〛 *n.* 〘生物〙雌雄同体性 (hermaphroditism)《特に, 雌性で雄性的性特徴の著しいもの》.

gy·narch·y [gáɪnɑəki, dʒín- | gáɪnɑːkɪ] 〚《1577–87》〛 ── *n.* **1** 女天下, 女権政治. **2** 〘昆虫〙ジナーキー《ミツバチやアリのように雌の成体のみにより構成されている昆虫の社会》. **gy·nar·chic** [gaɪnɑ́əkɪk, dʒɪ-, dʒə- | gaɪnɑ́ː-] *adj.*

gy·na·tre·si·a [gàɪnætríːʒiə, -ziə | -zɪə, -zjə] 〚← NL ～: ⇨ gyno-, -tresia〛 *n.* 〘病理〙(女性の)外陰閉鎖, 鎖陰.

gy·ne- [gáɪnɪ, dʒínɪ, -nə | gáɪnɪ] gyno- の異形.

-gyne [dʒàɪn, gaɪn] 〚← Gk *gunḗ* woman〛「女性; 女性生殖器」の意の名詞連結形: tricho*gyne*.

gy·nec- [gáɪnɪk, dʒín-, -nək | gáɪnɪk] (母音の前に来る時の) gyneco- の異形.

gy·ne·ce·um [gàɪnɪsíːəm, dʒìn-, -nə- | gàɪnɪ-, -niː-, -nə-] *n.* (*pl.* **-ce·a** [-síːə]) ＝gynaeceum.

gynecia *n.* gynecium の複数形.

gy·ne·cic [gaɪníːsɪk, dʒɪ-, dʒə- | gaɪ-] *adj.* 女の[に関する].

gyn·e·ci·um [dʒɪníːsiəm, dʒə-, gaɪ- | gaɪníːsɪəm, -sjəm] *n.* (*pl.* **-ci·a** [-siə | -sɪə, -sjə]) 〘植物〙＝gynoecium.

gy·ne·co- [gáɪnɪko(ʊ), dʒín-, -nə-, gaɪníː-, dʒɪ-, dʒə- | gáɪnɪkə(ʊ), -niː-, -nə-, gaɪníː-] 〚← Gk *gunaik-*, *gunḗ* woman, female〛 ──「女; 女の」の意の連結形. ★ 母音の前では通例 gynec- になる.

gy·ne·co·cen·tric [gàɪnɪko(ʊ)séntrɪk, dʒɪn- | gàɪnɪkə(ʊ)-, -niː-, -nə-] *adj.* 女性中心の, 女性支配の, 女性優勢の (↔ androcentric): a ～ society.

gy·ne·coc·ra·cy [gàɪnɪkɑ́krəsi, dʒɪn- | gàɪnɪkɔ́krəsɪ, -niː-, -nə-] 〚《1612》〛 *n.* **1** 婦人政治 (female rule). **2** [通例軽蔑的] かかあ天下, 「女性上位」(petticoat government).

gy·ne·co·crat [gáɪnɪko(ʊ)kræ̀t, dʒín-, -nə-, gaɪníːkə-, dʒɪ-, dʒə- | gáɪnɪkə(ʊ)-, -niː-, -nə-, gaɪníː-] *n.* 婦人政治論者[支持者], 女権論者.

gy·ne·co·crat·ic [gàɪnɪko(ʊ)krǽṭɪk, dʒìn-, -nə-, gaɪnìːkə-, dʒɪ-, dʒə- | gàɪnɪkə(ʊ)krǽt-, -niː-, -nə-, gaɪnìː-] *adj.* **1** 婦人政治の. **2** かかあ天下の.

gy·ne·coid [gáɪnɪkɔ̀ɪd, dʒín-, -nə- | gáɪnɪ-, -niː-, -nə-] 〚← GYNECO-＋-OID〛 *adj.* 女性の[らしい].

gỳ·ne·cól·o·gist [-dʒɪst, -dʒəst | -dʒɪst] *n.* 婦人科医.

gy·ne·col·o·gy [gàɪnɪkɑ́lədʒi, dʒìn-, -nə- | gàɪnɪkɔ́lədʒɪ, -niː-, -nə-] 〚《1847》← GYNECO-＋-LOGY〛 ── *n.* 〘医学〙婦人科学. **gy·ne·co·log·ic** [gàɪnɪkəlɑ́dʒɪk, dʒìn-, -nə- | gàɪnɪkəlɔ́dʒ-, -niː-, -nə-] *adj.* **gỳ·ne·co·lóg·i·cal** *adj.*

gy·ne·co·ma·ni·a [gàɪnɪko(ʊ)méɪniə, dʒìn-, -nə- | gàɪnɪkə(ʊ)méɪnjə, -nə-, -nɪə] 〚← NL ～: ⇨ gyneco-, -mania〛 *n.* 〘病理〙＝satyriasis 1.

gy·ne·co·mas·ti·a [gàɪnɪko(ʊ)mǽstiə, dʒìn-, -nə-, gaɪnìː-, dʒɪ-, dʒə- | gàɪnɪkə(ʊ)mǽstiə, -niː-, -nə-, gaɪnìː-] 〚← NL ～: ⇨ gyneco-, -mastia〛 ── *n.* 〘病理〙女性化乳房《男性の乳房の異常発育》.

gynèco·mórphous *adj.* 〘生物〙女性の特徴[形状, 外観]を備えた.

gy·ne·cop·a·thy [gàɪnɪkɑ́pəθi, dʒìn-, -nə- | gàɪnɪkɔ́pəθɪ- -niː-, -nə-] *n.* 〘病理〙婦人病.

gy·ne·co·to·col·o·gy [gàɪnɪkəṭo(ʊ)kɑ́lədʒi, dʒìn-, -nə- | gàɪnɪkətə(ʊ)kɔ́lədʒɪ, -niː-, -nə-] 〚← GYNECO-＋TOCOLOGY〛 *n.* 〘医学〙産婦人科学.

gy·ne·o- [gáɪnio(ʊ), dʒín- | gáɪniə(ʊ)] ＝gyno-.

gy·ne·pho·bi·a [gàɪnɪfóʊbiə, dʒìn-, -nə- | gàɪnɪfə́ʊbjə, -niː-, -nə-, -bɪə] 〚← GYNO-＋-PHOBIA〛 *n.* 女性恐怖症. **gy·ne·pho·bic** [gàɪnɪfóʊbɪk, dʒìn-, -nə- | gàɪnɪfə́ʊ-, -niː-, -nə-] *adj.*

-gyn·i·a [gíniə, dʒín- | -nɪə] 〚← NL ～ ← -GYN(OUS)＋-IA[2]〛 〘植物〙「雌蕊(しべ)をもった植物」の意の名詞連結形.

gy·nic [gáɪnɪk, dʒín- | gáɪn-] 〚⇨ ↓, -ic[1]〛 *adj.* 女子の, 女に関する (↔ andric).

gy·no- [gáɪno(ʊ), dʒín- | gáɪnə(ʊ)] 〚《短縮》← GYNECO-〛「女性(の), 雌(の); 女性生殖器」の意の連結形 (↔ andro). ★ 時に gyne-, gyneo-, また母音の前では通例 gyn- になる.

gy·noc·ra·cy [gaɪnɑ́krəsi, dʒɪ-, dʒə- | gaɪnɔ́krəsɪ] *n.* ＝gynecocracy.

gỳno·dióecious *adj.* 〘植物〙雌花異株の《同一種内に雌花だけを付ける株と両性花を付ける株とがある》.

gy·noe·ci·um [dʒɪníːsiəm, gaɪ-, dʒə-, -ʃiəm | gaɪníː-siəm, -sjəm] 〚← NL ～ ← GYNO-＋Gk *oikíon* house〛 ── *n.* (*pl.* **-ci·a** [-siə, -ʃiə | -sɪə, -sjə]) 花の雌器; [集合的] 雌蕊(しべ)群 (pistils) (↔ androecium).

gỳno·génesis 〚← NL ～: ⇨ gyno-, -genesis〛 *n.* 〘生物〙雌性発生, 雌性生殖, 雌性単為生殖 (↔ androgenesis). **gỳno·genétic** *adj.*

gỳno·génic *adj.* 〘生物〙雌を生じる (↔ androgenic).

gỳno·monóecious *adj.* 〘植物〙雌花同株の《雌花と両性花とを同一株に付ける》.

gy·no·pho·bi·a [gàɪnəfóʊbiə, dʒìn- | gàɪnə(ʊ)fə́ʊbjə, -bɪə] *n.* ＝gynephobia.

gy·no·phore [gáɪnəfɔ̀ə, dʒín-, -fɔ̀ə | gáɪnəfɔ̀ː(r)] *n.* 〘植物〙子房柄, 雌器柄《雌性生殖体を支える部分》. **gy·no·phor·ic** [gàɪnəfɔ́(ː)rɪk, dʒìn-, -fɑ́r- | gàɪnəfɔ́r-] *adj.*

gy·no·ste·mi·um [gàɪno(ʊ)stíːmiəm, dʒìn- | gàɪnə(ʊ)stíːmɪ-] 〚← NL ～ ← GYNO-＋Gk *stḗmōn* thread ＋-IUM〛 ── *n.* (*pl.* **-mi·a** [-miə | -mɪə]) 〘植物〙蕊柱(ずいちゅう)《ランのように雄蕊と雌蕊が合体している場合のその全体》.

-gy·nous [⌐dʒənəs, dʒáɪn-, gáɪn- | ⌐dʒɪnəs, dʒáɪn-, gáɪn-] 〚◻ Gk *-gunos* ← *gunḗ* woman, female: ⇨ -ous〛 ── 次の意を表わす形容詞連結形 (↔ -androus): **1**「女[雌]の」: poly*gynous*. **2** 〘植物〙「…個の[…形の]雌蕊[雌器, 花柱]の (↔ -androus): tetra*gynous*.

-gy·ny [⌐dʒəni | -dʒɪnɪ] 〚⇨ ↑, -y[1]〛 -gynous に対応する名詞連結形.

Györ [dʒə́ː | dʒə́ː(r; *Hung.* djøːr] *n.* ジェール《ハンガリー北西部の都市; 人口 125,000》.

gyp[1] [dʒíp] 〚《1750》《廃》*gippo* scullion ← F *jupe* 'JUPE'〛 *n.* 《英》(Cambridge 大学などで学生の世話をする)用務員 (servant) (cf. scout[1] 6).

gyp[2] [dʒíp] 〚《略》← GYPSY〛 ── *n.* 《米俗》 **1** 詐欺師, ぺてん師; 詐欺, ぺてん, ごまかし. **2** (自分で調教し, 時には自分が騎手となる)競走馬の小馬主. ── *v.* (**gypped**; **gyp·ping**) ── *vt.* だます, だまして…から取る[巻き上げる]: be ～*ped* (*out*) *of* money 金をだまし取られる. ── *vi.* ぺてん[詐欺]にかける.

gyp[3] [dʒíp] 〚← ? *gee up* (⇨ gee[1] 成句)〛 *n.* 《口語》ひどい[つらい]目. ★ 次の成句で: ***give a person gyp*** 〈人を〉ひどく叱る, ひどい目に会わせる, 〈人を〉(痛みなどで)ひどく苦しめる.

gýp jòint *n.* 《米俗》 **1** いかさま賭博場. **2** 法外な値段をふっかけて客から金を巻き上げる店.

gyp·lure [dʒíplùə | -ljùə(r, -lùə(r] 〚← *gyp*(*sy moth*) ＋LURE〛 *n.* 〘昆虫〙(マイマイガの雄の捕獲に用いられる)合成性誘引剤.

gýp·per [-pə | -pə(r] *n.* 《米俗》詐欺師, ぺてん師.

gýp·ròom *n.* 《英》(Cambridge 大学などで用務員が管理する)食器室 (pantry) (cf. gyp[1]).

gyp·se·ous [dʒípsiəs | -sɪəs, -sjəs] 〚← LL *gypseus* (⇨ gypsum)＋-OUS〛 *adj.* 石膏の, 石膏質の, 石膏に似た.

gyp·sif·er·ous [dʒɪpsíf(ə)rəs] 〚← GYPS(UM)＋-I-＋-FEROUS〛 *adj.* 石膏を生じる, 石膏を含有する.

gyp·sog·ra·phy [dʒɪpsɑ́grəfi | -sɔ́grəfɪ] 〚⇨ gypsum, -graphy〛 *n.* 石膏彫刻(術).

gyp·soph·i·la [dʒɪpsɑ́fələ | -sɔ́fɪ-] 〚← NL ～: ⇨ gypsum, -phila〛 ── *n.* 〘植物〙 **1** [G-] カスミソウ属《ナデシコ科の一属》. **2** カスミソウ《カスミソウ属の植物の総称; カスミソウ, シュッコンカスミソウ (baby's breath) など》.

gyp·soph·i·lous [dʒɪpsɑ́fələs | -sɔ́fɪ-] 〚⇨ ↑, -ous〛 *adj.* 〘植物生理〙〈植物が〉石膏を含んだ場所を好んで生育する. **gyp·soph·i·ly** [dʒɪpsɑ́fəli | -sɔ́fɪlɪ] *n.*

gyp·sum [dʒípsəm] 〖《a1387》▭L ～▭Gk *gúpsos* chalk, gypsum ← ? Sem. (cf. Arab. *jibs* plaster)〗 ── *n.* **1** 〖鉱物〗石膏(せっこう), ギプス ($CaSO_4 \cdot 2H_2O$) (cf. selenite[1] 1, alabaster 1, PLASTER of Paris). **2** ＝plasterboard. ── *vt.* 〈土壌・水などを〉石膏で処理する.
gýpsum bòard *n.* ＝plasterboard.
gýpsum plàster [cemènt] *n.* 〖建築〗石膏プラスター, 石膏漆喰(しっくい).
gýpsum wállboard *n.* ＝plasterboard.
Gyp·sy[1], **g-** [dʒípsi | -sɪ] 〖《1537》《逆成》← *gipcyan* 《頭音消失による変形》← EGYPTIAN: 16 世紀の初め英国に現われたとき Egypt から来たものと誤解されたため〗 ── *n.* **1** ジプシー《14-15 世紀にインドからヨーロッパに渡来した漂泊民族で, 今はヨーロッパ・アジア・アメリカの各地に分布し Romany と自称する; 皮膚は浅黒く毛髪は黒色, 多くかご編み・馬の売買・鋳掛け・音楽師・占いなどを業とし, 特色ある(箱)馬車 (gypsy van) を家として各地を漂浪する》. **2** ジプシー語 (Romany). **3** [g-] **a** ジプシーのような人; (特に) 色の浅黒い人. **b** 放浪癖のある人. **4** [g-] 〖海事〗 **a** ＝gypsy winch. **b** ＝gypsy capstan. **c** ＝gypsyhead. **5** 《米俗》 **a** もぐりタクシー. **b** (もぐり)個人タクシー業者. **6** [g-] ＝gyp[2] 2.
── *attrib. adj.* **1** ジプシーの, ジプシー風の: a ～ boy [girl] ジプシーの少年[少女] / a ～ camp ジプシーのキャンプ / a ～ van [caravan] ジプシーの箱馬車. **2** 非因襲的な, 流浪の, ボヘミアン的な.
── *vi.* 《まれ》 [g-] ジプシー風に暮す[流浪する].
Gyp·sy[2] [dʒípsi | -sɪ] 〖↑〗 *n.* 女性名.
gýpsy càpstan *n.* 〖海事〗モーターまたはエンジンだけで動かす小型のキャプスタン[車地(しゃち)], 巻上げ機].
gýp·sy·dom [-dəm] *n.* **1** ジプシーの身の上, ジプシー生活. **2** [集合的] ジプシー.
gyp·sy·fy [dʒípsɪfàɪ, -sə- | -sɪ-] *vt.* (様子などの点で) ジプシー風にする, ジプシー化する. **gýp·sy·fìed** *adj.*
gýpsy hàt *n.* ジプシー帽《婦人や子供用のつばの広い帽子》.
gýpsy·hèad *n.* 〖海事〗ジプシーヘッド, 索巻鼓胴《ウィンチやウィンドラスの外側軸端にある鼓形の回転体; これに索を巻付けて巻込む》.
gýpsy·hòod *n.* ジプシーの身の上.
gýp·sy·ish [-siɪʃ] *adj.* ＝gypsylike.
gýp·sy·ism [-siìzm] *n.* ジプシー風, ジプシー趣味.
gýpsy·like *adj.* ジプシーのような, ジプシー風の.
gýpsy mòth *n.* 〖昆虫〗マイマイガ (*Lymantria dispar*) 《森林に大害を与える》.
gýpsy ròse *n.* 〖植物〗＝scabious 2.
gýpsy sètting *n.* 〖宝石〗ジプシーセッティング《指環の上部を巾の広い高めの甲丸形として後は段々と細くする細工の仕方》.
gýpsy tàble *n.* 三脚式軽便テーブル.
gýpsy winch *n.* 〖海事〗手動小型ウィンチ.
gyr- [dʒáɪr | dʒáɪər, gáɪr] (母音の前に来る時の) gyro- の異形.
gy·ral [dʒáɪrəl | dʒáɪər-] 〖← GYRO-＋-AL[1]〗 *adj.* **1** 旋回[回転]する. **2** 〖解剖〗(脳の)回の, 回に関する. **～·ly** *adv.*
gy·rate 〖《1830》▭L *gȳrāt-us* (p.p.) ← *gȳrāre* to revolve ← *gȳrus* 'GYRE'〗 ── *vi.* [dʒáɪreɪt, ─́ ─̀ | dʒaɪ(ə)réɪt] 旋回する, 旋転する. ── *adj.* [dʒáɪreɪt, -rət, -rɪt | dʒáɪ(ə)rɪt, -reɪt, -rət] **1** 旋回[回転]する. **2** 〖動物〗渦巻状の. **gý·ra·tor** [-tə | -tə(r] *n.*
gy·ra·tion [dʒaɪréɪʃən | dʒaɪ(ə)r-] 〖《1615》▭LL *gȳrātiō(n-)*: ⇨↑, -ation〗 ── *n.* **1** 旋回, 回転, 旋転, 環動: the center of ～ 〖物理〗旋回中心. **2** 渦巻き(形); 〖動物〗(巻貝類の)渦巻き(一回り). **3** 〖解剖〗脳回転. **～·al** [-ʃənḷ, -ʃnəl] *adj.*
gy·ra·to·ry [dʒáɪrətɔ̀:ri, -tɔ̀:ri | dʒáɪ(ə)rət(ə)rɪ, dʒaɪ(ə)réɪtərɪ] 〖← GYRAT(ION)＋-ORY[1]〗 *adj.* 旋回の, 旋回(運動)する.
gýratory crúsher *n.* 〖機械〗ジャイレートリークラッシャー, 旋動粉砕機, 環動形砕石機.
gyre [dʒáɪə | dʒáɪə(r] 〖《?1440》 *gire(n)* ▭L *gȳrāre* ← *gȳrus* 'circle, GYRUS': cf. gyrate〗《詩》 ── *vi.* 旋回[回転]する. ── *vt.* 旋回[回転]させる. ── *n.* 旋回, 回転; 渦巻き(形), 環形.
gy·rec·to·my [dʒaɪréktəmi | dʒaɪ(ə)réktəmɪ] *n.* 〖外科〗(脳の)回切除(術).
gy·rene [dʒaɪrí:n, ─́ ─̀ | dʒaɪ(ə)rí:n, ─́ ─̀] 〖← ? GI＋(MA)RINE〗 *n.* 《米俗》海兵隊員 (marine).
gyr·fal·con [dʒə́:fæ̀lkən, -fɔ̀:l- | dʒə́:fɔ̀:l-, -fɔ̀l-, fɔ̀:-] 〖《1209》 *gerfauco(u)n* ▭OF *gerfaucon*, (nom.) *gerfaus* (F *gerfaut*) ▭Frank. **gērfalco* ← Gmc ? **ʒairu* spear (⇨ garlic) ＋**falko(n)* 'FALCON'〗 ── *n.* 〖鳥類〗シロハヤブサ (*Falco rusticolus*) 《北極圏に分布する大型のハヤブサ》.
gyri *n.* gyrus の複数形.
Gy·rin·i·dae [dʒɪrínədì:, dʒə-, dʒaɪ- | dʒaɪ(ə)rínɪ-] 〖← NL ～ ← *Gyrinus* (属名: ← Gk *gurînos* tadpole ← *gûros* 'GYRUS')＋-IDAE〗 ── *n. pl.* 〖昆虫〗(鞘翅(しょうし)目)ミズスマシ科.
gy·ro [dʒáɪroʊ | dʒáɪərəʊ] 〖略〗 *n.* (*pl.* **～s**) 《口語》 **1** ＝gyrocompass. **2** ＝gyroscope.
gy·ro- [dʒáɪro(ʊ) | dʒáɪərə(ʊ), gáɪər-] 〖← Gk *gûros* 'GYRUS'〗 ──「輪 (ring), 螺旋(らせん) (spiral), ジャイロスコープ (gyroscope)」の意の連結形. ★ 母音の前では通例 gyr- になる.
gýro·còmpass *n.* ジャイロコンパス, 転輪羅針儀.
gýro contròl *n.* **1** 〖航空〗(自動操縦機の)ジャイロスコープ装置. **2** ＝gyrostabilizer.
gy·ro·cop·ter [dʒáɪrəkɑ̀ptə | dʒáɪərəkɔ̀ptə(r] 〖《混成》← *(auto)gyro* (＝AUTOGIRO)＋(HELI)COPTER〗 *n.* 〖航空〗ジャイロコプター.
gỳro·dynámics *n.* 回転力学《力学の一分派で, 回転体(特にジャイロスコープに関するもの)を扱う力学》.
gy·ro·dyne [dʒáɪro(ʊ)dàɪn | dʒáɪərə(ʊ)-] ── *n.* 〖航空〗ジャイロダイン《オートジャイロとヘリコプターとの中間的航空機で, 離着陸および空中停止時はヘリコプター同様に回転翼を動力で駆動し, 他の時はオートジャイロと同様の方法で飛行する》.
gýro·frèquency *n.* 〖物理〗ジャイロ振動数, ジャイロ周波数《荷電粒子が磁場中で行なう円運動の周期の逆数》.
gy·ro·graph [dʒáɪro(ʊ)græ̀f | dʒáɪərə(ʊ)grɑ̀:f, -græ̀f] *n.* 回転数図示器, 回転数測定記録器.
gýro horízon *n.* ジャイロホライズン, 人工水平儀 (⇨ artificial horizon 2).
gy·roi·dal [dʒaɪrɔ́ɪdḷ | dʒaɪ(ə)r-] 〖← GYRO-＋-OID＋-AL[1]〗 *adj.* 〈結晶面の並び方が〉螺旋(らせん)形の; 回転状の. **～·ly** *adv.*
gỳro·magnétic *adj.* 〖磁気〗回転磁気の; 〖海事・航空〗〈コンパスが〉ジャイロ磁気方式の《ジャイロと地磁気とを組合わせた方式にいう》.
gyromagnétic rátio *n.* 〖磁気〗磁気回転比, 回転磁気比《電子・核粒子などの磁気能率と角運動量との比》.
gy·ron [dʒáɪrən, -rɑn | dʒáɪərən, -rɔn] 〖《1572》▭F *giron* triangular piece ▭Frank. **gēro* gusset〗 ── *n.* 〖紋章〗盾のフィールドの中心直線で交わる 8 等分してできた楔(くさび)形のうち dexter chief, sinister chief の部分《単に gyron といえば dexter chief のみを指す; ⇨ heraldry 挿絵 D》.
gy·ron·ny [dʒáɪrəni | dʒáɪərənɪ] 〖ME *jerounde*, *gerundi* ▭(O)F *gironné*: ⇨↑, -y[3]〗 ── *adj.* 〖紋章〗gyron に分けられた《盾のフィールドの中心で交わる直線で 8 等分した図形の状態をいうが, 6 等分, 12 等分のものもある; ⇨ heraldry 挿絵 E》.
Gýro·pìlot *n.* 〖商標〗ジャイロパイロット《飛行機や船舶に用いる自動操舵機[装置]; cf. automatic pilot》.
gy·ro·plane [dʒáɪrəplèɪn | dʒáɪərə(ʊ)-] 〖《1907》〗 *n.* 〖航空〗ジャイロプレーン (⇨ autogiro).
gýro repéater *n.* 〖海事〗ジャイロレピーター, 従羅針儀 (⇨ repeater 7 a).
gy·ro·scope [dʒáɪrəskòʊp | dʒáɪərəskəʊp, gáɪər-] 〖《1856》〗 ── *n.* **1** ジャイロスコープ《回転体の慣性を利用して船舶・飛行機などに方向を示し, または安定を増すなどに利用される》. **2** ジャイロスコープ状のもの; (魚雷の)縦舵(だ)調整器.

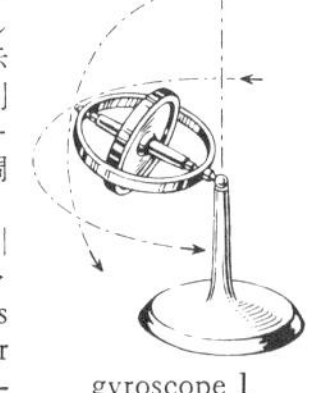
gyroscope 1

gy·ro·scop·ic [dʒàɪrəskɑ́pɪk | dʒàɪərəskɔ́p-, gàɪər-] *adj.* ジャイロスコープの: a ～ compass ＝gyrocompass / a ～ stabilizer ＝gyrostabilizer. **gỳ·ro·scóp·i·cal·ly** *adv.*
gy·rose [dʒáɪroʊs | dʒáɪərəʊs] 〖← GYRO＋-OSE[1]〗 *adj.* 〖植物〗波状の, ひだのある, 屈曲した.
gỳro·stábilized *adj.* ジャイロスタビライザーを使った[使って安定させた].
gỳro·stábilizer *n.* ジャイロスタビライザー, ジャイロ安定儀《ジャイロスコープを応用して船舶または飛行機の動揺を防ぐ装置》.
gy·ro·stat [dʒáɪrəstæ̀t | dʒáɪərə(ʊ)-, gáɪər-] *n.* ＝gyrostabilizer.
gy·ro·stat·ic [dʒàɪrəstǽṭɪk | dʒàɪərə(ʊ)stǽt-, gàɪər-] *adj.* **1** gyrostat の. **2** 剛体旋回運動論の. **gỳ·ro·stát·i·cal·ly** *adv.*
gy·ro·stat·ics [dʒàɪrəstǽṭɪks | dʒàɪərə(ʊ)stǽt-, gàɪər-] 〖⇨↑, -ics〗 *n.* 剛体旋回運動論.
gy·rus [dʒáɪrəs | dʒáɪər-] 〖← NL ～ ← L *gȳrus* ▭Gk *gûros* ring, circle〗 *n.* (*pl.* **gy·ri** [-raɪ]) 〖解剖〗回 (convolution) 《脳のひだの高まり》.
Gy Sgt 《略》〖米海兵隊〗gunnery sergeant 1 等軍曹.
gyt·tja [jítʃɑ:; *Swed.* jýtça] 〖▭Swed. ～ ← *gjuta* to pour〗 *n.* 〖地質〗ユッチヤ《富栄養湖の湖底にある有機物に富んだ泥》.
gyve [dʒáɪv, gáɪv | dʒáɪv] 〖《?a1200》 *gives, gyves* (pl.) ← ?: cf. AF *gyves* / OE *wiððe* 'WITHY, bond'〗《詩・古》 ── *n.* [通例 *pl.*] 足枷(かせ), 手枷. ── *vt.* …に足[手]枷をはめる; 束縛する.
gy·ver [gáɪvə | -və] 〖← ?〗《豪俗》 *n.* (言葉[態度]の)気取り: put on the ～ 気取る. ── *adj.* 粋(いき)な, 現代風の.

H

H, h [éɪtʃ] 〚OE *H, h* ▭ L (Etruscan を経由) ▭ Gk *H, η* (*ēta*) ▭ Phoenician 日: cf. Heb. ח (*ḥēth*)〛 **—** *n.* (*pl.* **H's, Hs, h's, hs** [~ɪz, ~əz]) **1** 英語アルファベットの第 8 字. **2** (活字・スタンプなどの) H または h 字. **3** [H] H 字形(のもの). **4** 文字 h が表わす音《hope, hum などの [h]》. **5** (連続したものの) 第 8 番目(のもの). **6** (中世ローマ数字の) 200. **7** 〘音楽〙 ロ調 (B) を示すドイツ語名 (cf. B, b *n.* 6 b).
drop** one's **h's ⇨ drop 成句.

h 《記号》〘気象〙 hail; hecto-; [イタリック体で]〘物理〙 Planck's [Planck] constant.

ħ 《記号》[イタリック体で]〘物理〙 Planck's constant を 2π で割ったもの; 量子力学における角運動量の単位.

H 《略》〘鉛筆〙 hard《H, HH, HHH …と次第に硬度が高くなる; cf. B》;〘電気〙 henry;《俗》heroin; Hungary.

H 《記号》 **1** 〘物理化学〙 enthalpy. **2** [通例イタリック体で]〘数学・物理〙 Hamiltonian. **3** 〘米軍〙 helicopter. **4** 〘物理〙 horizontal force of earth's magnetism 地磁気水平分力. **5** 〘化学〙 hydrogen.

h. 《略》 habitant(s); half; hatch;〘トランプ〙 hearts; heat; heavy; hip; horse; hot; house; hull; hundred.

h., H. 《略》 harbor; hardness; heavy sea; height; hence; high;〘野球〙 hit(s); horizontal;〘音楽〙 horn; hour(s); humidity; husband.

H. 《略》 *G.* Heft (=number, part); herbaceous; *G.* Herren (=gentlemen); Holy; *F.* Hommes (=men);

H. 《記号》〘広告〙 half-page.

ha [háː] 〚(*a*1325)《擬音語》: cf. L & Gk, etc.〛 **—** *int.* まあ, おや, ああ, はあ, はは《驚き・悲しみ・喜び・得意・疑い・ためらいなどを表わす》. **—** *vi.* はあ[まあ, おや]と言う.

HA, H.A. 《略》〘天文〙 hour angle.

ha. 《略》 hectare(s).

h.a. 《略》 heir apparent; high angle; *L.* hoc anno (=in this year).

H.A. 《略》〘軍事〙 heavy artillery; Hockey Association; horse artillery;〘天文〙 hour angle.

H.A.A. 《略》 heavy antiaircraft 重高射砲(隊).

haaf [háːf] 〚▭ ON *haf* high sea〛 *n.* 《スコットランドの Shetland 諸島および Orkney 諸島の》深海漁場.

Haag [*Du.* háːx], **Den** [dɛn] *n.* ハーグ《The Hague のオランダ語名》.

Haa·kon VII [hɔ́ːkən, -kɑn | hɔ́ːkɔn, hɑ́ː-, -kən; *Norw.* hóːkɔn] *n.* ホーコン七世《1872–1957; ノルウェー国王 (1905–57)》.

H.A. & M. 《略》 Hymns Ancient and Modern.

haar [hɑ́ə | hɑ́ː(r] 〚← ? LG (cf. Du.《方言》*harig* damp): cf. hoar〛 *n.* 《スコット・北英》(冷たい多湿の)海霧.

Haar·lem [hɑ́ələm | hɑ́ːlem, -ləm; *Du.* háːrlɛm] *n.* ハールレム《オランダ北西部の都市, North Holland 州の首都; 人口 163,000》.

hab. 《略》 habitat; habitation.

Hab. 《略》 Habakkuk (旧約聖書の)ハバクク書.

Ha·bac·uc [hǽbəkʌ̀k, həbǽkək] *n.* =Habakkuk.

hab·a hab·a [hɑ́ːbəhɑ́ːbə] 〚← ? Chin.: cf. hubba-hubba〛 **—** *int.* 《米軍俗》ハバハバ, 速く速く, 急げ急げ (hurry up). ★ 第二次大戦で米空軍の兵士が太平洋戦域で用いた.

Ha·bak·kuk [hǽbəkʌ̀k, həbǽkək | hǽbəkək, -kʌk, həbǽkək] 〚▭ Heb. *Ḥabhaqqūq* ← ? *ḥābháq* to embrace〛 **—** *n.* 〘聖書〙 **1** ハバクク《紀元前 7 世紀ごろのヘブライの預言者》. **2** (旧約聖書の)ハバクク書 (略 Hab.).

Ha·ba·na [*Sp.* aβána], **La** [la] *n.* ハバナ《Havana のスペイン語名》.

ha·ba·ne·ra [(h)ɑ̀ːbənɛ́(ə)rə | -nέərə; *Sp.* àβanéra] 〚▭ Sp. ~ 'of Habana (=Havana)'〛 **—** *n.* **1** ハバネラ《19 世紀前半キューバに起こったゆるい 2 拍子の舞踏》. **2** ハバネラの曲.

hab·bub [həbúːb] *n.* 〘気象〙 =haboob.

hab. corp., hab corp 《略》〘法律〙 habeas corpus.

hab·dabs [hǽbdæbz] 〚← ?〛 *n. pl.* 《英俗》いらいら(する気持), いらだち, 神経過敏: give a person the screaming ~ 人をいらいらさせる.

hab·da·lah [hɑ̀ːvdəlɑ́ː, hɑːvdɔ́ːlə] 〚▭ Mish.Heb. *habhdālā^h* separation〛 **—** *n.* [しばしば H-]〘ユダヤ教〙 ハブダラ《安息日および祝日の終りに行なわれる儀式で, ブドウ酒・香料をささげる》.

ha·be·as cor·pus [héɪbiəs-kɔ́əpəs | héɪbjəs-kɔ́ːpəs, -bɪəs-, -bræs-] 〚(1463) ▭ L *habeās corpus* Thou (shalt) have the body (*sc.* in court)〛 **—** *n.* 〘法律〙 人身保護令状, 人身提出令状《人身保護の目的で拘禁の事実・理由などを聴取するため被拘禁者を出廷させる命令書》: the *Habeas Corpus* Act 人身保護法《1679 年英国王 Charles 二世のとき初めて発布, その後 1816 年, 1862 年にも成立》.

ha·ben·dum [həbéndəm] 〚▭ L ~ '(which is) to be had' (gerundive) ← *habēre* to have〛 **—** *n.* 〘法律〙 物権表示条項《不動産譲渡証書の中で譲渡される物権の内容を明らかにする条項; to have and to hold (*L.* habendum et tenendum) という句で始まる》.

ha·ben·u·la [həbénjʊlə] 〚▭ L ~ (dim.) ← *habena* strap, thong〛 **—** *n.* (*pl.* **-u·lae** [-lìː]) 〘解剖〙 手綱, 小帯(ﾀｲ)《形が手綱状のもの, 特に左右松果腺の上視床にある三角部》.

Ha·ber [hɑ́ːbə | -bə(r; *G.* háːbɐ], **Fritz** *n.* ハーバー《1868–1934; ドイツの化学者; Nobel 化学賞 (1918)》.

hab·er·dash·er [hǽbədæ̀ʃə, -bə- | -bədæ̀ʃə(r] 〚(1280) *haberdashere* ▭ AF **haberdasser* ← ? *hapertas* kind of cloth: ⇨ -er¹〛 **—** *n.* **1** 《米》男子用雑貨商《シャツ・カラー・帽子・ネクタイ・手袋などを売る商人》. **2** 《英》小間物屋《ひも・糸・ボタン・針・レース・リボンなどを売る商人; cf. notion 4 b》.

hab·er·dash·er·y [hǽbədæ̀ʃ(ə)ri, -bə- | -bədæ̀ʃəri] 〚(1436): ⇨ ↑, -ery〛 **—** *n.* **1** 《米》 **a** [集合的] 男子用雑貨類《シャツ・ネクタイ・手袋・帽子など》. **b** 男子用雑貨店. **2** 《英》 **a** [集合的] 小間物《糸・ボタン・針・レースなど; cf. notion 4 b》. **b** 小間物店.

hab·er·geon [hǽbədʒən, həbɔ́ːdʒiən, -dʒən | hǽbədʒən] 〚(?*a*1300) ▭ (O)F *haubergeon* (dim.) ← *hauberc* '**HAUBERK**'〛 *n.* 〘甲冑〙 丈の短い hauberk.

Há·ber pròcess 〚← *Fritz Haber*〛 *n.* [the ~]〘化学〙 ハーバー法《アンモニア合成の一方法》.

hab·ile [hǽbɪl, -bəl | -bɪl] 〚▭ F ~ ▭ L *habilis* ready, fit: cf. able〛 *adj.* **1** 《文語》上手な, 熟練した, 器用な (skillful). **2** 《廃》適した, ふさわしい.

ha·bil·i·ment [həbíləmənt | həbílɪ-, hæ-] 〚(1422) ← (O)F *habillement* clothing ← *habiller* to dress ← *habile* (↑)〛 **—** *n.* **1** [通例 *pl.*] **a** (ある特定の職業・場合にふさわしい)服装, 衣服. **b** 《戯言》(日常の)服装. **2** [*pl.*] **a** 設備, 装備. **b** 《古》(戦争用の)装具, 武具.

ha·bil·i·ment·ed [həbíləmèntɪd, -təd | həbílɪmèntɪd, hæ-, -təd] *adj.* [しばしば副詞(句)を伴って] (服を)着た (dressed): a poorly ~ beggar 粗末な服を着た乞食 / a priest ~ *in* black 黒衣の僧.

ha·bil·i·tate [həbílətèɪt | həbílɪ-, hæ-, -lə-] 〚(1604) ← ML *habilitāt-us* (p.p.) ← *habilitāre* to make fit ← L *habilitās* '**ABILITY**': ⇨ -ate³〛 **—** *vi.* (ドイツ・北欧などの大学教員の)資格を得る: He ~*d* as docent at Uppsala University. 彼はウプサラ大学の講師の資格を得た. **—** *vt.* **1** 〈人〉に服[衣類]を着せる (clothe). **2** 〈心身障害者などを〉社会に適応できるように訓練[教育]する. **3** 《米西部》〘鉱山〙〈鉱山〉に運転資金[採鉱設備]を与える. **ha·bil·i·ta·tion** [həbìlətéɪʃən | həbìlɪ-, hæ-, -lə-] *n.*

Ha·bi·ru [hɑ́ːbɪruː, həbíːruː] 〚▭ Akkad. *Hābiru* ← ? WSem.〛 **—** *n. pl.* ハビル, ハビル人《紀元前 2 千年紀のアッシリア・バビロニアの文献に言及されている遊牧民; 恐らくは聖書に出てくるヘブル人(ﾋﾞﾄ)をさす》.

hab·it¹ [hǽbɪt, -bət | -bɪt] 〚(?*a*1200) *habit(e)*, *abit* ▭ OF (*h*)*abit* < L *habitum* condition, dress (p.p.) ← *habēre* to have ← IE **ghebh-* to give or receive: cf. give〛 **—** *n.* **1 a** 癖, 習癖; (なかなかやめられないような)習慣 (cf. custom): early ~*s* 早起き早寝の習慣 / Japan's eating ~*s* 日本人の食習慣 / a creature of ~ 習慣の奴隷 / from (force of) ~ 習慣から[になっているので] / out of ~ いつもの癖で / have [be in] a [the] ~ *of* …の癖がある / break a person of a ~ 人の癖を直す / acquire the ~ *of* drinking 酒を飲むようになる / get into [out of] bad ~*s* 悪い癖がつく[とれる] / fall into [break] the ~ *of* nibbling one's nails 爪をかむ癖がつく[癖をやめる] / form good ~*s* よい習慣をつける / *Habit* is second nature. 《諺》習慣は第二の天性 / What are your drinking ~*s*? 《口語》君はいつも何を飲んでるの. **b** [しばしば the ~]《口語》麻薬[ヘロインなどの]常用癖 (addiction): *the* cocaine ~ コカイン常用癖. **2** たち, 気質, 性質: a cheerful ~ of mind 陽気な性質. **3** 体質: a man of corpulent [lean] ~ 太る[太らない]体質の人. **4 a** (ある階級・職業の人の着る)衣服, 服装 (costume); (特に)聖職服: a monk's [nun's] ~ 修道士[女]の服, 法衣. **b** 婦人用乗馬服 (riding habit). **5** 〘生態〙 (動植物の)習性, 生活習性. **6** 〘結晶〙 晶癖. **7** 〘心理〙 習慣《日常反復の結果自動的・機械的・無意識的になっている行為》.
— *vt.* [通例 ~ *oneself* または Passive で] 装う; (特に)〈ある階級の服を〉〈人〉に着せる (clothe): *be* ~*ed in* white 白い服を着ている.

hab·it² [hǽbɪt, -bət | -bɪt] 〚(*c*1378) ▭ (O)F *habite-r* ▭ L *habitāre* ← *habit-us* (↑)〛 *vt.* 《古》…に住む (inhabit). **—** *vi.* 《廃》住む (dwell).

hab·it·a·ble [hǽbətəbl | -bɪt-] 〚(*c*1395): ⇨ habit² (v.), -able〛 **—** *adj.* 住むのに適した; 住むことができる: a ~ house. **hàb·it·a·bíl·i·ty** [-təbíləti | -təbílɪti, -lɪ-] *n.* **háb·it·a·bly** *adv.* **~·ness** *n.*

hab·it·an·cy [hǽbətənsi, -tṇ- | -bɪtənsɪ, -tṇ-] 〚← **HABIT²** (v.)+-**ANCY**〛 *n.* **1** 居住 (inhabitancy). **2** [集合的] 居住者, 住民 (inhabitants).

hab·i·tant 〚(1490) ▭ F ~ < L *habitantem* (pres.p.) ← *habitāre* to inhabit, dwell (freq.) ← *habēre* to have: ⇨ habit² (v.), -ant〛 **—** *n.* **1** [hǽbətənt, -tṇt | -bɪt-] 住人, 居住者 (inhabitant). **2** [(h)æ̀bɪtɑ́ː(ŋ), -tɔ́ː(ŋ), -tɑ́ːŋ, -tɔ́(ː)ŋ, ⌐ー⌐; *F.* abitɑ̃] カナダおよび米国 Louisiana 州のフランス系住民[農民].

hab·i·tat [hǽbətæ̀t | -bɪ-] 〚(1796) ▭ L ~ 'it inhabits' ← *habitāre* (↑)〛 **—** *n.* **1** (動植物の)産地, 生息地, 生息環境, 自生地: That part of the Sahara is prized by hunters as the ~ of the oryx. サハラ砂漠のその部分はアフリカレイヨウの生息地として狩猟家に珍重されている / The ~ of the earth's wildlife is diminishing. 地上の野生動物圏は狭まりつつある. **2 a** (個人またはグループの)住所 (dwelling). **b** (ある人[物]を)よく見かける所. **3** 〘海洋〙 適住家屋《海底など居住に適しない環境の中に設営した人工的適住家屋; cf. Sealab, aquanaut 1》.

hábitat fòrm *n.* 〘生態〙 =ecad.

hábitat gròup *n.* 生物環境模型《背景画・植物群落の模型・剝製の動物・海底模型などを用いて動植物を原地の環境のまま観察できるようにした博物館内の展示》.

hab·i·ta·tion [hæ̀bətéɪʃən | -bɪ-] 〚(*c*1375) *habitacioun* ▭ (O)F ~ ▭ L *habitātiō(n-)*: habit², -ation〛 **—** *n.* **1 a** 居住: a house fit for ~ 住める家 / far from human ~ 人里遠く離れて / There was not a sign of ~. 人が住んでいる気配はまったくなかった. **b** 居住権. **2** 居住地, 住所; 住宅. **3** 植民地 (colony), 居留地 (settlement). **4** 《英》桜草連盟 (Primrose League) の地方支部. **~·al** [-ʃənl, -ʃnəl] *adj.*

háb·it·ed¹ [-tɪd, -təd | -tɪd, -təd] *adj.* (特定階級の)服装をした: a ~ monk [nun] 僧衣をまとった(修道)僧[尼].

háb·it·ed² [-tɪd, -təd | -tɪd, -təd] *adj.* 《古》人の住んでいる (inhabited).

hábit-fòrming *adj.* 習慣性の, 常用癖となる.

ha·bit·u·al [həbítʃuəl, hæ-, -tʃʊl | -tjuəl, -tjʊl, -tʃuəl, -tʃʊl] 〚(*c*1445) ▭ L *habituāl-is*: ⇨ habit, -al¹〛 **—** *adj.* **1** 習慣の, 習慣に従った; 習慣的な, 例の, いつもの (usual): ~ practice 習慣 / take one's ~ seat near the fireplace 炉の近くの常席につく / He rose at his ~ hour of 7 : 30. いつもの起床時間の 7 時半に起きた / It's ~ to him. それは彼の癖だ. **2** 常習的な: a ~ drunkard [liar] 常習的な飲酒家[うそつき] / a ~ offender 常習犯. **3** 個人の中に内在する; 生得(ｾｲﾄｸ)の (native). **—** *n.* **1** 常習犯. **2** 麻薬常用者 (addict); アル中. **~·ness** *n.*

habítual críminal *n.* 犯罪常習者, 常習犯 (cf. first offender).

ha·bít·u·al·ly [-tʃuəli, -tʃʊli | -tjuəli, -tjʊli, -tʃuəli, -tʃʊli] 〚(1597)〛 *adv.* 常に, いつも, 常習的に: be ~ late for school いつも学校に遅刻する.

ha·bit·u·ate [həbítʃuèɪt, hæ- | -tju-, -tʃu-] 〚(1530) ▭ L *habituāt-us* (p.p.) ← *habituāre* ← *habitus*: ⇨ habit¹, -ate²〛 **—** *vt.* **1** 〔…に〕慣らす, 習熟させる (accustom) 〔*to*〕: ~ a person *to* danger 人を危険に慣れさせる / ~ *oneself to* (doing) hard work つらい仕事(をするの)に身を慣らす / be ~*d to* hardship 困難に慣れている. **2** 《米古》〈場所〉へよく行く (frequent). **—** *vi.* 〈麻薬・催眠剤などが〉常習性を与える: Most soporifics are *habituating*. たいていの催眠剤は使うとやめられなくなる.

ha·bit·u·a·tion [həbìtʃuéɪʃən, hæ- | -tju-, -tʃu-] 〚(*c*1449): ⇨ ↑, -ation〛 **—** *n.* **1** 慣らす[慣れる]こと. **2** (麻薬などの)常習性《★ addiction が生理的な欲求を表わすのに対し, habituation は心理的な欲求を表わす》.

hab·i·tude [hǽbət(j)ùːd | -bɪtjùːd] 〚(*a*1382) (*h*)*abitude* ▭ (O)F ~ ▭ L *habitūdō* condition ← *habitus*: ⇨ habit¹, -tude〛 **—** *n.* **1** 習慣, 習癖, 習性 (custom). **2 a** 性質, 気質. **b** 体質. **3** 《廃》(親密な)関係.

ha·bit·u·é [həbítʃuèɪ, hæ-, ⌐ー⌐ー | həbítjuèɪ, hæ-; *F.* abitɥe] 〚(1818) ▭ F ~ (p.p.) ← *habituer* 'to **HABITUATE**'〛 **—** *n.* (*pl.* **~s** [~z; *F.* ~]) **1** 常客, 常連: an ~ of the opera [theater, turf] 歌劇[芝居, 競馬]の常連 / ~*s* of New York ニューヨークへよく来る連中. **2** 麻薬常用者.

hab·i·tus [hǽbətəs | -bɪt-] 〖← NL ～ ← L ～ 'condition': ⇨ habit¹〗 *n.* (*pl.* ～ [～, -tùːs]) **1** 習慣, 癖. **2** (特有の病気にかかり易い)体質, 体つき, 体型.

ha·boob [həbúːb] 〖□ Arab. *habūb* fierce wind〗 *n.* 〖気象〗ハブーブ《北アフリカやインド地方に吹く激しい砂嵐》.

Habs·burg [hǽpsbəːg, háːps- | hǽpsbəːg; G. háːpsbʊrk] *n.* ＝Hapsburg.

ha·bu [háːbuː] 〖《1818》□ Jap.〗 *n.* 〖動物〗ハブ (*Trimeresurus flavoviridis*)《クサリヘビ科ハブ属の毒ヘビ; 沖縄に多くいる》.

ha·bu·tae [háːbutàɪ] 〖《1822》□ Jap.〗 *n.* (*also* **ha·bu·tai** [～]) 〖紡織〗羽二重.

H.A.C. 《略》《英》Honourable Artillery Company.

ha·ček [háːtʃek; *Czech* háːtʃɛk] 〖□ Czech ～《原義》little hook〗 ― *n.* 〖言語〗ハチェック《チェコ語で[tʃ]の音を表わす c や[ʒ]の音を表わす ř の c 字や r 字の上につける ˇ 形記号; wedge ともいう》.

ha·cen·da·do [(h)àːsndáːdoʊ | -dəʊ; *Am. Sp.* àsendáðo] 〖□ Sp. ～ ← *hacienda* 'HACIENDA'〗 *n.* (*pl.* ～**s**) 農場 (hacienda) の所有者.

ha·chure [hæʃʊ́ə, hǽʃə | hæʃʊ́ə(r; *F.* aʃyːr] 〖《1858》□ F ～ ← *hacher* 'to HATCH³': ⇨ -ure〗 ― *n.* **1** 〖絵画〗(絵で)陰影を表わす平行線, (平行線で表わす)陰影 (hatching) (cf. hatch³). **2** [*pl.*] けば線《地図の上で土地の起伏を示すための無数の短い線》. ― *vt.* 〈地図〉にけば線をつける.

H ácid *n.* 〖化学〗H 酸 ($H_2NC_{10}H_4(OH)(SO_3H)_2$)《無色の結晶; 染料の中間体として用いる》.

ha·ci·en·da [(h)àːsiéndə, (h)æs- | hæsɪ-; *Am. Sp.* asjénda] 〖《1760–72》□ Sp. ～ ＜ L *faciendam* things to be done (neut. pl. gerundive) ← *facere* to do (⇨ fact)〗 ― *n.* (*pl.* ～**s** [～z; *Sp.* ～s]) **1 a** (中南米で, 住宅のある)農場, 牧場; 地所. **b** (農場[地所]にある)母家(おもや). **2** (中南米の)畜産所; 工場; 鉱業所. **3** (スペイン語系諸国の)財政, 国庫歳入, 歳入管理運用.

ha·ci·en·da·do [(h)àːsiendáːdoʊ, (h)æs- | hæsɪendáːdəʊ; *Sp.* àsjendáðo] *n.* (*pl.* ～**s** [～z; *Am.Sp.* ～s]) ＝hacendado.

hack¹ [hǽk] 〖*v.*: OE (*tō*)*haccian* to cut to pieces ← (WGmc) **χak*- (G *hacken*) ← IE **keg*- hook: cf. hook. ― *n.*: (*a*1325) 'a cutting tool' ← (*v.*): cf. MLG *hakke*〗 ― *vt.* **1 a** (乱暴にまたは乱雑に)切り刻む, めった切りにする 〔*with*〕: She ～*ed* her husband's kite *into* pieces *with* a knife. 夫の凧(たこ)をナイフでめった切りにした. **b** たたき切る, 切断する 〈*off, down*〉: ～ *off* a branch / ～ *down* a tree. **2 a** (つるや低木を切り払って)〈道など〉の邪魔物を取除く, (森林・密林などで)〈道を〉切り開く: ～ one's way through the bush 茂みの中で道を切り開きながら進む / ～ a farm out of the wilderness 荒野を切り開いて農場にする. **b** 〈垣根などを〉刈り込む (trim). **c** 〈土を〉掘って耕す[細かく砕く]: 土を掘って耕しながら〈種子を〉まく 〈*in*〉: ～ *in* wheat 土を掘って耕しながら小麦をまく. **3 a** 手荒い扱いで傷つける[そこなう]; 〈文学作品などを〉改竄(かいざん)する, (省略などして)めちゃくちゃにする (mangle): ～ a novel to pieces 小説をめちゃくちゃに改竄する. **b** 〈予算などを〉容赦なく削減する, 大なたをふるう. **4** [通例 ～ it として]《俗》〈事業・計画などを〉なんとかうまくやり抜く: I can't ～ *it* alone. 一人ではとてもやっていけない. **5** 《米中部》〈人を〉からかって当惑させる[困らせる]. **6** 〖石工〗〈石〉の面を(たたいて)ざらざらに仕上げる (roughen). **7** 《英》〖ラグビー〗故意に〈相手〉のすねを蹴る. **8** 〖バスケットボール〗〈相手〉の腕を打つ, ハッキングする. ― *vi.* **1** たたき切る, 切り刻む 〔*at*〕: ～ *at* a branch 枝をたたき切る. **2** しきりに短い空咳(からせき)をする; 空咳がでる: a ～*ing* cough ⇨ hacking *adj.* **3** 《英》〖ラグビー〗相手のすねを蹴る. **4** [～ *around* で]《米俗》ぶらぶら[のらくら]過す (loaf, idle).
― *n.* **1 a** たたき切り, 切り刻み. **b** 切り目, 刻み目; (特に, 木などの)切り傷. **2** たたき切る[切り刻む]道具; つるはし (mattock), くわ (hoe), おの (axe); 坑夫用つるはし (miner's pick). **3** 短い空咳. **4** 《英》〖ラグビー〗すねを蹴ること; (蹴られてできた)すねの傷. **5** 〖バスケットボール〗ハッキング《相手の腕を打つこと; ファウルの一種》. **6** 〖スポーツ〗(カーリングで)スタートラインの足の位置となる氷面につける刻み目《カーリング(丸石)を前へ投げる際, 足を固定して投げ易くする》. **7** 口ごもり.
take a hack at …を一回やってみる. *under hack* (1) 《米中部》困って, 当惑して: put a person *under* ～ 人を困らせる[当惑させる]. (2) 〖海事〗(処罰として)上陸禁止にされて.
～**·er** *n.*

hack² [hǽk] 〖《1687》《略》← HACKNEY〗 ― *n.* **1 a** (乗用の)貸馬. **b** (競馬・狩猟用の馬や軍馬と区別して, 普通の)乗馬; 雑用馬. **c** おいぼれ馬, やくざ馬 (jade). **2** 《米》**a** 貸馬車 (hackney). **b** 《口語》タクシー (taxicab). **c** 《俗》霊柩(れいきゅう)車 (hearse). **d** 《俗》(貨物列車後尾の)車掌専用車 (caboose). **3 a** あくせく働く人 (drudge); 金銭ずくの人間. **b** (文筆の)下働き (literary drudge). **c** (出版社の言いなりに)何でも書く人, 売文の徒, 雑文屋: a literary ～ 三文文士. **d** (金もうけのためになんでも描く)三文画家. **4** 《米口語》**a** 馬車の御者 (hackman). **b** タクシーの運転手. **5** 《米俗》(刑務所の)看守. ― *attrib. adj.* **1** 雇われた (hired), 金で働く; 下働きの, 下請けの: a ～ horse 貸馬 / a ～ job 下請け仕事 / a ～ writer 下請け文士, 三文文士 / do ～ work for …の下働き[下積みの骨折り仕事]をする / ～ writing. **2** 使い古した, 陳腐な (hackneyed); 平凡な (mediocre): a ～ drama. ― *vt.* **1** 〈馬などを〉乗用に貸す. **2** 使い古す, (使い古して)陳腐化させる. **3** 《古》〈文士を〉下働きに雇う. ― *vi.* **1** 貸馬を用いる. **2** 下働きをする; あくせく働く. **3** (普通の速さで)馬に乗って行く 〈*along*〉. **4** 《米口語》タクシーを運転する. ～**·er** *n.*

hack³ [hǽk] 〖《1575》《変形》← HATCH¹〗 ― *n.* **1** (魚・チーズなどの)干し台, 干し棚(だな). **2** (焼く前に乾燥させるため並べて積み重ねた)れんがの列. **3** (うまやの)飼い葉台. **4** 〖鷹狩〗(子鷹の餌を置く)餌板.
be at hack 〈子飼いの鷹が〉まだ餌板に付いている, 自分で餌を求められない. *live at hack and manger* 裕福な生活をする, 楽に暮している.
― *vt.* **1** 〈れんが・魚・チーズなどを〉干し台に載せて干す. **2** 〖鷹狩〗〈子鷹を〉餌板に付けて置く.

hack·a·more [hǽkəmɔə, -mɔ̀ə | -mɔ̀ː(r] 〖《変形》← Sp. *jáquima* headstall □ Arab. *šakīma*ʰ bit of a bridle〗 ― *n.* **1** ハッカモア, 調馬用端綱(はづな), 無口頭絡(むくちとうらく)《銜(はみ)がなく, 鼻を押えつけるだけの頭絡で, 障害用の比較的敏感な馬や若駒の調教に使う》. **2** 《米西部》(いろいろな形の調教用)端綱, 無口頭絡.

hack·ber·ry [hǽkbèri, -b(ə)ri | -b(ə)ri] 〖《変形》← HAGBERRY〗 *n.* **1** 〖植物〗エノキ《米国産のニレ科エノキ属 (*Celtis*) の落葉性高木の総称》. **2** エノキの実. **3** エノキの材.

háck bòard *n.* 〖鷹狩〗＝hack³ 4.

hack·but [hǽkbʌt] 〖《1541–42》□ (O)F *haquebut(e)* 《変形》← *haquebusche* □ MDu. *hakebusse* (Du. *haakbus*) hook gun: cf. harquebus〗 *n.* 火縄銃.

hack·but·eer [hæ̀kbətíə | -tíə(r] *n.* 火縄銃兵.

háck·but·ter [-tə | -tə(r] *n.* ＝hackbuteer.

hack·er·y [hǽkəri | -rɪ] 〖《1698》《転訛》← Hindi *chakra* cart ＜ Skt *cakra* wheel〗 *n.* 《インド》(二輪の)牛車.

háck hàmmer *n.* (石工用)叩き手斧(ちょうな).

háck hòuse *n.* 〖鷹狩〗餌づけ小屋《若い鷹が訓練中に餌を与えられる小屋》.

hack·ie [hǽki | -kɪ] 〖← HACK² (n.): ⇨ -ie〗 *n.* 《米口語》＝hack² 4 b.

háck·ing 〖← HACK¹〗 *n.* 〖石工〗石壁の横目地(めじ)を食い違える積み方. ― *adj.* 〈空咳(からせき)が〉短くこんこんいう: a ～ cough しきりに出る空咳.

hácking còat [jàcket] *n.* 乗馬用上着, 一般乗馬服, ハッキングコート《ふた付きのポケット (flap pocket) が斜めについていて両脇または背にスリットがある; 色・柄に制約がなく, 普段着的な乗馬服》.

hácking pòcket *n.* 〖服飾〗ハッキングポケット《口を斜めに切ったふた付きの上衣のポケット; ハッキングコートのポケットからきたもの》.

hack·le¹ [hǽkl] 〖《1616》《変形》← HATCHEL: cf. heckle〗 ― *n.* **1** (麻・亜麻の)すき櫛(くし) (heckle)《いねこき状の金属製の歯のついたもの》. **2 a** [集合的にも用いて] 頸羽《雄鶏などの首の細長い羽毛》. **b** [*pl.*] 犬の首の回りから背にかけての部分の毛《怒った時など逆立つ》. **3** 〖釣〗**a** 頸羽で作った毛鉤《hackle fly ともいう》. **b** [集合的] (毛鉤の)ハックル, 蓑毛(みのげ) (⇨ fly² 挿絵). **4** (スコットランド高地兵の)帽子の羽飾り.
get one's hackles up 憤激する. *with one's hackles up [rising]* 戦う身構えをして; 憤激して.
― *vt.* **1** 〈麻・亜麻などを〉すき櫛ですく, 扱(こ)く. **2** 〖釣〗〈毛鉤〉にハックル[蓑毛]を付ける.
háck·ler [-klə, -klə | -klə(r, -klə(r] *n.*

hack·le² [hǽkl] 〖(freq.) ← HACK¹ (*v.*): ⇨ -le³〗 *vt.* (荒っぽく)切り刻む, 寸断する, 引き裂く (hack).

háckle·bàck *n.* 〖魚類〗＝shovelnose sturgeon.

háckle flỳ *n.* 〖釣〗＝hackle¹ 3 a.

hack·let [hǽklɪt, -lət] 〖← ?〗 *n.* 〖鳥類〗＝kittiwake.

hack·ly [hǽkli | -lɪ] 〖← HACKL(E)²＋-Y⁴〗 *adj.* 切り刻んだような, ざらざらの, ぎざぎざの, 粗い (rough).

háck·man [-mən] *n.* (*pl.* **-men** [-mən, -mèn]) 《米》貸馬車の御者, 馬車屋.

hack·ma·tack [hǽkmətæ̀k] 〖《1792》← N-Am.-Ind. (Algonquian)〗 *n.* 〖植物〗**1** ＝tamarack 1 a. **2** ＝juniper berry. **3** ＝balsam poplar.

hack·ney [hǽkni | -nɪ] 〖《?c1300》 *hakenei* ← ? *Hakenei* (↓): cf. F *haquenée* ambling horse〗 ― *n.* **1** (軍馬・猟馬・競走馬と区別して)普通の乗馬馬(うま). **2** 貸馬車 (hackney coach); 貸自動車, タクシー. **3** [H-] ハックニー《ノーフォーク トロッター種を先祖に持ち, サラブレッドやアラブの種牡馬との交配により生れた英国原産の一品種の馬; 前肢を深く曲げ, 前膝を高く上げる特殊な速歩をする能力と習慣が重んじられた》. **4** 《廃》**a** 貸馬. **b** 下働き(人). **c** 売春婦 (prostitute). ― *vt.* **1** 貸馬として使う. **2** こき使う, 使い古す. **3** 平凡[陳腐, 粗野]にする. ― *attrib. adj.* **1** 賃貸しの: a ～ cab 貸馬車. **2** ＝hackneyed.

Hack·ney [hǽkni | -nɪ] 〖ME *Hakney* 《原義》 *Hac(c)a*'s island ∥ ← OE *haca* hook〗 *n.* London 中東部の自治区; 人口 217,000.

háckney càrriage *n.* ＝hackney coach.

háckney còach *n.* 貸自動車, タクシー; (特に)6人乗りの二頭立て四輪馬車.

háck·neyed 〖《1749》← HACKNEY＋-ED 2〗 *adj.* 使い古した, 平凡な, 陳腐な (commonplace, trite): a ～ phrase 陳腐な[きまり]文句.

háck·sàw *n.* (金属を切るために用いる)弓のこ.

háck wàtch *n.* 〖海事〗甲板(かんぱん)時計《クロノメーターと同じ目的で使う懐中時計式の精巧な時計; deck watch ともいう》.

háck·wòrk 〖⇨ hack²〗 *n.* (芸術作品などの)請け負い仕事, 型通りの[ぞんざいな]仕事.

had¹ [hǽd, həd | hǽd] 〖OE *hæfde* (pret.), *hæf(e)d* (p.p.)〗 ― *v.* [have¹ の過去形・過去分詞] **1** 持った, 持っていた: I ～ some money. **2** [仮定用法]: If I ～ any money, I would lend you some. 金があったら貸してあげたいのだが / If I had ～ any, I would have lent him some. あったら貸してやったのだが. ★ 他の意味・用法は have¹ を参照.
had as good [well] do (as do) (…するくらいなら)…した方がよい: He ～ *as good* throw his money away *as* lend it to her. 彼女に金を貸すくらいなら捨てた方がよいのに. *had best do* …するに越したことはない: You ～ *best* send it. それを送るのが一番よい. ★ had better (do …) よりも強調的だが, やや古風. *had better do* …した方がよい: You ～ *better* go [not go]. 行った[行かない]方がよかろう / I think you ～ *better* do it at once. いますぐなさったほうがよろしいでしょう《★ I think… があるのはいっそう丁寧な言い方》/ *Had* I *better* go [not go]? 行った[行かない]方がいいだろうか / *Had*n't you *better* go to the dentist? 歯医者へ行った方がいいのではありませんか. ★ (1) 《口語》ではしばしば You'*d better* go. のようにされ, 特にくだけた言い方では次のように had が略されることがある: You *better* go. (2) しばしば命令や脅迫を含意することがある: You'*d better* tell me you're sorry, or else! ごめんなさいと言ったほうがよい, さもないと. *had better have done*…した方がよかった(のにしなかった): You ～ *better* not *have* tried it. そんな事はしない方がよかったのだ. *had like to have done* ⇨ like¹ *adj.* 6.

had² 〖↑〗 *auxil. v.* have² の過去形・過去分詞.

ha·dal [héɪdl] 〖□ F ～ ← *Hadès* HADES＋-AL¹〗 *adj.* 〖海洋〗超深海の《深度 6,000 m 以上の海洋にいう》.

Had·ar [hǽdɑə, héɪ- | -dɑː(r] 〖□ Arab. *ḥaḍārī*〗 *n.* 〖天文〗ハダール《ケンタウルス座 α 星, 0.1 等星》.

Ha·das·sah [hədáːsə, hɑː-] 〖□ ModHeb. *hadassā*ʰ Hadassah＝Mish.Heb. *hadhassā*ʰ myrtle〗 ― *n.* ハダーサ慈善団体《1912 年 Henrietta Szold が New York に創設したユダヤ婦人の慈善団体; イスラエルの医療・教育の改善・シオン主義運動・世界平和促進などを目的とする》.

had·die [hǽdi | -dɪ] 〖《スコット》: ⇨ haddock〗 *n.* 《スコット》〖魚類〗＝haddock.

Had·ding·ton¹ [hǽdɪŋtən] 〖ME *Hadingtun* 《原義》village of *Headda*'s or *Hada*'s people: ⇨ -ing³, -ton〗 *n.* East Lothian 州の旧名.

Haddington² 〖late OE *Hadynton* 《原義》village of *Hading* (Frisia の人名?): ⇨ -ton〗 *n.* スコットランド東部 Lothian 州の都市; 旧 East Lothian 州の首都; 人口 7,000.

had·dock [hǽdək] 〖《1307–08》 *had(d)ok* □ ? AF *hadoc* ← (O)F (*h*)*adot* kind of salt fish〗 ― *n.* (*pl.* ～, ～**s**) 〖魚類〗**1** ハドック (*Melanogrammus aeglefinus*)《北大西洋産のタラの一種》. **2** ＝rosefish.

hade [héɪd] 〖《英方言》～ ← ? HEAD ← ?〗 〖地質〗 *n.* 偃(えん)角《断層面・鉱脈が鉛直面とはさむ角》. ― *vi.* 〈断層面・鉱脈が〉鉛直面をはずれる, 傾く.

Ha·de·an [heɪdíːən, héɪdiən | heɪdíːən, -díən, héɪdɪən] 〖⇨ ↓, -an¹〗 *adj.* ハーデース (Hades) の[に関する, の特徴をもつ].

Ha·des [héɪdiːz] 〖《1597》□ Gk *Háidēs* god of the nether world, Pluto, 《原義》the invisible〗 ― *n.* (*pl.* ～) **1** 〖ギリシャ神話〗ハーデース: **a** 死者の国の支配者 (Pluto). **b** (死者の霊のいる)地下界, 黄泉(よみ)の国, 冥(めい)府 (lower world). **2** 〖聖書〗死者の国, 黄泉《新約聖書の近代語訳に用いられている名》. **3** [しばしば h-] 《口語》地獄 (hell): What *in* ～ [the ～] are you looking for? いったい何を捜してるんだい.

Had·field [hǽdfiːld], Sir **Robert Abbott** *n.* (1858–1940) 英国の冶金学者.

Ha·dhra·maut [hɑ̀ːdrəmáʊt] *n.* ハドラマウト《アラビアの南海岸, Aden 東方の地方; ほぼ現在の Southern Yemen に相当する》.

ha·dith [hədíːθ] 〖□ Arab. *ḥadīth* speech tradition ← *ḥadīth* (adj.) new, young〗 ― *n.* (*pl.* ～, ～**s**) (*also* **ha·dit** [hədíːt]) [しばしば H-] **1** 〖イスラム教〗ハディース《Muhammad およびその教友に関する言行録》. **2** [複数扱い] ハディースの集大成.

hadj [hǽ(ː)dʒ] *n.* (*pl.* ～**·es**) 〖イスラム教〗＝hajj.

hadj·i [hǽdʒi | -dʒiː, -dʒɪ] *n.* (～**s**) 〖イスラム教〗＝haji.

Hád·ley chést [hǽdli- | -lɪ-] 〖← *Hadley* (米国 Massachusetts 州の町名)〗 ― *n.* 〖家具〗ハドレー箪笥(たんす)《1–3 個の引き出しがあり, 前面一ぱいにチューリップ模様や持ち主の頭文字などの浮き彫りのある箪笥; 英領植民地時代に米国で作られた形》.

hadn't [hǽdn(t), hǽd- | hǽd-] 《口語》had not の縮約形.

hadr- [hædr] (母音の前に来る時の) hadro- の異形.

Ha·dra·maut [hɑ̀ːdrəmáʊt] *n.* ＝Hadhramaut.

Ha·dri·an [héɪdriən | -drɪ-] *n.* ハドリアヌス《76–138; ローマ皇帝 (117–138); ラテン語名 Publius Aelius Hadrianus》.

Hadrian IV *n.* ＝Adrian IV.

Ha·dri·an·op·o·lis [hèɪdriənάpəlɪs, -ləs | -drɪənɔ́pəlɪs] *n.* ＝Adrianople.

Hádrian's Wáll *n.* ハドリアヌスの長壁[塁壁]《Hadrian が北方のピクト族やスコット族を防ぐためにイングランドの北辺を東西に横断して築いた防壁 (122–27); Tyne 河口の Wallsend (Northumberland 州) か

ら Solway Firth に臨む Bowness (Cumberland 州)の間 120 km にわたる; Roman wall ともいう》.

had·ro- [hǽdro(ʊ) | -rə(ʊ)] 〚← NL ～ ← L ～ ▭ Gk *hadrós* thick, bulky〛「厚い (thick), 重い (heavy)」の意の連結形. ★ 母音の前では通例 hadr- になる.

had·ron [hǽdrɑn | -rɔn] 〚← HADRO-＋-ON²〛 ── *n.* 〘物理〙ハドロン《強く相互作用する素粒子のこと; フェルミ粒子 (fermion) である重粒子 (baryon) とボース粒子 (boson) である中間子 (meson) とに大別される; cf. antibaryon》. **had·ron·ic** [hædrɑ́nɪk | -rɔ́n-] *adj.*

hadst [*aux.* では (h)ədst, dst; tst, hædst, hèdst, hǽdst, hédst | (h)ədst, dst, tst; hædst, hǽdst; *v.* では hǽ(:)dst, hédst | hǽ(:)dst] (*auxil.*) *v.* 《古》 have[1,2] の二人称単数過去形《thou に応じる》. 「ト》. ＝have[1,2].

hae [*aux.* では heɪ, héɪ; *v.* では héɪ] (*auxil.*) *v.* 《スコッ

haec·ce·i·ty [heksí:əṭi, hi:k- | -sí:ətɪ, -sí:ɪ-] 〚▭ ML *haecceitāt-em* thisness (Duns Scotus の造語) ← L *haec* ((fem.) ← *hīc* this)＋-*itas* '-ITY'〛 ── *n.* 〘スコラ哲学〙「これ」ということ (thisness), 個性原理《形相的でありながら個体を個体たらしめる個別化の原理; cf. quiddity 1 b》.

Haeck·el [hékəl; *G.* hɛ́kəl], **Ernst Heinrich** *n.* ヘッケル《1834–1919; ドイツの生物学者・進化論者》.

haem [hí:m, hém | hí:m] *n.* 〘生化学〙＝heme.

haem- [hi:m, hem | hi:m] (母音の前に来る時の) haemo- の異形 (⇨ hemo-).

hae·ma- [hí:mə, hémə | hí:mə] ＝hema- (⇨ hemo-).

hae·mag·glu·ti·nate [hì:məglú:ṭənèɪt, hèm-, -tn̩- | hì:məglú:tɪ-] *vt.* 〘医学〙＝hemagglutinate.

hae·mag·glu·ti·na·tion [hì:məglù:ṭənéɪʃən, hèm-, -tn̩- | hì:məglù:tɪ-] *n.* 〘医学〙＝hemagglutination.

hae·mag·glu·tin·a·tive [hì:məglú:ṭənèɪṭɪv, hèm-, -tn̩- | hì:məglú:tɪnèɪt-] *adj.* 〘医学〙＝hemagglutinative.

hae·mag·glu·ti·nin [hì:məglú:ṭənɪn, hèm-, -nən, -tn̩- | hì:məglú:tɪnɪn] *n.* 〘免疫〙＝hemagglutinin.

hae·mal [hí:məl] *adj.* ＝hemal.

hae·mat- [hí:mət, hém- | hí:m-] (母音の前に来る時の) haemato- の異形 (⇨ hemato-).

hae·ma·tal [hí:məṭl̩, hém- | hí:mətl̩] *adj.* ＝hematal.

hae·ma·te·in [hì:mətí:ɪn, hèm-, -ən, hí:mətì:n | hì:mətí:ɪn] *n.* 〘化学〙＝hematein.

hae·ma·tem·e·sis [hì:mətéməsɪs, hèm-, -səs | hì:mətémɪsɪs] *n.* 〘病理〙＝hematemesis.

hae·mat·ic [hi:mǽṭɪk, hɪ- | -tɪk] *adj., n.* ＝hematic.

hae·ma·tin [hí:məṭɪn, hém-, -ṭən | hí:mətɪn] *n.* 〘生化学〙＝hematin.

hae·ma·tine [hí:mətì:n, hém-, -ṭɪn, -ṭən | hí:mətì:n, -tɪn] *n.* 〘生化学〙＝hematin. 「hematinic.

hae·ma·tin·ic [hì:mətínɪk, hèm- | hì:m-] *n., adj.* ＝

hae·ma·tite [hí:mətàɪt, hèm- | hí:m-] *n.* 〘鉱物〙＝hematite. 「hemato-.

hae·mat·o- [hɪmǽṭo(ʊ), hí:məṭ-, hém- | -tə(ʊ)] *n.* ＝

hae·ma·to·cele [hí:məṭo(ʊ)sì:l, hém- | hí:mətə(ʊ)-] *n.* 〘病理〙＝hematocele.

hae·mat·o·crit [hɪmǽṭəkrɪt, -krət, -krìt | -tə(ʊ)krɪt] *n.* 〘医学〙＝hematocrit.

hae·ma·to·cry·al [hì:məṭo(ʊ)kráɪəl, hèm- | hì:mətə(ʊ)-] *adj.* ＝hematocryal.

hae·ma·to·cyst [hí:məṭo(ʊ)sɪst, hém- | hí:mətə(ʊ)-] *n.* 〘病理〙＝hematocyst.

haemàto·génesis *n.* 〘医学〙＝hematogenesis.

hae·ma·tog·e·nous [hì:mətɑ́dʒənəs, hèm- | hì:mətɔ́dʒɪ-] *adj.* ＝hematogenous.

hae·ma·tol·o·gy [hì:mətɑ́lədʒi, hèm- | hì:mətɔ́lədʒɪ] *n.* ＝hematology. 「〘病理〙＝hematoma.

hae·ma·to·ma [hì:mətóʊmə, hèm- | hì:mətə́ʊ-] *n.*

hàemato·poiésis *n.* 〘生理〙＝hematopoiesis. **hàe·mato·poiétic** *adj.* 「*n.* 〘生理〙＝hematosis.

hae·ma·to·sis [hì:mətóʊsɪs, hèm-, -səs | hì:mətə́ʊsɪs]

hàemato·thérmal *adj.* ＝hemathothermal.

hae·ma·tox·y·lin [hì:mətɑ́ksəlɪn, hèm-, -lən | hì:mətɔ́ksɪlɪn] *n.* 〘化学〙＝hematoxylin. **hae·ma·tox·yl·ic** [hì:mətɑksílɪk, hèm- | hì:mətɔk-] *adj.*

hae·ma·tox·y·lon [hì:mətɑ́ksəlɑ̀n, hèm- | hì:mətɔ́ksɪlɔ̀n] 〚← NL ～ ← HEMATO-＋Gk *xúlon* wood〛 *n.* **1** ログウッド (logwood) の材. **2** ＝hematoxylin.

hae·ma·to·zo·on [hì:məṭəzóʊɑn, hèm- | hì:mətə(ʊ)zə́ʊɔn] *n.* ＝hematozoon. **hae·ma·to·zo·ic** [hì:məṭo(ʊ)zóʊɪk, hèm- | hì:mətə(ʊ)zə́ʊ-] *adj.*

hae·ma·tu·ri·a [hì:mət(j)ʊ́(ə)riə, hèm- | hì:mətjʊ́ərɪə] *n.* 〘病理〙＝hematuria. 「(⇨ hemo-).

hae·mi- [hí:mɪ, hémɪ, -mə | hí:mɪ] haemo- の異形

-hae·mi·a [hí:miə | -mjə, -mɪə] -emia の異形.

hae·mic [hí:mɪk, hém- | hí:m-] *adj.* ＝hemic.

hae·min [hí:mɪn, -mən | -mɪn] *n.* 〘生化学〙＝hemin.

hae·mo- [hí:mo(ʊ), hém- | hí:mə(ʊ)] ＝hemo-.

hàemo·concentrátion *n.* 〘生理〙＝hemoconcentration.

hae·mo·cy·a·nin [hì:mo(ʊ)sáɪənɪn, hèm-, -nən | hì:mə(ʊ)sáɪənɪn] *n.* 〘生化学〙＝hemocyanin.

hae·mo·cyte [hí:məsàɪt, hém- | hí:m-] *n.* 〘動物〙＝hemocyte.

hàemo·dilútion *n.* 〘病理〙＝hemodilution.

hàemo·flágellate *n.* ＝hemoflagellate.

hae·mo·glo·bin [hí:məglòʊbɪn, hém-, -bən, ━━━ | hì:mə(ʊ)glə́ʊbɪn] *n.* 〘生化学〙＝hemoglobin.

hae·mo·glo·bin·u·ri·a [hì:mo(ʊ)glòʊbən(j)ʊ́(ə)riə, hèm- | hì:mə(ʊ)glə̀ʊbɪnjʊ́ərɪə] *n.* 〘病理〙＝hemoglobinuria. **hàe·mo·glò·bin·ú·ric** [-n(j)ʊ́(ə)rɪk | -njʊ́ər-] *adj.* 「＝hemogram.

hae·mo·gram [hí:məgræ̀m, hém- | hí:m-] *n.* 〘医学〙

hae·mo·lymph [hí:məlìmf, hém- | hí:mə(ʊ)-] *n.* 〘動物〙＝hemolymph.

hae·mo·ly·sin [hì:məláɪsn̩, hèm-, hɪmɑ́ləsɪn, -sən | hì:mə(ʊ)láɪsɪn, hi:mɔ́lɪ-] *n.* 〘免疫〙＝hemolysin.

hae·mol·y·sis [hɪmɑ́ləsɪs, hì:məláɪ-, hèm-, -səs | hi:mɔ́lɪsɪs, hì:məláɪ-] *n.* (*pl.* **-y·ses** [hɪmɑ́ləsì:z, hì:məláɪsi:z, hèm- | hi:mɔ́lɪsì:z, hì:məláɪsi:z]) 〘免疫〙＝hemolysis. **hae·mo·lyt·ic** [hì:məlíṭɪk, hèm- | hì:məlít-] *adj.* 「＝hemophile.

hae·mo·phile [hí:məfàɪl, hém- | hí:mə(ʊ)-] *n., adj.*

hae·mo·phil·i·a [hì:məfíliə, hèm- | hì:mə(ʊ)fílɪə] *n.* 〘病理〙＝hemophilia.

hae·mo·phil·i·ac [hì:məfíliæ̀k, hèm- | hì:mə(ʊ)fílɪ-] *n., adj.* ＝hemophiliac.

hae·mo·phil·ic [hì:məfílɪk, hèm- | hì:mə(ʊ)-] *adj.* 〘病理・生物〙＝hemophilic. 「Hemophilus.

Hae·moph·i·lus [hi:mɑ́fələs | -mɔ́fɪ-] *n.* 〘細菌〙＝

hae·mop·ty·sis [hɪmɑ́ptəsɪs, -səs | hi:mɔ́ptɪsɪs] *n.* (*pl.* **-ty·ses** [-sì:z]) 〘病理〙＝hemoptysis.

haem·or·rhage [hém(ə)rɪdʒ | -mər-] *n., vi.* 〘病理〙＝hemorrhage. **haem·or·rhag·ic** [hèmərǽdʒɪk] *adj.*

haem·or·rhoid [hémərɔ̀ɪd, hémrɔɪd | hémərɔ̀ɪd] *n.* 〘病理〙＝hemorrhoid. **haem·or·rhoi·dal** [hèmərɔ́ɪdl̩] *adj.*

hae·mo·sid·er·in [hì:mo(ʊ)sídərɪn, hèm-, -rən | hì:mə(ʊ)sídərɪn] *n.* 〘生化学〙＝hemosiderin.

Hae·mo·spo·rid·i·a [hì:mo(ʊ)spərídiə, hèm- | hì:mə(ʊ)spərídɪə] 〚← NL ～: ⇨ hemo-, sporo-, -idia〛 *n. pl.* 〘動物〙住血胞子虫目.

hae·mo·sta·sis [hì:məstéɪsɪs, hɪmɑ́stə-, -səs | hì:mə(ʊ)stéɪsɪs, hi:mɔ́stəsɪs] *n.* (*pl.* **-ta·ses** [hì:məstéɪsi:z, hɪmɑ́stəsì:z | hì:mə(ʊ)stéɪsi:z, hi:mɔ́stəsì:z]) 〘医学〙＝hemostasis. 「stat.

hae·mo·stat [hí:məstæ̀t, hém- | hí:m-] *n.* ＝hemo-

hae·mo·stat·ic [hì:məstǽṭɪk, hèm- | hì:mə(ʊ)stǽt-] *adj., n.* 〘医学〙＝hemostatic.

Hae·mus [hí:məs] *n.* 〘ギリシャ神話〙ハイモス《Boreas と Orithyia の息子でトラキア地方の王; 妻 Rhodope とともに不遜にも自らの名を Zeus と Hera としたため山に変えられた》.

haen [héɪn] *v.* 《スコット》 hae の過去分詞.

haeredes *n.* haeres の複数形.

ha·e·re·ma·i [há:ɪreɪmà:i:, há:ərəmàɪ] 〚← Maori 《原義》 come here〛 *int.* 《ニュージーランド》ようこそ《歓迎を表わす》.

hae·res [héɪreɪs, hí(ə)ri:z | híəri:z] *n.* (*pl.* **hae·re·des** [heɪréɪdeɪs, hɪrí:di:z, hə- | hɪrí:di:z]) 〘ローマ法〙＝heres.

haet [héɪt] 〚《スコット》《短縮》← (*Deil*) *hae it* ! (Devil) take it !〛 *n.* 《スコット》少量, ちょっと (bit, whit).

haf·fet [hǽfɪt, -fət] 〚《古形》 *halfet, halfhed* < OE *healfhēafod* sinciput : ⇨ half, head〛 ── *n.* (*also* **haf·fit** [～]) 《スコット》 **1** 頬 (cheek); こめかみ (temple). **2** こめかみのあたりの毛.

ha·fiz [há:fɪz, -fəz | -fɪz] 〚▭ Arab. *ḥāfiẓ* guard, one who remembers〛 ── *n.* (*pl.* ～, **ha·fis** [-fɪs, -fəs | -fɪs]) ハーフィズ《イスラム教の経典 Koran を全部暗記したイスラム教徒に与える称号》.

Ha·fiz [hɑfí:z] *n.* ハーフィズ《1326?–?89; ペルシャの叙情詩人; Shams-ud-din Mohammed の筆名》.

haf·ni·a [hǽfniə | -nɪə] 〚← NL ～: ⇨ ↓, -a³〛 *n.* 〘化学〙ハフニア《白色の結晶をなす hafnium の酸化物; 記号 HfO_2》.

haf·ni·um [hǽfniəm | -nɪ-] 〚← *Hafnia* (Copenhagen のラテン語名)＋-IUM〛 ── *n.* 〘化学〙ハフニウム《周期律第 4 族元素の一つ; 記号 Hf, 原子番号 72, 原子量 178.49》.

haft¹ [hǽ(:)ft | há:ft] 〚OE *hæft(e)* handle (Du. *hecht* | G *Heft*) < Gmc **χaftjam* ← **χaf-* 'to HEAVE'〛 ── *n.* (剣・刀・短刀などの)柄(㋐) (hilt); (紡績用)つむ[紡錘]の柄; (鎌・錐(㋖)・やすりなどの)柄. ── *vt.* 〈小刀など〉に柄を付ける: ～ a dagger.

haft² [hǽ(:)ft | há:ft] 〚? ← Scand.: cf. ON *hefða* to gain (land) by right of occupation〛 《スコット・英方言》 ── *vt.* 〈羊を〉別の牧草地に慣れさせる. ── *vi.* (新しい居住地・生活環境に)落ち着く, 定着する. ── *n.* **1** (羊の)定住牧草地. **2** (人の)居住地, 定住地.

haf·ta·rah [hɑ̀:ftərá:, hɑ:ftɔ́:rə, -tó:rə | hɑ̀:ftərá:, hɑ:ftɔ́:rə] 〚▭ Mish.Heb. *haphṭārāʰ* conclusion〛 ── *n.* (*pl.* **-ta·roth** [hɑ̀:ftəróʊθ | -rə́ʊθ], **-ta·rot** [-róʊt | -rə́ʊt], ～**s**) 〘ユダヤ教〙安息日や祭日にユダヤ教会で parashah の直後に読まれる旧約預言書の一部.

haf·to·rah [hɑ:ftɔ́:rə, -tó:rə | hɑ:ftɔ́:rə] *n.* (*pl.* **-to·roth** [hɑ̀:ftəróʊθ | -rə́ʊθ], **-to·rot** [-róʊt | -rə́ʊt], ～**s**) 〘ユダヤ教〙＝haftarah.

hag¹ [hǽ(:)g] 〚《?a1200》 *hagge, hegge* witch 《短縮》 ← ? OE *hægtesse* fury, witch < ? Gmc **haʒōn* (G *Hexe*) ← IE **kagh-* to catch; fence〛 ── *n.* **1** **a** 鬼婆(㋐); 醜い老婆. **b** やつれた女; だらしない女. **2** 魔女, 女魔法使い. **3** 《古》 **a** 女の悪魔. **b** 悪霊; お化け. **c** 夢魔 (nightmare). **4** 〘魚類〙＝hagfish. ── *vt.* 《英方言》 **1** いじめる, 悩ます(harass). **2** けしかける, 刺激する. **3** 疲れさせる (tire out).

hag² [hǽ(:)g] 〚《a1325》 *hag* chasm ▭ ON *hǫgg* ravine < Gmc **hawwō* ← IE **kāu-* to hew〛 ── *n.* 《スコット・北英方言》 **1** (泥炭を切り取ったあとの)垂直の断面. **2** 荒地 (moor) の中の軟地 (quagmire); 沼地(bog). **3** 沼地の中の硬地.

hag³ [hǽ(:)g] 〚? ← Scand.: cf. ON *hǫggva* to chop〛 《英方言》 ── *vt.* (斧などで)ぶち切る, たたき切る (hew); 切り刻む (chop, hack). ── *n.* **1** 伐採. **2** (木の)切株. **3** (伐採用のしるしをつけた)伐採予定地, 伐採用林. **4** (燃料用などに)伐採した樹木(の集まり).

hag⁴ [hǽ(:)g] 〚? ← ON *hagi* enclosed pasture: cf OE *haga* hedge〛 *n.* 《英方言》囲いをした林; 林.

Hag. 《略》〘聖書〙 Haggai (旧約聖書の)ハガイ書.

Ha·ga·nah [hɑ̀:gəná:] 〚▭ MHeb. *haghānāʰ* defense ← *hēghēn* to defend〛 ── *n.* [the ～] ハガナ《英国の委任統治下のパレスチナで Jewish Agency がつくった地下武装組織; 1948 年イスラエルの独立とともにその正規軍の基盤となった》.

Ha·gar [héɪgɑə, -gə | -gɑ(r)] 〚▭ Heb. *Hāghār* 《原義》? forsaken〛 *n.* **1** 女性名. **2** 〘聖書〙ハガル《Abraham の妾(㋚)で Ishmael の母 (cf. *Gen.* 16:1); ⇨ Ishmael》.

hag·ber·ry [hǽgbèri, -b(ə)ri | -rɪ] 〚← *hag-* (← ON)＋BERRY: cf. Dan. *hæggebær*〛 *n.* 〘植物〙 **1** ＝hackberry. **2** ＝European bird cherry.

hág·bòrn *adj.* 鬼婆[魔女]から生れた, 生母が鬼婆[魔女]の.

hag·but [hǽgbʌt] *n.* ＝hackbut.

hag·don [hǽgdən] 〚← ?〛 *n.* (*pl.* ～) 《英・カナダ》〘鳥類〙ミズナギドリ (shearwater)《フルマカモメ (fulmer) など主に北大西洋に生息する海鳥の総称》.

Ha·gen¹ [há:gən; *G.* há:gən] *n.* ハーゲン《西ドイツ North Rhine-Westphalia 州中部の工業都市; 人口 227,000》.

Ha·gen² [há:gən; G. há:gən] 〚▭ G ～〛 ── *n.* 〘ニーベルンゲン物語〙ハーゲン《Gunther のおじに当たる武士; Brunhild からの依頼で槍(㋱)を投げて Siegfried を殺したが Siegfried の妻 Kriemhild に殺される》.

hág·fish 〚← HAG¹＋FISH¹〛 ── *n.* 〘魚類〙メクラウナギ《メクラウナギ科の魚の総称; 目が退化し皮下に埋没している; ヌメリメクラ (*Myxine glutinosa*), メクラウナギ (*M. garmani*) など》.

Hag·ga·dah [həgá:də, hɑ:-, -gɔ́:- | -gá:-] 〚▭ Mish. Heb. *haggādhāʰ* tale ← *higgīdh* to tell〛 ── *n.* (*pl.* **-ga·doth** [-doʊθ, -doʊt | -dəʊθ, -dəʊt], **-ga·dot** [-doʊt | -dəʊt], ～**s**) (*also* **Hag·ga·da** [～]) [the ～] 〘ユダヤ教〙ハガダー: **1** 旧約聖書の律法以外の部分に対する古代ユダヤ人の注釈 (cf. midrash 1). **2** [h-] 過ぎ越しの祝の前夜 (Passover Eve) に行なう儀式; またそこで用いる典礼書. **hag·gad·ic** [həgǽdɪk, hɑ:-, -gá:d-, -gɔ́:d-] *adj.* **hag·gád·i·cal** *adj.*

hag·gá·dist [-ɪst, -dəst | -dɪst] *n.* ハガダー (Haggadah) の作者[研究家]. **hag·ga·dis·tic** [hæ̀gədístɪk, hɑ̀:-] *adj.*

Haggadot *n.* Haggadah の複数形.

Haggadoth *n.* Haggadah の複数形.

Hag·ga·i [hǽgiàɪ, hǽgaɪ | hǽgeɪàɪ, -giàɪ, -gaɪ, hægéɪaɪ] 〚▭ Heb. *Ḥaggáy* 《原義》 festal〛 ── *n.* 〘聖書〙 **1** ハガイ《紀元前 520 年ごろ活躍しエルサレムの神殿の再建を主唱したヘブライの預言者》. **2** (旧約聖書の)ハガイ書 (略 Hag.).

hag·gard [hǽgəd | -gəd] 〚《1567》 ▭ (O)F *hagard* untamed (hawk) ← Gmc **haʒ-* 'HEDGE' (cf. hag¹): ⇨ -ard〛 ── *adj.* **1** (病気・不眠・心労・老齢などで)やつれた, やせ衰えた: His face was ～ *with* anxiety. 彼の顔は不安でやつれていた. **2** **a** 〈目が〉荒々しい. **b** 〈人が〉荒々しい目つきをした. **3** 《廃》 **a** 言うことをきかない, 強情な. **b** 浮気な, みだらな. **4** 〘鷹狩〙〈成長後捕えた鷹が〉なかなか慣れない, 手に負えない. ── *n.* 〘鷹狩〙(羽のはえそろったころに捕えた)慣れない鷹 (cf. eyas). **～·ly** *adv.* **～·ness** *n.*

Hag·gard [hǽgəd | -gəd], Sir **H**(enry) **Rider** *n.* (1856–1925) 英国の小説家・農学者; *King Solomon's Mines* (1885).

hagged [(h)ǽ(:)gd, hǽgɪd, -gəd] 〚← HAG¹＋-ED 2: 後に HAGGARD と連想〛 *adj.* 《英方言》 **1** 女魔法使いのような (haglike). **2** やせ衰えた, やつれた (haggard).

hag·gis [hǽgɪs, -gəs | -gɪs] 〚《c1400》 *hageys* ← ? *haggen* to chop: cf. haggle〛 ── *n.* 《スコット・英》ハギス《羊・子牛などの臓物を刻み, オートミール・香辛料などと合わせてその胃袋に詰めて煮たもの》.

hag·gish [hǽgɪʃ] 〚← HAG¹＋-ISH¹〛 *adj.* **1** 鬼婆の[のような]. **2** 老醜の; やつれて気味の悪い. **～·ly** *adv.*

hag·gle [hǽgl̩] 〚← HAG³＋-LE³〛 ── *vi.* **1** **a** (取引で)口うるさく値切る (higgle) 〔*about, over*〕: ～ *over* the price of meat 肉の値段を値切ろうと口うるさくいう. **b** つまらないことを言い争う; とがめ立てする, けちをつける 〔*about, over*〕: ～ *over* trifles. **2** ずたずたに切る 〔*at*〕: ～ *at* a tree. ── *vt.* **1** ずたずたに切る (hack). **2** 《古》議論を吹っかけて閉口させる. ── *n.* **1** 値段の押問答, 値切ること. **2** 口論, 争論. **hág·gler** [-glə, -glə | -glə(r), -glə(r] *n.*

hag·i- [hǽgi, héɪdʒi | hǽgɪ] (母音の前に来る時の) hagio- の異形.

ha·gi·a [héɪdʒiə | -dʒɪə] 〚▭ LGk ～ (neut. pl.) ← Gk *hágios* sacred〛 *n. pl.* 〘東方正教会〙聖祭品《聖体礼儀 (liturgy) で用いる聖化されたパンとぶどう酒》.

hag·i·o- [hǽgio(ʊ), héɪdʒi- | hǽgɪə(ʊ)] 〚▭ LL ～ ← Gk *hágios* holy, sacred〛「聖徒 (saints); 神聖な (holy)」の意の連結形. ★ 母音の前では通例 hagi- になる.

hag·i·oc·ra·cy [hæ̀giákrəsi, hèɪdʒi- | hæ̀giɔ́krəsɪ] 〖⇨ ↑, -cracy〗 *n.* **1** 聖人政治, 聖人支配. **2** 聖人支配国.

Hag·i·og·ra·pha [hæ̀giágrəfə, hèɪdʒi- | hæ̀giɔ́g-] 〖(1583) □ L ～: ⇨ hagio-, -graph〗 ―― *n. pl.* [the ～; しばしば単数扱い]〖聖書〗聖文学, 諸書 (the Writings) (旧約聖書の第三部; Ketubim ともいう; ⇨ Torah ★).

hag·i·og·ra·pher [hæ̀giágrəfə, hèɪdʒi- | hæ̀giɔ́grəfə(r] *n.* **1** Hagiographa 作者の一人. **2** = hagiologist.

hàg·i·óg·ra·phist [-fɪst, -fəst | -fɪst] *n.* = hagiographer.

hag·i·og·ra·phy [hæ̀giágrəfi, hèɪdʒi- | hæ̀giɔ́grəfɪ] 〖(1812)〗 ―― *n.* **1** 聖人伝, 聖人列伝[言行録]; 聖人(伝)研究. **2** 主人公を理想化[偶像化]した伝記. **hag·i·o·graph·ic** [hæ̀giəgrǽfɪk, hèɪdʒi- | hæ̀gɪ-] *adj.* **hàg·i·o·gráph·i·cal** *adj.*

hag·i·ol·a·ter [hæ̀giálətə, hèɪdʒi- | hæ̀giɔ́lətə(r] 〖← HAGIO- + -LATER〗 *n.* 聖人崇拝者.

hag·i·ol·a·try [hæ̀giálətri, hèɪdʒi- | hæ̀giɔ́lətrɪ] 〖← HAGIO- + -LATRY: cf. idolatry〗 *n.* 聖人崇拝. **hag·i·ol·a·trous** [hæ̀giálətrəs, hèɪdʒi- | hæ̀giɔ́l-] *adj.*

hàg·i·ól·o·gist [-dʒɪst, -dʒəst | -dʒɪst] 〖← HAGIO- + -LOGIST〗 *n.* 聖人伝学者[作者].

hag·i·ol·o·gy [hæ̀giálədʒi, hèɪdʒi- | hæ̀giɔ́lədʒɪ] 〖(1807) ← HAGIO- + -LOGY〗 ―― *n.* **1** 聖人(伝)研究, 聖人伝学. **2** 聖人文学. **3** 聖人列伝[言行録]. **hag·i·o·log·ic** [hæ̀giəládʒɪk, hèɪdʒi- | -giəlɔ́dʒ-] *adj.* **hàg·i·o·lóg·i·cal** *adj.* **hàg·i·o·lóg·i·cal·ly** *adv.*

hag·i·o·scope [hǽgiəskòup, héɪdʒi- | hǽgɪəskəup, -gjə-] 〖(1839-40) ← HAGIO- + -SCOPE〗 ―― *n.* 〖建築〗祭壇遙(よう)拝窓 (本堂以外の部分からも会衆に主祭壇が見えるように内陣の壁に穿った空窓(くうそう)); squint ともいう).

hag·ma·ne [hʌ̀gmənéɪ | hɔ̀g-] *n.* 《スコット》= hogmanay.

hag·me·nay [hʌ̀gmənéɪ | hɔ̀g-] *n.* 《スコット》= hogmanay.

hág·ride [← HAG¹ + RIDE] *vt.* (**hag·rode,** 《古》 **-rid; -rid·den,** 《古》 **-rid**) [通例 p.p. で] (悪夢や恐ろしい思いで)悩ます (harass, torment).

hág·sèed [⇨ hag¹, seed] *n.* 魔女の子[子孫] (Shakespeare 作 *Tempest* 中の魔女 Sycorax の子 Caliban など).

Hague [héɪg], **The** 〖□ Du. *Den Haag* the Haw (= garden): cf. haw¹〗 ―― *n.* ハーグ (オランダ西部の都市で South Holland 州の首都; 政庁・王宮・平和宮殿・国際司法裁判所などがある事実上の同国の首都: cf. Amsterdam; 人口 472,000; オランダ語名 's Gravenhage またはその短縮形 Den Haag).

Hágue Cóurt *n.* [the ～] ハーグ裁判所 (INTERNATIONAL Court of Justice の通称).

Hágue Tribúnal *n.* [the ～] ハーグ国際仲裁裁判所 (PERMANENT Court of Arbitration (1899-1921) の通称).

hah [hɑ́:] *int., vi.* = ha.

ha-ha¹ [hɑ̀:hɑ́:, ⌐⌐] 〖OE *ha ha* (擬音語): ⇨ ha〗 *int.* はは, あはは (おかしさ・おもしろさ・嘲笑を表わす). ―― *n.* (おかしさ・嘲笑を表わす)笑い声.

ha-ha² [hɑ́:hɑ̀:] 〖(1712) □ F ～ (加重) ← HA: 障害物に直面した時のおどろきの声「あっ」から〗 ―― *n.* (見通しを妨げないように設ける地境の)低い垣, みぞ垣, 沈め垣 (sunk fence).

Hahn [hɑ́:n; *G.* há:n], **Otto** *n.* ハーン (1879-1968; ドイツの化学者; Nobel 化学賞 (1944)).

Hah·ne·mann [hɑ́:nəmən; *G.* há:nəman], **Samuel** *n.* ハーネマン (1755-1843; ドイツの医師; ホメオパシー (homeopathy) の創始者). **Hah·ne·mann·i·an** [hɑ̀:nəmǽniən | -nɪən] *adj.*

Háh·ne·mann·ìsm [-nɪzm] *n.* 〖医学〗 = homeopathy.

hahn·i·um [hɑ́:niəm | -nɪəm, -njəm] 〖← *Otto Hahn*: ⇨ -ium〗 ―― *n.* 〖化学〗ハーニウム (1969 年 California 大学で作られた 105 番元素; ソ連では 1967 年に合成成功を発表, エールスボーリウムと命名; まだ確定していない).

haick [háɪk, héɪk] *n.* = haik¹.

Hai·da¹ [háɪdə] 〖□ N-Am.-Ind. (Haida) ～ (原義) people〗 ―― *n.* (*pl.* ～, ～**s**) **1 a** [the ～(s)] ハイダ族 (カナダ British Columbia 州の Queen Charlotte 諸島およびアラスカに住むアメリカインディアンの一部族). **b** ハイダ族の人. **2** ハイダ語 (Na-Dene 語族に属する).

Hai·dar·a·bad [háɪd(ə)rəbæ̀d, -bù:d | háɪd(ə)rəbæ̀d, ⌐(−)−⌐] *n.* = Hyderabad.

Hai·dar A·li [hàɪdərəlí:, -ɑ́:li | -dərɑ́:lɪ] *n.* = Hyder Ali.

Hai·dee [háɪdi | haɪdí:] 〖← NGk *Haido* ← *haideúo* to caress〗 *n.* 女性名.

Hái·ding·er frínges [háɪdɪŋə- | -ŋə-; *G* háɪdɪŋɐ-] 〖← *Wilhelm Karl von Haidinger* (1795-1871: オーストリアの鉱物学者)〗 ―― *n. pl.* 〖光学〗ハイジンガー干渉縞 (干渉縞の一種; 等傾角干渉によって無限遠点に生じる同心円状の干渉縞).

Hai·duk, h- [háɪduk] 〖□ G *Haiduck* □ Hung. *hajdúk* (pl.) ← *hajdú* robber〗 ―― *n.* **1** 16 世紀ハンガリーの雇い兵 (プロテスタントに味方した). **2** バルカン半島のスラブ人居住地方の愛国的山賊 (トルコの支配に反抗した). **3** (ハンガリー・ポーランドの)貴族の家の召使.

Hai·fa [háɪfə] *n.* ハイファ (イスラエル北西部の海港; 人口 228,000).

Haig [héɪg] 〖□ OE *haga* (dweller at the) hedged enclosure〗 *n.* 男性名.

Haig, Douglas *n.* (1861-1928) 英国の元帥, 第一次大戦の在仏英軍総司令官 (1915-18); 称号 1st Earl Haig.

haik¹ [háɪk, héɪk] 〖□ Arab. *ḥā'ik* ← *ḥāka* to weave〗 *n.* (*pl.* ～, **hai·ka** [～ə]) (アラビア人が頭とからだにまとう)縞(しま)に染めた毛織りの布.

haik² [héɪk] *n.* = hake².

haika *n.* haik¹ の複数形.

hai·ku [háɪku:] 〖(1902) □ Jap.〗 *n.* (*pl.* ～) **1** 俳句. **2** 俳句ふうの英詩, (特に, 5-7-5 の音節から成る)短詩.

hai·kwan [háɪkwɑ̀:n; *Chin.* xàɪkuān] 〖□ Chin. ～ (海関)〗 *Chin. n.* 海関 (maritime customs).

háikwán táel [-téɪl] *n.* **1** 海関両 (海関で使用する重量単位で約 37.80 g; cf. liang). **2** 両 (旧中国銀通貨単位, 1935 年 yuan (元)の設定と共に廃止された).

hail¹ [héɪl] 〖n.: OE *hagol, hægel* < Gmc **hag(a)laz* (G *Hagel*) ← IE **haghlo-* small pebble (Gk *kákhlēx* round pebble). ―v.: OE *hagalian* ← (n.)〗 ―― *n.* **1** 霰(あられ) (winter hail); 雹(ひょう) (summer hail) (cf. hailstone). **2** 霰のように降るもの: a ～ *of* bullets 雨霰と飛ぶ弾丸 / a ～ *of* questions 矢つぎばやの質問. ―― *vi.* **1** [it を主語として] 霰[雹]が降る: *It* ～*s.* 霰が降る. **2** 雨霰のように降る. ―― *vt.* 雨霰と降らす, (霰のように)浴びせかける 〔*on, upon*〕: ～ curses [blows] *on* a person 人にののしりの言葉[拳骨(げんこつ)]を雨霰のように浴びせる.

hail² [héɪl] 〖v.: (?a1200) *heile(n)* ← *heil* (interj.) (⇨ hail³). ―n.: (1500-20) ← (v.)〗 ―― *vt.* **1** 〈人〉に挨拶(あいさつ)する (salute), 歓呼して迎える (welcome). **2** (挨拶として)〈人を〉〈…と〉呼ぶ: ～ a person (*as*) king 人を王と呼んで迎える. **3** (注意を引くために)〈人など〉に呼び掛ける, 呼ぶ: ～ a waiter / I was ～*ed* by a stranger in [《米》on] the street. 通りで知らない人に呼び掛けられた / ～ a taxi タクシーを呼ぶ. ―― *vi.* 〔人・他船などに〕呼び掛ける 〔*to*〕: They ～*ed to* the flagship. 彼らは旗艦に「おーい」と呼びかけた.

hail from (1) 〈船が〉〈港〉から来る: Where does the ship ～ *from*? どこの船ですか. (2) 〈人が〉〈どこ〉の出身である: What part of Japan do you ～ *from*? ご出身は日本のどちらですか.

―― *n.* **1** 挨拶 (salutation); 歓呼. **2** 呼掛け(の声). **3** 声の届く距離: be [stay] *within* [*out of*] ～ 呼べば聞える[呼んでも聞えない]所にいる.

within hail of …もう少しで…しかかって: We were *within* ～ *of* understanding each other. もう少しで互いに理解し合えるところだった.

hail³ [héɪl] 〖(?a1200) *heil* □ ON *heill* whole: cog. OE *hāl* 'WHOLE, HALE¹'〗 ―― *int.* **1** 幸いあれ, 万歳 (歓迎・喝采などを表わす丁寧な挨拶の言葉 be thou hail (= healthy, prosperous) の略; cf. heil): All ～!, *Hail to* you! 万歳, ようこそ. **2** 《古》やあ, おい (挨拶を表わす).

Háil Colúmbia *n.* **1** ヘイル コロンビア (米国の愛国歌; 1798 年 Joseph Hopkinson (1770-1842) の作). **2** 〖hell の婉曲語〗[時に h- c-] 《米俗》 **a** 撃破; ひどくなぐること, 罰; ひどい目, 大目玉: give the enemy ～ 敵をやっつける / get ～ 大目玉をくう. **b** 大騒ぎ.

háil·er [-lə | -lə(r] 〖1: ← HAIL² + -ER¹. 2: (略) ← *loud-hailer*〗 *n.* **1** 呼び掛ける人. **2** = bullhorn.

Hai·le Se·las·sie [háɪli səlǽsi, -lɑ́:si | háɪlɪ sɪlǽsɪ] ―― *n.* ハイレ セラシエ (1891-1975; エチオピア皇帝 (1930-36, 1941-75), イタリアのエチオピア占領中は英国に亡命).

háil-fèllow *adj.* きわめて親密な, 隔てのない; いやに馴れ馴れしい 〔*with*〕. ―― *n.* 親友, 仲よし (pal); 面白い友.

háil-fèllow-wéll-mét *adj., n.* (*pl.* **hail-fellows-w-**) = hail-fellow: He is ～ *with* everybody. だれとでも仲よしだ; だれにも馴れ馴れしい.

háil·ing distance [-lɪŋ-] *n.* **1** 声の届く距離: live *within* ～ (*of*…) (…から)呼べば聞こえるような所に住んでいる. **2** 近接, 手が届く範囲.

Háil Máry 〖(a1325) (なぞり) ← L *Ave Maria*〗 *n.* = Ave Maria.

háil·stòne 〖OE *hagolstān*: ⇨ hail¹, stone〗 *n.* 〖気象〗雹(ひょう): The ～*s* were (as) big as peas. 雹はえんどう豆ほどの大きさだった.

háil·stòrm *n.* **1** 霰(あられ)[雹(ひょう)]を伴った嵐(あらし). **2** (霰を伴った嵐のような)激しいもの: a ～ of questions 激しい質問の嵐.

hail·y [héɪli | -lɪ] 〖← HAIL¹ (n.) + -Y⁴〗 *adj.* 霰(あられ)の, 雹(ひょう)の; 霰交じりの, 雹の交じった.

Hai·nan [hàɪnɑ́:n | -nǽn; *Chin.* xǎinán] *n.* 海南島 (南シナ海にある中国広東省 (Kwangtung) の島; 面積 32,200 km²).

Hai·naut [(h)eɪnóu | eɪnə́u; *F.* ɛno] *n.* エノー (ベルギー南西部の州; 首都 Mons; 人口 1,110,000).

hain't [(h)eɪnt, (h)éɪnt] 〖(混成) ← HAN'T + AIN'T〗 (卑・方言) = ain't.

Hai·phong [hàɪfɔ́(:)ŋ, -fɑ́ŋ | -fɔ́ŋ] *n.* ハイフォン (ベトナム北東部の海港; 人口 1,276,000).

hair [héə | héə(r] 〖OE *hēr, hǣr* < Gmc **χǣram* (Du. *haar* / G *Haar*) ← IE **ker(s)-* bristle (Lith. *šerỹs* bristle): 語形上 ME *haire* (□ (O)F ～ □ Gmc) haircloth の影響を受けた〗 ―― *n.* **1 a** [集合的] 毛; 髪, 髪の毛, 頭髪: do up one's ～ 髪を結う / let one's ～ down 髪を解く (cf. *let one's* (*black*) HAIR *down*) / wear one's ～ long 髪を長くしている / put [turn] up the [one's] ～ 〈娘が〉(髪を上げて一人前に)髪を結う / wear one's own ～ (かつらでなく)自分の髪である / have one's ～ cut 散髪する (cf. haircut) / The dog has a good coat of ～. その犬はよい毛並みだ / He has gray ～. 彼は白髪(しらが)(まじり)だ. **b** 毛(一本一本): I found a ～ in my soup. スープの中に毛が一本はいっていた. **c** [*pl.*; 集合的] 《古》頭髪, 髪の毛: gray ～*s*. ★ ラテン語系形容詞: capillary, pilar; ギリシャ語系形容詞: trichoid. **2 a** (らくだやアルパカの毛で織った)毛織物. **b** = haircloth. **3** [a ～] 毛ほど(のもの), わずか (jot): He hasn't changed *a* ～ in the last dozen years. この十数年間ちっとも変わっていない / Retail sales were off *a* ～ in January. 1 月の小売総高はほんの僅かながら下がった / ⇨ *by a* HAIR, *to a* HAIR. **4** 《廃》種類 (kind); 性質, 性格 (character). **5** 〖植物〗(葉や茎の表面に生えた)毛. **6** 〖機械〗毛状針金.

against the hair 毛並に逆らって; 不本意に[で], 性分に反して: It goes *against the* ～ *with* me. 私の性分に合わない, いやだ. ***both of a hair*** 似たりよったりで[の]. ***by a hair*** (1) 間一髪で, 僅差で: win *by a* ～. (2) [否定構文で] 毛筋ほども(…ない): It doesn't differ *by* a ～. 寸分違わない. ***comb** a person's **hair for him*** = *rub a person's* HAIR. ***curl the*** [*a person's*] ***hair*** = *make a person's* HAIR *curl*. ***get*** [***have***] *a person* ***by the short hairs*** 〈人を〉思うままにする, 完全に支配する. ***get in** a person's **hair*** 《俗》人を悩ます, うるさがらせる, いらだたせる. ***a hair of the dog*** (***that bit** a person*) 〖かみついた狂犬の毛でその傷が治るという昔の迷信から〗《口語》毒を制する毒, (特に)二日酔いの迎え酒. ***hang by a*** (***single***) ***hair*** ⇨ hang 成句. ***in** a person's **hair*** 《口語》人に厄介[面倒]をかけて. ***keep** one's **hair on*** 《俗》落ち着いている, あわてない. ***let** one's* (***black***) ***hair down*** 《口語》くつろぐ, 遠慮なく振舞う, 羽根をのばす, 無礼講でやる. ***lose** one's **hair*** (1) 頭がはげる. (2) 《口語》怒る. ***make** a person's **hair curl*** 《口語》人を震え上がらせる, 肝をつぶさせる, ひどく驚かす. ***make** a person's* [***the***] ***hair stand on end*** (恐怖などで)身の毛をよだたせる. ***not turn*** [***without turning***] ***a hair*** 髪の毛一本動かさない[ないで]; 恐れ[困惑, 飽き, 疲れ]を全然見せない[ないで]; 平然としている[して], びくともしない[しないで]. ***out of** a person's **hair*** 人に厄介[面倒]をかけずに, うるさがられずに. ***rub*** [***smooth***] *a person's* ***hair*** 人をひどく叱る. ***split hairs*** ⇨ split 成句. ***stroke** a person's **hair the wrong way*** ⇨ stroke² 成句. ***take** one's* (***black***) ***hair down*** = *let one's* (*black*) HAIR *down*. ***tear** one's **hair*** (深い悲しみ・絶望・困惑, 激しい怒りなどで)髪をかきむしる, (髪をかきむしらんばかりに)嘆き悲しむ, 怒り狂う, 絶望の淵に打ち沈む. ***to a hair*** 寸分たがわず, きちっと (exactly) (cf. *to a* HAIRLINE).

háir bàll *n.* **1** 毛球 (牛・羊・猫など毛をなめる動物がのみ込んだ毛が胃に入って生じた凝塊). **2** 〖獣医〗= phytobezoar.

háir·bèll *n.* 〖植物〗= harebell.

háir·brèadth 〖(c1450) *heere brede*〗 ―― *n.* [a ～] 毛ほどの幅[距離]; 間一髪: He was *within a* ～ *of* being drowned. すんでのことに[もう少しで]溺死するところだった / escape death *by a* ～ 間一髪のところで助かる / *to a* ～ 正確に, きっかり. ―― *attrib. adj.* **1** 毛幅ほどの, ごく狭い. **2** 辛うじての, きわどい: a ～ escape 九死に一生, 危機一髪の避難.

háir·brùsh *n.* 頭髪用ブラシ, ヘアブラシ.

háirbrush cáctus *n.* 〖植物〗ドジンノクシバシラ (*Pachycereus pecten-aboriginum*) (メキシコ産の頑丈なとげだらけのサボテン; インディアンはそのいが状の実を櫛として用いた).

háir·càp móss *n.* 〖植物〗スギゴケ属 (*Polytrichum*) のコケの総称; (特に)スギゴケ (*P. juniperinum*).

háir cèll *n.* 〖生物〗有毛細胞 (微細な突起のある上皮細胞).

háir·clòth *n.* **1** ばす織 (たてに綿糸よこに馬の馬尾毛(す)またはらくだの毛を織り込んだ織物で, 洋服のえりしんや家具の布張りのしんにする). **2** (hair shirt など) haircloth でつくった衣類.

háir·cràck *n.* 〖冶金〗毛割れ (金属中の細く短いひび割れ; hairline crack ともいう).

háir·cùrling *adj.* = hair-raising.

háir·cùt *n.* **1** 散髪, 理髪: have [get] a ～. **2** 頭の刈り方, 髪型.

háir·cùtter *n.* 理髪師, 調髪師, 床屋.

háir·cùtting *n.* 理髪(業), 調髪(業).

háir·dò *n.* (*pl.* ～**s**) 《口語》(婦人の)結髪, 調髪; 髪の結い方, 髪型 (coiffure).

háir·drèsser *n.* **1 a** (特に婦人相手の)美容師, 髪結い. **b** 《英》理髪師, 床屋 (barber). **2** 美容院.

háir·drèssing *n.* **1** 理[調]髪; 結髪. **2** 理髪業, 髪結い業. **3** 毛髪用薬品 (油・ポマードなど). **4** [形容詞的に] 理[調]髪用の; 結髪用の: ～ cosmetics.

háir·dỳe *n.* 毛染め剤, 白髪染め.

haired 〖(c1385) *hered*〗 *adj.* **1** 頭髪のある; 毛の生えている. **2** [通例複合語の第 2 構成要素として] 頭髪が…の: gray-*haired*, long-*haired*, red-*haired*, etc.

háir fòllicle *n.* 〖解剖〗毛包, 毛嚢(もうのう).

háir gràss *n.* 〖植物〗茎や花梗(こう)が毛のように細いイネ科の草本 (*Deschampsia* 属, *Muhlenbergia* 属またはヌカススキ属 (*Aira*) などの植物).

háir·grìp *n.* 《英》= bobby pin.

háir hygròmeter *n.* 毛髪湿度計《毛髪の湿度による伸縮性を応用したもの》.

háir·làce 〖《*a*1300》 *harlas*〗 *n.* 《廃》(婦人用の)髪をしばるひも[レース].

háir·less 〖《?*a*1425》 *hereles*〗 *adj.* 毛のない; 毛の少ない; はげの. **～·ness** *n.*

háir·lìke *adj.* 毛のような, 毛状の; きわめて細い.

háir·lìne *n.* **1** 毛の生えぎわ; (特に)額の生えぎわ. **2 a** 毛のように細い線. **b** (ペンで書いた文字の)はね (upstroke). **c** (かわいた塗料の表面などに生じた)ひび割れ. **3** (織物の)細い縞; 細縞の織物. **4** 《古》馬の毛の釣糸. **5** 〖活字〗 **a** (欧文活字の)ヘアーライン《N の両側の縦線; thin stroke ともいう》. **b** ヘアーライン《細い線の活字書体》. **6** 〖印刷〗 **a** 表罫(ﾋｮｳｹｲ), 細罫《細線を印刷するための薄い罫》. **b** ひび割れ《磨滅した活字母型を使用するために生じた細い縦線》. **c** (銅版などの)細線.
to a hairline 精密に (cf. *to a* HAIR).
— *attrib. adj.* **1** 細い (thin). **2 a** 僅差での, 辛うじての (close): a ～ victory 辛勝 / Labor has acquired a ～ majority. 労働党が僅差で多数党となった. **b** ぴったりの, 非常に正確な (precise): a map with ～ accuracy 正確無比の地図.

háirline cráck *n.* 〖冶金〗 =haircrack.

háir·nèt *n.* ヘアネット.

háir-òil *n.* 髪油, (頭髪用)水油.

hair pèncil *n.* **1** (水彩画用)絵筆, 細筆. **2** 〖昆虫〗(ある種の毛虫にはえている)毛束.

háir·pìece *n.* **1** 入れ毛, ヘアピース. **2** =toupee 2.

háir·pìn *n.* **1** (金属・鼈甲(ﾍﾞｯｺｳ)・プラスチックなどでできている U 字形の束髪用)ヘアピン. **2 a** (U 字形の)ヘアピン形のもの. **b** U 字型の曲折路[急カーブ道路]. **c** 〖スキー〗(スラローム競技で)滑りおりたときヘアピン(状)になるようにスロープに配置された旗門. **— *attrib. adj.*** **1** U 字形の: a ～ bend [turn, curve] U 字形の曲折(路), ヘアピンカーブ. **2** U 字カーブの多い: a ～ road. **— *vi.*** 〈道路が〉U 字形に曲折する, ヘアピンカーブする.

háirpin mégaron *n.* 〖建築〗(古代ギリシャの)主室の奥が半円形になり, 全体が U 字形の平面をもつメガロン (cf. megaron).

háir-pòwder *n.* 髪粉《髪に振りまく芳香のある白い粉末; 18 世紀ごろ頭髪やかつらに振りかけた》.

háir-ràiser *n.* 《口語》ぞっとするような恐ろしい話[読物, 事件, 体験など].

háir-ràising *adj.* 《口語》 **1** 身の毛もよだつ, ぞっとするような (terrifying): a ～ story 身の毛もよだつ物語. **2** わくわくさせる (thrilling). **～·ly** *adv.*

háir-restòrer *n.* 毛生え薬 (hair tonic).

háir rìbbon *n.* 髪飾り用リボン, ヘアリボン.

háir ròot *n.* 〖解剖〗毛根.

háir sàlt *n.* 〖鉱物〗 =alunogen. 「hairbreadth.

háirs·brèadth *n., adj.* (*also* **hair's breadth**) =

háir sèal *n.* 〖動物〗アザラシ科の動物の総称《オットセイ (fur seal) のように綿毛がなく, 粗毛がある; 主に毛皮用として柔毛のオットセイと区別される》.

háir·shèep *n.* **1** ヘヤーシープ《ウール[巻毛]でなく, ヘヤー[直毛]をもつ羊; 羊と山羊の中間種》. **2** ヘヤーシープの毛皮《製本に用いる》.

háir shírt *n.* **1** (馬の粗毛などで作った苦行者の着る)馬巣(ｽ)織シャツ (cf. haircloth): Saint Thomas More often wore a ～. 聖トマス モアはしばしば馬巣織りのシャツを着た. **2** 懲らしめる人[もの], 痛い目に合わせる人[もの] (scourge). **háir·shírt·ed** *adj.*

háir-slìde *n.* 《英》(鼈甲(ﾍﾞｯｺｳ)・プラスチックなどで作った蝶番(ﾁｮｳﾂｶﾞｲ)式の)ヘアークリップ (《米》 barrette).

háir·spàce *vt.* 〖印刷〗ヘアースペースで組む.

háir spàce *n.* 〖印刷〗ヘアースペース《最も薄い込め物》.

háir·splìtter *n.* 小さなことをやかましく言う人, むやみに細かい区別立てをする人; 小理屈屋 (quibbler).

háir·splìtting 〖← *split hairs* (⇨ split 成句)〗 **— *n.*** つまらない細かい区別立て; 屁(ﾍ)理屈 (quibbling). **— *adj.*** 細かい区別立てをする, つまらないことにやかましく言う, 小事にこだわる (oversubtle).

háir sprày *n.* ヘアスプレー.

háir·sprìng *n.* 〖時計〗ひげぜんまい, ひげ《てんぷ (balance) にとりつけられた細いうずまきあるいはコイル状のばねで, てんぷに復元力を与えて振動を持続させる働きをもつ; balance spring ともいう》.

háir·strèak *n.* 〖昆虫〗シジミチョウ科のミドリシジミ亜科のチョウの総称《後翅裏面に条紋があり, 多くは尾状突起がある》. 「〖印刷〗 =serif.

háir stròke *n.* **1** (絵・文字などの)細線, ひげ線. **2**

háir·stỳle *n.* 髪型 (coiffure), ヘアスタイル.

háir·stỳling *n.* 結髪[理髪]業.

háir stỳlist *n.* 〖美容〗(女性用の)ヘアデザイナー.

háir·tàil *n.* 〖魚類〗タチウオ (⇨ cutlass fish).

háir-trìgger *adj.* **1** 一触即発的な, 触発性の; 少しの挑発[刺激]にも反応する, 反応の速い; 敏感な; 即刻の; 敏捷(ﾋﾞﾝｼｮｳ)な; 崩れやすい, もろい: a man of a ～ temper すぐかっとなる人. **2** 調整のデリケートな, 崩れやすい: a ～ balance 崩れやすいバランス.

háir trìgger *n.* (銃・拳銃などの)触発引金, 毛状引金《ちょっと押すだけで発射する》.

háir·wèaving *n.* ヘア編み込み(法)《毛髪とナイロン繊維を混ぜて着用者自身の毛髪にはげかくし用ヘアピース[部分かつら]を編み込むこと; cf. toupee》.

háir·wòrm *n.* 〖動物〗 **1** 毛様線虫. **2** =horsehair worm [snake].

hair·y [hɛ́(ə)ri | hɛ́əri] 〖《*a*1325》: ⇨ hair, -y[4]〗 **— *adj.*** (**hair·i·er; -i·est**) **1 a** 毛のある; 毛深い, 毛で覆われた, 毛だらけの: ～ forearms 毛深い腕先. **b** 〈茎・葉など〉柔毛のある, うぶ毛状のものの生えた: a ～ peach, stem, etc. **c** 〈馬など〉けずめ毛のある. **2** 毛の(ような); 毛状の (hairlike); 毛で作った. **3** でこぼこの. **4** 《俗》 **a** 身の毛もよだつ (hair-raising), 不愉快な (unpleasant); 粗野な (crude). **b** 骨の折れる; 危険な: ～ adventures [climbing] すごい冒険[登攀(ﾄｳﾊﾝ)]. **c** 興奮した, 腹を立てた. **— *n.*** **1** 毛深い人; 毛の生えた物. **2** 足にふき毛の多い輓馬(ﾊﾞﾝﾊﾞ), ひき馬.
háir·i·ness *n.*

háiry-fáced *adj.* 毛むくじゃらな顔をした.

háiry-tàil móle *n.* 〖動物〗モグラヒミズ (*Parascalops breweri*)《北米産の体長 10–12 cm ほどの動物で外形はモグラに似る; hairytailed mole, Brewer's mole ともいう》.

háiry vétch *n.* 〖植物〗ヘアリーベッチ《羽状の葉を有するヨーロッパ産マメ科ソラマメ属の植物 (*Vicia villosa*); 多くの小さな空色の花をつける; 飼料用》.

háiry wáttle *n.* 〖植物〗マメ科アカシア属の低木 (*Acacia pubescens*).

háry wóodpecker *n.* 〖鳥類〗セジロアカゲラ (*Dendrocopos villosus*)《北米産のアカゲラ属のキツツキ》.

Hai·ti [héɪti | -tɪ] 〖⇨ S-Am.-Ind. (Guarani) ～《原義》? mountainous country〗 **— *n.*** ハイチ: **1** 西インド諸島中 Hispaniola 島の西の部分を占める共和国, (東は Dominican Republic); 人口 4,750,000, 面積 27,750 km², 首都 Port-au-Prince; 公式名 the Republic of Haiti ハイチ共和国. **2** Hispaniola の旧名.

Hai·tian [héɪʃən, -tiən | -ʃɪən, -ʃən, -tjən, -tɪən] 〖⇨ ↑, -an[1]〗 *adj.* ハイチ(人)の. **— *n.*** **1** ハイチ人. **2** =Haitian Creole.

Háitian Créole *n.* ハイチクリオール語《ハイチで用いられるなまったフランス語》. 「hajj.

haj [hǽdʒ | -dʒiː, -dʒɪ] *n.* (*pl.* **～·es**) 〖イスラム教〗 =

haj·i [hǽdʒi | -dʒiː, -dʒɪ] 〖《1704》⇨ Arab. *ḥājj* (↓)〗 **— *n.*** **1** 〖イスラム教〗メッカ巡礼 (hajj) を果たしたイスラム教徒《しばしば Haji の形で尊称として用いられる》. **2** エルサレム (Jerusalem) の聖墓参りをしたギリシャ人[アルメニア人].

hajj [hǽ(ː)dʒ] 〖⇨ Arab. *ḥajj* pilgrimage ← *ḥájja* to go on a pilgrimage〗 **— *n.*** (*pl.* **～·es**) 〖イスラム教〗メッカ (Mecca) 巡礼《イスラム暦の 12 月にイスラム教徒が一生に 1 度は必ず行なう》.

haj·ji [hǽdʒi | -dʒiː, -dʒɪ] *n.* 〖イスラム教〗 =haji.

ha·ka [háːkɑː] 〖← Maori〗 *n.* ハカ踊り《マオリ (Maori) 族の出陣の踊り》.

hake[1] [héɪk] 〖《1280》 *ha(a)ke* ⇨ ? ON *hake* hook: cf. hook / Norw. *hakefish* 《原義》 hookfish〗 **— *n.*** (*pl.* **～, ～s**) 〖魚類〗 **1** メルルーサ《メルルーサ科メルルーサ属 (*Merluccius*) の数種のタラに似た食用魚の総称; ホンメルルーサ (*M. merluccius*) など》. **2** タラ科 *Urophycis* 属の海魚の総称《codling ともいう》.

hake[2] [héɪk] 〖《変形》← ? HACK[3]〗 *n.* (なまれんが・チーズなどを乾かす)木製の乾し台.

hake[3] [héɪk] 〖← ?: cf. Du. *haken* to long, hanker〗 《スコット》 **— *vi.*** **1** ぶらぶら歩き回る (loaf). **2** てくてく歩く, 放浪する (tramp) 〈*about, around*〉. **— *n.*** なまけ者 (idler); 放浪者.

ha·keem [həkíːm] *n.* =hakim[1].

Ha·ken·kreuz [háːkənkrɔ̀ɪts; *G.* háːkŋkrɔ̀ʏts] 〖⇨ G ～ 'hook cross'〗 **— *n.*** (*pl.* **Ha·ken·kreu·ze** [～ə; *G.* ～ə], **～·es**) 鉤(ｶｷﾞ)十字, ハーケンクロイツ《ドイツのナチスの党章, 1935–45 年, ドイツの国旗にも取り入れられた; 英語では swastika ともいうが実は鉤の向きが逆》.

ha·kim[1] [həkíːm] 〖《1638》⇨ Arab. *ḥakīm* 《原義》 wise ← *ḥakama* to judge〗 *n.* (インド・イスラム教国の)学者, 医師.

ha·kim[2] [háːkɪm, -kəm | -kɪm] 〖⇨ Arab. *ḥākim* governor ← *ḥakama* (↑)〗 *n.* (*pl.* **～, ～s**) (インド・イスラム教国の)知事, 太守 (governor); 裁判官 (judge).

Hak·ka [hɑ̀ːkɑ́ː, hǽkə; *Chin.* hakka] *n.* (*pl.* **～, ～s**) **1 a** [the ～(s)] 客家《唐代以後北方から福建・広東などへ移住した漢民族の支流》. **b** 客家族の人. **2** 客家語[方言].

Hak·luyt [hǽkluːt, -lɪt, -lət | -luːt], **Richard** *n.* (1552?–1616) 英国の地理学者・航海史家・聖職者; *Principal Navigations, Voyages, and Discoveries of the English Nation* (1589; 1598–1600).

Hal [hǽ(ː)l] 〖(dim.) ← HENRY: cf. Harry[1]〗 *n.* 男性名.

Hal. 《記号》〖化学〗 halogen.

hal- [hæl] (母音の前に来る時の)halo- の異形.

Hal·a·car·i·dae [hæ̀ləkǽrədiː | -rɪ-] 〖← NL ～ ← *Halacarus* (属名: ⇨ halo-, acarus): ⇨ -idae〗 *n. pl.* 〖動物〗ウシオダニ科.

Ha·la·cha [hɑːláːxɑː, hɑ̀ːlɑːxáː, həláːkə] *n.* (*pl.* **～s, Ha·la·choth** [hɑːláːxouθ, -xout, -xous, ⏑⏑́ | hɑːláːxəuθ, -xəut, -xəus, ⏑⏑́]) (*also* **Ha·la·chah** [～]) 〖ユダヤ教〗 =Halakah.

Ha·laf [həláːf] *adj., n.* =Halafian.

Ha·laf·i·an [həláːfiən | -fɪən, -fjən] 〖← *(Tell) Halaf* (シリア北東部の地名; ヒッタイト時代の遺跡がある): ⇨ -ian〗 **— *adj.*** ハラフ文化の, ハラフ期の《シリア・北部メソポタミア地方の金石併用時代初期の文化について いう; 特に, 石・銅・日干しれんがの建物, 多色の陶器類で名高い》. **— *n.*** ハラフ文化に属する人間. 《Halaf ともいう》

Ha·la·kah [hɑːláːxɑː, hɑ̀ːlɑːxáː, həláːkə] 〖⇨ Mish. Heb. *halākhā^h* rule, practice ← *hālákh* to walk〗 **— *n.*** (*pl.* **～s, Ha·la·koth** [hɑːláːkouθ, -kout, hɑ̀ːlɑːkóuθ, -kóut | hɑːláːkəuθ, -kəut, hɑ̀ːlɑːkə́uθ]) 〖ユダヤ教〗ハラカー《聖書の律法部分に対する古代ユダヤ人の注釈で, ユダヤ教の慣例法規 Talmud の大部分を占める; cf. midrash 1》. **ha·lak·ic, H-** [həlǽkɪk, hɑːláː-] *adj.*

ha·la·kist [hǽləkɪst, həláː-, -kəst | -kɪst] 〖⇨ ↑, -ist〗 *n.* **1** ハラカー (Halakah) の著者または編者の一人. **2** ハラカーに通じている人.

ha·la·la [həláːlə] 〖⇨ Arab. ～〗 *n.* (*pl.* **～, ～s**) (*also* **ha·la·lah** [～]) **1** ハララ《サウジアラビアの通貨単位; =$^1/_{100}$ riyal》. **2** 1 ハララ硬貨.

ha·la·tion [heɪléɪʃən, hə-, hæ- | hə-, hæ-] 〖← HALO (v.)+-ATION〗 **— *n.*** ハレーション: **1** 〖写真〗感光層の支持体の底面などから反射する光線によって生じる写真のぼやけ (cf. irradiation 5). **2** 〖テレビ〗反射が原因で画面の明るいスポットの周囲に時々現われる光の輪.

ha·la·vah [hɑ̀ːləváː] *n.* =halvah.

hal·berd [hǽlbəd, hɔ́ːl- | hǽlbəːd, hɔ́ːl-, -bəd] 〖《1495》⇨ (O)F *hallebarde* ⇨ MHG *helmbarde* (G *Hellebarde*) ← *helm* 'HELM[1]'+*barte* broadaxe〗 **— *n.*** 斧槍《15–16 世紀に用いられた槍・斧兼用の武器; cf. bill[1]》.

halberd

hal·berd·ier [hæ̀lbədíə, hɔ̀ːl- | hæ̀lbədíə(r)] 〖⇨ OF *hallebardier*: ⇨ ↑, -ier[1]〗 *n.* 斧槍兵.

hal·bert [hǽlbət, hɔ́ːl- | hǽlbəːt, hɔ́ːl-, -bət] *n.* =halberd.

hal·cy·on [hǽlsiən | -sɪən, -sjən] 〖《*a*1393》 *alcioun* ⇨ L (*h*)*alcyōn* ⇨ Gk *alkuṓn* kingfisher ← ?〗 **— *n.*** **1 a** ハルシオン《カワセミ (kingfisher) と同一視されている伝説上の鳥; 冬至ごろの 2 週間に海上に浮巣を作り風波を静にめて卵をかえすと想像された; cf. halcyon days》. **b** 〖鳥類〗カワセミ (kingfisher). **2** 〖鳥類〗ヤマショウビン《東南アジア・オーストラリア産のカワセミ科ヤマショウビン属 (*Halcyon*) の鳥の総称》. **— *adj.*** **1** ハルシオン[カワセミ]の[に関する]. **2** (ハルシオンが卵をかえすころのように)のどかな, 穏かな (calm, peaceful): ⇨ halcyon days. **3 a** 豊かな, 富んだ, 繁栄している (prosperous). **b** しあわせな: a ～ era 黄金時代 / For the time being her days were ～. しばらくの間しあわせな日が続いた.

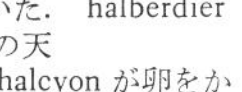
halberdier

hálcyon dàys *n. pl.* **1** 冬至前後の天候の穏やかな 2 週間《昔このころに halcyon が卵をかえすと想像された》. **2** (昔をなつかしむ意味で)のどかな時期, 平穏な時代.

Hal·cy·o·ne [hælsáɪəni, -niː | -nɪ] 〖⇨ L (*H*)*alcyonē* ⇨ Gk *Alkuónē*: ⇨ halcyon〗 **— *n.*** **1** 女性名. **2** 〖ギリシャ神話〗ハルキュオネー, アルキュオネー《風の神 Aeolus の娘で Ceyx の妻; 夫が難船して死んだので自分も身を投げたが, 神は哀れんで二人を halcyon に変えた; Alcyone ともつづる》.

Hal·dane [hɔ́ːldeɪn, -dən | hɔ́ːldeɪn, hɔ́l-] 〖late OE *Haldein* ⇨ ON *Halfdan-r* 《原義》 half Dane〗 *n.* 男性名.

Haldane, J(ohn) **B**(ur·don) **S**(an·der·son) [bə́ːdn sǽndəsn | bə́ːdn sáːndə-] *n.* (1892–1964) 英国の生物学者.

Haldane, John Scott *n.* (1860–1936) 英国の生理学者; J. B. S. Haldane の父.

Haldane, Richard Bur·don [bə́ːdn | bə́ːdn] *n.* (1856–1928) 英国の政治家・法律家・哲学者; J. S. Haldane の兄; 称号 Viscount Haldane of Cloan.

hale[1] [héɪl] 〖OE *hāl* whole: WHOLE と二重語: cf. heal〗 **— *adj.*** (**hal·er; hal·est**) **1** 強壮な, 丈夫な, 元気な (sound, robust); (特に)〈老人が〉矍鑠(ｶｸｼｬｸ)とした: a ～ and hearty old man 老いてますます盛んな人. **2** 《スコット・北英》欠点・損傷などのない (whole). **～·ness** *n.*

hale[2] [héɪl] 〖《?*a*1200》 *hale(n)* ⇨ (O)F *haler* ← Gmc: HAUL と二重語: cf. G *holen* to fetch〗 **— *vt.*** **1** (法廷などへ)引っ張り出す: ～ a person *into* court [*to* prison] 人を法廷へ[監獄へ]引き立てる. **2** 手荒く引っ張る, 強く引く (haul).

Hale [héɪl], **Edward Everett** *n.* (1822–1909) 米国の牧師・小説家: *The Man Without a Country* (1865).

Hale, George Ellery *n.* (1868–1938) 米国の天文学者, Wilson および Palomar 山天文台の創立者.

Hale, Sir **Matthew** *n.* (1609–76) 英国の裁判官.

Hale, Nathan *n.* (1755–76) 米国の愛国者; 独立戦争の際スパイをつとめ, 英軍に絞首刑に処せられた.

Ha·le·a·ka·la [hɑ̀ːliɑ̀ːkəláː | -lɪ-] *n.* ハレアカラー(山)《ハワイ諸島中の Maui 島にある休火山では世界最大のカルデラ火口(広さ 49 km², 深さ 762 m)をもつ山; 高さ 3,055 m》.

Haleakalá Nátional Párk *n.* ハレアカラ国立公園《米国 Hawaii 州 Maui 島にあり, ある Haleakala 休火山で有名, 1961 年指定; 面積 110 km²》.

ha·ler [hɑ́ːlə, -lɛə | -lə(r, -lɛə(r ; *Czech* hálɛr] 〖⇨ Czech ～ ⇨ MHG *haller* : ⇨ heller¹〗 ―― *n.* (*pl.* **～s, ha·le·ru** [-lərùː ; *Czech* -lɛru]) **1** ハレル《チェコスロバキアの通貨単位 ; ＝¹/₁₀₀ koruna》. **2** 1 ハレルアルミ貨.

Ha·lé·vy [(h)æ̀leɪvíː, (h)ɑ̀ː- ; *F.* alevi], **Élie** *n.* アレビー《1870–1937 ; フランスの歴史家 ; *Histoire du peuple anglais au XIXᵉ siècle*「19 世紀英国民史」(1912–32)》.

Halévy, Jacques *n.* アレビー《1799–1862 ; フランスの作曲家》.

half [hǽ(ː)f, hɑ́ːf | hɑ́ːf] 〖OE *h(e)alf* side, half ＜ Gmc *χalbhaz* (原義) something divided (Du. *half* / G *Halb*) ← IE *(s)kel- to cut (L *scalpere* to cut / Skt *klpta* arranged) : cf. halve〗 ―― *n.* (*pl.* **halves** [hǽ(ː)vz, hɑ́ːvz | hɑ́ːvz]) **1** 半分, 二分の一 ; (大ざっぱに分けた)半分 : ⇨ better half / *Half* [The ～] *of* two is one. 2 の半分は 1 / cut into two exact *halves* 真二つに切る / two miles and a ～ 2 マイル半 / the larger ～ *of* one's fortune 財産の大半 / ～ *of* the people I met 会った人たちの半分 (cf. ～ the people ⇨ *adj.* 1 ★ (2)) / ～ *of* them 彼ら[それら]の半分 / in the first ～ *of* that year その年の前半(中)に / His ～ is bigger than mine. (二分した場合)彼の方が私のより大きい / Which is the larger ～? (二分した場合)どちらの方が大きいか. ★ half を主語とする述語動詞は half のあとに続く名詞の数によって支配される : *Half* (of) my time *was* wasted. / *Half* (of) the apples *were* bad. **2** 半時間, 30 分 (half an hour) : ～ past [《米》 after] seven 7 時半. ★ half past はしばしば [hǽpæs(t) | hɑ́ːpəs(t)] と発音される. **3** 《口語》 **a** 半パイント (half-pint). **b** 半マイル(競走) (half-mile (race)). **c** 半休日, 半ドン (half holiday). **4 a** 《米口語》 50 セント. **b** (*pl.* **halves, ～s** [～s]) 《英口語》(旧通貨制度の)半クラウン(貨幣) ; ＝halfpenny 1. **5** 《英》(もと一学年二期制の)半学年 (semester) (cf. quarter 2 c) : the summer ～ 夏学期. **6** (訴訟事件の)一方の側 (party). **7 a** (サッカー・ラグビーなどの)試合の前半[後半]《間に休憩時間が入る》. **b** 〖野球〗(イニングの)表, 裏 : the first [second] ～ *of* the fifth inning 5 回の表[裏]. **c** 《口語》 ＝halfback. **d** 〖ゴルフ〗同点. **8** 半額切符.

and a half 《口語》すごい, すばらしい : It was a job *and a* ～. すごく重要な[大きい, むずかしい]仕事だった. ***by half*** (1) 半分だけ. (2) (反語的に)大いに : He's too good [clever] *by* ～. 余り良過ぎる[利口過ぎる]. (3) [否定語に従って] ほとんど(…ない) : He's *not* a poet *by* ～. 詩人なんかじゃない. ***by halves*** (1) 不完全に, 中途半端に (incompletely) : It isn't my way to do things *by halves*. 物事を中途半端にやるのは私の性分に合わない. (2) 不熱心に, なまぬるく, あまり乗り気でなく (halfheartedly). ***cry halves*** 半分よこせと要求する, 山分けを要求する. ***go halves with*** 〈人〉と〔物を〕山分けにする 〔*in, on*〕: *go halves with* a person *in* the booty 分取り品を人と山分けする. ***in half*** 《口語》半分に, 二つに : break a stick *in* ～ 棒を二つに折る. ***not the half of*** …の重要部分[全部]でなく, ほんの少しばかりの… : It is *not the* ～ *of* the fact. それが真相のすべてではない(重要な点はほかにある). ***on halves*** 半分ずつ分けて : rent *on halves* 半分ずつ出し合って借りる / farm *on halves* 収穫を半分ずつ分けることにして農業をやる. ***the other half*** 残りの半分 ; (貧乏人から見て)金持ちたち(またはその逆). ***to (the) halves*** (1) 半分まで ; 不十分に. (2) 《米》山分けで. ***one's worse(r) half*** 《戯言》夫 (cf. one's BETTER HALF).

―― *adj.* **1** 半分の, 二分の一の ; (二つに分けた)半分の : ～ speed (全速力の)半速力 / a ～ salary 半給 / a ～ share 半分の分け前 / ～ a [a ～] dozen 半ダース / ～ an hour＝《米》 a ～ hour＝《米俗》 a ～ an hour 半時間 / a ～ length 〖ボートレース〗半艇身 ; 〖競馬〗半馬身 / a ～ mask (仮装会用などの普通の面の半分の大きさの)小型の(お)面 / a book bound in ～ calf [leather, morocco] 〖製本〗半子牛革[半革, 半モロッコ革]装丁本 (cf. half binding) / the *half*-woman, *half*-child appearance 半ば女半ば子供といった[女とも子供ともつかない]姿態 / have ～ a mind to do … ⇨ mind *n.* 6 b / ⇨ *half an* EYE. ★ (1) 数量・時間を表わす場合, 一般に *half a* dozen, *half an* hour 式の語順が《英》で, *a half* dozen, *a half* hour 式の語順が《米》で好まれるが, 半分の数量を 1 単位と見る場合には, 《英》でも後者を用いる傾向があり, その場合には *half*-hour, *half*-inch, *half*-pine のように 1 語で書かれることもある. (2) half に the またはその他の限定語のついた名詞が続く場合, half を *n.* とする *half of the* people, *half of my* time 式の言い方と, half を *adj.* とする *half the* people, *half my* time 式の言い方とがある ; 前者は全体の一部をさす意識の強いときに用いられ, 後者は全体があまり意識されていないときに用いられる. **2** 不十分な, 不完全な (imperfect) (cf. full¹ *adj.* 5) : ～ knowledge 生半可な知識 / a ～ smile わずかな微笑(ほほえ). **3** 〖製本〗半…《図書の背と平の ¹/₄ (そして時に角)の部分に特殊な表装材を使った》: ⇨ half binding, half calf.

―― *adv.* **1** 半分だけ : a glass ～ full of water 水が半分入っているコップ / ～ as much [many] as …の半分 / ～ as much [many] again as …の一倍半 / My work is ～ done. 仕事は半分出来ている / Caliban is ～ man and ～ beast. キャリバンは半人半獣だ. **2** いくぶんか, かなり ; ほとんど : ～ asleep and ～ awake 夢うつつで / be ～ dead 死にかかっている ; 《口語》疲れ切っている / I ～ wish …したい気もする. **3** 生半可に, いい加減に : *half*-educated ろくな教育のない. **4** 《英口語》 30 分過ぎで : ～ 4 4 時半.

not half (1) 半分も…でない : You do*n't* work ～ as hard as he. 彼の半分も[彼よりずっと]働かない[勉強しない]. (2) 《口語》少しも…でない (not at all) (cf. *not a* QUARTER) : It's *not* ～ bad. 決して悪くはない, なかなかいい / The weather was*n't* ～ good enough. 天気はひどく悪かった. (3) 《英口語》とても, 恐ろしく, ひどく : We did*n't* ～ laugh. 笑ったの笑わないのって, 大笑いをした / He is*n't* ～ shrewd. ひどく抜け目のない奴だ / Do you like whiskey?―*Not* ～! ウイスキーは好きか―大好きだとも.

hálf-a-crówn *n.* **1** (英国旧通貨制度の)半クラウン《2 シリング 6 ペンスの金額 (＝12¹/₂ new pence)》. **2** ＝half crown 1.

hálf-and-hálf *adj.* 半々の ; 半端の, どっちつかずの. ―― *adv.* 同量に, 等分に, 半々に. ―― *n.* **1** 半々の混合物. **2** 《英古》ハーフアンドハーフ : **a** 混合ビール《ale と porter を半々に混ぜたもの》. **b** 牛乳とクリームの混合飲物. **3** 半々白鑞(しろめ)《鉛とスズを半々に混ぜたしろめ[はんだ]》. **4** 《俗》(白人と黒人の)混血児, あいの子. **5** 《卑》ハーフアンドハーフ《fellatio と性交が半々の売春》.

hálf-àrmor *n.* 〖甲冑〗半甲冑《徒歩戦向けの上半身用の甲冑》.

half-armor
1 burgonet ; 2 buffe ; 3 besague

hálf-ássed *adj.* 《米卑》 **1** 無能な, ばかな, 愚かな (stupid). **2** ろくな計画なしの ; でたらめな ; 不十分な.

hálf·bàck *n.* **1** ハーフバック, 中衛 : **a** 〖アメリカンフットボール〗フルバックの両サイドに位置する 2 人のバックスのうちの 1 人. **b** 〖ラグビー・サッカー・ホッケー〗フォワードとバックスの中間にいる競技者の 1 人. **2** ハーフバック[中衛]の位置.

hálf-báked *adj.* **1** 生焼けの : ～ bread, potatoes, etc. **2** 《口語》 **a** 〈計画・草稿など〉不完全な ; 未熟な, 浅薄な : a ～ idea 未熟な考え, 思いつき程度の考え. **b** いい加減な : a ～ rumor. **c** 世間知らずの, 無経験な. **d** 頭の足りない, 間抜けな.

hálf-bàll stróke *n.* 〖玉突〗ハーフボール《手玉の中央を突いて的玉の端(はし)に当てる》.

hálf bát *n.* 〖土木〗半ます《横に半分にしたれんが》.

hálf·bèak *n.* 〖魚類〗サヨリ科の魚類の総称.

hálf-bèam *n.* 〖造船〗ハーフビーム, 半梁《ハッチのある場所のように船の全幅にわたらない梁》.

hálf bínding *n.* 〖製本〗半装 ; 半革(装) (half leather) ; 半クロス(装) (half cloth) (cf. full binding, half calf, half morocco).

hálf-blínd *adj.* 半盲の.

hálf-blínd jóint *n.* 〖建具〗包蟻組継(つつみありつぎ).

hálf-blòod *n.* **1** 腹[たね]違いの兄弟. **2** 混血児, 合いの子 (half-breed). **3** (動物の)雑種. ―― *adj.* ＝half-blooded.

hálf blóod *n.* (片親だけ共通の)腹[たね]違い(の関係) (cf. full blood) : a brother [sister] of the ～.

hálf-blóoded *adj.* **1** 片親だけ共通の, 腹[たね]違いの. **2** 混種の, 雑種の : a ～ sheep.

hálf-blúe *n.* 《英》 **1** 半青章《対抗競技で予備選手などに与えられるバッジまたは旗》. **2** 半青章が与えられる選手.

hálf-bóiled *adj.* 生煮えの, 半熟の : ～ eggs.

hálf bòot *n.* (すねの半ばまでくる)半長靴, ハーフブーツ.

hálf-bóund *adj.* 〖製本〗半装[半革装, 半クロス装]の (cf. half binding, whole-bound).

hálf bràu [-bràʊ] *n.* 〖海事〗非常に長くて低い前檣ステースル (forestaysail).

hálf-bréadth plàn *n.* 〖造船〗半幅(はば)線図《船を見下した船体の左または右半分の図で, 各線の形状を表わす ; cf. body plan, sheer plan》.

hálf-brèd *adj.* 混種の, 雑種の. ―― *n.* (動物の)雑種.

hálf-brèed *n.* **1** 混血児 ; (特に)白人とアメリカインディアンとの合いの子. **2** (動植物の)混種, 雑種 (hybrid). ―― *adj.* 混血の ; 混種[雑種]の (half-blooded). ★ 時に敵意・軽蔑の意をこめて用いられる.

hálf-brìlliant cùt *n.* 〖宝石〗＝single cut.

hálf bròther 〖(*a*1338)〗 *n.* 異父[母]兄弟 (⇨ stepbrother).

hálf bútt *n.* 〖玉突〗半長キュー《普通のキュー (cue) と long butt との中間》.

hálf cádence *n.* 〖音楽〗半終止《属和音 (dominant) またはまれに下属和音 (subdominant) 上に一時的に停止する終止法 ; 楽曲の途中で段落をなす部分に用いられる ; half close ともいう》.

hálf cálf *n.* 〖製本〗半子牛皮装(丁), 半カーフ装 (略 hf. cf. ; cf. half binding).

hálf-càste *n.* **1** (白人の父とインド人・イスラム教徒の母との間の)混血児. **2** 異なった社会階層の両親をもつ人. ―― *adj.* 混血児の.

hálf-cèll *n.* 〖電気〗半電池《電極・溶液間の起電力測定のため, これの相手となって電池を構成するための電極》.

hálf cènt *n.* 半セント銅貨《米国で 1793–1857 年間に幾度か発行された》.

hálf clóse [-klóʊs | -kláʊs] *n.* 〖音楽〗＝half cadence.

hálf-cóck *vt.* 〈銃を〉半撃ち[安静段, 安全装置]にする (cf. fullcock).

hálf cóck *n.* (銃を発射準備にした時, 撃鉄が半ばあがって第 1 段で止まり, 引金を引いても発射しない状態の)半撃ち, 安静段 (cf. cock¹ *n.* B 2, full cock).

at half cock (1) 撃鉄を半分起こして. (2) 用意[心構え]が不十分(な状態)で. ***go off at half cock*** (1) 〈銃が〉半撃ちになる. (2) 早まって話す[行動する], 早とちりする, 早まって失敗する. (3) 〈事が〉不用意のうちに始まる[始められる].

hálf-cócked *adj.* **1** 〈銃が〉安静段におかれた. **2** 《米》用意[心構え]が不充分(な状態)で.

go off half-cocked 《米》 ＝*go off at* HALF COCK.

hálf cólumn *n.* 〖建築〗半柱, ハーフコラム《壁の一部を半円形に張り出して作った柱 ; cf. pilaster》.

hálf-cóoked *adj.* **1** 生煮え[焼け]の, 半熟の. **2** 《米俗》未熟の (inexperienced).

hálf crówn *n.* **1** (英国旧通貨制度の)半クラウン硬貨 (2 s. 6 d.)《16 世紀には金貨, 以後 1946 年まで銀貨 ; それ以後は白銅貨》. **2** ＝half-a-crown 1.

hálf-déad 〖OE *healf-dēad*〗 *adj.* 半死半生の, 死にかかっている.

hálf-déad escàpement *n.* 〖時計〗半直進脱進機《がんぎ車の回転がアンクルのつめで止められた後, がんぎ車がごく僅かしか後もどりしない形式の脱進機 ; クロックに用いられる》.

hálf dèck *n.* **1** 半甲板《船の半分または一部に張った甲板》. **2** 見習い航海士などのための甲板室.

hálf-décked *adj.* 半甲板を張った : a ～ ship.

hálf dìme *n.* 《米》(1792 年および 1794–1873 年間に鋳造された) 5 セント銀貨.

hálf dísme *n.* 《米》(1792 年鋳造の) 5 セント銀試鋳貨.

hálf-dóllar *n.* **1** (米国・カナダの)半ドル[50 セント]銀貨. **2** 50 セントの金額.

hálf-dóne *adj.* **1** やりかけの, 未完成の, 不完全な. **2** 生煮えの, 半熟の, 生焼けの (underdone).

hálf-dózen *n.* 半ダース, 6 個.

hálf éagle *n.* 《米》(昔の) 5 ドル金貨.

hálf-évergreen *adj.* 〖植物〗(テンニンカなどのように)暖冬には常緑の葉をもった ; 温暖な地方では常緑の葉をつけている.

hálf-fáce *n.* **1** 半面, 横顔 (profile). **2** 〖軍事〗半ば右[左]向き. ―― *adj.* 横顔を描いた, 半面の.

hálf-fáced *adj.* **1** 横顔の, 半面の : a ～ portrait. **2** 不完全な, 中途半端な (imperfect). **3** 三方がふさがれ一方だけが開いた : a ～ garden, room, tent, etc.

hálf fáre *n.* (鉄道・バスなどで)半額(運賃).

hálf fráme *n.* **1** 〖建築〗 ＝combination frame. **2** 〖造船〗 ＝half timber¹.

hálf gàiner *n.* 〖水泳〗半前逆飛び《飛込みの一種 ; cf. gainer 2》.

hálf-gérund *n.* 〖文法〗半動名詞《H. Sweet の用語 ; 現在分詞と動名詞との中間的機能を持つ ing 形 : I don't like him *reading* such books.》.

hálf-hárdy *adj.* 〖園芸〗〈植物が〉半耐寒性の.

hálf-hátched *adj.* 孵(かえ)しそこないの ; 不用意に作り上げた, 未熟な : ～ allegories 未熟な[ぎごちない]諷喩(ふうゆ).

hálf·héarted *adj.* 気乗りのしない, 本気でない, なまぬるい, 不熱心な : a ～ attempt あまり気乗りのしない試み / a ～ reply 生返事. **～·ly** *adv.* **～·ness** *n.*

hálf hítch *n.* 〖海事〗半結索, 片[半]結び, ハーフヒッチ.

hálf-hóliday *n.* 半休日, 半ドン.

hálf hóse *n. pl.* [集合的] (男性用)半靴下, ソックス.

hálf-hóur 〖(*c*1420)〗 *n.* **1** 半時間. **2** (…時) 30 分の時点. ―― *adj.* **1** 半時間の. **2** (…時) 30 分ごとの.

hálf-hóurly *adv.* 半時間ごとに. ―― *adj.* ＝half-hour.

hálf hùnter *n.* ハーフハンター《蝶番(ちょうつがい)つきの蓋をもつ懐中時計 ; 開かずに文字盤が読めるように蓋に穴があけられている ; cut hunter, demi-hunter ともいう ; cf. hunter 4》.

hálf-ínch 〖PINCH と韻を合わせた造語〗 *vt., vi.* 《英俗》盗む (steal).

hálf-ínteger *n.* 〖数学〗半整数《奇数の ¹/₂ に等しい数》.

hálf-íntegral *adj.* 〖数学〗半整数の《奇数の ¹/₂ の》.

hálf-knòt *n.* 〖海事〗(棒とか, 他の太い綱に巻きつけた場合の)一重結び《日本でいう玉結びの半分までの形》.

hálf làp *n.* 〖木工〗 ＝end lap.

hálf lèather *n.* 〖製本〗半革装 (half binding).

hálf-léngth *adj.* 〈肖像画が〉半身の. ―― *n.* 半身像, 半身肖像画.

hálf léthal dóse *n.* 〖医学〗(医薬・毒物などの) 50% 致死量《略 HLD, LD₅₀》.

hálf-lífe *n.* **1** 〖物理〗半減期《放射性物質の原子核(や励起した原子・分子や不安定な素粒子など)の半数が崩壊するに要する時間 ; half-life period ともいう ; cf. life 4 d》. **2** 〖薬学〗(体内での薬物の)半減期.

hálf-light *adj.* 薄明りの. ―― *n.* **1** (屋内・霧空・夕景などの)薄明り, 薄明 : in the ～. **2** 〖美術〗(絵などの)薄明るい部分, 片側.

hálf line *n.* 〖数学〗半直線《一点で区切られた直線の片側》.

hálf·lings [hǽflɪŋz, hɑ́ːf- | hɑ́ːf-] 〖(?*a*1200) *halflunge(s)* : ⇨ half, -ling², -s²〗 *adv.* 《スコット》半ば (half) ; 部分的に (partly).

hálf-lóng *adj.* 〖音声〗〈音が〉半長の《普通は [ˑ] で表わす》.

hálf-mást *n.* マストの中ほど ; 半旗の位置《哀悼の表示または遭難の信号》: a flag at ～ 半旗. ―― *adv.* マストの中ほどに, 半旗の位置に : ～ high 半旗の位置

に (cf. flag[3] 1 a). ── *vt.* 〈旗を〉半旗の位置に掲げる: ~ a flag 半旗を掲げる.

hálf méasure *n.* [通例 *pl.*] (妥協などによる)不十分な[徹底さを欠いた]行動方針[政策], 妥協的な手段; 急場の間に合わせ(策): by ~*s*.

hálf-mòon 〘(*a*1425)〙 ── *n.* **1** 半月 (cf. full moon, crescent 1 a). **2** 半月形[三日月状]の物. **3** つめ半月 (lunula)《指の爪根(㊟)の半月形の白い部分》. **4** 〘築城〙半月堡(㊟) (⇨ demilune 2). **5** 〘魚類〙 **a** カゴカキダイ科の魚 (*Medialuna californiensis*)《米国 California 州近海の食用魚》. **b** エンゼルフィッシュ (scalare). **hálf-móoned** *adj.*

hálf morócco *n.* 〘製本〙半モロッコ革装(丁)《略 hf. mor.; cf. half binding》.

hálf móurning *n.* **1** 半喪服《第二期の服喪中に着る黒に白・グレー・ラベンダーなどを加味した喪服; cf. deep mourning》. **2** 半喪服を着る期間, 半喪期.

hálf nélson *n.* 〘レスリング〙ハーフネルソン《片腕を背後から相手のわき下に入れもう一方の手と組んで首を攻める技の一種; cf. full nelson》.
get a half nelson on …の急所を捕える, …を完全に抑える.

hálf·ness *n.* 半分; 中途半端, 不完全.

hálf nòte *n.* 《米》〘音楽〙二分音符《minim ともいう》.

hálf nút *n.* 〘機械〙半割りナット.

hálf-óne *n.* **1** 〘ゴルフ〙半数減点. **2** 《アイル》グラス半(杯)分のウイスキー.

hálf-órphan *n.* 片親を失った子.

hálf·pàce 〘(1569)《変形》← 《廃》*halpace* 《変形》← *hau(l)tepase* ▭ F *haut pas* high step: ⇨ haughty, pace[1]〙 ── *n.* 〘建築〙 **1** (段のある)高座, 壇, 上段, 基壇 (platform). **2** (折れ曲がる階段の)踊場 (footpace). **hálf·pàced** *adj.*

hálf-páy *adj.* **1** 半給を受ける. **2** 《英》休職の, 退職の: a ~ colonel / place an officer on the ~ list 将校に休職を命じる.

hálf páy *n.* **1** 俸給[賃金]の半分, 半給. **2** 〘英軍〙(将校の減額された)休職俸, 待命俸, 半俸.

half·pen·ny [héɪpəni, hǽfpéni, há:f-, héɪp(ə)ni | héɪpəni, há:fpénɪ, héɪp(ə)nɪ] 〘(*c*1275) *halfpeny*, *halpeny*〙 ── *n.* (*pl.* **half·pen·nies**) **1 a** (英国の)半ペニー青銅貨: Give me two *halfpennies* for this penny. このペニー貨を二つにして下さい. **b** (*pl.* **half·pence** [héɪpəns, hǽfpéns, há:f-, héɪpəns | há:fpéns, héɪpəns]) 半ペニー(の価): three *halfpence* 1 ペニー半 ($1^1/_2$ p). ★ 用法その他については ⇨ penny 1. **2** 《英口語》小銭. **3** 少量 (a small amount).
get* [*receive*] *more kicks than halfpence ⇨ kick[1] 成句. ***turn up again like a bad halfpenny*** 《英口語》しつっこく[欠かさず]現われる.
── *adj.* **1** 半ペニーの: a ~ stamp 半ペニー切手. **2** 安い, つまらない, くだらない (worthless).

half·pen·ny·worth [héɪp(ə)niwə̀:θ, héɪpəθ | héɪp(ə)nɪwə̀:θ, héɪpəθ] 〘OE *healfpeniġwurþ*: ⇨ half, penny, worth[1]〙 ── *n.* 半ペニーの価格[値]のもの; ごく少量: ⇨ *lose the* SHIP *for a halfpennyworth of tar*.

hálf-pìke *n.* (昔船乗りが敵船に乗り込む際に使った)半矛(㊟) (cf. spontoon).

hálf-pìnt *n.* **1** 半パイント (=$^1/_4$ quart). **2 a** ちび, 小男; (特に)小さい女. **b** つまらない人間. ── *adj.* **1** 半パイントの[入りの]. **2** ちびの.

hálf plàne *n.* 〘数学〙半平面《直線で切られた平面の片側》.

hálf-plàte *n.* 〘写真〙ハーフサイズ感光板《16.5 cm × 10.8 cm》.

hálf pówer wìdth *n.* 〘電気〙電力半値幅《周波数特性を表わす重要用語の一つで, 電力が半分に落ちる周波数の幅》.

hálf-príce *adj., adv.* 半値の[で], 半額の[で].

hálf-ráter *n.* (19 世紀のイギリスヨット等級規則による)小形競走用ヨット《喫水線の所で約 15 フィートの長さのあるもの》.

hálf relíef *n.* 〘美術〙半肉[中浮]彫り (demirelief) (cf. relief[2] 2).

hálf rèst *n.* 〘音楽〙二分休止符.

hálf rhỳme *n.* 〘詩学〙 =slant rhyme.

hálf-róund *adj.* 半円の, 半円形の (semicircular). ── *n.* **1** 横断面が半円形のもの. **2** 〘印刷〙丸鉛版.

hálf-ròund fìle *n.* 半丸やすり, 甲丸やすり (⇨ file[2] 挿絵)「の一種」.

hálf-róyal *n.* ハーフローヤル《はり合せた板紙・厚紙》

hálf-sèas óver *adj.* **1** 〘海事〙甲板に海水が半かぶりの. **2** 《俗》酔った (drunk), ほろ酔いの (half drunk) (cf. WHOLE-SEAS over).

hálf shéave *n.* 〘海事〙滑り溝(㊟)《滑車の代りに溝を用いてロープを導く方法》.

hálf shèll *n.* (料理の皿代りにする)二枚貝の殻の片方: clams on the ~.

hálf-shìft *n.* 〘音楽〙(弦楽器の運指法で)ハーフポジション.

hálf-shót *adj.* 《俗》ほろ酔いの.

hálf shòt *n.* 〘ゴルフ〙ハーフショット《ハーフスイングで打たれたショット》.

hálf sìster 〘(?*a*1200)〙 *n.* 異父[母]姉妹 (cf. sister-german, stepsister).

hálf sìze *n.* 〘服飾〙ハーフサイズ《婦人服の大きさで $12^1/_2$ から $24^1/_2$ までの分数で示され, 身長に対して巾の大きい女性用のサイズ》.

hálf-slìp *n.* 半スリップ《下スカートとして着る短いペチコート》. ── *adj.* 〈メロンが〉ハーフスリップの (熟し加減で)《花茎を押すか引っ張るかするとすぐ抜けてくる状態についていう》.

hálf-sòle *vt.* 〈靴〉に半底をつける[て修理する].

hálf sòle *n.* (靴の)半底《土踏まずの部分より前方》.

hálf sóvereign *n.* (英国の旧通貨制度の)半ポンド金貨《今は廃止; =10 shillings》.

hálf-stáff *n.* 《米》=half-mast.

hálf stèp *n.* 《米》 **1** 〘音楽〙半音 (semitone). **2** 〘軍事〙半歩《速歩(㊟)で 15 インチ, 駆歩(㊟)で 18 インチ; cf. full step》.

hálf stùff [**stòck**] *n.* 〘製紙〙半成紙料.

hálf térm *n.* (学期中の)中間休暇《通例二, 三日》.

hálf-thìckness *n.* 〘物理〙=half-value layer.

hálf tíde 〘(?*c*1475)〙 *n.* 半潮《満潮と干潮との中間》.

hálf-tide dóck *n.* 〘海事〙潮待ちドック《満潮時にしか入れないドックに入るために潮待ちするためのドック》.

hálf tímber[1] *n.* 〘造船〙短肋材.

hálf tímber[2] *adj.* 〈家が〉木骨造りの《英国エリザベス朝・チューダー朝時代の建築で, 木枠の部分を外に出しその間をしっくいなどで埋めた様式にいう》.

half timber building

hálf-tímbered *adj.* = half timber[2].

hálf-tìme *adj.* 半日制の (cf. full-time, part-time 1): the ~ system 半日制《半日は学校に出て半日は工場で働く》.

hálf tìme *n.* **1** 半日労働, 半日給. **2** 〘スポーツ〙ハーフタイム《中休みの時間》.

hálf-tìmer *n.* **1** 規定時間の半分働く者; 半日労働者 (cf. full-timer, part-timer). **2** 《英》半日制学童《昔, 規定時間の半分だけ出席して他は工場で働いた学童》.

hálf tìnt *n.* 〘美術〙半調ぼかし《demitint ともいう》.

hálf tìtle *n.* 〘製本〙 **1** 略書名, 略標題; 小扉, 前扉, 略標題紙《標題紙の直前にあってその本の略書名しか印刷されていないページまたはそこに示された書名; bastard title, false title ともいう》. **2** 略書名, 略標題《本文第一ページの前の紙の右ページまたは本文第一ページの上端に示されている書名》. **3** (章などの)表題, 小見出し《章などの最初のページの直前の紙の右ページにその章の題だけが印刷されたもの》.

hálf·tòne *n.* **1** (絵画・写真などで)明暗中間[ぼかし]の部, 中間部, 半調部, ハーフトーン《middletone ともいう》. **2** 〘写真製版〙網版(画). **3** 《米》〘音楽〙=half step 1. ── *adj.* **1** 半調部の. **2** 〘写真製版〙網版の: the ~ process 網版製版術.

hálf-tràck *n.* **1 a** 半無限軌道方式《前輪は車輪, 後輪はキャタピラ方式》. **b** 半無限軌道式自動車. **2** 〘軍事〙半装軌車, (特に)装甲半装軌車. ── *adj.* 半無限軌道式の, 半装軌式の. **~ed** *adj.*

hálf tràp *n.* 半曲管《管トラップの一種で, 排水管への空気の流入を阻止し, 排水路を経て臭気が室の中へ侵入するのを防ぐ器具》.

hálf-trùth *n.* (人をだましたり, 非難を回避したりするための)半面だけの真理しか含まない言葉.

hálf túbe *n.* 半管楽器《管の全長で鳴る基音が使えず, 第 2 倍音を最低楽音とする金管楽器の総称》.

hálf-tùrn stàir *n.* 曲折式階段《踊り場で 180 度向きを変えて登る階段》.

hálf twìst *n.* **1** 〘水泳〙ハーフツイスト《体を半分ひねった逆飛込み; cf. full twist》. **2** 〘体操〙半横転.

hálf úncial *n.* 〘印刷〙半アンシャル《uncial と cursive の中間の字体》.

hálf-válue làyer *n.* 〘原子力〙半価層《放射線が物質を通過する時, その強さが半減する吸収物質の厚さ》.

hálf-vólley 〘球技〙 *vt.* 〈ボールを〉ハーフボレー (half volley) で打つ. ── *vi.* ハーフボレーで打つ[蹴る].

hálf vólley *n.* 〘球技〙ハーフボレー《サッカー・ラグビー・クリケット・テニスなどで地面からはね上がる瞬間を捕えて打つ[蹴る]ボレー; cf. full toss, volley》.

hálf wáve antènna *n.* 〘通信〙半波空中線, 半波長アンテナ《波長のほぼ半分の長さのアンテナ》.

hálf-wáve plàte *n.* 〘光学〙半波長板, 二分の一波長板《互いに垂直に偏った 2 つの光に二分の一波長の光路差を与える薄い結晶板; cf. quarter-wave plate》.

hálf-wáve potèntial *n.* 〘電気〙半波電位《ポーラログラフ電流―電位曲線で最大電流値の半分の値に対応する電位》.

hálf-wáve rèctifier *n.* 〘電気〙半波整流器 (cf. full-wave rectifier).

hálf·wáy 〘(*c*1390)〙 ── *attrib. adj.* **1 a** 中間の, 中途の (midway). **b** 起点と終点から等距離の; 中点の. **2** 中途半端の, 不十分な, 不完全な (incomplete): ~ measures 不徹底な手段. ── *adv.* **1** 中途で, 中途まで: ~ up [down] 半分ぐらい上[下]ったところに / go ~ with a person 中途まで人と一緒に行く; 人と折り合う / turn back ~ 中途で引き返す / reach only ~ 中途までしか届かない / I was ~ up the staircase. 階段を半分ほど昇りかけていた. **2 a** 半分だけ; 不十分に: He is ~ through the book. その本を半分ほど読んでいる / pull one's gun ~ ピストルを(吊り革から)半ば抜きかける. **b** ほとんど (almost, nearly): He ~ gave up his plan. 計画をほとんどあきらめた. **c** 少しでも, 多少とも (more or less).
meet a person halfway 〈人〉と歩みよる, 折り合う, 妥協する. ***meet trouble halfway*** 取越し苦労をする.

hálfway hòuse *n.* **1** (二つの町などの)中途にある家《しばしば旅館》. **2** (進行の)中間点; (進歩・変化・改革などの)前半終了段階; 妥協点, 妥協; 妥協方法. **3** 社会復帰訓練所《刑務所などからの出所後または精神病院などからの退院後の社会復帰をする人を助ける施設》.

hálf Wèllington *n.* ハーフウェリントン《脚部がズボンの下になるようにしてはく革製の半長靴》.

hálf-wídth *n.* 〘化学〙半値幅《ある物理量の分布が変数に対し左右対称な山型曲線で与えられるとき, 山の半分の高さの所の変数の幅》.

hálf-wìt *n.* **1** 薄ばか, 間抜け. **2** 精神薄弱者, 精薄者.

hálf-wìtted *adj.* **1** 間抜けな, 薄ばかな (stupid); ぼうっとなる, 無感覚の (senseless): The shock has made him ~. その衝撃で頭がぼうっとなってしまった. **2** 精神薄弱の, 低能の. **~·ly** *adv.* **~·ness** *n.*

hálf-wórld *n.* **1** 半球 (hemisphere). **2** 〘(なぞり) ← F *demi-monde*〙 花柳界, 花街, 色町(㊟). **3** 暗黒街; どん底社会 (underworld).

hálf yéar 〘OE *healf ġear*〙 *n.* **1** 半年. **2** (1 年 2 学期制の)半学年 (semester).

hálf-yéarly *adj.* 半年ごとの. ── *adv.* 半年ごとに, 年に 2 回.

hal·i- [hǽli, -lə | -lɪ] 〘← NL ~ ← Gk ~ ← *háls* salt, sea〙「海 (sea); 塩 (salt)」の意の連結形.

hal·i·but [hǽləbət, hɑ́l- | hǽlɪbət, -bʌ̀t] 〘(1396) *halybutte* ← *hāli* 'HOLY' + *butte* 'BUTT[5]': この魚を holy day に食べたことから: cf. Du. *heilbot* / G *Heilbutt*〙 ── *n.* (*pl.* ~, ~s) 〘魚類〙オヒョウ, カラスガレイ《北方海洋に産する全長が3メートルにもなるカレイ科の魚類; 大西洋産 (*Reinhardtius hippoglossoides*), 太平洋産 (*Hippoglossus stenolepis*)》.

hálibut-liver òil *n.* ハリバ肝油《halibut の肝臓からとれる肝油; cf. Haliver》.

Hal·i·car·nas·sus [hæ̀ləkɑənǽsəs | -lɪkɑ:-] *n.* ハリカルナッソス《小アジア南西端部にあったギリシャの古代都市; Mausoleum の所在地》.

hal·i·cot [hǽləkòʊ | -lɪkəʊ] *n.* =haricot[2].

Ha·lic·ti·dae [həlíktədì: | -tɪ-] 〘← NL ~ ← *Halictus* (属名: ← Gk *halizien* to gather) + -IDAE〙 *n. pl.* 〘昆虫〙コハナバチ科.

ha·lic·tine [həlíktaɪn, -tɪn, -tən | -taɪn, -tɪn] 〘⇨ ↑, -ine[1]〙 〘昆虫〙 *adj.* コハナバチ(科)の. ── *n.* コハナバチ《コハナバチ科のハチの総称》.

hal·ide [hǽlaɪd, héɪl-, -lɪd, -ləd | -laɪd, -lɪd] 〘← HALO- + -IDE[2]〙 *n., adj.* 〘化学〙ハロゲン化物(の).

hal·i·dom [hǽlədəm | -lɪ-] 〘OE *hāliġdōm* holiness, relic ← *hāliġ* 'HOLY' + *dōm* '-DOM'〙 ── *n.* 《古》 **1** 聖域, 聖所 (sanctuary). **2** 神聖な物, 聖物, 聖宝 (relic).
by my halidom 神かけて, 誓って, 断じて.

hal·i·dome [hǽlədòʊm | -lɪdəʊm] *n.* 《古》=halidom.

hal·i·eu·tic [hæ̀lijú:tɪk | -lɪjú:t-] 〘▭ L *halieutic-us* ▭ Gk *halieutikós* ← *halieúein* to fish ← *háls* sea〙 *adj.* 魚釣の. **hàl·i·éu·ti·cal·ly** *adv.*

hali·eu·tics [hæ̀lijú:tɪks | -lɪjú:t-] *n.* **1** 魚釣法, 漁法. **2** 魚類[魚釣り, 漁業]論.

Hal·i·fax [hǽləfæ̀ks | -lɪ-] 〘《異化》← ME *Haliflex* 《原義》holy flax field: ⇨ holy, flax: 成句の用法はこの市(英国)の法律がきびしく, 盗人をすぐ絞首刑にしたことから〙 ── *n.* **1** カナダ南東部の不凍港, Nova Scotia 州の首都; 人口 122,000. **2** イングランド北部 West Yorkshire 州西部の工業都市; 人口 89,000.
Go to Halifax! 《口語》地獄に落ちろ, どうにでもなれ.

Hal·i·fax [hǽləfæ̀ks | -lɪ-], 1st Earl of *n.* (1881–1959) 英国の政治家; 外相 (1938–40) として Munich Pact の成立に努力; 本名 Edward Frederick Lindley Wood.

Halifax, 1st Marquis of *n.* (1633–95) 英国の政治家; 本名 George Savile.

Hal·i·go·ni·an [hæ̀ləgóʊniən | -lɪgə́ʊnjən, -nɪən] 〘← ML *Haligon-ia* (Halifax のラテン語名) + -IAN〙 ── *adj.* ハリファックス (Halifax) の. ── *n.* ハリファックスの住民.

hal·i·o·tis [hæ̀lióʊtɪs, -təs | -lɪə́ʊtɪs] 〘← NL ~ ← HALI- + Gk *ōt-*, *oûs* ear: その形が耳と似ている所から〙 *n.* (*pl.* ~) 〘貝類〙=abalone 1.

hal·ite [hǽlaɪt, héɪl-] 〘← Gk *háls* salt + -ITE[1]〙 *n.* 〘鉱物〙カリ岩塩 (KCl) (rock salt).

Hal·i·ther·ses [hæ̀ləθə́:si:z | -lɪθɜ́:-] 〘▭ Gk *Halithérsēs*〙 ── *n.* ハリテルセース《イタケー地方出身の予言者; Odysseus の帰還と彼が Penelope の求婚者たちを殺害することを予言》.

hal·i·to·sis [hæ̀lətóʊsɪs, -səs | -lɪtə́ʊsɪs] 〘(1885) ← NL ~ ← L *hālitus* breath + -OSIS〙 *n.* 〘病理〙呼気悪臭, 口臭 (foul breath) (cf. ozostomia).

hal·i·tus [hǽlətəs | -lɪt-] 〘▭ L *hālitus* breath〙 *n.* 《古》呼吸, 呼気 (breath).

Hal·i·ver [hǽləvə | -lɪvə(r)] 〘《商標名》← *hali*(*butli-ver* (*oil*)〙 *n.* 〘商標〙ハリバ《肝油》.

hall [hɔ́:l] 〘OE *heall* < Gmc *χallō* 《原義》covered place (Du. *hal* / G *Halle*) ← IE **kel-* to hide, cover (L *cēlāre* to hide / Gk *kaliā* hut, nest): cf. hell〙 ── *n.* **1** [しばしば H-] (公務の処理や集会などのために使用する)会館, 公会堂; (組合・協会・結社などの)事務所, 本部, …会館: the Agricultural *Hall* 農業会館 / ⇨ city hall, town hall, Faneuil Hall, Tammany Hall, Westminster Hall. **2 a** (会館などの中にある, または独立の音楽会・講演会用の)集会場, ホール: a concert ~ 演奏会用ホール / a lecture ~ 講堂 / ⇨ Carnegie Hall. **b** 娯楽場; 大広間, ホール: a pool ~ 玉突き場 / ⇨ dance hall, music hall. **c** [しばしば *pl.*] =music hall. **3** [しばしば H-] **a** (大学の)独立校舎,

講堂, 集会場: the Science *Hall* 理学部校舎 / the Students' *Hall* 学生集会場, 学生会館. **b** 学生寮, 寄宿舎 (hall of residence): live in ～. **c** (ある大学での)学部 (college). **4** 《英》 **a** (大学の)大食堂: dine in ～ 大食堂で会食する, 会食に出席する. **b** 大食堂での食事. **5 a** 《米》(ビルディング・学校などの屋内の)廊下, 通路 (corridor). **b** (住宅の)玄関, ロビー, 玄関の広間: leave one's hat and coat in the ～ 玄関に帽子と外套を脱いでおく. **6** 《英》 **a** (昔の王侯邸宅の)大広間: a banqueting ～ 宴会用広間 / ⇨ servant's hall. **b** (昔の王侯貴族の)館(やかた), 城. **7** [the H-; しばしば固有名詞をつけて] 《英》(昔の)荘園領主の邸宅 (manor house), (今は)田舎の大地主の邸宅. **8** 《古》[混み合っている場所で通路をあけてもらう呼び掛けに用いて] 空所 (cf. gang way 4): A ～! A ～! どけどけ, 場所を明けろ.

Hall of Fame (for Great Americans) [the ―] (偉大な米国人の)栄誉の殿堂《その額や胸像を飾った New York 大学の柱廊; 1900 年創設, 5 年ごとに数名の新しい名が加えられる; cf. HALL of Famer》.

Hall of Famer [féɪmə | -mə(r)「栄誉の殿堂」に胸像(など)を飾られる人, 栄誉の人.

Hall of Mirrors [the ―] (Versailles 宮殿の)鏡の間.

hall of residence (大学の)学生寮, 寄宿舎 (hall).

halls of ivy 〖伝統のある大学の校舎の外壁につたを這わせた例が多いことから: cf. Ivy League〗大学.

Hall [hɔ́ːl] 〖ME (*de*) *Halla* 《原義》(worker of the) hall (↑): もと家族名〗 *n.* 男性名. 「家.

Hall, Charles Francis *n.* (1821–71) 米国の北極探検

Hall, Charles Martin *n.* (1863–1914) 米国の化学者; アルミニウムの電解精錬法を考案した. 「学者.

Hall, Granville Stanley *n.* (1846–1924) 米国の心理

Hall, James Norman *n.* (1887–1951) 米国の作家.

Hall, Peter *n.* (1930–) 英国の演出家.

Hall, Rad·clyffe [rǽdklɪf, -kləf | -klɪf] *n.* (1886–1943) 英国の女流小説家・詩人; *The Well of Loneliness* (1928).

hal·lah [xáːlə, xaːláː] 〖◻ Heb. *ḥallāʰ* ring-shaped bread ← *ḥālál* to bore a hole〗 ― *n.* (*pl.* **hal·loth** [xáːlouθ, -lous, ―⏑ | xáːləʊθ, -lɔ̀us, ―⏑], **hal·lot** [xáːlout, ―⏑ | xáːləʊt, ―⏑], **～s**) ハーラ《イースト入りの生地に卵を加え, 編むかねじるかして焼いたパン; ユダヤ教の安息日に造るもの》.

Hal·lam [hǽləm] 〖← OE *heallum* (dat.pl.) (dweller at) the slopes〗 *n.* 男性名.

Hallam, Arthur Henry *n.* (1811–33) 英国の詩人・随筆家; Tennyson の親友; *In Memoriam* は Hallam の死を弔う追憶の詩. 「Hallam の父.

Hallam, Henry *n.* (1777–1859) 英国の歴史家, A. H.

háll bédroom *n.* 《米》玄関寝室《玄関に通じる廊下の一部を仕切って作った狭い寝室 (hall room); 旅館などでは一番安い部屋》.

háll chúrch 〖《なぞり》← G *Hallenkirche*〗 ― *n.* 〖建築〗ホールチャーチ《ドイツのゴシック式教会建築様式で, 身廊 (nave) と側廊 (aisles) との天井がほぼ同じ高さでホールのように見える; Hallenkirche ともいう》.

Hal·le [háːlə; *G.* hálə] *n.* ハレ《東ドイツ南中部の都市, 大学がある; 人口 233,000》.

Hal·leck [hǽlɪk, -lək], **Fitz-Greene** [fítsgriːn, ―⏑] *n.* (1790–1867) 米国の詩人.

Háll effèct 〖← *E. H. Hall* (1855–1938: 発見者の米国の物理学者)〗 ― *n.* 〖電気〗ホール効果《電流が流れている半導体などの板に, 垂直に磁界を与えると電流および磁界に垂直な方向に電位差を生じる現象で, 磁界の測定などに用いられる》.

hal·lel [haːléɪl, ―⏑, hǽleɪl] 〖◻ Mish.Heb. *hallēl* 《原義》praise〗 ― *n.* 〖ユダヤ教〗ハレル《過ぎ越しの祝い・五旬節・仮庵(かりいお)の祭などで朗誦される詩編 113–118 編, または 136 編; ハレルヤ(主をほめたたえよ)の言葉がしばしば出るのでこう名付けられた》.

hal·le·lu·jah [hæ̀ləlúːjə | -lɪ-] 〖《1535》◻ Heb. *hallᵉlū-yáh* praise ye Yahweh〗 (*also* **hal·le·lu·iah** [～]) ― *int.* ハレルヤ, アレルヤ《神を賛美する叫びで,「主をほめたたえよ」の意》. ― *n.* **1** ハレルヤ聖歌. **2** 喜び[感謝]の表現. ― *adj.* 救世軍 (Salvation Army) の[に属する]: a ～ lass 救世軍女士官 / a ～ meeting.

Hal·len·kir·che [háːlənkiəkə | -kɪə-; *G.* hálənkɪrçə] 〖◻ G ～ ← *Halle* 'HALL' + *Kirche* 'CHURCH'〗 ― *n.* (*pl.* **-kir·chen** [-kən; *G.* -çən]) 〖建築〗ハレンキルヘ (⇨ hall church).

Hálley's cómet [hǽliz-, héɪliz- | hǽlɪz-] 〖← *Edmund Halley* (1656–1742: 英国の天文学者)〗 ― *n.* ハレー彗星(すいせい)《最近の出現は 1910 年で周期 76.03 年; その周期的出現は E. Halley によって計算された》.

hal·liard [hǽljəd | -ljəd] *n.* 〖海事〗＝halyard.

Hal·li·day [hǽlədèɪ | -lɪ-], **M(ichael) A(lexander) K(irkwood)** [kə́ːkud | kɔ́ːk-] *n.* (1925–) 英国の言語学者.

hal·ling [háːlɪŋ, hǽl-] 〖◻ Norw. ～ ← *Hallingdal* (この踊りで知られているノルウェー南部の谷)〗 *n.* 〖ダンス〗ハリング《ノルウェーの活発なフォークダンス》.

Hal·li·well [hǽləwɛ̀l, -wəl | -lɪ-] 〖ME (*de*) *Haliwell* 《原義》dweller by a holy spring: ⇨ holy, well[1]: もと地名, 家族名〗 *n.* 男性名.

hall·mark [hɔ́ːlmàək | hɔ́ːlmɑ̀ːk, ―⏑] *n.* **1 a** (London の金細工職組合本部 (Goldsmiths' Hall) で金・銀・プラチナの純分を検証した)認刻極印. **b** 品質証明, 純正[優良]の折紙, 太鼓判. **2** 特徴, 特質 (feature). ― *vt.* …に品質証明の極印を押す, 折紙を付ける.

hal·lo [həlóu, hæló u, ―⏑ | həlóu, hæ-] 〖《1781》《変形》← HOLLO(A)〗 (*also* **hal·loa** [～]) ― *int.* **1 a** おーい, おい《人の注意の喚起を表わす》. **b** 《英》＝hello 1 b. **c** 《英》やあ (《米》hello)《気軽な挨拶の発声》. **2** 《英》おや《驚きを表わす》. **3** それ, ほれ, しっかり《猟犬をけしかける時の掛け声》.

― *n.* (*pl.* **～s, ～es**) hallo の声.

― *vt.* **1** 〈人〉に hallo と声を掛ける. **2** 大声でどなる (holler). **3** 〈猟犬など〉に 'hallo' と叫ぶ; 大声で呼んで〈猟犬を〉励ます. ― *vi.* 「おーい」と叫ぶ: Do not ～ till you are out of the wood. 《諺》十分に安心のできるまでは喜んで騒ぐな, ぬか喜びはするな.

hal·loo [həlúː, hæ-] 〖《1602》《変形》← HALLOW[2]〗 *int.* ＝hallo 1 a, 2, 3. ― *n., v.* ＝hallo.

hallot *n.* hallah の複数形.

halloth *n.* hallah の複数形.

hal·low[1] [hǽlou, -lə | -ləu] 〖v.: OE *hālgian* (ME *halewen*) to consecrate ← Gmc **χailaʒ-* 'HOLY'. ― n.: OE *hālga* holy person ← *hāliʒ* 'HOLY'〗 ― *vt.* [しばしば p.p. 形で] **1 a** 神聖なものとしてあがめる: *Hallowed* [～d, ～ɪd, ～əd] be thy name. 願わくは御名(みな)を聖となさしめたまえ(「主の祈り」(Lord's Prayer) の一節; cf. *Matt.* 6:9). **b** 崇敬する, 神聖視する. **2 a** 神聖なものにする, 神聖化する: ground [a place] ～*ed* by sacred memories 聖地, 聖域. **b** 《古》神に捧げる, 聖別する. ― *n.* 《廃》聖人.

hal·low[2] [həlóu, hæ- | -ləu] 〖《c1440》◻ ? OF *halloer* 《擬音語》〗 *int., v., n.* ＝hallo.

hal·lowed [hǽloud | -ləud, (祈禱書などではしばしば) -louɪd, -əd | -ləu-] 〖OE *gehalgod*: ⇨ hallow[1], -ed〗 ― *adj.* **1** 神聖化された; あがめられている. **2** 神聖な: ～ ground 聖地. **～·ly** *adv.* **～·ness** *n.*

Hal·low·een [hæ̀ləwíːn, hɑ̀ːl-, ―⏑ | hæ̀ləuíːn] 〖《1556–1698》← HALLOW[1] (n.) + *e'en*[2]〗 *n.* (*also* **Hal·low·e'en** [～]) ハロウィーン, 諸聖人の祝日 (All Saints' Day) の前夜祭《10 月 31 日; スコットランドや米国では jack-o'-lantern を作るなど種々の娯楽が催される; 古代ケルト暦で 1 年の終りの日; 魔女の宴会が開かれるという; Allhallows Eve ともいう》.

Hal·low·mas [hǽlo(u)mæ̀s, -lə-, -məs | -lə(u)-] 〖《1389》← ALLHALLOWMAS: ⇨ hallow[1] (n.), mass[2]〗 ― *n.* 《古》諸聖人の祝日, 諸聖徒日《11 月 1 日, 天上の諸聖人をまつる; cf. All Saints' Day》.

háll ròom *n.* ＝hall bedroom.

Hall·stadt [hɔ́ːlstæt, háːlʃtaːt | hǽlstæt] *attrib. adj.* 〖考古〗＝Hallstatt. 「〖考古〗＝Hallstatt.

Hall·stadt·an [hɔːlstǽtən, haːlʃtáːtn̩ | hælstǽt-] *adj.*

háll·stànd *n.* ホールスタンド《玄関の広間に置かれる, 鏡・帽子掛け・傘立てなどが一緒になった家具》.

Hall·statt [hɔ́ːlstæt, háːlʃtaːt | hǽlstæt] 〖← *Hallstatt* (その代表的遺物が最初に発見されたオーストリア中部の地名)〗 ― *attrib. adj.* 〖考古〗ハルシュタット期(文化)の《紀元前 9–5 世紀のヨーロッパ中部にあった初期鉄器時代についていう; cf. La Tène》: ～ culture.

Hall·statt·an [hɔːlstǽtən, haːlʃtáːtn̩ | hælstǽt-] *adj.* 〖考古〗＝Hallstatt.

Hall·stat·ti·an [hɔːlstǽtiən, haːlʃtáːtiən | hælstǽtɪ-] *adj.* 〖考古〗＝Hallstattan.

háll trèe *n.* 《米》玄関の帽子掛け[衣類掛け](など).

hal·lu·cal [hǽljukəl] 〖← HALLUX + -AL[1]〗 *adj.* 〖解剖・動物〗hallux の.

halluces *n.* hallux の複数形.

hal·lu·ci·nant [həlúːsənənt, -ljúː-, -sn̩- | -sɪn-, -sn̩-] 〖⇨↓, -ant〗 *n.* **1** 幻覚を起こす人. **2** 幻覚剤. ― *adj.* 幻覚を起こさせる.

hal·lu·ci·nate [həlúːsənèɪt, -ljúː-, -sn̩- | -sɪn-, -sn̩-] 〖◻ L *hallūcinat-us* (p.p.) ← (*h*)*allūcinārī* to wander in mind: ⇨ -ate[3]〗 ― *vt.* **1** 〈人を〉幻覚に陥らせる, …に幻覚を起こさせる. **2** 〈人・物・事件・光景などを〉幻覚として感じる[経験する]: She ～*d* a sweet odor of violets. すみれの花が匂って来るような幻覚を覚えた. ― *vi.* 幻覚が起こる, 幻覚を感じる[経験する].

hal·lu·ci·na·tion [həlùːsənéɪʃən, -ljùː-, -sn̩- | -sɪn-, -sn̩-] 〖《1646》◻ L *hallūcinātiō(n-)*: ⇨↑, -ation〗 ― *n.* **1 a** 幻覚 (cf. illusion 1). **b** (幻覚によって現われた)幻. **2** 思い違い, 錯覚, 誤った考え (delusion). **～·al** [-ʃənl, -ʃnəl] *adj.*

hal·lu·ci·na·tive [həlúːsənèɪtɪv, -ljúː-, -nət-, -sn̩- | -lúːsɪnət-, -ljúː-, -nèɪt-, -sn̩-] *adj.* 幻覚を起こさせる.

hal·lu·ci·na·to·ry [həlúːsənətɔ̀ːri, -sn̩-, -tɔ̀ːri | -lúːsɪnət(ə)rɪ, -ljúː-, -lùːsɪnéɪt(ə)rɪ] 〖⇨ hallucinate, -ory[1]〗 *adj.* **1** 幻覚の, 幻覚的な: a ～ vision まぼろし. **2** 幻覚を起こさせる[誘発する]: a ～ drug 幻覚(誘発)剤.

hal·lu·cin·o·gen [həlúːsənədʒən, -ljúː-, -sn̩-, hæ̀ljusínə-, -dʒèn | həlúːsɪnədʒèn, -ljúː-, hæ̀ljusín-, -dʒɪn, -dʒən] 〖↓, -o-, -gen〗 *n.* 幻覚(誘発)剤.

hal·lu·ci·no·gen·ic [həlùːsənədʒénɪk, -ljùː- -sn̩- | -sɪn-, -sn̩-] *adj., n.* 幻覚(誘発)剤(の).

hal·lu·ci·no·sis [həlùːsənóusɪs, -ljùː-, -sn̩-, -səs | -sɪnə́usɪs, -sn̩-] 〖← HALLUCIN(ATION) + -OSIS〗 *n.* 〖精神医学〗幻覚症《幻覚の強い精神異常》.

hal·lux [hǽləks] 〖← NL ～《混成》← L (*h*)*allex* great toe + (*h*)*allux* thumb〗 ― *n.* (*pl.* **hal·lu·ces** [hǽljusiːz, -lə- | -ljʊ-]) **1** 〖解剖〗(人間の)母趾(ぼし), 足のおやゆび (great toe). **2** 〖動物〗(鳥の)後趾(こうし)指.

Háll·wachs effèct [háːlvaːks-; *G.* hálvaks-] 〖← *Wilhelm Hallwachs* (1859–1922: この現象を発見したドイツの物理学者)〗 ― *n.* (*also* **Hallwachs' effect**) 〖物理〗ハルヴァックス効果《光電効果の一種で紫外線により負の帯電を失う》.

háll·wày *n.* **1** (ビルディング・住宅などで数室に通じるようになっている)玄関の間 (entrance hall). **2** 廊下.

halm [hɔ́ːm | háːm] *n.* ＝haulm.

Hal·ma [hǽlmə] 〖《1890》◻ Gk *hálma* leaping ← *hallésthai* to leap〗 *n.* 〖商標〗ハルマ《256 の目のある盤を用い二人または四人でするコマ飛びゲーム》.

Hal·ma·he·ra [hæ̀lməhé(ə)rə, hɑ̀ːl- | -héərə] *n.* ハルマヘラ(島)《インドネシア東部 Molucca 諸島中最大の島; 人口 54,000, 面積 15,780 km²》.

ha·lo [héɪlou | -ləu] 〖《1563》◻ ML *halō* ＝ L *halōs* ◻ Gk *hálōs* circular threshing floor, round disk of the sun or moon〗 ― *n.* (*pl.* **～s, ～es**) **1** (太陽・月の周囲に現われる)かさ, 暈(うん) (cf. corona 3). **2 a** 〖美術〗(聖像の頭の回りに描かれる)輪光, 後光, 光背, 円光, 光輪 (aureole)《nimbus ともいう》. **b** 後光に似たもの, 後光を連想させるもの: a beautiful woman with a ～ *of* golden hair 光輪をかぶったように金髪をふさふさとさせている美女. **3** (人物・事物を取り巻く)想像的後光, 光輝, 栄光 (glory, glamour): King Arthur wears a ～ *of* romance. アーサー王はロマンスの光輝に包まれている. **4** 〖解剖〗暈(うん); 輪; 乳頭輪 (areola). **5** 〖電気〗ハロー《ブラウン管の輝度の高い部分のまわりの光ぼけ, ハレーション》. ― *vt.* …に後光をささせる; …にかさをかぶせる; 後光で囲む: a flying plane ～*ed* by a circular rainbow 円形の虹に囲まれた飛行中の機体 / a young girl with her head ～*ed* against the morning sun 頭に朝日の逆光を受けて輝く若い娘. **～ed** *adj.*

hal·o- [hǽlo(u) | -lə(u)] 〖← Gk *háls* salt〗次の意味を表わす連結形: **1** 「塩の」: *halo*chromism. **2** 「ハロゲンの[を含む]」: *hal*oid. ★ 母音の前では通例 hal-になる. 「住む生物」.

hàlo·bíont *n.* 塩生生物《海など塩分を含んだ環境に

hálo blìght *n.* 〖植物病理〗(細菌の寄生によりハロ状の病斑を生じる)あずき[からすむぎ類]の細菌病.

hàlo·cárbon 〖⇨ halo-, carbon〗 *n.* 〖化学〗含ハロゲン炭素化合物《ハロゲン元素を含む炭素化合物の総称》.

hal·o·chro·mism [hæ̀ləkróumɪzm | -lə(u)kráu-] 〖← HALO- + CHROMO- + -ISM〗 ― *n.* 〖化学〗ハロクロミー, 造塩発色, 成塩発色《無色または僅かに有色の有機物質が酸または金属塩を加えると発色する現象》.

hal·o·cline [hǽləklàɪn] 〖← HALO- + CLINE〗 *n.* 〖海洋〗塩分躍層《海水の塩分濃度が深さに対し急変する個所》.

hálo effèct *n.* 〖心理〗威光効果, ハロー効果《ある人の顕著な長所を一つ認めるとその人の全人格について過度に高い評価をするようになる現象》.

hal·o·gen [hǽlədʒɪn, -dʒən, -dʒèn] 〖← HALO- + -GEN〗 *n.* 〖化学〗ハロゲン, 造塩元素《フッ素・塩素・臭素・ヨウ素・アスタチンの 5 元素の総称》.

hal·o·gen·ate [hǽlədʒənèɪt, hælɑ́dʒ-, -dʒə- | hǽlədʒɪ-, hælɔ́dʒ-] 〖⇨↑, -ate[3]〗 ― *vt.* 〖化学〗ハロゲンで処理する, ハロゲンと化合させる; 〈有機化合物など〉にハロゲンを加える.

hal·o·gen·a·tion [hæ̀lədʒənéɪʃən, hælɑ̀dʒ-, -dʒə- | hæ̀lədʒɪ-, hælɔ̀dʒ-] *n.* 〖化学〗ハロゲン化, ハロゲンとの化合.

ha·log·e·nous [hælɑ́dʒənəs, -dʒə- | -lɔ́dʒɪ-] 〖⇨ halogen, -ous〗 *adj.* 〖化学〗ハロゲン[造塩元素]の.

hal·og·e·ton [hæ̀lədʒíːtɑn, -tn̩ | -tɔn, -tn̩] 〖← NL ～ ← HALO- + Gk *geitōn* neighbour〗 ― *n.* 〖植物〗アカザ科の毒草 (*Halogeton glomeratus*)《アメリカ西部の牧草地帯に多く, 家畜に有毒》.

hal·oid [hǽlɔɪd] 〖← HALO- + -OID: cf. saline〗 〖化学〗 *adj.* ハロゲン類似の. ― *n.* ハロゲン類似物, ハロゲン誘導体. 「状の.

hálo·lìke *adj.* 後光[かさ] (halo) のような, 後光[かさ]

hàlo·mórphic *adj.* 〖土壌〗塩類の (cf. calomorphic, hydromorphic): ～ soil 塩類土壌.

hàlo·mórphism *n.* 〖土壌〗塩類.

hal·o·per·i·dol [hæ̀lo(u)pérədɔ̀(ː)l, -dòul | -lə(u)pérədɔ̀l] 〖← HALO- + (PI)PERID(INE) + -OL[2]〗 *n.* 〖薬学〗ハロペリドール ($C_{21}H_{23}ClFNO_2$)(鎮静剤・精神安定剤).

hal·o·phile [hǽləfàɪl] 〖← HALO- + -PHILE〗〖生物〗 *n.* 好塩性生物《塩分を含んだ環境に生育する動植物, 特に細菌や菌類》. ― *adj.* ＝halophilic.

hal·o·phil·ic [hæ̀ləfílɪk] 〖← HALO- + -PHILIC〗 *adj.* 〖生物〗好塩性の《塩分の多い環境に生育する》.

ha·loph·i·lism [hælɑ́fəlɪzm | -lɔ́fɪ-] *n.* 〖生物〗好塩性《ある種の動植物が塩分の多い環境を好む性質》.

ha·loph·i·lous [hælɑ́fələs | -lɔ́fɪ-] *adj.* 〖生物〗＝halophilic.

hal·o·phyte [hǽləfàɪt] 〖← HALO- + -PHYTE〗 *n.* 塩生植物《塩分の多い土地に生える植物》. **hal·o·phyt·ic** [hæ̀ləfítɪk | -tɪk] *adj.*

Hal·o·ra·ga·ce·ae [hæ̀ləræ̀géɪsiiː, hælɔ̀ːr-, -lɔ̀ːr- | hæ̀lər-, hælɔ̀ːr-] 〖← NL ～ ← *Haloragis* (属名: ← HALO- + Gk *rhax* berry) + -ACEAE〗 ― *n. pl.* 〖植物〗アリノトウグサ科.

hal·o·sau·rid [hæ̀ləsɔ́ːrɪd, -rəd | -lə(u)sɔ́ːrɪd] 〖← HALOSAURIDAE〗 *adj.* 〖魚類〗トカゲギス科の.

Hal·o·sau·ri·dae [hæ̀ləsɔ́ːrədìː | -lə(u)sɔ́ːrɪ-] 〖← NL ～ ← *Halosaurus* (属名: ⇨ halo-, -saurus): ⇨ -idae〗 *n. pl.* 〖魚類〗トカゲギス科.

hal·o·thane [hǽləθèɪn] 〘← HALO(GEN)+(E)THANE〙 *n.* 〘薬学〙ハロセイン($CF_3CHBrCl$)《非爆発性の液体; 全身麻酔をするためにその蒸気を吸わせる》.

ha·lot·ri·chite [həlɑ́trəkàɪt | -lɔ́trɪ-] 〘◻G *Halotrichit*: ⇨ halo-, trich-, -ite¹〙 *n.* 〘鉱物〙ハロトリ石(ᵗᵏ), 鉄明礬(ᵐʸᵒᵘᵇᵃⁿ) ($FeAl_2(SO_4)_4 \cdot 22H_2O$).

Hals [hɑ́ːlz, hɑ́ːls | hǽls, hǽ(ː)lz; *Du.* hɑ́ls], **Frans** [frɑ́ns] *n.* ハルス《1580(または1585)–1666; オランダの肖像画家》.

Hal·sey [hɔ́ːlsi, -zi | hɔ́ːlsɪ, -zɪ, hǽlzɪ], **William Frederick** *n.* (1882–1959) 米国の海軍元帥.

Hálsey prémium plàn *n.* 〘経営〙ハルセー式割増賃金《Frederick Arthur Halsey (1856–1935) によって提唱された刺激給制度; Halsey plan ともいう》.

halt¹ [hɔ́ːlt | hɔ́ːlt, hɔ́lt] 〘《1622》← *make halt*《なぞり》← G *haltmachen* (*halt* は *halten* 'to HOLD¹' の命令形から)〙 ── *vi.* **1** (行進・旅行などの間に)止まる, 立ち止まる; 一旦休止する: Company, ~!《号令》中隊止まれ. **2** (一時的に, または永久に)中止する, 終わる, 終了する (end). ── *vt.* **1 a** 〈軍隊などを〉(行進中に)停止[休止]させる. **b** (行動中に)止める, 停止させる: ~ an attack of hiccups しゃっくりを止(ᵗ)める / The general strike has ~*ed* buses and subways. ゼネストでバスも地下鉄も止まってしまった / All the stores ~*ed* business for a day. どの店もみな一日休業した. **2** (一時的に, または永久に)終わらせる, 終了[終結]させる: ~ the negotiations. ── *n.* **1** (行進・旅行などの)停止, 休息; (一時的な, または永久の)(活動の)休止, 中止: bring one's horse *to* a ~ 馬を止まらせる / The general strike brought the production *to* a ~. ゼネストで生産が止まった / come *to* a (dead) ~ (ぴたりと)止まる; (ぴったり)停車する / He slowed the car *to* a ~. 車の速度を落として停車した / call a ~ = call '~' 停止を命じる / make a ~ 停止する, 止まる. **2** 《英》 **a** (駅舎などがなく各駅停車の列車しか停車しない)小さな駅. **b** (バスの)停留所.

halt² [hɔ́ːlt | hɔ́ːlt, hɔ́lt] 〘adj.: OE *h(e)alt* < Gmc *χaltaz* (OHG *halz*) ← ? IE *kel- to break (Gk *kólos* curtailed). ─v.: OE *h(e)altian* ← (adj.)〙 ── *adj.* 《古》びっこの (lame). ── *vi.* **1** ぐらつく, 迷う, ためらう (hesitate): ~ between two opinions 二つのものの間に迷う, 逡巡する (cf. *1 Kings* 18:21). **2** 〈詩形などが〉不完全である, 〈議論などが〉筋が通らない, 論理が一貫しない. **3** 《古》びっこをひく; びっこを引いて歩く. ── *n.* 《古》びっこをひくこと (lameness): a ~ in one's walk.

hal·ter¹ [hɔ́ːltə | hɔ́ːltə(r, hɔ́l-] 〘OE *hælftre* < (WGmc) *χalftra-, *χaliftra (G *Halfter*) ← IE *(*s*)*hel-* to hold: ⇨ helve〙 ── *n.* **1** 端綱(ʰᵃᵈᵃⁿᵃ), 寝張り頭絡(ᵗᵒᵘʳᵃᵏᵘ), 無口(ᵐᵘᵏᵘᶜʰⁱ)頭絡, 夜繋頭絡《馬などの面繋(ᵒᵐᵒᵍᵃⁱ)で, 衔(ʰᵃᵐⁱ)がついていないもの; 引き綱を含む場合もある》. **2** 絞首索 (noose); 絞首(刑): come to the ~ 絞首刑になる. **3** 〘服飾〙ホールター《ひもまたは身ごろから続いた布片で首の後ろでとめるようにした背と袖のないデザイン; 婦人用スポーツウェアやイブニングに用いられる》.

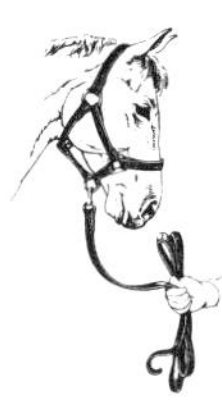

halter¹ 1

── *vt.* **1** 〈馬〉に端綱(ʰᵃᵈᵃⁿᵃ)を掛ける ⟨*up*⟩. **2** 〈人を〉絞首刑に処する. **3** (端綱を掛けたように)〈人・行動・動きを〉不自由にする, 束縛する, 抑制する.

hált·er² [-tə | -tə(r] 〘《1440》← HALT² (v.): ⇨ -er¹〙 *n.* **1** ためらう人. **2** びっこを引く人.

hal·ter³ [hɔ́ːltə, hǽl- | hɔ́ːltə(r, hɔ́l-, hǽl-] 〘← NL ~ ← Gk *haltēr* (pl. *haltēres*) jumping weight ← *hállesthai* to leap〙 ── *n.* (*pl.* **hal·te·res** [hɔːltíːriːz, hæl-, hɔːltí(ə)riːz, hæl- | hɔːltíər-, hɔl-, hæl-]) 〘昆虫〙=balancer 4.

hálter·brèak *vt.* 〈子馬を〉端綱(ʰᵃᵈᵃⁿᵃ)に慣らす.

hal·tere [hɔ́ːltɪə, hǽl- | hɔ́ːltɪə(r, hɔ́l-, hǽl-] *n.* 〘昆虫〙=halter³.

halteres *n.* halter³ の複数形.

hált·ing [-tɪŋ | -tɪŋ] 〘《1390》(pres.p.) ← HALT²〙 ── *adj.* **1** びっこの (limping). **2 a** 〈話し方・議論・詩形など〉不完全な, 筋の通らない (uncertain), 言葉がつかえる (stumbling): speak in a ~ way ためらいながら話す / reply in ~ English つかえつかえの英語で答える / a ~ argument 不完全な[おぼつかない]議論. **b** ぐらつく, ためらう. **~·ness** *n.*

hált·ing·ly *adv.* びっこを引きながら (limpingly); ためらって, 言葉がつかえて, つかえつかえ.

ha·lutz [xɑːlúːts] 〘◻ ModHeb. *ḥālûṣ* pioneer < Heb. *ḥālûṣ* ← *ḥālaṣ* to equip for war〙 ── *Heb. n.* (*pl.* **ha·lutz·im** [xɑːluːtsíːm, xɑːlúːtsɪm]) ハールーツ《祖国の建設・発展に献身するイスラエル移民》.

hal·vah [hɑːlvɑ́ː, xɑːl-, hɑ́ːlvɑː, -və, hǽlvə] 〘◻ Yid. ~ ◻ Turk. *helva* ◻ Arab. *ḥalwā* sweet meat ← *ḥáluwa* to be sweet〙 ── *n.* (*also* **hal·va** [~]) ハルバ《ごまかアーモンドなどの木の実をつぶしたものに蜂蜜やシロップを加えて作った糖菓》.

halve [hǽ(ː)v, hɑ́ːv | hɑ́ːv] 〘《?a1200》 *halve(n)* ← *half* 'HALF'〙 ── *vt.* **1 a** 二等分する: ~ an apple. **b** 〔…と〕平等に分ける[負担する]〔*with*〕: ~ expenses *with* a person 人と費用を割勘にする. **2** 半減する, 半分にする. **3** 〈材木などを〉相欠(ᵃⁱᵍᵃᵏ)きする: ~ two timbers. **4** 〘ゴルフ〙〔相手と〕同じ打数でする〔*with*〕: ~ a hole *with* one's opponent 相手と同じ打数でホールを打ち終える / ~ a match 同点[引分け]になる.

halved 〘(p.p.) ← HALVE〙 *adj.* **1** 二等分した, 山分けにした. **2** 一方ばかり残った, 片方ばかり発達した. **3** 半減した. **4** 〘ゴルフ〙引分けの: a ~ hole [match].

halves 〘《a1325》〙 *n.* half の複数形.

hal·yard [hǽljəd | -ljəd] 〘《1373》 *halier* carrier: ⇨ hale², -ier¹: *-yard* は YARD¹ の影響〙 *n.* 〘海事〙(帆・帆桁(ᵏᵉᵗᵃ)・旗などを上げ下げする)揚げ綱, ハリヤード.

ham¹ [hǽ(ː)m] 〘OE *ham(m)* ← Gmc *χam-* to be crooked (G《方言》*Hamme* ham / ON *hǫm*) ← IE **konəmo-* (shin)bone (L *camur* crooked)〙 ── *n.* **1 a** 塩[燻製]豚肉, ハム《通例, 豚のもも肉を使う》: ~ and eggs ハムエッグ. **b** (豚の)もも肉 (⇨ pork 挿絵). **2** [*pl.*] (ももの後ろ側を含めて)尻 (buttocks): squat on one's ~*s* しゃがむ. **3** ひかがみ《ひざの裏のくぼんだ所; cf. hamstring》; (動物の)ひかがみ (hough).

ham² [hǽ(ː)m] 〘《1882》《略》← HAMFATTER〙 ── *n.* **1** 《俗》 **a** (演技過剰の)へぼ[大根]役者 (strutter). **b** 下手な電信技手. **c** 《米》下手なボクサー[レスラー]. **2** 《俗》〘映画・演劇〙感傷的通俗性; 演技[演出]過剰: a play full of tears and ~ お涙頂戴劇. ── *attrib. adj.* 《俗》〈俳優が〉下手な; 芝居気たっぷりな, 芝居じみた (hammy): a ~ actor へぼ[大根]役者. ── *v.* (**hammed; ham·ming**) 《俗》 ── *vi.* オーバーな演技をする (overact) ⟨*up*⟩. ── *vt.* **1** 〈役割・仕草などを〉大げさにやる ⟨*up*⟩: ~ it *up* 大げさにやる[演じる]. **2** 〈物語などを〉感傷的[受けするように]に仕組む.

ham³ [hǽ(ː)m] 〘OE *hām* town, village: ⇨ home〙 *n.* (昔の)町 (town), 村 (village).

ham⁴ [hǽ(ː)m] 〘《1909》: Harvard 大学無線クラブの会員3名の頭文字 H, A, M からか; ham² と連想〙 ── *n.* 《口語》アマチュア無線家, ハム (radio ham). ── *adj.* 《口語》アマチュア無線の: a ~ operator.

Ham [hǽ(ː)m] 〘◻ LL ~ ◻ Gk *Kham* ◻ Heb. *Ḥām* 《原義》?: cf. Heb *ḥām* hot〙 ── *n.* **1** 男性名. **2** 〘聖書〙ハム《Noah の次男, エジプト人・ヌビア人・カナン人などの祖先; cf. *Gen.* 10:1》.

Ham. 《略》Hamburg; Hamlet.

Ha·ma [hɑ́ːmɑː] *n.* ハマ《Syria 西部の都市; 人口 174,000; 旧約聖書ではハマテ (Hamath [héɪmæθ]) と呼ばれている》.

Ham·a·dan [hæmədǽn, -dɑ́ːn] *n.* ハマダン《イラン西部の都市; 人口 156,000; 古名 Ecbatana》.

ham·a·dry·ad [hæmədráɪəd, -æd] 〘《c1385》◻ L *hamādryad-*, *hamādryas* ◻ Gk *hamadruás* (← *háma* together+*druás* wood nymph (⇨ dryad))〙 ── *n.* **1** 〘ギリシャ・ローマ神話〙ハマドリュアデス《木の精 (dryad); 樹木と生死を共にするという; cf. nymph 1》. **2** 〘動物〙=king cobra. **3** 〘動物〙=sacred baboon.

ham·a·drý·as babóon [hæmədráɪəs-] *n.* 〘動物〙=sacred baboon.

Ha·mah [hɑ́ːmɑː] *n.* =Hama.

ha·mal [həmɑ́ːl] 〘◻ Arab. *ḥammāl* carrier ← *ḥamala* to carry: cf. Turk. *hamāl*〙 *n.* **1** (中東の)荷運び人夫 (porter). **2** (インドの)男の召使.

Ham·al [hǽməl] 〘◻ Arab. *ḥámal* lamb〙 *n.* 〘天文〙ハマル《牡羊座 (Aries) の α 星, 2.2 等星》.

Ham·a·mel·i·da·ce·ae [hæməmèlədéɪsiiː | -lɪ-] 〘← NL ~: ⇨ Hamamelis, -aceae〙 *n. pl.* 〘植物〙マンサク科. **hàm·a·mèl·i·dá·ceous** [-ʃəs] *adj.*

ham·a·me·lis [hæməmíːlɪs, -ləs | -lɪs] 〘← NL ~ ← Gk *hamamēlid-*, *hamamēlis* medlar ← *háma* together+*mēlon* apple, fruit (⇨ melon)〙 ── *n.* 〘植物〙マンサク《マンサク科マンサク属 (*Hamamelis*) の植物の総称; マンサク (*H. japonica*), アメリカマンサク (witch hazel) など》.

Ha·man [héɪmən | -mæn, -mən] *n.* ハマン《Ahasuerus 王の大臣; ユダヤ人を迫害したため高い絞首台上で処刑された》: be hanged as high as ~ 高い絞首台で殺される (cf. *Esth.* 3–7).

Ha·mann [hɑ́ːmən; *G.* hɑ́ːman], **Johann Georg** *n.* ハーマン《1730–88; ドイツの哲学者; the Magnus of the North と呼ばれた》.

ha·man·tasch [hɑ́ːməntɑ̀ːʃ, hʌ́m-] 〘◻ Yid. *homentash* ← *Homen* Haman+*tash* pocket (cf. G *Tasche*)〙 ── *n.* (*pl.* **~·en** [~ən]) (*also* **ha·man·tash** [~]) ハーマンターシュ《けしの実や干しすももなどの詰めものを小麦粉の生地にはさんで焼いた三角形の菓子; 古来, Purim 祭の折にユダヤ人の家庭で食べる》.

ha·mar·ti·a [hɑ̀ːmɑːtíːə, həmɑ́ːtiə | hɑ̀ːmɑːtíːə, həmɑ́ːtɪə] 〘◻ Gk *hamartía* error, fault ← *hamartánein* to err〙 ── *n.* 〘ギリシャ悲劇〙判断の誤り《特に, 悲劇の主人公がその性格的欠陥によって陥る誤り》; 悲劇的欠陥.

ha·mar·ti·ol·o·gy [həmɑ̀ːtiɑ́lədʒi | -mɑ̀ːtɪɔ́lədʒɪ] 〘← Gk *hamartía* sin+-o-+-LOGY〙 *n.* 〘神学〙罪悪論《神学の一分科》.

hamata *n.* hamatum の複数形.

ha·mate [héɪmeɪt] 〘◻ L *hāmāt-ūs* ← *hāmus* hook〙 〘解剖〙 *adj.* 鉤(ᵏᵃᵍⁱ)状の, 鉤状突起をした. ── *n.* =hamatum.

ha·ma·tum [həméɪtəm, heɪ- | -təm] 〘← NL ~ (neut.) ← L *hāmātūs* (↑)〙 *n.* (*pl.* **ha·ma·ta** [-tə | -tə]) 〘解剖・動物〙(手の)有鉤(ʸᵘᵘᵏᵒᵘ)骨 (unciform).

ham·bal [hæmbɑ́ːl] *n.* =hamal.

Ham·ble·to·ni·an [hæmbl̩tóuniən, -njən | -tə́unjən, -nɪən] 〘名馬 (1849–76) の名にちなむ〙 ── *n.* **1** ハンブルトニアン系《米国産速歩馬 (trotter) の一血統》. **2** (4才の)速歩馬競馬《もと New York 州の Goshen で, 現在は Illinois 州の Du Quoin で毎年開かれる》.

hám·bòne *n.* 《米俗》〘演劇〙(ボードビルで黒人の方言を用いる)黒人に扮した役者.

Hamborn *n.* ⇨ Duisburg.

ham·bro·line [hǽmbrəlàɪn, -lɪn, -lən | -làɪn, -lɪn] 〘← HAMB(U)R(G)¹+-O-+LINE²〙 ── *n.* 〘海事〙ハンブロライン《小綱を3本撚り合わせた上質のマーリン (maline) で, 帆や天幕などを綴めたり索端結着 (seizing) などに用いる》.

Ham·burg¹ [hǽmbəːg, hɑ́ːmbuəg, -buək | hǽmbəːg, *G.* hámbʊrk] 〘◻ G ~《原義》home city: ⇨ home, -burg〙 ── *n.* ハンブルク《西ドイツ北部, Elbe 河口の都市, 西ドイツ最大の海港で一州を成す; かつてハンザ同盟 (Hanseatic League) の有力都市; 現在でもハンザ都市と称する; 人口 1,673,000, 面積 746 km²》.

Ham·burg² [hǽmbəːg | -bəːg] 〘↑〙 *n.* **1** ハンバーグ《小さい一品種の鶏》. **2** [通例 h-] 《米》=hamburger.

ham·burg·er [hǽmbəːgə | -bəːgə(r] 〘《略》← *Hamburger steak* Hamburg steak: cf. G *Hamburger* of Hamburg〙 ── *n.* **1** =Hamburg steak. **2** ハンバーグステーキ用のひき肉. **3** ハンバーガー(サンド)《ハンバーグステーキを丸いパンにはさんだもの》.

Ham·burg·er [hǽmbəːgə, hɑ́ːmbuə- | hǽmbəːgə(r] 〘← HAMBURG¹+-ER¹〙 *n.* (ドイツの)ハンブルクの人, ハンブルク生れ[出身]の人.

Hámburg stèak, h- s- *n.* ハンバーグステーキ《牛肉・豚肉などのひき肉を楕円形にまとめてフライパンまたはオーブンで焼いた料理; Hamburger steak, hamburger ともいう》.

hame¹ [héɪm] *n., adj., adv., v.* 《スコット》=home.

hame² [héɪm] 〘《1323》 *hame* ◻ MDu. ~ (Du. *haam*): cf. G *Hamen* fishhook〙 ── *n.* [通例 *pl.*] 〘馬具〙軛(ᵏᵘᵇⁱᵏⁱ)《馬車馬のはも (collar) に取り付けてある木製または鉄製の2本の曲り棒; これに引き綱が付く》.

Ha·meln [hɑ́ːməln; *G.* hɑ́ːməln] *n.* (*also* **Ham·e·lin** [hǽm(ə)lɪn, -lən | -m(ɪ)lɪn]) ハーメルン《西ドイツ Lower Saxony 州の都市, Weser 川に臨む; The Pied Piper of Hamelin の伝説の地; 人口 48,000》.

ha·metz [xɑːméɪts, xɔː-, xɔ́ːmets] 〘◻ Heb. *ḥāmēṣ* that which is leavened〙 ── *n.* 〘ユダヤ教〙酵母入りの練り粉《過ぎ越しの祝い (Passover) の時にはこれで作ったパンを食べることは許されない》.

hám·fàt 〘《逆成》↓〙 *vt., vi.* 《米俗》〈俳優が〉下手に演じる.

hám·fàt·ter 〘← ? *The Hamfat Man* (黒人の古謡): またはもと役者が化粧落としに使ったハムの脂身(ᵃᵇᵘʳᵃᵐⁱ) (ham fat) にちなむ〙 ── *n.* 《米俗》へぼ役者[芸人], 下回り役者 (ham actor).

hám-físted *adj.* 《英俗》=ham-handed.

hám-hánded *adj.* 《俗》 **1** 特別に手の大きい: a ~ wrestler. **2** 無器用な, ぎごちない (clumsy): a ~ player 下手な役者 / make a ~ attempt (to do…) ぎごちなく(…しようと)企てる.

Ha·mil·car Bar·ca [həmílkɑə-bɑ́əkə, hǽməlkɑ̀ə- | hæmílkɑː-bɑ́ː-, hə-, hǽmɪlkɑ̀ː-] *n.* ハミルカル バルカス《270?–?228 B.C.; カルタゴの将軍, Hannibal の父; Hamilcar Barcas [-kəs] ともいう》.

Ham·il·ton¹ [hǽməltən, -tn̩ | -məltən, -mɪl-, -tn̩] 〘ME *Hamelton* ← OE *hamel* maimed: ⇨ -ton〙 ── *n.* **1** 〘← *George Hamilton* (この地方に住んでいた農夫)〙カナダ南東部, Ontario 湖西端の港市, 工業都市; 人口 310,000. **2** Bermuda 諸島の首都・海港; 人口 2,200. **3** ニュージーランド北島北部の都市; 人口 90,000. **4** [the ~] Churchill の旧名.

Ham·il·ton² [hǽməltən, -tn̩ | -məltən, -mɪl, -tn̩] 〘↑〙 *n.* 男性名.

Hamilton, Alexander *n.* (1755 (あるいは 1757)–1804) 米国の政治家; Washington の下で初代財務長官 (1789–95); 連邦党 (the Federalist Party) の党首; Madison, Jay と共同執筆した論文集 *The Federalist* (1788) は米国政治思想上の重要文献.

Hamilton, Lady (Emma) *n.* (1761?–1815) 英国の提督 H. Nelson の愛人; 旧姓 Lyon.

Hamilton, Sir I·an Stan·dish Mon·teith [íːən stǽndɪʃ mɑntíːθ | mɔn-] *n.* (1853–1947) 英国の将軍; 第一次大戦で Gallipoli 作戦を指揮した.

Hamilton, Mount *n.* ハミルトン山《米国 California 州西中央部, Coast Ranges 中の山 (1,333 m); Lick 天文台がある》.

Hamilton, Patrick *n.* (1504?–28) スコットランドのプロテスタントの最初の殉教者.

Hamilton, Sir William *n.* (1788–1856) スコットランドの哲学者・論理学者.

Ham·il·to·ni·an¹ [hæməltóuniən, -njən | -tə́unjən, -nɪən] 〘⇨ A. Hamilton, -ian〙 ── *adj.* **1** ハミルトン主義 (Hamiltonianism) 的な, ハミルトン式の. **2** ハミルトン主義を支持する.

Hamiltonian² 〘← *Sir William Rowan Hamilton* (1805–65: アイルランドの数学者・天文学者): ⇨ ian〙 ── *n.* 〘数学・物理〙ハミルトニアン, ハミルトン関数《Hamiltonian function ともいう; H で表わす; cf. Lagrangian》.

Hàm·il·tó·ni·an·ism [-nìzm̩] *n.* ハミルトン主義《Alexander Hamilton の政治上の主義で, 特に中央集権・保護関税を強調する》.

Hámilton Ínlet *n.* [the ~] ハミルトン入江[湾]《カナダ Newfoundland 州 Labrador 東部, 大西洋の湾》.

Ha·mish [héɪmɪʃ] 〘《表音化変形》← *Sheumais* (voc.)

← *Seumas* (のゲール語形)〙 *n.* 男性名.
Ham·ite [hǽmaɪt] 〘← HAM＋-ITE[1]〙 ── *n.* **1** 〘聖書〙 Noah の次男 Ham の子孫 (cf. *Gen.* 10: 6–20). **2** ハム族の人《古代エジプト人・ベルベル人など, アフリカ北部および東部に住むハム系諸族の人; cf. Semite 1, Aryan》.
Ha·mi·tes [həmáɪtiːz] 〘← L *hāmus* hook ＋ -ITE[1]〙 *n.* 〘地質〙 ハミテス, (俗名)かぎ石《頭足類化石の一種; cf. ammonite[1]》.
Ham·it·ic [hæmítɪk, hə- | -tɪk] 〘(1844) ← HAMITE ＋-IC[1]〙 *adj.* ハム族の, ハム語族の. ── *n.* ＝Hamitic languages.
Ham·it·i·cized [hæmítəsàɪzd, hə- | -tɪ-] *adj.* ハム(語)族化された, ハム(語)族に特有の.
Hamític lánguages *n. pl.* [the ～] 〘言語〙 ハム語(族)《古代エジプト語・ベルベル語・クシ語など》.
Ham·i·to- [hǽmətoʊ(ʊ)- | -mɪtə(ʊ)-] 〘← HAMITIC: ⇨ -o-〙「ハム語(族)と…との (Hamitic and…)」の意の連結形.
Hàmito-Semític *adj., n.* ハム セム語族(の) (⇨ Afro-Asiatic).
Hàmito-Semític lánguages *n. pl.* [the ～] 〘言語〙 ハム セム語族 (⇨ Afro-Asiatic languages).
ham·let[1] [hǽmlɪt, -lət] 〘(1330) *hamelet* ▭ OF (dim.) ← *hamel* (F *hameau*) (dim.) ← *ham* ▭ MDu. *ham*: ⇨ ham[3], -let: cf. home〙 ── *n.* **1** 小村落; (田舎で少数の家のかたまった)小部落. **2** 《英》(それ自身の教会を持たず近接町村の教区に属する)小村.
ham·let[2] [hǽmlɪt, -lət] 〘← ?〙 *n.* フロリダ湾またはカリブ海に産するハタ科マハタ属 (*Epinephelus*) の食用魚 (*E. striatus*).
Ham·let [hǽmlɪt, -lət] 〘▭ Icel. *Amlóði* ← *Anle* (人名)+*óði* 《原義》 mad, furious in war〙 ── *n.* **1** [～, Prince of Denmark]「ハムレット」《Shakespeare 作四大悲劇の一つ (1600–01)》: ～ without the Prince (of Denmark) 主人公抜き[骨抜き]の芝居; 脇役ばかりの芝居. **2** ハムレット《*Hamlet* の憂鬱で瞑想的な主人公; しばしば思索型の人として, 行動型の Don Quixote と対照されてきたが, 20 世紀になって行動家としての Hamlet 解釈も現われた》. **Ham·lét·ic** [hæmlétɪk | -tɪk] *adj.*
Ham·lin [hǽmlɪn, -lən | -lɪn] 〘(dim.) ← *Haim(e)* (人名: ⇨ home)〙 *n.* 男性名《異形 Hamelin, Hamelyn, Hamlyn》.
Hamlin, Hannibal *n.* (1809–91) 米国の政治家; 副大統領 (1861–65).
ham·mal [həmáːl] *n.* ＝hamal.
Ham·mar·skjöld [hǽməʃòld, háːm-, -ʃùːld, -ʃiːld | -mə-; *Swed.* hámarʃœld], **Dag** (**Hjal·mar Ag·ne Carl**) [dáːg jálmar áŋnə káːrl] *n.* ハマーショルド《1905–61; スウェーデンの財政家・政治家; 国連事務総長 (1953–61); Nobel 平和賞 (1961)》.
ham·mer [hǽmə | -mə(r)] 〘OE *hamer, hamor* < Gmc *hamaraz 《原義》 stone weapon (G *Hammer*) ← IE *ak- sharp, pointed (Gk *ákmōn* (stone) anvil): cf. acrid〙 ── *n.* **1** ハンマー, 金槌(かなづち), げんのう: a steam ～ 蒸気ハンマー / a knight of the ～ かじ屋. **2 a** ハンマー形の道具; 撞木(しゅもく). **b** (銃の)撃鉄, 打ち金. **c** (ピアノの弦を叩く)ハンマー. **d** (木琴などの)打棒. **e** (電鈴の)打子. **f** (競売者用の)木槌 (mallet). ★ しばしば次の句で: *bring* [*send*] something *to the* ～ ある物を競売にする / *come* [*go*] *under the* ～ 競売に付せられる. **3** (陸上競技用の)ハンマー: throwing the ～ ＝the hammer throw ハンマー投げ. **4** 〘解剖〙 (中耳の)槌(つち)骨 (⇨ malleus). **5** 〘時計〙 撞木, ハンマー《報時やアラームなどのためにりんやベルを打つもの》.
hammer and tongs 〘鍛冶屋が真赤に焼けた鉄を火ばさみで盛んに打つところから〙《口語》猛烈に, 激しく (forcefully) (cf. hammer-and-tongs): go [be] at it ～ *and tongs* 猛烈な勢いで取り掛かる. ***up to the hammer*** 《口語》申し分のない, 見事な, すてきな (first-rate, excellent).
hammer and sickle [the ―] (ハンマーと鎌を交差させた図柄の)ソ連邦の国旗《1923 年制定, ハンマーは労働者, 鎌は農民を表わす》.
── *vt.* **1 a** 槌で打つ[たたく]; 〈釘(くぎ)などを〉打つ (drive): ～ a nail *in* 釘を打ち込む. **b** (釘と槌で)打ち付ける: ～ *down* the lid of a box 箱のふたを打ち付ける. **c** 槌で打って作る 〈*together*〉: ～ a box *together* 釘を打ち付けて箱を作り上げる. **2 a** 強く打つ, 強打する: ～ a home run ホームランを打つ / ～ a typewriter タイプライターをたたく. **b** (拳骨で)さんざん殴る. **c** 〈敵を〉さんざんに砲撃する. **d** 〈音などを〉たたいて出す 〈*out*〉: He ～*ed* a dissonance on the piano with both hands. 両手でピアノをたたいてバーンという不協和音を出した. **3 a** 〈思想などを〉たたき込む (force): ～ an idea *into* a person's head. **b** 〈意見などを〉無理に押しつける 〈*home*〉. **4 a** 〈問題などを〉工夫して解く (work out), 頭をしぼって作り出す, 案出する 〈*out*〉: ～ *out* a scheme 計画を案出する. **b** 〈不一致などを〉(努力して)解決する, 調停する (adjust) 〈*out*〉: ～ *out* a difference of opinions 意見の違いを調整する. **5** 《英俗》〘証券〙 (London の取引所で会員が契約を履行できない場合, 立会場において木槌 (mallet) でたたき台 (rostrum) を 3 回たたいて) 〈その会員〉が違約者であることを宣告する.
── *vi.* **1** 槌で打つ; とんとん[どんどん]打つ (pound): ～ *at* the door [a typewriter] 戸[タイプ]をたたく. **2** ＝water-hammer. **3** 《英方言》どもる (stammer).
hammer* (*away*) *at (1) こつこつ[熱心に]…をする[勉強する] (labor): ～ *away at* a task せっせと仕事をする. (2) …にくり返し強調する, …にくどくど言う: I ～*ed at* him about his mistake. 彼の誤りについてポンポン言ってやった.
hámmer-and-tóngs 〘← *hammer and tongs* (⇨ hammer (n.) 成句)〙 *adj.* 猛烈な, 遮二無二の: in a ～ way すさまじい勢いで, 遮二無二.
hámmer bèam *n.* 〘建築〙 (小屋組の合掌を支えるために壁の両側の上部から突き出した短い)片持ちばり (cantilever).
hámmer·blòw *n.* 槌(つち)打ち, 猛打.
hámmer·clòth 〘《古形》 *hamerclothe* ← *hamel-cloth home-woven cloth ← *hamel* domestic (cf. home) ＋CLOTH〙 *n.* (公式馬車などの)御者台の掛布.
hám·mered *adj.* (鍛冶(かじ)工・金属細工師が)槌(つち)で叩いて作った[模様を作った]: ～ work 打出し細工(品), 鍛造(たんぞう)(品).
hám·mer·er [-mərə | -rə(r)] *n.* 鍛(たん)工, 鍛冶(かじ)工, 槌(つち)で打つ人.
Ham·mer·fest [hǽməfèst, háːm- | hǽmə-; *Norw.* hámərfɛ̀st] *n.* ハンメルフェスト《ノルウェー北部の島の海港, ヨーロッパ最北の都市; 人口 8,000》.
hámmer·hèad *n.* **1** ハンマーの頭. **2** 〘魚類〙 シュモクザメ《シュモクザメ属のサメの総称; シロシュモクザメ (*Sphyrna zygaena*), *S. tudes* など; hammerhead shark ともいう》. **3** 〘鳥類〙 シュモクドリ (*Scopus umbretta*)《アフリカ産シュモクドリ科の鳥; hammerkop, hammerkop bird ともいう》. **4** 〘昆虫〙 ＝flatheaded borer. **5** 《米》馬鹿, 薄のろ, 石頭.
hámmerhead cràne *n.* 〘機械〙 槌(つち)形クレーン《埠頭で多く使われる大型クレーン》.
hámmer·héaded *adj.* **1** 槌(つち)状の頭をした: a ～ shark シュモクザメ. **2** 《米》馬鹿な, 石頭の (stupid).
hámmerhead shàrk *n.* 〘魚類〙 シュモクザメ (⇨ hammerhead 2; hammerheaded shark ともいう).
hámmerhead stàll *n.* 〘航空〙 失速反転.
hám·mer·ing [-m(ə)rɪŋ] *n.* **1** 槌(つち)で打つこと[音]; 槌打ち; 殴り散らし: give a person a good ～ 人をしたたか殴る. **2** たたき出し模様《槌で叩いた跡にできる薄い鱗(うろこ)模様》. ── *adj.* ハンマーで打つ, とんとん打つ: ～ blows.
ham·mer·kop [hǽməkùp | -məkɔ̀p] 〘▭ Afrik. *hamerkop* ← *hamer* hammer＋*kop* head〙 *n.* 〘鳥類〙 ＝hammerhead 3.
hámmerkop bìrd *n.* 〘鳥類〙 ＝hammerhead 3.
hámmer·less *adj.* **1** 槌(つち)のない. **2** 〈小銃が〉撃鉄の見えない.
hámmer·lòck *n.* 〘レスリング〙 ハンマーロック《相手の片腕を背中へねじ上げる技》.
hámmer·man [-mən, -mæ̀n] *n.* (*pl.* **-men** [-mən, -mèn]) **1** ハンマー(を使う)職人; 鍛冶(かじ)工. **2** ハンマー機械操縦者.
hámmer mìll *n.* 〘機械〙 ハンマーミル: **a** 衝撃式製粉機. **b** 衝撃式粉砕機.
hámmer·smìth 〘(*a*1382)〙 *n.* ＝hammerman.
Ham·mer·smith [hǽməsmɪθ | -mə-] 〘ME *Hameresmythe* 《原義》 hammersmith's smithy: ⇨ hammer, smithy〙 ── *n.* Thames 川の北岸にある London 中央部の自治区, 住宅区域; 人口 185,000.
Ham·mer·stein [hǽməstàɪn, -stiːn | -mə-], **Oscar, II** *n.* (1895–1960) 米国のミュージカル作詞家・脚本家 (⇨ R. Rodgers); *Show Boat* (1927).
hámmer thròw *n.* 〘スポーツ〙 [the ～] ハンマー投げ. **hámmer thròwer** *n.*
hámmer·tòe *n.* 〘病理〙 かぎ形に曲がった足指(の奇形).
hámmer wèlding *n.* 〘金属加工〙 鍛接, ハンマー溶接《金属を加熱しハンマーでたたいて接合する方法; blacksmith welding ともいう》.
Ham·mett [hǽmɪt, -mət], (**Samuel**) **Da·shiell** [dəʃíːl] *n.* (1894–1961) 米国の推理小説家.
ham·mock[1] [hǽmək] 〘(1555) ▭ Sp. *hamaca* ← W-Ind. (Arawakan)〙 ── *n.* **1** ハンモック, つり床: lash [sling] a ～ ハンモックをたたむ[つる]. **2** ハンモック状のもの. ── *vt.* ハンモックに入れて[入れたように]つるす.
ham·mock[2] [hǽmək] 〘《異形》← HUMMOCK〙 *n.* **1** ＝hummock 1, 2. **2** 《米南部》 (Florida 州の)肥沃な台地.
hámmock chàir *n.* ハンモック椅子《ズックの背と座を木製のわくからつるしたもの》.
Hám·mond órgan [hǽmənd] 〘← *L. Hammond* (その発明者の米国人)〙 *n.* 〘商標〙 ハモンドオルガン《電気的な振動を音源として 1929 年に発明されたオルガン; 1930 年代からポピュラー音楽に多く用いられた; cf. Novachord》.
Ham·mu·ra·bi [hæ̀muráːbi | -bɪ] *n.* ハンムラビ《紀元前 1700 年ごろのバビロニア第一王朝第 6 代の王; その治世中に作成されたハンムラビ法典 (Hammurabi's code) はまとまった形で現存する世界最古の法典》.
ham·my [hǽmi | -mɪ] 〘← HAM[1] (n.)＋-Y[4]〙 ── *adj.* (**ham·mi·er**; **-mi·est**) **1 a** ハムのにおい[味]のする. **b** ハムのように見える[なにおいがする]. **2** 《俗》 **a** へぼ役者くさい. **b** 大げさに演じられた, 演技過剰な. **c** 誇張した, 大げさな. **hám·mi·ly** [-mɪli, -mə- | -lɪ] *adv.* **hám·mi·ness** *n.*
Ha·mo [héɪmoʊ | -məʊ] 〘▭ ONF ～ (nom.), *Hamon* (acc.) ▭ OHG *Haimo* ← *haimi* house〙 *n.* 男性名《異形 Hamon》. ★ しばしばジプシーにも見られる.
Ha·mon [æmɔ̃ː(ŋ), -mɔ́ː(ŋ); *F.* amɔ̃], **Jean Louis** *n.* アモン《1821–74; フランスの画家; cf. Neo-Greek》.
Hamp·den [hǽm(p)dən], **John** *n.* (1594–1643) 英国の政治家; Charles 一世の課した船舶税 (ship money) に反対, ピューリタン革命初期の議会派の中心人物.
Hampden, Walter *n.* (1879–1955) 米国の俳優; Walter Hampden Dougherty の芸名.
ham·per[1] [hǽmpə | -pə(r)] 〘(*a*1375) *hampre(n)* ← ?: ⇨ hem[1], -er[4]〙 ── *vt.* **1** (妨害や束縛で)〈運行を〉阻止する; …の動きを妨げる, 邪魔する, 妨害する (impede): Her long dress ～*ed* her freedom of movement. 長い服を着ていたので自由に動けなかった. **2** 制限する, 拘束する. ── *n.* **1** 足かせ, 束縛; 邪魔, 妨害. **2** 〘海事〙 (平時は必要であるが暴風などの時には)邪魔になる艤(ぎ)装品, 船具 (cf. top-hamper 2).
ham·per[2] [hǽmpə | -pə(r)] 〘(1316–17) *hampere* 《変形》← HANAPER〙 ── *n.* **1** (野菜・かん詰め・酒びんなどを入れる)詰めかご, 手さげバスケット: a picnic ～ ピクニック用バスケット. **2** 詰めかごに入れた食物[贈り物]: get a fine ～ from home 〈寮にいる生徒などが〉家から立派な[食べ物などをたくさん詰めた]かごを送ってもらう / a Christmas ～ かご詰めのクリスマスの贈り物. ── *vt.* **1** 詰めかごに入れる. **2** 〈人〉にかご詰めの品物を贈る.
Hamp·shire [hǽmpʃɪə, -ʃə | -ʃə(r, -ʃɪə(r)] 〘OE *Hamtūnscīr* ← *Hamtūn* 'SOUTHAMPTON': ⇨ -shire〙 ── *n.* **1** イングランド南海岸の州; Hampshire 2 の本土地域; 人口 1,451,000, 面積 3,893 km^2, 首都 Winchester. **2** イングランド南海岸の旧州; 現在は Hampshire と Isle of Wight の 2 州に分かれる; Hants ともいう. **3** ハンプシャー《Hampshire 地方産の角のない肉用品種の羊; Hampshire Down ともいう》. **4** ハンプシャー《米国原産の肩に白帯のある一品種の黒豚》.
Hámpshire Dówn, h- d- *n.* ＝Hampshire 3.
Hamp·stead [hǽm(p)stɪd, -stəd, -sted | -stɪd, -sted] 〘OE *Hāmstede* 'HOMESTEAD manor'〙 ── *n.* London 北西部の旧自治区《丘の多い地域で住宅地; 現在は Camden の一部》.
Hámpstead Héath *n.* ハムステッド荒野《London 北西部の Hampstead にある自然公園地》.
Hamp·ton [hǽm(p)tən] 〘英国の地名から: ↓〙 *n.* 米国 Virginia 州南東部, Hampton Roads に臨む港市; 人口 125,000.
Hámpton Cóurt 〘OE *hāmtūn* home-farm, village / OE *hamm-tūn* town in a river land〙 ── *n.* ハンプトン コート《London の南西部 Richmond-upon-Thames 自治区の Thames 河畔にある豪壮な旧王宮; 1514 年に Cardinal Wolsey が私邸として造ったが, 1529 年 Henry 八世に献上されて王宮となった》.
Hámpton Róads *n. pl.* ハンプトン水路《米国 Virginia 州南東部の水路; James, Elizabeth 両川はここを通って Chesapeake 湾に注ぐ》.
hám·shàckle 〘← ? HAM(PER[1])＋SHACKLE〙 *vt.* 《英》 **1** (勝手に歩いて行かないように)〈牛・馬など〉の頭を前脚に縛り付ける. **2** 束縛する (fetter).
ham·ster [hǽmstə | -stə(r)] 〘(1607) ▭ G *Hamster* < OHG *hamustro* ▭ ? OSlav. *choměstorŭ*〙 ── *n.* 〘動物〙 ハムスター, キヌゲネズミ《ユーラシア産のキヌゲネズミ亜科の動物の総称; ヨーロッパハムスター (*Cricetus cricetus*), ゴールデンハムスター (*Mesocricetus auratus*) など》.
hám·strìng 〘← HAM[1] 3＋STRING〙 ── *n.* **1** 〘解剖〙 (人間の)膝腱(しっけん), 膝屈曲筋, ひかがみ[ひざの後ろ側]の腱(けん). **2** ひかがみの腱《四足獣の飛節 (hock) のうしろの腱》. **3** 規制力; 取締まり. ── *vt.* (**hám·strùng**, 《まれ》 ～**ed**) **1** …の飛節[ひざ]のうしろの腱を切ってびっこにする (hough, hock). **2 a** びっこにする, 不具にする. **b** 無効[無力, 骨抜き]にする; 〈人・団体・政府・家畜など〉の力を弱める. **c** 妨げる.
Ham·sun [háːmsən; *Norw.* hámsʉn], **Knut** [knúːt] *n.* ハムスン《1859–1952; Knut Pedersen の筆名; ノルウェーの小説家; Nobel 文学賞 (1920); *Hunger* (1890)》.
ham·u·lus [hǽmjʊləs] 〘▭ L *hāmulus* little hook (dim.) ← *hāmus* hook〙 *n.* (*pl.* **-u·li** [-làɪ]) **1** 〘解剖・動物〙 かぎ状の(小)突起. **2** 〘植物〙 かぎ状の剛毛.
ham·za [hǽmzə] 〘▭ Arab. *hámzaʰ* 《原義》 squeezing together〙 ── *n.* 〘音声〙 ハムザ《アラビア語の声門閉鎖音 (glottal stop); この音を表わす記号で, しばしば (') で表わされる; 国際音声学協会の記号では [ʔ]》.
Han[1] [háːn | hǽ(ː)n; *Chin.* xàn] *n.* **1** (中国の)漢朝 (206 B.C.–A.D. 8, 25–220). **2** [集合的] 中国土着の民族, 漢民族.
Earlier [**Western**] **Han** [the ―] 前[西]漢 (206 B.C.–A.D. 8).
Later [**Eastern**] **Han** [the ―] 後[東]漢 (25–220).
Han[2] [háːn | hǽ(ː)n; *Chin.* xàn] *n.* [the ～] 漢水《中国の中央部を流れ武漢で揚子江に合流する川; 1,532 km》.
Ha·na·ni [hənéɪnaɪ] *n.* 〘聖書〙 ハナニ《Jehu の父; cf. *I Kings* 16》.
han·ap [hǽnæp, -nəp] 〘▭ (O)F ～ (↓)〙 *n.* (中世の装飾を施した)ふた付き酒杯.
han·a·per [hǽnəpə | -pə(r)] 〘(1323–24) *hanypere* ▭ AF *hanaper*＝OF *hanapier* large vessel to keep cups in ← *hanap* drinking vessel, cup ← Gmc (cf. G *Napf*): ⇨ -er[1] 2〙 ── *n.* 《英》(もと, 重要書類入れに用いられた)編みかご.
hance [hǽns] 〘← ME *haunce(n)* ← ? *enhauncen* 'to ENHANCE'〙 ── *n.* **1** 〘海事〙 急折部《船体外観において急に曲がって見える所; 例えば後部甲板の手摺(てすり)》

の下部付近の輪郭など》. 2 〘建築〙 a (アーチの)急曲部《四心アーチや楕円アーチの両脇の迫元(せりもと)近くの, もっとも曲率の大きい部分》. b 迫腰(せりごし) (haunch).

hanch [hǽntʃ] *n.* 〘土木〙 =haunch 4.

hánc·ing pìece *n.* 〘海事〙 船の構造上急曲をする部分に使う用材.

Hán Cíties *n. pl.* =Wuhan.

Han·cock [hǽnkɑk|-kɔk], **John** *n.* (1737-93) 米国の政治家, 独立宣言の最初の署名者 (cf. John Hancock).

Hancock, Win·field Scott [wínfiːld] *n.* (1824-86) 米国南北戦争当時の北軍の将軍.

hand [hǽ(ː)nd] 〘*n.*: OE ~, *hond* < Gmc **handuz* (Du. *hand* / G *Hand*) ← ?. — *v.*: 《c1610》← (*n.*): cf. OE *hentan* to seize〙 *n.* **1** 手 (cf. arm[1], wrist): the right [left] ~ 右[左]手 / a dirty ~ 汚い手; 卑劣なやり方 / ⇨ clean hands / with his ~s in the trouser pockets 両手をズボンのポケットに入れて / What do you have in your ~s? 手に何をお持ちですか.

2 (高等脊椎動物の)前肢, (物をつかむことのできる)動物の足《猿・コアラなどのあと足 (hind foot) にもいう》; (かに・さそりなどの)はさみ (chela); (鷹の)足 (foot).

3 a (時計・メーターなどの)針 (needle): the hour [minute, second] ~ 時[分, 秒]針 / the short [long] ~ 短[長]針. **b** 〘印刷〙 手, 指印, 指標 (☞) (index). **c** バナナの房; 生姜(しょうが)の根茎; (元を葉で結えた)たばこの葉の束《5-20 枚からなる》: a ~ of bananas 一房のバナナ.

4 a 人手, 労力, 働き, 行為者 (performer): a translation *by* various ~s 色々の人の手でなされた翻訳 / This work has passed *through* many ~s. この仕事は多くの人の手を経てでき上がったものである / Many ~s make light [quick] work. 《諺》人手が多ければ仕事は楽(らく) (cf. 「仕事は多勢」). **b** 手[力]仕事をする雇人, 雑役夫, 労働者, 人夫; 職工, 従業員 (worker, employee): a hired ~ 雇人 / a ranch ~ 農場[牧場]労働者 / factory ~s 職工, 工員 / farm ~s 農業労働者, 作男. **c** 乗組員 (crewman): All ~s on deck! 全員デッキに集合. **d** 《古》(情報などの)供給源(としての人), 情報源 (cf. *at first* HAND, *at second* HAND).

5 a (援助の)手, 手助け, 助力 (assistance): lend [give] a person a ~ 人に手を貸す, 人の手伝いをする / ⇨ *bear a* HAND / ⇨ helping hand. **b** 参加 (participation), 参与, 関与; 関係, かかり合い: ⇨ *have a* HAND *in*, *take a* HAND *in* / He still keeps his ~ *in* the business he turned over to his son last year. 去年息子に譲った商売にまだ関係して[口出しをして]いる.

6 a 〘通例 *pl.*〙 (所有する)手, 所有 (possession): The property got *out of* his ~s. その財産は彼の手から失われた / *Into* whose ~s did the documents fall? その文書はだれの手に渡りましたか / ⇨ *change* HANDS (1). **b** 〘通例 *pl.*〙 管理, 支配, 監督 (control, supervision): Shall I put matters *in* the ~s of the police? 一切を警察に一任してしまいましょうか / I'll place myself *in* your ~s. 私一身に関することはすべてあなたにおまかせします / The child is *in* good ~s. 子供は信頼のおける人の所に預けてある / He appeared to hold the future *in* his ~. 未来をわが手ににぎっている[出世も思いのままの]男と見えた / The fortress fell *into* the enemy's ~s. とりでは敵の手中に落ちた. **c** (取引・交渉上の)支配的地歩, 強力[優勢]な立場, 支配力; 管理権, 権力: strengthen one's ~ 支配力を強化する / He ruled his kingdom *with* an iron and ruthless ~. 容赦のない強圧的な権力をもって国を支配した / ⇨ free hand, *with a heavy* HAND (1), *with a high* HAND. **d** 〘《なぞり》← L *manus* hand〙 〘ローマ法〙 手権 (manus).

7 a (書く)手, 筆跡, 書法 (handwriting): a legible [round, slanting] ~ わかりよい[丸まった字の, 斜めに傾いた字の]筆跡 / an educated [illiterate] ~ 教養の高さを思わせる[無教養ぶりを露呈した]筆跡 / write *in* a clear ~ はっきりした字を書く / The letter was written *in* another's [women's] ~. 手紙は他人[女]の手をまねて書かれていた / He writes a good ~. 字がうまい. **b** 手書き書体. **c** 署名 (signature): ⇨ *under one's* HAND *and seal*.

8 a 手ぎわ, 手並, 手法 (workmanship, touch); 手細工, 仕業 (handiwork); 巧みさ, 腕前 (skill, ability): the ~ of a master=a master's ~ 名人の腕前 / She has a ~ *for* pastry. パイを作るのがうまい / He has a good ~ *in* teaching [*with* horses]. 教え方が[調馬が]上手だ / She treats the children *with* a light ~. 子供たちのあしらい方が手慣れている (cf. *with a heavy* HAND (2)) / ⇨ *try one's* HAND *at*. **b** (布・革などの)手触り: the smooth ~ of silk 絹のなめらかな手触り. **c** 《古》(筆の)ひとはけ, 一筆 (stroke). **d** 〘*pl.*〙 〘馬術〙 手綱さばき: have good ~s 手綱さばきがうまい.

9 〘通例形容詞に修飾されて〙 **a** (特定の技能をもった)人: He is a *good* [*poor*] ~ *at* conversation. 会話がうまい[まずい] / I am a *rotten* ~ *at* descriptions. 言葉で説明するのが全く苦手だ / I'm not much of a ~ *at* writing letters. 手紙を書くことは余り得意なほうではない / He is a *good* [*great*] ~ *with* motors. モーターを扱うのに手慣れている. **b** (特定の仕事などに関する)通(つう), 経験者, 専門家 (specialist): a green ~ ⇨ green *adj.* 9 a / He is an *old* Japan ~. 日本問題の専門家だ (⇨ old hand) / The burglar must have been a *cool* ~. その強盗は余程図々しいやつだったに違いない.

10 《口語》〘特に a big ~, a good ~ として〙 拍手喝采(かっさい): get *a good* ~ 喝采を得る / give a person *a big* ~ 人に盛んな拍手を送る / win *a big* ~ *for* one's performance 演技がすばらしいので拍手喝采を得る.

11 方, 側, 方向 (side, direction): sit *at* a person's right [left] ~ 人の右[左]手にすわる / *on* the right [left] ~ of ... の右[左]側に / *on* either ~ 両側に / ⇨ *on* the other HAND / ⇨ *on all* HANDS, *on every* HAND, *on* (*the*) *one* HAND...*on the other hand*.

12 a (約束・信義のしるしとしての)手, 確約, 誓約: He gave me his ~ *on* the deal. 彼はその契約を保証した / You have my ~ *on* that. その点については堅くお約束します. **b** 結婚の約束 (pledge of betrothal): ask [sue] for a woman's ~ 女に結婚を申し込む / win a girl's ~ 娘から結婚の承諾を得る / He asked me for my daughter's ~. 私の娘をもらいたいと申し出た / She gave her ~ to him. 彼に結婚の承諾を与えた / I offered her my ~. 彼女に結婚の約束をした.

13 〘トランプ・チェス・チェッカー〙 **a** 競技者, 勝負者 (player): a first [second] ~ for bridge ブリッジで一番目[二番目]にビッドする人. **b** 〘集合的〙 持ち札, 手札, 手; 持ちごま; 各人に配られる札(の一定の枚数) (deal): a winning ~ 勝ち手 / fill one's ~ (ポーカーなどで)持ち札を満たす / ⇨ *declare one's* HAND, *show one's* HAND, *throw in one's* HAND, etc. **c** 一勝負, 一番 (round): a ~ *of* poker 一番[回]のポーカー / play a good ~ 上手に勝負する / lose the ~ (トランプの)勝負に負ける.

14 (試合の)回, イニング (inning).

15 (馬の高さを計る単位として)掌の幅, 手幅尺, ハンド《4 インチ》(cf. handbreadth): This horse stands 14 ~s high. この馬の背丈は 14 ハンド (56 インチ) ある.

16 〘銃器〙 銃把(じゅうは)《銃床の細くなった部分で射撃の時にここを手で握る》.

17 a 〘機械〙 手《ねじの山や歯車の歯の傾斜の相異を示す用語; 右手ねじ・左手ねじなど》: the ~ of a spiral 螺旋(らせん)の(右手・左手の)巻き (cf. right-handed 5). **b** 〘建築〙 ドア[開き窓]の蝶番(ちょうつがい) (hinge) の取り付けられる位置.

at close hand 間近に接近して, 目(ま)の当たりに (nearby): I often saw him *at close* ~. たびたび彼を目の当たりに見た. ***at first hand*** 直接に, じかに (cf. firsthand): He experienced it *at first* ~. それをじかに経験した. ***at hand*** (1) 手もとに, 手近に (close by): My daughter lives close [near] *at* ~. 娘はすぐ近くに住んでいる / There is a bookstore near *at* ~. 手近に本屋がある. (2) 近い将来に, 差し迫って (imminent): The examinations are [Christmas is] (near) *at* ~. 試験[クリスマス]が近づいた. (3) (使えるように)用意のできた: They kept a supply of water *at* ~. 水はいつでも使えるように用意しておいた. ***at second hand*** (1) 間接に (cf. second hand[1]): I learned the news *at second* ~. また聞きでその知らせを知った. (2) 古(ふる)で, 古物で: buy *at second* ~. ***at the hand(s) of*** ...の手から, によって, のせいで: He suffered a good deal *at the* ~*s of* the police. 彼は警察のためにひどい目にあった. ***at third hand*** (1) 2 人の仲介を経て (cf. thirdhand). (2) 再中古で. ***bear a hand*** (1) 手を貸す, 手伝う (lend a hand); 参加する, 関係する. (2) 〘命令形で〙 〘海事〙 仕事につけ. ***bear in hand*** (1) 管理する, 抑制する (manage, control). (2) 主張する (assert): *bear in* ~ that ...と主張する. (3) 約束する (promise): *bear in* ~ to marry her 彼女と結婚を約束する. ***bite the hand that feeds*** *one* 飼い主の手をかむ; 恩をあだで返す. ***by a [the] strong hand*** =***with a [the] strong hand*** 力ずくで, 高圧的に, 無理に (by force) (cf. *Exod.* 6. 1) (cf. strong arm 1). ***by hand*** (1) (機械によらず)手で, 手業で, 手先で (manually): make lace *by* ~ レースを手編みする / I added the figures *by* ~. その数を(運算で)足し算した. (2) (タイプなどによらず)手で, 手書きで: He usually writes letters *by* ~. ふだん彼は手紙をペンで書く. (3) (郵便によらず)手渡しで, 使いをもって: We'll deliver it to you *by* ~. 使いの者をやってお届けします. (4) (母乳でなく)人工乳で, 哺乳びんなどを用いて: bring up one's baby *by* ~ 赤ん坊を(母乳でなく)人工乳で育てる / rear a young pig *by* ~ (親豚任せにせず)子豚を人間の手で飼育する. ***change hands*** (1) 持主が変わる, (次々に)人手に渡る: The house has *changed* ~*s* twice in the last five years. この家はこの 5 年間に 2 度持主が変わった / Money *changes* ~*s*. 金は天下の回り持ち. (2) (右手と左手と)手を変えて使う. ***come to hand*** ⇨ *to* HAND (1). ***cross*** *a person's* ***hand*** ⇨ cross[1] 成句. ***declare*** *one's* ***hand*** 〘トランプ〙 手を知らせる (cf. *n.* 13 b); 内情[目的]を知らせる. ***dirty*** *one's* ***hands*** 手を汚す; 人格[名声]を傷つける. ***eat [feed] out of*** *a person's* ***hand*** 人のいいなりになる, 人に屈従している: He's got me *eating out of his* ~. 彼には全く頭が上がらない. ***force*** *a person's* ***hand*** 〘← *n.* 13 b; もと whist 用語〙 人に(いやおうなしに)緊急手段をとらせる, 決断を下させる, 意図を表明させる. ***for*** *one's* ***own hand*** 自分の利益のために, 自分自身のために. ***from hand to hand*** 人手から人手へ, 次々に人手に渡って: go *from* ~ *to* ~ 転々と人手から人手へ渡る. ***from hand to mouth*** その日暮らしで (precariously) (cf. hand-to-mouth): live *from* ~ *to mouth* その日暮らしをする, 先のことを考えずに暮らす. ***get*** *one's* ***hand in*** (1) 持ち札を(自分に有利になるように)使いこなす (cf. *n.* 13 b). (2) 熟練する, 技[腕]を磨く, 慣れる, こつを心得る, (職場の仕事などが)板に付く (cf. *get one's* EYE *in*). ***give a hand in*** =*take a* HAND *in*. ***grease*** *a person's* ***[the] hand*** =*grease a person's* [*the*] PALM[1]. ***hand and foot*** 〘OE *fōet & hond*〙 (1) 手足もろともに, がんじがらめに: He was bound ~ *and foot*. がんじがらめに縛りつけられた. (2) 手足となって, まめまめしく (assiduously): She served [nursed] her husband ~ *and foot*. 彼女はまめまめしく夫に仕えた[を看病した]. ***hand in [and] glove*** 〔...と〕親密で; 〔...と〕一緒になって, (特に悪事で)ぐるになって 〔*with*〕: She was the kind of woman that was ~ *and glove with* parsons. 彼女は日ごろ牧師たちと親しくしているといった女だった / Certain high-ranking politicians were ~ *in glove with* the racketeers. 政府高官でその暴力団と結託しているものがいた. ***hand in hand*** (1) 手に手を取って, 手をつないで: The two girls were walking ~ *in* ~. (2) 互いに協力して, 〔...と〕一緒になって (conjointly) 〔*with*〕 (cf. hand-in-hand): His passion for the artistic went ~ *in* ~ *with* an equal passion for the historic. 芸術的な物に対する彼の情熱は歴史的な物に対する同様な情熱と携え合っていた. ***hand of writ [write]*** 《スコット》 手跡, 筆跡 (handwriting). ***hand over fist*** 《口語》 (1) =HAND *over hand* (1), (2). (2) ものすごく速く[多く], どしどし: He is making money ~ *over fist*. どんどんお金をもうけている. ***hand over hand*** (1) (綱などよじ登る時)左右の手を交互に掛けて, たぐりながら. (2) 〈船が〉ずんずん接近[前進]して. (3) 〘水泳〙 抜き手を切って: swim ~ *over* ~ 抜き手を切って[クロールで]泳ぐ. ***hand over head*** 《古》 向こう見ずに, むやみに. ***hand running*** 続けざまに, ぶっ続けに, 連続して: twenty times ~ *running* ぶっ続けに 20 回. ***hands down*** 〘もと競馬で騎手が「手を降ろし手綱をゆるめて」の意から〙 《口語》 (1) 努力しないで, ぞうさなく, 容易に (easily): win a race ~*s down* 競走に楽勝する. (2) 文句[問題]なく, 明白に: He's ~*s down* the best writer in Japan. 彼は文句なく日本で最もすぐれた作家だ. ***Hands off!*** (...に)手を触れるな; 干渉するな, ほって置いてくれ: *Hands off* (the exhibits)! (展示品に)触れぬこと. ***Hands up!*** (1) (拳銃などを向けながら)手を挙げろ, 降参しろ (Give up!). (2) (賛意のしるしに)挙手を願います. (3) 〘遊戯〙 (カーリング (curling) で)手を止め (Stop sweeping!). ***hand to hand*** (戦闘者が)相接して, 互いに肉薄して (cf. hand-to-hand): fight ~ *to* ~ 接戦する, 白兵戦をする, つかみ合う. ***have a hand in*** ...に関係する, ...に一枚加わる (cf. *n.* 5 b): He was known to have *had a* ~ *in* the murder. 彼がその暗殺に一枚加わっていたことはわかっていた. ***have*** *one's* ***hand in*** =*keep one's* HAND *in*. ***have*** *one's* ***hands full*** 手がふさがっている, ずっと忙しい. ***heavy in [on, upon] hand*** (1) 〈馬が〉(気力を失っていて)御しにくい. (2) 〈人が〉扱いにくい, 口が重い, 活気がない. ***hold*** *a person's* ***hand*** (1) 人の手を取る[握る]. (2) 〈(困っている)人を〉慰める, 励ます; 助ける. ***hold*** *one's* ***hand*** (処罰などの)手を控える, 措置を取らないでいる. ***hold hands*** (愛情の表現として)互いの手を取り合う[握り合う]. ***hold up*** *one's* ***hands*** (無抵抗のしるしに)手を挙げる (cf. HOLD *up*). ***in hand*** (1) 手元に所有して, 手持ちに[の]; 自分の自由に使える (cf. *on* HAND (1)): I have no cash *in* ~. 手元の現金がない / with ten minutes *in* ~ まだ 10 分余裕があって. (2) 取り掛かって, 進行中で[の], 準備中で[の]: keep to the matter *in* ~ 手掛けた仕事を続ける / all *in* ~ 〘印刷〙 (活字に組む原稿が)植字工の手に渡って / The work has not been *put in* ~. 仕事にはまだ取りかかっていない. (3) 支配下に: The police *had* the matter *in* ~. 警察がその事件を扱った / He *had* himself *in* ~ again. また落ち着きを取り戻した / He *kept* the children [the business] *in* ~. 子供たちを手なづけて[事業を経営して]いた. (4) 〘玉突〙 〈突き玉が〉ボークから突かれるようになって. ***join hands*** (1) (互いに)手を握り[取り]合う, 握手する (shake hands). (2) 〔...と〕接触する, 合流する (come together) 〔*with*〕; 〔...と〕行動を共にする, 協力する, 提携する (unite) 〔*with*〕: *join* ~*s with* a person in an enterprise 人と企業を合同でやる. (3) 結婚する (wed): *join* ~*s* in marriage 結婚する. ***keep*** *one's* ***hand in*** (常に練習して)技[腕]が衰えないようにしている, 技能を維持している, 練習[稽古, 勉強]を続けている (cf. *keep one's* EYE *in*). ***keep*** *one's* ***[a firm] hand on*** ...の支配権を制して[抑えて]いる, ...に勝手なことをさせない. ***keep*** *one's* ***hands in*** *one's* ***pockets*** (1) 懐手をしている. (2) 働かずにいる, 怠けて暮らす. ***keep*** *one's* ***hands off*** ...に干渉[手出し]しない (cf. HANDS *off!*). ***kiss hands [the hand]*** (帝王などの)手に接吻する《大臣など就任の儀式として》. ***lay*** *one's* ***hand on*** =*lay one's* HANDS *on* (2). ***lay hands on*** (1) ...をつかむ, 捕える (catch); ...を手に入れる, 見つける (find). (2) 〈人〉に暴行する. ***lay*** (*one's*) ***hands on*** (1) ...を手に入れる, 自分のものにする (obtain): They plundered what they could *lay their* ~*s on*. 手当り次第に何でも略奪した. (2) 〈捜していた物〉を見つけ出す (find): He could not *lay his* ~*s on* the manuscript. その原稿が見つからなかった. (3) (処罰しようとして)...をつかまえる, 捕える (seize): The police soon *laid their* ~*s on* the robbers. (4) 〈人〉に襲いかかる, 傷つける (attack, injure): How dare you *lay your* ~*s on* my child? よくも君は

私の子供をなぐったりしたな / *lay* ~*s on* oneself 自殺を図る，自殺する．(5)〈人〉に按手する，按手して聖職に任じる；…の頭に手をのせて祝福する．(6)〈精神療法者が〉〈患者〉のからだに手を当てる：He *laid his* ~*s on* the sick. ***lift one's hand*** =*lift* (*up*) *the* HAND (1). ***lift*** (***up***) ***one's hands*** 両手を上げて祈りを捧げる．***lift*** (***up***) ***one's hand to*** [***against***] …に向かって手を振り上げる，なぐる身構えをする (threaten), 攻撃する (attack). ***lift*** (***up***) ***the hand*** (1) 宣誓する (take an oath). (2) 祈る，嘆願する (pray, implore). ***marry with the left hand*** 身分の低い女と結婚する (cf. left-handed marriage). ***next one's hand*** 一番手近の. ***not do a hand's turn*** ⇨ hand's turn. ***not lift*** [***raise***] ***a hand*** 指一本も動かそうとしない，全然努力をしない，骨を惜しむ：He *won't lift a* ~ to help others. 人のためには何一つしようとはしない. ***of one's hands*** (1) (人の助けを借りず)自分の手でする：the labor *of one's* ~*s* ⇨ labor *n.* 2. (2) 腕の立つ，実務的な (practical)：a man *of his* ~*s* 実際[実務]家. ***off hand*** 準備せずに．即座に. ***off one's hands*** 手を離れて，責任[役目]が済んで，肩から(…の)荷が降りて：I am glad to get the task *off my* ~*s*. 何とかその仕事を終えてうれしい. ***oil a person's*** [***the***] ***hand*** =*grease a person's* PALM[1]. ***on all hands*** (1) 四方八方，いたるところに[の]. (2) すべての人によって，あまねく：It was decided *on all* ~*s*. 満場一致で決まった. ***on every hand*** どちらを向いても，いたる所に. ***on hand*** (1) 手元に，すぐ用立てられる (available) (cf. *in* HAND (1))：We have some new goods *on* ~. 手前どもでは新品を持ち合せています. (2) 間近に，目の前に(迫って) (afoot)：There was trouble *on* ~. 困った事が起こって来そうだった. (3) 出席して，参上して (present)：I'll be *on* ~ before breakfast. 朝食前に参上します. (4) 手掛けて，引受けて：I have another small business *on* ~. もう一つちょっとした仕事を手掛けている. ***on*** [***upon***] ***one's hands*** (荷厄介として)双肩に掛かって，責任[負担]となって；持て余して：She had a number of poor relations *on her* ~*s*. 世話しなければならない貧乏な親類がたくさんあった / Those goods lay *upon his* ~*s*. それらの品物が売れ残っていた / Time hangs heavy *on my* ~*s*. ⇨ time 1 a. ***on one's hands and knees*** 四つんばいになって. ***on*** (***the***) ***one hand***...***on the other*** (***hand***) …一方では…また他方では…：They prosecuted the war *on the one* ~ and the pacification program *on the other*. 彼らは一方においては戦争を行ないながら他方においては和平工作も行なった. ***on the other hand*** また一方では，これに反して；別の見方をすれば. ***out of hand*** (1) すぐに，即座に (immediately)：deal with a matter *out of* ~ 即座に事を処理する / money *out of* ~ =ready money. (2) 済んで (over)：The case was finally *out of* ~. その事件もようやく落着した. (3) 手に余って，制御し切れないで：The boys got *out of* ~. その少年たちは手に負えなくなった. ***play one's hand for all it is worth*** 全力を尽くす，精根を傾ける. ***play into the hands of*** [***into a person's hands***] (トランプ遊びから，比喩的に) …の都合のいいように行動する，に勝たせるようにする：*play into* one another's ~*s* 互いの利益になるように[ぐるになって]行動する. ***put one's hand in one's pocket*** (慈善などに)金を出す，金を使う (spend money). ***put one's hand on*** …=*lay one's* HAND *on*.... ***put one's hands on*** …=*lay* (*one's*) HANDS *on*.... ***put*** [***set***] ***one's hand to*** (1) 〈仕事〉に着手する，従事する(engage in)：He can master everything he *puts his* ~ *to*. 彼は何に取りかかっても必ずうまくやってのけられる. (2) …をつかむ. (3) 〈文書〉に署名する (sign). ***put*** [***set***] ***one's hand to the plow*** 身を入れて(困難な)仕事に取りかかる (cf. *Luke* 9:62). ***raise one's hand to*** [***against***] =*lift one's* HAND *to* [*against*]. ***shake hands*** (挨拶・契約・仲直りなどの印に)握手する：*shake* ~*s with* a person / They [He] *shook* ~*s* all around. 一同が[一同と]かわるがわる握手した / We *shook* ~*s* on the bargain. 契約が成立して握手をした / Let us *shake* ~*s* and be friends. 握手をして仲良くしよう. ***shorten the hand of*** ⇨ shorten 成句. ***show one's hand*** 手の中の札を見せる (cf. *n.* 13 b)；計画を打ち明ける. ***sit on one's hands*** (1) (容易に)拍手をしない，賛意[熱意]を示さない. (2) 手をこまねいている，傍観する (sit by). ***soil one's hands*** (1) 手を汚す. (2) 不正事件に関係する：He *soiled his* ~*s with* bribery. 贈賄に関係して手を汚してしまった. ***stand one's hand*** 《俗》人の酒代を払う，酒をおごる. ***strengthen a person's hand***(***s***) (競争などで)人の立場をよくする，助ける，気勢を上げさせる (cf. *1 Sam.* 23:16). ***strike hands*** 《古》(契約の取決めのしるしに)軽く手を打ち合う，手を握り[取り]合う；契約を結ぶ：*strike* ~*s upon* a bargain 契約に手を打つ / *strike* ~*s with* a person 人と契約を取り決める. ***take a hand in*** …に加わる，参画する，関係する (cf. *n.* 5 b)：He *took a* ~ *in* the game. 彼はそのゲームに加わった. ***take in hand*** (1) 〈人など〉の世話[管理]を引き受ける：I'll *take* the child *in* ~. その子を引き取りましょう. (2) 処理する，取り扱う：They *took* the affair *in* ~ at the board meeting. 彼らはその件を評議会で取り上げた. ***the hand of God*** 神罰；神助，神慮：You'd better leave the result in *the* ~ *of God*. 結果は神におまかせした方がよい. ***throw in one's hand***=***throw one's hand in*** (1) ⇨ THROW in. (2)《口語》(争い・競争などから)手を引く，やめる (give up). ***throw up one's hands*** (降参・絶望・諦めの意を示して)両手を上げる. ***tickle a person's*** [***the***] ***hand*** =*grease a person's* PALM[1]. ***tie a person's hands*** 人の(行動の)自由を奪う，人を束縛する，無力にする：My ~*s* are *tied*. =I have *my* ~*s tied*. 手も足も出なくなった《何もできなくなった》. ***tip one's hand*** (うっかり)秘密[計画]を明かす (cf. *show one's* HAND). ***to hand*** (1) 手近に，手のとどく所に，すぐ使える；手中に：come *to* ~ 手に入る，手に入れる，届く；見つかる，現われる / I used whatever came *to* ~. 手にはいる物は何でも利用した / He has a great many dictionaries ready *to* ~. 常時手元に多く辞書を取りそろえている / Your letter [Yours] *to* ~. 〘商業〙貴簡拝受. (2) 制御されて，鎮圧されて：bring the mob *to* ~ 暴徒を鎮圧する. ***to a person's hand*** 労せずして人に得られるように，人の(趣味・能力に適するように)手元に用意されて：a grammar for an English teacher just made *to his* ~ 英語教師の座右の書たりうるように書かれた文法書. ***try one's hand at*** …で腕をためす，(初めて)…をやってみる (attempt)：He wanted to *try his* ~ *at* sports journalism. スポーツ記事を担当してみたいと思った / I *tried my* ~ *at* writing a science-fiction story for the first time. 生れて初めて SF 小説を書いてみた. ***turn one's hand to*** =*put* [*set*] *one's* HAND *to*. ***under one's hand and seal*** 署名捺印して[た]：given *under one's* ~ *and seal*. ***wash one's hands in invisible soap*** もみ手をする《へつらい，または困惑の身振り》. ***wash one's hands of*** 〈責任のある事など〉から手を引く，…と手を切る[関係を断つ] (cf. *Matt.* 27:24)：The city authorities *washed their* ~*s of* the matter. 市当局はその件から手を引いた. ***weaken a person's hand***(***s***) (競争などで)人の立場を弱める，妨げる，気勢をそぐ (cf. *Jer.* 38:4). ***wipe one's hands of***... =*wash one's* HANDS *of*.... ***with a free hand*** 気前よく，惜し気なく，ふんだんに (generously) (cf. freehanded 1, free hand)：She usually gives out gifts *with a free* ~. いつも気前よく皆に贈り物をする. ***with a heavy hand*** (1) 手厳しく，強力に，圧制的に (oppressively)：The king ruled his country *with a heavy* ~. その王は強圧的に国を統治した. (2) 無器用に，ぎこちなく(clumsily)：The musical was directed *with a heavy* ~. そのミュージカルの演出はぎこちなかった[垢抜けしていなかった]. ***with a high hand*** 強圧的に，高飛車に，尊大に (arrogantly). ***with an open hand*** 気前よく (liberally). ***with clean hands*** 清廉潔白で[に]. ***with one's hands in one's pockets*** 懐手をして，何もしないで (cf. *keep one's* HANDS *in one's pockets*). ***wring one's*** [***the***] ***hands*** (苦痛・悲しみ・絶望などの仕草として)手を絞るようにする，手をもむ：*wring one's* ~*s* in pain 手を絞って苦しむ.

hand of glory 〘《なぞり》← F *main de gloire* 《転訛》← *mandragore* mandrake〙 魔の手《もと盗賊などがまじないに用いたマンドレークの根茎，のちには処刑された人間の手》.

— *vt.* **1** [しばしば二重目的語を伴って] **a** 手渡す，渡す：She ~*ed* me the key. 彼女は私に鍵を手渡した / *Hand* it *to* the janitor. それを管理人に渡しなさい / He ~*ed* the rope *up to* me. 綱を下から手渡してくれた / I'll ~ the book *back to* you on Monday. 本は月曜にお返しします. **b** (食事の時)〈食べ物などを〉取ってやる，回す (pass)；給仕する，配る (serve)：Please ~ me the salt. 食塩をお回し下さい / Soup was ~*ed round*. スープが一同に回された. **c** 〈打撃・衝撃などを〉くらわす，加える (give)：That ~*ed* me a surprise [laugh]. それにはびっくりした[思わず吹き出してしまった] / He ~*ed* the boy a terrible beating. 少年をこっぴどく打ちのめした. **2** [目的語＋場所・方向の副詞語句を伴って]手を貸して入れ[出し，上げ，おろし]てやる (lead with the hand)：He ~*ed* the lady *into* [*out of*] the car. 婦人に手を貸して車へ乗せて[から降ろして]やった / The usher ~*ed* the old gentleman *to* his seat. 案内係は老紳士を座席まで案内した / She ~*ed* her grandmother *across* the street. 祖母の手を取って通りを渡してやった. **3** 〘海事〙〈帆を〉たたむ (furl). **4** 《廃》手で扱う，いじくる (manipulate)；取り扱う.

hand down (1) 上から手渡す，取りおろす；手を貸して下へ案内する. (2) 〈遺産を〉(代々に)伝える (bequeath)：〈風俗・慣習・特権などを〉後世に伝える：The title was ~*ed down from* father to son. 爵位は父子代々引き継がれた. (3) 〈使い古した衣類などを〉お下がりにする：I ~*ed* the coat *down to* my little brother. お古のコートを弟にやった / She was wearing a sweater ~*ed down* by her mother. 母のお下がりのセーターを着ていた. (4) 《米》〈控訴院の決定を〉(下級裁判所に)通達する；〈判決・評決を〉言い渡す；〈政策などを〉発表[声明]する. ***hand in*** (1) (家人などへ)手渡しする：~ *in* a letter at the door 戸口で家人に手紙を渡す. (2) 〈書類などを〉差し出す，提出する (submit)：~ *in* one's resignation [one's term paper] 辞職願[学期のレポート]を提出する. (3) 引き渡す，納める (give up)：Uniforms should be ~*ed in to* stores by noon. 軍服は正午まで倉庫に返還しなければならない. ***hand it out*** 《口語》手ひどくこらしめる，なぐる. ***hand it to*** 《口語》…の偉さ[功績]を認める，…にはかなわないと言う，…に敬意を表する：You've got to ~ *it to* him for doing such a good job. あれだけの良い仕事をしたのだから彼には脱帽せざるをえない. ***hand off*** (1) 〘ラグビー〙〈タックルする相手を〉平手で押しのける. (2) 〘アメリカンフットボール〙 (*vt.*) 〈ボールを〉近くの味方へ渡す；(*vi.*) ボールを味方へ手渡す. (cf. hand-off) ***hand on*** (1) (人から人へ)手渡しする，(順に)回す：When you've read this, ~ it *on to* your classmates. 読んでしまったら級友に回して下さい. (2) (次の世代へ)引き継ぐ，譲り渡す，伝える (hand down)：We must ~ this tradition *on to* the next generation. 私たちはこの伝統を次の世代へ伝えなければならない. ***hand out*** (1) (気前よく)分け[施し]与える，分配する (distribute)；〈お世辞・忠告などを〉ふんだんに言ってやる：~ *out* money *to* the poor 貧民に金を分から与える. (2) (無料で)配布する，(回覧できるように)配る：The professor ~*ed out* duplicated material *to* the students. 教授は資料のプリントを学生に配布した. (3) 《口語》〈罰などを〉課する (administer)：~ *out* a severe punishment *to* a person 人に厳罰を課する. ***hand over*** (1) 引き[明け]渡す，保管してもらう，納める (deliver up)：~ *over* a stolen gun *to* the police. 盗まれた銃を警察に引き渡す. (2) 〈領土・権利・役職・事業などを〉譲り渡す，引き継ぐ，申し送る (hand on)：Israel ~*ed over* control of the oilfield *to* the United Nations Emergency Force. イスラエルは油田の管理権を国連非常軍に譲渡した / I'm glad to ~ the case *over to* you. 喜んで事件をあなたにお引き継ぎします.

hánd àlphabet *n.* =manual alphabet.

hánd àpple *n.* (料理用りんごと区別して)生食用りんご.

hánd àx 〘OE *handæx*〙 — *n.* **1** ハンドアックス，握斧(旧石器時代の)手斧《アフリカ・ヨーロッパ・西アジア・インドの前期旧石器文化の代表的石器》. **2** 片手斧《柄の短い片手用の斧》. **3** 《廃》=battle-ax.

hánd·bàg *n.* **1** ハンドバッグ. **2** 旅行用手さげかばん.

hánd bàggage *n.* 手荷物 (hand luggage).

hánd·bàll 〘《(?a1400)》〙 — *n.* **1** 手まり，手玉. **2** 〘球技〙ハンドボール：**a** 平手で壁にゴムボールを打ちつけてはね返るのを相手に打たせて打合いを続け，21点先取した方が勝ちになるゲーム；そのボール (cf. fives). **b** 7人または11人の各チームが手でボールをパスしたりドリブルしたりしてゴールへ入れて得点を争う競技；そのボール. **c** fives に似た競技. ★ 日本でハンドボールというのは通例 b の7人制の方をいう.

hánd·bàrrow 〘《1403》: ⇨ barrow[1]〙 *n.* **1** (前後二人で運ぶ)四つ手運搬器. **2** =handcart.

hánd bàsket 〘《c1495》〙 *n.* バスケット，手さげかご.

hánd·bèll 〘OE *handbelle*〙 *n.* (手で振り鳴らす)振鈴.

hánd·bìll *n.* (手で配る)広告，ちらし，ビラ.

hánd·bòok 〘《1814》《なぞり》← G *Handbuch* ∽ OE *handbōc* 《なぞり》← ML *manuālis liber* ← LL *manuāle* 'MANUAL'〙 — *n.* **1** **a** 手引，便覧，教本：a ~ of anatomy 解剖学便覧. **b** 旅行案内(書)：a ~ to France. **2** (特定の主題についての)研究書. **3** 《米》**a** (競馬の)賭け金帳：a ~ man (競馬の)賭け業者 (cf. bookmaker 2). **b** (競馬の)賭けの行なわれる場所.

hánd·bòoking *n.* 《米》(競馬の)賭け業.

hánd·bòund *adj.* 〈本が〉手で綴じた，手綴じの.

hánd·bòw [-bòu | -bàu] *n.* 手弓 (cf. crossbow).

hánd bràke *n.* (自動車などの)手動ブレーキ (cf. foot brake).

hánd·brèadth *n.* 手の幅，手幅尺《今は約4インチ；cf. hand *n.* 15》.

h and c, h. & c. 《略》hot and cold (water).

hánd-cànter *n.* 〘馬術〙ゆるやかな駆け足.

hánd·càr *n.* 《米》(鉄道の)ハンドカー，手動車《線路検査や工夫の運搬に使う》.

hánd·càrt *n.* 手車，手押し車.

hánd chèese *n.* ハンドチーズ《もと手でこねて形を整えた軟らかいチーズ；匂いと味が強い》.

hánd·clàp *n.* 拍手：a slow ~ (不賛成・退屈の意を示す)ゆっくり調子を取った拍手 / A ~ greeted him as he entered the room. 彼が部屋にはいると歓迎の拍手が起こった.

hánd·clàsp *n.* (挨拶・別れ・約束の時などの)握手.

hánd composìtion *n.* 〘印刷〙手組み.

hánd compòsitor *n.* 〘印刷〙手組み工.

hánd·cràft 〘OE *handcræft*〙 *n.* 手細工，手工芸 (handicraft). — *vt.* 手細工で作る.

hánd·cràfted *adj.* 手細工の，手職人の作った.

hándcràft·man [-mən] *n.* (*pl.* **-men** [-mən, -mèn]) (*also* **hándcràfts·man**) 手職人，手工芸家.

hánd·crànked *adj.* 手回し式のクランク[ハンドル]のある：a ~ telephone (旧式の)手回し電話器.

hánd crèam *n.* ハンドクリーム.

hánd·cùff 〘《1775》〙 — *n.* [通例 *pl.*] 手錠：a pair of ~*s*. — *vt.* **1** 〈人〉に手錠をかける. **2** 手錠をかけて[かけたように]〈人を〉拘束[妨害]する，…の自由を奪う，無力にする：~ an infielder ⇨ infielder 成句.

H and D cùrve 〘⇨ H and D speed〙 *n.* 〘写真〙HD 特性曲線 (⇨ characteristic curve 2).

hánd-dòwn *n.* =hand-me-down.

hánd drìll *n.* (手で回す小さな)手錐，ハンドドリル.

H and D spèed 〘← *Ferdinand Hurter & Charles Driffield* (共に19世紀末に活躍した英国の写真家)〙 *n.* 〘写真〙HD 感光度.

hánd·ed 〘← HAND+-ED 2〙 — *adj.* **1** 手のある. **2** [通例複合語の第2構成要素として] …な手をした：neat-

handed 手先の器用な (dexterous). 3〈ドア・ロック錠・蝶番(ちょうつがい)・スクリューなど〉(左・右)一方まわりの: right-*handed*, left-*handed*. 4 [通例複合語の第2構成素として] (幾)人でする: a four-*handed* game at tennis テニスのダブルス.

hand·ed·ness n. 1 手のあること. 2 利(き)き手[腕](のあること) (cf. laterality 1): left ~ 左利(き)き.

Han·del [hǽndl], **George Frederick** n. ヘンデル《1685-1759; ドイツ生れの作曲家; 1710 年英国に渡り 1726 年英国に帰化; *Messiah* (初演 1742); ドイツ語名 Georg Friedrich Händel [héndəl]》.

hand·fast[1] 〚OE *handfæstan* ⊏ ON *handfest-a* ← *hand-* 'HAND (n.)'+*festa* to fasten〛 — vt. 《古》…に手を握り合わさせて約束させる (pledge), 婚約させる (betroth). — n. 《古》(手を握っての)約束, 誓約 (contract); 婚約 (betrothal).

hand·fast[2] 〚adj.: (?c1200) (p.p.) ← *handfaste(n)* 'HANDFAST[1]'〛 — adj. 《古》 1 手かせをはめられた. 2 a しっかり握った (tightfisted). b 握り屋の (close-fisted), けちな.

hánd·fàst·ing 〚OE *handfæstunge*〛 n. 1 (教会での正式な結婚式に先立つ)仮の婚約, 仮祝言. 2 《古》婚約 (betrothal).

hánd-féed vt. (-fed) 〈動物を〉規定の(分量の)飼料で飼う (cf. self-feed); 〈動物〉に1頭ずつ個別に飼料を与える.

hánd fìle n. 〚機械〛平やすり, 平形やすり《断面が矩形のやすり》.

hánd·flàg n. 手旗《通例2本から成る信号用の旗》.

hand·ful [hǽn(d)fùl] 〚OE *handfull*〛 — n. (pl. ~s, **hands·ful**) 1 手一杯, 一つかみ, 一握り. 2 [a ~] 少量, 少数: *a* ~ *of* children 少数の子供たち / only *a* ~ *of* foreign newsmen ほんのわずかの外人記者たち. 3 《口語》やっと出来る仕事, 手に余る人[仕事], 厄介者. 4 《俗》5年の禁固刑.

hánd gàllop n. 〚馬術〛ゆるやかなギャロップ, ギャロップに近い速いペースのキャンター.

hánd glàss n. 1 手鏡. 2 (手に持って使う)柄付き虫めがね, 読書用拡大鏡. 3 〚海事〛(測程器を使って船の速力を計る時に用いる)小型の砂時計《14 秒または 28 秒用》.

hánd grenàde n. 手榴(りゅう)弾.

hánd·grìp 〚OE *handgripe*: ⇨ hand, grip[1]〛 — n. 1 手の握り; 握手 (handshake): exchange a hearty ~. 2 a 柄 (handle). b つか (hilt). 3 [*pl.*] つかみ合い (grapple), 接戦: come to ~*s* つかみ合う, 接戦する / be *at* ~*s with* a person 人とつかみ合いをする.

hánd·gùn n. (初期の)火縄銃; (片手で扱い発射する)拳(けん)銃, ピストル.

hánd·hòld n. 1 (手による)握り; 手づかみ. 2 (登攀などで)手掛かり, (手で)つかまるもの《木の枝・岩の突起など》(cf. foothold).

hánd·hòle n. 1 〚機械〛手穴《機械や装置で内部作業の必要上設けられた手を入れる穴》. 2 〚電気〛手穴《ケーブルの接続・修理などを行なうための小形マンホール》.

hánd hòrn n. 〚楽器〛ハンドホルン《無弁ホルン; 手を楽器の朝顔に入れることからこの名称がついた》.

hand·i·cap [hǽndikæ̀p, -də- | -dɪ-] 〚n.: (?a1653) ← *hand i'* (=in) *cap*: 帽子の中に罰金を入れておいた昔のくじ引き遊びの名? — v.: (1649) ← (n.)〛 — n. 1 ハンディキャップ, ハンデ《諸種の競技で優劣を平均するために優者に不利[劣者に有利]な条件をつけること; cf. start 2》. 2 ハンディキャップ付きの競技[競馬, 競走]. 3 a 不利な条件; 困難, 不利益 (disadvantage): Financial difficulty proved to be a great deal of ~ to his business. 財政上の困難が事業への大きな障害となった. b 身体障害. — vt. (**hand·i·capped; -i·cap·ping**) 1〈速い馬・人〉にハンディキャップを付ける. 2 (競技の差を少なくするため)〈優[劣]者〉に不利[有利]な条件を付ける. 3 不利な地位に立たせる: be ~*ped* by ill health [poverty] 病弱[貧乏]のために不利をこうむる.

hánd·i·càpped adj. 1 〈子供が〉身体[精神]障害のある. 2 [the ~; 名詞的に] 身体[精神]障害者たち, 心身障害者[身障者]たち. 3 ハンディキャップを付けられた: a ~ player.

hánd·i·càp·per n. 〚競馬〛1 ハンディキャップ掛り. 2 《米》(競馬などの)予想屋. 3 (あるハンディを付けられて参加する)ハンディ付き競技者[競走馬].

hand·i·craft [hǽndikræ̀ft | -krɑ̀:ft] 〚OE *handcræft*: -*i*- は HANDIWORK の影響: ⇨ hand, -craft〛 — n. 1 手細工, 手工, 手芸; 手仕事《機織・製陶・指物など》. 2 [集合的] 手細工品, 手芸品. 3 手先の熟練, 手練. 4 《古》=handicraftsman. **~·er** n.

hándicràfts·man [-mən] n. (pl. **-men** [-mən, -mèn]) 手細工人, 手職人, 手工業者, 工匠.

hand·i·cuff [hǽndikʌ̀f | -dɪ-] 〚← HANDY+CUFF[2]: cf. fisticuff〛 n. 《古》手で打つこと (fisticuff); [*pl.*] なぐり合い: come to ~*s* なぐり合いになる.

Hand·ie-Talk·ie [hǽnditɔ́:ki | -dɪtɔ́:-] 〚⇨ -ie〛 〚商標〛ハンディートーキー《携帯用小型無線送受信機》.

hand·i·ly [-dəli, -dɪ- | -lɪ] 〚(1611) ← HANDY+-LY[1]〛 — adv. 1 巧みに, うまく (dexterously). 2 楽に, 易易と (easily). 3 (使いやすいように)手近に (conveniently): He used to keep various tools ~ by him. 色色な道具をよく手もとに置いていたものだ.

hánd·i·ness n. 手際のよさ, 器用; 手ごろなこと, 便利さ; (手近にある)使いやすさ.

hánd-in-hánd 〚← *hand in hand* (⇨ hand (n.) 成句)〛 adj. 1 〈二人が〉手に手を取っての. 2 相並んだ; 親密な関係の.

hand·i·work [hǽndiwə̀:k | -wɜ̀:k] 〚OE *handġeweorc* ← *hand* 'HAND'+*ġeweorc* (⇨ y-, work): ⇨ handwork: 後には HANDY+WORK とも解された〛 — n. 1 手細工, 手工, 手芸; 手仕事 (handwork). 2 a 細工物, 手工品 (handwork). b (特定の人の特徴的な)手法, 手際: God's ~. 3 (特定の人の)しわざ: The street demonstrations proved to be the ~ of anarchists. 街頭デモ(行進)は無政府主義者の仕組んだものと判った.

hánd·jòb n. 《俗》手淫(しゅいん).

hand·ker·chief [hǽŋkətʃɪf, -tʃəf, -tʃi:f, -tʃi:f | hǽŋkə-tʃɪf, -tʃəf, -tʃi:f] 〚(1530) ← HAND+KERCHIEF〛 — n. (pl. ~s, 《米》**-ker·chieves** [-tʃi:vz]) 1 ハンカチ《pocket handkerchief ともいう》. 2 ネッカチーフ《neck handkerchief ともいう》.

throw the handkerchief to (1) (鬼ごっこで鬼に自分を追うことを促すために)…にハンカチを投げつける. (2) …に意中をほのめかす, 白羽の矢を立てる.

hándkerchief tàble n. 〚家具〛=corner table.

hánd-kìssing n. ハンドキス《フランスなどで好意・愛情などの印に男子が婦人の手の甲にキスすること》.

hánd-knít vt. 手編みする.

hánd-knítted adj. (機械編みでなく)手編みの.

hand lànguage n. (聾唖(ろうあ)者の)手話(dactylology).

han·dle [hǽndl] 〚n.: OE ~, *handla*: ⇨ hand (n.), -le[1]. — v.: OE *handlian*: ⇨ -le[3]〛 — n. 1 手で持ったり動かしたりできる部品; ハンドル, 柄, 取っ手, つまみ, (桶(おけ)などの)手. 2 乗ずべき機会, 口実: give a ~ to one's enemies 敵に攻撃の機会[口実]を与える. 3 a 《口語》名, 名前 (name); 肩書 (title) 〔*to*〕: a ~ *to* one's name 肩書[敬称]《Dr., Lord など》. b 《方言》(幾分変わった)(姓に対する)名. 4 a (ゲーム・レースなどの)賭け金の総額. b (商売上の取引き・興行などで授受される)金の総額. 5 (織物などの)手ざわり, 感触 (hand, touch). 6 〚ニュージーランド〛ハンドル《ビール量の単位名で約1パイント (pint)》.

find the handle [通例否定構文で] 《俗》〚野球〛ゴロをつかむ: He can't *find the* ~ *on* the ball. ゴロをとり[投げ]そこねる. ***fly*** [***go, be***] ***off the handle*** 《口語》急に自制を失う, 急に怒り出す. (***up***) ***to the handle*** 《米口語》徹底的に (thoroughly).

— vt. 1 a …に手を触れる, 手で触る (touch): ~ books with dirty hands 汚い手で本をいじる. b 手で触れて[持って]〈重さなどを〉調べる. c (手で)扱う, あやつる, さばく, 操縦する (manipulate); 〈馬などを〉慣らす (break in): ~ an oar オールをあやつる / He cannot ~ firearms. 銃砲の操作ができない / She is used to *handling* drugs. 彼女は薬物の扱いに慣れている. 2 指揮する, 統制する (direct); 〈職人などを〉監督する (supervise): ~ troops. 3 待遇する, 取り扱う (treat): ~ a person roughly 人を乱暴に扱う. 4 処理する; (うまく)やってのける, 使いこなす, さばく; 担当する: He ~*s* all the work. 仕事は彼が一切やっている. 5 〈商品を〉売買する, 商う (deal in): ~ tea. 6 〈問題などを〉取り扱う, 論じる (deal with). 7 〚ボクシング〛〈プロボクサー〉のトレーナー兼セコンドの役をする. 8 〚サッカー〛〈ボール〉にさわる, 手を触れる. 9 〚野球〛〈ボールを〉扱う, 投げる, 受ける.

— vi. [通例副詞を伴って] あやつられる, 制御される, 扱って…である: This boat [car] ~*s easily*. このボート[車]は扱いやすい.

hán·dle·able [-dḷəbl] adj. **~·less** adj.

hand lèad [-lèd] n. 〚海事〛手用測鉛《浅い海を測量するための錘(おもり)のついたひも》.

hándle·bàr n. 1 [しばしば *pl.*] (自転車・オートバイなどの)ハンドル(バー). 2 [通例 *pl.*] 《口語》天神ひげ《handlebar moustache ともいう》. 3 ハンドルバー《物体を扱うために用いられる柄のついた金属の棒》.

hán·dled adj. [通例複合語の第2構成素として] (…の)柄[ハンドル]のある: a horn-*handled* clasp knife 取手が角製の折りたたみナイフ.

hánd lèns n. (柄つきの)虫眼鏡, ルーペ.

hán·dler [-dlə, -dḷə | -dlə(r, -dḷə(r] 〚(*a*1398): ⇨ handle, -er[1]〛 — n. 1 手を使う人; 取り扱う人, 処理する人, 操縦者. 2 (警察犬・馬などの)訓練者, 調教者. 3 〚ボクシング〛セコンド, トレーナー.

hánd·less 〚(?1404)〛 adj. 1 手のない, 手を失った. 2 《方言》無器用な, 下手な (clumsy).

hánd·lètter n. 〚印刷〛(箔押し用の)手押し文字.

hánd·lèvel n. 〚測量〛ハンドレベル, 手(持水)準器, 掌準器《土地測量用の小形水準器》.

hánd·lìne n. 1 〚釣〛手釣り糸. 2 細い消火ホース.

hán·dling [-dlɪŋ, -dḷ-] 〚OE *handlung*: ⇨ handle, -ing[1]〛 — n. 1 手をかけてやること; 訓練, 調教. 2 取扱い, 運用, 操縦, 処理; (特に, 作家・画家などの)手際. 3 (物の)運搬, 移動方法, 過程. 4 (商品の)積出し, 出荷. 5 〚サッカー・アイスホッケー〛ハンドリング《反則》.

hánd·lìst n. 参考書[文献]リスト.

hánd·lòom n. 手織機, 手機(ばた) (cf. power loom).

hánd lùggage n. 手荷物 (hand baggage).

hánd·máde adj. 1 手製の, 手作りの, 手細工の (cf. machine-made 1). 2 手製に見せかけた, 手製風の, 手細工の感じをまねた.

hánd·maid 〚(*c*1300)〛 — n. 1 《古》女中, 侍女. 2 (他の物事に対して)補助的役割を果すもの, しもべ: the ~*s of* the people 人民のしもべ. 3 〚昆虫〛カイコガ科のガの一種 (*Datana ministra*).

hánd·màiden n. =handmaid 1, 2.

hánd-me-dòwn 〚← *hand down* (⇨ hand (v.) 成句): cf. reach-me-down〛 — 《口語》 adj. 1 a 〈服など〉お下がりの, お古の. b 古手の, 古物の (secondhand). c 出来合いの, 既成品の (ready-made); 安っぽい (cheap). 2 〈考え・趣向など〉受け売りの, 二番煎じの (secondhand). — n. 1 a お下がり, お古. b 古着. c (安っぽい)出来合い服, 既製服. 2 受け売り[二番煎じ]の考え[趣向など].

hánd·mìll n. (コーヒーなどをひく)ひきうす, 手回しのコーヒーひき(器).

hánd mòney n. 手付金, 証拠金 (earnest money).

hánd mòwer n. 手押し芝刈[草刈]器 (cf. power mower).

hánd-òff 〚← *hand off* (⇨ hand (v.) 成句)〛 — n. 1 〚ラグビー〛ハンドオフ《手で相手を押しのけること》. 2 〚アメリカンフットボール〛a ハンドオフ《味方のバックから味方のバックにボールを手渡すこと》. b ハンドオフボール《このようにして手渡されたボール》.

hánd òrgan n. (外側のハンドルを回して奏する)手回しオルガン (cf. barrel organ).

hánd·òut 〚← *hand out* (⇨ hand (v.) 成句)〛 — n. 1 a 施し物《食物・金銭・古着など》: The captives are living on ~*s*. 捕虜たちは施し物[配給食品]をもらって生きている. b 宣伝ビラ, ちらし, 折りたたみ広告. c (宣伝用)商品見本, 試供品, サンプル. d (学会・講演会などの)配布用印刷物, プリント. 2 《米》(新聞などに発表をゆだねた)公式声明[報道]; 新聞発表.

hánd-óut n. (バドミントン・ハンドボールなどで)ハンドアウト: a サーブ側が得点せず, その結果サーブ権を失うこと (side-out) (cf. down[3] n. 7). b サーブを受ける側の(競技者), レシーバー.

hánd·pìck vt. 1 (器具を用いずに)手で摘む. 2 (人任せでなく)自分で精選する; 自分の目的にかなうように選ぶ: ~ one's attendants 従者を自分で選ぶ.

hánd·pìcked adj. 1 手で摘んだ. 2 a 精選した. b 勝手に選んだ, お手盛りの.

hánd plàte n. 押板《とびらを押す個所に取り付けた金属板; push plate ともいう; cf. finger plate》.

hánd·plày 〚OE *handpleġa*〛 n. 1 なぐり合い. 2 〚トランプ〛(スカートで)スカート (skat) を使わずにプレーすること《得点が倍になる》.

hánd·pòst n. 道標, 道しるべ (signpost).

hánd·prèss n. 〚印刷〛手動印刷機.

hánd·prìnt n. 掌紋.

hánd pròp n. 〚演劇〛(演技中の俳優の用いる)手道具, 小道具.

hánd·pùmp n. 手押し[手動]ポンプ(cf. steam pump).

hánd pùppet n. (人形の身体の中に手を入れて操る)手づかい人形《glove doll, glove puppet ともいう》.

hánd·ràil n. 手すり, 欄干.

hánd·rèader n. 手相見 (palmist).

hánd·rèading n. 手相術 (palmistry).

hánd·rìde vt. (競馬でむち・拍車を使わずに)素手で〈馬〉に乗る. — vi. 競走馬に素手で乗る.

hánd-rúnning adv. 連続して, 途切れなしに.

hánd·sàw 〚(1399): ⇨ saw[1]〛 n. (片手用)手のこぎり.
know a hawk from a handsaw ⇨ hawk[1] 成句.

hándsaw fìsh 〚そののこぎり状の歯から〛 n. 〚魚類〛=lancet fish.

hánds·brèadth n. =handbreadth.

hánd's-brèadth n. =handbreadth.

hánd scrèw n. 1 (道具を使わないで締める)手動ねじ. 2 〚木工〛=hand-screw clamp.

hánd-scrèw clàmp n. 〚木工〛手締めクランプ, つかみ締め, しぼり木《単に hand screw ともいう; ⇨ clamp[1] 挿絵》.

hánds-dówn adj. 1 楽にやってのけた; 楽な: win a ~ victory 楽勝する. 2 疑い[論議]の余地のない (unquestionable); 確かな, 明白な.

hand·sel [hǽnsəl, -sl] 〚OE *handselen* 《原義》hand gift // ME ⊏ ON *handsal* closing of a bargain by shaking hands ← *hand* 'HAND'+*sal* 'SELL[1]'〛 — n. 1 (開店祝いや, 開業・入学・就職などを祝う)祝儀, 祝い品, 祝宴. 2 a 新年の祝儀, お年玉. b 新郎から新婦に与える贈物. 3 a 手付金 (earnest). b 初回払い込金. 4 初物, 初試し, 試食 (foretaste). — vt. (**hand·seled, -selled; -sel·ing, -sel·ling**) 1 (開業・新婚などを祝して)…に贈り物をする. 2 …の初試し[口あけ]をする, 最初に試みる.

hánd·sèt n. (卓上電話器の)送受話器《一端に送話器, 他端に受話器の付いているもので, 片手で支えられる; French telephone ともいう》.

hánd-sèt adj. 〚印刷〛1 〈活字が〉手組みの. 2 手組み刷りの. — vt. 〈活字を〉手で組む.

hánd sètting n. (時計の)針回し, 時刻合わせ.

hánd·sèw vt. 手で縫う.

hánd·séwn adj. 手縫いの (↔ machine-sewed).

hánd·shàke n. 握手: receive a ~ from the dean 〈卒業生が〉学部長から握手を受ける.

hánd·shàker n. 1 誰にも愛想をふりまく人. 2 人に会うのが好きな人.

hánds-óff 〚← *hands off* (⇨ hand (n.) 成句)〛 — attrib. adj. 1 無干渉[主義]の: a ~ policy 無干渉主義 / a ~ attitude 無干渉主義の態度. 2 無干渉主義を主張する[唱える].

hand·some [hǽnsəm] 〚(?a1400) *handsom(e)* easy to handle: ⇨ hand, -some[1]: cf. Du. *handzaam* manageable〛 — adj. (**hand·som·er; -som·est; more ~, most ~**) 1 a 〈男子が〉(男性的で)顔立ちのよい, 魅

力的な, 立派な: a ～ young man ハンサムな青年 / *Handsome* is as [that] handsome does.《諺》振舞いの立派な人が立派なのだ,「見目より心」《あとの handsome は副詞; Handsome is he who does handsomely. の意》. **b** 〈女子が〉(大柄で)器量のよい, りりしい, 立派な (cf. beautiful, pretty): a ～ (young) woman / our ～ Queen わが国の毅然として美しい女王. **2** (形・姿などの均斉が取れて)見事な, 堂々とした (fine, stately): a ～ building / a ～ funeral 立派な葬儀. **3** 〈金額・財産・贈物など〉相当な, かなりの額の (considerable); 気前のよい (ample); 〈行為など〉手厚い, 大らかな (generous): a ～ fortune [income] かなりの財産[収入] / a ～ price 相当な[高い]値段 / ～ profits 多額の利益 / for a ～ fee かなり(多額)の料金[稿料など]を取って / a ～ contribution [present] 気前のよい寄付[贈物] / pay a person ～ compliments 人にたっぷりお世辞を言う / do the ～ (thing)《口語》(人に)気前よく[親切に]する. **4** 器用な, 上手な (dexterous, adroit): a ～ speech さわやかな演説. **5**《方言》**a** 適した, 似合う (suitable, becoming). **b** 便利な, 手ごろな (handy). ── *adv.*《方言》＝handsomely (cf. *adj.* 1 a).
come down handsome《英口語》＝*come down* HANDSOMELY.

hándsome Hárry *n.*『植物』北米原産ノボタン科の桃色の花が咲く耐寒性多年草 (*Rhexia virginica*).

hánd·some·ly 〖(*c*1550) 'handily'〗 ── *adv.* **1** 立派に, 見事に, 男らしく: behave ～ 男らしく振舞う. **2** 寛大に, 手厚く; 気前よく: be ～ rewarded 十分に報いられる / pay a person ～ (*for*) 人に相当な報酬を支払う. **3**『海事』注意して, ゆっくりと, きちんと, 手際よく.
come down handsomely《英》気がいい, 気前よく金を出す.

hánds-ón 〖← *hands-* (⇨ hands-off)＋ON〗 *adj.* 実地の職業活動を行なう[含む]: ～ training 実地職業訓練.

hánd·spike 〖(1615) ▭ Du.《廃》*handspaeke* ← *hand* 'HAND'＋*spāk* rod: cf. spike^1〗 *n.* **1** (通例木製の)てこ. **2** (巻きろくろの)棒.

hánd·spring *n.* (手から着地する)とんぼ返り (cf. headspring, somersault 1): turn ～s とんぼ返りをする.

hánd·stánd *n.* (両手で体を支える)倒立, 逆立ち (cf. headstand).

hánd's túrn *n.* (ちょっとした)仕事, 努力, 手伝い, 手助け. ★ 次のような否定構文に用いる: He does *not do a* ～. 横の物を縦にもしない.

hánd tàp *n.*『機械』手回しタップ《手作業でねじ立てをする時に用いる》.

hánd-tíght *adj.*『海事』手の力だけで張りつめた, 手締めの.

hánd-to-hánd 〖(*c*1400) ← *hand to hand* (⇨ hand (n.) 成句)〗 *attrib. adj.* 相手に接近した: a ～ combat [struggle] 格闘, 一騎打ち, 白兵戦.

hánd-to-móuth 〖← *from hand to mouth* (⇨ hand (n.) 成句)〗 ── *attrib. adj.* その日暮らしの, 将来への備えのない, 一時しのぎの, おぼつかない (uncertain, precarious): lead a ～ existence その日暮らしをする / do business on a ～ basis 自転車操業をする.

hánd tòwel *n.* 手ぬぐい, タオル.

hánd trùck *n.* **1** 手押車, 手押しカート《一端に小型の両輪, 他の端に握り棒のついた傾斜運搬車》. **2** 小型運搬車《構内運搬用などのモータートラック》.

hand truck 1

hánd vìse *n.*『機械』手万力.

hánd·whèel *n.*『機械』手動ハンドル《手動ブレーキ (hand brake), バルブ (valve) などについている》.

hánd·wòrk 〖OE *handweorc*〗 *n.* 手細工, 手工; 手仕事 (cf. machine-work). **～·er** *n.*

hánd·wórked *adj.* ＝handwrought.

hánd·wóven *adj.* **1** 手織機で織った, 手織の: a ～ fabric. **2** 手編みの: a ～ basket, hat, shoe-lace, etc.

hánd·wríte *vt.* 手で書く. ── *n.*《方言》**1** ＝handwriting. **2** 署名.

hánd·wrìting 〖(1421): cf. L *manuscriptum*〗 ── *n.* **1 a** 筆跡: a ～ expert 筆跡鑑定家. **b** 書風, 書体, 手書き. **2**《古》書いた物《文書など》; 筆写物 (manuscript).
(the) handwriting on the wall「壁上の書き物」, 禍[不幸]の前兆 (the writing on the wall) (cf. *Dan.* 5: 5).

hánd·wrítten *adj.* 手書きの, 肉筆の: a ～ letter 肉筆の手紙.

hánd·wróught *adj.* 手細工の (handworked): ～ gold 彫金.

hand·y [hǽndi | -dɪ] 〖(1535) 'manual' ← HAND＋-Y^4: cf. Du. *handig* handy, expert〗 ── *adj.* (**hand·i·er**; **-i·est**) **1** 〈人が〉手際のよい, 手先の器用な (dexterous): She is ～ *with* the needle. 針仕事がうまい / be ～ *with* a gun ガンさばきがうまい / be ～ *about* the house 家事の処理がうまい. **2** 〈物が〉扱いやすい, 手ごろな, 便利な (convenient): a ～ tool 便利な道具. **3 a** 手近にある, すぐ使える: have a dictionary ～ 辞書を手もとに(用意して)置く / A torch lamp is kept ～ in case of a sudden power failure. 不意に停電があったときすぐ使えるように懐中電燈が備えてある. **b** すぐに行ける, 近くの: The post office is ～. 郵便局は近い. **4**『海事』操縦しやすい: a ～ yacht 操縦の楽なヨット.
come in handy (なにかと)調法する, (手近にあって)役に立つ: The tool will *come in* ～. その道具は役に立つ(ことがある)だろう.
── *adv.*《方言》＝handily.

Han·dy [hǽndi | -dɪ], **W**(**illiam**) **C**(**hristopher**) *n.* (1873–1958) 米国のブルース作曲家; *St. Louis Blues* (1914).

hand·y-an·dy [hǽndiǽndi | -dɪǽndɪ] 〖← *Handy Andy* (アイルランドの小説家 Samuel Lover (1797–1868) の小説の主人公の名)〗 *n.* ＝handyman 1.

hand·y·bil·ly [hǽndibíli | -dɪbíli] *n.*『海事』**1** 船の小滑車装置. **2** 甲板上で用いる小ポンプ.

hándy-dándy 〖(*a*1376)《異化加重》← HAND / HANDY〗 *n.*『遊戯』どちらの手に物を持っているかを当て合う遊戯.

hándy·màn [-mæ̀n] *n.* (*pl.* **-men** [-mɛ̀n]) **1** (こまごました仕事を)何でもする雇人, 器用な男 (jack-of-all-trades). **2**《口語》水兵 (bluejacket).

hang [hǽŋ] 〖次の 3 語から: (1) OE *hangian* (vi.) < (WGmc) **xaŋʒōjan*: cog. Du. & G *hangen*; (2) OE *hōn* (vt.) < Gmc **xaŋxan*; (3) ME *henge(n)* ▭ ON *hengja* to cause to hang: いずれも IE **konk-* to hang に遡る〗 ── *v.* (**hung** [hʌ́ŋ], *vt.* 6 *vi.* 2 の場合は通例 **～ed**) ── *vt.* **1 a** 〈絵・壁掛・帽子などを〉(高い所などに[から])掛ける, 吊(つ)るす, 下げる, 垂らす, 宙に浮かす (suspend) 〔*on, from*〕: ～ pictures [a little Picasso] on the wall 絵[ピカソの小品]を壁に掛ける / pictures *hung on* the line ⇨ *on the* LINE^2 (2) / ～ curtains *on* a window カーテンを窓に吊るす (cf. 2 a) / ～ one's hat *on* a peg 帽子掛けに帽子を掛ける / ～ a chandelier *from* the ceiling 天井からシャンデリアを吊るす. **b** 〈肉・鳥獣などを〉(食べごろになるまで)吊るして置く: Venison requires to be well *hung*. 鹿肉は十分吊るして置かなければおいしくならない. **2 a** 〈部屋・壁などを〉〔壁掛け・額・絵・旗などで〕飾る〔*with*〕: ～ walls *with* (wall)paper 壁に壁紙を張る / ～ a window *with* curtains 窓にカーテンをかける (cf. 1 a) / The room is *hung with* flags. 部屋は旗で飾ってある / walls *hung with* tapestry つづれ織りを飾った壁. **b** 〈壁紙などを〉張る, 張りつける: ～ wallpaper. **3** 〈頭を〉うなだれる; 〈舌を〉垂らす: ～ one's head in shame 恥じてうなだれる. **4 a** 〈物を〉(自由に動くように)取り付ける; 〈戸などを〉あけたてできるように取り付ける: ～ a pendulum / ～ a door *on* the hinges 蝶番(ちょうつがい)でドアを取り付ける. **b** (適当な角度にして)...に柄をつける: ～ a blade / ～ an axe *to* its helve 斧(おの)に柄をつける. **c** 〈スカート〉の裾(すそ)丈をきめる, の裾をまつる: ～ a skirt. **5** 〈人に〉〈あだ名などを〉つける〔*on*〕: ～ a nasty name *on* him 彼にいやなあだ名をつける. **6** (過去形・過去分詞は通例 **～ed**) **a** 〈人〉の首を吊るす; しばり首にする, 絞首刑に処する: be ～*ed* for murder 殺人のかどで絞首刑になる / ～ oneself 首を吊って死ぬ / One may as well be ～*ed* for a sheep as for a lamb.《諺》どうせするなら徹底的にする方がいい,「毒を食(く)らわば皿まで」. **b** [軽いののしり, または強意語に用いて]: I'll be [I'm] ～*ed* if I know. 知っていたら首をやる《だれが知るものか》/ Oh, ～ it (all)! (困った時) えい, 畜生 / Be ～*ed* (to you)! ＝*Hang* you! こん畜生 / Oh, ～ it all! ええい癪(しゃく)に障る, ちぇっ畜生. **7 a** 〈考えなどを〉〔適当な形や芸術的形態などに〕結びつける, 引っ掛ける〔*on*〕: ～ one's satire *on* the drama 風刺を劇に結びつける. **b** 〈法案に〉〈追加条項を〉加える〔*on*〕: ～ a rider *on* a bill 法案に追加条項を加える. **8**《米》〈陪審員の中に反対があって〉〈陪審員〉の決定を不能にさせる, 未決のままにさせる (cf. *vi.* 12 b): The jury were *hung*. 陪審員たちは決しかねた. **9** すっかり無視する: ～ one's duty 義務を怠る. **10**《俗》〈一撃を〉食らわす: ～ a left *on* the temple こめかみにレフトパンチを見舞う. **11**『美術』**a** 〈絵を〉(展覧会・画廊などで)展示する. **b** 〈ある芸術家〉の絵を展示する. **12**『釣』〈魚を〉釣鉤で釣る. **13**『海事』(潮流や風に流されないように, 水底に竿を突きさしたりして)〈船を〉一か所に固定させる. **14**『印刷』〈章などを〉ハンギングインデンションにする[で組む] (cf. hanging indention). **15**『野球』〈カーブを〉投げそこなう, すっぽぬけた球にする (cf. hanging curve).

── *vi.* **1** (下からの支えがなく)(高い所などに[から])掛かる, ぶら下がっている, 垂れ下がる, 宙に浮く (dangle) 〔*on, from*〕: ～ down 垂れ下がる / The picture was ～*ing on* the wall. その絵は壁に掛かっていた / a chandelier ～*ing from* the ceiling 天井から吊られているシャンデリア. **2** (過去形・過去分詞は通例 **～ed**) 首を吊る; 絞首刑になる. **3 a** 〈掛布・衣服などが〉身にゆるく掛かる, すらりと垂れる: Her mantle ～*s* gracefully. 彼女のマントはすらりと垂れている. **b** 〈張っているものが〉たわむ, ゆるむ (droop): His lower lip *hung* loose. 彼の下唇がだらりと垂れていた. **4 a** (頭上や中空で垂れ下がったように)上にかぶさる (overhang), 垂れこめる; 立ちこめる: clouds ～*ing over* the mountain peaks 山頂におおいかぶさっている雲 / The fog *hung over* the fields. 霧が野原一面に立ちこめていた / The dust *hung* in the room. ほこりが部屋に立ちこめていた. **b** 〈においなどが〉ただよう, 立ちこめる: A smell of curry *hung* in the air. カレーのにおいがあたりにただよっていた. **c** 〈風が〉ぐずつく, 停滞する: The wind ～*s* in the south. 風は南方にぐずついている. **d** ぐずぐずしている, じっと留まる, こびりついて離れない: The idea ～*s* in my mind. その考えが頭にこびりついている / The silence *hung* among them. 沈黙が彼らの中で続いた / The time ～*s* heavy [heavily]. 時のたつのがおそい. **5 a** 〈岩などが〉のしかかる, おおいかぶさる: The cliff ～*s over* the road. がけが道路の上にのしかかっている. **b** 乗り出す, 寄りかかる (lean): ～ *on* the rail / ～ *out of* the window 窓から体を乗り出す. **c** 〈悩み・罪悪感などが〉のしかかっている, 重荷になる: The guilt *hung on* his mind. 罪悪感が彼の心に重くのしかかっていた. **6** 近づく, 迫る (impend): There is rain ～*ing about*. 雨が近づいている / The examination is ～*ing over* me. 試験が迫っている. **7** 〈戸が〉(蝶番で)吊ってある, 自由に動く (swing)〔*on*〕: The door ～*s on* its hinges. ドアは蝶番(ちょうつがい)で自由に開閉する. **8 a** すがりつく, しがみつく (cling), くっついている, 離れない (stick close); 寄り掛かる (incline): She *hung* on his arm. 彼女は彼の腕に寄り掛かった / ～ *about* a person's neck 人の首にしがみつく / The children *hung about* their mother. 子供たちは母親にまつわりついていた / ～ *on* like grim death しっかりとしがみつく / ～ *to* the strap 吊り革にしがみつく. **b** 〈犬が〉〔獣の臭跡に〕離れずについていく〔*to*〕: ～ *to* the trail of the fox. **9** 〔...によって〕決まる, ...次第である (depend)〔*on, upon*〕: War or peace *hung on* the king's decision. 戦争か平和かは国王の決意にかかっていた. **10** 〔...に〕じっと聞き入る; 〔...を〕見守る〔*on, upon*〕; 〔返事などを〕じっと待つ〔*on, upon*〕: ～ *on* a person's words [lips] 人の言うことを一心に聞く / ～ *on* an answer 返事をじっと待つ. **11**《口語》あたりをうろつく, ぶらつく (linger, loiter); ぶらぶらして時を過ごす: I saw a tramp ～*ing about* the garden. 浮浪者が庭のあたりにうろついているのを見た / ～ *about* at street corners 町角をうろつく / ～ (*a*)*round* (近くを)うろうろする. **12 a** 〈決断が〉つかない, 決定しない, ぐずぐずする: ～ behind ぐずぐずする, 遅れる / ～ in doubt 疑う, 迷う. **b**《米》〈陪審員が〉決定しかねる (cf. *vt.* 8). **13**『美術』〈絵画が〉展示される. **14**『冶金』棚吊りになる《溶鉱炉内で装入物が途中で落下しない現象にいう》. **15 a**『野球』〈カーブが〉すっぽぬける, 曲がら[落ち]ない. **b** (クリケット・テニスなどで)〈ボールが〉イレギュラーする. **16**『競馬』〈馬が〉全力を出し尽くさない, 余力を残して走る, 期待通りに伸びない.

go hang (1) [命令形で]《俗》ほっとけ, ばか言え (cf. Shak., *Tempest* 2: 2: 53): Go ～! / He told me to *go* ～. 私にばか言えといった. (2) [通例 let go ～ として]《口語》〈物事が〉ほっておかれる, 無視される: She *lets* things *go* ～. 彼女は物事を構わない[ほうりっぱなしにする] / Don't *let* your opportunity *go* ～. 折角のチャンスをほっておくな. ***hang back*** [***behind***] (1) 尻込みする, 足が渋る; わざと遅れる. (2) ためらう, 躊躇する (hesitate). ***hang by a*** (***single***) ***hair*** ＝ ***hang by*** [***on, upon***] ***a*** (***single***) ***thread*** 風前の燈である, 危機一髪である. ***hang five*** [***ten***]『サーフィン』(身体の重心を前にかけ)片足[両足]の指を先端にひっかけてサーフボードに乗る. ***hang in the balance*** ⇨ *in* (*the*) BALANCE. ***hang in*** (***there***)《俗》負けない, がんばる, 踏みとどまる (persist). ***hang loose*** ⇨ loose 成句. ***hang off*** ＝HANG *back*. ***hang on*** (1) しっかりしがみつく. (2) たゆまずやる, 頑張る (persevere); 固執する. (3) 〈病気が〉直らない. (4) 〈音が〉鳴り続けている. (5) 電話を切らずにいる[おく]. (6)《口語》(少しの間)待つ (wait). (7) ⇨ *vi.* 9. (8) ⇨ *vi.* 10. ***hang one on***《俗》(1) 〈人に〉一発くらわす, ぶんなぐる: He *hung one on* the guy. そいつをぶんなぐった. (2) 一ぱいひっかける; ひどく酔っぱらう. ***hang on to*** 〈物〉をしっかりと握り[持ち]続ける. ***hang out*** (*vt.*) (1) 〈看板・旗などを〉外にかかげる; 〈洗濯物を〉外に干す. (2) 〈身を〉乗り出す. (*vi.*) (1) 身を乗り出す. (2) ぶらぶら[ぐずぐず]時を過ごす. (3)《俗》住む (live) (cf. hangout). ***hang over*** (1) 延期される, 未解決のまま残される. (2) 〈危険・心配などが〉...に差し迫る. ***hang ten*** ⇨ HANG *five*. ***hang together*** (1) 団結する, 一致協力する. (2) 密着する, うまくくっつく. (3) 〈話などが〉つじつまが合う, 筋道が立っている: His story does not ～ *together*. ***hang up*** (*vt.*) (1) (掛け釘・ハンガーなどに)〈物を〉掛ける: ～ *up* one's coat 上着を釘に掛ける / ～ *up* one's hat in another's house ⇨ hat 成句. (2) 遅らす, 手間取らせる (delay, retard); ...の進行を妨げる, 停止させる, 懸案として置く, 延ばす (suspend, postpone): The measure was *hung up* for a whole session. 法案は全期中懸案のまま置かれた / The ship was *hung up* on the sandbank. 船は砂州(す)の上で動けなくなった. (3) 〈新記録などを〉達成する (achieve). (4) 〈受話器を〉置く; 〈電話を〉切る. (5)《豪》〈馬を〉杭(くい)につなぐ. (*vi.*) (1) (かぎ・釘などに)掛ける. (2) (電話の)受話器を置く; 電話を切る: Only courtesy kept him from ～*ing up*. 礼儀さえ考えなければ途中で電話を切っただろう. (3) 進行を妨げられる, 動けなくなる. ***hung on***《口語》...に魅了されて, ...に夢中になって: He is *hung on* bowling. ボウリングに熱中している. ***hung over***《俗》二日酔いで (cf. hangover). ***hung up*** (1) 遅れて, 手間取って (delayed); 中断されて; 動きがとれなくなって. (2)《俗》いらいらして. (3)《俗》〔...に〕夢中になって, とりつかれて〔*on, about*〕. (4)『野球』〈走者が〉ベース間ではさまれ[アウトにされ][アウトになり]そうになって. ***let it all hang out***《俗》打ち解ける, 気楽[率直]に話す.

— *n.* **1** 掛かり具合, 垂れ具合, 下がり具合: the ～ of a coat 上着の垂れ具合 / the ～ of one's lower lip 下唇の下がり具合. **2** [通例 the ～]《口語》**a** 扱い方, 使用法, やり方, こつ (knack): get *the* ～ of a machine 機械の使い方が分かる / get [see] *the* ～ of …の呼吸をのみ込む. **b** (問題・議論などの)意味, 趣意 (meaning). **3** (速力・進行などの)鈍り, ゆるみ. **4** [a ～; 否定構文で]《口語》少しの関心: I *don't* care [give] *a* ～. ちっともかまわない. **5**〘海事〙**a** 逆風をうけて[流れに逆らって]の速力低下. **b** 船首[船尾]の斜出. **c** マストの後方傾斜.

han·gar [hǽŋ(g)ə | -ŋ(g)ə(r] 〘《1852》▭ F ～ 'shed' ▭ ? ML *angarium* shed for shoeing horses〙 — *n.* **1** (航空機の)格納庫. **2** 納屋, 小屋 (shed); (馬車などの)車庫. — *vt.* 格納庫[納屋, 車庫]に入れる.

han·gar·age [hǽŋ(g)ərɪdʒ] 〘← HANGAR＋-AGE: cf. orphanage〙 *n.*《英》(航空機の)格納; 格格庫使用料.

hángar dèck *n.* (航空母艦の)格納庫甲板, ハンガーデッキ.

háng·bìrd *n.*《米》〘鳥類〙吊(つ)り巣鳥《木の枝に巣を吊り下げる鳥の総称》; (特に) ＝Baltimore oriole.

Hang·chow [hæ̀ŋtʃáu, hɑ̀:ŋtʃóu | hæ̀ŋtʃáu, hɑ̀:ŋtʃə́u; *Chin.* xáŋtʂōu] *n.* 杭(こう)州《中国浙江(せっ)省 (Tsinghai) の首都》.

háng·dòg *n.* (犬のように殺されるにふさわしいような)下劣な男, げす, 下郎 (sneak). — *adj.* **1** 卑劣な, 下等な (base, low). **2 a** おどしつけられた (intimidated); 打ちひしがれた (downcast). **b** 恥じ入った (shamefaced), 罪に悩む.

háng·er¹ 〘《1323》*ha(u)nger*: ⇨ hang, -er¹〙 — *n.* **1 a** [しばしば複合語の第 2 構成素として] 吊(つ)るす人, 掛ける人: a bill ～ 広告[ビラ]を掛ける[張る]人 / ⇨ paperhanger. **b**《まれ》＝hangman. **2 a** 物を吊るす[掛ける]物. **b** (上着のえり裏などに付いている)襟(えり)吊り. **c** 吊り手, ひっかけかぎ, 自在かぎ. **d** 衣紋(えもん)掛け, ハンガー: a coat [dress] ～ 衣紋掛け / a suit *on* a ～. **e** (電車・バスなどの)吊り革. **f**《米》(店内に下げた)ポスター, 掛け広告, 吊り広告. **3**〘《1431》: cf. Du. *hangher* rapier〙**a** (バンドで吊る)短剣, 腰刀. **b** (17–18 世紀に海員が用いた)短剣. **4** (子供が英習字の練習のときに英字の基礎として書かされる)かぎばね《ℓ の形; 漢字の「永」の類》: pothooks and ～s ⇨ pothook 2. **5**〘自動車〙ハンガー, つり手《車台をばね吊り手に掛ける腕金》. **6**〘建築〙(はね木の下にあって軒を吊る U 字型の)吊り金物. **7**〘機械〙(軸受けなどの)吊り手, 吊り材. **8**〘詩学〙＝outride. **9**《俗》〘スポーツ〙容易に得点となるようなシュート[突き, 当たり, 打ち].

hang·er² [hǽŋə | -ŋə(r] 〘OE *hangra* ← *hangian* 'to HANG'〙 *n.*《英》急斜面にある小さな林.

hánger-òn *n.* (*pl.* **hangers-on**, ～**s**) **1** 居候(いそうろう), かかり者, 食客; 腰ぎんちゃく, 子分, 取巻き (parasite, toady). **2**〘鉱山〙竪(たて)坑鉱車出し入れ夫.

háng·fìre *n.* (弾薬の)遅発 (cf. *hang* FIRE (1)).

háng glìder *n.* ハンググライダー. **háng glìding** *n.*

háng·ing 〘ME: ⇨ hang, -ing¹,²〙 — *n.* **1** 吊(つ)るすこと; 吊り下がっていること[状態], 懸垂, 垂下 (suspension). **2** 絞首刑: death by ～ 絞首刑. **3** [通例 *pl.*] 掛け物; カーテン, 掛け布 (drapery); 壁紙 (wallpaper), つづれ織り (tapestry): paper ～*s* 壁紙. **4** 下降傾斜 (declivity). **5**〘冶金〙棚吊り《溶鉱炉内で内容物が炉壁に付き落下しなくなること》.

— *adj.* **1 a** 掛かった, ぶら下がった (pendent): a ～ lamp 吊りランプ / ⇨ hanging basket. **b** 掛け[吊り]物用の. **2** 〈林・牧草地・庭園・散歩道など〉急斜面にある, 傾斜した: a ～ wood 急斜面にある林 (hanger) / a ～ garden, meadow, walk, etc. / ⇨ HANGING GARDENS of Babylon. **3 a** 〈岩・断崖・崖(がけ)など〉頂部が突き出た, 張り出した (overhanging): a ～ cliff, rock, etc. **b** (屋根・壁面などから支柱なしに)突き出た: ～ eaves 突き出た軒先 / a ～ balcony, staircase, etc. **4 a** 絞首刑に相当する, 絞首刑になる[なりそうな]: a ～ crime 死罪 / a ～ matter [affair] 絞首刑になる事件. **b** 絞首刑を課したがる; 苛酷な: a ～ judge 何でも絞首刑にしたがる(苛酷な)判事. **5** 差し迫っている: a ～ crisis 今にも来そうな危機 / a ～ gale ⇨ gale³. **6** 未決の (pending). **7**〘チェス〙＝en prise: ～ pawns 横に並んだ 2 つのポーンで, 他のポーンに連結できないもの. **8**〘古〙〈顔・表情・顔色など〉うなだれた, 気力のない (dejected).

hánging básket *n.* 釣り花籠《装飾用・温室用など》.

hánging committèe *n.* (絵画展覧会などの)審査委員会.

hánging cómpass *n.*〘海事〙吊(つ)り羅針儀《船長がベッドで見るための天井からさかさに吊られたコンパス》.

hánging cúrve *n.*〘野球〙カーブのつもりで投げられたボールが曲がらずにすっぽぬけてしまったもの.

hánging gárdens *n. pl.* 吊(つ)り庭, 空中庭園《崖(がけ)に造って中空に掛かったように見せた庭園》.

Hanging Gardens of Babylon [the —] バビロンの吊り庭[空中庭園]《階段状の建造物の屋上に植物を植え, あたかも空中に掛かったように見せた庭園; Nebuchadnezzar 王が Media から迎えた妃のために造ったという; 世界七不思議 (Seven Wonders of the World) の一つ》.

hánging indéntion *n.*〘印刷〙ハンギング インデンション《2 行目以下を字下げさせること》.

hánging líe *n.*〘ゴルフ〙ハンギング ライ《グリーンの方向に下り坂になっている所で止まっているボールの位置・状態; cf. lie² 4》.

hánging párticiple *n.*〘文法〙＝dangling participle.

hánging pòst *n.*〘建築〙門柱 (⇨ gatepost a).

hánging stáge *n.* (ペンキ屋などの)吊(つ)り足場.

hánging válley *n.*〘地理〙懸谷(けんこく)《本流より谷床が高い支谷が本流との合流点付近で形成している急勾配の谷》.

hánging wàll *n.*〘地質・鉱山〙上盤(うわばん)《鉱体・鉱脈・鉱層・断層などの上側の岩石や岩盤; cf. footwall 2》.

háng-lóose 〘← *hang loose* (⇨ loose 成句)〙 *adj.* 打ち解けた, 緊張のほぐれた, 気楽な: ～ wear.

háng·man [-mən, -mæ̀n | -mən] 〘《?a1387》〙 — *n.* (*pl.* **-men** [-mən, -mèn | -mən]) **1** 絞首刑執行人. **2**〘遊戯〙ハングマン《一人がある語を選び, 相手はその語に用いられている文字を一回に一つずつあてる; 間違えるたびに, あらかじめ書かれた死刑台のなわの先へ首・胴・左右の腕・左右の脚と書き加えてゆく》.

hángman's hàlter [**knòt**] *n.* 絞首刑用の輪なわ《通例 8–9 回ねじってある》.

háng·nàil 〘《1678》《通俗語源》← AGNAIL: HANG との連想による変形〙 *n.* ささくれ, さかむけ (agnail).

háng·òut 〘← *hang out* (⇨ hang (v.) 成句)〙 *n.*《俗》**1** 住処(すみか), 溜り場. **2** 低級な娯楽場.

háng·òver 〘← *hang over* (⇨ hang (v.) 成句)〙 — *n.* **1** 前からの残りもの; 遺物, 遺風; 残存物[者] (survival): Such habits are a ～ *from* his ancestors. こうした習慣は先祖譲りだ. **2**《俗》二日酔い; (服薬後の)副作用, あと作用; (緊張・興奮のあとの)気抜け, だれ: I have a ～ this morning. けさは二日酔いだ.

háng·tàg *n.*《米》(商品の品質や使用法などを記した)品質表示票.

Han·gul [hɑ́:ŋgu:l] *n.* ハングル《朝鮮の音字で現在 11 の母音文字と 14 の子音文字とから成る; 諺文(おんもん) (onmun) ともいう》.

háng-ùp *n.*《俗》**1** 邪魔(物), 困難, 支障, 問題. **2** (心理的な)こだわり; 執念; コンプレックス.

ha·ni·wa [hɑ́:nɪwɑ̀:, -nə- | -nɪ-] 〘▭ Jap.〙 *n.* (*pl.* ～) 埴輪.

hank [hæŋk] 〘《1388》← Scand. (cf. ON *hǫnk* hank, coil, skein)〙 — *n.* **1** (糸の)かせ《通例周囲 1.5 ヤードの枠に一定の長さの糸を巻き取り, これを取りはずして束ねたもの; 長さは糸の種類によって異なる, 例えば綿糸は 840 ヤード＝768.1 m, 毛糸は 560 ヤード＝512.1 m など; skein ともいう》. **2** 束, 輪, 環: a ～ of hair. **3**〘海事〙帆鐶(はんかん)《縦帆, 特に支索に張る三角帆の前ぶちに取り付けた木または金属の環》. **4**《方言》支配力, 抑制力 (hold).

hank for hank 二隻の船が並んで; 五分五分で, 対等で.

— *vt.*〘海事〙(支索などに)帆鐶で〈帆を〉取り付ける.

Hank [hæŋk] 〘(dim.) ← HENRY ∥ ▭ G *Hanke* ← *Heinrich*〙 *n.* 男性名. ★ 米国に多い名.

han·ker [hǽŋkə | -kə(r] 〘《1601》▭ ? Flem. *hanker-en* to long for (freq.) ← *hangen* 'to HANG': ⇨ -er⁴〙 — *vi.* **1** あこがれる, 焦がれる (long); 熱望する, 渇望する, 欲しがる (crave) 〔*for, after*〕/〈*to do*〉: ～ *after* the pleasures of one's youth [forbidden fruit] 青春の快楽[禁断の実]にあこがれる / ～ *for* affection 愛情を渇望する / ～ *to* know it それを知りたがる. **2**《スコット》口ごもる. **3**《方言》ぶらつく (loiter).

～**·er** [-kərə | -rə(r] *n.*

hán·ker·ing [-k(ə)rɪŋ] *n.* 熱望, 切望, 渇望 (longing, yearning) 〔*for, after*〕: have a ～ *after* …を熱望する. — *adj.* 熱望[切望]している, 焦がれている. ～**·ly** *adv.*

han·key [hǽŋki | -kɪ] *n.*《口語》＝hanky.

han·key-pan·key [hæ̀ŋkipǽŋki | -kɪpǽŋkɪ] *n.*《口語》＝hanky-panky.

han·kie [hǽŋki | -kɪ] *n.*《口語》＝hanky.

Han·kow [hæ̀nkáu, -kóu, hɑ̀:nkóu | hæ̀nkáu, hæ̀ŋ-káu; *Chin.* xànk'ǒu] *n.* 漢口《中国湖北省 (Hupeh) の揚子江に臨む港市, 武漢 (Wuhan) の北部をなす》.

Han·kul [hɑ́:ŋku:l] *n.* ＝Hangul.

han·ky [hǽŋki | -kɪ] 〘《1895》: cf. -y² 2 ★ (3)〙 *n.*《口語》＝handkerchief.

han·ky-pan·ky [hæ̀ŋkipǽŋki | -kɪpǽŋkɪ] 〘《1841》: HOKEYPOKEY や HOCUS-POCUS をまねた造語〙 — *n.*《口語》**1** 卑劣な手段, ごまかし (trickery), 不道徳な行為: be up to some ～ 何か後ろめたいことをやっている / play ～ with …をごまかす, …の目をくらます. **2** くだらない行為, 馬鹿騒ぎ; おしゃべり, 馬鹿話.

Han·ley [hǽnli | -lɪ] 〘OE *Hēa-lēah*《原義》high open place in the wood: ⇨ high, lea¹〙 — *n.* イングランド Staffordshire 州の都市, 今は Stoke-on-Trent の一部 (cf. Five Towns).

Han·ley [hǽnli | -lɪ] 〘↑〙 *n.* 男性名.

han·na [hǽnə]《英方言》＝have not.

Han·na [hǽnə], **Marcus Alonzo** *n.* (1837–1904) 米国の実業家・政治家; 通称 Mark Hanna.

Han·nah [hǽnə] 〘▭ Heb. *Ḥannā*ʰ ← *ḥānán* to be gracious〙 — *n.* **1** 女性名. ★ アイルランドおよびユダヤ人に多い名. **2**〘聖書〙ハンナ《預言者 Samuel の母; cf. *1 Sam.* 1 : 20》.

Han·nes [hɑ́:nəs; *Swed.* hánəs], **Alf·ven** [álfvən] *n.* ハンネス《1908–　; スウェーデンの物理学者; 電磁流体力学の基礎的研究により Nobel 物理学賞 (1970)》.

Han·ni·bal¹ [hǽnəbəl | -nɪ-] 〘▭ L ～ ▭ Gk *Ánnibas* ▭ Punic? *Ḥannibhá'al*《原義》favor of Baal: ⇨ Baal〙 *n.* 男性名. ★ Cornwall に多い名.

Hannibal² *n.* ハンニバル《247–?183 B.C.; カルタゴの将軍, 第二ポエニ戦争中 Pyrenees および Alps を越えてイタリアに攻め入った古代有数の戦略家》.

Han·ni·ba·lian [hæ̀nəbéɪljən, -liən | -nɪbéɪljən, -lɪən] *adj.* ＝Hannibalic.

Han·ni·bal·ic [hæ̀nəbǽlɪk | -nɪ-] *adj.* ハンニバルの[に関する]: the ～ War 第二ポエニ戦争 (⇨ Punic Wars).

Han·no [hǽnou | -nəu] 〘(fem.) ← HANNIBAL¹〙 *n.* 女性名.

Han·no·ver [hǽnouvə, -nə- | -nə(u)və(r; G. hanó:fa] *n.* ハノーバー《Hanover のドイツ語名》.

Ha·noi [hænɔ́ɪ, hə-, hɑ:- | hæ-] *n.* ハノイ《ベトナム北部の都市で旧北ベトナムの首都; 人口 1,519,000》.

Ha·non [ɑ:nɔ̃:(ŋ), -nɔ́(:)ŋ; *F.* anɔ̃], **Charles Louis** *n.* ハノン《1820–1900; フランスのピアノ奏者・教育家; *Le pianiste-virtuose*「ハノン教則本」》.

Ha·no·taux [æ̀nətóu, ɑ̀:- | -tə́u; *F.* anɔto], **(Albert Auguste) Gabriel** *n.* アノトー《1853–1944; フランスの政治家・著述家》.

Han·o·ver¹ [hǽnouvə, -nə- | -nə(u)və(r] *n.* ハノーファー, ハノーバー: **1** 西ドイツ北部の Lower Saxony 州の首都; 人口 565,000; ドイツ語名 Hannover. **2** ドイツ北西部の旧州; もと選帝侯国, 王国, プロイセンの一州.

Han·o·ver² [hǽnouvə, -nə- | -nə(u)və(r] *n.* ハノーバー王家《George 一世から Victoria 女王まで (1714–1901) の英国王室, the House of Hanover ともいう; George 一世はもとドイツの Hanover 選帝侯》.

Han·o·ve·ri·an [hæ̀no(u)ví(ə)riən, -nə-, -vé(ə)r- | -nə(u)víərɪ-] *adj., n.* **1** ハノーバー王家の(人). **2** ハノーバー王家支持者(の). **3** ハノーバーの(住民).

Hans [hǽ(:)nz; G. háns, *Du.* háns, *Dan.* hán's] 〘▭ G & Du. ～ ← L *Johannes* 'JOHN¹'〙 *n.* **1** 男性名. **2** ドイツ人, (または)オランダ人(のあだ名) (cf. John Bull).

han·sa [hǽnsə, hɑ́:nzə | hǽnsə, -zə] 〘《a1135》▭ OF *hanse* ▭ MLG ▭ OHG *hansa* (G *Hanse*) troop of warriors: cf. Goth. *hansa* / OE *hōs* band of men〙 — *n.*〘歴史〙**1** (中世北欧・英国の)商人組合, 外国貿易組合. **2** 商人組合の入会金. **3** [the H-] ＝Hanseatic League.

Han·sard [hǽnsəd, -sɑəd | -sɑ:d, -səd] 〘《1876》← *Luke Hansard* (1752–1828): 1889 年までこの議事録を出版した出版業者〙 *n.* ハンサード《英国国会議事録》.

Han·sard·ize [hǽnsədàɪz, -sɑə- | -sɑ:-, -sə-] 〘⇨ ↑, -ize〙 — *vt.*《英古》議事録にある前言を引いて〈国会議員〉の矛盾を論議する; 前言を引いて〈人〉の発言の矛盾を証明する.

Hánsa yéllow 〘← HANSA〙 *n.*〘化学〙ハンザエロー《黄色有機顔料》.

han·se [hæns, hɑ́:nzə | hæns; G. hánzə] *n.* ＝hansa.

Han·se·at·ic [hæ̀nsiǽtɪk, -zi- | -sɪ-, -zɪ-] 〘《1614》▭ ML *Hanseātic-us*: ⇨ hansa, -atic〙 — *adj.* ハンザ同盟の: the ～ towns ハンザ同盟市. — *n.* ハンザ同盟のメンバー都市.

Hanseátic Léague *n.* [the ～] ハンザ同盟《14–17 世紀の北ドイツ商業都市 (Lübeck, Hamburg, Bremen など) の政治的商業的同盟; the Hansa ともいう》.

han·sel [hǽnsəl, -sl̩] *n., v.* (**han·seled, -selled; -sel·ing, -sel·ling**) ＝handsel.

Hán·sen's disèase [hǽnsn̩z-; *Norw.* hánsən] 〘← *Armauer G. H. Hansen* (1841–1912: 癩(らい)菌を発見した (1874) ノルウェーの医学者)〙 — *n.*〘病理〙ハンセン病 (leprosy).

Hán·se Tòwns [hǽns-, hɑ́:nzə- | hǽns-; G. hánzə] *n. pl.* ハンザ同盟諸都市《その中の Hamburg, Lübeck, Bremen などは今でも Hansetown という》.

Hans·lick [hɑ́:nslɪk; G. hánslɪk], **Eduard** *n.* ハンスリック《1825–1904; オーストリアの音楽批評家; *Vom Musikalisch-Schönen*「音楽美について」(1854)》.

han·som [hǽnsəm] 〘《1847》← *Joseph A. Hansom* (1803–82: その考案者)〙 — *n.* ハンサム(馬車)《二人乗り一頭引き二輪のつじ馬車; 御車台は後方について一段高くなっている; hansom cab ともいう》.

hant [hǽnt] *n.*《米》＝haunt *n.* 3.

han't [heɪnt | heɪnt, hɑ:nt; héɪnt, hɑ́:nt]《方言》have [has] not の縮約形. ★《米》では主に hain't [heɪnt, héɪnt] を用いる.

Hants [hǽnts] *n.* ＝Hampshire 1 (cf. Hunts).

Ha·nuk·kah [hɑ́:nəkə, xɑ́:-, -nu-, -nɪ-, -kɑ̀:] 〘▭ Heb. *ḥanukkā*ʰ dedication ← *ḥānákh* to dedicate〙 — *n.* (*also* **Ha·nu·kah** [～])〘ユダヤ教〙ハヌカー祭《Antiochus Epiphanes によって汚されたエルサレムの宮殿を, Judas Maccabaeus が奪回し, これを清めて神に献げた (164 B.C.) のを記念する祭りで, Kislev 月 25 日から 8 日間(太陽暦 11, 12 月); Feast of the Dedication または, 毎夜燭台に火を燈すので灯明の祭り (Feast of Lights) ともいう; cf. *John* 10 : 22, Jewish holidays》.

Han·u·man [hɑ́numɑ̀:n, hɑ́:n-, ⏑⏑⏑] 〘▭ Hindi *Hanumān* ← Skt *hanumān* large-jawed〙 — *n.* **1**〘インド神話〙ハヌマン《*Ramayana* で活躍する猿の神》. **2** [h-]〘動物〙ハヌマンラングール, ハヌマンヤセザル (*Presbytis entellus*)《インド・セイロン原産の葉食のサルの一種で, ヒンズー教徒は神聖視する; entellus ともいう》.

Han·yang [hɑ̀:njɑ́:ŋ; *Chin.* xàniáŋ] *n.* 漢陽《中国湖北省 (Hupeh) の都市, 武漢 (Wuhan) の一部をなす》.

Han Yü [hɑ̀:n-jú:; *Chin.* xán ỳ] *n.* 韓愈(かんゆ)《768–824; 字(あざな)は退之(たいし) [t'uìtʂì]; 中国唐代の文人・詩人・学者, 唐宋(とうそう)八大(文章)家の一人》.

hao·le [háuli, -leɪ | -lɪ, -leɪ] 〘▭ Hawaiian ～ 'foreigner'〗 *n.* 《ハワイ》ハオリー《ハワイの非原住民，特に白人：cf. hapa haole》.

hao·ma [háumə] 〖▭ Avest. ～: ⇨ hom(a)〗 *n.* 〚ゾロアスター教〛ハウマ：**1** ゾロアスター教徒が儀式の際に用いる神酒 (cf. soma² 2 a). **2** [H-] ハウマ酒の神.

hap¹ [hǽp] 〖*n.*: 《?*a*1200》 *hap* ▭ ON *happ* good luck ← Gmc **hap-* (cf. OE (*ġe*)*hæp* fit, convenient ← IE **kob-* to fit. — v.: 《?*a*1300》 *happe*(*n*) ← (*n.*)〗 《古》 **—** *n.* **1** 偶然，運，幸運 (chance, fortune): by good ～ 幸運にも，幸に / the ～*s* and mishaps of life 人生の禍福. **2** [通例 *pl.*] (偶然の)出来事 (happening); (特に)不幸な出来事. **—** *vi.* (**happed**; **hap·ping**) **1** 偶然起こる，はからずも…する (happen, chance). **2** 〔…に〕偶然出くわす，偶然見つける 〔*on, upon*〕.

hap² [hǽp] 〖《*c*1300》 *happe*(*n*) to cover ← (混成)? ← *lappen* 'to LAP¹'+(O)F *happer* to seize〗 《スコット・北英》 **—** *vt.* (**happed**; **hap·ping**) (外套(ﾄｳ)や寝具などで)すっぽり包む，おおう (cover up). **—** *n.* (寝具や外套のように)すっぽりおおい包むもの.

há·pa háole [hɑ́:pə-] 〖▭ Hawaiian ～ ← *hapa* half + HAOLE〗 *adj.* 《ハワイ》白人との混血の；(特に)ハワイ·コーカサス系の (cf. haole).

hap·ax le·go·me·non [hǽpæks-lɪgɑ́mənɑ̀n, héɪp-, hɑ́:pɑ:ks-, -lə-, -nən | -lɪgɔ́mɪnɔ̀n] 〖▭ Gk *hápax legómenon* (something) once said〗 **—** *Gk. n.* (*pl.* **-me·na** [-nə, -nɑ:]) ただ一度だけ用いられた記録がある語，きわめてまれな語句《単に hapax ともいう》.

háp·chànce 〖⇨ hap¹〗 *n.* 偶然(の出来事)，たまたま起こった事.

ha'·pen·ny [héɪp(ə)ni | -nɪ] *n.* 《英》 =halfpenny.

hap·haz·ard [hæ̀phǽzəd- | -zəd] 〖《1575》 ← HAP¹ (n.)+HAZARD〗 **—** *n.* 偶然：at [by] ～ 偶然に；むやみに，やたらに，でたらめに. **—** *adj.* 偶然の，思いがけない；無計画な，やたらの，でたらめの (random): a ～ collection でたらめに集めたもの. **—** *adv.* 偶然に；無計画に，でたらめに. **～·ly** *adv.* **～·ness** *n.*

hap·haz·ard·ry [hæ̀phǽzədri | -zədrɪ] 〖⇨ ↑, -ry〗 *n.* 偶然性 (fortuity).

haph·ta·rah [hɑ̀:ftɑrɑ́:, hɑ:ftɔ́:rə] *n.* (*pl.* **-ta·roth** [hɑ̀:ftəróuθ | -rɑ́uθ], **-ta·rot** [-róut | -rɑ́ut], ～*s*) 〚ユダヤ教〛 =haftarah.

hapl- [hæpl] (母音の前に来る時の)haplo- の異形.

háp·less [← HAP¹ (n.)+-LESS] *adj.* 不運な，不仕合わせな (unlucky, unfortunate). **～·ly** *adv.* **～·ness** *n.*

hap·lite [hǽplaɪt] 〖⇨ ↓, -ite¹〗 *n.* 〚岩石〛 =aplite.

hap·lo- [hǽplou | -lə(u)] 〖《19C》 ← Gk *haplό-os* simple, single ← *ha-* one + *-plos* -fold〗「単一の，単純な，一回の；半数分裂の」の意の連結形. ★ 母音の前では通例 hapl- になる.

hàplo·bíont 〖⇨ ↑, -biont〗 *n.* 〚植物〛単相植物《有性生殖だけを行なう植物》. **hàplo·bióntic** *adj.*

hàplo·díplont 〖← HAPLO- + DIPLONT〗 *n.* 〚植物〛単複相植物 (diplohaplont).

hap·log·ra·phy [hæplɑ́grəfi | -lɔ́grəfɪ] 〖← HAPLO- + -GRAPHY〗 *n.* 重字脱落《phil*ology* を philogy, peti*tion* を petion と書く類；cf. dittography》.

hap·loid [hǽplɔɪd] 〖← HAPLO- + -OID〗 **—** *adj.* **1** 〈外観・排列が〉単一の (single, simple). **2** 〚生物〛ハプロイドの，半数体の，単相の，一倍体の《染色体セットの基本数をもった；染色体数 46 本の人間の場合ならば 23 本をそなえた》. 「相，半数体，一倍体.

hap·loi·dy [hǽplɔɪdi | -dɪ] *n.* 〚生物〛ハプロイド，単

hap·loi·dic [hæplɔ́ɪdɪk] *adj.* =haploid.

hap·lol·o·gy [hæplɑ́lədʒi | -lɔ́lədʒɪ] 〖← HAPLO- + -LOGY〗 **—** *n.* 〚音声〛重音省略《二つ重なった音を一度だけ発音する現象；例：*pa*pa>pa, probab*ly*>probly, 《古》humble*ly*>humbly》.

hap·lont [hǽplɑnt | -lɔnt] 〖← HAPLO- + -ONT〗 **—** *n.* 〚生物〛半数体，単相生物，ハプロント《体細胞中に単数だけの染色体をもつ個体；cf. diplont》. **hap·lon·tic** [hæplɑ́ntɪk | -lɔ́nt-] *adj.*

hap·lo·sis [hæplóusɪs, -səs | -lə́usɪs] 〖← HAPLO- + -OSIS〗 **—** *n.* (*pl.* **-lo·ses** [-si:z]) 〚生物〛 **1** 染色体減数《減数分裂で，染色体数が半減すること；cf. diplosis, meiosis 1》. **2** 単相化《ある種の菌類で，染色体不分離などで，半数の染色体をもつ核がつくられること》.

háp·ly 〖《*a*1376》: ⇨ hap¹, -ly¹〗 *adv.* 《古》偶然に，ひょっとしたら；恐らく (perhaps).

hap'orth [héɪpəθ | -pəθ] *n.* (*also* **ha'porth, ha'p'orth** [～]) 《英口語》 =halfpennyworth.

hap·pen [hǽpən] 〖《*a*1325》 *happene*(*n*), *hapnen*: ⇨ hap¹ (n.), -en¹〗 **—** *vi.* **1 a** 〈事が〉偶然起こる，生じる (occur): This is how it ～*ed.* ことの起こりはこうだ / What ～*ed* next? 次にどんなことが起こったか / Accidents will ～. 《諺》災難は起こりがちなもの / whatever may ～ =《文語》～ what may [will] どんな事があっても(是非). **b** 〈身に〉ふりかかる (befall) 〔*to*〕: Death ～*s to* all men alike. 死は(等しく)万人にやって来る / if anything should ～ *to* me 私にもしもの事があったら《「もし死んだら」の意の婉曲な言い方》. **2 a** 偶然[たまたま]…する (chance) 〈*to do*〉: Do you ～ *to* know her? ひょっとして彼女をご存知ではありませんか / I ～*ed to* hear it. 偶然それを聞いた / I ～*ed to* be at home. たまたま在宅だった / It ～*ed to* be a fine [nice] day. たまたま晴天だった. **b** [非人称の it を主語として] たまたま…である：*It* so ～*s* that I am free today. きょうはちょうどひまです / *It* ～*ed* that I was out then. その時たまたま外出していた. **3 a** 〈人が〉たまたま現われる (appear): He ～*ed* into the classroom when we were talking about him. 教室でうわさをしているところへはいって来た. **b** ひょっこり立ち寄る (drop in) 〈*in, along*〉. **4** 偶然〔…に〕出くわす，〔…を〕見付ける 〔*on, upon, across*〕: ～ *on* a rare old book 稀覯(ｷｺｳ)本を偶然見つける. ★ happen は occur より形式ばらない一般的な語で，原因が明白な場合にも偶発事件の場合にも言う.

as it happens たまたま，あいにく：*As it* ～*s*, I have to stay at home today. たまたま[あいにく]きょうは家にいなければならない. ***happen in with*** 《スコット・英方言》…にひょっこり出くわす.

háppen·chànce *n.* =happenstance.

háp·pen·ing [-p(ə)nɪŋ] 〖《*a*1450》: ⇨ -ing¹〗 *n.* **1** 出来事，偶発事，事件：a strange ～ / local ～*s* 地方の出来事. **2** 〚演劇〛ハプニング(ショー)《劇の筋とは無関係な奇妙なしぐさや action painting などを伴う即興的演技；時には観客も飛び入り参加する》.

hap·pen·stance [hǽpənstæ̀ns, -stəns | -stəns, -stæ̀ns] 〖← HAPPEN + (CIRCUM)STANCE〗 *n.* 《米》思いもかけぬこと，偶然な事柄.

háp·pi·ly [-pɪli, -pə- | -lɪ] 〖《*c*1350》: ⇨ happy, -ly¹〗 **—** *adv.* **1** 幸福に，愉快に，楽しく，満足して：They lived ～ ever after. それ以後楽しく暮らしました《「めでたしめでたし」に当たる童話の結び文句》/ He did not die ～. 幸福な死に方をしなかった. **2** 運よく，幸いにも (luckily): *Happily* the father died before the son's disgrace. 幸い父親は息子が不面目なことをしでかす前に死んでいた. **3** うまく，上手に (aptly); 適切に (appropriately): as the proverb ～ puts it ちゃんと諺にもある通り. **4** 《古》偶然に (haply).

háp·pi·ness [-pi-, -pɪ-, -pə- | -pɪ-] 〖《1530》〗 *n.* **1** 幸福，満足，愉快. **2** (表現などの)巧妙，適切 (felicity). **3** 《古》幸運，仕合わせ (prosperity, luck).

hap·py [hǽpi | -pɪ] 〖《*c*1380》 *happi*: ⇨ hap¹ (n.), -y⁴〗 **—** *adj.* (**hap·pi·er, -pi·est; more ～, most ～**) (↔ unhappy) **1 a** 〈人などが〉幸福な，満足な，愉快な，楽しい：The children seem (to be) very ～. 子供たちはいかにも楽しそうだ / (as) ～ as the day is long =(as) ～ as a king 全く気楽な，非常に幸福な / as ～ as can be とても幸せで / I was once ～ *in* a son. 私には(幸いにも)一人の男の子がありました(が) / Are you ～ *with* her? 彼女とうまく行ってますか / He is ～ *with* his children. 子供たちと幸福に暮らしている / I am not quite ～ *about* [*with*] the plan. その計画に不満である. **b** 〈状況など〉幸福[幸せ]な，楽しい，うれしそうな：～ laughter うれしそうな笑い / a ～ letter 楽しい手紙 / a ～ union 幸福な結婚. **c** うれしい，喜ばしい (glad, pleased) 〈*to do, that*〉: I shall be ～ *to* accept your invitation. 喜んでご招待をお受け致します / I am ～ *that* you are successful. あなたが成功してうれしい. **2** 幸運な，都合のよい (lucky, fortunate): *Happy* man! 運のよい人だ / I met him by a ～ accident [chance]. 運よく彼に会った / a ～ guess [shot] まぐれ当たりの推量[たま] / ⇨ happy event. **3** 適切な，当たっている，巧妙な，うまい，あざやかな (apt, felicitous): a ～ choice 適切な選択 / a ～ idea [thought] 名案 / be ～ in one's expressions 言い回しがうまい / a ～ translation 名訳. **4** 《口語》ほろ酔いの，一杯きげんの；ふらふらになった，(病的に)興奮した (excited) (cf. 5 a). **5** [複合語の第 2 構成素として] **a** ぼうっとなった (dazed) (cf. 4): a punch-*happy* fighter パンチを食ってふらふら[グロッキー]になっている拳闘家 / ⇨ slaphappy. **b** とりつかれた (obsessed): trigger-*happy* やたらに引金を引きたがる[発砲したがる] / a ticket-*happy* cop やたらとスピード違反のチケットを渡したがる警官 / strike-*happy* workers 何かと言えばすぐストをやる労務者たち / sports-*happy* Hawaiians スポーツ好きなハワイ人たち.

háppy dispátch *n.* 《戯言》切腹 (hara-kiri).

háppy evént *n.* めでたい事；出産.

háppy fámily *n.* **1** (皆が仲よくやっている)なごやかな一家. **2** (毛並は違っても)同じおり[かご]の中で仲よくしている動物たち. **3** [*pl.*] 〚遊戯〛家族合わせ《一家四人一組で組札を一番多く集めた人が勝ち》.

háppy-go-lúcky 〖《1672》〗 *adj.* のんき[楽天的]な，行き当たりばったりの，運任せの，成行き次第の (easy-going): He lives in a ～ fashion. のんきな生活をしている. **—** *adv.* 《古》のんきに，行き当たりばったりに.

háppy hóur *n.* (バーなどで無料または廉価サービスをする)サービスタイム.

háppy húnting gròund *n.* **1** (北米インディアンの一部種族の信じている)極楽《死後，勇者や狩人が狩をしたり豊かな食事を楽しむ所と考えられている》. **2** (欲しい物が手にはいる)天国，極楽，楽園；穴場：Old bookstalls are his ～. 古本屋あさりが彼の道楽だ.

háppy lánd *n.* 天国 (heaven).

háppy médium *n.* =golden mean.

háppy píll *n.* 《口語》精神安定剤.

háppy reléase *n.* 死 (death).

háppy shíp *n.* **1** 船員一同仲良く仕事をしている船. **2** (団員全体が)気の合っている団体.

háppy wárrior 〖英国詩人 William Wordsworth の詩 *Character of the Happy Warrior* にちなむ〗 *n.* どのような困難にもめげない人.

Haps·burg [hǽpsbə:g, hɑ́:psbuəg | hǽpsbə:g] *n.* **1** [the ～s] ハプスブルク家《オーストリア帝国の王家 (1918 年まで)；15 世紀以来の帝位を事実上独占；ハンガリー・ボヘミア・スペインなどの王位も兼ねた神聖ローマ帝国》. **2** ハプスブルク家の人[出身の君主].

Hápsburg-Lorráine *n.* ハプスブルク ロレイン[ロートリンゲン](朝)《オーストリアの皇室 (1736-1918)》.

Hápsburg Mónarchy *n.* [the ～] ハプスブルク帝国《オーストリア帝国，オーストリア ハンガリー帝国 (1804-1918); cf. Austrian Empire, Austria-Hungary》.

hapt- [hæpt] (母音の前に来る時の)hapto- の異形.

hap·ten [hǽpten] 〖▭ G *Hapten*: ⇨ hapto-, -ene〗 **—** *n.* (*also* **hap·tene** [hǽpti:n]) 〚免疫〛ハプテン，付着素《抗体形成力はないが抗体との結合力を持つ一種の抗原物質》. **hap·ten·ic** [hæpténɪk] *adj.*

hap·tic [hǽptɪk] 〖← HAPTO- + -IC¹〗 *adj.* **1** 触感の，触覚による[に関する]；触知覚(上)の. **2** 触覚型の，触覚を喜ぶタイプの：a ～ person.

háp·ti·cal *adj.* =haptic.

háptic léns *n.* 〚眼科〛角膜レンズ《白眼の部分まで覆うコンタクトレンズ；cf. micro-corneal lens》.

hap·tics [hǽptɪks] 〖← HAPTO- + -ICS〗 *n.* 触覚学《皮膚感覚を研究する心理学の一分野》.

hap·to- [hǽpto(u) | -tə(u)] 〖← Gk *háptein* to fasten〗「接触 (contact)；結合 (combination)」の意の連結形. ★ 母音の前では通例 hapt- になる.

hap·to·glo·bin [hæ̀ptəglóubɪn, -bən | -glə́ubɪn] 〖← HAPTO- + (HEMO)GLOBIN〗 **—** *n.* 〚生化学〛ハプトグロビン《血清中のグロブリンの一種で，ヘモグロビンと結合し易い》.

hap·tom·e·ter [hæptɑ́mətə | -tɔ́mɪtə(r, -mə-] 〖← HAPTO- + -METER¹〗 *n.* 触感測定器.

ha·ra-ki·ri [hæ̀rəkíri, -rɪ- | hærə-] 〖《1856》 ▭ Jap.〗 *n.* **1** 切腹，割腹. **2** 自殺的行為.

har·am [hé(ə)rəm, hǽr-, hér- | hɛ́ər-] *n.* =harem.

ha·ram·bee [hɑːrɑ́:mbi:] 〖▭ Swahili ～ '(Let's) pull together'〗 *n.* (国家を発展させるための)協力《特に，ケニアで人を激励するために用いる合言葉》.

ha·rangue [həræ̀ŋ] 〖《17C》 ▭ F ～ ∽ 《*a*1450》 *arang* ▭ OF *arenge* ▭ ML *harenga* ← ? Gmc **χariχriŋg-* assembly ← **χarja-* host, crowd (⇨ harry) + **χriŋg* 'RING²'〗 **—** *n.* **1 a** (大衆の前の)演説，熱弁. **b** 長広舌，長ったらしい大げさな話. **c** 教訓[訓戒]的な話，お説教 (lecture). **2** 激しい議論[論争]. **—** *vt.* …に向かって演説する，熱弁をふるう，長広舌をふるう；〈人〉にお説教をする：～ the mob. **—** *vi.* 熱弁をふるう，長広舌をふるう. **ha·rángu·er** *n.* **ha·rangue·ful** [hərǽŋfəl] *adj.*

Ha·rap·pa [hərǽpə] *n.* **1** ハラッパ《パキスタン東部 Punjab 地方の Indus 川支流 Ravi 川左岸にある村；下流の Mohenjo Daro と並ぶインダス文明の都市遺跡》. **2** ハラッパ文化《Indus 川流域に栄えた青銅器時代の文化》. 「関する].

Ha·rap·pan [hərǽpən] *adj.* ハラッパ(青銅)文化の[に

har·as [ærɑ́:, ɑ:-; *F.* arɑ] 〖《*a*1300》 ▭ OF *haraz* (F *haras*) ▭ ? Arab. *fáras* mare〗 *n.* (*pl.* ～) 《古》種馬飼育場 (stud farm).

ha·rass [hərǽs, hǽrəs, hérəs, hærǽs | hǽrəs] 〖《1618》 ▭ F *harass-er* ← (O)F *harer* to incite, set a dog on ← *hare* a cry to incite dogs ← ? OHG *harên* to call〗 **—** *vt.* **1 a** 困らせる，悩ます，苦しめる，うるさがらせる (worry, vex): be ～*ed with* debts 借金に苦しむ / be ～*ed* by anxiety 心配に悩む. **b** 疲れさせる，へとへとにさせる (exhaust). **2 a** (間断なく襲撃して)〈敵軍を〉悩ます. **b** 〈敵地を〉間断なく攻撃する，侵攻する (raid). **—** *n.* 《古》困らす[悩ます]こと (worry). **～·er** *n.*

ha·ráss·ing *adj.* 悩ます，うるさい. **～·ly** *adv.*

ha·ráss·ment *n.* 悩ます[される]こと；悩み(の種).

Har·bin [hɑ́əbɪn, -bən, hɑəbín | hɑ:bín, ⌐⌐] *n.* 哈爾濱(ﾊﾙﾋﾟﾝ)《中国東北部黒竜江省 (Heilungkiang) の首都；旧名 Pinkiang》.

har·bin·ger [hɑ́əbɪndʒə, -bən- | -bɪndʒə(r] 〖《*c*1175》 *herbergere, -geour* ▭ AF & OF *herbergeor* ← OF *herbergier* (F *héberger*) to provide lodgings ← *herberge* shelter ▭ OHG *heriberga* ← *heri* army + *berga* shelter: cf. harbor / F *auberge* inn, tavern〗 **—** *n.* **1 a** 先駆者 (herald). **b** 先触れ，前兆，予兆 (portent, omen): The cuckoo is the ～ of spring. かっこうは春の先触れ. **2** (もと，軍隊や国王巡幸用に宿舎を準備するために一行より先に出発した)先発者. **—** *vt.* …の先発者となる；先触れをする，予示する.

hárbinger-of-spríng *n.* (*pl.* **harbingers-**) 〚植物〛早春に白い花が咲く北米産セリ科の草本 (*Erigenia bulbosa*).

har·bor, 《英》**har·bour** [hɑ́əbə | hɑ́:bə(r] 〖*n.*: lateOE *herebeorg* lodgings ← *here* army (⇨ harry) + *beorg* shelter (⇨ borough) (cog. ON *herbergi* inn, lodging). — v.: lateOE *herebeorgian* ← (n.): cf. harbinger〗 **—** *n.* **1** 港 (haven, port): a ～ of refuge 避難港 / a yacht ～ ヨットハーバー / in ～ 入港中で. **2** 避難所，隠れ場所，潜伏所 (shelter, refuge): give ～ to 〈罪人など〉をかくまう. **3** (戦車などの)格納庫. **—** *vt.* **1** 〈罪人など〉に隠れ場所を与える，避難所を提供する，隠す，かくまう (shelter, conceal) 〔*from*〕: ～ an escaped criminal [a fugitive, a deserter] 逃亡犯人[逃亡者，脱走兵]をかくまう / ～ smuggled goods 密輸入品を隠匿する. **2 a** 〈動物など〉の住処(ｽﾐｶ)[生息地]となっている：The cave ～*s* poisonous snakes. その洞穴には毒蛇がいる / Dirt ～*s* vermin. ほこりの中には虫(のみ・しらみなど)がいる. **b** 収容して[含ん

で]いる (contain): His study ~*s* a lot of costly books. 彼の書斎には高価な本がたくさんある. **3** 〈疑念・恨み・憎しみ・心配・希望などを〉抱く (cherish): ~ suspicion [a grudge] against a person 人に対して疑い[恨み]を抱く / ~ evil thoughts 邪念を抱く / ~ no bitterness toward a person 人になんの恨みも持っていない / do not ~ the conventional worries that ...というような月並な心配はしていない / She ~*ed* vague hopes of getting her MSS published as a book. 自分の原稿を単行本として出してもらえるかも知れないという淡い望みを抱いていた. **4** 〈船を〉港に停泊させる. **5** 〈獲物を〉潜伏所まで追跡する. **6** 〈動物を〉飼う.
— *vi.* **1 a** 〈動物が〉隠れる, ひそむ, 潜伏する. **b** 〈細菌などが〉住む. **2** 〈船が〉港に停泊[避難]する.

har·bor·age [háəbərɪdʒ | há:-] 〘《1570》← HARBOR+-AGE ∽《a1400》 *herbergage* ◻ OF *herberjage*〙 *n.* **1** 避難, 保護 (shelter, protection). **2** 避難所; (特に, 船の)停泊所, 港.

hárbor dùes *n. pl.* 入港税.

hár·bor·er [-bərə | -rə(r] *n.* **1** 避難所[隠れ場]を与える人, かくまう人. **2** (鹿を潜伏所まで追跡して見張りをする)猟師の助手. **3** (ある考えなどを)心にもつ人.

har·bor·ful [háəbəfʊ̀l | há:bə-] *n.* 港に一杯: a ~ *of* ships 港に一杯の船舶.

hárbor·less 〘《c1200》: ⇨ harbor, -less〙 *adj.* 港[停泊所, 避難所, 宿]のない.

hárbor lìght *n.* 港口灯台.

hárbor màster *n.* 〘海事〙港(湾)長.

hárbor pòrpoise *n.* 〘動物〙ネズミイルカ(*Phocaena phocaena*)《頭が丸い小型のイルカ; 世界の海洋に分布》.

hárbor sèal *n.* 〘動物〙ゴマフアザラシ (*Phoca vitulina*)《sea dog ともいう;「アザラシ (common seal)」を指すこともある》.

harbour *n., v.* =harbor.

hard [háəd | há:d] 〘*adj.*: OE *h(e)ard* < Gmc **χarðuz* (G *hart*) ← IE **kar-* hard (Gk *kratús* strong: cf. -cracy). — adv.: OE *h(e)arde* severely, sorely, very much ← *h(e)ard* (adj.)〙 — *adj.* (~·er; ~·est) (↔ soft) **1 a** (簡単に切ったり曲げたりできないほど)堅い, 堅固な; 硬質の (firm, solid): ~ ground 堅い地面 / ~ wood 堅い木(材) / boil an egg ~ 卵を堅くゆでる / a ~ apple 堅いりんご / a ~ bed [mattress] 堅い寝床[敷きぶとん] / ~ food (馬の)固形飼料《mash, fodder に対して穀物飼料》/ (as) ~ as a brick 実に堅い / a ~ nut to crack ⇨nut 成句 / *Hard* with ~ makes not the stone wall. 《諺》堅いと堅いじゃ石塀は出来ぬ《堅い石と石をつなぐには軟らかいモルタルも必要; *L.* Durum et durum non faciunt murum. の英訳》. **b** 〈チーズが〉塗って伸ばすことのできない, 硬い: ~ cheese. **c** 〈本が〉堅い(厚)表紙の, ハードカバーの (cf. hard-cover).
2 a 〈貨幣が〉(紙幣でなく)鋳貨の: ⇨hard money. **b** (小切手・手形などと区別して)通貨の: ~ cash 正金, 現金. **c** 〈紙幣・通貨制度が〉十分な金の準備に支えられた, 容易に外国貨幣に兌換(だん)可能な: ⇨ hard currency.
3 a 〈糸・(ワイヤ)ロープなど〉固く撚(よ)ってある, 撚りが堅い (tight, short) (cf. hard-spun). **b** 〈織物が〉けばのない (napless): a ~ worsted けばのないウーステッド.
4 〈水が〉(鉱物塩類を含んでいて)石鹸(けん)がよく溶けない, 硬質の: ~ water 硬水.
5 a 〈からだが〉頑丈な, たくましい, がっしりした (robust): a ~ constitution 丈夫な体格 / in ~ condition たくましい身体で / (as) ~ as nails 筋骨たくましい, 頑健な / get ~ by taking regular exercise 規則正しい運動で丈夫になる. **b** (病気などの)ストレスに強い (hardy): a man of ~ stock 頑健な血統の人. **c** 強い, 強固な: a man of ~ will 意志強固な人.
6 a 感傷的でない, 客観的な, 現実的な, 冷静な: ~ good sense 情に流されない良識 / a ~ view of life 客観的な人生観. **b** 事実に基づいた, 厳然とした; 信頼できる, 確実な, 具体性のある: ~ evidence 動かしがたい証拠 / ~ facts 厳然たる事実 / ~ information 確かな情報. **c** 観察の鋭い, 冷徹な (searching): take a ~ look at him 彼の(人柄)を鋭く観察する.
7 耐えがたい, つらい, 苦しい; (経済的に)困窮した: a ~ life つらい生活 / a ~ lot [fate] つらい運命 / have ~ luck 不運である / ~ times 世知辛い世の中, 不景気 / have a ~ time (of it) つらい目に会う.
8 a きびしい, 厳格な, 無情な, 残酷な (severe, merciless): drive a ~ bargain きびしい[譲歩しない]取引[売買]をする / ~ dealing [treatment] 虐待 / a ~ master 厳格な主人[師匠] / a ~ heart 無慈悲な心 / a ~ nature 無情な性質 / a ~ law [sentence] 苛酷な法律[宣告] / be ~ upon [on] a person 人を(過)酷に扱う / be ~ with a person 人につらく当たる, 厳格である / call a person a ~ name 人の悪口を言う / ~ words むごい言葉, 悪口 (cf. 10 b) / ⇨ hard line. **b** 手に負えない, 評判のよくない; しようのない, 悪党の (disreputable): a ~ character [customer] 厄介な[仕様のない]人間 / ⇨hard case 2. **c** 〈天候などが〉きびしい, 激しい, 険悪な (inclement): a ~ rain 激しい雨 / a ~ winter きびしい冬 / a ~ frost ひどい霜.
9 a 努力を要する, 骨の折れる (strenuous): a ~ task 骨の折れる仕事 / ~ work つらい仕事; 努力 / ~ study 猛勉強 / ⇨ hard labor. **b** よく働く, 勤勉な: a ~ worker 勤勉家, 勉強家, 働き者 / be ~ *at* one's study 勉強に精を出す / try one's ~*est* 精一杯努力する. **c** 激しい, 猛烈な; 過度の (excessive): a ~ blow 強打 / a ~ gallop 猛烈なギャロップ / a ~ fight 悪戦苦闘 / a ~ drinker 大酒飲み / ~ drinking 大酒.
10 a ...しにくい (difficult) 〈*to* do〉: a mountain ~ *to* climb 登りにくい山 / a man ~ *to* please 機嫌の取りにくい[気むずかしい]人 / ~ *of* hearing 耳が遠い, 難聴の / It is ~ for me *to* solve the problem. 私がその問題を解くのはむずかしい / I find it ~ *to* make up my mind. どうしても決心がつかない. **b** 理解しにくい, むずかしい, 解きにくい: a ~ problem 難問 / a ~ book むずかしい本 / ~ words 難解な言葉 (cf. 8 a). **c** 〈結び目など〉ほどきにくい: ~ knots.
11 a 〈音など〉堅い, 金属性の (metallic). **b** 〈色・輪郭など〉くっきりし過ぎた, どぎつ過ぎる. **c** 〈文体など〉堅い, 柔らか味[味わい, 趣]のない (rigid, ungraceful).
12 a (ビール・ワインに対して, ウイスキー・ブランデーなどのように)アルコール分の多い, 強い; (特に) 22.5% を越えるアルコール分を含む: ⇨hard cider, hard liquor. **b** 〈ワインなど〉舌ざわりの悪い, 渋い (acid): a ~ wine.
13 〈麻薬が〉体に害を与える, 有害で習慣性のある: ⇨ hard drug.
14 けちな (stingy).
15 〘写真〙硬調の, コントラストの強い.
16 〘宇宙〙〈宇宙船の着陸が〉船体を破損するような, 硬着陸の: ⇨ hard landing.
17 〘軍事〙〈ミサイル基地が〉誘導弾地下格納所から発射する設備のある; 〈ミサイルが〉地下格納所から発射できる.
18 〘軍事〙(地下壕で堅固に)核攻撃に対して防護されている, 硬式の: a ~ base 硬式基地.
19 〘物理〙〈エックス線が〉透過能の大きい[強い].
20 〘音声〙 **a** 〈英語の c, g が〉硬音の《a, o, u の前でそれぞれ [k] [g] と発音される: 例 cat [kǽt], come [kʌ́m], cute [kjú:t], gate [géɪt], go [góu | gə́u], gum [gʌ́m]》. **b** (スラブ系言語で)〈子音が〉硬音の非口蓋化音の (unpalatalized).
21 〘商業〙〈市価など〉強気(き)の (↔ soft: Prices are ~. 強気値段である.
22 〘農業〙硬質の, グルテン (gluten) 含有量の高い: ⇨ hard wheat.
23 〘薬学〙ハード型の《生物による代謝分解を受けにくい型にいう》: ~ detergents / ~ pesticides.
24 〘電気〙(磁化状態が)変りにくい.
hard and fast (1) =hard-and-fast. (2) 〘海事〙座礁して動かない (cf. *adv.* 成句). ***hard up*** (1) 金に困って, 経済的に困窮して: be ~ *up* (*for* money) 金に困っている. (2) 不足して, 欠乏して; 必要として: be ~ *up for* friends 友人がない, 友人をぜひ必要としている. ***the hard way*** ⇨ way 成句.
— *adv.* (~·er; ~·est) **1 a** 骨を折って, 懸命に (vigorously): study [run, struggle, work] ~ / think ~ 一心に考える / try ~ to get it それを得ようと懸命になる. **b** [しばしば複合形の第 1 構成要素として] 苦労して: *hard*-earned 苦労してかせいだ, 骨折ってもうけた / *hard*-sought 苦労して求めた. **2 a** 激しく, 強烈に, 強く (violently): strike it ~ / It rains [blows] ~. ひどく雨が降る[風が吹く]. **b** じっと (intently): look [gaze, stare] ~ at a person 人をじっと見つめる. **c** 過度に, 法外に, ひどく (excessively): drink ~ 大酒を飲む / swear ~ ひどく毒づく / be ~ hit (財政的にまたは悲しみなどのために)ひどく痛手を受ける / be ~ pressed ひどく困る, 追いつめられる / bear ~ on ...をひどく圧迫する. **d** 深く, 充分に, ぐっすりと: sleep ~. **3 a** 過酷に, 残酷に (harshly, severely): be ~ treated ひどい扱いを受ける. **b** [通例 take it ~ として] 強くうらんで[悲しんで, 憎んで]: He *took it* ~ when he was scolded by his father. 父親から叱られて強いショックを受けた. **4** しっかり(と), 堅く (tightly, firmly): hold ~ しっかりと持つ. **5** 堅く: The lake froze ~ last night. ゆうべは湖に厚氷が張った. **6 a** 苦しんで, かろうじて, やっと: breathe ~ 苦しい息をする, やっと息をする / The wheels drag ~. 車輪が中々回らない. **b** 節約して, 質素に (frugally): live ~ つましく暮らす. **7** (時間・空間・量などについて)接近して, すぐ近くに (closely): ~ by すぐ近くに[の] / follow ~ after [behind, upon] ...のすぐ後を追う / ~ on [upon] ...のすぐ後に[前に], ...に迫って / ⇨ RUN *a person hard* / He is ~ upon seventy. もうやがて 70 です. **8** 〘海事〙極度に, 出来る限り, 一杯に (fully): ~ over (かじを片方に)一杯に / *Hard* alee! 下手(しも)かじ一杯 / *Hard* aport! 取りかじ一杯 / *Hard* astarboard! おもかじ一杯 / *Hard* aweather [up]! 上手(うわ)かじ一杯. ★ 以上はいずれも出来る限り指示方向に舵柄(だ)を取れ, という意味の号令; 旧号令であるので船首はその逆に向く; 新号令では hard port といえば船首も左へ回る.
be hard put (*to it*) 困って[難儀して, 困惑して]いる: He is ~ *put to it for* money [*to* find a job]. 彼は金につまっている[職捜しに困っている]. ***die hard*** ⇨ die[2] 成句. ***go hard with*** ...に苦痛を与える, をひどい目にあわせる: It will *go* ~ *with* him if he is found out. もし見つかったら彼はひどい目に会うだろう. ***hard and fast*** しっかりと (firmly): be bound ~ *and fast* (cf. *adj.* 成句). ***It will*** [***shall***] ***go hard but*** ...よほどの障害がない[困難に会わない]限り...: *It will go* ~ *but* he will succeed. 大きな困難に会わない限り彼は成功するだろう / *It shall go* ~ *but* I will find him. よほどの困難のない限り彼を見つけ出すつもりだ.
— *n.* **1** 《英》揚げ場, 上陸場. **2** 《英俗》重労働 (hard labor): six months' ~. **3** 《卑》=hard-on.

hárd-and-fást *adj.* 修正のきかない, 厳重な (strict): ~ rules 厳重な規則. **~·ness** *n.*

hárd·bàck *adj.* 〈本が〉厚表紙の, ハードバックの. — *n.* 厚表紙本, ハードバック(本) (cf. hard-cover, paperback 1).

hárd·bàke *n.* アーモンド入りのタフィ.

hárd-báked *adj.* 〈パンなど〉堅く焼いた, 堅焼きの.

hárd·bàll *n.* (ソフトボールと区別して)野球 (baseball).

hárd·bèam *n.* 〘植物〙=hornbeam.

hárd·bìll *n.* 〘鳥類〙植物の種子や木の実を砕く堅いくちばしをもつ鳥類の総称《アトリ (finch) など; cf. soft-bill》.

hárd·bítten *adj.* **1 a** 戦いなれた, 百戦練磨の, 歴戦の (veteran): a ~ soldier 歴戦の軍人, 古強(ごう)者. **b** 経験豊富な, ベテランの: a ~ politician. **2 a** 手ごわい, 御し難い, 頑固な, 強情な (stubborn). **b** 苦難に満ちた (harsh): a ~ life. **3 a** 粗野な; 冷酷な, 非情な. **b** 夢のない, 現実(主義)的な. **4** (態度・しつけの)きびしい (severe): a ~ teacher. **5** 〈犬など〉ひどくかみつく癖のある.

hárd·bòard *n.* 〘建築〙ハードボード, 硬質繊維板《木削片を破砕し, 薬品を加えて加熱により繊維化したものを圧縮成形した板; 壁板・床板・家具などに用いる》.

hárd-bóil 〘《逆成》↓〙 *vt.* 〈卵を〉堅くなるまでゆでる, 堅ゆでにする.

hárd-bóiled 〘《1723》← *boil hard*〙 — *adj.* (↔ soft-boiled) **1** 〈卵が〉堅くゆでた: a ~ egg 堅ゆでの卵 / I like my egg ~. 卵は堅ゆでの方がすきだ. **2** 《米》〈えり・ワイシャツなど〉堅く糊づけした, 糊で固めた: a ~ shirt. **3** 《口語》**a** 〈人が〉無感覚な, 無情な, 強情な, がっちりした, 情に動かされない, ドライな (callous, tough): a ~ cynic ドライな皮肉屋 / a ~ drillmaster (ばりばりやる)厳格な体操教師[教練担当教師]. **b** 現実的な, 実際的な (practical), ちゃっかりした, 現金な. **c** 〈作風など〉非情な, ハードボイルドの: the ~ style of Dashiell Hammett ダシール ハメットの非情な語り口. **~·ly** *adv.* **~·ness** *n.*

hárd·bòot *n.* 《米》(Kentucky 州の)競馬狂の人.

hárd bóp *n.* 〘ジャズ〙ハードバップ《荒々しい表現と強いブルースの感覚をもつモダンジャズの(演奏)スタイル》.

hárd·bóught *adj.* 苦労してようやく手に入れた, 骨を折って勝ち得た: a ~ battle 苦戦の後の勝利.

hárd·bòund *adj.* 〈本が〉厚表紙の (cf. softbound): ~ books. — *n.* 厚表紙本.

hárd cándy *n.* ハードキャンデー《砂糖とコーンシロップを煮詰めて作る堅いキャンデー; しばしば果物で風味をつける》.

hárd·càse *n.* **1 a** 強情なやつ, 手に負えないやつ. **b** 改心の見込みのない罪人, ならず者. **2 a** 厄介な事件. **b** 苦境に立った人. **3** 《豪》おもしろい人. — *attrib. adj.* 強情な, 一筋縄(なわ)では行かない (tough).

hárd cíder *n.* 発酵りんご酒《アルコール分 10% 未満の発酵りんご酒; cf. sweet cider》.

hárd clám *n.* 〘貝類〙ホンビノスガイ (⇨ quahog).

hárd cóal *n.* 無煙炭 (anthracite).

hárd-cóated *adj.* 〈犬が〉毛が堅くて粗い.

hárd cópy *n.* **1** 〘印刷〙(校正の際にあまり手を入れる必要のない)完全原稿. **2** 〘電算機〙ハードコピー《印刷のように人間が読めてしかも記録として残る形になったコピー; cf. soft copy》.

hárd-córe *attrib. adj.* **1** 中核的な, 本格的な: a ~ anarchist 筋金入りの無政府主義者 / the G.O.P.'s ~ right wing (米国)共和党の中核的右派. **2** (教育・収入が低くいつまでも失業状態におかれている)最下層の. **3** 〈ポルノ映画・小説など〉極端に露骨な, ハードコアの (cf. soft-core): ~ pornography 露骨なポルノ.

hárd córe *n.* **1 a** (政党・団体などの)中核. **b** 中核層, 中心勢力[人物]《もっとも非妥協的で頑固な中核的部分》. **2** (肉体的欠陥などで)社会に取り残された人たち; どこへ行っても施設の世話になる難民たち. **3** 《英》〘土木〙ハードコア, 底石, 砕石層《石塊・れんがの破片などで堅固にした最下層の地盤・路盤など》. **4** 〘物理〙ハードコア《強い斥力のため剛体球のように近接不能な距離》.

hárd cóurt *n.* 〘テニス〙ハードコート《アスファルト, コンクリートなどで舗装してある表面の硬いテニスコート; cf. clay court, grass court》.

hárd-cóver *adj.* =hardbound. — *n.* (クロース装・紙装などの)厚表紙本, ハードカバー(本) (cf. hardback, paperback 1).

hárd cúrrency *n.* 〘経済〙硬貨《鋳造貨幣, あるいは金または米ドルと容易に交換出来る通貨; ↔ soft currency》.

hárd drùg *n.* 強い薬《ヘロイン, モルヒネなどのように習慣性の強い薬; cf. soft drug》.

Har·de·ca·nute [hàədɪkən(j)ú:t, -də- | hà:dɪkənjú:t] *n.* ハルデカヌート《1019?–42; Canute の子, デンマーク王 (1035–42) 兼英国王 (1040–42)》.

hárd-édge *adj.* 〘美術〙ハードエッジの (⇨ hard edge).

hárd édge *n.* 〘美術〙ハードエッジ《明確な輪郭をもつ抽象絵画の一形式》.
hard·en [háədn̩ | háː-] 〘(?c1200) *hardne(n)* (cf. ON *harðna*): ⇨ hard (adj.), -en¹〙 — *vt.* **1** 堅くする, 固める, 硬化させる (solidify): ～ one's features 顔をこわばらせる / ～ one's attitude 態度を硬化させる / ～ steel 鋼に焼きを入れる. **2 a** 強くする, 鍛練する; 果断にする, 勇気を出させる (invigorate): ～ the body [soldiers] 身体[兵士]を鍛練する. **b** 〈苗木などを〉漸次寒気にさらして丈夫にする 〈*off*〉. **3** 無感覚にする, 無慈悲にする, 頑固にする: ～ one's heart [oneself] 気を強くもつ, 心を無情にする. **4** 〘軍事〙(ミサイル攻撃から守るために)〈軍事設備を〉強化する (⇨ hardened 4 a). **5** 〘音声〙〈英語の c, g を〉硬音化する, 硬音で発音する; 硬音であることを示す (cf. hard *adj.* 20). — *vi.* **1** 堅くなる, 硬化する. **2** 〈顔の表情が〉硬くなる, 緊張する. **3** 強くなる; 果断になる. **4** 無情になる, 残酷になる. **5** 〈意見・決断などが〉固まる, はっきりして来る, 決まって来る: Public opinion is ～*ing*. 世論が(固まって)はっきりして来た / Her desire ～*ed into* resolution. 願望が決意へと固まって行った. **6** 〘商業・証券〙〈物価・株価などが〉堅調になる, 確(しっか)りになる, 引き締まる (stiffen).
Har·den [háədn̩ | háː-] 〘cf. OE *haradene* hare-valley〙 *n.* 男性名.
Harden, Sir **Arthur** *n.* (1865–1940) 英国の酵素化学者; Nobel 化学賞 (1929).
hard·en·a·bil·i·ty [hàədn̩əbíləṭi | hàːdn̩əbílətɪ, -lɪ-] *n.* 〘冶金〙焼入性《焼入れの深さと硬さの分布を支配する性質》.
Har·den·berg [háədn̩bə̀ːg, -bɛ̀ək | háːdn̩bə̀ːg, -bɛ̀ək; *G.* hárdn̩bɛrk], Baron **Friedrich** (**Leopold**) **von** *n.* ハルデンベルク《1772–1801; ドイツのロマン派詩人・小説家; 筆名 Novalis》.
Hardenberg, Prince **Karl August von** *n.* ハルデンベルク《1750–1822; プロイセンの政治家, 首相 (1810–22) としてプロイセン改革を推進》.
hárd·ened 〘(c1375)〙 — *adj.* **1** 堅くなった. **2 a** 無情になった. **b** 〈態度など〉硬化した. **c** 慣れっこになった; 確固とした, 常習的な: a ～ offender 常習犯 / He is ～ in that matter. そのことに慣れている. **3** 鍛えられた, 強くなった. **4** 〘軍事〙 **a** 〈ミサイル基地が〉(敵の誘導弾攻撃に対して地下コンクリート構造による)強化防御設備を施した, 硬式の (cf. soft 32): a ～ silo 硬式ミサイル地下格納庫. **b** 〈ミサイルが〉地下発射装置から発射できる.
hárd·en·er [-dnə, -dn̩ə | -dn̩ə(r, -dn-] *n.* **1 a** 堅くする人. **b** 刃物に焼きを入れる人. **2 a** 堅くするもの. **b** (ペンキなどの)硬化剤. **c** (感光乳剤の)硬膜剤《感光膜の処理液中での軟化を防ぐ》.
hárd·en·ing [-dnɪŋ, -dn̩- | -dn̩-, -dn-] 〘(?c1425): ⇨ -ing¹〙 — *n.* **1 a** 堅くする[なる]こと; (セメント・油脂などの)硬化 (cf. setting 3 a); 〘冶金〙(鋼の)焼入れ《高温から急冷却する操作; cf. annealing 1, tempering》. **b** 硬化剤; 焼入れ液《通例, 水》. **2** 〘病理〙(動脈などの)硬化.
hárd-fàce *vt.* 〈金属〉の表面に耐摩耗鋼を溶接する.
hárd-fàcing *n.* 〘冶金〙表面硬化処理.
hárd-fávored *adj.* =hard-featured. 「人相の悪い.
hárd-féatured *adj.* むずかしい[こわい, 醜い]顔の,
hárd fínish *n.* 〘建築〙ハード仕上げ《床・壁・天井などの石膏による鏝(こて)仕上げ》.
hárd·físted *adj.* **1** (肉体労働の結果)手の(皮の)堅い, 節くれだった; 重労働に耐えられる, たくましい: a ～ laborer. **2** 手堅い; 握り屋の, けちな (miserly). **3** 意志の強い; 無慈悲な (ruthless): a ～ ruler [industrialist] 無慈悲な支配者[実業家]. **～·ness** *n.*
hárd gòods *n. pl.* 耐久消費財 (durables)《住宅・自動車・家具など; cf. soft goods 2》.
hárd-gót *adj.* 苦労して得た.
hárd-gótten *adj.* =hard-got.
hárd-gráined *adj.* **1** 〈材木など〉目のつんだ, 木目の密な[堅い]. **2** 〈性格など〉気むずかしい, 手きびしい, 頑固な, かたくなな (stern, obdurate).
hárd gròund *n.* 〘エッチング〙金属版面にローラー等で塗布された防蝕剤《松脂・アスファルト等で造る》.
hárd·hàck 〘← HARD＋? *hack* to chop〙 *n.* 〘植物〙 **1** 北米産のバラ科シモツケ属の低木 (*Spiraea tomentosa*). **2** キンロバイ (⇨ shrubby cinquefoil).
hárd·hánded *adj.* **1** =hardfisted 1. **2** 圧制的な, きびしい (oppressive). **～·ness** *n.*
hárd-hàt *adj.* **1** 安全帽を必要とするような. **2** 超保守(反動)主義の.
hárd hát *n.* **1** 《英》(縁のせまい)山高帽 (derby). **2** (金属・プラスチックなどの)安全帽, ヘルメット. **3** [ˊ-ˋ] 〘安全帽を着用することから〙建設工事作業員. **4** [ˊ-ˋ] 〘建設作業員に多く見られるとされることから〙極端な保守(反動)主義者; 国粋主義者 (superpatriot).
hárd·hèad¹ 〘(a1425)〙 — *n.* **1** 融通のきかない人, わからず屋 (blockhead). **2** 抜け目のない人; 実際家. **3** =hardhead sponge. **4** 〘魚類〙 **a** 米国 California 州中部・北部産コイ科の淡水魚 (*Mylopharodon conocephalus*). **b** =Atlantic croaker. **c** =steelhead trout. **5** 〘植物〙[通例 *pl.*; 単数または複数扱い] =knapweed. **6** 〘鳥類〙duck の一種. **7** 〘冶金〙(鉄を含む)半精錬スズ.
hárd·hèad² 〘← ? F *hardit* ← *le Hardit* the Bold (この銀貨を最初に発行したフランス王 Philip III (1245–85) の通称)〙 — *n.* ハードヘッド《スコットランド発行の低品位銀貨; 16–17 世紀ごろ発行, 約 2 ペンスに相当》.
hárd·héaded *adj.* **1** 抜け目のない (shrewd); 実際的な, 手堅い, 事務的な (realistic): ～ political considerations 抜け目のない政治的配慮. **2** 頑固な, わがままな (stubborn). **～·ly** *adv.* **～·ness** *n.*
hárdhead spónge *n.* 硬質海綿《西インド諸島・中部アメリカ産の海綿; 骨はざらざらして弾力のある繊維から成る; 商品用》.
hárd·héarted 〘(?a1200)〙 *adj.* 無情な, 薄情な, 不人情な (merciless). **～·ly** *adv.* **～·ness** *n.*
hárd-hítting *adj.* 活気のある (vigorous); 感情を隠さない; 積極的な (aggressive); 強力な (powerful); 効果のある, パンチの効いた (effective).
har·die [háədi | háːdɪ] 〘? ← HARD＋-IE〙 *n.* 広刃のみ《鍛冶工が鉄を切断するとき金床(かなとこ)に差込む》.
Har·die [háədi | háːdɪ], (**James**) **Keir** [kíə | kíə(r] *n.* (1856–1915) スコットランド生れの英国の政治家; 労働党創設者の一人.
har·di·hood [háədihùd | háːdɪ-] 〘← HARDY¹＋-HOOD〙 — *n.* **1** (疲労や苦痛に耐えられる)我慢強さ, 不屈の精神. **2 a** 勇気, 豪胆 (boldness). **b** 厚顔, ずうずうしさ, 傲(ごう)慢 (impudence). **3** たくましさ, 活力 (vigor).
hár·di·ly [-dɪli, -də- | -lɪ] 〘(?c1200) *hardili(che)*: ⇨ hardy¹, -ly¹〙 *adv.* **1** 苦難に堪えて. **2** 大胆に; ずうずうしく. **3** たくましく.
hárd ímage *n.* 硬調像《テレビなどで陰影のコントラストの強い画像》.
har·di·ment [háədimənt | háːdɪ-] 〘(c1385) ▭ OF ～: ⇨ hardy¹, -ment〙 *n.* **1** 《古》=hardihood. **2** 《廃》勇敢な行為.
hár·di·ness 〘(?a1300): ⇨ hardy¹, -ness〙 *n.* **1** 大胆, 勇気, 度胸. **2** 鉄面皮, 厚かましさ (impudence). **3** たくましさ; 寒さにまけない強さ; 耐久力 (robustness).
Har·ding [háədɪŋ | háː-] 〘cf. OE *h(e)arding* bold man, hero〙 *n.* 男性名.
Harding, Warren Gamaliel *n.* (1865–1923) 米国の第 29 代大統領 (1921–23).
har·ding·grass, H- [háədɪŋgræ̀s | háːdɪŋgrɑ̀ːs] 〘? ← HARDING〙 — *n.* 〘植物〙ハーディンググラス (*Phalaris tuberosa stenoptera*)《オーストラリアとアフリカ南部原産イネ科の多年生草本, 家畜の飼料として北米に輸入された》.
hard·ish [háədɪʃ | háːd-] *adj.* やや堅い. 「ships).
hárd knócks *n. pl.* 《米口語》逆境, 苦境, 苦難 (hard-
hárd lábor *n.* **1** (刑罰の)重労働《拘禁刑 (imprisonment) に付加される刑罰だが, 労働そのものとしてはふつうの労働者の労働以上に激しいとか量が多いわけではない》: imprisonment *at* ～ 重禁固 / He was sentenced to five years *at* ～. 重労働 5 年(の刑)の判決を受けた. **2** 激しい労働; 非常な努力.
hárd-láid *adj.* 〈糸・ロープなど〉堅撚(よ)りの《撚りの角度が約 45° のものにいう》.
hárd-lánd *vi.* 〈宇宙船などが〉硬着陸する. — *vt.* 〈宇宙船などを〉硬着陸させる (cf. soft-land). **～·er** *n.*
hárd lánding *n.* 〘宇宙〙ハードランディング, 硬着陸《ロケットなどが, 装置の全てもしくは一部が破壊される程度の速度で月表面などに着陸すること; cf. soft landing》.
hárd léad [-léd] *n.* 〘化学〙 **1** 硬鉛《アンチモン・銅・ヒ素などを含んだ硬質鉛》. **2** =antimonial lead; (特に)約 5% のアンチモンを含んだ合金.
hárd-líne *adj.* 強硬路線を採る, 断固たる行動[政策]を主張する, 強硬な: a ～ policy / a group of ～ rightists 強硬な右翼グループ / Prime Minister's ～ refusal to compromise 妥協(案)に対する首相の断固たる拒絶.
hárd líne *n.* **1** (政治上の)強硬路線 (cf. soft line). **2** [*pl.*] 《英》困苦, 難儀, 苦境, 不運 (ill luck) 〔*on*〕.
hárd-líner *n.* 強硬路線論者, 強硬派の人 (cf. soft-liner).
hárd líquor *n.* =distilled liquor.
hard·ly [háədli | háːdlɪ] 〘? OE *h(e)ardliće* sorely, harshly: ⇨ hard (adj.), -ly¹: 否定の意味は 16C から〙 — *adv.* **1 a** ほとんど…でない[しない] (scarcely): That is ～ true. それはまず本当ではない / I had ～ any money. ろくに金を持っていなかった / *Hardly* anybody knew it. ほとんどだれもそれを知らなかった / He could ～ endure it. それに耐えることがほとんどできなかった / I need ～ say that I am right. 私が正しいのは言うに及ぶまい / I gained ～ anything. ほとんど何も得なかった / He is ～ old enough. ちょっと若過ぎる / I had ～ spoken to him *when* [*before*] he was gone. 私が話すか話さない[ろくに話もしない]うちに彼は行ってしまった **b** [皮肉または婉曲的用法として] 全く…ない (not at all): You can ～ expect me to help you. 私からの助力はとても期待していただけません. **2** おそらく…ない, たぶん…しそうもない: He will ～ come today. きょうは来そうもない. **3 a** きびしく, ひどく, むごく, 不親切に (harshly): think [speak] ～ of …を悪く思う[酷評する] / She is ～ treated. 彼女はひどい待遇を受けている. **b** 骨折って, 力一杯, 懸命に (strenuously): The battle was ～ contested [fought]. 力一杯戦われた. **c** 苦しんで, 難儀して (painfully), やっと, かろうじて, 危く (barely): We live ～. 苦しい生活をしている / Victory was ～ won. かろうじて勝利を得た / ～ earned 汗水流してもうけた; 《反語》たやすくもうけた.
hardly ever めったに…ない (very seldom): We ～ *ever* go to the pictures. めったに映画に行きません.
hárd máple *n.* 《米》 **1** 〘植物〙材質の堅いカエデの総称; (特に) =sugar maple. **2** カエデ材.
hárd máss [**másse**] *n.* **1** ハードマス《人造宝石用の硬質ガラス》. **2 a** 人造宝石(特に, 模造エメラルド)用ガラス. **b** 人造宝石.
hárd móney *n.* 《米》硬貨 (cf. soft money).
hárd·móuthed *adj.* **1** 〈馬が〉はみのきかない. **2** 御し難い, 手に余る, 頑固な, 強情な (stubborn): a ～ boy, woman, etc. **3** 〘狩猟〙〈猟犬が〉口にくわえた獲物をなかなか離さない.
hárd·ness 〘OE *h(e)ardnysse*: ⇨ hard, -ness〙 — *n.* **1** 堅いこと; 堅さ; 堅固. **2 a** (エックス線などの)硬さ. **b** (写真の)堅さ, コントラストの強いこと. **3** (水の)硬度, 硬軟. **4** 困難, 難解. **5** きびしさ, 苛酷, 無情, 無慈悲. **6** 〘鉱物〙硬度 (cf. Mohs' scale). **7** 〘冶金〙硬さ, 硬度.
hárd néws *n.* 〘ジャーナリズム〙(政治・経済・国際関係などに関するいわゆる)硬いニュース (cf. soft news).
hárd-nóse *adj.* =hard-nosed.
hárd-nósed *adj.* 《口語》 **1 a** 頑強な, 押しの強い. **b** 頑固な (stubborn). **2** 抜け目のない, 実際的な (plactical): a ～ style of business 実際的な[手堅い]経営のやり方.
hárd-of-héaring *adj.* 耳の遠い; 難聴の (cf. hard *adj.* 10 a): a ～ child 耳の遠い子 / a ～ aid 補聴器.
hárd-òn *n.* 《卑》(ペニスの)勃起 (erection).
hárd pád *n.* 〘獣医〙硬蹠(症)《犬のジステンパーの一症候; 足の裏が堅くなる; hard pad disease ともいう》.
hárd pálate *n.* 〘解剖〙硬口蓋(こうがい) (cf. soft palate).
hárd·pàn *n.* **1 a** 〘地質〙硬盤, 底盤《柔らかい土の下にある堅い砂・粘土・小石などの地盤》. **b** 固い未耕作地. **2** 固い土台, (堅固な)基礎, 最低部 (bedrock). **3** (問題の)本質, 核心.
hárd pàste *n.* 〘窯業〙硬(質)磁器《1300°C 以上の比較的高温で焼成された磁器; hard-paste porcelain ともいう; cf. soft paste》.
hárd pàtch *n.* (リベットや溶接で継いだ)当て金.
hárd píne *n.* 〘植物〙ダイオウマツ (longleaf pine) など材質が堅いマツ; その材.
hárd-préssed *adj.* (過労などに)圧迫された, 悩まされた; 困難に陥っている, せっぱ詰まった: ～ states 財政難の諸国.
hárd ròck *n.* 〘音楽〙ハードロック《絶叫型のヴォーカルとエレキギターを特徴とする強烈なビートをもった大音響のロック音楽; cf. soft rock》.
hárd-rock geólogy *n.* 〘地質〙硬岩地質学 (cf. soft-rock geology).
hárd rúbber *n.* 硬質ゴム, 硬質合成ゴム.
hards [háədz | háːdz] 〘OE *heordan* (pl.) ← Gmc **hezdō* (Du. *heede*) ← IE **kes-* to scratch〙 — *n. pl.* 亜麻[麻]くず (tow) (cf. noil): flocks and ～ 繊維くず《詰物用》.
hárd sàuce *n.* ハードソース《バターと砂糖を合わせクリームやブランデー・ラムなどの酒を加えたデザート用のソース; 冷やして固めておく》.
hárd scíence *n.* ハードサイエンス《物理学・化学・生物学・地質学・天文学などの自然科学; cf. soft science》. **hárd scíentist** *n.*
hárd·scràbble 《米口語》 *adj.* 骨の折れる割に報酬[収入]の少ない, 割に合わない, 報われない: a ～ farmer / a ～ farm. — *n.* やせ地.
hárd séed *n.* 〘植物〙堅い種子, 硬粒種子, 硬皮種子《種皮が堅くて発芽しにくい種子》.
hárd séll *n.* [しばしば the ～] 強引な販売(法), 押売り (↔ soft sell). **hárd-séll** *adj.*
hárd-sét *adj.* **1** 苦境にある. **2 a** 堅くなった, 固まった (stiff). **b** 堅く決心した, 強情な, 頑固な (determined). **3** 〈卵が〉親鳥にしっかり抱かれている. **4** 空腹な (hungry).
hárd-shèll *adj.* **1** 殻の堅い. **2** 《口語》頑固な, 非妥協的な (uncompromising): the ～ New Left 非妥協的な新左翼. — *n.* **1** =hard-shell crab. **2** [H- S-] 《米》=Hard-Shell Baptist.
Hárd-Shell Báptist *n.* 《米》=Primitive Baptist.
hárd-shell clám *n.* 〘貝類〙=quahog.
hárd-shell cráb *n.* 殻の堅い食用がに《主に blue crab など; cf. soft-shell crab》.
hárd-shélled *adj.* =hard-shell.
hárd·ship 〘(?a1200) *h(e)ardeschipe*: ⇨ hard (adj.), -ship〙 — *n.* **1** 苦難, 困難, 困苦欠乏, 辛苦: be inured to ～ 辛苦に慣れる / bear ～ 辛苦に耐える. **2** [しばしば *pl.*] つらいこと, (具体的な)苦労, 苦難: undergo [go through] all kinds of ～*s* あらゆる苦労を重ねる / Early rising is not a ～ in summer. 夏の早起きはつらいことではない.
hárd shóulder *n.* 〘土木〙(非常の場合, 自動車が避けることのできる高速道路の)硬路肩.
hárd sóap *n.* 〘化学〙硬石鹸(せっけん), ソーダ[ナトリウム]石鹸 (cf. Castile soap).
hárd sòlder *n.* 硬質はんだ, 硬鑞(ろう)《金鑞・銀鑞・黄銅鑞などのはんだで, 溶融点の高い金属・合金の鑞付けに用いる; cf. soft solder 1》.
hárd-spún *adj.* 〈糸が〉堅撚(よ)りの.
hárd·stànd *n.* (飛行場の)舗装駐機場; 舗装駐車場.
hárd·stànding *n.* =hardstand.

hárd·stùff *n.* 《米俗》=hard drug.

hárd-súrface *vt.* **1** 〈道路など〉の表面を(舗装・砂利などで)固める. **2** =hard-face.

hárd·tàck 〖← HARD (adj.)+TACK²〗 *n.* (船用または軍用の)ビスケット, 堅いパン《pilot bread, ship biscuit ともいう》.

hárd tick *n.* 〖動物〗カタダニ《背板のあるマダニ科のダニ; cf. soft tick》.

hárd·tòp *n.* 〖自動車〗ハードトップ《窓のスペースを最大限にとり, 中心の窓枠がなく, 屋根が金属製の乗用車; hardtop convertible ともいう》.

hárd tùbe *n.* 〖電子工学〗ハードチューブ《真空度の高い真空管; cf. soft tube》.

hárd·wàre 〖《1440》〗 — *n.* **1** [集合的] **a** 金物類, 鉄器類(《英》ironmongery): a ~ house [store] 金物店 / builders' ~ 金具類. **b** 火器, 銃砲(firearms); 戦闘用および支援用金属製装備品目《艦艇・銃砲・戦車・飛行機・ミサイル・トラック・レーダーなど》. **2** 《米》〖宇宙〗宇宙船操縦装置. **3** 〖電算機〗ハードウェア《情報処理に使う電子・機械装置の総称; cf. firmware, software 1 a》. **4** (複雑・精密な)機械設備, 機材, 機器: educational ~ 教育機器.

hardware clóth *n.* (通例 $^1/_8 \times ^3/_4$ インチの細かい目で亜鉛引きの)鋼製の金網.

hárdware·man [-mən] 〖《1419》〗 *n.* (*pl.* **-men** [-mən, -mèn]) 金物製造人, 金物屋.

hárd-wéaring *adj.* 〈布地など〉よくもつ.

hárd whéat *n.* 硬質小麦《麩(ふ)質 (gluten) に富みマカロニやパンに適する; cf. durum wheat, soft wheat》.

hárd-wíred *adj.* 〖電子工学〗配線による《プログラムにより可変の論理演算回路などに対して, 配線により固定的な機能をもつ回路などを指す》.

hárd·wòod *n.* **1** (カシ・マホガニーなどの)材木. **2** 〖林業〗堅木, 硬材《針葉樹と区別して広葉樹の木材についていう; cf. softwood 1》. **3** 〖植物〗広葉樹.
— *attrib. adj.* 堅木の, 硬材の[で作った].

hárd-wóoded *adj.* **1** 堅材の[を用いた]. **2** 仕上げ[細工]しにくい硬材質の.

hárd·wórking *adj.* 勤勉な, 勉強家の, 働き者の (industrious): a ~ wife 身を粉にして働く妻.

har·dy¹ [háədi | hɑ́:di] 〖《?*a*1200》☐(O)F *hardi* (p.p.) ← OF *hardir* to make bold ☐ Gmc **χardjan* (OE *hierdan* / OHG *hartjan*) ← **χarðuz* 'HARD'〗 — *adj.* (**har·di·er; -di·est**) **1 a** 疲労や苦痛に耐えられる, 辛苦に慣れた, 頑丈な (robust) (↔ tender): certain ~ serpents (きびしい生活環境に対して)抵抗力の強いある種のへび(類). **b** 〈動植物が〉耐寒性の, 越冬性の: ~ plants / ⇨ half-hardy. **2** 耐久力を必要とする: ~ sports. **3 a** 大胆な (bold), 度胸のよい, 勇敢な. **b** 無鉄砲な, 横着な (daring, rash); ずうずうしい (audacious), 厚顔な (brazen): a ~ assertion 無鉄砲な断言.

har·dy² [háədi | hɑ́:dɪ] *n.* =hardie.

Har·dy [háədi | hɑ́:dɪ] 〖ME *Hardi* ← *hardi* 'bold, HARDY¹'〗 *n.* 男性名.

Hardy, Thomas *n.* (1840–1928) 英国の小説家・詩人; *Tess of the D'Urbervilles* (1891), *Jude the Obscure* (1895), *The Dynasts* (詩劇, 1904–08).

hárdy amarýllis *n.* 〖植物〗ナツズイセン, ワスレグサ (*Lycoris squamigera*).

hárdy ánnual *n.* **1** 霜に強い一年生植物 (cf. tender annual). **2** 《戯言》毎年[周期的に]持ち上がる問題.

Hárdy-Wéin·berg làw [prìnciple] [-wáɪnbəːg-, -váɪnbɛək- | -wáɪnbəːg-, -váɪnbɛək-; G. váɪnbɛrk] 〖← *G. H. Hardy* (1877–1947: 英国の数学者)+ *W. Weinberg* (ドイツの医学者)〗 *n.* [the ~]〖生物〗ハーディ ワインベルクの法則《交配が無作為に行なわれ, 突然変異・淘汰・移住などがないとすれば遺伝子の現われ方は常に一定である, という法則》.

hare [hɛ́ə | hɛ́ə(r)] 〖OE *hara* < Gmc **χason* (Du. *haas* / G *Hase*) ← IE **kas-* gray (OE *hasu* gray / L *cānus* hoary, gray)〗 — *n.* (*pl.* **~s, ~**) **1 a** ノウサギ(野兎), ヘア《特にノウサギ属 *Lepus* のウサギ類の総称; rabbit より大きく穴居性がなく, 後脚と耳が長い; 生れたての時から毛でおおわれている; 米国種のものは多く rabbit》. ★ ラテン語系形容詞: leporine: (as) timid as a ~ 非常にはにかみ屋で気の小さい / ⇨ Belgian hare / First catch your ~ (then cook him). 《諺》まず現物を手に入れよ(処理はそれから) (cf.「とらぬ狸の皮算用」). **b** 野うさぎの毛皮. **2** 馬鹿者, 間抜け. **3** (紙まき鬼ごっこ (hare and hounds) での)うさぎ《追いかけられる側の者》. **4** (議論・研究の)テーマ, 議題, 研究課題. **5** 《英俗》ただ乗りの客, 薩摩守(さつまのかみ). **6** [the H-]〖天文〗うさぎ(兎)座 (⇨ Lepus).
— *vi.* 早く走る, 脱兎のごとく走り去る 〈*off*〉.
(as) mad as a (March) hare (三月の交尾期のうさぎのように)気違いじみた, 気まぐれな, 乱暴な (eccentric, wild). ***hold [run] with the hare and run [hunt] with the hounds*** 敵味方双方と仲良くする, 内また膏薬をやる. ***make a hare of*** …を馬鹿にする. ***start a hare*** うさぎを飛び出させる; (話をそらすために)無関係な問題を持出す, (議論で)枝葉にわたる.
hare and hounds [単数扱い]〖遊戯〗紙まき鬼ごっこ《うさぎになって紙片 (scent) をまき散らしながら逃げる二人またはそれ以上の子供を他の大勢が猟犬になって追いかける遊戯; paper chase ともいう》.
hare and tortoise [単数扱い] うさぎとかめ(の競走)《才能よりも頑張りの勝利に終わるゲーム・仕事・事業など》.

háre·bèll 〖《1387–88》: うさぎが通る場所によく生えるといわれる〗 — *n.* 〖植物〗 **1** イトシャジン (*Campanula rotundifolia*) 《つり鐘形の青い花をつけるキキョウ科ホタルブクロ属の草本; bluebell ともいう》. **2** =wood hyacinth.

harebell 1

háre·bràin *n.* 気まぐれな人, 突飛なことをする人; 馬鹿な人. — *adj.* = harebrained.

háre·bráined *adj.* 移り気な, 気まぐれな, うわついた, 軽はずみの (flighty, reckless); 馬鹿な (foolish): a ~ scheme 突飛な計画. **~·ness** *n.*

har·eem [hɛ́(ə)rəm, hǽr-, hér-, hɑrí:m | hɑ:rí:m, hɛ́ərəm, hərí:m, hɑ:-] *n.* =harem.

háre·fòot 〖《*c*1265》〗 *n.* **1** うさぎのような足《特に, ある種の犬の細長く前に延びた足》. **2** 足の速い人 (cf. Harold I).

háre·fóoted *adj.* **1** うさぎのような足をした. **2** 足の速い (fleet).

háre-héarted *adj.* 臆病な, 気の弱い, おどおどした (timid). **~·ness** *n.*

Ha·re Krish·na [hɑ́:ri-kríʃnə | -rɪ-] 〖☐ Hindi ~ 'O God, Krishna'〗 — *n.* **1** ハーレクリシュナ《ヒンズー教のクリシュナ神に捧げられた聖歌の題名》. **2** ハーレクリシュナ教《米国の宗教の一派》.

háre·lip 〖《1567》← HARE + LIP // 《なぞり》← Du. *hazenlip* 《なぞり》← L *labium leporinum*〗 *n.* みつくち, 兎唇(としん), 唇裂. **háre·lípped** *adj.*

har·em [hɛ́(ə)rəm, hǽr-, hér- | hɑ́:ri:m, -rem, hɛ́ərəm, hərí:m, hɑ:-] 〖《1634》☐ Arab. *ḥarīm* forbidden place ← *ḥáruma* to be forbidden〗 — *n.* **1 a** (イスラム教国の)婦人部屋 (cf. seraglio 1, zenana). **b** 婦人部屋の女たち《母・妻・めかけ・姉妹・娘・女中など》. **2** 《戯言》一人の男性に従属している女性達, ハーレム. **3** 〖動物〗ハーレム, 雌の群れ《一匹の雄獣に支配されている雌たち》. **4** 〖イスラム教〗ハレム《Mecca にある聖殿》.

háre's-èar *n.* 〖植物〗ツキヌキサイコ (*Bupleurum rotundifolium*) 《セリ科》.

háre's-fòot *n.* 〖植物〗シャグマハギ (*Trifolium arvense*) 《英国産マメ科のクローバーの一種; 長くやわらかい綿毛があり, 昔は化粧ばけとして用いられた》.

háre's-foot clóver *n.* 〖植物〗=hare's-foot.

háre's-foot férn *n.* 〖植物〗 **1** シノブ属 (*Davallia*) のシダ類の総称; (特に)大西洋諸島産の *D. canariensis*. **2** ハイホラゴケ (*Vandenboschia radicans*). **3** =serpent fern.

háre's-foot tréfoil *n.* 〖植物〗=hare's-foot.

háre·wòod *n.* サイカモアカエデ材《サイカモアカエデ (sycamore) の緑灰色の家具材》.

Har·gei·sa [hɑəgéɪsə | hɑ:-] *n.* ハルゲイサ《Somalia 北西部の都市, 旧英領 Somaliland の首都; 人口 50,000》.

Har·greaves [háəgri:vz | hɑ́:gri:vz, -greɪvz], **James** *n.* (?–1778) 英国の発明家; ジェニー紡績機 (spinning jenny) を発明 (1764 年頃).

har·i·a·na, H- [hæ̀riǽnə, hɑ̀riɑ́:nə | hɑ̀:rɪ-] *n.* ハリアナ《大型の乳肉兼用の一品種のインド牛》.

har·i·cot¹ [hǽrɪkòʊ, -rə-, -kɑ̀t | -rɪkəʊ] 〖《1653》☐ F ~ 《変形》← Aztec *ayacotl* // Nahuatl *ayecotli* bean〗 — *n.* インゲンマメ (kidney bean, French bean) 《haricot bean ともいう》.

har·i·cot² [hǽrɪkòʊ, -rə-, -kɑ̀t | -rɪkəʊ] 〖《1706》☐ F ~ ← OF *harigoter* to cut in pieces〗 *n.* アリコ《羊肉と野菜のシチュー》.

Ha·ri·jan [hʌ́rɪdʒɑ̀:n] 〖☐ Skt *hari-jana* ← *Hari* Vishnu+*jana* person〗 — *n.* ハリジャン《インドの不可触賤民 (outcaste) の一人;「神の子」という意味で Gandhi が使った名称》. — *adj.* ハリジャンの.

ha·ri-ka·ri [hæ̀rɪkǽri | -rɪ] 〖《転訛》← HARA-KIRI〗 *n.* =hara-kiri.

har·im [hɛ́(ə)rəm, hǽr-, hér-, hərí:m | hɑ́:ri:m, hɛ́ərɪm, hərí:m, hɑ:-] *n.* =harem.

Har·in·gey [hǽrɪŋgèɪ] *n.* London 北部の自治区の一つ; 人口 237,000.

hark [hɑ́ək | hɑ́:k] 〖ME *herkie(n)* < OE **he(o)rcian*: cog. G *horchen*: HEAR の強意形: cf. OE *he(o)rcnian* 'HEARKEN'〗 — *vi.* **1** [主に命令法に用いて] 聞く, 耳を傾ける (listen) 〔*to, at*〕: *Hark to* the sweet song of the birds. 小鳥の美しい歌をお聞き / Just ~ *to* [*at*] him. 《反語》まあ聞いてごらんよ / *Hark* (ye)! 聞け. **2** 《英》〔猟犬に対する命令として〕そら行け (go) 〈*away, forward, off*〉. — *vt.* **1** 《古》…に耳を傾ける. **2** 《英》〈猟犬を〉前へ行かせる〈*forward*〉; 〈猟犬を〉呼び戻す〈*back*〉.
hark after …を追う, …に従う (follow).
hark back (1) 〈猟犬が〉足跡を捜して戻る, 引き返す (return). (2) 〔もとの思考・話・遺伝質などに〕返る, 逆戻りする, 本題に立ち返る (revert) 〔*to*〕: a regime that is trying to ~ *back to* pre-war militarism 戦前の軍国主義に逆戻りしようとしている政権.
— *n.* 〖狩猟〗猟犬を励ましたり指図したりする叫び声.

hark·en [hɑ́əkən | hɑ́:k-] *v.* =hearken.

harl¹ [hɑ́əɫ | hɑ́:ɫ] 〖《*c*1300》 *harle(n)* ← ?〗 — *vt.* **1** 《英方言》〈物を〉(地面を)引きずる, 引っぱる. **2** 《スコット》(石灰に小石などを混ぜて)〈壁などを〉荒塗りする (roughcast). **3** 《英》〈魚を〉流し釣でとる. — *vi.* **1** 足を引きずって歩く. **2** 《英》流し釣をする, トロール漁法で漁をする: ~ *for* salmon. — *n.* **1** 引きずること. **2** 《英》石灰と小石を混ぜたもの, 荒塗り.

harl² [hɑ́əɫ | hɑ́:ɫ] 〖《?*c*1390》 *herle* strand of hair ☐ ? MLG *herle, harl* fiber of flax or hemp〗 *n.* **1** 亜麻や大麻の繊維. **2** =herl.

Har·lan [hɑ́ələn | hɑ́:-], **John Marshall** *n.* (1899–1971) 米国の法律家; 米国最高裁判所副長官 (1955–71).

Har·land [hɑ́ələnd | hɑ́:-], **Henry** *n.* (1861–1905) 米国の小説家; 後に英国に在住 (⇨ Yellow Book).

harle¹ [hɑ́əɫ | hɑ́:ɫ] *v., n.* =harl¹.

harle² [hɑ́əɫ | hɑ́:ɫ] *n.* =harl² 1.

Har·lé·ian Líbrary [hɑəlí:ən-, hɑ́əliən- | hɑ:lí:ən-, -líən-, hɑ́:lɪən-] *n.* [the ~]〖文献〗英国の政治家 Robert Harley (1661–1724) とその息子 Edward (1689–1741) が集めた写本 (Harley Manuscripts); 現在は英国図書館 (British Library) に収められている.

Har·lem [hɑ́ələm | hɑ́:ləm, -lem] 〖《変形》← *Haarlem*〗 — *n.* **1** ハーレム《New York 市 Manhattan 島の北東部の黒人が多く住む区域》. **2** [the ~] New York 市の川 (13 km); Manhattan 島の北東の境を成し, Hudson 川と East River とを結ぶ.

Har·lem·ite [hɑ́ələmàɪt | hɑ́:lə-, -le-] 〖⇨ ↑, -ite¹〗 *n.* ハーレム (Harlem) の住民.

har·le·quin [hɑ́əlɪk(w)ɪn, -lə-, -k(w)ən | hɑ́:lɪkwɪn, -lə-] 〖《1590》☐ F 《廃》*harlequin* (F *arlequin*) 《混成》← OF *Herlequin* leader of a troop of demon horsemen riding through the air at night (☐ ? OE *Herla cyning* King Herla, a mythical figure identified with Woden) + It. *arlecchino* buffoon〗 — *n.* **1 a** [H-] ハーレキン, アルレッキーノ《古いイタリア喜劇 (commedia dell'arte) や英国のパントマイムで Pantaloon の下男で Columbine の恋人としてさまざまな滑稽を演じる》. **b** 道化者 (buffoon). **2 a** まだら模様. **b** =harlequin snake. **3** 〖鳥類〗=harlequin duck. — *attrib. adj.* **1** ハーレキン[アルレッキーノ]の[らしい]. **2** まだら色の. — *vt.* まだらにする (mottle).

Harlequin

har·le·quin·ade [hɑ̀əlɪk(w)ənéɪd, -lə- | hɑ̀:lɪkwɪ-, -lə-] 〖⇨ ↑, -ade: cf. F *arlequinade*〗 — *n.* **1** (pantomime で)ハーレキン (Harlequin) の出る幕[劇]. **2** 道化劇, 茶番 (buffoonery).

hárlequin bùg *n.* 〖昆虫〗北米産半翅目カメムシ科の翅に黒赤の斑紋のあるカメムシ (*Murgantia histrionica*) 《キャベツに大害を与える; cabbage bug, calicoback, calico bug, harlequin cabbage bug ともいう》.

harlequin bug

hárlequin dùck *n.* 〖鳥類〗シノリガモ (*Histrionicus histrionicus*) 《北太平洋・北大西洋に生息する潜水性の海ガモの一種》.

har·le·quin·esque [hɑ̀əlɪk(w)ənésk, -lə- | hɑ̀:lɪkwɪ-, -lə-] *adj.* ハーレキン[アルレッキーノ] (harlequin) 式の[に似た].

hárlequin ópal *n.* 〖鉱物〗ハレクインオパール《赤色の地にモザイク様の種々の色が混じり合ったオパール; 宝石に用いる》.

hárlequin snàke *n.* 〖動物〗サンゴヘビ類 (coral snake); (特に)サンゴヘビ (*Micrurus fulvius*) 《アメリカ産》.

hárlequin tàble 〖せり上がる仕掛けの舞台に類似しているところから〗 *n.* 〖家具〗書きもの机と化粧テーブルに転用できる 18 世紀後期の英国製テーブル.

Har·ley [hɑ́əli | hɑ́:lɪ] 〖← OE ? *hara-lēah* meadow with hares〗 *n.* 男性名.

Harley, Robert *n.* (1661–1724) 英国の政治家. 下院議長 (1701–5), 首相 (1711–14); 称号 1st Earl of Oxford (cf. Harleian Library).

Hárley Strèet 〖⇨ Harley〗 — *n.* **1** London の Westminster 区にある街路名《一流医師が多数開業していることで有名》. **2** 《英》[集合的] 医者 (medical specialists).

har·lot [hɑ́ələt | hɑ́:-] 〖《?*a*1200》 ~, *herlot* vagabond ☐ OF (*h*)*arlot* rogue ← ? Celt.〗 — *n.* **1** いかがわしい女; 売春婦 (prostitute). **2** 《廃》**a** みだらな人, 姦淫者. **b** 悪漢 (rogue). — *adj.* **1** 売春婦の[に関する]. **2** 好色な, みだらな (lewd).

har·lot·ry [hɑ́ələtri | hɑ́:lətrɪ] 〖《*a*1376》: ⇨ ↑, -ry〗 *n.* **1** 売春(行為) (prostitution). **2 a** 自堕落な女, みだらな女, おひきずり. **b** [集合的] 売春婦.

harm [hɑ́əm | hɑ́:m] 〖n.: OE *h(e)arm* < Gmc **χarmaz* (G *Harm*) ← IE **kormo-* pain. — v.: OE *hearmian* ← (n.)〗 — *n.* **1** (精神的な)害, 害悪 (evil); 不都合 (wrong): come to ~ ひどい目に会う / do more ~ than good 益より害の方が多い / do no ~ 害にならない / I meant no ~. 悪意があってしたのではない / There is no ~ in trying. やってみても悪いことはない / Where's the ~ in trying? やってみてどうして悪いのか. **2** 損害 (damage), 損傷, 傷害 (hurt):

do a person ～ 人に害を与える, 人の害になる / We don't wish them ～. 彼らに危害を加える気はない / do ～ to the crops 作物に害を与える, 作物を害する / He took no ～. 彼は何も危害を受けなかった / keep out of ～'s way 害を受けないようにする, 禍を避ける / No ～ done. 被害なし, 全員異状なし. ── *vt.* …に害を与える, 害する, 傷つける, いためる (hurt).

har·ma·line [háəməli:n | há:-] 〘← *harmal* (← NL *harmala* ← Gk *harmalá* ▭ Arab. *ḥármalah* rue) + -INE³〙 ── *n.* 〘化学〙 ハルマリン ($C_{13}H_{14}N_2O$) 《ハマビシ科の植物 *Peganum harmala* など数種の植物から得られる結晶アルカロイド; 中枢神経興奮剤として用いられる; 呼吸毒・痙攣(けいれん)毒を有する》.

har·mat·tan [hàəmətǽn, haəmǽtn̩ | hɑ:mǽtn̩] 〘《1671》 ▭ Sp. *harmatán* ▭ Fanti *haramata* ▭ ? Arab. *ḥarām* forbidden thing : cf. harem〙 ── *n.* 〘気象〙 ハーマタン, アルマタン 《12 月から 2 月にかけて Sahara 地方からアフリカ西海岸に向かって吹く乾燥した砂混じりの熱風》.

harm·ful [háəmfəl | há:m-] 〘《1340》〙 *adj.* 有害な, 害毒を流す (injurious) : ～ bacteria 有害な細菌 / a ～ influence 悪影響. **～·ly** *adv.* **～·ness** *n.*

har·mine [háəmi:n | há:-] 〘← NL *harm(ala)* (⇨ harmaline) + -INE³〙 ── *n.* 〘化学〙 ハルミン ($C_{13}H_{12}N_2O$) 《ハマビシ科の植物 *Peganum harmala* などの種子から得られる結晶アルカロイド; 中枢神経系への興奮剤などとして用いられる》.

hárm·less 〘《1280》〙 ── *adj.* **1** 害のない, 無害の (innocuous) : a ～ snake, amusement, etc. **2** 無傷の, 害を受けない : escape ～ 無傷でのがれる, 無事に助かる. **3** 悪意のない, 罪のない, 無心な : a ～ child, joke, etc. **～·ly** *adv.* **～·ness** *n.*

Har·mo·ni·a [haəmóuniə, -njə | hɑ:máunjə, -niə] 〘▭ L ～ ▭ Gk *Harmonía* : ⇨ harmony〙 ── *n.* 〘ギリシャ神話〙 ハルモニアー 《Ares と Aphrodite との娘, Cadmus の妻; 調和と秩序の象徴》.

har·mon·ic [haəmánɪk | hɑ:mɔ́n-] 〘《1570》 ▭ L *harmonic-us* ▭ Gk *harmonikós* : ⇨ harmony, -ic¹〙 ── *adj.* **1 a** (音が)調和する, 音楽的な, 耳に心地よく響く. **b** (一般に)調和する, 調和のとれた. **2** 《古》 音楽の[に関する]. **3** 〘音楽〙 協和する (harmonious, concordant) ; 和声(学)の ; 倍音の. **4** 〘数学〙 調和の, 調和級数の : a ～ function 調和関数 / ～ proportion 調和比例 / ～ quantities 調和数. **5** 〘物理〙 調和振動の. ── *n.* **1** 〘音楽・音響〙 **a** 倍音 (cf. overtone 1). **b** [*pl.*] (弦楽器奏法の)フラジョレット音 (flageolet tones). **c** [*pl.*] ハーモニクス 《オルガンのミクスチュア音栓の一つ》. **2** 〘電気〙 **a** 調波 《周期波形の成分で波形全体の周期の整数分の 1 の周期をもつもの》. **b** [*pl.*] 高調波 《周期波形から基本波成分を差引いたもの; すべての調波 (harmonic) を総括的に表現していう》.

har·mon·i·ca¹ [haəmánɪkə, -nə- | hɑ:mɔ́nɪkə] 〘《1762》 《変形》 ← 《古形》 *armonica* ▭ It. *armonico* harmonious ▭ L *harmonica* (fem.) ← *harmonicus* (↑) : Benjamin Franklin の命名〙 ── *n.* **1** ハーモニカ 《mouth organ ともいう》. **2** = musical glasses. **3** つちでたたいて鳴らすガラス片または金属板を並べた楽器の一種.

harmonica² *n.* harmonicon の複数形.

har·món·i·cal [-nɪkəl, -nə- | -nɪ-] *adj.* = harmonic. **～·ly** *adv.* **～·ness** *n.*

harmónic análysis *n.* **1** 〘数学〙 調和解析 《関数をフーリエ級数で表わすこと; フーリエ級数ならびにその一般化についての解析学》. **2** 〘音声〙 和声分析.

harmónic ánalyzer *n.* 〘物理〙 調和分析器.

harmónic cónjugates *n. pl.* 〘数学〙 調和共役点 《二つの点を調和に分ける 2 点》.

harmónic ínterval *n.* 〘音楽〙 和声的音程 《同時に響く 2 音隔たり ; cf. melodic interval》.

harmónic méan *n.* 〘数学〙 調和平均 《*n* 個の数の逆数の算術平均の逆数 ; cf. arithmetic mean, geometric mean》.

harmónic mínor scále *n.* 〘音楽〙 和声的短音階 《上行・下行とも半音は主音から数えて第 2-3, 第 5-6, 第 7-8 音の間にあり, 導音が半音高められる結果第 6-7 音の間は増二度となる ; cf. scale³ 7》.

harmónic mótion *n.* 〘物理〙 単弦[調和]運動 《変位その他が時間の経過につれて正弦的に変動する運動》.

har·mon·i·con [haəmánɪkən, -nə- | hɑ:mɔ́nɪ-] 〘▭ Gk *harmonikón* (neut. sing.) ← *harmonikós* : ⇨ harmonic〙 ── *n.* (*pl.* **-i·ca** [-kə]) **1** = harmonica¹. **2** = orchestrion.

harmónic progréssion *n.* **1** 〘数学〙 調和数列. **2** 〘音楽〙 和声進行 《ある和音から異なる和音へと変化してゆくこと》.

har·mon·ics [haəmánɪks | hɑ:mɔ́n-] 〘⇨ harmonic, -ics〙 *n.* 〘音楽〙 和声学.

harmónic séries *n.* 〘数学〙 調和級数.

harmónic tóne *n.* 〘音楽〙 倍音 (overtone).

har·mo·ni·ous [haəmóuniəs, -njəs | hɑ:máunjəs, -niəs] 〘《1530》 ▭ (O)F *harmonieux* : ⇨ harmony, -ous〙 ── *adj.* **1** 和声の[を生じる] (cf. cacophonous) ; 諧(かい)調的な, 調子のよい (melodious). **2** (形状など)調和の取れた, 釣合いのよい (congruous) : a ～ arrangement of lines 調和した線の配列 / a ～ room 調和の取れた部屋. **3** 仲のよい, 和合した, 平和な, むつまじい : a ～ family [meeting] むつまじい家族[和気あいあいの会合] / bring the parties into a more ～ relationship 各派をもっとなごやかな関係に持って行く. **～·ly** *adv.* **～·ness** *n.*

har·mo·nise [háəmənàɪz | há:-] *v.* 《英》 = harmonize.

hár·mo·nist [-nɪst, -nəst | -nɪst] 〘← HARMONY + -IST : cf. F *harmoniste*〙 ── *n.* **1** 和声学者 ; (対位法より)和声的手法を多く用いる[に秀でた]作曲家. **2** 四福音書の対観的研究者 《四福音書などの一致点を研究する人》.

Har·mo·nist [háəmənɪst, -nəst | há:mənɪst] 〘⇨ Harmonite, -ist〙 *n.* 〘キリスト教〙 = Harmonite.

har·mo·nis·tic [hàəmənístɪk | hà:-] *adj.* **1** 和声学的な. **2** (福音書の)対観的研究(者)の. **hàr·mo·nís·ti·cal·ly** *adv.*

Har·mo·nite [háəmənàɪt | há:-] 〘⇨ harmony, -ite¹〙 ── *n.* 〘キリスト教〙 ハーモナイト, ハーモニー会派の信徒 《J. G. Rapp (1757-1847) によって創設され, 1803 年ドイツから米国に移住した共産主義的なキリスト教団体(ハーモニー会派)の信徒; Rappist ともいう》.

har·mo·ni·um [haəmóuniəm, -njəm | hɑ:máunjəm, -niəm] 〘《1847》 ▭ F ～ ← L *harmonia* 'HARMONY' : ⇨ -*ium*〙 *n.* 足踏みオルガン, ハーモニウム.

har·mo·ni·za·tion [hàəmənɪzéɪʃən, -nə- | hà:mənaɪ-, -nɪ-] *n.* **1** 調和化 ; 和合, 一致. **2** ハーモニー[和音]をつけた音楽作品.

har·mo·nize [háəmənàɪz | há:-] 〘《1483》 ▭ (O)F *harmonis-er* : ⇨ harmony, -ize〙 ── *vt.* **1** 調和させる, 一致させる, 調停する (reconcile) 〔*with*〕 : ～ differences 不和を調停する. **2** 〘音楽〙 …に和音を添える, ハーモニーをつける : ～ a melody. ── *vi.* **1** 調和[和合]する, 円滑に行く; 配合[うつり]がよい 〔*with*〕 : ～ in feeling 感情が折り合う / Those colors ～. 色のうつりがよい. **2** 〈音が〉合う, ハーモニーをつけて歌う[演奏する]. **3** 〘音楽〙 階調になる. **hár·mo·nìz·er** *n.*

har·mo·ny [háəməni | há:m(ə)nɪ] 〘《*c*1380》 ▭ (O)F *harmonie* ▭ L *harmonia* ▭ Gk *harmonía* musical concord, agreement ← *harmós* joint ← IE **ar-* to fit together : ⇨ -y¹〙 ── *n.* **1** (芸術作品における)調和, 調子, 諧(かい)調 : the ～ of color 色の調和 / be in [out of] ～ (with) (…と)調和している[いない]. **2** (思想・趣味・意見などの)調和, 一致, 融和 (concordance) : live in ～ 睦(むつ)まじく暮らす. **3** 《古》 (美しい)調べ (melody). **4** 〘聖書〙 福音書の平行本文の対照照合 : a ～ of the Gospels 福音書対観 (cf. synoptic *adj.* 2). **5** 〘音楽〙 和音, 和声 (cf. melody 4, rhythm 3 a) ; 和声法, 和声学 ; (和音構成の)音楽 (cf. cacophony, discord). **6** (心の)落着き, 平静.

harmony of the spheres [the ─] 天球の和声 《天空は幾つかの層になっていて, その各層の間隔が調和音程の比例になっているから, その運行によって美妙な音楽が生じる(ただし人間の耳には聞えない)という Pythagoras 学派の説 ; cf. MUSIC of the spheres》.

har·mo·tome [háəmətòum | há:mətəum] 〘▭ F ～ ← Gk *harmós* joint + -TOME〙 *n.* 〘鉱物〙 重十字沸石.

Harms·worth [háəmzwə:θ, -wəθ | há:mzwə:θ, -wəθ], **Alfred Charles William** *n.* (1865-1922) アイルランド生れの英国の新聞経営者 ; Daily Mail 紙の創刊者 (1896) ; 称号 1st Viscount Northcliffe.

Harmsworth, Harold Sidney *n.* (1868-1940) 英国の新聞経営者・政治家 ; A. C. W. Harmsworth の弟 ; 称号 1st Viscount Rothermere.

Har·nack [háənɑ:k | há:næk ; G. hárnak], **Adolf von** *n.* ハルナック 《1851-1930 ; ドイツのプロテスタントの神学者・教会史家》.

har·ness [háənɪs, -nəs | há:nɪs] 〘n. : 《?*a*1300》 *harneis, herneis* ▭ OF *harneis* (F *harnais*) armor ▭ ON **hernest* army provision ← *herr* army (⇨ harry) + *nest* provisions. ── v. : 《*c*1380》 *harneise(n)* ← (n.)〙 ── *n.* **1** [集合的] (馬車馬の)馬具, 引き具 (cf. saddle 1, bridle) : a set of ～ 馬具一式.

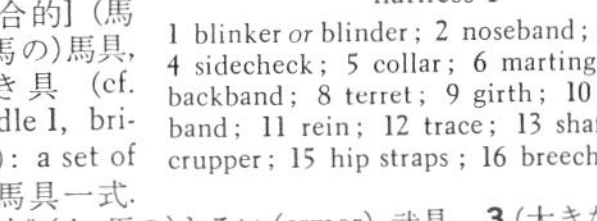

harness 1
1 blinker *or* blinder ; 2 noseband ; 3 bit ; 4 sidecheck ; 5 collar ; 6 martingale ; 7 backband ; 8 terret ; 9 girth ; 10 bellyband ; 11 rein ; 12 trace ; 13 shaft ; 14 crupper ; 15 hip straps ; 16 breeching

2 《古》 (人・馬の)よろい (armor), 武具. **3** (大きなベルを吊すための)巻揚げ装置, ボルトなど. **4** 〘紡織〙 つうじ綜絖(そうこう) 《はた織機で経糸(たていと)を上げ下げする仕掛け》. **5 a** 〘機械〙 (航空発動機などの点火配線の)まとめ取付. **b** 〘電気〙 (プレハブ式既製品の)配線. **6** 〘航空〙 ハーネス 《落下傘(さん)の背負い皮》. **7** (首輪の代りに犬の首につける)皮帯.

in double harness ⇨ double harness 成句. ***in harness*** (1) 日常の仕事に従事して : die *in* ～ = die with ～ on one's back 執務中にたおれる / get back *in* ～ 平常の仕事に戻る. (2) 一緒に協力して.

── *vt.* **1 a** 〈馬など〉に馬具[引き具]をつける : ～ a horse. **b** 〈馬を〉(馬具で)〔馬車の車体などに〕つける 〔*to*〕 : ～ a horse *to* a carriage [cart] 馬を車[荷馬車]につける. **c** 結びつける (tie together). **2** きまり仕事につかせる : ～ a person *to* a profession 人を職業につかせる. **3** 〈自然力などを〉利用する (utilize) : ～ nature (水力・風力などの)自然力を動力に利用する / ～ water power [nuclear energy] 水力[原子力]を動力源として利用する. **4** 《古》 …に鎧(よろい)を着せる.

hárness càsk *n.* 〘海事〙 塩づけ肉小出し用の桶(おけ)[樽(たる)] 《塩肉を塩出しするために使用した》.

hár·nessed 〘《1426》〙 *adj.* 〈馬が〉引き具を付けた.

hárnessed ántelope *n.* 〘動物〙 ウシ科ブッシュバック属 (*Tragelaphus*) の数種のレイヨウの総称 《馬具に似た縞模様がある ; cf. bushbuck》.

hárness èye *n.* 〘紡織〙 (経糸(たていと)を通す)綜絖(そうこう)の目 (mail).

hárness hìtch *n.* 〘海事〙 作業する人のからだに索を取ったりする場合の索の結び方の一種で, ロープの途中に固定輪を作る.

hárness hòrse *n.* **1** harness race 用の馬. **2** (乗用馬 (saddle horse) に対して)荷車用の馬 (draft horse).

hárness ràce [**ràcing**] *n.* ハーネスレース, 繋駕(けいが)速歩競馬 《スタンダード種の馬に一人乗り一頭立て二輪馬車 (sulky) を引かせて速歩または側対歩で行なう競馬》.

Hár·ney Péak [háəni- | há:ni-] 〘← W. S. *Harney* (1800-89 : 米国の軍人)〙 *n.* ハーニー山 《米国 South Dakota 州の Black Hills 中の最高峰 (2,207 m)》.

Har·old [hǽrəld, hér- | hǽr-] 〘OE *Harald, Herew(e) ald* ← *here* host, army (⇨ harry) + *w(e)ald* power (⇨ wield) : cf. ON *Haraldr*〙 ── *n.* 男性名 《愛称形 Hal, Harry》.

Harold I *n.* (?-1040) イングランド王 (1035-40) ; Canute の庶子 ; 通称 Harold Harefoot.

Harold II *n.* (1022?-66) イングランド王 (1066) ; Godwin 伯の子 ; Hastings で William 一世 (the Conqueror) に敗れて戦死.

ha·ro·seth [hɑróusɪθ, -səθ, -ʃɪθ, -ʃəθ | -ráu-] 〘▭ Mish. Heb. *ḥarōseth* ← *ḥarsíth* clay pot〙 ── *n.* (*also* **ha·ro·set** [-sɪt, -sət, -ʃɪt, -ʃət], **ha·ro·ses** [-sɪs, -səs, -ʃɪs, -ʃəs]) ハローシス 《刻んだりんご・木の実・シナモン・蜂蜜などにぶどう酒を混ぜたもの ; 過ぎ越しの祝い (Passover) の際の食事のときに用いられる》.

harp [háəp | há:p] 〘n. : OE *hearpe* < Gmc **χarpōn* (G *Harfe*) ← IE **(s)kerb(h)-* to bend. ── v. : OE *hearpian* ← (n.)〙 ── *n.* **1** ハープ, 竪琴(たてごと) : play the ～ ハープを弾く. **2 a** ハープに似た物. **b** 〘電気〙 (トロリー線を支える)トロリー受け 《trolley harp ともいう》. **c** (針金の多くついた)チーズ切り. **3** 〘アイルランドの国旗のデザインの一部にハープが用いられていることから〙 [しばしば H-] 《軽蔑》 アイルランド人, アイルランド系の奴(やつ). **4** [the H-] 〘天文〙 こと(琴)座 (⇨ Lyra). **5** = harper 2. ── *vi.* **1** ハープを弾く. **2** ハープのような音を出す. **3** 幾度も繰り返して言う, くどくど言う[説く] 〔*on, upon*〕 : *keep* ～*ing on one* [*the same*] *string* ⇨ string 成句 / ～ *on* [*upon*] the glories of a former day 昔の手柄話を繰り返す / ～ *on* one's troubles くどくどと苦難を訴える. ── *vt.* **1** 《廃》 **a** 〈詩・物語などを〉ハープの伴奏で吟ずる. **b** ハープを弾いて〈人を〉魅了する[…させる] : ～ a person asleep. **2** 《古》 言う, 述べる.

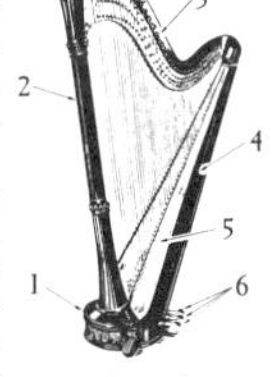

harp 1
1 base ; 2 pillar ; 3 neck ; 4 body ; 5 soundboard ; 6 pedals

hárp·er 〘OE *hearpere* : ⇨ ↑, -er¹〙 *n.* **1** ハープ奏者. **2** ハーパー 《裏面にハープのついた 1536 年以降のアイルランドの 1 グロートおよび $^1/_2$ グロート銀貨》.

Hár·pers Férry [háəpəz- | há:pəz-] 〘← *Robert Harper* (この渡船場の所有者)〙 ── *n.* 米国 West Virginia 州北東部 Shenandoah 川と Potomac 川の合流地点の町 ; この地の兵器廠(しょう)を奴隷制廃止論者の John Brown が襲い反乱を起こした (1859).

hárp guitár *n.* ハープギター 《棹部に小型のハープを備えたギター ; harp lute, dital harp ともいう》.

Har·pi·dae [háəpədì: | há:pɪ-] 〘← NL ～ ← *Harpa* (属名 : ← LL *harpa* harp) + -IDAE〙 *n. pl.* 〘貝類〙 ショクコウラ科.

harp·in [háəpɪn, -pən | há:pɪn] 〘《変形》 ← HARPING〙 ── *n.* **1** 〘造船〙 ハーピン 《船を建造する時カントフレーム (cant frame) を一時的に固定する帯板》. **2** 《古》 〘海事〙 (船首強化のための)腰外板(こしそといた) 《厚い外板》.

harp·ing 〘← ? HARP + -ING¹〙 *n.* = harpin.

hárp·ist [-pɪst, -pəst | -pɪst] *n.* ハープ奏者.

hárp lúte *n.* = harp guitar.

Har·poc·ra·tes [haəpákrətì:z | hɑ:pɔ́k-] 〘▭ L *Harpocratēs* ▭ Gk *Harpokrátēs* ▭ Egypt. *Ḥeru-p-khart* Horus the child〙 ── *n.* 〘エジプト・ローマ神話〙 ハーポクラテス 《エジプトの日の神 Horus に当たる神 ; 口に指を当てた少年の姿をもって表わされたので, 後に沈黙の神とみなされた ; cf. sub rosa》.

har·poon [haəpú:n | hɑ:-] 〘《*c*1400》 ▭ (O)F *harpon* ← *harpe* claw, clamp ▭ ? LL *harpē* sickle ▭ Gk *hárpē* ← IE **ser-* sickle, hook〙 ── *n.* **1** (捕鯨用の)銛(もり). **2** 〘医学〙 ハープーン 《生検 (biopsy) 時の組織片採取用器具》. ── *vt.* 〈鯨〉に銛を打ち込む, 銛で殺す. **～·er** *n.*

harpóon gùn *n.* 銛(もり)打ち砲, 捕鯨砲.

harpóon lìne *n.* (軽くて丈夫な)マニラ麻のロープ

《いまは主として漁業の巾着網の口綱用》.

harpóon lòg *n.* 〖海事〗銛(もり)形測程器《曳航測程器の一つで, ロテーターと指示器が一緒になって水中に曳航される方式のもの; cf. taffrail log》.

hárp sèal *n.* 〖動物〗タテゴトアザラシ (*Pagophilus groenlandicus*)《北大西洋・北極海に生息し, おもに魚を食べる》.

harp·si·chord [hάəpsɪkɔ̀əd, -sə- | hά:psɪkɔ̀:d] 〖《1611》 *harpechorde* ▭ OF *harpechorde* ∥ It. *arpicordo* : ⇨ harp, -i-, chord²: 語中音 *-s-* は不明〗 ― *n.* ハープシコード《16–18 世紀に流行し 20 世紀に復活した鍵盤楽器で, ピアノの前身; 弦を叩くのではなく引っ搔くのが特徴; cembalo, clavecin, clavicembalo ともいう; cf. clavichord》.

hárp·si·chòrd·ist [-dɪst, -dəst | -dɪst] *n.* ハープシコード(演)奏者.

har·py [hάəpi | hά:pɪ] 〖《1540》 ▭ (O)F *harpie* ▭ L *harpȳia* ▭ Gk *hárpūiai*《原義》snatchers ← *harpázein* to snatch〗 ― *n.* **1** [H-] 〖ギリシャ神話〗ハルピュイア《顔と体が女で鳥の翼と爪を持った強欲な怪物》. **2** **a** 仲間を食い物にする強欲な人. **b** がみがみ女, あばずれ女.

hárpy èagle *n.* 〖鳥類〗 **1** オオギワシ (*Harpia harpyja*)《中・南米産のオオワシ, 頭頂の冠羽が左右に分れ一見耳のように見える》. **2** ＝monkey eating eagle.

har·que·bus [hάək(w)ɪbəs, -bʌ̀s, -kəbəs | hά:kwɪbəs] 〖《1532》 ▭ F *(h)arquebuse* ▭ MDu. *harkebusse* (Du. *haakbus*) gun with hook〗 ― *n.* (*also* **har·que·buse** [~]) 火縄銃《携帯用だが重いので支えにのせて発射される; 15 世紀に発明された; arquebus ともいう》.

har·que·bus·ier [hɑ̀əkɪbəsíə, -bʌs-, -kəbəs- | hɑ̀:kwɪbəsíə(r)] 〖《1548》 ▭ F *(h)arquebusier* : ⇨ ↑, -ier¹〗 *n.* 火縄銃兵.

har·que·buss [hάək(w)ɪbəs, -bʌ̀s, -kəbəs | hά:kwɪbəs] *n.* ＝harquebus.

Har·rar [hά:rə | -rə(r)] *n.* ＝Harar.

har·ri·dan [hǽrədən, hér-, -dn̩ | hǽrɪ-] 〖《1700》《転訛》← F *haridelle* worn-out horse〗 *n.* 醜い老婆, 意地悪婆, 鬼婆 (hag, vixen); (特に)やつれ果てた売春婦.

hár·ried 〖(p.p.) ← HARRY〗 *adj.* (次々と困難な問題に直面して)困り果てた, 悩み抜いた (harassed).

hár·ri·er¹ 〖《1556》 ← HARRY＋-ER¹〗 ― *n.* **1** 侵略者, 略奪者; 悩ます者. **2** 〖鳥類〗チュウヒ《チュウヒ属 (*Circus*) のタカの総称; チュウヒ (*C. aeruginosus*), ハイイロチュウヒ (*C. cyaneus*)》.

har·ri·er² [hǽriə, hér- | hǽrɪə(r)] 〖《1542》 *harier* : ⇨ hare, -ier¹〗 ― *n.* **1** **a** ハリアー《野うさぎ狩用の小型の猟犬種のイヌ》. **b** [*pl.*] ハリアーと猟師との一群. **2** cross-country の走者.

Har·ri·et [hǽriət, hér- | hǽrɪ-] 〖《英語形》← F *Henriette* (fem.dim.) ← *Henri* : ⇨ Henry, -ette〗 *n.* 女性名《愛称形 Harrietta, Harriette, Hatty》.

Har·ri·et·ta [hæ̀riétə, hèr- | hæ̀rɪétə] 〖(dim.) ← HARRIET〗 *n.* 女性名.

Har·ri·ette [hǽriət, hér- | hǽrɪ-] 〖(dim.) ← HARRIET〗 *n.* 女性名.

Har·ri·man [hǽrəmən, hér- | hǽrɪ-], **Edward Henry** *n.* (1848–1909) 米国の資本家; 鉄道王.

Harriman, W(illiam) **A·ver·ell** [éɪv(ə)rəl] *n.* (1891–) 米国の実業家・政治家; New York 州知事 (1954–58); E. H. Harriman の息子.

Har·ris¹ [hǽrɪs, hér-, -rəs | hǽrɪs] 〖ME *Harrys*《原義》Harry's (son) : ⇨ Harry¹, -s²〗 *n.* 男性名.

Har·ris² [hǽrɪs, hér-, -rəs | hǽrɪs] *n.* ＝Harris Tweed.

Harris, Frank *n.* (1854–1931) アイルランド生れの米国の作家; *Oscar Wilde* (1916), *My Life and Loves* (1923–27).

Harris, Joel Chan·dler [tʃǽndlə | tʃά:ndlə(r)] *n.* (1848–1908) 黒人方言で物語や詩を書いた米国の作家; *Uncle Remus: His Songs and his Sayings* (1881).

Harris, Roy (Ellsworth) *n.* (1898–) 米国の作曲家.

Harris, Townsend *n.* (1804–78) 米国の外交官; 初代駐日総領事 (1855–58), 初代駐日公使 (1858–61).

Har·ris·burg [hǽrɪsbə̀:g, hér-, -rəs- | hǽrɪsbə̀:g] 〖← *John Harris, Jr.* (この町を設計した人) : ⇨ -burg〗 ― *n.* 米国 Pennsylvania 州の首都, Susquehanna 河畔の工業都市; 人口 59,000.

Har·ri·son [hǽrɪsn̩, hér-, -rə- | hǽrɪ-] 〖ME *Hennerissone* Harry's son: ⇨ Harry¹, -s², son¹〗 *n.* 男性名.

Harrison, Benjamin *n.* **1** (1726?–91) 米国独立戦争当時の愛国者; 独立宣言の署名者; W. H. Harrison の父. **2** (1833–1901) 米国第 23 代大統領 (1889–93); W. H. Harrison の孫.

Harrison, Frederic *n.* (1831–1923) 英国の実証的哲学者・著述家; *The Choice of Books and Other Essays* (1886).

Harrison, John *n.* (1693–1776) 英国の発明家, chronometer の改良者.

Harrison, William Henry *n.* (1773–1841) 米国の軍人, 第 9 代大統領 (1841).

Hárrison réd 〖← *Birge Harrison* (1854–1929: 米国の風景画家)〗 *n.* ＝Chinese vermilion 2.

Hárris Twéed *n.* 〖商標〗ハリスツイード《スコットランドの Outer Hebrides 諸島の 'Lewis with Harris' 島南部の Harris 産の手織りの毛織物》.

Har·rod [hǽrəd, hér- | hǽr-], **Sir Roy Forbes** [fɔ́əbz | fɔ́:bz] *n.* (1900–) 英国の経済学者.

Hárrod-Dómar mòdel [-dóumə- | -dóumə-] *n.* [the ~] 〖経済〗ハロッドドーマー モデル《英国の経済学者 R. F. Harrod と米国の経済学者 E. D. Domar とによって独立に開発された経済成長モデル》.

Har·ro·gate [hǽrəgɪt, hér-, -gət, -gèɪt | hǽrə(ʊ)gɪt, -gèɪt, -gət] 〖← *Harlow* (近くにある丘の名:《原義》gray hill)＋ON *gate* road〗 ― *n.* イングランド北部 North Yorkshire 州南部の都市; 人口 136,000.

Har·ro·vi·an [həróuviən | hərə́uvjən, hæ-, -vɪən] 〖← NL *Harrovia* (Harrow のラテン語形)＋-AN¹: cf. Oxonian〗 ― *adj.*, *n.* **1** Harrow School の(出身者, 在校生). **2** Harrow の(住民).

har·row¹ [hǽrou, hér-, -rə | hǽrəu] 〖*n.*: 《*c*1300》 *haru, harwe* ▭ ? ON **harwjan* (cf. ON *hervi, harfr*). ― v.: 《*a*1325》 *harwe(n)* ← (n.): cf. harvest〗 ― *n.* **1** まぐわ, ハロー. **2** まぐわに似た道具.

under the harrow (1) まぐわで引っかかれて. (2) 苦しんで, 絶えずおびやかされて[圧迫されて].

― *vt.* **1** 〈畑の土を〉まぐわ[ハロー]でならす; 開拓する: ~ (up) a field. **2** 精神的にひどく苦しめる, 悩ます (torment): ~ a person's feelings 人の感情を傷つける. **3** 《古》切る, かき[切り]裂く. ― *vi.* 〈土地が〉ハローが使える: The land won't ~ very well. その土地はうまくハローが使えない. **~·er** *n.*

har·row² [hǽrou, hér-, -rə | hǽrəu] 〖《*a*1225》 *harwe(n)* 《変形》← *herie(n)* < OE *hergian* 'to HARRY'〗 ― *vt.* 《古》 **1** 略奪する, 荒らす. **2** 〈キリストが〉(霊魂を救うために)〈地獄〉に行く (cf. harrowing²): ~ hell.

Har·row [hǽrou, hér- | hǽrəu] 〖OE *Hearg(e)*《原義》heathen temple〗 ― *n.* London 北西部の自治区《もと Middlesex 州の一区; Harrow School の所在地; 人口 203,000; Harrow-on-the-Hill ともいう》.

hár·row·ing¹ 〖(pres.p.) ← HARROW¹: ⇨ -ing²〗 *adj.* 痛ましい, 胸も裂けそうな, 悲惨な (heart-rending): have a ~ experience. **~·ly** *adv.*

hár·row·ing² 〖(ger.) ← HARROW²: ⇨ -ing¹〗 *n.* 《古》略奪.

Harrowing of Hell [the ―] 地獄の征服《キリストが十字架処刑の後地獄に行ってそこに落ちた霊魂を救うという新約聖書外典による説》.

Hárrow-on-the-Híll *n.* ＝Harrow.

Hárrow Schòol [hǽrou- | -rəu-] *n.* 英国の有名な public school の一つ; Harrow-on-the-Hill にある; Elizabeth 一世時代に創設 (cf. Eton College).

har·rumph [hərʌ́mf] 〖擬音語〗《米》 *vi.* **1** (もったいぶって)せき払いをする. **2** 不賛成の意を表わす; 抗議する (protest). ― *n.* せき払い.

har·ry [hǽri, héri | hǽrɪ] 〖OE *hergian* < Gmc **χarjōjan* ← **χarjaz* (OE *here* army / G *Heer*) < IE **koro-s* war (MIr. *cuire* troop)〗 ― *vt.* **1** **a** 〈都市などを〉侵略する, 略奪する, 荒らす (ravage, raid). **b** 〈人を〉攻撃する. **2** 〈人を〉悩ます, 苦しめる (harass, annoy). **3** 〈人を〉あちこち歩かせる[漂浪させる]. ― *vi.* 侵略する. ― *n.* **1** 侵略; 襲撃. **2** 厄介[面倒]なこと, 煩わしい事柄 (vexation).

Har·ry¹ [hǽri, héri | hǽrɪ] 〖ME *Herry* ▭ OF *Herri* 《変形》← *Henri* 'HENRY'〗 *n.* 男性名.

Har·ry² [hǽri, héri | hǽrɪ] 〖↑: harry と連想〗 ― *n.* **1** [通例 Old ~] 悪魔, 悪鬼 (devil) (cf. Old Nick): by the Lord ~ 誓って, きっと / ⇨ *play* OLD HARRY *with*. **2** 下品な若者; (特に)ロンドンっ子 (cockney) 《その発音の癖から普通 'Arry という》.

harsh [hάəʃ | hά:ʃ] 〖《*a*1325》 *harsk* ← Scand. (cf. Dan. *harsk* rancid) ∥ ▭ MLG *harsch* rough, 《原義》hairy ← *haer* hair: cog. G *harsch*: 今の語形は 16C から〗 ― *adj.* (~·er; ~·est) **1** 〈織物が〉手触りの悪い, 粗い, ざらざらした, 粗悪な (rough, coarse): a ~ surface, cloth, etc. **2** **a** 〈味・においが〉不快な; からい (acrid), にがい (bitter). **b** 〈色が〉目ざわりな, ひどくけばけばしい, 不調和な (stark): a ~ contrast 不調和な対照. **c** 〈音声・楽器など〉耳ざわりな, 調子の悪い, 不快な音を出す (strident): a ~ voice いやな声. **3** 居心地の悪い, 不快な (uncomfortable): a ~ wind. **4** (性格・気質・態度などの)厳しい, 厳格な, 苛酷な (stern): a ~ master 厳格な主人 / a ~ judgment 苛酷な判決 / a ~ climate 厳しい気候 / He was ~ *to* [*with*] his servants. 召使たちに厳しかった. **5** **a** 美的優雅さを欠いた, 粗野な (crude). **b** 〈作法・行動など〉粗暴な: ~ manners 無作法. **~·ly** *adv.* **~·ness** *n.*

harsh·en [hάəʃən | hά:ʃ-] 〖⇨ ↑, -en¹〗 ― *vt.* あらく[荒々しく, どぎつく, 厳しく]する, 荒らす. ― *vi.* あらく[荒々しく, どぎつく, 厳しく]なる, 荒れる.

hars·let [hάəslɪt, -lət | hά:s-] *n.* ＝haslet.

hart [hάət | hά:t] 〖OE *heor(o)t* < Gmc **χerutaz* (G *Hirsch*) ← IE **ker-* horn, head (L *cervus* stag)〗 ― *n.* (*pl.* ~s, ~) 〖動物〗雄鹿 (stag)《特に 5 歳以上の red deer についていう; cf. hind¹》: a ~ of grease 《古》あぶらの乗った[食べごろの]雄鹿 / a ~ of ten 角に十本枝のある雄鹿 / a ~ royal 王の御猟で狩り立てられて逃げた鹿.

Hart [hάət | hά:t], **Moss** *n.* (1904–61) 米国の劇作家.

har·tal [hɑətά:l | hɑ:tά:l, -təl] 〖《1920》 ▭ Hindi *haṛtāl* ← Skt *haṭṭa* market, shop＋*tāla* lock, bolt〗 *n.* (インドで, 政治的反抗としての)同盟閉店, 同盟休業.

Harte [hάət | hά:t], **(Francis) Bret(t)** [brét] *n.* (1836–1902) 米国の短編小説家・詩人; *The Luck of Roaring Camp and Other Sketches* (1870).

har·te·beest [hάətəbì:st, hάətbì:st | hά:tɪbì:st] 〖《1786》 ▭ Afrik. 《廃》~: ⇨ hart, beast〗 ― *n.* (*pl.* ~s, ~) 〖動物〗ハーテビースト, シカレイヨウ《アフリカ産の大型のハーテビースト属 (*Alcelaphus*) のレイヨウの総称; カーマハーテビースト (*A. caama*) など; cf. kongoni》.

Hart·ford [hάətfəd | hά:tfəd] 〖英国の HERTFORD (原義は hart ford) にちなむ〗 *n.* 米国 Connecticut 州の首都, Connecticut 河畔の工業都市; 人口 139,000.

Hártford férn *n.* 〖植物〗＝climbing fern.

Hart·ley [hάətli | hά:tlɪ] 〖← OE *heorot-lēah* stag wood: ⇨ hart, lea¹〗 *n.* 男性名.

Hártley óscillator *n.* 〖電気〗ハートレー発振器《LC 発振器の代表的な一種》.

Hart·line [hάətlaɪn | hά:t-], **Hal·dan Kef·fer** [hɔ́:ldən-kéfə, -dn̩ | -fə(r)] *n.* (1903–) 米国の生理学者; Nobel 医学・生理学賞 (1967).

Hart·mann [hάətma:n, -mən | hά:t-; G. hártman], **(Karl Robert) Eduard von** *n.* ハルトマン《1842–1906; ドイツの哲学者; *The Philosophy of the Unconscious* (1869)》.

Hartmann, Nicolai *n.* ハルトマン《1882–1950; ドイツの哲学者》.

hárts·hòrn 〖OE *heortes horn* hart's horn〗 ― *n.* **1** 雄鹿の角(つの). **2** 《古》〖化学〗鹿角精(ろっかくせい)《もと雄鹿の角から採った炭酸アンモニウム; cf. sal volatile 1》: salt of ~ ⇨ salt¹ / spirit of ~ アンモニア水.

hárt's-tòngue 〖《*c*1325》 *hertis tonge* 《なぞり》← ML *lingua cervi*〗 *n.* (*also* **hárts-tòngue**) 〖植物〗コタニワタリ (*Phyllitis scolopendrium*)《ウラボシ科のシダ》.

hárt·wòrt 〖《変形》← *heartwort*〗 ― *n.* 〖植物〗 **1** イブキボウフウに類するヨーロッパ産セリ科の植物 (*Tordylium maximum*). **2** それに似たアフリカ産の薬用植物 (*Laserpitium latifolium*).

har·um-scar·um [hέ(ə)rəmskέ(ə)rəm, hǽrəmskǽr- | hέərəmskέərəm-] 〖《1674》← ? *hare'em, scare'em* ←《廃》*hare* to frighten＋(')EM²＋SCARE＋(')EM²〗 ― 《口語》 *adj.* そそっかしい, 軽はずみな, 軽率な; 無茶な, 無鉄砲な (reckless): a ~ driver. ― *adv.* そそっかしく, 軽率に; 無鉄砲に: a car whizzing ~ along the street 街路を猛烈なスピードで飛ばして行く車. ― *n.* 軽率な人[行為]; 無茶な人[行為]. **~·ness** *n.*

Ha·run al-Ra·shid [hærú:n-æl-rəʃí:d, -ɑ:l- | hæ-rú:n-æl-ræʃí:d, hɑ:r-, -rǽʃi:d, -ʃɪd] *n.* ハルン アルラシード《764?–809; アッバース朝第 5 代のカリフ (caliph) (786–809), アラビアンナイト物語にも登場》.

ha·rus·pex [hərʌ́speks, hǽrəspèks] 〖▭ L ~ ← *haru-* gut＋*-spex* he who sees〗 ― *n.* (*pl.* **ha·rus·pi·ces** [hərʌ́spəsì:z | -pɪ-]) 腸卜(ちょうぼく)官《古代ローマでいけにえの獣の腸を調べて神意を占った神官; aruspex ともいう》.

ha·rus·pi·cal [hərʌ́spəkəl | -pɪ-] 〖▭ L *haruspicālis* : ⇨ ↑, -al¹〗 *adj.* 腸卜(ちょうぼく)官の.

ha·rus·pi·ca·tion [hərʌ̀spəkéɪʃən | -pɪ-] *n.* **1** ＝haruspicy. **2** ＝prophecy.

haruspices 〖▭ L *haruspicēs*〗 *n.* haruspex の複数形.

ha·rus·pi·cy [hərʌ́spəsi | -sɪ] 〖▭ L *haruspici-um* : ⇨ haruspex, -cy〗 *n.* 腸卜(ちょうぼく)による占い《haruspication ともいう》.

Harv. 《略》Harvard.

Har·vard [hάəvəd | hά:vəd, -vɑ:d] *n.* Massachusetts 州 Cambridge にある米国最古の大学 (略 Harv.); 1636 年創立, 大学となったのは 1780 年, Harvard の名称を用いたのは 1639 年 (⇨ J. Harvard).

Har·vard [hάəvəd | hά:vəd, -vɑ:d], **John** *n.* (1607–38) 英国の非国教派の牧師, 米国に移住 (1637), Harvard 大学の創立当時の主な財源の寄付者; この大学名は彼の名にちなんだもの.

Hárvard béets 〖← *Harvard University*〗 *n. pl.* ハーバードビーツ《薄切りまたは賽(さい)の目に切ったビートを甘酸っぱいソースと合わせた料理》.

Hárvard chàir 〖← *Harvard University*〗 *n.* 〖家具〗ハーバードチェア《17 世紀の米国の肘掛け椅子, 3 脚で座面が三角形》.

Har·var·di·an [hɑəvάədiən | hɑ:vά:dɪən, -djən] 〖← *Harvard*＋-IAN〗 *adj.* ハーバード大学の[に関する]. ― *n.* ハーバード大学の学生[卒業生].

har·vest [hάəvɪst, -vəst | hά:vɪst] 〖*n.*: OE *hærfest* autumn < Gmc **χarbistaz* (G *Herbst* autumn) ← IE **sker-* to gather, pluck (L *carpere* to pluck / Gk *karpós* fruit). ― v.: 《*c*1400》 *herveste(n)* ← (n.)〗 ― *n.* **1** (穀物の)収穫, 取入れ; (りんご・くり・蜂蜜などの)採取: this year's wheat [rice] ~ 今年の麦[米]の収穫. **2** 取入れ[刈入れ]時, 収穫期. **3** **a** 取り入れた[取り入れる]物, 収穫物, 採取[集]物, 作物, 産物 (crops, produce): The ~ is ripe. 作物は熟した / The ~ looks well this year. 今年は豊作らしい / gather [reap] a ~ 収穫物を取り入れる, 大もうけする / the ~ of the sea 海の幸(さち). **b** (一季節の)収穫高[量]: an abundant [a good, a rich] ~ 豊作 / a bad [poor] ~ 凶作. **4** (仕事・反省・行動の)結果, 報い, 報酬, 収穫: the ~ of one's follies [hard work] 愚行[努力]の報い / Researches have yielded a rich ~ of information. 調査の結果豊富な参考資料(の収穫)が得られた / The drunkard reaps a bitter ~ of misery. 大酒飲みにはみじめな末路が待っている / make a long ~ for [about] a little corn 小さいことをして大きな結果を得る, 「海老(えび)で鯛(たい)を釣る」.

― *vt.* **1** **a** 〈作物を〉取り入れる, 刈り入れる, 収穫する (reap): ~ crops 作物を取り入れる. **b** …から作物を取り入れる: ~ the fields. **c** 〈魚・鯨・うさぎなどを〉捕獲する; 〈木材などを〉伐採する: ~ a lot of herrings [whales] 大量のにしん[鯨]を捕獲する / ~ timber 木材を伐採する. **d** 刈り入れてたくわえる, 収納する (lay up). **2** **a** 〈努力・計画などの成果・報いを〉得る, ものにする (gain). **b** (怠惰・不注意などの報いとして)〈後悔・悲しみ・苦しみなどを〉受ける: ~ bitterness

ひどい[つらい, 悲しい]目に会う. ── *vi.* 作物を取り入れる, 刈入れをする.
～·a·ble [-təbl] *adj.*

hárvest bùg *n.* 〘動物〙=harvest mite.

hárvest dòll *n.* 取入れ人形《harvest home を祝って作る人形》.

hár·vest·er 〘⇨ harvest, -er[1]〙 ── *n.* **1 a** (穀物の)刈入れ人, 収穫者. **b** 刈取り機, 収穫機 (reaping machine). **3** 〘昆虫〙北米産シジミチョウ科の小さなチョウの一種 (*Feniseca tarquinius*)《黄褐色地に黒紋がある》.

hárvester ànt *n.* 〘昆虫〙収穫アリ《種々の雑草の種子を収穫して巣に貯えて食糧とする一群のアリ; agricultural ant ともいう》.

hárvest féstival *n.* 収穫(感謝)祭《教会で行なわれる収穫の感謝祭; harvest thanksgiving ともいう》.

hárvest fìsh *n.* 〘魚類〙 **1** ブラジルから米国にかけて大西洋岸に生息するイボダイ科の小型で細長い魚 (*Peprilus paru*). **2** =butterfish a.

hárvest flỳ *n.* 〘昆虫〙ヨーロッパ産のエゾゼミ類の一種の俗称, 時にセミ類の総称 (cf. dog-day cicada).

hárvest hóme 〘(1573)〙 ── *n.* **1** 取入れの運び込み. **2** 収穫の完了(時期). **3 a** (もと収穫を運び込む時に歌った英国の)刈上げの祝い歌 (cf. sing *vt.* 5). **b** 収穫の祝宴; その祝宴で歌う歌.

hár·vest·ing *n.* 収穫, 取入れ.

hárvest·less *adj.* 収穫のない, 不作の, 凶作の.

hárvest-lòuse *n.* 〘動物〙=harvest mite.

hárvest·man [-mən | -mæ̀n] 〘(1440)〙 ── *n.* (*pl.* **-men** [-mən, -mèn | -mèn]) **1** (収穫時に雇われる)刈入れ人夫. **2** 〘動物〙メクラグモ, ザトウムシ《メクラグモ目で足が長い; daddy longlegs ともいう》.

hárvest mìte *n.* 〘動物〙ツツガムシ《秋の収穫時に人にたかり痒(かゆ)みをおこすツツガムシ(ダニ)の総称; ⇨ chigger 2》.

hárvest mònth 〘OE *hærfestmōnað*〙 *n.* 刈入れ月《9月》.

hárvest móon *n.* 仲秋の満月.

hárvest mòuse *n.* 〘動物〙 **1** カヤネズミ (*Micromys minutus*)《ユーラシア産の小型の野ネズミの一種でイネ科植物の茎に球形の巣を造る》. **2** アメリカカヤネズミ《米国南部産アメリカカヤネズミ属 (*Reithrodontomys*) の小型の野ネズミの総称》.

hárvest thanksgíving *n.* =harvest festival.

hárvest·tìme *n.* 収穫期, 取入れ時.

Har·vey [hɑ́ːvi | hɑ́ːvɪ] 〘ME *Herveus* ⊏ (O)F *Hervé* ⊏ OBret. *Haerveu* (*aer* carnage＋-*uiu* worthy) ∥ OHG *Herewig*《原義》army battle〙 *n.* 男性名.

Harvey, William *n.* (1578–1657) 英国の医師, 血液循環の発見者.

Har·vey·ize [hɑ́ːviàɪz | hɑ́ːvɪ-] 〘← *H.A. Harvey* (1824–93: 米国の製鋼業者): ⇨ -ize〙 ── *vt.* **1** 〘冶金〙〈厚鋼板を〉焼入れする, ハーベイ法で処理する. **2** 〘造船〙(ハーベイ法処理した)〈硬鋼板を〉船腹に張る.

Har·wich [hǽrɪdʒ, hɑ́ːwɪtʃ | hǽrɪdʒ] 〘OE *herewic* camp ← *here* army (⇨ harry)＋*wic* dwelling (cf. Viking)〙 ── *n.* ハリッジ《イングランド南東部, Essex 州北東部の北海に臨む港市, 英国海軍基地がある; 人口 16,000.

Har·ya·na [hɑ̀ːriɑ́ːnə | hʌ̀rɪ-] *n.* ハルヤナ《インド北西部の州(もと Punjab 州の一部); 人口 9,972,000, 面積 44500 km², 首都 Chandigarh は Punjab 州の首都も兼ねる》.

harz·burg·ite [hɑ́ːtsbəːgàɪt | hɑ́ːtsbəː-] 〘⊏ G *Harzburgit* ← Harzburg (東ドイツ Saxony 州の町名): ⇨ -ite[1]〙 *n.* 〘岩石〙斜方輝石橄欖(かんらん)岩 (⇨ saxonite).

Hárz Móuntains [hɑ́ːts- | hɑ́ːts-; *G.* hɑ́rts-] *n. pl.* [the ～] ハルツ山脈《東西ドイツの間の山脈; 最高峰は Brocken (1,142 m)》.

has 〘(13C)《語中音消失》← ME *haves* ∽ ME *haveth* < OE *hæfþ* '**HATH**'〙 *v., auxil. v.* have[1,2] の三人称単数直説法現在形.

Ha·sa [hǽsə, hɑ́ːsə], **El** [el] *or* **Al** [æl] *n.* ハサー《サウジアラビア東部, ペルシャ湾沿いの地域, 油田地帯; 主要都市 Hofuf》.

hás-bèen 〘(1606)〙 *n.*《口語》 **1** 盛りを過ぎた[時代遅れの, 人気のなくなった]人[もの], 過去の人: a literary ～ 昔の流行作家. **2** [*pl.*]《米》昔; 昔の出来事.

Has·dru·bal [hǽzdruːbal, ─ ─́ ─ | hǽzdrʊbəl, -bæ̀l] *n.* ハスドルバル: **1** (?–207 B.C.) カルタゴの将軍; Hamilcar Barca の子で Hannibal の弟, ローマとの条約にそむいてアルプスを越え兄を助けた. **2** (?–221 B.C.) カルタゴの将軍, Hannibal の義兄.

ha·sen·pfef·fer [hɑ́ːznfèfə | -fə(r; *G.* hɑ́ːznpfɛ̀fɐ] 〘⊏ G *Hasenpfeffer* ← *Hase* hare＋*Pfeffer* pepper〙 ── *n.* ハーゼンフェファー《香辛料をきかせたうさぎ肉のシチュー》.

hash[1] [hǽ(ː)ʃ] 〘v.: (1657) ⊏ F *hach-er* to chop up ← *hache* '**HATCHET**': cf. hack[1], hatch[3]. ─ n.: (1655) ⊏ F *hach-is* ← (v.)〙 ── *vt.* **1** 〈肉などを〉細かに切る, 刻む 〈*up*〉. **2** 《口語》台無しにする, めちゃめちゃにする, ごたまぜにする. **3** 《米口語》…について事細かに話し合う; 吟味する, 徹底的に討論[論評]する. ── *vi.* 《米俗》(レストランなどで)給仕をする.
hash out 《口語》長々と討論をして解決する. *hash over* …について語る, 討論する (discuss).
── *n.* **1 a** こまぎれ肉の料理《野菜とともに炒(いた)めたり, ソースと合わせて出す》. **b** 《俗》食物 (food); 食事 (meal). **2** (古い問題・研究・作品などの)焼直し, 作り直し (rehash). **3** 寄せ集め, ごたまぜ (medley, jumble). **4** 《スコット》間抜け, 馬鹿 (fool).
make a hash of 《口語》…をめちゃめちゃにする, 台無しにする, ごたまぜにする. *settle a person's hash* 《口語》人を屈服させる, 打ち負かす, やっつける, 黙らせる. *sling hash* 《米俗》(安食堂で)ウェーター[ウェートレス]として働く.

hash[2] [hǽ(ː)ʃ] 〘《略》← **HASHISH**〙 *n.* 《俗》 **1** =hashish. **2** =marihuana 2 b.

hash·eesh [hǽʃiːʃ, -ʃɪʃ] *n.* =hashish.

Hash·em·ite [hǽʃəmàɪt] *n., adj.* =Hashimite.

Háshemite Kíngdom of Jórdan *n.* [the ～] ヨルダンハシミト王国《Jordan の公式名》.

hásh·er *n.* 《米俗》ウエーター, ウエートレス.

hásh hòuse *n.* 《米俗》安飲食店.

Hash·im·ite [hǽʃəmàɪt | -ʃɪ-] 〘← *Hashim* great-grandfather of Muhammad＋-**ITE**[1]〙 ── *n.* **1** [the ～s] ハーシム家《Muhammad の子孫; 第一次大戦後, 英国の政策に基づき Iraq と Transjordan とに王国をひらいた; 前者は 1958 年革命で倒れて共和国となったが, 後者は 1949 年以降 Hashimite Kingdom of Jordan と称する》. **2** ハーシム家の人. ── *adj.* ハーシム家の; ハーシム王国の.

hásh·ing *n.* 〘通信〙ハッシング《同一あるいは隣接周波数の電波の混信》.

hash·ish [hǽʃiːʃ, -ʃɪʃ] 〘(1598) ⊏ Arab. *ḥašīš* herbs, dried hemp〙 ── *n.* 〘植物〙ハシーシ《タイマ(大麻)の結実初期の枝先; イスラム教徒はこれを陶酔用として嚙(か)んだりたばこのように用いたりする; cf. bhang, marihuana, cannabis 2》.

hásh màrk *n.* 《米軍俗》年功袖(そで)章 (service stripe).

hásh·slìnger 〘⇨ hash[1]〙 *n.* 《米俗》 **1** (安飲食店の)給仕人, ウエートレス. **2** (安飲食店の)コック.

hásh-ùp 〘⇨ hash[1] *n.* 2〙 *n.* 《俗》 **1** 急拵(ごしら)えの食事. **2** 焼き直し《新品に見えるように手を加えた中古品》.

Ha·sid [hǽsɪd, hɑ́ːs-, xɑ́ːs-, -sad | -sɪd] 〘⊏ Heb. *ḥāsīdh* pious〙 ── *n.* (*pl.* **Ha·sid·im** [hǽsədɪm, hɑ́ːs-, hɑsíːd-, xɑ-, -dəm | hǽsɪdɪm, hɑ́ːs-, hɑsíːd-, xɑ-]) 〘ユダヤ教〙ハシッド, 敬虔者: **1** 紀元前 2 世紀 Antiochus 四世のユダヤ教撲滅に抗してシリア軍と戦った敬虔派ユダヤ教徒. **2** 1750 年頃ポーランドのユダヤ教徒に起こった信仰復興運動に加わったユダヤ教徒.
Ha·sid·ic [hæsídɪk, hɑː-, xɑː-] *adj.*

Has·i·de·an [hæ̀sədíːən, hɑ̀ːs-, xɑ̀ːs- | -sɪ-] *n.* (*also* **Has·i·dae·an** [～]) 〘ユダヤ教〙=Hasid 1.

Hasidim *n.* Hasid の複数形.

Has·i·dism [hǽsədɪzm, hɑ́ːs-, xɑ́ːs- | -sɪ-] 〘⇨ Hasid, -ism〙 ── *n.* 〘ユダヤ教〙ハシディズム, 敬虔主義《18 世紀後半, ポーランドのユダヤ教徒の間に起こった神秘主義的傾向の信仰復興運動; cf. Baal Shem-Tob》.

Has·ka·lah [hæ̀skəlɑ́ː, hɑskɔ́ːlə, xɑːs-] 〘⊏ ModHeb. *haśkālāʰ* enlightenment, understanding〙 ── *n.* [the ～] 〘ユダヤ教〙ハスカラ《18–19 世紀に東欧で起こった知的啓蒙の運動で, ヨーロッパ語・ヘブライ語の知識を広めるのに貢献した》.

has·let [hǽslɪt, héɪs-, héɪz-, -lət | héɪz-] 〘(c1353) ⊏ OF *hastelet* (F *hâtelette*) meat roasted on spit (dim.) ← OF *haste* (F *hâte*) spit ⊏ OLG *harst* piece of roast meat: ⇨ -let〙 ── *n.* **1** (主に食用にする豚の)臓物. **2** ハスレット《刻んだ臓物を調味して, 内臓類の膜に包んで焼いた英国の料理》.

Has·mo·nae·an [hæ̀zməníːən] 〘(変形) ← LL *Asmōnaeus* of Hasmon (⊏ Gk *Asmōnaíos* Hasmon, ancestor of Maccabees)＋-**AN**[1]〙 (*also* **Has·mo·ne·an** [～]) ── *n.* マッカビー一族 (the Maccabees). ── *adj.* = Maccabean.

has·n't [hǽzn(t), héz- | hǽz-] 《口語》has not の縮約形.

hasp [hǽ(ː)sp | hɑ́ːsp, hǽ(ː)sp] 〘OE *hæpse, hæsp* ← Gmc **hasp-* (G *Haspe* skein) ← IE **kap-* to grasp (L *capere* to take)〙 ── *n.* **1** 掛け金《輪になった受け金(staple)があって締めてからその輪の中に棒をさしたり南京錠を掛けたりするもの》. **2** 《英方言》**a** つむ, 紡錘. **b** 麻束糸, 麻のかせ (hank, skein). ── *vt.* **1** 掛け金で締める, …に掛け金を掛ける. **2** 《廃》狭い所に閉じこめる 〈*up*〉.

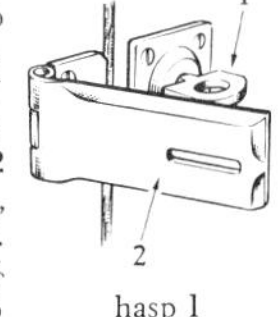

hasp 1
1 staple; 2 hasp

Has·sam [hǽsəm], **(Frederick) Childe** [tʃáɪld] *n.* (1859–1935) 米国の画家.

Has·san II [hɑ́ːsən, həsɑ́ːn] *n.* ハッサン二世《(1929–); モロッコ王 (1961–)》.

has·sel [hǽsl] *n., v.* =hassle.

Has·sel [hɑ́ːsəl; *Norw.* hɑ́səl], **Odd** [ɔ́d] *n.* ハッセル《(1897– ; ノルウェーの化学者; Nobel 化学賞 (1969)》.

has·sen·pfef·fer [hɑ́ːsnpfèfə | -fə(r; *G.* hásnpfɛfɐ] *n.* =hasenpfeffer.

Has·sid [hǽsɪd, hɑ́ːs-, xɑ́ːs-, -sad | -sɪd] *n.* (*pl.* **Has·sid·im** [hǽsədɪm, xɑːsíːd-, -dəm | hǽsɪdɪm, xɑːsíːd-]) 〘ユダヤ教〙=Hasid.

has·sle [hǽsl] 〘(混成)? ← **HA**(GGLE)＋(TU)**SSLE**〙 ── *n.* 《口語》 **1** けんか (fight); 口論 (quarrel); 激論. **2** 混乱 (muddle). **3 a** 懸命の努力 (struggle). **b** 骨の折れる[困難な]仕事. ── *vi.* 《口語》言い争う, 口論する, 文句を言う (fight, argue) 〔*with*〕. ── *vt.* 《米俗》うるさがらせる (bother), 挑戦する (challenge).

has·slet [hǽslɪt, -lət] *n.* =haslet.

has·sock [hǽsək] 〘OE *hassuc, hassoc* (clump of) coarse grass ← ?〙 ── *n.* **1** (祈りの時に用いる)ひざぶとん. **2** (厚く詰物をした長い)腰掛, 脚載せ台. **3** (沼地に生える)すげの草むら.

Has·su·na [həsúːnə] 〘⊏ Arab. *Hassuna*〙 ── *adj.* (メソポタミアの新石器文化の一つ)ハッスーナ文化の, ハッスーナ期の《北イラクの Hassuna 遺跡を標準とする初期農耕文化で彩文土器を特色とし, 前 6000 年紀中葉とされる文化についていう》.

hast [*auxil. v.* では (h)əst, st; hæst, hèst, hǽst, hést | (h)əst, st; hæst, hǽst; *v.* では hǽst, hést | hǽst] 〘ME ～, hest < OE *hafast, hæfst*〙 ── *v., auxil. v.* 《詩・古》have[1,2] の二人称単数直説法現在形: thou ～ = you have.

has·ta la vis·ta [ɑ́ːstələvíːstə; *Sp.* ástalabísta] 〘⊏ Sp. ～ 'until meeting': cf. auf Wiedersehen〙 *Sp. int.* さようなら (good-bye).

hasta lue·go [ɑ̀ːstəluéɪgoʊ | -luéɪgəʊ; *Sp.* ástalwéɣo] 〘⊏ Sp. ～ 'until soon'〙 *Sp. int.* さようなら.

has·tate [hǽsteɪt] 〘(a1460) ⊏ L *hastāt-us* armed with spear ← *hasta* spear: ⇨ -ate[2]〙 ── *adj.* **1** 〘植物〙三角の矢尻形の; 〈葉が〉戟(ほこ)の形をした (cf. sagittate 2). **2** 槍の(穂先の)形をした. **～·ly** *adv.*

haste [héɪst] 〘n.: (a1225) ⊏ OF ～ (F *hâte*) < (WGmc) **χaistiz* (cf. OE *hǣst* violence, fury) ← IE **keibh-* quick, violence. ─ v.: (c1280) *haste(n)* ⊏ OF *haster*〙 ── *n.* **1** 急ぎ, 急速, 迅速 (speed, rapidity); あわただしさ (hurry): Why all this ～? どうしてこう急ぐのか / ⇨ *in* **HASTE**. **2** あわてること, 軽率, 不注意, ぞんざい (rashness): ⇨ *in* **HASTE** / More ～, less [worse] speed. 《諺》急がば回れ / *Haste* makes waste. 《諺》急(せ)いては事を仕損じる / Marry in ～, repent at leisure. 《諺》あわてて結婚ゆっくり後悔. **3** 急ぐ必要; あせりの気持: I feel no ～ to phone him. 急いで彼に電話する必要はないと思う.
in haste 急いで; あわてて: *in* hot [great] ～ 大急ぎで, やっきとなって. *make haste* 《文語》急ぐ, 手早くする (hasten): *make* ～ to [and] come 急いで来る.
── *vt.* 《古》急がせる, せき立てる, 促す. ── *vi.* 急ぐ (hurry): ～ away 急ぎ去る.

has·ten [héɪsn̩] 〘(c1565): ⇨ ↑ (v.), -en[1]〙 ── *vt.* **1** 急がせる, せき立てる, せかす: ～ a person to a doctor 急いで医者の所へ行かせる. **2** 〈仕事・歩調などを〉速[早]める, 促進する (speed up): ～ the growth of the plants 植物の成長を促進する / ～ one's pace 歩調を速める / ～ one's departure [arrival, the coming of peace] 出発[到着, 平和の到来]を早める / Misfortune ～*ed* her death. 不幸が彼女の死を早めた. ── *vi.* **1** 急いで行く, 急ぐ (hurry): ～ home 急いで家へ帰る / ～ out of a room 急いで部屋から出る / ～ to the scene 現場に駆けつける / The year is ～*ing* to its close. 年も暮れに近づいて来た. **2** 急いで…する 〈*to* do〉: I ～ *to* tell you the good news. 取急ぎ吉報をお知らせします / I ～ *to* explain. とりあえず説明します / He ～*ed to* comfort her. 急いで彼女を慰めた.
～·er [-snə, -sn̩ə | -snə(r, -sn̩-] *n.*

Has·tings[1] [héɪstɪŋz] 〘↓〙 *n.* 男性名.

Hastings[2] [héɪstɪŋz] 〘OE *Hæstingas* ←《原義》'people of *Hǣsta* (人名)' ← *hǣst* violence < (WGmc) **χaistiz* (ON *heifst* hate, revenge): ⇨ -ing[3]〙 ── *n.* イングランド East Sussex 州のイギリス海峡に臨む港市; 付近の Senlac Hill でノルマンディー公 William が Harold 二世を破った (1066); 五港 (Cinque Ports) の一つ; 人口 74,000.

Has·tings, Warren *n.* (1732–1818) 英国の政治家, 初代インド総督 (1773–85), 英領インドの基礎を築いたが辞任後その統治の厳しさを英国下院で Edmund Burke らに弾劾された (1788).

hast·y [héɪsti | -tɪ] 〘(a1325) ⊏ OF *hasti, hastif* (F *hâtif*): ⇨ haste, -ive〙 ── *adj.* (**hast·i·er; -i·est**) **1** 急な, 急速な, 迅速な (speedy, quick): the ～ growth of crops 作物の急速な成長. **2** とり急いだ, あわただしい (hurried): a ～ departure [visit] あわただしい出発[訪問] / have a ～ breakfast 急いで朝飯を食べる / throw a ～ glance upon …を急いで一目見る[一覧する] / The skin of his face was clawed by ～ shaving. あわてて剃ったため顔に剃り傷が出来た. **3** 早まった, そそっかしい, 軽率な (rash): a ～ conclusion 速断, 早合点 / a ～ judgment 軽率な判断 / a ～ resolution 早まった決心. **4** あせって[夢中になって]いる (eager, impatient). **5** 気早な, 短気な, 怒りっぽい (quick-tempered): a ～ temper 短気. **hást·i·ly** [-tɪli, -tə- | -lɪ] *adv.* **hást·i·ness** *n.*

hasty pudding *n.* 〘料理〙 **1** [─́ ─ ─́ ─]《英》即製プディング《煮立った湯か牛乳に小麦粉やオートミールを入れてかきまぜて作ったもの, ジャムやシロップをかけて食べる》. **2** [─́ ─ ─́ ─]《米》とうもろこしの挽(ひ)き割り粉で同様に作ったもの.

hat [hǽt] 〘OE *hæt(t)* < Gmc **χattuz* (ON *hǫttr* hood) ← IE **kadh-* to cover (L *cassis* helmet): cf. hood[1]〙 ── *n.* **1** (cap, bonnet に対してふちのある)帽子: put on [take off] one's ～ 帽子をかぶる[ぬぐ] / ⇨ chimney-pot hat, cocked hat, high hat, opera hat, picture hat, silk hat, top hat / (as) black as one's ～ 真黒の / ⇨ old hat. **2 a** 枢機卿の緋(ひ)の帽子《cardinal's hat, red hat ともいう》; (一般に)ある職[地位]の象徴としての帽子. **b** 枢機卿の職[地位]; (一般に)職[地位]. **3** [bad ～ として]《英俗》不品行な人; 不正直な人.
at the drop of a [*the*] *hat* ⇨ drop 成句. *be in a* [*the*] *hat* 困っている. *bet one's hat* 《米口語》すべてを賭ける, 絶対に間違いない. *by this hat* 誓って. *hang* (*up*) *one's hat* (*in a house*) (1) 帽子掛けに帽子

を掛ける. (2) くつろぐ, 長居する, 長滞在する. (3) 引退する. ***hang up one's hat on*** ...に頼る. ***hat in hand*** (1) 帽子を手に持って[た]. (2) かしこまって, うやうやしく, へいへいして (servilely): apologize ~ *in hand* 丁重にわびる. ***have a brick in one's hat*** ⇨ brick 成句. ***have one's hat in the ring*** = *throw one's* HAT *in the ring.* ***I'll eat my hat if ...*** 《口語》もし...なら帽子を食ってやる: *I'll eat my ~ if* you fail. もし失敗したら首をやる, 君は絶対成功するよ. ***make a hat of*** ...を台無しにする. ***My hat!*** 《俗》おや, まあ, あれ. ***out of a hat*** 手品のように, 思いのままに. ***pass*** [***send***] (***around,*** 《英》***round***) ***the hat*** (帽子を回して)寄付を請う, 喜捨を求める. ***raise*** [***take off, touch***] ***one's hat to a person*** (1) 軽く帽子を上げて[とって, に手を触れて]〈人〉に挨拶する. (2)〈人〉の偉いことを認める, 〈人〉に敬意を表する. ***talk through one's hat*** 《口語》無責任な[突飛な]大ぼらを吹く, でたらめを言う. ***throw*** [***toss***] ***one's hat in*** [***into***] ***the ring*** 《口語》(1) 争い[競争, 試合]に出る(と宣言する, と言う). (2) 公職の選挙に立候補する. ***under one's hat*** 《口語》秘密に: Keep it *under your ~.* 秘密にしておいてくれ ***wear two*** [***many***] ***hats*** 同時に二つ[多く]の職につく[仕事を引き受ける].

— *v.* (**hat·ted; hat·ting**) — *vt.* ...に帽子をかぶらせる. — *vi.* 帽子を供給する; 帽子を製造する.

hat·a·ble [héɪṭəbl | -tə-] *adj.* =hateable.

hát·bànd 〖《1412–13》〗 *n.* (帽子のクラウンに巻いた)リボン[ひも].

hát·blòck *n.* 帽子の木型.

hát·bòx *n.* **1** 帽子箱; 帽子入れ《通例革製》. **2** 婦人用の帽子箱型旅行かばん.

hatch[1] [hǽtʃ] 〖OE *hæc(c)* ← Gmc **χak-* (Du. *hek* fence, gate) ← ? IE **kagh-* to enclose; wickerwork: cf. hedge〗 — *n.* **1** (上下に仕切った戸・門の)下戸, 半戸, 下扉; (扉に作った)くぐり戸. **2** (床・天井・屋根などに作った)出入口, 窓; (そのような出入口や窓の)上げ蓋(ぶた). **3** (船の)艙(そう)口や昇降口の蓋; 艙口, 昇降口, ハッチ (hatchway). **4 a** 水門の扉 (sluice gate). **b** 梁(やな)の蓋. **5** (売店などの)建物[部屋]の壁にとりつけられた格子窓, ハッチ: a serving ~ 配膳窓. **6** 狭い場所に設けた貯蔵所; 狭い仕切り. **7** 飛行機の機体のドアハッチ, 入口: ⇨ escape hatch.

Down the hatch! 〖もと海軍俗語: cf. 《俗》*hatch* throat [mouth]〗《俗》乾杯《乾杯の音頭》. ***under*** (***the***) ***hatches*** (1) 〖海事〗(罪人・奴隷のように)甲板下に監禁されて; 非番で. (2) 束縛されて. (3) 落ちぶれて; 元気なく. (4) 死んで (dead).

hatch[2] [hǽtʃ] 〖《c1250》*hacche(n)* < OE **hæċċan* ← ?: cf. G *hecken*〗 — *vt.* **1 a** 〈ひなを〉卵からかえす: ~ chickens / count the chickens before they are ~*ed* 《諺》かえらないひなを数える《取らぬ狸の皮算用をする》. **b** 〈卵を〉かえす, 孵(ふ)化する: ~ 12 out of 13 eggs 13 の卵から 12 羽をかえす. **c** 〈卵を〉抱く (incubate): eggs ~*ed* for ten days. **2** (熟考してまたは秘密に)工夫する, 企てる, たくらむ, もくろむ (contrive): ~ a plot [theory] 計略をたくらむ[理論を案出する]. — *vi.* **1** かえる 〈*out, off*〉. **2** 卵を抱く. **3** 〈陰謀などが〉たくらまれる. — *n.* **1** (ひななど)一腹(の子), 一かえり; (卵の)孵化 (hatching): ~*es,* catches, matches and dispatches 《戯言》(新聞の)出生・婚約・結婚・死亡の欄. **2** 〖昆虫〗(水生昆虫の)羽化《主として幼虫が水面に現われて羽化する状態にいう》.

hatch[3] [hǽtʃ] 〖《1480》□ (O)F *hach-er* to chop, hatch ← *hache* 'axe, HATCHET': cf. hash[1]〗 — *vt.* **1** 〖美術〗...に(陰影として)細かい平行線を彫る[引く], 平行線の陰影[けば]をつける (cf. crosshatch). **2** ...に細線の象眼をする; 色の変った細線で装飾する. — *n.* 〖絵画〗(平行線の)陰影, けば (cf. hachure 1).

hatch·a·bil·i·ty [hæ̀tʃəbɪ́ləṭi | -lətɪ, -lɪ-] *n.* **1** 孵化(ふか)できること[状態]; 孵化率. **2** 孵化する卵を生む能力.

hatch·a·ble [hǽtʃəbl] *adj.* 〈卵が〉孵化(ふか)できる.

Hátch àct [hǽtʃ-] 〖← *Carl A. Hatch* (1889–　: 米国の政治家)〗 — *n.* [the ~] ハッチ法《公務員の選挙における活動・寄付などを規制した法律; 1939 年成立と 1940 年成立の二つがある》.

hátch·bàck 《米》*adj.* 〈自動車が〉後部に上下開閉できる入口のついた, ハッチバックの. — *n.* **1** (自動車の)上下開閉できる入口のついた後部, ハッチバック部分. **2** ハッチバックのついた自動車.

hátch bàr *n.* 〖海事〗ハッチバー《艙(そう)口を密閉する時に布カバーをかけた上に, これを押えてはめ込むカバー》.

hátch bèam *n.* 〖海事〗ハッチビーム《艙(そう)口を閉じる時, 開口部の一方から他方まで渡す取りはずし可能の力材で, この上にカバーをかぶるようになっている》.

hátch bòat *n.* 〖海事〗**1** 甲板全体が艙(そう)口からなる荷船の一種. **2** 《米》半甲板の漁船.

hát·chèck *adj.* 《米》**1** (帽子・外套(とう)・傘などの)携帯品を預かる: a ~ girl 携帯品預かり係(の娘). **2** 携帯品預かり用の: a ~ stand 携帯品預かり台 / a ~ room 携帯品預かり所.

hátched mólding [**móulding**] *n.* 〖建築〗あや目くり形.

hatch·el [hǽtʃəl] 〖*n.*: 《c1300》*hechele* < OE *hæċel* < (WGmc) **χakilō* ← **χak-* 'HOOK': cf. hackle[1], heckle〗 — *n.* (亜麻・麻の)すきぐし《いねこき状のもの》. — *vt.* (**hatch·eled, -elled; -el·ing, -el·ling**) **1** 〈亜麻・麻を〉すく, こく (heckle). **2** 〈弁士などを〉やじり倒す (heckle).

hátch·er 〖← HATCH[2] (v.)+-ER[1]〗 *n.* **1 a** 卵をかえす動物, 卵を抱く鳥, 巣鶏. **b** 孵(ふ)卵器 (incubator). **2** たくらむ人, 策謀家: a ~ of plots 陰謀家.

hatch·er·y [hǽtʃ(ə)ri | -tʃəri] 〖← HATCH[2] (v.)+-ERY〗 *n.* **1** (魚卵・鶏卵などの)孵(ふ)化場. **2** (離乳期の子豚を集めた)大型養豚場.

hatch·et [hǽtʃɪt, -tʃət] 〖《1307》*hachet* □ (O)F *hachette* (dim.) ← *hache* chopper < ML *hapiam* □ Gmc **χapja* (OHG *happa* sickle-shaped knife) ← IE **(s)kep-* to cut (Gk *kóptein* to cut): ⇨ -et〗 — *n.* **1** 手斧(おの)《刀の反対側にハンマー形の頭のついた, 片手で使う小形の斧》. **2** =tomahawk.

hatchets 1
1 claw; 2 half; 3 broad; 4 lathing

bury the hatchet 戦いをやめる, 和睦(ぼく)する. ***take up the hatchet*** 戦いを始める 〔*against*〕. ***throw the helve after the hatchet*** ⇨ helve 成句.

hátchet fàce *n.* やせてとがった顔(をした人).

hátchet-fàced *adj.* とがった顔をした.

hátchet·fìsh *n.* 〖魚類〗**1** 南米産ムネエソ科の数種の小型熱帯魚の総称《胸びれが大きく体は手斧(おの)に似ている》. **2** ムネエソ科の小型の深海魚の総称.

hátchet jòb *n.* 《口語》故意の酷評, どぎつい中傷.

hátchet màn *n.* 《口語》**1** 殺し屋. **2 a** 上司に代っていやな仕事をする人. **b** (しばしば, 金で雇われて)あら捜し[暴露]記事を書く記者[筆者]. **c** 批評家 (critic).

hatch·ett·ine [hǽtʃətìːn, -tɪn, -tən | -tʃɪtìːn, -tɪn] 〖← *Charles Hatchett* (1765?–1847: 英国の化学者): ⇨ -ine[3]〗 *n.* 〖鉱物〗ハチェット鉱, 鉱蠟.

hatch·ett·ite [hǽtʃətàɪt | -tʃɪ-] 〖⇨↑, -ite[1]〗 *n.* 〖鉱物〗=hatchettine.

hátchet wòrk *n.* =hatchet job.

hátch·ing[1] 〖⇨ hatch[2]〗 *n.* (卵の)孵化(ふか).

hátch·ing[2] 〖⇨ hatch[3]〗 *n.* 〖製図〗**1** (細い平行線から成る)陰影, けば (cf. tint[1] 4). **2** 線影[けば]付け (cf. cross-hatching).

hátch·ling [hǽtʃlɪŋ] *n.* (人工)孵化したばかりの魚[鳥].

hátch màst *n.* 《米》〖海事〗ハッチマスト, ハッチ近くのマスト《船荷の積みおろしにのみ用いられる》.

hatch·ment [hǽtʃmənt] 〖《1548》*atcheament* 《転訛》← ACHIEVEMENT〗 — *n.* 忌中紋標《菱(ひし)形の黒わくの中に死者の紋章を描いたもの; 門前・墓前などに掲げる; 中の紋章図形によって死者の立場がわかるようになっている; funeral achivement ともいう》.

hátch·wày *n.* **1** (甲板の)昇降口, ハッチ. **2** (床・天井などの上げぶたのある)出入口.

hát dànce *n.* ハットダンス《メキシコのフォークダンスで, 男が求愛のしるしにソンブレロを地面に置くと, 女はその帽子のふちの上で踊ってからその帽子をかぶり, 求愛に応じたことを示す》.

hate [héɪt] 〖v.: OE *hatian* < Gmc **χatōjan* (G *hassen*) ← IE **kād-* sorrow, hatred. — n.: 《13C》□ ON *hat-r* ∽ OE *hete* < Gmc **χatis-* (G *Hass*)〗 — *vt.* **1** 憎む, ひどくきらう. ★ hate は dislike より意味が強く detest, abhor, loathe より弱い: ~ one's enemy / ~ drink 飲酒をきらう / ~ the sight of ...を見るのもいやだ / He ~*s* me *for* not helping him. 助けなかったことを恨んでいる. **2** [*doing, to do,* 目的語+*doing* [*to do*], 《まれ》*that*-clause などを伴って]〈...することを〉(ひどく)嫌う; 《口語》...がいやである, 残念に思う (regret): I ~ ask*ing* favors. 人にものを頼むのはきらいだ / She ~*s being* [*to* be] ordered about. あれこれ指示されるのを嫌う / I ~ *to* trouble you. ご面倒をかけて申し訳ない / I ~ you work*ing* [(*for*) you *to* work] late.=I ~ *it that* you (should) work late. 遅くまで仕事をされるのはいやだ《★ for や it の付く構文については ⇨ like *vt.* 1 a, b》/ I ~ (*hav*ing) to say it, but ...言いたくはないが....

— *vi.* 憎しみを感じる.

hate a person's guts ⇨ gut 成句. ***hate out*** 敵意で〈人を〉追い出す: ~ a person *out* of the group.

— *n.* **1** 憎しみ, 憎悪 (hatred); 非常な嫌悪感: be filled with ~ *for* ...に対する憎悪で心が一杯である. **2** 《口語》いやでたまらないもの[人]. **3** 《俗》〖英軍〗(第一次大戦中におけるドイツ軍の)砲撃 (bombardment): the morning [evening] ~ 夜明け[晩]の砲撃.

hát·er [-tə | -tə(r] *n.*

hate·a·ble [héɪṭəbl | -tə-] 〖《c1443》〗 *adj.* 憎らしい, 憎むべき, いやな.

hate·ful [héɪtfəl] 〖《a1325》: ⇨ hate, -ful[1]〗 — *adj.* **1** 嫌悪の情を起こさせる, 憎い, いやな, 憎らしい, 忌々しい (odious): a ~ crime 憎むべき罪悪 / The sight of him is ~ to me. あの男は見るのもいやだ / The vulgarity of the club was ~ to her. クラブの俗っぽさがいやだった / Why does old age make people so ~? なぜ年をとると皆いとわしい存在になってしまうのだろう. **2** 憎悪に満ちた, 悪意の (malevolent): a ~ look [eye] 憎悪に満ちた目. **~·ly** *adv.* **~·ness** *n.*

háte·less *adj.* 憎まない, 憎悪の念のない. **~·ness** *n.*

háte·mònger *n.* 《米》憎しみ[敵意, 偏見]をかき立てる扇動家; 敵意のかき立て役.

háte shèet *n.* (ある民族・国家・宗教団体に対し)偏見的な反感を表明し続ける新聞[雑誌など].

Hat·field [hǽtfiːld] *n.* イングランド Hertfordshire 州の町; 人口 26,000.

hat·ful [hǽtfʊl] *n.* (*pl.* ~**s**, **hats·ful**) 帽子一杯: a ~ of nuts.

hath [*auxil. v.* では (h)əθ; hæ̀θ, hèθ, hǽθ, héθ | (h)əθ; hæ̀θ, hǽθ; *v.* では hǽθ, héθ | hǽθ] 〖OE *hæfþ*〗 — *v., auxil. v.* 《古・詩》have[1], have[2] の三人称単数直説法現在形: he ~.

Hath·a·way [hǽθəwèɪ], **Anne** *n.* (1557?–1623) Shakespeare の妻.

Hath·or [hǽθɔə, -θə | -θɔː(r, -θə(r] 〖□ Gk *Athṓr* □ Egypt. *Ḥw.t-Ḥr* 《原義》'House of HORUS'〗 — *n.* 〖エジプト神話〗ハトル, ハトホル《Horus の母, 世界を生んだ天の雌牛; 愛と喜びの女神; ギリシャ神話の Aphrodite に相当; 雌牛の頭を持った姿に描かれる》.

Háthor-héaded 〖↑〗 *adj.* 〖建築〗〈エジプトの柱頭が〉ハトル (Hathor) の頭の形をした.

Ha·thor·ic [həθɔ́(ː)rɪk, -θɑ́ːr- | -θɔ́r-] 〖⇨ Hathor, -ic[1]〗 *adj.* **1** ハトル (Hathor) の. **2** 〖建築〗〈柱頭など〉ハトル (Hathor) の頭の形をした.

hát·less 〖《c1450》〗 *adj.* 帽子のない, 無帽の (bareheaded): one's ~ head / go (out) ~ 帽子をかぶらないで外出する. **~·ness** *n.*

hát·màker *n.* 帽子製造業者.

hát·pèg *n.* 帽子掛け《くぎ》.

hát·pìn *n.* 婦人帽の留めピン.

hát ràck *n.* **1** 帽子掛け《hat-peg などのついた板[柱]》. **2** 肉の品質の悪い食用動物, やせ牛[豚など].

hát·ràil *n.* (壁に取り付けた)帽子掛け.

ha·tred [héɪtrɪd, -trəd | -trɪd] 〖《a1175》*haterede(n)*: ⇨ hate, -red〗 — *n.* **1** 憎しみ, 憎悪, 嫌悪 (detestation): have [entertain] a ~ for ...を憎悪する / in ~ of ...を憎んで / bear a person ~=feel ~ against a person 人に憎悪の念をいだく / He has excited neither envy nor ~. 人を羨ましがらせたことも人の憎しみを買ったこともない. **2** 集団的な敵意, 集団憎悪.

hát·stànd *n.* 帽子掛け台.

hát·ted [-tɪd, -təd | -tɪd, -təd] *adj.* 帽子をかぶった.

hát·ter [-tə | -tə(r] 〖《1488–89》← HAT+-ER[1]〗 — *n.* **1** 帽子製造[修理]人, 帽子屋, 帽子商. **2** [通例 *pl.*] (フェルト帽の材料となる)兎の毛皮. **3** 《豪口語》**a** ひとりで奥地に住む人間. **b** ひとり住いの鉱山試掘者, ひとり住いの奇人《しばしば, 余りにも孤独のために奇人になった人について用いられる》.

(***as***) ***mad as a hatter*** 〖← *hatter's shakes* (一説では hatter は ADDER[2] の転訛): L. Carroll, *Alice in Wonderland* に登場する Mad Hatter で一般化した〗《口語》ひどく気が狂って; 《米口語》すごく怒って.

Hat·ter·as [hǽṭərəs, -trəs | -t(ə)rəs], **Cape** 〖北米インディアンの種族名から〗 — *n.* ハッテラス岬《米国 North Carolina 州の Pamlico Sound 沖合にあるハッテラス島 (Hatteras Island) の岬; 船の難所として, また国立の保養地域としても名高い》.

hátter's shàkes 〖19 世紀ごろフェルト帽製造職人がフェルト処理に用いた水銀化合物による中毒で筋肉や手足の痙攣を起こしたことから〗 — *n. pl.* [通例単数扱い] 〖病理〗水俣病 (Minamata disease) 《Mad Hatter's disease ともいう》.

Hat·ti [hǽṭi | -tɪ] 〖□ Akkad. *ḫatti, khatti*〗 — *n.* (*pl.* ~, ~**s**) **1** [the ~(s)] ハッティ族《ヒッタイト族による征服まで Anatolia 地方中部に住んでいた民族》. **2** ハッティ族の者. **Hat·tic** [hǽṭɪk | -tɪk] *adj.*

hát·ting [-tɪŋ | -tɪŋ] *n.* **1** 帽子製造(業). **2** 製帽材料.

hát trèe *n.* 帽子掛け《枝に帽子を掛ける》.

hát trìck *n.* **1 a** 帽子を使った奇術. **b** 巧妙な手[術策]. **2** 〖もと新しい帽子を賞として贈ったところから〗〖クリケット〗ハットトリック《投手が連続 3 球で打手 3 人をアウトにすること》. **3** 〖サッカー・(アイス)ホッケー〗ハットトリック《1 試合に 1 人で 3 点(以上)得点すること》. **4** 〖野球〗=cycle 9. **5** 〖競馬〗ハットトリック《3 レース連続の勝ち》.

Hat·ty [hǽṭi | -tɪ] 〖(dim.) ← HARRIET〗 *n.* 女性名《異形 Hattie》.

hau·ber·geon [hɔ́ːbədʒən, hɔːbə́ː- | hɔ́ːbə-; *F.* obɛʀʒɔ̃] *n.* 〖甲冑〗=habergeon.

hau·berk [hɔ́ːbəːk | -bəːk] 〖《c1300》□ OF *hau(s)berc* □ OHG *halsberc* ← *hals* neck (⇨ hawse)+*bergan* to protect (⇨ harbor)〗 — *n.* 〖甲冑〗(中世の長い)鎖かたびら (cf. habergeon).

Hauff [háuf; *G.* háuf], **Wilhelm** *n.* ハウフ《1802–27; ドイツの小説家・童話作家》.

haugh [hɔ́ː(x) | hɔ́ː] 〖《1375》*hawch, hawgh* < ? OE *h(e)alh* corner, hiding-place ← Gmc **χul-* ← IE **kel-* to cover: cf. hall, hell, hollow〗 — *n.* 《スコット・北英》(川辺の)低地の草原; 平坦な沖積土 (alluvium) の土地.

haugh·ty [hɔ́ːṭi, hɑ́ː- | hɔ́ːtɪ] 〖《a1530》*haught* □ OF *halt* high (F *haut*) < L *altum* high: 英語の *gh* は NAUGHTY からの類推, OF の *h* は OHG *hauh* (G *hoch* high) の影響: ⇨ -y[4]〗 — *adj.* (**haugh·ti·er; -ti·est**) **1** 傲慢な, 高慢な, 横柄な (arrogant): a woman of a ~ nature 高慢ちきな女 / a ~ air [reply] 尊大な態度[返答] / ~ contempt 傲慢な軽蔑 / a ~ walk 傍若無人な威張り歩き. **2** 《古》高い, そびえ立つ (lofty). **3** 《廃》気高い (noble). **háugh·ti·ly** [-təli, -tə-, -tli | -tɪlɪ, -təlɪ, -tlɪ] *adv.* **háugh·ti·ness** *n.*

haul [hɔ́ːl] 〖《1557》*hall* 《変形》← HALE[2]〗 — *vt.* **1 a** (力を入れて)強く引く, 引っ張る, たぐる (pull): ~ in a net 網を引っ張り[たぐり]込む / ~ out a large envelope from one's briefcase ブリーフケースから大型封筒を引っ張り出す. **b** 引いて運搬する: ~ timber (伐採場から製材場へ)材木を引いて運ぶ. **c** 〈旗などを〉引き降ろす, 下げる 〈*down*〉: ~ *down* one's flag [colors] 旗を引き降ろす, 旗を巻く; 降服する. **d** 無理矢理引っ張って行く[引っ張って来る], 手に入れる]. **2** 車で運ぶ, 輸送する: ~ coal from the mine 炭鉱から石炭を運ぶ. **3** (尋問・処罰のため)〈人を〉〔当局・法廷などに〕引っ張ってゆく, 召喚する 〈*up*〉〔*before, into*〕: ~ a person *into* court [*before* the judge] 人を法廷に引っ張り出す. **4** 〖海事〗〈船〉の針路を風向きに合うように変える (cf. close-hauled): ~ a ship on a wind 船首を一層風上に向ける. ── *vi.* **1** 引く, たぐる, 引っ張る (pull, tug): ~ *at* [*on*] a rope 綱を引く. **2** 〔ある場所へ〕(やっと)行く (go), 来る (come) 〔*to, into*〕. **3 a** 〖気象〗〈風が〉方位を変える (shift) 〈*around, round*〉〔*to*〕 (cf. veer¹ 3): The wind was ~*ing round to* the south. 風は南風に変りかけていた. **b** 〈風向きが〉向い風に変る (cf. veer¹ 4 c). **4** 〖海事〗針路を転じる 〈*off, around, up*〉.

haul in with 〖海事〗…に近づくように船を向ける. ***Haul of all!*** 〖海事〗(上手回しのために)全部の帆桁を回せ. ***haul off*** (1) 〖海事〗(ある物を避けるために)船首を転じる. (2) 引き下がる, 退く (withdraw). (3) 《米口語》(なぐろうとして)腕を後ろに引く[身構える]. (4) [~ off and …として]《米俗》…しかける, …しようとする, …し始める: He ~*ed off and* hit me. 私をなぐろうとした. ***haul up*** (1) ⇨ *vi.* 4. (2) 停止する, 立ち止まる (halt).

── *n.* **1** 強く引くこと; 引き, 引っ張ること, たぐり. **2 a** 運搬, 輸送. **b** 運搬量; 一回に運搬できる量の荷物. **c** 荷物を運べる距離: ⇨ long haul, short haul. **3 a** 一網(の漁獲); 地引き網漁場: a good ~ of fish 豊漁. **b** 《口語》獲物, もうけ物 (capture): get [make] a fine [good, big] ~ 大漁である, 大もうけをする, 掘出し物をする / a pickpocket's ~ すりの獲物. **4** 〖機械〗コンベーベルト.

hául·abòut *n.* 給炭用はしけ船.

haul·age [hɔ́ːlɪdʒ] 〖← HAUL (v.)+-AGE〗 *n.* **1** 引くこと, 引っ張り. **2** 牽引力; 牽引量. **3** (貨物の)運搬; 運送代, 運賃.

háulage·wày *n.* 〖鉱山〗石炭[鉱石]運搬路.

hául·bàck *n.* 〖林業〗引戻索《材木切出しの際に用いられる集材機の一回の運搬ごとに運搬器を引き戻すために使用されるワイヤロープ; haul-back line ともいう》.

hául·er [-lə | -lə(r] *n.* **1** 引っ張る人, たぐる人, 運送人. **2** 《英》 **a** (トラック)運輸会社, 輸送店. **b** 運搬用貨物車[トラック, 貨物自動車]. **c** (昔, 炭鉱で働いた)石炭車運搬人.

haul·ier [hɔ́ːljə, -liə | -ljə(r, -lɪə(r] 〖← HAUL (v.)+-IER〗 *n.* 《英》=hauler.

haulm [hɔ́ːm] 〖OE *healm* < Gmc *χalmaz (Du. *halm* / G *Halm* / ON *halmr* grass) < IE *k̑oləmo-s grass, reed (L *culmus* 'CULM¹')〗 ── *n.* 《英》 **1** (草などの)茎 (stem). **2** [集合的] (豆類・穀類・じゃがいもなどの)刈取り後の茎《家畜の寝わらや屋根ふき用》.

hául sèine *n.* 〖釣〗曳網(ひきあみ)《長い網の一端を陸地に固定し, 他端を引きまわして魚群を囲んで引き寄せる地曳網の一種》.

haul·yard [hɔ́ːljəd | -jəd] *n.* 〖海事〗=halyard.

haunch [hɔ́ːntʃ, hɑ́ːntʃ | hɔ́ːntʃ] 〖(?a1200) ▭ (O)F *hanche* ← Gmc: cf. MDu. *hanke* haunch, hip〗 ── *n.* **1** (人の)腰部, 臀(でん)部 (hip); [*pl.*] (両方の)尻の肉の厚い部分: squat on one's ~*es* (尻をついて)すわる, しゃがむ. **2 a** (動物の)後四半部 (hindquarter): The dog was sitting on its ~*es.* 犬がすわっていた. **b** (食用としての)動物の足と腰部. **3** 〖建築〗 **a** 迫腰(せりこし) (hance)《アーチの迫(せり)元から頂部までの間》. **b** ハンチ《梁端の丈の増した部分》. **4** 〖土木〗ハンチ《ラーメン (frame) の隅角部》.

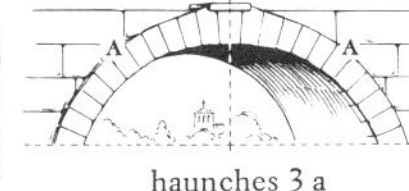

haunches 3 a
A, A haunches of an arch

háunch bòne 〖(c1390)〗 *n.* 〖解剖〗寛骨, 無名骨 (hipbone, innominate bone).

haunt [hɔ́ːnt, hɑ́ːnt | hɔ́ːnt] 〖(?c1200) *ha(u)nte(n)* ▭ (O)F *hant-er* to haunt, frequent ▭ Gmc *χaimatjan (OE *hāmettan*) to provide with a home ← IE *kei- 'to lie; bed, night's lodging, HOME'〗 ── *vt.* **1 a** 〈ある場所〉にたびたび行く, 足しげく通う, いつも出入りする, 行きつける (frequent): ~ the lowest resorts 下品きわまる盛り場に通いつける. **b** 〈人〉としょっちゅう付き合う: ~ bad company しょっちゅう悪い連中と付き合う. **2** 〈考え・観念・感情などが〉〈人〉の心に絶えず浮かぶ; 〈人〉に付きまとう, (付きまとって)苦しめる[悩ます] (obsess): be ~*ed* by the thought that …という考えが頭から離れない[思い出されてならない] / Remorse ~*s* him continually. 絶えず悔恨の念が彼を悩ます / be ~*ed* by fears 心配に付きまとわれる / be ~*ed* by the ghost of a dead friend 死んだ友人の幽霊に取り付かれる / The possibility ~*ed* her mind. もしかしたらという気持が頭から離れなかった. **3** 〈幽霊・化け物などが〉〈ある場所〉にしばしば現われる, 出没する: The place is said to be ~*ed* by a ghost. そこには幽霊が出るそうだ.

── *vi.* **1** たびたび行く[訪れる]. **2** 〈幽霊などが〉出没する; 〈霊などが〉〔人に〕付きまとう〔*with*〕; 〈人が〉幽霊となって現われる. **3** ぶらぶらする, うろつく.

── *n.* **1** [しばしば *pl.*] 人のよく行く所 (resort); (悪党などの)巣, 隠れ場: holiday ~*s* 休日の行楽地 / a ~ of fashion 流行の盛り場 / a low ~ 下等な盛り場 / revisit the ~*s* of one's school days 学校時代によく行った所を再び訪れる / a favorite ~ of birds 鳥の好んで集まる所 / one's favorite ~ 行きつけの酒場 / His heart is the ~ of base thoughts. 彼の心には下劣な考えが絶えず去来する / the ~*s* of criminals 犯罪者のたまり場 / the ~*s* of vice and crime 悪徳と犯罪の巣窟(そうくつ). **2 a** (動物などの)生息地, 繁殖地 (lair, habitat); よく姿を見せる所. **b** (植物の)好適な環境. **3** 《方言》幽霊, お化け (ghost, goblin).

~·er [-tə | -tə(r] *n.*

háunt·ed [-tɪd, -təd | -tɪd, -təd] 〖(c1350): ⇨ ↑, -ed〗 ── *adj.* **1** 幽霊や化け物が出没する, 幽霊に取り憑(つ)かれた: a ~ house 幽霊[化け物]屋敷 / a ~ tower 幽霊の出る塔 / a ~ man (幽霊などに)取り憑かれた人, 祟(たた)りを受けている人. **2** 悩んだ, 当惑した, 病んでいる, 苦悩に苛(さいな)まれた (troubled): ~ hollow eyes 病んで落ちくぼんだ目. **3** [通例複合語の第 2 構成素として] …のいっぱいいる, …が群がる: a gull-*haunted* island かもめの群がる島. **~·ness** *n.*

háunt·ing [-tɪŋ | -tɪŋ] 〖(n.: c1350; adj.: c1390) ← HAUNT+-ING¹·²〗 ── *adj.* **1** 心にしばしば浮かぶ; 容易に忘れられない: a ~ melody. **2** 心を乱す, 不安にさせる: a ~ horror. ── *n.* **1** たびたび行くこと, 頻繁に通うこと. **2** (幽霊などの)出没. **~·ly** *adv.*

Haupt·mann [háʊp(t)mɑːn; *G.* háʊptman], **Gerhart** *n.* ハウプトマン《1862–1946; ドイツの劇作家・小説家・詩人; Nobel 文学賞 (1912); *Die Weber*「織匠」(1892), *Die Versunkene Glocke*「沈鐘」(1896)》.

Haupt·strahl [háʊp(t)ʃtrɑ̀ːl, -strɑ̀ːl; *G.* háʊptʃtrɑ̀ːl] 〖▭ G ~ ← *Haupt* 'HEAD'+*Strahl* ray〗 *n.* 〖光学〗主光線.

hau·ri·ant [hɔ́ːriənt, háʊ- | -rɪ-] 〖(変形) ← L *haurient-em* (pres.p.) ← *haurīre* to draw: ⇨ -ant, -ent〗 ── *adj.* (*also* **hau·ri·ent** [~]) 〖紋章〗〈魚・いるかなどが〉頭を chief に向けた《滝上(のぼ)りのような形で; cf. erect 4 a, naiant, urinant》.

Hau·sa [háʊsə, -zə] *n.* (*pl.* ~, ~**s**) **1 a** [the ~(s)] ハウサ族《Sudan 地方の黒人の一族》. **b** ハウサ族の人. **2** ハウサ語《西アフリカに広く交易語として用いられる》.

Háus·dorff spàce [háʊsdɔəf-, háʊz- | -dɔːf-; *G.* háʊsdɔrf-] 〖← *Felix Hausdorff* (ドイツの数学者)〗 ── *n.* 〖数学〗ハウスドルフ空間《位相空間で, その任意の 2 点がそれらのそれぞれを含む二つの開集合によって分離できるようなもの》.

haus·frau [háʊsfràʊ; *G.* háʊsfràʊ] 〖▭ G *Hausfrau* ← *Haus* 'HOUSE'+*Frau* wife, woman〗 *n.* (*pl.* ~**s**, ~·**en** [~ən; *G.* ~ən]) 主婦 (housewife).

Haus·ho·fer [háʊshoʊfə | -həʊfə(r; *G.* háʊshòːfɐ], **Karl** *n.* ハウスホーファー《1869–1946; ドイツの地政学者; 日本にも滞在, ナチスを擁護した; その子 Albrecht (1903–45) も地政学者として父に協力したが, のち反ナチ活動を行ない射殺された》.

Haus·sa [háʊsə] *n.* (*pl.* ~, ~**s**) =Hausa.

haust 〖← L *haust-us* (p.p.) ← *haurīre* to draw〗 《略》〖処方〗(水薬の)一回分.

haustella *n.* haustellum の複数形.

haus·tel·late [hɔːstélət, -lɪt, hɔ́ːstəlèɪt | hɔːstélət, -lɪt, hɔ́ːstɪlèɪt] 〖⇨ ↓, -ate²〗 *adj.* 〖動物〗〈ある種の昆虫が〉吻管(ふんかん) (haustellum) のある; 吸うのに適している.

haus·tel·lum [hɔːstéləm] 〖(1816) ← NL ~ ← L *haustus* ((p.p.) ← *haurīre* to draw)+*-ellum* (dim.suf.)〗 *n.* (*pl.* **-tel·la** [-lə]) 〖動物〗(昆虫などの)吸管, 吻管.

haus·to·ri·um [hɔːstɔ́ːriəm, -tóːr- | -tɔ́ːrɪ-] 〖(1875) ← NL ~ ← L *haustus* (↑)+-ORIUM〗 *n.* (*pl.* **-ri·a** [-riə | -rɪə]) 〖植物〗 **1** (寄生植物の)吸根, 寄生根. **2** (寄生菌の菌糸が出す)吸器. **haus·to·ri·al** [hɔːstɔ́ːriəl, -tóːr- | -tɔ́ːrɪ-] *adj.*

haut·bois [(h)óʊbɔɪ | (h)ə́ʊ-] 〖⇨ hautboy〗 *n.* (*pl.* ~) 《古》オーボエ (oboe).

háutbois stràwberry *n.* 〖植物〗ヨーロッパ原産バラ科エゾヘビイチゴの類の多年草 (*Fragaria moschata*)《栽培イチゴの原種の一つ》.

haut·boy [(h)óʊbɔɪ | (h)ə́ʊ-] 〖(1575) ▭ F *hautbois* ← *haut* high (⇨ haughty)+*bois* wood (⇨ bush¹)〗 *n.* 《古》=hautbois.

haute cou·ture [óʊt-kuːtúə, -kʊ- | ə́ʊt-kuːtjúə(r, -kʊ-; *F.* otkutyːr] 〖▭ F ~ 'high sewing'〗 ── *F. n.* **1** [集合的] オートクチュール《高級婦人服を作り流行をリードする一流の衣装店; 特に Paris 高級衣装店をさす》. **2** オートクチュール: **a** 高級婦人服をつくりだす技術. **b** オートクチュールで作り出したファッション.

haute cui·sine [óʊt-kwɪzíːn | ə́ʊt-; *F.* otkɥizin] 〖▭ F ~ 'high kitchen'〗 *F. n.* (腕ききのコックによる)高級料理(法).

haute é·cole [óʊteɪkɔ́(ː)l | ə́ʊteɪkɔ́l; *F.* otekɔl] 〖▭ F ~ 'high school'〗 ── *F. n.* (*pl.* **hautes é·coles** [óʊzeɪkɔ́(ː)l | ə́ʊzeɪkɔ́l; *F.* ozekɔl]) **1** 高等馬術. **2** (高度な運動をさせるための)馬の調教法.

Haute-Ga·ronne [òʊtgærɔ́(ː)n | ə̀ʊtgærɔ́n; *F.* otgarɔn] 〖*Haute-* は upper の意: cf. G *Ober-*〗 ── *n.* オートガロンヌ(県)《フランス南部のスペインに接する県; 人口 730,000, 面積 6,372 km², 首都 Toulouse》.

Haute-Loire [òʊtlwɑ́ə | ə̀ʊtlwɑ́ː(r; *F.* otlwaːr] *n.* オートロワール(県)《フランス中部の県; 人口 207,000, 面積 5,001 km², 首都 Le Puy [lpɥi]》.

Haute-Marne [òʊtmɑ́ən | ə̀ʊtmɑ́ːn; *F.* otmarn] *n.* オートマルヌ(県)《フランスの北東部の県; 人口 218,000, 面積 6,257 km², 首都 Chaumont [ʃomɔ̃]》.

haute-piece [hóʊtpìːs | hə́ʊt-] 〖▭ F ~ 'high piece'〗 *n.* 〖甲冑〗肩板《肩甲 (pauldron) に取り付けて首の片側を保護する; ⇨ armor 挿絵》.

Hautes-Alpes [òʊtzǽlp | ə̀ʊt-; *F.* otzalp] *n.* オートザルプ(県)《フランス東南部のイタリアに接する県; 人口 91,000, 面積 5,520 km², 首都 Gap [gap]》.

Haute-Saône [òʊtsóʊn | ə̀ʊtsə́ʊn; *F.* otsoːn] *n.* オートソーヌ(県)《フランス東部の県; 人口 218,000, 面積 5,344 km², 首都 Vesoul [vəzul, -zu]》.

Haute-Sa·voie [òʊtsævwɑ́ː | ə̀ʊt-; *F.* otsavwa] *n.* オートサボワ(県)《フランス東部のイタリアおよびスイスに接する県; 人口 411,000, 面積 4,598 km², 首都 Annecy [ansi]》.

Hautes-Py·ré·nées [óʊtpɪːreɪnéɪ | ə́ʊt-; *F.* otpirene] *n.* オートピレネー(県)《フランス南西部のスペインに接する県; 人口 230,000, 面積 4,534 km², 首都 Tarbes [tarb]》.

haut·eur [hɔːtə́ː, (h)oʊ- | əʊtə́ː(r, ⌐–⌐; *F.* otœːr] 〖(a1628) ▭ F ~ ← *haut* high (⇨ haughty)+*-eur* '-OR¹'〗 *n.* 横柄, 尊大, 傲慢 (haughtiness).

Haute-Vienne [òʊtvjén | ə̀ʊtvjén; *F.* otvjɛn] *n.* オートビエンヌ(県)《フランス西部の県; 人口 344,000, 面積 5,555 km², 首都 Limoges [limoːʒ]》.

Haute-Vol·ta [òʊtvɔ(ː)ltɑ́ː | ə̀ʊtvɔlt-; *F.* otvɔlta] *n.* オートボルタ《Upper Volta のフランス語名》.

haute vul·ga·ri·sa·tion [óʊt-vʊlgɑ̀ːriːzɑːsjɔ́ː(ŋ), -vɪl-, -sjɔ́(ː)ŋ | ə́ʊt-; *F.* otvylgarizasjɔ̃] 〖▭ F ~〗 ── *F. n.* 難解[高等, 複雑]な事[問題など]の巧みな解説[大衆化], 早判り的な説明.

haut monde [óʊ-mɔ̃ː(n)d, -mɔ́(ː)nd | ə́ʊ-; *F.* omɔ̃ːd] 〖▭ F ~ 'high world or society'〗 *F. n.* 上流社会.

Haut-Rhin [òʊrɛ̃ː(ŋ), -rǽŋ | ə̀ʊ-; *F.* orɛ̃] *n.* オーラン(県)《フランス北東部の県, 旧ドイツ領 Alsace 地方の一部; 人口 607,000, 面積 3,508 km², 首都 Colmar [kɔlmaːr]; ⇨ Alsace-Lorraine》.

ha·uy·nite [ɑːwíːnaɪt] 〖← F *haüyne* ← *Abbé René Haüy* (1743–1822: フランスの鉱物学者)+-ITE¹〗 *n.* 〖鉱物〗藍方石(らんぽうせき).

hav 《記号》〖数学〗haversine.

Ha·van·a [həvǽnə; *Sp.* abána] 〖▭ Sp. ~ 《原義》'port, HAVEN'〗 ── *n.* **1** ハバナ《キューバ北西部にある海港で同国の首都; 人口 1,009,000; スペイン語名 La Habana》. **2 a** ハバナタバコ《キューバで栽培されたタバコ》. **b** ハバナ葉巻《ハバナタバコを原料にした, またはキューバで製造された, 葉巻》. ── *adj.* ハバナの; キューバ産[製]の.

hav·da·lah [hɑ̀ːvdəlɑ́ː, hɑːvdɔ́ːlə] *n.* 〖ユダヤ教〗=habdalah.

have¹ 〖ME *have(n), habbe(n)* < OE *habban* < Gmc *χaβēn (Du. *hebben* / G *haben*) ← IE *kap- to have in hand, take (L *capere* to hold / Gk *káptein* to swallow): cf. heave〗 ── [hǽv, hév | hǽv] *v.* (**had** [hǽd, héd | hǽd]; 三人称単数直説法現在 **has** [hǽz, héz | hǽz]) ★ (1) 古体の二人称単数現在[過去]では thou *hast* [*hadst*] となり, 三人称単数現在では *hath* となる; 《口語》では縮約形 *I've, he's, we'd* など, 否定には *haven't, hasn't, hadn't* が用いられる. (2) have が所有の意味を表わす場合, 《英》では否定・疑問の文脈でも助動詞 do を用いないのが原則であるが, have が「食べる」「飲む」, 'enjoy' または 'suffer' を意味する場合, および動詞概念をもつ名詞を目的語とする成句的表現には do を用いる (⇨ *vt.* 13, 20); 一方《米》ではそのような区別なしに一般に do を用いる: I didn't ~ a cup of tea. お茶一杯も飲まなかった / I don't ~ colds. 私はかぜを引かない / Did you ~ a talk with him? 彼と話をしたか / Does she ~ blue or gray eyes? 《米》彼女の目は青いか灰色か.

── *vt.* **1** [物質的所有] 持つ, 持っている, 所有する (possess, own): ~ a book, knife, glove, watch, etc. / He *hadn't* any money on [about, with] him. 全く金の持ち合わせがなかった / What ~ you in your pocket? ポケットに何がはいっているのか.

2 〈家族・召使などを〉かかえている, 〈友人・敵などが〉いる: I ~ a large family. 私は子供が多い / He *has* a lot of friends. 彼には友人が多い / I ~ two daughters. 娘が二人いる / I ~ no children. 子供がいない / He *has* no equals in languages. 語学にかけては並ぶ者がいない.

3 含む, 有する, 伴う, …がある (contain): A week *has* seven days. 1 週間は七日 / That room *has* only two windows. あの部屋には窓が二つしかない / The well *has* little water. 井戸には水がほとんどない / We ~ the sea on our left. 左手は海です / The word *has* no exact equivalent. その語には正確な相当語がない.

4 〈肉体的または精神的特徴を〉(属性として)持つ, 有する (possess): He *has* a bald head. 頭がはげている / I ~ a good [poor] memory. 私は記憶がいい[悪い] / Irishmen ~ red hair. アイルランド人は頭髪が赤い.

5 身につけている, 着ている, かぶって[はいて]いる (wear) 〈*on*〉: ⇨ HAVE *on* (1).

6 (心に)持つ, いだく, 考えている: *Have* you any questions? 質問はありませんか / I ~ no idea of changing my position. 勤めを変えようという考えはない / He *has* a great many cares. 彼には心配ごとが

たくさんがある / I ~ no doubts whatever of that. それについては何の疑念もいだいていない / I ~ no fear. こわくない / He *has* a liking for music. 彼は音楽が好きだ / I ~ an objection to it. 私はそれに反対です/~ a pity [no pity] on a person 人に同情する[しない] / What *has* he in mind? 彼は何を考えて[たくらんで]いるのか / I ~ nothing against it. それに反対すべき理由はない / What reason ~ you for thinking so? どういうわけでそう考えるのですか.
7 知っている, 理解する (cf. HAVE *it* (3)): I ~ it by heart. それをそらで覚えている / He *has* only a little German. ドイツ語は少ししか知らない / Thou *hadst* small Latin and less Greek. あなたはラテン語はわずかしか知らず, ギリシャ語はさらに知らなかった (Ben Jonson, *To the Memory of Shakespeare*).
8 《古》…と見なす (regard): They *had* him in great esteem [reverence]. 彼を大いに尊敬していた.
9 〈ある行動〉に従事する, 行なう: ~ a game 一勝負する / I *had* words with my wife. 妻と言い争った / I *had* some conversation with him. 彼と少し話をした / ~ an affair with …と(恋愛)関係をもつ.
10 〈人を〉雇う; 夫[妻]として受け入れる: No shopkeeper will ~ her. 彼女を雇う店主はいまい.
11 うまくこなす: The job was so easy that soon he *had* it. その仕事は易しいので彼にもすぐこなせた.
12 〈注目などを〉引く: The salesman *had* the interest of the ladies. そのセールスマンは婦人たちの関心を引いた.
13 経験する《楽しむ, 苦しむ, 会う, かかる, など》: ~ an adventure 冒険をする / ~ a good time 面白く時を過ごす / ~ a bad time ひどい目にあう / ~ an illness 病気にかかる / ~ a headache 頭痛がする / *Have* you any pain here? ここが痛いですか / ~ an earthquake 地震がある / ~ a bad night よく眠れない[寝苦しい]夜を過ごす / We shall ~ fine weather this afternoon. 午後はお天気になるだろう / He *has* very good health. すこぶる健康だ / He *had* an accident. 事故にあった.
14 客として招く; もてなす (entertain): We can't ~ so many visitors at home. 家ではそんなに大勢の来客はお迎えできない / We *had* them to stay with us. 彼らを招いて泊めた / We *had* them to dinner. 彼らを夕食に招いた.
15 手に入れる, 得る, 取る, 受ける, もらう (take, receive); 食べる, 飲む, 摂取する, 消費する (eat, drink): ~ no news 知らせがない / I *had* a letter from him. 彼から手紙をもらった / I'll ~ this coat. このコートをもらいましょう / ~ breakfast [supper] 朝食[夕食]を食べる / ~ a bath [seat] 入浴する[着席する] / ~ some [no] milk 牛乳を飲む[飲まない] / ~ a lesson 教えてもらう, 授業を受ける / *Have* a cigarette. たばこを召し上がれ / ~ a cup of tea 紅茶を一杯飲む / I have *had* enough. もう十分にいただきました / I have *had* no food since morning. 朝からずっと何も食べていません / What will you ~? 何を召し上がりますか / May I ~ this one? これを頂いてもよいでしょうか / All these books may be *had* of any bookseller. これらの本は皆どこの本屋でも買える.
16 〈人〉にわいろを使う, 買収する (bribe); 〈人を〉牛耳る (control): He is not a man to be *had* for money. 金で動かされるような人ではない / A rich man can always ~ others. 金持はいつも人を牛耳ることができる.
17 [否定構文で] 許す (permit); 我慢する (tolerate): I *can't* ~ his audacity. 彼のずうずうしさには黙っておれない / I *won't* ~ this nonsense. こんな馬鹿な事は許さないぞ / I'll ~ *no* more of that. そんな事はもう許さないぞ / ⇨ *not having* ANY.
18 〈子を〉産む, もうける (bear, beget): My wife is going to ~ a baby. まもなく妻に子供が産まれる / He *had* a son last year. 去年息子が出来た.
19 〈ある性質を〉(言葉・行動によって)現わす, 示す: *Have* a care not to slip. 滑ってころばないように気を付けなさい / *Have* mercy on us. 私たちを哀れに思って下さい / She *had* the cheek [impudence] to do [say] so. 彼女は生意気にもそうした[そう言った] / Will you ~ the goodness [kindness] to help me? 相済みませんが手を貸して下さいませんか.
20 [動詞概念をもつ語を目的語として]: ~ a dance 踊る / ~ a dream 夢を見る / ~ a fight 戦う / ~ a walk 散歩する / *Have* a look at this. これを見て下さい / He *had* a talk with the captain. 船長と話し合った / ~ a try やってみる / ~ a smoke 一服やる / ~ a swim 泳ぐ / ~ a wash (手や顔を)洗う.
21 a [形容詞・現在分詞などを目的格補語として] (…の状態に)おく, 保つ (keep): *Have* all the windows open. 窓を全部開けておけ / We ~ a lot of visitors coming. たくさんのお客が来ます / He will ~ everything [it all] his own way. 何でも自分の思う通りにしようとする / I can't ~ you idle. 君を遊ばせておくわけに行かない / He *has* girls around at all times. いつでも女の子に取り巻かれている / I won't ~ you going out. 外出されては困る. **b** [名詞を目的格補語として] …にさせる: I'll ~ him a good teacher before long. じきに彼を立派な教師にしてみせます.
22 [目的語+to 不定詞を伴って] …を義務として所有する, …しなければならない: I *have* nothing *to* say. 言うべきことは何もない / I *had* much *to* do [see]. しなければ[見なければ]ならない事がたくさんあった / I ~ a letter *to* write. 手紙を書かねばならない.
23 [過去分詞を目的格補語として (cf. get[1] *vt.* 19)] **a** [使役] …させる, …してもらう: ~ one's hair cut 髪を刈らせる[刈ってもらう] / ~ a house built 家を建てさせる / He *had* his salary raised. 給料を上げてもらった. **b** [受動] …される: I *had* my hat blown off. 帽子を吹き飛ばされた / I would not ~ it spoken about. そのことをとやかく言われたくない. ★ **a** の場合には強勢は have にあり, **b** の場合には過去分詞にある. **c** [完了] …してしまっている: I ~ my diary written up. 日記をつけてしまった.
24 [to なしの不定詞を目的格補語として] **a** [使役] 〈人〉に…させる, …してもらう (cf. get[1] *vt.* 18, make *vt.* 14): ~ somebody do something だれかに何かさせる[してもらう] / I *had* him write the letter. 彼にその手紙を書いてもらった / Shall I ~ him come here? 彼をここに来させましょうか / I should like to ~ her meet you. 彼女を君に会わせたい / I wouldn't ~ you do that. 君にそれをさせたくない. **b** …に…される: I *had* two dogs die of snakebite. へびにかまれて犬を2匹なくしてしまった.
25 [to なしの不定詞または現在分詞を同格補語として] 《米口語》 …が…すると記述[描写]する: The author *has* the toffs say *daw* for 'door'. 著者は上流社会が 'door' のことを *daw* と言うと述べている / The novelist always *has* his characters doing foolish things. その小説家はいつも作中人物に馬鹿な事をさせている.
26 [場所・方向を示す副詞を伴って] …させる: ~ somebody [something] *in* [*out, back, off*] 人[物]を入れる[出す, 返す, 去らせる] / ~ a person *over* 人を招く / ~ a person *in* 《口語》 人をうちへ招く / We'll ~ the big table *here*. 大テーブルをここに据えよう.
27 《口語》 (競技・議論で)打ち負かす, やっつける, 困らせる (defeat): I *had* him in that argument. その議論で彼をやっつけてやった / I was badly *had* when I just missed the train. その列車に少しのところで乗りそこねてひどく困った / You've (got) no reply to that; he *had* you here. 君はそれに対し一言も返せない, 彼にやられたね.
28 《俗》 〈人を〉だます, 欺く, 一杯食わす (cheat), 失望させる (disappoint): I have been *had*. 一杯食わされた / I'm afraid you've been *had* over your bargain. 君はその買物で一杯食わされたのじゃないかな.
29 …と性関係をもつ, やる: You've *had* her, haven't you? 彼女とやったんだろう.
have at …を攻撃する, …に打ってかかる (attack): *Have at* you! (フェンシングで)行くぞ. ***have*** *a person* ***away*** [***off***] 《英俗》 〈人〉と性交する: He *had* her *away* in the park. 公園で彼女とやった. ***have had*** 《口語》 …にうんざり[堪能]した: I *had* utterly *had* the school. その学校には全くうんざりした. ***have had it*** 《口語》 (1) もううんざり[堪能]した. (2) くたばった; 完全に敗れた[失敗した]; すっかりだめになった: One slip and you've *had it*. 一度足を踏みはずせばもうおしまいだ / The heart wasn't beating. The man *had had it*. 心臓は鼓動していなかった. その男はくたばっていた. (3) 最後のチャンスを逃がした. (4) 流行おくれ[時代おくれ]になった, すたれた: Silk hats ~ *had it*. シルクハットはすたれた. ***have it*** (1) 勝つ: The ayes ~ *it*. 賛成者が多数だ. (2) 打ち懲らされる, しかられる: Let him ~ *it*. あいつを取っちめろ. (3) 〔…から〕(情報などを)知る(ようになる), 聞く 〔*from*〕 (cf. 7): I ~ *it from* the horse's mouth. 確かな筋から聞いた. (4) [I を主語として] 《口語》 (問題などが)解けた, わかった, (計画などを)思いついた: *I* ~ *it*. (5) [will not, would not と共に] 我慢する, 受け入れる: I tried to explain but he *would not* ~ *it*. 私は説明しようとしたが彼はどうしても受けつけなかった. (6) 〈運命などが〉手配する (arrange): As luck would ~ *it*, we arrived early. 幸運にも私たちは早めに到着した. (7) [しばしば will ~ it の形で] 主張する, 断言する; 言う (assert, say): He *will* ~ *it* that I said so. 彼は私がそう言ったと主張してきかない / Rumor *has it* so. そういううわさだ / Beauty is a flower, as Shakespeare *has it*. シェークスピアも言っている通り美は花である. (8) 行動する, ふるまう: *Have it* your own way. (どうでも)勝手にやれ. (9) = HAVE *it away* (1). ***have it all on*** [***over***] *a person* = HAVE *it on* [*over*] *a person*. ***have it away*** 《英俗》 (1) 〔…と〕性交する 〔*with*〕. (2) 脱獄する: He *had it away* three times. 3回脱獄した. ***have it coming*** (***to*** *one*) 《口語》 自業自得である (cf. come *vi.* 13): The lazy student failed the test; he *had it coming to* him. あの怠け者の学生が試験に落ちた. 自分のまいた種だ. ***have it in*** *one* 〈その人〉にその素質[力量]がある: He *has it in* him to make his name famous. 彼は有名になる素質がある. ***have it in for*** *a person* 〈人〉に恨み[敵意]をいだく, できるだけつらく当たろうとする, かたき打ち[仕返し]をしようと考えている: The old woman *had it in for* all foreigners. その老婆はすべての外国人に敵意をもっていた. ***have it off*** 《英俗》 (1) 盗み[強盗]をする. (2) 盗む; 強奪する. ***have it on*** [***over***] *a person* 〈人〉よりもまさっている, 分(ぶ)がある: They think they ~ *it on* us straight enough. 彼らは我々よりもはっきりと分があると思っている / He *has it over* those ignorant of the language. 彼はその言語を知らない人々よりも有利な立場にある. ***have it out*** (議論またはけんかによって)かたをつける: Let's ~ *it out* here and now. 今この場で決着をつけよう. ***have it out of*** *a person* 〈人〉に仕返しをする, 〈人〉を罰する: This time I *had it out of* him. 今度は彼に仕返しをしてやった. ***have it out with*** …とあくまで論じる, …に遠慮なく言う: I'm going to ~ *it out with* him about the money. その金のことでは彼ととことんまで話をつけるつもりだ. ***have it*** (***so***) ***good*** 《口語》 [主に否定構文で] (こんなに)よい境遇にある: We never *had it so good*. こんなによい時代はなかった. ***have nothing of*** …にかかり合わない, …を相手にしない: He will ~ *nothing of* it. それにかかり合おうとしない. ***have on*** (1) 〈着物を〉着ている (be wearing): ~ nothing *on* ほとんど何も着ていない / He *had* a new hat *on*. 新しい帽子をかぶっていた. (2) 手はずを決めている, 計画している: ~ nothing *on* 何も約束がない, 暇である / What do you ~ *on* during the vacation? 休暇中の計画は何ですか. (3) 《英口語》 困らせる, いじめる (tease), かつぐ (hoax): You are *having* him *on*. 君は彼をいじめているのだ. (4) 《豪口語》 〈人・提案などを〉受け入れる; 〈人を〉攻撃する: He will ~ it *on*. それを受け入れるだろう / He might ~ me *on*. 私を攻撃するかもしれない. ***have only to*** *do* …しさえすればよい: You ~ *only to* ask him. 彼に尋ねさえすればいい. ***have out*** (1) ⇨ *vt.* 26. (2) 〈歯などを〉抜いてもらう, 手術してとってもらう. (3) 〔人と〕議論して解決する 〔*with*〕. (4) 《英》 中断せずに終らせる. (5) 〈人を〉決闘に引き出す: If he feels aggrieved, he can ~ you *out*. もし馬鹿にされたと思うなら彼は君を決闘に引き出せばいいんだ. ***have oneself*** 《口語》 = enjoy: We *had ourselves* some fun. 我々はおもしろく時を過ごした. ***have something*** [***nothing, etc.***] ***on*** [***over***] *a person* (1) 〈人〉よりまさるところがある[ない]: He *has something on* me in tact. 彼は如才がないという面では私よりも一枚上だ / He *had nothing on* the champion. 彼はチャンピオンに全く勝ち目がなかった. (2) 〈人〉について不利な情報をつかんでいる[いない]: He *had something on* his teacher. 彼は彼の教師の弱点を握っていた. ***have something*** [***nothing, etc.***] ***to do with*** …に関係がある[ない]: ~ *nothing to do with* a person 人と何の関係もない, 人に用がない / This *has nothing to do with* you. これは君の知った事じゃない / *Have* you *anything to do with* the matter? 君は事件に何か関係がありますか / He *has something to do with* it. 彼はそれにいくらか関係がある. ***have to*** [(子音の前) hǽftə, héf- | hǽf-; (母音の前) -tu | -tʊ] (1) …しなければならない (must): I ~ *to* go. 行かなければならない / I ~ not *to* go. 私は行くにおよばない / You'll ~ *to* go tomorrow. 明日は行かねばならないでしょう / *Had* he *to* go? 行かなければならなかったのですか / I shall ~ *to* go. 行かなければならないでしょう / Do I ~ [《口語》 Have I got] *to* go with you? 私も一緒に行かなければならないでしょうか. ★ 同様に has to の発音は[(子音の前) hǽstə, hés- | hǽs-; (母音の前) -tu | -tʊ]. (2) 《口語》 [~ to be として] …に違いない: The woman *had to be* an American. その女はアメリカ人に違いなかった / You ~ *to be* joking. それはきっと冗談だろう. ***have to do with*** …と交渉がある; …を扱う: He *has to do with* all sorts of people. 彼はあらゆる種類の人々と交渉がある / Linguistics *has to do with* language. 言語学は言語を扱う. ***have*** *a thing* ***to*** *oneself* …を独占する, を自由にする: I *had* the large room *to myself*. その大きな部屋を独占した. ***have*** *a person* ***up*** 《英》 〈人を〉法廷に召喚する; 〈人〉の責任を問う: He was *had up* for murder. 殺人のかどで訴えられた / He was *had up* for a witness. 証人として呼び出された. ***have what it takes to*** *do* …するのに必要な素質[能力]を持っている: He *has what it takes to* make him successful. 彼は成功するに必要な素質を持っている. ***Have…, will travel.*** 〘*The Times* の個人広告欄の用語から〙: *Have* tux(edo), *will travel*. タキシードあり, いつどこにでも参上 《*Variety* 誌に芸能人たちが出した広告》 / *Have* gun [talent], *will travel*. 当方拳銃[才]あり. ★ Have pen, will write などのようにもじって使われることもある. ***Have with you.*** 《古》 申し出[挑戦]を受け入れよう. ***have yet to*** *do* まだ…していない: I ~ *yet to* see the physician who will not admit that tobacco causes cancer. たばこが癌(がん)の原因になるということを認めない医者にはまだ会ったことがない. ***I have and I haven't.*** [Have you…? という疑問に答えて] そうとも言えるし, そうでないとも言える: *Have you* spoken to him about this?—Well, *I have* and *I haven't*. 彼にそのことを話したかね—いや話したとも言えるしそうでないとも言える. ***to have and to hold*** 〘もと法律用語〙 合法的に所有する; 〈妻を〉いつまでも大事にする: He gave me his sister *to* ~ *and to hold*. 彼は妹を妻としていつまでも大切にするようにと私にゆだねた.

— [hǽ(ː)v] *n.* **1** [通例 *pl.*] 《口語》 財産のある人, 有産者; 持てる国《植民地や資源に恵まれた国; ↔ have-not》: the ~*s* and the have-nots 有産者と無産者 (rich and poor); 持てる国と持たざる国. **2** 《英俗》 詐欺, かたり (swindle), だまし (take-in).

have[2] [(h)əv, v; hæ̀v, hǽv] 〘↑〙 — *auxil. v.* (**had** [(h)əd, d; hæ̀d, hèd, hǽd, héd | (h)əd, d; hæ̀d, hǽd]; 三人称単数直説法現在 **has** [(h)əz, z, s; hæ̀z, hèz, hǽz, héz | (h)əz, z, s; hæ̀z, hǽz]) ★ 動詞の過去分詞形と結

合して have [has, had] done, will [shall] have done のように完了形を作る《この場合 have, has, had の発音は通例弱形; ⇨ had, has》. **1** [現在完了] **a** [現在における完了・結果]: *Have* you finished?—Yes, I ～ [hǽv]. 終りましたか—はい, 終りました / He *has* just gone out. ちょうど出て行ったところだ / I*'ve* bought a car. 車を買った / He *has* gone to America. アメリカへ行ってしまった. **b** [現在までの動作・状態の継続]: I*'ve* always walked to work. いつも歩いて仕事に行っている / It *has* been raining since last night. 昨夜以来雨が降り続いている / We've lived in London for ten years. 10 年来ロンドンに住んでいる / He *has* been ill for a week. 1 週間前から病気だ. **c** [現在までの経験]: I ～ seen him only once. 彼には 1 回しか会ったことがない / *Have* you ever been to France? — No, I ～*n't*. フランスへ行ったことがありますか—いいや, ありません. **d** [時や条件を表わす副詞節で未来完了の代りに用いる]: When you ～ signed it, I will hand you the letter. それに署名すれば手紙を渡しましょう. ★ 進行形は感情的色彩を帯びることがある: I suppose you ～ been telling tales again. また告げ口をしていたらしいね.

2 [過去完了] **a** [過去の一定時における完了・結果]: When I got to the station, the train *had* already started. 駅に着いた時列車はもう発車していた / I *had* scarcely done it when I regretted it. それをしたあとすぐ後悔した / I *had* soon told my story. 話はじきに済んでいた. **b** [過去の一定時までの動作・状態の継続]: I *had* lived in London until I was ten. 10 歳になるまでロンドンに住んでいた / He *had* been ill for a week, when the doctor was sent for. 1 週間も病気でいて, 初めて医者が呼ばれた. **c** [過去の一定時までの経験]: I *had* seen London before I was ten years old. 10 歳になる以前にロンドンを見たことがあった / I did not know him, for I *had* never seen him before. 彼を知らなかった, それ以前に会ったことがなかったから. **d** [時や条件を表わす副詞節で過去における未来完了代用として]: I told him to wait till I *had* finished my letter. 手紙を書いてしまうまで待って下さいと彼に言った. **e** [hope, intend などの動詞の過去完了は希望が実現しなかったことを表わす]: We *had hoped* he would recover. 彼が回復するだろうと希望していたのだが / I *had intended* to call on him yesterday. きのう彼を訪ねるつもりだったのだが. **f** [過去から見た過去を表わす]: The parcel *had* arrived on May 10th. 小包は 5 月 10 日に到着していた.

3 [未来完了] **a** [未来の一定時までの完了]: I shall ～ completed the task by evening. 晩までにはその仕事を完了しているだろう. **b** [未来の一定時までの動作・状態の継続]: He will ～ been gone two years next June. 来年の 6 月で 2 か年不在ということになる / By then I shall ～ been writing this novel for five months. その時までにはこの小説を 5 か月書き続けていることになる. **c** [未来の一定時までの経験]: I shall ～ read this book three times if I read it again. もう一度読めばこの本を 3 回読んだことになる. ★ 推定を表わす will に完了形が続いて過去時に対する現在の推量を表わす場合がある: You will ～ heard the news. そのニュースのことはお聞き及びでしょう.

4 [仮定法用法; 過去の事実の反対を表わす] **a** [従属節中で]: If I *had* known [*Had* I known] you were here, I should have come at once. ここにいるのを知っていたらすぐに来たのに / I wish he *had* not married her. 彼が彼女と結婚しなければよかったのに / O that I *had* seen his face!《詩・古》彼に会えていたらなあ. **b** [主節中で]《古》=would [should] have: If thou hadst been here, my brother *had* not died. あなたがここにいて下さったら弟は死ななかったでしょう / I *had* started yesterday but for an accident. 事故がなければ昨日出発していたでしょうに.

have done [主に命令形で] やめる, 中止する (stop): I wish you would ～ *done*. やめてくれたらいいのに.

have done with ⇨ DO[1] *with* (2).

have got 《口語》(1) 持って[所有して]いる (have): *Have* you got a newspaper? (いま)新聞をお持ちですか《(米) Do you have a newspaper?》/ What a pretty face she's *got*! なんてかわいい顔をしてるんだろう. (2) …しなければならない (must, be obliged) ‹*to* do›; ‹…であるに›違いない (must, be certainly) ‹*to* be›: I*'ve got to* write a letter. 手紙を書かなければならない / You ～*n't got to* go. 行かなくともよい / It's *got to* be his doing. きっと彼の仕業(しわざ)だ. ★ (1) この迂言法は主として助動詞が have, has という現在形の場合に用いられ, 一般に強調的である. (2)《米》では 'have' を意味する have *got* と区別して, 'have obtained' を意味する場合には have *gotten* を用いることがある: We ～ *gotten* the money. 我々はその金を手に入れた. (3) 非標準的な用法として, have [has] が省かれて got だけになることがある: I *got* an idea. / He *got* to come.

Ha·vel [hάːfəl; *G.* hάːfəl] *n.* [the ～] ハーフェル(川)《東ドイツ中北部の川; Spree 川を合して Elbe 川に注ぐ (341 km)》.

have·lock [hǽvlɑk, -lək | -lɔk, -lək] 〖← *Sir Henry Havelock* (1795–1857: インド暴動当時の英国将校)〗 *n.* (首のうしろに垂れる)軍帽の日おおい.

Have·lock [hǽvlɑk, -lək | -lɔk, -lək] 〖ME *Haveloc* ▭ ON *Hafleik-r*《原義》seaport〗 *n.* 男性名.

ha·ven [héɪvən] 〖OE *hæfen* ▭ ON *hafnar-, hǫfn* ← Gmc **xafnō-*《原義》place that holds ships (G *hafen*) ← IE **kap-* to grasp: ⇨ have[1]〗 — *n.* **1** 港 (harbor), 避泊港. **2** 避難所, 安息所 (shelter, refuge): a ～ of refuge from life's storms 人生のあらしの避難所. — *vt.* ‹船を›避難[避泊]させる. **～·less** *adj.*

háve-nòt *n.* [通例 *pl.*]《口語》財産のない人, 無産者; 持たざる国 (cf. have[1] *n.* 1).

have·n't [hǽvən(t), hév- | hǽv-]《口語》have not の縮約形.

háve-òn 〖cf. *have a person on toast* (⇨ toast[1] 成句)〗 *n.*《英俗》だますこと, ぺてん (swindle).

hav·er[1] [hǽvə | -və(r)] 〖(c1275) ← ? ON (cf. Swed. & Dan. *havre*)〗 *n.* [集合的]《英》〖植物〗 **1** カラスムギ (oat); (特に)野生のカラスムギ. **2** =tall oat.

ha·ver[2] [héɪvə | -və(r)] 〖《スコット》← ?〗《英》 — *vi.* くだらない事をぺちゃくちゃしゃべる (babble); ぐずぐずする, 時を浪費する. — *n.* [通例 *pl.*] くだらないおしゃべり, たわごと (nonsense).

ha·ver·el [héɪv(ə)rəl] 〖⇨ ↑, -erel〗 *n.*《スコット・北英》べらべらおしゃべりをする人.

Ha·ver·ing [héɪv(ə)rɪŋ] 〖OE *Hæferingas*《原義》people of *Hæfer* (人名): ⇨ -ing[3]〗 *n.* London 東部の自治区; 人口 247,000.

hav·er·sack [hǽvəsæ̀k | -və-] 〖(1749) ▭ F *havresac* ▭ G *Hafersack* sack for oats ← *Hafer, Haber* oats + *Sack* 'SACK[1]'〗 — *n.* **1** 背嚢(はいのう)《兵士の糧食・衣類を入れる》. **2** 雑嚢《通例, 負革(おいかわ)一本つきで, 片方の肩にかける》.

Ha·vér·sian canál [həvə́ːʒən- | -vɜ́ːʃən-] 〖(1842) ← *Clopton Havers* (1650–1702: 英国の解剖学者)〗 *n.* 〖解剖〗ハバース管《骨の中の栄養毛細血管の通路》.

hav·er·sine [hǽvəsàɪn | -və-] 〖(1835) ← HA(LF) + VER(SED) + SINE[1]〗 *n.* 〖数学〗(三角法で任意の角または弧の)半正矢(せい)(記号 hav).

hav·il·dar [hǽvəldὰə | -vɪldὰː(r)] 〖(1698) ▭ Hindi *ḥavildār* ▭ Pers. *ḥawāladār* ← Arab. *ḥawālaʰ* duty, charge + Pers. *-dār* holder〗 — *n.* インド軍の軍曹(そう) (sepoy sergeant).

hávildar májor *n.* (インド軍の)曹長.

háv·ing 〖(c1325): ⇨ have[1], -ing[1,2]〗 — *n.* **1** 所有, 所持: the thirst of ～ 所有欲. **2** [通例 *pl.*] 所有物, 所有財産, 財産 (property). **3** [*pl.*; 単数扱い]《スコット》振舞, 作法 (manners): a lady of gentle ～*s* 振舞いの上品な婦人. — *adj.*《方言》欲張りな (greedy): He has a ～ nature. 彼は欲張りなたちだ.

hav·ior [héɪvjə | -vjə(r)] 〖(c1450)《変形》← (O)F *avoir* to have: *h-* は HAVE[1] の影響による〗 *n.*《古》 **1** 行動 (behavior). **2** [*pl.*] 行儀作法.

hav·oc [hǽvək, -vɪk | -vək] 〖(c1425) *havok* ▭ AF *havok* ← OF *havot* (cry used to begin) plunder ← ? Gmc: cf. have[1], heave〗 — *n.* (自然力・暴動などの)大荒れ, 大破壊, 荒廃 (devastation); 大混乱, 無秩序: work ～ upon …を荒らす, 破壊する / play [raise] ～ with [among] =make ～ of …を破壊する, 台無しにする, 荒らす; …に混乱を起こす / wreak ～ with [among] …を荒らす, を混乱させる / produce widespread ～ 広範囲にわたる[大がかりな]荒廃[混乱]を起こす.

cry havoc 大破壊の号令を下す; 乱暴をそそのかす.

— *v.* (**hav·ocked**; **hav·ock·ing**) — *vt.* 荒らす, 破壊する, 荒廃させる. — *vi.* 荒廃をもたらす, 破壊する.

Havre *n.* アーブル (⇨ Le Havre).

haw[1] [hɔ́ː] 〖OE *haga* < Gmc **xaʒōn* ← IE **kagh-* to catch; fence: cf. hedge〗 — *n.* **1** 〖植物〗サンザシ (hawthorn); サンザシの実. **2**《廃》柵 (hedge), 囲い地, 庭 (enclosure, yard).

haw[2] [hɔ́ː] 〖(1522) ← ? HAW[1]: その形からか〗 *n.* 〖獣医〗第三眼瞼(けん), (馬・犬などの)瞬膜 (nictitating membrane); (特に)瞬膜の炎症.

haw[3] [hɔ́ː] 〖(1632) 擬音語〗 — *int.* えー(と)《口ごもるとき出る声》. — *n.*「うーん」とか「えー」とか言う声: hums and ～s. — *vi.* **1** (話し中に口ごもって・気取って)「えー」と言う; 口ごもる (falter) (cf. ha, hum[1]). **2** 言い逃れを言う, いい加減な返事をする. ★ 主に次の句で: hem [hum] and ～ =HEM[2] *and haw.*

haw[4] [hɔ́ː] 〖← ? (imper.) ← ME *hawe(n)* to look〗 — *int.* **1** [行進中の部隊やスクエアダンスをする人に対する号令・掛け声として] 左へ(回れ), 左へ進め. **2** [馬を左へ回らせる時の掛け声として] どうどう (cf. gee[1] 2). — *vt.* ‹馬を›左に回らせる. — *vi.* 左折の号令[合図]をする; 左に曲がる, 左折する; 左折の命令[合図]に従う.

Ha·wai·i [həwάː(j)i, -wάɪ(j)i, -wɔ́ː(j), -wάːjə, -wɔ́ːjə, -wάɪ(j)ə | həwάɪiː, hɑː-, -wάːiː] 〖▭ Hawaiian《土語》*Owhyhii* ← ?: cf. Marquesan *Havaiki* (ポリネシヤ人が信じる伝説の故国): その再発見者 Cook の命名 (1778)〗 — *n.* **1** 北太平洋のハワイ諸島 (Hawaiian Islands) によって構成される米国の州 (⇨ United States of America 表). **2** ハワイ諸島中の最大の島; 人口 64,000, 面積 10,414 km[2].

Ha·wai·ian [həwάːjən, -wάɪ(j)ən, -wɔ́ːjən | həwάɪən, hɑː-, -wάɪjən] 〖⇨ ↑, -an[1]〗 — *adj.* **1** (米国) Hawaii 州(人)の, ハワイ諸島の. **2** ハワイ語の. — *n.* **1** Hawaii 州人. **2** ハワイ語.

Hawáiian guitár *n.* **1** ハワイアンギター, スチールギター. **2** =ukulele.

Hawáiian hóneycreeper *n.* 〖鳥類〗ハワイミツスイ《ハワイ諸島産ハワイミツスイ科の鳥の総称》.

Hawáiian Íslands *n. pl.* [the ～] ハワイ諸島《北太平洋中にある米領の諸島; Hawaii, Maui, Oahu, Kauai, Molokai, Lanai などの島々から成る; ⇨ Hawaii 1; 旧名 Sandwich Islands》.

Hawáiian Stándard Tìme *n.* =Hawaii Time.

Hawáii tíme *n.* ハワイ標準時 (⇨ alaska time).

Hawáii Volcánoes Nátional Párk *n.* ハワイ火山国立公園《米国 Hawaii 州 Hawaii 島にあり, Mauna Loa, Kilauea などの活火山で有名, 1916 年指定; 面積 929 km[2]》.

háw·fìnch 〖← HAW[1] + FINCH〗 *n.* 〖鳥類〗シメ (*Coccothraustes coccothraustes*)《ユーラシア産アトリ科の鳥; 大きなくちばしをもつ; cf. grosbeak》.

haw-haw[1] 〖《擬音語》: cf. ha-ha[1], haw[3]〗 — [hɔ́ːhɔ́ː] *int.* **1** はは (ha-ha)《笑い声》. **2** うーんうーん, えーえー《口ごもるとき気取って出す声》. — [⌐⌐] *n.* **1** 大笑い, 高笑い. **2 a** (気取った)うーんうーん[えーえー]と言う声. **b** [形容詞的に](気取りなどのために)よく「うーん」[「えー」]と口ごもる: a ～ way of speaking. — [⌐⌐] *vi.* 大笑いする, 高笑いする.

haw-haw[2] [hɔ́ːhɔ̀ː] *n.* =ha-ha[2].

hawk[1] [hɔ́ːk] 〖*n.*: ME *hauk, havec* < OE *h(e)afoc, heafuc* < Gmc **xabukaz* (Du. *havik* / G *Habicht*) ← IE **kap-* to grasp (⇨ have). — *v.*: (c1350) *hauke(n)* ← (n.)〗 — *n.* **1** 〖鳥類〗タカ《ワシタカ亜目のうちワシ (eagle) やハゲワシ (vulture) のような大形のものを除いたものを指し, ハヤブサ (falcon) のほかノスリ (buzzard), チュウヒ (harrier), トビ (kite), カラカラ (caracara), ミサゴ (osprey) など, またワシタカ科の sparrow hawk, オオタカ (goshawk) などをいう; 時には nighthawk などをもいう》. **2** タカ派の人, 強硬論者《武力などの強硬手段による問題解決を主張する好戦的な人; cf. dove[1] 5》. **3**《口語》人を食い物にする人, 強欲な人, 詐欺師 (sharper). **4** 〖野球〗名外野手.

know a hawk from a handsaw [***heronshaw***] 判断力に富む, たいていの事は心得ている, 常識がある (cf. Shak., *Hamlet* 2. 2. 397).

— *vi.* **1** 鷹狩をする, 鷹を使う. **2** 鷹のように獲物に襲いかかる ‹*at*›. **3** タカ派に属する, タカ派的行動をとる. — *vt.* (鷹のように)‹獲物を›襲う.

hawk[2] [hɔ́ːk] 〖(1542)《逆成》← HAWKER[2]: cf. Du. *heuken* to retail〗 — *vt.* **1** 呼売りする, 売り歩く, 行商する (peddle): ～ candy and flowers キャンデーや花を売り歩く. **2** 触れ歩く[回る], 一般に広める (spread, vulgarize): ～ news about うわさを広める. — *vi.* 呼売りする, 行商する.

hawk[3] [hɔ́ːk] 〖(1581) 擬音語〗 — *vi.* せき(払い)をする, せき払いをしてたんを吐き出す. — *vt.* ‹たんなどを›せき払いして出す, かーっと吐き出す (cough) ‹*up*›. — *n.* かーっと吐き出すこと, せき払い(の音).

hawk[4] [hɔ́ːk] 〖← ?〗 *n.* (左官の)こて板 (mortarboard).

háwk·bìll *n.* 〖動物〗=hawksbill turtle.

háwkbill túrtle *n.* 〖動物〗=hawksbill turtle.

háwk·bìt 〖← HAWK(WEED) + (*devil's*) *bit* (⇨ bit[1])〗 *n.* 〖植物〗キク科 *Leontodon* 属の植物の総称; (特に) =fall dandelion.

háwk·er[1] 〖OE *hafocere*: ⇨ hawk[1], -er[1]〗 *n.* **1** 鷹使い, 鷹匠 (falconer). **2** 飛びながら獲物を取る動物 [(特に)昆虫].

haw·ker[2] [hɔ́ːkə | -kə(r)] 〖(1409) ▭ LG *höker* (G *Höker*): cf. MDu. *hucker*〗 — *n.* 呼売り商人, 触れ売り商人, 行商人 (peddler): No ～*s*! 押売りお断り《戸口の貼り札》.

Hawkes [hɔ́ːks], **John** *n.* (1925–) 米国の小説家; 本名 Clendennin Burne, Jr.; *The Cannibal* (1949).

haw·key [hɔ́ːki | -kɪ] *n.*《スコット・北英》=hawkie.

háwk-èye *n.* **1** 目[視覚]の鋭い人, 目ざとい人, 厳しい検査官. **2** [通例 the H-]《米口語》Iowa 州人 (Iowan).

háwk-èyed *adj.* 鷹のように目の鋭い; 油断のない, すきのない (vigilant).

Háwkeye Stàte *n.* [the ～] 米国 Iowa 州の俗称.

haw·kie [hɔ́ːki | -kɪ] 〖←《スコット》*hawk(it), hawk(ed)* having white spots + -IE〗 — *n.*《スコット・北英》牛《特に顔の部分が白色の牛》; モーちゃん《牛の愛称》.

háwk·ing 〖(? a1300): ⇨ hawk[1], -ing[1]〗 *n.* 鷹狩 (falconry).

Haw·kins [hɔ́ːkɪnz, -kənz | -kɪnz], **Sir John** *n.* (1532–95) 英国の提督, スペイン無敵艦隊 (Spanish Armada) 撃破に力を尽くした.

háwk·ish [-kɪʃ] 〖⇨ hawk[1], -ish[1]〗 *adj.* **1** 鷹のような; 鷹のくちばしのような: a ～ face. **2** タカ派の[的な] (cf. dovish 2): a ～ politician. **～·ly** *adv.* **～·ness** *n.*

háwk·ism [-kɪzm] *n.* タカ派主義, タカ派政策 (cf. hawk[1] *n.* 2).

háwk·lìke *adj.* 鷹のような, 鷹を思わせる: ～ eyes.

háwk·mòth *n.* 〖昆虫〗スズメガ《スズメガ科のガの総称》.

háwk nòse *n.* かぎ鼻. **háwk-nósed** *adj.*

háwk òwl *n.* 〖鳥類〗 **1** オナガフクロウ (*Surnia ulula*)《ユーラシア・北米大陸の亜寒帯の森林にすむ昼行性のフクロウ; 飛ぶ姿など外見がタカに似ている》. **2** =Oriental hawk owl.

háwks·bèak *n.* 〖建築〗 **1** 嘴(し)繰形(くりかた)《上端部が突出した繰形; 古代ギリシャのドリス式の軒部分に見られる》. **2** (古代ギリシャのドリス式の壁端柱の柱頭に見られる)突出部を作りだしている繰形.

háwk's-bèard 〖鷹のあごひげ状の冠毛があるところから〗 — *n.* 〖植物〗オニタビラコ《キク科オニタビラコ属 (*Crepis*) の植物の総称; 乳状液を出し, 総状の小さな花をつける》.

háwks·bìll *n.* 〖動物〗=hawksbill turtle.

háwksbill túrtle *n.* 〖動物〗タイマイ(*Eretmochelys imbricata*)《ウミガメの一種でその甲羅(べっ甲)は細工用》.

háwk's-èye *n.* 〖鉱物〗鷹晴石, 鷹眼石《青色の虎眼石; cf. tiger eye 1》.

hawk·shaw [hɔ́ːkʃɔː] 〖英国の Tom Taylor 作 *The Ticket of Leave Man* (1863) 中の探偵の名から〗 *n.* 《口語》探偵, 刑事 (detective).

Hawks·moor [hɔ́ːksmuə | -muə(r], **Nicholas** *n.* (1661–1736) 英国の建築家.

háwk's nèst mòdel *n.* 〖造船〗船の半裁模型の一つで船首から船尾に至るいくつかの横断面板の片側だけを作り, これを船の縦断面に垂直に取り付けて作った模型《crow's nest model ともいう》.

háwk·wèed 〖《なぞり》← L *hierācium* ▭ Gk *hierákion* ← *hiérax* hawk〗 ― *n.* 〖植物〗キク科ミヤマコウゾリナ属(*Hieracium*), コウゾリナ属(*Picris*)の数種の植物の総称《コウリンタンポポ (*H. aurantiacum*) など》.

Haw·orth [háuəθ, hɔ́ːəθ | háuəθ, hɔ́ːəθ, hɔ́ːwəːθ, -wəθ], Sir **Walter Norman** *n.* (1883–1950) 英国の化学者; Nobel 化学賞 (1937).

hawse [hɔ́ːz, hɔ́ːs | hɔ́ːz] 〖《1336–37》 *halse* ▭ ON *hāls* neck: cf. OE *heals* neck〗 ― *n.* 〖海事〗 **1 a** 錨鎖(びょうさ)孔のある船首の部分. **b** 錨鎖孔 (hawsehole). **2** 停泊船の船首から錨までの水平距離. **3** 停泊船の船首直前における左右両錨鎖の状態: ⇨ clear hawse, foul hawse, open hawse.

to hawse 〖海事〗船首の(左右)両方の錨を入れて.

― *vi.* 〈錨を入れた船が〉ひどく縦に揺れる.

háwse bàg *n.* 〖海事〗錨鎖孔詰め袋《錨鎖孔から波が船内に入るのを防ぐため, その口に詰める袋; 中に槙肌(まきはだ)などを入れてある; jackass ともいう》.

háwse·blòck *n.* 〖海事〗錨鎖(びょうさ)孔蓋(ふた)栓(せん) (buckler)《錨鎖孔の上に当てる蓋(ふた)》.

háwse-fàllen *adj.* 〖海事〗=hawse-full.

háwse-fùll *adj.* 〖海事〗波が荒くて錨鎖孔が波に洗われて《普通は停泊中の船にいう》.

háwse·hòle *n.* 〖海事〗錨鎖孔《船首の両側にある錨鎖を通す穴》: come in through [at] the ~*s* 水夫から身を起こす.

háwse·pìece *n.* 〖海事〗錨鎖孔肋材, 木船の錨孔材《hawse timber ともいう》.

háwse·pìpe *n.* 〖海事〗ホースパイプ, 錨鎖管《錨鎖が甲板を貫いて外側へ通る鉄[鋼鉄]製の管》.

haw·ser [hɔ́ːzə, -sə | -zə(r] 〖《1294》 *haucer* ▭ AF ~, *hauceour* ← OF *haucier* to raise < VL **altiāre* ← L *altus* high (⇨ altitude): ⇨ -er[1]〗 ― *n.* 〖海事〗(船を係留するための)太綱, 大索(だいさく)「一種.

háwser bènd *n.* 〖海事〗2本の綱をつなぐ結び方の

háwser-làid *adj.* 〖海事〗〈綱が〉右撚(よ)りの索を左撚りにした (cf. cable-laid): a ~ rope.

háwse tìmber *n.* 〖海事〗=hawsepiece.

haw·thorn [hɔ́ːθɔən | -θɔːn] 〖OE *haguþorn, hæġþorn* ← *haga* enclosure, hedge (⇨ haw[1]) + *þorn* 'THORN'〗 ― *n.* 〖植物〗サンザシ《バラ科サンザシ属 (*Crataegus*) の植物の総称》; 《特に》セイヨウサンザシ (*C. oxyacantha*)《春に白または紅色の花を開く低木, 多く垣根に用いる, その実は haw という; 米国 Missouri 州の州花; whitethorn ともいう》: a ~ hedge.

Haw·thorne [hɔ́ːθɔən | -θɔːn], **Nathaniel** *n.* (1804–64) 米国の小説家; *Twice-Told Tales* (1837, '42), *The Scarlet Letter* (1850).

Háwthorne effèct 〖← *the Western Electric Company's Hawthorne Works*〗 ― *n.* 〖心理〗ホーソーン効果《能率の効果は部屋の明るさ・空気調節・机や椅子の高さなどの肉体的条件よりも人間関係, 特に監督者と勤務員, 勤務員同士の精神的関係の良否によるところが多い, という実験結果に基づく》.

Haw·thorn·esque [hɔ̀ːθɔənésk | -θɔːn-] 〖⇨ -esque〗 *adj.* Nathaniel Hawthorne 風の.

hay[1] [héɪ] 〖OE *hēg, hieġ* (cf. OE *heawan* to cut) < Gmc **χaujam* (Du. *hooi* / G *Heu*) ← **χauwan* 'to HEW'〗 ― *n.* **1 a** 干し草, まぐさ: make ~ 干し草を作る / Make ~ while the sun shines. 《諺》日の照るうちに草を干せ《好機をのがすな》. **b** 干し草用の牧草: put a field under ~ 畑に牧草を作る. **c** (仕事・努力の)成果, 報い, 報酬 (reward). **2** [the ~] 《俗》寝床, ベッド: hit *the* ~ 床に就く, 寝る. **3** [通例否定形で] 《米俗》ちょっぴりの金額: *not* ~ 相当の[馬鹿に出来ない]金額, 大金 / That ain't ~. そりゃ大金だぞ.

look for a needle in a bundle of hay ⇨ needle 成句. ***make hay*** (1) ⇨ 1 a. (2) 好機を利用する. ***make hay*** (***out***) ***of*** …をごちゃごちゃ[めちゃめちゃ]にする, 混乱させる (upset). ***roll in the hay*** 《口語》性交する (make love).

― *vt.* **1** 干し草にする. **2** …に干し草を与える. **3** 〈土地〉に(干し草用の)牧草を植える. ― *vi.* 干し草を作る.

hay[2] [héɪ] 〖《*a*1525》 ▭ OF *haye* ← ?〗 *n.* ヘイ《円舞するカントリーダンスの一種》.

Hay [héɪ], **John** (**Milton**) *n.* (1838–1905) 米国の政治家・外交官・著述家・詩人; 国務長官 (1898–1905); *Pike County Ballads* (1871), *Abraham Lincoln: A History* (10 vols., 1890) (John Nicolay と共著).

háy ásthma *n.* 〖病理〗=hay fever.

hay·bote [héɪbout | -bəut] 〖《1180》 *heibote* ← OE *heġe* hedge + *bōt* remedy, compensation (⇨ boot[1])〗 ― *n.* 〖英法〗 **1** 垣根修理用材採取権《垣や柵の修理材料を借地人がその土地から伐採する権利》. **2** 垣根修理用材《hedgebote ともいう》.

háy·bòx *n.* 干し草箱, 火なしこんろ《煮えた物をむらすために鍋ごと入れる干し草を詰めた箱》.

háy·còck 〖《?*c*1475》← HAY[1] + COCK[2]〗 *n.* 干し草の山《干し草をかき集めた円錐形の小山》.

Hay·dn [háɪdn̩; G. háɪdn̩], (**Franz**) **Joseph** *n.* ハイドン (1732–1809; オーストリアの作曲家).

háy·er *n.* 干し草作りをする人.

Hayes [héɪz], **Rutherford Bir·chard** [bə́ːtʃəd | bə́ːtʃəd] *n.* (1822–93) 米国の第19代大統領 (1877–81).

háy fèver *n.* 〖病理〗枯草熱, 花粉症 (pollinosis)《初夏のころ花粉によって起こる目・鼻・咽喉(いんこう)のアレルギー疾患》.

háy·fìeld *n.* 干し草畑, 牧草場.

háy·fòrk *n.* ヘイフォーク, 干し草用くまで; 自動干し草積上げ機.

háy knìfe *n.* 干し草切り刀《干し草の山から必要なだけの干し草を切り取るのに用いるナイフ》.

hay·lage [héɪlɪdʒ] 〖← HAY[1] + (SI)LAGE〗 *n.* 〖農業〗ヘイレージ《水分が35%–50%に減った干し草製貯蔵飼料》.

háy·lìft 〖← HAY[1] (n.) + (*air*)*lift*〗 *n.* 飼料空輸《大雪で近づけない地域の牛馬などに飛行機で救急食糧を投下してやること》.

háy·lòft *n.* 干し草置場《馬小屋・納屋の二階》.

háy·màker 〖《*c*1450》〗 ― *n.* **1 a** 干し草を作る人《刈った牧草を広げて風と日光に当てる仕事をする人》. **b** 干し草を作る機械, 火力乾草機. **2** 《俗》〖ボクシング〗ノックアウトパンチ, 強打: land a ~ of a rightfisted punch on his jaw 彼のあごに右のパンチを一発くらわせる.

háy·màking 〖《1408》〗 *n.* 干し草作り, 草干し.

Hay·mar·ket [héɪmɑ̀əkɪt, -kət | -mɑ̀ː-] *n.* **1** [the ~] London の West End の劇場街. **2** 米国 Chicago にある広場; 1886年5月4日8時間制確立のため労働者が集会を行ない暴動となった場所; Haymarket Square ともいう.

háy·mòw [-màu | -màu] 〖《*a*1477》〗 *n.* **1** 納屋に積まれた干し草の山. **2** (納屋の)干し草置場.

háy prèss *n.* 〖機械〗ヘイプレス, 干し草圧縮機.

háy·ràck *n.* **1** まぐさ台[棚]. **2** 干し草やわらを運ぶ時荷車の周囲に取り付けるわく; そういうわく付きの車.「stack.

háy·rìck 〖《?*a*1300》: ⇨ hay[1], rick[1]〗 *n.* 《英》=hay-

háy·rìde *n.* 《米》干し草ピクニック《干し草を積んだ大荷車[トラック, そり, など]に乗って行く夜の楽しいピクニック》.

háy·rìg *n.* =hayrack.

háy·sèed *n.* **1 a** (干し草の中からこぼれ落ちる)草の種子. **b** 干し草ごみ, 干し草くず: He hasn't got the ~ out of his hair yet. まだ田舎から出たてのほやほやだ. **2** 《米口語》田舎者, 田吾作(たごさく) (rustic).

háy·shàker *n.* 《米俗》田舎者 (rustic).

háy·stàck 〖《?*c*1475》〗 *n.* (戸外の大きな)干し草の山《時には屋根を掛ける》, 積みわら, わらにお.

look for a needle in a haystack ⇨ needle 成句.

háy·wàrd [-wɔ̀əd | -wɔd] 〖ME *heiward* ← *hei* hedge (⇨ haybote) + WARD〗 ― *n.* 《古》 **1** (家畜の侵入を防ぐための)垣根や囲いを管理する役人. **2** (町の共有家畜群の)管理人.

háy·wìre[1] *n.* 干し草を束ねる針金. ― *adj.* 《口語》 **1** 装備不十分な, 急ごしらえの, 間に合わせの. **2** 調子のはずれた, 故障した (broken-down). **3 a** もつれた, 混乱した, ごった返した. **b** 気が狂った (crazy); 興奮した (excited): go ~ 発狂[興奮]する.

háy·wìre[2] *n.* 〖植物病理〗ジャガイモのウイルス病.

Hay·wood [héɪwud] 〖ME *Heywod* (原義) enclosed wood ← OE *heġe* enclosure (⇨ haybote) + WOOD[1]: 地名に由来する家族名から〗 *n.* 男性名.

ha·zan [xəzɑ́ːn, xɑ́ːzən, -zn̩] 〖▭ Mish.Heb. *ḥazzān* superintendent ← *ḥāzā*[h] to see〗 ― *n.* (*pl.* **ha·za·nim** [xəzɑ́ːnɪm], **~s**) 〖ユダヤ教〗 **1** ハザン (⇨ cantor 2). **2** ユダヤ教団の教会堂役員.

haz·ard [hǽzəd | -zəd] 〖n.: 《*c*1300》 ▭ (O)F *hasard* game at dice, chance ▭ ? Sp. *azar* unfortunate throw at dice, unforeseen accident ▭ Arab. *az-zahr* the die. — v.: 《1530》 ← (n.)〗 ― *n.* **1 a** 危険 (danger); 冒険 (risk): run the ~ 冒険をする, 一か八かやって見る, 運を天に任せてやる. **b** 危険をもたらすもの[原因]: the ~*s* of traffic / public ~*s* 公害. **2 a** 予想できないこと, 偶然 (chance). **b** 偶然の出来事, 偶発事. **3 a** (2個の dice を投げる) さいころがし, 一六勝負. **b** =chuck-luck. **4** 《廃》賭けられた物《賭け金など》. **5** 〖玉突〗突き玉を当て玉に当てた後ポケットに入れる突き方: play a losing ~ 当て玉に当てた後突き玉の方がポケットに入る / play a (winning) ~ 突き玉を当てて当て玉をポケットに入れる. **6** (court tennis で)コートの側壁の穴《そこへボールを打ち込むと得点になる》; 壁穴をねらったボールの打込み方; ボールが打ち込まれる側 (hazard side). **7** 〖ゴルフ〗ハザード, 障害地域《バンカーやサンドトラップなど》.

at all hazards あらゆる危険を冒して, 是非とも. ***at*** [***by***] ***hazard*** 《古》運任せに, でたらめに (at random). ***at the hazard of*** …を賭(と)して.

― *vt.* **1** 〈生命・財産などを〉危険にさらす, …の危険をおかす, 賭する: ~ one's life 生命を賭する. **2** (批判・反対・失敗などを覚悟の上で)あえてやってみる, 思い切って[運任せで]する: ~ a guess [remark] 当てずっぽうを言う[思い切って言ってみる].

haz·ard·ous [hǽzədəs | -zə-] 〖《1580》: ⇨ ↑, -ous: cf. F *hasadeux*〗 ― *adj.* **1** 冒険的な, 危険な (perilous); きわどい, あぶない (risky): a ~ scheme [undertaking] 冒険的な計画[企て] / a ~ exploration [climbing] 危険な探検[登山] / Cigarette smoking may be ~ to your health. 巻きたばこは健康を害する場合もあります《米国製たばこの箱にある表示》. **2** 運任せの, 射倖(しゃこう)的な (aleatory). **~·ly** *adv.* **~·ness** *n.*

haze[1] [héɪz] 〖《1674》《逆成》← HAZY: cf. OE *h(e)asu* grey〗 ― *n.* **1** 煙霧, かすみ, 薄煙 (cf. fog[1] 1, mist 1 a): He left behind a gray ~ of cigar smoke. 葉巻の灰色の薄煙を後に残して行った / a dirty blue ~ of exhaust fumes 排気ガスのよごれた青い薄煙. **2 a** (透明な液体または固体中の)曇り, 濁り: a ~ in water [urine] 水[尿]中の濁り / a ~ in a crystal 水晶中の曇り. **b** (鏡面・家具・塗物などの光沢面の)曇り: a ~ *on* a mahogany table (不十分な仕上げによる)マホガニー材のテーブルの曇り. **3** (精神や知覚の)もうろう, ぼやけ: be in a ~ あいまいである / with no ~ of doubt 疑いの色もなく / a ~ of worry over the patient 患者に襲いかかった得体(えたい)の知れない不安 / He was freed from a ~ of illusion. 漠然とした幻想から解放された.

― *vt.* かすませる, ぼんやりさせる 〈*over*〉: a mirror ~*d* with steam 湯気で曇った鏡. ― *vi.* かすむ, ぼんやりする.

haze[2] [héɪz] 〖《1678》 ▭ OF *has-er* to irritate, vex ← ?〗 ― *vt.* **1** 《米》〈新入生などを〉いじめる, しごく (rag, bully). **2** 〖海事〗(罰として)〈水夫〉に重労働を課する, いじめる, 酷使する (overwork, harass). **ház·er** *n.*

ha·zel [héɪzl̩] 〖OE *hæs(e)l* < Gmc **χasalaz* (G *Hasel* / ON *hasl*) ← IE **kos(e)lo-* (L *corylus*)〗 ― *n.* **1** 〖植物〗ハシバミ《カバノキ科ハシバミ属の木の総称》; 特に, アメリカハシバミ (*Corylus americana*), カナダハシバミ (*C. cornuta*), セイヨウハシバミ (*C. avellana*)》; ハシバミの実 (hazelnut, filbert). **2** (目の)はしばみ色, 薄茶色 (light brown): eyes of ~ 薄茶色の目. ― *adj.* ハシバミ材製の, ハシバミの; はしばみ色の: a woman with clear ~ eyes はしばみ色の澄んだ目をした女性.

Ha·zel [héɪzl̩] 〖↑: 19世紀末ごろより植物の名を姓名に用いることが流行しはじめた〗 *n.* 女性名.

házel gròuse *n.* 〖鳥類〗=hazel hen.

házel hèn 〖▭ Du. *haselhoen* ▭ G *Haselhuhn*〗 *n.* 〖鳥類〗エゾライチョウ (*Tetrastes bonasia*).

ha·zel·ly [héɪzəli, -zl̩i | -lɪ, -zl̩ɪ] 〖《1833》〗 *adj.* **1** はしばみの多い. **2** はしばみ色の, 薄茶色の (light brown).

házel·nùt 〖OE *hæselhnutu*: ⇨ hazel, nut〗 *n.* ハシバミの実, ヘイゼルナッツ (filbert).

ház·ing 〖← HAZE[2] + -ING[1]〗 *n.* **1** 《米》(新入生に対する)しごき. **2** 〖海事〗(水夫の)酷使.

Haz·litt [hǽzlɪt, héɪz-, -lət | héɪzlɪt, hǽz-], **William** *n.* (1778–1830) 英国の批評家・随筆家; *Characters of Shakespeare's Plays* (1817), *Table Talk* (1821–24). ★ 本人および一族は [héɪzlɪt] と発音している.

Haz·lìtt·i·an [hæzlíṭiən, heɪz- | heɪz-, hæz-] *adj., n.*

ha·zy [héɪzi | -zɪ] 〖《1625》 *hawsey, heysey* ← ?: cf. OE *hasu* gray, dusky〗 ― *adj.* (**ha·zi·er; ha·zi·est**) **1** かすんだ, もやの深い (misty): a ~ sky, day, view, etc. / ~ weather かすんだ天気 / a ~ view of purplish mountains 紫色にかすんだ山々. **2 a** 〈鏡など〉曇った (blurred). **b** 〈水など〉濁りを帯びた. **3 a** 〈考え・状態が〉ぼんやりした (confused), もうろうとした (vague): a ~ idea あいまいな考え / a ~ recollection of childhood 子供のころのぼんやりした記憶 / The economic outlook is still ~. 経済の見通しはまだはっきりしない. **b** 〈人が〉考えのはっきりしていない, 漠然とした (uncertain) 〔*about*〕: He was ~ *about* where to go. どこへ行っていいかわからなかった. **4** 《古》ほろ酔いの, ほろ酔い気分の. **há·zi·ly** [-zɪli, -zə- | -lɪ] *adv.* **há·zi·ness** *n.*

haz·zan [xəzɑ́ːn, xɑ́ːzən, -zn̩] *n.* (*pl.* **haz·za·nim** [xəzɑ́ːnɪm], **~s**) =hazan.

Hb 《記号》〖生化学〗hemoglobin.

HB 《略》〖鉛筆〗Hard Black.

hb., H.B. 《略》〖アメリカンフットボール・ラグビー・サッカー・ホッケー〗halfback.

H bèam *n.* 〖金属加工〗H 形鋼, H 形ビーム《I beam よりフランジ (flanges) の広いもの》.「[女王]陛下.

H.B.M. 《略》His [Her] Britannic Majesty 英国国王

H-bòmb 〖← *h*(*ydrogen*) *bomb*〗 *n.* 水爆.

h.c. 《略》L. honoris causa (=for the sake of honor).

H.C. 《略》Heralds' College; High Commissioner; 〖キリスト教〗Holy Communion; House of Commons.

hcap. 《略》handicap.

H.C.F., hcf, h.c.f. 《略》highest common factor.

h.c.l. 《略》《俗》high cost of living 物価高.

H.C.M. 《略》His [Her] Catholic Majesty.

hcp. 《略》handicap.

hd. 《略》hand; head; hogshead(s).

H.D. *n.* Hilda Doolittle の筆名.

H.D. 《略》heavy-duty; high density; home defense; 〖米軍事〗honorable discharge; horse-drawn; 〖海事〗hourly difference.

hdkf. 《略》handkerchief.

hdqrs. 《略》 headquarters.
hdwe. 《略》 hardware.
he[1] 〘OE *hē* ← Gmc *χi- ← IE *ki-, *ko- this one (demonstrative stem) (L *cis* on this side): cf. here, hither〙 ── [hiː, iː, (h)ɪ, hìː, híː] *pron.* (人称代名詞, 男性三人称単数主格; 所有格 **his**, 目的格 **him**; 複数 **they**) 彼: It's *he* who is to blame. 悪いのは彼だ / *he* who [that]... 《文語》だれでも…する者は (anyone who...) / *He* who is born a fool is never cured. 《諺》馬鹿につける薬はない / *He* that talks much errs much. 《諺》口数の多い者はぼろを出す. ★ (1) 通性の単数名詞を受けたり, 性別不明の一人の人を指したりする場合 he が用いられる: What kind of person is a martyr?—*He* is a person who gives up *his* life for *his* beliefs. 殉教者とはどのような人のことですか—殉教者とはおのれの信念のために生命を捨てる人のことです / Go and see who knocks at the door and what *he* wants. 誰がドアをノックしているのか, そして何の用なのか行って見て来て下さい. (2) ⇨ it[1] 1 ★.
── [híː] *n.* (*pl.* **hes, he's**) **1** 男, 男の子 (↔ she): Is it a *he* or a she? 男か女か. **2** 《口語》雄 (male).
he[2] [híː] 〘OE: 擬音語〙 *int.* ひー, ひひー《おかしさ・あざ笑いを表わし, しばしば he! he! he! と反復する》.
he[3] [héɪ] 〘□Heb. *hē*〘原義〙lo!〙 *n.* へー《ヘブライ語アルファベット 22 字中の第 5 字: ה (ローマ字の E に当たる); ⇨ alphabet 表》.
He 《記号》〘化学〙 helium.
h.e., H.E. 《略》 height of eye 〘建築〙目通り; high explosive; horizontal equivalent (2 点間の)水平距離.
H.E. 《略》 His Eminence 《cardinal の尊称》; His [Her] Excellency 閣下.
he- [hiː] 〘← HE[1]〙 ── 次の意味を表わす連結形: **1** 「男性の, 雄の」(↔ she-): *he*-goat, *he*-wolf, etc. **2** 《口語》「実に男性的な; 非常に大きな[強健な]」: a real *he*-man 全くの偉丈夫.
head [héd] 〘ME *hed, heved* < OE *hēafod* < Gmc *χaubuđam (G *Haupt* / ON *hǫfuð* / Goth. *háubiþ*) ← IE *kap-ut- 〘原義〙? cup-shaped (L *caput* / Skt *kapāla* skull)〙 ── *n.* **1 a** (人の顔も含めた)頭, 頭部《目の上から後ろにかけての毛の生える部分》: bare one's ～ 脱帽する / break one's ～ against ⇨ break[1] 成句 / strike [hit] a person on the ～ 人の頭を打つ / have a bump on one's ～ 頭にたんこぶがある. ★ ラテン・ギリシャ語系形容詞: cephalic. **b** (人の)首《頭部を含めて, 頸(くび)から上の部分》: bow one's ～ 頭を下げる, お辞儀する / cut off the ～ 首をはねる / hang down one's ～ 頭を垂れる / shake one's ～ 頭を振る《どうかなあと疑念を示す》/ He is taller than me by a ～.＝He is a ～ taller than me. 私より首から上の分だけ高い (cf. e). **c** 生命 (life): It cost him his ～. それをして彼は命を落とした. **d** (動物の)頭, 頭部 (cf. tail[1] 1, trunk 2 a): The body of an insect is divided into three sections, the ～, the thorax, and the abdomen. 昆虫の体は頭, 胸, 腹の三つに分かれている / Better be the ～ of an ass than the tail of a horse. 《諺》鶏口となるも牛後(ぎゅうご)となるなかれ《Better be the ～ of a dog [fox, lizard, mouse] than the tail of a lion. など種々の言い替えがある》. **e** 〘競馬〙(馬の)頭の長さ, (着差の)頭差: win by a ～ 頭の差で勝つ (cf. b).
2 a 一人, 一人前[分] (individual): dinner at five dollars a [per] ～ 一人前 5 ドルの料理 / count ～*s* (出席者・賛成者などの)人数を数える / They paid six dollars a ～ for the concert. その音楽会にひとり頭 6 ドルずつ出した. **b** (*pl.* ～) (動物の)頭数, 数: fifty ～ of cattle [sheep] 牛[羊] 50 頭 / They paid 10 cents a ～ for the rats. そのねずみを一匹 10 セントで買ってくれた. **c** [集合的] 《英》猟鳥[獣]の群れ: a large ～ of game たくさんの獲物の群れ.
3 a 頭髪; 結髪 (coiffure): comb one's ～ 頭髪をくしけずる / a ～ of hair (長い・ふさふさした)頭髪, 髪 / I wish I had your ～ of hair. 私もあなたのような髪だったらいいのに. **b** 鹿の枝角 (antlers): a deer of the first ～ 初めて角の生えた鹿.
4 a (彫像などの)頭部; 頭像: a bronze ～ of Napoleon ナポレオンのブロンズ頭像. **b** [通例 *pl.*; 単数扱い] (通例頭像のある貨幣の)表, 形(かた) (cf. tail[1] 11): *Heads* I win, tails you lose. 表が出れば私の勝ち裏が出れば君の負け《どちらに転んでもこちらは得をする; 昔いかさま師が用いた銭投げの文句から》/ play at ～*s* and tails 銭[コイン]投げをする (cf. toss *vt.* 3) / *Heads* or tails? 形(かた)か緩面(なめ)か, 表か裏か. **c** (頭像のある)郵便切手.
5 a 頂上, 頂; (物の足部 (foot) に対して)上部, 上端 (top): the ～ of a mountain 山の頂上 / at the ～ of a ladder [staircase] はしご[階段]の頭[頂上]で / the ～ of a bed ベッドの頭《枕の部分》/ the ～ of a grave 墓の頭部《埋葬遺体の頭のある側》. **b** (泉・川・谷などの)水上, 奥; 源, 水源: the ～ of the Nile ナイル川の水源 / the ～ of a valley 谷の奥 / the ～ of a bay [gulf] 湾頭 / the ～ of a lake 湖頭《川の流入する方》. **c** 崖(がけ)の頭, 先, 先端, 鼻: the ～ of a pier 突堤の先端. **d** [しばしば地名に用いて] 岬(みさき) (cape): Diamond *Head*.
6 a (権力・統御の)首位, 首席; 上座, 上席; 座長席, 主人席: be at the ～ of affairs in France フランスの国事を総覧する / at the ～ of the class [list] クラスの首席に[名簿の一番上に] / at the ～ of the poll (議員選挙の)最高点で / take the ～ 先に立つ, 先導する / take [sit at] the ～ of the table 宴会の主人席に着く. **b** (行列・行進などの)先頭, 前(部) (front): march at the ～ 先頭に立って行進する / ⇨ HEAD of the river. **c** (ダンスなどの)先導者[部分].
7 a (道具・品物などの)頭. **b** (樽の)かがみ. **c** (太鼓の)皮面. **d** (釘・ピンなどの)頭. **e** (杖などの)頭《持つ部分》. **f** (斧・槌などの)頭《切る・打つ部分》. **g** (砲弾の)頭部, 弾頭 (war head). **h** (ゴルフクラブ・ラケットなどの)ヘッド《ボールを打つ部分》. **i** (弦楽器の)頭の部分《渦巻き部分と糸巻き部分》. **j** (シリンダーの)閉鎖面.
8 a (車の)幌, 覆い (hood). **b** 《英》(自動車の)車蓋, 屋根 (top).
9 a (液体を注ぎこんだ時表面に浮く)あわ: the ～ on a glass of ale ビールのコップの上のあわ / give a ～ to beer ビールをあわ立たせる. **b** 《英》(牛乳の表面に浮く)クリーム.
10 a (木の)梢(こずえ). **b** (草木の)頭状花 (capitulum); 葉球, 結球: a ～ of lettuce / a cabbage with a good ～ よく結球したキャベツ / a clover ～ クローバーの花.
11 a (腫(は)れ物などの膿(う)んで破れそうな)頭, 化膿部分: ⇨ *come to a* HEAD, *gather* (*to a*) HEAD. **b** 絶頂, 極点, 危機 (culmination, crisis): bring matters to a ～ 事態を危機におとしいれる[どたん場に追い込む]; 要約する.
12 a (問題の)項目 (section), 論点, 題目: treat a question under several ～*s* 問題を数項目に分けて論じる / on [upon] that ～ その点について(は) / the ～ of a sermon 説教の題目 / come under the ～ of ...の部[項]にはいる. **b** (章・節などに付ける)見出し《heading ともいう; cf. running title, shoulder head, sidehead》; (新聞などの)見出し (headline).
13 a (水車や発電所のためにたくわえられた)水源池, 水源の高度, 水頭, (水の)落差; (水・蒸気などの)圧力: a good ～ of water よい水源池 / a ～ of water driving a turbine タービンを動かす水圧 / fifty feet ～ of water 50 フィートの落差のある水. **b** 〘物理〙速度(水)頭《流体の圧力を重力場において同じ圧力をもつ流体柱の高さで表わしたもの》.
14 (テープレコーダーの)ヘッド (magnetic head)《テープと直接接触して録音・再生・消去をする部分》.
15 a (知性・思考・霊感などの宿る座としての)頭; 頭の働き, 知力, 知能, 理性 (intellect, reason), 推理力, 理解力: bother one's ～ about the problem その問題に頭を悩ます / clear the ～ 頭をはっきりさせる / use one's ～ 頭を使う, 考える, 判断する / cram one's ～ with knowledge 頭に知識を詰め込む / a clear ～ 明晰な頭 / a level ～ 冷静な[しっかりした]判断力 / have a long ～ 先見の明がある / be touched in the ～ 少し気がふれている, 頭がおかしい / be weak in the ～ 頭が悪い, 低能だ / do the sum in one's ～ 暗算で勘定する / He made it up *out of* his own ～. 彼は自分でそれを案出した / put something *into* [*out of*] a person's ～ あることを人に思い起こさせる[忘れさせる] / get something *out of* one's ～ あることを考え[信じ]なくなる / ⇨ *get into one's* HEAD, *take into one's* HEAD / Two ～*s* are better than one. 《諺》三人寄れば文珠(もんじゅ)の知恵. **b** 知性のそなわった人; …の頭の人: wise ～*s* 分別ある人々 / crowned ～*s* 王位にある人々 / ⇨ hothead. **c** 生得の才能, 才 (talent): a good [poor] ～ *for* mathematics 数学に向く[向かない]頭 / a keen business ～ 抜け目のない商才 / I have no ～ *for* heights. 高い所は苦(にが)手だ / If you have a bad ～ *for* heights, don't try to cross a suspension bridge. 高所恐怖症なら吊り橋は渡ろうとするな. **d** 冷静さ, 落ち着き (poise): keep one's ～ 冷静である, 取り乱さない, 落ち着いている / keep a cool ～ 冷静である / lose one's ～ あわてる, 度を失う / turn a person's ～ 人を興奮させる[夢中にさせる] / She lost her ～ over jewels. 宝石に夢中になった.
16 a 頭(かしら), 頭目, 首領, 領袖, 支配者, 指揮者 (chief); 長官, 頭取, 会長, 社長, 校長 (director): the ～ of a clan [family] 一門[一族]の頭[長] / the ～ of a college 大学学長. **b** [the H-] 《口語》校長 (headmaster).
17 《口語》(二日酔いまたはなぐられての)頭痛: get [give] a ～ 頭痛を起こす[起こさせる], 二日酔いになる[する] / have a ～ (二日酔いで)頭痛がする.
18 《俗》**a** (LSD・マリファナなどの)麻薬常用者, 薬(やく)中毒 (cf. acidhead, pothead 3, head shop). **b** (熱烈な)ファン, 熱狂者: a pop ～ ポップの熱愛者.
19 《米俗》口 (mouth): open one's ～ しゃべる / Shut your ～! 黙れ.
20 《卑》＝glans penis.
21 《口語》＝headlight.
22 《古》(次第に得られた)権力, 勢力 (power).
23 〘機械〙(旋盤・ボール盤などの)工具を取り付ける部分, 鉋ばれの取付端.
24 〘鉱山〙坑道 (heading).
25 〘文法〙主要語(headword), 主要語句, 中心部《内心的構造 (endocentric construction) において修飾語に対して修飾される語; 例えば hot water の water》.
26 〘音楽〙(音符の)符頭 (cf. hook *n.* 6, stem[1] 8).
27 〘鉄道〙レール頭 (rail head).
28 a 〘印刷〙＝till[5]. **b** 〘印刷〙天, 頭下《印刷ページの上部余白; 組版で上部余白となる部分; top ともいう》. **c** 〘製本〙天, 頭《三方小口の一つで, 上部の辺; top ともいう; cf. fore edge, foot 13》.
29 〘写真〙(三脚の上などにつける)雲台.
30 [*pl.*] 〘醸造〙初溜《最初に蒸溜してできる溜分; cf. tail[1] 16》.
31 〘音声〙音調頭.
32 〘金属加工〙押し湯 (⇨ dead 4).
33 〘建築〙楣(まぐさ)石, 上枠.
34 〘海事〙**a** 船首 (bow) (↔ stern). **b** (帆や円材 (spar[1]) の)上部. **c** (船首にある船員用の)便所.
above** a person's **head ＝*over a person's* HEAD (1): It's *above the* ～ *of* the pupils. 生徒たちにわからない[むずかし過ぎる]. ***beat** one's **head against a wall*** ＝*run one's* HEAD *against a wall*. ***beat** a person's **head off*** 人をさんざんにやっつける. ***be over head and ears in love*** [***in debt***] ぞっこん[首ったけ]である[借金で首が回らない]. ***bite** a person's **head off*** 《口語》人につっけんどんな返事をする; 人に八つ当りする, 食ってかかる. ***bury** one's **head in the sand*** (***like an ostrich***) 〘ダチョウは追われると砂の中に頭を埋めて他に見えないつもりでいるとの伝説から〙(ダチョウのように)危険が近づいているのを見ようとしない, 真相を認めようとしない. ***by a head*** (1) ⇨ 1 e. (2) ほんの僅かの差で, 少差で. ***by the head*** ＝*down by the* HEAD. ***by*** (***the***) ***head and shoulders*** ＝HEAD *and shoulders* (2). ***can make neither head nor tail of it***＝***cannot make head or tail of** it* 皆目(その正体が)分からない, 何が何だか分からない. ***carry** one's **head high*** 頭をぐっとそらせて歩く, 反身(そりみ)になって歩く, 偉そうに構える. ***come into** a person's **head*** ＝*enter a person's* HEAD. ***come to a head*** (1) 〈腫(は)れ物などが〉十分に膿(う)む (cf. 11 a). (2) 絶頂[危機・最後の段階]に達する: The problem has *come to a* ～. その問題は最後の段階に達した. ***cry** one's **head off*** ひどく泣き叫ぶ. ***do** one's **head*** 《俗》ひどく心配する[怒る]. ***down by the head*** (1) 〘海事〙船首の喫水が船尾より大で (cf. (*down*) *by the* STERN). (2) 《俗》少し酔って. ***draw to a head*** ＝*come to a* HEAD. ***eat its*** [***one's***] ***head off*** (1) 〈馬などが〉(割に合わないほど)飼料を大食いする, 飼主を食い倒す. (2) 大食いして働かない[なまける]. (3) 大食いする, がつがつ食べる. ***enter** a person's **head*** 〈考えなどが〉人の頭[胸]に浮かぶ: It never *entered his* ～ that he might be chosen leader. 自分が指導者に選ばれるなどとは考えもしなかった. ***fling oneself at** a person's **head*** 〈女が〉派手な振舞いをして人(男)の気を引くようにする. ***from head to foot*** [***heel***] 頭のてっぺんから足のつま先まで, 全身, すっかり. ★ 'head to foot' ともいう: She was dressed in black ～ *to foot*. ***gather*** (***to a***) ***head*** ＝*come to a* HEAD. ***get** one's **head down*** (1) 《口語》寝る. (2) (机などに戻って)また仕事を始める. ***get into** one's **head*** (1) 〈ある事を〉十分に理解する: Now *get* this *into your* ～. さあこのことをよく頭に入れておきなさい. (2) 〈ある事を〉(愚かにも)想像する, 思い込む: He had *got* it *into his* ～ that he would be elected. 当選するものと信じていた / He *got* it *into his* ～ that he had cancer. がんだと思い込んでいた. ***get it through** a person's **head*** 人を理解させる. ***give** a person his **head*** 〈人〉の自由を許す, 思う通りにさせる. ***go to** a person's **head*** (1) 〈酒が〉頭にくる. (2) うぬぼれさせる. ***hang** one's **head*** うなだれる, 恥入る. ***have a*** (***good***) ***head on** one's **shoulders*** 実務の才[常識]がある, 聡明である. ***have** one's **head in the sand*** ＝*bury one's* HEAD *in the sand* (*like an ostrich*). ***have** one's **head screwed on*** 分別がある, そつがない: He has his ～ *screwed on* the right way. 彼は抜かりがない. ***head and front*** 《古》(1) 絶頂, 頂点 (summit). (2) 本質, 本体: the ～ *and front* of my offending 私の罪科の罪科たるところ (Shak., *Othello* 1. 3. 80). ***head and shoulders*** (*adv.*) (1) 頭と肩ほどの差で; ずば抜けて, はるかに: He stands ～ *and shoulders above* them. 彼らより背が頭と肩だけ[ずば抜けて]高い; 彼らより断然優秀だ / He was ～ *and shoulders* the best writer of the age. その時代最高の作家だった. (2) 《古》強引に, 無理(やり)に, 乱暴に: drag in (by [by the]) ～ *and shoulders* 〈場違いの話題などを〉無理に引き入れる. (*n.*) 頭と肩だけの写真[肖像画]. (*adj.*) 頭と肩だけの: a ～ *and shoulders* portrait. ***head first*** [***foremost***] ＝headfirst, headforemost. ***do** a person's **head off*** 人がうんざりするほど: He shouted her ～ *off*. 彼女がうんざりするほど[ひどく]叫んだ. ***do** one's **head off*** ひどく: He cried his ～ *off*. ひどく泣き叫んだ. ***head on*** (1) (衝突など)正面から, 頭と頭と(もろに): collide ～ *on* 正面衝突する / strike an iceberg ～ *on* 氷山に正面衝突する. (2) 真向うから対立して (cf. head-on): run ～ *on* against the policy 政策と正面衝突する. ***head over ears*** ＝*over* HEAD *and ears*. ***head over heels*** (1) もんどりうって, さかさまに: turn ～ *over heels* とんぼ返りする. (2) 完全に; 深く (deeply): He fell ～ *over heels* in love with her. 彼女にぞっこんほれ込んだ / He was ～ *over heels* in debt. 借金で首が回らなかった. (3) 急いで, 衝動的に, 向こう見ずに (recklessly). ***Heads up!*** 《口語》(1) 気をつけろ, どいたどいた. (2) (ボールなどを)ちゃんと受け止めろ. ***hide** one's **head*** (1) (恥入って)顔を隠す. (2) 《廃》避難する, 逃避する. ***hide** one's **head in the sand*** ＝*bury one's* HEAD *in the sand* (*like an ostrich*). ***hold** one's **head high*** ＝*carry one's* HEAD *high*. ***hold over** a person's **head*** 〈威嚇などを〉人に振りかざす. ***hold up** one's **head*** 頭をちゃんと上げている, 毅然としている, 悪びれない. ***keep** one's **head above water*** (1) 首を水上に出している, おぼれないでいる. (2) 借金しないでいる; 死なないでいる. ***keep** one's **head down*** 混乱[危険]

を避ける. ***knock head*** お辞儀する (kowtow). ***knock one's head against a wall***＝***run*** *one's* ***head against a wall***. ***knock*** *a person's* ***head off***《俗》人を苦もなく負かす. ***knock*** *their* ***heads together*** (1) 二人にはち合わせをさせる. (2) 強引に二人のけんか[ばかなまね]をやめさせる. ***knock in*** [***on***] ***the head*** (1)〈人〉の頭を打って気絶させる[殺す], なぐり殺す, 片付ける. (2)〈計画などを〉打ちこわす, つぶす. ***knock into the head***〈ある事を〉頭にたたき込む, よく教え込む, 徹底させる. ***laugh*** *one's* ***head off*** 大笑いする, 存分に笑う. ***lay heads together*** ＝*put* HEADS *together*. ***let*** *a person* ***have*** *his* ***head***〈人を〉思うようにさせる[自由にさせる]. ***lift*** (***up***) *one's* ***head*** (1) 頭角を表わす. (2) 元気を回復する. (3) 誇りを感じる, 自信をもってくる. ***lose*** *one's* ***head*** (1)(重刑として) 首を切られる. (2) ⇨ 15 d. ***make head*** 前進する, 進む (advance). ***make head against*** …に抵抗する, …を食い止める. ***not know whether*** *one* ***is*** (***standing***) ***on*** *one's* ***head or*** *one's* ***heels***《口語》ひどく当惑して[とまどって]いる. ***off*** *one's* ***head***《口語》気が違った[て]: go *off one's* ～ 理性を失う, 気が違う. ***off the top of*** *one's* ***head*** ⇨ top 成句. ***on*** *one's* ***head*** (1) 逆立ちして: stand *on one's* ～ 逆立ちする. (2)《口語》いとも容易に, 楽々と: I can [could] do it (standing) *on my* ～. そんなことは朝飯前だ. (3) …の責任で: have a person's blood *on one's* (own) ～ 人の死の責任を感じる / Be it *on your* ～! それは君の責任だぞ / The crime lies *on his* ～. その犯罪の責任は彼にある. ***out of*** *one's* ***head*** (1) 自分の創意で, 自分で考えて: This was written *out of his* (own) ～. これは彼が自分で考えて書いたものだ. (2)《米》気が違って; ひどく酔って. (3) ⇨ 15 a. ***over*** *a person's* ***head*** (1)(話など) 人の理解を越えて: talk *over a person's* ～ 人に理解できないような事柄を[話し方で]話す / The examination was quite *over my* ～. 試験は全然歯が立たなかった. (2) 上司などの頭越しに[に相談もせずに]. ***over head and ears***〔…に〕深くはまり込んで〔*in*〕: be *over* ～ *and ears in* love [debt, work] 恋に夢中になっている[借金で首が回らない, 仕事に没頭している]. ***over the head***(***s***) ***of*** … …の先を越して: He was promoted *over the* ～ *of* his colleagues. 同僚たちより先に昇進した. ***poke*** *one's* ***head*** (1) 前かがみになる. (2)〔窓などから〕頭[顔]を突き出す〔*through*〕. ***put a head on***《米俗》(1) …をなぐる (punch, assault). (2) …を黙らす (silence). ***put an old head on*** [***upon***] ***young shoulders*** 若い者に分別を持たせる, 若い者をまじめにする. ***put*** *one's* ***head into the noose*** ⇨ noose 成句. ***put heads together*** 額を集めて相談する, 熟議する. ***raise*** *one's* ***head*** 現われる, 台頭する. ***run*** *one's* ***head against a*** (***brick*** [***stone***]) ***wall*** 成功の見込みのないことを企てる. ***run in*** *a person's* ***head*** (1)〈メロディーなどが〉繰り返し浮かんで来る. (2)〈考えが〉頭にこびりついている. ***scream*** *one's* ***head off***(長く)声を限りに絶叫する. ***show*** *one's* ***head*** ⇨ show 成句. ***shut*** *one's* ***head*** ⇨ shut 成句. ***snap*** *a person's* ***head off*** ＝*bite a person's* HEAD *off*. ***standing on*** *one's* ***head*** ＝*on one's* HEAD (2). ***stand on its head*** (1)〈物事の順序などを〉転倒させる; …を混乱に陥れる. (2)〈人の議論などの〉逆手を取る. ***take into*** *one's* ***head***(浅はかにも)〈ある事を〉思いつく, 決める: *take* things *into one's* ～ たわいのない事をいろいろ思いつく / *take* it *into one's* ～ to become a film star 映画スターになろうと思いつく / He *took* it *into his* ～ that he was being deceived. 自分はだまされているのだと決めた. ***talk*** *a person's* ***head off*** 長話で人をうんざりさせる, のべつ幕なしに[うんざりするほど]しゃべる. ***turn*** *a person's* ***head*** (1) ⇨ 15 d. (2)〈人を〉うぬぼれさせる. ***upon*** *one's* ***head*** ＝*on one's* HEAD. ***with*** *one's* ***head in the air*** いばって, 偉そうに: He goes about *with his* ～ *in the air*. 彼は偉そうに歩き回る. ***yawn*** *one's* ***head off*** 大あくびをする.

head of the river [(the) ～]《英》(bumping race で, 各学寮出場ボートの)先頭; (レースで)一位, 優勝: go ～ *of the river* 一位になる.

heads or tails [単数扱い]「表か裏か」《硬貨を投げ上げて表か裏かで勝負する賭事》.

— *attrib. adj.* **1** 首席の, 首位にある: a ～ teacher 首席教員, 教頭 / a ～ coach (競技者の)ヘッドコーチ / ⇨ headwaiter. **2** 前から来る: a ～ tide 逆潮(ぎゃくちょう) / ⇨ head wind. **3** 先頭の, 一番前にある: ～ sails. **4** 頭の(ための).

— *vt.* **1 a** …の先頭に立つ, 筆頭にある, 首席である: ～ a procession 行列の先頭に立つ / ～ one's class クラスの首席である / His name ～*ed* the list. 彼の名が筆頭だった. **b** …の頭になる, 先に立つ, 率いる, 主宰する: ～ a rebellion [revolt] 暴徒を率いる / a delegation ～*ed* by Mr. X X 氏を団長とする代表団 / ～ up a new government 新政府の首班となる. **2 a**〈船・車などを〉…に向ける[進める]〔*for, toward*〕: ～ a vessel *toward* the shore 船を岸に向ける / What part of London are you ～*ed for*? ロンドンのどの方面に行かれますか. **b** …に〔不運などへの〕道をたどらせる〔*for*〕: Duckbills are ～*ed for* extinction. カモノハシは絶滅に向かって[瀕して]いる / be ～*ed for* disaster 不幸に陥る運命にある. **3 a**〈進んで来るもの〉に立ち向かう: ～ the waves 波に立ち向かう. **b**(進んで来るものを阻止するために)立ちはだかる: ～ a herd of cattle. **4 a**〈レースなど〉で1位になる: ～ a race. **b** …よりまさる;〈記録などを〉超える (surpass): ～ all records すべての記録を超える. **5 a** …に頭部をつける: ～ a pin, nail, etc. **b** …に見出しをつける. **6 a**〈動物〉の頭を取る: ～ a fish, a hen, etc. **b**〈植物〉の枝先[心(しん)]を摘む〈*back, down, in*〉: ～ (*down*) a plant 草木の心を切る / ～ *in* shoots 枝を切り返す. **c**〈穀物を〉穂を刈って収穫する. **d**《まれ》…の首を切る (behead). **7**〈川〉の水源を回って行く: ～ a stream. **8**《狐狩》〈狐〉の走る向きを変えさせる. **9**《サッカー》〈ボールを〉ヘッディングする: ～ a ball.

— *vi.* **1 a**〔…に向かって〕進行[前進]する, 〔…の方向に〕進む〔*for, toward*〕: ～ west 西方に向かって進む / ～ north *toward* Bonn ボンを目指して北進する / ～ straight *for* one's destination 目的地に向かって真直ぐに前進する / He ～*ed for* Delhi. デリーに向かって進んだ. **b**〔不運などへの〕道をたどる〔*for*〕: ～ *for* bankruptcy 破産の方向に進む / ～ *for* totalitarianism 全体主義に傾斜して行く. **2**〈川が〉源を発する (arise)〔*in, from*〕. **3 a**〈植物などが〉穂を出す, 結球する〈*up*〉: The cabbages are ～*ing up* nicely. キャベツは見事に結球して来た. **b**〈はれものが〉膿(う)んで頭ができる.

head in《鉄道》〈列車が〉側線に待避する《進行してくる列車を通過させるため》. ***head off*** (1)(前進を阻止するために)…を立ちはだかる: ～ a crowd *off* (*from*) the wrong exit 群衆が間違った出口から出ようとするのをさえぎる. (2) …から思い[注意]をそらせる, させないようにする: ～ *off* a quarrel 口論をさえぎる / I ～*ed* him *off* (*from*) making a speech. 彼に演説を思いとどまらせた. ***head up*** (*vt.*) (1)〈たるなどに〉ふたをする. (2) …の先に立つ, 率いる. (*vi.*) (1) 源を発する. (2) 頂点[絶頂]に達する. (3) ⇨ *vi.* 3 a.

-head [hèd]〘ME *-hede, -hed* < OE **-hǣd*(*e*): ⇨ -hood〙 — *suf.* 名詞または形容詞に付いて「地位, 状態, 性質」を表わす名詞を作る: god*head*, maiden*head*. ★ この2例を除き, 今は一般には -hood が用いられる.

héad·àche〘OE *hēafodece*: ⇨ head, ache (n.)〙 — *n.* **1** 頭痛: have a bad [slight] ～ ひどい[軽い]頭痛がする / suffer from ～(*s*) 頭痛に悩む. **2**《口語》頭痛の種, 悩み, 困った[迷惑な]問題.

head·ach·y [hédèɪki | -kɪ]〘⇨ ↑, -y⁴〙 *adj.* (**-ach·i·er; -i·est**) **1** 頭痛がする, 頭痛持ちの. **2**〈酒・風邪など〉頭痛を起こす, 頭痛を伴う.

head ámplifier *n.*《電子工学》前置増幅器.

héad-and-tàil light *n.*《魚類》ヘッドアンドテールライトフィッシュ (*Hemigrammus ocellifer*)《反射光によって目の上縁と尾柄の上半分が金色に光るカラシン科に属する小型の熱帯魚》.

head arràngement *n.*《音楽》ヘッドアレンジ(メント)《ジャズ・軽音楽などで譜面に書かず演奏前の口頭の打合わせによる編曲》.

héad·bànd *n.* **1** はち巻き (fillet). **2**《印刷》ヘッドバンド《章頭やページの上部を飾っている草花などの飾り模様》. **3**《製本》(本の中身の背の上下に貼り付けたり, 縫い付けたりする)花ぎれ, ヘドバン, ヘッドバンド (cf. footband).

héad·bòard *n.* (寝台などの)頭板(あたまいた) (cf. footboard 2).

héad-bòom *n.*《海事》＝jibboom.

héad·bòrough〘(?*c*1200) *hede borgh* ← HEAD＋OE *borh* pledge (cf. borrow)〙 *n.*《英史》**1** 十人組長, 市邑長 (cf. frankpledge 1). **2**(教区の)小役人, 下級警吏.

héad·bòx *n.*《製紙》ヘッドボックス《紙料を調整して流す装置》.

head bòy *n.*(英国の学校での)首席の生徒.

héad·càp *n.*《製本》キャップ《革装本で背の花ぎれ (headband) をおおう革の部分》.

héad·chèese *n.*《米》ヘッドチーズ《豚や小牛の頭や足を細かく刻んで香辛料と共に煮て, ゼリー状に冷やし固めた食品》.

héad·clòth *n.*《服飾》ヘッドクロス《スカーフやターバンなど頭にかぶる布一般》.

héad còld *n.* 鼻つまりかぜ, 鼻かぜ.

héad còunt *n.*《米口語》人口調査; 世論調査.

héad-còunter *n.*《米口語》人口調査員; 世論調査員.

héad dìp *n.*《サーフィン》波かぶり《波乗りで乗り手が板の上に膝をつけて坐り波の中に頭をつっ込む技》.

héad dòctor *n.*《俗》精神(科)医, 精神病医学者.

héad·drèss *n.* **1** ヘッドドレス, 頭飾り《帽子のようにかぶったり, リボン・花・くしなどのようにつける頭の装飾品》. **2** 髪の結い方, ヘアスタイル.

héad·ed〘(*c*1374): ⇨ head (n.), -ed 2〙 — *adj.* **1**〈キャベツなど〉結球した. **2**(頭部・上端に)見出し (heading) のある. **3**[複合語の第2構成要素として] 頭が…の, …頭の: long-*headed*, round-*headed*, bald-*headed*, two-*headed*, hoary-*headed*, clear-*headed*.

héad·er〘(?*a*1425): ⇨ head, -er¹〙 — *n.* **1 a** 頭を切り離す人. **b** 頭を除去する機械; (穀物の)穂刈り器. **2 a** 頭を作る人. **b** ふた職人《たるの頭部を作る[はめる]桶屋》. **c**(釘・針などの)作頭機. **3 a** 捕鯨船の指揮者. **b**(牛・羊の群れの)誘導犬. **4**《口語》(水泳の)逆さ飛込み (dive); 逆さに落ちること: take a ～ off a ladder はしごから逆さに落ちる. **5** 通水管, 通気管, 管寄せ, 母管. **6**《建築》(ドア口の上部の)楣(まぐさ), 横梁(おうりょう) (lintel). **7**《石工》れんが・切石の小口(こぐち) (cf. stretcher 7 a; ⇨ brick 挿絵); 小面(こづら). **8**《サッカー》＝heading 4. **9**《電子工学》ヘッダー《端子を貫通させて素子をのせる板》.

héader bònd *n.*《石工》(石造・れんが造の)小口積み (⇨ bond¹ 挿絵).

héader còurse *n.*《石工》(石造・れんが造で)小口のみが並べられた層; 小口層 (cf. stretcher course).

héad-fàlsie *n.*《俗》かつら (wig).

héad fàst *n.*《海事》**1** 船首のもやい綱. **2** 船首もやい, 先もやい《船首を岸壁に向けて縦に係留》.

héad·first *adv.* **1** 頭を先にして: fall [dive] ～ まっさかさまに落ちる[飛び込む]. **2** 大急ぎで (precipitately), 向こう見ずに (recklessly).

héad·fìsh *n.*《魚類》**1** ＝ocean sunfish. **2** ＝sharp-tail mola.

héad·fóremost *adv.* ＝headfirst.

héad·fràme *n.*《鉱山》巻上げ機の滑車を支えるために作られた立坑櫓《gallows ともいう》.

héad gàte *n.* **1** 運河の上水門. **2** 取水門, 取水ゲート《用水・人工水路などの水門》.

héad·gèar *n.* **1 a** かぶり物, 頭飾り, 帽子: a stylish piece of ～. **b**(ボクシングなどの)ヘッドギア《選手が頭部を保護するために着ける革製などのおおい》. **c** 頭文《兵士の鉄かぶと・ヘルメットなど》. **2** おもがい《頭部の馬具》. **3**《鉱山》巻上げ櫓.

héad·hùnt *vi.* **1** 首狩りをする. **2** 政敵から地位・権力などを奪おうとする. **3**《俗》(企業などで)幹部級の人材をスカウト[選考]する. — *n.* **1** 首狩り. **2**《俗》幹部級人材のスカウト.

héad·hùnter *n.* **1** 首狩りをする蛮人. **2** 政敵から地位・権力を奪おうと工作する者. **3**《俗》(高級技術者・支配人などの)幹部級人材スカウト係.

héad·hùnting *n.* **1**(蛮人の)首狩り. **2**(政敵などの)勢力を弱めようとすること. **3**《俗》幹部級人材のスカウト. **4**(理由もなく)むやみに首にすること.

héad·ing〘(*a*1325): ⇨ head, -ing¹〙 — *n.* **1 a** 頭を付けること, 頭を作ること. **b** 表題, 題目, 見出し, ヘッディング. **c**《図書館》(目録記入の)標目, 見出し語. **d**(書翰の上部右側に記す)発信人のアドレスと日付. **2**(船・航空機などの)方向を定めること; (向けられた, または曲げられた)方向, 方位, 向き (direction): ⇨ magnetic heading, true heading. **3**《古》頭を切ること, 首切り. **4**《サッカー》ヘッディング《ボールを頭でパスまたはシュートすること》. **5**《建築》(れんがを)小口 (header) を出して積むこと, 小口積; (小口を出して)積んだれんがの列. **6**《鉱山》水平坑, 坑道, 引立(ひったて); ひ押坑道 (drift); (坑道との探掘切羽の)掘進. **7** たるのかがみの材料.

héading bònd *n.*《石工》＝header bond.

héading còurse *n.*《石工》＝header course.

héading jòint *n.* **1**《木工》(板の)端喰(はしばみ). **2**《石工》(アーチの迫石の)接ぎ.

héad jòint *n.* **1**《建築》縦目地《石造やれんが造の垂直の目地》. **2**《楽器》(フルートの)吹管のついた部分.

héad làmp *n.* ＝headlight.

head·land [hédlənd, -lænd | -lənd]〘OE *hēafodland*〙 — *n.* **1**(海や湖に突き出た)岬 (promontory). **2**《農業》枕地《畑の畝(うね)の端にある耕してない細長い土地で, 犂(すき)などの回転のために使う》.

héad·lèdge *n.*《造船》**1** ハッチ端コーミング, 艙口端縦材《艙口の上端を補強するため横方向に取り付けた縁材》. **2**(ヨットの)センターボードボックスの前面に取り付けた縦方向の補強材.

héad·less〘OE *hēafodlēas*: ⇨ head, -less〙 *adj.* **1** 頭[首]のない; 首を切られた. **2** 首領[指導者]のない. **3** 知恵[良識]のない, ばかな. **～·ness** *n.*

héad·lìght *n.* **1 a**(自動車・機関車などの)前照灯, ヘッドライト. **b** ヘッドライトの光[光線]. **2**(船の前檣(ぜんしょう)に掲げる)白色灯. **3**《鉱山》(鉱夫などが前頭部につける)前照灯; (医師が額につける)額帯(がくたい)鏡; (耳鼻科の)耳鏡(じきょう).

héad·lìne〘(*c*1294): ⇨ head, line²〙 — *n.* **1 a**《印刷》ヘッドライン《印刷ページの上部で, 通し書名やノンブルのある行》; 柱, 欄外標題. **b**(新聞などの大活字の)大見出し (banner): grab [win, go into] ～ 新聞に大きく取り上げられる; 有名になる / make [hit] the ～*s* 重大ニュースになる. **c** [通例 *pl.*]《ラジオ・テレビ》(ニュース放送の冒頭に言われる[出る])主な項目. **2** ＝headrope. **3**《海事》＝head fast. — *vt.* **1**〈記事・ページ〉に見出しを付ける. **2**《米》**a** 立て役者[花形]として出演させる; 売りものにする. **b**〈出し物〉の主演者[売りもの]になる.

héad·lìner *n.* **1** 見出しをつける編集記者. **2**《米》(劇や映画で宣伝の目玉になる)立て役者, スター (star).

héad línesman *n.*《アメリカンフットボール》(6人の審判のうちの)ラインズマン, 線審 (football linesman).

héad·lìning *n.*《自動車》ヘッドライニング《車室天井の裏張り》.

héad·lòad *n.* 頭に乗せて運ぶ荷.

héad·lòck *n.*《レスリング》ヘッドロック《相手の首に腕を回して抑える手》.

head·long〘(*a*1382) *hedlinge, hevedlinge*: ⇨ head, -ling²: *-ling* が後に *-long* (＝along) と混同された〙 — [⌐⌐, ⌐⌐] *adv.* **1** まっさかさまに: fall [plunge] ～ まっさかさまに落ちる[飛び込む]. **2** 向こう見ずに, がむしゃらに, 無鉄砲に (rashly): rush [plunge] ～ into danger 向こう見ずに危険に突入する. **3** 大急ぎで. — [⌐⌐, ⌐⌐] *adj.* **1** まっさかさまの: a ～ fall まっさかさまの墜落 / Poland's ～ plunge into the consumer society ポーランドの一気に消費型社会に突入[変容]したこと. **2** 向こう見ずの, がむしゃらの, 無鉄砲な (rash): a ～ leader. **3** 大急ぎの (precipitate): a ~ flight. **4**《古》険しい (steep): a ~ hill.

héad lòuse *n.*〘昆虫〙アタマジラミ (*Pediculus humanus capitis*)《ヒトジラミの変種; 頭髪に付着する》.

héad·man 〚OE *hēafodman* chief: cf. G *Hauptmann* captain〛 — *n.* **1** [-mǽn, -mæ̀n | -mæ̀n, -mən] (*pl.* **-men** [-mén, -mèn | -mèn, -mən]) (未開部族などの)頭目, 長, 首長, 酋(しゅう)長 (chief). **2** [-mǽn | -mǽn, -mæ̀n] (*pl.* **-men** [-mén | -mén, -mèn]) 頭(かしら), 職工長 (foreman). **3** [-mən] (*pl.* **-men** [-mən])《まれ》= headsman 1.

hèad·máster *n.* **1**《英》校長 (principal). **2**《米》(私立の)男子学校の管理者; 校長.

hèadmaster·shìp *n.* 校長の職[地位].

hèad·místress *n.* **1**《英》女校長. **2**《米》(私立の)女子学校の女性管理者, 女校長.

héad mòld *n.*〘植物病理〙穀類の種頭病《*Helminthosporium ravenelii* によるイネ科植物の病気; 種子の先に被膜を生じ黒化硬変する》.

héad mòlding *n.*〘建築〙雨押え繰(く)形《扉や窓の頂部を囲うように設けられた繰形》.

héad mòney *n.* **1** 人頭税 (head tax). **2** 捕えた犯人や捕虜の人数に応じて与える賞金; (敵などの)首にかけた賞金.

héad·mòst *adj.* 先頭の (leading), 真先の (foremost).

héad·nòte *n.* **1** 頭注《章・頁などの最初にある梗概・解説など; cf. footnote 1, MARGINAL note》. **2**〘法律〙頭書《判例集で判決の前に記載される判決の摘要》.

héad nòte *n.* = head tone.

héad òffice *n.* 本店, 本局, 本社 (cf. branch office).

héad-ón *adj.* **1**〈衝突が〉正面の (cf. rear-end): a ~ collision 正面衝突. **2 a** 真正面から見た: the ~ view of a house. **b** 真正面からの: a ~ confrontation with the left 左派との真向うからの対決. — *adv.* = HEAD *on*.

héad·phòne 〚(1914) ← HEAD + (TELE)PHONE〛 *n.* [しばしば *pl.*] ヘッドフォン《頭につける受話器[受信器]; head receiver, headset ともいう》.

héad·pìece *n.* **1 a** (戦闘用または頭部保護用の)(鉄)かぶと (helmet). **b** 帽子 (hat, cap). **2**〘馬具〙項革 (headstall) (⇨ bridle 挿絵). **3 a** 頭. **b** 頭脳 (brain); 知性, 理解力 (intellect): have a good ~ 頭がいい. **4 a** 頭に当たる部分, 頭部. **b** = headboard. **c** = lintel. **5** 頭注 (headnote). **6**〘印刷〙章頭飾り, 天飾り《書物の章・ページの上部飾り; cf. tailpiece 3》.

héad·pìn *n.*〘ボウリング〙ヘッドピン, 一番ピン.

head·quarter [ㄹ⌣⌣, ⌣ㄹ⌣] 〚《逆成》↓〛 *vt.* 本部[司令部]に置く. — *vi.* 司令部[本部]を設ける[置く].

head·quarters [ㄹ⌣⌣, ⌣ㄹ⌣] 〚(1647): cf. G *Hauptquartier*〛 — *n. pl.* [単数または複数扱い] **1** (司令官のいる)本営, 司令部; 本署, 本局, 本部: at ~ / police ~ 警察本署 / the ~' staff 司令部員 / ⇨ general headquarters / The regimental ~ are [is] in this town. 連隊本部はこの町にある. **2** [集合的] 本部[司令部]員.

héad·ràce *n.* (水車・発電所などの)導水路, 取水路 (cf. millrace, tailrace).

héad·ràil *n.* **1** ヘッドレール, 笠木(かさぎ)《椅子の背・ベッドの頭部などの頂部の横木》. **2**〘建築〙上がまち.

héad·rèach〘海事〙*vi.*〈帆船が〉(上手(うわて)回しの時)行きあしで風上に進出する. — *n.* ヘッドリーチ《上手回し中の帆船の風上への進出距離》.

héad recèiver *n.* = headphone. ⌈head voice).

héad règister *n.*〘音楽〙頭声声域 (cf. register 7 b,

héad·rèst *n.* **1** (歯科医・理容師などの用いる椅子に付けた)頭ささえ. **2** (むち打ち症予防のため運転席や乗客席の背部上方につける)頭受け, シート枕, ヘッド ⌊レスト.

héad restràint *n.* = headrest 2.

héad rhỳme *n.*〘詩学〙= beginning rhyme.

héad·rìght *n.* **1**《米》〘法律〙(アメリカインディアンの部族共有財産の)均等分受益権. **2**〘米史〙17世紀 Virginia 州その他の米国植民地への渡航者・船主などに与えられた一人当たり 50 エーカーの土地に対する権利.

héad·ròom *n.* **1**〘建築〙(劇場の舞台上方の大道具用の格子の上部にある)大きな空間. **2**〘土木〙= headway 5.

héad·ròpe 〚(1295)〛 *n.* **1** (動物の頭部に付けた)つなぎ綱, 引き綱. **2**〘海事〙(帆の)上ぶちの綱; 旗が縫い付けてある綱, ヘッドロープ.

heads [hédz] 〚⇨ -s²〛 *adj., adv.* (銭投げで)〈貨幣が〉表になった[て], 表が出た[て] (↔ tails): *Heads!* 表 / The coin came down [up] ~. 投げたらコインの表が出た.

head·sail [hédsèɪl, -səl, -sl] *n.*〘海事〙船首縦帆.

héad·sàw *n.* ヘッドソー《製材所で丸太を厚板に切るのこぎり》. ⌈四角い布》.

héad·scàrf *n.* ヘッドスカーフ《婦人用の頭に付ける

héad séa *n.*〘海事〙向かい波《船の進行方向から来る波; cf. following sea, quartering sea》.

héad·sèt *n.* ヘッドフォン (headphones). ⌈こと.

héad·shàke *n.* (不信・不賛成の合図に)頭を横に振る

héad·shìp *n.* 頭[長]であること, 首領の職[権威], 指導的地位.

héad shòp *n.* 幻覚剤 [LSD] 常用者に関心のある物品を売っている店 (cf. head 18 a).

héad·shrìnker *n.* **1** (首狩りして得た首を特殊の技術で縮ませる)首狩り族の蛮人. **2**《俗》精神科医 (psychiatrist).

héads·man [-mən] 〚(?*a*1400): cf. tradesman〛 — *n.* (*pl.* **-men** [-mən]) **1** 首切り役人, 死刑執行人 (executioner). **2** 捕鯨船の指揮者 (header). **3**《英》〘鉱山〙運搬夫《採掘場から車道まで石炭を運ぶ鉱夫》.

héad smùt *n.*〘植物病理〙(糸黒穂病菌 (*Sphathelotheca reiliana*) によるトウモロコシ・モロコシなどの)黒穂病.

héad spìn *n.*〘レスリング〙ヘッドスピン《両足を空中で蹴り頭を軸にして身体をひねって half nelson から切り抜ける方法》.

héad·sprìng 〚(*a*1398)〛 *n.* **1 a** (川の)水源. **b** 本源, 源泉. **2** 頭と肩を使ってする宙返り (cf. handspring, somersault 1).

héad·squàre *n.*《英》= headscarf. ⌈2.

héad·stàll 〚(1480): ⇨ stall¹〛 *n.*〘馬具〙= headpiece

héad·stànd *n.* (普通両手でささえて頭で逆立ちをする)三角倒立 (cf. handstand).

héad stàrt *n.* **1**〘競走〙(ハンデとしての)優先発走: a 5-minute ~ 5 分間の優先発走. **2** さい先のよい出足[スタート]; 先手, 機先〔*over, on*〕.

héad stày *n.*〘海事〙= forestay.

héad stìck *n.*〘印刷〙ヘッドスティック《天部のあきに相当する部分に使用するフォルマートの一つ; cf. furniture 5》.

héad·stòck *n.* (旋盤などの)主軸台, ヘッドストック.

héad·stòne 〚(*c*1400)〛 *n.* **1** (墓の頭部に建てた)墓石, 墓標. **2**〘建築〙葛石(かずらいし), (要石(かなめいし)・隅石(すみいし)などの)主要な石.

héad·strèam 〚(*a*1398)〛 *n.* (川の)源流.

héad·stròng 〚(*a*1398) *hedstrong*《原義》strong of head〛 *adj.*〈人・行動など〉頑固な, 強情な, わがままな (obstinate). **~·ly** *adv.* **~·ness** *n.*

heads-úp *adj.*《米》抜け目のない, 機敏な (alert): a ⌊~ tennis.

héad tàx *n.*《米》人頭税.

héad·téacher *n.*《英》校長.

héad tèlephone *n.* = headphone.

héad-to-héad *n., adj.*《米》接近戦(の); 接戦(の), 互角の勝負(の) (cf. hand-to-hand): a ~ competition between the two airlines 航空 2 社間の激しい競争.

héad tòne *n.* 頭声調《高音域の声調》.

héad-úp *adj.* (航空機・自動車などの計器が)視線を下げなくても読める.

héad vòice *n.*〘音楽〙頭声《発声法で声域中の一番高い部分を歌うときの声の出し方をいう; cf. register 7, chest voice》. ⌈頭, 給仕長.

héad·wàiter *n.* (ホテル・レストランなどの)ボーイ

héad·wàll *n.* **1 a** 圏谷(けんこく)壁, カール壁《氷河の圏谷 (cirque) の底からそそり立つ絶壁》. **b** 沢のつめの急斜面. **2**〘建築〙(暗渠や排水口の)出口部分の擁壁.

héad·wàter *n.* [通例 *pl.*] (川の)源流, 上流.

héad·wày 〚← (A)HEAD + WAY¹〛 — *n.* **1** 前進 (progress): make [gain] ~ 前進する, 進捗(ちょく)する. **2** (船の)進航速度, 船足. **3** 運転間隔, 車頭間隔. **4**〘建築〙あき高, 頭上空隙《アーチ・戸口階段などの下から上までの上部スペース》. **5**〘土木〙(トンネルの)あき高《内部の高さ》.

héad wìnd *n.* (飛行機や船の前から吹く)向かい風, 逆風 (cf. tail wind).

héad·wòrd *n.* **1** (書物などの)見出し語. **2**〘文法〙主要語《修飾語に修飾される名詞, 例えば tall boy の boy: または複合語の主要素, 例えば schoolgirl の girl; cf. head *n.* 25》.

héad·wòrk *n.* **1** 頭を使う仕事, 頭脳[精神]労働; 思考, 思索 (thinking). **2**〘建築〙(要(かなめ)石などの)動物の頭を彫った装飾. **3**〘サッカー〙ヘディング. **4** [*pl.*] (川・運河などの)水量調節装置.

head·y [hédi | -di] 〚(*a*1382) *he(ve)di*: ⇨ head, -y⁴〛 — *adj.* (**head·i·er; -i·est**) **1 a** わがままな (willful), 向こう見ずな, 無謀な (headstrong): a ~ person わがままな人. **b** 性急な (impetuous): a ~ judgment [opinion] 性急な判断[意見]. **c** 激しい (violent): a ~ storm 暴風. **2** (勝利・成功などで)意気揚々とした (exhilarated), 浮き浮きした (giddy). **3**〈酒が〉頭へのぼる, すぐ酔わす (inebriating): ~ liquor 頭へ来る酒 / a ~ scent 頭へつんと来る香水. **4**《口語》頭のよい, 判断の正確な (clever, smart): a ~ player 頭のよい選手. **héad·i·ly** [-dɪli, -də-, -dḷi | -dɪli, -də-] *adv.* **héad·i·ness** *n.*

heal [híːl] 〚OE *hǣlan* < Gmc **xailjan* (Du. *heelen* / G *heilen*) ← **xailaz* 'WHOLE, healthy': cf. hale¹〛 — *vt.* **1**〈傷病を〉いやす, 直す: ~ the sick 病人を直す / ~ a person of his disease 人の病気を直す / The ointment ~*ed* his wounds. この膏薬で彼の傷が直った. **2 a** (精神的に)いやす: Time ~*s* most troubles. 時がたてば大概の悩みはおさまる. **b** もとの純潔な体[心]にもどす: He was ~*ed* of sin. 罪のけがれを洗い落とした. **3**〈不和を〉和解させる, 仲直りさせる (appease): ~ dissensions [breaches] 紛争[不和]を和解させる. — *vi.* **1**〈傷などが〉直る, いえる: ~ up [over]〈傷が〉直る, 癒着(ゆちゃく)する. **2** 病気[傷]を直す.

heal·a·ble [híːləbl] *adj.* いやすことのできる.

héal-àll *n., vt.*〘植物〙= self-heal.

heald [híːld] 〚OE *hefeld*〛 *n., vt.*《英》= heddle.

héal·er [-lə | -lə(r)] 〚?lateOE *helere*: ⇨ heal, -er¹〛 *n.* 直してくれるもの[人]; (特に)信仰療法を行なう人: Time is a great ~. 時は偉大な治療者だ.

héal·ing [-lɪŋ] 〚(*adj.*: *c*1400; *n.*: OE): ⇨ -ing¹,²〛 — *adj.* **1** (病気を)いやす; 治療の (curative): a ~ ointment 膏薬 / the ~ art 医術. **2** 回復中の, 快方に向う. — *n.* 治療(法) (cure, remedy); (創傷の)癒合(ゆごう): ~ by first [second, third] intention 一次[二次, 三次]癒合, 一期[二期, 三期]癒合《傷口が治るのに, 細菌の感染がなく口をあけていないほど早く治る; 数字の小さいほどスムーズで肉芽組織のできた方も少ない》. **~·ly** *adv.*

health [hélθ] 〚OE *hǣlþ* < (WGmc) **xailiþa* (OHG *heilida*) ← **xailaz* 'WHOLE, healthy': ⇨ -th²〛 — *n.* **1 a** 健康, 健全, 壮健 (soundness) (↔ illness, disease): ~ of body and mind 心身の健全 / mental ~ 精神の健全 / be good for (the [one's]) ~ 健康によい. **b** 身体の具合, 健康状態: be in good [bad, poor] ~ 健康である[ない] / enjoy perfect ~ とても健康である / be out of ~ 健康がすぐれない / inquire after a person's ~ 人の安否を尋ねる, ごきげん伺いをする / How is your ~? お体はいかがですか. **c** 健康法, 保健, 衛生 (hygiene): the board of ~ 衛生局, 衛生課 / the Department of *Health* and Social Security《英》保健社会保障省《1968 年「保健省」(Ministry of Health) と「社会保障省」(Ministry of Social Security) が統合され「保健社会保障省」となった》/ ~ education 衛生教育 / ⇨ public health. **2** 健全, 活力, 繁栄: the economic ~ of Japan 日本の経済的健全. **3** (人の健康を願っての)乾杯: drink (to) a person's ~ [(to) the ~ of a person] 人の健康のために乾杯する / To your [Your] ~! ご健康を祝して《乾杯の言葉》/ drink a ~ to a person 人のために乾杯する.

not…for one's health《口語》ただ保養のため[酔狂で]…するのではない《打算あってのこと》: I am *not* here *for my* ~. ただぼんやりこんな所へ来ているのではな⌊い.

bill of health ⇨ BILL³ of health.

— *attrib. adj.* **1** 保健[衛生]の[に関する, に携わる]: ⇨ health center. **2** 健康の[に関する, に資する]: ~ foods 健康食品.

héalth càmp *n.*《ニュージーランド》虚弱児用キャ⌊ンプ.

héalth cènter *n.* 保健所.

héalth certìficate *n.* 健康証明[診断]書.

health·ful [hélθfəl] 〚(*c*1384): ⇨ health, -ful¹〛 — *adj.* **1** 健康によい[を増進する] (salutary): a ~ climate, diet, etc. **2** 健康な (healthy); (道徳的に)健全な: a girl so ~ and well-proportioned 健康潑剌(はつらつ)として均斉のよくとれた少女. **~·ly** *adv.* **~·ness** *n.*

héalth insùrance *n.* 健康保険.

héalth òfficer *n.* 保健(衛生)担当官. ⌈ics).

héalth phỳsicist *n.* 保健物理学者 (cf. health phys-

héalth phỳsics *n.* 保健物理学《放射線その他の物理的要因の健康に及ぼす影響を扱う物理学の分野; cf. radiobiology》. ⌈療法.

héalth resòrt *n.* 療養地, 保養地: ~ therapy 転地

héalth spà *n.* (減量を目的とした施設を備えた)保養所《fat farm ともいう》.

héalth vìsitor *n.*《英》(家庭を訪問する)巡回保健婦.

health·y [hélθi | -θi] 〚(1552) ← HEALTH + -Y⁴〛 — *adj.* (**health·i·er; -i·est**) **1** 健康な, 壮健な, 異状のない: a ~ child, skin, tree, etc. **2** 健康そうな: a ~ look 健康そうな顔つき. **3 a** (精神的に)健全な, 穏健な, 有益な: a ~ mind / ~ reading 健全な読物. **b**〈感情など〉本能的な, 自然な, 健全な. **c** (財政上)健全[堅実]な: Our finances are ~. 我々の財政は健全だ. **4 a** 健康によい, 衛生的な (healthful): a ~ climate, place, etc. / a ~ recreation 健康的な娯楽. **b** [通例, 否定構文で] 安全な: It won't be ~ to walk alone at night. 夜の一人歩きは危いぞ. **5**《口語》(数量などが)大きい, かなりな. **héalth·i·ly** [-θɪli, -θə- | -lɪ] *adv.* **héalth·i·ness** *n.* ⌈virus disease.

héalthy potáto disèase *n.*〘植物病理〙= latent

heap [híːp] 〚*n.*: OE *hēap* troop, band, multitude < (WGmc) **xaupaz* (Du. *hoop*) ← Gmc **xūpon* ← IE **keu-* to bend (L *cūpa* vat). — *v.*: OE *hēapian* ← (*n.*)〛 — *n.* **1** 積み重ね, かたまり, 山 (accumulation, mound): a ~ of stones [books] 石[本]の山 / in a ~ [~*s*] 山をなして, 山ほど. **2**《口語》[通例 a ~ of または ~s of として] たくさん, 多数, 大勢; 多量: *a* ~ *of* trouble [comfort] いやというほどある厄介事[楽しみ] / *a* ~ *of* money 大金 / I have *a* ~ *of* work to do. する仕事が山ほどある / *Heaps of* people were present. 大勢の人が出席した / He goes to ~*s of* places. 彼は各地へ出かける / *a* ~ *of* time 多くの時間 / ~*s of* times 幾度も, たびたび. **b** [しばしば *pl.*; 副詞的] はなはだ, 大変, 大いに (extremely, much): It seemed to me a *heap* larger. それは私にはもっとずっと大きいように思えた / The patient is ~*s* better today. 病人は今日はぐっとよい / Thanks ~*s*. どうもありがとう. **3**《口語》自動車, (特に)ぽんこつ(車).

a heap sight《米方言・口語》大いに, とても. ***(all) of a heap***《口語》(1) どうと, どさりと: fall *all of a* ~ どうと倒れる. (2) 度胆(どぎも)を抜かれて, びっくりさせて: be struck [knocked] *all of a* ~ 度胆を抜かれる, びっくり仰天する. (3) 突然, 急に (suddenly). ***the bottom of the heap***《口語》(競争などの)敗者, 落伍者,「負け犬」(loser). ***the top of the heap***《口語》(競争などの)勝者, 成功者 (winner).

— *vt.* **1 a** 積み上げる, 積み重ねる (pile up), 積み上げて作る〈*up*〉: ~ *up* sand [stones] 砂[小石]を積み上げる / ~ *up* a mound 築(つき)山を作る / ~ (*up*) sand *into* a small hill 砂を盛り上げて小山を作る. **b** 積む; 蓄積する (amass, accumulate)〈*up*〉: ~ *up* riches 富を蓄える. **2 a**〔人などに〕山ほど[うんと]与える〔*on, upon*〕: ~ favors *on* [*upon*] a person 人に色々の恩恵

を施す / ～ honors *upon* the winner その勝利者に数々の名誉を与える / ～ insults [scorn] *on* a person 人に数々の侮辱を加える. **b** 〔品物を〕…に山と積む[盛る, 満たす]〔*with*〕: ～ a plate *with* food [smoked salmon] さらに食物[燻製の鮭]を山と盛る / ～ a wagon *with* hay 車に干し草を積み上げる / The stage was ～*ed with* flowers. ステージは花で一杯だった / ～ a desk *with* books 机に本を積み上げる / The street was ～*ed with* dead men. 街上は死人の山だった / a ～*ed* spoonful さじに山盛り一杯. ── *vi.* 積み重なる, 蓄積される, 山のようになる.

héaped méasure *n.* 山盛り (cf. struck measure).

héap·ing *adj.* 山盛りの.

héaping mèasure *n.* ＝heaped measure.

hear [híə | hɪə(r] 〖OE *hēran, hieran* < Gmc **χauzjan* (Du. *hooren* / G *hören*) ← ? IE **ken-* to look at, notice, perceive (L *cavēre* to beware / Gk *akoúein* to hear)〗 ── *v.* (**heard** [hə́ːd | hɜ́ːd]) ── *vt.* **1** 〈声・音を〉聞く, …の声[音]を聞く, …が聞こえる: ～ the sound of laughter 笑い声が聞こえる / ～ a loud noise [a song] 大きな物音[歌]が聞こえる / ～ a person speaking 人の話しているのが聞こえる / I ～ the watch tick. 時計のかちかちいうのが聞こえる / ～ a bird sing 鳥の歌うのを聞く / I listened, but ～*d* nothing. 耳を澄ましたが何も聞こえなかった / The watch is ～*d* to tick. 時計がかちかちいうのが聞こえる / He was ～*d* calling for help. 彼が助けを求めているのが聞こえた / I can't ～ you [what you say]. おっしゃることが聞こえません. **2** 耳にする, 聞き知る, 伝え聞く, 話に聞く〈*that*〉: I've ～*d* the story before. その話は前に聞いた / I haven't ～*d* the news. そのニュースはまだ聞いていない / You mustn't believe everything *that* you ～. 耳にすることを何でもかでも信じてはいけない / I ～ (*that*) he was engaged.＝He was engaged, I ～. 彼は婚約したそうだ / So I ～. 何でもそんな話だ. **3 a** よく聞く, 傾聴する: You had better ～ what I have to say. 私の言うことをよく聞いたほうがよい / make oneself ～*d* 自分の考えなどを聞いてもらう / ～ a speech 演説を聞く / ～ him out [through] 彼の話を最後まで聞く. **b** 聞きに行く[出る], 傍聴に行く, 参列する (attend); …の講演[演説, 演奏]を聞く[傍聴する]; 聴講する: go to ～ the preacher [the famous singer] その説教者の説教[その有名な歌手の歌]を聞きに行く / ～ mass ミサに参列する[あずかる] / ～ a course of lectures (連続)講義を聴講する. **c** 聞き入れる, 聞き届ける, 聴許する (grant); 従う (obey): ～ a person's prayer 祈願を聞き届ける. **4** 〈役人・裁判官・教師・委員会などが〉公式に聞く, …の言い分を聞く, 審問する, 審理する: ～ a case 事件を審理する / ～ the witnesses [a deputation] 証人[代表委員]の言い分を聞く / ～ the evidence 証言を聞く / You cannot be ～*d* on that subject now. その問題について今は聞いてやれない.

── *vi.* **1** 聞く, 聞こえる, 耳が聞こえる: The deaf do not ～ at all. つんぼは全然耳が聞こえない. **2 a** 通信を受ける, 便り[音信]を受ける〔*from*〕: I ～ *from* America every week. アメリカから毎週便りがある / I have not ～*d from* him yet. 彼からはまだ便りがない. **b** 消息[うわさ]を聞く, 伝え聞く (learn)〔*of, about*〕: I have not ～*d about* [*of*] him since then. それ以来彼のことは聞いたことがない. **3** 〔…のことで〕(意見・批判・詰問などを)聞く, 受ける〔*of, about*〕: You will ～ (more) *of* this. この事については(追って)何らかの通知があるはずです[通知をします]; このままではすまないぞ / You will ～ *about* this. 君はこの事でお小言を頂戴するだろう. **4** [通例否定構文で] 承諾する, 聞き入れる, 承服する (consent, listen)〔*to, of*〕: She won't ～ *to* reason. 彼女は道理に服しようとしない / He wouldn't ～ *of* it. 彼はそれに耳を貸そうとしなかった / I won't ～ *of* such a thing. そんなことは許せない[承知出来ない]. **5** [命令法で用いて; 発言者の激励または嘲笑を皮肉に表わして] 聞け, 謹聴 (listen): *Hear!* ～! いいぞ, その通り, ヒヤヒヤ.

hear from (1) ⇨ *vi.* 2 a. (2) 〈人〉から叱られる[小言を頂戴する]: If you complain, you will ～ *from* him. 不平を言おうものなら彼から小言が出るよ. ***hear of*** (1) …の存在を知る, のあることを聞く: Have you ever ～*d of* the book? その本のことを知っているか. (2) ⇨ *vi.* 2 b. (3) ⇨ *vi.* 3. (4) ⇨ *vi.* 4. ***hear out*** (1) 〈音を〉聞き分ける. (2) ⇨ *vt.* 3 a. ***hear say*** [***tell***] 《古・方言》〈人が〉(…のことを)うわさを聞く, (…のことを)うわさに聞く〔*of*〕/〈*that*〉(cf. hearsay *n.*).

hear·a·ble [hí(ə)rəbl̩ | híər-] 〖《c1443》: ⇨ ↑, -able〗 *adj.* 聞こえる, 聞くことができる.

heard 〖OE *hērde, hierde* (pret.), (*ġe*)*hēred, -hīered* (p.p.)〗 *v.* hear の過去形・過去分詞.

hear·er [hí(ə)rə | híərə(r] 〖《1340》 *herere*: ⇨ hear, -er¹〗 *n.* 聞く人, 聞き手, 聴聞者, 傍聴者, 聴衆.

hear·ing [hí(ə)rɪŋ | híər-] 〖OE (*ġe*)*hiering*: ⇨ hear, -ing¹〗 ── *n.* **1 a** 聞くこと, 聞き取り, 聴取 (audition): Can you write down English from ～? 英語を聞き取りで書けますか. **b** 聞く力, 聴力, 聴覚: My ～ has dulled. 耳が遠くなってきた / Grandpapa is hard of ～. おじいちゃんは耳が遠い. **2 a** 聞いてやること, 傾聴, 聞いてもらうこと, 発言の機会 (audience): gain [get] a ～ 聞いてもらう, 発言の機会を得る / give a person a ～ 人の泣言を聞いてやる / grant [give] a person a fair ～ 人の言うことを公平に聞いてやる. **b** (委員会などの)尋問; 聴聞会: ⇨ public hearing. **3** 聞こえる距離[範囲] (earshot): Their conversation was beyond my ～. 彼らの話は私のところまでは聞こえて来なかった / It was said in my ～. 私が聞いているところで[私に聞こえよがしに]言われた / out of [within] ～ 聞こえない[聞こえる]ところで. **4** 《方言》 噂(ｳﾜｻ) (rumor). **5** 《スコット》 叱ること, 小言. **6** 〘法律〙 審問, 聴問会, 審理 (trial): a preliminary ～ 予審 / hold [open] ～*s* 審問を行なう, 聴問会を開く.

héaring àid *n.* 補聴器.

hear·ken [háəkən | háː-] 〖OE *heorcnian*: ⇨ hark, -en¹〗 ── *vi.* 《文語》 耳を傾ける, 傾聴する; 聞く (listen)〔*to*〕: ～ *to* a supplication 嘆願を聞く / Just ～ *to* what you are told. 私の話すことをよく聞け.

── *vt.* 《古》 …を聴く (hear); 〈忠告など〉に耳を傾ける. **～·er** *n.*

Hearn [hə́ːn | hɜ́ːn], **Laf·ca·di·o** [læfkɑ́ːdiòʊ | -dɪəʊ] *n.* (1850-1904) 著述家; ギリシャ生れで父はアイルランド人で母はギリシャ人, 米国で新聞記者となり 1891 年来朝, 帰化して小泉八雲と名乗る, 日本に関する著述が多い; *Glimpses of Unfamiliar Japan* (1894), *Kokoro* (1895).

héar·sày 〖《1532》 ← *hear say*: cf. G *hörensagen* / make-believe〗 ── *n.* **1** 風説, 伝聞, うわさ, 評判 (rumor, report): This is mere ～. これは風聞にすぎない / I have it by [from, on] ～. 私はそれをうわさで聞いた. **2** 〘法律〙 ＝hearsay evidence. ── *attrib. adj.* うわさの[に関する, 特有の].

héarsay èvidence *n.* 〘法律〙 伝聞証拠 (cf. indirect evidence, original evidence, secondary evidence).

héarsay rùle *n.* 〘法律〙 伝聞証拠排斥の法則.

hearse [hə́ːs | hɜ́ːs] 〖《?a1300》 *herse, herce* ⊏ (O)F *herse* < L *hirpicem, hirpex* harrow¹ ← Samnite (*h*)*irpus* wolf〗 ── *n.* **1** 霊柩(ﾚｲｷｭｳ)車, 葬儀車, 葬式馬車[自動車]. **2 a** 《古》 墓, 墓碑. **b** 《廃》 棺台, 棺架 (bier). **3** 〘カトリック〙 聖週 (Holy Week) にテネブレ (Tenebrae) を歌う時に用いる蠟燭(ﾛｳｿｸ)立て; 棺の上に置いて蠟燭を並べ立てる枠(ﾜｸ). ── *vt.* 《詩》 **1** 霊柩車で運ぶ. **2** 〈遺体など〉に覆いを掛ける. **3** 埋葬する (bury).

héarse·clòth 〖《a1425》〗 *n.* 棺衣 (pall).

Hearst [hə́ːst | hɜ́ːst], **William Randolph** *n.* (1863-1951) 米国の新聞・雑誌経営者.

heart [hάət | hάːt] 〖OE *heorte* < Gmc **χertōn* (Du. hart / G *Herz*) ← IE **kerd-* heart (L *cord-, cor* (⇨ cordial) / Gk *kardiā*)〗 ── *n.* **1 a** (生理的な意味での)心臓: the function of the ～ 心臓の機能 / The ～ beats. 心臓は鼓動する / He has a bad [weak] ～. 彼は心臓が悪い[弱い] / His ～ stopped beating. 彼の心臓の鼓動が止まった / ⇨ left heart, right heart. ★ラテン語系形容詞: cardiac. **b** [しばしば限定詞を伴って] 異常な[病気の]心臓: ⇨ smoker's heart, tobacco heart, athlete's heart.

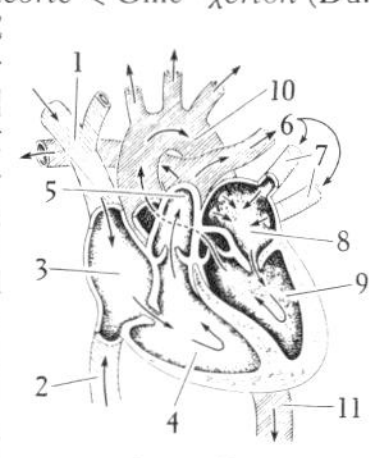

heart 1 a

1 superior vena cava; 2 inferior vena cava; 3 right auricle; 4 right ventricle; 5 pulmonary artery; 6 lungs; 7 pulmonary veins; 8 left auricle; 9 left ventricle; 10 aortic arch; 11 aorta (The arrows show the course of blood.)

2 (心臓のある所と考えられる)胸, 胸部 (breast, bosom): press a child *to* one's ～ 子供を胸に抱き締める / He hugs his old conviction *to* his ～. 昔からの確信をしっかり胸に抱いている.

3 a (感情・人情などの存在場所として見た)心, 胸: My ～ leaps up. 心が踊る / cry [weep] one's ～ out 胸も張り裂けるばかりに泣く / My ～ is full. 私は胸が一杯です. **b** (広く知・情・意を含む人格を中心とした)心; 心の奥, 心底, 本心; 態度 (attitude): a new ～ 更生した心 (cf. *a* CHANGE *of heart*) / at the ～ of my father 父の本心(で)は / Your ～ and tongue must accord. 思うことと言うことは一致しなければならない / What the ～ thinks, the mouth speaks. 《諺》 思いは口に出る / lay one's ～ open [pour out one's ～] to …に本心を打ち明ける / from (the bottom of) one's ～ 心(の底)から, 衷心より / speak out of one's ～ 真心を語る / at the bottom of one's ～ 内心では, 腹では / search the [one's] ～ 自己の心底を探る, (行動・動機などについて)内省する (cf. heart-searching) / speak to the ～ 内心に訴える, 人の心を動かす / steel the ～ 心をかたくなにする. **c** (知・意と区別して)心, 心情, 感情 (mind, soul); 気持, 気分 (mood, temperament): a hard [stony] ～ 冷酷な心 / a tender ～ やさしい心 / ⇨ *a* HEART *of oak* / set one's ～ at rest [ease] 安心する, ほっとする / to one's ～'s content 心ゆくまで, 思う存分に / with a heavy ～ 重い心で, 陰気に, しょんぼりと / with a light ～ 軽い心で, 陽気に, 勇んで.

4 a 愛情 (affection), 同情, 人情 (sympathy), 恋愛 (love): an affair of the ～ 恋愛事件 / have [obtain, gain, win] a person's ～ 人の愛を得る / give [lose] one's ～ to …に思いを寄せる, …を恋する / steal a person's ～ (相手が意識しないうちに)人の愛情をとらえる / ⇨ *have a* HEART / have no ～ 情がない / have (plenty of) ～ 人情がある / a man of ～ 人間味のある人 / The girl is all ～. その娘はとてもやさしい. **b** 愛好, 好み (taste): I have no ～ *for* music. 音楽を好まない / ⇨ *after one's* (*own*) HEART.

5 a 勇気, 元気, 堅忍 (courage, fortitude): pluck up [take, gather] ～ 勇気を奮い起こす, 元気を出す, 気を取り直す / be of good ～ 元気でいる / lose ～ 元気をなくす / keep (a good) ～ 勇気をなくさない / put ～ into a person 人に元気をつける / have the ～ to do… 《古》 …する勇気がある. **b** 熱意 (enthusiasm, ardor): have one's ～ (and soul) in …に心血を注いでいる / put one's ～ into …に熱中する / with all one's ～ (and soul) ＝with one's whole ～ ⇨ HEART *and soul*. **c** [通例否定・疑問構文で; have the ～ *to* do として] 冷酷, 無情さ: I *have not the* ～ *to* say this. 私にはとてもこんなことは言えない / How can you *have the* ～ *to* kill the cat? どうして猫を殺すなどということが平気でできるのだろう.

6 a [通例, 限定詞を伴って] 人; 勇者, 元気者: a brave [gallant] ～ 勇士 / a noble ～ 気高い人 / true English ～*s* まことの英国人(たち) / My ～*s*! 〘海事〙 勇者ども, 皆の衆 (cf. hearty *n.* 1). **b** [愛称的に] 君, あなた, いとしい人: dear(est) ～ 親愛なる者よ / one's sweet ～ 愛人 (cf. sweetheart 1) / Be of good cheer, my ～! しっかりしたまえ, 君.

7 a 真中, 中心, 中央部 (center), 内地, 奥地; 真最中 (middle): the ～ of Africa アフリカの奥地 / the ～ of the city 都心 / a studio in the ～ of London ロンドンの中心にあるアトリエ / the ～ of fashionable Paris 花のパリの真中 / in the ～ of a severe winter 厳冬の最中に / the ～ of the country 山間僻地. **b** (花・果物などの)芯(ｼﾝ) (core): the ～ of a flower / the ～ of a cabbage [lettuce] キャベツ[レタス]の結球の芯. **c** (木材の)髄, 樹心, 心材 (heartwood). **d** (ロープの)芯 (core). **e** 核心, 真髄, 要点, 真義 (essence): the ～ of the matter [problem] 事件[問題]の核心 / pluck out the ～ of a person's mystery 人の秘密の核心を探り出す (cf. Shak., *Hamlet* 3.2.385) / tear the ～ out of a book 本の要点をつかみ取る / go to [get (to)] the ～ of the matter 事件の核心[急所]をつかむ.

8 a ハート形(の物). **b** ハート形の宝石[飾り].

9 《英》 (地味の)豊かなこと; 地味: in (good, strong) ～ 地味が肥えて / out of ～ 土地がやせて.

10 〘トランプ〙 **a** ハート(の印). **b** ハート札. **c** [*pl.*; 単数または複数扱い] ハート札の一揃い (suit): the ace of ～*s* ハートのエース. **d** [*pl.*; 単数扱い] ハート 《4 人が各自 13 枚の手札で行なうホイスト (whist) に似たゲームで, ハート札を 1 枚取るごとにマイナス点がつく》.

11 〘紋章〙 心臓 《様々の図形があり, 「犠牲的奉仕」を「象徴する》.

after one's (***own***) ***heart*** 〈人・物事が〉心にかなった[て], 思い[好み]通りの[で]: He is a man *after my own* ～. まさに私の好みの男だ, すっかり気に入った. ***at heart*** (1) [have…at ～ として] 心に, 心中: *have* something *at* ～ 何か心に抱く, 深く心にかける[たくらむ]; 心の中で思っている, 関心を持つ. (2) 心は, 心底は: He is a kind man *at* ～. 根は親切者だ / young *at* ～ ⇨ young 1. ***Bless one's heart!*** おやまあ, 大変だ 《喜び・驚きなどを表わす》. ***break a person's heart*** 人を悲嘆に暮れさせる, ひどく悲しませる; 失恋させる (cf. broken heart, heartbroken): It *broke his* ～. / She *broke her* ～ *over* her son's death. 息子の死をひどく嘆いた. ***bring a person's heart into his mouth*** 人をびっくりさせる; びくびくさせる. ***by heart*** そらで: learn [get] *by* ～ 暗記する / know [have] *by* ～ 暗記している / say *by* ～ そらで言う. ***cross one's heart*** 胸の上に十字を切って誓う: *Cross my* ～! 誓って. ***cut a person to the heart*** ＝*go to a person's* HEART. ***do a person's heart good*** 人を喜ばせる, 元気づける: It *does my* ～ *good* to hear such a thing. そういうことを聞くと嬉しくなる. ***eat one's heart out*** 悲しんでくよくよする, 悲嘆に暮れる; 思い焦がれる: She was *eating her* ～ *out* over a young man. 彼女はある青年に恋い焦がれていた. ***find it in one's heart to do*** ⇨ find 成句. ***God*** [***Lord***] ***bless a person's heart!*** おやまあ 《喜び・驚きなどを表わす》. ***go to a person's*** [***the***] ***heart*** 人の胸にこたえる, 心を痛める. ***have a heart*** 《口語》 (1) 情け深い (be merciful): *Have a* ～! (そんなこと言わないで)同情して下さいよ, こっちの身にもなって下さい. (2) 心臓が悪い. ***have one's heart in one's boots*** (足ががたがたするほど)気が滅入(ﾒｲ)る[っている], 心配で気が沈む. ***have one's heart in one's mouth*** (心臓が口まで飛び出すほど)びっくり(仰天)する, ぎょっとする, びくびくしている. ***have one's heart in the right place*** 心根が親切で寛大である, 悪意がない. ***Heart alive!*** ⇨ alive 成句. ***heart and soul*** 身も心も打ち込んで, 熱心に, 献身的に, 心から (cf. 5 b): love [support] a person ～ *and soul*. ***One's heart goes out to*** …に愛情[同情]を感ずる: *His* ～ *went out to* her. 彼の心は彼女に注がれた. ***One's heart is in one's boots.*** びくびくしている, 気が滅入っている. ***One's heart is*** [***comes***] ***in one's mouth.*** びっくり(仰天)する. ***One's heart is in the right place.*** 悪意がない, 善意である. ***One's heart is not in it.*** 心それにあらず, そのことに興味を示さない. ***One's heart leaps into one's mouth.*** びっくり仰天する. ***a heart of oak*** 〖oak の心材が特に堅いところか

ら]剛勇な心[人], 堅忍不抜の精神[人]. *One's **heart sinks** (**within** one).* =《口語》*One's **heart sinks in** [**into, to**] one's **boots** [**heels**].* がっかりする, 気が滅入る. *One's **heart stands still**.* (びっくりして)瞬間心臓が止まる. ***heart to heart*** 腹を割って, 腹蔵なく (cf. heart-to-heart). ***in*** (***good***) ***heart*** (1) 元気で. (2) ⇨ 9. ***in** one's **heart** (**of hearts**)* 心の中で, 心ひそかに (cf. Shak., *Hamlet* 3. 2. 78). ***lay to heart*** (1) 〈教訓・忠告などを〉心に留める, 肝に銘じる, かみしめる. (2) =*take to* HEART (1). ***lift*** (***up***) *one's **heart*** (1) 心を励ます, 元気を出す. (2) 祈りを捧げる. ***near*** (***to***) [***nearest***] *a person's **heart*** いとしい, (後生)大事な; 重要な: lose someone *nearest one's* ~ 最愛の[かけがえのない]人を失う / The matter is [lies] *near his* ~. 彼はその事に深い関心を寄せている. ***out of heart*** (1) 元気なく, しょげて. (2) ⇨ 9. ***put heart into*** *a person* 人を激励する. ***set** one's **heart against*** …に頑(がん)として反対する. ***set** one's **heart on*** [***upon***] …に望みをかける, …を欲しがる. ***sick at heart*** (1) 後悔して, 悩んで; 失望して, 悲観して. (2) あこがれて. ***take heart of grace*** 〘cf. 《古》*herte of gresse* 'HART of grease'〙勇気を奮い起こす, 元気を出す, 気を取り直す. ***take to heart*** (1) 〈損失などを〉ひどく悲しむ[気に病む]. (2) =*lay to* HEART (1). ***take to** one's **heart*** 人を温く迎える[取り扱う]. ***wear** one's **heart on** one's **sleeve*** (1) 心のうちを人に知らせる; 自分の感情をあらわに出す (cf. Shak., *Othello* 1. 1. 64). (2) すぐ誰でも好きになる, ほれやすい. ***wear in** one's **heart*** 〈人や主義に〉熱中している: He *wears* her *in his* ~. 彼は彼女に熱中している. ***with all** one's **heart and soul*** 〘cf. *Deut.* 4: 29〙=HEART *and soul*. ***with half a heart*** 気乗りがしないで, 渋々と. (***with***) ***heart and hand*** 心から進んで, 快く (willingly). ***with** one's **heart in** one's **boots*** 気が滅入って, がっかりして; びくびくして. ***with** one's **heart in** one's **mouth*** びっくり(仰天)して; びくびくして, ひどく心配して.

Heart of Dixie [the ―] 米国 Alabama 州の俗称.

― *vt.* **1** 〈忠告などを〉心に銘記する. **2** 〈壁などに〉心材[粗石など]を詰める. **3** 《古》元気づける (hearten). ― *vi.* 〈植物が〉結球の芯ができる 〈*up*〉.

héart·àche 〘OE *heortece*: ⇨ ↑, ache〙 *n.* 心臓の痛み; 心の苦しみ (anguish), 心痛, 悲嘆 (sorrow).

héart attàck *n.* 〘病理〙心臓発作, 心臓麻痺; (特に)冠状動脈血栓(症) (coronary thrombosis).

héart·bèat *n.* **1** 心臓の鼓動, 心拍(はく); 動悸 (heartthrob). **2** 生命の中心[根源]. **3** 思い, 情緒 (emotion).

héart blòck *n.* 〘病理〙心(臓)ブロック.

héart·blòod 〘(?*a*1200)〙 *n.* **1** 心臓の血液, 生き血. **2** 生命力; 生命 (life).

héart·brèak *n.* **1** 胸の張り裂けるほどの悲しみ, 悲嘆, 悲哀, 断腸の思い. **2** 悲嘆の種.

héart·brèaker *n.* **1** 胸が張り裂けるような思いをさせる人[もの]; 無情な美人 (ruthless coquette). **2** (婦人の)巻き毛, (額の)愛嬌毛.

héart·brèaking *adj.* **1** 胸の張り裂けそうな思いをさせる, 悲痛な思いをさせる, がっかりさせる. **2** 非常に骨の折れる; うんざりするような: a ~ rock climbing / a ~ job. **3** 《口語》わくわくさせる; 強烈な: a ~ beauty. **~·ly** *adv.*

héart·bròken *adj.* 悲嘆に暮れた, 失望した, やるせない. **~·ly** *adv.* **~·nees** *n.*

héart·bùrn 〘(*c*1250)〙 *n.* **1** 〘医学〙胸やけ (cardialgia). **2** =heartburning.

héart·bùrning *n.* むしゃくしゃした感情, 不満, 不平 (discontent); ねたみ, 恨み (jealousy, grudge).

héart càm *n.* 〘機械〙ハートカム《ハート形のカム》.

héart chèrry *n.* 〘園芸〙ハート群のオウトウ《甘果オウトウ (sweet cherry) の品種群の一つ; 果実は心臓形で肉が柔らかく甘い》.

héart disèase *n.* 心臓病.

héart·ed [-tɪd, -təd | -tɪd, -təd] 〘(13C): ⇨ heart (n.), -ed 2〙 ― *adj.* **1** [通例複合語の第2構成要素として] …の心を持った, 心が…の: faint-*hearted*, kind-*hearted*. **2** 《古》心にある. **~·ness** *n.*

heart·en [hɑ́ːtn | hɑ́ːtn] 〘(1526) ← HEART + -EN[1]〙 ― *vt.* 元気[勇気]づける, 励ます, 鼓舞する (encourage) 〈*up*〉. ― *vi.* 勇気[元気]づく 〈*up*〉. **~·ing** [-tnɪŋ, -tn- | -tn-, -tn-] *adj.* **~·ing·ly** *adv.*

héart fàilure *n.* **1** 〘病理〙心(臓)不全. **2** 心臓の機能が停止した状態, 死.

héart·fèlt *adj.* 深く心に感じた, 心からの, 真心の (earnest): my ~ thanks 心からの謝意 / ~ joy [sympathy, words] 心からの喜び[同情, 言葉].

héart-frèe *adj.* 恋していない (cf. fancy-free).

heart·ful [hɑ́ːtfəl | hɑ́ːt-] 〘← HEART + -FUL[1]〙 *adj.* 心からの, 心のこもった. **~·ly** *adv.*

hearth [hɑ́ːθ | hɑ́ːθ] 〘OE *he(o)rþ* < Gmc **χerþaz* (G *Herd*) ← IE **ker(ə)-* to burn (L *carbo* charcoal: cf. carbon)〙 ― *n.* **1** 炉床《炉 (fireplace) の火をたく床; ⇨ fireplace 挿絵》. **2** 炉辺 (fireside); 家庭 (home); 家庭的団欒(らん): ~ and home 家庭. **3** (文化・文明の)中心地域. **4** 〘冶金〙火床, 炉床《溶鉱炉のるつぼ部》. **5** 〘金属加工〙火床(ほど), 火入れ.

héarth crìcket *n.* 〘昆虫〙=house cricket.

héarth mòney *n.* 《イングランドやウェールズで炉の数によって課した》炉税《1662 年に始まり, 炉一つにつき 2 シリングを課した; 不評のため 1689 年廃止され, まもなく代りに window tax が始められた; chimney money ともいう》.

héarth·rùg *n.* 炉の前の敷物.

héarth·sìde *n.* 炉辺 (fireside).

héarth·stòne 〘(*a*1325)〙 *n.* **1** 炉石《炉床 (hearth) に敷いた石》. **2** 炉辺 (fireside); 家庭 (home). **3** (炉床や戸口の階段などをみがく)みがき石.

héarth tàx *n.* =hearth money.

héart·i·ly [-tɪli, -tə-, -tḷi | -tɪlɪ, -tə-] 〘(*a*1325) *hertili*: ⇨ hearty, -ly[1]〙 ― *adv.* **1** 心から, 真心から, 本気で; 熱心に (cordially): welcome ~ 心から歓迎する / laugh ~ 心から笑う / No man ~ hates him at whom he can laugh. 自分が軽蔑している人を本気できらう者はない. **2 a** 勢いよく, 元気よく (vigorously): row ~. **b** 盛んに, たくさん (abundantly): eat ~ 腹いっぱい食べる. **3** すっかり, まったく: be ~ tired of war 戦争にはつくづくうんざりしている.

héart·i·ness *n.* **1** 真心のあること, 誠実, 誠心誠意. **2** 熱心; 元気盛ん, 勢いのよいこと.

héart·ing [-tɪŋ | -tɪŋ] 〘(*c*1250): ⇨ heart (v.), -ing[1]〙 *n.* 〘土木〙中詰め《壁体などの石工壁の中心部を詰めるのに使う材料, 並びにその作業》.

héart·lànd *n.* 中核地域, 心臓地帯, ハートランド《経済的・軍事的に自立出来, 海からの攻撃にも堅固で世界を支配出来ると考えられる地域; 特に Elbe 川と Amur 川にはさまれた Eurasia 北部地方; cf. rimland, fringeland》.

héart·less 〘OE *heortlēas*: ⇨ heart, -less〙 ― *adj.* **1** 無情な, 薄情な, 不人情な, 無慈悲な, 冷酷な (unfeeling, cruel): a ~ man 薄情な人 / ~ words つれない言葉 / a ~ joke 心ない冗談. **2** 《古》勇気のない; 熱意のない. **~·ly** *adv.* **~·ness** *n.*

héart-lúng machine *n.* 人工心肺.

héart mùrmur *n.* 〘医学〙心雑音 (⇨ murmur 4).

héart mùscle *n.* 〘解剖〙心筋.

héart ràte *n.* 〘生理〙心拍(はく)数.

héart·rènding *adj.* 胸の張り裂けるような, 悲痛な: a ~ appeal, letter, etc. / in a ~ voice. **~·ly** *adv.*

héart·ròt *n.* (木材や蕪(かぶ)などの)芯(しん)腐れ.

héarts-and-flówers *n. pl.* [単数または複数扱い] 《米俗》 **1** お涙頂戴式の表現[言葉]; 感傷的な表現. **2** (ボクシングなどで)ノックアウト. ― *attrib. adj.* お涙頂戴式の, 感傷的な.

héart's blòod *n.* =heartblood.

héart-sèarching *adj.* (自己の)心を探る, (欲望・行動・動機などについて)内省する. ― *n.* [しばしば *pl.*] (思想・欲望・動機などの)内省, 自省, 自己批判 (cf. heart 3 b).

héarts·èase 〘(*c*1395) *herts ese*〙 *n.* (*also* **heart's-ease**) **1** 心の平安, 安心 (peace of mind). **2** 〘植物〙=wild pansy.

héart shàke *n.* 〘林業〙芯(しん)割れ《樹心から放射状に伸びている木材の割れ; cf. ring shake》.

héart-shàped *adj.* 心臓[ハート]形の.

héart shèll *n.* 〘貝類〙ザルガイ科・トマヤガイ科などハート型をした二枚貝; その貝殻.

héart·sìck *adj.* 深く悲しんだ, 悲嘆に暮れた, 思い悩んだ, 心痛の, やるせない (depressed): ~ groans 悲痛のうめき / She is too ~ to eat anything. 彼女は心痛のあまり全然食欲がない. **~·ness** *n.*

heart·some [hɑ́ːtsəm | hɑ́ːt-] 〘← HEART (n.) + -SOME[1]〙 ― *adj.* 《スコット》気を引き立たせる, 陽気にする (enlivening); 楽しい, 快活な, 陽気な (merry). **~·ly** *adv.*

héart·sòre 〘(?*a*1200) *herte sor*〙 *n.* 心痛, 深い悲しみ, 悲嘆. ― *adj.* 心痛した, 傷心の, 深く悲しんだ.

héart-strìcken *adj.* 悲痛に耐えない, 悲しみに打ちひしがれた, 悲嘆に暮れた, 身も世もあらぬ思いの. **~·ly** *adv.*

héart·strìng 〘(1483)〙 ― *n.* **1** [通例 *pl.*] 心の琴線, 深い感情[愛情]: break a person's ~*s* 悲痛な思いをさせる / pull at a person's ~*s* 感情を揺り動かす. **2** 《廃》昔心臓をささえていると想像された神経または腱(けん).

héart-strùck *adj.* =heart-stricken.

héart tamponàde *n.* 〘病理〙=cardiac tamponade.

héart·thròb *n.* **1** 心臓の動悸. **2** 《俗》 **a** [通例 *pl.*] 胸の高鳴り, (胸の)ときめき. **b** 愛人, 恋人 (sweetheart); あこがれの的《異性の歌手・映画スターなど》.

héart-to-héart *adj.* 率直な (frank); 心を打ち明けた, 腹蔵のない (sincere): one's ~ confession.

héart ùrchin *n.* (棘皮動物)ウニ綱心形目の動物の総称《心臓形の殻をもつところから名づけられた》.

héart·wàrming *adj.* 心の暖まる, うれしい (cheering): a ~ reception 心暖まる歓迎.

héart-whòle 〘(*a*1470)〙 *adj.* **1** 勇気のある, 物おじしない. **2** 恋をしていない (heart-free, fancy-free). **3** 全心をこめた, 専心の, ひたすらの (sincere).

héart·wòod *n.* 〘林業〙心材, 赤味《辺材に囲まれた中心部の材; duramen ともいう; cf. sapwood》.

héart·wòrm *n.* 〘獣医〙イヌサジョウチュウ (*Dirofilaria immitis*)《犬の心臓に寄生する糸状虫; cf. filaria》.

heart·y [hɑ́ːti | hɑ́ːtɪ] 〘(*a*1375) *herti*: ⇨ heart, -y[4]〙 ― *adj.* (**heart·i·er**; **-i·est**) **1 a** 心からの (genuine); 親切な, 暖かい (affectionate); 熱烈な (enthusiastic): one's ~ approval [detestation, support] 心からの賛成[憎悪, 支持] / a ~ welcome 暖かい歓迎. **b** 〈感情・笑い声などが〉抑制しない: laugh a ~ laughter 大笑いする / her ~ voice 彼女の元気な声. **2 a** 〈食事などが〉たくさんの, 豊富な, 食べでのある: a ~ breakfast たっぷりある朝食 / take [eat] a ~ meal [dinner] 十分に食事をする, 腹一杯食べる. **b** 〈食品が〉栄養のある, 精のつく: ~ food 栄養のある食物 / a ~ soup 精のつくスープ. **c** 〈食欲などが〉盛んな, 旺(おう)盛な: a ~ appetite 盛んな食欲 / a ~ drinker 大酒飲み, 酒豪 / a ~ eater よく食べる人, 健啖家, 大食漢. **3 a** 〈風・暴風雨・波などが〉激しい, すさまじい: a ~ wind [gale] 強い風[暴風] / a ~ flood 大洪水. **b** 元気な, 達者な, 丈夫な: a ~ fellow 強健な男 / ⇨ HALE[1] and hearty. **4** 《英》(地味の)肥えた: ~ land. **5** 《英口語》(親しさを表わそうと思って)はしゃぎすぎている.

― *n.* **1 a** [通例 *pl.*: 水夫への呼掛けに用いて] 屈強[元気]な男: My *hearties*! おいみんな, 皆の衆. **b** 水夫 (sailor). **2** 《英》(大学で, 勉強ぎらいの)野外好きの人, (審美的趣味のない)運動家 (cf. aesthete 3).

heat [híːt] 〘*n.*: OE *hǣtu*, *hǣte* < Gmc **χaitīn*, **χaitjōn* (G *Hitze*) ← **χaitaz* 'HOT'. ― v.: OE *hǣtan* < Gmc **χaitjan* (G *heizen*)〙 ― *n.* **1 a** (気温上, 寒さに対して)暑さ, 暑気, 暑熱 (hotness): an intense ~ 酷暑 / in the ~ of the day 暑い日盛りに (cf. *Matt.* 20: 12) / during the summer ~ 暑中. **b** (冷たさに対して)熱いこと[状態], 熱さ; 熱: the ~ of the sun's rays 太陽熱. **c** 暖かさ, 暖気: enjoy the ~ 暖かさを楽しむ. ★ ギリシャ語系形容詞: thermal. **2 a** 熱度, 温度 (temperature): the ~ of blood 血液の温度. **b** (病理的な)熱 (fever). **c** (熱などによる)赤らみ, 紅潮: Her face was flushed with sudden ~*s*. 急に発熱して顔がぽっと赤くなった / ⇨ prickly heat. **d** 《米俗》(酒・麻薬などによる)陶酔状態: have a ~ on 酔っぱらっている; (麻薬で)「らりって」いる. **3 a** 暑い気候[季節]: We have had an unbroken ~ since June. 6 月から暑さが続いている. **b** (暖炉などの)暖かい所: bask in the ~ 暖かい所で暖まる. **c** (部屋などの)暖房. **4** (からし・こしょうなどの)辛味, ひりりとすること (pungency). **5 a** 憤激, 激怒 (passion): in the ~ of passion かっと怒って / with sudden ~ 急にかっとなって / take ~ 激怒する. **b** 興奮; 熱烈, 激烈, 熱心 (rage, zeal): speak with great ~ ひどく熱して話す / repel an accusation with some ~ かなり激しく非難を論駁する / answer without ~ 熱のない返事をする / His anger rose to a sudden white ~. 彼の怒りは突如爆発した. **c** (闘争・討論などの)最高潮 (climax): in the ~ of the battle [argument] 戦い[議論]の真最中に. **d** 緊迫, あわただしさ. **6 a** [a ~] 一回の焼き, 一回の動作, 一回の努力, 一挙: at *a* ~ 一息に / do a piece of painting at *a* (single) ~ 一気に絵をかき上げる. **b** 〘スポーツ〙一回 (single course); 予選 (trial); 《米俗》〘レスリング〙(試合の)一ラウンド; 《米俗》〘野球〙(試合の)一回: The contest was extended to three ~*s*. その競技は予選が 3 回あった / the final [last] ~ 決勝戦 / preliminary [trial] ~*s* 予選 / ⇨ dead heat. **7** [the ~] 《俗》 **a** 抑圧, 威圧, 強圧 (pressure, coercion): turn *the* ~ on a person 人に圧力をかける. **b** (警察の)活動強化, (捜査の)強化; (強力な)追跡, 調査: *The* ~ is on [off]. 取締り[調査]が強化されて[ゆるめられて]いる. **c** 警察(力) (police). **d** 銃, ピストル (gun): turn on [give] *the* ~ 銃[ピストル]を使う. **8** 〘物理・化学〙熱: atomic [molecular] ~ 原[分]子熱 / latent ~ 潜熱 / ⇨ radiant heat, red heat, specific heat, white heat. **9** 〘動物〙(雌獣の)さかり, 発情; 交尾期: in [《英》on, at] ~ さかりがついた / come into [《英》on] ~ 発情期にはいる, さかりがつく. **10** 〘心理〙熱感覚, 熱覚《皮膚面の温点と冷点の同時的刺激によって生じる感覚》. **11** 〘冶金〙(鋳鉄・鍛鉄・金属の)一焼き, 一溶かし, 一溶解: The foundry runs three ~*s* a day. 鋳造場では 1 日に 3 回鋳物を流す.

heat of adsorption 〘物理化学〙吸着熱.

heat of combustion 〘物理化学〙燃焼熱.

heat of condensation 〘物理化学〙凝縮熱.

heat of dilution 〘物理化学〙希釈熱.

heat of formation 〘物理化学〙生成熱.

heat of fusion 〘物理化学〙融解熱.

heat of hydration 〘物理化学〙水和熱.

heat of reaction 〘物理化学〙反応熱.

heat of solidification 〘物理化学〙凝固熱.

heat of solution 〘物理化学〙溶解熱.

heat of sublimation 〘物理化学〙昇華熱.

heat of vaporization 〘物理化学〙気化熱, 蒸発熱.

― *vt.* **1 a** 熱する, 暖める; …の温度を高くする 〈*up*〉: The room is ~*ed* by gas stoves. 部屋はガスストーブで暖められている / ~ *up* the cold mutton for lunch 昼食に冷えた羊肉を暖める. **b** 〈人〉の体を暖める: ~ oneself with running ランニングで体がほてる / get ~*ed* with wine ぶどう酒で体が暖まる. **2** 興奮させる, 激昂させる, 怒らせる (excite): The sight ~*ed* them into fury. その光景を見て彼らはかっと激昂した / be ~*ed* with dispute [argument] 議論で激する.

― *vi.* **1** 熱くなる, 暖まる 〈*up*〉; 暖まって腐り始める: Green hay ~*s* in a mow. 青草は積んで置くと熱が出て(腐り始め)る. **2 a** 激する, 興奮する. **b** 〈危機・インフレなどが〉激しくなる.

~·a·ble [-təbḷ | -tə-] *adj.*

héat apòplexy *n.* 〘病理〙日射病 (sunstroke).

héat bàlance *n.* **1** 〘工学〙熱勘定. **2** 〘化学〙熱収支《熱力学第一法則に基づく熱エネルギー・仕事などの収支》.

héat bàrrier *n.* 〘航空・宇宙〙熱障壁 (⇨ thermal barrier).

héat bùmp *n.* 〖病理〗火ぶくれ.

héat capàcity *n.* 〖物理化学〗熱容量《物質の温度を摂氏1度だけ上げるのに要する熱量; thermal capacity ともいう》.

héat cόntent *n.* 〖物理化学〗熱含量, エンタルピー《熱力学的関数の一つ; enthalpy ともいう》.

héat cràmps *n. pl.* [単数扱い]〖病理〗熱痙攣(けいれん)《高温状態で長時間働いた場合などに起こり, 多量の発汗による体内の水分や塩分不足による》.

héat dèath *n.* 〖物理〗熱力学的死, 熱的平衡状態, エントロピー最大の状態《宇宙全体が熱平衡状態になればそれ以後の状態変化は生じない》.

héat dèvil *n.* 陽炎(かげろう).

héat·ed [-tɪd, -tәd | -tɪd, -tәd] *adj.* **1** 熱せられた, 熱くなった, 暖められた. **2** 激した, 興奮した: a ~ imagination, brain, etc. / a ~ discussion 激論 / a ~ election campaign 白熱的な選挙運動. **~·ly** *adv.*

heated térm *n.* [the ~]《米》夏季, 夏場.

héat èngine *n.* 熱機関《蒸気機関・内燃機関・蒸気タービンなど》: a ~ plant 火力発電所.

héat equàtion *n.* 〖数学・物理・化学〗熱(伝導)方程式.

héat·er [-tә | -tә(r)] 〖← HEAT＋-ER[1]〗 ── *n.* **1** 発熱器, 加熱器, 電熱器, ヒーター; 暖房装置《stove, furnace, steam radiator など》. **2** [しばしば複合語の第2構成素として] …を焼く人: ⇨ rivet heater. **3** 《俗》ピストル. **4** 〖電気〗ヒーター《真空管の陰極を加熱する装置》. **5** 〖甲冑〗(中世の)三角盾《上部は直線, 両側は凸形の曲線をなす》.

héater càr *n.* 暖房車《保温および断熱装置つきの生鮮食料品輸送用車両》.

héater-shìeld *n.* 〖紋章〗アイロン形の盾《紋章図形としての盾として最も広く使用される形であり, アイロンを裏から見た形に似ていることによる; heater-iron type ともいう》.

héat exchànge *n.* 〖機械〗熱交換 (cf. heat exchanger).

héat exchànger *n.* 〖機械〗熱交換器《自動車の冷却器・蓄熱器・中間冷却器など高温の流体から低温の流体に熱を伝える装置》.

héat exhàustion *n.* 〖病理〗熱疲憊(ひはい), 熱ばて, 暑さへばり; 熱射病《heat prostration ともいう; cf. sunstroke》.

héat flàsh *n.* 核爆発直後に放射される強烈な熱.

heat·ful [híːtfәl] *adj.* 高熱の; 発熱(性)の; (燃焼の際に)高熱を発する[発しうる].

heath [híːθ] 〖OE *hǣþ* < Gmc **χaiþiz* (Du. *heide* / G *Heide*) ← IE **kaito-* forest: cf. heathen〗 ── *n.* **1** (英国などでヒース類のおい茂った)荒野, ヒース (cf. moor[1] 1). **2** 〖植物〗 **a** ヒース《北地の荒野に生えるツツジ科の低木類, エリカ属 (*Erica*), ギョリュウモドキ属 (*Calluna*) などの植物, 白・紫・淡紅色の鐘状の小花を付ける》. **b** ツツジ科以外のヒースに似た数種の低木の総称. **3** 〖昆虫〗ヒースによく来る蝶. *one's native heath* 生れ故郷 (cf. W. Scott, *Rob Roy* 3. 34).

Heath, Edward (**Richard George**) *n.* (1916–) 英国の政治家; 保守党党首 (1965–75), 首相 (1970–74).

heath àster *n.* 〖植物〗米国東部の牧草地に多いキク科の雑草 (*Aster ericoides*).

héath bèll *n.* 〖植物〗=bell heather.

héath·bèrry [-bèri, -b(ә)ri | -b(ә)rɪ] 〖OE *hǣþ beri(ġ)e*〗 ── *n.* 〖植物〗 **1** =crowberry. **2** ヒースベリー《荒野 (heath) にはえて小漿(しょう)果をつける各種の小植物》; (特に)コケモモ (bilberry).

héath·bìrd *n.* 〖鳥類〗heath にすむ鳥; (特に)クロライチョウ (black grouse).

héath còck *n.* 〖鳥類〗=blackcock.

hea·then [híːðәn] 〖OE *hǣðen* < Gmc **χaiþanaz* 《原義》inhabiting open country, savage (G *Heide* / Goth. *haithnō* gentile woman: ゴート語の訳は誤訳といわれる) ← **χaiþiz* 'HEATH': ⇨ -en[2]〗 ── *adj.* **1** 異教の, 異教を信じる (pagan): a ~ man [temple, rite] 異教徒[寺院, 儀式]. **2 a** 無宗教の, 不信心の (irreligious). **b** 未開の, 教化されていない, 野蛮な. ── *n.* (*pl.* **~s, ~**) **1 a** (キリスト教の神を信じない)異教徒; (特に, 未開種族の神を信じる)邪教徒. **b** 〖聖書〗異邦人 (Gentile); (キリスト教徒・ユダヤ教徒・マホメット教徒がそれぞれ他宗教の人をさしていう)異教徒, 異端者. **c** [the ~; 集合的] 異教徒たち, 異邦人たち (heathen people) (cf. faithful *n.* 2 a). **2 a** 無宗教者, 不信心者 (infidel). **b** 野蛮人, 未開人.

héa·then·dom [-dәm] 〖OE *hǣþendōm*: ⇨ heathen, -dom〗 ── *n.* **1** [集合的] 異教世界; 異教徒たち. **2** 異教, 邪教, 異端 (heathenism).

héa·then·ish [-nɪʃ] 〖OE *hǣþenisċ*: ⇨ heathen, -ish[1]〗 ── *adj.* **1** 異教[邪教]の, 異教[邪教]徒の. **2** 異教徒的な, 非キリスト教徒的な; 野蛮な (unchristian, barbarous). **~·ly** *adv.* **~·ness** *n.*

héa·then·ism [-nìzm] *n.* **1** 異教(の教義), 邪教, 異端 (paganism); 偶像崇拝. **2** 野蛮, 蛮風.

hea·then·ize [híːðәnàɪz] *vt.* 異教徒にする, 異教(徒)化する. ── *vi.* 異教徒(的)になる.

hea·then·ry [híːðәnri | -rɪ] 〖⇨ heathen, -ry〗 *n.* **1** 異教, 異端. **2** [集合的] 異教世界, 異教徒.

heath·er [héðә | -ðә(r)] 〖《1335》《スコット》*hather, haddyr* < OE **hǣddre*: 今の形は HEATH との連想による18世紀以来の変形〗 ── *n.* **1** 〖植物〗ヒース (heath); (特に)ギョリュウモドキ (*Calluna vulgaris*) 《ヨーロッパ原産の常緑小低木 (数 cm–90 cm 位); 英国の荒野などに普通に見られ, 8月ごろ淡い赤紫色の花をつける》. **2** =heath 1. **3** 淡い赤紫色. *set the heather on fire* 騒動を起こす. *take to the heather* (昔スコットランド山地の)山賊になる.
── *adj.* **1** ヒースの(ような); ヒースで作った. **2** 〈毛糸・織物など〉斑点のある, 雑色の. **3** くすんだ[灰色がかった]赤紫色の.

Heath·er [héðә | -ðә(r)] 〖↑〗 *n.* 女性名. ★ スコットランドに多い.

héather bèll *n.* 〖植物〗=bell heather.

héather gràss *n.* 〖植物〗=heath grass.

héather mìxture *n.* 〖紡織〗種々の色糸を混ぜて織った毛織物, 混色織.

héather pùrple *n.* =heather 3.

heath·er·y [héð(ә)ri | -ðәrɪ] 〖⇨ heather, -y[4]〗 *adj.* **1** ヒースの(ような): a ~ fragrance. **2** ヒースのおい茂る: a ~ field.

héath-fòwl[-gàme] *n.* 《英》〖鳥類〗 **1** =black grouse. **2** =red grouse.

héath gràss *n.* 〖植物〗ヨーロッパ産イネ科のヒース (heath) にはえる多年生草本 (*Sieglingia decumbens*) 《heather grass ともいう》.

héath hèn *n.* 〖鳥類〗 **1** =gray hen. **2** ソウゲンライチョウ (prairie chicken) に類する北米産の今は絶滅した野鳥 (*Tympanuchus cupido*).

héath·lànd [-lænd, -lәnd] *n.* ヒースの生えている荒野.

héath·less *adj.* ヒースのはえていない: a ~ wasteland.

héath·lìke *adj.* ヒースのような.

héath pèa *n.* 〖植物〗キュウコンエンドウ (*Lathyrus tuberosus*) 《ヨーロッパ産レンリソウ属の植物; その小球根は食用》.

Héath Rόbinson 〖← *William Heath Robinson* (1872–1944: 英国の諷刺画家)〗 *adj.* 〈機械・計画など〉馬鹿げたほどに精巧[綿密]であるために実用的でない.

heath·y [híːθi | -θɪ] 〖《*a*1450》: ⇨ heath, -y[4]〗 *adj.* (**heath·i·er; -i·est**) ヒース (heath) の[に関する, に似た, の茂った].

héat·ing [-tɪŋ | -tɪŋ] 〖《adj.: 1591; n.: *a*1387》: ⇨ heat, -ing[1,2]〗 ── *n.* **1** 暖房(装置); 加熱: ⇨ central heating. **2** [形容詞的に] 熱を生じさせる, 熱する, 暖める: a ~ apparatus [system] 暖房装置 / a ~ drink 身体の暖まる飲料.

héating èlement *n.* 〖電気〗発熱体.

héating pàd *n.* 電気座蒲団[パッド]《中に絶縁電極が入っていて身体の一部を温める柔かな当て物》.

héat ìsland *n.* 〖都市工学〗ヒートアイランド, 熱の島《都市から放出される熱のために周辺の地域より気温の高くなった部分》.

héat làmp *n.* 太陽灯, 赤外線灯 (infrared lamp).

héat lìghtning *n.* (夏の夜遠くの地平線に見える雷鳴の聞こえない)稲光り, 稲妻《遠い電光の雲への反射; wildfire ともいう》.

héat pìpe *n.* 〖電子工学〗ヒート[熱]パイプ《揮発性液体を入れた盲管で, 液体の蒸発・凝縮を利用した高能率熱伝導管》.

héat pollùtion *n.* 熱汚染 (⇨ thermal pollution).

héat pòwer plànt [**stàtion**] *n.* 火力発電所.

héat·próof *adj.* 耐熱の.

héat prostràtion *n.* 〖病理〗=heat exhaustion.

héat pùmp *n.* **1** 熱ポンプ《熱を低温の物体から高温の物体に移す装置》. **2** (ビルなどの)冷暖房装置.

héat ràsh *n.* 〖病理〗=prickly heat.

héat rày *n.* 〖物理化学〗熱線, 赤外線 (infrared ray).

héat rèservoir *n.* 〖物理化学〗熱源.

héat-resístant *adj.* =heatproof.

heat·ron·ic [hiːtránɪk | -rɔ́n-] 〖← HEAT＋(ELECT)RONIC〗 *adj.* 誘電体加熱 (dielectric heating) の.

héat shìeld *n.* 〖宇宙〗熱シールド《宇宙船の構造および内部を, 大気圏突入の際に生じる表面加熱に耐えるように保護すること》.

héat sìnk *n.* (不必要な熱を吸収する)脱熱剤, 脱熱器.

héat stàbilizer *n.* 〖化学〗熱安定剤《プラスチックの熱による劣化防止剤》.

héat·stròke *n.* 熱射病 (cf. heat exhaustion).

héat tòne [**tòning**] *n.* 〖化学〗実熱量《化学変化に伴って生じるまたは吸収される熱量》.

héat-trèat *vt.* 〈金属などを〉熱処理する. **~·er** *n.*

héat trèatment *n.* 〖冶金〗熱処理《焼入れ (hardening)・焼戻し (tempering) など》.

héat ùnit *n.* **1** =British thermal unit. **2** カロリー (calorie).

héat wàve *n.* **1** 長期間の酷暑: in the middle of a sizzling ~ 焼けつくような酷暑の最中(さなか)に. **2** 〖気象〗熱波 (cf. cold wave 2).

heaume [hóum | hə́um] 〖□F ~ < OF *helme* 'HELMET'〗 *n.* 〖甲冑〗(中世の合戦用の)樽形大かぶと.

heave [híːv] 〖OE *hebban* < Gmc **χaƀjan* (Du. *heffen* / G *heben*) ← IE **kap-* to grasp: ⇨ have[1]: cf. heavy[1]〗 ── *v.* (**~d**, (海) **hove** [hóuv | hə́uv]) ── *vt.* **1 a** 〈重い物を〉(努力して)上げる, 持ち上げる (raise, lift); 持ち上げて動かす: ~ an ax(e) おのを振り上げる / ~ coal 石炭を運ぶ[積みおろしする] / The sheriff ~*d* his bulky figure into the house. 保安官は大きな体でのっそりと立ち上がり屋内にはいった. **b** 持ち上がらせる, ふくらます, 隆起させる: The wind ~*s* the waves. 風が波を隆起させる / ~ one's chest [bosom, breast] (息を吸い込んで)胸をふくらます; 胸を波立たせる. **2 a** 胸底から苦しそうに出す: ~ a sigh [groan] ため息をつく[うめき声を出す]. **b** 吐く (vomit): ~ one's meal 食べた物を吐く. **3 a** 投げる, 投げ出す, ほうる (throw, cast): ~ the lead ⇨ lead[1] 2 b / ~ the log ⇨ log[1] 3 / ~ an anchor overboard 錨を入れる, 投錨(とうびょう)する. **b** 《口語》〈重い物などを〉投げる: ~ a brick *at* …にれんがを投げつける. **4** 〖海事〗 **a** (索で)引き揚げる, 巻き揚げる (haul in): ~ a cable [the anchor] 索[錨(いかり)]を巻き揚げる / ~ a line taut 索がぴんと張るまで絞盤に巻く / ~ a rope in ロープを引き込む, たぐり込む / ⇨ HEAVE *up*. **b** 〈船などを〉移動させる: ~ a ship ahead 索をたぐって船を前に進める / ~ a ship about 船を急に回す / ~ a ship apeak 錨索(びょうさく)が垂直[起き錨]になる位置にまで船を引き寄せる. **5** 〖地質〗〈地層・鉱脈を〉(断層で)転位させる, ずらす.
── *vi.* **1** (徐々に・苦労して)上がる, 高くなる, 持ち上がる (rise). **2 a** (波のように)うねる, 波打つ, 上下する; ふくれる (swell): ~ and set 〈波上の船などが〉上下する / *heaving* billows うねる波 / a *heaving* bosom (すすり泣き・ため息で)波打つ胸 / The sea ~*d* in a gigantic swell. 海の波は大きくうねっていた. **b** 〈地面が〉盛り上がる, 起伏する (swell, undulate). **3 a** あえぐ (pant). **b** むかつく; 《米》吐く. **4** (重荷を払いのけようとしてもがくかのように)苦労する, 骨折る, 努める. **5** 〖海事〗 **a** 綱などを手または巻き揚げ機で引く[巻く]. **b** 〈船が〉移動する, 進む (move, proceed): ⇨ *heave in* SIGHT / The ship *hove* alongside [out of the harbor]. 船が横付けになった[港外へ出て行った]. **c** (ある方向にある方法で)船を進ませる[移動させる].
heave at …を引っぱろう[持ちあげよう]とする. ***Heave away*** [***ho***]! 〖海事〗よいと引け, よいと巻け《錨索を巻く水夫の掛け声》. ***heave down*** 〖海事〗(1) 〈船を〉(掃除・修理などのために)傾ける (list). (2) 〈船が〉傾く. ***heave out*** 〖海事〗(1) 〈縮帆した帆を〉振りひろげる. (2) 〈帆を〉揚げる; 〈旗を〉揚げる. ***heave short*** 〖海事〗(船がほぼ錨の上に来るまで)錨鎖を縮める, 縮錨する. ***heave to*** 〖海事〗(*vt.*) (1) 〈船を〉洋上で止める《船首を風上に向けてほとんど同一場所に留める》. (2) 一時止める. (*vi.*) (1) 〈船が〉洋上で止まる. (2) 一時止まる. ***heave up*** (1) 〈錨などを〉引き揚げる; 持ちあげる. (2) 吐く; 吐きそうになる.
── *n.* **1 a** (努力して)上げること, 引き上げること. **b** 重い物を持ち上げる努力. **c** 投げること. **2** ふくれること, 隆起 (swelling); 規則的な上下動, (波の)上下, うねり: the ~ of the sea 波の隆起. **3** 〖地質・鉱山〗(断層による地層・鉱脈の)水平ずれ, 水平転差; 盤膨(ばんぶくれ)《地圧によってふくれ上がる坑道の床面》. **4** 〖レスリング〗ヒーブ《右手を相手の右肩に回して投げる手》. **5** [*pl.*; 単数または複数扱い]〖獣医〗(馬の)息痨(そくろう), 喘息, 肺気腫(しゅ)《broken wind ともいう》. **6 a** あえぎ. **b** 吐き気.

heave-ho [híːvhóu | -hə́u] 〖← *heave ho* (⇨ heave (v.) 成句) ←《1518》heue and howe ∽《1440》*heve-lo* (⇨ low[3])〗 ── *n.* (*pl.* **~s**) [the (old) ~ として]《口語》解雇, 免職, 首切り (dismissal); 絶縁, ひじ鉄砲, 拒絶 (rejection): give [get] *the old* ~ 解雇する[される], 首にする[なる]; ひじ鉄砲を食わす[食わされる].

heav·en [hévәn] 〖OE *he(o)fon, hiofon* ← Gmc **χimin-* (G *Himmel* / ON *hifinn, himinn*) ← IE **kamer-* vault; to bend: OE, ON では Gmc *-mn* の異化によって生じた *-bn* が, さらに *-fn* に変化した: cf. camera〗 ── *n.* **1 a** [《詩》以外は通例 the ~s] 天, 天空, 空 (sky, firmament): the starry cope of *Heaven* 星をちりばめた天蓋(てんがい) (cf. Milton, *Paradise Lost*) / the winds of ~ 空吹く風 / clouds of ~ 大空の雲 / fowls of ~ 空飛ぶ鳥 / rain from ~ 天から降る雨 / ~ and earth 宇宙, 万物 / There are more things in ~ and earth than are dreamt of. 天地には思いも及ばぬ事柄があるのだ (cf. Shak., *Hamlet* 1.5. 166–67) / *the* starry ~*s* 星空 / *The* ~*s* opened. 大雨が降った, どしゃぶりだった / search *the* ~*s* with a telescope 望遠鏡で空間を探測する. **b** 《古》(特定の地方の)空; 気候 (climate): Italy has a brighter ~ than ours. イタリアの空はわが国の空よりも明るい[気候がよい]. **2 a** 天国, 天界, 極楽; (↔ hell): the Buddhist ~*s* 極楽 / go to ~ 昇天する, 死ぬ / be in ~ 天国にいる, 死んでいる. **b** [集合的] 天国の住民, 神々; 天人: All ~ rejoices. 天人みな喜ぶ. **c** 非常に幸福な状態[場所, 時期]; 楽園 (paradise): a ~ on earth 地上の楽園; 地上の至福 / *Heaven* lies about us in our infancy. 幼年時代には我々は楽園の中にいる. **3** [通例 H-] 天帝, 上帝, 神 (God, Providence). ★ 感嘆・罵(ののし)り・祈願などの成句では, しばしば God の代用語 (cf. God 4): the will of *Heaven* 天命 / the decrees of *Heaven* 神慮 / the justice of *Heaven* 神の裁き / *Heaven* be praised! =Thank *Heaven*! ありがたい / *Heaven's* vengeance is slow but sure. 《諺》天罰はおそくとも必ず来る, 「天網恢々(かいかい)疎にして漏らさず」 / Inscrutable are the ways of *Heaven*. 天意は計り難い, 「人間万事塞翁(さいおう)が馬」 / by *Heaven(s)*! 神かけて, 必ず / Good [Great, Gracious] *Heavens*! 困った, おや(大変), まあ(とんでもない) / *Heaven* forbid! そんなことのないように, そんなことがあってたまるものか / swear before ~ 神に誓う / Witness *Heaven*! 《古》天も照覧あれ. **4** 《古》〖天文〗七天または九天の一つ《古代人の天文学によれば天は層を成し各層ごとに天体が固着していた》: ⇨ HEAVEN of heavens (2) / in the seventh ~ of delight [happiness] 有頂天になって. **5** [*pl.*; 単数扱い]〖劇場〗エリザベス朝時代において舞台にかけられた天蓋. **6** 〖クリスチャンサイエンス〗罪は存在せず

精神の顕示はすべて神の摂理の下に統一されているという思想.
Heaven knows ⇨ know[1] 成句. ***in heaven*** (1) ⇨ 2 a. (2) [通例強意語として] 一体全体: Where *in* ~ have you been? 一体全体どこへ行っていたんだい. ***move heaven and earth*** (*to* do) 全力を尽くして(…する). ***smell*** [***stink***] ***to*** (***high***) ***heaven***(***s***) 《口語》(1) ひどい悪臭を放つ (cf. Shak., *Hamlet* 3. 3. 36). (2) 〈取引きなどが〉ひどく怪しい[くさい]. ***under heaven*** =*in* HEAVEN (2).
heaven of heavens [the —] (1) 〖聖書〗最高天《神と天使が住む》. (2) 〖ユダヤ教〗=seventh heaven.

héaven-bórn *adj.* **1** 天から生れた, 神から贈られた, 天から下った. **2** 特殊な才能を持った.

héaven-dùst *n.* 《米俗》(粉末状の)麻薬, (特に)コカイン (cocain).

héav·en·ly 〖OE *heofonlīc*(*e*): ⇨ heaven, -ly[2]〗 — *adj.* **1** 天の, 天空の, 空の (celestial). **2** 天国の, 天国に住む[から来る]: the *Heavenly* Father 天父, 天の神 / the ~ kingdom [place] 天国 / the *Heavenly* City 〖聖書〗聖なる都, 楽園《New Jerusalem のこと; cf. *Rev.* 21》/ ~ angels [beings] 天使 / a ~ figure 天人, 天使 / ~ choirs 天使の合唱隊. **3 a** 天国に似た[ふさわしい], 神聖な, 神々しい (divine, sacred) (cf. mundane): a ~ mind (天使のような)神々しい心 / ~ peace 天国のような平和境. **b** 天来の, 絶妙な, 荘厳な (sublime, beautiful): a ~ voice 天来の美声. **4** 《口語》すばらしい (excellent): What ~ figs! なんて見事ないちじくだろう / have a ~ time 実に愉快な時をすごす. — *adv.* 《古》**1** 天国のように. **2** 天の力によって, 天の導きで. **héav·en·li·ness** *n.*

héavenly bódy *n.* =celestial body.

héavenly-mínded *adj.* 信心深い. **~·ness** *n.*

héaven-sènt *adj.* **1** 天来の, 天与の (providential). **2** 時を得た, 時機にかなった: a ~ visit 折よい訪問.

heav·en·ward [hévənwəd|-wəd] 〖(*a*1250)〗 — *adj.* 天に向かう, 天に向かっての: the ~ journey 天国への旅. — *adv.* 天に向かって, 天の方に. **~·ly** *adv.* **~·ness** *n.*

héav·en·wards [-wədz|-wədz] *adv.* =heavenward.

héave òffering 〖Tyndale の訳語〗 — *n.* (高く持ち上げてささげる)挙祭(きょさい)《供物の十分の一に当たる部分(動物の肩またはもも肉)で祭司の所得となる; cf. *Exod.* 29 : 27, *Lev.* 7 : 32》.

héav·er *n.* **1** 揚げる人, 仲仕, 荷揚げ人足: a coal ~ 石炭荷揚げ人[かつぎ]. **2** 〖海事〗**a** (綱などをピンと張るために用いる)てこ棒. **b** 帆に太い針を通すための丁字形の道具. **3** 《米俗》(野球の)投手 (pitcher).

héavier-than-áir *adj.* 〈飛行機・気球など〉(機体の排除する)空気よりも軽い (cf. lighter-than-air 1): a ~ craft 〖航空〗重航空機《軽航空機以外の航空機》.

héav·i·ly [-vɪli, -və-|-lɪ] 〖OE *hefiglīce*: ⇨ heavy[1], -ly[1]〗 — *adv.* **1** 重く, どっかりと, どさりと: a ~ loaded truck どっさり荷を積んだトラック / press [weigh] ~ ぎゅうと押す[重く目方がかかる] / be dressed ~ 厚着している. **2** 重々しく, 重そうに, のろのろとものうげに: drag ~ 重そうに引きずる / walk ~ (重い足取りで)のそのそと歩く / Time passes ~. 時のたつのがまだるっこい. **3** 重苦しく, 重くのしかかって (oppressively): Cares weighed ~ upon them. 心配事が重苦しく彼らにのしかかって来た / Taxes fall ~ on the people. 税金は国民に重い負担である. **4 a** 重く, ひどく, きびしく (severely); 強く, 激しく: be fined ~ 重い罰金を課せられる / lose ~ 大損をする / be punished ~ ひどい罰を受ける / suffer ~ (主に経済的に)大打撃をこうむる / His English is ~ accented. 彼の英語はなまりが強い / He was ~ in debt. 彼には大変な借金があった. **b** 多量に: eat [drink] ~ 大食[痛飲]する / bleed ~ 多量の出血がある. **5** 密に, こんもりと, うっそうと (densely): ~ wooded うっそうと茂った. **6** 《古》心重く, ものうく, 落胆して, 悲しんで.

héav·i·ness 〖OE *hefignes*: ⇨ heavy[1], -ness〗 — *n.* **1** 重いこと, 重さ. **2** だるさ, 無気力, のろさ, 不活発, 遅鈍 (languor). **3** ぎこちなさ, 無器用: ~ of movement ぎこちない動作. **4** 重苦しさ, つらさ. **5** 悲哀, 落胆: with ~ of heart 重い心で.

héav·ing 〖(*a*1398): ⇨ heave, -ing[1]〗 — *n.* **1** 揚げること, 持ち上げること, 引揚げ; 投出し. **2** 〖英史〗胴揚げ《キリストの復活にちなんで復活祭の翌日(Easter Monday)または翌々日(Easter Tuesday)に, 月曜には男が女に対して火曜には女が男に対して行なった胴揚げの旧習; これらの日を heaving day [Monday, Tuesday] といった》.

héaving lìne *n.* 〖海事〗(大索などを船から桟橋などに取る場合まず投げ渡す)投げ綱.

Héav·i·side láyer [hévɪsàɪd-] 〖← *Oliver Heaviside* (1850–1925: 英国の物理学者)〗 *n.* 〖通信・気象〗ヘビサイド層 (⇨ ionosphere 2).

Héaviside únit fùnction 〖← *O. Heaviside* (↑)〗 — *n.* 〖数学〗ヘビサイドの単位関数《0 以上では 1 となり, それ以外では 0 となる関数; 演算子法で重要な役割を果たす》.

heav·y[1] [hévi|-vɪ] 〖OE *hefiġ* ← Gmc **χabuʒa-*, **χabiʒa-* (Du. *hevig* / OHG *hebig*) ← **χabiz* weight (OE *hefe* weight) ← IE **kap-* to grasp: ⇨ heave, -y[4]〗 — *adj.* (**heav·i·er**; **-i·est**) **1 a** 重い, 重量のある (↔ light): a ~ load 重い荷 / The luggage is too ~ for me to lift. その荷物は重くて私には持ち上げられない / ~ cottons [woolens] 重目の綿[毛]織物. **b** (心に)重い, 重く感ずる: lie [sit] ~ on [at] …の上に重くのしかかる / The crime lies ~ on his conscience. 犯した罪が彼の良心を圧迫している. **c** 比重の大きい: ⇨ heavy metal.
2 a 〔…で〕重みのかかった〔*with*〕: an apple tree ~ *with* fruit 枝もたわわに実のなったりんごの木 / air ~ *with* moisture 湿気を含んだ空気 / The air was ~ *with* the smell of fallen leaves. 空気には落葉のにおいが強く立ちこめていた. **b** 〔…で〕いっぱいの, 満ちた〔*with*〕: eyes ~ *with* tears 涙を一杯ためた目 / words ~ *with* meaning 意味深長な言葉 / a heart ~ *with* remorse 後悔の念でいっぱいの心.
3 a 悲しみに打ちひしがれた, 憂いに沈んだ, 悲しい: with a ~ heart 悲しみに打ち沈んで. **b** 気分の重い, 物憂い, 生気のない, だるい (languid): feel ~ だるい / look ~ 生気のない顔をしている. **c** 眠そうな (drowsy): ~ eyes [eyelids] 眠そうな目[まぶた].
4 a 〈歩き振り・動作など〉重々しい, のろのろした; 無器用な: have a ~ hand 手が無器用である / a ~ step のろのろした歩調. **b** 重苦しい, 軽快さのない, 精彩を欠く; 退屈な, 単調な, 面白くない (dull): a ~ author [book] 退屈な作者[書物] / a ~ painting 重苦しい絵 / a ~ style of architecture 重苦しい建築様式 / Time hangs [lies] ~ on my hands. 時間を持て余している, 退屈で仕方がない, 手持ちぶさたである / a meeting under ~ guard 物々しい警備の下に行なわれた集会. **c** 鈍い, のろい, ぐずの: a ~ fellow のろま / a ~ type of wit 気のきかない頓知《間の抜けたしゃれなど》.
5 〈天候・空が〉曇った, うっとうしい, どんよりした, 重苦しい (lowering): a ~ sky どんよりした空 / ~ clouds 厚い重苦しい雲.
6 a 苦しい, つらい (trying), 苛(か)酷な, 重圧的な, 負担になる (burdensome); ひどい, 厳しい (severe): a ~ fate つらい運命 / a ~ effort 大変な努力 / ~ taxes 重税 / ~ fees for the entrance examination 高い入試受験料 / a ~ sentence 重い判決 / The teacher was ~ on her pupils. その教師は生徒に厳しかった. **b** 処理しにくい, むずかしい, 困難な: a ~ task.
7 a 激しい, 強い, 猛烈な, ひどい (tremendous, violent): a ~ blow 激しい打撃, 猛打 / a ~ fighting 激闘 / a ~ wound 重傷 / a ~ frost ひどい霜 / a ~ rain 大雨 / a ~ sea 激浪 / a ~ storm [wind] 大あらし[風] / open a ~ fire upon …に激しい砲火を浴びせる / a ~ prejudice 強い偏見 / ~ traffic 激しい交通 / a ~ failure 大失敗. **b** 〈音・声など〉深い所から出てくる, 大きくて低い: a ~ bass voice 低く響くバスの声 / a ~ sound 大音響. **c** 〈形など〉肉太の, 大きい, ごつごつした; 目のあらい: a ~ line 太い線. **d** 〈沈黙・眠りなど〉深い (deep), 強度の (intense): a ~ sleep 深い眠り / a ~ sleeper ぐっすり眠る人 / a ~ silence 深い沈黙. **e** 〈坂が〉急勾配の (steep): a ~ grade. **f** (男女の性的関係が)激しい, 濃厚な, すさまじい: ~ petting. **g** 〈酒など〉強い, きつい: ~ drinks 強い酒.
8 a 大量の; 大量に扱う; 大量に使う: a ~ crop 大収穫, 豊作 / a ~ vote 大量の投票 / a ~ buyer [consumer] 大量購入[消費]者. **b** 大量にのむ, 強い: a ~ smoker ヘビースモーカー / a ~ drinker 大酒家, 酒豪. **c** 産出量の多い, 出力の大きい: a ~ pump.
9 《口語》重大な, 重要な (grave): a ~ matter [problem] 重要問題 / ~ news [tidings] 重大ニュース / a ~ responsibility 重い責任 / a ~ offense [crime] 重罪.
10 a 消化しにくい, しつこい (indigestible): a ~ meal / The steak lies ~ on my stomach. ステーキが胃にもたれる. **b** 〈パンなど〉十分ふくれない, 生焼けの (doughy): ~ bread.
11 a 〈土地・土が〉ねばつく, 粘土質の (clayey), 耕作に骨の折れる; 〈道路が〉ぬかる (sticky): ~ soil / a ~ road. **b** 〈においが〉強い, しつこい, 容易に抜けない (clinging): the ~ odor of the tobacco.
12 〈産業が〉製鉄・製鋼・機械・造船・石油などを扱う[製造する], 重…: ~ industries 重工業.
13 《文語》妊娠している, 妊娠中の; (特に)出産間近の: a woman ~ *with* child 妊娠している女 / ~ *with* young.
14 a 〖演劇〗まじめな, 厳粛な, 荘重な (serious), 物々しい, 悲劇的な, 敵(かたき)役の: a ~ part 敵役 / the part of the ~ villain 敵役 / a ~ actor まじめな役をする俳優. **b** 〈新聞など〉まじめな.
15 〖軍事〗**a** 重装備の, 大口径砲を装備した: ~ cavalry 重騎兵 / ⇨ heavy bomber, heavy cruiser. **b** 〈火器が〉大口径の, 重…: a ~ gun 重砲 / ⇨ heavy artillery. **c** 重装甲の: a ~ tank 重戦車. **d** 集中火力の大きい, 重火力の: ~ antiaircraft emplacements 重(火力)高射砲陣地.
16 〖化学〗〈同位元素が〉より大きな原子量をもつ: ⇨ heavy hydrogen, heavy nitrogen, heavy oxygen, heavy water.
17 〖音声〗強音の, 強勢のある (stressed) (cf. light[2] 18): a ~ syllable / a ~ stress 第 1 強勢.
18 〖速記〗有声子音(字)の.
19 〖印刷〗**a** ボールドフェースで組んだ[印刷した]. **b** 〈印圧が〉かかりすぎの, 過重の. **c** 〈エレクトロタイプなどの版台の厚さが〉11 ポイントの.
20 〖商業〗〈市況が〉不況の; 〈債券など〉価値が下がった.
heavy in [***on, upon***] ***hand*** ⇨ hand *n.* 成句. ***with a heavy hand*** ⇨ hand *n.* 成句.
— *n.* **1** [*pl.*] **a** 重工業 (heavy industries). **b** 重工業株. **2** [*pl.*] 〖軍事〗**a** 重騎兵; 重砲; 重戦車; 重爆撃機. **b** [the Heavies] 《英口語》(近衛)竜騎兵連隊 (the Dragoon Guards). **3** 《俗》〖サーフィン〗大波《特に高さ 3 メートル以上のものをいう》. **4 a** 〖演劇〗まじめな役, 悲劇役, 敵役; 敵役者. **b** 《俗》大物, 重要人物 (big shot). **5** =heavyweight 2.
— *adv.* (**heav·i·er**; **-i·est**) [しばしば複合語の第 1 構成素として] 重く; 大量に, ひどく, 激しく (heavily): ⇨ heavy-buying, heavy-laden, etc.

heav·y[2] [híːvi|-vɪ] 〖← HEAVE (n.) 5 + -Y[4]〗 *adj.* (**heav·i·er**; **-i·est**) 〖獣医〗〈馬が〉息痨(そくろう)(heaves) にかかった.

héavy-ármed *adj.* 重装備の.

héavy artíllery *n.* 〖軍事〗[集合的] **1** 重砲《大口径の大砲; 米国では口径 155 mm 以上の榴(りゅう)弾砲; heavy field artillery ともいう; cf. light artillery, medium artillery》. **2** 重砲兵(部隊).

héavy bómber *n.* 〖軍事〗重爆撃機《長距離戦略爆撃用大型爆撃機; 全備重量 25 万ポンド (約 113,400 kg 以上); cf. light bomber, medium bomber》.

héavy-búying *adj.* 多量[大口]に買う.

héavy cháin *n.* 〖生化学〗長鎖《イムノグロビンなどでの分子量の大きいペプチッド鎖; cf. light chain》.

héavy chémical *n.* [しばしば *pl.*] (大量で取り扱う)工業薬品, 粗薬品《酸・アルカリ・塩類など; cf. fine chemical》.

héavy créam *n.* ヘビークリーム《乳脂肪含有量が 36–40% の濃い生クリーム; cf. light cream》.

héavy crúiser *n.* 〖海軍〗重巡洋艦《通例主砲として 8 インチ砲を装備; cf. light cruiser》.

héavy-dúty *adj.* 酷使に耐え得るように作られた, 丈夫な, 頑丈な (sturdy): ~ waterproof canvas.

héavy éarth *n.* 〖化学〗重土 (baryta).

héavy-éyed *adj.* 眠そうな; 目のどんよりした.

héavy fáther *n.* 重々しく威厳のある[厳しい]父親.

héavy fíeld artillery *n.* 〖軍事〗=heavy artillery.

héavy-fóoted *adj.* **1 a** 〈動作が〉鈍い, 鈍重な. **b** 〈表現が〉ぎこちない (clumsy), 重苦しい: a ~ style full of archaism 古めかしい言葉をやたらに使った重苦しい文体. **2** 猛烈なスピードを出す癖のある: a ~ driver やたらに飛ばすドライバー. **3** 《方言》身重(みおも)の (pregnant).

héavy-hánded *adj.* **1 a** 不細工な, 無器用な, 下手な (awkward): a ~ technique. **b** 〈文体が〉重苦しい, 軽妙さのない. **2 a** 圧制的な, 高圧的な, 暴虐な (tyrannical). **b** やたらに罰を加える, 厳罰主義の, 厳格な (rigorous). **3** 《方言》〈料理人が〉〔材料・調味料などを〕多く使いすぎる〔*with*〕: She was ~ *with* pepper. こしょうを入れすぎた. **~·ly** *adv.* **~·ness** *n.*

héavy-héaded *adj.* **1 a** 頭の鈍い (dull). **b** 眠い (drowsy). **2** 頭の大きい[重い]; 〈麦など〉穂の大きい.

héavy·héarted 〖(*a*1400)〗 *adj.* 心の重い; 悲しみにひしがれた, ふさぎ込んだ (dejected). **~·ly** *adv.* **~·ness** *n.*

héavy hýdrogen *n.* 〖化学〗質量数 1 以外の水素の同位体の総称; (特に)重水素 (deuterium); 三重水素 (tritium).

héav·y·ish [-vɪɪʃ] *adj.* やや重い.

héavy-láden 〖(*c*1440)〗 *adj.* **1** 重荷を負った: a ~ horse. **2** 重圧下にある, 心配事の多い, 悩んで, 苦しんで: be ~ with troubles 悩み事に苦しむ.

héavy mán *n.* 《米俗》(暴力的な)犯罪者《銀行強盗など》.

héavy métal *n.* **1** 重金属《通例比重 5.0 以上; cf. light metal》. **2** [集合的] 〖海軍〗重砲, 巨砲; 巨弾. **3** すぐれた能力[体力], 大きな影響力. **4** [集合的にも用いて] 強敵.

héavy míneral *n.* 〖鉱物〗重鉱物《比重が 2.8 より大きい鉱物の総称で, 一般に暗色をしている; ↔ light mineral》.

héavy nítrogen *n.* 〖化学〗重窒素《質量数 15, 16, 17 の窒素同位体の総称; 特に 15 のものを指す》.

héavy óil *n.* 重(質)油.

hèavy óxygen *n.* 〖化学〗重酸素《質量数 17, 18, 19 の酸素同位体の総称; 特に 18 のものを指す》.

héavy-pàrticle collísion eléctron spectròscopy *n.* 重粒子衝突電子分光法.

héavy·sét *adj.* 〈人など〉(体つきが)小肥(こぶと)りの, ずんぐりした (thickset); がっしりした, 頑丈な (stout).

héavy spár *n.* 〖鉱物〗重晶石 (⇨ barite).

héavy týpe *n.* 〖活字〗ヘビータイプ《ボールドフェース (boldface) より肉太の活字書体》.

héavy víllain *n.* [the ~] 〖演劇〗悪役.

héavy wáter *n.* 〖化学〗重水《普通の水 (light water) の水素の代りに重水素で出来, または質量数 16 の酸素の代りに ^{17}O, ^{18}O で出来ている水; 従って $H_2{}^{18}O$, $H_2{}^{17}O$, HDO, D_2O などであるが, D_2O を指すことが多い》.

héavy·wèight *n.* **1** 平均体重以上の人[動物]. **2** (ボクシング・重量挙げ・レスリングの)ヘビー級の選手(⇨ weight 表). **3** 《口語》**a** (学界・政界・財界などの)有力者, 勢力家, 重鎮: a ~ in the Democratic party 民主党の重鎮. **b** 非常に聡明な人間. — *attrib. adj.* **1** 重量のある, 重い; 厚地の. **2** ヘビー級の: a ~ champion.

héavy wét *n.* 《英俗》=malt liquor.

Heb. 《略》Hebraic; Hebrew; Hebrews (新約聖書の)ヘブル書; Hebrides.

Heb·bel [hébəl; *G.* héːbəl], **Friedrich** *n.* ヘッベル《1813–63; ドイツの劇作家・詩人; *Judith* (1839), *Maria*

Magdalena (1844), *Die Nibelungen* (1855–60)》.

heb·do·mad [hébdəmæ̀d]〖《1545》▭ L *hebdomad-, hebdomas* ▭ Gk *hebdomás* ← *hébdomos* seventh ← *heptá* seven : ⇨ hepta-, -ad¹〗 ― *n.* **1** 7 の数；7 つの物[人]の群. **2** 7 日間, 一週 (week)《特に, Daniel の預言にある 70 週に関連している；cf. *Dan.* 9：20-27》.

heb·dom·a·dal [hebdáməḍl | -dɔ́m-]〖《1613》▭ LL *hebdomadāl-is* : ⇨ ↑, -al¹〗 ― *adj.* **1** 7 日目ごとの, 毎週の (weekly)：the *Hebdomadal* Council (Oxford 大学の)評議員会の週会. **2**《古》7 日間継続の, 7 日[一週]間にわたっての. ― *n.* 週刊誌, 新聞 (weekly). **～·ly** *adv.*

heb·dom·a·dar·y [hebdáməḍèri | -dɔ́məd(ə)rɪ]〖《1432–50》▭ ML *hebdomāri-us* ← L *hebdomas* : ⇨ hebdomad, -ary〗 ― *adj.* 7 日目ごとの, 毎週の. ― *n.*《カトリック》一週間の当番.

He·be¹ [híːbi, -biː | -biː, -bɪ]〖《1606》▭ L *Hēbē* goddess of youth ▭ Gk *Hḗbē* : *hḗbē* youth, youthful strength の擬人化〗 ― *n.* **1** 女性名《3 の語義との連想のため今は《まれ》》. **2**《ギリシャ神話》ヘーベー《Zeus と Hera の娘で青春の女神；Olympus 山の神々の酒をくむ給仕をした；cf. Ganymede 1》. **3**《口語》女給, 酌婦 (waitress). **4** [h-]《植物》ニュージーランド原産のゴマノハグサ科の常緑性低木の総称.

Hebe² [híːb]〖《短縮》← Hᴇʙʀᴇᴡ〗 *n.*《軽蔑》＝Jew.

he·be- [híːbə | -bɪ]〖← Gk *hḗbē* youth, pubes〗「青春期 (puberty)；軟毛の (downy)」の意の連結形.

he·be·phre·ni·a [hìːbəfríːniə, hèb-, -frén- | -bɪfríːnjə, -nɪə]〖← NL ～ : ⇨ ↑, -phrenia〗 ― *n.*《精神医学》破瓜(ᵏᵃ)病《精神分裂病の一亜型で, 20 歳前後に起こることが多い》.

he·be·phren·ic [hìːbəfrénɪk, -fríː- | -bɪ-]〖⇨ hebe-, phrenic〗 *adj., n.*《精神医学》破瓜(ᵏᵃ)病の(患者).

He·ber [híːbə | -bə(r)], **Reginald** *n.* (1783–1826) 英国国教会の主教で, 賛美歌作者.

heb·e·tate [hébətèɪt | -bɪ-]〖《1574》← L *hebetāt-us* (p.p.) ← *hebetāre* to make blunt ← *hebes* dull : ⇨ -ate³〗 ― *vt.*《文語》鈍くする, 愚鈍にする. ― *vi.*《文語》鈍くなる, 鈍化する, 愚鈍になる. ― *adj.*《植物》先が尖らず柔らかな. **heb·e·ta·tion** [hèbətéɪʃən | -bɪ-] *n.*

he·bet·ic [hɪbéṭɪk, hə- | hɪbét-]〖▭ Gk *hēbētik-ós* youthful ← *hḗbē* youth : ⇨ -ic¹〗 *adj.*《生理》思春期の；思春期に起こる[起こりやすい].

heb·e·tude [hébətj̀ùːd | -bɪtjùːd]〖▭ L *hebetūd-ō* ← *hebes* dull : ⇨ -tude〗 *n.*《文語》間抜けなこと, 愚鈍 (stupidity)；鈍感, 無感覚 (dullness). **heb·e·tu·di·nous** [hèbət(j)úːdnəs, -dṇ- | -bɪtjúː-] *adj.*

Hebr.《略》Hebraic；Hebrew；Hebrews；Hebrides.

He·bra·ic [hɪbréɪɪk, hiː-, he-, hə- | hiː-, hɪ-, he-]〖《*c*1380》*Ebraik* ▭ LL *Hebraic-us* ▭ Gk *Hebraïkós* ← *Hebraîos* 'Hᴇʙʀᴇᴡ'〗 ― *adj.* ヘブライ(人[語])の[に関する, 特有の] (Hebrew).

He·brá·i·cal·ly〖《1720》〗 *adv.* ヘブライ風に, ヘブライ人風に, ヘブライ語風に.

He·bra·ism [híːbreɪɪ̀zṃ, -bri- | -breɪ-]〖《1570》▭ F *hébraïsme* // ← NL *Hebraism-us* : ⇨ Hebraic, -ism〗 ― *n.* **1** (他言語, 特にギリシャ語に現われた)ヘブライ語的な表現. **2** ユダヤ教 (Judaism). **3 a** ヘブライ人的性格[精神, 習慣]. **b** ヘブライ思想[文化], ヘブライズム《Hellenism とともにヨーロッパ思想の二大源流をなす》.

Hé·bra·ist [-breɪɪst, -bri-, -əst | -breɪɪst]〖《1755》← Gk *Hebraîos* (⇨ Hebrew)＋-ɪsᴛ〗 *n.* **1** ヘブライ語学[文学]者. **2** ヘブライ思想の人.

He·bra·is·tic [hìːbreɪístɪk, -bri- | -breɪ-] *adj.* ヘブライ風の, ヘブライ的な, ヘブライ語(風)の, ヘブライ学者の. **Hè·bra·ís·ti·cal** *adj.*

Hè·bra·ís·ti·cal·ly〖《1864》〗 *adv.* ヘブライ風に, ヘブライ的に, ヘブライ語風に.

He·bra·ize [híːbreɪàɪz, -bri- | -breɪ-]〖▭ Gk *Hebraízein* to speak Hebrew ← *Hebraîos* : ⇨ ↓, -ize〗 ― *vt.* ヘブライ語で表わす[述べる]；ヘブライ風にする. ― *vi.* ヘブライ語風になる；ヘブライ化する, ヘブライ風に行動する[考える]. **He·bra·i·za·tion** [hìːbreɪəzéɪʃən | -breɪaɪ-, -breɪɪ-] *n.*

He·brew [híːbruː]〖《?*a*1200》(*H*)*ebrew* ▭ OF *Ebreu* (F *Hébreu*) ▭ L *Hebraeus* ▭ Gk *Hebraîos* ▭ Heb. *ʿibhrî*《原義》? one from across (the river) ∽ OE *Ebreisc* ▭ L〗 ― *n.* **1 a**《聖書》ヘブル人《外国人がイスラエル人を指して言う表現；cf. Habiru》. **b** ヘブライ人；イスラエル人 (Israelite)；ユダヤ人 (Jew). **2 a** 古代ヘブライ語 (Biblical Hebrew)《セム語族の北西セム語群に属し, パレスチナで紀元前 9 世紀から紀元 1 世紀頃まで話された；旧約聖書の大部分はこれで書かれている》. **b** 現代ヘブライ語 (Modern Hebrew), イスラエル語 (Israeli Hebrew)《19 世紀に, 死語化していた古代ヘブライ語を復活させたもので, 1948 年イスラエルの建国後その公用語となった；cf. Neo-Hebrew》. **3**《口語》不可解な言葉 (cf. Greek 4)：It's ～ to me. それは私にはちんぷんかんぷんだ. ― *adj.* **1** ヘブライ人[語]の, ヘブライ文化の：the ～ Bible ヘブライ語聖書《旧約聖書》. **2** ヘブライ語書体の《紀元前 5 世紀頃から用いられ, 現在では Yiddish 語などを書くのに用いられる》.

Hébrew cálendar *n.* ＝Jewish calendar.

Hé·brew·ism [-bruːɪzṃ] *n.* ＝Hebraism.

He·brews [híːbruːz] *n. pl.* [the ～；単数扱い] (新約聖書の)ヘブル(人への)書, ヘブル人への手紙 (The Epistle of Paul to the Hebrews) (略 Heb.).

Heb·ri·de·an [hèbrədíːən, hebrídiən | hèbrɪdíːən, -brə-, hebrídɪən, -djən]〖⇨ ↓, -an¹〗 ― *adj.* ヘブリデス諸島の；ヘブリデス諸島の住民の. ― *n.* ヘブリデス諸島の住民.

Heb·ri·des [hébrədìːz | -brɪ-, -brə-]〖《変形》← L *Hebudes* ▭ Gk *Héboudai* ← ?〗 ― *n. pl.* [the ～] ヘブリデス諸島《スコットランド西方の列島で Western Isle 州をなす；人口 60,000, 面積 7,567 km²；本島に近い Inner Hebrides と Outer Hebrides に分かれる》.

Heb·ri·di·an [hebrídiən | -dɪən, -djən] *adj., n.* ＝Hebridean.

Hec·a·be [hékəbi | -bɪ] *n.*《ギリシャ・ローマ神話》＝Hecuba.

Hec·a·te [hékəṭi, -tiː | -tɪ, -tiː；(Shak. では) hékət, -kɪt]〖《1420》▭ L *Hecatē* ▭ Gk *Hekátē* (fem.) ← *hékatos* far-darting〗 *n.*《ギリシャ神話》ヘカテー《天上と地上と地下界を支配し魔術を司る女神》.

hec·a·tomb [hékətòum, -tùːm | -tùːm, -təum, -təm]〖《1542》▭ F *hécatombe* ▭ L *hecatombē* ▭ Gk *hekatómbē* ← *hekatón* hundred＋-*bē* (← *boûs* 'ox, cow¹')〗 ― *n.* **1** (古代ギリシャで神々にささげた)雄牛百頭のいけにえ. **2** (人間または生物の)多数の犠牲, 大虐殺. **3** 多数；多量.

hec·ce·i·ty [heksíːəṭi, hiːk- | heksíːɪtɪ, hiːk-, -síːɪ-] *n.*《スコラ哲学》＝haecceity.

hech·sher [héxʃə | -ʃə(r)]〖▭ Mish. Heb. *hekhšēr*《原義》fitness〗 ― *Heb. n.* (*pl.* **hech·she·rim** [hexʃéɪrɪm, -rəm, -riːm | hex-ʃéɪrɪm, -riːm], **～s**) ヘクシャー, 食用許可《ユダヤ教の食事規則に従って作られた食物に対するラビ (rabbi) の認可；cf. kashruth》.

Hecht [hékt], **Ben** *n.* (1894–1964) 米国の小説家・劇作家；*Erik Dorn* (小説, 1921).

heck¹ [hék]〖OE *hec, hæc* gate, grating : cf. hatch¹〗 ― *n.* **1** (織機の)経糸(ᵗᵃᵗᵉⁱᵗᵒ)を導く櫛(ᵏᵘˢʰⁱ)状のガイド, (紡錘の)ボビンに糸を導く装置. **2**《スコット・北英》(川魚の通路をふさぐ木製の)格子門. **3**《スコット》(家畜の)飼業棚(ᵏᵃⁱᵇᵃ). **4**《英方言》**a** (上下に分かれたドアの)下戸, 下扉. **b** 中戸, 奥戸.

heck² [hék]〖《婉曲的変形》← ʜᴇʟʟ〗 ― *n.* ＝hell 5：What the ～? 何だって, 何言ってるんだ / a ～ of a lot of cars いやになるほどある車の群れ. ― *int.* 畜生, くそ《困惑・嫌悪・拒絶などを表わす》.

Heck·el [hékəl；*G.* hékl], **Erich** *n.* ヘッケル《1883–1970；ドイツ表現主義の画家》.

heck·el·phone [hékəlfòun | -fəun]〖▭ G *Heckelphon* ← *Wilhelm Heckel* (ドイツの楽器製作家でその発明者)：⇨ -phone〗 ― *n.* ヘッケルフォーン《普通のオーボエより一オクターブ低い楽器》.

heck·le [hékḷ]〖v.：《*a*1325》*hekele*(*n*)：⇨ hackle¹. ― n.：《*c*1425》←(v.)〗 ― *vt.* **1 a** 〈弁士・選挙候補者などを〉やじり倒す, 質問攻めにする, 詰問する. **b** 不当に干渉する, 妨害する (disturb). **2** 〈麻・亜麻などを〉麻こきでこく, すく (hackle). ― *n.* ＝hackle¹.

héck·ler [-kḷə, -klə | -kḷə(r), -klə(r)] *n.*

hect- [hekt] (母音の前に来る時の) hecto- の異形.

hec·tare [héktɛə, -taə | héktɑː(r), -tɛə(r)；*F.* ɛktaːr]〖▭ F ～ : ⇨ hecto-, are²〗 *n.* ヘクタール《面積の単位；＝100 アール, 1 万平方メートル》.

hec·tic [héktɪk]〖《17C》▭ LL *hecticus* ▭ Gk *hektikós* habitual, consumptive ← *héxis* state of body or mind ← *ékhein* to have ← IE **seǵh-* to hold (cf. scheme) ∽ 《*a*1398》*etik* ▭ OF *etique* (F *hectique*)：⇨ -ic¹〗 ― *adj.* **1 a** 〈熱が〉消耗性の：a ～ fever 消耗熱《肺結核などの消耗性疾病の患者に出る熱で頰(ʰᵒᵒ)の紅潮を伴う》. **b** 消耗熱の[特有の, に伴う]：～ flush [spots] (結核患者などの頰に現われる)消耗性紅潮. **c** 消耗熱にかかった：a ～ patient. **2** 病的に紅潮した：a ～ appearance 病的に紅潮した顔. **3**《口語》興奮した, 熱狂的な：～ activity 大車輪の活動 / have a ～ time 大騒ぎする / ～ pleasures 熱狂的快楽. ― *n.* **1** 消耗熱. **2** (消耗熱による)紅潮. **3** 消耗熱患者. **héc·ti·cal·ly** *adv.* **～·ness** *n.*

hec·to- [héktou | -tə(ʊ)]〖← Gk *hekatón* hundred〗「百 (hundred)」の意の連結形. ★ 母音の前では通例 hect- になる.

hec·to·cot·y·lus [hèktəkáṭələs, -ṭḷ- | -kɔ́tɪləs]〖← NL ～ ← ʜᴇᴄᴛᴏ-＋Gk *kotúlē* cup (⇨ cotylo-)〗 ― *n.* (*pl.* **-y·li** [-ṭəlàɪ, -ṭḷàɪ | -tɪlàɪ])《動物》(ある種の頭足類の雄の)交接腕.

hectog.《略》hectogram(s).

hec·to·gram [héktəgræ̀m | -tə(ʊ)-]〖▭ F *hectogramme* : ⇨ hecto-, gram²〗 ― *n.* (*also* **hec·to·gramme** [～]) ヘクトグラム《重さの単位；＝100 グラム》.

hec·to·graph [héktəgræ̀f | -tə(ʊ)grɑ̀ːf, -græ̀f]〖▭ G *Hektograph* : ⇨ hecto-, -graph〗 ― *n.* こんにゃく版《1 枚の原版から 100 枚程度のコピーが得られる》；こんにゃく版複写器. ― *vt.* こんにゃく版で複写する. **hec·to·graph·ic** [hèktəgræ̀fɪk | -tə(ʊ)-] *adj.*

hec·to·kil·o- [hèktəkílou | -lə(ʊ)]〖← ʜᴇᴄᴛᴏ-＋ᴋɪʟᴏ-〗「10 万」の意の連結形.

hectol.《略》hectoliter(s).

hec·to·li·ter [héktəlìːṭə | -tə(ʊ)lìːtə(r)]〖← ʜᴇᴄᴛᴏ-＋ʟɪᴛᴇʀ〗 ヘクトリットル《＝100 リットル》.

hectom.《略》hectometer(s).

hec·to·me·ter [héktəmìːṭə, hektáməṭə | héktə(ʊ)mìːtə(r)]〖← ʜᴇᴄᴛᴏ-＋ᴍᴇᴛᴇʀ¹〗 *n.* ヘクトメートル《尺度の単位；＝100 メートル》.

hec·tor [héktə | -tə(r)]〖《1655》← Hᴇᴄᴛᴏʀ 2〗 ― *n.* 空威張りする人, 弱い者いじめする人 (bully). ― *vt.* おどしつける, 弱い者いじめする (bully, browbeat)：～ a person *into* [*out of*] doing 人をおどしつけて…させる[をやめさせる]. ― *vi.* 弱い者いじめする, 空威張りする. **～·ing·ly** [-t(ə)rɪŋli | -tərɪŋlɪ] *adv.*

Hec·tor [▭ L ～ ▭ Gk *Héktōr*《原義》holding fast ← *ékhein* to have, hold (⇨ hectic)〗 ― *n.* **1** [héktə | -tə(r)；*F.* ɛktɔːr] 男性名. ★ スコットランドに多い. **2** [héktə | -tə(r)]《ギリシャ神話》ヘクトール《Homer の詩 *Iliad* に出て来るトロイ戦争 (Trojan War) の勇士；Priam 王と Hecuba の長子；Andromache の夫；トロイ戦争で Hector が Patroclus を殺したため, Patroclus の親友 Achilles は Hector を槍で突き, その死体を戦車に結んで Patroclus の墓のまわりを引きずり回して親友の恨みを晴らした》.

Hec·u·ba [hékjubə]〖▭ L ～ ▭ Gk *Hekábē*〗 ― *n.*《ギリシャ神話》ヘカベー, ヘクバ《Homer の詩 *Iliad* に出て来る Troy の王 Priam の妻, Hector, Paris, Deiphobus, Cassandra などの母》.

he'd [hiːd；(h)iːd, (h)ɪd]《口語》he had, he would の縮約形.

Hed·da [hédə]〖▭ ON ～《原義》war〗 *n.* 女性名.

Hed·die [hédi | -dɪ]〖(dim.) ← Hᴇᴅᴡɪɢ〗 *n.* 女性名.

hed·dle [hédḷ]〖《1513》《音位転換》← OE *hefeld* thread for weaving ← *hebban* 'to ʜᴇᴀᴠᴇ' : ⇨ -le¹ : cf. bird〗 ― *n.* [通例 *pl.*] (織機の)綜絖(ˢᵒᵘᵏᵒᵘ). ― *vt.* 〈経糸(ᵗᵃᵗᵉⁱᵗᵒ)を〉綜絖の目に通す.

héddle-èye *n.* 綜絖の目《経糸(ᵗᵃᵗᵉⁱᵗᵒ)の通る穴》.

hed·en·berg·ite [hédṇbəːgàɪt | -bəː-]〖▭ Swed. *hedenbergit* ← *Ludwig Hedenberg* (19 世紀のスウェーデンの鉱物学者)：⇨ -ite¹〗 ― *n.*《鉱物》ヘデンベルグ石, 灰鉄輝石 ($CaFeSi_2O_6$).

he·der [xéɪdə, xédə | -də(r)]〖▭ Yid. *kheyder* ▭ Heb. *ḥédhner*《原義》room〗 ― *n.* (ユダヤ人の)初等学校, 「ケーデル」《7–13 歳の子供にヘブライ語の聖書・祈禱書の読み方を教えるユダヤ人学校》.

hedge [hédʒ]〖n.：OE *heċġ* < (WGmc) **χaʒjō* (G *Hecke*) ← IE **kagh-* fence；to catch. ― v.：《*c*1390》*hegge*(*n*) ← (n.)：cf. haw¹〗 ― *n.* **1** 生垣：a quick (set) ～ 生垣 / a dead ～ 柴垣, 籬(ᵐᵃᵍᵃᵏⁱ) / pleach [plash, lay] a ～ 生垣の新枝を編みかわして厚く頑丈にする. **2 a** (一般に)垣根, 塀：a ～ of stone. **b** 垣根の用をする物；人垣：a ～ of policemen. **c** 行動の自由を制限するもの, 障壁, 障害 (barrier)：a ～ of convention 慣習の障壁 / a ～ of etiquette 礼儀の束縛. **3 a** 防護手段 〔*against*〕. **b** 損失防止措置；(賭け事での)両賭け (cf. *vt.* 4 a)：make a ～ 両賭けする；両てんびんをかける. **c**《商業》ヘッジング, 掛けつなぎ, 売り[買い]つなぎ. **4** (言質を取られぬように)言い抜け出来るようにした言葉；言い逃れの言葉.

be on the hedge 形勢を観望する, 日和見をする. ***come down on the wrong side of the hedge*** ⇨ side 成句. ***hang* [*be hung*] *on* [*in*] *the hedge*** 〈訴訟などが〉未決のままになっている；捨てて顧みられない. ***not grow on every hedge*** どこにでもころがっているような物ではない. ***on the right side of the hedge*** ⇨ side 成句. ***take a sheet off a hedge*** 公然と盗む. ***the only stick left in one's hedge*** ⇨ stick¹ 成句.

― *attrib. adj.* **1** 垣根(用)の：a ～ plant. **2** 垣根のそばで生じる[行なわれる]；道端の：⇨ hedge garlic, hedge school, etc. **3** 下等な, 低級な, 三流の (low)：a ～ parson《英・軽蔑》低俗で無学な教区牧師 / a ～ marriage 正規の手続を経ない結婚, 秘密結婚 / a ～ lawyer 三百代言 / a ～ writer へぼ[三文]文士.

― *vt.* **1** …に生垣を設ける[めぐらす], 生垣で囲う：a field 畑を生垣で囲う. **2 a** (生垣のように)囲む, 取り囲む (encircle)；障壁で囲む 〈*in, about, off*〉：～ *in* a house with …で家を囲む / ～ *off* a house 家を垣でさえぎる. **b** (障壁で囲むように)保護する：～ round a person with care and affection 人を心遣いや愛情でかばってやる. **c** …の行動を妨害する, 妨げる；制限[約]する (obstruct) 〈*in, about*〉：～ a person *about* [*round, in*] with rules [restrictions, prohibitions] 人を規制[制限, 禁制]で束縛する / ～ a person's path with difficulties 人の行手を困難でさえぎる. **3** (不慮の出来事を考慮しまたは言質を取られないように)…に率直に答えない, …にどっちつかずの態度をとる. **4 a** (賭け事で)両賭けして負けを防ぐ (cf. *n.* 3 b), (投機で)掛けつないで(現買い先売りして)損失を防ぐ：～ a bet 両賭けする / ～ one's investments 投資を掛けつなぐ. **b**《商業》掛けつなぐ, 売り[買い]つなぐ.

― *vi.* **1** 生垣を作る；生垣の手入れをする. **2** (自分の言葉に対して)そっと逃げ道をこしらえて置く, 言抜けの出来る余地を残して置く；(ぬらりくらりと)態度をあいまいにして置く：He ～*d* with dexterity upon this point. この点は巧くうやむやにしてすました. **3 a** (賭け・投機で)両賭けする；危険を軽減[回避]する：When you have made a bad bet, it is best to ～ off. 下手な賭けをした時は両賭けをするに限る / ～ *against* loss 損をしないように両方に賭ける. **b**《商業》売り[買い]つなぐ. **4** (生垣などに)隠れる；こそこそ隠れる.

hédge·bòte〖《1313》〗 *n.*《英法》＝haybote.

hédge gàrlic *n.*《植物》＝garlic mustard.

hedge·hog [hédʒhɔ̀(ː)g, -hɑ̀g | -(h)ɔ̀g] 〚(c1450)〛 ― *n.* **1** 〘動物〙ハリネズミ《旧世界産ハリネズミ属 (*Erinaceus*) の総称》; (特に)ヨーロッパハリネズミ (*E. europaeus*). **2** 《米》〘動物〙ヤマアラシ (porcupine). **3** ウニ (sea-urchin). **4** (植物の)とげのある実. **5** 《口語》怒りっぽく意地の悪い人, 付き合いにくい人. **6** 〘軍事〙 **a** 針鼠陣《四周防御が可能なように堅固に要塞化した陣地》. **b** 小拒馬《3 本の木または鉄の棒を組み, これに有刺鉄線を針鼠のように張り回した障害物; cf. cheval-de-frise 1》. **c** 水辺[沿岸]障害物《長さ 6 フィートの山形鉄材を 3 本ボルトで締め, 通例コンクリートに埋め込んだ障害物で, 上陸する敵の舟艇や戦車に損害を与える》. **d** 針鼠爆雷《多数の小型爆雷を同時にばらまいて, そのどれかを敵潜水艦に命中させる方式》.

hedgehog 1
(*E. europaeus*)

hédgehog cóneflower *n.* 〘植物〙ムラサキバレンギク(*Echinacea purpurea*)《北米原産キク科の多年草》.

hédgehog gòurd *n.* 〘植物〙鑑賞用に栽培されるウリ科の一年草または多年草 (*Cucumis dipsaceus*)《teasel gourd ともいう》.

hedge·hog·gy [hédʒhɔ̀(ː)gi, -hɑ̀gi | -(h)ɔ̀gɪ] *adj.* **1** はりねずみのような. **2** とげとげした, 付き合いにくい.

hédge·hòp 〚《逆成》← *hedgehopper*: ⇨ hedge, hopper[1]〛 ― *v.* (**hedge·hopped; -hop·ping**) ― 《米》 *vi.* **1** 低空飛行をする《殺虫剤をまく時など》. **2** 〘米空軍〙(超)低空で接近して攻撃する, (超)低空攻撃をする. ― *vt.* **1** 〈乗客・郵便物などを〉低空飛行で運ぶ. **2** (低空飛行しつつ)さっと舞い上がって〈障害物を〉避ける, すれすれに飛び越える. **3** 〈見張り・警戒線・税関・検閲などを〉うまく逃げる. **hédge·hòp·ping** *n.*, *adj.*

hédge·hòpper *n.* 低空飛行をする飛行機[パイロット].

hédge hỳssop *n.* 〘植物〙 **1** サワトウガラシに類するゴマノハグサ科オオアブノメ属(*Gratiola*)の草本の総称《米国種 *G. aurea*, ヨーロッパ種 *G. officinalis* など》. **2** タツナミソウ《英国産シソ科タツナミソウ属(*Scutellaria*) の数種の植物の総称; *S. minor* など; skullcap ともいう》.

hédge mùstard *n.* 〘植物〙カキネガラシ《アブラナ科カキネガラシ属(*Sisymbrium*)の植物の総称; (特に) *S. officinale*》.

hédge pàrsley *n.* 〘植物〙ヤブジラミ (*Torilis japonica*)《セリ科》.

hédge·pig *n.* 〘動物〙=hedgehog 1.

hédge-prìest *n.* 《英・軽蔑》(通例無学な)身分の低い僧[牧師] (cf. hedge *adj.* 3): from Pope to ～ 教皇から貧乏牧師にいたるまで(のあらゆる聖職者).

hédg·er *n.* **1** 生垣人足(cf. ditcher): a ～ and ditcher 生垣の手入れをしたりみぞを掘ったりする人足. **2** 両方に賭ける人, 掛けつなぎをする人; 二またをかける人, 逃げ道をこしらえる人. **3** 低木の列.

hédge·ròw 〚OE *heggerǣwe*: ⇨ row[1]〛 *n.* (生垣をなす)低木の列.

hédge schòol 〚昔アイルランドでよく見られた野外(特に生垣のそば)に開かれた簡易学校(学級)から〛 *n.* 野外学校, 青空学校.

hédge spàrrow *n.* 〘鳥類〙ヨーロッパカヤクグリ (*Prunella modularis*)《イワヒバリの一種; 英国で最も普通の鳴鳥》.

hédg·ing 〚(1235–52) *hegging*: ⇨ hedge (v.), -ing[1]〛 *n.* 生垣作り[の手入れ]: ～ and ditching.

hedg·y [hédʒi | -dʒɪ] 〚⇨ hedge, -y[4]〛 *adj.* (**hedg·i·er; -i·est**) 生垣の多い; 生垣に似た.

Hed·ie [hédi | -dɪ] 〚(dim.) ← HEDWIG〛 *n.* 女性名.

He·din [heɪdíːn; *Swed.* hedíːn], **Sven (Anders)** [svén] *n.* ヘディン《1865–1952; スウェーデンの地理学者・中央アジア探検家・著述家》.

He·djaz [hedʒǽz, hiː- | he-] *n.* =Hejaz.

he·don·ic [hɪdɑ́nɪk, hiː- | hiːdɔ́n-] 〚⇨ Gk *hēdonikós* ← *hēdonḗ* pleasure ← *hēdús* sweet ← IE **swād-* 'SWEET, pleasant'〛 ― *adj.* **1** **a** 快楽の[に関する, 特有の]. **b** 快楽を生ずる. **2** 快楽説[主義]の. **3** 〘心理〙快の感情をともなう. **～·ly** *adv.*

he·dón·i·cal [-nɪkəl, -nə- | -nɪ-] *adj.* =hedonic. **～-**

hedónic cálculus *n.* 〘倫理〙=felicific calculus.

he·don·ics [hɪdɑ́nɪks, hiː- | hiːdɔ́n-] 〚⇨ hedonic, -ics〛 ― *n.* **1** 〘倫理〙快楽説《義務・正・善等の根拠を快楽に求める》. **2** 〘心理〙快楽論《意識の快・不快とその生体との関係を扱う》.

he·don·ism [híːdənìzm, -dn- | -də(ʊ)n-, -dn-] 〚(1856) ← Gk *hēdonḗ* (⇨ hedonic)+-ISM〛 ― *n.* **1** 快楽主義, 快楽説《快楽または幸福が最高善であると主張する説; cf. Epicureanism 1》. **2** 享楽主義.

hé·don·ist [-dənɪst, -nəst, -dn- | -də(ʊ)nɪst, -dn-] 〚(1856) ← Gk *hēdonḗ* (↑)+-IST〛 *n.* 快楽主義者. ― *adj.* =hedonistic.

he·do·nis·tic [hiːdənístɪk, -dn-] *adj.* 快楽主義の, 快楽説の; 快楽主義者の. **hè·do·nís·ti·cal·ly** *adv.*

-hedra -hedron の複数形.

-he·dral [híːdrəl | héd-, híːd-] 〚← Gk *hédra* side, face ← IE **sed-* (L *sedere* 'to SIT'): ⇨ -al[1]〛「…個の辺[面]から成る」の意の形容詞連結形: poly*hedral*.

-he·dron [híːdrən | héd-, híːd-] 〚← Gk *-edron* (neut.) ← *hédra* (↑)〛 ― (*pl.* **～s, -hed·ra** [-drə])「…個の辺[面]の図形[結晶], …面体」の意の名詞連結形: poly*hedron*.

Hed·wig [hédwɪg] 〚⇨ G ～ < OHG *Haduwig*《原義》strife, struggle〛 *n.* 女性名《愛称形 Heddie, Hedie, Hedy》.

Hed·y [hédi | -dɪ] 〚(dim.) ↑〛 *n.* 女性名.

hee·bie-jee·bies [hìːbi(ː)dʒíːbi(ː)z | -bɪdʒíːbɪz] 〚W. Billy De Beck (1890–1942: 米国の漫画家) の造語〛 ― *n. pl.* [the ～]《俗》 **1** (緊張・恐怖・心配などからくる)激しい神経過敏状態, いらいら[びくびく]の状態 (jitters). **2** 〘病理〙アルコール中毒による譫妄(せん) (delirium tremens, jim-jams). **3** 〘ダンス〙ヒービージービー《ブルースに似たダンス》.

heed [híːd] 〚v.: OE *hēdan* < (WGmc) **χōdjan* (Du. *hoeden* / G *hüten*) ← IE **kadh-* to shelter. ― n.: (c1300) ← (v.)〛 ― *vt.* …に心を留める, 気をつける, 留意[注意]する (mind): ～ what a person says 人の言うことに注意する / ～ a person's warning 人の警告に気をつける. ― *vi.* 気をつける, 注意する (attend). ― *n.* 注意, 用心, 留意 (attention, notice): give [pay] ～ to advice 忠言に注意する / take ～ to [of] …を注意する, 警戒する / He takes no ～ of danger [of what he is told]. 危険[言われたこと]を気に留めない.

heed·ful [híːdfəl] 〚(1548): ⇨ ↑, -ful[1]〛 ― *adj.* 注意深い, 用心深い (careful); 〔…に〕気をつける 〔*of*〕: a ～ eye / be ～ *of* another's advice 他人の忠告に留意する. **～·ly** *adv.* **～·ness** *n.*

héed·less 〚(1579): ⇨ heed, -less〛 *adj.* 不注意な (inattentive), うかうかした; 〔…に〕気をつけない (careless) 〔*of*〕: be ～ *of* others 他人を構わない / be ～ *of* tradition 伝統を無視する. **～·ly** *adv.* **～·ness** *n.*

hee-haw [híːhɔ̀ː, ⌐⌐ | ⌐⌐, ⌐⌐] 〚(1815) 擬音語〛 *n.* **1** ろばの鳴声. **2** ばか笑い (guffaw). ― *vi.* **1** 〈ろばが〉鳴く. **2** ばか笑いする.

heel[1] [híːl] 〚OE *hēla, hǣla* ← Gmc **χanχil-* (Du. *hiel*) ← IE **kenk-* leg joint: cf. hock[1]〛 ― *n.* **1** **a** (人の)かかと (cf. toe): sit on one's ～*s* しゃがむ / turn on one's ～(*s*) くるりとうしろ向きになる / under the ～ of a ruthless tyranny 容赦のない虐政の下に / *Heel!* (犬に呼び掛けて)ついて来い. **b** (有蹄(てい)類の)飛節 (hock). **2** (馬などの)後足; うしろひずめ. **3** (靴・靴下の)かかと, ヒール (cf. toe): wear [be in] high ～*s* ハイヒールをはいている. **4** **a** かかと状の物, かかと状部: the ～ of Italy イタリアのかかと《南東端》. **b** (パン・チーズなどの)端切れ, 皮: the ～ of a loaf. **5** **a** (ものの)後尾, 後部, 末端 (tail, rear). **b** すきべら (plowshare) の尾部. **c** (ゴルフクラブの)ヒール《クラブヘッドの曲がり目》. **d** (バイオリンの弓などの)手に近い末端. **e** てのひらの付け根: the ～ of the hand. **f** (はしごの)基部: ～ of round. **g** (小銃の)床尾踵(しょう) (⇨ rifle[1] 挿絵). **6** **a** 末期, 終末部: the ～ of a hunt [session] 狩猟隊の後尾[会期の終わりごろ]. **b** (物の)残り (remainder); (たばこ・パイプの)吸い残り. **7** 《俗》卑劣漢, 信頼できない人, 下等な人間, げす (cad). **8** 〘ラグビー〙ラグビーでボールをかかとで操作すること《蹴りだすこと》. **9** 〘海事〙(帆柱・船材などの)下端; 竜骨の船尾寄りの端. **10** 〘園芸〙(増殖用の)切り枝や塊茎などの基部. **11** 〘建築〙(門・玄関のドアを支えている)柱 (heelpost). **12** 〘鉄道〙(転轍軌条の)踵, 踵端. **13** [his ～*s* として]〘トランプ〙(cribbage で)初札のジャック《積み札の最初の札がジャックであると, 配り手に 2 点つく》.

at heel すぐ後から, 後について: He followed *at* ～. 彼がすぐ後からついて来た. ***at the heels of*** *a person* ***at a person's heels*** =*on a person's* HEELS. ***at the heels of*** =*on the* HEELS *of*. ***back on*** *one's* ***heels*** (1) 狼狽して, 驚いて. (2) 前進[進歩]を止められて, 追い帰されて. ***by the heels*** しっかりつかまえられて; 監禁されて: be tied *by the* ～*s* 監禁される / (⇨) *lay a person by the* HEELS. ***cool*** *one's* ***heels*** (長く)待たされる, 待ちくたびれる. ***dig in*** *one's* ***heels*** 自分の立場[意見, 決意]を固く守る[譲らない]. ***down at*** (《米》) ***the***) ***heel(s)*** (1) 靴のかかとがすり減って, かかとのすり減った靴をはいて (cf. *out at* HEELS). (2) だらしない, みすぼらしい (slipshod, slovenly). ***drag*** *one's* ***heels*** ⇨ drag 成句. ***have*** [***get***] ***the heels of*** …を追い越す; …に勝つ (overrun). ***heels over head*** 《古》=HEAD *over heels*. ***kick*** *one's* ***heels*** =*cool one's* HEELS. ***kick up*** *a person's* ***heels*** 人を突き倒す; 殺す. ***kick up*** *one's* ***heels*** (1) 〈馬が〉(たわむれて)後足を蹴上げる, 飛びはねる. (2) 〈人が〉はね回る, とび回る, おてんばである. (3) はしゃぐ, 大浮かれする. (4) 死ぬ (die). ***lay*** *a person* ***by the heels*** (1) 監禁する, 投獄する. (2) 打ち負かす, 倒す (overthrow); 無力にする, 阻止する (hinder). ***lift the heel against*** *a person* =*raise the* HEEL *against a person*. ***on*** *a person's* ***heels*** 人のすぐ後について[追い迫って] (close behind). ***on the heels of*** …のすぐ後について One calamity follows *on the* ～*s of* another. 泣面に蜂(はち). ***out at*** (***the***) ***heels*** (1) 靴下のかかとがすり切れて[破れて]; 靴のかかとがすりへって. (2) だらしのない, みすぼらしい (shabby). ***raise the heel against*** *a person* 〈人〉を蹴る, 〈人〉に後足で砂をかける (kick). ***run heel*** 臭跡を求めて引き返す. ***show*** *one's* ***heels***=***show a clean pair of heels*** すたこら逃げる, 尻に帆かけて逃げる. ***stick*** *one's* ***heels in*** 《口語》(権利を守るために)はげしく抵抗する. ***take to*** *one's* ***heels*** 逃げ出す (run away). ***to heel*** 〈犬などが〉後について, 従って; 服従して, おとなしく; おもねって: *To* ～! (犬に呼び掛けて)ついて来い / bring him *to* ～ 彼を後について来させる; 彼を服従させる / come [keep] *to* ～ 〈犬が〉主人のあとについて来る; (規則・命令などに)従う, 服従する. ***topple up*** *one's* ***heels*** 死ぬ (die). ***tread on*** [***upon***] *a person's* ***heels*** 人の後に群がり集まる, 人の所に続々と殺到する: Disasters come *treading on* each other's ～*s*. 災は次々にやって来るものである. ***turn on*** [***upon***] *one's* ***heels*** くるりと向きを変える, くびすをかえす. ***turn*** [***tumble***] ***up*** *a person's* ***heels*** =*kick up a person's* HEELS. ***under heel*** 踏みつけられて; 征服されて, 屈服させられて: The country was brought *under* ～. その国は征服された. ***under the heel of*** …に踏みつぶされて, 踏みにじられて; …に虐げられて: the country *under the* ～ *of* the totalitarians 全体主義者に虐げられた国. ***upon*** *a person's* ***heels*** =*on a person's* HEELS. ***upon the heels of*** =*on the* HEELS *of*. (***with*** *one's*) ***heels foremost*** [***forward***] 《口語》死体になって: leave the house ～*s foremost* 死んで家から運び出される.

heel of Achilles [the ―] =Achilles' heel.

― *vt.* **1** **a** 〈靴など〉にかかとを付ける. **b** 〈闘鶏〉に鉄のけづめをつける. **2** **a** かかとで蹴る. **b** かかとで踊る. **3** …のすぐ後を追う[に続く]. **4** [通例受身で]《口語》 **a** 〈人〉に金をもたせる. **b** …に武器を持たせる[供給する]. **5** 〘ゴルフ〙〈ボールを〉クラブのヒールで打つ (cf. *n.* 5 c). **6** 〘ラグビー〙〈ボールを〉かかとで蹴る; =HEEL *out*. ― *vi.* **1** かかとで床を蹴る[踊る]. **2** **a** すぐ後に追い迫る. **b** 〈犬が〉(横道にそれずに)すぐ後からついて来る[行く]. **3** 駆ける, 走る. **4** 学校新聞[雑誌]の記者として働く. **5** 〘ラグビー〙ボールをかかとで操作する[蹴り出す]; =HEEL *out*.

heel in 〘園芸〙(本植えの前に)〈植物の根元〉に土盛りして仮植えする. ***heel out*** 〘ラグビー〙(スクラムの時)かかとで(ボールを)後方に蹴り出す.

heel[2] [híːl] 〚(c1575)《逆成》← 《廃》 *heeld* < OE *h(i)eldan* to incline, bend down < (WGmc) **χalþjan* (Du. *hellen*) ← IE **kel-* to lean, bend〛 ― 〘海事〙 *vi.* 〈船などが〉(横に)傾く (cant, tilt) 〈*over*〉: ～ to port 左舷(げん)に傾く. ― *vt.* 〈船などを〉(横に)傾斜させる. ― *n.* (船などの横の)傾き, 横傾斜 (cant); 傾斜度: give a ～ to port 左舷に傾ける / take a ～ (横に)傾く.

héel-and-tóe *adj.* **1** 片足のつま先が地から離れないうちに他方の足のかかとが地につく歩き方の: a ～ walking 競歩. **2** 〘海事〙半舷直交代する《均等の休息時間による交代をいう》. ― *n.* **1** 競歩式の歩行《toe-and-heel ともいう》. **2** 〘ダンス〙ヒール アンド トウ《つま先とかかとを交互に使うダンス》.

héel·bàll *n.* **1** かかとの下部. **2** 蠟(ろう)と油煙を混合した一種の墨《靴の革のつや出しや碑文・名称・貨幣面等の刷り写し[拓本]を取るのに用いる; cf. rubbing 2》.

héel bòne *n.* 〘解剖〙かかとの骨, 踵骨(しょうこつ) (calcaneus)《旧名は跟(こん)骨》.

heeled *adj.* **1** [しばしば複合語の第 2 構成素として] **a** かかとのある: high-*heeled* かかとの高い, ハイヒールの. **b** (闘鶏のかかとに)刃をつけてある. **2** 《口語》ピストルを携帯した; 金を(十分[たくさん])持っている, 身固めをして: well ～ (ピストルなどで)十分身固めが出来て; 十分の(金の)用意が出来て.

héel·er [-lə | -lə(r)] *n.* **1** (靴などの)かかとをつける人. **2** 獲物を追跡する犬. **3** 《米口語》(政治家の)手先, 子分 (cf. ward heeler).

héel flỳ *n.* 〘昆虫〙ウシバエ《ウシバエ属 (*Hypoderma*) の数種の昆虫の総称; 幼虫が牛類に寄生する; warble fly ともいう》; (特に) =common cattle grub.

héel·ing [-lɪŋ] *n.* 〘海事〙(船の横の)傾斜 (list).

héeling èrror *n.* 〘海事〙(船体の傾斜による羅針儀の)傾船差.

héeling tànk *n.* 〘海事〙(砕氷船の両舷に備えてある)バラストタンク《これによって左右の氷を割って進むことができる》.

héel·less *adj.* かかとのない.

héel·pìece *n.* **1** (靴・靴下などの)かかと革[当て]. **2** 末端についているもの; 尾片, 尾部, 最後の一片.

héel plàte *n.* (摩損を防ぐため)靴のかかとにつける薄い金属片, 鋲(びょう).

héel·pòst *n.* 〘建築〙 **1** (ドアを取り付ける)つりもとかまち; 門柱. **2** (馬屋の)繋柱(けいちゅう).

héel·tàp *n.* **1** (靴の)かかと革 (lift). **2** **a** (杯の底の)飲残り: No ～*s*! 一滴残さず飲み干して下さい (cf. No DAYLIGHT!). **b** かす, 残滓(ざんし).

HEFA 《略》Higher Education Facilities Act (米国の)高等教育施設法《1963 年成立》.

Héf·ner cándle [héfnə- | -nə-] 〚← *F. von Hefner-Alteneck* (1845–1904: ドイツの電気工学者)〛 *n.* 〘光学〙ヘフネル燭《ドイツの旧法定光度単位》.

heft[1] [héft] 〚n.: (1558) ← HEAVE (v.): *theft* (← *thieve*) などの類推か〛 ― *vt.* 《口語》 **1** 持ち上げて重さをみる. **2** 持ち上げる (heave, lift). ― *vi.* [補語を伴って] 重さがある. ― *n.* **1** 《英方言・米》重さ, 重量, 重味 (weight). **2** [the ～]《古》大部分 (bulk), 主要部, 要点 〔*of*〕.

heft[2] [héft] *n.* 《英方言》=haft[2].

heft·y [héfti | -tɪ] 〚(1867) ← HEFT[1] + -Y[4]〛 ― *adj.* (**heft·i·er, -i·est; more ～, most ～**) 《口語》 **1** 重い. **2** **a** 強い: a ～ blow 強打. **b** 大きな (big), (体の)がっしりした, 屈強な (stalwart): ～ football players. **c** 圧倒的な, 威圧するような, 堂々たる (imposing). **3** かなりの, ばかにならない (considerable): ～ increases in vegetables 野菜のかなりの値上がり. **4** 豊かな, たくさんの (plentiful).

he·gar·i [hɪgǽ(ə)ri, hə-, hégəri | hɪgέərɪ, hégərɪ] 〚⇨ Arab. (Sudan) *hegiri* ← Arab. *ḥajarī* stony〛 ― *n.* 〘植

物》アフリカのスーダン地方原産のカヒアモロコシ (kafir) に似た植物の総称.

He·gel [héɪgəl; G. héːgəl], **Georg Wilhelm Friedrich** *n.* ヘーゲル《1770–1831; ドイツの哲学者; 弁証法を唱えた; *Die Phänomenologie des Geistes*「精神現象学」(1807), *Die Wissenschaft der Logik*「大論理学」(1812–16)》.

He·ge·li·an [heɪgéɪliən, hɪ-, hə-, hɪdʒíː-, hə-, -gíː- | heɪgíːljən, he-, hɪ-, -lɪən] 〖⇨ ↑, -ian〗 — *adj.* ヘーゲルの, ヘーゲル哲学の (cf. Neo-Hegelian): the ~ dialectic ヘーゲル弁証法《一般に, 一つの思想は thesis (正), antithesis (反), synthesis (合) と発展すると説く》. — *n.* ヘーゲル派の哲学者, ヘーゲル学徒.

He·gé·li·an·ism [-nìzṃ] *n.* ヘーゲル哲学[主義].

heg·e·mon [hédʒəmɑ̀n, híːdʒ- | -dʒɪmɔ̀n] 〖▭ Gk *hēgemṓn* leader ← *hēgeîsthai* to lead〗 *n.* 覇権を握っている人, 覇者; 覇権国.

He·gem·o·ne [hɪdʒéməni, hə- | hiːdʒémənɪ, hɪ-] *n.* 〖ギリシャ·ローマ神話〗ヘゲモネー《Artemis, Aphrodite などの別称; アテネでは美の女神らの一人がこの名で呼ばれたという》.

heg·e·mon·ic [hèdʒəmɑ́nɪk, hìː-, -gə- | hègɪmɔ́n-, hìːg-, hèdʒ-, hìːdʒ-] 〖▭ Gk *hēgemonik-ós* related to a leader: ⇨ hegemony, -ic[1]〗 — *adj.* 支配する, 覇(は)権を握る, 牛耳を執る, 指導する, 優越する. 「monic.

hèg·e·món·i·cal [-nɪkəl, -nə- | -nɪ-] *adj.* =hege-

he·gem·o·ny [hɪdʒéməni, hə-, -gém-, hédʒəmòuni | hɪgémənɪ, hiː-, hédʒɪ-, hégɪ-] 〖《1567》▭ Gk *hēgemonía* ← *hēgemṓn* leader, guide: ⇨ -y[1]〗 — *n.* **1** ヘゲモニー, 指導権; (特に, 連盟諸国の)政治的支配権, 盟主権, 覇(は)権 (leadership): hold ~ over ...に対して支配権を握る / the Prussian ~ in Germany ドイツにおけるプロイセンの指導権 / Soviet ~ over Eastern Europe 東欧でのソ連の指導権. **2** 覇権国.

He·gi·ra [hɪdʒáɪrə, hə-, hédʒ(ə)rə | hédʒɪrə, hɪdʒáɪərə, he-] 〖《1590》▭ ML ~ ▭ Arab. *hijraʰ* departure ← *hájara* to leave〗 — *n.* **1** ヒジュラ, 聖遷《Muhammad が Mecca から Medina へ逃亡したこと; 紀元 622 年 7 月 15 日ないし16 日; cf. Muhammadan Era》. **2** [the ~] イスラム紀元, ヒジュラ紀元《キリスト紀元 622 年 7 月 16 日》. **3** [h-] 逃走, 逃避行; (特に)集団的移住 (emigration).

hé-gòat *n.* 雄やぎ (cf. she-goat).

he·gu·men [hɪgjúːmɪn, hə-, -mən | hɪgjúːmɪn] 〖▭ ML *hēgumen-us* ▭ Gk *hēgoúmenos* a leading, guiding (pres.p.) ← *hēgeîsthai* to go before, lead〗 — *n.* 〖東方正教会〗修道院長.

he·gu·me·nos [hɪgjúːmənɑ̀s, hə- | hɪgjúːmɪnɔ̀s] 〖↑〗 *n.* 〖東方正教会〗=hegumen.

heh [éɪ, é | éɪ] *int.* へえ《疑い·驚きなどを表わす》.

héh déity [hé-] 〖← Egypt.〗 *n.* 〖グノーシス派〗ヘー神《Shu 神の生んだ男女四組(八柱)の神 (the Ogdoad) の一柱》.

HEIB [híːb] 《略》Home Economist in Business 職場における家政学士 (cf. home economist).

Hei·deg·ger [háɪdegə, -dɪgə | -gə(r; G. háɪdɛgɐ], **Martin** *n.* ハイデッガー《1889–1976; ドイツの実存(主義)哲学者; *Sein und Zeit*「存在と時間」(1927)》.

Hei·del·berg [háɪdḷbə̀ːg, -bɛ̀əg | -bə̀ːg; G. háɪdḷbɛ̀rk] *n.* ハイデルベルク《西ドイツ Baden-Württemberg 州の都市, 有名な城跡と大学 (1386 年創立) の所在地; 人口 130,000》.

Héidelberg jáw *n.* 〖人類学〗ハイデルベルク人下顎(がく)骨《1907 年ドイツ Heidelberg の近くで発見された古代人のものと推定される下顎骨》.

Héidelberg mán *n.* 〖人類学〗ハイデルベルク人 (*Homo heidelbergensis*)《Heidelberg jaw から想像される原始人》.

Hei·den·stam [héɪdṇstæ̀m, -stɑ̀ːm; *Swed.* héidənʃtam], **Ver·ner von** [vérnər vɔn] *n.* ヘイデンスタム《1859–1940; スウェーデンの詩人·小説家; Nobel 文学賞 (1916)》.

Hei·duc [háɪdʊk] *n.* (*also* **Hei·duk** [~]) =Haiduk.

heif·er [héfə | -fə(r] 〖OE *heahfore* ← ? *heah* 'HIGH, full-grown' + *fearr* ox (← Gmc *farzi-* young cow ← IE **per-* the young of an animal, 《原義》a bringing forth ← **per-* forward: ⇨ fore[1])〗 — *n.* **1** (3 才未満でまだ子を産まない)若い雌牛《肉牛》. **2** 《俗·軽蔑》婦人, (特に)若い女.

plow with a person's heifer ⇨ plow *v.* 成句.

Hei·fetz [háɪfɪts, -fəts], **Ja·scha** [jɑ́ːʃə] *n.* ハイフェッツ《1901– ; ロシヤ生れの米国のバイオリン奏者》.

heigh [háɪ, héɪ | héɪ] 〖《1573》擬音語〗 *int.* おーい, ほい, わーい《注意·質問·鼓舞·歓喜などを表わす》.

héigh-hó 〖⇨ ↑, ho〗 *int.* あーあ, やれやれ《驚き·歓喜·疲労·退屈·落胆などを表わす》. — *n.* 〖鳥類〗=flicker[3].

height [háɪt] 〖OE *hēhþu, hīehþu* < Gmc **χauχiþō* (OHG *hōhida* / Goth. *hauhiþa*): ⇨ high, -th[2]〗 — *n.* **1** 高いこと, 高さ; たけ, 身長; 高度, 標高, 海抜 (elevation, altitude): the ~ of a desk, tower, mountain, person, etc. / the ~ of a cloud [an airplane] 雲[飛行機]の高度 / the ~ of a town 町の海抜 / the ~ above (the) sea level 海抜 / at a ~ of 7,000 meters 7,000 メートルの高さで / The sun's ~ is 20°. 太陽の高度は 20 度である / What is your ~? 身長はいくらありますか / I am six feet in ~. 身長は 6 フィートです / a man of middle ~ 中背の男 / The mountain rises to a great ~. その山は高くそびえ立っている. **2 a** 頂上 (top): the ~ of the mountain. **b** [the [its] ~] 極致, 極点, 絶頂; 真最中 (peak, acme): *the* ~ of genius [eloquence] 天才[雄弁]の極致 / *the* ~ of folly 愚の骨頂 / *the* ~ of one's career 生涯の最盛期 / *the* ~ of fashion 流行の頂点 / *the* ~ of a fever 熱の頂上 / The gale was at *its* ~. 強風は絶頂であった / at *the* ~ of an argument 議論の真最中に / at *the* ~ of the storm [war] あらし[戦争]の真最中に / in *the* ~ of summer 真夏に / in *the* ~ of his youth 若い盛りに / dress in *the* ~ of fashion 最新流行の服を着る / reach *the* ~ of one's ambition 大望の絶頂に達する. **3 a** 高い位置[場所]: look down from a great ~. **b** [しばしば *pl.*] 高地, 高台, 丘 (hill): the castle on the ~*s* 丘にある城 / *Wuthering Heights*「嵐が丘」《Emily Brontë 作の小説の題名》. **4 a** 《廃》社会的に高い地位, 高位; 卓越 (excellence). **b** 《古》(精神の)高貴(さ). **5** 〖聖書〗天 (heavens): Praise him in the ~*s*. もろもろの高き所にてエホバをほめたたえよ (*Ps.* 148: 1).

height of land 《カナダ·米》分水界.

height to paper 〖印刷〗活字の高さ《英国では 0.9175 インチ, 米国では 0.9186 インチ; type height ともいう; ⇨ type 挿絵》.

height·en [háɪtṇ] 〖《1523》← HEIGHT + -EN[1]: LENGTHEN, STRENGTHEN, etc. からの類推〗 — *vt.* **1** 高くする, 高める. **2 a** 〈速度·困難·複雑さ·人気など(の程度·量)を〉増す, 増大する (enhance): ~ its difficulty, his popularity, etc. **b** 〈効果·色などを〉強める, 深める, 激しくする (intensify): ~ a color [an effect] 色[効果]を増す / ~ one's anger 怒りをつのらせる. **c** 〈話·報告など(の内容)を〉誇張する (exaggerate): The story is somewhat ~*ed* in details. 話はこまかい所はいくらか誇張してある. **d** (線画などで)きわだたせる, 引き立てる: ~ a picture with black 黒で絵を引き立てる. **2** 《廃》意気をあげさせる, 得意にさせる (exalt). — *vi.* **1** 高まる, 増す, 大きくなる, 強くなる: Her anxiety ~*ed*. **2** 《古》高くなる (exalt).

heil [háɪl; G. háɪl] 〖▭ G *Heil* 'HAIL[3]': cf. whole〗 — *G. int.* [挨拶·喝采などに用いて] 万歳, ハイル (cf. hail[3]): *Heil* Hitler! ヒットラー万歳, ハイルヒットラー《1933–45 年間 Adolf Hitler の信奉者の間で用いられた》. — *vt.* ...にハイルと挨拶する. — *vi.* ハイルと挨拶する.

Hei·lung·kiang [héɪlʊ̀ŋkjɑ́ːŋ; *Chin.* xēɪlʊ̀ŋtʃiɑ̄ŋ] *n.* **1** [the ~] 黒竜江《別名 Amur》. **2** 黒竜江省《中国東北部の省; 人口 33,760,000, 面積 710,000 km², 首都 Harbin》.

Heim·dall [héɪmdɑːl] 〖▭ ON *Heimdall-r*〗 — *n.* 〖北欧神話〗ヘイムダル《光の神; アスガルドの番人で, 世の破滅の折に Loki と刺し違えて死んだ》.

heim·ish [héɪmɪʃ] 〖▭ Yid. *heimisch* domestic, homelike〗 *adj.* (*also* **heim·isch** [~]) 気楽な, 気取らない (homey).

Hei·ne [háɪnə, -ni | -nə, -nɪ; G. háɪnə], **Heinrich** *n.* ハイネ《1797–1856; ドイツのユダヤ系の詩人·諷刺作家; *Das Buch der Lieder*「歌の本」(1827), *Atta Troll*「アッタトロル」(1847)》.

Héine-Borél thèorem [háɪnəbɔrél-; G. háɪnə, F. bɔrɛl] 〖← *Eduard Heine* (1821–81: ドイツの数学者) + *Émile Borel* (1871–1956: フランスの数学者)〗 — *n.* 〖数学〗ハイネボレルの被覆定理《ユークリッド空間の有界閉集合はコンパクトであるという定理》.

hei·nie[1], **H-** [háɪni | -nɪ] 〖▭ G *Heine* (dim.) ← HEINRICH〗 *n.* [通例, 軽蔑的に用いて] ドイツ人 (German); (特に, 第一次大戦中の)ドイツ軍人.

hei·nie[2] [háɪni | -nɪ] 〖《変形》← HINDER[1]〗 *n.* 《俗》尻.

Hein·kel [háɪŋkəl; G. háɪŋkəl], **Ernst** *n.* ハインケル《1888–1958; ドイツの航空機製作者; ターボジェット機 (turbojet) を最初に飛行させた (1939)》.

hei·nous [héɪnəs] 〖《c1385》*heynous* ▭ OF *haïneus* (F *haineux*) full of hate ← *haïne* hatred ← *haïr* to hate < Gmc **χatjan* to hate ← IE **kād-* sorrow, hatred (Gk *kêdos* care, grief): ⇨ -ous〗 — *adj.* 〈犯罪·行為·犯罪者など〉憎むべき, 極悪な, 凶悪な (atrocious): a ~ crime, accusation, etc. **~·ly** *adv.* **~·ness** *n.* 「性名.

Hein·rich [háɪnrɪk; G. háɪnrɪç] 〖⇨ Henry〗 *n.* 男

heir [ɛ́ə | ɛ́ə(r] 〖《?c1225》(*h*)*eir* ▭ OF (*h*)*eir* < LL *hērem, hērēs* heir, 《原義》? he who obtains what is left: cf. heredity〗 — *n.* **1** (財産·称号·地位などの)相続人, 継承者, 跡取り: an ~ male 男系相続人 / an ~ *to* property 財産相続人 / an ~ *to* the throne 王位継承者 / a natural ~ 血族相続人 / a legal ~ = HEIR at law / make a person one's ~ 人を自分の跡取りにする / be ~ *to* lands and money 土地と金を継承する / fall ~ *to* ...の相続人となる, ...を継承する. **2** (両親の特性·祖先の精神·理想·伝統などの)後継者, 継承者: Englishmen are the ~*s of* liberty. 英国人は自由の継承者である / an ~ *to* one's father's strength and mother's grace 父の体力と母の優雅を継ぐ者 / ~*s of* salvation [grace] 神の救い[恵み]を受け継ぐ者. **3** 〖法律〗相続人, (特に不動産の)法定相続人 (cf. ancestor 1 b). 「続人.

an heir of the [*a person's*] ***body*** 人の後継者; 直系相

heir at law 〖《なぞり》← L *hērēs ad legem*〗〖英法〗法定(不動産)相続人; 〖スコット法〗法定(不動産[動産])相

heir in tail 〖法律〗限嗣(封土権)相続人.

— *vt.* 《古·方言》相続する, ...の後継ぎをする (inherit): ~ a crown 王統を継ぐ, 王位の継承者となる.

héir appárent 〖《a1393》〗 — *n.* (*pl.* **heirs a-**) **1** (地位·役割などを)継ぐことが確定的な人. **2** 〖法律〗法定(推定)相続人《被相続人が死亡すれば当然法定相続人となる人; cf. heir presumptive》. **3** 《俗用》= heir presumptive. 「age.

héir·dòm [-dəm] *n.* 《古》 **1** =heirship. **2** =herit-

heir·ess [ɛ́(ə)rɪs, -rəs | ɛ́ərɪs, -res, ɛəréś] 〖《1659》〗 *n.* 女子相続人, 女の後継者: a rich ~.

héir·less 〖《?c1400》〗 *adj.* 相続人[跡取り]のない.

heir·loom [ɛ́əluːm | ɛ́ə-] 〖《1421》(廃) implement, vessel, piece of furniture〗 — *n.* **1** 先祖伝来の家財, 家宝; 一家の伝統. **2** 〖法律〗法定相続動産《動産でありながら不動産に付帯して相続人に承継されるもの; 墓石·権利証など》.

heir presúmptive *n.* (*pl.* **heirs p-**) 〖法律〗推定相続人《その人より先順位のものが被相続人の死亡前に出現すれば相続権はない; cf. heir apparent》.

héir·shìp 〖《1478》〗 *n.* **1 a** 相続人であること. **b** 相続権, 相続 (inheritance). **2** 《古》=heritage.

Hei·sen·berg [háɪzṇbə̀ːg, -bɛ̀əg | -bə̀ːg; G. háɪzṇbɛ̀rk], **Werner** *n.* ハイゼンベルク《1901–76; ドイツの物理学者; Nobel 物理学賞 (1932); cf. quantum theory, uncertainty principle》.

Héisenberg's prìnciple 〖← *Werner Heisenberg*〗 *n.* 〖物理〗ハイゼンベルクの法則 (⇨ uncertainty principle).

heist [háɪst] 〖《転訛》← HOIST[1]〗 — 《俗》 *vt.* **1** ...から強奪する; ...に押入り強盗する (rob). **2** 盗む (steal). — *n.* **1** (押込み)強盗 (robbery), 夜盗(行為) (burglary), 追いはぎ(行為), 銀行破り. **2** 盗み, 窃盗. **3** 盗品; 強奪品. **~·er** *n.*

hei·ti·ki [héɪtíːkiː | -kɪ] 〖▭ Maori ~ ← *hei* to hang + TIKI〗 *n.* (マオリ族 (Maoris) がペンダントとしてつけている)緑色岩 (greenstone) の人の形をしたお守り.

He·jaz [hedʒǽz, hɪ-] *n.* ヒジャーズ, ヘジャーズ《アラビア半島西部の紅海に面する地方; Mecca, Medina がある》.

He·ji·ra [hɪdʒáɪrə, hə-, hédʒ(ə)rə | hédʒɪrə, hɪdʒáɪərə, he-] *n.* =Hegira.

Hek·a·te [hékəṭiː, -ṭi | -tɪ, -tiː; (Shak. では) hékət, -kɪt] *n.* 〖ギリシャ神話〗=Hecate.

hek·tare [héktɛə, -tɑə | -ktɑː(r, -tɛə(r] *n.* =hectare.

hek·to·gram [héktəgræ̀m | -tə(ʊ)-] *n.* =hectogram.

hek·to·graph [héktəgræ̀f | -tə(ʊ)grɑ̀ːf, -græ̀f] *n.*, *v.* =hectograph.

hek·to·li·ter [héktəlìːṭə | -tə(ʊ)lìːtə(r] *n.* =hectoliter.

hek·to·me·ter [héktəmìːṭə, hektɑ́məṭə | héktə(ʊ)mìːtə(r] *n.* =hectometer.

Hel [hél] 〖▭ ON ~: cf. hell〗 *n.* 〖北欧神話〗 **1** ヘル《黄泉(よみ)の国 (Niflheim) の女支配者で Loki と Angerboda の娘; 死者は彼女のもとに集まる》. **2** 黄泉の国, 冥府.

hel. 《略》helicopter.

Hel·a [hélɑː] *n.* 〖北欧神話〗=Hel.

held 〖OE *hēold* (pret.), (*ġe*)*h*(*e*)*alden* (p.p.)〗 *v.* hold の過去形·過去分詞.

hel·den·te·nor [héldəntenɔ̀ə, -noə, -tènə | -teɪnɔ̀ː(r, -tènə(r; G. héldṇtenòːɐ] 〖▭ G *Heldentenor* heroic tenor〗 — *G. n.* (*pl.* **~s**, **-te·no·re** [-nɔ̀ːrə, -nòːrə | -nɔ̀ːrə; G. -nòːrə]) ヘルデンテノール《Wagner のような歌劇で英雄の役割を歌う華麗さと量感をもったテノール歌手》.

Hel·en 〖▭ OF *Helene* (F *Hélène*) ▭ L *Helena* ▭ Gk *Helénē*《原義》? torch of reeds〗 — *n.* **1** [hélən, -lɪn] 女性名《異形 Helena, Helene, Eleanore, Elaine, Leonora, Nora; 愛称形 Nell, Nellie, Lena, Lina》. **2** [hélɪn, -lən] 〖ギリシャ神話〗ヘレネー《Zeus と Leda を父母とする絶世の美人で, スパルタ王 Menelaus の妻; Troy の Paris に連れ去られたことからトロイ戦争 (Trojan War) が起こった; 通例 Helen of Troy》.

Hel·e·na[1] [hélənə | -lɪ-, -lə-] 〖↓〗 *n.* 米国 Montana 州の西部にある同州の首都; 人口 23,000.

Hel·e·na[2] [hélənə, helíːnə | hélɪnə, -lə-, helíːnə, hɪ-, hə-; *Pol.* xɛlɛ́na] 〖▭ L ~: ⇨ Helen〗 *n.* 女性名.

Hel·e·na [hélənə, helíːnə | hélɪ-, -lə-, helíːnə, hɪ-, hə-], **Saint** *n.* ヘレナ《250?–?330; Constantine 大帝の母; 晩年聖地を巡礼して聖十字架を発見したと伝えられる; cf. EXALTATION of the Cross, Invention of the Cross (⇨ invention 10)》.

He·lene [həlíːn | he-, hə-, hɪ-; G. heléːnə] 〖▭ F *Hélène*〗 *n.* (⇨ Helen) *n.* 女性名.

Hel·ga [hélgə] 〖▭ ON ~ 《原義》holy: cf. Olga〗 *n.* 女性名. ★ 米国に多い.

Hel·go·land [hélgo(ʊ)lænd | -gə(ʊ)-; G. hélgolànt] *n.* ヘルゴラント(島)《北海にある西ドイツの小島; 北フリジア諸島の一つ; 第一次·第二次大戦には要塞があった; 人口 2,400, 面積 1.5 km²; 英語名 Heligoland》.

hel·gra·mite [hélgrəmàɪt] *n.* (*also* **hel·gram·mite** [~]) 〖昆虫〗=hellgrammite.

heli. 《略》helicopter. 「異形.

he·li-[1] [híːli, -lə | -lɪ] (母音の前に来る時の) helio- の

hel·i-[2] [héli, híːl-, -lə | héli] 〖← HELICOPTER〗「ヘリコプター (helicopter)」の意の連結形: *heli*port.

he·li·a·cal [hɪláɪəkəl, hə-, hiː-, he- | hiː-, hɪ-, he-] 〖← LL *hēliacus* (▭ Gk *hēliakós* ← *hḗlios* sun) + -AL[1]〗 — *adj.* 〖天文〗〈星が〉太陽に近い, 太陽と同じ方角にあって太陽と(ほとんど)同時に出没する: the ~ rising [setting] of a star 星が日の出直前に現われる[日没直後に没する]こと. **~·ly** *adv.*

heliacal cýcle *n.* [the ~]〘天文〙ある星が日出直前に上り[日没直後に沈み], 翌年再び同じ状態になるまでの期間.

helíacal yéar *n.* =Sothic year.

He·li·a·des [hɪláɪədiːz, hə-, he-|he-] 〘□L *Hēliades* □Gk *Hēliádes*〙 **—** *n. pl.*〘ギリシャ神話〙ヘーリアデス《太陽神 Helios の娘たち, Phaëthon の姉妹で彼が死んだ時その死を嘆いてポプラの木になったという》.

he·li·an·thin [hìːliǽnθɪn, -θən, -θiːn|-lɪǽnθiːn, -θɪn] 〘⇨↓, -ine³〙 *n.*〘化学〙ヘリアンチン (⇨ methyl orange).

he·li·an·thus [hìːliǽnθəs | hìːlɪ-, hèl-] 〘《1776》← NL ~: ⇨ helio-, -anthus〙 *n.*〘植物〙キク科ヒマワリ属 (*Helianthus*) の植物の総称 (cf. sunflower).

hel·i·borne [héləbɔ̀ən, híːl-, -bɔ̀ən | hélɪbɔ̀ːn] 〘← HELI-²+BORNE〙 *adj.* ヘリコプターで輸送した, ヘリ輸送の[による].

héli·bùs 〘← HELI-²+BUS〙 *n.* **1** ヘリバス《乗客輸送用のヘリコプター》. **2** =helicopter.

hel·ic- [hélɪk, híːl-|hél-] (母音の前に来る時の) helico- の異形: *helical.*

hel·i·cal [hélɪkəl, -lə-, híːl-|hélɪ-] 〘← HELICO-+-AL¹〙 *adj.* 螺(ら)旋形の (spiral). **~·ly** *adv.*

hélical géar *n.*〘機械〙はすば歯車《回転軸に対して斜めに歯の付いている歯車》.

hélical ráck *n.*〘機械〙はすばラック.

helices *n.* helix の複数形.

He·lic·i·dae [hɪlísədiː, hə- | he-] 〘← NL ~: ⇨ helico-, -idae〙 *n. pl.*〘動物〙マイマイ科.

he·lic·i·ty [helísəṭi, hɪ-, hə-|helísəti, hɪ-, hə-, -sɪ-] 〘← HELICO-+-ITY〙 *n.*〘物理〙ヘリシティ《素粒子の運動方向のスピン成分の値》.

hel·i·cline [héləklàɪn | -lɪ-] 〘← HELI(CO)-+-CLINE〙 *n.* 螺(ら)旋状の傾斜路[ランプ].

hel·i·co- [hélɪko(ʊ) | -lɪkə(ʊ)] 〘□Gk *heliko-*, *hélix* spiral: ⇨ helix〙「螺(ら)旋 (spiral)」の意の連結形. ★ 母音の前では通例 helic- になる.

hel·i·coid [héləkɔ̀ɪd, híːl-|hélɪ-] 〘□Gk *helikoeidés* of spiral form: ⇨↑, -oid〙 *adj.* 螺(ら)旋形[状]の. **—** *n.*〘数学〙螺旋体[面].

hel·i·coid·al [hèləkɔ́ɪdḷ, hìːl-|hèlɪ-] *adj.* =helicoid.

hel·i·con [hélɪkɑ̀n, -lɪkən, -lə- | hélɪkən, -kɔ̀n] 〘← HELICO-+(BOMBARD)ON〙 *n.* ヘリコン《軍楽隊などで肩に掛けて奏する大型で低音の tuba》.

Hel·i·con [hélɪkɑ̀n, -lɪkən, -lə- | hélɪkən, -kɔ̀n] 〘《*a*1529》□L ~ □Gk *Helikṓn*《原義》the tortuous mountain ← *hélix* spiral (⇨ helix)〙 **—** *n.* **1** ヘリコーン(山)《ギリシャ南部, Boeotia にある山 (1,749 m); ギリシャ神話では Apollo と Muses の住んだ所とされる山; 詩想の源泉といわれる Hippocrene と Aganippe という二つの霊泉があった》. **2** 詩想の源泉.

hel·i·co·ni·a [hèləkóuniə, -njə | -lɪkə́ʊnjə, -nɪə] 〘← NL ~ (fem.) ← L *Helicōnius* ← Gk *Helikṓn* 'HELICON'〙 *n.*〘植物〙バショウ科ヘリコニア属 (*Heliconia*) の熱帯植物の総称.

Hel·i·co·ni·an [hèləkóuniən, -njən | -lɪkə́ʊnjən, -nɪən] 〘← L *Helicōnius* (↑)+-IAN〙 **—** *adj.* ヘリコーン山 (Helicon) の: the ~ maids ヘリコーン山のおとめたち《Muses のこと》. **—** *n.*〘昆虫〙中南米産のタテハチョウ科のドクチョウ属 (*Heliconius*) のチョウの総称.

hel·i·copt [hélɪkɑ̀pt, -lə-, híːl-|hélɪkɔ̀pt] 〘《逆成》↓〙 *v.* =helicopter.

hel·i·cop·ter [hélɪkɑ̀ptə, híːl-, -lə- | hélɪkɔ̀ptə(r)] 〘《1872》□F *hélicoptère* □Gk *hélix* 'HELIX'+*pterón* wing (⇨ ptero-)〙 **—** *n.* ヘリコプター《回転翼航空機の一種で, 頭上の回転翼をエンジンで回転させ, それによって浮揚および前進のための推力を得るもの; cf. autogiro》. **—** *vi.* ヘリコプターに乗る, ヘリコプターで飛ぶ[行く]. **—** *vt.* ヘリコプターで運ぶ.

hélicopter gúnship *n.*〘航空〙=gunship.

he·lic·tite [hɪlíktaɪt, hə-] 〘← Gk *heliktós* twisted (← *hélix* 'HELIX')+-ITE¹〙 *n.* ヘリクタイト, 曲り石《一定の方向性をもたず曲がりくねって伸びる鐘乳石》.

hel·i·drome [hélɪdròum | -lɪdrə̀ʊm] 〘← HELI-²+-DROME〙 *n.* ヘリコプター発着場.

Hel·i·go·land [hélɪgo(ʊ)lǽnd, -lɑ̀ːnt | -lɪgə(ʊ)lǽnd] *n.* ヘリゴランド(島) (Helgoland の英語名).

héli·lìft 〘← HELI-²+LIFT¹〙 *vt.* (緊急の場合に)〈部隊などを〉ヘリコプターで輸送する.

he·li·o [híːliòu | -lɪə̀ʊ] 〘略〙 *n.* (*pl.* **~s**)《口語》= heliogram; heliograph; heliotrope.

he·li·o- [híːlio(ʊ) | -lɪə(ʊ), -ljə(ʊ)] 〘← Gk *hḗlios* sun: ⇨ Helios〙 **—**「太陽 (sun); 陽光 (sunlight); 太陽エネルギー (solar energy)」の意の連結形. ★ 母音の前では通例 heli- になる.

he·li·o·cen·tric [hìːlio(ʊ)séntrɪk | -lɪə(ʊ)-, -ljə(ʊ)-] 〘《1667》: ⇨↑, -centric〙 **—** *adj.*〘天文〙太陽を中心とする, 太陽中心の, 日心の (cf. geocentric): the ~ theory [system] of Copernicus コペルニクスの太陽中心説.

hè·li·o·cén·tric·ìsm [-trəsìzṃ | -trɪ-] *n.*〘天文〙太陽中心説.

he·li·o·chrome [híːliəkròum | -lɪə(ʊ)krə̀ʊm, -ljə(ʊ)-] 〘← HELIO-+-CHROME〙 **—** *n.* (もと塩化銀を用いた光の干渉による)天然色写真, 着色写真. **he·li·o·chro·mic** [hìːliəkróumɪk | -lɪə(ʊ)krə́ʊ-, -ljə(ʊ)-] *adj.*

he·li·o·chro·my [híːliəkròumi | -lɪə(ʊ)krə̀ʊmɪ, -ljə(ʊ)-] 〘□F *héliochromie*: ⇨ helio-, -chrome, -y¹〙 *n.* 天然色写真術 (color photography).

he·li·o·gram [híːliəgræ̀m | -lɪə(ʊ)-, -ljə(ʊ)-] 〘← HELIO-+-GRAM〙 *n.* 日光反射信号.

he·li·o·graph [híːliəgræ̀f | -lɪə(ʊ)grɑ̀ːf, -ljə(ʊ)-, -græ̀f] 〘《1848》← HELIO-+-GRAPH〙 **—** *n.* **1 a** 日光反射信号機, 回光信号機《鏡で日光を任意の方向へ反射する視号[視覚]通信装置》. **b** =heliogram. **2**〘気象〙日照計《日照時間を計る装置》. **3**〘天文〙ヘリオグラフ《太陽像を撮影するための観測器械; photoheliograph ともいう》. **4** 写真製版. **—** *vt., vi.* 日光反射信号機で通信する. **he·li·og·ra·pher** [hìːliágrəfə, híːliəgræ̀fə | hìːlɪɔ́grəfə(r)] *n.*

he·li·og·ra·phy [hìːliágrəfi, híːliəgræ̀fi | hìːlɪɔ́grəfɪ] 〘《1730–36》← HELIO-+-GRAPHY〙 **—** *n.* **1** 日光反射信号法, 回光信号法. **2**〘天文〙太陽面学. **3** ニエプス式写真法《フランスの写真研究家 Nicéphore Niepce (1765–1833) の発明した最初の写真法》; (広い意味で) 写真(製版)術.

he·li·o·graph·ic [hìːliəgrǽfɪk | -lɪə(ʊ)-, -ljə(ʊ)-] *adj.* **1** heliograph [heliography] の[に関する]. **2**〘天文〙日面の: ~ coordinates. **hè·li·o·gráph·i·cal** *adj.*

he·li·o·gra·vure [hìːlio(ʊ)grəvjúə | -lɪə(ʊ)grəvjʊ́ə(r), -ljə(ʊ)-] 〘□F ~: ⇨ helio-, gravure: PHOTOGRAVURE からの類推〙 **—** *n.* 散粉式グラビア, ヘリオグラビア《初期の写真凹(おう)版(法); 銅面に樹脂粉末を散布融着し, これにポジを焼付けたカーボンチッシュを転写, 現像, 腐食するグラビア版》.

he·li·ol·a·try [hìːliálətri | -lɪɔ́lətrɪ] 〘← HELIO-+-LATRY〙 *n.* 太陽崇拝. **hè·li·ól·a·trous** [-trəs] *adj.*

he·li·o·lith·ic [hìːliəlíθɪk | -lɪə(ʊ)-, -ljə(ʊ)-] 〘← HELIO-+-LITHIC〙 *adj.* 太陽巨石文化の《巨石使用と太陽崇拝とを特徴とする文明にいう》.

he·li·ol·o·gy [hìːliálədʒi | -lɪɔ́lədʒɪ] 〘← HELIO-+-LOGY〙 *n.* 太陽研究, 太陽学.

he·li·om·e·ter [hìːliáməṭə | -lɪɔ́mɪtə(r), -mə-] 〘《1753》□F *héliomètre*: ⇨ helio-, -meter¹〙 **—** *n.*〘天文〙ヘリオメーター, 太陽儀《2 星間の角距離を測定する機械; 初めは太陽の直径計測に用いた》.

he·li·o·met·ric [hìːlio(ʊ)métrɪk | -lɪə(ʊ)-] *adj.* 太陽儀の[を用いた].

he·li·om·e·try [hìːliámətri | -lɪɔ́mɪtrɪ, -mə-] 〘← HELIO-+-METRY〙 *n.*〘天文〙太陽儀 (heliometer) による測定.

he·li·o·phyte [híːliəfàɪt | -lɪə-] 〘← HELIO-+-PHYTE〙 *n.*〘植物〙好日性植物《太陽光線下で繁茂する植物, また太陽光線に耐える植物》.

He·li·op·o·lis [hìːliápəlɪs, -ləs | -lɪɔ́pəlɪs] 〘□Gk *Hēliópolis*《原義》city of the sun: ⇨ helio-, -polis〙 **—** *n.* ヘリオポリス: **1** エジプトの Cairo 近郊にあった古代都市で, 太陽神 Ra 信仰の中心地; 聖書では On という (cf. *Gen.* 41:45). **2** Baalbek の古代ギリシャ語名.

He·li·or·nith·i·dae [hìːliɔənɪ́θədiː | -lɪɔːníθɪ-] 〘← NL ~ ← *Heliornith-*, *Heliornis* (属名: ⇨ helio-, -ornis)+-IDAE〙 *n. pl.*〘鳥類〙(ツル目)ヒレアシ科.

He·li·os [híːliɑ̀s, -liəs | -lɪɔ̀s] 〘□L *Hēlios* □Gk *Hḗlios*: *hḗlios* the sun (← IE **sāwel-* (L *sōl* sun)) の擬人化〙 **—** *n.* **1**〘ギリシャ神話〙ヘーリオス《太陽神; Hyperion と Theia の子, Phaëthon の父; 古代ローマ人の Sol に当たる; しばしば Apollo と混同される》. **2** [h-]〘物理〙光度 (luminance).

he·li·o·scope [híːliəskòup | -ljəskə̀ʊp, -lɪə-] 〘□F *hélioscope*: ⇨ helio-, -scope〙 **—** *n.*〘天文〙太陽観測用望遠鏡, 太陽鏡, ヘリオスコープ《太陽のスペクトルを観測する一種の装置》.

he·li·o·sis [hìːlióusɪs, -səs | -lɪə́ʊsɪs] 〘□Gk *hēlíōsis*: ⇨ helio-, -osis〙 *n.*〘病理〙日射病 (sunstroke).

he·li·o·sphere [híːliəsfɪ̀ə | -lɪə(ʊ)sfɪə(r), -ljə(ʊ)-] 〘← HELIO-+-SPHERE〙 *n.*〘天文〙太陽圏《太陽表面の諸気体と磁場の影響を受ける宇宙空間》.

he·li·o·stat [híːliəstæ̀t | -lɪə(ʊ)-, -ljə(ʊ)-] 〘《1747》← NL *hēliostata*: ⇨ helio-, -stat〙 **—** *n.*〘天文〙ヘリオスタット《日光を時計仕掛けで動く鏡で反射して一定の方向に送るための装置; cf. coelostat》.

he·li·o·tax·is [hìːlio(ʊ)tǽksɪs, -səs | -lɪə(ʊ)tǽksɪs, -ljə(ʊ)-] 〘← HELIO-+-TAXIS〙 *n.*〘生物〙走日性 (cf. phototaxis): positive [negative] ~ 正[負]の走日性.

he·li·o·ther·a·py [hìːlio(ʊ)θérəpi | -lɪə(ʊ)θérəpɪ, -ljə(ʊ)-] 〘← HELIO-+THERAPY〙 *n.*〘医学〙日光療法.

he·li·o·trope [híːljətròup, -liə-, héljətrə̀ʊp, híːl-, -lɪə-] 〘《16C》□F *héliotrope* □L *hēliotropium* □Gk *hēliotrópion* (⇨ helio-, -trope) ∽ OE *eliotropus* □L〙 **—** *n.* **1**〘植物〙**a** ヘリオトロープ, キダチルリソウ (*Heliotropium arborescens*)《garden heliotrope ともいう》. **b** カノコソウ (valerian)《薬用》. **2** ヘリオトロープ色《薄紫色》; ヘリオトロープの花の香り(のする香水). **3** 回照器, 回光儀, 日光反射器. **4** 血玉髄 (bloodstone). **5**《廃》向日性[屈光性]植物.

he·li·o·tro·pic [hìːliətróupɪk, -trɑ́p- | -lɪə(ʊ)trə́ʊp-, -ljə(ʊ)-, -trɔ́p-] 〘《1875》: ⇨↑, -ic¹〙 **—** *adj.*〘植物〙向日[屈光]性の (cf. phototropic, apheliotropic). **hè·li·o·tró·pi·cal·ly** *adv.*

he·li·o·tro·pin [hìːliətróupɪn, -liátrə-, -pən | -lɪə-trə́ʊpɪn, -lɪɔ́trə-] 〘⇨ heliotrope, -in¹〙 *n.*〘化学〙ヘリオトロピン (⇨ piperonal).

he·li·ot·ro·pism [hìːliátrəpìzṃ | hìːlɪɔ́t-] 〘← HELIO-+-TROPISM〙 *n.*〘植物〙向日性, 向光性 (cf. phototropism): positive [negative] ~ 向[背]日性.

he·li·o·type [híːliətàɪp | -lɪə(ʊ)-] 〘← HELIO-+-TYPE〙 *n.* ヘリオタイプ《写真製版の一種, コロタイプの変形》.

hèlio·typógraphy *n.*〘印刷〙ヘリオタイプ製版法[術].

he·li·o·typ·y [híːliətàɪpi | -lɪə(ʊ)tàɪpɪ] 〘← HELIOTYPE+-Y¹〙 *n.*〘印刷〙=heliotypography.

He·li·o·zo·a [hìːliəzóuə | -lɪəzə́ʊə] 〘← NL *hēliozoa*: ⇨ helio-, -zoa〙 *n. pl.*〘動物〙(原生動物肉質綱)太陽虫目.

he·li·o·zo·an [hìːliəzóuən | -lɪə(ʊ)zə́ʊ-] 〘⇨↑, -an¹〙 *adj., n.* 太陽虫目の(動物). **he·li·o·zo·ic** [hìːliəzóuɪk | -lɪə(ʊ)zə́ʊ-] *adj.*

héli·pàd 〘← HELI-²+PAD¹〙 *n.* =heliport.

hel·i·port [héləpɔ̀ət, híːl-, -pɔ̀ət|hélɪpɔ̀ːt] 〘← HELI-²+(*air*)*port*〙 *n.* ヘリポート《ヘリコプター発着場; cf. airport, helispot》.

héli·spòt 〘← HELI-²+SPOT〙 *n.* ヘリスポット《ヘリコプターの臨時着陸場; cf. heliport》.

héli·stòp 〘← HELI-²+STOP (n.)〙 *n.* =heliport.

he·li·um [híːliəm | -ljəm, -lɪəm] 〘《1878》← NL ~ ← Gk *hḗlios* sun: ⇨ Helios, -ium: Sir J. N. Lockyer (英国の天文学者)と Sir E. Frankland (英国の化学者)による命名〙 **—** *n.*〘化学〙ヘリウム《空気中に僅かに存在する希ガス元素の一つ; 記号 He, 原子番号 2, 原子量 4.00260》.

hélium-1 [-wʌ́n] *n.*〘化学〙ヘリウム 1《1 気圧下 4.2 K で沸騰する普通の液体のヘリウム》.

hélium-2 [-túː] *n.*〘化学〙ヘリウム 2《ヘリウム 1 をラムダ点 (lambda point) 以下で冷却して得られる異常な液体のヘリウム》.

hélium-3 [-θríː] *n.*〘化学〙ヘリウム 3《質量数 3 のヘリウムの同位体》.

hélium-4 [-fɔ́ə, -fóə | -fɔ́ː(r)] *n.*〘化学〙ヘリウム 4《質量数 4 のヘリウムのもっとも普通の同位体》.

He·li·us [híːliəs | -lɪəs, -ljəs] *n.* =Helios.

he·lix [híːlɪks, hél-|híːl-] 〘《1563》□L ~ □Gk *hélix* spiral, screw ← IE **wel-* to turn, roll (L *volvere* to roll)〙 **—** *n.* (*pl.* **hel·i·ces** [héləsìːz, híːl-|-lɪ-], **~·es**) **1** 螺(ら)旋 (spiral). **2** 螺旋形のもの《コルク抜き・懐中時計のぜんまいなど》. **3**〘解剖〙耳輪. **4**〘建築〙(イオニア式・コリント式柱頭の)渦巻き (volute). **5**〘数学〙螺旋, 弦(つる)巻線. **6**〘動物〙カタツムリ属 (*Helix*) の動物の総称《edible snail, garden snail など》.

hell [hél] 〘OE *hel(l)*, *helle* < Gmc **χaljō* (Du. *hel* / G *Hölle*) ← IE **kel-* to hide (L *cēlāre* to hide): cf. hall〙 **—** *n.* **1 a** 地獄 (↔ heaven). **b** [時に H-] 冥土, 黄泉(よみ)の国 (Hades). **2** 地獄のような場所[状態, 社会], 修羅場, 生き地獄; ひどい待遇[扱い], ぞっとするようないやなこと, いやな[にがい, つらい]経験: a ~ on earth=a ~ of a life この世の地獄 / a regular ~ on earth まさにこの世の地獄 / all ~ let [broken] loose てんやわんや, 大混乱 / make one's life a ~ 地獄のような生活をする / suffer (merry) ~ 地獄の苦しみをする. **3** [集合的] **a** (地獄に住む)悪魔, 悪鬼. **b** 悪党たち, 暗黒街の連中[顔きき たち]. **4** 賭博宿 (gambling house). **5**《口語》**a** [焦燥・不信・驚きなどを表わす間投詞または軽いののしりの言葉として]: Go to ~!=To ~ with it! くたばっちまえ / *Hell!*=What's the ~! 畜生 / Oh, ~! 畜生 / The ~ with it! そんなのくたばってしまえ, そいつはいまいましい / He a poet, ~! やつが詩人だって, 笑わせるな. **b** [in ~ または the ~; 強意語として]: What *the* ~ are you doing! 一体君は何をしてるんだ / Why can't you leave them *the* ~ alone? どうしてやつらをそっとしておけないんだい / Why *in* ~? 一体なぜだ. **c** [to ~ または as ~ として] とても, ひどく: be tired *to* ~ へとへとだ / cold *as* ~ とても寒い / ⇨ *to* HELL *and gone.* **d** [the ~; 強い否定を表わして] 絶対…ない (never): "They know what they're doing." "*The* ~ they do." 「わかってやってるんだろう」「とんでもない」/ ⇨ *The* HELL *you say!* **6 a** どんちゃん騒ぎ, 茶目ないたずら: They are full of ~. 彼らははめをはずして騒いでいる. **b** [the ~] 困ったこと, 目立つこと: *The* ~ of it was that nobody helped me. 困ったことに誰も手伝ってくれなかった. **7 a**《古》(仕立屋が切れ端を入れる)くず箱. **b**〘印刷〙=hellbox.

★ 以下に示す成句は《口語》または《俗》.

a* [《米》*one*, 《英》*the*] *hell of a … (cf. helluva) (1) 大変な, どえらい, 非常な, 極端な; とてもむずかしい; 不快な; とても良い[すぐれた]; 相当な, かなりの: *a* ~ *of a* noise [row] ものすごい音[騒ぎ] / take *a* ~ *of a* time とても長い時間がかかる / have *a* ~ *of a* time ひどい目にあう. (2) [副詞的に] 非常に, とても, 極端に: There were *a* ~ *of a* lot of people in the park. 公園は大変な人出だった / She had *a* [*one*] ~ *of a* pretty smile. とてもかわいくほほえんだ / He's *a* ~ *of a* nice guy. やつはとってもいいやつなんだ. ***a hell of a note*** どえらい[とんでもない]事, ひどい破目. ***beat (the) hell*** =*beat the* BAND². ***be hell for*** …に熱心である, …を主張する[強く求める]: *be* ~ *for* money. ***be hell on*** (1) …にとってとてもつらい[苦しい]: The teacher is ~ *on* his pupils. その先生は生徒に厳しい. (2) …に有害[破壊的]である: Such a life *is* ~ *on* health. そんな生活は健康によくない. ***catch* [*get*] *hell*** ひどく叱られる, 大目玉を食う. ***come hell and* [*or*] *high water*** ⇨ HELL *or high water.* ***for the hell of it*** 悪ふざけから, 冗談に, おもしろ半分に: He broke all the windows (just) *for the* ~ *of it.*

彼は(ほんの)おもしろ半分に窓という窓を全部こわした. ***get the hell out of*** 〈場所〉から急いで立ち去る: *Get the* ~ *out of* here. とっとと出て行け. ***give a person hell*** 〈人を〉打ち懲らす, ひどく叱りつける, いたたまれないようにする. ***hell and [or] high water*** あらゆる障害: We'll be there in time, come ~ *and* [*or*] *high water.* 万難を排して[どんなことがあっても]遅れないようにそこへ行くよ. ***hell for leather*** =hell-for-leather. ***hell on wheels*** =hell-raiser. ***hell to pay*** 大変な厄介, 一大事: There'll be ~ *to pay* if he makes light of us. おれたちをなめてるとんでもないことになるぞ. ***let hell loose*** 大混乱を起こさせる. ***like hell*** (1) 死物狂いになって, 激しく, やけに (extremely): drive [run] *like* ~ / She ran and ran *like* ~. 走りに走った / It was raining *like* ~. ひどい大雨が降っていた. (2) 絶対…ない (never): He will pay. —*Like* ~ he will.「払うだろう」「いや, 払いっこない」. ***not a chance [hope] in hell*** 見込みなし, 可能性なし. ***play (merry) hell with*** =*play the* DEVIL *with.* ***raise hell*** ⇨ raise 成句. ***the hell of a*** 《英》=*a* HELL *of a.* ***(the) hell out of*** 徹底的に; すっかり: knock [beat, smash] ~ *out of* a person 人を散々打ちのめす / scare *the* ~ *out of* a person 人をすっかりびっくりさせる. ***The hell you say!*** まさか, そいつは驚いた. ***to hell and gone*** 《米》ずっと遠くへ; いつまでも. ***until [till] hell freezes (over)*** いつまでも (forever). ***What the hell (!)*** [間投詞的に] えい, いいや, ままよ《のんきな無関心または冷笑的なあきらめを表わす》: *What the* ~, I will go tomorrow instead. いいや, 代わりに明日おれが行くよ. ***when hell freezes (over)*** 決して…ない (never).
— *vi.* 《俗》自堕落な生活を送る, 向こう見ずなことをする 〈*around*〉.

he'll [hí:l; (h)i:l, (h)ɪl] he will [shall] の縮約形.

Hel·lad·ic [helǽdɪk] 〖◻L *Helladic-us* ◻Gk *Helladikós* of Greece ← *Hellás* Greece (↓)〗 — *adj.* ヘラディック文化[時代]の, (紀元前1,100年以前のギリシャ本土の)青銅器時代文化の.

Hel·las [héləs | -læs] 〖◻L ~ ◻Gk *Hellás*: ⇨ Hellen〗 *n.* ヘラス《ギリシャ (Greece) の古代[現代]ギリシャ語名; cf. Ellas》.

hell·ben·der [hélbèndə, ⌐⌐ | -də(r)] *n.* **1** 《米》〖動物〗アメリカオオサンショウウオ (*Cryptobranchus alleganiensis*). **2** 《俗》 **a** どんちゃん騒ぎ (debauchery). **b** 向こう見ずな奴(やつ); とんでもない奴.

héll·bènt *adj.* 《口語》 **1** [Predicative に用いて] 〔…しようと〕やみくもに決意して, 熱中して〔*on, for*〕/〈*to* do〉: be ~ *on* destroying it しゃにむにそれを破壊しようとしている. **2** 猛スピードで突っ走る; 向こう見ずな: a ~ car. — *adv.* 向こう見ずに, 断固として.

héll bòmb *n.* 《俗》水素爆弾 (hydrogen bomb).

héll·bòx *n.* 〖印刷〗(摩滅した活字を入れる)滅箱 (hell).

héll·bròth *n.* 地獄の吸物, 魔女のスープ《黒魔術・妖術に用いられる調合物》.

héll·càt *n.* **1** 意地悪女; 手の付けられないあばずれ女 (shrew). **2** 鬼婆 (hag), 魔女 (witch).

héll-dìver *n.* 〖鳥類〗=pied-billed grebe.

Hel·le [héli | -lɪ] 〖◻L ~ ◻Gk *Héllē* 《原義》? the bright one〗 — *n.* 〖ギリシャ神話〗ヘレー《Nephele と Athamas の娘; 兄の Phrixus と共に金の羊毛を持った雄羊に乗って継母 Ino の手からのがれる途中, 彼女は海峡に落ちて死んだ; Hellespont (「Helle の海」) の名はこれに由来する》.

hel·le·bore [hélɪbɔ̀ə, -bɔ̀ə | -lɪbɔ̀:(r)] 〖《16C》◻L *hellebor-us* ◻Gk *helléboros* 《原義》? plant eaten by fawns ∽ (*c*1390) *ellbre* ◻OF *ellebre*〗 — *n.* **1** 〖植物〗ヨーロッパ産キンポウゲ科クリスマスローズ属 (*Helleborus*) の植物の総称; (特に)=Christmas rose. **2** 〖植物〗ユリ科バイケイソウ属 (*Veratrum*) の植物の総称. **3** ヘレボルス根《以上各種の植物の乾燥根茎》; その粉末《殺虫剤として用い, 古代ギリシャ・ローマ時代には精神病の薬として用いた》.

hel·le·bo·rine [héləbəràɪn | -lɪ-] 〖◻L ~ ◻Gk *helleborínē* ← *helléboros* (↑)〗 *n.* 〖植物〗ラン科カキラン属 (*Epipactis*) の植物の総称.

Hel·len [hélən | -lɪn, -len] 〖◻L *Hellen* ◻Gk *Héllēn* 《原義》? seizer〗 *n.* 〖ギリシャ神話〗ヘレーン《Deucalion と Pyrrha の息子; ギリシャ民族の先祖》.

Hel·lene [héli:n] 〖↑〗 *n.* ギリシャ人 (Greek).

Hel·len·ic [hɪlénɪk, hə-, -lí:n- | helí:n-] 〖《1644》◻Gk *Hellēnik-ós* of the Greeks ← *Héllēnes* the Greeks: ⇨ Hellene, -ic¹〗 — *adj.* **1** ギリシャの; ギリシャ人[語, 語派]の. **2** ギリシャ精神の, ヘレニズムの. — *n.* 古代ギリシャ語. **hel·lén·i·cal·ly** *adv.*

Hél·len·ìsm [-nìzm] 〖《1609》◻Gk *Hellēnism-ós* ← *Hellēnízein* 'to HELLENIZE'〗 — *n.* **1** ギリシャ語風. **2** (アレクサンダー大王以後の)世界主義的なギリシャ文化 (Greek culture), ギリシャ精神[思想], ヘレニズム《理性・知識の追求, 芸術・体育の尊重などを特徴とする文化大系で, Hebraism と共にヨーロッパ文明の二大源流の一つ》. **3** ギリシャ模倣, ギリシャ化.

Hél·len·ist [-nɪst, -nəst | -nɪst] 〖《1613》◻Gk *Hellēnist-ḗs* ← *Hellēnízein*: ⇨ ↑, -ist〗 — *n.* **1 a** ギリシャ語を用いた人, ギリシャ風を採用した人. **b** 〖聖書〗ギリシャ語を常用していたユダヤ人 (cf. *Acts* 6:1). **2** 古代ギリシャ研究者, ギリシャ学者.

Hel·le·nis·tic [hèlənístɪk | -lɪ-] 〖《1706》: ⇨ ↑, -ic¹〗 — *adj.* **1 a** Hellenism の; Hellenist の. **b** ギリシャ語用法の. **c** ギリシャ語を常用したユダヤ人の: ~ Greek 新約聖書翻訳に用い, またユダヤ人が常用したギリシャ語 / the ~ Age アレクサンダー大王時代《アレクサンダー大王の征服以後の約300年, ギリシャの言語・文化が近東に普及した時代》. **2** ヘレニズム美術の《アレクサンダー大王時代の芸術のスタイルに属する; cf. archaic 4》. **Hel·le·nís·ti·cal·ly** *adv.*

Hel·len·i·za·tion [hèlənɪzéɪʃən, -nə- | -lɪnaɪ-, -nɪ-] *n.* ギリシャ化.

Hel·len·ize [hélənàɪz | -lɪ-] 〖◻Gk *hellēníz-ein* to imitate the Greeks, speak Greek: ⇨ Hellene, -ize〗 — *vt.* **1** ギリシャ化する, ギリシャ風にする, …にギリシャ的教化を施す. **2** ギリシャ語風にする. — *vi.* **1** ギリシャ風になる, ギリシャ的教化を受ける. **2** ギリシャ語風になる. **Hél·le·nìz·er** *n.*

Hel·le·no- [hélənoʊ | -lɪnəʊ] 〖◻Gk *Hellēno-* ← *Héllēn* 'HELLENE'〗「ギリシャ人; ギリシャと…との (Greek and …)」の意の連結形.

hel·ler¹ [hélə | -lə(r; G. hɛ́lɐ] 〖◻G *Heller* < MHG *häller*: 最初 Württemberg の町 Schwäbisch-Hall で鋳造されたからという〗 — *n.* (*pl.* ~, ~s) **1** ヘルレル, ヘラー: **a** 昔のドイツに行なわれた小さい銀貨または銅貨 (=$^1/_2$ pfennig). **b** (1923年まで通用した)オーストリアの青銅貨 (=$^1/_{100}$ krone). **2** =haler.

hell·er² [hélə | -lə(r)] 〖← HELL+-ER¹〗 *n.* 《米俗》騒々しい[乱暴な, 向こう見ずな]人; 扱いにくい人.

Hel·ler [hélə | -lə(r)], **Joseph** *n.* (1923–) 米国の小説家; *Catch-22* (1961).

hel·ler·i [héləràɪ, -rì:] 〖← NL ~ ← *C. Heller* (今世紀の熱帯魚収集家): ⇨ -i〗 *n.* 〖魚類〗=swordtail 3.

Hel·les [hélɪs, -ləs], **Cape** *n.* ヘレス岬《トルコの Gallipoli 半島南端の岬; Dardanelles 海峡への入口》.

Hel·les·pont [héləspɑ̀nt | -lɪspɒ̀nt] 〖◻Gk *Hellḗspont-os* 《原義》sea of Helle: ⇨ Helle〗 — *n.* [the ~] ヘレスポントス, ヘレスポント《Dardanelles 海峡のギリシャ語の古名》.

héll·fìre 〖OE *helle fȳr*〗 *n.* **1** 地獄の火, 業火. **2** 地獄の刑罰[苦しみ].

héll-fíred *adj., adv.* [強意語に用いて] 猛烈な[に] (damned): ~ busy 猛烈に忙しい.

héll-for-léather 《騎兵が全速力で疾駆するとき革の鞍を強く打ち叩くことから》 — 《俗》 *adv.* 全速力で, 猛スピードで; 猛烈に, 遮二無二: ride ~ 馬[車]を猛スピードで飛ばす. — *adj.* 猛スピードの; 遮二無二の, すさまじい: a ~ dash すさまじい突進.

hell·gram·mite [hélgrəmàɪt] 〖← ?〗 — *n.* (*also* **hell·gra·mite** [~]) 〖昆虫〗ヘビトンボ (dobsonfly) の幼虫 (*Corydus cornutus*) 《急流内の岩石にすみ, 魚釣りの餌(え)にする; dobson ともいう》.

hellgrammite

héll·hòle 〖《?c1380》〗 — *n.* **1** 地獄 (pit of hell). **2** 《口語》 **a** 地獄のような所, この世の地獄. **b** 汚い[ひどい]場所: a café with a ~ in the basement 地下に猥雑(わいざつ)な溜り場のあるカフェー. **c** (暴力と風俗壊乱の支配する)悪徳の町[場所], 無頼(ぶらい)の町[家].

héll·hòund 〖OE *helle hund*〗 *n.* **1** 地獄の犬《Cerberus など》. **2** 悪魔のような人.

hel·lion [héljən] 〖← HELL+《スコット》(*hall*)*ion* a low fellow (◻? F *haillon* rag)〗 *n.* 《米口語》乱暴[無法]者; (特に)いたずらっ子, 腕白(わんぱく).

héll·ish [-lɪʃ] *adj.* **1** 地獄の[のような, からの]. **2** 極悪非道な, のろうべき (infernal). **3** 《口語》不愉快な, いやな, ぞっとする (detestable): Venus's surface temperature is a ~ 900°F. 金星の表面は華氏900度というすさまじい温度だ. — *adv.* **1** 忌(い)わしく; 憎らしいほど. **2** [強意語として] 非常に, すごく: a ~ hot day. **~·ly** *adv.* **~·ness** *n.*

héll·kìte *n.* 残酷な人, 冷血漢.

Hell·man [hélmən], **Lillian** *n.* (1905–) 米国の女流劇作家; *The Children's Hour* (1934), *The Little Foxes* (1939).

hel·lo [həlóʊ, he- | -láʊ] 〖《1854》《変形》← HALLO, HOLLO, HULLO〗 — *int.* **1 a** [挨拶または人の注意を引くために] やあ, おい, もし, あら. **b** [電話の応答・呼び掛けに用いて] もしもし (《英》hallo). **2** 《米》あら, おや, まあ《驚きを表わす》. — *n.* (*pl.* ~s) hello という呼び掛け声[挨拶]: Say ~ to your mother. 《口語》お母さんによろしく. — *vi.* hello と呼ぶ. — *vt.* 〈人〉に hello と声を掛ける (cf. hallo, hullo).

helló gìrl *n.* 《米口語》女子電話交換手, 交換嬢.

héll-ràiser 〖← *raise hell* (⇨ raise (v.) 成句)〗 *n.* 《俗》(常習的に)騒ぎを起こす人[もの]; (あたりをかまわぬ)無謀生活者.

héll's ángel 〖1950年代の米国 California 州でその無軌道ぶりで世人を驚かせた皮ジャンパーにオートバイが特徴の若者の一集団ないしそのメンバーに対する呼称から〗 — *n.* [通例 *pl.*] 暴走族, かみなり族 (cf. ton-up).

héll's bélls *int.* **1** これはしたり, 畜生, ちぇっ《驚き・腹立ち・いらだたしさを表わす》. **2** [次に言おうとすることを強調して] 確かに, 断然.

héll's delíght *n.* 大混乱, てんやわんや: raise ~ 大騒ぎする.

hell·u·va [héləvə] 〖← *a hell of a* (⇨ hell 成句)〗 *adj., adv.* 《俗》=*a* HELL *of a.*

héll·wèed *n.* 〖植物〗 **1** =dodder¹. **2** イトキツネノボタン (*Ranunculus arvensis*) 《ヨーロッパのキンポウゲ科の雑草》.

héll wèek *n.* 《米俗》地獄週間《大学の学生友愛会 (college fraternity) に加入するのに先立って新入生をいじめる週》.

hel·lyon [héljən] *n.* 《米口語》=hellion.

helm¹ [hélm] 〖OE *helma* ← Gmc **xalb-* (OHG *halmo* / ON *hjálmr*) ← IE **(s)kel-* to hold: cf. helve〗 — *n.* **1** 〖海事〗 **a** ヘルム, かじの柄, 舵柄(だへい) (tiller); 舵輪 (steering wheel). **b** 操舵(だ)装置, 舵機; 操舵: Down [Up] (with the) ~! 下手(しもて)[上手(うわて)]かじ / ease the ~ かじを中央の位置へ戻す / put the ~ up [down] 上[下]かじを取る, 舵柄を風上[下]に取る / shift the ~ 急に反対のかじを取る / Port the ~! ⇨ port² *vt.* **c** ヘルム角, 舵角. **2** [the ~] 支配, 指導 (control, guidance): take *the* ~ of state (affairs) 政権を握る, 国政を処理する.
answer [obey, respond to] the helm 〈船が〉かじのままに動く. ***be at the helm (of...)*** (1) (…の)かじを取っている. (2) (…を)主宰している, (…の)実権を握っている. ***check the helm*** 〖海事〗当て舵を取る《舵を取って船首が回頭し始めたら, 希望の針路を越えないうちに反対の舵を取ること》. ***Helm alee!*** = ***Lee helm!*** 〖海事〗下手かじ《舵柄(だへい)を風下に取れの意の旧号令(船首は風上へ向く)》. ***Helm aweather!*** = ***Weather helm!*** 〖海事〗上手かじ《舵柄を風上に取れの意の(旧)号令(船首は風下へ落ちる)》. ***Luff the helm!*** 〖海事〗もっと風上に詰めよ《風上に間切っている時などに「船首をさらに風上に向けよ」の意の号令》.
— *vt.* **1** 〈船〉のかじを操る[取る] (steer). **2** 指導する, 操縦する.

helm² [hélm] 〖OE ~ < Gmc **xelmaz* (Du. ~ / G *Helm*) ← IE **kel-* to cover, conceal: ⇨ hell〗 — *n.* **1** 《古・詩》兜(かぶと) (helmet). **2** 《英方言》〖気象〗 **a** (Lake District で) 暴風雨の前または最中に山頂にかかる雲 (helm cloud ともいう). **b** (Lake District で helm cloud を伴った) 強風 (helm wind ともいう). — *vt.* 《古・詩》…に兜をかぶらせる.

hélm clòud *n.* 〖気象〗=helm² 2 a.

hel·met [hélmɪt, -mət] 〖《*c*1450》◻OF ~ (dim.) ← *helme* 'HEAUME': ⇨ -et〗 — *n.* **1 a** (中世などの武士の用いた)兜(かぶと). **b** (消防士・巡査・潜水夫などの用いる)ヘルメット兜, 鉄兜, (軍人の)鉄帽. **c** (野球・アメリカンフットボールなどの)ヘルメット (cf. mask 2 a). **d** (熱帯地方などでかぶる)フェルト帽. **2 a** 兜状の物. **b** (植物の)兜状突起 (galea). **3** 〖紋章〗 **a** achievement に加えられる兜 (⇨ heraldry 挿絵 A). **b** 盾の中心に描かれる図形の兜《様々の形がある》. **~·lìke** *adj.*

hélmet cràb *n.* 〖動物〗カブトガニ (king crab).

hél·met·ed [-tɪd, -təd | -tɪd, -təd] 〖← HELMET+-ED 2〗 *adj.* 兜(かぶと)[ヘルメット]をかぶった.

hélmet lìner *n.* 〖軍事〗中帽《鉄帽の下につけるプラスチック製のヘルメット, 単独でも用いる》.

hélmet shèll *n.* 〖貝類〗トウカムリ《海産大形貝でカメオ (cameo) の材料》.

Helm·holtz [hélmhoʊlts | -haʊlts; G. hɛ́lmhɔlts], **Hermann Ludwig Ferdinand von** *n.* ヘルムホルツ《1821–94; ドイツの物理学者・生理学者》.

Hélmholtz dóuble láyer *n.* 〖電気〗ヘルムホルツ二重層 (⇨ electric double layer).

Hélmholtz frée énergy *n.* 〖物理化学〗ヘルムホルツの自由エネルギー.

Hélmholtz résonator *n.* 〖通信〗ヘルムホルツ共鳴器[共鳴箱].

hel·minth [hélmɪnθ, -mənθ | -mɪnθ] 〖◻Gk *hélminth-os, hélmins* worm, intestinal worm〗 *n.* 寄生虫, 腸内寄生虫.

hel·minth- [helmínθ] (母音の前に来る時の) helmintho- の異形.

hel·min·thi·a·sis [hèlmɪnθáɪəsɪs, -mən-, -səs | -mɪnθáɪəsɪs] 〖← NL ~: ⇨ helmintho-, -asis〗 *n.* 〖病理〗蠕(ぜん)虫病.

hel·min·thic [helmínθɪk] 〖⇨ helminth, -ic¹〗 *adj.* **1** 腸内寄生虫の[によって起こる]. **2** 駆虫の. — *n.* 駆虫剤, 虫下し (anthelminthic, vermifuge).

hel·min·tho- [helmínθoʊ | -θə(ʊ)] 〖← NL ~ ← Gk *hélminthos*: ⇨ helminth〗「寄生虫 (helminth); 蠕(ぜん)虫 (worm) 状の」の意を表わす連結形. ★ 母音の前では通例 helminth- になる.

Hel·min·tho·clad·i·a·ce·ae [helmìnθoʊklæ̀diéɪsiː, -klèɪd- | -θə(ʊ)klædɪ-, -klèɪd-] 〖← NL ~ ← *Helminthocladia* (属名: ← HELMINTHO-+Gk *kládos* young branch+-IA²)+-ACEAE〗 — *n. pl.* 〖植物〗(ウミゾウメン目)ベニモズク科.

hel·min·thoid [helmínθɔɪd, hélmɪn-, -mən- | helmínθɔɪd, ⌐⌐⌐] 〖← HELMINTHO-+-OID〗 *adj.* 蠕(ぜん)虫状の; 腸虫状の.

hel·min·thol·o·gy [hèlmɪnθɑ́lədʒi, -mən- | -mɪnθɔ́lədʒi] 〖《1819》← HELMINTHO-+-LOGY〗 — *n.* 蠕(ぜん)虫学, (特に)(腸内)寄生虫学. **hel·min·tho·log·i·cal** [helmɪ̀nθəlɑ́dʒɪkəl, hèlmɪn-, -dʒə- | -lɔ́dʒɪ-] *adj.*

hélm·less *adj.* **1** かじのない. **2** 兜(かぶと)のない.

hélms·man [-mən] 〖← HELM+-s²+MAN: cf. craftsman, etc.〗 *n.* (*pl.* **-men** [-mən, -mèn]) かじ取り, 舵(だ)手, 操舵手 (steersman). **~·shìp** *n.*

Hel·muth [hélmu:t; G. hɛ́lmu:t] 〖◻G ~〗 *n.* 男性名.

hélm wìnd *n.* 〖気象〗=helm² 2 b.

hel·o-¹ [héloʊ | -lə(ʊ)] 〖← NL ~ ← Gk *hélos* marsh〗「沼, 湿地 (marsh)」の意の連結形.

he·lo-² [híːlo(ʊ), hél- | -lə(ʊ)] 〚← NL ~ ← Gk *hêlos* nail〛「爪 (nail)」の意の連結形.

He·lo·bi·ae [helóʊbiìː | -lə́ʊ-] 〚← HELO-¹ + -*biae* ((pl.) ← -BIUS)〛 *n. pl.* 〘植物〙 =Naiadales.

He·lo·der·mat·i·dae [hìːlo(ʊ)dəmǽṭədìː, hèl- | -lə(ʊ)dəmǽtɪ-] 〚← NL ~ ← *Helodermat-*, *Heloderma* (属名: ⇨ helo-², -derma) + -IDAE〛 — *n. pl.* 〘動物〙 ドクトカゲ科.

He·lo·ise [élouìːz | éləʊ-; *F.* elɔiːz] 〚⇨ F *Héloïse*: ⇨ Eloise, Louise〛 *n.* 女性名.

Hé·lo·ïse [élouìːz | éləʊ-; *F.* elɔiːz] *n.* エロイーズ: **1** 女性名 (Eloise, Louise のフランス語形). **2** (1101?–64) アベラール (Abélard) の教え子・愛人; 激しい恋愛を経てその子を生んだのち, 尼僧院長となった.

Hel·ot [hélət] 〚(1579) ⇨ L *Hēlōt-es* ⇨ Gk *Heilōtes* (pl.) ← *Heilōs* bondsman, serf ← ? *Hélos* (Lacónia にある町; その住民がスパルタの奴隷となった): cf. Gk *heleîn* to seize〛 — *n.* **1** ヘロット《古代スパルタの農奴階級の一員》: a drunken ~ 酔いどれヘロット《スパルタ青年を戒めるために酔っ払いの醜態を示すのに使われた奴隷》; 戒めの例(となる人), 反面教師. **2** [h-] 農奴 (serf); 奴隷 (slave).

hel·ot·age [héləṭɪdʒ | -tɪdʒ] *n.* 農奴の身分 (serfdom).

hél·ot·ism [-tìzm] *n.* **1** (古代スパルタの)農奴制度; 農奴の身分 (serfdom). **2** 〘生物〙 主従共生.

hel·ot·ry [hélətri | -ri] 〚← HELOT + -RY〛 *n.* **1** [集合的] 農奴 (helots). **2** 農奴[奴隷]制度; 農奴[奴隷]の境遇 (serfdom, slavery).

help [hélp] 〚v.: OE *helpan* < Gmc *χelpan* (G *helfen* (v.)) ← IE *kelb-* to help. — n.: OE *help* < Gmc *χelpō* (G *Hilfe*)〛 — v. (**~ed,** 《方言》 **holp** [hóʊlp | hə́ʊlp]; **~ed,** 《方言》 **hol·pen** [hóʊlpən | hə́ʊl-]) — *vt.* **1 a** 〈人を〉手伝う (aid, assist); 〈困っている人を〉助ける, 救う (rescue); (財政的に)援助する: ~ a person in his difficulty 人が困っているのを助ける / ~ a person *in doing* his work 人の仕事を手伝う / My mother used to ~ me *with* my lessons. 母が勉強を見てくれました / He has to ~ his parents, who are very poor. 彼は親が貧しいのでその面倒を見なければならない. **b** 〈…するよう〉手伝う 〈*to* do〉: *Help* me (*to*) lift it. 私を手伝ってそれを持ち上げてくれ, 持ち上げるのを手伝ってくれ / Go and ~ (*to*) wash up. 行って後片付けの手伝いをしなさい / I ~*ed* (*to*) repair the car. 車の修理を手伝った. **c** 手伝って…させる 〈*out, up,* etc.〉/〔*into, out of,* etc.〕: ~ a person *down* 人を助けて下ろしてやる / ~ a person *forward* 人を助けて進ませる / ~ a person *in* [*into* a car, ship, etc.] 人を助けて入れて[車・船などに乗せて]やる / ~ a person *over* 人を助けて越え[切り抜け]させる / ~ a person *through* 人を助けて切り抜けさせる / ~ a person *to* his feet 手を貸して立たせてやる / This clue ~*ed* me *to* a solution. この手がかりのお陰で解決出来た / ~ a person *out of* a difficulty 人を困難から救い出す (cf. HELP *out* (2)) / ~ a person *up* 人を助け起こす, ささえる / *Help* me *up* the hill with this load. この荷を持って坂を上るのを手伝ってくれ / *Help* him *off* with his coat. 彼の上着を脱ぐのを手伝ってやれ / *Help* him *on* with his overcoat. 手伝ってオーバーを着せてやれ. **d** [~ *oneself* で] 必要なことは自分でする, 自分のことは自分でする: Heaven helps those who ~ *themselves*. 《諺》 天は自ら助くる者を助く.
2 助長する, 促進する; 役立つ (further): ~ digestion 消化を助ける / ~ a person's ruin [(*to*) ruin a person] 人の破滅を早める / The fund ~*ed* the development of the town. その資金は町の発展に役立った.
3 a 〔食物を〕〈人に〉取ってやる, 酌(しゃく)をする, すすめる; 配る (serve out) 〔*to*〕: Let me ~ you *to* some sherry. シェリーを差し上げましょう / ~ oneself *to* …を自由に取って食べる / Please ~ *yourself to* a cake. ケーキを一つ召し上がれ. **b** 〈飲食物を〉盛る, よそう: ~ the potatoes [vegetables] じゃがいも[野菜]を盛る. **c** [~ *oneself* to として] 自分の用に当てる; 《婉曲》 わが物にする, 横領する (appropriate): They ~*ed themselves* freely *to* the furniture of the house. その家の家具を勝手に使った.
4 a 〈病気などを〉軽くする, なおす: ~ a cough [a toothache] 咳(せき)[歯痛]を楽にする. **b** 〈好ましくない状態などを〉より快適にする: Colorful wallpaper will ~ the room. はなやかな壁紙を張ればその部屋もましになるだろう. **c** [~ *oneself* で; 否定構文で] 困難から脱する. **d** 《古》〔苦境から〕〈人を〉助ける, 救う (save) 〔*from, of*〕: ~ a person *from* distress.
5 a [can, cannot を伴う否定・反語構文で] 避ける, 制する, 抑える: I *can't* ~ it. 避けられない, 仕方がない / It *cannot* be ~*ed*. どうにもしょうがない / How *can* I ~ it? そうするよりしょうがないじゃないか / I *can't* ~ your being a fool. 君の馬鹿はどうにも出来ない / I *can't* ~ his bad manners. 彼の無作法は私には抑えようがない / Don't use slang if you *can* possibly ~ it. 出来ることなら俗語は使わないようにしなさい / Don't be longer [Don't tell him more] than you *can* ~ (=…more than you are obliged to be [do]). なるべく遅くならない[余計なことは言わない]ようにしなさい. ★ このような否定構文で than のあとに用いた can help は意味上 =cannot help である. **b** [cannot ~ *doing* として] 禁ずる, 止める (stop): I *could not* ~ laughing. 笑わないわけにはいかなかった, 笑わずにはいられなかった. ★《口語》では I could not ~ but laugh. ともいう (cf. I could not but laugh).
— *vi.* **1** 助ける, 手伝う: be ready to ~ 進んで手伝う / ~ *with* welfare work 福祉活動を手伝う. **2** 役に立つ, 足しになる: Every little ~*s*. 《諺》 いくら少しでも何かの足しにはなる, 小さなものが一々役に立つ / That does not ~ much. それは大して役に立たない / This will ~ *to* explain the fact. このことはその事実を説明するのに役立つだろう.
God help a person! (1) かわいそうに《もう人力ではどうにもならない》. (2) 《皮肉》 哀れなやつめ. ***Help!*** (1) 助けて: *Help*, ~! (2) 《戯言》「助けてえ」だ《驚きや不信を表わす》. ***help out*** (1) 〈費用などを〉補う; 助けて終えさせる: I'll ~ you *out with* your bottle. 酒のすけだちをしてやろう. (2) 〈苦境にある人を〉切り抜けさせる, 救い出す (cf. *vt.* 1 c): He ~*ed* me *out* when I was in difficulties. (3) 手伝う, 手を貸す: She ~*s* (me) *out with* cooking. 彼女が料理を手伝ってくれます. ***so help me*** (***God***) ⇨ so¹ *adv.* 成句.
— *n.* **1** 助け, 救助 (succor, relief); 助力, 援助, 手伝い (aid, assistance): by the ~ of …の助力で / with the ~ of this dictionary この辞書の助けを借りて / cry for ~ 助けを求めて叫ぶ / be of ~ 役に立つ / Can I be of any ~ to you? 何かお手伝い致しましょうか. **2** 役立つもの[人], 助けになる人: Your advice is a great ~. ご忠告は大層役立ちます / You were a great ~ to me. お陰で大変助かりました. **3** [集合的にも用いて] 手伝い人, 雇い人, 女中 (servant(s), employee(s)): a mother's ~ 《英》 家庭保母 / the ~ 女中[雇い人]たち / ⇨ home help, lady help / lay off ~ 雇い人たちを解雇する / The ~ are on strike. 雇い人たちがストライキをやっている. **4** 治療, 救済法 (remedy); 避ける方法, 逃げ道 (escape): There is no ~ for it. それは何とも致し方がない. **5** =helping 1 a.

help·a·ble [hélpəbl] *adj.* 助けることができる.

hélp·er 〚(*c*1340): ⇨ help, -er¹: cf. OE *helpend* helper〛 *n.* **1** 助ける人; 助力者, 手伝い人; 助手: be a ~ to …の助手[手伝い]をする. **2** 手助けするもの, 援助するもの.

help·ful [hélpfəl] 〚(*c*1384): ⇨ -ful¹〛 — *adj.* 助けになる, 役に立つ, 有用な, 重宝な 〔*to*〕: This will be ~ *to* you. これは君の役に立つことだろう. **~·ly** *adv.* **~·ness** *n.*

hélp·ing 〚ME: ⇨ -ing¹,²〛 — *n.* **1 a** (食物を)盛る[よそう]こと. **b** (食物の)一盛り, 一よそい, 一杯: a second ~ 二杯目, お代り. **2** 《古》 手助け, 助力. — *adj.* 救いの, 援助の, 手助けの. **~·ly** *adv.*

hélping hànd *n.* **1** 手助け, 助力; 手引き: give [lend, reach out] a person a ~ 人に手を貸す, 人を援助する. **2** 〘トランプ〙 (パートナーとして)有力な手, 女房ハンド《各スーツ (suit) に平均して点があるが, オープンするほど強くない手》.

hélp·less 〚ME: ⇨ -less〛 — *adj.* **1 a** 助け[たよりにするもの]のない, 困っている (needy). **b** [the ~; 名詞的に; 複数扱い] 困っている人たち, 困窮者: a helper of *the* ~ 困っている者を援助する人. **2 a** (自分で自分を)どうすることも出来ない, 体の自由のきかない, 無力な (powerless): a ~ infant 独りでは何もできない幼児, いたいけな幼な子. **b** ふがいない, 無能な (shiftless). **c** 《俗》 酔っ払った. **3** 当惑した. **4** 《古》 役立たぬ; やむない. **~·ness** *n.*

hélp·less·ly *adv.* **1** どうすることもできず, 力なく; 当惑して; 仕方なく. **2** 頼りにするものもなく.

help·mate [hélpmèɪt] 〚(1715): *an help meet* (=fit) *for him* (*Gen.* 2:18, 20) を *an helpmeet* (=helpmate) …と誤解したもの〛 — *n.* **1** 援助者, 仲間. **2** 連れ合い《夫または妻》, (特に)妻.

hélp·mèet *n.* =helpmate.

hélp-yoursélf *attrib. adj.* 〈レストラン・キャフェテリアまたはそこでの食事が〉セルフサービスの. — *n.* セルフサービス(のレストランなど).

Hel·sing·fors [hélsɪŋfɔ̀əz | -fɔ̀ːz; *Swed.* hὲlsiŋfɔ́rs] *n.* ヘルシングフォルス《Helsinki のスウェーデン語名》.

Hel·sing·ør [hèlsɪŋə́ː | -ə́ː(r; *Dan.* hὲlseŋø'r] *n.* ヘルシンゲル《デンマーク北東部の海港; Shakespeare 作 *Hamlet* の舞台; 人口 526,000; 英語名 Elsinore》.

Hel·sin·ki [hélsɪŋki, ―⌐― | -kɪ] *n.* ヘルシンキ《フィンランド南部の海港で同国の首都; 人口 500,000; スウェーデン語名 Helsingfors》.

hel·ter-skel·ter [héltəskéltə | -təskéltə(r] 〚(1593) 擬音語: cf. harum-scarum〛 — *adv.* **1** あわてふためいて: run ~. **2** でたらめに, 乱雑に (haphazardly). — *adj.* **1** あわてふためいた (precipitate). **2** 行きあたりばったりの (hit-or-miss), いい加減な, 出まかせの (haphazard). **3** 気まぐれな, 浮わついた (flighty). — *n.* **1** あわてふためくこと, 狼狽(ろうばい); 乱雑. **2** (遊園地などにある)ぐるぐるすべり台《マットに乗ってぐるぐると螺(ら)線形にすべり降りるすべり台》.

helve [hélv] 〚OE *hielf* ← Gmc *χalb-* (OHG *halp* handle of an ax) ← IE *(*s*)*kel-* to grasp: cf. helm¹〛 — *n.* (道具・武器の)柄 (handle).
put the ax in the helve ⇨ ax 成句. ***throw the helve after the hatchet***=***throw the hatchet after the helve*** 損の上に損をする, 泥棒に追銭[損の上塗り]をする. ★ 後の句は混乱によって生じたもの.
— *vt.* 〈道具〉に柄を付ける.

helved 〚↑〛 *adj.* 〘紋章〙 〈斧や金槌が〉柄が金属部分の色と異なる.

hélve hàmmer *n.* 〘金属加工〙 ヘルブハンマー, チルトハンマー《水車を動力とし, カムまたはワイパーでレバーを駆動する鍛造用ハンマーで初期に用いられた; tilt hammer, trip hammer ともいう》.

Hel·vel·la·ce·ae [hèlvəléɪsiìː] 〚← NL ~ ← *Helvella* (属名: ← L *helvella* small potherb ← *helvus* light-bay-colored + -ELLA) + -ACEAE〛 — *n. pl.* 〘植物〙 (チャワンタケ目)ノボリリョウ科.

Hel·vel·lyn [helvélɪn, -lən | -lɪn] *n.* イングランド Cumbria 州, Lake District にある山 (950 m).

Hel·ve·tia [helvíːʃə, -ʃiə | -ʃiə] 〚⇨ LL *Helvētia* ← L *Helvētius* of the Helvetii〛 — *n.* ヘルベティア: **1** ローマ時代のアルプス地方; 今のスイスの西部および北部地方. **2** Switzerland のラテン語名《郵便切手に表示されている公式名でもある》.

Hel·ve·tian [helvíːʃən, -ʃiən | -ʃiən, -ʃən] 〚⇨ ↑, -ian〛 — *adj.* ヘルベティア (Helvetia) の, ヘルベティア人の; スイス (Swiss) の, スイス人の. — *n.* ヘルベティア人; スイス人 (Swiss).

Hel·vet·ic [helvéṭɪk | -tɪk] 〚← HELVET(IA) + -IC¹〛 *n.* スイス(人)の新教徒 (Zwinglian). — *adj.* =Helvetian.

Hel·ve·ti·i [helvíːʃiàɪ | -ʃɪ-] *n. pl.* (Julius Caesar 時代の)ヘルベティア (Helvetia) 人.

Hel·vé·ti·us [helvíːʃiəs, -víː-, -ʃəs, (h)ὲlveɪsjúːs | -víːʃɪəs; *F.* ɛlvesjys], **Claude Adrien** *n.* エルベシウス《1715–71; フランスの啓蒙期哲学者》.

hem¹ [hém] 〚n.: OE *hem*(*m*) enclosure < ? Gmc *χamjan* ← IE *kem-* to compress. — v.: 《*a*1400》 *hemme*(*n*): cf. G *hemmen*〛 — *n.* **1** ヘム《裁ち端がほつれないように始末した折り返し部分; スカートの裾・袖口・カーテンの縁など》. **2** ふち, へり, 境 (margin, border): the ~ of snapdragons around the flower bed 花壇のまわりのキンギョソウ. **3** 〘建築〙 (イオニア式柱頭の)渦巻き (volute). — *vt.* (**hemmed**; **hem·ming**) **1** …のヘムを作る, 折り返してへりを縫う. **2** 取り巻く, 囲む, 閉じ込める (enclose, confine) 〈*about, round, in, up*〉: be ~*med in* by enemies 敵に取り囲まれる. — *vi.* へり[ふち]縫いする, へりを作る.

hem² 〚(1526) 擬音語〛 — [m̩m, hm; hém] *int.* へん, えへん《ためらい・注意喚起のための軽い咳(せき)払い》. — [hém] *n.* 咳払い(の声); へん, えへん. — [hém] *vi.* (**hemmed**; **hem·ming**) **1** えへんと言う, 咳払いをする. **2** 口ごもる, 言葉がつかえる.
hem and haw (口ごもって)「うーん」とか「えー」とか言う, 口ごもる; 躊躇(ちゅうちょ)する; あいまいな[いい加減な]返事をする: The management ~*med and hawed over* the union's demands. 経営者側は組合側の要求にあいまいな応待をした.

hem- [hiːm, hem] (母音の前に来る時の)hemo- の異形.

he·ma- [híːmə, hémə] 〚⇨ hemo-〛 hemo- の異形: *hema*cytometer.

he·mag·glu·ti·nate [hìːməglúːṭənèɪt, hèm-, -tn̩- | -tɪn-] 〚← HEMO- + AGGLUTINATE〛 *vt.* 〘医学〙 〈赤血球を〉凝集させる.

he·mag·glu·ti·na·tion [hìːməglùːṭənéɪʃən, hèm-, -tn̩- | -tɪ-] *n.* 〘医学〙 赤血球凝集(反応).

he·mag·glu·tin·a·tive [hìːməglúːṭənèɪṭɪv, hèm-, -tn̩- | -tɪnèɪt-] *adj.* 〘医学〙 〈赤血球が〉凝集性の.

he·mag·glu·ti·nin [hìːməglúːṭənɪn, hèm-, -nən, -tn̩- | -tɪnɪn] 〚← HEMO- + AGGLUTININ〛 *n.* 〘免疫〙 赤血球凝集素.

he·mal [híːməl] 〚← HEMO- + -AL¹〛 *adj.* **1** 血液の, 血管の. **2** 〘解剖・動物〙 血管側の, 腹側の《脊椎(せきつい)動物の心臓や大血管と同じ側の[にある]; cf. neural 2》.

he-man [-mǽn | -mæ̀n] *n.* (*pl.* **-men** [-mén | -mèn]) 《口語》 男性的な(魅力のある)男 (cf. caveman 2).

hé-mán·nish [-nɪʃ] *adj.*

he·ma·nal·y·sis [hìːmənǽləsɪs, hèm-, -səs | -lɪsɪs] 〚← HEMO- + ANALYSIS〛 *n.* 〘生化学〙 血液分析.

he·man·gi·o·ma [hɪmæ̀ndʒióʊmə | -dʒɪə́ʊ-] 〚← NL ~: ⇨ hemo-, angioma〛 *n.* 〘病理〙 血管腫 (cf. angioma).

Hem·ans [hémənz, híːm- | hém-], **Felicia Dorothea** *n.* (1793–1835) 英国の女流詩人; *The Vespers of Palermo* (1823), *Casabianca* (短詩, 1829); 旧姓 Browne.

he·mat- [híːmət, hém-] (母音の前に来る時の) hemato- の異形.

he·ma·tal [híːməṭl, hém- | -tl] 〚← HEMATO- + -AL¹〛 *adj.* 血液[血管]の[に関する].

he·ma·te·in [hìːmətíːɪn, hèm-, -ən | -tíːɪn] 〚《変形》 ← HEMATIN〛 — *n.* 〘化学〙 ヘマテイン ($C_{16}H_{12}O_6$) 《logwood からとる赤褐色の結晶体でわずかに水に溶ける; 反応指示薬や顕微鏡検査の際の染色剤用》.

he·ma·tem·e·sis [hìːmətéməsɪs, hèm-, -səs | -mɪsɪs] 〚← NL ~: ⇨ hemato-, emesis〛 *n.* 〘病理〙 吐血.

he·mat·ic [hiːmǽṭɪk, hɪ- | -tɪk] 〚← HEMATO- + -IC¹〛 — *adj.* **1 a** 血液の[に関する]. **b** 血液を含む. **2** 〈薬が〉血液に作用する. **3** 血の色をした (sanguineous). — *n.* 補血剤, 浄血薬.

he·ma·ti·dro·sis [hìːməṭɪdróʊsɪs, hèm-, -ṭə-, -səs | -tɪdrə́ʊsɪs] 〚← NL ~: ⇨ hemato-, -idrosis〛 *n.* 〘病理〙 血汗症.

he·ma·tin [híːməṭɪn, hém-, -ṭən | -tɪn] 〚← HEMATO- + -IN¹〛 — *n.* (*also* **he·ma·tine** [-tìːn, -ṭɪn, -ṭən | -tìːn, -tɪn]) **1** 〘生化学〙 ヘマチン ($C_{34}H_{32}O_4N_4Fe(OH)$) 《ヘモグロビンの色素成分; 3 価の鉄を含み, へ

ミンからアルカリ処理して得られるもの》. **2** 《俗用》〘化学〙＝hematein.

he·ma·tin·ic [hìːmətínɪk, hèm-] 〘⇨ hematin, -ic¹〙 *n.* 〘生理〙ヘマチニック《補血剤の一種; 赤血球を補給する》. — *adj.* ヘマチンの.

he·ma·tite [híːmətàɪt, hém- | hém-] 〘▭L *haematite-s* blood stone : ⇨ hemato-, -ite¹〙 *n.* 〘鉱物〙赤鉄鉱 (Fe_2O_3)《specular iron ともいう》.

he·mat·o- [hɪmǽt̬o(ʊ), híːmə-, hém- | -tə(ʊ)] 〘← NL ～ ← Gk *haimat-*, *haîma* blood〙「血 (blood)」の意の連結形 (hemo-) : *hemato*crit.

he·ma·to·bic [hìːmətóʊbɪk, hèm- | -tə́ʊ-] 〘← NL *hematobium* (⇨↑, -bium)＋-ɪᴄ¹〙 *adj.* 〘生物〙血液中で(寄生)生活している.

he·ma·to·cele [híːmət̬o(ʊ)sìːɫ, hém- | -tə(ʊ)-] 〘← ʜᴇᴍᴀᴛᴏ-＋-ᴄᴇʟᴇ¹〙 *n.* 〘病理〙血瘤(ﾘｭｳ).

he·mat·o·crit [hɪmǽt̬əkrɪt, -krət | -tə(ʊ)krɪt] 〘← ʜᴇᴍᴀᴛᴏ-＋-*crit* (← Gk *kritḗs* judge)〙 — *n.* 〘医学〙 **1** ヘマトクリット《血液を遠心分離して血液中に占める血球の容積 % を測定するためのガラスの毛細管》. **2** ヘマトクリット値, 血球容積比《ヘマトクリットで測った血球の容積 %》.

he·ma·to·cry·al [hìːmət̬o(ʊ)kráɪəɫ, hèm- | -tə(ʊ)-] 〘← ʜᴇᴍᴀᴛᴏ-＋Gk *krúos* cold frost＋-ᴀʟ¹〙 *adj.* 〈魚・両生類など〉冷血の (↔ hematothermal).

he·ma·to·cyst [híːmət̬o(ʊ)sɪst, hém- | -tə(ʊ)-] 〘← ʜᴇᴍᴀᴛᴏ-＋-ᴄʏsᴛ〙 *n.* 〘病理〙血液嚢腫[嚢胞].

hemàto·génesis *n.* 〘生理〙造血, 血液形成.

he·ma·tog·e·nous [hìːmətɑ́dʒənəs, hèm- | -tɔ́dʒɪ-] 〘← ʜᴇᴍᴀᴛᴏ-＋-ɢᴇɴᴏᴜs〙 — *adj.* **1** 造血する, 造血性の. **2** 〘病理〙 **a** 血液によって拡がる, 血行性の : ～ tuberculosis 血行性結核. **b** 血液から[中に]起こる, 血液原性の.

hè·ma·tól·o·gist [-dʒɪst, -dʒəst | -dʒɪst] *n.* 血液学者.

he·ma·tol·o·gy [hìːmətɑ́lədʒi, hèm- | -tɔ́lədʒɪ] 〘← ʜᴇᴍᴀᴛᴏ-＋-ʟᴏɢʏ〙 *n.* 〘医学〙血液学. **he·ma·to·log·ic** [hìːmət̬əlɑ́dʒɪk, hèm-, -t̬ḷ- | -təlɔ́dʒ-, -tḷ-] *adj.*

he·ma·to·ma [hìːmətóʊmə, hèm- | -tə́ʊ-] 〘← NL ～ : ⇨ hemato-, -oma〙 *n.* (*pl.* **～s**, **～·ta** [～t̬ə | ～tə]) 〘病理〙血腫(ｼｭ).

he·ma·toph·a·gous [hìːmətɑ́fəgəs, hèm- | -tɔ́f-] 〘← ʜᴇᴍᴀᴛᴏ-＋-ᴘʜᴀɢᴏᴜs〙 *adj.* 食血の, 吸血の : ～ insects 吸血昆虫.

hemàto·poiésis 〘← NL ～ : ⇨ hemato-, -poiesis〙 *n.* 〘生理〙(生体中での)造血, 血液形成. **hemàto·poiétic** *adj.* **hemàto·poiétically** *adv.*

he·ma·to·sis [hìːmətóʊsɪs, hèm-, -səs | -tə́ʊsɪs] 〘← ʜᴇᴍᴀᴛᴏ-＋-sɪs〙 *n.* 〘生理〙 **1** 血液生成, 造血. **2** 静脈血液の動脈血液化, 動脈血液形成.

hemàto·thérmal *adj.* 〈哺乳類・鳥類など〉温血の (↔ hematocryal).

he·ma·tox·y·lin [hìːmətɑ́ksəlɪn, hèm-, -lən | -tɔ́ksɪlɪn] 〘← ʜᴇᴍᴀᴛᴏ-＋xʏʟᴏ-＋-ɪɴ¹〙 — *n.* 〘化学〙ヘマトキシリン ($C_{16}H_{14}O_6 \cdot 3H_2O$)《logwood の心材から採る無色または微黄色の結晶; hematein と共存; 天然染料・指示薬》. **he·ma·tox·yl·ic** [hìːmətɑksílɪk, hèm- | -tɔk-] *adj.*

he·ma·to·zo·on [hìːmət̬əzóʊɑn, hèm- | -tə(ʊ)zə́ʊɔn] 〘← ʜᴇᴍᴀᴛᴏ-＋-ᴢᴏᴏɴ〙 — *n.* (*pl.* **-zo·a** [-zóʊə | -zə́ʊə]) 血液中の寄生虫[寄生原虫], 住血(原)虫. **he·ma·to·zo·ic** [hìːmət̬o(ʊ)zóʊɪk, hèm- | -tə(ʊ)-] *adj.*

he·ma·tu·ri·a [hìːmət(j)ʊ́(ə)riə, hèm- | -tjʊ́əriə] 〘← ʜᴇᴍᴀᴛᴏ-＋-ᴜʀɪᴀ〙 *n.* 〘病理〙血尿(症).

heme [híːm] 〘《短縮》← ʜᴇᴍᴀᴛɪɴ〙 *n.* 〘生化学〙ヘム, 還元ヘマチン ($C_{34}H_{32}N_4O_4Fe$)《血色素 (hemoglobin) を組成する第一鉄 (2 価の鉄) を含む非蛋白質要素》.

hem·el·y·tron [hemélətrɑ̀n | -lɪtrɔn] 〘← NL ～ : ⇨ hemi-¹, elytron〙 *n.* (*pl.* **-y·tra** [-trə]) 〘昆虫〙(半翅(ｼ)類や異翅類の)前翅, 半さやばね.

Hem·er·a [hémərə] 〘▭Gk *Hēméra*〙 *n.* 〘ギリシャ神話〙ヘーメラー《昼の擬人化; Erebus と Nyx の娘で時に Eos と同一視される》.

hem·er·a·lo·pi·a [hèmərəlóʊpiə | -lə́ʊpiə, -pjə] 〘← NL ～ ← Gk *hēméra* day＋*alaós* blind＋*ṓps* eye〙 — *n.* 〘病理〙 **1** 昼盲(症)《人工光線ではよく見えるが日光では視力が不十分な状態; cf. nyctalopia 2》. **2** 《俗用》夜盲(症) (nyctalopia). **hem·er·a·lo·pic** [hèmərəlóʊpɪk, -lɑ́p- | -lə́ʊp-, -lɔ́p-] *adj.*

hem·er·o·cal·lis [hèməro(ʊ)kǽlɪs, -ləs | -rə(ʊ)kǽlɪs] 〘← NL ～ ← Gk *hēmerokallís* ← *hēméra* (↑)＋*kállos* beauty〙 — *n.* ユリ科キスゲ属 (*Hemerocallis*) の植物の総称《カンゾウ (day lily) など》.

he·mer·y·thrin [hìːmérəθrɪn, -θrən | -rɪθrɪn] 〘← ʜᴇᴍᴏ-＋ᴇʀʏᴛʜʀᴏ-＋-ɪɴ¹〙 — *n.* 〘動物・生化学〙ヘメリスリン《ミミズ・ゴカイなどの血液中の鉄分を含む赤紫色の呼吸色素; cf. respiratory pigment》.

hem·i-¹ [hémi, -mɪ, -mə | -mɪ] 〘《18C》▭Gk *hēmi-* half : ⇨ semi-〙「半」の意の連結形(cf. semi-, demi-) : *hemi*sphere, *hemi*stich. 「-i-).

he·mi-² [híːmɪ, hémɪ, -mə | -mɪ] hemo- の異形 (⇨

-he·mi·a [híːmiə | -mjə, -miə] -emia の異形.

hèmi·ácetal 〘⇨ hemi-¹, acetal〙 *n.* 〘化学〙ヘミアセタール《アルデヒドまたはケトンの半アセタール ＞C(OH)(OR)》.

hem·i·a·no·pi·a [hèmiənóʊpiə | -miənə́ʊpjə, -piə] 〘← NL ～ : ⇨↓, -opia〙 *n.* 〘眼科〙＝hemianopsia.

hem·i·a·nop·si·a [hèmiənɑ́psiə | -miənɔ́psiə] 〘← ʜᴇᴍɪ-¹＋ᴀ-⁷＋-ᴏᴘsɪᴀ〙 *n.* 〘眼科〙半盲(症)《hemianopia, hemiopia, hemiscotosis ともいう》.

hem·i·branch [hémɪbræ̀ŋk, -mə- | -mɪ-] 〘⇨ hemi-¹, branchi-〙 *n.* 〘動物〙片えら, 片鰓(ｻｲ), 半鰓 (cf. holobranch).

he·mic [híːmɪk, hém-] 〘← ʜᴇᴍᴏ-＋-ɪᴄ¹〙 *adj.* 血液の[に関する].

hèmi·céllulose 〘← ʜᴇᴍɪ-¹＋ᴄᴇʟʟᴜʟᴏsᴇ〙 *n.* 〘化学〙ヘミセルロース《細胞膜の成分として広く植物界に存在する多糖類炭水化物》. **hèmi·cellulósic** *adj.*

Hèmi·chordáta 〘← NL ～ : ⇨↓, -a²〙 *n. pl.* 〘動物〙半索動物門《Adelochorda ともいう》.

hèmi·chórdate 〘← ʜᴇᴍɪ-¹＋ᴄʜᴏʀᴅᴀᴛᴇ〙 *adj., n.* 〘動物〙半索動物門の(動物).

hem·i·cra·ni·a [hèmɪkréɪniə, -mə- | -mɪkréɪnjə, -niə] 〘▭L *hēmicrānia* ▭Gk *hēmikrania* : ⇨ hemi-¹, cranium, -ia¹〙 *n.* 〘病理〙片頭痛 (migraine).

hèmi·crýptophyte 〘← ʜᴇᴍɪ-¹＋ᴄʀʏᴘᴛᴏᴘʜʏᴛᴇ〙 *n.* 〘植物〙半地中植物《地表に近い土中に休眠芽をもつもの》. **hèmi·cryptophýtic** *adj.*

hémi·cỳcle 〘《1603》▭F *hémicycle* ▭L *hēmicyclium* : ⇨ hemi-¹, cycle〙 *n.* **1** 半円, 半円形. **2** 半円形の建物[闘技場, 部屋]. **hèmi·cý·clic** *adj.*

hémi·demi·sémiquaver 〘← ʜᴇᴍɪ-¹＋ᴅᴇᴍɪsᴇᴍɪǫᴜᴀᴠᴇʀ〙 *n.* 《英》〘音楽〙六十四分音符 (sixty- fourth note).

hèmi·élytron *n.* 〘昆虫〙＝hemelytron.

he·mi·glo·bin [hìːmɪglóʊbɪn, hèm-, -bən, ⸗-⸗-⸗ | hìːmɪglə́ʊbɪn, hèm-, ⸗-⸗-⸗] 〘← ʜᴇᴍᴏ-＋ɢʟᴏʙɪɴ〙 *n.* 〘生化学〙ヘミグロビン (⇨ methemoglobin).

hem·i·he·dral [hèmɪhíːdrəɫ, -mə- | -mɪhéd-, -híːd-] 〘← ʜᴇᴍɪ-¹＋-ʜᴇᴅʀᴀʟ〙 *adj.* **1** 半面像の : a ～ form 半面像. **2** 〘結晶〙半完面体の. **～·ly** *adv.*

hèm·i·hé·drism [-drɪzm] 〘⇨ hemi-¹, -hedron, -ism〙 *n.* 〘結晶〙半面性《対称性から出現し得る面のうち, 半分だけが結晶外形に現われる性質》.

hem·i·he·dry [hèmɪhíːdri, -mə- | -mɪhédrɪ] *n.* 〘結晶〙＝hemihedrism.

hèmi·hýdrate 〘← ʜᴇᴍɪ-¹＋ʜʏᴅʀᴀᴛᴇ〙 *n.* 〘化学〙半水化物《焼石膏など》. **hèmi·hýdrated** *adj.*

hèmi·káryon 〘← ʜᴇᴍɪ-¹＋ᴋᴀʀʏᴏɴ〙 *n.* 〘生物〙半数核《体細胞の半数の染色体をもつ核; cf. amphikaryon》. **hèmi·karyótic** *adj.*

Hem·i·me·tab·o·la [hèmɪmɪtǽbələ, -məmə- | hèmɪmɪ-] 〘← NL ～ ← Gk *hēmi-* half＋*metábolos* changeable (⇨ metabolism)〙 — *n. pl.* 〘昆虫〙半変態類《不完全変態をする有翅昆虫の総称; cf. Holometabola》.

hèmi·metabólic *adj.* 〘昆虫〙＝hemimetabolous.

hèmi·metábolism *n.* 〘昆虫〙不完全変態, 半変態.

hèmi·metábolous *adj.* 〘昆虫〙不完全変態の, 半変態の.

hèmi·mórphic *adj.* 〘結晶〙異極像の.

hèmi·mórphism *n.* 〘結晶〙異極像《例えば正方晶系の主軸の上と下とが等価でない形態》.

hem·i·mor·phite [hèmɪmɔ́ːfaɪt, -mə- | -mɪmɔ́ː-] 〘← ʜᴇᴍɪ-¹＋-ᴍᴏʀᴘʜ＋-ɪᴛᴇ¹〙 — *n.* 〘鉱物〙 **1** 異極鉱, ヘミモーファイト ($Zn_4(OH)_2Si_2O_7 \cdot H_2O$)《smithsonite, また《英》では calamine ともいう》. **2** 菱(ﾘｮｳ)亜鉛鉱 (smithsonite).

Hem·i·my·a·ri·a [hèmɪmaɪɛ́(ə)riə, hèmə- | -mɪmaɪɛ́əriə] 〘← NL ～ : ⇨ hemi-¹, my-, -aria¹〙 *n. pl.* 〘動物〙(原索動物サルパ綱)半筋目.

he·min [híːmɪn, -mən | -mɪn] 〘← ʜᴇᴍᴏ-＋-ɪɴ¹〙 — *n.* 〘生化学〙ヘミン, クロルヘミン《ヘモグロビンの色素成分ヘムの塩化物で, 赤褐色の結晶; cf Teichmann's crystal》.

Hem·ing·way [hémɪŋwèɪ], **Ernest** (**Miller**) *n.* (1899–1961) 米国の小説家; Nobel 文学賞 (1954); *A Farewell to Arms* (1929), *The Old Man and the Sea* (1952).

hem·i·o·la [hèmióʊlə | -miə́ʊ-] 〘▭LL *hemiolia* ▭Gk *hēmiolía* ratio of one and a half to one ← ʜᴇᴍɪ-¹＋*hólos* whole〙 — *n.* 〘音楽〙ヘミオラ《2 拍子の代りに 3 拍子, 3 拍子の代りに 2 拍子を用いる変形拍子》.

hem·i·o·pi·a [hèmióʊpiə | -miə́ʊpjə, -piə] 〘← ʜᴇᴍɪ-¹＋-ᴏᴘɪᴀ〙 *n.* 〘眼科〙＝hemianopsia.

hèmi·párasite 〘← ʜᴇᴍɪ-¹＋ᴘᴀʀᴀsɪᴛᴇ〙 — *n.* **1** 〘動物〙半寄生生物《寄生生活のほかに腐生生活もできる動物; cf. holoparasite》. **2** 〘植物〙(ヤドリギのように葉緑素を有し同化作用により一部自己の養分を得ることのできる)半寄生植物. **hèmi·parasític** *adj.*

hèmi·párasitism *n.* 〘動物・植物〙半寄生 (cf. hemiparasite).

hèmi·parésis 〘← ʜᴇᴍɪ-¹＋ᴘᴀʀᴇsɪs〙 *n.* 〘病理〙片側[半側]不全麻痺 (cf. hemiplegia). **hèmi·parétic** *adj.*

hèmi·plánkton 〘← NL ～ : ⇨ hemi-¹, plankton〙 — *n.* 〘生物〙臨時プランクトン, 一時的プランクトン《一生のうちの一時期のみ浮遊生活する生物のプランクトンの時期; cf. holoplankton》.

hem·i·ple·gi·a [hèmɪplíːdʒiə, -mə-, -dʒə | -mɪplíː-dʒɪə] 〘《1600》▭LL ～ : ⇨ hemi-¹, -plegia〙 *n.* 〘病理〙片[半側]麻痺, 半身不随. 「身不随の(人).

hem·i·ple·gic [hèmɪplíːdʒɪk, -mə- | -mɪ-] *adj., n.* 半

He·mip·ter·a [hɪmíptərə] 〘《1816》← NL ～ (neut. pl.) ← *hēmipterus* ← ʜᴇᴍɪ-¹＋Gk *pterón* wing (⇨ -ptera)〙 — *n. pl.* 〘昆虫〙半翅(ｼ)目《カメムシ類・セミ類・ウンカ類など》.

he·mip·ter·an [hɪmíptərən] 〘⇨↑, -an¹〙 (*also* **he·mip·ter·on** [～]) 〘昆虫〙 *n.* 半翅目の昆虫. — *adj.* 半翅目の.

he·mip·ter·ous [hɪmíptərəs] 〘⇨↑, -ous〙 *adj.* 〘昆虫〙半翅(ｼ)目の.

hem·i·sco·to·sis [hèmɪskətóʊsɪs, -mə-, -səs | -mɪskə(ʊ)tə́ʊsɪs] 〘← ʜᴇᴍɪ-¹＋sᴄᴏᴛᴏ-＋-sɪs〙 *n.* 〘眼科〙＝hemianopsia.

hem·i·sphere [hémɪsfɪə, -mə- | -mɪsfɪə(r)] 〘《16C》▭L *hēmisphaerium* (⇨ hemi-¹, sphere) ∽ 《c1385》*emisper(i)e* ▭OF *emisp(h)ere* (F *hémisphère*)〙 — *n.* **1** 半球体 (half sphere). **2** (地球・天の)半球 : ⇨ Eastern Hemisphere, Western Hemisphere, Southern Hemisphere, Northern Hemisphere. **3** 地球の半球の地図[投影図]. **4** (活動・知識などの)範囲 (realm). **5** 〘解剖〙(大脳)半球.

hem·i·spher·ic [hèmɪsfí(ə)rɪk, -mə-, -sfér- | -mɪsfér-] *adj.* 半球の; 半球形の.

hèm·i·sphér·i·cal *adj.* ＝hemispheric. **～·ly** *adv.*

hèmi·sphéroid *n.* 半球状体. **hèmi·spheróidal** *adj.*

hem·i·stich [hémɪstɪ̀k, -mə- | -mɪ-] 〘《1575》▭L *hēmistichium* ▭Gk *hēmistíkhion* : ⇨ hemi-¹, stich¹〙 — *n.* 〘詩学〙 **1** 半行《特に中間休止 (caesura) により 2 分された詩行をいう》. **2** 不完全行 (incomplete line)《通常の長さより短い詩行》. **hem·i·stich·al** [hémɪstɪkəɫ, -mə-, ⸗-⸗-⸗ | -mɪ-] *adj.*

hèmi·térpene 〘← ʜᴇᴍɪ-¹＋ᴛᴇʀᴘᴇɴᴇ〙 *n.* 〘化学〙ヘミテルペン《イソプレンと同じくテルペンに密接な関係のある C_5H_8 の式を持つ炭化水素》.

hem·i·trope [hémɪtròʊp, -mə- | -mɪtrə̀ʊp] 〘← ʜᴇᴍɪ-¹＋-ᴛʀᴏᴘᴇ〙 〘結晶〙 — *adj.* 半体双晶の. — *n.* 半体双晶《矢筈(ﾔﾊｽﾞ)紋や chevron のように半分が逆向きになった型の双晶》.

hem·i·trop·ic [hèmɪtrɑ́pɪk, -mə- | -mɪtrɔ́p-] *adj.* 〘結晶〙半体双晶の (hemitrope).

hèmi·zýgote 〘← ʜᴇᴍɪ-¹＋ᴢʏɢᴏᴛᴇ〙 — *n.* 〘生物〙半接合体, 単価接合体《一定の対をなす遺伝子の片方しかない個体》. **hèmi·zýgous** *adj.* **hèmi·zygótic** *adj.*

hém·lìne *n.* (スカート・ジャケットなどの)裾のでき上がり線.

hem·lock [hémlɑk | -lɔk] 〘OE *hemlīc*, *hymliċe* ← ? *hymele* hop＋*leac* 'ʟᴇᴇᴋ' : 今の形は Kent 方言から〙 — *n.* 〘植物〙 **1** 《英》ドクニンジン (*Conium maculatum*) (poison hemlock); その実から採った毒薬. **2** セリ科ドクゼリ属 (*Conium*) の植物の総称《ドクゼリ (water hemlock) など》. **3** 《米》＝hemlock fir.

hémlock fír [**sprúce**] *n.* **1** 〘植物〙カナダツガ (*Tsuga canadensis*)《《米》では単に hemlock ともいう》. **2** カナダツガ材.

hém·mer 〘《c1475》← ʜᴇᴍ¹＋-ᴇʀ¹〙 *n.* **1** へりをつける人. **2** (ミシンの)へり付け器.

he·mo- [híːmo(ʊ), hém- | -mə(ʊ)] 〘← NL ～ ← Gk *haîma* blood〙「血 (blood)」の意の連結形 : *hemo*globin. ★ 時に hemi-, hema-, また母音の前では通例 hem- になる.

hèmo·chromatósis *n.* 〘病理〙ヘモクロマトーシス, 血鉄素症《血鉄素が皮膚・内臓に沈着し, 皮膚は青銅色になり, 糖尿病を起こす; bronze diabetes ともいう》.

he·mo·coel [híːməsìːɫ, hém-] 〘← ʜᴇᴍᴏ-＋-ᴄᴏᴇʟ(ᴇ)〙 — *n.* (*also* **he·mo·coele** [～]) 〘動物〙血液嚢(ﾉｳ)《節足動物やある種の軟体動物などにみられる体腔で, 血液を含み循環器の一部として機能する》.

hèmo·concentrátion *n.* 〘生理〙血液濃縮《ショックや水分欠乏で血漿(ｼｮｳ)が減るため, 一定容積中の赤血球(と血色素)が増加した状態; cf. hemodilution》.

he·mo·cy·a·nin [hìːmo(ʊ)sáɪənɪn, hèm-, -nən | -mə(ʊ)sáɪənɪn] 〘← ʜᴇᴍᴏ-＋ᴄʏᴀɴ-＋-ɪɴ¹〙 — *n.* 〘生化学〙ヘモシアニン, 血青素《節足動物・軟体動物の血漿中に存在する呼吸色素》.

he·mo·cyte [híːmo(ʊ)sàɪt, hém- | -mə(ʊ)-] 〘← ʜᴇᴍᴏ-＋-ᴄʏᴛᴇ〙 *n.* 〘動物〙(無脊椎動物の)血球.

he·mo·di·a [hɪmóʊdiə, he- | -mə́ʊdjə, -diə] 〘← NL *haemodia* ← Gk *haimōdeîn* to set the teeth on edge : ⇨ -ia¹〙 *n.* 〘歯科〙歯の知覚過敏.

hèmo·diálysis *n.* 〘医学〙血液透析《腎臓病の患者に施す血液中の老廃物除去》.

hèmo·díalyzer *n.* 〘医学〙血液透析器.

hèmo·dilútion *n.* 〘病理〙血液希釈《相対的に血漿(ｼｮｳ)が殖え, 血球が減少した状態; cf. hemoconcentration》.

hèmo·dynámic *adj.* 〘生理〙 **1** 血行力学の[に関する]. **2** 血行力学的に作用する. **hèmo·dynámically** *adv.*

hèmo·dynámics *n.* 〘生理〙血行[血流]力学《血液循環の力学的側面を扱う生理学の一部門》.

hèmo·flágellate *n.* 〘生物〙住血鞭(ﾍﾞﾝ)毛原生虫.

he·mo·fus·cin [hìːməfʌ́sɪn, hèm-, -sən | -mə(ʊ)fʌ́sɪn] 〘← ʜᴇᴍᴏ-＋L *fuscus* dark brown＋-ɪɴ¹〙 — *n.* 〘生化学〙ヘモフスチン, 血褐素《ヘモシデリン (hemosiderin) の鉄を含まない軟化物, 黄褐色色素》.

he·mo·ge·ni·a [hìːmədʒíːniə, hèm- | -(ʊ)dʒíːnjə, -niə] 〘← ʜᴇᴍᴏ-＋-ɢᴇɴ＋-ɪᴀ¹〙 *n.* 〘病理〙偽血友病 (⇨ pseudohemophilia).

he·mo·glo·bin [híːməglòʊbɪn, hém-, -bən, ⸗-⸗-⸗ | hìːməglə́ʊbɪn, hèm-] 〘《略》← *hematoglobulin* : ⇨ hemato-, globulin〙 — *n.* 〘生化学〙 **1** ヘモグロビン,

血色素《脊椎動物の赤血球中に存在して酸素運搬の役目をする色素蛋白；主に静脈中に見られるのは還元型；暗赤色で結晶しやすい》．**2** いくつかの無脊椎動物や若干の植物の結節に見られる呼吸色素．**he·mo·glo·bic** [hìːməglóubɪk, hèm-|-gláu-] *adj.* **he·mo·glo·bin·ic** [hìːməglo(ʊ)bínɪk, hèm-|-glə(ʊ)-] *adj.* **he·mo·glo·bin·ous** [hìːməglóubənəs, hèm-|-gláubɪ-] *adj.*

he·mo·glo·bin·op·a·thy [hìːməglòubənάpəθi, hèm-|-glə̀ubɪnɔ́pəθɪ] 〘⇨ hemoglobin, -pathy〙 *n.* 〘病理〙血色素病．

hémoglobin Ś *n.* 〘病理〙ヘモグロビンS《鎌状貧血症患者の赤血球内に見られる異常ヘモグロビン》．

he·mo·glo·bin·u·ri·a [hìːmo(ʊ)glòubən(j)ú(ə)riə, hèm-|-mə(ʊ)glə̀ubɪnjúəriə] 〘⇨ hemoglobin, -uria〙 — *n.* 〘病理〙ヘモグロビン尿(症)，血球素尿(症)．**hè·mo·glo·bin·ú·ric** [-n(j)ú(ə)rɪk|-njúər-] *adj.*

he·mo·gram [híːməgræ̀m, hém-] 〘← HEMO- + -GRAM〙 *n.* 〘医学〙ヘモグラム，血液像．

he·mo·lymph [híːməlɪ̀mf, hém-] *n.* 〘動物〙血リンパ《無脊椎動物の組織間隙を流れる体液；脊椎動物の血液とリンパ液の作用を兼ねる》．

he·mo·ly·sin [hìːməláɪsn, hèm-, hɪmάləsɪn, -sən|hìːmə(ʊ)láɪsɪn, hiːmɔ́lɪ-] 〘← HEMO- + LYSIN〙 *n.* 〘免疫〙溶血素．

he·mol·y·sis [hɪmάləsɪs, hìːməláɪ-, hèm-, -səs|hɪ-mɔ́lɪsɪs, -lə-, hìːməláɪ-] 〘← HEMO- + -LYSIS〙 — *n.* (*pl.* **-y·ses** [hɪmάləsìːz, hìːməláɪsiːz|hɪmɔ́lɪsìːz, hìːməláɪsiːz]) 〘免疫〙溶血《赤血球からヘモグロビンが遊離すること》．

he·mo·lyt·ic [hìːməlítɪk, hèm-|-tɪk] *adj.* 溶血性の．

hemolytic disease of the newborn 〘病理〙新生児溶血性疾患．

hemolýtic anémia *n.* 〘病理〙溶血性貧血．

he·mo·lyze [híːməlàɪz, hém-] 〘⇨ hemolysis, -ize：*analyze — analysis* などの類推〙〘生理〙 *vt.* 〈赤血球〉に溶血を起こす．— *vi.* 溶血を起こす．

he·mom·e·ter [hɪmάmətə|-mɔ́mɪtə(r, -mə-] 〘← HEMO- + -METER[1]〙 *n.* 〘医学〙血色素計，ヘモグロビン計．

Hé·mon [eɪmɔ̃ː(ŋ), -mɔ́(ː)ŋ; *F.* emɔ̃], **Louis** *n.* エモン《1880–1913；フランス系のカナダの小説家》．

he·mo·phile [híːməfàɪl, hém-|-mə(ʊ)-] 〘← HEMO- + -PHILE〙 *n.* **1** 〘病理〙＝hemophiliac. **2** 好血性細菌．— *adj.* 〈細菌が〉好血性の．

he·mo·phil·i·a [hìːməfíliə, hèm-|-mə(ʊ)fílɪə] 〘← HEMO- + -PHILIA〙 *n.* 〘病理〙血友病．

he·mo·phil·i·ac [hìːməfíliæ̀k, hèm-|-mə(ʊ)fílɪ-] 〘⇨ ↑, -ac〙〘病理〙 *n.* 血友病患者 (bleeder). — *adj.* ＝hemophilic 1.

he·mo·phil·ic [hìːməfílɪk, hèm-|-mə(ʊ)-] 〘⇨ hemophilia, -ic[1]〙 — *adj.* **1** 〘病理〙 **a** 血友病の[に類似する]．**b** 血友病にかかっている．**2** 〘生物〙〈細菌など〉血液で培養される，好血性の．

He·moph·i·lus [hiːmάfələs|-mɔ́fɪ-] 〘← NL ～ ← HEMO- + Gk *phílos* loving (⇨ -philous)〙 — *n.* (*also* **Haemophilus**) 〘細菌〙ヘモフィラス属，好血菌属《非運動性・グラム陰性の小桿菌科の一属；インフルエンザ菌 (*H. influenzae*)・豚インフルエンザ菌 (*H. suis*)・軟下疳菌 (*H. ducreyi*) などを含む》．

hèmo·poiésis 〘← NL ～ ← HEMO- + Gk *poíēsis* creation (⇨ poesy)〙 *n.* 〘生理〙＝hematopoiesis. **hè·mo·poiétic** *adj.*

hèmo·prótein *n.* 〘生化学〙ヘモプロテイン《ヘムを含む蛋白・血色素・カタラーゼ・パーオキシラーゼおよびチトクローム類》．

he·mop·ty·sis [hɪmάptəsɪs, -səs|hiːmɔ́ptɪsɪs] 〘← NL ～ ← HEMO- + Gk *ptúsis* spitting〙 *n.* (*pl.* **-ty·ses** [-sìːz]) 〘病理〙喀(かっ)血．

hem·or·rhage [hém(ə)rɪdʒ|-mər-] 〘← HEMO- + -RRHAGE〙〘病理〙 *n.* 出血：⇨ cerebral hemorrhage. — *vi.* 出血する (bleed). **hem·or·rhag·ic** [hèmərǽdʒɪk] *adj.*

hemorrhágic septicémia *n.* 〘獣医〙出血性敗血症《pasteurellosis ともいう；cf. swine plague》．

hem·or·rhoid [hémərɔ̀ɪd, hémrɔɪd|-mərɔ̀ɪd] 〘《16C》▭ L *haemorrhoid-* ▭ Gk *haimorrhoís* bleeding ∞ (《*a*1398》 *emoroide* ▭ OF *emeroyde*〙 — *n.* [通例 *pl.*]〘病理〙痔(じ)(疾)《piles ともいう》：⇨ internal hemorrhoid, external hemorrhoid.

hem·or·rhoi·dal [hèmərɔ́ɪdl] 〘⇨ ↑, -al[1]〙 *adj.* **1** 痔(じ)(疾)の[に関する]．**2** 〘解剖〙＝rectal. — *n.* (動脈・静脈などの)痔に冒されている部分，痔疾患部位．

hem·or·rhoi·dec·to·my [hèmərɔɪdéktəmi|-mɪ] 〘← HEMORRHOID + -ECTOMY〙 *n.* 〘外科〙痔核切除(術)．

he·mo·sid·er·in [hìːmo(ʊ)sídərɪn, hèm-, -rən|-mə(ʊ)sídərɪn] 〘← HEMO- + SIDER- + -IN[1]〙 — *n.* 〘生化学〙ヘモジデリン《細胞内の鉄分を含む淡褐色の色素で，ヘモグロビンが破壊される時に形成される》．

he·mo·sid·er·o·sis [hìːmo(ʊ)sìdəróusɪs, hèm-, -səs|-mə(ʊ)sidəráusɪs] 〘← NL ～：⇨ ↑, -osis〙 *n.* 〘病理〙ヘモジデリン沈着(症)，血鉄症．

he·mo·sta·sis [hìːməstéɪsɪs, hɪmάstə-, -səs|hìːmə(ʊ)stéɪsɪs, hiːmɔ́stəsɪs] 〘← HEMO- + -STASIS〙 — *n.* (*pl.* **-ta·ses** [hìːməstéɪsiːz, hɪmάstəsìːz|hìːmə(ʊ)stéɪsiːz, hiːmɔ́stəsiːz]) 〘医学〙 **1** 止血；鬱(うっ)血．**2** (止血帯 (tourniquet) などを用いて動脈[静脈]中の血液の流れを止める)血流停止．

he·mo·stat [híːməstæ̀t, hém-] 〘← HEMO- + -STAT〙 *n.* **1** 止血鉗子(かんし)．**2** 止血剤 (hemostatic).

he·mo·stat·ic [hìːməstǽtɪk, hèm-|-mə(ʊ)stǽt-] 〘⇨ ↑, -ic[1]〙〘医学〙 *adj.* **1** 止血の[によって生じた]．**2** 止血作用の(ある)．— *n.* 止血剤．

hèmo·thérapy *n.* 〘医学〙血液療法．

hèmo·thórax 〘← NL ～：⇨ hemo-, thorax〙 *n.* 〘病理〙血胸症《胸腔内に血液がたまる状態》．

hèmo·tóxin *n.* 〘免疫〙血液毒．

he·mot·ro·phe [hiːmάtrəfi|-mɔ́trəfɪ] 〘← HEMO- + Gk *trophḗ* nourishment (⇨ tropho-)〙 — *n.* 〘生物〙血液栄養素《母体の血液から胎児に供給される栄養物；cf. embryotroph, histotroph》．

hemp [hémp] 〘OE *henep, hænep* < Gmc **χanipiz, *χanapiz* (G *Hanf*) < IE **kannabis* (L *cannabis* 'CANNABIS' / Gk *kánnabis*)〙 — *n.* **1 a** 〘植物〙アサ，タイマ(大麻) (*Cannabis sativa*)《インド原産；cf. fimble》．**b** アサ[タイマ]の外皮繊維《麻索・織物に用いる》．**2** 〘植物〙 **a** (アサ[タイマ]以外の)コウマ (jute)・マニライトバショウ (abaca)・ラミー (ramie) など同様な繊維をとる植物．**b** それらの外皮繊維．**3** アサから作った麻薬《bhang, hashish または cannabin》．**4** 《古》 **a** 《戯言》絞首索．**b** 絞首刑．

hémp àgrimony *n.* 〘植物〙ヨーロッパ産ヒヨドリバナ属の植物 (*Eupatorium cannabinum*)《以前は薬として用いた》．

hemp·en [hémpən] 〘《*a*1398》 *hempyn*：⇨ hemp, -en[2]〙 — *adj.* **1** 麻の(ような)，麻で作った，麻に関する．**2** 《古》絞首索の；絞首刑の：a ～ collar [cravat] 絞首索 / a ～ widow 夫が絞首刑になった女．

hemp·ie [hémpi|-pɪ] *adj., n.* ＝hempy.

hémp nèttle *n.* 〘植物〙イタチジソ (*Galeopsis tetrahit*)《シソ科チシマオドリコソウ属のアサに似た硬い毛がある草》．

hémp pàlm *n.* 〘植物〙矮性(わいせい)の fan palm で次の2種がある：**a** チャボトウジュロ (*Chamaerops humilis*)《地中海地方産；dwarf fan palm ともいう》．**b** ワジュロ，シュロ (*Trachycarpus excelsa*)《中国産》．

hémp·sèed 〘《*a*1325》〙 *n.* アサ (hemp) の実《小鳥の餌(え)にする》．

hémpseed òil *n.* 〘化学〙麻実油(あさみゆ)《淡緑色ないし黄褐色の乾性油；塗料用または食用》．

hemp·y [hémpi|-pɪ] 〘《1440》：⇨ -y[4]〙《スコット》 *adj.* 絞首刑を受けるにふさわしい；悪党の，悪い．— *n.* **1** 悪党．**2** 茶目で元気な若者[娘]．

hém·stìtch 〘服飾〙 *n.* **1** ヘムステッチ，糸抜きかがり飾り《数本の横糸を抜き，縦糸の上下を数本ずつ束ねる装飾的なステッチ》．**2** (ヘムステッチ[飾り]をするのに用いる)縫い方，ステッチ．— *vt.* 〈布など〉にヘムステッチをする．**～·er** *n.*

hen [hén] 〘OE *henn* < (WGmc) **χannjō* (G *Henne*) ← Gmc **χanon* cock (OE *hana* / G *Hahn*) ← IE **kan-* to sing (L *canere* to sing：cf. cant[1])〙 — *n.* **1 a** 雌鶏(めんどり) (↔ cock)：a ～'s egg 鶏卵．**b** [*pl.*] (雄・雌に関係なく)鶏．**c** (家禽(かきん)の)雌鳥，雌：⇨ peahen, guinea hen. **2 a** 雌魚．**b** 雌の甲殻類動物．**3** 《戯言・俗》女；(特に)うるさい[こやかましい]婆さん．

a hen on 着々進行中の密計：Nobody knew there was *a* ～ *on.* 秘密の計画が練られているとはだれ一人気がつかなかった．**(*as*) *mad as a wet hen*** 《口語》ぷりぷり怒って．**(*as*) *scarce as hen's teeth*** 非常に乏しい．***like a hen on a hot girdle*** そわそわして，ひどく落着きがなく．***like a hen with one chicken*** [***chick***] (1羽のひよこを連れた雌鶏のように)小さな事にせかせかと騒ぎ立てる．***sell one's hens on a rainy day*** 損をして売る，馬鹿な売り方をする．

hen and chickens (1) (親鶏を取り巻くひよこのように)親株の周囲に分枝・匍匐(ほふく)枝などで子株をつけた植物の総称《クモノスバンダイソウ属の植物 (*Sempervivum grandiflorum*)，カキドウシ (ground ivy)，エケベリア属 (*Echeveria*) の植物など》．(2) 〘遊戯〙親鶏の後にひよこが連なり，きつねが最後尾のひよこをつかまえる遊戯．

— *attrib. adj.* **1** 雌の (female) (↔ cock)：a ～ bird 雌鳥 / a ～ canary [sparrow] 雌のカナリヤ[すずめ] / a ～ crab [lobster] 雌のかに[えび]．**2** 女だけの (cf. stag 1 a)：⇨ hen party.

Hen. 《略》Henry (cf. Hy.).

hén-and-égg *adj.* 鶏が先か卵が先かのような問題の．

hén·bàne 〘《*a*1300》：⇨ hen, bane[1]〙 *n.* **1** 〘植物〙ヒヨス (*Hyoscyamus niger*)《ナス科の有毒植物》．**2** ヒヨスから採った毒．

hén·bìt 〘← HEN + BIT[2]〙 *n.* 〘植物〙ホトケノザ (*Lamium amplexicaule*)《シソ科の4–5月ごろ紅紫色の細長いくちびる形の花が咲く植物》．

hence [héns] 〘《?*c*1225》 *hens, hennes* ← *henne* (< OE *heonan, heonon* hence ← (WGmc) **χi-* 'HE[1]') + -(*e*)*s* '-s[2] 1'：今の語形は16Cから：cf. since, thence〙 — *adv.* **1** それだから，ゆえに，それで (therefore). ★この場合に動詞が省略されることがある：He has neither ear nor voice, ～ he cannot sing [his dislike of music]. 彼は(音楽の)耳も声も持たない，それだから歌えない[音楽がきらいなのだ] / *Hence* his failure in the adventure. かくて彼の冒険の失敗が生じた．**2** 《詩・古》ここから：go [pass] ～ みまかる，死ぬ．★しばしば運動を表わす動詞を省略して用いる：*Hence!* 立ち去れ / *Hence* with him! 彼を連れて去れ．**3** 今から，現在から，今後，その後，それ以来：ten years ～ 今から10年後に (cf. thence 2). **4** 《古》これから．★この場合にしばしば動詞が省略される：Jacob had twelve sons, ～ (came) the twelve tribes. ヤコブには12人の男の子があった，これから12の種族が出来た．

from hence 《古》ここから，今から；それで．

hence·forth [⌐⌐, ⌐⌐|⌐⌐] 〘《*a*1375》 *hennesforth*：⇨ ↑, forth〙 *adv.* 今後，今からは，これからは；その後，それ以来 (thereafter).

from henceforth 《古》＝henceforth.

hénce·fórward *adv.* ＝henceforth.

from henceforward 《古》＝henceforth.

Hench [héntʃ], **Philip Sho·wal·ter** [ʃóuɔːltə|ʃáuɔːltə(r, -ɔl-] *n.* (1896–1965) 米国の医学者；Nobel 医学生理学賞 (1950).

hench·man [héntʃmən] 〘《1345–49》 *hengestman, hansman* 《原義》horse attendant, page of honor ← OE *hengest* male horse + MAN[1]〙 — *n.* (*pl.* **-men** [-mən]) **1 a** 信頼できる部下，「右腕」．**b** (政治上の)支持者，後援者．**c** 下等なごきげん取り，取巻き (satellite). **2** (ギャングの)子分，荒っぽい暴力団員．**3** 《廃》 **a** 従者，小姓(こしょう) (page). **b** 家来，家臣 (retainer).

hén·còop *n.* 鶏かご，伏せかご．

hén·còte 〘OE *hennecoote*：⇨ hen, cote〙 *n.* 鶏小屋．

hen·dec- [hendék] (母音の前に来る時の) hendeca- の異形．

hen·dec·a- [hendékə, ⌐⌐⌐|⌐⌐⌐] 〘← Gk *héndeka* eleven ← *hen*-((neut.) ← *eîs* one) + *déka* ten〙「十一」の意の連結形．★母音の前では通例 hendec- になる．

hen·dec·a·gon [hendékəgὰn|-gən] 〘《1704》：⇨ ↑, -gon〙 *n.* 十一角形，十一辺形．**hen·de·cag·o·nal** [hèndɪkǽgənl, -də-|-dɪ-] *adj.*

hen·dec·a·syl·la·ble [hendékəsɪləbl, ⌐⌐⌐⌐⌐|⌐⌐⌐⌐⌐] 〘《1603》← HENDECA- + SYLLABLE《なぞり》← L *hendecasyllabus*〙 — *n.* 11音節語[詩行]．**hen·dec·a·syl·lab·ic** [hendèkəsɪlǽbɪk, -sə-, ⌐⌐⌐⌐|hèndekəsɪ-] *adj.*

Hen·der·son [héndəsn|-də-], **Arthur** *n.* (1863–1935) 英国の政治家・労働党の指導者；ジュネーブ軍縮会議議長をつとめる (1932), Nobel 平和賞 (1934).

hen·di·a·dys [hendáɪədɪs, -dəs|-dɪs] 〘《1586》▭ ML ～ ← Gk *hèn dià duoîn* one (thing) by means of two〙 — *n.* 〘修辞〙二詞一意《「形容詞＋名詞」または「副詞＋形容詞」の代りに二つの名詞または形容詞を and で結んで表わす表現法；例：bread and butter / a cup and gold (＝a golden cup) / death and honor (＝honorable death) / nice and warm (＝nicely [quite] warm)》．

Hen·don [héndən] 〘OE *Hēa-dūn*：⇨ high, down[1]〙 *n.* London 北西部郊外の住宅地，現在は Barnet 自治区の一部；もと飛行場があった (1909–57).

Hen·drick [héndrɪk; *Du.* héndrɪk] 〘↓〙 *n.* 男性名．

Hen·drik [héndrɪk; *Du.* héndrɪk] 〘▭ Du. ～ 'HENRY'〙 *n.* 男性名．

hen·ei·co·sane [henáɪkəsèɪn] 〘← Gk *hén* ((neut.) ← *heîs* one) + *eíkosi* twenty + -ANE[2]〙 *n.* 〘化学〙ヘンエイコサン ($CH_3(CH_2)_{19}CH_3$)《白色蠟状の炭化水素》．

hen·e·quen [hénɪkɪn, -kən, -nə-, hènɪkén|-nɪ-] 〘▭ Sp. *jeniquén* ← Mex.《土語》〙 — *n.* (*also* **hen·e·quin** [～]) **1** 〘植物〙ヘニケン (*Agave fourcroydes*)《メキシコの Yucatán 産のリュウゼツランの一種で，葉から丈夫な繊維が採れるため栽培される》．**2** ヘニケンから採った繊維《綱・粗布・家具の詰物・敷物の材料；cf. sisal》．

hén-féathered *adj.* 〈おんどりが〉めんどりのような羽をした《おんどり特有の長尾羽根 (sickle feathers) を欠いている場合にいう；cf. cock-feathered》．

hén·flèsh 〘《*a*1425》〙 *n.* 鳥肌(とりはだ) (gooseflesh).

henge [héndʒ] 〘《略》← (STONE)HENGE〙 *n.* 〘考古〙(Stonehenge 式の)環状列石遺跡．

Hen·gist [héŋgɪst, -gəst, héndʒɪst, -dʒəst|héŋgɪst] 〘OE ～ ← *hengest* stallion：cf. G *Hengst*〙 — *n.* ヘンジスト《?–488；ジュート族 (Jutes) の首長；弟 Horsa と共にイングランドで Kent 王国を建てた》．

hén hàrrier *n.* 〘鳥類〙ハイイロチュウヒ (*Circus cyaneus*)《ユーラシア大陸産》．

hén·héarted *adj.* 臆病な，小胆な (cowardly).

hén·hòuse *n.* 鶏小屋，鶏舎．

Hén·le's lóop [hénliz-|-lɪz-] *n.* 〘解剖〙＝LOOP of Henle.

Hen·ley [hénli|-lɪ] *n.* ＝Henley-on-Thames.

Hen·ley [hénli|-lɪ], **William Ernest** *n.* (1849–1903) 英国の詩人・批評家・雑誌編集者．

Hénley-on-Thámes 〘← OE *hēan-lēa*(*ge*) (dat.) ← *hēa-lēah*：⇨ high, lea[1]〙 — *n.* イングランド Oxfordshire 州の Thames 河畔の都市；1839年より毎年開かれているボートレース (Henley Royal Regatta) で有名；人口 12,000；単に Henley ともいう．

hen·na [hénə] 〘《1600》▭ Arab. *ḥinnā'*〙 — *n.* **1** ヘンナ，シコウカ(指甲花) (*Lawsonia inermis*)《エジプトや近東地方に産するミソハギ科の熱帯植物；花は白色で芳香があり，葉から染料を採る；camphire ともいう》．**2** ヘンナ染料《近東婦人が指先や爪を染め，西洋婦人が金髪を染めるのに用いる》．**3** 代赭(たいしゃ)色 (reddish brown). — *adj.* 代赭色の．— *vt.* ヘンナ染料で染める．

hen·ner·y [hénəri|-rɪ] 〘← HEN + -ERY〙 *n.* 養鶏場．

hen·nin [hénɪn, -nən | -nɪn] 〖□F《廃》～〗 — *n.* ヘニン, ヘンニン《高い円錐形の女性用かぶり物で, 頂上から薄いベールが垂れ下がっている; 15 世紀頃使用された; steeple headdress ともいう》.

hen·ny [héni | -nɪ] 〖← HEN＋-Y[4]〗 *adj.* **1** めんどりのような. **2** ＝hen-feathered. — *n.* めんどりみたいな雄鶏.

hen·o·the·ism [hénο(υ)θiːɪzm | -nə(υ)-] 〖《1860》← Gk *heno-, heîs* one＋THEISM[1]〗 — *n.* **1** (多数神中の, 特に一神を選ぶ)単一神教 (cf. monolatry, monotheism). **2** 単神教《時に応じて多数神中の一神を最高神としてあがめるもの》. **hén·o·thè·ist** [-θiːɪst, -əst | -θiːɪst] *n.* **hen·o·the·is·tic** [hènο(υ)θiːístɪk | -nə(υ)-] *adj.*

hén pàrty *n.*《口語》婦人だけの会合 (cf. stag party).

hén·pèck 〖《逆成》← HENPECKED〗 *vt.* 〈夫を〉尻に敷く. — *n.* **1** 夫を尻に敷くこと. **2** 尻に敷かれた夫.

hén·pècked 〖《*a*1680》〗 *adj.* (妻の)尻に敷かれた, かかあ天下の: a ～ husband.

Hen·ri [ɑ̃ː(n)ríː, ɔ̃ː(n)-, ɑːn-, ɔ(ː)n-; *F.* ɑ̃ri] 〖□F ～ 'HENRY'〗 *n.* 男性名.

hen·ri·et·ta, H- [hènriétə | -riétə] 〖← *Henrietta Maria* (1609-69: 英国王 Charles 一世の妃)〗 — *n.* ヘンリエッタ《手ざわりが柔らかなあや織りの洋服用織物; 原料は羊毛で, 絹の経糸(たていと)が入っていることもある; henrietta cloth ともいう》.

Hen·ri·et·ta [hènriétə | -riétə] 〖□F *Henriette* (fem. dim.) ← *Henri* 'HENRY': cf. Harriet〗 *n.* 女性名《愛称形 Etta, Hatty, Hetty》.

Hen·rik [hénrɪk; *Dan.* hén'rəg] 〖□Du. ～: ⇨ Henry〗 男性名.

hén·ròost *n.* 鳥屋(とや).

hén·rùn *n.* 鶏を飼っておく囲い.

hen·ry [hénri | -rɪ] 〖《1893》← *Joseph Henry*〗 *n.* (*pl.* **～s, hen·ries**) 〖電気〗ヘンリー《誘導係数(インダクタンス)の実用単位; 略 H》.

Hen·ry [hénri | -rɪ] 〖ME □(O)F *Henri* □ LL *Henricus* □ OHG *Heimerich* (G *Heinrich*)《原義》home ruler ← *heim* 'HOME'＋*rihhi* rule〗 — *n.* 男性名《愛称形 Hal, Hank, Harry》.

Hen·ry [hénri | -rɪ], **Cape** 〖James 一世の王子 Henry にちなむ〗 *n.* ヘンリー岬《米国 Virginia 州南東部 Chesapeake 湾の入口の岬》.

Henry, Fort *n.* ⇨ Fort Henry.

Henry, Joseph *n.* (1797-1878) 米国の物理学者.

Henry, O. *n.* ⇨ O. Henry.

Henry, Patrick *n.* (1736-99) 米国独立革命当時 Virginia 出身の愛国者・雄弁家.

Henry I *n.* **1** (1068-1135) William 一世 (the Conqueror) の子, 英国王 (1100-35); 通称 Henry Beauclerc [bóυklɛə | bəυklɛə]. **2** アンリ一世《1008?-60; フランス王 (1031-60); フランス語名 Henri》.

Henry II *n.* **1** (1133-89) Plantagenet 王朝初代の英国王 (1154-89); Becket を殺害; 通称 Henry Curtmantle [kɜ́ːtmæntḷ | kɜ́ːtmæntḷ]. **2** アンリ二世《1519-59; フランス王 (1547-59); フランス語名 Henri》.

Henry III *n.* **1** (1207-72) 英国王 (1216-72); John[4] の子; 在位中 Simon de Montfort らが反乱を起こし, 最初の Parliament を召集した. **2** アンリ三世《1551-89; フランス王 (1574-89); フランス語名 Henri》.

Henry IV *n.* **1** (1367-1413) Lancaster 家初代の英国王 (1399-1413); John of Gaunt の子; Richard 二世に反抗し, 退位させて即位した; 通称 Henry of Bolingbroke, Henry of Lancaster. **2** 「ヘンリー四世」《Shakespeare 作の史劇(第 1 部 1596-97, 第 2 部 1598)》. **3** ハインリヒ四世《1050-1106; 神聖ローマ帝国皇帝 (1056-1106); ドイツ語名 Heinrich》. **4** アンリ四世《1553-1610; Bourbon 王朝初代のフランス王 (1589-1610); 通称 Henry of Navarre (ナバール王ヘンリー) (1572-89); フランス語名 Henri》.

Henry V *n.* **1** (1387-1422) 英国王 (1413-22); Henry 四世の子; 百年戦争を再開し Agincourt の戦いでフランス軍を破った; 通称 Henry of Monmouth. **2** 「ヘンリー五世」《Shakespeare 作の史劇 (1599)》.

Henry VI *n.* **1** (1421-71) 英国王 (1422-61, 1470-71); Henry 五世の子; 治世中にばら戦争 (1455-85) が起こり, York 家の Edward 四世によりロンドン塔で殺害された; 通称 Henry of Windsor. **2** 「ヘンリー六世」《Shakespeare 作の史劇 (1589-91), 全 3 部からなる》.

Henry VII *n.* (1457-1509) Tudor 王朝初代の英国王 (1485-1509); Owen Tudor の長子 Edmund Tudor (1430?-56, Earl of Richmond) の子; Lancaster 派の生き残りとして Bosworth Field の戦いに Richard 三世を敗死させ, ばら戦争を終結させて即位; 通称 Henry Tudor, Earl of Richmond.

Henry VIII *n.* **1** (1491-1547) Henry 七世の子, 英国王 (1509-47); 第一王妃 Catherine of Aragon との離婚問題から, ローマ教皇に反抗し, 1534 年 Reformation を断行して Anglican Church を樹立した. **2** 「ヘンリー八世」《Shakespeare が Fletcher と合作したと推定される史劇 (1612-13)》.

Hen·ryk [hénrɪk; *Pol.* hénrik] 〖□Pol. ～ 'HENRY'〗 *n.* 男性名.

Hénry of Pórtugal *n.* ポルトガルのヘンリー《1394-1460; ポルトガルの王子; Sagres に航海学校をつくり探検航海を奨励した; 異名 the Navigator; ポルトガル語名 Henrique [ẽʁíkə]》.

Hénry's láw 〖← *William Henry* (1775-1836: 英国の化学者)〗 — *n.* 〖物理化学〗ヘンリーの法則《液体に溶解する気体の量はその気体の圧力に比例するという法則》.

Hénry sỳstem 〖← *Sir Edward Henry* (*d.* 1931: 英国の役人)〗 *n.* ヘンリー式指紋分類法.

Hens·lowe [hénzloυ | -ləυ], **Philip** *n.* (?-1616) 英国の劇場経営者.

Hen·son [hénsn̩], **Herbert Hens·ley** [hénzli | -lɪ] *n.* (1863-1947)英国国教会の主教, 著述家.

hent [hént] 〖ME *hente(n)* < OE *hentan*〗 *vt.* (～) **1** 《古》**a** 捕捉する, 捕える (seize). **b** 持ち去る. **2** 《廃》着く (reach). — *n.* 《廃》意思, 意図.

Hen·ty [hénti | -tɪ], **G(eorge) A(lfred)** *n.* (1832-1902) 英国の児童文学作家.

hén·wìfe 〖← HEN＋WIFE《古》woman: cf. fishwife〗 *n.* (*pl.* **-wives**) 《古》鶏の世話女.

he·or·tol·o·gy [hìːɔətáləd͡ʒi | -ɔːtɔ́ləd͡ʒɪ] 〖← Gk *heorté* festival＋-o-＋-LOGY〗 — *n.* 教会祝祭学《教会暦の祝祭日と季節との意味や歴史に関する研究; liturgiology の一分科》.

hep[1] [hép, hʌ́p] 〖← ?〗 *int.* [隊列行進の歩調を整えるための(最初の)掛け声として] いち: ～, two, three, four いち, にい, さん, し.

hep[2] [hép] 〖← ?〗 *adj.* 《俗》＝hip[5].

hep[3] [hép] *n.* ＝hip[2].

he·par [híːpɑə | -pɑː(r)] 〖□ML *hepār* □ Gk *hēpar* liver < IE **yek*[w]*rt* (Skt *yakṛt*)〗 — *n.* **1** 肝臓色, 茶褐色 (liver). **2** 〖解剖〗肝臓 (liver). **3** 《古》〖化学〗硫肝《硫黄とアルカリ金属との肝臓色の化合物》.

hep·a·rin [hépərɪn, -rən | -rɪn] 〖⇨↑, -in[1]〗 *n.* 〖生化学〗ヘパリン《肝臓中に多く存し血液の凝固を防ぐ物質; 外科手術で血栓防止のために用いられる》.

hep·a·rin·ize [hépərɪnàɪz, -rə- | -rɪ-] 〖⇨↑, -ize〗 — *vt.* (血液凝固を防ぐため)…にヘパリンを加える. **hep·a·rin·i·za·tion** [hèpərɪnɪzéɪʃən, -rə-, -nə- | -rɪnaɪ-, -nɪ-] *n.*

hep·at- [hépət] (母音の前に来る時の)hepato- の異形.

hep·a·tec·to·mize [hèpətéktəmàɪz] 〖⇨↓, -ize〗 *vt.* 〖医学〗〈人〉の肝臓を切除する.

hep·a·tec·to·my [hèpətéktəmi | -mɪ] 〖← HEPATO-＋-ECTOMY〗 *n.* 〖医学〗肝切除(術).

he·pat·ic [hɪpǽtɪk, hə-, he-] 〖《*a*1398》□ L *hēpatic-us* □ Gk *hēpatikós* ← *hēpat-, hēpar* liver[2]: ⇨ hepar〗 — *adj.* **1** 肝(臓)の[に関する, に利く]. **2** 肝臓色[茶褐色]の (liver-colored). **3** 〖植物〗苔(たい)類 (Hepaticae) の. — *n.* **1** 肝臓の薬. **2** 〖植物〗ゼニゴケ (liverwort).

he·pat·i·ca [hɪpǽtɪkə, hə-, -tə- | hɪpǽtɪ-, he-] 〖□ ML *hēpatica* (fem.) ← L *hēpaticus* (↑)〗 — *n.* 〖植物〗**1** キンポウゲ科スハマソウ属 (*Hepatica*) の植物の総称《スハマソウ, ユキワリソウ (*H. triloba*) など》. **2** ゼニゴケ (*Marchantia polymorpha*).

He·pat·i·cae [hɪpǽtəsìː, hə- | hɪpǽtɪ-, he-] 〖← NL ～ ← ML *hēpaticae* (pl.) ← *hēpatica* (↑)〗 *n. pl.* 〖植物〗苔(たい)綱, ゼニゴケ類, 苔類.

hepátic ártery *n.* 〖生理〗肝動脈.

hep·a·ti·tis [hèpətáɪtɪs, -təs | -tɪs] 〖← NL ～: ⇨ hepato-, -itis〗 *n.* 〖病理〗肝炎: viral [virus] ～ ウイルス性肝炎.

hep·a·ti·za·tion [hèpəṭɪzéɪʃən, -tə- | -taɪ-, -tɪ-] *n.* 〖病理〗(肺炎時の肺の)肝変.

hep·a·tize [hépətàɪz] 〖← HEPATO-＋-IZE〗 *vt.* 〖病理〗〈肺臓などを〉肝臓のような組織に変える.

hep·a·to- [hépəṭο(υ), hɪpǽṭ-, hə- | hépətə(υ), hɪpǽt-, he-] 〖← Gk *hēpat-, hēpar* liver[2]: ⇨ hepatic〗 — 「肝臓 (liver); 肝臓と…との (liver and...)」の意の連結形; *hepato*tomy 肝臓切開. ★ 母音の前では通例 hepat- になる.

hèpato·céllular 〖⇨↑, cellular〗 *adj.* 〖病理〗肝細胞性の: ～ jaundice 肝細胞性黄疸(おうだん).

hèpato·flávin 〖← HEPATO-＋FLAVIN〗 *n.* 〖生化学〗ヘパトフラビン《肝臓から採る vitamin B_2》.

hep·a·to·gen·ic [hèpəṭο(υ)d͡ʒénɪk | -tə(υ)-] 〖← HEPATO-＋-GENIC〗 *adj.* 肝臓から生じる.

hep·a·tog·e·nous [hèpətád͡ʒənəs | -tɔ́d͡ʒɪ-] *adj.* ＝hepatogenic.

hep·a·tol·o·gy [hèpətáləd͡ʒi | -tɔ́ləd͡ʒɪ] 〖⇨ hepatic, -logy〗 *n.* 苔(たい)学 (muscology).

hep·a·to·ma [hèpətóυmə | -təυ-] 〖← NL ～: ⇨ hepato-, -oma: 山極(やまぎわ)勝三郎 (1863-1930: 東大病理学教授)の命名〗 *n.* 〖病理〗ヘパトーム, 肝(細胞)癌.

hep·a·to·meg·a·ly [hèpəṭο(υ)mégəli | -tə(υ)mégəlɪ] *n.* 〖病理〗肝臓肥大.

hèpato·páncreas *n.* 〖動物〗肝膵臓, 中腸腺《軟体動物と節足動物の中腸に開く腺状組織で, 脊椎動物における肝臓と膵臓の機能を兼ねる》.

hep·a·top·a·thy [hèpətápəθi | -tɔ́pəθɪ] 〖← HEPATO-＋-PATHY〗 *n.* 〖病理〗肝臓病.

hep·a·tos·co·py [hèpətáskəpi | -tɔ́skəpɪ] 〖← HEPATO-＋-SCOPY〗 *n.* **1** 〖医学〗肝(臓)(機能)検査. **2** 動物の肝臓による占い.

hèpato·splenomégaly 〖← HEPATO-＋SPLENO-＋-MEGALY〗 *n.* 〖病理〗肝脾腫大(症).

hèpato·tóxic *adj.* 〖病理〗肝に有害な[毒性のある], 肝臓毒の: a ～ drug.

hèpato·toxícity 〖⇨↑, -ity〗 *n.* 〖病理〗**1** 肝臓中毒(症). **2** 肝臓中毒(を起こす)作用, 肝中毒誘発性.

hèpato·tóxin *n.* 〖病理〗肝臓毒素.

Hep·burn [hépbəːn, -bən | hé(p)bəːn, -bən], **James Curtis** *n.* (1815-1911) 米国の宣教師・医師, ヘボン式ローマ字つづり方の創始者; 「和英語林集成」(1867).

Hep·burn·i·an [hepbə́ːniən, -njən | he(p)bə́ːnjən, -nɪən] 〖← *J. C. Hepburn*: ⇨ -ian〗 — *adj.* ヘボン式の: the ～ system (日本語ローマ字の)ヘボン式つづり方《大体母音字はイタリア語式に, 子音字は英語式によったもの, 例えば「不死鳥」は 'fushichō' とつづる》. — *n.* ヘボン式つづり方使用[賛成]者.

hép·càt 〖← HEP[2]＋CAT 8 a〗 — *n.* 《俗》**1 a** ジャズ[スイング]の演奏家. **b** ジャズ[スイング]の愛好家. **2** 新しい事情[情勢]に明るい人, 事情通; 新流行の通 (hipster).

He·phaes·tus [hɪféstəs, -fíːs- | hɪfíːstəs, he-] 〖□ L *Hēphaestus* □ Gk *Hḗphaistos*: cf. Gk *haphḗ* kindling〗 — *n.* 〖ギリシャ神話〗ヘーファイストス《Zeus と Hera の子; 火と鍛冶(かじ)仕事の神; ローマ神話の Vulcan に当たる》.

Heph·zi·bah [héfzɪbə, -zə- | héfsɪbə, héps-] 〖□ Heb. *Ḥephṣībāh*《原義》my delight is in her〗 *n.* 女性名. ★ ユダヤ人にみられる.

He·pi·al·i·dae [hìːpiǽlədìː, hèp- | -prǽlɪ-] 〖← NL ～ ← *Hepialus* (属名: ← Gk *hēpíolos* moth)＋-IDAE〗 *n. pl.* 〖昆虫〗コウモリガ科.

hepped *adj.* [通例 ～ up として]《俗》＝hipped[2] 1.

Hep·ple·white [hépḷ(h)wàɪt] 〖← *George Hepplewhite* (*d.* 1786: 英国の著名な家具製作家)〗 — *adj.* 〈家具の意匠が〉ヘップルホワイト(様)式の《18 世紀後期の軽快で優雅な曲線を多用した家具意匠にいう; cf. Sheraton》: a ～ chair. — *n.* ヘップルホワイト(様)式家具: a piece of ～.

hep·ster [hépstə | -stə(r)] 〖← HEP[2]＋-STER〗 *n.* ＝hipster[1] 2.

hept- [hept] (母音の前に来る時の) hepta- の異形.

hep·ta- [héptə] 〖□ Gk *hepta-* ← *heptá* seven〗 「7 (seven); 〖化学〗7 価原子を含む」の意の連結形. ★ 母音の前では通例 hept- になる.

hep·ta·chlor [héptəklɔə, -klɔə | -klɔː(r)] 〖← HEPTA-＋CHLORO-〗 — *n.* 〖化学〗ヘプタクロル ($C_{10}H_5Cl_7$)《白色または淡黄褐色の蠟(ろう)状の不溶解性固体で土壌害虫の防除用》.

hep·ta·chord [héptəkɔəd | -kɔːd] 〖□ Gk *heptákhord-os*: ⇨ hepta-, -chord〗 *n.* **1** 七弦琴. **2** 〖音楽〗七音音階 (cf. hexachord, pentachord 2).

hep·tad [héptæd] 〖《1660》□ Gk *heptad-, heptás* ← *heptá* seven: ⇨ -ad[1]〗 *n.* **1** 7 の数; 7 個群, 七つ揃い. **2** 〖化学〗7 価原子, 7 価元素.

hep·ta·glot [héptəglɑ̀t | -glɔ̀t] 〖← HEPTA-＋-GLOT〗 *adj., n.* 7 か国語で書かれた(書物).

hep·ta·gon [héptəgɑ̀n | -gən] 〖《1570》□ Gk *heptágōn-os*: ⇨ hepta-, -gon〗 *n.* 七角形, 七辺形. **hep·tag·o·nal** [heptǽgənḷ] *adj.*

hep·ta·he·dron [hèptəhíːdrən | -hédrən, -híːd-] 〖← NL ～: ⇨ hepta-, -hedron〗 *n.* (*pl.* **～s, -he·dra** [-drə]) 〖数学・結晶〗七面体. **hèp·ta·hé·dral** [-drəl] *adj.*

hèpta·hýdrate *n.* 〖化学〗七水化物《分子式中に結晶水を 7 分子含むもの》.

hep·tam·er·ous [heptǽmərəs] 〖← HEPTA-＋-MEROUS〗 *adj.* **1** 7 部分から成る. **2** 〖植物〗七数花の《花弁などが 7 の倍数から成る》.

hep·tam·e·ter [heptǽmətə | -mɪtə(r), -mə-] 〖□ ML *heptametr-um* □ Gk *heptámetron*: ⇨ hepta, -meter[2]〗 — *n.* 〖詩学〗七歩格(の詩)《1 行 7 詩脚からなる詩行; cf. meter[2] 1 b》. **hep·ta·met·ric** [hèptəmétrɪk] *adj.* **hèp·ta·mét·ri·cal** *adj.*

hep·tane [héptein] 〖← HEPTA-＋-ANE[2]〗 *n.* 〖化学〗ヘプタン (C_7H_{16})《パラフィン系炭化水素の一つ; 9 種の異性体がある》.

hep·tan·gu·lar [heptǽŋgjulə | -lə(r)] *adj.* 七角形の.

hep·ta·none [héptənòun | -nəυn] 〖← HEPTANE＋-ONE〗 *n.* 〖化学〗ヘプタノン ($C_7H_{14}O$).

hep·ta·ploid [héptəplɔ̀ɪd] 〖← HEPTA-＋-PLOID〗 〖生物〗 *adj.* 〈細胞・核など〉(染色体が)七倍性の, 七倍体の. — *n.* (染色体数の)七倍体.

hep·tarch [héptɑək | -tɑːk] 〖← HEPTA-＋-ARCH[1]〗 *n.* 〖英史〗七王国 (the Heptarchy) の各国王.

hep·tar·chy [héptɑəki | -tɑːkɪ] 〖《1576》← HEPTA-＋-ARCHY〗 — *n.* **1** 七頭政治. **2 a** 七王国連合. **b** [しばしば the H-] 〖英史〗七王国《5 世紀から 9 世紀ごろまでの Anglo-Saxon 時代に競いあった Kent, Sussex, Wessex, Essex, Northumbria, East Anglia, Mercia の 7 王国》. **hep·tar·chal** [heptɑ́əkəl | -tɑ́ː-] *adj.* **hep·tar·chic** [heptɑ́ːkɪk | -tɑ́ə-] *adj.* **hep·tár·chi·cal** *adj.*

hep·ta·stich [héptəstɪk] 〖← HEPTA-＋(DI)STICH〗 *n.* 〖詩学〗七行連(句).

hep·ta·style [héptəstàɪl] 〖← HEPTA-＋-STYLE[1]〗 *adj.* 〖建築〗〈建物が〉(正面に) 7 本の円柱をもつ, 七柱式の (cf. distyle).

hep·ta·syl·la·ble [héptəsɪləbḷ, ⌐-⌐-⌐] 〖← HEPTA＋SYLLABLE〗 *n.* 7 音節語[詩行]. **hep·ta·syl·lab·ic** [hèptəsɪlǽbɪk, -sə- | -sɪ-] *adj.*

Hep·ta·teuch [héptət(j)ùːk | -tjùːk] 〖《1678》□ LL *Heptateuch-os* ← HEPTA-＋Gk *teûkhos* book〗 — *n.* [the ～] (旧約聖書の最初の)七書《モーセ五書とヨシュ

ア記・士師記; cf. Pentateuch》.

hèpta·válent *adj.* 〖化学〗7 価の.

hep·tene [héptiːn] 〖← HEPTA-＋-ENE〗 *n.* 〖化学〗ヘプテン (C_7H_{14}).

hep·tose [héptous, -touz | -təus] 〖← HEPTA-＋-OSE²〗 *n.* 〖化学〗ヘプトース ($C_7(H_2O)_7$)《炭素原子 7 個の糖の一般名》.

her [(h)əː, həː, hɚ́ː | (h)ə(ː)r, (h)ər, hɜ̀ːr, hɚ́ːr] 〖ME *her, hir(e)* < OE *hire* (dat. & gen.: cf. *hie* (acc.)) ← *hēo, hio* 'SHE'〗 — *pron.* (she の所有格および目的格; cf. hers) **1** [所有格] **a** 彼女の: ～ [《俗》～*s*] and my father 彼女と私の父《二人共通の父》/ ～ [《俗》～*s*] and my father(s) 彼女の父と私の父《別々の父》/ He insisted on ～ coming with him. 彼女が一緒に来るべきだと主張した. **b** [しばしば H-; 敬称を伴って she の代用をなす]: *Her* Highness ⇨ highness 2 / ～ ladyship ⇨ ladyship 2 / *Her* Majesty ⇨ majesty 4. **2** [目的格] **a** 彼女を, 彼女に, 彼女へ: We like ～. / I sent ～ a flower. / He did it for ～. 彼女のためにそうしてやった. **b** [hɚ́ː | hɜ́ː(r)] 《口語》[補語に用いて]: It's ～, sure enough. それは確かに彼女だ. **c** 《口語》[than, as のあとに用いて] ＝she: I can swim faster *than* ～. 私は彼女よりも早く泳げる / I'm not as beautiful *as* ～. **d** 《古・詩》＝herself: She leaned ～ o'er the saddlebow. 彼女はくらの前輪にしがみついた.

her. 《略》heraldic; heraldry; *L.* hērēs (＝heir).

He·ra [hí(ə)rə | híərə] 〖⊏ L *Hēra* ⊏ Gk *Hḗra*《原義》protectress: cf. hero〗 — *n.* **1** 女性名. **2** 〖ギリシャ神話〗ヘーラー, ヘラ《Zeus の妹で妻である女神, 天界の女王で嫉妬(しっと)深い; ローマ神話の Juno に当たる; ⇨ Hercules》.

Her·a·cle·a [hèrəklíːə] *n.* ヘラクレア《イタリア南部の Taranto 湾に近い古代都市; ローマ軍が Epirus 王 Pyrrhus に敗れた所 (280 B.C.); cf. Pyrrhic victory》.

Her·a·cle·an [hèrəklíːən | -klíːən, -klíən] *adj.* (*also* **Her·a·clei·an** [-klíːən, -kláɪ-]) ＝Herculean.

Her·a·cles [hérəkliːz | hér-, híər-] *n.* 〖ギリシャ・ローマ神話〗ヘーラクレース《Hercules のギリシャ語名》.

Her·a·clid [hérəklɪd, -kləd | -klɪd] *n.* (*pl.* **-a·cli·dae** [hèrəkláɪdiː]) ヘーラクレイダイ《Hercules の子孫, 特にスパルタのドリア人貴族》. **Her·a·cli·dan** [hèrəkláɪdn̩] *adj.*

Her·a·cli·te·an [hèrəklaɪtíːən, -klaɪtíːən | -kláɪtɪən, -klaɪtíːən] 〖⇨ Heraclitus, -ean〗 〖哲学〗 *adj.* ヘラクレイトスの. — *n.* ヘラクレイトスの信奉者.

Hèr·a·clí·te·an·ìsm [-nìzm] 〖⇨ ↑, -ism〗 *n.* 〖哲学〗ヘラクレイトス哲学.

Her·a·cli·tus [hèrəkláɪtəs | -təs] *n.* ヘラクレイトス《544 (または 538)-484 (または 475) B.C.; ギリシャの哲学者;「万物は流(る)転する (panta rhei)」と説いた; 異名 the Weeping Philosopher》.

Her·a·cli·us [hèrəkláɪəs, hɪrǽkliəs, hə- | hèrəkláɪəs, hɪrǽklɪ-] *n.* ヘラクレイオス《575?-641; 東ローマ帝国皇帝 (610-641)》.

Her·a·kles [hérəkliːz | hér-, híər-] *n.* 〖ギリシャ・ローマ神話〗ヘーラクレース《Hercules のギリシャ語名》.

He·ra·kli·on [*Mod. Gk.* iráːklioːn] *n.* イラクリオン《Candia 1 の(現代)ギリシャ語名》.

Her·a·klid [hérəklɪd, -kləd | -klɪd] *n.* ＝Heraclid.

her·ald [hérəld] 〖《?c1300》～, *heraud* ⊏ OF *herau(l)t* (F *héraut*) ← Gmc **χariwald-* ← **χarjaz* army ＋ **wald-* 'to rule, WIELD': cf. Harold〗 — *n.* **1 a** 布告者, 報道者; 使者. **b** [H-] 新聞の名称: the New York [Morning] *Herald.* **2** 先駆者, 先触れ (harbinger): The cuckoo is a ～ of spring. かっこうは春の先触れである. **3 a** (英国の)紋章院 (College of Arms) の中級紋章官《King of Arms と pursuivants との中間職; 総数 6 名》. **b** 紋章官の総称. **4** 〖英史〗 **a** 伝令官, 伝達吏《王の布告や国書を貴族に伝達した》. **b** 先導官《馬上試合の際, 挑戦状を公表し一騎打ちをする二人を先導した役人》. — *vt.* **1 a** 告知する (announce). **b** 布告する (proclaim), 公表する (publicize). **2** 先触れする, 予告する (precede): The song of birds ～*s* the approach of spring. 鳥の歌は春の近づいたことを知らせる.

he·ral·dic [herǽldɪk, hɪ-, hə-] 〖《1772》: ⇨ ↑, -ic¹〗 *adj.* **1** 伝令の, 伝令官の. **2** 紋章の, 紋章官の, 紋章学の. **he·rál·di·cal·ly** *adv.*

heráldic héiress *n.* 〖紋章〗(男子相続人のない場合に家紋を相続する)女子紋章相続人.

hér·ald·ist [-dɪst, -dəst | -dɪst] *n.* 紋章学者.

her·ald·ry [hérəldri | -rɪ] 〖《1572》← HERALD＋-(E)RY〗 — *n.* **1** 紋章学, 系譜記録法. **2 a** 紋章, 紋所. **b** 紋章図案(集). **c** 紋章による象徴. **3 a** (紋章入りの旗・指物(さしもの)を打ち立ててての)仰々しい儀式; 派手な儀式: historic ～ of British coronations 歴代英王の絢爛(けんらん)華麗な戴冠式. **b** 仰々しさ, 物々しさ (pageantry). **4** 前触れ, 予告. **5 a** 《古》布告者の職. **b** 《廃》社会的地位.

Héralds' Cóllege *n.* [the ～] 紋章院 (⇨ COLLEGE of Arms).

hérald·shìp *n.* herald の職[地位, 任務].

hérald's trúmpet *n.* 〖植物〗インド原産のトランペット型の白い大花をつけるキョウチクトウ科のつる植物 (*Beaumontia grandiflora*).

He·rat [heráːt, hə- | herǽt, hɪ-, hə-, -ráːt] *n.* ヘラート《アフガニスタン北西部の都市; 人口 157,000》.

Hé·rault [eɪróu | -rɔ́u; *F.* ero] *n.* エロー(県)《フランス南部の Lions 湾に臨む県; 人口 620,000, 面積 6,224 km², 首都 Montpellier》.

herb [(h)ɚ́ːb | hɜ́ːb] 〖《?a1300》(*h*)*erbe* ⊏ OF *erbe* (F *herbe*) < L *herbam* grass, herb ← ?〗 — *n.* **1** 草, 草本《peony, buttercup, wheat, cabbage など茎部が木質でなく花が咲いたあと根以外は枯れる植物をいう; cf. plant》: an annual ～ 一年生草本. **2** 風味用[薬用, 香料]植物: a ～ farm [garden] 薬草園 / a ～ fancier 薬草愛好家. **3** (根と区別して)草葉. **4** [集合的]《古》牧草 (herbage). **5** [(the) ～]《米俗》マリファナ.
herb of grace 《古》〖植物〗＝rue².

Herb [hɚ́ːb | hɜ́ːb] 〖《略》← HERBERT〗 *n.* 男性名.

her·ba·ceous [(h)ə(ː)béɪʃəs | hə(ː)-] 〖《1646》⊏ L *herbāceus*: ⇨ herb, -aceous〗 — *adj.* **1 a** 草[草本]の, 草本性の (cf. ligneous): a ～ stem [root] 草質茎[根]. **b** 〈茎が〉木質でなく一季性の. **2** 〈花・萼(がく)など〉葉状の: ～ sepals 葉状萼片. **～·ly** *adv.* **～·ness** *n.*

herbáceous bórder *n.* 〖園芸〗(主として多年生の草花を植えて作った)花壇の縁とり.

herbáceous perénnial *n.* 〖植物〗多年草《地上部は毎年枯死するが地下部は生き残る草》.

herb·age [(h)ɚ́ːbɪdʒ | hɜ́ː-] 〖《a1393》(*h*)*erbage* ⊏ OF *erbage* (F *herbage*): ⇨ herb, -age〗 — *n.* **1** [集合的] 草 (herbs); 牧草 (pasture). **2** 草の水分の多い部分《葉や茎》. **3** 〖法律〗(他人の所有地での)放牧権.

herb·al [(h)ɚ́ːbəl | hɜ́ː-] 〖《1516》⊏ ML *herbāl-is* (*liber*) (book) treating of plants: ⇨ herb, -al¹〗 — *adj.* 草[草本]の[に関する, から作られる]: a ～ medicine 薬草(製)剤, 草根木皮薬, 漢方薬 / a ～ lunch (主に)野菜を使ったランチ. — *n.* **1** 植物記載[記録]集, 草本書, 草本誌, 植物誌. **2** 《古》植物標本 (herbarium).

hérb·al·ist [-lɪst, -ləst | -lɪst] 〖《1592》: ⇨ ↑, -ist〗 *n.* **1 a** 薬草商. **b** 薬草医 (herb doctor). **2** 《廃》植物学者, 草本学者; 植物採集者 (botanist).

her·bar·i·um [(h)ə(ː)bé(ə)riəm | həːbéərɪ-] 〖《1776》⊏ LL *herbārium*: ⇨ herb, -arium〗 — *n.* (*pl.* **-i·a** [-riə | -rɪə], **～s**) **1** (分類した)腊葉(さくよう)標本. **2** 植物標本帳[箱]; 植物標本室[館], ハーバリウム.

Her·bart [hɛ́əbɑət, hɚ́ː- | hɛ́əbɑːt, hɜ́ː-; *G.* hɛ́rbart], **Johann Friedrich** *n.* ヘルバルト《1776-1841; ドイツの哲学者・教育学者・心理学者; その学説は日本の教育界にも大きな影響を与えた; *Umriss pädagogischer Vorlesungen*「一般教育学」(1835)》.

Her·bar·ti·an [hɛəbɑ́əʈiən, həː- | hɛəbɑ́ːtjən, həː-, -tɪən] 〖⇨ ↑, -ian〗 — *adj.* ヘルバルトの; ヘルバルト教育学説の. — *n.* ヘルバルトの学説信奉者; ヘルバルト学派の人.

Her·bár·ti·an·ìsm [-nìzm] *n.* 〖教育〗ヘルバルトの学説《認識には明瞭・連合・系統・方法の 4 段階があるとする説; Herbart はこの 4 段階を教授の一般的段階として定式化した》.

herb·ar·y [(h)ɚ́ːbəri | hɜ́ːbərɪ] 〖← HERB＋-ARY〗 *n.* 《古》草園, 草本園, 薬草園.

hérb bèer *n.* 薬草ビール《薬草を用いて醸造したも

A achievement

1 mottoes; 2 scroll; 3 crest; 4 wreath; 5 helmet; 6 mantling; 7 cornet; 8 supporter (dexter); 9 supporter (sinister); 10 escutcheon; 11 compartment

B points of escutcheon

1 chief; 2 base; 3 sinister; 4 dexter; 5 fess point; 6 middle chief; 7 middle base; 8 dexter chief; 9 sinister chief; 10 dexter flank; 11 sinister flank; 12 dexter base; 13 sinister base; 14 honor point; 15 nombril point

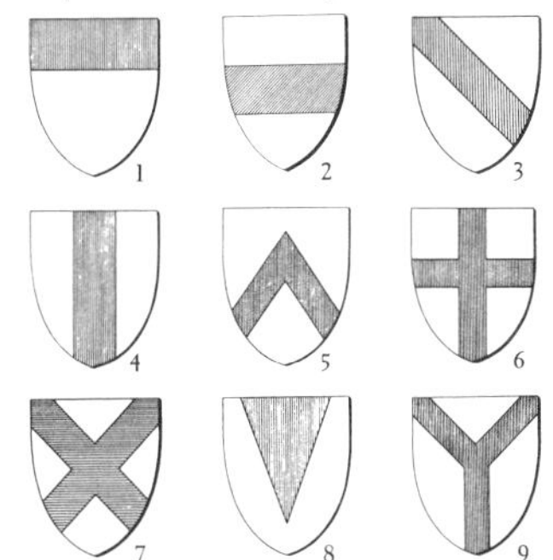

C honorable ordinaries

1 chief; 2 fess; 3 bend; 4 pale; 5 chevron; 6 cross; 7 saltire; 8 pile; 9 pall

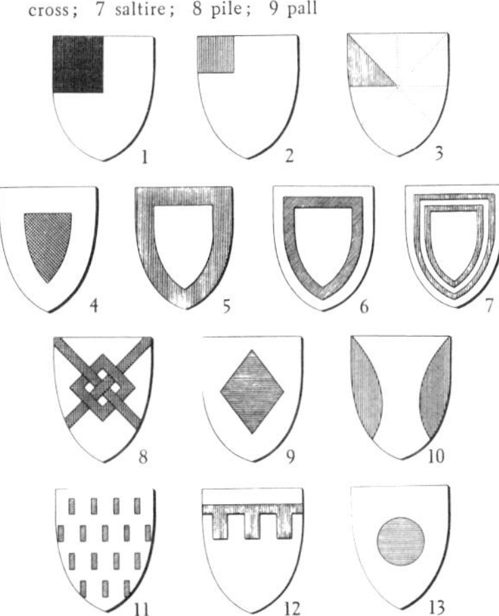

D sub-ordinaries

1 quarter; 2 canton; 3 gyron; 4 inescutcheon; 5 bordure; 6 orle; 7 tressure; 8 fret; 9 lozenge; 10 flaunches; 11 billets; 12 label; 13 roundel

E divisions of field and tinctures

1 per pale; 2 per fess; 3 quarterly; 4 per bend; 5 per saltire; 6 per chevron; 7 gyronny; 8 paly; 9 barry; 10 barry-wavy; 11 bendy; 12 checky; 13 lozengy; 14 chevrony; 15 compony; 16 tierced in bend; 17 tierced in pairle; 18 tierced in pale; 19 tierced in fess
a azure; b or; c argent; d gules; e vert; f purpure; g sable

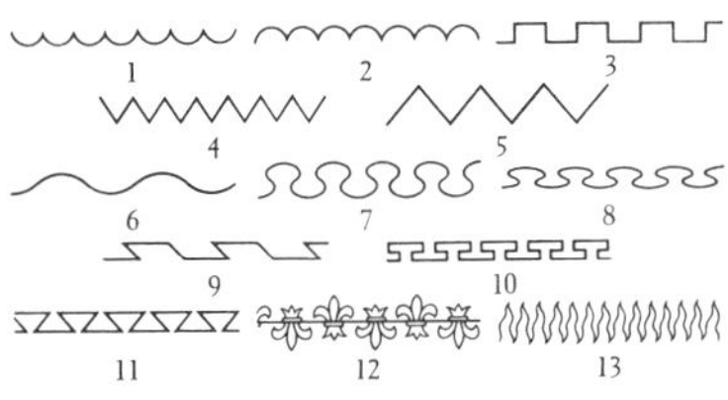

F lines used in parting the fields

1 engrailed; 2 arched *or* invected; 3 embattled; 4 indented; 5 dancetté; 6 wavy; 7 nebulé (deep); 8 nebulé (shallow); 9 raguly; 10 potent; 11 dovetailed; 12 flory counterflory; 13 rayonnant

G cadency marks

1 label; 2 crescent; 3 mullet; 4 martlet; 5 annulet; 6 fleur-de-lis; 7 rose; 8 cross moline; 9 octfoil

HERALDRY

ので, アルコール分を含まない》.

hérb bènnet *n.* (*pl.* **herbs b-**, **~s**) 〘植物〙ヨーロッパ産の黄色い花をつけるバラ科ダイコンソウ属の多年草 (*Geum urbanum*).

hérb Chrístopher 〘《なぞり》← ML herba *Christophori*: St. Christopher にちなむ〙 *n.* (*pl.* **herbs C-**, **~s**) 〘植物〙白い花をつけるフサスグリ.

hérb dòctor *n.* 薬草医, 漢方医《herbalist ともいう》.

Her·bert [hə́ːbət | hə́ːbət; G. hέrbεrt] 〘ME ⊏ ML *Herbertus* ⊏ OHG *Haribert* ← *heri, hari* army (⇨ harry)+*beraht* 'BRIGHT': cf. OE *Herebeorht*〙 — *n.* 男性名《愛称形 Bert, Herb》.

Herbert, Sir **Alan Patrick** *n.* (1890–1971) 英国のジャーナリスト・著述家; 国会議員にも選ばれた.

Herbert, George *n.* (1593–1633) 英国の牧師・形而上詩人の一人; *The Temple* (1633).

Herbert, George Edward Stan·hope Mol·y·neux [stǽnəp mʌ́lən(j)ùːks, -mɑ́l-, -n(j)ùːk | -mɔ́lɪnjùːks, -mɑ́l-, -njùː] (1866–1923) 英国のエジプト学者, H. Carter と協力して Tutankhamen の墳墓の発掘を行なった; 称号 5th Earl of Carnarvon.

Herbert, Victor *n.* (1859–1924) アイルランド生れの米国の作曲家・指揮者.

hérb Gérard 〘《なぞり》← ML *herba Gerardi*: St. Gerard にちなむ〙 *n.* (*pl.* **herbs G-**, **~s**) 〘植物〙イワミツバ (*Aegopodium podagraria*)《湿地に生ずるヨーロッパ原産セリ科の帰化植物; 白い小花を密生する》.

hérb-gràce *n.* 《古》〘植物〙=HERB of grace.

herb·i·cide [(h)ə́ːbəsàɪd | hə́ːbɪ-] 〘← *herbi-* (《連結形》← L *herba* 'HERB')+-CIDE〙 — *n.* 除草剤. **her·bi·cid·al** [(h)əːbəsáɪdḷ | hə̀ːbɪ-] *adj.* **hèr·bi·cíd·al·ly** *adv.*

Her·biv·o·ra [(h)ə(ː)bívərə | həː-] 〘← NL ~ (neut. pl.) ← L *herbivorus* (↓)〙 *n. pl.* 〘動物〙 **1** 草食類. **2** [h-] herbivore の複数形.

her·bi·vore [(h)ə́ːbəvɔ̀ə, -vɔ̀ə | hə́ːbɪvɔ̀ː(r)] 〘⊏ F ~ ⊏ L *herbivorus* (↓)〙 *n.* (*pl.* **~s**, **her·biv·o·ra** [(h)ə(ː)bívərə | hə(ː)-]) 草類・樹葉を食べる草食獣《特にウシ, ウマ, ゾウなど》.

her·biv·o·rous [(h)ə(ː)bívərəs | hə(ː)-] 〘← NL *herbivorus* ← L *herbi-*, *herba* 'HERB': ⇨ -vorous〙 — *adj.* 〈動物が〉草食(性)の, 草を食とする (cf. carnivorous 1 a, omnivorous 1 b). **~·ly** *adv.*

her·bo·rist [(h)ə́ːbərɪst, -rəst | hə́ːbərɪst] 〘⊏ F *herboriste* ← L *herba* 'HERB': ⇨ -ist〙 *n.* 植物採集家; 草本学者 (herbalist).

her·bo·rize [(h)ə́ːbəràɪz | hə́ː-] 〘⊏ F *herboris-er* ← *herboriste* (↑): ⇨ -ize〙 — *vi.* 植物[草本]を採集する (botanize). **her·bo·ri·za·tion** [(h)əːbərɪzéɪʃən, -rə- | hə̀ːbəraɪ-, -rɪ-] *n.*

hérb Páris 〘⊏ ML *herba paris* 《原義》? herb of a pair ← L *herba* 'HERB' + *paris* ((gen.) ← *pār* a pair): Paris は通俗語源による〙 — *n.* (*pl.* **herbs P-**, **~·es**) 〘植物〙ヨーロッパ産ユリ科ツクバネソウ属の宿根草 (*Paris quadrifolia*)《昔は薬用》.

hérb pátience *n.* (*pl.* **herbs p-**) 〘植物〙=patience 4.

hérb Róbert 〘《なぞり》← ML *herba Roberti* (? ← *Robertus* (=St. Robert: 11 世紀のフランスの聖職者))〙 — *n.* (*pl.* **herbs R-**, **~s**) 〘植物〙ヒメフウロ (*Geranium robertianum*)《フウロソウ科の植物》.

hérb-tèa *n.* (飲用)薬草湯, 振り出し薬《煎(せん)じずに, 熱湯の中に袋入りの薬草を入れて振り出した薬湯; cf. tea 4》.

hérb-wàter *n.* =herb-tea.

herb·y [(h)ə́ːbi | hə́ːbi] 〘⇨ herb, -y⁴〙 *adj.* (**herb·i·er**; **-i·est**) **1** 草本の[に関する], 草本性の; 薬草の味[香り]のする. **2** 草[草本]の多い.

Her·ce·go·vi·na [*Serbocroat.* hέrtsεgɔvina] *n.* ヘルツェゴビナ《Herzegovina のセルボクロアチア名》.

Her·cu·la·ne·um [hə̀ːkjʊléɪniəm | hə̀ːkjʊléɪnjəm, -nɪəm] *n.* ヘルクラネウム《Naples の近くのローマ時代の都市; 79 年の Vesuvius の噴火で Pompeii と共に埋没した》.

Her·cu·le·an [hə̀ːkjʊlíːən, hə(ː)kjúːliən | hə̀ːkjʊlíːən, -líən, həːkjúːljən, -lɪən] 〘《1596》← L *Herculēs* (↓)+-EAN〙 — *adj.* **1** ヘラクレス (Hercules) の[に関する]. **2 a** ヘラクレスのような; 大力無双の, 強靭(きょうじん)な体の: a man of ~ build (ヘラクレスのように)立派な体格の人 / ~ strength ヘラクレスのような大力, 大力無双. **b** 大力を要する; 非常に困難な: a ~ labor [task] 非常に困難な仕事 (cf. Hercules 2).

Her·cu·les [hə́ːkjʊlìːz | hə́ː-] 〘⊏ L *Herculēs* ⊏ Gk *Hērаklēs* 《原義》the glory of Hera ← *Hērā* 'HERA' +*kléos* glory〙 — *n.* **1** 男性名. **2** 〘ギリシャ・ローマ神話〙ヘラクレス《Jupiter の子で 12 の難事をやってのけた大力無双の英雄; ギリシャ語名 Herakles, Heracles》: the twelve labors of ~ ヘラクレスの十二功業[苦業, 大業]《Hera に憎まれたヘラクレスが Mycenae の王 Eurystheus によってその遂行を命じられた 12 の難事; cf. HERCULEAN labor》. **3** [h-] ヘラクレスのような人: a regular ~ 全くヘラクレスのような大力無双の人. **4** [the ~] 〘天文〙ヘルクレス座《右ひざをついた男の姿になぞらえた北天の星座》.

Hércules bèetle *n.* 〘昆虫〙ヘラクレスオオカブトムシ, ヘラクレスオオツノカブトムシ (*Dynastes hercules*)《中米・西インド諸島から南米北部にかけて産する世界最大のカブトムシ; 体長 130 mm におよぶ》.

Hércules' chóice *n.* ヘラクレスの選択《安逸をしりぞけて進んで苦労を選ぶこと》.

Hércules'-clúb 〘Hercules が手にもつとげのあるこん棒から〙 — *n.* 〘植物〙 **1** ウコギ科タラノキ属の低木 (*Aralia spinosa*)《樹皮と根は薬用; angelica tree, devil's-walking-stick ともいう》. **2** ミカン科サンショウ属の木 (*Zanthoxylum clava-herculis*)《prickly ash ともいう》.

Hércules' Píllars *n. pl.* [the ~] =Pillars of Hercules.

Her·cyn·i·an [həːsíniən | həːsínɪən] 〘← L *Hercynia* (*silva*) Hercynian (forest)+-AN¹〙 *adj.* 〘地質〙ヘルシニア造山期の.

herd¹ [hə́ːd | hə́ːd] 〘OE *heord* < Gmc **xerðō* (G *Herde*) ← IE **kerdho-* row, herd〙 — *n.* **1 a** (人間の世話で一緒に飼われている同一種類の)家畜の群れ; (特に)牛の群れ (cf. flock¹ 1 a): a ~ of cattle 牛の群れ / ~s of horses 馬の群れ / flocks and ~s ⇨ flock¹ *n.* 1. **b** (野生の草食動物・大きな魚・大きな陸生または水中の鳥などの)群れ: the deer roaming in ~s 群れて遊んでいる鹿 / a ~ of swans 白鳥の群れ. **2 a** (共通のつながりのある)人の集団. **b** 《軽蔑》群集, 大勢: a ~ of politicians 政治屋ども. **c** [the ~] 《軽蔑》民衆, 一般庶民 (crowd, masses): *the* common [vulgar] ~ 庶民[下層社会]. **3** 多量; 多数: a ~ of new cars.
ride herd 《米》 (1) 〔牛の群れを〕馬に乗って統制する 〔*on*〕. (2) 〔…を〕きびしく見張る, 監督する 〔*on*〕.
— *vi.* **1 a** 群れをなして行く. **b** 群がる, 群れをなす 〈*together*〉. **2** 〔…と〕付き合う, 交際する (associate) 〔*with*〕. — *vt.* **1 a** 〈牛・羊などを〉追い集める. **b** 〈一群の人々を〉集める, 連れて行く; 監督する: She didn't have to ~ children. 子供たちの監督をする必要はなかった / The pupils were ~*ed* by a young teacher. 生徒たちは若い教師に引率されていた. **2** 付き合わせる, 交際させる 〔*with*〕.

herd² [hə́ːd | hə́ːd] 〘OE *hirde, hi(e)rde* < Gmc **xerðjaz* (G *Hirte*) ← **xerðō* (↑)〙 — *n.* [通例複合語の第 2 構成素として] 家畜の番人, 牧夫 (herdsman), …飼い: cow*herd*, shep*herd*, swine*herd*, etc.

hérd·bòok *n.* (牛・豚などの)血統書[記録].

hérd·er *n.* **1** (牛や羊などの)家畜の番人, 牧夫. **2** 流木係《川・水路などで, 切り出した材木の流れが滞らないように世話をする係》.

Her·der [hέədə | hέədə(r; *G.* hέrdɐ], **Johann Gottfried von** *n.* ヘルダー《1744–1803; ドイツの哲学者・詩人》.

her·dic [hə́ːdɪk | hə́ː-] 〘← *Peter Herdic* (1824–88: これの発明者の米国人)〙 — *n.* ハーディック(馬車)《19 世紀末の米国の, 屋根が低く後部に入口があり, 両側に席のある二輪または四輪の乗合馬車》.

hérd ìnstinct *n.* 〘心理〙群(居)本能.

hérd·man [-mən] 〘OE *hyrdemann*: ⇨ herd¹, man¹〙 *n.* (*pl.* **-men** [-mən]) 《廃》=herdsman.

hérd's-gràss 〘← *John Herd* (これを発見した 18 世紀の米国人)〙 *n.* 〘植物〙イネ科の牧草; (特に)オオアワガエリ (timothy), コヌカグサ (redtop).

hérds·man [-mən] 〘《1603》← HERD¹ + -s² + MAN¹: cf. craftsman, etc.〙 — *n.* (*pl.* **-men** [-mən]) **1** 家畜の番人, 牧夫; 家畜の群れの飼主. **2** [the H-] 〘天文〙うしかい(牛飼い)座 (Boötes).

here [híə | híə(r)] 〘OE *hēr* ← Gmc **xi-* this (G *hier*) ← IE **ko-* this one (L *cis*): ⇨ he¹, her: -*r* は adv. suf.〙 — *adv.* **1** ここに, ここで (cf. there): *Here* is something for you. 少ないがこれを上げます / *Here* it is. さあここにある / It is warmer ~ in the room. この部屋の中の方が暖かい / *Here's* (a health) to you! =*Here's* luck to you! =*Here's* to your health! あなたのご健康[ご幸運]を祝します, あなたのために乾杯します / *Here* we are at the station. さあ駅に着いた / *Here* you are! ⇨ 成句. **2** ここへ, こちらへ, こちらに: Come ~! (ここへ)おいで / *Here* he comes! 彼がやって来た. **3 a** この時に, この点で, ここで: *Here* he paused and looked around. ここで彼は話をやめてあたりを見回した / *Here* he is wrong. この点で彼は間違っている. **b** この事に関しては: The important point ~ is that we cannot afford to buy it. この事に関しての大事なことは我々がこれを買うことができないということだ. **c** この時, 今 (now): *Here* it is September. 今は 9 月だ. **4** この世で, 現世で: ~ below この下界では.
here and now 今この場で, すぐに (cf. *n.* 成句). ***here and there*** (1) そこここに, あちこちで: every ~ *and there* そこここ一面に, そこら辺一体に / The road was rough ~ *and there.* 道路はあちこちで凹凸していた. (2) あちらこちらへ: roam ~ *and there* あちこちをさまよう. (3) 時々 (now and then). ***Here goes!*** 《口語》ええい, やっちまえ, ええいくそっ《何かむずかしい事とか, 不愉快な事をしようとする時の決意またはあきらめの間投詞的発声》. ***here, there, and everywhere*** 至る所に; 絶えず動き回って. ***here today, gone tomorrow*** はかない, 束の間の; 絶えず動きまわっている. ***Here we are.*** 《口語》 (1) (われわれの捜し物・望みの物が)さあここにあります. (2) ⇨ 1. ***Here you are.*** 《口語》(捜し物・望みの物を差し出しながら)はいここにあります. ***Look here!*** おい, ねえ《注意を促す言葉》. ***neither here nor there*** 問題外で, 無関係で; 取るに足らない, つまらない (cf. Shak., *Merry W* 1. 4. 111, *Othello* 4. 3. 59). ***See here!*** = *Look* HERE!
— *adj.* **1** [指示代名詞または指示形容詞を伴う名詞のあとに用いて; 強意語として]: *this* man ~ (ここにいる)この人. **2** 《非標準的用法》[指示形容詞のあと名詞の前に用いて; 強意語として]: this ~ man (ここにいる)この人.
— *n.* ここ; この点, この世: from ~ ここから / Get out of ~! ここから出てうせろ / in ~ ここに, この中に, ここでは / near ~ この近くに / up to ~ ここまで / *Here* is where you are wrong. ここがあなたの間違っているところです.
the here and now この今, 現在, 現時点; 即時性 (cf. *adv.* 成句).
— *int.* **1** [犬などに命令したり子供をたしなめたりして]これ, それ, さあ. **2** [出欠調査の返事として] はい (Present).

He·re [hí(ə)ri | híəri] *n.* 〘ギリシャ神話〙=Hera 2.

hère·abóut 〘《?a1200》*heer aboute*: ⇨ here, about〙 *adv.* この辺に, このあたりに: I lost my book somewhere ~. どこかこの辺で本をなくした.

here·abouts [ˌ–ˌ–, ˌ–ˌ–, ˌ–ˌ–] 〘《1594–95》: ⇨ ↑, -s² 1〙 *adv.* =hereabout.

hère·áfter 〘OE *heræfter*: ⇨ here, after〙 — *adv.* **1 a** この後に, これから先に. **b** 将来, 今後, 以後: I shall be careful ~. これからは気をつけます. **2** 来世で. — *n.* **1** 今後, 将来, 未来. **2** [しばしば the ~] 来世, あの世: *the* unknown ~ 未知の来世. — *adj.* 《古》未来の, 後世の (future): that ~ ages.

hère·át 〘《?a1400》〙 *adv.* 《古》 **1** ここにおいて; この時, その時 (when). **2** この故に.

hère·awày 〘《?c1380》〙 *adv.* 《方言》この辺に, このあたりに (hereabout).

hère·bý 〘《?c1200》*here by*〙 *adv.* **1** 《文語》これによって, この宣言[行為, 文書]によって, この結果. **2** 《廃》この辺に.

heredes *n.* heres の複数形.

He·re·dia [èrɪeɪdjɑ́ː, (h)eɪréɪdiə | èrɪeɪdjɑ́ː; *F.* eredja, *Sp.* eréðja], **José Ma·rí·a** [maría] **de** *n.* エレディア《1842–1905; キューバ生れのフランスの高踏派詩人; *Les Trophées* (1893)》.

he·red·i·ta·ble [hɪrédətəbl̩, hə-, hèrədɪt- | hɪrédɪt-, he-, hə-] 〘《a1447》⊏ ML *hērēditābil-is* ← L *hērēditāre* to inherit ← *hērēs* 'HEIR': ⇨ -able〙 — *adj.* =heritable.

he·red·i·ta·bil·i·ty [hɪrèdətəbíləti, hə-, hèrədɪt- | hɪrèdɪtəbílɪti, he-, hə-, -lɪ-] *n.* =heritability.

her·e·dit·a·ment [hèrədítəmənt, hɪrédə-, hə-, he- | hèrɪdít-, -rə-, -tɪ-] 〘《1461》⊏ ML *hērēditāment-um* ← L *hērēditāre* (↑)〙 — *n.* 〘法律〙譲り伝えることの出来る財産, 相続財産《特に不動産》, 世襲財産; 不動産 (real property).

he·red·i·tar·i·an [hɪrèdətέ(ə)riən, hə-, he- | hɪrèdɪtέəri-, he-, hə-] 〘← HEREDITARY+-AN¹〙 — *n.* 遺伝説信奉者, 遺伝論者 (cf. environmentalist 2). — *adj.* 遺伝説信奉の, 遺伝説を主張する.

he·red·i·tár·i·an·ism [-nɪzm̩] *n.* 遺伝説《個人の持って生れた遺伝的素質が, その形態や機能の発達を規定するとする説: cf. environmentalism》.

he·red·i·tar·y [hərédətèri, hə-, he- | hɪrédɪt(ə)ri, he-, hə-] 〘《?a1425》⊏ L *hērēditāri-us* ← *hērēditās*: ⇨ heredity, -ary〙 — *adj.* **1** 〈病気・本能など〉遺伝性の, 遺伝的な (↔ acquired): ~ characters [characteristics] 遺伝形質 / a ~ disease 遺伝性疾患. **2** 〈習慣・信仰など〉親譲りの, 代々の: a ~ enemy 宿敵 / ~ friendship [feud] 親の代からの親交[不和]. **3** 〘法律〙〈権利・資格・財産など〉世襲の, 相続権による: a ~ monarchy 世襲君主政体 / ~ property 相続財産 / a ~ monarch 世襲君主 / a ~ peerage 世襲の貴族の地位. **4** 〘数学〙遺伝的な《一つの集合の上にその要素の性質とその要素の間の関係とが与えられている時, その性質をもつ要素とその関係にある要素がすべてまたその性質をもつとき, その性質はその関係について遺伝的であるという》.

Hereditary Grand Almoner (of England) [the —] 英国王家の施物係の大官.

he·red·i·tar·i·ly [hərèdətérəli, hə-, he-, ─ˌ─ˌ─ | hɪrédɪt(ə)rəli, he-, hə-, -rɪli] *adv.* **he·réd·i·tàr·i·ness** *n.*

he·red·i·ty [hɪrédəti, hə-, he- | hɪrédɪti, he-, hə-, -dɪ-] 〘《c1540》⊏ F *hérédité* ⊏ L *hērēditātem* heirship ← *hērēs* 'HEIR': ⇨ -ity〙 — *n.* **1** 相続 (inheritance); 伝統 (tradition). **2** 〘生物〙 **a** 遺伝; 形質遺伝. **b** 個人の遺伝的特質.

Heref. 《略》Herefordshire.

Her·e·ford¹ [hérəfəd, hə́ːfəd | hérɪfəd] 〘OE ~ ← *here* army (⇨ harry)+FORD〙 *n.* **1** イングランド Hereford and Worcester 州西部の都市; 旧 Herefordshire 州の首都; 人口 47,000. **2** =Herefordshire.

Her·e·ford² [hə́ːfəd | hérɪfəd] 〘↑〙 *n.* ヘレフォード: **1** 体が赤く顔が白い肉用品種の牛. **2** アメリカ種の白い斑点のある体の赤い品種の豚.

Héreford and Wórcester *n.* イングランド西部の州; 1974 年旧 Herefordshire 州と Worcestershire 州が合併して新設; 人口 603,000, 面積 3,926 km²; 首都 Worcester.

Her·e·ford·shire [hérəfədʃɪə, hə́ːfəd-, -ʃə | hérɪfədʃə(r, -ʃɪə(r)] 〘OE *Herefordscīr*: ⇨ Hereford¹, -shire〙 — *n.* イングランド南西部の旧州; 面積 1,634 km², 首都 Hereford; 1974 年 Hereford and Worcester 州の一部となる.

hère·fróm *adv.* 《古》ここから; これから.

Herefs. 《略》Herefordshire.

hère·ín 〘OE *hērinne*: ⇨ here, in〙 — *adv.* 《文語》 **1**

a これに, この中に[へ], この内に: ～ enclosed 同封の[して]. b この文[本]の中に. 2 こういう事情で, こういうことを考えて, 特に (in particular).

herein·abóve *adv.* 《文語》この記録[スピーチ]の上に, 前述の部分において.

herein·áfter *adv.* 《文語》(公文書・契約書などで)下文に, 下に (below): … ～ called the Buyer …を以下買手と称する.

herein·befóre *adv.* 《文語》(公文書・契約書・書籍などで)上に, 上文に, 前条に.

herein·belów *adj.* 《文語》(公文書・契約書・書籍などで)下文の, 下記の, 下の.

hère·ínto *adv.* 《古》この中へ; この問題の中に.

he·rem [xéɪrəm, xé(ə)r- | xéɪr-, xéər-] 〘□ Heb. *ḥērem* person or thing devoted to destruction〙 ── *Heb. n.* 〘ユダヤ教〙破門《ラビまたはシナゴグ (synagogue) および共同体の役員が宣言する破門の形式の一つ》.

hère·óf 〘OE *hērof*: ⇨ here, of¹〙 *adv.* 1 《文語》これの; これについて: upon the receipt ～ これを受け取り次第. 2 《廃》このことから, ここから.

hère·ón 〘OE *hēron*: ⇨ here, on〙 *adv.* 《文語》= hereupon.

He·re·ro [həré(ə)rou, hérəròu | heréərəu, hérəràu] 〘土語〙 ── *n.* (*pl.* ～, ～s) 1 a [the ～(s)] ヘレロ族《アフリカ南西部のバンツー族の一種族》. b ヘレロ族の人. 2 ヘレロ語《Bantu 語派に属する》.

he·res [héɪreɪs, hí(ə)ri:z | híəri:z] 〘□ L *hērēs* 'HEIR'〙 *n.* (*pl.* **he·re·des** [heɪréɪdeɪs, hɪrí:di:z, hə- | hɪrí:di:z]) 〘ローマ法〙相続人 (heir).

here's [híəz | híəz] here is の縮約形.

he·re·si·arch [hərí:ziɑ̀ək, he-, -si-, hérəsi- | herí:ziɑ̀:k] 〘□ LL *haeresiarch-a* □ Gk *hairesiárkhēs* ← *hairesis* 'HERESY'+*arhós* ruler: ⇨ -arch¹〙 ── *n.* 異端(派)の創始者[開祖], 異端の指導者; 邪教の開祖; 異教の首長.

he·re·si·mach [hərí:zəmæ̀k, he-, -sə-, hérəsi- | herí:zɪ-, hɪ-, hə-, -sɪ-, hérɪsɪ-] 〘□ LGk *hairesimákh-os* ← Gk *hairesis* 'HERESY'+*mákhē* battle〙 ── *n.* (熱心な)異端[異教]反対者, 異端[異教]反駁(㋩)者.

he·re·si·og·ra·phy [hərì:ziɑ́grəfi, he-, -si-, hèrəsi- | herì:ziɔ́grəfɪ, hɪ-, hə-, -sɪ-] 〘← HERESY+-O-+-GRAPHY〙 *n.* 〘キリスト教〙異端論《異端に関する論文》.

her·è·si·ól·o·gist [-dʒɪst, -dʒəst | -dʒɪst] *n.* 異端[異教]研究者.

her·e·si·ol·o·gy [hərì:ziɑ́lədʒi, he-, -si-, hèrəsi- | herì:ziɔ́lədʒɪ, hɪ-, hə-, -sɪ-] 〘⇨ heresy, -logy〙 *n.* 1 異教研究の論文. 2 〘キリスト教〙異端研究[学].

her·e·sy [hérəsi | -rəsɪ, -rɪ-] 〘(?*a*1200) □ OF (*h*)*eresie* (F *hérésie*) □ L *haeresis* □ Gk *haíresis* choice, sect ← *haireîsthai* to choose ← *haireîn* to take ← ?〙 ── *n.* 1 a (既成宗教, 特にキリスト教が排斥する)邪教, 異教, 異端. b (正統派の信条に反する)異説, 邪論: the Arian ～ アリウス派の異説. 2 (一般的学説・通説等に反する)反論: the antivaccinationist ～ 種痘反対論.

her·e·tic 〘(1340) *heretike* □ (O)F *hérétique* □ L *haereticus* □ Gk *hairetikós* able to choose: ⇨ ↑, -ic¹〙 ── [hérətɪk | -rə-, -rɪ-] *n.* 1 異端者, 異教徒, 邪教徒. 2 〘カトリック〙異端者《カトリックの信徒にして, カトリック教理の一部を受け入れ, 他を公的に否認する者》. 3 (一般的学説・通説などに対して)異説を唱える人, 反論者. ── [hérətɪk, hɪrétɪk, hə-, he- | hérɪtɪk, hɪrét-, hə-] *adj.* = heretical.

he·ret·i·cal [hɪrétɪkəl, hə-, he-, -tə- | hɪrétɪ-, hə-] 〘(*a*1425) □ ML *haereticāl-is*: ⇨ ↑, -al¹〙 ── *adj.* 異教の, 邪宗の; 異端の, 異説の: a ～ view 異端の説, 異教的見解. **～·ly** *adv.* **～·ness** *n.*

hère·tó 〘? OE *heer to*: ⇨ here, to〙 *adv.* 《文語》(法律文書などで)これに: the bill of credit ～ attached これに添付した信用状 / annexed ～ これに添付して.

here·to·fore [híətəfɔ̀ə, -fɔ̀ə, ⌐ ─ ─ | hìətəfɔ́:(r)] 〘(*c*1200) *heretoforen* ← HERE+ME *toforen* before (< OE *tōforan*: ⇨ to, fore¹)〙 ── *adv.* 《文語》今まで, これまで, 従前 (hitherto); 以前は, 従来は (formerly). ── *adj.* 《古》今までの, 以前の (previous).

hère·únder 〘? OE *herunder*: ⇨ here, under〙 ── *adv.* 《文語》1 この下に, 下(文)に: articles [examples] enumerated ～ 下記の商品[例文]. 2 この取決めに従って, これにより.

here·un·to [⌐ ─ ─, ⌐ ─ ⌐ | ⌐ ─ ⌐] *adv.* 《古》= hereto.

hère·upón 〘? OE *heruppon*: ⇨ here, upon〙 *adv.* 《古》ここにおいて; それですぐ.

hère·wíth 〘lateOE *herwið*: ⇨ here, with〙 ── *adv.* 1 (手紙などの同封物について)これと共に, これに添えて: enclosed ～ (ここに)同封して. 2 これ[この方法]により (hereby).

Her·ges·hei·mer [hə́:gəshàɪmə, -gəʃàɪ- | hə́:gəshàɪmə(r)], **Joseph** *n.* (1880–1954) 米国の小説家; *Java Head* (1919).

He·ring [hé(ə)rɪŋ, héɪr- | héər-; *G.* hé:rɪŋ], **Ewald** *n.* ヘーリング《1834–1918; ドイツの生理学者・心理学者》.

her·i·ot [hériət | -rɪ-] 〘OE *heregeat* ← *here* army (⇨ harry)+*geatwa* apparatus: 封建武士が死ぬと借用の武器を領主に返納したことから〙 ── *n.* 〘英法〙相続上納物, 借地相続税《昔, 領臣が死亡の時, 相続人が領主に奉納した領臣所有の最良の家畜または動産; 今でも荘園の慣習により認める所がある》.

her·i·ta·bil·i·ty [hèrɪṭəbíləṭi, -rə- | -rɪtəbílətɪ, -lɪ-] *n.* 相続可能性.

her·i·ta·ble [hérɪṭəbl, -rə- | -rɪt-] 〘(?*a*1425) □ (O)F *héritable* ← *hériter* to inherit: ⇨ heritage, -able〙 ── *adj.* 1 〈不動産が〉譲り伝えることのできる (inheritable). 2 〈人が〉相続できる. 3 〈性質・病気など〉遺伝性の.

hér·i·ta·bly [-bli | -blɪ] 〘(*a*1475): ⇨ ↑, -ly¹〙 *adv.* 相続(権)によって, 相続の形で, 相続的に.

her·i·tage [hérɪṭɪdʒ, -rə- | -rɪt-] 〘(?*a*1200) □ OF (*h*)*eritage* (F *héritage*) ← *hériter* to inherit □ L *hērēditāre* ← *hērēs* 'HEIR': cf. heredity〙 ── *n.* 1 (権利・性質・責任・境遇など)親譲りのもの, 前任者から引き受けたもの, 伝来の物, 遺産; 伝統 (cf. inheritance 3): Debts were his only ～. 彼の受けた遺産は借金だけだった / a cultural ～ 文化的遺産. 2 生得権. 3 〘法律〙a 世襲財産, 相続財産《特に不動産》, 家督 (patrimony). b 〘スコット法〙(動産と区別して)不動産. 4 〘聖書〙神の選民, イスラエル人; キリスト教徒[教会]: God's ～ キリスト教徒[教会].

her·i·tance [hérɪṭəns, -rə- | -rɪt-] 〘(*c*1385) □ OF ～ ← *hériter* (↑)〙 *n.* 《古》= heritage.

her·i·tor [hérɪṭə, -rə- | -rɪtə(r)] 〘(1422) *heriter* □ AF = (O)F *héritier* < LL *hērēditārium*: ⇨ heredity〙 ── *n.* 1 相続人 (heir). 2 〘スコット法〙教区の土地[家屋]所有者.

herl [hə́:l | hə́:l] 〘(?*c*1390) *herle* □ ? MLG *harle*, *herle* fiber of flax or hemp〙 *n.* 〘釣〙1 (鳥の羽の)細い羽枝《毛鉤用》: a peacock ～. 2 羽枝を用いた毛鉤.

herm [hə́:m | hə́:m] 〘□ L *herma* (↓)〙 ── *n.* 〘美術〙ヘルメス柱像《古代ギリシャの, 石の角柱を台座とした男子胸像・頭像; この形式の Hermes の像を道標として用いたことに由来》.

her·ma [hə́:mə | hə́:-] 〘□ L ～ □ Gk *Hermês* 'HERMES'〙 *n.* (*pl.* **her·mae** [-mi:, -maɪ], **her·mai** [-maɪ]) 〘美術〙= herm.

Her·man [hə́:mən | hə́:-] 〘□ G *Hermann* (↓)〙 *n.* 男性名.

Her·mann [hə́:mən, héəma:n | hə́:mən, héəma:n; *F.* ɛrman, *G.* hérman] 〘□ G ～ < OHG *Hariman* ← *hari*, *heri* army (⇨ harry)+MAN¹〙 ── *n.* 男性名. ★ドイツ系の名.

Hér·mann-Mau·guín sỳmbol [hə́:mənmou-gǽ:(ŋ)-, -gǽŋ- | hə́:mənməu-; *G.* hérman-, *F.* -mogɛ̃-] 〘← *C. H. Hermann* (1898–1961: ドイツの結晶学者) & *Ch. Mauguin* (1878–1958: フランスの結晶学者)〙 ── *n.* 〘結晶〙ヘルマン モーガンの記号《点群・空間群およびそれが含む対称要素を表わす記号体系の一つで, 最も広く使われるもの; cf. Schoenflies symbol》.

her·máph·ro·dìsm [-dɪzm] 〘□ F *hermaphrodisme* ← *hermaphrodite* □ L *hermaphroditus* (↓): ⇨ -ism〙 *n.* = hermaphroditism.

her·maph·ro·dite [hə(:)mǽfrədàɪt | hə:-] 〘(*a*1387) *hermofrodite* □ L *hermaphrodit-us* □ Gk *Hermaphróditos* 'HERMAPHRODITUS'〙 ── *n.* 1 a 両性動物, ふたなり《雌雄の両性器を備えた動物; cf. gynandromorph, intersex》; 雌雄同株[同体], 両性花, 完全花. b 半陰陽者, 両性具有者, ふたなり, 半月(㋩). 2 a 男女の両性質をもつ人[物]. b 同性愛の人 (homosexual). 3 相反する二つの性質を持つもの[人]. 4 〘海事〙= hermaphrodite brig. ── *adj.* = hermaphroditic.

hermáphrodite brìg *n.* 〘海事〙(ブリグとスクーナーとの)あいの子ブリグ《前檣(㋩)に数枚の横帆(㋩)を, 後檣(㋩)に上下 2 枚の縦帆(㋩)を装備した 2 本マストの帆船; 単に hermaphrodite ともいう, 普通はブリガンティン (brigantine) という》.

her·maph·ro·dít·ic [hə(:)mæ̀frədíṭɪk | hə:mæ̀frə-dít-] 〘⇨ hermaphrodite, -ic¹〙 ── *adj.* 1 〘植物〙雌雄の両性器を持つ《花が雄蕊(㋩)と雌蕊の両方を備えた》, 雌雄同花の (monoclinous). 2 反対の両性質を持つ. **her·màph·ro·dít·i·cal** *adj.* **her·màph·ro·dít·i·cal·ly** *adv.*

her·máph·ro·di·tìsm [-daɪtɪzm] *n.* 雌雄同体現象, 半陰陽 (bisexuality) (cf. gynandry).

Her·maph·ro·di·tus [hə(:)mæ̀frədáɪṭəs | hə:mæ̀f-rədáɪt-] 〘□ *Hermaphroditus* □ Gk *Hermaphróditos*〙 ── *n.* 〘ギリシャ神話〙ヘルマフロディトス《Hermes と Aphrodite の間に生まれた美青年; Caria の Salmacis の泉に住む妖精 (nymph) に恋され, 妖精の祈りによって一体となり, 男女両性を具えるようになった》.

her·ma·typ·ic [hə̀:mətípɪk | hə̀:-] 〘← HERMA + *-typic* (⇨ -type, -ic¹)〙 *adj.* 〘動物〙暗礁を作る: ～ corals 造礁珊瑚(㋩).

her·me·neu·tic [hə̀:mən(j)ú:ṭɪk | hə̀:mənjú:t-] 〘(1807) □ Gk *hermēneutik-ós* ← *hermēneúein* (↓)〙 ── *adj.* (聖書の)解釈の (interpretative). **hèr·me·néu·ti·cal** *adj.* **hèr·me·néu·tic·al·al·ly** *adv.*

her·me·neu·tics [hə̀:mən(j)ú:ṭɪks | hə̀:mənjú:t-] 〘(1737) ← NL *hermēneutica* ← Gk *hermēneutikḗ* ← *hermēneutís* ← *hermēneúein* to interpret ← *hermēneús* interpreter ← ? *Hermês* 'HERMES TRISMEGISTUS': ⇨ -ics〙 ── *n.* 1 解釈学. 2 聖書解釈学《聖書の釈義 (exegesis) の原理を扱う神学の一分野》.

her·mes [hə́:mi:z | hə́:-] *n.* (*pl.* **her·mae** [-mi:, -maɪ], **her·mai** [-maɪ]) 〘美術〙= herm.

Her·mes [hə́:mi:z | hə́:-] 〘□ L *Hermēs* □ Gk *Hermês* ← ?〙 ── *n.* 〘ギリシャ神話〙ヘルメス《Zeus と Maia との子; 神々の使者で翼のついた靴と帽子と杖 (caduceus) を身につけて描かれている; 商業・学術・雄弁・発明・体育などを司り, また盗賊・羊の群れ・旅人の守護神; ローマ神話の Mercury に当たる》.

Hérmes Tris·me·gís·tus [-trɪsmɪdʒístəs, -mə- | -mɪ-] 〘□ Gk *Hermês trismégistos* Hermes the thrice greatest〙 ── *n.* ヘルメス トリスメギストス《グノーシス派がエジプトの神 Thoth に与えた名; Hermes と同一視され, 魔術・占星術・錬金術に関する書物の著者とされた》.

her·met·ic [hə:méṭɪk | hə:mét-] 〘□ ML *hermēticus* alchemic ← *Hermit-*, *Hermēs* 'HERMES': ⇨ -ic¹〙 ── *adj.* 1 a [通例 H-] Hermes Trismegistus の, その著書の. b [時に H-] 錬金術の, 魔術の: the ～ art [philosophy, science] 錬金術. c [時に H-] 秘伝の (esoteric). 2 a 密封した, 密閉した (airtight): ～ seal 溶接密閉. b 外部からの力[影響]を受けつけない. ── *n.* 錬金術師.

her·mét·i·cal [-ṭɪkəl, -ṭə- | -tɪ-] *adj.* = hermetic.

her·mét·i·cal·ly 〘(1605)〙 *adv.* 密封して, 密閉して: be ～ sealed 密閉されている.

her·mét·i·cìsm [-ṭəsìzm | -tɪ-] 〘↓〙 *n.* [しばしば H-] = hermetism.

her·me·tism [hə́:mətìzm | hə́:-] 〘← HERMET(IC)+-ISM〙 ── *n.* 1 [通例 H-] (エジプトの神人 Hermes Trismegistus の)神秘な教理. 2 (その教理に基いた)神秘思想の支持[信奉]; 秘伝的信仰. **hér·me·tist** [-ṭɪst, -ṭəst | -tɪst] *n.*

Her·mi·a [hə́:miə, -mjə | hə́:mjə, -mɪə] 〘《変形》← HERMIONE〙 *n.* 女性名.

Her·mi·na [hə́:mənə | hə́:mɪ-] 〘《変形》← HERMIONE〙 *n.* 女性名.

Her·mi·o·ne [hə(:)máɪənì: | hə(:)máɪənɪ] 〘□ L *Hermionē* □ Gk *Hermiónē* ← *Hermês* 'HERMES'〙 ── *n.* 1 女性名. 2 〘ギリシャ伝説〙ヘルミオネー《Menelaus と Helen の子で Orestes の妻》.

her·mit [hə́:mɪt, -mət | hə́:mɪt] 〘(1196) (*h*)*ermite* □ OF (F *ermite*) // L *erēmīt-a* (ML *herēmīta*) □ Gk *erēmítēs* ← *erēmía* desert ← *erêmos* solitary ← IE **er-* to separate〙 ── *n.* 1 a (社会生活を離れ孤独の生活をする)隠者, 世捨て人 (recluse). b 〘キリスト教〙隠修士《3 世紀末のエジプト地方に始まった, 主に古代キリスト教の, 世俗を逃れ荒地, 砂漠に独居した修道者; 今日でも東方正教会や西方の一部 (Carthusian など) のうちにその風習が残存する; cf. cenobite》. 2 ハーミットクッキー《干しぶどう・くるみ・香料入りの糖蜜(㋩)クッキー》. 3 《廃》= beadsman. 4 a 〘動物〙(群居しない)独居性動物. b 〘鳥類〙ユミハシハチドリ《ユミハシハチドリ属 (*Phaethornis*) のハチドリ (hummingbird) のあるものをいう; 昆虫を主食にし花にはめったに近寄らない》. c 〘動物〙= hermit crab.

her·mit·age [hə́:mɪṭɪdʒ, -mə- | hə́:mɪt-] 〘(*c*1300) □ (O)F (*h*)*ermitage*: ⇨ ↑, -age〙 ── *n.* 1 a 隠者のすみか, 庵(㋩). b 人里離れた家. c = monastery. 2 隠遁(㋩)者の生活. 3 [H-] (レニングラードの)エルミタージュ宮.

Her·mi·tage [(h)ɛ̀əmɪtá:ʒ | hə́:mɪtɪdʒ; *F.* ɛrmita:ʒ] 〘← (*Tain-l'*) *Hermitage*: フランスの原産地名〙 ── *n.* エルミタージュ(ワイン)《Rhone 川流域の主に赤のぶどう酒》.

hérmit cràb *n.* 〘動物〙ヤドカリ《ヤドカリ科・ホンヤドカリ科・オキヤドカリ科の動物の総称》.

Her·mite [hə́mí:t, ɛə- | ɛə-; *F.* ɛrmit], **Charles** *n.* エルミート《1822–1901; フランスの数学者》.

Hermíte equàtion 〘← *C. Hermite*〙 *n.* 〘数学〙エルミートの(微分)方程式.

Her·mí·tian cónjugate [hə̀mí:ʃən-, ɛə- | ɛəmí:-ʃɪən-, -ʃən-] 〘← *C. Hermite*+-IAN〙 ── *n.* 〘数学〙随伴エルミート行列, 共役転置行列《複素行列の転置行列の各要素を共役複素数にかえたもの; adjoint, associate ともいう》.

Hermítian mátrix 〘↑〙 *n.* 〘数学〙エルミート行列《複素正方行列で自分自身の随伴エミトール行列 (Hermitian conjugate) と等しいもの》.

her·mit·ic [hə:míṭɪk | hə:mít-] 〘⇨ hermit, -ic¹〙 *adj.* 隠者の[にふさわしい]; 隠遁(㋩)した (secluded).

her·mít·i·cal [-ṭɪkəl, -ṭə- | -tɪ-] *adj.* = hermitic. **～·ly** *adv.*

hérmit thrùsh *n.* 〘鳥類〙北米産のモリツグミ属の鳥の一種 (*Hylocichla guttata*).

hérmit wàrbler *n.* 〘鳥類〙米国北西部産アメリカムシクイ科の鳥の一種 (*Dendroica occidentalis*).

Her·mon [hə́:mən | hə́:-], **Mount** *n.* ヘルモン山《Syria 南西部と Lebanon との国境の山 (2,814 m)》.

Her·mo·sil·lo [ɛ̀əməsí:(j)ou | ɛ̀əməsí:(j)əu; *Am. Sp.* èrmosíjo] *n.* エルモシヨ《メキシコ北西部の都市で Sonora 州の首都; 人口 265,000》.

hern¹ [hə́:n | hə́:n] *n.* 〘鳥類〙《英方言》= heron.

hern² [hə́:n, hə́:rən | hə́:n] 〘(?*a*1200) *hiren* ← *hir(e)* 'HER': MY—MINE¹ などとの類推による〙 ── *pron.* (*also* **her'n** [～]) 《方言》= hers《非標準的な語》.

her·ni·a [hə́:niə, -njə | hə́:njə, -nɪə] 〘(*c*1390) □ L ～ 'rupture' ← IE **gher-* gut, entrail (cf. chord²)〙 ── *n.* (*pl.* ～s, **-ni·ae** [-niì:, -niàɪ | -niì:, -nɪàɪ]) 〘病理〙ヘルニア; (特に)脱腸《ほかに脳・食道・椎間板など多くの部分についてヘルニアと呼ぶ; rupture ともいう》.

hér·ni·al [-niəl | -njəl, -nɪəl] *adj.* [に関する].

her·ni·ar·y [hə́:nièri | -nɪərɪ] *adj.* ヘルニア(治療)の

her·ni·ate [hə́:nièɪt | hə́:nɪ-] 〘⇨ ↑, -ate³〙 *vi.* 〘病理〙ヘルニアを起こす[になる] (rupture). **hér·ni·àt·ed** [-ṭɪd, -ṭəd | -tɪd, -təd] *adj.*

her·ni·o- [hə́:nio(ʊ) | hə́:nɪə(ʊ)] 〘□ F ～ ← L *hernia*〙「ヘルニア (hernia)」の意の連結形.

her·ni·or·rha·phy [hɚ̀ːniɔ́(ː)rəfi, -ɑ́r- | hə̀ːniɔ́rəfi] 〖← HERNIO-＋Gk (r)rhaphḗ a sewing〗 *n.* 〖外科〗ヘルニア縫合手術.

her·ni·ot·o·my [hɚ̀ːniɑ́ṭəmi | hə̀ːniɔ́təmi] 〖← HERNIO-＋-TOMY〗 *n.* 〖医学〗ヘルニア切開(術).

hern·shaw [hɚ́ːnʃɔː | hə́ːn-] 〖《変形》← HERONSEW〗 *n.* 《廃・方言》〖鳥類〗＝heronsew.

he·ro [híːrou, hí(ə)r- | híərəu] 〖《*c*1400》《逆成》← *heroes* (pl.) ▭ L *hērōs* ▭ Gk *hḗrōs* ← IE **ser-* to protect〗 ── *n.* (*pl.* **~es**) **1 a** 英雄, 勇士, 勇者 : a national ～ 国民[国家]的英雄. **b** (敬慕の的となる)理想的人物, 偉人, 英雄的行為をした人 : one of my ～*es* 私の敬慕する人物の一人 / a schoolboy's ～ 生徒の崇拝する人物 / a crew-cut basketball ～ 頭を角刈りにしたバスケットボールのスター選手 / make a ～ of ...を英雄化する, もてはやす / come back to town a ～ 英雄となって[立身出世して]帰郷する ; 故郷へ錦を飾る / No man is a ～ to his valet. 《諺》どんな人もその召使には英雄に見えない,「英雄も近侍の人にはただの人」. **2** (詩・劇・小説などの)(男の)主人公, ヒーロー (cf. heroine 2). **3** 《米俗》 **a** (*pl.* **~es, ~s**) ＝hero sandwich. **b** (hero sandwich 用の)パン. **4** 〖ギリシャ神話〗神人 ; 半神 (demigod), 半神的英雄 : ⇨ culture hero.

He·ro [híːrou, hí(ə)r- | híərəu] 〖▭ L *Hērō* ▭ Gk *Hērṓ*〗 *n.* **1** 女性名. **2** 〖ギリシャ伝説〗ヘーロー《Sestos で女神 Aphrodite につかえた娘で, その愛人 Leander は Abydos から毎夜 Hellespont を泳ぎ渡って彼女に会いに来たが, ある嵐の夜 Hero の塔の灯火が消えて見えなかったため溺れ死に, Hero もその後を追って投身自殺したという》. **3** ヘロ (⇨ Heron).

Her·od [hérəd] *n.* ヘロデ(大王)《73?–4 B.C. ; ユダヤの王 (37–4 B.C.) ; 幼児のキリストを殺害するため Bethlehem の 2 歳以下の幼児全部の虐殺を命じたという悪王 ; cf. *Matt.* 2 ; 通称 Herod the Great ; cf. ⌊OUT-HEROD Herod》.

Herod. 《略》Herodotus.

Hérod Agríppa I *n.* ヘロデ アグリッパ一世《10 B.C.?–A.D. 44 ; Herod 大王の孫 ; ユダヤの王 (41–44)》.

Hérod Án·ti·pas [-ǽnṭɪpæ̀s, -ṭə-, -pəs | -tɪpæ̀s] *n.* ヘロデ アンティパス《21 B.C.?–? A.D. 39 ; Herod 大王の子, ガリラヤの領主 (4 B.C.–A.D. 39) ; Salome の願いにより John the Baptist の首を切り (*Matt.* 14 : 3–12), イエスの裁判を行なった》.

He·ro·di·an [hɪróudiən, hə-, he- | herə́udjən, hɪ-, hə-, -diən] 〖← L *Hērōdiānus* of Herod : ⇨ -ian〗 ── *adj.* Herod 大王の. ── *n.* (パリサイ人とともにイエスに敵対した)ヘロデ家の一味.

He·ro·di·as [hɪróudiəs, hə-, he-|herə́udiæ̀s, hɪ-, hə-] *n.* 〖聖書〗ヘロデヤ《Herod Antipas の後妻で, Salome の母 ; John the Baptist を殺させた ; cf. *Mark* 6 : 17–28 ; ⇨ Salome 2》.

He·rod·o·tus [hɪrɑ́dəṭəs, hə-, he-|herɔ́dət-, hɪ-, hə-] *n.* ヘロドトス《484?–?425 B.C. ; 小アジア Halicarnassus 生れのギリシャの歴史家 ; 通称 the Father of History》.

he·ro·ic [hɪróuɪk, hə-, he- | hɪrə́u-, he-, hə-] 〖《1549》▭ L *hērōic-us* ▭ Gk *hērōikós* of a hero : ⇨ hero, -ic¹〗 ── *adj.* **1** 英雄[勇士, 勇者]の[に関する, を扱った] : a ～ legend, poem, etc. **2 a** 勇ましい, 雄々しい, あっぱれな, 壮烈な ; 英雄らしい, 豪傑らしい, 大胆な (daring) : a ～ leader [explorer] 大胆な指揮者[探検家] / ～ conduct 英雄的行為 / ～ virtues 〖カトリック〗英雄的徳 (sanctification の根拠). **b** 思い切った, 最後の手段として用いる (extreme, radical) : ～ measures 思い切った手段 / a ～ remedy [treatment] 思い切った荒療治. **3 a** 〈文体・声など〉堂々とした, 雄大な (grandiloquent), 誇張した (high-flown). **b** 〖美術〗〈像など〉(巨大 (colossal) ではなく)実物より大きい, 超等身の : on a ～ scale 実物以上の大きさで. **c** 〈薬・投薬が〉多量の (large) : take ～ doses of medicine 思い切って多量に薬を飲む. **4** 〖詩学〗英雄詩に用いられる : ⇨ heroic couplet, heroic verse 2.
── *n.* **1 a** 英雄を扱った詩, 英雄詩. **b** [*pl.*] ＝heroic verse. **2** [*pl.*] 誇張した詩風, 大げさな感情, 芝居めいた行為 : go into ～*s* 感情を大げさに誇張して言う.

heróic áge *n.* [the ～] 英雄時代《Troy 滅亡前のギリシャ史詩時代》.

he·ró·i·cal [-ɪkəl, -ək- | -ɪk-] 〖《?*a*1425》← L *hērōicus* 'HEROIC'＋-AL¹〗 *adj.* ＝heroic. **~·ly** *adv.*

heróic cóuplet *n.* 〖詩学〗英雄詩体二行連句《隣接する各 2 行が押韻した弱強五歩格 (iambic pentameter) の対句詩型 ; Chaucer が *The Canterbury Tales* などで用い始めた》.

heróic dráma *n.* 英国 17 世紀王政復古時代の悲劇《heroic couplet で英雄的事跡を多く材料とする》.

he·ro·i·com·ic [hɪròuɪkɑ́mɪk, hə-, he-, -ròuə- | hɪrəuɪkɔ́m-, he-, hə-] *adj.* 英雄喜劇的な《誇張した勇壮さ・高貴さのためにかえって滑稽に堕したことをいう》. ⌈roicomic.

he·rò·i·cóm·i·cal [-mɪkəl, -mə- | -mɪ-] *adj.* ＝he-

heróic póem *n.* 叙事詩 (epic), 叙事体の詩.

heróic póetry *n.* 英雄詩, 史詩(epic)《本来ギリシャ・ローマその他の英雄や神々の事跡を歌った詩》.

heróic stánza *n.* 〖詩学〗英雄詩体 (heroic verse) の 4 行連句.

heróic ténor *n.* 〖音楽〗ヘルデンテノール《Wagner などのオペラの主役に適する重厚華麗で力強い英雄的な声質のテノール ; またその歌手》.

heróic vérse *n.* **1** 英雄詩, 史詩. **2** 〖詩学〗英雄詩体《heroic poetry に用いる詩型 ; 英語では弱強五歩格 (iambic pentameter) ; 古典詩では長短短六歩格 (dactylic hexameter), フランス語では 12 音節詩句 (Alexandrine) ; cf. pentameter》.

her·o·in [hérouɪn, -ən | -rəuɪn] 〖《1899》▭ G *Heroin* ← Gk *hḗrōs* 'HERO' : ⇨ -in¹ : もと商標名〗 ── *n.* (*also* **he·ro·ine** [～]) 〖薬学〗ヘロイン ($C_{21}H_{23}O_5N$)《モルヒネのアセチル誘導体 ; 最も危険な麻薬として知られ, ほとんどの国で使用が禁止されている ; diacetylmorphine, diamorphine ともいう》.

her·o·ine [hérouɪn, -ən | -rəuɪn] 〖《*a*1659》▭ L *hērōīna, hērōīnē* ▭ Gk *hērōḯnē* (fem.) ← *hḗrōs* 'HERO' : ⇨ -ine⁴〗 ── *n.* **1 a** (神話時代の)半神女 (demigoddess). **b** 女傑, 女丈夫(じょうぶ), 勇婦, 烈婦 (female hero). **2** (詩・劇・小説などの)女主人公, ヒロイン (cf. hero 2).

hér·o·in·ism [-nɪzm] *n.* ヘロイン中毒.

her·o·ism [hérouɪzm, híːr-, hí(ə)r- | hérəu-] 〖《1717》▭ F *héroïsme* : ⇨ hero, -ism〗 *n.* **1** 英雄的資質 ; 壮烈, 豪勇, 武勇, 勇壮. **2** 英雄的行為.

her·o·ize [híːrouàɪz, hí(ə)r-, hér- | híərəu-] 〖⇨ hero, -ize〗 *vt.* 英雄[勇者]扱いする ; 英雄的にする. ── *vi.* 英雄[勇者]振る.

he·ro·la [hɪróulə, hə- | herə́u-, hɪ-, hə-] 〖← ? Galla〗 ── *n.* 〖動物〗ヒロラダマリスクス (*Damaliscus hunteri*)《アフリカ産の黄褐色の大型のレイヨウ ; 顔面と尾に白斑がある》.

He·rold [eɪróuld | -rə́uld ; *F.* erɔld], **Louis Joseph Ferdinand** *n.* エロルド《1791–1833 ; フランスの作曲家 ; Zampa (1831)》.

her·on [hérən] 〖《*c*1300》 *heiroun* ▭ OF *hairon* (F *héron*) ▭ Gmc **xaiʒaron* (OHG *heigaro*) ← IE **ker-* (Gk *krízein* to creak)《擬音語》: cf. scream〗 ── *n.* 〖鳥類〗サギ科の鳥の総称《アメリカササゴイ (green heron), ゴイサギ (night heron), ムラサキサギ (purple heron), オオアオサギ (great blue heron) など》.

He·ron [híːrɑn | híərən] *n.* ヘロン《紀元 1 世紀ごろの Alexandria にいたギリシャの数学者・自然科学者 ; Hero ともいう》.

her·on·ry [hérənri | -rɪ] 〖⇨ heron, -ry〗 ── *n.* 鷺(さぎ)の生地[集団繁殖地], 鷺の森.

héron's-bìll *n.* 〖植物〗＝erodium.

her·on·sew [hérənsùː, -sùː] 〖《1381–82》 *heironseu* ▭ OF *heronceau* (dim.) ← *hairon, heron* 'HERON'〗 ── *n.* 《方言》〖鳥類〗＝heron.
know a hawk from a heronsew ⇨hawk¹ 成句.

Héron's fórmula *n.* 〖数学〗＝Hero's formula.

héro sándwich *n.* 《米俗》ヒーローサンドイッチ《外皮の固いパンを縦に切ってその間にハムやサラミソーセージ・チーズ・トマト・レタス・ピクルスなどをはさんだもの ; 単に hero ともいい, また grinder, hoagie, Italian sandwich, poor boy, sub, submarine sandwich, torpedo などともいう》.

Héro's fórmula 〖← *Hero(n) of Alexandria* : ⇨ Heron〗 *n.* 〖数学〗ヘロンの公式《三角形の三辺の長さから面積を算出する公式 ; Heron's formula ともいう》.

héro-wòrship *vt.* 英雄として崇拝する, 英雄視する.

héro wòrship *n.* **1** 英雄崇拝. **2** ばかげた[度を越した]追従(ついしょう).

héro-wòrshiper *n.* 英雄崇拝者.

herp. 《略》herpetology.

her·pan·gi·na [hɚ̀ːpændʒáɪnə, hɚːpǽndʒə- | hə̀ːpændʒáɪ-, həːpǽndʒɪ-] 〖← NL ～ : ⇨ ↓, angina〗 ── *n.* 〖病理〗ヘルパンギナ, 水疱性口峡(こうきょう)炎《咽頭部を冒(おか)される小児のウイルス病》.

her·pes [hɚ́ːpiːz | hə́ː-] 〖《*a*1398》▭ L ～ ▭ Gk *hérpēs* shingles ← *hérpein* to creep : cf. serpent〗 *n.* 〖病理〗疱疹(ほうしん), ヘルペス.

hérpes símplex [-símpleks] 〖▭ L ～ 'simple herpes'〗 ── *n.* 〖病理〗単純疱疹(ほうしん)[ヘルペス]《かぜや発熱のとき唇などにできるウイルス性の発疹 ; cold sore, fever blister ともいう》.

hérpes·vírus 〖⇨ herpes, virus〗 *n.* 〖病理〗疱疹[ヘルペス]ウイルス.

hérpes zós·ter [-zɑ́stə | -zɔ́stə(r] 〖▭ L ～ 'girdle of herpes'〗 *n.* 〖病理〗帯状疱疹(ほうしん)[ヘルペス]《shingles ⌊ともいう》.

herpet. 《略》herpetology.

her·pet- [hɚ́ːpət | hə́ːpɪt] (母音の前に来る時の) herpeto- の異形.

her·pet·ic [hə(ː)péṭɪk | həːpét-] 〖⇨ ↓, -ic¹〗 *adj.* 〖病理〗疱疹(ほうしん)(性)の, ヘルペス(性)の.

her·pe·to- [hɚ́ːpəṭo(ʊ) | hə́ːpɪtə(ʊ)] 〖← Gk *herpetón* a creeping thing : ⇨ herpes〗 ── 次の意味を表わす連結形 : **1** 「爬(は)虫類」. **2** 「疱疹(ほうしん), ヘルペス (herpes)」. ★ 母音の前では通例 herpet- になる. 「学者.

hèr·pe·tól·o·gist [-dʒɪst, -dʒəst | -dʒɪst] *n.* 爬(は)虫類

her·pe·tol·o·gy [hɚ̀ːpəṭɑ́lədʒi | hə̀ːpɪtɔ́lədʒi] 〖← HERPETO-＋-LOGY〗 ── *n.* 〖動物〗爬(は)虫類学《両生類の研究も含む ; cf. amphibiology》. **her·pe·to·log·ic** [hɚ̀ːpəṭəlɑ́dʒɪk | hə̀ːpɪtəlɔ́dʒ-] *adj.* **hèr·pe·to·lóg·i·cal** *adj.*

her·que·in [hɚ́ːkjuɪn, -kjuən, -kwɪn, -kwən | hə́ːkjuɪn, -kwɪn] 〖← NL (*Penicillium*) *herquei*＋-IN¹〗 ── *n.* 〖薬学〗ヘルクェイン《*Penicillium herquei* から得られる抗生物質》.

Herr [héə | hɛə(r ; *G.* hér] 〖▭ G ～ ＜ OHG *hēriro* (compar.) ← *hēr* noble〗 ── *n.* (*pl.* **Her·ren** [hérən ; *G.* hérən]) **1** [男性に対するドイツ語の敬称] ...君, ...様《英語の Mr. に当たる》: *Herr* Himmel ヒンメル氏. **2** ドイツ紳士 : meine ～*en* ドイツ紳士諸君.

Her·ren·volk [hérənfòuk, -fɔ̀(ː)lk | -fəuk ; *G.* hérənfɔlk] 〖▭ G ～ ← *Herren* lords, masters＋*Volk* people〗 ── *G. n.* (*pl.* **Her·ren·völ·ker** [-fɑ̀lkə | -kə(r ; *G.* -fœlkɐ]) **1** 支配民族,「ヘレンフォルク」《ナチズムのスローガン, 人種理論に基づくドイツ民族自賛の語》. **2** 自分達が先天的に他よりすぐれていると考える集団.

Her·re·ra [(h)əréɪ(ə)rə | (h)eréərə ; *Sp.* eréra], **Francisco de** *n.* エレラ《1576–1656 ; スペインの画家》.

Her·rick [hérɪk], **Robert** *n.* **1** (1591–1674) 英国の詩人 ; *Hesperides* (1648). **2** (1868–1938) 米国の小説家.

her·ring [hérɪŋ] 〖OE *hǣring* ＜ (WGmc) **xēriŋgaz* (G *Hering*)《原義》? gray fish : cf. OE *hār* gray〗 ── *n.* (*pl.* ～, **~s**) **1** 〖魚類〗 **a** タイセイヨウニシン (*Clupea harengus*)《北大西洋産の小型の食用魚 ; 幼魚は sardines として缶詰にされる》. **b** ニシン《ニシン科の魚の総称》: a kippered ～ 燻製ニシン / be packed as close as ～*s* 一杯に詰められて[すし詰めになって]いる (cf. *packed like* SARDINES) / (as) dead as a ～ 完全に死んだ / ⇨red herring. **c** (ニシン科以外の)ニシンに似た魚. **2** ニシンの身 : fried ～.

hérring·bòne *n.* **1** ニシンの骨. **2 a** 矢筈(やはず)模様, 杉綾(すぎあや), ヘリンボン《寄せ木・刺繍・織地・れんがだたみなどに用いる》. **b** ヘリンボン縫い. **c** 矢筈模様の綾織地(製のスーツ). **d** (れんがや寄せ木, 石または床がわらの)矢筈組み. **3** 〖スキー〗開脚登高(のスキー跡). ── *adj.* 矢筈模様の, ヘリンボンの : the ～ pattern 矢筈模様. ── *vt.* **1** ヘリンボンに縫う. **2** 矢筈に積む. ── *vi.* **1** 矢筈模様を作り出す. **2** 〖スキー〗開脚登高する, 開脚でスロープを登る.

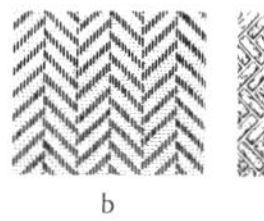
b d
herringbone 2

hérringbone bònd *n.* 〖石工〗矢筈(やはず)積み (cf. racking bond).

hérringbone gèar *n.* 〖機械〗＝double-helical gear.

hérringbone stìtch *n.* 〖服飾〗ヘリンボン縫い《千鳥掛けを装飾的に用いたさし方 ; cf. catch stitch 2》.

hérring gùll *n.* 〖鳥類〗セグロカモメ (*Larus argentatus*)《翼が白と灰色で翼端が黒く足が赤いカモメ》.

hérring òil *n.* 〖化学〗にしん油.

hérring pònd *n.* 《戯言》にしんの池《大洋, 特に北大西洋をいう ; cf. fishpond 2》.

Her·ri·ot [èrióu | èrɪə́u ; *F.* erjo], **Édouard** *n.* エリオ《1872–1957 ; フランスの政治家・著述家, 急進社会党党首 (1919–55) ; 首相 (1924–25, '32)》.

Herrn·hut·er [héənhùːṭə | héənhùːtə(r, héərən- ; *G.* hérnhùːtɐ] 〖▭ G ～ ← *Herrnhut*《原義》Lord's protection (この教徒のドイツでの最初の居住地)〗 ── *n.* ヘルンフーター, モラビア教徒 (Moravian).

hers [hɚ́ːz | hə́ːz] 〖《*a*1325》 *hires* ← HER : ⇨ her, -s² 4〗 ── *pron.* (she に対する所有代名詞) **1** 彼女のもの : herself and ～ 彼女自身と彼女の所有物 / *Hers* is better than mine. 彼女のは私のよりいい. **2** [...of ～ の形式をなして (cf. mine¹ 1 b ★)] 彼女の... : *a* friend *of* ～ 彼女の(一)友人 / I don't like *that* smile *of* ～. 彼女のあの笑い方が気にくわない. ★ I don't like her smile. というよりも感情の表出が強い.

Her·schel [hɚ́ːʃəl | hə́ː-], **Sir John Frederick William** *n.* (1792–1871) 英国の天文学者・科学者 ; W. Herschel の息子.

Herschel, Sir William *n.* (1738–1822) John の父, ドイツ生れの英国の天文学者 ; 天王星 (Uranus) を発見 (1781) ; ドイツ語名 Friedrich Wilhelm Herschel.

Hérschel effèct 〖← *J. F. W. Herschel*〗 *n.* 〖写真〗ハーシェル効果《赤色光・赤外線など長波長光で潜像が破壊される現象》.

Her·schell [hɚ́ːʃəl | hə́ː-], **Farrer** *n.* (1837–99) 英国の法学者・政治家, 法務次官 (1880), 大法官 (1886, 1892–95) ; 称号 1st Baron Herschell.

her·self [(h)əsélf | (h)ə(ː)-] 〖OE *hire selfum* (dat. sing.) : ⇨ her, self〗 ── *pron.* (三人称単数女性複合代名詞 ; ⇨ oneself, himself) **1** [強意用法] 彼女自身, 彼女みずから : She ～ said it. 彼女自身それを言った / She went ～. 彼女は自分自身で行なった / The money was meant for ～. その金は(他人にではなく)彼女自身にあげたものだ / She remained sitting all *by* ～. 彼女はなおも全くひとりぼっちですわっていた. **2** [‿⌐] [再帰用法] : She blames ～. 彼女は自分を責めている / She killed ～. 自殺した / She asked ～ a question. 自問した. **3** (身体的・精神的に)いつもの[正常な]彼女 : She is not ～. いつもの彼女とは違う / She has come to ～. 正気に戻った ; 体が元通りになった.

Her·sey [hɚ́ːsi, -zi | hə́ːsɪ, -zɪ], **John** (**Richard**) *n.* (1914–) 米国のジャーナリスト・小説家 ; *Hiroshima* (1946).

Her·shey [hɚ́ːʃi | hə́ːʃɪ], **Alfred Day** *n.* (1908–) 米国の微生物学者 ; Nobel 医学生理学賞 (1969).

Herst·mon·ceux [hɚ̀ː(s)tmənsúː, -mɑn- | hə̀ː(s)tmɒns(j)úː, -mɒn-] 〖ME *Herstmonceux* ← OE *hyrst* wooded hill＋*Monceaux* (Calvados にある地名)〗 ── *n.* イングランド南部 East Sussex の村 ; Royal Greenwich Observatory の所在地 (⇨ Greenwich 1).

Her·ter [hɚ́ːṭə | hə́ːtə(r], **Christian Archibald** *n.* (1895–1966) 米国の政治家 ; 国務長官 (1959–61).

Hert·ford [hɑ́ːfəd, hɑ́ət-, hɚ́ːt-｜hɑ́ːfəd, hɑ́ːt-] 〘OE *Heorotford*: ⇨hart, ford〙 ── *n.* **1** イングランド Hertfordshire 州の首都; 人口 21,000. **2** ＝Hertfordshire.

Hert·ford·shire [hɑ́ːfədʃiə, hɑ́ət-, hɚ́ːt-, -ʃə｜hɑ́ːfədʃə(r, hɑ́ːt-, -ʃiə(r] 〘⇨↑, -shire〙 ── *n.* イングランド南東部の州; 人口 925,000, 面積 1,635 km², 首都 Hertford.

Her·tha [hɚ́ːθə｜hə́ː-] 〘《変形》← EARTHA〙 *n.* 女性名.

Hertogenbosch, 's *n.* ＝'s Hertogenbosch.

Herts. [hɑ́əts, hɚ́ːts｜hɑ́ːts, hə́ːts] 《略》Hertfordshire.

Her·ty [hɚ́ːṭi｜hə́ːtɪ], **Charles Holmes** *n.* (1867–1938) 米国の化学者.

hertz [hɛ́əts, hɚ́ːts｜hə́ːts, hɛ́əts] 〘← *H. R. Hertz*〙 *n.* (*pl.* ～, ～·es) 〘電気〙ヘルツ《振動数・周波数の単位; 毎秒の繰り返し数; 記号 Hz; cf. cycle 7》.

Hertz [hɛ́əts, hɚ́ːts｜hə́ːts, hɛ́əts; *G.* hɛ́rts], **Gustav** *n.* ヘルツ《1887–1975; ドイツの原子物理学者, H. R. Hertz の甥(おい); Nobel 物理学賞 (1925)》.

Hertz, Heinrich Rudolph *n.* ヘルツ《1857–94; ドイツの物理学者; ヘルツ波 (hertzian wave) を実証》.

Hértz effèct 〘← *H.R. Hertz*〙 *n.* 〘物理〙ヘルツ効果《光電効果の一種で, 紫外線をあてるとギャップの放電開始電圧が下がる現象》.

Hertz·i·an, h- [hɛ́ətsiən, hɚ́ː-｜hɑ́ːtsiən, hɛ́ə-, -tsjən] 〘← *H. R. Hertz*＋-IAN〙 *adj.* ヘルツの(開発した).

hértzian óscillator *n.* 〘電気〙＝hertz oscillator.

hértzian telégraphy, H- *n.* 無線電信.

Hértzian wáve 〘← *H. R. Hertz*＋-IAN〙 *n.* 〘電気〙ヘルツ波, 電波.

Her·tzog [hɛ́ətsɔ(ː)g, -sɑg｜hɑ́ːtsɒg], **James Barry Mun·nik** [mʌ́nɪk] *n.* ヘルツォーク《1866–1942; 南アフリカ共和国の政治家・軍人; 首相 (1924–29, 1933–39)》.

hértz óscillator *n.* 〘電気〙ヘルツ発振器.

Herz·berg [hɚ́ːtsbəːg｜hə́ːtsbəːg], **Gerhard** *n.* (1904–　) ドイツ生れのカナダの物理学者; Nobel 化学賞 (1971).

Her·ze·go·vi·na [hɛ̀ətsəgo(ʊ)víːnə, hɚ̀ː-｜hɛ̀ətsəgə(ʊ)-, hɜ̀ː-] *n.* ヘルツェゴビナ《もとは公国, のちに Austria-Hungary 帝国の一部 (1878–1918); 今はユーゴスラビア連邦 Bosnia and Herzegovina の一部》.

Hèr·ze·go·vín·i·an [-víːniən, -vín-｜-njən, -nɪən] *adj., n.*

Her·zl [hɛ́ətsəl｜hɛ́ə-; *Hung.* hɛ́rts], **Theodor** *n.* ヘルツル《1860–1904; ハンガリー生れ. 政治的 Zionism 運動の創始者; *The Jewish State* (1896) を著し First Zionist Congress in Basle (1897) を組織した》.

he's [hiːz; (h)iːz, (h)ɪz] he is または he has の縮約形.

Hesh·van [xɛ́ʃvən, hɛ́ʃ-, -væn] 〘◻ Mish.Heb. *Marḥeš-wān* ◻ Akkad. *Arakh-samna* 《原義》month of eight〙 ── *n.* (ユダヤ暦の) 8 月《グレゴリオ暦の 10–11 月に当たる; ⇨Jewish calendar》.

He·si·od [híːsiəd, hés- | -sɪɒd, -sjəd, -sɪəd] *n.* ヘシオドス《紀元前 8 世紀ごろのギリシャの叙事詩人》. **He·si·od·ic** [hìːsiɑ́dɪk, hèsi-｜-sɪɒ́d-] *adj.*

He·si·o·ne [hɪsáɪənìː, -ni, hə-｜hɪsáɪənìː] 〘◻ L ～ ◻ Gk *Hēsiónē*〙 ── *n.* 〘ギリシャ神話〙ヘーシオネー《Troy 王 Laomedon の娘; Hercules によって海の怪物から救われた》.

hés·i·tance [-tənṣ, -tn̩s｜-təns, -tn̩s] *n.* ＝hesitancy.

hes·i·tan·cy [hézəṭənsi, -tn̩-｜-zɪtənsɪ, -tn̩-] 〘◻ L *haesitantia* a stammering: ⇨↓, -ancy〙 ── *n.* **1 a** 躊躇(ちゅうちょ), 不決断 (indecision): He had no ～ in seeing it. 少しもためらわずそれを見た. **b** 不本意, 気乗りしないこと (reluctance): with ～ しぶしぶ, いやいやながら. **2** ためらいながらの行動, 不本意の行動.

hes·i·tant [hézɪṭənt, -tn̩t｜-zɪtənt, -tn̩t] 〘◻ L *haesitant-em* (pres.p.) ← *haesitāre* (↓)〙 ── *adj.* **1** 躊躇(ちゅうちょ)する, ためらう, 煮え切らない (irresolute): remain ～ (いつまでも)煮え切らない, ぐずぐずしている. **2** 口ごもる (stammering). **～·ly** *adv.*

hes·i·tate [hézətèɪt｜-zɪ-] 〘《1623》← L *haesitāt-us* (p.p.) ← *haesitāre* to stick, stammer, hesitate ← IE **ghais-* to adhere: cf. adhere〙 ── *vi.* **1** 躊躇(ちゅうちょ)する, 逡巡(しゅんじゅん)する, ためらう (falter, scruple); いやがる: I ～ *to* believe it. それはちょっと信じ兼ねる / He didn't ～ *to* ask me. ためらうことなく私に尋ねた / I ～ to speak out, but he has little knowledge of management. そう言っては何だが彼には経営の知識はほとんどない / She wrote a letter but she ～*d over* mailing it. 手紙を書いたが投函しようかよそうかと迷った / I ～*d* (*about*) what I should do [what to do]. どうしようかと迷った. **2** 口ごもる (stammer). **3** 一瞬間(ま)をおく, ちょっと休む. ── *vt.* ためらいがちに[口ごもりながら]言う. **hés·i·tàt·er** [-ṭə｜-tə(r] *n.* **hés·i·tà·tor** [-ṭə｜-tə] *n.*

hés·i·tàt·ing·ly [-tɪŋli｜-tɪŋlɪ] *adv.* 躊躇(ちゅうちょ)して, ためらって; 口ごもりながら, 言いにくそうに.

hes·i·ta·tion [hèzətéɪʃən｜-zɪ-] 〘《a1400》◻ L *haesitātiō(n-)*: ⇨ hesitate, -ation〙 ── *n.* **1** 躊躇(ちゅうちょ), 逡巡(しゅんじゅん), ためらい, 不決断: after a brief ～ 少しためらった後 / without ～ 躊躇しないで, ためらわないで, すぐに, きっぱりと / have no ～ *in* saying... 躊躇しないで...と言う. **2** 口ごもり; どもり. **3** ＝hesitation waltz.

hesitátion wáltz *n.* ヘジテイションワルツ《ステップに休止と滑るような動きを随意に交錯させるワルツ; 単に hesitation ともいう》.

hes·i·ta·tive [hézətèɪṭɪv, -təṭ-｜-zɪtət-, -tèɪt-] 〘← HESITATE＋-ATIVE〙 *adj.* ためらいがちな: in a ～ manner 躊躇(ちゅうちょ)しながら. **～·ly** *adv.*

Hes·per [héspə｜-pə(r] 〘← HESPERUS〙 *n.* **1** 女性名. **2** 《詩》＝Hesperus.

Hes·pe·ri·a [hespí(ə)riə｜-píəriə] 〘◻ L ～ ◻ Gk *Hēspería*〙 ── *n.* **1** 〘ギリシャ神話〙ヘスペリア《Hesperides の 1 人》. **2** ヘスペリア, 西国 (Western Land)《ギリシャの詩人がイタリアを, またローマの詩人がスペインを指して呼んだ名》.

Hes·pe·ri·an [hespí(ə)riən｜-píərɪ-] 〘《a1547》← L *hesperius* (◻ Gk *hespérios, hésperos* western: ⇨Hesperus)＋-IAN〙 ── *adj.* 《詩》**1** ヘスペリア (Hesperia) の; 西方の, 西国の (Western). **2** ヘスペリデス (Hesperides) の. ── *n.* 《まれ》西国の人.

hes·per·id [héspərɪd, -rəd｜-rɪd] 〘← HESPERIIDAE〙 *adj., n.* 〘昆虫〙セセリチョウ科の(チョウ).

Hes·per·i·des [hespérədìːz｜-rɪ-] 〘◻ L *Hesperidēs* ◻ Gk *Hesperídes* 《原義》daughters of the west ← *hespéris* western: cf. vesper〙 ── *n. pl.* [the ～] 〘ギリシャ神話〙 **1** ヘスペリデス《Hera が Zeus と結婚した日に, 大地の女神からもらった金のりんごの楽園を守った 4 人の姉妹; Aegle, Arethusa, Erytheia および Hesperia》. **2** [単数扱い] ヘスペリデスの園《4 人の姉妹たちが竜の Ladon の助けを得て守っていた金のりんごの楽園》. **3** ＝ISLANDS of the Blessed. **Hes·per·id·e·an** [hèspərídiən｜-dɪ-] *adj.* **Hes·per·id·i·an** [hèspərídiən｜-dɪ-] *adj.*

hesperidia *n.* hesperidium の複数形.

hes·per·i·din [hespérədn̩｜-rɪdɪn] 〘⇨↓, -in¹〙 ── *n.* 〘化学〙ヘスペリジン ($C_{28}H_{34}O_{15}$)《みかんやレモンなどの中に含まれる微黄色の結晶性配糖体; ビタミン P の一つで, 毛細血管の保護作用があるとされる》.

hes·per·id·i·um [hèspərídiəm｜-pɪrɪdɪ-] 〘← NL ～: ⇨ Hesperides, -ium〙 ── *n.* (*pl.* **-i·a** [-diə｜-dɪə]) 〘植物〙みかん状果, 柑(かん)果《オレンジ・ミカンなどの皮の厚い果実》.

Hes·per·i·i·dae [hèspəráɪədìː｜-ráɪɪ-] 〘← NL ～: ⇨ Hesperia, -idae〙 *n. pl.* 〘昆虫〙セセリチョウ科.

hes·per·i·nos [hèspərɪnɑ́s, -rə-, -nɔ́(ː)s｜-rɪnɒ́s] 〘◻ Gk ～ ← *hésperos* evening: cf. -ine¹〙 *n.* 〘東方正教会〙晩課.

hes·per·or·nis [hèspərɔ́ənɪs, -nəs｜-rɔ́ːnɪs] 〘← NL ～ ← Gk *hésperos* of evening＋*órnis* bird〙 ── *n.* 〘古生物〙ヘスペルオルニス, たそがれ鳥《飛ぶ力のない大きな鳥で, 米国 Kansas 州で中生代の白亜紀の地層から化石として発掘された》.

Hes·per·us [hésp(ə)rəs] 〘《c1380》◻ L ～ ◻ Gk *hésperos* evening (star) ← IE **wesperos* evening, night: cf. vesper〙 ── *n.* 宵(よい)の明星 (Vesper) (⇨Venus 2) (cf. Hesper 2).

Hess [hés; *G.* hɛ́s], **Rudolf** *n.* ヘス《1894–　; ナチドイツの指導者の一人, ナチ党の副党首; 英国に脱出, 捕虜となり (1941–45), 1946 年ニュルンベルク国際軍事裁判で終身刑を課せられた》.

Hess, Victor Franz *n.* ヘス《1883–1964; オーストリア生れの米国の物理学者; Nobel 物理学賞 (1936)》.

Hess, Walter Rudolf *n.* ヘス《1881–1973; スイスの生理学者; Nobel 医学生理学賞 (1949)》.

Hesse [hés, hési｜hésɪ, hésə, hés] *n.* ヘッセン《西ドイツ中部の州, もと領邦 (landgraviate); 人口 5,546,000, 面積 21,111km², 首都 Wiesbaden; ドイツ語名 Hessen》.

Hes·se [hésə; *G.* hɛ́sə], **Hermann** *n.* ヘッセ《1877–1962; ドイツの詩人・小説家; Nobel 文学賞 (1946); *Peter Camenzind*「ペーター カーメンツィント」(1904), *Das Glasperlenspiel*「ガラス玉遊戯」(1943)》.

Hesse, Louduing Otto *n.* ヘッセ《1811–74; ドイツの数学者; 幾何学の研究で知られる》.

Hés·sel·man èngine [hésəlmən-, -sḷ-] *n.* 〘機械〙ヘッセルマン機関《重油を燃料にし, 火花点火による内燃機関》.

Hes·sen [*G.* hɛ́sən] *n.* ヘッセン《Hesse のドイツ語名》.

Hésse-Nássau *n.* ヘッセンナサウ《もとプロイセンの一州, 現在は Hesse の一部》.

Hes·sian¹ [héʃən｜-sɪən, -sjən] 〘《1677》← *Hesse*＋-IAN〙 ── *adj.* ヘッセン(州, 人)の. ── *n.* **1** ヘッセン人. **2 a** (米国独立戦争の時英国の使った)ヘッセン人の雇兵. **b** 雇兵, 用心棒 (mercenary, hireling). **3** ＝Hessian boot. **4** [h-] ヘシアンクロース, 粗い麻布, ズック《アサ (hemp) や上質のコウマ (jute) で作った丈夫な包装用布》.

Hes·sian² [héʃən｜-sɪən, -sjən] 〘← *H. Hesse*〙 *adj.* (ヘルマン)ヘッセ(風, 流)の.

Hes·sian³ [héʃən｜-sɪən, -sjən] 〘← *Dr. Otto Hesse* (19 世紀ドイツの数学者)〙 ── *n.* 〘数学〙ヘッシアン, ヘッセ行列式《多変数関数の 2 階偏導関数のつくる行列の行列式》.

Héssian bóot *n.* 19 世紀にヘッセン (Hesse) 兵が初めて使用し英国で流行したひざの所にふさのついた長靴.

Hessian boots

Héssian flý 〘← HESSIAN¹: ヘッセン人の雇兵がこの害虫を米国に持ち込んだと考えられたことから〙 ── *n.* 〘昆虫〙コムギタマバエ (*Mayetiola destructor*)《タマバエ科の微小なハエで幼虫は麦に大害を与える; 特にアメリカでその害が大きい》.

hess·ite [hésaɪt] 〘◻ G *Hessit* ← *Henry Hess* (19 世紀スイスの化学者): ⇨ -ite¹〙 *n.* 〘鉱物〙ヘッサイト, テルル銀鉱 (Ag_2Te)《通例塊状でしばしば金を含む》.

hes·so·nite [hésənàɪt, -sn̩-] 〘← Gk *hḗssōn* inferior ＋-ITE¹〙 *n.* 〘鉱物〙肉桂(にっけい)石 (⇨ essonite).

hest [hést] 〘? OE *heste* < Gmc **χaittiz* ← IE **hei-*: ⇨ hight¹〙 *n.* 《古》命令, 大命 (behest).

Hes·ter [héstə｜-tə(r] 〘《変形》← ESTHER〙 *n.* 女性名.

Hes·ti·a [héstiə, héstʃə｜héstɪə] 〘◻ L ～ ◻ Gk *Hestíā*: *hestíā* hearth の擬人化〙 ── *n.* 〘ギリシャ神話〙ヘスティアー《Cronus と Rhea との長子; Zeus, Hera, Poseidon および Demeter の姉; 炉・かまどの神; ローマ神話の Vesta に当たる》.

Hes·ton and I·sle·worth [héstən-ən-áɪzḷwə̀ːθ｜-wəːθ, -wəθ] 〘*Heston*: < OE *hǣs-tūn* ← *hǣs* beech or oak wood: ⇨-ton. *Isleworth*: < OE *Gīslheresuuyrþ* ← *Gīslhere* (人名)＋*worþ* farm〙 ── *n.* イングランド Greater London 西部の Hounslow の一部.

Hes·van [xéʃvən, héʃ-, -væn] *n.* ＝Heshvan.

Hes·y·chast [hésɪkæ̀st, -sə-｜-sɪ-] 〘◻ ML *hēsychast-a* ◻ Gk *hēsukhast-ḗs* recluse ← *hēsukházein* to keep quiet〙 ── *n.* ヘシカスト, 静寂主義者《14 世紀にギリシャの Athos 山中に住んでいた修道士たちによって広められた神秘主義の信奉者》. **Hes·y·chas·tic** [hèsɪkǽstɪk, -sə-｜-sɪ-] *adj.*

het [hét] 〘《変形》← HOT〙 *adj.* 《俗》＝heated. ***het up*** 興奮した (excited); 腹を立てた (angry): He is all ～*up*. 彼はかっかしている.

he·tae·ra [hɪtí(ə)rə, hə-｜hɪtíərə] 〘《1820》◻ Gk *hetaírā* (fem.) ← *hetaîros* companion〙 ── *n.* (*pl.* **he·tae·rae** [-riː], ～**s**) **1** (古代ギリシャの)妾(めかけ) (concubine), 高級娼婦. **2** 売春婦, 遊女 (harlot). **3** (財産・地位を得るために)自分の肉体的魅力や個性を利用する女.

he·tae·rism [hɪtí(ə)rɪzm̩, hə-｜hɪtíər-] 〘《1860》◻ Gk *hetairism-ós* ← *hetairízein* to be a courtesan: ⇨↑, -ism〙 ── *n.* **1** (公然と)妾(めかけ)を囲うこと (open concubinage). **2** 〘文化人類学〙(古代または原始社会における)女性共有制度.

he·tai·ra [hɪtáɪrə, hə-｜hɪtáɪərə] *n.* (*pl.* **he·tai·rai** [-raɪ], ～**s**) ＝hetaera.

he·tai·rism [hɪtáɪrɪzm̩, hə-｜hɪtáɪər-] *n.* ＝hetaerism.

het·er- [héṭər｜-tər] (母音の前に来る時の) hetero- の異形.

het·er·aux·e·sis [hèṭərɔːgzíːsɪs, -rɔːksíː-, -səs｜-sɪs] 〘← NL ～ ← HETERO-＋AUXESIS〙 *n.* 〘生物〙個体相対生長.

het·er·e·cious [hèṭəríːʃəs｜-tə-] *adj.* 〘生物〙＝heteroecious.

het·er·o [héṭəròʊ｜-tərəʊ] 〘adj. 1: ← HETERO-. 2: 《略》← *heterosexual*〙 ── *adj.* **1** 〘化学〙(環式化合物で)非炭素元素の. **2** ＝heterosexual. ── *n.* (*pl.* ～**s**) ＝heterosexual.

het·er·o- [héṭəro(ʊ)｜-tərə(ʊ)] 〘← Gk *héteros*〙 ── 次の意味を表わす連結形 (cf. homo-): **1** 他の (other), 異なる (different). **2** 異種の[からの, のための]. **3** 〘化学〙主要な原子に対して異種の原子を示す: *heterocyclic*. ★ 母音の前では通例 heter- になる.

hètero·aromátic *n.* 〘化学〙複素環式芳香族の化合物.

hétero·àtom 〘← HETERO-＋ATOM〙 *n.* 〘化学〙異原子, 異種原子, ヘテロ原子《芳香族炭化水素中の炭素原子の一つにとって代わる原子》.

hètero·áuxin 〘← HETERO-＋AUXIN〙 ── *n.* 〘生化学〙ヘテロオーキシン ($C_{10}H_9NO_2$)《auxin の一種; tryptophan の分解生成物で人尿中にある; indoleacetic acid ともいう; cf. auxin, growth hormone》.

hètero·cércal 〘← HETERO-＋-CERCAL〙 *adj.* 〘魚類〙〈尾びれが〉上下不相称な (cf. homocercal); 不相称びれの[をもつ]: a ～ fin 不相称びれ.

hètero·chlamýdeous *adj.* 〘植物〙異花被の (cf. homochlamydeous).

hètero·chromátic *adj.* **1** 一つ以上の色の, 多色の; 雑色模様のある. **2** 〘物理〙異色の. **3** 〘生物〙異質染色質の. **hètero·chrómatism** *n.*

hètero·chrómatin 〘← HETERO-＋CHROMATIN〙 *n.* 〘生物〙異質[異常]染色質 (cf. euchromatin).

hètero·chromatizátion *n.* 〘生物〙異常染色質化《遺伝子をもつ真正染色質 (euchromatin) が遺伝的に作用しない異質染色質 (heterochromatin) に変化すること》.

het·er·o·chrome [héṭəro(ʊ)kròʊm｜-tərə(ʊ)krəʊm] 〘← HETERO-＋-CHROME〙 *adj.* ＝heterochromatic.

het·er·o·chro·mic [hèṭəro(ʊ)króʊmɪk｜-tərə(ʊ)-krə́ʊ-] *adj.* 〘生物〙＝heterochromous.

hètero·chrómosome 〘← HETERO-＋CHROMO-＋-SOME³〙 *n.* 〘生物〙性染色体 (sex chromosome).

het·er·o·chro·mous [hèṭəro(ʊ)króʊməs｜-tərə(ʊ)-krə́ʊ-] 〘← HETERO-＋CHROMO-＋-OUS〙 *adj.* 〘生物〙多色の (cf. homochromous).

het·er·och·tho·nous [hèṭərɑ́kθənəs｜-tərɒ́k-] 〘← HETERO＋Gk *khthṓn* the earth, country＋-OUS〙 ── *adj.* 〘生物〙土着でない; 外来の (foreign) (cf. autochthonous 1).

het·er·o·clite [héṭərəklàɪt｜-tərə(ʊ)-] 〘《1580》◻ F *hétéroclite* ◻ L *heteroclitus* ◻ Gk *heteróklitos* ← HETERO-＋← *klínein* to bend, inflect (⇨ incline)〙 ── *adj.* **1** 不規則な; 異常な. **2** 〘文法〙(名詞・動詞の語尾変

化の)不規則な, 不規則変化の (irregular, anomalous): ~ nouns [verbs] 不規則名詞[動詞]. — *n.* **1** 不規則なもの; 異常な人間. **2** 〘文法〙不規則変化をする語《名詞・動詞など》. **he·ter·o·clit·ic** [hètərəklítɪk | -tərəklít-] *adj.*

het·er·o·cot·y·lus [hètəro(ʊ)kátələs, -tḷ- | -tərə(ʊ)kɔ́tɪ-] 〘← HETERO- + -*cotylus* (← Gk *kotúlē* cup)〙 *n.* (*pl.* **-y·li** [-tḷaɪ, -tḷ- | -tɪl-]) 〘動物〙=hectocotylus.

het·er·o·crine [hétərəkrìn, -kràɪn, -krìːn | -tərə(ʊ)kràɪn, -krìːn] 〘← HETERO- + (ENDO)CRINE〙 — *adj.* 〘生理〙〈腺が〉異質分泌の, 多種分泌の, 混合腺の《内分泌・外分泌の双方を行なう》.

hétero·cỳcle *n.* 〘化学〙複素環.

hètero·cýclic *adj.* 〘化学〙複素環式の, 異種[節, 項]環式の (cf. isocyclic, homocyclic).

het·er·o·cyst [hétərəsìst | -tərə(ʊ)-] 〘← HETERO- + CYST〙 *n.* 〘植物〙ヘテロシスト, 異質[異形]細胞《ある種の藍藻類の体細胞中に交って存在する特殊細胞》.

hètero·dáctylous 〘← HETERO- + DACTYL- + -OUS〙 — *adj.* 〘鳥類〙変対趾足の《キヌバネチョウのように第一・第二指が後向きで第三・第四指が前向きの趾足をいう》.

het·er·o·dont [hétərədɑ̀nt | -tərədɔ̀nt] 〘← HETERO- + -ODONT〙 *adj.* 〘動物〙異形歯(牙)の, 異歯型の (cf. homodont).

Het·er·o·don·ti·dae [hètərədɑ́ntədìː | -tərə(ʊ)dɔ́ntɪ-] 〘← NL ~ ← *Heterodontus* (属名: ↑) + -IDAE〙 *n. pl.* 〘魚類〙ネコザメ科.

het·er·o·dox [hétərədɑ̀ks, -trə- | -t(ə)rə(ʊ)dɔ̀ks] 〘《1619》□ Gk *heteródox-os* ← HETERO- + *dóxa* opinion (← *dokeîn* to think)〙 — *adj.* **1 a** (神学などで)非正統説の, 異説の (cf. orthodox 1). **b** 〈学説・方法・方法論など〉異端的な: regard a theory as ~ ある学説を異端視する / His methods have long been (held) ~. 彼の方法(論)は長い間異端とされて来た. **2** 異説をいだく, 異端の.

het·er·o·dox·y [hétərədɑ̀ksi, -trə- | -t(ə)rə(ʊ)dɔ̀ksɪ] 〘□ Gk *heterodoxí-a*: ⇨ ↑, -y[1]〙 *n.* (cf. orthodoxy) **1** 非正教的信仰, 異端. **2** 非正統派的学説; 異(端)説.

het·er·o·dyne [hétərədàɪn, -trə- | -tərə(ʊ)-] 〘《1908》← HETERO- + Gk *dúnamis* force (⇨ dyne)〙 〘通信〙 — *n.* ヘテロダイン《一種のうなりを起こさせる受信装置; cf. autodyne, superheterodyne》. — *adj.* ヘテロダインの, うなり受波の: a ~ receiver ヘテロダイン受信機. — *vt.* 〈ある周波数〉に別の周波数を混ぜてうなりを生じさせる.

het·er·oe·cious [hètəríːʃəs | -tə-] 〘⇨ ↓, -ious〙 *adj.* 〘生物〙異種寄生の《一種の寄生菌類で異なった寄生(植物や昆虫)を有する; cf. autoecious》. **~·ly** *adv.*

het·er·oe·cism [hètəríːsɪzṃ | -tə-] 〘《1875》← HETERO- + Gk *oîkos* house + -ISM〙 — *n.* 〘生物〙異種寄生《サナダムシのように種々の寄主を経てその発達を完了する寄生》.

hètero·ferméntative *adj.* 〘細菌〙〈乳酸菌など〉異種発酵性の.

hètero·gaméte 〘← HETERO- + GAMETE〙 *n.* 〘生物〙異形配偶子 (↔ isogamete). **hètero·gamétic** *adj.*

het·er·og·a·mous [hètərɑ́gəməs | -tərɔ́g-] 〘← HETERO- + -GAMOUS〙 — *adj.* **1** 〘生物〙異形配偶子によって生殖する (cf. isogamous). **2** 〘植物〙(二種の)異性花を有する (cf. homogamous 2 a).

het·er·og·a·my [hètərɑ́gəmi | -tərɔ́gəmɪ] 〘← HETERO- + -GAMY〙 — *n.* **1** 〘生物〙異形配偶子生殖, 異形配偶 (cf. isogamy). **2** 〘植物〙異形接合《二種の異性花を有すること; cf. homogamy 1 a》.

het·er·o·ge·ne·i·ty [hètərədʒəníːəṭi, -trə-, -ro(ʊ)- | -tərə(ʊ)dʒɪníːətɪ, -dʒə-, -ɪtɪ, -níətɪ] 〘□ ML *heterogeneitās*: ⇨ ↓, -ity〙 — *n.* **1** 異種, 異質. **2** 異類混交, 異成分.

het·er·o·ge·ne·ous [hètərədʒíːniəs, -trə-, -ro(ʊ)-, -njəs | -tərə(ʊ)dʒíːniəs, -dʒén-, -njəs] 〘《1624》□ ML *heterogeneus* □ Gk *heterogenḗs*: ⇨ hetero-, -gen, -ous〙 — *adj.* **1** 異種の, 異類の, 異質の: ~ elements in a society 社会の中の異分子. **2** 雑多な, 異成分から成る (disparate 1) (cf. homogeneous 1): a ~ country (いろいろな人種・言語・宗教などの混在する)複雑な国 / a ~ collection of rubbish がらくたの集まり. **~·ly** *adv.* **~·ness** *n.*

hètero·génesis 〘← HETERO- + -GENESIS〙 — *n.* 〘生物〙 **1** 異形発生《親と異なった子の生れること; cf. homogenesis》. **2** 自然発生 (abiogenesis). **3** (有性生殖と無性生殖との)世代交代. **hètero·genétic**

het·er·og·e·nous [hètərɑ́dʒənəs | -tərɔ́dʒɪ-] 〘← HETERO- + -GENOUS〙 — *adj.* 〘病理・生物〙外生の, 外来の; 不均質の (cf. homogenous); 異質の; 異成分から成る (cf. autogenous 1).

het·er·og·e·ny [hètərɑ́dʒəni | -tərɔ́dʒɪnɪ] 〘⇨ ↑, -y[1]〙 *n.* 〘生物〙=heterogenesis.

het·er·o·gon·ic [hètərəgɑ́nɪk | -tərəgɔ́n-] 〘⇨ heterogony, -ic[1]〙 — *adj.* **1** 〘植物〙長さの比率が不平等である雌・雄蕊(ずい)を有する完全花をつける (cf. homogonous). **2** 〘動物〙=heterogynous. **3** 〘生物〙世代交代の, ヘテロゴニーの.

het·er·og·o·nous [hètərɑ́gənəs | -tərɔ́g-] 〘⇨ ↑, -ous〙 *adj.* =heterogonic. **~·ly** *adv.*

het·er·og·o·ny [hètərɑ́gəni | -tərɔ́gənɪ] 〘← HETERO- + -GONY〙 — *n.* 〘生物〙 **1** ヘテロゴニー, 異状生殖, 周期性生殖《両性生殖と単性生殖とが交互する世代交代をいう; cf. ALTERNATION of generations, isogony》. **2** 不等成長.

hétero·gràft 〘← HETERO- + GRAFT[1]〙 *n.* 〘外科〙異種移植片《被移植者と異なる種の個体からとった移植片; cf. autograft, homograft》.

het·er·o·graph·ic [hètərəgrǽfɪk | -tərə(ʊ)-] *adj.* **1** 変則つづり字の. **2** 同字多音主義の (cf. homographic 2).

het·er·og·ra·phy [hètərɑ́grəfi | -tərɔ́grəfɪ] 〘← HETERO- + -GRAPHY〙 *n.* **1** 誤った[変則]つづり字. **2** 同字多音のつづり字 (cf. homograph). 「=heterogynous.

het·er·og·y·nal [hètərɑ́dʒənḷ | -tərɔ́dʒɪ-] *adj.* 〘動物〙

het·er·og·y·nous [hètərɑ́dʒənəs | -tərɔ́dʒɪ-] 〘← HETERO- + -GYNOUS〙 *adj.* 〘動物〙〈ミツバチ・アリなど〉有性無性二種の雌をもつ.

hétero·jùnction *n.* 〘電子工学〙=heterostructure.

hètero·káryon *n.* 〘細胞〙ヘテロカリオン, 異核共存体, 異核接合体.

het·er·o·kar·y·o·sis [hètərookæ̀rióusɪs, -səs | -tərə(ʊ)kæ̀rɪə́ʊsɪs] 〘← NL ~: ⇨ hetero-, karyo-, -osis〙 — *n.* 〘細胞〙ヘテロカリオシス《ヘテロカリオンになるような特性・現象》.

hètero·lécithal 〘← HETERO- + LECITH(IN) + -AL[1]〙 *adj.* 〘生物〙不等黄性の《卵黄量が多くて卵内に局在している; cf. alecithal, homolecithal》.

het·er·ol·o·gous [hètərɑ́ləgəs | -tərɔ́l-] 〘⇨ ↓, -ous〙 — *adj.* **1** 〘生物〙異種から移植した; 異種構造の: a ~ transplant 異種移植; 異種移植植物; 異種移植組織[器官]. **2** 〘医学〙異種の; 異形の《構造・組織が正常でない》; 非対応の. **~·ly** *adv.*

het·er·ol·o·gy [hètərɑ́lədʒi | -tərɔ́lədʒɪ] 〘← HETERO- + -LOGY〙 *n.* **1** 〘生物〙異種構造. **2** 〘医学〙異質組織; 非対応性.

het·er·ol·y·sis [hètərɑ́ləsɪs, -səs | -tərɔ́lɪsɪs, -lə-] 〘← HETERO- + -LYSIS〙 — *n.* **1** 〘生化学〙異種溶解《一生物体の細胞が他体の細胞溶解素によって溶解すること; cf. autolysis》. **2** 〘化学〙陽イオンと陰イオンに分解すること (cf. homolysis). **het·er·o·lyt·ic** [hètəro(ʊ)líṭɪk | -tərə(ʊ)lít-] *adj.*

het·er·om·er·ous [hètərɑ́mərəs | hètərɔ́m-] 〘← HETERO- + -MEROUS〙 *adj.* 〘植物〙〈花が〉数の一致しない, 異数の (cf. isomerous 1): a ~ flower 異数花.

hètero·metábolism *n.* 〘昆虫〙不完全変態 (cf. holometabolism).

hètero·metáboly *n.* 〘昆虫〙=heterometabolism.

hètero·mórphic *adj.* **1** 〘生物〙異形の, 変形の (cf. homomorphic 1, monomorphic 1): ~ alternation of generations 変形世代交代. **2** 〘昆虫〙完全変態をする《青虫が昆虫になるような場合にいう》.

hètero·mórphism *n.* **1** 〘生物〙異形, 変形. **2** 〘昆虫〙完全変態. **3** 〘結晶〙類質異形《組成の類似した化合物で結晶形が異なること; cf. homeomorphism 1, isomorphism 1》.

hètero·morphósis 〘← NL ~: ⇨ hetero-, -morphosis〙 *n.* 〘生物〙異型再生《例えば, エビの眼柄(がんぺい)を切除したあとに触角ができることなど》. 「phic.

hètero·mórphous *adj.* 〘生物・昆虫〙=heteromor-

hétero·mòrphy 〘← HETERO- + -MORPHY〙 *n.* 〘生物・結晶〙=heteromorphism.

het·er·o·my·id [hètəro(ʊ)máɪɪd, -əd | -tərə(ʊ)máɪɪd] 〘← NL ~: ↓〙 *adj., n.* 〘動物〙ポケットネズミ科の(動物).

Het·er·o·my·i·dae [hètərəmáɪədìː | -tərə(ʊ)máɪɪ-] 〘← NL ~ ← *Heteromys* (属名: ← HETERO- + Gk *mûs* 'MOUSE') + -IDAE〙 *n. pl.* 〘動物〙ポケットネズミ科.

Het·er·o·ne·mer·te·a [hètəro(ʊ)nɪmə́ːṭiə, -nə- | -tərə(ʊ)nɪmə́ːtɪə] 〘← NL ~ ← HETERO- + *nemertea* (← Gk *Nēmertḗs* (⇨ Nemertinea) + *-ea* ((pl.) ← *-eus* '-EOUS'))〙 — *n. pl.* 〘動物〙(紐形動物無針綱)異紐虫(いちゅうちゅう)目.

Het·er·o·nem·er·ti·ni [hètəro(ʊ)nèmətáɪnaɪ, -tíːniː | -tərə(ʊ)-] 〘← NL ~ ← HETERO- + Gk *Nēmertḗs* (↑) + *-ini* ((masc. pl.) ← *-inus* '-INE[1]')〙 — *n. pl.* 〘動物〙=Heteronemertea.

het·er·on·o·mous [hètərɑ́nəməs | -tərɔ́n-] 〘← HETERO- + Gk *nómos* law (⇨ nomo-) + -OUS〙 — *adj.* **1** 外的支配に従う, 自己(意志)外に存する; 他律の, 他治的な (cf. autonomous 1). **2** 〘生物〙異なる発達法則に従う, 不等の, 普通の形と違っている, 互いに形の異なった. **~·ly** *adv.*

het·er·on·o·my [hètərɑ́nəmi | -tərɔ́nəmɪ] 〘← HETERO- + -NOMY〙 — *n.* **1** 他国の法律・支配に従うこと. **2** 〘哲学〙他律《自律の反対で, 道徳律の根拠を神・自然の衝動・道徳感のような実践理性の法則以外のものに求める立場; cf. autonomy 4》.

het·er·o·nym [hétərənɪ̀m | -tə-] 〘↓〙 — *n.* 同形異音異義語《同じつづりで異音異義の語; 例: tear [tɛ́ə | tɛ́ə(r)] (裂く) と tear [tíə | tíə(r)] (涙); cf. homonym 1, synonym 1》.

het·er·on·y·mous [hètərɑ́nəməs | -tərɔ́nɪ-] 〘□ Gk *heterṓnumos* ← HETERO- + *ónoma* 'NAME': ⇨ -ous〙 — *adj.* **1** heteronym の. **2** 〈相関関係にあるものなど〉別々の名を持った (cf. homonymous 1): Master and servant [Male and female] are ~. 主人と召使[男性と女性]とは異なった名称をもつ相関関係にある. **3** 〘光学〙(二重像の中)視線と反対の側に現れる. **~·ly** *adv.*

Het·er·o·ou·si·an [hètəroʊúːziən, -siən, -ʒiən, -ʒən, -ʃiən, -ʃən | -tərəʊúːzjən, -zɪən, -sjən, -sɪən] 〘← HETERO- + Gk *ousía* being, essence + -AN[1]〙 〘神学〙 — *n.* (子なるキリストと父なる神とが本質的に違うという)異質論者, 異体論者, 異本質論者 (cf. Homoousian, Homoiousian). — *adj.* 異質論(者)の.

het·er·op·a·thy [hètərɑ́pəθi | -tərɔ́pəθɪ] 〘← HETERO- + -PATHY〙 — *n.* **1** 〘医学〙=allopathy. **2** 〘病理〙刺激に対する異常な過敏性. **het·er·o·path·ic** [hèṭəro(ʊ)pǽθɪk | -tərə(ʊ)-] *adj.*

het·er·o·pha·si·a [hètəro(ʊ)féɪʒiə, -ʒə | -tərə(ʊ)féɪziə, -zɪə, -ʒɪə, -ʒə] 〘← HETERO- + -PHASIA〙 *n.* 〘病理〙錯語症.

het·er·o·phil [hétərəfìl | -tə-] 〘← HETERO- + -PHIL〙 *n.* 〘解剖〙=heterophile.

het·er·o·phile [hétərəfàɪl | -tə-] 〘← HETERO- + -PHILE〙 *adj.* 〘免疫〙異種抗原に親和性のある, 異好性(抗原)の; 異染性の. — *n.* 〘解剖〙=neutrophil.

het·er·o·pho·bi·a [hètəro(ʊ)fóʊbiə | -tərə(ʊ)fə́ʊbjə, -bɪə] 〘← HETERO- + PHOBIA〙 *n.* 異性恐怖[嫌悪]症.

het·er·oph·o·ny [hètərɑ́fəni | -tərɔ́fənɪ] 〘← HETERO- + -PHONY〙 — *n.* 〘音楽〙ヘテロフォニー, 異音性《原始的な多声音楽の一形態; 同一旋律を歌い演奏している数人のうちの一人が原旋律を離れて変形; 装飾を行なうこと》. 「〘眼科〙(眼球)斜位.

hètero·phória 〘← HETERO- + -PHOR(E) + -IA[1]〙 *n.*

het·er·o·phyl·lous [hètəro(ʊ)fíləs | -tərə(ʊ)-] 〘← HETERO- + -PHYLLOUS〙 *adj.* 〘植物〙異形葉性の《同じ茎枝に種々の形の葉のあるものにいう》.

het·er·o·phyl·ly [hétəro(ʊ)fìli | -tərə(ʊ)fɪlɪ] 〘⇨ ↑, -y[1]〙 *n.* 〘植物〙異形葉.

het·er·o·phyte [hétərəfàɪt | -tə-] 〘← HETERO- + -PHYTE〙 *n.* 〘植物〙従属栄養を行なう植物. **het·er·o·phyt·ic** [hètərəfíṭɪk | -tərəfít-] *adj.*

het·er·o·plas·ty [hétəro(ʊ)plæ̀sti | -tərə(ʊ)plæ̀stɪ] 〘← HETERO- + -PLASTY〙 — *n.* 〘外科〙異種移植(術); 異種形成(術). **het·er·o·plas·tic** [hètəro(ʊ)plǽstɪk | -tərə(ʊ)-] *adj.*

het·er·o·ploid [hétərəplɔ̀ɪd | -tə-] 〘← HETERO- + -PLOID〙 〘生物〙 *adj.* 異数体の. — *n.* 異数体.

het·er·o·ploi·dy [hétərəplɔ̀ɪdi | -tərəplɔ̀ɪdɪ] 〘⇨ ↑, -y[1]〙 *n.* 〘生物〙異数性《染色体が基本数より, 1, 2 本増減していること》.

Het·er·op·o·da [hètərɑ́pədə | -tərɔ́p-] 〘← NL ~: ⇨ hetero-, -poda〙 *n. pl.* 〘動物〙異足亜目.

hètero·pólar 〘← HETERO- + POLAR〙 *adj.* **1** 〘電気〙異極(性)の. **2** 〘物理化学〙異極(性)の (cf. polar 5, homopolar 2). **hètero·polárity** *n.*

hètero·pólymer 〘← HETERO- + POLYMER〙 *n.* 〘化学〙ヘテロ重合体《ビニル化合物と, それ自身では重合しない他の化合物から成る重合体》.

Het·er·op·ter·a [hètərɑ́ptərə | -tərɔ́p-] 〘← NL ~: ⇨ hetero-, -ptera〙 — *n. pl.* 〘昆虫〙異翅(し)亜目《半翅目 (Hemiptera) のうち, カメムシ類・タガメ類など, 前翅の前半が革質で背面に扁平におかれるもの》.

het·er·op·ter·ous [hètərɑ́ptərəs | -tərɔ́p-] 〘← HETERO- + -PTEROUS〙 *adj.* 〘昆虫〙異翅(し)亜目の.

hètero·pycnósis 〘← HETERO- + PYCNOSIS〙 *n.* 〘生物〙異常凝縮《染色体またはその一部が他の染色体と異なる染色性をもつこと; 普通その部分が濃く染まる》.

heteroses *n.* heterosis の複数形.

hètero·séx *n.* =heterosexuality.

het·er·o·sex·u·al [hètəro(ʊ)sékʃuəl, -ʃəl | -tərə(ʊ)séksjuəl, -sjʊl, -ʃuəl, -ʃʊl] *adj.* **1** 異性愛の, 異性に惹(ひ)かれる: ~ love 異性愛. **2** 〘生物〙異性の, 他の性に関する. **3** 両性の(特質をもつ). — *n.* 異性を愛する人, 異性愛者. (↔ homosexual). **~·ly** *adv.*

het·er·o·sex·u·al·i·ty [hètəro(ʊ)sèkʃuǽləṭi | -tərə(ʊ)sèksjuǽlətɪ, -ʃʊ-, -lɪ-] *n.* **1** 異性愛 (↔ homosexuality). **2** 両性的な特質.

het·er·o·sis [hètəróʊsɪs, -səs | -tərə́ʊsɪs] 〘← NL ~ ← Gk *heterōsis* alteration〙 — *n.* (*pl.* **-o·ses** [-siːz]) 〘生物〙雑種強勢, ヘテローシス《雑種がその両親よりも生活力などがすぐれていること》.

het·er·o·some [hétərəsòʊm | -tərə(ʊ)sə̀ʊm] *n.* 〘生物〙=heterochromosome.

hétero·sphère 〘← HETERO- + -SPHERE〙 *n.* 〘気象〙異質圏《地表から約 90 km 以上の気圏; cf. homosphere》.

hètero·spórous 〘← HETERO- + -SPOROUS〙 *adj.* 〘植物〙異形胞子の (cf. homosporous).

het·er·o·spo·ry [hétəro(ʊ)spɔ̀ːri, -spòri, hètərɑ́spəri | hétərə(ʊ)spɔ̀rɪ, hètərɔ́spərɪ] 〘← HETERO- + -SPORY〙 *n.* 〘植物〙異胞子形成.

het·er·os·tra·can [hètərɑ́strəkən | -tərɔ́s-] 〘← NL ~ ← *Heterostraci* (↓) + -AN[1]〙 *n.* 〘古生物〙甲冑魚《異甲目の動物または化石; cf. ostracoderm》.

Het·er·os·tra·ci [hètərɑ́strəsàɪ | -tərɔ́s-] 〘← NL ~ ← HETERO- + Gk *ostrakón* shell〙 — *n. pl.* 〘古生物〙異甲目《魚類のなかで無顎類に属し, 俗に甲冑魚といわれるものの一つ; シルル紀からデボン紀にかけて栄えた》.

hétero·strùcture *n.* 〘電子工学〙ヘテロ構造《数種類の半導体でできている半導体装置》. — *adj.* ヘテロ構造の.

het·er·o·styled [hétəro(ʊ)stàɪld | -tərə(ʊ)-] 〘← HETERO- + -STYLE[1] + -ED〙 *adj.* 〘植物〙異花柱の (cf. homostyled). 「物〙=heterogony 1.

het·er·o·sty·lism [hètərəstáɪlɪzṃ | -tərə(ʊ)-] *n.* 〘生

het·er·o·sty·lous [hètəro(ʊ)stáɪləs | -tərə(ʊ)-] 〘← HETERO-＋-STYLOUS〙 *adj.* 〘植物〙＝heterostyled.

het·er·o·sty·ly [hétərəstàɪli | -tərə(ʊ)stàɪlɪ] 〘← HETERO-＋STYLE[1]＋-Y[1]〙 *n.* 〘生物〙＝heterostylism.

het·er·o·tac·tic [hètəro(ʊ)tǽktɪk | -tərə(ʊ)-] 〘← HETERO-＋-TACTIC〙 *adj.* 〘医学〙内臓逆位の.

het·er·o·tax·i·a [hètəro(ʊ)tǽksiə | -tərə(ʊ)tǽksɪə] 〘← HETERO-＋*-taxia* (← Gk *-táxis* an arranging): ⇨ -ia[1]〙 *n.* 〘病理・植物・地質〙＝heterotaxis.

het·er·o·tax·is [hètəro(ʊ)tǽksɪs, -səs | -tərə(ʊ)tǽksɪs] 〘← HETERO-＋-TAXIS〙 ── *n.* **1** 〘病理〙内臓逆位. **2** 〘植物〙(植物の器官の)異常布置. **3** 〘地質〙(地層の)異常配列 (cf. homotaxis).

het·er·o·tax·y [hétərə(ʊ)tæ̀ksi | -tərə(ʊ)tæ̀ksɪ] *n.* 〘病理・植物・地質〙＝heterotaxis.

het·er·o·tel·ic [hètəro(ʊ)télɪk, -tíːl- | -tərə(ʊ)-] 〘← HETERO-＋TELO-[2]＋-IC[1]〙 ── *adj.* 〘哲学・文学〙〈実在・出来事が〉(他のものを目的として存在し)原因外在の, 外因の (cf. autotelic).

het·er·o·thal·lic [hètəro(ʊ)θǽlɪk | -tərə(ʊ)-] 〘← HETERO-＋THALLO-＋-IC[1]〙 *adj.* 〘植物〙〈藻類・菌類など〉雌雄異体の (cf. homothallic 1).

het·er·o·thal·lism [hètəro(ʊ)θǽlɪzm | -tərə(ʊ)-] *n.* 〘植物〙ヘテロタリズム, 異株性, 雌雄異体性《性的行動を異にする二つの菌糸体の存すること; cf. homothallism》.

het·er·ot·ic [hètərɑ́tɪk | -tərɔ́t-] 〘← HETERO-＋-OTIC[1]〙 *adj.* 〘生物〙雑種強勢 (heterosis) 的な.

het·er·o·to·pi·a [hètəro(ʊ)tóʊpiə | -tərə(ʊ)tóʊpjə, -pɪə] 〘← HETERO-＋*-topia* (← Gk *tópos* a place): ⇨ -ia[1]〙 ── *n.* 〘病理〙 **1** (内臓の)変位, 異常位置, 異所性. **2** (組織の)異常位置, 異所性. **het·er·o·top·ic** [hètəro(ʊ)tɑ́pɪk | -tərə(ʊ)tɔ́p-] *adj.* **het·er·ot·o·pous** [hètərɑ́təpəs | -tərɔ́t-] *adj.* 「heterotopia.

het·er·ot·o·py [hètərɑ́təpi | -tərɔ́təpɪ] *n.* 〘病理〙＝

hètero·transplánt 〘外科〙 *n.* ＝heterograft. *vt.* 〈他の人〉に異種[ヘテロ]移植する. **hètero·trans·plantátion** *n.*

het·er·o·trich [hétəro(ʊ)trɪk | -tərə(ʊ)-] 〘← NL *heterotricha* (↓)〙 *n.* 〘動物〙(原生動物繊毛虫綱)異毛目の動物.

Het·er·ot·ri·cha [hètərɑ́trɪkə, -rə- | -tərɔ́trɪ-] 〘← HETERO-＋-TRICH(OUS)＋-A[2]〙 *n. pl.* 〘動物〙(原生動物繊毛虫綱)異毛目.

Het·er·o·trich·i·da [hètəro(ʊ)tríkədə | -tərə(ʊ)tríkɪ-] 〘← NL ～: ⇨ hetero-, trichi-, -ida〙 *n. pl.* 〘動物〙＝Heterotricha.

het·er·o·troph [hétəro(ʊ)tròf | -tərə(ʊ)trɔ̀f] 〘← HETERO-＋Gk *trophós* feeder〙 *n.* 〘生物〙従属栄養生物, 他給栄養生物, 有機栄養生物 (cf. autotroph).

het·er·o·troph·ic [hètəro(ʊ)trɑ́fɪk, -tróʊf- | -tərə(ʊ)trɔ́f-] 〘← HETERO-＋-TROPHIC〙 ── *adj.* 〘生物〙従属栄養の, 他給栄養の, 有機栄養生物の《動物などのように栄養として有機物を必要とするものにいう; cf. prototrophic, holophytic, autotrophic》. **hèt·er·o·tróph·i·cal·ly** *adv.*

het·er·ot·ro·phy [hètərɑ́trəfi | -tərɔ́trəfɪ] 〘← HETERO-＋-TROPHY〙 *n.* 〘生物〙従属栄養, 他給栄養.

hètero·týpic *adj.* 〘生物〙〈分裂が〉異型の (cf. homeotypic): ～ division 異型分裂. **hètero·týpical** *adj.*

Het·er·ou·si·an [hètərúːziən, -siən, -ʒiən, -ʒən, -ʃiən, -ʃən | -tərúːzjən, -zɪən, -sjən, -sɪən] *n., adj.* 〘神学〙＝Heteroousian.

hètero·zygósis 〘← HETERO-＋ZYGOSIS〙 *n.* 〘生物〙異型[異質]接合, ヘテロ接合 (cf. homozygosis).

hètero·zygósity 〘⇨ ↑, -ity〙 *n.* 〘生物〙異型[異質]接合性, ヘテロ接合性.

hètero·zýgote 〘← HETERO-＋ZYGOTE〙 *n.* 〘生物〙 **1** 異型[異質]接合体, ヘテロ[異型]接合体 (cf. homozygote). **2** 二つの異なった形質の遺伝子を持つ雑種.

het·er·o·zy·gous [hètəro(ʊ)záɪgəs | -tərə(ʊ)-] *adj.* 〘生物〙異型接合体の.

heth [xéɪt, xét, xéɪθ, xéθ] 〘□ Heb. *ḥēth*〙 *n.* ヘース《ヘブライ語アルファベット22字中の第8字: ח (ローマ字のHに当たる); ⇨ alphabet 表》.

het·man [hétmən] 〘(1710) □ Pol. ～ □? G *Hauptmann* captain, 《原義》headman〙 ── *n.* (*pl.* ～**s**) コサック人の首長 (cossack leader)《民衆に選出されて戦時には総指揮官となる》. **～·shìp** *n.*

het·man·ate [hétmənèɪt] 〘⇨ ↑, -ate[1]〙 *n.* hetman の権力[支配].

HETP 《略》〘化学〙hexaethyl tetraphosphate; 〘化学〙height equivalent to a theoretical plate 一理論段の等価高さ. 「女性名.

Het·ty [héti | -tɪ] 〘(dim.) ← ESTHER, HENRIETTA〙 *n.*

heu·cher·a [hjúːkərə | hjúː-, hɔ́ɪ-] 〘← NL ～ ← *J. H. Heucher* (1677–1747: ドイツの植物学者)〙 *n.* 〘植物〙ユキノシタ科ツボサンゴ属 (*Heuchera*) の植物の総称.

heu·land·ite [hjúːləndàɪt] 〘← *Henry Heuland* (19世紀の英国の鉱物学者): ⇨ -ite[1]〙 *n.* 〘鉱物〙輝沸石《ナトリウムとカルシウムの含水アルミニウムケイ酸塩》.

heu·ris·tic [hju(ə)rístɪk] 〘← NL *heuristic-us* ← Gk *heurískein* to find: ⇨ -istic〙 ── *adj.* **1** 〘教育〙発見を助ける, 発見的な, 生徒に自分で発見させる: the ～ method of education 発見的教授法. **2** 〘電算機〙発見的な《最終結果に至るまで試行錯誤を繰り返し評価することで解法を発見することにいう》: a ～ computer program. ── *n.* **1** [通例 *pl.*; 単数扱い]〘教育〙発見的教授法《自分で真理を発見するように指導する教授法》. **2** 発見的方法[手続き]. **3** 〘電算機〙発見的手法, ヒューリスティック. **heu·rís·ti·cal·ly** *adv.*

Héus·ler álloy [hjúːslə- | -slə-; *G.* hɔ́ʏslɐ-] 〘← *Conrad Heusler* (19世紀のドイツの鉱山技師・化学者)〙 ── *n.* ホイスラー合金《マンガンと非強磁性金属で著しい強磁性をもつ》.

Heuss [hɔ́ɪs; *G.* hɔʏs], **Theodor** *n.* ホイス《1884–1963; ドイツ連邦共和国の政治家; 大統領 (1949–59)》.

he·ve·a [híːviə | -vɪə] 〘← NL *Hevea* ← Sp *jebe* rubber ← S- Am.-Ind.〙 *n.* ＝Pará rubber.

He·ve·li·an hálo [hɪvéɪliən, hə- | -ljən-, -lɪən-] 〘← *J. Hevel* (1611–87: ドイツの天文学者): ⇨ -ian〙 ── *n.* 〘天文〙ヘーベルの暈(かさ)《高空の氷の結晶他が起こす太陽[月]のかさ》.

Hev·e·sy [hévɪʃi, -və-, -ve- | hévɛʃɪ; *Hung.* hévɛʃi], **Georg von** *n.* ヘベシー《(1885–1966; ハンガリーの物理化学者; Nobel 化学賞 (1943)》.

hew [hjúː] 〘OE *hēawan* < Gmc **χauwan* (G *hauen*) ← IE **kāu-* to hew, strike (L *cūdere*)〙 ── *v.* (～**ed**; ～**ed, hewn** [hjúːn]) ── *vt.* **1 a** (おの・剣などの重い刃物で力を入れて)切る; 切り刻む, たたき切る (chop): ～ away [off] a branch 木枝を切り取る / ～ a log to a line 丸太を目じるし線に沿って切る / ～ a log to pieces [asunder] 丸太を細かく切る. **b** 切り倒す 〈*down*〉: ～ *down* trees to the ground 木を切り倒す. **2 a** 切って[刻んで]作る 〈*out*〉: ～ *out* a tomb in the rock 岩に墓を刻む / ～ *out* one's fortune 自己の運命を開拓する. **b** [～ one's way として] 進路を切り開く. ── *vi.* **1** 切る; 伐採する〔*at*〕: ～ *at* the tree 木になたを振う. **2** 《米》固執する (adhere), 従う, 遵奉する (conform)〔*to*〕: ～ *to* one's principle 自分の主義[信念]を守る / ～ *to* a rule 規則に従う / ～ *to* the line. 規則通りにする, 規準を堅く守る.

HEW 《略》Department of Health, Education, and Welfare (米国の)保健教育福祉省.

hew·er [hjúːə, hjúə | hjúːə(r, hjúə(r] 〘(*a*1382): ⇨ hew, -er[1]〙 ── *n.* **1** (木や石などを)切る人: ～*s* of wood (and drawers of water) 薪を切り水をくむ者 (*Josh.* 9:21) (cf. Gibeonite); [軽蔑的に] (知的に劣った)下積みの連中, 労働者たち (drudges). **2** 採炭夫, 先山(さきやま), 採鉱夫.

Hew·lett [hjúːlɪt, -lət], **Maurice** (**Henry**) *n.* (1861–1923) 英国の小説家・詩人・随筆家; *The Forest Lovers* (1898).

hewn 〘OE *hēawen*〙 *v.* hew の過去分詞. ── *adj.* **1** 切り倒された. **2** (おのなどで)ざっと形を整えた; 〈石が〉荒削りの.

hex [1][héks] 〘□ G *Hexe* witch: cf. hag[1]〙 《米口語》 ── *vi.* 〔…に〕魔法を使う〔*on*〕. ── *vt.* **1** 〈人〉に(不幸が来るように)呪(のろ)いの魔法をかける; 〈人を〉魔法にかける (bewitch). **2** (魔法を使ったように)〈人を〉たぶらかす. ── *n.* **1** 魔女 (witch). **2 a** 魔力, 魔法 (spell): put a ～ on a person 人に魔法をかける. **b** 縁起の悪いもの, ジンクス (jinx).

hex[2] [héks] 〘(略) ← HEXAGONAL〙 *adj.* 六角形の.

hex. 《略》〘音楽〙hexachord; hexagon; hexagonal.

hex- [heks] (母音の前に来る時の) hexa- の異形.

hex·a- [héksə] 〘(18C) ← Gk *héx* < IE **sweks* six (L *sextus*)〙「6 (six); 〘化学〙六価の原子を含む」の意の連結形. ★ 母音の前では通例 hex- になる.

hèxa·básic *adj.* 〘化学〙六塩基(性)の.

hex·a·bi·ose [hèksəbáɪoʊs, -oʊz | -əʊs] 〘← HEXA-＋*biose* (⇨ bi-[1], -ose[2])〙 *n.* 〘化学〙二六炭糖《加水分解で2個の六炭糖を生じる二糖類の一般名》.

hèxa·chlóride *n.* 〘化学〙六塩化物.

hèxa·chlòro·cyclohéxane 〘← HEXA-＋CHLORO-＋CYCLOHEXANE〙 *n.* 〘化学〙ヘキサクロロシクロヘキサン ($C_6H_6Cl_6$)《16種類の異性体がある, 殺虫剤 γ-BHC はその中の一種》.

héxa·chlòro·éthane 〘← HEXA-＋CHLORO-＋ETHANE〙 *n.* 〘化学〙ヘキサクロロエタン (C_2Cl_6)《ショウノウ臭のある結晶》.

hex·a·chlo·ro·phene [hèksəklɔ́ːrəfiːn, -klóːrə- | hèksəklɔ́ːrə-] 〘← HEXA-＋CHLORO-＋*-phene* (⇨ phenol)〙 ── *n.* 〘化学〙ヘキサクロロフェン ($C_{13}Cl_6H_6O_2$)《水に不溶性の白色結晶質の粉末で殺菌・消毒薬》.

hèxa·chlòro·platínic ácid *n.* 〘化学〙ヘキサクロロ白金 (IV) 酸 (⇨ chloroplatinic acid).

hex·a·chord [héksəkɔ̀əd | -kɔ̀ːd] 〘← HEXA-＋-CHORD〙 ── *n.* 〘音楽〙六音音階 (cf. pentachord 2); ヘクサコード《中世音楽の基礎となる全・全・半・全・全音程からなる六つの音の列(たとえばハーイ); この音列で当時用いられていた音をすべて組織化した》.

hex·a·chord·ic [hèksəkɔ́ədɪk | -kɔ́ːd-] *adj.*

Hex·a·co·ral·la [hèksəkərǽlə] 〘← NL ～ ← HEXA-＋*coralla* ((pl.) ← *corallum* 'CORAL')〙 *n. pl.* 〘動物〙＝Zoantharia.

Hex·a·co·ral·li·a [hèksəkərǽliə | -lɪə] 〘← NL ～ ← HEXA-＋*corallia* ((pl.) ← *coralium* 'CORAL')〙 *n. pl.* 〘動物〙＝Zoantharia.

hex·ac·ti·nel·lid [hèksæktənélɪd, -ləd | -tɪnélɪd] 〘← NL *Hexactinellida* (↓)〙 *adj., n.* 〘動物〙六放海綿綱の(海綿).

Hex·ac·ti·nel·li·da [hèksæktənélədə | -tɪnélɪ-] 〘← NL ～ ← *Hexactinella* (⇨ hexa-, actino-, -ella)＋-IDA〙 ── *n. pl.* 〘動物〙(海綿動物門)六放海綿綱, ガラス海綿綱 (Hyalospongiae).

héxa·cỳano·férrate *n.* 〘化学〙ヘキサシアノ鉄 (II) 酸塩 ($M^I_4[Fe(CN)_6]$).

hex·ad [héksæd] 〘□ LL *hexad-* □ Gk *hexad-, hexás*: ⇨ hexa-, -ad[1]〙 ── *n.* **1** 6の数. **2** 6の群, 6個の一組. **3** 〘化学〙六価元素[原子, 基] (cf. monad 4).

hex·ad·ic [heksǽdɪk] *adj.*

hex·ade [hékseɪd] *n.* ＝hexad.

hèxa·décimal *adj.* 〘電算機〙16進法の《0から15までが1桁で表わされるような数の記法にいう; sexidecimal ともいう》.

hex·a·em·er·on [hèksəémərɑ̀n | -rɔ̀n] 〘(*a*1593) □ LL ～ □ Gk *hexaḗmeron* (neut.) ← *hexaḗmeros* of six days ← HEXA-＋*hēmérā* day〙 ── *n.* 〘キリスト教〙六日間天地創造説; 天地創造の六日間 (cf. *Gen.* 1).

hèxa·éthyl tetra·phósphate 〘*hexaethyl*: ← HEXA-＋ETHYL〙 *n.* 〘化学〙ヘキサエチルテトラフォスフェート ($(C_2H_5O)_6P_4O_7$)《アカダニなどの殺虫剤として用いる; 商品は tetraethyl pyrophosphate を含む; 略 HETP》. 「フッ化物.

hèxa·flúoride 〘← HEXA-＋FLUORIDE〙 *n.* 〘化学〙六

hex·a·gon [héksəgɑ̀n | -gən] 〘(1570) □ Gk *hexágōnon*: ⇨ hexa-, -gon〙 *n.* 六辺形, 六角形. ── *adj.* ＝hexagonal 1.

hex·ag·o·nal [heksǽgənl] 〘⇨ ↑, -al[1]〙 *adj.* **1** 六角[辺]形の. **2** 六辺形の底面[切断面]を持つ. **3** 〘結晶〙六方晶系の. **～·ly** *adv.*

hexágonal sýstem *n.* 〘結晶〙六方晶系.

hex·a·gram [héksəgræ̀m] 〘← HEXA-＋-GRAM〙 ── *n.* **1** (二つの三角形を組合わせた)六角の星形, 六星形六角形, 籠目(かごめ)模様 (✡)《魔力のシンボル; 「ダビデの星」としてユダヤ教のシンボル; cf. magic circle, pentacle 2》. **2** 〘数学〙六線星形《正六角形の各辺を延長して星形にしたもの》.

hex·a·gram·mid [hèksəgrǽmɪd] 〘↓〙 *adj., n.* アイナメ科の(魚).

Hex·a·gram·mi·dae [hèksəgrǽmədiː | -mɪ-] 〘← NL ～ ← *Hexagrammos* (属名: ← HEXA-＋Gk *grámma* line)＋-IDAE〙 *n. pl.* 〘魚類〙アイナメ科.

hex·a·he·dron [hèksəhíːdrən | hèksəhéd-, -híːd-] 〘← NL ～ ← Gk *hexáedron*: ⇨ hexa-, -hedron〙 *n.* (*pl.* ～**s, -he·dra** [-drə]) 〘数学・結晶〙六面体.

hèx·a·hé·dral [-drəl] *adj.*

hex·a·hem·er·on [hèksəhémərɑ̀n | -rɔ̀n] *n.* 〘キリスト教〙＝hexaemeron.

hèxa·hýdrate *n.* 〘化学〙六水化物《6分子の水を含む含水化合物; 例えば六水塩マグネシウム ($MgCl_2 \cdot 6H_2O$)》. **hèxa·hýdrated** *adj.*

hèxa·hýdrite 〘← HEXA-＋*-hydrite* (⇨ hydro-, -ite[1])〙 *n.* 〘鉱物〙ヘクサハイドライト ($MgSO_4 \cdot 6H_2O$), 六水石. 「ル (⇨ menthol).

héxa·hỳdro·thýmol *n.* 〘化学〙ヘキサヒドロチモー

héxa·hydròxy·cyclohéxane *n.* 〘化学〙＝inositol. 「amerous.

hex·am·er·al [heksǽmərəl] 〘⇨ ↓, -al[1]〙 *adj.* ＝hex-

hex·am·er·ous [heksǽmərəs] 〘← HEXA-＋-MEROUS〙 ── *adj.* **1** 六つの部分から成る. **2** 〘動物〙六つに排列された; 〘植物〙6個の数から成る, 〈花が〉六数花の《6-merous とも表記する; cf. pentamerous 2》.

hex·am·e·ter [heksǽmətə | -mɪtə(r, -mə-] 〘(1546) □ LL ～, *hexametr-um* □ Gk *hexámetron*: (⇨ hexa-, -meter[2]): cf. ME *exametron*〙〘詩学〙 ── *n.* 六歩格(の詩)《1行6詩脚からなる詩行; cf. meter[2] 1 b》: the dactylic ～ 長短短[強弱弱]六歩格《本来 Homer の *Iliad*, Virgil の *Aeneid* などの叙事詩で用いられたもので, 初めの4脚は長短短格または長長格, 第5脚は長長短格, 第6脚は長長格または長短格; 英詩では通例, 強弱弱格に強弱格をまじえた六歩格で, Longfellow の *Evangeline* が有名》. ── *adj.* 六歩格の. **hex·a·met·ric** [hèksəmétrɪk] *adj.* **hèx·a·mét·ri·cal** *adj.*

hex·a·me·tho·ni·um [hèksəməθóʊniəm | -mɪθə́ʊnɪəm, -njəm] 〘← NL ～: ⇨ hexa-, metho-, -onium〙 ── *n.* 〘薬学〙ヘキサメソニウム ($[(CH_3)_3N(CH_2)_6N(CH_3)_3]^{++}$)《臭酸塩・塩酸塩として神経節遮断剤として使用する; 血圧降下剤》.

héxa·mèthylene·díamine 〘← HEXA-＋METHYLENE＋DIAMINE〙 *n.* 〘化学〙ヘキサメチレンジアミン ($H_2N(CH_2)_6NH_2$)《ナイロンの合成原料》.

héxa·mèthylene·tétramine 〘⇨ ↑, tetramine〙 ── *n.* 〘化学〙ヘキサメチレンテトラミン ($(CH_2)_6N_4$)《白色の結晶, 利尿剤に用いる; hexamine, methenamine, urotropine ともいう》.

hex·a·mine [héksəmìːn] 〘← HEXA-＋AMINE〙 *n.* 〘化学〙ヘキサミン (⇨ hexamethylenetetramine).

Hex·an·chi·dae [heksǽŋkədiː | -kɪ-] 〘← NL ～ ← *Hexanchus* (属名: ← HEXA-＋*anchus* (? Gk *ágkhein* to strangle))〙 *n. pl.* 〘魚類〙カグラザメ科.

hex·ane [héksein] 〘(1877) ← HEX(A)-＋-ANE[2]〙 *n.* 〘化学〙ヘキサン (C_6H_{14})《石油に含まれるメタン系炭化水素; 5種の異性体がある》.

hex·an·gu·lar [heksǽŋgjʊlə | -lə(r] 〘← HEXA-＋ANGULAR〙 *adj.* 六角の, 六角ある.

hèxa·nítrate *n.* 〘化学〙六硝酸塩.

hex·a·nóic ácid [hèksənóʊɪk- | -náʊ-] 〘*hexanoic*: ← HEXANE＋-OIC〙 *n.* 〘化学〙ヘキサン酸 (⇨ caproic acid).

hèxa·pártite *adj.* ＝sexpartite.

hex·a·pla, H- [héksəplə] 〘(1613) □ Gk (*tà*) *hexaplâ* (title of Origen's work) (neut. pl.) ← *hexaploûs* sixfold ← HEXA-+-*plous* -fold (⇨ -ploid)〗 ── *n.* 六か国語対訳書《特に聖書》. **hex·a·plar, H-** [héksəplə | -plə(r)] *adj.*

héxa·plòid 〘← HEXA-+-PLOID〙〘生物〙*adj.* 〈細胞・核など〉(染色体数が)六倍性の, 六倍体の. ── *n.* 六倍体.

héxa·plòidy [⇨ ↑, -y¹] *n.* 〘生物〙六倍性.

hex·a·pod [héksəpɑ̀d | -pɔ̀d] 〘(1668) □ Gk *hexápod-os*: ⇨ hexa-, -pod¹〙 *adj.* 6脚類の; 昆虫の. ── *n.* 昆虫綱 (Insecta) の動物, 昆虫 (insect).

Hex·ap·o·da [heksǽpədə] 〘← NL ~: ⇨ hexa-, -poda〙 *n. pl.* 〘昆虫〙六脚綱, 昆虫綱《古くはムカデ・ヤスデなども昆虫綱に含めていたので, 特にそれと区別するため脚が3対しかないものを六脚綱という》.

hex·ap·o·dous [heksǽpədəs] *adj.* 六脚の, 6本足の.

hex·ap·o·dy [heksǽpədi | -dɪ] 〘← HEXA-+(DI)PODY〙 *n.* 〘詩学〙六歩格, 六脚律 (hexameter).

hex·a·stich [héksəstɪk] 〘← NL *hexastich-on* □ Gk *hexástikhon*: ⇨ hexa-, stich¹〙 *n.* 〘詩学〙六行連(句) (sextet).

hex·a·style [héksəstàɪl] 〘← HEXA-+-STYLE¹〙〘建築〙*adj.* 〈建物が〉(正面に)六本の円柱をもつ, 六柱式の (cf. distyle). ── *n.* 六柱式の建物[柱廊].

hex·a·syl·la·ble [héksəsìləbl̩, ⌐⌐⌐⌐] 〘← HEXA-+SYLLABLE〙 *n.* 6音節語[詩脚].
hex·a·syl·lab·ic [hèksəsɪlǽbɪk, -sə- | -sɪ-] *adj.*

Hex·a·teuch [héksət(j)ùːk | -tjùːk] 〘(1878) ← HEXA-+Gk *teûkhos* book〙 *n.* [the ~] (旧約聖書の最初の)六書《モーセ五書とヨシュア記; cf. Pentateuch》.

hèxa·válent 〘← HEXA-+-VALENT〙 *adj.* 〘化学〙六価の.

hex·en·be·sen [héksənbèɪzn̩] 〘← G *Hexen* ((pl.) ← *Hexe* witch)+*Besen* broom〙 *n.* 〘植物病理〙天狗(ぐ)巣病 (⇨ witches'-broom).

hex·ene [héksiːn] 〘← HEXA-+-ENE〙 *n.* 〘化学〙ヘキセン (C_6H_{12}).

hex·e·rei [hèksəráɪ; *G.* hɛ̀ksəráɪ] 〘← G *Hexerei* ← *hexen* to practice witchcraft+*-erei* '-ERY'〙 *n.* 魔法, 魔術 (witchcraft).

hex·es·trol [hekséstrɔ(ː)l, -troʊl | -trɒl] 〘← HEX(ANE)+ESTR(OUS)+-OL¹〙 *n.* 〘生化学〙ヘキセストロール ($C_{18}H_{22}O_2$)《合成女性発情ホルモンの一種》.

hex·o- [héksoʊ | -sə(ʊ)] hexa- の異形.

hèxo·bárbital 〘← HEXA-+BARBITAL〙 *n.* 〘薬学〙ヘキソバルビタール ($C_{12}H_{16}N_2O_3$)《無色の結晶性粉末; 鎮静剤・催眠薬》.

hex·o·bi·ose [hèksoʊbáɪoʊs, -oʊz | -sə(ʊ)báɪəʊs] *n.* 〘化学〙=hexabiose.

hex·ode [héksoʊd | -səʊd] 〘← HEXA-+-ODE²〙 *n., adj.* 〘電気〙六極管(の).

hex·o·gen [héksədʒən] 〘□ G *Hexogen*〙 *n.* ヘキソーゲン (⇨ cyclonite).

hèxo·kínase 〘← HEXO(SE)+KINASE〙 *n.* 〘生化学〙ヘキソキナーゼ《生体内糖質代謝に関係する酵素で, ぶどう糖がぶどう糖-6-燐酸に燐酸化されるのを触媒する》.

hex·one [héksoʊn | -səʊn] 〘□ G *Hexon*: ⇨ hexa-, -one〙 *n.* 〘化学〙ヘキソン($CH_3COCH_2CH(CH_3)_2$)《芳香のある溶剤; methyl isobutyl ketone ともいう》.

hex·os·a·mine [heksɑ̀səmíːn | -sɔ̀s-] 〘← HEXOSE+AMINE〙 *n.* 〘生化学〙ヘキソサミン《ヘキソースの水酸基がアミノ基で置換されたアミノ糖》.

hex·o·san [héksəsæ̀n | -sə(ʊ)-] 〘← HEXOSE+-AN²〙 ── *n.* 〘化学〙ヘキソサン: **a** ヘキソースから誘導されるアンヒドロ酸の総称. **b** ヘキソースを構成成分とする多糖の総称. **c** 3, 4, 6-トリクロロフェノール.

hex·ose [héksoʊs, -soʊz | -səʊs] 〘← HEXA-+-OSE²〙 *n.* 〘化学〙ヘキソース, 六炭糖《6個の炭素原子を持つ単糖類》.

héx sìgn *n.* ヘックスサイン, 魔除けの印《魔除けのために慣習的に定められるマーク》.

hex·yl [héksɪl, -səl | -sɪl] 〘← HEXA-+-YL〙 ── *n.* 〘化学〙**1** ヘキシル (C_6H_{13})《ヘキサンから派生したアルキル基の一つ》. **2** ヘキサニトロジフェニルアミン《カリウムの分析試薬》.

héxyl gròup [ràdical] *n.* 〘化学〙ヘキシル基 (C_6H_{13}- という一般式をもつ5種の一価異性体の総称).

hèxyl·resórcinol *n.* 〘化学〙ヘキシルレゾルシン ($CH_3(CH_2)_5C_6H_3(OH)_2$)《防腐・殺菌剤》.

hey¹ [héɪ] 〘(?c1200) *hei*《擬音語?》: cf. Du. and G *hei*〙 ── *int.* へえ, おや, まあ, やあ, おい, ちょっと《喜び・驚き・疑問を表わし, また注意を促す》: *Hey* for ...! ...はうまいぞ, でかした / *Hey* presto! (手品師の掛け声で)はいっ《消えますでござい, 現われまーす, など》.

hey² [héɪ] *n.* =hay².

héy cockalórum *n.* 《英》〘遊戯〙一種の馬跳び遊び (leapfrog); 馬跳びの際に発する掛け声.

hey·day¹ [héɪdeɪ] 〘(1526) *heyda* □ G *heida* // Du. *hei daar* hey there〙 *int.* 《古》やあやあ《陽気・喜び, 時に驚きを表わす》.

hey·day² [héɪdeɪ] 〘← *hey* 'HIGH'+DAY // ← HEYDAY¹〙 ── *n.* (*also* **hey·dey** [~]) **1** (若さ・元気・繁栄などの)真盛り, 全盛期, 血気盛り, 青春 (prime, acme): the ~ of youth 青春の血気盛り / the ~ of militarism [the New Criticism] 軍国主義[新批評]の最盛期 / the leftist movement's ~ during the Vietnam War ベトナム戦争中の左翼運動の全盛期. **2** 《古》元気のよさ, 陽気なこと.

Hey·duc [háɪdʊk] *n.* (*also* **Hey·duck** [~], **Hey·duke** [~]) =Haiduk.

Hey·er·dahl [héɪədɑ̀ːl | héɪə-; *Norw.* hέiərdɑ̀ːl], **Thor** [tɔ̃r] *n.* ヘイエルダール《1914- ; ノルウェーの民族学者・探検家・作家; cf. Kon-tiki》.

Hey·mans [eɪmáːns, -mæ̃ns | -máːns; *F.* ɛjmɑ̃ːs], **Corneille** *n.* ハイマンス《1892-1968; ベルギーの生理学者; Nobel 医学生理学賞 (1938)》.

Hey·rov·sky [héɪrɔ(ː)fski, -rɑ(ː)v- | -rɒfskɪ, -rɒvʃ-; *Czech* hέjrɔfskiː], **Ja·ro·slav** [járəslaf] *n.* ヘイロフスキー《1890-1967; チェコスロバキアの物理化学者; Nobel 化学賞 (1959)》.

héy rúbe 《米俗》*n.* サーカス[カーニバル]の人たちと町民との間の乱闘. ── *int.* 助けて《町民との乱闘でサーカスまたはカーニバルの人たちが味方に対して救いを求める発声》.

Hey·se [háɪzə; *G.* háɪzə], **Paul (Johann Ludwig) von** *n.* ハイゼ《1830-1914; ドイツの劇作家・小説家・詩人; *L'Arrabbiata*「ララビアータ」(短篇小説, 1855); Nobel 文学賞 (1910)》.

Hey·ward [héɪwəd | -wəd], **Du·Bose** [dəbóʊz | -bə́ʊz] *n.* (1885-1940) 米国の小説家・劇作家; *Porgy* (小説, 1925).

Hey·wood [héɪwʊd], **John** *n.* (1497?-?1580) 英国の劇作家; *The Four P's* (印刷の推定年代 1543 と '47 の間).

Heywood, Thomas *n.* (1574?-?1641) 英国の劇作家・俳優; *A Woman Killed with Kindness* (1603).

Hez·e·ki·ah [hèzəkáɪə | -zɪ-] 〘□ Heb. *Ḥizqiyyā́h* 《原義》Yahweh has strengthened ← *ḥāzáq* to be strong: cf. Ezekiel〙 ── *n.* **1** 男性名. **2** ヒゼキヤ《紀元前8-7世紀; 預言者イザヤと同じころのユダ王国の王; cf. *2 Kings* 18-20》.

Hf 《記号》〘化学〙hafnium.

hf. 《略》half.

H.F. 《略》Holy Father; home fleet; home forces.

H.F., HF 《略》〘電気〙high frequency (cf. L.F.).

hf.-bd. 《略》〘製本〙half-bound.

hf. cf. 《略》〘製本〙half calf.

hf. mor. 《略》〘製本〙half morocco.

hfs 《略》hyperfine structure.

Hg 《記号》〘化学〙hydrargyrum (=mercury).

HG 《略》High German.

hg. 《略》hectogram(s); heliogram.

H.G. 《略》high grade; His [Her] Grace; Holy Ghost; 《英》Home Guard; Horse Guards.

HGH, H.G.H. 《略》human growth hormone.

hgt. 《略》height.

hgwy 《略》highway.

HH 《記号》〘鉛筆〙double hard, 2H (cf. BB); 〘化学〙heavy hydrogen.

H.H. 《略》His [Her] Highness 殿下; His Holiness 猊下(げいか)《教皇に対する尊称》.

hhd 《略》hogshead(s).

HH.D. 《略》*NL.* Humanitatum Doctor (=Doctor of Humanities).

HHFA 《略》《米》Housing and Home Finance Agency.

HHH 《記号》〘鉛筆〙treble hard, 3H (cf. BBB).

H́-hìnge *n.* 〘機械〙H(型)ヒンジ《開いた時H型になる蝶番(ちょうつがい)》.

H́ hòur 〘← *H* (*hour* の第一字)+HOUR: 《原義》the hour of hours: cf. D day〙 *n.* 〘軍事〙H時, 行動発起時刻, 攻撃開始時刻《作戦行動開始の発表されない時刻》.

hi¹ [háɪ] 〘(?c1390) *hi(e)*《擬音語》: cf. hey¹〙 *int.* 《英》おい, ねえ(ちょっと)《注意を促す》.

hi² [háɪ] 〘《略》← HIYA〙 *int.* 《口語》やあ, こんにちは.

hi³ [háɪ] 〘← HIGH〙 *adj.* 《米口語》=high.

HI 《略》〘米郵便〙Hawaii (州).

H.I. 《略》Hawaiian Islands; high intensity; horizontal interval; 〘気象〙humidity index.

HIA 《略》Horological Institute of America アメリカ時計学会.

HIAA 《略》Health Insurance Association of America.

hi·a·tal [haɪéɪtl̩ | -tl] 〘← HIAT(US)+-AL¹〙 *adj.* =hiatus.

hi·a·tus [haɪéɪtəs | -təs] 〘(1563) □ L *hiātus* (p.p.) ← *hiāre* 'to YAWN, gape'〙 ── *n.* (*pl.* ~·es, ~) **1** 隙(すき)間, 割れ目, 中絶, と切れ (break, gap): a long ~ without a government 長期にわたっての無政府状態. **2** (記事・続き物などの)脱落部分, 欠文, 脱漏 (lacuna). **3** 〘解剖〙裂孔. **4** 〘音声〙母音連続《母音で終る語[音節]と母音で始まる語[音節]との間のと切れ; 例: he entered, renew-al》. **5** 〘論理〙(論証の)連鎖中断《論証の途中が欠けていること》. ── *adj.* **1** 隙間[脱落部分]のある. **2** 〘病理〙(ヘルニア患者で)裂孔のある.

Hi·a·wath·a [hàɪəwɔ́(ː)θə, -wáθə, hìːə- | hàɪəwɔ́θə] *n.* ハイアワサ《米国の詩人 Longfellow 作の物語詩 *The Song of Hiawatha* (1855) の主人公; 実在のインディアンの酋長の名であるが, 詩ではその名を借りただけ》.

hi·ba·chi [hɪbáːtʃi | -tʃɪ] 〘(1863) □ Jap.〙 *n.* **1** 火鉢. **2** (木炭を用いる)こんろ (charcoal brazier).

hi·ba·ku·sha [hɪbáːkuʃàː] 〘□ Jap.〙 *n.* (*pl.* ~) 被爆者《1945年広島[長崎]で被爆したのち生存している人》.

hi·ber·nac·le [háɪbənæ̀kl̩ | -bə-] *n.* 〘動物〙=hibernaculum 2.

hi·ber·nac·u·lum [hàɪbənǽkjʊləm | -bə-] 〘□ L *hibernāculum* ← *hibernus* wintry: cf. -cule〙 ── *n.* (*pl.* **-u·la** [-lə]) **1** 〘植物〙(植物の芽の)冬眠[越冬]用外被《つぼみ・地下茎など》. **2** 〘動物〙(冬眠動物の)冬眠の場所.

hi·ber·nal [haɪbə́ːnl̩ | -bə́ː-] 〘□ L *hibernāl-is* ← *hibernus* (↑)〙 *adj.* 冬の[に関する] (wintry).

hi·ber·nant [háɪbənənt | -bə-] 〘□ L *hibernānt-em* (pres.p.) ← *hibernāre* (↓)〙 *adj.* 冬眠の, 冬ごもりの: ~ animals. ── *n.* 冬眠動物.

hi·ber·nate [háɪbənèɪt | -bə-] 〘(a1802) □ L *hibernāt-us* (p.p.) ← *hibernāre* to pass the winter ← *hibernus* wintry ← IE **ghei-* winter (Gk *kheîma* / Skt *hima*)〙 ── *vi.* **1** 〘動物〙冬眠する, (睡眠状態で)冬ごもりする, 越年する (cf. aestivate 2). **2 a** 〈人が〉避寒する: 引きこもる. **b** 不活発[睡眠状態]になる[である].
hí·ber·nà·tor [-tə | -tə(r)] *n.*

híbernating glànd [-tɪŋ- | -tɪŋ-] *n.* 〘動物〙冬眠腺《ある種の哺乳類の肩胛(けん)骨に接する褐色の脂肪組織》.

hi·ber·na·tion [hàɪbənéɪʃən | -bə-] 〘(1664) □ L *hibernātiō(n-)*: ⇨ hibernate, -ation〙 *n.* **1** 〘動物〙冬眠 (cf. aestivation); 冬眠期. **2** 避寒; 引きこもり.

Hi·ber·ni·a [haɪbə́ːniə, -njə | -bə́ːnjə, -nɪə] 〘□ L ~《転訛》← *Iverna* □ Gk *Iérnē* ← Celt.: cf. Erin〙 *n.* 《詩・文語》ヒベルニア《アイルランド (Ireland) の古[雅]名; cf. Erin, Albion》.

Hi·ber·ni·an [haɪbə́ːniən, -njən | -bə́ːnjən, -nɪən] 〘(1632): ⇨ ↑, -ian〙 *adj.* アイルランド(人)の[に関する] (Irish). ── *n.* アイルランド人 (Irishman).

Hi·bér·ni·an·ìsm [-nɪzm] *n.* =Hibernicism.

Hi·ber·ni·cism [haɪbə́ːnəsɪzm | -bə́ːnɪ-] 〘← ML *Hibernic-us* Irish (⇨ Hibernia, -ic¹)+-ISM〙 ── *n.* **1** アイルランド語特有の語法. **2** アイルランド人かたぎ. **3** =Irish bull.

Hi·ber·ni·cize [haɪbə́ːnəsàɪz | -bə́ːnɪ-] 〘← ML *Hibernic-us* (↑)+-IZE〙 *vt.* アイルランド風にする, アイルランド風に表現する.

Hi·ber·no- [haɪbə́ːnoʊ | -bə́ːnə(ʊ)] 〘← HIBERNIA〙「アイルランド人[語]と...との (Irish and...); アイルランドの」の意の連結形.

Hibérno-Sáxon *adj.* **1** アイルランドとイングランドの. **2** 〘美術〙〈写本装飾画など〉アイルランドとイングランド両方の性格を備えた (cf. Celto-Germanic 2).

hi·bis·cus [haɪbɪ́skəs, hɪ-, hə- | hɪ-] 〘(1706) ← NL ~ ← L □ Gk *hibískos* marsh mallow〙 ── *n.* 〘植物〙ハイビスカス《アオイ科フヨウ属 (*Hibiscus*) の植物の総称; アメリカフヨウ (*H. moscheutos*), ムクゲ (*H. syriacus*), モミジアオイ (*H. coccineus*), ブッソウゲ (*H. rosa-sinensis*) など》. ★米国 Hawaii 州の州花.

hic¹ [hɪ́k] 〘擬音語〙 *int.* ういっ《酔った人などのしゃっくりの声》. ── *n.* =hiccup.

hic² [hɪ́k, híːk] 〘□ L ~〙 *adj.* この (this). ── *pron.* これ (this).

HIC 《略》Health Insurance Council.

hic·cough [hɪ́kʌp, -kəp | -kʌp] 〘(1626)《変形》← HICCUP: COUGH との連想による〙 *n., v.* =hiccup.

hic·cup [hɪ́kʌp, -kəp | -kʌp] 〘(1580) 擬音語〙 ── *n.* **1 a** しゃっくり. **b** [*pl.*] 連続的な発作のしゃっくり: severe ~*s* / have the ~*s* しゃっくりが出る. **2** 〘証券〙(株式相場の)短期間の下落. ── *v.* (**hic·cuped, -cupped; -cup·ing, -cup·ping**) ── *vi.* しゃっくりする. ── *vt.* しゃっくりしながら言う 〈*out*〉.

hic et nunc [hɪ́k-et-nʌ́ŋk, -nʊ́ŋk] 〘□ L ~ 'here and now'〙 *L.* 今この場で.

hic et u·bi·que [hɪ́k-et-juːbáɪkwi, híːk-et-uːbíːkweɪ | hɪ́k-et-juːbáɪkwɪ, hɪ́k-et-uːbíːkweɪ] 〘□ L ~ 'here and everywhere'〙 *L.* ここでもどこでも, 至る所.

Hich·ens [hɪ́tʃɪnz, -tʃənz], **Robert Smythe** [smáɪð, smáɪθ] *n.* (1864-1950) 英国の小説家.

hic ja·cet [hɪ́k-dʒéɪsɪt, -sət, híːk-jáːkɪt, -kət | hɪ́k-dʒéɪsɪt, híːk-jáːket] 〘□ L ~ 'here lies'〙 *L.* **1** ここに永眠す《碑銘の文句; 略 H.J.》. **2** 墓碑銘 (epitaph).

hick¹ [hɪ́k] 〘(転用) ← *Hick* (dim.) ← RICHARD¹〙《米口語》── *n.* 田舎者; すれていない人, うぶな奴. ── *adj.* **1** 田舎者の, 純朴な (unsophisticated). **2** 田舎の, 田舎にある (rustic): a ~ town.

hick² [hɪk] *v.* =hiccup.

hick·ey¹ [hɪ́ki | -kɪ] 〘← ?〙 ── *n.* 《米》**1** 《口語》装置, 仕掛け (gadget). ★その物の名前を知らなかったり忘れたりした時に用いる. **2** 管[パイプ]を曲げる道具. **3** 〘電気〙器具へ電気器具を継ぐ接続継手.

hick·ey² [hɪ́ki | -kɪ] 〘← ?〙 *n.* 《米口語》**1** にきび, 吹出物 (pimple). **2** すごいキスマーク《噛んだり吸ったりして皮膚に出来た赤いあざ》.

híck-jòint pòinting 〘← ? *Hick* (人名): ⇨ hick¹〙 *n.* 〘石工〙平目地, 擦(す)り目地《石の表面と同一平面になるように仕上げた目地》.

Hick·ok [hɪ́kɑk | -kɒk], **James Butler** *n.* (1837-76). 米国の開拓時代の偵察兵・保安官; 通称 Wild Bill (Hickok).

hick·o·ry [hɪ́k(ə)ri | hɪ́kərɪ] 〘(1676) ← 《廃》*pohickery* ← N-Am.-Ind. (Virginia 土語)〙 ── *n.* **1** 〘植物〙ヒッコリー《北米産クルミ科ペカン属 (*Carya*) の植物の総称; cf. pecan, pignut, shagbark》. **2 a** ヒッコリー材. **b** ヒッコリーの杖(つえ)[鞭(むち)]. **3** ヒッコリー《通例, 綾織りでシャツ・ズボンなどに用いる一種の丈夫な綿織物》. ── *adj.* **1** ヒッコリーの[で作った]: ~ skis, canes, etc. **2 a** 剛直な (firm, steadfast): a ~ soldier, general, president, etc. **b** 信仰心の厚くない.

híckory nùt *n.* ヒッコリーの実《クルミの一種》.

híckory shàd *n.* 〘魚類〙=gizzard shad 1.

Hicks [hɪ́ks], **Granville** *n.* (1901-) 米国の批評家; *The Great Tradition* (1933, '35).

Hicks, Sir John Richard *n.* (1904-) 英国の理論経済学者.

Hicks·ite [hɪ́ksaɪt] 〘← *Elias Hicks* (1748-1830: 米国クエーカー教の牧師)+-ITE¹〙 ── *n.* 〘キリスト教〙ヒックス派の一人《米国の Quaker のリベラルな一派で, 内なる光 (Inner Light) を重んじる》.

Hícks yèw [híks-] 〘← *Hicks* (Long Island の Westbury にある養樹園)〙 *n.* 枝がのびる斜上行の枝をもつイチイ属の園芸品種 (*Taxus media* var. *hicksii*).

hick·wall [híkwɔːl] 〘《1546》《転訛》← ME *hyghwhele*《擬音語?》: cf. highhole〙 *n.*《英方言》《鳥類》ヨーロッパアオゲラ (yaffle, green wood pecker).

hick·y [híki | -kɪ] *n.* =hickey¹.

hid [híd] 〘OE *hȳded(e)*〙 *v.* hide² の過去形·過去分詞. **—** *adj.* 隠れた, 秘密の (hidden, secret).

HID 《略》 headache, insomnia, depression.

hid·age [háɪdɪdʒ] 〘▭ ML *hidagi-um* ← *hida* hide¹＋-*agium* '-AGE'〙 *n.*《古英法》ハイド税《土地 1 ハイド (hide) ごとに賦課された特別税》.

hi·dal·go, H- [hɪdǽlgou | -gəu] 〘《1594》▭ Sp. ~《転訛》← *hijo de algo* son of something (i.e., property)〙 **—** *n.* (*pl.* **~s** [~z; *Sp.* ~s]) スペインの小貴族《grandee の次の階級》.

Hi·dal·go [hɪdǽlgou | -gəu; *Sp.* idálgo] *n.* イダルゴ《メキシコ中部の州; 人口 1,194,000, 面積 20,987 km², 首都 Pachuca》.

Hi·dat·sa [hɪdáːtsə, -dǽt-] 〘土語〙 **—** *n.* (*pl.* **~, ~s**) **1 a** [the ~(s)] ヒダーツァ族《米国 Missouri 川付近に住むインディアンの一族》. **b** ヒダーツァ族の人. **2** ヒダーツァ語.

hid·den [hídn̩] 〘OE (*ge*)*hȳdd*〙 **—** *v.* hide² の過去分詞. **—** *adj.* **1** 隠された, 隠れた: a ~ meaning 隠れた意味 / ~ treasures 秘宝. **2 a** 秘密の (secret). **b** 説明のつかない, 神秘な (mysterious); ぼんやりした, 不明瞭な (obscure): ~ troubles 表現しえない悩み. **~·ly** *adv.* **~·ness** *n.*

hid·den·ite [hídənàɪt, -dn̩-] 〘← W. E. *Hidden* (1879 年にこれを発見した米国の鉱物学者)＋-ITE¹〙 **—** *n.*《鉱物》緑色の黝(ゆう)輝石《鮮緑色のものは宝石に用いる》.

hídden resérve *n.*《経済》隠匿積立金 (⇨ secret reserve).

hídden táx *n.* 間接税 (indirect tax).

hide¹ [háɪd] 〘OE *hȳd* skin < Gmc **χūđiz* (G *Haut*) ← IE **(s)keu-* to cover (L *cutis* 'CUTICLE')〙 **—** *n.* **1** (大きい獣の)獣皮, 皮革 (cf. leather 1): a raw ~ 生皮. ★ 皮革業者は通例厚い生皮を hide という. **2 a** 《戯言》(人間の)皮膚. **b** 身の安全 (safety). **c** 命 (life). **3** 無神経, 厚顔 (impudence): have a thick ~ 無神経である, 鈍感[鈍重]である / What a ~! なんて無神経なんだろう.

hide and hair 皮も毛も(残らず); すっかり (completely). ***neither hide nor hair*=*not hide or hair*** 何もない, 全然…ない: I have seen *neither* ~ *nor hair* of him since then. あの時以来彼に会ったことが一度もない. ***save a person's hide*** 罰を免れさせる; 人を窮地から救う: *save* one's (own) ~ 窮地を脱する, 身の安全を保つ. ***tan a person's hide*=*tan the hide of a person*** 《口語》人を鞭(むち)でひっぱたく; 人をやっつける.

— *vt.*《口語》鞭打つ (flog).

hide² [háɪd] 〘OE *hȳdan* < (WGmc) **χūdjan* ← ? IE **(s)keu-* (↑)〙 **—** *v.* (**hid** [híd]; **hid·den** [hídn̩], **hid**) **—** *vt.* **1** 隠す, おおい隠す (conceal); かくまう, かばう: ~ one's tears 涙を隠す / ~ one's face [ear] (*from*) (…から)顔をそむける[耳をおおう], 留意しない; =*hide one's* HEAD (1) / ~ oneself 隠れる / ~ a person from the police 警察の手から人をかくまう / The sun was *hidden* by [behind] the clouds. 太陽は雲に隠れ(て見えなかっ)た / the mountain top *hidden in* a gray waste of sky 一面灰色の空に包まれた山頂. **2** 秘密にする: ~ a fact *from* a person 人に事実を知らせないでおく / ~ one's feelings 感情をあらわに出さない. **—** *vi.* 隠れる, ひそむ: He *hid behind* the curtain. カーテンの陰に身をひそめた.

hide away (1) 身をひそめる, 隠れる. (2) 〈物を〉隠す, 〈人を〉かくまう: ~ a letter *away*. ***hide out* [*up*]** 隠れる, 潜伏する (cf. hideout).

hide the thimble 《遊戯》部屋のどこかに隠されたものを鬼が捜す遊び《その間に音楽をかけ, 近寄ったら音を大きくし, 遠ざかったら小さくする》.

— *n.* **1** 隠れ場所. **2** 《英》(狩猟の際ひそかに撃つためや野生の動物などを観察するための)隠れ場所《米》blind).

híd·er *n.*

hide³ [háɪd] 〘OE *hīd, hīgid* ← Gmc **xīwa-* ← IE **kei-* dear; to lie〙 **—** *n.* ハイド《英国での古い地積の単位; 自由民がその家族と雇い人たちを養えるだけの面積で, 種々の説があるが大体 120 acres; 北部·東部地方では ploughland と呼ばれた; cf. virgate²》.

híde-and-gò-séek *n.*《米》=hide-and-seek 1.

híde-and-séek 〘《1672》〙 *n.* **1** かくれんぼう. **2** はぐらかし[ごまかし]合い.

play (at) hide-and-seek かくれんぼうをする; 避ける, はぐらかす, ごまかす (*with*): The sun *played* ~ *with* me. 太陽が照ったりかげったりした.

híde·awày *n.*《米口語》**1** 隠れ場所, 潜伏地 (refuge). **2** 人目につかない小さなレストラン[娯楽所]. **—** *adj.* 隠れた (concealed); 人目を避けた, 人目につかない (secluded): a ~ cottage, villa, hotel, etc.

híde·bòund 〘← HIDE¹＋BOUND⁴〙 **—** *adj.* **1 a** 〈家畜が〉(栄養不足で)骨と皮の, やせこけた. **b** 〈樹木が〉(生長を妨げられるほど)皮がしまった. **2 a** 偏狭な, 頑(がん)固な, 融通のきかない, 偏屈な: that ~ arrogance of his 彼のあの手の施しようもない傲慢さ. **b** きわめて保守的な. **3** 《病理》硬皮症の. **~·ness** *n.*

híd·ed *adj.* [通例複合語の第 2 構成素として] (…の)皮のある, 皮が…の: thick-*hided*.

hid·e·ous [hídiəs | -dɪəs, -djəs] 〘《*c*1303》▭ AF *hidous*=OF *hidos* (F *hideux*) ← *hi(s)de* dread ← ?〙 **—** *adj.* **1 a** (見た目にまたは感覚的に)恐ろしい, すごい, ぞっとする (horrible): a ~ face. **b** ひどく醜い, 醜悪な: a ~ monster. **2** (道義上)憎むべき, 忌わしい (abominable): a ~ crime, story, etc. / for two ~ years 二年というないやな年月の間 / a ~ sight 忌わしい光景. **3 a** びっくりする, 困った, ばかばかしい (ludicrous): a ~ mistake, fiasco, etc. **b** ばかでかい, とてつもなく大きい[巨額の]. **~·ly** *adv.* **~·ness** *n.*

híde·òut *n.*《口語》(犯人の)隠れ家.

hid·ey-hole [háɪdihòʊl | -dɪhəʊl] *n.*《口語》=hideout.

híd·ing¹ 〘← hide² (v.)＋-ing¹〙 *n.*《口語》鞭(むち)打ち: give a person a good [bad] ~ 人をしたたか打つ.

híd·ing² 〘《?*a*1200》: ⇨ HIDE², -ING¹〙 **—** *n.* **1** 隠す[隠れる]こと, 秘密にすること, 隠匿: be [lie, remain] in ~ 隠れて[世を忍んで, 地下に潜って]いる / go into ~ 隠れる, 地下に潜る. **2** 隠れ場所, 隠れる手段.

híding-plàce 〘《*a*1387》〙 *n.* 隠れ場所; 隠し場所.

hi·dro·sis [hɪdróusɪs, haɪ-, -səs | -drə́usɪs] 〘← NL ~ ← Gk *hidrṓs* sweat〙 *n.*《病理》**1** 発汗, 発汗過多. **2** 多汗症.

hi·drot·ic [hɪdráːtɪk, haɪ- | -drɔ́t-] 〘▭ Gk *hidrōtikós* ← *hidrṓs* (↑): ⇨ -ic¹〙 *adj.* 汗を出す, 発汗させる. **—** *n.* 発汗剤.

hid·y-hole [háɪdihòʊl | -dɪhəʊl] *n.*《口語》=hidey-hole.

hie¹ [háɪ] 〘OE *hīgian* to strive, hasten ← ? Gmc **hīʒ-* ← IE **kei-gh-* fast〙 **—** *v.* (**hied**; **~·ing, hy·ing** [háɪɪŋ])《古·詩》**—** *vi.* 急ぎ行く, 急ぐ (hasten). **—** *vt.* 急がす: *Hie* thee! 急げ / He ~*d him(self)* homeward. 彼は家路をさして急いだ / He ~*d his way* down the slope. 坂を急いで下りた.

hie² [háɪ] 《方言》 *int.* はいよ(う)《馬を左に回す時の掛け声; cf. hup 1 b》. **—** *v.* (**hied**; **~·ing**) **—** *vt.* 〈馬を〉左に回す. **—** *vi.* (馬に)はいよ(う)と叫ぶ; 〈馬が〉左に回る.

hi·e·mal [háɪəməl | háɪɪ-] 〘▭ L *hiemāl-is* ← *hiems* winter: ⇨ -al¹〙 *adj.* 冬の[に関する].

hi·er- [háɪər, háɪr | háɪər] (母音の前に来る時の) hiero- の異形.

hi·er·a·co·sphinx [hàɪəréɪkəsfɪŋks] 〘← Gk *hierako-, hiérax* hawk＋SPHINX〙 *n.* 鷹(たか)の顔をしたスフィンクス (⇨ sphinx 1 a).

hi·er·arch [háɪəràːək, háɪrɑːək | háɪərɑːk] 〘《1574》▭ LL *hierarcha* ▭ Gk *hierárkhēs* ← *hierós* sacred＋*arkhós* leader (cf. arch-¹)〙 **—** *n.* **1 a** 教主, 教団長. **b** 高僧 (high priest). **2** (古代ギリシャの)神殿の奉納物係. **3** 階級組織の中で高位を占める人; 高官, 要人.

hi·er·ar·chal [hàɪərɑ́ːəkəl, haɪr- | hàɪərɑ́ː-] *adj.* =hierarchical.

hi·er·ar·chic [hàɪərɑ́ːəkɪk, haɪr- | hàɪərɑ́ː-] *adj.* =hierarchical.

hi·er·ar·chi·cal [hàɪərɑ́ːəkɪkəl, haɪr-, -kə- | hàɪərɑ́ːkɪ-] 〘《1471》← HIERARCH(Y)＋-ICAL〙 **—** *adj.* **1** 聖職階級制度の; 聖職政治の. **2 a** 階級組織の, 階層制の. **b** 階層分類上の, 分類体系的な; 序列的な. **c** 階級性の強い. **~·ly** *adv.*

hi·er·àr·chism [-kɪzm] 〘← HIERARCH(Y)＋-ISM〙 *n.* 聖職階級制度[主義]; 階級制度の権威.

hi·er·ar·chize [háɪərɑ̀ːəkaɪz, háɪrɑːəkàɪz | háɪərɑ̀ː-kaɪz] 〘⇨ ↓, -ize〙 **—** *vt.* 階層をなすように排列する.

hi·er·ar·chi·za·tion [hàɪərɑ̀ːəkɪzéɪʃən, hàɪrɑːək-, -kə- | hàɪərɑ̀ːkaɪ-, -kɪ-] *n.*

hi·er·arch·y [háɪərɑ̀ːəki, háɪrɑːə- | háɪərɑ̀ːkɪ] 〘《16C》▭ L *hierarchi-a* ▭ Gk *hierarkhía* office of a hierarch (⇨ hierarch, -y¹) ∽ 《?*c*1343》 *jerarchi(e)* ▭ OF *jerarchie* (F *hiérarchie*)〙 **—** *n.* **1 a** 聖職の階級組織[制度], 聖職位階制《上の階級の者が下級者を順次に指揮命令する》: The constitution of the Anglican Church is a ~. 英国国教会の組織は階級制度である. **b** (官吏などの)階級組織, 階層制度, ヒエラルキー: the ~ of the Civil Service 行政官の階級制度. **2 a** (会行)政; 聖職者政治. **b** [集合的] 全聖職[僧侶]団. **3** 《生物》階層《綱·目·科·属などの分類段階》. **4** 《言語》階層《言語は組織化された体系で要素が階層をなしている》. **5** 《神学》**a** 天使の階級[位階]《天使の三大区分の一つ; これが更に三つずつに小区分されて全部で九階級となる: cf. angel 1 a》. **b** [集合的] 天使たち, 天使団.

hi·er·at·ic [hàɪərǽtɪk, haɪr- | hàɪərǽt-] 〘《1656》▭ L *hierāticus* ▭ Gk *hierātikós* ← *hierós* sacred, holy: ⇨ hiero-, -ic¹〙 **—** *adj.* **1** 聖職の, 神官の, 僧の; 聖職者らしい (sacerdotal): a ~ gesture. **2** (古代エジプトの)神官文字の: ~ writing [script] 神官文字, ヒエラティック体《象形文字 (hieroglyphic) をくずした筆記[行書]体文字, 後に神聖文書に専用; cf. DEMOTIC writing》. **3** 《美術》聖美術の《エジプトやギリシャの美術のように宗教的伝統によってきめられた古くからの形式·方法が伝統的に守られている美術様式についていう》. **—** *n.* [the ~] 神官文字.

hì·er·át·i·cal [-tɪkəl, -tə- | -tɪ-] *adj.* =hieratic 1. **~·ly** *adv.*

Hi·er·o [háɪəròu | -rəʊ] *n.* =Hieron I.

hi·er·o- [háɪəro(ʊ), háɪr- | háɪərə(ʊ)] 〘← Gk *hierós* sacred, holy ← IE **eis-* to move violently, excite: cf. Gk *hiereús* priest〙 **—**「神聖な, 聖職の (priestly)」の意の連結形. ★ 母音の前では通例 hier- になる.

hi·er·oc·ra·cy [hàɪərɑ́krəsi, haɪr- | hàɪərɔ́krəsɪ] 〘← HIERO-＋-CRACY〙 **—** *n.* 僧侶(りょ)政治, 聖職者政治 (hagiocracy). **hi·er·o·crat·ic** [hàɪ(ə)ro(ʊ)krǽtɪk | hàɪərə(ʊ)krǽt-] *adj.* **hì·er·o·crát·i·cal** *adj.*

hìero·déacon *n.*《東方正教会》修道輔祭《輔祭職を兼ねた修道士》.

hi·er·o·dule [háɪ(ə)ro(ʊ)d(j)ùːl, haɪérə- | háɪərə(ʊ)-djùːl, haɪér-] 〘▭ L *hierodūl-us* ▭ Gk *hieródoulos* ← *hierón* temple＋*doûlos* slave〙 **—** *n.* 神殿奴隷; (特に, 古代オリエント·ギリシャの)神殿専属娼婦《それに支払われた金はしばしば寺院の収入となった》.

hi·er·o·du·lic [hàɪ(ə)ro(ʊ)d(j)úːlɪk, haɪèrə- | hàɪərə(ʊ)djúː-, haɪèr-] *adj.*

hi·er·o·glyph [háɪ(ə)rəglɪf, -ro(ʊ)- | háɪərə(ʊ)-] 〘《1598》▭ F *hiéroglyphe*《逆成》← *hiéroglyphique* (↓)〙 *n.* =hieroglyphic.

hi·er·o·glyph·ic [hàɪ(ə)rəglífɪk, -ro(ʊ)- | hàɪərə(ʊ)-] 〘《1585》▭ F *hiéroglyphique*. ▭ Gk *hieroglyphikós*: ⇨ hiero-, glyph, -ic¹〙 **—** *n.* **1** (古代エジプトの)象形文字; 絵文字. **2** 象形文字に似たもの. **3** [*pl.*; 単数または複数扱い] 象形文字表記法; 象形文字文書. **4** 隠された意味のある文字[記号]. **5** 《戯言》**a** 判読しにくい文字[記号]; かな釘流の文字. **b** [*pl.*] 判読しにくい文字[記号]で書かれた文書. **—** *adj.* **1 a** (古代エジプトの)象形文字(風)の; 絵文字の: a ~ character 象形文字 / ~ writing 象形文字の文書[書き物]. **b** 象形文字で書かれた. **2** 象形文字的な, 象徴的な (symbolical). **3** 《戯言》〈文字が〉虫がはった跡のような, 判読出来ない: a ~ scrawl 虫がはった跡のような文字, とても読めない崩し字; なぐり書き.

hì·er·o·glýph·i·cal [-fɪkəl, -fə- | -fɪ-] *adj.* =hieroglyphic. **~·ly** *adv.*

Hieroglýphic Hittite *n.*《言語》象形文字のヒッタイト語《紀元前約 1400–700 年アナトリア地方に存在》.

hi·er·o·glyph·ist [hàɪ(ə)rəglífɪst, -ro(ʊ)-, hàɪərɑ́glə-, -fəst | hàɪərə(ʊ)glífɪst] 〘← HIEROGLYPH(IC)＋-IST〙 *n.* **1** 象形文字研究家. **2** 象形文字を書く人.

hi·er·o·gram [háɪ(ə)rəgræ̀m | háɪər-] 〘← HIERO-＋-GRAM〙 *n.* 神聖文字[紋章, 記号].

hi·er·o·gram·mat [hàɪ(ə)rəgrǽmət, -ro(ʊ)-, -mæt | hàɪərə(ʊ)-] 〘▭ Gk *hierogrammat-eús* ← HIERO-＋*grammateús* scribe (← *grámma* letter)〙 **—** *n.* (*also* **hi·er·o·gram·mate** [-mət, -meɪt]) 神聖文字を書く人.

hi·er·o·graph [háɪ(ə)rəgræ̀f | háɪər-] 〘← HIERO-＋-GRAPH〙 **—** *n.* =hierogram. **hi·er·o·graph·ic** [hàɪ(ə)rəgrǽfɪk | hàɪər-] *adj.* **hì·er·o·gráph·i·cal** *adj.*

hi·er·ol·a·try [hàɪərɑ́lətri, haɪr- | hàɪərɔ́lətrɪ] 〘← HIERO-＋-LATRY〙 *n.* 聖人[聖者]崇拝 (hagiolatry); 聖物[聖器]崇拝.

hi·er·ol·o·gy [hàɪərɑ́lədʒi, haɪr- | hàɪərɔ́lədʒɪ] 〘▭ Gk *hierologí-a* sacred language: ⇨ hiero-, -logy〙 **—** *n.* **1** (民族的信仰の集積した)聖文学, 宗教的伝承. **2** =hagiology.

Hi·er·on I [háɪərɑ̀n | -rɔ̀n] *n.* ヒエロン一世(?–467 B.C.; Syracuse の僭(せん)主(478–467 B.C.), 文学の保護者).

Hi·er·o·nym·i·an [hàɪ(ə)rənímiən | hàɪərənímɪ-] *adj.* =Hieronymic.

Hi·er·o·nym·ic [hàɪ(ə)rənímɪk | hàɪər-] *adj.* Saint JEROME の.

Hi·er·on·y·mite [hàɪərɑ́nəmàɪt, haɪr- | hàɪərɔ́nɪ-] 〘⇨ ↓, -ite¹〙 *n.* ヒエロニムス修道士《Saint Jerome の流れをくむ修道士団の一員》.

Hi·er·on·y·mus [hàɪərɑ́nəməs, haɪr- | hàɪərɔ́nɪ-], **Eusebius** *n.* ヒエロニムス (⇨ Saint JEROME).

hi·er·o·phant [háɪ(ə)rəfæ̀nt, haɪérəfənt | háɪərə(ʊ)-fæ̀nt] 〘《1677》▭ Gk *hierophántēs* ← HIERO-＋*phaínein* to show, explain (⇨ fantasy)〙 **—** *n.* **1 a** (古代ギリシャの)秘儀の神官[祭司]. **b** 宗教上の秘義を伝える聖職者, 密教の神官. **2 a** 説明者, 代弁者 (spokesman). **b** 首唱者, 提唱者. **hi·er·o·phan·tic** [hàɪ(ə)rəfǽnṭɪk | hàɪərəfǽnt-] *adj.*

hi·er·ur·gy [háɪərɚ̀ːdʒi, háɪrɚ- | háɪərəːdʒɪ] 〘▭ Gk *hierourgí-a* ← *hierourgós* ritually sacrificing priest: ⇨ hiero-, -urgy〙 *n.*《キリスト教》聖祭, ミサ; (宗教的)儀式.

híe spỳ *n.*《遊戯》=hy spy.

HIF 《略》 Health Information Foundation.

hi·fa·lu·tin [hàɪfəlúːtn̩ | -tɪn] *adj.* =highfalutin.

hi-fi [háɪfáɪ] 《略》← *high fidelity*〙 *n.* **1** =high fidelity. **2** ハイファイ装置. **—** *adj.* ハイファイの[に関する, の特徴を持つ]: a ~ set.

Hig·gin·son [hígɪnsn̩, -gən- | -gɪn-], **Thomas Wentworth Stor·row** [stɔ́ːrou, stɑ́(ː)r- | stɔ́rəʊ] *n.* (1823–1911) 米国の著述家·社会改良家.

hig·gle [hígl̩] 〘《1633》《転訛》← ? HAGGLE〙 **—** *vi.* 値切る, (値段などの)かけひきをする (chaffer): ~ *with* a clerk *for* the price of an article [*about* a thing] 商品の値段のことで[品物のことで]店員と掛け合う.

hig·gle·dy-pig·gle·dy [hígl̩dipígl̩di | -dɪpígl̩dɪ] 〘《1598》←《廃》*higle-pigle*《加重》? ← PIG¹〙《口語》**—** *adv.* ひどく乱雑に. **—** *adj.* ひどく乱雑な, ごった返しの, めちゃくちゃな (topsy-turvy). **—** *n.* ひどく乱雑な状態, ごった返し.

híg·gler [-glə, -glə | -glə(r, -glə(r] *n.* **1** 値切る人, かけひきする人. **2** 行商人 (peddler); 呼売り商人.

high [háɪ] 〘ME *heigh, hȳ* < OE *hē(a)h* < Gmc **χauχaz* arched (Du. *hoog* / G *hoch*) ← IE **keu-* to bend, arch (Skt *kucati* it bends)〙 **—** (↔ low) *adj.* (**~·er**; **~·est**) **1 a** (地面·床面·底·表面などに立って)高い. ★ この意味では通例人には用いない (cf. tall, high 1 c): a ~ hill, mountain, tower, building, tree, etc. / ~ heels 高いかかと(のくつ), ハイヒール / ~ cheekbones 高い頬骨 / a ~ sea 高波, 大波 / a ~ plateau 高原. **b** (地面·床面·底などから離れて)高い: a ~ ceiling, cloud, etc. / a ~ window 高窓 / The sun is already ~. 太陽はとうに高く昇っている / a balloon ~ in the air 空高く浮かんでいる気球 / from a ~ altitude 高所から. **c** 《英》〈人が〉身長が…の高さの (tall) (cf. 1 a): He is six feet ~. 身長6フィートだ. **d** 高さが…ある, 高さ…の; [しばしば複合語の第2構成素として] …の高さの: How ~ is the mountain? その山の高さはどの位ですか / It is more than 3,000 meters ~. 3,000メートル以上の高さである / a house 20 ft. [ten stories] ~ 20フィートの高さ[10階]の家 / ⇨ sky-high, knee-high. **e** 高い所にある[への, からの]: a ~ shelf 高い棚 / a ~ leap 高飛び / a ~ dive (水泳の)高飛込み / ~ flying [flight] 高空飛行. **f** 〈服が〉襟ぐりの浅い, ハイネックの (high-necked). **g** 高原の: *High* Asia 高地アジア.

2 a (身分·地位·官職などの)高い, 貴い, 高貴な, 高位の; (官庁·官名などで)高等の: a ~ family [caste] 高貴な家柄[階級] / a ~ place [position] 高い地位 / a ~ (government) official (政府)高官 / a man of ~ birth 高貴の生れの人, 名門の出 / ~ society 上流社会 / ⇨ high life, Lord High Chancellor, High Court. **b** [the ~; 名詞的に]: the Most *High* (最高の)神, 上帝 (God).

3 a 主な, 主要な (main): a ~ festival 大祭 / ⇨ high altar, high street. **b** 重大な, 重要な (grave, important); 決定的な (critical): ⇨ high crime, high treason / The ~ point of the picture is the adventure. その映画の決定的な点は冒険である.

4 a 気高い, 崇高な, 高潔な, 高尚な (noble, sublime), 高遠な (lofty): ~ aims [purposes] 高尚な目的 / a ~ character 高潔な人格 / a ~ resolve 崇高な決心 / a ~ mind 高潔な心[精神] / a ~ tone (精神的に)高い調子 / ~ tragedy 高尚な悲劇 / ~ ethics 高潔な倫理感 / have a ~ sense of duty 高度の義務観念を持つ / plain living and ~ thinking 簡素な生活と高遠な思索 (Wordsworth, *National Independence and Liberty* Pt. 1, No. 13). **b** 〈品質など〉上等の, 高級な (superior): (学問·文化などの程度の)高度に進んだ (advanced), (一層)高等な: a ~ quality 上等の品質 / a ~ class 高級 / ⇨ high fashion, high style / ~ art 純芸術 / ⇨ higher mathematics, higher education. **c** 深遠な (abstruse).

5 a (価値·評価などの)高い (great): have a ~ opinion of a person 人を高く評価する. **b** 高価な (costly, expensive); 贅沢(ぜいたく)な (rich, luxurious): pay a ~ price for …に大金を払う[払って買う] / at a ~ figure [cost] 高価で / ~ living 贅沢な暮らし (cf. *adv.* 4, high liver, high life 1 a) / ~ feeding [diet, fare] 贅沢な食事, 美食 / the ~ cost of living 高い生活費 / enjoy a ~ standard of living 高水準の生活をしている.

6 a 〈強度·速度·温度·圧力など〉高度の: a ~ speed [temperature] 高速度[温(度)] / ~ tension 高電圧 / a ~ pressure 高圧(力) / a ~ (atmospheric) pressure 高気圧 / a ~ area 高気圧圏 / ⇨ high gear / The lights are too ~. 照明が強すぎる / work at ~ pressure 大車輪[大童(おおわらわ)]で働く / with a ~ hand 高圧的に. **b** 強い, 激しい, (strong, violent): a ~ sea 荒波の立つ海, 荒海 / a ~ wind 激しい風. **c** (程度·割合などの)高い, 高率の; 多量に含まれている, 含有量の高い: a ~ percentage = ~ rates 高率 / a ~ birth [death] rate 高い出生[死亡]率 / a ~ explosive (高性能)爆弾 / a food ~ in protein 高蛋白質の食物. **d** 〈信仰·主義·意見·感情など〉極端な, 強烈な (extreme), 激しい (intense): in ~terms ほめちぎって / in ~ anxiety 非常に心配して / in ~ favor with …に非常に気に入られて / ~ folly ばかげたこと / a ~ Tory 極端な保守党員. **e** 集中的な, 集約的な (intensive): ~ farming 集約農業. **f** 〈色が〉濃い, 赤い; 鮮明な (bright): a ~ complexion [color] 赤い顔色[色] / ⇨ high-colored.

7 a 意気の高い, すばらしい元気の, 意気盛んな; 陽気な, 楽しい (cheerful): a ~ spirit 勇気, 気概, 進取の気性 / be in ~ spirits 非常に元気[陽気]である / a man of ~ mettle 非常に勇気[気概]のある人 / have a ~ (old) time 愉快な一時を過ごす / in ~ feather ⇨ feather 6. **b** 《俗》〔…に熱中する, 熱心な (eager); ほれている (keen)〔*on*〕: He is ~ *on* rock-and-roll. ロックに夢中だ / She is very ~ *on* him. 彼にぞっこんほれ込んでいる. **c** 激昂した, 怒っている (angry); 興奮した: ~ words [language] 激語. **d** 高ぶった, 傲慢な, 横柄な (haughty): ~ looks 傲慢な顔つき (cf. *Prov.* 21:4) / a ~ manner 横柄な態度 / a ~ boast 大言壮語 / ⇨ *with a high* HAND. **e** 《口語》酔っている (intoxicated); (麻薬で)ふらふらしている, 酔っている: He is pretty ~ tonight. 今夜は大分酔っている / He is ~ *on* marijuana. マリファナを吸ってもうろうとしている / (as) ~ as a kite すっかり酔っている, へべれけで.

8 a 〈季節·時期など〉十分進んでいる, たけなわの, 最盛期の: ~ summer 盛夏 / a ~ season 行楽客の多い季節, 旬(しゅん) / ~ Gothic [Renaissance] 最盛期のゴシック[ルネッサンス](様式) / the ~ Middle Ages 中世の最盛期 / ⇨ high noon. **b** [通例 it is ~ time として] 潮時, 好機, とうに…すべき時刻: *It is ~ time* to do it. 今がそれをする潮時だ / *It is ~ time* for us to go. もうとうに出かける時間だ / *It is ~ time* you went to bed. もう寝る時間だよ. **c** (性的に)成熟した: ~ males of the giant panda 成熟したパンダの雄(おす).

9 a 〈声が〉高い, 鋭い, 甲高い (sharp, shrill): a ~ note [pitch, tone] 高い調子 / a ~ alto voice 高いアルトの声 / ~ bass 上低音, バリトン. **b** 〈声が〉大きい (loud): a ~ voice 大声; 高調子の[甲高い]声.

10 a 遠い (remote): of ~ antiquity 大昔の, 遠い昔の. **b** 〈緯度が〉極に近い, 赤道から遠く離れた: a ~ latitude 高緯度 / in ~ latitudes (両)極地帯で.

11 [H-] 高教会派の: a *High* Anglican 英国高教会派の信者 (⇨ High Churchman).

12 〈獲物〈の肉〉が〉におい出した, (少ししいたみかけて)ちょうど食べごろになった: ~ game.

13 〘生物〙〈動·植物が〉進んだ段階の: the ~*er* apes [ferns] 進んだ(段階の)無尾猿類[シダ類].

14 〘音声〙〈母音が〉舌の位置が高い, 高母音の (cf. low[1] 20, mid[1] 2): ~ vowels 高母音 《[i], [u], [ɯ], [ɨ] など》.

15 〘冶金〙特定の成分をかなり多く含む: iron ~ in phosphorus リン含有度の高い鉄.

16 〘野球〙〈投手の投球が〉高めの 《打者の肩より高い》.

17 〘トランプ〙〈札が〉高い, 高位の: a ~ ball.

18 〘海事〙全強風 (whole gale) の 《ビューフォート風力階級 (Beaufort scale) で10を示す; cf. wind scale》.

19 〘化学〙高級な 《同族列中で, より複雑な化合物についていう》: ~*er* alcohol 高級アルコール.

high and low (身分の)高きも低くきも, あらゆる階級の.

— *adv.* (~·**er**; ~·**est**) **1** 高く, ずっと上方に (far up, aloft); 高位に: fly [climb] ~ 高く飛ぶ[登る] / hold one's head ~ 傲慢に振舞う, 頭(ず)が高い, 頭を下げない / stand ~ in popular esteem 世間から高く評価される[尊敬される]. **2** (値など)高く, 高値に: be sold ~ 高く売られる / bid ~ (入札などで)高値をつける. **3** (分量·程度など)大いに, 高度に, 強く, 激しく (intensely); (音声など)高く: sing [speak] ~ 高音で歌う[しゃべる] / His voice rose ~. 声が高くなった. **4** 贅沢に: live ~ 贅沢に暮らす. **5** 〘海事〙風上に詰めて, 風向きとすれすれに.

blow high, blow low ⇨ blow[1] 成句. ***fly high*** ⇨ fly[1] 成句. ***high and dry*** (1) 〈船が〉(水を離れて)岸に乗り上げて. (2) 見捨てられて; 時流から離れて, 時世に置き忘れられて (stranded). (3) 安全で (safe). ***high and low*** (高所·低所の区別なく)あらゆる所に[で, を] (everywhere): hunt [search] ~ *and low*. ***high and mighty*** 威張った態度で, ふんぞり返って (cf. high-and-mighty). ***high, wide, and handsome*** 《口語》悠々として自信たっぷりな[に]. ***run high*** (1) 〈海が〉高潮で流れが急だ, 波が高い: The sea *runs* ~. (2) 激して〈言葉が〉荒くなる; 〈感情が〉激して来る.

— *n.* **1 a** [*on* ~ として] 高い所, 天, 空 (heaven, sky): *on* ~ 空中高く; 天に[へ] / from *on* ~ 天上から, 高い所から. **b** 小山, 丘 (hill). **2** 《口語》最高水準, 最高の数字; (株·物価の)最高価格 (cf. low[1] *n.* 1 e): a new ~ 新高値; 最高記録, 新記録 / Last week's Gallup poll showed Labor support down to 40% from a ~ of 44%. 先週のギャラップ調査では労働党支持率は最高記録の44%から40%に下がった. **3** 《米口語》ハイスクール (high school). **4** [the H-] 《英口語》本町 《特に Oxford の High Street; cf. the TURL》. **5** 《俗》(ヘロイン·コカインなどの麻薬による)恍惚感[状態]: The drug gives a powerful ~. その麻薬は(使用者に)激しい恍惚感を与える. **6** 〘気象〙高気圧域 (anticyclone). **7** 〘トランプ〙最高位の切札. **8** (自動車などの)トップギア, 高速ギア (high gear): The cars were running in ~. トップ[高速]ギアで走っていた.

How is that for high? 《米口語》どうだい, すごいじゃないか 《驚嘆を促す文句; もと high-low-jack 戯で言われたもの》. ***high and low*** あらゆる階級の人人 (all classes) (cf. *adj.*, *adv.* 成句). ***high and mighty*** 地位があり権勢のある人々; 傲慢な人々 (cf. *adj.* 成句).

hígh áltar 〚OE *heah-altar*〛 *n.* [the ~] (教会堂で祭壇が二つ以上ある時の)中央祭壇, 高聖卓.

hígh análysis *adj.* 〘農業〙〈肥料が〉植物の全栄養分の20%以上を含む.

hígh-and-míghty *adj.* 大きく構えた, 横柄な, 傲慢な (cf. HIGH *and mighty*): in a ~ manner ふんぞり返って, 威張って.

hígh-àngle *adj.* **1** 高角度の. **2** 〘軍事〙(最大射程の射角より大きな射角で射撃する場合の)高角の: ~ fire 高(射)角射撃, 曲射 / a ~ gun 高角砲, 曲射砲.

hígh·bàll 《米》 *n.* **1** 〚? ← *high* tall (glass) + *ball* whiskey glass (バーテンの隠語); cf. ball up (⇨ ball[1] (v.) 成句)〛 ハイボール 《ソーダ水などで薄め氷の塊りを入れて丈の高いコップに入れて出すウイスキーなど》. **2** 〚米国の鉄道で昔腕木信号機に金属製の玉を高く揚げて示したことによる〛 **a** (列車に対する)全速力で進めの信号. **b** (列車に対する)発車合図; (交通巡査などの)進めの合図. **c** 急行列車 (fast train). — *vi.* 全速力で走る. — *vt.* 〈列車を〉全速で運転する.

hígh béam *n.* 〘自動車〙ハイビーム 《道を遠くまで照らす上向きのヘッドライト光線; cf. low beam》.

hígh·bìnder *n.* 《米口語》 **1 a** 殺し屋; (特に, 在米中国人の)暗殺団員. **b** 秘密結社の党員 《ゆすり·暗殺などに雇われる》. **c** ごろつき, 無頼漢 (ruffian). **2 a** (裏で不正を企(たくら)む)悪徳政治家, (収賄などで私腹を肥やす)悪党の政治屋. **b** 詐欺師, ぺてん師 (swindler).

hígh blóod prèssure *n.* 〘病理〙高血圧(症) (⇨ hypertension) (cf. low blood pressure).

hígh blówer *n.* 激しく鼻息を立てる馬.

hígh-blówn *adj.* 意気盛んな, 傲慢な, ふんぞり返った; うぬぼれた (pretentious).

hígh bóot *n.* ハイブーツ; ロングブーツ 《通例膝下に達する深いブーツ》.

hígh·bórn 〚《? *c*1200》〛 — *adj.* 高貴の生れの, 身分の高い, 名門の出の: a ~ lord.

hígh·bòy *n.* 《米》高脚付き洋だんす (《英》tallboy) (cf. lowboy).

hígh bráss *n.* **1** (約34%の亜鉛を含む抗張力の強い)銅亜鉛合金. **2** [集合的] (軍の)高級将校; 高官, 高級幹部.

highboy
1 finials; 2 bonnet top; 3 cabriole

hígh·bréd *adj.* **1 a** 教養の高い, 上流家庭に育った, しつけのよい. **b** 〈態度など〉上品な, 洗練された: ~ manners. **2 a** 高貴の生れの. **b** 純血種の.

hígh·bròw 〚《1908》《逆成》← HIGH-BROWED〛 — *n.* 《口語》 **1** 学問[教養]のある人, 知識人, インテリ (intellectual) (cf. middle-brow 1, lowbrow, broadbrow). **2** 《軽蔑》知識や教養を鼻にかける人, インテリぶる人. — *adj.* 《口語》インテリの, インテリ向きの; インテリぶった: a ~ play インテリ向きの劇 / a ~ intellectual 高級インテリ.

hígh-brówed 〚《1875》← HIGH + BROW + -ED 2〛 *adj.* **1** 額の広い. **2** 《口語》= highbrow.

hígh búnt *n.* 〘海事〙ハイバント 《帆の畳み方の一つ; 中央部を太くし帆桁の両端へ向って急に細くなるような畳み方をした場合の中央部の太いふくらみ; ↔ low bunt》.

hígh·búsh *adj.* 〘植物〙丈の高い叢林の.

híghbùsh blúeberry *n.* 〘植物〙ヌマスノキ (*Vaccinium corymbosum*) 《北米東部産のツツジ科の低木; 青黒い実は食用になる》.

híghbush cránberry *n.* 〘植物〙= cranberry bush.

hígh cámp *n.* (芸術的に陳腐[不調和]な素材などの)意図的な使用 (cf. camp[2] 3; ↔ low camp).

hígh cháir *n.* 子供椅子 《脚が高く, 食器を載せる台, 足休めなどのついた子供用の食事椅子》.

Hígh Chúrch *n.* 高教会派, ハイチャーチ 《英国国教会内の一傾向を指して呼ぶ17世紀以降の俗称で, 教会·主教職の権威や支配ならびに聖餐(せいさん)などを重視する一派; cf. Low Church, Broad Church》. — *adj.* 高教会派の.

Hígh Chúrchman *n.* 高教会派の人.

hígh-cláss *adj.* 高級の, 上流の, 一流の: a ~ stereo.

hígh cockalórum *n.* **1** 《英》〘遊戯〙= hey cockalorum. **2** 《米俗》威張る人, もったいぶる人.

hígh-cólored *adj.* **1 a** 色調の強い, 色彩の強烈な. **b** 赤い, 桜色の: a ~ complexion 紅潮した顔色. **2** まざまざと描かれた; 誇張された.

hígh cómedy *n.* 本格喜劇 《巧妙なせりふや性格描写を主とする喜劇; cf. low comedy》.

hígh commánd *n.* **1** 〘軍事〙最高司令部, 高等司令部. **2 a** 最高指揮権, 最高[高等]統帥. **b** 統帥部, 高級幹部, 首脳部.

hígh commíssioner *n.* 〘政治〙 **1** [H-C-] 高等弁務官 《特に, 英連邦構成国の代表で, 大使級の資格を有する人》. **2** (植民地·属領·保護国·委任統治国などの)高等弁務官. **3** (国連など国際機関の)主務官.

hígh-cóunt *adj.* 〈織物が〉目のつんだ.

hígh cóurt *n.* **1** (英国の)高等法院 (⇨ HIGH COURT of Justice). **2** [the H- C-] (オーストラリアの)最高裁判所.

High Court of Justice [the —] (英国の)高等法院 《King's Bench Division, Chancery Division, Family Division の三部から成り, Crown Court, Court of Appeal と共に Supreme Court of Judicature を構成》.

High Court of Justiciary [the —] = Court of Justiciary (⇨ court).

Hight Court of Parliament [the —] 《英》 (1) 英国議会, 国会. (2) 国会裁判所 《司法機関としての上院》.

hígh críme *n.* 《米》〘法律〙重大な犯罪 《米国憲法第2条4節で, 大統領·副大統領その他の文官の弾劾の理由としてあげているもの, 重罪にはならないが, 公の道徳に反する破廉恥な犯罪》.

hígh-cróss *n.* (高い台石の上に建てた)高十字架 《町村の中心や市場などにある》.

hígh dáddy *n.* 〘家具〙18世紀米国の背高だんす (highboy).

hígh dáy 〚《? *c*1200》: cf. heyday[2]〛 *n.* 祝祭日, 祭日 (festival): ~*s* and holidays 祭日や休日.

Hígh Dútch *n.* **1** = High German. **2** 高地オランダ語 《アフリカーンス語 (Afrikaans) または低地オランダ語に対して文語として用いられているオランダ語》.

hígh-énergy *adj.* **1** (加水分解の際)高エネルギーを生む, 高エネルギーの. **2** 〘物理〙高エネルギーの 《素粒子や原子核などが大きなエネルギーをもつ》.

hígh-énergy phýsics *n.* 高エネルギー物理学 《particle physics ともいう》.

hígher crític *n.* 高等[上層]批評家 (cf. higher criticism).

hígher críticism 〚スコットランドの神学者 W. R. Smith (1846–94) の用語から〛 *n.* 高等[上層]批評 《聖書各書の記者が用いた資料や成立事情などを確定する歴史的·文学的研究; cf. lower criticism》.

hígher educátion *n.* (中等教育以上の)高等教育; 大学教育.

hígher fúngus *n.* 〘植物〙高等菌類 《肉眼的な子実体をつくる菌類, キノコなどを含む; cf. lower fungus》.

hígher harmónic *n.* [通例 *pl.*] 高調波.

hígher láw *n.* 〘キリスト教〙(人の制定した法より上

位にあると考えられる)神の掟, 道徳法[律].

higher léarning *n.* 大学教育; 大学レベルの学識.

higher mámmal *n.* 〘動物〙高等哺乳動物.

higher mathemátics *n.* 高等数学.

higher-úp *n.* 《口語》上役, 上司; 高官, 主脳.

highest cómmon fáctor *n.* [the ~] 〘数学〙= greatest common factor (略 H.C.F., h.c.f., hcf).

high·fa·lu·tin [hàɪfəlúːtṇ | -tɪn] 〘(1839) ← HIGH+? *fluting* ((pres.p.) ← FLUTE)〙《口語》 **—** *adj.* 大言壮語する, 誇張的な, 誇大な (bombastic, high-flown); もったいぶった, 気取った: without any ~ techniques 鬼面人を嚇すといったふうな技術は用いずに. **—** *n.* 大言壮語, 誇大な言辞, 誇張した文章 (fustian).

high·fa·lu·ting [hàɪfəlúːtɪŋ | -tɪŋ] *adj.* =highfalutin.

high fáshion *n.* **1** =high style. **2** =haute couture.

hígh-féd *adj.* 贅沢育ちの (pampered).

hígh-fidélity *adj.* 〈音響機器が〉(原音再生の)忠実度の高い, 高忠実度の, ハイファイの (hi-fi).

high fidélity *n.* (音響機器が原音を再生する際の)高忠実度, ハイファイ (hi-fi).

high fínance *n.* 〘財政〙大量の(やや不健全な)融資.

high·fin cárpsucker *n.* 〘魚類〙北米中・東部産コイ目サッカー科の淡水にすむ背びれのすじの一つが quill のように長く伸びている魚 (*Carpiodes velifer*).

high·flier *n.* **1** 空高く飛ぶ人[鳥]. **2 a** 望み[抱負]の高い人. **b** 途方もない考え[言動]をする人; 野心家. **3** 〘英史〙(17-18 世紀の)高教会派の人, トーリー党員 (Tory). **4** 大事業を成す能力のある[成した]人[もの].

hígh-flówn 〘(1647) ← HIGH (adv.)+FLOWN² (のちに *flown*¹ と連想された)〙 **—** *adj.* **1** 空想的な, 大それた, 高望みする, 野心的な (flighty, ambitious). **2** いやに大げさな, 誇張的な (bombastic): ~ language 大げさな言葉.

high·flýer *n.* =highflier.

hígh-flýing *adj.* **1 a** 高く飛ぶ, 高空飛行の: ~ aircraft, balloon, etc. **b** 見上げるほど高い: a ~ arch in St. Louis セントルイス市の大アーチ. **2 a** 抱負[望み]の高い[高すぎる], 野心的な (cf. FLY *high* (2)); 途方もない (extravagant). **b** 〈文体・表現など〉誇張的な, 仰々しい (high-flown, pretentious). **c** 〈学説・論文など〉過度に抽象的な, 現実離れした: ~ ideals.

high fréquency *n.* 〘電気〙高周波; 〘通信〙短波 (3-30 megahertz; 1947 年の国際電気条約による分類; 略 H.F., HF). **high-fréquency** *adj.*

high géar *n.* **1** (自動車などの)最高速ギヤ, トップギヤ (《英》top gear) (cf. low gear). **2** 《口語》(活動などの)最高の調子, 最高潮.

in* [*into*] *high gear (1) 最高速で[に]. (2) 《口語》最高潮で[に]: go [move] *into* ~ 最高潮に達する.

Hígh Gérman 〘(なぞり) ← G *Hochdeutsch*〙 *n.* **1** 高地ドイツ語 (⇨ German²). **2** (標準)ドイツ語.

hígh-gráde *adj.* **1** 優秀な, 高級な (superior, excellent): a ~ essay 高級なエッセイ. **2** 純度の高い: ~ ore 高純度の原鉱. **3** 〈証券など〉危険の少ない.

high gráde *n.* **1** 優秀(品), 高級(品). **2** 高品位鉱. **3** (純血種に近い)優秀馬[犬など].

hígh-grówn *adj.* **1** 〈コーヒーが〉高地栽培の. **2** 背の高い草におおわれた: a ~ field. **3** 背が高く育った[なった].

hígh-hánded *adj.* 高圧的な, 横暴な, 高飛車の (overbearing): ~ oppression 高圧的な圧迫. **~·ly** *adv.* **~·ness** *n.*

hígh-hát 《米俗》 *vt.* 〈人を〉ばかにする, 見くだす; 〈人〉に尊大ぶった態度をとる. **—** *vi.* 尊大ぶる, 気取る. **—** *n.* **1** 尊大ぶる人 (snob). **2** =high-hat cymbals. **—** *adj.* **1** 威張った, 高慢ちきな, 気位の高い, 気取った: get ~ 気取る, お高く構える. **2** いきな.

high hát *n.* シルクハット (top hat).

hígh-hàt cỳmbals *n. pl.* ハイハット(シンバル)《シンバルを2枚金属棒上に向かい合わせて水平に取り付け, ペダルで操作するようにした打楽器》.

hígh-héarted 〘(?*a*1398) *hyghe herted* arrogant〙 **—** *adj.* **1** 意気盛んな, 元気のいい (high-spirited), 勇み立った, 勇壮な (courageous). **2** 陽気な, 気軽な, 呑気(のんき)な. **~·ly** *adv.* **~·ness** *n.*

hígh-héeled *adj.* ハイヒールの; ハイヒールをつけた: ~ shoes.

hígh-hòlder *n.* 《米方言》〘鳥類〙=highhole.

hígh-hòle 〘(通俗語源) ← ME *hygh-whele* 《擬音語》: cf. hickwall〙 *n.* 《米方言》〘鳥類〙ハシボソキツツキ (flicker).

Hígh Hóliday *n.* (*also* **Hígh Hóly Dày**) 〘ユダヤ教〙[the ~] 大祭日《新年祭 (Rosh Hashanah) または贖罪日 (Yom Kippur)》.

high hórse *n.* **1** 高慢, 傲慢; 高慢[傲慢]な態度[振舞い]: He is *on* [He *mounts*, He *rides*] the ~. 威張っている / get on one's ~ 威張る, 高飛車に出る / Down from your ~! 偉そうな顔をするな. **2** 不機嫌な[憤慨した]気分[態度].

high húrdles *n. pl.* [the ~; 単数または複数扱い] 〘陸上競技〙ハイハードル, 高障害物競走《ランナーが 3 フィート 6 インチ (106.7 cm) の高さのハードルを飛び越える, 120 ヤード (110 m) の競走; cf. low hurdles》.

high ìron *n.* 《俗》〘鉄道〙**1** 主線. **2** 急行列車線.

high-jack [háɪdʒæk] *v.* =hijack. **~·er** *n.*

high jìnks *n. pl.* (*also* **hígh jìnx**) どんちゃん騒ぎ.

high jùmp *n.* [the ~] (走り)高跳び, ハイジャンプ.

be for the high jump 〘騎手が高い障害物を跳び越えるときの危険について: 昔は絞首刑を指した〙《英口語》ひどい罰を受けることになる, 困ったことになる, 叱られる.

high jùmper *n.* (走り)高跳びの選手.

hígh-kéy *adj.* 〘写真〙ハイキーの《写真画面の大部分が明部と中間部からなる白っぽい調子の; cf. low-key 2》.

hígh-kéyed *adj.* **1** 〈音・声など〉調子の高い, 高っ調子の: ~ laughter. **2** 興奮しやすい, 張り詰めた, 緊張した, 敏感な (sensitive). **3** 明るい[澄んだ]色調の.

high·land [háɪlənd] 〘OE *hēahlond* promontry〙 **—** *n.* **1** [しばしば *pl.*] 高地 (cf. lowland 1), 山地. **2** [the Highlands] (スコットランド北部の)高地地方, ハイランズ《Dumbarton と Stonehaven を結ぶ線の北西側でケルト系の言語・文化が残っており, それより南東側は the Lowlands と呼ばれる》. **—** *adj.* **1** 高地の[に関する, に住む, に生育する]. **2** [H-] スコットランド高地地方(特有)の: *Highland* dress.

High·land [háɪlənd] *n.* スコットランド北西部の州; 1975 年に新設, 旧 Nairnshire, Caithness, Sutherland, Ross and Cromarty, Inverness 諸州および Moray, Argyll 州の一部よりなる; 面積 25,149 km², 人口 187,000, 首都 Inverness.

Híghland cáttle *n.* Highlands 産の一品種の牛.

hígh·land·er *n.* **1** 高地[山地]の居住者. **2** [H-] スコットランド高地人 (cf. lowlander 2); 高地連隊兵.

Híghland flíng *n.* スコットランド高地人の 4/4 拍子の活発な踊り[フォークダンス]《勝利を象徴する》.

Híghland Scótch *n.* スコットランド高地方言.

hígh-lével *adj.* **1** 高所からの: a ~ bombing [attack] 高空爆撃[攻撃]. **2 a** 地位の高い, 高級職の: ~ personnel 高級職[隊, 社]員, 高官(連) / a ~ Government official 政府高官 / a ~ Communist Party official 共産党の高級党員. **b** 高級職[隊, 社]員による, 高官[学識経験者]による[を交えた]; 〈戦術・外交・講義など〉高等な: a ~ conference 高級会談[会議].

high lífe *n.* **1 a** 上流社会の生活; 贅沢な生活 (cf. high *adj.* 5 b). **b** 上流社会の人々. **2** ハイライフ《西アフリカに発生したシンコペーションの強いビートのきいた踊り》.

hígh-lift devíce *n.* 〘航空〙高揚力装置《flap, slat など可動翼面を用いて離着陸時に大きい揚力係数を得る装置》.

high·light *n.* **1** (ニュース・プログラムなどの)光彩のある[最高潮の]場面, 最も興味ある事件, 最重要点, 呼び物, 圧巻, ハイライト: the ~ of the game 勝負のハイライト / the ~*s* of one's life 人生の最もはなやかな場面[時期]. **2** 〘絵画・写真〙強い光を受けた部分, 最も明るい部分, 光彩, 陽光部. **—** *vt.* **1 a** (ハイライトとして)目立たせる, 際立たせる (feature). **b** 強調する (emphasize). **2** 〘絵画・写真〙強い光を当てて目立たせる.

hígh·lìght·er *n.* ハイライト化粧品《目鼻立ちを強調する化粧品》.

highlight hálftone *n.* 〘印刷〙=dropout 3.

hígh·lìne *n.* **1** 高圧線. **2** 船から船へ[船から岸へ]張られた太索(ふとづな)《荷物や乗組員を運ぶ》. **3** 大漁船(の船長). **4** 〘印刷・ジャーナリズム〙=kicker 9.

hígh·lìner *n.* =highline 3.

high líver *n.* 贅沢な生活をする人, 美食家 (cf. high *adj.* 5 b).

hígh-lów *n.* **1** 〘トランプ〙=high-low signal. **2** 〘トランプ〙=high-low poker. **3** [⏝] [通例 *pl.*] 《古》(足首までの高さの)編上げ靴.

hígh-lòw-jáck *n.* 〘トランプ〙=all fours 2.

hígh-lów pòker *n.* 〘トランプ〙ハイロウポーカー《最高位の役の持主と最低位の役の持主とが賭を折半する方式》.

hígh-lów sìgnal *n.* 〘トランプ〙(ブリッジで)ハイロウシグナル《高低 2 枚の同種札を続けて出すことにより, その次のスーツ (suit) をさらに継続するようパートナーに合図する戦法; echo ともいう》.

hígh·ly 〘OE *hē(a)hlīce*: ⇨ high, -ly¹〙 **—** *adv.* **1** (身分が)高く, 高位に; 貴く, 高貴に (nobly): a ~ placed official 高官 / be ~ connected [descended] 名門の家と縁続きである[の出である]. **2** 高度に, 強度に, 強く; 大いに, すこぶる, 非常に (greatly, extremely): ~ educated 高等教育を受けた, 教養の高い / season ~ 強く味をつける / a ~ gifted actor 非常に天分の豊かな俳優 / ~ original 非常に独創的な / a ~ amusing film すこぶる面白い映画 / ~ painted 厚化粧した / He was ~ amused. ひどく面白がった. **3** 大いに(ほめて), 激賞[推賞]して (favorably): commend ~ 大いに推賞する / esteem ~ 大いに重んじる / speak ~ of …を激賞する / think ~ of …を大いに尊敬する. **4** 高率に; 高給に: be ~ paid 高給を受ける.

Hígh Máss, h- m- 〘(*a*1126)〙 *n.* 〘カトリック〙歌ミサ, 盛式ミサ, 荘厳ミサ (Solemn Mass) (cf. Low Mass).

hígh-méttled *adj.* 〈人が〉血気盛んな, 元気一杯の (high-spirited).

hígh-mínded *adj.* **1** 心の高尚な, 高潔な, 気高い. **2** 《古》高慢な. **~·ly** *adv.* **~·ness** *n.*

high móor *n.* 〘植物〙高層湿原《土壌が酸化しヒースやミズゴケ類が繁茂する湿原》.

high-muck-a-muck [háɪmʌ̀kəmʌ́k, -kɪ-] 〘(通俗語源) ← Chinook jargon *hiu muckamuck* plenty (of) food〙 **—** *n.* 《米俗》偉い人, (お)偉いさん, お偉がた; (特に)尊大な人, うぬぼれ屋, 威張り屋.

high-muck·e·ty-muck [háɪmʌ̀kəṭimʌ́k | -tɪ-] *n.* =high-muck-a-muck.

hígh-nécked *adj.* 〈服が〉ハイネックの《服のネックラインが首のつけ根より高い; cf. low-necked》.

hígh·ness 〘OE *hēa(h)ness*: ⇨ high, -ness〙 **—** *n.* **1** 高いこと (loftiness); 高位 (elevation); 高度, 高率, 高価: the ~ of prices 物価高 / the ~ of the wall 壁の高いこと / He fell from sheer ~ of his aims. 余り志望が高すぎて転落した (cf. reach the HEIGHT of one's ambition). **2** [His [Her, Your] H- として; 皇族の敬称に用いて] 殿下: *His* [*Her*] *Highness* 《三人称の代わりに用いる》/ *Your Highness* 《二人称の代わりに用いる; これを主語とする動詞は三人称単数形》/ *His* Imperial *Highness* Prince A A 王子, A の宮殿下 / ⇨ Royal Highness.

high nóon 〘(1370)〙 **—** *n.* **1** 真昼, 正午: at ~ きっかり正午に. **2** 最盛期, 絶頂, 頂点 (peak, pinnacle): the ~ of one's mastership その腕前のもっとも磨(みが)きのかかった時期.

hígh-óctane *adj.* **1** オクタン価の高い, 高オクタン価の, ハイオクタンの: ~ gasoline ハイオク(タン). **2 a** 〈酒・アルコール類が〉純度の高い: ~ liqueur. **b** 言葉遣いの純粋な: a ~ grammarian, linguist, purist, etc.

hígh-pàss fílter *n.* 〘電気〙高域濾波器[フィルター]《高周波成分を通過させる濾波器》.

hígh-pítched *adj.* **1** 調子の高い, 甲高い (shrill): a ~ voice, cry, etc. **2** 〈屋根など〉急傾斜の (steep): a ~ roof. **3 a** 緊張度[感度]の高い, 張り切った. **b** 強い感情の表われた, 感情的な: a ~ election campaign 感情をあらわにした選挙戦. **4 a** 〈志操・志望など〉高い, 高遠な (lofty): ~ aims, thoughts, ambitions, etc. **b** 気位の高い, 高慢な (haughty).

high plàce *n.* **1** 高い場所[地位]. **2** 〘聖書〙(古代セム族の)丘の上の神殿[祭壇] (cf. *1 Kings* 3:4).

high pólymer *n.* 〘化学〙高重合体, 高分子化合物.

high pólymer chémistry *n.* 高分子(化)学.

hígh-pówer *adj.* **1** 〈ライフル銃など〉高性能の, 強力な: a ~ rifle. **2** =high-powered.

hígh-pówered *adj.* **1** 非常に精力的な, エネルギッシュな (dynamic, energetic). **2 a** 馬力の大きい, 高速の; 強力な (powerful): a ~ car, engine, etc. **b** 〈双眼鏡・顕微鏡など〉倍率の高い.

hígh-préssure *adj.* **1** 高圧の, 高圧蒸気を用いる: ~ steam 高圧蒸気 / a ~ turbine 高圧タービン. **2** 高度の緊張を必要とする: She is unfit for ~ jobs. 彼女は激務には不向きだ. **3** 無理強いの, 強要する (persistent, pressing): a ~ salseman 強引な押売り, 押しの強いセールスマン / ~ salesmanship 強引な押売り, 押売りのすご腕. **4** 〘気象〙高気圧の. **—** *vt.* 《米口語》〈人〉に強要[強制]する, 圧力をかける (coerce), 高圧的に買わせる[押しつける].

high-prèssure área *n.* 〘気象〙高気圧域《anticyclone ともいう》.

high-prèssure sélling *n.* 高圧販売, 押し込み販売.

hígh-príced *adj.* 高価な (dear, expensive).

high príest 〘(*c*1384)〙 **—** *n.* **1** (古代ユダヤの)大祭司, 祭司長, 大司祭, 司祭長 (chief priest). **2** (ある主義・運動の)主唱者, 指導者. **3** 〘モルモン教〙大祭司《メルキゼデク神権 (Melchizedek Priesthood) の職の一つ》.

high príestess *n.* 高位の尼僧[女祭司].

high príesthood *n.* 〘モルモン教〙大神権《メルキゼデク神権 (Melchizedek Priesthood) の別称》.

hígh-príncipled *adj.* 高い主義を持つ, (心の)高潔な.

hígh-próof *adj.* アルコール分の多い: ~ whiskey.

hígh-ránking *adj.* 高い階級の: a ~ CIA officer 高級中央情報局員.

high relíef 〘(なぞり) ← It. *alto rilievo*: ⇨ alto-rilievo〙 *n.* 〘美術〙高浮彫り, 高肉彫り《alto-relievo ともいう; cf. low relief, demirelief》.

hígh-ríse 《米》 *adj.* **1** 〈建物が〉高層の; 高層建築用[向き]の (↔ low-rise). **2** 〈地域など〉高層建築の多い: a ~ area. **3** 〈自転車などのハンドルが〉高い; 〈自転車など〉ハンドルの高い. **—** *n.* 高層建築《ビルやアパート》.

high rìse *n.* =high-riser.

hígh-ríser *n.* **1** シングルダブル兼用ベッド《重ねればシングルベッドとなり, 床に並べればダブルベッドとなる》. **2** ミニサイクル《車輪が小さくハンドルとサドルが高い自転車》. **3** =high-rise.

hígh·ròad *n.* **1** 《英》大道, 本街道 (highway). **2** 〔…に〕直通する楽な道〔*to*〕: the ~ *to* success [fame] 成功[名声]への本街道, 出世街道.

high ròd *n.* 〘測量〙(伸縮自在の)水準測桿.

high róller *n.* 《米俗》**1** 金使いの荒い人, 贅沢(ぜいたく)家. **2** 賭け好き, 大金を賭ける人.

high schòol *n.* **1** 《米》ハイスクール: **a** (旧制の 8・4 制の) 4 年制中学《小学校と大学との間の教育をする 9-12 学年の学校》. ★ いくつかの州で現在も採用している. **b** (新制の 6・3・3 制の)中[高等]学校《7-12 学年の学校; cf. grade 3》: ⇨ junior high school, senior high school. **2** 《英》=grammar school. **3** 〘(なぞり) ← F *haute école*〙高等馬術.

high schòoler *n.* 《米》ハイスクールの生徒.

high séa 〘(1340)〙 *n.* [通例 the ~s] **1** 公海《領海以外の海洋》; 外洋, 外海. **2** 英国海事裁判所の権威の届く範囲内の水域.

high sígn *n.* 《米口語》(こっそり人に知らせるための)注意・警告の合図[身振り, 目くばせ]: give the ~ 目くばせする.

hígh-sóunding *adj.* **1** 〈楽器など〉高い音[響]を出す, 鳴りひびく. **2** 〈文体・肩書など〉大げさな, 仰々しい, これ見よがしの (pompous): without any ~ morality 仰々しいお説教じみた文句などはなくて.

hígh-spéed *adj.* **1** 高速度の: a ～ engine 高速機関. **2** 〘写真〙〈フィルムなど〉高感(光)度の.
hígh-spèed stéel *n.* 高速度鋼, ハイス《タングステン・コバルトなどの合金鋼で高速度切削に用いられる》.
high-speed túrn *n.* 〘スキー〙=tempo turn.
hígh-spírited *adj.* **1** 意気の盛んな, 血気盛んな, 元気[威勢]のいい, 気概のある: a ～ person, action, etc. **2** 〈馬が〉かんの強い, 気質が荒い (mettlesome). **～·ly** *adv.* **～·ness** *n.*
high spót *n.* 《俗》目立つ[重要な]場所[特色].
hígh-stákes *adj.* 《米口語》のるかそるかの, 一か八かの: a heated, ～ election struggle のるかそるかの白熱した選挙戦.
hígh-stépper *n.* **1** 足を高くあげて進む馬. **2** 威勢のよい人.
hígh-stépping *adj.* **1** 〈馬が〉足を高くあげて進む. **2** 放蕩にふける, 放埒(ら)な生活を送る.
hígh-sticking *n.* 〘アイスホッケー〙ハイスティッキング《スティックのブレードを高く上げすぎること; ルール違反》.
high strèet 〘OE *hēahstrǣt*〙 *n.* 《英》本町通り (《米》main street). ★ 通例 High Street と書き固有名詞として用いられる; Oxford では単に the High という.
hígh-strúng *adj.* **1 a** 緊張度の高い: a ～ piano 感度の強いピアノ. **b** 〈神経が〉緊張した, 敏感な, 気が張り詰めた, 興奮しやすい: ～ nerves 緊張した[敏感な]神経. **2** 〘アーチェリー〙〈弓が〉強く引き絞られた.
high style *n.* 先端的な[流行の先端を行く]スタイル, ハイファッション (high fashion).
hight[1] [háɪt] 〘ME *highte* < OE *heht* (pret.) ← *hātan* to name, command < Gmc **χaitan* (G *heissen*) ← IE **kei-* to set in motion: 意味は *hātan* の受動形 *hātte* (=is or was called) から〙 ── *adj.* **1** 《古・詩・戯言》(…と)名付け[称せ]られる, …と呼ばれる (named, called): Childe Harold was he ～. Childe Harold と呼ばれた. **2** 《スコット》保証された, 約束された.
hight[2] [háɪt] *n.* =height.
high táble *n.* **1** (公式の宴会場などで高座に設けた)主賓席. **2** (英大学で)学長・教授などの食卓.
hígh-tàil 〘畜牛の群れが急走する時尾を上げることから〙 ── *vi.* 《口語》 **1** 大急ぎで逃げる[去る]; 急行する, 驀(ば)進する: The jet planes ～*ed* back to the base. ジェット機はフルスピードで基地に舞い戻った. **2** [～ it で] 急ぐ, 急いで逃げる[逃げ帰る]; 急行する.
hígh téa *n.* 《英》ハイティー《夕方の5時–6時ごろの, 肉・サラダ・ケーキなどの付くお茶; cf. tea 5》.
hígh-téch [-ték] 〘← HIGH (STYLE)+TECH(NOLOGY)〙 *n.* ハイテック《工業技術[デザイン]を応用した高度に洗練された室内装飾・家庭用品などやそのデザイン》.
hígh-témperature *adj.* 高温の, 高温で行なわれる.
hígh-ténsion *adj.* 〘電気〙高圧の《通例 1,000 volts 程度以上の電流にいう》; 〈電気器具など〉高圧電流用の: a ～ current 高圧電流 / a ～ insulator 高圧碍子(がいし).
hígh-tést *adj.* **1** 厳重な試験をパスする; 厳重なテストに堪える, 高性能の. **2** 〈ガソリン・ナフサなど〉沸騰点の低い.
hígh-tèst hypochlórite *n.* 〘化学〙高度晒粉 (⇨ calcium hypochlorite).
hígh tíde 〘(?c1200)〙 *n.* **1** 満潮, 高潮(こうちょう); 満潮時 (↔ low tide). **2** 絶頂, 頂点; 最高潮 (climax) (cf. high day).
hígh-tóne *adj.* =high-toned.
hígh-tóned *adj.* **1** 品格[品位]の高い, 知的[道徳的]な調子の高い, 高潔な, 高尚な (dignified). **2** [しばしば皮肉的に] いやに上品な, 取りつきにくい (pretentious): a ～ journal 格式ばった雑誌. **3** 上流の; 上品な, しゃれた; 上流めかした. **4** 《古》調子の高い.
hígh tréason *n.* 大反逆罪, 大逆罪《国王・女王・皇嗣などの殺害または廃位などを図る犯罪で死刑に当たる; cf. treason 1》.
high·ty-tigh·ty [háɪṭitáɪṭi | -tɪtáɪtɪ] 〘(1747)《変形》← HOITY-TOITY〙 *int., adj.* =hoity-toity.
hígh-úp 《口語》*adj.* (社会的)地位の高い: a ～ official 高官. *n.* 身分の高い人, 高官, 上役.
hígh-wáter *adj.* 〈ズボンなど〉異常に短い: ～ pants ミニズボン.
hígh wáter 〘(1422)〙 *n.* **1 a** 高潮(こうちょう), 満潮; 高潮時. **b** (川・湖などの)高水位. **2** 出水, 洪水 (freshet).
hígh-wáter lìne [màrk] *n.* **1 a** 高水標; (川・湖などの)高水位線[点]. **b** (海岸の)高潮線の跡. **2** 最高水準, 絶頂: the ～ of English poetry.
hígh·wày 〘OE *hēiweg*: ⇨ high, way¹〙 ── *n.* **1 a** 道路; 主要道路, 幹線道路, 本街道: ⇨ highways and BYWAYS. **b** (水上・陸上の)交通路; 公水路; 公道: the king's [queen's] ～ 天下の公道. **2** (成功・破滅などに至る)容易な道, 直道; (行為・思考などの)常道; (学芸・研究などの)本道, 本筋 (cf. byway): be on the ～ *to* success [ruin] 成功[破滅]への道にある[に近づきつつある] / the ～*s of* speculation 思索の常道 / the ～*s of* literature. **3** 〘電算機〙ハイウエイ《複数の装置との間でデーターをやりくりする共通線》.
go out into the highways and hedges 道や生垣(いけがき)のほとりに行く; (人を集めたりするために)あちこち歩き回る (cf. *Luke* 14: 23). ***take* (*to*) [*go on*] *the highway*** 追剝(おいはぎ)になる.
── *attrib. adj.* 街道に出没する: a ～ robber 追剝 / ⇨ highwayman.
Highway Códe *n.* [the ～] 《英》(自動車の)交通規則集.
highway·man [-mən] 〘(1649): ⇨ highway, -man〙 *n.* (*pl.* **-men** [-mən]) (昔, 通例乗馬で往来に出没した)追剝(おいはぎ) (cf. footpad).
highway róbbery *n.* **1** (旅行者などをねらう)街道筋[付近]の追剝(行為). **2** 《口語》法外な値段[代金]; 恥知らずな詐欺(行為).
hígh wíne *n.* [通例 *pl.*] 〘醸造〙ハイワイン, 精留液《ウイスキーなどの蒸溜で得られるアルコール分の高い蒸留液[酒]; cf. low wine, feints》.
hígh wíre *n.* (綱渡りの)高張り綱.
hígh-wróught *adj.* **1** きわめて精巧[精確]な, 仕上げの細かな (elaborate). **2** ひどく動揺した, 興奮した: a ～ passion.
high yál·ler [-jǽlə | -lə(r] 〘*yaller*: 《異形》← YELLOW〙 *n.* 《米》 **1** =mulatto. **2** 薄茶色の黒人.
H.I.H. 《略》His [Her] Imperial Highness …宮殿下.
HII 《略》Health Insurance Institute.
hi·jack [háɪdʒæk] 〘(1923)? 《逆成》↓〙 ── *vt.* **1 a** 〈輸送中の貨物, 特に禁制品・密輸品を〉強奪する, 横取りする: ～ a liquor shipment 酒類の貨物を強奪する. **b** 〈飛行機などを〉乗っ取る, ハイジャックする: ～ a plane [helicopter] 飛行機[ヘリ]を乗っ取る / ～ a truck トラックを襲って貨物を強奪する. **2** 強要する, 強制する (coerce): ～ a person *into* buying it 人にそれを買わせる. ── *vi.* 飛行機(など)を乗っ取る, ハイジャックする. ── *n.* (飛行機)乗っ取り, ハイジャック (cf. skyjack 1).
hi·jack·er [háɪdʒækə | -kə(r] 〘(1923)? ← HIGH(WAYMAN)+*jacker* (← JACKLIGHT (v.))〙 *n.* (飛行機などの)乗っ取り犯人, ハイジャッカー.
hi·jinks [háɪdʒɪŋks] *n. pl.* =high jinks.
hij·ra [hídʒrə] *n.* (*also* **hij·rah** [～]) =hegira 3.
hike [háɪk] 〘(1809) ←《方言》*heik* to pull, drag: cf. hitch〙 ── *vi.* **1 a** (運動・行楽に長距離を)歩く, 歩いて行く, てくてく歩く (tramp); (特に)田舎を歩き回る, ハイキング[徒歩旅行]をする: go *hiking* ハイキングに行く. **b** 行く (travel): ～ on skis [stilts] スキーで[竹馬に乗って]行く. **2** (ぐいと)上がる, (引っ張られたように)上方にずれる 〈*up*〉. **3** 《英方言》(上下に)揺れる (jolt). **4** 〘海事〙帆桁の下端の重さを減らすために傾いているヨットの風上側の舷外に身を支える.
── *vt.* **1** てくてく歩かせる. **2 a** 《米》〈家賃・給料・料金・価格・物価などを〉急に上げる: ～ gas rates ガス料金を値上げする. **b** 〈ボールなどを〉さっと投げる. **c** 〈靴下・袋などを〉ぐいと引き上げる: ～ *up* one's socks [trousers] 靴下[ズボン]を引き上げる / ～ the stock of the shotgun to one's shoulder 銃(床)をさっと肩に担ぐ. **3** 《英方言》上下に揺らす (swing).
── *n.* **1** (田舎の)徒歩旅行, ハイキング: go on a ～ (*to*) (…へ)徒歩旅行する. **2** 《米》(家賃・料金・価格・物価・給料などの)引上げ: a big ～ 大幅な値上げ / price and wage ～*s* 物価と賃金の上昇 / a demand for a 30% pay and benefits ～ 給料および諸手当ての3割値上げ要求 / a pay ～ plan 給料アップ案 / a ～ in prices 物価の上昇. **3** 〘アメリカンフットボール〙ハイク, プレイスタートのコール《センターがボールを両脚の間をくぐらせてバックフィールドのプレーヤーにさっと送ること; snap ともいう》.
hík·er *n.* ハイカー, 徒歩旅行者.
hík·ing 〘(1931): ⇨ hike, -ing¹〙 *n.* ハイキング, てくてく歩き回ること, 徒歩旅行.
Hil. 《略》Hilary.
hila *n.* hilum の複数形.
HILAC [háɪlæk] 〘《頭字語》← *H*(*eavy*) *I*(*on*) *L*(*inear*) *AC*(*celerator*)〙 *n.* 〘化学〙重イオン線型加速器.
hi·lar [háɪlə | -lə(r] 〘← HILUM+-AR¹〙 *adj.* 臍(へそ) (hilum) の.
Hi·lar·i·a [hɪlɛ́(ə)riə, haɪ- | hɪlɛ́əriə] 〘(fem.) ← HILARY¹〙 *n.* 女性名.
hi·lar·i·ous [hɪlɛ́(ə)riəs, haɪ- | hɪlɛ́ərɪ-] 〘(1823) ← L *hilaris* (⊏ Gk *hilarós* cheerful)+-OUS〙 ── *adj.* **1** 陽気な, 楽しい, 愉快な (merry). **2** 陽気に騒ぐ, 浮かれ騒ぐ (rollicking): ～ young people 陽気に騒ぐ若者たち. **～·ly** *adv.* **～·ness** *n.*
hi·lar·i·ty [hɪlǽrəṭi, haɪ-, -lér- | hɪlǽrətɪ, -rɪ-] 〘(1500) ⊏ F *hilarité* ⊏ L *hilaritās*: ⇨ ↑, -ity〙 *n.* **1** 歓喜, 愉快 (mirth). **2** 陽気なはしゃぎ, 浮かれ騒ぎ.
Hil·a·ry¹ [híləri | -rɪ] 〘⊏ ML *Hilari-us* ← L *hilaris* (⇨ hilarious)〙 *n.* **1** 男性名. **2** 女性名.
Hil·a·ry² [híləri | -rɪ] 〘↓〙 *adj.* 《英》St. Hilary の祭日 (1月13日) の.
Hílary of Poitiérs, Saint *n.* (ポアティエの)ヒラリウス (315?–367; 現フランスのポアティエの司教).
Hílary sítting *n.* [the ～] 〘英法〙=Hilary term 1 b.
Hílary tèrm 〘← *St. Hilary*〙 ── *n.* [the ～] **1** 〘英法〙ヒラリ開廷期: **a** 1月11–31日の昔の高等法院開廷期《廃止》. **b** 1月11日から復活祭前の水曜日までの高等法院開廷期間《Hilary sitting ともいう》. **2** (かつて Oxford 大学・Dublin 大学で)春学期《Oxford 大学では1月13日の祭日前後から Palm Sunday の前日までを指していた; しかし今は他の大学のように Lent term という; cf. Easter term 2, Michaelmas term 2, Trinity term 1》.
Hil·bert [hílbət | -bət; G. hílbɐt], **David** *n.* ヒルベルト (1862–1943; ドイツの数学者).
Hílbert cùbe 〘← *D. Hilbert*〙 ── *n.* 〘数学〙ヒルベルト(の)基本(直方)体《実ヒルベルト空間の, 第 *n* 座標の絶対値が 1/*n* よりも小さい点全体から成る集合; また, 第 *n* 座標が 0 と 1 との間にあるような点全体から成る集合; 後者の場合, ヒルベルトの立方体ともいう》.
Hílbert spàce 〘← *D. Hilbert*〙 *n.* 〘数学〙ヒルベルト空間《内積の定義されたベクトル空間で, 無限次元, 完備かつ可分であるようなもの》.
Hil·da [híldə] 〘⊏ G ～ 'battle maid' < OHG *hildi* battle: cf. OE *hild* war〙 *n.* 女性名.
Hil·de·brand [híldəbræ̀nd; G. híldəbrànt] 〘⊏ OHG *Hildibrand* ← *hildi* battle+*branda* sword: St. Hildebrand (1000–88) にちなむ〙 ── *n.* **1** 男性名. **2** ⇨ Gregory VII.
Hildebrand [híldəbræ̀nd; G. híldəbrànt], **Adolf von** *n.* ヒルデブラント (1847–1921; ドイツ新古典主義 (neoclassicism) の彫刻家; B. Hildebrand の子).
Hildebrand, Bruno *n.* ヒルデブラント (1812–78; ドイツ歴史学派に属する経済学者).
Hil·de·garde [híldəgɑ̀ːd | -gɑ̀ːd] 〘⊏ OHG *Hildegard* ← *hildi* battle+**gard* to protect〙 *n.* 女性名.
hil·ding [híldɪŋ] 〘? ← ME *heldinge* bending aside ← *helden* to bend < OE *hyldan*〙 《古》*adj.* 卑劣な, 卑怯な (mean); 道徳心のない. ── *n.* 卑劣漢.
hill [híl] 〘OE *hyll* < Gmc **χulniz* (MDu. *hille*) ← IE **kel-* hill (L *collis* hill / Gk *kolōnós*)〙 ── *n.* **1 a** 小山, 丘《頂が丸く余り高くない多く独立したもの; 高さは地方により一定しないが, 英国では大体 2,000 フィート以下のものをいう》: an artificial ～ 築山(つきやま) / go up [down] a ～ 丘[坂道]を上る[下る] / (as) old as the ～*s* きわめて古い, 太古の(ような). **b** [*pl.*] 丘陵; 丘陵地帯: ⇨ Black Hills, Cheviot Hills, Malvern Hills. **2** (道路の)傾斜, 坂 (slope). **3 a** 盛り上げた土砂, 積み上げた土, 塚(つか) (mound): ⇨ anthill, dunghill, molehill. **b** 《野球俗》マウンド. **4** 《米》 **a** 作物の根もとに[種子の上やまわりに]盛り上げた土. **b** 盛土の中にまかれた種子[植えられた作物]: a ～ of corn [potatoes] 一つの盛土の中のとうもろこし[じゃがいも]. **5** [the H-] =Capitol Hill 2.
go over the hill 《米俗》(1) 脱獄する. (2) 突然いなくなる, 急に姿を消す (cf. *over the* HILL (2)). (3) 〘軍事〙脱走する, 無断欠勤[外出]する. ***hill and dale*** 〈レコードが〉いろいろの深さの溝がある, 溝の深さがうねうねと変る. ***a hill of beans*** 《米口語》[否定構文で] ごく少量; つまらない[くだらない]もの (a trifle): *not worth a* ～ *of beans* 少しの価値もない. ***over the hill*** 《米口語》(1) 〈事が〉峠[難関]を越えて. (2) 〈人が〉盛りを過ぎて, 下り坂で; 年を取って, 老けて (cf. *go over the* HILL (2)). ***up hill and down dale*** (1) 丘を登り谷を下って; 高く また低く; (到る所)くまなく (everywhere). (2) 徹底的に, 完全に (thoroughly). (3) 根気よく, 辛抱強く (perseveringly); 猛烈に (vehemently).
── *vt.* **1** 小山の形にする. **2** 〈草木〉のまわりに土を盛り上げる[盛り土する] 〈*up*〉: ～ potatoes じゃがいものまわりに盛り土[土寄せ]する.
Hill [híl], **Archibald Vivian** *n.* (1886–1977) 英国の生理学者; Nobel 医学生理学賞 (1922).
Hill, James Jerome *n.* (1838–1916) 米国の実業家・鉄道事業家.
Hill, Octavia *n.* (1838–1912) 英国の婦人慈善事業家・社会事業家.
Hill, Sir Rowland *n.* (1795–1879) 英国の郵便事業改革者; penny post の設立者.
Hil·la·ry [híləri | -rɪ], **Sir Edmund Percival** *n.* (1919–) ニュージーランドの登山家・探検家; Everest の初登頂に成功 (1953).
hill·bil·ly [hílbìli | -lɪ] 〘← HILL+BILLY〙 ── *n.* 《米口語》 **1** [しばしば軽蔑的に] 南部未開地の人; 山男, 山出し. **2** 〘音楽〙=hillbilly music. ── *attrib. adj.* **1** 田舎者の. **2** ヒルビリージックの.
híllbilly mùsic *n.* 《米》〘音楽〙ヒルビリ(ズ)《米国の南部山岳地方の「山男」の意から転じて, その地方の訛りの強い歌い方をさす》.
híll clèmatis *n.* 〘植物〙北米西部産の白い花が咲くキンポウゲ科センニンソウ属のつる木 (*Clematis ligusticifolia*).
híll clìmb *n.* (自動車・オートバイの)ヒルクライム, 山登りレース《上り傾斜の道を一人ずつ走らせて計時するスピード競技》.
híll·crèst *n.* 山頂[小山の頂部]のアウトライン[輪郭線].
híll·cùlture *n.* 〘農業〙傾斜地被覆栽培.
Hil·lel [hílel, -leɪ] *n.* ヒルレル, ヒレル (60 B.C.?–A.D. 9; ユダヤの律法学者・聖書解釈学者).
híll·er [-lə | -lə(r] 〘← HILL+-ER¹〙 *n.* 《米》土寄せ機械《作物の根元に土寄せするための耕耘機やプラウの付属品》.
híll índexing *n.* 〘農業〙(ジャガイモの)株検定 (cf. eye indexing, index *vt.* 3).
Hil·ling·don [hílɪŋdən] 〘OE *Hildedūn* 《原義》Hilda's or Hilla's hill〙 *n.* London 西部の自治区; 人口 235,000.
híll·man [-mən | -mæ̀n] *n.* (*pl.* **-men** [-mən, -mèn | -mèn]) 山に住む人, 山国の人 (highlander).
Hill·man [hílmən], **Sidney** *n.* (1887–1946) Lithuania 生まれの米国の労働運動家.
híll mýna *n.* 〘鳥類〙アジア産ムクドリ科キュウカンチョウ属の数種の鳥の総称; (特に)キュウカンチョウ (*Gracula religiosa*).
hil·lo [hɪlóu, hə-, hílou | hɪlə́u, híləu] *int., n., v.* (*also* **hil·loa** [～]) 《古》=hollo, hallo.
hill·ock [hílək] 〘(*a*1382) ← HILL+-OCK〙 *n.* 小山, 丘, 塚(つか) (mound). **hill·ock·y** [híləki | -kɪ] *adj.*
híllock trèe *n.* 〘植物〙コバノブラッシノキ (*Melaleuca hypericifolia*)《オーストラリア産の赤い花が咲くフトモモ科の低木》.
Hill reáction 〘← *Robin Hill* (これを発見した英国の化学者)〙 ── *n.* 〘生物・化学〙ヒル反応《葉緑体や植

物細胞が光を用いて二酸化炭素以外の物質を還元する反応》.

hill·side 〘(a1387)〙 n. (小山の)山腹, 丘陵の側面. ― attrib. adj. 山腹の, 丘を登って行く途中の[にある]: a ~ village.

hills·man [-mən | -mæ̀n] n. (pl. -men [-mən, -mèn | ⌐-mèn]) =hillman.

hill stàtion n. (インドにいるヨーロッパ人の)高原避暑地, (官吏の)夏季駐在地.

hill·tòp n. 丘[小山]の頂. ― attrib. adj. 丘[小山]の頂上の[にある]: a ~ hut, hotel, etc.

hill trìbe n. 丘陵部族《丘陵地帯に住む部族》.

hill trìbesman n. 丘陵部族民.

hill·y [híli | -lɪ] 〘(a1382) hilli, hully: ⇨ hill, -y⁴〙 ― adj. (hill·i·er; -i·est) 1 小山の多い, 丘陵に富んでいる: a ~ country 丘陵の多い地方. 2 小山のような, (小山のように)小高く盛り上がっている, 丘陵性[状]の; けわしい (steep): a ~ promontory 丘陵性の岬 / The terrain was too ~ for the helicopter to land. その場所の地形が丘陵性でヘリの着陸は無理だった. **hill·i·ness** n.

Hi·lo [híːlou | -ləu] n. 米国 Hawaii 州 Hawaii 島の海港; 人口 27,000.

hilt [hílt] 〘OE hilt(e) < Gmc *χeltaz ← ? IE *kel- to strike〙 ― n. 1 (刀の)つか (⇨ sword 挿絵). 2 (坑夫用のつるはしなどの)柄, (ピストルなどの)握り (haft).
(up) to the hilt (1) つか元まで, ずぶりと. (2) 徹底的に, 完全に (completely): prove something *up to the* ~ あることを徹底的に立証する.
― vt. …に柄をはめる.

hilt·ed [-tɪd, -təd | -tɪd, -təd] adj. 〘紋章〙〈剣が〉柄が刃の色と異なる (cf. pommeled).

Hil·ton [híltn, -tən | -tn, -tən], **James** n. (1900–54) 英国生まれで 1940 年以来米国に住んだ小説家; *Lost Horizon* (1933), *Good-bye, Mr. Chips* (1934).

hi·lum [háɪləm] 〘⊏ L *hilum* very small thing, trifle ← ?〙 ― n. (pl. hi·la [-lə]) 1 〘植物〙 a 臍(へそ)《種子の胎座に付着する部分》. b (澱粉(でんぷん)粒の)核, 粒心. 2 〘解剖〙 (内臓の血管・神経などが出入する)門: the pulmonary ~ 肺門.

him [(h)ɪm; hìm, hím] 〘OE ~ (dat.) ← hē 'HE¹' & hit 'IT¹': cf. OE *hine* (acc.)〙 ― pron. (he の目的格) 1 彼を, 彼に, 彼へ: I told ~ so. 彼にそう言った / I heard ~ sing. 彼の歌うのを聞いた / He looked about ~. 彼はあたりを見回した / What do you think of ~ becoming a teacher? 彼が教師になるのをどう思いますか《★ …of *his* becoming a teacher? よりも口語的》. ★《米口語》では人称代名詞の単純形の目的格が再帰間接目的語として用いられることがある (cf. 3): He was going to build ~ a new house. 新しい家を(自分の家として)建てようとしていた. 2 《口語》=he: a [hím] [補語に用いて]: It can't be ~. 彼であるはずはない / That's ~. あの人だ. b [than, as のあとに用いて]: You are worse than ~. 君は彼より悪い / I'm as old as ~. 彼と同じ年です. c [感嘆的な独立形として]: *Him* and his promises! あの男の約束ときたら. 3 《古・詩》=himself: He bethought ~ of it. 彼はそれを思い出した.

H.I.M. 《略》 His [Her] Imperial Majesty 陛下.

Hi·ma·chal Pra·desh [hɪmáːtʃəl-prədéʃ, hə- | hɪ-] n. ヒマチャルプラデシ(州)《インド北部の州; 人口 3,425,000, 面積 55,658 km², 首都 Simla》.

Him·a·la·ya [hìməléɪə, hɪmáːləjə, hə-, -ljə, -liə | hìməléɪə; *Hindi* hymaləjə] n. [the ~; 単数扱い] =Himalayas.

Himaláya bèrry n. 〘植物〙 ヒマラヤベリー (*Rubus procerus*) 《ヨーロッパ原産の葉に綿毛が密生するキイチゴの一種》.

Himaláya Móuntains n. pl. [the ~] =Himalayas.

Hi·ma·la·yan [hìməléɪən, hɪmáːləjən, hə-, -ljən, -liən | hìməléɪən] adj. ヒマラヤ山脈(産)の. ― n. [時に h-] ヒマラヤン《愛玩用の小型の一品種の兎; 白色で耳と顔・四肢が黒い; Himalayan rabbit ともいう》.

Himaláyan cédar n. 〘植物〙 ヒマラヤスギ (⇨ deodar).

Himaláyan músk ròse n. 〘植物〙 ヒマラヤ地方原産の白い花をつけるツルバラ (*Rosa brunoni*).

Hi·ma·la·yas [hìməléɪəz, hɪmáːləjəz, hə-, -ljəz, -liəz | hìməléɪəz] 〘⊏ Skt *himālaya* ← *hima* snow + *ālaya* abode〙 ― n. pl. [the ~] ヒマラヤ山脈《インドとチベットの境; 長さ 2,410 km; 最高峰 Everest (8,848 m) は世界一の高山; the Himalaya, the Himalaya Mountains ともいう》.

hi·mat·i·on [hɪmǽtiɑ̀n, hə-, -tiən | hɪmǽtiɒ̀n, -tɪən] ⊏ Gk *himátion* (dim.) ← *heîma* dress, garment〙 ― n. (pl. -i·a [-tiə | -tɪə]) ヒマチオン《古代ギリシャの男女が用いた一種の外衣; 左肩に掛けて右の腰を巻きながら左腕に戻る長方形の布》.

himation

Him·a·vat [hímәvæ̀t] 〘⊏ Skt ~〙 n. ⇨ Devi.

Himm·ler [hímlə | -lə(r; G. hímlɐ], **Heinrich** n. ヒムラー《(1900–45); ナチドイツの最高指導者の一人, SS (親衛隊)・秘密国家警察(Gestapo)の長官, 内相(1943–45)》.

him·self [(h)ɪmsélf] 〘OE *him selfum* (dat.) ← *hē self*: ⇨ him, self〙 ― pron. (三人称単数男性複合代名詞: ⇨ oneself) 1 [強意用法] 彼自身, 彼みずから: Your father ~ says so. (外ならない)君のお父さんがそう言われる / He says so ~. 当人自身がそう言っている / I saw him ~. 私はその本人を見たのだ / The money I gave him is for ~. 彼に与えた金は(他の人へではなく)当人の物としてだ / He had a large room to ~. 大きなひと部屋を(自分だけのものとして)独占していた. ★(1) 具体的な人に対する位置または方向を示す前置詞の目的語としては複合人称代名詞ではなく, 目的格の人称代名詞が用いられる: He shut the door behind *him*. 彼は(うしろの)戸を締めた. (2) 非標準的語法として, than や as に導かれる従節内, その他の構造で, 独立的に he または him に代わって用いられることがある: I can swim better than ~. 私は彼自身よりも泳ぎがうまい / One of the party and ~ saw it. 一行の一人と彼自身とが見た. (3) 《アイル》主語として he に代わって用いられる: *Himself* will have an early dinner. (一家の主人など)ご主人が早く食事をすると言われている. 2 [⌐⌐] [再帰用法]: He killed ~. 自殺した / He filled ~ and his canteen. 自分も飲み水筒をも満たした / He gave ~ a great deal of trouble. 彼は自分ですいぶん苦労をした. 3 (身体的・精神的に)いつもの[正常な]彼: He is ~ again. またいつもの調子[状態]に戻った; 再びしらふになった / He is not ~ today. きょうはいつもの彼とは違う; 少しどうかしている《気が変だ・体に異状がある》/ He has come to ~. 正気に返った; 身体が正常になった.

Him·yar·ite [hímjəràɪt] 〘← Arab. *Ḥimyar* king of the Himyarites: ⇨ -ite¹〙 ― n. 1 [the ~s] ヒムヤル族《アラビア西南部およびアフリカの対岸にいた古代人; 高度の文明をもち Semitic に属するエチオピア語に近いアラビア方言を話した; 今もアラビア南部にその子孫が残存している》. 2 ヒムヤル族の人. ― adj. =Himyaritic.

Him·yar·it·ic [hìmjərítɪk | -mjərít-, -mɪə-] 〘⇨ ↑, -ic¹〙 adj. ヒムヤル族 (Himyarites) の, ヒムヤル文明の; ヒムヤル語の. ― n. ヒムヤル語 (cf. Himyarite).

hin [hín, híːn] 〘⊏ Heb. *hīn*〙 n. ヒン《古代ヘブライの液量単位; 約 1.5 ガロン》.

Hi·na·ya·na [hìːnəjáːnə] 〘⊏ Skt *hīnayāna* ← *hīna* little + *yāna* vehicle〙 ― n. 〘仏教〙 小乗(仏教)《小さい乗物, 劣った乗物の意で大乗仏教徒が従来の保守的仏教をこう呼んだ; 現在ビルマ・タイ・スリランカなどの仏教は「小乗」である; cf. Mahayana》. **Hi·na·yá·nist** [-nɪst, -nəst | -nɪst] n. **Hi·na·ya·nis·tic** [hìːnəjɑːnístɪk] adj.

hinc·ty [híŋkti | -tɪ] 〘← ?〙 adj. 《米俗》つんとした, うぬぼれた.

hind¹ [háɪnd] 〘OE *hind* < Gmc *hinþjō (Du. *hinde* / G *Hinde*) ← IE *kem- hornless (Gk *kemás* young deer)〙 ― n. (pl. ~s, ~) (3 歳以上の red deer の)雌鹿 (cf. hart, stag).

hind² [háɪnd] 〘OE *hīna* domestic (gen.) ← *hīwan* members of a family: *-d* は添え字 (cf. sound¹)〙 ― n. 1 《スコット・北英》 a 熟練農夫《農場に家屋を与えられ 2 頭の馬を預る既婚の篤農》. b 農場管理人 (farm bailiff). 2 《古》作男 (farm laborer); 田舎者 (rustic).

hind³ [háɪnd] 〘(?a1300) 《略》 ← *bihinde* 'BEHIND': cf. OE *hindan* from behind〙 ― adj. あとの, うしろの, 後部の, 後方の (hinder, posterior) (↔ fore). ★ 一般には hinder を用いるが, 前後対になったものについては fore の対語として用いる: the ~ legs [feet] (獣の)後脚[足] / ~ wheels 後部車輪.
on one's hind legs ⇨ leg 成句.

Hind. 《略》 Hindi; Hindu; Hindustan; Hindustani.

hínd·bràin n. 〘解剖〙 後脳《小脳・脳橋・延髄を含む》.

Hin·de·mith [híndəmɪθ, -mɪt, -mɪθ, -mɪt, -məθ | -mɪt, -mɪθ; G. híndəmɪt], **Paul** n. ヒンデミット《(1895–1963; ドイツの作曲家. ビオラ奏者; *Mathis der Maler*「画家マティス」(1934)》.

Hin·den·burg [híndənbə̀ːg, -bùəg | -bə̀ːg, -bùəg; G. híndn̩bʊrk] n. ヒンデンブルク《Zabrze のドイツ領時代の名》.

Hin·den·burg [híndənbə̀ːg, -bùəg | -bə̀ːg, -bùəg; G. híndn̩bʊrk], **Paul von** n. ヒンデンブルク《(1847–1934; ドイツの陸軍元帥, 参謀総長 (1916–18), ドイツ共和国第二代大統領 (1925–34)》.

hind·er¹ [háɪndə | -də(r] 〘OE *hinder* (adv.) back, behind ← ? Gmc *χind- behind (G *hinter*) ← IE *ko- this〙 ― adj. あとの, うしろの, 後方の, 後部の (cf. hind³): the ~ end 後端 / the ~ gate 裏門 / the ~ part of a ship 船の後部.

hin·der² [híndə | -də(r] 〘OE *hindrian* to keep back < Gmc *χindarōjan 《原義》 to keep back (G *hindern*) ← IE *ko- (↑)〙 ― vt. 1 邪魔をする, 妨害する (obstruct); 〈人を〉〔…するのを〕妨げる, さえぎる (prevent) 〔*from*〕: ~ a person (in his work) 人(の仕事)を邪魔する / ~ a person *from* coming 人の来るのを妨げる / be ~*ed* in one's work 仕事の邪魔をされる. 2 《廃》損なう, 害する (impair). ― vi. 行動を妨げる, 妨害となる. **~·er** n.

hínd·er·mòst [háɪndə- | -də-] adj. 《古》=hindmost.

hind·fóremost adv. 後(部)を先にして.

hínd·gùt n. 〘生物〙 1 後腸《胎児の消化管の下部; これが発達して結腸と直腸とになる; cf. foregut, midgut 1》. 2 (節足動物の)消化管の後部.

Hin·di [híndiː; *Hindi* hyndi] 〘⊏ Hindi *Hindī* ← *Hind* 'INDIA' + *-ī* (adj. suf.)〙 ― adj. 1 北部インドの. 2 ヒンディ語の. ― n. ヒンディー語《北部インド地方の言語で印欧語系; Hindustani はその一方言》.

Híndley's scréw [háɪn(d)lɪz-, hín- | -lɪz-] 〘← *Henry Hindley* (18 世紀の英国の時計製造人)〙 ― n. 〘機械〙 ヒンドリースクリュー, 鼓形ウォーム《中央部が細く両端へいくほど直径が太くなっているウォーム; hourgrass screw ともいう》.

hínd·mòst 〘(a1398): ⇨ hind³, -most〙 ― adj. (hind³ の最上級) 一番後の, 一番うしろの, もっとも奥まった, 最後部の (last); 一番遠い[辺ぴな]: The devil take [catch] the ~. ⇨ devil 成句.

Hin·doo [híndu: | ⌐⌐] n. (pl. ~s), adj. =Hindu.

Hin·doo·ism [híndu:ɪzm | híndu:ɪzm, -dʊ-, ⌐⌐⌐] n. =Hinduism.

Hin·doo·stan·i [hìndu:stǽni, -də-, -stáːni | -dʊ-stáːnɪ, -stǽnɪ] adj., n. =Hindustani.

Hin·do·stan·i [hìndoustǽni, -də-, -do(ʊ)-, -stáːni | -dustáːnɪ, -də(ʊ)-, -stǽnɪ] adj., n. =Hindustani.

hind·quàrter n. 1 獣肉の後四半部, 後部《後肢の一つを含む》. 2 [pl.] (獣類の)体の後半部, 臀(しり)部.

hin·drance [híndrəns] 〘(a1438) ← HINDER² + -ANCE〙 ― n. 1 妨げ, 妨害, 邪魔 (obstruction): ~ to success 成功の妨げ / without ~ 無事に. 2 妨げとなるもの[行為], 妨害物, 邪魔物, 故障 (obstacle).

hind·sàddle n. (子牛や羊の)屠体の後ろの四分体《通例最終肋骨を含む; cf. foresaddle》.

hind shànk n. (牛・羊などの)後脚の上部の肉 (⇨ beef 挿絵).

hind·sight n. 1 (銃の)後部照尺. 2 《口語》後(あと)知恵, 後からの観察 (cf. foresight 1): That act was much criticized at the time but it makes political sense in ~. その処置は当時こそ批判を受けたが後で考えてみると政治的には立派に意味のあることが判る.
knock [*kick*] *the hindsight out* [*off*] 《米口語》完全にやっつける[こわす].

Hin·du [híndu: | ⌐⌐] 〘(1662) ⊏ Pers. *Hindū* Indian ← *Hind* 'INDIA'〙 ― n. 1 a ヒンズー人《アーリア族 (Aryan) に属するインド人でヒンズー教を信奉する》. b ヒンズー教信徒. 2 (米国およびヨーロッパ大陸で)インド人 (Indian). ― adj. ヒンズーの; ヒンズー教信徒の, インド人の.

Híndu cálendar n. [the ~] ヒンズー暦《紀元前 3101 年から今日までインドで行なわれている暦; 各月の名は次の通り; Chait, Baisakh, Jeth, Asarh, Sawan, Bhadon, Asin, Kartik, Aghan, Pus, Magh, Phagun》.

Hin·du·ism [híndu:ɪzm | híndu:ɪzm, -dʊ-, ⌐⌐⌐] n. ヒンズー教, インド教.

Hin·du·ize [híndu:àɪz | -du:-, -dʊ-] vt. 〈宗教・風習などを〉ヒンズー化する, ヒンズー教化する.

Hin·du Kush [hìndu:kúʃ, -kʌ́ʃ | -kúːʃ, -kʊ́ʃ] n. [the ~] ヒンズークシ(山脈)《アフガニスタン北東部の山脈; 最高峰 Tirich Mir (7,692 m)》.

Hin·du·stan [hìndu:stǽn, -də-, -stáːn | -dʊstáːn, -stǽn] 〘↓〙 ― n. ヒンドスタン: 1 インド, 特に Deccan 高原の北部のペルシャ語名. 2 インド半島のヒンズー教地帯; イスラム教地帯の Pakistan 地方に対している. 3 15 世紀から 16 世紀にかけてインド北部に存在した王国.

Hin·du·stan·i [hìndustǽni, -də-, -stáːni | -dustáːnɪ, -stǽnɪ] 〘(1800) ⊏ Hindi *Hindūstānī* (*-ī* is adj. suf.) ← Pers. *Hindustān* the country of the Hindus ← *Hindū* 'HINDU' + *-stan* place〙 ― adj. 1 ヒンドスタン (Hindustan) の. 2 ヒンドスタン人の; ヒンドスタニー語の. ― n. ヒンドスタニー語《Hindi 語にアラビア語・ペルシャ語が混入した語でインドの公用語; その方言の Urdu 語はイスラム教徒に用いられる》.

hind·ward [háɪndwəd | -wəd] 〘← HIND³ + -WARD〙 adv., adj. 後方へ[の] (backward).

hind wìng n. (昆虫の)後翅, 後ばね.

hinge [híndʒ] 〘(1307–08) *henge* (n.) ← *hengen* to hang: ⇨ hang〙 ― n. 1 蝶番(ちょうつがい). 2 a 蝶番のような働きをするもの; 蝶番関節 (hinge joint). b (二枚貝の)蝶番. c 接点. 3 要(かなめ), 要点, 中心点 (pivot); =turning point 1. 4 〘郵趣〙 ヒンジ《切手をアルバムなどに貼るのに使う薄のりのついた小紙片》. 5 〘製本〙 a のど布, のどぎれ《見返しののどや表紙のつなぎ部分を補強した細布[革]》. b 溝 (⇨ joint 10 b).
off the hinges (1) 蝶番がはずれて. (2) 〈身体・精神などが〉調子が狂って; 〈秩序などが〉乱れて.
― vt. 1 …に蝶番を取り付ける. 2 〔…に〕よらせる, 〔…で〕決定する 〔*on, upon*〕: ~ gaming transactions *on* a principle of honor いんちきはしないという立前で賭博取引きをする. 3 〘郵趣〙 …にヒンジをつける.
― vi. 1 〈戸などが〉蝶番に掛かる, 蝶番で動く. 2 かかって〔…の点に〕ある, 〔…次第で〕どうにでも動く (hang) 〔*on, upon*〕: My acceptance will ~ *upon* the terms. 私の諾否はその条件次第で定まる.

hinged adj. 蝶番(ちょうつがい)の付いた, 蝶番式(接着)の.

hínge jòint n. 〘解剖〙 (肘(ひじ)・膝(ひざ)などの)蝶番関節.

hínge·less adj. 蝶番(ちょうつがい)のない.

híng·ing pòst n. 〘建築〙 門柱 (⇨ gatepost).

hink·ty [híŋkti | -tɪ] adj. 《米俗》=hincty.

hin·ney [híni | -nɪ] n. (also **hin·nie** [~]) 《スコット・北英》=honey.

Hin·nom [hínəm] n. 〘聖書〙 ヒンノム《エルサレム付近の谷: ⇨ Gehenna》.

hin·ny¹ [híni | -nɪ] 〘(1688) ⊏ L *hinnus* ⊏ Gk *hínnos*: cf. L *hinnīre* to neigh〙 n. 駃騠(けってい)《雄馬と雌ロバとの雑種; cf. mule¹ 1》.

hin·ny² [híni | -nɪ] n. 《スコット・北英》=hinney.

hi·no·ki [hinóuki, hə- | hɪnɔ́uki] 〖(1727)《古形》fi-noki ◻ Jap.〗 n. **1**〘植物〙ヒノキ《hinoki cypress, sun tree ともいう》. **2** ヒノキ材.

hinóki cýpress n.〘植物〙ヒノキ (hinoki).

Hin·shel·wood [hínʃəlwùd], Sir **Cyril Norman** n. (1897–1967) 英国の化学者; Nobel 化学賞 (1956).

hint [hínt] 〖n.: (1605)《変形》← ? ME *henten* < OE *hentan* to seize ← ?. — v.: (1648) ← n.〗 **— n. 1 a** 暗示, ヒント, ほのめかし; それとなく伝える伝言[指示]: a delicate [gentle] ~ ほのかな暗示; それとなく与える助言 / a strong [broad] ~ 露骨[明白]な暗示 / give [drop, let fall] a ~ ヒントを与える, ほのめかす, それとなくにおわす / take a ~ (ちょっと言われて)すぐにその意を悟る, (ほのめかされて, またはその場の雰囲気から)それと感づく, 気をきかす / I gave him a ~ *that* I might go abroad. 外国へ行くかもしれないことを彼にそれとなく知らせた. **b** (簡単に示した)心得, 指針; きっかけ (cue): ~s on housekeeping 家政指針. **2 a** かすかな徴候: a ~ of rain 雨の気配. **b** 微量, わずか (trace): There is no ~ of odor. においの「に」の字もしない / There was a ~ of mockery in his smile. 彼の笑いにはちょっと嘲笑の色があった / His overcoat had a ~ of widowhood about it. 彼の外套にはやもめ暮しを思わせるものがあった. **3**《古》好機, 機会 (opportunity).

— vt. 暗示する, それとなく知らせる[言う], ほのめかす: ~ disapproval 不賛成をほのめかす / He ~*ed to* us *that* he might not come. 彼はそれとなく来ないかも知れないと言った. **— vi.** ほのめかす, (暗に)におわす[言及する], あてこする〔*at*〕: I ~*ed at* his impoliteness. それとなく彼の無作法に言及した.

~·er [-ṭə | -tə(r)] n.

hin·ter·land [híntəlæ̀nd, -lənd | -tələ̀nd; G. híntɐlànt] 〖(1890) ◻ G *Hinterland* ← *hinter* 'HINDER[1]' + *Land* 'LAND[1]'〗 n. **1 a** 後背地, 背後地, 背域, ヒンターランド《港湾または都市の背後の地域で, その貿易あるいは経済的・文化的活動によって影響を受ける; cf. foreland 3》. **b** (海岸地帯を占領した国の)勢力圏. **2** 奥地, 田舎, 地方. **3** (学問・知識などの)未開拓分野 (frontier).

hínt·ing·ly [-ṭɪŋli | -tɪŋlɪ] adv. 暗示的に, ほのめかして.

Hior·dis [hjɔ́ədɪs, -dəs | hjɔ́:dɪs] 〖◻ ON *Hjǫrdís*〗 n.〘北欧伝説〙ヒョルディース《*Volsunga Saga* で, Sigmund の2番目の妻, Sigurd の母》.

hip[1] [híp] 〖OE *hype* < Gmc *χupiz* (Du. *heup* / G *Hüfte*) ← IE **keu-* to bend; a round object (cf. cubicle)〗 **— n. 1 a** ヒップ, 臀(でん)部, 腰 (haunch)《人または哺乳動物の足と体のつながる突き出た部分で, 骨盤・大腿骨部分を含む; ⇨ body 挿絵》. ★ ラテン語系形容詞: coxal. **b**〘解剖〙= hip joint. **2**〘昆虫〙基節 (coxa). **3**〘建築〙(屋根の)隅棟(すみむね), 降棟(くだりむね).

have* [*get, take*] *a person on the hip《古》〈人を〉(手玉に取って・不利な立場で)おさえつける. ***shoot from the hip*** せっかちに話す, 無分別に行動する. ***smite hip and thigh*** さんざん[徹底的]にやっつける (cf. *Judges* 15:8).

— vt. (**hipped; hip·ping**) **1**〈家畜〉の腰をくじく[砕く], 股(こ)関節をはずす. **2**〘スポーツ〙(相手選手に)尻でぶつかる《食い止めたりつまずかせたりするため》. **3**〘レスリング〙…に腰投げをかける. **4**〘建築〙〈屋根〉に隅棟を作る.

hip[2] [híp] 〖OE *hēope* < (WGmc) **χeupōn* (G *Hiefe*) ← IE **keub-* thorn〗 **— n.** ばらの実, (特に)野ばら (briar) の実: scarlet ~s and stony haws 赤い野ばらの実と堅いさんざしの実.

hip[3] [híp] 〖《略》← HYPOCHONDRIA〗《古》n. = hypochondria. **— vt.** (**hipped; hip·ping**) 憂鬱にさせる (cf. hipped[2] 2).

hip[4] [híp] 〖(18C) ← ?〗 int. ヒップ《万歳・応援の音頭(おんど)取りの掛声》: *Hip*, ~, hurrah [hooray]! ヒップ, ヒップ, フレー.

hip[5] [híp] 〖《転訛》← ? HEP[2]〗 **— adj.** (**hip·per; hip·pest**)《俗》**1** 通の, 情報通の, 博識の, 〔…に〕通じている (well-informed)〔*to*〕: get [be] ~ *to* movies 映画通になる[である] / put a person ~ *to* modern jazz 人をモダンジャズの通にさせる. **2** 最新流行の, しゃれた (fashionable, stylish). **3** ジャズが好きな. **4** ヒッピー(族)の. **— n. 1** = hipness. **2** = hipster. **— vt.** 知らせる.

híp bàth n. 腰湯, 座浴 (sitz bath).

híp·bòne 〖(c1150)〗 n.〘解剖〙寛骨, 無名骨 (⇨ innominate bone).

híp bòot n. (漁夫・消防士が用いる, 通例ゴム製の腰まで届く)長靴.

híp càt n. = hepcat.

híp-disèase n.〘病理〙股(こ)関節病.

híp·dom [-dəm] 〖《異形》← HIPPIEDOM〗 n. = hippiedom.

hipe [háɪp] 〖← ? HIP[1]〗 n., vt.〘レスリング〙抱き投げ(で投げ倒す).

híp·flàsk n. (尻ポケットに入れる)携帯用酒入れ容器.

híp gìrdle n.〘解剖・動物〙= pelvic girdle.

híp-gòut n. 座骨神経痛.

híp-hùggers n. pl. **1** ヒップハガー《腰にぴったりしたウェストの低いズボン》. **2** (ウェストの低い腰でとまる)スカート.

híp jòint n.〘解剖〙股(こ)関節.

híp·lèngth adj. 腰までの長さの, 腰まで届く[おおう]: a ~ coat.

híp·ness 〖← HIP[5] + -NESS〗 n. 最新の情報[流行, 進歩]に通じていること, 通[早耳]であること.

hipp- [hɪp] (母音の前に来る時の)hippo- の異形.

hip·parch [hípɑək | -pɑ:k] 〖◻ Gk *hípparkh-os* ← *híppos* horse: ⇨ -arch[1]〗 n. (古代ギリシャの)騎兵隊長.

Hip·par·chus [hɪpɑ́əkəs | -pɑ́:-] n. ヒッパルコス《190?–?125 B.C.; 古代ギリシャの天文学者》.

hip·pe·as·trum [hìpiǽstrəm | -pɪ-] 〖← NL ~ ← Gk *hippeus* horseman + *ástron* star〗 **— n.**〘植物〙**1** アマリリス《熱帯アメリカ原産ヒガンバナ科ヒッペアストラム属 (*Hippeastrum*) の球根草の総称; シロスジアマリリス (*H. reticulatum* var. *striatifolium*) など多くの園芸品種を含む; アマリリスという名は以前この属がアマリリス属 (*Amaryllis*) に含まれていたことにちなむ》. **2** = Barbados lily.

hipped[1] 〖← HIP[1] + -ED 2〗 **— adj. 1 a** ヒップのある; [しばしば複合語の第2構成要素として] ヒップが…の: broad-*hipped*, large-*hipped*, narrow-*hipped*, etc. **b**〘建築〙〈屋根が〉隅棟(すみむね)のある: a ~ roof 寄せ棟屋根 / a ~ gable 入母屋破風. **2** ヒップをやられた, ヒップを痛めた, 股(こ)関節のはずれた (hipshot).

hipped[2] 〖(1710) *hypt*: ⇨ hip[3], -ed〗 **— adj. 1**《米俗》〔…に〕熱中した, とりつかれた (obsessed, enthusiastic)〔*on*〕: be ~ *on* socialism 社会主義に熱中している. **2**《英》憂鬱症にかかった, ふさいでいる (melancholy); 気むずかしい, 怒りっぽい (peevish, vexed): feel ~ 気分がふさいでいる.

hip·pe·ty-hop [hípəṭiháp | -tɪhɔ́p] 〖cf. hop[2]〗 adj., adv.《口語》(ぴょんぴょん)跳びはねるような[に]; ぴょんぴょん(と).

hip·pe·ty-hop·pe·ty [hípəṭihápəṭi | -tɪhɔ́pətɪ] adj., adv. = hippety-hop.

hip·pie [hípi | -pɪ] 〖(1953) ← HIP[5] + -IE〗 **— n.**《俗》ヒッピー《1960年代に米国の若者間に現われた反体制主義者で, 既成の社会制度や価値などを退け神秘主義に傾き愛など直接的な人間関係を強調する; 異様な服装や風采(通例長髪, しばしば素足)および麻薬使用などで知られる; (一般に)長髪で気ままな服装をした若者にもいう; yippie ともいう; cf. beatnik, flower child》. **— adj.** ヒッピーの[らしい, 的な].

híp·pie·dom [-dəm] 〖⇨ ↑, -dom〗 n. ヒッピーの世界, ヒッピー集団.

híp·pie·ìsm [-piìzm] n. ヒッピー主義[思想]; ヒッピー的行動.

híp·pi·ness 〖← HIPPIE + -NESS〗 n. (*also* **híp·pie·ness**) ヒッピー状態; ヒッピー的なこと[ところ].

híp·ping 〖← HIP[1] + -ING[1]〗 n.〘造船〙ヒッピング《木船の水線部の幅を広げるために肋材と外板の間に入れる厚板》.

híp·pish [-pɪʃ] 〖← HIP[3] + -ISH[1]〗 adj.《英》ふさいでいる; 元気のない.

hip·pi·ty-hop [hípəṭiháp | -pɪtɪhɔ́p] adj., adv. = hippety-hop.

híppity-hóppity adj., adv. = hippety-hop.

hip·po [hípou | -pəu] 〖《略》← HIPPOPOTAMUS〗 n. (pl. ~s)《口語》かば (hippopotamus).

Hip·po [hípou | -pəu] n. ヒッポ (⇨ Hippo Regius).

hip·po- [hípo(u) | -pə(u)] 〖← Gk *híppos* horse〗「馬」の意の連結形: *hippo*campus, *Hippo*crene, *hippo*potamus, etc. ★ 母音の前では通例 hipp- になる.

hip·po·bos·cid [hìpəbás(k)ɪd, -(k)əd | -bɔ́s(k)ɪd] 〖↓〗 adj., n.〘昆虫〙シラミバエ科の(ハエ).

Hip·po·bos·ci·dae [hìpəbás(k)ədì: | -bɔ́s(k)ɪ-] 〖← NL ~ ← *Hippobosca* (属名: ← HIPPO- + Gk *bóskein* to feed) + -IDAE〗 n. pl.〘昆虫〙シラミバエ科.

hip·po·cam·pal [hìpəkǽmpəl] 〖⇨ hippocampus, -al[1]〗 adj.〘解剖〙海馬 (hippocampus) の[に関する].

hippocámpal convolútion [**gýrus**] n.〘解剖〙海馬回.

hip·po·cam·pus [hìpəkǽmpəs] 〖(1576) ◻ LL ~ ← HIPPO- + Gk *kámpos* sea monster〗 **— n.** (pl. **-cam·pi** [-paɪ]) **1**〘ギリシャ・ローマ神話〙ヒッポカンポス, 海馬《海神の車を引く動物で前半身は馬で後半身が怪魚》. **2**〘魚類〙= sea horse. **3**〘解剖〙海馬《側脳室の側頭部にある隆起》: the ~ major [minor] 大[小]海馬.

Hip·po·cas·ta·na·ce·ae [hìpəkæ̀stənéɪsiì:] 〖← NL ~ ← *Hippocastanum* (属名: ← HIPPO- + Gk *kastáneion* chestnut) + -ACEAE〗 n. pl.〘植物〙トチノキ科.

híp·pòcket n. (ズボンの)尻ポケット.

hip·po·cras [hípəkræ̀s, -krəs] 〖(a1387–95) *ypocras* ◻ OF *ipocras, ypocras* ← Gk *Hippokrátēs* Hippocrates: Hippocrates's sleeve という濾過器でこされたことからか〗 **— n. 1** ヒポクラス《ぶどう酒に蜂蜜・香辛料などを加えた中世ヨーロッパの滋養飲料》.

Hip·poc·ra·tes [hɪpákrəti:z | -pɔ́k-] n. ヒポクラテス《469?–375 B.C.; ギリシャの名医; the Father of Medicine と呼ばれる》. **Hip·po·crat·ic** [hìpəkrǽṭɪk | -pə(u)krǽt-] adj.

Hippocrátic óath n.〘医学〙ヒポクラテスの宣誓《Hippocrates の作ったものと言われ, 今でも M.D. (Doctor of Medicine) となる時に行なう倫理綱領の宣誓》.

Hip·po·crene [hípəkri:n, hìpəkrí:ni | hìpə(u)krí:ni:, -nɪ, hípə(u)kri:n] 〖(1634) ◻ L *Hippocrēnē* ◻ Gk *Hippokrḗnē*《原義》fountain of the horse ← *híppos* horse + *krḗnē* fountain: 翼のある霊馬 Pegasus のひづめの一撃でこの霊泉が生じたという〗 **— n. 1**〘ギリシャ神話〙ヒッポクレーネー《Helicon 山のミューズの霊泉; 詩神 Muses にささげられた泉で, 詩的霊感の源泉とされた》. **2** 詩的霊感.

Hip·po·da·mi·a [hìpədəmáɪə | -pə(u)-] 〖◻ L ~ ◻ Gk *Hippodámeia* ← *hippódamos* tamer of horses〗 **— n.**〘ギリシャ神話〙ヒッポダメイア《Pelops の妻; その父 Oenomaus はこの娘を Pelops に与えたくなかったので, 自分との戦車競走に勝つことを条件として, Ares から授かった武具と馬を用いて求婚者たちを殺していたが, 御者の背信行為のため Pelops に敗れた》.

hip·po·drome [hípədròum | -drə̀um] 〖(1585) ◻ Gk *hippódrom-os* ← HIPPO- + *drómos* course〗 **— n. 1** (古代ギリシャ・ローマの競馬・戦車競走の)楕円形競技場. **2 a** 馬場, 馬術演技場 (cf. motordrome); 曲馬場, サーカス (circus). **b** [しばしば H-] (名称として)…演芸場, 劇場. **3**《米俗》(競馬・競技などの)八百長, なれ合い. **— vi. 1**《米俗》八百長競技をする. **2** 目立つ演技で人を引きつける; 見せびらかす.

hip·po·griff [hípəgrɪf] 〖(1656) ◻ F *hippogriffe* ◻ It. *ippogrifo* ← *ippo-* 'HIPPO-' + *grifo* 'GRIFFIN[2]'〗 **— n.** (*also* **hip·po·gryph** [~]) ヒッポグリフ《馬の体に griffin の頭と翼を持った伝説上の動物》.

hippogriff

hip·pol·o·gy [hɪpálədʒi | -pɔ́lədʒɪ] 〖← HIPPO- + -LOGY〗 n. 馬学. **hip·pól·o·gist** [-dʒɪst, -dʒəst | -dʒɪst] n.

Hip·pol·y·ta [hɪpáləṭə | -pɔ́lɪ-] 〖↓〗 n. = Hippolyte.

Hip·pol·y·te [◻ L ~ ◻ Gk *Hippolútē*] **— n. 1** [ì:po(u)lí:t | -pə(u)-; F. ipɔlit] 男性名. **2** [hɪpáləti:, -ṭi | -pɔ́lɪtì:]〘ギリシャ神話〙ヒッポリュテー《Amazons の女王, アテネ王 Theseus に捕えられ, Hippolytus を生む》.

Hip·pol·y·tus [hɪpáləṭəs | -pɔ́lɪt-] 〖◻ L ~ ◻ Gk *Hippólutos*〗 **— n. 1** 男性名. **2**〘ギリシャ神話〙ヒッポリュトス《Theseus と Hippolyte の息子; その継母 Phaedra の邪恋をしりぞけたため恨みをかって讒訴(ざんそ)され, 怒った父の訴えで Poseidon は海から怪物を送って Hippolytus の馬を驚かせ車を転覆させて彼を殺した; これを題材にした Euripides の同名の悲劇がある》.

Hip·pom·e·don [hɪpámədàn | -pɔ́mɪdɔ̀n] n.〘ギリシャ神話〙ヒッポメドーン《Thebes に攻め寄せた七勇士の一人; ⇨ SEVEN against Thebes》.

Hip·pom·e·nes [hɪpámənì:z | -pɔ́mɪ-] 〖◻ L ~ ◻ Gk *Hippoménēs*〗 n.〘ギリシャ神話〙ヒッポメネース《Atalanta の夫》.

hip·póph·a·gist [-dʒɪst, -dʒəst | -dʒɪst] n. 馬肉を食べる人.

hip·poph·a·gous [hɪpáfəgəs | -pɔ́f-] 〖← HIPPO- + -PHAGOUS〗 adj. 馬肉を食べる, 馬肉常食の: a ~ tribe.

hip·poph·a·gy [hɪpáfədʒi | -pɔ́fədʒɪ] 〖← HIPPO- + -PHAGY〗 n. 馬肉を食べる風習.

hip·po·phil [hípəfɪl] n. = hippophile.

hip·po·phile [hípəfàɪl] 〖← HIPPO- + -PHILE〗 n., adj. 馬好き(の), 愛馬家(の).

hip·po·pot·a·mus [hìpəpáṭəməs | -pɔ́t-] 〖(17C) ◻ LL ~ ◻ Gk *hippopótamos* river-horse ← *híppos* horse + *potamós* river ∞ (?a1300) *ypotamus* ◻ OF *ypotame* // ML *ypotamus*〗 **— n.** (pl. **~·es, -a·mi** [-màɪ])〘動物〙カバ (*Hippopotamus amphibius*).

Hip·po Re·gi·us [hípou-rí:dʒiəs, -dʒəs | -pəu-rí:dʒɪəs, -dʒəs] n. ヒッポ レギウス《古代 Numidia の海港; 今のアルジェリアの Annaba 港のあたり; St. Augustine はここの主教を務めていた; Hippo ともいう》.

Hip·po Za·ry·tus [hípou-zəráɪṭəs | -pəu-zəráɪt-] n. ヒッポ ザリトゥス《チュニジアの Bizerte 港の古代名》.

hip·pú·ric ácid [hɪpjú(ə)rɪk- | -pjúər-] 〖*hippuric* ← HIPPO- + -URIC〗 n.〘化学〙馬尿酸 ($C_6H_5CONHCH_2COOH$)《白色の結晶; 草食動物の尿中に見出される; benzoylglycine ともいう》.

hip·pus [hípəs] 〖← NL ~ ← Gk *híppos* horse〗 n.〘医学〙瞳孔動揺.

-hip·pus [hípəs] 〖↑〗〘古生物〙「馬 (horse)」の意の名詞連結形《古生物の属名に用いる; cf. hippo-》: Eo*hippus*, Meso*hippus*, Mio*hippus*, etc.

hip·py[1] [hípi | -pɪ] adj. (**hip·pi·er, -pi·est; more ~, most ~**) ヒップの大きな, 大きな腰回りをした.

hip·py[2] [hípi | -pɪ] n. = hippie.

híp·py·ìsm [-piìzm] n. = hippieism.

híp ràfter n.〘建築〙隅木(すみぎ)《寄棟屋根の斜めに降りる棟を支える部材》.

híp ròll n.〘建築〙雁振瓦(がんぶりがわら), 隅丸瓦《隅棟の頂部を覆う半円筒形の断面をもった瓦》.

híp ròof n.〘建築〙= HIPPED roof.

híp·shòt 〖← HIP[1] (n.) + SHOT[2] (p.p.)〗 adj. **1** 股(こ)関節のはずれた. **2** びっこの (lame); (足なえのように)不自由な (disabled); ぶざまな (awkward).

hip·ster[1] [hípstə | -stə(r)] 〖(1941) ← HIP[5] + -STER〗 **— n.**《俗》**1** 通(つう); ジャズ通, ジャズ好き[ファン]; ジャズ演奏家. **2** (新奇を求めて)流行の先端を行く人, お先っ走り, 新しがり(屋)《性の解放の実践・麻薬の愛用などを特徴とする》. **3** = beatnik.

hip·ster[2] [hípstə | -stə(r)] 〖← HIP[1] + -STER〗 n. [pl.] ヒップスター《ヒップまでしかないズボン[スカート]》. **— adj.** ヒップスターの[を穿(は)く].

híp·ster·ìsm [-stərìzm] n. **1** = hipness. **2** ヒッピー族独特の生活.

híp vértical n.〘建築〙腰つり材《ブリッジトラスの垂直部材》.

hir·a·ble [háɪ(ə)rəbl | háɪər-] adj.《米》雇うことができる, 〈人・物など〉賃借りできる.

Hi·ram[1] [háɪrəm | háɪər-] 〚□ Heb. *Ḥīrām* (頭音消失)← *Aḥīrām* (原義) brother of the lofty ← *āh* brother＋*rām* lofty〛 *n.* 男性名. ★ ユダヤ人に見られる.
Hi·ram[2] [háɪrəm | háɪərəm, -ræm] *n.* ヒラム《紀元前10世紀の Tyre 王; cf. *1 Kings* 5》.
hir·cine [hə́ːsaɪn, -sn̩ | hə́ːsaɪn] 〚《1656》□ L *hircīn-us* ← *hircus* he-goat〛 *adj.* **1** 山羊(ᵹ)の[に関する, に似た]. **2** 山羊のにおいのする. **3** 好色の (lustful).
hire [háɪə | háɪə(r)] 〚*n.*: OE *hȳr* wages < Gmc **χūrjō* (G *Heuer*) ← ?. — *v.*: OE *hȳrian* to hire : cog. G *heuern*〛 **—** *n.* **1** (物の)賃借り; (人の)雇用: automobiles for ~ 貸自動車 / let out on ~ (損料を取って)貸し出す, 賃貸する. **2** 賃借料, 使用料, 損料; 賃金, 給料 (wages): pay for the ~ of …の損料を支払う / work for ~ 雇われて[給料で]働く. **—** *vt.* **1 a** (賃金を払って)〈人を〉雇う, 雇用する (engage): ~ a gardener, laborer, etc. **b** (損料を払って)〈物を〉借りる, 賃借りする: ~ a horse, car, etc. / ~ a movie hall for one evening 映画館を一晩借りる. **c** 《米古》〈金を〉借りる. **2** 〈人がしてくれたことに〉に金を払う.
hire in 雇われて仕事をする. *hire on* 職を得る. *hire out* (*vt.*) (1) 《口語》賃貸しする, (損料を取って)貸し出す: ~ *out* bicycles, horses, etc. / ~ *out* a carriage by the hour 馬車を時間ぎめで貸し出す[損料貸しする]. (2) [~ *oneself out* として] 雇われる: He ~*d himself out as* a chauffeur. 運転手として雇われた. (*vi.*) 《米》(召使などとして)雇われる: ~ *out as* a servant.
híre-càr *n* 賃貸用の乗用車, レンタカー.
hired *adj.* **1** 雇用した, 雇い入れの: a ~ assassin 雇われ刺客, 殺し屋. **2** 賃貸しの, 借物の: a ~ article 賃貸[借]物.
híred gírl *n.* 《米》(家庭の)お手伝い(さん); (特に)農場手伝い女.
híred hánd *n.* 《米》 =farmhand 1.
híred mán 〚cf. OE *hīred-mann* (← *hīred* household)〛 *n.* 《米》(家庭の)雇い人, 下男; (特に) =farmhand 1.
hire·ling [háɪəlɪŋ | háɪə-] 〚OE *hȳrling*: ⇨ hire (n.), -ling[1]〛 **—** *n.* **1** 《軽蔑》雇い人; (特に)金のために働く人, 雇われ人 (mercenary). **2** 借り馬. **—** *adj.* 《軽蔑》雇われて働く; (特に)金のために働く, 金銭ずくの, 現金主義の(venal): ~ scribblers 金銭のために書きとばす三文文士連.
híre-púrchase *adj.* 《英》分割払い購入契約の, 分割払い式の: a ~ agreement 分割払い購入契約 / the ~ system [plan] 分割払い式購買法.
híre púrchase *n.* 《英》賃貸借購入 (《米》installment plan)《商品を受取った後に割賦払いをし, 当該商品を返却もしくは買い取る制度; 略 H.P., h.p.; hire-purchase system ともいう; cf. finance company》: buy a house on ~ [*H.P.*] 割賦[ローン]で家を買う.
hír·er [háɪ(ə)rə | háɪərə(r)] 〚《*c*1443》〛 *n.* 雇い主, 雇用者; 賃借人.
hír·ing [háɪ(ə)rɪŋ | háɪər-] 〚《*c*1400》〛 *n.* **1** 雇用: ~ and firing 雇用と解雇. **2** 賃貸借: the ~ of a ship 傭船.
híring fàir *n.* =statute fair [hiring].
híring hàll *n.* 《米》(労務者のための労働組合運営による)仕事周旋所《登録順に組合員に仕事を世話[割当て]する所; cf. shape-up》.
hi-rise [háɪràɪz] *n.* =high-rise.
hir·ple [hə́ːpl̩ | hə́ː-] 〚《*a*1325》 *hirple(n)* ← ? ON: cf. OI *herpast* to be contracted with cramp〛《スコット》 *vi.* びっこをひいて歩く (hobble). **—** *n.* びっこ歩き.
hir·sute [hə́ːsuːt, híə-, ─ ─ | hə́ːsjuːt] 〚《1621》□ L *hirsūt-us* ← *hirtus* bristly: cf. L *hircus* he-goat〛 **—** *adj.* **1** 毛の荒い; 毛深い, もじゃもじゃの (hairy, shaggy). **2** 毛の[に関する], 毛質の. **3** 〘生物〙長い粗毛でおおわれた. **4** 〈動作が〉粗野な (rough), 洗練されていない (unpolished). **~·ness** *n.*
hír·sut·ism [-tɪzm̩] 〚⇨ ↑, -ism〛 *n.* 〘病理〙(主に女性で男性型の)多毛症; 正常[異常]部位多毛症.
hir·su·tu·lous [həːsúːtʃʊləs, hɪə- | həːsjúːtjʊ-] 〚← HIRSUTE＋-ULOUS〛 *adj.* 〘植物〙短めの粗毛でおおわれた (cf. hirsute).
hir·tel·lous [həːtéləs, hɪə- | həːtél-] 〚← L *hirtus* hairy＋*-ellus* (dim. suf.): ⇨ -ous〛 *adj.* 細い堅い毛でおおわれた (finely hirsute).
hi·ru·din [hɪrúːdn̩, hə-, hír(j)ʊdɪn, -dən | hɪrúːdɪn, hírʊ-] 〚《商標名》← L *hirūdō* leech＋-IN[1]〛 **—** *n.* 〘生化学〙ヒルジン《ヒルの口腔腺からとれる灰色または白色の可溶粉末で, 凝血防止剤として使う》.
Hir·u·din·e·a [hɪ̀r(j)ʊdíniə | -nɪə] 〚← NL ~ ← L *hirūdō* leech〛 *n. pl.* 〘動物〙(環形動物)ヒル綱.
hir·u·din·e·an [hɪ̀r(j)ʊdíniən | -nɪ-] 〚⇨ ↑, -ean〛 *adj., n.* (環形動物)ヒル綱の(動物).
hi·run·dine [hɪrʌ́ndɪn, hə-, -dən, -daɪn | hɪrʌ́ndaɪn] 〚← L *hirundō* swallow＋-INE[1]〛〘鳥類〙 **—** *adj.* ツバメの; ツバメのような, ツバメに似た. **—** *n.* ツバメ科の鳥.
Hir·un·din·i·dae [hɪ̀rʌndínədiː | -nɪ-] 〚← NL ~ ← L *hirundō* (↑)＋-IDAE〛 *n. pl.* 〘鳥類〙(スズメ目)ツバメ科.
his 〚OE ~ (gen.) ← *hē* 'HE[1]', *hit* 'IT[1]'〛 **—** *pron.* **1** [(h)ɪz; hiz, híz] (he の所有格) **a** 彼の: ~ friends / ~ hat / ~ own act. **b** [しばしば H-; 敬称を伴って he の代用をなす]: *His* Highness ⇨ highness 2 / ~ Lordship ⇨ lordship 2 / *His* Majesty ⇨ majesty 4. **2** [híz] (he に対する所有代名詞) **a** 彼のもの: This hat is ~. この帽子は彼のだ / *His* is a large family. 彼は大家族だ《★ *His* family is a large *one*. よりも文語的》/ himself and ~ 彼(自身)と彼の所有物. **b** […of ~ の形式をなして (cf. mine[1] 1 b ★)] 彼の…: this uncle *of* ~ 彼のこのおじ / Are you *a* friend *of* ~? あなたは彼の友人ですか?
his and hers 彼と彼女のそろいのもの; 夫婦(ᵹ)おそろい品《セーター・バスローブ・枕カバーなど》.
hisn [hízn] 〚《*c*1400》: MINE[1], THINE, etc. からの類推〛 *pron.* (*also* **his'n**) 《方言》彼のもの (his).
His·pa·ni·a [hɪspéɪniə, -pǽn-, -njə | -njə, -nɪə] 〚□ L *Hispānia* Spanish Peninsula〛 **—** *n.* 《詩》イスパニア (Spain). ★ もとローマ帝国時代の Iberian Peninsula のラテン語名, また属州名.
His·pan·ic [hɪspǽnɪk] 〚□ L *Hispānic-us* ← *Hispānia* (↑)〛 **—** *adj.* **1** スペインの (Spanish). **2** ラテンアメリカの (Latin-American): ~ America＝Latin America.
His·pán·i·cìsm [-nəsɪzm̩ | -nɪ-] *n.* スペイン語法; スペイン語法的英語語法.
His·pán·i·cist [-nəsɪst, -səst | -nɪsɪst] *n.* =Hispanist.
His·pan·i·cize, h- [hɪspǽnəsàɪz | -nɪ-] *vt.* **1** 〈風俗・習慣などを〉スペイン風にする, スペイン化する. **2** スペインの支配[影響]下におく. **His·pan·i·ci·za·tion** [hɪspæ̀nəsɪzéɪʃən, -sə- | -nɪsaɪ-, -sɪ-] *n.*
his·pa·ni·dad, H- [iːspɑ̀ːnɪdɑ́ːd; *Sp.* ispaniðáð] 〚← Sp. *Hispania* ＋ *-dad* -ty[2] (cog. *deed* / G *Tat*)〛 **—** *Sp. n.* スペイン的性格《スペイン・ラテンアメリカなどスペイン語圏の住民の共通性・基本的性格を表わす概念; cf. hispanism 2》.
His·pan·io·la [hɪspænjóʊlə | -nɪə́ʊ-; *Sp.* ispanjóla] *n.* ヒスパニオラ(島)《西インド諸島中の島; Haiti と Dominica の両共和国領に分かれる; 人口 8,600,000, 面積 76,483 km²; 旧名 Haiti》.
his·pa·nism, H- [híspənɪzm | -pə-, -pæ-] 〚□ Sp. *hispanism-o* ← *hispano* Spanish＋*-ismo* -ism〛 **—** *n.* **1** スペイン語風の表現, スペイン語的語句. **2** ヒスパニズム《ラテンアメリカ諸国とスペインとの精神・文化の統合・発展を計ろうとする運動; cf. hispanidad》.
Hís·pa·nist [-nɪst, -nəst | -nɪst] 〚□ Sp. *hispanist-a*: ⇨ ↓, -ist〛 *n.* スペイン[ポルトガル]学者《言語・文学・文化の研究家》.
His·pan·o- [hɪspǽno(ʊ), -pɑ́ːn-, -péɪn-, híspən-o(ʊ)- | hɪspǽnə(ʊ), -pɑ́ːn-, -péɪn-, híspən-, -pæn-] 〚← L *Hispānus* Spanish〛 **—**「スペインと…との (Spanish and…)」の意の連結形.
Hispáno-Gállican *adj.* イスパニアとゴール(Gaul)との, スペインとフランス(間)の.
Hispáno-Morésque *adj.* スペイン ムーア的な《ムーア人(moors)がスペインを占領していた時代に関する[に作られた]; 主に芸術作品について用いられる》.
his·pid [híspɪd, -pəd | -pɪd] 〚《1646》□ L *hispid-us* bristly〛 *adj.* 〘生物〙剛毛のある (bristly, shaggy). **his·pid·i·ty** [hɪspídəṭi | -dəti, -dɪ-] *n.*
his·pid·u·lous [hɪspídʒʊləs | -djʊ-] 〚⇨ ↑, -ulous〛 *adj.* 〘生物〙ごく微小な剛毛のある (cf. hispid).
hiss [hís] 〚《*c*1395》 *hisse(n)*: 擬音語〛 **—** *vi.* **1** 〈人が〉しゅーと言う, (非難してまたは怒って)しっと言う 〔*at*〕: 'Shut up', I ~*ed at* him.「黙って」と彼にごく小さい声で言った. **2 a** 〈へび・がちょうなどが〉しゅー[しゅっ]という音を出す. **b** 〈火に注いだ水などが〉しゅー[じゅー]と音を立てる (sizzle); 〈空気・蒸気などが〉(もれて)しゅーしゅーと音がする; 〈静かな波が〉さーっと音を立てる: be ~*ing* hot 煮えたぎる / A ball has ~*ed* by. ボールがひゅーっとそばを飛んで行った / The sea ~*ed* beyond the hotel. ホテルの向うにはさーっさーっと波の音がしていた. **—** *vt.* **1** しっしっとしかる[追う], しっしっとののしる[制止する]: ~ away a dog しっしっと言って犬を追払う / ~ down a speaker 話し手をしーしーと言ってののしる / ~ off an actor しっしっと言って役者を引っ込ませる / ~ disdain しーっと言って軽蔑を示す. **2** 〘音声〙スー音で発音する (cf. hush 4); 無声スー音で発音する.
— *n.* **1 a** しっという(制止, 怒りの)声, しっしっという音: She lit a cigarette and inhaled with a ~. 巻きたばこに火をつけ, すーっとひと口吸った. **b** (へびなどの)しゅっしゅっ[しゅー]と鳴らす音. **c** (雨・水などの)さっと当たる音: the ~ of rain against the casements 窓にさっと当たる雨の音. **2** 〘音声〙スー音 (hissing sound); 無声スー音 《[s]; cf. buzz 5》.
Hiss [hís], **Alger** *n.* (1904–) 米国の元国務省官吏; ソ連側のスパイ Whittaker Chambers に機密情報を流したことを否認して 1950 年偽証罪に問われた.
his·self [hɪ(z)sélf] 〚OE *his seolfes*: ⇨ his, self〛 *pron.* =himself 《非標準的な語》.
hiss·ing [《*c*1384》] *n.* **1 a** しーっと音を立てること. **b** しーっという音. **2** 《古》あざけり, 軽蔑(の対象).
híssing sòund *n.* 〘音声〙すー音《鋭い音色の歯擦音 [s], [z]; cf. hushing sound, sibilant》.
hist [(p)sːt, psː, híst] 〚《1604》: 擬音語〛 *int.* しーっ, 静かに (hush).
hist. 《略》histology; historian; historical; history.
hist- [hɪst] (母音の前に来る時の) histo- の異形.
His·ta·drut [histɑdrúːt] *n.* ヒスタドルート, ユダヤ労働者総同盟《イスラエルの労働同盟; 1920 年の創始》.
his·ta·min [hístəmɪn, -mən | -mɪn] *n.* 〘化学〙=histamine.
his·tam·i·nase [hɪstǽmɪnèɪs, -mə-, hístəm- | -mɪ-] 〚⇨ ↓, -ase〛 *n.* 〘生化学〙ヒスタミナーゼ《ヒスタミンを酸化する酵素, アレルギー治療薬》.
his·ta·mine [hístəmiːn, -mɪn, -mən | -miːn, -mɪn] 〚← HISTO-＋AMINE〛 **—** *n.* 〘化学〙ヒスタミン ($C_3H_3N_2CH_2CH_2NH_2$)《白い結晶物で麦角および筋肉・脳下垂体その他動物器官に存する; 胃液分泌を促進し子宮筋を収縮させ血圧を降下させる; 魚による食中毒原因物質でもある》. **his·ta·min·ic** [hɪ̀stəmínɪk] *adj.*
his·ta·min·er·gic [hɪ̀stəmɪnə́ːdʒɪk, -mə- | -mɪnə́ː-] 〚← HISTAMINE＋-ERGY＋-IC[1]〛 *adj.* 〘医学〙〈自律神経線維が〉ヒスタミン作働性の.
his·ter [hístə | -tə(r)] 〚← NL *Hister* ← L *hister* actor〛 *n.* 〘昆虫〙エンマムシ科の甲虫の総称; (特に)エンマムシ属 (*Hister*) の甲虫.
his·ter·id [hístərɪd, -rəd | -rɪd] 〚↓〛 *adj., n.* 〘昆虫〙エンマムシ科の(甲虫).
His·ter·i·dae [hɪstérədiː | -rɪ-] 〚← NL ~ (属名) ← L *hister* actor＋-IDAE〛 *n. pl.* 〘昆虫〙エンマムシ科.
his·ti- [hísti | -tɪ] (母音の前に来る時の) histio- の異形.
his·ti·dine [hístədiːn, -dɪn, -dən | -tɪdiːn, -dɪn] 〚← HISTO-＋-IDINE〛 **—** *n.* (*also* **his·ti·din** [hístədɪn, -dən | -tɪdɪn]) 〘化学〙ヒスチジン ($C_3H_3N_2CH_2CH(NH_2)COOH$)《塩基性のアミノ酸の一種》.
his·ti·o- [hístio(ʊ) | -tɪə(ʊ)] 〚← Gk *histion* (dim.) ← *histós* web〛 次の意味を表わす連結形: **1**「帆(sail)」. **2**「組織(tissue)」. ★ 母音の前では通例 histi- になる.
his·ti·o·cyte [hístiəsàɪt | -tɪə-] 〚← HISTIO-＋-CYTE〛 **—** *n.* 〘医学〙組織球《細網内皮系に属する細胞; clasmatocyte, macrophage ともいう》. **his·ti·o·cyt·ic** [hɪ̀stiəsíṭɪk | -tɪəsít-] *adj.*
his·to- [hísto(ʊ) | -tə(ʊ)] 〚← Gk *histós* web, tissue〛「組織 (tissue)」の意の連結形《ギリシャ語系の術語に用いる》. ★ 母音の前では通例 hist- になる.
his·to·blast [hístəblæ̀st] 〚⇨ ↑, -blast〛 *n.* 〘生物〙組織原細胞《組織形成に関する細胞; histiocyte, imaginal disk など》. **~·ly** *adv.*
hìsto·chémical *adj.* 組織化学の[に関する, による].
hìsto·chémistry *n.* 組織化学《生化学と組織学の手法を併用して細胞や組織の化学的組成を研究する》.
hìsto·compatibílity *n.* 〘医学〙組織適合性《組織相互間の移植適合性; ↔ histoincompatibility》. **hìsto·compátible** *adj.*
his·to·gen [hístədʒɪn, -dʒən, -dʒen] 〚← HISTO-＋-GEN〛 *n.* 〘植物〙原組織《永存組織に分化するもとの初生組織》.
hìsto·génesis *n.* 〘生物〙組織形成[生成], 組織発生(論). **hìsto·genétic** *adj.* **hìsto·genétically** *adv.*
hìsto·genétics *n.* 〘生物〙組織発生学.
his·tog·e·ny [hɪstɑ́dʒəni | -tɔ́dʒɪni] *n.* =histogenesis.
his·to·gram [hístəgræ̀m] 〚← HISTO-＋-GRAM〛 *n.* 〘統計〙ヒストグラム, 度数分布図, (度数)柱状[棒状]図, (俗に)棒グラフ.
his·tog·ra·phy [hɪstɑ́grəfi | -tɔ́grəfɪ] 〚← HISTO-＋-GRAPHY〛 *n.* 〘生物〙組織描写.
hìsto·incompatibílity *n.* 〘医学〙組織不適合性 (↔ histocompatibility).
his·tol·o·gy [hɪstɑ́lədʒi | -tɔ́lədʒɪ] 〚《1847》← HISTO-＋-LOGY〛 **—** *n.* **1** 組織学《生物学・解剖学の一分科, 顕微鏡的解剖学》. **2** (生物の)組織構造. **his·to·log·i·cal** [hɪ̀stəlɑ́dʒɪkəl, -dʒə- | -lɔ́dʒɪ-] *adj.* **his·to·lóg·ic** [-dʒɪk] *adj.* **his·tól·o·gist** [-dʒɪst, -dʒəst | -dʒɪst] *n.*
his·tol·y·sis [hɪstɑ́ləsɪs, -səs | -tɔ́lɪsɪs, -lə-] 〚← HISTO-＋-LYSIS〛 *n.* 〘生物〙(生物の)組織分解, 組織溶離. **his·to·lyt·ic** [hɪ̀stəlíṭɪk | -tɪk] *adj.*
hìsto·morphólogy *n.* 〘生物〙組織形態学, 組織学 (histology).
his·tone [hístoʊn | -təʊn] 〚← HISTO-＋-ONE〛 *n.* 〘生化学〙ヒストン《塩基性蛋白質の一種》.
hìsto·pathólogy *n.* 〘病理〙組織病理学. **hìsto·pathológic** *adj.* **hìsto·pathológical** *adj.* **hìsto·pathológically** *adv.* **hìsto·pathólogist** *n.*
hìsto·physiólogy *n.* 組織生理学. **hìsto·physiológic** *adj.* **hìsto·physiológical** *adj.* **hìsto·physiólogist** *n.*
his·to·plas·min [hɪ̀stəplǽzmɪn, -mən | -mɪn] 〚← HISTO-＋PLASMA＋-IN[1]〛 *n.* 〘医学〙ヒストプラスミン《ヒストプラスマ症の皮膚反応テストに用いる》.
hís·to·plas·mo·sis [hɪ̀sto(ʊ)plæzmóʊsɪs, -səs | -tə(ʊ)plæzmə́ʊsɪs] 〚⇨ ↑, -osis〛 **—** *n.* 〘病理〙ヒストプラスマ症《発熱・貧血・白血球減少・肝臓肥大などを主徴とする病気》.
his·to·ri·an [hɪstɔ́ːriən, -tɔ́ːr-, -tɑ́r- | -tɔ́ːrɪ-] 〚《?*a*1439》□ (O)F *historien*: ⇨ history, -an[1]〛 **—** *n.* **1** 歴史家, 歴史学者, 史学専攻者: an art ~ 美術史家. **2** 年代記編者 (chronicler).
his·to·ri·at·ed [hɪstɔ́ːrièɪṭɪd, -tɔ́ːr-, -ṭəd | -tɔ́ːrièɪt-] 〚← L *historiāt-us* ((p.p.) ← LL *historiāre* to depict)＋-ED: ⇨ history, -ate[2]〛 **—** *adj.* (人などの)絵柄の, 絵模様の (storiated)《中世の写本などで頭文字やページの縁取りなどを人物・動物・花などの図形で飾った》.
his·tor·ic [hɪstɔ́(ː)rɪk, -tɑ́r- | -tɔ́r-] 〚《1669》□ L *historic-us* ← Gk *historikós*: ⇨ history, -ic[1]〛 *adj.* **1** 歴史上有名な[重要な], 歴史上の連想豊かな, 歴史に残る: a ~ spot 史跡 / ~ scenes＝places of ~ interest 史跡, 旧跡 / a ~ battlefield 戦跡, 古戦場 / ~ ruins and monuments 廃墟や遺蹟 / a ~ speech [event] 歴史的演説[事件] / ~ times 有史時代 / This speech will become ~. この演説は歴史的なものとなるだろう. **2** 《古》=historical.

his·tor·i·cal [hɪstɔ́(ː)rɪkəl, -tɑ́r-, -rə- | -tɔ́rɪ-] 〘(?a1425) ← L *historicus* (↑)+-AL¹〙 ── *adj.* **1** 歴史の[に関する], 史学の；史学的方法の：～ science 歴史学, 史学 / a ～ treatise 史論 / ～ studies 歴史[史学]研究 / give a ～ account of a language ある国語を歴史的に説明する. **2** 史料となる；史実に基づく, 歴史に載っている；史的根拠のある；歴史に言及されている：a ～ painter 歴史画家 a ～ painting [picture] 歴史画 / ～ evidence 史実 / a ～ fact 歴史的事実 / a ～ document 史的文書, 史料 / a ～ event [personage] 史上の事件[人物] / ～ plays 史劇. **3** 〘文法〙歴史的(叙法)の：～ infinitive 史的不定詞《ラテン語の史的叙法の不定詞で主格の主語をとり Indicative に代用する》/ ～ tenses (ギリシャ・ラテン語の)歴史時制《過去の事件を叙述する時に用いられる imperfect, aorist, pluperfect など；cf. primary *adj.* 14》. **～·ness** *n.*

históricaI críticism *n.* 〘文学〙歴史的批評.

históricaI geógraphy *n.* 歴史地理学.

históricaI geólogy *n.* 〘地質〙地史学.

históricaI linguístics *n.* 歴史言語学, 史的言語学《言語の通時的変遷を取扱う言語学の一分野；cf. descriptive linguistics》.

his·tór·i·cal·ly 〘(1550)〙 *adv.* **1** 歴史的に(言えば), 歴史上, 史実として. **2** 歴史的(研究)方法によって.

históricaI matérialism *n.* 〘哲学〙史的唯物論《歴史の発展の要因は観念でなく物質であるとする見解；cf. dialectical materialism》.

históricaI méthod *n.* 歴史的研究方法.

históricaI nóvel *n.* 歴史小説.

históricaI présent *n.* 〘文法〙(歴)史的現在《過去の事実の叙述を生き生きさせるために用いる現在時制；historic present, dramatic present ともいう》.

históricaI schòol *n.* 歴史学派：**1** 〘経済〙歴史的視点を重んじ, 古典学派に対抗して 1840 年代から 20 世紀の初めにかけてドイツを中心にして起こった一派. **2** 〘法律〙法は君主の命による所産でなくて歴史的・社会的事情による所産であるとする法学者の一派.

his·tór·i·cìsm [-rəsìzm | -rɪ-] 〘(1895)〙 ── *n.* **1** 〘哲学〙歴史主義《史的発展こそ人間存在のもっとも根本的な契機であるとする立場》. **2** 〘歴史〙歴史的相対論[主義] (historical relativism) 《歴史の諸現象はそれぞれ固有の条件下で生まれたものであり, 過去の時代・文化に対しては絶対的価値判断は排除すべきだという説》. **3** (建築設計論における)歴史主義, 様式主義. **4** 過去の制度・伝統に対する強度の関心, 歴史崇拝. **5** 歴史的進化の法則を探求しようとする態度.

his·tór·i·cist [-rəsɪst, -səst | -rɪsɪst] *n.* 歴史主義者；歴史的相対論者. 「的確実性；史的典拠.

his·to·ric·i·ty [hìstərísəṭi | -sətɪ, -sɪ-] *n.* 史実性, 史

his·tor·i·cize [hɪstɔ́(ː)rəsàɪz, -tɑ́r- | -tɔ́rɪ-] *vt.* **1** 歴史的にする, 歴史[史実]化する；史実に基づかせる. **2** 史実らしく見せる, 歴史的事実と思わせる.

his·tor·i·co- [hɪstɔ́(ː)rɪko(ʊ), -tɑ́r-, -rə- | -tɔ́rɪkə(ʊ)] 〘← NL ～ ← L *historicus*：⇨ historic〙 ──「歴史の (historical), 歴史と…との (historical and…)」の意の連結形：*historico*critical 史的批評的.

históric présent *n.* 〘文法〙＝historical present.

hís·to·ried *adj.* 歴史をもつ, 歴史に載っている, 由緒のある (historical).

his·to·ri·ette [hɪstɔ̀ːriét, -tòːr- | -tɔ̀ːrɪ-; *F.* istɔrjɛt] 〘⊏F ～ ← *histoire* 'HISTORY' + -ETTE〙 *n.* 小史 (short history)；短編物語 (short story).

his·to·ri·og·ra·pher [hɪstɔ̀ːriɑ́grəfə, -tɔ̀ːr- | hɪstɔ̀ːrɪɔ́grəfə(r, -tɔr-, ─ ─ ─ ─ ─] 〘← LL *historiographus* (⇨ history, -o-, -graph)+-ER¹〙 ── *n.* **1** 歴史家 (historian). **2** 史料編修員, 修史官.

his·to·ri·og·ra·phy [hɪstɔ̀ːriɑ́grəfi, -tɔ̀ːr- | hɪstɔ̀ːrɪɔ́grəfɪ, -tɔr-, ─ ─ ─ ─ ─ ─] 〘⊏Gk *historiographia*：⇨ history, -o-, -graphy〙 ── *n.* **1** 史料編修, 修史《特に史料に厳密な吟味を行なうもの》. **2** 修史論, 歴史学方法論. **3** 〘集合的〙正史, 史乘, 史書.
his·to·ri·o·graph·ic [hɪstɔ̀ːriəgrǽfɪk, -tɔ̀ːr- | hɪstɔ̀ːrɪə-, hɪstɔ̀ːr-] *adj.* **his·tò·ri·o·gráph·i·cal** *adj.* **his·tò·ri·o·gráph·i·cal·ly** *adv.*

his·tor·ìsm [-tərìzm] 〘⊏G *Historism-us* ← *Historie* history：⇨ -ism〙 *n.* ＝historicism.

his·to·ry [híst(ə)ri | -rɪ] 〘(a1393) *histoire* ⊏(O)F *histoire* ∥ L *historia* ⊏Gk *historia* knowledge gained by inquiry, historical narrative ← *histōr* knowing, wise ← IE **w(e)di-* to see (⇨ vision)：cf. story¹〙 ── *n.* **1 a** 歴史；史実；(歴)史学：ancient ～ 古代史, 上古史 / medieval ～ 中世史, 中古史 / modern ～ 近代史, 近世史 / a question of ～ 歴史上の問題 / a matter of ～ 歴史に記録された事柄 / become ～ 歴史(の一部)となる / be mentioned in ～ 歴史に載っている / *History* repeats itself.《諺》歴史は繰り返す / pass into ～ 歴史[過去のこと]となる. **b** 歴史書, 史書. **2 a** 経歴, 来歴, 由緒；変化の多い経歴, いわく付きの身の上話；(患者の)病歴：a woman with a ～ いわく付きの女 / This diamond has a strange ～. このダイヤ(モンド)には不思議な来歴がある / He had a bad ～ with girls. 過去に芳しくない女性関係があった. **b** 過去のこと：That is all ～. それは皆昔のことだ. **c** 歴史に残るような事件[行為, 思想]. **d** (報告的な)話, 物語 (tale, story). **3** (学問・芸術・宗教・法律制度・言語などの)変遷, 進化発達史：a ～ of English 英語(発達)史. **4** (自然界の)組織的記述：⇨ natural history. **5** 史劇 (historical play)：Shakespeare's *histories*.
make history 歴史に残るだけの重要な事をする, 歴史に影響を与える：The landing of Apollo 11 on the moon's surface *made* ～. アポロ 11 号の月面着陸は歴史を作った.

hìsto·thrómbin 〘← HISTO- + THROMBIN〙 *n.* 〘生化学〙ヒストトロンビン《結合組織中に含まれているトロンビン》.

his·to·troph [hístətrɑ̀f, -trɔ̀(ː)f | -trɔ̀f] 〘⊏F *histotrophe*：⇨ histo-, troph-〙 ── *n.* 〘生物〙組織栄養素《母体血液以外から胎児に供給される栄養物；cf. embryotroph, hemotrophe》.

his·tri·on [hístriɑ̀n | -triɔ̀n] 〘⊏F ～ ⊏L *histriō(n-)* stage player〙 *n.* 《軽蔑》役者 (actor).

his·tri·on·ic [hìstriɑ́nɪk | -triɔ́n-] 〘(1648) ⊏L *histriōnic-us* ← *histriō* stage player：⇨ -ic¹〙 ── *adj.* **1** 俳優の[に関する]；演技の[に関する]；演劇の[に関する] (dramatic)：the ～ tribe 演劇界[梨園]の人々, 俳優たち, 役者連. **2** 演劇めいた, 芝居がかった, わざとらしい (theatrical, staged). **3** 〘病理〙顔面筋の：～ spasm [paralysis] 顔面痙攣(ﾚﾝ)[麻痺]. ── *n.* 《古》俳優, 役者 (actor).

hìs·tri·ón·i·cal [-nɪkəl, -nə- | -nɪ-] *adj.* ＝histrionic. **～·ly** *adv.* 「演技.

hìs·tri·ón·i·cìsm [-nəsìzṃ | -nɪ-] *n.* 演劇的しぐさ,

his·tri·on·ics [hìstriɑ́nɪks | -triɔ́n-] *n.* (⇨ histrionic, -ics) *n.* **1** 演劇, 演芸 (theatricals). **2** (効果をねらった)演技, (芝居がかりの)しぐさ.

his·tri·o·nism [hístriənìzṃ | -triə-] 〘← L *histriō(n-)* stage player + -ISM〙 *n.* (舞台上の)演技 (acting)；(芝居がかりの)しぐさ.

hit [hít] 〘v.：lateOE (*ġe*)*hyttan* ⊏ON *hitt-a* to meet with (Swed. *hitta* / Dan. *hitte*) ← ?. ── n.：(c1450) ← (v.)〙 ── *v.* (～; **hit·ting**) ── *vt.* **1 a** (強く)打つ, たたく：～ a ball with a bat バットでボールを打つ / ～ a nail with a hammer 金槌で釘を打つ. **b** …に強くぶつかる；ぶつける, 打ち当てる〔*against, on*〕：The car ～ the wall. 車が塀にぶつかった / ～ one's head *against* [*on*] a shelf [post] 棚(ﾀﾅ)[柱]に頭をぶっつける. **c** 〘野球〙〈安打などを〉打つ：～ a homer 本塁打を打つ. **d** 〘クリケット〙打って〈得点を〉とる：～ three scores 60 点打つ. **2** 〈的など〉にうまく当てる, 射当てる, 打ち当てる, …に命中する (↔ miss)：～ a target [mark] 的を射当てる / The ball ～ him in the eye [on the nose]. ボールが彼の目[鼻]に当たった / I'm ～. (弾丸に当たって)やられた / He was ～ in the right chest. 右胸を銃撃された. **3 a** 〈打撃を〉加える, (がんと)くらわせる (deliver, deal)：～ a blow [stroke] *on* the head 頭に一撃を加える / ～ a person a heavy blow *on* the head 人の頭にがんとくらわせる. **b** 〈人を〉なぐる (strike)：～ a person in the eye 人の目をなぐる / ～ below the belt ⇨ belt 成句 / ～ a person when he's down 倒れた相手を打つ；卑怯な行ないをする. **c** 〈嵐などが〉襲う：A heavy storm [earthquake] ～ the district. 大嵐[大地震]がその地方を襲った. **4 a** (偶然またはうまく)見つける, …に行き当たる (light upon)：～ the right road 正しい道に出る. **b** (偶然)…に出くわす, 経験する：～ a run of bad luck 続けざまに不運に出会う. **c** 《俗》〈くじなど〉に当たる, 〈くじなどを〉当てる. **5 a** (うまく)言い当てる：～ the answer to a riddle 謎(ﾅｿﾞ)の答えをうまく当てる / You've ～ it! ご名答. **b** 〈言葉が〉…に的中する, 的確にとらえる；〈目的・好み〉に合う (suit)：～ a person's taste 好みに合う / This dress ～*s* my fancy. この服はちょうど私の好みにぴったりだ. **c** …とぴったり[呼吸が]合って行動する：～ a theatrical cue 台詞(ｾﾘﾌ)の受け渡しがぴったり決まる. **6 a** 〈人〉に思い浮かぶ：An idea ～ him. ある考えが浮かんだ. **b** …に影響する；印象づける (affect, impress)：How does that ～ you? それをどう思う[感じる]か. **c** 強調する (stress). **7 a** …に打撃[痛手]を与える, 《皮肉などが〉人を〉傷つける, 〈人〉の感情を害する (wound)：The taunt ～ him hard. 侮辱はひどく彼にこたえた / The rise of prices has ～ our pocket. 物価の上昇は我々のポケット[財布]に響いてきた / be hard ～ ひどい打撃を受ける；参る, 苦しむ. **b** きびしく批判する, 非難する (censure). **8** 正確に再現する, 巧みに模写する：～ a likeness 本物さながらに描く. **9 a** 〈作家が〉〈雑誌など〉に作品発表の機会を得る. **b** 〈ニュースなどが〉…に報道される, 掲載される：～ the first page of the newspaper 新聞の一面に載る. **c** 〈商品が〉〈市場など〉に出る：Bonitos ～ the market. 鰹(ｶﾂｵ)が市場に出た. **10 a** 〈ある数値・程度・水準〉に達する, 至る (attain)：The prices of commodities ～ a new high. 物価は新高値になった / The stocks ～ the highest. 株は天井をついた / The car can ～ 150 m.p.h. その車は時速 150 マイル出せる. **b** 〈場所〉に到着する：～ a path 小道に出る / ～ a town 町に着く. **c** 《口語》〈道などを〉歩き始める；(ふと)…に立ち寄る：⇨ *hit the* ROAD. **11** 〈魚が〉〈餌(ｴｻ)〉に食いつく (take)：～ a bait. **12** 《口語》(打ちつけたり, 触れたりして)動かす, 始動させる：～ a light 明かりをつける / ～ the brakes ブレーキをかける. **13** 《米俗》〈人〉に〔仕事・借金などを〕要求する (demand) 〈*up*〉〔*for*〕：I ～ him *up for* a loan. 私は彼に借金を申込んだ. **14 a** 《口語》〈酒など〉に溺れる；〈麻薬などを〉吸う：～ the bottle (びんの)酒をがぶがぶ飲む / ～ the pipe あへんを吸う / ～ cigarettes たばこを吸う. **b** 《俗》〈人〉に麻薬を注射する[与える]. **15** 《俗》殺す, ばらす (kill)；奪う (rob). **16** 〘トランプ〙**a** (blackjack で)カードをもう一枚〈子〉に配る；〈親〉からもう一枚手にもらう：*Hit* me. もう一枚くれ. **b** (gin rummy で)〈次の人が使えるようなカードを〉捨てる, ふりこむ.
── *vi.* **1 a** 打つ；ねらい打つ, 打ってかかる〔*at*〕. **b** 〘野球〙安打する, ヒットを打つ. **2 a** 打ち当たる, ぶつかる, 衝突する (strike)〔*against, on, upon*〕：～ *against* a wall 壁にぶつかる / ～ *on* [*upon*] a rock 岩に打ち当たる. **b** 攻撃する (attack)〔*at*〕. **c** 嘲笑する (ridicule)〔*at*〕. **d** 〈嵐などが〉襲う：The snowstorm ～. 吹雪が襲った. **3 a** 〈くじなどに〉的中する, (うまく)当たる；言い当てる〔*on, upon*〕. **b** 見当たる, 思い当たる, 見つかる〔*on, upon*〕：～ *upon* a plan 計画を思いつく. **4** 〈魚が〉餌(ｴｻ)に食いつく, あたる. **5** 〈内燃機関が〉ガス爆発でピストンを動かす. **6** 《俗》麻薬を注射する.
hit and run (1) 〘野球〙ヒットエンドランをする. (2) ひき逃げをする. (3) 奇襲をする. ***hit back*** 仕返しをする. ***hit it off*** 《口語》仲よくやる, 折り合う (get along)〈*with*〉/〈*together*〉：He didn't ～ *it off* well *with* her. 彼女と折合いがよくなかった. ***hit it up*** (1) 急いでやる, さっと片付ける；急ぐ (cf. HIT *up* (1)). (2) 頑(ｶﾞﾝ)張る, 頑張っていく. ***hit off*** (1) (うまく)表現する, 描写する；(諷刺の目的で)まねる, 模倣する (imitate). (2) 調和する, 折り合う〔*with*〕. ***hit or miss*** 当たっても当たらなくても；のるかそるか；成否を運に任せて, 行き当たりばったりで. ***hit out*** 激しく[あちこち]打つ；〔人・物を〕批評[攻撃]する〔*at*〕. ***hit the high points*** [***spots***] (1) もっとも重要な(もしくは目立った)点にふれる, (上記のような)場所へ行く：a book that ～ only *the high points* of the subject その問題の要点のみにふれた本 / With only a few days in Paris the best we could do was ～ *the high spots.* パリにほんの 2, 3 日しかいられなかったから, 我々はせいぜい重要なところしか行けなかった. (2) 簡単に上面のみをなでる. ***hit up*** (1) せき立てる, …に馬力をかけさせる (cf. HIT *it up*, speed up)：*Hit* her *up*, or you'll be late. 馬をせきたてないと遅れるよ. (2) 〘クリケット〙〈点を〉得る (make)：～ *up* runs. (3) ⇨ hit *vt.* 13. ***not know*** [***wonder***] ***what hit one*** 《口語》(1) (不意に)殺される. (2) ひどく戸惑う, 狼狽(ﾛｳﾊﾞｲ)する.
── *n.* **1 a** 打当て, (打撃の)当たり, 的中打 (stroke, blow)；命中, 的中；命中弾：a clever ～ うまい当たり. **b** ぶつかり, 衝突 (collision). **c** 〘クリケット・野球〙安打, ヒット：a clean ～ 快打, クリーンヒット / a ～ for three 〘クリケット〙3 点打 / a long ～ 〘野球〙長打《二・三塁打または本塁打》/ ⇨ sacrifice hit. **2 a** (運の)当たり. **b** (劇・歌謡曲などの)ヒット, 成功 (success)：a ～ song [tune] ヒットソング[曲] / make a (lucky) ～ うまく当てる / The play was a ～. その芝居は当たりを取った / The book is a decided ～. その本は断然大当たりだ / make [be] a great ～ 大当たりを取る. **c** (くじ・賭けの)当たり. **3** うがった言葉, 急所を突く皮肉, 当てこすり (repartee)；酷評：*Punch* has many good ～*s at* the fashions of the day. パンチ誌には現代の流行の急所を突いた皮肉が多い / His answer was a clever ～. 彼の答えは巧みに要点を突いていた / That is a ～ *at* him. それは彼に対する当てこすりだ. **4** 《俗》麻薬[ヘロイン]の(一回の)注射. **5** 《俗》(やくざ仲間による)殺し, 殺害. **6** 〘遊戯〙(backgammon で)競技の相手がその駒を盤から除き始めたあとでゲームに勝つこと. **7** 〘印刷〙＝impression 6 a.

hít-and-míss *adj.* 調子が良かったり悪かったりの, 行きあたりばったりの, でたらめな (random).

hít-and-míss wíndow *n.* 〘建築〙無双窓.

hít-and-rún *adj.* **1** ひき逃げをする, ひき逃げによって生じた：a ～ accident ひき逃げ事故 / a ～ driver ひき逃げ運転者. **2** 〈行動が〉すばやい, 敏捷(ﾋﾞﾝｼｮｳ)な；奇襲の：a ～ raid 急襲. **3** 〘野球〙ヒットエンドランの《打者と走者とが予め合図してバッティングと走塁とを同時に敢行する》：a ～ play. ── *n.* 〘野球〙ヒットエンドラン.

hitch¹ [hítʃ] 〘(?c1200) *hicchen* to move, remove ← ?：cf. LG *hicken*〙 ── *vt.* **1** (急激に)ぐいと動かす[引く, ひねる, 引き寄せる]：～ *up* one's trousers ズボンをぐいと引き上げる / ～ one's chair to the table 椅子(ｲｽ)をテーブルに引き寄せる. **2** 〈環・かぎ・綱などを〉ひっかける：～ a rope *over* [*round*] a bough 綱を枝にひっかける / ～ one's shawl *in* a bramble ショールをいばらにひっかける. **3 a** [しばしば ～ *up* として]〈牛・馬を〉〔杭(ｸｲ)などに〕つなぐ (tether), 〔車に〕つける (harness, yoke), 〈牽引車などを〉〔農具に〕つなぐ, 〈故障した車などを〉〔他の車に〕つなぐ〔*to*〕：～ (*up*) a horse (*to* a cart) 馬を車につける. **b** 〈車〉に牛[馬]をつける；〈牽引車など〉に農具を取りつける〔*to*〕：～ a cart *to* a horse. **4** 〈ある事を〉うまく〔話・著作物に〕引っ張り込む, 取り込む〔*into*〕. **5** 《口語》(ヒッチハイクのために)〈便乗〉させてもらう：～ a lift [ride] 車に乗せてもらう, ヒッチハイクさせてもらう / She ～*ed* her way to Miami. マイアミまでヒッチハイクして行った.
── *vi.* **1 a** ぐいぐい動く：～ forward in one's chair 椅子の中でぐいと乗り出す. **b** 不自由な足で歩く (hobble). **2** 引っかかる, からまる (stick)〔*on, on to, in*〕：My dress ～*ed on* a nail. 服が釘(ｸｷﾞ)に引っかかった. **3** [～ *up* として]牛[馬]を車につける. **4** 《俗》結婚する〈*up*〉. **5** ヒッチハイクする：～ back home ヒッチハイクで[人の車に乗せてもらって]家に帰る.

get* [*be*] *hitched 《俗・方言》結婚する ⟨*up*⟩. ***hitch horses together*** ⇨ horse 成句. ***hitch one's wagon to a star*** ⇨ wagon 成句.
— *n.* **1 a** ぐいと引くこと, 急激な引上げ[下げ] (jerk). **b** 不自由な足で歩くこと (hobble). **2 a** 動作の急停止 (stoppage, halt). **b** 障害, 故障 (impediment): without a ～ 滞りなく, すらすらと. **3** (農具などを牽引(けんいん)車に取り付ける)連結, 牽引装置. **4** からまり, ひっかかり (entanglement, catch). **5** 《口語》=hitchhike¹ 1. **6** 〘海事〙結索, 引掛け結び (cf. bend² 5, knot¹ 1 b). **7** 《米俗》兵役[徴募]期間. **8** 〘鉱山〙**a** 小断層《採掘中の炭層の厚みより小さい程度のずれしかないもの》. **b** 坑道の壁面に掘られた小さな凹み.
～·er *n.*

hitch² [hítʃ] 〘← ?〙 *n.* 〘魚類〙(*Lavinia exilicauda*)《米国 California 州 San Francisco, Monterey 付近の川にすむコイ科の小魚》ヒッチ.

Hitch·cock [hítʃkɑk | -kɔk], Sir **Alfred** (**Joseph**) *n.* (1899-1980) 英国生れの米国の映画監督・映画製作者.

Hitchcock, Edward *n.* (1793-1864)米国の地質学者.

Hítchcock chàir 〘← *L. A. Hitchcock* (1795-1852: 米国の家具製作者)〙 — *n.* ヒッチコックチェア《ロクロ加工, 藺草(いぐさ)張りのシート, 黒色に塗装, 背板にステンシルの飾りをつけた椅子》.

hítch·hike 〘《1923》〙 — *vi.* 通りがかりの自動車に時々便乗させてもらって徒歩旅行する, ヒッチハイクする (cf. lorry-hop). — *n.* **1** ヒッチハイク, 自動車の便乗旅行: a ～ journey ヒッチハイクの旅行. **2** 〘ラジオ・テレビ〙=hitch hiker 3.

hítch·hìk·ing *n.*

hítch·hìk·er *n.* **1** ヒッチハイクをする人, ヒッチハイカー. **2** 〘ダンス〙ヒッチハイカー《ツイストから由来したダンスの一種; 踊り手の手を握り親指だけ伸ばした形がヒッチハイクする時の合図の形に似ていることから》. **3** 〘ラジオ・テレビ〙(二次的商品の広告などを流す)短いコマーシャル, スポット広告《通例番組の終わりに出す》.

hítching pòst *n.* (馬などの)繋(つな)ぎ柱.

hitch·y [hítʃi | -tʃi] 〘← HITCH¹+-Y⁴〙 *adj.* (**hitch·i·er; -i·est**) ぐいと動く (jerky). **hitch·i·ly** [-tʃɪli, -tʃə- | -lɪ] *adv.*

hitch·y-koo [hítʃikùː | -tʃɪ-] *int.* =kitchy-kitchy.

hith·er [híðə | -ðə(r] 〘OE *hider* ← Gmc *χi- (ON *heðra* hither / Goth. *hidrē*) ← IE *ko- this: cf. here〙《文語》— *adv.* ここへ, こちらへ(here): ～ and thither [yon, yond] こなたかなたへ, あちらこちらに.
— *adj.* こちらの方の, こちら側の: on the ～ side of the hill

híther·mòst *adj.* 最も手近の.

hith·er·to [hìðətùː, ⸗⸗⸗ | hìðətúː, ⸗⸗⸗] 〘《?a1200》 *hider-to*: ⇨ hither (adv.), to〙 — *adv.* **1** これまで, 今まで, 従来 (until now); 今までは(まだ) (as yet, so far): an island ～ unknown to the world 今まで世界に知られていなかった島. **2** 《古》ここまで, この地点までは.

hith·er·ward [híðəwəd | -ðəwəd] 〘OE *hiderweard*: ⇨ hither, -ward〙 *adv.* 《古》こちらへ, こちらの方へ (hither).

híther·wards [-wədz | -wədz] *adv.* 《古》=hitherward.

Hi·ti [háɪti | -tɪ] *n.* =Haiti.

Hit·ler [hítlə | -lə(r; G. hítlɐ], **Adolf** *n.* ヒトラー《1889-1945; ドイツの政治家, ナチ党 (Nazis) の指導者, 第三帝国 (Third Reich) 首相 (1933-45); ドイツ人の優越性とユダヤ人排撃を主張; 1934年以後総統 (Führer) と称した》. **Hit·ler·i·an** [hɪtlí(ə)riən | -lɪərɪ-] *adj.*

Hít·ler·ìsm [-lərìzm̩] *n.* ヒトラー主義《ドイツの国民社会主義》.

Hit·ler·ite [hítləràɪt] 〘《1930》← *Hitler*+-ITE¹〙 *n.* ヒトラー主義者. — *adj.* ヒトラー主義(者)の; ヒトラー政権の.

hít·less *adj.* 〘野球〙〈選手・チームが〉ヒットのない.

hít màn *n.* 《米俗》(やくざの)殺し屋.

hít-or-míss *adj.* =hit-and-miss.

hít paràde 〘← *Your Hit Parade* (商標名)〙 *n.* 流行歌[ベストセラーなど]の番付, ヒットパレード.

hít-rún *adj.* =hit-and-run 1.

hít-skíp *adj.* =hit-and-run 1.

Hitt. 《略》Hittite.

hít·ter [-tə | -tə(r] *n.* **1** 〘クリケット・野球〙打者 (batsman): a hard ～ 強打者. **2** 〘野球〙…安打試合: a one-[two-]*hitter* 1[2]安打試合《投手が1[2]安打におさえた試合; cf. no-hitter》.

hít thèory *n.* 〘生物〙衝撃説, ヒット説《生物に放射線を当てると, 細胞の一定部位(染色体)に放射線がヒットとして変化が起こるという説》.

Hit·tite [hítaɪt] 〘《1608》← Heb. *Ḥittī* Hittite (⊏ Hitt. *Ḫatti*): ⇨ -ite¹〙 — *n.* **1** ヒッタイト人《小アジア地方の古代民族, 1900-1200 B.C. に強大な国家を築いた》. **2** ヒッタイト語《印欧語族に属し楔形文字・象形文字が用いられた; 1906年発掘, 1915年解読》. — *adj.* ヒッタイト人[語]の[に関する].

Hit·tit·ol·o·gy [hìtaɪtɑ́lədʒi | -tɔ́lədʒɪ] 〘⇨ ↑, -o-, -logy〙 *n.* ヒッタイト学.

Hit·torf [hítɔəf | -tɔːf; G. hítɔrf], **Johann Wilhelm** *n.* ヒットルフ《1824-1914; ドイツの物理学者》.

Híttorf mèthod 〘↑〙 *n.* 〘物理化学〙ヒットルフの方法《Hittorf によって考案されたイオン移動度の測定法》.

hít wícket *adj.* 〘クリケット〙〈打者が〉ヒットウィケットをして(アウトになって) (略 h.w.; ⇨ *hit* WICKET).
★ 通例次の句で: be out, ～.

hive [háɪv] 〘OE *hȳf* ← Gmc *χūf- (ON *hūfr* hull¹ (n.)) ← IE *keu- to bend; round object: ⇨ cup〙
— *n.* **1** みつばちの巣箱, はちの巣《beehive ともいう; cf. honeycomb》. **2 a** 巣箱に群がり住むみつばち, 巣箱一杯のみつばち. **b** (はちの群れのように)うようよして[わいわい騒いで]いる群衆. **3 a** みつばちの巣箱に似たもの. **b** 人の集まる所, 住居. **c** 活動の中心地: a ～ of industry (大工場など)繁忙な産業の場所. — *vt.* **1 a** 〈みつばちを〉巣箱に集める, 〈一群を〉巣箱に住ませる. **b** 〈人を〉こぢんまりと群居させる. **2 a** 〈みつばちが〉〈蜜を〉巣箱にたくわえる. **b** (将来のために)とっておく, 貯える, 蓄積する ⟨*up, away*⟩. **3 a** 〈みつばちを〉分封させる. **b** 〈群れ・グループ〉に分れさせる. — *vi.* **1 a** 〈みつばちが〉巣箱につく[住む]. **b** (みつばちのように)群居する. **2** 閉じこもる ⟨*up*⟩.
hive off (1) 〔一緒にいたグループから〕分れる, 分離する〔*from*〕. (2) 〈仕事を〉下請け工場に回す.

híve·less *adj.* みつばちの巣箱のない; 群居しない.

hives [háɪvz] 〘← ?〙 *n. pl.* [単数または複数扱い] 〘病理〙**1** 蕁麻疹(じんましん) (nettle rash). **2** 《英》=croup¹.

hi·ya [háɪjə] 〘《転訛》← *How are you?*: cf. hi²〙 *int.* 《口語》やあ, こんちは《挨拶の言葉》.

H.J. 《略》L. hic jacet (=here lies).

hjelm·ite [(h)jélmaɪt, hiét- | (h)jél-, hiél-] 〘⊏ Swed. *hjelmit* ← *P. J. Hjelm* (*d.* 1813: スウェーデンの化学者): ⇨ -ite¹〙 — *n.* 〘鉱物〙ヒェルマイト《ウラニウムを含む黒色塊状鉱物; cf. samarskite》.

Hjelms·lev [hjélmsleɪu; *Dan.* jɛ́l'msleu], **Louis P.** *n.* イェルムスレウ《1899-1965; デンマークの言語学者, 言理学 (glossematics) の提唱者》.

H.J.S. 《略》L. hic jacet sepultus (=here lies buried).

H.K. 《略》Hong Kong; House of Keys.

HK$ 《記号》Hong Kong dollar(s).

hl., hl 《略》hectoliter(s).

H.L. 《略》hard labor; honors list; House of Lords.

hld 《略》hold.

HLD 《略》〘医学〙half lethal dose.

HLF 《略》Heart and Lung Foundation.

Hliod [hljɔ́(ː)d | hljɔ́d] *n.* 〘北欧伝説〙=Liod.

hlqn 《略》harlequin.

HLS 《略》L. hoc locō situs この地に埋葬さる (laid in this place); holograph letter signed.

hlt 《略》halt.

hm., hm 《略》hectometer(s).

h'm [m̩m, hm, hə́m] *int.* (*also* **hm**) =hem², hum¹.

H.M. 《略》His [Her] Majesty 陛下.

H.M.A.S. 《略》His [Her] Majesty's Australian Ship.

H.M.C. 《略》heroin, morphine, and cocaine; His [Her] Majesty's Customs.

H.M.C.S. 《略》His [Her] Majesty's Canadian Ship.

H.M.F. 《略》His [Her] Majesty's Forces.

H.M.I.(S.) 《略》His Majesty's Inspector (of Schools).

H.M.O. 《略》heart minute output.

H.M.P. 《略》L. hoc monumentum posuit (=erected this monument).

H.M.S. 《略》His [Her] Majesty's Service (英国)官用《郵便に印刷する句》; His [Her] Majesty's Ship 英国軍艦; His [Her] Majesty's Steamer 英国汽船.

HMSO 《略》His [Her] Majesty's Stationery Office (英国の)用度局.

HN 《略》head nurse.

HNC 《略》Higher National Certificate.

HND 《略》Higher National Diploma.

HNS 《略》Holy Name Society.

hny 《略》honey.

ho [hóu | háu] 〘《a1325》⊏ ON *hō* // OF *ho* halt!: 擬音語: cf. heigh-ho〙 — *int.* **1** [しばしば特定のもの・方向を示す語のあとに用いて] ほー, ほーい《呼掛け・注意・驚き・疲労・賞賛・得意・冷笑などを表わす; cf. heigh-ho》: *Ho! ho! ho!* ほほほーっ《あざ笑い》/ *Ho*, there! おーい, おいこら / Land *ho!* 陸地[島]が見えるぞ / What *ho!* ほー, 何だと / Westward *ho!* 〘海事〙おーい西へ, 西行きだ. **2** とまれ, どうどう《馬などをとめる掛け声》.

Ho 《記号》〘化学〙holmium.

ho. 《略》house.

H.O. 《略》head office; Home Office; hostilities only.

hoa [hóu | háu] *int.* =ho.

ho·ac·tzin [wɑːk(t)síːn, houǽktsɪn, -sən | wɑːk(t)síːn, həuǽktsɪn] *n.* 〘鳥類〙=hoatzin.

hoa·gie [hóugi | háugɪ] 〘← ?〙 *n.* (*also* **hoa·gy** [～]) 《米北東部》=hero sandwich.

hoar [hɔ́ə, hóə | hɔ́ː(r] 〘OE *hār* gray, hoary < Gmc *χairaz (OHG *hēr* old, venerable (G *hehr* august)) ← IE *kei- (cf. hue¹)〙 — *adj.* **1** 《古》=hoary. **2** 《方言》古臭い (stale). — *n.* **1 a** (ほこりなどの)白くおおうもの. **b** 霜 (hoarfrost). **2** 《古》白髪(であること).

hoard [hɔ́əd, hóəd | hɔ́ːd] 〘n.: OE *hord* treasure < Gmc *χuzdam ← IE *(s)keu- to cover. — v.: OE *hordian* to hoard: cf. hide²〙 — *n.* **1** (財宝・金銭などの)秘蔵, たくわえ (store), 退蔵, 死蔵: a miser's ～ けちんぼうの隠して溜めた金 / a snug little ～ of small change たんまりたまった小銭のたくわえ. **2** (食物などの)隠した蓄積, 買いだめ, 隠退蔵物, 貯蔵物: a squirrel's ～ of nuts りすのためた木の実. **3** (知識などの)蘊蓄(うんちく), 宝庫 (treasury). **4** 〘考古〙貯蔵のため意識的に隠匿・埋蔵された遺物およびその遺構. — *vt.* **1 a** 貯蔵する, 蓄積する (treasure up) ⟨*up*⟩: ～ money, wealth, etc. **b** 死蔵する, 退蔵する. **2** (胸に)秘める, 秘(ひそ)かに抱く: ～ revenge 秘かに恨みを抱く.
— *vi.* (秘かに)蓄える, 貯蔵する, 退蔵する, 秘蔵する. **～·er** *n.*

hóard·ing¹ 〘⇨ ↑, -ing¹〙 *n.* **1** 秘蔵, 貯蔵, 蓄積; (貨幣の)死蔵, 退蔵; 買いだめ. **2** [通例 *pl.*] 蓄積物, 貯蔵物, 退蔵物, 貯金.

hoard·ing² [hɔ́ədɪŋ, hóəd- | hɔ́ːd-] 〘《1823》←《廃》*hoard* (⊏ F *hourd* scaffold ← Gmc (cf. G *Hürde* hurdle)) + -ING¹〙 — *n.* **1** (あき地・建築現場などの)板囲い **2** 《英》掲示[広告]板 (billboard). **3** 〘築城〙(城壁の頂上の)木製張出し歩廊.

Hoare [hɔ́ə, hóə | hɔ́ː(r], Sir **Samuel John Gur·ney** [gə́ːni | gə́ːni] *n.* (1880-1959) 英国の政治家; 称号 1st Viscount Templewood.

hóar·fròst 〘《c1300》〙 *n.* 霜《white frost または単に frost ともいう; cf. black frost》.

hóar·hòund *n.* =horehound.

hoarse [hɔ́əs, hóəs | hɔ́ːs] 〘ME *hōrs* 《変形》← *hōs* < OE *hās* < Gmc *χais(r)az, *χairsaz (ON *hāss*) ← ?: -r- は ME *harsk* harsh, coarse の影響か〙 — *adj.* (**hoars·er, -est; more ～, most ～**) **1** 〈声が〉しゃがれた, かれた (husky, harsh) (cf. clear 4): shout oneself ～ 声をからして[声がかれるほど]叫ぶ. **2** しゃがれ声の; かあかあ[ぎゃあぎゃあ]鳴く: the ～ raven ぎゃあぎゃあとしゃがれ声で鳴く大鴉(がらす) / ～ as a crow からすのようなしゃがれ声の. **～·ly** *adv.* **～·ness** *n.*

hoars·en [hɔ́əsn̩, hóə- | hɔ́ː-] 〘⇨ ↑, -en¹〙 *vt.* 〈声を〉しゃがれさせる, からす. — *vi.* 〈声が〉しゃがれる, かれる.

hóar·stòne [hɔ́ə-, hóə- | hɔ́ː-] 〘OE *hār stān* hoar stone〙 *n.* 《英》**1** (太古からある)一本石, 境界標石. **2** 記念の古石.

hoar·y [hɔ́ːri, hóːri | hɔ́ːrɪ] 〘《1530》← HOAR (n.) + -Y⁴〙 — *adj.* (**hoar·i·er, -i·est; more ～, most ～**) **1 a** (老いて)〈髪が〉白い, 霜のように白い (white, gray): ～ hair 白髪. **b** 白髪の (gray-haired): a ～ head しらが頭. **2 a** 年老いて[年代を経て]いる, 古めかしい, 古さびた (ancient); (ものさびて)神々しい(ほどの) (venerable): a ～ tower. **b** (現在から)遠い, 遠く離れた (remote): ～ antiquity 大古. **3** 古くさい, 陳腐な (old and trite). **4** 〈植物など〉灰白色の微毛でおおわれた, 帯白色の. **hóar·i·ly** [-rəli | -rəlɪ, -rɪ-] *adv.* **hóar·i·ness** *n.*

hóary-héaded *adj.* しらが頭の, 白頭の, 頭に霜を置いた.

ho·a·tzin [wɑːtsíːn, houɑ́ːtsɪn, -sən | wɑː(t)síːn, həuǽtsɪn] 〘⊏ Sp. ～ ⊏ N-Am.-Ind. (Nahuatl) *uatzin* pheasant〙 — *n.* 〘鳥類〙ツメバケイ(爪羽鶏), ホアチン (*Opisthocomus hoazin*)《南米産のオリーブ色の羽毛と黄色の冠毛がある幼鳥は翼に爪があって樹木をよじ登る鳥; hoactzin ともいう》.

hoax [hóuks | háuks] 〘《1796》《変形》← HOCUS: ⇨ hocus-pocus〙 — *vt.* 〈人を〉かつぐ, たぶらかす, 冗談にだます, 一杯食わせる (dupe, delude): ～ a person *into*...ing 人をだまして…させる. — *n.* 人をかつぐこと; いたずら, 悪ふざけ. **～·er** *n.*

hob¹ [hɑ́(ː)b | hɔ́b] 〘《1511》《転訛》← HUB〙 — *n.* **1** 暖炉 (fireplace) の内部横側に設けた台《やかん・鍋(なべ)などを載せる石・鉄・れんが製の台; ⇨ fireplace 挿絵》. **2** =hobnail. **3** 《英》そりの滑走部のすべり金. **4 a** (quoits の)的(まと)棒. **b** 的棒を立てて遊ぶ種々の遊戯. **5** 〘機械〙(ねじ状の)歯切り工具. — *vt.* (**hobbed; hob·bing**) **1** …に鋲釘(びょうくぎ)を付ける. **2** 〘機械〙歯切り工具で切る.

hob² [hɑ́(ː)b | hɔ́b] 〘《1307》← *Hobbe* 《変形》← *Rob* (dim.) ← ROBIN // ROBERT〙 — *n.* **1** (いたずら)な小鬼 (hobgoblin). **2** 《英方言》(気のきかない)田舎者 (rustic). **3** 雄のいたち.
hob and nob 《古》親しい[く] (intimate) (cf. hobnob). ***play hob with*** 《米》(1) …に害を与える; …にいたずらをする. (2) …に勝手なことをする, …を自由に変える: *play* ～ *with* facts 事実を勝手に変える. ***raise hob*** 《米》(1) 〔…に〕害を与える, 〔…を〕ぶちこわす, 混乱させる; 〔…に〕いたずらをする〔*with*〕. (2) いきり立つ, わめく, 腹を立てる〔*with*〕. (3) 飲み騒ぐ.

Ho·bart¹ [hóubɑət | háubɑːt] *n.* Australia の Tasmania 州の州都・海港; 人口 53,000.

Ho·bart² [hóubət, -bɑət | háubɑːt] 〘《異形》← HUBERT〙 *n.* 男性名.

Hobart, Alice Tis·dale [tízdèɪl] *n.* (1882-1967) 米国の女流作家.

Ho·bart [hóubɑət | háubɑːt], **Augustus Charles** *n.* (1822-86) 英国の提督; トルコ政府顧問; Hobart Pasha.

Ho·bart [hóubɑət, -bət | háubɑːt, -bət], **Garret Augustus** *n.* (1844-99) 米国の法律家; 副大統領 (1897-99).

hob·ba·de·hoy [hɑ̀bədihɔ́ɪ, ⸗⸗⸗⸗ | hɔ̀bədihɔ́ɪ] *n.* (*also* **hob·be·de·hoy** [～]) 《古》=hobbledehoy.

Hob·be·ma [hɑ́bəmə, -bɪ- | hɔ́bɪ-; *Du.* hɔ́bəmaː], **Mein·dert** [méɪndərt] *n.* ホッベマ《1638?-1709; オランダの風景画家》.

Hobbes [hɑ́(ː)bz | hɔ́bz], **Thomas** *n.* (1588-1679) 英国の哲学者; *Leviathan* (1651).

Hobbes·i·an [hɑ́bziən | hɔ́bzɪ-] *n.* Hobbes の学説の信奉者. — *adj.* Hobbes 学説の信奉者の.

Hob·bism [hɑ́bɪzm̩ | hɔ́b-] *n.* Hobbes の哲学説.

Hób·bist [-bɪst, -bəst | -bɪst] *n.* Hobbes の支持者.

hob·bit [hɑ́bɪt, -bət | hɔ́bɪt] 〖J.R.R. Tolkien の造語: *holbytla* hole-builder の転訛で hole-dweller の意とされる〗 ― *n.* ホビット《Tolkien の物語 *The Hobbit* (1937) に初めて登場する通常人の半分位の大きさで小妖精に似た仮空の善良な種族の人》.

hob·ble [hɑ́bl | hɔ́bl] 〖《?a1300》 *hobele(n)* ⇐ ? Du. *hobbelen* to stammer〗 ― *vi.* **1** (足を痛めた時など)足を引きずって歩く (limp) 〈*along, about*〉: ～ *along* on a cane 杖を頼りに[にすがって]よたよた歩く. **2 a** 〈動作·言葉遣いが〉たどたどしい. **b** 〈詩句が〉韻律が不完全である (halt). **c** 〈矢が〉(飛んでいて)ぐらつく. ― *vt.* **1** 〈人·動物〉に(痛めた)足を引きずらせる (cripple). **2** 〖《1831》《変形》← HOPPLE〗 **a** (自由に歩けないように)〈馬など〉の両足を縛る. **b** 妨げる, 困らす (hinder, embarrass): circumstances that ～ industry 産業を妨げる事情.
hobble out 〈馬〉になわをつけて放牧する.
― *n.* **1** (痛めた)足を引きずって歩くこと. **2 a** (馬などの脚を縛る)なわ, 足かせ (fetter). **b** 障害物, 束縛. **3** ＝hobble skirt. **4** 《古》苦境, 当惑 (difficulty, straits): be in [get into] a ～ 苦境に陥っている[陥る], 困り抜いている[動きがとれなくなる].

hóbble·bùsh *n.* 〖植物〗北米産スイカズラ科ガマズミ属の低木 (*Viburnum lantanoides* [*alnifolium*]).

hob·ble·de·hoy [hɑ́bldɪhɔ̀ɪ, ⌣⌣⌣́ | hɔ̀bldɪhɔ́ɪ] 〖《1540》← ? HOBBLE+-*de*- (無意味の連結辞)+*hoy* ((混成)? ← HOB²+BOY)〗 ― *n.* 《口語》(まだ大人になりきらない)身体ばかり大きくて気がきかない青年; 不器用な若者. **hób·ble·de·hòy·ish** [-hɔ̀ɪɪʃ] *adj.*

hób·bler¹ [-blə, -blə | -blə(r, -bl-] 〖← HOBBLE+-ER¹〗 *n.* (痛めた)足を引きずって歩く人[もの].

hob·bler² [hɑ́blə, -blə | hɔ́blə(r, -bl-] 〖《変形》← HOVELER: HOBBLE と連想〗 *n.* 〖海事〗英国南部の小さな港で働く免許を持たない水先案内人.

hob·bler³ [hɑ́blə, -blə | hɔ́blə(r, -bl-] 〖《c1308》 *hobler* ⇐ AF *hobeleor* ← *hobi* 'HOBBY²'〗 *n.* (14 世紀英国の)軽騎兵.

hóbble skìrt *n.* ホブルスカート《膝よりすその方が狭く歩行を妨げるようなスカート; 1910–14 年ごろ流行》.

hób·bling [-blɪŋ, -bl-] *adj.* **1** (痛めた)足を引きずっている. **2** 韻律が不完全な (halting): ～ verse. **～·ly** *adv.*

hóbbling pìlot *n.* 〖海事〗＝hobbler².

hob·by¹ [hɑ́bi | hɔ́bi] 〖《1440》 *hobi, hoby* ⇐ OF *hobé, hobet* (dim.) ← *hobe* (小さな猛禽の一種)〗 ― *n.* 〖鳥類〗チゴハヤブサ (*Falco subbuteo*)《昔鷹狩りに用いたハヤブサの一種》.

hob·by² [hɑ́bi | hɔ́bi] 〖《1298》 *hobi(n)* ← *Hobin* (dim.) ← ROBIN: cf. hob²〗 ― *n.* **1 a** 好きな道, 道楽, 趣味: have a ～ of collecting stamps 切手収集が道楽である / make a ～ of ...を道楽にする. **b** おはこ, お株, 得意な話題, 十八番. **2** ＝hobbyhorse 1 a. **3** 《古》小馬 (pony).
ride [***mount***] ***one's*** [***a***] ***hobby*** (はた迷惑なほど)おはこを出す.

hóbby·hòrse *n.* **1 a** (棒の先に馬の頭の付いている)棒馬《子供がこれを両手で持ってまたがって遊ぶ》. **b** ＝rocking horse. **c** (メリーゴーラウンドの)木馬. **2** (morris dance でダンサーが腰に付けて踊る)馬の像, 馬の像をつけた踊り手. **3** 《古》＝hobby² 1.

hób·by·ist [-biɪst, -əst | -biɪst] *n.* 趣味[道楽]に熱中する人.

hób·gòb·lin 〖《1530》← HOB²+GOBLIN〗 *n.* **1** いたずらな小鬼[小妖精]. **2** (子供にとって)こわいもの, お化け (bogey). **3** [H-] ＝Puck 1.

hób·nàil 〖← HOB¹ 5+NAIL〗 ― *n.* **1** (靴底に打ちつける)頭の大きな鋲釘(びょうくぎ). **2** 織物の表面の房状の模様, 押型ガラス製の花瓶などのいぼ状の模様. **3** 《古》鋲靴をはいた人; 田舎者 (rustic).

hób·nàiled *adj.* **1** (靴底に)鋲釘(びょうくぎ)を打ちつけた: ～ boots. **2 a** 底に鋲釘を打った靴をはいている. **b** 田舎者らしい, 野暮な (rustic, boorish).

hóbnailed líver *n.* 〖病理〗＝hobnail liver.

hóbnail líver 〖肝臓の表面が靴の鋲釘(びょうくぎ)を打ちつけたように凹凸になることから〗 *n.* 〖病理〗肝硬変.

hób·nòb 〖《1601》← *hob or nob, hab or nab* give or take ← ? ME *habbe* (pres. subj.) have+*nabbe* (pres. subj.) not have〗 ― *vi.* (**hob·nobbed; -nob·bing**) **1** 《古》酒をくみかわす, 共に[差しで]飲む 〔*with*〕 (cf. HOB² *and nob*). **2 a** 〔...と〕親しくつきあう 〔*with*〕. **b** 〔...と〕打ち解けてしゃべる, 談話する 〔*with*〕. ― *n.* 打ち解けたおしゃべり, 懇談. **hób·nòb·ber** *n.*

ho·bo [hóubou | háubəu] 〖《1891》 (i) ← ? *ho! beau!* (浮浪者同士の交す挨拶) // (ii) *ho, boy* (1880 年代の米国北西部の鉄道郵便取扱い係が郵便物を引き渡すときの掛け声)〗 ― *n.* (*pl.* **～es, ～s**) 《米》 **1** 浮浪者, ルンペン (tramp, vagrant) (cf. bum² 1). **2** 渡り労働者. ― *vi.* 渡り労働者[ルンペン]の生活をする; 浮浪の旅をする.

hó·bo·ìsm [-ɪzm] *n.* 《米》浮浪生活.

Hób·son's chóice [hɑ́bsnz- | hɔ́b-] 〖《1660》← *Thomas Hobson* (? 1544–1631: 英国 Cambridge の貸馬車屋の主人で手近の馬から貸すことにして客に馬の選択を許さなかった)〗 ― *n.* 勧められたものを採るか採らぬかだけの自由, えり好みの許されない選択.

hób tàp *n.* 〖機械〗＝master tap.

hoc [hɑ́k | hɔ́k] 〖⇐ L *hŏc* this〗 *L. adj., pron.* この, これ.

hóc ést [-ést] 〖⇐ L ～ 'this is'〗 *L.* これは...である: *Hoc est* corpus meum. これはわが肉体なり《聖体拝領の時司祭の唱える言葉》.

Hoch·deutsch [hóukdɔ̀ɪtʃ, hóux- | háuk-, háux-; G. hóːxdɔʏtʃ] 〖⇐ G ～〗 *n.* 高地ドイツ語 (High German) (cf. Plattdeutsch).

Hoch·hei·mer [hɑ́khaɪmə | hɔ́khaɪmə(r, hɔ́x-; G. hóːxhaɪmɐ] *n.* ＝hock³.

Ho Chi Minh [hóu-tʃìː-mín | háu-] *n.* ホーチミン《1890–1969; ベトナム民主共和国[北ベトナム]の政治家; 大統領 (1945–69)》.

Hó Chì Mính Cíty [hóu-tʃìː-mín- | háu-] *n.* ホーチミン市《ベトナム南部の都市; 解放後 (1976) 成立; 人口 3,507,000; 旧 Saigon および近隣から成る》.

hock¹ [hɑ́k | hɔ́k] 〖《1540》《変形》← HOUGH〗 ― *n.* **1** (犬·馬などの後脚の)飛節《前脚の knee に対する; ⇨ dog, horse 挿絵》. **2** 鶏のひざ《俗に knee という》. **3** (豚の)足肉 (⇨ pork 挿絵). ― *vt.* ...の飛節の腱(けん)を切ってかたわにする (hamstring).

hock² [hɑ́k | hɔ́k] 〖《1859》⇐ Du. *hok* prison, 《俗》debt〗 《米俗》 ― *n.* 質(しち) (pawn): He got his camera out of ～. 質に入れてあったカメラを請(う)け出した.
in hock (1) 質にはいって[入れて], 入質して. (2) 賭博中で. (3) 入獄中で, 入獄して. (4) 借金して: He was *in* ～ to the bank. 銀行に借りがあった.
― *vt.* 質に入れる (pawn): She ～*ed* nearly all her clothes for her living. 生活のため持っている衣類はあらかた質に入れてしまった.
～·er *n.*

hock³, H- [hɑ́k | hɔ́k] 〖《a1625》← G *Hochheimer* (*Wein*) (wine) of Hochheim (Mainz 付近の村名)〗 ― *n.* 《英》ラインワイン (Rhine wine); ドイツ白ぶどう酒.

hock⁴ [hɑ́k | hɔ́k] 〖⇐ F *hoc* ⇐ L: ⇨ hoc〗 *n.* 〖トランプ〗(faro で)ホック, 底札《親の札箱中に積まれている一番下の札; cf. soda 4》.

Hóck·dày [hɑ́k- | hɔ́k-] 〖ME *hokedei* ← ?〗 ― *n.* **1** ホック祝節《18 世紀以前英国でイースター (Easter) 後の第二火曜日に行なわれた陽気な祭り; Hock Tuesday ともいう》. **2** イースター後の第二月曜日に行なわれたホック祝節前夜祭《Hock Monday ともいう》.

hock·et [hɑ́kɪt, -kət | hɔ́k-] 〖ME *hoket* trick ⇐ (O)F *hoquet* hitch, interruption〗 ― *n.* 〖音楽〗ホケトゥス《中世多声音楽において, 2 またはそれ以上の声部が休止符によって断片化した旋律を交替して呈示し合う手法》.

hock·ey [hɑ́ki | hɔ́ki] 〖《1527》? ← OF *hoquet* bent stick: cf. hock², hook〗 ― *n.* **1** ホッケー: **a** ＝field hockey. **b** 《米·カナダ》＝ice hockey. **2** ＝hockey stick. ― *attrib. adj.* ホッケー用の: a ～ ball, club, etc.

hockey field

GK goalkeeper; RB right back; RH right half; CH center half; LB left back; LH left half; IR inside right; CF center forward; IL inside left; RW right wing; LW left wing

a point for initial bully; b center line; c side line; d 5-yard line; e 25-yard line; f striking circle; g penalty corner mark; h goal; i goal line

hóckey skàte *n.* アイスホッケー用スケート靴 (cf. figure skate, racing skate, tubular skate).

hóckey stìck *n.* ホッケー[アイスホッケー]用のスティック[打球棒].

hóck lèg *n.* 〖家具〗(上部内側にくびれのある)曲り脚.

hóck shòp *n.* 《米俗》質屋, 一六銀行 (pawnshop).

Hóck·tìde [hɑ́k- | hɔ́k-] 〖《1449》: ⇨ Hockday〗 ― *n.* ホック祝節《昔英国でイースター (Easter) の後の第二月曜と火曜に行なわれた俗間の祝祭期; cf. Hockday》.

hoc lo·co [hɑk-lóukou | hɔk-láukau] 〖⇐ L *hōc locō* in this place〗 *L.* この所に, ここに.

hoc tem·po·re [hɑk-témpəri | hɔk-témpəri] 〖⇐ L *hōc temporē* at this time〗 *L.* この時(において).

ho·cus [hóukəs | háu-] 〖《略》← HOCUS-POCUS〗 ― *vt.* (**ho·cused,** 《英》 **-cussed; -cus·ing,** 《英》 **-cus·sing; -cus·es,** 《英》 **-cus·ses**) **1** ごまかす, だます, かつぐ (dupe, hoax). **2 a** (犯罪の目的で)〈飲食物〉に麻酔剤を入れる. **b** 麻酔剤を入れた飲物を〈人·馬など〉に飲ませる. ― *n.* **1** 麻酔剤を入れた飲物. **2** 《廃》 **a** だまし, 詐欺. **b** 詐欺師.

ho·cus-po·cus [hóukəspóukəs | háukəspáu-] 〖《1624》: 昔手品師が用いたラテン語まがいの文句の最初の二語(「あーらふしぎ!」の類); 一説ではミサの時に司祭の唱えるラテン語 *hoc est corpus meum* (＝this is my body) をもじったものという: cf. hoax〗 ― *n.* **1** (ごまかすための)でたらめな文句; (奇術師などの)呪文(じゅもん), まじない. **2** 手品, 奇術 (jugglery). **3 a** ごまかし, まやかし (trickery). **b** (うそをごまかすための)わざとらしい話, 作り話. ― *v.* (**ho·cus-po·cused,** 《英》 **-cussed; -cus·ing,** 《英》 **-cus·sing; -cus·es,** 《英》 **-cus·ses**) ― *vi.* 《口語》 **1** 手品を使う (juggle). **2** 人の目をくらます, だます (hoax). ― *vt.* 〈人を〉だます, かつぐ.

hod [hɑ́(ː)d | hɔ́d] 〖《1573》 *hodd* 《変形》← 《廃》 *hot* ⇐ OF *hotte* ⇐ ? MDu. *hodde*〗 ― *n.* **1** (れんが·しっくいなどを載せて肩にかついで運ぶ)木製の容器. **2** 石炭入れ (coal scuttle).

ho·dad [hóudæd | háu-] 〖《変形》← ? *hodag* (Wisconsin から Minnesota 付近に生息したといわれる想像上の動物の名)〗 ― *n.* 《俗》〖サーフィン〗サーフィン (surfing) をしない人; 浜辺に行きサーフィンをするふりをする人; 新米のサーファー.

hód càrrier *n.* ＝hodman.

ho·dad·dy [hóudædi | háudædɪ] *n.* 《俗》＝hodad.

hod·den [hɑ́dn | hɔ́dn] 〖《1591》← ? *holden* (p.p.) ← HOLD¹〗〖スコット〗 ― *n.* (昔農家で自家用に織った)無地の粗ラシャ. ― *adj.* 手織粗ラシャの(服を着た); 田舎風の (rustic).

hódden gréy *n.* 《英方言》黒毛·白毛交織粗ラシャ《昔農夫の着物に用いた》.

hod·din [hɑ́dn | hɔ́dn] *n., adj.* ＝hodden.

Ho·dei·da [ho(u)déɪdə | hə(u)-] *n.* ホデイダ《Yemen 西部, 紅海に面した海港; 人口 90,000》.

Ho·der [hóudə | háudə(r] 〖⇐ ON *Hǫðr*〗 *n.* 〖北欧神話〗ホウダー《Loki に与えられたやどりぎ (mistletoe) の枝で Balder を殺した盲目の神》.

hodge, H- [hɑ́(ː)dʒ | hɔ́dʒ] 〖喜劇 *Gammer Gurton's Needle* (1566) 中の下男の名: ↓〗 ― *n.* 《英》農夫, 田夫(でんぷ), 田吾作《典型的なイギリスの農夫を表わす言葉》.

Hodge [hɑ́(ː)dʒ | hɔ́dʒ] 〖《転訛》← ROGER〗 *n.* 男性名.

hodge·podge [hɑ́dʒpɑ̀dʒ | hɔ́dʒpɔ̀dʒ] 〖《1381》 *hogpoch*: ⇨ hotchpotch〗 *n.* **1** ごた混ぜ (medley). **2** ＝hotchpotch 1. ― *vt.* ごた混ぜにする.

Hodg·kin [hɑ́dʒkɪn, -kən | hɔ́dʒkɪn], **Alan Lloyd** *n.* (1914–) 英国の生理学者; Nobel 医学生理学賞 (1963).

Hodgkin, Dorothy (Mary) Crowfoot *n.* (1910–) A. L. Hodgkin のいとこで英国の女性化学者; Nobel 化学賞 (1964).

Hodgkin, Thomas *n.* (1798–1866) 英国の医師.

Hódgkin's disèase 〖← *Dr. Thomas Hodgkin*〗 *n.* 〖病理〗ホジキン病《リンパ肉芽腫(しゅ)》.

Hodg·son [hɑ́dʒsn | hɔ́dʒ-], **Brian Houghton** *n.* (1800–94) 英国の東洋学者·外交官.

Hodgson, Ralph [rǽ(ː)f | rɑ́ːf] *n.* (1871–1962) 英国の詩人; 東北帝国大学講師 (1924–37); *The Bull, A Song of Honour, Eva* (3 編とも 1913).

Hodgson, Shadworth Hollway [ʃǽdwə(ː)θ hɑ́lweɪ | ʃǽdwə(ː)θ hɔ́lweɪ] *n.* (1832–1912) 英国の哲学者.

ho·di·er·nal [hòudiə́ːnl, hɑ̀d- | hɔ̀udiə́ː-, hɔ̀d-] 〖← L *hodiern-us* (← *hodiē* today)+-AL¹〗 *adj.* 今日の, 現今の, 現時の.

hód·man [-mən] *n.* (*pl.* **-men** [-mən, -mɛ̀n]) 《英》 **1** れんが屋の下働き《hod をかついでれんがや壁土を運ぶ人足》. **2** 日雇い人. **3** 機械的に[あくせく]働く人; 売文作家.

hod·o·graph [hɑ́dəgræ̀f | hɔ́dəgrɑ̀ːf, -græ̀f] 〖← Gk *hodós* (↓)+-GRAPH〗 ― *n.* 〖数学〗ホドグラフ, 速度図《動点の速度ベクトルの始点を原点に一致させたとき終点の描く図形》.

ho·dom·e·ter [ho(u)dɑ́mətə | hɔdɔ́mɪtə(r, -mə-] 〖← Gk *hodós* way+-METER¹: cf. F *odomètre*〗 *n.* 〖機械〗＝odometer.

hod·o·scope [hɑ́dəskòup, hóud- | hɔ́dəskə̀up] 〖← Gk *hodós* (↑)+-SCOPE〗 ― *n.* 〖物理〗ホドスコープ, カウンターホドスコープ《計数管を数列近接して並べ, 荷電粒子の進路を測定する装置》.

Ho·dur [hóudə | háudə(r] *n.* 〖北欧神話〗＝Hoder.

hoe [hóu | háu] 〖n.: 《1363》 *howe* ⇐ (O)F *houe* ⇐ OHG *houwa* ← *houwan* 'to cut, HEW' (G *Haue*). ― v: 《c1430》 *howwe(n)* ← (n.)〗 ― *n.* **1** くわ, ホー《土を起こしたり除草する際に用いる農器具》. **2** (漆喰·モルタルなどを混ぜる)くわ. ― *v.* (**～d; ～·ing**) ― *vt.* 〈土地·作物〉にくわで手入れをする; 〈草を〉くわで除く, くわで耕す: ～ a row of onions 玉ねぎのうねにくわを入れる / ～ up weeds 雑草を掘り起こす / ⇨ *a hard* [*long*] ROW¹ *to hoe.* ― *vi.* くわを使う, くわで仕事する. **hó·er** *n.*

hóe·càke 〖もと綿畑用のくわで焼いたことから〗 *n.* 《米南部·中部》とうもろこしパン.

hóe·dòwn 〖← HOE+DOWN³: cf. breakdown〗 ― *n.* 《米》 **1 a** ホーダウン《米国南·西部の民謡風の歌に合せて踊る陽気で活発な踊り》. **b** ホーダウン音楽[歌謡], ホーダウン曲. **2** ホーダウンのダンスパーティー.

Hoek van Hol·land [*Du.* húːk vɑn hɔ́lɑnt] *n.* フークファンホラント《Hook of Holland のオランダ語名》.

Ho·fei [hɑ́féɪ; *Chin.* xɤ́féɪ] *n.* 合肥《中国東部安徽(あんき)省 (Anhwei) の首都》.

Ho·fer [hóufə | háufə(r; *G.* hóːfɐ], **Andreas** *n.* ホーファー《1767–1810; オーストリア Tyrol 地方の自由をめざした愛国者·志士; 1809 年バヴァリアとフランスの支配に対し部下を率いて蜂起した》.

Hoff [hɑ́(ː)f, hɔ́(ː)f | hɔ́f; *Du.* hɔ́f], **Ja·co·bus Hen·dri·cus van't** [jaːkóːbʏs héndrɪkʏs vɑnt] *n.* ⇨ van't Hoff.

Hoff·mann [hɑ́fmən, hɔ́(ː)f-, -mɑːn | hɔ́f-; *G.* hɔ́fman], **E(rnst) T(heodor) A(madeus)** *n.* ホフマン《1776–1822; ドイツの作家·音楽家·画家; この人の作

品をもとにして Offenbach の *Les Contes d'Hoffmann*「ホフマン物語」が作曲された》.

Hof·mann [háfmən, hɔ́(ː)f-, -maːn | hɔ́f-], **Hans** *n.* ホフマン《1880–1966; ドイツ生れの米国の画家》.

Hofmann, Josef *n.* ホーフマン《1876–1957; ポーランド生れの米国のピアニスト・作曲家》.

Hof·manns·thal [háfmənstɑ̀ːl, hɔ́(ː)f- | hɔ́f-; *G.* hóːfmanstaːl], **Hugo von** *n.* ホフマンスタール《1874–1929; オーストリアの詩人・劇作家・オペラ台本作者》.

Hóf·meis·ter sèries [háfmaɪstə-, hɔ́(ː)f-, hóuf- | hɔ́fmaɪstə-] 〖← *Franz Hofmeister* (1850–1922: オーストリア・ドイツの生理化学者)〗 — *n.* 〖化学〗ホーフマイスター系列《蛋白質の水溶液などに対する塩類の凝結能力を示す順位; lyotropic series ともいう》.

Hof·stadt·er [háfstæṭə, hɔ́(ː)f-, -stɑːṭə | hɔ́fstætə(r), -stɑː-], **Robert** *n.* (1915–) 米国の物理学者; Nobel 物理学賞 (1961).

Ho·fuf [hufúːf, ho(u)- | hu-, hə(u)-] *n.* フフーフ《サウジアラビア東部の都市; 人口 102,000》.

hog [hɔ́(ː)g, hɑ́(ː)g | hɔ́g] 〖OE *hogg* (castrated) swine ◻ OCelt. **hukk-* ← IE **su-s* pig: cf. sow², swine〗 — *n.* **1** **a** 豚《★《米》では一般的な語; cf. pig¹ 2》: eat like a ~ 豚のようにがつがつ食う / behave like a ~ 豚のように無作法に振舞う. **b** 去勢した雄豚, 食用豚《特に, 120 ポンド以上のものをいう》. **2** 《口語》 **a** 豚のような人, 人の迷惑を顧みない人 (cf. road hog); ひどく下品な[粗暴な, 不潔な, 貪欲な]人. **b** 豚のように食い荒らすもの, 消費の激しいもの: Ours is a gas ~. うちの車はガソリン食いだ. **3** 《英》 **a** 初めて毛を刈り取る前の若い羊 (hogget); 若羊から刈り取った羊毛. **b** 1 歳の家畜《雄牛など》. **4** **a** (廃材などの)寸断機. **b** (製紙用)パルプ攪拌(かくはん)機. **5** **a** 〖海事〗(船底掃除用の長い)かきぼうき. **b** 〖造船〗=hog piece. **6** 《米俗》(貨車の)機関車. **7** 〖スポーツ〗(カーリングで) hog score に達しない石 (cf. curling).

bring one's hogs to a bad* [*the wrong*] *market ⇨ market 成句. ***go* (*the*) *whole hog*** ⇨ whole hog 成句. ***a hog in armor*** (まるでよろいを着せた豚のように)風采(ふうさい)の上がらない(野暮な)男, (着飾っていても)着映えのしない人. ***like* [*as*] *a hog on ice*** 《米口語》(1) (氷上の豚のように)ぎごちない[あぶなっかしい]かっこうで. (2) 高慢な, うぬぼれた (conceited). ***live* [*eat*] *high off* [*on*] *the hog*** 《口語》ぜいたくに暮らす, 景気がよい. ***on the hog*** 《俗》破産して (broke), 無一文で, からっけつで, おけらで (penniless).

— *v.* (**hogged**; **hog·ging**) — *vt.* **1** 〈背・木材などを〉(豚のように)丸く曲げる, 丸める. **2** 〈馬のたてがみを〉短く刈る. **3** 《口語》 **a** (豚のように)むさぼり食う 〈*down*〉. **b** 分け前[必要]以上に取る; 〈物を〉いつまでも独占する. **4** 〈船底を〉かきぼうきで掃除する. **5** (機械で仕上げをするために)〈金属棒・厚板〉に深く切り込みをつける 〈*out*〉. **6** 〈材木を〉寸断する. — *vi.* **1** 〈波に乗った船が〉中央部が豚の背の形に上に曲がる (cf. sag *vi.* 9 b). **2** 《口語》 **a** 不作法な振舞いをする. **b** (豚のように)むさぼり食う. **c** 分け前以上を取る. **d** (他人の迷惑を顧みず)自動車を疾走させる.

ho·gan [hóugɑn, -gæn | hə́ugɔn, -gæn] 〖◻ N-Am.-Ind. (Navaho) *foghan* house〗 — *n.* ホーガン《丸太や枝を組み泥や草でおおったアメリカインディアン Navaho 族の住居》.

Ho·garth [hóugaəθ | hə́ugaːθ], **William** *n.* (1697–1764) 英国の画家・銅版画家, 諷刺的な風俗画で知られる; *Marriage à la Mode* (1745).

Hógarth chàir 〖← *William Hogarth*〗 *n.* 〖家具〗ホガースチェア《18 世紀英国のクイーンアン様式の曲り脚のついた椅子》.

Ho·garth·i·an [ho(u)gáəθiən | hə(u)gáːθjən, -θɪən] *adj.* ホガースの[に関する]: 〈風俗画が〉ホガース風の.

Hógarth's lìne 〖← *William Hogarth*〗 *n.* 〖美術〗ホガースライン《絵画・彫刻において装飾的に使用される S 形の線》.

HÓ gàuge 〖← *H*(*alf*) *O gauge*〗 *n.* (模型鉄道の) $^5/_8$ インチ (15.88 mm) の軌間.

hóg·bàck *n.* 〖地理〗ホグバック《急に傾斜した地層が谷に刻まれ, 堅い地層が将棋倒しの駒を連ねたような形の屋根をつくっているもの; cf. razorback 1》.

hóg·bàcked *adj.*

Hog·ben [hɔ́(ː)gbən, hɑ́g- | hɔ́gbən, -ben], **Lancelot Thomas** *n.* (1895–1975) 英国の自然科学者・著述家; *Mathematics for the Million* (1936).

hóg bràke *n.* 〖植物〗=fernbrake 1.

hóg·chòker 〖豚のえさにもならない下級な魚と考えられているところから〗 — *n.* 〖魚類〗 **1** 米国産の小型のシタビラメ (*Achirus fasciatus*). **2** 米国産のササウシノシタ科の食用魚の一種 (*Trinectes fasciatus*).

hóg chòlera *n.* 〖獣医〗豚コレラ.

hóg·fìsh 〖《なぞり》← OF *porpeis* 'PORPOISE'〗 — *n.* 〖魚類〗豚の形に似た魚類の総称: **1** ベラ科の魚 (*Lachnolaimus maximus*)《西インド諸島近海産》. **2** =pigfish. **3** =log perch.

hóg flù *n.* 《口語》豚の流行性感冒.

hóg·fràme *n.* 〖造船〗(hogging を防止するための)縦材.

hogg [hɔ́(ː)g, hɑ́(ː)g | hɔ́g] *n.* =hog *n.* 3.

Hogg [hɔ́(ː)g, hɑ́(ː)g | hɔ́g], **James** *n.* (1770–1835) スコットランドの詩人; エトリックの森に生れ, 羊飼いを生業としたので the Ettrick Shepherd と呼ばれる.

hogged *adj.* **1** 〈道路・船など〉豚の背のように中央が隆起した. **2** 〈馬のたてがみが〉短く刈ってある.

hóg·ger 〖← HOG＋-ER¹〗 *n.* **1** =hog 4 a. **2** 《米俗》(鉄道の)機関士 (hoghead).

hog·ger·y [hɔ́(ː)g(ə)ri, hɑ́g- | hɔ́gəri] 〖← HOG (n.)＋-ERY〗 *n.* **1** 養豚場, 豚小屋 (hog yard). **2** 豚のような振舞い[態度]; 貪欲 (greed).

hog·get [hɑ́gɪt, -gət | hɔ́g-] 〖← HOG＋-ET〗 *n.* =hog 3 a.

hog·gin [hɔ́(ː)gɪn, hɑ́g-, -gən | hɔ́gɪn] 〖← ?〗 *n.* 《英》(ふるいを通した)砂泥じりの砂利.

hóg·ging 〖← HOG (v.)〗 — *n.* 〖造船〗ホッギング《船体の中央部が波頂に乗った時など船体の前と後部は垂下し, 中央部は持ち上がるような船体に全通するひずみ; cf. sagging》.

hóg·gish [-gɪʃ] 〖《15C》〗 — *adj.* **1** 豚のような[に似た, のような性質の] (swinish, piggish). **2** (豚のように)下卑た (mean); 意地汚ない, 貪欲な (gluttonous); 不潔な (filthy). **~·ly** *adv.* **~·ness** *n.*

hóg·hèad *n.* =hogger 2.

hóg lìne *n.* 〖スポーツ〗=hog score.

hog·ling [hɔ́(ː)glɪŋ, hɑ́g- | hɔ́g-] 〖ME: ⇨ hog, -ling¹〗 *n.* **1** 《英方言》子羊 (lamb). **2** 《廃》子豚.

hog·ma·nay [hɑ̀gmənéɪ, ⌣⌣⌣ | hɔ́gmənèɪ, ⌣⌣⌣] 〖《c1680》◻ ? ONF *hoguinané* (歳末の歌の繰返し句の中の語) ← L *hōc in annō* in this year〗 — *n.* 《スコット》 **1** 大みそか (New Year's Eve); 大みそかの祝い《子供たちが歌を歌って歩き, 家々で oatcake などをもらうためCake Day ともよばれる》. **2** (大みそかに子供たちがもらう)ケーキ, ごちそう, 贈物.

hóg-màne *n.* (馬の)刈り込んだたてがみ.

hóg-màned *adj.* たてがみを刈り込んだ.

hog·me·na [hɑ̀gmənéɪ, ⌣⌣⌣ | hɔ́gmənèɪ, ⌣⌣⌣] *n.* 《スコット》=hogmanay.

hog·me·nay [hɑ̀gmənéɪ, ⌣⌣⌣ | hɔ́gmənèɪ, ⌣⌣⌣] *n.* 《スコット》=hogmanay.

hóg mòl·ly [-mɑ̀li | -mɔ̀li] *n.* 〖魚類〗=hog sucker.

hóg·nose snàke *n.* 〖動物〗ハナダカヘビ《北米産のハナダカヘビ属 (*Heterodon*) の無害のヘビの総称》.

hóg·nùt *n.* **1** 《米》=pignut 2. **2** 《英》=earthnut. **3** ヒッコリーの実(または木).

hóg péanut *n.* 〖植物〗アメリカヤブマメ (*Falcata comosa*)《北米東部産》.

hóg·pèn *n.* 《米》豚小屋 (pigsty).

hóg pièce *n.* 〖造船〗副竜骨《木造船の竜骨と内竜骨の間に取付ける縦通材で, 船体を陸上げした時, 竜骨にかかる力を受ける竜骨, ただし省略することが多い》.

hóg plùm *n.* 〖植物〗=yellow mombin.

hóg's-bàck *n.* 〖地理〗=hogback.

hóg scòre *n.* 〖スポーツ〗(カーリングの)ホッグスコア, ホッグライン《目標 (tee) から 21 フィート前方の線; hog line ともいう; ⇨curling 挿絵》.

hogs·head [hɔ́(ː)gzhèd, hɑ́gz- | hɔ́gz-] 〖《1390》*hoggeshed* hog's head〗 — *n.* **1** 大だる, 大おけ《通例63–140 ガロン入り, 米国では 100–140 ガロン入り》. **2** 液量単位の一つ《英国では 52½ 英ガロン (238.5 リットル), 米国では 63 米ガロン (238.5 リットル); 略 hhd.》.

hóg shèer *n.* 〖海事〗(中央が高くなっている)舷弧《側面から見た船の甲板のそり》.

hóg·skin *n.* =pigskin.

hóg sùcker *n.* 〖魚類〗北米の水のきれいな川にすむサッカー[カトストムス]科の食用魚 (*Hypentelium nigricans*)《hog molly ともいう》.

hóg-tìe *vt.* 《米》 **1** (豚の脚を縛るように)…の四脚を一緒に縛る. **2** …の行動の自由を奪う.

Hogue, La *n.* ⇨ La Hogue.

hóg·wàsh 〖《15C》: ⇨ hog, wash〗 — *n.* **1** **a** 台所くず, 残飯 (refuse, swill)《豚の食物》. **b** まずい飲食物. **2** くだらない事, たわいない話 (nonsense): つまらない作品, 駄作.

hóg·wèed *n.* 数種の雑草の総称《特にブタクサ (ragweed), ミチヤナギ (knotweed), ハナウド (cow parsnip) など》.

hóg-wíld *adj.* 《米口語》ひどく興奮した, やっきとなった, 夢中になった: a ~ wrestler.

Ho·hen·stau·fen [hóuənʃtàufən, ⌣⌣⌣⌣ | hə̀uənʃtáufən; *G.* hoːənʃtáufən] *n.* **1** [the ~s] ホーエンシュタウフェン家《ドイツの王家 (12–13 世紀)》. **2** ホーエンシュタウフェン家の人. — *adj.* ホーエンシュタウフェン家の.

Ho·hen·zol·lern [hóuənzɑ̀lən, -əntsɑ̀l-, ⌣⌣⌣⌣ | hə̀uənzɔ́lən, hə̀uɪn-; *G.* hoːəntsɔ́lɐn] *n.* **1** [the ~s] ホーエンツォレルン家《ブランデンブルク選帝侯の地位を占めたドイツの貴族の家; プロイセン王家 (1701–1918); ドイツ帝国の皇室 (1871–1918)》. **2** ホーエンツォレルン家の人. — *adj.* ホーエンツォレルン家の.

Ho·ho·kam [hóuho(u)kɑ̀ːm, ho(u)hóukəm | hə́uhə(u)kɑ̀ːm, hə(u)hóukəm] 〖← N-Am. Ind. (Piman) *húhukam* ancient one〗 — *adj.* ホホカム文化の《米国南西部 Arizona 州の Gila 川流域の砂漠に発達したインディアンの農耕文化 (450–1450) にいう》.

ho-hum [hóuhʌ́m | hə́u-] 〖擬音語〗 *adj.* 面白くない, 退屈な (dull). — *int.* あーあ《あくびのとき, また飽きたり, 疲れたりしたとき, また軽蔑を表わすとき発する》.

hoi [hɔ́ɪ] *int., n.* =hoy².

hoick¹ [hɔ́ɪk] 〖《変形》← ? HIKE〗 *vt.* 《口語》 **1** 〈飛行機を〉急角度で上昇させる. **2** 《俗》ぐいと持ち上げる (hoist, yank); ぐいと[急に]引き抜く (*out of*).

hoick² [hɔ́ɪk] *int.* =hoicks.

hoicks [hɔ́ɪks] 〖《1607》← ?: cf. yoicks〗 *int.* ほいっ, それっ《猟犬を励ます掛声》.

hoi·den [hɔ́ɪdn̩] *n., adj., vi.* =hoyden.

hói·den·ish [-dnɪʃ] *adj.* =hoydenish.

Hoi·how [hɔ̀ɪháu, hàɪhóu | hɔ̀ɪháu, hàɪhə́u; *Cant.* hɔihɑu] *n.* 海口《中国海南島の海港》.

hoik [hɔ́ɪk] *vt.* =hoick¹.

hoi pol·loi [hɔ́ɪ-pəlɔ́ɪ | hɔ́ɪ-pɔ́lɔɪ, ⌣⌣⌣] 〖◻ Gk *hoi polloí* the many〗 *n. pl.* [the ~] 民衆, 大衆, 庶民; 群衆, 愚民.

hoise [hɔ́ɪz] 〖《15C》*hyce, hysse* ◻ Du. *hijschen*: もと海語〗 *vt.* (~**d**, **hoist** [hɔ́ɪst])《廃・方言》(空中に)持ち上げる (hoist).

hoist with* [*by*] *one's own petard ⇨ petard 成句.

hoist¹ [hɔ́ɪst] 〖《1548》《転訛》← HOISE〗 — *vt.* **1** 〈帆・旗・荷物などを〉(綱・滑車・起重機などで)引き揚げる, 巻き上げる, 高く掲げる (raise, lift): ~ a person shoulder-high 人を胴上げする / He ~*ed* himself from the deep armchair. 深いひじ掛け椅子からやおら立ち上がった. **2** 〈戦争・好況などが〉〈物価などを〉上げる, 上昇させる. **3** 《俗》持ち上げて飲む. **4** 《俗》盗む (steal). — *vi.* 高く上がる; (高く)上げるために綱を引く, 綱で引き上げる.

hoist down 引き降ろす.

— *n.* **1** 引上げ, 巻上げ, 釣上げ, 持上げ, 押上げ, 揚揚: give a person ~ (塀(へい)などをよじ登るのに)人を下から押してやる. **2** 〖機械〗ホイスト, 巻揚げ装置, 起重機, 昇降機 (elevator, lift); 《英》貨物昇降機. **3** 〖海事〗(帆や旗の)縦幅 (cf. fly¹ *n.* 3c), 前ぶちに沿って測った縦帆または支索帆の長さ; (信号用に掲げた)一連の信号旗.

hoist² *v.* hoise の過去形・過去分詞.

hóist·ing shèars *n. pl.* [単数または複数扱い]〖海事〗=shear 4.

hóisting yàrd *n.* 〖海事〗引き揚げ帆桁《アッパートップスルとか, ハッパーゲルンのような帆を展帆する時は帆桁を引き揚げて展帆するので, そのような帆桁につけられた名称》.

hóist·wày *n.* (貨物などの)揚下ろし口; (エレベーター・食品食器用エレベーターなどの)垂直な通路.

hoi·ty-toi·ty [hɔ́ɪṭitɔ́ɪṭi, háɪṭitáɪṭi | hɔ́ɪtɪtɔ́ɪtɪ] 〖《1657》《押韻加重》←《廃》*hoit* to romp〗 — *int.* おやまあ, いやはや, あきれたものだ《軽はずみな振舞い・気取りなどに対するあざけり・いら立ち・驚きなどを表わす》. — *adj.* **1** 《英》hoity-toity の叫びを連発する(ような), あきれ返るような; 仰山な, うわついた (fussy, giddy). **2** **a** こうるさい, 怒りっぽい (touchy, petulant). **b** 横柄な, いやに気取り屋の (assuming). — *n.* **1** 横柄さ (haughtiness), 澄ました態度 (airs). **2** 《廃》軽はずみ (flightiness).

Ho·kan [hóukən | hə́u-] *n.* (*pl.* ~, ~**s**) (*also* **Ho·ka** [hóukə | hə́u-]) 〖言語〗ホカ語族《米国 California 州を中心に話されるアメリカインディアン語族; Chimarikan, Esselenian, Kulanapan, Quoratean, Shastan, Yuman, Yanan 語を含む》.

Hókan-Síouan *n.* 〖言語〗ホカ スー語族《米国 California 州を中心に話されているアメリカインディアンの一大語族》.

hoke [hóuk | hə́uk] 〖← HOKUM〗 *vt.* 《俗》ごまかして見かけよくする, (いんちきなやり方で)見かけよくでっち上げる (fake) 〈*up*〉.

hok·ey [hóuki | hə́ukɪ] 〖← HOKUM＋-Y⁴〗 — *adj.* 《俗》 **1** ごまかしの, にせの (faked); いんちきな, でっち上げた. **2** 変にセンチ(メンタル)な (corny), いやに涙もろい (mawkish). **~·ness** *n.*

ho·key-po·key [hóukipóuki | hə́ukɪpə́ukɪ] 〖《1847–78》《変形》← ? HOCUS-POCUS〗 — *n.* 《口語》 **1** 手品, ごまかし (hocus-pocus). **2** (大道で売る)安物アイスクリーム.

hok·ku [hɔ́(ː)kuː, hɑ́k- | hɔ́k-] 〖《1899》◻ Jap.〗 *n.* (*pl.* ~) =haiku.

ho·kum [hóukəm | hə́u-] 〖《混成》← HO(CUS-POCUS)＋(BUN)KUM〗 — *n.* 《俗》 **1** でたらめ, 馬鹿話, たわいない話[こと] (nonsense). **2** (劇・映画で)人を笑わせたり泣かせたりするありふれた手 (claptrap), ミーハー族目当てのもの: the same old ~ 例の[あの]手. **3** (聞き手・読者の注意をひくために講演・エッセイの途中に入れた)下らない脱線.

hol [hɑ́(ː)l | hɔ́l] 〖《略》← HOLIDAY〗 *n.* 《英口語》学校の休み.

hol- [houl, hɑl | hɔl] (母音の前に来る時の)holo- 1, 2 の異形.

hol·an·dric [ho(u)lǽndrɪk, hal- | hɔl-] 〖← HOLO-＋ANDRIC〗 — *adj.* **1** 男性系列にのみ相続される. **2** 〖生物〗限雄性遺伝の《Y 染色体上の遺伝子による遺伝の》. **hol·an·dry** [hóulændri, hɑ́l- | hɔ́lændrɪ] *n.*

hol·arc·tic [halάəktɪk, hɔ(ː)l- | hɔlάːk-] 〖← HOLO-＋ARCTIC〗 — *adj.* **1** 北極地方の[に関する]. **2** [H-] 〖生物地理〗全北区の: the ~ region 全北区《新北亜区 (Nearctic) と旧北亜区 (Palaearctic) の両地域》.

Hol·bein [hóulbaɪn, hɔ́(ː)l- | hɔ́l-; *G.* hɔ́lbaɪn], **Hans** *n.* ホルバイン: **1** (1465?–1524) ドイツの画家; the Elder. **2** (1497?–1543) ドイツルネッサンスの代表的画家; 英国にとどまり (1532–43), Henry 八世の宮廷画家となった; the Elder の息子; the Younger.

HOLC, H.O.L.C. 《略》Home Owners' Loan Corporation (米国の)住宅所有者資金貸付会社.

hold¹ [hóuld | hə́uld] 〖v.: OE *h*(*e*)*aldan* < Gmc **χalþan* (Du. *houden* / G *halten*) ← IE **kel-* to drive (cattle) (L *celer* swift / Gk *kélēs* swift horse). — n.: OE *h*(*e*)*ald* keeping, protection ← (v.)〗 — *v.* (**held**

[héld]; **held,** 《古》 **hold·en** [hóʊldən, -dn̩ | hə́ʊl-]) — *vt.* **1 a** (手で)しっかり持つ(keep); 手に持つ, つかむ, 握る (grasp, grip): ~ a book in one's hand 本を手に持っている / ~ the future in one's hand 将来を手中に握っている / ~ a person's hand 人の手を握っている / ~ a pen [a spade] tightly ペン[すき]をしっかりと手に持っている. **b** 抱いて持つ(embrace); (落ちないように)支える (sustain, support): ~ a child in one's arms 子供を抱いている / ~ a pipe between the teeth パイプをくわえている / ~ one's sides with laughter 腹をかかえて笑う.

2 a 所有する, 保有する, 保持する, (所有物として)持っている (own); 保管する, 預っておく (keep): ~ land 土地を所有する / ~ shares in a company ある会社の株を持っている / ~ a black belt in karate 空手の有段者である / ~ a secret 秘密を握っている / Please ~ this until I send for it. 取りによこすまでお手元に置いて下さい. **b** 拘束しておく, 抑留する, 留置する: ~ a child for ransom 子供を人質にして身代金を要求する. **c** 支配する: ~ the territory 領土を支配する. **d** (軍事的に)占有する, 保持する (occupy); 防ぐ, 守る (defend, protect): ~ a fortress [position] 要塞(ようさい)[陣地]を保持する / ~ the town *against* the attacks 攻撃から町を守る.

3 a 〈役・地位などを〉占める (occupy): ~ the first position 第一位を占める / ~ office 職を奉じる, 官職についている / ~ one's ground ⇨ground *n.* 5. **b** 〈学位を〉もっている: ~ an MD.

4 a 〈物・人などを〉〈一定の位置・状態などに〉しておく, 保つ: ~ the head straight 頭をまっすぐにしている / ~ one's head high ⇨head 成句 / ~ oneself erect 体をまっすぐにしている / ~ oneself still じっとしている / ~ the door open 戸をあけ放しにしておく / ~ a person in play 人を活躍させて[働かせて]おく / ~ one's judgment in suspense 判断を留保する / ~ a person in suspense 人を不安にさせておく, 人の気をもませる / ~ a person in fear 人を恐れさせる / ~ an enemy in check 敵を食い止める / His eyes *held* her in their gaze. 彼は彼女をじっと見ていた / Astonishment *held* me dumb. 驚きのあまり口もきけなかった. **b** 〈物を〉動かなくさせる, 固定する (fix): ~ a handkerchief *to* her eyes ハンカチを目に当てる / ~ one's eyes steadily *on* the picture その写真に目をじっと据える.

5 a 持続する, 維持する (sustain): ~ silence 沈黙を守り続ける / ~ a cheery appearance 見るからに元気な様子を続ける / ~ the temperature 温度を一定に保つ. **b** 保持する (retain): ~ one's affection 愛情を保持する / There is enough food to ~ them for a week. 彼らが一週間生きてゆけるだけの食物がある / ~ the attention of one's audience 聴衆の注意を引きつけておく / ~ food on one's stomach 吐かないで食物を胃の中におさめておく. **c** …の興味[注意, 愛情]を保つ: He *held* his audience long. 彼はいつまでも聴衆の心を捕えていた / This thought *held* me for an instant. この考えが瞬間私の関心をとらえた.

6 〈物が〉〈重さなど〉に耐える, 持ちこたえる (support): The pillars ~ the roof. 柱が屋根を支えている / The shelf won't ~ much weight. その棚はあまり重いものはのせられない.

7 [~ one*self* で] 振舞う (bear): She *held herself* like a queen. 身のこなしが女王のようだった.

8 a 〈容器が〉〈液などを〉入れることができる, 入る: This trunk ~*s* all my clothes. このトランクの中には私の着物が残らず入っている / This tumbler ~*s* half a pint. このコップには半パイント入る. **b** 〈劇場などが〉収容する (accommodate): ~ over 500 people 500 人以上を収容する / How many persons does the hall ~? そのホールには幾人入れますか. **c** 中に持っている, 含んでいる, 含有する (contain): His tone *held* reproach. 彼の口調には非難が含まれていた / Seawater ~*s* many salts in solution. 海水の中には各種の塩類が溶けている / The package ~*s* books. その小包みには書物が入っている. **d** 〈アルコール飲料〉に酔わない: He drank whiskey but *held* it well. ウイスキーを飲んだが酔わなかった.

9 〈物事が〉…を用意[予定]している: This contest ~*s* a scholarship *for* the winner. このコンテストでは優勝者に奨学金が用意されている / The play ~*s* a catastrophe. その劇は悲劇で終る仕組みになっている / The future may ~ many sorrows (in store) *for* us. 我々の未来には数々の悲しみ事が控えているかもしれない.

10 a 〈商品などを〉(売らないで)取っておく: ~ one's products for better prices 値上がりを待って生産物を手持ちにしておく. **b** 予約する (reserve): ~ a room for him 彼のために部屋を取っておく.

11 a (心に)持つ, いだく (entertain, cherish); 〔記憶などに〕とどめる〔*in*〕: ~ a belief 信念を抱く / ~ an opinion of one's own 独自の意見を持つ / ~ no prejudice 何も偏見を持っていない / ~ strange views 変った考え方をしている / ~ a theory 学説を奉じる / ~ something *in* memory あることを記憶に留める. **b** 〈人を〉〔…に〕判断する〔*in*〕: ~ a person *in* esteem [respect] 人を尊敬する / ~ a person *in* contempt 人を軽蔑する / ~ a person *in* high [low] regard 人を尊敬[軽蔑]する.

12 a [目的補語を伴って]〈…と〉思う, 考える (think, consider); 〈…と〉判決する, 評価する: ~ it good to do …するのをよいと思う / ~ a person dear 人をかわいいと思う / ~ something cheap ある物を安く見る[見くびる] / I don't ~ life as sacred as all you people do. 私はあなたがたのように人生を神聖なものだとは思わない / ~ it *to* be impossible それを不可能と思う / ~ a person responsible [guiltless] 人を責任がある[無罪だ]と思う / I ~ it my duty to inform you of it. その事をお知らせするのは私の義務だと考えます / The evidence was *held* by the court to be inadmissible. 法廷でその証拠は却下すべきものと判定された. **b** 〈…と〉考える, 思う (think) 〈*that*〉: I ~ *that* all his statements are very doubtful. 彼の言うことは皆非常に疑わしいと思う.

13 a 押える, 控える, 制する (restrain, check): ~ a restive horse あばれ馬を制する / ~ one's breath ⇨ breath 成句 / There is no ~*ing* him. 彼は押えられない[手に負えない] / ~ one's hand 手を控える, 手出しをしない; 罰しないでおく / ~ inflation in check インフレを抑える / ~ one's temper 怒らない, 自制する. **b** 〈言葉・音を〉出させない: *Hold* your noise [tongue, talk]! がやがや言うな, うるさい, 黙れ. **c** 〈相手を〉前進させない, 阻止する; 〔…に〕抑える〔*to*〕: ~ the enemy / ~ the Giants *to* two runs ジャイアンツを2点に抑える / Our team *held* the opponents *to* a draw. わがチームは相手チームを引分けに抑えた. **d** 〈数・量などを〉〔…に〕抑える, 制限する (restrict) 〔*to*〕: ~ the population increase to a minimum 人口増加を最少限に抑える. **e** 引き止める (detain): ~ a person before departure. **f** 《米口語》〈人を〉しゃべらせないようにする; 〈人に〉邪魔をさせないようにする.

14 〈人〉に〔約束・義務・責任などを〕持たせる, 守らせる〔*to*〕: ~ a person *to* terms [his word] 人に条件[約束]を守らせる.

15 a 〈会などを〉催す, 開く, 開催する: A judge ~*s* a court. 判事が法廷を開く / ~ a meeting [discussion] 会[討論会]を催す / ~ a press conference 記者会見を催す. **b** 〈式を〉挙げる, 挙行する (conduct): ~ an examination [a service] 試験[礼拝式]を行なう.

16 a 〈銃を〉(差し)向ける, ねらう (point, direct) 〔*on*〕: ~ a gun *on* a person 人に銃を差し向ける. **b** 《廃》〈銃を〉扱う (handle).

17 〖音楽〗〈音または休符を〉引き延ばす.

18 〖法律〗(契約に)拘束される, (権限をもって)占有する.

19 《古英方言》賭ける (bet).

— *vi.* **1 a** 保つ; 持ちこたえる, もつ (endure): This rope [dike] will ~. この綱[堤防]はもつ / The troops *held* against the attack. その軍隊は攻撃に耐えた. **b** 握っている, つかまっている〔*to*〕: ~ *to* a rope 綱につかまる. **c** 動かないでいる, 固定している. **2** 持続する, (天候などが)もつ (last, prevail): The fine weather will ~ long. 好天気は長続きするだろう / Winter still ~*s*. 冬はまだ続く / His luck will not ~ good. 彼の幸運は長続きはしまい. **3** [補語を伴って] 〈ある状態のままで〉いる, 引き続いて…している: ~ aloof 超然としている, お高くとまる / ~ fast 〈交情などが〉堅く続く (cf. 5) / ~ good ⇨ 4 / ~ still じっとしている / ~ true 真である, 本当で通る, 当てはまる. **4** (引き続いて)効力を持つ, 適用できる (apply): The promise still ~*s* (good). その約束はまだ有効だ / The rule ~*s* (good) *for* everyone [in all cases]. その法則はだれにも[あらゆる場合に]適用できる. **5** 〔…を〕あくまで捨てない, 固守する; 信じる〔*to*〕: ~ fast *to* one's creed 自分の信条を固守する. **6** [通例否定構文で] 〔…と〕同意見である, 〔…に〕同意する, 賛成する〔*with*〕: I don't ~ *with* the proposal. その提案には賛成しかねる. **7** 続けて進む, 進んで行く: ~ on one's way [course] 進み続ける / ~ north for ten miles 10 マイル北へ進む. **8** (…から受けて)〔…の〕所有権を持つ, 保有する〔*of, from*〕: ~ *of* the crown 王権を保有する. **9** [しばしば命令形で] 《古》我慢する, 待つ (forbear): *Hold!* 待て. **10** 《米俗》麻薬を(不法に)所持する. **11** 〖ボクシング〗ホールディングする. **12** 〖宇宙〗秒読みを一時的に中止する.

hold back (*vt.*) (1) 進ませない, 抑止する, 引き止める (restrain, deter). (2) 隠す, 秘密にしておく (hide): ~ *back* information. (3) しまっておく, とっておく: ~ *back* twenty cents. (*vi.*) さし控える (refrain) 〔*from, on*〕; しりごみする, ひるむ (hesitate, delay) 〔*from*〕. ***hold by*** (1) 〈主義など〉を固く守る (hold to). (2) = HOLD *with* (cf. *vi.* 6). ***hold down*** (*vt.*) (1) 抑えつける (oppress); 従属させる. (2) 《口語》〈地位などを〉保有する; 〈職を〉維持する (keep): ~ *down* a job. (*vi.*) 抑える, 制限する: ~ *down to* ten cigarettes a day たばこを1日10本に抑える. ***Hold everything!*** 止めよ, 待て. ***hold forth*** (1) 差し出す, 提供する (offer). (2) [軽蔑的に] 大いに弁じる, 述べ立てる (harangue) 〔*upon*〕 (cf. *Philip.* 2:16). (3) 仕事をする; 行なわれる. ***hold in*** (1) 抑制する (restrain, check): ~ *in* one's temper. (2) 自制する, 控える. ***Hold it!*** 動くな, じっとしていろ. ***hold loose*** ⇨loose *adj.* 成句. ***hold off*** (*vt.*) (1) 近寄らせない, 寄せつけない; 〈敵の攻撃を〉阻止する, 防ぐ (withstand). (2) 延ばす (delay): ~ *off* starting 出発を延期する. (*vi.*) (1) 遠ざかる; さし控える (abstain) 〔*from*〕. (2) ぐずつく, 遅れる (delay); 〈雨などが〉降ろうとしない. ***hold on*** (*vi.*) (1) 続けて行く, 持続する (continue): ~ *on* in one's course. (2) 頑張る, 踏みとどまる, 持ちこたえる. (3) [主に命令形で] 《口語》待つ, 止める; (電話で)切らないでおく: Please ~ *on* a minute. ちょっとお待ち下さい. ***hold on to*** (1) しっかりしがみつく, すがりつく: ~ *on to* a person's hand 人の手をしっかり握る. (2) 〈意見・立場など〉を保持する, 固守する. (3) 〈計画など〉を放棄しない, 捨てない. (4) 〈音など〉を出し続ける. ***hold out*** (*vt.*) (1) 〈手など〉をぐっとのばす, 差し出す (stretch forth). (2) 〈見込み・賞など〉を約束する, 提供する (offer): ~ *out* hope to …に希望をいだかせる. (3) 〔…だと〕言う, 主張する〔*as*〕/〈*to* be〉: ~ oneself *out as* a scholar 自分が学者だと言う. (4) 《古》継続する (continue). (5) 〖トランプ〗(いかさまポーカーで)〈札を〉隠し持つ. (*vi.*) (1) 持ちこたえる, 抵抗する, 最後まで耐える: They *held out against* the enemy attacks for a month. 1か月敵の攻撃に抵抗した. (2) 持続する, 間に合う: How many days will our food ~ *out?* 我々の食物は何日分あるか. ***hold out for*** 《口語》…を断固として要求する: They *held out for* higher wages. 賃上げを断固要求した. ***hold out on*** 《口語》(1) 〈渡すべきもの〉を幾分か手元に留めておく. (2) 〈人〉に全部を言うふりをして何かを隠す, 隠し事をする. ***hold over*** (*vt.*) (1) (後に)持ち越す, 延期する (postpone); 持続する, 保持する: ~ *over* a subject till the next meeting 問題を次の会合まで持ち越す. (2) 《米》〈劇などを〉(予定期間より長く)続演[続映]する: The play will be *held over* another month. 芝居はもうひと月続演される. (3) 取って置く. (4) 〖音楽〗一つの拍[小]節から他の拍[小]節にまで〈音を〉持続する. (*vi.*) (1) 期間以上占有を継続する; 定期間以上在職する. (2) 〖音楽〗一つの拍[小]節から他の拍[小]節にまで音を持続する. ***hold one's own*** ⇨ own 成句. ***hold together*** (*vt.*) (1) 一緒にしておく: ~ *together* one's things 身回り品をまとめる. (2) 結合させる, 団結させる. (*vi.*) 離れ離れにならないでいる, 結合を保つ, (どこまでも)団結を続ける. ***hold up*** (*vt.*) (1) 上方にささげる, さし上げる (raise, lift): ~ *up* one's hands. (2) 支持する, 維持する (support): ~ *up* the government. (3) 挙げる, 掲げる, (模範として)押し立てる, 公表する, 立候補させる (exhibit, display): ~ *up* a person *to* people as a model [an example]. (4) (見せしめとして)さらす (expose): ~ *up* a person to derision [contempt] 人を笑いものにする. (5) 止める, 停止させる (stop): ~ *up* a car. (6) …の進行を阻止する, 妨げる, 遅らせる: The accident *held* the traffic *up* for a day. 事故で一日中交通が止まった. (7) 《口語》(追剥(おいはぎ)・強盗の目的で)襲う, 〈強盗が〉(ピストルを突き付けて)〈人・列車・自動車など〉に停止を命じる. (8) 〖トランプ〗(ブリッジで)〈勝札を〉温存する《あるスーツ (suit) が打ち出された場合, 敵方の一方に同種札がなくなるまで勝札を出さないでおく; cf. duck[2] *vi.* 4, *vt.* 4》. (*vi.*) (1) 屈しないでいる, 持ちこたえる, 耐え抜く. (2) 〈馬が〉(すべったりつまずいたりした時転ばないで)立っている. (3) 歩調をゆるめない. (4) 〈好天気が〉続く, もつ. (5) [命令形で] 止まれ, 手を上げろ. ***hold up on*** …を延ばす, 延期する (postpone): ~ *up on* our plan. ***hold with*** ⇨ *vi.* 6.

— *n.* **1** つかむこと, つかまること (grasp): be in ~*s* (レスリングなどで)つかみ合って[組みついて]いる / seize ~ of …をつかむ / get [have] ~ of …を捕える; 手に入れる, 保有する / keep a firm ~ on …にしっかりつかまっている, …をじっとつかんで放さない / lay ~ of [on] …をとらえる / leave ~ of …を放す / let go one's ~ (of…) (…を)つかまえている手を放す[ゆるめる] / lose one's ~ (つかまっている)手を放す / ⇨ *take* HOLD. **2** (人の心などを)とらえること; 支配力, 統率力, 勢力, 威力 (influence): have [get] a ~ on [upon, over] …を支配する, …の急所を握る / lay ~ on …を支配する, …の急所をつかむ / get ~ of oneself 自分を取り戻す, 我に返る / keep a good ~ of the land その土地をしっかり支配している / maintain [relax] one's ~ over …に対する支配権を持続する[緩(ゆる)める] / Their old religion has no great ~ on the common people. 彼らの古い宗教は一般の人々には大した勢力がない. **3** 把握(はあく)力, (確かな)理解力: lose one's ~ of [on, upon] realities 現実に対する理解力を失う. **4** おさえ所, 持つ所, 柄(え), 手掛かり, 足掛かり, 支え: lose ~ of …の手掛かりを失う / The rocks afford no ~ for hand or foot. 岩には手や足を掛ける所がない. **5 a** 予約の指定: put a ~ *on* a hotel room ホテルの部屋を予約する. **b** (着手・執行などの)延期[猶予, 停止]の命令[指示]. **c** 〖宇宙〗(ミサイル打上げなどでの)秒読み延期, 停止. **6 a** 監禁, 拘束 (confinement). **b** 閉じ込めておく物[所]; 刑務所, 留置場 (prison): put a person in ~ 人を投獄する, 監禁する. **7** 《古》(所有権の)保有 (holding) (cf. copyhold, freehold). **8** 《古》砦(とりで), 要塞 (stronghold). **9** 〖音楽〗**a** フェルマータ (fermata, pause) (⌒ または ◡). **b** 休止. **10** 〖ダンス〗ホールド《一曲終ったあとの急停止のままの姿勢; 男女の組む身体のポジション》. **11** (柔道・レスリングなどでの)ホールド. **12** 〖音声〗(閉鎖音の)持続部. ***catch hold of*** (1) …をつかまえる (grasp), …にしがみつく. (2) 〈相手の言った言葉など〉につけ込む. ***clap hold of*** 〖海事〗…をつかまえる, しっかり握る. ***grab hold of*** …をしっかとつかむ, つかまえる. ***take hold*** (1) 〔有形・無形のものを〕つかむ, 握る, 捕える〔*of, on*〕. (2) 〈物事が〉定着する. (3) 〈薬などが〉効いてくる. ***(with) no holds barred*** 《口語》制限なしに.

hold[2] [hóʊld | hə́ʊld] 〘《1591》《転訛》← HOLE ∥ 《廃》

holl a hollow ⇨ ? (M)Du. *hol* 'HOLE'〛 ― *n.* 〘海事〙船倉《船底の積荷をしまう所》; 倉内; 〘航空〙(飛行機内の)貨物室: ～ capacity 倉内容積 / break out the ～ ⇨ BREAK *out* (4) / stow the ～ 船倉に貨物を積み込む. 「げ, 合切(がっさい)袋.

hóld·àll *n.* (兵隊や旅行者の使う)雑嚢(ざつのう)式大型手さ

hóld·bàck *n.* **1** (馬車のながえに取り付けた)制車装置のかぎ, 制御装置. **2 a** 抑制, 阻止, 妨害 (hindrance, check). **b** 阻止するもの. **3** 〘建築〙(ドア・シャッターなどを開けておくための)止め具.

hóld bèam *n.* 〘海事〙ホールドビーム, 倉梁.

hóld·dòwn *n.* **1** 抑え(つけ)ること. **2** 〘機械〙(下部を固定する)抑え金具; 止め金; 加圧板, 抑え板.

holden 〘OE *ġehealden*〙 *v.* 《古》 hold の過去分詞.

hóld·er 〘ME〙 ― *n.* **1** 支える物; 入れ物, 容器, ホルダー: a matchbox ～ マッチ立て / a cigarette ～ 巻きたばこ用のホルダー / ⇨ penholder. **2 a** [しばしば複合語の第2構成素として]保有者, (商品の)持主, (手形などの)所持人: a record ～ 記録保持者 / a ～ for value 対価支払い済みの(有償的)手形所持人 / a ～ of a preferential right 先取特権保有者 / ⇨ shareholder, stockholder. **b** (土地・権利などの)所有者 **c** (主義・教義の)支持者, 信奉者.

holder in due course 〘法律〙(流通証券の)正当所持人《流通証券を取得した時に, その証券が表面上完全で, 正常であり, 満期前であり, 以前に拒絶のあったことを知らず, 善意かつ有償で, 証券の流通を受けた時, 証券自体, または流通者の権利に瑕疵(かし)のあったことを知らなかった所持人のことをいう》.

Höl·der·lin [hə́ːldəliːn, hét- | hə́ːldə-; G. hœ́ldɐliːn], **(Johann Christian) Friedrich** *n.* ヘルダーリン《1770-1843; ドイツの詩人》.

hóld·fàst 〘《1560》《なぞり》? ← Du. *houvast*, 《廃》 *houd-vast* ∥ 《名詞用法》← *hold fast*〙 ― *n.* **1** しっかりくっつくこと, しっかり持つこと. **2** しっかり保持するもの, 取付け金具 (catch, clamp)《壁や柱などに打ち付けて物を支えるための, 長い平たいくぎ・かぎくぎ・しめ金・かすがい・握り金物・止め金など》. **3** 〘植物〙(海草などの, 真の根でなく物に付着するための)付着根 (cf. rhizoid). **4** 〘動物〙付着器, 固着器, 吸着器官《寄生動物が宿主に付着する器官》.

hóld·ing 〘ME: ⇨ hold[1], -ing[1]〙 ― *n.* **1** しっかりつかむこと, 握ること, 把持(はじ). **2** (土地の)保有(権), 占有. **3** [通例 *pl.*] 保有物; (特に)保有地: 持株: large ～*s* 大きい持ち地所 / ⇨ small holding / ～*s* in a business company 商事会社の株 / the gold ～ of the Bank of England イングランド銀行の金の保有高 / light ～*s* 手薄な手持ち株. **4** 持株会社が所有している会社. **5** 〘スポーツ〙ホールディング《腕や手で相手の行動を妨げる反則行為》. **6** 〘法律〙判決, 判示, (裁判所の)判断. **7** [形容詞的に] 一時的保有[保存]用の: a ～ pen for pigs. ― *adj.* 妨害をする; 遅延させる.

hólding attàck *n.* 〘軍事〙抑留攻撃, 牽制攻撃, 助攻《敵をその陣地に抑留し, 味方の主攻撃方面の戦況を有利にするための攻撃》. 「company).

hólding còmpany *n.* 持株会社 (cf. investment

hólding fùrnace *n.* 〘金属加工〙均熱炉.

hólding gàin *n.* 〘会計〙保有利得《土地・建物・株式などの値上りによる未実現利益》. 「chorage).

hólding gròund *n.* 錨を打つ海底[水底], 錨地 (an-

hólding nòte *n.* 〘音楽〙保持音《他の声部が動いているとき, 同じ音高に留まる音》.

hólding pàttern *n.* 〘航空〙待機経路《着陸しようとする機が空港管制官の着陸許可を待ちつつ空港上空を旋回する時の楕(だ)円形の飛行経路》.

hólding-ùp hàmmer *n.* 〘機械〙(リベット締めに用いる)当てハンマー.

hóld·òut 〘← *hold out* (⇨ hold[1] 成句)〙 ― *n.* **1** 差し出すこと; 提供. **2** 抵抗 (resistance); 持続, 忍耐 (endurance). **3** 《米》 **a** 契約更新拒否選手. **b** 集団活動や調停に抵抗する人. **c** 同意[妥協]しない人. **4** 〘トランプ〙(いかさまゲームで)釣り《札のかくし持ち》.

hóld·òver 〘← *hold over* (⇨ hold[1] 成句)〙 ― *n.* 《米口語》 **1** (前時代からの)残存者, 遺物: The system was a ～ from the war. その制度は戦争の名残りだった. **2 a** 任期以上の在職者, (同僚がやめた後も在任している)残留者. **b** (前シーズンからの)残留組, 残留メンバー. **c** (伐採・被害・公害を免れて)生き残った樹木, 残り木. **3** 二日酔い (hangover). **4** (映画・劇などの)延長上演. **5** 未決拘留所, 留置場. **6** 〘印刷〙保存版《あとで使えるように崩さずに置く組み置き》. **7** 〘会計〙繰越し (carry-over). ― *adj.* 残留の, 残存の.

hóld tìme *n.* 一時待機時間《ロケット打上げの秒読み中に作業を中断して, 再び打上げ作業が続行するまでの待機時間》.

hóld·ùp 〘← *hold up* (⇨ hold[1] 成句)〙 ― *n.* **1** (強奪の目的で行なう列車・自動車などの)不法抑留, 強奪 (robbery); 辻強盗, ピストル強盗, 追剝(おいはぎ). **2** 《米口語》法外な値の要求 (extortion). **3** (交通などの)停止, 停滞, 妨害 (delay, obstruction). **4** (臨時の)家畜置場. **5** 〘化学〙ホールドアップ, 停滞液[ガス]《装置内に存在する液またはガス》. **6** 〘トランプ〙(ブリッジで)勝札の温存. ― *attrib. adj.* 強奪の, 強奪的な: a ～ policy 強奪政策.

hóldup màn *n.* 追剝(おいはぎ) (bandit).

hole [hóʊl | hə́ʊl] 〘*n.*: OE *hol* (neut.) ← *hol* (adj.) hollow < Gmc **χulaz* (Du. *hol* / G *hohl*) ← IE **kel-* to cover (L *caulis* / Gk *kaulós* stalk of a plant). ― v.: OE *holian* to hollow out: cf. conceal, hell〙 ― *n.* **1 a** (壁・屋根などの突き貫けた)穴 (aperture); (空気の)抜け穴: a ～ in the wall 壁の穴 (cf. hole-in-the-wall) / make a ～ [～*s*] in a person's head 人の頭に弾丸を打ち込む. **b** (衣類・靴下などの)破れ穴, かぎざき (tear, rent): a ～ in a curtain [pocket] カーテン[ポケット]の穴 / be in ～*s* 《靴下などが》破れて穴だらけである. **2 a** (堅い表面にできた)凹み, 穴 (pit): a ～ in the ground 地面の凹み / a road full of ～*s* 穴だらけの道路 / dig a ～ 穴を掘る. **b** (鉱山の)立坑; (井戸の)穴. **c** 《俗》口 (mouth); 肛門 (anus); 女性の性器. **3 a** (流れの)深い所, ふち, よどみ: a swimming ～. **b** 《米》[しばしば地名に用いて] 入江 (cove). **4 a** (獣の)巣穴 (burrow): the ～ of a badger あなぐまの巣 / a rabbit ～ うさぎの(巣)穴. **b** 土牢(つちろう), 地下牢 (dungeon); (特に, 刑務所の)独房 (prison cell). **5 a** (穴のように小さい)むさくるしい家, ひどい住居[宿]: a wretched ～ to live in ひどいすみか. **b** いやな[不潔な, むさくるしい]所. **6** 《口語》落し穴; 窮境 (fix, dilemma); (特に)経済的苦境: be [find oneself] in a ～ のっぴきならないはめになる / He's in a devil of a ～. 大変な苦境にはまり込んでいる / put a person in a ～ 人を窮地におとしいれる / get a person out of a ～ 人を苦境から救う. **7 a** 欠陥, 瑕疵(かし) (flaw, fault); (法律・議論・計画などの)弱点, 矛盾点: pick ～*s* [a ～] in 〈物事〉のあら捜しをする (cf. *pick* HOLES *in a person's coat*) / expose the ～*s* in an argument 議論の欠陥を指摘する / a treatise as full of ～*s* as a sieve 篩(ふるい)の目の数ほども欠陥[欠点]のある論文 / It will create a serious ～ in the plan. それはこの計画に重大な欠陥をもたらすことになる. **b** 大きな痛手, 大きな喪失感: Her husband's death left [made] a ～ in her life. 夫の死で彼女の人生には大きな穴がぽっかりあいてしまった. **8** 〘ゴルフ〙 **a** ホール, カップ《得点のためにボールを打ち送る穴》; 得点. **b** ホール《tee からそれに対応するホールまでのコース; fairway, rough および hazards を含む》. **9** 〘遊戯〙(球またははじき玉の)打込み穴; それに入れて得た得点. **10** 〘結晶〙空格子(こうし)点 (⇨ vacancy 7). **11** 〘物理〙空孔, ホール《殻構造の原子や原子核において, 近くのエネルギー準位(軌道)には粒子[電子, 核子]が存在するのに, 粒子の欠けている準位がある時, この欠けた準位をホールという; spin $^{1}/_{2}$ の粒子に対する Dirac の理論では, 真空は負のエネルギー準位に粒子がことごとく詰った状態であり, この真空中に負エネルギー粒子の欠けた状態が反粒子を表わすものと考える》. **12** 〘金属加工〙(線材引抜き用の)穴型. **13** 〘電子工学〙正孔, ホール《電子の抜けた孔でみかけ上, 正の電荷をもつ電流担体》. **14** 《古》〘航空〙エアポケット: drop into a ～ in the air エアポケットに落ちる. **15** 〘野球〙野手と野手との間; (特に)三遊間(のスペース); 〘アメリカンフットボール〙(ディフェンスラインの連係ミスによってできた)すき間. **16** 〘チェス〙ホール《両隣の行のポーンが前進してしまったため相手の駒の進出を防げないマス目》.

burn a hole in one's pocket (金(かね)が)すぐなくなってしまう, 身につかない: Money *burns a ～ in her pocket.* 彼女は金がはいるとすぐ使ってしまう. ***every hole and corner*** すみからすみまで. ***in the hole*** 《米口語》(1) 借金して, 赤字で: I was five dollars *in the ～* last week. 先週は5ドル足が出てしまった. (2) 〘野球〙〈投手・打者が〉(ボールカウントで)苦境に立って, 追い込まれて (cf. behind *prep.* 5 b). (3) 〘トランプ〙(smudge などで)得点がマイナスになって, 負けかかって; (stud poker で) 伏せて配られた (cf. hole card): ⇨ an ACE in the hole (1). ***make a hole in*** (1) ⇨ 1 a. (2) …を大量に使い込む, …に大穴をあける: Traveling *made a ～ in* the savings. 旅行で貯金に穴があいた. (3) ⇨ 7 b. ***pick holes [a hole] in a person's coat [character]*** 人のあら捜しをする.

hole in one 〘ゴルフ〙ホールインワン《ace ともいう》: make a ～ *in one* (tee から green までを)一打でホールに入れる, ホールインワンをする.

― *vt.* **1** …に穴をあける, 貫通する (perforate). **2** 〈立坑を〉掘り抜く (sink); 〈トンネルを〉あける (excavate): ～ a tunnel *through* a mountain 山を掘り抜いてトンネルをあける. **3** 〈うさぎなどを〉穴に追い込む. **4** 〘鉱山〙〈炭層を〉すかし掘りする, 下えぐりする (undercut). **5** 〘玉突・ゴルフ〙〈ボールを〉穴に送り込む[入れる, 打ち込む] 〈*out*〉. ― *vi.* **1** 穴を掘る (dig). **2** 穴にもぐり込む. **3** 〘玉突・ゴルフ〙ボールを穴に入れる, ボールをホールに入れる[打ち込む] 〈*out*〉: ～ *out* in four ボールを四打でホールに入れる.

hole in 《米口語》(1) 泊まる, 宿泊する: ～ *in* at a hotel. (2) 隠れる. ***hole through*** (1) ⇨ *vt.* 2. (2) 二つの地下トンネルをつなぐ, 貫通する. ***hole up*** (*vi.*) (1) 《米口語》(穴・部屋などに)閉じこもる: She ～*d up in* her room with a book. 本を一冊持って自分の部屋に引込んだ. (2) 《俗》(追っ手などから)身を隠す, 逃げる. (3) 《米口語》(一時)泊まる. (4) (穴に入って)冬ごもりする (hibernate). (5) 《米口語》〘ゴルフ〙ホールインワンをする. (*vt.*) (1) 《米口語》隠れ穴(など)に入れる. (2) 《俗》かくまう. (3) 《米口語》(いつまでも)遅らせる (delay).

hole·a·ble [hóʊləbl | hə́ʊl-] *adj.* 〘ゴルフ〙〈ボールが〉(ホールに)打ち入れられる.

hóle-and-córner *adj.* **1** 〈行為が〉内密な, 隠れて[こっそり]する (secret, underhand): a ～ love 人目を忍ぶ恋. **2** つまらない, 平凡な (insignificant): They are leading a ～ life. 平凡な生活をしている.

hóle càrd *n.* **1** 〘トランプ〙(stud poker で)ホールカード, 伏せ札《一回目に伏せて配られるカード; cf. *in the* HOLE (3)》. **2** 取っておきの手, 決め手; 虎の子.

hóle-hìgh *adj.* 〘ゴルフ〙(アプローチショットで)〈打ったボールが〉(外れて)ホールとほぼ平行に並んだ.

hóle-in-córner *adj.* = hole-and-corner.

hóle-in-the-wáll *n.* (*pl.* **hóles-in-the-wáll**) (穴ぐらのような)狭苦しい住い[場所], 貧弱でむさくるしい家[店]. ― *adj.* 狭苦しい, 貧弱でむさくるしい.

hóle·pròof *adj.* **1** 〈生地が〉穴のあかないように工夫された: ～ stockings. **2** 欠点[弱点]のない. **3** 〈法律・制度など〉抜け穴のない.

hól·er [-lə | -lə(r] *n.* **1** 穴[孔]を開ける人[物, 道具]; 掘削機, 穴あけ器; 穴掘り(人夫). **2** [複合語の第2構成素として] …個の穴[ホール]のあるもの: A normal golf course is an eighteen-*holer.* 正式のゴルフコースは18ホールだ. 「穴の多い.

hole·y [hóʊli | hə́ʊli] 〘← HOLE + -Y[4]〙 *adj.* 穴のある,

hóley dóllar *n.* ホリードル《スペインの穴あき1ドル貨; 5シリングに相当; 1813-29年の間オーストラリアの通貨; pierced dollar, ring dollar ともいう》.

Hol·guín [(h)ɔ(ː)lgíːn | (h)ɔl-; *Sp.* olgín] *n.* オルギン《キューバ東部の都市; 人口 152,000》.

Ho·li [hóʊli | hə́ʊli] 〘⇨ Hindi *holi* ⇨ Skt *holākā* 《擬音語》?〙 *n.* (ヒンズー教徒の)フーリー祭《春分のころ Krishna 神を祝って行なう無礼講》.

hol·i·but [hɑ́ləbət | hɔ́lɪbət, -bʌt] *n.* (*pl.* ～, ～**s**) 〘魚類〙 = halibut.

hol·i·day [hɑ́lədèɪ | hɔ́lədɪ, -lɪ-, -dèɪ] 〘OE *hāliġdæġ*: ⇨ holy, day〙 ― *n.* **1 a** 休日, 休業日 (↔ workday): make ～ 休みを取る, 業務を休んで骨休めする / have a ～ every Sunday 毎日曜日に休む. ★ ラテン語系形容詞: ferial. **b** 公休日, 法定休日: ⇨ bank holiday, legal holiday, national holiday. **2** [しばしば the ～s] 《英》休暇 (vacation); 休み, 休養 (recreation): two days' ～ 二日間の休暇 / *on* ～ = *on* one's ～(*s*) 休暇(中)で / be away *on* ～ 休暇を取って(遊びに)出かけている / take a month's ～ 1か月の休暇を取る / *the* Christmas [Easter] ～*s* 冬[春]季休暇 / be at home for *the* ～*s* 休暇で帰省中 / during *the* ～*s* 休暇中に. **3** (税・心配などからの)免除期間, 息抜き時: a five-year tax ～ 5年間の免税期間. **4** (ペンキなどの)塗り残してしまった部分. **5** 《古》祝日, 聖日 (holy day).

― *attrib. adj.* **1** 休日の, 休暇中の[向きの]: a ～ task 休暇中の宿題 / a ～ camp 休暇用キャンプ場. **2 a** (休日らしく)楽しい (joyous), 祝祭日らしい (festive), 祝祭日用の: a ～ mood [spirit] お祭り気分 / ～ behavior のびのびした振舞い. **b** (平常とは違って)あらたまった, よそ行きの: ～ clothes [finery] 晴着 / ～ English あらたまった英語.

― *vi.* 休暇を取る, 休む, 休暇で旅行をする: be ～*ing* at the seaside 休暇で海岸に行っている. 「cationer).

hól·i·dày·er *n.* 休暇を取っている人, 休暇中の人 (va-

hóliday-màker *n.* 《英》休日(日曜・祭日)に郊外へ遊びに出る人, 行楽者[客] (《米》 vacationer).

hóliday-màking *n.* 《英》行楽.

hol·i·days [hɑ́lədèɪz | hɔ́lədɪz, -lɪ-, -dèɪz] 〘⇨ -s[2] 1〙 *adv.* 休日(ごと)に, 休日などに(は).

ho·lid·ic [hɑlídɪk, ho(ʊ)- | hɔ-, hə(ʊ)-] 〘← HOLO- + (MER)IDIC〙 *adj.* 〘生化学〙〈食餌など〉化学的にすっかりわかった成分を含む (cf. meridic, oligidic).

hólier-than-thóu *adj.* いかにも聖人[信心家]ぶった, しかつめらしい: with a ～ expression. ― *n.* いかにも信心家ぶった人間.

hó·li·ly [-lɪli, -lə- | -lɪ] 〘OE *hāliġlīċe*: ⇨ holy, -ly[1]〙 *adv.* **1** 信心深く (piously). **2** 神聖に, 清浄に.

hó·li·ness 〘OE *hāliġnes*: ⇨ -ness〙 ― *n.* **1** 神聖 (sanctity); 霊的清浄 (spiritual purity), 聖性. **2** [His [Your] H- として: ローマ教皇・高位聖職者の尊称に用いて] 聖下: *His [Your] Holiness* Pope Leo 教皇レオ聖下. ― *adj.* [しばしば H-] 〘キリスト教〙ホーリネスの: the *Holiness* Church ホーリネス教会《プロテスタント諸派の教会の一派》.

Hol·in·shed [hɑ́lɪnʃèd, -lən-, hɑ́lɪnzhèd | hɔ́lɪnʃèd], **Raphael** *n.* (?-?1580) 英国の年代記作者; *Chronicles* (1578) は Shakespeare らの劇作の材料となった.

ho·lism [hóʊlɪzm | hɔ́l-, hə́ʊl-] 〘← HOLO- + -ISM〙 ― *n.* 〘哲学〙全体論《狭くは進化の要因が部分でなく有機的全体であるとする J. C. Smuts らの説をいうが, 一般には認識・心理・社会・化学・物理等のあらゆる分野で, 全体は部分や局所性の機械的総和に尽きず, むしろ後者を決定する固有の統体であることを強調する立場をいう》.

ho·lis·tic [ho(ʊ)lístɪk | hɔl-, hə(ʊ)l-] 〘← HOLO- + -ISTIC〙 *adj.* 〘哲学〙全体論 (holism) の, 全体論的な.

hol·ís·ti·cal·ly *adv.*

hol·la [hɑ́lə | hɔ́lə] *int., n., v.* = hollo.

Hol·land [hɑ́lənd | hɔ́l-] 〘⇨ Du. ～ ← 《古形》 *Holtlant* ← ? *holt* wood (⇨ holt[1]) + *-lant* 'LAND[1]': cf. 「紀伊(=木)の国」〙 ― *n.* **1** オランダ《公式名は the Netherlands; cf. Dutch》. **2** ホラント《中世のネーデルラント地方の一州》. **3** [しばしば h-] オランダ布《さらさない一種の麻布または麻綿の交織で窓掛け, 子供服, 家具のおおいなどに用いる》.

hól·lan·daise sàuce [hɑ́ləndèɪz-, ⌐⌐⌐ | hɔ̀lən-déɪz-, ⌐⌐⌐-; *F.* ɔlɑ̃dɛːz] 〘⇨ F ～ (fem.) ← *hollan-*

dais of Holland〛 ── *n.* オランデーズソース《卵黄とバターを湯煎にかけてまぜ合わせ, レモン汁で仕上げた温かいソース; 単に hollandaise ともいう; cf. mousseline[1] 2》.

Hól·land·er 〚《15 C》← HOLLAND＋-ER[1]〛 *n.* **1** オランダ人 (Dutchman). **2** オランダ船 (Dutch ship). **3** 《英》〘製紙〙ホランダー《パルプの叩解機》.

Hólland gín *n.* ＝Hollands.

Hol·lands [háləndz | hɔ́l-] 〚《1788》□ Du. *hollandsch* (*genever*) Dutch (gin): cf. Scots〛 *n.* オランダ製のジン《Holland gin ともいう》.

Hol·le [hɔ́(ː)lə, hálə | hɔ́lə; *G.* hɔ́lə] 〚□G (*Frau*) ～〛 ── *n.* 〘ドイツ伝説〙ホレばあさん (Frau Holle)《ドイツ民間信仰で女の精の名; 親切で力になる妖精のごとく現われ, 豊穣を司るが, 死霊の女支配者ともなる; 時に Perchta と同一視される; Grimm 童話の一つ》.

hol·ler[1] [hálə | hɔ́lə(r] 〚《変形》← HOLLO〛《米》── *vi.* **1** 《口語》大声で言う, 大声を出す, どなる; 大声で呼ぶ[呼び集める]: ～ for help 大声で助けを求める. **2** 不平を鳴らす (complain) 〔*about*〕. **3** 《方言》〈鳥・蛙・鹿などが〉鳴く. ── *vt.* 《口語》 **1** 〈何ごとかを〉叫ぶ, 叫んで言う. **2** 大声で呼ぶ; 大声で呼び求める. ── *n.* **1** 叫び; 不満. **2** ハラー(ソング) (holler song)《黒人労働歌の一種; しばしばスキャットふうの歌詞のない歌》.

hol·ler[2] [hálə | hɔ́lə(r] *n., adj., adv., v.* 《方言》＝hollow.

Hól·ler·ith càrd [hálərìθ- | hɔ́l-] 〚↓〛 *n.* 〘電算機・統計〙ホレリスカード (⇨ punched card).

Hóllerith códe 〚← *Herman Hollerith* (19 世紀の米国の発明家)〛 ── *n.* 〘機械〙ホレリスコード《アルファベットと数字を用いて情報をパンチカードに打ち込む機械; 電算機の前駆的な装置; 単に Hollerith ともいう》.

Hol·ley [háli | hɔ́li], **Robert William** *n.* (1922–) 米国の生化学者; Nobel 医学生理学賞 (1968).

Hol·lings·head [háliŋzhèd | hɔ́l-], **Raphael** *n.* ＝Raphael HOLINSHED.

hol·lo [hálou, ─́─, həlóu | hɔ́ləu] 〚《1542》《変形》← *holla*: cf. hallo〛 ── *int.* おーい, ほら《注意を促す呼び声, または激励・応答の声》. ── *n.* (*pl.* ～**s**) (狩猟で)おーいの叫び声. ── *vi.* **1** おーいと叫ぶ, 大声で呼ぶ (halloo). **2** 猟犬を呼ぶ. ── *vt.* **1** …におーいと声を掛ける. **2** 〈猟犬を〉叱(しっ)りつける.

hol·loa [hálou, ─́─, həlóu | hɔ́ləu] *int., n., v.* ＝hollo.

hol·loo [hálu:, ─́─ | hɔ́lu:, ─́─] *int., n.* (*pl.* ～**s**), *v.* ＝hollo.

hol·low [hálou, -lə | hɔ́ləu] 〚n.: OE *holh* a hollow, hole. ─ adj.: 《c1250》 *holʒ, holwe* ← (n.). ─ v.: 《a1398》 *holwe(n)* ← *holwe* (adj.): cf. hole〛 ── *n.* **1 a** (比較的浅い)くぼみ, 凹(くぼ)み (cavity): the ～ of the back 背中のくぼみ[腰部] / the ～ of the hand 手のひら / the ～ of the neck ぼんのくぼ / The ～*s* of his eyes have deepened. くぼんだ目が一層深くくぼんだ. **b** くぼ地, 盆地 (basin); 谷間 (small valley): a wooded ～ 木の茂った谷間. **2** うつろ, 中空, (木の幹の)うろ, (岩の)うろ穴 (cavity). **3** 〘金属加工〙空洞《2 面の接合部分または鈍角交差の部分にできるくぼみ》.

hold* [*have*] *a person in the hollow of one's hand 〈人を〉完全に支配する (cf. *n.* 1 a).

── *adj.* (**more** ～, **most** ～; ～**er**, ～**est**) **1** くぼんだ (concave), 落ち込んだ (sunken); くぼみのある: ～ cheeks こけたほお / ～ eyes くぼんだ目. **2** うろの, うつろの, 中空の: a ～ tree うろのある樹木 / a ～ ball 中空の球. **3** 実質[価値]のない, 空な (unreal); 〈感情・言葉など〉空虚な, 皮相な, うわべだけの, 不誠実な (insincere); 冷笑的な: a ～ victory 張合いのない(競争で得た)勝利 / ～ joys and pleasures はかない喜びと楽しみ / ～ affection 実のない愛情 / ～ compliments [praise] 空世辞 / a ～ life 空虚な生活 / ～ promises から約束 / a ～ pretense 白々しい口実 / a ～ writer 皮相な作家 / His words sounded ～. 彼の言葉は空虚な[誠実味のない]ものに聞こえた / Their hope proved ～. 彼らの望みは夢に終わった. **4** 〈音・声が〉(ほら穴で発せられたように)うつろな, こもった, 力のない: a ～ sound [voice] うつろな音[声]. **5** 空腹な (hungry): feel ～ 腹ぺこだ. **6** 《口語》全くの, 徹底的な (complete, thorough) (cf. *adv.* 2).

── *adv.* **1** うつろに; 不誠実に: His laughter rang ～. 彼の笑声がうつろに響いた. **2** [しばしば all に修飾されて]《口語》すっかり, 徹底的に (thoroughly) (cf. *adj.* 6): ⇨ BEAT *a person* (*all*) *hollow*.

── *vt.* **1** うつろにする, くり抜く, えぐる, うがつ (excavate) 〈*out*〉: ～ *out* a log to make a canoe 丸太をくり抜いてカヌーを作る / river banks ～*ed out* by water 流水でえぐられた川岸. **2** くり[掘り]抜いて作る 〈*out*〉: ～ a cave ほら穴を掘る / ～ a canoe *out* of a log 丸太をくり抜いてカヌーを作る / The rainwater has ～*ed* a basin. 雨水で地面が掘れてしまった. **3** (曲げて)くぼんだ形にする. ── *vi.* うつろになる.

～**·ly** *adv.* ～**·ness** *n.*

hol·low·ware [háləuwɛ̀ə, -lə- | hɔ́ləuwɛ̀ə(r] *n.* ＝hollowware.

Hol·lo·way [háləwèɪ | hɔ́l-] 〚《15 C》 *Holwey* 《原義》 hollow or sunken road: ⇨ hollow, way[1]〛 ── *n.* ホロウェイ刑務所《London 北部の Islington 自治区にあり女囚を収容する刑務所》.

hóllow bàck *n.* 〘製本〙ホローバック, 腔背(くうはい)《中身の背と背表紙との間に空洞ができるようにした製本; open back, spring back ともいう; cf. tight back》.

hóllow condúctor *n.* 中空電線, 中空導体《中に冷却のための水などを通せるようにした導体》.

hóllow-èyed *adj.* 目のくぼんだ.

hóllow-héarted *adj.* 不誠実な (insincere).

hóllow néwel *n.* 〘建築〙(中あきの螺旋階段の)中空部, 吹き抜け《open newel ともいう; cf. solid newel》.

hóllow órgan *n.* 〘解剖〙管腔[中空]器官《胃・腸など》.

hóllow squáre *n.* 〘軍事〙中空方陣(隊形).

hóllow wáll *n.* 〘建築〙中空壁《内部が中空になった壁; 経済上または屋内気温調節上の理由で設ける; ⇨ cavity wall》.

hóllow·wàre *n.* [集合的] (陶磁器製・銀製などの)深い容器《bowl, pot, kettle, jug, vase など; cf. flatware 1》.

hol·lus·chick [háləstʃɪk | hɔ́l-] 〚□ Russ. *kholostyak* bachelor: cf. chick[1]〛 *n.* (*pl.* ～·**ie** [～i | ～ɪ]) 〘動物〙若い雄のオットセイ.

hol·ly [háli | hɔ́li] 〚OE *hole(ġ)n* ← Gmc **χulin-* (Du. *hulst* / G *Hulst* holly) ← IE **kel-* to prick: その葉先が針状になっていることから〛 ── *n.* **1** 〘植物〙ホーリー《モチノキ属 (*Ilex*) の木の総称; セイヨウヒイラギ (English holly), アメリカヒイラギ (American holly) など》; (葉が)ホーリーに似た木. **2** 赤い実のついたホーリーの枝《クリスマスの装飾用》.

Hol·ly [háli | hɔ́li] 〚↑〛 *n.* 女性名. ★ クリスマスの時期に生れた子につける.

hólly blùe *n.* 〘昆虫〙ルリシジミ (*Celastrina argiolus*)《シジミチョウ科のチョウ》.

hólly fèrn *n.* 〘植物〙 **1** ヒイラギデンダ (*Polystichum lonchitis*)《北温帯に広く分布するオシダ科の常緑性のシダ》. **2** 旧世界熱帯地方産のオシダ科ヤブソテツ属のシダ (*Cyrtomium aculeatum*).

hólly·gràpe *n.* 〘植物〙＝Oregon grape.

hol·ly·hock [hálihàk, -hɔ̀(ː)k | hɔ́lɪhɔ̀k] 〚《a1300》 *holihoc* ← *holi* 'HOLY'＋OE *hoc(c)* mallow〛 *n.* 〘植物〙タチアオイ (*Althaea rosea*)《rose mallow ともいう》.

hólly-léaved bárberry *n.* 〘植物〙＝Oregon grape.

hólly òak *n.* 〘植物〙＝holm oak.

hólly thìstle *n.* 〘植物〙オオアザミ (⇨milk thistle).

Hol·ly·wood [háliwùd | hɔ́lɪ-] 〚← HOLLY＋WOOD[1]: 1887 年この地を開拓した H. H. Wilcox 夫妻が近くにあった (holly に似た) toyon の森にちなんで命名〛 ── *n.* **1** 米国 California 州 Los Angeles 市郊外の一区; 映画産業の大中心地. **2** 米国の映画界[産業]; アメリカ(的)映画. ── *adj.* **1** ハリウッドの[からの]. **2** アメリカ映画産業の[に関する, で製作される].

Hóllywood béd *n.* ハリウッドベッド, だるまベッド《フットボード(足板)がなく, スプリングとマットレスを金属のベッドフレームに設置し, 脚輪を取り付けた低いベッド》.

Hol·ly·wood·i·an [hàliwúdiən | hɔ̀lɪwúdɪ-] 〚⇨ Hollywood, -ian〛 ── *n.* **1** (米国 California 州の)ハリウッドの出身者[住民]. **2** ハリウッドの映画産業に従事する人. ── *adj.* **1** (ハリウッドの)映画界の; ハリウッド的な. **2** ハリウッド(人)の.

Hól·ly·wòod·ish [-dɪʃ] *adj.* ＝Hollywoodian.

holm[1] [hóum, hóulm | hə́um] 〚OE *holm* 《詩》 wave, sea ← Gmc **χulm-* (ON *holmr* islet, meadow on the shore) ← IE **kel-* to rise; elevated (cf. excel)〛 ── *n.* 《英》 **1** 川辺の低地. **2** 川や湖の中の小島, 川中島, 中洲(なかす); (本土付近の)小島. ★ 英国の地名に多い: Priestholm, Willow Holm, etc.

holm[2] [hóum, hóulm | hə́um] 〚ME *holm* holly, holm oak 《変形》← *holn* ＜ OE *holen* holly〛 *n.* 〘植物〙 **1** ＝holm oak. **2** 《英方言》＝holly.

Holman-Hunt, William *n.* ⇨ William Holman HUNT.

holme [hóum, hóulm | hə́um] *n.* ＝holm[1].

Holmes [hóumz, hóulmz | hə́umz] 〚← *Holm* □ ON *holmr* (⇨ holm[1]) // ← HOLM[2]: ⇨ -s[2] 3〛 *n.* 男性名.

Holmes, Oliver Wen·dell [wéndl] *n.* **1** (1809–94) 米国の生理学者・詩人・随筆家; *The Autocrat of the Breakfast-Table* (1858). **2** (1841–1935) 米国の法学者・最高裁判所判事; 上記 O. W. Holmes の息子.

Holmes, Sherlock *n.* ⇨ Sherlock Holmes.

Holmes·i·an [hóumziən, hóulmz- | hə́umzɪ-] *adj.* Sherlock Holmes (風)の.

Hólmes light [sìgnal] 〚← ? *Holmes* (発明者の名か)〛 ── *n.* 〘海事〙ホルムスライト, 救命炎, 自己点火灯《水中に投じると点火剤が働き, 水面に浮上して燃焼し続ける救命用の信号器具》.

hol·mic [hóu(l)mɪk | hə́u(l)-] 〚⇨↓, -ic[1]〛 *adj.* 〘化学〙ホルミウム (holmium) を含む, ホルミウムの.

hol·mi·um [hóu(l)miəm | hə́u(l)mɪəm, -mjəm] 〚← NL ～ ← (*Stock*)*holm* (スウェーデンの首都)＋-IUM〛 ── *n.* 〘化学〙ホルミウム《希土類金属元素の一つ; 記号 Ho, 原子番号 67, 原子量 164.9304》.

hólm òak 〚《1597》〛 *n.* 〘植物〙トキワガシ (*Quercus ilex*)《ウバメガシに似た常緑樹; ilex ともいう》.

ho·lo- [hóulo(ʊ), hál- | hɔ́lə(ʊ)] 〚《17 C》□ OF ～ □ L ～ ← Gk *hólos* whole, entire ← IE **solo-* whole (L *sollus*: cf. safe)〛 ── 次の意味を表わす連結形: **1** 完全な[に]: *holo*graph. **2** 類似の; 同種の: *holo*morph. **3** 最高に多数の水酸基 (hydroxyl group) を含む. ★ 母音の前では通例 1, 2 は hol- になる.

ho·lo·blas·tic [hòulo(ʊ)blǽstɪk, hàl- | hɔ̀lə(ʊ)-] 〚← HOLO-＋BLAST＋-IC[1]〛 ── *adj.* 〘生物〙〈卵が〉全割の (↔ meroblastic): a ～ egg 全割卵. **hò·lo·blás·ti·cal·ly** *adv.*

ho·lo·branch [hóuləbræ̀ŋk, hál- | hɔ́l-] *n.* 〘動物〙完全えら, 全鰓(ぜんさい) (cf. hemibranch).

Ho·lo·caine [hóuləkèɪn, hál- | hɔ́l-] 〚← HOLO-＋(CO)CAINE〛 *n.* 〘商標〙ホロカイン《phenacaine の商品名》.

ho·lo·car·pic [hòulo(ʊ)kάːpɪk, hàl- | hɔ̀lə(ʊ)kάː-] 〚← HOLO-＋-CARPIC〛 *adj.* 〘植物〙全実性の (cf. eucarpic).

hol·o·caust [hálәkɔ̀ːst, hóul-, hɔ́(ː)l- | hɔ́lə-] 〚《c1250》□ (O)F *holocauste* □ LL *holocaustum* □ Gk *holókauston* burnt offering ← *holókaustos* burnt whole ← HOLO-＋*kaustós* burnt (⇨ caustic)〛 ── *n.* **1** 全燔(はん)祭の供え物《ユダヤ教で神前に供える獣の丸焼き》. **2 a** 大規模の犠牲[供え物]. **b** (多数の人命の)全滅, 全焼死; 大虐殺, 大破壊: the nuclear ～*s* in Hiroshima and Nagasaki 原爆による広島と長崎の大破壊. **3** [the H-] (第二次大戦中の, ナチスによるヨーロッパ在住)ユダヤ人大虐殺 (cf. Final Solution). **hol·o·caus·tic** [hàləkɔ́ːstɪk, hòul-, hɔ̀(ː)l- | hɔ̀l-] *adj.*

Ho·lo·cene [hóuləsìːn, hál- | hɔ́l-] 〚← HOLO-＋-CENE〛〘地質〙 ── *adj.* 完新世[統]の: the ～ epoch [series] 完新世[統]《第四紀の新期》. ── *n.* [the ～] 完新世[統].

Ho·lo·cen·tri·dae [hòulo(ʊ)séntrədìː, hàl- | hɔ̀lə(ʊ)séntrɪ-] 〚← NL ～ ← *Holocentrus* (属名: ⇨ holo-, centro-)＋-IDAE〛 ── *n. pl.* 〘魚類〙カノコウオ科, イットウダイ科.

Ho·lo·ceph·a·li [hòulo(ʊ)séfəlàɪ, hàl- | hɔ̀lə(ʊ)-] 〚← NL ～ ← HOLO-＋CEPHALO-＋-I〛 *n. pl.* 〘魚類〙全頭亜綱.

ho·lo·crine [hóuləkrɪn, hál-, -krən, -kràɪn | hɔ́ləkrɪn, -kràɪn] 〚← HOLO-＋Gk *krínein* to separate〛 ── *adj.* 〘生理〙 **1** 全分泌(性)の, ホロクリンの《分泌腺細胞が全体として分泌物に変化するものをいう; cf. merocrine 1》: a ～ gland 全分泌腺. **2** 全分泌[ホロクリン]腺で作り出される.

hòlo·énzyme 〚← HOLO-＋ENZYME〛 *n.* 〘生化学〙ホロ酵素, 全酵素《アポ酵素と補酵素の複合体》.

Hol·o·fer·nes [hàləfə́ːniːz, hòul- | hɔ̀lə(ʊ)fə́ː-] *n.* ホロフェルネス《Assyria の王 Nebuchadnezzar の部下の猛将; ユダヤの一未亡人 Judith の色香に迷い, 熟睡中に首を切られた; cf. Judith 2 b》.

hòlo·gaméte 〚← HOLO-＋GAMETE〛 *n.* 〘生物〙ホロガメート, 全配偶子《原生動物の 1 個体が分裂せず, そのまま配偶子になる時, その個体をいう》.

ho·log·a·mous [ho(ʊ)lάgəməs, hə- | hɔlɔ́g-] 〚← HOLO-＋-GAMOUS〛 *adj.* 〘生物〙ホロガメート (hologamete) をもった.

ho·log·a·my [ho(ʊ)lάgəmi, hə- | hɔlɔ́gəmɪ] 〚← HOLO-＋-GAMY〛 *n.* 〘生物〙ホロガミー, 全配偶性.

hòlo·gonídium *n.* 〘植物〙＝soredium.

ho·lo·gram [hóuləgræ̀m, hál- | hɔ́lə(ʊ)-] 〚← HOLO-＋-GRAM〛 ── *n.* 〘光学〙ホログラム《holography によって感光材料に記録した干渉図形; cf. acoustical hologram》.

ho·lo·graph [hóuləgræ̀f, hál- | hɔ́lə(ʊ)grɑ̀ːf, -græ̀f] 〚《1623》□ F *holographe* // □ LL *holographus* □ Gk *hológraphos*: ⇨ holo-, -graph〛 ── *n.* **1** (全文)自筆: in ～ 全文自筆で[の]. **2** 自筆書類[証書]. **3** 〘光学〙＝hologram. ── *adj.* 自筆の: a ～ manuscript 自筆原稿. ── *vt.* ホログラムにして記録する; ホログラフィーで撮影する.

ho·lo·graph·ic [hòuləgrǽfɪk, hàl- | hɔ̀l-] *adj.* **1** ＝holograph. **2** レーザー光線写真術の[で撮影した]. **hò·lo·gráph·i·cal** *adj.* **hò·lo·gráph·i·cal·ly** *adv.*

holográphic wíll *n.* 〘法律〙自筆遺言(書)《自筆で書いて日付をうち, 署名した遺言; cf. nuncupative will》.

ho·log·ra·phy [ho(ʊ)lάgrəfi, hə- | hɔlɔ́grəfɪ, hə-] 〚← HOLO-＋-GRAPHY〛 ── *n.* 〘光学〙ホログラフィー《レーザー光などの可干渉性の光で物体を照射し, 透過あるいは散乱した光と元の光の干渉によって生じる図形を感光材料に記録し, これを別の可干渉性の光で照射し物体の三次元像を再現する方法; レンズを用いない写真術の一種; cf. acoustical holography》.

holohedra *n.* holohedron の複数形.

ho·lo·he·dral [hòulo(ʊ)híːdrəl, hàl- | hɔ̀lə(ʊ)héd-, -híːd-] 〚← HOLO-＋-HEDRAL〛 ── *adj.* 〈結晶体が〉完面像の, 完全面の (cf. hemihedral, tetartohedral): a ～ form 完面像.

ho·lo·he·dron [hòulo(ʊ)híːdrən, hàl- | hɔ̀lə(ʊ)héd-, -híːd-] 〚← NL ～: ⇨ holo-, -hedron〛 *n.* (*pl.* ～**s**, **-he·dra** [-drə]) 〘結晶〙完全面の結晶体, 完面像.

ho·lo·he·dry [hòulo(ʊ)híːdri, hàl- | hɔ̀lə(ʊ)hédrɪ, -híːd-] 〚⇨ holohedral, -y[1]〛 *n.* 〘結晶〙完面性《対称性から出現し得る面が全部結晶外形に現われる性質》.

ho·lo·lith [hóuləlìθ, hál- | hɔ́l-] 〚← HOLO-＋-LITH〛 *n.* ホロリットリング《1 個の宝石をくり抜いて作った指輪》.

Hòlo·metábola 〚← NL ～: ⇨ holo-, Metabola〛 ── *n. pl.* 〘昆虫〙完(全)変態類《内翅類 (Endopterygota) ともいい, 半変態類 (Hemimetabola) あるいは外翅類 (Exopterygota) に対して用いられる》.

hòlo·metábolism *n.* 〘昆虫〙完全変態 (cf. heterometabolism).

hòlo·metábolous *adj.* 〈昆虫が〉完全変態をする.

ho·lo·my·ar·i·an [hòulo(ʊ)maɪɛ́(ə)riən | hɔ̀lə(ʊ)maɪɛ́ərɪ-] 〚← NL *Holomyaria* ← HOLO-＋*-myaria* (⇨ my-, -aria[2]): ⇨ -an[1]〛 ── *adj.* 〘動物〙連続性筋肉膜の[をもつ]《線虫類について, その筋肉層が真の筋肉細

胞によらず，全体にわたって連続的であるか，または2個の体長線に分かれている状態をいう)．

hòlo·párasite 〖▭G *Holoparasit*: ⇨ holo-, parasite〗 *n.* 〖生物〗全寄生生物 (cf. hemiparasite 1).

Hol·o·pher·nes [hɑ̀ləfə́ːniːz, hòul- | hɔ̀lə(ʊ)fə́ː-] *n.* =Holofernes.

ho·lo·phone [hóuləfòun, hɑ́l- | hɔ́ləfəun] 〖← HOLO-+-PHONE〗 *n.* 〖光学〗ホロホーン《音波ホログラム (acoustical hologram) を作る装置》.

ho·lo·phote [hóuləfòut, hɑ́l- | hɔ́ləfəut] 〖《逆成》← *holophotal*: ⇨ holo-, photo-〗 ― *n.* (灯台などの灯光の)全光反射装置，完全照光鏡《光源から多くの光を集め，望む方向に送るためのレンズまたは反射鏡から成る光学系》. **ho·lo·pho·tal** [hòuləfóutl̩, hɑ̀l- | hɔ̀ləfə́utl] *adj.*

hólo·phràse 〖← HOLO-+PHRASE〗 *n.* 〖言語〗=holophrasis.

ho·loph·ra·sis [həlɑ́frəsɪs, -səs | həlɔ́frəsɪs] 〖← HOLO-+Gk *phrásis* (⇨ phrase)〗 ― *n.* (*pl.* **-ra·ses** [-sìːz]) 〖言語〗輯合(しゅう)《文または語句を構成する複雑な内容を1語で表わす方法》.

ho·lo·phras·tic [hɑ̀ləfrǽstɪk, hɑ̀l- | hɔ̀l-] 〖← HOLO-+Gk *phrastikós* suited for expressing (← *phrázein* to speak): ⇨ -ic[1]〗 ― *adj.* 〖言語〗輯合(しゅう)の[に関する]; 句や文を1語で表わす.

ho·lo·phyte [hóulo(ʊ)fàɪt, hɑ́l- | hɔ́lə(ʊ)-] 〖← HOLO-+-PHYTE〗 *n.* 〖生物〗=autotroph.

ho·lo·phyt·ic [hòulo(ʊ)fɪ́tɪk, hɑ̀l- | hɔ̀lə(ʊ)fɪ́t-] 〖← HOLO-+-PHYTIC〗 ― *adj.* 〖生物〗完全植物性の (autotrophic)《光を必要とし，無機物のみを栄養分として生活する; cf. holozoic》.

hòlo·plánkton *n.* 〖生物〗終生プランクトン《全生涯浮遊生活をするプランクトン; cf. hemiplankton》.

ho·lop·neus·tic [hòulɑpn(j)úːstɪk, hɑ̀l- | hɔ̀ləpnjúːs-] 〖← HOLO-+Gk *pneustikós* of breathing (← *pneîn* to breathe): ⇨ -ic[1]〗 ― *adj.* 〖昆虫〗〈昆虫が〉完気門式の (cf. apneustic).

ho·lo·scope [hóuləskòup, hɑ́l- | hɔ́ləskəup] 〖← HOLO-+-SCOPE〗 *n.* 〖光学〗(レーザー光線による)立体顕微鏡，ホロスコープ (cf. holography).

ho·lo·scop·ic [hòuləskɑ́pɪk, hɑ̀l- | hɔ̀ləskɔ́p-] 〖← HOLO-+-*scopic* (MICROSCOPIC, MACROSCOPIC との類推)〗 ― *adj.* **1** (すべてを視野に入れた)総合的観察の[による]，全体像(表現)の，立体表現的な. **2** 〖光学〗立体顕微鏡の，ホロスコープの.

hòlo·serí·ceous 〖← HOLO-+SERICEOUS〗 *adj.* 〖生物〗絹のような毛でおおわれた.

ho·lo·thu·ri·an [hòulo(ʊ)θʊ́(ə)riən, hɑ̀l- | hɔ̀ləʊθ(j)ʊ́ərɪən] 〖← NL *Holothūria* ← Gk *holothoúrion* zoöphyte: ⇨ -an[1]〗 〖動物〗 ― *adj.* ナマコ綱の. ― *n.* ナマコ綱の動物《ナマコ・キンコなど》.

Ho·lo·thu·ri·i·dae [hòulo(ʊ)θərάɪədiː, hɑ̀l- | hɔ̀lə(ʊ)θʊráɪɪ-] 〖← NL ～ ← *Holothūria* (属名: ↑)+-IDAE〗 *n. pl.* 〖動物〗クロナマコ科.

Ho·lo·thu·roi·de·a [hòulo(ʊ)θʊrɔ́ɪdiə, hɑ̀l- | hɔ̀lə(ʊ)θʊrɔ́ɪdɪə] 〖← NL ～ ← *Holothuria* (↑)+-OID+-*ea* (neut. pl.) ← *-eus* '-EOUS'〗 ― *n. pl.* 〖動物〗(棘皮(きょくひ)動物門)ナマコ綱.

Ho·lot·ri·cha [həlɑ́trɪkə, -trə- | hɔlɔ́trɪ-] 〖← NL ～: ⇨ holo-, tricho-, -a[2]〗 *n. pl.* 〖動物〗(原生動物門繊毛虫亜門)全毛綱.

Ho·lo·trich·i·da [hòulo(ʊ)trɪ́kədə, hɑ̀l- | hɔ̀lə(ʊ)trɪ́kɪ-] 〖⇨↑, -ida〗 *n. pl.* 〖動物〗=Holotricha.

ho·lo·type [hóulo(ʊ)tàɪp, hɑ́l- | hɔ́lə(ʊ)-] 〖← HOLO-+-TYPE〗 ― *n.* 〖生物〗完模式標本，正基準標本《真の基準となる1枚の標本で，発表者が決定・発表したもの; cf. isotype 1》. **ho·lo·typ·ic** [hòulətɪ́pɪk, hɑ̀l- | hɔ̀l-] *adj.*

ho·lo·zo·ic [hòuləzóuɪk, hɑ̀l- | hɔ̀l-] 〖← HOLO-+-ZOIC[1]〗 *adj.* 〖生物〗完全動物性の (heterotrophic)《有機物のみを食物とする; cf. holophytic》.

holp 〖ME *holpe*〗 *v.* 《方言》help の過去形.

holped [hóu(l)pt | háu(l)pt, hɔ́lpt] *v.* 《方言》help の過去形. 「help の過去分詞.

hol·pen [hóu(l)pən | háu(l)-, hɔ́l-] 〖OE〗 *v.* 《方言》

hols [hɑ́(ː)lz | hɔ́lz] 〖(pl.) ← HOL〗 *n. pl.* 《英口語》休み，休暇 (holidays).

Hol·stein *n.* **1** [hóulstaɪn, -stiːn | hɔ́lstaɪn; G. hɔ́lʃtaɪn] ホルシュタイン《西ドイツ北部 Jutland 半島の Schleswig-Holstein 州南部の地方，もと公国; ⇨ Schleswig-Holstein》. **2** [hóulstiːn, -staɪn | hɔ́lstaɪn] 《米》ホルスタイン《北オランダおよび Friesland 原産で白・黒ぶちの大きな優良種の乳牛; Holstein-Friesian ともいう》. 「*n.* =Holstein 2.

Hól·stein-Fríesian [hóulstiːn-, -staɪn- | hɔ́lstaɪn-]

hol·ster [hóulstə | háulstə(r)] 〖《1663》▭Du. ～ ← Gmc *χul-, *χel- (G *Holfter* holster / ON *hulster* sheath) ← IE *kel- to cover (⇨ cell)〗 ― *n.* ホルスター《ピストルの革(かわ)ケース》. ― *vt.* 《米》〈ピストルを〉ホルスターに入れる. **hól·stered** *adj.*

holt[1] [hóult | háult] 〖OE ～ < Gmc *χultaz (Du. *hout* / G *Holz* wood) ← IE *kel- to strike, cut; twig (L *clādēs* injury / Gk *kládos* young branch)〗 ― *n.* 《古・方言》**1** 雑木林 (copse)，木立ち (grove). **2** 柴山.

holt[2] [hóult | háult] 〖ME《変形》← HOLD[1]〗 *n.* 獣の穴 (lair); カワウソの巣穴.

ho·lus-bo·lus [hóuləsbóuləs | háuləsbə́u-] 〖《*c*1850》《ラテン語風もじり》← *whole bolus*〗 *adv.* 《口語》一気に，一度に (all at once)，丸ごと (altogether).

ho·ly [hóuli | háuli] 〖OE *hāliġ* < Gmc *χailaʒaz (Du. & G *heilig*) ← *χailaz 'WHOLE': ⇨ hale[1], -y[4]〗 ― *adj.* (**ho·li·er**; **-li·est**) **1 a** 神にささげられた，神聖な (hallowed, sacred); 神の[に属する]: a ～ vessel (聖餐(さん)用の)聖器 / ～ loaf 聖餐式用のパン / ～ ground 聖地. **b** 宗教上の，聖なる (cf. profane): the ～ cross (キリストの)聖十字架 / the *Holy* See=Apostolic See. **2 a** 身を神にささげた，信仰心の深い; 高徳な (saintly): live a ～ life 信仰生活を送る / a ～ man 信心家. **b** 至純の，神々しい (divine): a ～ love 至純の愛. **3 a** 尊敬[畏敬]される(べき): a ～ cause 尊い目的. **b** 《口語》ひどい，はなはだしい: have a ～ horror of ...をひどく恐れる[きらう] / a ～ terror 恐るべき人，手に負えない子供. **c** 《口語》[驚嘆・当惑などを表わす句に用いて]: ～ cats [cow, mackerel, Moses, smoke]! おや，あら，まあ. **4** 超人的な恐しい力をもった.
― *n.* **1** 神聖な物[場所]，礼拝所. **2** [the H-] 神 (God).

holy of holies 〖ME *holi of halowes*《なぞり》← L *sanctum sanctōrum*《なぞり》← Gk *tòn hágion tôn hagíōn*《なぞり》← Heb. *qōdesh haqədōshîm*〗 [the —] (1) (ユダヤ神殿の)至聖所《神の契約の箱 (ark of the covenant) が置かれてあった所で，司祭長 (high priest) だけが年に一度そこに入ることを許された奥の院; sanctum sanctorum ともいう》. (2) 最も神聖な所[物].

Hóly Allíance *n.* [the ～] 神聖同盟《Napoleon 一世の失脚後1815年にロシヤ皇帝の提案でオーストリア皇帝・プロイセン王との三君主間に結ばれた同盟》.

Hóly Árk *n.* 〖ユダヤ教〗聖櫃(ひつ)《Moses の律法の巻物を納めておく棚; 会堂の中でエルサレムに最も近い壁につけられる》.

Hóly Bíble *n.* [the ～] 聖書 (Holy Scripture).

hóly bréad 〖ME〗 *n.* **1** 〖キリスト教〗聖パン，聖餅《聖餐(さん)式[ミサ]で聖別されたパン》. **2** 〖東方正教会〗=antidoron.

Hóly Cíty *n.* [the ～] **1** 聖都《Jerusalem, Mecca, Rome, Benares など》. **2** 天 (heaven).

Hóly Commúnion *n.* 〖キリスト教〗聖餐(さん)式; 〖カトリック〗聖体拝領 (⇨ communion 4).

Hóly Cróss Dày *n.* 聖十字架称讃の祝日，聖十字架頌栄日《9月14日; 4世紀以降聖十字架の発見などを記念する祝日であったが，ペルシャ人から聖十字架を奪回した(629年)後は，主としてそれを記念する祝日: Exaltation of the Cross ともいう》.

hóly dày 〖OE *hāliġ dæġ*: cf. holiday〗 *n.* 〖キリスト教〗聖日，祝祭日.

holy day of obligation (1) 〖カトリック〗務めの聖日《ローマカトリック教徒が守るべき(特に日曜日以外の)祝日，この日信徒はミサにあずかり，労働を休む》. (2) 〖英国国教会〗聖餐(さん)式祝日《信徒が聖餐式に出席すべき日》.

hóly dóllar *n.* =holey dollar.

Hóly Fámily *n.* [the ～] 聖家族，聖家族図《一般には幼児イエスと聖母マリアと養父聖ヨセフの3人の家族，またはその家族を描出した絵》.

Hóly Fáther 〖ME〗 *n.* [the ～] 教皇 (Pope)《尊称として用いる; Most Holy Father ともいう》.

Hóly Ghóst 〖OE *se hālga gāst*, *hāliġ gāst*《なぞり》← L *sanctus spiritus*《なぞり》← Gk *hágion pneuma*《なぞり》← Heb *rūaḥ ha-qōdesh* holy spirit〗 ― *n.* [the ～] 聖霊《三位一体の第三位格; cf. father 6, son 5》.

Hóly Gráil *n.* [the ～] 聖杯《中世の伝説によればキリストが最後の晩餐(さん)の時用いた酒杯で，アリマタヤのヨセフ (Joseph of Arimathea) がこれに十字架上のキリストの最後の血を受けたという; 後，彼によって英国に運ばれたが，不徳の者が近づくとどこかに消え失せたという; 円卓騎士団 (Knights of the Round Table) がこれを捜し求めたことから，これを捜し求めるのが騎士の最高の務めとなった; the Saint Grail または the Grail ともいう》.

hóly gràss 〖北欧では聖人祝日にこれを教会の入口で振り撒(ま)く習慣があった〗 ― *n.* 〖植物〗香気を発するイネ科コウボウ属 (*Hierochloe*) の草の総称; (特に)コウボウ (*H. odorata*).

Hóly Hóur *n.* 〖キリスト教〗聖時間《聖餐式 (Blessed Sacrament) の前の，殊にキリストの受難を記念する祈禱・黙想の時間》.

Hóly Ínnocents' Dày *n.* [the ～] 罪なき嬰児(みどりご)殉教の日，無辜(むこ)聖嬰児(えいじ)の日[記念日]，聖嬰児日《Herod 王の命令で Bethlehem 中の幼児が殺された記念日で12月28日; Innocents' Day, Childermas ともいう; cf. *Matt.* 2:16》.

Hóly Ísland *n.* ホリー島《英国イングランド北東部 Northumberland 州の小島; 635年に教会が創設されて以来重要な主教座の一つがあった; Lindisfarne ともいう》.

Hóly Jóe *n.* 《俗》**1 a** 軍隊付き牧師，軍僧 (chaplain). **b** 牧師 (clergyman). **2** 信心家.

hóly lámb *n.* 〖紋章〗=paschal lamb 3.

Hóly Lánd 〖ME〗 *n.* [the ～] 聖地《Palestine，特に Judea のこと; 時にキリスト教以外の宗教の聖地に用いる》.

Hóly Léague *n.* [the ～] 神聖同盟《フランスで Henri de Lorraine Guise が指導者となってプロテスタントに反対したカトリック教徒の同盟 (1576–98)》.

Hóly Mýsteries *n. pl.* [the ～] 〖東方正教会〗聖体礼儀 (liturgy).

Hóly náme *n.* [the ～] 〖カトリック〗キリストの御名.

Ho·ly·oake [hóuliòuk | háulɪəuk], **George Jacob** *n.* (1817–1906) 英国の社会改良家，協同組合運動の指導者，世俗主義 (secularism) の主唱者.

Hóly Óffice *n.* [the ～] 〖カトリック〗聖務省《信仰および道徳問題についての判定を下す教皇庁の機関; 正式名 the Congregation of the Holy Office; 昔の宗教裁判所 (the Inquisition) を改称したもの》.

hóly óil 〖ME *holi oylle*《なぞり》← L *oleum sanctum*〗 ― *n.* 〖キリスト教〗聖油《聖別された油; 洗礼・堅振・叙階式・戴(たい)冠式・臨終の時などに用いられる; カトリックでは洗礼志願用聖油・病者用聖油・聖香油の三種がある; cf. chrism 1》.

Hóly Óne *n.* **1** [the ～] 聖なる者《神またはキリストの尊称としていう》. **2** [しばしば h- o-] 天使 (angel).

hóly órders *n. pl.* **1** 聖職，(カトリックで)叙階，品級，聖品: take ～ 牧師[司祭]になる. **2** 聖職授与式，叙階式. **3** 聖職の主な階位.

hóly pláce 〖ME〗 ― *n.* **1** 聖地. **2** [the ～] 〖聖書〗(ユダヤ神殿の)聖所 (sanctuary) (cf. *Exod.* 26:33). **3** [Holy places] (カトリック教会がキリストのゆかりの地とした)聖地.

Hóly Róller 〖礼拝中に熱狂的興奮のあまり体をゆり動かすことから〗 ― *n.* 《軽蔑》〖キリスト教〗ペンテコステ派の信徒 (Pentecostal); それに類似した他の宗派の信徒.

Hóly Róman Émpire *n.* [the ～] 神聖ローマ帝国《Otto 一世が戴冠した962年から1806年まで; 正式名 the Holy Roman Empire of the German Nation; the First Reich ともいう》.

Hóly Róod 〖ME *holie rode* < OE *hāliġe rōd*〗 ― *n.* **1** [the ～] 聖十字架《キリストがはりつけにされた十字架》; 聖十字架. **2** [h- r-] 教会の内陣の仕切り (rood screen) の上に設けた十字架.

Hóly Róod Dày *n.* 〖キリスト教〗**1** =INVENTION of the Cross. **2** =Holy Cross Day.

Hóly Sácrament *n.* [the ～] =sacrament 2.

Hóly Sáturday *n.* 聖土曜日《復活祭の前の土曜日》.

Hóly Scrípture 〖ME〗 *n.* [the ～; しばしば *pl.*] =Bible 1 (cf. scripture *n.* 1).

Hóly Sépulcher 〖ME〗 *n.* [the ～] (キリストが復活まで葬られていたとされる)聖墓.

Hóly Spírit 〖ME: cf. Holy Ghost〗 *n.* [the ～] **1** 神の霊. **2** =Holy Ghost.

hóly·stòne 〖《1777》: この石を日曜の掃除に使うため?〗 〖海事〗 *n.* (甲板用)みがき石. ― *vt.* 〈船の甲板などを〉みがき石でみがく.

hóly sýnod *n.* 〖東方正教会〗最高教会[宗教]会議.

Hóly Táble *n.* [the ～] 〖キリスト教〗聖餐台; 聖餐.

hóly thístle *n.* 〖植物〗=lady's-thistle.

Hóly Thúrsday 〖ME〗 *n.* **1** 〖英国国教会〗昇天祭[日] (⇨ Ascension Day). **2** 〖カトリック〗聖木曜日 (Maundy Thursday)《復活祭前の木曜日》.

hóly·tìde 〖ME〗 *n.* 《古》聖季節《クリスマスなど教会の行事のある季節》. 「Trinity 1).

Hóly Trínity 〖ME〗 *n.* [the ～] (聖)三位一体 (⇨

hóly wár *n.* **1** 聖戦《十字軍など》. **2** =jihad.

hóly wáter 〖OE *hāligwæter*〗 *n.* **1** 〖カトリック〗聖水《宗教の儀式などに用いられる聖別された水》. **2** 〖仏教〗お水. **3** (神社の前にある)御手洗(みたらし).

hóly wáter sprínkler *n.* 棘(とげ)つき棍棒 (morning star).

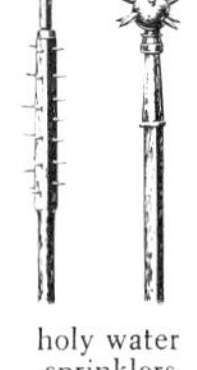
holy water sprinklers

Hóly Wéek 〖cf. OE *sēo hālge wucu* Rogation week〗 ― *n.* [(the) ～] 聖週(間)《復活祭前の一週間; この間キリストの最後の数日間を記念して祈禱を捧げる》.

Hóly Wíllie 〖Robert Burns の諷刺詩 *Holy Willie's Prayer* (1785) から〗 *n.* 信心家ぶった偽善者.

hóly wrít 〖OE *hālige writu* holy writings〗 ― *n.* **1** [通例 the H- W-] =Bible 1. **2** 絶対の権威のある書類[言葉].

Hóly Yéar *n.* 〖カトリック〗聖年 (jubilee)《25年ごとにローマ巡礼，善業に対して全免罪が与えられる》.

hom [hóum | háum] *n.* =homa.

hom. 《略》homiletics; homily.

hom- [houm, hɑm | həum, hɔm] (母音の前に来る時の)homo- の異形.

ho·ma [hóumə | háu-] 〖《1855》▭Pers. *hōm*=Skt *soma* 'SOMA[2]'〗 ― *n.* **1** ホウマ《古代ペルシャ人と拝火教徒の神木; インドの soma に同じ》. **2** ホウマの樹液《神酒に用いた》.

hom·age [(h)ɑ́mɪdʒ | hɔ́m-] 〖《?*c*1225》▭OF ～ (F *hommage*) < LL *homināticum* ← L *homō* man, (LL) vassal: ⇨ -age〗 ― *n.* **1 a** 尊敬，敬意，忠順 (reverence): pay [do] ～ to ...に敬意を表する. **b** 賛辞，お世辞 (tribute). **2 a** (封建時代の)臣従の礼，(臣下としての)忠順の宣誓: do [render] ～ (正式に)臣従の礼を致す，忠順を誓って臣下となる. **b** (封建時代の)主従の関係. **c** (封建時代の)臣下であるための奉仕[行為]. ― *vt.* 〈人〉に敬意[恭順の意]を表する.

hóm·ag·er 〖lateME ▭(O)F *hommager*: ⇨↑, -er[1]〗 *n.* **1** 敬意を表する人. **2** 封臣，家臣 (vassal).

hom·al- [hɑ́məl | hɔ́m-] (母音の前に来る時の) homalo- の異形.

hom·a·lo- [hάmәlo(ʊ) | hɔ́mәl(ʊ)] 〘← NL ～ ▭ Gk ～ ← *homalós* even, level〙 ── 「平らな (flat); 平等の (equal)」の意の連結形. ★ 母音の前では通例 homal- になる.

hom·a·lo·graph·ic [hὰmәlo(ʊ)grǽfɪk | hɔ̀mәlә(ʊ)-] *adj.* 〘地理〙 =homolographic.

Hom·a·lop·si·dae [hὰmәlάpsәdìː | hɔ̀mәlɔ́psɪ-] 〘← NL ～ ← *Homalopsis* (属名: ← Gk *homalós* even, regular + -OPSIS): ⇨ -idae〙 ── *n. pl.* 〘動物〙(脊椎動物門, 爬虫綱, 鱗竜亜綱)ホマロプシス科.

Ho·mar·i·dae [ho(ʊ)mǽrәdìː | hә(ʊ)mǽrɪ-] 〘← NL ～ ← *Homarus* (属名: ▭ F *homard* lobster): ⇨ -idae〙 *n. pl.* 〘動物〙ウミザリガニ科.

hom·bre¹ [άmbri, ʌ́m-, -breɪ | ɔ́mbrɪ, ʌ́m-, -breɪ] *n.* 〘トランプ〙 =ombre.

hom·bre² [άmbri, ʌ́m-, -breɪ | ɔ́mbrɪ, ʌ́m-, -breɪ ; *Sp.* ómbre] 〘▭ Sp. ～ < L *hominem* (acc.) ← *homō* man〙 ── *Sp. n.* (*pl.* ～**s** [～z ; *Sp.* ～s]) 男 (man), やつ (guy, fellow).

hom·burg [hάmbәːg, -buәg | hɔ́mbәːg] 〘← *Homburg* (西ドイツ Wiesbaden 近くの町): 同地で最初に作られ流行した〙 ── *n.* ホンブルク帽《つばがややそり上がり中央がくぼんだフェルト帽》.

homburg

home [hóʊm | hә́ʊm] 〘*n.*: OE *hām* home, house, dwelling ← Gmc **χaim-* (Du. *heem* / G *Heim*) ← IE **kei-* to lie; bed, home; beloved (L *cīvis* citizen / Gk *keîsthai* to lie). ── v.: 《1889》 ← (n.)〙 ── *n.* **1 a** (生活の場としての)家, うち, 住い (dwelling): one's (own) ～ 自宅, わが家 / take a person to his [one's] ～ / leave ～ at seven 7時に家を出る / make one's ～ in the country 田舎に家をもつ[居を構える] / My ～ is in Boston. 私のうちはボストンにあります(cf. 1 b) / *Home* [One's ～] is the best. うちが一番いい / Be it ever so humble, there's no place like ～. どんなに貧しくとも, わが家にまさる所はない. **b** 住いのある場所, 住所 (domicile): Boston is my ～. ボストンがうちのある所です. **c** 生家, 実家: the old ～ (自分が生れて育った)なつかしい家 / He left ～ when he was twenty. 20歳のときに家を出(て独立し)た. **2 a** 家庭 (family): a happy ～ 円満な家庭 / break a person's ～ 人の家庭を破壊する. **b** 家庭生活 (family life): the pleasures of ～ 家庭(生活)の楽しみ. **3** 《米・カナダ・豪》(建物としての)家, 住宅 (house): buy a new ～ / own two ～*s*. **4 a** 郷里, 故郷, 国もと: Her ～ is California. 彼女の国(もと)はカリフォルニアだ. **b** 生国, 本国, 故国. **c** 《英》(外地から見ての)英本国, 英国 (England): Lord Clive left India for ～. クライブ卿はインドを出発して英国へ向かった. **5 a** 自分のうち[故郷]のように思える所; 憩いの場: ⇨ second home. **b** (腰をすえて)本領を発揮できる所, より所. **6 a** (困窮者などの)収容所, ホーム; 宿泊所; (身障者などの)療養所, 施療所: a ～ *for* orphans [old people] 孤児収容所[老人ホーム] / a sailors' ～ 海員宿泊所 / ⇨ nursing home, rest home. **b** 《口語》精神病院 (mental home): You ought to be in a ～. 精神病院に行くべきだ, 気がふれている. **7** (動植物の)生息地, (本来の)住処(すみか), 本場 (habitat): the ～ of the tiger. **8** (思想・制度などの)発祥地, 本元: the ～ of jazz / the ～ of constitutional government 立憲政治の本家. **9** (探検隊などの)基地, 本部 (headquarters): start from ～ 基地から出発する. **10 a** 〘遊戯〙陣. **b** 〘野球〙ホームベース, 本塁 (home base). **c** 〘スポーツ〙決勝点 (goal). **11** 〘ラクロス〙 **a** ホーム《相手方のゴールに最も近い攻撃地点; 二つある中の一つ》. **b** ホームプレーヤー. **12** ホームグラウンドでの試合[勝利].

at home (1) 在宅して; 在宅日で, 面会日で (cf. at home): He is *at* ～ first and third Mondays. 第一月曜と第三月曜とが在宅日です《客の訪問を受ける》/ I am not *at* ～ today. 今日は人に会わない《面会謝絶》. (2) 本国で, 国内で: the inflation *at* ～ and abroad 国内国外のインフレ. (3) (自宅にいるように)気楽に, くつろいで: be [feel] *at* ～ 気楽にくつろぐ / Make yourself *at* ～. お楽にして下さい. (4) 〔…に〕精通して (well versed), 慣れて (familiar) 〔*with, on, in*〕: She is terribly *at* ～ *in* French. フランス語がすごくうまい. (5) 環境に調和して, 周囲に溶け込んで. (6) ⇨ at home. (7) 〘スポーツ〙ホームグラウンドで: a game [match] *at* ～ / win *at* ～ ホームグラウンド(の試合)で勝つ. ***a home (away) from home*** (気安さや設備の点で)自分の家のように思える[家庭的な雰囲気の]宿[場所]. ★《英》では away を省く: Their apartment was my ～ (away) *from* ～. 彼らのアパートは私には(他郷の)わが家のように思えた. ***from home*** (1) うち[郷里, 本国]から: a letter *from* ～. (2) 留守[不在]で; 家[本国]を離れて: He is (away) *from* ～. ***home free*** 《米俗》(十分リードして[差をつけて])成功する[勝つ]こと疑いない: be ～ *free* in an election 選挙での楽勝疑いなし. ***one's long* [*last*] *home*** 墓場; あの世: go to *one's long* [*last*] ～ 死ぬ (cf. *Eccles.* 12:5). ***near home*** (1) 家[国もと]に近く. (2) 身に近く, 身辺に. ***to home*** 《英方言・米》=*at* HOME (1), (2), (3).

home of lost causes [the ─] 挫折した目的のより所《Oxford 大学のこと; Mathew Arnold の言葉》.

── *attrib. adj.* **1 a** わが家の, 自宅の, うちの; 家庭の; 郷里の; 故国の: ～ life 家庭生活 / ～ paper 郷里の新聞 / a ～ task 《英》宿題 / ～ treatment 家庭療法 / a ～ country 故国. **b** 自国の, 本国の; 本国付近の: ～ waters 近海. **c** 内国の, 内地の, 国内の (domestic, internal); 内政上の, 内務の: ～ affairs 内務 (cf. foreign affairs) / ～ products 国産品 / the ～ market [trade] 内地市場[商業] / ～ rails 《英》内国鉄道株 / ⇨ Home Office, Home Secretary. **2** 急所を深く突く; 手痛い (poignant): a ～ thrust 急所の一突き; (ぎくりとくる)痛切な評言 / a ～ question 急所を突く質問 / ⇨ home truth. **3** 〘スポーツ〙ホームグラウンド(での), 地元の (cf. away *adj.* 1): a ～ game ホームゲーム / a ～ team 地元のチーム, ホームチーム (cf. visiting team). **4** 〘野球〙本塁(生還)の: ⇨ home plate, home run.

── *adv.* **1 a** わが家へ, 自宅へ[に, まで]; (自宅へ)帰って; 《米》家に, 在宅して (at home): take a bus ～ 家へバスで帰る / be on one's way ～ 帰り道にある, 帰宅の途中である / go [come] ～ 帰宅する / see a person ～ 家へ送って行く / send a person ～ 人を(車で, 誰かに託して)家に送り届ける / stay ～ 《米》家にいる / I took him ～. 彼を彼の[私の]家に連れて行った (cf. *n.* 1 a) / He is ～ at last. とうとう帰って来た / Is she ～ yet? もう帰宅しましたか / Is he ～? 《米》家にいるかい / I won't be ～ for dinner. (今日は)夕食には帰らないよ / I may be late ～ today. 今日は帰りが遅くなるかもしれない. **b** 自国[本国, 故国]へ: be ordered ～ 帰国を命じられる / write ～ to the government 本国政府へ手紙を出す. **2** (短刀・矢などをねらった所に)ぐさりと, ずぶりと(急所に達するまで)(deep); 徹底的に (thoroughly): thrust a dagger ～ 短剣をぶすりと突き立てる / hit a person ～ 人をがんとなぐる, 人の急所を突く / drive a nail ～ 釘を頭まで打ち込む (cf. *drive* HOME (1)) / The shaft went ～. 矢がずぶりとささった. **3** 痛切に, ぎくりと(胸を突くように), しみじみ, 切実に: ⇨ *come* HOME (2), *drive* HOME (2). **4** 〘海事〙 **a** 沖から岸の方へ, 海岸の方へ. The wind was blowing ～. 風は陸の方へ吹いていた. **b** 船(の中)の方へ (full in): ⇨ *come* HOME (3). **c** 最大限に, 一面に. **d** しかるべき位置に. **5** 決勝点[ゴール]へ; 〘野球〙本塁へ[で].

bring home (1) 〔人に〕痛切に感じさせる, 納得させる (convince) 〔*to*〕 (cf. 3): *bring* ～ (*to* people) the risks of smoking (人々に)喫煙の危険を切実に自覚させる / Its absurdity was *brought* ～ *to* him. その不合理さを彼は切実に感じ(させられ)た. (2) 〘競馬〙〈騎手が〉〈馬を〉優勝させる. ***bring oneself* [*be brought*] *home*** (財政的に)立ち直る, 身代[地位]を回復する (recover oneself). ***come home*** (1) 帰宅する (cf. 1 a). (2) 胸にこたえる, 痛感される, しみじみ[切実に]感じられる (appeal); 深刻に影響する: *come* ～ *to* one's heart. (3) 〘海事〙〈錨が〉引けて来る: ⇨ *The* ANCHOR *comes home.* 《停泊中の船が錨を引いたままで移動する場合にいう》. ***come home to roost*** ⇨ roost¹ 成句. ***drive home*** (1) 〈釘・かんぬきなどを〉深く打ち[差し]込む (cf. *adv.* 2). (2) 〈議論・事実などを〉(強く論じて)納得させる, 痛感させる, よくよく理解させる. (3) 〘野球〙(ヒットなどで)〈ランナーを〉ホームに進ませる: He *drove* Joe ～ with a scratch single. 彼はラッキーなヒットを打ってジョーにホームを踏ませた. ***fall home*** 〘海事〙〈船側の上部が〉下部よりも内側に引っ込んだ形にする《昔の船に多かった》. ***follow home*** あくまでも続ける, 徹底的に追求する. ***get home*** (1) 家に帰る[らせる]. (2) ねらいが当たる. (3) (ゴールなどに)一着で到着する; (すごろくなどで)上がりとなる. (4) 〈不快な事実・言葉などが〉〔…に〕十分に理解される, 〔…の〕胸にこたえる; 〔…に〕十分理解させる 〔*to*〕. ***home and dry*** 《英口語》〈事が〉首尾よくいって, (もう)大丈夫[安心]で. ***press home*** (1) 〈物を〉しっかり押し[詰め]込む. (2) 〈攻撃などを〉徹底的にやる; 〈主張などを〉徹底させる. (3) 〈利点を〉最大限に利用する: *press* ～ an [one's] advantage 好機を最大限に活用する. ***to write home about*** [しばしば否定構文で]取り立てて言うほどの, 大した (remarkable): It was *nothing to write* ～ *about*. 大したもの[こと]ではなかった, 下らないことだった.

── *vi.* **1 a** 家[本国, 故郷]へ帰る. **b** 〈鳩などが〉巣に帰る (⇨ homing *adj.* 1). **2** 〔…に〕本拠を持つ 〔*in*〕: The company ～*s in* New York. その会社はニューヨークに本拠を持つ. **3 a** 〈航空機・飛行士などが〉(ビーム・標識用電波などに向かって[従って])進む; 〈ミサイル・無人機が〉自動操縦で〔目標に〕向かう 〈*in*〉 〔*on*〕: The airplane ～*d* (*in*) *on* the radio beacon. 飛行機は無線標識に従って空港に向かった / The missile ～*d* (*in*) *on* the ship. ミサイルはレーダーの誘導で船に向かって進んだ. **b** 〈研究・計画などが〉〔…を目ざして〕進む[行なわれる] 〈*in*〉 〔*on*〕. **4** 〘航空〙高度以外に座標によって目的地に飛行する. ── *vt.* **1** 家へ帰らせる[送り返す]. **2** …に家[安息所]をあてがう. **3** (自動計測器で目標に)〈ミサイルなどを〉向ける. **4** 〈鳩〉に巣へ戻るように教える. ***home onto* [*on to*]** …へ(レーダーなどで)向かう[誘導する].

ho·me- [hóʊmi, hάmi | hә́ʊmi, hɔ́mi] (母音の前に来る時の)homeo- の異形.

hóme áddress *n.* 自宅の住所 (cf. business address).

hóme-and-hóme *adj.* 〘スポーツ〙ホームアンドホーム式の《相互に相手の本拠地に遠征して試合を行なう方式の》: a ～ series.

hóme báse *n.* **1** 〘野球〙本塁, ホームベース. **2** 本拠(地).

hóme·bìrd *n.* =homebody.

hóme·bòdy *n.* 家に引きこもりがちな人 (stay-at-home); 家庭的な人, マイホーム主義の人.

hóme·bórn *adj.* 本国[内地]生れの; 内国産の, 土着の.

hóme·bòund¹ 〘← HOME+BOUND³〙 *adj.* 本国行きの, 本国帰還の, 帰航の: a ～ traveller, plane, ship, etc.

hóme·bòund² 〘← HOME+BOUND⁴〙 *adj.* 家に閉じこもった: a ～ invalid 閉じこもったきりの病人.

hóme·bréd *adj.* **1** 自宅[自国]育ちの; 国産の: ～ mutton 国産羊肉. **2** 《古》世間知らずの; 純朴な.

hóme bréw *n.* **1** 自家製醸造飲料《手造りのビールなど》. **2** 自家製のもの; (その)国特有のもの《文化・宗教など》. **hóme-bréwed** *adj.*

hóme càr *n.* 〘鉄道〙本属貨車《ある路線軌道に所属する貨車》.

hóme círcuit *n.* 《英》London 中心の巡回裁判区.

hóme·còming 〘ME *homcomyng*: cf. OE *hāmcyme* homecoming, return〙 ── *n.* **1 a** 帰宅, 帰省, 里帰り. **b** 帰国. **2** もとよく通っていた所に皆で集まること; 《米》(大学で年1度の)同窓会. ── *attrib. adj.* 《米》(大学で年1度の)同窓会の: a ～ dance.

Hóme Cóunties *n. pl.* [the ～] 《英》London を取り巻く諸州《Hertfordshire, Essex, Kent, Surrey の諸州, もとは旧 Middlesex が含まれたが旧 Middlesex 州は現在では Greater London に含まれている; また時として Buckinghamshire, Berkshire, West Sussex, East Sussex 諸州を含めることがある》.

Hóme Depártment *n.* [the ～] 《英》=Home Office.

hóme económics *n.* 家政学, ホームエコノミックス《買物相談・育児などを含め家事全般の技術を研究する学問》.

hóme ecónomist *n.* 家政学者, ホームエコノミスト《ホームエコノミックスの専門家》: a ～ in business 企業内で働くホームエコノミスト《デパートなどで特にその方面を担当する専門家; cf. HEIB》.

hóme edítion *n.* 《米》〘新聞〙 =city edition.

hóme·fàrm *n.* 《英》(地方大地主の)自作農場.

hóme·fèlt *adj.* しみじみ胸にこたえる; 心に秘めた, 心中の.

hóme fíre *n.* **1** 炉の火. **2** [*pl.*] 家庭, 家庭生活 (home, home life): keep the ～*s* burning 銃後の生活を守る, 家庭の生活を続けて行く《第一次大戦中英国で流行した歌の一節から》.

hóme fòlks *n. pl.* 《米口語》故郷の人々; (特に)身内の人たち.

hóme fréezer *n.* 家庭用冷凍冷蔵庫 (cf. freezer 2).

hóme frónt *n.* [the ～] **1** 国内戦線, 銃後《戦時中本土に留まり前線の将兵の活動に呼応して銃後の固めに努める非戦闘員の活動区域》. **2** [集合的] 銃後の国民.

hóme gróund *n.* **1** ホームグラウンド《チーム所在地の競技場》. **2** 根拠地.

hóme·grówn *attrib. adj.* **1** 自家製の; その土地で出来た; 内地産の. **2** 祖国の, 出生地の; (その)土地で生れた: a ～ wrestler 地元出身のレスラー.

hóme guárd *n.* **1** 《米》(正規軍出動中の)地方義勇兵, 州留守警備部隊. **2** [H- G-] 《英》国防市民軍兵; the ～*s* 国防市民軍《1940年地方防衛義勇隊 (Local Defence Volunteers) を改組したもの (1940–57)》.

hóme hélp *n.* 《英》家政婦, ホームヘルパー, 家庭奉仕員.

hóme índustry *n.* 国内産業; 家内産業.

hóme·kèeper *n.* 自宅へ引っ込みがち[出不精]の人.

hóme·kèeping *adj.* 自宅を離れない, (外出ぎらいで)家にばかりいる, 引っ込みがちの (stay-at-home): *Homekeeping* youth have ever homely wits. 本国にいつづけの若者は本当の知恵にありつけぬ,「井の中の蛙(かわず)大海を知らず」(‘home’ の発音のしゃれ; Shak., *Two Gent* 1. 1. 2.).

hóme·lànd [-lǽnd, -lәnd | -lǽnd] *n.* 自国, 生国, 故国 (fatherland).

hóme·less *adj.* 家のない; よるべのない; 飼い主のない. **～·ly** *adv.* **～·ness** *n.*

hóme·lìke *adj.* 自宅[家庭]のような, 家庭的な (homely); (家庭的に)いかにも気安い, 気楽な (comfortable, cozy); 素朴な, 健全な: a ～ atmosphere. **～·ness** *n.*

hóme·ly 〘《?c1380》: ⇨ home, -ly¹˒²〙 ── *adj.* (**home·li·er**; **-li·est**) **1** わが家のような; 家庭的な (homelike): a ～ air [atmosphere] 家庭的空気[雰囲気]. **2 a** 質素な, 地味な (plain); 素朴な, 粗野な, やぼな (rude): quite a ～ sort of person いかにも質朴らしい人 / a ～ meal 質素な食事. **b** 《米》〈人・容貌が〉不器量な (plain): a ～ girl. **3** 通俗な, ありふれた: a ～ phrase [expression] 平凡な文句[表現]. **4 a** 非常に親しい: He is ～ *with* us. 彼は我々ととても親しい. **b** 友情[同情心]の篤い. **hóme·li·ness** *n.*

hóme·màde 〘《c1650》〙 ── *adj.* **1 a** 自家製の, 手製の, 自製の: ～ bread [pies] 自家製のパン[パイ]. **b** 自己流(儀)で作った, 自家製の; 素人くさい (amateurish): a ～ dress / a ～ style of writing 未熟な書き振り. **2** 国産の; 国内消費用の, 国内向けの.

hóme·màker *n.* **1** 主婦 (housewife). **2** 家政婦 (housekeeper).

hóme·màking *n.* **1** 家庭作り, 家庭管理, 家政. **2** 《米》家庭科(目). **3** [形容詞的に] 家政の, 家庭管理の.

hóme míssion *n.* 〘キリスト教〙内国伝道, 国内伝道 (inner mission) (cf. foreign mission).

hóme móvie *n.* 自家製[手製]の映画; 自分(たち)の活動を映画化したもの.

homeo. 《略》homeopathic.

ho·me·o- [hóʊmiә, hάm-, -mio(ʊ) | hә́ʊmjә(ʊ), hɔ́m-, -mɪә(ʊ)] 〘▭ Gk *homoio-* ← *hómoios* similar, like (cf.

homós one and the same)〗 ━「同類の, 類似の」の意の連結形. ★ 母音の前では通例 home- になる.

ho·me·och·ro·nous [hòumiákrənəs, hàm- | hàu-miɔ́k-, hɔ̀m-] 〖← HOMEO-＋-CHRONOUS〗 ━ *adj.* 〘生物〙同時の, 同時期に起こる, 等時性の《子の遺伝形質の発現時期が親と同じ時期に起こることにいう》.

Hóme Óffice *n.* **1** [the ~]《英国の》内務省《米国の Department of the Interior に相当する》. **2** [h- o-] (会社の)本社.

hómeo·mòrph 〖← HOMEO-＋-MORPH〗 *n.* 〘結晶〙異質同形の結晶.

hòmeo·mórphic *adj.* **1** 〘結晶〙異質同形の. **2** 〘数学〙同相(写像)の, 位相同形の.

hòmeo·mórphism *n.* **1** 〘結晶〙異質同形《似てない化合物で結晶形が類似していること; cf. isomorphism 1, heteromorphism 3》. **2** 〘数学〙位相写像, 位相同形写像《位相空間から位相空間への全単射で, それ自身も逆写像も連続であるようなもの》. **hòmeo·mórphous** *adj.*

hómeo·mòrphy *n.* 〘生物〙＝homomorphy.

ho·me·o·path [hóumiəpæ̀θ, hám- | háumjə(ʊ)-, hɔ́m-, -mɪə(ʊ)-] 〖(1830) □ G *Homöopath*: ⇨ homeo-, -path〗 *n.* ホメオパシー医 (homeopathist ともいう).

ho·me·o·path·ic [hòumiəpǽθɪk, hàm- | hàumjə(ʊ)-, hɔ̀m-, -mɪə(ʊ)-] 〖(1830) ⇨ ↑, -ic¹〗 ━ *adj.* **1** ホメオパシーの, 類似[同種]療法の[に関する, を施す]. **2** 《戯言》(同種療法の薬物のように)微量の (minute).

hò·me·o·páth·i·cal·ly *adv.*

hò·me·óp·a·thist [-θɪst, -θəst | -θɪst] *n.* ＝homeopath.

ho·me·op·a·thy [hòumiápəθi, hàm- | hàumɪɔ́pəθɪ, hɔ̀m-] 〖(1826) □ G *Homöopathie*: ⇨ homeo-, -pathy〗 ━ *n.* 〘医学〙ホメオパシー, 同毒[類似]療法《病原因子と同じ性質をもつ物質の少量で治療する方法; cf. allopathy》.

ho·me·o·sis [hòumióusɪs, hàm-, -səs | hàumɪə́usɪs, hɔ̀m-] *n.* 〘生物〙＝homoeosis.

ho·me·o·sta·sis [hòumio(ʊ)stéɪsɪs, hàm-, -stǽs-, -miástə-, -səs | hàumjə(ʊ)stéɪsɪs, hɔ̀m-, -mɪə(ʊ)-] 〖← NL ～: ⇨ homeo-, -stasis〗 ━ *n.* 〘生理〙恒常性, ホメオスタ(ー)シス《身体内部の体温・化学的成分などが恒常を保つよう精巧に調節されていること》. **ho·me·o·stat·ic** [hòumio(ʊ)stǽtɪk, hàm- | hàumjə(ʊ)-stǽt-, hɔ̀m-, -mɪə(ʊ)-] *adj.*

ho·me·o·ther·mic [hòumio(ʊ)θə́ːmɪk, hàm- | hàu-mjə(ʊ)θə́ː-, hɔ̀m-, -mɪə(ʊ)-] *adj.* 〘動物〙＝homoiothermic.

ho·me·o·type [hóumiətàɪp, hám- | háumjə(ʊ)-, hɔ́m-, -mɪə(ʊ)-] 〖← HOMEO-＋-TYPE〗 *n.* 〘生物〙同模式標本《模式標本と比較して同一と見なされた標本》.

ho·me·o·typ·ic [hòumiətípɪk, hàm- | hàumjə(ʊ)-, hɔ̀m-, -mɪə(ʊ)-] *adj.* 〘生物〙〈分裂が〉同型の (cf. heterotypic).

hò·me·o·týp·i·cal [-pɪkəl, -pə- | -pɪ-] *adj.* 〘生物〙＝homeotypic.

hóme·òwner *n.* 自家所有者. **～·shìp** *n.*

hóme pérm *n.* 家庭用器具でかけたパーマ; そのための器具.

hóme·plàce *n.* 出生地; 家庭.

hóme pláte *n.* 〘野球〙本塁, ホームプレート (home base).

hóme pórt *n.* 〘海事〙母港.

hóm·er¹ 〖(1868) ← HOME＋-ER¹〗《口語》 *n.* **1** 《米》〘野球〙ホームラン (home run). **2** 伝書鳩 (homing pigeon). ━ *vi.* 《米》〘野球〙ホームランを打つ.

ho·mer² [hóumə | háumə(r)] 〖□ Heb. *ḥōmer* heap, measure〗 *n.* ホーメル《古代イスラエルの液量単位 (＝10 baths), または乾量単位 (＝10 ephahs)》.

Ho·mer¹ [hóumə | háumə(r)] 〖□ OF *He(a)umier* 《原義》helmet-maker // 《変形》← *Holmer* 《原義》(i) dweller by a pool in the hollow (← OE *holh* 'HOLLOW'), (ii) dweller on flat land near water (← HOLM¹) or by a hollybush (← HOLM²) // □ L *Homēr-us* (↓)〗 ━ *n.* 男性名.

Ho·mer² [hóumə | háumə(r)] 〖□ L *Homēr-us* □ Gk *Hómēros* 《原義》hostage, blind〗 ━ *n.* ホメロス, ホーマー《紀元前10世紀ごろのギリシャの盲目詩人: *Iliad* と *Odyssey* の作者と言われる》: (Good) ～ sometimes nods. 《諺》名人にも失策はある,「弘法(こうぼう)にも筆の誤り」《← L Quandōque bonus dormitat Homērus. Sometimes the good Homer grows drowsy. (Horace, *De Arte Poetica*): Homer のような大詩人でも居眠りしながら書いたと思われる凡句が時々見受けられる, の意》.

Homer, Winslow *n.* (1836–1910) 米国の海洋画家.

hóme ránge *n.* 〘生態〙行動圏, 行動範囲《動物の個体[群れ]の日常生活行動範囲内地域; cf. territory 5》.

Ho·mer·ic [ho(ʊ)mérɪk | hə(ʊ)-] 〖(a1771) □ L *Homēric-us* □ Gk *Homērikós* ← *Hómēros* 'HOMER': ⇨ -ic¹〗 ━ *adj.* **1** (ギリシャ詩人)ホメロスの(時代の); ホメロスに特有な, ホメロス式描写の; ホメロス詩風[語法]の(ような): a ～ battle (ホメロス物語式の)英雄が活躍する武勇戦 / the ～ question ホメロス問題《*Iliad* および *Odyssey* の作者・時日・構成などに関する問題》/ ～ verse 6歩格の詩《ホメロスがその二大叙事詩に用いたことから》. **2 a** 叙事詩的な (epic); 勇壮な. **b** 壮大な, 堂々とした: a ～ feat of performance 堂々たる演技. **Ho·mér·i·cal·ly** *adv.*

Homéric láughter 〖Hephaestus がびっこをひいて歩くのを見た神々の大笑いから〗 ━ *n.* (Homer の詩 *Iliad* 中の神々を思わせるような)とめどのない大笑い, 哄(こう)笑, 呵々(かか)大笑.

Homéric símile *n.* 〘詩学〙ホメロス風比喩 (⇨ epic simile).

hóme·ròom 〖(1915)〗 ━ *n.* 《米》〘教育〙(一定の学級の生徒の集まる)固有教室, 所属教室, ホームルーム《学科の選択制により分散学習するので学級としてまとめるための組織》; ホームルームの時間.

hóme rúle *n.* **1** 内政自治, 地方自治. **2** [H- R-]《英》(1870年ごろから英国政界に起こった)アイルランドの自治(問題).

Hóme Rúle Bìll *n.* 〘英史〙アイルランド自治法案《1886年と1893年に Gladstone 内閣が提出して不成立に終わり, 1914年ようやく成立したが, 第一次大戦の勃発により延期された》.

hóme rúler *n.* **1** 内政自治論者. **2** [H- R-]《英》アイルランド自治論者.

hóme rún *n.* 〘野球〙ホームラン (cf. run *n.* 21): a ～ hit 本塁打 / a cheap [Chinese] ～《俗》柵(さく)すれすれのホームラン, フライが風に流されてのホームラン.

Hóme Sécretary *n.* (英国の)内務大臣《正式には Secretary of State for the Home Office という》.

Hóme Sérvice *n.* [the ～] (英国 B.B.C. ラジオの)一般家庭(特に主婦)向け放送《この呼び方は廃止された》.

hóme·sìck 〖(c1798)《逆成》← (1756) *homesickness* 《なぞり》← G *Heimweh*〗 ━ *adj.* 家を恋しがる, 故郷をなつかしむ, ホームシックの: become bitterly ～ 猛烈なホームシックになる.

hóme·sìck·ness *n.* 懐郷病, ホームシック, 郷愁, 里心 (nostalgia).

hóme sìgnal *n.* 〘鉄道〙場内信号機 (cf. distant signal).

hóme·sìte *n.* **1** 住宅建築用地, 宅地. **2** 家[自宅]のある場所, 居住地.

hóme·spùn 〖(1591) ← HOME＋SPUN〗 ━ *adj.* **1** 手紡ぎ[手織り]の, ホームスパンの; 手織物製の: ～ cloth 手織りラシャ. **2 a** 庶民的な, 大衆的な. **b** 質朴な, 素朴な, 粗野な, 平凡な (plain, homely): simple, ～ characters 単純で素朴な人物 / a ～ proverb 月並なことわざ. **c** 実用的な (practical). ━ *n.* **1 a** 手織りラシャ, ホームスパン. **b** ホームスパンまがい(のラシャ), 手織りふうの目の粗い布地. **2** 素朴なもの[言葉]. **3** 《廃》田舎者 (rustic).

hóme stánd *n.* 〘野球〙(チームの)本拠地で行なう試合[シリーズ].

hóme·stày *n.* 《米》(留学生などの外国での)家庭滞在.

home·stead [hóumstèd, -stɪd, -stəd | háumstèd, -stɪd] 〖OE *hāmstede*: ⇨ home, stead 3: cf. farmstead〗 ━ *n.* **1 a** (付近の畑地を含めた農家の)家屋敷; (特に)(付属建物を含めた)農場 (farmstead). **b** 由緒ある家屋敷; 家 (house). **2** 《米・カナダ》自作農場 (1戸当て160エーカーを入植者に与える; cf. Homestead Act). **3** 《豪》牧場主の持ち家[住宅]. **4** 〘法律〙宅地, 家産《米国では差押えや強制売却されることのない権利をも意味する》. ━ *vi.* 《米》(homestead law に基づいて)土地を入手して定住する, 入植する. ━ *vt.* 〈土地を〉(homestead law に基づいて)入手する.

Hómestead Àct *n.* [the ～]〘米史〙自営農地法《公有地の払下げを事実上無償にし, 自作農民を育成しようとした1862年制定の法律; cf. homestead *n.* 2》.

hóme·stèad·er *n.* **1** homestead の所有者. **2** 《米》Homestead Act による入植者.

hómestead làw *n.* [the ～] **1** 入植者の家屋敷を差押え[公売]から免除する法律《homestead exemption law ともいう》. **2** 〘米史〙＝Homestead Act.

home·ster [hóumstə | háumstə(r)] 〖← HOME＋-STER〗 *n.* 《英》**1** ホームチームの選手, 地元選手. **2** ＝homebody.

hóme stráight *n.* 《英》＝homestretch.

hóme·strétch *n.* 《米》**1** ホームストレッチ《競走の最後の直線コース; cf. backstretch》. **2** 仕事[事業]の最終部分, 追い込み: go into the ～ 大詰めに入る.

hóme stúdy *n.* (通信教育課程における)自宅学習 (cf. correspondence school).

hóme·tówn *n.* 生まれ故郷の町, ふるさと, 出生地; (長年)住み慣れた町. ━ *attrib. adj.* 生まれ故郷の町の, ふるさとの: He married a ～ friend. 故郷の幼なじみと結婚した.

hóme trúth *n.* **1** 胸にこたえる(不愉快な)事実. **2** 明白な事実の表明.

home·ward [hóumwəd | háumwəd] 〖OE *hāmweard*: ⇨ home, -ward〗 ━ *adj.* **1** 家路に向かう, 帰途の. **2** (本国へ)帰航の, 復航の. ━ *adv.* **1** 自宅へ(向けて), 家路を指して: walk ～ 家へ歩いて帰る. **2** 自国[本国]へ向かって.

hómeward-bóund *adj.* 本国行きの, 本国への帰還の, 帰航(中)の: a ～ ship, voyage, etc.

hómeward-bóund·er *n.* 帰航の船.

hóme·wards [-wədz | -wədz] *adv.* ＝homeward.

hóme·wòrk *n.* **1** (生徒の)宿題, 予習 (cf. assignment 2): do one's ～ 宿題をする (cf. 3) / set the students ～ 宿題を課する. **2** 家庭でする仕事, 内職; 家内工業. **3** (会議などのための)下調べ,「予習」: do one's ～ 十分に下調べ[準備]をする (cf. 1).

hóme·wórker *n.* (家庭で)内職をする人, 内職者.

hom·ey [hóumi | háumɪ] 〖← HOME＋-Y⁴〗 ━ *adj.* (**hom·i·er**; **-i·est**)《米口語》**1** わが家の; わが家らしい (homelike). **2** 気のおけない, 打ち解けた, 気楽な (intimate); 〈ホテル・レストランなど〉家庭的な, 居心地のいい. ━ *n.* 《ニュージーランド俗》(新来の)英(本)国人 (Britisher). **～·ness** *n.* **hóm·i·ness** *n.*

hom·i·ci·dal [hàməsáɪdḷ, hòum- | hɔ̀mɪ-] 〖(1725): ⇨ ↓, -al¹〗 ━ *adj.* **1** 殺人(犯)の[に関する]. **2** 殺人癖の, 殺人的傾向のある: a ～ lunatic [maniac] 殺人狂(の人) / ～ mania 殺人狂《精神病》. **～·ly** *adv.*

hom·i·cide [háməsàɪd, hóum- | hɔ́mɪ-] 〖1: (c1230) □ (O)F ～ □ L *homicīdium* ← *homi-* 'HOMINI-'＋*-cīdium*. ━ 2: (c1375) □ (O)F ～ □ L *homicīda* ← *homi-*＋*-cīda*: ⇨ Homo, -cide〗 ━ *n.* **1** 殺人(行為), 殺人犯(罪)《犯罪となる殺人は自殺 (suicide) と他人の殺人とに分けられ, 後者には謀殺 (murder) と故殺 (manslaughter) とが含まれる》. **2** 殺人者, 殺人犯(人).

hom·i·let·ic [hàməlétɪk | hɔ̀mɪlét-] 〖(1644) □ Gk *homilētik-ós* conversable ← *homileîn* to converse with: cf. homily〗 ━ *adj.* **1** 説教法の, 法話術の, 説教学の. **2** 説教の; 説教的な, 訓戒的な (hortatory).

hòm·i·lét·i·cal [-tɪkəl, -tə- | -tɪ-] *adj.* ＝homiletic. **～·ly** *adv.*

hom·i·let·ics [hàməlétɪks | hɔ̀mɪlét-] 〖⇨ ↑, -ics〗 *n.* **1** 説教法, 法話術. **2** 説教学《特にキリスト教では説教の目的・方法・形態などを取り扱う実践神学の一部門》.

ho·mil·i·ar·y [hɑmílièri | həmílɪəri] *n.* 説教集[書].

hóm·i·list [-lɪst, -ləst | -lɪst] 〖⇨ ↓, -ist〗 *n.* 説教家, 説教を書く人.

hom·i·ly [háməli | hɔ́mɪlɪ, -mə-] 〖(16C) □ LL *homili-a* homily □ Gk *homilía* discourse ← *hómilos* crowd ← *homoû* together＋*ílē* crowd ∽ (c1390) *omelie* □ OF (F *homélie*) □ LL: ⇨ -y¹〗 ━ *n.* **1** 説教, 法話, 説法 (sermon). **2** 訓戒 (admonition); (くどくどしい)お説教: read a person a ～ 人に訓戒する.

hom·in- [hámən | hɔ́mɪn] (母音の前に来る時の) homini- の異形.

hóm·ing 〖(1622) ← HOME＋-ING¹·²〗 ━ *adj.* **1** 帰って来る, 帰還の; 家を慕う; 〈鳩など〉巣に戻る (cf. homing pigeon): the ～ instinct 帰巣本能, 帰巣性. **2** 〘航空〙〈航空機・ミサイルなど〉指向装置のある, (目標への)自動誘導装置のある: an infrared ～ missile 赤外線誘導ミサイル. ━ *n.* **1** 帰って来ること, 帰還; (鳩などの)帰巣性. **2** 〘航空〙ホーミング《目標の出す熱線を感知したり, 目標周辺の地形を認識したりすることにより, 自動的にミサイル等を目標に誘導すること》.

hóming devìce *n.* (飛行機・誘導弾などの)自動誘導[指向]装置.

hóming pìgeon *n.* 伝書鳩 (carrier pigeon).

hóming torpèdo *n.* 〘海軍〙感応魚雷《音響や磁気に感応して誘導されながら航進して命中する魚雷》.

hom·i·ni- [hámənɪ, -nə | hɔ́mɪnɪ] 〖□ L *homin-*: ⇨ Homo〗「人 (man); 人間の (human)」の意の連結形. ★ 母音の前では通例 homin- になる.

ho·min·i·an [ho(ʊ)míniən | hə(ʊ)mɪ́nɪ-] 〖⇨ ↑, -an¹〗 *n., adj.* 〘人類学〙＝hominid.

hom·i·nid [hámənɪd, -nəd, -nìd | hɔ́mɪnɪd] 〖← NL *Hominidae*: ↓〗 *n.* 〘人類学〙ヒト科の動物; ヒト[人類]に似た動物; 原人; 人間. ━ *adj.* ヒト科の.

Ho·min·i·dae [ho(ʊ)mínədìː | hə(ʊ)mɪ́nɪ-] 〖← NL ～ ← *Homin-* (⇨ Homo)＋-IDAE〗 ━ *n. pl.* ヒト科《ヒトとしての特徴(例えば2足直立姿勢)をもち, 霊長類に属する一群で, 化石種ならびに現生種を含む》.

hom·i·nine [hámənàɪn, -nɪn, -nən | hɔ́mɪnàɪn, -nɪn] 〖← HOMINI-＋-INE¹〗 *adj.* 類人の; 人間の (human).

hom·i·ni·za·tion [hàmənɪzéɪʃən, -nə- | hɔ̀mɪnaɪ-, -nɪ-] 〖← HOMINI-＋-IZATION〗 ━ *n.* **1** 〘人類学〙ヒト化; 人類進化《ヒトが他の霊長類と異なる高度の進化を遂げてきたこと[過程]》. **2** 人間の要求に適応してくること; (機械などの)人間化, 人間性付与.

hom·i·nized [hámənàɪzd | hɔ́mɪ-] *adj.* 進化して人[人類]となった, 人類進化を遂げた.

hom·i·noid [hámənɔ̀ɪd | hɔ́mɪ-] 〖← HOMINI-＋-OID〗 *adj.* 人間[人類]に似た (manlike); ヒト科の. ━ *n.* 類人動物; ヒト科に属する動物《ヒトと類人猿》.

hom·i·ny [háməni | hɔ́mɪnɪ, -mə-] 〖← N-Am.-Ind. (Algonquian) *rockahominy* parched maize〗 *n.* (かゆにする)ひき割りとうもろこし (cf. samp).

hóminy grìts *n. pl.* [単数または複数扱い]《米》(均一粒状の)ひき割りとうもろこし.

hom·mock [hámək | hɔ́m-] *n.* ＝hummock.

ho·mo [hóumou | háuməu] 〖《略》〗 *n.* (*pl.* **～s**), *adj.* 《口語》＝homosexual.

Ho·mo [hóumou | háuməu] 〖(1596–97) □ L *homō* man ← IE **ghdhem-* earth (OE *guma* man): cf. humus, human〗 ━ *n.* **1** ヒト属《霊長目の一属で現代人類 (*Homo sapiens*) およびそれの出現以前に絶滅した原人 (*Homo erectus*) や旧人をも含む》. **2** [しばしば h-] ヒト (man).

ho·mo- [hóumo(ʊ), hám-, -mə | háumə(ʊ), hɔ́m-] 〖(17C) ← Gk *homós* 'SAME'〗 ━「同一(の)」の意の連結形《通例ギリシャ語系の語に用いる; cf. hetero-》. ★ 母音の前では通例 hom- になる.

ho·mo·bront [hóuməbrànt, hám- | háuməbrɔ̀nt, hɔ́m-] 〖← HOMO-＋*-bront* (⇨ bront-)〗 *n.* 〘気象〙同鳴線 (⇨ isobront).

hòmo·céntric¹ 〖⇨ homo-, -centric〗 *adj.* **1** 中心の同じ, 同心の, 共心の (concentric). **2** 〈光線が〉同一点から発散する, 同一点に集中する.

ho·mo·cen·tric² [hòumo(ʊ)séntrɪk | hàumə(ʊ)-] 〖⇨ Homo, -centric〗 *adj.* 人類中心の. **hòmo·céntric·ally** *adv.*

hòmo·céntrical *adj.* ＝homocentric¹.

hòmo·cércal 〖← HOMO-＋-CERCAL〗 *adj.* 〘魚類〙〈尾ひれが〉上下同じ形の, 相称の; 相称びれの[をもつ] (cf. heterocercal): a ～ fin 相称びれ.

hòmo·chlamýdeous *adj.* 〖植物〗同花被の (cf. heterochlamydeous).
hòmo·chromátic *adj.* 一色の, 単色の (monochromatic).
hòmo·chrómous *adj.* 〖生物〗単色の, 一色の (cf. heterochromous).
ho·moch·ro·nous [ho(ʊ)mákrənəs, hɑ-|hə(ʊ)mɔ́k-, hɔ-] 〖← HOMO-+-CHRONOUS〗 *adj.* 〖生物〗=homeochronous.
hòmo·cýclic *adj.* 〖化学〗同素環式の (cf. heterocyclic).
ho·mo·dont [hóʊmo(ʊ)dɑ̀nt, hám-, -mə-|hə́ʊmə(ʊ)dɔ̀nt, hɔ́m-] 〖← HOMO-+-ODONT〗 *adj.* 〖動物〗同形歯(牙)の, 同歯型の (cf. heterodont).
hom·o·dyne [hóʊmo(ʊ)dàɪn, hám-|hə́ʊmə(ʊ)-, hɔ́m-] 〖← HOMO-+DYNE〗 ― *adj.* 〖通信〗ホモダイン受信法の《入力電波と同一周波数の波を内部発生させて行なう検波法の》: ~ reception ホモダイン受信.
ho·moe- [hóʊmi, hámi|hə́ʊmɪ, hɔ́mɪ] (母音の前に来る時の) homoeo- の異形 (⇨ homeo-).
ho·moe·cious [ho(ʊ)míːʃəs, hɑ-|hə(ʊ)-, hɔ-] 〖← HOMO-+Gk *oîkos* house (⇨economy)+-OUS〗 ― *adj.* 〖生物〗(アリを宿主とするある種の甲虫のように生活環 (life cycle) を通じ) 同一宿主に寄生する.
hómo e·co·nóm·i·cus [-èkənɑ́mɪkəs, ìːk-, -mə-|-ìːkənɔ́mɪ-, -èk-] *n.* =economic man.
homoeo. 《略》homoeopathic.
ho·moe·o- [hóʊmiə, hám-, -mio(ʊ)|hə́ʊmjə(ʊ), hɔ́m-, -mɪə(ʊ)] =homeo-.
hómoeo·mòrph *n.* 〖結晶〗=homeomorph.
hòmoeo·mórphism *n.* 〖結晶〗=homeomorphism. **hòmoeo·mórphous** *adj.*
ho·moe·o·path [hóʊmiəpæ̀θ, hám-|hə́ʊmjə(ʊ)-, hɔ́m-, -mɪə(ʊ)-] *n.* =homeopath.
ho·moe·o·path·ic [hòʊmiəpǽθɪk, hɑ̀m-|hə̀ʊmjə(ʊ)-, hɔ̀m-, -mɪə(ʊ)-] *adj.* =homeopathic.
hò·moe·o·páth·i·cal·ly *adv.*
hò·moe·óp·a·thist [-θɪst, -θəst|-θɪst] *n.* =homeopathist.
ho·moe·op·a·thy [hòʊmiɑ́pəθi, hɑ̀m-|hə̀ʊmɪɔ́pəθɪ] *n.* =homeopathy.
ho·moe·o·sis [hòʊmióʊsɪs, hɑ̀m-, -səs|hə̀ʊmɪə́ʊsɪs, hɔ̀m-] 〖← NL ~: ⇨ homeo-, -sis〗 ― *n.* 〖生物〗ホメオーシス, 相同異質形成《動物の発生や再生の過程で, ある器官やその一部が正常な位置とは違う, ほかの器官ができる位置に形成されること》.
ho·moe·o·sta·sis [hòʊmio(ʊ)stéɪsɪs, hɑ̀m-, -stǽs-, -miɑ́stə-, -səs|hə̀ʊmjə(ʊ)stéɪsɪs, hɔ̀m-, -mɪə(ʊ)-] *n.* 〖生理〗=homeostasis.
ho·moe·o·te·leu·ton [ho(ʊ)mìːəṭəlúːtɑn, hə-, -ljúː-|hə(ʊ)mìːətəlúːtɔn, -ljúː-] 〖⊏ LL ~ ⊏ Gk *homoiotéleuton* ← *homoiotéleutos* having the same ending ← HOMOIO-+-*teleutos* (← *teleutḗ* end)〗 ― *n.* **1** 〖修辞〗近接押韻《隣接する行または同一行内に用いられる意識的ないし無意識的な押韻; 例: Birds of a *feather* flock *together.* / *Might* is *right.* / The Thane of *Fife* had a *wife.* (Shak., *Macbeth* 5. 1. 47)》. **2** 同一語句結尾《隣接する二つの節・文が同一の語句で終っていること, 書写の際しばしば文の一部脱落の原因となる》.
Hómo e·réc·tus [-ɪréktəs, -ər-|-ɪr-] *n.* 〖人類学〗原人《中期洪積世に生存した人類で, 進化の程度は猿人と旧人との中間に位置する, 脳容積は 1000cc 前後, 多くの原始的特徴をもつ; ジャワ原人 (Java man), 北京原人 (Peking man), ハイデルベルク人 (Heidelberg man) など; cf. telanthropus》.
hòmo·eróticism *n.* 〖精神分析〗同性に対する性愛, 同性愛 (homosexuality).
hòmo·érotism *n.* 〖精神分析〗=homoeroticism. **hòmo·erótic** *adj.*
hómo fá·ber [-féɪbə, -fáː-|-bə(r)] 〖《1911》⊏ L *homō faber* the maker of tools: H. Bergson の用語〗 *n.* 道具を作る人, ホモファーベル.
hòmo·ferméntative *adj.* 〖細菌〗同種発酵性の.
ho·mog·a·mous [ho(ʊ)mɑ́gəməs, hɑ-|hɔmɔ́g-, hə-] 〖⇨↓, -ous〗 ― *adj.* **1** 〖生物〗同類交配の. **2 a** 〖植物〗同性花を生じる (cf. heterogamous). **b** 〈花が〉雌雄蕊同熟の (cf. dichogamous).
hom·og·a·my [ho(ʊ)mɑ́gəmi, hɑ-|hɔmɔ́gəmɪ, hə-] 〖⊏ G *Homogamie*: ⇨ homo-, -gamy〗 ― *n.* **1** 〖植物〗**a** 同形接合《二種の同性花を有すること; cf. heterogamy 2》. **b** 雌雄(蕊)同熟《雌雄両蕊の同時成熟; ↔ dichogamy》. **2** 〖生物〗同類交配《表現型が同じ個体間の交配》. **ho·mo·gam·ic** [hòʊməgǽmɪk, hɑ̀m-|hə̀ʊm-, hɔ̀m-] *adj.*
ho·mog·e·nate [ho(ʊ)mɑ́dʒənèɪt, hə-|hɔmɔ́dʒɪ-, hə-] 〖← HOMOGEN(IZE)+-ATE¹〗 ― *n.* 〖生物〗ホモジュネート, 組織粉末懸濁液《組織を粉末状にして攪拌(かくはん)したもの; cf. homogenize》.
ho·mo·ge·ne·i·ty [hòʊmədʒəníːəṭi, -mo(ʊ)-, -néɪə-|hɔ̀mə(ʊ)dʒeníːətɪ, hə̀ʊm-, -dʒə-, -dʒɪ-, -níːɪtɪ, -níətɪ] 〖《1625》⊏ ML *homogeneitāt-em*: ⇨↓, -ity〗 ― *n.* **1** 同種, 同質; 同性. **2** (分布・配分の)等質, 均一, 均等性. **3** 〖数学〗同次性, 等質性.
ho·mo·ge·ne·ous [hòʊmədʒíːniəs, -njəs|hɔ̀mə(ʊ)dʒíːnjəs, hə̀ʊm-, -dʒén-, -nɪəs] 〖《1641》⊏ ML *homogeneus*: ⇨ homo-, genus, -ous〗 ― *adj.* **1 a** 同種のものから成る (cf. heterogeneous). **b** 同種の, 同質の, 同性の (cf. heterogeneous). **2** 〖物理〗均等性の, 均質の, 等質の, 均一の: a ~ substance 均質体, 等質体 / ~ light 均質[単色]光 / ~ oil immersion 均等油浸法 / the ~ system 均質系《単一の相から成る物質系》. **3** 〖数学〗同次の, 等質の: a ~ dimension 同次元 / a ~ equation 同次方程式 / a ~ space 等質空間. **4** 〖生物〗=homogenous 1 a. **~·ly** *adv.* **~·ness** *n.*
homogéneous coórdinates *n. pl.* 〖数学〗同次座標, 斉次座標《射影幾何で用いられる特殊な座標》.
hòmo·génesis 〖← HOMO-+GENESIS〗 *n.* 〖生物〗単純[純一]発生《各世代が同じ形で生れること, すなわち世代交代が行なわれないこと; cf. heterogenesis 1》.
hòmo·genétic *adj.* 〖生物〗**1** 単純発生の[に関する]. **2** =homogenous 1 a.
ho·mog·e·ni·za·tion [ho(ʊ)mɑ̀dʒənɪzéɪʃən, hə-, hɑ-, -nə-|hɔmɔ̀dʒənaɪ-, hə-, -nɪ-] *n.* **1** 均質化. **2** 均質化された状態[性質].
ho·mog·e·nize [ho(ʊ)mɑ́dʒənàɪz, hə-, hɑ-|hɔmɔ́dʒ-, hə-] 〖← HOMOGEN(EOUS)+-IZE〗 ― *vt.* **1** 同質にする, 均質にする. **2** 〈牛乳などを〉均質化する: ~*d* milk 均質[均等]牛乳, ホモ牛乳《高圧を加えて牛乳中の乳球を砕いて液に均等に分散させ, 消化を容易にしたもの》. ― *vi.* 均質になる.
ho·móg·e·nìz·er *n.* 〖機械〗ホモジェナイザー《物質を細孔から他の液体中に噴出させて混合する機械》.
ho·mog·e·nous [ho(ʊ)mɑ́dʒənəs, hə-, hɑ-|hɔmɔ́dʒ-, hə-] 〖⊏ ML *homogenus*=*homogeneus* 'HOMOGENEOUS'〗 ― *adj.* **1** 〖生物〗**a** 相同の, 同原の《器官などが共通起原によって構造が対応する性質にいう; cf. heterogeneous 2, homoplastic 1》. **b** =homoplastic 1. **2** =homogeneous 1.
hòmo·gentísic ácid 〖⇨ homo-, gentisic acid〗 ― *n.* 〖生化学〗ホモゲンチシン酸 ($C_6H_3(OH)_2CH_2COOH$)《黒尿病患者の尿中に排泄される結晶状の酸; alkapton といわれていた》.
ho·mog·e·ny [ho(ʊ)mɑ́dʒəni, hə-, hɑ-|hɔmɔ́dʒənɪ, hə-] 〖← HOMO-+-GENY〗 *n.* 〖生物〗(発生構造の) 相同性 (homology) (cf. homoplasy).
ho·mog·o·nous [ho(ʊ)mɑ́gənəs, hə-, hɑ-|hɔmɔ́g-, hə-] 〖⇨↓, -ous〗 ― *adj.* 〖植物〗雌・雄蕊(ずい)が同じ比率の長さである完全花を有する (cf. heterogonous). **~·ly** *adv.*
ho·mog·o·ny [ho(ʊ)mɑ́gəni, hə-, hɑ-|hɔmɔ́gənɪ, hə-] 〖← HOMO-+-GONY〗 *n.* 〖植物〗(両性花の) 雌・雄蕊(ずい)同長.
hómo·gràft 〖← HOMO-+GRAFT¹〗 *n.* 〖外科〗同種移植片《ある個体からとって同種の他の個体に移植した組織片; cf. autograft, heterograft》.
hom·o·graph [hɑ́məgræ̀f, hóʊm-|hɔ́mə(ʊ)gràːf, -græ̀f] 〖《1810》← HOMO-+-GRAPH〗 *n.* 〖言語〗同形異義語《つづりが同じで意義・語源が違う語; 例えば fair (市) と fair (美しい), seal (あざらし) と seal (印) など; 時には bass [bǽs] (スズキの類) と bass [béɪs] (男声) のように発音の異なるものにも言う; cf. heterography 2》.
hom·o·graph·ic [hɑ̀məgrǽfɪk, hòʊm-|hɔ̀mə(ʊ)-, hə̀ʊm-] *adj.* **1** 同形異義語の. **2** 同字同音の, 一字一音主義の (cf. heterographic 2).
ho·mog·ra·phy [hɑmɑ́grəfi, ho(ʊ)-|hɔmɔ́grəfɪ, hə(ʊ)-] *n.* **1** 同形異義. **2** 一字一音主義のつづり(字法).
Hó·mo há·bi·lis [-hǽbəlɪs, -ləs|-hǽbɪlɪs] 〖← NL ~ ← L *homō* (⇨ Homo)+*habilis* handy〗 ― *n.* 〖人類学〗ホモハビリス《道具を作った最初の直立猿人と信じられている約 170 万年前の化石人類; その化石は 1960 年代初期にタンザニア北部で発見された》.
ho·moi- [ho(ʊ)mɔ́ɪ|hə(ʊ)-] 〖⇨ homeo-〗 (母音の前に来る時の) homoio- の異形.
hómo in·síp·i·ens [-ɪnsípiənz, -ən-, -ènz|-ɪnsípɪ-] 〖← NL ~ ← L *homō insipiens*: ⇨ Homo, insipience〗 *n.* 無知の人, 愚昧(ぐまい)の人 (↔ homo sapiens).
ho·moi·o- [ho(ʊ)mɔ́ɪo(ʊ)|hə(ʊ)mɔ́ɪə(ʊ)] 〖← Gk *hómoios* resembling: ⇨ homeo-〗 =homeo-.
ho·moi·o·therm [ho(ʊ)mɔ́ɪo(ʊ)θə̀ːm|hə(ʊ)mɔ́ɪə(ʊ)θə̀ːm] 〖⇨↑, -therm〗 *n.* 〖動物〗恒温[定温, 温血]動物 (cf. poikilotherm).
ho·moi·o·ther·mal [ho(ʊ)mɔ̀ɪo(ʊ)θə́ːməl|hə(ʊ)mɔ̀ɪə(ʊ)θə́ː-] *adj.* 〖動物〗=homoiothermic.
ho·moi·o·ther·mic [ho(ʊ)mɔ̀ɪo(ʊ)θə́ːmɪk|hə(ʊ)mɔ̀ɪə(ʊ)θə́ː-] *adj.* 〖動物〗恒温(性)の, 定温の (cf. poikilothermic): ~ animals 恒温[定温, 温血]動物.
ho·moi·o·ther·my [ho(ʊ)mɔ́ɪəθə̀ːmi|hə(ʊ)mɔ́ɪəθə̀ːmɪ] *n.*
Ho·moi·ou·si·an [hòʊmɔɪúːziən, -siən, -ʒiən, -ʒən, -ʃiən, -ʃən|hɔ̀mɔɪáʊziən, -úːz-, -zjən, -sɪən, -sjən] 〖《1732》← Gk *homoioúsios* (← *homoio-* 'HOMEO-'+*ousia* essence)+-AN¹〗 〖神学〗 ― *n.* 類質論者《子(キリスト)と父(神)とは似てはいるが本質的に同じでないとする; cf. Heteroousian, Homoousian》. ― *adj.* 類質論(者)の.
hòmo·lécithal 〖← HOMO-+LECITHAL〗 *adj.* 〖生物〗等黄性の《卵黄量が少なくて卵内にほぼ一様に分布している; cf. alecithal, heterolecithal》.
ho·mo·log [hóʊməlɔ̀(ː)g, hám-, -lɑ̀g|hɔ́məlɔ̀g] *n.* =homologue.
ho·mol·o·gate [ho(ʊ)mɑ́ləgèɪt, hə-|hɔmɔ́l-, hə(ʊ)-] 〖⊏ LL *homologātus* (p.p.) ← *homologāre* ⊏ Gk *homologeîn* to agree: cf. homologue〗 ― *vt.* **1** 承認する, 賛成する, 賛同する (assent). **2** 確認する (confirm). ― *vi.* 一致する, 同調する (agree). **ho·mol·o·ga·tion** [ho(ʊ)mɑ̀ləgéɪʃən|hɔmɔ̀l-, hə(ʊ)-] *n.*
hom·o·log·ic [hòʊmo(ʊ)lɑ́dʒɪk, hɑ̀m-, -mə-|hɔ̀mə(ʊ)lɔ́dʒ-, hə̀ʊm-] *adj.* =homological.
hò·mo·lóg·i·cal [-dʒɪkəl, -dʒə-|-dʒɪ-] *adj.* =homologous. **~·ly** *adv.*
ho·mol·o·gize [ho(ʊ)mɑ́lədʒàɪz, hə-|hɔmɔ́l-, hə(ʊ)-] 〖← HOMOLOG(UE)+-IZE〗 ― *vt.* **1** 相同[同族]化する. **2** 〈部分など〉の相同[同族]関係を示す. ― *vi.* 相同である, (性質・割合・位置・構造などが) 一致[相応]する. **ho·mól·o·gì·zer** *n.*
ho·mol·o·gous [ho(ʊ)mɑ́ləgəs, hə-|hɔmɔ́l-, hə(ʊ)-] 〖⊏ Gk *homólogos* agreeing: ⇨ homology, -ous〗 ― *adj.* **1** (性質・割合・比較・位置・構造など) 一致する, (それぞれ) 相応する (corresponding). **2** 〖数学〗ホモロガスの, 位相合同の. **3** 〖化学〗同族の: a ~ series 同族列. **4** 〖生物〗同種の, 対応の; 〈器官が〉相同の, 異形同原の: ⇨ homologous organ. **5** 〖病理・免疫〗対応の《免疫血清とそれの材料となった抗原との関係にある》.
homólogous chrómosomes *n. pl.* 〖生物〗相同染色体.
homólogous órgan *n.* 〖生物〗相同器官 (cf. analogous organ).
hom·ol·o·graph·ic [hɑ̀mələgrǽfɪk, ho(ʊ)mɑ̀l-|hɔ̀məl-, hə(ʊ)mɔ̀l-] 〖《変形》← *homalographic*〗 *adj.* 〖地理〗各部分の縮小率を同一比率とした, 等積の.
homolográphic projéction *n.* 〖地理〗(Mollweide projection のような) 楕円(だえん)等積投影図法《すべての子午線が楕円で表わされる》.
ho·mo·logue [hóʊməlɔ̀(ː)g, hám-, -lɑ̀g|hɔ́məlɔ̀g] 〖⊏ F ~ ⊏ Gk *homólogon* (neut.) ← *homólogos*: ⇨ homologous〗 ― *n.* **1** 相当するもの, 相当物. **2** 〖生物〗相同器官 (cf. analogue 3). **3** 〖化学〗同族体《同族列 (homologous series) 中の化合物》.
ho·mol·o·gy [ho(ʊ)mɑ́lədʒi, hə-|hɔmɔ́lədʒɪ, hə(ʊ)-] 〖⊏ F *homologie*: ⇨ homo-, -logy〗 ― *n.* **1** 相同, 相同関係. **2** 〖数学〗ホモロジー, 位相合同《位相幾何学的特性による図形の分類》. **3** 〖生物〗**a** (異種の部分・器官・染色体などの) 相同, 特殊相同 (cf. analogy 3): special ~ (馬の膝(ひざ)関節と人間の手首とのような) 特殊相同関係, 異体同官. **b** (同一個体の部分の) 相同, 一般相同. **4** 〖化学〗(化合物の) 同族関係; (周期表の同族元素間の) 同族関係.
ho·mól·o·sine projéction [ho(ʊ)mɑ́ləsàɪn-, hə-|hɔmɔ́l-, hə(ʊ)-] 〖*homolosine*: ← HOMOLO(GRAPHIC)+SINE¹〗 ― *n.* 〖地理〗ホモロサイン投影図法《ゆがみを少なくするために, モルワイデ図法の緯度 40°44′ より低緯度側を, サンソン図法で置き換えたもの》.
hómo lú·dens [-lúːdənz, -denz] 〖← NL *homō lūdēns* playful man〗 ― *n.* 遊戯人, ホモルーデンス《人類の生活の中に見られる遊戯的活動から Johan Huizinga が人類をこのように名づけた》.
ho·mol·y·sis [ho(ʊ)mɑ́ləsɪs, hɑ-, -səs|hɔmɔ́lɪsɪs, hə(ʊ)-, -lə-] 〖← NL ~: ⇨ homo-, -lysis〗 ― *n.* 〖化学〗ホモリシス《分子が 2 個の中性の原子または基に分解すること; cf. heterolysis 2》. **ho·mo·lyt·ic** [hòʊməlíṭɪk, hɑ̀m-|hɔ̀məlít-, hə̀ʊm-] *adj.*
hómo ma·ní·a·cus [-mənáɪəkəs] 〖← NL *homō maniacus* madman: 博物学者 Konrad Lorenz と小説家 Arthur Koestler が人類を呼んだ名〗 ― *n.* 「狂える人」, 狂人.
hómo ma·the·má·ti·cus [-mæ̀θəmǽṭɪkəs, -ṭə-|-θɪmǽtɪ-] 〖← NL *homō mathēmaticus*〗 ― *n.* 数字[データ]主義者, 「数の人」《データ[数字]を根拠として行動する[人は行動すると信じる]人》.
hòmo·mórphic 〖← HOMO-+-MORPHIC〗 ― *adj.* **1** 〖生物〗異体同形の (cf. heteromorphic 1). **2** 〖昆虫〗不完全[半]変態の. **3** 〖植物〗同形完全花をもつ. **4** 〖数学〗準同形[型]の《二つの代数系についてその間に準同形写像が存在すること; cf. isomorphic 3》.
hòmo·mórphism *n.* **1** 〖生物〗=homomorphy. **2** 〖昆虫〗不完全[半]変態. **3** 〖動物〗同形《動物の幼年と成年との類似性》. **4** 〖植物〗同形完全花を有すること. **5** 〖数学〗準同形[型]写像, 準同形[型] (cf. isomorphism).
hòmo·mórphous *adj.* =homomorphic.
hómo·mòrphy 〖← HOMO-+-MORPHY〗 ― *n.* 〖生物〗異質同形《異種の生物間の外面的類似》; 外観同形《根本的に構造が異なる器官相互の外面的類似; cf. homophyly》.
hómo neu·ró·ti·cus [-n(j)ʊrɑ́ṭɪkəs, -ṭə-|-nju(ə)rɔ́tɪ-, -njuːr-] 〖← NL *homō neuroticus*〗 *n.* 神経症の人《おしなべて神経症的になった現代人を Homo sapiens に準じて呼んだ造語》.
hom·o·nid [hɑ́mənɪd, -nəd, -nìd|hɔ́mənɪd] *n.* 〖人類学〗=hominid.
ho·mon·o·mous [ho(ʊ)mɑ́nəməs, hə-|hɔmɔ́nəm-, hə-] 〖← Gk *homónom-os* (← HOMO-+*nómos* law)+-OUS〗 *adj.* 〖生物〗〈体節器官・動物が〉相同の, 同規の.
hòmo·núclear *adj.* 〖化学〗同核の.
hom·o·nym [hɑ́mənɪm, hóʊm-|hɔ́mə(ʊ)-] 〖《1697》⊏ L *homōnym-um*: ⇨ homo-, -onym〗 ― *n.* **1** 同音異義語 (pole (柱) と pole (極), butter (バター) と butter (頭でつく獣), meat と meet などのように発音が同一で意義・語源・(時につづり) の異なる語をいうが, 時には homophone および homograph と同義に用いる; cf. heteronym, synonym 1). **2** 同名異人 (namesake). **3** 〖生物〗同名, 同一名, ホモニム《過去に, 他の属または種につけられたのと同じ学名をいい, そのため正式名としては採用されない; cf. synonym 4》. **hom·o·nym·i·ty** [hɑ̀mənɪ́məṭi, hòʊm-|hɔ̀mə(ʊ)nímətɪ, -mɪtɪ] *n.*
hom·o·nym·ic [hɑ̀mənímɪk, hòʊm-|hɔ̀m-] *adj.* =homonymous.

ho·mon·y·mous [ho(ʊ)mánəməs, hɑ- | hɔmɔ́nɪ-, hə(ʊ)-] 〖□L *homōnymus*: ⇨ homonym, -ous〗 ― *adj.* **1** 同じ名を持った, 同名の (cf. heteronymous 2): The State is ～ *with* the river. その州は川と同じ名である. **2 a** 同音異義(語)の. **b** 〈語など〉意義のあいまいな (equivocal, ambiguous). **3** 〖眼科〗 **a** (複視や半盲について)同側性の. **b** 片側性の (unilateral). **～·ly** *adv.*

homónymous constrúction *n.* 〖文法〗同音異義構文《表面上の語結合は同一であるが二つ以上の相異なる意味に解釈される構文; 例: I don't like overpraising men》.

ho·mon·y·my [ho(ʊ)mánəmi, hɑ- | hɔmɔ́nɪmɪ, hə(ʊ)-, -nə-] 〖□LL *homōnymia*: ⇨ homonym, -y[1]〗 *n.* 同音異義 (⇨ homonym 1).

Ho·mo·ou·si·an [hòʊmoʊúːziən, hàm-, -siən, -ʒiən, -ʒən, -ʃiən, -ʃən | hɔ̀məʊáuzɪən, -úːz-, -zjən, -sɪən, -sjən] 〖《1565》□LL *homoūsiān-us* ← *homoūsius* □Gk *homooúsios* of the same substance ← HOMO-＋*ousia* essence: ⇨ -an[1]〗 ― *n.* 〖神学〗同質論者, 同一実体論者《子(キリスト)と父(神)とは本質的に同一だと説く4世紀の学説; cf. Homoiousian, Heteroousian》. ― *adj.* 同質論(者)の.

ho·mo·phile [hóʊməfàɪl, hɑ́m- | hɔ́m-] 〖← HOMO-＋-PHILE〗 ― *adj.* **1** ホモ[同性愛]志向の, ホモ好きの. **2** (同性愛者の権利・福祉の向上に関心を持つ)ホモ擁護の. ― *n.* 同性愛者 (homosexual).

ho·mo·pho·bi·a [hòʊməfóʊbiə, hàm- | hɔ̀mə(ʊ)fə́ʊbjə, -bɪə] 〖HOMO-＋-PHOBIA〗 ― *n.* ホモ[同性愛]嫌悪. **ho·mo·pho·bic** [hòʊməfóʊbɪk, hàm- | hɔ̀mə(ʊ)fə́ʊ-] *adj.*

hom·o·phone [hɑ́məfòʊn, hóʊm- | hɔ́mə(ʊ)fə̀ʊn] 〖《1623》□Gk *homóphōn-os*: ⇨ homo-, -phone〗 ― *n.* **1** 同音(異)字《c と s, また c と k など》. **2** 同音異義語, 同音異つづり語《meet と meat, foul と fowl のように発音が同じでつづり・意義・語源を異にする語》. **3** ＝homonym 1.

hom·o·phon·ic [hàməfɑ́nɪk, hòʊm-, -fóʊn- | hɔ̀məfɔ́n-] 〖⇨↑, -ic[1]〗 ― *adj.* **1** 同じ音の; 同音異語の. **2** 〖音楽〗 **a** ユニゾンの (unisonant) 斉唱[奏]の. **b** ホモフォニーの《主旋律に対して他声部は和声的に伴奏する; cf. polyphonic 3》. **c** 単旋律の (monophonic). **d** モノディー的な (monodic).

ho·moph·o·nous [ho(ʊ)mɑ́fənəs, hɑ-, hə- | hɔmɔ́f-, hə(ʊ)-] *adj.* ＝homophonic.

ho·moph·o·ny [ho(ʊ)mɑ́fəni, hɑ-, hə- | hɔmɔ́fənɪ, hə(ʊ)-] 〖□Gk *homophōnía*: ⇨ homophone, -y[1]〗 ― *n.* **1** 同音. **2** 〖音楽〗 **a** 斉唱[奏], ユニゾン (unison) (cf. antiphony 2, polyphony 2). **b** ホモフォニー《主旋律に対して他声部は和声的に伴奏する様式; 音楽の垂直要素(和声)に重点をおく》; その楽曲.

ho·mo·phy·ly [hóʊməfɪli, hɑ́m-, ho(ʊ)mɑ́fə-, hɑ- | hə́ʊməfɪlɪ, hɔ́m-, hɔmɔ́fɪ-, hə(ʊ)-] 〖← HOMO-＋-*phyl* (⇨ phyllo-)＋-Y[1]〗 ― *n.* 〖生物〗歴史的相同《共通の祖先を持つ生物間の類似; cf. homomorphy》.

hòmo·plástic 〖← HOMO-＋PLASTIC〗 *adj.* 〖生物〗 **1** 〈器官など〉成因的相同の (cf. homogenous 1 a). **2** 〖医学〗同種(組織)移植による(形成手術の). **hòmo·plástically** *adv.*

ho·mo·pla·sy [hóʊməplèɪsi, hɑ́m-, -plæ̀si, ho(ʊ)mɑ́pləsi, hɑ- | hɔ́məplèɪsɪ, hɔ́mə(ʊ)plæ̀sɪ] 〖← HOMO-＋-PLASY〗 ― *n.* 〖生物〗成因的相同, 類形 (analogy) (cf. homogeny).

hòmo·pólar *adj.* **1** 類似の極をもつ. **2** 〖物理化学〗(共有結合 (covalent bond) などにおける)等極の (nonionic) (cf. heteropolar 2, polar 5, ionic 1); イオンに分離しない. **3** 〖電気〗単極の: a ～ dynamo [generator] ＝unipolar dynamo. **hòmo·polárity** *n.*

hòmo·pólymer 〖← HOMO(GENEOUS)＋POLYMER〗 *n.* 〖化学〗ホモポリマー《1種類のモノマーから成る重合体》.

Ho·mop·ter·a [ho(ʊ)mɑ́ptərə, hə- | hɔmɔ́p-, hə(ʊ)-] 〖← NL ~: ⇨ homo-, -ptera〗 ― *n. pl.* 〖昆虫〗同翅(し)亜目《半翅目のうちセミ・ウンカ・ヨコバイ・アブラムシ・カイガラムシなど前後翅が同質で背上に屋根形にたたまれる昆虫》.

ho·mop·ter·an [ho(ʊ)mɑ́ptərən, hə- | hɔmɔ́p-, hə(ʊ)-] 〖⇨↑, -an[1]〗 *adj., n.* 〖昆虫〗同翅(し)亜目の(昆虫).

ho·mop·ter·ous [ho(ʊ)mɑ́ptərəs, hə- | hɔmɔ́p-, hə(ʊ)-] 〖⇨↑, -ous〗 *adj.* 〖昆虫〗同翅(し)亜目の.

hom·or·gan·ic [hòʊmɔəgǽnɪk, hàm- | hɔ̀mɔː-, hə̀ʊm-] 〖← HOMO-＋ORGANIC〗 ― *adj.* 〖音声〗同器官的な《調音の様式が異なるが, 同じ調音器官が同じ調音点で調音することにいう; [p, b, ɸ, ß, m], [t, d, s, z, n, l], [k, g, x, ŋ] など》.

Ho·mo sap·i·ens [hóʊmoʊsǽpiənz, -séɪp-, -pìenz, -pìens | hə́ʊməʊsǽpɪənz, -séɪp-, -pɪènz] 〖《1802》← NL ~ ← L *homō sapiēns*: ⇨ Homo, sapient: C. Linnaeus の用語 (1758)〗 ― *n.* **1** 〖人類学・動物〗ホモサピエンス《現世人の学名》, ヒト. **2** [h- s-] 人類, 人間 (mankind).

ho·mo·sce·das·tic [hòʊmo(ʊ)s(k)ɪdǽstɪk, hàm-, -s(k)ə- | hɔ̀mə(ʊ)s(k)ɪ-, hə̀ʊm-] 〖← HOMO-＋Gk *skedastós* capable of being scattered＋-IC[1]〗 ― *adj.* 〖統計〗等分散的な: ～ distributions. **ho·mo·sce·das·tic·i·ty** [hòʊmo(ʊ)s(k)iːdæstísəti, hàm- | hɔ̀mə(ʊ)s(k)ìːdæstísətɪ, hə̀ʊm-, -sɪtɪ] *n.*

hòmo·sérine 〖← HOMO-＋SERINE〗 *n.* 〖生化学〗ホモセリン ($C_4H_9O_3N$)《動物でシスタチオンがシスティンに分解する時の中間体のアミノ酸》.

hómo·sèx *v.* ＝homosexuality.

hòm·o·séx·u·al [hòʊməsékʃuəl, -mo(ʊ)-, -ʃəl | hɔ́mə(ʊ)séksjuəl, -sjʊl, -ʃuəl, -ʃʊl, hə́ʊm-] 〖《1892》← HOMO-＋SEXUAL〗 ― *adj.* **1** 同性愛の[に関する, に基づく, の特徴をもつ], 同性に惹(ひ)かれる (↔ heterosexual). **2** 同性の[に関する]. ― *n.* 同性愛者.
hòm·o·séx·u·al·ly *adv.*

hòm·o·séx·u·al·ist [-lɪst] *n.* ＝homosexual.

hòm·o·sex·u·ál·i·ty [-sèkʃuǽləṭi | -sjuǽlətɪ, -ʃu-, -lɪ-] *n.* **1** 同性愛, 同性性欲倒錯(症). **2** 同性愛的行動.

hómo·sphère 〖← HOMO-＋-SPHERE〗 ― *n.* 〖気象〗均質圏《地表から約80 km の高度までの気圏で, 対流圏 (troposphere), 成層圏 (stratosphere), 中間圏 (mesosphere) を含む; cf. heterosphere》.

hòmo·spórous 〖← HOMO-＋-SPOROUS〗 *adj.* 〖植物〗雌雄両性の胞子が同形の, 同形(無性生殖)胞子の, 同子の (cf. heterosporous).

ho·mo·spo·ry [hóʊmo(ʊ)spɔ̀ːri, hɑ́m-, -mə-, -spɔ̀ːri, ho(ʊ)mɑ́spəri, hɑ- | hɔ́mə(ʊ)spɔ̀ːrɪ, hə́ʊm-, hɔmɔ́spərɪ, hə(ʊ)-] 〖← HOMO-＋-SPORY〗 ― *n.* 〖植物〗同形(無性生殖)胞子形成.

hómo·stỳled *adj.* 〖植物〗同花柱の (cf. heterostyled).

ho·mo·tax·is [hòʊmo(ʊ)tǽksɪs, hàm-, -mə-, -səs | hɔ̀mə(ʊ)tǽksɪs, hə̀ʊm-] 〖← HOMO-＋-TAXIS〗 ― *n.* 〖地質〗ホモタクシス《必ずしも同時にできたものではないが, 地層の化石内容や配列順序が似ていること; cf. heterotaxis 3》. **ho·mo·tax·i·al** [hòʊmo(ʊ)tǽksiəl, hàm-, -mə- | hə́ʊmə(ʊ)tǽksɪ-, hɔ̀m-] *adj.*

ho·mo·thal·lic [hòʊmo(ʊ)θǽlɪk, hàm-, -mə- | hɔ̀mə(ʊ)-, hə̀ʊm-] 〖← HOMO-＋THALL-＋-IC[1]〗 ― *adj.* **1** 〖植物〗同株性の (cf. heterothallic). **2** 〖生物〗＝monoecious 2.

ho·mo·thal·lism [hòʊmo(ʊ)θǽlɪzm, hàm-, -mə- | hɔ̀mə(ʊ)-, hə̀ʊm-] *n.* 〖植物〗ホモタリズム, 同株性, 雌雄同体性《藻類・カビ類で交配し得る配偶子を造る一つの単数世代をもつこと; cf. heterothallism》.

ho·mo·therm [hóʊmo(ʊ)θə̀ːm, hɑ́m-, -mə- | hɔ́mə(ʊ)θə̀ːm, hə́ʊm-] 〖← HOMO-＋-THERM〗 *n.* 〖動物〗＝homoiotherm.

ho·mo·ther·mal [hòʊmo(ʊ)θə́ːməl, hàm-, -mə- | hɔ̀mə(ʊ)θə́ː-, hə̀ʊm-] 〖⇨↑, -al[1]〗 *adj.* 〖動物〗＝homoiothermic.

ho·mo·ther·mous [hòʊmo(ʊ)θə́ːməs, hàm-, -mə- | hɔ̀mə(ʊ)θə́ː-, hə̀ʊm-] *adj.* 〖動物〗＝homoiothermic.

ho·mo·thet·ic [hòʊmo(ʊ)θéṭɪk, hàm-, -mə- | hɔ̀mə(ʊ)θét-, hə̀ʊm-] 〖□F *homothétique*: ⇨ homo-, thetic〗 ― *adj.* 〖数学〗相似(拡大)の: ～ transformation (⇨ similarity transformation).

ho·mo·top·ic [hòʊmo(ʊ)tɑ́pɪk, hɑm-, -mə- | hɔ̀mə(ʊ)tɔ́p-, hə̀ʊm-] *adj.* 〖数学〗ホモトピックの, 同位の《二つの図形が連続変形で互いに移り合えることをいう》.

ho·mot·o·py [ho(ʊ)mɑ́ṭəpi, hɑ- | hɔmɔ́təpɪ, hə(ʊ)-] 〖□G *Homotopie*: ⇨ homo-, -topy〗 ― *n.* 〖数学〗ホモトピー, 同位《連続変形で互いに移り合えるという関係による図形の分類》.

hòmo·transplant 〖← HOMO-＋TRANSPLANT〗 *n.* 〖外科〗＝homograft. ― *vt.* 〖生物・外科〗同種移植する. **hòmo·transplantátion** *n.*

hómo·tỳpe 〖← HOMO-＋-TYPE〗 *n.* 〖生物〗 **1** 相同器官 (homologue). **2** ＝homeotype.

ho·mo·typ·ic [hòʊmo(ʊ)típɪk, hàm-, -mə- | hɔ̀mə(ʊ)-, hə̀ʊm-] *adj.* 〖生物〗同型の, 相同器官の. **hò·mo·týp·i·cal** *adj.*

ho·mo·ty·py [hóʊmo(ʊ)tàɪpi, hɑ́m- | hɔ́mə(ʊ)tàɪpɪ, hə́ʊm-] 〖← HOMO-＋-TYPE＋-Y[1]〗 *n.* 〖生物〗同型《左右相称の器官の間の相同》.

hòmo·zygósis 〖← HOMO-＋ZYGOSIS〗 *n.* 〖生物〗同型[同質]接合, ホモ接合 (cf. heterozygosis).

hòmo·zygósity 〖⇨↑, -ity〗 *n.* 〖生物〗同型[同質]接合性, ホモ接合性.

hòmo·zýgote 〖← HOMO-＋ZYGOTE〗 ― *n.* 〖生物〗同型[同質]接合体, ホモ接合体《ある個体の父方母方から受けた遺伝因子が同じであるもの; cf. heterozygote 1》. **hòmo·zygótic** *adj.*

hòmo·zýgous *adj.* 〖生物〗同型接合体の. **～·ly** *adv.*

Homs [hɔ́(ː)mz, hɔ́(ː)ms | hɔ́ʊmz, hə́ʊms] *n.* ホムス《Syria 西部の都市; 人口 216,000》.

ho·mun·cu·lar [ho(ʊ)mʌ́ŋkjulə | hə(ʊ)mʌ́ŋkjulə(r)] 〖⇨↓, -ar[1]〗 *adj.* 小びと[一寸法師]の. ［culus 1.

hom·un·cule [ho(ʊ)mʌ́ŋkjuːl | hə(ʊ)-] *n.* ＝homun-

ho·mun·cu·lus [ho(ʊ)mʌ́ŋkjuləs | hə(ʊ)-] 〖《1656》□L ～ (dim.) ← *homō* man: ⇨ -cle〗 ― *n.* (*pl.* **-cu·li** [-lài, -lìː | -lài]) **1** 小びと, 一寸法師 (dwarf). **2** (解剖学実験用の)人体模型. **3 a** 《古》〖医学〗精子微人《昔, 精子の中には後に成人となるべき人の姿が微細に縮小されて宿っているものと考えられていた》. **b** (人間の)胎児 (fetus). ［homey.

hom·y [hóʊmi | hə́ʊmɪ] *adj.* (**hom·i·er**; **-i·est**) ＝

hon [hʌ́n] 〖《略》← HONEY〗 *n.* [愛称として] ＝honey 6.

hon. 《略》 honor; honorable; honorary.

Hon. 《略》 Honduras; Honorable.

Ho·nan [hòʊnǽn | hə̀ʊ-; *Chin.* xǝ̌nán] *n.* **1** 河南省《中国北部の省; 人口 70,660,000, 面積 167,170 km², 首都鄭州 (Chengchow)》. **2** [h-] **a** 絹紬(けんちゅう)《柞蚕(さくさん)の糸で作った薄手の絹織物》. **b** その他の繊維で絹紬に模して作った光沢のある織物.

Honble. 《略》 Honorable.

hon·cho [hɑ́ntʃoʊ | hɔ́ntʃəʊ] 〖□Jap. 班長〗 *n.* (*pl.* **～s**) 《米俗》親分, 班長 (boss).

Hond. 《略》 Honduras. ［ンジュラスの(人).

Hon·du·ran [hɑnd(j)ú(ə)rən | hɔndjúər-] *adj., n.* ホ

Hon·du·ras [hɑnd(j)ú(ə)rəs | hɔndjúərəs, -ræs] *n.* ホンジュラス《中央アメリカ北東部の共和国; 人口 2,830,000, 面積 112,088 km², 首都 Tegucigalpa; cf. British Honduras; 公式名 the Republic of Honduras ホンジュラス共和国》.

hone[1] [hóʊn | hə́ʊn] 〖OE *hān* stone < Gmc **χainō* (ON *hein*) ← IE **k̑ēi-* to sharpen (L *cōs* whetstone / Gk *kōnos* 'CONE')〗 ― *n.* **1** 砥(と)石, (特に)かみそり砥(と). **2** 〖機械〗 **a** (ホーニング用の)砥石《シリンダーの内径を精密寸法に仕上げるために, シリンダーの内壁に押しつけながら回転して研摩する砥石》. **b** 路面研摩材《道路の表面を研摩して滑らかにする際に散布する砂利》. ― *vt.* **1 a** 砥石でとぐ: ～ a razor. **b** 鋭く[効果的に]する. **2** 〖機械〗〈穴など〉のとぎ上げ[ホーン仕上げ]をする.

hone[2] [hóʊn | hə́ʊn] 〖□OF *hogn-er, hoigner* 《変形》? ← *hon(n)ir* to dishonor ← Gmc (cf. OE *hienan* to abase / OHG *hōnen* to revile)〗 ― *vi.* 《方言》 **1** ぶつぶつ言う; 嘆く. **2** 焦がれる (yearn) 〔*for, after*〕.

Ho·neg·ger [ɔ́(ː)nɛɪgə, ɑ̀n-, hɑ́nəgə | ɔ́nɛɪgɛ́ə(r; *F.* ɔnɛgɛːr], **Arthur** *n.* オネゲル《1892–1955; フランス生れのスイスの作曲家》.

hon·est [ɑ́nɪst, ɑ́nəst | ɔ́nɪst] 〖《?a1300》□OF *honeste* (F *honnête*) □L *honestus* honorable ← *honōs* 'HONOR'〗 ― *adj.* **1 a** 正直な, うそを言わない, 偽りのない (upright, truthful); 誠実な, 公正な (sincere, fair): an ～ man 正直者 / ～ poverty 清貧 / be ～ in business affairs 商売上の事でずるいことをしない[うそいつわりがない] / It was ～ of you to tell me the truth. よく正直に本当のことを言ってくれましたね. **b** 包み隠しのない, 明らさまな (candid, frank): an ～ face 正直そうな顔 / an ～ confession 偽らない告白 / to be ～ with you [about it] 正直に[ありていに]言うと. **c** 率直な, 心からの, てらいのない (unaffected): an ～ countryman. **2** 正直に働いて得た; 正当な, 正しい (legitimate): by an ～ method 正当な方法によって / an ～ living 堅気の生活, まともな暮らし / an ～ profit 正直に働いて得た金[利益] / turn [earn] an ～ penny ⇨ penny 成句. **3 a** 〈仕事・勤務ぶりなど〉まじめな, まともな, 感心な, 信頼できる (praiseworthy). **b** 《英》(目下の者をほめて)いい, 感心な, 立派な (good, worthy). **4 a** 混ぜ物のない, 正味の, 本物の (genuine): ～ beer, milk, silk, goods, etc. / give ～ weight 正しく目方をはかる. **b** 本当の, 正真正銘の (real): make an ～ error まぎれもない誤りを犯す. **5** つましい, 質素な (humble), 飾り気のない, 簡素な (plain). **6** 《古》 **a** 見苦しくない, 立派な (decent, respectable): an ～ good old man. **b** 評判のよい. **7** 《古》〈女が〉貞淑な (chaste, virtuous). ★ 今は主に次の句で: make an ～ woman of ⇨ woman 成句.
honest to God [*goodness*] 《口語》 (1) 正真正銘の (genuine). (2) [驚き・確信などを表して] 本当に, 全く (really, thoroughly). ［く, 全く (surely).
― *adv.* [間投詞的に用いて]《口語》本当に, 間違いな

Hónest Àbe *n.* Abraham Lincoln の愛称.

hónest bróker 〖もと Bismarck のあだ名〗 *n.* 中立の調停[仲裁]者.

hónest ínjun, h- I- [-índʒən] 〖⇨ Injun〗 *adv.* 《口語》 **1** きっと, 本当に, 誓って間違いない. **2** [疑問文に用いて]大丈夫かい.

Hónest Jóhn *n.* **1** 《口語》真っ正直な男; お人好し. **2** [h- J-] 〖トランプ〗オネストジョン《BANKER and broker の別名》.

hón·est·ly 〖《1340》*honesteliche*〗 ― *adv.* **1** 正直に, 実直に; 正直に働いて: get money ～. **2** 正直に打ち明けて, やましいところなく: *Honestly* I cannot trust him. 正直のところ彼は信頼出来ない / I can ～ say that... やましいところなく…と言える. ― *int.* いやはや, 全く《軽い怒り・不信・当惑などを表わす》.

hónest-to-Gód [**-góodness**] *adj.* 《口語》本当の, 正真正銘の, 真実の, 全くの (true, real); 本物の (genuine) (cf. HONEST *to God*).

hon·es·ty [ɑ́nɪsti, ɑ́nəs- | ɔ́nɪstɪ, ɔ́nəs-] 〖《a1333》□OF *honeste* (F *honnêteté*): ⇨ honest, -y[1]〗 ― *n.* **1** 正直, 廉直 (integrity); うそ偽りのないこと, 真実, 誠実 (truthfulness): *Honesty* is the best policy. 《諺》正直は最良の策《正直に損なし》/ ～ of purpose まじめ, 誠実 / with ～ 正直に(言って) / in all ～ 正直のところ. **2** 《廃》貞節 (chastity). **3** 〖植物〗ゴウダソウ(合田草), ギンセンソウ(銀扇草) (*Lunaria annua*) 《アブラナ科の植物でさやが半透明で中の実が見えるところから出た名; satinpod, satinflower ともいう》.

hóne·wòrt 〖← 《廃》*hone* a swelling (← ?)＋WORT[2]〗 *n.* 〖植物〗＝stone parsley 1.

hon·ey [hʌ́ni | -nɪ] 〖OE *hunig* < Gmc **χuna(ŋ)gom* (Du. *honig* / G *Honig*) ← IE **kenəko-* yellow, golden (Gk *knēkós* pale yellow)〗 ― *n.* (*pl.* **～s, hon·ies**) **1** 蜂蜜(はちみつ): wild ～ 野の蜂蜜 / ⇨ virgin honey / (as) sweet as ～ 蜜のように甘い, 非常に愉快な. **2 a** 蜂蜜に似たもの. **b** (蜜のように)甘いもの; 甘美さ, 優しさ (sweetness). **3** 花蜜, 糖蜜: maple ～ かえで糖蜜. **4** 蜂蜜色. **5** 《口語》 **a** 非常な楽しみ[慰め]となるもの: His words were ～ to my soul. 彼の言葉は私

の心を大いに慰め[楽しませ]てくれた. **b** すてきなもの[人]: Your car is a real ～. あんたの車ほんとにいかすね / a ～ *of a* girl [*an* evening] すてきな娘[晩].
6 [通例, 恋人・妻などに対する呼掛けとして用いて]《口語》かわいい人 (darling) (cf. hon): my ～ ねえお前[あなた].
— *attrib. adj.* (**hon·i·er**; **-i·est**) **1** 蜂蜜の, 蜜の. **2** (色や甘さが)蜜のような, (蜜のように)甘美な (honeyed), 蜜を含んだ, 蜜で甘くした. **3**《古》親愛な, かわいい (dear).
— *v.* (～**ed**, **hon·ied**) — *vt.* **1** 蜂蜜で甘くする. **2**《口語》〈人〉にお世辞を言う. **3**《米》〈人〉に 'honey' と呼掛ける (cf. *n.* 6): She is always ～*ing* her husband. — *vi.*《口語》優しいことを言う; お世辞を言う 〈*up*〉.

Hon·ey [hʌ́ni | -nɪ] 〖↑〗 *n.* 女性名. ★ 20 世紀になってから用いられ始めた.

hóney ànt *n.* 〖昆虫〗 ミツアリ《ミツアリ属 (*Myrmecocystus*) のアリの総称; ハタラキアリの肥大した腹部に蜜を貯え, 必要に応じて吐き戻して仲間のアリに与える; honeypot ant ともいう; cf. replete》.

hóney bàdger *n.* 〖動物〗 ミツアナグマ (⇨ ratel a).

hóney bàg *n.* 〖昆虫〗 蜜胃(ﾐﾂｲ)《ミツバチの食道内にある蜜袋; honey sac ともいう》.

hóney bèar *n.* 〖動物〗 **1** =sloth bear. **2** =kinkajou.

honey ant (*Myrmecocystus* sp.)

hóney·bèe 〖ME〗 *n.* 〖昆虫〗 ミツバチ (*Apis mellifera* [*mellifica*]).

hóney bùcket *n.*《米俗》肥(こえ)桶, 肥たご.

hóney·bùn *n.* =honeybunch.

hóney·bùnch *n.*《口語》**1** 恋人, 愛人. **2** =honey 5.

hóney bùzzard *n.* 〖鳥類〗 ハチクマ (*Pernis apivorus*)《ハチの幼虫を食うタカの一種》.

hóney cèll *n.* (はちの巣の)蜜房.

hon·ey·comb [hʌ́nikòum | -nɪkə̀um] 〖OE *hunigcamb*: ⇨ honey, comb¹ (n.)〗 — *n.* **1** みつばちの巣, はちの巣 (cf. beehive 1, hive 1). **2 a** はちの巣状のもの; (金属, 特に砲の)はちの巣状のきず. **b** はちの巣[亀甲(きっこう)]模様. **c** 蜂巣(ほうそう)織, ハニカム《はちの巣に似た模様を浮き上らせた織物》; そのような織物の織方. **3** (反芻(はんすう)類の)蜂巣(ほうそう)[第二]胃 (reticulum)《honeycomb stomach ともいう》. **4** 〖金属加工〗 ハニカム《2 枚の薄板の間にはちの巣状の心材を押入した複合構造》. — *attrib. adj.* **1** はちの巣の. **2** はちの巣状の; はちの巣模様の: a ～ quilt 亀甲模様の刺し子ぶとん / a ～ radiator はちの巣状のラジエーター《薄板をはちの巣状に組み立てた軽量構造》/ a ～ coil 〖無線〗 はちの巣コイル. **3** 〖金属加工〗 (鋳造物に)亀甲模様がある.
— *vt.* **1** はちの巣形にする, (はちの巣のように)穴だらけにする (riddle): The rock is ～*ed with* passages. その岩にはたくさんの通廊が掘り抜いてある. **2 a** …に浸透する, 食い込む. **b** 危くする, 腐敗させる. **3** …に亀甲模様を付ける. — *vi.* はちの巣状になる.

hóneycomb córal *n.* 〖古生物〗 ハチノスサンゴ《床板サンゴ類のファボシテスなど; オルドビス紀後期に現われ, シルル紀・デボン紀に栄えた; 一見, 蜂の巣状》.

hón·ey·còmb·ing [-mɪŋ] *n.* (木材の)内部乾裂, 蜂の巣割れ.

hóneycomb stítch *n.* 〖服飾〗 ハニコームステッチ《スモッキング・レース作り・編物で使われるステッチで, はちの巣の模様を形づくる》.

hóneycomb trípe *n.* はちの巣胃 (⇨ tripe 1 a).

hóney·crèeper *n.* 〖鳥類〗 ミツドリ《熱帯アメリカ産ミツドリ科の小鳥の総称; 色彩が美しく花の蜜(みつ)を好む; cf. Hawaiian honeycreeper》.

hóney·dèw *n.* **1** (暑い時植物の葉・茎から出る)甘い汁, 糖液. **2** (アブラムシ類が分泌する)蜜(みつ), 蜜滴. **3** 甘露《想像上の美味; cf. ambrosia 2》. **4** 甘露たばこ《糖蜜で甘くしたたばこ》. **5** =honeydew melon.

hóneydew mélon *n.* ハネデュー《冬メロンの代表品種; 皮が乳白色でなめらか, 果肉は厚く緑色》.

hóney èater *n.* 〖鳥類〗 ミツスイ《オーストラリア産ミツスイ科の小鳴鳥の総称》.

hón·eyed 〖ME *honyede*〗 — *adj.* **1** 蜜(みつ)をもつ; 蜜の多い; 蜜で甘くした: ～ wine. **2** (蜜のように)甘ったるい (sweet); お世辞たらたらの: ～ words.

hóney·fùg·gle [-fʌ̀gl] 〖cf.《方言》*fugel* to cheat〗 *vt.*《米口語》**1** だます (cajole). **2** だまし取る.

hóney fúngus *n.* 〖植物〗 =honey mushroom.

hóney guìde *n.* **1** 〖鳥類〗 ミツオシエ《アフリカ・インド産のミツオシエ科の鳥の総称; 人や動物をミツバチの巣のありかに案内する; ノドクロミツオシエ (*Indicator indicator*) など》. **2** 虫媒花の花弁に蜜線の存在を知らせるような色のちがう点や線.

hóney·lípped *adj.* =honeymouthed.

hóney lòcust *n.* 〖植物〗 **1 a** アメリカサイカチ (*Gleditsia triacanthos*)《北米原産のマメ科の落葉高木, 幹または枝上に枝の変形した分岐刺があり, 緑色がかった花をつける》. **b** アメリカサイカチ材《赤褐色をしており堅くて丈夫》. **2** ニセアカシア (locust). **3** モモイロニセアカシア (clammy locust).

hóney mesquìte *n.* 〖植物〗 =mesquite.

hóney·mòon 〖《1546》← HONEY+MOON: 戯言的造語で愛情の絶頂を満月にたとえすぐに欠けていくことにかけたもの; 後に *month* と連想された: cf. ON *hjūnōttsmānaþr*《原義》wedding-night month〗 — *n.* **1** 蜜月(みつげつ), ハネムーン《新婚夫婦が結婚直後に休暇や旅行を楽しむ期間; 以前は新婚後の一か月をいった》; 蜜月[新婚]旅行: a second ～ 第二のハネムーン《新婚の時のハネムーンに似た既婚夫婦の休暇や旅行》/ be [go] on a ～ ハネムーンを過ごす[に出る]. **2** (政治や企業で, 対立する二者間に結ばれた協調関係の)平穏な初めの期間, 「蜜月期間」〔*between, of*〕. — *vi.* (旅行先で)ハネムーンを過ごす, 〔…に〕新婚旅行をする〔*at, in*〕: ～ *in* Hawaii. **～·er** *n.*

hóney·móuthed *adj.* 口のうまい, 甘言の; 口先だけの.

hóney mùshroom *n.* 〖植物〗 ナラタケ (*Armillaria mellea*)《立木の根元に群生する普通の食用菌; 木の根を枯らす害菌でもあり, 蜂蜜色の子実体を生じ, その根元に黒い根状の菌糸束ができる; honey fungus ともいう》.

hóney·pàrrot *n.* 〖鳥類〗 =lorikeet.

hóney plànt *n.* =bee plant.

hóney pòssum *n.* 〖動物〗 フクロミツスイ, ミツスイポッサム (*Tarsipes spenserae*)《オーストラリア産ユビムスビ科のコアラの類の動物; 長い舌で蜂蜜と花蜜を常食にする》.

hóney·pòt 〖《15C》〗 — *n.* **1** 蜂蜜(はちみつ)貯蔵用のかめ. **2** 魅力に富むもの[人]. **3 a** [*pl.*] 一種の子供の遊戯《両手を尻の下に組んですわらせた子供 (honeypot) を他の者たちがその腋(わき)の下を取手代りにつかんで振り, 組んだ手を離させようとする》. **b** 尻の下で両手を組んだ姿勢. **4** 〖昆虫〗 =honeypot ant.

hóneypot ànt *n.* 〖昆虫〗 ミツアリ (⇨ honey ant).

hóney sàc *n.* 〖昆虫〗 =honey bag.

hóney·sùcker 〖⇨↓, sucker〗 *n.* 〖鳥類〗 =honey eater.

hóney·sùckle 〖《*a*1300》 *hunisuccle* ← *honisouke* < OE *hunigsūce* ← *hunig* 'HONEY'+ *sūcan* 'to SUCK': -le¹〗 *n.* 〖植物〗 **1** スイカズラ《スイカズラ科スイカズラ属 (*Lonicera*) のつる性の低木の総称; Tartarian honeysuckle など》. **2** スイカズラに似たにおいのある植物の総称《シャクナゲ (rhododendron)・オダマキ (*Aquilegia flabellata*) など》.

honeysuckle 1 (*Lonicera* sp.)

hóneysuckle òrnament *n.* =anthemion.

hóney·swèet 〖OE *hunig-swēte*: ⇨ honey, sweet〗 *adj.* 蜜(みつ)のように甘い.

hóney-tóngued *adj.* 弁舌の巧みな, 能弁な (eloquent); うまいことを言う (smooth-tongued).

hóney tùbe *n.* 〖昆虫〗 蜜管《腹部, 背面, 末端の直線または亜直線の小管; cf. cornicle》.

hóney wàgon *n.* **1** 肥(こえ)取車. **2** 戸外用携帯トイレ.

hóney·wòrt *n.* 〖植物〗 ヨーロッパ産ムラサキ科キバナルリソウ属の植物 (*Cerinthe retorta*)《蜜源植物として作られる》.

hong [hɑ́ŋ, hɔ́(ː)ŋ | hɔ́ŋ; *Cant.* hɔŋ] 〖□ Chin.《広東方言》*hong*(行)〗 *n.* (中国・日本の)商館, (外国貿易の)…洋行.

Hong Kong [hɑ́ŋ-kɑ̀ŋ, hɔ́(ː)ŋ-kɔ̀(ː)ŋ, ⸗⸗ | hɔ̀ŋ-kɔ́ŋ; *Cant.* hœŋkɔŋ] *n.* 香港(ホンコン)《中国南東部にある英国の直轄植民地; 九竜半島南部および香港島を含む; 人口 4,448,000, 面積 1,046 km², 首都 Victoria (この首都を Hong Kong ということもある)》.

Hóng Kòng flú 〖そのウイルスが香港で最初に発見されたことから〗 *n.* 香港かぜ.

hon·ied [hʌ́nid | -nɪd] *adj.* =honeyed.

Hon·i·ton [hɑ́nɪtn, hʌ́n-, -nə- | hɔ́nɪ-, hʌ́n-] 〖← Honiton (英国 Devonshire 州の町名)〗 — *n.* ホニトンレース《Honiton 原産の bobbin lace の総称; 花・葉などのモチーフを網レースに縫いつけたり厚手のモチーフを針でつないだレース; Honiton lace ともいう》.

honk [hɑ́ŋk, hɔ́(ː)ŋk | hɔ́ŋk] 〖擬音語〗 — *n.* **1** 雁(がん)[あひる]の鳴き声. **2** (自転車・自動車の)らっぱ式警笛の音. — *vi.* **1** 〈雁・あひるが〉鳴く. **2** 警笛を鳴らす. — *vt.* 〈警笛を〉鳴らす: ～ one's horn. **～·er** *n.*

hon·kie [hɔ́(ː)ŋki, hɑ́ŋ- | hɔ́ŋkɪ] 〖← ?〗 *n.* (*also* **hon·ky** [～])《米俗》[通例軽蔑的に] 白人 (white man).

honk·y-tonk [hɑ́ŋkitɑ̀ŋk, hɔ́(ː)ŋkitɔ̀(ː)ŋk | hɔ́ŋkɪtɔ̀ŋk] 〖← ?〗 — *n.*《口語》**1** 安居酒屋, 飲み屋, 安キャバレー. **2** (安キャバレーなどで演奏される)ラグタイム (ragtime). — *attrib. adj.* **1** 安キャバレー風の, 場末の; 安っぽい: a ～ piano 調子外れのピアノ. **2** ホンキートンク調の《ラグタイムによるピアノ奏法で 2/4 または 4/4 拍子の低音の固執リズムが特色; わざと安っぽい音を出すピアノを用いる》.

hon·nête homme [ɔ(ː)nétɔ́(ː)m | ɔnétɔ́m; *F.* ɔnɛtɔm] 〖□ F ～ 'honest man'〗 *F. n.* 正直で礼儀正しい人, 紳士.

Ho·no·lu·lu [hɑ̀nəlúːluː, hòu-, -nl- | hɔ̀nəl-] 〖← Hawaiian ～《原義》sheltered bay〗 *n.* 米国 Hawaii 州の首都で Oahu 島の海港; 人口 325,000.

hon·or, 《英》 **hon·our** [ɑ́nə | ɔ́nə(r)] 〖n.: 《?*c*1200》 □ OF *honur, honor* (F *honneur*) < L *honōrem*, (nom.) *honor, honōs* repute, beauty. — v.: 《*c*1250》 *honoure(n)* □ OF *honourer* (F *honorer*) < L *honōrāre*〗 — *n.* **1 a** 名誉, 面目, 名声, 信用 (credit); (決闘に訴えても守るべき)男子の面目, 体面: military ～ 武勇の誉れ (cf. 6 a) / knightly ～ 武士の面目 / business ～ 商売上の信用 / accept a bill for the ～ of the drawer 振出人の顔を立てて手形を引き受ける / die with ～ on the battlefield 名誉の戦死を遂げる / give one's word of ～ 名誉にかけて約束する, 誓約する / on [upon] one's ～ 名誉にかけて, 誓って (cf. *be on* [*upon*] *one's* HONOR) / pledge one's ～ 名誉にかけて誓う / put a person on his ～ 名誉にかけて誓約させる[行動させる] / save [stain] one's ～ 体面を保つ[汚す] / an affair of ～ =affair d'honneur / *Honor* is satisfied. (決闘をするか謝罪を受けるかして)面目が立った / ⇨ *a* CODE *of honor, a* DEBT *of honor, a* POINT *of honor*. **b** (地位の高い人などの交際・好意を受ける)特権, 光栄 (privilege): I have the ～ to inform you that… 慎んで申し上げますが… / May I have the ～ of your company at dinner? 晩餐(さん)会に御臨席の光栄を得たいと存じます / ⇨ *a* GUEST *of honor*.
2 a 名誉[面目, 信用]を重んじる心, 廉恥心, 自尊心, 節操 (high-mindedness); (名誉にかけてする)約束: a sense of ～ 名誉を重んじる心, 廉恥心 / a man of ～ 信義を重んじる人 / commercial ～ 商業道徳 / a court of ～ ⇨ court / play one's part with ～ 立派に本分を尽くす (cf. 3) / sell one's ～ 節操を売る / I am bound in ～ [(in) ～ bound] to refuse. 徳義上拒絶しなければならない / *Honor* is found among thieves. 泥棒の間にも仁義がある. **b** (女性の)貞節, 淑徳 (chastity): womanly ～ 貞節.
3 尊敬, 敬意 (respect, esteem): have [hold] a person in ～ 人を尊敬する / pay [give] ～ to the king [law] 国王を尊敬する[国法を尊重する] / show ～ to one's parents 両親を敬う / receive a person with ～ 礼をもって人を迎える (cf. 2 a) / ⇨ GUARD of honor / a maid of ～ ⇨ maid 成句.
4 名誉[光栄]となるもの[人], 誉れとなるもの[人]: I deem it a great ～ to accept your invitation. 御招待をお受けすることを無上の光栄と存じます / I take your visit as a great ～. 御来訪を身に余る光栄と存じます / He is an ～ *to* his family [school, nation, profession]. 彼は一家[学校, 国家, 同業者]の誉れである.
5 a 栄誉のしるし, 栄典, 叙位, 叙勲; 名誉章, 勲章: ⇨ birthday honours, New Year honours / the (Congressional) Medal of *Honor* ⇨ congressional / wear all one's ～*s* 勲章を全部身につける. **b** (競技などで得る)褒賞.
6 a [*pl.*] 儀礼, 礼遇: funeral [last] ～*s* 葬式 / render the last ～*s* 葬式を行なう[に参列する] / military ～*s* 軍葬の礼; 王族[高官など]に対する軍隊の礼 / drink a toast with musical ～*s* 賛歌と共に祝杯をあげる. **b** [*pl.*] (主人役による)社交上の儀礼: do the ～*s* (of the table, one's house, the town) (食卓, 家, 町の)主人[接待]役を勤める. **c**《古》敬礼.
7 [His [Her, Your] H- で; 判事・《米》市長に対する, また田舎言葉や《アイル》で一般に高位の人に対する敬称として] 閣下: *Your* [*His*] *Honor* the Mayor 市長閣下.
8 [*pl.*] **a** (大学で特別コースの試験に合格して得る)優等(の学位): pass with ～*s* in biology 生物学を優等でパスする / graduate with ～*s* 優等で卒業する / take ～*s* in English 英語で優等卒業の学位を得る. **b** [単数扱い] (優秀な学生を対象にする)特別優等課程[試験].
9 〖ゴルフ〗 オナー《tee からの打出しの優先権》.
10 〖トランプ〗 **a** =honor card. **b** [*pl.*] オナーズ《ブリッジの手段で, 切札になったスーツ (suit) の最高位札 (honor card) 5 枚; no trump の場合は各スーツの ace 4 枚; いずれの場合も同一ハンド中にあれば 100 または 150 点のボーナスがつく》; (ホイストで, 切札にしたスーツの)絵札 4 枚.
11 〖歴史〗 (多くの荘園を含む)大領地.
12 〖紋章〗 =honor point.
be on [***upon***] ***one's honor*** 名誉にかけて…しなければならない 〈*to do*〉: You *are on your* ～ not to cheat in the examination. 名誉にかけても試験で不正行為のないようにしなければならない. ***be to a person's honor*** 人の名誉である: It *was* greatly *to his* ～ that he spoke in favor of the defendant. 被告人を弁護したことで彼は大いに男を上げた. ***do honor to a person*** (1) 〈人〉の名誉となる, …に面目を施す. (2) 〈人〉に敬意を表する. ***Honors*** (***are***) ***even*** [***easy***]. (1) 〖トランプ〗 (ホイストで)絵札[(ブリッジで)最高位の札]が平等に行きわたっている. (2) 互角の形勢だ, 五分五分だ. ***in honor of*** …の記念に, …に敬意を表して, …を祝して: a ceremony held *in* ～ *of* the fallen 戦死者のために行なわれる追悼式 / *in* ～ *of* the event その日を記念して / give a dinner *in* ～ *of* a person 人のために晩餐(さん)会を催す.
honors of war [the ―] 〖軍事〗 降伏軍に与える特典《武装のまま太鼓を鳴らして軍旗を掲げて退去することを許すなど》.
— *attrib. adj.* 名誉に関する: ⇨ honor roll.
— *vt.* **1** …に名誉を与える, 栄誉を賜う, 叙爵[叙勲]する; …に〔…の〕光栄を与える〔*with*〕; 礼遇する: feel highly ～*ed* by …を大いに光栄と感じる / ～ a person *with* a knighthood 人をナイトの爵位に叙する / Such a custom is more ～*ed* in the breach than in the observance. そんな習慣は守るより破った方が名誉になる (cf. Shak., *Hamlet* 1. 4. 16) / ～ a person [house] *with* a visit 敬意を表して人[家]を訪問する, 表敬訪問をする / Would you please ～ us by sharing our dinner tonight? 今夜粗餐を差上げたいと存じますがお出でいただけますか / I'm ～*ed that* you should ask [*to*

be asked] to speak. 発言を求められて光栄である. **2** **a** 大いに尊敬する, 尊重する, 尊ぶ (respect, revere): ~ one's parents, superiors, etc. **b** 〈神を〉礼拝する (adore, worship). **3** (スクエアダンスで)〈パートナー〉にお辞儀をする. **4** 慎んで受ける, 拝受[拝領, 拝承]する: ~ an invitation. **5** 〘商業〙〈手形を〉引き受けて(期日に)支払う: ~ a draft, bill, check, etc. ⌐性名.

Hon·or [ɑ́nɚ|ɔ́nə(r)] 〘□L ~ (↑)〙 *n.* **1** 女性名. **2** 男

Ho·no·ra [ho(ʊ)nɔ́ːrə, -nóːrə | hə(ʊ)nɔ́ːrə, hɔ-] 〘《変形》← HONORIA〙 *n.* 女性名.

hon·or·a·ble, (英) **hon·our·a·ble** [ɑ́n(ə)rəbl̩, ɑ́nəbl̩ | ɔ́n(ə)rəbl̩] 〘(*a*1338) □ (O)F ~ □ L *honōrābilis*: ⇨ honor, -able〙 ── *adj.* **1 a** 尊敬されるべき, 名誉に値する; 立派な, あっぱれな (↔ despicable): ~ conduct [behavior] 立派な行為. **b** 志操の正しい, 高潔な (upright); 卑劣でない: Brutus is an ~ man. ブルータスは高潔な人だ (Shak., *Caesar* 3. 2. 87) / His intentions are ~. =He has ~ intentions (⇨ intention 2). **2 a** 誉れ[名誉]となる (creditable); 名誉をもたらす[伴う]: an ~ burial 栄誉の葬式 / an ~ wound 名誉の負傷. **b** 名誉を傷つけない, 恥ずかしくない: conclude an ~ peace 恥ずかしくない講和をする. **3** 名誉[光栄]ある, 高名な, 高貴な (illustrious); 顕要の (distinguished): an ~ duty 栄職 / win ~ distinctions 名誉の勲功をたてる. **4** [H-; 英国では伯爵の次男以下の子息, 子爵・男爵の子女・女官・高等法院判事・植民地の行政官などに対する敬称; 米国では国会議員・州会議員・閣員・判事などに対する敬称として] 閣下, 様, 先生 (略 Honble., Hon.): *the Hon.* Mr. Justice Smith / *the Honourable* gentleman [member]=my *Honourable* friend 英国下院議員が議場で他の議員を[に]言う時の呼び方 (cf. gallant 1) / *the* Most *Honourable* 侯爵および集合的に Bath 勲位者・枢密顧問官に対する敬称 / *the* Right *Honourable* 伯爵以下の貴族, 枢密顧問官, London [York, Belfast] 市長および Lord Justice, Lord of Appeal, Lord Provost of Edinburgh [Glasgow] などに用いる敬称 / *the* Right *Honourable* the Earl of Derby. ⌐貴な人.
── *n.* **1** 'Honorable' の敬称のつく身分の人. **2** 高
~·ness *n.* **hòn·or·a·bíl·i·ty** [ɑ̀n(ə)rəbíləṭi, ɑ̀nəbíl- | ɔ̀n(ə)rəbíləti, -lɪ-] *n.*

hónorable díscharge *n.* 《米》〘軍事〙 **1** 無事故除隊, 名誉除隊《勤務を立派に果たした場合の除隊》. **2** 無事故[名誉]除隊証明書 (cf. dishonorable discharge).

hónorable méntion *n.* (展示会などの)選外佳作; (競技の)等外賞. ⌐(⇨ ordinary 8).

hónorable órdinary *n.* 〘紋章〙主オーディナリー

hon·or·a·bly [ɑ́n(ə)rəbli, ɑ́nəbli | ɔ́n(ə)rəbli] 〘(*c*1303)〙 *adv.* 見事に, 立派に, 尊敬されるように.

hon·or·and [ɑ̀nərǽnd | ɔ̀n-] 〘□L *honōrand-us* (ger.) ← *honōrāre* 'to HONOR'〙 *n.* 名誉学位の受領者.

hon·o·rar·i·um [ɑ̀nəréəriəm | ɔ̀nəréəri-, -rɑ́ːr-] 〘(1658) □L *honōrārium* (*dōnum*) honorary (gift) (neut.) ← *honōrārius* (↓)〙 ── *n.* (*pl.* **-i·a** [-riə | -rɪə], **~s**) (強要できない, また金額の一定していない)謝礼, 報酬金 (fee).

hon·or·ar·y [ɑ́nərèri | ɔ́n(ə)rəri] 〘(1614) □L *honōrāri-us*: ⇨ honor, -ary〙 ── *adj.* **1 a** 名誉上の; (報酬を伴わない)名誉的性質[名誉職]の (unpaid) (cf. financial 2), 名誉職にある: an ~ title 名誉称号 / an ~ consul [secretary] 名誉領事[書記]《無俸給で, 事務に対する手当だけ受ける》/ an ~ degree 名誉学位 / an ~ member [office] 名誉会員[職]. **b** 名誉を表彰する, 名誉のしるしの (commemorative): an ~ monument 名誉表彰記念碑. **2** (その人の)名誉心による, (法律で強制することの出来ない)徳義上の: ~ debts [obligations] 賭博の上での借金. ── *n.* **1** 名誉職[学位](を持つ人). **2** 《古》=honorarium. **hon·or·ar·i·ly** [ɑ̀nərérəli, ∸∸∸∸ | ɔ́n(ə)rərəli, -rɪli] *adv.*

hónorary cánon *n.* (大聖堂所属の)名誉参事会員.

hónor bríght *int.* 《口語》 **1** 誓って; 間違いなく(やれ), きっと(だぞ). **2** [疑問文に用いて] 大丈夫だね.

hónor cárd *n.* 〘トランプ〙オナーカード, 役札: **a** (ブリッジで)各スーツ (suit) の最高位札 5 枚 (上から ace, king, queen, jack, ten) のうちの一枚《単に honor ともいう》. **b** (ホイストで) 10 を除く上記 4 枚のうちの 1 枚; これらの切札の場合は得点に加算される.

Ho·no·ré [ɔ̀(ː)no(ʊ)réɪ, ɑ̀n- | ɔ̀nə(ʊ)-; *F.* ɔnɔʀe] 〘□F ~ ← *honoré* honored〙 *F. n.* 男性名. ⌐受賞[受勲]者.

hon·or·ee [ɑ̀nəríː | ɔ̀n-] 〘← HONOR+-EE¹〙 *n.* 《米》

hón·or·er [-nərə | -rə(r)] 〘ME: ⇨ honor, -er¹〙 *n.* 誉れを与える人, 礼遇する人.

hónor guàrd *n.* =GUARD of honor.

Ho·no·ri·a [ho(ʊ)nɔ́ːriə, -nóːr- | hə(ʊ)nɔ́ːrɪə, hɔ-] 〘□L *Honōria* 《原義》 woman of reputation (fem.) ← *Honōrius* ← *honōs* 'HONOR'〙 *n.* 女性名.

hon·or·if·ic [ɑ̀nərífɪk | ɔ̀n-] 〘(1650) □L *honōrificus* ← *honōri-*, *honor* 'HONOR': ⇨ -fic〙 ── *adj.* **1** 敬意を表する; 敬称の, 尊称的な: ~ titles 敬称 / Many Japanese women will always add the ~ 'O' to nouns. 日本の婦人はとかく名詞に敬称の「お」をつけたがる. **2** 名誉を与える[伝える]. ── *n.* **1** 敬称 (Doctor, Professor, Rev. など). **2** (中国語・日本語などの)敬称語句, 敬語. ⌐**~·ly** *adv.*

hòn·or·íf·i·cal [-fɪkəl, -fə- | -fɪ-] *adj.* =honorific.

ho·no·ris cau·sa [(h)ɑnɔ́ːrɪskáʊsə, (h)ə-, -nóːr-, -sɑː, -zɑː | (h)ɔnɔ́ːrɪskɔ́ːzə, -káʊsə] 〘□L *honōris causā* for the sake of honor〙 ── *L. adv., adj.* 名誉の(ために)《特に試験なしで授けられる学位に用いる》: the degree of Doctor of Laws ~ 名誉法学博士号.

Ho·no·ri·us I [hənɔ́ːriəs, ho(ʊ)-, -nóːr- | hə(ʊ)nɔ́ːrɪ-, hɔ-] 〘□L *Honōrius* 《原義》 man of reputation ← *honōs* 'HONOR'〙 *n.* ホノリウス[ホノリオ]一世 (?-638; イタリアの貴族出身の聖職者; 教皇 (625-38); アングロサクソン人のキリスト教化に尽力).

Honorius, Flavius [fléɪviəs | -vjəs, -vɪəs] *n.* ホノリウス《384-423; 西ローマ帝国初代の皇帝 (395-423)》.

hónor pòint *n.* 〘紋章〙(盾(たて)の)中心部と上部との中間の点 (⇨ heraldry 挿絵 B).

hónor ròll *n.* **1** 優等生名簿. **2** 栄誉名簿《満期除隊者・戦死者名を名誉ある市民として記念堂や公の場所に記した名簿》. ⌐list).

hónors lìst *n.* 優等生名簿; 栄誉名簿 (cf. honours

hónor socìety *n.* 〘教育〙(大学・高校の)名誉学生団体《学業成績優秀者およびクラブ活動で功績のあった者だけが入団出来る団体》.

hónor sỳstem *n.* **1** 無監督制度《監督を受けずに学生や囚人が自発的に規制を守るようにした制度》. **2** 無監督試験制度《特に, 学校で生徒の名誉心に訴えて監督者なしで試験を行なう制度》.

hónor trìck *n.* 〘トランプ〙(ブリッジやホイストで)勝つ見込みの高い honor card や honor cards の組合せで, 特に防御にまわった際の手札の強さを評価する目安となる単位《quick trick, defensive trick ともいう》.

honour *n.*, *vt.* =honor.

honourable *adj.* =honorable.

hónours còurse *n.* 〘英大学〙優等卒業学位コース.

hónours degrèe *n.* 〘英大学〙優等卒業学位 (cf. pass degree).

hónours lìst *n.* 《英》国王の誕生日・新年などに発表される叙爵・叙勲などの人名表 (cf. birthday honours, New-Year honours).

Hon. Sec. 《略》 Honorary Secretary.

hooch¹ [húːtʃ] 〘《略》← N-Am. -Ind. *hoochinoo* (Tlingit 辺に住む北米インディアンの種族 Hoochinoo (Hutsnuwu) が作った地酒)〙 ── *n.* 《米口語》酒; (特に)密売酒, 密造酒.

hooch² [húːtʃ] 〘《変形》← Jap. 家(うち)〙 *n.* =hootch.

Hooch [húːtʃ, hóʊ | húːtʃ, hə́ʊ; *Du.* hóːx] (*also* **Hoogh** [hóʊ | hə́ʊ; *Du.* hóːx]), **Pieter de** *n.* ホーホ《1629-83; オランダの風俗画家》.

hood¹ [hʊ́d] 〘OE *hōd* < (WGmc) **χōdaz* (Du. *hoed* / G *Hut* hat) ← IE **kadh-* to shelter: cf. hat, heed〙 ── *n.* **1 a** フード《頭と首をおおう頭巾(ずきん); マントや外套に取り付けてあることが多い》. **b** 僧帽《僧服の背にたれている頭巾状のおおい; cf. cowl¹ 1 b》. **2 a** フードに似たもの. **b** (学位の表章としての)大学式服 (gown) の背にたれる布《頭巾を長く引き伸ばしたような形, 大学によってそれぞれ色が異なる》. **c** (鷹・馬の)頭おおい. **d** (コブラの扁平に広げた頸(くび)部の)頭巾. **e** (馬車・自動車・乳母車などの)幌(ほろ); 《米》(自動車の)ボンネット (《英》 bonnet). **f** 煙突の笠(かさ), 集風器 (cowl); (台所の)煙出し. **g** 炉のひさし. **h** (タイプライター・発動機などの)おおい. **i** (電灯の)笠. **j** (みつばちの巣箱の)蓋(ふた). **k** (砲塔の)天蓋(てんがい). **l** (カメラのレンズに余計な光線の入るのを防ぐ)フード. **3** 〘動物〙ズキンアザラシ (⇨ bladdernose). **4** 〘海事〙(昇降口・天窓の)おおい, ふた.
── *vt.* **1** フード(状の物)でおおう, …に笠を付ける. **2** おおい隠す; (特に)〈目・まぶたを〉なかば閉じる.

hood² [hʊ́d, húːd] 〘《略》〙 *n.* 《俗》=hoodlum.

Hood [hʊ́d], **John Bell** *n.* (1831-79) 米国の南北戦争当時の南軍の将軍.

Hood [hʊ́d], **Mount** *n.* フッド山《米国 Oregon 州北西部 Cascade 山脈中の火山 (3,424 m)》.

Hood, Robin *n.* ⇨ Robin Hood. ⌐Viscount Hood.

Hood, Samuel *n.* (1724-1816) 英国の提督; 称号 1st

Hood, Thomas *n.* (1799-1845) 英国の詩人・ユーモリスト; *The Dream of Eugene Aram* (1829), *The Song of the Shirt* (1843).

-hood [hʊ̀d] 〘OE *-hād* (cog. G *-heit*): cf. OE *hād* rank, condition, character: cf. -head〙 ── *suf.* 次の意味を表わす名詞を造る (cf. -ship, -cy): **1** 主に人・生物の名前に付いて性質・状態・階級・身分・境遇などを表わす: king*hood*, man*hood*, saint*hood*; duck*hood*, puppy*hood*. **2** 期間・時代を表わす: child*hood*, widow*hood*. **3** まれに形容詞に付いて状態を表わす: false*hood*, likeli*hood*. **4** ある状態・性質などを共有する集団・集合体を表わす: brother*hood*, neighbor*hood*.

hood·ed 〘(15C) ← HOOD¹+-ED 2〙 ── *adj.* **1** フードをかぶっている; おおい隠した, 〈目が〉なかば閉じた: ~ eyes. **2** フードのある; 幌(ほろ)のついた. **3** 〘植物〙僧帽状の (cucullate). **4** 〘動物〙〈鳥など〉頭巾(ずきん)状の羽毛[色彩]のある, 冠毛[冠頂]のある; 〈コブラが〉頭巾のある《怒ると扁平に広げられるくびの部分をいう》. **~·ness** *n.*

hóoded crów *n.* 〘鳥類〙ズキンガラス (*Corvus corone cornix*)《ヨーロッパ産の背・腹が灰白色のハシブトガラスの亜種》.

hóoded gúll *n.* 〘鳥類〙=black-headed gull.

hóoded séal *n.* 〘動物〙=bladdernose.

hóoded tóp *n.* (箪笥・戸棚などの頂部の)アーチ型の天蓋 (bonnet top).

hóoded wárbler *n.* 〘鳥類〙アメリカムシクイ科の鳥の一種 (*Wilsonia citrina*)《米国産, 頭・首・胸などは黒, 腹は黄色の鳥》.

hood·ie [hʊ́di | -dɪ] 〘← HOOD¹+-IE〙 *n.* 《スコット》〘鳥類〙=hooded crow.

hóodie crów *n.* 《スコット》〘鳥類〙=hooded crow.

hóod·less 〘ME〙 *adj.* フードなしの; フードのない.

hóod·lìke *adj.* hood¹ のような.

hood·lum [húːdləm, hʊ́d- | húːd-] 〘(1871)《逆つづり変形》? ← *Muldoon* (もとサンフランシスコで, 中国人を襲うために雇われた暴力団の首領の名): cf. G 《スイス方言》*Hudilump* wretch〙 ── *n.* 《口語》 **1** 不良青年, 与太者, ちんぴら (hooligan). **2** ギャング (gangster), ゆすり (racketeer), 愚連隊; (特にギャングの)ガンマン, 悪漢, 用心棒. **~·ish** [-mɪʃ] *adj.*

hóod·lum·ìsm [-mɪzṃ] *n.* 非行(のあり方).

hóod·man [-mən] 〘(1602-03)〙 *n.* (*pl.* **-men** [-mən]) 《廃》(hoodman-blind の)目隠しされた人, 鬼. ⌐buff).

hóodman-blínd *n.* 《英古》目隠し遊び (blindman's-

hóod·mòld *n.* 〘建築〙(扉や窓の)上部の雨押え繰形(くりがた) (label, dripstone).

hóod mòlding *n.* 〘建築〙=hoodmold.

hoo·doo [húːduː] 〘(1875)《変形》← VOODOO〙 ── *n.* (*pl.* **~s**) **1** (北米インディアン・黒人の)迷信, まじない (voodoo). **2** 《米口語》 **a** 「けち」のつく物, 不吉なもの[人], 縁起の悪いもの[人], 厄病神 (cf. mascot). **b** 不運 (bad luck). **3** 〘地質〙 **a** 岩柱《特に浸食などによって出来た奇形の》. **b** =earth pillar. ── *vt.* 《米口語》〈人〉に不運をもたらす; …に魔法をかける. **~·ism** [~ìzm] *n.*

hóod·wìnk 〘(1562) ← HOOD¹ (n.)+WINK¹〙 ── *vt.* **1** 〈人〉の目をくらます, 欺く, だます (deceive). **2** 《古》 **a** 〈馬の目〉におおいをする; 〈人〉に目隠しする (blindfold). **b** 《廃》隠す (cover, hide). ── *n.* 目隠し(すること); 目隠しの道具. **~·er** *n.*

hood·y [hʊ́di | -dɪ] *n.* 《スコット》〘鳥類〙=hoodie.

hoo·ey [húːi | húːɪ, hʊ́ɪ] 〘擬音語?〙 《俗》 *int.* ばかな. ── *n.* ばかな事 (nonsense).

hoof [hʊ́f, húːf | húːf] 〘OE *hōf* < Gmc **χōfaz* (Du. *hoef* / G *Huf*) ← IE **kapho-* hoof〙 *n.* (*pl.* **hooves** [hʊ́vz, húːvz | húːvz], **~s**) **1 a** ひづめ: a cloven ~ 分趾(し)ひづめ. ★ ラテン語系形容詞: ungular. **b** (ひづめをもつ動物の)足. **c** 《戯言》(人間の)足 (foot). **2** 《方言》有蹄(てい)類の動物.
beat* [*pad, be upon*] *the hoof 《戯言》歩く, てくる.
on the hoof (1) 〈家畜が〉殺されないで, 屠殺前で. (2) 〈人が〉(まだ)ぴんぴんして (alive). ***see a person's hoof in*** …に人の勢力[干渉]の跡を認める. ***under the hoof* (*of*)** (…に)踏みにじられて (undertrodden), しいたげられて, 圧迫されて (oppressed).
── *vi.* 《口語》歩く; (特に, リズミカルに)踊る (dance).
── *vt.* **1** [しばしば ~ it として] 《口語》歩く, てくる: We'll take a bus or ~ *it*. バスで行くか歩いて行くかどっちかにしよう. **2** ひづめで踏みつける[蹴る]. **3** 《俗》〈人を〉蹴り出す (kick) 〈*out*〉; 追い出す, 首にする (expel) 〈*out*〉. ⌐mouth disease.

hóof-and-móuth disèase *n.* 〘獣医〙=foot-and-

hóof·bèat *n.* ひづめの音[響き].

hóof·bòund *adj.* ひづめが干からびて縮かんだ, 狭窄(さく)症を病んでびっこをひいた.

hoofed *adj.* **1 a** 有蹄(てい)の (ungulate). **b** [しばしば複合語の第 2 構成素として] (…の)ひづめのある: broad-[flat-, solid-]*hoofed* ひづめの広い[平たい, 堅い]. **2** 〈靴が〉ひづめ状の, ひづめ形の.

hóof·er *n.* **1** 徒歩旅行者. **2** 《俗》(clog dance, tap dance の) 踊り子.

hóof fòot *n.* ひづめ足, 鹿足《椅子などの足の先が割れてひづめの形になっているもの; pied-de-biche ともいう》.

hóof-pìck *n.* 裏掘(ほ), てっぴ《ひづめにくいこんだ石や汚物などをほじり取る道具》.

hóof·prìnt *n.* ひづめの跡.

hóof rìng *n.* 〘獣医〙馬蹄輪 (⇨ coronary cushion).

hóof·ròt *n.* 〘獣医〙蹄叉腐爛(ていさふらん), 蹄炎《ひづめの腐る病気》.

Hoo·ghly [húːgli | -glɪ] *n.* [the ~] フーグリー(川)《インド北東部 Bengal 西部の川, Bengal 湾に注ぐ Ganges 川の分流 (250 km)》.

hoo-ha [húːhɑ̀ː] 〘擬音語〙 *n.* =hullabaloo.

hook [hʊ́k] 〘n.: OE *hōc* ← Gmc **χōka-* ← IE **keg-*. ── v.: (*c*1250) *hoke*(*n*) ← (n.): cf. hake¹〙 ── *n.* **1 a** (引っ掛けたり, 引っ掛けて引っ張るための先の曲がった)鉤(かぎ). **b** 留め金, ホック: ⇨ HOOK and eye. **c** 掛け鉤, 自在鉤 (pothook): a hat [clothes] ~ 帽子[洋服]かけ. **d** =buttonhook. **e** (公衆電話などの受話器を掛ける)手(の部分). **2 a** 釣鉤(ばり): a fish ~. **b** わな (trap, snare). **3** 三日月形のかま: ⇨ billhook, reaping hook. **4 a** 川の屈曲部. **b** 鉤形に突き出た砂洲(す); [主に地名に用いて] 鉤形の岬: Sandy *Hook*. **5 a** 鉤状のもの. **b** (動植物の)鉤形の器官, 鉤形の突起. **c** 引用符の鉤 (' '). **d** (g や q の) 鉤の部分. **e** [*pl.*] 《俗》指: get one's ~s on [into] …に手をおく[入れる]. **f** 《俗》泥棒, すり (pickpocket). **6** 〘音楽〙(音符の) 符鉤(こう) 《♪ などの細長いひげの部分; pennant, flag ともいう; cf. head *n.* 26, stem¹ 8》. **7** 〘ボクシング〙フック《ひじを曲げて打つ打ち方; cf. straight 6 b, uppercut 1》. **8 a** 〘ゴルフ〙フック《打球が途中から利き腕と逆の方向へ曲がること; cf. slice 4 a》. **b** 〘クリケット〙フック《ボールをレッグ (leg) へ引っ張る打法》. **9** 〘野球〙カーブ (curve). **10** 〘バスケットボール〙=hook shot. **11** 〘アメリカンフットボー

ル》=buttonhook 2. **12**〖金属加工〗(圧延過程で棒材に生じる波状の)しわ疵. **13**〖海事〗甲板肘材, デッキフック.

by hook or (by) crook どんな手段を講じても, とにかく何とかして. ***get [give] the hook*** 《俗》首になる[する]. ***hook, line, and sinker*** 〖飢えた魚が餌とともに釣鉤も糸もおもりものみ込んでしまうように〗(1) 完全に (completely); 遠慮しないで. (2) 完全な. ***off the hook*** 《口語》(1) (厄介・難儀・義務などから)解放されて: get *off the* ~ 困難[危機]を免れる / get [let] a person *off the* ~ 人を困難[危機]から免れさせる. (2) 〈電話の受話器が〉はずされて. ***off the hooks*** (1) 《英俗》死んで (dead): drop [go, pop, slip] *off the* ~*s* くたばる, ぽっくり死ぬ. (2) 《廃》気が変になって; 調子をはずして. ***on one's own hook*** 《口語》自力で, 自分の責任で (on one's own). ***on the hook*** 《俗》(1) 巻きこまれて, 深入りして. (2) どっちつかずの状態で, 待って. ***sling [take] one's hoook*** 《英俗》立ち去る, そっと逃げ出す, 逃げうせる (go away).

hook and butt 〖造船〗かぎ形スカーフ《木船で力材を縦につなぎ合わせる時の, 押しても引いても離れないような形のカギ形に切りかけを作ったつなぎ合わせ; hook scarf ともいう》.

hook and eye (1)〖建築〗あおり止め《ドア・窓などを開いたまま留めて置く金具; 留め金と輪形の受け具からなる》. (2) (服の二つの部分を締めるための)ホックと通し輪.

hook and ladder =ladder truck.

Hook of Holland [the —] フークファンホラント《オランダ南西部の岬; 海港; 英独海戦場 (1914); オランダ語名 Hoek van Holland》.

— *vt.* **1** (鉤状に)曲げる (crook): ~ one's finger 指を曲げる / ~ one's arm into another's 腕を曲げて人の腕と組む. **2 a** 鉤で引っ掛ける[吊す]; かぎ針[釣鉤]に引っ掛ける: ~ a fish / ~ driftwood out of the river 鉤で流木を引き寄せ川から出す. **b** 〈人を〉引っ掛ける, うまく釣る (secure): ~ one's fish ねらった人をうまく釣る. **c** [通例 Passive で]《俗》〔麻薬・悪習などに〕夢中にさせる, 耽らせる, 病みつきにさせる (cf. hooked 4)〔*on, by*〕: He is ~*ed on* [*by*] marijuana. マリファナ中毒にかかっている. **3** ホックで留める; 掛けかぎ(など)で留める[つなぐ]〈*on, in, up*〉: ~ a dress 服のホックを留める / ⇨ HOOK *up* (1). **4**《口語》そっと取る, かっぱらう, 盗む (steal, pilfer): ~ pears *from* the tree. **5** [~ it として]《俗》逃げる, ずらかる, とんずらする. **6** 〈牛などが〉角で引っかける, 角で突く (gore). **7 a** かぎ編みする《かぎ針で糸を捕えて輪にし粗布の目に通す》. **b** (かぎ編みで)〈衣服・敷物などを〉作る[織る]: ~ a rug. **8**〖ボクシング〗〈相手〉にフックを入れる. **9**〖ゴルフ・ボウリング〗〈右利きの打者・ボウラーが〉〈ボールを〉フックさせる, 反対回転させる. **10**〖クリケット〗〈ボールを〉レッグ (leg) へ引っ張る《打者の左後方のフィールドへ打つ》. **11**〖ラグビー〗スクラムを組んで〈ボールを〉後方に蹴る.

— *vi.* **1** 鉤状に曲がる, 湾曲する (bend). **2** ホック(など)で留まる, かぎで掛かる〈*on, in, up*〉: The dress ~*s* in back [at the back]. そのドレスは背中のホックで留まる. **3** 〈動物が〉角で攻撃する. **4**《俗》逃げる, ずらかる (run away). **5**〖ボクシング〗フックを入れる. **6**〖スポーツ〗**a** 〈ボールが〉フックする. **b** 〈競技者が〉ボールをひねって打つ. **c** (バスケットボールで)フックショットで得点する[得点しようとする].

hook up (*vt.*) (1) (…の衣服を)ホックで(すっかり)留める: Please ~ me *up*. ホックを留めて下さい. (2) 〈機械〉の部分品をつなぐ, 〈機械・電話・ステレオなどを〉組み立て(て取りつけ)る; 〔中央交換台などに〕接続する〔*to*〕. (3)《口語》〈馬などを〉車にとりつける[つなぐ]. (4)《方言》〈牧師が〉結婚させる (marry). (*vi.*) (1) 馬などを車にとりつける[つなぐ]. (2) (自動車などを)別の車につなぐ. (3)《もと米・口語》〖ラジオ〗中継する (cf. hookup 2). (4)《口語》〔…と〕結合する, 一体になる; 《俗》結婚する〔*with*〕.

hook·ah [húkə, hú:kə | húkə, -kɑ:] 〖《1763》⇐ Arab. *ḥúqqa*[h] casket〗 *n.* (*also* **hook·a** [~]) 水ぎせる.

hookah

hóok-and-bútt jòint *n.* 〖造船〗かぎ形スカーフ継ぎ (cf. HOOK and butt).

hóok-and-éye hìnge *n.* ひじつぼ式蝶番(ちょうつがい).

hóok-and-ládder trùck *n.* =ladder truck.

hóok-bìll *n.* (ペットとしての)オウム, インコ.

hóok bòlt *n.* 〖機械〗フックボルト, 鉤(かぎ)ボルト.

hóok chèck *n.* 〖アイスホッケー〗フックチェック《スティックでパックを引っかけて奪い取ろうとする動作》.

Hooke [húk], **Robert** *n.* (1635–1703) 英国の物理学者・自然科学者: ⇨ Hooke's law.

Hóoke cóupling *n.* 〖機械〗=Hooke's joint.

hooked 〖OE *hokede*: ⇨ hook, -ed 2〗 — *adj.* **1** [《米》ではまた húkɪd, -kəd] かぎ形の, かぎ形に曲がった: a ~ nose かぎ鼻, わし鼻 (aquiline nose). **2** かぎ(形の物)の付いた, かぎ[フック]付きの. **3** かぎ編みした: ⇨ hooked rug. **4**《俗》麻薬中毒症の (cf. hook *vt.* 2 c). **5**《俗》結婚して (married). **~·ness** [húktnɪs, húkɪd-, -kəd-, -nəs] *n.*

hóoked rúg *n.* フックトラッグ《黄麻布の基布に種々の色毛糸を針でさし込んで模様を表わした絨緞》.

hóoked schwá *n.* 〖音声〗かぎ付きのシュワー《発音記号 [ɚ] の名称; その記号が表わす米音の further [fɚ́:ðɚ] などの [ɚ] の母音》.

hook·er[1] [húkə | -kə(r] 〖《1641》⇐ Du. *hoeker* ← *hoek* 'HOOK': ⇨ -er[1]〗 — *n.* 〖海事〗**1** オランダの二本マストの帆船. **2** アイルランドや英国の南西岸で用いられる一本マストの漁船. **3**《俗》古ぼけた[やぼったい]船; 釣り船.

hóok·er[2] 〖← HOOK+-ER[1]〗 — *n.* **1** (鉤(かぎ)で)引っ掛ける人[もの]. **2**《俗》(ウイスキーなどの)一飲み. **3** 〖← HOOK vt. 2 b〗《米俗》売春婦. **4**〖ラグビー〗フッカー《スクラムの最前列にいてボールを蹴り出す選手》. **5** [H-] アマン派系メノー派の信徒《彼らは着物をボタンの代わりにホックで留めたのでこう呼ばれる; cf. Amish, Mennonite》.

Hook·er [húkə | -kə(r)], **Joseph** *n.* (1814–79) 米国の南北戦争当時の北軍の将軍.

Hooker, Sir **Joseph Dalton** *n.* (1817–1911) 英国の植物学者.

Hooker, Richard *n.* (1554?–1600) 英国の司祭・神学者・法哲学者; Anglicanism の最大の唱道者; *Of the Laws of Ecclesiastical Polity* (未完).

Hooker, Thomas *n.* (1586?–1647) 英国の清教徒の牧師; 1633 年に渡米し, Connecticut 植民地を開いた一人.

Hooker, Sir **William Jackson** *n.* (1785–1865) 英国の植物学者; J. D. Hooker の父.

Hóoker's gréen 〖← *William Hooker* (1779–1832: 英国の植物画家)〗 *n.* **1**〖顔料〗=chrome green. **2** 黄緑色.

Hóoke's jóint 〖← *Robert Hooke*〗 — *n.* 〖機械〗フック自在継手《一直線上になく, 一点で交わる 2 軸を連結して回転を伝える軸継手; Hooke's universal joint ともいう》.

Hóoke's láw 〖← *Robert Hooke*〗 *n.* 〖物理〗フックの法則《弾性体のひずみは応力に比例するという法則》.

hook·ey [húki | -kɪ] *n.* 《米俗》=hooky[2].

hóokey wálker, H- W- *int.* =Walker[2].

hóok gàge *n.* 〖機械〗フックゲージ《曲がった針の先端で液面の高さを測定する器具》.

hóok·less *adj.* かぎ(針)[ホック]のない.

hook·let [húklɪt, -lət] 〖← HOOK+-LET〗 *n.* 小さい hook.

hóok·nòse *n.* わし鼻, 鉤(かぎ)鼻 (aquiline nose).

hóok-nósed *adj.* 鉤鼻の, わし鼻の.

hóok-pìn *n.* 鉤(かぎ)形の頭の目くぎ, かぎくぎ.

hóok scàrf *n.* 〖海事〗鉤形スカーフ (⇨ HOOK and butt).

hóok shòt *n.* 〖バスケットボール〗フックショット《ボールを体の横から頭上に回し手首のスナップをきかせてするシュート; 単に hook ともいう》.

hóok spànner *n.* =hook wrench.

hóok·ùp 〖← *hook up* (⇨ hook (v.) 成句)〗 — *n.* **1 a** 接続, 結合; 連携, 同盟 (alliance). **b** (本来対立的な立場にある国家・団体・党などの間の)友好関係, 親善: a ~ between two governments. **c** (電気・水道・下水などの)配線[配管]設備. **2** 中継, 同じ番組を中継する放送局網: a Japan-wide ~ (日本)全国中継放送 / a coast-to-coast TV ~ 全米テレビ中継. **3**〖通信〗無線送信機[受信機]の接続(図); 電子装置[回路]の接続(図), その組み立てられた素子.

hóok·wòrm *n.* **1**〖動物〗鉤(こう)虫《人畜の腸に寄生する鉤虫科の線虫の総称; ズビニ鉤虫 (*Ancylostoma duodenale*), アメリカ鉤虫 (*Necator americanus*) など》. **2**〖病理〗=hookworm disease.

hóokworm disèase *n.* 〖病理〗鉤(こう)虫症, 十二指腸虫症 (⇨ ancylostomiasis).

hóok wrènch *n.* 鉤(かぎ)頭ねじ回し《hook spanner ともいう》.

hook·y[1] [húki | -kɪ] 〖← HOOK (n.)+-Y[4]〗 *adj.* (**hook·i·er**; **-i·est**) **1** 鉤(かぎ)形の, 鉤のような. **2** 鉤のある, 鉤だらけの.

hook·y[2] [húki | -kɪ] 〖← HOOK (vi. 4) + -Y[5]〗 — *n.* 《米口語》=truant. ★ 主に次の成句で: ***play hooky*** (学校を)ずる休みする, なまける (play truant) (cf. hook JACK).

Hoo·lee [hú:li | -lɪ] *n.* =Holi.

hoo·li·gan [hú:lɪgən, -lə- | -lɪ-] 〖《1898》← *Houlihan* (昔 London の Southwark に住んで乱暴をしたアイルランド人一家の姓)〗 — *n.* 町の不良団[暴力団]の徒, ごろつき, 与太者, 無頼漢; 不良少年; 浮浪児: a ~ gang 不良団, 暴力団. — *adj.* ごろつきのような.

hóo·li·gan·ism [-nɪ̀zm] *n.* **1** 与太者気質(かたぎ). **2** 無頼の行状, 乱暴, 無頼生活.

hoop[1] [húp, hú:p | hú:p] 〖OE *hōp* < Gmc **χōpaz* (Du. *hoep*) ? ← IE **keu-* to bend (⇨ cup)〗 — *n.* **1 a** (たる・おけなどの)輪, たが, 金輪. **b** (輪回しの)輪: trundle [bowl] along a ~ (おもちゃの)輪を回す. **c** (人・ライオン・あざらしなどがくぐり抜ける)曲芸用の輪. **d** =hoop iron. **2 a** 輪[たが]状のもの. **b** (鉄筋コンクリート造りの柱の)帯筋(おびきん); (砲身などの)外管, 環帯. **c** (平形の)指輪 (finger ring). **d** ジョッキまたはコップのまわりの装飾用帯状の環. **3 a** [通例 *pl.*] 輪骨, 張り骨《鯨のひげまたは鋼鉄製で, 昔婦人服の skirt や petticoat を張り広げるために用いた》. **b** =hoopskirt 1. **4**〖クロッケー〗門《(米)》wicket》《鉄の棒を曲げて作った小アーチ, 球を打ってそれをくぐらせる》. **5**〖バスケットボール〗(バスケットのネットを下げる鉄製の)リング; バスケットのゴール(全体). **6**〖海事〗=mast hoop.

go [jump, be put] through (the) hoop(s) 試練を経る, 苦労する. ***put a person through the hoop(s)*** 〈人を〉鍛える, 苦労させる.

— *vt.* **1** 〈たるなど〉にたがをかける; 巻き付ける. **2** 取り巻く. **3** 輪のような形にする: ~ one's embroidery. **4**〖バスケット〗〈点を〉得点する. — *vi.* **1** 輪のような形になる, 〈猫などが〉丸くなる, 〈蛇が〉とぐろを巻く. **2** フラフープ (hula hoop) を回し続ける.

hoop[2] [húp, hú:p | hú:p] *vi.*, *n.* 《古》=whoop.

hóop bàck *n.* フープバック《ウィンザーチェアなどの, 背枠(わく)が弓状に曲げられた背型》.

hooped 〖← HOOP[1] (n.)+-ED 2〗 — *adj.* **1** たがをはめた; 丸く曲げた, 丸くなった; 圏帯を巻き付けた, 環帯の: a ~ gun / a ~ column まき柱. **2** 輪骨張りの: a ~ petticoat.

hóop·er[1] 〖《15C》〗 *n.* **1** たがのはめ手; おけ屋 (cooper). **2** =hoopster.

hoop·er[2] [húpə, hú:pə | hú:pə(r] *n.* =whooper.

Hoo·per·at·ing [hú:pərèɪtɪŋ, hú:-, ⌣⌣⌣ | hú:pər-èɪtɪŋ, ⌣⌣⌣] 〖← *Claude E. Hooper* (*d.* 1954: 米国の統計学者)〗 — *n.* 〖ラジオ・テレビ〗視聴率, フーパーレーティング《米国の Hooper 調査機関が, 電話調査法などによって得たデータを総合して割り出す視聴状況や順位》.

Hóoper ràting [hú:pə-, húp- | -pə(r)-] *n.* =Hooperating.

hóop·ing *n.* **1** たがの材料. **2** [集合的] たが (hoops); (特に)一組のたが.

hóop ìron *n.* 帯鋼(おびこう), たが鉄《band steel ともいう》.

hoop·la [hú:plɑ̀:, húp-] 〖← HOOP[1]+LA[2]: もと駅馬車の御者のかけ声か〗 — *n.* **1** 輪投げ《輪を投げてそれにからんだ品物をもらう縁日・祭日などで行なう遊戯》. **2**《俗》**a** 大騒ぎ (commotion). **b** から宣伝, 大宣伝 (ballyhoo). **c** 興奮の叫び声.

hóop·man [-mən] *n.* (*pl.* **-men** [-mən, -mɛ̀n]) 《俗》バスケットボール選手[をする人].

hoo·poe [hú:pu:, -poʊ | -pu:, -pəʊ] 〖《古形》*hoop* ⇐ F *huppe* ⇐ L *upupa* (擬音語)〗 — *n.* (*also* **hoo·poo** [~]) 〖鳥類〗ヤツガシラ (*Upupa epops*)《直立した美しい冠毛と羽毛のある鳥》.

hoopoe

hóop pètticoat *n.* =hoopskirt 1.

hóop-petticoat dàffodil [narcìssus] *n.* 〖植物〗南フランスからモロッコにかけて生える黄色の花が咲く小型のスイセンの一種 (*Narcissus bulbocodium*).

hóop pìne *n.* 〖植物〗ナンヨウスギ (*Araucaria cunninghamii*)《オーストラリアおよびニューギニア産ナンヨウスギ科の高木, 軽くて柔らかい材を産する; Moreton Bay pine ともいう》.

hóop·skìrt *n.* **1** 輪骨入りのスカート, フープスカート (cf. hoop[1] *n.* 3 a, farthingale 2, crinoline 2 a). **2** =hoop[1] 3 a.

hoopskirt

hóop snàke 〖自ら尾をくわえて輪形になり, 車のように回転して走ると信じられたことから〗 — *n.* 〖動物〗**1**《米南部・中部》米国南部産の無毒のヘビの総称. **2 a** ヒムネツチヘビ (*Farancia abacura*)《米国南部産の背が青黒く腹が赤く尾の先に無毒のとげをもつヘビ; horn snake, mud snake ともいう》. **b** =rainbow snake.

hoop·ster [húpstə, hú:p- | hú:pstə(r)] 〖← HOOP[1]+-STER〗 *n.* 《俗》**1** バスケットボール選手. **2** フラフープを回す人.

hoo·rah [hərɔ́:, hu:-, hʊ-, -rɑ́: | hurɑ́:] *int.*, *n.*, *vi.* =hurrah.

hoo·ray [huréɪ] 〖《変形》← HURRAH〗 *int.*, *n.*, *vi.* =hurrah.

hoose·gow [hú:sgaʊ] 〖← ? Sp. *juzgado* court of justice, (in Mex.-Sp.) jail (p.p.) ← *juzgar* < L *jūdicāre* 'to JUDGE'〗 *n.* (*also* **hoos·gow** [~]) 《米俗》刑務所.

hoosh [hú:ʃ] 〖← ?〗 *n.* 《俗》濃いスープ, ごった煮 (hotch-potch).

Hoo·sier [hú:ʒə | -ʒə(r] 〖← ? 《英方言》*hoozer* something big〗 《米》 — *n.* **1** (米国) Indiana 州の人. **2** [通例 h-]《俗》(野暮な)田舎者. — *adj.* Indiana (州の住民)の.

Hóosier Stàte *n.* [the ~] 米国 Indiana 州の俗称.

hoot[1] [hú:t] 〖ME *houte*(*n*): 擬音語〗 — *vi.* **1 a** (軽蔑・怒りなどで)ふーと言う; (ほーほー)やじる, はやし立てる〔*at*〕. **b**《口語》笑う (laugh)〔*at*〕. **2 a** 〈ふくろうが〉ほーほー鳴く. **b** (ふくろうの鳴き声のような)はっきりしない声を出す. **3**《英》**a** 〈汽笛・霧笛・サイレンなどが〉鳴る. **b** 〈自動車・その運転者が〉ぶーぶーと鳴らす. — *vt.* **1** ほーほーやじる, やじってはやし立てる: ~ *down* the speaker 弁士をやじり倒す / ~ a person *off* [*away, out*] 人をやじって追い払う. **2** ほーほー言って表わす: ~ one's contempt. **3** 〈警笛などを〉鳴らす.

— *n.* **1 a** やじり声, あざけり[不賛成]の叫び: a ~ of rage, contempt, etc. **b** 《口語》笑い; (大笑いするような)実に面白いこと[物], うまい冗談 (joke): What a ~! こりゃあ面白い. **2 a** ほーという音《ふくろうの鳴き声, またはそれに似た声》. **b** 《英》警笛, 工場のサイレン. **3** [否定構文で]《口語》わずかなもの, 少量 (bit): *not* worth a ~ 三文の値打ちもない / *not* care a ~ [two ~*s*] 少しも構わない / It does*n't* matter a ~ what you say. 君が何を言おうと構いはしない / She does*n't* care two ~*s* about me. 俺のことなんか何とも思っちゃいないんだ.

hoot² [húːt] 〘擬音語: cf. hoot¹〙 *int.* 《スコット・北英》ふん, うふっ, ちぇっ (pshaw, tut)《不平・じれったさ・反対を表わす》.

hoot³ [húːt] 〘⊏ Maori *utu* price, requital〙 *n.* 《豪俗》金 (money); 支払い金.

hootch [húːtʃ] 〘⊏ Jap. 家(うち): この語形は *hutch* の影響か〙 *n.* 《俗》**1** 草[わら, かや]ぶきの小屋. **2** 家, 住居.

hootch·y-kootch·y [húːtʃikúːtʃi | -tʃikúːtʃi] 〘《変形》? ← *hura-hura*〙 *n.* ＝cooch¹.

hoot·en·an·ny [húːtṇæni, -tn-, ーーーー, ーーー | -nɪ] 〘《1929》: もと方言で「仕掛け, 装置」の意〙 — *n.* 《米俗》**1** フーテナニー《フォークシンガーの大会; しばしば聴衆も参加する》. **2** 《方言》何とかという物 (thingumbob)《機械・装置の部品などの名がわからない時などに使う語》.

hóot·er [-ṭə | -tə(r)] *n.* **1** ふー[ほー]などの音を発するもの; (わいわいはやし立てる)やじ. **2 a** (ほーほー鳴く)ふくろう. **b** 《英》(作業の開始・終了などを合図する)サイレン, 汽笛, (自動車などの)警笛. **3** 《英俗》鼻 (nose). **4** [否定構文で] 少量, ちょっと (bit): I do*n't* care a ~ what she thinks of me. 彼女が僕をどう考えようとちっとも構わない.

hoot·nan·ny [húːtnæni, ーーー | -nɪ] *n.* ＝hootenanny.

Hoo·ton [húːtṇ], **Earnest Albert** *n.* (1887–1954) 米国の人類学者.

hóot òwl *n.* 〘鳥類〙フクロウ; (特に)ほーほーと鳴くヨーロッパ産のモリフクロウ (tawny owl), またはアメリカフクロウ (barred owl) など.

hoots [húːts] *int.* ＝hoot².

hoove [húːv] 〘← ?: cf. heave〙 *n.* 〘獣医〙(家畜の)鼓張症《胃袋がガスでふくらむ病気》.

Hoo·ver [húːvə | -və(r)] 〘英国の製造会社名〙 *n.* 〘商標〙(Hoover 会社製造の)フーバー真空掃除器. — *vt.* 《英口語》フーバー真空掃除器で掃除する.

Hoo·ver [húːvə | -və(r)], **Herbert Clark** *n.* (1874–1964) 米国第 31 代大統領 (1929–33).

Hoover, J(ohn) Edgar *n.* (1895–1972) 米連邦捜査局 (FBI) 長官 (1924–72).

hóover àpron 〘← *H. C. Hoover*: 食糧庁長官だった第一次大戦ころに流行したことにちなむ〙 — *n.* フーバーエプロン《よごれた時に裏返して着用できるように仕上げられたワンピースタイプの作業着》.

Hóover Dám 〘← *H. C. Hoover*〙 *n.* [(the) ~] 米国 Arizona, Nevada 両州にわたり, Colorado 川の中流に作られたダム; 旧名 Boulder Dam; cf. Mead.

Hóo·ver·ìsm [-vərɪzm] 〘← *H. C. Hoover*: 同氏が食料庁長官時代 (1917–19) に国民に食料の消費節約を要請したことから〙 — *n.* 《米》フーバー主義, 食料消費節約主義.

Hoo·ver·ize [húːvəràɪz] 《米》 *vt.* 〈食料を〉節約する. — *vi.* 食糧を節約する.

Hóover moratórium *n.* [the ~] 〘経済〙フーバーモラトリアム《第一次大戦後ドイツ金融経済の崩壊を阻止するため, 1931 年 6 月 Hoover 米大統領の提唱で戦債・賠償金を 1 年間支払延期した》.

Hoo·ver·ville [húːvəvɪl | -və-] 〘← *H. C. Hoover*＋-*ville* (cf. F *ville* town)〙 — *n.* 米国で H. C. Hoover 大統領在位時代の 1930 年代に都市のはずれなどに建てられた失業者収容住宅地区.

hooves *n.* hoof の複数形《普通は hoofs》.

hop¹ [háp | hɔ́p] 〘《*c*1440》 *hoppe* ⊏ MDu. (Du. ~): cog. G *Hopfen*〙 — *n.* **1** 〘植物〙ホップ (*Humulus lupulus*)《クワ科の多年生つる草で雌雄異株, 雌株には球形の雌花序を生じる》. **2** [*pl.*] 乾燥したホップの雌花, ホップ《ビールの芳香苦味剤・健胃剤》. **3** [*pl.*] 《豪俗》ビール. **4** 《米俗》麻薬, (特に)アヘン (opium). — *v.* (**hopped**; **hop·ping**) — *vt.* **1** 〈ビールなど〉にホップを入れる[で苦味をつける]. **2 a** 〈人〉に麻薬を飲ませる 〈*up*〉: be ~*ped up with* morphine モルヒネで眠らされる. **b** 〈競走馬[犬]〉に薬物[興奮剤, ドーピング]を与える (dope). **c** 刺激する, 激励する (stimulate, excite) 〈*up*〉. **d** 〈エンジン〉の出力を増す 〈*up*〉: ~ *up* the motor. — *vi.* **1** ホップ(の実)を摘む. **2** ホップを生じる.

hop² [háp | hɔ́p] 〘OE *hoppian* to hop, dance ← Gmc **hupp-* 《原義》? to bend forward (G *hüpfen*) ← IE **keu-* to bend (L *cumbere* to lie: cf. cup)〙 — *v.* (**hopped**; **hop·ping**) — *vi.* **1** (片足で)ひょいと跳ぶ; ひょいひょい跳んで行く: ~ away with one's crutch 松葉杖(づえ)をついてひょいひょい去って行く. **2** 〈鳥が〉(二本脚で)ひょいと飛ぶ, ぴょんぴょん跳ぶ; 〈かえる・ばった・カンガルーなどが〉ぴょんと跳ぶ. **3** 《口語》**a** 踊る (dance). **b** さっと動く; さっと[急いで]行く: ~ *up* さっと立ちあがる. **4** 《口語》**a** 飛行する; 短い(航空)旅行をする 〈*over, up, down*〉: ~ *up* to London for the weekend 週末を過ごしにちょっとロンドンまで行ってくる. **b** 〈飛行機などが〉離陸する 〈*up*〉. **5** 《英口語》(さっと)立ち去る (cf. *vt.* 6). **6** 〔人を〕罵倒する, 非難する 〔*on, all over*〕: ~ *all over* a person. **7** 〘野球〙〈ゴロが〉バウンドする. — *vt.* **1 a** ひょいと跳び越す: ~ a fence [a ditch] 垣根[みぞ]を跳び越す. **b** 〈クリケットの球などを〉(地面に接して)ぽんぽん飛ばせる: ~ a ball. **2 a** 《口語》〈(動いている)乗物など〉に飛び込む, 飛び乗る: ~ a train. **b** 〈便乗を〉させてもらう (hitchhike): ~ a ride to work 車に乗せてもらって会社へ行く. **3** 《口語》**a** 〈飛行機などが〉飛び越す, 横断する. **b** 飛行機で輸送する[運ぶ]. **4** 《俗》**a** …に飛びかかる, 攻撃する (jump, attack): ~ an enemy plane. **b** こきおろす, 罵倒する. **5** 〈役目・仕事など〉の係をする, …役を勤める (tend, serve): hotel boys ~*ping* cars 車の世話をしているホテルのボーイたち. **6** [~ it として]《英俗》(さっと)立ち去る, 逃げる.

hop in 《口語》自動車に乗る. ***hop off*** 《口語》立ち去る, 出かける; (飛行機が[で])離陸する. ***hop out*** 《口語》自動車からおりる. ***hop the twig*** [***stick***] 《俗》(1) (借金を残して)姿をくらます, 逃げる. (2) 《英》ぽっくり死ぬ. ***hop the wag*** ⇨ wag 成句. ***hop to it*** 仕事などにとりかかる, 着手する.

— *n.* **1 a** (人の)片脚跳び; かえる跳び; 短急跳躍. **b** 鳥など(二本脚で)ぴょんぴょん跳ぶこと. **2** 《口語》ダンス; (形式ばらない)ダンスパーティー, 舞踏会 (ball): a students' ~ 学生ダンスパーティー. **3** 《口語》**a** (飛行機の短い)飛行. **b** (長距離飛行中の)一航程 (stage): fly from Tokyo to Manila in three ~*s* 東京からマニラまで三航程で飛ぶ. **c** 短い(航空)旅行. **d** (ただで)乗せてもらうこと, 便乗. **4** 〘球技〙バウンド. **5** 〘野球〙(ボールの)ゴロ, バウンド.

on the hop 《英》(1) 動き回って; 至極活動的で (very active). (2) 《口語》準備しないで, 無警戒で, 油断して (unprepared): catch a person *on the* ~ 人が油断している[知らずにいる]ところを取り押さえる.

hop, skip, and jump (1) 短い距離, 目と鼻の先: It's only a ~, *skip and jump* from here to the next bus stop. ここから次のバス停まではほんのひとっ走りだ. (2) 〘スポーツ〙＝HOP, step, and jump.

hop, step, and jump 〘スポーツ〙三段跳び (triple jump).

HOP 《略》high oxygen pressure.

hóp àphid *n.* 〘昆虫〙ホップイボアブラムシ (*Phorodon cannabis*)《世界中に分布しホップその他の栽培植物の新芽につく害虫; hop fly, hop louse ともいう》.

hóp bàck *n.* (ビール醸造の際, 麦芽汁からホップをこす)濾(こ)し桶(おけ).

hóp·bìnd *n.* ＝hopbine.

hóp·bìne *n.* ホップのつる.

hóp clòver *n.* 〘植物〙クスダマツメクサ (*Trifolium procumbens*)《黄花のクローバー, マメ科の牧草》.

hope [hóup | hə́up] 〘n.: OE *hopa* (cog. G. *Hoffe*). — v.: OE *hopian* (cog. G *hoffen*) 《原義》? to leap up in expectation ← ? IE **keu-* (⇨ hop²)〙 — *n.* **1** 希望 (cf. seven principal virtues): All ~ is gone. 全く絶望だ / live in ~ 希望に[望みを捨てないで]生きる / It is past [beyond] all ~. 望みが全くない, 絶望だ / While there is life, there is ~. 《諺》生きている限り希望がある,「命あってのもの種」/ All ~ abandon, ye who enter here. ここに来たる者はすべての希望を捨てよ《Dante 作「神曲」の「地獄編」(Inferno) で地獄の門に記された文句》. **2** [しばしば *pl.*] (自信のある)期待; 望み, 見込み (probability, promise): The result exceeds my ~. 期待以上の好結果だ / His ~*s* were disappointed.＝He was disappointed in his ~*s*. 彼の期待ははずれた / be in great ~ 大いに期待している / cherish [entertain] the ~ *that* …という希望[期待]をいだく / have good ~*s that* …を十分期待する / in ~*s of* …を希望して / in the ~ *of* retrieving it それを取り戻したいと思って / I did it in the ~ *that* I could [might] help you. あなたのお手伝いができればよいと思ってそうした / lay [set] one's ~*s* on …に期待する[望みをかける] / Don't raise her ~*s* too much. 彼女に余り期待を抱かせるな / see ~ for …の望みがあると思う / There is not a ~ *of* his recovery. 回復の一縷(る)の望みもない / There is no ~ *of* success. 成功の望み[見込み]が全くない / Not a ~ (in hell) [《皮肉》Some ~(*s*), What a ~]! 《口語》全然[まず]見込みはないな. **3** 望みを与える[持たせる]もの[人]; 望みをかけられているもの[人]; 希望の綱となるもの, 頼み: ⇨ forlorn hope / He is his parents' only ~. 両親の唯一のたより[望み]. **4** 〘聖書〙信頼 (trust).

— *vi.* **1** 〔…を〕望む, 希望[期待]する 〔*for*〕: ~ *for* success 成功を期待する / ~ *for* the best 最善を期待して絶望しない, (うまく行くと)楽観する. **2** 《古》〔…に〕望みをおく[かける], 信頼をおく 〔*in*〕: I ~ *in* thy word. われはみ言葉によりて望みをいだく (*Ps.* 119: 81). — *vt.* **1 a** 望む, 願う: You cannot ~ anything good from it. どうせろくなものは望めまいよ. **b** 〈…したいと〉思う, 望む 〈*to do*〉: We ~ to hear from you. お便りを望む. **c** 〈…と〉思う, 信じる; 希望する 〈*that*〉 (cf. afraid 4, fear *vt.* 1 b): I ~ (*that*) I can see you again. (いずれ)またお目にかかりたいものです / Will he live?—I ~ so. 彼は助かるだろうか—助かると思う / Will he die?—I ~ not. 彼は死ぬだろうか—死にはすまい / I ~ it will be fine tomorrow. あすはいい天気でしょう. **2** 《米中部》願う (wish).

hope against hope 見込みがないのに希望を捨てない, 空頼みをする (cf. *Rom.* 4: 18).

hóp·er *n.*

Hope [hóup | hə́up] 〘↑〙 *n.* **1** 女性名. **2** 男性名.

Hope [hóup | hə́up], **Anthony** *n.* (1863–1933) 英国の小説家; *The Prisoner of Zenda* (1894); 本名 Sir Anthony Hope Hawkins.

HOPE, H.O.P.E. 《略》Health Opportunity for People Everywhere; Help Organize Peace Everywhere.

hópe chèst *n.* 《米》**1** ホープチェスト, 嫁入箱《若い娘が結婚生活の準備に色々な品物をしまっておく箱; cf. bottom drawer》. **2** (嫁入箱にしまった)色々な品物.

hope·ful [hóupfəl | hə́up-] 〘《1568》← HOPE＋-FUL¹〙 — *adj.* **1 a** 希望に満ちた: ~ words 希望に満ちた言葉. **b** 〔…に〕望みをかけている 〔*of, about*〕〈*that*〉: be ~ *about* the future 将来有望だと思う / We are ~ *of* his success.＝We are ~ *that* he will succeed. 彼の成功を期待している. **2** 前途有望な, 見込みのある, 末頼もしい (promising): a ~ prospect, pupil, etc. / a ~ view 希望の持てる展望 (cf. wishful thinking 1). — *n.* **1** 前途有望な人,「有望株」; 当選有望な候補者: a young ~ 末頼もしい青年; 《反語》行末が心配な青年. **2** [*pl.*] 優勝をめざす選手[チーム].

~·ness *n.*

hópe·ful·ly [-fəli | -lɪ] 〘《*a*1639》〙 — *adv.* **1** 希望を持って, 希望に満ちて, 望みをかけて; 末頼もしく思って. **2** もしうまく行けば, …と希望したい, …ということが望ましい: *Hopefully*, we shall finish our work in 1980. うまく行けばこの仕事は 80 年には終わるだろう.

Ho·peh [hòupéi | hàu-; *Chin.* xɤ́pěi] *n.* (*also* **Ho·pei** [~]) 河北省《中国北部の省; 人口 50,570,000, 面積 190,000 km^2, 首都石家荘 (Shihchiachuang)》.

hópe·less 〘《1566》: ⇨ -less〙 — *adj.* **1 a** 希望を持たない, 望みを失った, 絶望的な: ~ grief 絶望的悲嘆. **b** 〔…に〕望みを失っている (desperate) 〔*of*〕: I am ~ *of* success [*of* succeeding]. 成功をあきらめている. **2 a** 望み[回復の見込み]のない: a ~ situation 絶望的な情勢 / a ~ idiot [waster] どうにもしようのないばか[浪費者] / a ~ case 回復の望みのない病人. **b** 不可能な, 解決のできない (impossible): a ~ task. **3** 無能な, だめな (incompetent, stupid): As a scholar, you are ~. 学者として君はだめだ. **~·ly** *adv.* **~·ness** *n.*

hóp fìeld *n.* ホップ畑, ホップ栽培園.

hóp flỳ *n.* 〘昆虫〙＝hop aphid.

hóp·gàrden *n.* 《英》ホップ栽培園.

hóp·hèad *n.* **1** 《米俗》麻薬常用者, アヘン常用者. **2** 《豪俗》飲んだくれ (drunkard).

hóp hòrnbeam *n.* 〘植物〙アサダ《カバノキ科アサダ属 (*Ostrya*) の高木の俗称》; (特に)ホップに似た実をつけるアメリカ産のアサダ (*O. virginiana*).

Ho·pi [hóupi | háupi] 〘⊏ N-Am.-Ind. (Hopi) *Hópitu* 《原義》good, peaceful〙 — *n.* (*pl.* ~, ~**s**) **1 a** [the ~(s)] ホピー族《米国 Arizona 州北部に住む Pueblo 族のアメリカインディアン》. **b** ホピー族の人. **2** ホピー語《Uto-Aztecan 語族に属する》.

hóp kìln *n.* ホップ乾燥炉; ホップ乾燥所 (oast).

Hop·kins [hápkɪnz, -kənz | hɔ́pkɪnz], **Sir Frederick Gow·land** [gáulənd] *n.* (1861–1947) 英国の生化学者; Nobel 医学生理学賞 (1929).

Hopkins, Gerard Man·ley [mǽnli | -lɪ] *n.* (1844–89) 英国の詩人; 死後 R. Bridges がその詩集を編集 (1918).

Hopkins, Johns *n.* (1795–1873) 米国の社会事業家; その遺産で Maryland 州 Baltimore に Johns Hopkins Hospital および Johns Hopkins University が設立された.

Hopkins, Mark *n.* (1802–87) 米国の教育家・神学者.

Hop·kins·i·an·ism [hɑpkínziənìzm | hɔpkínziən-, -zjən-] 〘← *Samuel Hopkins* (1721–1803: 米国の牧師)＋-IAN＋-ISM〙 — *n.* 〘神学〙ホプキンズ説《S. Hopkins の説く神学で, 人間は道徳的に自由であるが神の意志には無条件に服従すべきであるとする》.

Hop·kin·son [hápkɪnsṇ, -kən- | hɔ́pkɪn-], **Francis** *n.* (1737–91) 米国の著作家・法律家; 米国独立宣言書の署名者の一人.

Hopkinson, John *n.* (1849–98) 英国の物理学者・技師; Edison の協力者.

hop·lite [háplaɪt | hɔ́p-] 〘《1727–41》⊏ Gk *hoplítēs* heavy-armed ← *hóplon* weapon, (pl.) *hópla* arms: ⇨ -ite¹〙 — *n.* (古代ギリシャの)重装歩兵《よろい・かぶとを付けて盾(たて)と剣と槍(やり)を持った兵士》.

hoplite
1 crest; 2 helmet; 3 cuirass; 4 greave; 5 shield; 6 spear

Hop·lo·car·i·da [hɑ̀plo(u)kǽrədə | hɔ̀plə(u)kǽrɪ-] 〘← NL ← Gk *hóplon* (↑)＋*karid-*, *karis* shrimp: ⇨ -ida〙 — *n. pl.* 〘動物〙トゲエビ上目《口脚目のみを含む》.

Hop·lo·ne·mer·te·a [hɑ̀plo(u)nɪmə́ːṭiə, -nə- | hɔ̀plə(u)nɪmə́ːtɪə] 〘← NL ~ ← Gk *hóplon* (↑)＋NEMERTEA〙 *n. pl.* 〘動物〙(紐形動物門, 有針綱)針紐虫目.

Hop·lo·nem·er·ti·ni [hɑ̀plo(u)nèməṭáɪnaɪ, -tíːniː | hɔ̀plə(u)nèmə-] 〘← NL ~: ⇨ ↑, Nemertini〙 *n. pl.*

〘動物〙＝Hoplonemertea.

hóp lòuse *n.* 〘昆虫〙＝hop aphid.

hop-o'-my-thumb [hàpəmɪθʌ́m, -mə-, -maɪ- | hɔ̀pəmɪθʌ́m, ∸−−∸] 〘《古形》*hop on my thombe* 《原義》one so small as to be able to hop on one's thumb: cf. F *Le Petit Poucet* (← *pouce* thumb) / G *Däumling* little thumb〙 ── *n.* 親指太郎, 一寸法師, こびと (dwarf, pygmy) (cf. Tom Thumb 2 a).

hópped-úp *adj.* 《米俗》 **1 a** 麻薬を用いた (drugged), 麻薬でぼんやり[興奮]した (doped). **b** 興奮した (exited); 熱心な (enthusiastic); 元気いっぱいの (energetic). **c** 潤色した, 尾鰭(ʊ̃ₙ)をつけた: a ∼ story. **2** 〈自動車・エンジンなど〉超過速力[馬力]を仕込んだ, 速力[馬力]超過の.

hóp·per[1] 〘ME *hoper*: ⇨ hop² (v.), -er¹〙 ── *n.* **1 a** ひょいひょい[ぴょんぴょん]跳ぶもの[人]; 跳躍者 (leaper); 舞踏者 (dancer). **b** (ぴょんぴょん)跳ぶ虫 (grasshopper, leafhopper, flea など). **c** [通例複合語の第 2 構成素として] (次から次へと)歩き回る人: a bar*hopper* 酒場から酒場へ飲み歩く人, はしごをする人 / a table-*hopper* (ナイトクラブなどで)テーブルからテーブルへと席を移り歩く人. **d** 《豪》カンガルー. **2** あちこち飛び歩いて旅をする人. **3 a** (機械にコンクリート材料・加工材料・燃料などを送入する)じょうご形の部分, (ミキサー用などの)大型じょうご, ホッパー. **b** じょうご形の便器; (水洗便所の)タンク. **4 a** 底開き船, ホッパー船《浚渫(しゅんせつ)機から受けた泥・土・砂利を処分する; hopper barge ともいう》. **b** 自動種まき器. **c** 〘鉄道〙＝hopper car. **5** 《米》(下院で)議案を入れる箱. **6** 〘写真〙(ブロモイル印画を作る際の石版用インキを塗る)柔毛ブラシ.
in the hopper 準備中で: Our plan is *in the* ∼. われわれの計画は準備中だ《いずれ近い内に出来上がる》.
── *vt.* 〘写真〙〈石版用インキを〉柔毛ブラシで塗る.

hop·per[2] [hápə | hɔ́pə] *n.* ＝hop-picker.

hópper bàrge *n.* 〘海事〙＝hopper 4 a.

hópper càr *n.* 〘鉄道〙(石炭・砂利などを輸送する)ホッパー貨車, 底開き車.

hópper fràme *n.* 〘建築〙内倒引倒し窓《普通の窓の上部に設けられる換気用の窓; 病院建築で多用されるので hospital light ともいう》.

hóp-pìcker *n.* **1** ホップ採取者, ホップ収穫の手伝い人. **2** ホップ摘取機. 「いう》.

hóp-pìllow *n.* ホップを入れたまくら《安眠を誘うと

hóp·ping[1] 〘← HOP¹＋-ING¹〙 *n.* **1** ホップ摘み取り[採集]. **2** ビールにホップで苦味をつけること.

hóp·ping[2] 〘← HOP²＋-ING²〙 ── *adj.* **1** はね跳んでいる. **2** 忙しく動き回っている, 精力的に働いている. **3** [通例複合語の第 2 構成素として] あちこち渡り歩く: a temple-*hopping* trip in the ancient city その古都の寺々を回って歩く旅行. **4** 《口語》＝HOPPING *mad*. ── *adv.* 極度に, 猛烈に, 激しく. ★ 通例, 次の成句で: *hopping mad* 《口語》(飛び上がるほど)かんかんに怒って(いる).
── *n.* 片足跳び; かえる跳び; 跳び歩きダンス.

hóppin Jòhn *n.* (*also* **hópping Jòhn**) ホッピンジョン《豆・米・ベーコンなどで作ったシチュー; 米国南部で元旦に食べる》.

hop·pi·ty [hápəṭi | hɔ́pɪtɪ] 〘← *hippety-hoppety*〙 *adv.*, *adj.* ぴょんぴょんはねて[はねる].

hop·ple [hápḷ | hɔ́pḷ] 〘《1586》← LG (cf. Flem. *hoppelen*): cf. hop², -le³〙 ── *vt.* **1** 〈牛・馬など〉の両脚を縛る (hobble). **2** 拘束する, …の自由を妨げる (impede). ── *n.* [通例 *pl.*] (牛・馬などの)脚を縛る綱; 革ひもの足かせ.

hóp-pòcket *n.* ホップ一袋《168 ポンド (76 kg) 入りの大袋で量目の一標準》.

hóp-pòle *n.* ホップのつるの細長い支柱.

Hóp·pus fóot [hápəs- | hɔ́p-] 〘← *Edward Hoppus* (18世紀の英国の測量家)〙 *n.* 《英》ホッパス《木材の材積単位: ほぼ 0.036 立方メートルに等しい》.

hop·py[1] [hápi | hɔ́pi] 〘← HOP¹＋-Y⁴〙 ── *adj.* (**hop·pi·er**; **-pi·est**) **1** ホップの豊富な. **2** 〈ビールなど〉ホップ特有の苦味・芳香の(ある), ホップのきいた.
── *n.* 《俗》麻薬中毒者.

hop·py[2] [hápi | hɔ́pɪ] 〘← HOP²＋-Y⁴〙 *adj.* (**hop·pi·er**; **-pi·est**) 跳ぶような動きの, ぴょんぴょん跳ぶ. 「2.

hóp·sàck *n.* **1** ホップを入れる袋. **2** ＝hopsacking

hóp·sàcking *n.* **1** 主に麻と黄麻で作った袋布《もとホップ栽培者が使った》. **2** 綿・羊毛などのひきそろえ糸を経糸(たて), 緯糸(よこ)に用いた斜子(ななこ)織物.

hóp·scòtch 〘《1801》← HOP²＋SCOTCH¹ (n. 2)〙 ── *n.* 石けり遊び. ── *vi.* ぴょんぴょん跳ぶ[跳んで行く]; 跳ぶように行く; あちこちとんで歩く: He ∼*ed* about the village. その村を(あちこち)跳んで歩いた.

hop·ster [hápstə | hɔ́pstə(r)] 〘← HOP¹ (n. 4)＋-STER〙 *n.* 《俗》ダンサー; アヘン常用者, アヘン飲み.

hóp·tòad *n.* 《米方言》＝toad.

hóp trèe *n.* 〘植物〙ホップノキ (*Ptelea trifoliata*) 《米国産ミカン科の小高木》.

hóp·vìne *n.* ＝hopbine.

hóp·yàrd *n.* ホップ畑, ホップ栽培園 (hop field).

hor. 《略》horizon; horizontal; horology.

Hor. 《略》Horace.

ho·ra [hɔ́:rə, hóʊrə | hɔ́:rə] 〘⊏ Heb. *hōrā*ʰ ⊏ Rum. *horă* ⊏ Turk. *hora*〙 *n.* **1** ホーラ《ルーマニア・ギリシャの伝統的な輪舞》. **2** ホーラの音楽.

Hor·ace[1] [hɔ́(:)rəs, hár-, -rɪs | hɔ́r-; *F.* ɔras] 〘⊏ F ∼ < L *Horātius* (↓): もとローマの家族名〙 *n.* 男性名.

Hor·ace[2] [hɔ́(:)rəs, hár-, -rɪs | hɔ́r-] 〘⊏ L (*Quintus*) *Horātius* (*Flaccus*)〙 ── *n.* ホラティウス《65–8 B.C.; ローマの詩人; *Odes, Satires, Epistles, Ars Poetica*「詩論」; ラテン語名 Quintus Horatius Flaccus》.

Ho·rae [hɔ́:ri:, hóːr-, -raɪ | hɔ́:r-] 〘⊏ L *Hōrae* ⊏ Gk *Hōrai* ← *hṓra* season, hour〙 ── *n. pl.* 〘ギリシャ神話〙ホーライ, ホーラーたち《季節と秩序の女神たち; Zeus と Hera の侍女で Olympus の門番》.

ho·rah [hɔ́:rə, hóʊrə | hɔ́:rə] *n.* ＝hora.

ho·ral [hɔ́:rəl, hóːr- | hɔ́:r-] 〘⊏ LL *hōrāl-is* ← L *hōra* 'HOUR'＋*-ālis* '-AL¹'〙 *adj.* 1 時間の; 時間の[に関する]. **∼·ly** *adv.*

ho·ra·ry [hɔ́:rəri, hóːr-, hár- | hɔ́:rərɪ] 〘《1620》⊏ LL *hōrāri-us*: ⇨↑, -ary〙 ── *adj.* **1** 1 時間の; 時間の[に関する]; 時間を示す. **2** 毎時の, 一時間ごとの (hourly).

Ho·ra·tia [həréɪʃə, hɔːr-, hoːr-, -ʃiə | həréɪʃɪə, hɔ-, -ʃə] 〘⊏ L *Horātia* (fem.): ⇨ Horace¹〙 *n.* 女性名.

Ho·ra·tian [həréɪʃən, hɔːr-, hoːr- | həréɪʃɪən, hɔ-, -ʃən] 〘← *Horātius* Horace＋-AN¹〙 ── *adj.* **1** ホラティウス (Horace) の[に関する]. **2** ホラティウス作風[詩体]の, ホラティウス風オードに関係[言及]した.

Horátian óde *n.* 〘詩学〙ホラティウス風オード《同じ韻律形式をもった長短 4 行ぐらいの短い連から成る詩型; Lesbian ode ともいう》.

Ho·ra·tio [həréɪʃoʊ, hɔːr-, hoːr-, -ʃiòʊ | həréɪʃɪəʊ, hɔ-] 〘《混成》← L *Horātius* Horace＋It. *Orazio* (< L *Horātius*)〙 *n.* 男性名.

Horátio Ál·ger [-ǽldʒə | -dʒə(r)] 〘← ∼ (1832–99: 米国の小説家)〙 《米》 ── *n.* (Horatio Alger の成功物語にあるような)腕一本でたたきあげた人, 立志伝中の人 (⇨ Alger). ── *adj.* ホレーショアルジャーの物語みたいな[にあるような] (cf. Algerish).

Ho·ra·ti·us [həréɪʃiəs, hɔːr-, hoːr-, -ʃəs | həréɪʃɪəs, hɔ-, -ʃəs], **Co·cles** [kóʊkli:z | kə́ʊ-] 〘⇨ Horace²〙 ── *n.* 〘ローマ伝説〙ホラーティウス《Etruria 人を向こうにまわして Tiber 川にかかった橋を二人の戦友と守り通した勇士》.

horde [hɔ́əd, hóəd | hɔ́:d] 〘《1555》⊏ F ∼ ← Turk. *ordū* camp ⊏ Tartar *urdu* 《原義》something erected〙 ── *n.* **1 a** (中央アジアの草原 (steppe) 地方の)遊牧民の集団[部族]《テントに住み幌馬車で移動する》: ⇨ Golden Horde. **b** 遊牧民の集団, 遊牧民族: a gypsy ∼. **2 a** [通例軽蔑的に] (未開人・無作法な連中などの)群れ, 大勢 (crowd). **b** (動物の)移動群: come in a ∼ 群れをなしてくる / a ∼ of giraffes きりんの群れ.
── *vi.* 遊牧群をなす; 群れをなす.

hor·de·in [hɔ́ədiɪn, -diən | hɔ́:diɪn] 〘⊏ F *hordéine* ← L *hordeum* barley＋*-ine* '-IN¹'〙 *n.* 〘生化学〙ホルデイン《大麦から採るプロラミン (prolamin)》.

hor·de·o·lum [hɔədí:ələm | hɔ:-] 〘←NL ∼ 《変形》← LL *hordeolus* (dim.) ← L *hordeum* barley〙 *n.* 〘病理〙麦粒(ばくりゅう)腫, ものもらい.

Ho·reb [hɔ́:reb, hóːr- | hɔ́:-] 〘⊏ Heb. *Ḥōrēbh* 《原義》? desert〙 ── *n.* 〘聖書〙ホレブ《シナイ山 (Mount Sinai) の別称かと言われる山; モーセが神から十戒を授かった所; cf. *Exod.* 3:1》.

hore·hound [hɔ́əhaund, hóə- | hɔ́:-] 〘OE *hārhūne* ← *hār* 'HOAR'＋*hūne* horehound〙 ── *n.* **1** 〘植物〙ニガハッカ (*Marrubium vulgare*) 《ヨーロッパ原産シソ科の植物》. **2 a** にがはっか汁《ニガハッカから絞り取る苦い汁; せきどめ剤》. **b** にがはっか汁で味をつけた砂糖菓子. **3** 〘植物〙ニガハッカに似たシソ科の植物の総称.

hor. interm. 《略》〘処方〙 *L.* hōrā intermediis 中間の時間に (at intermediate hours).

ho·ri·zon [həráɪzn] 〘《16C》⊏ F ∼ // ⊏ L *horizōn* ⊏ Gk *horízōn* (*kúklos*) bounding (circle) (pres.p.) ← *horízein* to bound ← *hóros* a limit ∽ 《c1385》 *orizonte, orisoun* ⊏ OF *orizonte, orizon* ⊏ L *horizontem*〙 ── *n.* **1** 地平線 (skyline), 水平線, 地平圏: the apparent [local] ∼ 見かけの地平線 / ⇨ visible horizon / above [below] the ∼ 地平線上[下]に / on the ∼ 地平線上に. **2** 視界, 眼界; (知力・理解力・経験・趣味・見解などの)限界, 視野, 範囲 (range): the biggest event on the economic ∼ 経済界における大事件 / knowledge beyond one's own ∼ 自分の限界を越えた知識 / Travel enlarges [broadens] our ∼*s*. 旅行は我々の視野を広げる / Science gives us a new ∼. 科学は我らに新たな視野を与える. **3 a** 〘地質〙層位; 層準. **b** 〘考古〙遺構・遺物群の存在する層位[面]; 文化層. **4** 〘天文〙地平線: the artificial [false] ∼ 人工地平線 / the astronomical ∼ 天文(学的)地平線. **5** 〘測量〙＝false horizon.
on the horizon (1) ⇨ 1. (2) 〈事件など〉差し迫って.
∼·al [-zənḷ, -znəḷ] *adj.*

horízon dìstance *n.* **1** 〘テレビ〙水平線距離, 地平線距離《送信アンテナから水平線までの見通し距離; ほぼテレビ電波の届く範囲》. **2** 〘通信〙水平距離《地表面で直進電波の届く距離》.

horízon glàss *n.* (六分儀 (sextant) の)固定鏡.

horízon·less *adj.* **1** 水平線のない. **2** 希望のない, 絶望的な (hopeless).

hor·i·zon·tal [hɔ̀(:)rəzɑ́nṭḷ, hàr- | hɔ̀rɪzɔ́ntḷ] 〘《1555》← L *horizont-* (← *horizōn* 'HORIZON')＋-AL¹〙 ── *adj.* **1** 地平線[水平線]の[に関する, 上の]; 地平線と平行の, 水平面で計った; 水平面の, 平面の, 水平な (level) (cf. vertical 1 a): a ∼ angle 水平角 / a ∼ distance 水平距離 / a ∼ line 水平線, 地平線 / a ∼ plane 水平面. **2** 横になった: in a ∼ position 横になって, 水平に. **3** 〈機械が〉水平動の, 横式の; 横置きの: a ∼ rudder 〘海事〙(潜水艦・魚雷などの)水平舵(だ) / a ∼ wheel 水平動輪. **4** 一律の; 同等の地位の(人々[集団]の), 対等の: a ∼ merger (大小の会社の)対等合併 / ⇨ horizontal union. ── *n.* **1** 水平位置: out of the ∼ 水平でない. **2** 水平物[線, 面]; 水平棒. **3** 〘⊏ F (*grande*) *horizontale*〙《俗》売春婦: a grand ∼ 売春婦.

horizóntal bár *n.* 〘体操〙 **1** 鉄棒. **2** 鉄棒競技.

horizóntal éngine *n.* 〘機械〙横形[横置]機関.

horizóntal escápement *n.* 〘時計〙水平脱進機 (⇨ cylinder escapement).

horizóntal integrátion *n.* 〘経営〙水平的統合 (cf. conglomerate integration, vertical integration).

horizóntal inténsity *n.* 〘電気〙水平強度.

hor·i·zon·tal·i·ty [hɔ̀(:)rəzɑntǽləṭi, hàr- | hɔ̀rɪzɔntǽlətɪ, -lɪ-] *n.* 水平状態[であること].

hor·i·zon·tal·ize [hɔ̀(:)rəzɑ́nṭəlàɪz, hàr-, -tḷ- | hɔ̀rɪzɔ́ntəl-, -tḷ-] *vt.* 水平に配列[配置]する.

hòr·i·zón·tal·ly [-ṭəli, -tḷi | -təlɪ, -tḷɪ] 〘《1646》〙 *adv.* 水平に, 横に.

horizóntal mobílity *n.* 〘社会学〙水平移動《地理的移動や同じ社会的レベル内での職業の移動; cf. vertical mobility》.

horizóntal párallax *n.* 〘天文〙地平視差.

horizóntal péndulum *n.* 〘物理〙水平振り子《水平面に近い面内に運動が限定されている振り子》.

horizóntal scánning *n.* 〘テレビ〙水平走査 (cf. vertical scanning).

horizóntal séction *n.* 水平断面.

horizóntal stábilizer *n.* 〘航空〙水平安定板.

horizóntal swéep *n.* 〘電気〙(テレビ・オシロスコープなどの)水平掃引.

horizóntal únion *n.* (従事する産業いかんにとらわれず, 類似の職業的利益をもつ労働者を組織する)職業別組合 (cf. craft union).

hor·loge [hɔ́əloʊdʒ, -lɑdʒ | hɔ́:lɔdʒ, -ləʊdʒ] *n.* ＝horologe.

hor·me [hɔ́əmi: | hɔ́:-] 〘⊏ G *Horme* ⊏ Gk *hormḗ* impulse〙 ── *n.* 〘心理〙ホルメ《W. McDougall (1871–1938) が生体の行動を目的に向かって駆り立てるものとして仮定した力》.

hor·mic [hɔ́əmɪk | hɔ́:-] 〘⇨↑, -ic¹〙 *adj.* 〘心理〙ホルメ (horme) の. 「hormic theory).

hórmic psychólogy *n.* 〘心理〙目的心理学 (⇨

hórmic théory *n.* 〘心理〙ホルメ説《生体の行動をホルメ (horme) によって目的に駆り立てられるとする McDougall の心理学説; hormic psychology ともいう》.

hor·mo·go·ni·um [hɔ̀əməgóʊniəm | hɔ̀:məgə́ʊnɪəm, -njəm] 〘← NL ∼ ← Gk *hórmos* chain, necklace＋-GONIUM〙 ── *n.* (*pl.* **-ni·a** [-niə | -nɪə, -njə]) 〘植物〙連鎖体《藍藻に見られる紐状のもの; 後に分離して生殖体となる》.

hor·mone [hɔ́əmoʊn | hɔ́:məʊn] 〘《1905》⊏ Gk *hormôn* (pres.p.) ← *hormân* to stimulate ← *hormḗ* impulse: 原義は「覚醒素」; cf. G *Hormon*: ⇨ -one〙 ── *n.* **1** 〘生理・生化学〙ホルモン《体液で運ばれ, 特定の器官の機能を調節する物質の総称で, 脊椎動物・節足動物および植物で知られている》: the male [female] (sex) ∼ 男[女]性ホルモン. **2** 合成ホルモン.
hor·mon·al [hɔəmóʊnḷ | hɔ:mə́ʊ-] *adj.* **hor·món·al·ly** *adv.* **∼·lìke** *adj.* **hor·mon·ic** [hɔəmɑ́nɪk, -móʊnɪk | hɔ:mɔ́n-, məʊn-] *adj.*

hor·mon·ize [hɔ́əmoʊnàɪz | hɔ́:məʊ-] *vt.* ホルモンで処理する; (特に)化学的に去勢する.

Hor·muz [hɔ́əmʌz, hɔ:múːz | hɔ́:mʌz, (h)ɔ:múːz] *n.* ホルムズ《イラン南部, Hormuz 海峡近くの古都, 後にペルシャ湾口近くの島に移った; もとインドとの陸上貿易の中心市場; Ormuz ともいう》.

Hormuz, the Strait of *n.* ホルムズ海峡《イランと Trucial Oman との間の海峡でペルシャ湾と Oman 湾とをつなぐ》.

horn [hɔ́ən | hɔ́:n] 〘OE *horn* < Gmc *χornaz, *χornam (Du. *hoorn* / G *Horn*) ← IE *ker- horn, head (L *cornū* horn: cf. corn²)〙 ── *n.* **1 a** (牛・羊・やぎ・さいなどの)角(つの). **b** 鹿の角 (antler). **c** (神・悪魔などの)角: the devil's ∼. **2 a** 角状のもの[器官, 突起]. **b** (昆虫などの)触角. **c** (カタツムリの)触手 (tentacle). **d** (ミミズクなどの)耳 (cf. horned owl). **e** (ある種の爬虫類・魚などの)角 (cf. horned viper). **3 a** (物を造る材料としての)つの: the handle of ∼ 角製の柄. **b** 角質《べっこう・ひづめ・つめなどを形成している物質》. **4 a** (牛・羊の)角で作ったもの: a powder ∼ 角の火薬筒 / ⇨ shoehorn. **b** 角の杯; それで一杯: a drinking ∼ 角の杯. **c** つの笛 (hunting horn): a huntsman's ∼ (狩猟者の)つの笛. **d** ＝HORN of plenty. **5 a** 角の形をしたもの; かなとこ[かなしき]のとがった端; (鞍の)前橋 (pommel) (cf. cantle 1; ⇨ saddle, sidesaddle 挿絵); (弓の)端(はず); 新月の一端, かど. **b** 《古》翼角《新月形隊列の両端》. **c** (古代イスラエル神殿の燔(はん)祭壇の四隅の)つの. **d** 岬の先端, (砂洲(す)などの)突端; (けわしい山岳地帯の)とがった峰, 尖峰. **e** 角(つの)形の容器; 円錐形のアイスクリーム入れ. **f** 《卑》勃起したペニス. **6 a** 警笛: a motor [an automobile] ∼ 自動車の警笛[クラクショ

ン] / a fog ~ 濃霧警笛 / toot a ~ 警笛を鳴らす / No ~! 警笛禁止. **b** 《俗》らっぱ (trumpet). **c** [the ~]《米口語》電話 (telephone). **7** [通例 *pl.*] (不貞な妻の夫の額に生えると言う)嫉妬の角: wear the ~*s* 不貞の妻を持っている, 女房を人に寝取られている. **8 a** 〖聖書〗角(⁽ᵃ⁾)《力または神・キリストの象徴》: the ~ of my salvation わが救いの角 (*Ps.* 18: 2). **b** 力の元, 力の源泉. **9** 〖音楽〗 **a** ホルン《幅広い音域と様々な音声をもつ円錐型金管楽器; cf. French horn, English horn》. **b** (ジャズの)トランペット(trumpet). **c** =hornist. **10** 〖論理〗(両刀論法 (dilemma) の)角(⁽ᵃ⁾). **11** 〖航空〗(飛行機の方向舵(ᵈ)・補助翼または昇降舵と操縦索とを連結する部分の)角(⁽ᵃ⁾). **12** 〖ラジオ〗(発音体や受音器につける)らっぱ, ホーン; (蓄音器の)らっぱ. **13** 〖建築〗角(⁽ᵃ⁾)《窓などの抱(ᵈ)柱の頭上より高く出ている部分》. **14** 〖地質〗氷食尖峰. **15** 〖金属加工〗(圧延板の側面に生じる突起状の)しわ庇. **16** 〖時計〗くわがた《レバー脱進機のアンクルの先端の二またに分かれている部分; cf. club tooth lever escapement》.

around the horn 〖野球〗併殺をねらって三塁(手)から二塁–一塁へと送球されて, 5-4-3 とわたって. ***be on the horns of a dilemma*** (どちらかを取らざるを得ない)両刀論法の角にひっかけられる, ジレンマにおちいる (cf. HORNS of a dilemma). ***blow one's own horn*** ⇨ blow 成句. ***come out at the little end of the horn*** ⇨ end 成句. ***denounce to the horn*** =*put to the* HORN. ***draw* [*haul, pull*] *in one's horns*** 《かたつむりが角を隠すのにたとえたもの》 (1) 野心[熱意]を抑える, 弱気になる. (2) 引き下がる, 撤回する. (3) 《英》支出を抑える. ***lift up one's horn*** 角を振り上げる; 得意になる. ***lock horns*** 《米》 (1) 〈牛などが〉角を交えて戦う. (2) 〔…と〕けんかする, 対戦する, 争う 〔*with*〕. ***put to the horn*** 〖スコット古法〗〈人を〉法の保護を受け得ない者である[公権を失ったもの]と宣告する (cf. horning 1). ***show one's horns*** 本性を表わす. ***take the bull by the horns*** ⇨ bull¹ 成句.

horn of plenty [the —] 〖ギリシャ神話〗豊饒の角(⁽ᵃ⁾) (⇨ cornucopia 1).

horns of a dilemma [the —] 〖論理〗両刀論法の角《両刀論法の第三前提で選言によって結合される二つの命題》.

— *attrib. adj.* 角(⁽ᵃ⁾)の; 角製の: a ~ handle 角製の柄 / ~ spectacles 角ぶちのめがね, ロイドめがね.

— *vt.* **1** [通例 p.p. 形で] …に角をはやす, 角の形にする (cf. horned.) **2** …の角を取り去る: ~ cattle. **3** 角で突く. **4** 〈妻が〉〈夫〉に不義をする (cuckold). **5** 〖造船〗〈船の肋材などを〉竜骨の線に直角になるように調整する. 〔*on*〕.

horn in 《俗》〔…に〕割り込む, でしゃばる (intrude)

Horn [hɔ́ən | hɔ́:n], **Cape** *n.* ホーン岬《チリ南部, Tierra del Fuego 諸島の一島にある岬, 南米の最南端; the Horn ともいう; スペイン語名 Cabo de Hornos [kábodeórnos]》.

hórn bàlance *n.* 〖航空〗張出しバランス《昇降舵や方向舵の翼端に装着され, ヒンジ線から前方へ張出した幅の狭い舵面部分で, 操舵力および舵面の重心のバランスに役立つ》.

hórn·bàr *n.* (馬車の)横木 (crossbar).

hórn·bèam *n.* 〖植物〗シデ《北米産カバノキ科クマシデ属 (*Carpinus*) の落葉樹の総称; アメリカシデ (American hornbeam) など; シデ材》.

hórn·bìll *n.* 〖鳥類〗サイチョウ《アフリカとアジア熱帯地方産サイチョウ科の鳥の総称; 大きいくちばしの上に大きい角質の隆起がある》.

hórn·blènde 〘(1770) ▭ G *Hornblende*: ⇨ horn, blende〙 *n.* 〖鉱物〗 **1** 角閃(ˢ)石. **2** =amphibole.
hòrn·blénd·ic *adj.*

hórnblende schìst *n.* 〖岩石〗角閃(ˢ)片岩.

hórn·bòok 〘(1594)〙 — *n.* **1** つの本, ホーンブック《昔, 子供の学習用にアルファベット・数字・主の祈りなどを書いた紙を板にはりつけて透明な角質の薄片でおおい, 柄の付いた枠に入れたもの》. **2** 入門書, 基本書 (primer).

hornbook 1

Horn·by [hɔ́ənbi | hɔ́:nbɪ], **Albert S.** *n.* (1898–1978) 英国の英語教育家・辞書編纂家.

horned [hɔ́ənd | hɔ́:nd; (詩では また) hɔ́ənɪd, -nəd | hɔ́:n-] 〘ME〙 — *adj.* **1** [しばしば複合語の第 2 構成素として] 角(⁽ᵃ⁾)[角状突起]のある: ⇨ horned owl / a thin-*horned* deer 角の細い鹿. **2** 角の形をした; 三日月形の: the ~ moon 三日月. **3** 〖紋章〗〈動物が〉角が体の色と異なる (cf. attired). **4** 《古》寝取られた (cuckolded). **hórn·ed·ness** [-nɪd-, -nəd-, -nd-] *n.*

hórned ádder *n.* 〖動物〗=horned viper.

Hórned Góat *n.* [the ~] **1** 〖天文〗やぎ(山羊)座 (⇨ Capricornus). **2** 〖占星〗摩羯宮, やぎ座 (⇨ Capricorn 2).

hórned-hórse *n.* 〖動物〗=gnu.

hórned lárk *n.* 〖鳥類〗ハマヒバリ (*Eremophila alpestris*)《北半球に広く分布している顔に黒斑のある小型のヒバリ》.

hórned lízard *n.* 〖動物〗=horned toad.

hórned ówl *n.* 〖鳥類〗ミミズク《頭に羽毛のふさがある各種のフクロウ》; (特に)アメリカワシミミズク (great horned owl).

hórned póppy *n.* 〖植物〗ツノゲシ (*Glauclum flavum*)《ユーラシア原産で北米に帰化した黄色の花をつける植物》.

hórned póut *n.* 〖魚類〗=brown bullhead.

hórned scréamer *n.* 〖鳥類〗ツノサケビドリ, カンムリサケビドリ(*Anhima cornuta*)《南米北部に分布しているサケビドリ科の鳥, 頭部に角状の羽毛がある》.

hórned tóad *n.* 〖動物〗ツノトカゲ (*Phrynosoma cornutum*)《米国西部およびメキシコ産の背にとげのある無毒のタテガミトカゲ科のトカゲ》.

hórned víper *n.* 〖動物〗ツノクサリヘビ (*Aspis cornutus*)《エジプト・Palestine 産の目の上に角(⁽ᵃ⁾)状の突起のあるツノクサリヘビ属の有毒ヘビ; cerastes, sand viper ともいう》.

hórn·er 〘ME〙 *n.* **1** 角(⁽ᵃ⁾)細工人. **2** つの笛吹き. **3** 《俗》ヘロイン吸飲者, ヘロイン飲み.

Hórner's mèthod [hɔ́ənəz- | hɔ́:nəz-] 〘W. G. *Horner* (1786–1837: 英国の数学者)〙 — *n.* 〖数学〗ホーナーの方法《実係数の代数方程式の実根を近似する方法》.

hor·net [hɔ́ənɪt, -nət | hɔ́:-] 〘ME *harnet, hernet* (今の形は HORN と連想) < OE (WS) *hyrnet*(*u*) ← ? *horn* 'HORN' (⇨ -et): cf. MLG *hornte* / MDu. *horn*(*e*)*te* / G *Hornisse*〙 — *n.* **1** 〖昆虫〗スズメバチ《スズメバチ科スズメバチ亜科に属するハチの総称; モンスズメバチ (giant hornet), whitefaced hornet など; 俗にクマンバチともいう》. **2** うるさい人, いじわる.

hórnet's nèst *n.* (蜂の巣をつついたような)騒ぎ; 厄介な状態, 大憤慨; 大勢の敵[反対者]: bring a ~ about one's ears 大勢のうるさい連中を怒らす, 面倒を引き起こす / arouse [stir up] a ~ (蜂の巣をつつくようにうかつ[余計]なことをして)多くの人を怒らせ, 大騒ぎを起こす.

Hor·ney [hɔ́ənai | hɔ́:naɪ], **Karen** (**Dan·iel·sen** [dǽnjətsn, -nɪ- | -njət-]) *n.* (1885–1952) ドイツ生れの米国の女性精神分析学者.

horn·fels [hɔ́ənfɛlz | hɔ́:n-] 〘▭ G *Hornfels* ← *Horn* 'HORN'+*Fels* rock〙 — *n.* 〖岩石〗ホルンフェルス《粘板岩などの変成作用によって生じる目の細かく硬い岩石》.

hórn flỳ *n.* 〖昆虫〗ツノサシバエ (*Haematobia irritans*)《牛などに群がる》.

horn·ful [hɔ́ənfʊ̀l | hɔ́:n-] *n.* 角(⁽ᵃ⁾)の杯一杯.

hórn gàte *n.* 〖金属加工〗ホーンゲート, むくり揚げ《鋳型の下から角笛状につける湯口》.

Hor·ni·man [hɔ́ənəmən | hɔ́:nɪ-], **Annie Elizabeth Fred·e·rick·a** [frɛ̀dəríkə] *n.* (1860–1937) 英国の女性劇場経営者・演劇運動後援者; Dublin にあった Abbey Theatre の設立を援助; 通称 Miss Horniman.

hórn·ing 〘ME〙 — *n.* 〖スコット古法〗 **1** つの笛を三回吹いて知らせる告知《人を公権を失ったものと宣告するもの; cf. *put to the* HORN》. **2** (債務者の)処分執行: ⇨ LETTERS of horning. 「(吹)奏者.

hórn·ist [-nɪst, -nəst | -nɪst] *n.* つの笛吹き; ホルン

hor·ni·to [hɔənítoʊ | hɔ:ní:taʊ] 〘(1830) ▭ Sp. ~ (dim.) ← *horno* oven < L *furnum*: ⇨ furnace〙 — *n.* (*pl.* ~**s**) 〖地質〗溶岩塔, ホーニト《溶岩流の上にできるかまど状のガス噴出口; 南米火山地帯に多く, 日本で近年初めて大島の三原山に出来た; spatter cone ともいう》.

hórn·less 〘ME〙 *adj.* 角(⁽ᵃ⁾)のない: ~ sheep. 「~·ness *n.*

hórn·lìke *adj.* 角(⁽ᵃ⁾)のような.

hórn-mád *adj.* 《古》 **1** 〈牛が〉角(⁽ᵃ⁾)で突かんばかりに怒っている. **2** 気違いざたの, 激怒した. **3** 《俗》好色な (lecherous).

hórn òwl *n.* 〖鳥類〗=horned owl.

hórn·pìpe 〘ME〙 — *n.* **1** ホーンパイプ《拡声部に角(⁽ᵃ⁾)を用いた木笛; 昔英国で用いた》. **2** ホーンパイプ踊り《英国の船乗りの間に行なわれる活発な舞踏, もと hornpipe を伴奏楽器とした》. **3** ホーンパイプ舞曲.

hórn·plàte *n.* (鉄道車両の)軸箱守.

hórn pòppy *n.* 〖植物〗=horned poppy.

hórn·pòut *n.* 〖魚類〗=horned pout.

hórn-rímmed *adj.* 〈めがね・拡大鏡など〉角(⁽ᵃ⁾)[べっこう]わく[ぶち]つきの. 「めがね.

hórn-rìms *n. pl.* 角[べっこう]ぶちのめがね, ロイド

Horn·sey [hɔ́ənzi | hɔ́:nzɪ] 〘《変形》← OE *Hǣringēhæg* ← *Hǣring* gray wood (⇨ hoar, -ing³ 2)+*ġehæg* enclosure, meadow〙 — *n.* イングランド Greater London の Haringey 自治区の一部.

hórn sìlver *n.* 〖鉱物〗角銀鉱 (⇨ cerargyrite).

hórn snàke *n.* 〖動物〗=hoop snake 2 a.

hórn·stòne 〘▭ G *Hornstein*〙 *n.* 〖岩石〗角岩《chert の一種》.

hórn·swòg·gle [-swɑ̀gl | -swɔ̀gl] 〘戯言的造語: cf. horn (n. 7, vt. 4)〙 *vt.* (*also* **horn·swaggle** [~]) 《口語》欺く, ぺてんにかける (deceive, cheat).

hórn·tàil *n.* 〖昆虫〗キバチ(樹蜂)《キバチ科のハチの総称; 雌は樹木に卵を産むための角のような産卵管をもつ》.

hórn tìmber *n.* 〖海事〗船尾肋骨.

Hor·nung [hɔ́ənəŋ | hɔ́:-], **Ernest William** *n.* (1866–1921) 英国の推理小説家 (cf. Raffles).

hórn·wòrk *n.* **1 a** 角(⁽ᵃ⁾)細工. **b** [集合的] 角細工品. **2** 〖築城〗角堡(ᵏ).

hórn·wòrm *n.* 〖昆虫〗イモムシ《スズメガ (hawkmoth) の幼虫; 尻に角を立てている; tomato hornworm など》.

hórn·wòrt *n.* 〖植物〗マツモ, (俗に)金魚藻《マツモ (*Ceratophyllum*) 属の水草の総称》.

horn·y [hɔ́əni | hɔ́:nɪ] 〘ME: ⇨ horn, -y⁴〙 — *adj.* (**horn·i·er**; **-i·est**) **1** 角(⁽ᵃ⁾)の[製の, 状の]. **2** 角のように硬い, 硬化した (hard, callous): a ~ hand (仕事で)荒れて硬くなった手. **3** (角のように)半透明の; 角質の (corneous): the ~ coat (of the eye) 角膜 / the ~ layer 角質層. **4** 角形(の)突起のある. **5** 〘← HORN (5 f)+-Y⁴〙 《俗》〈男が〉性的に興奮した, 好色な.
hórn·i·ness *n.*

horol. 《略》 horologe; horology.

hor·o·loge [hɔ́(:)rəlòudʒ, hɑ́r-, -lɑ̀dʒ | hɔ́rəlɔ̀dʒ, hɔ́:r-, -lɔ̀udʒ] 〘(15C) ▭ L *hōrolog-ium* ▭ Gk *hōrológion* ← *hṓra* 'time, HOUR'+*-logos* telling (⇨ -logue) ∽ (*c*1380) *orloge* ▭ OF (F *horloge*)〙 — *n.* 《古》測時器, 時計 (timepiece); 日時計・水時計・機械時計(など時計に対する古い呼び名).

ho·rol·o·ger [hərɑ́lədʒə | hərɔ́lədʒə(r, hɔ:r-] 〘ME *orloger* ▭ AF: ⇨ ↑, -er¹〙 *n.* =horologist.

horologia *n.* horologium の複数形.

hor·o·log·ic [hɔ̀(:)rəlɑ́dʒɪk, hɑ̀r- | hɔ̀rəlɔ́dʒ-, hɔ̀:r-] 〘▭ L *hōrologic-us* ▭ Gk *hōrologikós* ← *hṓrā* 'HOUR': ⇨ -ic¹〙 *adj.* **1** 時計の. **2** 時計学上の; 測時法上の.

hòr·o·lóg·i·cal *adj.* =horologic. **~·ly** *adv.*

ho·ról·o·gist [-dʒɪst, -dʒəst | -dʒɪst] 〘← HOROLOGE+-IST〙 *n.* 時計師; 時計学者.

hor·o·lo·gi·um [hɔ̀(:)rəlóudʒiəm, hɑ̀r-, -dʒəm | hɔ̀rələ́udʒɪəm, hɔ̀:r-, -dʒəm] 〘(*a*1661) ▭ L *hōrologium*: ⇨ horologe〙 — *n.* (*pl.* **-gi·a** [-dʒiə, -dʒə | -dʒɪə, -dʒə]) **1** 時計台. **2** [H-] 〖天文〗とけい(時計)座《エリダヌス座 (Eridanus) とかじき座 (Dorado) の間にある南天の小星座; the Clock ともいう》.

ho·rol·o·gy [hərɑ́lədʒi | hɔrɔ́lədʒɪ, hɔ:r-] 〘← Gk *hōro-, hṓra* 'time, HOUR'+-LOGY〙 *n.* 時計学; 測時学.

ho·rop·ter [hərɑ́ptə, hɔ(:)r- | hɔrɔ́ptə(r, hɔ:r-] 〘▭ F *horoptère* ← Gk *hóros* limit+*optḗr* one who looks〙 — *n.* 〖光学〗ホロプター, 単視限《両眼を一点に向けた時の単像として見得る限界線[面]》.

hor·o·scope [hɔ́(:)rəskòup, hɑ́r- | hɔ́rəskɔ̀up] 〘(16C) ▭ F ~ ▭ L *hōroscopus* ▭ Gk *hōroskópos* ← *hṓra* 'HOUR, time'+*skopós* watcher) ∽ OE *horoscopus* ▭ L〙 — *n.* **1** (星占い用の)天宮図, 十二宮図, ホロスコープ: cast a ~ 占星天宮図を作る; (天宮図を繰って)星占いをする. **2** (星占いによる)予言. **3** =horoscopy. — *vi.* 占星天宮図を作る. — *vt.* 〈人〉の運勢図を作る; 占う.

hor·o·scop·ic [hɔ̀(:)rəskɑ́pɪk, hɑ̀r-, -skóup- | hɔ̀rəskɔ́p-] 〘▭ L *hōroscopic-us*: ⇨ ↑, -ic¹〙 *adj.* 天宮図の, 星位上の; 星占いの, 占星術の.

ho·ros·co·pist [hɔːrɑ́skəpɪst, hɔ:r-, hɔ́(:)rəskòup-, hɑ́r-, -pəst | hɔrɔ́skəpɪst, hə-] *n.* 星占い師, 運星研究家, 占星(術)師 (astrologer).

ho·ros·co·py [hɔːrɑ́skəpi, hɔ:r- | hɔrɔ́skəpɪ, hə-] 〘⇨ horoscope, -y¹〙 — *n.* **1** (星占いのために行なう)天体位置観測; 星占い, 占星術. **2** (天宮図の)諸星の配置, 星位.

Hor·o·witz [hɔ́(:)rəwɪts, hɑ́r- | hɔ́r-], **Vladimir** *n.* ホロヴィッツ《1904– ; ロシヤ生れの米国のピアニスト》.

hor·ren·dous [hɔ(:)réndəs, hɑr-, hər- | hɔr-, hər-] 〘▭ L *horrendus*: ⇨ ↓, -ous〙 *adj.* 《口語》恐ろしい, ものすごい (frightful). **~·ly** *adv.*

hor·rent [hɔ́(:)rənt, hɑ́r- | hɔ́r-] 〘▭ L *horrent-em* (pres.p.) ← *horrēre* to bristle〙 *adj.* 《詩》(こわい毛のように)逆立った.

hor·ri·ble [hɔ́(:)rəbl̩, hɑ́r- | hɔ́rəbl̩, -rɪ-] 〘(?*a*1300) ▭ OF (*h*)*orrible* ▭ L *horribilis*: ⇨ horror, -ible〙 — *adj.* **1** ものすごい, 恐ろしい (dreadful): 身の毛もよだつような, すさまじい: a ~ murder 身の毛のよだつような殺人 / ~ cruelty 身の毛のよだつような残酷さ. **2** 《口語》ぞっとするほどいやな, ひどく不快な, ひどい (unpleasant, excessive): a ~ noise いやな音 / ~ weather 不快な天気. — *adv.* =horribly. — *n.* [通例 *pl.*] 恐ろしいもの[人]. **~·ness** *n.*

hór·ri·bly [-bli | -blɪ] 〘(1340): ⇨ ↑, -ly¹〙 *adv.* **1** 身の毛もよだつほど, ものすごく. **2** 《口語》[強意語として]ひどく, すごく (terribly, awfully).

hor·rid [hɔ́(:)rɪd, hɑ́r-, -rəd | hɔ́rɪd] 〘(1590) ▭ L *horrid-us* bristly, frightful ← *horrēre* to bristle: ⇨ horror, -id⁴〙 — *adj.* **1** 恐ろしい (frightful), 忌わしい. **2** 《口語》ひどい, 憎らしい, ぞっとするほどいやな (repulsive): What a ~ nuisance! 何というううるさいことだ / How perfectly ~ of you! なんというひどい人間だ / Don't be ~! ひどいことを言うな[するな]. **3** 《古・詩》逆立つ, 林立する (bristing); ごつごつした (rough). **~·ly** *adv.* **~·ness** *n.*

hor·rif·ic [hɔ(:)rífɪk, hɑr-, hər- | hɔr-, hər-] 〘▭ L *horrific-us* ← *horrēre* to bristle, shudder: ⇨ horror, -fic〙 — *adj.* 身の毛もよだつほどの, 恐ろしい, ものすごい (horrifying). **hor·ríf·i·cal·ly** *adv.*

hor·ri·fi·ca·tion [hɔ̀(:)rəfɪkéɪʃən, hɑ̀r-, -fə- | hɔ̀rɪfɪ-] 〘← L *horrificāre* (↓)+-ATION〙 *n.* **1** ぞっとする[させる]こと. **2** こわがらせるもの.

hor·ri·fy [hɔ́(:)rəfaɪ, hɑ́r- | hɔ́rɪ-] 〘▭ L *horrificāre* to cause horror: ⇨ horror, -fy〙 — *vt.* こわがらせる, ぞっとさせる; …に(ぞっとするほど)反感を起こさせる, あきれ返らせる (scandalize): He was *horrified at* [*by*] the news. その知らせにぞっとした / I was *horrified* to see …を見ていやになった[あきれた].

hór·ri·fỳ·ing *adj.* ぞっとさせるような; あきれるような, けしからぬ: a ～ scene 恐ろしい[言語道断な]場面. **～·ly** *adv.*

hor·rip·i·late [hɔ(ː)rípəlèɪt, hɑr- | hɔrípɪ-] 〘《逆成》↓: ⇨ -ate³〙 *vt.* (寒さ・恐怖などで)〈人〉に身の毛をよだたせる, 鳥肌を立たせる.

hor·rip·i·la·tion [hɔ(ː)rìpəléɪʃən, hɑr- | hɔrìpɪ-] 〘《1656》□LL *horripilātiō(n-)* ← L *horrēre* (↓)+*pilus* hair〙 — *n.* **1** (寒さ・恐怖などのため)身の毛がよだつこと. **2** 鳥肌, 鵞皮(ᵍᵃ) (gooseflesh).

hor·ror [hɔ́(ː)rə, hɑ́r- | hɔ́rə(r)] 〘《*a*1325》 *horrour* □OF (*h*)*orrour* < L *horrōrem* a bristling, trembling ← *horrēre* to bristle (with fear), tremble ← IE **ghers-* to bristle (⇨ gorse)〙 — *n.* **1** 戦慄(ᵇᵒ); 恐怖, (恐怖・いやらしさで)ぞっとする気持; 憎悪 (abhorrence): be filled with ～ at ...に接してぞっとする / flee in ～ 恐ろしくて逃げる / have a ～ *of* ...がぞっとするほど嫌いである / Her eyes widened in ～. 恐ろしさに目を大きく見開いた. **2 a** ぞっとさせる性質[有様], 恐ろしさ: the ～ of starvation 飢餓の恐ろしさ / He thought about the ～ of their lives. 彼らの生活のひどさを考えた. **b** 恐ろしいもの, ぞっとする事件; いやでたまらない人[もの]: a book full of ～*s* of every sort あらゆる恐ろしい[すごい]ことが一杯書いてある本 / the ～*s* of war 戦争の惨事 / I think the person a perfect ～. あの人はたまらなくいやな人間だと思う / Rats are my particular ～. ねずみときたらぞっとするほどいやだ. **3** 《口語》実にひどいもの: That coat is a ～. あの上着はひどい代物だ. **4** [the ～s] **a** 憂鬱 (the blues). **b** 《口語》ふるえの発作; (特に, delirium tremens の)病的ふるえ. **5** スリラー映画. **6** 《廃》**a** 毛を逆立てること. **b** (病気の徴候としての)身ぶるい, 悪感 (shivering). — *attrib. adj.* 恐怖を感じさせるような, 戦慄的な: a ～ comic [film] スリラー漫画[映画] / a ～ fiction 恐怖小説, スリラー. — *int.* [通例 ～s として] ひゃあ, うわあ《驚き・当惑・失望などを表わす》.

hórror-strìcken *adj.* ＝horror-struck.

hórror-strùck *adj.* 恐怖に襲われた: He stood ～ at the scene. その光景にこわくて立ちすくんだ.

hors [ɔ̃ə | (h)ɔ́ː(r); *F.* ɔːr] 〘□F ～《変形》← *fors* < L *foris* outside〙 *F. adv., prep.* 外部に (outside, out), …の外に (out of).

Hor·sa [hɔ́əsə | hɔ́ː-] 〘mare の意?: cf. horse〙 *n.* (?–455) ジュート族 (Jutes) の酋長; 兄 Hengist と共にイングランドに侵入し Kent 王国を建設.

hors con·cours [ɔ̃ə-kɔ̃ː(ŋ)kúə, -kɔ(ː)ŋ- | (h)ɔ́ː-kɔ̃ː(ŋ)-kúə(r, -kɔ(ː)ŋ-; *F.* ɔːrkɔ̃kuːr] 〘□F ～ 'outside competition'〙 — *F. adj., adv.* **1** 無鑑査[無審査] (無鑑査参考品としての出品)の[で]; 審査の対象からはずして. **2** 比類なく優れた (supreme).

hors de com·bat [ɔ̃ə-də-kɔ̃ː(m)bɑ́ː, -kɔ(ː)m- | (h)ɔ́ː-də-kɔ́ː(m)bɑː, -kɔ́(ː)m-; *F.* ɔːrdəkɔ̃ba] 〘□F ～ 'out of combat'〙 — *F. adv., adj.* 戦闘力を失って(いる) (disabled).

hors d'oeu·vre [ɔ̃ədə́ːv | ɔ̀ːdə́ːvr(ə), hɔ̀ː-; *F.* ɔrdœːvr] 〘《1714》□F ～《原義》outside of work〙 — *n.* (*pl.* ～, ～s [～(z) | ～z; *F.* ～]) オードブル, 前菜《食欲を促すために食事の最初に出す軽い料理》.

horse [hɔ́əs | hɔ́ːs] 〘*n.*: OE *hors, hros* < Gmc **χorsam, *χorsaz* (OHG *hros* (G *Ross*) / ON *hross*) ← ? IE **(s)ker-* to leap (Skt *kūrdati*) ∥ **kers-* to run (L *currere* to run). — v.: OE *horsian*〙 — *n.* (*pl.* ～s, ～) **1** 《動物》**a** ウマ (*Equus caballus*)《ウマ科ウマ属の動物》; ウマ科ウマ属の動物の総称《家ウマ (*E. caballus* var. *caballus*) など; cf. stallion 1, gelding, filly, steed, foal, hack² 1, jade¹》: ⇨ dark horse, flying horse, gift horse / eat like a ～ (馬のように)大食する, 馬食する / work like a ～ 大いに[がむしゃらに]働く / hold a ～ 馬の口をとる / A man may lead a ～ to the water, but he cannot make him drink. 《諺》馬を水の所まで連れて行けても水を飲ませることは出来ない《自分でする気のない人ははたからはどうすることも出来ないものだ》. ★ ラテン語系形容詞: equine. **b** (14.2 ハンド (hand) を越える背のある)馬 (cf. colt, pony). **c** (成長した)雄馬 (cf. mare). **d** 競走馬, 競馬馬 (racehorse). **2** 《動物》ウマ科の動物《ass, zebra など》; セイウチ (sea horse). **3** [集合的] 騎兵 (horsemen); 騎兵隊 (cavalry): a regiment of ～ 騎兵連隊 / a hundred ～ 騎兵100人 / ～ and foot 騎兵と歩兵, 全軍; 全力を挙げて / light ～ 軽騎兵. **4 a** 木馬: ⇨ rocking horse. **b** 鞍馬 (side horse). **c** 跳馬 (long horse). **d** (昔刑具として兵士を乗せた)木馬: ride the wooden ～. **5 a** のこひき台, ひきわく (sawhorse). **b** (皮の)なめし台. **c** 物を掛ける台, 掛け台, 脚立(ᵏʸᵃ): a towel ～ タオル掛け / ⇨ clotheshorse. **d** 《印刷》(印刷前の)白紙置き[載せ]台. **6** 《戯言》人, やつ (man, fellow): a willing ～ 骨惜しみせずに働く人. **7** 《口語》＝horsepower. **8** 《口語》(チェスの)ナイト (knight). **9** 《米口語》とらの巻, 訳本 (crib)《trot, pony ともいう》. **10** 《俗》ヘロイン (heroin). **11** 《鉱山》はさみ石, 中石《鉱脈の中にある岩壁と同一の岩》. **12** 《海事》**a** ＝traveler 5 b. **b** マストの後側に取り付けた丈夫な垂直ケーブルで, これにスパンカーという斜台形の帆の前端を取り付けるためのもの. **13** 《造船》肋材の形が複雑な時, これを作るのに使う実物大の型.

a horse of another* [*a different*] *color 全く別なこと (cf. Shak., *Twel N* 2. 3. 181). ***back the wrong horse*** (1) (競馬で)負け馬に賭ける. (2) (誤って)弱い方を支持する. (3) 判断を誤る. ***beat a dead horse*** 《口語》すでに決着のついた問題を論じる, すんだことを蒸し返す; むだ骨を折る. ***change horses in the middle of a stream* [*in midstream*]** (1) 中流で馬を乗換える. (2) (仕事・計画・勉学などの)中途で方針を変える. ***flog a dead horse*** ＝*beat a dead* HORSE. ***from* [*out of*] *the horse's mouth*** ＝(*straight*) *from* [*out of*] *the* HORSE'*s mouth*. ***hitch horses together*** (1) 馬を一緒につなぐ (cf. hitch¹ *vt.* 3). (2) 《古》共同作業をする; 仲よくする (harmonize). ***hold one's horses*** 《俗》[通例命令形で] はやる心を抑える, 我慢する, 待つ: *Hold your* ～*s*! 落着け, あわてるな. ***horse and horse*** 《米》五分五分で, 対等で (on even terms). ***on one's high horse*** ⇨ high horse 1. ***play horse*** 《米口語》(1) 馬乗り遊びをする. (2) だます; あざ笑う; ばかなまねをする; 暴れる. (3) 〔...を〕無作法に[そっけなく]遇する 〔*with*〕. ***play the horses*** 《米》競馬に賭ける. ***run before one's horse to market*** まだ手に入れない利益を当てにする, とらぬ狸の皮算用をする. ***spur a willing horse*** (ほっておいてもやる気のある人を)せき立てる, 要らぬ世話をやく: Do not *spur a willing* ～. 《諺》いそいそと進む馬に拍車をかけるな《余計な世話は焼くな》. **(*straight*) *from* [*out of*] *the horse's mouth*** 《口語》確かな[確からしい]筋から, 直接本人から: I had the information *from the* ～*'s mouth*. その情報を信ずべき筋から得た. ***take horse*** (1) 馬に乗る, 馬で行く. (2) 〈雌馬が〉交尾する. ***talk horse*** (1) 競馬の言葉を使う. (2) 大ぼらを吹く. ***To horse!*** 馬に乗れ, 乗馬せよ《らっぱの合図または号令》.

— *attrib. adj.* **1 a** 馬の[に関する, に付ける]: a ～ hoof 馬のひづめ / ～ trappings 飾りつき馬具, 馬飾り. **b** 馬にひかせた: a ～ barge 馬で引く小船[伝馬船]. **2** (同種類の動植物の中で)より大きい[強い]. **3** 下品な, 粗野な: a ～ joke, laugh, etc. **4** 馬に乗った (cf. horseman 1): ～ guards 騎馬護衛隊.

— *vt.* **1 a** 〈人・物を〉馬に乗せる. **b** 〈人〉に馬をあてがう; 〈馬車など〉に馬をつける: ～ a carriage 馬車に馬をつける / be well ～*d* 十分馬があてがわれている. **2** 背負う; 背負わせる. **3** 《口語》引っぱりまわす, 酷使する: ～ a ship's crew. **4** 《俗》**a** 〈人を〉からかう, なぶる (kid, tease). **b** (舞台で)〈役を〉騒々しく演じる. **5** 《古》(むち打つために)〈人を〉他人の背または木馬に乗せる; むち打つ (flog). **6** 《木工》〈階段の簓桁(ˢᵃˢᵃʳᵃᵍᵉᵗᵃ)に段板の端をはめ込むための切り込みを付ける. **7** 《海事》水もれしないよう〈船板〉にハンマーで槙肌(ᵐᵃᵏⁱʰᵃᵈᵃ)を詰める. — *vi.* **1** 馬に乗る, 馬で行く. **2** 〈雌馬などが〉さかりがついている. **3** ばかなまねをする (⇨ 成句). **4** (校正で)突合せ校正をする, 押付け校正をする. **5** 《卑》〔配偶者以外の者と〕性交する, 性行為[性戯]にふける 〔*with*〕.

***horse around* [*about*]** (1) 《口語》ばか騒ぎをする, ふざけ回る. (2) ＝*vi.* 5.

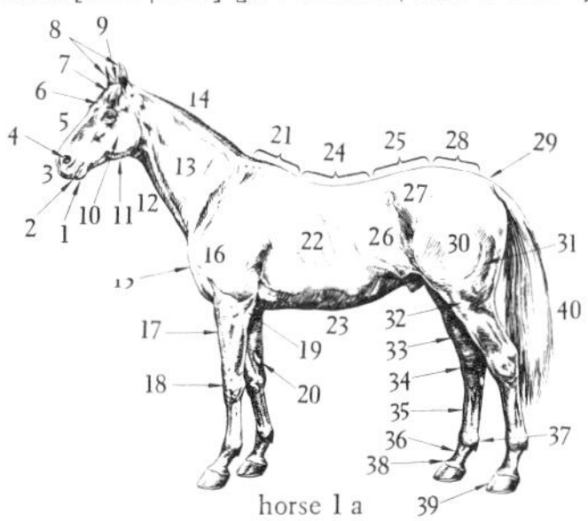

horse 1 a

1 chin; 2 mouth; 3 nose; 4 nostril; 5 face; 6 forehead; 7 forelock; 8 ears; 9 poll; 10 cheek; 11 lower jaw; 12 throatlatch; 13 neck; 14 mane; 15 breast; 16 shoulder; 17 forearm; 18 knee; 19 elbow; 20 chestnut; 21 withers; 22 ribs; 23 belly; 24 back; 25 loins; 26 flank; 27 haunch; 28 croup; 29 dock; 30 thigh; 31 buttock; 32 stifle; 33 gaskin; 34 hock; 35 cannon *or* shank; 36 pastern; 37 fetlock; 38 coronet; 39 hoof; 40 tail

hórse-and-búggy *adj.* 《米》**1** 馬車時代の(ような): ～ days 昔. **2** 古めかしい, 古くさい (old), 旧式の (outmoded).

hórse·bàck 〘ME〙 — *n.* 馬の背: on ～ 馬に乗って, 乗馬で, 騎馬で: a man on ～ 馬上の人, 馬に乗っている人.

angels [devils] on horseback ＝angels-on-horseback.

— *adv.* 馬に乗って: ride ～.

hórse·bèan *n.* 《植物》**1** ＝broad bean 1. **2** ＝Jerusalem thorn 2.

hórse blòck *n.* (乗馬用)踏み台, 乗馬台.

hórse bòat *n.* **1** 馬や牛を運ぶ渡し船. **2** 《米》馬を使って推進用外輪を回した方式の船. **3** 船尾に大きなはねあげ板をもつ鋼製上陸用舟艇の一種.

hórse bòtfly *n.* 《昆虫》ウマバエ (*Gasterophilus intestinalis*)《その幼虫は馬の口蓋や胃に寄生する》.

hórse bòx *n.* **1 a** (競馬などの)馬匹運搬(用貨)車. **b** (馬を船に積み込む時に用いる)馬おり; (船上の)馬小屋. **2** 《英戯言》(教会堂の)長椅子席.

hórse·bòy *n.* 《英》馬屋の助手, 馬丁.

hórse bràss *n.* (鞅(ᵏᵘⁿᵍᵃⁱ)など輓馬用馬具に付ける)真鍮製装飾金具.

hórse·brèaker *n.* 調馬師.

hórse brèaking *n.* 調馬, 調教.

hórse brìer *n.* 《植物》サルトリイバラ (⇨ greenbrier).

hórse·càr *n.* 《米》**1** 鉄道馬車. **2** 馬運搬用貨車[自動車].

hórse càvalry *n.* 騎馬騎兵隊《戦車隊その他の機械化部隊に変身した騎兵隊ではなく, 現実に馬に乗る騎兵隊》.

hórse chèstnut 〘《なぞり》← L 《廃》*Castanea equina*: 馬の呼吸器病の薬として用いられたことから〙 — *n.* 《植物》**1 a** セイヨウトチノキ, マロニエ (*Aesculus hippocastanum*)《トチノキ科トチノキ属の一種で街路樹に用いる》. **b** セイヨウトチノキの実. **2** トチノキ属の木の総称《buckeye ともいう》.

hórse·clòth *n.* **1** 馬衣. **2** (衣服用の)一種の丈夫で目のあらい織物.

hórse·còllar 〘《15C》〙 — *n.* **1** 《馬具》首輪, 首枷(ᵏᵘᵇⁱᵏᵃˢᵉ), 首当て, はも《これに引き皮 (trace) を結びつける》: grin through a ～ ⇨ grin 成句. **2** 《米俗》《野球》無安打; 0 点《馬の首輪の形が 0 に似ていることから》. — *vt.* 《米俗》《野球》**1** 〈相手チーム〉に得点を許さない. **2** 〈相手チーム・バッター〉にヒットを許さない.

hórse cònch *n.* 《貝類》西大西洋の暖海にすむ長さ 60 cm 位になるイトマキボラ科の巻貝 (*Fasciolaria gigantea*).

hórse còper 〘⇨ coper¹〙 *n.* 《英》(不正を働く)博労, 馬商人(ᵇᵃᵏᵘʳᵒ).

hórse dòctor *n.* **1** 馬医, 獣医. **2** やぶ医者.

hórse·fàce *n.* 不器量な長い顔, 馬づら.

hórse-fàced *adj.* 馬づらをした, 顔の長い.

hórse·fàir 〘ME〙 *n.* 馬市.

hórse·fèathers *n. pl.* [単数または複数扱い] 《俗》たわごと (nonsense). — *int.* ばかな, とんでもない (nonsense!)《不信を表わす》.

hórse·flèsh 〘《15C》〙 *n.* **1** 馬肉, 桜肉 (cf. cat's meat). **2** [集合的] 馬 (horses): a good judge of ～ 馬の目きき.

hórse·flỳ 〘ME *hors fleeȝe*〙 *n.* 《昆虫》ウシアブ《アブ科の, 特にアブ属 (*Tabanus*) の大型のアブの総称; 雌は馬・牛などの家畜の血を吸う》.

hórse·fòot 〘ME〙 *n.* (*pl.* ～s) **1** 《植物》フキタンポポ《キク科》, カントウ(款冬) (coltsfoot). **2** 《動物》カブトガニ (horseshoe crab).

hórse gèntian *n.* 《植物》＝feverroot.

hórse guàrd *n.* 《昆虫》米国南部に生息し, 家畜につくハエを捕食する黄色と黒のジガバチ科ハナダカバチ属のハチ (*Bembix carolina*).

Hórse Guàrds *n. pl.* [the ～] 《英》**1** 近衛騎兵旅団 (3 個連隊); 近衛騎兵第二連隊 (Royal Horse Guards). **2** [単数扱い] (London の Whitehall にある)英国陸軍総司令部《もと近衛騎兵旅団司令部》; (総称的に)同司令部の人員.

hórse·hàir 〘ME *horsher*〙 *n.* **1** 馬の毛《たてがみまたは尻尾の毛》. **2** ばす織り (haircloth).

hórsehair wòrm [snàke] *n.* 《動物》毛様線虫 (hairworm), ハリガネムシ.

hórse·hìde 〘ME〙 *n.* **1** 馬の生皮; 馬のなめし革. **2** 《米口語》野球のボール.

hórse·hòof 〘ME〙 *n.* (*pl.* ～s) 《植物》＝coltsfoot.

hórse·kèeper 〘《15C》〙 *n.* 馬丁, 別当 (groom).

hórse látitudes *n. pl.* 《海事・気象》亜熱帯無風帯《大西洋・太平洋上の北緯および南緯各 30° 辺の地帯; 一般に気圧高く多く無風時に方向不定の微風のある地帯》.

hórse·làugh *n.* ばか笑い (guffaw). — *vi.* ばか笑いをする.

hórse·lèech 〘《1418》: ⇨ leech¹〙 — *n.* **1** 《動物》ウマビル (*Haemopis gulo*)《ヨーロッパ産ヒル綱, 顎蛭目, ヒルド科のヒルの一種; 馬が水を飲んでいるうちに鼻や口を冒すといわれる》. **2** ひどい貪欲者.

a daughter of the horseleech ⇨ daughter 成句.

hórse·less *adj.* **1** 馬のない. **2** 〈馬車が〉馬のいらない, 自力で動く.

hórseless cárriage *n.* 《古》「馬なし馬車」《自動車のこと》.

hórse màckerel *n.* 《魚類》**1** ＝blue fin 2. **2** ニシマアジ (*Trachurus trachurus*)《大西洋産のマアジ属の海魚》.

hórse·man [-mən] 〘ME〙 — *n.* (*pl.* **-men** [-mən, -mèn]) **1** 乗馬者, 騎手; 馬術家, 乗馬の達人: She's a good ～. 彼女はなかなかの乗り手だ. ★ この場合, 主語が女性でも horseman の方が horsewoman より普通. **2** 馬の飼育者[生産者]; 調教師, 馬主.

hórseman·shìp *n.* 馬術 (manege); 乗馬の腕前: feats of ～ 曲馬, 馬の曲乗り.

hórse marìne *n.* **1** (昔の)騎馬水兵, 艦艇勤務の騎兵. **2** [*pl.*] 《戯言》(不慣れな勤務に従事する想像上の)騎馬水兵; 不適任な[場違いの]人: Tell that to the ～s! そんな事だれが本気にするもんか, でたらめ言うな (cf. marine 成句).

hórse·mìnt 〘ME〙 — *n.* 《植物》**1** ＝water mint. **2** ヨーロッパからアメリカへ帰化したシソ科ハッカ属の植物 (*Mentha rotundifolia*)《apple mint ともいう》. **3** シソ科ヤグルマハッカ属 (*Monarda*) の植物の総称; (特に)紫の斑点があるクリーム色の花が咲く丈の高い多年草 (*M. punctata*).

hórse múshroom *n.* 〘植物〙シロオオハラタケ (*Agaricus arvensis*)《食用キノコの一種》.
hórse nèttle *n.* 〘植物〙オニナスビ (*Solanum carolinense*)《米国中部および南部産のナス属の植物》.
hórse òpera *n.* 《米俗》〘映画〙西部劇(Western), (テレビ・ラジオの)西部劇.
hórse pàrlor *n.* 〘競馬〙賭けをする場所; (特に) (bookmaker の)馬券売場.
hórse pìstol *n.* (昔乗馬者が所持した)大型ピストル.
hórse·plày *n.* 騒々しい[乱暴な]遊び, ばか騒ぎ.
hórse·plàyer *n.* 習慣的に競馬に賭(か)ける人, 競馬ファン.
hórse·pònd *n.* 馬洗い池《馬に水を飲ませたり洗ったりする小さな池; 悪いことをした人を水責めにする所として知られる》.
hórse·pòwer 〘James Watt の用語〙 ― *n.* **1** 1頭の馬の牽引力. **2** 馬力《1秒間に 75 kg の重量を 1 m の高さに揚げる力を 1 とする仕事率の単位; 略 H.P., HP, h.p., hp; man power 2 a》. **3** 馬の力を利用する機械.
hórsepòwer-hòur *n.* 馬力時《一時間に一馬力の割合でなされる仕事量またはそれに要するエネルギーで, 1,980,000 フートポンドに当たる》.
hórse·pòx *n.* 馬痘《馬の痘瘡(とう)》.
hórse ràcer *n.* **1** 競馬の馬主. **2** 騎手 (jockey). **3** 競馬ファン.
hórse ràcing *n.* 競馬.
hórse·ràdish *n.* **1** 〘植物〙セイヨウワサビ, ワサビダイコン (*Armoracia rusticana*)《アブラナ科の栽培植物》. **2** その根で作るわさび[ソース].
hórseradish trèe *n.* 〘植物〙ワサビノキ(⇨ben[3] 1).
hórse ràke *n.* 馬の引くレーキ (cf. rake[1] 1).
hórse sènse *n.* 《口語》大ざっぱな常識, 俗識, (実生活上の)分別, 直感的[実際的]な知恵.
hórse·shit 〘← HORSE + SHIT: cf. bullshit〙《米卑》 ― *n.* **1** 馬の糞. **2** ばかげたこと, ナンセンス (nonsense), うそっぱち (lie). ― *int.* ばかな, うそ言え, いやなこった《不信・疑惑を表す; cf. bullshit》.
horse·shoe [hɔ́ə(ʃ)ʃùː, hɔ́əs- | hɔ́ːʃ-, hɔ́ːs-] 〘ME *horscho*《短縮》← *horsis sho*〙 ― *n.* **1** 馬蹄(てい), 蹄鉄. **2 a** 馬蹄形のもの, U字形のもの《谷・川の湾曲部など》. **b** (蹄鉄または蹄鉄型の)幸運の印, 魔よけ. **3** [*pl.*; 単数扱い] 蹄鉄投げ遊び《10 m ほど離れた所に立てた棒に蹄鉄を投げて引っ掛ける遊戯》: He throws the awkwardest ~*s* in the world. あれくらい蹄鉄投げの下手な男はちょっといない. ― *attrib. adj.* 馬蹄形の, U字形の: a ~ table. ― *vt.* **1** …に蹄鉄を付ける. **2** 〈アーチ門などを〉蹄鉄形にする. 「挿絵).
hórseshoe árch *n.* 〘建築〙馬蹄(てい)形アーチ (⇨arch[1]
hórseshoe clám *n.* 〘貝類〙シャゴウ (*Hippopus hippopus*)《熱帯太平洋のサンゴ礁にすむ白色に菫赤色の斑点のある大型の二枚貝》.
hórseshoe cráb *n.* 〘動物〙カブトガニ (⇨king crab).
Hórseshoe Fálls *n. pl.* [the ~; 通例単数扱い] カナダ滝 (⇨Niagara Falls).
hórseshoe màgnet *n.* 馬蹄(てい)形磁石.
hórse·shò·er *n.* (馬の)蹄(てい)鉄工 (cf. farrier).
hórseshoe vórtex *n.* 〘航空〙馬蹄型渦, U字渦《飛行中の翼の両翼端近くから後方へ吐き出される一対の渦で, 両方が翼面でつながり馬蹄型になっている》.
hórse shòw *n.* ホースショー《乗馬・牽馬・跳躍のテストなどで馬や騎手の能力を競い合うもので, 通常毎年行なわれる》.
hórse's néck *n.* 《米》ホースネック《ジンジャーエールに氷と螺旋(らせん)形のレモンの皮を加えた飲料; 時にアルコール飲料を含むこともある》.
hórse sùgar *n.* 〘植物〙＝sweetleaf.
hórse·tàil 〘ME〙 ― *n.* **1** 馬の尾《オスマン帝国で pasha の位をその数で示すために軍旗・総督旗に用いた》: the ~ standard オスマン帝国の軍旗. **2** ポニーテール (ponytail)《髪を後ろで結んで垂らす少女ふうの結い方》. **3** 〘植物〙トクサ《トクサ属 (*Equisetum*) の植物の総称; トクサ (scouring rush), スギナ (field horsetail) など》.
hórse tìmber *n.* 〘海事〙＝horn timber.
hórse-tràde *vi.* 《米》**1** 馬の売買をする. **2** 抜け目のない取引きをする.
hórse tràde *n.* 《米》**1** 馬の売買[交換], 馬市. **2** 抜け目のない取引き; 詐欺.
hórse tràder *n.* 《米》**1** 馬の売買[交換]者. **2** 駆け引きのうまい人, 抜け目のない男.
hórse tràding *n.* 《米》**1** (相手の無知に乗じて悪い)馬を売りつけること. **2** 抜け目のない取引き; 詐欺.
hórse·wèed *n.* 〘植物〙**1** ヒメムカシヨモギ (*Erigeron canadensis*)《野原や路傍に群生するキク科の帰化雑草で 1.5 m に達し, 白い花をつける; 北米原産》. **2** (北米産)キク科の丈の高い草本 (*Lactuca canadensis*). **3** クワモドキ, オオブタクサ (*Ambrosia trifida*)《キク科ブタクサ属の植物》.
hórse·whìp *n.* 馬のむち. ― *vt.* 〈人を〉馬のむちで打つ, 懲らしめる. **hórse·whìp·per** *n.*
hórse·wòman *n.* **1** 婦人乗馬者, 女騎手 (cf. horseman). **2** 馬の取扱い[世話]のうまい女性.
hors·ey [hɔ́əsi | hɔ́ːsi] *adj.* (**hors·i·er, -i·est**) **1** 馬の[に関する, のような]. **2 a** 馬好きの, 競馬狂の; 馬匹改良[産馬事業]に熱心な. **b** 〈言語・服装・動作など〉競馬人らしい; 騎手気取りの. **3** 《口語》ばかに大きい, でっかい. **hórs·i·ness** *n.*

hórs·i·ly [-sɪli, -sə- | -lɪ] *adv.* 馬のように.
hórs·ing 〘ME〙 *n.* 乗馬供給. ― *adj.* 〈雌馬が〉交尾期の.
hor. som. 《略》〘処方〙 *L.* hōrā somnī 就寝時に (at bedtime).
horst [hɔ́əst | hɔ́ːst] 〘□ G *Horst* heap: cf. hurst〙 *n.* 〘地質〙地塁, ホルスト《二つの断層に挟まれた一段と高くなっている地域; cf. graben》.
Hórst Wés·sel sòng [hɔ́əst-vésəl-, -sl- | hɔ́ːst-; *G.* hɔ́rst-vésl] *n.* [the ~] 〘ドイツ史〙「ホルストヴェッセルの歌」《ナチ党員 Horst Wessel が作詞作曲した歌でナチ党の党歌, 第三帝国の第二国歌となった; ドイツ語では Horst Wessel Lied》.
hors·y [hɔ́əsi | hɔ́ːsɪ] *adj.* (**hors·i·er**; **-i·est**) ＝horsey.
hort. 《略》horticultural; horticulture.
hor·ta·tion [hɔətéɪʃən | hɔː-] 〘□ L *hortātiō(n-)* ← *hortārī* to urge, encourage: ⇨exhort, -ation〙 *n.* 勧告, 忠告 (exhortation); 勧め, 奨励 (encouragement).
hor·ta·tive [hɔ́ətəṭɪv | hɔ́ːtət-] 〘□ L *hortātīv-us* ← *hortārī* (↑): ⇨ -ative〙 *adj.* 忠告の (advisory); 勧告的な, 奨励的な (exhortative). **~·ly** *adv.*
hor·ta·to·ry [hɔ́əṭətɔ̀ːri, -tɔ̀ri | hɔ́ːtət(ə)rɪ] *adj.* ＝hortative. **hor·ta·to·ri·ly** [hɔ̀əṭətɔ́ːrəli, -tɔ́ːr-, ⌐ ─ ─ ─ ─ | hɔ́ːtət(ə)rəlɪ, -rɪlɪ] *adv.*
Hor·tense[1] [hɔ́ətens | hɔ́ː-] 〘□ F ～ □ L *Hortēnsia* (fem.) ← *Hortēnsius* gardener ← *hortus* 'GARDEN'〙 *n.* 女性名.
Hor·tense[2] [ɔətɑ́ː(n)s, -tɔ̃ː(n)s, -tɑ́ːns, -tɔ́(ː)ns | ɔː-; *F.* ɔʀtɑ̃ːs] *n.* オルタンス《1783–1837; オランダ王妃, 女王 (1806–10); Josephine の娘で, Napoleon 一世の弟 Louis Bonaparte の妻, Napoleon 三世の母; 正式には Eugénie-Hortense de Beauharnais という》.
hor·ten·si·a [hɔəténʃiə, -ʃə, -siə | hɔːténsɪə, -sjə, -ʃɪə] 〘↑〙 *n.* 〘植物〙アジサイ (*Hydrangea macrophylla*).
Hor·ten·si·a [hɔəténʃiə, -ʃə, -siə | hɔːténsɪə, -sjə, -ʃɪə] 〘⇨ Hortense〙 *n.* 女性名.
Hor·thy [hɔ́əṭi | hɔ́ːtɪ; *Hung.* hórti] **Mi·klós von Nagy·bá·nya** [míkloːʃ fɔn nɔ́jbaːɲɔ] *n.* ホルティ《1868–1957; ハンガリーの海軍大将・政治家; ハンガリー摂政 (1920–44)》.
hortic. 《略》horticultural; horticulture.
hor·ti·cul·tur·al [hɔ̀əṭəkʌ́ltʃ(ə)rəl | hɔ̀ːtɪ-] *adj.* 園芸の; 園芸術の. **~·ly** *adv.*
hor·ti·cul·ture [hɔ́əṭəkʌ̀ltʃə | hɔ́ːtɪkʌ̀ltʃə(r)] 〘← L *horti-*, *hortus* garden＋CULTURE〙 *n.* 園芸, 園芸学 (cf. floriculture).
hor·ti·cul·tur·ist [hɔ̀əṭəkʌ́ltʃ(ə)rɪst, -rəst, ⌐ ─ ⌐ (─)─ | hɔ̀ːtɪkʌ́ltʃ(ə)rɪst] *n.* 園芸家.
hor·tus sic·cus [hɔ́əṭəs-síkəs | hɔ́ːtəs-] 〘□ L ～ 'dry garden'〙 *n.* 圧葉(よう)標本, 腊葉(さく)集 (herbarium).
hor. un. spatio 《略》〘処方〙 *L.* hōrae ūnius spatiō 一時間後に (at the end of one hour).
Ho·rus [hɔ́ːrəs, hóːr- | hɔ́ːr-] 〘□ L *Hōrus* □ Egypt. *Hōr*《原義》the high-flying one〙 ― *n.* 〘エジプト神話〙ホールス, ホルス《天空神; 鷹の頭をした神; Osiris と Isis の息子; ⇨ Harpocrates, sub rosa》.
Hos. 《略》Hosea (旧約聖書の)ホセア書.
ho·san·na [hoʊzǽnə, -zɑ́ːnə | hə(ʊ)zǽnə] 〘《16C》□ LL ～ □ Gk *hōsanná* □ Heb. *hōšá'nā* Save, we pray ∽ OE *osanna* □ LL〙 ― *int.* ホサナ《神またはキリストを賛美する言葉》. ― *n.* **1** ホサナという叫び (cf. *Matt.* 21: 9, 15, etc.). **2** 賛美の熱叫. ― *vt.* 熱狂的に賞賛[賛成]する.
HÓ scàle 〘← H(ALF)＋O *scale*〙 *n.* HO 尺度, HO 縮尺《模型自動車・模型列車等に用いられる縮尺; 1 foot に対して $1/_8$ inch》.
hose [hóʊz | háʊz] 〘OE *hosa* < Gmc **χuson* (Du. *hoos* / G *Hose*) ← IE **(s)keu-* to cover (⇨ hide[1])〙 ― *n.* (*1*, *2* では *pl.* ～, *3*, *4* では **hos·es**, 《古》**hos·en** [hóʊzn | háʊzn]) **1** [*pl.*; 集合的] 長靴下, ストッキング: a pair of ～ / ⇨ half hose. **2** (昔男子が用いた, タイツのような)長ズボン, (後には)ひざまでの半ズボン. **3** (水を注ぐ)ホース, 注水(ゴム)管. **4** 《英方言》(イネ科・カヤツリグサ科・テンナンショウ科などの花穂を包む)葉鞘(しょう)(部) (sheath). **5** 〘ゴルフ〙＝hosel. ― *vt.* **1 a** …に(ホースで)水をやる, 水をまく: ～ the garden. **b** 〈家・車・外壁・床面など〉に水を流す[かける, 注ぐ]〈*down*〉: ～ *down* a kennel floor [Rolls-Royce] 犬小屋の床[ロールスロイス]に水を流す[を洗車する] / When I passed out they ～*d* me *down*. 気絶したときみんなで私に水を浴びせた. **2** 《古》〈人〉に長靴下をはかせる. **3** 《カナダ俗》**a** ごまかす, だます, …につけこむ. **b** 決定的に打ち負かす.
Ho·se·a [hoʊzíːə, -zéɪə | hə(ʊ)zíə] 〘□ Heb. *Hōšēa'*《短縮》← *Hōša'yāh* ← *hōšīa' Yahwéh* Yahweh saved〙 ― *n.* 〘聖書〙**1** ホセア《紀元前 8 世紀のヘブライの預言者》. **2** (旧約聖書の)ホセア書(略 Hos.).
hóse càrt *n.* (消防用)ホース運搬車.
hóse còck *n.* **1** ＝sill cock. **2** ＝pinchcock.
hóse-in-hóse *n.* 〘植物〙二重花冠, 八重の花冠.
ho·sel [hóʊzəl, -zl | háʊ-] 〘← HOSE＋-EL[1]〙 *n.* 〘ゴルフ〙(ゴルフクラブの)ホーゼル《ヘッドのもとの部分でシャフトを挿入する所》.
hóse·man [-mən, -mæ̀n] *n.* (*pl.* **-men** [-mən, -mèn]) (消防隊の)ホース係.
hosen 〘ME ～, *hosin*〙 *n.* 《古》hose の複数形.
hóse·pìpe *n.* 注水管, ホース (hose).

hóse-rèel *n.* ホースを巻く車.
hóse-tòps *n. pl.* 《スコット》足部のない長靴下.
Ho·sha·na Rab·bah [hoʊʃɑ́ːnɑː-rɑ́ːbɑː, -nə-, -bə | hə(ʊ)-] 〘□ Aram. *hōšá'nā rabbā*《原義》Save, the Great!〙 ― *n.* ホシャナラッバ祭《ユダヤ暦 7 月 (Tishri) 21 日に行なわれる祝い; 仮庵(かりいお)の祭り (Sukkoth) の第 7 日に当たる》.
ho·sier [hóʊʒə | háʊzɪə(r, -zjə(r, -ʒə(r, -ʒɪə(r] 〘《1381》← HOSE (n.)＋-IER[2]〙 *n.* (男子用)洋品商《靴下・カラー・下着類を売る人》.
ho·sier·y [hóʊʒ(ə)ri, -z(ə)ri | háʊzɪərɪ, -zjə-, -ʒə-, -ʒɪə-] 〘⇨↑, -ery〙 ― *n.* **1** [集合的] 靴下 (stockings, socks など). **2** 《英》メリヤス下着類. **3** (靴下など)洋品の商い.
hosp. 《略》hospital.
hos·pice [hɑ́spɪs, -pəs | hɔ́spɪs] 〘《1818》□ (O)F ～ □ L *hospitium* hospitality, inn ← *hospes* guest: ⇨ host[2]〙 ― *n.* **1** (宗教団体などの経営による参拝者や巡礼者のための)宿泊所, 旅人宿, 宿坊. **2** (しばしば宗教団体などの経営による)学生や経済的に恵まれない人のための宿舎, ホステル (hostel). **3** 《英》ホスピス (home)《病人, 特に末期患者・貧困者などの病院または収容所》.
hos·pit·a·ble [hɑspɪ́ṭəbl, hɑ́spɪt-, -pət- | hɔ́spɪt-, hɔspít-, hɔs-] 〘《1570》□ 《廃》F ～ ← LL *hospitāre* to be a host to: ⇨ host[2], -able〙 ― *adj.* **1** 客などを暖かく迎える, もてなしのよい, 手厚い; 愛想のよい, 暖かい: a ～ household 人を親切にもてなす家庭 / a ～ reception 歓待 / one's ～ secretary 愛想のよい秘書. **2** (…を)快く受け入れる (receptive) (*to*): a mind ～ *to* new ideas 新思想を受け入れる精神[頭]. **3** 〈風土など〉健康[成長]によい, 好適な: a ～ climate. **～·ness** *n.* **hos·pít·a·bly** *adv.*
hos·pi·tal [hɑ́spɪṭl, -pə- | hɔ́spɪtl] 〘《?a1300》□ OF ～ (F *hôpital*) □ ML *hospitāle* inn (neut.) ← L *hospitālis* hospitable ← *hospit-*, *hospes* 'HOST[2]': ⇨ -al[1]〙 ― *n.* **1 a** 病院 (cf. sanatorium 1, nursing home): ⇨ base hospital, cottage hospital, field hospital, isolation hospital, general hospital, lock hospital, LYING-IN hospital, MATERNITY hospital / be in [out of] ～ 入院[退院]している / go into [enter] ～ 入院する / go to [leave] ～ 通院[退院]する / walk the ～*s* ⇨ walk 成句. ★《英》では病院の機能の意味では無冠詞で用いる: 《米》では定冠詞を付けることが多い: He is in (*the*) ～ with a broken leg. 脚を折って入院している. **b** 動物の病院: a pets' ～ 犬猫病院. **2 a** 《古》(英国で病人・貧困者・身寄りのない老人・旅人などの世話をした)慈善施設; 慈恵病院; 養老院, 養育院, 収容所 (asylum, home). **b** 《英》パブリックスクール; 慈善学校《今は校名として残る》: ⇨ Christ's Hospital, foundling hospital. **3** (携帯用小道具・人形・時計などの)修理店: a fountain-pen [doll] ～. ― *attrib. adj.* 病院の, 病院勤務の, 病院…: a ～ nurse 病院看護婦 / a ～ orderly (傷兵病院の)衛生兵 / a ～ ship 病院船.
hóspital bèd *n.* 病院ベッド《3 部分から成る枠付きベッドでばね仕掛けで自由に頭部・脚部・胴部を上げ下げ出来る》.
Hos·pi·tal·er [hɑ́sptələ, -pɪṭələ, -pə-, -ṭlə | hɔ́spɪtələ(r, -tlə(r] 〘《a1338》□ OF *hospitalier* □ ML *hospitālārius* ← *hospitāle*: ⇨ hospital, -er[1]〙 ― *n.* **1** ＝Knight Hospitaler. **2** [h-] 救護団員, 宗教的慈善団員《昔慈善施設 (hospital) に住んで老人・病人・貧困者・旅人などの救護に当たった人》. **3** [h-] 《英》(London の)病院付き牧師[司祭].
hóspital fèver *n.* 病院チフス《昔病院内に流行した一種の熱病》.
hóspital gángrene *n.* 〘病理〙病院壊疽(えそ).
hós·pi·tal·ìsm [-ṭəlɪzm, -ṭl- | -tl-, -təl-] *n.* **1** 入院患者に悪影響を及ぼすような病院の状態; (特に, 病院設備の欠陥からくる)非衛生状態. **2** 劣悪な病院の環境が与える肉体的・精神的(悪)影響. **3** ホスピタリズム, 施設病《孤児院に住むことによって子供達が受ける肉体的・精神的影響》.
hos·pi·tal·i·ty [hɑ̀spətǽləṭi | hɔ̀spɪtǽlətɪ, -lɪ-] 〘《c1384》□ (O)F *hospitalité* □ L *hospitālitās* ← *hospitālis* of a guest: ⇨ hospital, -ity〙 ― *n.* **1** 旅行者や客を親切にもてなすこと, 歓待, 厚遇: give a person ～ 人を手厚くもてなす / partake of [enjoy] His [Her] Majesty's ～《英戯言》刑務所に入っている / Afford me the ～ of your columns. 貴紙に御掲載願います《寄稿家の言葉》. **2** (新思想などに対する)受容力, 理解力 (*to*).
hos·pi·tal·i·za·tion [hɑ̀spɪṭəlɪzéɪʃən, -pə-, -lə-, -ṭl- | hɔ̀spɪtəlaɪ-, -lɪ-, -tl-] *n.* **1** 病院収容, 入院加療. **2** 入院期間. **3** 《口語》＝hospitalization insurance.
hospitalizátion insùrance *n.* 入院保険《加入者とその家族の入院加療を保証する保険》.
hos·pi·tal·ize [hɑ́spɪṭəlàɪz, -pə-, -ṭl- | hɔ́spɪt-, -təl-] *vt.* 入院させる: He has been ～*d* since May with heart disease. 5 月からずっと心臓病で入院している.
Hos·pi·tal·ler [hɑ́spɪṭələ, -pə-, -ṭlə | hɔ́spɪtələ(r, -tlə(r] *n.* ＝Hospitaler.
hóspital lìght *n.* 〘建築〙＝hopper frame.
hóspital·man [-mən] *n.* (*pl.* **-men** [-mən, -mèn]) 〘米海軍〙(医務助手として勤務する)衛生兵, 看護兵.
Hóspital Sáturday *n.* 病院献金[寄付金]募集の土曜日《街頭などで行なう; cf. Hospital Sunday》.
hóspital shìp *n.* (赤十字条約の適用と保護を受ける)病院船.
Hóspital Súnday *n.* 病院献金[寄付金]募集の日曜

日《教会の中で行なう; cf. Hospital Saturday》.
hóspital tràin *n.* 〘軍事〙(負傷兵を後送するための)病院列車.
hos·po·dar [hɑ́spədɑ̀ɚ | hɔ́spədɑ̀ː(r)] 〚《1684》□ Rum. *hospodár* ← Ukr. *hospod'* lord (cog. L *hospes* 'HOST²'): cf. OSlav. *gospodi* lord, master〛 **—** *n.* 太守, 君主《昔オスマン帝国スルタンの陪臣としての Walachia および Moldavia 総督の称号》.
hoss [hɔ́(ː)s, hɑ́(ː)s | hɔ́s] 〚《転訛》← HORSE〛 *n.* 《方言・米俗》馬.
host¹ [hóust | hә́ust] 〚《?a1300》□ OF (*h*)*ost* < L *hostem*, (nom. *hostis*) enemy, (ML) army < IE **ghosti-s* (↓)〛 **—** *n.* **1** [a ~ [~s] of で] 大勢, 大群, 多数: *a* ~ [~*s*] *of* friends [difficulties] 大勢の友人[幾多の困難] / The war spawned *a* ~ *of* problems. その戦争で多くの問題が生れた / The champions picked up *a* ~ *of* medals in speed and figure skating. 選手たちはスピードとフィギュアで大量のメダルを獲得した. **2** 《古・詩》 **a** 軍, 軍勢 (army): a ~ in himself 一騎当千の勇士, 英傑 / the Lord [God] of *Hosts* (旧約聖書で)万軍の主《エホバ (Jehovah) のこと》. **b** 日月星辰(しん); 天使軍 (angels): the ~(*s*) of heaven = heavenly ~ 日月星辰; (神に仕える)多数の天使. **—** *vi.* 群がる, (戦争・戦闘のために)集結[集合]する.
host² [hóust | hә́ust] 〚《c1250》□ OF (*h*)*oste* (F *hôte*) < L *hospitem*, *hospes* host, guest < IE **ghosti-s* stranger, guest, host, 《原義》someone with whom one has reciprocal duties of hospitality: cf. guest〛 **—** *n.* **1** (客をもてなす)主人(役), あるじ; [形容詞的に] 主人役の: act as (the) ~ at a dinner party 晩餐(さん)会で主人役を勤める / the ~ country for the Olympic Games オリンピックの主催国. **2** (旅館などの)主人 (innkeeper, landlord). **3 a** (座談会・討論会・インタビューなどでの)司会役: He was a ~ for a local TV talk show. 地方テレビ局の討論会(など)で司会をやった. **b** (ラジオ・テレビの)司会者 (emcee). **c** (集会などの)世話人, 会場提供者. **4** 〘生物〙 **a** (寄生動物[植物]の)宿主, 寄主 (cf. parasite 2 a). **b** (共生動植物の)大きい[強い]方. **5** 〘外科〙(皮膚・臓器・器官などの)被移植体, 受容者. **6** 〘地質〙小形の鉱物[岩石] (guest) を含んでいるまわりの鉱物[岩石], 親鉱物, 親岩石.
count [***reckon***] ***without one's host*** (1) (旅館などで)帳場に問い合わせずに[ひとり勝手に]勘定する. (2) (他の(人の)事情を考慮しないで)いいかげんな判断をする, 大事な点(困難や反対など)を見落とす: You are *counting without your* ~. そうは問屋がおろさないよ.
— *vi.* 《廃》泊る, 宿をとる. **—** *vt.* **1** 〈客を〉泊める. **2 a** (自宅・レストランなどで)〈会・パーティーなど〉の主人役を勤める; 〈客を〉主人役として接待する. **b** 〈テレビ番組などを〉司会する (emcee).
Host [hóust | hә́ust] 〚《c1303》 *hōste* □ L *hostia* victim〛 *n.* 〘キリスト教〙聖餐(さん)式のパン《キリストの肉の象徴》; 〘カトリック〙ホスチア, 祭餅(へい) (cf. particle 6).
hos·ta [hóustə, hɑ́s- | hә́ustə, hɔ́s-] 〚← *Nicolaus T. Host* (1761-1834: オーストリアの植物学者・医師): ⇨ -a¹〛 **—** *n.* 〘植物〙ギボウシ《アジア産ユリ科ギボウシ属 (*Hosta*) の多年草の総称; plantain lily ともいう》.
hos·tage [hɑ́stɪdʒ | hɔ́s-] 〚《?a1300》□ OF (*h*)*ostage* ← (*h*)*oste* guest: ⇨ host², -age〛 **—** *n.* **1 a** 人質: take a person ~ 人を人質に取る / give ~s to fortune 運命に人質をあずける, (妻子・財宝など)いつ失うかもしれない[足手まといになりそうな]ものをもつ (Francis Bacon, *Of Marriage and Single Life*). **b** 《廃》人質の状態: hold a person in ~ 人を人質に取っておく. **2** 抵当, 質, かた (pledge, security). **—** *vt.* 〈人を〉人質として与える[渡す].
hóstage·shìp *n.* 人質の状態.
hos·tel [hɑ́stḷ | hɔ́s-] 〚《c1250》□ OF (*h*)*ostel* (F *hôtel* 'HOTEL') < ML *hospitāle*: HOSPITAL, HOTEL と二重語〛 **—** *n.* **1** (自転車旅行や徒歩旅行の者のために Y.M.C.A. などで経営する)宿泊所, ホステル《youth hostel ともいう》. **2** 《英》大学の寄宿寮. **3** 《英古》旅館, 宿屋 (inn). **—** *vi.* **1** (徒歩や自転車で)ホステル[簡易宿泊所など]に泊りながら旅行する. **2** 《英方言》宿泊する (lodge).
hos·tel·er [hɑ́stələ | hɔ́stələ(r)] 〚ME □ AF *hostiler* = OF *hostelier*: ⇨ ↑, -er¹〛 **—** *n.* (*also* **hos·tel·ler** [~]) **1 a** (学生の)合宿者. **b** ホステル利用の旅行者. **2 a** (宿泊所の)世話係. **b** [《米》ではまた hɑ́slə] 《古》旅館の主人.
hos·tel·ry [hɑ́stḷri | hɔ́stḷri] 〚《c1387-95》 *hostelrie* □ OF *hestellerie*: ⇨ hostel, -ry〛 *n.* 《古・文語》旅館, 旅舎, 宿屋 (inn).
host·ess [hóustɪs, -təs | hә́ustɪs, -tes, -təs] 〚《c1300》□ OF *hostesse* (F *hôtesse*): ⇨ host², -ess〛 **—** *n.* **1** (客をもてなす)女主人(の役), 女あるじ. **2** (旅館の)女将(おかみ). **3 a** (旅館・料理店などで女中たちを指揮して客をもてなす)女中頭. **b** (客を席に導く)案内係; (旅客機・列車・汽船・長距離バスなどの女性の)サービス係, スチュワデス (air hostess). **c** (バーなどの)ホステス. **4** (ダンスホール・バーなどで男客の相手となって踊る)職業的ダンサー. **—** *vi.* ホステス役をする. **—** *vt.* 〈パーティーなど〉のホステス役をする.
hóstess gòwn *n.* ホステスガウン《家庭でのくつろいだ接客用の柔らかいガウン[ドレス]》.
hos·tile [hɑ́stḷ, -taɪl, -tɪl | hɔ́staɪl] 〚《1592》□ (O)F ~ // L *hostīl-is* ← *hostis*: ⇨ host¹, -ile¹〛 **—** *adj.* **1** 敵の[に関する]; 敵軍の, 敵国の: a ~ army [country] 敵軍[国]. **2 a** 敵意のある, 敵性を示す, 敵対する (antagonistic); 反対する (adverse) 〔*to*〕: a ~ critic 敵意のある批評家 / a ~ demonstration 反対の示威運動 / a ~ feeling 敵意, 敵愾(がい)心 / a man ~ *to* reform 改革に反対の人 / assume [take] a ~ attitude 反対の[敵対的な]態度を取る / He was ~ *to* the new thought. その新思想を好まなかった. **b** 〈主義など〉相反する. **3** よそよそしい, 冷淡な (unfriendly). **4** (人・事物に)不利[マイナス]になる: a ~ environment マイナスになるような環境, 不良環境. **—** *n.* 敵意を抱く人; 《米》(特に)白人に敵意を抱くアメリカインディアン. **~·ly** [-tḷ(l)i, -taɪlli, -tɪl(l)i | -taɪlli] *adv.* **~·ness** *n.*
hóstile wítness *n.* 〘法律〙(真実を供述することを拒み, 自分を呼んだ側に)敵意をもつ証人.
hos·til·i·ty [hɑstɪ́ləṭi | hɔstɪ́ləti, -lɪ-] 〚《?a1425》□ (O)F *hostilité*: ⇨ ↑, -ity〛 **—** *n.* **1** 敵意, 敵性 (enmity): have no ~ *toward(s)* …に対して何の敵意も持たない. **2 a** 敵対行為: an act of ~ 敵対行為. **b** [*pl.*] 戦争行為, 交戦, 戦争 (war): open [suspend] *hostilities* 戦端を開く[休戦する] / naval *hostilities* 海戦 / the possibility of *hostilities* 交戦の可能性. **3** 〔考え・計画などに対する〕反対 (animosity) 〔*to*〕.
hósting àrmor *n.* 〘甲冑〙野戦用甲冑.
hos·tler [(h)ɑ́slə | ɔ́slə(r)] 〚ME: 《異形》← HOSTELER〛 *n.* **1** (旅館の)馬丁 (ostler). **2** 《米》機関車[自動車, クレーンなど]の点検整備者[修理人].
hóst·ly 〚《1893》〛 *adj.* (来客に対して)主人役の, 主人役らしい, 主人役にふさわしい: ~ service.
hóst mìneral *n.* 〘鉱物〙= perimorph.
hóst plànt *n.* 寄主(きしゅ)植物, (やどり木の)親木.
hóst ròck *n.* 〘地質〙母岩 (country rock).
hóst-specífic *adj.* 〘生物〙〈寄生動植物が〉特定の宿主にしかつかない, 定宿性の.
hot [hɑ́t | hɔ́t] 〚OE *hāt* < Gmc **χaitaz* (Du. *heet* / G *heiss*) ← IE **kăid-* 'HEAT'〛 **—** *adj.* (**hot·ter**; **hot·test**) **1 a** 温度の高い, 高温の; (「冷たい」に対して)熱い; (気温上「寒い」に対して)暑い (↔ cold) (cf. warm): a ~ day [climate] 暑い日[気候] / a ~ bath 温浴, 風呂 (cf. COLD bath) / be boiling ~ 煮えたぎっている; 煮えくり返るように暑い / (as) ~ as hell すごく熱[暑]い / The water is piping [steaming] ~. 湯が煮立ってしゅうしゅういって[湯気を立てて]いる / Strike while the iron is ~. 《諺》鉄は熱いうちに打て, 好機を逃がすな / ⇨ hot spring, hot water, hot well. **b** 温熱を感じる: ⇨ hot spot 5.
2 〈料理など〉熱くした, 出来たての; 熱くして食べる: ~ coffee / ~ meat 焼きたての肉 / eat the dish ~ 料理を冷めないうちに食べる.
3 a 〈身体が〉不快な体温を感じる, 熱がある; ほてる: a ~ blush 赤面 / I am ~ with fever. 熱がある / I felt ~ with shame. 恥ずかしさで顔が赤くなる(思いだ)った / Running has made me ~. 駆(か)けたので体がほてった. **b** (暑すぎて)不快な (unpleasant), 不快なほど暑い; 居づらい: ~ and stuffy 暑くてむんむんする / a cat on a ~ tin roof 熱いトタン屋根の猫; 居心地の悪い(所にいる)人 (cf. *like a* CAT *on hot bricks*).
4 a 〈ニュースなど〉真新しい, 出たばかりの (fresh): news ~ *from* the front 前線から来たばかりの情報 / ~ news 最新ニュース / ~ *from* [*off*] the press 刷り上がったばかりの, 最新の / ~ *off* the wire 電報[電話]で今来たばかりの. **b** 《英口語》〈大蔵省証券が〉新発行の. **c** 〘狩猟〙〈獲物の臭跡が〉新しい[強い], ぷんぷんしている (cf. cold *adj.* 6 b): a ~ scent of the fox 狐の逃げた跡の強いにおい. **d** (捜し物・当て物などで)もう少しのところの, 近い, 接近した (close) (cf. cold *adj.* 7): in ~ pursuit of a thief 泥棒を追い詰めて / You are getting ~*ter*. だんだん近づいてきたぞ, もう少しで言い当てるところだ / The police are ~ on the track. 警察は激しく追い詰めている.
5 〈こしょう・カレーなど〉刺激する, ひりひりする, 辛い (pungent): (as) ~ as pepper.
6 a 〈色, 特に, 赤色・黄色など〉燃えるような, 強烈な, どぎつい (strong): ~ colors 強烈な色彩 / This scene is a little too ~. この場面は強烈過ぎる. **b** 熱[暑]さを思わせるような: a ~ sound of buzzing bees 蜂のぶんぶんうなる暑苦しい音.
7 a 〈動作・言葉など〉激烈な, 激しい (violent): a ~ battle [contest, chase] 激しい戦闘[競争, 追跡] / a ~ place in the battle 激戦地 / ~ words 激越な言葉. **b** 緊急の (urgent): in ~ haste 非常に急いで. **c** 〈気質・精神状態が〉激しい (intense, fiery); 怒った (angry), 興奮する (excitable): a ~ temper 熱烈な気質, 癇癪(持ち) / the ~ blood of youth 青年の血気 / in ~ anger かんかんに怒って / get ~ 興奮する, 怒る / He is ~ *with* anger. 腹をたててかっかしている / She was ~ *on* anyone who made the slightest mistakes. 少しでもミスをする者にきびしかった. **d** 熱烈な (ardent); 熱心な (eager) 〔*on*, *for*〕: a ~ football fan / be ~ *for* [*on*] reform 改革に熱心である / ⇨ hot-gospeler. **e** しきりに…したがる 〈*to do*〉: He is ~ *to* tell me about it. しきりにそのことを私に告げたがる.
8 刺激的な, 興味津々(しん)の, センセーショナルな (sensational): a ~ scandal.
9 a 〈商品が〉現在人気がある, 流行している (popular); 売れる (salable): ~ sellers 飛ぶように売れる品 / ~ items in men's wear 男服のよく売れる品目. **b** (スポーツなどで一時的に)すばらしい出来ばえを見せる: a ~ favorite in the race 〘競馬〙断然人気の馬, (予想行為で人気抜群の)本命馬 / He's ~ today. 彼, きょうはすごい[乗ってる]. **c** 《口語》(トランプ・ダイスなどで)もっけの幸いの, 幸運な (lucky): The cards [dice] aren't ~ for you. この(トランプ)札[賽(さい)]は君にはついてないよ.
10 《口語》 **a** うまい, すばらしい, 一流の (excellent): As a wrestler he is not so ~. レスリング選手としては大したものでない[まあまあだ]. **b** 優秀な, よく出来る (very good); 精通した: be ~ *on* astronomy 天文学のことをよく知っている / He's really ~ *in* [*at*] math. 数学は抜群だ.
11 a 〈獣が〉さかりがついて (in heat). **b** 《口語》好色な (lustful); 〈本・劇など〉わいせつな.
12 (球技で)〈投球・球の当たりなど〉強い, 猛烈な, 処理しにくい: ⇨ hot corner.
13 《口語》〈乗物・飛行機など〉速い: ⇨ hot rod 1.
14 《俗》 **a** 盗んだばかりの, 盗まれた (cf. cold 10): ~ goods, money, etc. / He was found driving a ~ car. 盗難車を運転している所をつかまった. **b** (法律・協定などにより)〈商品が〉積出し[取扱い]を禁じられた, 禁制の, 密輸の (contraband). **c** お尋ね者の. **d** (亡命者・逃亡者・脱走兵にとって)危険な, 「やばい」.
15 a 放射能のある, 放射性の (radioactive): ~ material 放射性物質 / ⇨ hot atom. **b** 《口語》放射性物質を取り扱う: a ~ laboratory.
16 《俗》ばかげた (absurd), 信じられない (unbelievable); こっけいな (funny): a ~ one ばかげた[こっけいな]事[冗談] / That's a bit ~. それはちょっと信じられんな.
17 a 〘ジャズ〙〈演奏が〉熱っぽい, ホットな《熱狂するリズム・音声・音量をもつ; cf. cool 10》; 甘ったるくない (cf. sweet 11 a): ~ jazz, music, rhythm, etc. **b** 〈演奏者・ダンサーが〉熱狂的に奏する[踊る]; ぞくぞくさせる (thrilling): a ~ dancer, singer, etc.
18 〘印刷〙ホットメタル (hot metal) を使った (cf. cold 16).
19 〘金属加工〙再結晶が可能なほど高温の.
(*all*) ***hot and bothered*** すっかり当惑[興奮]して. ***blow hot and cold*** 〘Aesop 物語から〙(ほめてみたり非難してみたり)きげん[気持]が変り易い, 気まぐれで定見がない 〔*about*〕. ***drop like a hot chestnut*** [***potato***, ***etc.***] 《口語》〈物・人を〉あわてて捨てる, あっさり捨てる. ***go hot and cold*** (***all over***) (1) (発熱のため)からだが熱くなったり寒けがしたりする. (2) (ひどく)恥ずかしい思いをする. ***hot and cold*** (ホテルなどで給水の)水と湯. ***hot and hot*** 《古》〈料理など〉出来たての, 出来たてのほやほやの. ***hot under the collar*** ⇨ collar 成句. ***hot with*** 《英口語》砂糖を入れたお湯割り《ウイスキー・ブランデーなどを湯で薄め砂糖を加えたもの; hot with sugar の意; cf. COLD *without*》. ***make it*** [***things***] (***too***) ***hot for*** *a person* = ***make a place too hot for*** [***to hold***] *a person* 《口語》(迫害などで)〈人〉を(ある場所に)いたたまれなくする.
— *adv.* **1** 熱く; 激しく; 熱烈に: The sun shone ~ on the head. 日が頭に照りつけ(てい)た. **2** 〘金属加工〙再結晶が可能なまでに熱く.
get [***catch***] ***it hot*** 《口語》大目玉を食う. ***give it*** (***to***) *a person* ***hot*** 《口語》〈人を〉ひどい目に会わせる, こっぴどくしかりつける (cf. HOT *and heavy*). ***hot and heavy*** [***strong***] 《口語》こっぴどく, 猛烈に; 猛烈な: give it (to) a person ~ *and strong* 人をひどい目に会わせる[ぎゅうぎゅう言わせる].
— *v.* (**hot·ted**; **hot·ting**) [通例 ~ up で] 《英口語》 **—** *vt.* **1** 〈冷えた食物を〉暖める, 熱くする (heat, warm). **2** 活発にする, 速める; 飾る. **—** *vi.* **1** 〈料理・酒・水・コーヒー・液などが〉暖かくなる, 暖まる: Coffee's just ~*ting up*. コーヒーが煮立ってくるところだ. **2** 〈競争・議論などが〉活発になる, 激する; 速まる.
hot it up 《俗》愉快に過ごす.
~·ness *n.*
hót-áir *adj.* **1** 熱気の: ~ heating 熱気暖房 / a ~ apparatus 温気装置. **2** 《口語》ほら吹きの, だぼらに耽る: a ~ merchant.
hót áir *n.* **1** 熱気 (heated air). **2** 《口語》むだ話, だぼら; 興奮してする話.
hót-áir èngine *n.* 〘機械〙熱空気機関.
hót átom *n.* 〘原子力・化学〙ホットアトム《核反応による反跳を受けて高い運動エネルギーをもった原子, 例えば核分裂生成原子》: ~ chemistry ホットアトム化学.
hót·bèd *n.* **1** 〘園芸〙温床. **2** (罪悪などの)醸成所, 温床: a ~ of vice and crime 悪徳と犯罪の温床.
hót blàst *n.* 〘冶金〙(溶鉱炉に吹き込む)熱風.
hót-blàst stóve *n.* 熱風炉.
hót·blòod *n.* **1** サラブレッド(の馬) (thoroughbred). **2** 熱血の[情熱的な]人
hót-blóoded *adj.* **1** 熱血の, 情熱的な, 熱烈な; 血気にはやる; 短気な: a young man of ~ passion すぐかっとなる若者. **2 a** 〈馬が〉サラブレッドの; アラブ種の: a ~ horse サラブレッド, アラビア馬. **b** 〈家畜が〉純血種の, 優秀な血統の, 優良な. **~·ly** *adv.* **~·ness** *n.*
hót·bòx *n.* 〘鉄道〙(鉄道車両の)発熱軸箱.
hót-bráined *adj.* 《古》= hotheaded.
hót-búlb èngine *n.* 〘機械〙焼玉機関, セミディーゼル機関.

hót búttered rúm *n.* ホットバタードラム《ラム・熱湯・砂糖をまぜてバターの塊を浮かせた飲物》.

hót càke 〖(1683)《原義》freshly baked corncake: cf. Du. *heetekoek* pancake〗 ― *n.* ホットケーキ《厚く焼いたパンケーキ (pancake)》.
go [*sell*] (*off*) *like hot cakes* 羽がはえた[飛ぶ]ようによく売れる.

hót cáthode *n.* 〖電気〗熱陰極 (cf. cold cathode).

hót cáve *n.* 〖原子力〗ホットケーブ《強放射線物質を閉じ込め安全に取扱えるように遮蔽(しゃへい)を施した部屋》.

hót céll *n.* 〖原子力〗ホットセル《放射性物質を扱うための厚い遮蔽壁で囲まれた小室》.

hotch [hátʃ | hɔ́tʃ] 〖□ OF *hoch-ier* to shake ← Gmc (MHG *hotteln, hotzeln*)〗《スコット・北英》 ― *vi.* **1** (足踏みするときのように)足を踏みかえる, 位置[からだの重心]を移す. **2** もじもじ[そわそわ]する (fidget); 揺れ動く (wiggle). ― *vt.* **1** もじもじ[そわそわ]させる (fidget). **2** 身震いさせる; 揺らす, 揺れ動かす.

hot·cha [hátʃɑː, -tʃə | hɔ́tʃ-] 〖(変形) ← ? HOT〗《米俗》 ― *int.* よーし; うまい《賛成・喜びなどを表わす》. ― *adj.* 魅力的な, チャーミングな. ― *n.* ホットジャズ, ハッチャ.

hót chísel *n.* 熱たがね.

hotch·pot [hátʃpɑ̀t | hɔ́tʃpɔ̀t] 〖(1381) □ (O)F *hochepot* ragout ← *hocher* to shake + *pot* 'POT'〗 ― *n.* 〖法律〗財産併合《遺産の平等の分配のために前渡しと見られる財産も合併して相続分を公平に定めること》.

hotch·potch [hátʃpɑ̀tʃ | hɔ́tʃpɔ̀tʃ] 〖(c1390)《変形》← HOTCHPOT〗 ― *n.* **1** ホッチポッチ, ごった煮: **a** 羊肉と野菜のシチュー. **b** 大麦・豆・野菜などの濃いスープ. **2** 《英》= hodgepodge 1. **3** 〖法律〗= hotchpot.

hót cóckles *n. pl.* [単数扱い] 目隠しした者が自分を打った人を言い当てる子供の遊戯.

hót cóld-wòrking *n.* 〖金属加工〗= warm working.

hót córner *n.* 《口語》〖野球〗三塁手の守備位置, ホットコーナー.

hót cròss bún *n.* ホットクロスバン《表面に十字形の模様をつけたパン; Good Friday に食べる》.

hót déck *n.* 《米》直(じか)送り山積み丸太《伐採搬出げがすみ次第製材所に運ばれる丸太の山; cf. cold deck 2》.

hót-dípped *adj.* 〖冶金〗溶融めっきした.

hót-dòg 〖← *hot dog*! (賞賛・喜びなどを表わす叫び声)〗 ― *v.* (**-dogged; -dog·ging**) 《米俗》 ― *vi.* **1** (サーフィンで)曲技を演じる. **2** (わざと)目立つように[大げさに, 派手に]やる, 見せびらかすようにやる. ― *vt.* 〈波〉の上で曲技をやる. ― *adj.* とても巧い; 離れわざが出来る. **hót·dòg·ger** *n.* **hót·dòg·ging** *n.*

hot dog [´ ̀ | ´ ̀] 〖(1900): 漫画家 T. A. Dorgan の造語?: *dog* は犬肉を使ったというわさから, または dachshund の形との連想から〗 ― *n.* 《口語》 **1** ホットドッグ《ロールパンを縦割りにしてその間に暖めたウィンナーソーセージをはさんだもの》. **2** フランクフルトソーセージ (frankfurter). ― *int.* 《米俗》結構だ, すてき; 賛成; ありがたい《賛成・満足を表わす》.

hót-dràw *vt.* 〖金属加工〗〈金属・ナイロンなど〉の熱間引抜きをする《金属線を加熱して, ダイスを通して引き抜く》.

hót dràwing *n.* 〖金属加工〗熱間引抜き.

ho·tel [ho(ʊ)tél | hə(ʊ)-, ə(ʊ)-] 〖(1644) □ F *hôtel* < OF (*h*)*ostel* < ML *hospitāle* 'HOSPITAL'〗 ― *n.* **1** ホテル; 旅館 (cf. lodging house): His [Her] Majesty's ～ 《英戯言》刑務所 / a temperance ～ 禁酒旅館. **2** [フランス語法]大邸宅; 官邸, 公邸. **3** 《豪》酒場 (public house). ― *vt.* (**ho·telled; -tel·ling**) [通例 ～ it として] ホテルに宿泊する.

hotél chína *n.* 《米》ホテルチャイナ《高温で焼いた米国製の堅焼き陶器》.

Hô·tel des In·va·lides [outél·dezɛ̃ː(ŋ)vælíːd, -zæŋ- | əʊ-; *F.* otɛldezɛ̃valid, ɔtɛl-] 〖□ F ～ 'hospital of invalids'〗 ― *n.* [the ～] オテルデザンバリード《Paris にあるもと傷兵病院; 今は軍事博物館; その礼拝堂に Napoleon 一世の墓がある》.

hô·tel de ville [(h)o(ʊ)tél·də·víːl | ə(ʊ)-; *F.* otɛ́ldəvil, ɔtɛl-] 〖□ F ～ 'hotel of town'〗 *F. n.* (*pl.* **hô·tels de ville** [-tél(z)·də-; *F.* ～]) 市庁 (town hall).

ho·tel·ier [ho(ʊ)téljə, òʊtəljéɪ, -tḷ- | hə(ʊ)téliɛ̀ɪ, -lɪə(r; *F.* otəlje, ɔ-] 〖□ F *hôtelier*〗 *n.* = hotelkeeper.

hotél·kèeper *n.* ホテル経営者[所有者].

hotél·kèeping *n.* ホテル経営(業).

hotél·màn [-mæ̀n, -mən] *n.* (*pl.* **-men** [-mɛ̀n, mən]) ホテル[旅館]のマネージャー[経営者].

hót flásh [**flúsh**] *n.* 〖病理〗顔面潮紅(ちょうこう)《更年期障害などの際の毛細管の膨張とそれによる皮膚の紅潮》.

hót·fòot 〖ME〗 ― *adv.* 大急ぎで (hastily): He was off ～ after the girl. 急いで少女の後を追って行った. ― *vt.* 《米口語》 **1** [通例 ～ it として] 大急ぎで行く. **2** 〈人〉に「足焼き」のいたずらをする; 苦しめる (annoy). ― *n.* (*pl.* **～s**) **1** 足焼き《人の靴底と甲皮(こうひ)の間にこっそりマッチをはさみ込んで点火させるいたずら》. **2 a** 侮辱 (insult); 痛烈な皮肉. **b** 刺激, あおり (spur).

hót-góspeler *n.* **1 a** 熱狂的なプロテスタント. **b** (主義などの)熱烈な宣伝者. **2** 《米俗》信仰復興運動伝道者.

hót·hèad *n.* 性急な人, せっかちな人.

hót·héaded *adj.* 性急な, せっかちな, 激しやすい (impetuous, headstrong). **～·ly** *adv.* **～·ness** *n.*

hót·hòuse *n.* **1** 温室 (glasshouse). **2** (陶磁器やれんがなどの)乾燥室. **3** (悪事などの)温床 (hotbed): a ～ for queers and kinks ホモや変人の温床. **4** 《廃》 **a** 売春宿 (brothel). **b** トルコ風呂(屋) ― *attrib. adj.* **1** 温室栽培の, 温室の: pink ～ flowers 温室栽培の桃色の花. **2** 温室育ちの, きゃしゃな, 弱々しい (delicate): a ～ plant 温室育ちの植物[人].

hóthouse efféct *n.* = greenhouse effect.

hóthouse làmb *n.* 秋または初冬に生れ温室で育て生後 9-16 週間に売る子羊.

hót líght *n.* 〖テレビ〗ホットライト《番組制作に使用する強力照明ライト》.

hót lìne 〖(1955)〗 ― *n.* **1 a** 緊急直通電話(線). **b** [the ～] ホットライン《特に米ソ首脳間 (Washington と Moscow 間) の直通テレタイプ通信線》. **2** 《米・カナダ》〖ラジオ・テレビ〗= phone-in. **3** 《米》(緊急)身の上相談電話サービス.

hót-lìne wòrk [**jòb**] *n.* 〖電気〗活線作業《停電させずに行なう電気工事作業》.

hót·ly 〖(1593)〗 ― *adv.* **1** 熱く, 暑く. **2** 熱心に; 猛烈に, 烈しく; 元気に: be ～ pursued [disputed]. **3** 怒って, むきになって. **4** 好色的に, みだらに, 色気たっぷりに (lustfully).

hót métal *n.* 〖印刷〗ホットメタル《金属活字による植字法や印刷方法; その活字; hot type ともいう; cf. cold type》.

hót móney *n.* 〖経済〗ホットマネー《国際金融市場間を流動する投機的な短期資金》.

hót móon·er [-múːnə | -nə(r] *n.* 月面噴火説主張者《月には火山活動があり, それが月面のクレーターを生み出したと主張する人; cf. cold mooner》.

hót páck *n.* **1** 温湿布《腫(は)れや痛みなどを軽くするために身体に施す熱湯に浸して絞った毛布・タオルなど; cf. cold pack 1》. **2** (罐詰の)熱間処理法; hot-pack method ともいう; cf. cold pack 2》.

hót pánts *n. pl.* **1** ホットパンツ《短くてぴったりしたショートパンツ, 1970 年代に若い女性の間で流行した》. **2** 《俗》(性的な)激情, (突発的な)欲情.

hót pépper *n.* **1** トウガラシ属 (*Capsicum*) の植物から採れる辛味の強い香味料. **2** 〖植物〗(bird pepper, cone pepper, red pepper など) トウガラシ属のうち特に辛味の強い果実をつける植物の総称.

hót plàte *n.* **1 a** ホットプレート《電気・ガスなどを用いる料理・保温用鉄板》. **b** (オーブン内部の)天板. **2** (食品を温めておく)電気保温器. **3** (小型の)電熱器, ガスこんろ, 電気こんろ.

hót pòt *n.* ホットポット《羊肉とじゃがいもなどをなべに入れふたをして蒸し煮にしたシチュー料理》.

hót potáto *n.* **1** 《英口語》焼じゃがいも. **2** 《口語》難問, 難局, 面倒[厄介]な問題.

hót-prèss *n.* 加熱プレス《紙のつやだし機・油絞り機など》. ― *vt.* (紙のつや出しや油を絞るために)加熱圧搾する; 〈紙など〉の光沢を出す.

hót ròd *n.* 《俗》 **1** ホットロッド《高速度・高加速度を出すために改造した自動車》. **2** = hot rodder.

hót-ród·der *n.* 《俗》 **1** ホットロッドの製作者; ホットロッドのドライバー[熱狂者]. **2** 向う見ずなドライバー[運転者]; 向う見ずな[乱暴な]青年.

hót-róll *vt.* 〖金属加工〗〈金属を〉熱間圧延する (cf. cold-roll).

hót-rólling *n.* 〖金属加工〗熱間圧延.

hots [háts | hɔ́ts] 〖(pl.) ← HOT〗 *n. pl.* [the ～] 《俗》強い性欲.

hót sáw *n.* 〖機械〗熱のこ《熱した鋼材を切断するのこぎり; cf. cold saw 1》.

hót sèat *n.* **1** 《俗》 **a** (死刑用)電気椅子 (electric chair). **b** 苦境, 困った[不安な]立場; 責任の重い立場. **2** 〖航空・宇宙〗= ejection seat.

hót shóe *n.* 〖写真〗(カメラのフラッシュを取り付ける)溝付台座, ホットシュー《シャッターと同調する接点のあるもの》.

hót-shórt *adj.* 〖冶金〗〈金属が〉赤熱温度以上の熱に弱い[もろい] (cf. cold-short, red-short): ～ iron.

hót-shórt·ness *n.* 〖金属加工〗高温脆性(ぜいせい), 熱脆性《高温においてもろくなり, 加工を難しくする性質が生じること》.

hót·shòt *n.* **1 a** (貨物・生鮮食料品などの)急行便. **b** (特別)速い飛行機[乗用車, 貨物車, 列車]. **2** 消防士. **3** 《俗》 **a** 有能な人間, やり手(らしく振舞う人), 実務のベテラン, ベテランぶる人; てきぱき屋. **b** 熟練工. **c** (ゴルフ・野球などで, シュートや狙いのうまい)有能[ベテラン]選手. ― *adj.* 《俗》 **1** 有能[積極的, 派手]な; 重要な (important); 成功した (successful): ～ cops 腕っききの刑事 / a ～ entrepreneur 敏腕な事業家. **2** 《米》〈貨物列車など〉直行の (nonstop), 直通の (through), 急行の (fast): a ～ freight train.

hót-spòt *vt.* 〈山林火災を〉多発地域で食止める.

hót spòt *n.* **1** 山林火災多発地域. **2** 《口語》ナイトクラブ; 歓楽街. **3** 《口語》一触即発の危険をはらんだ地域[国]. **4** 〖写真〗被写体の局部的に明るく露出過多の部分. **5** 〖生理〗温点 (cf. COLD spot). **6** 〖冶金〗炉の中または外殻で他の場所より熱い所. **7** 〖内燃機関〗熱点, ホットスポット: **a** 過早着火の原因となる燃焼室内の過熱箇所. **b** 燃料の蒸発を助けるため排気ガスでエンジンの吸入マニホルドの一部を加熱した箇所.

hót spring *n.* (天然)温泉 (thermal spring)《特に温度約 37°C 以上, 日本では 25°C 以上のものをいう; cf. warm spring》.

Hót Spríngs *n.* 米国 Arkansas 州の南西部の Hot Springs National Park にある都市; 人口36,000.

Hót Spríngs Nátional Párk *n.* ホットスプリングズ国立公園《米国 Arkansas 州中西部にあり, 47 の温泉のある保養地; 1921 年指定; 面積 41 km²》.

hot·spur [hátspə̀ː | hɔ́tspə̀ː(r, -spə(r] 〖(15C) ← *Hotspur*: ⇨ hot, spur: Sir Henry Percy (1364-1403) がその性質からつけられたあだ名〗 ― *n.* 短気者, 向う見ず, 無鉄砲者 (hothead). **hót·spùrred** *adj.*

hót stóve lèague *n.* 〖スポーツ〗(ホット)ストーブリーグ《野球・アイスホッケーなどのシーズンオフに集まって談論するスポーツ愛好家たち》.

hót stúff *n.* 《俗》 **1** 特にすぐれているもの[人], 優秀なもの[人]. **2** 元気者, 精力家, 情熱家. **3** 多情家, 色気違い, 「助平」. **4** 大胆[センセーショナル]なもの.

hot·sy-tot·sy [hátsitátsi | hɔ́tsɪtɔ́tsɪ] 〖米国の漫画家 Billie De Beck (*d.* 1942) の 1926 年頃の造語: *-tot-* は HOT の語頭音を恣意的に変え韻をふませたもの, *-s-* は口調をよくするための無意味な添加か: ⇨ -y[4] 3〗 ― *adj.* 《俗》すてきな, すばらしい (splendid), 申し分のない (perfect).

hót téar [-tɛ́ə | -tɛ́ə(r] *n.* 〖金属加工〗高温割れ《鋳造・溶接などの際に赤熱もろさのために割れる》.

hót-témpered *adj.* 短気な, 気早な, 性急な, 癇癪(かんしゃく)持ちの.

Hot·ten·tot [hátṇtàt | hɔ́tntɔ̀t] 〖(1677) ← Afrik. *hot en* (= and) *tot*: その言語に舌打ち音が多いのを擬音化したものか〗 ― *n.* **1 a** [the ～s] ホッテントット族《アフリカ南部の原住民》. **b** ホッテントット族の人. **2** ホッテントット語. ― *adj.* ホッテントット(語)の.

Hóttentot brèad *n.* 〖植物〗= elephant's-foot.

Hóttentot fìg *n.* 〖植物〗= fig marigold.

Hóttentot's brèad *n.* 〖植物〗= elephant's-foot.

Hóttentot's fìg *n.* 〖植物〗= fig marigold.

Hot·ter, Hans [hátə | hɔ́tə(r; *G.* hɔ́tɐ] *n.* ホッター《1909– ; ドイツのバス・バリトン歌手》.

hót·tish [-tɪʃ | -tɪʃ] *adj.* やや熱い[暑い].

hót tóp *n.* 〖金属加工〗押し湯 (⇨ dead 4).

hót týpe *n.* 〖印刷〗ホットタイプ (⇨ hot metal).

hót wár *n.* 熱い戦争, 本格的戦争《国家間の本格的武力戦争; cf. cold war 1》.

hót-wáter *adj.* 熱湯の, 湯の: a ～ heater (ガスの)自動湯沸器 / a ～ system 暖房用配管.

hót wáter *n.* **1** 熱湯, 湯. **2** 《口語》窮境, 難儀 (trouble): financial ～ / get into ～ 窮境に陥る, 難儀する.

hót-wáter bàg [**bòttle**] *n.* 湯たんぽ.

hót-wáter hèating *n.* 温水暖房.

hót-wáter pollùtion *n.* = thermal pollution.

hót wèll *n.* **1** = hot spring. **2** 〖機械〗機関の湯槽(そう), ホットウェル, 温水だめ.

hót-wíre *adj.* 熱線の: a ～ ammeter 熱線電流計. ― *vt.* 〖機械〗(キーを用いずにエンジンを始動するために)〈自動車〉の(点火装置の)回路を短絡させる.

hót-wìre anemómeter *n.* 〖航空〗熱線風速計《針金の電気抵抗が温度によって変化する性質を利用した風速計》.

hót-wòrk *vt.* 〈金属を〉熱間加工する.

hót-wórking *n.* 熱間加工《再結晶温度以上で行なう塑性加工》.

hou·ba·ra [huːbáːrə] 〖□ Afrik. *ḥubārā* bustard〗 ― *n.* 〖鳥類〗フサエリノガン (*Chlamydotis undulata*)《アフリカ北部からインドにかけて生息するノガン; ruffed bustard ともいう》.

hou·dah [háʊdə] *n.* = howdah.

Hou·dan [húːdæn, uːdáː(ŋ), -dɔ̃ː(ŋ), -dáː(ŋ), -dɔ́(ː)ŋ; *F.* udɑ̃] 〖フランスの原産地名〗 ― *n.* ウーダン《フランス産の一品種のニワトリ; 球状のとさかと黒白まだらの羽がある》.

Hou·din [uːdɛ̃ː(ŋ), -dǽŋ; *F.* udɛ̃], **Jean Eugène Robert** *n.* ウーダン《1805-1871; フランスの奇術師・著述家》.

Hou·di·ni [huːdíːni | -nɪ], **Harry** *n.* (1874-1926) 米国の奇術師《Houdini の名は J. E. Houdin の名をまねたもの; 本名 Erich Weiss》.

Hou·don [húːdɑn, uːdɔ̃ː(ŋ), -dɔ́(ː)ŋ | uːdɔ̃ː(ŋ), -dɔ́(ː)ŋ; *F.* udɔ̃], **Jean Antoine** *n.* ウードン《1741-1828; フランスの彫刻家》.

Hóu·dry pròcess [húːdri- | -drɪ-] 〖← *Eugene Houdry* (1892-1962: フランス生れの米国の技師)〗 ― *n.* 〖化学〗フードリー法《触媒を用いて分子量の大きな炭化水素の熱分解・脱水素・環状化・異性化を行なう方法; 軽油・重油などからガソリンを製するのに用いられる》.

hough [hák | hɔ́k] 〖OE *hōh* heel〗 *n.*, *v.* 《英》= hock[1].

Hough·ton [hɔ́ːtṇ, haʊ-], (**William**) **Stanley** *n.* (1881-1913) 英国の劇作家; *Hindle Wakes* (1912).

hound[1] [háʊnd] 〖OE *hund* < Gmc **χundoz* (Du. *hond* / G *Hund*) ← IE **kwon-* dog (L *canis* / Gk *kúōn* dog)〗 ― *n.* **1 a** 猟犬: ⇨ bloodhound, greyhound, wolfhound / follow (the) ～*s* = ride to ～*s* 猟犬の一群を連れて(馬で)狩りをする. **b** 犬 (dog). **c** 《英》= foxhound. **2** 卑劣な男, 卑怯なやつ. **3** 紙まき鬼ごっこ (hare and hounds) の追い手, 鬼. **4** [しばしば複合語の第 2 構成素として] 熱心に追求する人, 熱中者, ファン: a jazz ～ ジャズ狂 / an autograph ～ サイン(集め)狂 / a publicity ～ 宣伝屋. **5** 〖魚類〗= houndfish.

hound of hell [the ―] 〖ギリシャ神話〗地獄の門の番犬 (Cerberus).

— *vt.* **1 a** 猟犬で狩る. **b** 激しく追跡する, 追い回す; しつこく[絶えず]悩ます: ～ a person *out of* his post 人を職場から追い出す / be ～*ed out of* ...から追い出される / be ～*ed* by one's creditors 借金取りにせめられる[悩まされる]. **2** 〔獲物などに〕〈犬などを〉けしかける〔*at, on*〕: ～ a dog *at* a quarry 犬を獲物にけしかける. **3** 〈人を〉激励する (urge), おだてる〔*on*〕: ～ the rabble *on* a person 群衆を扇動して人を攻撃させる. ***hound down*** 追い詰める, 突き止める.
～·er *n.* **hóund·ish** *adj.*

hound² [háund] 〘ME *houn(e)d* □? ON *hūnn* knob at the masthead〙 — *n.* **1** (車の)縮め棒: the hind [fore] ～ 後[前]縮め棒. **2** [*pl.*] 〘海事〙 檣肩(しょうけん), ハウンド《檣頭縦材 (trestletrees) などを支えるためにマストの頂部に作った肩の形になる突起》.

hóund dòg *n.* 《米南部》 =hound¹ 1 a.

hóund·fìsh 〘ME〙 *n.* 〘魚類〙 **1** =dogfish 1. **2** =needlefish.

hóund·ing 〘← HOUND² + -ING¹〙 — *n.* 〘海事〙 ハウンディング: **1** マストの一部で檣肩(しょうけん) (hound) と甲板の間の部分. **2** ボウスプリットの一部で檣帽と船首材取付け部との間の部分.

hóund's-tòngue 〘OE *hundes-tunge* 《なぞり》← L *cynoglōssum* □ Gk *kunóglōsson* 《原義》 dogtongued object〙 — *n.* 〘植物〙 ムラサキ科オオルリソウ属 (*Cynoglossum*) の植物の総称; 特に *C. officinale* (など).

hóund's tòoth *n.* ハウンドツース《黒・白または濃淡で犬の牙のような形をした格子縞(こうし); houndstooth [hound's-tooth] check ともいう》.

hound's tooth

Houns·low [háunzlou | -ləu] 〘OE *Honeslaw* 《原義》 dog's barrow ← HOUND¹ + -s² + *hlǣw* mound (← Gmc **χlaiwaz-* ← IE **k̑lei-* to lean)〙 — *n.* London 南西部の自治区; 人口 207,000.

houp-la [húːplàː, húp-] *n.* =hoopla.

houppe·lande [húːplàːnd, ─ ─́] 〘□F ～ < OF *hoppelande*〙 — *n.* フープランド《14–5 世紀の袖の長いベルト付きの長いガウンで毛皮の裏打ちがある》.

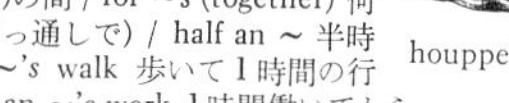
houppelande

hour [áuə | áuə(r)] 〘《?a1200》 *houre*, (*h*)*ore* □ OF *hore, eure* (F *heure*) < L *hōram* □ Gk *hṓra* ← IE **ei-* 'YEAR, season, 《原義》 that which passes': cf. horal〙 — *n.* **1** 1 時間: an ～'s work 1 時間の仕事 / a quarter of an ～ 15 分 / hire a man by the ～ 時間ぎめで人を雇う / every ～ or two 1, 2 時間ごとに / for ～*s* (and ～*s*) 幾時間も(幾時間もの)の間 / for ～*s* (together) 何時間も(ぶっ通しで) / half an ～ 半時間 / an ～'s walk 歩いて 1 時間の行程 / after an ～'s work 1 時間働いてから.
2 a (時計で示される)時刻; 正時: ask the ～ 時刻をきく / at an early [a late] ～ 早く[遅く] / At what ～ shall we meet? 何時に会いましょうか / at the appointed ～ 約束の時刻に / at all ～*s* (何時と限らず)いつでも, 時を選ばずに / at half past the ～ (ある正時の) 30 分過ぎに, (毎時) 30 分の時点に / The ～ is late. 時刻はもう遅い / ⇨ rush hour, small hours / What is the ～? 時刻は何時か / The ～ is 4 : 30 (four thirty). 時刻は 4 時半だ / at this ～ この時刻に / The clock struck the ～ of two. 時計は 2 時の時を打った. **b** [通例 *pl.*] (24 時間制で示される)時刻《通例四つの数字で表わし, 前二つは時を, 後の二つは分を表わす》: as of 0000 ～ 午前零時現在《zero hour と読む》/ 2000 ～*s* 20 時, 午後 8 時《20 hundred hours と読む》/ 2025 ～*s* 20 時 25 分《20 hundred and 25 hours と読む》.
3 a (特定の)時, 折; (…の)ころ, 時代: in the ～ of danger 危い[まさかの]時に / the ～ of death 死期, 臨終 / in the ～ of adversity 逆境の時に / my boyhood's ～*s* 少年時代 / the happiest ～*s* of my life 一生の最も幸福な時. **b** [the ～] 今, 現代 (cf. time 6 c, day 7): the man [question] of *the* ～ 時の人[問題] / the need of *the* ～ 刻下の急務 / the book of *the* ～ 今評判の本. **c** [one's ～] 死期; [the *or* one's ～] 重大な[決断の]時, 危機 (crisis): *His* ～ has come [struck]. 彼の死期が来た / *The* ～ has come. 決断[行動]の時が来た.
4 a いつもの[決まった]時間; [*pl.*] 勤務[営業]時間: the lunch ～ 昼食時 / business [office, school] ～*s* 営業[執務, 授業]時間 / ⇨ *after* HOURS. **b** [*pl.*] (起床・就寝など)生活の時間: keep regular ～*s* (いつもの)決まった時間に寝起きする, 規則正しい生活をする.
5 (何)時間の行程: The town is an ～ from here. 町はここから 1 時間かかる.
6 a (授業の) 1 時間, 1 時限 (cf. period 15). **b** (授業の)単位時間 (credit hour).
7 [*pl.*] 〘カトリック〙 **a** (1 日 7 回の)聖務日課の各時課 (canonical hours). **b** (聖務日課の時間に読む)聖務日課の勤め[祈り]: ⇨ BOOK of Hours.
8 [the Hours] 〘ギリシャ神話〙 季節の女神 (Horae)《四季・秩序・正義・平和をつかさどった》.
9 〘天文〙 赤経の単位《1 時間を 15° に割り当てる》.
10 〘ラジオ・テレビ〙 特別番組《もと 1 時間のものをいった》: music ～ / sports ～.
after hours 勤務[営業]時間後に, 閉店後に, 放課後に (cf. after-hour(s)). ***at all hours*** ⇨ 2 a. ***at the eleventh hour*** ⇨ eleventh hour 成句. ***by the hour*** (***together***) = for HOURS (together) ⇨ 1. ***hour after hour*** 毎時間 (every hour). ***hour by hour*** 時々刻々と. ***in a good*** [***happy***] ***hour*** 〘《なぞり》← F *à la bonne heure*〙 幸いにも, 運よく (luckily). ***in an evil hour*** 〘↑〙 悪い時に, 運悪く, 不運にも (unluckily). ***keep early*** [***good***] ***hours*** 早寝する; 早起きする(など) (cf. 4). ***keep late*** [***bad***] ***hours*** 夜ふかしする; 朝寝坊する; 遅く帰宅する(など). ***on the hour*** 正時に, …時きっかりに: The bus leaves every hour *on the* ～. バスは毎時正時に発車する. ***out of hours*** 勤務[勉強]時間外に. ***serve the hour*** = *serve the* TIME. ***till*** [***to***] ***all hours*** 非常に遅くまで. ***to an hour*** (1) (日だけでなく)時間までも: Please say *to an* ～. 時間もおっしゃって下さい. (2) (1 時間も違わず)きっかり, ぴったり: ten days *to an* ～ ぴったり 10 日.

hóur àngle *n.* 〘天文〙 時角.

hóur cìrcle *n.* 〘天文〙 **1** 時圏《天球の南北極を通る大円; ⇨ armillary sphere 挿絵》. **2** (赤道儀式望遠鏡の)赤経の目盛り環.

hóur·glàss *n.* **1** (砂・水銀または水を用いる砂時計式の) 1 時間計時器; (一般に)砂時計 (sandglass). **2** (計時器で計った)時間(の長さ); 限りある時間: the ～ of a man's life 人の一生. — *attrib. adj.* (砂時計のように)腰のくびれた, ほっそりした腰の: an ～ waistline.

hóurglass scrèw [**wòrm**] *n.* 〘機械〙 鼓形スクリュー[ウォーム] (⇨ Hindley's screw).

hóur hànd *n.* (時計の)時針, 短針.

hou·ri [hú(ə)ri, háuri | húəri] 〘《1737》□ F ～ □ Pers. *hūrī* □ Arab. *hūr* (pl.): cf. *áhwar* having eyes like a gazelle's〙 — *n.* **1** 〘イスラム教〙 天国における信仰深い女《天国に入った人々に仕える》. **2** 魅惑的な女.

hóur·lóng *adj.* 1 時間にわたる[及ぶ]: an ～ lecture. — *adv.* 1 時間(の間) (for one hour).

hóur·ly 〘《15C》: ⇨ -ly¹·²〙 — *adj.* **1 a** 1 時間ごとの, 毎時の: ～ chimes 1 時間ごとに鳴る組鐘[チャイム]の音 / an ～ dose of medicine 1 時間ごとに服用する薬. **b** 1 時間の: the ～ outflow of water 1 時間の水の流出量 / an ～ wage 時間給. **2** 絶え間ない, 不断の (continual), 度々の: in ～ dread of death 絶えず死を恐れて. — *adv.* **1** 1 時間ごとに, 毎時 (every hour): To be taken ～. 1 時間ごとに服用の事《処方箋の指示》. **2** 絶えず, のべつに, たびたび (frequently): expect a person ～ 人が今に来るかも知れないと待つ.

hóur·plàte *n.* (時計の)文字盤.

house 〘*n.*: OE *hūs* < Gmc **χūsam* (Du. *huis* / G *Haus*) ← ? IE **(s)keu-* to cover: cf. OE *hȳdan* 'to HIDE²'. — *v.*: OE *hūsian* (cog. G *hausen*) ← (n.)〙 — [háus] *n.* (*pl.* **hous·es** [háuzɪz, -zəz]) **1 a** (人の住む)家, 家屋, 住宅, 人家, …邸: from ～ to ～ 家から家へ, 一軒一軒, 家ごとに / (as) safe as ～*s* 《英》 全く安全で[な] / clean ～ ⇨ 成句 / the Johnson ～ 《米》 ジョンソン氏邸宅 / a U.S. ～ 米(軍)人住宅 / ⇨ country house, town house. **b** [H-] …邸: Hatfield *House* 《英》 ハットフィールド ハウス《Hertfordshire 州の Hatfield にある Salisbury 侯爵家の由緒ある大邸宅の名》. **c** [集合的] 家に住む人たち: The whole ～ was woken up. 家の者は皆目をさましていた. **d** 《スコット》(一つの建物の中にいくつか入っている)住居.
2 a (特定の目的のための)建物; (品物の)置場: ⇨ boardinghouse, courthouse, storehouse, workhouse / a coach [carriage] ～ 馬車置場 / a ～ of detention 留置場. **b** 旅館 (inn); レストラン: ⇨ alehouse, coffeehouse, public house. **c** 〘*house of ill fame* の略〙《米口語》 売春宿: a disorderly ～ 女郎屋, 売春宿.
3 a [通例複合語の第 2 構成素として] (家畜・飼鳥などの)小屋: a monkey ～ 猿小屋 / ⇨ cowhouse, henhouse. **b** (動物などの)穴, 巣, 殻(から), 覆い《shell など》: The snail carries his ～ on his back. 蝸牛(かたつむり)は殻を背負っている.
4 a (英国式大学の)学寮 (college); [the H-] 《英》 = Christ Church. **b** (大学・学校の)寄宿寮 (boardinghouse). **c** [集合的] 寄宿寮の寄宿生. **d** (競技などのために生徒を分けた)組; 学生組織.
5 a 劇場 (playhouse), 演芸場; 興行: a picture ～ 映画館 / *House* Full. = Full *House.* 〘掲示〙 満員 / The second ～ starts at nine o'clock. 第二回興行は 9 時から始まる. **b** [集合的] 観衆, 聴衆: an appreciative ～ 理解ある観客[聴衆] / a full [capacity] ～ 大入り, 満員 / an empty [a poor, a thin] ～ 不入り / a good ～ 相当な入り / hold the ～ = *hold the* STAGE (2).
6 家庭, 家族 (home, household)《強調して house and home ともいう》: set up ～ in this town この町で所帯を持つ / leave one's father's ～ 父の家を出る / An Englishman's ～ is his castle. 《諺》 英国人の家は城である《家庭への侵入は絶対に許されない》.
7 (先祖・子孫を含む)家, 家系, 血統, 家柄, 一族; (特に)王家: the *House* of Windsor ウインザー家《今の英国の王家》/ spring from an ancient ～ 旧家の出である / the Imperial [Royal] *House* 皇[王]室.
8 [通例 the H-] **a** 議事堂: the *Houses* of Parliament 《英》 国会議事堂. **b** 議院; (特に)下院: ⇨ lower house, upper house: be in *the House* 下院議員である / enter *the House* (下院)議員になる / be in possession of *the House* 〈政党が〉支配権を持つ, 牛耳る. **c** [集合的] 議員 (members): *The House* was greatly excited by the news. 議会(議員連)はそのニュースでひどくざわめいた.
9 議員の定足数: make [keep] a *House* 下院で定足数になる[を保つ].
10 a 商社, 商館 (business firm): a trading ～ 商会 / a publishing ～ 出版社 / the ～ of Morgan モルガン商会 / a stock and bond ～ 証券会社. **b** 賭博場 (casino); 賭博場経営. **c** 《英軍俗》 ハウス賭博《碁盤目のある特殊なトランプを用いる lotto の類の賭博》.
11 a 宗教団体, 教団《教団そのもの, またはその団員の住む建物》; 修道院. **b** (教会・大学などの)評議員会, 顧問団: the ～ of convocation 評議会.
12 《英》 **a** [the H-] 《口語》 株式取引所 (the Stock Exchange). **b** [the ～] 《古》 貧民院, 授産所.
13 (カーリング (curling) で)ハウス《標的 (tee) を中心にした直径 14 フィートの円; ⇨ curling 挿絵》.
14 〘占星〙 (天を 12 分した)十二宮[宿]の一つ《planetary house ともいう》.
15 〘海事〙 甲板室.
bow down in the house of Rimmon ⇨ Rimmon 成句. ***bring down the house*** 〘演劇用語から〙《口語》 満場の大喝采を博する, 満場をうならせる (cf. gallery *n.* 3 b). ***bring the house about one's ears*** 家族(など)皆の猛反対にあう, 大騒ぎを引き起こす. ***clean house*** (1) 家[家具]を清掃[整頓]する. (2) (官庁・会社・組織などの)悪弊[障害など]を一掃する, 粛清する. ***dress the house*** 〘劇場〙 (1) 無料招待客などで場内を満員にする. (2) 実際よりも多く人が入っているように見せかける. ***a house of cards*** (子供が遊びに)トランプで組み立てた家; (そのように)もろい[こわれ易い]建物; 不安な計画. ***keep a good house*** (1) 何不自由なく暮す. (2) 客を厚くもてなす. ***keep house*** (1) 一家を構える, 世帯(しょたい)を持つ. (2) 家事[家政]を切盛りする (cf. housekeeper 1, housekeeping 1). (3) 〔人と〕同じ家に住む, 寄合い世帯(じょたい)[共同生活]をする〔*with*〕. ***keep open house*** ⇨ open house 成句. ***keep*** (***to***) ***the*** [***one's***] ***house*** (病気などで)家に引きこもる. ***like a house on fire*** 盛んに, どしどし, すらすらと (very fast, very well): Everything went on *like a* ～ *on fire.* すべては都合よくいった. ***on the house*** 店(主)の支払いで, ただで (free, gratis): Drinks *on the* ～. 飲み物は当店のおごり / It's *on the* ～, Sheriff. 保安官, こりゃあ店(みせ)のおごりだよ. ***play house*** ままごと遊びをする. ***put*** [***set***] ***one's house in order*** (1) 家政を整える, 秩序を回復する. (2) 自分の行ないを正す, 自分の欠点を正す (cf. 2 *Kings* 20 : 1). ***throw the house out at*** (***the***) ***window*** 〘《なぞり》← F *jeter la maison par la fenêtre*〙《古》 家中をてんやわんやにする, 大混乱をひき起こす.

house and home ⇨ 6.

house of assembly (英国の植民地・保護国, 英連邦諸国の)下院.

House of Burgesses [the —] (米国の)植民地時代の Virginia 州の下院.

house of call (1) (昔, 仕事を求める同一職種の)職人 (journeymen) (など)のたまり場, 職人宿. (2) 行きつけの家《酒場など》. (3) 旅人宿.

House of Commons [the —] (英国・カナダの)下院 (cf. HOUSE of Lords).

house of correction 〘法律〙 矯正院, 教護院《軽犯者を収容する》.

House of Councillors [the —] (日本の)参議院 (cf. HOUSE of Representatives).

House of Delegates [the —] (米国 Virginia, West Virginia, Maryland 各州議会の)下院.

house of God 〘《なぞり》← LL *domus Dei*〙 寺院, 教会(堂), 礼拝堂.

house of ill fame [**repute**] 《古》 売春宿, 女郎屋.

House of Keys [the —] (英国の)マン島 (Isle of Man) の下院.

House of Lords [the —] (英国の)上院 (cf. HOUSE of Commons).

House of Normandy [the —] 〘フランス史・英国史〙 (北フランスの)ノルマンディー家 (⇨ Norman Conquest, William I).

House of Peers [the —] (もとの日本の)貴族院.

house of prayer = HOUSE of God.

house of refuge (1) 貧民[難民]収容所, 養育院, 救済ホーム. (2) 《米》 海難救護所.

House of Representatives [the —] (米国・オーストラリア・メキシコなどの)下院 (cf. senate 1 a); (日本の)衆議院 (cf. HOUSE of Councilors).

house of studies [**study**] 聖職者研修所.

house of tolerance 〘《なぞり》← F *maison de tolérance*〙 公認売春宿.

house of worship = HOUSE of God.

— [háus] *attrib. adj.* **1** 家に飼われている; 家に出入りする: ⇨ house cat, house cricket, house sparrow. **2** 家屋を害する: ～ ants. **3 a** 家で用いる: ～ furniture / a ～ key / ⇨ housecoat, housedress. **b** 家に適する: a ～ lot 宅地. **c** 家の近くの: a ～ garden. **4** 病院に住込みの: ⇨ house officer, house physician, house surgeon.

— [háuz] *v.* — *vt.* **1 a** 家に入れる, …に家をあてがう: ～ a large population 多数の人々に住宅を供給する. **b** (一時的に)収容する, 入れる; 泊める, 迎える (receive): This cottage will never ～ us all. この小さい家ではとてもわれわれ全部は入れない / ～ a person for a night 人を一晩泊める. **c** 〈人などを〉屋内に閉じ込める 〈*up*〉: He is ～*ed* with a cold. 風邪引きで家に閉じ込もっている / a cow ～*d* in a shed 小屋に入れて

ある牛. **2** 〈品物を〉たくわえる, しまう: ～ one's books 本をしまう. **3** 〈仕事·研究など〉の場所を用意する. **4** 屋根でおおう, 雨風に当てないようにする (cover, shelter). **5** 〘海事〙 **a** 安全な所に入れておく (stow). **b** 〈上·中マストを〉引き下げる (lower); 〈錨(いかり)を〉しまう, 収錨する. **6** 〘建築〙〈ほぞ穴〉にはめ込む, さし込む, 大入(おおいれ)れにする (cf. housing¹ 5). — *vi.* **1** 避難する, 安全な所に入る. **2** 宿る (lodge); 住む (dwell) 〈*up*〉.

House [háus], **Edward Man·dell** [mǽndl] *n.* (1858–1938) 米国の外交官·政治家; Wilson 大統領の腹心で Colonel House と呼ばれた.

hóuse àgent *n.* 《英》 **1** 家屋周旋人, 差配人 (real-estate agent). **2** 賃貸料集金人.

hóuse arrèst *n.* 自宅[病院]監禁, 軟禁: be under ～ 軟禁されている.

hóuse·bòat *n.* **1** (住居用)屋形船, 屋根船. **2** 宿泊設備付きヨット. — *vi.* **1** 屋形船で暮らす. **2** 屋形船で巡航[遊覧]する.

hóuse·bòte [-bòut | -bəut] 〘OE *hūsbōt*: ⇨ house, boot¹〙 — *n.* **1** 〘英史〙 家屋の修理. **2** 〘法律〙 **a** (家屋の)修理用材. **b** 修理用材伐採権《家のテナントが家主の屋敷·用地内の木を借家の修理用材として伐採する権利; cf. estovers》.

hóuse·bòund *adj.* (悪天候·病気などで)家の外に出られない, 家に引きこもった.

hóuse·bòy *n.* =houseman 1.

hóuse·brèak¹ 〘《逆成》← HOUSEBREAKER // HOUSEBREAKING〙 *vi.* (**-broke**; **-bro·ken**) 押込み強盗[住居侵入]をする.

hóuse·brèak² 〘《逆成》← *housebroken*〙 — *vt.* **1** 〈犬·猫·幼児などを〉家の中を汚さないようにしつける, …に下(しも)のしつけをする. **2** 〈人を〉家庭環境に慣れさせる, 〈幼児など〉に行儀作法を仕込む. **3** 〈人·ペットなどを〉飼い慣らす, おとなしくさせる (tame).

hóuse·brèaker 〘ME〙 *n.* **1** 住居侵入者 (cf. housebreaking 1, burglar). **2** 《英》(家屋の)解体業者.

hóuse·brèaking 〘ME〙 *n.* **1** 押込み, 住居侵入(罪)《窃盗などの重罪を犯す目的で, 住居を破壊して侵入すること; cf. housebreaker 1, burglary》. **2** 《英》家屋の解体.

hóuse·bròke *adj.* =housebroken.

hóuse·bròken *adj.* **1 a** 〈犬·猫など〉家の中に住むように訓練された, 下(しも)のしつけができている: a ～ dog. **b** 〈幼児など〉(歯みがき·用便など)よくしつけられた: a ～ child. **2** 従順にされた, 飼い慣らされた, 型にはめられた: a ～ husband.

hóuse·bùilder *n.* 大工, 建築請負い.

hóuse càll *n.* (医師などの)往診.

hóuse càptain *n.* 《英》(public school の) 寮生徒長《寮長 (housemaster) を補佐する; cf. school captain》.

hóuse càr *n.* 〘鉄道〙 有蓋貨車.

hóuse·càrl [-kɑ̀ːl | -kɑ̀ːl] 〘OE *hūscarl* ▭ ON *hūskarl*: ⇨ house, carl〙 *n.* (古代英国やデンマークで)王族の親衛兵.

hóuse càt *n.* 飼いネコ, イエネコ.

hóuse cèntipede *n.* 〘動物〙 モトゲジ (*Scutigera coleoptrata*)《ヨーロッパの人家のなかでよく見かける, 日本のゲジゲジに似た種類》.

hóuse·clèan 〘《逆成》← *housecleaning*〙 — *vi.* **1** (家·部屋の)大掃除をする. **2** 清掃[一掃]する; 粛正する (cf. *clean* HOUSE). — *vt.* **1** 〈家·部屋などを〉大掃除する. **2** 〈行政部門などを〉粛正(改革)する.

hóuse·clèaning *n.* **1** 家掃除, 大掃除. **2** (組織などの)粛正(改革).

hóuse·còat *n.* ハウスコート: **a** 婦人用は長くてゆったりした上着で, 家庭でくつろぐ時に着る. **b** 男子用は絹などのジャケットで, 家庭でくつろぐ時に着る.

hóuse còunsel *n.* 〘法律〙 会社専属の弁護士.

hóuse·cràft *n.* 《英》家政術; 家庭科 (domestic science).

hóuse crìcket *n.* 〘昆虫〙 イエコオロギ (*Acheta domestica*)《炉のれんがの間などに住み西洋の家屋に最も普通な種類: hearth cricket ともいう》.

hóuse cròw *n.* 〘鳥類〙 イエガラス (*Corvus splendens*)《インド産のカラス; 街路の掃除屋として知られる》.

hóuse cùrtain *n.* 〘劇場〙 =front curtain.

hóuse detèctive *n.* (デパート·ホテル·劇場などの)保安員, 警備員, ガードマン (houseman).

hóuse dìck *n.* 《俗》=house detective.

hóuse dìnner *n.* (クラブ·学校·寄宿舎などで会員や客のために催す)特別晩餐会.

hóuse dòctor *n.* =house physician.

hóuse·dòg *n.* 飼い犬, 番犬.

hóuse dràin *n.* 家屋排水管.

hóuse·drèss *n.* ハウス[ホーム]ドレス, 家庭着.

hóused strìng [háuzd-] *n.* 〘木工〙 (踏板を左右から大入れにして支えた)階段の側桁(がわげた).

hóuse fàrmer *n.* 《英》家屋[建物]転貸人《又貸しする人》.

hóuse·fàther *n.* **1** (一家の)家長. **2** (青年寮·ユースホステル·子供の家などの)管理者; 寮父 (cf. housemother 2, houseparent).

hóuse fìnch *n.* 〘鳥類〙 イエマシコ (*Carpodacus mexicanus*)《米国西部およびメキシコ産マシコの一種; 雄は頭·のど·胸などが赤い》.

hóuse flàg *n.* 〘海事〙 **1** (船に掲げて所属会社などを示す)社旗, 船主旗. **2** ヨット船主旗.

hóuse-flànnel *n.* (床掃除などに用いる)あらいネルのぞうきん.

hóuse·flỳ *n.* 〘昆虫〙 **1** イエバエ (*Musca domestica*). **2** イエバエに似たハエの総称.

hóuse·frònt *n.* 家の正面 (facade).

hóuse·ful [háusfùl] *n.* 家一杯: a ～ of furniture [guests] 家一杯の家具[来客].

hóuse·fùrnishings *n. pl.* 家庭用品《台所用品·コップ·茶碗類など》.

hóuse gìrl *n.* 女中, お手伝いさん (housemaid).

hóuse·guèst *n.* 泊り客.

hóuse·hold [háus(h)òuld | háus(h)əuld] 〘《c1380》 *houshold* (cf. MDu. *huushoud*): ⇨ house, hold¹〙 — *n.* **1** [集合的] 家内, 家族; (雇い人をも含めて)家内中の者; 世帯(しょたい): a large ～ 大所帯 / the number of ～*s* 所帯数. **2** [the H-] 《英》(奉仕者を含めて)王室: *the* King's [Queen's] *Household* 宮中[女王宮] / *the* Imperial *Household* 皇室 / the Master of *the Household* ⇨ master *n.* 6 b. **3 a** 《古》家財. **b** 《廃》家政, 家事. — *attrib. adj.* **1** 一家の, 家族の, 家事の: ～ affairs 家事, 家政 / ～ economy 家庭経済, 家政 / ～ furniture 家具 / ～ goods 家財, 世帯道具 **2** 身近な, 聞き[見]慣れた (familiar): Shakespeare and Hemingway are ～ names in Japan. シェークスピアやヘミングウェイは日本では誰でも知っている名だ / ⇨ household word. **3** 王室の: ⇨ household troops.

hóusehold ammónia *n.* 希釈アンモニア溶液《少量の洗浄剤を含み家庭用》.

hóusehold árt *n.* [通例 *pl.*] 家政術《料理·洗濯·育児·家計など》.

Hóusehold Cávalry *n.* [the ～] (英国の)近衛[儀仗]騎兵隊《Life Guards と Royal Horse Guards の 2 連隊から成る》.

hóusehold económics *n.* =home economics.

hóuse·hòld·er 〘ME〙 *n.* **1** (下宿住まいなどせずに)自分の家を持っている人, 持ち家居住者. **2** 戸主, 家長, 世帯主. **3** =freeholder.

hóusehold fránchise *n.* [the ～] 〘英史〙 戸主選挙権《1918 年以前に戸主だけに与えられていた選挙権; household suffrage ともいう》.

hóusehold gód *n.* **1** [the ～s] (古代ローマの)一家の守護神《lares と penates》. **2 a** [通例 *pl.*] 家に伝わる大事な品々; 尊敬される人[物, 慣習など]. **b** [*pl.*] 《英口語》家庭生活の必需品.

hóusehold mànagement *n.* 家政(術).

hóusehold scíence *n.* =domestic science.

hóusehold stúff *n.* 《古》家財, 世帯道具.

hóusehold súffrage *n.* [the ～] 〘英史〙 =household franchise.

hóusehold tróops *n. pl.* (元首またはその住居の護衛をする)近衛(このえ)兵, 近衛部隊.

hóusehold wórd *n.* 日常言い慣れた言葉, だれでも知っている諺 (cf. Shak., *Henry V* 4. 3. 52).

hóuse·kèep 〘《逆成》← HOUSEKEEPING // HOUSEKEEPER〙 *vi.* 《口語》家事をする, 世帯(しょたい)をもつ; (特に, 自分または家族のために毎日)食事の用意をする.

hóuse·kèeper 〘《15C》〙 — *n.* **1** 家計を切り盛りする人; (特に)ハウスキーパー, 家政婦, 女中頭 (cf. butler 1): a good [bad] ～ 家政が上手[下手]な人. **2** 家屋[事務所, 営業所]管理人 (janitor).

hóuse·kèeping 〘⇨ house, keeping〙 — *n.* **1 a** 家政, 家計: good [bad, liberal] ～ 上手な[下手な, 大まかな]家政. **b** 家計費. **2** 世帯(しょたい)を持つこと, 家に住むこと; 世帯: give up ～ 世帯を畳む. **3** 〘経営〙(企業体などの)管理維持, 整備. **4** (電算機の)動作を間接的に援助する動作. — *attrib. adj.* 家庭の, 家政の: a ～ book 家計簿 / ～ money 家計費.

hou·sel [háuzəl, -zl] 〘OE *hūsl* the Eucharist < Gmc *χunslam (Goth. *hunsl* a sacrifice) ← IE *kwen- holy〙 《古》 — *n.* **1** 聖餐(せい), 聖体 (Eucharist). **2** 聖餐式をとり行なうこと, 聖体拝領. — *vt.* …に聖体を授ける.

hóuse·lèek 〘ME〙 — *n.* 〘植物〙 **1** ヤネバンダイソウ(屋根万代草) (*Sempervivum tectorum*)《古い家の屋根などにはえるベンケイソウ科の植物》. **2** アヤザクラ (*S. soboliferum*).

hóuse·less [háus-, háuz- | háus-] 〘ME *housles*〙 — *adj.* **1** 家のない, 宿なしの: a ～ vagabond. **2** 家影のない, 一軒の家も見えない: a ～ mountainside. **～·ness** *n.*

hóuse·lìghts 〘⇨ house (n. 5)〙 *n. pl.* 〘劇場〙(上演前後に観客席を照らす)場内照明, 客席照明.

hóuse·lìne *n.* 〘海事〙 三つ撚(よ)り小綱《seizing や serving に使う細紐》.

hóuse màgazine *n.* =house organ.

hóuse·màid *n.* (通例住込みの)女中, お手伝い(さん) (cf. chambermaid).

hóusemaid's knée *n.* 〘病理〙 女中ひざ《ひざの皮下の急性または慢性の炎症; 正しくは膝蓋(しつがい)滑液嚢(のう)炎; 欧米の女中がひざをついて床の掃除をしたりするために起こったことから》.

hóusemaid's pántry *n.* =butler's pantry.

hóuse·man [-mən, -mæ̀n] *n.* (*pl.* **-men** [-mən, mèn]) **1** 下男, 雑役夫, 下働き. **2** (デパート·ホテル·賭博場などの)保安係, 用心棒 (bouncer). **3** 《英》=intern² 1. **4** =house detective.

hóuse mànager *n.* 劇場支配人.

Hóuse·man·shìp 〘← HOUSE (n. 8)+-MANSHIP〙 *n.* 《英》院内操縦術[の手腕].

hóuse màrtin *n.* 〘鳥類〙 イワツバメ (*Delichon urbica*)《人家の壁などに巣をかける》.

hóuse·màster *n.* (public school などの)寮監, 舎監.

hóuse·màte *n.* 同じ家に住む人, 同居者.

hóuse·mìstress *n.* **1** 女主人, 主婦. **2** 《英》(女子寄宿学校の)女舎監.

hóuse mosquìto *n.* 〘昆虫〙 アカイエカ (*Culex pipiens*)《カ科の昆虫; 雌は哺乳類などを刺す; cf. gnat》.

hóuse·mòther *n.* **1** (一家の)女主人. **2** (女子寮·合宿所などの)寮母 (matron).

hóuse mòuse *n.* 〘動物〙 ハツカネズミ (*Mus musculus*)《イエネズミの一種で世界中に広く分布する. 実験用のマウスはヨウシュハツカネズミを飼養したもの》.

hóuse òfficer *n.* 《英》=intern² 1.

hóuse òrgan *n.* **1** (会社などが PR や広告·紹介の目的で発行する)ハウスオーガン; (商店·会社の部内向けの)社内報[誌]. **2** (同業者間の)業界紙.

hóuse pàinter *n.* ペンキ屋.

hóuse·pàrent *n.* **1** 青少年寮[宿泊所]の管理者夫婦のうちの一方, (ユースホステルの)ペアレント. **2** 寮母 (housemother); 寮父 (housefather).

hóuse pàrlormaid *n.* 小間使, 給仕女.

hóuse pàrty *n.* **1** (主に)田舎の邸宅[別荘]に客を招いて行なう(数日間にわたる)接待会. **2** [集合的] その滞在客の一団.

hóuse·phòne *n.* (ホテル·アパートなどで交換台を通す)館内[内線]電話.

hóuse physìcian *n.* **1** (病院の)住み込み内科医[《英》医師] (cf. house surgeon). **2** (ホテルなどの)住み込み[専属]医師.

hóuse·plànt *n.* 室内に置かれる鉢(はち)植の草花.

hóuse-pròud *adj.* 家[家政]を誇りにする, 家の管理[美化]に(やたらと)熱中する.

hóus·er [-zə | -zə(r)] *n.* **1** 住宅計画推進者[管理者]. **2** =houseboat.

hóuse-ràising *n.* 《米》(田舎で隣人が寄り合って行なう)家の棟(むね)上げ (cf. raising bee).

hóuse·ròom *n.* **1** (家の中で)人の住む場所; 宿泊, 宿 (lodging): give a person ～ 人を泊める. **2** (物の)置き場所, 空間: I would not give it ～. そんな物はただでもまっぴら《場所ふさぎだ》/ The government gave the subject ～. 政府はその問題に取り組むための便宜[研究所]を与えた.

hóuse rùle *n.* (あるグループまたは賭博場などにだけ通用する)ゲームの内部規約, 内規.

hóuse sèat *n.* 特別席《劇場側が特別の客に用意する席》.

hóuse sèwer *n.* 〘土木〙 各戸下水管, 私設下水管.

hóuse-sìt *vi.* 《米》(居住者の長期不在中にその家に住んで)留守番をする. **hóuse-sìtter** *n.*

hóuse slìpper *n.* [通例 *pl.*] (かかとのついている)屋内スリッパ (cf. bedroom slipper).

hóuse spàrrow *n.* 〘鳥類〙 イエスズメ (*Passer domesticus*)《ヨーロッパ原産》.

hóuse stèward *n.* (大邸宅·クラブなどの家事を司る)家扶, 家令, 執事.

hóuse stỳle *n.* 〘印刷〙 出版社[印刷所]の(つづりなどの, 独自の)様式[組み方].

hóuse sùrgeon *n.* (病院の)住込みの外科医 (cf. house physician 1).

hóuse-to-hóuse *adj.* 戸ごとの[に訪問する], 戸別の (door-to-door): a ～ visit [canvass] 戸別訪問[運動] / ～ searches 戸別捜索 / a ～ salesman.

hóuse·tòp *n.* 屋根の頂, 屋根 (roof).
from the housetops だれにでも聞えるように, 四方八方に声が届くように: proclaim [cry, preach, shout] *from the* ～(*s*) 公衆に知らせる, 世間に吹聴する (cf. *Luke* 12 : 3).

hóuse tràiler *n.* 〘自動車〙 ハウストレーラー《移動住宅 (mobile home) 用のトレーラー》.

hóuse-tràin *vt.* 《英》=housebreak².

hóuse-tràined *adj.* 《英》=housebroken.

hóuse·wàres *n. pl.* 家庭用品, 勝手道具類 (house-furnishings).

hóuse·wàrming *n.* 新居の披露, 新宅開き, 新築祝い: give a ～.

hóuse·wife 〘《?a1200》 *houswif*〙 — *n.* **1** [háuswàɪf] (*pl.* **house·wives** [-wàɪvz]) 主婦: a good [bad] ～ 世帯(しょたい)持ちのよい[悪い]女. **2** [háuswàɪf, hʌ́zɪf, -zəf, -sɪf, -səf | hʌ́zɪf] (*pl.* **house·wives** [～s, -zɪfs, -zəfs, -sɪfs, -səfs | -zɪfs, -zɪvz]) 裁縫道具入れ《針·はさみ·縫糸·ボタン·小切れなどを入れる袋または小箱》. — [háuswàɪf] v. — *vt.* 《古》〈家事を〉うまくやりくりする. — *vi.* 《古》家事をうまくやりくりする.

hóuse·wìfe·ly *adj.* 主婦らしい; (つましくて)世話女房らしい. **hóuse·wìfe·li·ness** *n.*

house·wife·ry [háuswàɪf(ə)ri | háuswɪf(ə)rɪ, hʌ́zɪfrɪ] 〘《a1438》 *huswifri*: ⇨ -ry〙 *n.* 家政, 家事 (housekeeping): a ～ school 家政学校.

hóuse wìring *n.* 〘電気〙 屋内配線.

hóuse·wòrk *n.* 家事, 家事向きの仕事《裁縫·料理·洗濯·掃除など》.

hóuse·wrècker *n.* =wrecker 4.

hóuse wrèn *n.* 〘鳥類〙 イエミソサザイ (*Troglodytes aedon*)《家屋周辺に巣を造る米国産のミソサザイ》.

hous·ey [háusi | -sɪ] *n.* 《英軍俗》=housey-housey.

house·y-house·y [háusiháusi | -sɪháusɪ] 〘← HOUSE +-ey (⇨ -ie)〙 *n.* 《英軍俗》=house 10 c.

hous·ie [háusi | -sɪ] *n.* 《英軍俗》=housey.

hous·ing¹ [-zɪŋ] 〘ME〙 — *n.* **1** 住宅供給; 住宅: the ～ problem [question] 住宅問題 / New York's ～ ニューヨークの住宅事情 / a ～ shortage 住宅難. **2** [集合的] 家, 住居 (houses). **3** かばう[おおう]こと; 避難(場所). **4 a** おおい, 囲い. **b** (機械などの)ケース, 外被. **5** 〘建築〙 **a** (木材の一端を切り欠かずにさし込む)大入れ. **b** =niche 1. **6** 〘機械〙(機械

のある部分を支持する)わく, 架構. **7**〘海事〙 **a** 檣(しょう)脚《マストや斜檣 (bowsprit) の甲板以下の隠れた部分》. **b** =houseline.

hous·ing² [háuzɪŋ] 〘《c1475》← ME *house* a covering (⊏ OF *houce* (F *housse*) ⊏ ML *hultia* ← Gmc *χulftī* (cf. MHG *hulft* a covering))+-ING³ 2〙 ── *n.* **1** 馬衣(ぎぬ). **2** [通例 *pl.*] 馬飾り (trappings).

hóusing assocìation *n.* (共同)住宅建築[購入]組合.

hóusing devèlopment *n.* 《米》(民間の)団地; 公営住宅団地 (《英》housing estate).

hóusing estàte *n.* 《英》=housing development.

hóusing pròject *n.* (通例低所得者向きの)公営住宅団地, 公営住宅[アパート]群.

Hous·man [háusmən], **A**(**lfred**) **E**(**dward**) *n.* (1859–1936) 英国の詩人・古典文学者; *A Shropshire Lad* (1896).

Housman, Laurence *n.* (1865–1959) 英国の詩人・劇作家・小説家; A. E. Housman の弟; *Little Plays of St. Francis* (1922).

Hous·say [u:sáɪ; *Sp.* usái], **Bernardo Alberto** *n.* ウサイ《1887–1971; アルゼンチンの生理学者; Nobel 医学生理学賞 (1947)》.

Hous·ton [(h)jú:stən | hjú:s-] 〘← *S. Houston*: 米国 Texas 州の初代長官〙 *n.* 米国 Texas 州南東部の工業都市; 米航空宇宙局 (NASA) の宇宙飛行管制センターがある; 人口 1,398,000.

Hous·ton [(h)jú:stən | hjú:s-], **Samuel** *n.* (1793–1863) 米国の軍人・政治家; 通称 Sam Houston.

hous·to·ni·a [(h)ju:stóuniə, hu:s-, haus- | hu:stóunjə, -nɪə] 〘← NL ~ ← W. *Houston* (1695–1733: スコットランドの植物学者): ⇨ -ia¹〙 ── *n.* 〘植物〙(北米産の)アカネ科トキワナズナ属 (*Houstonia*) の草本《トキワナズナ (*H. caerulea*) など》.

Hou·yhn·hnm [huínəm, (h)wínəm | hú(h)nəm, huín-] 〘《1727》: 馬の鳴声を示す whinny からの Swift の造語〙 ── *n.* フーイヌム[ひひん]族《この一族は Swift 作 *Gulliver's Travels* 中の高級な動物で, 外見は馬に似ているが人間と同じ理性をもち, 同じ島に住む人間の姿をした野蛮族 Yahoo を支配する》.

Ho·va [hóuvə, hú:- | háuvə, hú:-] 〘← Malagasy《土語》〙 ── *n.* (*pl.* ~, ~**s**) **1 a** [the ~(s)] ホーヴァ族《Madagascar 島の一部族》. **b** ホーヴァ族の人. **2** ホーヴァ語.

hove [hóuv | háuv] 〘OE *hōf*〙 *v.* heave の過去形・過去分詞.

hov·el [hávəl, háv- | hóv-, háv-] 〘《1358》 *hovyl* ← ?: cf. OF *huvelet* penthouse〙 ── *n.* **1** 小屋 (hut); あばらや: from palace to ~ 宮殿から賤(しず)が家に至るまで, 貴賤の別なく. **2** 物置, 納屋. **3** =niche 1. **4** 幕屋(まくや) (tabernacle). **5** (円錐状の)窯小屋(かまごや).
── *vt.* (**hov·eled, -elled; -el·ing, -el·ling**) **1** 小屋に入れる. **2** 〈煙突などを〉小屋のように造る.

hov·el·er [háv(ə)lə | hóvələ(r, háv-] 〘← ?〙 ── *n.* (*also* **hov·el·ler** [~]) **1** 無免許の水先案内人, (特に, イングランド Kent 州沿岸の)船頭. **2** 船頭の持ち船《小舟》.

ho·ven [hóuvən | háu-] 〘OE *hafen* (p.p.): cf. heave〙〘獣医〙 *adj.* 鼓脹症 (bloat) に罹った. ── *n.* =bloat 5.

hov·er [hávə, hávə | hóvə(r, háv-] 〘《c1400》 *hovere(n)* (freq.) ← *hoven* to hover, linger ← ? OE〙 ── *vi.* **1** 〈鳥・昆虫などが〉空に舞う, 〈雲などが〉浮かぶ; 〈ヘリコプターなどが〉空中に留まる 〔*over, about*〕: A hawk ~*ed over* the tree. 鷹が木の上を舞っていた. **2** 〈人などが〉〔…の辺りを〕行ったり来たりする, うろつく (loiter) 〔*about,* (*a*)*round*〕; 漂う: A little smile ~*ed* on his lips. 彼の唇にかすかな笑みが浮かんだ. **3** ためらう, 迷う (waver): ~ on the brink of a decision 決断の瀬戸際でためらう / ~ *between* life and death 生死の境をさまよう. ── *vt.* **1** 〈雌鳥が〉〈ひなを〉抱く. **2** 《廃》(空中に留まるように)〈鳥が〉〈翼を〉動かす, ひらひらさせる: A crow ~*ed* its wings. からすが羽ばたいた. ── *n.* **1** 空に舞うこと. **2** うろつき, さまようこと. **3** ためらい, 迷い. **~·er** *n.*

Hov·er·craft [hávəkræ̀ft, háv- | hóvəkrɑ̀:ft] 〘《1959》← HOVER(v.)+(*air*)*craft*〙 ── *n.* (*pl.* ~) 〘商標〙ホバークラフト《ground-effect machine の商品名; cf. hovertrain》.

hóver·fèrry *n.* 《英》連絡船用ホバークラフト.

hóver flỳ *n.* 〘昆虫〙翅を小刻みに動かして空中に停止するハナアブ科などのアブの総称.

hóv·er·ing [-v(ə)rɪŋ] 〘← HOVER+-ING²〙 *adj.* うろついている, ためらうような. ── *n.* 〘航空〙ホバリング《ヘリコプターや VTOL 機の空中停止》. **~·ly** *adv.*

hóvering áccent *n.* 〘詩学〙彷徨(ほうこう)アクセント《主に弱強五歩格 (iambic pentameter) の heroic verse で, 詩行に弱弱強強と二つの弱音節と強音節が続くもの》.

hóvering àct *n.* 〘国際法〙領海内徘徊規整[禁止]法《沿岸国家の定める領海内での外国船または自国船の徘徊を禁止または制限する制定法; 特に, 一定の場合に該当船舶に立ち入り, 荷物明細書などを検査することについて定めた制定法》.

hóvering stréss *n.* 〘詩学〙=hovering accent.

hóver·plàne *n.* 《英》=helicopter.

hóver·pòrt *n.* ホバークラフト港[発着所].

hóver·tràin *n.* ホバートレイン, 浮走列車《ホバークラフトの原理を応用してレールのないコンクリート軌道の上を走る列車; cf. Hovercraft, linear motor》.

Hov·ey [hávi | -vɪ], **Richard** *n.* (1864–1900) 米国の詩人.

how¹ [háu] 〘OE *h(w)ū* < (WGmc) **χwō* (Du. *hoe* / OHG *wuo* (G *wie*)) ← **χwa-* 'WHO, WHAT'〙 ── *adv.*
A [háu] [疑問副詞として] **1** どんなに, どんな風に, どんな具合に; どんな方法[手段]で: **a** [疑問文で]: *How* shall I write it? どういう風に書いたらいいでしょうか / *How* was she dressed? どんな服装をしていたか / *How* did he escape? どんな風にして逃げたか / *How* was he looking? どんな風でしたか. **b** [不定詞または節を導いて]: He knows ~ *to* behave. 行儀作法を知っている / I don't know ~ *to* swim. 泳ぎ方を知らない / I do not know ~ *to* express my thanks. どう感謝を言い表わしてよいかわからない《お礼の言葉もない》/ I understand ~ you feel about it. それについて君はどう感じているかその気持はわかる / I had no idea (as to) ~ it was done. いかにしてそれがなされたか全くわからなかった.
2 どんな状態[具合]で: *How* did you leave your parents? (お立ちになった時)御両親はいかがでしたか / *How* are you getting on? いかがお暮しですか / *How* goes it?=*How* is it going?=*How* are things going? どんな具合か, 変りはないかい, 景気はどうだ / *How* is the patient today? きょうは病人はどんな容態ですか / *How* are you? (おからだは)いかがですか; ごきげんいかがですか《挨拶の言葉; cf. How *do you do?*》.
3 (相手の意見・説明などを求めて)どうして, どんな意味で; 何故 (cf. why 1): *How* can you say such an unkind thing? どうしてそんなひどいことが言えるのか / *How* (=What) do you mean? それはどういうことですか / *How* would it be to start tomorrow? あす出発してはどうだろうか / *How* did it happen? どうしてそんなことが起こったか / *How* is it that you are here? どうしてここにいるのか / *How's* [*How* is] that (again)? 《口語》今何と言いましたか, もう一度言って下さい / *How* then? これはどうしたわけか / You don't go there either. *How* so? 君も行かないって, どうして(なのか) / *How* about this? これはどうだ.
4 どの程度, どれほど, どれだけ: **a** [疑問文で]: *How* far? どの位(の道のり) / *How* long? (長さ・時日が)どの位, いつから, いつまで / *How* many? いくら, いくつ / *How* much? (値段は)いくらですか / *How* often? 何度 / *How* fast? どんな速力で / *How* old are you? おいくつですか / *How* do you like your school?—I don't like it at all. 学校はどうですか—全然気に入りません. **b** [節を導いて]: You have no idea (as to) ~ sweetly she sings. 彼女の歌がどんなにすばらしいか君にはわからない.
5 いくら(の値段で): *How* is the dollar [rice] today? きょうのドル[米]の相場はいくらか / *How* do you sell these apples? このりんごはいくらか.
6 何という名前[肩書き]で: *How* do you address the principal? どういう肩書きで校長に呼びかけるのか.
7 [感嘆文に転用して] まあ, まあ(何と) (cf. what): **a** [感嘆文で]: *How* beautiful! 何てきれいだろう / *How* kind of you! まあ御親切さま / *How* pale you look! まあ顔色の青いこと / *How* it blows [he snores]! 何という風[いびき]だろう. **b** [節を導いて]: I saw ~ pleased he was. 彼がとても喜んでいるのがわかった / You cannot imagine ~ beautifully she did it. 彼女がどんなに見事にやってのけたか想像もつくまい.
8 [驚き・賞賛を表わして] どうしてまあ: *How* do you like that! どうしてそんなものが好きなのかね.
B [hàu] [関係副詞] **1** [名詞節を導いて] **a** どうして…であるか: This is ~ it happened. 事の起こりは次の通り / That's ~ it is. 実情は以上の通り. **b** [tell, see などに続く節を導いて] …であること (that): She *told* me ~ her mistress had disappeared in the night. 奥さんが夜のうちにいなくなったと私に言った. ★この古風な語法を口語に用いるのは非標準的とする人が多い. **2** どうにでも (however, as): Do it ~ you can. (君にできる方法で)どうにでもしてみなさい.
all one knows how ⇨ know 成句. ***and how*** 《米俗》[先行の陳述または相手の言葉に対する同意を強調して] 全く, 実際, ものすごく; その通り, もちろん, そうだとも (certainly, you bet): He is making money, *and* ~. ものすごく金をもうけている / He is getting better, *and* ~. どんどんよくなって来ている / Am I happy? *And* ~! 幸福かだって. もちろんさ. ***any old how*** ⇨any *adv.* 成句. ***Here's how!*** あなたの健康を祝します《親しい者同士で言う乾杯の言葉》. ***How about…?*** ⇨ about *prep.* 成句. ***How about that?*** 《口語》それはすばらしい[面白い, 驚いた]ね (cf. 3). ***how come?*** 《口語》どういう訳で, どうしてか (cf. 3; come *vi.* 4; WHAT *for*): *How come* (=How is it that) the knife is missing? どうしてナイフが見当らないのか / *How come* you call on us so late at night? どうしてこんな夜おそく訪ねてくるのか / I didn't know ~ *come* she left her husband. 彼女がどうして夫と別れたのかわからなかった. ***How do?*** =How *do you do?* ***How do you do?*** 今日は, 初めまして《初対面の挨拶; しばしば How d'ye [di] do? ともいう; cf. How are you? ⇨ A 2》. ***How ever*** [***in the world, on earth, the goodness, the devil, the dickens, etc.***] (***do you know it***)? 一体どうして(それを知っているのか)《how の強調》. ***How is that for…?*** [形容詞・名詞を伴って] 《口語》なんと…ではないか: *How is that for* impudent [impudence]? なんと生意気ではないか. ***How much?*** (1) ⇨ A 4 a. (2) 《俗》(相手の言葉を聞き返すかまたはある話の反復を求めて)何か?: He plays the saxtuba.—Plays the ~ *much*? 彼はサックスチューバが吹ける.—何を吹けるんだって. ***How now?*** 《古》(1) それはどうしたことか (How is that?). (2) やあ. ***How's about…?*** ⇨ about *prep.* 成句. ***How's that?*** (1) それはどういうわけですか; (指差して)それ[あれ]をどう思いますか. (2) 〘クリケット〙 あれはどうです《アウトか否か, 審判者に判定を要求する言葉》. ***How's that*** (***again***)***?*** ⇨ 3.
── *n.* **1** [the ~] 仕方, 方法 (manner): Teach me *the* ~ and the when of it. その方法と時期を教えて下さい. **2** 「どのようにして」,「どうして」という質問.

how² [háu] 〘ME〙 *int.* **1** 《英方言》よう《注意を引くための, または挨拶の言葉》. **2** 《スコット》痛い, ああ《苦痛・悲嘆を表わす》.

how³ [háu] 〘⊏ N-Am.Ind. (Sioux) *háo*: cf. Omaha *hau*〙 *int.* やあ, さあ《アメリカインディアンの言葉をまねたとされる挨拶の言葉》.

how⁴ [háu] 〘ME ⊏ ON *haug-r* hill (cog. OHG *houg*): cf. high〙 *n.* 《英方言》[主に地名に用いて] 低い丘; 築山(つきやま), 塚, (埋葬したあとの)土饅頭(どまんじゅう).

how⁵ [háu, hóu | háu, hə́u] 〘← HOWE〙 *n.* =howe.

How. 《略》Howard's U. S. Supreme Court Reports, 24 vols. (1843–1860).

How·ard [háuəd | -əd] 〘(i) ⊏ OF *Huard* ⊏ OHG *Hugihard* 《原義》heart-brave ← *hugu* (⇨ Hubert)+*hart* 'HARD' // (ii) ⊏ OHG *Howart*, ~《原義》high or chief warden // (iii) ← *Howeherde* < ? OE *ēwe hierde* ewe herd: ⇨ ewe, herd²〙 *n.* 男性名.

Howard, Catherine *n.* (1522?–42) 英国王 Henry 八世の第 5 王妃; 不行跡の故をもって処刑された.

Howard, Sir **Ebenezer** *n.* (1850–1928) 英国の都市計画家・田園都市の推進者.

Howard, Henry *n.* ⇨ Surrey.

Howard, Roy Wilson *n.* (1883–1964) 米国の新聞経営者; R. P. Scripps と共に Scripps-Howard 系新聞を経営 (1921–64).

Howard, Sidney (**Coe**) [kóu | kə́u] *n.* (1891–1939) 米国の劇作家・脚色家; *They Knew What They Wanted* (1924).

how·be·it [hàubí:ɪt, -ət | -ɪt] 〘《1398》← ME *how be it*: cf. albeit〙《古・文語》 ── *adv.* とはいえ, にもかかわらず (nevertheless). ── *conj.* …だけれども (although).

how·dah [háudə] 〘《1774》⊏ Hindi *haudah* ⊏ Arab. *háwdaj* litter (of camel)〙 *n.* (インドの)象かご《象の背中に取り付けた数人乗りの椅子; 通例天蓋(てんがい)がある》.

howdah

how-de-do [háudidú: | -dɪ-] *n.* 《口語》=how-do-you-do.

how·die [háudi | -dɪ] 〘← ?: cf. ME *hou(e)-wif* midwife〙 ── *n.* 《スコット・北英》助産婦 (midwife).

how-do-you-do [háudu-judú:, -djùdú:, -didú: | -dju-dú:, -dɪdjù:, -dʒudú:] *n.* 《口語》困った破目, 苦しい立場 (dilemma): Here's a pretty [nice] ~. こいつは困った, これは大変だ.

how·dy¹ [háudi | -dɪ] 〘《短縮》← *how do ye* (or *you*) *do*: ⇨ -y² ★ (3)〙 *int.* 《米方言・口語》よう《挨拶》.

how·dy² [háudi | -dɪ] *n.* =howdie.

how-d'ye-do [háudjidú: | -djɪ-] *n.* =how-do-you-do.

howe [háu, hóu | háu, hə́u] 〘ME 《スコット》: ⇨ hollow〙 *n.* 《スコット》くぼみ, くぼ地 (hollow); (特に)谷.

Howe [háu], **Edgar Watson** *n.* (1853–1937) 米国の小説家; *The Story of a Country Town* (1883).

Howe, Elias *n.* (1819–1867) 米国のミシン発明者.

Howe, Julia Ward *n.* (1819–1910) 米国の女流詩人・社会改良家; 南北戦争の際, 北軍の軍歌として歌われた 'The Battle Hymn of the Republic' を作詞した.

Howe, Richard *n.* (1726–99) 米国独立戦争当時の英国の提督; W. Howe の兄; 称号 Earl Howe.

Howe, Sir **William** *n.* (1729–1814) 英国の将軍; 米国独立戦争当時の英軍総司令官 (1775–78); R. Howe の弟; 称号 5th Viscount Howe.

how·e'er [hauɛ́ə | -ɛ́ə(r] *adv., conj.* =however.

How·ell [háuəl] 〘⊏ Welsh *hywel* eminent〙 *n.* 男性名.

How·ells [háuəlz], **William Dean** *n.* (1837–1920) 米国の小説家・批評家・編集者; *The Rise of Silas Lapham* (1885); *Criticism and Fiction* (1891).

Howe truss 〘← *William Howe* (*d.* 1852: 米国の発明家)〙 *n.* 〘建築〙ハウトラス《垂直材が引張力を受け, 斜材が圧縮力を受け, 上下に水平材をもつトラス》.

how·ev·er [hauévə | -évə(r] 〘《1392》 *how evere*: ⇨ how¹, ever〙 ── *adv.* **1** [《英》ではまた háuèvə(r, háuəvə(r] どんなに…でも, いかに…であろうとも, どの位…でも: on ~ cold a day どんなに寒い日にでも / *However* tired you may be [are], you must do it. どんなに疲れていようともそれをしなければならない《are の方が口語的》/ *However* hard he worked, there was more to be done. どんなに一所懸命に働いても仕事は減らなかった. **2** どんな仕方ででも, どんな方法によっても: *However* you do it, you will find it difficult. どんな仕方でやろうとむずかしいということがわかるだろう / *However* you come, come early. どんな来方でもいいから早くいらっしゃい. **3** 《口語》一体全

体どうやって：*However* did you escape? 一体全体どうやって逃げたのか．**4**《古》ともかく，いずれにせよ．**— *conj.*** **1** けれども，とはいえ，もっとも (though, nevertheless). ★ 文の中間または終わりに用いることが多い；副詞とする見方もある：He did not, ～, make a definite promise. しかし彼は確約はしなかった / We were obliged to give it up, ～. だが断念せざるを得なかった．**2** [関係副詞] (...する)どんな仕方ででも：In your own home you can act ～ you like. 自分の家でなら好きなように振舞える[振舞ってもかまわない]．

howff [háuf, hóuf | háuf, hóuf] 〖□ Du. *hof* enclosure, garden (cf. OE *hof* enclosure)：cf. hive〗 **— *n.*** (*also* **howf** [～])《スコット》**1** 住居，住処(ｽﾐｶ)．**2** よく行く場所；行きつけの酒場．

how·gó·zit cùrve [haugóuzɪt-, -zət- | -gə́uzɪt-] 〖*how goes it* を発音通りにつづり変えたもの：cf. whodunit〗 **— *n.*** 〖航空〗(航空中の)状況判断曲線《特に，大洋横断中の飛行機上で，飛行の進行状況(飛行距離・燃料消費・経過時間など)を刻々知らせる曲線；操縦者はこれを見て「引返し点」を決める》．

how·it·zer [háuɪtsə, -ətsə | -ɪtsə(r] 〖《1695》□ Du. *houwitser* □ G *Haubitze* □ Czech *houfnice* catapult：⇨ -er¹〗 *n.* 曲射砲．

howl [hául] 〖《*a*1250》*houle(n)* □ ? G *heulen* < Gmc **uwwilōn* owl (MDu. *hūlen* (Du. *huilen*)) ← IE **ul-* to howl：《擬音語》〗 **— *vi.*** **1** 〈犬・おおかみなどが〉声を長く引いてほえる，遠ぼえする．**2** 〈人が〉泣きわめく；怒号する，うなる (wail, yell)．**3** 大笑い[嘲笑]する：The joke made them ～ *with* laughter. 冗談に大笑いした．**4** 〈風などが〉ひゅうひゅう音を立てる：The wind ～*ed* through the pines. 松の木の間をひゅーひゅーと風が鳴った．**5**《口語》飲み騒ぐ：This is my night to ～. 今日は飲んで騒ぐぞ．
— *vt.* **1** 怒号しながら言う：～ defiance at an enemy どなって敵にいどむ．**2** [副詞(句)を伴って] どなって[ののしって]…させる：～ a speaker *down* どなりつけて演説している人を黙らせる / ～ an actor *off* the stage ののしって役者を舞台から降ろす．
— *n.* **1** (犬・おおかみなどの)遠ぼえの声：～s of wolves. **2** (苦痛・抗議などの)うなり声，わめき声：a ～ of pain うめき声．**3** 大笑い[あざけり]の声；《口語》笑いを誘うもの，冗談：～s of mirth [merriment] 楽しい大笑い / His gesture was a real ～. 彼の仕草はほんとにおかしかった / ～s of laughter 笑いのさざめき．**4** 風のひゅうひゅうという音．**5**《俗》不平 (complaint)；反対，異議：The new tax drew ～s of complaints from shopkeepers. 新税は商店主たちの猛烈な反対を招いた．**6**〖通信〗ハウリング《スピーカーから出た音が再びマイクやピックアップからはいって増幅された結果のうなり音；howling ともいう》．

hówl·er [-lə | -lə(r] 〖← HOWL＋-ER¹〗 **— *n.*** **1** ほえる獣．**2** (葬式の時に雇われる)泣き男 (keener)．**3**《口語》(試験答案などでの)噴飯ものの大間違い，大しくじり (boner)：come a ～ 大失敗をやる．**4**〖動物〗＝howler monkey.

hówler mònkey *n.*〖動物〗ホエザル《熱帯アメリカ産のホエザル属 (*Alouatta*) の大型のオマキザルの総称；howling monkey ともいう》．

howl·et [háulɪt, -lət] 〖《*a*1475》*houlot*《変形》← OWLET：cf. F *hulotte* owlet (← Gmc)〗 *n.*《英方言・古》ふくろう (owl)；ふくろうの子 (owlet).

hówl·ing [-lɪŋ] 〖← HOWL＋-ING²〗 **— *adj.*** **1** ほえる，わめく：a ～ dog, baby, wind, etc. **2** さびしい，荒涼とした (dreary)：a ～ wilderness (野獣のほえる)さびしい荒野 (cf. *Deut.* 32：10). **3**《俗》非常な，途方もない (tremendous, glaring)：a ～ lie [error] 大うそ[間違い] / a ～ swell 大変なめかし屋 / a ～ victory 大勝利．**— *n.***〖通信〗＝howl 6. **～·ly** *adv.*

hówling mònkey *n.*〖動物〗＝howler monkey.

How·rah [háurə] *n.* ハウラ《インド北東部 West Bengal 州の都市，Hooghly 川を隔てて Calcutta に対する；人口 738,000》．

how·so·ever [hàusouévə | -səuévə(r] 〖《*a*1380》← *hou-so*：⇨ how¹, so¹, ever〗 **— *adv.***《古・詩》どんなに…でも，いくら…でも (however). ★ 2 語にして how...soever としても用いる．

hów-tó 〖← *how to do something*〗 *adj.* (趣味や道楽仕事の)骨(ｺﾂ)を教えの；手引きになる：a ～ book *on* cooking [gardening] 料理[園芸]入門書．

hoy¹ [hɔ́ɪ] 〖《1495》*hoye* □ MDu. *hoei* (Du. *heu*)〗 *n.* **1** 一本マストの小型地回り帆船，小舟．**2** 大型のはしけ．

hoy² [hɔ́ɪ] 〖《?*a*1387》擬音語：cf. OF *hoie*〗 *int.* ほい，おい《挨拶・注意を引く声；船または家畜などを呼ぶ声》．**— *n.*** 叫び声．

hoy·a [hɔ́ɪə] 〖《1851》← *Thomas Hoy* (*d.* 1821：英国の園芸家)：⇨ -a¹〗 **— *n.*** **1** [H-] サクララン属《ガガイモ科のオーストラリア産観賞用植物の一属名》．**2** サクララン《サクララン属の植物の総称；サクララン (wax plant) など》．

hoy·den [hɔ́ɪdn] 〖《1593》□ ? Du. *heiden* 'HEATHEN, gipsy'〗 **— *n.*** お転婆娘，おきゃん (tomboy). **— *adj.*** 〈娘が〉お転婆な，はねっかえりの，無作法な．**— *vi.*** お転婆に振舞う．

hóyden·hòod *n.* お転婆，はねっかえり，礼儀知らず．

hóy·den·ish [-dnɪʃ] *adj.* 活発な，お転婆な[らしい]．

hóy·den·ìsm [-dnɪzm] *n.* お転婆．

hoyle, H- [hɔ́ɪl] 〖← *E. Hoyle*〗 *n.* 室内遊戯の本，トランプ指導書．

Hoyle [hɔ́ɪl], **Edmond** *n.* (1672–1769) トランプゲームに関する英国の権威；whist その他について最初の体系的著述を残した．
according to Hoyle ホイルの定めた規則通りに[の]，定石通りに[の]；公正に[な]，堂々と(した)．

hp, HP, h.p., H.P.《略》half pay; high power; high pressure；《英》〖商業〗hire purchase；〖天文〗horizontal parallax；horsepower；hot-pressed.

h.p.《略》〖法律〗heir presumptive.

H.P.《略》High Priest；House of Parliament.

HPA《略》high-power amplifier.

ĥ-paràmeter *n.*〖電気〗h パラメーター (⇨ hybrid parameter).

HPF《略》highest possible frequency; high power field.

HPGC《略》〖航空〗heading per gyrocompass ジャイロによる船首方位《ジャイロコンパスの示す船首方向》．

Ĥ pòle *n.*〖電気〗H 柱《2 本の柱の間を横木で結び H 形にたてた電柱》．

hq, HQ, h.q., H.Q.《略》headquarters.

hr, h.r., HR《略》〖野球〗home run(s).

hr.《略》here；hour(s).

Hr.《略》*G.* Herr (＝Mr.).

H.R.《略》Home Rule；Home Ruler；《米》House of Representatives；human relations.

Hra·dec Krá·lo·vé [(h)rɑ́:dets-krɑ́:ləvèɪ；*Czech* hrádεts-krá:lɔvε:] *n.* フラデツ クラーロベ《チェコスロバキアの北西部，Elbe 川沿岸の都市；Sadowa の戦役 (1866) でプロイセン軍がオーストリア軍を打ち破った戦跡地；人口 68,000；ドイツ語名 Königgrätz》．

Hr·dlič·ka [hə́:dlɪtʃkɑ̀ | hɑ́:-；*Czech* hr̩dlɪtʃka], **A·leš** [ɑ́leʃ] *n.* ヘリチカ《1869–1943；ボヘミア生まれの米国の人類学者》．

hrdwre《略》hardware.

H.R.E.《略》Holy Roman Emperor；Holy Roman Empire.

H. Rept.《略》House report.

H. Res.《略》House resolution.

Hr fàctor [éɪtʃɑ́ə | -ɑ́:-] 〖《逆つづり》← *Rh* (*factor*)〗 *n.*〖生化学〗Hr 因子，Hr 血液型《Rh 陰性の血液中にある；cf. Rh factor》．

H.R.H.《略》His [Her] Royal Highness.

HRI《略》height-range indicator.

H.R.I.P.《略》*L.* hic requiescit in pāce (＝here he [she] rests in peace).

Hrolf [rɑ́lf | rɔ́lf] *n.* ＝Rollo².

HRS《略》historical records survey.

hrs.《略》hours.

hrzn.《略》horizon.

h.s.《略》high school；*L.* hoc sensu (＝in this sense)；〖処方〗*L.* hora somni (＝at the hour of sleep).

H.S.《略》High School；《英》Home Secretary；house surgeon.

HSAA《略》《米》Health Sciences Advancement Award.

Ĥ-scòpe *n.*〖通信〗H スコープ，H 表示《レーダーの表示方法の一種で，横軸に水平方位，縦軸に距離，一つの目標に対する 2 輝点の関係が上下方位になるもの；cf. B-scope》．

hse.《略》house.

H.S.E.《略》*L.* hic sepultus est (＝here he [she] lies buried) ここに眠る《墓碑句》．

HSGT《略》high-speed ground transport.

H.S.H.《略》His [Her] Serene Highness.

Hsia [ʃiɑ́:, ʃjɑ́: | ʃiɑ́:, ʃjɑ́:；*Chin.* ʃià] 〖□ Chin. *hsia* (夏)〗 **— *n.*** **1** 夏(ｶ)《中国最初の王朝 (紀元前 21–16 世紀)，伝説上の皇帝禹(ｳ)が創建したといわれる》．**2** 夏王朝の国民．

Hsi Chiang [ʃì:kjɑ́:ŋ；*Chin.* ʃìtʃiɑ̄ŋ] *n.* [the ～] ＝Si-kiang.

hsien [ʃjén；*Chin.* ʃièn] 〖□ Chin. ～ (縣)〗 *Chin. n.* 「縣 (county).

Hsin-kao [ʃìnkáu；*Chin.* ʃinkāu] *n.* 玉山《台湾中南部の山；標高 3,997 m；日本語名新高山，英語名 Morrison》．

Hsin·king [ʃìnkíŋ；*Chin.* ʃintʃíŋ] *n.* 新京 (⇨ Changchun).

HSL《略》high-speed launch.

H.S.M.《略》His [Her] Serene Majesty.

HST《略》Hawaiian standard time；hypersonic transport.

Ĥ-strètcher *n.* H 型をした椅子の脚貫．

Hsü·an Tsung [ʃuɑ́:n-tsúːŋ；*Chin.* ʃyántsūŋ] *n.* 玄宗《685–762；中国唐代の皇帝 (712–756)，楊貴妃を寵愛した》．

Hsüan T'ung [ʃuɑ́:n-túŋ | ʃu-；*Chin.* ʃyāntʻuŋ] *n.* 宣統帝《1908–67；中国清朝最後の皇帝 (1908–11)，満州国執政 (1932–34)，満州国皇帝 (1934–45)；溥儀(ﾌｷﾞ) (Henry Pu-yi)》．

HSUS《略》Humane Society of the United States.

ht.《略》height；heat.

Ht.《略》Harriet.

H.T.《略》half time; halftone; hardtop; Hawaiian Territory《ただし 1959 年 State に昇格》；Hawaiian time；high-tension；high tide；*L.* hoc tempore (＝at this time)；*L.* hoc titulo (＝under this title)；hydrotherapy.

HTH《略》〖化学〗high-test hypochlorite.

Hts.《略》Heights.

ht. wt.《略》〖クリケット〗hit wicket.

Hua Kuo-feng [hwɑ́:-kwòufʌ́ŋ | -kwəu-；*Chin.* xuà kuófvŋ] *n.* 華国鋒《1921–　；中国の政治家；中国共産党主席 (1976–　)，中華人民共和国国務院総理 (1976–80)》．

Huam·bo [(h)wɑ́:mbou | -bəu] *n.* フワンボー《アンゴラ中西部の都市；人口 62,000；旧名 Nova Lisboa》．

hua·mu·chil [wɑ:mú:tʃi:l] 〖□ Mex-Sp. *huamúchil* ＝*cuamúchil*：⇨ camachile〗 *n.*〖植物〗＝camachile.

hua·pan·go [wɑ:pɑ́:ŋgou | -gəu；*Am. Sp.* wapáŋgo] 〖□ Mex-Sp. ～ ← *Huapango* (Veracruz 州にある町の名)〗 **— *n.*** (*pl.* **～s** [～z；*Sp.* ～s])〖ダンス〗ウァパンゴ《メキシコの男女が対になって踊る速いダンス；木製の舞台で足で拍子を取りながら踊る》．

hua·ra·che [wərɑ́:tʃi, hə- | -tʃɪ；*Am. Sp.* warátʃe] 〖□ Mex-Sp. ～〗 **— *n.*** (*pl.* **～s** [～z；*Sp.* ～s]) [通例 *pl.*] (底以外が革ひもで編まれたメキシコの)サンダル：a pair of ～s.

Huás·car [wɑ́:skɑə | -kɑ:(r；*Am. Sp.* wáskar] *n.* ワスカル《1495?–1532；Inca 帝国最後の王位を弟 Atahualpa と争ったが破れ，殺された》．

Huas·ca·rán [wɑ̀:skərɑ́:n；*Am. Sp.* wàskarán] *n.* ワスカラン《南米ペルー中西部 Andes 山脈中の山 (6,768 m)》．

Huas·tec [wɑ́:stek] 〖□ Sp. *huasteco, guasteco* ← Am.-Ind.《土語》〗 **— *n.*** **1** (*pl.* **～**, **～s**) **a** [the ～(s)] ワステカ族《メキシコのインディアンの一族》．**b** ワステカ族の人．**2** ワステカ語《ワステカ族の話すマヤ語》．

hua·yule [waɪjú:li | -lɪ；*Am. Sp.* wajúle] *n.*〖植物〗＝guayule.

hub [hʌ́b] 〖《1511》《変形》← ? HOB¹〗 **— *n.*** **1 a** ハブ，ボス，軸頭，轂(ｺｼｷ) (boss, nave)《衛車・車輪・ベルト車などの軸のはまる部分；⇨ wheel 挿絵》．**b** (扇風器・プロペラの翼などが放射している)中心部，軸の端．**2 a** (活動・興味などの)中心，中枢：a ～ of industry 産業の中心 / the banking ～ of the Arab world アラブ圏の金融の中心地 / the ～ of the universe 世界の中心；米国 Boston の俗称《the Hub ともいう》/ be at the ～ of ...の中心にある．**b**〖ゴルフ〗(スイングの)中心，中軸．**3** (鉄輪投げ (quoits) の)標的 (mark). **4**〖電気〗ハブ《接続ジャック受口の穴》．**5**〖測量〗経緯儀の位置をマークするために用いる棒．**6**〖金属加工〗穿(ｾﾝ)孔機；(貨幣などの)押し型の原型．**7**〖音響〗ハブ《録音テープのリールやカセットの巻芯(ﾏｷｼﾝ)》．
from hub to tire《米口語》完全に (completely).
up to the hub (1) 車輪が轂(ｺｼｷ)まで泥にはまり込んで；深くはまって．(2) 完全に，すっかり．
— *vt.* (**hubbed**；**hub·bing**)〖金属加工〗〈金属素板〉に穿孔機で型押しする．

hub·ba·boo [hʌ̀bəbú:] *n.* ＝hubbub¹.

hub·ba-hub·ba [hʌ́bəhʌ́bə] 〖《1944》← ?：cf. Arab. *ḥabba* to love〗 *int.*《米俗》ハバハバ，よしよし，すてき；ようよう《興奮・熱狂・賛成などを表わす；また第二次大戦で米兵が美人賞賛に用いた言葉》．

Hub·bard [hʌ́bəd | -bəd], **Elbert** (**Green**) *n.* (1856–1915) 米国の著述家・雑誌編集者．

Húbbard squásh 〖? ← *Hubbard* (人名)〗 *n.* ハッバードカボチャ：**1** 米国原産の固くて平滑またはこぶのある紡錘型の西洋カボチャ．**2** その植物．

hub·ble [hʌ́bl] 〖(dim.) ← HUB：⇨ -le¹〗 *n.*《スコット・北英》騒ぎ，騒動 (hubbub).

hub·ble-bub·ble [hʌ́blbʌ̀bl] 〖《1634》《加重》← BUBBLE〗 *n.* **1** (ぶくぶくいう)水ぎせる (cf. hookah). **2** ぶくぶく(あわ立つ音)；ぺちゃくちゃ(しゃべること)．

Húb·ble cónstant [hʌ́bl-] 〖← *E.P. Hubble* (1889–1953：米国の天文学者)〗 **— *n.*** (*also* **Húbble's cónstant**)〖天文〗ハッブルの定数《ハッブルの法則すなわち銀河系が後退する速度が距離に比例するというその比例定数》．

Húbble's láw 〖↑〗 *n.* (*also* **Húbble láw**)〖天文〗ハッブルの法則《銀河系の後退の速度はわれわれの銀河系からの距離に比例する》．

hub·bly [hʌ́bli, -bli | -blɪ, -blɪ] 〖⇨ hubble, -y⁴〗 *adj.*《口語》こぶだらけの，でこぼこの．

hub·bub¹ [hʌ́bʌb | -bʌb, -bəb] 〖《1555》← ? Ir. *abú* war cry〗 **— *n.*** **1** がやがや，わあっわあっ(という騒音)；ときの声：a ～ of noise(s). **2** 騒ぎ (uproar)，混乱．**3** ハバッブ《賽(ｻｲ)と盆を用いて行なうインディアンのゲーム；米国の New England で行なわれた》．

hub·bub² [hʌ́bʌb | -bʌb, -bəb] *n.*《気象》＝haboob.

hub·bu·boo [hʌ̀bəbú:] *n.* ＝hubbub¹.

hub·by [hʌ́bi | -bɪ] 〖《1688》← HUSHAND：⇨ -y²：cf. baby〗 *n.*《口語》夫，主人，ハズ (husband) (cf. wifey).

húb·càp 〖← HUB＋CAP¹〗 *n.*〖自動車〗ハブ[ホイール]キャップ《車軸の末端にかぶせる覆い》．

Hu·bert [hjú:bət | -bət, -bɜ:t；*Du.* hý:bərt] 〖□ F ～ ← OHG *Hugubert* bright in spirit ← *hugu* mind, heart (⇨ hug)＋*beraht* 'BRIGHT'：cf. Hugh〗 **— *n.*** 男性名．

hu·bris [h(j)ú:brɪs, -brəs | -brɪs] 〖《1884》□ Gk *húbris* ← IE **ŭd-* up＋**gʷer-* heavy〗 **— *n.*** (自信過剰などによる)傲慢，威太高 (arrogance)；〖ギリシャ悲劇〗神々に対する思い上り．

hu·bris·tic [h(j)u:brístɪk] 〖《1831》□ Gk *hubristik-ós* insolent ← *húbris* (↑)：⇨ -ic¹〗 *adj.* 横柄な，傲慢な (arrogant).

Huch [hú:k；*G.* hú:x], **Ri·car·da** [rɪkɑ́rda] *n.* フーフ《1864–1947；ドイツの女流小説家》．

huck [hʌ́k] *n.*《口語》＝huckaback.

huck·a·back [hʌ́kəbæ̀k] 〖《1690》← ?：cf. LG *hukkebak* pick-a-back〗 *n.* ハッカバック《あらくて丈夫なリンネルまたは木綿製のタオル地》．

huck·le [hʌ́kl] 〖《*a*1529》←《廃》*huck, hoke* hip：⇨ -le¹：cf.《廃》*hok*(*ke*) *bon* hipbone〗 *n.*《古》尻，腰．

húckle·bàcked *adj.* せむしの．

huck·le·ber·ry [hʌ́klbèri | -b(ə)rɪ, -bèrɪ] 〘《1670》《転訛》← HURTLEBERRY〙 — *n.* 〘植物〙 **1** ハックルベリー： **a** 北米産ツツジ科 *Gaylussacia* 属のコケモモに似た低木の総称；(特に) *G. baccata*. **b** その実《紫黒色で食用；blueberry に似るが 10 個の大きな種子がある》. **2** 《俗用》＝blueberry. — *adj.* ハックルベリー入りの[で作った]. — *vi.* ハックルベリーを採る[捜す].

Húck·le·ber·ry Fínn [hʌ́klbéri-fín | -b(ə)rɪ-, -bé-rɪ-], **The Adventures of** *n.*「ハックルベリーフィンの冒険」《Mark Twain 作の小説；英国版 1884；米国版 1885》.

húckle·bòne 〘《1529》〙 *n.* 〘解剖〙 寛骨, 無名骨 (hipbone)；座骨 (anklebone).

huck·ster [hʌ́kstə | -stə(r] 〘《?c1200》 *hukster, hokester* ▭ ? MDu. *hoekster* ← *hoeken* to retail：⇨ -ster：cf. hawker² / ME *hucken* to higgle, sell〙 — *n.* **1** 呼売り商人 (hawker)；(青物・果物などの) 行商人. **2** 金で動く人, 金目当ての人 (mercenary). **3** 《米口語》 **a** 広告屋, 宣伝屋, 広告[CM]作者《特に, テレビ・ラジオ放送用の刺激的なコマーシャルを製作する人》. **b** 売込み上手な[押し売り的な]セールスマン. — *vi.* 呼売りする；行商する. — *vt.* **1** 小売りする. **2** 強引に[いかがわしいやり方で]売る[宣伝する].

huck·ster·er [hʌ́kst(ə)rə | -rə(r] *n.* 《古》＝huckster.

húck·ster·ism [-stərɪzm] *n.* ＝commercialism 1.

HUD, H.U.D. 《略》 Department of Housing and Urban Development (米国の) 連邦都市開発省《1965 年設立》.

Hud·ders·field [hʌ́dəzfìːld | -dəz-] 〘ME *Huderesfeld* (lateOE *Oderesfelt*) 《原義》 open land of *Hudæd* (人名)〙 — *n.* イングランド West Yorkshire 州の都市；人口 31,000.

hud·dle [hʌ́dl] 〘《1579》《変形》← ME *hodere(n)* to huddle：⇨ -le³：cf. hide²〙 — *vt.* **1 a** ごたごた集める, ごちゃごちゃに積む ⟨*together, up*⟩. **b** ⟨衣類などを⟩ごちゃごちゃにして押し込む[引っ張り出す]〔*into, out of*〕：～ clothes *into* a trunk 衣服をトランクの中にごちゃごちゃに詰め込む. **2** [～ oneself または Passive で] ⟨体を⟩丸くちぢこまらせる ⟨*up*⟩：～ *oneself* [*be* ～*d*] *up* 体を丸くする, ちぢこまる, うずくまる / lie ～*d up* in bed ちぢこまって寝る / She sat ～*d* in a chair. 椅子にかけて丸くなっていた. **3** 隠す, 人の目につかぬようにする (cover up). **4** 《英》急いで作り上げる, ぞんざいに片付ける ⟨*up, over, through*⟩：～ a job *through* 大急ぎで仕事をやる / ～ *up* a treaty 大急ぎで条約を結ぶ / ～ *over* one's duty 職務をいい加減にする. **5** 急いで着る, 引っ掛ける ⟨*on*⟩：～ *on* one's clothes. — *vi.* **1** 群れ集まる, 群がる (crowd), ごたごた集まる：～ in a corner すみの方にごたごた集まる / ～ *around* the fire たき火のまわりに集まる / ～ *together* for warmth かたまって暖をとる. **2** ⟨体を⟩丸くする, うずくまる (crouch), 丸くなって寝る ⟨*up*⟩；〔…に〕(丸くなって)すり寄る ⟨*up*⟩〔*against, to*〕. **3** 《口語》密議する, 相談する, 会談する. **4** 〘トランプ〙(ブリッジで)不当に長く考える. **5** 〘アメリカンフットボール〙ハドルする (cf. *n.* 4).
— *n.* **1** ごちゃごちゃした人の集まり, 雑然とした集団；群衆：～*s* of pigs ぎゅうぎゅうに詰め込んだ豚 / a ～ of small boats 雑然としたボートの群れ. **2** ごっちゃ, 混雑, 乱雑 (confusion)：all in a ～ 乱雑に, ごたごたと / ～ upon ～ ひと山になって, ひとかたまりになって. **3** 《口語》秘密会議, 密議 (conference)：go into a ～ with …と密議に入る[密談をする] / call a ～ 秘密会を開く. **4** 〘アメリカンフットボール〙ハドル《一つのダウン開始の前に 11 名が次にするプレーを定める集合》.

húd·dler [-dlə, -dlə | -dlə(r, -dlə(r] *n.*

Hu·di·bras·tic [hjùːdəbræ̀stɪk | -dɪ-] 〘《1712》← *Hudibras* (英国詩人 Samuel Butler (1612–80) 作の風刺物語詩 (1663–78) とその主人公)＋(FANTAS)TIC〙 — *adj.* **1** ヒューディブラス的な. **2** 滑稽で風刺的な. — *n.* (ヒューディブラス風の) 二行連句 (couplet).

Hud·son [hʌ́dsn] 〘← *Henry Hudson* (↓)〙 *n.* [the ～] 米国 New York 州東部の川；New York 市の西側を流れ New York 湾に注ぐ (507 km).

Hud·son [hʌ́dsn], **Henry** *n.* (1550?–1611) 英国の航海家・探検家；北米 Hudson 川を探検してのちの New York の基礎を築き (1609), Hudson 湾を発見 (1611).

Hudson, W(**illiam**) **H**(**enry**) *n.* (1841–1922) アルゼンチン生れの英国の博物学者・随筆家・小説家；*Green Mansions* (1904), *Far Away and Long Ago* (1918).

Húdson Báy *n.* ハドソン湾《カナダ北部の大内海；長さ約 1,370 km, 幅 1,050 km》.

Húdson's Báy Còmpany *n.* [the ～] 1670 年アメリカインディアンとの毛皮の取引をするために許可された英国の会社 (略 H.B.C.).

Húdson séal *n.* 模造あざらしの皮《うさぎ・じゃこうねずみなどの毛皮》.

Húdson Stráit *n.* [the ～] ハドソン海峡《Hudson 湾と大西洋をつなぐ海峡；長さ 724 km, 幅 153 km》.

hue¹ [hjúː] 〘OE *hīw* form, appearance, color < Gmc **χiujam* (ON *hȳ* down on plants / Goth. *hiwi* form) ← IE **k̑ei-* names of various colors (Skt *śyāvas* blackish brown)〙 — *n.* **1** 色；色合い (tint), 色相：the ～*s* of the rainbow 虹の七色 / a dark ～ 黒ずんだ色合い. **2** (意見などの)特色, 色合い, 傾向：politicians of various ～*s* 種々色合いの違った[違った意見を持つ]政治家たち. **3** 《廃》外形, 外見 (form, appearance). — *vt.* ⟨物⟩に色をつける〔*with*〕. — *vi.* 色がつく.

hue² [hjúː] 〘ME *heu(e)* ▭ OF *hu, hui(e)* outcry ← *huer* to shout《擬音語》〙 — *n.* (追跡の)叫び声 (outcry). ★ 次の成句に用いる以外は《廃》:
hue and cry 〘▭ AF *hu e cri* ← *hu*＋e and＋*cri* (⇨ cry)〙 (1) 〘法律〙叫喚追跡《昔, 令状なしに犯人を逮捕出来た方法；笛を吹き喚声を揚げて追跡逮捕すれば合法的だとされた》；罪人捕縛布達書；(昔の罪状・犯罪捜索などに関する)警察公報：raise a ～ *and cry*「泥棒, 泥棒」と叫ぶ. (2) 大騒ぎ (hubbub), やかましい非難〔*against*〕.

Hué [(h)wéɪ, (h)juéɪ; *F.* ɥe] *n.* (*also* **Hue** [～]) ユエ, フエ《ベトナム中部の海港；もと安南の首都, ベトナム戦争の激戦地；人口 210,000；漢名は順化》.

hued 〘OE (*ge*)*hīwod*：⇨ hue¹, -ed 2〙 *adj.* [通例複合語の第 2 構成要素として] (…の)色のついた；…の色合いの, 色合いが…の：dark-*hued*, golden-*hued*.

húe·less 〘OE *hīwlēas*：⇨ hue¹, -less〙 *adj.* 無色の (colorless)；青白い (pallid).

hue·mul [weɪmúːl] *n.*; *Am. Sp.* wemúl] *n.* 〘動物〙ゲマルジカ (*Odocoileus bisulcus*)《アンデス産のシカ》.

Huer·ta [wɛ́ətə, uːɛ́ətə | wɛ́ətə, uːɛ́ətə; *Am. Sp.* wérta], **Vic·to·ria·no** [bɪktorjáno] *n.* ウェルタ《1854–1916；メキシコ革命の英雄 Madero 大統領を打倒したメキシコの将軍・政治家；大統領 (1913–14)》.

Hu·ette [hjúːɪt, -ət] 〘(fem.dim.) ← HUGH〙 *n.* 女性名《異形 Hewett》.

Hu·ey [hjúːi | hjúːɪ] 〘《変形》← HUGH〙 *n.* 男性名.

huff [hʌ́f] 〘v.: 《1583》擬音語：息を吹く音から. —n.: 《1599》← (v.)〙 — *vt.* **1** 怒らせる (offend)：be ～*ed* by a critic's comment 批評家の論評に怒る. **2** 《古》 **a** しかりつける. **b** どなりつけて[威嚇して]…させる[…をやめさせる] (hector)〔*into, out of*〕：～ a person *into* silence 人をどなりつけて黙らせる / ～ a person *out of* the room 人をどなりつけて部屋から追い出す. **3** 《古》⟨空気を⟩吹込む, ふくらませる, 膨張させる；増長させる. **4** 〘チェッカー〙(当然取るべき駒を取らなかった)罰として⟨相手の駒を⟩取る《その時駒に息を吹き掛ける》. — *vi.* **1** (はーっと)息を吹く[吐く] (blow, puff). **2** おどすように[どなって]言う, 威張り散らす ★ 主に次の句で：～ and puff (over [against] …) (どうにもならない事について) (口先だけで)騒ぎ立てる, やかましく言う. **3** 怒る.
— *n.* **1** ぷっと怒ること, 立腹. ★ 主に次の句で：take ～ 腹を立てる / in a ～ むっとして. **2** 〘チェッカー〙罰として駒を取ること (cf. *vt.* 4).

huff-duff [hʌ́fdʌ̀f] 〘HF (＝high frequency), DF (＝direction finding) をそれぞれ [hʌ́f] [dʌ́f] と発音することから〙 — *n.* 〘通信〙ハフダフ探知機《高周波信号を受けて発信局の方向を陰極線管のスクリーンに指示させる受信装置；地域的に離れている 2 個所以上に配置された上記の受信装置によって発信局の位置を決定する》.

húff·ish [-fɪʃ] 〘← HUFF＋-ISH¹〙 *adj.* **1** 不機嫌な (sulky), ぷりぷりしている. **2** 威張り散らす, 高慢ちきな (arrogant). **～·ly** *adv.* **～·ness** *n.*

huff·y [hʌ́fi | -fɪ] 〘← HUFF＋-Y⁴〙 — *adj.* (**huff·i·er**; **-i·est**) **1 a** 怒りっぽい, 短気な. **b** むっとしている, 腹をたてている：get ～ 腹をたてる. **2** 傲慢な, 高慢ちきな. **húff·i·ly** [-fɪli, -fə- | -lɪ] *adv.* **húff·i·ness** *n.*

hug [hʌ́g] 〘《1567》← Scand.：cf. ON *hugga* to soothe, comfort〙 — *v.* (**hugged**; **hug·ging**) — *vt.* **1 a** (通例愛情をこめて両腕で)抱き締める (embrace)：～ a doll 人形を抱き締める. **b** ⟨熊などが⟩⟨人・犬などを⟩前足で抱いて締め付ける, 抱え込む. **2 a** なかなか手離そうとしない, ⟨物・人⟩にしがみつく；⟨偏見などを⟩抱く, 固執する (cherish)：～ a belief that …という考えを固執する / He tried to ～ the middle of the road. 中道(の政策)からはずれまいとした. **b** ⟨体⟩にぴったりくっつく (cf. hug-me-tight)：She was wearing a yellow knit that ～*ged* her figure. 彼女はぴったりした(体の線が見える)黄色のニットを着ていた. **3** ⟨岸⟩に近く航行する；⟨歩行者・車などが⟩⟨道路のふちなど⟩に接近して通る：～ the shore 海岸に沿って航行する / ～ the curb 道路のふちを通る. **4** [～ one-*self* で] 喜ぶ〔*on, over, for*〕：～ *oneself on* one's success 成功を喜ぶ. — *vi.* **1** しがみつく, 抱きつく. **2** 寄り添う, くっつき合う. — *n.* **1** (愛情のある)抱きしめ, 抱擁 (embrace)：He gave me an affectionate ～. 私を優しく抱きしめてくれた. **2** (熊などの)抱え込み. **3** 〘レスリング〙ハッグ, 抱き込み (cf. bear hug).

huge [hjúːdʒ, júːdʒ | hjúːdʒ] 〘《?c1150》 *huge, hoge* 《頭音消失》← OF *ahuge* ← *a-* (F *à*) 'AD-'＋*hoge* height, hill (← ? Gmc)〙 — *adj.* (**hug·er**; **hug·est**) **1** 巨大な, 莫大な (enormous, gigantic)：a ～ mountain, building, army, etc. / a ～ sum of money 巨額の金 / a ～ difference [satisfaction] 大きな相違[満足]. **2** 限りない, 無限の (unbounded)：his ～ personal talent 彼の限りない人間的才能. **～·ness** *n.*

Hü·gel [hjúːgəl], Baron **Friedrich von** *n.* ヒューゲル《1852–1925；イタリア生れでオーストリア系の英国のカトリック神学者》.

húge·ly 〘《c1350》：⇨ huge, -ly¹〙 *adv.* 大いに, 非常に (enormously)：be ～ pleased とても喜ぶ.

huge·ous [hjúːdʒəs, júː- | hjúː-] 〘← HUGE＋-OUS〙 *adj.* 《古・戯言》＝huge. **～·ly** *adv.* **～·ness** *n.*

hug·ga·ble [hʌ́gəbl] 〘← HUG＋-ABLE〙 *adj.* 抱き締めたくなるような：a ～ cub.

hug·ger-mug·ger [hʌ́gəmʌ̀gə, ーーーー | hʌ́gəmʌ̀gə(r] 〘《1526》 *hucker-mucker* ← ?：cf. 《方言》 *mucker* < ME *mokere(n)* to hoard〙 — *n.* **1** 乱雑, 混乱 (muddle), 無秩序 (confusion). **2** 《古》秘密, 内密 (secrecy). — *adj.* **1** 乱雑な, 混乱した (muddled, confused). **2** 《古》秘密の, 内密の (secret, clandestine). — *adv.* **1** 混乱して, 乱雑に：They sat ～ at the table. テーブルを囲んでめいめい勝手な席に着いた. **2** 《古》ひそかに. — *vt.* 隠す, 内密にする ⟨*up*⟩. — *vi.* **1** こっそりやる；こっそり集まる；こそこそ相談する. **2** もたもたやる.

hug·ger-mug·ger·y [hʌ́gəmʌ̀g(ə)ri | -gəmʌ̀g(ə)rɪ] *n.* ＝hugger-mugger 2.

Hug·gins [hʌ́gɪnz, -gənz | -gɪnz], **Charles Brenton** *n.* (1901–) カナダ生れの米国の外科医；Nobel 医学生理学賞 (1966).

Hug·gins, Sir **William** *n.* (1824–1910) 英国の天文学者.

Hugh [hjúː] 〘▭ OF *Hue* ▭ OHG *Hugo* ← *hugu* mind：cf. Hubert〙 *n.* 男性名《異形 Hew, Hu, Huey, Hughie》.

Hugh Capet *n.* ⇨ Hugh CAPET.

Hughes [hjúːz] 〘⇨ Hugh〙 *n.* 男性名.

Hughes, (**James**) **Langston** *n.* (1902–67) 米国の黒人詩人・小説家；*The Weary Blues* (1926).

Hughes, Richard Arthur Warren *n.* (1900–76) 英国の小説家・劇作家・詩人；*A High Wind in Jamaica* (小説 1929).

Hughes, Thomas *n.* (1822–96) 英国の法律家・小説家；*Tom Brown's Schooldays* (1857).

Hugh·ie [hjúːi | hjúːɪ] 〘(dim.) ← HUGH：⇨ -ie〙 *n.* 男性名.

Hug·li [húːgli | -glɪ] *n.* ＝Hooghly.

húg-me-tìght *n.* 体にぴったりした(時には袖(そで)なしの)婦人用上着《編んで作られるものが多い》.

Hu·go [hjúːgoʊ | -gəʊ; *F.* ygo, *G.* húːgo, *Du.* hýːxo, *Swed.* húːgo] 〘▭ ONF *Hugon*＝*Hue* 'HUGH'〙 *n.* 男性名.

Hu·go [(h)júːgoʊ | -gəʊ; *F.* ygo], **Victor** (**Marie**) *n.* ユーゴー《1802–85；フランスの詩人・小説家・劇作家；*Les Misérables*「レミゼラブル」(小説, 1862)》.

Húgo ròse [(h)júːgoʊ- | -gəʊ-] 〘19 世紀にこのバラを初めて英国に紹介した Hugo 神父にちなむ〙 *n.* 〘植物〙ユーゴーローズ (*Rosa hugonis*)《中国北中部原産の早咲きのバラ, 花は黄色. 欧州で栽培；Father Hugo's rose ともいう》.

Hu·gue·not [hjúːgənɑ̀t | -nɒ̀t, -nəʊ; *F.* ygno] 〘《1562》▭ F ～ ▭ Swiss-G *eidgenoss* = G *Eidgenosse* confederate ← *Eid* oath＋*Genoss* comrade：ジュネーブの宗教改革者 *Besançon Hugues* の名と連想された〙 — *n.* 〘キリスト教〙ユグノー《16–17 世紀ごろのフランスのカルヴァン派プロテスタントの呼称》.

Hu·gue·not·ic [hjùːgənɑ́tɪk | -nɒ́t-] *adj.* ユグノーの.

Hu·gue·not·ism [hjúːgənɑ̀tɪzm, -nɔ̀(ː)t-, -nòʊɪzm | -nɒ̀tɪzm, -nəʊɪzm] *n.* ユグノーの教義.

huh [hm, hʌ̃, hʌ́] 〘《1608》擬音語〙 *int.* 《米》ふん, 何だって《軽蔑・嘲(ちょう)笑・驚き・疑問などを表わす》.

Hu·he·hot [húːheɪhóʊt | -hə́ʊt] *n.* 呼和浩特(フホホト)《中国, 内モンゴル自治区 (Inner Mongolian Autonomous Region) 南部にある同自治区の首都；人口 320,000；旧名 Kweihwating, Kweisui》.

hu·i [húːi | -ɪ] 〘← Hawaiian《土語》〙 *n.* 《ハワイ・ニュージーランド》 **1** 会合；懇親会 (gathering). **2** クラブ, 会, 組合. **3** 提携, 共同 (partnership).

hu·ia [húːjə] 〘← Maori《土語》〙 — *n.* 〘鳥類〙ホオダレムクドリ (*Heteralocha acutirostris*)《ニュージーランドに生息したが絶滅した鳥；雌雄でくちばしの形が違うので有名》.

hui·sa·che [wiːsɑ́ːtʃi | -tʃɪ; *Am. Sp.* wisátʃe] 〘▭ Sp. ～ ← N-Am.-Ind. (Nahuatl)〙 — *n.* 〘植物〙キンゴウカン(金合歓) (*Acacia farnesiana*)《米国東部および熱帯地方産のマメ科の低木；その香気のある花は香水の原料；sponge tree ともいう》.

Hui-tsung [hwìːtsʊ́ŋ; *Chin.* xuìtsūŋ] *n.* 徽宗(きそう)《1082–1135；中国北宋第 8 代の皇帝 (1110–25)；書画をよくし文化事業を奨励した》.

Hui·zin·ga [háɪzɪŋə; *Du.* hœ́izɪŋxaː], **Johan** *n.* ホイジンハー, ハイジンガー《1872–1945；オランダの歴史学者；*The Waning of the Middle Ages*「中世の秋」(1919), *Homo Ludens*「ホモルーデンス」(1938)》.

hu·la [húːlə] 〘← Hawaiian《土語》〙 — *n.* **1** フラダンス《ハワイの民族舞踊》：a ～ dancer, girl, song / dance the ～. **2** フラダンス用の音楽. — *vi.* フラダンスを踊る.

Hula-Hoop [húːləhùːp] 〘← HULA (↑)＋HOOP¹〙 — *n.* 〘商標〙フラフープ《腰を揺すって腰のまわりを回転させて遊ぶ通例プラスチック製の中空の輪》. — *vi.* [hula-hoop] フラフープを回す[回して遊ぶ].

húla-húla *n.* ＝hula.

húla skìrt *n.* **1** フラスカート《長い草の茎で作ったスカートで, ハワイのフラダンサーが着用するもの》. **2** フラスカートをまねて作ったスカート.

Hul·da [hʌ́ldə] 〘▭ ON *Huld-r*《原義》muffled〙 *n.* 女性名. ★ 米国に多い.

hulk [hʌ́lk] 〘OE *hulc* light ship ▭ ? ML *hulc-us, hulca* ▭ Gk *holkás* towed ship ← *hélkein* to draw ← IE **selk-* to pull, draw〙 — *n.* **1 a** 廃船の船体, こわれた建物の外郭. **b** 大型で扱いにくい船. **2** 《軽蔑》

図体の大きい男, 大男 (bulky person); ばかでかい物, かさばる物. **3 a** 廃船《倉庫などに利用される古い船体》. **b** [*pl.*] 牢(ろう)獄船: be condemned to the ~*s* 獄屋入りを言い渡される. **4** 《紋章》船体《帆柱など一切なく, 船体だけを描いた図形であり, demi-hulk といって半分の図形になったものの方が多い》. — *vi.* **1** 大きい姿でぼーっと現われる (loom) ⟨*up*⟩; 大きく迫る. **2** 《英方言》のっそりと[重々しく]歩き回る. — *vt.* ⟨船員など⟩に牢獄船入りを命じる; 廃船に泊らせる.

húlk·ing 〖← HULK＋-ING²〗 *adj.* 大きくて始末に困る, かさばった (bulky); 大きくてぶざまな[不格好な].

hulk·y [hʌ́lki | -kɪ] *adj.* (**hulk·i·er**; **-i·est**) ＝hulking.

hull¹ [hʌ́l] 〖OE *hulu* (← *helan* to conceal, cover) ＜ Gmc **χuljō* (G *Hülle* covering, husk) ← IE **kel-* to cover (cf. hole)〗 — *n.* **1** (穀粒・種などの)外皮, から (husk); (豆の)さや (pod). **2** (いちごなどの)へた. **3** おおい (covering). — *vt.* **1** ⟨種など⟩の外皮を取る; ⟨穀物⟩のもみをする, 皮[さや]をむく (shell): ~ beans, peas, etc. / ~*ed* rice 玄米. **2** ⟨いちごなど⟩のへたを取る. **húll-less** *adj.*

hull² [hʌ́l] 〖(1556)《転用》← HULL¹: cf. Du. *hol* ship's hold〗 — *n.* **1** 船体. **2** 《航空》(飛行艇の)艇体, 胴体; (硬式飛行船の葉巻形の)船体, 殻(から)体. **3** (砲塔を除いた戦車の)車体. **4 a** 空薬筒. **b** 弾薬筒.
hull down (1) (船体が水平線下に沈んでマストと煙突しか見えないほど)かなたに (far away), 海上はるかに: 正甲板が水面すれすれになって. (2) 《軍事》⟨戦車・装甲車など⟩(敵から見えないが)自分の方からは敵を観察・攻撃できる位置に, 車体遮蔽(しゃへい)の姿勢で, 砲塔射撃の姿勢で. ***hull out***＝***hull up*** (船体が水平線上に見えるほど)近く, 水平線上に姿を現わして.
— *vt.* (砲弾や魚雷で)⟨船⟩の横側を貫く, …の船体に砲弾などを命中させる. — *vi.* **1** 帆をたたんで漂う. **2** 《古》のらくらと無為に時を過ごす.

Hull [hʌ́l] 〖OE ～《原義》(muddy) river ?: cf. OIr. *suth* milk / Welsh *sugno* to suck / OE *sol* mud〗 — *n.* **1** イングランド北東部 Humberside 州の首都, 海港・工業都市; 人口 286,000; 公式には Kingston-upon-Hull という. **2** カナダ南東部の都市, Ottawa 川を間にして Ottawa 市に対する; 人口 64,000.

Hull [hʌ́l], **Cor·del** [kɔ́ədel, ─́ ─̀ | kɔ́:del, ─̀ ─́] *n.* (1871-1955) 米国の政治家; 国務長官 (1933-44); Nobel 平和賞 (1945).

Hull, William *n.* (1753-1825) 米国の将軍.

hul·la·ba·loo [hʌ́ləbəlù:, ─̀ ─ ─ ─́ | ─̀ ─ ─ ─́] 〖(1762) ← ? HALLO＋《スコット》*baloo* hush〗 — *n.* (*pl.* ~**s**) (*also* **hul·la·bal·loo** [~]) がやがや, 騒音; 大騒ぎ, ごった返し; やかましい[喧々(けんけん)囂々(ごうごう)の]騒ぎ.

húll bàlance *n.* 《海事》船体釣り合い《帆船で正常の傾斜をした時, よく釣り合いが取れて操船・操舵に充分である特性》.

húlled bárley *n.* 皮麦《種子に皮をかぶったムギ; Scotch barley ともいう》.

húll effìciency *n.* 《造船》船体効率《有効馬力と推進馬力の比; プロペラ設計に用いる》.

húll·er [-lə | -lə(r] 〖← HULL¹＋-ER¹〗 *n.* もみすり機.

húll gìrder *n.* 《造船》ハルガーダー《船体を一つの箱と考えた場合の積荷の偏在や波による船体歪みに抵抗するもの》.

Húll Hòuse 〖← *Charles J. Hull* (その建物のもとの持主)〗 *n.* Jane Addams たちが 1889 年に米国の Chicago 市に創設した同国最初のセツルメント(ハウス).

húll·ing lìne [-lɪŋ-] *n.* 《海事》絞帆索《特に縮帆用当て木 (reefing battens) の付いた帆を絞るための索》.

hul·lo [həlóu, hʌ- | -lə́u] 〖(1857): cf. hallo, hello〗 *int.* 《英》＝hallo.

hul·loo [hʌlú:, ─̀ ─́] 〖↑〗 *int.*, *n.*, *v.* 《英》＝hallo.

hul·ly gul·ly [hʌ́li-gʌ́li | -lɪ-gʌ́lɪ] 〖← ?〗 *n.* 《ダンス》ハリガリ《ツイストから派生したフルーグ (frug) の変形》.

Hulme [hjú:m, hú:m], **T**(**homas**) **E**(**rnest**) *n.* (1883-1917) 英国の哲学者・批評家; 写象主義 (imagism) 運動の指導者; *Speculations* (1924).

hum¹ 〖(*c*1385) *humme(n)* (cog. G *hummen*): 擬音語〗 — *v.* [hʌ́m] (**hummed**; **hum·ming**) — *vi.* **1** ⟨はち・モーターなどが⟩ぶんぶんいう: My head ~*s*. 頭ががんがんする / A kettle was ~*ming* on a stove. やかんがストーブの上でちんちん音を立てていた. **2** 「むー」という音を出す; (口の中で)ふむふむ言う, 口ごもる: ~ and haw [ha] ＝HEM² *and haw*. **3** 鼻歌を歌う; ハミングする. **4** ⟨場所が⟩(騒音・活気などで)ざわつく ⟨*with*⟩: The room ~*med with* voices. 部屋は大勢の声でがやがやしていた. **5** 《口語》⟨事業などが⟩活気がある, 景気がよい: make things ~ 盛んにやる, 景気を付ける. **6** 《英俗》(汗などで)悪臭がする. — *vt.* **1** 鼻で歌う; ハミングで歌う: ~ a tune / ~ songs to oneself ひとりで鼻歌を歌う. **2 a** 鼻歌を歌って…させる: ~ a child *to* sleep 小声で子守歌を歌って子供を寝つかせる. **b** ふむふむ言って表わす: ~ one's displeasure.
hum along ⟨自動車などが⟩びゅーっと驀進(ばくしん)する.
— [hʌ́m] *n.* **1** ぶんぶん(いうこと, いう音): the ~ of bees, machinery, etc. **2 a** 遠い雑音, がやがや; (賞賛・驚きなどを表わす)ざわめき: the ~ of conversation, voices, traffic, etc. **b** (ラジオ受信機の)ハム《ぶーんという雑音》. **3** 鼻歌で歌うメロディー, (ひと節の)鼻歌. **4** (人間の)活動, 活躍: the busy ~ of men. **5** うーむ, ええと《ためらいを表わす》: give an answer after some ~*s* and haws [hɑ́:s] 何度も口ごもったあとで返事をする. **6** 《英俗》悪臭.
— [hm:, m̩m] *int.* ふーん, うーむ, へーえ(など)《疑い・不同意・驚き・感嘆などを表わす》.

hum·ma·ble [hʌ́məbl̩] *adj.*

hum² [hʌ́m] 〖《略》← HUMBUG〗《口語》*n.* 詐欺, ぺてん. — *vt.* (**hummed**; **hum·ming**) ぺてんにかける (humbug).

hu·man [hjú:mən, jú:- | hjú:-] 〖(17C) ⊏ L *hūmānus* ← *homō* man ← IE **(dh)ghomon-* earthling (cf. humble) ∽ (?*c*1450) *humain* ⊏ (O)F ＜ L: 意味の変化については ⇨ Adam¹〗 — *adj.* **1** 人間の, 人類の, 人の; 人間に関する[属する]; 人間特有の; 人間のような: a ~ being [creature] 人間, 人 / the ~ body 人体, 人 / the ~ voice 人間の声 / ~ affairs 人事《人間社会の諸事》/ the ~ condition (社会における)人間(存在)の状態 / ~ rights 人権 / in ~ form [shape] (表面は)人間の形をして[た]. **2** 人間から成る, 人である: the ~ race 人類 / ~ society 人間社会 / a ~ sacrifice 人身御供(ごくう) / a ~ shield (護衛などのための)人垣. **3 a** (神・獣類と区別して)人間らしい, ⟨欠点など⟩人間にありがちな, 人間的な: ~ weaknesses / more [less] than ~ 人間以上[以下]で / This proves he is only ~. この事で彼も人の子だということがわかる / He was ~—all too ~. 彼は人間的な—あまりにも人間的だった. **b** (機械などと区別して)人間の, 人間的な: the ~ element [factor] 人間的要素[要因]. **4** 人間性の[に関する]; 人情の機微に触れる: ~ comedy 人間喜劇, 「人間模様」《Balzac の一連の小説の題名から》/ a ~ document 人間記録《人間性の実相を伝えるような生きた事実の記録》/ ~ interest (新聞記事などで読者を引きつけるような人間的興味, 人情味 / a ~ touch (人)情味. **5** 人情味のある, 温か味のある (humane). — *n.* **1** 人, 人間. ★ human being の方が多く用いられる. **2** [the ~] **a** 人類 (the human race). **b** 人間に関するもの, 人間的な事柄.
~·lìke *adj.*

húman bótfly *n.* 《昆虫》熱帯アメリカに生息し, 人類や哺乳動物の皮下に寄生するハエの一種 (*Dermatobia hominis*).

hu·mane [hju:méɪn, ju:- | hju:-, hjʊ-] 〖(*c*1500)《変形》← HUMAN〗 — *adj.* **1 a** 人道にかなった, 人情のある (compassionate), 慈悲深い (merciful): ~ feelings 慈悲心 / a man of ~ character 心だてのやさしい人. **b** ⟨兵器・道具など⟩苦痛を与えることが少ない. **2** ⟨学問・研究など⟩人文教養的な (humanistic): ~ studies 人文科学 / ~ learning 古典文学. **~·ly** *adv.* **~·ness** *n.*

húman ecólogy *n.* 《社会学》**1** 社会生態学《人口と施設の配置とその相互関係とを対象とする社会学の一部門》. **2** 人間[人類]生態学.

humáne kíller *n.* 無痛屠(と)殺機.

húman engineér *n.* 人間工学者.

húman engineéring *n.* **1** 《心理》人間管理《労働者の仕事の最高能率と仕事に対する満足感を心理学的に調整する》. **2** 人間工学《人間と機械との関係を生理・解剖・人類・応用心理・物理などの諸科学の立場から研究し, 人間による機械の使用法を最高能率にしようとする技術科学; ergonomics ともいう; cf. psychotechnology》.

humáne socíety, H- S- *n.* **1** 愛護会《慈善・博愛的行為と理想を目的とする》; 動物愛護協会. **2** 《英》投身者救助会.

húman geógraphy *n.* 人文(じんぶん)地理学.

húman grówth hòrmone *n.* ひと成長ホルモン (略 HGH).

hu·man·ics [hju:mǽnɪks, ju:- | hju:-, hjʊ-] 〖← HUMAN＋-ICS〗 — *n.* 人間学《保健・教育・結婚・犯罪・人種的偏見など人間に関する一切の社会問題に対する総合的研究; 米国の生化学者 Dr. Roger I. Williams の提唱》.

hú·man·ìsm [-nìzm] 〖(1812) ← HUMAN＋-ISM〗 — *n.* **1** ヒューマニズム, 人間性 (humanity). **2** 人本[人間]主義. **3** 人間性研究; 人文学. **4** [しばしば H-] **a** 人文主義, ヒューマニズム, ユマニスム《ルネサンス期の, 古典文学や思想研究によって人間性を育成するという思潮》. **b** (フランスの Auguste Comte などの唱えた)人道教, 人類教《超自然的なことを排斥して人間の幸福安寧を主旨とする教義; religion of humanity ともいう》. **5** 《倫理》人道主義.

hú·man·ist [-nɪst, -nəst | -nɪst] 〖(1589) ⊏ F *humaniste* ⊏ It. *umanista*: ⇨ human, -ist〗 — *n.* **1** ヒューマニスト, 人間性研究者; 人道主義者. **2** 人本主義者, 人間主義者. **3** 人文主義者. **4** [しばしば H-] (ルネッサンス期の)古典文学研究家, ユマニスト; 古典研究者. **5** [しばしば H-] 人類主義者. — *adj.* **1** 人間性研究の. **2** 人本主義的な. **3** 人文主義的な, 人文学の, 古典学的な.

hu·man·is·tic [hjù:mənístɪk, jù:- | hjù:-] *adj.* ＝humanist. **hù·man·ís·ti·cal·ly** *adv.*

hu·man·i·tar·i·an [hju:mæ̀nətέ(ə)riən, ju:- | hju:mæ̀nɪtέərɪ-, hjʊ-, hjù:mæn-] 〖(1819) ← HUMANITY＋-ARIAN〗 — *n.* **1** 人道主義者. **2** 人性論者. **3** 博愛家 (philanthropist). **4** 《神学》(キリストに神性を認めない)キリスト人間論者. — *adj.* **1** 人道主義の. **2** 博愛の. **3** 《神学》キリスト人間説の.

hu·màn·i·tár·i·an·ism [-nìzm] *n.* **1** 博愛主義. **2** 《倫理》人道主義 (humanism). **3** 《神学》キリスト人間説[論]《キリストの人間性のみを主張する》.

hu·man·i·ty [hju:mǽnəti, ju:- | hju:mǽnəti, hjʊ-, -nɪ-] 〖(1384) *humanite* ⊏ (O)F *humanité* ＜ L *hūmānitātem*: ⇨ human, -ity〗 — *n.* **1 a** 人間性 (human nature), ヒューマニティー (cf. animality): religion of ~ ＝humanism 4 b. **b** [*pl.*] 人間的属性, 人間らしさ. **c** 慈愛, 慈悲, 人情, 親切 (benevolence); 慈善行為: an act of ~ 慈善行為 / treat animals with ~ 動物をいたわる. **2** [集合的; 単数または複数扱い] 人類 (mankind): a friend of ~ 人類の友. **3 a** 《古》一般教養, 人文学. **b** (スコットランドの大学で)ラテン語学・文学: Professor of *Humanity* ラテン文学教授. **c** [the humanities] 人文学, 人文科学, ユマニテ《主にギリシャ・ラテンの古典文学または(社会科学や自然科学に対し)文学・哲学・芸術などの学問》.

hu·man·i·za·tion [hjù:mənɪzéɪʃən, jù:-, -nə- | hjù:mənaɪ-, -nɪ-] *n.* 人間化, 人間性賦与.

hu·man·ize [hjú:mənàɪz, jú:- | hjú:-] 〖(1603) ⊏ F *humanis-er*: ⇨ human, -ize〗 — *vt.* **1** …に人間性を与える, 人間化する: ~ gods 神々に人間性を与える. **2** 人体に適応させる; 人体で作られたものと同じ性質にする: ~*d* milk 母乳化した牛乳. **3** 洗練する, 文明化する; 情深くする. — *vi.* **1** 人間化する. **2** 人間らしくなる, 情深くなる (become humane). **3** 教化力をもつ, 文明化を拡げる. **hú·man·ìz·er** *n.*

human·kind [─́ ─ ─̀ | ─̀ ─ ─́] *n.* [単数または複数扱い] 人類, 人間 (mankind).

hú·man·ly 〖(*c*1485)〗 — *adv.* **1** 人間として, 人間的に; 人間らしく(弱点をもっていて); 人情から. **2** 人間的見地[視点]から; 人間的能力の範囲内で, 人力で: It is not ~ possible. それは人間の力では不可能だ / It is ~ probable. 人間の判断ではそうらしく思われる / ~ speaking 人間の立場では, 人知[人力]の限りでは.

húman náture 〖(*a*1398) *nature humayne* ⊏ OF *nature humaine*〗 *n.* **1** 人間性, 人性, 人情 (humanity). **2** 《社会学》人間性《人間の本質的諸特性の総称》.

hú·man·ness *n.* 人であること, 人間性[味].

hu·man·oid [hjú:mənɔ̀ɪd, jú:- | hjú:-] 〖← HUMAN＋-OID〗 — *adj.* (形態・行動などが類人猿などに比べて)人間そっくりの: ~ behavior 人間類似の行動. — *n.* ヒト[人間]類似の生物.

húman relátions *n. pl.* [通例単数扱い] 人間関係; 人間関係論, ヒューマンリレーションズ《特に産業組織の中で, 技術上または制度上生じる関係ではなく, 当事者の直接的接触によって生じる自然発生的な人格的関係を意味する; こういう関係が産業の生産性を左右することが注目され研究されるようになった; 略 H.R.》.

hu·mate [hjú:meɪt] 〖← HUM(IC)＋-ATE¹〗 *n.* 《化学》「フミン酸塩」.

Hu·ma·yun [hu:mɑ́:ju:n] *n.* フマユーン《1508-56; インドの Mogul 帝国の皇帝 (1530-55)》.

Hum·ber [hʌ́mbə | -bə(r] 〖OE *Humbre*《原義》the good stream ← OCelt. **Sumbr-* ← **su-* (OIr. *so-*, *su-* / OWelsh *hu-*) good, well＋**mbro-*, **mbrā-* water, river〗 *n.* [the ~] イングランド東部の Trent 川と Ouse 川とが合流した部分 (60 km).

Hum·ber·side [hʌ́mbəsàɪd | -bə-] 〖⇨ ↑, side〗 *n.* イングランド北東部の州; 1974 年に新設, 旧 Yorkshire 州南東部と旧 Lincolnshire 州北部とから成る; 人口 846,000, 面積 3,512 km², 首都 (Kingston-upon-) Hull.

Hum·bert [hʌ́mbət | -bət, -bə:t] 〖⊏ OHG *Humberct* ← *huni* ? giant＋*berhta* '*BRIGHT*'〗 *n.* 男性名.

Humbert I *n.* ウンベルト一世《1844-1900; イタリア国王 (1878-1900); イタリア語名 Umberto I》.

hum·ble [hʌ́mbl̩, ʌ́m- | hʌ́m-] 〖(*c*1275) ⊏ OF *(h)umble* (F ～) ＜ L *humilem* (nom. *humilis*) low, 《原義》on the ground ← *humus* ground ← IE **(dh)ghomo-* (⇨ human)〗 — *adj.* (**hum·bler**; **-blest**) **1** 謙遜な, 謙虚な, 高ぶらない; 謙虚な気持の表われた, つつましい, 控え目な: a ~ attitude 謙遜な態度 / a ~ request 控え目な要求 / a ~ smile つつましい微笑 / be ~ in one's behavior 高ぶった振舞いをしない. **2 a** (身分などの)卑しい (lowly): a man of ~ origin [birth] 生れの卑しい人. **b** (卑下して)つまらない, 取るに足りない (insignificant): a ~ occupation 卑しい職業 / in my ~ opinion 卑見[私見]によれば / your ~ servant 敬具《昔の公用手紙の結び文句》; 《戯言》＝I, me. **c** みすぼらしい, 粗末な (shabby, mean); わずかな (scanty): a ~ cottage みすぼらしい家 / ~ fare 粗末な食物. **3** 小さな, 高度が低い; 下等[上級]の: I prefer a ~*r* yacht. もっとちっぽけなヨットのほうがいい. — *vt.* **1** ⟨人を⟩卑しめる, ⟨人⟩の品位を落とす. **2** …の高慢の鼻を折る; 謙虚にする (humiliate): ~ oneself 謙遜する, かしこまる.
húm·bler [-blə, -blə | -blə(r] *n.* **~·ness** *n.*

humble-bee [hʌ́mbl̩bì:] 〖(*a*1475) *humbulbee* ⊏ ? MLG *hummelbē* ← *hummel* humble-bee (cog. Du. *hommel* / G *Hummel*)＋*bē* '*BEE*¹'〗 — *n.* 《英》《昆虫》マルハナバチ (⇨ bumblebee).

humble pie [─̀ ─ ─́ | ─́ ─ ─̀] 〖(1648)《変形》←《古形》*umble pie*: ⇨ numbles, umbles〗 — *n.* **1** 屈辱 (humiliation), 屈従 (submission). **2** 《廃》(狩猟後従者たちに与えた)鹿の臓物のパイ.
eat humble pie 甘んじて屈辱を受ける; 平謝りに謝る.

húmble plánt *n.* 《植物》＝sensitive plant 1.

húm·bly [-bli | -blɪ] 〖(*c*1374)〗 *adv.* **1** 謙遜して, へりくだって, 恐れ入って. **2** 卑しく, みすぼらしく; 下級らしく.

Hum·boldt [hʌ́mboʊlt, húm- | -bəʊlt; G. húmbɔlt], **Friedrich Heinrich Alexander,** Baron **von** *n.* フンボルト《1769–1859; ドイツの科学者・探検家・著述家》.

Humboldt, Karl Wilhelm, Baron **von** *n.* フンボルト《1767–1835; ドイツの言語学者・政治家; F. H. A. Humboldt の兄》.

Húmboldt Cúrrent 〖← *F. H. A. Humboldt*: 彼が最初にそれを図表にしたことによる〗 *n.* [the ~] フンボルト海流《Peru Current の別名》.

hum·bug [hʌ́mbʌg] 〖(1751) ← ?: 18 世紀の俗語から〗 ── *n.* **1** 虚偽, 詐欺; 詐欺行為, ぺてん, ごまかし (hoax, fraud). **2** 大うそ; たわ言 (nonsense), から世辞, おべっか (blarney). **3** ぺてん師, 詐欺師, 山師 (impostor). **4** 《英》はっか入り堅いキャンディー. ── *v.* (**hum·bugged; -bug·ging**) ── *vt.* **1** だます, 一杯食わせる (deceive). **2** だまして…させる (cajole) 〔*into*〕, だまして〔…を〕奪う 〔*out of*〕: ~ a person *into* buying rubbish 人をだましてつまらない物を買わせる / ~ a person *out of* his money 人をだまして金を奪う. ── *vi.* だます, ぺてんを働く. ── *int.* ばかな, くだらない (nonsense). **húm·bug·ger** *n.*

hum·bug·ger·y [hʌ́mbʌg(ə)ri | -rɪ] 〖⇨ ↑, -ery〗 *n.* ぺてん, 詐欺, ごまかし.

hum·ding·er [hʌ́mdíŋə | -ŋə(r] 〖← ?〗 ── *n.* **1** 《俗》すばらしい人[もの], 高級品, 「驚き」(marvel). **2** 〘電子工学〙ハム消去回路《真空管のヒーター電位を適当に設定してハムを最小にするための分圧回路》.

hum·drum [hʌ́mdrʌ̀m] 〖(1553)《加重》← HUM[1] (v.): DRUM[1] と連想 ?〗 ── *adj.* 平凡な, 月並な, くだらない (commonplace); 単調な (monotonous); 退屈な (dull): live a ~ life 単調な生活を送る. ── *n.* **1** 平凡; 単調; 退屈. **2** 退屈な話. **3** 退屈させる人. **~·ness** *n.*

Hume [hjúːm, júːm | hjúːm], **David** *n.* (1711–76) スコットランドの哲学者・歴史家・政治家; *A Treatise of Human Nature* (1739–40), *An Inquiry concerning the Principles of Morals* (1751), *A History of Great Britain* (1754–61).

hu·mec·tant [hjuːméktənt] 〖▭ L (*h*)*ūmectant-em* (pres.p.) ← (*h*)*ūmectāre* to moisten〗 *n.* 〘医学〙湿潤[希釈]剤. ── *adj.* 湿らす; 湿気を与える, 湿潤(性)の.

hu·mec·ta·tion [hjùːmektéɪʃən] 〖▭ L (*h*)*ūmectātiō(n-)* a moistening ← (*h*)*ūmēre* to be moist〗 *n.* 《古》 **1** 湿らすこと. **2** 湿潤.

hu·mer·al [hjúːm(ə)rəl] 〖(1615) ▭ LL *humerāl-is*: ⇨ humerus, -al[1]〗 *adj.* **1** 肩の. **2** 〘解剖・動物〙上腕[上膊(はく)](部)の. ── *n.* 〘教会〙=humeral veil.

húmeral véil *n.* 〘教会〙ヒュメラルベール, 肩かけ《カトリックの司祭がミサで用いる肩衣(えい)》.

hu·mer·us [hjúːm(ə)rəs] 〖▭ L (*h*)*umerus* shoulder ← IE **omeso-* shoulder (Gk *ômos*)〗 ── *n.* (*pl.* **hu·mer·i** [-ràɪ]) 〘解剖・動物〙上腕[上膊(はく)]骨; (上腕に相当する)獣類の前脚[鳥の翼の骨] (brachium).

hu·met [hjuːmét] 〖▭ OF **heaumet* (dim.) ← *heaume* tiller of a rudder: ⇨ -et〗 *n.* 〘紋章〙fess の両端が盾の両側から離れて描かれたもの.

hu·met·ty [hjuːméṭi | -tɪ] 〖⇨ ↑, -y[3]〗 *adj.* (*also* **hu·met·tée** [hjuːmətéɪ, ‿‿⌐]) 〘紋章〙=couped 1.

hu·mic [hjúːmɪk, júː- | hjúː-] 〖← L *humus* the earth, ground, +-IC[1]〗 *adj.* 〘化学〙有機物の[から成る]; 腐植土の, 腐植土から採った.

húmic ácid *n.* 〘化学〙フミン酸《土壌・石炭中にあるアルカリに可溶, 酸に不溶の無定形酸性有機質》.

hu·mid [hjúːmɪd, júː-, -məd | hjúːmɪd] 〖(?*a*1425) ▭ (O)F *humide* ∥ L (*h*)*ūmid-us* ← (*h*)*ūmēre* to be moist ← IE **wegw-* wet (Gk *hugrós*): ⇨ -id[4]: 語頭の *h-* は L *humus* earth との連想〗 ── *adj.* 湿気のある, 湿っぽい (moist, damp): a ~ climate 湿潤な気候. **~·ly** *adv.* **~·ness** *n.*

hu·mid·i·fi·ca·tion [hjuːmɪ̀dəfɪkéɪʃən, juː-, -fə- | hjuːmɪ̀dɪfɪ-] *n.* 給湿, 加湿.

hu·mid·i·fi·er *n.* **1** 加湿器, 給湿機. **2** (煙草工場などの)湿度調節係.

hu·mid·i·fy [hjuːmídəfàɪ, juː- | hjuː-, hjʊ-] *vt.* 湿らせる, ぬらす (moisten).

hu·mid·i·stat [hjuːmídəstæ̀t, juː- | hjuːmídɪ-, hjʊ-] 〖← HUMID+-I-+-STAT〗 *n.* 恒湿器, 調湿器《湿度を自動的に調節する器具》.

hu·mid·i·ty [hjuːmídəṭi, juː- | hjuːmídətɪ, hjʊ-, -dɪ-] 〖(1392) ▭ (O)F *humidité* ∥ L *hūmiditāt-em*: ⇨ humid, -ity〗 ── *n.* **1** 湿気, 湿り気 (dampness). **2** 〘気象〙湿度: ⇨ relative humidity.

hu·mi·dor [hjúːmədɔ̀ə, júː- | hjúːmɪdɔ̀ː(r] 〖← HUMID +-OR[2]〗 *n.* **1** (適当な湿度を与える)たばこ貯蔵室[箱]. **2** 適温貯蔵室[設備].

hu·mi·fi·ca·tion [hjùːməfɪkéɪʃən, jùː-, -fə- | hjùː-mɪfɪ-] 〖← NL *humus* (⇨ humus) + -IFICATION〗 *n.* 腐植化 (cf. humus).

hú·mi·fìed 〖← NL *humus* (⇨ humus) + *-ified* (⇨ -i-, -fy, -ed 1)〗 *adj.* 腐植化した.

hu·mi·fy [hjúːməfàɪ, júː- | hjúːmɪ-] 〖⇨ humus, -fy〗 *vt., vi.* 腐植化する.

hu·mil·i·ate [hjuːmílièɪt, juː- | hjuːmílɪ-, hjʊ-] 〖(1533–34) ← LL *humiliāt-us* (p.p.) ← *humiliāre* to humble ← *humilis* on the ground, low: ⇨ humble, -ate[3]〗 ── *vt.* 〈人〉の自尊心を傷つける, …に恥をかかせる, 屈辱を与える (mortify): ~ oneself 面目を失う, 恥をかく / He felt ~*d*. 恥ずかしい思いをした.

hu·míl·i·à·tor [-ṭə | -tə(r] *n.*

hu·mil·i·àt·ing [-ṭɪŋ | -tɪŋ] *adj.* 屈辱的な, 不面目な: ~ concessions [peace terms] 屈辱的な譲歩[講和条件]. **~·ly** *adv.*

hu·mil·i·a·tion [hjuːmìliéɪʃən, juː- | hjuːmìlɪ-, hjʊ-, hjùːmɪl-] 〖(*c*1390) ▭ (O)F ~ ∥ L *humiliātiō(n-)* ← *humiliāre* 'to HUMILIATE': ⇨ -ation〗 ── *n.* **1** 恥をかかせること, はずかしめること, やりこめること. **2** 屈辱, 屈服, 屈従; 恥, 不面目.

hu·mi·lis [hjúːməlɪs, -ləs | -mɪlɪs] 〖← NL ← L ~: ⇨ humble〗 *adj.* 〘気象〙〈雲が〉偏平な, 偏平雲の.

hu·mil·i·ty [hjuːmíləṭi, juː- | hjuːmílətɪ, hjʊ-, -lɪ-] 〖(?*a*1300) *humilite* ▭ (O)F *humilité* < L *humilitātem*: ⇨ humble, -ity〗 ── *n.* **1** 謙遜, 卑下. **2** [*pl.*] 謙遜な行為.

Húm·ism [-mɪzm] 〖← *David Hume*+-ISM〗 *n.* 〘哲学〙ヒューム哲学(説)《特に因果関係や外界存在に対する Hume の認識論上の懐疑主義的傾向をいう》.

hum·mel [hʌ́məl] 〖(15C) ← ?: cf. LG *hommel* hornless beast〗 ── *adj.* 《スコット》 **1** 〈牛・鹿が〉角(つの)なしの, 無角(種)の (hornless). **2** 〈麦など〉芒(のぎ)のない.

húm·mer 〖← HUM[1] (v.) + -ER[1]〗 *n.* **1 a** ぶんぶん[ふんふん]いうもの[人], 鼻歌を歌う人. **b** 〘鳥類〙= hummingbird. **2** 《俗》すばらしいもの (humdinger).

húm·ming 〖(15C) ← HUM[1] (v.) + -ING[1,2]〗 ── *adj.* **1** ぶんぶんいう, ぶんぶんうなる; 鼻歌を歌う: a ~ sound. **2** 《口語》精力のある, 活発な, 元気な (brisk, spirited): a ~ knock on the head 頭へ来た強い一撃 / Business is ~. 商売は活気づいている. ── *n.* **1** ぶんぶんいう音: There rose the ~ of innumerable insects. 数知れぬ虫の音(ね)[羽音]がし始めた. **2** 鼻歌(を歌うこと), ハミング. **~·ly** *adv.*

húmming·bìrd *n.* 〘鳥類〙ハチドリ《アメリカ産のハチドリ科の小鳥の総称; cf. saberwing, rackettail》.

húmmingbird mòth *n.* 〘昆虫〙スズメガ (hawk-moth)《スズメガ科のガのうち特に昼飛性のホウジャク類を指す》.

húmming-tòp *n.* うなりごま, 鳴りごま《おもちゃ》.

hum·mock [hʌ́mək] 〖(1555) ← ?: もと海語: cf. hummel〗 ── *n.* **1** 丘, 小山 (hillock); 高まった土地. **2** (氷原上の)氷の丘; 波浪状の氷堆(たい)石の丘. **3** = hammock[2] 2.

hum·mock·y [hʌ́məki | -kɪ] 〖⇨ ↑, -y[4]〗 *adj.* hummock のような[多い].

hu·mor, 《英》 **hu·mour** [(h)júːmə | hjúːmə(r] ★ [júːmə(r] の発音は《英》では《古》 〖(1340) ▭ OF (*h*)*umor* (F *humeur*) < L (*h*)*ūmōem* moisture ← (*h*)*ūmēre* to be moist ← IE **wegw-* wet: ⇨ humid, -or[1]〗 ── *n.* **1** (持前の)気質, 気性 (temperament, disposition): a man of sanguine [cheerful] ~ 楽天的な[明るい]気質の人, 楽天家 / ⇨ COMEDY of humors. **2 a** (一時的な)気分, 気持, 機嫌 (mood): in a good [an ill] ~ 上[不]機嫌で / be in a ~ *to* work 仕事をする気になっている / be in no ~ *for* …に対して気乗りがしない / in a sulky ~ 不機嫌に[で] / please a person's ~ 人の機嫌を取る / put a person in [into] a bad ~ 人を不機嫌にさせる[怒らせる] / Every man has his ~. 《諺》人の気持はさまざま, 「十人十色」, 「蓼(たで)食う虫も好き好き」. **b** 急に起こる気持, わけの判らない気持, 気まぐれ, むら気 (whim, caprice): when the ~ takes me 気が向くと. **c** [*pl.*] 突飛な行為, 奇行. **3 a** おかしいこと, おかしい点: 滑稽, おかしみ, 上品なしゃれ, ユーモア (jocularity, comicality) (cf. wit): dry ~ まじめな顔をして言うユーモア / a sense of ~ ユーモアのセンス / ⇨ black humor. **b** ユーモアを解すること. **c** ユーモアに富んだ言葉[文章]. **4** 《廃》湿気 (moisture). **5** 〘古生理〙体液: the cardinal ~*s* 四主液 《blood, phlegm (粘液), yellow bile [choler] ((黄)胆汁), black bile [melancholy] (黒胆汁) の四つで昔はこれらの体液の配合の具合で人の体質や性質が定まると考えられた》. **6** 〘生物〙動植物体内の種々の機能を果たす)液体《血液・リンパ液・胆汁・樹液など; cf. juice 2》: crystalline ~ 眼球の)水晶体《aqueous humor および vitreous humor より密度が高い》. **7** 〘生理〙(活動力を促す, ホルモンなどの)分泌物. **8** 〘病理〙(血液の病的状態によって起こる)吹出物.

out of humor 不機嫌で (displeased), 怒って.

── *vt.* **1** 〈人・趣味・気質などを〉満足させる (gratify): あやす, うまくあしらう, 〈人〉の機嫌を取る (indulge): ~ a child 子供をあやす / A nurse must ~ the patient. 看護婦は病人の機嫌を取らなければならない. **2** (無理をしないで)うまく扱う, うまくこなす, …に融通をきかせる: You can't force the lock, you must ~ it. 錠前は力ずくではいうことをきかない, うまく調子を合わせて行かなければいけない.

hu·mor·al [(h)júːm(ə)rəl | hjúː-] 〖(15C) ▭ F ~: ⇨ humor, -al[1]〗 ── *adj.* **1** 〘生理〙体液の (cf. humor 7). **2** 《古》〘医学〙液体[体液] (humor) の, 体液から起こる: ~ pathology 体液病理学.

hú·mored 〖⇨ humor (n.), -ed 2〗 *adj.* [複合語の第 2 構成素として] 機嫌が…の, …の機嫌の: good-*humored* 上機嫌な / ill-*humored* 機嫌の悪い. **~·ly** *adv.*

hu·mor·esque [(h)jùːmərésk | hjùː-] 〖▭ G *Humoreske*: ⇨ humor, -esque〗 ── *n.* 〘音楽〙ユーモレスク《楽想が気まぐれに変化する曲; Schumann のピアノ曲 (Op. 20) が有名; cf. capriccio 3》.

hú·mor·ist [-m(ə)rɪst, -rəst | -mərɪst] 〖(1596) ▭ F *humoriste*: ⇨ humor, -ist〗 ── *n.* **1** 滑稽な人, ひょうきん者 (wag). **2** ユーモアの感覚[センス]をそなえた人, 諧謔家; しゃれのうまい人. **3** ユーモア作家[俳優]. ★《英》でも humorist が普通で humourist は《まれ》.

hu·mor·is·tic [(h)jùːmərístɪk | hjùː-] *adj.* =humorous.

húmor·less *adj.* 滑稽味[ユーモア]のない; 面白くない, しゃれのない; くそまじめな. **~·ness** *n.*

hu·mor·ous [(h)júːm(ə)rəs | hjúː-] 〖(?*a*1425) ▭ LL *hūmōrōsus* moist: ⇨ humor, -ous〗 ── *adj.* **1** 滑稽味のある, ユーモアに富んだ, ユーモラスな; おどけた, ひょうきんな (jocular, funny): a ~ writer [essay] ユーモアに富んだ作家[随筆] / a ~ look おどけた目つき / a woman with ~ wrinkles around her eyes おかしそうに目尻に笑いじわを寄せた婦人 / a ~ situation 滑稽な状況. **2** 《古》気まぐれな, 移り気な (capricious). **3** 《廃》 **a** 液体の (humoral). **b** 湿った, 濡れた. **~·ly** *adv.* **~·ness** *n.*

hu·mor·some [(h)júːməsəm | hjúːmə-] 〖← HUMOR +-SOME[1]〗 *adj.* 気の変りやすい (capricious), 気まぐれな (whimsical); 怒りっぽい. **~·ness** *n.*

humour *n., vt.* 《英》=humor.

hump [hʌ́mp] 〖(1708)《逆成》? ← HUMPBACKED: cf. Du. *homp* thick piece〗 ── *n.* **1 a** (せむし (hump-back) の背の)こぶ (hunch). **b** (らくだ・野牛 (bison)・鯨などの)背こぶ: a camel with two ~*s* こぶが二つあるらくだ. **c** 《豪》荷物を背負った放浪[ハイク]. **2 a** 円丘 (hillock, mound). **b** 《米》(越えなければならない)山脈, 山, 「こぶ」: the *Hump* ヒマラヤ山脈《第二次大戦で航空兵が用いたあだ名》/ fly over the ~ from France to Spain フランスからスペインへ「こぶ」[ピレネー山脈]を越えて飛ぶ. **c** 《俗》〘航空〙ハンプ《水上機の離水滑走の末期に遭遇する水抵抗の山》. **3** 危機, 山場, 峠, 危篤; (試験などの)難関. **4** [the ~] 《英俗》憂鬱, 癇癪(かんしゃく): get *the* ~ 癇癪を起こす / It gives me *the* ~. 癪にさわる. **5** 〘鉄道〙ハンプ《貨車操車場に設けた小さい丘, 貨車をこれに押し上げ, その頂上から自走させて仕分ける》. **6** 〘生理〙(脳波など)曲線のこぶ, 瘤波. **7** 《卑》 **a** 性交. **b** (性交相手の)女.

get a hump on 《米口語》急ぐ (hurry); てきぱきやる.
live on one's hump 〖らくだは水に不自由すると背のこぶの中にたくわえた栄養で生きて行くということから〗自給自足の生活をする, 自活する. ***over the hump*** 《口語》峠を越した, 危機を脱した, うまくすべり出して (cf. *n.* 3).

── *vt.* **1** 〈背を〉丸くする, 猫背にする (hunch): ~ *up* the back. **2** [~ *oneself* で] 《俗》努力する (exert oneself). **3** 《豪・英俗》背負う, になう (shoulder); 〈荷物を〉運ぶ. **4** 《卑》…と性交する. **5** 〘鉄道〙ハンプを用いて〈貨車を〉仕分ける. ── *vi.* **1** 丸くなる; 丸く[丘状に]盛り上がる, 円丘を成す. **2** 《俗》 **a** 努力する. **b** 急ぐ; 疾走する. **3** 《卑》〔…と〕性交する 〔*with*〕.

hump (*one's* [*the*]) ***bluey*** [***swag***] 《豪俗》〈浪人などが〉手回り品(の包み)を背負う; 旅に出る, 放浪する.

húmp·bàck 〖《逆成》← HUMPBACKED〗 ── *n.* **1** = hunchback 1. **2 a** 〘動物〙ザトウクジラ (*Megaptera novaeangliae*)《背中にこぶがある》. **b** 〘魚類〙= humpback salmon.

húmpback brìdge *n.* =hump bridge.

húmp·bácked 〖(1681)《混成》? ← *crum* 《廃》crooked + HUNCHBACKED〗 *adj.* **1** せむしの. **2** 曲がった, 太鼓[蒲鉾]形の.

húmpback sálmon *n.* 〘魚類〙カラフトマス, セッパリマス (*Oncorhynchus gorbuscha*)《産卵期の雄は背中が盛り上がっていることによる; pink salmon ともいう》.

húmp brìdge *n.* 太鼓橋.

humped [hʌ́m(p)t] *adj.* **1** 〈動物など〉こぶ[隆肉]のある. **2** 猫背の, 背の曲がった (humpbacked).

húmped cáttle *n.* 〘畜産〙コビトコブウシ《インドコブウシ (*Bos indicus*) の改良種で肩に脂肪のこぶがある小型の畜牛》.

Hum·per·dinck [hʊ́mpədɪŋk, hʌ́m- | -pə-; G. hʊ́mpɐdɪŋk], **Engelbert** *n.* フンパーディンク《1854–1921; ドイツの作曲家; 歌劇 *Hänsel und Gretel*「ヘンゼルとグレーテル」(1893)》.

humph 〖(1681) 擬音語〗 [m̩m, m̩mm, mmm, hə̃h, hʌ́mf] *int., n.* ふふん(という声), ふん《疑い・軽蔑または不満を表わす》. ── [hʌ́mf] *vi.* ふふんと言う.

Hum·phrey[1] [hʌ́mfri | -frɪ] 〖OE *Hunfrið* ← Gmc **χun* strength + OE *friðu* peace (cf. free)〗 *n.* 男性名.

Humphrey[2] *n.* (1391–1447) 英国王 Henry 四世の末子; 称号 Duke of Gloucester; Henry 六世の幼時の摂政; "the Good Duke" といわれた: ⇨ DINE *with Duke Humphrey*.

Humphrey, Hubert H(**oratio**) *n.* (1911–78) 米国の政治家; 副大統領 (1965–69).

húmp·less *adj.* こぶのない.

húmp spèed *n.* 〘航空〙ハンプ速度《水上機が離水する時水の抵抗が最大になる時の速度》.

hump·ty [hʌ́m(p)ti | -tɪ] 〖↓〗 *n.* 《英》ざぶとん状の低い腰掛け.

Hump·ty Dump·ty, h- d- [hʌ́m(p)ti-dʌ́m(p)ti | -(p)tɪ-dʌ́m(p)tɪ] 〚《1698》《異化加重》← *humpty* (← HUMP＋-ED＋-Y⁴): cf. dumpy¹〛 ― *n.* **1** ハンプティダンプティ, ずんぐりむっくり《英国の童謡の中の卵の形をした人物の名; 塀の上から落ちて割れてしまう》: ～ sat on a wall, / ～ had a great fall; / All the King's horses and all the King's men / Couldn't put Humpty together again. **2 a** ずんぐりした人. **b** 一度壊れる[倒される]と元に戻せられないもの[人]. **3** 〚Lewis Carroll の *Through the Looking-Glass* 中の人物名から〛言葉の意味を自分勝手に変えてしまう人: in ～ fashion 勝手気ままな意味に.

Humpty Dumpty 1

hump·y¹ [hʌ́mpi | -pɪ] 〚← HUMP＋-Y⁴〛 *adj.* (**hump·i·er; -i·est**) **1 a** こぶ[隆肉, 突起]のある; 猫背の. **b** こぶだらけの. **2** こぶに似た, こぶのような.

hump·y² [hʌ́mpi | -pɪ] 〚□ Austral.《土語》*oompi*〛 *n.*《豪》土人小屋; 小屋 (hut).

húmp yàrd *n.* 〚鉄道〛ハンプ操車場《斜面を利用して, 車両の重力により入換えする操車場》.

hu·mu·hu·mu·nu·ku·nu·ku·a·pu·a·a [hùːmə-húːmənùːkənúːkəùːpuáːɑː | -puɑ́ː-] 〚← Hawaiian〛 ― *n.* 〚魚類〛Hawaii 産の小型のモンガラカワハギ; (特に)ムラサメモンガラ (*Rhinecanthus aculeatus*).

hu·mu·lone [hjúːmjʊlòʊn | -lə̀ʊn] 〚← NL *Humulus* (属名: ← ML *humulus* hop plant)＋-ONE〛 ― *n.* (*also* **hu·mu·lon** [-lɑ̀n | -lɔ̀n]) 〚化学〛フムロン ($C_{21}H_{30}O_5$)《ホップ・樹脂成分の一つ; 苦味あり》.

hu·mus [(h)júːməs, júː- | hjúː-] 〚□ L ～ 'ground' ← IE *(*dh*)*ghomo-* earth〛 *n.* 腐植《土壌中の褐色または黒色の有機質》: ～ soil 腐植土 (cf. leaf mold 1).

Hun [hʌ́n] 〚OE *Hūne* □ LL *Hunnī* □ Turk. *Hunyü*: cf. Chin. *hsiung nu* (匈奴)〛 ― *n.* **1** フン族の人《4-5 世紀にヨーロッパを侵略したアジアの遊牧民》; (中国史の)匈奴(きょうど). **2** [しばしば h-](文化などの)破壊者, 野蛮人 (vandal). **3** 《軽蔑》ドイツ人, (特に)ドイツ兵《第一次および第二次大戦当時用いられた; cf. Jerry²》.

Hun. 《略》Hungarian; Hungary.

Hu·nan [hùːnáːn; *Chin.* xúnán] *n.* 湖南省《中国中南部の省; 人口 51,660,000, 面積 210,000 km, 首都 Changsha (長沙)》.

Hu·na·nese [hùːnəníːz, -níːs | -níːz] *n.* **1** 湖南省人. **2** 湖南語[方言].

hunch [hʌ́ntʃ] 〚v.: 《1598》《変形》← ?《廃》*hinch* to push ← ?〛 ― *n.* **1** 直感 (intuition), 予感, 虫の知らせ: have a ～ that ...ではないかという気がする / play one's ～ 直感[推測]で行動する. **2** 押し, 突き (shove, push). **3** 〚《逆成》? ← HUNCHBACKED〛 **a** (せむしの背の)こぶ (hump). **b** 厚いひと切れ; かたまり (lump). ― *vt.* **1** 〈背などを〉弓なりに曲げる 〈*up*〉: ～ (*up*) the back 背(中)を丸くする / sit ～*ed up* over one's work 体[背]を丸めて仕事をする. **2** 押す, 押しやる, 突く. ― *vi.* **1** 押し進む, 突進する, 前に乗り出す. **2 a** 背を曲げる[丸くする], 身を屈める; 身を屈めて歩く[立つ, すわる]; うずくまる. **b** 〈砂山・寄せ波・背中の上部などが〉弓状[丘状]に盛り上がる.

húnch·bàck *n.* **1** せむしの人 (humpback). **2** 〚病理〛(脊柱)後彎(症) (kyphosis).

húnch·bácked 〚← ? HUNCH (v.)＋BACKED〛 *adj.* ＝humpbacked.

hund. 《略》hundred.

hun·dred [hʌ́ndrəd, -drɪd, -dəd | -drəd, -drɪd] 〚OE *hundred* ← *hund* hundred (< Gmc *χundam* (OHG *hunt*) ← IE **dekm̥* 'TEN')＋*-red* (< Gmc **raþ* number (Goth. *raþjo* ratio) ← IE **ar-* to fit together): cf. art²〛 ― *n.* (*pl.* **～s, ～;** ⇨ 1 ★) **1** 100 [複数扱い]; 100 個, 100 人; 100 歳, 100 ドル[ポンドなど] (略 H., h., hund.). ★ ラテン語系形容詞: cental; 数詞または数を示す形容詞を伴う場合は複数形の -s をつけない: a [one] ～＝100 / two ～＝200 / five ～ and ten, 《米》five ～ ten＝510 / fifteen ～＝1,500 / ⇨ great hundred, long hundred / some [about a] ～ 約 100 / the ～ and first 101 番 / There are a [one] ～ (of them). (それらのうち) 100 個がある / be caught by the ～ 何百となく取れる (⇨*by* (*the*) HUNDREDS) / five in the ～ 100 につき 5, 100 分の 5 / live to (be) a ～ 100 歳まで生きる / lend a person a ～ 人に百ドル[ポンド]貸す / a cool ～《口語》大枚 100 ドル[ポンド]. **2 a** (アラビヤ数字の) 100. **b** (ローマ数字で 100 を示す) C の記号. **3** 100 人[個]一組. **4** 〚英口語〛100 ポンド紙幣; 《米口語》100 ドル紙幣. **5** 多数 (large number) (cf. thousand); [*pl.*] 何百, 幾百: ～*s* of people 何百人 / some [several, many] ～*s* of ... 何百もの... / ～*s* of thousands of 幾十万の / He has ～*s* in the bank. 何百ドル[ポンド]も[大金を]銀行に預けている / be counted by ～*s* 何百とある. **6 a** [*pl.*] 3 桁の数[数字]. **b** 〚数学〛(整数では) 100 の位の数[数字]《例えば 6357 の 3》; (帯小数では)小数点以下第 3 位. **7** [*pl.*; 数字とともに用いて] 世紀: in the early fifteen-*hundreds* 15 世紀初期に. **8** 〚スポーツ〛100 ヤード競走. **9 a** 〚英史〛郡, ハンドレッド《アングロサクソン時代の英国で州 (county, shire) の次位にあった行政区画; 元来 tithing が 10 個集まった「百戸村」の意味で独自の裁判所を持ち 19 世紀後半まで存続; 北部では wapentake と呼んだ; cf. Chiltern Hundreds》. **b** 〚米史〛植民地時代の同様の区画《Delaware 州には今も残る》.

a [*one*] *hundred percent* (1) 形容詞または[副詞的] 100 パーセントの, 完全に[な] (complete(ly)) (cf. hundred-percent). (2) [通例否定構文で] 100 パーセント[完全に]回復した[元気な]. ***a hundred to one*** (1) ほとんど絶対的に, 十中八九(確実に): It's *a* ～ *to one* it wasn't Walter. ウォルターでなかったことはまず間違いない. (2) ほとんど見込みのない. ***by*** (***the***) ***hundreds*** ＝***by the hundred*** 何百となく, たくさん (cf. *n.* 1, 5). ***like a hundred of bricks*** ⇨ brick 成句. ***ninety-nine out of a hundred*** ⇨ ninety-nine 成句.

hundreds and thousands あられ砂糖《菓子などを飾るために振り掛ける》.

― *adj.* **1** 100 の, 100 個の, 100 人の: a ～ men / many ～ men / a ～ things / a ～ times 100 度[倍] / 9 ～ hours 午前 9 時 (9.00 a.m.) (⇨ hour 2 b). **2** 多数の, たくさんの: I have a ～ things to do. たくさん仕事がある / not a ～ miles from [off] ... ⇨ mile 成句. ***a hundred and one*** 多数の (cf. *a* THOUSAND *and one*).

Húndred Dáys *n. pl.* [the ～] **1** 〚フランス史〛(ナポレオンの)百日天下《Elba 島から帰還した日からその没落までの 100 日間, 1815 年 3 月 15 日から 6 月 28 日まで》. **2** 〚米史〛百日議会《1933 年 3 月 9 日から同年 6 月 16 日までの議会の特別会期; 重要な社会立法が制定されたため Roosevelt がそう呼んだ》.

hún·dred·er 〚ME〛 *n.* 〚英史〛 **1** 郡 (hundred)の長, 郡長. **2** 郡 (hundred) の住民, 郡民.

húndred·fòld 〚lateOE *hunderfalde*: ⇨ hundred, -fold〛 ― *adj., adv.* 百倍の[に], 百重の[に]. ― *n.* 百倍, 百重: The quantity increased a [an] ～. その量は 100 倍にふえた. ★ 通例 a, an または one, two... などの数詞がつく.

húndred-percént 《米口語》 *adj.* 百パーセントの, 完全な (complete): a ～ he-man 男の中の男(一匹). ― *adv.* 100 パーセント, 完全に (entirely): a ～ pure wool ウール 100%.

húndred-percénter *n.* 《米》過激な国粋主義者 (jingo); 極端論者 (whole-hogger).

húndred-per·cént·ism [-tɪzm̩] *n.*

hun·dredth [hʌ́ndrədθ, -drɪdθ, -dədθ, -tθ | -drədθ, -drɪdθ, -tθ] 〚ME: ⇨ hundred, -th¹〛 ― *adj.* **1** 第 100 の, 100 番目の (100 th) (⇨ number 表). **2** 100 分の 1 の. ― *n.* **1** [the ～] 第 100, 100 番目, 第 100 位. **2** 100 分の 1 (cf. tenth 2): three ～(*s*) 100 分の 3. **3** 〚数学〛小数点以下第 2 位《hundredth's place ともいう》.

húndred·wèight *n.* (*pl.* **～, ～s;** ⇨ ★) ハンドレッドウェイト《重量単位; 略 cwt.》: **a** 《米》100 ポンド (＝45.36 kg; net hundredweight, short hundredweight ともいう). **b** 《英》112 ポンド (＝50.8 kg; long hundredweight ともいう). **c** ＝metric hundredweight. ★ 数詞または数を示す形容詞を伴う場合には複数形の -s をつけない.

Húndred Yéars' Wár *n.* [the ～] 百年戦争《1337-1453 の間に断続的に起こった英仏間の戦争; 英国がフランスに侵入したが, Calais 以外の地から退却した》.

Hun·e·ker [hʌ́nɪkə, -nə- | -kə(r)], **James** (**Gibbons**) *n.* (1860-1921) 米国の批評家; *Ivory, Apes, and Peacocks* (1915).

hung 〚《16C》〛 *v.* hang の過去形・過去分詞.

Hung. 《略》Hungarian; Hungary.

Hun·gar·i·an [hʌŋgɛ́(ə)riən | -gɛ́ərɪ-] 〚《1553》← HUNGARY＋-IAN〛 ― *adj.* ハンガリーの; ハンガリー人の; ハンガリー語の. ― *n.* **1** ハンガリー人, マジャール人 (Magyar). **2** ハンガリー語, マジャール語《ウラル語族に属する》.

hungárian blúe, H- b- *n.* ＝azurite blue.

Hungárian bróme *n.* 〚植物〛＝awnless brome-grass.

Hungárian gráss *n.* 〚植物〛＝foxtail millet.

hungárian gréen, H- g- *n.* ＝malachite green 2.

Hungárian lílac *n.* 〚植物〛中央ヨーロッパ原産モクセイ科のライラックの仲間ですみれ色の花が咲く落葉低木 (*Syringa josikaea*).

Hun·ga·ry [hʌ́ŋg(ə)ri | -gərɪ] 〚□ ML *Hungaria* ← (*H*)*ungari, U*(*n*)*gri* (この地方に住む人種名) ← ORuss. *Ugre* (⇨ Ugrian): ⇨ -y¹, -ia¹〛 ― *n.* ハンガリー《ヨーロッパ中部の共和国; 人口 10,650,000, 面積 93,030 km², 首都 Budapest; 公式名 the Hungarian People's Republic ハンガリー人民共和国; ハンガリー語名 Magyarország》.

hun·ger [hʌ́ŋgə | -gə(r)] 〚n.: OE *hungor* < Gmc **χunʒruz* (Du. *honger* / G *Hunger*) ← IE **kenk-* to suffer from hunger or thirst (Gk *kágkanos* dry / Skt *kakat* to be thirsty). ― v.: OE *hyngran* ← (n.)〛 *n.* **1 a** 空腹, ひもじさ: feel ～ 空腹を感じる, ひもじい / *Hunger* is the best sauce [cook].《諺》空腹にまずい物なし / satisfy one's ～ with ...で空腹を満たす. **b** 飢え, 飢餓: die of ～ 餓死する. **c** 《古》飢饉 (famine). **2** 切望, 渇望 (craving): a ～ *for* [*after*] affection [fame, learning] 愛情への渇望[名誉心, 知識欲]. ― *vi.* **1** 飢える; 空腹を覚える, 腹がへる, ひもじくなる. **2** 切望[熱望, 渇望]する (desire, long) 〔*for, after*〕: ～ *for* friends 友を欲しがる / ～ *after* kindness 暖かい親切を渇望する. ― *vt.* **1** 飢えさせる, ...にひもじい思いをさせる. **2** ひもじい思いをさせて...させる〔*into, out of*〕: ～ a person *into* abandonment 飢餓感から自棄的な気持ちにさせる[追い込む].

hún·gered 〚《15C》〛 *adj.* 《古》ひもじい, 空腹な (hungry); 飢えた (starved).

húnger màrch *n.* 飢餓行進《失業者デモの一種》.

húnger màrcher *n.* 飢餓行進者.

húnger-strìke *vi.* (**-struck**) ハンストを行なう.

húnger strìke *n.* ハンガーストライキ, ハンスト, 絶食示威《要求貫徹の一手段; しばしば入所中の受刑者が用いる》.

húnger strìker *n.* ハンストを行なう[に参加する]人.

húng júry *n.* 〚法律〛(意見が区々に分かれている)評決不能陪審(員).

Hung·nam [húŋnɑːm] *n.* フンナム(興南)《北朝鮮東部, 日本海沿岸の港市; 人口 144,000》.

hún·gri·ly [-grəli | -grəlɪ, -grɪ-] 〚《c1378》〛 *adv.* 飢えて, ひもじそうに, がつがつと; むさぼるように, 熱心に (eagerly): go at [to] it ～ 猛烈にやり始める.

hun·gry [hʌ́ŋgri | -grɪ] 〚OE *hungriġ* (cog. G *hungrig*): ⇨ hunger, -y⁴〛 ― *adj.* (**hun·gri·er; -gri·est**) **1 a** 飢えた, 空腹な, ひもじい; ひもじそうな, むさぼる(ような); がつがつした: a ～ child 腹のへった子 / a ～ look ひもじそうな顔つき / (as) ～ as a hawk [hunter, wolf] 非常に腹がへって / feel ～ 空腹を覚える / go ～ 飢える, 空腹でいる / I used to be a ～ reader. むさぼるように本を読んだものだ. **b** 《古》飢餓の, 飢饉の. **2 a** 熱望[渇望]する, あこがれる (eager, yearning) 〔*for*〕: be ～ *for* affection [knowledge, news] 愛情[知識, ニュース]に飢えている / They were only ～ *for* success. 彼らはただもう成功したい一心でうずうずしていた. **b** [しばしば複合語の第 2 構成素として] (...を)欲しがる: a land-*hungry* man 土地欲の人 / sleep-*hungry* eyes 眠たくてたまらない目. **3** 〈土地が〉不毛の, やせている (barren): a ～ soil. **4** 《まれ》〈新鮮な空気など〉食欲を起こさせる: a ～ air.

hún·gri·ness *n.*

Húngry Fórties *n. pl.* [the ～] 飢餓 40 年代《英国で大飢饉のあった 1840-49 の 10 年間》.

húngry ríce *n.* 〚植物〛＝fundi².

hunk¹ [hʌ́ŋk] 〚《a1813》□ Flem. *hunke*: cf. Du. *homp* lump (⇨ hump)〛 ― *n.* 《口語》 **1** 隆肉 (hunch). **2** 大きなかたまり; (特に, パンの)厚切り, 厚い切り身: a ～ of bread.

hunk² [hʌ́ŋk] 〚□ Du. *honk* goal < MDu. *honc* hiding place〛 *adj.* 《米俗》＝hunky¹.

hun·ker [hʌ́ŋkə | -kə(r)] 〚← ? Faeroese *hokna* to crouch □ ON *hokra* to creep // 《スコット》*hunker* to squat on one's hams: ⇨ -er⁴〛 ― *vi.* (上半身を少し前に出して)しゃがみ込む (squat) 〈*down*〉. ― *n.* [*pl.*] 尻 (buttocks): on one's ～*s* しゃがみ込んで.

Hun·ker [hʌ́ŋkə | -kə(r)] 〚← ? HUNK²〛 *n.* 《米》 **1** (1845-48 年 New York 州民主党員中の)保守主義者. **2** [h-] 保守的な人, 旧弊家 (fogy).

hun·kie [hʌ́ŋki | -kɪ] *n.* ＝hunky².

hunks [hʌ́ŋks] 〚《1602》← ?: cf. Du. *hondsch* doggish〛 *n. pl.* [単数または複数扱い] **1** 意地悪な人. **2** 欲張り, にぎり屋, けちんぼう (miser).

hunk·y¹ [hʌ́ŋki | -kɪ] 〚← HUNK²＋-Y⁴〛 ― *adj.* (**hunk·i·er; -i·est**) 《米俗》 **1** ちゃんとした, 安全な, 大丈夫な; よろしい (well, right); すてきな (excellent), 飛切りの (first-rate). **2** 勝負なしの, あいこで (even).

hunk·y², H- [hʌ́ŋki | -kɪ] 〚← ? HUNGARIAN: ⇨ -y²〛 ― *n.* 《米俗・軽蔑》不慣れ[未熟]な移民労務者《特に, ハンガリーまたはユーゴースラビアなど中欧・東欧出身の者》.

hunk·y-do·ry [hʌ́ŋkidɔ́ːri, -kə-, -dóːri | -kɪdɔ́ːrɪ] 〚← HUNKY¹＋*dory* (← ?)〛 ― *adj.* 《米俗》申し分のない, 結構な, すてきな (excellent): His speech was ～. 彼のスピーチは満点だった.

Hun·nish [hʌ́nɪʃ] 〚《1875》← HUN＋-ISH¹〛 ― *adj.* **1** フン族 (Huns) の, 匈奴(きょうど)の. **2** [時に h-] 破壊的な; 野蛮な (barbarous). **3** 《軽蔑》ドイツ兵[人]の, ドイツ兵[人]らしい. **～·ness** *n.*

hunt [hʌ́nt] 〚OE *huntian* < Gmc **huntojan* ← ?: cf. OE *hunta* hunter & *henten* 'to seize, HENT'〛 ― *vt.* **1 a** 狩る, 狩猟する; (特に, 猟犬を使って馬上で)遊猟する; 《米》(猟銃を使って)〈獲物を〉撃つ, 狩猟する (shoot) (⇨ hunting 1): ～ big game (ライオン・トラなどの)大物狩りをする / ～ heads 首狩りをする / ～ ivory (象牙(げ)を取るために)象狩りをする / ～ the fox [hare] キツネ[ウサギ]狩りをする. **b** 〈馬・猟犬を〉狩猟に使う: ～ one's horse in winter 冬に馬を狩りに使う. **c** 〈猟犬などが〉〈獲物を〉追う. **2 a** 〈場所を〉狩り回る; 捜し回る: ～ the woods 森を狩り回る / ～ the house *for* the papers 家中書類を捜し回る. **b** 捜す, あさる; 捜し出す 〈*out, up*〉: ～ land 定住地を求め歩く / ～ *up* proofs 証拠を捜し出す. **3 a** 追い出す, 狩り出す, 追い払う 〈*out, away*〉: ～ cats *away* 猫を追っ払う / He was ～*ed* from the country. 彼は国を追い払われた. **b** 追い詰める, 追跡して捕える; 突き止める 〈*down*〉: ～ *down* a murderer [the Nazis] 殺人犯人[ナチ党員たち]を追い詰める. **4** 〚鳴鐘法〛〈組鐘〉の順序を変えて鳴らす 〈*up, down*〉. ― *vi.* **1** 狩りをする, 狩猟する, (特に)キツネ狩りをする: go out ～*ing* 猟に出かける / ～ counter 〈猟犬が〉においを逆に追う, 獲物と反対の方向に走る / Wolves ～ in packs. オオカミは群れをなして餌をあさる / run with the hare and ~ with the hounds ⇨ hare 成句. **2** 〔...を〕捜す, 求める (seek) 〈*after, for*〉: ~ *for* food 食物を捜す[求める] / ~ high and low *for* ...を求めてあちこち捜す / ~ *for* a house for rent [to let] 貸家を捜す / The detectives were ~*ing for* clues. 刑事たちは(事件の)鍵を捜し回っていた / He ~*ed* through the bookshelves in search of a yearbook. 年鑑はないかと本棚をあちこち捜した. **3** 〖電気・機械〗不規則に動く, 乱調[ハンチング]を起こす (cf. hunting 3). **4** 〖鳴鐘法〗組鐘を順序を変えて鳴らす.

hunt and peck 手探り[素人]式の打ち方, 我流のタイピング《タイプライターでキーを見ながら打つ打ち方; cf. touch system》.
hunt the hare 〖遊戯〗ウサギ狩り《hare and hounds のこと》.
hunt the slipper 〖遊戯〗スリッパー捜し《輪を作って並んでいる者たちが次々にこっそり送るスリッパを, 輪の中にいる鬼が捜し出す遊び》.
hunt the squirrel 〖遊戯〗リス狩り《他の一人の遊戯者が残りの者が作る輪の間をジグザグに出たり入ったりして逃げるのを鬼がその通りに追ってつかまえる屋外遊戯》.
hunt the thimble 〖遊戯〗指ぬき捜し.

— *n.* **1** 狩り, 狩猟 (hunting): have a ~ 猟をする / a fox ~ 狐狩り. **2** 狩猟隊《狩猟家と猟犬の群れ》; 狩猟会: ⇨ hunt ball. **3** 猟場. **4** 追跡, 探求 (search, pursuit), あさること: a ~ *for* a job 職捜し / be on a ~ *for* lodgings 下宿捜しをしている / have a ~ *for* ...を捜し求める. **5** 〖電気・機械〗乱調, ハンチング. **6** 〖鳴鐘法〗転調鳴鐘法《5-12 個の組鐘を一定の法則に従って次々と順序を変えて鳴らすこと》.

Hunt [hʌ́nt], **(James Henry) Leigh** *n.* (1784-1859) 英国の詩人・随筆家・批評家; *The Story of Rimini* (1816).

Hunt, William Hol·man [hóʊlmən|hə́ʊl-] *n.* (1827-1910) 英国のラファエル前派の画家.

húnt·awày 〘← *hunt away* (⇨ hunt (vt. 3))〙〘豪〙 *adj.* 〈犬が〉羊の番をするように訓練された. — *n.* 牧羊犬.

húnt bàll *n.* 〘英〙(キツネ狩りの)狩猟会主催の舞踏会《男子は深紅色の上着 (pink) をつける》.

húnt·ed [-tɪd, -tə̬d, -tɪ̬d | -tɪd] *adj.* **1** 追跡[迫害]されている.. **2** 〈表情など〉(追われているかのように)おびえた: one's ~ eyes.

húnt·er [-tə̬ | -tə(r] 〘OE *huntere* (⇨ hunt, -er[1]) ∽ OE *hunta*〙 — *n.* **1** 狩る人[獣]; 猟師 (huntsman): The leopard is a skillful ~. ヒョウは巧みに他の動物を取る. ★ 英国では馬に乗ってキツネ狩りなどをする人の意にはこの語は用いられない; Are you a ~? よりも Do you hunt? という言い方が好まれる. **2** 〖狩猟〗 **a** 猟馬, ハンター《強健な雌馬にサラブレッドを交配した英国の半血種; キツネ狩りに用いられる》. **b** 猟犬. **3** 探求者, あさる人: a ~ *after* fame 名誉を求める人, 名誉欲の強い人 / an autograph ~ やたらにサインを欲しがる人[ファン], サイン集めの好きな人 / ⇨ fortune hunter. **4** 〖時計〗ハンター《蝶番(ちょうつがい)つきの金属性ふたをもつ懐中時計; ふたを開けないと文字盤が見られない; hunting watch ともいう; cf. half-hunter》. **5** [the H-] 〖天文〗オリオン座 (⇨ Orion).

Hun·ter [hʌ́ntə̬ | -tə(r] 〘↑〙 *n.* 男性名.

Hunter, John *n.* (1728-93) スコットランドの外科医・解剖学者.

Hunter, William *n.* (1718-83) スコットランドの医師・解剖学者; J. Hunter の兄.

húnter gréen *n.* ひわもえぎ色 (greenish yellow green)《hunter's green ともいう》.

Hun·ter·i·an [hʌntí(ə)riən | -tíəri-] *adj.* John [William] Hunter の.

húnter's gréen *n.* =hunter green.

húnter's móon *n.* 狩猟月《harvest moon の次の満月; このころ狩猟期にはいる》.

húnter's pínk *n.* (狩猟用上衣などに用いられる)鮮紅色.

húnter's róbe *n.* 〖植物〗オウゴンカズラ (*Scindapsus aureus*)《Solomon 諸島原産サトイモ科の攀縁植物, 葉は淡黄色で花は仏炎苞に包まれた穂状花序》.

húnt·ing [-tɪŋ | -tɪŋ] 〘OE *huntunge* (n.): ⇨ hunt, -ing[1]〙 — *n.* **1 a** 狩猟 (hunt); 〘英〙(特に)キツネ狩り (fox hunting). **b** 〘米〙銃猟. ★ (1) 英国では fox-hunting は shooting, racing とともに三大スポーツといわれる. (2) 〘英〙では鳥の場合は shooting という. **2** 探求, 追求 (pursuit): one's apartment ~ アパート探し. **3** 〖電気・機械〗乱調, ハンチング: **a** 同期電動機などで定速回転が狂うこと. **b** 制御系が安定性を失うことにより, フィードバック調整システムの機能にみられる周期的変化. **4** [形容詞的に] 狩猟用の: a ~ vest 狩猟用のチョッキ.
Good hunting! 〘口語〙幸運を祈ります, しっかりやりなさい (Good luck!).
— *adj.* 狩猟好きな: a ~ man.

húnting bòx *n.* 〘英〙(猟期中起居する)猟小屋 (cf. box[2] 9 b).

húnting càp *n.* 狩猟帽. ★ 狩猟家 (huntsman) などの用いるビロード製のもので競馬騎手の用いるものと同型, いわゆる鳥打帽子[ハンチング]とは違う.

hunting cap

húnting càse *n.* 〖時計〗ハンターのケース (cf. hunter 4).

húnting càt *n.* 〖動物〗=cheetah.

húnting chàir *n.* 前に引き出せるようになった足のせ台付きの椅子.

húnting còg *n.* 〖機械〗(伝動歯車間で一方に一枚余分の歯をつけていつも同じ歯同士が噛(か)み合わないようにする)無駄(むだ)歯.

húnting cròp *n.* 狩猟用乗馬むち.

Húnting Dógs *n. pl.* [the ~] 〖天文〗りょうけん(猟犬)座 (⇨ Canes Venatici).

Hunt·ing·don [hʌ́ntɪŋdən | -tɪŋ-] 〘OE *Huntandūn* 《原義》huntsman's hill ← *hunta* hunter: ⇨ down[1]〙 — *n.* **1** イングランド Cambridgeshire 州の都市, 旧 Huntingdonshire 州の首都; 人口 121,000. **2** =Huntingdonshire.

Húntingdon and Péterborough *n.* イングランド中東部の旧州; 1974 年に Cambridgeshire 州の一部となる.

Hunt·ing·don·shire [hʌ́ntɪŋdənʃɪə, -ʃə | -tɪŋdənʃə(r, -ʃɪə(r] *n.* イングランド中東部の旧州; 1974 年に Cambridgeshire 州の一部となる; 首都 Huntingdon.

húnting gròund *n.* 猟場; 捜し物が見つかりそうな所, 漁(あさ)り場: ⇨ happy hunting ground.

húnting hòrn *n.* **1** 狩猟らっぱ《円錐形の管がホルンのように丸く曲った合図用らっぱ》. **2** 狩猟ホルン《近代 horn の原形で長い円錐形の管が肩がはいるように円形になり, 先が朝顔形に大きく開き, 吹き口がついている》. **3** 〖馬術〗横乗り鞍の左側の第 2 の鞍頭, 第 2 ホーン (⇨ sidesaddle 挿絵).

hunting horn 1

húnting knìfe *n.* 〘米〙猟刀《主に獲物の皮をはいだり肉を切るのに用いる鋭利なもの》.

húnting léopard *n.* 〖動物〗=cheetah.

húnting lòdge *n.* =hunting box.

húnting pínk *n.* =pink[1] 3 a.

húnting rifle *n.* 狩猟用のライフル(銃).

húnting spíder *n.* 〖動物〗狩人ぐも《巣にいて獲物がかかるのを待つのでなく積極的に出て行って虫を捕食するクモ》.

Hunt·ing·ton [hʌ́ntɪŋtən | -tɪŋ-] 〘OE *Huntenetūn* 《原義》huntsmen's farm: もと地名〙 *n.* 男性名.

húnting wàtch *n.* 〖時計〗=hunter 4.

Hunt·ley [hʌ́ntli | -lɪ] 〘OE *Huntelei* 《原義》huntsman's wood ← *hunta*: ⇨ hunt, lea[1]〙 *n.* 男性名.

hunt·ress [hʌ́ntrɪs, -trəs | -trɪs, -trəs, -tres] 〘(*c*1380) (⇨ hunter, -ess) ∽ OE *huntiċġe*〙 *n.* **1** 女猟師. **2** 〖狩猟〗雌馬.

Hunts. [hʌ́nts] *n.* 《略》Huntingdonshire (cf. Hants).

húnts·man [-mən] 〘(1567) ← HUNT+-s[2] 2+-MAN〙 *n.* (*pl.* **-men** [-mən, -mɛ̀n]) **1** 狩猟家 (hunter). **2** (特に狐狩りの)猟犬係《狩猟中に猟犬を扱い狩猟全体に采配を揮う雇い人》.

húntsman's-cúp *n.* 〖植物〗ヘイシソウ(瓶子草), サラセニア (*Sarracenia purpurea*)《米国東部の沼地に産するヘイシソウ科の食虫植物》.

húntsman·shìp *n.* 狩猟術; 狩猟家の手腕.

húnt's-úp 〘《短縮》← *The hunt is up.*〙 *n.* 狩猟開始を告げる起床らっぱ (reveille).

Hunts·ville [hʌ́ntsvɪl, -vəl | -vɪl] 〘← *John Hunt* (その最初の開拓者)〙 *n.* 米国 Alabama 州北部の都市; NASA の基地がある; 人口 137,000.

húnt tàble *n.* ワインテーブル《中心部をくり抜き, 可動式のびんの受け皿を備えた半円形のテーブル; 18 世紀後期から 19 世紀に英国で流行した》.

Hu·nya·di [húnjɑːdi, -njɔː- | húnjɑːdɪ, hʌ́n-, ―――; *Hung.* húɲɔdi] **Já́nos** *n.* フニャディ《1385?-1456; ハンガリーの将軍・国民的英雄; オスマントルコのヨーロッパ侵入を防いだ; ラテン語名 Johannes Corvinus Huniades》.

Hú·on píne [hjúːɑn-] 〘← *Huon* (Tasmania 南部の川の名)〙 *n.* 〖植物〗(Tasmania 産の)マキ科の大常緑樹 (*Dacrydium franklinii*)《材は家具・造船用》.

hup [hʌ́p] 〘← ?: cf. Du. *hop!* gee-up!〙 — *int.* **1 a** どう(よ)《馬をせきたてる時の掛け声》. **b** はいよ《馬を右に回す時の掛け声; cf. hie[2]》. **2** おすわり (down)《犬に向かっての命令》. — *v.* (**hupped; hup·ping**) — *vt.* 〘方言〙〈馬を〉右に回す. — *vi.* **1** (馬に)'hup' と叫ぶ; 〈馬が〉急ぐ; 右に回る. **2** 〈犬が〉おすわりをする.

Hu·pa [húːpə] *n.* (*pl.* ~, ~**s**) **1 a** [the ~(s)] フーパー族《米国 California 州北西部に住むアメリカインディアン》. **b** フーパー族の人. **2** アタパスカ語 (Athapaskan language).

Hu·peh [hùːpéɪ; *Chin.* xúpeɪ] *n.* 湖北省《中国中部の省; 人口 45,750,000, 面積 186,000 km^2, 首都 Wuhan (武漢)》.

hup·pah [xúpə, -pɑː, xupɑ́ː] 〘⊏ Heb. *ḥuppāh* canopy, bridal chamber, 《原義》that which encloses〙 — *n.* (*pl.* **hup·poth** [xúpout, -pout, ―― | xúpəʊθ, -pəʊt, ――], **hup·pot** [xúpout, ―― | xúpəʊt, ――], ~**s**) (ユダヤの結婚式の間中新郎新婦がその下に立つ)天蓋.

hur·dies [hə́ːdiz | hə́ːdɪz] 〘← ?〙 *n. pl.* 〘英方言〙尻, 臀部(でん) (buttocks).

hur·dle [hə́ːdl | hə́ː-] 〘OE *hyrdel* < Gmc **χurðiz* (Du. *horde* / G *Hürde*) ← IE **kert-* to turn, entwine (L *crātis* hurdle / Gk *kártalos* basket): ⇨ -le[1]〙 — *n.* **1 a** 障害物, ハードル. **b** [the ~s; 単数または複数扱い] ハードル競走 (hurdle race): ⇨ high hurdles, low hurdles. **2** 障害, 困難. **3** 〘英〙編み垣《木の枝などを編んで作った四角な持運びの出来るもの; 臨時にどこへでも立てられる》. **4** 〖英史〗すのこ橇(そり)《昔反逆者[謀反人]や重罪犯人を乗せて刑場に送った一種のそり》. — *vt.* **1** 〈ハードルを〉飛び越す. **2** 〈障害・困難を〉突破する. **3** 編み垣で囲う 〈*off*〉. — *vi.* ハードル[障害]を飛び越す; ハードル競走に出る.

húr·dler [-dlə, -dlə̬ | -dlə(r, -dlə(r] *n.* **1** ハードル競走者[選手]. **2** 編み垣[すのこ]作り《人》.

húrdle ràce *n.* ハードル競走 (cf. flat race 1, steeplechase 2).

hurds [hə́ːdz | hə́ːdz] *n. pl.* =hards.

hur·dy-gur·dy [hə́ːdigə́ːdi | hə́ːdɪgə̀ːdɪ] 〘(1749) 《擬音語》?: cf. 《スコット》*hirdy-girdy* uproar〙 — *n.* **1** ハーディガーディー《中世から 18 世紀頃まで使用されたリュートに似た弦楽器; 底部につけたハンドルを回して奏する》. **2 a** = barrel organ 1. **b** = street piano.

hurdy-gurdy 1

hu·ri [hʊ́(ə)ri, háuri | hʊ́ərɪ] *n.* =houri.

hurl [hə́ːl | hə́ːl] 〘(?*a*1200) *hurle(n)* 《擬音語》?: cf. LG *hurreln*〙 — *vt.* **1 a** 強く投げる, 投げつける: ~ a spear *at* ...に槍を投げつける / ~ a javelin 投げ槍を投げる / ~ eggs (*at* ...) (...に)卵を投げつける / They ~*ed* rocks and beer bottles *at* the police. 彼らは警官たちに石やビールびんを投げつけた. **b** (強く)押進める, 押しやる (drive). **c** [~ *oneself* として] 勢いよくぶつかって行く, 飛び出す: ~ *oneself at* [*upon*] ...に飛びかかる / He ~*ed himself over* the fence. 塀を飛越えて行った. **2** ほうり出す, 投げ倒す, ひっくり返す (cast down, overthrow): ~ a person downstairs 人を階下へ投げ落とす / ~ a king *from* his throne 王を位から追い出す. **3** 〈言葉などを〉投げつける, 〈悪口を〉浴びせる; 〈悲鳴を〉上げる: ~ abuse *at* [*against*] ...を罵る, ...をどなりつける. **4** 〘スコット〙〈車を〉駆る, 運転する. **5** 〖野球〗投げる (pitch). **6** 〘廃〙〖レスリング〗投げ倒す. — *vi.* **1** 投げつける, 射出する. **2** 突進する (rush). **3** 〘スコット〙のろのろと車[馬車]で行く. **4** 〘口語〙〖野球〗投球する. **5** 〖球技〗ハーリング (hurling) をする. — *n.* **1** 投げ(つけ)ること. **2** 〘スコット〙(多数の石の)落下, (轟音を伴っての)落石. **3** (hurling 用の)スティック.

húrl·bat 〘(15C)〙 *n.* hurling 用スティック.

húrl·er [-lə | -lə(r] 〘(15C)〙 *n.* **1** hurling をする人. **2** 〖野球〗投手 (pitcher): a ~ derby 投手の勝星争い, ハーラーダービー.

hurl·ey [hə́ːli | hə́ːlɪ] 〘← HURL+-*ey* (cf. hockey)〙 *n.* 〘英〙 **1** =hurling. **2 a** =hurlbat. **b** ハーリング (hurling) 用のスティック・ボール《皮張り》.

húrl·ing [-lɪŋ] 〘ME *hurlynge*〙 *n.* **1** 投げること. **2** ハーリング《アイルランド式ホッケー》. **3** ハーリング《昔イングランド Cornwall 地方で行なわれた一種のフットボール》.

Hurl·ing·ham [hə́ːlɪŋəm|hə́ː-] 〘⇨ ↑, home〙 *n.* イングランド Middlesex 州の Fulham [fʊ́ləm] にあったポロ (polo) 競技場; ポロ競技本部.

hurl·y[1] [hə́ːli|hə́ːlɪ] 〘《略》? ← HURLY-BURLY〙 *n.* 〘古〙騒動.

hurl·y[2] [hə́ːli|hə́ːlɪ] *n.* 〘英〙=hurley.

hurl·y-burl·y [hə́ːlibə́ːli|hə́ːlɪbə̀ːlɪ] 〘(1539) 《異化加重》← 《廃》*hurling* ← HURL (v.)+-ING[1]: ⇨ -y[2]〙 — *n.* 大騒ぎ, 大騒動 (uproar, commotion). — *adj.* 騒がしい (tumultuous), ごたごたした (confused).

Hu·ron [hjʊ́(ə)rən, jʊ́(ə)r-, -rɑn | hjʊ́ərən] 〘⊏F ~ 'coarse fellow' ← *hure* unkempt head〙 — *n.* (*pl.* ~, ~**s**) **1 a** [the ~(s)] ヒューロン族《イロクォイ (Iroquois) 族に属するアメリカインディアンの一族, Huron 湖の西方に住む; Iroquois 族のいわゆる Five Nations には所属せず, たえず彼らの攻撃を受けて多くが殺された》. **b** ヒューロン族の人. **2** ヒューロン語《イロクォイ語族の一つ》.

Hu·ron [hjʊ́(ə)rən, jʊ́(ə)r-, -rɑn | hjʊ́ərən], **Lake** 〘↑〙 *n.* ヒューロン湖《北米の Michigan 湖と Erie 湖の間, カナダの Ontario 州と米国の Michigan 州との間の湖, 五大湖 (Great Lakes) 中第 2 の湖, 面積 59,596 km^2》.

hur·rah [hʊrɔ́ː, -rɑ́ː | -rɑ́ː] 〘(1686) ⊏? Du. *hoera* // G *hurra* ← MHG *hurre* (imper.) ← *hurren* to move quickly 《擬音語》〙 — *int.* 万歳, よくやったぞ, フレー《歓喜・賛成・激励を表わす》: *Hurrah* for the King! 王様万歳 / *Hurrah* for the holidays! 休暇万歳. — *n.* **1 a** 歓呼の声, 万歳: the ~*s* of the crowd. **b** 熱狂 (enthusiasm). **2 a** 騒ぎ, がやがや; ばか騒ぎ, 酒宴 (spree). **b** 論争. — *vi.* **1** 万歳をとなえる, 歓呼する. **2** 騒々しく振舞う.

hurráh's nést *n.* 〘米口語〙乱雑な場所, 混乱(状態), ごちゃごちゃ: His desk is a ~.

hur·ray [huréɪ] *int., n., v.* =hurrah.

Hur·ri·an [húriən | -rɪ-] 〘← Heb. *Ḥōrī*: ⇨ -an[1]〙 — *n.* **1 a** [the ~s] フルリ族《紀元前 1500 年ごろメソポタミア北部・シリア・小アジア東部に居住した非セム語族の人々》. **b** フルリ族の人. **2** フルリ語.

hur·ri·cane [hə́ː(r)əkèɪn, -(r)ɪ-, -kən, -kɪn | hʌ́rɪkən, -kɪn, -kèɪn] 〘(1555) ⊏Sp. *huracán* ⊏Taino *hurakán* ← *hura* wind; to blow away〙 — *n.* **1** 〖気象〗(旋風性の)大暴風, 颶風(ぐふう), ハリケーン《特に西インド諸島辺や熱帯大西洋に起こる暴風; ⇨ wind scale》. **2** (感情などの)激発, 大あらし (storm): a ~ of applause 歓呼のあらし. **3** [H-] ハリケーン《第二次大戦中の英軍戦闘機の一種; cf. BATTLE of Britain》.

húrricane bìrd *n.* 〘鳥類〙=frigate bird.

húrricane dèck *n.* 〘海事〙ハリケーン甲板 (⇨awning deck).

húrricane glòbe [glɑ̀ss] *n.* ランプのほや (lamp chimney).

húrricane làmp [làntern] *n.* **1 a** ハリケーンランプ《強風に吹き消されないようにほやのついたオイルランプ》. **b** ほや (hurricane globe) 付きの燭台[電気スタンド]. **2** 《英》カンテラ.

hurricane lamps 1 b

húrricane ròof *n.* =hurricane deck.

húr·ried 〘(p.p.)↓〙 — *adj.* **1** せき立てられた, あわてた, 急いでいる: a ~ speaker. **2** あわただしい, 大急ぎの (hasty): a ~ glance [meal] あわただしい一見[食事] / walk with ~ steps 急ぎ足で歩く / We had a ~ conference. 大急ぎで話し合った. **3 a** 早い, 急速な (fast). **b** 騒々しい (tumultuous). **~·ly** *adv.* **~·ness** *n.*

hur·ry [hə́ː(r)i | hʌ́ri] 〘*v.*: 1593; *n.*: 1600〙《擬音語》? (⇨ hurl): cf. ME *horien* to hurry / MHG *hurren* to move quickly / ON *hurra* to whir〙 — *n.* **1 a** 急ぐこと, 大急ぎ, 急速 (haste); あわて急ぐこと (cf. hurry-scurry): in a ~ ⇨ 成句 / I forgot it in my ~. 急いでいてつい忘れてしまった / I am in a ~ today. 今日は急いでいます. **b** せっかちに望むこと, あせっていること[状態] 〔*for*〕/〈*to* do〉: I am in no ~ [not in a ~] *for* it [*to* do it]. 別にそれを急いでいません / He is *in a* ~ *to* be rich. 金持ちになりたがってあせっている. **2** [否定・疑問構文で] 急ぐ必要: Don't start yet—there's *no* ~. まだ出かけるな—なにも急ぐことはない / Is there *any* ~? 何か急ぐ必要でもあるのか / What's the ~? なぜそんなに急ぐ(必要がある)のか. **3** 大騒ぎ: Everything was ~ and confusion. てんやわんやの大騒ぎだった. **4** 〘音楽〙(劇音楽の高潮した場面に奏される)弦楽器のトレモロ, 太鼓のすり打ち.

in a hurry (*adv.*) (1) 急いで: Nothing is ever done *in a* ~. 急いで成就されたものはない. (2)《口語》[否定構文で] 容易に (easily): You will *not* beat him *in a* ~. 彼を簡単にやっつけるなんてわけにはいかないよ. (3)《口語》[否定構文で] 進んで, 喜んで (willingly): I shall *not* ask again *in a* ~. またとお願いするようなことはありますまい《もうこりごり》.

— *vt.* **1** 急いで動かす[運ぶ], 急派する: ~ one's camera out of sight 急いでカメラを隠す / They *hurried* the child to the hospital. 急いで子供を病院へ連れて行った / A taxi *hurried* me home. タクシーで急いで帰宅した. **2 a** 〈人・動作などを〉急がせる, 急いでさせる, せき立てる 〈*up*〉: ~ a horse along the street 馬を急がせて町を通る / ~ the work 仕事をせき立てる. **b** …の用意[進行, 終了]を急ぐ, 急いで片付ける, 早める (expedite) 〈*up*〉: Don't ~ your meal [typing]. あわてて食事[タイプ]をするな. **3** 急がせて[せきたてて]…させる 〔*to, into*〕: I have been *hurried into* errors [committing errors]. 急がされて間違った / They were *hurried to* the front line. 前線へせきたてられた. — *vi.* **1** 急ぐ, 急いでする: ~ along [on] 急いで行く[進む] / ~ away [off] 急いで立ち去る / ~ back 急いで帰る, あわてて戻る / ~ in [down] 急いで入る[おりる] / ~ *over* one's meal [*with* one's work] あわてて食事[仕事]をする / ~ *into* apologies 急いであやまる / I *hurried* to get there in time. 時間に遅れずにそこに着けるように急いだ / *Hurry up!* 急げ, ぐずぐずするな. **2** あせる, あわてる: Don't ~—there's plenty of time. あわてなくてもいい, 時間はたっぷりあるよ. **húr·ri·er** *n.*

húrry càll *n.* 救急信号.

húr·ry·ing *adj.* 大急ぎの, あわてている. **~·ly** *adv.*

hur·ry-scur·ry [hə́ː(r)iskə́ː(r)i | hʌ́rɪskʌ́rɪ] 〘cf. hurry, scurry〙 (*also* **hur·ry-skur·ry** [~]) —*adv.* あわただしく, 大あわてに. — *adj.* 大あわての. — *n.* 大あわて. — *vi.* あわてて走る (rush).

húrry-ùp *adj.* **1** 大急ぎの: a ~ lunch. **2 a** 緊急の: a ~ job. **b** 緊急用の: a ~ wagon 緊急用警察車.

hur·sin·ghar [hə́ːsɪŋgɑ̀ə, ⌐―⌐ | hə́ːsɪŋgɑ̀ː(r, ⌐―⌐] 〘▭ Hindi *harsiṅgār*〙 — *n.* 〘植物〙ヨルソケイ (*Nyctanthes arbortristis*)《インド産のクマツヅラ科の常緑低木, 夜ジャスミンのような香気を放つ白い花を開くので night jasmine または tree of sadness ともいう》.

hurst [hə́ːst | hə́ːst] 〘OE *hyrst* wood, thicket ← Gmc **χurstiz* (G *Horst* thicket: ⇨ horst) ← IE **kert-* to turn, entwine: cf. hurdle〙 — *n.* **1** 森 (wood); 森のある丘; 木立ち (grove). ★ 主に地名・人名に残っている: Hazel*hurst*, As*hurst* (Ash+hurst). **2** 小山, 塚. **3** 海[川]の中の砂丘, 砂州 (sandbank).

Hurst [hə́ːst | hə́ːst], **Fannie** *n.* (1889–1968) 米国の女流小説家; *Lummox* (1923).

Hurst·mon·ceux [hə̀ːs(t)mənsúː, -mɑn- | hə̀ːs(t)məns(j)úː, -mɔn-] *n.* =Herstmonceux.

hurt [hə́ːt | hə́ːt] 〘*v.*: 《?*a*1200》 *hurte(n)*, *hirte(n)*, *herte(n)* to dash, injure ▭ OF *hurt-er* (F *heurter*) to knock ← ? Gmc (MHG *hurt* an impact). — *n.*: 《?*a*1200》 ▭ OF *hurte* (F *heurte*) ← (*v.*)〙 — *v.* (~) — *vt.* **1** 〈人〉にけがをさせる, 痛くする, 痛める: get ~ けがをする, 負傷する / His head was ~ by his fall. 倒れて頭にけがをした / ~ oneself けがをする, 負傷する / I will ~ you. 痛い目にあわせるよ / It ~*s* the eye to look at the sun. 太陽を見つめると目が痛くなる / She ~ her eyes. 目を痛めた / Where does it ~ you? どこが痛いですか / The child was more afraid [frightened] than ~. その子はたいしたけがでもないのにびっくりしただけ[おびえた](だけだ). **2 a** 〈人〉の気を悪くする; 〈感情を〉害する: ~ one's feelings 感情を害する / His ingratitude ~*s* me. 彼の恩知らずには腹が立つ / He was ~ by what was said. その言葉で彼は気を悪くした / feel ~ 不快に思う, 気を悪くする. **b** 《口語》[否定構文で] …に差し障る, 不都合である: Another glass won't ~ you. もう一杯飲んでも障りはないでしょう / It wouldn't ~ him to wait for a while. しばらく待ったって悪くないだろう. **3** 〈物など〉に損害を与える (damage); 害する, 損なう: ~ furniture 家具を傷める / The higher prices have not ~ sales. 値上げ後も売上げ(高)は落ちなかった / Lisbon's foreign earnings have been badly ~ by the drastic drop in tourism. リスボンの外貨稼ぎ高は旅行客の激減でひどい打撃を受けた / The gale ~ the roof of the cottage. 強風で屋根が傷んだ. **b** 〈名声・評判などを〉傷つける (hamper): ~ a person's reputation 評判を傷つける. — *vi.* **1** 傷[害, 苦痛]を与える; 痛む; (精神的に)痛む, こたえる: My tooth still ~*s*. 歯がまだ痛む / How it ~*s*! ああ痛い / It didn't ~ a bit. ちっとも痛くはなかった. **2** 《口語》[否定構文で] 障る, 困ったことになる: He won't ~ by himself for a few years. 2, 3 年一人でいても何の差し障りもなかろう / It won't ~ to wait [*for* being left] for a while. 少し待っても[放っておいても]何ともないだろう. **3** 《米中部》必要とする (want).

— *n.* **1 a** 傷, けが (injury, wound); 痛み. **b** (精神的)苦痛; 深傷(ﾌｶﾃﾞ), 打撃: get over one's ~ at being rejected 拒否されたいたでから立ち直る. **2** 損害, 害, 損失: do ~ to [inflict ~ on] …を傷つける, …を損う. **3** 〘紋章〙青の小円 (cf. roundle 7).

— 〘ME ← (p.p.)〙 *adj.* **1** けがをした, (肉体・精神的に)傷ついた (injured, wounded): There was a ~ look in his eyes. 腹を立てていることが目の色に表われていた. **2** 〈品物など〉破損した, たなざらしの (damaged): a ~ book 破損本.

húrt·er[1] [-tə | -tə(r] 〘《15C》〙 *n.* 《古》傷つける人[物].

hur·ter[2] [hə́ːtə | hə́ːtə(r] 〘《1289》 *hurtour* ▭ (O)F *hurt(ou)oir* knocker ← *hurter* 'to HURT': ⇨ -er[1]〙 — *n.* **1** (馬車の轂(ｺｼｷ)の当たる)車軸の肩《軸端に近い部分》. **2** 《古》**a** 緩衝器 (buffer); (特に, 大砲を載せる際に砲架が動かぬようにするための)車輪止め. **b** 支え (supporter).

hurt·ful [hə́ːtfəl | hə́ːt-] *adj.* **1** 傷をつける. **2** 害になる, 有害な, 毒になる; 損害を与える: be ~ *to* the health 健康に害がある. **~·ly** *adv.* **~·ness** *n.*

hur·tle [hə́ːtl | hə́ːtl] 〘《*c*1225》 *hurtle(n)*: ⇨ hurt (v.), -le[3]〙 — *vi.* **1** 〈石・矢などが〉音を立てて飛んで行く, ぶーんと音を立てて行く; 音を立てて落ちる[進む, 止まる]: ~ through the air 音を立てて飛んで行く / come *hurtling* down 音を立てて落ちて来る / In New Delhi, temperatures often ~*d* over the hundred mark. ニューデリーでは気温が(カ氏) 100 度を軽く越すことがよくある. **2** 〈車などが〉猛烈に突進する, 猛スピードで走る. **3** ぶつかる, 衝突する (clash) 〔*against*〕: The car ~*d against* the fence. 車はフェンスにぶつかった. — *vt.* **1** ものすごい勢いで投げる. **2** 猛スピードで運転する, 暴走させる. **3** 《古》ぶつける, 衝突させる; …とぶつかる. — *n.* 《詩》ぶつかること, 衝突; ぶつかる音 (clatter); 投げること.

hur·tle·ber·ry [hə́ːtlbèri, -b(ə)ri | hə́ːtlb(ə)ri] 〘《1452–54》 ← *hurtil-* ← OE *horte* whortleberry + -ILE[1]: ⇨ berry〙 — *n.* 《古》〘植物〙 **1** =blueberry; (特に) =whortleberry 1 a. **2** =huckleberry.

húrt·less 〘ME〙 *adj.* **1** 害を与えない, 無害の (harmless). **2** けがのない, 傷を受けない (unhurt). **~·ly** *adv.* **~·ness** *n.*

húrt·ling [-tlɪŋ, -tl- | -tl-] 〘← HURTLE + -ING[2]〙 *adj.* 疾走する, 暴走する. **~·ly** *adv.*

Hus [hʌ́s, hús | hʌ́s; *Czech* hús], **Jan** *n.* ⇨ Huss.

Hu·sain [huséɪn] *n.* フサイン《625–80; イスラム教シーア派 (Shi'a) 第 3 代の imam; 第 4 代カリフ Ali と Muhammad の娘 Fatima との息子; ウマイヤ朝の軍隊に敗れ, 殺害された》.

Hu·sayn Ali [huséɪn-ɑ́ːli, -ɑːlíː | -ɑ́ːlɪ, -ɑːlíː], **Mir·za** [mɪəzɑ́ː | mɪə-] *n.* フサイン アリ (⇨ Baha Ullah).

hus·band [hʌ́zbənd] 〘OE *hūsbonda* householder ▭ ON *hūsbōnd-i* ← *hūs* 'HOUSE' + *būandi* ((pres.p.) ← *būa* to inhabit: ⇨ bower[1])〙 — *n.* **1** 夫 (↔ wife): He'll make some girl a fine ~. 彼はどこかの女のいい亭主になるだろう / ~'s tea 《戯言・口語》(亭主のいれる)薄い茶. **2** 《英古》執事 (steward); 支配人 (manager). **3** [通例 good [bad] を伴って]《古》家政[事務]の処理の上手[下手]な人, 経済家 (economist): a *good* [*bad*] ~. **4** 〘海事〙=ship's husband. — *vt.* **1 a** 節約して管理する (manage). **b** 倹約する, 節約して使う (economize): ~ one's resources 財源を節約して使う / ~ one's strength 控え目に力を出す / They ~*ed* oil for emergency use. いざという時に備えて油を節約していた. **2** 《古》**a** 〈女〉に夫を持たせる. **b** …の夫になる, 〈女〉と結婚する (marry). **3** 《古》耕す (till); 栽培する (cultivate). **~·er** *n.*

hus·band·age [hʌ́zbəndɪdʒ] *n.* 〘海事〙(船舶管理人 (ship's husband) に払う)船舶管理料.

húsband·hòod 〘《15C》〙 *n.* 夫であること, 夫の身分.

húsband·less 〘《15C》〙 *adj.* 夫のない; 夫をなくした.

hús·band·ly 〘《15C》〙 *adj.* **1** 夫の[らしい, にふさわしい]: ~ rights and duties 夫としての権利と義務. **2** 《廃》倹約な (frugal). **3** 《廃》農夫の; 農耕の.

húsband·man [-(d)mən] 〘《?*a*1300》 ← HUSBAND(*n.*) + MAN[1]: cf. merchantman〙 — *n.* (*pl.* **-men** [-mən, -mèn]) **1** (農業の)専門家: a dairy ~ 酪農家 / a poultry ~ 養鶏家 / an apiary ~ 養蜂家. **2** 《古》農夫, 百姓 (farmer).

hus·band·ry [hʌ́zbəndri | -drɪ] 〘《*c*1300》: ⇨ husband, -ry〙 — *n.* **1 a** 農業, 耕作 (agriculture)《酪農・養鶏・養蜂などを含む》. **b** 畜産学. **2** 節約, 倹約 (thrift, frugality); 管理. **3** 《古》家政: good [bad] ~ 上手[下手]な暮し方.

húsband·shìp *n.* =husbandhood.

hush [hʌ́ʃ] 〘*v.*: 《1546》《逆成》← ME *husht*, *hust* silent《擬音語》: cf. hiss: 語末の t を p.p. 語尾と誤解〙 — *vt.* **1** 静かにさせる (quiet), 黙らせる (silence): ~ clamor 抗議を黙らせる / ~ a baby to sleep 赤ん坊を黙らせて寝かせる. **2** しずめる, なだめる (lull, soothe) 〈*up*〉: ~ a person's fears 人の心配をなだめる. **3** 〈悪事・スキャンダル・良心の苛責などを〉抑える (restrain), もみ消す (suppress) 〈*up*〉: ~ *up* a scandal 不正事件をもみ消す. **4** 〘音声〙しゅー音で発音する (cf. hiss *vt.* 2). — *vi.* **1** 静かにする, 黙る: ~ *up* 口をつぐむ, 口外しない. **2** 静まりかえる.

— [ʃː, hʌ́ʃ] *int.* しっ, 静かに.

— *n.* **1** (騒ぎの後などの)静けさ, 静寂: the ~ of the evening 夕べの静けさ / A ~ had fallen in the room. 部屋はしんと静まり返っていた / the ~ before a tempest あらしの前の静けさ / They were watching in a ~. 彼らは息を殺して見つめていた. **2** (不正事件などの)もみ消し (suppression): a policy of ~ もみ消し政策. **3** 〘音声〙しゅー音 (hushing sound).

— *attrib. adj.* **1** もみ消しの, 口止めの: ⇨ hush money. **2** 《古》静かな, 音のない (silent). **3** 〘音声〙シュー音 (hushing sound) の.

hush·a·by [hʌ́ʃəbàɪ] 〘《1796》: ⇨↑, lullaby〙 *int.* (*also* **hush·a·bye** [~]) ねんねんよ, ねんねしな: *Hushaby*, baby. (坊やは)よい子だねんねしな.

húsh bòat *n.* =Q-boat.

hushed *adj.* **1** しずまった, 静かな (calm). **2** 秘密の, 内密の (confidential). **~·ly** *adv.*

húsh-hùsh *adj.* ごく内々の (secret). — *n.* **1** (政治・作戦などの)極秘; (礼儀上の)タブー, ごく内々のこと: a ~ on sexual matters. **2** 検閲 (censorship). — *vt.* **1** 〈報道などを〉伏せておく, 極秘にする. **2** もみ消す (suppress).

Hu Shih [húːʃə́ː; *Chin.* xú ʂì] *n.* 胡適(ｺﾃｷ)(1891–1962; 中国の思想家・文学者).

húshing sòund *n.* 〘音声〙しゅー音《やや鈍い音色の歯擦音; [ʃ], [ʒ]; cf. hissing sound, sibilant》.

húsh mòney *n.* 口止め料, 内済金.

húsh pùppy 〘飢えた猟犬が吠えるのをやめさせるのに用いたことからか〙 — *n.* **1** [通例 *pl.*]《米南部》犬ころだまし《揚げたひきわりとうもろこしの小さな丸いパン》. **2** [Hush Puppies]〘商標〙ハッシュパピー《豚皮やスェードで作ったふだん履きの軽い靴》.

húsh shìp *n.* =hush boat.

husk[1] [hʌ́sk] 〘《*c*1400》 *huske* ▭? LG *hūske* little house = MDu. *hūskijn* (dim.) ← *hūs* 'HOUSE'〙 — *n.* **1 a** 殻, さや, 皮; 《米》とうもろこしの皮, 包葉. **b** (動物の)皮, (貝・えびなどの)殻. **2** (無用の)外皮, かす, 無価値なもの: a few ~*s* of reason 二, 三のくだらない理由. **3** 支えの枠組. **4** 《米俗》やつ, 男 (guy): He's some ~. あいつは大したやつだ. — *vt.* …の殻をむく, さやをとる, 皮をはぐ.

husk[2] [hʌ́sk] 〘← HUSK[1]〙 *n.* 〘獣医〙家畜の気管支炎. — *vt.* しゃがれ声で歌う[話す]. — *vi.* しゃがれ声になる.

húsk·er *n.* **1** 殻[皮]をむく人, 脱穀者; 脱穀機. **2** 《米》husking bee に加わる人.

husk·i·ly [hʌ́skɪli, -kə- | -lɪ] 〘《1858》〙 *adv.* しゃがれ声で.

húsk·ing *n.* 《米》**1** とうもろこしの皮むき. **2** =husking bee.

húsking bèe *n.* 《米》とうもろこしの皮むきの寄合い《隣家の人々や友人たちが手伝いに集まり, 終るとダンスなどをして楽しむ; cf. bee[1] 4, sewing circle》.

húsk-tomàto *n.* 〘植物〙=ground-cherry 2.

hus·ky[1] [hʌ́ski | -kɪ] 〘《1864》《転訛》← ESKIMO〙 — *n.* **1** 《方言・カナダ》エスキモー人[語] (Eskimo). **2 a** 新世界の北極地方に生息する毛のふさふさした作業犬《エスキモー犬など》. **b** =Siberian Husky.

husk·y[2] [hʌ́ski | -kɪ] 〘《1552》← HUSK[1] (*n.*) + -Y[4]〙 — *adj.* (**husk·i·er**; **-i·est**) **1 a** 皮の, 殻の. **b** 殻だらけの. **2 a** (殻のように)乾いた, かさかさの (dry). **b** からっぽの, 内容のない (empty).

hus·ky[3] [hʌ́ski | -kɪ] 〘《1722》↑〙 — *adj.* (**hus·ki·er**; **-ki·est**) 声がしゃがれた (hoarse); 〈人が〉しゃがれ声の (cf. clear *adj.* 4 a); 〈ジャズ歌手が〉ハスキーな《ふつうセクシーな感じを出す女のしゃがれ声にいう》.

hus·ky[4] [hʌ́ski | -kɪ] 〘《1869》: ⇨ husk[1]〙 — *adj.* (**hus·ki·er**; **-ki·est**) 大柄で頑丈な, (体格の)がっしりした: a ~ young farmer. — *n.* がっちりした人, 大男; 強力な機械. **húsk·i·ness** *n.*

huss [hʌ́s] 〘《転訛》← ME *husk* ← ?〙 *n.* 〘魚類〙 **1** ニシトラザメ (*Scyliorhinus caniculus*)《ヨーロッパ産トラザメ科の魚; 食用》. **2** =nursehound.

Huss [hʌ́s, hús | hʌ́s], **John** *n.* フス《1369-1415; ボヘミアの宗教改革者・殉教者; 異端者として焚刑(ふんけい)に処せられた; ボヘミア綴りは Jan Hus; cf. Moravian Brethren》.

hus·sar [hʌzɑ́ə, hə-, -sɑ́ə | hʊzɑ́ː(r)] 〘《1532》▭ Hung. *huszar* ▭ OSerb. *husar* ▭ It. *corsaro* 'CORSAIR'〙 ―― *n.* 軽騎兵《もとは 15 世紀のハンガリーの軽騎兵; ⇨ busby》.

Hus·sein I [huːséɪn-] *n.* フセイン一世《1935- ; ヨルダン国王 (1952-)》.

Hus·serl [húsəɫ | -səɫ; *G.* húsɐl], **Edmund** *n.* フッサール《1859-1938; ドイツの哲学者; ⇨ phenomenology》.

Huss·ite [hʌ́saɪt, hús- | hʌ́s-] 〘← NL *Hussita*: ⇨ Huss, -ite[1]〙 ―― *n.* **1** フス (Huss) 信奉者, フス派の信徒. **2** [*pl.*] フス派. ―― *adj.* フスの; フス信奉者の. **Húss·it·ìsm** [-tɪzm] *n.*

hus·sy [hʌ́zi, hʌ́si | hʌ́sɪ, -zɪ] 〘《1530》《転訛》← HOUSEWIFE: ⇨ -y[2]〙 *n.* **1** おてんば, はねっかえり (minx), 小娘. **2** あばずれ女, みだらな女. **3** 《古・方言》= housewife 2.

hus·tings [hʌ́stɪŋz] 〘OE *hūsting* council ▭ ON *hūsþing* ← *hūs* 'HOUSE'+*þing* 'assembly, THING[2]': ⇨ -s[1]〙 ―― *n. pl.* [通例単数扱い] **1** 《英》 **a** 選挙場《仮りの木造の壇で, 1872 年まではここで国会議員候補者が指名され政見発表を行なった》. **b** (議員候補者の)政見発表演説. **2 a** 選挙演説の演壇[会場]. **b** 選挙[政治]演説. **c** 選挙運動. **3** 〘法律〙 **a** (もとは英国の諸都市で, 今は時折 London の市会議事堂 (Guildhall) で開かれる)都市裁判所《court of hustings ともいう》. **b** (米国 Virginia 州の一部の都市の)下級裁判所《hustings court ともいう》.

hústings còurt *n.* 〘法律〙 =hustings 3 b.

hus·tle [hʌ́sl] 〘《1684》▭ Du. *hutseln, husselen* to shake, toss (freq.) ← *hutsen* to shake: 《擬音語》?〙 ―― *vt.* **1 a** 乱暴に押す (shove): ~ things *out of* the way 邪魔な物を押しのける / He was ~*d out of* the town. 彼は町から追い出された / He was ~*d into* the car by the police. 警察に無理に車の中に押し入れられた. **b** 強いる, 無理に…させる〔*into*〕: ~ a person *into* obedience [a decision] 人を無理に服従[決心]させる / ~ a person *into* buying it 人に無理にそれを買わせる. **c** 〈人を〉無理に動かす, 急がす, せかせる: ~ a sightseeing party from one place to another 観光団を次から次へとせかせて連れて行く. **2** 《米口語》〈仕事などを〉急ぐ, せく (hurry): ~ the discussion to a conclusion 急いで討論を結論にもっていく / ~ the work (up [through]) さっさと仕事をやってのける. **3** 〈小銭・氷片などを〉かき混ぜて振る (jostle). **4 a** 《口語》〈金などを〉(不正手段で)手に入れる; 強奪する, 巻き上げる, ゆする. **b** 《米俗》押し売りする, (押し売りで)売り込む; 〈町など〉で押し売り[強引な商売]をする. **5 a** 《俗》〈人を〉だます (swindle), だまして〔金などを〕奪う, …から〔…を〕巻き上げる〔*out of, for*〕. **b** 〈人を〉誘い込んで(仕掛けた)賭博をさせる. ―― *vi.* **1** 乱暴に押す, 押しつける, 押し合う (push, shove); 押しながら進む: ~ *against* a person 人に突き当たる / ~ through the street 人込みを押し合いながら町を通る. **2** 急ぐ; 騒ぎ回る (bustle). **3** (商売や金もうけを)頑張ってやる, 積極的に働く, ハッスルする; てきぱきさばく[やる]. **4** 《俗》 **a** いかがわしい手段で金をもうける[生計を立てる]. **b** 〈売春婦が〉客を誘う[引く]. ―― *n.* **1** 押合い; 押し進むこと. **2 a** (商売などでの精力的な)活動, 敏腕ぶり, ハッスル. **b** 騒ぎ, 騒動: the ~ and bustle of the city 市街地の押しあいへしあい[雑踏]. **3** 《俗》 **a** (収入・もうけになる)仕事. **b** 詐欺(行為), ペテン.

get a hustle on 《口語》急いで[てきぱき]やる.

hús·tler [-slə, -slə | -slə(r, -slə(r)] 〘← HUSTLE+-ER[1]〙 ―― *n.* **1** ひどく押す人. **2** (商売などの)やり手, すご腕, 活動家, 敏腕家; 強引なセールスマン. **3** 《俗》 **a** ペテン師, 詐欺師. **b** すりの相棒. **c** (プロの)ばくち打ち, 賭け事師. **d** 売春婦 (prostitute). **4** 〘窯業〙素地(きじ)運び《陶磁器成形素地を窯(かま)のある小屋へ運ぶ係》. **5** 《ニュージーランド》〘農業〙まぐわ, まんが.

hut[1] [hʌ́t] 〘《1658》▭ F *hutte* ▭ G *Hütte* (ヒュッテ) < OHG *hutta* < *χuðjōn ? ← Gmc *χūð- 'HIDE[1]'〙 ―― *n.* **1 a** 小屋, あばら屋 (hovel), 仮小屋, (山中の)ヒュッテ: a peasant's ~ / a bathing ~. **b** 《豪》牛[羊]飼いの宿舎, カウボーイ小屋. **2** 〘軍事〙仮兵舎: ⇨ QUONSET hut. ―*v.* (**hut·ted; hut·ting**) ―*vt.* 小屋[仮兵舎]に泊まらせる (billet). ―― *vi.* 小屋[仮兵舎]に泊まる (lodge).

hut[2] [hʌ́t] 〘《変形》? ← HUP〙 *int.* はっ(はっ)《行進のリズムを整える合図[号令]》.

hutch [hʌ́tʃ] 〘(*c*1200) *huch(e)* chest ▭ (O)F *huche* kneading trough < ML *hūticam* box〙 ―― *n.* **1** (穀物などを入れる)箱, ひつ (chest, bin): a grain ~. **2** (パン屋の)こねおけ (kneading trough). **3** (小動物を飼う)檻(おり), 箱 (cage): a rabbit ~. **4** (下が前戸つきで上に戸のない棚のある)食器棚. **5** 《軽蔑》小屋 (hut), ちっちゃな家. **6** 〘鉱山〙ハッチ, 洗鉱槽(そう); そこにたまった鉱石; 鉱石運搬車; ハッチ精鉱. ―― *vt.* **1** 《古》箱に納める, しまい込む. **2** 〘鉱山〙ハッチ[洗鉱槽]で〈鉱石を〉洗う.

Hutch·ins [hʌ́tʃɪnz, -tʃənz | -tʃɪnz], **Robert Maynard** [méɪnəd | -nəd] *n.* (1899-1977) 米国の教育家・法学者; Chicago 大学学長 (1929-45), 同名誉学長 (1945-51).

Hutch·in·son [hʌ́tʃɪnsn, -tʃən- | -tʃɪn-], **Anne** *n.* (1591-1643) 英国からの移住者で, 米国植民地時代の Massachusetts 地方の女性宗教指導者; 自由思想のために追放され, 晩年にはインディアンの襲撃に会い, 幼い娘一人を残し一家全員虐殺された.

Hutchinson, Arthur Stuart Men·teth [mentíːθ] *n.* (1879-1971) 英国の小説家; *If Winter Comes* (1921).

Hutchinson, Thomas *n.* (1711-80) Massachusetts 植民地の最後の知事 (1771-74); 英本国の政策を支持し革命のもとを作った.

hút circle *n.* 〘考古〙(先史時代の住居の跡を示す)環状列石 (cromlech). 「=Hutterite.

Hu·ter·ite [hʌ́tərὰɪt, húːt- | hʌ́tə-] *n.* 〘キリスト教〙

hut·ment [hʌ́tmənt] 〘⇨ -ment 5〙 *n.* 仮兵舎宿営地; 仮兵舎宿泊. 「122,000.

Hutt [hʌ́t] *n.* ニュージーランド北島南部の都市; 人口

Hut·ter·ite [hʌ́ṭərὰɪt, húːṭ- | hʌ́tə-] 〘← *Jacob Hutter* (16 世紀オーストリアの宗教改革者)+-ITE[1]〙 ―― *n.* 〘キリスト教〙フッター派の信徒[教徒]《チェコスロバキア Moravia 地方に起こり, 米国北西部からカナダにかけて土地共有のコミューン的生活をしている再洗礼派 (Anabaptists) の一派の信徒》. **Hut·te·ri·an** [hʌtí(ə)riən, huː- | hʌtíəri-] *adj.*

hutz·pah [húːtspə, húːts-, -pɑː] *n.* (*also* **hutz·pa** [~]) =chutzpah.

Hux·lei·an [hʌ́ksliən, hʌkslíːən | hʌ́ksliən, hʌkslíːən] 〘⇨ ↓, -ian〙 *adj.* **1** Aldous Huxley (風)の. **2** Thomas Huxley の.

Hux·ley [hʌ́ksli | -lɪ], **Aldous** [ɔ́ːldəs] (**Leonard**) *n.* (1894-1963) 英国の小説家・評論家《第二次大戦前から米国に在住》; T. H. Huxley の孫; *Crome Yellow* (1921), *Point Counter Point* (1928), *Brave New World* (1932), *Eyeless in Gaza* (1936).

Huxley, Andrew Fielding *n.* (1917-) 英国の生理学者; Nobel 医学生理学賞 (1963).

Huxley, Sir **Julian** (**Sor·rell** [sɔ́(ː)rəl, sɑ́r- | sɔ́r-]) *n.* (1887-1975) 英国の生物学者・著述家, ユネスコの初代事務局長; Aldous Huxley の兄.

Huxley, Thomas Henry *n.* (1825-95) 英国の生物学者, Darwin の進化論を支持した; Aldous および Julian の祖父; *Lay Sermons* (1870).

Huy·gens [háɪgənz, hɔ́ɪ- | háɪ-; *Du.* hœ́ixəns], **Christian** *n.* ホイヘンス《1629-95; オランダの数学者・物理学者・天文学者》.

Húygens èyepiece 〘← *C. Huygens*〙 ―― *n.* 〘光学〙ホイヘンス接眼鏡《間を隔てた 2 枚の凸レンズから成る色消し接眼鏡で, 対物レンズによる像が 2 枚のレンズの中間に生じる》.

Húygens prìnciple 〘← *C. Huygens*〙 ―― *n.* 〘物理〙ホイヘンスの原理《時間の経過につれて見られる波面の形の変化は, 一定時の波面の各点を新しい第 2 の波の源とみなし, 第 2 の波の波面集合に接する面を作図することによって幾何学的に決めることが出来るとする》. 「Christian HUYGENS.

Huy·ghens [háɪgənz, hɔ́ɪ- | háɪ-], **Christian** *n.* =

Huys·mans [wiːsmɑ̃ː(ŋ), -mɔ̃ː(ŋ), -mɑ́ːŋ, -mɔ́(ː)ŋ; *F.* ɥismɑ̃ːs, *Du.* hœ́ismans], **Jo·ris Karl** [*F.* ʒɔris karl, *Du.* jóːris kárl] *n.* ユイスマンス《1848-1907; フランスの小説家・美術批評家; *À Rebours*「さかしま」(1884), *Là-bas*「彼方」(1891); 本名 Charles Marie Georges》.

Hu·zoor [hʌzúə | -zúə(r)] 〘▭ Arab. *ḥuḍūr* presence〙 *n.* 《インド古》目上の人に対する敬称.

huz·zah [hʌzɑ́ː, hə- | hʊzɑ́ː, hʌz-] 〘《1573》《擬音語》: cf. hurrah〙 (*also* **huz·za** [~]) ―― *int.* 万歳, よくやった, フレー《歓喜・喝采・激励を表わす》. ―― *n.* 万歳, わあい, やったあ(など), 喝采の叫び. ―― *vi.* 歓喜[喝采, 激励]の叫びをあげる. ―― *vt.* 万歳[フレー]と叫んで〈人を〉迎える, 歓迎する.

hv 《略》have.

HV, h.v.,H.V. 《略》high velocity; high voltage.

hvy. 《略》heavy.

hw 《略》how.

HW, H.W. 《略》high water; highway; hot water.

h/w. 《略》herewith.

h.w. 《略》high water; 〘クリケット〙hit wicket.

hwan [(h)wɑ́ːn] 〘← Korean〙 *n.* (*pl.* ~) ホワン(圜)《韓国の通貨単位; 1962 年 won に変った; 1 ホワン貨幣》.

Hwang Hai [hwɑ́ːŋ-háɪ, wɑ́ːŋ- | hwǽŋ-; *Chin.* xuáŋxaì] *n.* 黄海《Yellow Sea の中国語名》.

Hwang Ho [hwɑ́ːŋ-hóu, wɑ́ːŋ- | hwɑ́ːŋ-, hwǽŋ-hóu; *Chin.* xuáŋxɤ́] *n.* [the ~] 黄河《Yellow River の中国語名》.

H.W.L.B. 《略》high water, London Bridge.

H.W.M. 《略》high-water mark.

hwy. 《略》highway.

hwyl [húːəl] 〘▭ Welsh ~〙 *n.* (ウェールズ人の特質としての)非常な熱情[熱弁, 雄弁].

hy. 《略》〘電気〙henry.

Hy. 《略》Henry (cf. Hen).

hy- [haɪ] (母音の前に来る時の)hyo- の異形.

hy·a·cinth [háɪəsɪnθ, -sɪnθ, -sənθ, -sn̩θ | -sɪnθ, -sn̩θ] 〘《1553》▭ L *hyacinth-us* ▭ Gk *huákinthos* ∽ ME *jacinct(e)* ▭ OF *jacincte* (F *jacinthe*) ▭ L〙 ―― *n.* **1** 〘植物〙 **a** ヒヤシンス (*Hyacinthus orientalis*). **b** ヒヤシンスの花[球根]. **c** ヒヤシンスに似た植物: ⇨ grape hyacinth. **2** ヒヤシンス色《青味がかったすみれ色》. **3** 美少年 Hyacinthus の血の中から生じたと古代人が信じた草花《アイリス・グラジオラス・ヒエンソウなど色々に想像されている》. **4** 〘鉱物〙 **a** ヒヤシンス, 風信子鉱《zircon の紅色透明なもので宝石に用いる; jacinth ともいう》. **b** 紫水晶またはサファイアとされている古代の宝石.

Hy·a·cinth [háɪəsɪnθ, -sɪnθ, -sənθ, -sn̩θ | -sɪnθ, -sn̩θ] 〘↑〙 *n.* 男性名.

hýacinth bèan *n.* 〘植物〙フジマメ, センゴクマメ, アジマメ (*Dolichos lablab*)《アジア・アフリカの熱帯地方産マメ科のつる植物で実は食用; 日本でも栽培》.

hy·a·cin·thi·an [hàɪəsínθiən | -θɪ-] *adj.* =hyacinthine.

hy·a·cin·thin [hàɪəsínθɪn, -θən | -θɪn] 〘← HYACINTH+-IN[1]〙 *n.* 〘化学〙ヒヤシンチン (⇨ phenylacetaldehyde).

hy·a·cin·thine [hàɪəsínθɪn, -θən, -θaɪn | -θaɪn] 〘《1656》▭ L *hyacinthin-us*: ⇨ hyacinth, -ine[1]〙 ―― *adj.* **1** 〈髪が〉ヒヤシンスの(ような), ヒヤシンス色[すみれ色]の. **2** ヒヤシンスで飾った. **3** 可憐(かれん)な, 美しい (lovely).

Hy·a·cin·thus [hàɪəsínθəs] 〘▭ L ~ ▭ Gk *Huákinthos*: cf. hyacinth〙 ―― *n.* 〘ギリシャ神話〙ヒュアキントス《Apollo が愛した美少年; Apollo の投げた円盤が誤って彼に当たって死んだがその血から美しい花 (⇨ hyacinth 3) が生じたという》.

Hy·a·des [háɪədìːz] 〘(16C) ▭ L *Hyadēs* ▭ Gk *Huádes* little pigs ← ? *hûs* swine: 通俗語源で Gk *húein* to rain と連想〙 ―― *n. pl.* (*also* **Hy·ads** [háɪædz]) **1** 〘ギリシャ神話〙ヒュアデス《Atlas の七人娘で Dionysus を育てた nymph たち; 兄弟がいのししに殺されたのを悲しんでやつれ果て, 死んで星になったという; cf. Pleiades 1》. **2** 〘天文〙ヒヤデス星団《牡牛座 (Taurus) の主星 Aldebaran の近くにある星団; 古代にはこれが太陽と共に昇ると雨が降るといわれた》.

hy·ae·na [haɪíːnə] *n.* =hyena.

Hy·ae·ni·dae [haɪíːnədìː, -én- | -nɪ-] 〘← NL ~: ⇨ hyena, -idae〙 *n. pl.* 〘動物〙ハイエナ科.

hy·ae·no·don [haɪíːnədɑ̀n, -én- | -dən, -dɔ̀n] 〘← NL ~ (↓)〙 *n.* 〘古世物〙始新世後期から漸新世後期に生存していた肉食の猛獣.

Hy·ae·no·don·ti·dae [haɪìːnədɑ́nṭədìː, -èn- | -dɔ́ntɪ-] 〘← NL ~ ← *Hyaenodont-*, *Hyaenodon* (属名: ⇨ hyena, -odon): ⇨ -idae〙 ―― *n. pl.* 〘古生物〙ヒアエノドン科《脊椎動物哺乳綱食肉目の一化石科; ヨーロッパ・北アメリカに産す》.

hy·al- [háɪəl] (母音の前に来る時の)hyalo- の異形.

hy·a·line [háɪəlɪn, -làɪn | -lɪn, -lìːn, -làɪn] 〘(*a*1661) ▭ LL *hyalin-us* ▭ Gk *huálinos* glassy ← *húalos*: ⇨ hyalo-〙 ―― *adj.* **1** ガラスのような, ガラス質の (glassy). **2** 〘生物〙透明な (transparent); 水晶のような (crystalline). **3** 〘鉱物〙非晶質の (amorphous). ―― *n.* **1** ガラスのように透明なもの; 《詩・文語》鏡のように穏かな海, 澄みきった空, 碧空. **2** [-lìːn, -lɪn, -lən | -lìːn, -lɪn] (*also* **hy·a·lin** [-lɪn, -lən | -lɪn]) 《生化学》ヒアリン《含水泡腫(しゅ)の壁を構成している透明な角質物質》. **3** 〘解剖〙硝子(しょうし)質, ヒアリン.

hýaline càrtilage *n.* 〘解剖〙硝子(しょうし)[ヒアリン]軟骨.

hýaline degenerátion *n.* 〘病理〙ヒアリン変性.

hýaline mémbrane disèase *n.* 〘病理〙ヒアリン膜症, 肺硝子膜症《特に, 肺の気嚢をおおう透明なガラス状の繊維膜ができるために早産未熟児がかかるしばしば致命的な呼吸器疾患》.

hy·a·lin·i·za·tion [hàɪələnɪzéɪʃən, -nə- | -lɪnaɪ-, -nɪ-] 〘← HYALINE+-IZATION〙 *n.* 〘病理〙ヒアリン化.

hy·a·lite [háɪəlàɪt] 〘← HYALO- +-ITE[1]〙 *n.* 玉滴石《opal の一種だが商業的価値はない》.

hy·a·lo- [háɪəlo(ʊ) | -lə(ʊ)] 〘(19C) ← Gk *húalos* crystal, glass〙「ガラス(状)の; 透明な」の意の連結形. ★ 母音の前では通例 hyal- になる.

hy·al·o·gen [haɪǽlədʒɪn, -dʒən, -dʒèn | -dʒɪn, -dʒèn] 〘⇨ ↑, -gen〙 *n.* 〘生化学〙ヒアロゲン《加水分解するとヒアリン (hyaline) を生じる水に不溶性の物質》.

hy·a·lo·graph [háɪəlo(ʊ)grǽf | -lə(ʊ)grɑ̀ːf, -grǽf] 〘← HYALO- + -GRAPH〙 *n.* ガラス画[彫刻]具.

hy·a·log·ra·phy [hàɪəlɑ́grəfi | -lɔ́grəfɪ] *n.* ガラス画技法; ガラス彫刻技法.

hy·a·loid [háɪəlɔ̀ɪd] 〘《1835-36》▭ F *hyaloïde*: ⇨ hyalo-, -oid〙 〘解剖〙 ―― *adj.* ガラス状の, ガラスのような (glassy); 透明な (transparent). ―― *n.* =hyaloid membrane. 「膜.

hýaloid mèmbrane *n.* 〘解剖〙(目の)硝子(しょうし)様

hy·al·o·mere [haɪǽləmɪə | -mɪə(r)] 〘← HYALO- + -MERE〙 *n.* 〘解剖〙(血小板の)透明質 (cf. chromomere 1).

hy·al·o·phane [haɪǽləfèɪn] 〘← HYALO- + -PHANE〙 *n.* 〘鉱物〙重土長石 ($BaAl_2Si_2O_8$).

hy·al·o·plasm [haɪǽləplæ̀zm, háɪəlo(ʊ)- | haɪǽlə-, háɪələ(ʊ)-] 〘← HYALO- + -PLASM〙 *n.* 〘生物〙透明質《細胞の原形質で, 光学顕微鏡で透明に見える部分》.

Hy·a·lo·spon·gi·ae [hàɪəlo(ʊ)spʌ́ndʒiː | -lə(ʊ)spɔ́n-] 〘← NL ~ ← HYALO- + *spongiae* ((pl.) ← L *spongia* 'SPONGE')〙 ―― *n. pl.* 〘動物〙(海綿動物門)ガラス海綿綱, 六放海綿綱.

hy·al·u·rón·ic ácid [hàɪəljʊ(ə)ránɪk- | -ljʊərɔ́n-] 〘← HYAL(INE) (n.)+-URONIC〙 *n.* 〘生化学〙ヒアルロン酸《動物組織中にある酸性多糖類》.

hy·al·u·ron·i·dase [hàɪəljʊ(ə)rάnədèɪs, -dèɪz | -ljʊ(ə)rɔ́nɪdèɪs] 〘⇨↑, -id⁵, -ase〙 ― *n.* 〘生化学〙ヒアルウロニダーゼ, ヒアルウロン酸分解酵素《細胞間充物質を溶かす酵素; spreading factor ともいう》.

hyb. 《略》hybrid.

hy·brid [háɪbrɪd, -brəd | -brɪd] 〘《1601》□ L *hybrid-a* offspring of tame sow and wild boar, mongrel ← ?〙 ― *n.* **1 a** (動植物の)雑種, あいのこ (cf. mongrel). **b** 混血児, 混血の人. **2** 〘文化人類学〙二つの異なった文化[伝統]の混成で作り出された人[団体], 文化的雑種. **3** 混種物, 混成物 (composite): an artificial ～ 人工による混成物 / ⇨ hybrid computer, hybrid vigor. **4** 〘言語〙混種語《異った言語・方言からの要素の混り合って出来た語; 例: oddity, pleasantly, bureaucracy, speedometer, etc.; cf. blend 3》. ― *adj.* **1** 雑種の, 混血種の (crossbred): a ～ animal, race, rose, etc. / a ～ nation 混血民族. **2** 混成の (heterogeneous): a ～ word 混種語 (cf. *n.* 4).

hýbrid bíll *n.* 〘議会〙(公的と私的の)混合法案.

hýbrid cár *n.* ハイブリッドカー《電気自動車の一種で電池を内燃機関発電機で充電しながら走るもの》.

hýbrid cóil *n.* 〘電気〙ハイブリッドコイル《3 巻線からなる平衡用変圧器》.

hýbrid compúter *n.* 〘電算機〙混成型コンピューター《アナログコンピューターとデジタルコンピューターを一体化して組み合わせたもの》.

hýbrid córn *n.* 雑種トウモロコシ《きわめて優秀な生産力と耐病性をもった一代雑種; しかしその種子による子孫は劣等で実用価値がない》.

hý·brid·ism [-dɪzm̩] *n.* **1** 雑種性; 交配(現象); 雑種育成. **2** 〘言語〙混成; 混種 (cf. blending, contamination 4).

hý·brid·ist [-dɪst, -dəst | -dɪst] *n.* 雑種繁殖者. 「l.

hy·brid·i·ty [haɪbrídəti | -dɪtɪ, -dɪ-] *n.* =hybridism

hy·brid·iz·a·tion [hàɪbrɪdɪzéɪʃən, -brə-, -də- | -brɪdaɪ-, -dɪ-] *n.* **1** (異種)交配, かけ合わせ, 交雑 (crossing) (cf. mating 1). **2** 〘言語〙混成. **3** 〘地質〙=assimilation 2 b.

hy·brid·ize [háɪbrɪdàɪz, -brə- | -brɪ-] *vt.* **1** かけ合わせる, 交配させる (cross). **2** 〘言語〙混成語に造る. ― *vi.* 雑種を生む, 雑種繁殖する (interbreed); 混血児を産む. **hý·brid·iz·er** *n.* **hy·brid·iz·a·ble** [háɪbrɪdàɪzəbl̩, -brə-, ⌐⌐⌐⌐ | -brɪ-] *adj.*

hýbrid parámeter *n.* 〘電気〙h パラメーター《トランジスターの特性を示すのに広く用いられているパラメーターで, 出力短絡入力インピーダンス・逆方向電圧帰還率・順方向電流増幅率・入力開放出力アドミタンスの 4 個の量からなる; h-parameter ともいう》.

hýbrid perpétual róse *n.* 〘園芸〙ハイブリッドパーペチュアル系バラ《19 世紀のバラの主流; 多くの系統が交配して成立; 強勢で返り咲き性を有し, 大輪で芳香がある; 単に hybrid perpetual ともいう》.

hýbrid téa ròse *n.* 〘園芸〙ハイブリッドティー系バラ《現在の株バラの主流; 四季咲きで大輪, 花色も多様; ティーローズ (tea rose) と hybrid perpetual rose の交配品種を中核としている; 単に hybrid tea ともいう》.

hýbrid vígor *n.* 〘生物〙=heterosis.

hy·bris [háɪbrɪs, híː-, -brəs | -brɪs] *n.* =hubris.

hyd. 《略》hydraulics; hydrostatics.

hy·dan·to·in [haɪdǽntouɪn, -ṭouən | -təuɪn] 〘← HY-D(ROGEN)+(ALL)ANTO(IS)+-IN¹〙 ― *n.* 〘化学〙ヒダントイン, グリコリル尿素 ($C_3H_4N_2O_2$)《融点 220°C, 無色の結晶》.

Hy·dar A·li [háɪdɑ-áːli | -də(r)-áːlɪ] *n.* ハイダルアリー《1722–82; インドのイスラム教徒の指導者》.

hy·dat- [háɪdət] (母音の前に来る時の) hydato- の異形.

hy·da·thode [háɪdəθòʊd | -θəʊd] 〘← HYDATO-+Gk *hodós* way, road〙 *n.* 〘植物〙水孔, 排水組織, 過水組織《water pore, water stoma ともいう》.

hy·da·tid [háɪdəṭɪd, -ṭəd, -tɪd | -tɪd] 〘《1682》□ Gk *hudatid-, hudatis* watery vesicle ← *húdōr* water: ⇨ -id³〙 ― *n.* **1** 〘動物〙包虫《エキノコックス属 (*Echinococcus*) の条虫の幼虫で, 人を含む哺乳類の内臓に包嚢をつくる; cf. echinococcus》. **2** 〘病理〙嚢(のう)胞《一種の条虫の幼虫によって人または哺乳動物の体内にできる》. **3** 〘病理〙=hydatid disease. ― *adj.* hydatid の. 「cus).

hýdatid disèase *n.* 〘病理〙包虫症 (⇨ echinococ-

hy·da·tid·i·form [hàɪdətídəfɔ̀ːm | -dɪfɔ̀ːm] *adj.* =cystic.

hy·da·tid·i·nous [hàɪdətídənəs, -dn̩-] *adj.* =hydatid.

hy·da·to- [háɪdəṭo(ʊ) | -tə(ʊ)] 〘? ← NL ～ ← Gk *hudat-* ← *húdor* water〙「水 (water)」の意の連結形. ★ 母音の前では通例 hydat- になる. 「性名.

Hyde [háɪd] 〘ME *Hyde* ← OE *hīd* 'HIDE³'〙 *n.* 男

Hyde, Douglas *n.* (1860–1949) アイルランドの国粋運動の指導者・著作家, Gaelic 語学者; ゲール連盟 (Gaelic League) 初代会長 (1893–1915); アイルランド共和国初代大統領 (1938–45).

Hyde, Edward *n.* ⇨ 1st Earl of CLARENDON.

Hyde, Mr. *n.* ハイド氏 (⇨ Dr. JEKYLL).

Hýde Párk [háɪd-] 〘← OE *hīd* 'HIDE³'〙 *n.* ハイドパーク《London の公園; その東北隅の一角にだれでも自由に演説できる Speakers [Orators'] Corner がある》: a ～ orator ハイドパークの街頭演説者.

Hy·der·a·bad [háɪd(ə)rəbæ̀d, -bὰːd | háɪd(ə)rəbæ̀d, ⌐(⌐)⌐⌐] *n.* ハイデラバード: **1** インド Andhra Pradesh 州の首都; 人口 1,362,000. **2** インド中南部の旧州; 現在は Andhra Pradesh, Mysore, Maharashtra の諸州に分かれる. **3** パキスタン南部, Indus 河畔の都市; 人口 629,000.

Hy·der A·li [háɪdə-áːli | -də(r)-áːlɪ] *n.* =Hydar Ali.

Hyd·na·ce·ae [hɪdnéɪsiìː] 〘← NL ～ ← *Hydnum* (属名: ← Gk *húdnon* truffle)+-ACEAE〙 *n. pl.* 〘植物〙(ヒダナシタケ目)ハリタケ科.

hyd·no·car·pate [hìdnəkάəpeɪt | -nə(ʊ)kάː-] 〘← NL *hydnocarp-us* ← Gk *húdnon* (↑)+*karpós* fruit: ⇨ -ate¹〙 ― *n.* 〘薬学〙ヒドノカルプ酸塩《ハンセン病治療薬として使用された》.

hyd·no·cár·pic ácid [hìdnəkάəpɪk- | -nə(ʊ)kάː-] 〘⇨↑, -ic¹〙 *n.* 〘化学〙ヒドノカルプ酸 ($C_{16}H_{28}O_2$)《ハンセン病治療薬として使用された》. 「の異形.

hydr- [haɪdr] (母音または h の前に来る時の) hydro-

hy·dra [háɪdrə] 〘《16 C》□ L ～ □ Gk *húdrā* water snake ← *húdōr* water ∞ 《c1380》 *idre* □ OF *ydre, idres* (F *hydre*)〙 ― *n.* (*pl.* ～s, **hy·drae** [-driː]) **1** [H-] 〘ギリシャ神話〙ヒュドラ, ヒドラ《九頭の蛇で Hercules に殺された怪物; 一つの頭を切るとその跡に新たに二つの頭が出来たという》. **2** 根絶し難いもの, 大きな禍(わざわい). **3** 〘動物〙ヒドラ《*Hydra* 属の腔(こう)腸動物の総称》. **4** [H-] 〘天文〙うみへび(海蛇)座《南天の星座; the Sea Serpent ともいう》.

Hy·drach·ni·dae [haɪdrǽknədiː | -nɪ-] 〘← NL ～ ← *Hydrachna* (属名) ← HYDRO-+Gk *ákhnē* foam: ⇨ -idae〙 *n. pl.* 〘動物〙オオミズダニ科.

hy·drac·id [haɪdrǽsɪd, -səd | -sɪd] 〘← HYDRO-+ACID〙 *n.* 〘化学〙水素酸 (cf. oxyacid).

hy·drae·mi·a [haɪdríːmiə | -mɪə, -mjə] *n.* 〘病理〙=hydremia.

hýdra-héaded *adj.* **1** (Hydra のように)頭の多い, 多頭の. **2** 支部[支店, 出張所, 分校など]の多い. **3** 取り去るあとから出てくる, 根絶し難い: a ～ multitude (追っても追っても群がって来る)群衆.

hy·dral·a·zine [haɪdrǽləziːn, -zɪn, -zən | -ziːn, -zɪn] 〘← ? HYDRO-+(PHTH)ALAZINE〙 *n.* 〘薬学〙ヒドララジン ($C_8H_8N_4$)《抗高血圧病薬》.

hy·dran·gea [haɪdréɪndʒə | -dréɪndʒə, -dʒɪə] 〘《1753》 ← HYDRO-+-ANGE+-A²〙 ― *n.* **1** [H-] 〘植物〙アジサイ属《ユキノシタ科の一属》. **2** 〘植物〙アジサイ《アジサイ属の低木の総称; アジサイ, アマチャ(甘茶) (*H. macrophylla*) など》. **3** 〘薬学〙(乾燥させた)アジサイの根[茎]《利尿剤として使用された》.

hy·drant [háɪdrənt] 〘《1806》 ← HYDRO-+-ANT〙 *n.* **1** 給水栓; (柱状の)消火栓 (fireplug ともいう). **2** 《方言》蛇口 (faucet).

hy·dranth [háɪdrænθ] 〘← HYDRO-+Gk *ánthos* flower (⇨ antho-)〙 ― *n.* 〘動物〙ヒドロ花《ヒドロ虫類の群体を構成する各個虫; 触手を伸ばすと開いた花のように見える》.

hy·drarch [háɪdrɑək | -drɑːk] 〘← HYDRO-+-ARCH²〙 *adj.* 〘生態〙〈遷移系列 (sere) が〉湿性の《湖沼・河川などの湿地から遷移が始まる》.

hy·drar·gyr·i·a [hàɪdrɑədʒíriə | -drɑːdʒírɪə] 〘← NL ～: ⇨ hydrargyrum, -ia¹〙 *n.* 〘病理〙水銀(中毒)症 (mercurialism).

hy·drar·gy·ri·a·sis [haɪdrὰədʒəráɪəsɪs, -səs | -drὰː-dʒɪráɪəsɪs] 〘← NL ～: ⇨ hydrargyrum, -iasis〙 *n.* 〘病理〙=hydrargyria.

hy·drar·gy·rism [haɪdrάədʒərɪzm̩ | -drάːdʒɪ-] *n.* 〘病理〙=mercurialism.

hy·drar·gy·rum [haɪdrάədʒərəm | -drάːdʒɪ-] 〘← NL ～《変形》← L *hydrargyrus* □ Gk *hudrárguros* ← *húdōr* water+*árguros* silver〙 *n.* 〘化学〙=mercury.

hy·drase [háɪdreɪs, -dreɪz | -dreɪs] 〘← HYDRO-+-ASE〙 *n.* 〘生化学〙ヒドラーゼ《加水分解ではなく基質に水を添加したり, 取り外したりする酵素》.

hy·dras·tine [haɪdrǽstiːn, -tɪn, -tən | -tiːn, -tɪn] 〘← HYDRAST(IS)+-INE³〙 *n.* 〘化学〙ヒドラスチン ($C_{21}H_{21}NO_6$)《アルカロイドの一種: 止血薬》.

hy·dras·ti·nine [haɪdrǽstəniːn, -nɪn, -nən | -tɪniːn, -nɪn] 〘← HYDRAST(IS)+-INE³〙 ― *n.* 〘薬学〙ヒドラスチニン ($C_{11}H_{13}NO_3$)《白い結晶状の有毒のアルカロイドで, ヒドラスチンから合成され, 塩酸塩の形で心筋興奮剤および子宮止血剤に使われた》.

hy·dras·tis [haɪdrǽstɪs, -təs | -tɪs] 〘← NL ～ ← HYDRO-〙 *n.* 〘植物〙=goldenseal.

hy·drate [háɪdreɪt, -drət, -drɪt | -dreɪt, -rɪt] 〘《1802》 ← HYDRO-+-ATE¹〙 〘化学〙 ― *n.* **1** 水和物, 含水化合物, 水化物. **2** =hydroxide. ― [-dreɪt] *vt., vi.* 水和する, 水化する. **hý·dra·tor** [-ṭə | -tə(r)] *n.*

hý·drat·ed [-ṭɪd, -ṭəd | -tɪd, -təd] *adj.* 水化[水和]した.

hýdrated alúmina *n.* 〘化学〙=alumina trihydrate.

hýdrated líme *n.* 〘化学〙水和石灰, 消石灰 (calcium hydroxide).

hy·dra·tion [haɪdréɪʃən] *n.* 〘化学〙水和(作用).

hydrátion nùmber *n.* 〘化学〙水和数《水和している水分子の数》.

hydraul. 《略》hydraulic; hydraulics.

hydrauli *n.* hydraulus の複数形.

hy·drau·lic [haɪdrɔ́ːlɪk, -drάl- | -drɔ́ːl-, -drɔ́l-] 〘《1626》□ L *hydraulic-us* □ Gk *hudraulikós* ← HYDRO-+Gk *aulós* pipe: ⇨ -ic¹〙 ― *adj.* **1 a** 水力を用いる[で動かす]; 水力の, 水圧の; 油圧の: a ～ crane 水圧クレーン / ～ machinery 水力機械 / ～ power [pressure] 水力[水圧力] / ⇨ hydraulic brake, hydraulic press. **b** 水流の[に関する]. **2** 水力学の, 水力工学の; 流水[動水]の. **3** 〈セメントなど〉水中で硬化する: ～ mortar 水硬モルタル. ― *n.* 水圧応用機械; (特に) =hydraulus. **hy·dráu·li·cal·ly** *adv.* 「力だめ.

hydráulic accúmulator *n.* 〘機械〙水圧だめ, 水

hydráulic bráke *n.* 〘機械〙油圧ブレーキ.

hydráulic cemént *n.* 〘土木〙水硬セメント.

hydráulic cóupling *n.* 〘機械〙=fluid coupling.

hydráulic engineéring *n.* 水力工学.

hydráulic-fíll dám *n.* 〘土木〙水締めダム《水流によって土砂を運搬・沈積させて造ったアースダム》.

hydráulic flúid *n.* 〘機械〙水圧液体《油やグリセロールのように通例低粘性の流動体で, 水圧機械装置に使われる》. 「dient line.

hydráulic gráde lìne *n.* 〘土木〙=hydraulic gra-

hydráulic grádient *n.* 〘土木〙動水勾配.

hydráulic grádient lìne *n.* 〘土木〙動水勾配線.

hy·drau·li·cian [hàɪdrɔːlíʃən] *n.* 水力学者, 水力技 「師.

hydráulic jáck *n.* 〘機械〙油圧(床)ジャッキ.

hydráulic júmp *n.* 〘土木〙跳水(ちょうすい)《水路を急速に流れている水が, 障害にあったり水路の傾斜が変ったりした際に起こる水深の急に増大する現象》.

hydráulic líft *n.* 〘機械〙水圧[油圧]リフト.

hydráulic méan dépth *n.* 〘土木〙径深, 水力水深, 動水半径 (hydraulic radius).

hydráulic míning *n.* 水力採鉱.

hydráulic mótor *n.* 水力発動機.

hydráulic órgan *n.* =hydraulus.

hydráulic píle *n.* 〘土木〙水力打ち杭.

hydráulic pówer plánt [stàtion] *n.* 水力発電 「所.

hydráulic préss *n.* 水圧[油圧]プレス.

hydráulic rádius *n.* 〘土木〙=hydraulic mean depth. 「機.

hydráulic rám *n.* 水撃ポンプ; 水圧ラム, 自動揚水

hy·drau·lics [haɪdrɔ́ːlɪks, -drάl- | -drɔ́ːl-, -drɔ́l-] 〘⇨ hydraulic, -ics〙 ― *n.* **1** 水力学. **2** 〘土木〙水理学《流体力学を空気力学・水力学に二分した場合の水力学を日本の土木工学では特に水理学という》.

hydráulic válve *n.* 調水弁.

hy·drau·lus [haɪdrɔ́ːləs] 〘□ L ～ □ Gk *húdraulos* hydraulic organ ← HYDRO-+*aulós* pipe〙 ― *n.* (*pl.* **hy·drau·li** [-laɪ], ～·es) ヒュドラウリス, 水オルガン《水圧を利用して通風させ音を出した古代ローマのパイプオルガン》.

hy·draz- [haɪdrǽz, háɪdrəz] 〘化学〙(母音の前に来る時の) hydrazo- 1 の異形.

hy·dra·zide [háɪdrəzàɪd, -zɪd, -zəd | -zàɪd, -zɪd] 〘← HYDRAZ(INE)+-IDE²〙 ― *n.* 〘化学・薬学〙ヒドラジッド《一般式 R·CO·$NHNH_2$ で表わされる有機化合物; 結核治療薬イソニコチン酸ヒドラジッド (isonicotinic acid hydrazide) の略称》.

hy·dra·zine [háɪdrəziːn, -zɪn, -zən | -ziːn, -zɪn] 〘← HYDRAZO-+-INE³〙 ― *n.* 〘化学〙 **1** ヒドラジン (N_2H_4)《強い還元剤》. **2** ヒドラジンの水素原子を他の基で置換したもの (phenyl hydrazine など).

hy·draz·o [haɪdrǽzoʊ, háɪdrəzòʊ | haɪdrǽzəʊ, háɪdrəzəʊ] 〘↓〙 *adj.* 〘化学〙ヒドラゾ基 (–NHNH–) (hydrazo group) を含む.

hy·draz·o- [haɪdrǽzo(ʊ), háɪdrəz- | -zə(ʊ)] 〘← HYDRAZINE〙 〘化学〙 **1** 「ヒドラジン (hydrazine) に関する」の意の連結形. ★ 母音の前では通例 hydraz- になる. **2** 「ヒドラゾ基 (hydrazo group) を含んだ」の意の連結形.

hy·dra·zo·ate [hàɪdrəzóʊeɪt | -zə́ʊ-] 〘⇨ -ate¹〙 *n.* 〘化学〙アジ化水素酸塩[エステル], 窒化水素酸塩[エステル].

hydrázo gròup *n.* 〘化学〙ヒドラゾ基《ヒドラジンから誘導される 2 価の原子団 -NHNH-》.

hy·dra·zo·ic [hàɪdrəzóʊɪk | -zə́ʊ-] 〘← HYDRAZO-+-IC¹〙 *adj.* 〘化学〙アジ化水素酸の.

hydrazóic ácid *n.* 〘化学〙アジ化水素酸, 窒化水素酸《アジ化水素 (HN_3) の水溶液, 毒性が強く爆発しやすい》.

hy·dra·zone [háɪdrəzòʊn | -zə̀ʊn] 〘□ G *Hydrazon*: ⇨ hydrazo-〙 ― *n.* 〘化学〙ヒドラゾン《アルデヒドやケトンなどのカルボニル基とヒドラジンの縮合化合物の総称》.

hy·dre·mi·a [haɪdríːmiə | -mɪə, -mjə] 〘← NL ～: ⇨ hydro-, -aemia〙 *n.* 〘病理〙水血症《血液中に水分が異常に多く含まれる状態》.

hy·dri·a [háɪdriə | -drɪə] 〘《19 C》□ L ～ □ Gk *hudríā* waterpot ← *húdōr* water ∞ ME *idre* □ OF〙 ― *n.* (*pl.* **hy·dri·ae** [-driìː]) ヒュドリア《古代ギリシャ・ローマの大きな胴体に短い首のついた水つぼ; 肩下に水平の取手が二つ, 肩から口下にかけて垂直の取手が一つついている》.

hydria

hy·dric [háɪdrɪk] 〘← HYDRO-+-IC¹〙 ― *adj.* **1** 〘化学〙水素の, 水素を含む. **2** 〘生態〙多量の水分[水蒸気]の[を必要と

する〕: a ~ plant 水生植物 / a ~ habitat 水域生息地, 生息水域. **hý·dri·cal·ly** *adv.*

-hy·dric [háɪdrɪk] 〘↑〙 ── 〘化学〙 次の意味を表わす形容詞連結形: **1** 《古》「水素を含む」: mono*hydric*. **2** 「水酸基 (hydroxyl) を含む」. ★ 特にアルコール類とフェノール類に関する語に用いられる: hexa*hydric* alcohols [phenols].

hy·dride [háɪdraɪd, -drɪd, -drəd | -draɪd, -drɪd] 〘← HYDRO- + -IDE²〙 *n.* 〘化学〙 **1** 水素化合物. **2** 《古》 水酸化物 (hydroxide).

hy·dri·od·ic [hàɪdriádɪk | -driɔ́d-] 〘← HYDRO- + IOD(INE) + -IC¹〙 *adj.* 〘化学〙 ヨウ化水素酸の, ヨウ化水素酸から誘導された.

hydriódic ácid *n.* 〘化学〙 ヨウ化水素酸 (hydrogen iodide) 《ヨウ化水素 (HI) の水溶液》.

hy·dro¹ [háɪdroʊ | -drəʊ] *n.* (*pl.* ~s) 《口語》 **1** 〘《略》 ← *hydro(pathic establishment)*〙 **a** 《英》 水治療院. **b** 水治療施設付きホテル, ハイドロホテル. ★ しばしば固有名詞化して Hotel Hydro などとして用いる. **c** 鉱泉場, 湯治場 (spa). **2** 〘《略》 ← HYDROPLANE〙 水上滑走艇. **3** 〘《略》 ← *hydroelectric power*〙 水力発電(所).

hy·dro² [háɪdroʊ | -drəʊ] 〘《略》 ← HYDROELECTRIC〙 *adj.* = hydroelectric.

hy·dro- [háɪdro(ʊ), -drə | -drə(ʊ)] 〘《18C》 ⊏ L *hydro-* ⊏ Gk *hudro-* ← *húdōr* water〙 ── **1** 「水の; 水素の」の意の連結形. **2** 〘病理〙「水分が貯留した」の意の連結形. ★ 母音の前では通例 hydr- になる.

hy·dro·a [haɪdróʊə | -drə́ʊə] 〘⊏ F ~ 《変形》 ← Gk *hidrōia* (pl.) prickly heat ← *hidrṓs* sweat〙 *n.* 〘病理〙 水疱症.

hỳdro·acóustic *adj.* 〘物理〙 流体音波の 《流体中で発生する音波に関している》.

hỳdro·áirplane *n.* = hydroplane.

Hy·dro·bat·i·dae [hàɪdro(ʊ)bǽtədiː, -drə- | -drə(ʊ)bǽtɪ-] 〘← NL ~ ← *Hydrobates* (属名: ⇨ hydro-, -bates) + -IDAE〙 ── *n. pl.* 〘鳥類〙 (ミズナギドリ目)ウミツバメ科.

hỳdro·biólogy 〘← HYDRO- + BIOLOGY: cf. G *Hydrobiologie*〙 ── *n.* 〘生物・生態〙 水生生物学; (特に)淡水[湖沼]生物学 (limnology). **hỳdro·biológical** *adj.* **hỳdro·biólogist** *n.*

hỳdro·bíplane *n.* 複葉水上(飛行)機.

hýdro·bòmb *n.* 航空魚雷 《飛行機が落射する魚雷》.

hỳdro·brómic 〘← HYDRO- + BROMIC〙 *adj.* 〘化学〙 臭化水素酸の, 臭化水素酸から誘導された.

hydrobrómic ácid *n.* 〘化学〙 臭化水素酸 《臭化水素 (HBr) の水溶液》.

hỳdro·brómide 〘← HYDROBROM(IC) + -IDE²〙 *n.* 〘化学〙 臭化水素酸塩.

hỳdro·cárbon *n.* 〘化学〙 炭化水素, 含水炭素. **hỳ·dro·carbonáceous** *adj.* **hỳdro·carbónic** *adj.* **hỳdro·cárbonous** *adj.*

Hy·dro·car·y·a·ce·ae [hàɪdro(ʊ)kæriéɪsiiː, -drə- | -drə(ʊ)kærɪ-] 〘← NL ~: ⇨ hydro-, cary-, -aceae〙 ── *n. pl.* 〘植物〙 ヒシ科 (Trapaceae). **hỳ·dro·càr·y·á·ceous** [-ʃəs] *adj.*

hy·dro·cele [háɪdro(ʊ)siːl, -drə- | -drə(ʊ)-] 〘《1597》 ← HYDRO- + -CELE¹〙 *n.* 〘病理〙 水瘤(すいりゅう), 陰嚢(のう)水腫(しゅ).

hỳdro·céllulose 〘← HYDRO- + CELLULOSE〙 *n.* 〘化学〙 ヒドロセルロース, 水和セルロース 《酸によって加水分解されたセルロース》.

hỳdro·cephalic 〘← HYDROCEPHAL(US) + -IC¹〙 *adj.* 〘病理〙 脳水腫(しゅ)の(特徴を示す), 脳水腫に関する; 福助頭の. ── *n.* 脳水腫患者.

hỳ·dro·céphalus 〘《1670》 ⊏ LL ~ ⊏ Gk *hudroképhalos*: ⇨ hydro-, -cephalous〙 *n.* 〘病理〙 脳水腫(しゅ), 水頭(症). **hỳdro·céphalous** *adj.*

hỳdro·céphaly 〘? ⊏ F *hydrocéphalie*: ⇨ ↑, -y¹〙 *n.* 〘病理〙 = hydrocephalus.

Hy·dro·char·i·ta·ce·ae [hàɪdro(ʊ)kærətéɪsiiː, -drə- | -drə(ʊ)kærɪ-] 〘← NL ~ ← *Hydrocharis* (属名: ← HYDRO- + Gk *kháris* grace, beauty) + -ACEAE〙 ── *n. pl.* 〘植物〙 トチカガミ科. **hỳdro·chàr·i·tá·ceous** [-ʃəs] *adj.*

hỳdro·chlóric 〘← HYDRO- + CHLORIC〙 *adj.* 〘化学〙 塩化水素の, 塩酸の, 塩酸から誘導された.

hydrochlóric ácid *n.* 〘化学〙 塩酸 《塩化水素 (HCl) の水溶液》.

hỳdro·chlóride 〘← HYDROCHLOR(IC) + -IDE²〙 *n.* 〘化学〙 塩酸塩.

hỳdro·chlorothíazide 〘← HYDRO- + *chlorothiazide*〙 *n.* 〘薬学〙 ヒドロクロルチアジド ($C_7H_8ClN_3O_4S_2$) 《利尿剤兼血圧降下剤》.

hy·dro·cin·na·mal·de·hyde [hàɪdro(ʊ)sɪnəmǽldəhàɪd | -drə(ʊ)-] 〘← *hydrocinnam(ic)* (↓) + ALDEHYDE〙 ── *n.* 〘化学〙 ヒドロシンナムアルデヒド ($C_6H_5CH_2CH_2CHO$) 《ヒヤシンスのような香気をもつ無色の液体; 香料に用いる; hydrocinnamic aldehyde ともいう》.

hỳdro·cinnámic áldehyde 〘*hydrocinnamic*: ← HYDRO- + *cinnamic*〙 *n.* 〘化学〙 = hydrocinnamaldehyde.

hỳdro·clímate 〘← HYDRO- + CLIMATE〙 ── *n.* 〘生態〙 水中気候, 水候 《水中生物に関して水温・酸性度・混濁度・比重・化学成分などを陸上生物に対する「気候」になぞらえていう》.

hy·dro·coele [háɪdro(ʊ)siːl, -drə- | -drə(ʊ)-] 〘← HYDRO- + -COELE〙 ── *n.* (*also* **hy·dro·coel** [~]) 〘動物〙 水腔 《棘皮動物の水管系, あるいは発生初期に現われるその前駆体》.

hỳdro·cólloid 〘← HYDRO- + COLLOID〙 *n.* 〘化学・歯科〙 ハイドロコロイド 《歯型を取るときに用いる》. **hỳdro·collóidal** *adj.*

hỳdro·córtisone 〘← HYDRO- + CORTISONE〙 *n.* 〘生化学〙 ヒドロコーチゾン ($C_{21}H_{30}O_5$) 《副腎(じん)皮質のホルモンの一つ; Compound F, cortisol ともいう》.

hýdro·crack 〘← HYDRO- + CRACK (v.)〙 *vt.* 〘化学〙 水素化分解する.

hýdro·cràcker 〘← HYDRO- + CRACKER〙 *n.* 〘化学〙 水素化分解用の装置.

hýdro·cràcking 〘← HYDRO- + CRACKING〙 *n.* 〘化学〙 水添分解, 水素添加分解, 水素化分解.

hỳdro·cyánic 〘← HYDRO- + CYANIC〙 *adj.* 〘化学〙 シアン化水素の.

hydrocyánic ácid *n.* 〘化学〙 青酸, シアン化水素酸 (HCN) 《prussic acid ともいう》.

hỳdro·desulfurizátion 〘← HYDRO- + DESULFURIZATION〙 *n.* 〘化学〙 水素脱硫法 《触媒による水素添加分解によって硫黄化合物を除去する方法》.

hỳdro·dynámic 〘← NL *hydrodynamicus*: ⇨ hydro-, dynamic〙 ── *adj.* 流体力学の, 水力学の, 動水力学の; 水力[圧]の. **hỳdro·dynámical** *adj.* **hỳdro·dynámically** *adv.*

hỳdro·dynámicist *n.* 流体力学者.

hỳdro·dynámics 〘《1779》: ⇨ hydrodynamic, -ics〙 *n.* 流体[液体]力学, 動水力学, 水力学 (fluid mechanics).

hỳdro·eléctric 〘← HYDRO- + ELECTRIC〙 *adj.* 水力電気の: a ~ project 水力発電計画. **hỳdro·eléctrically** *adv.*

hỳdro·electrícity *n.* 水力電気.

hỳdro·extráct 〘《逆成》 ↓〙 *vt.* 脱水機で処理する.

hỳdro·extráctor 〘← HYDRO- + *extractor*〙 *n.* 脱水機.

hýdro·flàp *n.* 〘航空〙 ハイドロフラップ 《飛行艇などの水中舵またはブレーキ; cf. hydrovane》.

hỳdro·fluóric 〘⊏ F *hydrofluorique*: ⇨ hydro-, fluoric〙 *adj.* 〘化学〙 フッ化水素(酸)の, フッ化水素(酸)から誘導された.

hydrofluóric ácid *n.* 〘化学〙 フッ化水素酸 (HF) 《ガラス腐食用》.

hỳdro·fluosilícic ácid *n.* 〘化学〙 = fluosilicic acid.

hy·dro·foil [háɪdro(ʊ)fɔɪl, -drə- | -drə(ʊ)-] 〘← HYDRO- + FOIL²〙 ── *n.* **1** 水中翼 《高速艇・飛行艇の下部に取り付けた翼; 水中滑走中に速度が大きくなるに従って艇体を水面から浮上させる》. **2** 水中翼船 (hydrofoil boat).

hýdrofoil bòat *n.* = hydrofoil 2.

hýdro·fòrmer 〘← HYDROFORM(ING) + -ER¹〙 *n.* 〘化学〙 ハイドロフォーミング, 反応塔 (⇨ hydroforming).

hýdro·fòrming 〘← HYDRO- + (*re*)*forming*〙 ── *n.* 〘化学〙 ハイドロフォーミング 《石油から高オクタン価ガソリンを作る操作の一つ; 接触的脱水素と環式化を行なう; cf. reforming》.

hýdroforming pròcess *n.* 〘化学〙 ハイドロフォーミング法 《酸化モリブデン-アルミナ触媒を用い加圧水素気流中で行なわれるガソリン改質法の一つ》.

hỳdro·formylátion 〘← HYDRO- + FORMYL + -ATION〙 *n.* 〘化学〙 オキソ合成, ヒドロホルミル化 (cf. oxo process).

hỳdro·gasificátion 〘← HYDRO- + *gasification*〙 *n.* 高熱高圧水素処理(法).

hỳdro·gásifier 〘← HYDRO- + *gasifier*〙 *n.* 高熱高圧水素処理装置.

hy·dro·gel [háɪdro(ʊ)dʒèl, -drə- | -drə(ʊ)-] 〘← HYDRO- + GEL(ATIN)〙 *n.* 〘化学〙 ヒドロゲル 《水を分散媒とするゲル》.

hy·dro·gen [háɪdrədʒɪn, -drɪ-, -dʒən] 〘《1791》 ⊏ F *hydrogène*: ⇨ hydro-, -gen〙 *n.* 〘化学〙 水素 《気体元素の一つ; 記号 H, 原子番号 1, 原子量 1.0079》.

hy·drog·e·nase [haɪdrádʒənèɪs, -nèɪz | -drɔ́dʒɪnéɪs, -dʒə-] 〘← HYDROGEN + -ASE〙 ── *n.* 〘生化学〙 ヒドロゲナーゼ 《水素分子を出入させる酸化還元反応を触媒する酵素の総称》.

hy·drog·en·ate [haɪdrádʒənèɪt, háɪdrə-, -drɪ- | háɪdrədʒə-, -drɪ-, -dʒɪ-, haɪdrɔ́dʒə-, -dʒɪ-] 〘⇨ hydrogen, -ate³〙 ── *vt.* 〘化学〙 **1** 水素と化合させる, …に水素を含ませる. **2** 水素で(硬化)処理する: ~*d* oil 硬化油. **hy·drog·en·a·tion** [haɪdràdʒənéɪʃən, hàɪdrə-, -drɪ- | hàɪdrədʒə-, -drɪ-, -dʒɪ-, haɪdrɔ̀dʒə-, -dʒɪ-] *n.*

hýdrogen ázide *n.* 〘化学〙 アジ化水素 (HN_3) 《この水溶液が azoimide》.

hýdrogen bòmb *n.* 水素爆弾 《H-bomb ともいう》.

hýdrogen bònd *n.* 〘物理〙 水素結合 《水・アルコール・フッ化水素等にみられる分子間の結合》.

hýdrogen brómide *n.* 〘化学〙 臭化水素 (HBr).

hýdrogen chlóride *n.* 〘化学〙 塩化水素 (HCl).

hýdrogen cýanide *n.* 〘化学〙 シアン化水素 《扁桃臭をもつ猛毒の無色液体》.

hýdrogen dióxide *n.* 〘化学〙 = hydrogen peroxide.

hýdrogen eléctrode *n.* 〘電気〙 水素電極 《電極電位の基準となる電極で, 水素イオンを含む溶液に白金を浸したもの》.

hýdrogen flúoride *n.* 〘化学〙 フッ化水素 《流動しやすい無色の発煙性の液体; 水に溶かしてフッ化水素酸を作る》.

hýdrogen íodide *n.* 〘化学〙 ヨウ化水素 (HI).

hýdrogen ìon *n.* 〘化学〙 **1** 水素イオン (H^+). **2** = hydronium.

hýdrogen-ìon concentrátion *n.* 〘化学〙 水素イオン濃度.

hy·drog·en·ize [haɪdrádʒənàɪz, háɪdrə-, -drɪ- | háɪdrədʒə-, -drɪ-, -dʒɪ-, haɪdrɔ́dʒɪ-, -dʒə-] *vt.* 〘化学〙 = hydrogenate.

hy·dro·gen·ol·y·sis [hàɪdrɪdʒɪnáləsɪs, -drə-, -dʒə-, -səs | -drədʒənɔ́lə-, -drɪ-, -dʒɪ-, -lɪ-] 〘← HYDROGEN + -O- + -LYSIS〙 *n.* 〘化学〙 水素化分解.

hy·drog·e·nous [haɪdrádʒənəs | -drɔ́dʒɪ-, -dʒə-] 〘← HYDROGEN + -OUS〙 *adj.* **1** 水素の, 水素を含む. **2** 〈岩石が〉水成の.

hýdrogen óxide *n.* 〘化学〙 酸化水素, 水 (H_2O) (water).

hýdrogen peróxide *n.* 〘化学〙 過酸化水素 (H_2O_2) 《水溶液は消毒剤・漂白剤用; hydrogen dioxide ともいう》.

hýdrogen spéctrum *n.* 〘物理〙 水素スペクトル.

hýdrogen súlfate *n.* 〘化学〙 硫酸水素塩 (M^IHSO_4).

hýdrogen súlfide *n.* 〘化学〙 硫化水素 (H_2S).

hỳdro·geólo·gy 〘← HYDRO- + GEOLOGY〙 *n.* 水文地質学 《地表水および地下水を対象とした地質学の一部門》.

hýrdo·glìder *n.* 〘航空〙 水上グライダー.

hy·dro·graph [háɪdro(ʊ)grǽf, -drə- | -drə(ʊ)grɑ̀ːf, -grǽf] 〘← HYDRO- + -GRAPH〙 ── *n.* **1** 自記水位計, 水位記録計 《井戸・貯水池・河川などの深さの変化を調べる計器》. **2** 水位図; 水位曲線, ハイドログラフ.

hy·drog·ra·pher [haɪdrágrəfə | -drɔ́grəfə(r)] 〘《1559》 ← HYDROGRAPHY + -ER¹〙 *n.* **1** 水界地理学者. **2** 水路学者; 水路測量者.

hy·dro·graph·ic [hàɪdro(ʊ)grǽfɪk, -drə- | -drə(ʊ)-] *adj.* **1** 水界地理学の. **2** 水路学の, 水路測量術の: a ~ chart 海図.

hỳ·dro·gráph·i·cal [-fɪkəl, -fə- | -fɪ-] *adj.* = hydrographic. **~·ly** *adv.*

hydrográphic survéying *n.* 河海測量 《河川・海岸・港湾などの測量》.

hy·drog·ra·phy [haɪdrágrəfi | -drɔ́grəfi] 〘《1559》 ⊏ F *hydrographie*: ⇨ hydro-, -graphy〙 ── *n.* **1 a** 水路学. **b** (河海の)水路測量(術). **2** [集合的] (地図・測量・学術論文で扱われる)一地域の大洋・湖・川の総称.

hy·droid [háɪdrɔɪd] 〘↓〙 *adj.* ヒドロ虫 (hydrozoan) の. ── *n.* ヒドロ虫の樹状群体.

Hy·droi·da [haɪdrɔ́ɪdə] 〘← NL ~ ← *Hydra* (属名: ⇨ hydra) + -OIDA〙 *n. pl.* 〘動物〙 (腔腸動物門)ヒドロ虫目.

hỳdro·kinétic *adj.* 〘物理〙 流体力学の. **hỳdro·kinétically** *adv.*

hỳdro·kinétics 〘← HYDRO- + KINETICS〙 *n.* 〘物理〙 流体[液体]力学 (cf. hydrostatics).

hy·dro·lant [háɪdrəlæ̀nt] 〘← HYDRO- + (AT)LANT(IC)〙 *n.* (米国海軍による)大西洋緊急水路告示 (cf. hydropac).

hy·dro·lase [háɪdrəlèɪs, -lèɪz | -lèɪs] 〘← HYDRO- + -OL¹ + -ASE〙 *n.* 〘生化学〙 加水分解酵素.

hy·dro·lith [háɪdrəlɪθ] 〘← HYDRO- + -LITH: cf. F. *hydrolithe*〙 *n.* 〘化学〙 ヒドロライト (CaH_2) 《水素化カルシウム; 野外における水素発生剤》.

hydrológic cýcle 〘*hydrologic*: ← HYDROLOGY + -IC¹〙 ── *n.* 〘地質〙 水の循環, 水文循環 《水が水蒸気となって大気中にはいり, 凝結して雨・雪などになって降下し, また水蒸気となって大気中に戻る循環》.

hy·dról·o·gist [-dʒɪst, -dʒəst | -dʒɪst] *n.* 水文学者.

hy·drol·o·gy [haɪdrálədʒi | -drɔ́lədʒi] 〘← HYDRO- + -LOGY〙 ── *n.* 水文学, 陸水学 《陸地上の水の性質・現象および分布などを研究する》. **hy·dro·log·ic** [hàɪdrəládʒɪk | -lɔ́dʒ-] *adj.* **hỳ·dro·lóg·i·cal** *adj.* **hỳ·dro·lóg·i·cal·ly** *adv.*

hy·drol·y·sate [haɪdráləsèɪt | -drɔ́lɪ-] 〘⇨ ↓, -ate¹〙 ── *n.* 〘化学〙 水解物 《加水分解による生成物; 一般に蛋白質・多糖類・脂肪などから加水分解によって生じた物質》.

hy·drol·y·sis [haɪdráləsɪs, -səs | -drɔ́ləsɪs, -lɪ-] 〘← HYDRO- + -LYSIS〙 *n.* 〘化学〙 加水分解.

hy·dro·lyte [háɪdro(ʊ)làɪt, -drə- | -drə(ʊ)-] 〘← HYDRO- + -LYTE¹〙 *n.* 〘化学〙 加水分解質.

hy·dro·lyt·ic [hàɪdrəlítɪk | -tɪk] *adj.* 加水分解の. **hỳ·dro·lýt·i·cal·ly** *adv.*

hy·drol·y·zate [haɪdráləzèɪt | -drɔ́lɪ-] *n.* 〘化学〙 = hydrolysate.

hy·dro·lyze [háɪdrəlàɪz] 〘← HYDROLY(SIS) + -(I)ZE〙 *vt., vi.* 〘化学〙 加水分解する.

hy·dro·lyz·a·ble [háɪdrəlàɪzəbl] *adj.* 加水分解できる.

hỳdro·magnétic *adj.* 〘物理〙 電磁流体力学の (magnetohydrodynamic).

hỳdro·magnétics 〘← HYDRO- + MAGNETICS〙 *n.* 〘物理〙 電磁流体力学 (magnetohydrodynamics).

hy·dro·man·cer [háɪdrəmæ̀nsə | -sə(r)] 〘ME *idromauncer*: ⇨ ↓, -er¹〙 *n.* 水占い者[師].

hy·dro·man·cy [háɪdrəmæ̀nsi | -si] 〘《*a*1393》 *idromanci(e)* ⊏ OF *ydromancie* (F *hydromancie*) ⊏ LL *hydromantia*: ⇨ hydro-, -mancy〙 ── *n.* 水占い 《潮の干満などによって占う》. **hy·dro·man·tic** [hàɪdrəmǽntɪk | -tɪk] *adj.*

hỳdro·mechánics 〘《1851》 ← HYDRO- + MECHANICS〙 *n.* 流体[液体]力学 (hydrodynamics). **hỳdro·mechánical** *adj.* **hỳdro·mechánically** *adv.*

hỳdro·medúsa 〘← HYDRO- + MEDUSA〙 ── *n.* (*pl.* **-du·sae** [-siː]) 〘動物〙 ヒドロクラゲ 《ヒドロ虫類のポリプから生じた小型のクラゲをいう; ポリプとクラゲの間に世代交番が行なわれる》. **hỳdro·medúsan** *adj.* **hỳdro·medúsoid** *adj.*

hy·dro·mel [háidrəmèl] 〖《16 C》□L ～ ← HYDRO-＋Gk *méli* honey ∽《1392》*idromel* □OF *ydromelle*〗 ── *n.* **1**（発酵しない）蜂蜜(ﾐﾂ)水《発酵したものは mead という》. **2**〘薬学〙ハイドロメル《蜂蜜水を主成分とする緩下剤》.

hỳdro·metállurgy *n.* 湿式冶(ﾔ)金法 (cf. pyrometallurgy). **hỳdro·metallúrgical** *adj.* **hỳdro·metallúrgically** *adv.*

hỳdro·méteor *n.*〘気象〙大気水象《水蒸気の凝結・昇華による生成物, すなわち雨・あられ・霧・雲など》.

hỳdro·meteorólogy *n.* 水文気象学. **hỳdro·meteorológical** *adj.* **hỳdro·meteorológically** *adv.* **hỳdro·meteorólogist** *n.*

hy·drom·e·ter [haidrámәṭә | -drɔ́mɪtә(r, -mә-] 〖《1675》← HYDRO-＋-METER[1]〗 ── *n.* 液体比重計, 浮きばかり (cf. gravimeter). **hy·dro·met·ric** [hàidrәmétrɪk | -drә(ʊ)-] *adj.* **hỳ·dro·mét·ri·cal** *adj.*

Hy·dro·met·ri·dae [hàidro(ʊ)métrәdìː, -drә- | -drә(ʊ)métrɪ-] 〖← NL ～ ← *Hydrometra* (属名: ← HYDRO-＋-*metra* (← Gk *métron* measure: ⇨ -a[2]))＋-IDAE〗 ── *n. pl.*〘昆虫〙イトアメンボ科.

hy·drom·e·try [haidrámәtri | -drɔ́mɪtrɪ, -mә-] 〖← NL *hydrometria*: ⇨ hydro-, -metry〗 *n.*〘物理〙**1** 液体比重測定(法), 流量測定(法). **2** 流水学.

hỳdro·mónoplane *n.* 単葉水上機.

hỳdro·mórphic *adj.*〘土壌〙水成の (cf. calomorphic, halomorphic): ～ soil 水成土壌.

hy·dro·naut [háidrәnɔ̀ːt, -nɑ̀ːt | -nɔ̀ːt] 〖← HYDRO-＋(ASTRO)NAUT〗 ── *n.*〘米海軍〙(潜水艦以外の, 捜索・救助・研究用の)深海艇乗組員, バチスカーフ (bathyscaphe) の乗員 (cf. aquanaut).

hy·dro·nau·tics [hàidrәnɔ́ːṭɪk, -nɑ́ː- | -nɔ́ːt-] 〖← HYDRO-＋(AERO)NAUTICS〗 *n.*〘海洋〙海洋開発技術学《海洋環境調査用の手法開発・機械設計などを扱う科学》.

hy·dron·ic [haidránɪk | -drɔ́n-] 〖← HYDRO-＋(ELECTR)ONIC〗 *adj.*〘物理・建築〙〈冷暖房が〉循環パイプ式の《温水あるいは冷水による冷暖房にいう》. **hy·drón·i·cal·ly** *adv.*

hy·dron·ics [haidrániks | -drɔ́n-] 〖⇨ ↑, -ics〗 *n.*（冷暖房の)循環パイプ式. 「けの化合物の総称》.

hỳdro·nítrogen *n.*〘化学〙窒化水素《水素と窒素だ

hy·dro·ni·um [haidróuniәm | -dráʊnɪәm, -njәm] 〖← HYDRO-＋-ONIUM〗 *n.*〘化学〙ヒドロニウム (⇨ oxonium).

hy·dro·pac [háidrәpæ̀k | -drә(ʊ)-] 〖← HYDRO-＋*Pac(ific Ocean)*〗 *n.*（米国海軍による)太平洋緊急水路告示 (cf. hydrolant).

hy·dro·path·ic [hàidrәpǽθɪk | -drә(ʊ)-] 〖← HYDROPATH(Y)＋-IC[1]〗 ── *adj.* 水治療法の: a ～ establishment 水治療法施設 / ～ treatment 水治療法. ── *n.*《英》水治療地(の旅館); 水治療法院. **hỳ·dro·páth·i·cal·ly** *adv.* 「水治医.

hy·dróp·a·thist [-θɪst, -θәst | -θɪst] *n.* 水治療法師,

hy·drop·a·thy [haidrápәθi | -drɔ́pәθɪ] 〖← HYDRO-＋-PATHY〗 ── *n.* 水治療法《水または鉱泉を飲んだり浴びたりする; water cure ともいう; cf. hydrotherapy, therapy》.

hỳdro·peróxide *n.*〘化学〙ヒドロペルオキシド《過酸化水素の水素原子 1 個を他の原子または原子団で置換したもの》.

hy·dro·phane [háidro(ʊ)fèɪn, -drә- | -drә(ʊ)-] 〖← HYDRO-＋-PHANE〗 ── *n.* 透蛋白石《水中に入れると透明に見える》. **hy·droph·a·nous** [haidráfәnәs | -drɔ́f-] *adj.*

hy·dro·phile [háidro(ʊ)faɪl, -drә- | -drә(ʊ-)] 〖← HYDRO-＋-PHILE〗 *adj.*〘化学〙＝hydrophilic.

hy·dro·phil·ic [hàidro(ʊ)fílɪk, -drә- | -drә(ʊ)-] 〖⇨ hydrophilous, -ic[1]〗 ── *adj.*〘化学〙親水性の (cf. hydrophobic 2);〈繊維など〉水で湿らせることのできる. **hy·dro·phi·lic·i·ty** [hàidro(ʊ)fɪlísәṭi, -drә- | -drә(ʊ)fɪlísәtɪ, -sɪ-] *n.*

Hy·dro·phil·i·dae [hàidro(ʊ)fílәdìː, -drә- | -drә(ʊ)fílɪ-] 〖← NL ～ ← *Hydrophilus* (属名: ⇨ hydro-, -philous)＋-IDAE〗 *n. pl.*〘昆虫〙ガムシ科.

hy·droph·i·lous [haidráfәlәs | -drɔ́fɪ-] 〖← NL *hydrophilus*: ⇨ hydro-, -philous〗 ── *adj.* **1**〘植物〙(授粉が)水媒の (cf. anemophilous). **2**〘生物地理〙＝hydrophytic.

hy·droph·i·ly [haidráfәli | -drɔ́fɪlɪ] 〖⇨ ↑, -y[1]〗 *n.*〘植物〙**1** 水媒, 水媒性. **2 a** 親水性. **b** 水生(性).

hy·dro·phobe [háidrәfòub | -drә(ʊ)fàʊb] 〖← HYDRO-＋-PHOBE〗 *n.* **1**〘病理・獣医〙恐水病患者[動物]. **2**〘化学〙疎水性物質.

hy·dro·pho·bi·a [hàidrәfóubiә | -drә(ʊ)fáʊbjә, -bɪә] 〖《1547》□L ～ □Gk *hudrophobía*: ⇨ hydro-, -phobia〗 ── *n.* **1**〘病理・獣医〙恐水病, 狂犬病 (rabies). **2**〘精神医学〙病的な対水恐怖.

hy·dro·pho·bic [hàidrәfóubɪk, -fáb- | -drә(ʊ)fáʊb-, -fɔ́b-] 〖← HYDROPHOBE＋-IC[1]〗 ── *adj.* **1**〘病理・獣医〙恐水[狂犬]病の[にかかった]. **2**〘化学〙疎水性の (cf. hydrophilic). **hy·dro·pho·bic·i·ty** [hàidrәfo(ʊ)bísәṭi | -fә(ʊ)bísәtɪ, -sɪ-] *n.*

hy·dro·phone [háidro(ʊ)fòun, -drә- | -drә(ʊ)fàʊn] 〖← HYDRO-＋-PHONE〗 ── *n.* **1**（潜水艦などの位置を探知する)水中聴音器. **2** 水管検漏器. **3**〘医学〙通水式聴診器《水を通して音を拡大させる聴診器》.

Hy·dro·phyl·la·ce·ae [hàidro(ʊ)fɪléɪsiìː, -drә-, -fә- | -drә(ʊ)fɪ-] 〖← NL ～ ← *Hydrophyllum* (属名: ← HYDRO-＋Gk *phúllon* leaf)＋-ACEAE〗 *n. pl.*〘植物〙ハゼリソウ科. **hý·dro·phyl·lá·ceous** [-ʃәs] *adj.*

hy·dro·phyte [háidro(ʊ)fàɪt, -drә- | -drә(ʊ)-] 〖← HYDRO-＋-PHYTE〗 *n.*〘植物〙**1** 水中で越冬する芽をもった多年生管束植物 (cf. mesophyte, xerophyte). **2** 水生植物 (aquatic plant).

hy·dro·phyt·ic [hàidro(ʊ)fíṭɪk, -drә- | -drә(ʊ)fít-] *adj.*〘生物地理〙水生植物の (cf. aquatic *n.* 1).

hy·drop·ic [haidrápɪk | -drɔ́p-] 〖《16C》□L *hydrōpic-us* □Gk *hudrōpikós* (⇨ hydropsy, -ic[1]) ∽ ME *idropik* □OF *idropique* (F *hydropique*)〗 ── *adj.* ＝dropsical. **hy·dróp·i·cal** *adj.*

hýdro·plàne 〖← HYDRO-＋(AERO)PLANE〗 ── *n.* **1**（潜水艦を昇降させる)水平舵(ﾀﾞ) (diving plane). **2** 水上滑走艇, ハイドロプレーン. **3** ＝hydrofoil 1. **4** 水上(飛行)機 (seaplane). ── *vi.* **1**（水上滑走艇のように)水面をかすめて飛ぶ[滑走する]. **2**〈自動車が〉ハイドロプレーニング (hydroplaning) を起こす.

hý·dro·plàn·er *n.*

hýdro·plàning *n.* ハイドロプレーニング《自動車や飛行機が水をかぶった道路や滑走路を高速で走る時, タイヤが浮き上がりハンドルやブレーキがきかなくなること》. 「る, 水空の.

hỳdro·pneumátic *adj.* 水と空気の両者の作用によ

hy·dro·pon·ic [hàidrәpánɪk | -pɔ́n-] 〖⇨ hydroponics, -ic[1]〗 *adj.* 水耕の[に関する], 水栽培の[に関する]: a ～ farm 水耕農場. **hỳ·dro·pón·i·cal·ly** *adv.*

hỳ·dro·pón·i·cist [-nәsɪst, -sәst | -nɪsɪst] *n.* 水耕農家, 水栽培実施者.

hy·dro·pon·ics [hàidrәpánɪks | -pɔ́n-] 〖← HYDRO-＋(GEO)PONICS〗 ── *n.*〘農業〙水耕, 水栽培《土地を用いずに養分を含んだ液で野菜を栽培する方法; tray agriculture, tank farming ともいう》.

hy·drop·o·nist [haidrápәnɪst, -nәst | -drɔ́pәnɪst] *n.* ＝hydroponicist.

hýdro·pòwer *n.* 水力電気[力].

hýdro·prèss *n.* ＝hydraulic press.

hy·drops [háidraps | -drɔps] 〖□L *hydrōps* □Gk *húdrōps* (↓): cf. ME *ydrope*〗 *n.*〘病理〙水症, ヒドロップス.

hy·drop·sy [háidrapsi | -drɔpsɪ] 〖《16 C》□L *hydrōpisi-s*《変形》← Gk *húdrōps* ← *húdōr* water ∽ ME *idropesi(e)* □OF *ydropesie* □L〗 *n.*《廃》＝hydrops.

hy·dro·quin·ol [hàidrәkwínɔːl, -noʊl | -drә(ʊ)kwínɔl] *n.*〘化学〙＝hydroquinone.

hy·dro·quin·one [hàidro(ʊ)kwɪnóun, -drә-, -kwә-, -kwínoun | hàidrә(ʊ)kwɪnáʊn, -kwáɪnәʊn, haidrɔ̀kɪnәʊn] 〖← HYDRO-＋QUINONE〗 ── *n.*〘化学〙ハイドロキノン, ヒドロキノン ($C_6H_4(OH)_2$)《写真の現像薬; quinol ともいう》.

hýdro·rùbber *n.*〘化学〙水素化ゴム ($(C_5H_{10})x$).

hydros. 《略》hydrostatics.

hy·dro·scope [háidrәskòup | -skàʊp] 〖← HYDRO-＋-SCOPE〗 ── *n.* ハイドロスコープ, 水中透視鏡《鋼鉄管の中のガラスを利用してかなり深い海底を見ることが出来るように作った高級な水中めがね; cf. water glass 5》. **hy·dro·scop·ic** [hàidrәskápɪk | -skɔ́p-] *adj.* **hỳ·dro·scóp·i·cal** *adj.*

hy·dro·sere [háidro(ʊ)sɪә, -drә- | -drә(ʊ)sɪә(r] 〖← HYDRO-＋SERE[3]〗 *n.*〘生態〙水生発展段階, 湿生系列, 水生遷移系列.

hýdro·skì *n.*〘航空〙ハイドロスキー《水上機の胴体下方に突出せるように装着した水上滑走用のスキー》.

hýdro·skìmmer *n.*《米》水面浮上(滑走)船, エアクッション船 (cf. ground-effect machine).

hy·dro·sol [háidro(ʊ)sɔ̀(ː)l, -drә-, -sòul | -drә(ʊ)sɔ̀l] 〖← HYDRO-＋SOL(UTION)〗 *n.*〘化学〙ヒドロゾル, 膠(ｺｳ)質水溶液. **hy·dro·sol·ic** [hàidrәsálɪk | -sɔ́l-] *adj.*

hy·dro·so·ma [hàidro(ʊ)sóumә, -drә- | -drә(ʊ)sáʊ-] 〖← NL ～ ← HYDRO-＋Gk *sôma* body〗 *n.*〘動物〙＝hydrosome.

hy·dro·some [háidro(ʊ)sòum, -drә- | -drә(ʊ)sàʊm] 〖← HYDRO-＋-SOME[2]〗 *n.*〘動物〙(腔腸動物)ヒドロ虫の群体. 「もいう》.

hýdro·spàce *n.*〘海洋〙海面下領域《inner space と

hy·dro·sphere [háidro(ʊ)sfɪә, -drә- | -drә(ʊ)sfɪә(r] 〖← HYDRO-＋-SPHERE〗 ── *n.* **1** 大気中の水気. **2** [the ～]〘地球物理〙水圏, 水界《地球の表面の水の部分; cf. atmosphere 1 b, barysphere, lithosphere》. **hy·dro·spher·ic** [hàidrәsférɪk, -sfɪ́(ә)r- | -sfér-] *adj.*

hy·dro·stat [háidro(ʊ)stæ̀t, -drә- | -drә(ʊ)-] 〖← HYDRO-＋-STAT〗 *n.* **1** 漏水検出器. **2**（水不足による汽罐の)爆発防止装置.

hydrostat. 《略》hydrostatics.

hy·dro·stat·ic [hàidro(ʊ)stǽṭɪk, -drә- | -drә(ʊ)stǽt-] 〖← HYDRO-＋STATIC〗 ── *adj.*〘物理〙流体[液体]静力学の, 静水学の. **hỳ·dro·stát·i·cal** *adj.* **hỳ·dro·stát·i·cal·ly** *adv.*

hydrostátic árch *n.*〘土木〙水圧アーチ《各点で静水圧に耐えるように設計されたアーチ》.

hydrostátic héad *n.*〘水力学〙静水頭《静水圧を水柱の圧力とみなしたときの水柱の高さ》.

hydrostátic páradox *n.*〘物理〙静水学上のパラドックス《水圧は水柱の高さに比例し, 器または水量の大小には無関係であるという一見矛盾した説》.

hydrostátic préss *n.* ＝hydraulic press.

hydrostátic préssure *n.*〘物理〙静水圧.

hỳdro·státics 〖⇨ hydrostatic, -ics〗 *n.*〘物理〙流体[液体]静力学, 静水力学 (cf. hydrokinetics).

hỳdro·súlfate *n.*〘化学〙**1** 硫酸と有機塩基(特にアルカロイド)との化合物. **2** 亜ジチオン酸塩.

hỳdro·súlfide *n.*〘化学〙水硫化物.

hỳdro·súlfite *n.*〘化学〙ヒドロ亜硫酸塩, ハイドロサルファイト ($Na_2S_2O_4$)《ヒドロ亜硫酸ナトリウム (sodium hydrosulfite) の俗称: 漂白剤》.

hỳdro·súlfurous *adj.*〘化学〙ヒドロ亜硫酸の.

hydrosúlfurous ácid *n.*〘化学〙ヒドロ亜硫酸 ($H_2S_2O_4$)《亜ジチオン酸 (dithionous acid) の誤った呼び方》. 「関する].

hỳdro·táctic *adj.*〘生物〙走水性 (hydrotaxis) の[に

hỳdro·táxis 〖← HYDRO-＋-TAXIS〗 *n.*〘生物〙走水性, 走湿性, 趨(ｽｳ)水性《湿度[水分]の高い方向へ運動する性質》.

hy·dro·the·ca [hàidro(ʊ)θíːkә, -drә- | -drә(ʊ)-] 〖← NL ～: ⇨ hydro-, theca〗 *n.*〘動物〙ヒドロ包, ヒドロ莢; ヒドロ花を包む囲皮.

hỳdro·therapéutics *n.* 水治療法(学). **hỳdro·therapéutic** *adj.*

hỳdro·thérapy *n.* 水治療法《患部を水または流水に浸して治療する方法; cf. hydropathy, therapy 1》.

hỳdro·thérmal *adj.*〘地質〙熱水の, 熱水作用の: ～ alteration 熱水変質《鉱物や岩石が熱水作用によって変質すること》. **～·ly** *adv.*

hỳdro·thórax *n.*〘病理〙水胸(症). **hỳdro·thorácic** *adj.*

hýdro·trèat *vt.*〘化学〙〈油などを〉水素で処理する. **～·er** *n.* 「造法》.

hýdro·tréatment *n.*〘化学〙水素化処理《潤滑油製

hy·dro·trope [háidro(ʊ)tròup, -drә- | -drә(ʊ)tràʊp] 〖← HYDRO-＋-TROPE〗 *n.* 向水[好水, 属水]性物質; 向水性植物.

hy·drot·ro·pism [haidrátrәpɪ̀zm | -drɔ́t-] 〖← HYDRO-＋-TROPISM〗 *n.*〘生物〙屈水性: positive ～ 向水性 / negative ～ 背水性. **hy·dro·tro·pic** [hàidro(ʊ)tróupɪk, -drә-, -tráp- | -drә(ʊ)trɔ́p-] *adj.* **hỳ·dro·tró·pi·cal·ly** *adv.*

hy·drous [háidrәs] 〖← HYDRO-＋-OUS〗 *adj.* **1** 水を含む (watery). **2**〘化学・鉱物〙含水の.

hy·dro·vane [háidro(ʊ)vèɪn, -drә- | -drә(ʊ)-] *n.*〘航空〙飛行艇などの水中舵(ﾀﾞ) (cf. hydroflap).

hy·drox- [haidráks | -drɔ́ks]（母音の前に来るときの）hydroxy- の異形.

hy·drox·ide [haidráksaɪd | -drɔ́k-] 〖《1851》← HYDRO-＋OXIDE〗 *n.*〘化学〙水酸化物《水酸基 -OH を含む化合物, 特に金属ないしアンモニウム基と水酸基とから成るもの》.

hydróxide íon *n.*〘化学〙水酸化物イオン.

hy·drox·o- [haidráksou | -drɔ́ksә(ʊ)] 〖← HYDROX(YL)＋-O-〗「水酸基 (OH) を含んだ」の意の連結形 (cf. hydroxy-).

hydroxo·co·bal·a·mín [-ko(ʊ)bɔ̀ːlәmíːn, -kә-, -kòubɔːlǽmɪn, -bә-, -mәn | -kә(ʊ)bɔ̀ːlәmín, -kòubɔː-lǽmɪn] 〖← HYDROXO-＋COBAL(T)＋-*amin* (cf. vitamin)〗 ── *n.*〘生化学〙ヒドロキソコバラミン《ビタミン B_{12} 群の一種》.

hy·drox·y [haidráksi | -drɔ́ksɪ] 〖↓〗 *adj.*〘化学〙ヒドロキシの《-OH を含む》.

hy·drox·y- [haidráksi | -drɔ́ksɪ] 〖← HYDROXY(L)〗 ──「(水素の代りに)水酸基 (OH) を含む」の意の連結形. ★ 化合物や基の名に用いられる (cf. hydroxo-); 母音の前では通例 hydrox- になる.

hydróxy ácid *n.*〘化学〙ヒドロキシ酸, オキシ酸《酸で乳酸・酒石酸のように水酸基を別にもつもの》.

hydróxy áldehyde *n.*〘化学〙ヒドロキシアルデヒド《1 分子中にアルコール性水酸基とアルデヒド基の両方をもつ有機化合物; 以前は oxyaldehyde といった》.

hydròxy·ápatite 〖← HYDROXY-＋APATITE〗 *n.*〘生化学〙水酸化リン灰石 ($3Ca_3(PO_4)_2 \cdot Ca(OH)_2$)《骨の基本的なミネラル成分》. 「(⇨ phenol).

hydròxy·bénzene *n.*〘化学〙ヒドロキシベンゼン

hydròxy·benzóic ácid *n.*〘化学〙ヒドロキシ安息香酸 (HOC_6H_4COOH)《o-, m-, p- の異性体がある》.

hydròxy·butýric ácid *n.*〘化学〙ヒドロキシ酪酸 ($C_4H_8O_3$)《酪酸の水素を水酸基に変えたもの, 異性体がある》. 「ketol).

hydróxy kétone *n.*〘化学〙ヒドロキシケトン (⇨

hy·drox·yl [haidráksɪl, -sәl | -drɔ́ksɪl] 〖← HYDRO-＋OXY-[1]＋-YL〗 *n.*〘化学〙水酸基, ヒドロキシル基 (OH). **hy·drox·yl·ic** [hàidraksílɪk | -drɔk-] *adj.*

hy·drox·yl·a·mine [haidráksɪlәmíːn, hàidraksílәmìːn | haidrɔ̀ksɪlәmíːn, hàidrɔksílәmìːn] 〖⇨ ↑, amine〗 *n.*〘化学〙ヒドロキシルアミン (NH_2OH).

hy·drox·y·lase [haidráksәlèɪs, -lèɪz | -drɔ́ksɪlèɪs] 〖← HYDROXYL＋-ASE〗 ── *n.*〘化学〙ヒドロキシラーゼ, 水酸化酵素《酸素分子を取り入れてフェノールやアルコールなどの水酸化物を生成する反応を触媒する酵素》.

hy·drox·yl·ate [haidráksәlèɪt | -drɔ́ksɪ-] 〖← HYDROXYL＋-ATE[3]〗 ── *vt.*〘化学〙ヒドロキシル[水酸基]化する. **hy·drox·yl·a·tion** [haidràksәléɪʃәn | -drɔ̀ksɪ-] *n.* 「(OH).

hydróxyl gròup *n.*〘化学〙水酸基, ヒドロキシル基

hydròxy·próline *n.*〘化学〙ヒドロキシプロリン (HOC_4H_7NCOOH)《結晶性アミノ酸の一種》.

hydròxy·trýptamine 〖← HYDROXY-＋TRYPTA-

MINE】 — *n.*〘生化学〙ヒドロキシトリプタミン (⇨ serotonin).

hydròxy·uréa〘← HYDROXY-＋UREA〙*n.*〘化学〙ヒドロキシ尿素 (HONHCONH$_2$).

hy·drox·y·zine [haɪdrɑ́ksəzìːn | -drɔ́ksɪ-]〘← HYDROXY-＋(PIPERA)ZINE〙*n.*〘薬学〙ヒドロキシジン ($C_{21}H_{27}ClN_2O_2$)《精神安定剤》.

Hy·dro·zo·a [hàɪdrəzóʊə | -zə́ʊə]〘(1843) ← NL ～: ⇨ hydro-, -zoa〙*n. pl.*〘動物〙(腔腸動物門) ヒドロ虫綱, ヒドロゾア綱.

hy·dro·zo·an [hàɪdrəzóʊən | -zə́ʊən]〘⇨↑, -an¹〙*adj., n.*〘動物〙ヒドロ虫綱(の).

Hy·dru·ra·ce·ae [hàɪdrʊréɪsiìː]〘← NL ～ ← *Hydrurus* (属名: ⇨ hydro-, -urus)＋-ACEAE〙*n. pl.*〘植物〙(藻類) ミズオ科.

Hy·drus [háɪdrəs]〘▭ L ～ ▭ Gk *húdros* water snake: cf. hydra〙*n.*〘天文〙みずへび(水蛇)座《南極近くにある星座; the Water Snake ともいう》.

hy·e·na [haɪíːnə]〘(16C) ▭ L *hyaena* ▭ Gk *húaina* 《原義》sow ← *hûs* pig＋ -*ania* (fem. suf.) ∽ (1340) *hiene* ▭ OF (F *hyène*)〙 — *n.* **1**〘動物〙ハイエナ, タテガミイヌ《アジア・アフリカ産のハイエナ科の動物の総称; 死肉を食い, 興奮すると人の笑い声のような声を出す; cf. laughing hyena, spotted hyena, striped hyena》. **2** 残酷な人, 裏切り者, 欲の深い人. **3**《豪》〘動物〙＝Tasmanian wolf. **hy·e·nic** [haɪíːnɪk, -én-] *adj.*

hyenas 1
1 striped hyena
2 spotted hyena

hyéna dòg *n.*〘動物〙＝African hunting dog.

hy·e·ni·form [haɪíːnəfɔ̀ːm | -nɪfɔ̀ːm]〘⇨↑, -iform〙*adj.* ＝hyenoid.

hy·e·noid [haɪíːnɔɪd]〘⇨ hyena, -oid〙*adj.* ハイエナに似た.

hy·et- [haɪét] (母音の前に来る時の) hyeto- の異形.

hy·e·tal [háɪəṭḷ | háɪɪtl, háɪə-]〘← HYETO-＋-AL¹〙*adj.* 雨の[に関する], 降雨の; 降雨地帯の.

hy·et·o- [haɪéṭo(ʊ) | -étə(ʊ)]〘← Gk *huetós* ← *huein* to rain〙「雨 (rain)」の意の連結形. ★ 母音の前では通例 hyet- になる.

hy·et·o·graph [haɪéṭəgræ̀f | -étəgrɑ̀ːf, -græ̀f] *n.*〘⇨↑, -graph〙*n.* 雨量図.

hy·e·tog·ra·phy [hàɪətɑ́grəfi | hàɪɪtɔ́grəfɪ, hàɪə-] *n.* 降水学. **hy·et·o·graph·ic** [haɪèṭəgræ̀fɪk | -èt-] *adj.*

hy·e·tol·o·gy [hàɪətɑ́lədʒi | hàɪɪtɔ́lədʒɪ, hàɪə-]〘← HYETO-＋-LOGY〙*n.*《まれ》雨学, 降水学.

hy·e·tom·e·ter [hàɪətɑ́məṭə | hàɪɪtɔ́mɪtə(r, hàɪə-, -mə-] *n.* 雨量計 (rain gage).

Hy·fil [háɪfɪl]〘← ?〙*n.*〘商標〙ハイフィル《炭素繊維による強化プラスチックの商品名》.

hyg.《略》hygiene; hygroscopic.

Hy·ge·ia [haɪdʒíːə | -dʒíːə, -dʒíə]〘▭ Gk *Hugeia, Hugíeia* health ← *hugiḗs* healthy ← IE **gwei-* to live (cf. quick)〙 — *n.* **1**〘ギリシャ神話〙ヒュギエイア《Asclepius の娘; 健康の女神》. **2** [擬人的に]健康.

hy·ge·ian [haɪdʒíːən | -dʒíːən, -dʒíən]〘⇨↑, -an¹〙*adj.* **1** 健康の, 衛生の (sanitary). **2** [H-] (健康の女神)ヒュギエイアの.

hy·giene [háɪdʒiːn, ─ ─ | ─ ─]〘(1796) ▭ F *hygiène* ▭ Gk *hugieinḗ* (*tékhnē*) (art) of health ← *hugieinós* healthful ← *hugiḗs* healthy: cf. Hygeia〙 — *n.* **1** 衛生(学). **2** 衛生状態; 衛生法, 摂生法, 健康法.

hy·gi·en·ic [hàɪdʒiénɪk, haɪdʒén-, -dʒíːn- | haɪdʒíːn-]〘⇨↑, -ic¹〙 — *adj.* **1** 衛生学の: a ～ laboratory 衛生試験所. **2** 衛生的な, 健康的な, 衛生によい (healthy): ～ conditions 衛生的な状態. **～·ly** *adv.*

hỳ·gi·én·i·cal [-nɪkəl, -nə- | -nɪ-] *adj.* ＝hygienic.

hy·gi·en·ics [hàɪdʒiénɪks, haɪdʒén-, -dʒíːn- | haɪdʒíːn-]〘⇨↑, -ics〙*n.* 衛生学.

hy·gien·ist [haɪdʒíːnɪst, háɪdʒiːn-, haɪdʒén-, -nəst | háɪdʒiːnɪst] *n.* 衛生学者.

hy·gr- [haɪgr] (母音の前に来る時の) hygro- の異形.

hygro- [háɪgro(ʊ) | -grə(ʊ)]〘(17C) ← Gk *hugrós* moist ← IE **wegw-* wet〙 —「湿気 (moisture); 湿気と…との」の意の連結形. ★ 母音の前では通例 hygr- になる.

hy·gro·deik [háɪgrədàɪk]〘← HYGRO-＋Gk *deiknúnai* to show〙*n.* 乾湿球湿度計《乾球および湿球温度計と相対湿度早見表とを備えている》.

hy̆gro·expansívity *n.* 湿展性《湿度による物体の膨張性》.

hy·gro·graph [háɪgrəgræ̀f | -grɑ̀ːf, -græ̀f]〘← HYGRO-＋-GRAPH〙*n.* 自記湿度計, 記録湿度計.

hy·grol·o·gy [haɪgrɑ́lədʒi | -grɔ́lədʒɪ]〘← HYGRO-＋-LOGY〙*n.* 湿度学.

hy·grom·e·ter [haɪgrɑ́məṭə | -grɔ́mɪtə(r, -mə-]〘(1670) ▭ ? F *hygromètre*: ⇨ hygro-, -meter¹〙*n.*〘気象〙湿度計.

hy·grom·e·try [haɪgrɑ́mətri | -grɔ́mɪtrɪ, -mə-]〘← HYGRO-＋-METRY〙*n.* 湿度測定法, 湿度測定.

hy·gro·met·ric [hàɪgrəmétrɪk | -grə(ʊ)-] *adj.*

hy·gro·phile [háɪgrəfàɪl | -grə(ʊ)-]〘▭ F ～: ⇨ hygro-, -phile〙*adj.*〘生物〙＝hygrophilous.

hy·groph·i·lous [haɪgrɑ́fələs | -grɔ́fɪ-]〘← HYGRO-＋-PHILOUS〙*adj.*〘生物〙好湿性の.

hy·gro·phyte [háɪgrəfàɪt]〘← HYGRO-＋-PHYTE〙*n.*〘生物地理〙**1** 湿生植物《水辺や湿原に生育する植物》. **2** ＝hydrophyte.

hy·gro·phyt·ic [hàɪgrəfíṭɪk | -tɪk] *adj.*

hy·gro·scope [háɪgrəskòʊp | -skə̀ʊp]〘(1665) ← HYGRO-＋-SCOPE〙*n.*〘物理〙験湿器.

hy·gro·scop·ic [hàɪgrəskɑ́pɪk | -skɔ́p-] *adj.* **1** 験湿器の, 験湿器によってわかる. **2** 湿りやすい, (大気から)湿気を吸収する; 吸湿性の. **3**〘植物〙**a** 〈組織・器管など〉水を吸いやすい, 吸湿性の **b** 〈動運が〉乾湿の, 膨潤の《生活力を失った細胞壁が空気の乾湿によって膨潤と収縮をするために起こす運動についていう》. **hỳ·gro·scóp·i·cal·ly** *adv.*

hy·gro·sco·pic·i·ty [hàɪgrəskɑpísəṭi, -sko(ʊ)- | -skəpísətɪ, -skə(ʊ)-, -sɪ-] *n.*〘物理〙吸湿能, 吸湿性, 吸湿力.

hygroscópic móisture *n.*〘化学〙湿分.

hy·gro·stat [háɪgrəstæ̀t]〘← HYGRO-＋-STAT〙*n.* ＝humidistat.

hy̆gro·thérmograph〘← HYGRO-＋*thermograph*〙*n.*〘気象〙自記温湿計, 湿度温度(同時)記録計.

hying *v.* hie の現在分詞.

Hyk·sos [híksɑs, -soʊs | -sɔs]〘▭ Gk *Huksṓs* ▭ Egypt. *Ḥiq shasu* ruler of nomads〙 — *n. pl.* ヒクソス《紀元前 17 世紀から 16 世紀中頃までエジプトに侵入し第十五・十六王朝を建設した異民族; その王たちを, Shepherd Kings という》. — *adj.* ヒクソス王朝の.

hyl- [haɪl] (母音の前に来る時の) hylo- の異形.

hy·la [háɪlə]〘← NL ～ ← Gk *húlē* wood, forest〙 — *n.* **1** [H-] アマガエル属《350 種以上を含む大きな属名; 大多数は南米に生息する》. **2** アマガエル属の両生動物; アマガエル (tree toad).

hy·le [háɪli | -lɪ]〘▭ LL ～ 'matter' ▭ Gk *húlē* (↑)〙 — *n.*〘哲学〙質料《一般に無限定的な素材としての物質; 特に Aristotle の用語で, 形相(けいそう) (eidos) との結合によって限定をうけ多くの現実の物となる, 可能態としての物質的存在》.

hy·lic [háɪlɪk]〘(1853) ▭ ML *hȳlic-us* ▭ Gk *hulikós* material ← *húlē* wood, (LGk) matter〙 — *adj.* 物質の, 物質的な (material) (cf. psychic 1 a, pneumatic 2).

Hy·li·dae [háɪlədìː | -lɪ-]〘← NL ～ ← *Hyla* (属名: ⇨ hyla)＋-IDAE〙*n. pl.*〘動物〙アマガエル科.

hy·lo- [háɪlo(ʊ), -lə | -lə(ʊ)]〘(17C) ← Gk *húlē*: ⇨ hylic〙 — 次の意味を表わす連結形: **1**「木質 (wood)」: *hylo*phagous **2**「物質 (matter); 質料 (material)」: *hylo*theism. ★ 母音の前では通例 hyl- になる.

hy·lo·mor·phic [hàɪləmɔ́ːəfɪk | -lə(ʊ)mɔ́ː-] *adj.*〘哲学〙質料形相(論)的な.

hylo·mórphism〘← HYLO-＋MORPH-＋-ISM〙*n.*〘哲学〙(アリストテレス哲学の)質料形相論《物体は形相と質料の根本的二原理の結合から成るとする説》.

hy·loph·a·gous [haɪlɑ́fəgəs, -fə- | -lɔ́f-]〘← HYLO-＋-PHAGOUS〙*adj.*〘動物〙木食性の (xylophagous).

hylo·théism〘← HYLO-＋THEISM¹〙*n.* 物是神論. **hy̆lo·théist** *n.* **hylo·theistic** *adj.* **hy̆lo·the·ís·tical** *adj.*

hy·lo·trop·ic [hàɪlətrɑ́pɪk | -lə(ʊ)trɔ́p-]〘← HYLO-＋-TROPIC〙*adj.*〘物理化学〙共沸の (azeotropic), 共融の (eutectic)《相変化に際し組成が変らない》.

hy·lo·zo·ism [hàɪləzóʊɪzṃ | -lə(ʊ)zə́ʊ-]〘(1678) ← HYLO-＋ZO-＋-ISM〙 — *n.*〘哲学〙物活論《物質は神話的擬人観やアニミズムとは違った意味で物質に生活力や霊魂の汎在することを認める説で, 古代ギリシャやルネサンスの自然学者に見られる考え》. **hy·lo·zo·ic** [hàɪləzóʊɪk | -zə́ʊ-] *adj.*

hy̆·lo·zó·ist [-ɪst, -əst | -ɪst] *n.* 物活論者. **hy·lo·zo·is·tic** [hàɪləzoʊístɪk | -zəʊ-] *adj.*

hy·men [háɪmən | -men]〘(1615) ▭ Gk *humḗn* membrane ← IE **sjū-* 'to bind, SEW¹' (OE *sēam* 'SEAM' / Skt *sūtra* 'SUTURE')〙 — *n.*〘解剖〙処女膜 (maidenhead). **～·al** [-nḷ] *adj.*

Hy·men [háɪmən | -men]〘(1590) ▭ L ～ ▭ Gk *Humḗn* (↑)〙 — *n.* **1**〘ギリシャ神話〙ヒュメーン, ヒュメナイオス《婚姻の神; たいまつとベールを持った青年の姿で表わされる》. **2** [h-]《詩・古》**a** 結婚. **b** 結婚の祝歌 (wedding song).

hy·men- [háɪmən | -men] (母音の前に来る時の) hymeno- の異形.

hy·me·ne·al [hàɪməníːəl | -meníːəl, -mə-, -níəl]〘(1620) ← L *hymenaeus* (▭ Gk *huménaios* wedding or bridal song ← *Humḗn* 'HYMEN')＋-AL¹〙 — *adj.* 婚姻の, 結婚の (nuptial): ～ rites 結婚式. — *n.*《古》**1** 結婚の歌. **2** [*pl.*] 結婚式 (nuptials). **～·ly** *adv.*

hy·me·ni·um [haɪmíːniəm | -nɪəm, -njəm]〘← NL ～: ⇨ hymen, -ium〙 — *n.* (*pl.* **-ni·a** [-niə | -nɪə, -njə], **～s**)〘植物〙子実層《真菌植物の胞子をつける部分で, 子嚢(しのう)または担子柄を含む》.

hy·mé·ni·al [-niəl | -nɪəl, -njəl] *adj.*

hy·me·no- [háɪməno(ʊ) | -menə(ʊ)]〘⇨ hymen〙「処女膜 (hymen); 膜 (membrane)」の意の連結形. ★ 母音の前では通例 hymen- になる.

Hy·me·no·phyl·la·ce·ae [hàɪmənoʊfɪléɪsiìː, -fə- | -menə(ʊ)fɪ-]〘← NL ～: ⇨ hymeno-, -phyll, -aceae〙*n. pl.*〘植物〙(シダ植物) コケシノブ科.

hỳ·me·no·phyl·lá·ceous [-ʃəs] *adj.*

hy·me·nop·ter [hàɪmənɑ́ptə | -menɔ́ptə(r] *n.* ＝hymenopteron.

hymenoptera *n.* hymenopteron の複数形.

Hy·me·nop·ter·a [hàɪmənɑ́ptərə | -menɔ́p-]〘← NL ～: ⇨ hymeno-, -ptera〙*n. pl.*〘昆虫〙膜翅(し)目.

hy·me·nop·ter·an [hàɪmənɑ́ptərən | -menɔ́p-]〘⇨↑, -an¹〙*adj., n.*〘昆虫〙膜翅(し)目の(昆虫).

hy·me·nop·ter·on [hàɪmənɑ́ptərɑ̀n, -rən | -menɔ́ptərɔ̀n]〘← NL ～ ← HYMENO-＋Gk *pterón* wing (⇨ ptero-)〙*n.* (*pl.* **-ter·a** [-rə])〘昆虫〙膜翅(し)目の昆虫.

hy·me·nop·ter·ous [hàɪmənɑ́pt(ə)rəs | -menɔ́p-] *adj.* 膜翅(し)目の, 蜂の, 蜂のような, 蜂に似た.

hy·men·o·tome [haɪménətòʊm | -tə̀ʊm]〘← HYMENO-＋-TOME〙*n.*〘外科〙膜切開刀.

hy·men·ot·o·my [hàɪmənɑ́ṭəmi | -menɔ́təmɪ]〘⇨ -tomy〙*n.*〘外科〙**1** 処女膜切開. **2** 膜質解剖.

Hy·met·tus [haɪméṭəs | -təs] *n.* イミットス《ギリシャの Athens の郊外にある山 (1,026 m); 大理石および蜂蜜(はちみつ)を産する; ギリシャ語名 Imittos》.

hymn [hím]〘n.: (16C) ▭ LL *hymn-us* ▭ Gk *húmnos* hymn ∽ (?*a*1200) *imne* (▭ OF *ymne*) & ME *imin* < OE *ymen* ▭ L. — v.: (1667) ← (n.)〙 — *n.* **1** (教会の)賛美歌, 聖歌. **2** 賛歌(に似たもの).

Hymns Ancient and Modern「古今聖歌集」《1861 年初版の英国国教会の賛美歌集で賛美歌集として最も多く発行されたもの; 1950 年に大改訂版が出た; cf. A & M》.

— *vt.* (賛美歌を歌って)〈神などを〉賛美する; (賛美歌などで)〈賛美・感謝などを〉表わす: ～ one's thanks to God. — *vi.* 賛美歌[聖歌]を歌う.

hym·nal [hímnəl, -nḷ]〘(?*a*1500) ▭ ML *hymnāle*: ⇨↑, -al¹〙*adj.* 賛美歌の, 聖歌の. — *n.* ＝hymnbook.

hym·nar·i·um [hɪmné(ə)riəm | -néərɪ-] *n.* (*pl.* **-i·a** [-riə | -rɪə]) ＝hymnary.

hym·na·ry [hímnəri | -rɪ]〘▭ ML *hymnōri-um*: ⇨ hymn, -ary〙*n.* 賛美歌集, 聖歌集 (hymnbook).

hýmn·bòok〘cf. OE *ymenbōc*〙*n.* 賛美歌集, 聖歌集.

hym·nic [hímnɪk]〘← HYMN＋-IC¹〙*adj.* 賛美歌の; 賛美歌的な.

hym·nist [hímnɪst, -nəst | -nɪst] *n.* 賛美歌[聖歌]作者.

hým·no·dist [-dɪst, -dəst | -dɪst] *n.* 賛美歌[聖歌]学者; 賛美歌[聖歌]作者 (hymnist).

hym·no·dy [hímnədi | -nə(ʊ)dɪ]〘(*a*1711) ▭ ML *hymnōdia* ▭ Gk *humnōidiā* ← *humnōidós* singing hymns: ⇨ hymn, ode, -y¹〙 — *n.* **1** 賛美歌[聖歌]を歌う[作る]こと. **2** [集合的] (特定の時代・地方・種類などの)賛美歌, 聖歌. **3** 賛美歌学, 聖歌学.

hym·nog·ra·pher [hɪmnɑ́grəfə | -nɔ́grəfə(r]〘(*a*1619) ← Gk *humnográphos* hymn-writer (⇨ hymn, -o-, -graph)＋-ER¹〙 — *n.* **1** 賛美歌[聖歌]研究家. **2** 賛美歌[聖歌]作者.

hym·nog·ra·phy [hɪmnɑ́grəfi | -nɔ́grəfɪ]〘⇨↑, -graphy〙*n.* **1** 賛美歌[聖歌]研究. **2** 賛美歌[聖歌]編作. **3** 賛美歌[聖歌]の史料[文献].

hym·nól·o·gist [-dʒɪst, -dʒəst | -dʒɪst] *n.* **1** 賛美歌[聖歌]学者. **2** 賛美歌編作者, 聖歌編者.

hym·nol·o·gy [hɪmnɑ́lədʒi | -nɔ́lədʒɪ]〘(*a*1638) ▭ Gk *humnologia*: ⇨ hymn, -logy〙 — *n.* **1** 賛美歌学, 聖歌学. **2** [集合的] 賛美歌, 聖歌 (hymns). **3** 賛美歌[聖歌]編作. **hym·no·log·ic** [hìmnəlɑ́dʒɪk | -lɔ́dʒ-] *adj.* **hỳm·no·lóg·i·cal** *adj.*

Hy·no·bi·i·dae [hàɪno(ʊ)báɪədìː | -nə(ʊ)báɪɪ-]〘← NL ～ ← *Hynobius* (属名) ← *hyno-* (▭ ? Gk *húnis* plowshare)＋-BIUS: ⇨ -idae〙 — *n.pl.*〘動物〙サンショウウオ科.

hy·o- [háɪo(ʊ) | háɪə(ʊ)]〘← NL ～ ← Gk *huo-* upsilon (*r*, υ)〙「舌骨弓に接続する; 舌骨と…との」の意の連結形. ★ 母音の前では通例 hy- になる.

hy·oid [háɪɔɪd]〘(1811) ← NL *hyoid-ēs* ▭ Gk *huoeidḗs* shaped like the Greek letter υ〙〘解剖〙*adj.* U 字形の; 舌骨の. — *n.* 舌骨.

hy·oi·dal [haɪɔ́ɪdḷ] *adj.*〘解剖〙＝hyoid.

hýoid bòne *n.*〘解剖〙舌骨.

hy·oi·de·an [haɪɔ́ɪdiən | -dɪ-] *adj.*〘解剖〙＝hyoid.

hy·ol·i·thid [haɪɑ́ləθɪd, -θəd | -ɔ́lɪθɪd]〘← NL *Hyolithida*: ⇨ hyo-, -lith, -id²〙〘古生物〙 — *n.* (カンブリア紀にいた軟体動物門のうち独立した 1 綱をなす絶滅動物で) ヒオリテス属 (*Hyolithes*) などの総称. — *adj.* ヒオリテス属の.

hy·os·cine [háɪəsìːn, -sɪn, -sən | -ə(ʊ)sìːn]〘《短縮》← HYOSCYAMINE〙*n.*〘化学〙ヒオスシン ($C_{17}H_{21}O_4N$) (cf. scopolamine).

hy·o·scy·a·mine [hàɪəsáɪəmìːn, -mɪn, -mən | -ə(ʊ)sáɪəmìːn, -mɪn]〘(1836) ▭ G *Hyoscyamin* ← NL (↓): ⇨ -ine³〙 — *n.*〘化学〙ヒオスシアミン ($C_{17}H_{23}NO_3$)《アルカロイドで, 瞳孔(どうこう)散大剤・鎮静剤》.

hy·o·scy·a·mus [hàɪəsáɪəməs | hàɪə(ʊ)-]〘← NL *Hyoscyamus* ▭ Gk *huoskúamos* ← *hûs* pig＋*kúamos* bean〙 — *n.* ひよす(葉)《ひよす (henbane) の干葉で alkaloids hyoscyamine, scopolamine を含有し, 鎮痙剤・鎮痛剤・鎮静剤》.「～s]《古》憂鬱.

hyp [híp]〘《略》← HYPOCHONDRIA〙*n.* [しばしば the

hyp.《略》hypochondria; hypodermic;〘数学〙hypotenuse; hypothesis; hypothetical.

hyp- [haɪp] *pref.* (母音の前に来る時の) hypo- の異形.

hyp·a·byss·al [hìpəbísəl, hàɪp-, -pæb-, -sḷ]〘← HYPO-＋ABYSSAL〙*adj.*〘地質〙半深成の《火山岩と深成岩の中間組織にある》: ～ rock 半深成岩. **～·ly** *adv.*

hyp·a·cu·sia [hìpək(j)ú:ʒə, hàɪp-, -ʒiə | -zjə, -zɪə] 〖← NL ← Gk *hupákousis* ← HYPO-+*ákousis* hearing: ⇨ -ia¹〗 n. 〘病理〙聴覚[聴力]障害, 難聴.

hyp·aes·the·sia [hìpɪsθí:ʒə, hàɪp-, -pəs-, -pes-, -ʒiə, -ziə | -pɪsθí:zjə, -pes-, -zɪə, -ʒɪə, -ʒə] 〖□L ~: ⇨ hypo-, aesthesia〗 — n. 〘病理〙=hypesthesia.

hyp·aes·the·sic [hìpɪsθí:zɪk, hàɪp-, -pəs-, -pes-, -sɪk | -pɪs-, -pes-] adj.

hy·pae·thral [haɪpí:θrəl, hɪ-, hə- | haɪ-, hɪ-] 〖(1794) ← HYPO-+Gk *aithḗr* sky (⇨ ether)+-AL¹〗 — adj. 1 〈古代ギリシャ・ローマの寺院が〉青天井の, 屋根のない (roofless). 2 戸外の (outdoor).

hyp·al·ge·si·a [hìpældʒí:ziə, hàɪp- | -ziə, -zjə, -ʒə] 〖← HYPO-+ALGESIA〗 n. 〘病理〙痛覚減退(症).

hy·pal·la·ge [hɪpǽlədʒi, haɪ-, -dʒi: | haɪpǽləgi:, -gɪ, -lədʒɪ] 〖(1577) □L *hypallāge* □Gk *hupallagḗ* interchange ← *hupallássein* to interchange ← *hupó* under +*allássein* to change〗 — n. 〘修辞・文法〙代換(法), 換置(法)《文中の2語の位置が互いに置き換えられていること; 例: apply *the wound* to water=apply water to the wound / land *flowing* with milk and honey 乳と蜜との流れる地 (*Exod.* 3:8); cf. transferred epithet》.

hy·pan·thi·um [haɪpǽnθiəm, hɪ- | -θɪ-] 〖← NL ~: ⇨ hypo-, antho-, -ium〗 n. (*pl.* **-thi·a** [-θiə | -θɪə]) 〘植物〙花托筒《花床が肥大して筒状になったもの; calyx tube ともいう》. **hy·pán·thi·al** [-θiəl | -θɪ-] adj.

Hy·pa·tia [haɪpéɪʃə, -pǽtiə | -péɪʃɪə, -ʃə] n. ヒュパチア: 1 (?-415) エジプトの Alexandria の女性哲学者; 修道僧らの暴徒に殺された. 2 Charles Kingsley の同名の歴史小説 (1851); およびその女主人公.

hype¹ [háɪp] 〖《略》← HYPODERMIC〗《俗》— n. 1 a =hypodermic. b (皮下注射用の)注射針. 2 麻薬常用者. — vt. (麻薬を注射したように)興奮させる (excite), 刺激する (stimulate, jazz) 〈*up*〉.

hype² [háɪp] 〖[?]〗《俗》— n. 1 (誇大な)宣伝, 売込み (blurb); 誇大宣伝された[売込まれた]人[もの]. 2 詐欺, ぺてん (put-on), いんちき (deception). 3 釣銭のごまかし; 釣銭をごまかす人. — vt. 1 a 〈人〉に釣銭をごまかす. b だます, ぺてんにかける. 2 〈数量などを〉増加[上昇]させる. 3 誇大に宣伝する.

hýped-úp 〖← *hyped up* (⇨ hype¹)〗 adv. 《俗》興奮した.

hy·per- [háɪpə | -pə(r)] 〖□Gk *huper-* ← *hupér* over, beyond: ⇨ over〗 — 本来ギリシャ語系の語に付き, 次の意味を表わす連結形 (cf. super-, over-; ↔hypo-): 1 「(…を)越えて, 向こうの (over)」: *hyper*baton, *hyper*borean. 2 「過度の, 過多の (excessive)」: *hyper*acid, *hyper*correction, *hyper*sensitive. 3 〘数学〙「超…, 三次元より高い」: *hyper*plane, *hyper*space. 4 《まれ》〘化学〙=per-: *hyper*oxide.

hỳper·ácid adj. 過酸(症)の, 胃酸過多の.

hỳper·acídity n. 〘病理〙過酸(症), 胃酸過多(症).

hỳper·áctive adj. 異常に[極度に]活発[活動的]な. **hỳper·actívity** n.

hy·per·a·cu·sis [hàɪpərək(j)ú:sɪs, -səs | -pə(ː)rəkjú:sɪs] 〖← HYPER-+Gk *akousís* hearing〗 n. 〘病理〙聴覚過敏(症).

hỳper·acúte adj. 非常に鋭敏な, 超過敏な.

hy·per·a·dre·nal·ism [hàɪpərədrí:nəlɪzm, -drén-] 〖← HYPER-+ADRENAL(INE)+-ISM〗 n. 〘病理〙アドレナリン過剰症, 高アドレナリン症.

hy·per·ae·mi·a [hàɪpərí:miə | -mɪə, -mjə] 〖← HYPER-+-AEMIA〗 n. 〘病理〙=hyperemia. **hy·per·ae·mic** [hàɪpərí:mɪk] adj.

hy·per·aes·the·sia [hàɪpərɪsθí:ʒə, -əsθí:-, -ʒiə, -ziə | -ɪsθí:zjə, -i:s-, -əs-, -zɪə, -ʒɪə, -ʒə] n. 〘病理〙=hyperesthesia. **hy·per·aes·thét·ic** [-θétɪk | -θét-] adj.

hỳper·aldósteronism 〖← HYPER-+ALDOSTERONE+-ISM〗 — n. 〘病理〙アルドステロン過剰(症), 高アルドステロン症《アルドステロンの分泌過剰による血中のカリウム減少・血圧上昇・筋麻痺などの症候群》.

hỳper·algésia 〖← NL ~ ← HYPER-+Gk *álgēsis* sense of pain: ⇨ -ia¹〗 n. 〘病理〙痛覚過敏(症). **hỳper·algésic** adj.

hy·per·az·o·tu·ri·a [hàɪpərӕzət(j)ú(ə)riə | -tjúərɪə] 〖← HYPER-+AZOTE+-URIA〗 n. 〘病理〙高窒素尿(症), 窒素過剰尿(症).

hy·per·bar·ic [hàɪpəbǽrɪk | -pə-] 〖← HYPER-+BARIC²〗 — adj. 1 〘医学〙高比重の《脊髄麻酔液が髄液よりも比重の大きい; cf. hypobaric 1》. 2 大気の圧力よりも高い, 高圧の (cf. hypobaric 2): a ~ chamber / ~ therapy 高圧治療. **hỳ·per·bár·i·cal** adj. **hỳ·per·bár·i·cal·ly** adv.

hy·per·ba·ton [haɪpə́:bətɑ̀n | -pə́:bətɔ̀n] 〖(1579) □L ~ □Gk *hupérbaton* ← *huperbatós* transposed ← HYPER-+*bainein* to go〗 — n. (*pl.* **~s, -ba·ta** [-tə | -tə]) 〘修辞〙転置(法)《特に文意を強めるため語の位置を変えること; 例えば The hills echoed. を Echoed the hills. とするなど; cf. hysteron proteron 1》. **hy·per·bat·ic** [hàɪpəbǽtɪk | -pəbǽt-] adj.

hy·per·bo·la [haɪpə́:bələ | -pə́:-] 〖(1668) ← NL ~ ← Gk *huperbolḗ* throwing beyond, excess ← HYPER-+*bállein* to throw〗 — n. (*pl.* **~s, -bo·lae** [-lì:, -làɪ | -lì:]) 〘数学〙双曲線.

hy·per·bo·le [haɪpə́:bəli, -lì: | -pə́:bəlɪ] 〖(1529) □L *hyperbolē* □Gk *huperbolḗ* (↑)〗 — n. 〘修辞〙誇張法《例: He scolds me a thousand times a day.; ↔ litotes》.

hy·per·bol·ic¹ [hàɪpəbɑ́lɪk | -pəbɔ́l-] 〖(1646) □LL *hyperbolic-us* □Gk *huperbolikós* ← *huperbolḗ* (↑)〗 — adj. 1 誇張の; 大げさな: a ~ headline 大げさな見出し. 2 〘修辞〙誇張法の; 誇張法を用いた.

hy·per·bol·ic² [hàɪpəbɑ́lɪk | -pəbɔ́l-] 〖← HYPERBOL(A)+-IC¹〗 adj. 〘数学〙双曲線の.

hỳ·per·ból·i·cal¹ [-lɪkəl, -lə- | -lɪ-] adj. =hyperbolic¹. **~·ly** adv.

hỳper·ból·i·cal² [-lɪkəl, -lə- | -lɪ-] adj. =hyperbolic².

hyperbólic cosécant n. 〘数学〙双曲線余割 (記号 cosech, csch).

hyperbólic cósine n. 〘数学〙双曲線余弦 (記号 cosh).

hyperbólic cotángent n. 〘数学〙双曲線余接 (記号 coth).

hyperbólic fúnction n. 〘数学〙双曲線関数《双曲線正弦・双曲線余弦・双曲線正接・双曲線余接・双曲線正割・双曲線余割の総称》.

hyperbólic geómetry n. 〘数学〙双曲幾何学《ロシヤの N. I. Lobachevski およびハンガリーの J. Bolyai によってつくられた非ユークリッド幾何学で, 三角形の内角の和が2直角よりも小さくなるようなもの; ロバチェフスキーの幾何学 (Lobachevski's geometry) ともいう; cf. elliptic geometry》.

hyperbólic navigátion n. 〘海事〙双曲線航法《デッカ航法方式 (Decca system) やロラン (loran) あるいはオメガ航法方式 (Omega navigation system) など, 位置の線が双曲線で求められる電波航法》.

hyperbólic paráboloid n. 〘数学〙双曲放物面.

hyperbólic sécant n. 〘数学〙双曲線正割 (記号 sech).

hyperbólic síne n. 〘数学〙双曲線正弦 (記号 sinh).

hyperbólic tángent n. 〘数学〙双曲線正接 (記号 tanh).

hy·per·bo·lism [haɪpə́:bəlɪzm | -pə́:-] 〖← HYPERBOLE+-ISM〗 n. 誇張法使用.

hy·pér·bo·list [-lɪst, -ləst | -lɪst] n. 誇張法使用者.

hy·per·bo·lize [haɪpə́:bəlàɪz | -pə́:-] vt. 誇張法で表現する; 誇張して言う. — vi. 誇張法を用いる.

hy·per·bo·loid [haɪpə́:bəlɔ̀ɪd | -pə́:-] 〖← HYPERBOL(A)+-OID〗 n. 〘数学〙双曲面.

hyperboloid of revolution [the —] 〘数学〙回転双曲面.

hy·per·bo·loi·dal [haɪpə̀:bəlɔ́ɪdl | -pə̀:-] 〖⇨ ↑, -al¹〗 adj. 〘数学〙双曲面の: a ~ gear [wheel] 〘機械〙食い違い軸歯車.

Hy·per·bo·re·an, h- [hàɪpəbɔ́:riən, -bó:r-, -pə(:)bəri:ən | hàɪpə(:)bɔ:rí:ən, -bər-, -rían, -bɔ:rɪən] 〖(1591) □LL *Hyperboreān-us*=L *Hyperboreus* □Gk *Huperbóreos*: ⇨ hyper-, Boreas〗 — n. 1 〘ギリシャ伝説〙ヒュペルボレ(イ)オス人《北風の山々の彼方にある常春(とこはる)の地に住む人》. 2 [h-]《口語》極北に住む人, 北方人. — adj. 1 ヒュペルボレ(イ)オス人の. 2 [h-] 極北の人の, 北方人の. 3 [h-] 極北の; 極寒の.

hy·per·cal·ce·mi·a [hàɪpəkælsí:miə | -pəkælsí:mɪə, -mjə] 〖← NL ~: ⇨ hyper-, calci-, -emia〗 n. 〘病理〙高カルシウム血(症). **hy·per·cal·ce·mic** [hàɪpəkælsí:mɪk | -pə-] adj.

hy·per·cal·ci·u·ri·a [hàɪpəkælsijú(ə)riə | -pəkælsɪjúərɪə] 〖← NL ~: ⇨ hyper-, calci-, -uria〗 n. 〘病理〙高カルシウム尿(症).

hy·per·cap·ni·a [hàɪpəkǽpniə | -pəkǽpnɪə] 〖← HYPER-+Gk *kapnós* smoke+-IA¹〗 n. 〘病理〙高炭酸血(症). **hy·per·cap·nic** [hàɪpəkǽpnɪk | -pə-] adj.

hỳper·catalèctic 〖(1704) □LL *hypercatalēctic-us*: ⇨ hyper-, catalectic〗 adj. 〘詩学〙行末音節過剰の (cf. hypermetric).

hỳper·cataléxis 〖← NL ~: ⇨ hyper-, catalexis〗 n. 〘詩学〙行末音節過剰.

hýper·charge [⁻⁻⁻] n. 〘物理〙ハイパーチャージ《素粒子の荷電状態をあらわす演算子》. — [⁻⁻⁻] vt. …に[…を]過度に負わせる[詰め込む]〔*with*〕.

hy·per·chlo·re·mi·a [hàɪpəklɔ:rí:miə, -klo:r- | -pəklɔ:rí:mɪə, -mjə] 〖← NL ~: ⇨ hyper-, chloro-, -emia〗 n. 〘病理〙高塩素血(症).

hy·per·chlor·hy·dri·a [hàɪpəklɔəháɪdriə | -pəklɔ:háɪdrɪə] 〖← NL ~: hyper-, chloro-, hydro-, -ia¹〗 n. 〘病理〙高(塩)酸(症) (cf. hypochlorhydria).

hy·per·cho·les·ter·e·mi·a [hàɪpəkəlèstərí:miə | -pəkəlèstərí:mɪə, -mjə] 〖← NL ~: ⇨ hyper-, cholesterin, -emia〗 n. 〘病理〙=hypercholesterolemia. **hỳ·pe·cho·lès·ter·é·mic** [-mɪk] adj.

hy·per·cho·les·ter·ol·e·mi·a [hàɪpəkəlèstərəlí:miə | -pəkəlèstərəlí:mɪə, -mjə] 〖← NL ~: ⇨ hyper-, cholesterol, -emia〗 — n. 〘病理〙高コレステロール血症《血液中コレステロールの過剰状態》. **hỳ·per·cho·lès·ter·ol·é·mic** [-mɪk] adj.

hy·per·cho·li·a [hàɪpəkóuliə | -pə(:)kóulɪə, -ljə] 〖← HYPER-+CHOLO-+-IA¹〗 n. 〘病理〙胆汁(分泌)過多(症).

hỳper·chrómic anémia 〖*hyperchromic*: ← HYPER-+CHROMIC〗 n. 〘病理〙高色(素)性貧血.

hyperchrómic efféct n. 〘化学〙濃色効果《置換基の導入により, 吸収スペクトルの吸収帯を長波長側に移動させて色が濃くなる効果; cf. hypsochromic effect》.

hỳper·cómplex adj. 〘数学〙超複素の《複素数よりもより広い範囲の数で, 複素数の重要な性質のいくつかを保存するものに冠している》: ~ variable 超複素変数.

hỳper·cónscious adj. 意識過剰の.

hỳper·corréct adj. 1 過度に正確な, 正確に失する; 潔癖すぎる; 異常に気むずかしい; こりすぎる (finicky). 2 〘言語〙直しすぎの.

hỳper·corréction n. 〘言語〙直しすぎ, [過度訂正](による誤り)《It is me. は誤りで It is I. が正しいと教えられた人が, 'between you and *me*' (内緒で)を 'between you and *I*' としてしまう, など; overcorrection ともいう; cf. hyperurbanism》.

hỳper·crític n. 酷評家. — adj. =hypercritical.

hỳper·crítical 〖(1605)〗 adj. 酷評する (carping); 過度にあら捜しをする. **~·ly** adv.

hỳper·críticism n. 酷評; 過度のあら捜し.

hỳper·críticize vt., vi. 酷評する.

hỳper·díploid adj. 〘生理〙ディプロイド[二倍体]よりやや染色体数が多い. **hỳper·díploidy** n.

hỳper·dulía 〖(1530) □L *hyperdūlia*: ⇨ hyper-, dulia〗 n. 〘カトリック〙(人間のうち最も聖なるものとしての)聖母崇敬, 特別崇敬 (cf. dulia).

hỳper·émesis 〖← NL ~: ⇨ hyper-, emesis〗 n. 〘病理〙過度の嘔(おう)吐.

hyperémesis gra·vi·dá·rum [-grӕvədé(ə)rəm | -vɪdéər-] n. 〘病理〙悪阻(おそ), つわり; 妊娠悪阻.

hy·per·e·mi·a [hàɪpərí:miə | -mɪə, -mjə] 〖← HYPER-+-EMIA〗 n. 〘病理〙充血. **hỳ·per·é·mic** [-mɪk] adj.

hy·per·em·i·za·tion [hàɪpərèməzéɪʃən | -mɪ-] n. 〘医学〙充血療法.

hy·per·ep·i·neph·ri·ne·mi·a [hàɪpərèpənèfrəní:miə | -pɪnèfrɪní:mɪə, -mjə] 〖← HYPER-+EPINEPHRINE+-EMIA〗 — n. 〘病理〙エピネフリン過剰血(症), 高エピネフリン血(症).

hỳper·esthésia 〖← HYPER-+ESTHESIA〗 n. 〘病理〙知覚過敏(症). **hỳper·esthétic** adj.

hỳper·eutéctic 〖← HYPER-+EUTECTIC〗 — adj. 〘冶金〙過共晶の《共晶点以上の第二元素を含む; cf. hypoeutectic》: ~ cast iron 過共晶鋳鉄《共晶点以上の炭素分を含む》.

hỳper·eutéctoid adj. 〘冶金〙1 過共析の. 2 〈鋼が〉0.80% を越える炭素を含む.

hỳper·excitabílity n. 〘心理〙異常興奮(状態). **hỳper·excítable** adj.

hỳper·exténsion n. 〘生理〙過伸展.

hỳper·fíne adj. 〘物理〙微小な.

hýper·fine strúcture n. 〘物理〙超微細構造 (略 hfs; cf. fine structure).

hỳper·fócal dístance n. 〘写真〙過焦点距離《無限遠に焦点を合わせた時, この点まで鮮鋭に像を結ぶ; 過焦点距離に焦点を合わせると, その2分の1の距離から無限遠まで鮮鋭に像を結ぶ》.

hýper·fòrm 〖《縮約》← hypercorrect form〗 n. 〘言語〙過度訂正形態[語法].

hy·per·ga·lac·ti·a [hàɪpəgəlǽktiə | -pəgəlǽktɪə] 〖← HYPER-+GALACTO-+-IA¹〗 n. 〘病理〙乳汁分泌過多.

hy·per·ga·my [haɪpə́:gəmi | -pə́:gəmɪ] 〖← HYPER-+-GAMY〗 n. 〘民俗〙ハイパーガミー, 上昇婚《嫁側からみて自分より上の階層の婿との婚姻》.

hỳper·geométric distribútion n. 〘数学〙超幾何分布《二種類のものが混合している集団から一定個数をとり出した時の一方の種類のものの個数の従がう確率分布》.

hypergeométric equátion n. 〘数学〙超幾何微分方程式.

hypergeométric fúnction n. 〘数学〙超幾何関数.

hy·per·geus·es·the·si·a [hàɪpəgju:sɪsθí:ziə, -dʒu:sɪs-, -səs- | -pəgju:sɪsθí:zɪə, -dʒù:sɪs-] 〖← HYPER-+Gk *geûsis* sense of taste (← *geúesthai* to taste)+ESTHESIA〗 — n. 〘病理〙味覚過敏(症).

hy·per·glo·bu·li·a [hàɪpəglo(u)bjú:liə | -pəglə(u)bjú:lɪə, -ljə] 〖← HYPER-+GLOBULE+-IA¹〗 n. 〘病理〙赤血球増加(症).

hy·per·gly·ce·mi·a [hàɪpəglaɪsí:miə | -pəglaɪsí:mɪə, -mjə] 〖← NL ~: ⇨ hyper-, glycemia〗 n. 〘病理〙高血糖(症), 過血糖(症). **hỳ·per·gly·cé·mic** [-mɪk] adj.

hy·per·gol [háɪpəgɔ̀(:)l, -gòul | -pəgɔ̀l] 〖□G *Hypergol*: ⇨ hyper-, ergo-¹, -ol²〗 n. 自発点火性ロケット推進薬.

hy·per·gol·ic [hàɪpəgɑ́lɪk, -gɔ́(:)l-, -góul- | -pəgɔ́l-] 〖⇨ ↑, -ic¹〗 — adj. 1 〈ロケット発射薬が〉自発点火性の《酸化剤と燃料が接触しただけで発火する》. 2 自動点火性燃料の[を用いた]: a ~ engine 自動点火エンジン. **hỳ·per·gól·i·cal·ly** adv.

hy·per·i·cum [haɪpérɪkəm, -rə- | -rɪ-] 〖← NL ~ ← L *hypericum, hypericon* □Gk *hupéreikon* St.-John's-wort ← *hupér* 'HYPER-'+*ereíkē* heath〗 n. 〘植物〙オトギリソウ《オトギリソウ科オトギリソウ属 (*Hypericum*) の植物の総称; オトギリソウ (*H. erectum*), セイヨウオトギリ (St. -John's-wort) など》.

hỳper·inflátion n. 〘経済〙超インフレ(ーション) (runaway inflation).

hy·per·in·su·lin·ism [hàɪpərínsəlɪnɪzm, -lən- | -ínsjulɪn-] 〖← HYPER-+INSULIN+-ISM〗 n. 〘病理〙インシュリン過剰(症), 高インシュリン(症).

Hy·pe·ri·on [haɪpí(ə)riən | -píəri-, -pér-] 〖□L *Hyperīōn* □Gk *Huperíōn*《原義》he who walks above ← *hupér* above+-*íōn* going (⇨ ion)〗 — n. 1 〘ギリシャ神話〙ヒュペリオン《Uranus と Gaea の子; 日の神 (Helios)・月の神 (Selene)・夜明けの神 (Eos) の親; しばしば Apollo と混同される; Keats の詩 (1818-19) の題名として有名》. 2 〘天文〙ヒペリオン, ヒューペリオン《土星 (Saturn) の第7衛星》.

hỳper·irritabílity *n.* 〘病理〙異常興奮性, 過剰刺激感受性. **hỳper·írritable** *adj.*

hy·per·ite [háɪpəràɪt] 〘《略》← ? HYPERSTHENITE〙 *n.* 〘岩石〙紫蘇輝石斑糲(㌫)岩 (norite).

hy·per·ka·le·mi·a [hàɪpəkəlíːmiə | -pəkəlíːmɪə, -mjə] 〘← HYPER-＋KAL(IUM)＋-EMIA〙 *n.* 〘病理〙高カリウム血(症).

hỳper·keratósis 〘← NL ～ : ⇨ hyper-, keratosis〙 ── *n.* **1** 〘病理〙(過)角化症, 角質増殖. **2** 〘獣医〙X 病《表皮の角膜細胞が肥厚する疾病; X-disease ともいう》. **hỳper·keratótic** *adj.*

hỳper·kinésia 〘← NL ～ : ⇨ hyper-, -kinesis, -ia[1]〙 *n.* 〘病理〙運動(機能)亢(ɔ̄)進[過剰], 多動. **hỳper·kinétic** *adj.*

hy·per·li·pe·mi·a [hàɪpəlaɪpíːmiə | -pəlaɪpíːmɪə, -mjə] 〘← NL ～ : ⇨ hyper-, lipemia〙 ── *n.* 〘病理〙脂肪過剰血(症), 高脂肪血(症). **hỳ·per·li·pé·mic** [-mɪk] *adj.*

hy·per·lip·id·e·mi·a [hàɪpəlɪpɪdíːmiə | -pəlɪpɪdíːmɪə, -mjə] 〘← HYPER-＋LIPID＋-EMIA〙 *n.* 〘病理〙＝hyperlipemia.

hýper·màrket 〘← HYPER-＋MARKET《なぞり》← F *hypermarché*〙 *n.* 《英》ハイパーマーケット《巨大な駐車場があり幅広い品物を売る通例郊外の広い一階建てスーパーマーケット; 仕入れ・包装・サービスの簡便化などにより従来のスーパーより安い》.

hy·per·meg·a·so·ma [hàɪpəmègəsóumə | -pəmègəsə́u-] 〘← HYPER-＋MEGA-＋SOMA[1]〙 *n.* 〘病理〙巨大体(格).

hy·per·men·or·rhe·a [hàɪpəmènəríːə | -pəmènəríːə, -ríə] 〘← HYPER-＋MENO-＋-RRHEA〙 *n.* 〘病理〙月経過多(症).

hỳper·metamórphosis *n.* 〘昆虫〙過変態, 異変態.

hy·per·me·ter [haɪpə́ːmətə | -pə́ːmɪtə(r, -mə-] 〘▭ Gk *hupérmetr-os* beyond measure : ⇨hyper-, -meter[2]〙 ── *n.* 〘詩学〙音節過剰詩句《行末に余分の音節のある詩句》.

hy·per·met·ric [hàɪpəmétrɪk | -pə-] *adj.* 〘詩学〙音節過剰の (hypercatalectic). **hỳ·per·mét·ri·cal** *adj.* **hỳ·per·mét·ri·cal·ly** *adv.*

hy·per·met·rope [hàɪpəmétroup | -pəmétrəup] 〘《逆成》↓〙 *n.* 〘眼科〙遠視眼患者《hyperope ともいう》.

hy·per·me·tro·pi·a [hàɪpəmɪtróupiə, -mə- | -pəmɪtrə́upjə, -pɪə] 〘← NL ～ ← Gk *hupérmetros* going beyond measure (⇨ hypermeter)＋-OPIA〙 ── *n.* 〘病理〙＝hyperopia.

hy·per·me·tro·pic [hàɪpəmɪtróupɪk, -mə-, -trɑ́p- | -pəmɪtrɔ́p-] *adj.* 〘病理〙遠視(眼)の (farsighted). **hỳ·per·me·tró·pi·cal** *adj.*

hy·per·met·ro·py [hàɪpəmétrəpi | -pəmétrəpɪ] *n.* 〘病理〙＝hyperopia.

hy·per·mi·cro·so·ma [hàɪpəmàɪkrəsóumə | -pəmàɪkrəsə́u-] 〘← NL ～ : ⇨ hyper-, micro-, soma[1]〙 *n.* 〘病理〙矮小体(格).

hy·perm·ne·sia [hàɪpəmníːʒə, -ʒiə | -pəmníːzjə, -zɪə, -ʒɪə, -ʒə] 〘← HYPER-＋-MNESIA〙 ── *n.* 〘病理〙記憶(異常)増進(症) (cf. amnesia). **hy·perm·ne·sic** [hàɪpəmníːzɪk, -sɪk | -pə-] *adj.*

Hy·perm·nes·tra [hàɪpəmnéstrə | -pə-] 〘▭ L ～ ▭ Gk *Hupermnḗstra*〙 ── *n.* 〘ギリシャ神話〙ヒュペルムネーストラー《Danaus の 50 人の娘の一人; 自分の夫を殺せという父の命令を拒んだ》.

hýper·mòrph 〘← HYPER-＋-MORPH〙 ── *n.* **1** 〘心理〙＝ectomorph. **2** 〘生物〙高次形態, ハイパーモルフ《野生型よりも形質発現の活性が高まった突然変異の対立遺伝子; cf. hypomorph 2》. **hỳper·mórphic** *adj.* **hỳper·mórphism** *n.*

hỳper·motílity *n.* 〘病理〙(胃腸などの)運動機能亢(ɔ̄)進 (cf. hypomotility).

hýper núcleus *n.* 〘物理〙ハイパー(原子)核《ハイペロン (hyperon) を含む原子核》.

Hy·per·o·ar·ti·a [hàɪpəro(u)ɑ́əʃiə, -ʃə, -ṭiə | -rə(u)ɑ́ːʃɪə, -tɪə] 〘← NL ～ ← Gk *huperōía* palate (← *hupér* above)＋NL *-artia* (← Gk *ártios* complete)〙 ── *n. pl.* 〘魚類〙ヤツメウナギ目《現在の分類ではあまり用いられない》.

hy·per·on [háɪpərɑ̀n | -rɔ̀n] 〘? ← HYPER-＋-ON[2]〙 ── *n.* 〘物理〙ハイペロン《中性子より重い重粒子で, スピン ½, 重粒子数(質量数) 1 および(0 でない)ストレンジネス (strangeness) をもつもの; Λ-hyperon, Σ-hyperon, Ξ-hyperon がある》.

hy·per·ope [háɪpəròup | -rə̀up] 〘《逆成》← HYPEROPIA〙 *n.* 〘眼科〙＝hypermetrope.

hy·per·o·pi·a [hàɪpəróupiə | -rə́upjə, -pɪə] 〘← HYPER-＋-OPIA〙 ── *n.* 〘病理〙遠視《farsightedness ともいう; ↔ myopia; cf. emmetropia》. **hy·per·op·ic** [hàɪpəróupɪk, -rɑ́p- | -rɔ́p-] *adj.*

hy·per·os·mi·a [hàɪpərɑ́zmiə | -rɔ́zmɪə] 〘← NL ～ ← HYPER-＋(AN)OSMIA〙 *n.* 〘医学〙嗅覚過敏(症).

hy·per·os·to·sis [hàɪpərɑstóusɪs, -səs | -pərɔstə́usɪs] 〘← NL ～ : ⇨ hyper-, -ostosis〙 ── *n.* 〘病理〙**1** 骨化過剰(症); 外骨(腫)症. **2** 異常発達の骨. **hyper·os·tot·ic** [hàɪpərɑstɑ́ṭɪk | -rɔstɔ́t-] *adj.*

Hy·per·o·tre·ta [hàɪpəro(u)tríːṭə | -rə(u)tríːtə] 〘← NL ～ ← Gk *huperōía* palate (← *hupér* above)＋NL *-treta* (← Gk *trētós* perforated) : ⇨ -a[2]〙 ── *n. pl.* 〘魚類〙メクラウナギ目.

Hy·per·o·tre·ti [hàɪpəro(u)tríːtaɪ | -rə(u)-] 〘← NL ～ ← Gk *huperōía* (↑)＋NL *-treti* (← Gk *trētós* (↑)) : ⇨ -i〙 *n. pl.* 〘魚類〙＝Hyperotreta.

hy·per·ox·e·mi·a [hàɪpərɑksíːmiə | -rɔksíːmɪə] 〘← HYPER-＋OXY-[1]＋-EMIA〙 *n.* 〘病理〙高酸素血(症), 酸素過剰血(症).

hy·per·ox·i·a [hàɪpərɑ́ksiə | -ɔ́ksɪə] 〘← NL ～ : ⇨ hyper-, oxy-[1], -ia[1]〙 *n.* 〘病理〙酸素過剰(症), 高酸素(症).

hy·per·ox·ide [hàɪpərɑ́ksaɪd, -sɪd, -səd | -pə(ː)rɔ́ksaɪd] *n.* 〘化学〙超酸化物 (⇨ superoxide).

hỳper·panchromátic *adj.* 〘写真〙〈フィルム・感光板が〉ハイパーパンの《赤に対して高感度の》.

hýper·parasite *n.* 〘生物〙重複[二次]寄生体《ある寄生体に寄生する第二の寄生体》. **hỳper·parasític** *adj.*

hỳper·párasitism *n.* 〘生物〙**1** 重複寄生. **2** 過寄生.

hy·per·par·a·thy·roid·ism [hàɪpəpærəθáɪrɔɪdɪzṃ | -pə-] 〘← HYPER-＋PARATHYROID＋-ISM〙 *n.* 〘病理〙上皮小体(機能)亢(ɔ̄)進(症), 副甲状腺機能亢進(症).

hy·per·pha·gi·a [hàɪpəféɪdʒiə, -dʒə | -pəféɪdʒɪə, -dʒə] 〘← NL ～ : ⇨ hyper-, -phagia〙 ── *n.* 〘病理〙多食, 過食症 (cf. polyphagia 2). **hy·per·phag·ic** [hàɪpəfǽdʒɪk | -pə-] *adj.*

hy·per·phos·phe·re·mi·a [hàɪpəfɑ̀sfəríːmiə | -pəfɔ̀sfəríːmɪə, -mjə] 〘← HYPER-＋*phospher* (⇨ phosphor)＋-EMIA〙 *n.* 〘病理〙高燐酸塩血(症).

hỳper·phýsical *adj.* 越自然の, 超物質的な (supernatural). **～·ly** *adv.*

hy·per·pi·tu·i·ta·rism [hàɪpəpɪt(j)úːəṭərɪzm, -pəpə-, -trɪzm | -pəpɪtjúːɪtə-] 〘← HYPER-＋PITUITAR(Y)＋-ISM〙 ── *n.* 〘病理〙**1** 下垂体機能亢(ɔ̄)進(症). **2** (下垂体機能亢進症による)異常成長, 末端肥大. (cf. hypopituitarism 1) **hỳper·pitúitary** *adj.*

hỳper·pláne *n.* 〘数学〙超平面《*n* 次元ユークリッド空間内の (*n*−1) 次元部分空間》.

hy·per·pla·sia [hàɪpəpléɪʒə, -ʒiə, -ziə | -pəpléɪzjə, -zɪə, -ʒɪə, -ʒə] 〘← HYPER-＋-PLASIA〙 ── *n.* **1** 〘病理〙過形成, (組織の)増殖. **2** 〘植物〙細胞異常増殖, 組織異常生長 (cf. hypoplasia 2). **3** 〘動物〙肥厚, 過形成, 過生, 増生. **hy·per·plas·tic** [hàɪpəplǽstɪk | -pə-] *adj.*

hy·per·ploid [háɪpəplɔ̀ɪd | -pə-] 〘← HYPER-＋-PLOID〙 〘生物〙 ── *adj.* 高数性の《倍数(diploid)より多い(が半数 (haploid) の倍数ではない)染色体数を有する》. ── *n.* 高数体《染色体の数が基本数の整数倍より数個多い個体[細胞]; cf. hypoploid》.

hy·per·ploid·y [háɪpəplɔ̀ɪdi | -pəplɔ̀ɪdɪ] *n.* 〘生物〙高数性.

hy·per·pne·a [hàɪpə(p)níːə | -pə(p)níːə, -níə] 〘← NL ～ : ⇨hyper-, -pnea〙 ── *n.* (*also* **hy·per·pnoe·a** [～]) 〘病理〙過呼吸, 呼吸亢(ɔ̄)進. **hy·per·pne·ic** [hàɪpə(p)níːɪk | -pə-] *adj.*

hỳper·pólarize *vt.* 〘生理〙過分極にする. **hỳper·polarizátion** *n.*

hy·per·pot·as·se·mi·a [hàɪpəpɑ̀ṭəsíːmiə | -pəpɔ̀təsíːmɪə, -mjə] 〘← HYPER-＋POTASS(IUM)＋-EMIA〙 *n.* 〘病理〙カリウム過剰血(症).

hỳper·prédator 〘← HYPER-＋PREDATOR〙 *n.* 〘動物〙超捕食動物《肉食動物を捕食する動物》.

hy·per·pro·sex·i·a [hàɪpəpro(u)séksiə | -pəprə(u)séksɪə] 〘← NL ～ ← HYPER-＋Gk *prósexis* attention (← *prosékhein* to heed)＋-IA[1]〙 *n.* 注意過剰.

hỳper·pyrétic *adj.* 〘病理〙超高熱の(ある).

hỳper·pyréxia 〘← NL ～ : ⇨ hyper-, pyrexia〙 *n.* 〘病理〙超高熱. **hỳper·pyréxial** *adj.*

hỳper·secrétion *n.* 〘病理〙分泌過多, 過分泌 (cf. hyposecretion).

hỳper·sénsitive *adj.* **1** 敏感な, 過敏症性の. **2** 〘病理〙感覚過敏の, 過敏症の. **～·ness** *n.* **hỳper·sensitívity** *n.*

hỳper·sensitizátion *n.* 〘写真〙超増感.

hỳper·sénsitize *vt.* 〈フィルム・感光乳剤〉の感度を増す.

hỳper·séxual *adj.* 性的行為に極度に関心の深い. **hỳper·sexuálity** *n.*

hy·per·som·ni·a [hàɪpəsɑ́mniə | -pəsɔ́mnɪə, -njə] 〘← NL ～ ← HYPER-＋(IN)SOMNIA〙 *n.* 〘病理〙睡眠過剰(症), 過眠(症).

hỳper·sónic 〘← HYPER-＋SONIC〙 ── *adj.* **1** 〘航空・宇宙〙**a** 極超音速の : ～ flight 極超音速飛行. **b** 〈飛行機・人工衛星・宇宙船など〉極超音速で運行する[可能の]《音速の約 5 倍以上の速度にいう; cf. sonic 4》. **2** 〘物理〙極超音波の《音波・振動など 100 キロヘルツ以上の周波数をもつ》. ── *n.* 〘物理〙極超音波. **hỳ·per·sónically** *adv.*

hýper·spàce *n.* 〘数学〙超(3 次元)空間《ユークリッド幾何学で 3 次元よりも大きな次元の空間》. **hỳper·spátial** *adj.*

hýper·sphère *n.* 〘数学〙超球《3 次元よりも大きな次元のユークリッド空間における球》.

hy·per·sthene [háɪpəsθìːn | -pə-] 〘《1808》▭ F *hypersthène* ← HYPER-＋Gk *sthénos* strength〙 ── *n.* 〘鉱物〙紫蘇(ɔ̄)輝石 ((Mg, Fe)SiO_3). **hy·per·sthen·ic** [hàɪpəsθénɪk, -sθíːn- | -pə-] *adj.*

hy·per·sthe·nite [hàɪpəsθíːnaɪt | -pə-] 〘⇨ ↑, -ite[1]〙 *n.* 〘岩石〙紫蘇(ɔ̄)輝岩.

hýper·sùrface *n.* 〘数学〙超曲面《*n* 次元ユークリッド空間における (*n*−1) 次元の曲面》.

hỳper·suscéptible *adj.* 〘病理〙＝hypersensitive 2.

hy·per·tel·y [haɪpə́ːṭəli, -ṭli, háɪpətèli, ⌐⌐⌐⌐ | haɪpə́ːtɪlɪ, háɪpətèlɪ, ⌐⌐⌐⌐] 〘← HYPER-＋TELO-[2]＋-Y[1]〙 ── *n.* 〘生物〙過進化《器官が適応の範囲を越えて行き過ぎた進化》.

hy·per·ten·sin [hàɪpəténsɪn, -sən | -pəténsɪn] 〘← *hypertens(ion)*＋-IN[1]〙 ── *n.* 〘生化学〙ヒペルテンシン《ヒペルテンシノゲンとレニン (renin) との作用によって生ずる物質; 血管を収縮させ血圧を上昇させる; angiotonin ともいう》.

hy·per·ten·sin·ase [hàɪpəténsɪnèɪs, -sə-, -nèɪz | -pəténsɪnèɪs] 〘⇨ ↑, -ase〙 ── *n.* 〘生化学〙ヒペルテンシナーゼ; 高張性酵素《腎臓から分泌される酵素でヒペルテンシンを無力化する; angiotonase ともいう》.

hy·per·ten·sin·o·gen [hàɪpəténsínədʒɪn, -dʒən, -dʒèn | -pə-] 〘← HYPERTENSIN＋-O-＋-GEN〙 ── *n.* 〘生化学〙ヒペルテンシノゲン《肝臓で生成されて血漿に含まれている物質; レニン (renin) と作用してヒペルテンシンを作る》.

hýper·tènsion *n.* 〘病理〙高血圧(症)《high blood pressure ともいう; cf. hypotension》.

hỳper·ténsive 〘病理〙 *adj.* 高血圧(性)の; 高血圧を起こす[招く]; 血圧を上げる(作用のある) (cf. normotensive). ── *n.* 高血圧(患)者 (cf. hypotensive).

hy·per·ther·mi·a [hàɪpəθə́ːmiə | -pəθə́ːmɪə, -mjə] 〘← NL ～ : ⇨ hyper-, -therm, -ia[1]〙 *n.* 〘病理〙高体温, 高熱. **hy·per·ther·mic** [hàɪpəθə́ːmɪk | -pəθə́ː-] *adj.*

hy·per·throm·bin·e·mi·a [hàɪpəθrɑ̀mbəníːmiə | -pəθrɔ̀mbɪníːmɪə, -mjə] 〘← HYPER-＋THROMBIN＋-EMIA〙 *n.* 〘病理〙過トロンビン血症.

hy·per·thy·mi·a [hàɪpəθáɪmiə | -pəθáɪmɪə, -mjə] 〘← HYPER-＋THYM(US)＋-IA[1]〙 *n.* 〘精神医学〙気分高揚.

hỳper·thýroid *adj.* 〘病理〙甲状腺機能亢(ɔ̄)進(性)の[に関する].

hỳper·thýroid·ism [-dɪzṃ] 〘← HYPER-＋THYROID＋-ISM〙 *n.* 〘病理〙甲状腺機能亢(ɔ̄)進(症) (cf. hypothyroidism).

hỳper·tónic *adj.* **1 a** 〘生理〙〈乳児・臓器など〉緊張過度の (cf. hypotonic 1 a). **b** 〘病理〙高血圧の. **2** 〘生理・化学〙〈溶液が〉浸透圧の高い, 高張の (cf. hypotonic 2) : a ～ solution 高張液 / a ～ salt solution 高張食塩水.

hỳper·tonícity *n.* 〘化学〙高張.

hy·pér·tro·phied *adj.* **1** 〘病理〙肥大している, 肥厚した; 肥大性の. **2** 異常[病的]発達の.

hy·per·tro·phy [haɪpə́ːtrəfi | -pə́ːtrə(u)fɪ] 〘《1834》← HYPER-＋-TROPHY〙 ── *n.* **1** 〘病理・植物〙肥大, 肥厚; 栄養過度 (cf. hypotrophy 1). **2** 異常発達. ── *vt.* 肥大させる; 異常発達させる. ── *vi.* 肥大する; 異常発達する. **hy·per·tro·phic** [haɪpə́ːtrəfɪk, hàɪpətróuf-, -trɑ́f- | haɪpə́ːtrəf-, hàɪpətrɔ́f-] *adj.*

hỳper·úrbanism 〘← HYPER-＋URBANE＋-ISM〙 *n.* 〘言語〙上品過多[直し過ぎ]語法; それから生じた形態[発音] (cf. hypercorrection).

hy·per·u·ri·ce·mi·a [hàɪpəjù(ə)rəsíːmiə | -pəjùərɪsíːmɪə, -mjə] 〘← NL ～ : ⇨ hyper-, uric-, -emia〙 *n.* 〘病理〙尿酸過剰血(症), 高尿酸血症.

hỳper·velócity *n.* 〘物理〙(宇宙船・核粒子などの, 毎秒 1 万フィート以上の)超高速(度).

hỳper·ventilátion *n.* 〘医学〙換気[呼吸]亢(ɔ̄)進, 過換気.

hỳper·vitaminósis *n.* 〘病理〙ビタミン過剰(症).

hyp·es·the·sia [hìpɪsθíːʒə, hàɪp-, -pəs-, -pes-, -ʒiə, -ziə | hìpɪsθíːzjə, hàɪp-, -pes-, -zɪə, -ʒɪə, -ʒə] 〘← HYPO-＋ESTHESIA〙 ── *n.* 〘病理〙知覚減退, 触覚鈍麻(㌻). **hyp·es·the·sic** [hìpɪsθíːzɪk, hàɪp-, -pəs-, -pes-, -sɪk | hìpɪs-, hàɪp-, -pes-] *adj.*

hy·pe·thral [hɪpíːθrəl, hɪ-, hə- | haɪ-, hɪ-] *adj.* ＝hypaethral.

hy·pha [háɪfə] 〘← NL ～ ← Gk *huphḗ* web〙 *n.* (*pl.* **hy·phae** [-fiː]) 〘植物〙(菌類の)菌糸. **hý·phal** [-fəl] *adj.*

hy·phen [háɪfən] 〘n. : 《c1620》▭ L ～ ▭ Gk *huphén* together ← *huph-*, *hupó* under＋*hén* one. ── v. : 《1814》← (n.)〙 ── *n.* **1** ハイフン, 連字符《2 語を連結し, 2 行にまたがって書かれた 1 語を結合し, または語を区分する時に, あるいは 'b-b-but' のように躊躇した言い方を示す時に用いる符号 (-)》. **2** ハイフン状のもの. ── *vt.* **1** 〈2 語を〉ハイフンで結ぶ (hyphenate). **2** 〈複合語を〉ハイフンを用いて書く: a ～*ed* name ハイフンでつないだ名前《例えば Kaye-Smith など》.

hy·phen·ate 〘《1892》: ⇨ ↑, -ate[3]〙 ── [háɪfənèɪt | -fə-, -fɪ-] *vt.* ＝hyphen. ── [-nət, -nɪt, -nèɪt] *n.* ハイフン付きの人, 外国系市民; (特に)ハイフン付きの米国人《*Italo*-American, *Swedish*-American などのように 'American' の前にハイフンのつく帰化米国人》.

hý·phen·àt·ed [-nèɪṭɪd, -ṭəd | -tɪd, -təd] *adj.* ハイフンでつながれた: ～ Americans ハイフン付きの[外国系の]米国人 German-Americans, Spanish-Americans など.

hy·phen·a·tion [hàɪfənéɪʃən | -fə-, -fɪ-] *n.* 語をハイフンでつなぐ[をつけて書く]こと.

hý·phen·ism [-nɪzṃ] *n.* 《米》(戦時中)二国に忠誠を誓うこと.

hy·phen·ize [háɪfənàɪz] *vt.* ＝hyphen. **hy·phen·i·za·tion** [hàɪfənɪzéɪʃən, -nə- | -fənaɪ-, -fə-, -nɪ-] *n.*

hýphen·less *adj.* ハイフンのない[付かない].

hy·pho- [háɪfo(u) | -fə(u)] 〘← NL ～ ← Gk *huphḗ*〙「織物 (web)」の意の連結形.

hy·pid·i·o·mor·phic [haɪpɪdio(u)mɔ́əfɪk | -dɪə(u)mɔ́ːf-] 〘← HYPO-＋*idiomorphic*〙 ── *adj.* 〘鉱物〙〈鉱物が〉半自形的の《結晶面の発達が隣接する他の鉱

物に妨げられて一部しかできていない; cf. allotriomorphic, idiomorphic 2).

hypn- [hɪpn] (母音の前に来る時の)hypno- の異形.

Hyp·na·ce·ae [hɪpnéɪsiìː] 〘← NL ～ ← *Hypnum* (属名: ← LGk *húpnon* a lichen)+-ACEAE〙 *n. pl.* 〘植物〙(蘚類)ハイゴケ科. **hyp·ná·ceous** [-ʃəs] *adj.*

hyp·na·gog·ic [hɪpnəgɑ́dʒɪk | -gɔ́dʒ-] 〘← HYPNO-+-AGOG(UE)+-IC[1]〙 — *adj.* 〘心理〙(寝込む前に)うとうとする(状態の); 夢うつつの (cf. hypnopompic): a ～ hallucination 入眠時幻覚.

hyp·no- [hípno(ʊ) | -nə(ʊ)] 〘← Gk *húpnos* sleep: cf. L *somnus*〙「眠り (sleep); 催眠 (hypnotism)」の意の連結形. ★ 母音の前では通例 hypn- になる.

hỳpno·análysis 〘← HYPNO-+ANALYSIS〙 *n.* 〘精神分析〙催眠療法《精神分析技法に催眠を併用する心理療法》.

hỳpno·génesis 〘← HYPNO-+-GENESIS〙 *n.* 催眠. **hỳpno·genétic** *adj.* **hỳpno·genétically** *adv.*

hyp·no·gog·ic [hɪpnəgɑ́dʒɪk | -gɔ́dʒ-] *adj.* 〘心理〙= hypnagogic.

hyp·no·graph [hípnəgræ̀f | -grɑ̀ːf, -græ̀f] *n.* 睡眠体測定器《睡眠中の身体活動を測定する計器》.

hyp·noid [hípnɔɪd] 〘← HYPNO-+-OID〙 *adj.* 〘心理〙催眠の[に関する, 状の].

hyp·noi·dal [hɪpnɔ́ɪdḷ] *adj.* 〘心理〙= hypnoid.

hyp·nól·o·gist [-dʒɪst, -dʒəst | -dʒɪst] *n.* 催眠学者.

hyp·nol·o·gy [hɪpnɑ́lədʒi | -nɔ́lədʒɪ] 〘← HYPNO-+-LOGY〙 *n.* 睡眠[催眠]学. **hyp·no·log·ic** [hɪpnəlɑ́dʒɪk | -lɔ́dʒ-] *adj.* **hỳp·no·lóg·i·cal** *adj.*

hyp·none [hípnoʊn | -nəʊn] 〘□ F ～: ⇨ hypno-, -one〙 *n.* 〘化学〙ヒプノン (⇨ acetophenone).

hyp·no·pe·di·a [hɪ̀pnəpíːdiə | -dɪə] 〘← HYPNO-+-*pedia* (← Gk *paideía* education)〙 (*also* **hyp·no·pae·di·a**[～]) *n.* 睡眠学習 (⇨ sleep-learning).

hyp·no·pom·pic [hɪ̀pnəpɑ́mpɪk | -pɔ́m-] 〘← HYPNO-+*pomp-* (← Gk *pompḗ* act of sending)+-IC[1]〙 — *adj.* 〘心理〙出眠時の, (もう少しで目が覚める状態で)夢うつつの, (覚醒前に)半睡半醒(ᵇⁿ)の (cf. hypnagogic): a ～ hallucination 出眠幻覚.

Hyp·nos [hípnɑs | -nɔs] 〘□ L ～ □ Gk *Húpnos*: ⇨ hypno-〙 *n.* 〘ギリシャ神話〙ヒュプノス《眠りの神; ローマ神話の Somnus に当たる; cf. Morpheus》.

hyp·no·sis [hɪpnóʊsɪs, -səs | -nə́ʊsɪs] 〘← HYPNO-+-OSIS〙 *n.* (*pl.* **-no·ses** [-siːz]) **1** 催眠, 催眠状態. **2** 催眠術 (hypnotism).

hyp·no·sperm [hípnəspə̀ːm | -spə̀ːm] 〘← HYPNO-+SPERM〙 *n.* 〘植物〙= hypnospore.

hỳpno·sporángium 〘← HYPNO(SPORE)+SPORANGIUM〙 *n.* 〘植物〙休眠胞子嚢.

hyp·no·spore [hípnəspɔ̀ə, -spɔ̀ːr | -spɔ̀ː(r)] 〘← HYPNO-+-SPORE〙 *n.* 〘植物〙休眠胞子.

hỳpno·thérapy *n.* 催眠術療法, 催眠治療法.

hyp·not·ic [hɪpnɑ́tɪk | -nɔ́t-] 〘(1625) □ Gk *hupnōtik-ós* ← *hupnóein* to lull to sleep: ⇨ -ic[1]〙 — *adj.* **1** 催眠の[作用のある]. **2 a** 催眠術の: ～ suggestion 催眠術にかけた上での暗示. **b** 催眠術にかかりやすい, 催眠術にかかっている. **3** 眠気を催すような. — *n.* **1** 催眠薬, 眠り薬 (soporific). **2** 催眠術にかかりやすい人; 催眠状態にある人.

hyp·nót·i·cal·ly 〘(c1700)〙 *adv.* 催眠状態で; 催眠術的に.

hyp·no·tism [hípnətɪzm] 〘(1842) ← HYPNOT(IC)+-ISM〙 *n.* **1** 催眠学[研究]; 催眠術. **2** 催眠状態 (hypnosis).

hýp·no·tist [-tɪst, -təst | -tɪst] 〘(1843): ⇨ ↑, -ist〙 *n.* 催眠術師.

hyp·no·tiz·a·ble [hípnətàɪzəbḷ, ⸗⸗⸗⸗] *adj.* 眠らすことのできる, 催眠術にかかる.

hyp·no·tize [hípnətàɪz] 〘(1843) ← HYPNOT(IC)+-IZE〙 — *vt.* **1** …に催眠術をかける: Someone must have ～*d* her to do that. だれかがきっと彼女に催眠術をかけてああいうことをやらせたんだ. **2** (催眠術にかけられたように)動けなくする; びっくりさせる; 魅する: be ～*d* by the speaker's eloquence 弁士の雄弁に魅せられる. — *vi.* 催眠術を行なう. **hyp·no·ti·za·tion** [hɪ̀pnətɪzéɪʃən, -ṭə- | -taɪ-, -tɪ-] *n.*

hýp·no·tiz·er *n.* 催眠術師 (hypnotist).

hyp·no·toid [hípnətɔ̀ɪd] 〘← HYPNOT(IC)+-OID〙 *adj.* 催眠に似た.

hy·po[1] [háɪpoʊ | -pəʊ] 〘《略》← HYPO(CHONDRIA[1])〙 *n.* (*pl.* **～s**) 《古》= hypochondria[1].

hy·po[2] [háɪpoʊ | -pəʊ] 〘《略》← HYPO(SULPHITE): はじめ *sodium hyposulphite* と誤解されたのによる〙 — *n.* (*pl.* **～s**) 〘化学〙ハイポ, チオ硫酸ナトリウム (sodium thiosulfate)《写真定着剤》.

hy·po[3] [háɪpoʊ | -pəʊ] 〘《略》← HYPO(DERMIC)〙《俗》— *n.* (*pl.* **～s**) **1** 皮下注射(器). **2** 刺激 (stimulus). — *vt.* **1** …に皮下注射する〔*with*〕: ～ a person *with* penisillin. **2** 興奮させる, 促進させる (stimulate): ～ trade [a person's interest].

hy·po- [háɪpo(ʊ), -pə | -pə(ʊ)] 〘□ Gk *hup(o)-* ← *hupó* (prep., adv.) under, below: cf. L *sub-* / Skt *upa* near, under〙 — 本来ギリシャ語系の語に付き, 次の意味を表わす連結形 (cf. sub-; ↔ hyper-): **1**「下に[の]」: *hypo*derm, *hypo*physis. **2**「以下の, 下位の」: *hypo*taxis. **3**「過少の, 不足の (deficient); 低い」: *hypo*tension, *hypo*trophy. **4**「内側の」: *hypo*cycloid. **5** 〘化学〙「次亜」: *hypo*clorite. ★ 母音の前では hyp- になる.

hỳpo·acídity *n.* 〘病理〙低酸(症), 胃酸減少(症).

hỳpo·aeólian móde 〘*hypoaeolian*: ← LL *hypoaeolius* (⇨ hypo-, Aeolian)+-AN[1]〙 — *n.* 〘音楽〙ヒポエオリア旋法《第 10 教会旋法; 主音はイにあり音域はホーホの変格旋法》.

hy·po·al·bu·min·e·mi·a [hàɪpo(ʊ)ælbjùːmɪníːmiə, -pə-, -məlbjùː- | -pə(ʊ)ælbjùːmɪníːmɪə, -mjə] 〘← HYPO-+ALBUMIN+-EMIA〙 *n.* 〘病理〙低アルブミン血(症).

hỳpo·aldósteronism *n.* 〘病理〙低アルドステロン症.

hỳpo·alimentátion *n.* 〘病理〙栄養不足.

hy·po·bar·ic [hàɪpo(ʊ)bǽrɪk, -pə-, -bér- | -pə(ʊ)bǽr-] 〘← HYPO-+Gk *báros* weight+-IC[1]〙 — *adj.* **1** 〘医学〙低比重の《脊髄麻酔液が髄液よりも比重の大きい; cf. hyperbaric 1》. **2** 大気の圧力よりも低い, 低圧の (cf. hyperbaric 2).

hy·po·ba·rop·a·thy [hàɪpo(ʊ)bərɑ́pəθi, -pə- | -pə(ʊ)bərɔ́pəθɪ] 〘← HYPO-+BARO-+-PATHY〙 *n.* 〘病理〙高山病.

hy·po·ba·sis *n.* 〘建築〙 **1** 建物の基礎の最下部. **2** 建物の基礎を支えるための一番底部の基礎《hypopodium ともいう》.

hy·po·blast [háɪpo(ʊ)blæ̀st, -pə- | -pə(ʊ)-] 〘← HYPO-+-BLAST〙 *n.* 〘生物〙 **1** 内胚葉(ᵉⁱ) (cf. epiblast 1, mesoblast 1). **2** 胚盤葉下層《鳥類などの, 発生段階で, 胚盤が層状に形成された時の下側の層》. **hy·po·blas·tic** [hàɪpo(ʊ)blǽstɪk, -pə- | -pə(ʊ)-] *adj.*

hỳpo·bránchial *adj., n.* 〘動物〙鰓(ᵉ)下の(骨).

hy·po·cal·ce·mi·a [hàɪpo(ʊ)kælsíːmiə, -pə- | -pə(ʊ)kælsíːmɪə, -mjə] 〘← NL ～: ⇨ hypo-, calci-, -emia〙 — *n.* 〘病理〙低カルシウム血症. **hy·po·cal·ce·mic** [hàɪpo(ʊ)kælsíːmɪk, -pə- | -pə(ʊ)-] *adj.*

hy·po·caust [háɪpo(ʊ)kɔ̀ːst, -pə- | -pə(ʊ)-] 〘(1678) □ LL *hypocaust-um* □ Gk *hupókauston* (place) heated from below ← *kaíein* to burn: ⇨ hypo-〙 — *n.* (古代ローマの)床下暖房.

hýpo·cènter 〘← HYPO-+CENTER〙 *n.* **1** (核爆発の)爆心地. **2** (地震の)震源, 震源地. **hỳpo·céntral** *adj.*

hy·po·chil [háɪpo(ʊ)kìl, -pə- | -pə(ʊ)-] 〘← NL *hypochil-ium* ← HYPO-+-*chilium* (← Gk *kheîlos* lip: ⇨ -ium)〙 *n.* 〘植物〙下唇《ラン科の花の唇弁の一つ》.

hỳpo·chlorémia 〘← NL ～: ⇨ hypo-, chloro-, -emia〙 *n.* 〘病理〙低塩素血(症).

hy·po·chlor·hy·dri·a [hàɪpo(ʊ)klɔəháɪdriə | -pə(ʊ)klɔːháɪdrɪə] 〘← NL ～: ⇨ hypo-, chloro-, hydro-, -ia[1]〙 — *n.* 〘病理〙(胃液の)減塩酸症 (cf. hyperchlorhydria).

hỳpo·chlórite 〘← *hypochlor(ous acid)*+-ITE[3]〙 *n.* 〘化学〙次亜塩素酸塩.

hỳpo·chlórous 〘← HYPO-+CHLOROUS〙 *adj.* 〘化学〙次亜塩素酸の, 次亜塩素酸から誘導された.

hypochlórous ácid *n.* 〘化学〙次亜塩素酸 (HClO).

hy·po·cho·les·ter·o·le·mi·a [hàɪpo(ʊ)kəlèstərə(ː)líːmiə, -pə-, -roʊ- | -pə(ʊ)kəlèstərəlíːmɪə, -kɑ-, -stɪər-, -rə-, -mjə] 〘← HYPO-+CHOLESTEROL+-EMIA〙 — *n.* 〘病理〙低コレステロール血(症).

hy·po·chon·dri·a[1] [hàɪpəkɑ́ndriə, -po(ʊ)- | hàɪpə(ʊ)kɔ́ndrɪə, hɪp-] 〘(1563) □ LL ～ □ Gk *hupokhóndria* upper parts of abdomen ← HYPO-+*khóndros* cartilage: 昔は上腹部が憂鬱症の起こる所と考えられた〙 — *n.* **1** 〘精神医学〙心気症, ヒポコンデリー (cf. melancholia, depression). **2** 《俗用》自分の健康に対する(不必要な)心配.

hypochondria[2] *n.* hypochondrium の複数形.

hy·po·chon·dri·ac [hàɪpəkɑ́ndriæ̀k, -po(ʊ)- | hàɪpə(ʊ)kɔ́ndrɪ-, hɪp-] 〘□ F *hypocondriaque*: ⇨ ↑, -ac〙 — *adj.* **1** 心気症[ヒポコンデリー]の[にかかった, によって生じた]. **2** 〘解剖〙= hypochondrial. — *n.* **1** 心気症患者. **2** 自分の健康を心配しすぎる人.

hy·po·chon·dri·a·cal [hàɪpəkəndráɪəkəl, -po(ʊ)-, -kɑn- | hàɪpə(ʊ)kən-, hɪp-, -kən-] *adj.* = hypochondriac 1. **～·ly** *adv.*

hy·po·chon·dri·al [hàɪpəkɑ́ndriəl, -po(ʊ)- | hàɪpə(ʊ)kɔ́ndrɪ-, hɪp-] 〘⇨ hypochondrium, -al[1]〙 *adj.* 〘解剖〙季肋(ᵉ)部の.

hy·po·chon·dri·a·sis [hàɪpəkəndráɪəsɪs, -po(ʊ)-, -kɑn-, -səs | hàɪpə(ʊ)kəndráɪəsɪs, hɪp-, -kən-] 〘← HYPOCHONDRI(A[1])+-ASIS〙 — *n.* 〘精神医学〙= hypochondria[1] 1.

hy·po·chon·dri·um [hàɪpəkɑ́ndriəm, -po(ʊ)- | -pə(ʊ)kɔ́ndrɪ-] 〘← NL ～ (sing.) ← LL *hypochondria*: ⇨ hypochondria[1]〙 — *n.* (*pl.* **-dri·a** [-driə | -drɪə]) 〘解剖・動物〙季肋(ᵉ)部《左右どちらかに寄った上腹部》.

hy·po·chro·mi·a [hàɪpo(ʊ)króʊmiə, -pə- | -pə(ʊ)krə́ʊmɪə, -mjə] 〘← NL ～: ⇨ hypo-, chromo-, -ia[1]〙 *n.* 〘病理〙血色素減少(症), 低色素血(症).

hy·po·chro·mic anémia [hàɪpo(ʊ)króʊmɪk-, -pə- | -pə(ʊ)krə́ʊ-] 〘*hypochromic*: ⇨ ↑, -ic[1]〙 *n.* 〘病理〙低色素(性)貧血.

hy·poc·o·rism [haɪpɑ́kərìzm, hɪ-, hə-, hàɪpəkɔ́ːrɪzm, -kɔ́ːr-, hɪp- | haɪpɔ́kərìzm, hɪ-, hàɪpəkɔ́ːrɪzm] 〘□ Gk *hupokórism-a* pet name ← *hupokorízesthai* (↓)〙 — *n.* 〘言語〙 **1** 愛称《人・物を本名の代りに親愛を示す別の名で呼ぶこと; 例えば William の代わりに *Will(ie), Willy, Bill, Billy,* etc. を用いるなど》. **2** 大人が幼児語をまねて用いること.

hy·po·co·ris·tic [hàɪpəkərístɪk, hɪp-, -kɔːr-, -kɔːr- | -kər-, -kɔ(ː)r-] 〘(1796) □ Gk *hupokoristik-ós* ← *hupokorízesthai* to play the child, call by a pet name ← HYPO-+*korízesthai* to caress (← *kóros* child)〙 — *adj.* 親愛を表わす, 愛称の (endearing, familiar): a ～ name 愛称.

hỳ·po·co·rís·ti·cal *adj.* = hypocoristic. **～·ly** *adv.*

hy·po·cot·yl [háɪpo(ʊ)kɑ̀ṭḷ, -pə-, ⸗⸗⸗ | hàɪpə(ʊ)kɔ́tḷ, hɪp-, ⸗⸗⸗] 〘← HYPO-+-COTYL〙 — *n.* 〘植物〙胚(ᵉ)軸. **hy·po·cot·y·lous** [hàɪpo(ʊ)kɑ́ṭələs, -pə-, -ṭḷ- | hàɪpə(ʊ)kɔ́tɪl-, hɪp-] *adj.*

Hy·po·cre·a·ce·ae [hàɪpo(ʊ)kriéɪsiìː, -pə- | -pə(ʊ)krɪ-] 〘← NL ～ ← *Hypocrea* (属名: ← HYPO-+Gk *kréas* flesh)+-ACEAE〙 — *n. pl.* 〘植物〙(子嚢菌類)ニクザキン科.

hy·poc·ri·sy [hɪpɑ́krəsi, hə-, haɪ- | hɪpɔ́krəsɪ, -krɪ-] 〘(16C) □ L *hypocrisi-s* □ Gk *hupókrisis* acting on the stage, simulation ← HYPO-+*krinein* to decide, judge ∽ (?a1200) *ipocrisie* □ OF *ypocrisie* (F *hypocrisie*)〙 — *n.* **1** 偽善, ねこかぶり. **2** 偽善的行為.

hyp·o·crite [hípəkrɪt] 〘(16C) □ L *hypocrit-a* □ Gk *hupokritḗs* actor, hypocrite ∽ (?a1200) *ipocrite* □ OF (F *hypocrite*)〙 — *n.* 偽善者, ねこかぶり(人): play the ～ ねこをかぶる. — *adj.* = hypocritical.

hyp·o·crit·ic [hɪ̀pəkríṭɪk | -tɪk] *adj.* = hypocritical.

hyp·o·crit·i·cal [hɪ̀pəkríṭɪkəl, -ṭə- | -pə(ʊ)krítɪ-] 〘(1538) ← HYPOCRITE+-ICAL〙 — *adj.* 偽善の, 偽善的な, 偽善者的な: shed ～ tears 見せかけの涙を流す. **～·ly** *adv.*

hy·po·cy·cloid [hàɪpo(ʊ)sáɪklɔɪd, -pə- | -pə(ʊ)-] 〘← HYPO-+CYCLOID〙 — *n.* 〘数学〙内(ᵉ)サイクロイド, 内擺(ᵉ)線《与えられた円に内接して転がる第 2 の円の周上の定点のえがく曲線; cf. epicycloid, hypotrochoid》. **hy·po·cy·cloi·dal** [hàɪpo(ʊ)saɪklɔ́ɪdḷ, -pə- | -pə(ʊ)-] *adj.*

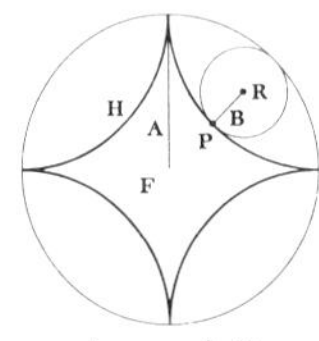

hypocycloid
H hypocycloid
R rolling circle
F fixed cirle
P point; B = A/4

hy·po·derm [háɪpədə̀ːm, -po(ʊ)- | -pə(ʊ)də̀ːm] 〘← HYPO-+-DERM〙 *n.* **1** 〘植物〙下皮, 下皮層. **2** 〘動物〙(節足動物などの)殻皮, 上皮細胞膜.

hy·po·der·ma [hàɪpədə́ːmə, -po(ʊ)- | -pə(ʊ)də́ː-] 〘← HYPO-+DERMA〙 *n.* **1** 〘動物〙下皮, 真皮. **2** 〘植物〙下皮, 下皮層.

hy·po·der·mal [hàɪpədə́ːməl, -po(ʊ)- | -pə(ʊ)də́ː-] 〘⇨ hypo-, dermal〙 *adj.* **1** 下皮の, 殻皮の. **2** 表皮下にある: a ～ gland 皮下腺.

hy·po·der·mic [hàɪpədə́ːmɪk | -pə(ʊ)də́ː-] 〘← HYPODERM(A)+-IC[1]〙 — *adj.* **1 a** 皮下の; 皮下にある: a ～ canal 皮下管. **b** 皮下に注入する: ⇨ hypodermic syringe. **2** 元気づける, 刺激となる, 非常な精力[注意力]を引き起こす. — *n.* **1** 皮下注射; 皮下注射液. **2** 皮下注射器.

hỳ·po·dér·mi·cal·ly *adv.* 皮下に.

hypodérmic injèction *n.* 皮下注射.

hypodérmic nèedle *n.* (皮下注射器用)注射針.

hypodérmic syringe *n.* 皮下注射器.

hypodérmic tàblet *n.* 〘医学〙皮下注射用錠剤.

hy·po·der·mis [hàɪpədə́ːmɪs, -məs | -pə(ʊ)də́ːmɪs] 〘← NL ～: ⇨ hypo-, -dermis〙 — *n.* **1** 〘動物〙下皮《昆虫などのクチクラの下層にあり, クチクラを分泌する細胞層》, 表皮, 皮下組織. **2** 〘植物〙下皮, 下皮層.

hỳpo·díploid *adj.* 〘生物〙低二倍体《1 本あるいはそれ以上の染色体を欠いた二倍体》.

hỳpo·díploidy *n.* 〘生物〙低二倍性.

hỳpo·dórian móde 〘*hypodorian*: ← LL *hypodrius* (□ Gk *hupodṓrion*: ⇨ hypo-, Dorian[1])+-AN[1]〙 — *n.* 〘音楽〙ヒポドリア旋法《第 2 教会旋法; 主音はニにあり音域はイ-イの変格旋法》.

hy·po·dy·nam·i·a [hàɪpo(ʊ)daɪnǽmiə, -pə-, -dɪ-, -də-, -néɪm- | -pə(ʊ)daɪnéɪmɪə, -dɪ-, -nǽm-] 〘← HYPO-+DYNAMO-+-IA[1]〙 — *n.* 〘病理〙活力低下, 脱力, 無力化.

hỳpo·eutéctic 〘← HYPO-+EUTECTIC〙 *adj.* 〘冶金〙亜共晶(共晶点以下の組成)の (cf. hypereutectic): ～ cast iron 亜共晶鋳鉄《共晶点以下の炭素分を含む》.

hỳpo·eutéctoid 〘← HYPO-+EUTECTOID〙 *adj.* 〘冶金〙〈鋼が〉亜共析晶の《炭素含有量が 0.80% 未満の》.

hỳpo·fúnction *n.* 〘病理〙機能低下[不全].

hy·po·gae·um [hàɪpo(ʊ)dʒíːəm, -pə- | -pə(ʊ)-] *n.* (*pl.* **-gae·a** [-dʒíːə]) = hypogeum.

hỳpo·gástric 〘□ F *hypogastrique* ← *hypogastre* (⇨ hypogastrium): ⇨ -ic[1]〙 *adj.* 〘解剖〙胃下の; 下腹の, 下腹部の.

hypogástric ártery *n.* 〘解剖〙下腹動脈 (⇨ iliac artery 3).

hy·po·gas·tri·um [hàɪpo(ʊ)gǽstriəm, -pə- | -pə(ʊ)gǽstrɪ-] 〘← NL ～ ← HYPO-+Gk *gastḗr* belly+-IUM〙 *n.* (*pl.* **-tri·a** [-triə | -trɪə]) 〘解剖〙下腹, 下腹部.

hy·po·ge·al [hàɪpo(ʊ)dʒíːəl, -pə- | -pə(ʊ)dʒíːəl, -dʒíəl] 〘← HYPOGE(OUS)+-AL[1]〙 — *adj.* 〘生態〙 **1** 地下性の (underground) (cf. epigeal 1, endogeal). **2** = hypogeous 2. **～·ly** *adv.*

hy·po·ge·an [hàɪpo(ʊ)dʒíːən, -pə- | -pə(ʊ)dʒíːən, -dʒíən] *adj.* 〘生態〙地下性の.

hy·po·gene [háɪpo(ʊ)dʒìːn, -pə- | háɪpə(ʊ)-, híp-] 〘← HYPO-+-GENE〙 — *adj.* **1** 〘地質〙〈岩石が〉地下

深所で生成した, 深成の (↔ epigene): ~ rocks 深成岩, 内成岩. **2** 〈鉱床が〉深成の《上昇熱水などによって形成された; cf. supergene 1》.

hỳpo·génesis 〖← HYPO-+-GENESIS〗 *n.* 〘病理〙(器官や機能の)発育不全.

hy·pog·e·nous [haɪpɑ́dʒənəs, hɪ-, hə- | haɪpɔ́dʒɪ-, hɪ-, -dʒə-] 〖← HYPO-+-GEN+-OUS〗 *adj.* 〘植物〙〈菌類など〉葉の裏面に生育する (↔ epigenous).

hy·po·ge·ous [hàɪpo(ʊ)dʒíːəs, -pə- | -pə(ʊ)-] 〖← HYPO-+GEO-+-OUS〗 — *adj.* 〘生態〙 **1** 地下性の (underground). **2** 〈菌など〉地下に生じる, (落花生などのように)地下で実る.

hy·po·ge·um [hàɪpo(ʊ)dʒíːəm, -pə- | -pə(ʊ)-] 〖□ L *hypogēum* □ Gk *hupógeion*: ⇨ hypo-〗 — *n.* (*pl.* **-ge·a** [-dʒíːə]) **1 a** (古代の建物の)地下部. **b** 地下室, 穴蔵. **2** 地下埋葬室, 埋葬用地下洞, 地下の墓 (cf. crypt 1).

hy·po·geu·si·a [hàɪpəgjúːsiə, -dʒúː- | -sɪə] 〖← HYPO-+Gk *geûsia* taste: ⇨ -ia¹〗 *n.* 〘病理〙味覚減退(症).

hỳpo·glóssal 〖← HYPO-+Gk *glōssa* tongue+-AL¹〗 〘解剖・動物〙 *adj.* 舌下(神経)の. — *n.* 舌下神経.

hypoglóssal nérve *n.* 〘解剖・動物〙舌下神経《単に hypoglossal ともいう》.

hỳpo·glóttis 〖□ Gk *hupoglōttis*: ⇨ hypo-, glottis〗 *n.* 〘解剖〙舌下部.

hỳpo·glycémia 〖← HYPO- + Gk *glukús* sweet + -EMIA〗 *n.* 〘病理〙低血糖(症). **hỳpo·glycémic** *adj.*

hy·pog·na·thous [haɪpɑ́gnəθəs | -pɔ́g-] 〖← HYPO-+-GNATHOUS〗 — *adj.* **1** 〘動物〙〈鳥・昆虫が〉下顎(あご)・下くちばしが上のよりも長い. **2** 〘人類学〙下顎が上顎よりも長くて突き出ている, 下顎(かがく)突出の.

hy·po·go·nad·ism [hàɪpo(ʊ)góʊnædɪzm, -pə-, -gɑ́n- | -pə(ʊ)gə́ʊn-, -gɔ́n-] 〖← HYPO-+GONAD+-ISM〗 — *n.* 〘病理〙性機能不全[低下]; (特に, 男性の)性腺機能減退(症).

hy·pog·y·nous [haɪpɑ́dʒənəs | -pɔ́dʒɪ-] 〖← HYPO-+-GYNOUS〗 *adj.* 〘植物〙 **1** 子房下の, 子房上位の (cf. epigynous). **2** 〈萼, 花弁, 雄蕊が〉子房の下から出ている.

hy·pog·y·ny [haɪpɑ́dʒəni | -pɔ́dʒɪni] 〖← HYPO- + -GYNY: cf. F *hypogynie*〗 *n.* 〘植物〙子房上位.

hỳpo·hidrósis 〖← HYPO-+HIDROSIS〗 *n.* 〘生理〙乏汗(症), 発汗減退(症).

hy·po·hy·dro·chlo·ri·a [hàɪpo(ʊ)hàɪdro(ʊ)klɔ́ːriə, -klóːr- | -pə(ʊ)hàɪdrə(ʊ)klɔ́ːrɪə] 〖← HYPO-+HYDRO-+CHLORO-+-IA¹〗 *n.* 〘病理〙(胃の)減酸(症).

hý·poid gèar [háɪpɔɪd-] 〖*hypoid*: ← HYP(ERBOL)OID(AL)〗 — *n.* 〘機械〙ハイポイド歯車《食い違い歯車 (hyperboloidal gear) の一種で, 車軸が直角のもの; 単に hypoid ともいう》.

hy·po·in·o·se·mi·a [hàɪpo(ʊ)ɪnəsíːmiə | -pə(ʊ)ɪnəsíːmɪə, -mjə] 〖← HYPO-+Gk *inós, is* sinew, fiber+-EMIA〗 — *n.* 〘病理〙低フィブリン血(症), 低線維素血(症).

hỳpo·iónian móde 〖*hypoionian*: ← HYPO-+IONIAN〗 *n.* 〘音楽〙ヒポイオニア旋法《第 12 教会旋法; 主音はハにあり音域はト－トの変格旋法》.

hy·po·ka·le·mi·a [hàɪpo(ʊ)keɪlíːmiə | -pə(ʊ)keɪlíːmɪə, -mjə] 〖← HYPO- + KAL(IUM) + -EMIA〗 *n.* 〘病理〙低カリウム血(症).

hỳpo·kinésis 〖← HYPO-+-KINESIS〗 *n.* 〘病理〙運動低下, 減動(症).

hy·po·lim·ni·on [hàɪpo(ʊ)límniɑ̀n, -niən | -pə(ʊ)límnɪɔ̀n, -nɪən] 〖← HYPO- + LIMNO- + -ION〗 *n.* (*pl.* **-ni·a** [-niə | -nɪə]) 〘地質〙深水層《湖水の温度躍層 (thermocline) より下の部分; 外力の影響を受けず, 温度が年間を通じてほぼ一定である; cf. epilimnion》.

Hy·pol·i·te [hɪpɑ́ləti | -pɔ́lɪtɪ; *F.* ipɔlit] 〖□ L *Hippolyt-us* □ Gk *Hippólutos* (Theseus とアマゾン族の女王 Hippolyta との息子, 《原義》letting horses loose)〗 — *n.* 男性名.

hy·po·lith·ic [hàɪpəlíθɪk | -pə(ʊ)-] 〖← HYPO- + -LITHIC〗 *adj.* 〘植物〙岩の下に生育する.

hỳpo·lýdian móde 〖《なぞり》← Gk *hupolúdios tónos*: ⇨ hypo-, Lydian〗 — *n.* 〘音楽〙ヒポリディア旋法《第 6 教会旋法; 主音はヘにあり音域はハ－ハの変格旋法》.

hy·po·ma·ni·a [hàɪpo(ʊ)méɪniə, -pə-, -njə | -pə(ʊ)méɪnjə, -nɪə] 〖← HYPO- + -MANIA〗 — *n.* 〘精神医学〙軽躁(そう)(病). **hy·po·man·ic** [hàɪpəmǽnɪk | -pə(ʊ)-] *adj.*

hỳpo·mixolýdian móde 〖← HYPO- + MIXOLYDIAN〗 *n.* 〘音楽〙ヒポミクソリディア旋法《第 8 教会旋法; 主音はトにあり音域はニ－ニの変格旋法》.

hy·pom·ne·sia [hàɪpəmníːʒə, -ziə | -zjə, -zɪə, -ʒə] 〖← HYPO-+(A)MNESIA〗 *n.* 〘病理〙記憶減退.

hýpo·mòrph 〖← HYPO-+-MORPH〗 — *n.* **1** 〘鉱物〙=endomorph 1. **2** 〘生物〙低次形態, ハイポモルフ《野生型と比べて形質の発現に対する活性が低くなった突然変異の対立遺伝子; cf. hypermorph 2》. **hy·po·mórphic** *adj.*

hỳpo·motílity *n.* 〘病理〙(胃腸などの)低運動性 (cf. hypermotility).

hỳpo·myotónia 〖← HYPO- + *myotonia* (⇨ myo-, -tonia)〗 *n.* 〘病理〙筋弛緩(しかん)(症), 筋緊張減退.

hy·po·nas·ty [háɪpo(ʊ)næ̀sti, -pə- | -pə(ʊ)næ̀stɪ] 〖← HYPO-+-NASTY〗 *n.* 〘植物〙下偏生長 (↔ epinasty). **hy·po·nas·tic** [hàɪpo(ʊ)nǽstɪk, -pə- | -pə(ʊ)-] *adj.*

hy·po·na·tre·mi·a [hàɪpo(ʊ)nətríːmiə | -pə(ʊ)nətríːmɪə, -mjə] 〖← HYPO-+NATR(IUM)+-EMIA〗 *n.* 〘病理〙低ナトリウム血(症).

hy·po·ne·a [hàɪpo(ʊ)níːə, -pə- | -pə(ʊ)-] *n.* 〘病理〙= hyponoia.

hỳpo·nítrite 〖← *hyponitr(ous acid)*+-ITE¹〗 *n.* 〘化学〙次亜硝酸塩[エステル].

hỳpo·nítrous 〖← HYPO-+NITROUS〗 *adj.* 〘化学〙次亜硝酸の, 次亜硝酸から誘導された.

hyponítrous ácid *n.* 〘化学〙次亜硝酸 ($H_2N_2O_2$).

hy·po·noi·a [hàɪpo(ʊ)nɔ́ɪə, -pə- | -pə(ʊ)-] 〖← HYPO-+Gk *nóos* mind+-IA¹〗 *n.* 〘病理〙精神機能減退.

hy·po·nym [háɪpo(ʊ)nɪm, -pə- | -pə(ʊ)-, -pə-] 〖← HYPO-+-ONYM〗 *n.* 〘生物〙=nomen nudum.

hy·po·par·a·thy·roid·ism [hàɪpo(ʊ)pæ̀rəθáɪrɔɪdɪzm | -pə(ʊ)-] 〖← HYPO- + PARATHYROID + -ISM〗 *n.* 〘病理・生理〙副甲状腺[上皮小体]機能低下(症).

hy·poph·a·mine [haɪpɑ́fəmìːn, -mɪn, -mən | -pɔ́fəmìːn, -mɪn] 〖← HYPOPH(YSIS)+AMINE〗 — *n.* 〘生化学〙ヒポファミン《脳下垂体後葉ホルモンで次の 2 種がある》: **a** =oxytocin 1. **b** =vasopressin.

hỳpo·pharýngoscope *n.* 〘医学〙下咽頭鏡.

hỳpo·phárynx *n.* **1** 〘昆虫〙下咽頭, 舌状体《昆虫の口の中に下っている舌状の器官》. **2** 〘解剖〙下咽頭.

hy·po·pho·ni·a [hàɪpəfóʊniə | -pə(ʊ)fə́ʊnjə, -nɪə] 〖← HYPO-+PHONO-+-IA¹〗 *n.* 〘病理〙発声不全.

hy·po·pho·ri·a [hàɪpəfɔ́ːriə, -fóːr- | -pə(ʊ)fɔ́ːrɪə] 〖← HYPO-+-PHORE+-IA¹〗 *n.* 〘眼科〙下斜位.

hỳpo·phósphate *n.* 〘化学〙次燐(りん)酸塩.

hỳpo·phósphite *n.* 〘化学〙次亜燐(りん)酸塩《$M^IH_2PO_2$ の型の塩》.

hỳpo·phosphóric *adj.* 〘化学〙次燐酸の, 次燐酸から誘導された.

hypophosphóric ácid *n.* 〘化学〙次燐(りん)酸 ($H_4P_2O_6$).

hỳpo·phósphorous ácid *n.* 〘化学〙次亜燐(りん)酸 (HPH_2O_2).

hỳpo·phrýgian móde 〖《部分訳》← Gk *hupophrúgia harmonía* ← Gk *hupophrúgios* ← HYPO- + *phrugios* Phrygian〗 — *n.* 〘音楽〙ヒポフリギア旋法《第 4 教会旋法; 主音はホにあり音域はロ－ロの変格旋法》.

hy·poph·y·ge [haɪpɑ́fədʒìː, hɪ-, hə-, -dʒɪ | haɪpɔ́fɪdʒìː, hɪ-, -dʒɪ] 〖□ Gk *hupophugḗ* ← HYPO-+*phugḗ* flight〗 *n.* 〘建築〙=apophyge 2.

hy·po·phyl·lous [hàɪpəfíləs | -pə(ʊ)-] 〖← HYPO- + -PHYLLOUS〗 *adj.* 〘植物〙葉の裏に生育する (↔ epigenous).

hy·poph·y·se·al [haɪpɑ̀fəsíːəl, -zíː- | -pɔ̀fɪ-] *adj.* (*also* **hy·po·phys·i·al** [hàɪpo(ʊ)fíziəl, hɪp-, -pə- | -pə(ʊ)fízɪ-]) 下垂体 (hypophysis) の.

hy·poph·y·sec·to·mize [haɪpɑ̀fəséktəmàɪz | -pɔ̀fɪ-] *vt.* 〘外科〙〈脳・患者〉に下垂体切除を行なう.

hy·poph·y·sec·to·my [haɪpɑ̀fəséktəmi | -pɔ̀fɪséktəmɪ] 〖⇨ hypophysis, -ectomy〗 *n.* 〘外科〙下垂体切除(術).

hy·poph·y·sis [haɪpɑ́fəsɪs, -səs | -pɔ́fɪsɪs] 〖← NL ~ ← HYPO-+Gk *phúsis* nature, origin: ⇨ -sis〗 *n.* (*pl.* **-y·ses** [-sìːz]) 〘解剖〙下垂体 (⇨ pituitary body).

hy·po·pi·tu·i·ta·rism [hàɪpo(ʊ)pɪt(j)úːətərìzm, -pə-, -trɪzm | -pə(ʊ)pɪtjúːɪt-] 〖← HYPO- + PITUITAR(Y) + -ISM〗 — *n.* 〘病理〙 **1** 下垂体機能低下(症) (cf. hyperpituitarism 2). **2** 下垂体機能低下(症)による病状《肥満・青年期継続・短小化など》. **hỳpo·pitúitary** *adj.*

hy·po·pla·si·a [hàɪpo(ʊ)pléɪʒiə, -pə-, -ʒə | -pə(ʊ)pléɪziə, -zjə, -ʒɪə, -ʒə] 〖← HYPO- + -PLASIA〗 — *n.* **1** 〘病理〙低形成, 形成不全, 発育不全. **2** 〘植物〙(栄養欠乏による)不完全発達, (それによる)生長停止 (cf. hyperplasia 2). **hy·po·plas·tic** [hàɪpo(ʊ)plǽstɪk, -pə- | -pə(ʊ)-] *adj.*

hy·po·ploid [háɪpo(ʊ)plɔ̀ɪd, -pə- | -pə(ʊ)-] 〖← HYPO-+-PLOID〗 — 〘生物〙 *adj.* 低数性の《基準より少ない染色体数を有する》. — *n.* 低数体, 低倍数体《染色体の数が基本数の整数倍より数個少ない個体[細胞]; cf. hyperploid》.

hy·po·ploi·dy [háɪpo(ʊ)plɔ̀ɪdi, -pə- | -pə(ʊ)plɔ̀ɪdɪ] *n.* 〘生物〙低数性, 低倍数性.

hy·po·po·di·um [hàɪpo(ʊ)póʊdiəm, -pə- | -pə(ʊ)pə́ʊdɪəm, -djəm] 〖← HYPO- + -PODIUM〗 — *n.* (*pl.* **-di·a** [-diə | -dɪə, -djə]) **1** 〘植物〙葉柄の基部. **2** 〘建築〙=hypobasis 2.

hy·po·po·tas·se·mi·a [hàɪpo(ʊ)pətæsíːmiə | -pɔ̀tæsíːmɪə] 〖← NL ~ ← HYPO- + POTASS(IUM) + -EMIA〗 *n.* 〘病理〙=hypokalemia.

hy·po·prax·i·a [hàɪpo(ʊ)prǽksiə | -pə(ʊ)prǽksɪə] 〖← HYPO-+PRAX(IS)+-IA¹〗 *n.* 〘病理〙行動減退.

hy·po·pro·tein·e·mi·a [hàɪpo(ʊ)pròʊtiːníːmiə, -tiːɪ-, -tiːə- | -pə(ʊ)prə̀ʊtiːɪníːmɪə, -tɪn-, -mjə, -tiːɪ-] 〖← HYPO-+PROTEIN+-EMIA〗 — *n.* 〘病理〙低蛋白血症.

hy·po·pty·al·ism [hàɪpo(ʊ)táɪəlɪzm | -pə(ʊ)-] 〖← HYPO-+PTYALISM〗 *n.* 〘病理〙唾液分泌不全.

hy·po·py·on [haɪpóʊpiɑ̀n, hɪ-, hə- | haɪpə́ʊpɪɔ̀n, hɪ-] 〖← NL ~ ← Gk *hupópuon* ulcer (neut.) ← *hupópuos* tending to suppuration ← HYPO- + Gk *púon* pus〗 — *n.* 〘病理〙前房蓄膿(のう).

hy·por·che·ma [hàɪpəkíːmə | -pə-] 〖□ Gk *hupórkhēma* ← HYPO-+*orkhésthai* to dance with〗 — *n.* (*pl.* **~·ta** [~tə | ~tə]) 〘音楽〙ヒュポルケマ《古代ギリシャで Apollo または Dionysus を讃えた合唱歌または舞踏》.

hỳpo·secrétion *n.* 〘病理〙分泌減退 (cf. hypersecretion).

hy·pos·mo·sis [hàɪpɑzmóʊsɪs, -pɑs-, -səs | -pɔzmə́ʊsɪs] 〖← HYPO-+OSMOSIS〗 *n.* 〘生理〙低浸透圧.

hỳpo·spérmia *n.* 〘病理〙精液減少(症).

hýpo·sprày 〖商標名: ← *hypo(dermic) spray*〗 *n.* 〘医学〙ハイポスプレー《皮膚にきわめて細かい霧状の溶液を吹き付けて皮下注射の用をさせる器具》.

hy·pos·ta·sis [haɪpɑ́stəsɪs, -səs | -pɔ́stəsɪs] 〖《1529》□ LL ~ □ Gk *hupóstasis*: ⇨ hypo-, stasis〗 — *n.* (*pl.* **-ta·ses** [-sìːz]) **1** 〘哲学〙 **a** 基礎, 根本 (foundation); 原質, 本質, 実体, 実在 (substance, reality). **b** 実体化されたもの. **2** 〘神学〙(三位一体論の)位(格); (三位一体の)一位(格); ペルソナ (person): three *hypostases* of the Godhead 神の三位(格). **3** 〘病理〙 **a** 血液沈滞, 沈下鬱血(うっけつ)《血流不全により体内臓器に血液がたまること》. **b** (試験管内に見られる)血液沈渣(さ). **4** 〘生物〙下位《ある遺伝因子の発現が, 対立関係にない他の遺伝因子の働きで抑えられる現象》. **5** 〘言語〙語(の一部)などを言語要素(の例)として引用すること; そのように引用された語(の一部)など.

hy·pos·ta·size [haɪpɑ́stəsàɪz | -pɔ́s-] *vt.* =hypostatize.

hy·po·stat·ic [hàɪpəstǽtɪk, -po(ʊ)- | -pə(ʊ)stǽt-] 〖□ Gk *hupostatikós*: ⇨ hypostasis, -ic¹〗 — *adj.* **1** 〘哲学〙実在の, 本質の. **2** 〘神学〙位格の, ペルソナの. **3** 〘病理〙沈下鬱血(うっけつ)の: ~ pneumonia 就下性肺炎. **4** 〘生物〙〈遺伝子が〉下位の.

hy·po·stát·i·cal [-tɪkəl, -tə- | -tɪ-] *adj.* =hypostatic 1, 2. **~·ly** *adv.*

hypostátic únion *n.* (キリストの)位格的結合《神性と人性の合体》.

hy·pos·ta·tize [haɪpɑ́stətàɪz | -pɔ́s-] *vt.* **1** 本質化する, 本質として考える; 実体化する, 具体化する, 具象化して考える. **2** 実体[実在]とみなす. **hy·pos·ta·ti·za·tion** [haɪpɑ̀stətɪzéɪʃən, -təz- | -taɪz-, -tɪz-] *n.*

hy·po·sthe·ni·a [hàɪpɑsθíːniə | -pɔsθíːnɪə, -njə] 〖← NL ~ ← HYPO-+Gk *sthénos* strength+-IA¹〗 — *n.* 〘病理〙衰弱状態; 無力. **hy·po·sthen·ic** [hàɪpɑsθénɪk | -pɔs-] *adj.*

hy·pos·to·ma [haɪpɑ́stəmə, hɪ-, hə- | haɪpɔ́s-, hɪ-] 〖← HYPO-+-STOMA¹〗 *n.* (*pl.* **~s, ~·ta** [~tə | ~tə]) 〘動物〙=hypostome.

hy·po·stome [háɪpəstòʊm | -stə̀ʊm] 〖← HYPO- + -STOME〗 — *n.* 〘動物〙 **1** (三葉虫・甲殻類などの)上唇(うわくちびる). **2** (ヒドロゾアの)柄状部 (manubrium). **3** 口円錐《ダニ類の刺胞動物のポリプ形の口盤の中央に開く口を囲む部分》.

hy·po·style [háɪpəstàɪl, -po(ʊ)-, híp- | -pə(ʊ)-] 〖□ Gk *hupóstul-os*: ⇨ hypo-, -style¹〗 〘建築〙 — *adj.* (エジプト建築に見られる)柱の多い造りの: a ~ hall 多柱室. — *n.* 多柱式建築.

hỳpo·súlfite 〖□ F *hyposulfite*: ⇨ hypo-, sulfite〗 — *n.* 〘化学〙 **1** 次亜硫酸塩 (hydrosulfite). **2** チオ硫酸塩 ($M^I_2S_2O_3$)《thiosulfate に対する誤称》, ハイポ (hypo). ★ おもに写真用語として用いる. **3** 亜ジチオン酸塩《ヒドロ亜硫酸塩 ($M^I_2S_2O_4$) に対する誤称》.

hyposulfite of soda 次亜硫酸ソーダ, ハイポ《現像定着剤》.

hỳpo·súlfurous *adj.* 〘化学〙=hydrosulfurous.

hyposúlfurous ácid *n.* =hydrosulfurous acid.

hy·po·tax·is [hàɪpətǽksɪs, -po(ʊ)-, -səs | -pə(ʊ)tǽksɪs, ~~~] 〖□ Gk *hupótaxis*: ⇨ hypo-, -taxis〗 — *n.* 〘文法〙従属《特に複文における clause (節)の従属関係 (subordination); ↔ parataxis; cf. taxis》. **hy·po·tac·tic** [hàɪpətǽktɪk, -po(ʊ)- | -pə(ʊ)-] *adj.*

hýpo·tènsion *n.* 〘病理〙低血圧(症)《low blood pressure ともいう; cf. hypertension》.

hy·po·ten·sive [hàɪpo(ʊ)ténsɪv, -pə- | -pə(ʊ)-] 〖← HYPOTENS(ION)+-IVE〗 — 〘病理〙 *adj.* **1** 低血圧(性)の. **2** 低血圧を起こす[招く]; 血圧を下げる(作用のある) (cf. normotensive). — *n.* 低血圧(患)者. (cf. hypertensive)

hy·pot·e·nuse [haɪpɑ́tən(j)ùːs, -n(j)ùːz, -tn- | -pɔ́tənjùːz, -tɪn-, -njùːs, -tn-] 〖《1571》□ LL *hypotēnūsa* □ Gk *hupoteínousa* ← HYPO-+Gk *teínein* to stretch〗 — *n.* 〘数学〙(直角三角形の)斜辺.

hypoth. 《略》hypothesis; hypothetical.

hỳpo·thálamic *adj.* 〘解剖〙 **1** 視床の下にある. **2** 視床下部の.

hỳpo·thálamus 〖← NL ~: ⇨ hypo-, thalamus〗 *n.* 〘解剖〙視床下部.

hỳpo·thállus 〖← NL ~: ⇨ hypo-, thallus〗 — *n.* (*pl.* **-thalli**) 〘植物〙 **1** 殻状地衣体の縁が生長したもの. **2** 粘菌の胞子嚢がふくれたため生じた表面膜の残り.

hy·poth·ec [hɪpɑ́θɪk, hə-, haɪ- | haɪpɔ́θ-] 〖《1592》□ LL *hypothēc-a* mortgage □ Gk *hupothḗkē* pledge ← HYPO-+Gk *(ti)thénai* to put〗 — *n.* 〘法律〙担保権, 抵当権, 非占有質, 船舶抵当: a ~ bank [debenture] 勧業銀行[債券].

hy·poth·e·car·y [hɪpɑ́θəkèri, hə-, haɪ- | haɪpɔ́θɪkəri] 〖⇨ ↑, -ary〗 *adj.* 抵当権の, 抵当で確保した.

hy·poth·e·cate¹ [hɪpɑ́θəkèɪt, hə-, haɪ- | haɪpɔ́θɪ-, -θə-] 〖《1681》□ ML *hypothēcāt-us*: ⇨ hypothec, -ate³〗 — *vt.* 〈不動産などを〉抵当[担保]に入れる

(mortgage). **hy·póth·e·cà·tor** [-ṭə | -tə(r] *n.*

hy·poth·e·cate² [haɪpάθəkèɪt | -pɔ̀θɪ-] 〘← Gk *hupothḗk(ē)* suggestion＋-ATE³〙 *v.* =hypothesize. **hy·póth·e·càt·er** [-ṭə | -tə(r] *n.*

hy·poth·e·ca·tion [hɪpὰθəkéɪʃən, hə-, haɪ- | haɪpɔ̀θɪ-, -θə-] *n.* 担保契約.

hy·poth·e·nar [haɪpάθənὰə, -nə, hὰɪpəθíːnə | haɪpɔ́θɪnὰː, -nə, hὰɪpəθíːnə] 〘← HYPO-＋THENAR〙 〘解剖〙 ― *n.* 小指球《手のひらの小指の根部近くのふくらみ》. ― *adj.* 小指球の.

hy·poth·e·nuse [haɪpάθən(j)ùːs, -n(j)ùːz | -pɔ́θɪnjùːs, -θə-] *n.* 〘数学〙 =hypotenuse.

hỳpo·thérmal 〘⇨↓, -al¹〙 ― *adj.* **1** なまぬるい, 微温的な (lukewarm, tepid). **2** 〘地質〙〈鉱床が〉高温 (300°–500°C)・高圧の条件で出来た: a ～ deposit 深熱水鉱床.

hy·po·ther·mi·a [hὰɪpo(ʊ)θə́ːmiə, -pə- | -pə(ʊ)θə́ː-mɪə, -mjə] 〘← NL ～: ⇨hypo-, thermo-, -ia¹〙 ― *n.* **1** 〘病理〙 低体温(症). **2** 〘医学〙 (人為的な)体温低下(法)《心臓外科などで行なう》. **hỳpo·thérmic** *adj.*

hy·poth·e·sis [haɪpάθəsɪs, -səs|-pɔ́θɪsɪs, -θə-] 〘《1596》 ▭ LL ～ ▭ Gk *hupóthesis* foundation, supposition ← HYPO-＋(*ti*)*thénai* to put〙 ― *n.* (*pl.* **-e·ses** [-sìːz]) **1** 仮説, 仮想説, 憶説 (cf. theory): ⇨ nebular hypothesis, working hypothesis. **2 a** (議論または条件文の)前提; 仮定 (assumption). **b** (条件命題の)前件. **3** (行動の基礎として用いる)仮定, 推量.

hy·poth·e·size [haɪpάθəsàɪz | -pɔ́θɪ-, -θə-] 〘⇨↑, -ize〙 ― *vi.* 仮説を立てる[設ける]. ― *vt.* 〈ある事象を〉仮説として取り上げる[認める], 仮定する (assume, suppose).

hy·po·thet·ic [hὰɪpəθéṭɪk | -pə(ʊ)θét-] *adj.* =hypothetical.

hy·po·thet·i·cal [hὰɪpəθéṭɪkəl, -ṭə- | -pə(ʊ)θétɪ-] 〘《1588》 ← LL *hypotheticus* (⇨ hypothesis, -ic¹)＋-AL¹〙 ― *adj.* **1** 仮説の, 仮想の; 憶説の (↔ actual): a ～ judgment 仮説的判断. **2** 〘論理〙 仮定の (conditional); 仮言の (cf. categorical 3): a ～ proposition 仮言命題. **～·ly** *adv.*

hypothétical impérative *n.* 〘倫理〙 仮言(的)命令《純粋に義務の意識に発した無条件のものでなく, ある目的や結果を条件としてそれに従属した命令; Kant の用語; cf. categorical imperative》.

hỳpo·thýroid 〘← HYPO-＋THYROID〙 *adj.* 〘病理〙 甲状腺機能低下(症)の[にかかっている].

hy·po·thy·roid·ism [hὰɪpoʊθáɪrɔɪdìzṃ, -pə- | -pə(ʊ)θáɪ(ə)r-] *n.* 〘病理〙 甲状腺機能低下症; その病状 (cf. hyperthyroidism).

hỳpo·tónic 〘← HYPO-＋TON(US)＋-IC¹〙 ― *adj.* **1 a** 〘生理〙 低張の, 低緊張の (cf. hypertonic 1 a). **b** 〘病理〙 低血圧の. **2** 〘化学〙〈溶液が〉浸透圧の低い, 低張の (cf. hypertonic 2). **hỳpo·tónically** *adv.*

hỳpo·tonícity *n.* 〘化学〙 低張.

hy·po·tra·che·li·um [hὰɪpo(ʊ)trəkíːliəm, -pə- | -pə(ʊ)trəkíːlɪəm] 〘▭ L ～ ▭ Gk *hupotrakhḗlion*: ⇨ hypo-, trachelium〙 ― *n.* (*pl.* **-li·a** [-liə | -lɪə]) 〘建築〙 =gorgerin.

hy·po·trich [háɪpətrɪk | -pə(ʊ)-] 〘↓〙 *n.* 〘動物〙 (原生動物繊毛虫綱)下毛目の動物《体は背腹に扁平で, 剛毛が腹面にあり跳躍運動を行なう; 淡水産または海産》.

Hy·pot·ri·cha [haɪpάtrɪkə, -rə- | -pɔ́trɪ-] 〘← NL ～: ⇨ hypo-, -trichous, -a²〙 *n. pl.* 〘動物〙 (原生動物門繊毛虫綱)下毛目.

Hy·po·trich·i·da [hὰɪpo(ʊ)tríkədə, -pə- | -pə(ʊ)-tríkɪ-] 〘⇨↑, -ida〙 *n. pl.* 〘動物〙 =Hypotricha.

hỳpo·tróchoid 〘← HYPO-＋TROCHOID〙 ― *n.* 〘数学〙 内[転]トロコイド《円の内側を転がる円周の半径もしくはその延長上の円周上にない定点がえがく曲線; cf. hypocycloid, epitrochoid》.

hy·pot·ro·phy [haɪpάtrəfi, hɪ-, hə- | haɪpɔ́trəfɪ, hɪ-] 〘← HYPO-＋-TROPHY〙 ― *n.* **1** 〘病理〙 発育不全 (cf. hypertrophy 1). **2** 〘植物〙 傾下性《側枝・側根の下側が上側よりよけいに生長すること; ↔ epitrophy》.

hy·po·ty·po·sis [hὰɪpo(ʊ)taɪpóʊsɪs, -pə-, -səs | -pə(ʊ)-taɪpə́ʊsɪs] 〘▭ Gk *hupotúpōsis* outline ← HYPO-＋*túpōsis* molding (← *túpos* beat, mold＋-OSIS)〙 ― *n.* 〘修辞〙 眼前描出法, 迫真描写《事物や情景などを目に見る如く, 聞くが如くに描写する表現技巧》.

hỳpo·xánthine 〘← HYPO-＋XANTHINE〙 *n.* 〘化学〙 ヒポキサンチン ($C_5H_4NO_4$). **hỳpo·xánthic** *adj.*

hyp·ox·e·mi·a [hìpɑksíːmiə, hὰɪ- | -pɔksíːmɪə, -mjə] 〘← HYPO-＋OXY-¹＋-EMIA〙 *n.* 〘病理〙 低酸素血(症). **hyp·ox·e·mic** [hìpɑksíːmɪk, hὰɪ- | -pɔk-] *adj.*

hy·pox·i·a [hɪpάksiə, haɪ- | -pɔ́ksɪə] 〘← HYPO-＋OXY-¹＋-IA¹〙 *n.* 〘病理〙 低酸素症. **hy·pox·ic** [hɪpάksɪk, haɪ- | -pɔ́k-] *adj.*

hỳpo·zéugma 〘▭ LL ～: ⇨ hypo-, zeugma〙 *n.* 〘修辞〙 多主語結合軛(ᵏʸᵃᵏᵘ)動詞《一個の動詞[述語]が多数の主語を連結してもつこと; cf. zeugma》.

hy·po·zeux·is [hὰɪpo(ʊ)zúːksɪs, -pə-, -səs | -pə(ʊ)-z(j)úːksɪs] 〘▭ LL ～ ← Gk *hupózeugnūnai* to yoke under ← HYPO-＋*zeugnúnai* to yoke (← *zeûgos* yoke): ⇨ -sis〙 ― *n.* 〘修辞〙 2 語文並列(法), 類義動詞並列 (‘I came, I saw, I conquered.’ などのように主語と述語各 1 語ずつからなる節を並列させること).

hyps- [hɪps] (母音の前に来る時の) hypso- の異形.

hyp·si- [hípsɪ, -sə | -sɪ] hypso- の異形 (⇨ -i-).

hyp·si·ceph·a·ly [hìpsəséfəli | -sɪkéfəlɪ, -séf-] 〘← HYPSO-＋CEPHALO-＋-Y¹〙 *n.* 〘病理〙 塔状頭蓋症.

Hyp·sip·y·le [hɪpsípəlìː | -pɪ-] *n.* 〘ギリシャ伝説〙 ヒュプシピュレー《Lemnos 島の女王; アルゴ号の頭領 Jason に恋して二児をもうける; Lemnos の女たちが島の男性を皆殺しにした時, 彼女だけが父親を逃したことが後日判明し, そのために彼女は Nemea の Lycurgus のもとに奴隷として売られたが, 成長した二児によって救い出される》.

hyp·so- [hípso(ʊ) | -sə(ʊ)] 〘《19C》 ← Gk *húpsos* height ＜ IE **upo* over: cf. up〙「高い; 高さ」の意の連結形. ★ 時に hypsi-, また母音の前では通例 hyps- になる.

hỳpso·chrómic efféct *n.* 〘化学〙 淡色効果, 浅色効果《置換基の導入によって吸収スペクトルの吸収帯の位置が短波長に移動し色が浅くなること; cf. hyperchromic effect》.

hyp·sog·ra·phy [hɪpsάgrəfi | -sɔ́grəfɪ] 〘← HYPSO-＋-GRAPHY〙 ― *n.* 〘地理〙 **1** 測高測深《陸地および海底の高低起伏の測量》. **2** 測高低図式. **hyp·so·graph·ic** [hìpsəgrǽfɪk] *adj.* **hỳp·so·gráph·i·cal** *adj.*

hyp·som·e·ter [hɪpsάməṭə | hɪpsɔ́mɪtə(r, -mə-] 〘← HYPSO-＋-METER¹〙 ― *n.* 〘機械〙 **1** 測高計《液体の沸点を計って地点の高さを知る計器》. **2** 測高計《三角法により木の高さを測る計器》.

hyp·so·met·ric [hìpsəmétrɪk | -rɪk] *adj.* 測高術の. **hỳp·so·mét·ri·cal** *adj.*

hyp·som·e·try [hɪpsάmətri | -sɔ́mɪtrɪ, -mə-] *n.* 測高法[術]《水準儀・気圧計・温度計・三角測量などにより地点の高さを測定する方法》.

hyraces *n.* hyrax の複数形.

hy·ra·coid [háɪrəkɔ̀ɪd | háɪ(ə)r-] 〘↓〙 *adj.* 〘動物〙 イワダヌキ目の (cf. hyrax).

Hy·ra·coi·de·a [hὰɪrəkɔ́ɪdiə | hὰɪ(ə)rəkɔ́ɪdɪə] 〘← NL ～: ⇨ hyrax, -oidea〙 *n. pl.* 〘動物〙 イワダヌキ目.

hy·ra·coi·de·an [hὰɪrəkɔ́ɪdiən | hὰɪ(ə)rəkɔ́ɪdɪ-] 〘⇨↑, -an¹〙 *adj., n.* 〘動物〙 イワダヌキ目の(動物).

hy·rax [háɪræks | háɪ(ə)r-] 〘《1832》 ← NL ～ ← Gk *húrax* shrew mouse〙 ― *n.* (*pl.* **～·es, hy·ra·ces** [-rəsìːz]) 〘動物〙 ハイラックス《アフリカ・アラビア・シリア地方にすむウサギほどの大きさで, 蹄(ᵗᵉⁱ)をもつ臆病なイワダヌキ類の総称; キノボリハイラックス属 (*Dendrohyrax*), ロックハイラックス属 (*Heterohyrax*), ケープハイラックス属 (*Procavia*) 等の動物がいる; ケープハイラックス属の動物は旧約聖書にいう coney に当たるとされている》.

Hyr·ca·ni·a [hə·kéɪniə | həːkérnjə, -nɪə] *n.* ヒルカニア《古代ペルシャ帝国の一地方, カスピ海南東部; 現在のイラン北部》. **Hyr·cá·ni·an** [～n] *adj.*

Hyr·ne·tho [hə(ː)níːθoʊ | hə(ː)níːθəʊ] *n.* 〘ギリシャ神話〙 ヒュルネートー《Temenus の娘》.

hyrst [hə́ːst | hə́ːst] *n.* =hurst.

hy·son [háɪsn] 〘《1740》 ▭ Chin. *hsi-ch'un* (熙春)〙 *n.* 熙春(ᴴⁱˢᵘⁿ)茶《中国産緑茶の一種》.

hy spy [háɪ-spὰɪ] 〘← ? *hi, spy!* (「もういいよ」)〙 ― *n.* 〘遊戯〙 (一種の)隠れんぼ (hide-and-seek)《隠れた者の「もういいよ」という合図; 鬼は “Coming.” と言い, 見つけると “I spy so-and-so.” と言うので I spy ともいわれる》.

hys·sop [hísəp] 〘《16C》 ▭ L *hyssōp-us* ▭ Gk *hús-sōpos* ▭ Heb. *ēzōbh* ▭ Akkad. *zūpu* ∽ OE *ysope*〙 ― *n.* **1** 〘植物〙 ヒソップ, ヤナギハッカ (*Hyssopus officinalis*)《ヨーロッパ産ハッカの一種, 昔薬用とした》. **2** 〘聖書〙 ヒソップ《ユダヤ人が払いの儀式にその枝を用いた; caper であったろうと想像されている: cf. *Exod.* 12:22, *Ps.* 51:7》.

hys·ter- [hístər] (母音の前に来る時の) hystero- の異形.

hys·ter·al·gia [hìstərǽlʤə, -ʤiə | -ʤɪə, -ʤə] 〘← HYSTERO-＋-ALGIA〙 *n.* 〘病理〙 子宮痛.

hys·ter·an·thous [hìstərǽnθəs] 〘← Gk *hústeros* after＋-ANTHOUS〙 *adj.* 〘植物〙 花が開いてから葉を生じる.

hys·ter·ec·to·mize [hìstəréktəmὰɪz] 〘⇨↓, -ize〙 *vt.* 〘外科〙 …の子宮を摘出する.

hys·ter·ec·to·my [hìstəréktəmi | -mɪ] 〘← HYSTERO-＋-ECTOMY〙 *n.* 〘外科〙 子宮摘出(術).

hys·ter·e·sis [hìstəríːsɪs, -səs | -sɪs] 〘← NL ～ ← Gk *husterein* to lag〙 ― *n.* 〘磁気〙 (磁気・電気・弾性などの)履歴現象, ヒステリシス. **hys·ter·et·ic** [hìstəréṭɪk | -tɪk] *adj.*

hysterésis coeffícient *n.* 〘磁気〙 ヒステリシス係数《磁気材料のヒステリシス損を示す係数》.

hysterésis lóop *n.* 〘電気〙 ヒステリシスループ《鉄に対する磁化力を正と負の間に一巡させた時の磁束密度の変化する模様を示した環線》.

hysterésis lòss *n.* 〘磁気〙 ヒステリシス損《磁気材料の履歴現象に伴なって変圧器の鉄心中などで発生するエネルギー損失》.

hysterésis mòtor *n.* 〘電気〙 ヒステリシスモーター《永久磁石材料で回転子を作った特殊な同期電動機で, 一定速度で回転する特性を生かし, レコードプレーヤーやテープレコーダーに広く用いられている》.

hys·ter·i·a [hɪstériə, həs-, -tí(ə)- | hɪstíərɪə] 〘《1801》 ← NL ～: ⇨↓, -ia¹〙 ― *n.* 〘病理・心理〙 **1** ヒステリー. **2** (個人や集団の)病的興奮, 抑えのきかない恐慌状態: mob ～ 群集ヒステリー.

hys·ter·ic [hɪstérɪk, həs- | hɪs-] 〘《1657》 ▭ L *hystericus* ▭ Gk *husterikós* of the womb ← *hustéra* womb ← IE **udero-* abdomen, womb (cf. uterus): ヒステリーは子宮の影響によるとされたことから〙 ― *adj.* = hysterical. ― *n.* **1** [通例 *pl.*; 単数または複数扱い] ヒステリーの発作: go (off) [fall] into ～*s*=get ～*s* ヒステリーを起こす. **2** ヒステリーを起こしやすい人; ヒステリー患者.

hys·ter·i·cal [hɪstérɪkəl, həs-, -rə- | hɪstérɪ-] 〘《1615》: ⇨↑, -al¹〙 ― *adj.* **1 a** ヒステリーの[に関する, 性の, にかかった]. **b** ヒステリーを引き起こす. **2 a** 病的興奮の, 非常に感情的な, ヒステリックな: Her laughter was ～. 彼女の笑いはヒステリックだった / She went ～. ヒステリックになった. **b** 感情をむき出しにする. **c** ひどくおかしい, 滑稽至極な, 笑いの止まらない. **～·ly** *adv.*

hystérical féver *n.* 〘病理〙 ヒステリー熱.

hys·ter·o- [hístəro(ʊ) | -rə(ʊ)] 〘← Gk *hustéra* womb: ⇨ hysteric〙「子宮 (womb); ヒステリー (hysteria)」の意の連結形. ★ 母音の前では通例 hister- になる.

hỳstero·génic 〘← HYSTERO-＋-GENIC〙 *adj.* 〘病理〙 ヒステリーを起こさせる.

hys·ter·oid [hístərɔ̀ɪd] 〘← HYSTERO-＋-OID〙 *adj.* ヒステリーに似た.

hys·ter·oi·dal [hìstərɔ́ɪdḷ] *adj.* =hysteroid.

hys·te·ron pro·te·ron [hístərὰn-próʊṭərὰn | -rɔ̀n-prɔ́tərɔ̀n, -prə́ʊ-] 〘《1565》 ▭ LL ～ ▭ Gk *hústeron próteron* the latter (put in place of) the former〙 ― *n.* **1** 〘修辞〙 前後倒置, 反理倒置法《文中の要素の論理的・時間的順序を強調や文体的効果のために逆にすること; 例えば ‘born and bred’ の代わりに ‘bred and born’ とするもの; cf. hyperbaton》. **2** 〘論理〙 不当仮定の虚偽.

hys·ter·o·scope [hístəro(ʊ)skòʊp | -rə(ʊ)skə̀ʊp] 〘← HYSTERO-＋-SCOPE〙 *n.* 〘医学〙 子宮鏡, ヒステロスコープ.

hys·ter·o·tel·y [hístəro(ʊ)tèli | -rə(ʊ)tèlɪ] 〘← Gk *hústeros* latter, later＋*télos* end＋-Y¹〙 ― *n.* 〘昆虫〙 ヒステロテリー《昆虫の成虫や蛹(ˢᵃⁿᵍⁱ)に幼虫の特徴が現われること; cf. prothetely》.

hys·ter·ot·o·my [hìstərάṭəmi | -rɔ́təmɪ] 〘← HYSTERO-＋-TOMY〙 *n.* 〘外科〙 子宮切開(術).

Hys·tric·i·dae [hɪstrísədìː, həs- | hɪstrísɪ-] 〘← NL ～ ← *hystrico-* (↓)＋-IDAE〙 *n. pl.* 〘動物〙 ヤマアラシ科.

Hys·tri·co·mor·pha [hìstrɪko(ʊ)mɔ́əfə, -trə- | -trɪkə(ʊ)mɔ́ːfə] 〘← *hystrico-* (← Gk *hústrix* porcupine)＋-MORPHA〙 ― *n. pl.* 〘動物〙 ヤマアラシ亜目. **hys·tri·co·mor·phic** [hìstrɪko(ʊ)mɔ́əfɪk, -trə- | -trɪkə(ʊ)mɔ́ː-] *adj.*

Hythe [háɪð] 〘← OE *hȳþ* landing-place〙 *n.* イングランド Kent 州南東部の Dover 海峡に臨む港市, 避暑地; 五港 (Cinque Ports) の一つ; 人口 12,000.

hy·ther·graph [háɪθəgræ̀f | -θəgrὰːf, -græ̀f] 〘← HY(DRO-)＋THER(MO-)＋-GRAPH〙 ― *n.* 〘気象〙 ハイサーグラフ《気候図の一種で温度と湿度または降水量の関係を示すグラフ》.

hy·zone [háɪzoʊn | -zəʊn] 〘← HY(DROGEN)＋(O)ZONE〙 *n.* 〘化学〙 三原子水素 (H_3)《発生期の水素のことで, 正しくない》.

Hz 〘記号〙 hertz.

I

I, i [áɪ] 〘OE *I, ι* ▭ L (Etruscan を経由) ▭ Gk *I, ι* (iôta) ▭ Phoenician ☡: cf. Heb. ׳ (yōdh)《原義》hand: 本来は半母音 [j] を表わしたが, ラテン語で [i], [j] の両音を表わすようになった (cf. J)〙 ── *n.* (*pl.* **I's, Is, i's, is** [~z]) **1** 英語アルファベットの第9字. **2** (活字・スタンプなどの) I または i 字. **3** [I] **a** I 字形(のもの): ⇨ I beam. ★ しばしば I- として連結形で用いる: an *I*-rail I 字レール. **b** 〘アメリカンフットボール〙 =I formation. **4** 文字 i が表わす音: a short *i* 短音の i《pit, sin などの[ɪ]; ⇨ short *adj.* 10 a》/ a long *i* 長音の i《pine, nice などの [aɪ]; ⇨ long *adj.* 11》. **5** (連続したものの) 第9番目(のもの). **6** (ローマ数字の) 1: *II* [*ii*]=2 / *III* [*iii*]=3 / *IV* [*iv*]=4 / *VI* [*vi*]=6 / *IX* [*ix*]=9 / *XI* [*xi*]=11 / *XIV* [*xiv*]=14 / *LI* [*li*]=51 / *CIII* [*ciii*]=103 / *MIV* [*miv*]=1004 / *Hamlet III. iv.* 5 ハムレット第3幕第4場5行目. ★ ローマ数字は読みにくいため今日ではだんだんとアラビア数字がとって代わりつつある: *Hamlet* 3. 4. 5. **7** 〘論理〙 =particular affirmative.

dot the [*one's*] ***i's*** ⇨ DOT *the i's and cross the t's.*

i 《記号》[通例イタリック体で]〘数学〙虚数単位 ($\sqrt{-1}$) (imaginary unit); 〘数学〙 *X* 軸に平行な一単位の長さのベクトル; 〘天文〙軌道の黄傾斜 (the inclination of an orbit to the ecliptic).

i, I 《略》 *L.* Imperator (=Emperor); *L.* Imperatrix (=Empress); industrial; initial; intensity; interstate; island(s); isle(s).

i, I 《記号》〘電気〙電流 (electric current).

I 〘ME *i, ich, ic* < OE *iċ* < Gmc **eka* (G *ich*) ← IE **eĝ-* (L *ego* / Gk *egṓ*)〙 ── [aɪ, àɪ, áɪ] *pron.* [人称代名詞, 一人称単数主格; 所有格 **my,** (古・詩) **mine**; 目的格 **me**; 複数 **we**] 私, わたし, 僕: Am *I* not ...? 《★ 通例《米口語》では Ain't *I* ... ?, 《英口語》では Aren't [An't] *I* ...? という; ただし最近では《米口語》でも Aren't *I* ...? が増えてきた》/ *I*, personally [for one], am opposed to it. 私としてはそれに反対だ / It is *I*. [áɪ] それは私だ (cf. It's ME.) / It is *I* who am to blame. 悪いのは私だ. ★ I を文中でも大文字で書くのは, 昔筆写する時に起こりがちな誤りを避けるために用いた便法に起因する. ── [áɪ] *n.* (*pl.* **I's** [~z]) **1** I という言葉[人物]: The "*I*" in this story is Dr. Watson. この小説の中で「私」というのはワトソン博士である / He uses too many *I's* in his letter. 彼の手紙には自分の事が多過ぎる. **2** 〘哲学〙自我, われ (ego): the *I* われ / another *I* 第二のわれ.

I AM=I am 〘cf. *Exodus* 3: 14〙 (1) 全能の神ヤハウエ (Yahweh) [エホバ (Jehovah)]. (2) 《口語》偉い人, 尊大な[もったいぶった]人: consider oneself a great *I AM* 自分を偉い人間だと思い込む.

I 《記号》 **1** 〘歯科〙 incisor. **2** 〘化学〙 iodine. **3** 〘物理〙 isospin, moment of inertia, density of current. **4** 《米》〘教育〙単位不足 (incomplete); 単位不足の学生. **5** 〘論理〙 particular affirmative. **6** 〘広告〙 single column inch. ⌈intransitive.

i. 《略》 *L.* id (=that); indicate; indicated; interest;

I. 《略》 Idaho《非公式》; *L.* Iesus (=Jesus); Imperial; *L.* Imperium (=Empire); incumbent; Independent; Indian; *L.* Infidelis (=infidel); inspector; institute; instructor; intelligence; interceptor; interpreter; Iowa《非公式》; Ireland; Irish; Israeli; issue; Italian; Italy.

i' [ɪ] *prep.*《スコット》=in.

i-[1] [áɪ] 〘← I(NACTIVE)〙〘生化学〙「不活性の (inactive)」の意の連結形. ★ 通例第2要素との間にハイフンを入れて用いる: *i*-inositol 不活性イノシトール.

i-[2] [áɪ] 〘← I(SO-)〙〘化学〙「イソ[異性体] (isomeric)」の意の連結形. ★ 通例第2要素との間にハイフンを入れて用いる: *i*-butyl イソブチル基.

-i [aɪ, iː] *suf.* ラテン語系名詞の複数形語尾: alumn*i* (← alumnus) / foc*i* (← focus) / literat*i* (← literatus).

-i- [ɪ, ə, í | ɪ, í] 〘ME ▭ (O)F *-i-* < L *-i-* (語幹・連結母音): cf. -o-〙 ── **1** ラテン語系合成語の第1要素と第2要素を結ぶ連結辞 (cf. -o-): omn*i*vorous, pac*i*fic, un*i*form. **2** 一般的に合成語の連結辞: cant*i*lever.

IA 《略》〘米郵便〙 Iowa (州).

Ia. 《略》 Iowa《非公式》.

i.a. 《略》 *L.* in absentia (=in absence).

I.A. 《略》 Incorporated Accountant; Indian Army; infected area; Institute of Actuaries.

-i·a[1] [iə, jə | jə, ɪə] 〘▭ L *-ia* ▭ Gk *-ía* ← *-i-* (語幹・連結母音) + *-a* (女性単数主格語尾)〙 ── *suf.* **1** ギリシャ・ラテン語系の名詞語尾: man*ia*, morph*ia*, sep*ia*. **2** 病名の語尾: anesthes*ia*, hyster*ia*, malar*ia*. **3** 国名の語尾: Austral*ia*, Phoenic*ia*, Yugoslav*ia*. **4** 植物[動物]分類の属名の語尾: dahl*ia*, fuchs*ia*, wister*ia*.

-i·a[2] [iə, jə | jə, ɪə] 〘▭ L *-ia* // Gk *-ia* ← *-i-* (語幹・連結母音) + *-a* (中性複数主格語尾)〙 ── *suf.* **1** ギリシャ・ラテン語名詞の複数語尾: effluv*ia*, paraphernal*ia*, regal*ia*. **2** ローマの祭日名の語尾: Bacchanal*ia*, Lupercal*ia*, Saturnal*ia*. **3** 〘生物〙動植物の大きな分類群(綱・目など)を表わす複数語尾: Cryptogamm*ia*, Mammal*ia*. **4** 「...に由来する[関係のある]物」の意: Marylandi*a*, tabloidi*a*.

-ia[3] *suf.* -ium 3 の複数形.

IAA 《略》〘生化学〙 indoleacetic acid.

IAAF, I.A.A.F. 《略》 International Amateur Athletic Federation 国際アマチュア競技連盟.

IABA, I.A.B.A. 《略》 International Amateur Boxing Association. ⌈versities.

IACU 《略》 International Association of Catholic Uni-

IADB, I.A.D.B. 《略》 Inter-American Defense Board; Inter-American Development Bank.

IAEA, I.A.E.A. 《略》 International Atomic Energy Agency 国際原子力機関《1957年設立の国連の機関》.

IAF 《略》 International Astronautical Federation 国際宇宙飛行連盟《1950年に発足した宇宙飛行関係の学会や協会の連合組織で, 日本を含めて37か国が加盟》.

I·a·go [iáːgoʊ | ɪáːgəʊ] 〘▭ Sp. *Jago* ▭ L *Jacōbus*: ⇨ Jacob〙 *n.* **1** 男性名. **2** イアーゴー《Shakespeare 作の *Othello* 中に出る陰険邪悪な人物》. ⌈性名.

I·ain [íːən | íən, íːən] 〘《変形》← IAN: cf. Evan〙 *n.* 男

-i·al [iəl, jəl | jəl, ɪəl] 〘▭ L *-iālis* (masc. & fem. adj. suf.), *-iāle* (neut.): ⇨ -i-, -al[1]〙 *suf.* =-al[1]: celest*ial*, colloqu*ial*, pictor*ial*, remed*ial*.

IALC 《略》〘航空〙 instrument approach and landing chart 計器進入着陸図.

IAM, I.A.M. 《略》 Institute of Advanced Motorists; International Association of Machinists and Aerospace Workers.

i·amb [áɪæm(b)] 〘《1842》▭ L *iamb-us* iambic poem: ⇨ iambus〙 *n.* 〘詩学〙(古典詩の)短長格 (◡—); (英詩の)弱強[抑揚]格 (×´)《例: The cúrfew tólls the knéll of párting dáy.—Gray; cf. foot 11》.

iambi *n.* iambus の複数形.

i·am·bic [aɪǽmbɪk] 〘《1575》▭ F *iambique* ▭ L *iambicus* ▭ Gk *iambikós* ← *íambos*: ⇨ iambus〙 ── *adj.* **1** 〘詩学〙弱強[短長]格の: ~ pentameter 弱強五歩格. **2** 〘ギリシャ文学〙(短長格で書いた)風刺詩の. ── *n.* **1** 〘詩学〙 =iamb. **2** [通例 *pl.*]〘詩学〙弱強[短長]格の詩. **3** 〘ギリシャ文学〙短長格の風刺詩. ⌈人.

i·ám·bist [-bɪst, -bəst | -bɪst] *n.* iambic の詩を作る

i·am·bus [aɪǽmbəs] 〘《1586》▭ L ~ ▭ Gk *íambos* ← *iáptein* to assail (in words)〙 *n.* (*pl.* **i·am·bi** [-baɪ], **~·es**) 〘詩学〙 =iamb.

I·an [íːən, íːɑːn, áɪən | íːən, íən] 〘《Gaelic 形》← JOHN[1]〙 *n.* 男性名. ★ スコットランドに多い.

-i·an [iən, jən | jən, ɪən] 〘▭ L *-iānus*: ⇨ -i-, -an[1]〙 ── *suf.* =-an[1], -ean: Athen*ian*, Christ*ian*, merid*ian*, amphib*ian*. ★ 固有名詞派生形容詞の造語では最近 -an, -ean より一般的に用いられる: Beckett*ian* (← Samuel Beckett) / Hitchcock*ian* (← Alfred Hitchcock).

-i·a·na [iǽnə, iáːnə, iéɪnə | ɪáːnə] 〘▭ L *-iāna*: ⇨ -i-, -ana〙 *suf.* (連結辞 -i- を伴った) -ana の異形: Shakespear*iana*.

I·an·the [aɪǽnθi | -θɪ] 〘▭ Gk *Iánthē* (海のニンフの一人)《原義》violet flower: ⇨ janthina〙 *n.* 女性名.

i·an·thi·na [aɪǽnθənə | -θɪ-] *n.* 〘貝類〙 =janthina.

IAP 《略》 Inter-American Press Association (⇨ IAPA); international airport.

IAPA 《略》 Inter-American Press Association 米州新聞協会《時に IPA と略すこともある》.

I·ap·e·tus [aɪǽpətəs | -pɪt-] 〘▭ L *Īapetus* ▭ Gk *Iapetós*〙 ── *n.* **1** 〘ギリシャ神話〙イアペトス《巨人族 (Titans) の一人; Uranus と Gaea との間に生れ, Atlas, Epimetheus, Prometheus の父となった》. **2** 〘天文〙イアペトス《土星 (Saturn) の第8衛星》.

IAPF 《略》 Inter-American Peacekeeping Force.

iar·o·vize [jáːrəvàɪz] 〘《異形》← JAROVIZE〙 *vt.* 〘農業〙 =vernalize.

IAS 《略》〘航空〙 indicated airspeed; Indian Administrative Service; Institute of the Aerospace Sciences.

-iases *suf.* -iasis の複数形.

Ia·şi [jáːʃ(i) | -ʃ(ɪ); *Rum.* jaʃʲ] *n.* ヤーシ《ルーマニア北東部の都市; 人口 265,000; Jassy ともいう》.

-i·a·sis [áɪəsɪs, -səs | -sɪs] 〘← NL *-iāsis*: ⇨ -i-, -asis〙 *suf.* (*pl.* **-i·a·ses** [-sìːz]) (連結辞 -i- を伴った) -asis の異形: hypocondr*iasis*.

IATA, I.A.T.A. [aɪáːṭə | -tə] 《略》 International Air Transport Association 国際民間航空輸送協会, 「イアタ」《1945年設立》.

i·at·ric [aɪǽtrɪk] 〘▭ Gk *iatrik-ós* ← *iātrós* healer, physician〙 *adj.* 《まれ》医師の; 医薬の.

-i·at·ric [iǽtrɪk | ɪ-] 〘↑〙「...の医療の[に関する]」の意の形容詞連結形: hydr*iatric*.

i·át·ri·cal [-trɪkəl, -rə- | -rɪ-] 〘⇨ iatric, -al[1]〙 *adj.* = iatric. ⌈*rical.*

-i·át·ri·cal [-trɪkəl, -rə- | -trɪ-] =-iatric: psych*iat*-

-i·at·rics [iǽtrɪks | ɪ-] 〘⇨ iatric, -ics〙「医療 (medical treatment)」の意を表わす通例単数扱いの名詞連結形: ped*iatrics*.

i·at·ro- [aɪǽtroʊ, i- | aɪǽtrə(ʊ), ɪ-] 〘← NL ~ ← Gk *iātrós* physician〙 ── **1** 「医師 (physician); 医薬 (medicine); 治療 (healing)」の意の連結形: *iatro*genic. **2** 「医師と...との (physician and...); 医薬[治療]と...との」の意の連結形: *iatro*chemistry / *iatro*-astrological 治療と占星学の.

iàtro·chémistry 〘⇨ ↑, chemistry〙 ── *n.* イアトロ化学, 医療化学《16–17世紀に Paracelsus を祖としヨーロッパに流行した医学的化学的技術; はじめ不老不死の薬を作るのが主な目的であった》.

iàtro·génic 〘← IATRO-+-GENIC〙 ── *adj.* 医原性の《医療自体が原因となる, またはそれに促進される》: an ~ disease 医原病, 医原性疾患. **iàtro·génical·ly** *adv.*

-i·a·try [áɪətri, iǽt- | áɪətrɪ, iǽt-] 〘← Gk *iātreia* healing: ⇨ iatro-, -y[1]〙「医療 (medical treatment)」の意の名詞連結形: psych*iatry*.

IAU, I.A.U. 《略》 International Association of Universities; International Astronomical Union.

ib. 《略》 ibidem.

I.B. 《略》〘税関〙 in bond; 〘軍事〙 incendiary bomb; information bureau; Institute of Bankers; Institute of Building; instruction book; intelligence branch; international bank; invoice book.

IBA 《略》 Independent Broadcasting Authority (英国の)独立放送公社《商業放送の施設・管理・運営・番組監督を行なう公共法人; 1972年 ITA から発展; cf. ITV》.

I·bad·an [iːbáːdṇ, -bǽdṇ | ɪbǽdən, -dṇ] *n.* イバダン《ナイジェリア南西部の同国第二の都市; 人口 847,000 (近郊を含む)》.

Ibáñez, Vicente Blasco *n.* ⇨ Blasco Ibáñez.

Í bàr *n.* 〘土木〙 I 形材《建設工事に用いる I 型鋼材》.

Í bèam *n.* 〘土木〙 I 形鋼, I 形ビーム《切断面が I 字型の梁(はり)》.

I·be·ri·a [aɪbí(ə)riə | -bíərɪə] 〘▭ L *Ibēria* ← *Ibēres* Spaniards ▭ Gk *Íbēres*〙 ── *n.* イベリア: **1** Iberian Peninsula の古名. **2** Caucasus 山脈南方の一地方の古代名; 今のソ連邦 Georgia 共和国に当たる.

I·be·ri·an [aɪbí(ə)riən | -bíərɪ-] 〘《1601》: ⇨ ↑, -an[1]〙 ── *adj.* **1** イベリア(半島)の. **2** スペイン・ポルトガルの. **3** イベリア種族の; 古代イベリア語の. ── *n.* **1 a** 古代イベリア人《スペインの Ebro 川周辺に住んでいた民族の人 (cf. Iberus); バスク人 (Basques) と同系という説もある》. **b** 古代イベリア (Iberia 2) の住民. **2** イベリア半島の住民《スペイン人・ポルトガル人またはバスク人》. **3** 〘言語〙古代イベリア語《バスク語はこれから発達したとする説もあるが不詳》.

Ibérian Península *n.* [the ~] イベリア半島《スペイン・ポルトガルを含むヨーロッパ南西部の大半島》.

Ibérian ráce *n.* 〘人類学〙イベリア種族《有史以前に北アフリカ・フランス・スペイン・ブリテンなどに住んでいた種族で, dolmen などを造ったと推定される短身・暗色皮膚・長頭の新石器人種》.

I·bert [iːbέə | -béə(r; *F.* ibɛːr], **Jacques (François Antoine)** *n.* イベール《1890–1962; フランスの作曲家》.

I·ber·us [aɪbí(ə)rəs | -bíər-] 〘▭ L *Ibērus*=*Hibērus* ▭ Gk *Íbēros*〙 *n.* [the ~] イベルス(川)《Ebro 川の古名》.

Iberville, d' *n.* ⇨ d'Iberville.

i·bex [áɪbeks] 〘《1607》▭ L *ibex*〙 ── *n.* (*pl.* **~·es, ib·i·ces** [íbəsìːz, áɪb- | -bɪ-], ~) 〘動物〙ヨーロッパ・アジア・アフリカ産のヤギ属 (*Capra*) の野生のヤギの総称; (特に)アルプスアイベックス (Alpine ibex)《Alps, Apennines 山脈などにすむ後ろ向きに曲がった大角をもつ野生のヤギ; steinbock ともいう》.

ibex (*C. ibex*)

Ib·i·bi·o [ɪbəbíːoʊ | ɪbɪbíːəʊ] *n.* (*pl.* ~, **~s**) **1 a** [the ~(s)] イビビオ族《ナイジェリア南

東部の部族). **b** イビビオ族の人. **2** (ナイジェリア・コンゴ語族の中心を占める)イビビオ族の言語.
ibices *n.* ibex の複数形.
ibid. [íbɪd, íbəd | íbɪd] 《略》 ibidem.
i·bi·dem [íbədèm, -dəm, ɪbáɪdəm, əb-, ɪbíːdem | ɪbáɪdem, íbɪdèm] 〖□L ～ 'in (the) same place' ← *ibĭ* there＋*-dem* (demonstrative suf.)〗 ― *L. adv.* 同じ個所に, 同書[章, 節]に (略 ib., ibid.). ★ 脚注などで出典を示すとき書名・著者名の繰り返しを避けるために, 通例略形で, 時にイタリック体で用いる.
-i·bil·i·ty [əbíləṭi | ɪbílətɪ, əb-, -lɪ-] 〖□F *-ibilité* // L *-ĭbilitātem* : ⇨ -i-, -ability〗 *suf.* -ible で終わる形容詞から名詞を造る : ed*ibility*, sens*ibility*.
i·bis [áɪbɪs, -bəs | -bɪs] 〖(c1390) □L *ībis* □Gk *îbis* ← Egypt.〗 ― *n.* (*pl.* ～·**es**, ～) 〖鳥類〗 **1** トキ《トキ科の渉禽(しょうきん)の総称 ; 両半球の温帯に生息し, 水生または両生動物を食用する ; sacred ibis, white ibis や日本産のトキ (*Nipponia nippon*) も含まれる》. **2** コウノトリ《トキに近似のコウノトリ科の鳥数種の総称》; (特に)アメリカトキコウ (wood ibis).
-i·ble [əbl̩ | əbl̩, ɪbl] 〖ME □(O)F ～ // L *-ĭbilis* : cf. -able〗 ― *suf.* *-īre*, *-ĕre* に終わるラテン語動詞から派生した形容詞語尾で, -able と同じ意味を表わす : aud*ible*, ed*ible*, sens*ible*, vis*ible*. ★ (1) -able, -ible の両形をもつ語もある : admiss*ible*, admitt*able* ; collaps*ible*, collaps*able*. (2) -able は今日でも生きていて大抵の語に付き得るのに対し, -ible はほとんど固定化している (⇨ -able).
IBM 《略》 intercontinental ballistic missile ; International Business Machines (Corporation).
Ibn- [ɪbn] 〖□ Arab. ～ ← *ibn* son : cog. Heb. *bēn* (cf. *Benjamin*)〗 *pref.* アラビア系の人名の前に付いて son of の意を表わす (cf. Mac-, Fitz-, O').
ibn-Rushd [ɪbnrúʃt] *n.* イブンルシュト《Averroës のアラビア語名》.
ibn-Sa·ud [ɪbənsɑːúːd, -sáʊd], **Ab·dul-A·ziz** [æbdúlɑːzíːz] *n.* イブン サウド《1880–1953 ; サウジアラビア (Saudi Arabia) の初代国王 (1932–53)》.
ibn-Saud, Abdul-Aziz al Fai·sal [fáɪsəl, féɪ-] *n.* イブン サウド《1901–69 ; Abdul-Aziz の子 ; 第二代国王 (1953–64)》.
ibn-Si·na [ɪbənsíːnɑː] *n.* イブン シーナー《Avicenna のアラビア語名》.
I·bo [íːboʊ | -bəʊ] 〖土語〗 *n.* (*pl.* ～**s**, ～) **1 a** [the ～(s)] イボ族《ナイジェリア南東部の部族》. **b** イボ族の人. **2** イボ語 (cf. Kwa).
Ib·ra·him Pashá [ɪbrɑːhíːm- | íbrəhìːm-, ⌣⌣⌣-] *n.* イブラーヒーム パシャ《1789–1848 ; エジプト統治時代のシリア (Syria) の総督》.
IBRD 《略》 International Bank for Reconstruction and Development.
Ib·sen [íbsn̩, íp- | íb- ; *Norw.* ípsən], **Henrik** *n.* イプセン《1828–1906 ; ノルウェーの劇作家・詩人 ; 近代劇の父といわれる ; *A Doll's House* (1879)》.
Ib·se·ni·an [ɪbsíːniən, ɪp-, -sén- | ɪbsíːniən, -sén-, -njən] *adj.* **1** イプセン (Ibsen) の. **2** イプセン劇風の, イプセン的な, イプセン主義の.
Íb·sen·ìsm [-nìzm̩] *n.* **1** イプセン主義《家庭・社会生活の因習的偏見の摘発, 一切の虚偽・妥協の排斥, 既成宗教打破, 婦人解放などの主張》. **2** 〖演劇〗 イプセンの手法《問題劇の形で事件の進展中に伝統的偽善などを展開して新しい問題を提出し, その解決を暗示する作風》.
Ib·sen·ite [íbsənàɪt, íp- | íb-] *n.* イプセン主義者 ; イプセン模倣者.
IBY 《略》 International Biological Year 国際生物学年.
IC 《略》 〖言語〗 immediate constituent ; 〖電子工学〗 integrated circuit 集積回路 (cf. LSI).
i/c 《略》 in charge ; 〖軍事〗 in command.
I.C. 《略》 *L.* Iesus Christus (＝Jesus Christ).
-ic¹ [ɪk] 〖ME *-ik*, *-ic* □(O)F *-ique* // L *-icus* □Gk *-ikós* : cf. -ish¹〗 ― *suf.* 次の意味を表わす形容詞語尾 : **1** 「…の, …に属する, …に関する」: acet*ic*, Iceland*ic*. **2** 「…の性質の, …のような, …的な」: hero*ic*, realist*ic*, Byron*ic*. **3** 「…から成る, …を含む」: carbon*ic*, iamb*ic*. **4** 「…を生じる, …を起こす」: psychedel*ic*. **5** 「…によって生じる」: amoeb*ic*. **6** 〖化学〗 語尾 -ous をもつ場合より原子価の高いことを示す : ferr*ic* (cf. ferrous 2) / nitr*ic*, sulfur*ic*. **7** 形容詞の名詞的用法 : classic, critic, public, sceptic. ★ -ic に終わる形容詞に対応する副詞は通例 -ally, 時に -ly をとる : realistic*ally* ; heroic*ly*, public*ly*.
-ic² [ɪk] 〖ME *-ik*, *-ic* □L *-ica* □Gk *-ikḗ* : cf. *hē rhētorikḗ* (*tékhnē*) the (art of) rhetoric〗 ― *suf.* 主に芸術・学術の分野の名称を表わす (cf. -ics) : arithmet*ic*, mus*ic*, rhetor*ic*.
I·çá [iːsɑ́ː ; *Braz.* isá] *n.* [the ～] イサ(川)《Putumayo 川のブラジル語名》.
ICA 《略》 〖会計〗 Institute of Chartered Accountants 勅許会計士協会《通常 ICA といえば ICA in England and Wales をさすが, このほか, ICA of Scotland と ICA in Ireland とがある》; Institute of Contemporary Arts ; International Cooperation Administration 《米》 国際協力局《国務省の一部局で対外経済技術援助を担当していたが, 現在は Agency for International Development という》; International Cooperative Alliance.
I·cac·i·na·ce·ae [ɪkæsənéɪsiìː | ɪkæsɪ-] 〖← NL ～ ← *Icacina* (属名 : ← ICACO＋-INA¹)＋-ACEAE〗 ― *n. pl.* 〖植物〗 (ムクロジ目)クロタキカズラ科. **i·càc·i·ná·ceous** [-ʃəs] *adj.*
i·ca·co [ɪkǽkoʊ, ɪkɑ́ː- | ɪkéɪkəʊ] 〖□ Sp. ～, *hicaco* ← Arawak〗 *n.* 〖植物〗 ＝coco plum.
-i·cal [ɪkəl, ək- | ɪk-] 〖ME □LL *-icālis* : ⇨ -ic¹·², -al¹〗 ― *suf.* **1** 「…の, …に関する, …のような」などの意を表わし -ic に終わる名詞から形容詞を造る : mus*ical* (← music). **2** -ic に終る形容詞から第二の形容詞を造る : com*ical* (← comic) / econom*ical* (← economic) / histor*ical* (← historic). ★ 2 の場合 -ic, -ical で終る語は一般的には交換可能であるが, 時に -ic の方は原義的, -ical の方は比喩的・転義的な意味を表わすことがある : a comic opera, a com*ical* grimace ; an economic doctrine, an econom*ical* woman ; historic houses, histor*ical* documents.
-i·cal·ly [ɪk(ə)li, ək- | ɪk(ə)li] *suf.* -ic, -ical に終わる形容詞の副詞を造る : crit*ically*, hero*ically*.
ICAO 《略》 International Civil Aviation Organization 国際民間航空機関《1947 年発足の国連の専門機関》.
I·car·i·a [ɪkέ(ə)riə, ɪk- | ɪkέəriə, aɪk-] *n.* ＝Ikaria.
I·car·i·an [aɪkέ(ə)riən, ɪk- | ɪkέəri-, aɪk-] 〖(1595) : ⇨ Icarus, -ian〗 *adj.* **1** イカロス (Icarus) の(ような). **2** 向こう見ずの, 冒険的な : an ～ undertaking.
Icárian Séa *n.* [the ～] イカリア海《エーゲ海南部, 小アジア沿岸付近の古名 ; ギリシャ神話によるとここに Icarus が墜落した》.
Ic·a·rus [íkərəs, áɪk-] 〖□L ～ □Gk *Íkaros*〗 ― *n.* **1** 〖ギリシャ神話〗 イカロス《Daedalus の子 ; 蠟(ろう)付けの翼で父と共に Crete 島から脱出したが, あまり太陽に接近したため, その蠟が溶けて海中に墜落して死んだという》. **2** 〖天文〗 イカロス《太陽の最も近くを通り過ぎる小惑星》.
ICBM 〖(頭字語) ← *i*(*nter*)*c*(*ontinental*) *b*(*allistic*) *m*(*issile*)〗 *n.* (*pl.* ～'**s**, ～**s**) 大陸間弾道弾[ミサイル]《射程 8,000–19,000 km のもの ; cf. IRBM, MRBM, SRBM》.
I.C.C., ICC 《略》 《米》 Indian Claims Commission ; International Chamber of Commerce 国際商工会議所 ; 《米》 Interstate Commerce Commission.
ICCF 《略》 〖チェス〗 International Correspondence Chess Federation.
ice [áɪs] 〖OE *īs* < Gmc **īsam*, **īsaz* (Du. *ijs* / G *Eis*) ← IE **ei-s-* ice, frost〗 ― *n.* **1** 氷 : *Ice* forms. 氷が張る. ★ ラテン語系形容詞 : glacial. **2** [通例 the ～] **a** 一面に張りつめた氷 : He broke through *the* ～. 氷が破れて[に穴があいて]水中に落ちた. **b** [I-] (北極地方一帯の)氷原. **3** アイス《果汁などを凍らせた氷菓 ; fruit ice など》; 《英》 アイスクリーム : two strawberry ～*s* / eat an ～. **4** (菓子にかける)砂糖ごろも. **5** 氷状のもの : ⇨ camphor ice. **6** よそよそしさ, 形式張った冷たい態度. **7** 《米俗》 [集合的にも用いて] ダイヤモンド (diamond(s)). **8** 《米俗》 **a** (不正業者が警察などに支払う)口止め料. **b** (だふ屋が便宜を図ってもらうために劇場関係者に払う)手数料, プレミアム. **9** 《米》 アイスホッケーの競技場.
be* [*skate, tread, walk*] *on thin ice (1) 薄氷を踏む(思いをする), 危い橋を渡る. (2) きわどい[デリケートな]話題に触れる. ***break*** [《米》 ***crack***] ***the ice*** (1) (パーティーなどで)話の口火を切る, 座を打ち解けさせる, なごやかな空気にする. (2) (難しい事の)緒(いとぐち)を見つける, 皮切りをする, 口火を切る. ***chop one's own ice*** 《米口語》 自分の利得だけを図る. ***cut no*** [***little***] ***ice*** 《口語》 (…に)効果がない, 役に立たない, 問題にされない 〈*with*〉. ***get*** [***find***] ***one's ice legs*** (スケートで)氷の上を滑って歩けるようになる (cf. get one's SEA LEGS). ***have one's brains on ice*** 《俗》 冷静にしている. ***on ice*** (1) 〈ショーなど〉氷上で[の]. (2) 冷蔵庫にはいって. (3) 《口語》 (将来に備え)保留して ; 準備して : keep *on* ～ 保存する / put *on* ～ 〈問題などを〉(一時的に)保留する. (4) 《米俗》 〈勝利・成功が〉確かで, ちゃんと決まって : put the game *on* ～ 試合を確実にする. (5) 《米俗》 入獄して.
― *attrib. adj.* 氷の ; 氷上の ; 製氷の : an ～ carnival.
― *vt.* **1 a** 凍らす (freeze). **b** 〈飲物などを〉氷で冷やす, 冷蔵する (refrigerate) : ～ a bottle of beer / ～ coffee, wine, etc. **2** 〈物を〉氷でおおう, 氷で張りつめる, 氷で閉ざす 〈*up, in, over*〉 : The ship was ～*d up*. 船は氷の中に閉ざされた / The lake was ～*d over*. 湖は一面に氷が張った. **3** 〈菓子〉に砂糖ごろもをかける (frost) (cf. icing 1, iced 3). **4** 〖アイスホッケー〗 **a** …にアイシングする (⇨ icing 3). **b** 《カナダ》 〈チームを〉公式戦に出す. **5** 《米俗》 殺す (kill). ― *vi.* 凍る (freeze) ; 〈窓ガラス・飛行機の翼などが〉氷膜で蔽われる 〈*up, over*〉.
ice out 《米俗》 付き合いから閉め出す, 付き合わずに無視する. ***ice the decision*** [***game***] 《米俗》 勝利を決定的にする.
ICE, I.C.E. 《略》 Institute of Chemical Engineers ; Institute of Civil Engineers ; 〖機械〗 internal-combustion engine ; International Cultural Exchange.
Ice. 《略》 Iceland ; Icelandic.
-ice [ɪs, əs | ɪs] 〖ME *-is(e)*, *-ys(e)* □OF *-ice*, *-ise* < L *-itius* (masc.), *-itium* (neut.), *-itia* (fem.)〗 ― *suf.* 行為・状態・性質などを表わす名詞を造る : hosp*ice*, just*ice*, precip*ice*, serv*ice*.
Íce Àge *n.* **1** [the ～] 〖地質〗 氷期 (glacial epoch). **2** [i- a-] 広範囲にわたる氷河作用の起こる時期.
íce ànchor *n.* 〖海事〗 氷アンカー, 氷錨(ひょうびょう)《船を氷へ係留する時に用いる爪が一つの小型錨》.
íce àpron *n.* アイスエプロン《橋脚その他を流氷から守るためのくさび形装置》.
íce àx *n.* 〖登山〗 ピッケル, アイスアックス《氷の面に足場を切ったりするのに用いる ; pickel ともいう》.
íce bàg *n.* (頭などを冷やすゴム製の)氷嚢(ひょうのう), 氷枕 (cf. ice cap 2, ice pack 2).
íce bèam *n.* 〖海事〗 アイスビーム《氷の圧力に耐えるために満載喫水線下に特別に増設した梁(はり)材》.
íce bèlt *n.* **1** 〖地理〗 ＝ice foot 1. **2** 〖海事〗 氷帯《砕氷船の喫水線付近の外板で, 特に広く厚くできていて氷圧に耐えるようにできている部分》.
ice·berg [áɪsbəːg | -bɜːg] 〖(1774) □(M)Du. *ijsberg* ← *ijs* 'ICE'＋*berg* 'hill BARROW²' : cog. G *Eisberg* / Dan. *isbjerg* / Swed. *isberg*〗 ― *n.* **1** 〖地理〗 氷山 (cf. growler 4, ice island). **2** 氷山の一角. **3** (ものに感動しない)冷淡な人 : an ～ of a man.
iceberg léttuce *n.* 《米》 アイスバーグレタス《キャベツに似たレタスの一種》.
íce·blìnk *n.* **1** 〖気象〗 氷光, 氷映《氷原の反映により地平線上[近く]に漂う黄色がかった光 ; ice sky ともいう ; cf. snowblink》. **2** (Greenland などの海岸の)氷の崖.
íce-blúe *adj.* 淡青色の.
íce·bòat *n.* **1** 氷上ヨット, 氷上滑走艇 (ice yacht) 《大きな帆を張って氷上を滑るスポーツ用のそり》. **2** 砕氷船.
íce·bòating *n.* 氷上ヨット競技.
íce·bòund 〖⇨ bound⁴〗 *adj.* **1** 〈船など〉氷に閉ざされた : an ～ ship, vessel, etc. **2** 〈場所など〉氷の張りつめた : an ～ harbor.
íce·bòx *n.* **1** (氷を入れて冷やす)冷蔵庫, アイスボックス, (冷蔵庫の)冷凍室 ; 《米》 電気冷蔵庫 (refrigerator). **2** 〖海事〗 アイスボックス《氷海航行船で, コンデンサー冷却用の海水取り入れ用として造られた船底の一区画》. **3** 《俗》 (刑務所の隔離された)独房.
raid the icebox 《米》 よその冷蔵庫の物を勝手に使う.
íce·brèaker *n.* **1** 砕氷船 (iceboat) 《氷海に水路を作るため, 氷を破って進むことができるよう, 船首を特に強固にした船》. **2** 〖土木〗 流氷よけ《流氷から橋脚を保護するために築いた石[木]造の構築物》. **3** 砕氷器. **4** ＝mixer 5 b. **5** (タクシーの)基本料金. **6** 南氷洋のセミクジラ. **7** (パーティーなどで)話の口火を切る[きっかけを作る]人[物], 空気をなごませる人[物] (cf. *break the* ICE (1)).
íce búcket *n.* ＝ice pail.
íce bùlletin *n.* 〖海事〗 流氷情報《船舶に対し流氷の位置や移動状況などを知らせる無線通信》.
íce càp *n.* **1** 氷帽《山頂部をおおう小形の氷河》. **2** ＝ice sheet. **3** (頭部用の)氷嚢(ひょうのう).
íce chèst *n.* ＝icebox 1.
íce còffee *n.* 《米》 ＝ICED coffee.
íce-cóld 〖OE *īscealed* : cf. G *eiskalt*〗 ― *adj.* **1** 氷のように冷たい. **2** 〈感情・態度が〉暖かみのない ; 感情に動かされない, 冷静な : an ～ brain / his ～ reasoning 彼の冷徹な推論.
íce còlor *n.* 〖染色〗 アイス染料, 冷染染料 (⇨ azoic dye).
íce còlumn *n.* 〖気象〗 ＝ice needle 2.
íce-crèam *adj.* 〈衣服が〉(バニラ)アイスクリーム色の : an ～ suit.
íce créam [⌣⌣, ⌣⌣] 〖(1744) ← ICE＋CREAM ∽ (1688) *iced cream*〗 ― *n.* **1** アイスクリーム (cf. ice *n.* 3) : I like ～. / Two ～*s*, please. アイスクリームを2個下さい. **2** 〖商用語〗 アイスクリームをまねて作ったもの《乳脂肪がある水準以下のもの ; cf. mousse, parfait》.
íce-cream chàir *n.* (歩道にあるコーヒー店などで用いる)背のある丸椅子.
íce-cream còne *n.* アイスクリームコーン : **a** アイスクリーム入れ[入り]の円錐形のウエハース (《英》 cornet). **b** アイスクリームをコーンに入れ細かく砕いたチョコレートやナッツを載せたもの.
íce-cream fòrk *n.* (叉が三本でさじ状の)アイスクリームフォーク.
íce-cream frèezer *n.* アイスクリームフリーザー[製造機].
íce-cream sóda *n.* (アイス)クリームソーダ.
íce crùsher *n.* 砕氷機.
íce crỳstal *n.* 〖気象〗 **1** 氷晶《空気が 0°C 以下に冷却した時にできる氷の結晶》. **2** [通例 *pl.*] ＝ice needle 1.
íce cùbe *n.* (冷蔵庫でできる)角氷.
iced *adj.* **1** 氷でおおわれた. **2** 氷で冷やした, 氷入りの : ～ beer 冷やしたビール / ～ water 氷で冷やした水, アイスウォーター (《米》 ice water) / ～ coffee アイスコーヒー (《米》 ice coffee) / ～ tea アイスティー (《米》 ice tea). **3** 〈菓子など〉砂糖ごろもをかけた (frosted) (cf. ice *vt.* 3) : ～ fruits 砂糖づけ果物.
íce dòck *n.* 〖海事〗 アイスドック《氷海港で停泊中の船が結氷の圧力で押しつぶされるのを防ぐため, 特別に設けた船舶収容の区画》.
íce dràg *n.* 〖海事〗 ＝ice anchor.
íce·fàll 〖cf. waterfall〗 *n.* **1** 〖登山〗 氷瀑《氷河の急斜面などに不規則な割れ目 (crevis) と共にできる氷塊の部分》. **2** 凍結した滝, 氷瀑.
íce field *n.* 〖地理〗 (極地大陸やグリーンランドに見られる)氷原, 大浮氷原《大規模な枝状流氷 ; cf. field ice, ice floe, iceberg 1》.
íce·fìsh *n.* 〖魚類〗 半透明の小さな魚類の総称 : **a** (日本や中国産の)シラウオ《シラウオ科の魚 ; whitebait ともいう》. **b** ＝capelin.
íce fìshing *n.* 〖釣〗 穴釣り《氷面に穴をあけて行なう魚釣り》.
íce flòe *n.* 〖地理〗 **1** (海上の)氷原, 浮氷塊《ice field より小規模な枝状流氷》. **2** (表面が平原状の)浮氷.

íce fòg *n.* 〖気象〗氷霧《氷の粒子を含んだ霧で, 水平視程が 1 km 以下のもの ; cf. ice needle 1》.
íce fòot *n.* 〖地理〗 **1** 氷脚《北極地方の海岸の波打際に生じた帯状または壁状の氷》. **2** 氷河の末端.
íce-frée 〚cf. G *eisfrei* / Dan. *iisfri*〛 *adj.* (冬でも)氷の張らない, 氷結しない, 凍らない : an ～ port 不凍港.
íce frònt *n.* 〖地理〗アイスフロント《棚氷(たなごおり) (shelf ice) の前面(海に面する部分)》.
íce hòckey *n.* アイスホッケー《6人ずつの2組で行なわれる氷上競技の一種 ; cf. field hockey》.
íce·hòuse *n.* 氷室, 貯氷庫 : This place is like an ～. ここはひどく寒い所だ.
íce ìsland *n.* 〖地理〗氷島, 卓状氷山《棚氷(たなごおり) (shelf ice) から分離した大型枝状氷塊》.
ice·kha·na [áɪskɑ̀ːnə, -kæ̀nə | -kɑ̀ːnə] 〚← ICE+(GYM)KHANA〛 *n.* 《米》氷上自動車競技(会).
Icel. 《略》Iceland ; Icelandic.
Ice·land [áɪslənd, -lænd | -lənd] 〚ME *Island* ◁ ON *Ísland* ← *íss* 'ICE' + *land* 'LAND'〛 ― *n.* アイスランド《北大西洋 Greenland の南東方にある大島で共和国 ; もとデンマーク領であったが, 1944年独立; 人口 220,000, 面積 103,000 km², 首都 Reykjavik ; アイスランド語名 Island ; 公式名 the Republic of Iceland アイスランド共和国》.

26–30 m
56–61 m
ice hockey rink
a red [center] line ; b center (face-off) circle ; c blue line ; d face-off circle ; e goal crease ; f goal line ; g goal ; h neutral zone ; i defending [attacking] zone

Íceland crýstal *n.* 〖鉱物〗=Iceland spar.
Ice·land·er [áɪslændə, -lən- | -ləndə(r, -læn-] *n.* アイスランド人.
Ice·lan·dic [aɪslǽndɪk] 〚(1674) ← ICELAND + -IC¹〛 *adj.* アイスランドの ; アイスランド人[語]の. ― *n.* アイスランド語《ゲルマン語派の北ゲルマン語群に属する ; 略 Icel. ; cf. Old Icelandic》.
Íceland móss [líchen] *n.* 〖植物〗アイスランドゴケ (*Cetraria islandica*)《高山や北極地方に生ずる低木状の地衣 ; Scandinavia などでは薬用および食用とする ; わが国の「エイランタイ」の類》.
Íceland póppy *n.* 〖植物〗 **1** アイスランド ポピー, シベリアヒナゲシ (*Papaver nudicaule*)《シベリア原産のケシ科の多年草》. **2** 栽培種のヒナゲシの総称.
Íceland spár *n.* 〖鉱物〗氷州石《純粋無色透明の方解石 ; 偏光プリズムに用いられる ; Iceland crystal ともいう》.
íce·less *adj.* 氷のない.
íce·like *adj.* 氷のような.
íce-lòlly *n.* 《英》棒付きのアイスキャンデー (《米》popsicle).
íce machìne *n.* 製氷機.
íce·màn [-mæ̀n, -mən] *n.* (*pl.* **-men** [-mɛ̀n, -mən]) **1** 《米》採氷者 ; 氷運搬[配達]人 ; 氷屋, 製氷者 ; 氷菓子製造者. **2** 氷上旅行に慣れた人. **3** アイススケート場管理人.
íce mílk *n.* アイスミルク《スキムミルクを用いた氷菓で, アイスクリームより乳脂肪が少ない (3–6%)》.
íce nèedle *n.* [通例 *pl.*] 〖気象〗 **1** 細氷《空中をゆるやかに落下するごく小さい氷の結晶 ; その時の水平視程が 1 km 以上のもの ; ice crystals, diamond dust ともいう ; cf. ice fog》. **2** 細氷《柱状または針状の小さい氷の結晶》.
ÍC èngine *n.* 〖機械〗内燃機関 (internal-combustion engine).
I·ce·ni [aɪsíːnaɪ] 〚◁ L *Icēnī*〛 ― *n. pl.* [the ～] イケニ族《イングランド東部 Norfolk および Suffolk 地方に住んだ古代のケルト族 ; 61 年にローマに反乱を起こした ; cf. Boudicca》. **I·ce·ni·an** [aɪsíːniən | -njən, -nɪən] *adj.* **I·ce·nic** [aɪsíːnɪk] *adj.*
íce-òut *n.* 解氷《湖などの水面から氷が解けてなくなること》.
íce pàck *n.* **1** 〖地理〗(極地海上の)浮氷群, 氷原. **2** (氷嚢(ひょうのう)に入れたりタオルに包んだりして頭などを冷やすための)砕き氷. **3** 〖医学〗(寒冷ショック療法用などの)アイスパック.
íce pàil *n.* アイスペール《氷を詰めた氷おけ ; ぶどう酒びんなどを冷やしたりアイスクリーム製造に用いる ; ice bucket ともいう》.
íce-pàntomime *n.* 《英》=ice show.
íce pèllets *n. pl.* 〖気象〗凍雨, 氷あられ《雨滴が落下中に氷結したもの ; 直径 5 mm 以下》.
íce pìck *n.* 氷割り用きり, アイスピック.
íce plànt¹ *n.* 〖植物〗アイスプラント (*Mesembryanthemum crystallinum*)《地中海地域, アフリカ南部, 南 California 原産ザクロソウ科の植物 ; 葉が細氷のように輝く》.
íce plànt² *n.* 製氷所[工場].
íce pòint *n.* 〖化学〗氷点《freezing point ともいう ; cf. steam point》.
íce·quàke *n.* 〖地理〗氷震《氷河や氷山などの砕裂に伴なう震動》.
íce ràin *n.* 《まれ》着氷性の雨 (freezing rain).
íce rìnk *n.* 屋内(アイス)スケート場[スケートリンク] (skating rink ともいう).
íce rùn *n.* **1** 雪解け期に氷が急に割れること. **2** トボガン (toboggan) の氷滑走路.
íce-sàiling *n.* 氷上ヨット (ice yacht) で走るスポーツ.
íce·scape [áɪsskèɪp] 〚← ICE+-SCAPE〛 *n.* 氷原の景色, (特に)極地の景色 (cf. landscape 1, seascape 1).
íce-scòured *adj.* 〖地理〗氷食の, 氷河に削剝(さくはく)された《氷河の流動によって土壌や岩石を削り取られた》: an ～ area 氷食地域.
íce shèet *n.* 〖地質〗氷冠《大陸の広い範囲をおおう氷河 ; 今は南極大陸や Greenland で見られる ; 氷河時代にはヨーロッパや北米の北部をおおっていた ; ice cap ともいう ; cf. continental ice》.
íce shèlf *n.* =shelf ice.
íce shòw *n.* アイスショー《スケートリンク上で行なわれるアイススケートによるショー》.
íce-skàte *vi.* アイススケートをする. **íce skàting** *n.*
íce skàte *n.* [通例 *pl.*] **1** (スケート靴の下につける)刃, ブレード (metal runner). **2** アイススケート(靴) ; 二枚刃のついている子供用スケート : a pair of ～*s*.
íce skàter *n.* アイススケーター.
íce skỳ *n.* 〖気象〗=iceblink.
íce stòrm *n.* 〖気象〗着氷性あらし.
ìce téa *n.* 《米》=ICED tea.
íce tòngs *n. pl.* [通例 a pair of ～ で] 氷ばさみ (cf. sugar tongs).
íce trày *n.* 《英》製氷皿《冷蔵庫の中の角氷を作るための流し箱》.
íce-ùp *n.* **1** (雪や氷の)一面の凍結. **2** 〖航空〗=icing 2.
íce wàter *n.* **1** 《米》=ICED water. **2** 〖地理〗(氷河などの)溶け水.
íce yàcht *n.* =iceboat 1.
íce-yàchting *n.* 氷上ヨット滑走.
ICFTU, I.C.F.T.U. 《略》International Confederation of Free Trade Unions 国際自由労働組合連盟《1949年に WFTU から脱退した反共産主義の組合を中心に形成された》.
ich [ík] 〚← ICHTHYOPHTHIRIUS〛 *n.* 〖魚類〗白点病《繊毛原生動物 (*Ichthyophthirius multifiliis*) による淡水魚の皮膚炎 ; ichthyophthiriasis, ichthyophthirius ともいう》.
ich. 《略》ichthyology.
Ich·a·bod [íkəbɑ̀d | -bɔ̀d] 〚◁ Heb. *ī-khābhōdh* 《原義》? where is the glory : cf. *1 Sam.* 4 : 21〛 ― *int.* 残念, ああ(悲しいかな)《過去の栄光などを惜しむ気持を表わす》.
I·chang [ìːtʃɑ́ːŋ; *Chin.* ítʂ'ɑ̄ŋ] *n.* 宜昌(ぎしょう)《中国湖北省 (Hupeh) 揚子江北岸の港市》.
I Ching [ìːtʃíŋ; *Chin.* ìtʃíŋ] 〚◁ Chin. ～〛 *n.* 易経《中国の古典, 儒教の経典である五経の一つ ; 卜筮(ぼくぜい)の書》.
ichn- [ɪkn] (母音の前に来る時の) ichno- の異形.
ich·neu·mon [ɪkn(j)úːmən | -njúː-] 〚(1572) ◁ L ～ ◁ Gk *ikhneúmōn* 《原義》tracker ← *ikhneúein* to track ← *íkhnos* track〛 ― *n.* **1** 〖動物〗エジプトマングース, ネコイタチ (*Herpestes ichneumon*)《アフリカに生息するイタチに似たジャコウネコ科の小動物 ; ワニの卵を食べると古代エジプト人は信じたが, 主に小哺乳動物・鳥・爬虫類などを捕食する ; cf. mongoose》. **2** 〖昆虫〗=ichneumon fly.
ichnéumon flỳ *n.* 〖昆虫〗ヒメバチ《ヒメバチ科の昆虫の総称 ; 単に ichneumon ともいう》.
ich·neu·mo·nid [ɪkn(j)úːmənɪd, -nəd | -njúːmənɪd] 〚⇨ ↓, -id²〛〖昆虫〗 *adj.* ヒメバチ(科)の. ― *n.* ヒメバチ《ヒメバチ科の昆虫の総称》.
Ich·neu·mon·i·dae [ɪkn(j)uːmɑ́nədìː | -njuːmɔ́nɪ-] 〚← NL ～ ← ICHNEUMON + -IDAE〛 *n. pl.* 〖昆虫〗(膜翅目)ヒメバチ科.
ich·nite [íknaɪt] 〚⇨ ↓, -ite¹〛 *n.* 〖古生物〗足跡化石.
ich·no- [íknoʊ | -nə(ʊ)] 〚← Gk *íkhnos* track〛「足跡 (footprint), 跡 (track)」の意の連結形. ★ 母音の前では通例 ichn- になる.
ich·nog·ra·phy [ɪknɑ́grəfi | -nɔ́grəfɪ] 〚(1598) ◁ L *ichnographia* : ⇨ ichno-, -graphy〛 ― *n.* 〖製図〗平面図法 ; 平面図. **ich·no·graph·ic** [ɪknəgrǽfɪk] *adj.* **ich·no·gráph·i·cal** *adj.*
ich·no·lite [íknəlàɪt] 〚← ICHNO- + -LITE〛 *n.* =ichnite.
ich·nol·o·gy [ɪknɑ́lədʒi | -nɔ́lədʒɪ] 〚← ICHNO- + -LOGY〛 *n.* 足跡化石学.
i·chor¹ [áɪkɔə, -kə | -kɔː(r] 〚◁ Gk *ikhṓr*〛 *n.* 〖ギリシャ・ローマ神話〗イコル《神々の脈管を血液のように流れると想像された無色の霊液》.
i·chor² [áɪkɔə, -kə | -kɔː(r] 〚(1651) ↑〛 *n.* 〖病理〗膿漿(のうしょう). **i·chor·ous** [áɪkərəs] *adj.*
ichth. 《略》ichthyology.
ich·tham·mol [ɪkθǽmɔ(ː)l, íkθə-, -moʊl | -mɔl] 〚← NL *ichth(yosulfonate)* (⇨ ichthyo-, sulphonate) + AMM(ONIUM) + -OL¹ : ⇨ Ichthyol〛 ― *n.* 〖薬学〗イクタモール《神経痛・皮膚病などの外用薬 ; 一般に Ichthyol の商標名で知られている》.
ich·thus, ICHTHUS [íkθəs] 〚◁ Gk *ikhthū́s* fish : Jesus Christ, Son of God, Savior に対するギリシャ語 *Ἰησοῦς, Χριστός, Θεοῦ Υἱός Σωτήρ* の頭文字を組み合わせると *ιχθύς* (ichthus) となることから〛 ― *n.* (古代キリスト教の)キリスト(または新しい受洗者や聖餐)のシンボル.
ich·thy- [íkθi | -θɪ] (母音の前に来る時の) ichthyo- の異形.
ich·thy·ic [íkθiɪk, ɪkθáɪ-] 〚◁ Gk *ikhthuïk-ós* fishy : ⇨ ↓, -ic¹〛 *adj.* 魚の, 魚類の (piscine).
ich·thy·o- [íkθioʊ | -θɪə(ʊ)] 〚← Gk *ikhthū́s* fish〛「魚 (fish) の」の意の連結形 : *ichthy*ology. ★ 母音の前では通例 ichthy- になる.
ich·thy·o·col [íkθiəkɑ̀l | -θɪəkɔ̀l] 〚◁ L *ichthyocolla* ◁ Gk *ikhthuókolla* ← *ikhthuo-* (↑) + *kólla* glue〛 ― *n.* (*also* **ich·thy·o·coll** [～]) 魚膠(ぎょこう)《魚皮などを原料とした膠(にかわ) ; 主として膠着剤》.
ìchthyo·fáuna 〚⇨ ichthyo-, fauna〛 *n.* 〖生態〗魚相《ある地方に生存している魚類》. **ìchthyo·fáunal** *adj.*
ich·thy·og·ra·pher [ɪkθiɑ́grəfə | -θɪɔ́grəfə(r] *n.* 魚類誌学者.
ich·thy·og·ra·phy [ɪkθiɑ́grəfi | -θɪɔ́grəfɪ] 〚← ICHTHYO- + -GRAPHY〛 *n.* 魚類誌, 魚類記載学, 魚類学, 魚論.
ich·thy·oid [íkθiɔ̀ɪd | -θɪ-] 〚◁ Gk *ikhthuoeidḗs* fishlike : ⇨ ichthyo-, -oid〛 〖動物〗 ― *adj.* 魚形の, 魚状の, 魚態の, 魚に似た (fishlike). ― *n.* 魚に似た動物 ; (特に)魚態類の動物.
ich·thy·oi·dal [ɪkθiɔ́ɪdl̩ | -θɪ-] *adj.* 〖動物〗=ichthyoid.
Ich·thy·ol [íkθiɔ̀(ː)l, -òʊl | -θɪɔ̀l] 〚← ICHTHYO- + -OL¹ : 魚の化石を含んだ岩石から得られることから〛 *n.* 〖商標〗イヒチオール《ichthammol の商品名》.
ich·thy·ol·a·try [ɪ̀kθiɑ́lətri | -θɪɔ́lətrɪ] *n.* 魚類[魚像]崇拝. **ìch·thy·ól·a·trous** [-trəs] *adj.*
ich·thy·o·lite [íkθiəlàɪt | -θɪ-] *n.* 〖古生物〗魚の化石.
ich·thy·ol·o·gy [ɪ̀kθiɑ́lədʒi | -θɪɔ́lədʒɪ] 〚← ICHTHYO- + -LOGY〛 ― *n.* **1** 魚類学, 魚学. **2** 魚類学論文.
ich·thy·o·log·i·cal [ɪ̀kθiəlɑ́dʒɪkəl, -dʒə- | -θɪəlɔ́dʒɪ-] *adj.* **ìch·thy·ól·o·gist** [-dʒɪst, -dʒəst | -dʒɪst] *n.*
ich·thy·oph·a·gi [ɪ̀kθiɑ́fədʒàɪ | -θɪɔ́f-] 〚◁ L *ichthyophagī* (pl.) ◁ Gk *ikhthuophágoi* ← *ikhthuophágos* fish-eating: ⇨ ichthyo-, -phagous〛 ― *n. pl.* (古代にアフリカ海岸などに住んでいた)漁労種族 (cf. fisheater 1).
ìch·thy·óph·a·gist [-dʒɪst, -dʒəst | -dʒɪst] *n.* 魚を食べる者.
ich·thy·oph·a·gous [ɪ̀kθiɑ́fəgəs | -θɪɔ́f-] *adj.* 魚を常食とする, 魚食の (piscivorous).
ich·thy·oph·a·gy [ɪ̀kθiɑ́fədʒi | -θɪɔ́fədʒɪ] 〚← ICHTHYO- + -PHAGY〛 *n.* 魚食.
ich·thy·oph·thi·ri·a·sis [ɪ̀kθiɑ̀fθəráɪəsɪs, -səs | -θɪɔ̀fθɪráɪəsɪs] 〚← NL ～ : ⇨ ↓, -iasis〛 *n.* 〖魚類〗=ich.
ich·thy·oph·thir·i·us [ɪ̀kθiɑfθí(ə)riəs | -θɪɔfθíərɪ-] 〚← NL ～ ← ICHTHYO- + -*phthirius* (← Gk *phtheir* louse)〛 *n.* **1** [I-] 〖動物〗イクチオフチリウス属《淡水魚に寄生し白点病を起こす, 有毛亜門繊毛虫綱に属する原生動物の属名 ; *I. multifiliis* を含む》. **2** 〖魚類〗=ich.
Ich·thy·op·si·da [ɪ̀kθiɑ́psədə | -θɪɔ́psɪ-] 〚← NL ～ : ⇨ ichthyo-, -opsis, -ida〛 *n. pl.* 〖動物〗魚態類.
Ich·thy·op·te·ryg·i·a [ɪ̀kθiɑ̀ptərídʒiə | -θɪɔ̀ptərídʒɪə] 〚← NL : ⇨ ichthyo-, pterygo-, -ia²〛 ― *n. pl.* **1** 魚鰭類《魚竜のように鰭状の肢をもつ水生動物》. **2** 〖古生物〗=Ichthyosauria.
ich·thy·or·nis [ɪ̀kθiɔ́ənɪs, -nəs | -θɪɔ́ːnɪs] 〚← ICHTHYO- + -ORNIS〛 *n.* 〖古生物〗魚鳥《魚のような脊椎(せきつい)と歯をもつ魚鳥属 (*Ichthyornis*) の古代鳥の総称 ; その化石はアメリカの白亜紀の地層に発見された》.
ich·thy·o·saur [íkθiəsɔ̀ə | -θɪə(ʊ)sɔ̀ː(r, -θjə-] 〚(1830) ← ICHTHYOSAURUS〛 ― *n.* 〖古生物〗魚竜《ジュラ紀に全盛であった魚竜目の魚形の爬(は)虫類》.
Ich·thy·o·sau·ri·a [ɪ̀kθiəsɔ́ːriə | -θɪəsɔ́ːrɪə, -θjə-] 〚⇨ ↓, -ia²〛 *n. pl.* 〖古生物〗魚竜目. **ìch·thy·o·sáu·ri·an** [-riən | -rɪ-] *adj.*

ichthyosaur

ich·thy·o·sau·rus [ɪ̀kθiəsɔ́ːrəs | -θɪə(ʊ)-, -θjə-] 〚← NL ～ ← ICHTHYO- + -SAURUS〛 ― *n.* 〖古生物〗イクチオサウルス《*Ichthyosaurus* 属の魚竜の総称 ; ジュラ紀中期に全盛をきわめた》.
ich·thy·o·sis [ɪ̀kθióʊsɪs, -səs | -θɪóʊsɪs] 〚← ICHTHYO- + -OSIS〛 *n.* 〖病理〗魚鱗癬(ぎょりんせん)《fishskin disease ともいう》. **ich·thy·ot·ic** [ɪ̀kθiɑ́tɪk | -ɔ́t-] *adj.*
ich·thys [íkθɪs, -θəs | -θɪs] 〚◁ Gk *ikhthū́s* fish〛 *n.* =ichthus.
ICI, I.C.I. 《略》Imperial Chemical Industries Ltd. 英国の合成繊維会社.
-i·cian [íʃən] 〚← -IC³, -ICS + -IAN ∽ ME *-icien* ◁ (O)F〛 ― *suf.*「…に関係ある人, …に巧みな人, …の専門家」の意で, -ic, -ics で終わる名詞・形容詞の語幹に付いて名詞を造る : mus*ician*, phys*ician*, polit*ician*.
i·ci·cle [áɪsɪkl̩, -sə- | -sɪ-] 〚(c1378) *isykle* ← *is* 'ICE' + *ikyl* icicle ((異形)) ← *ychele* < OE *ġicel* < Gmc **jakilaz* (ON *jǫkull*) ← IE **yeg-* ice) ∽ OE **isġicel*〛 ― *n.* **1** つらら. **2** 感情の動きの鈍い人. **3** クリスマスツリーにさげる金属箔などの細長い飾り. **í·ci·cled** *adj.*
-i·ci·dal [əsáɪdl̩ | ɪs-] (連結辞 -i- を伴った) -cidal の異形.
-i·ci·de [əsàɪd | ɪs-] (連結辞 -i- を伴った) -cide の異形 : bridicide 花嫁殺し.
i·ci·ly [áɪsɪli, -sə- | -lɪ] *adv.* 氷のように, 冷たく, 冷やかに, 冷淡に.
í·ci·ness *n.* 氷のような冷たさ, 冷やかさ ; 冷淡さ ; 冷酷さ.
ic·ing 〚⇨ ice (v.)〛 ― *n.* **1** アイシング《菓子などにかける糖衣, 砂糖ごろも ; cf. ice *vt.* 3》: a cake with pink ～. **2** 着氷《固体表面に大気中の水分が凍りつくこと ; ice-up ともいう》. **3** 〖アイスホッケー〗アイシング《自軍の守勢領域から攻勢領域を越えて敵側の goal line を越えてパック (puck) をシュートすること；反則の一種》.

ícing sùgar *n.* 《英》粉砂糖 (powdered sugar).

ICJ, I.C.J. 《略》International Court of Justice.

ick [ík] *n.* 《魚類》＝ich.

ick·er [íkə | íkə(r)] 〘OE (Northumbrian) *eher, æhher* ＝(WS) *ēar* 'EAR²'〙 *n.* 《スコット》(麦などの)穂.

Ick·es [íkɪs, íkəs | íkɪs], **Harold** (**Le·Clair** [ləkléə | -kléə(r)]) *n.* (1874–1952) 米国の弁護士・政治家.

ick·ie [íki | íkɪ] *n.* ＝icky².

ick·le [íkł] *adj.* 《小児語》＝little.

Íck·nield Strèet [**Wáy**] [íkni:łd-] 〘OE *Iccenhilde weg* ← ?: ⇨ Iceni〙 ── *n.* [the ~] イングランド南部 Salisbury Plain から the Wash へ通じる丘陵の細道；有史前からのものらしく，ローマ人もこれを使用したと考えられる.

ick·y¹ [íki | íkɪ] 〘《略》← ? STICKY〙 ── *adj.* (**ick·i·er**; **-i·est**) 《俗》 **1** 気持が悪いほどねっとり[べたべた]した. **2** 飽き飽きするほど甘い；いやになるほど感傷的な. **3** 実にまずい，いやな，不快な. **4** 洗練されていない，古くさい. **íck·i·ly** [-kɪli, -kə- | -lɪ] *adv.* **íck·i·ness** *n.*

ick·y² [íki | íkɪ] 〘← ?〙 *n.* 《米俗》スウィング音楽のわからない人；仲間の流行から遅れている人.

i·con [áɪkɑn | -kɔn, -kən] 〘《1572》▭ L *icon* ▭ Gk *eikṓn* likeness, image〙 ── *n.* **1** (絵または彫刻の)像，肖像 (image)；偶像. **2** 〘美術〙(キリスト・聖母・聖人・殉教者などの)聖像，聖画像，イコン《ビザンチン美術で盛んに行なわれた；板絵が多い》. **3** 〘論理・言語〙アイコン，図像，類似(的)記号《幾何学的図形のように指し示される対象に類似している記号》.

icon. 《略》iconographic；iconography.

i·con- [aɪkɑ́n | -kɔ́n] (母音の前に来る時の) icono- の異形.

i·con·ic [aɪkɑ́nɪk | -kɔ́n-] 〘▭ L *īconic-us*: ⇨ icon, -ic¹〙 ── *adj.* **1** 像[肖像]の；聖像の，聖画像の. **2** 〘美術〙〈聖像が〉(ビザンチンの)伝統的形式による，因襲的な，イコン的な. **3** 画像的な，図像的な，写像的な. **4** 〘論理・言語〙〈記号が〉(その表わす対象に対して)類似性をもった，アイコン的な：an ~ sign 図像記号 (cf. CAUSAL sign). **i·cón·i·cal·ly** *adv.* **i·co·nic·i·ty** [àɪkənísəṭi | -sətɪ, -sɪ-] *n.*

i·cón·i·cal [-nɪkəł, -nə- | -nɪ-] *adj.* ＝iconic.

I·co·ni·um [aɪkóuniəm | -kə́unjəm, -nɪəm] 〘▭ L ~〙 *n.* イコニウム《トルコの都市 Konya の古代ローマ名》.

i·co·nize [áɪkənàɪz] 〘← ICON＋-IZE: cf. idolize〙 *vt.* 偶像視する，無批判に崇拝する.

i·con·o- [aɪkɑ́no(ʊ) | -kɔ́nə(ʊ)] 〘▭ Gk ~ ← *eikṓn*: ⇨ icon〙「肖[画]像 (likeness)」の意の連結形. ★ 母音の前では通例 icon- になる.

i·con·o·clasm [aɪkɑ́nəklæ̀zṃ | -kɔ́nə(ʊ)-] 〘← ICONO- ＋Gk *klásma* breaking (← *klân* to break)〙 *n.* 聖(画)像破壊；偶像破壊(主義)；因習打破.

i·con·o·clast [aɪkɑ́nəklæ̀st | -kɔ́nə(ʊ)-] 〘《1641》▭ LL *iconoclast-ēs* ▭ Gk *eikonoklástēs* ← ICONO- ＋ *klástēs* breaker (↑)〙 ── *n.* **1** 聖(画)像破壊者，画像破壊者《特に，8–9 世紀に聖(画)像使用反対運動に加担した東方教会の信者》. **2** 偶像破壊(主義)者；因習[伝統]打破主義者《16–17 世紀に聖像の破壊や伝統の打破を唱えた新教徒》.

i·con·o·clas·tic [aɪkɑ̀nəklǽstɪk | -kɔ̀nə(ʊ)-] *adj.* 聖(画)像破壊(者)の；偶像破壊(者)の；因習打破(主義)の. **i·còn·o·clás·ti·cal·ly** *adv.*

i·con·o·dule [aɪkɑ́nəd(j)ù:ł | -kɔ́nədjù:ł] 〘← ICONO- ＋Gk *doûlos* slave〙 *n.* 偶像崇拝者.

i·con·o·du·ly [aɪkɑ́nəd(j)ù:li | -kɔ́nədjù:lɪ] 〘← ICON-O-＋ML *dulia* 'DULIA'〙 *n.* 偶像崇拝.

i·co·nog·ra·pher [àɪkənɑ́grəfə | -kənɔ́grəfə(r, -kə-] *n.* **1** 図像学者；聖像研究家. **2** 図解法研究者.

i·con·o·graph·ic [aɪkɑ̀nəgrǽfɪk | -kɔ̀nə(ʊ)-] *adj.* **1** 図像(学)的，肖像画(法)に関する. **2** 図解の：an ~ encyclopedia. **i·còn·o·gráph·i·cal** *adj.* **i·còn·o·gráph·i·cal·ly** *adv.*

i·co·nog·ra·phy [àɪkənɑ́grəfi | -kənɔ́grəfɪ, -kə-] 〘《1628》▭ ML *īconographia* ▭ Gk *eikonographía*: ⇨ icono-, -graphy〙 ── *n.* **1** 〘美術〙図像法《図像を使ってする絵画的表現法》；絵画的表現法，図解法. **2** 図像学《古来の像の形式・意味を研究する学問》；(特定人物の)肖像研究；聖像研究 (iconology)：the ~ of Christ, the Madonna, the Saints, etc. **3** 図像法[学]書.

i·co·nol·a·ter [àɪkənɑ́ləṭə | -kənɔ́lətə(r, -kə-] 〘← I-CONO-＋-LATER: cf. idolater〙 *n.* 偶像崇拝者.

i·co·nol·a·try [àɪkənɑ́lətri | -kənɔ́lətrɪ, -kə-] 〘← I-CONO-＋-LATRY: cf. idolatry〙 *n.* 偶像崇拝.

i·co·nol·o·gy [àɪkənɑ́lədʒi | -kənɔ́lədʒɪ, -kə-] 〘cf. F *iconologie*〙 *n.* 聖像学；図像解釈学. **i·con·o·log·i·cal** [aɪkɑ̀nəlɑ́dʒɪkəł, àɪkən-, -dʒə-, -nḷ- | aɪkɔ̀nəlɔ́dʒɪ-, àɪkən-, -kən-] *adj.* **i·còn·nol·ó·gist** [-dʒɪst, -dʒəst | -dʒɪst] *n.*

i·co·nom·e·ter [àɪkənɑ́məṭə | -kənɔ́mɪtə(r, -kə-, -mə-] *n.* **1** 〘測量〙イコノメーター《距離測定用の透視ファインダーの一種》. **2** 〘写真〙イコノメーター《カメラに取り付けて撮影距離によるレンズとフィルムの間隔の変化に応じて，画角を自動的に調節する直視ファインダー》.

i·con·o·scope [aɪkɑ́nəskòʊp | -kɔ́nəskə̀ʊp] 〘← ICONO-＋-SCOPE: 商標名〙 *n.* 〘電子工学〙アイコノスコープ《初期のテレビに使われた撮像管；cf. orthicon》.

i·co·nos·ta·sis [àɪkənɑ́stəsɪs, -səs | -nɔ́stəsɪs] 〘《1833》▭ ModGk *eikonóstasis*: ⇨ icono-, -stasis〙 ── *n.* (*pl.* **-ta·ses** [-sì:z]) 〘東方正教会〙聖(像)障，聖画壁《教会で聖画像の描いてある，内陣と外部との仕切り》.

i·cos- [aɪkóus, -kɑ́s | áɪkəs, -kɔs] (母音の前に来る時の) icosa- の異形.

i·co·sa- [aɪkóusə, -kɑ́sə | áɪkəsə, -kɔsə] 〘← Gk *eikosa-* ← *eikosi* twenty〙 ──「20」の意の連結形：*icosa*hedron. ★ 時に icosi-，また母音の前では通例 icos- になる.

i·co·sa·he·dron [aɪkòusəhí:drən, -kɑ̀s- | àɪkəsəhéd-, -kɔs-, -hí:d-, ⌐ ― ― ⌐ ―] 〘《1570》▭ ML ~ ▭ Gk *eikosáedron*: ⇨ ↑, -hedron〙 ── *n.* (*pl.* **~s, -he·dra** [-drə]) 〘数学・結晶〙(正)二十面体：a regular ~ 正二十面体. **i·cò·sa·hé·dral** [-drəł] *adj.*

icosahedron

i·co·si- [aɪkóusɪ, -kɑ́sɪ, -sə | áɪkəsɪ, -kɔsɪ] icosa- の異形 (⇨ -i-).

icòsi·tetrahédron 〘← ICOSA-＋TETRAHEDRON〙 *n.* 〘数学・結晶〙二十四面体.

icositetrahedron

I·cos·te·i·dae [àɪkɑstí:ədì: | -kɔs-tí:ɪ-] 〘← NL ~ ← *Icosteus* (属名: ← Gk *eikein* to give way)＋-IDAE〙 ── *n. pl.* 〘魚類〙イレズミコンニャクアジ科.

ICPO 《略》International Criminal Police Organization (⇨ Interpol).

ICR 《略》Institute for Cancer Research.

I.C.S. 《略》Indian Civil Service (もと英国の)インド文官《総称》，インド行政部門；International Correspondence School(s) (米国の)国際通信学校.

-ics [ɪks] 〘← -IC¹＋-s¹ (pl. suf.)〙: cf. Gk *-iká* (＝L *-ica*) (neut. pl.) things pertaining to：はじめは論文名 (e.g. Aristotle's *tà ēthiká* 'the Ethics'), 次いで論文の主題をさし，最後にその分野の学問名を表わすようになった〙 ── *suf.*「…学 (science), …術 (art)」の意の名詞を造る (cf. -ic²)：acoust*ics*, phys*ics*, athlet*ics*, con*ics*, dynam*ics*, tact*ics*. ★ もとは arithmet*ic*, log*ic*, mag*ic*, mus*ic*, rhetor*ic* のように -ic であったが，16 世紀以後は上の例を除き一般的には複数形をとるようになった；しかしフランス語・ドイツ語式にまれに単数形 (例：dialect*ic*, eth*ic*) も使われることがある；科学・学術・学科の名としては通例単数扱いにする (例：Mathemat*ics* deals with number. / Phonet*ics* deals with sounds.) が，具体的活動や個人的意見・主義などをさすときは複数扱いとなることがある (例：His mathemat*ics* are weak. / Such eth*ics* are abominable. こういう道徳説は唾棄すべきだ)；また単複両様に用いられるのも少数ある (例：His polit*ics* is [are] reactionary enough. 彼の政治に関する意見は極めて反動的だ).

ICSH 《略》〘生化学〙interstitial-cell-stimulating hormone.

ic·ter·ic [ɪktérɪk] 〘《*a*1600》▭ L *icteric-us* ▭ Gk *ikterikós*: ⇨ icterus〙 *adj.* 〘病理〙黄疸(おうだん)の，黄疸にかかった (jaundiced). ── *n.* **1** 黄疸患者. **2** 黄疸の薬.

ic·tér·i·cal [-rɪkəł, -rə- | -rɪ-] *adj.* 〘病理〙＝icteric.

Ic·ter·i·dae [ɪktérədì: | -rɪ-] 〘← NL ~ ← *Icterus* (属名: ← Gk *ikteros* jaundice, yellowish bird)＋-IDAE〙 *n. pl.* 〘鳥類〙ムクドリモドキ科.

ic·ter·ine [íktəràɪn, -rɪn, -rən | -ràɪn, -rɪn] 〘← *Icterus* (↑): ⇨ -ine¹〙 *adj.* 〘鳥類〙ムクドリモドキ科の鳥の[に似た].

ic·ter·us [íktərəs] 〘← NL ~ ← Gk *ikteros*〙 *n.* **1** 〘病理〙黄疸(おうだん). **2** 〘植物病理〙(麦などの)黄化病.

Ic·ti·nus [ɪktáɪnəs] *n.* イクティノス《紀元前 5 世紀のギリシャの建築家；Callicrates と共に Parthenon 神殿を設計》.

ic·tus [íktəs] 〘《1707》▭ L ~ 'stroke, beat' (p.p.) ← *īcere* to strike〙 ── *n.* (*pl.* **~·es, ~**) **1** 〘詩学〙強勢，強音，揚音 (metrical stress) (cf. arsis 1, thesis 5). **2** 〘病理〙急発症状，発作 (fit)：~ solis [sóulɪs] 日射病.

ICU 《略》〘医学〙intensive care unit 集中治療(部) (cf. CCU).

i·cy [áɪsi | -sɪ] 〘OE *īsiġ*: ⇨ ice, -y⁴〙 ── *adj.* (**i·ci·er**; **i·ci·est**) **1** 〈海など〉氷の多い，氷でおおわれた，氷の張り詰めた：~ waters / the ~ North. **2** 氷状の：an ~ substance. **3** 〈風など〉氷のように冷たい：an ~ blast, wind. **4** 〈目つきなど〉冷淡な，よそよそしい：an ~ stare, welcome, etc. / ~ politeness よそよそしい丁重さ. **5** つるつる滑る：an ~ road, street.

id¹ [íd] 〘《1893》《略》← IDIOPLASM〙 *n.* 〘生物〙イド，遺伝基質《A. Weismann が想定した細胞原形質の単位》.

id² [íd] 〘L *id* it (cf. G *es*) の特殊用法〙 *n.* [the ~] 〘精神分析〙イド，エス，原我《個人の本能的な衝動の源泉たる無意識の層で自我 (ego) の基礎をなす》.

ID 〘← ID(ENTIFICATION)〙 *n.* 〘ラジオ・テレビ〙《時報の直前などに行なう》局名告示のための放送番組の中断.

ID 《略》《米郵便》Idaho (州).

ID 《記号》〘貨幣〙Iraq dinar(s).

ID, ID., i.d. 《略》identification；induced draft；industrial design；industrial dynamics；infectious disease(s)；information department；inner diameter；inside dimensions；intelligence department；internal diameter；intradermal.

id. 《略》idem.

Id. 《略》Idaho.

I'd [aɪd] 《口語》I would, I should, I had の縮約形.

id- [aɪd, ɪd] (母音の前に来る時の) ido- の異形.

-id¹ [ɪd, əd | ɪd] 〘▭ L *-id-, -is* (父祖に由来する名を表わす fem. suf.) ▭ Gk *-id-, -is* (fem.)〙 ── *suf.* **1** 「…の娘」の意の名詞を造る：Dana*id*, Nere*id*. **2** 〘天文〙星座の名に付いてその星座から降る流星の名を表わす：Andromed*id*, Perse*id*. **3** 叙事詩の題名に用いる (cf. -ad¹ 3)：Aene*id*.

-id² [ɪd, əd | ɪd] 〘▭ F *-ide* ∥ ← NL *-idae* (pl.) ← L *-ida* (neut. pl.) ← *-idēs* (父祖に由来する名を表わす masc. suf.) ▭ Gk〙 ── *suf.* **1** 〘動物〙その科・群に属する動物を表わす名詞・形容詞を造る：clupe*id*, arachn*id*. **2** 次の意の名詞を造る：**a** 「…の系統[分類]に属するもの」：Malanes*id*. **b** 「…王家に属する者[子孫]」の意：Fatim*id*.

-id³ [ɪd, əd | ɪd] 〘▭ F *-ide* ∥ L *-id-*: ⇨ -id¹〙 *suf.* ギリシャ・ラテン語系の名詞語尾：carot*id*, chrysal*id*, orch*id*, pyram*id*.

-id⁴ [ɪd, əd | ɪd] 〘▭ F *-ide* ∥ L *-idus* (masc.), *-idum* (neut.), *-ida* (fem.)〙 ── *suf.* ラテン語の動詞または名詞の語幹に付けて状態を表わす形容詞語尾：horr*id*, flu*id*, frig*id*, morb*id*.

-id⁵ [ɪd, əd | ɪd] *suf.* 《米》〘化学〙＝-ide².

-id⁶ [ɪd, əd | ɪd] 〘cf. -id³〙 *suf.* 〘病理〙特定の皮疹(ひしん)を表わす名詞を造る：syphil*id*, tubercul*id*.

I·da [áɪdə] 〘▭ ML ~ ▭ OHG ~ 《原義》labor: cf. ON *ið* labor〙 *n.* 女性名.

I·da [áɪdə], **Mount** *n.* イーダ[イーデー]山：**1** Crete 島の最高峰 Mt. Psiloriti の古名；ギリシャ神話の主神 Zeus の生育地と伝えられる (2,456 m)；ギリシャ語名 Idhi. **2** 小アジアの北西部にある山で，ギリシャの神々がその頂上からトロイ戦争を見物したと伝えられる (1,800 m).

IDA, I.D.A. 《略》International Development Association 国際開発協会《1960 年設立の国連の専門機関；World Bank の姉妹機関で，通称「第二世界銀行」》.

Ida. 《略》Idaho《非公式》.

-ida [ədə | ɪdə] 〘← NL ~ ← L *-idēs*: ⇨ -id²〙 *suf.* 〘動物〙目・綱などを表わす複数名詞を造る：Scorpion*ida*.

-i·dae [ədì: | ɪd-] 〘← NL ~: ⇨ -id²〙 *suf.* 〘動物〙科を表わす複数名詞を造る (cf. -inae)：Fel*idae*.

I·dae·an [aɪdí:ən] 〘← L *Īdaeus* ▭ Gk *idaîos* ← *Ídē* Mt. Ida: ⇨ -an¹〙 *adj.* イーダ (Ida) 山の[に住む].

I·da·ho [áɪdəhòu | -hə̀u] 〘← N-Am.-Ind. (Shoshone) 《原義》? sunrise〙 *n.* 米国北西部の州 (⇨ United States of America 表).

I·da·ho·an [àɪdəhóuən, ⌐ ― ⌐ ― | àɪdəhə́uən, ⌐ ― ⌐ ―] *adj.* (米国) (Idaho) 州(人)の. ── *n.* Idaho 州人.

I.D.B. 《略》illicit diamond buyer [buying] 《南アフリカ》ダイヤモンド不正バイヤー[買入れ]；Inter-American Development Bank.

Í.D. càrd *n.* 《米》＝identity card.

IDDD 《略》international direct distance dialing 国際自動即時通話.

ide [áɪd] 〘《1839》← NL *idus* ← Swed. *id*〙 *n.* 〘魚類〙ヨーロッパ産キタノウグイ属の淡水魚 (*Idus idus*).

-ide¹ [àɪd, ɪd, əd | àɪd, ɪd] *suf.* 〘病理〙＝-id⁶.

-ide² [aɪd, ɪd, əd | aɪd, ɪd] 〘▭ F ~ ∥ G *-id* ▭ F *-ide*: cf. oxide〙 ── *suf.* 〘化学〙化合物[…化物]を表わす名詞を造る：brom*ide*, carb*ide*, chlor*ide*, glucos*ide*. ★ 《米》では -id とも綴る.

i·de·a [aɪdí:ə, -díə, áɪdíə | aɪdíə, áɪdɪə] 〘《1531》▭ L ~ ▭ Gk *idéa* form, look, class, ideal form ← *ideîn* to see ∽ lateME *idee* ▭ (O)F *idée* ▭ L〙 ── *n.* **1 a** 考え，観念，認識；知識；見当，心当たり：a general ~ of the political situation 政局についての大体の考え[知識] / tremble at the bare ~ *of* …を思っただけでもぞっとする / The book will give you some ~ [a very good ~] *of* life in Britain. その本を読めばイギリスの生活について大体[大変よく]わかるだろう / I have no [little] ~ (*as to*) *what* you mean. 君の言うことがどんな意味か私にはさっぱり[ほとんど]わからない / I cannot form any ~ (*of*) *how* deep the water is here. この辺の水深がどのくらいか全く見当がつかない / Do you have any ~ *why* he did it? 彼がなぜそんなことをしたのか心当たりはありませんか / I haven't an ~ [the vaguest ~, the least ~, the remotest ~] (*about it*)! (その件については)てんで見当がつかない / What an ~! ＝The ~! 《口語》何という考えだろう《あきれてものが言えない》/ The (very) ~ (of such a thing)! 《口語》(そんな途方もないことを考えるなんて)あきれたもんだ，まあひどい / Don't get any ~s. (女が男に向かって)変な気を起こさないでちょうだい. **b** 暗示，ほのめかし：Give me an ~ *of what* you want. 何が欲しいのかヒントぐらい言ってくれなくては. **2 a** (漠然とした)感じ，予感，直観：I have an ~ somehow *that* he will fail. 何となく彼が失敗するような気がする / I had no ~ (*that*) you were coming. 君が来るとは少しも思わなかった. **b** 想像，空想，幻想：get [have] ~s (into [in] one's head) (実現できそうもない)妄想を抱く，(特に)反抗[暴力]的な事を考える / put ~s into a person's head 人の頭に(実現できそうもない)大それた考えを吹き込む. **3** 意見，見解，信念，評価：force one's ~s on other people 他人に自分の意見[考え]を押しつける / have a poor ~ of a person's abilities 人の才能を見くびる / He hasn't an ~ in his head. 彼の頭には何の考えもない, 頭の中はからっぽだ. **4** 思いつき, 着想, 趣向, 意図, 計画 : ⇨ big idea / a man of ~*s* 着想の豊かな[機略に富んだ]人 / the ~ *of* marriage [becom*ing* a lawyer] 結婚の意図[弁護士になろうという考え] / full of original ~*s* 独創に富んだ / give up [hit upon] the ~ *of* do*ing*… することを断念する[思いつく] / His ~ was *to* get away without saying a word. 彼は黙って立ち去るつもりであった / The ~ is *to* prevent accidents. 目的は事故を防止するにある / That was a good ~ of yours. それはよいお考えでした / Now I get the ~. それで意図[趣向]が読めた / That's [It's] an ~! 《口語》それはいい考え[アイディア]だ / What's the ~? 《口語》それはまたどういうつもりですか. **5** [所有代名詞を伴って; 通例否定構文で] 理想(像), 典型 : That's *not my* ~ of fun [a gentleman]. 《口語》僕に言わせれば面白い[紳士]なんてそんなものではない《正にその反対だ》. **6** 考え方, 観念, 思想 : the young ~ 子供の考え方, 幼な心 / Eastern [Western] ~*s* 東洋[西洋]思想 / the ~ of democracy 民主主義の観念. **7 a** 〘プラトン哲学〙(変化する経験的・感覚的な個物を越えた, 不変で完全な存在としての)イデア, 観念, 理想, 理念, 原型, 範型. **b** (デカルト哲学, 特にイギリス古典経験論で)(心の直接の対象である経験的な)観念. **c** 〘カント哲学〙(純粋理性の)理念. **d** 〘ヘーゲル哲学〙(絶対的実在としての)理性概念, イデー. **8** 〘心理〙表象, 観念, 意識内容. **9** 〘音楽〙(楽想)作曲の際心に浮かんだテーマ (theme)[楽句 (phrase), 音形 (figure) など].

in idea 観念的に, 考えとしては (cf. *in* REALITY).

idea of reference 〘精神病理〙関係念慮《他人の言動が自分に関係があるように考える観念》.

i·de·aed [aɪdíːəd, -díəd, áɪdiəd | aɪdíəd, áɪdɪəd] *adj.* (*also* **i·de·a'd** [~]) [複合語の第2構成要素として] …の思想をもった.

i·de·al [aɪdíːəl, aɪdíːl, -díəl | aɪdíəl, -díːəl, -díːl] 〘《1410》⊏ F *idéal* ⊏ LL *ideālis* : ⇨ idea, -al¹〙 ― *adj.* **1** 理想の, 理想的な ; 申し分のない ; 典型的な : ~ beauty / an ~ companion, husband, etc. / an ~ place *for* hiking [a holiday] ハイキング[休暇]に行くのにもってこいの場所 / It would be ~ if we could…. もし…できれば申し分ないのだが. **2** 観念を表わした, 想像によって作られた, 想像上の (imaginary) : an ~ portrait of …の想像的肖像. **3** 〘哲学〙 **a** 観念(論)的な, 理想[理念]的な, 非現実[架空]的な (visionary) (↔ real) : ~ happiness 観念的幸福 / ~ plans for reforming the world 世界改革の架空的[非現実的]な計画. **b** 〘プラトン哲学〙イデア的な, 観念的な.

― *n.* **1** 理想 ; 極致 (↔ real) : the ~ and the real 理想と現実 / realize one's ~*s* 理想を実現する / an ~ of physical beauty 肉体美の理想[極致]. **2** 理想的な物[人], 典型, 手本 : He was the very ~ of an English gentleman. 彼は英国紳士の典型であった. **3** 理想的目標. **4** 架空のもの, 空想 : That is only an ~. それはほんの空想に過ぎない. **5** 〘数学〙イデアル《環の部分環で, その任意の要素と環の任意の要素との積がまたその部分環の要素となるようなもの》. **~·ness** *n.*

idéa·less *adj.* 思想のない.

idéal gás *n.* 〘物理化学〙理想気体《ideal-gas law に従う気体 ; perfect gas ともいう》.

idéal-gás làw *n.* 〘物理化学〙理想気体の法則, 理想気体の状態式 (gas law).

i·de·al·ism [aɪdíːəlìzm, -díəl-, -díːlɪzm | -díəlɪzm, -díːəlìzm, áɪdɪəl-, áɪdɪəl-] 〘《1796》⊏ F *idéalisme* // G *Idealismus* : ⇨ ideal, -ism〙 ― *n.* **1** 〘哲学〙アイディアリズム, 観念論 (cf. realism) ; 理想主義 ; 唯心論 (spiritualism) (cf. immaterialism, representationalism 1 ; ↔ materialism). **2** 〘芸術〙観念主義《fact や form より idea を尊重する芸術上の傾向 ; cf. realism, formalism》. **3** 理想化すること, 理想化癖, 理想化傾向 (cf. realism). **4** 理想化されたもの, 理想の姿.

i·dé·al·ist [-lɪst, -ləst | -lɪst] 〘《1701》: cf. F *idéaliste*〙 ― *n.* **1** 観念論者, 唯心論者. **2** 理想家, 夢想家 ; 実行力のない人. **3** 観念主義者, 理想主義者《idealism を信奉・実践する作家・芸術家など ; cf. realist》. ― *adj.* =idealistic.

i·de·al·is·tic [aɪdìːəlístɪk, -dìəl-, -dìːl- | aɪdɪəl-, aɪdìːəl-, àɪdɪəl-, àɪdɪəl-] *adj.* 観念論の, 唯心論的な ; 理想主義(的)の ; 理想[夢想]家の : ~ theories / an ~ view of life. **i·dè·al·ís·ti·cal·ly** *adv.*

i·de·al·i·ty [àɪdiǽləṭi | -dɪǽlɪti, -lɪ-] *n.* **1** 理想的なこと, 理想性 ; 理想的な性格[性質]. **2** 理想化する力, 想像力. **3** 理想化されたもの, 理想像. **4** 〘哲学〙観念性, 理想性, 理念性.

i·de·al·i·za·tion [aɪdìːəlɪzéɪʃən, -dìəl-, -dìːl-, -lə- | -dìəlaɪ-, -dìːəl-, -lɪ-] *n.* 理想化 ; 理想化されたもの.

i·de·al·ize [aɪdíːəlàɪz, -díəl-, -díːl- | -díəl-, -díːəl-] ― *vt.* 理想化する, 完全なものとして描写する : ~ a person's character 人の性格を理想化する《完全なものだと考える[として描写する]》. ― *vi.* 理想(像)を描く(癖がある) ; 理想主義的である.

i·dé·al·iz·er *n.* 理想化する人, 理想を描く人, 理想家.

idéal·less *adj.* 理想のない.

i·dé·al·ly [-díːəli, -díːli, -díəli | -díəli, -díːəli] *adv.* **1 a** 理想に従って ; 理想的に, 完全に, 申し分なく. **b** 最もよい結果を得るためには. **2** 観念的に. **3** 観念上, 理論上 ; 理論的に言えば (↔ practically, really).

i·de·a·logue [áɪdiəlɔ̀ːg, íd-, aɪdíːə-, -lɑ̀g | áɪdɪəlɔ̀g, íd-, aɪdíəlɔg] *n.* =ideologue.

idéal póint *n.* 〘数学〙理想点《射影幾何学で平行線が無限の彼方で交わるとする点》.

idéal solútion *n.* 〘物理化学〙理想溶液《等温・等圧で混合した時, 体積が混合前の体積の和になる溶液》.

idéal specífic ímpulse *n.* 〘宇宙〙理想比推力《推進薬が摩擦による損出もなく, 排気による側面の広がりもない理想的なエンジンの中で完全に燃焼する際に生じる比推力 ; specific impulse ともいう》.

idéal týpe *n.* 〘社会学〙理念型《現象に含まれる諸特徴の中から一定の価値基準に従って抽出された要素で構成される理念像》.

idéa màn *n.* アイディアマン《実業界で新技術・新製品等を開発する才能の持ち主》.

idéa·mònger *n.* 《口語》アイディアを売り歩く人.

idéas màn *n.* =idea man.

i·de·ate¹ [áɪdièɪt, aɪdíːeɪt | áɪdɪèɪt, aɪdíːeɪt] 〘← IDEA + -ATE³〙 ― *vt.* 観念化する ; 想像する (imagine). ― *vi.* **1** 観念を作る ; 考える (think). **2** 〘哲学〙イデア化する《Husserl の用語で, 事物の本質をイデア的に, しかも具象的に把握する》.

i·de·ate² [áɪdièɪt, aɪdíːət, -ɪt | áɪdɪ-, aɪdí-] 〘← NL *ideātum* : ⇨ idea, -ate¹〙 ― *n.* 〘哲学〙観念的対象[実在]《観念・イデア・抽象的概念に対応して実在すると考えられるもの》. **i·de·a·tive** [aɪdíːəṭɪv, áɪdièɪṭ- | aɪdíːət-] *adj.*

i·de·a·tion [àɪdiéɪʃən | -dɪ-] *n.* 観念作用 ; 観念形成, 観念化. **~·al** [-ʃənḷ, -ʃnəl] *adj.* **~·al·ly** *adv.*

ì·de·á·tion·al·ìsm [-ʃ(ə)nəlìzm] 〘⇨ ideate¹, -ation, -al¹, -ism〙 ― *n.* 〘社会学〙観念主義《感覚的・物質的世界を超越し, 精神的・理念的世界の実現を説く観念体系の総称》.

idée de progrés [iːdéɪ-də-pro(ʊ)gréɪ | -prə(ʊ)-; *F.* idedəprɔgrɛ] 〘⊏ F ~ 'idea of progress'〙 *n.* 〘社会学〙進歩の観念.

i·dée fixe [iːdéɪ-fíːks ; *F.* idefiks] 〘⊏ F ~〙 *F. n.* (*pl.* **i·dées fixes** [~]) =fixed idea.

i·dée re·çue [iːdéɪ-rəsúː | -s(j)úː ; *F.* iderəsy] 〘⊏ F ~《原義》received idea〙 ― *F. n.* (*pl.* **i·dées re·çues** [~]) 一般に受け入れられた考え ; 慣習, 伝統 ; ありふれたもの[こと].

i·dem [áɪdem, íːd-, íd- | áɪd-, íd-] 〘《a1398》⊏ L *idem* (masc.), *idem* (neut.) the same ← *is* he + *-dem* (指示を表わす suf.)〙 ― *L. pron., adj.* 同上[同著者](の) ; 同じ語(の), 同じ書物[典拠](の) (略 id.) : ~ page 25. ★ 脚注や参考書目などで出典を示す時, 著者名の繰り返しを避けるため通例略形で用いる (cf. ibidem).

ídem·fàctor 〘⇨ ↑, factor〙 *n.* 〘数学〙単位ダイアディック《dyadic の空間の基底の要素》.

i·dem·po·tent [aɪdémpəṭənt, áɪdəmpòʊtnt, íd- | aɪdémpətənt, áɪdempɔ̀ʊtnt, íd-] 〘← IDEM + POTENT¹〙 〘数学〙 ― *adj.* 冪等(べきとう)の《その冪がそれ自身と等しくなる》. ― *n.* 冪等元. **i·dém·po·ten·cy** [-si | -sɪ] *n.*

ídem quód [-kwɑ́(ː)d | -kwɔ́d] 〘⊏ L *idem quod* the same as〙 *L.* …に同じ (略 i.q.).

-i·dene [ədìːn | ɪd-] 〘← -IDE² + -ENE〙 ― *suf.* 〘化学〙 -yl で終わる一価の炭化水素基の遊離原子価をもつ炭素原子からさらに水素原子を1または2個除いて誘導される二価または三価の基の語尾 : ethyl*idene*.

i·den·tic [aɪdénṭɪk, ɪd-, əd- | aɪdént-, ɪd-] 〘《1649》⊏ ML *identic-us* ← L *identitās* 'IDENTITY' : ⇨ -ic¹〙 ― *adj.* **1** 〘外交〙〈文書が〉同文の ; 〈行動が〉同調の : an ~ note 同文通牒(つうちょう)《2国以上の政府から発せられた同文の外交文書》. **2** 《古》=identical.

i·den·ti·cal [aɪdénṭɪkəl, ɪd-, əd-, -ṭə- | aɪdéntɪ-, ɪd-] 〘《1620》← ML *identicus* (↑) + -AL¹〙 ― *adj.* **1** [通例 the ~] 全く同じ, 同一の, ちょうどその : *the* ~ room where Shakespeare was born / *the* ~ person 同一人, 本人 / *the* ~ classes 同一類 / *the* ~ conception 同一概念. ★ the ~ same [same ~] person または *identically* the same person ということもあるが類語反復として非難する人もある. **2** (相異なる物について)同じ, 等しい, 一致する 〔*with*〕 : The handwriting on both checks is ~. 双方の小切手の筆跡は同じである / If A and B are ~, A is ~ *with* B. AとBが等しいならAとBは一致する. ★ similar to の類推で with の代わりに to も用いられる傾向がある. **3 a** 〘論理〙(個別的対象または集合(間)の関係として)同一の, 同じ(の) : an ~ proposition 同一命題. **b** 〘数学〙同一の, 恒等の : an ~ equation 恒等式. **4** 〘生物〙一卵性の (monozygotic) : ⇨ identical twin. **~·ness** *n.*

i·dén·ti·cal·ly *adv.* [しばしば alike, the same を強調して] 全く同じに, 同一に ; 同様に, 等しく : ~ *the same* 全く同じ (⇨ identical 1).

idéntical proposítion *n.* 〘論理〙同一命題《真理値あるいは意味の同じ命題 ; Man is man. などのように主語と述語が同じ命題》.

idéntical rhýme *n.* 〘詩学〙同音韻, 同韻《二つの異なる語(群)において強勢のある母音の前の子音も含めて互いに等しい脚韻 ; 例 : sea : see / lighted : delighted ; rime riche ともいう》.

idéntical twín *n.* 〘生物〙一卵性双生児, 同型双生児《一個の受精卵から生じた双生児で常に同性 ; cf. fraternal twin》 : one of the ~*s* 一卵性双生児の一人.

i·den·ti·fi·a·ble [aɪdénṭəfàɪəbḷ, ɪd-, əd-, ―――――― | aɪdéntɪfàɪəbḷ, ɪd-, ――――――] *adj.* 同一であることが証明できる, 同一であるとみなしうる ; 身元が確認できる : an ~ author / He left nothing which was personally ~. 自分の身元を割り出されてしまうようなものは何ひとつ残さなかった.

i·den·ti·fi·ca·tion [aɪdènṭəfɪkéɪʃən, ɪd-, əd-, -fə- | aɪdèntɪfɪ-, ɪd-] 〘《1644》⊏ ML *identificātiō(n-)* : ⇨ identify, -fication〙 ― *n.* **1** 同一と認め(られ)ること, 同一であることの証明[確認, 鑑定] ; (死体・犯人などの)検証, 身元確認 : I was sure of his ~. 私は彼がその当人だと確信した / He changed clothes to prevent ~. 正体を隠すために服装を変えた. **2** 身分証明(書) : Do you have [Have you] any ~? 何か身分の証明になるような物をお持ちですか. **3** 〘社会学〙同一化, 同一視, 一体感, 帰属化《ある社会集団の価値・利害を自己のものとして受容すること》. **4** 〘心理〙 **a** (精神分析における)同一視, 同一化. **b** 同一視《自己の延長としての他者の知覚》. **5** 〘生物〙同定《動植物の属名や種名の決定》.

identificátion càrd *n.* =identity card.

identificátion dìsc *n.* 《英》〘軍事〙=identification tag.

identificátion paràde *n.* (犯人を面(めん)通しするため整列させた)容疑者の列 (lineup).

identificátion plàte *n.* (自動車などの)登録番号標.

identificátion spàce *n.* 〘数学〙等化空間《位相空間の商空間 (quotient space)》.

identificátion tàg *n.* 《米》〘軍事〙認識票《姓名・認識番号などを刻んだ金属製の小円盤 ; 2枚一組で鎖につけて首にかけるもの ; identity tag, dog tag, 《英》では identification disc, identity disc ともいう》.

identificátion thrèad *n.* 〘海事〙=rogue's yarn.

i·dén·ti·fì·er *n.* 確認者, 鑑定人.

i·den·ti·fy [aɪdénṭəfàɪ, ɪd-, əd- | aɪdéntɪ-, ɪd-] 〘《1644》⊏ LL *identificāre* : ⇨ identity, -fy〙 ― *vt.* **1** …が同一であることを[…に相違ないと]確認する, …がだれ[何]であるかを見きわめる, 同定する, 鑑定する : ~ handwriting 筆跡を鑑定する / ~ a corpse 死体の身元を確認[明らかに]する / ~ a problem 問題(の本質)を見きわめる / ~ the bearer of a check 小切手の持参人を確認する / Shall I ~ myself? 身分証明書をお見せしましょうか《初めての相手に電話して, 自分がどこのどういう人間かをいう時などにも用いる》/ *Identifying* a male or female figure by their hair is not easy these days. 髪(の長さ)で男か女か見分けるのは昨今ではむずかしい / She *identified* the bag *as* hers by telling what it contained. 彼女は中身を言ってそのかばんが自分のものであることを証明した. **2** 〘生物〙同定する《動植物が何属・何種に属するかを決定する》. **3** 同一のものとみなす, 同一視する ; 見分けるのに役立つ : ~ A *with* B [A and B]. **4** 〘精神分析〙(自己と他人を)同一化する : He *identifies* himself *with* his father. 父親を同一視している. **5** [通例 ~ *oneself* または Passive で]〔…と〕提携する, 結びつく, 仲間に入れる ; 〔…に〕関係[共鳴]する〔*with*〕 : ~ *oneself* [become *identified*] *with* a movement [policy] 運動の同志となる[政策で提携する]. ― *vi.* (他人の立場に身をおいて)(他人と)自己を同一視する, 一体となる, 共鳴する, 同感する〔*with*〕 ; 〈意見などが〉一致する : ~ *with* the characters of the play 〈観客などが〉劇中の人物になりきったような気持になる.

I·den·ti·kit [aɪdénṭəkɪt | -tɪ-] 〘← IDENTI(FICATION) + KIT¹ : Los Angeles の Hugh C. McDonald によって 1959年開発された〙 ― *n.* **1** 〘商標〙アイデンティキット《犯人捜査に用いるモンタージュ写真作製のため, 目, 鼻, 口などに分けた顔の部分の絵のセット》. **2** [i-] モンタージュ(写真) : an *identikit* portrait.

i·den·ti·ty [aɪdénṭəṭi, ɪd-, əd- | aɪdéntɪti, ɪd-, -tɪ] 〘《1570》⊏ F *identité* ⊏ LL *identitātem* ← L *idem* same : ⇨ idem, -ty²〙 ― *n.* **1** 全く同一であること, 同一状態, 一致 : the law [principle] of ~ 〘論理〙同一律 / an ~ of tastes [interests] 好み[利害]の一致. **2 a** その人[物]に相違ないこと, 同一人[物]であること, 本人であること ; 正体, 身元 : a case of mistaken [false] ~ 人違い / betray one's ~ 本性を現わす / under (a) false ~ 身元を偽って / conceal one's ~ 身元を隠す / prove [recognize, disclose] a person's ~ 人の身元を明らかにする, 本人に相違ないことを認める / He knew the ~ of the murderer. 彼は殺人犯の正体を知っていた / doubt one's own ~ われとわが身を(他人ではないかと)疑う. **b** 本質, 独自性, 主体性 ; 個性 : lose one's ~ / preserve one's ~ 自分自身を失わない. **3** 同一点, 類以例. **4** 〘数学〙 **a** 恒等 (≡ で表わす). **b** 恒等式 (identical equation). **c** 恒等関数, 恒等写像. **d** 単位元(げん) (unity, identity element) 《集合の他の元に作用してもその元が変わらないような元》. **5** 〘心理〙アイデンティティー, 同一性, 自己同一性《自分の正体, 自分という存在の自己証明》 : ⇨ identity crisis.

idéntity càrd *n.* 身分証明書 (identification card) 《《米》では略して I.D. card, ID card ともいう》.

idéntity crìsis *n.* 〘心理〙アイデンティティー[同一性]の危機《青年期をはじめとする個人生活の激変期で, 社会環境の歴史的な変動に際して起こるアイデンティティーの動揺・喪失がもたらす心理的な危機》.

idéntity dìsc *n.* 《英》〘軍事〙=identification tag.

idéntity èlement *n.* 〘数学〙単位元(げん).

idéntity màtrix *n.* 〘数学〙単位行列《数1に相当する行列》.

idéntity philósophy *n.* 〘哲学〙同一哲学《Spinoza, Schelling らのように究極的には絶対者における統一

を主張し, 主・客, 精神・物体等の分立を否定する ; cf. indifferentism 3》.

idéntity tàg *n.* =identification tag.

ide·o- [áɪdio(ʊ), íd- | ídɪə(ʊ), áɪd-] 〘← Gk *idéa* : ⇨ idea, -o-〙「観念 (idea)」の意の連結形 : *ideology.*

i·de·o·gram [ídiəgræ̀m, ìd- | ídɪə(ʊ)græ̀m, áɪd-] 〘⇨ ↑, -gram〙 ── *n.* **1** 表意文字《元来絵文字から発達したもので, 漢字その他の象形文字に見るように音に関係なく直接に意義を表わす文字 ; cf. phonogram 1》: Chinese ~*s* 漢字. **2** (ある形態素を表わす)記号《1, 2, 3, −, + など》. **i·de·o·gram·ic, i·de·o·gram·mic** [ìdiəgrǽmɪk, ìd- | ìdɪə(ʊ)-, àɪd-] *adj.* **i·de·o·gram·mat·ic** [ìdiəgrəmǽṭɪk, ìd- | ìdɪə(ʊ)grə-mǽt-, àɪd-] *adj.*

i·de·o·graph [áɪdiəgræ̀f, íd- | ídɪə(ʊ)grɑ̀ːf, áɪd-, -græ̀f] *n.* =ideogram.

i·de·o·graph·ic [ìdiəgrǽfɪk, ìd- | ìdɪə(ʊ)-, àɪd-] *adj.* 表意文字の, 表意的な. **ì·de·o·gráph·i·cal** *adj.* **ìd·e·o·gráph·i·cal·ly** *adv.*

i·de·og·ra·phy [ìdiɑ́grəfi, ìd- | ìdiɔ́grəfɪ, àɪd-] *n.* 表意文字の使用, 表意文字法.

i·de·o·log·ic [àɪdiəlɑ́dʒɪk, ìd- | -lɔ́dʒ-] *adj.* =ideological.

i·de·o·log·i·cal [àɪdiəlɑ́dʒɪkəl, ìd-, -dʒə- | -dɪəlɔ́dʒɪ-] *adj.* イデオロギーの, 観念学[論]の ; 空論の ; 観念形態の. **~·ly** *adv.*

ì·de·ól·o·gism [-dʒìzm̩] *n.* (特に, 極端な)イデオロギー固執主義.

ì·de·ól·o·gist [-dʒɪst, -dʒəst | -dʒɪst] 〘《1798》⇨ F *idéologiste* : ⇨ ideology〙 ── *n.* **1** 〘哲学〙観念学者, 観念形態論者 (⇨ ideology 1 a). **2** 空論家, 空想家 (visionary). **3** 特定のイデオロギーの信奉者[擁護者].

i·de·ol·o·gize [àɪdiɑ́lədʒàɪz, ìd- | -dɪɔ́l-] *vt.* **1** イデオロギーで説明[表現, 分析]する, 観念形態を組立てる. **2** 〈個人・社会集団を〉特定のイデオロギーに染める.

i·de·o·logue [áɪdiəlɔ̀(ː)g, íd-, aɪdíː- , -lɑ̀g | áɪdɪəlɔ̀g, íd-, aɪdíəlɔg] 〘⇨ F *idéologue* 《逆成》← *idéologie* (↓)〙 *n.* **1** 理論家. **2** =ideologist 2. **3** =ideologist 3.

i·de·ol·o·gy [àɪdiɑ́lədʒi, ìd- | -dɪɔ́lədʒɪ] 〘《1796》⇨ F *idéologie* : ⇨ ideo-, -logy〙 ── *n.* **1** 〘社会学〙イデオロギー, 観念形態《民族・階級・職業・宗派・政党などの集団に特有な思想・信念・思考様式の全体》: the Fascist [Marxist] ~. **2** 《古》〘哲学〙 **a** イデオロギー, 観念学《19 世紀のフランスの哲学者 Destutt de Tracy [dɛstytdətrasi] とその一派の言葉および立場で, J. Locke の観念の理論や Condillac の感覚論を継承して意識の対象である観念の発展と展開を研究する学問》. **b** 観念形態論, イデオロギー論《人間の意識の諸形態としてのイデオロギーを考察する諸学説をいう》. **3** 空理, 空論.

i·de·o·mo·tor [àɪdiəmóʊṭə, ìd- | ìdɪəmə́ʊtə(r, àɪd-] *adj.* **1** 〘心理〙観念運動的[性]の (cf. sensorimotor). **2** 観念運動に関する : ~ theory.

i·de·o·phone [áɪdiəfòʊn, íd- | ídɪə(ʊ)fə̀ʊn, áɪd-] 〘← IDEO- + -PHONE〙 ── *n.* 〘言語〙観念(を表わす)音《多くのアフリカの言語におけるように動作や物のイメージを表現する(重複)音》.

ides [áɪdz] 〘《*a*1126》*idus* ⇨ (O)F ~ ∥ L *īdūs* (pl.)〙 ── *n. pl.* [通例 the ~ ; 単数または複数扱い] (古代ローマの暦で) nones の後の 8 日目《3 月・5 月・7 月・10 月は 15 日, その他の月は 13 日》.

ides of March [the ―] (Julius Caesar の暗殺の日と予言された) 3 月 15 日 : Beware *the* ~ *of March.* 3 月 15 日を警戒せよ《Caesar 暗殺の故事から, 一般に凶事の警戒にも言う ; cf. Shak., *Caesar* 1. 2. 18》.

id est [ɪd-ést] 〘⇨ L ~ 'that is'〙 *L.* すなわち, 換言すれば (that is)《通例 i.e. と略し, 改まった文に用い, ふつう [ðǽtíz] と読むことが多い ; cf. videlicet》.

Id·fu [ídfuː] *n.* =Edfu.

I·dhi [*Mod. Gk.* íði] *n.* Ida 1 のギリシャ語名.

-idia *suf.* -idium, -idion の複数形.

-i·din [ədn, -dən, ədn̩ | ɪdɪn] 〘← -IDE² + -IN¹〙 ── *suf.* 〘化学〙他の化合物と構造上関係のある化合物を表わす名詞を造る : **1** 配糖体 (glycoside) のアグリコン (aglycon) : pelargon*idin* (← pelargonin). **2** =-idine 1, 2.

-i·dine [ədìːn, -dɪn, -dən | ɪdiːn, -dɪn] 〘← -IDE² + -INE³〙 ── *suf.* 〘化学〙次の意味を表わす名詞を造る : **1** 環式基の水素化合物 : thiazol*idine* (← thiazole). **2** 水素化合以外の方法で得られた基 : quin*idine* (← quinine).

id·i·o- [ídio(ʊ) | ídɪə(ʊ)] 〘⇨ Gk ~ ← *ídios* one's own, private, peculiar〙 ──「特殊の (peculiar), 特有の (proper) ; 〘病理〙自己に限定された, 独立の, 特発性の」の意の連結形 : *idio*syncrasy.

id·i·o·blast [ídiəblæ̀st | ídɪə(ʊ)-] 〘⇨ ↑, -blast〙 *n.* 〘植物〙異形[異常]細胞, 特殊[特異]細胞, 巨細胞. **id·i·o·blás·tic** [ìdiəblǽstɪk | ìdɪə(ʊ)-] *adj.*

ìdio·chromátic *adj.* 〈鉱物が〉特有な色をした.

id·i·oc·ra·sy [ìdiɑ́krəsi | ìdiɔ́krəsɪ] 〘⇨ Gk *idiokrāsía* : ⇨ idio-, crasis, -y¹〙 *n.* =idiosyncrasy.

id·i·o·cy [ídiəsi | ídɪəsɪ, ídjəs-] 〘《1487》← IDIOT + -CY (cf. prophecy) : cf. Gk *idiṓteia* private life, lack of education ← *idiṓtēs* idiot〙 ── *n.* **1** 〘心理〙白痴《知能指数 0-25 ぐらい, 精神年齢が 2 歳ぐらいまでにしか発達しない状態 ; 今はこの名称は用いない ; cf. mental deficiency》. **2** 白痴的言行 : the height of ~ 愚の骨頂.

ìdio·dynámic *adj.* 人格心理学の.

id·i·o·glos·si·a [ìdiəglɑ́siə, -glɔ́(ː)s- | ìdɪə(ʊ)glɔ́sɪə] 〘← NL ~ ← Gk *idióglōssos* of peculiar tongue : ⇨ idio-, glosso-, -ia¹〙 ── *n.* 〘病理〙 **1** 新作言語症. **2** (意味不明の音声を連ねる)言語障害 (idiolalia ともいう). **id·i·o·glot·tic** [ìdiəglɑ́ṭɪk | ìdɪə(ʊ)glɔ́t-] *adj.*

id·i·o·graph [ídiəgræ̀f | ídɪə(ʊ)grɑ̀ːf, -græ̀f] 〘⇨ LGk *idiógraph-on* : ⇨ idio-, -graph〙 *n.* (特定の個人・団体の特徴を示す)印, 署名 ; 商標.

id·i·o·graph·ic [ìdiəgrǽfɪk | ìdɪə(ʊ)-] *adj.* **1** 署名の, 私印の ; 商標の. **2** 〘哲学〙個性[個別]記述的な《一回限りの歴史的事実等の記述に関する ; ↔ nomothetic》.

id·i·o·la·li·a [ìdiəléɪliə, -lǽl- | ìdɪə(ʊ)léɪlɪə, -lǽl-] 〘← IDIO- + -LALIA〙 *n.* 〘病理〙 =idioglossia.

id·i·o·lect [ídiəlèkt | ídɪə(ʊ)-] 〘← IDIO- + (DIA)LECT〙 ── *n.* 〘言語〙個人言語《個人がその人生の特定の時期に用いることばの総体》. **id·i·o·lec·tal** [ìdiəléktl̩ | ìdɪə(ʊ)-] *adj.* **id·i·o·lec·tic** [ìdiəléktɪk | ìdɪə(ʊ)-] *adj.*

id·i·om [ídiəm | ídɪəm, ídjəm] 〘《1588》⇨ F *idiome* ∥ LL *idiōma* peculiarity ⇨ Gk *idíōma* ← *idioûsthai* to make one's own ← *ídios* one's own〙 ── *n.* **1** (ある言語特有の)慣用(語)法, 熟語, 成句, イディオム. ★ give way (屈服する), in order to (…するために)のように語彙(ご)的・意味的なものと, It's me のように語法的・文法的なものとの 2 種類がある ; 日本語の「イディオム」「熟語」「成句」は主として前者についての訳語である. **2** (一言語の一般的)語法, 語風, (一国民の)言語 : the English ~ 英国人特有の言語[言い回し]. **3** なまり, 方言 (dialect) : the gipsy ~ / the ~ of the New England countryside ニューイングランドの田舎言葉[なまり]. **4** (ある著者独特の)語法, 表現方式 : Browning's ~ ブラウニングの語法. **5** (音楽・美術などの)特色, 画風, 作風 : the ~ of Beethoven, Degas, etc.

id·i·o·mat·ic [ìdiəmǽṭɪk | ìdɪəmǽt-, ìdjəm-] 〘《1712》⇨ Gk *idiōmatik-ós* ← *idiōmat-*, *idíōma* (↑)〙 ── *adj.* **1 a** 慣用語法の[に関する]. **b** 慣用語法にかなった, 慣用的な : speak ~ English 英語らしい英語を話す. **2** 慣用語法を含む[の多い] : an extremely ~ language ひどく慣用語法の多い国語. **3** (ある集団や個人に)特有な (individual). **id·i·o·ma·tic·i·ty** [ìdiəmətísəṭi | ìdɪəmətísəti, ìdjəm-, -sɪ-] *n.*

ìd·i·o·mát·i·cal [-ṭɪkəl, -ṭə- | -tɪ-] *adj.* =idiomatic. **~·ness** *n.*

ìd·i·o·mát·i·cal·ly *adv.* 慣用的に, 慣用句に用いて.

Ídiom Néutral *n.* イディオム ネウトラル《Volapük を改良した国際語 ; 1902 年発表》.

id·i·o·mol·o·gy [ìdiəmɑ́lədʒi | ìdɪə(ʊ)mɔ́lədʒɪ] 〘← IDIOM + -O- + -LOGY : 本来の造語法では idiomatology とすべきもの〙 *n.* 慣用語法学, 慣用句研究.

id·i·o·mor·phic [ìdiəmɔ́ːfɪk | ìdɪə(ʊ)mɔ́ː-] *adj.* **1** 固有の形をもつ. **2** 〘鉱物〙〈鉱物が〉自形的な《本来の結晶形態をもつ ; euhedral, automorphic ともいう ; cf. allotriomorphic, hypidiomorphic》: an ~ mineral.

ìd·i·o·mór·phi·cal·ly *adv.* 固有の形をもって.

-id·i·on [ídiən, -ɑ̀n | ídɪən, -ɔ̀n] 〘⇨ Gk *-idion* (dim. suf.)〙 *suf.* ギリシャ語系指小辞 (cf. -idium) : enchir*idion.*

id·i·o·path·ic [ìdiəpǽθɪk | ìdɪə(ʊ)-] *adj.* **1** 独特の, 固有の. **2** 〘病理〙特発性の, 原発性の (primary) : an ~ disease 特発性疾患. **ìd·i·o·páth·i·cal·ly** *adv.*

id·i·o·phone [ídiəfòʊn | ídɪəfə̀ʊn] 〘← IDIO- + -PHONE〙 ── *n.* イディオフォーン, 体鳴楽器《摩擦・打撃などによる物質自体の音を利用した楽器 ; glass harmonia, cymbals, xylophone など》. **id·i·o·phon·ic** [ìdiəfɑ́nɪk | ìdɪəfɔ́n-] *adj.*

id·i·o·plasm [ídiəplæ̀zm̩ | ídɪə(ʊ)-] 〘← IDIO- + -PLASM〙 ── *n.* 〘生物〙 =germ plasm. **id·i·o·plas·mat·ic** [ìdiəplæzmǽṭɪk | ìdɪə(ʊ)plæzmǽt-] *adj.* **id·i·o·plas·mic** [ìdiəplǽzmɪk | ìdɪə(ʊ)-] *adj.*

id·i·or·rhyth·mic [ìdiəríðmɪk | ìdɪə(ʊ)-] 〘← Gk *idiórrhuthmos* (← IDIO- + *rhuthmós* 'manner, RHYTHM') + -IC¹〙 ── *adj.* 〈修道士が〉自治的な宗教結社で生活している ; 〈僧院など〉そういう修道士が住んでいる.

id·i·o·syn·cra·sy [ìdiəsíŋkrəsi, ìdio(ʊ)-, -sín- | ìdɪə(ʊ)síŋkrəsɪ, -djə(ʊ)s-] 〘《1604》⇨ Gk *idiosugkrāsía* ← IDIO- + *súgkrāsis* a mixing together (← *sún* 'SYN-' + *krāsis* mixture : ⇨ crasis) : ⇨ -y¹〙 ── *n.* **1** (ある人・グループ特有の)特質, 特異性 ; 個人的性癖. **2** (その人)特有の表現法, 風格 : the *idiosyncrasies* of Faulkner's style フォークナーの文体の特異な表現. **3** 〘医学〙特異体質 (cf. allergy 1 b).

id·i·o·syn·crat·ic [ìdiəsɪŋkrǽṭɪk, ìdio(ʊ)- | ìdɪə(ʊ)-sɪŋkrǽt-, ìdjə(ʊ)-] *adj.* **1** 特異な ; 特有の (peculiar) 〔*to*〕. **2** 〘医学〙特異体質の. **ìd·i·o·syn·crát·i·cal·ly** *adv.*

id·i·ot [ídiət | ídɪət, ídjət] 〘《*a*1325》⇨ (O)F ~ ∥ L *idiōta* ⇨ Gk *idiṓtēs* private person, layman, ignorant person ← *ídios* : ⇨ idio-〙 ── *n.* **1** (生来の)白痴 (cf. imbecile 1). **2** 《口語》ばか, あほう, 間抜け : You ~ ! この間抜けめ / What an ~ I am! / Why were you such an ~? なぜあんなばかなことをしたのか. **3** 〘心理〙白痴の人. ── *adj.* **1** 白痴の(ような). **2** 《米口語》白痴のやりそうな, ばかな : such ~ war.

ídiot bòard *n.* 《俗》〘テレビ〙 **1** =idiot sheet. **2** テレプロンプター (TelePrompTer).

ídiot bòx *n.* 《口語》テレビ (television set) (cf. goggle-box).

ídiot càrd *n.* 《口語》〘テレビ〙 =idiot sheet.

id·i·ot·ic [ìdiɑ́ṭɪk | ìdɪɔ́t-] 〘《1713》⇨ LL *idiōtic-us* ⇨ Gk *idiōtikós* private, unskillful : ⇨ idiot, -ic¹〙 ── *adj.* **1** 白痴の(ような). **2** ばかばかしい ; 大ばかの, 非常識な : That's the most ~ story I ever heard. そんなばからしい話は聞いたことがない / These girls *are* ~ over babies. この女の子たちは赤ん坊のことになると夢中になってしまう. **ìd·i·ót·i·cal** *adj.* **ìd·i·ót·i·cal·ness** *n.*

ìd·i·ót·i·cal·ly *adv.* ばかげたことに, 愚かにも.

id·i·ot·ism¹ [ídiəṭìzm̩ | ídɪət-, ídjət-] 〘⇨ F *idiotisme* ⇨ LL *idiōtismus* a common way of speaking ⇨ Gk *idiōtismós* common manners〙 ── *n.* 《廃》(ある言語特有の)慣用(語)法, イディオム (idiom).

id·i·ot·ism² [-tɪ̀zm] 〘← IDIOT + -ISM〙 *n.* **1** ばかげた振舞い. **2** 《古》白痴 (idiocy).

id·i·ot·ize [ídiəṭàɪz | ídɪə-, ídjə-] *vt.* 〈人を〉ばかにする, 〈人〉にばかのような行動をさせる.

id·i·o·trop·ic [ìdiətrɑ́pɪk | ìdɪə(ʊ)trɔ́p-] 〘← IDIO- + -TROPIC〙 *adj.* 〘精神医学〙内向的な, 内省的な, 自己満足型の.

i·diot sa·vant [íːdjoʊ-sɑːvɑ̃́(ː)ŋ, -vɔ̃́(ŋ), -vɑ́ːŋ, -vɔ́(ː)ŋ | íːdjəʊ- ; *F.* idjosavɑ̃] 〘⇨ F ~ 《原義》skilled idiot〙 ── *n.* (*pl.* **i·diots sa·vants** [~(z) ; *F.* ~], **~s**) 〘精神医学〙イディオサヴァン, 天才白痴《特殊な才能をもっている精神薄弱者》.

ídiot shèet *n.* 《俗》〘テレビ〙テレビ用プロンプター《番組の途中でせりふを書いて出演者に見せる大きなカードあるいは装置 ; idiot card, idiot board ともいう ; cf. TelePrompTer》.

ídiot's lántern *n.* 《英俗》 =idiot box.

ídiot-stìtch *n.* =tricot-stitch.

ídiot tàpe *n.* 〘印刷〙電算機の自動植字の入力テープ.

-id·i·um [ídiəm | ídɪəm, ídjəm] 〘← NL ~ ← Gk *-idion* (dim. suf.)〙 ── *suf.* (*pl.* **~s, -id·i·a** [ídiə | ídɪə, ídjə]) 生物・解剖・化学などの用語に用いられる指小辞 (cf. -idion) : anther*idium*, chrom*idium.*

i·dle [áɪdl̩] 〘OE *idel* empty, worthless < ? (WGmc) *īdal (G *eitel*) 《原義》? seeming, burned out ← ? IE **ai-dh-* to burn〙 ── *adj.* (**i·dler ; i·dlest**) **1 a** 何もしないでいる, 遊んでいる ; 失業した (cf. 4 a) : be ~ on Sunday 日曜日にぶらぶらしている / ~ workmen. **b** 〈チームが〉試合の予定がない. **2** 〈機械・工場など〉使用されないでいる, 暇でいる : ~ machinery, ships, etc. / keep land ~ 土地を遊ばせておく / ~ capital 遊休資本, 遊資 / ~ money=money lying ~ 遊び金 / have one's hands ~ 手を遊ばせている. **3** 〈時間が〉暇な, すいている : an ~ moment / books for ~ hours 暇な時に読む本. **4 a** (仕事があるのに)怠ける, のらくらしている, 無精な (lazy) (↔ diligent) : an ~ and useless fellow 怠け者のろくでなし / The tongue of ~ people is never idle. 《諺》怠け者の舌は少しも休むことがない (★ 後の idle は 1 a の意味). **b** これといった定職を持たぬ, 遊んでいる : the ~ rich 金があって遊んでいる連中, 有閑階級. **5 a** 〈行為・考えなど〉むだな, つまらない : an ~ attempt [threat] むだな試み[おどし] / ~ talk むだ話 / ~ pleasures 道楽 / It is ~ to say that ... といってもかいがない. **b** 漫然と[ふと]した : out of ~ curiosity 軽い好奇心から. **6** 〈話など〉根拠のない, 当てにならない : ~ fears いわれのない恐怖 / an ~ rumor 根も葉もないうわさ / an ~ compliment 空世辞. **7** 〘機械〙遊びの(ための), 遊び車の.

eat idle bread=eat the BREAD of idleness. ***run idle*** 〈機械が〉空回りする, 空転する, アイドリングする.

── *vi.* **1** 怠けて[遊んで, ぶらぶらして]いる : Don't ~ (*about*). **2** ぶらつく, ぶらぶら歩く. **3** 〈機械などが〉空回りする 〈*over*〉 ; 〈内燃機関が〉無負荷回転する, (スロットルを閉めて)ゆっくり回転する. ── *vt.* **1** 怠けて[遊んで]〈時間を〉過ごす, 空費する 〈*away*〉: Don't ~ *away* your time. ぼやぼやして時間をむだにするな. **2** 〈モーターなどを〉空転させる. **3** 《通例, 事が》〈人を〉遊ばせる, …に仕事をさせない : The layoff ~*ed* many workers. レイオフで多くの従業員は仕事がなくなった.

── *n.* (機械などの)空転状態, 運転休止, 空回り, アイドリング.

ídle gèar *n.* 〘機械〙 =idler gear.

ídle lìne *n.* 〘通信〙あき線《使える状態で使用していない電話線》.

ídle·ness 〘OE *īdelnes* : ⇨ idle, -ness〙 ── *n.* **1** 怠けていること, 怠け ; むだに時を過ごすこと, 無為, 怠惰 : busy ~ つまらない事に忙しそうに[あくせく]すること / *Idleness* is the parent of all vice. 《諺》怠惰は悪徳のもと,「小人閑居して不善をなす」/ ⇨ *eat the* BREAD *of idleness* / live in ~ 無為に[のらくらして]暮らす. **2** 遊んでいること, 仕事のないこと, 失業(状態). **3** 無益, むだ.

ídle pùlley *n.* 〘機械〙 =idler pulley.

í·dler [-dlə, -dḷə | -dlə(r] *n.* **1** 仕事をしないでいる人, 怠け者, 無精者, のらくら者 ; 役立たず. **2** 〘機械〙 **a** =idler gear. **b** =idler pulley. **c** =idler wheel. **3** 〘鉄道〙空車, 遊車《長尺の貨物を積むため, 二つの車両の間あるいは何れかの側に連結する車両》. **4** 〘海事〙 =dayman 2.

ídler gèar *n.* 〘機械〙遊び歯車《二つの主歯車の中間に回転方向の変換や, 歯車中心位置の調節等のために入れる歯車 ; この遊び歯車の軸から動力の授受が行なわれないためにこの名がある》.

ídler pùlley *n.* 〘機械〙(ベルト用の)遊び車.

ídler whèel *n.* 〘機械〙遊び車, アイドラー《二つの歯車・プーリー等の中間に回転方向の変換・中心距離の調節等のために入れる第3の歯車・プーリー等》.

idler wheel
1 idler wheel
2 cogwheels

i·dlesse [áɪdlɪs, -ləs, aɪdlés] 〘(1464) ← IDLE ＋ *-esse* '-ESS²'〙 *n.* 《詩・古》安逸, 逸楽 (idleness).

ídle wórms *n.pl.* (昔, 怠け者の指先にわくと冗談に言われた)怠け虫 (cf. Shak., *Romeo* 1. 4. 65–66).

ídle whèel *n.* 〘機械〙＝idler wheel.

I·dle·wild [áɪdḷwàɪld] *n.* John F. Kennedy International Airport の旧名.

id·ling [-dlɪŋ, -dḷ- | -dl-] *n.* **1** 怠け(てい)ること, 怠け, 怠惰. **2** (機械の)空回り, 空転, アイドリング.

í·dly [-dli, -dḷi | -dli] 〘OE *īdellīce*: ⇨ idle, -ly¹〙 *adv.* **1** 何もしないで, 怠けて, 遊んで. **2** のらくらと, ぼんやりと. **3** むなしく, 無益に, むだに.

I.D.N. 《略》*L.* in Dei nomine 神の御名において (in the name of God).

I·do [íːdou | -dəu] 〘(1908) ▭ Esperanto *-ido* offspring ← Gk *-idēs*: ⇨ -id²〙 **—** *n.* イド語《de Couturat, Jespersen などが Esperanto を簡易化した国際語; 1907 年フランスで発表されたが, Esperanto の綱領に反するので Esperantists は支持していない》.

i·do- [áɪdo(ʊ), íd- | -də(ʊ)] 〘← L *idem* same〙 **—** 〘化学〙「イドース (idose) に関係のある」の意の連結形: *ido*-saccharic acid イド糖酸. ★母音の前では通例 id- になる.

i·do·crase [áɪdəkrèɪs, íd-, -do(ʊ), -krèɪz | -də(ʊ)-] 〘▭ F ～ ← Gk *eîdos* form ＋ *krâsis* mixture (⇨ crasis)〙 **—** *n.* 〘鉱物〙アイドクレイス ($Ca_{10}(Mg,Fe)_2Al_4Si_9O_{34}(OH)_4$)《vesuvianite ともいう》. 「者].

Í·do·ist [-ɪst, -əst | -ɪst] *n.* イド語 (Ido) 研究家[使用

i·dol [áɪdḷ] 〘(*c*1250) ▭ (O)F *idol(e)* ▭ L *īdōlum* ▭ Gk *eídōlon* image, phantom, idol ← *eîdos* form, shape〙 **—** *n.* **1** (木・石に刻まれた)偶像, 神像. **2** 〘聖書〙偶像神, 邪神 (false god), (エホバの神以外の)神. **3** 偶像視される人[物], 崇拝される人[物], 崇拝物, 偶像, アイドル: a popular ～＝an ～ of the people 民衆の崇拝の的 / a fallen ～ 崇拝者を失った[人気の落ちた]人, 落ちた偶像 / a film [movie] ～ 映画界の人気者[アイドル] / make an ～ of …を偶像視する, 崇拝する / Money is her ～. 彼女は拝金主義者だ. **4** 《古》(実体でない)物の外形, 幻影, まぼろし (phantom); 幻想 (fantasy). **5** 〘哲学・論理〙誤った認識, 謬見(びゅうけん), 誤謬 (fallacy), 偶像, 幻影. **6** 《廃》詐欺師, 山師 (imposter).

idols of the cave [the ―] 〘論理〙＝idola specus (⇨ idolum). 「fori (⇨ idolum).

idols of the forum [**market**] [the ―] 〘論理〙＝idola

idols of the theater [the ―] 〘論理〙＝idola theatri (⇨ idolum).

idols of the tribe [the ―] 〘論理〙＝idola tribus (⇨ idolum).

idola *n.* idolum の複数形.

i·dol·a·ter [aɪdɑ́ləṭə | -dɔ́lətə(r)] 〘(*c*1384) *ydolatrer* ▭ (O)F *idolâtre* ▭ ML *īdolatra* ＝ L *īdōlolatrēs* ▭ Gk *eidōlolátrēs* ← *eídōlon* (⇨ idol) ＋ *látris* hired servant (⇨ -later)〙 **—** *n.* **1** 偶像崇拝者; 偶像教徒, 異教徒 (pagan)《女性にも用いる》. **2** 崇拝者, 心酔者 (adorer): a ～ *of* wealth, an hero, etc. 「*n.* 女性の idolater.

i·dol·a·tress [aɪdɑ́lətrɪs, -trəs | -dɔ́lətrɪs, -trəs, -três]

i·dol·a·trize [aɪdɑ́lətràɪz | -dɔ́l-] *vt.* ＝idolize.

i·dol·a·trous [aɪdɑ́lətrəs | -dɔ́l-] 〘(1550) ← IDOLATR(Y) ＋ -OUS〙 **—** *adj.* **1** 偶像崇拝の, 偶像崇拝的な: ～ worship 偶像崇拝. **2** 偶像を崇拝する. **3** (盲目的に)心酔する: ～ veneration for antiquity 昔の事物に対する盲目的な心酔 / He was ～ *toward* Balzac. 彼はバルザックに心酔していた. **4** 《廃》偶像崇拝のための: a ～ temple. **～·ly** *adv.* **～·ness** *n.*

i·dol·a·try [aɪdɑ́lətri | -dɔ́lətrɪ] 〘(*c*1250) *ydolatrie* ▭ OF (F *idolâtrie*) ▭ ML *īdōlolatria* ▭ Gk *eidōlolatreía*: ⇨ idol, -latry〙 **—** *n.* **1** 偶像崇拝[礼拝]; 邪神崇拝, 偶像教, 邪教: honor a person on this side of ～ 人を偶像視せんばかりに崇拝する《Ben Jonson の詩の文句から》. **2** 盲目的崇拝, 心酔.

í·dol·ism [-dəlɪzm, -dḷ-] *n.* **1** 偶像崇拝; 盲目的崇拝, 心酔. **2** 《古》謬(びゅう)見 (fallacy). 「idolater.

í·dol·ist [-dəlɪst, -ləst, -dḷ- | -lɪst, -lɪst] *n.* 《古》＝

i·dol·i·za·tion [àɪdəlɪzéɪʃən, -lə-, -dḷ- | -də(ʊ)laɪ-, -lɪ-, -dḷ-] *n.* 偶像化; 盲目的崇拝, 心酔, 敬慕, 溺愛.

i·dol·ize [áɪdəlàɪz, -dḷ- | -də(ʊ)l-, -dḷ-] 〘(1598) ← IDOL ＋ -IZE〙 **—** *vt.* 偶像として崇拝する, 偶像化する; 盲目的に崇拝する, …に心酔する, 敬慕[溺愛]する: ～ wealth, a hero, film stars, one's wife, etc. **—** *vi.* (宗教的に)偶像を崇拝する. **í·dol·ìz·er** *n.*

i·do·lum [aɪdóuləm | -dəu-] 〘(1619) ▭ LL *īdōlum* ▭ Gk *eidōlon*: ⇨ idol〙 **—** *n.* (*pl.* **i·do·la** [-lə]) [通例 *pl.*] 〘論理〙イドラ, 偶像, 幻影. ★正しい認識を妨げる先入的謬見(びゅうけん)として Francis Bacon は *Novum Organum* で以下の四つの偶像を挙げている:

idola fo·ri [-fɔ́ːraɪ, -fóː- | fɔ́ːr-] 市場の偶像《人間の協同生活, 特に言語から生じる謬見; idols of the forum [market] ともいう》.

idola spe·cus [-spíːkəs] 洞窟(どうくつ)の偶像《各個人の特殊な性質や境遇に由来する個人的謬見; idols of the cave ともいう》.

idola the·a·tri [-θiéɪtraɪ | -θɪ-] 劇場の偶像《伝統的に継承されて来たことを無批判的に受け入れることから生じる謬見; idols of the theater ともいう》.

idola tri·bus [-tráɪbəs] 種族の偶像《人間という種族の性質を万事に投射して考える謬見; idols of the tribe ともいう》.

I·dom·e·neus [aɪdɑ́mən(j)ùːs | aɪdɔ́mɪnjùːs, ɪd-] 〘▭ L ～ ▭ Gk *Idomeneús*〙 **—** *n.* 〘ギリシャ伝説〙イードメネウス《トロイ戦争でギリシャ軍の一方の将となった Crete 島の王》.

-i·done [ədòun | ɪdəun] 〘← -IDE² ＋ -ONE〙 *suf.* 〘化学〙-idine に終わる名称の化合物のオクソ誘導体を表わす名詞を造る: pyrrol*idone*.

i·do·ne·ous [aɪdóuniəs | -dóuniəs, -njəs] 〘← L *idōneus* fitting ＋ -OUS〙 *adj.* 《古》適当な, ふさわしい, ぴったりの (suitable).

i·dose [áɪdous, íd-, -douz | -dəus] 〘⇨ ido-, -ose²〙 *n.* 〘化学〙イドース ($C_6H_{12}O_6$)《合成で得られる炭素 6 個の糖の一種; 非発酵性の水溶性シロップ》.

IDP, I.D.P. 《略》〘電算機〙integrated data processing; International Driving Permit.

Id·ris [ídrɪs, -rəs | ídrɪs, áɪd-] 〘▭ Welsh ～ ← *iud* lord ＋ *ris* ardent, impulsive〙 *n.* 男性名. ★ウェールズに多い.

-i·dro·sis [ɪdróusɪs, əd-, -səs | ɪdróusɪs] 〘← NL ～ ← Gk *hidrōsis* a sweating ← *hidrṓs* sweat〙 **—** 〘医学〙「特殊な発汗 (sweating)」の意の名詞連結形: hyper*idrosis* 発汗過多症.

Id·u·mae·a [ìdjumíːə, ìdʒu-, ìdə- | àɪdjuːmíːə, ìd-, -dʒʊm-, -míə] *n.* (*also* **Id·u·me·a** [～]) Edom² のギリシャ語名. **Ìd·u·máe·an** [-míːən | -míːən, -míən] *adj.*

I·dun [íːðun] *n.* 〘北欧神話〙＝Ithunn.

I·dun·a [íːðunə] *n.* 〘北欧神話〙＝Idun.

i·dyl [áɪdḷ | ídɪl, áɪd-] *n.* 《米》＝idyll. 「ist.

i·dyl·ist [áɪdəlɪst, -ləst, -dḷ- | -dɪlɪst] *n.* 《米》＝idyll-

i·dyll [áɪdḷ | ídɪl, áɪd-] 〘(1601) ▭ L *īdyll-ium* ▭ Gk *eidúllion* 《原義》little picture (dim.) ← *eîdos* form, picture〙 **—** *n.* **1 a** 田園詩, 牧歌: a prose ～ 散文田園詩. **b** 物語詩. **2 a** 田園風景; 田園的光景[情景]. **b** (田園詩的な)ロマンチックな(恋)物語. **c** ロマンチックなエピソード《出来事・恋愛など》. **3** 〘音楽〙(通例, 器楽のための静穏な)牧歌, 田園詩曲, イディル (cf. pastorale 1 a).

i·dyl·lic [aɪdílɪk | aɪd-, ɪd-] 〘(1856): ⇨ ↑, -ic¹〙 *adj.* 田園詩(風)の, 牧歌的な, 田園詩的な, 野趣に富んだ, 素朴な. **i·dýl·li·cal·ly** *adv.* 「調.

i·dýl·li·cìsm [-ləsɪzm | -lɪ-] *n.* 牧歌[田園詩]風, 牧歌

í·dyll·ist [-dəlɪst, -ləst, -dḷ- | -dɪlɪst] *n.* 田園詩人, 牧歌作者. 「風に作る[表わす].

i·dyll·ize [áɪdəlàɪz, -dḷ- | -dɪl-] *vt.* 牧歌にする, 牧歌

IE, I.E. 《略》index error; Indo-European; industrial engineer; industrial engineering.

i.e. [áɪíː, ðǽtíz] 《略》id est.

-ie [i | ɪ] *suf.* **1** ＝-y²《愛称的指小辞; cf. -ee²》: Ann*ie*, bird*ie*, dogg*ie*, ladd*ie*, nurs*ie*. **2**「…に属する[関係のある]者」: town*ie*. **3**「…の性質をもった者[物]」: cut*ie*, soft*ie*. **4** -y¹ の古形: beaut*ie*, fair*ie*.

I.E.A. 《略》International Education Association 国際教育協会; International Energy Agency 国際エネルギー機関. 「tronic Engineers.

I.E.E.E. 《略》《英》Institute of Electrical and Elec-

Ie·per [jéɪpə | -pə(r; *Du.* íːpər] 〘▭ Flem. ～ 'YPRES'〙 *n.* イーパー《Ypres のフラマン語名》.

-i·er¹ [iə, jə | ɪə(r, jə(r] 〘ME ▭ OF *-ier*: ⇨ -er¹〙 *suf.* ＝-er¹ (⇨ ★ (2)).

-i·er² [íə | íə(r] 〘ME ▭ (O)F ～ < L *-ārius*: ⇨ -eer〙 *suf.* ＝-eer《特に, 職業を表わす名詞語尾》: brigad*ier*, gondol*ier*, grenad*ier*.

if [ɪf, əf; if, íf | ɪf; ìf, íf] 〘OE *ġif* (cog. ON *ef* (conj.) if, (n.) doubt / G *ob* whether, if) ← ? IE **e-* (pron. stem)〙 **—** *conj.* **1** [条件節を導いて] もしも…ならば, …だとするならば, …したら: **a** [真偽未知の条件]: *If* that is the case, I will not press the matter. それが事実ならその事は強要しません / I shall tell him *if* he comes. 彼が来たら伝えよう / *If* she apologizes, I'll forgive her. 彼女があやまるのなら許してやろう / *If* you get back before I do, wait for me here. 私より早く帰れたらここで待っていて下さい / *If* he had fair warning, he has nothing to complain of. ちゃんと警告を受けたのなら何も文句を言うことはない. ★初めの 4 例におけるような条件節に仮定法現在形を用いるのは《古》: *If* it *be* so, why am I thus? しからばわれいかでかくてあるべき (*Gen.* 25: 22). **b** [現在の事実に反する仮定] ★*if*-clause には仮定法過去形を, 主節には would [should, etc.]＋単純不定詞を用いる; 《口語》では一・三人称単数仮定法過去形の were の代わりに was が用いられることがある: *If* he *were* [《口語》*was*] here, what *would* he say? もし彼がここにいたら何と言うだろう / *If* you *knew* how I suffered, you *would* pity me. 私がどんなに苦しんだかを知っていれば君は私に同情するだろうに / ⇨ IF *it were not for*…. **c** [過去の事実に反する仮定] ★*if*-clause には仮定法過去完了形を用い, 主節には通例 would [should, etc.]＋完了不定詞を用いるが, 意味によっては would [should, etc.]＋単純不定詞を用いることもある: *If* I *had known*, I *wouldn't have done* it. もし私が知っていたらそんなことはしなかったろう / *If* he *had caught* the train, he *would be* here by now. もし列車に間に合ったのならもうここに来ているだろうに / ⇨ IF *it had not been for*…. **d** [未来または現在に関する疑いを込めた仮想] ★通例 *if*-clause に should＋単純不定詞を用いるが, 仮定法過去形を用いることもある: *If* you *should* see her, give her my regards. 万一彼女にお会いになることがあったらよろしく言って下さい / *If* he *failed* again, he would go home. また失敗したら彼も国許に帰るだろう. **e** [純粋仮想] ★*if*-clause に were＋to 不定詞を用いる: *If* I *were to* die tomorrow, what would you do? もし私があした死ぬとしたら君はどうする. ★b–e の場合, 《文語》では if を用いず主語と(助)動詞の語順を転倒して条件節を表わすことがある: Were I (＝*If* I were) in your place, I would help her. 私があなたの立場だったら彼女を助けてやるところなのだが / Had I (＝*If* I had) been there, I would have done it. 私がそこにいたのだったらそうしたでしょう. **2** [時] …の時には(いつも) (whenever): *If* I do not understand what he says, I always ask him. 彼の言うことがわからない時はいつも質問する. **3** [譲歩] たとえ…でも, …としても (even though): *If* I am wrong, you are at least not absolutely right. もし私が間違っているとしても, 君もまた絶対的に正しいとは言えない / His manner, *if* patronizing, was not unkind. 彼の態度は恩に着せるようではあったが, 不親切ではなかった. **4** [*if*-clause が帰結節を略し感嘆文として独立して]: **a** [願望を表わして] …したらなあ: *If* only I knew! 知ってさえいればなあ《★How glad I should be! などが補われる》. **b** [驚き・怒りなどの激情を表わして]: *If* I haven't lost my watch! しまった, 時計をなくした《★前に I'm blessed などが補われる》/ *If* he ever does that again! 二度とそんなまねはさせん《★前に I'm cursed などが補われる》. **5** [間接疑問の名詞節を導いて] …(である)かどうか (whether): She asked [wondered] *if* it was true. 本当なのかと尋ねた[いぶかった] / I don't know *if* he is here. 彼がここにいるかどうかわからない. ★この用法の if は whether より口語的; この種の *if*-clause は通例主節の前に置かれることがない.

as if ⇨ as¹ *conj.* 成句. ***if a day*** [***a yard, an inch, a man, a dime***] 1日[1ヤード, 1インチ, 1人, 1ダイム]でもあるとすれば; 確かに, 少なくとも: He is seventy, *if* (he is) *a day* (old). どんなに若く見積もっても 70 歳は確かだ / I've come three miles, *if* (I've come) *a yard*. どうしても 3 マイルは確かに来た / She measures six feet, *if an inch*. 少なくとも身長6フィートはある / It cost twenty dollars *if a dime*. それは確かに 20 ドルした. ***if it were not*** [***had not been***] ***for*** もし…がない[なかった]ならば, …のおかげがない[なかった]ならば: *If it were not for* your help, I would not try it. もし君の援助がないならやってみもしないだろう / *If it hadn't been for* John, we should have lost the match. ジョンがいなかったならわれわれは試合に負けたところだった. ***if necessary*** [***possible***] 必要なら[できたら]《(if it is necessary [possible] の略): I'll walk *if necessary*. 必要なら歩きます / While writing, you should have light come, *if possible*, over your left shoulder. 書きものをする間は, できたら, 光が左肩越しに来るようにすべきです. ***if not*** … もし…でなければ; もし…でないとしても: Where should I go, *if not* to your house? 君の家でなくて他にどこへ行ったらいいか《君の家より外に行く所はない》/ In his schooldays he was graded dull, *if not* actually deficient. 生徒だったころには, 実際に落第点ではなかったが, 不出来の評価をつけられていた. ***if so be*** 《古》＝if.

— [íf] *n.* (*pl.* **～s**) 条件 (condition); 仮定, 仮説 (supposition), (不確かな)可能性 (possibility) (cf. but¹ *n.*): There are a lot of '*ifs*' in these plans. これらの案は条件だらけだ / His theory is full of *ifs*. 彼の説は仮説ばかりからなっている / If *ifs* and ans were pots and pans ⇨ pot 1 a.

I.F., IF 《略》〘電気〙intermediate frequency 中間周波(数) (cf. H.F., L.F.): an *IF* amplifier 中間周波増幅器.

IFC, I.F.C. 《略》International Finance Corporation 国際金融公社《1956 年設立された国連の専門機関》.

íf-clàuse *n.* 〘文法〙if 節, 条件節《if で導かれる節》.

I·fe [íːfeɪ] *n.* イフェ《ナイジェリア南西部の Ibadan 近くの都市; 人口 176,000》. 「形.

-if·er·ous [ɪf(ə)rəs] (連結辞 -i- を伴った) -ferous の異

IFF 《略》〘軍事〙Identification, Friend or Foe (敵)味方識別装置《あらかじめ打合わせた周波数の電波に応答するか否かによって目標が敵機[敵艦]か友軍機[味方艦]か判別するレーダー方式》.

if·fy [ífi | ífɪ] 〘← IF ＋ -Y⁴: full of ifs の意〙 *adj.* 《口語》if の多い, あやふやの (uncertain), 疑わしい (doubtful), 条件つきの (conditional).

-if·ic [ífɪk] *suf.* (連結辞 -i- を伴った) -fic の異形.

-i·fi·ca·tion [əfɪkéɪʃən, əfə- | ɪfɪ-] *suf.* (連結辞 -i- を伴った) -fication の異形.

-if·id [əfɪd, əfəd, ɪfɪd | ɪfɪd, ɪfɪd] *suf.* (連結辞 -i- を伴った) -fid の異形.

If·ni [ífni, íːf- | -nɪ; *Sp.* ífni] *n.* イフニ《アフリカ北西部 Morocco 南部の大西洋岸の一地区; もとスペインの海外州 (1934–69); 首都 Sidi Ifni [síːdi- | -dɪ-]; 人口 46,000, 面積 1,500 km²》.

IFO 《略》identified flying object (cf. UFO).

I·for [áɪvə | -və(r] 〘▭ Welsh ～ ← *ior* lord: cf. Ivor〙

n. 男性名. ★ ウェールズに多い.

-i·form [əfɔ̀əm | ɪfɔ̀ːm] *suf.* (連結辞 -i- を伴った) -form の異形.

Í formàtion *n.* 〘アメリカンフットボール〙アイフォーメイション《I 字形にバックスが並ぶフォーメーション; 単に I ともいう; cf. T formation》.

IFR 《略》〘航空〙instrument flight rules.

I.F.S. 《略》Irish Free State (1922–37).

I.F.S.C. 《略》〘カトリック〙*L.* Institutum Frutrum Scholarum Christianorum (=Institute of the Brothers of the Christian Schools) (cf. Christian Brothers).

I.F.T.U. 《略》International Federation of Trade Unions 国際労働組合連合《1913 年に形成された労働組合の国際組織; WFTU の創設に伴い消滅した》.

-i·fy [⌐əfàɪ | ⌐ɪfàɪ] *suf.* (語幹が子音で終わる時に用いる) -fy の異形: French*ify*, intens*ify*.

ig 《略》immuneglobulin.

IG, I.G. 《略》Indo-Germanic; Inspector General; *G.* Interessengemeinschaft (=amalgamation); Irish Guards.

ig. 《略》ignition. 「物協定.

IGA 《略》International Grains Arrangement 国際穀

Ig·bo [ígbou | -bəu] *n.* (*pl.* ~, ~s) =Ibo.

Ig·dra·sil [ígdrəsɪl] *n.* 〘北欧神話〙=Ygdrasil.

I·gerne [ɪgə́ːn | ɪgə́ːn] *n.* 〘アーサー王伝説〙=Igraine.

-ig·er·ous [ídʒ(ə)rəs] *suf.* (連結辞 -i- を伴った) -gerous の異形.

ig·loo [íglu:] 〘《1856》□ Eskimo *ig(d)lu* house〙 ── *n.* (*pl.* ~s) (*also* **ig·lu** [~]) **1** イグルー《エスキモーの冬の家; 氷や雪のかたまりで作った丸屋根造りの家; cf. topek》. **2 a** イグルーに似たドーム型の建物. **b** (おおいとして使われる)プラスチック製で持ち運びできるドーム型のもの. **c** 〘軍事〙覆土式[ドーム型]弾薬庫. **3** アザラシが氷中の息抜き穴の上部の雪中に作るくぼみ.

Ig·na·cio [ɪgnáːθiòu | -θɪəu; *Sp.* ignáθjo] 〘□ Sp. ~ □ L *Ignātius* (↓)〙 *n.* 男性名.

Ig·na·ti·us [ɪgnéɪʃiəs, -ʃəs | -ʃɪəs, -ʃəs] 〘□ L *Ignātius* □ Gk *Ignátios*《原義》? fiery: cf. L *ignis* fire〙 *n.* 男性名《ウェールズ語形 Inigo》.

Ignatius, Saint *n.* イグナティオス, イグナティウス《(35?–?110; Syria の Antioch の司教; Apostolic Fathers の一人でローマで殉教した; 祝日 2 月 1 日; 本名 Ignatius Theophorus》.

Ignátius of Loyóla, Saint *n.* ⇨ Ignatius Loyola.

I·gna·zio [ɪnjáːtsiòu, -tsjou | -tsɪəu, -tsjəu; *It.* iɲɲáttsjo] 〘□ It. ~ 'Ignatius'〙 *n.* 男性名.

ig·ne·ous [ígniəs | -nɪəs, -njəs] 〘《1664》□ L *igneus* of fire ← *ignis* fire: ⇨ -ous〙 *adj.* **1** 火の, 火のような. **2** 〘地質〙火成の. 「rock).

ígneous róck *n.* 〘岩石〙火成岩 (cf. sedimentary

ig·nes·cent [ɪgnésnt] 〘□ L *ignēscent-em* taking fire (pres.p.) ← *ignēscere* to become inflamed ← *ignis* fire〙 *adj.* **1** (石が鉄で打つ時などに)火花を発する. **2** ぱっと燃え上がる, 激しやすい. ── *n.* 火花を発する物質, 発火物質.

ignes fatui *n.* ignis fatuus の複数形.

ig·ni- [ígnɪ | -nɪ] 〘□ L ~ ← *ignis* fire〙「火 (fire); 燃焼 (burning)」の意の連結形.

ig·nis fat·u·us [ígnɪs-fǽtʃuəs, -nəs- | -nɪs-fǽtʃu-] 〘← NL ~ 'foolish fire' ← L *ignis* fire+*fatuus* foolish〙 ── *n.* (*pl.* **ig·nes fat·u·i** [ígni:z-fǽtʃuàɪ | -tju-]) **1** 鬼火, きつね火 (will-o'-the-wisp, jack-o'-lantern ともいう). **2** 《口語》人を迷わすもの[理想, 希望], 幻想.

ig·nit·a·bil·i·ty [ɪgnàɪṭəbíləṭi | -təbílətɪ, -lɪ-] *n.* 可燃性, 点火性. 「燃える.

ig·nit·a·ble [ɪgnáɪṭəbl̩ | -tə-] *adj.* 点火[発火]しやすい,

ig·nite [ɪgnáɪt] 〘《1666》← L *ignīt-us* (p.p.) ← *ignīre* to set on fire ← *ignis* fire〙 ── *vt.* **1** …に火をつける, 点火する, 燃やす (kindle): ~ paper, wood, etc. **2** 〈人などを〉奮起させる, 燃え上がらす. **3** 〘化学〙高度に熱する, 強熱する, 焼く (roast). ── *vi.* 火がつく, 燃えつく, 発火する, 燃える.

ig·nít·er [-ṭə | -tə(r)] *n.* **1** 点火者; 発火器, 燃焼器. **2** 〘機械〙(内燃機関の)点火[着火]装置. **3** 〘電気〙イグナイター, 点弧子《水銀整流器の放電を開始させる電極》. 「=ignitability.

ig·nit·i·bil·i·ty [ɪgnàɪṭəbíləṭi | -tɪbílətɪ, -tə-, -lɪ-] *n.*

ig·nit·i·ble [ɪgnáɪṭəbl̩ | -tə-, -tɪ-] *adj.* =ignitable.

ig·ni·tion [ɪgníʃən] 〘□ ML *ignītiō(n-)*: ⇨ ignite, -tion〙 ── *n.* **1** 発火, 点火, 引火, 燃焼. **2** (内燃機関の気筒内混合気などの)点火(装置): He switched on the ~ of his car. 彼は車の点火スイッチを入れた. **3** 〘電気〙点弧. **4** 〘化学〙強熱. 「火スイッチの鍵.

ignítion kèy *n.* (自動車等の)イグニションキー, 点

ignítion tèmperature [pòint] *n.* (燃焼物の)発火点, 着火点 (kindling point ともいう; cf. fire point).

ig·ni·tor [-ṭə | -tə(r)] *n.* **1** =igniter. **2** 伝火薬《雷管からの火炎を装薬全体に広げるための火薬》.

ig·ni·tron [ɪgnáɪtrɑn | -trɔn] 〘← IGNI-+-TRON〙 *n.* 〘電子工学〙イグナイトロン《点弧子型水銀整流器》.

ig·no·ble [ɪgnóubl̩ | -náu-] 〘《1447》□ (O)F ~ // L *ignōbil-is* unknown, of low birth ← *i-* 'IN-²'+(*g*)*nōbilis* 'known, NOBLE'〙 ── *adj.* **1** 〈人・性格・行儀・動作など〉下品な, 下等な, 下劣な (base). **2** 程度の低い, 質の悪い (inferior). **3** 〈物事が〉不名誉な, 恥ずべき (shameful): an ~ peace 屈辱的な講和. **4** 〈人が〉身分の卑しい, 無名の. **5** 〘鷹狩〙(地面近くで獲物を追う)翼の短い鷹の (↔ noble): a ~ hawk. **ig·no·bil·i·ty** [ìgno(u)bíləṭi | -nə(u)bílətɪ, -lɪ-] *n.* **~·ness** *n.*

ig·nó·bly [-bli | -blɪ] *adv.* 卑しく, 下品に; 不面目にも: be ~ born 卑しい家に生れる.

ig·no·min·i·ous [ìgnəmíniəs | -nə(u)mínɪəs, -njəs] 〘《?a1425》□ L *ignōminiōs-us*: ⇨ ↓, -ous〙 ── *adj.* **1** 不面目な, 不名誉な, 恥ずべき: an ~ dismissal, death, end, etc. **2** 軽蔑すべき, 卑しむべき, 見下げ果てた: ~ conduct. **~·ly** *adv.* **~·ness** *n.*

ig·no·mi·ny [ígnəmìni, -mɪ-, -mə- | -nəmɪnɪ, -nɔ-] 〘《1540》□ F *ignominie* // L *ignōminia* deprivation of one's good name ← *i-* 'IN-²'+*nōmen* 'NAME'〙 ── *n.* **1** 不面目, 不名誉, 恥辱 (disgrace). **2** 不面目な[恥ずべき]行為, 堕落行為, 醜行.

ig·nor·al [ɪgnɔ́ːrəl, -nɔ́ːr- | -nɔ́ːr-] 〘← IGNORE+-AL²〙 *n.* 《英口語》無視(すること).

ig·no·ra·mus [ìgnəréɪməs] 〘《a1577》□ L *ignōrāmus* we do not know, we are ignorant ← *ignōrāre*: ⇨ ignore: 証拠不十分として不起訴の評決をした時に大陪審 (grand jury) が起訴状案に裏書きした語〙 ── *n.* 無知な人, 無学な者; 知ったかぶりのばか者.

ig·no·rance [ígn(ə)rəns] 〘《?a1200》□ (O)F ~ □ L *ignōrantia* ← *ignōrantem* (↓): ⇨ -ance〙 ── *n.* **1** 無学, 無教育, 無知: sin from [through] ~ 無知のために罪を犯す / live in a state of ~ 無知文盲の状態で生活する / *Ignorance* is bliss. 《諺》「知らぬが仏」. **2** (ある物事に関する)知識のないこと, 知らないこと, 不案内: I am in complete ~ of his intentions. 彼の意向は全然知らない / *Ignorance* of the law excuses no one. 法律は知らないと言っても言い訳にはならない / plead ~ 知らなかったと申し立てる.

ig·no·rant [ígn(ə)rənt] 〘《c1380》□ (O)F ~ // L *ignōrant-em* not knowing (pres.p.) ← *ignōrāre*: ⇨ ignore, -ant〙 ── *adj.* **1** 〈人が〉無学の, 無教育の, 無知の, ものを知らない (illiterate) (↔ learned): an ~ man. **2** 〈行為など〉無知から起こる, 無知を思わせる, いかにもばからしい: an ~ letter (無学者の書いたような)ばからしい手紙 / ~ behavior (無学者のするような)ばからしい行為 / ~ errors 無知から起こる誤り. **3** [Predicative に用いて] 〈人が〉〈ある事物に関して〉不案内の, 知らない, 気付かない (unconscious) 〔*of, about, in*〕: be ~ *of* Latin [a person's intentions] ラテン語[人の意図]を知らない / He is ~ *of* the world. 彼は世間知らずだ / I was ~ *about* the time. 時刻のことを忘れていた / He played ~ to me. 彼は私を知らないふりをした / I am ~ *in* financial matters. 経済関係のことは分からない / I was ~ *that* the task was so difficult. その仕事がこんなに困難だとは知らなかった. ★ 最後の例のように, あとに *that*-clause を従えることもできる; ただし意味関係をより明らかにするため I was ~ *of* the fact that …のほうを好む人もある.

íg·no·rant·ly 〘《15C》〙 *adv.* 無学で, 無知で; 知らないで, 不案内のため; ばからしくも.

ig·no·ra·ti·o e·len·chi [ìgnəráːṭiòu-ɪléŋki:, -ɛ́léŋ- | -tɪəu-ɪléŋ-] 〘□ L *ignōrātiō elenchi*《なぞり》← Gk *hē toû elégkhou ágnoia* ignorance of the refutation: cf. elenchus〙 ── *L. n.* 〘論理〙論点相違の虚偽《論証したことが本当に論証すべきことと多少ずれた的外れの誤謬推理》.

ig·nore [ɪgnɔ́ə, -nɔ́ə | -nɔ́ː(r)] 〘《1611》□ (O)F *ignorer* // L *ignōr-āre* not to know, disregard ← *i-* 'IN-²'+*gnārus* knowing: ⇨ know〙 ── *vt.* **1** …を知らないふりをする, 無視する, 顧みない, 不問に付する (disregard): ~ a person, his remarks, a signal, etc. / ~ the presence of a person 人のいることに頓着しない / be ~*d* by the public 世間から黙殺される. **2** 〘法律〙〈大陪審 (grand jury) が〉〈起訴状案を〉証拠不十分として却下する (reject); …に不起訴の評決をする (cf. ignoramus). **ig·nór·a·ble** [-nɔ́ːrəbl, -nɔ́ːr- | -nɔ́ːr-] *adj.* **ig·nór·er** [-nɔ́ːrə, -nɔ́ːrə | -nɔ́ːrə(r)] *n.*

ig·no·tum per ig·no·ti·us [ɪgnóuṭəm-pə-ɪgnóuʃiəs | -nəutəm-pə(ː)-ɪgnəuʃɪ-] 〘□ L *ignōtum per ignōtius* the unknown through the more unknown〙 ── *L. n.* わからないことを一層わからないことで説明しようとすること.

I·gor [íːgɔə | -gɔː(r; *Russ.* ígərj] 〘□ Russ. ~ □ ON *Ingvarr*〙 *n.* 男性名.

Ig·o·rot [ìːgəróut | -róut] 〘□ Sp. *igorrote* ← Tagalog〙 ── *n.* (*pl.* ~, ~s) **1 a** [the ~(s)] イゴロト族《Philippine 諸島 Luzon 島北部に住むマレー人種; 首狩の慣習がある》. **b** イゴロト族の人. **2** イゴロト語.

I·graine [ɪgréɪn] 〘← ? Celt.〙 *n.* 〘アーサー王伝説〙イグレーヌ《Cornwall 王ゴーロイス (Gaulois) の妻; 奸計により Uther の妻となり, Arthur 王を生む; Igerne, Ygerne ともいう》.

I·gua·çu [ìːgwəsúː; *Braz.* ìgwasú] *n.* [the ~] イグワス(川)《ブラジル南部の川; Paraná 川との合流点でアルゼンチンとの国境に Iguaçu Falls がある; 長さ 1,320 km》.

Iguaçú Fálls *n. pl.* イグワス瀑布《ブラジルとアルゼンチン国境にある滝; 高さ 82 m, 幅 4 km》.

i·gua·na [ɪgwáːnə, əg- | ɪgwáːnə, ɪgjuáːnə] 〘《1555》□ Sp. ~ □ Carib. *iwana*〙 ── *n.* 〘動物〙 **1** イグアナ (*Iguana iguana*)《中南米に分布するタテガミトカゲ科の大型のトカゲ; パナマ地方などでは食用として珍重される; guana ともいう》. **2** タテガミトカゲ科のトカゲの総称; (特に)大型のトカゲの総称.

i·gua·nid [ɪgwáːnɪd, əg-, -nəd | ɪgwáːnɪd] 〘↓〙 *adj., n.* 〘動物〙タテガミトカゲ科の(トカゲ).

I·gua·ni·dae [ɪgwáːnədìː, əg- | ɪgwáːnɪ-] 〘← NL ~: ⇨ iguana, -idae〙 *n. pl.* 〘動物〙タテガミトカゲ科.

i·gua·no·don [ɪgwáːnədàn, əg- | ɪgwáːnədɔ̀n, ɪgjuáː-, -dən] 〘《1830》← NL ~ ← IGUANA+-ODON〙 ── *n.* 〘古生物〙イグアノドン《白亜紀の巨大な爬虫類 *Iguanodon* 属の草食動物の総称; 後足で立って歩いた; cf. dinosaur》. **i·gua·no·dont** [ɪgwáːnədɑ̀nt, əg- | ɪgwáːnədɔ̀nt, ɪgjuáː-] *adj., n.*

I·guas·sú [ìːgwəsúː; *Braz.* ìgwasú] *n.* [the ~] = Iguaçu.

I·gua·zú [ìːgwəsúː; *Am. Sp.* ìgwasú] *n.* [the ~] = 「Iguaçu.

IGY, I.G.Y. 《略》International Geophysical Year 国際地球観測年.

IH, I.H. 《略》Indo-Hittite.

IHC 《記号》Jesus (cf. IHS 1).

IHD 《略》International Hydrological Decade 国際水文 10 か年計画.

IHP, I.H.P., ihp, i.h.p. 《略》indicated horsepower.

ih·ram [iːráːm] 〘《1704》□ Arab. *iḥrām* ← *ḥárama* to forbid: cf. harem〙 ── *n.* **1** (イスラム教徒の)メッカ巡礼の衣服《白木綿製で二つの部分から成り, 一つは腰のまわりに, 他は左の肩に掛ける》. **2** (この衣服をまとった)巡礼 (pilgrim).

IHS 《記号》**1** 〘ME □ ML ~ ← Gk *IH(ΣΟΥ)Σ* (*Iēsoûs*) 'Jesus'〙 **1** Jesus《IHC, JHS, YHS とも書く》. **2** 〘1 に対する俗解として〙 **a** Iesus Hominum Salvator [dʒíːzəs-hɑ́mənəm-sæ̀lvéɪtɔə, -ṭə | -hɔ́mɪ-, -tɔː(r, -tə(r)] (=Jesus, Savior of Men) 人類の救い主イエス. **b** in hoc signo vinces [ɪn-hɑk-sígnou-vínsiːz | -hɔk-sígnəu-] (=in [by] this sign thou shalt conquer) この印によりてなんじは勝利を得ん (⇨ 巻末). **c** In Hoc Salus [ɪn-hɑ́k-séɪləs | -hɔ́k-] (=In this (cross) is salvation.) この十字架に救いあり.

IHVH 《記号》⇨ Tetragrammaton.

IHWH 《記号》⇨ Tetragrammaton.

IIC 《略》International Institute of Communications.

IJs·sel [áɪsəl; *Du.* ɛ́isəl] *n.* [the ~] アイセル(川)《オランダ中部を流れる川; Rhine 川の支流で Ijsselmeer 湖に注ぐ (116 km)》.

IJs·sel·meer [àɪsəlméə, -sl̩- | -méə(r; *Du.* ɛ̀isəlméːr] 〘□ Du. ~: ⇨ ↑, mere¹〙 ── *n.* [the ~] アイセル(湖)《オランダ北西部の淡水湖; Lake Ijssel [áɪsəl; *Du.* ɛ́isəl] ともいう; ⇨ Zuider Zee》.

I·kar·i·a [aɪkɛ́(ə)riə, ɪk- | ɪkɛ́ərɪə, aɪk-; *Mod. Gk.* ikaría] *n.* イカリア(島)《エーゲ海にあるギリシャ領の島で Samos 島の南西にある; 人口 7,800, 面積 260 km²》.

ike [áɪk] *n.* 《俗》〘電子工学〙=iconoscope.

Ike¹ [áɪk] 〘(dim.) ← ISAAC〙 *n.* 男性名.

Ike² [áɪk] *n.* 米国第 34 代大統領 D. D. Eisenhower の愛称. 「生花.

i·ke·ba·na [ìkeɪbáːnə, ìːk-, -kə-, -kɪ-] 〘□ Jap.〙 *n.*

i·key [áɪki | -kɪ] 〘← IKE¹+-Y²〙 《俗・方言》 *n.* **1** ユダヤ人 (Jew). **2** (主にユダヤ人の)故買者, 質屋, 金貸し. ── *adj.* **1** ずるい, 抜け目のない. **2** うぬぼれた, 生意気な. 「世の別名》.

Ikh·na·ton [ɪknáːtn̩] *n.* イクナトン《Amenhotep 四

i·kon [áɪkɑn | -kɔn, -kən] *n.* 〘美術〙=icon 2.

Il 《記号》〘化学〙illinium.

IL 《略》〘米郵便〙Illinois (州).

I£, IL 《記号》Israeli pound(s).

il- [ɪ, ɪ(l) | ɪ, ɪl] *pref.* (l の前に来る時の) in-¹˒² の異形: *il*logical, *il*luminate. ★ アクセントについては ⇨ in-² (3).

-il [ɪl, əl | ɪl] *suf.* =-ile¹: civ*il*.

I·la [íːlə] 〘cf. F *isle*〙 *n.* 女性名.

ILA, I.L.A. 《略》International Law Association 国際法協会; International Longshoremen's Association.

i·lang-i·lang [íːlɑːŋíːlɑːŋ] 〘□ Tagalog ~《原義》flower of flowers〙 ── *n.* **1** 〘植物〙イランイランノキ (*Canangium odoratum*)《バンレイシ科に属するマライ・ジャワ産の高木》. **2** イランイラン《イランイランノキの花から取る香油で, 高級香水の原料》.

ílang-ílang òil *n.* イランイラン油《ilang-ilang の花を蒸留して得られる香油; Philippine 諸島・Réunion 島などに産し, 高級香料の調合に用いる; cf. cananga oil》.

Il Du·ce [ɪl-dúːtʃeɪ | -tʃɪ; *It.* ildúːtʃe] *n.* イルドゥーチェ (⇨ duce 2).

il·e- [íli | ílɪ] (母音の前に来る時の) ileo- の異形.

-ile¹ [əl, l̩, aɪl | aɪl] 〘ME □ (O)F ~ // L *-ilis, -īlis*〙 ── *suf.* **1** 「…に関する; …できる; …に適した」の意の形容詞語尾: fragile, puerile, textile, virile. **2** 「…に関係のある者; …できる者」の意の名詞語尾: aedile, missile.

-ile² [əl, l̩, aɪl | aɪl] 〘← (QUART)ILE (aspect)〙 *suf.* 〘統計〙「…等分した一つ」の意を表わす名詞を造る: centile, decile.

ilea *n.* ileum の複数形.

il·e·ac [íliæ̀k | ílɪ-] 〘← ILEO-+-AC〙 *adj.* 〘解剖・病理〙=ileal.

il·e·al [íliəl | ílɪ-] 〘← ILEO-+-AL¹〙 *adj.* **1** 〘解剖〙回腸 (ileum) の. **2** 〘病理〙腸閉塞(ᵗ) (ileus) (性)の.

Île-de-France [ìːl-də-fráː(n)s, -frɑ́ːns, -frɔ́ː(n)s; *F.* ildəfʀɑ̃ːs] *n.* イルドフランス《Paris を中心とする中古フランス北部の一州で, 王国の中核をなした; いくつかの川に囲まれていたため île (=island) と呼ばれた》. 「古名》.

Île de France *n.* イルドフランス《Mauritius 1 の

Île du Dia·ble [*F.* ildydjɑːbl] *n.* Devil's Island のフランス語名.

il·e·ec·to·my [ìliéktəmi | ìliéktəmɪ] 〖← ILEO-＋-ECTOMY〗 *n.* 〘外科〙回腸切除(術).

il·e·i·tis [ìliáɪṭɪs, -ṭəs | ìliáɪtɪs] 〖⇨↓, -itis〗 *n.* (*pl.* **il·e·it·i·des** [ìliíṭədì:z | -ítɪ-]) 〘病理〙回腸炎: regional [terminal] ～ 限局性[終末]回腸炎.

il·e·o- [ílio(ʊ) | ílɪə(ʊ)] 〖← ILE(UM)＋-O-〗 ── 〘解剖〙「回腸 (ileum); 回腸と…との (ileum and…)」の意の連結形: *ileo*stomy, *ileo*cecal. ★ 母音の前では通例 ile- になる.

il·e·o·ce·cal [ìlio(ʊ)sí:kəl | ìlɪə(ʊ)-] 〖⇨↑, cecal〗 *adj.* 〘解剖〙回盲部の《回腸と盲腸とにいう》.

ìleo·colítis 〖← ILEO-＋COLITIS〗 *n.* 〘病理〙回結腸炎.

il·e·os·to·my [ìliástəmi | ìliɔ́stəmɪ] 〖← ILEO-＋-STOMY[1]〗 *n.* 〘外科〙回腸造瘻(ろう)[フィステル形成](術).

Îles Co·mores [*F.* ilkɔmɔ:r] *n. pl.* [the ～] コモロ諸島《Comoro Islands のフランス語名》.

Îles de la So·cié·té [*F.* ildəlasɔsjete] *n. pl.* [the ～] ソシエテ諸島《Society Islands のフランス語名》.

il·e·um [íliəm | íliəm, íljəm] 〖← NL ～《変形》← L *īlium*, (pl.) *īlia* flanks, entrails〗 ── *n.* (*pl.* **il·e·a** [ília | ílɪə, íljə]) **1** 〘解剖〙回腸. **2** 〘昆虫〙回腸, 小腸《胃の下部で腸の細くなった部分》.

il·e·us [íliəs | íliəs, -ljəs] 〖▭ L ～ ▭ Gk *ileós, eileós* colic ← *eilein* to roll〗 *n.* 〘病理〙腸閉塞(症), イレウス.

i·lex [áɪleks] 〖《*a*1398》▭ L ～ 'holm oak'〗 ── *n.* 〘植物〙 **1** トキワガシ (⇨ holm oak). **2 a** [I-] モチノキ属《モチノキ科の一属》. **b** モチノキ属 (*Ilex*) の植物の総称《セイヨウヒイラギ (*I. aquifolium*) など》.

Ilf [ɪlf; *Russ.* ilf], **I·lya Ar·nol·do·vich** [íljə arnóldəvjitʃ] *n.* イリフ《1897–1937; ロシアのユーモア作家; E. Petrov と共同で創作した; 「ソ連の Mark Twain」と称せられる》.

Il·ford [ílfəd | -fəd] 〖OE *Ilefort*《原義》ford over the river *Hyle*《原義》trickling stream: cf. Ir. *silim* to drop, distil / Welsh *hil* seed): ⇨ ford〗 ── *n.* Greater London 北東部の都市; 人口 180,000.

Il·fra·combe [ílfrəkù:m, ←←⌐] 〖OE *Alfreincome*《原義》coombe of Alfred's people: ⇨ Alfred, -ing[3], coombe〗 ── *n.* イングランド南西部 Devonshire 州北部の港市; Bristol Channel に臨む景勝の避暑地; 人口 10,000.

Ílg·ner sỳstem [ílgnə- | -nə-; *G.* ílgnɐ-] 〖← *Karl Ilgner*〗 *n.* 〘電気〙イルグナー方式《直流電動機の速度制御法の一種》.

I.L.G.W.U. 《略》International Ladies' Garment Workers' Union.

I·li [í:lí:] *n.* [the ～] イリ(川)《中国新疆(きょう)ウイグル自治区 (Sinkiang Uighur Autonomous Region) の北西部に発し, ソ連領 Balkhash 湖に注ぐ川 (1,400 km)》.

ilia *n.* ilium の複数形.

Il·i·a [íliə | ílɪə, íljə] 〖▭ L *Īlia*〗 *n.* 〘ローマ神話〙イーリア (⇨ Rhea Silvia).

il·i·ac [íliæ̀k | ílɪ-] 〖《1519》▭ LL *iliac-us* of the flank ← L *ilia* (pl.) ← *ilium*: ⇨ ilium〗 *adj.* 〘解剖〙 **1** 腸骨 (ilium) の. **2** 《古》回腸 (ileum) の.

Il·i·ac [íliæ̀k | ílɪ-] 〖▭ L *Īliac-us* ▭ Gk *Iliakós*: ⇨ Ilium, -ac〗 *adj.* イリウム (Ilium) の.

íliac ártery *n.* 〘解剖〙 **1** 総腸骨動脈《下半身に血液を送る一対の大動脈の一方; common iliac artery ともいう》. **2** 外腸骨動脈《総腸骨動脈の二大枝の一つで大腿動脈に続く; external iliac artery ともいう》. **3** 内腸骨動脈《総腸骨動脈の二大枝の一つで, 骨盤・臀部に血液を送る; internal iliac artery, hypogastric artery ともいう》.

Il·i·ad [íliəd, -æ̀d | ílɪəd, íljəd, ílɪæ̀d, íljæd] 〖《1579》▭ L *Īliad-, Īlias* ▭ Gk *Iliás* (*poiēsis*) (poesy) of Ilium ← *Ílion* Ilium, Troy: ⇨ -ad[1]〗 ── *n.* **1** [the ～]「イーリアス」,「イリアッド」《ギリシャの詩人 Homer の作と伝えられる全 24 巻の叙事詩で, Troy の攻囲戦を歌ったもの; cf. Odyssey》. **2** (イーリアスのような)叙事詩 (epic); 長い詩[物語]. **3** 長い悲しみ, 打ち続く不幸, 重ね重ねの不仕合わせ: an ～ of woes 打ち続く災難. **Il·i·ad·ic** [ìliǽdɪk | ìlɪ-] *adj.*

I·lich [ílɪtʃ; *Russ.* iljítʃ] 〖▭ Russ. *Il'ich*〗 *n.* 男性名.

il·io- [ílio(ʊ) | ílɪə(ʊ)] 〖← NL *ilium*: ⇨ ilium〗「腸骨 (ilium)」の意の連結形.

il·i·o·cos·tal·is [ìlio(ʊ)kɑstǽlɪs, -téɪl-, -tá:l-, -ləs | ìlɪə(ʊ)kɔstǽlɪs, -téɪl-, -tá:l-] 〖← ILIO-＋LL *costālis* rib (⇨ costal)〗 *n.* 〘解剖〙腸肋筋.

-il·i·ty [íləṭi | ílətɪ, ílɪ-] 〖ME ▭ (O)F *-ilité* < L *-ilitātem, -ilitās*〗 *suf.* -ile, -il, -le で終わる形容詞から抽象名詞を造る: ab*ility*, civ*ility*, serv*ility*.

il·i·um [íliəm | íliəm, -ljəm] 〖《1706》← NL ～ ← L *ilium*, (pl.) *ilia* flanks ∽《1392》*ilion* ▭ ML *īlion* ← L *ilia*: cf. ileum〗 ── *n.* (*pl.* **il·i·a** [ília | ílɪə, íljə]) 〘解剖〙 **1** 腸骨. **2** 《古》回腸 (ileum).

Il·i·um [íliəm | áɪlɪəm, íl-, -ljəm] 〖▭ L ～: ⇨ Iliad〗 *n.* イリウム《古代 Troy のラテン語名》.

ilk[1] [ílk] 〖OE *ilca* (masc.), *ilce* (fem. & neut.) (the) same ← Gmc **is-lik-* ← IE **e-* (pron. stem): ⇨ like[1]〗《スコット》 ── *adj.* 《口語》同一の, 同じ. ── *n.* 《俗》[しばしば軽蔑的に] 家族, 同類: that ～ その家族[同類] / he and all his ～ 彼とその家族[一族].

of that* [*his, her, etc.*] *ilk (1) その同一の《スコットランドで人の姓とその所有地の名とが同じことを示す時に用いる》: Guthrie *of that* ～ (=Guthrie of Guthrie) ガスリー(地名)のガスリー家. (2)《俗》[しばしば軽蔑的に] 同じ種類[種族, 家族]の, 同類の: burglars and others *of that* ～ 夜盗とその他同類の者 / Men *of that* ～ cannot be expected to behave otherwise. あの種の人に違った振舞いを期待してもだめだ.

ilk[2] [ílk] 〖OE *ylc, elc*《変形》← *ǣlc* 'EACH'〗《スコット》 *adj.* おのおのの (each), ことごとくの (every). ── *pron.* おのおの, めいめい.

il·ka [ílkə] 〖《?*a*1200》*ilka*(*n*) each one: ⇨ ilk[2], a[2]〗 *adj.* 《スコット》=ilk[2]: ～ day=weekday.

Il·ka [ílkə] 〖(dim.) ← Slav. *Milka*《原義》industrious〗 *n.* 女性名.

ill [íl] 〖《?*c*1150》▭ ON *ill-r* (adj.), *ilt* (n.) & *ill-a* (adv.) ← ?〗 ── *adj.* (**worse** [wə́:s | wə́:s]; **worst** [wə́:st | wə́:st]) **1 a** [通例 Predicative に用いて]〈人が〉病気で, 不快で, かげんが悪い (↔ well): fall [be taken] ～《英》病気になる / feel ～《英》かげんが悪い (cf. 2) / become ～ *through* overwork 過労で病気になる / be ～ *with* [*of*] a fever 熱があって病気だ / be critically ～ *with* pneumonia 肺炎で危篤である / You look ～. 君は顔色が悪い. ★ (1)《米》では ill は形式ばった語で, 通例は sick を用いる. (2) Attributive では mentally ～ people (精神を病んでいる人々)のような場合を除き,《英》《米》共に a (very) sick person ((重)病人) (cf. 4) のように sick のみを用いて, ill は用いない. **b** 〈健康が〉すぐれない, 順調でない (unsound): ～ health 不健康. **2 a** [Predicative に用いて]《米》気分が悪い, 吐きそうな (nauseated) (《英》sick): feel ～ 気分が悪い (cf. 1) / The sight made me ～. その光景を見ると私は胸がむかつけた. **b** 胸をむかつかせる, いやな: an ～ smell むかつくような臭い / an ～ taste いやな味. **3 a** (道徳的に)悪い, 不徳な, よこしまな (wicked): ～ deeds 悪事 / ～ repute 悪評, 醜名 / of ～ repute 評判の悪い. **b** 不適当な, 間違った (improper): ～ advice 誤った忠告 / ～ behavior [manners] 無作法 / ⇨ ill breeding. **4** 敵意をもつ (hostile), 意地の悪い, 不親切な (unkind); 不機嫌な, 気むずかしい: ～ feeling 敵意, 悪意 / ～ treatment 苛酷な扱い / ～ words 意地の悪い言葉 / have an ～ opinion of … を悪く思う / an ～ man to please 気むずかしい人 (cf. 7) / with (an) ～ grace しぶしぶ, いやいやながら / in ～ part ⇨ part *n.* 成句 / ⇨ ill blood, ill humor, ill nature, ill temper, ill turn, ill will. **5** 都合の悪い (unfavorable), 不吉な, 不幸な: ～ effects 不幸な結果 / ～ fortune [luck] 不幸, 不運 / birds of ～ omen 不吉の鳥 / get ～ news 悪い知らせを受ける / as ～ luck would have it 不運にも, あいにく / It is an ～ wind that blows nobody (any) good. ⇨ wind[1] 1 / *Ill* news comes apace. ⇨ news 1b / *Ill* weeds grow apace [fast]. ⇨ weed[1] *n.* 1. **6** へたな, まずい (poor), 不十分な: an ～ example よくない例 / ～ management まずい管理 / meet with ～ success 不成功[不首尾]に終わる / be ～ *at* reckoning 計算がまずい. **7** 《古》むずかしい (difficult); 厄介な: be ～ *to* please 気むずかしい. ── *n.* **1** 悪 (evil) (↔ good); 《古》(道徳的)邪悪, 罪悪 (wickedness): do ～ 悪事を働く / for good or (for) ～ =for ～ or well よかれあしかれ. **2** [通例 *pl.*] 不運, 不幸, 災難 (misfortune), 難儀, 面倒 (trouble), 困難, 苦しみ (difficulty): social ～*s* 社会的病弊, 社会悪 / urban ～*s* 都会悪 / the ～*s* of life 人生の苦難 / suffer various ～*s* いろんな難儀にあう / *Ill* befell them. 災いが彼等の身に降りかかった / the ～*s* that flesh is heir to 人間として必ず受けなければならない苦難 (cf. Shak., *Hamlet* 3. 1. 62–63). **3** 悪口, 悪い事 (cf. *adv.* 1). ★ 次の成句で: speak [think] no ～ of …を悪く言わない[思わない]. **4** 《スコット・北英・米》病, 病気 (disease, sickness): bodily ～*s* 疾病.

── *adv.* (**worse; worst**) **1** 悪く, まずく (badly); 邪悪に, 不正に (wickedly) (↔ well): behave ～ 行儀が悪い / take a thing ～ 物事を悪くとる[に感情を害する] / speak [think] ～ of …を悪く言う[思う] (cf. *n.* 3) / Don't take it ～ of him. あの男のことで気を悪くしないで下さい / *Ill* got, ～ spent. 《諺》「悪銭身につかず」. **2** 不満足に, 不十分に, 貧弱に (poorly): be ～ able to do …しかねる / be ～ at ease 落ち着かない, 不安である / be ～ equipped [provided] 装備[供給]が不十分[不足]である / I could ～ afford the time and money. 金と時間の都合がつきかねた / It ～ becomes him to speak so. そう言うとは彼に似つかわしくもない. **3** 都合悪く, 運悪く (badly): be ～ off 暮らし向き[都合, 工面]が悪い / The affair turned out ～. 事がうまくいかなかった / It would have gone ～ *with* him. 彼はひどい目にあうところだった. **4** 敵意をもって, 不親切に (unkindly): use a person ～ 人を酷使[虐待]する.

ill. 《略》illustrate; illustrated; illustration; illustrator; *L.* illustrissimus (=most distinguished).

Ill. 《略》Illinois.

I'll [áɪl] 〖《1591》〗《口語》I will, I shall の縮約形.

ill- [íl] 〖⇨ ill (adj., adv.)〗 ──「悪く, まずく」などの意で(現在・過去)分詞と結合する連結形 (↔ well-): *ill*-constructed, *ill*-managed, *ill*-nourished; *ill*-smelling, *ill*-sounding. ★ 複合語は ←⌐ のアクセントとなる.

íll-advísed *adj.* 〈人・行為など〉考えのない, 思慮のない, 無分別な, 浅はかな: You would be ～ to do so. そうするのは無分別だ(やめた方がよかろう). **íll-ad·vís·ed·ly** [-zɪdli, -zəd- | -lɪ] *adv.*

íll-affécted *adj.* 《古》よい感情[好意]をもたない, 不平を抱いている, 不服な (ill-disposed) 〔*to, toward*〕.

Il·lam·pu [i:(j)á:mpu:; *Am. Sp.* ijámpu] *n.* イヤンプー(山)《南米ボリビアの西部, Andes 山脈中の Sorata 山の高峰の一つ (6,485 m)》.

il·la·tion [ɪléɪʃən, əl- | ɪl-] 〖《1533》▭ LL *illātiō(n-)* a carrying in ← *illātus* (p.p.) ← *inferre* 'to INFER'〗 *n.* 推理, 推論 (inference); 推断, 推定, 結論.

il·la·tive [íləṭɪv, ɪléɪt-, əl- | ɪléɪt-] 〖《1591》▭ L *illātīv-us* ← *illātus*: ⇨↑, -ive〗 ── *adj.* **1** 〘文法〙 **a** 推論[推断]的な, 推論の, 推定的な. **b** (ハンガリー語などにおける)入格[方向格]の (cf. elative 1). **2** 推理の, 推論的な (inferential). ── *n.* **1** 推論[推断]的な語句. **2** 推論 (inference), 結論. **3** 〘文法〙(ハンガリー語などにおける)入格[方向格](の語). **～·ly** *adv.*

íllative conjúnction *n.* 〘文法〙推論[推断]接続詞《then, therefore, so など》.

il·laud·a·ble [ɪ(l)lɔ́:dəbḷ, ə(l)- | ɪlɔ́:-] 〖▭ LL *illaudābil-is*: ⇨ in-[2], laudable〗 *adj.* ほめられない, ほめるに値しない. **il·láud·a·bly** *adv.*

Il·la·wár·ra ásh [ìləwɔ́(:)rə-, -wɑ́rə- | -wɔ́rə-] 〖← *Illawarra* (オーストラリアの New South Wales 州の産地名)〗 ── *n.* 〘植物〙オーストラリア産ホルトノキ科の材木用の植物 (*Elaeocarpus cyaneus*).

Illawárra móuntain pìne *n.* 〘植物〙オーストラリア産マツ科マオウヒバ属のヒバに似た植物 (*Callitris cupressiformis*).

Illawárra shórthorn *n.* イラワラショートホーン《オーストラリア原産の乳肉兼用の一品種の牛; Illawarra dairy [milking] shorthorn ともいう》.

ìll-bálanced *adj.* 均衡のとれていない.

ìll-beháved *adj.* 行儀の悪い, 不作法な.

ìll-béing *n.* (生活・健康などの)悪い状態, 不運, 不幸 (↔ well-being).

ìll blóod *n.* =bad blood.

ìll-bóding *adj.* 縁起の悪い, 凶兆の, 不吉な.

ìll-bréd *adj.* **1** しつけ[育ち]の悪い, 粗野な, 無作法な (↔ well-bred): an ～ answer. **2** 〈馬・犬など〉(品種の)悪い, 劣等の (↔ well-bred): an ～ animal.

ìll bréeding *n.* 育ちの悪いこと, 粗野, 無作法.

ìll-clád *adj.* 粗末な服を着ている, ろくに着る物も着ていない (cf. ill-housed).

ìll-concéived *adj.* 〈計画など〉思いつきの悪い, 構想のへたな; 誤解された.

ìll-condítioned *adj.* **1** 〈人が〉たちの悪い, 意地の悪い, つむじ曲りの (surly). **2** 《まれ》〈健康など〉悪い状態の, 調子の悪い.

ìll-consídered *adj.* 〈意見など〉思慮の足りない, 皮相な.

ìll-cút *adj.* 〈服など〉仕立てのよくない.

ìll-defíned *adj.* **1** 〈輪郭・限界など〉はっきりしない. **2** 定義のまずい, 不明確な.

ìll-dispósed 〖《?*a*1425》〗 ── *adj.* **1** たちの悪い, 意地の悪い, 性悪な (malicious). **2** 〔…に対して〕好意を持たない, 悪意を抱く 〔*to, toward*〕: be ～ *toward* a plan. **～·ness** *n.*

ìll-dóer *n.* 悪人, 悪徳家 (evildoer).

ìll-dóing *n.* 悪行, 悪事, 悪徳 (evildoing).

Ille-et-Vi·laine [í:levi:lén; *F.* ilevilɛn] *n.* イルエビレーヌ(県)《フランス北西部のイギリス海峡に臨む県; 人口 679,000, 面積 6,758km², 首都 Rennes》.

il·le·gal [ɪ(l)lí:gəl, ə(l)- | ɪlí:-] 〖《1626》▭ (O)F *illégal* // ML *illēgāl-is*: ⇨ in-[2], legal〗 ── *adj.* 法で禁じられた, 不法の, 違法の, 非合法の (unlawful) (cf. nonlegal): ～ seizure 不法占有 / ～ sale 密売 / an ～ act 不法行為 / an ～ operation 堕胎(手術) / an ～ transaction やみ取り引き. **～·ly** *adv.* **～·ness** *n.*

illégal abórtion *n.* 堕胎(罪) (criminal abortion).

il·le·gal·i·ty [ɪ(l)li:gǽləṭi | ìli:gǽlətɪ, ìlɪ-, -lɪtɪ] 〖▭ (O)F *illégalité*: ⇨ illegal, -ity〗 *n.* 違法, 不法, 非合法, 犯則; 不法行為 (illegal action).

il·le·gal·ize [ɪ(l)lí:gəlàɪz, ə(l)- | ɪlí:-] *vt.* 違法とする, 非合法化する: ～ gambling 賭博を非合法化する[禁じる]. **il·le·gal·i·za·tion** [ɪ(l)lì:gəlɪzéɪʃən, ə(l)-, -ləz- | ɪlì:gəlaɪz-, -lɪz-] *n.*

il·leg·i·bil·i·ty [ɪ(l)lèdʒəbíləṭi, ə(l)- | ɪlèdʒɪbílətɪ, -dʒə-, -lɪtɪ, ←←⌐←] *n.* 読みにくいこと, 判読不能.

il·leg·i·ble [ɪ(l)lédʒəbḷ, ə(l)- | ɪlédʒə-, -dʒɪ-] *adj.* 〈文字など〉読みにくい, 判読し難い; 解読しにくい: an ～ scrawl 読みづらいなぐり書き. **～·ness** *n.* **il·lég·i·bly** *adv.*

il·le·git·i·ma·cy [ì(l)lɪdʒíṭəməsi, ə(l)-, -lə- | ìlɪdʒítɪməsɪ, ìlə-, -tə-] *n.* **1** 不法, 違法, 非合法. **2** 私生, 庶出. **3** 不条理, 不合理: the ～ of an argument.

il·le·git·i·mate [ì(l)lɪdʒíṭəmət, -lə-, -mɪt | ìlɪdʒítɪ-, ìlə-, -tə-] 〖《1536》← LL *illēgitimus*: ⇨ in-[2], legitimate〗 ── *adj.* **1** 〈行為が〉不法の, 違法の (unlawful); 不規則な (irregular). **2** 正当な結婚から出生したのでない, 嫡出でない, 庶出の (bastard): an ～ child 非嫡出子, 私生子. **3** 〈推論・結論が〉論理に合わない, 非論理的な, 不合理な, 不条理な (illogical): an ～ conclusion. **4** 〈語・句など〉誤用の, 慣用にはずれた: an ～ phrase. **5** 〘往時 London で, 原作通りの劇を上演する資格は法律で若干の劇場に限られていたため, 他の劇場は歌曲や踊りを加えて上演したことから〙《廃》違法劇の, 違法劇を上演[演出]する. ── *n.* 非嫡出子, 庶子, 私生子 (bastard). ── [-mèɪt] *vt.* 不法[違法]とする; 非嫡出子と宣告する; 不合理であるとする. **～·ly** *adv.*

il·le·git·i·ma·tion [ì(l)lɪdʒìṭəméɪʃən, -lə- | ìlɪdʒìtɪ-, ìlə-, -tə-] *n.* 不法[違法]と認定すること; 非嫡出子の認定[宣告].

il·le·git·i·ma·tize [ì(l)lɪdʒítəmətàɪz, -lə- | ìlɪdʒítɪ-, -ìlə-, -tə-] *vt.* ＝illegitimate.

íll-estáblished *n.* 〈語法など〉十分に確立していない (cf. well-established 1).

íll-fámed *adj.* 不評判の, 悪名高い.

íll-fáted *adj.* 不運な, 不幸な, 薄命な (unfortunate); 不運をもたらす : an ～ day 運の悪い日, 魔の日.

íll-fávored *adj.* **1** 《婉曲》〈人・顔が〉醜い, 不器量な (ugly). **2** 不快な ; いやな : an ～ word. **～·ly** *adv.* **～·ness** *n.*

íll-féd *adj.* 栄養不良の.

íll-fítting *adj.* 〈服など〉よく合わない, 適合しない.

íll-fórmed *adj.* 〖論理・言語〗〈式としての記号表現が〉不適格な, 整っていない (↔ well-formed). **～·ness** *n.*

íll-fóunded *adj.* 根拠の薄弱な, 正当な理由のない : an ～ claim, rumor, etc.

íll-gótten *adj.* 不正な(手段で得た) : ～ gains 不正利得 / fatten on ～ wealth 不正なもうけで身代が太る / *Ill-gotten* goods never prosper. 《諺》不正の富は栄えない,「悪銭身につかず」/ *Ill-gotten* goods thrive not to the third heir. 《諺》不正の富は三代まで続かない.

íll-hóused [-háʊzd] *adj.* 粗末な家に住んでいる, ろくに住む家もない : ～, ill-clad, ill-nourished 衣食住に不自由している (F. D. Roosevelt).

íll húmor *n.* 不機嫌, 気むずかしさ (↔ good humor) : in an ～.

íll-húmored *adj.* 不機嫌な, 気むずかしい, 怒りっぽい (↔ good-humored). **～·ly** *adv.* **～·ness** *n.*

il·lib·er·al [ɪ(l)líb(ə)rəl, ɪ(l)- | ɪl-] 〖□(O)F *illibéral* ∥ L *illiberāl-is* mean, sordid : ⇨ in-², liberal〗 ── *adj.* **1** 狭量の, 偏狭な (narrow-minded) : ～ thinking. **2** 物惜しみする, けちな. **3** 《古》**a** 教養のない, 低級な. **b** 卑しい, 下品な, 下等な (base). **4** 反自由[進歩]主義的な : an ～ tendency. **5** 一般教育に属さない, 職業技術本位の : an ～ education. ── *n.* illiberal な人 ; (特に)反自由[進歩]主義者. **～·ly** *adv.* **～·ness** *n.*

il·líb·er·al·ism [-lìzm] *n.* 反自由[進歩]主義.

il·lib·er·al·i·ty [ɪ(l)lìbərǽləṭi, ɪ(l)lɪ- | ɪlìbərǽlətɪ, ɪlɪ-, -lɪtɪ] *n.* 狭量, 偏狭 ; けち ; 低級, 下品.

il·lib·er·al·ize [ɪ(l)líbərəlàɪz, ə(l)- | ɪl-] *vt.* 偏狭にする.

il·lic·it [ɪ(l)lísɪt, ə(l)-, -sət | ɪlísɪt] 〖《*a*1652》□ L *illicit-us* : ⇨ in-², licit〗 ── *adj.* 不法の, 違法の, 不正の (cf. licit) ; 禁制の, 法で禁じた. ★ illegal, illegitimate よりも非難の度合が強い : an ～ distiller 酒類密造者 / ～ intercourse 姦(かん)通, 不義 / ～ sale 密売 / ～ traffic (禁制品の)密売買. **～·ness** *n.*

il·líc·it·ly *adv.* 不法に, 不正に ; 禁を犯して.

Il·li·ma·ni [ì:(j)ɪmá:ni, ì:(j)ə- | ì:(j)ɪmá:nɪ ; *Am. Sp.* ìjimáni] *n.* イイマニ(山)《南米ボリビアの西部, Andes 山脈中の山 (6,462 m)》.

il·lim·it·a·bil·i·ty [ɪ(l)lìmɪṭəbíləṭi, ə(l)-, -mə- | ɪlìmɪtəbílətɪ, -lɪtɪ] *n.* 限り[際限]がないこと, 広大無辺.

il·lim·it·a·ble [ɪ(l)límɪṭəbl̩, ə(l)-, -məṭ- | ɪlímɪt-] *adj.* 限りのない, 無限の, 広々とした (boundless) : ～ space 無限の広さ / the ～ ocean 広大無辺の大洋. **～·ness** *n.* **il·lím·it·a·bly** *adv.*

íll-infórmed *adj.* 知識の不十分な, 消息に通じない, 情報に暗い (*in, about*) (↔ well-informed).

il·lin·i·um [ɪlíniəm, əl- | ɪlínɪəm, -njəm] 〖← NL ～ ← (*University of*) *Illin*(*ois*)+-IUM〗 ── *n.* 《化学》イリニウム. ★ 新元素と思われ命名されたが, 後に誤りと判明したため現在では用いられていない. 現在の promethium のこと》.

Il·li·nois¹ [ìlənɔ́ɪ, -nɔ́ɪz | ìlɪnɔ́ɪ] 〖□F ～ ← N-Am.-Ind. (Illinois) *ileniwe* man〗 ── *n.* **1** 米国中部の州 (⇨ United States of America 表). **2** [the ～] 同州北東部を流れて Mississippi 川に注ぐ川 (440 km).

Illinois² *n.* (*pl.* ～) **1 a** [the ～] イリノイ族《かつて米国 Illinois 州およびその西方にわたって居住していた Algonquian 種族に属するアメリカインディアンの一種族》. **b** イリノイ族の人. **2** イリノイ語.

Il·li·nois·an [ìlənɔ́ɪən, -nɔ́ɪzn̩ | ìlɪnɔ́ɪən] *adj.* (米国) Illinois 州(人)の. ── *n.* Illinois 州人.

il·liq·uid [ɪ(l)líkwɪd, ə(l)-, -kwəd | ɪlíkwɪd] 〖← *il*-'IN-²'+LIQUID〗 ── *adj.* **1** 〈資産が〉現金にすぐ換えられない, 非流動的な. **2** 流動資産[資金]の欠けている : an ～ bank. **3** 〖法律〗(債権など証明する文書などがないため)不明確な. **il·li·quid·i·ty** [ìlɪkwídəṭi, ə(l)-, ìlə- | ìlɪkwídətɪ, -dɪ-] *n.* **～·ly** *adv.*

illit. 《略》illiterate.

il·lite [ílaɪt] 〖← ILL(INOIS¹)+-ITE¹〗 *n.* 〖鉱物〗イライト《粘土質堆積岩の主成分をなす雲母群鉱物》.

il·lit·er·a·cy [ɪ(l)líṭərəsi, ə(l)-, -trə- | ɪlít(ə)rəsɪ] *n.* **1** 読み書きができないこと, 無学, 文盲, 無筆 (↔ literacy) : a 75 % ～ rate 75 % の文盲率. **2** [通例 *pl.*] (無学からくる)書き[言い]まちがい, 慣用を破った言葉遣い[語法].

il·lit·er·ate [ɪ(l)líṭərət, ə(l)-, -trət, -rɪt | ɪlít(ə)r-] 〖《1556》□ L *illitterāt-us* unlettered : ⇨ in-², literate〗 ── *adj.* **1** 読み書きのできない, 無学の, 無教育の, 無筆の (↔ literate) : an ～ fellow / an ～ voter 無筆[字の書けない]投票者. **2 a** 無学を示す, 無教育を表わす : an ～ letter (綴り字・文法などの)まちがいだらけの手紙 / an ～ manner of talking 無教養な話しぶり. **b** 慣用からずれた : an ～ style of writing 慣用を破った書き方. ★ 無学な人が用いる語法を表示する用法指示として illiterate が用いられたが, 軽蔑的な含蓄を伴うので, 今は婉曲に nonstandard, substandard を用いることが多い. **3** (ある事柄の)知識に乏しい, 素養がない, 不案内な (ignorant) : musically [politically] ～ 音楽[政治]のことは知らない. ── *n.* (読み書きのできない)無学者, 無教育者, 文盲. **～·ly** *adv.* **～·ness** *n.*

íll-júdged *adj.* **1** 思慮のない, 無分別な, 愚かな (unwise). **2** 時機を失した, 時を得ない, 折の悪い.

íll-kémpt [-kém(p)t] *adj.* ＝unkempt.

íll-lóoking *adj.* 〈顔が〉醜い (ugly) ; 恐ろしい[すごい]様子の (sinister) (↔ good-looking).

íll-mánnered *adj.* 無作法な, ぶしつけな, 粗野な. **～·ly** *adv.* **～·ness** *n.*

íll-mátched *adj.* 不釣合いの (ill-sorted).

íll-máted *adj.* ＝ill-matched.

íll náture *n.* つむじ曲り, 意地悪 (↔ good nature).

íll-nátured *adj.* 意地[根性]の悪い, ひねくれた, 根性の曲った (surly) (↔ good-natured) : ～ gossip たちのよくない噂話. **～·ly** *adv.* **～·ness** *n.*

íll·ness 〖《*c*1500》← ILL+-NESS〗 ── *n.* **1** 体の具合の悪いこと, 不健康 ; 不快, 病気 (sickness, disease) (↔ health) : suffer from a serious ～ 重い病気にかかる / have a slight ～ 軽い病気である / on account of (one's) ～ 病気で[のため] / die of (an) ～ 病気で死ぬ, 病死する / There has been no [not much, a great deal of] ～ here this summer. この夏は当地には病気がなかった[あまりなかった, 多かった]. **2** 《廃》邪悪.

il·lo·cu·tio·nar·y [ìləkjú:ʃənèri | -ʃ(ə)nəri] 〖《1955》← IL- 'in' (*in saying*「…と言いつつ」などにおける *in* の機能に関して)+LOCUTIONARY : J.L. Austin の造語〗 ── *adj.* 〖哲学・言語〗表現[発語]内の (cf. locutionary, performative) : an ～ act 発語内(的)行為《発語することがそのままある行為を遂行することになるような行為 ; 例 : He urged me to shoot her.》.

il·log·ic [ɪ(l)lɑ́dʒɪk, ə(l)- | ɪlɔ́dʒ-] *n.* 非論理(性), 無[没]論理, 不合理.

il·log·i·cal [ɪ(l)lɑ́dʒɪkəl, ə(l)-, -dʒə- | ɪlɔ́dʒɪ-] *adj.* **1** 非論理的な, 論理[理屈]に合わない[反する], 不合理な, 筋の立たない (irrational) : an ～ inference. **2** 〈人が〉論理的に考えない (cf. nonlogical) : an ～ person. **～·ly** *adv.* **～·ness** *n.*

il·log·i·cal·i·ty [ɪ(l)lɑ̀dʒɪkǽləṭi, ə(l)-, -dʒə- | ɪlɔ̀dʒɪkǽlətɪ, ɪlɔ̀dʒə-, -lɪtɪ] *n.* 不合理, 不条理, 非論理性.

íll-ómened *adj.* 不吉な, 縁起(えんぎ)の悪い (inauspicious) ; 運の悪い, 不運な (ill-starred).

íll-sórted *adj.* **1** 不釣合いの, 不調和の, 不似合いの (ill-matched) : an ～ couple. **2** 《スコット》大変不機嫌な, ひどく腹を立てた.

íll-spént *adj.* 使い方を誤った ; むだに費やされた, 浪費された.

íll-stárred *adj.* 星回り[めぐり合わせ]の悪い, 不運に会う[終わる]運命をもった ; 運の悪い, 不運な, 不仕合わせな, 不幸な (ill-fated).

íll-súited *adj.* 〔…に〕不適当な, 不似合いな 〔*to*〕.

íll témper *n.* 気むずかしさ, 短気, 不機嫌 (bad temper) (↔ good temper).

íll-témpered *adj.* 気むずかしい, 怒りっぽい, 短気な, 不機嫌な (bad-tempered) (↔ good-tempered). **～·ly** *adv.* **～·ness** *n.*

illth [ílθ] 〖《1860》← ILL (adj.)+-TH² : WEALTH からの類推 (J. Ruskin の造語) : cf. coolth〗 *n.* 《まれ》不景気, 不況 ; 不景気をもたらす[示す]もの.

íll-tímed *adj.* 時機を失した, 時を得ない, 折の悪い : an ～ jest [remark] 時をわきまえない冗談[言葉].

íll-tréat *vt.* 虐待する, 冷遇する, ひどい目にあわせる.

íll-tréatment *n.* 虐待, 酷使, 冷遇.

íll túrn *n.* 不親切な行為, ひどい[意地の悪い]仕打ち, あだ (injury) (cf. turn *n.* 11) : do a person an ～＝do an ～ *to* a person 人にあだをする.

il·lume [ɪlú:m, əl-, -ljú:m | ɪlú:m, ɪljú:m] 〖《略》← ILLUMINE〗 *vt.* 《詩》…に光を注ぐ, 照らす ; 啓発する.

il·lu·min·a·ble [ɪlú:mənəbl̩, əl-, -ljú:- | ɪlú:mɪ-, ɪljú:-] *adj.* 照らすことができる ; 啓発できる.

il·lu·mi·nance [ɪlú:mənəns, əl-, -ljú:- | ɪlú:mɪ-, ɪljú:-] *n.* 〖光学〗照度 (⇨ illumination 1b).

il·lu·mi·nant [ɪlú:mənənt, əl-, -ljú:- | ɪlú:mɪ-, ɪljú:-] 〖□L *illūminant-*, *illūmināns* (pres.p.) ← *illūmināre* (↓) : ⇨ -ant〗 ── *adj.* 光を発する, 照らす (illuminating). ── *n.* 光源, 発光体[物]《石油・ガス・電灯など》. ── *adj.* 発光性の, 照らす.

il·lu·mi·nate 〖《?*a*1425》← L *illūmināt-us* enlightened (p.p) ← *illūmināre* to light up ← *il*- 'IN-¹'+*lūmin-*, *lūmen* 'LIGHT¹'〗 ── [ɪlú:mənèɪt, əl-, -ljú:- | ɪlú:mɪ-, ɪljú:-] *v.* ── *vt.* **1** 灯火をともす, 明るくする, 照らす, 照明する : The room was poorly ～*d* by one candle. 部屋はろうそく1本で明かりが不十分だった[暗かった]. **2** …にイルミネーションを施す : ～ a town [street] for a celebration 祝賀のために町[街路]にイルミネーションを施す. **3** 〈写本などを〉彩飾する, 彩飾する. **4** 〈無知な民族などを〉啓蒙[教化]する (enlighten) : the heathens ～*d* by the Gospel 福音の教化を受けた異教徒. **5** …に光明を投じる, 明らかにする, 解明する : He ～*d* the problem for us. 彼は我々のためにその問題点を解明してくれた / His lecture ～*d* the author's obscurities. 彼の講義で著者の難解な個所が明らかになった. **6** …の名声を高める, …に光彩を添える : A smile ～*d* his face. 彼の顔に明るい微笑が浮んでいた. **7** (電波・音波の放射に)さらす, …に放射する. ── *vi.* **1** イルミネーションを施す[で輝く]. **2** 明るくなる. ── [-nət, -nɪt, -nèɪt] *adj.* 《古》照らされた ; 啓蒙[教化]された. ── [-nət, -nɪt, -nèɪt] *n.* 《古》明知を得た(と自称する)人 (cf. illuminati).

il·lú·mi·nàt·ed [-tɪd, -ṭəd | -tɪd, -təd] *adj.* **1** 照らされた. **2** イルミネーションを施した : an ～ car 花電車. **3** 啓蒙[教化]された. **4** 〈写本など〉彩飾された : an ～ manuscript 彩飾写本. **5** 《米俗》酔っ払った.

il·lu·mi·na·ti [ɪlù:məná:ṭi, əl- | ɪlù:mɪná:ti:] 〖□L *illūminātī* (pl.) ← *illūminātus* enlightened : cf. illuminate〗 ── *n. pl.* (*sing.* **-na·to** [-ná:toʊ, -néɪṭ-, -toʊ | -ná:təʊ]) **1** [しばしば皮肉に]明知を誇る人々, (自称)哲人たち, 博士たち (cf. illuminate). **2** [I-] 光明派[会]《いくつかの宗教的熱狂者の団体に対する総称》: **a** アルンブラドス派 (Alumbrados) といわれる16世紀スペインにおけるキリスト教神秘主義の一派. **b** (1776年ドイツの Bavaria に起こった)自然神教と共和主義を奉じた秘密結社. **c** 薔薇(ばら)十字会 (Rosicrucians).

il·lú·mi·nàt·ing [-ṭɪŋ | -tɪŋ] *adj.* **1** 照らす, 照明する ; 照明(用)の : ～ gas 灯用ガス / an ～ mirror (顕微鏡の)反射鏡. **2** 解明する, 明らかにする ; 啓示[啓発]する ; 啓蒙的な. **～·ly** *adv.*

illúminating engineèring *n.* 照明工学.

il·lú·mi·nàt·ing·ly *adv.* 照らして, 明らかに, 啓蒙的に.

il·lu·mi·na·tion [ɪlù:mənéɪʃən, əl-, -ljù:- | ɪlù:mɪ-, ɪljù:-] 〖《?*a*1396》□L *illūminātiō*(*n*-) a lighting up : ⇨ illuminate, -ation〗 ── *n.* **1 a** 照らす[される]こと, 明るくすること, 照明 : stage ～ 舞台照明 / in ～ 照らされて, 輝いて. **b** 〖光学〗照度《単位は lux ; illuminance ともいう》. **2** (精神的)光明を与えること, 啓蒙, 啓示, 解明. **3** [しばしば *pl.*] イルミネーション, 灯火[点灯]装飾, 電飾, 飾光 ; イルミネーションを用いた祝祭行事. **4** [*pl.*] (写本の)彩飾《彩色模様・金銀の文字で飾ること》. **5** 放射.

il·lu·mi·na·tive [ɪlú:mənèɪṭɪv, əl-, -ljú:-, -nəṭ- | ɪlú:mɪnət-, ɪljú:-, -nèɪt-] *adj.* 明るくする ; 啓発する.

illuminato *n.* illuminati の単数形.

il·lú·mi·nà·tor [-ṭə | -tə(r)] 〖《1485》← ILLUMINATE+-OR²〗 ── *n.* **1** 光を与える人[物], 照らす人[物] ; 啓示[啓発]する人, 啓蒙者. **2** (集光レンズや反射鏡などを備えた)照明器, 発光体. **3** (写本などの)彩飾師.

il·lu·mine [ɪlú:mɪn, əl-, -ljú:-, -mən | ɪlú:mɪn, ɪljú:-] 〖《?1348》*illumine*(*n*) □(O)F *illumin-er* □L *illūmināre* to light up : ⇨ illuminate〗 ── *v.* 《文語》＝illuminate.

il·lu·mi·nism [ɪlú:mənɪ̀zm, əl-, -ljú:- | ɪlú:mɪ-, ɪljú:-] 〖□F *illuminisme* ← *illuminer* (↑) : ⇨ -ism〗 ── *n.* **1** 啓蒙[教化]主義. **2** [通例 I-] 光明派 (Illuminati) の主義[教義].

il·lú·mi·nist [-nɪst, -nəst | -nɪst] *n.* **1** 啓蒙[教化]主義者. **2** [通例 I-] 光明派 (Illuminati) の人.

il·lu·mi·nom·e·ter [ɪlù:mənɑ́məṭə, əl-, -ljù:- | ɪljù:mɪnɔ́mɪtə(r, ɪlù:-, -mə-] 〖← ILLUMIN(ATION)+-O-+-METER¹〗 *n.* 照度計.

illus. 《略》illustrated ; illustration.

íll-úsage *n.* **1** 虐待, 酷使, 冷遇. **2** 悪用, 乱用.

íll-úse [-jú:z] *vt.* **1** 虐待[酷使]する. **2** 悪用[乱用]する. ── [-jú:s] *n.* ＝ill-usage.

íll-úsed [-jú:zd] *adj.* 虐待[酷使]された ; 悪用[乱用]された.

il·lu·sion [ɪlú:ʒən, əl-, -ljú:- | ɪl-] 〖《*c*1350》□(O)F ～ ∥ L *illūsiō*(*n*-) a mocking ← *illūsus* (p.p.) ← *illūdere* to play with, mock at ← *il*- 'IN-¹'+*lūdere* to play : ⇨ -sion〗 ── *n.* **1** 幻覚, 幻影, 幻 (cf. hallucination 1 a) : Life is but an ～. 人生は幻にすぎない / Inflation makes a raise in wages an ～. インフレは(せっかくの)賃上げを空しい[実質のない]ものにしてしまう. **2** 幻想, 妄想, 迷想, 迷い, 誤解 (delusion) : be under no ～ *about* [*as to*] …についてなんにも勘違いしていない / He has the ～ *that* he is sick. 病気でもないのに病気だと勝手に思いこんでいる / The sun gave an ～ of a summer day. 太陽は夏の日のような錯覚を起こさせた. **3** 〖心理〗錯覚 : an optical ～ 錯視. **4** 極薄地の網絹 (tulle)《婦人ベールなどに用いる》. **5** 〖芸術〗＝illusionism 2. **6** 〖奇術〗(多少大がかりな)魔術的現象. **7** 《廃》瞞着 (deception).

il·lú·sion·al [-ʒənl̩, -ʒnəl] *adj.* 錯覚(性)の ; 妄想の, 幻想の.

il·lu·sion·ar·y [ɪlú:ʒənèri, əl-, -ljú:- | ɪlú:ʒ(ə)nəri, ɪljú:-] 〖← ILLUSION+-ARY〗 *adj.* **1** ＝illusional. **2** 錯覚に陥りやすい, 妄想に耽る (illusory).

il·lú·sion·ìsm [-ʒənɪzm] *n.* **1** 幻想説, 迷妄(めいもう)説《一切の実在世界は一つの幻影であるとする説》. **2** 〖芸術〗(絵画などでの)幻覚法, だまし絵.

il·lú·sion·ist [-ʒ(ə)nɪst, -nəst | -nɪst] *n.* **1** 幻想論者 (cf. illusionism 1). **2** 錯覚[迷妄]に陥っている人. **3** 幻覚法を用いる画家[芸術家]. **4** 手品師, 奇術師 (conjurer).

il·lu·sion·is·tic [ɪlù:ʒənístɪk, əl-, -ljù:- | ɪl-] *adj.* 幻想説の.

il·lu·sive [ɪlú:sɪv, əl-, -ljú:-, -zɪv | ɪlú:sɪv, ɪljú:-] 〖《1679》← ILLUSION+-IVE〗 ── *adj.* 錯覚を起こさせる[に基づく], 錯覚的な ; 迷わせる, 欺く. **～·ly** *adv.* **～·ness** *n.*

il·lu·so·ry [ɪlú:s(ə)ri, əl-, -ljú:-, -z(ə)- | ɪlú:s(ə)rɪ, ɪljú:-] 〖《1599》□LL *illūsōri-us* ironical ← *illūsus* : ⇨ illusion, -ory¹〗 ── *adj.* **1** 人を欺く, 迷わす, 惑わす, 紛らわしい ; つかみどころのない, 架空の : ～ hopes. **2** 錯覚の, 錯覚に基づく[を起こさせる], 現実にない. **il·lú·so·ri·ly** [-rəli | -rəlɪ, -rɪ-] *adv.* **il·lú·so·ri·ness** *n.*

illust. 《略》illustrated ; illustration.

il·lus·trate [íləstrèɪt, ɪlʌ́streɪt, əl- | íləstrèɪt] 〖《1526》← L *illūstrāt-us* (p.p.) ← *illūstrāre* to make light, explain : ⇨ in-¹, luster¹〗 ── *vt.* **1 a** (実例・比較など

を挙げて)説明する, 例解[例証]する : ～ one's lecture *with* examples 例を挙げて講義をする / Let me ～ *how* it is so. どうしてそうなのか実例を挙げて説明してあげましょう. **b** 〈物・事が〉…の例証[例解]となる : This fact ～*s* the principle. この事実はその原理の例証となる. **2** 〈本などに〉に図解[挿絵(さし え)], イラスト]を入れる : ～ a book (*with* pictures). **3** 《古》啓蒙[教化]する. **4** 《古》光らせる, 輝かせる. **5** 《古》華やかにする, 飾る. **6** 《古》著名[有名]にする. **— *vi.*** 例を挙げて説明する, 例示[例証]する.

íl·lus·tràt·ed [-tɪd, -təd | -tɪd, -təd] *adj.* 図解[挿絵, イラスト]入りの : lavishly-*illustrated* ふんだんに挿絵の入った / an ～ magazine, newspaper, etc. **— *n.*** 《英》絵[イラスト]入り新聞[雑誌].

il·lus·tra·tion [ɪlәstréɪʃәn, ɪlʌ̀s- | ɪlәs-] 〘(*a*1400) ▭ (O)F ～ // L *illūstrātiō(n-)* enlightening : ⇨ illustrate, -ation〙 **— *n.*** **1** 実例 (example) : as an ～ 実例として / take an ～ 実例を挙げる. **2** (本の)挿絵(さし え), 説明画, イラスト(レーション). **3** 実例[挿絵, イラストレーションなど]によって説明する[される]こと; 例証, 例解, 図解 : by way of ～ 実例として / in ～ of …の例証として. **4** 《古》著名, 有名.

ìl·lus·trá·tion·al [-ʃnәl, -ʃnәl] 〘⇨ ↑, -al[1]〙 *adj.* **1** 図解的な. **2** 図解[例証]に役立つ.

il·lus·tra·tive [ɪlʌ́strәtɪv, әl-, íləstrèɪt-, íləstrət-, -strèɪt- | ɪlʌ́strәt-] 〘(1643) ← ILLUSTRATE + -IVE〙 **— *adj.*** 実例[例証]となる, 説明的な; 〔…を〕例証[説明]する 〔*of*〕: ～ examples / an ～ sentence 例文 / be ～ *of* …を例証する / a fact ～ *of* the point その点を説明する事実. 「的に.

il·lus·tra·tive·ly *adv.* 実例として; 例証的に, 説明

íl·lus·trà·tor [-tә- | -tә(r)] 〘(1598) ▭ L *illūstrātor* : ⇨ illustrate, -or[2]〙 *n.* 挿絵画家, 図解者, イラストレーター; 説明者.

il·lus·tri·ous [ɪlʌ́striәs, әl- | ɪlʌ́strɪ-] 〘(*c*1566) ← L *illūstris* lighted up (《逆成》)? ← *illūstrāre* 'to ILLUSTRATE')+-OUS〙 **— *adj.*** **1** 有名な, 著名な, 傑出した (outstanding). **2** 〈行動など〉輝かしい, はなばなしい : ～ accomplishments 輝かしい業績. **3** 《古》光る, 輝く; 一目瞭然たる. **～·ly** *adv.* **～·ness** *n.*

illuvia *n.* illuvium の複数形.

il·lu·vi·al [ɪlúːviәl, әl-, -ljúː-, -vjәl | ɪlúːvjәl, ɪljúː-, -vɪәl] 〘← *il-* 'IN-[1]'+(AL)LUVIAL〙 *adj.* 〘土壌〙集積の : an ～ horizon 集積層.

il·lu·vi·ate [ɪlúːvièɪt, әl-, -ljúː- | ɪlúːvɪ-, ɪljúː-] 〘⇨ ↑, -ate[3]〙 *vi.* 〘土壌〙集積する.

il·lu·vi·a·tion [ɪlùːviéɪʃәn, әl-, -ljùː- | ɪlùːvɪ-, ɪljùː-] *n.* 〘土壌〙集積《表層から溶脱してきた土壌物質が下層で沈澱集積すること; cf. eluviation》.

il·lu·vi·um [ɪlúːviәm, әl-, -ljúː-, -vjәm | ɪlúːvjәm, ɪljúː-, -vɪәm] 〘← NL ～ : ⇨ in-[1], alluvium〙 **— *n.*** (*pl.* **～s, -vi·a** [-viә, -vjә | -vjә, -vɪә]) 〘土壌〙集積物《上層から下層に落ちて堆積した土壌》.

íll wíll 〘(*a*1325) 《部分訳》← ON *illvili* : cf. L *malevolentia* 'MALEVOLENCE'〙 *n.* 悪意, 敵意, 悪感情, 反感, 恨み (enmity) (↔ goodwill) : He bears me no ～. 彼は私を恨んでいない.

íll-wílled 〘(*c*1340)〙 *adj.* 悪意[敵意]のある.

íll-wísher *n.* 他人[物事]の不幸[不首尾]を願う人.

il·ly [í(l)li | í(l)lɪ] *adv.* 《方言》悪く, まずく; 不十分に (ill) : be ～ prepared 準備が不十分だ / an *illy*-lighted street 照明の悪い通り.

Il·lyr·i·a [ɪlíriә, әl- | ɪlírɪә] *n.* イリュリア《アドリア海東岸の地方(現在のユーゴスラビア南西部)の古名; もと王国》.

Il·lyr·i·an [ɪlíriәn, әl- | ɪlírɪ-] *adj.* 古代イリュリア (Illyria) の, イリュリア人[語]の. **— *n.*** **1** イリュリア人. **2** イリュリア語《死滅した印欧語族の一派》.

Il·lyr·i·cum [ɪlírɪkәm, әl-, -rә- | ɪlírɪ-] 〘▭ L ～〙 *n.* イリュリクム《イリュリア人 (Illyrians) の居住地域; のちローマの一州》.

Il·ma [ílmә] 〘(dim.) ← WILHELMINA〙 *n.* 女性名.

Il·ma·ri·nen [íːlmɑːrìːnәn] 〘▭ Finn. ～〙 **— *n.*** 〘フィンランド伝説〙イルマリネン《*Kalevala* に出る鍛冶屋(か じ や); ⇨ Sampo》.

il·men·ite [ílmәnàɪt | -mɪ-] 〘← *Ilmen* (Ural 山系中の山脈の名, その発見地) : ⇨ -ite[1]〙 *n.* 〘鉱物〙イルメナイト, チタン鉄鉱 ($FeTiO_3$).

ILO, ilo 《略》in lieu of.

ILO, I.L.O. 《略》International Labor Organization 国際労働機構《1919 年創設, 1946 年国連の専門機関としてあらたに発足した》.

I·lo·ca·no [iːlәkɑ́ːnou, ìl-, -lo(u)- | -lә(u)kɑ́ːnәu] 〘▭ Sp. ～ ← *Ilocos* (地名 : 《原義》river men) ← Tagalog *ilog* river〙 **— *n.*** (*pl.* **～, ～s**) **1 a** [the (～s)] イロカノ族《Philippine 諸島 Luzon 島の一種族》. **b** イロカノ族の人. **2** (イロカノ族の用いる)イロコ語《Austronesia 語族に属するインドネシア語群の一言語》.

I·lo·i·lo [ìːloυíːlou | -lәuíːlәu] *n.* イロイロ《フィリピンの Panay 島南東部の港市; 人口 248,000》.

I·lo·ka·no [iːlәkɑ́ːnou, ìl-, -lo(u)- | -lә(u)kɑ́ːnәu] *n.* (*pl.* **～, ～s**) =Ilocano.

I·lo·na [ɪlóunә, әl- | ɪlә́u-] 〘▭ Hung. ～ 《原義》beautiful one : または HELEN の変形か〙 *n.* 女性名.

I·lo·rin [ɪlɔ́ːrɪn, ɪlóυrɪn, ɪlóːr-, -rәn | ɪ̀lɔ́rɪn, ɪlɔ́ːrɪn] *n.* Nigeria 北西部の都市; 人口 282,000.

I.L.P. 《略》Independent Labour Party.

Il Pen·se·ro·so [ɪl-pènsәróusou | -rә́usәu; *It.* ilpènseróːso] 〘▭ It. *il penseroso* the brooding (person) : *penseroso* は廃語, 現在の形では *pensieroso*〙 *n.* 「沈思の人」(Milton の詩 (1632) の題名; cf. L'Allegro).

ILS, i.l.s. 《略》〘航空〙instrument landing system 計器着陸方式 (cf. BABS). 「女性名.

Il·se [ílsә; G. ílzә] 〘▭ G ～ (dim.) ← ELIZABETH[2]〙 *n.*

I·lya [ɪljɑ́ː; *Russ.* iljjá] 〘▭ Russ. *Il'ya*〙 *n.* 男性名.

I·lyich [ílɪtʃ; *Russ.* iljítʃ] 〘▭ Russ. *Il'ich*〙 *n.* 男性名.

IM 《略》intramuscular.

IM, I.M. 《略》〘チェス〙International Master.

I.M. 《略》Isle of Man.

I'm [áɪm] 《口語》I am の縮約形.

im- [ɪm, әm, ìm | ɪm, ìm; [m] の前では ɪ(m), ә, ɪ̀(m) | ɪ, ɪ̀] *pref.* (b, m, p の前に来る時の) in-[1,2] の異形 : *im*brute, *im*mingle, *im*moral, *im*perishable. ★ アクセントについては ⇨ in-[2] (3).

im·age [ímɪdʒ] 〘*n.* : (?*c*1200) ▭ (O)F ～ ▭ L *imāginem* (acc.), *imāgō* portrait, likeness. — *v.* : (*c*1390) ▭ (O)F *imag-er* : cf. imitate〙 **— *n.*** **1** 像, 肖像; 画像, 絵姿, 影像; (特に)彫像 (statue), 人形像 (effigy) : an ～ of the Virgin Mary 聖母マリアの像 / an ～ in wood 木像. **2** 聖(画)像; 偶像 (idol) : ⇨ graven image. **3** 形, 姿 (semblance), イメージ : God created man in his own ～. 神そのかたちのごとくに人を造りたまえり (*Gen.* 1 : 27). **4** よく似た人[物], 生写し 〔*of*〕: He is the (very) ～ *of* his father. / the spit and ～ of ⇨ spit[2] *n.* 成句. **5** 象徴, 化身, 典型, 権化 (symbol) 〔*of*〕: He is the ～ *of* loyality. 彼は忠誠[忠義]の典型だ. **6** 〘光学〙(鏡・レンズ・顕微鏡等の光学系によって作られる)像 : see one's ～ in the mirror 鏡に映った自分の姿を見る / ⇨ real image, virtual image. **7** 〘心理〙心像, 表象, 概念. **8 a** (好悪の)印象, イメージ : erase one's loser's ～ 敗者としてのイメージを払拭する / do harm to a person's ～ 人の印象に傷をつける / I fell in love with my ～ of him. 私が勝手に描いた彼のイメージに恋をした. **b** 残像, 面影 : The ～ of my father is still fresh in my mind. 父の面影はいまだに私の心に鮮やかに残っている. **9** (一般大衆がもつ)印象, イメージ《宣伝・広告などで計画的に作り上げられる; cf. image-building》: improve the ～ of… …をイメージアップする. **10** 〘修辞〙イメージ, 形象; 比喩(ひ ゆ)的表現《特に, simile や metaphor を使う表現法》: speak in ～*s* 喩(たと)えで話す. **11** 〘数学〙像, 写像. **12** 《古》まぼろし, 幻影.

— *vt.* **1** …の像を造る, 絵に描く, 表わす : ～ a saint. **2** …の像[影]を映す, 映し出す (reflect), 鏡に映す (mirror), 〈写真・映画などを〉画面に映写する (project) : a face ～*d* in a mirror 鏡に映った顔. **3** 想像に浮かび上がらせる, 心に描く, 思い浮かべる, 想像する (imagine), イメージに抱く : ～ a thing to oneself ものを心に描いてみる. **4** (言葉・文章で, 真に迫るように描く : The poet finely ～*s* the hero. 詩人はその英雄の姿を目に見えるように描いている. **5** 象徴する (symbolize). **6** 《まれ》似る (resemble).

ímage-bùilder *n.* (広告・宣伝のために)イメージ作りをする人[もの]. 「作り (cf. image 9).

ímage-bùilding *n.* (広告・宣伝のための)イメージ

ímage convèrter *n.* 〘電子工学〙像変換管《光学像を電子像にかえる電子管で, 最初の光学像として赤外線を用いたものが暗視装置となる》.

ímage dissèctor *n.* 〘電子工学〙解像管.

ímage òrthicon *n.* 〘電子工学〙イメージオルシコン《オルシコンを改良したテレビカメラ用撮像管の一種でもともとは商品名; cf. orthicon》.

ímage pòint *n.* 〘光学〙像点《物空間の一点から出た光線束が光学系を通過した後, 収束する点; cf. focal point》.

im·ag·er·y [ímɪdʒ(ә)ri | -rɪ] 〘(*c*1350) ▭ OF *imagerie* ← *image(u)r* painter : ⇨ image, -ery〙 **— *n.*** **1** [集合的]〘修辞〙比喩(ひ ゆ)的描写[表現] (figurative description), イメージ (cf. image 10). **2** [集合的] 像, 肖像, 画像, 彫像 (images). **3** 心に描くもろもろの像 (mental images), 心像 : a dream's dim ～ 夢に現われるおぼろな物の姿. **4** 〘文芸〙形象, イメージ. **im·a·ge·ri·al** [ìmәdʒí(ә)riәl | -dʒíәrɪ-] *adj.*

ímage spàce *n.* 〘光学〙像空間《光学系による結像において光学系を通過した光線が射出する空間; cf. object space》.

ímage tùbe *n.* 〘電子工学〙撮像管《光像を電気的映像信号に変換する電子ビーム管; camera tube ともいう》.

i·mag·in·a·ble [ɪmǽdʒ(ә)nәbl, әm-, -dʒɪ- | ɪmǽdʒ(ɪ)n-] 〘(*c*1380) ▭ LL *imāginābil-is* : ⇨ imagine, -able〙 **— *adj.*** 想像できる, 想像がつく, 考えられる限りの (conceivable). ★ 最上級の形容詞や all, every, no などに伴って強調に用いることが多い : *every* ～ method ありとあらゆる方法 / the greatest difficulty ～ ほとんど想像できないほどの困難 / take *all* the trouble ～ できうる限りの労を取る. **～·ness** *n.* 「当然.

i·mág·in·a·bly [-bli | -blɪ] *adv.* 想像できるように,

i·mag·i·nal[1] [ɪmǽdʒәnl, әm-, -dʒnәl | ɪm-] 〘▭ LL *imāginālis* : ⇨ image, imagine, -al[1]〙 *adj.* 想像(力)の, 影像の, 心像の.

i·ma·gi·nal[2] [ɪméɪgәnl, әm-, -mɑ́ːg-, -méɪdʒ-, -mǽdʒ-, -dʒnәl | ɪméɪdʒɪ-, ɪmɑ́ːgɪ-] 〘← L *imāgin-* (⇨ imago)+-AL[1]〙 *adj.* 〘昆虫〙成虫 (imago) の; 成虫状の.

imáginal dísk [búd] *n.* 〘昆虫〙成虫芽《昆虫の幼虫にある成虫の器官の原基》.

i·mag·i·nar·y [ɪmǽdʒәnèri, әm- | ɪmǽdʒɪn(ә)rɪ, -dʒ(ә)nәri] 〘(*c*1395) ▭ L *imāginārius* : ⇨ image, -ary〙 **— *adj.*** **1** 想像(上)の, 想像だけの, 仮想の, 空想の, 非実在的な (visionary) (↔ actual, real) : an ～ person 架空の人物 / an ～ enemy 仮想敵. **2** 〘数学〙虚の (↔ real) : an ～ root [expression] 虚根[虚式]. **— *n.*** 〘数学〙=imaginary number. **i·mag·i·nar·i·ly** [ɪmæ̀dʒәnérәli, әm-, ――――― | ɪmǽdʒɪn(ә)rәlɪ, -dʒ(ә)nә-, -rɪ-] *adv.* **i·mág·i·nàr·i·ness** *n.*

imáginary áxis *n.* 〘数学〙虚軸《アルガン図表の縦軸; ⇨ Argand diagram》.

imáginary númber *n.* 〘数学〙**1** 虚数, (実数でない)複素数. **2** =pure imaginary number.

imáginary párt *n.* 〘数学〙虚(数)部(分)《複素数 $x+yi$ の y; ↔ real part》.

imáginary únit *n.* 〘数学〙虚数単位《$\sqrt{-1}$; 記号 i》.

i·mag·i·na·tion [ɪmæ̀dʒәnéɪʃәn, әm- | ɪmæ̀dʒɪ-, -dʒә-] 〘(1340) *imaginacio(u)n* ▭ (O)F *imagination* ▭ L *imāginātiō(n-)* : ⇨ imagine, -ation〙 **— *n.*** **1 a** [(the) ～] 想像(作用), 想像力; (芸術品などの)創作力, 構想力 (cf. fancy 1) : a stretch of ～ 想像をたくましくすること / beyond all ～ 想像もつかない / use one's ～ 想像力を働かせよ / have a good [bad] ～ 想像力が豊か[貧弱]だ; うそがうまい[まずい]. **b** (芸術品などの)理解力, 鑑賞力. **2** 想像(の所産), 心像 (mental image); 空想 : idle [vain] ～*s* 妄想 / His ～ must have played a trick on him. 気のせいで彼はそう思ったにちがいない / It's all (in) your ～. それはみな君の空想だ. **3** 臨機応変の手腕, 機転 : solve difficult matters with ～ 機転をきかせて難事を打開する. **4** (世間に流布している)俗説, 俗信. **5** 〘心理〙想像《先行経験を解体して新しい形に再構成する過程》. **6** 〘哲学〙想像(力), 構想力《カントの認識論では感性と悟性を統合して現象の客観性を構成する先天的能力》. **7** 〘文学〙(現実と遊離せぬ)想像力, 創意. **8** 《古》悪だくみ, 計略 (plot). **～·al** [-ʃnәl, -ʃnәl] *adj.*

i·mag·i·na·tive [ɪmǽdʒ(ә)nәtɪv, әm-, -dʒәnèɪt- | ɪmǽdʒ(ɪ)nәt-, -dʒә-] 〘(*c*1378) ▭ (O)F *imaginatif* // LL *imāginātīv-us* : ⇨ ↓, -ative〙 **— *adj.*** **1** 想像[構想](的)の : the ～ faculty 想像[構想]力. **2 a** (創作的)想像力の生み出した, 想像的な : ～ literature 想像的文学, 純文学. **b** 想像力に富む[を用いる] : an ～ poet, writer, etc. **c** 機転のきく (resourceful). **3** 〈批評・計画など〉創意[示唆]に富む. **4** 想像に耽りがちな. **5** 偽りの (false) : an ～ account, report, etc. **6** 形象(的)の; 形象を駆使する. **～·ly** *adv.* **～·ness** *n.*

i·mag·ine [ɪmǽdʒɪn, әm-, -dʒәn | ɪm-] 〘(*c*1340) *imagine(n)* ▭ (O)F *imagin-er* ▭ L *imāginārī* to picture to oneself, fancy ← *imāgō* 'IMAGE'〙 **— *vt.*** **1** [しばしば *that*-clause, *wh*-clause, 目的語+補語, 目的語+*to* do, 目的語+doing, 目的語+過去分詞, *doing* を伴って] 想像する, 仮定する, 心に描いてみる : As may (well) be ～*d* (十分)想像されるように / You ～ all these things. なにもかも君の気のせいだ / *Imagine* yourself in London [*as* a painter]. 君がロンドンへ行ったと[画家だと]仮定してみたまえ / I can quite ～ *that* …ということは想像に難くない / Just ～ *what* would happen! 何が起こるかまあ考えても御覧なさい / Does he ～ himself (*to* be) the boss? 自分が一番偉い人間だとでも思っているのかしら / Can you ～ them [their] climb*ing* Mt. Everest? 彼らがエベレスト山に登るなんて想像できますか (★ them を用いるほうが口語的) / He already ～*d* himself lost. もう駄目だと思った / *Imagine* meeting you here! ここで君に会おうなんて(全く奇遇だ). **2** [*that*-clause, *wh*-clause, 目的語+補語, 目的語+*to* do, 目的語+*doing* を伴って] 《口語》思う, 考える; 推量[推測]する : I ～ (*that*) he will come. 彼は来ると思う / You'll enjoy the movie, I ～. その映画は楽しめると思うよ (★ I ～ は挿入的・付加的にも用いられる) / I can't ～ *why* he went there. 彼がなぜそこへ行ったのか見当がつかない / He ～*d* the gossip (*to* be) true. そのうわさ話を本当だと思った / Can you ～ him [his] be*ing* so stupid? 彼がそんなに愚かだなんて考えられますか (★ him を用いるほうが一層口語的). **3** 《古》企てる : ～ the king's death 国王の暗殺を図る.

— *vi.* **1** 想像する; 想像力を働かせる : ～ *of* … 《古》…を想像する, 心に描く. **2** 《口語》思う, 考える : Just ～! ちょっと考えてもみたまえ / Can you ～? 君考えられるかい (到底考えられないだろう). 「かしい想像.

imagines *n.* imago の複数形.

i·mág·in·ing *n.* 想像すること; 想像 : foolish ～*s* 愚

im·ag·ism [ímɪdʒɪzm, ímә- | ímɪ-] 〘← IMAGE+-ISM : cf. *Des imagistes* (1914 年出版の同派の詩集の題名)〙 **— *n.*** 〘文学〙イマジズム, 写象主義《1912 年ごろロマン主義に反抗して英米に起こった現代詩人一派の主張で, 心象の明確さを重要な綱領とする》; 写象主義的手法.

im·ag·ist [-dʒɪst, -dʒәst | -dʒɪst] 〘↑〙〘文学〙 *n.* イマジスト, 写象主義者. **— *adj.*** =imagistic.

im·ag·is·tic [ìmɪdʒístɪk, ìmә- | ìmɪ-] *adj.* 〘文学〙イマジズム[写象主義]の. **ìm·ag·ís·ti·cal·ly** *adv.*

i·ma·go [ɪméɪgou, әm-, -mɑ́ː- | ɪméɪgәu, ɪmɑ́ː-] 〘(1797) ← NL ～ 《特殊用法》← L *imāgō* : ⇨ image〙 **— *n.*** (*pl.* **～es, ～s, i·ma·gi·nes** [ɪméɪgәnìːz, әm-, -mɑ́ːg-, -nèɪs, -méɪdʒәnìːz, -mǽdʒ- | ɪméɪdʒɪnìːz, ɪmɑ́ːgɪnèɪz]) **1** 〘昆虫〙成虫, 成体 (adult) (cf. metamorphosis 2). **2** 〘精神分析〙イマーゴ, 成像, 成形《幼時期に

形成されたまま保存されている愛する人(一般的には両親)の理想化された概念).

i·mam [ɪmάːm, əm-, -mǽm | ɪmάːm] 〚《1613》▭ Arab. *imām* leader, guide ← *ámma* to precede〛 ― *n.* 〘イスラム教〙イマーム: **1** [I-] Muhammad とその 4 人の直系の後継者に与えられた称号. **2** シーア派 (Shīʻa) によって Muhammad の後継者であるとみなされている指導者. **3** (イスラム教寺院の)司式僧, 会師, 導師.

i·mam·ate [ɪmάːmeɪt, əm-, -mǽm- | ɪmάːm-] *n.* imam の職[管区].

i·ma·ret [ɪmάːrɪt, əm-, -rət | ɪmάːret] 〚▭ Turk. ~ ▭ Arab. *'imāra^h* building, dwelling place〛 *n.* (トルコで)巡礼者の宿舎, 巡礼宿, 宿坊.

i·maum [ɪmɔ́ːm, əm- | ɪm-] *n.* 《英》 =imam.

im·bal·ance [ɪmbǽləns] *n.* **1 a** 平均を失った状態, 不安定, 不均衡, アンバランス〔*between*〕: (an) economic ~ / (a) social ~. **b** (人口の)男女比の不均衡; 《米》(学校などにおける)人種比の不均衡. **2** 〘病理〙(筋肉または内分泌腺その他の)不均衡; (平衡)失調[異常]. ★ 元来は眼科用語: mental ~ / ⇨ autonomic imbalance.

im·bál·anced *adj.* **1** 均衡のとれていない. **2** 《米》人種比の不均衡な: an ~ school.

im·balm [ɪmbάːm] *vt.* 《廃》 =embalm.

im·bark [ɪmbάək, əm- | ɪmbάːk] *v.* 《廃》 =embark.

im·be·cile [ímbəsəl, -sɪl, -siːl, -sàɪl | -bɪsìːl, -bə-, -sàɪl] 〚《1549》▭ F *imbécile* ▭ L *imbēcillus* weak《原義》without staff: ⇨ in-², bacillus〛 ― *adj.* **1** 低能の. **2** 愚鈍な, 愚かな, ばかな: an ~ fellow ばか, のろま / ~ conduct [remarks] 愚かな行為[言葉]. **3** 《古》虚弱な. ― *n.* **1** 愚者, ばか者. **2** 〘心理〙痴愚の人. **~·ly** [-sə(l)li, -sɪ(l)li, -sì(l)li | -sìːlli, -sàɪlli] *adv.*

im·be·cil·ic [ìmbəsílɪk | -bɪ-, -bə-] *adj.* 精神薄弱者らしい.

im·be·cil·i·ty [ìmbəsíləti | -bɪsílɪti, -bə-, -lɪ-] 〚(?a1425) ▭ (O)F *imbécillité* ▭ L *imbēcillitātem*: ⇨ imbecile, -ity〛 ― *n.* **1** 〘心理〙痴愚《知能指数 25-50 ぐらい, 精神年齢が 3-8 歳ぐらいまでにしか発達しない状態; 今はこの名称は用いない; cf. mental deficiency》. **2** 愚かさ, たわいなさ (absurdity). **3** 弱点, 愚行. **4** 柔弱, 虚弱.

im·bed [ɪmbéd, əm- | ɪm-] *vt.* (**im·bed·ded**; **-bed·ding**) =embed.

im·bibe [ɪmbáɪb, əm- | ɪm-] 〚(c1395) *embibe(n)* ▭ L *imbib-ere* to drink in, conceive (an opinion) ← *im-* 'IN-¹'+*bibere* to drink, absorb〛 ― *vt.* **1** 〈養分・空気などを〉吸収[吸入]する, 摂取する (take in); 〈湿気などを〉吸収する, 吸う (absorb): The earth ~s the rain. **2** 〈酒を〉(むやみに)飲む (drink). **3** 〈知識・思想などを〉吸収する, 受け入れる, 同化する (assimilate): ~ moral principles. **4** 《廃》浸す, しみ込ます (soak). ― *vi.* 飲む; 吸い込む, 同化する. **im·bíb·er** *n.*

im·bi·bi·tion [ìmbəbíʃən, -baɪ- | -bɪ-] 〚(15C): ⇨ ↑, -ition〛 ― *n.* **1** 吸入, 吸収; (思想などの)同化 (assimilation). **2** 〘物理化学〙膨化, 膨潤《ゲル (gel) による溶剤の吸収; cf. syneresis 3》. **3** 〘写真〙インビビション《カラープリント焼付でゼラチンレリーフによる色素液の吸収》. **~·al** [-ʃənl, -ʃnəl] *adj.*

im·bit·ter [ɪmbítə, əm- | ɪmbítə(r)] *vt.* =embitter.

im·bod·i·ment *n.* =embodiment.

im·bod·y [ɪmbάdi, əm- | ɪmbɔ́di] *v.* =embody.

im·bold·en [ɪmbóʊldn, əm- | ɪmbə́ʊldn] *vt.* =embolden.

im·bos·om [ɪmbúzəm, əm-, -búːz- | ɪmbúz-] *vt.* =embosom.

im·bow·er [ɪmbáʊə, əm- | ɪmbáʊə(r)] *v.* =embower.

im·brex [ímbreks, -brɪks] 〚▭ L ~ (↓)〛 *n.* (*pl.* **im·bri·ces** [-brəsìːz | -brɪ-]) 〘建築〙**1** 牡瓦(おがわら)《古代ローマの建物の上が凸形の丸瓦》. **2** =pantile.

im·bri·cate 〚《1656》▭ L *imbricāt-us* covered with tiles (p.p.) ← *imbricāre* to shape like a tile ← *imbrex* hollow roofing-tile ← *imber* shower: ⇨ -ate^2,3〛 ― [ímbrɪkət, -kɪt, -brəkèɪt | -brɪ-] *adj.* **1** (屋根瓦(がわら)のように)重なり合っている, 瓦合わせの (overlapping). **2** 〘生物〙〈蕾の弁・魚の鱗・鳥の羽毛など〉覆瓦(ふくが)状に重なり合っている: ~ scales. **3** 瓦合わせ[鱗]模様の. ― [-brəkèɪt | -brɪ-] *vt., vi.* 瓦合わせに重ねる[重なる], 鱗のように重ね並べる[並ぶ] (overlap). **~·ly** *adv.*

im·bri·ca·tion [ìmbrəkéɪʃən | -brɪ-] *n.* **1** 鱗形(模様); 覆瓦(ふくが)状(構造)《瓦や屋根板を重ね合わせて防水する方法》. **2** 〘外科〙腱膜重合《腹部外科で腱膜層を重ね合わせること》.

imbrication 1

im·bri·ca·tive [ímbrəkèɪtɪv | -brɪkèɪt-] *adj.* =imbricate.

imbrices *n.* imbrex の複数形.

im·bro·gli·o [ɪmbróʊljoʊ, əm-, -brɔ́(ː)l- | ɪmbrə́ʊliəʊ, -ljəʊ] 〚《1750》▭ It. ~ 'confusion, entangling' ← *imbrogliare* to confuse = F *embrouiller* 'to EMBROIL'〛 ― *n.* (*pl.* **~s**) **1** (事件・交渉などの)もつれ, 紛糾; 混乱した局面, 紛糾した事態; 複雑な行違い[誤解]. **2** (劇などの)複雑な筋[趣向]. **3** 〘音楽〙インブロリオ《異なる拍子・リズムを同時進行させること; 特にオペラで錯綜した場面の表現に用いられる手法》. **4** ごたごたした積み重ね: an ~ of books and magazines.

Im·bros [ímbrɔ(ː)s, -brαs | -brɔs] *n.* イムロズ(島)《Dardanelles 海峡の入口近くにあるトルコ領の島; 人口 6,800, 面積 280 km²; トルコ語名 İmroz》.

im·brown [ɪmbráʊn, əm- | ɪm-] *v.* =embrown.

im·brue [ɪmbrúː, əm- | ɪm-] 〚(c1410) *enbroue(n)* ▭ OF *embr(o)u-er* to bedaub ← *em-* 'IN-¹'+*breu, bro* (← Gmc **broð-* 'BROTH')〛 ― *vt.* 〈手・剣を〉〔血で〕汚す, よごす, 染める〔*with, in*〕: ~ one's hands *with* [*in*] blood 殺人の罪を犯す. **~·ment** *n.*

im·brute [ɪmbrúːt, əm- | ɪm-] 〚← IN-¹+BRUTE (n.)〛 *vt., vi.* 野獣のようにする[なる]. **~·ment** *n.*

im·bue [ɪmbjúː, əm- | ɪm-] 〚(?a1425) ▭ L *imbu-ere* to wet, stain〛 ― *vt.* **1** しみ込ませる; 染める: ~ a fabric *into* red 織物を赤に染める. **2** 〔思想・愛情などを〕…に吹き込む, 鼓吹する〔*with*〕: ~ a mind *with* hatred [socialistic doctrines] 人の心に憎しみの情[社会主義]を吹き込む / a thoughtful mind ~*d with* elegant culture 上品な教養のしみこんだ豊かな思想の持ち主. **3** =imbrue. **~·ment** *n.*

im·burse [ɪmbə́ːs, əm- | ɪmbə́ːs] 〚▭ ML *imburs-āre* ← *bursa* purse: ⇨ in-¹〛 *vt.* 《まれ》…に金を支払う (pay); …に金を返済する (repay).

IMCO 《略》Inter-Governmental Maritime Consultative Organization 政府間海事協議機関《1959 年設立された国連の専門機関》.

imdtly 《略》immediately.

IMF, I.M.F. 《略》International Monetary Fund.

Ím·hoff tànk [ímhɔ(ː)f- | -hɔf-; G. ímhɔf-] 〚← *Karl Imhoff* (1876– ; ドイツの技師)〛 ― *n.* 〘土木〙インホフタンク《下水処理の沈澱タンクの一つで上(沈澱室)と下(スラッジ室)の二つに分かれているもの》.

im·id [ímɪd, íməd | ímɪd] *n.* 〘化学〙=imide.

imid- [íməd | ímɪd] (母音の前に来る時の) imido- の異形: *imid*ate.

im·id·az·ole [ìmədǽzoʊl, ―――́― | ìmɪdǽzəʊl, ―――́―] 〚⇨ ↓, azole〛 *n.* 〘化学〙イミダゾール ($C_3H_4N_2$) 《複素 5 環式化合物の一種; glyoxaline ともいう》.

im·ide [ímaɪd, ímɪd, íməd | ímaɪd, ímɪd] 〚《1850》《変形》← AMIDE〛 *n.* 〘化学〙イミド, イミノ, 二級アミン (R_2NH)《イミド基 (imido group) を含む化合物》.

im·i·do [ímədòʊ | ímɪdəʊ] 〚↓〛 *adj.* 〘化学〙イミド基を含む.

i·mid·o- [ímədo(ʊ) | ímɪdə(ʊ)] 〚← IMIDE+-O-〛〘化学〙「イミド (imide)」の意の連結形. ★ 母音の前では通例 imid- になる.

ímido gròup *n.* 〘化学〙イミド基《>NH なる二価の基》.

im·i·n- [ímən | ímɪn] (母音の前に来る時の) imino- の異形.

im·ine [ímiːn, ímɪn, ímən | ímiːn, ímɪn] 〚《変形》← AMINE: cf. imide〛 *n.* 〘化学〙イミン (($CH_2)_n$=NH で表わされる環状第二アミン》.

im·i·no [ímənòʊ | ímɪnəʊ] 〚↓〛 *adj.* 〘化学〙イミノ基を含む.

im·i·no- [ímənο(ʊ) | ímɪnə(ʊ)] 〚← IMINE+-O-〛〘化学〙「イミン (imine)」の意の連結形. 「の基》.

ímino gròup *n.* 〘化学〙イミノ基《>NH なる二価

i·mip·ra·mine [ɪmíprəmiːn, əm- | ɪm-] 〚← IMI(DE)+PR(OPYL)+AMINE〛 *n.* 〘薬学〙イミプラミン ($C_{19}H_{24}N_2$)《抗鬱病薬》.

imit. 《略》imitation; imitative.

im·i·ta·bil·i·ty [ìmətəbíləti | ìmɪtəbílɪti, -lɪ-] *n.* 模倣できること, 模倣の可能性.

im·i·ta·ble [ímətəbl | ímɪtə-] 〚▭ L *imitābil-is*: ⇨ ↓, -able〛 *adj.* 模倣できる, まねられる; 見習う価値のある.

im·i·tate [ímətèɪt | ímɪ-] 〚《1534》▭ L *imitāt-us* (p.p.) ← *imitārī* to imitate, copy: cf. image〛 ― *vt.* **1** (道徳的意味で)習う, 手本にする, 模範にする, 則(のっと)る, 見習う: ~ the virtues of good men 善良な人々の徳に習う. **2** 〈人の風采(ふうさい)・態度・言葉などを〉模倣する, まねる: ~ one's betters 目上の人々のまねをする / Parrots ~ human speech. **3** 滑稽(こっけい)にまねる, まねてばかにする (burlesque); 戯画化する (caricature). **4 a** 模写する, 模造する, …に似せる: a fabric made to ~ silk 絹に似せて造った織物 / ~ a bird's cry with the lips 口笛で小鳥の鳴声をまねる. **b** 偽造する (counterfeit). **5** 〘生物〙**a** 〈動植物が〉〈失われた部分を〉再生する (reproduce). **b** 〈動植物が〉〈周囲のもの〉にまねる, 似る: The insect ~*s* its surroundings. 昆虫はその環境をまねる.

im·i·ta·tion [ìmətéɪʃən | ìmɪ-] 〚(a1400) *imytacyoun* ▭ (O)F ~ // L *imitātiō(n-)*: ⇨ ↑, -ation〛 ― *n.* **1** まね, 模倣: the ~ of the great masters 大家の模倣 / an example for ~ 手本 / in ~ of …をまねて, …を見習って / *Imitation* is the sincerest (form of) flattery. 《諺》模倣は最も誠意ある追従なり. **2** 模写, 模造; 模倣した物, 模造品, まがい物, 模倣作品; 偽造品, にせ物 (counterfeit): an ~ of life 実物をまねたもの / an ~ of marble 人造大理石 / Beware of poor ~*s*. [掲示・広告] にせ物に注意. **3** 物まね, 人まね, 茶番化すること (burlesque): give an ~ of …のまねをしてみせる. **4 a** 〘社会学〙模倣《他の集団または個人の行動や思考様式をまねること》. **b** 〘心理〙模倣《他人の行為を手本とし, それを観察してする行動》. **5** 〘音楽〙模倣(作法)《ある旋律または音型を他声部が繰り返すこと; カノンやフーガの基本》. **6** 〘生物〙擬態, 模倣. **7** 〘芸術〙**a** (アリストテレス美学で)事物や行為の理想的表現. **b** (文芸における)写実的表現, 現実再現. **c** 模倣, 模造, 模作.
― *attrib. adj.* 模造…, 人造… (↔ real): ~ flowers 造花 / ~ pearls [wool] 模造真珠[羊毛].

ìm·i·tá·tion·al [-ʃənl, -ʃnəl] *adj.* 模倣の, 模造の.

imitátion árt pàper *n.* 〘製紙〙イミテーションアート紙.

「造宝石.

imitátion dóublet *n.* 〘宝石〙**1** 模造張り石. **2** 模

imitátion léather *n.* 擬革, 模造革, 人工レザー.

imitátion mílk *n.* (食餌療法のための)合成乳(の総称)《脂肪を除いて代わりに植物性油を用いたりなどするもの》.

ím·i·ta·tive [ímətèɪtɪv, -tət- | ímɪtət-, -tèɪt-] 〚《1584》▭ L *imitātīv-us*: ⇨ imitate, -ive〛 ― *adj.* **1** まねをする, 模倣の, 模写的な (imitating): an ~ gesture / be ~ *of* …をまねる / the ~ arts 模倣芸術《絵画・彫刻など》/ ~ music 擬声音楽. **2** まねをしたがる, よくまねをする, 好んで模倣する: Children are ~. **3** 〈行為・芸術作品など〉模倣的な, 独創的でない: ~ poetry / a poem ~ *of* Milton ミルトンまがいの詩. **4** 〘生物〙擬態の, 模倣の (mimetic). **5** 擬声的な (onomatopoeic): ~ words 擬声語 (bang, buzz など). **~·ly** *adv.* **~·ness** *n.*

ímitative mágic *n.* 模倣魔術《願望することを模倣することによって(敵の人形を作って刺すように)達成できるという信念に基づく魔術; cf. sympathetic magic》.

ím·i·tà·tor [-tə | -tə(r)] 〚《1523》▭ L *imitātor*: ⇨ imitate, -or²〛 *n.* まねをする人, 模倣者; 模造者, 偽造者.

I·mit·tos [*Mod. Gk.* imitɔ́s] *n.* イミットス (Hymettus のギリシャ語名).

im·mac·u·la·cy [ɪmǽkjʊləsi, əm- | ɪmǽkjʊləsi] 〚⇨ ↓, -acy〛 *n.* 汚点[きず, 欠点, 過失などの]ないこと; 清浄, 無垢(く); 潔白, 純潔.

im·mac·u·late [ɪmǽkjʊlət, əm-, -lɪt | ɪm-] 〚《1441》▭ L *immaculāt-us*: ⇨ in-², maculate〛 ― *adj.* **1** 汚れていない, 真白な, しみひとつない (spotless): an ~ shirt / an ~ style in dress 一分のすきもない服装. **2** 欠点のない, 完全な (faultless): an ~ text (全く誤りのない)完全なテキスト. **3** 清浄な, 純潔な, 罪に汚れない (pure): lead an ~ life 清らかな生活を送る / a person known for ~ conduct 潔白な行為で知られた人. **4** 〘生物〙斑(はん)点[斑紋]のない, 単色の (unicolor). **~·ly** *adv.* **~·ness** *n.*

Immáculate Concéption *n.* [the ~] 〘カトリック〙無原罪懐胎(説), 無原罪の御宿り《聖母マリアはその母の胎内にみごもった瞬間から原罪を免れていたこと; 祝日 12 月 8 日; cf. virgin birth 1》.

Immáculate Héart *n.* [the ~] 〘カトリック〙(聖母マリアの)汚れなき御心, 聖心(みこころ)《原罪の汚れがない御心の意》.

im·mane [ɪméɪn, əm- | ɪm-] 〚▭ L *immān-is* ← *im-* 'IN-²'+*mānis, mānus* good〛 *adj.* 《古》**1** 巨大な (huge). **2** 残酷な, 冷酷な (inhuman). **~·ly** *adv.* **~·ness** *n.*

im·ma·nence [ímənəns] 〚《1816》: ⇨ immanent, -ence〛 ― *n.* **1** 内部に存在している状態, 内在性. **2** 〘神学〙(神の宇宙における)内在[遍在](性) (↔ transcendence).

ím·ma·nen·cy [-nənsi | -sɪ] *n.* =immanence.

im·ma·nent [ímənənt] 〚《1535》▭ LL *immanent-em* remaining in (pres.p.) ← *immanēre* ← *im-* 'IN-¹'+*manēre* to remain〛 ― *adj.* **1** 〘哲学〙(性質が)内にある, 内在する, 内在的な (inherent) (↔ transeunt). **2** 心の中だけに起こる, 心の中だけの, 主観的な. **3** 〘神学〙(神が宇宙の内に存在するという意味で)内在的な (↔ transcendent). **~·ly** *adv.*

ím·ma·nent·ism [-tìzm] *n.* **1** 〘哲学〙内在哲学《知識の対象は精神の中にあるとする 19 世紀末ドイツの意識一元論》. **2** 〘神学〙内在説[論]《神は宇宙至る処に内在するという説》. **ím·ma·nent·ist** [-tɪst, -təst | -tɪst] *n., adj.* **ìm·ma·nent·ís·tic** [ìmənəntístɪk] *adj.*

Im·man·u·el [ɪmǽnjuəl, əm- | ɪmǽnjuəl, -njʊl; G. imá:nuè:l, -nuěl] 〚▭ Heb. *'Immānū'ēl* 《原義》with us is God ← *'immānū* with us+*Ēl* God〛 ― *n.* **1** 男性名《異形 Emanuel, Emmanuel》. **2** 〘聖書〙インマヌエル《Isaiah によってその誕生を預言された救世主の名 (cf. *Isa.* 7:14), またはイエス キリストが呼ばれた名 (cf. *Matt.* 1:23)》.

im·ma·te·ri·al [ì(m)mətí(ə)riəl | ìmətíəri-] 〚《1410》▭ ML *immateriāl-is*: ⇨ in-², material〛 ― *adj.* **1** 非物質的な, 実体のない, 無形の; 精神上の, 霊的な (spiritual). **2** 重要でない, 取るに足らない (unimportant): ~ details, objections, etc. / That is quite ~ *to* me. それは私には何でもない[どうでもよい]ことだ. **~·ly** *adv.* **~·ness** *n.*

ìm·ma·té·ri·al·ism [-lìzm] *n.* 〘哲学〙非質料主義, 非物質[唯物]論, 唯心論《物体的実体は実在しないとする説; cf. idealism 1》.

ìm·ma·té·ri·al·ist [-lɪst, -ləst | -lɪst] *n., adj.* 非物質論者(的な).

ìm·ma·te·ri·al·i·ty [ì(m)mətì(ə)riǽləti | ìmətìəriǽlɪti, -lɪ-] *n.* **1** 非物質性, 非実体性. **2** 非物質的な[実体のない]物. **3** 非重要性, 重要でないこと.

ìm·ma·te·ri·al·ize [ì(m)mətí(ə)riəlàɪz | ìmətíərɪ-] *vt.* 非物質的にする, 無形にする.

im·ma·ture [ì(m)mət(j)ʊ́ə, -tʃʊ́ə | ìmətjʊ́ə(r), -tʃʊ́ə(r)] 〚《1548》▭ L *immātūr-us* unripe: ⇨ in-², mature〛

— *adj.* **1** 未熟な, 円熟していない; 未完成 の (unfinished); 生硬な (crude): an ～ adult (おとなになっても)子供っぽさ[小児性]を脱しきれない人 / an ～ girl まだ女[おとな]になっていない少女 / ～ behavior おとならしくない[子供みたいな]振舞い / an ～ character 円熟していない人格 / ～ fish 幼魚 / ～ fruit 未熟果実 / an ～ essay 生硬な[垢(あか)抜けのしない]随筆. **2** 〖地質〗〈地形が〉幼年期の《山・川などの浸食作用が始まったばかりの状態にいう》. **3** 《古》〈死などが〉早過ぎる, 時ならぬ (premature). — *n.* 未成年者; 発育中の動物. **～·ly** *adv.* **～·ness** *n.*

im·ma·tu·ri·ty [ɪ(m)mətʃ(j)ʊ́(ə)rəṭi, -tʃʊ́(ə)r- | ɪ̀mətjʊ́ərətɪ, -tʃʊ́ər-, -rɪ-] 〘《c1540》: ⇨↑, -ity〙 *n.* 未熟, 生硬, 未完成; 未成年, 子供っぽさ.

im·mea·sur·a·bil·i·ty [ɪ(m)mɛ̀ʒ(ə)rəbíləṭi, -mɛ̀ɪʒ- | ɪmɛ̀ʒ(ə)rəbílətɪ, -lɪ-] *n.* 計り得ないこと, 広大無辺.

im·mea·sur·a·ble [ɪ(m)mɛ́ʒ(ə)rəbl̩, -méɪʒ- | ɪmɛ́ʒ-] 〘《c1378》: ⇨ in-², measurable: cf. F *immésurable*〙 — *adj.* **1** 計ることができない, 限りのない (limitless): an ～ love 限りない愛情. **2** 果てしない, 広大な, 巨大な (vast): an ～ expanse of snow 果てしない雪の広がり. **～·ness** *n.*

im·méa·sur·ably [-bli | -blɪ] *adv.* 計れないほど, 計り知れないくらいに.

im·me·di·a·cy [ɪmí:diəsi, əm- | -djəsɪ, -dɪə-, -dʒə-] 〘《1605》: ⇨↓, -acy〙 — *n.* **1** 直接(性) (directness); 即時(性). **2** 〖哲学〗直接性, 無媒介性, 直観性. **3** [通例 *pl.*] (関係などが)直接的なもの; 刻下の急務.

im·me·di·ate [ɪmí:diət, əm-, -diɪt | -djət, -dʒət, -dɪət, -dɪɪt] 〘《1392》▭(O)F *immédiat* // ML *immediāt-us*: ⇨ in-², mediate〙 — *adj.* **1** (接触が)直接の, じかの (direct); すぐ隣の, 隣接した (nearest): ～ contact 直接の接触 / have no ～ connection with ... と直接の関係[連絡]はない / my ～ neighbors すぐ隣の人々, 隣家 / I sat to his ～ right. 私は彼のすぐ右隣にすわった. **2** (関係が)直接の (direct); じかの, じかに得た: the ～ cause of death 直接死因 / an ～ heir 直系相続人 / one's ～ superior すぐ上の上司 / ～ information じかに得た情報. **3** 早速の, 即座の, 即時の (instant): an ～ reply [answer] 即答 / ～ cash 即金(払い) / ～ delivery [payment] 直渡し[即時払い] / an ～ notice 即時通告 / take ～ action 即刻行動を起こす, 直ちに実行する / The drama was an ～ success. その劇は(上演すると)たちまち好評を博した / I took an ～ dislike to him. 彼に会った瞬間にいやな男だと思った. **4** 当面の, 現下の (present): our ～ plans 当面の計画 / There is no ～ work to be done. すぐに済まさなければならない仕事はない. **5** ごく近い: in the ～ future ごく近い将来に. **6** 〖哲学〗直接的な, 直観の, 直覚の (intuitive). **～·ness** *n.*

immédiate annúity *n.* 〖保険〗即時年金 (cf. deferred annuity).

immédiate constítuent *n.* 〖言語〗直接構成要素《任意の構造を直接構成している語あるいは要素; 略 IC; 例えば a very brave man での IC は a と very brave man, 後者の IC は very brave と man, そして very brave の IC は very と brave となる; cf. ultimate constituent》.

immédiate ínference *n.* 〖論理〗直接(的)推理.

im·mé·di·ate·ly 〘《a1400》〙 — *adv.* **1** **a** じかに, 直接に (directly): ～ involved in... 直接...にかかわり合って. **b** すぐ接して (closely): ～ in the vicinity すぐ近所に. **2** 直ちに, すぐさま, 早速, 即時に: answer [begin] ～ 早速返答する[始める]. — *conj.* ... (する)や否や (as soon as) (cf. directly): *Immediately* he came, he told me so. 来るとすぐ彼はそう言った.

im·mé·di·a·tìsm [-tìzm] *n.* **1** 直接(性); 即時(性) (immediateness). **2** **a** 即時実施(策). **b** 《米》奴隷制度の即時撤廃政策. **3** 〖哲学〗直知説《客観的実在は知覚により直接あるがままに知りうるとする認識論の学説; cf. naïve realism》.

im·med·i·ca·ble [ɪ(m)médɪkəbl̩, -də- | ɪmédɪ-] *adj.* 不治の; とり返しのつかない: ～ wounds 治らない傷. **im·méd·i·ca·bly** *adv.*

Ím·mel·mann tùrn [íməlmən-, -mà:n- ; G. íməlman-] 〘← *Max Immelmann* (1890–1916: ドイツの飛行士)〙 — *n.* 〖航空〗インメルマンターン, 宙返り反転《宙返りの頂点で横転して反対方向に向かうこと; 単に Immelmann または reverse turn ともいう》.

im·mem·o·ra·ble [ɪ(m)mém(ə)rəbl̩ | ɪm-] *adj.* 記憶する価値のない.

im·me·mo·ri·al [ì(m)mɪmɔ́:riəl, -məm-, -mɔ́:r- | ɪ̀mɪmɔ́:rɪəl, -məm-] 〘《1602》▭ ML *immemoriāl-is*: ⇨ in-², memorial〙 — *adj.* **1** 人の記憶を絶した, 遠い昔の, 太古の (cf. memorial): an ～ custom / from time ～ 太古このかた, 大昔から. **2** 太古[大昔]からの: ～ rocks, trees, etc. / the ～ privileges 古くからの特権. **～·ly** *adv.*

im·mense [ɪméns, əm- | ɪm-] 〘《c1426》▭(O)F ～ // L *immēnsus* boundless ← *im-* 'IN-²'+*mēnsus* ((p.p.) ← *mētīrī* 'to MEASURE')〙 — *adj.* **1** 《口語》広大な, 巨大な, 莫大な (huge): an ～ building [territory] / an ～ sum of money 莫大な金. **2** 計り知れない, 限りない (immeasurable): of ～ importance 計り知れぬ重要性のある[をもった]. **3** 《口語》たいした, すてきな, すばらしい (splendid). **～·ness** *n.*

im·ménse·ly *adv.* **1** 無限に, 莫大に, 広大に. **2** 《口語》非常に, すばらしく, とても: He was ～ pleased.

im·men·si·ty [ɪménsəṭi, əm- | ɪménsətɪ, -sɪ-] 〘《?1440》▭(O)F *immensité* // L *immēnsitāt-em*: ⇨ immense, -ity〙 — *n.* **1** 広大, 巨大, 莫大, 無量, 無数 (vastness): I was surprized at the ～ of the plan. その計画の遠大なのに驚いた. **2** **a** 莫大[巨大]なもの. **b** 無限の空間[広がり] (infinite space).

im·men·su·ra·bil·i·ty [ɪ(m)mɛ̀nsərəbíləṭi, -ʃər- | ɪmɛ̀nʃərəbílətɪ, -lɪ-] *n.* ＝immeasurability.

im·men·su·ra·ble [ɪ(m)ménsərəbl̩, -ʃər- | ɪménʃər-] 〘▭ LL *immensūrābil-is*: ⇨ in-², mensurable〙 *adj.* ＝immeasurable.

im·merge [ɪmə́:dʒ | ɪmə́:dʒ] 〘▭ L *immerg-ere* (↓)〙 — *vt.* 《古》(水などに)浸す, 浸(つ)ける, 突っ込む (immerse). — *vi.* 《文語》〔水の中などに〕飛び込む (plunge) 〔*into*〕; 〈天体などが〉隠れて見えなくなる; 沈む (cf. emerge). **im·mér·gence** [-dʒəns] *n.*

im·merse [ɪmə́:s, əm- | ɪmə́:s] 〘《1605》▭ L *immersus* (p.p.) ← *immergere* to plunge into: ⇨ in-¹, merge〙 — *vt.* **1** 浸す, 沈める, 浸(つ)ける, 突っ込む (dip): ～ one's head *in* the water 頭を水に浸(つ)ける. **2** 〖キリスト教〗...に浸礼を施す (cf. sprinkle 4 b). **3** (土中などに)埋める (bury): a fossil ～*d in* earth 土中に埋まっていた化石. **4** [主に ～ one*self* または Passive で] **a** 〔...に〕熱中させる, 没頭させる, 耽らせる (engross) 〔*in*〕: ～ one*self in* study 研究に没頭する / *be* ～*d in* thought 考え込む / *be* ～*d in* a book 本に読み耽る. **b** 〔...に〕巻き込む, 陥らせる (entangle, involve) 〔*in*〕: *be* ～*d in* difficulties 困難に陥る / *be* ～*d in* debt 借金で動きがとれない.

im·mérsed 〘《?a1425》← L *immers-us*: ⇨↑, -ed〙 — *adj.* **1** (液体に)浸された. **2** 〖生物〗〈身体の器官が〉周囲の組織の中に没した. **3** 〖キリスト教〗浸礼を施された. **4** 〖植物〗水中で育つ.

immérsed wédge *n.* 〖海事〗沈下楔(くさび)形部《船が横揺れしたとき水面下に沈む船体の部分》.

im·mers·i·ble [ɪmə́:səbl̩, əm- | ɪmə́:sə-, -sɪ-] *adj.* 《米》〈電気器具など〉耐水性の.

im·mer·sion [ɪmə́:ʒən, əm-, -ʃən | ɪmə́:ʃən] 〘《a1500》▭ LL *immersiō(n-)*: ⇨ immerse, -sion〙 — *n.* **1** (液体に)浸す[浸される]こと, 浸入, 沈入. **2** 〖キリスト教〗浸礼(洗礼 (baptism) の一形式で, 身体を水に浸(つ)けて行なう洗礼の方法; cf. affusion 1, aspersion 2): total ～ 全身浸礼. **3** 〔...に〕専念すること, 没頭〔*in*〕: ～ *in* study 研究への没頭. **4** 〖天文〗潜入《天体が他の天体の陰に隠れること; cf. emersion 2》. **5** 《口語》＝immersion heater. **6** 〖医学〗液浸《顕微鏡検査で標本と対物レンズの間に液体を入れて像を鮮明にすること; oil immersion (油浸)が普通》.

immérsion fòot *n.* 〖病理〗浸漬足, 浸足病《難破した船内に浸入した海水などに長時間浸(つ)かったために起こる足の病気; cf. trench foot》.

immérsion hèater *n.* 投込電熱器《シーズ線 (sheathed wire) を直接水中に入れて湯を沸かす電熱器》.

im·mér·sion·ìsm [-ʒənìzm, -ʃə- | -ʃə-] *n.* 〖キリスト教〗**1** 浸礼主義《洗礼には身体を水に浸(つ)けることが絶対に必要であるとする主義》. **2** 浸礼(式).

im·mér·sion·ist [-ʒ(ə)nɪst, -ʃ(ə)n-, -nəst | -ʃ(ə)nɪst] *n.* 浸礼論者, 浸礼派の人.

immérsion lèns [objèctive] *n.* 〖光学〗液浸(対物)レンズ《レンズの前面と検体またはカバーガラスの間に液体を満たして使用する顕微鏡対物レンズ》.

immérsion scàle *n.* 〖海事〗喫水尺度[目盛り]《積荷量に対する船の沈下度を示す目盛り》.

im·mesh [ɪméʃ] *vt.* ＝enmesh.

im·me·thod·i·cal [ì(m)mɪθɑ́dɪkəl, -mə-, -me-, -də- | ɪ̀mɪθɔ́dɪ-, -me-, -mə-] *adj.* 秩序のない, 不規則な, 無方式な, 乱雑な. **～·ly** *adv.*

im·mie [ími | ímɪ] 〘《短縮》← *imitation agate*: ⇨ -ie 1〙 *n.* 《米口語》(特に, 色の筋がついた)ビー玉.

im·mi·grant [ímɪgrənt, ímə- | ímɪ-] 〘《1787》▭ L *immigrant-em* (pres.p.) ← *immigrāre* (↓): cf. emigrant〙 — *n.* **1** (外国からの)移民, 移住者, 来住者 (cf. emigrant): ～*s from* Japan 日本人移民. **2** 〖生態〗移入者[個体]《他の地域から移動してきた個体》. — *adj.* 移住して来る[来た], 外来の (cf. in-migrant).

im·mi·grate [íməgrèɪt | ímɪ-] 〘《1623》▭ L *immigrāt-us* (p.p.) ← *immigrāre* to remove or go into: ⇨ in-¹, migrate〙 — *vi.* (新しい生息地または居住地に)移住して来る, 来住する, 入植する (cf. emigrate, migrate 1 b): ～ *into* a country. — *vt.* 移住させる.

im·mi·gra·tion [ìməgréɪʃən | ɪ̀mɪ-] 〘《1658》: ⇨↑, -ation〙 — *n.* **1** **a** 移住する[させる]こと; 移住, 移民 (cf. emigration, migration 1). **b** (空港・港などでの)出入国管理. **2** **a** (ある期間内の)移民数. **b** [集合的] 移民(団), 入植者 (immigrants). **～·al** [-ʃənl̩, -ʃnəl] *adj.*

ím·mi·grà·tor [-ṭə | -tə(r)] *n.* 《まれ》＝immigrant.

im·mi·nence [ímənəns | ímɪ-] 〘▭ L *imminentia*: ⇨ imminent, -ence〙 — *n.* **1** 切迫, 急迫, 危急: know the ～ of war 戦争の差し迫ったことを知る. **2** 差し迫った危険, 急迫した事情.

ím·mi·nen·cy [-si | -sɪ] *n.* ＝imminence 1.

im·mi·nent [ímənənt | ímɪ-] 〘《1528》▭ L *imminent-em* (pres.p.) ← *imminēre* to hang over ← *im-* 'IN-¹'+ *minēre* to jut: cf. eminent〙 — *adj.* **1** 〈事が〉まさに起こりそうな; (特に)〈危険など〉差し迫った, 切迫した, 危急の: A storm is ～. 今にも嵐になりそうだ / His arrival is ～. 到着は間もなくだ / be faced with ～ death [danger] 差し迫った死[危険]に直面する. **2** 《古》(...の上に)差しかかった, 突き出た: ～ crags.

ím·mi·nent·ly *adv.* 差し迫って. **～·ness** *n.*

im·min·gle [ɪmíŋgl̩] 〘← IN-¹+MINGLE〙 *vt., vi.* 混和[融合]させる[する] (blend); 混合する (intermingle).

im·mis·ci·bil·i·ty [ɪ(m)mìsəbíləṭi | ɪmìsɪbílətɪ, -sə-, -lɪ-] *n.* 不混和性.

im·mis·ci·ble [ɪ(m)mísəbl̩ | ɪmísə-, -sɪ-] 〘▭ LL *immiscibil-is*: ⇨ in-², miscible〙 — *adj.* 混合しにくい, 交じらない, 混和しない〔*with*〕: ～ solvents 混合しない溶剤. **im·mís·ci·bly** *adv.*

im·mis·sion [ɪmíʃən] 〘▭ L *immisiō(n-)* ← *immissus*: ⇨ in-¹, mission〙 *n.* 《まれ》注入, 注射.

im·mit·i·ga·ble [ɪ(m)míṭɪgəbl̩, -ṭə- | ɪmítɪ-] 〘▭ LL *immitigābil-is*: ⇨ in-², mitigable〙 — *adj.* 緩和できない, 和らげられない, なだめにくい. **～·ness** *n.*

im·mit·i·ga·bil·i·ty [ɪ(m)mɪ̀ṭɪgəbíləṭi, -ṭə- | ɪmɪ̀tɪgəbílətɪ, -lɪ-] *n.* **im·mít·i·ga·bly** *adv.*

im·mit·tance [ɪmíṭəns, -tn̩s | -təns, -tn̩s] 〘← IM-(PEDANCE)+(AD)MITTANCE〙 — *n.* 〖電気〗イミタンス《インピーダンス (impedance) とアドミタンス (admittance) の総称》.

im·mix [ɪmíks] 〘《16C》《逆成》← 《?a1425》*immixt* (p.p.) ▭ L *immixt-us* intermingled (p.p.) ← *immiscēre*: ⇨ in-¹, mix〙 *vt.* (完全に)混和する, 混入する.

im·mix·ture [ɪmíkstʃə | -tʃə(r)] 〘← L *immixtus* (↑) +-URE: cf. admixture〙 — *n.* **1** 混合する[される]こと, 混和. **2** 巻き込まれること, 巻き添え (involvement): avoid an ～ in political strife 政争に巻き込まれるのを避ける.

im·mo·bile [ɪ(m)móʊbəl, əm-, -bi:l, -baɪl, -bɪl | ɪmə́ʊbaɪl, -bi:l] 〘《a1349》*inmobill, immobil* ▭ L *immōbil-is*: ⇨ in-², mobile〙 — *adj.* **1** 動かし難い, 動かない, 不動の (immovable). **2** 静止した, 固定した: stand ～ (おびえたりなどして)じっと立ちすくむ.

im·mo·bil·i·ty [ɪ(m)mo(ʊ)bíləṭi | ɪ̀mə(ʊ)bílətɪ, -lɪ-] 〘《?a1425》▭(O)F *immobilité* // L *immōbilitāt-em*: ⇨↑, -ity〙 *n.* 不動(の状態), 不動性, 固定, 静止; 無感動.

im·mo·bi·lize [ɪ(m)móʊbəlàɪz, əm- | ɪmə́ʊbɪl-, -bəl-] 〘▭ F *immobilise-r*: ⇨ immobile, -ize〙 — *vt.* **1** 固定する, 不動にする: The planes were ～*d* by the storm. 航空機は嵐のため運行中止となった[地上に釘付けされた]. **2** (ギプスなどによって)〈傷口・関節・患者などを〉動かないようにする, 固定させる; 不動化する: ～ an injury, a patient, a broken leg, etc. **3** 〈軍隊・艦隊を〉抑留する, ...の行動の自由を拘束する, 移動[動員]を不能にする; 〈敵を〉牽制抑留する: ～ troops. **4** 〖財政〗〈貨幣〉の流通を止める; 〈流通資本を〉固定資本化する. **im·mo·bi·li·za·tion** [ɪ(m)mòʊbəlɪzéɪʃən, əm-, -lə- | ɪmə̀ʊbɪlaɪ-, -bə-, -lɪ-] *n.*

Im·mo·bil·on [ɪ(m)móʊbɪlɑ̀n, əm- | ɪmə́ʊbɪlɔ̀n] 〘← IMMOBILE+-ON¹〙 *n.* 〖商標〗イモビロン《野生動物に用いる麻酔薬》.

im·mod·er·a·cy [ɪ(m)mɑ́d(ə)rəsi, əm- | ɪmɔ́d(ə)rəsɪ] *n.* 無遠慮, 不節制, 過度.

im·mod·er·ate [ɪ(m)mɑ́d(ə)rət, əm-, -rɪt | ɪmɔ́d-] 〘《a1398》▭ L *immoderāt-us* unbounded, excessive: ⇨ in-², moderate〙 — *adj.* **1** 中庸を欠いた, 節度のない; 法外な, 極端な (extreme): ～ expressions of gratitude 大げさな謝辞 / ～ drinking 大酒. **2** 《廃》不節制な; 際限ない. **～·ly** *adv.* **～·ness** *n.*

im·mod·er·a·tion [ɪ(m)mɑ̀dəréɪʃən, əm- | ɪmɔ̀d-] *n.* 中庸[節度]を欠いていること; 極端, 過度.

im·mod·est [ɪ(m)mɑ́dɪst, əm-, -dəst | ɪmɔ́dɪst] 〘《1570》▭ L *immodest-us*: ⇨ in-², modest〙 — *adj.* **1** 慎しみ[たしなみ]のない, 不体裁な, 不謹慎な, 下品な, 淫(みだ)らな (indecent): an ～ dress / ～ remarks. **2** 無遠慮な, 厚かましい, 押しの強い, でしゃばりの (forward): an ～ claim. **～·ly** *adv.*

im·mod·es·ty [ɪ(m)mɑ́dɪsti, əm-, -dəs- | ɪmɔ́dɪstɪ] 〘▭ L *immodestia*: ⇨ in-², modesty〙 — *n.* **1** 慎しみ[たしなみ]のなさ, 不体裁, 不謹慎; 淫(みだ)ら (indecency). **2** 無遠慮, 厚顔, 図々しさ.

im·mo·late [íməlèɪt | ímə(ʊ)-] 〘《1548》← L *immolāt-us* (p.p.) ← *immolāre* to sprinkle (a victim) with sacrificial meal ← IN-¹ + *mola* 'MEAL²': ⇨ -ate³〙 — *vt.* **1** 生贄(いけにえ)に捧げる[供する]: ～ a sacrificial victim *to* a god 神に生贄を捧げる. **2** 犠牲にする (sacrifice): ～ one's ambitions. **3** 殺す, 破壊する.

ím·mo·là·tor [-ṭə | -tə(r)] *n.*

im·mo·la·tion [ìməléɪʃən | ɪ̀mə(ʊ)-] 〘《?c1425》▭ (O)F ～ // L *immolātiō(n-)*: ⇨↑, -ation〙 *n.* **1** 生贄(いけにえ)を捧げること, 生贄となること. **2** 犠牲, 生贄.

im·mor·al [ɪ(m)mɔ́(:)rəl, əm-, -mɑ́r- | ɪmɔ́r-] *adj.* **1** 不道徳な, 不品行な, 淫(みだ)らな, 身持ちの悪い (unchaste) (cf. nonmoral, unmoral 2, moral). **2** 〈書籍・映画・絵画など〉猥褻(わいせつ)な, 風教を害する. **～·ly** *adv.*

im·mór·al·ìsm [-lìzm] *n.* 〖哲学〗非道徳主義, 背徳主義《Nietzsche のように既成道徳に対して新しい価値観を唱導する立場》.

im·mór·al·ist [-lɪst, -ləst | -lɪst] *n.* 不道徳な人; (特に)不道徳[背徳]主義者《道徳無視を唱道・実践する人》.

im·mo·ral·i·ty [ì(m)məréləṭi, ɪ̀mɔ:-, -mɔ:- | ɪ̀mərǽlətɪ, -mɔ-, -lɪ-] *n.* **1** 不道徳, 背徳, 不品行, 不倫. **2** 風俗壊乱, 猥褻(わいせつ). **3** 不道徳[背徳]行為, 醜行, 乱行.

im·mor·al·ize [ɪ(m)mɔ́(:)rəlàɪz, əm-, -mɑ́r- | ɪmɔ́r-] *vt.* 不道徳化する; 道徳に背(そむ)かせる.

im·mor·tal [ɪ(m)mɔ́əṭl̩, əm- | ɪmɔ́:tl̩] 〘《c1380》▭ L

immortāl-is undying: ⇨ in-², mortal〗 ── *adj.* **1** 死なない, 不死の (↔ mortal): the ~ gods. **2** 不滅の, 不朽の: ~ fame / an ~ book. **3** 永遠に続く, 永久の, 不変の: one's ~ enemy 永久の敵. **4** 不朽の名声のある: an ~ poet, hero, etc. / ⇨ Immortal Bard. ── *n.* **1** 不死の人; 名声不朽の人《特に作家・詩人などについて》: Shakespeare and other ~*s* シェークスピアおよびその他永久に名の残る大詩人たち. **2** [*pl.*; しばしば I-] (ギリシャ・ローマ神話の)神々 (gods). **3** 〚欠員ができるとすぐ補充したことから〛[*pl.*; しばしば I-] 古代ペルシャの近衛隊. **4** 〚欠員はすぐ補充して常に定数を維持することから〛[I-] アカデミーフランセーズ (French Academy) の会員: the (Forty) *Immortals* アカデミーフランセーズの会員《40 人から成る》. **5** 〚トランプ〛(ポーカーで)不敗の手[札]《immortal hand ともいう》.

Immórtal Bárd *n.* [the ~] 不滅の詩人《Shakespeare の異名; cf. BARD of Avon》.

immórtal hánd *n.* 〚トランプ〛 = immortal *n.* 5.

im·mor·tal·i·ty [ɪ(m)mɔətǽləṭi | ɪ̀mɔːtǽlətɪ, -lɪ-] 〚《*c*1340》 ▭ (O)F *immortalité* ▭ L *immortālitātem*: ⇨ immortal, -ity〛 ── *n.* **1** 不死, 不滅, 永遠性, 不朽性: the ~ of the soul [a great poem] 霊魂[偉大な詩]の不滅性. **2** 不朽の名声: win one's ~ 不朽の名声を得る.

im·mor·tal·i·za·tion [ɪ(m)mɔ̀əṭəlɪzéɪʃən, əm-, -lə-, -ṭl- | ɪmɔ̀ːtəlaɪ-, -lɪ-, -tl̩-] *n.* 不滅化, 不朽化.

im·mor·tal·ize [ɪ(m)mɔ́əṭəlàɪz, əm-, -ṭl̩- | ɪmɔ́ːtəl-, -tl̩-] *vt.* 不滅[不朽]にする, …に永遠性を与える; …に不朽の名誉を与える. **im·mór·tal·ìz·er** *n.*

im·mór·tal·ly [-ṭəli, -ṭl̩i | -təlɪ, -tl̩ɪ] *adv.* **1** 永遠に, 永久に (eternally). **2** 常に (perpetually): be ~ green いつも青々としている. **3** 《口語》限りなく, はなはだしく, ひどく (exceedingly): be ~ glad.

im·mor·telle [ɪ̀mɔətɛ́l | ɪmɔː-; *F.* imɔʀtɛl] 〚《1832》 ▭ F (*fleur*) ~ 'immortal (flower)' (fem.) ← *immortel* 'IMMORTAL'〛 *n.* 〚植物〛 不凋(ﾁｮｳ)花 (everlasting).

im·mo·tile [ɪ(m)móʊṭl̩, əm-, -taɪl, -ṭɪl | ɪmə́ʊtaɪl] 〚← *im-* 'IN-²' + MOTILE〛 *adj.* 動けない; 自動力のない.

im·mov·a·bil·i·ty [ɪ(m)mùːvəbɪ́ləṭi, əm- | ɪmùːvəbɪ́lətɪ, -lɪ-] 〚《*c*1380》 ← *im-* 'IN-²' + MOVABILITY〛 *n.* 不動(性), 固定(性).

im·mov·a·ble [ɪ(m)múːvəbl̩, əm- | ɪm-] 〚《*c*1385》 ← *im-* 'IN-²' + MOVABLE〛 ── *adj.* **1** 動かせない, 動かない, 固定した (↔ movable, portable): an ~ foundation しっかりした[不動の]土台 / an ~ chair 固定椅子. **2** 〈決心・意見など〉不動の, 揺るがない, 確固たる; 感情に動かされない, 冷静な: an ~ heart 冷静な心 / an ~ face 無表情な顔 / ~ in one's resolution 決心を変えない. **3** 〈祭日や記念日など〉年が変わっても日付が動かない, 固定した (↔ movable): ⇨ immovable feast. **4** 〚法律〛不動産の (↔ movable, personal): ~ estate [property] 不動産(権). ── *n.* **1** 動かせない[動かない]もの. **2** [通例 *pl.*] 〚法律〛不動産. **~·ness** *n.* **im·móv·a·bly** *adv.*

immóvable féast *n.* 固定祝(祭)日《Christmas のように毎年同じ日にある祝日; ↔ movable feast》.

immóvable fíxtures *n. pl.* 〚法律〛 ⇨ fixture 5.

im·move·a·ble [ɪ(m)múːvəbl̩, əm- | ɪm-] *adj., n.* = immovable.

immun. 《略》 immunity; immunization; immunol- ogy.

im·mune [ɪmjúːn, əm- | ɪm-] 〚《?1440》 ▭ L *immūnis* exempt from public service, burden or charge ← *im-* 'IN-²' + *mūnis* ready for service (← *mūnus* service, duty: cf. municipal)〛 ── *adj.* **1** 〚医学〛 **a** 〔伝染病などに〕免疫になった, 免疫性の 〔*from, to*〕: be ~ *from* [*to*] smallpox. **b** (毒素・細菌などの抗原に対し)免疫された, 抗体を形成する. **2 a** 〔課税・攻撃などから〕免れた, 受けるおそれがない〔*from, against*〕: ~ *from* taxation [punishment, scandal] / be ~ *against* attack 攻撃を受ける心配がない. **b** 〔…に〕感じない, 動じない, 影響を受けない〔*to*〕: He was ~ *to* all persuasions. 彼はいくら説得してもだめだった. ── *n.* 免疫者; 免除者.

immúne bódy *n.* 〚医学〛免疫体, 抗体 (antibody).

immúne glóbulin *n.* 〚生化学〛免疫グロブリン《血液の中にあって抗体のような働きをし免疫性を生成する蛋白質; immunoglobulin ともいう》.

immúne sérum *n.* 〚医学〛免疫[抗体]血清.

im·mu·ni·ty [ɪmjúːnəṭi, əm- | ɪmjúːnətɪ, -nɪ-] 〚《*c*1384》 ▭ (O)F *immunité* ∥ L *immūnitāt-em* exemption, (ML) sanctuary: ⇨ immune, -ity〛 ── *n.* **1** 〚医学〛免疫(性): ⇨ active immunity, passive immunity. **2** 〚法律〛 **a** (課税・負債・義務などの)免除; 免税, 免役 (exemption): ~ *from* taxation [military service] 免税[兵役免除]. **b** (免除の資格をもつ人の)権利, 特権: ⇨ diplomatic immunity. **3** 〚キリスト教〛(教会関係者の)俗務免除, 公吏不入権, 不可侵権.

im·mu·ni·za·tion [ɪ̀mjʊnɪzéɪʃən, -nə- | ɪ̀mjuːnaɪ-, ɪ̀mjʊn-, -nɪ-] *n.* **1** 〔病気に対する〕免疫(法, 処置) 〔*against*〕: oral ~ 経口免疫. **2** (免疫)予防注射.

im·mu·nize [ɪ́mjʊnàɪz | ɪ́mjuː-, ɪ́mjʊ-] *vt.* **1** 〔病気に対して〕〈人を〉免疫にする, …に免疫性を与える 〔*against*〕: Vaccination ~*s* people *against* smallpox. 種痘をすれば天然痘には免疫になる. **2** 無害[無効]にする (neutralize). **~·a·ble** [-zəbl̩] *adj.*

im·mu·no- [ɪ́mjʊnoʊ, ɪmjúː-, əm- | ɪ́mjʊnə(ʊ), ɪmjúː-] 〚← IMMUNE + -O-〛 ──「免疫性[反応]や抗体生成性[反応]ないしそれに関する研究[過程, 技術]」の意の連結形: *immuno*genetics.

ìmmuno·ássay *n.* 〚医学〛免疫学的検定(法) (cf. radioimmunoassay).

ìmmuno·chémical *adj.* 〚医学〛免疫化学の. ── *n.* 免疫化学製品[薬品]. **~·ly** *adv.*

ìmmuno·chémistry *n.* 〚医学〛免疫化学. **ìmmuno·chémist** *n.*

ìmmuno·cómpetence *n.* 〚医学〛免疫(生成)能力. **ìmmuno·cómpetent** *adj.* 「成)細胞.

im·mu·no·cyte [ɪmjúːnəsàɪt, əm- | ɪm-] *n.* 免疫(生

ìmmuno·cytochémistry *n.* 〚医学〛免疫細胞化学.

ìmmuno·defíciency disèase *n.* 〚病理〛免疫欠如[不全]症.

ìmmuno·diffúsion *n.* 〚医学〛免疫拡散(法).

ìmmuno·electrophorésis *n.* (*pl.* **-re·ses**) 〚医学〛免疫電気泳動(法)《血漿などの蛋白成分を電気的に分離し, 免疫学的に識別する方法》. **ìmmuno·electrophorétic** *adj.*

ìmmuno·fluoréscence *n.* 〚医学〛免疫螢光法《組織内の抗原を証明するため螢光物質を抗体に結合させて顕微鏡でその所在を見る方法》.

ìmmuno·fluoréscent *adj.* 〚医学〛免疫螢光性の.

im·mu·no·gen [ɪmjúːnədʒɪn, əm-, -dʒən, -dʒɛ̀n | ɪmjúːnədʒɪn, -dʒən] 〚← IMMUNO- + -GEN〛 *n.* 〚医学〛免疫原《特異的な免疫抗体を生じさせる抗原物質》.

ìmmuno·génesis 〚⇨ ↑, -genesis〛 *n.* 〚医学〛免疫産生.

ìmmuno·genétics 〚← IMMUNO- + GENETICS〛 *n.* 〚生物〛免疫遺伝学《免疫現象と遺伝との相互関係を調べる生物学の一部門》. **ìmmuno·genétic** *adj.*

ìmmuno·génic *adj.* 〚医学〛免疫原性がある. **ìmmuno·génically** *adv.*

ìmmuno·genícity *n.* 〚医学〛免疫原性.

ìmmuno·glóbulin *n.* 〚生化学〛免疫グロブリン (⇨ immune globulin).

ìmmuno·hematólogy *n.* 免疫血液学《血液の免疫学的側面を研究する分野》. **ìmmuno·hematológical** *adj.* **ìmmuno·hematológically** *adv.*

ìm·mu·nól·o·gist [-dʒɪst, -dʒəst] *n.* 免疫学者.

im·mu·nol·o·gy [ɪ̀mjʊnɑ́lədʒi | ɪ̀mjʊnɔ́lədʒɪ, ɪ̀mjʊ-] 〚← IMMUNO- + -LOGY〛 ── *n.* **1** 免疫学. **2** 〚医学〛(アレルギーなどの)生体過敏反応. **im·mu·no·log·ic** [ɪ̀mjʊnəlɑ́dʒɪk, ɪmjùː-, əm- | ɪmjuːnəlɔ́dʒ-, ɪ̀mjʊ-, ɪmjùː-] *adj.* **im·mu·no·lóg·i·cal** *adj.* **im·mu·no·lóg·i·cal·ly** *adv.*

ìmmuno·pathólogy *n.* 免疫病理学. **ìmmuno·pathológic** *adj.* **ìmmuno·pathológical** *adj.* **ìmmuno·pathólogist** *n.*

ìmmuno·pharmacólogy *n.* 免疫薬理学.

ìmmuno·reáction 〚← IMMUNO- + REACTION〛 *n.* 〚医学〛免疫反応《抗原 (antigen) と抗体 (antibody) との間で起こる免疫現象としての生体反応》.

ìmmuno·reáctive *adj.* 〚医学〛免疫反応の[を起こさせる]. **ìmmuno·reactívity** *n.*

ìmmuno·represśive *adj.* = immunosuppressive.

ìmmuno·suppréssant *n.* 免疫抑制薬[物質]. ── *adj.* = immunosuppressive.

ìmmuno·suppréssion *n.* 〚医学〛(薬・放射線などの使用による)免疫反応抑制(作用).

ìmmuno·suppréssive *adj.* 免疫反応を抑制する. ── *n.* 免疫反応抑制薬[物質].

im·mure [ɪmjʊ́ə, əm- | ɪmjʊ́ə(r)] 〚《1583》 ▭ ML *immūrāre* ← *im-* 'IN-¹' + L *mūrus* wall〛 ── *vt.* **1 a** 〔室内に〕閉じ込める〔*in*〕. **b** [~ *oneself* で] 閉じ込もる, 引き込もる, 〔研究などに〕没頭する: ~ *oneself in* one's study 書斎に閉じ込もる[勉学に没頭する]. **2** 監禁する, 幽閉する (imprison). **3** 〈家具などを〉壁に作りつける[はめ込む, 埋め込む]. **~·ment** *n.*

im·mu·si·cal [ɪ(m)mjúːzɪkəl, əm-, -zə- | ɪmjúːzɪ-] *adj.* 《まれ》 = unmusical.

im·mu·ta·bil·i·ty [ɪ(m)mjùːṭəbɪ́ləṭi, əm- | ɪmjùːtəbɪ́lətɪ, -lɪ-] *n.* 不変(性), 不易性 (changelessness).

im·mu·ta·ble [ɪ(m)mjúːṭəbl̩, əm- | ɪmjúːtə-] 〚《*a*1420》 ▭ L *immūtābilis*: ⇨ in-², mutable〛 *adj.* 不変の, 不易の (unchangeable): ~ laws. **~·ness** *n.* **im·mú·ta·bly** *adv.*

Im·o·gen [ɪ́mədʒɛ̀n | ɪ́mə(ʊ)dʒən, -dʒɛ̀n] 〚《誤形》 ← *Innogen* ← OIr. *ingen* daughter〛 ── *n.* **1** 女性名. **2** イモジェン《Shakespeare 作 *Cymbeline* 中の Cymbeline 王の王女; あらゆる美徳を備えた理想の女性像で貞節の鑑(ｶｶﾞﾐ)》.

Im·o·gene [ɪ́mədʒìːn | ɪ́mə(ʊ)-] 〚↑〛 *n.* 女性名《異形 Imogine》.

imp¹ [ɪmp] 〚OE *impa, impe* graft, young shoot ← *impian* (↓)〛 *n.* **1** 小鬼, 鬼の子. **2** いたずら小僧, わんぱく小僧. **3** 《古》分枝, 接ぎ穂. **4** 《古》子孫, 子供.

imp² [ɪmp] 〚OE *impian* to graft ▭ ? VL **impotāre* ← LL *impotus* graft ▭ Gk *émphutos* engrafted, innate ← *emphúein* to implant ← *em-* 'EN-²' + *phúein* to grow〛 ── *vt.* **1** 〚鷹狩〛〈鷹の翼・尾などに〉羽を付け足す《落ちた羽を繕うため, または飛ぶ力を強くするため》. **2** 《古》継ぎ足して繕う, 補修[補強]する (repair); 補足する, 付け足す 〈*out*〉.

imp. 《略》 imperative; imperfect; imperial; impersonal; implement; import; important; imported; importer; impression; imprimatur; imprint; improper; improved; improvement; imprimis.

Imp. 《略》 *L.* Imperator (= Emperor); *L.* Imperatrix (= Empress); Imperial.

im·pact 〚《n.: 1781; v.: 1601》 ▭ L *impact-us* (p.p.) ← *impingere* 'to IMPINGE'〛 ── [ɪ́mpækt] *n.* **1 a** 衝突, 衝撃 〔*on, upon, against*〕: the ~ of sound [light] *on* the ear [eye] 音[光]が耳[目]に突き当たること. **b** 強い衝撃力. **2** (強い)影響(力), 効果, 衝撃, インパクト〔*on, upon*〕: the ~ of television *on* children 子供へのテレビの影響(力) / have [make] a great ~ *on* the public 世間に大きな影響力を持つ[衝撃を与える] / on ~ 衝撃的に.
── [─ ╱] *v.* ── *vt.* **1** …をぎゅっと押しつける[はめ込む], 詰め込む 〔*in, into*〕. **2** 満たす. **3** …に衝突する, 突き当たる. ── *vi.* **1** 〔…に〕強くぶつかる 〔*against*〕: The boat ~*ed against* the rock. **2** 〔…に〕強い衝撃[影響]を与える 〔*on, upon*〕: His last words ~*ed on* me. 彼の最後の言葉は私に強い衝撃を与えた.

ímpact cràter *n.* (隕石や火山放出物の)衝撃によってできた穴, 衝撃口.

im·páct·ed *adj.* **1** (くさびのように)割り込んだ; 締めつけられた, ぎゅっと詰め込まれた: fine ~ snow ぎっしり詰まった細かな雪. **2** 《米》 **a** 〈地域が〉(突然の人口流入によって要求される学校などの公共事業のために)財政的に苦しんでいる: an ~ area. **b** 〈援助など〉(上のような理由で)財政的に苦しんでいる地域を救済するための. **3** 〚歯科〛〈歯が〉埋伏している: an ~ tooth 埋伏歯. **4** 〚医学〛(糞便が)腸内に蓄積した, 宿便の. **5** 〚外科〛〈骨折が〉嵌入(ｶﾝﾆｭｳ)の《骨折片がきつく密着した》: an ~ fracture 嵌入骨折.

im·páct·er *n.* 〚機械〛 = impactor.

im·pact·ful [ɪ́mpæktfʊ̀l, ─ ─ ╱ ─] *adj.* 影響力の強い, 印象の強烈な, 強く心に残る.

im·pac·tion [ɪmpǽkʃən] 〚▭ L *impactiō(n-)*: ⇨ impact, -tion〛 ── *n.* **1** ぎゅっと押しつけること, 密着させること; (押しつけた)はめ込み. **2** 〚歯科〛埋伏《歯が生えることができず顎(ｶﾞｸ)の中に埋もれた状態》. **3** 〚医学〛宿便《腸内に糞便が, 通例凝結硬化して蓄積すること》.

im·pac·tive [ɪmpǽktɪv] *adj.* **1** 衝撃的な, 印象に残るような, 感銘を与える. **2** 衝撃による: ~ shocks.

ímpact lòan *n.* 〚経済〛インパクトローン《使途を限定しない外貨借款》.

im·pác·tor *n.* 〚機械〛 **1** インパクター, 打撃粉砕機《回転するハンマーでセメントの塊などを粉砕する機械》. **2** 衝突集塵器《塵を含む気流を壁または液体に衝突させて塵を分離する》.

ímpact paràmeter *n.* 〚物理〛衝突パラメーター《衝突する 2 粒子の位置関係を定めるパラメーターで, 2 粒子間に相互作用がないと仮定した時の最近接距離に等しい》.

ímpact strèngth *n.* 〚物理〛衝撃強さ.

ímpact tèst *n.* 〚物理〛衝撃試験.

ímpact wrènch *n.* 〚機械〛インパクトレンチ《電気または圧縮空気で作動するレンチ》.

im·pair [ɪmpɛ́ə | -pɛ́ə(r)] 〚《*c*1380》 *empeire(n)* ▭ OF *empeir-ier* (F *empirer*) < VL **impējōrāre* ← *em-* 'IN-¹' + LL *pējōrāre* to make worse (⇨ pejoration)〛 ── *vt.* 〈価値・美点・力などを〉減じる (reduce); 〈健康などを〉害する, 損なう, 傷つける (injure): ~ one's health [usefulness] 健康を損じる[有用性を減じる] / Reading ~*ed* his sight. 読書のため視力を悪くした. ── *n.* 《古》 = impairment. **~·er** [-pɛ́(ə)rə | -pɛ́ərə(r)] *n.*

im·páir·ment *n.* 損傷, 減損, 悪化.

im·pal·a [ɪmpǽlə, -pɑ́ːlə] 〚▭ Zulu *im-pala*〛 ── *n.* (*pl.* **~s, ~**) 〚動物〛インパラ (*Aepyceros melampus*) 《アフリカ産の大型のレイヨウ; 臀(ﾃﾞﾝ)部に黒い三日月形の斑紋がある》.

im·pale [ɪmpéɪl, əm- | ɪm-] 〚《1530》 ▭ F *empal-er* ∥ ML *impālāre* ← *im-* 'IN-¹' + L *pālus* 'stake, PALE²'〛 ── *vt.* **1 a** 突き刺す, 刺し貫く (pierce): ~ oneself upon one's own sword 自らの刃で自分を刺す, 自刃する. **b** (先のとがったもので)留める: butterflies ~*d on* small pins 小さな針に刺した蝶. **2** 〈罪人を〉(とがった杭(ｸｲ)で)くし刺しにする (cf. impalement 1 b). **3** (刺し貫かれたように)身動きできないようにする: His gaze ~*d* me. 彼の視線に射すくめられてしまった. **4** 《まれ》杭で囲む. **5** 〚紋章〛合わせ紋にする (⇨ impalement 3). **im·pál·er** [-lə | -lə(r)] *n.*

im·pále·ment 〚▭ F *empalement*: ⇨ ↑, -ment〛 ── *n.* **1 a** 刺し貫くこと[刺し貫かれる]こと. **b** (昔の)くし刺しの刑[拷問]. **2** 杭(ｸｲ)で囲むこと; 杭囲い. **3** 〚紋章〛インペイルメント《2 個の紋章を一つの盾に, 縦に並べて組み合わせること; cf. dimidiation》.

im·pal·la [ɪmpǽlə, -pɑ́ːlə] *n.* (*pl.* **~s, ~**) 〚動物〛 = impala.

im·pal·pa·ble [ɪmpǽlpəbl̩] 〚▭ F ~ ∥ LL *impalpābilis*: ⇨ in-², palpable〛 ── *adj.* **1 a** 手でさわって感じられない, 触知できない: Sunbeams are ~. 太陽の光線は手で触れられない. **b** (手ざわりで感じないほど)細かい, 微細な: ~ powder すべすべした[ざらざらしない]粉末[おしろい]. **2** 実質[実体]のない, 無形の (incorporeal): ~ forms and shadows 実体のない姿や影. **3** 簡単には理解できない, 容易にわからない: a ~ change わかりにくい変化 / ~ distinctions of meaning 非常に微妙な意味の区別. **im·pal·pa·bil·i·ty** [-pəbɪ́ləṭi | -lətɪ, -lɪ-] *n.*

im·pál·pa·bly [-bli | -blɪ] *adv.* (さわっても)感じられないほど; 無形に; 認めにくいほど.

im·pan·ate [ɪmpǽnət, -nɪt, ímpənèɪt] 〘《1550》▭ ML *impānāt-us* (p.p.) ← *impānāre* ← *im-* ‘IN-¹’＋L *pānis* bread : ⇨ -ate²〙 ― *adj.* 〘神学〙〈キリストの身体が〉聖餐のパンの中に宿っている, 聖体聖餐同在の.

im·pa·na·tion [ɪmpənéɪʃən] 〘《1548》▭ ML *impānātiō(n-)* : ⇨ ↑, -ation〙 ― *n.* 〘神学〙インパナティオ, 聖体聖餐同在, パン内の聖体説《「パンの中にある」の意で, キリストの肉体と血とが聖餐のパンとぶどう酒の中に宿っているという教義; cf. consubstantiation, transubstantiation 2》.

im·pa·na·tor [ímpənèɪtə | -tə(r] *n.* 〘神学〙 impanation の信奉者.

im·pan·el [ɪmpǽnl, əm- | ɪm-] 〘▭ AF *empanell-er* : ⇨ en-¹, in-¹, panel〙 ― *vt.* (**im·pan·eled, -elled; -el·ing, -el·ling**) 〘法律〙 **1** 名列[リスト]に載せる; (特に)陪審名簿に載せる. **2** (陪審名簿から)〈陪審員を〉選任する (cf. panel *vt.* 4): ~ a jury. **~·ment** *n.*

im·pan·sion [ɪmpǽnʃən, əm- | ɪm-] 〘← *im-* ‘IN-²’＋(EX)PANSION〙 *n.* (サイズ・規模・人員などの)縮少.

im·par [ímpɑə | -pɑː(r] 〘▭ L ~ ‘unequal’ ← *im-* ‘IN-²’＋*par* equal : ⇨ pair〙 *adj.* 〘解剖〙 対(つい)をなしていない, 片側だけにある (azygous).

im·par·a·dise [ɪmpǽrədàɪs, əm-, -pér-, -dàɪz | -pǽr-ədàɪs] 〘← *im-* ‘IN-¹’＋PARADISE〙 ― *vt.* **1** 楽園に入れる; …に楽園にいる思いをさせる, 至上の幸福を受けさせる. **2** 極楽のようにする, 楽園化する.

im·par·i·pin·nate [ìmpærəpíneɪt, -nɪt | -rɪ-] *adj.* 〘植物〙 奇数羽状の (odd-pinnate): a ~ compound leaf 奇数羽状複葉《フジの葉など》.

im·par·i·syl·lab·ic [ìmpærəsɪlǽbɪk, -sə- | -rɪsɪ-, -rə-] 〘《1730-36》 ← L *impar* ‘unequal, IMPAR’＋SYLLABIC〙 〘ギリシャ・ラテン文法〙 ― *adj.* 〈名詞が〉主格よりも属格の方が音節の多い《例えば Nominative が *dens* (=tooth) で Genitive が *dentis* のような》. ― *n.* 主格よりも属格の方が音節の多い名詞.

im·par·i·ty [ɪmpǽrəti, -pér- | -pǽrəti, -rɪ-] 〘▭ LL *imparitāt-em* ← *impar* unequal : ⇨ impar, -ity〙 *n.* 不同, 不等, 不釣合い, 不平均, 差異 (disparity).

im·park [ɪmpɑ́ək | -pɑ́ːk] 〘《?a1400》 *inparke(n)* ▭ AF *enpark-er* : ⇨ in-¹, park〙 ― *vt.* 《古》 **1** 〈動物を〉猟園 (park) 内に囲う. **2** 〈森などを〉囲って猟園にする. **im·par·ka·tion** [ìmpɑəkéɪʃən | -pɑː-] *n.*

im·parl [ɪmpɑ́əl, əm- | ɪmpɑ́ːl] *vi.* 〘法律〙 (和解による解決のために)法廷外で交渉する, 廷外交渉する.

im·par·lance [ɪmpɑ́ələns, əm- | ɪmpɑ́ː-] 〘▭ OF *emparlance* : ⇨ in-¹, parlance〙 ― *n.* 〘法律〙 **1 a** 廷外交渉《係争を和解によって解決するため法廷外で交渉すること》. **b** 訴訟の延期[継続], 訴答期限猶予. **c** 訴訟延期申請[許可]. **2** 《古》 懇談.

im·part [ɪmpɑ́ət, əm- | ɪmpɑ́ːt] 〘《?a1430》 ▭ OF *impart-ir* ▭ L *impartire* to communicate, share : ⇨ in-¹, part〙 ― *vt.* **1** 分け与える, 授ける, 添える (give): ~ comfort, warmth, color, etc. / ~ one's fortune *to* the poor and needy 貧困者に財産を分け与える / His very presence ~*s* authority *to* the meeting. 彼が出席しているだけで会に権威が備わる. **2** 〈知識・報道などを〉伝える, 告げる, 教える, 知らせる (communicate): ~ news [a secret] *to* a person 人に報道を伝える[秘密を打ち明ける]. **~·er** [-tə | -tə(r] *n.* **~·ment** *n.* **im·par·ta·tion** [ìmpɑətéɪʃən | -pɑː-] *n.*

im·par·tial [ɪmpɑ́əʃəl, əm- | ɪmpɑ́ː-] 〘《1595》 ← *im-* ‘IN-²’＋PARTIAL〙 ― *adj.* 偏らない (unbiased); 偏見のない (unprejudiced); 公平な, 公明正大な, えこひいきしない: an ~ mind / ~ justice / ~ *in* one's opinions 公正な意見をもっている. **~·ly** *adv.* **~·ness** *n.*

im·par·ti·al·i·ty [ìmpɑəʃiǽləti, ìmpɑəʃǽl- | ìmpɑː-ʃiǽlətɪ, -lɪ-, ⸗⸗⸗⸗] *n.* 偏らないこと, 不偏不党; 公明正大, 公平, えこひいきしないこと.

im·par·ti·bil·i·ty [ɪmpɑ̀ətəbíləti | -pɑ̀ːtɪbílətɪ, -tə-, -lɪ-] *n.* 不可分(性).

im·par·ti·ble [ɪmpɑ́ətəbl | -pɑ́ːtə-, -tɪ-] 〘《a1398》 ▭ LL *impartibil-is* : ⇨ in-², partible〙 ― *adj.* 〘法律〙〈土地など〉分割できない, 不可分の (indivisible). **im·pár·ti·bly** *adv.*

im·pass·a·bil·i·ty [ɪmpæ̀səbíləti | -pɑ̀ːsəbílətɪ, -lɪ-] *n.* 通れないこと, 通行不能, 不通, 通過不能.

im·pass·a·ble [ɪmpǽsəbl | -pɑ́ːs-] *adj.* **1** 通り抜けられない, 通行できない, 横断できない, 越せない: an ~ swamp, road, mountain, etc. / Road ~ *to* motorcars. [掲示]自動車通行止め. **2** 乗り越えられない, 克服できない. **3** 流通不能の, 通用しない. **~·ness** *n.* **im·páss·a·bly** *adv.*

im·passe [ímpæs, ⸗⸗, ɛ̃ː(m)-, ǽm-, ⸗⸗ | æmpɑ́ːs, ⸗⸗, ɛ̃ː(m)pɑ́ːs; *F.* ɛ̃pɑːs] 〘《1851》 ▭ F ~ : ⇨ in-², pass¹〙 ― *n.* **1** 袋町, 袋小路 (blind alley). **2** 難局, 窮境, 行詰まり, 停頓(てい) (deadlock): be in an ~ 行き詰まっている.

im·pas·si·bil·i·ty [ɪmpæ̀səbíləti | -sɪbílətɪ, -sə-, -lɪ-] *n.* **1** 苦痛を感じないこと. **2** 無感覚, 無神経, 鈍感.

im·pas·si·ble [ɪmpǽsəbl | -səbl, -sɪ-] 〘《c1340》 ▭ (O)F ~ ∥ LL *impassibil-is* : ⇨ in-², passible〙 ― *adj.* **1** (苦しみや痛みに対して)無感覚な, 無神経な, 鈍感な (insensitive): 平気な, 動じない (impassive): be ~ *to* [*of*] criticism 文句を言われても平気だ. **2** 危害を加えられることのない. **3** 〘神学〙(神の)受苦不可能な, 苦痛を感じない. **~·ness** *n.* **im·pás·si·bly** *adv.*

im·pas·sion [ɪmpǽʃən, əm- | ɪm-] 〘《1591》 ▭ It. *impassion-are* : ⇨ in-¹, passion〙 *vt.* 《まれ》 強く〈人〉の心を動かす, 深く感動[感激, 発奮]させる.

im·pas·sion·ate [ɪmpǽʃ(ə)nət, əm-, -nɪt] 〘▭ It. *impassionato* (p.p.) ← *impassionare* (↑) : ⇨ -ate²〙 ― *adj.* **1** 《まれ》 感情に動かされない; 冷静な. **2** 熱烈な. ― *vt.* 《古》 =impassion.

im·pás·sioned *adj.* 感動[感激, 興奮]した; 熱情をこめた, 熱烈な: ~ glances 熱情的なまなざし / make an ~ speech 熱弁を振るう. **~·ly** *adv.* **~·ness** *n.*

im·pas·sive [ɪmpǽsɪv, əm- | ɪm-] 〘《1667》 ← *im-* ‘IN-²’＋PASSIVE〙 ― *adj.* **1** 感情を(外に)表わさない, 冷淡な, 鈍感な (unemotional). **2** 冷静な, 平気な, 落ちついた, 平然とした: an ~ face / preserve an ~ countenance 平然とした顔をくずさない. **3** 意識のない, 気を失った (unconscious): He lay as ~ as if he were dead. まるで死んだように気を失って横たわっていた. **4** 無感覚な, 苦痛を感じない. **~·ly** *adv.* **~·ness** *n.*

im·pas·siv·i·ty [ìmpæsívəti, -vətɪ, -vɪ-] *n.* 無感覚, 無感動, 無神経; 鈍感, 冷淡 | 平気, 冷静.

im·paste [ɪmpéɪst] 〘▭ It. *impast-are* : ⇨ in-¹, paste〙 ― *vt.* **1** 《古》 …に糊(のり)を塗る, 糊で固める[閉じる]. **2** 糊状にする. **3** …に絵の具を厚く塗る, インパストで描く (impasto) で描く. **im·pas·ta·tion** [ìmpæstéɪʃən] *n.*

im·pas·to [ɪmpǽstoʊ, -pɑ́ːs- | -təʊ] 〘《1784》 ▭ It. ~ ← *impastare* (↑)〙 ― *n.* (*pl.* **~s**) **1** 〘絵画〙 **a** インパスト, 盛上げ塗り, 厚塗り《絵の具を分厚に塗る画法》. **b** 厚塗り用絵の具. **2** 盛上げ《薄浮彫の装飾を施すため陶磁器にかける釉または泥漿》. **im·pás·toed** *adj.*

im·pa·tience [ɪmpéɪʃəns, əm- | ɪm-] 〘《?a1200》 ▭ (O)F ~ ▭ L *impatientia* : ⇨ in-², patience〙 ― *n.* **1** 短気, 性急, せっかち, いらいら (irritability): feel ~ *with* lazy students 怠惰な学生にいらいらする. **2** 何かをしたくてたまらないこと, 切望, 待ちかね, 焦慮, あせり: with ~ 今か今かと, やきもきして, あせりながら, いらいらして / His ~ *to* begin was visible. 始めたくていらいらしているのが目に見えた. **3** 〔苦痛・圧迫などに〕堪えられない[我慢できない]こと (intolerance) 〔*of*〕: ~ *of* restraint [bureaucratic fuss] 束縛[官僚式仰々しさ]に耐えられないこと. **4** 〘植物〙 = impatiens

im·pa·tiens [ɪmpéɪʃənz, -ʃiènz, -ʃəns | -ʃɪənz, -ʃɪènz] 〘← NL ~ ← L *impatiēns* (↓): ちょっと触れられただけでそのさやが割れ, 実が散らばることから〙 ― *n.* (*pl.* ~) 〘植物〙 ホウセンカ《ホウセンカ属 (*Impatiens*) の植物の総称; cf. touch-me-not 1》.

im·pa·tient [ɪmpéɪʃənt, əm- | ɪm-] 〘《c1378》 *impacient* ▭ (O)F *impatient* ▭ L *impatientem, impatiēns* : ⇨ in-², patient〙 ― *adj.* **1** 短気な, 性急な, せっかちな (irritable), 落ち着かない (restless), いらいらして (fretful), 辛抱[我慢]し切れない: an ~ reply 性急な返事 / be of an ~ temperament せっかちな気性である / get [grow] ~ (*at* his delay) (彼の来るのが遅いので)いらいらしてくる / Don't be ~ *with* the children. 子供に向かって短気を起こすな. **2** もどかしがる, じっとしていられない; 〔…を〕待ち遠しがる 〔*for*〕; しきりに…したがる, …したくてたまらない (anxious) 〈*to* do〉: an ~ gesture じれったそうな身振り / be ~ *for* her arrival [the result of one's examination] 彼女の到着[試験の結果]を待ち遠しがる / be ~ *to* go 早く行きたくてじれったがる / We were ~ *for* the play to begin. 芝居が早く始まってくれればよいと思っていた. **3** 〔束縛・反対・非難などを〕じっとこらえて[我慢して]いられない, 堪え切れない (intolerant) 〔*of*〕: be ~ *of* poverty [interruptions] 貧乏に堪え切れない[邪魔されるのを我慢できない]. **~·ness** *n.*

im·pá·tient·ly 〘《15C》〙 *adv.* 短気に, 気短かに; いらいらして, もどかしげに: wait ~ じりじりして待つ, 待ちあぐむ.

im·pav·id [ɪmpǽvɪd, -vəd | -vɪd] 〘▭ L *impavid-us* ← *im-* ‘IN-²’＋*pavidus* timid〙 *adj.* 《古》 恐れない, 大胆な (fearless). **~·ly** *adv.*

im·pawn [ɪmpɔ́ːn, -pɑ́ːn | -pɔ́ːn] *vt.* 《古》 **1** 質[抵当]に入れる. **2** …に言質(げんち)を与える, 誓約する.

im·peach [ɪmpíːtʃ, əm- | ɪm-] 〘《?1383》 *enpeche(n)* ▭ OF *empech-ier* to hinder, impede < LL *impedicāre* to catch, entangle ← *im-* ‘IN-¹’＋*pedica* fetter (← *ped-, pēs* ‘FOOT’) ∽ ME *apeche(n)* ▭ AF **anpech-er* 《変形》 ← OF *empechier*〙 ― *vt.* **1** 〘法律〙 **a** 《米》〈公務員などを〉〔職務上の不法行為に対して〕弾劾[糾弾]する 〔*for*〕: ~ a judge *for* taking a bribe 収賄のかどで裁判官を弾劾する. **b** 〈人〉に〔罪を〕負わせる; 〈人を〉〔…のかどで〕責める, 告発[告訴]する (accuse) 〔*of, with*〕: ~ a person *of* [*with*] a crime, fault, etc. **2** 《文語》〈人を〉非難する; 〈名誉・人格などを〉疑う, 問題にする: ~ a person's honesty, honor, loyalty, character, etc. / Do you ~ my motives? 君は私の動機を疑うのか[不純だと言うのか]. **3** 〘法律〙〈証人・証言〉の信頼性[信憑(ぴょう)性]を疑う, に異議を申し立てる: ~ a witness. ― *n.* 《廃》 非難, 問責, 弾劾 (impeachment). **~·er** *n.*

im·peach·a·ble [ɪmpíːtʃəbl, əm- | ɪm-] *adj.* 〈不法行為など〉弾劾されるべき, 告訴を受けるべき, 告訴できる, 非難すべき, とがむべき: an ~ offense. **im·pèach·a·bil·i·ty** [-tʃəbíləti | -lətɪ, -lɪ-] *n.*

im·péach·ment 〘《a1387》 *enpechement* ▭ OF *empe(s)chement* : ⇨ impeach, -ment〙 ― *n.* **1** 〘法律〙 **a** 《米》 弾劾《非行を行なった大統領以下の文官を国会が罷免(ひめん)する制度; 下院の提訴により上院で裁判を行なう》. **b** 《英廃》 弾劾《大臣などを訴追する制度; 下院の提訴により上院で裁判を行なう》. **c** 証人弾劾《証人の信憑(ぴょう)性を攻撃すること》. **2** 《文語》 非難; (名誉・人格などに対する)疑惑. **3** 問責, 詰問, 言いがかり; 告発. ★ 次の句以外は今は《まれ》: own [deny] the soft ~ 《戯言》(比較的軽い過失や罪に対して相手の)詰問を認める[否定する] (cf. Sheridan, *The Rivals*).
without impeachment of waste 〘法律〙〈借地が〉毀損(きそん)の責任なしに[なき]《終身借地人が土地の実体を毀損するために生じる責任を免れることを保証する文句; cf. waste *n.* 8》.

im·pearl [ɪmpə́ːl, əm- | ɪmpə́ːl] 〘▭ F *emperl-er* : ⇨ in-¹, pearl¹〙 ― *vt.* 《詩》 **1** 真珠のようにする: dew-drops ~*ed* on the leaves 木の葉に真珠のように光る露の玉. **2** 真珠(のような玉)で飾る, …に真珠などをちりばめる (cf. diamond *vt.*): the grass ~*ed with* dew 露の玉が真珠のように光っている草 / Tears ~*ed* her cheeks. 涙が彼女のほおに真珠のように光った.

im·pec·ca·bil·i·ty [ɪmpèkəbíləti, əm- | ɪmpèkəbílətɪ, -lɪ-, ⸗⸗⸗⸗] *n.* 欠点のないこと, 完全無欠.

im·pec·ca·ble [ɪmpékəbl, əm- | ɪm-] 〘《1531》 ▭ LL *impeccābil-is* : ⇨ in-², peccable〙 ― *adj.* **1** 罪を犯さない, 過誤のない: No soul is ~. 罪を犯さない人はいない. **2** 全く欠点のない, 非のうちどころなく見事な, 完璧な: her ~ manners 彼女の非のうちどころのない作法. ― *n.* 《まれ》 一点の非難の余地もない人, 完全無欠の人. **im·péc·ca·bly** *adv.* **~·ness** *n.*

im·pec·can·cy [ɪmpékənsi, əm- | ɪmpékənsɪ] *n.* 罪を犯していないこと, 潔白.

im·pec·cant [ɪmpékənt, əm- | ɪm-] 〘← *im-* ‘IN-²’＋PECCANT〙 *adj.* 罪のない, 潔白な (sinless).

im·pe·cu·ni·os·i·ty [ìmpɪkjùːniɑ́səti, -pə- | -pɪkjùː-niɔ́sətɪ, -sɪ-] *n.* 《文語》 無一文, 貧乏 (poverty).

im·pe·cu·nious [ìmpɪkjúːnjəs, -pə-, -niəs | -pɪkjúː-njəs, -nɪəs] 〘《1596》 ← *im-* ‘IN-²’＋《廃》 *pecunious* wealthy (▭ L *pecūniōs-us* ← *pecūnia* money : ⇨ -ous)〙 *adj.* 金のない, 無一文の; 貧乏な, 赤貧の. **~·ly** *adv.* **~·ness** *n.*

im·ped·ance [ɪmpíːdns, əm-, -dəns | ɪm-] 〘《1886》 ← IMPEDE＋-ANCE〙 ― *n.* **1** 邪魔物, 障害(物). **2** 〘電気〙 インピーダンス《交流における電圧の電流に対する比で直流における抵抗に相当する》: effective ~ 実効インピーダンス / surge ~ 波動インピーダンス. **3** 〘音響〙 インピーダンス《系の調和振動をする力とそれに対する応答速度の比》.

impédance bònd *n.* 〘電気・鉄道〙 インピーダンスボンド《電車動力用電流は流し, 信号用電流は通さないように, レールの絶縁部分に用いる特殊な変圧器》.

impédance brìdge *n.* 〘電気〙 インピーダンスブリッジ《インピーダンスを測定するためのブリッジ回路と検出器とを組み合わせた装置》.

impédance dròp *n.* 〘電気〙 インピーダンス降下《線路などのインピーダンスによる電圧降下》.

impédance màtching *n.* 〘電気〙 インピーダンス整合《電力を有効に伝達したり, 反射による信号の歪を防ぐため, インピーダンスを合わせて接続すること》.

impédance màtrix *n.* 〘電気〙 インピーダンス行列《四端子網の入出力関係を示す行列で, 各要素がインピーダンスの次元をもつもの; Z-matrix ともいう》.

impédance paràmeter *n.* 〘電気〙 インピーダンスパラメーター《トランジスターの入出力特性を示すパラメーターで, インピーダンスの次元で表わしたもの; Z-parameter ともいう》.

im·pede [ɪmpíːd, əm- | ɪm-] 〘《1606》 ▭ L *imped-ire* 《原義》 to shackle the feet ← *im-* ‘IN-¹’＋*ped-, pēs* ‘FOOT’〙 ― *vt.* 〈運動・進行などを〉妨げる, 妨害する, 邪魔する: The accident ~*d* progress [traffic]. 事故のために進行[交通]が妨害された. **im·péd·er** *n.*

im·pe·di·ent [ɪmpíːdiənt, əm- | ɪmpíːdɪənt, -djənt] 〘《?a1425》 ▭ L *impedient-em* (pres.p.) ← *impedire* (↑)〙 ― *adj.* 妨げる, 阻害する. ― *n.* 妨害するもの, 障害物.

im·ped·i·ment [ɪmpédəmənt, əm- | ɪmpédɪ-] 〘《c1385》 ▭ L *impediment-um* hindrance : ⇨ impede, -ment〙 ― *n.* **1** 故障, 邪魔, 障害; 妨害物, 邪魔物: throw ~*s* in the way 進行の邪魔をする. **2** 身体障害; (特に)言語障害, どもり: an ~ *in* (one's) speech 言語障害, どもり. **3** [*pl.*] 《古》〘軍事〙 =impedimenta 2. **4** 〘教会法〙 (血縁・姻戚関係などによる)婚姻障害: ⇨ absolute impediment, diriment impediment.

im·ped·i·men·ta [ɪmpèdəméntə, əm-, ìmped- | ɪm-pèdɪméntə, ⸗⸗⸗⸗] 〘《1600》 ▭ L ~ (pl.) ← *impedimentum* (↑)〙 ― *n. pl.* **1** 邪魔物; (特に, 旅行用)手荷物. **2** 〘軍事〙 隊属荷物, 行李(こうり), 輜重(しちょう); 兵站(たん). **3** 《古》〘法律〙 婚姻障害.

im·ped·i·men·tal [ɪmpèdəméntl, əm- | ɪmpèdɪ-méntl] *adj.* 《文語》 妨げになる, 障害[邪魔]になる: causes ~ *to* success 成功を妨げる原因.

im·ped·i·men·ta·ry [ɪmpèdəméntəri, əm- | ɪmpèd-ɪméntərɪ] *adj.* 《文語》 =impedimental.

im·ped·i·tive [ɪmpédətɪv, əm- | ɪmpédɪt-] 〘← L *impeditus* ((p.p.) ← *impedire* ‘to IMPEDE’)＋-IVE〙 *adj.* 妨げとなる, 障害となる傾向のある.

impé·dor 〘← IMPEDE＋-OR²〙 *n.* 〘電気〙 インピーダー《インピーダンスをもつ素子》.

im·pel [ɪmpél, əm- | ɪm-] 〘《?a1425》 ▭ L *impell-ere* ← *im-* ‘IN-¹’＋*pellere* to thrust, drive〙 ― *vt.* (**im·pelled; -pel·ling**) **1** 推進する, 押しやる, 押し進める, 駆る: ~*ling* force 推進力 / The wind ~*led* the boat *to* [*toward*] the shore. 風がボートを岸の方へ吹

き寄せた. **2** 〈人を〉〔…に〕駆り立てる〔*to*〕; [目的語＋*to* do を伴って]〈人を〉強いて[駆り立てて]…させる: Poverty ~*led* him *to* crime. / What ~*led* him *to* do such a thing? 何が彼にそんな事をさせたのか.

im·pel·lent [ɪmpélənt, əm- | ɪm-] 〖▭ L *impellent-em* (pres.p.) ← *impellere* (↑)〗 ― *adj.* 押しやる, 駆る, 推進する, むりやりの: ~ force 推進力. ― *n.* 推進するもの; 推進力.

im·pél·ler [-lə | -lə(r)] *n.* **1** 推進するもの[人]. **2** 〖機械〗(渦巻きポンプ・扇風機などの)羽根車.

im·pend [ɪmpénd, əm- | ɪm-] 〖《1599》▭ L *impendēre* to hang over ← *im-* 'IN-¹' + *pendēre* to hang (cf. pendant)〗 ― *vi.* **1** 〔…の上に〕掛かる, たれ下がる〔*over*〕: a large rock ~*ing over* the entrance 入口の上に差し掛かっている大岩. **2 a** 〈事件・危険などが〉〔…に〕差し迫っている, 切迫している〔*over*〕: Danger ~*s over* us. **b** まさに起こりそうである: Rain ~*ed.* 今にも雨が降りそうだった.

im·pen·dence [ɪmpéndəns, əm- | ɪm-] *n.* 《古》上に差し掛かること; 差し迫った状態, 切迫, 急迫, 危急.

im·pén·den·cy [-dənsi | -si] *n.* 《古》= impendence.

im·pen·dent [ɪmpéndənt, əm- | ɪm-] 〖《a1592》▭ L *impendent-em* (pres.p.) ← *impendēre* 'to IMPEND'〗 *adj.* = impending.

im·pénd·ing 〖《1682》〗 ― *adj.* **1** 〈不吉なことが〉今にも起ころうとしている, 差し迫った, 切迫した: an ~ storm, danger, etc. **2** 頭上におおいかぶさるような, 上に差し掛かった[突き出た]: an ~ cliff.

im·pen·e·tra·bil·i·ty [ɪmpènətrəbíləṭi, əm- | ɪmpènɪtrəbílɪti, -lɪ-] *n.* **1** 貫通[貫入]できないこと; 見通しがきかないこと: the ~ of darkness. **2** 理解できない[不可解な]こと; 心を動かされないこと, 無感覚, 鈍感, 頑迷(がんめい), 冷酷. **3** 〖物理〗不可入性《ある物体の占めている空間には他の物体は入れないこと》.

im·pen·e·tra·ble [ɪmpénətrəbl̩, əm- | ɪmpénɪ-] 〖《1447》▭ (O)F *impénétrable* ▭ L *impenetrābilis*: ⇨ in-², penetrable〗 ― *adj.* **1** 〔…では〕貫けない, 突き通せない〔*to, by*〕: an ~ shield / dig down to ~ rock 貫けない岩(層)まで掘り下げる / a sheet of steel ~ *by* a bullet 弾丸で貫けない鋼鉄板 / The wall was ~ *to* shots. その壁は弾が通らなかった. **2** 入り込めない, 奥の知れない: ~ forests 踏み込めない森林. **3** 光線の通らない, 見通せない: ~ darkness 真暗闇 / ~ sunglasses 透けて見えないサングラス / woods ~ *to* sunlight 日の光の通らない密林. **4** 〈神秘などが〉計り知れない, 理解できない, 不可解な: an ~ mystery 不可解な神秘[なぞ]. **5** 〈人・心などが〉〔思想・感情などを〕受け付けない, 無感覚な, 頑迷(がんめい)な, 鈍感な (impervious)〔*by, to*〕; 片意地な, 頑固な: a mind ~ *by* [*to*] new ideas 新思想をいれない頑固な心 / a man ~ *by* [*to*] pity 情に動かされることのない(非情な)人 / an ~ silence 片意地な沈黙. **6** 〖物理〗不可入性の (cf. impenetrability 3): Matter is ~. 物質には不可入性がある. **~·ness** *n.* **im·pén·e·tra·bly** *adv.*

im·pen·e·trate [ɪmpénətrèɪt, əm- | ɪmpénɪ-] 〖← *im-* 'IN-¹' + PENETRATE〗 *vt.* …に深く[完全に]入り込む, 浸透する.

im·pen·i·tence [ɪmpénəṭəns, əm-, -tn̩s | ɪmpénɪtəns, -tn̩s] 〖▭ LL *impaenitentia*: ⇨ impenitent, -ence〗 ― *n.* 悔い改めないこと, 悔悟の情のないこと; 強情, 頑固(がんこ), 頑迷. 「tence.

im·pén·i·ten·cy [-ṭənsi | -tənsɪ, -tn̩-] *n.* = impeni-

im·pen·i·tent [ɪmpénəṭənt, əm-, -tn̩t | ɪmpénɪtənt, -tn̩t] 〖《?a1425》▭ L *impaenitent-em*: ⇨ in-², penitent〗 ― *adj.* **1** 悔悟しない, 悔い改めない, 改悛の情のない (unrepentant): an ~ sinner. **2** 強情な, 頑固(がんこ)な, 頑迷な. ― *n.* 悔悟しない人, 強情な人. **~·ly** *adv.* **~·ness** *n.*

im·per·a·ti·val [ɪmpèrətáɪvəl, əm- | ɪm-] 〖⇨ ↓, -al¹〗 *adj.* 〖文法〗命令法の.

im·per·a·tive [ɪmpéraṭɪv, əm- | ɪmpérət-] 〖《c1450》▭ L *imperātīv-us* of a command ← *imperāre* to command (cf. imperator): ⇨ -ive〗 ― *adj.* **1** 命令的な, 権威ある, 厳然たる: an ~ command, gesture, etc. **2** 〈行動・事情など〉避けられない, 是非ない, 緊急の, 肝要な: an ~ duty どうしてもしなければならない[必ず果たすべき]義務 / An immediate operation is ~. すぐに手術しないと危ない / It is ~ that we (should) act at once. = It is ~ *for* [《米口語》*on*] us *to* act at once. すぐ行動することが絶対必要だ. **3** 〖文法〗命令法の (cf. declarative, indicative 2): the ~ mood 命令法 / an ~ sentence 命令文. ― *n.* **1** 命令; ⇨ categorical imperative. **2 a** (放っておけない)事態; (事態などによる)必要, 義務: political ~*s* 政治上の重要課題. **b** (従わざるを得ない)規則, 規範. **3** 〖文法〗命令(文); 命令法; 命令法の動詞. **~·ly** *adv.* **~·ness** *n.* 「観念.

impérative idéa [**concéption**] *n.* 〖心理〗強迫

im·pe·ra·tor [ɪmpərɑ́ːṭə, -tɔə | -rɑ́ːtɔː(r, -réɪt-, -tə(r)] 〖▭ L *imperātor* ruler ← *imperātus* (p.p.) ← *imperāre* to command ← *im-* 'IN-¹' + *parāre* to prepare: ⇨ -or²: cf. emperor〗 ― *n.* **1** 《まれ》専制君主. **2** 〖ローマ史〗**a** 凱旋(がいせん)将軍, 大将軍《共和制時代における戦勝将軍に対する称号》; 軍司令官 (commander). **b** (古代ローマの)ローマ皇帝の称号. **3** 元首, 皇帝 (emperor).

im·per·a·to·ri·al [ɪmpèrətɔ́ːriəl, -tɔ́ːr- | ɪmpèrətɔ́ːrɪəl, ←─ ─ ─ ─] 〖《1660》← L *imperātōrius* (← *imperātor* (↑)) + -AL¹〗 ― *adj.* 大将軍[皇帝]の; 大将軍[皇帝]らしい. **~·ly** *adv.*

im·per·ceiv·a·ble [ɪmpəsíːvəbl̩ | -pə-, -pɜː-] *adj.* 《古》= imperceptible.

im·per·cep·ti·ble [ɪmpəséptəbl̩ | -pəséptə-, -tɪ-] 〖《?a1425》▭ (O)F ~ // ML *imperceptibil-is*: ⇨ in-², perceptible〗 ― *adj.* **1** 〔…に〕知覚できない, 感じられない, 見えない, 聞えない; 分らない〔*to*〕: ~ *to* the senses [touch] / The difference was ~ *to* me. その差異が私には分らなかった. **2** 微細な, わずかの: ~ changes [gradations] ほとんど気がつかないほどの(微少の)変化[匂配(こうばい)] / He gave me an ~ nod. 彼はあるかなきかに頷いた. ― *n.* 知覚不能なもの. **~·ness** *n.* **im·per·cèp·ti·bíl·i·ty** [-təbíləṭi | -lətɪ, -lɪ-] *n.*

im·per·cép·ti·bly [-təblɪ | -təblɪ, -tɪ-] *adv.* 気づかれないほどに[ように], かすかに; いつのまにか.

im·per·cep·tion [ɪmpəsépʃən | -pə-] *n.* 無知覚, 無感覚.

im·per·cep·tive [ɪmpəséptɪv | -pə-] *adj.* 感知しない; 知覚力を欠いた: He was ~ of the difference. 彼はその違いに気づかなかった. **~·ness** *n.* **im·per·cep·tiv·i·ty** [ɪmpəseptívəṭi | -pəseptívətɪ, -vɪ-] *n.*

im·per·cip·i·ent [ɪmpəsípiənt | -pəsípɪənt, -pjənt] *adj.* = imperceptive. **im·per·cíp·i·ence** [-piəns | -pɪəns, -pjəns] *n.*

im·per·ence [ímpərəns] 〖《転訛》← IMPUDENCE〗 *n.* 《英俗》= impudence.

imperf. 《略》imperfect; imperforate; imperforated.

im·per·fect [ɪmpə́ːfɪkt, əm- | ɪmpə́ː-] 〖《16C》▭ L *imperfect-us* unfinished (⇨ in-², perfect) ∽ 《c1378》*inparfit* ▭ (O)F *imparfait* < L *imperfectus*〗 ― *adj.* **1** 不完全な, 不十分な, 不備な, 未完成な; (道徳的に)欠陥[欠点]のある: ~ knowledge [vision] 不完全な知識[視力]. **2** 〖文法〗〈時制が〉未完了の, 半過去の; 〈動詞が〉未完了相の: the ~ tense 未完了時制《英語では進行形); (特に, 過去形の場合に)半過去《例: He is [will be] singing. / He was singing.》. **3** 〖法律〗法的効力をもたない, 法的要件を欠いた. **4** 〖植物〗**a** 〈花・葉が〉不完全な《花では萼・花冠・雄蕊・雌蕊の4部中のいずれかを, 葉では葉身・葉柄・托葉の3部中のいずれかを欠く》; (特に)雌雄異花の (diclinous): ⇨ imperfect flower. **b** 〈多形態の菌類が〉不完全菌類に属する: ⇨ imperfect fungus. **5** 〖音楽〗不完全な (↔ perfect): **a** 《米》完全終止の要件をすべて満たしてはいないが属和音から主和音へ進んで終止する: ⇨ imperfect cadence. **b** 《英》主和音から属和音に進んで終止する. **c** 長短3度および長短6度の音程をもつ: an ~ consonance 不完全協和音. **d** 完全音程よりも半音少ない[多い]: an ~ interval 不完全音程《減音程 (diminished interval) または増音程 (augmented interval)》. ― *n.* 〖文法〗未完了時制, 半過去; 未完了相の動詞(形). **~·ly** *adv.* **~·ness** *n.*

impérfect cádence *n.* 〖音楽〗**1** 《米》不完全終止 (cf. perfect cadence). **2** 《英》= half cadence.

impérfect chórd *n.* 〖音楽〗不完全和音《ある音を省略した不完全な形の和音》.

impérfect competítion *n.* 〖経済〗不完全競争 (cf. perfect competition).

impérfect contrítion *n.* 〖カトリック〗(神に対する愛がない, 神の刑罰に対する恐れだけからくる)不完全痛悔 (cf. contrition 2).

impérfect flówer *n.* 〖植物〗不完全花; 雌雄異花 (⇨ imperfect *adj.* 4 a). 「カビ.

impérfect fórm *n.* 〖植物〗無性生殖期をそなえた

impérfect fúngus *n.* 〖植物〗不完全菌《不完全菌類に属する真菌の総称》.

im·per·fec·ti·ble [ɪmpəféktəbl̩ | -pəféktə-, -pɜː-, -tɪ-] *adj.* 完成できない.

im·per·fec·tion [ɪmpəfékʃən | -pə-, -pɜː-] 〖《c1390》▭ (O)F ~ // LL *imperfectiō(n-)*: ⇨ imperfect, -tion〗 ― *n.* **1** 不完全, 不十分, 不足, 不備. **2** 欠点, 短所, 欠陥: an ~ in a mirror 鏡のきず / with all one's ~*s* on one's head いろいろな欠点をもったままで[もっているにもかかわらず] (cf. Shak., *Hamlet* 1. 5. 79).

im·per·fec·tive [ɪmpəféktɪv | -pə-, -pɜː-] 〖文法〗*adj.* (ロシヤ語などで)非完結相の, 未完了相の (↔ perfective): the ~ aspect 非完結相. ― *n.* (ロシヤ語などの)非完結[未完了]相; 非完結[未完了]相の動詞.

impérfect rhýme *n.* 〖詩学〗不完全脚韻《脚韻の条件の一部を欠いているもの; slant rhyme ともいう; cf. approximate rhyme, eye rhyme, identical rhyme, obsolete rhyme》. 「生殖を営む時期》.

impérfect stáge *n.* 〖植物〗無性生殖期《カビが無性

im·per·fo·rate [ɪmpə́ːf(ə)rət, əm-, -rɪt, -fərèɪt | ɪmpə́ːfər-] 〖← *im-* 'IN-²' + PERFORATE〗 ― *adj.* **1 a** 穴のあいていない. **b** 〖解剖〗無孔の, 異常閉鎖の: an ~ anus 無孔肛門, 鎖肛. **2** 〖郵趣〗〈郵便切手が〉目打ちのない. ― *n.* 目打ちのない郵便切手.

im·per·fo·rat·ed [ɪmpə́ːfərèɪṭɪd, əm-, -ṭəd | ɪmpə́ːfərèɪt-] *adj.* = imperforate.

im·per·fo·ra·tion [ɪmpə̀ːfəréɪʃən, əm- | ɪmpə̀ː-] *n.* 無孔, 無目打ち; 目打ちのない切手(など).

imperia *n.* imperium の複数形.

im·pe·ri·al [ɪmpí(ə)riəl, əm- | ɪmpíərɪ-] 〖《c1380》▭ (O)F *impérial* ▭ L *imperiālis* of the empire or emperor ← *imperium* 'rule, EMPIRE': ⇨ -ial〗 ― *adj.* **1** 帝国の. **2** [しばしば I-] 《英》**a** 大英帝国の: the *Imperial* Parliament 英帝国議会 / ~ politics 英国政治 / ~ trade 英国貿易. **b** 国の (↔ local): ~ taxes (地方税に対して)国税. **3** 皇帝[皇后]の; 皇室の, 皇族の: an *Imperial* decree 勅命 / an *Imperial* message [messenger] 勅語[勅使] / an ~ household 皇室 / His [Her] *Imperial* Majesty ⇨ majesty 4. **4** 《古》帝位の, 帝権の, 至上権の. **5** 荘厳な, 厳然たる, 堂々とした; 皇帝にふさわしい, 壮麗な, 壮大な. **6** 傲慢(ごうまん)な, 尊大な. **7** 〈商品など〉特大の, 上質の: ~ tea. **8** 〈度量衡が〉英本国法定の標準に従う《1971年メートル法採用のため廃止》: ⇨ imperial bushel, imperial gallon.
― *n.* **1** 〖▭ F *impériale* (fem.) ← *impérial*〗皇帝ひげ《Napoleon 三世のひげにならった下顎(あご)のとがりひげ》. **2** インペリアル(判): **a** 紙の大きさ《22×30 インチ [558.5×762 mm], ほかに 23×31 インチ, 21.5×29 インチがある》. **b** 石盤の大きさ《33×24 インチ》. **c** 写真の大判《$6^{7}/_{8} \times 9^{7}/_{8}$ インチ》. **3** 〖商業〗特大品, 優秀[上質]品. **4** (帝政ロシヤの)インペリアル金貨《最初 1745 年に造られ 10 ルーブルに相当; 1897–1917 年間は 15 ルーブルに相当》. **5 a** (乗合馬車の屋根に乗せる)旅行鞄(かばん). **b** (旅行鞄を乗せる)馬車の屋根. **6** [I-] (神聖ローマ帝国)皇帝派の人[軍人].
~·ly *adv.*

imperial 1

impérial búshel *n.* 英ブッシェル (⇨ bushel¹ 1).

impérial cíty *n.* **1** 帝国の中心地, 帝国政府の所在地. **2** [the I- C-] Rome 市の別称.

Impérial Cónference *n.* [the ~] (もと英国の)大英帝国会議《英本国と各自治領の首相の連絡会議; 1887 年に始まる植民地会議 (Colonial Conference) を 1907 年に改称したもので, 1937 年を最後として今は両方とも用いられないが, 必要に応じて英連邦首相会議 (Premiers' Conference) が開催される》.

impérial crówn, I- c- *n.* **1** 帝冠; (英国王が戴冠式に用いる)王冠 (St. Edward's crown ともいう). **2** (しばしば英国君主の尊厳の象徴として用いられる)王冠をかたどったもの.

impérial éagle *n.* **1** 〖鳥類〗カタジロワシ (*Aquila heliaca*) 《南ヨーロッパ・アジアに普通のワシ, 肩に白い斑紋がある》. **2** [I- E-] 〖紋章〗**a** 神聖ローマ皇帝の双頭の鷲. **b** Napoleon 一世の単頭の鷲.

impérial federátion *n.* 大英帝国連合論《英国自治領の防衛と貿易振興を図るため相互の緊密な提携を目指したもの》.

impérial gállon *n.* 英ガロン (⇨ gallon 1).

Impérial Hóliday *n.* [時に i- h-] 全英休日《現国王[女王]の誕生日; 法定休日ではない》.

im·pé·ri·al·ism [-lìzm] 〖《1858》〗 ― *n.* **1** 帝政. **2** 帝国主義; 領土拡張主義, 侵略主義, 開発途上国[弱小国]支配(政策). **3** 帝国主義権益の擁護. **4** 《英》連邦諸国統轄政策.

im·pé·ri·al·ist [-lɪst, -ləst | -ɪst] 〖《1603》《なぞり》← F *impérialiste*〗 ― *n.* **1 a** 皇帝支持者, (特に, 1600–1800 年の)ドイツ皇帝の支持者; [I-] 神聖ローマ帝国皇帝の支持者. **b** 帝政主義者, (特に)ナポレオン王朝支持者. **2** 帝国主義者; (特に)英[米]帝国主義者, 英国膨張論者 (cf. little Englander). ― *adj.* = imperialistic.

im·pe·ri·al·is·tic [ɪmpì(ə)riəlístɪk, əm- | ɪmpìərɪ-] *adj.* 帝国主義の[的な]. **im·pè·ri·al·ís·ti·cal·ly** *adv.*

im·pe·ri·al·ize [ɪmpí(ə)riəlàɪz, əm- | ɪmpíərɪ-] *vt.* **1** 帝国の支配下に置く. **2** 帝政化する, 帝国主義化する. **3** …に威厳を与える.

impérial jáde *n.* 〖鉱物〗インペリアルジェード《緑色の最良の硬玉, 翡翠(ひすい); 宝石に用いる》.

impérial móth *n.* 〖昆虫〗米国産ヤママユガ科のガ (*Basilona imperialis*) 《黄色に茶の帯のある大きく美しいガ》.

im·pé·ri·al·ness *n.* 皇帝のような態度, 威厳.

impérial octávo *n.* 〖製本〗インペリアルオクタボ(判)[八折判]《本の大きさ; 米国では $8^{1}/_{4} \times 11^{1}/_{2}$ インチ [209.5×292 mm], 英国では $7^{1}/_{2} \times 11$ インチ [191×279 mm]; imperial 8vo と略す》.

impérial pígeon *n.* 〖鳥類〗ミカドバト (*Ducula oenea*) 《南アジアに生息する緑と灰色の大型のハト》.

impérial préference *n.* 英連邦内特恵関税《英連邦内諸国の生産品に対する低率関税の優先課税》.

impérial quárto *n.* 〖製本〗インペリアルクオート(判)[四折判]《主に英国の本の大きさ, 11×15 インチ [279×381 mm]; imperial 4to と略す》. 「功労章.

Impérial Sérvice Òrder *n.* [the ~] 英帝国文官

Impérial Válley *n.* [the ~] インペリアル渓谷《米国 California 州南東部からメキシコにおよぶ農耕地方; Colorado Desert の一部を灌漑(かんがい)した低地で Salton Sea (湖)を含む; 面積 4,047 km^2》.

im·per·il [ɪmpérəl, əm- | ɪmpérəl, -rɪl] 〖《?a1425》: ⇨ in-¹, peril: ENDANGER との類推による〗 ― *vt.* (**im·periled,** 《英》**-illed; -il·ing,** 《英》**-il·ling**) 《文語》〈生命・財産などを〉危うくする, 危険にさらす, 危地に追い込む: Drought ~*ed* the crops. 旱魃(かんばつ)で収穫が危うくなった. **~·ment** *n.*

im·pe·ri·ous [ɪmpí(ə)riəs, əm- | ɪmpíərɪ-] 〖▭ L *imperiōsus* commanding: ⇨ imperium, -ous〗 ― *adj.* **1** 横柄な, 尊大な, 傲慢(ごうまん)な; 専制的な: an ~ gesture, look, voice, etc. **2** 一刻も猶予ならない, 緊急の,

重大な: an ~ need. **3** 《古》帝王然とした, 厳然とした, 堂々とした. **~·ly** *adv.* **~·ness** *n.*

im·per·ish·a·bil·i·ty [ɪmpèrɪʃəbíləṭi, əm-, -rəʃ- | ɪmpèrɪʃəbíləti, -lɪ-] *n.* 不滅性, 不死, 不朽性: the ~ of the universe 宇宙の恒久性.

im·per·ish·a·ble [ɪmpérɪʃəbḷ, əm-, -rəʃ- | ɪmpérɪʃ-] 〖⇨ in-², perishable〗 ― *adj.* 不滅の, 不死の, 不朽の (permanent): ~ glory, fame, etc. / an ~ monument 不滅の記念碑. **~·ness** *n.* **im·pér·ish·a·bly** *adv.*

im·pe·ri·um [ɪmpí(ə)riəm, əm- | ɪmpíərɪ-] 〖□L ~ 'command, dominion' ← *imperāre* to command: cf. empire〗 ― *L. n.* (*pl.* **-ri·a** [-riə | -rɪə]) **1** 絶対命令(権), 最高支配権. **2** 主権の及ぶ範囲; 領土; 帝国. **3** 〖法律〗(国家の)絶対権, 主権大権, 法執行権.

impérium in im·pé·ri·o [-ɪn-ɪmpí(ə)riòu | -píərɪəu] 〖←NL ~ 'an empire within an empire'〗 ― *L. n.* 帝国内の帝国, 主権[政府]内の主権[政府]《同一国内などで専制的な権力を振るう機構》.

im·per·ma·nence [ɪmpə́ːmənəns | -pə́ː-] *n.* 永久でないこと, 非恒久性, 非永久[永続]性; 一時性, はかなさ, 無常.

im·pér·ma·nen·cy [-nənsi | -sɪ] *n.* =impermanence.

im·per·ma·nent [ɪmpə́ːmənənt | -pə́ː-] *adj.* 永久[永続的]でない, 永続しない, 一時的な, はかない. **~·ly** *adv.*

im·per·me·a·bil·i·ty [ɪmpə̀ːmiəbíləṭi | -pə̀ːmjəbílətɪ, -mɪə-, -lɪ-] *n.* 不透過性, 不浸透性.

im·per·me·a·ble [ɪmpə́ːmiəbḷ | -pə́ːmjə-, -mɪə-] 〖□F *imperméable* □LL *impermeābilis*: ⇨ in-², permeable〗 ― *adj.* **1** 貫き通すことのできない. **2** 〈水・空気などを〉(しみ)通さない, 不浸透性の, 不透過性の 〔*to*〕: ~ *to* water or air. **~·ness** *n.* **im·pér·me·a·bly** *adv.*

im·per·mis·si·ble [ìmpəmísəbḷ | -pəmísə-, -sɪ-] *adj.* 許し難い. **ìm·per·mìs·si·bíl·i·ty** [-səbíləṭi | -səbílətɪ, -sɪ-, -lɪ-] *n.* **ìm·per·mís·si·bly** *adv.*

im·per·son·al [ɪmpə́ːsnəl, -sṇəl, -snḷ, -sṇḷ | -pə́ː-] 〖(《*c*1450》□LL *impersōnālis*: ⇨ in-², personal〗 ― *adj.* **1** 個人に関係のない, 個人を指さない, 非個人的な; 個人の感情を交えない, 客観的な, 一般的な: ~ topics 非個人的な話題《天候とか政治上の話など》/ ~ remarks 特にだれを指すのでもない言葉[批評] / an ~ point of view (自分個人でなく)一般的な[非個人的な]意見 / write in an ~ manner (特別な自説など持ち出さない)一般的な[非個人的な]書き方をする. **2** 人格をもたない, 非人格的な: an ~ deity 非人格的な神 / ~ forces 非人間的な力《運命とか自然力のような》. **3** 〖文法〗非人称の: an ~ construction 非人称構文《今日の I like it. に対し OE の *Hit mē ġelīcað.* (=It pleases me.) のような構文》/ an ~ 'it' 非人称の 'it' / an ~ pronoun 非人称代名詞 (⇨ indefinite pronoun) / ⇨ impersonal verb. ― *n.* 〖文法〗非人称動詞, 非人称代名詞. **~·ly** *adv.*

im·pér·son·al·ìsm [-snəlìzm] *n.* **1** 非人格主義《個人[集団]間に非人格関係を保とうとする運動》. **2** 非人格性 (impersonality).

im·per·son·al·i·ty [ɪmpə̀ːsənǽləṭi, -sṇ- | -pə̀ːsənǽlətɪ, -sṇ-, -lɪ-] *n.* **1** 非人格性. **2** だれとも名指さないこと; 非個人性. **3** 人間感情の不在, 感情の欠如; 非情(性), 冷淡さ. **4** 非人間的なもの.

im·per·son·al·i·za·tion [ɪmpə̀ːsənəlɪzéɪʃən, -snə-, -snə-, -lə- | -pə̀ːsənəlaɪ-, -snə-, -snə-] *n.* 〖社会学〗非人格化《人間の個性や主体性が石化してゆく過程》.

im·per·son·al·ize [ɪmpə́ːsənəlàɪz, -snə-, -snə- | -pə́ː-] *vt.* 非人格化する.

impérsonal vérb *n.* 〖文法〗非人称動詞《特定の論理的主語をもたず常に it を形式上の主語として用いる動詞; 例えば It rains. の rain など; cf. impersonal *adj.* 3》.

im·per·son·ate 〖(《1624》← *im*- 'IN-¹'+PERSONATE¹〗 ― [ɪmpə́ːsənèɪt, -sṇ- | -pə́ː-] *vt.* **1 a** 〈ある人〉の風[性格, 態度, 声]を装う[見せかける]; まねる. **b** …になりすます: escape by *impersonating* a policeman. **2** 〈俳優が〉…の役を演じる, …に扮(ふん)する: ~ Macbeth [a character] マクベス[ある人物]に扮する[の役を演じる]. **3** 人格化する, 体現する, 具現する; …の典型となる, 代表する.
― [-sənət, -nɪt, -sṇ-] *adj.* 具現された; 人格化された.

im·per·son·a·tion [ɪmpə̀ːsənéɪʃən, -sṇ- | -pə̀ː-] *n.* **1** (他人の様子・態度などの)偽装, ものまね, 声色(こわいろ)(使い). **2** (俳優の)扮装; 扮装法, 演出法: the ~ of Hamlet ハムレットの扮装. **3** 人格化, 体現, 具現, 権化, 典型: the very ~ of good humor 上機嫌の典型[見本].

im·per·son·a·tive [ɪmpə́ːsənèɪṭɪv, -sṇ- | -pə́ːsənèɪt-, -sṇ-, -nət-] *adj.* 扮装(上)の: her ~ talent as an actress 女優としての彼女の扮装的手腕.

im·pér·son·à·tor [-ṭə | -tə(r)] *n.* 扮装者; (ある役を)演じる俳優, 役者; ものまね演芸家, 声色(こわいろ)使い.

im·per·son·i·fy [ìmpəsάnəfàɪ | -pəːsɔ́n-, -pə-] *vt.* 《古》=personify.

im·per·ti·nence [ɪmpə́ːṭənəns, -tṇ-, -tn- | -pə́ːtɪn-, -tṇ-] 〖(《1603》□F ~ □ML *impertinentia*: ⇨ impertinent, -ence〗 ― *n.* **1 a** 生意気, 出しゃばり, 無礼: the height of ~ 無礼の極み / his ~ *in coming* to the party uninvited 招かれもしないのにパーティーへやって来る彼の厚かましさ / He *had the* ~ *to* talk back to me. 生意気[無礼]にも私に口答えをした. **b** 生意気[無礼, 無遠慮]な言行: utter ~*s* 生意気[無礼]なことを言う. **c** 生意気[無礼]な人. **2 a** 不適当, 不適切, 見当違い, 無関係. **b** 無関係[見当違い]な事柄. **3 a** くだらなさ, ばからしさ. **b** くだらない[ばからしい]事柄.

im·pér·ti·nen·cy [-nənsi | -sɪ] *n.* =impertinence.

im·per·ti·nent [ɪmpə́ːṭənənt, -tṇ-, -tn- | -pə́ːtɪn-, -tṇ-] 〖(《*c*1395》□(O)F ~ // LL *impertinent-em* not belonging: ⇨ in-², pertinent〗 ― *adj.* **1** 差出がましい, 出過ぎた, 出しゃばった; 生意気な, 無礼な 〔*to*〕: an ~ boy, question, remark, etc. / be ~ *to* …に対して無礼である / He was ~ *enough* [*so* ~ *as*] *to* do … 彼は…するほど出しゃばりだった[無礼にも…した] / May I be ~? 失礼な言い方かもしれないが(怒らずに聞いてくれたまえ). **2** 適切でない, 見当違いの, 無関係な 〔*to*〕: ~ details, episodes, etc. / a point ~ *to* the matter 問題に関係のない点. **3** 《古》〈人が〉軽薄な, 愚かな, くだらない. ― *n.* 出過ぎ者, 無作法者. **~·ly** *adv.*

im·per·turb·a·bil·i·ty [ìmpəṭə̀ːbəbíləṭi | -pə(ː)tə̀ːbəbílətɪ, -lɪ-] *n.* 沈着, 落着き, 冷静, 平気.

im·per·turb·a·ble [ìmpəṭə́ːbəbḷ | -pə(ː)tə́ːb-] 〖(《*c*1450》□LL *imperturbābilis*: ⇨ in-², perturbable〗 ― *adj.* 容易に動じない, 冷静な, 落ち着いた: with ~ composure 少しも騒がず落ち着いて. **~·ness** *n.* **ìm·per·túrb·a·bly** *adv.*

im·per·tur·ba·tion [ɪmpə̀ːṭəbéɪʃən | -pə̀ːtə(ː)-] 〖□LL *imperturbātiō(n-)*: ⇨ ↑, -ation〗 *n.* 沈着, 冷静.

im·per·turbed [ìmpəṭə́ːbd | -pə(ː)tə́ːbd] *adj.* 動じない, 落ち着いている.

im·per·vi·a·ble [ɪmpə́ːviəbḷ | -pə́ːvjə-, -vɪə-] *adj.* =impervious.

im·per·vi·ous [ɪmpə́ːviəs | -pə́ːvjəs, -vɪəs] 〖(《1650》□L *impervi-us* ← *im*- 'IN-²'+*pervius* 'PERVIOUS'〗 ― *adj.* **1** 〈水・空気などを〉通さない, 不浸透の; 通れない 〔*to*〕: ~ *to* rain [light, water] 雨[光, 水]を通さない / a coat ~ *to* bullets 防弾上着 / an ~ desert 人の通れない砂漠. **2** 〔…に〕傷つかない, 耐えうる 〔*to*〕: ~ *to* rough treatment 乱暴に扱ってもいたまない. **3** 〈心・人など〉〈…を〉受け付けない, 〔…に〕盲目な, 感じない, 無感覚な, 鈍感な 〔*to*〕: be ~ *to* criticism 批評を何とも思わない / men ~ *to* reason 道理のわからない連中. **~·ly** *adv.* **~·ness** *n.*

im·pe·tig·i·nous [ìmpəṭídʒənəs | -pɪtídʒɪ-] 〖□L *impetīginōs-us* ← *impetīgo* (↓): ⇨ -ous〗 ― *adj.* 〖病理〗インペチゴ (impetigo) にかかっている, 膿痂疹(のうかしん)性の.

im·pe·ti·go [ìmpəṭíːgou, -táɪ- | -pɪtáɪgəu, -pə-, -pe-] 〖(《*a*1398》□L *impetigo* ← *impetere* to attack ← *im*- 'IN-¹'+*petere* to fall upon〗 ― *n.* (*pl.* ~**s**) 〖病理〗インペチゴ, 膿痂疹(のうかしん), とびひ《化膿菌によって, 特に子供の顔などにできる急性の皮膚病》.

im·pe·trate [ímpətrèɪt | -pɪ-] 〖(《1533–34》← L *impetrāt-us* (p.p.) ← *impetrāre* to obtain by request ← *im*- 'IN-¹'+*patrāre* to achieve (← *pater* father) ∞ ME *impetre(n)* to beg for □OF *empetr-er* □L *impetrāre*: ⇨ -ate³〗 ― *vt.* **1** 嘆願[祈願]して得る, 祈って授かる. **2** 《まれ》嘆願する. **im·pe·tra·tive** [ímpətrèɪṭɪv | -pɪtrèɪt-] *adj.* **ím·pe·trà·tor** [-ṭə | -tə(r)] *n.*

im·pe·tra·tion [ìmpətréɪʃən | -pɪ-] 〖(《1484》□L *impetrātiō(n-)*: ⇨ ↑, -ation〗 *n.* 嘆願[祈願](で得ること).

im·pet·u·os·i·ty [ɪmpètʃuάsəṭi | -tjuɔ́sətɪ, -sɪ-] 〖(《?*a*1425》□(O)F *impétuosité*: ⇨ ↓, -ity〗 ― *n.* **1** 激烈, 猛烈; 熱烈; 性急, せっかち. **2** 激しい[がむしゃらな]行動, 性急な動作.

im·pet·u·ous [ɪmpétʃuəs | -tju-] 〖(《*a*1398》□(O)F *impétueux* □LL *impetuōsus* ← *impetus* (↓): ⇨ impetigo, -ous〗 ― *adj.* **1** 激しい, 猛烈な: an ~ gale, torrent, wind, etc. / the ~ rush of water 激烈な水の奔流 / with ~ speed 猛烈な速力で. **2** 〈気質・行動など〉熱烈な, 激しい, 性急な, 衝動的な, 血気にはやる: regret one's ~ decision 性急な決定を悔やむ / a man of ~ temper 気性の激しい人, ひどく怒りっぽい人. **~·ly** *adv.* **~·ness** *n.*

im·pe·tus [ímpəṭəs | -pɪt-, -pət-] 〖(《1641》□L ~ 'attack, force' ← *impetere* to attack ← *im*- 'IN-¹'+*petere* to seek〗 ― *n.* **1** 〖機械〗運動量 (momentum). **2** 起動力, はずみ, 力, 勢い, 刺激: give [lend] (an) ~ to 〈事業・活動など〉に刺激を与える, …を促進する.

ím·pey·an phéasant [ímpiən- | -pɪ-] 〖← *Lady Impey* (この鳥を東インド諸島から英国に移植した人): ⇨ -an¹〗 ― *n.* 〖鳥類〗ニジキジ (*Lophophorus impejanus*)《monal の一種; 雄は羽冠を有し, 全身光輝ある色彩の羽におおわれ極めて美麗》.

impf. 《略》imperfect.

imp·fing [ímpfɪŋ] 〖← ?: cf. G *Impfung*〗 *n.* 〖結晶〗(溶液の過飽和を防ぐため小結晶を入れる)結晶析出促進, 晶化誘起.

imp. gal. 《略》imperial gallon.

Imp·hal [ímphʌl] *n.* インパール《インド Manipur 州の首都; ビルマ国境付近に位置する; 第二次大戦で日本軍が占領しようとして失敗した; 人口 101,000》.

im·pi [ímpi | -pɪ] 〖(《1879》□Zulu ~ 'company of (armed) men'〗 *n.* (*pl.* ~**es**, ~**s**) (アフリカ南部の Zulu または Kaffir 族戦闘員の)武装大部隊.

im·pi·e·ty [ɪmpáɪəṭi, əm- | ɪmpáɪətɪ, -páɪɪtɪ] 〖(《*c*1340》: ⇨ in-², piety〗 ― *n.* **1** 不信心, 不敬虔(けん); [通例 *pl.*] 不信心な言行. **2** 不敬, 不遜, 不従順; 不孝: filial ~ 親不孝.

im·pig·no·rate [ɪmpígnərèɪt, əm- | ɪm-] 〖□ML *impignorāt-us* (p.p.) ← *impignorāre* to pledge ← L *im*- 'IN-¹'+*pignus* pledge, pawn〗 ― *vt.* 抵当[担保]として預ける, 入質する.

ímp·ing 〖← IMP²〗 *n.* **1** 〖鷹狩〗羽のつけ足し[補修]. **2** 《古》〖園芸〗接(つ)ぎ木.

im·pinge [ɪmpíndʒ] 〖(《1535》□L *imping-ere* to drive in, strike against ← *im*- 'IN-¹'+*pangere* to drive in, fix〗 ― *vi.* **1** 〔…を〕打つ, 〔…に〕ぶつかる, 突き当たる, 衝突する 〔*on, upon, against*〕: rays of light *impinging upon* the eyes 目を射る光線. **2** 〈権利・財産などを〉侵す, 破る, 侵害する 〔*on, upon*〕: ~ *upon* a person's authority [privacy] 人の権限[私生活]を侵す. **3** 〔…に〕印象を与える, 影響を及ぼす 〔*on, upon*〕: ~ *on* a person's way of thinking 人の思考方法に影響を与える. ― *vt.* **1** 〈気体・炎などを〉〔…に〕ぶつける〔*on*〕. **2** 侵害する. **~·ment** *n.* **im·píng·er** *n.*

im·pi·ous [ímpiəs, ɪmpáɪəs | ímpɪəs, -pjəs] 〖(《1575–85》← L *impius*+-OUS: ⇨ in-², pious〗 ― *adj.* **1** 神を敬わない, 不敬虔な, 不信心な; 邪悪な. **2** 不遜な, 不従順な; 不孝の. **~·ly** *adv.* **~·ness** *n.*

ímp·ish [-pɪʃ] 〖⇨ imp¹〗 *adj.* 小鬼のような; いたずらな, 腕白な茶目の (mischievous): an ~ grin, smile, etc. **~·ly** *adv.* **~·ness** *n.*

im·pit·e·ous [ɪmpíṭiəs | -tɪəs, -tjəs] 〖← *im*- 'IN-²'+PITEOUS〗 *adj.* 無慈悲な, 無情な (pitiless).

im·plac·a·bil·i·ty [ɪmplæ̀kəbíləṭi, -plèɪk- | -lətɪ, -lɪ-] *n.* なだめ難いこと, 執念深さ; 無慈悲さ, 無情さ.

im·plac·a·ble [ɪmplǽkəbḷ, -pléɪk-] 〖(《?*a*1425》□(O)F ~ // L *implācābil-is*: ⇨ in-², placable〗 ― *adj.* **1** 〈人など〉なだめられない, 和解しにくい; 〈恨みなど〉抜きがたい, 消し難い, 執念深い: an ~ enemy / ~ malice 執念深い悪意. **2** 厳しい, 容赦のない, 無慈悲な (relentless). **~·ness** *n.* **im·plác·a·bly** *adv.*

im·pla·cen·tal [ìmpləséntḷ | -tl] 〖動物〗*adj.* 無胎盤の (aplacental). ― *n.* 無胎盤哺乳類.

im·pla·cen·tate [ìmpləsénteɪt] *adj.* =implacental.

im·plant 〖(《*a*1541》□F *implant-er* // LL *implant-āre* to engraft: ⇨ in-¹, plant〗 ― [ɪmplǽnt, əm- | ɪmplάːnt] *vt.* **1** 〈人(の心)に〉植え付ける, 刻み込む, 教え込む, 吹き込む 〔*in*〕; 〈人(の心)〉に〔理想などを〕与える 〔*with*〕: ~ an ideal [a doubt] *in* a person's mind = ~ a person's mind *with* an ideal [a doubt] 人の心に理想[疑惑]を植え付ける / children ~*ed with* good habits よい習慣をつけられた子供たち / a scene deeply ~*ed in* one's memory 記憶に深く印象付けられた[心に刻み込まれた]光景. **2** 〔…に〕しっかり差し込む 〔*in*〕: ~ a diamond *in* a ring. **3** 〖外科〗〈生きた組織などを〉植え付ける, 移植する; 〖歯科〗〈義歯を〉(歯肉下または顎骨内に)植え込む. **4** 《古》植える, 植え込む: ~ seeds *in* the field 畑に種を植え付ける. ― [ímplænt | -plɑːnt] *n.* **1** 〖医学〗移植(組織)片. **2** 〖外科〗(ラジウムなど)放射性物質を入れる小管《癌(がん)などの治療に局所に差し込むもの》. **3** 〖歯科〗(歯肉下または顎骨内に)植え込むもの: an ~ denture 植え込み義歯, インプラントデンチュア. **~·a·ble** [-ṭəbḷ | -tə-] *adj.* **~·er** [-ṭə | -tə(r)] *n.*

im·plan·ta·tion [ìmplæntéɪʃən | -plɑːn-, -plæn-] 〖(《1578》□F ~: ⇨ ↑, -ation〗 ― *n.* **1** (理想などを心に)植え込むこと, 教え込むこと, 注入, 鼓吹. **2** 〖動物〗(胎盤哺乳類について, 受精卵の)着床. **3** 〖医学〗(組織片・固形薬品などの)移植, 埋没, 植え込み, 皮下挿入(そうにゅう)[注入]. **4** 〖病理〗内(移)植; 移植性転位《腫瘍(しゅよう)細胞の新しい局所への侵入; cf. metastasis 2》.

im·plau·si·ble [ɪmplɔ́ːzəbḷ, əm- | ɪmplɔ́ːzə-, -zɪ-] *adj.* 受け入れ難い; 本当とは思えない: ~ excuses 信じ難い言い訳. **im·plàu·si·bíl·i·ty** [-zəbíləṭi | -zɪbílətɪ, -zə-, -lɪ-] *n.* **~·ness** *n.* **im·pláu·si·bly** *adv.*

im·plead [ɪmplíːd, əm- | ɪm-] 〖(《*a*1387》*emplede(n)* □AF *empled-er*=OF *emplaidier* ← *em*- 'IN-¹'+*plaidier* 'to PLEAD'〗 ― *vt.* **1** 〖法律〗告訴する(sue): 起訴する (prosecute). **2** 《古》非難する, 責める. **3** 《古》抗弁する (plead). ― *vi.* 《古》=plead. **~·a·ble** [-dəbḷ] *adj.*

im·pléad·er *n.* **1** 告訴[非難]する人. **2** 〖法律〗= interpleader².

im·pledge [ɪmplédʒ, əm- | ɪm-] *vt.* 《古》抵当に入れる, 質に置く.

im·ple·ment 〖(《1445》□LL *implēment-um* a filling up ← L *implēre* to fill up ← *im*- 'IN-¹'+*plēre* to fill〗 ― [ímpləmənt | -plɪ-, -plə-] *n.* **1** 道具, 用具, 器具; [*pl.*] 用具[家具]一式: agricultural [farm] ~*s* 農器具 / an ~ of war 兵器 / a writing ~ 筆記用具 / flint ~*s* 石器. **2** 手先(となる人), 代理人: Aunt Mary was a good ~ to my sick mother. メアリーおばさんが病気の母のよき代わりをしてくれた. **3** 〖スコット法〗履行; 〖英法〗(委員会の国会に対する勧告が制定法として)具体化されること. ― [-mènt] *vt.* **1** 〈約束・計画などを〉履行する, 実行する: ~ an engagement, a contract, etc. / The plan is now being ~*ed.* その計画は目下実施中である. **2** 〈要求・条件などを〉満足させる; …に必要な手段[権限]を与える. **3** 〈不足などを〉満たす. **4** …に道具を供給する[与える].

im·ple·men·tal [ìmpləménṭḷ | -plɪ-, -plə-, -tl] 〖⇨ ↑, -al¹〗 *adj.* 道具の, 道具になる, 手段[助け]となる.

im·ple·men·ta·tion [ìmpləmentéɪʃən, -men- | -plɪmen-, -plə-] *n.* 履行, 実行, 実施: in ~ of …を実施して.

im·ple·tion [ɪmplíːʃən, əm- | ɪm-] 〖(《1583》□LL *implētiō(n-)* ← L *implēre* to fill up ← *im*- 'IN-¹'+*plēre* to fill》 *n.* 《古》満たすこと, 満ちていること, 充満.

im·pli·cate 〖《?*a*1425》← L *implicāt-us* (p.p.) ← *implicāre* to infold, involve ← *im-* 'IN-[1]'+*plicāre* to fold: ⇨ ply[1], -ate[3]: cf. imply〗 — [ímplɪkèɪt, -plə-| -plɪ-] *vt.* **1** 〈人を〉〔犯罪などに〕関係させる, 関係があるとする, 連座させる, 巻き込む〔*in*〕: ~ a person *in* a plot 人を陰謀の一味に巻き込む / be ~*d in* a crime 犯罪に巻き込まれる[かかり合う] / His confession is expected to ~ some important personages *in* the case. 彼の告白で数人の重要人物が事件関係者として表面に出るだろうとみられる. **2** (深い関係で)結び付ける: the interests of individuals ~*d in* those of the community 社会の利害とからみ合った個人の利害 / Confucianism is deeply ~*d with* ancestor worship. 儒教は祖先崇拝と深い関係がある. **3** 〈意味を〉包含する, 含蓄する: 'Parent' ~*s* 'child'. 「親」と言えば「子」のあることを含蓄する. **4** 《古》〈枝などを〉もつれさせる, からみ合わせる, (いっしょに)包み込む. — [-kət, -kɪt, -kèɪt] *n.* 含まれる[包含される]もの, 関連物.

im·pli·ca·tion [ìmplɪkéɪʃən, -plə-| -plɪ-] 〖《?*a*1425》□ L *implicātiō(n-)* an interweaving ← *implicātus* (↑): ⇨ -ation〗 — *n.* **1** 連累, 連座; [通例 *pl.*] 密接な関係: the ~ *in* a crime 犯罪に関係していること. **2** 包含, 含蓄; 含まれた[裏面の]意味, 含み, 暗示 (cf. connotation 1 b, implicit 1): by ~ 含蓄的に, 暗に, それとなく / What are the ~*s* of this statement? この声明にはどんな意味が含まれているか《言外の意味は何か》. **3** 《論理》含意, 伴立 (entailment)《論理的条件命題における前件[条件]と後件との関係》. **~·al** [-ʃənl, -ʃnəl] *adj.*

im·pli·ca·tive [ímplɪkèɪtɪv, -plə-, ɪmplíkət-| ɪmplíkət-, ímplɪkèɪt-] *adj.* **1** 包含[含蓄]的な, 言外の意味をもつ: an ~ statement. **2** 巻添えの, 連累の. **~·ly** *adv.* **~·ness** *n.*

im·pli·ca·to·ry [ímplɪkətɔ̀ːri, -plə-, -tòːri | ɪmplɪ-kèɪt(ə)ri, ←―(―)―] *adj.* 《英》= implicative.

im·plic·it [ɪmplísɪt, əm-, -sət | ɪmplísɪt] 〖《1599》□ F *implicite* ∥ L *implicit-us* entangled, involved (p.p.) ← *implicāre*: ⇨ implicate〗 — *adj.* (↔ explicit) **1** 含蓄的な, (言葉に表わされてはいないが)暗に含んでいる, 言わず語らずの, 暗黙の中の: an ~ agreement 暗黙の同意 / give ~ consent 黙諾を与える / an ~ promise 黙約 / an ~ threat 無言のおどし[脅威]. **2** 絶対的な, 盲目的な: ~ faith 《神学》盲信, 黙信《十分な理解なしに盲目的に教会の教義を受け入れること; cf. explicit[1] 2》/ ~ obedience 盲従, 絶対的服従 / ~ confidence 絶対の自信. **3** 潜在的に含まれた, 内在する. **4** 《古》もつれた, からんだ. **~·ness** *n.*

implicit differentiátion *n.* 《数学》陰関数微分法《陰関数を微分する方法》.

implícit fúnction *n.* 《数学》陰関数 (↔ explicit function).

implícit fúnction thèorem *n.* 《数学》陰関数定理《幾つかの変数の間の幾つかの関係から, 関数関係が定まるための条件を与える定理》.

im·plíc·it·ly *adv.* (言葉に表わされていないが)暗黙のうちに, それとなく, 暗示的に; 盲目的に, 絶対的に.

im·plied 〖(p.p.) ← IMPLY〗 *adj.* 含蓄された, 暗に含まれている, 暗黙の, 言外の (↔ expressed, positive): an ~ meaning 言外の意味 / an ~ consent 黙諾.

implied cóntract *n.* 《法律》= quasi contract.

im·pli·ed·ly [-pláɪɪdli, -pláɪəd-, -pláɪd-| -lɪ] *adv.* 暗に, それとなく.

im·plode [ɪmplóud, əm- | ɪmpláud] 〖《1881》← *im-* 'IN-[1]'+L *plōdere, plaudere* to clap: cf. explode〗 — *vi.* **1** 〈真空管などが〉内側に破裂する, 内破する, 爆縮する (cf. explode). **2** 《音声》〈閉鎖音が〉内破する (cf. explode 3). **3** 〈文化などが〉一点に集中する; 統合する. — *vt.* 《音声》〈閉鎖音を〉内破させる.

im·plo·ra·tion [ìmpləréɪʃən, -plɔːr-, -ploːr- | -plɔːr-, -plər-] 〖《1577》□ F 《廃》~ ∥ L *implōrātiō(n-)* a beseeching for help ← *implōrātus* (p.p.) ← *implōrāre*: ⇨ implore, -ation〗 — *n.* 懇願, 嘆願, 哀願.

im·plo·ra·to·ry [ɪmplɔ́ːrətɔ̀ːri, əm-, -plóːrətòːri | ɪmplɔ́ːrət(ə)ri] *adj.* 懇願の, 嘆願の, 哀願的な.

im·plore [ɪmplɔ́ə, əm-, -plóə | ɪmplɔ́ː(r)] 〖《1500-20》□ F *implor-er* ∥ L *implōr-āre* to invoke with tears ← *im-* 'IN-[1]'+*plōrāre* to weep aloud〗 — *vt.* [しばしば目的語+*to* do を伴って] (切に)懇願する, 哀願する: ~ help 助力を切に求める / He ~*d* my forgiveness [me *for* forgiveness]. 彼は私に許しを請うた / They ~*d* him not *to* do so. そうしないようにと彼に嘆願した / 'Let me go with you,' he ~*d*. 「一緒に行かせてくれ」と彼は哀願した. — *vi.* 嘆願する, 哀願する: They ~*d for* mercy. 後生だからお慈悲をと泣きついた / He ~*d of* them *to* leave him alone. 彼は頼むから一人にして置いてくれと彼らに懇願した《★ of を用いない *vt.* の用法のほうが普通》.

I implore you [挿入的に用いて]《口語》お願いです, 後生ですから: Don't do that, *I* ~ *you*.

im·plór·er [-plɔ́ːrə, -plóːrə | -plɔ́ːrə(r)] *n.*

im·plór·ing [-plɔ́ːrɪŋ, -plóːr- | -plɔ́ːr-] *adj.* 嘆願の, 哀願的な: an ~ glance. **~·ly** *adv.* **~·ness** *n.*

im·plo·sion [ɪmplóuʒən, əm- | ɪmpláu-] 〖《1877》← *im-* 'IN-[1]'+(EX)PLOSION: cf. implode〗 — *n.* **1** (真空管などの)内部への破裂, 内破, 爆縮 (cf. explosion). **2** 《音声》内破, (閉鎖音の)入りわたり (on-glide); 舌打ち音 (suction stop) の内破. **3** (文化などの)集中, 統合.

im·plo·sive [ɪmplóusɪv, əm-, -zɪv | -pláu-] 〖《1877》← *im-* 'IN-[1]'+(EX)PLOSIVE〗《音声》 — *adj.* 内破(音)の (cf. explosive 4). — *n.* **1** 内破音《入りわたり (on-glide) があって出わたり (off-glide) のない閉鎖音; act [ǽkt] の [k] など; cf. explosive 2》. **2** 内破音《口腔中に完全閉鎖をつくり喉頭を下げてつくる音; cf. ingressive》. **~·ly** *adv.*

im·plu·vi·um [ɪmplúːviəm, əm- | ɪmplúːvɪəm, -vjəm] 〖□ L ~ ← *impluere* to rain into ← *im-* 'IN-[1]' + *pluere* to rain〗 — *n.* (*pl.* **-vi·a** [-viə | -vɪə, -vjə]) 《建築》アトリウムの雨水だめ[水盤] (⇨ atrium 挿絵).

im·ply [ɪmpláɪ, əm- | ɪm-] 〖《*c*1380》*implie(n)* □ OF *empli-er* < L *implicāre* 'to IMPLICATE, infold'〗 — *vt.* **1** (必然的な条件として)含む; 〈単語が〉…の意味を含む, 意味する: Speech *implies* a speaker. 言語には当然話し手が考えられる / His silence often *implies* approval. 彼の沈黙はしばしば承認を意味する. **2** 〈人が〉暗示する, ほのめかす 〈*that*〉: What do you mean to ~? それはどういう意味のつもりですか / Do you ~ *that* he is dishonest? そう言うのは彼が不正直だという意味なのですか. **3** 《廃》含む, 包む.

im·po [ímpou | -pəu] 〖《略》← IMPOSITION〗 *n.* (*pl.* ~**s**) 《英学生俗》(生徒や学生に懲罰として課する)罰課題《impot ともいう; cf. imposition 3》.

im·pol·der [ɪmpóuldə, əm- | ɪmpə́ldə(r)] 〖□ Du. *inpolder-en*: ⇨ in-[1], polder〗 *vt.* = empolder.

im·pol·i·cy [ɪmpɑ́ləsi, əm- | ɪmpɔ́ləsɪ, -lɪ-] 〖⇨ in-[2], policy[1]〗 *n.* 拙策, 不得策; 賢明でない[無分別な]行為.

im·po·lite [ìmpəláɪt, -po(u)- | -pə-, -pəu-] 〖《1612》□ L *impolīt-us* rough, inelegant: ⇨ in-[2], polite〗 — *adj.* 無作法な, 無礼な, 失礼な, ぶしつけな: ~ *to* customers / It is ~ *of* you *to* come so late. こんなに遅れて来るなんて君も失礼な. **~·ly** *adv.* **~·ness** *n.*

im·pol·i·tic [ɪmpɑ́lətɪk | -pɔ́lə-, -lɪ-] *adj.* 考えのない, 賢明でない, 拙劣な, 下手な, 不利な, 不得策な. **~·ly** *adv.* **~·ness** *n.*

im·po·lit·i·cal [ìmpəlítɪkəl, -po(u)-, -tə- | -pəlítɪ-] *adj.* = impolitic. **~·ly** *adv.*

im·pon·der·a·bil·i·a [ɪmpɑ̀ndərəbíliə, əm-, -ljə | -pɔ̀ndərəbílɪə, -ljə] 〖← NL ~ (neut. pl.) ← ML *imponderābilis*: ⇨ in-[2], ponderable〗 — *n. pl.* 計量[評価]できないもの[要素, 力].

im·pon·der·a·ble [ɪmpɑ́nd(ə)rəbl, əm- | ɪmpɔ́n-] 〖□ ML *imponderābil-is* (↑)〗 — *adj.* **1** 計量することのできない; 《物理》重さがない, きわめて軽い, 微量の: be of ~ weight ほとんど目方がない(ほど軽い) / ~ air 重さのない空気. **2** 評価することのできない: ~ factors. — *n.* **1** 不可量物《熱・光・精神など》. **2** [通例 *pl.*] 計量し得ないもの[力, 要素]; 未知数のもの: spiritual ~*s* 計量できない精神的な要素. **~·ness** *n.*

im·pòn·der·a·bíl·i·ty [-d(ə)rəbíləṭi | -lətɪ, -lɪ-] *n.*

im·pón·der·a·bly *adv.*

im·pone [ɪmpóun, əm- | ɪmpə́un] 〖□ L *impōn-ere* ← *im-* 'IN-[1]'+*pōnere* to place〗 *vt.* 《廃》賭ける.

im·po·nent [ɪmpóunənt, əm- | ɪmpə́u-] 〖□ L *impōnent-em* (pres.p.) ← *impōnere* (↑)〗 *adj., n.* 《まれ》課す(人), 賦課する(人).

im·port 〖(*v.*: ?*a*1425; *n.*: 1594) □ L *import-āre* to bring in ← *im-* 'IN-[1]'+*portāre* to carry: cf. port[3], export〗 — [ɪmpɔ́ət, əm-, -póət, ímpɔət, -poət | ɪmpɔ́ːt, ←―] *v.* — *vt.* **1 a** …を輸入する (↔ export) 〔*from*〕: ~ woolen goods [rubber, cereals, whiskey, etc.] *from* abroad / ~*ed* goods 輸入品 / an ~*ing* country (国際収支からみて)輸入国. **b** (…へ)持ってくる, もたらす, 移入する〔*into*〕: ~ foodstuffs *into* the city 食料を町に運び込む. **2** 〈意見・感情などを〉(…に)さしはさむ, 持ち込む, 引き入れる〔*into*〕: ~ personal feelings *into* a discussion 議論に個人的感情をさしはさむ. **3** (必然的な条件として)含む; [しばしば *that*-clause を伴って] …の意味を含む[示す], 意味する, 表わす (imply): Honor always ~*s* justice. 名誉とは常に正義の意である / His looks ~ no good to me. 彼の顔付きから察すると私にとっていいことはないらしい / His words ~*ed that* our departure should be postponed. 彼の言葉は我々の出発は延期すべきだというものだった. **4** 《古》…に重要である, 重大な関係がある (cf. importance 1): questions that ~ us nearly 我我に重大な関係のある問題 / It ~*s* us to know …を知るのは我々に重要な関係がある. — *vi.* 重要な関係がある, 重要である: It does not ~ much. たいして重要ではない.

— [ímpɔət, -poət | -pɔːt] *n.* **1** 輸入 (importation): the ~ of goods *from* abroad 海外よりの物資の輸入. **2 a** 輸入品: food ~*s* 輸入食品 / Rubber is a useful ~. **b** [通例 *pl.*] 輸入額: *Imports* exceeded exports last year. 昨年は輸入が輸出を超過した. **3** 意味, 趣旨: the ~ of one's words 言葉の意味. **4** 重大, 重要性 (importance): a matter of great ~ 重大な事.

— [ímpɔət, -poət | -pɔːt] *attrib. adj.* 輸入の, 輸入に関する: an ~ bill 輸入手形 / ~ business 輸入業 / an ~ duty [tax] 輸入税 / an ~ surcharge [surtax] 輸入課徴金 / ~ trade 輸入貿易 / an ~ trader 輸入業者.

im·port·a·ble [ɪmpɔ́əṭəbl, əm-, -póəṭ- | ɪmpɔ́ːt-] *adj.* 輸入[移入]できる. **im·pòrt·a·bíl·i·ty** [-ṭəbíləṭi | -təbílətɪ, -lɪ-] *n.*

im·por·tance [ɪmpɔ́ətns, əm-, -təns | ɪmpɔ́ːtəns, -tns] 〖《1505》□ (O)F ~ ∥ ML *importantia* significance, consequence: ⇨ ↓, -ance〗 — *n.* **1** 重要(性), 重大性 (cf. import *vt.* 4): the ~ *of* timing an election 選挙の時機を見定めることの重要性 / a matter of great ~ 重大な事柄 / be of no [little] ~ (*to*…) (…にとって)とるに足らない, つまらない / set ~ on … を重要視する, …に重きを置く / attach ~ [no ~] to …を重視[軽視]する. **2** 重要な地位, 有力, 卓越, (社会的)重み, 貫禄(ろく): a person of ~ 有力者, 重要人物 / a position of ~ 重要な地位 / be conscious of one's own ~ うぬぼれている, もったいぶっている. **3** 尊大さ, 偉がり (cf. self-importance): with an air of ~ もったいぶって, 偉そうに. **4** 《廃》 **a** 趣旨, 意味 (import). **b** しつこさ. **c** 重要な事柄.

im·pór·tan·cy [-tnsi, -tən- | -tənsɪ, -tn-] *n.* 《古》= importance.

im·por·tant [ɪmpɔ́ətnt, əm-, -tənt | ɪmpɔ́ːtənt, -tnt] 〖《1444》□ (O)F ~ ∥ ML *important-em* (pres.p.) ← *importāre* to bring in (consequences etc.): ⇨ import, -ant〗 — *adj.* **1 a** 〈物事など〉重大な, 重要な, 大切な, 肝要な: highly [very] ~ / an ~ book, event, statement, etc. / The project is ~ *to* [*for*] us. その計画は我々にとって重要だ / It is ~ (*for* you) not *to* be late. 遅刻しないようにすることが(君にとって)大切なことだ / It is ~ *that* you (*should*) know that. 君がその事を心得ておくことは重要なことである《★ 仮定法現在形を用いるのは《米》》. **b** (分量が)かなりの, 相当な: ~ money 多額の金 / an ~ part of one's time 自分の時間の大部分. **2 a** (社会的に)重要な, 卓越した, 著名な, 偉い: an ~ position / an ~ family 名家 / a very ~ person 重要人物, (特に, 政府の)要人 (cf. VIP) / feel oneself ~ 自分を偉いと思う. **b** もったいぶった, 尊大な: an ~ manner 尊大な態度 / look ~ 偉そうに構えている, もったいぶる. **3** [more [most] ~ として] 一層[最も]重要なことには (cf. importantly 2). ★ 文修飾語として用いられる: *Most* ~, he leaked the secret. 一番重大なことは, 彼が秘密を漏洩したことだ. **4** 《廃》しつこい, うるさくせがむ. **~·ness** *n.*

impórtant-lóoking *adj.* 偉そうに構えている, もったいぶった.

im·pór·tant·ly *adv.* **1** 重大に, 有力に; もったいぶって, 尊大に: What was in the briefcase he hugged so ~? あんなに大事そうに抱えているブリーフケースの中には何が入っていたのか. **2** [more [most] ~ として, 文頭に用いて] さらに[最も]重大なことには. ★ 2 では more [most] important の方を好ましいとする人もある.

im·por·ta·tion [ìmpɔətéɪʃən, -poə-, -pə- | -pɔː-] 〖⇨ import, -ation〗 *n.* **1** 輸入, 移入 (↔ exportation). **2** 輸入品, 舶来品: an ~ *from* [*into*] Europe.

impórted cábbageworm *n.* 《昆虫》モンシロチョウ (*Pieris rapae*) の幼虫《1860 年にヨーロッパより米国に輸入された》.

impórted cúrrantworm *n.* 《昆虫》(膜翅目ハバチ科の)ヒゲナガハバチの一種 (*Nematus ribeseii*) の幼虫《ヨーロッパより北米に侵入し, スグリその他の害虫になっている》.

impórted fíre ànt *n.* 《昆虫》トフシアリの一種 (*Solenopsis saevissima richteri*).

im·por·tee [ìmpɔətíː, -poə-, -pə- | -pɔː-] 〖← IMPORT +-EE[1]〗 *n.* (外国から)招請した人.

im·pórt·er [-ṭə | -tə(r)] *n.* 輸入業者, 輸入商, 輸入国 (↔ exporter). ★ 会社の場合は通例複数.

ímport pòint *n.* 《経済》金輸入点《金現送点 (gold point) の下限のこと》.

im·por·tu·na·cy [ɪmpɔ́ətʃənəsi, əm- | ɪmpɔ́ːtjunəsɪ] 〖⇨ ↓, -acy〗 *n.* しつこさ.

im·por·tu·nate [ɪmpɔ́ətʃənət, əm-, -nɪt | ɪmpɔ́ːtjun-] 〖《1477》← L *importūnus* (↓)+-ATE[2]〗 — *adj.* **1** 〈人・要求など〉せがみつく, しつこい: ~ demands / an ~ petitioner しつこくねだる人. **2** 《古》うるさい, やっかいな (troublesome). **~·ly** *adv.* **~·ness** *n.*

im·por·tune [ìmpəṭ(j)úːn, -pɔə-, ɪmpɔ́ətʃən, əm- | ɪmpɔ́ːtjuːn, -tʃuːn, ìmpɔ́ːtjùːn, ←―] 〖*adj.*: 《?*a*1400》□ (O)F *importune* ∥ L *importūn-us* unfit, troublesome, 《原義》not blowing towards port ← *im-* 'IN-[2]' +*portus* 'PORT[1]'. — *v.*: 《1530》□ F *importun-er* ∥ ML *importunāre* ← L *importūnus*: cf. opportune〗 — *vt.* **1 a** 〈人〉に〔…を〕しつこく求める[ねだる]〔*for*〕; 〈人〉に〈…するように〉うるさく頼む[せがむ]〈*to* do〉: ~ a person *for* money [*to* give one money] 金をくれと言ってうるさく人にせがむ. **b** 《古》うるさく[しつこく]物乞いをする〔*for*〕. **2** 《まれ》悩ます, 困らす: Don't ~ me *with* your complaints. しつこく文句を言って困らせないでくれ. **3** 〈売春婦が〉〈客を〉誘う. — *vi.* **1** しつこく頼む[せがむ]. **2** 〈売春婦が〉言い寄る, 誘う. — *adj.* 《まれ》= importunate. **~·ly** *adv.* **im·por·tún·er** *n.*

im·por·tu·ni·ty [ìmpəṭ(j)úːnəṭi, -pɔə- | -pɔːtjúːnətɪ, -pə-, -nɪ-] 〖《*c*1425》□ (O)F *importunité*: ⇨ ↑, -ity〗 — *n.* **1** (要求などの)うるさいこと, しつこさ, 執拗さ: with ~ しつこく. **2** [*pl.*] しつこい要求[懇願].

im·pos·a·ble [ɪmpóuzəbl, əm- | ɪmpə́uz-] *adj.* 賦課できる; だませる.

im·pose [ɪmpóuz, əm- | ɪmpə́uz] 〖《*c*1380》□ (O)F *impos-er* 《変形》← L *impōnere* ← *im-* 'IN-[1]'+*pōnere* to place: cf. pose[1]〗 — *vt.* **1** 〈義務・税・罰などを〉〔人に〕負わせる, 賦課する, 課する〔*on, upon*〕: ~ a tax [penalty] (*up*)*on* a person 人に税[罰]を課する. **2** 〈悪い品物・にせ物などを〉〔人に〕つかませる, おっかぶ

せる〔on, upon〕: ~ a fake *upon* customers 客にまやかし物を売り付ける. **3 a** 〈意見などを〉〈人に〉押しつける, 強いる〔on, upon〕: ~ one's opinion *upon* others 自分の意見を人に強いる. **b** [~ one*self* で]〔人(の事)に〕くちばしをはさむ, 出しゃばる; 〔人のところへ〕(迷惑もかまわずに)押しかけて行く〔on, upon〕. **4** 〘印刷〙組付ける (⇨ imposition 7). **5** 《古》置く. **6** 《廃》〘キリスト教〙〔…の上に〕〈手を〉置く, 按手(あんしゅ)する〔on, upon〕. — *vi.* **1 a** 〔人を〕だます, 欺く〔on, upon〕: I will not be ~*d upon.* だまされてなるものか. **b** 〔親切などに〕つけ込む, 乗じる〔on, upon〕: ~ *upon* a person's kindness [good nature] 人の親切[人のいいの]につけ込む. **2** 〔人(の事)に〕(厚かましく)出しゃばる, くちばしをはさむ〔on, upon〕: ~ *on* others. **im·pós·er** *n.*

im·pós·ing 〘(1651): ⇨↑, -ing²〙 — *adj.* 人目を引く, 際立った, 印象的な, 堂々とした: an ~ old lady / an ~ air [mansion] 堂々とした風采[大邸宅] / an ~ display of learning 際立った学識の現われ. **~·ly** *adv.* **~·ness** *n.*

impósing stòne [sùrface, tàble] *n.* 〘印刷〙組付け台《かつては石盤(stone)が, 今は金属盤が用いられている》.

im·po·si·tion [ìmpəzíʃən] 〘(*c*1380) ⊏ (O)F ~ // L *impositiō(n-)* a laying upon ← *impositus* (p.p.) ← *impōnere*: ⇨ impose, -ition〙 — *n.* **1** (税・重荷などを)課すること, 負わせること, 賦課: announce the ~ of a 20% tax *on* imports 輸入品に 20% の税を課することを発表する / Everyone grumbled at the ~ of new taxes. だれもみな新税に不平だった. **2** 賦課物, 税 (tax); 負担, 重荷 (burden). **3** 《英》生徒や学生に課する罰課題《略して impo, impot という》. **4** (人の好意などに)つけ込む[乗じる]こと[言動], 押しつけ: It would be an ~ *on* his good nature. それでは彼の人のよいのにつけ込むことになる. **5** だまし, 欺き; 詐欺, 瞞着(まんちゃく), ぺてん. **6 a** 《まれ》置くこと, 載せること. **b** 〘キリスト教〙按手(あんしゅ)《人の頭に手を載せて祝福を祈り聖霊の力の付与を祈ること》: the ~ of hands 按手式[礼]. **7** 〘印刷〙組付け《凸版の版面を版盤に固定すること》.

im·pos·si·bil·i·ty [ɪmpɑ̀səbíləṭi, əm-, ìmpɑs- | ɪmpɔ̀səbílətɪ, -sɪ-, -lɪ-, ＝ー＝ー＝ー] 〘(*c*1385) ⊏ (O)F *impossibilité* // L *impossibilitāt-em*: ⇨↓, -ity〙 — *n.* **1** 不可能(性): amount to ~ 不可能である. **2** 不可能な事, お話にもならない事: do *impossibilities* 不可能なことをする / It is a physical ~ for him to do so. 彼がそうするのは物理的に不可能だ.

im·pos·si·ble [ɪmpɑ́səbḷ, əm- | ɪmpɔ́sə-, -sɪ-] 〘(*a*1325) ⊏ (O)F ~ // L *impossibil-is*: ⇨ in-², possible〙 — *adj.* **1** 不可能な; 〔…が〕できない〔*of*〕; [*to do* を伴って] …し難い, 容易でない: an ~ task 不可能な仕事 / next to ~ ほとんど不可能な / be ~ *of* attainment [execution] 達成[遂行]できない / Nothing is ~ *to* him. 彼にとって不可能ということは何もない / He is ~ *to* teach. 彼は教えようがない / It is ~ (*for* me) *to* walk as fast as you. 君と同じくらい速く歩くことは(私には)できない. **2** とてもあり得ない, 信じ難い: an ~ event 到底あり得ない出来事 / an ~ rumor とても本当とは思えないうわさ / an ~ number of problems 信じられないほど多くの問題 / Such things are not ~ nowadays. 今日ではそんな事もないとは言えない / It is ~ that such a thing can happen. そんなことは起こりうるはずがない. **3** 〈陳述など〉矛盾する, つじつまの合わない; 〈提案・計画など〉受け入れ難い, (実行)不可能な, 現実性のない: an ~ plan, statement, etc. / an ~ candidate とても問題にならない候補者, 泡沫候補. **4** 《口語》〈品物など〉とても変てこな, 奇妙な (absurd); 〈人・状況など〉我慢のならない, とてもいやな: an ~ hat, person, situation, etc. / He's utterly ~. 全く手のつけられない男だ / The dry pale lips were ~. 乾いて青ざめた唇は見られたものではなかった. **5** [the ~; 名詞的に] 不可能な事(柄): attempt [demand] *the* ~ 不可能な事を試みる[要求する]. **~·ness** *n.*

impóssible àrt *n.* 〘美術〙= conceptual art.

im·pós·si·bly [-bli | -blɪ] 〘(1579–80): ⇨↑, -ly¹〙 — *adv.* とてもあり得ないほどに, 信じられないくらいに, 極端に; 《口語》途方もなく: ~ difficult 難しくて手がつけられない[歯が立たない] / ~ bad English お話にならないほどひどい英語 / It's ~ round. 考えられないほどまん丸い.
not impossibly あるいは, ひょっとしたら (cf. possibly 2): He may *not* ~ come. ことによったら来るかもしれない.

im·post¹ [ímpoust | -pəust] 〘(1568) ⊏ F 《廃》~ (F *impôt*) // ML *impost-us* ← L *impositus* laid on (p.p.) ← *impōnere*: ⇨ impose〙 — *n.* **1** 賦課金, 租税; 輸入税, 関税. **2** 〘競馬〙負担重量《ハンディキャップレースで出走馬が背負う重量》. — *vt.* 《米》〈輸入品〉の関税を決定する; (課税のために)〈輸入品を〉分類する.

im·post² [ímpoust | -pəust] 〘(1470) ⊏ (O)F *imposte* ⊏ It. *imposta* ← *imporre* to set upon < L *impōnere* (↑)〙 — *n.* 〘建築〙迫元(せりもと)《arch の内輪の起点; ⇨ arch¹ 挿絵》.

im·post·er [ɪmpɑ́stə, əm- | ɪmpɔ́stə(r)] *n.* = impostor.

im·pos·thume [ɪmpɑ́stʃuːm, əm-, -t(j)uːm, -təm, -pɑ́sθ(j)uːm, -θəm | ɪmpɔ́stjuːm, -pɔ́sθ(j)uːm] *n.* = impostume.

im·pos·tor [ɪmpɑ́stə, əm- | ɪmpɔ́stə(r)] 〘(1586) ⊏ F *imposteur* // LL ~ ← L *impositus* (p.p.) ← *impōnere*: ⇨ impose〙 — *n.* **1** 偽名を用いる人, 人の名をかたる人, 氏名詐称者. **2** ぺてん師, 詐欺師: The dentist was an ~. その歯科医はにせ医者だった.

im·pos·trous [ɪmpɑ́strəs, əm- | ɪmpɔ́s-] *adj.* 人をだます, ぺてんの, 詐欺の, 不正直な.

im·pos·tume [ɪmpɑ́stʃuːm, əm-, -t(j)uːm, -təm | ɪmpɔ́stjuːm] 〘(*a*1398) *empostume* ⊏ OF 《変形》← *apostume* ⊏ L *apostēma* ⊏ Gk *apóstēma* 《原義》a standing off, separation (of pus)〙 — *n.* 《古》 **1** 膿瘍(のうよう) (abscess). **2** 道義の退廃(の根源).

im·pos·ture [ɪmpɑ́stʃə, əm- | ɪmpɔ́stʃə(r)] 〘(1537) ⊏ F ~ ⊏ LL *impostūra* ← *impōnere* 'to IMPOSE'〙 — *n.* (特に, 氏名・経歴詐称などの)詐欺(行為), 偽名詐欺, かたり, ぺてん.

im·pos·tur·ous [ɪmpɑ́stʃərəs, əm- | ɪmpɔ́s-] *adj.* = impostrous.

im·po·sure [ɪmpóuʒə, əm- | -pə́uʒə(r)] 〘← IMPOSE + -URE: cf. composure〙 *n.* 《まれ》= imposition.

im·pot [ímpɑt | -pɔt] *n.* = impo.

im·po·tence [ímpəṭəns, -tṇs | -təns, -tṇs] 〘(?1406) ⊏ (O)F ~ ⊏ L *impotentia*: ⇨ impotent, -ence〙 — *n.* **1** 無力; 無気力, 虚弱; 老衰: reduce to ~ 無力にする. **2** 〘病理〙 **a** (男性の)勃起[性交]不能, 陰萎(いんい), インポテンツ (cf. frigidity 2). **b** 《俗用》(男性の)不妊. **3** 《廃》自制を欠くこと.

ím·po·ten·cy [-ṭənsi, -tṇ- | -tənsɪ, -tṇ-] 〘(15C)〙 *n.* = impotence.

im·po·tent [ímpəṭənt, -tṇt | -tənt, -tṇt] 〘(*a*1393) ⊏ (O)F // L *impotent-em* powerless ← *im-* 'IN-²' + *potēns* 'POTENT'〙 — *adj.* **1** 無力な 〈*to* do〉 〔*in* doing〕: ~ *against* attack / The enemy was ~ *to* strike back. 敵は全く反撃ができなかった / He is ~ *in* arranging things. 物事をまとめる能力がない. **2** 体力がない, 虚弱な; 老衰した. **3 a** 無気力な, 意気地のない, 意志の弱い. **b** 実行力[効果]のない, むだな: in an ~ rage 激怒しているが何も[どうすることも]できないで. **4** 〘病理〙 **a** 〈男性が〉勃起[性交]不能の, インポテンツの, 陰萎(いんい)の (cf. frigid 4, virile 4; ↔ potent). **b** 《俗用》〈男性が〉子を生まない. **5** 《廃》自制力のない. — *n.* 虚弱者, 病身者; 老衰者; 勃起[性交]不能者. **~·ly** *adv.* **~·ness** *n.*

im·pound 〘(1434) ← *im-* 'IN-¹' + POUND²〙 — [ɪmpáund, əm- | ɪm-] *vt.* **1** 〈家畜などを〉囲い[おり]に入れる: ~ stray cattle. **2** 〈物を〉囲い込む, しまい込む; 〈水などを〉貯える, 溜める: ~ water *in* a reservoir. **3** 〘法律〙 **a** 〈人を〉拘置する, 収容する, 監禁する. **b** 〈物を〉押収[没収]する: ~ a person's property. — [ímpaund] *n.* 灌漑(かんがい)用貯水池.

im·pound·age [ɪmpáundɪdʒ, əm- | ɪm-] *n.* = impoundment.

im·póund·ment *n.* **1** (牛などを)囲いの中に入れること, 閉じ込めること. **2** ためられた水, 貯水量.

im·pov·er·ish [ɪmpɑ́v(ə)rɪʃ, əm- | ɪmpɔ́v-] 〘(*a*1420) *empoverishe(n)* ⊏ OF *empoveriss-* (stem) ← *empov(e)rir* ← *im-* 'IN-¹' + *povre* 'POOR': ⇨ -ish²〙 — *vt.* **1** 〈人・国などを〉貧しくする, 貧乏にする: The country was ~*ed* by the war. **2** 〈土地などを〉(作物を作りすぎて)やせさせる, 不毛にする. **3** 弱くする, 虚弱にする: Rubber becomes ~*ed* after a time. ゴムはしばらくすると弱る[弾力を失う]. **4** 興味[変化, 魅力など]を奪う, 退屈にする. **~·er** *n.* **~·ment** *n.*

im·póv·er·ished *adj.* **1** 〈裕福であった人などが〉貧困に陥った: an ~ farmer. **2 a** 〈土地など〉やせた, 疲弊した: ~ soil (肥料不足などのため)やせた土地. **b** 〘生態〙〈動物相・植物相が〉まばらな. **3** 虚弱になった, 衰弱した: an ~ health 衰えた健康. **4** 興味(など)を奪われた, 気の抜けた: an ~ existence 物に興味を失った[気の抜けたような]生活.

im·pow·er [ɪmpáuə, əm- | ɪmpáuə(r)] *vt.* 《廃》= empower.

im·prac·ti·ca·bil·i·ty [ɪmpræ̀ktɪkəbíləṭi, əm-, -tə- | ɪmpræ̀ktɪkəbílətɪ, -lɪ-] 〘⇨↓, -ity〙 — *n.* **1** 実行[実施]不可能; 実行[実施]不可能な事柄. **2** 手に負えないこと, 用をなさないこと; 頑固, 強情.

im·prac·ti·ca·ble [ɪmprǽktɪkəbḷ, əm-, -tə- | ɪmprǽktɪ-] 〘(1653) ← *im-* 'IN-²' + PRACTICABLE〙 — *adj.* **1** 〈方法・材料など〉実用向きでない, 実行不可能な, 実際に行なわれ難い, できない: an ~ plan, proposal, scheme, etc. **2** 〈道路など〉用をなさない, 通行できない. **3** 《古》〈人・物など〉扱いにくい, 手に負えない, 御しにくい, 頑固な. **~·ness** *n.* **im·prác·ti·ca·bly** *adv.*

im·prac·ti·cal [ɪmprǽktɪkəl, əm-, -tə- | ɪmprǽktɪ-] 〘(1865) ← *im-* 'IN-²' + PRACTICAL〙 *adj.* **1** 実際的でない, 実際にうとい. **2** 実行できない, できそうもない. **3** 理論倒れの, 空論の; 理想主義の. **~·ness** *n.*

im·prac·ti·cal·i·ty [ɪmpræ̀ktɪkǽləṭi, əm-, -tə- | ɪmpræ̀ktɪkǽlətɪ, -lɪ-] 〘⇨↑, -ity〙 — *n.* **1 a** 非実際性. **b** 実行不能. **2 a** 実際的でない事柄. **b** 実行不可能な事柄.

im·pre·cate [ímprɪkèɪt, -prə-] 〘(1613) ← L *imprecāt-us* (p.p.) ← *imprecārī* to invoke upon ← *im-* 'IN-¹' + *precārī* 'to PRAY'〙 — *vt.* **1** 〔人に〕〈不運・災いなどを〉祈る, 祈願する〔on, upon〕: ~ evil [a curse] *upon* a person 人に呪いをかける. **2** 《古》呪う: ~ the weather. — *vi.* 呪う. **ím·pre·cà·tor** [-ṭə | -tə(r)] *n.*

im·pre·ca·tion [ìmprɪkéɪʃən, -prə-] 〘(1448) ⊏ L *imprecātiō(n-)* ← *imprecārī*: ⇨↑, -ation〙 — *n.* **1** (災いなどを下したまえと)祈願すること. **2** (「ちくしょう」(damn(ed), hell) などと)呪うこと; 呪い.

im·pre·ca·to·ry [ímprɪkətɔ̀ːri, -prə-, ɪmprék-, əm-, -tɔ̀ːri | ímprɪkèɪtəri, ɪmprékət(ə)ri] 〘(1587): ⇨ imprecate, -ory¹〙 *adj.* 呪いの.

im·pre·cise [ìmprɪsáɪs, -prə-] 〘← *im-* 'IN-²' + PRECISE〙 *adj.* 不正確な, 不明確な. **~·ly** *adv.* **~·ness** *n.*

im·pre·ci·sion [ìmprɪsíʒən, -prə-] *n.* 不正確, 不明確, 非精密; 不正確[不明確]なもの.

im·preg [ímpreg] 〘《略》← *impregnated* (*wood*)〙 *n.* 硬化積層材《合成樹脂を含浸した合板で, 平面の乾燥割れが少なく堅牢(けんろう)で持ちがよい; cf. compreg》.

im·preg·na·bil·i·ty [ɪmprègnəbíləṭi, əm- | ɪmprègnəbílətɪ, -lɪ-] *n.* 難攻不落; 堅固.

im·preg·na·ble¹ [ɪmprégnəbḷ, əm- | ɪm-] 〘(?*a*1439) *imprenable* ⊏ (O)F: ⇨ in-², pregnable〙 — *adj.* **1** 攻略できにくい, 難攻不落の: an ~ fortress 攻め落としにくい要塞. **2** (議論・誘惑・論敵などに)負けない, くつがえされない, 堅固な, 揺るがぬ: an ~ faith 確固たる信念 / an ~ soul 道心堅固な人 / an ~ argument 完璧な議論. **~·ness** *n.* **im·prég·na·bly** *adv.*

im·preg·na·ble² [ɪmprégnəbḷ, əm- | ɪm-] 〘⇨ impregnate, -able〙 *adj.* 受精[受胎]可能の.

im·preg·nant [ɪmprégnənt, əm- | ɪm-] *n.* 含浸剤《布・紙・コンクリート・パルプ・木などの物質に浸み込ませる物質; 油・樹脂・プラスチックなど》.

im·preg·nate 〘(adj.: 1545; v.: 1605) ⊏ LL *impraegnāt-us* (p.p.) ← *impraegnāre* to render pregnant: ⇨ in-¹, pregnant, -ate²,³〙 — [ɪmprégneɪt, əm-, ímpregnèɪt | ímpregnèɪt, ー＝ー] *vt.* **1** 〈人・動物を〉はらませる, 妊娠させる, 受胎させる: be [become] ~*d* 妊娠している[する]. **2** 〘生物〙受精させる, 実らせる. **3** …に〔…を〕浸み込ませる, 含ませる, 飽和[充満]させる, 〔*with*〕: a handkerchief ~*d with* perfume 香水の浸み込んだハンカチ. **4** 〈心〉に〔…を〕浸み込ませる, 印象づける, 植え付ける, 注入する, 吹き込む〔*with*〕: ~ a mind *with* new ideas 新思想を人の心に植え付ける. — [ɪmprégnət, əm-, -nɪt, -neɪt | ɪmprég-] *adj.* **1** はらんでいる, 妊娠している. **2** 〔…の〕浸み込んだ, 飽和した〔*with*〕: water ~ *with* disease germs 病菌の充満した水. **3** 〔…を〕吹き込まれた, 注入された〔*with*〕: a mind ~ *with* a revolutionary idea 革命的思想の浸み込んだ心. **im·prég·na·tor** [-ṭə | -tə(r)] *n.*

imprégnated cáble *n.* 〘電気〙含浸ケーブル《電力用ケーブルで絶縁物に絶縁油などを浸潤したもの》.

im·preg·na·tion [ìmpregnéɪʃən] *n.* **1** 受胎, 受精. **2** 飽和, 充満; 注入, 浸透, 含浸. **3** 鼓吹.

im·pre·sa [ɪmpréɪzə, əm-, -sə | ɪm-] 〘⊏ It. ~ 'enterprise' (fem. p.p.) ← *imprendere* < VL *imprehendere* to undertake: cf. emprise〙 — *n.* 《廃》**1** (盾(たて)の上の)紋章. **2** 金言 (maxim).

im·pre·sa·rio [ìmprəsɑ́ːriòu, -sέ(ə)r- | -prɪsɑ́ːriəu, -prə-, -pre-, -zɑ́ːr-; *It.* imprezáːrjo] 〘(1746) ⊏ It. ~ 'undertaker' ← *impresa* (↑)〙 — *n.* (*pl.* **~s, im·pre·sa·ri** [-ri | -rɪ; *It.* -ri]) **1** (歌劇・音楽会などの)興行主, 座元; (コンサート・展覧会・競技会など一連の催物の)主催者, 後援者. **2** (一座の)監督 (manager), 指揮者 (director); 経営者. **~·ship** *n.*

im·pre·scrip·ti·ble [ìmprɪskríptəbḷ, -prə-] 〘(1563–87) ⊏ F ~: ⇨ in-², prescriptible〙 — *adj.* 〘法律〙時効で消滅できない; 法令で動かせない (inalienable), 絶対的な (absolute). **ìm·pre·scríp·ti·bly** *adv.* **ìm·pre·scrìp·ti·bíl·i·ty** [-təbíləṭi | -tɪbílətɪ, -tə-, -lɪ-] *n.*

im·prese [ɪmpríːz, əm- | ɪm-] 〘⊏ F 《廃》~ ⊏ It. *impresa* 'IMPRESA'〙 *n.* 《廃》= impresa.

im·press¹ 〘v.: (?*c*1370) *impresse(n)* ⊏ OF *em-, impress-er* // L *impress-us* (p.p.) ← *imprimere* ← *im-* 'IN-¹' + *premere* 'to PRESS¹'. — n.: (1590) ← (v.)〙 — [ɪmprés, əm- | ɪm-] *v.* (**~ed**, 《古》**im·prest** [~t]) — *vt.* **1** 〈刻印・模様などを〉〔…の上に〕押す, (押して)つける, 刻印する〔on, upon〕; …に〔…マーク・デザインなどを〕(押して)つける〔*with*〕: ~ a mark *upon* a surface = ~ a surface *with* a mark 表面にマークを押す. **2** …に印象を与える; …に〔…であると〕印象づける〔*as*〕: ~ a person favorably [unfavorably] 人に好[悪]印象を与える / He ~*ed* me *as* (an) honest (person). 彼は私に正直(者)だという印象を与えた. **3 a** 〔人・心・記憶などに〕銘記させる, 留めさせる〔on, upon〕: ~ an idea *upon* a person [*on* his mind] ある観念を人[彼の心]に銘記させる / ~ *upon* a person the necessity for hard work 人に勤勉の必要を痛感させる / He ~*ed on* me *that* …ということを彼は私に銘記させた / His words ~*ed* themselves *on* my memory. 彼の言葉は私の記憶に焼き付いた. **b** 〈人〉に〔…を〕(強く)印象づける, 痛感させる〔*with*〕: ~ a person *with* the importance of his task 人に仕事の重要性を深く認識させる / be deeply ~*ed with* her beauty [his intelligence] 彼女の美貌[彼の知性]に深く印象づけられる. **4** …の心[胸]を打つ, 感動させる: be much ~*ed* by a speech [*with* the beauty of the scene] 演説を聞いて[その光景の美しさに]ひどく感動する / He [The book] did not ~ me at all. 彼[その本]から何の感銘も受けなかった. **5** 移す, 伝える; (特に)〘電気〙…に印加する, …に〈電圧を〉加える. **6** 《廃》印刷する (print): ~ a book. — *vi.* (良い)印象を与える, 関心を引く. — [ímpres, ɪmprés, əm- | ímpres] *n.* **1** 押印, 捺印(なついん); 刻印, 痕跡: take an ~ of …の押型を取る. **2** (作品などに残された)特徴: a picture bearing the ~ of genius 天才の特徴をよく示した絵. **3** 感銘; 影響:

make a strong ~ *upon* …に強い感銘を与える / leave an ~ *upon* one's age 時代に足跡を残す.

im·press² 〘(1600) ← *im*- 'IN-¹'+PRESS²〙 ── [ɪmprés, əm- | ɪm-] *vt.* (~**ed**, 《古》 **im·prest** [~t]) 《古》 **1 a** 〈人を〉無理に兵役に服させる, (特に)海軍に強制徴募する. **b** 〈物資を〉徴発する, 徴用する. **2** 〔議論などに〕(むりやりに)引き合いに出す, 引用する, 利用する; 〈人を〉言いくるめて…させる 〔*into*〕: ~ a fact *into* an argument / ~ a person *into* working 人をうまく言いくるめて働かせる. ── [ímpres, ɪmprés, əm- | ímpres] *n.* =impressment.

im·press·i·bil·i·ty [ɪmprèsəbíləṭi, əm- | ɪmprèsɪbílɪti, -sə-, -lɪ-] *n.* 感じやすいこと, 感受性.

im·press·i·ble [ɪmprésəbḷ, əm- | ɪmprésə-, -sɪ-] *adj.* 感じやすい, 感受性の強い (susceptible). **im·préss·i·bly** *adv.* **~·ness** *n.*

im·pres·sion [ɪmpréʃən, əm- | ɪm-] 〘(*c*1380) □ (O)F ~ ∥ L *impressiō(n-)*: ⇨ impress¹, -sion〙 ── *n.* **1 a** (感覚的)印象, 感じ: auditive [sensuous, visual] ~*s* 聴覚[感覚, 視覚]的印象 / the ~ of sound on the ear 耳に受ける音の印象. **b** (意識の上に残された)印象, 感銘, 感想: give one's ~(*s*) of …に関する感想を述べる / leave a bad ~ *on* …に悪い印象を残す / make [create, produce] an ~ *on* …に印象[感銘]を与える / I got a favorable ~ of him. 彼からは良い印象を受けた / First ~*s* are most lasting. 《諺》 初対面の印象はなかなか消えない[抜けない]もの. **2** ぼんやりした観念, 感じ, 気持, 気: These are only my ~*s*. それは私の感じにすぎない《しかとはわからない》/ He had the ~ *of* being followed. 尾行されているような気がした/ It is my ~ *that* the woman is not his type. 何だかあの女は彼には向かないような感じがする / I have the ~ [am under the ~] *that* we have taken the wrong road. 道を間違えたような気がする. **3** (努力・作用などの)結果, 効果; (環境などの)影響: Punishment made little ~ *on* him. 罰を与えても彼には殆んど効き目がなかった / the ~ *on* man's behavior produced by an environment 環境が人間の行動に及ぼす影響. **4** 押印, 捺印(なついん); (押してできた)しるし, 形, 模様, 跡, 痕跡, 形跡: the ~ of a seal *on* wax ろうに押された封印 / notes bearing a common ~ 同じ図案の紙幣. **5** 《米》 (ペンキなどの)一度塗り, 1 回目の塗り付け; (保護・装飾のための)塗装. **6 a** 印刷; 刷, 印刷物; (それらの) 1 枚, 1 部. **b** 刷《同じ原版で一時に印刷した図書などの総部数; printing ともいう; cf. edition 2》: a first ~ of 10,000 copies 初刷 1 万部 / the second ~ of the second edition 第 2 版の第 2 刷 / Five ~*s* have been made and sold. 5 回刷って売った. **c** 印圧《刷る時に, 紙に加わる圧力》. **7** 〘歯科〙 印象《義歯製作のためシリコンゴムなどで採る口の中の陰型》: take an ~ 印象を採る. **8** 〘金属加工〙 **a** インプレッション, 彫り型, くぼみ型《造形する物体と逆の形になっている金型の型彫り部分》. **b** 圧痕. **9** (芸人などがする)知名人の物真似: do [give] one's ~(*s*) of …の物真似をする. **10** 〘心理〙 印象《感覚・知覚が意識される過程とその結果生じるイメージ》.

im·pres·sion·a·bil·i·ty [ɪmprèʃ(ə)nəbíləṭi, əm- | ɪmprèʃ(ə)nəbílɪti, -lɪ-] *n.* 感受性, 感動性.

im·pres·sion·a·ble [ɪmpréʃ(ə)nəbḷ, əm- | ɪm-] 〘(1836) □ F *impressionnable*: ⇨ impression, -able〙 ── *adj.* **1** 感動しやすい, 影響を受けやすい, 感じやすい, 感受性の強い, 敏感な: an ~ nature 感動しやすい性質 / an ~ age 感じやすい年頃 / ~ *to* sound 音に鋭敏な. **2** 押印する[跡をつける]ことのできる; 可塑性のある. **3** 印刷に適した, 印刷可能な. **~·ness** *n.* **im·prés·sion·a·bly** *adv.*

im·prés·sion·al [-ʃənḷ, -ʃnəl] *adj.* **1** 印象の, 印象的な. **2** =impressionable.

im·pres·sion·ar·y [ɪmpréʃənèri, əm- | ɪmpréʃ(ə)nəri] *adj.* 印象主義の, 印象主義的な.

impréssion cýlinder *n.* 〘印刷〙 (輪転印刷機の)圧胴.

im·pres·sion·ism [-ʃənìzm] 〘(1839) □ F *impressionnisme*: ⇨ impression, -ism〙 ── *n.* **1** 〘美術〙 **a** [時に I-] 印象主義, 印象派《細部の描写よりも瞬間的な視覚的印象を色彩的に表現しようとする画風で, 1865–75 年にフランスで Manet, Monet, Sisley, Renoir, Degas などによって発展した; cf. Neo-Impressionism, Postimpressionism》. **b** 印象主義的表現. **c** 〘彫刻〙 印象主義《光線の乱反射の効果をねらって表面をなめらかに仕上げない彫刻様式》. **2** 〘文学〙 印象主義《Goncourt 兄弟や象徴派の詩にみられるような刻々の印象を描写することを主要事とする主義》. **3** 〘音楽〙 印象主義《19 世紀末から 20 世紀初頭にかけて Debussy, Ravel などにより特にフランスで顕著であった作曲様式; 形式的構成化を忌み, 斬新な和声法や往時の作曲技法の復活などにより感情内容を端的に描写しようとする主義》.

im·prés·sion·ist [-ʃ(ə)nɪst, -nəst | -nɪst] 〘(1881) □ F *impressionniste*: ⇨ impression, -ist〙 ── *n.* **1 a** 印象主義者. **b** [通例 I-] (フランス)印象派の芸術家《画家・彫刻家・作家など》. **2** 有名人の物真似をする芸人. ── *adj.* **1** 印象主義の: ~ painters 印象主義画家. **2** [通例 I-] (フランス)印象派の: *Impressionist* pictures (フランス)印象派の絵画.

Impréssionist gròup *n.* [the ~] =Impressionist school.

im·pres·sion·is·tic [ɪmprèʃənístɪk] *adj.* **1** 印象主義の. **2** [通例 I-] (フランス)印象派の. **im·près·sion·ís·ti·cal·ly** *adv.*

Impréssionist schòol *n.* [the ~] 〘美術〙 印象派《Manet, Monet, Sisley, Renoir, Degas などフランス印象派画家の一群; cf. impressionism 1 a》.

im·pres·sive [ɪmprésɪv, əm- | ɪm-] 〘(1593) ← IMPRESS¹+-IVE〙 ── *adj.* 強い印象[深い感動]を与える, 印象的な, 感銘的な; 荘厳な, 厳粛な: an ~ speech [scene] 印象的な演説[光景] / an ~ church with a tall tower 高い塔のある荘厳な教会. **~·ly** *adv.* **~·ness** *n.*

im·préss·ment 〘⇨ impress², -ment〙 *n.* 《古》 (特に, 海軍の)強制徴募[募兵]; 徴発, 徴用.

im·pres·sure [ɪmpréʃə, əm- | ɪmpréʃə(r] 〘← IMPRESS¹ (v.)+-URE: cf. pressure〙 *n.* 《古》 =impression.

im·prest¹ [ímprest] 〘(1568) ← *in prest* ∽ ME *prest* 'PREST': cf. It. *impresta* loan〙 ── *n.* **1** (公務執行のために国庫から出す)前払い金, 前渡金, 公用立換金. **2** (もと英国で徴募の時に兵士や水兵に与えた)前払い. ── *adj.* 前払いの, 前金の: ⇨ imprest system.

imprest² *v.* 《古》 impress¹˒² の過去形・過去分詞.

ímprest sỳstem *n.* 〘会計〙 定額資金前渡制度.

im·pri·ma·tur [ìmprɪmá:tʊə, -prə-, -méɪ-, ɪmprímət(j)ʊə | ìmprɪméɪtə(r, -praɪ-, -má:-, -tʊə(r] 〘(1640) ← NL *imprimātur* let it be printed (3rd sing. pres. subj. pass.) ← *imprimere*: ⇨ impress¹〙 ── *n.* **1 a** 出版認可[許可]. **b** (特に, カトリック教会で司教またはその代理者の与える)印刷許可, 出版認可 (cf. nihil obstat 1). **2** 認可, 許可, 免許; 認可[許可]のサイン[印].

im·pri·ma·tu·ra [ɪmprì:mətú(ə)rə | -túərə; *It.* imprìmatú:ra] 〘□ It. ~ ← *imprimito* impressed (↑) + *-ura* '-URE'〙 ── *n.* 〘絵画〙 カンバスなどの着色した下地, 下塗り (underpainting).

im·pri·mis [ɪmpráɪmɪs, -prí:-, -məs | -práɪmɪs] 〘(1407–17) □ L *imprīmis, in prīmis* among the first things ← *prīmus* first〙 ── *adv.* 《文語》 第一に, まず, 最初に (in the first place). ★ 項目などを並べる場合にその前に置く.

im·print 〘v.: (*c*1380) *empre(i)nte(n)* □ OF *empre-int-er* ← *empreinte* (p.p.) ← *empreindre* to imprint < L *imprimere* 'to IMPRESS¹'. ── n.: (*a*1449) □ OF *empreinte*: ⇨ in-¹, print〙 ── [ɪmprínt, əm-, ím-prɪnt | ɪmprínt] *vt.* **1 a** 〈判などを〉〔…に〕押す 〔*on, upon*〕; 〔判などを〕…に印する (stamp) 〔*with*〕; 《古》 印刷する: ~a postmark *on* a letter=~ a letter *with* a postmark 手紙に消印を押す / The soft soil was ~*ed with* footmarks. 柔らかい地面に足跡が残されていた. **b** 〔…に〕当てる, 押す 〔*on, upon*〕: ~ a kiss *on* a person's brow 人の額にキスをする. **2** 〔心などに〕刻印する, 銘記する, 感銘させる (impress) 〔*on, upon, in*〕: ~ words [ideas] *on* [*in*] a person's mind 人の心に言葉[思想]をはっきり残す / a scene ~*ed on* [*in*] one's memory はっきりと記憶に印された[残る]光景. **3** 〈性格・特徴などを〉印象づける. **4** 〘心理〙 刻印づける, 銘記して習得[確立]する. ── [ímprɪnt] *n.* **1** (押した)印, 印影; 痕跡, 印象 (impression): the ~ of a foot 足跡. **2 a** 出版事項《図書の, 通例扉の下部に印刷されている出版者名・出版地・刊年》: the publisher's ~. **b** 印刷事項《印刷者名・印刷地・印刷年など》: the printer's ~. **3** 面影, 色, 刻印: the ~ of care [anxiety] *on* a person's face 人の顔に表われた憂慮の色.

im·prínt·er [-ṭə | -tə(r] *n.*

im·prínt·ing [-ṭɪŋ | -tɪŋ] *n.* 〘心理〙 刻印づけ, 刷り込み, インプリンティング《生れて間もない一定の時期にのみ獲得され, 永続する行動様式》.

im·pris·on [ɪmprízṇ, əm- | ɪm-] 〘(*c*1300) *empri-sone(n)* □ OF *en-, emprison-er* (F *emprisonner*) ← *em-* 'IN-¹' + *prison* 'PRISON'〙 ── *vt.* **1** 刑務所に入れる, 拘禁する, 収監する: ~ a person *for* burglary. **2** 閉じ込める, 押し込める, 幽閉する, 拘束する: Jealousy ~*ed* him. 嫉妬の念が彼を強く捕えていた《ので正しい判断ができなかった》/ be ~*ed* by dogmatic beliefs 独断的な信念にとらわれている.

im·pris·on·a·ble [ɪmpríznəbḷ, əm-, -zn- | ɪm-] *adj.* **1** 投獄[拘禁]できる. **2** 〈犯罪など〉法的に拘禁処罰を必要とする.

im·prís·on·ment 〘(1386) □ OF *emprisonement* ← *emprisoner*: ⇨ imprison, -ment〙 ── *n.* 投獄, 拘禁, 収監, 入獄; 監禁, 幽閉, 束縛: under ~ 監禁されて / ~ at hard labor 懲役 / be sentenced to twenty years' ~ 20 年の禁固刑に処せられる.

imprisonment without the option (**of a fine**) 罰金をもって換えられない拘禁.

im·prob·a·bil·i·ty [ɪmprɑ̀bəbíləṭi, ìmprɑb- | ɪmprɔ̀bəbílɪti, -lɪ-, ─ ─ ─ ─ ─] *n.* あり[起き]そうもないこと; 本当[真実]らしくないこと[もの]: worry about *improbabilities* ありそうもないことを気に病む.

im·prob·a·ble [ɪmprɑ́bəbḷ, əm- | ɪmprɔ́b-] 〘(1598) □ L *imprōbābil-is*: ⇨ in-², probable〙 ── *adj.* あり[起こり]そうもない, 信じられない; 本当[真実]らしくない (unlikely): an ~ event, story, etc. / Thunder is ~. 雷は鳴りそうもない / It is highly ~ *that* he *should* have consented to the proposal. 彼がその提案に応じたということはとてもありそうもないことだ. **~·ness** *n.*

im·prób·a·bly [-bli | -blɪ] *adv.* ありそうもなく, 本当らしくなく. *not improbably* ことによったら, あるいは(…かも知れない) (cf. probably).

im·pro·bi·ty [ɪmpróʊbəṭi, əm-, -prɑ́b- | ɪmprə́ʊbɪti, -prɔ́b-, -bɪ-] 〘ME *improbite* persistency □ L *improbitāt-em*: ⇨ in-², probity〙 *n.* 不誠実[正直]; 邪悪.

im·promp·tu [ɪmprɑ́m(p)t(j)u:, əm-, -tʃu: | ɪmprɔ́m(p)tju:] 〘(1669) □ F ~ ← L *in promptū* ((abl.) ← *promptus*) in readiness: ⇨ in-¹, prompt〙 ── *adv.* (すぐその場で)準備なしに, 即席に, 即座に, 即興的に: speak ~ 即席演説をする / verses written ~ 即興詩. ── *adj.* **1** 〈演説・詩など〉準備なしの, 即席の, 即興的な: an ~ speech / an ~ performance 即興的演奏. **2** 〈食事・座席など〉一時の間に合せに作った, あわてて準備した, ありあわせの, にわか作りの: an ~ supper, bench, hammer, etc. / an ~ press conference 臨時の記者会見. ── *n.* **1** 即席演説, 即興演奏, 即興詩[曲], 即吟, 即興作 (improvisation). **2** 〘音楽〙 即興曲, アンプロンプチュ《19 世紀に流行したキャラクターピース (character piece) の一つで, A-B-A 式三部のリート (lied) 形式のものが多い》.

im·prop·er [ɪmprɑ́pə, əm- | ɪmprɔ́pə(r] 〘(*a*1460) □ (O)F *impropre* ∥ L *impropr-ius*: ⇨ in-², proper〙 ── *adj.* **1** (場合・目的に)ふさわしくない, 不適当な, 不相応な; (特に)不作法な, けしからぬ: behavior [remarks] ~ *to* the occasion その折にふさわしくない行動[言葉] / put something to an ~ use 物を正しくない用い方をする[誤用する]: It is ~ for you to [*that* you (*should*)] answer back. 君が口答えするのは無礼だ. **2** 誤まった, 妥当でない (erroneous): an ~ treatment of a disease 病気の誤まった手当 / an ~ conclusion とんでもない結論. **3** (機械などの)調律が乱れた, 不規則な: ~ functioning of the control system 制御システムの不調律. **4** 不徳な, 不義の, みだらな (immoral): ~ language [conduct] みだらな言葉[行為] / an ~ book 猥褻(わいせつ)な本. **~·ly** *adv.* **~·ness** *n.*

imprόper fráction *n.* 〘数学〙 仮分数《分母より分子の数字が小さくない分数; $^5/_3$, $^2/_2$ など; ↔ proper fraction》.

imprόper íntegral *n.* 〘数学〙 特異[異常]積分《閉区間の上の通常の定積分の極限として得られる開区間や無限区間などの上の広義の定積分; cf. infinite integral》.

im·pro·pri·ate 〘(1538) □ ML *impropriāt-us* (p.p.) ← *impropriāre* to appropriate ← *im*- 'IN-¹'+*proprius* 'one's own, PROPER'〙 ── [ɪmpróʊprièɪt, əm- | ɪmprə́ʊprɪ-] *vt.* **1** 〘英国国教会〙 **a** 〈聖職禄 (benefice) を〉宗教団体または個人の財産に移す. **b** 〈十分の一税 (tithes)・教会財産を〉俗人の手[管理]に移す. **2** 《廃》 私用に当てる. ── [-priət, -prɪɪt | -priət, -prɪɪt] *adj.* **1** 〘英国国教会〙 〈教会財産が〉宗教団体または個人の所有となった, 俗人の手[管理]に移った. **2** 《廃》 私用に当てられた.

im·pro·pri·a·tion [ɪmpròʊpriéɪʃən, əm- | ɪmprə̀ʊprɪ-] *n.* 〘英国国教会〙 教会財産を宗教団体または個人[俗人]の手に移すこと; 宗教団体または個人[俗人]の手に移った教会財産 (cf. appropriation 3 b).

im·pró·pri·à·tor [-ṭə | -tə(r] *n.* 〘英国国教会〙 教会財産を個人財産として所有する俗人.

im·pro·pri·e·ty [ɪmprəpráɪəṭi, -pro(ʊ)p- | -prəpráɪəti] 〘□ F *impropriété* ∥ L *improprietāt-em* ← *improprius* 'IMPROPER': ⇨ in-², propriety〙 ── *n.* **1** 不適当, 不穏当, 不相応, 不正, 妥当でないこと (unsuitableness). **2** 誤り, 間違い; 正しくない言葉遣い; (語の)誤用. **3** 不体裁, 無作法, 下品 (indecency); 不都合な行為, 不行跡, 不義: commit an ~.

im·prov·a·bil·i·ty [ɪmprù:vəbíləṭi, əm- | ɪmprù:vəbílɪti, -lɪ-] *n.* 改良[改善]できること.

im·prov·a·ble [ɪmprú:vəbḷ, əm- | ɪm-] *adj.* 改良[改善]できる. **~·ness** *n.* **im·próv·a·bly** *adv.*

im·prove [ɪmprú:v, əm- | ɪm-] 〘(1473) *em-, improue(n)* □ AF *emprow-er* ← OF *em-* 'IN-¹'+*prou, pros* profit (< LL *prōde* advantage 《逆成》) ← L *prōdesse* to be of advantage)〙 ── *vt.* **1 a** 改善[改良]する, (努力して)一層良くする, 増進する; …の能力を増進する, 向上させる: ~ one's knowledge, ability, piano playing, English, etc. / ~ one's health by constant exercise 常に運動をして健康を増進する / ~ oneself [one's mind] 修養する, 精神を鍛錬する / ~ the situation (不利な)状況を好転させる / ~ one's vocabulary 語彙数を増やす / Suffering ~*s* the character. 苦労することによって人格にみがきがかかる / This will ~ my luck. これでつきが変わるだろう / You cannot ~ this machine. この機械はこれ以上改良の余地がない. **b** [~ oneself で] 〔…が〕上達する 〔*in*〕: I wish to ~ *myself in* drawing [English]. 絵[英語]がもっとうまくなりたい. **2** 利用[活用]する: ~ the time by seeing the city 時間を利用して市内見物をする / *Improve* every moment while you are young. 若いうちは一瞬一瞬をむだにするな / ~ something *into* an excuse ある事を口実に利用する / ~ the occasion 機会を利用する, せっかくの機会をいいしおにして説教する / ~ the [each] shining hour 好機を利用する (cf. I. Watts, *Divine Songs for Children*). **3** 《米》 (耕作などによりあるいは建築物・道路などを設けて)〈土地・不動産〉の価値を高める: ~ a lot by building on it 建物を建てて地価を上げる. **4** 《古》 使う: ~ an attic for storage 屋根裏を物置に使う.

── *vi.* **1** 〈状勢・健康などが〉よくなる, 改まる, 改善される, 〈人の〉〔健康・学力などが〕向上する, 進歩する, 増進する 〔*in*〕: ~ *in* wealth 富をふやす / ~ *in* one's English 英語が上達する / His health is *improving*.=

He is *improving in* health. 健康状態がよくなってきた / Wait until the weather ~s. 天気がよくなるまで待ちなさい / The situation is *improving.* 形勢が好転してきた / Stocks are *improving.* 株が持ち直してきた. **2 a** 〔…に〕改良を加える, よりいい物を作る〔*on, upon*〕: ~ *upon* the method of teaching 教授法を改善する / This can hardly be ~*d on.* これは改良の余地がほとんどない. **b** 〔記録などを〕一層伸ばす, 更新する, 人より〔…を〕立派にやる, しのぐ〔*on, upon*〕: ~ *on* one's previous record 自分の記録を更新する.

impróved wóod *n.* 〘建築〙改良木材, 含浸圧縮木材《合成樹脂を注入したり含浸させたりして耐久性・耐湿性を強化した木材》.

im·próve·ment 〖《1449》◻ AF *emprowement*: ⇨ improve, -ment〗 ── *n.* **1** 改善, 改良; 進歩, 増進, 向上 (↔ deterioration): ~ *in* health = the ~ of health 健康の増進 / ~ *in* stocks 株価の向上 / show much ~ 非常な進歩[進展]を示す / There is no need for ~. 改良の必要がない. **2 a** 改良[改善]されたもの, 改良[改善]点; 進歩, 上達; (他に比べて)より優れた[進んだ]もの[人]: make ~*s* 改良を施す / This composition is a great ~ *on* [*over*] your last. この作文はこの前のに比べて格段の進歩だ. **b** (新しい設備を取り付けたりしての家の)模様替え: I am putting some ~*s* into my house. 私は少し家の模様替えをしている. **3** 利用, 活用: the ~ of an opportunity. **4** 《米》(土地・不動産の価値を高める下水道・舗装などの)改良工事[施工], 手入れ.

im·próv·er 〖《1647》〗 ── *n.* **1** 改善[改良]する人[もの], 改良[改善]者. **2** 《英》(低賃金または給金の代わりに職業指導を受ける)見習(職人), 徒弟. **3** 増進剤. **4** = dress improver.

im·prov·i·dence [ɪmprávədəns, əm-, -dṇs, -dèns | ɪmprɔ́vɪdəns, -dṇs] 〖◻ F 《廃》~: ⇨ in-², providence〗 ── *n.* **1** 先の考えのないこと; 不用意. **2** 貯蓄心のないこと; 浪費.

im·prov·i·dent [ɪmprávɪdənt, əm-, -dṇt, -dènt | ɪmprɔ́vɪdənt, -dṇt] 〖◻ F 《廃》~: ⇨ in-², provident〗 ── *adj.* **1** 先の考えのない, 将来のことを考えない; 不用意な, 軽率な. **2** 先の備えをしない, 節約[貯蓄]心のない. **~·ly** *adv.*

im·próv·ing *adj.* 〈書物など〉教訓的な, ためになる.

im·pro·vi·sa·tion [ɪmprɑ̀vəzéɪʃən, əm-, ɪ̀mprəvɪ-, -və- | ɪ̀mprəvaɪzéɪʃən, -prɔvɪ-] 〖《1786》〗 ── *n.* 即席にやること, 即座に作ること, 即興; 即席にやった[作った]もの《即興詩・即興曲・即興演奏・即興画など; extemporization ともいう》. **~·al** [-ʃənḷ, -ʃnəl] *adj.*

im·prov·i·sa·tor [ɪmprávəzèɪṭə, əm- | ɪmprɔ́vɪzèɪtə(r)] *n.* = improviser.

im·prov·i·sa·to·re [ɪmprɑ̀vəzətɔ́:reɪ, əm-, -tɔ́:r- | ɪmprɔ̀vɪzətɔ́:r-] 〖◻ It. *improvvisatore* ← *improv(v)isare* 'to IMPROVISE'〗 ── *n.* (*pl.* **-to·ri** [-ri:], **~s**) = improviser.

im·prov·i·sa·to·ri·al [ɪmprɑ̀vəzətɔ́:riəl, əm-, -tɔ́:r- | ɪmprɔ̀vɪzətɔ́:rɪ-] *adj.* 即席の, 即興の. **~·ly** *adv.*

im·pro·vi·sa·to·ry [ɪmprávəzətɔ̀:ri, əm-, ɪmprəváɪz-, -tɔ̀:ri | ɪ̀mprəvízət(ə)rɪ, -váɪz-] *adj.* 《英》= improvisatorial.

im·prov·i·sa·tri·ce [ɪmprɑ̀vəzətrí:tʃeɪ, əm- | ɪmprɔ̀vɪzə-] 〖◻ It. *improvvisatrice*〗 *n.* (*pl.* **-tri·ci** [-tʃi:], **~s**) 女性の improvisatore.

im·pro·vise [ɪ́mprəvàɪz, ⌐ ─ ┘ | ⌐ ─ ┘] 〖《1826》◻ F *improvis-er* ◻ It. *improv(v)isare* ← *improv(v)iso* extempore < L *imprōvīsum* not foreseen: ⇨ in-², provision〗 ── *vt.* **1** 〈詩・音楽などを〉即席[即興]に作る[演奏する], 即席でやる: ~ a piece of music [a dance]. **2** 一時の間に合わせに作る[調製する], 工夫する]: ~ a supper for the moment その場の間に合わせの夕食を作る / ~ a hammer *out of* a stone 石を金づち代わりにする. ── *vi.* 即席[即興]で演奏する[吟ずる]〔*on, upon*〕: ~ *on* the piano / ~ in verse.

ìm·pro·vísed *adj.* 即席に作った, 即興の.

ìm·pro·vís·er *n.* (詩・音楽などを)即席に作る[演奏する]人, 即興詩人, 即興演奏家.

ìm·pro·ví·sor *n.* = improviser.

im·prov·vi·sa·to·re [*It.* ìmprovvìzatɔ́:re] 〖◻ It. ~〗 *It. n.* (*pl.* **-to·ri** [-ri]) = improvisatore.

im·prov·vi·sa·tri·ce [*It.* ìmprovvìzatrí:tʃe] 〖◻ It. ~ (fem.)〗 *It. n.* (*pl.* **-tri·ci** [-tʃi]) 女性の improvisatore.

im·pru·dence [ɪmprú:dṇs, əm- | ɪm-] 〖《?1406》◻ L *imprūdentia* (n.) ← *imprūdentem*: ⇨ ↓, -ence〗 ── *n.* **1** 軽率, 無謀, うかつ, 無分別, 不謹慎: have the ~ *to* do うかつにも…する. **2** 軽率[そこつ]な行為[言葉], うかつな事, 失錯: commit an ~ そこつをする.

im·pru·dent [ɪmprú:dṇt, əm- | ɪm-] 〖《c1390》◻ L *imprūdent-em*: ⇨ in-², prudent〗 ── *adj.* 軽率な, うかつな, 無分別な, 不謹慎な, 無謀な: It was ~ *of* you *to* say so. そんなことを言うとはあなたも軽はずみな人だ. **~·ly** *adv.* **~·ness** *n.*

im·son·ite [ɪ́m(p)sənàɪt] 〖← *Impson* (米国 Oklahoma 州の谷) + -ITE¹〗 *n.* 〘鉱物〙インプソン石《アルバート鉱 (albertite) によく似た土瀝青質の鉱物》.

im·pu·dence [ɪ́mpjʊdəns, -dṇs] 〖《c1390》◻ L *impudentia* ← *impudentem*: ⇨ impudent, -ence〗 ── *n.* **1** 厚かましさ, ずうずうしさ, 無遠慮, 無礼; 生意気, こしゃく: have the ~ *to* do 厚かましくも[鉄面皮にも]…する. **2** ずうずうしい[無遠慮な, 生意気な]言葉[行為]: None of your ~! 生意気はよせ[なことを言うな]. **3** 《廃》恥知らずなこと, たしなみを欠くこと.

ím·pu·den·cy [-dənsi, -dṇ- | -sɪ] 〖◻ L *impudentia* (↑): ⇨ -ency〗 *n.* = impudence.

im·pu·dent [ɪ́mpjʊdənt, -dṇt] 〖《c1390》◻ L *impudent-em* ← *im-* 'IN-²' + *pudentem* ashamed: ⇨ pudency, -ent〗 ── *adj.* **1** 出しゃばりの, 無遠慮な, 無礼な, 厚かましい; 失敬な, 生意気な, こしゃくな: You ~ hussy! この生意気な小娘め / be ~ *to* …に対して無礼である / He was ~ *enough to* answer me back. 失敬にも口答えをした / It is ~ *of* you *to* play dumb. とぼけるなんて君もずうずうしい. **2** 《廃》恥知らずな, たしなみを欠く. **~·ly** *adv.*

im·pu·dic·i·ty [ɪ̀mpjʊdísəṭi, -pju:- | -sətɪ, -sɪ-] 〖◻ F *impudicité* ← *impudique* shameless ◻ L *impudicus* shameless ← *im-* 'IN-²' + *pudicus* bashful, modest: ⇨ pudency, -ity〗 ── *n.* 無恥, 恥知らず, 破廉恥; みだら.

im·pugn [ɪmpjú:n, əm- | ɪm-] 〖《c1378》*impugne(n)* ◻ (O)F *impugn-er* ◻ L *impugnāre* ← *im-* 'IN-¹' + *pugnāre* to fight (⇨ pugnacious)〗 ── *vt.* **1** 〈人を〉(批評・議論などで)攻撃する; 〈人格・動機などを〉非難する; 〈人の陳述・主張などを〉排撃する, 論駁(ばく)する: ~ a person's statement, motives, honesty, etc. **2** 《古》(腕力を用いて)攻撃する. **~·er** *n.*

im·pugn·a·ble [ɪmpjú:nəbḷ, əm- | ɪm-] *adj.* 攻撃[非難, 論駁(ばく)]の余地のある.

im·pug·na·tion [ɪ̀mpjʊgnéɪʃən] 〖《a1398》◻ L *impugnātiō(n-)* ← *impugnāre*: ⇨ impugn, -ation〗 *n.* 《古》= impugnment.

im·púgn·ment *n.* 攻撃, 非難, 排撃, 論駁(ばく).

im·puis·sance [ɪmpwísṇs, əm-, -pjú:əs-, ɪ̀mpjuːís-, -səns | ɪmpjú:ɪs-, -pjúɪs-] 〖《1483》◻ (O)F ~: ⇨ in-², puissance〗 *n.* 無力, 無気力, 虚弱, 無能.

im·puis·sant [ɪmpwísṇt, əm-, -pjú:əsṇt, ɪ̀mpjuːís-, -sənt | ɪmpjú:ɪs-, -pjúɪs-] 〖◻ F ~: ⇨ in-², puissant〗 *adj.* 無力な, 無気力な, 虚弱な, 無能な.

im·pulse [ɪ́mpʌls] 〖《1647》◻ L *impuls-us* a push against (p.p.) ← *impellere* 'to push, IMPEL': cf. pulse¹〗 ── *n.* **1** (物理的な)衝動, 衝撃, 推進力 (propulsion): the ~ of a wave 波の衝撃[推進力]. **2** (外部から働く)衝撃, 刺激, 鼓舞 (impetus): give an ~ to trade [education] 貿易[教育]を促進する. **3** 心のはずみ, 一時の感情, 出来心, 〈…してみたいという〉衝動〈*to* do〉; (その時々の)衝動的行為: the ~ of hunger 空腹の衝動 / act from [on] ~ 衝動[出来心]で動く, 衝動的に行動する / a man of ~ 衝動的な[一時の感情に駆られる]人 / a man of good ~ 直情の人 / on the ~ of the moment その時のはずみ[出来心]で / under the ~ of curiosity [pity, passion] 好奇心[同情心, 激情]に駆られて / be swayed by ~ 衝動に左右される[駆られる] / feel [be seized with] an ~ *to* do …しようとする衝動を感じる. **4** 〘力学〙瞬間力, 撃力, 力積, インパルス《力とその作用時間との積》. **5** 〘生理〙インパルス, 衝動, 欲求《神経線維を通って伝達される神経刺激》. **6** 〘電気〙衝撃, インパルス《短時間に加えられる電圧または電流》.

ímpulse bùyer *n.* 衝動買いをする人.

ímpulse bùying *n.* 衝動買い.

ímpulse pìn *n.* 〘時計〙振り石《てんぷの大つばに取り付けられアンクルのくわがたと係合する; ruby pin, roller jewel ともいう》.

ímpulse ròller *n.* 〘時計〙大つば《てん真にはめ込まれその上に振り石が付いている; roller table ともいう》.

ímpulse tùrbine *n.* 〘機械〙衝動タービン (cf. reaction turbine).

im·pul·sion [ɪmpʌ́lʃən, əm- | ɪm-] 〖《?a1425》◻ (O)F ~ // L *impulsiō(n-)* a pushing against ← *impulsus*: ⇨ impulse, -sion〗 ── *n.* **1** (物理的な)衝動, 衝撃, 刺激 (impulse); 推進. **2** (精神的な)衝動, 刺激, 原動力, はずみ (mental impulse); 衝動的行為: give an ~ to …に刺激を与える / The ~ of hunger drove him to steal. 空腹に耐えかねて彼は盗みをした.

im·pul·sive [ɪmpʌ́lsɪv, əm- | ɪm-] 〖《?a1425》◻ (O)F *impulsif, -ive* // LL *impulsīv-us*: ⇨ impulse, -ive〗 ── *adj.* **1** 衝動的な, 推進的な: an ~ force 推進力. **2** 〈人・動作が〉衝動的な, 一時の感情に駆られた, 直情的な: an ~ child, act, etc. / ~ terror 突然起こる衝動的な恐怖 / a rash ~ marriage 軽率な衝動的な結婚. **3** 行動に駆りたてる. **4** 〘力学〙瞬間力の (cf. impulse 4). **~·ly** *adv.* **~·ness** *n.*

im·pu·ni·tive [ɪmpjú:nəṭɪv, əm- | ɪmpjú:nɪt-] 〖← *im-* 'IN-²' + PUNITIVE: ↓〗 ── *adj.* 〘心理〙非罰的な《欲求不満の原因を自他の責任に帰せず, 通例状況を正確に判断する; cf. extrapunitive, intropunitive》.

im·pu·ni·ty [ɪmpjú:nəṭi, əm- | ɪmpjú:nətɪ, -nɪ-] 〖《1532》◻ F *impunité* // L *impūnitāt-em* ← *impūnis* without punishment ← *im-* 'IN-²' + *poena* punishment (⇨ penal): ⇨ -ity〗 ── *n.* 刑罰を受けないこと, 叱責などを免れること, (刑事責任の)免除; 無事(に済むこと). ★ immunity より意味領域が狭い: You cannot do this with ~. これをしたら必ず罰せられる[無事には済まされない].

im·pure [ɪmpjʊ́ə, əm- | ɪmpjʊ́ə(r)] 〖《?1440》◻ OF ~ // L *impūr-us*: ⇨ in-², pure〗 ── *adj.* **1** きたない, 不潔な: ~ air, water, etc. **2** 純粋でない, 混ぜ物のある, 不純な《特に, 質の悪い汚染物質の混じった》. **3** 利己的な, 不純な: from ~ motives 不純な動機から. **4 a** 〈色が〉他の色を混ぜている, 混色の. **b** 〈文体・建築様式など〉純粋でない, 不純な, 混交の. **c** 〈語法など〉純粋でない, 慣用的でない, 非標準語法の. **d** 〈詩・絵画など〉芸術以外の(政治的・社会的などの)目的のために作られ[描かれ]た. **5** (道徳的に)汚れた, 純潔でない, 不道徳な; 猥褻(わいせつ)な, みだらな: an ~ mind [life] 汚れた心[生活] / an ~ book 猥褻な書物. **6** (宗教的に)汚れた, 神聖でない, 不浄の. **~·ly** *adv.* **~·ness** *n.*

im·pu·ri·ty [ɪmpjʊ́(ə)rəṭi, əm- | ɪmpjʊ́ərətɪ, -rɪ-] 〖《a1500》◻ OF *impurité* // L *impūritāt-em*: ⇨ ↑, -ity〗 ── *n.* **1** きたないこと, 不潔; 不純; 混ぜ物のあること; 不浄; (道徳的に)汚れていること, 猥褻(わいせつ), みだら. **2** [しばしば *pl.*] 不純物, 混じり物, 不潔な物: remove *impurities* in the air [food] 空気[食物]の中の不純物[不潔な物]を除く. **3** 不純な[汚れた]行為.

im·pur·ple [ɪmpɚ́:pḷ, əm- | ɪmpɜ́:-] *vt.* 《廃》= empurple.

im·put·a·ble [ɪmpjú:ṭəbḷ, əm- | ɪmpjú:tə-] 〖◻ ML *imputābil-is* ← *imputāre* 'to IMPUTE': ⇨ -able〗 ── *adj.* **1** 〔…に〕帰することができる, 負わせることができる, 転嫁できる〔*to*〕: sins ~ *to* weakness 性格の弱さによると思われる罪 / No blame is ~ *to* him. 彼には何の咎(とが)[責任]もない. **2** 《古》非難[告発]できる. **im·put·a·bil·i·ty** [ɪmpjù:ṭəbíləṭi, əm- | ɪmpjù:təbílətɪ, -lɪ-, ⌐ ─ ─ ┘ ─ ─] *n.* **~·ness** *n.* **im·pút·a·bly** *adv.*

im·pu·ta·tion [ɪ̀mpjʊtéɪʃən | -pju:-, -pjʊ-] 〖◻ LL *imputātiō(n)*: ⇨ impute, -ation〗 ── *n.* **1** (罪・責めなどを)帰すること, 転嫁; (汚名などを)着せる[負わせる]こと: an ~ of dishonesty *to* a person 人を不正直だと決めつけること. **2** 非難, 汚名, 咎(とが)め, そしり: cast an ~ *on* a person's character 人の人格を傷つける / make an ~ *against* a person's good name 人の名声を傷つける. **3** 〘神学〙転嫁, 帰与, 帰負《キリストの義を人間のものとみなす神の行為》.

im·pu·ta·tive [ɪmpjú:ṭəṭɪv, əm- | ɪmpjú:tət-] 〖◻ LL *imputātīv-us* charging ← *imputātus* (p.p.) ← *imputāre* (↓)〗 ── *adj.* **1** 〔…に〕帰せられる〔*to*〕. **2** 転嫁[非難]し勝ちな. **~·ly** *adv.* **~·ness** *n.*

im·pute [ɪmpjú:t, əm- | ɪm-] 〖《c1375》◻ (O)F *imput-er* // L *imput-āre* to reckon ← *im-* 'IN-¹' + *putāre* to clean〗 ── *vt.* **1 a** 〈罪・失敗などを〉〔…に〕帰する, 負わせる, 着せる, 塗り付ける, 〔…の〕せいにする〔*to*〕: ~ evil motives *to* a person 人に悪い動機があるとする / How dare you ~ the theft *to* me? よくもまあその盗みの罪を私に着せるのね / ~ one's failures *to* one's misfortune 失敗を不運のせいにする / Don't ~ it *to* me that you failed. 君の失敗を私のせいにするな. **b** 〈ある性質などを〉〔…に〕帰する, 〔…の〕ものとする〔*to*〕: ~ magical powers *to* a girl 超能力をある少女が持っているとする. **2** 〘経済〙〈価値を〉帰属させる: ⇨ imputed value. **3** 〘神学〙(身代わりによって)〔…に〕〈罪などを〉帰する〔*to*〕. **4** 《廃》**a** 〘法律〙告発する. **b** 非難する. **im·pút·er** [-ṭə | -tə(r)] *n.*

im·pút·ed válue [-ṭɪd-, -ṭəd- | -tɪd-, -təd-] *n.* 〘経済〙帰属価値《生産財の価値は消費財の価値が帰属させられたものだというオーストリア学派の用語》.

im·pu·tres·ci·ble [ɪ̀mpju:trésəbḷ | -sə-, -sɪ-] 〖◻ LL *imputrescibil-is*: ⇨ in-², putrescible〗 *adj.* 〈有機体など〉腐敗しない, 分解しない.

impv. 《略》imperative.

Ím·roz [*Turk.* ímrɔz] *n.* イムロズ(島)《Imbros のトルコ語名》.

I.M.S. 《略》Indian Medical Service.

im·shi [ímʃi | -ʃɪ] 〖◻ Arab. (imper.) ← *mašā* to go〗 *int.* (*also* **im·shy** [~]) 《英軍俗》行っちまえ.

in 〖prep.: OE *in* < Gmc **in* (OS, OHG & Goth. *in* / ON *í*) < IE **en* (L *in, en* / Gk *en, ení* / Skt *an-*). ── adv.: OE *in, inn(e)* < Gmc **in(n)* (OS *in(n)* / OHG *in* (G *ein*) / ON *inn*). ── adj. & n.: ~ (adv.)〗 ── [ɪn, ən, [t, d, s, z] の後ではまた ṇ; ɪn, ín | ɪn, ɪn, ín] *prep.* **1** [場所・位置] …の中に[で, の], の内に, …に, において (inside of, within): *in* a box, house, pond, etc. / *in* London, England, the world, etc. / *in* the street 《英》街路で (《米》on the street) / *in* the universe 宇宙に / *in* heaven [hell] 天国[地獄]で / *in* the east 東(方)に / *in* a western direction 西方に(当たって) / *in* the distance 遠方に / *in* the Pacific 太平洋(上)で / *in* and around New York ニューヨーク内および近在の[に] / *in* parts 部分的に, 所々に / *in* places あちこちに, 所々に / have a stick *in* one's hand and a pipe *in* one's mouth 手にステッキを持ち口にパイプをくわえている / a candle *in* a candlestick 燭台に立てたろうそく / a plant *in* the window (張出)窓に置いてある鉢(はち)植え / be buried *in* the sand 砂の中に埋められる / You will find this passage *in* Shakespeare. この文句はシェークスピアの作品の中にあります / There is something *in* what he says. 彼の言うことにも一理はある / Mary was *in* me then. 《口語》メアリーはその時私のおなかの中にいました. ★ 場所の機能を特に考えている時はしばしば無冠詞: *in* bed 寝床で, 寝て / *in* school 《米》学校に, 在学中で (=《英》at school); 《英》校舎内に / *in* class 授業中で / *in* town 町で; 《英》ロンドンで / *in* church [court] 教会[法廷]で.

2 [範囲・限定・包含]: **a** [範囲を示して]: *in* (one's) sight 視界内に, 見える所に / *in* one's power 勢力範囲

に, 力の限りに / *in* my opinion 私の意見では / a change *in* the weather 天候の変化 / *in* the third chapter 第3章に. **b** [特定の部位を示して]: a wound *in* the head 頭の傷 / blind *in* one eye 片盲で / He is deaf *in* one ear. 片方の耳が聞こえない. **c** [性質・数量・能力などの限定として]: two feet *in* length [breadth, depth] 長さ[幅, 深さ]2フィート / seven *in* number 数は七つ / vary *in* size [color] 大きさ[色]が異なる / be equal *in* strength 力が等しい / be backward [weak] *in* algebra 代数が遅れている[出来が悪い] / be forward [strong] *in* English 英語が進んでいる[できる] / *in* all respects すべての点において / He is wanting [lacking] *in* courage. 勇気が足りない[欠けている] / The country is rich *in* products. その国は産物に富んでいる / Sound *in* body, sound *in* mind. 《諺》健全な身体に健全な精神(が宿るように) / He is indebted to me *in* a big sum. 彼は私に多額の負債がある. **d** [最上級(相当)の形容詞を限定して]《口語》…の面で: the latest thing *in* loudspeakers 最新のスピーカー / the prettiest thing *in* hats 帽子では一番きれいな品 / the first name *in* entertainment 芸能界での第一人者.

3 [全体との関係・割合・程度] …中で, …のうちで, …で; …につき: the longest river *in* the world 世界中で一番長い川 / the shortest day *in* the year 一年中で一番短い日 / the tallest boy *in* the class クラス中で一番背の高い生徒 / sold *in* dozens ダース(単位)で売られる, ダース売りの / packed *in* tens 10個ずつ包装して / pay 5p. *in* the pound 1ポンドにつき5ペンスずつ支払う / nine *in* ten 十中八九まで / not one *in* ten [a hundred] 十[百]のうち一つもない / Two *in* five failed. 5人中2人は失敗した / a novel *in* a million 百万冊に1冊というような(きわめて優秀な)小説 / She is one *in* a million. 百万人に一人しかいないような(すぐれた)女性だ / *in* hundreds [thousands] 《米》百[千]をもって数えるほど, 幾百[千]となく / *in* the main 概して.

4 [性格・素質・資格などに関して]: as far as *in* me lies 私の力の及ぶ限り / *in* the capacity of interpreter 通訳の資格で / I didn't think he had it *in* him. 彼にそんな事ができるとは思わなかった / He has something of the artist *in* him [his nature]. 彼には多少芸術家肌のところがある (cf. He is SOMETHING of an artist.) / He has no malice *in* him. 彼には意地悪な所がない / I have found a friend *in* him. 私は彼という友を見出した《彼を友にした》/ Our country has lost a great scholar *in* (the death of) Dr. Hara. 我が国は原博士という大学者を失った.

5 [着用] …を着て, をつけて, をかぶって, をはいて: dressed *in* velvet, fine clothes, rags, mourning, uniform, one's best, a top hat, black boots, etc. / a gentleman *in* spectacles めがねをかけた紳士 / a woman *in* white 白衣の婦人 / a man *in* a wig かつらをつけた男 / the sheep *in* wool 毛ののびている羊 / a man *in* sandals [slippers] サンダル[スリッパ]をはいた男 / She was buried *in* her wedding ring. 彼女は結婚指輪をはめたまま埋葬された.

6 [状態]: *in* arms 武装して / *in* a state of collapse 意気消沈して, 参って / *in* bad [good] health 病気[壮健]で / *in* the circumstances そういう場合には / *in* that case その場合には / *in* joy and *in* sorrow うれしい時も悲しい時も / *in* a rage 激怒して / *in* despair 絶望して / *in* alarm 驚いて, 肝をつぶして / women *in* love 恋する女たち / He's *in* luck. 彼はついている / *in* difficulties 困って, 窮境に / *in* an uproar 大騒ぎして / *in* excitement 興奮して / *in* tears 泣いて / *in* confusion 混乱して / *in* fashion 流行して / *in* chains 鎖に縛られて; 囚(とら)われて / *in* fetters 手[足]枷(かせ)をかけられて; 囚われて / *in* full blossom 〈(果樹などの)花が〉満開で / *in* haste 急いで, あわてて / *in* view 見えて / *in* calf 〈雌牛が〉はらんで / The land is *in* grass. その土地には草が生えている / cows *in* milk 乳を出している牛 / He is generally *in* cash [the money]. 彼は普通は現金[金]をもっている / *in* drink [wine, liquor] 酔って / *in* progress 進行中で, 始まって.

7 [物理的環境] …の中で: *in* the rain 雨の中に / *in* the snow 雪の中で / *in* the cold 寒空の下で / *in* the dark 暗がりに / out *in* a storm 嵐の中に / sit *in* the sun 日向(ひなた)にすわる / *in* all weathers あらゆる天候に / bask *in* sunshine 日向ぼっこをする / He lost himself *in* the fog. 霧の中で道に迷った.

8 [行為・活動・従事・関心] …して, …に, …の際に: be engaged *in* reading 読書している / *in* search of plunder 略奪を求めて / believe [trust] *in* God [religion] 神[宗教]を信じる / deal *in* rice 米を商う / He is *in* oil [rice, buttons]. 油[米, ボタン]を商っている / exult [glory, joy, rejoice] *in* …を喜ぶ / delight *in* novels 小説を好む / meddle [interfere] *in* other people's affairs 他人の事に干渉する / Happiness consists *in* contentment. 幸福は足るを知るにある / I will join [share, aid, assist] you *in* your new work. 私は君の今度の仕事に加勢しよう / That house was ten years *in* building. その家は建築に10年かかった / He slipped *in* crossing the road. 道路を横切る時に足を滑らせた.

9 [時間]: **a** (…の)うちに, の間, …中 (within the limits of, during): *in* (the) future 将来に[は] / *in* the past 過去に / *in* (one's) boyhood [youth, manhood] 少年[青年, 壮年]時代に / *in* January 1月に / *in* (the) spring [summer, autumn, winter] 春[夏, 秋, 冬]に / *in* the 26th year of Meiji 明治26年に / *in* (the year) 1977 1977年に / *in* the morning [afternoon, evening] 午前[午後, 晩]に / He is *in* his fifties. 50代だ / *in* the nineties (18)90年代に / *in* the day [daytime] 昼間に, 日中に / *in* the night [nighttime] 夜間に, 夜に (cf. *at* NIGHT) / *in* those days その当時 / I never saw such a man *in* my life. 私はこれまでそんな人は見たことがない. **b** …たてば, …かかって, …の後に (at the end of) (cf. within 4): be ready *in* an hour [a week] 1時間[1週間]でできる / *in* a few days 二三日たって, 二三日で / *in* a moment [a minute, an instant] すぐ, 直ちに / *in* a trice あっという間に / *in* three months 3か月経過して, 3か月で. **c** …間のうちで, …間 (at any time during, for): the coldest day *in* twenty years 20年間で一番寒い日 / I haven't seen him *in* years. 彼にはもう長年会っていない / I haven't played tennis *in* three years. ここ3年間テニスをしていない.

10 [所属・職業]: have shares *in* a company ある会社の株を持っている / be *in* the army [navy] 軍隊[海軍]に入っている / *in* society 社交界に / *in* trade 商売をして / *in* the Cabinet 内閣に, 閣内に.

11 [道具・材料・表現様式など] …で, …をもって (cf. with 10): paint *in* oils 油絵の具で描く / an artist *in* oils 油絵画家 / printed *in* colors 色刷りで / work *in* bronze 青銅で細工をする[製作する] / a statue *in* bronze 銅像 / written *in* ink, pencil, etc. / speak *in* English, French, etc. / *in* a few words 二三語で / a book *in* cloth [leather] クロース[革]装の本 / a coat *in* velvet ビロードの上着 / I have the money *in* gold. その金は金貨で持っている.

12 a [方法・やり方] …で, …をもって: *in* that manner そのやり方で, そういう風に / *in* this way この方法で / *in* a loud voice 大声で / *in* confidence 内密に. **b** [手段の意味が加わって]: She covered the dog *in* her apron. その犬をエプロンでおおった / eat one's meat *in* spoons スプーンで肉を食べる.

13 [配置・形状など] …をなして, …になって: hair *in* ringlets 巻毛の頭髪 / *in* a circle 円を描いて, 輪になって, ぐるぐると / *in* groups 群をなして / *in* twos and threes 二三人ずつ, 三々五々 / *in* singles or *in* pairs 一人または二人ずつ / resign *in* a body 総辞職する / sit *in* rows 列を作ってすわる.

14 [行為の理由・動機・目的] …のために, の理由で, の目的で: rejoice *in* one's recovery 回復を喜ぶ / *in* a person's defense 人を弁護して / *in* honor of the occasion その折を祝して / *in* return for a present 贈り物の返礼に / speak *in* reply 答えて言う, 答える / grasp a person's hand *in* farewell 別れのために人の手を握る / *in* pursuit 追跡して.

15 [cast, fall, put, throw, thrust, divide, split, break などの動詞に伴って行為・動作などの方向] …の中に (into): put one's hands *in* one's pockets ポケットに両手を突っ込む / dip one's pen *in* ink ペンをインクにつける / throw a letter *in* the fire 手紙を火の中に投げ入れる / cut *in* half [two] 半分[二つ]に切る / break *in* pieces 粉々に砕く / He fell *in* the brook. 小川に落ちた.

16 〘音楽〙 …調[音]で: *in* F ヘ調で[の] / ⇨ *in* ALT (1).

17 [Gerund の前に用いて; 過程・動作など]《古・廃》…中; …をしに: The house was *in* building. 家は建築中であった《★ 今では in を省くが, その代わりに受動態進行形を用いて, The house was being built. とするのが最も普通である》/ He went *in* hunting. 猟(をし)に行った《★ 古くはまた He went a(-)hunting. とも言ったが, 今では前置詞を省いて He went hunting. と言うのが普通である》.

18 〘文法〙〈語が〉…で始まる, …で終わる: words *in* 'pre-' 'pre-' で始まる語 / words *in* '-ity' '-ity' で終わる語.

have it in one ⇨ have[1] 成句. ***in as much as*** =inasmuch as. ***in it*** 《口語》 (1) 関与して, 参加して, 関係して: They had a good time, but I was not *in it*. 彼らは楽しんだが私は無関係だった. (2) 困った[とんだ]ことになって (in trouble). ***in itself*** ⇨ itself 成句. ***in oneself*** ⇨ oneself 成句. ***in order to do [that …]*** ⇨ order 成句. ***in so far as*** ⇨ far 成句 (cf. insofar). ***in so much that*** ⇨ INSOMUCH that. ***in that*** (1) …という点で: Men differ from brutes *in that* they can think and speak. 人間は考えたり話したりすることができる点で動物と異なる. (2) …の故に (because, since): *In that* he killed Abel, he was a murderer. 彼はアベルを殺したので殺人者であった. ***nothing [not much, little] in it*** (競走者・比較すべき二者の間に)全く[大した]違いはない: On balance there is very *little in it*. 差引きすればあまり大差はない. ***not in it*** 《口語》〔…には〕とてもかなわない, 〔…とは〕比較にならない, 〔…に〕劣る 〔*with*〕: He is *not in it* as far as brains are concerned. 知力の点では彼はとてもかなわない / Lions aren't *in it with* men. ライオンも人間にはとてもかなわない. ***what is in it for a person*** 〈人〉にとってどんな利益があるか: I can't see *what was in it for* him. 彼にとってどんな利益になるのかわからない.

— [in] *adv.* **1** [運動・方向]: **a** 中へ: Come *in*, please. どうぞお入り下さい / walk *in* (部屋・家庭などに)歩み入る / take *in* 取り入れる / go *in* to dinner 食事のため食堂に入る (cf. into *prep.* 6) / paint *in* another figure (絵に)人物をもう一人加える. **b** [法助動詞の後で go, enter などを省略して]《詩》: Let's *in*. 中へ入ろう / I'll *in*. 中へ入るぞ. **2** [位置]: **a** 中に; 内側に: a coat with the furry side *in* 裏に毛皮の付いたコート / *in* here [there] ここ[そこ](の中)に; (指さして)ここ[あそこ]に / from *in* [名詞的に] 中[内側]から. **b** 在宅[社]して: Is your father *in*? お父様は御在宅ですか. **c** 〘野球〙〈内・外野手が〉正規の位置より本塁に近づいて, 浅い守備で: The infielders played *in*. 内野陣は本塁寄りにプレーした. **3** (競技で)番になって: Who is *in* next? 次はだれの(打つ)番か / He was *in* (for) five minutes. 〘クリケット〙彼は5分間打者の位置についていた. **4** 刑務所に入って, 入所して: What is he *in* for? 彼はなぜ入所しているのか. **5** 〈政治家が〉在職して; 当選して; 〈政党が〉政権を握って (↔ out): He is no longer *in*. 彼はもう在職していない / Smith is *in* again. スミスはまた当選した / The Labour party is *in*. 労働党が政権を握っている. **6** (本・新聞・雑誌に)載って: put a notice *in* 新聞に広告を出す / The word is not *in*. その単語は出ていない / Is his article *in*? 彼の論文が載っていますか. **7** 〈帆が〉巻かれて (furled). **8** 《英》〈火・灯火が〉燃えて, ともして (burning): Keep the fire *in*. 火を燃やしておけ / She blew a fire *in*. 吹いて火を燃やした. **9** (ある行為, 特に不法行為に)かかわって, 巻き込まれて (involved): I was *in* too deep. 私はあまりにも深く巻き込まれていた. **10** 〘スコット・ニュージーランド〙〈学校が〉学期中で (in session): School was *in*. 学校は始まっていた. **11** 〈果物などが〉入荷して: Peaches are *in*. 桃が入荷している. **12** 〈列車・汽船などが〉到着して, 来て: The train [boat] is *in*. 列車[船]が着いている[着いた] / Summer is *in*. 夏が来た. **13** 入手して, 手元に (at hand): The evidence is *in*. 証拠はそろった. **14** 出盛りで; 流行して: Strawberries [Oysters] are *in*. いちご[かき]が出盛りだ / Black is *in* this year. 今年は黒が流行だ. **15** 〈運などが〉よく (favorable); 得をして (↔ out): His luck was *in*. 運が向いてきた / Why, you're *in*. いや君はついているぞ / We were a hundred pounds *in*. 100ポンドもうけた[得をした] / well *in* ⇨ 成句. **16** ある方向[目的地]に向かって: I fly *in* today. きょう目的地へ飛ぶ. **17** 正しい位置に: Is the key *in*? 鍵はうまく入っているか / The horses are *in*. 馬は(馬車に)つないである. **18 a** 耕作して: He had some two hundred acres *in*. 彼は200エーカーばかりを耕作していた. **b** 取り入れのできる状態になって, 成熟して: Cotton is *in*. 綿は成熟した. **c** 取り入れられて: Harvests are *in*. 取り入れは終わった.

be in at …に立ち合う: ⇨ *be in at the* DEATH, *be in at the* FINISH[2], *be in at the* KILL[1]. ***(be) in for*** (快・不快を問わず)…をどうしても経験しなくてはならない, 受けなければならない (cf. GO[1] in for): *be in for* an examination 試験を受けなければならない / We *are in for* an unpleasant time. 我々の前にはいやな時が待っている / I *am in for* a speech. スピーチをしなければならない / *In for* a penny, *in for* a pound. ⇨ penny *n.* 1 ★ (3). ***be in for it*** 《口語》のっぴきならない羽目になっている; 罰を免れない, 今にいやな思いをしなければならない: I shall *be in for it* when father hears about it. 父がそのことを聞いたらお目玉は必至だ. ***go in for*** ⇨ go[1] 成句. ***have it in for a person*** ⇨ have[1] 成句. ***in and in*** 同種[近親]交配で (cf. in-and-in): breed stock *in and in* 家畜を同種交配で繁殖させる / marry *in and in* 代々近親結婚する. ***in and out*** =***out and in*** (1) 出たり入ったり: go *in and out*. (2) 内も外も, 裏も表もすっかり (thoroughly): The hall is full *in and out*. ホールは内も外も一杯だ / I know him *in and out*. (3) 〈競技・競技者が〉勝ったり負けたり, うまかったりまずかったり (cf. in-and-out). ***in between*** (…の)中間に, 間に (between, in the middle (of)) (cf. in-between): There were azaleas *in between* the trees. 木立の間につつじがあった / There was a path *in between*. 中間に小道が通じていた. ***in on*** 《口語》〈秘密など〉に関与[関知]して: He is *in on* the plot. 彼はその計略に関係している / Let me *in on* your secret. 君の秘密を知らせてくれ. ***in with*** (1) …と組んで, …に味方して; …と親しい, と仲間で: He is well *in with* the wrong crowd. 彼はよくない連中とよく付き合っている / I am no longer *in with* him. 彼とはもう親しくしていない / ⇨ KEEP *in with*. (2) 〘海事〙 …に接近して, 〈陸〉に近い (near): We kept well *in with* the land. 十分陸に近い所を航行し続けた. (3) [命令文で] …を入れろ, …ははいれ (↔ out with): *In with* it! それを入れろ / *In with* you! 君ははいれ. ***well in*** (1) 〘競馬〙〈馬が〉ハンディを軽くしてもらって. (2) 《口語》有利な投機をやって; 楽をして, 不自由なく (well off).

— [in] 〘《1599》〙 *attrib. adj.* **1** 内の, 内にいる, 内部の, 入って来る, 入った (↔ out): an *in* patient 入院患者 / an *in* train 到着列車 / an *in* steamer 入港船. **2** 成功している, 権力をもった: ⇨ in-party. **3** 《口語》 **a** 上流社会(風)の, 洗練された; 流行の, ナウな: the *in* place 上流人士の出入りする場所 / *in* words 当節流行の言葉. **b** 特殊な少数の人々しかわからない, 仲間内だけの; 内情に通じている: *in* vocabulary 仲間内でのみ通じる語彙 / the *in* crowd その道の通. **4** 〘野球・クリケット〙攻撃側の: the *in* side 攻撃側.

5 〘ゴルフ〙＝back¹ 8.
― [ín] 〘(a1670)〙 *n.* **1** [*pl.*] 〘スポーツ〙攻撃側 (inside) (↔ outs). **2** 〘野球〙インカーブ (incurve). **3** 〘テニス〙イン《サービスボックスまたはコート内に入ったいわゆるセーフの打球；↔ out》. **4** [通例 *pl.*] 与党 (↔ outs). **5** 《口語》顔, コネ (influence, pull): He has an *in* with the boss. 社長とコネがある.
be on the in 《米口語》内情に通じている. ***ins and outs*** (1) 与党と野党, 与野党. (2) (川・道などの)うねりくねり, 曲折；すみずみ. (3) 詳細, 一部始終：know the *ins and outs* of a subject. (4)《英》救貧院へ出たり入ったりしている人々.
in and out 〘狐狩・競馬〙接近してはいるがひと跳びで越せない2個の柵からなる障害物.
― [ín] 〘OE〙 *vt.* 《英方言》 **1** 刈り取る, 収穫する. **2** 〈荒地などを〉囲い込む.
In 《記号》〘化学〙 indium.
IN 《略》〘米郵便〙 Indiana (州).
in. 《略》 inch(es); inlet.
In. 《略》 India; Indian; Instructor.
in-¹ [ɪn, ən, ìn | ɪn, ìn] 〘ME *in-*, *en-* ◻ (O)F *en-*, *em-* // L *in-* ← *in* (prep.): ⇨ in〙 ― *pref.* **1** 休止の意を含む動詞の前で in, upon の意：*in*habit, *in*fix, *in*sist. **2** 運動の意を含む動詞の前で into, against, toward の意：*in*fluence, *in*ject. **3** 動詞構成要素として他動詞的, また時には強意的に用いる：*in*fatuate, *in*stigate. ★ (1) l の前では il- に, b, m, p の前では im- に, r の前では ir- になる：*il*lumine, *im*bibe, *im*manent, *im*press, *ir*radiate. (2) 英語起源の語に付く場合はしばしば in- のままを用いる：*in*mate, *in*lay. (3) OE の接頭辞である innan-, inne- (＝within) との区別が困難な場合がある (cf. inward). (4) フランス語の影響で en-, em- となることがあり, また in-, en- の両形が用いられる場合もある (⇨ en-¹ ★).
in-² [ɪn, ən, ìn | ɪn, ìn; [n] の前では ɪ(n), ə, ì(n) | ɪ, ì] 〘ME ◻ (O)F *in-* // L *in-* not < IE **n̥-* (異形) ← **nei-* (L *ne-*): cf. Gk *an-*, *a-* / OE, G & Goth. *un-*: ⇨ a-⁷, un-²〙 ― *pref.*「無, 不(not)」など否定の意味を表わす (cf. un-, non-¹): *in*accurate, *in*accurately, *in*accuracy. ★ (1) in-¹ の場合と同様 l の前では il- に, b, m, p の前では im- に, r の前では ir- になる：*il*logical, *im*moral, *ir*rational. (2) 本来はラテン語系の形容詞およびその形容詞から派生した名詞・副詞に付けられるが, 英語の接頭辞としてかなり自由に用いられる (例: *in*accurateness, *in*decision); しかし明らかにラテン語的でない語では un- を用いることが多い：*un*smokable, *un*availing. (3) 発音は, in- が明白に 'not' の意味の場合アクセントが第二要素の最初の音節にあるときには [ìn, ɪn, ən | ìn, ɪn] (例: *í*náctive, *i*náctive), その第2音節にあるときには [ìn] が普通である (例: *in*activity); しかし文中においてある語の肯定と否定の形が対照的に並べられる場合などには in- に第一アクセントが移ることがある《il-, im- についても同じ》: Some are áccurate but others are ínaccurate.
in-³ [ín] 〘← IN (prep.)〙 ―「…の中に (within); …の間に (during)」の意味で名詞と連結して形容詞を造る：*in*-college activities＝activities in college. ★ in- にも連結する名詞と同じ強勢を置く；ただし, out- と対比する場合は in- のみに強勢を置く.
in-⁴ [ín] 〘← IN (adj.)〙 ―「最新流行の (latest); 最も現代的な (most up-to-date); 高級な, 一流の (exclusive)」の意味で名詞と連結して形容詞を作る (cf. in *adj.* 3): *in*-jargon. ★ 第一強勢は in- に置かれる.
-in¹ [ɪn, ən | ɪn] *suf.* 〘化学〙 **1** ＝-ine³. **2** 化学製品・薬品などの語尾：aspir*in*, aureomyc*in*, gelat*in*.
-in² [ɪn, ən | ɪn] 〘SIT-IN からの類推〙「組織的な大衆抗議 (public protest) または大衆運動 (public activity)」の意の名詞連結形：be-*in*, lie-*in*, love-*in*, teach-*in*.
-in³ [ɪn] *suf.* 《俗・方言》＝-ing¹,².
-in' [ɪn] *suf.* 《俗・方言》＝-ing¹,².
I·na¹ [áɪnə] 〘(変形) ← ENA: cf. -ina²〙 *n.* 女性名.
I·na² [áɪnə] *n.* Ine のラテン語名.
-i·na¹ [áɪnə, íːnə] 〘← NL ～ ← L *-ina* (fem. sing., neut. pl.) ← *-īnus* '-INE¹'〙 ― *suf.* (*pl.* ～) 〘生物〙「…に似た[の特徴を持つ]もの」の意で, 分類名に用いる：Fistul*ina*.
-i·na² [íːnə] 〘◻ L *-ina* (fem. suf.): cf. regina〙 ― *suf.* **1** 女性の名前・称号・職業などを表わす語尾：baller*ina*, czar*ina*, Georg*ina*. **2** 楽器名の語尾：concert*ina*, ocar*ina*.
in·a·bil·i·ty [ìnəbíləṭi | -lətɪ, -lɪ-] 〘(15C) ← IN-²+ABILITY〙 ― *n.* 無力, 無能, 不能；〈…することが〉できないこと 〈*to do*〉: one's ～ *in* English 英語の力がないこと / I must confess my ～ *to* help you. 残念ながらお力添えできません.
in ab·sen·tia [ìn-æbsénʃə, -əb-, -ʃiə, -tiə | -sénʃɪə, -ʃə, -tɪə] 〘◻ L *in absentiā* in (one's) absence〙 *L. adv.* 不在中に, 欠席中に.
in ab·strac·to [ìn-əbstrǽktou, -æb- | -təu] 〘◻ L *in abstractō* in (the) abstract〙 *L. adv.* 抽象的に.
in·ac·ces·si·bil·i·ty [ìnɪksèsəbíləṭi, -æk-, -ək- | -æksèsəbílətɪ, -ək-, -sɪ-, -lɪ-] *n.* 到達し難いこと；容易に得難いこと；寄りつきにくいこと.
in·ac·ces·si·ble [ìnɪksésəbl̩, -æk-, -ək- | ìnæksés-, -ək-, -sɪ-] 〘(?a1425) ◻ F ～ ◻ LL *inaccessibilis*: ⇨ in-², accessible〙 ― *adj.* **1** 〈場所など〉〔人に〕到達し難い, 接近し難い；〈物が〉〔人に〕容易に得られない, 手に入らない, 得難い〔*to*〕: an ～ summit / materials ～ *to* us 我々に入手できない資料. **2** 〈人が〉〈感情などを〉受けつけない〔*to*〕: He was rather ～ *to* all ordinary emotions. 彼はあらゆる凡俗の感情などはどちらかと言えば受けつけない人であった. **3** 〈人など〉近づき難い, 寄りつきにくい, よそよそしい, 打ち解けない: an ～ person / ～ dignity 近づきにくい威厳. **4** 〈作品など〉難解な, 理解できない. **～·ness** *n.* **ìn·ac·cés·si·bly** *adv.*
in·ac·cu·ra·cy [ɪnǽkjʊrəsi, ən- | ɪnǽkjʊrəsɪ, -rɪ-] *n.* **1** 不正確, 不精密, 杜撰(ずさん). **2** [通例 *pl.*] 誤り, 間違い, 不正確な言葉[個所]: a book full of *inaccuracies* 誤りだらけの書物.
in·ac·cu·rate [ɪnǽkjʊrət, ən-, -rɪt | ɪnǽkjʊ-] 〘(1738) ← IN-²+ACCURATE〙 ― *adj.* 不正確な, 間違った；不精確な, 粗雑な, 杜撰(ずさん)な: He is often ～ *in* his statement of facts. 彼は事実を述べるのにしばしば不正確である. **～·ly** *adv.* **～·ness** *n.*
In·a·chus [ínəkəs] 〘◻ L ～ ◻ Gk *Ínakhos*〙 *n.* 〘ギリシャ神話〙イナコス《川の神; Argos の最初の王で Io の父》.
in·ac·tion [ɪnǽkʃən, ən- | ɪn-] *n.* 無活動, 不活動, 無為, 怠惰; 休止, 静止, 休息.
in·ac·ti·vate [ɪnǽktəvèɪt, ən- | ɪnǽktɪ-] 〘⇨ ↓, -ate³〙 ― *vt.* **1** 不活発にする. **2** 〘物理化学〙〈生物体・酵素などを〉不活性[不旋光性]にする. **3** 〘医学〙〈血清などを〉非働化する, 不活(性)化する. **4** 〈部隊・軍艦などの〉戦時編制を解除する. **in·ac·ti·va·tion** [ɪnæ̀ktəvéɪʃən, ən- | ɪnæ̀ktɪ-] *n.*
in·ac·tive [ɪnǽktɪv, ən-] 〘(1725) ← IN-²+ACTIVE〙 ― *adj.* **1** 活動力のない, のろい, 不活発な, 鈍い. **2** 〈病気など〉進行しない, 〈火山など〉活動しない, 静止している: an ～ volcano 休火山. **3** 活動的でない, 怠惰な; 仕事のない, 遊んでいる; 使われていない: an ～ market 値動きの少ない市場 / lead an ～ life ぶらぶらして暮らす. **4** 〘物理化学〙不活性の, 不旋光性の; 放射能のない. **5** 《米》〘軍事〙非現役の, 退役した; 待命の. **6** 〘医学〙〈血清など〉非働性の **～·ly** *adv.* **～·ness** *n.*
in·ac·tiv·i·ty [ìnæktívəṭi | -vətɪ, -vɪ-] *n.* **1** 不活動状態, 無為. **2** 無活動, 不活動, 静止. **3** 働いていないこと, 仕事をしていないこと; 使われていないこと. **4** 怠惰, 無気力, 緩慢.
in·a·dapt·a·bil·i·ty [ìnədæ̀ptəbíləṭi, -æd- | -ədæ̀pt-əbílətɪ, -lɪ-] *n.* 適応性を欠くこと, 不適応性.
in·a·dapt·a·ble [ìnədǽptəbl̩, -æd- | -əd-] *adj.* 適応[順応]できない.
in·ad·e·qua·cy [ɪnǽdɪkwəsi, ən-, -də- | ɪnǽdɪkwəsɪ] *n.* **1** 不十分, 不完全. **2** 不適当, 無力, 無能.
in·ad·e·quate [ɪnǽdɪkwət, ən-, -də-, -kwɪt | ɪnǽdɪ-] 〘(1675) ← IN-²+ADEQUATE〙 ― *adj.* **1** 不十分な, 不足な, 足りない: an ～ income / The room was ～ *for* us. その部屋は我々には十分でなかった. **2** 不適当な, 無力な; 〈…する〉力がない 〈*to do*〉: ～ *to* a purpose 目的に適(かな)わない / His wages are quite ～ *to* support such a large family. 彼の給料ではあんな大家族をとうてい養っていけない. **～·ly** *adv.* **～·ness** *n.*
in·ad·he·sive [ìnædhíːsɪv, -zɪv | -əd-, -æd-] *adj.* くっつかない, 粘着力のない.
in·ad·mis·si·ble [ìnədmísəbl̩, -æd- | ìnədmísə-, -sɪ-] *adj.* (*also* **ìn·ad·mís·sa·ble** [-sə-]) 許せない, 認容できない, 受け入れがたい, 承認し難い: ～ behavior. **ìn·ad·mìs·si·bíl·i·ty** [-səbíləṭi | -səbílətɪ, -sɪ-, -lɪ-] *n.* **ìn·ad·mís·si·bly** *adv.*
in·ad·ver·tence [ìnədvə́ːtn̩s, -əd-, -ṭəns | -ədvə́ː-tn̩s, -təns] 〘(c1440) ◻ OF *inadvertance* // ML *inadvertentia*: ⇨ in-², advertence〙 ― *n.* **1** (ほかのことに気をとられてうっかりした)不注意. **2** (不注意による)手落ち, 間違い.
ìn·ad·vér·ten·cy [-tn̩si, -ṭən- | -tn̩sɪ, -tən-] 〘◻ ML *inadvertentia* (↑)〙 *n.* ＝inadvertence.
in·ad·ver·tent [ìnədvə́ːtn̩t, -əd-, -ṭənt | -ədvə́ːtn̩t, -tənt] 〘(1653) (逆成) ← INADVERTENCE〙 ― *adj.* **1** (ほかのことに気をとられて)不注意の, 粗漏な, うかつな; 怠慢な: a ～ critic. **2** 〈言葉・行為が〉不注意に基づく, うっかり[何げなく]やった, ふとした (unintentional): an ～ insult 心にもなく行なった[うかつにした]無礼. **～·ly** *adv.*
in·ad·vis·a·ble [ìnədváɪzəbl̩, -æd- | -əd-] *adj.* 勧められない; 不得策の, 賢明でない. **ìn·ad·vìs·a·bíl·i·ty** [-zəbíləṭi | -lətɪ, -lɪ-] *n.* **～·ness** *n.* **ìn·ad·vís·a·bly** *adv.*
-i·nae [áɪniː] 〘← NL ～ ← L *-inae* (fem. pl.) ← *-īnus* '-INE¹'〙 *suf.* 〘動物〙亜科を表わす複数名詞を造る (cf. -idae): Fel*inae*.
in ae·ter·num [ìn-iːtə́ːnəm, -aɪtɛ́ənʊm | -iːtə́ː-, -aɪ-tɛ́ə-] 〘◻ L ～ 'in eternity'〙 *L. adv.* 永遠に.
in·a·lien·a·ble [ɪnéɪljənəbl̩, ən-, -liə- | ɪnéɪljə-, -lɪə-] 〘◻ F *inaliénable*: ⇨ in-², alienable〙 ― *adj.* 譲渡できない, 奪うことのできない: ～ rights 不可譲の権利《米国独立宣言文 (The Declaration of Independence) 中の有名な一句で Life, Liberty, and the pursuit of Happiness をさす》. **in·à·lien·a·bíl·i·ty** [-nəbíləṭi | -bílətɪ, -lɪ-] *n.* **～·ness** *n.* **in·á·lien·a·bly** *adv.*
in·al·ter·a·bil·i·ty [ɪnɔ̀ːlṭ(ə)rəbíləṭi, ən-, -trə- | ɪn-ɔ̀ːlt(ə)rəbílətɪ, -ɔ̀l-, -lɪ-] *n.* 不変性, 不易性.
in·al·ter·a·ble [ɪnɔ́ːlṭərəbl̩, ən-, -trə- | ɪnɔ́ːlt(ə)r-, -ɔ́l-] 〘◻ ML *inalterābil-is*: ⇨ in-², alterable〙 *adj.* 変えることのできない, 不変の, 不易の. **～·ness** *n.*
in·ál·ter·a·bly [-bli | -blɪ] *adv.* 変更できないように, 不変に.
in·am·o·ra·ta [ɪnæ̀mərάːṭə, ən-, ìnæm- | ɪnæ̀mə-rάːtə, ìnæm-, -mɔ-; *It.* inamorάːta] 〘(1651) ◻ It *in(n)amorata* (fem. p.p.) ← *inamorare* to fall in love ← IN-¹+*amore* love (< L *amōrem*: ⇨ enamor)〙 ― *n.* (男から見た)愛人, 恋人, 情婦.
in·am·o·ra·to [ɪnæ̀mərάːṭou, ən- | ɪnæ̀mərάːtəu, -mɔ-; *It.* inamorάːto] 〘(1592) ◻ It. *in(n)amorato* (masc.p.p.) ← *inamorare* (↑)〙 ― *n.* (*pl.* ～**s**) (女から見た)愛人, 恋人, 情夫.
ín-and-ín 〘← *in and in* (⇨ in (adv.) 成句)〙 *adj.* 同血統中で繰り返した: ～ breeding (家畜の)同血統繁殖, 同種交配.
ín-and-óut 〘← *in and out* (⇨ in (adv.) 成句)〙 ― *adj.* **1** 出たり入ったりする; 見え隠れしている; うねりくねっている. **2** 〈競技者が〉うまかったりまずかったりの; 〈競技が〉勝ったり負けたりの: an ～ race. **3** 〘証券〙(株式の)短期売買の: ～ trading.
ín-and-óut bònd *n.* 〘石工〙出入り積み, インアウト積み《石やれんがの小口と長手が垂直方向に交互に表に出るように積むこと; 特に隅石のように角の部分に積まれたもの》.
ín-and-óut plàting [sỳstem] *n.* 〘造船〙内外張(ばり)《船の外板を張るのに, 内外内外に各板の端を重ね合わせて張る方式》.
in·ane [ɪnéɪn, ən- | ɪn-] 〘(1662) ◻ L *inān-is* empty, vain〙 ― *adj.* **1** 内容がない, 空虚な, うつろな. **2** 愚かな, 間抜けな, ばかげた. ― *n.* [the ～] 空虚, 無限の空間. **～·ly** *adv.*
i·nan·ga [íːnὰːŋɑː | -næŋ-] 〘◻ Maori ～, *inaka*〙 *n.* 〘魚類〙ニュージーランドやタスマニアに生息する *Galaxias* 属の淡水魚の総称《種類が多い》.
in·an·i·mate [ɪnǽnəmət, ən-, -mɪt | ɪnǽnɪmət, -nə-, -mɪt, mèɪt] 〘(?a1425) ◻ LL *inanimāt-us* lifeless ← IN-²+*animātus* 'ANIMATE'〙 ― *adj.* **1** 無生物の, 生命のない: ～ stones / ～ matter [objects] 無生物 / ～ nature 無生物界. **2** 生命のない, 死んだ: an ～ body 死体. **3** 活気のない, 生気のない: an ～ conversation 気の抜けたような対話. **4** 〘言語・文法〙 **a** 無生(物)の (⇨ animate 4 a): an ～ noun 無生名詞. **b** (ロシヤ語などで)〈名詞が〉不活動体の (⇨ animate 4 b). **～·ly** *adv.* **～·ness** *n.*
in·an·i·ma·tion [ɪnæ̀nəméɪʃən, ən- | ɪnæ̀nɪ-, -nə-] *n.* 生命のないこと; 不活動, 無生気, 無気力.
in·a·ni·tion [ìnəníʃən | ìnə-, ìnæ-] 〘(1392) ◻ LL *inānītiō(n-)* ← L *inānīre* to make empty: ⇨ inane〙 ― *n.* **1** 空虚. **2** 栄養失調, 飢餓; 〘医学〙飢餓(性)衰弱. **3** 体力不足, 精神力欠乏, 無気力.
in·an·i·ty [ɪnǽnəṭi, ən- | ɪnǽnətɪ, -néɪn-, -nɪtɪ] 〘(?a1425) ◻ L *inānitāt-em* emptiness ← *inānis* 'INANE'〙 ― *n.* **1** 空虚. **2** 愚鈍, 間抜け (silliness). **3** ばかばかしい事, くだらない事[言葉].
I·nan·na [ɪnάːnɑː] 〘◻ Sumerian ～ ← *Nin-anna* Lady of Heaven〙 ― *n.* 〘神話〙イナンナ《シュメール (Sumer) の愛と戦いの女神; アッシリア・バビロニアの Ishtar と同一視される》.
in an·tis [ɪn-ǽnṭɪs, ən-, -təs | ɪn-ǽntɪs] 〘◻ L ～: ⇨ anta〙 ― *adv.* 〘建築〙 **1** インアンティスで《ギリシャ神殿の portico 形式のうち, 両端の壁が壁端柱 (antae) となって前面に出て, その間に通例2本の円柱の立つ形式にいう》. **2** 壁端柱の間に円柱を立てて.
in·ap·par·ent [ìnəpǽrənt, -péə(ə)r- | -əpǽrənt, -pέər-] *adj.* **1** 明白でない. **2** 〘医学〙(特に)〈伝染病が〉不顕性の. **～·ly** *adv.*
in·ap·peas·a·ble [ìnəpíːzəbl̩] *adj.* 静める[和らげる]ことができない, なだめようのない: ～ grief, longings, etc.
in·ap·pel·la·ble [ìnəpéləbl̩] 〘← IN-²+L *appellāre* 'to address, APPEAL to'+-ABLE〙 *adj.* 控訴できない.
in·ap·pe·tence [ɪnǽpəṭəns, ən-, -tn̩s | ɪnǽpɪtəns, -tn̩s] *n.* 食欲のないこと, 食思[食欲]不振.
in·áp·pe·ten·cy [-ṭənsi, -tn̩- | -tənsɪ, -tn̩-] *n.* ＝inappetence.
in·ap·pe·tent [ɪnǽpəṭənt, ən-, -tn̩- | ɪnǽpɪtənt, -tn̩t] *adj.* 食欲のない, 食思[食欲]不振の.
in·ap·pli·ca·bil·i·ty [ìnæplɪkəbíləṭi, ən-, -plə- | ɪn-æ̀plɪkəbílətɪ, ìnəplɪk-, -lɪtɪ] *n.* 適用[応用]できないこと.
in·ap·pli·ca·ble [ɪnǽplɪkəbl̩, ən-, -plə- | ɪnǽplɪk-, ìnəplík-] *adj.* 応用[適用]できない, 当てはまらない, 不適当な: The rule is ～ *to* this case. その規則はこの場合には適用できない. **～·ness** *n.* **in·áp·pli·ca·bly** *adv.*
in·ap·po·site [ɪnǽpəzət, ən-, -zɪt | ɪnǽpə(ʊ)zɪt] *adj.* 適合しない, 不適当な, 不適切な; 具合の悪い時になされた; 筋違いな, 見当違いな: an ～ argument / be ～ *to* the purpose 目的に添わない. **～·ly** *adv.* **～·ness** *n.*
in·ap·pre·cia·ble [ìnəpríːʃəbl̩ | -ʃə-, -ʃɪə-] 〘← IN-²+APPRECIABLE〙 ― *adj.* **1** 感知できないくらいの, (気付かれないくらい)わずかな, 取るに足らない: an ～ difference in temperature わからないほどの温度の違い. **2** 《古》計り知れないほど貴重な.
ìn·ap·pré·cia·bly [-bli | -blɪ] *adv.* 感知できないほど, わずかに.
in·ap·pre·ci·a·tion [ìnəprìːʃiéɪʃən, -si- | -ʃɪ-, -sɪ-] *n.* (真価の)不認識, 無理解, 鑑識力のないこと.
in·ap·pre·cia·tive [ìnəpríːʃəṭɪv, -ʃièɪṭ-, -ʃiəṭ- | -ʃɪət-, -ʃɪèɪt-] *adj.* **1** 〔…を〕正しく評価できない, 〔…

の)鑑賞力のない〔*of*〕: be ~ *of* a work of art 美術品の鑑賞力がない. **2** (人の功績・美点などを)正しく評価しない, 理解しない: ~ criticism 無理解な批評. **~·ly** *adv.* **~·ness** *n.*

in·ap·pre·hen·si·ble [ɪnæprɪhénsəbḷ, -prə- | -prɪhénsə-, -sɪ-] 〚□ LL *inapprehensibil-is*: ⇨ in-², apprehensible〛 — *adj.* 理解[了解]できない, 不可解の, 会得できない. 「理解できないこと, 不可解.

in·ap·pre·hen·sion [ɪnæprɪhénʃən, -prə- | -prɪ-] *n.*

in·ap·pre·hen·sive [ɪnæprɪhénsɪv, -prə- | -prɪ-] *adj.* **1** 〔…に〕理解力のない, 気付かない〔*of*〕: be ~ *of* one's danger 身の危険を知らずにいる. **2** 懸念なしにいる, 危険を知らない. **~·ly** *adv.*

in·ap·proach·a·ble [ɪnəpróutʃəbḷ | -práutʃ-] *adj.* **1** 近づけない. **2** およびもつかない, とてもかなわない, 無敵の. **3** 遠慮深い, 打ちとけない, よそよそしい.

in·ap·proach·a·bíl·i·ty [-tʃəbíləṭi | -lətɪ, -lɪ-] *n.*

in·ap·próach·a·bly *adv.*

in·ap·pro·pri·ate [ɪnəpróupriət, -priɪt | -práupriət, -priɪt] *adj.* 〔…に〕不適当な, 不相応な, ふさわしくない, 似合わない〔*for, to*〕: ~ remarks 不穏当な言葉. **~·ly** *adv.* **~·ness** *n.*

in·apt [ɪnǽpt, ən- | ɪn-] 〚(1744) ← IN-²+APT: cf. inept〛 — *adj.* **1 a** 〔…が〕下手な, まずい〔*at, in*〕: be ~ *at* figures 計算が下手である. **b** 適性のない, 能力のない, 向かない. **2** 〔…に〕不適当な, 適切でない〔*for*〕: an ~ remark. **~·ly** *adv.* **~·ness** *n.*

in·ap·ti·tude [ɪnǽptət(j)ù:d, ən- | ɪnǽptɪtjù:d] 〚(1620) ← IN-²+APTITUDE〛 — *n.* **1** 性(しょう)に合わないこと, 素質のないこと; 不向き, 不適当, 不似合い. **2** 下手, 不手際, 拙劣.

in·arch [ɪnáːtʃ, ən- | ɪná:tʃ] 〚← IN-¹+ARCH¹〛 — *vt.* **1** 〈若枝などを〉寄せ[呼び]接ぎする. **2** 添え接ぎする《古木などの衰弱した根を補うため, 根の付いた若い台木の先を樹皮中にさし込み接ぐことにいう》. — *n.* 寄せ[呼び]接ぎによる植物.

in·ar·gu·a·ble [ɪnáəgjuəbḷ | -á:gju-] *adj.* 議論の余地のない; 論証[弁護]できない. **in·ár·gu·a·bly** *adv.*

in·arm [ɪnáəm, ən- | ɪná:m] 〚← IN-¹+ARM¹〛 *vt.* 《詩》抱きしめる.

In·ar·tic·u·la·ta [ɪnàətɪkjulá:ṭə, -léɪ- | -a:tɪkjulá:tə, -léɪ-] 〚← NL ~ (neut.pl.) ← L *inarticulātus* (↓)〛 *n. pl.* 〘動物〙(触手動物腕足綱)無関節亜綱.

in·ar·tic·u·late [ɪnaətíkjulət, -lɪt | ɪnɑ:-] 〚(1603) □ L *inarticulāt-us* not distinct ← IN-²+*articulātus* 'ARTICULATE'〛 — *adj.* **1** 〈言葉など〉(発音の)はっきりしない, 音節が不明瞭な, 〈発音が〉意味を伝えない: ~ sounds 言葉でない(無意味な)音 / an ~ groan (言葉でなく)ただうんうん言ううめき声 / an ~ mutter ただぶつぶつ言うつぶやき. **2 a** 〈人が〉(興奮・苦痛などで)はっきりものを言えない〔*with*〕: be ~ *with* rage [palsy] 激怒の余り[中気で]口がきけない. **b** はっきり意見の言え[感情を表現でき]ない: an ~ old man ろれつの回らない老人. **c** 言葉で表わすことのできない: ~ fear. **3** 言語をもたない, 口がきけない, ものが言えない; おしの: ~ animals. **4** 〘解剖・動物〙関節のない: an ~ worm. **~·ly** *adv.* **~·ness** *n.*

in·ar·ti·fi·cial [ɪnàəṭəfíʃəl, ən- | ɪnà:tɪ-] 〚(1588) □ L *inartificiāl-is* ← IN-² + *artificiālis* 'ARTIFICIAL'〛 — *adj.* **1** 《まれ》**a** 〈建物など〉人工を加えない, 簡素な, 自然な. **b** 〈行為など〉無技巧な, 巧まない, わざとらしくない, 気取りのない. **2** 《古》不手際な, 拙劣な, 非芸術的な. **~·ly** *adv.*

in·ar·ti·fi·ci·al·i·ty [ɪnàəṭəfɪʃiǽləṭi, ən- | ɪnà:tɪfɪʃɪǽlətɪ, -lɪ-] *n.* **1** 人工を加えないこと, 無技巧, わざとらしくないこと. **2** 不手際, 拙劣.

in·ar·tis·tic [ɪnaətístɪk | -ɑ:-] *adj.* (cf. unartistic) **1** 〈作品など〉非芸術的[非美術的]な: an ~ arrangement, style, etc. **2** 〈人が〉芸術的教養を欠いた, 芸術を解しない, 無趣味な. **in·ar·tís·ti·cal** *adj.* **in·ar·tís·ti·cal·ly** *adv.*

in·as·múch as 〚(*a*1325) *in als mikel* (*als*), *in as muche*(*l*) *as*: 17C 以降 *inasmuch* と書くようになった〛 — *conj.* **1** …だから, …である故に: Double sessions were instituted ~ the school was overcrowded. 学校は生徒が多くなり過ぎたので 2 部授業が取り入れられた. ★ この意味では because, since などを用いた方がよいとされる. **2** 《文語》…である限りは, …に応じて (insofar as); …である程度まで: He knows that, ~ I have told him. 私が彼に話した範囲まで彼はその事を知っている.

in·at·ten·tion [ɪnəténʃən, -æt- | -ət-] 〚□ F ~: ⇨ in-², attention〛 — *n.* **1 a** 不注意, 怠慢, 粗漏, 油断: with ~ 不注意に, うかつに. **b** 不注意な行為. **2** かまわないこと, 無頓着.

in·at·ten·tive [ɪnəténtɪv, -æt-|-ətént-] *adj.* **1** 〔…に〕不注意な, 怠慢な, うっかりした〔*to*〕. **2** 〔…に〕かまわない, 無頓着な, ぞんざいな〔*to*〕. **~·ly** *adv.* **~·ness** *n.*

in·au·di·bil·i·ty [ɪnɔ̀:dəbíləṭi, ən- | ɪnɔ̀:dəbílətɪ, -dɪ-, -lɪ-] *n.* 聞こえないこと, 聴取不能.

in·au·di·ble [ɪnɔ́:dəbḷ, ən- | ɪnɔ́:dəbḷ, -dɪ-] 〚(1459) □ L *inaudibil-is*: ⇨ in-², audible〛 *adj.* 〔人に〕聞こえない, 聞き取れない〔*to*〕. **~·ness** *n.* 「うに.

in·áu·di·bly [-bli | -blɪ] *adv.* 聞き取れないほど[よ

in·au·gu·ral [ɪnɔ́:gjurəl, ən-, -g(ə)r- | ɪnɔ́:gjur-] 〚(1689) □ F ~ ← *inaugurer* □ L *inaugurāre*: ⇨ ↓, -al¹〛 — *adj.* **1** 就任(式)の, 開会の; (大統領・大学総長・州知事などの)就任(式)の: an ~ address 就任演説 / an ~ ball《米》大統領[州知事]就任祝賀舞踏会《就任当日または前日に行なう》/ an ~ ceremony [meeting] 就任[発会, 開館]式 / an ~ lecture (教授の)就任公開講義. **2** 門出[開始]をしるす; (連続ものの)最初の. — *n.* **1** 就任の辞, 就任演説 (inaugural address). **2** 《米》就任式; 《英》(教授の)就任後の初講義.

in·au·gu·rate [ɪnɔ́:gjurèɪt, -g(j)ə-, ən- | ɪnɔ́:gju-] 〚(1606) ← L *inaugurāt-us* (p.p.) ← *inaugurāre* to practice augury ← IN-¹+*augurāre* to examine omens: ⇨ augur〛 — *vt.* **1** …の就任式を行なう; (正式に)〔…と して〕就任させる〔*as*〕: ~ a president 大統領[総長]の就任式を挙行する / be ~*d as* president 大統領として(正式に)就任させる. **2** 開始する, 始める: ~ a new school year [a five-year plan] / ~ air service 航空路を開設する / Edison [Electricity] ~*d* a new era. エジソン[電気]は新時代を開いた. **3** 〈公共的なもの〉の開始式を行なう: ~ a building [a railway, a statue, an exhibition] 建物の落成式[鉄道の開通式, 像の除幕式, 博覧会の開会式]を行なう / an *inaugurating* general meeting 創立総会.

in·au·gu·ra·tion [ɪnɔ̀:gjuréɪʃən, ən-, -g(j)ə- | ɪnɔ̀:gju-] 〚(1569) □ (O)F ~ ∥ LL *inaugurātiō(n-)* ← *inaugurāre*: ⇨ ↑, -ation〛 — *n.* **1** (大統領・大学総長・州知事などの)就任(式): an ~ ball 《米》＝INAUGURAL ball. **2** (公式の)開始, 開業, 発会. **3** (公共的なものの)開始式《開業式・開通式・開館式・開会式・落成式・除幕式・結党式など》: the ~ of an exhibition, a monument, etc.

Inaugurátion Dày 〚(1686)〛 — *n.* 《米》大統領就任式日《4 で割り切れる数の年の翌年の 1 月 20 日; 1934 年 2 月 6 日の第 20 回の憲法改正以前は 3 月 4 日》. 「者; 開始者, 創始者.

in·áu·gu·rà·tor [-ṭə | -tə(r)] *n.* 就任させる人, 叙任

in·au·gu·ra·to·ry [ɪnɔ́:gjurətɔ̀:ri, ən-, -g(j)ə-, -tɔ̀:ri | ɪnɔ́:gjurət(ə)ri] 〚← INAUGURATE+-ORY¹〛 *adj.* ＝inaugural.

in·aus·pi·cious [ɪnɔ:spíʃəs | ɪnɔ:s-, ɪnɔs-] *adj.* **1** 不吉な, 縁起の悪い: ~ stars. **2** 不運な, 不幸な: an ~ time. **~·ly** *adv.* **~·ness** *n.*

in·au·then·tic [ɪnɔ:θéntɪk, -əθ-, ən- | ɪnɔ:θént-] *adj.* 本物でない; 典拠のない. **in·au·then·tic·i·ty** [ɪnɔ̀:θentísəṭi, -θən-, ən- | ɪnɔ̀:θentísətɪ, -θən, -sɪ-] *n.*

in banc [ɪn-bǽŋk] 〚⇨ banc〛 *L. adj., adv.* 〘法律〙全判事列席の(上で).

ìn·bánd 〚← IN-¹+? BAND¹〛 *adj.* 〈石・れんがなど〉縦 しに並べた.

ín-básket *n.* ＝in-tray.

ín·bèing 〚(1587) ← IN (adv.)+BEING (n.)〛 *n.* **1** 内在 (inherence). **2** 根本の性質, 本質.

ìn-betwéen 〚(1815) ← *in between* (⇨ in (adv.) 成句)〛 *n.* 中間的なもの, 間にはいるもの (intermediate). — *adj.* 中間の, 中間的な.

ín·bòard 〚← IN (prep.)+BOARD (n.): cf. onboard〛 — *adj., adv.* **1** 〘海事〙舷(げん)内の[に], 船の中心線寄りの[に], 船内の[に] (↔ outboard). **2** 〘機械〙内寄りの[に]: the ~ stroke of a piston ピストンの内向き行程. **3** 〘海事〙**a** 〈(モーターボートなどの)エンジンが〉船内に搭載された[て]. **b** 〈モーターボートが〉船内エンジンを備えた[て]. **4** 〘航空〙(飛行機の)胴体に近い方の[に], 胴体寄りの[に]. — *n.* **1** 〘海事〙船内エンジン. **2** 船内エンジン付き小型船.

ínboard-óutboard 〘海事〙*adj.* 内外機式の《エンジンを艇内に設け, プロペラ軸が艇体を貫かずに方向自由変換式軸を通じて艇尾のプロペラを動かす方式にいう》. — *n.* 内外機式エンジンを付けた艇. 「図.

ínboard prófile *n.* 〘造船〙船内側面図《船の縦断面

ínboard-rígged *adj.* 〘海事〙船の内側にだけ帆走装備をもっている.

ín·bònd 〚← IN-¹+BOND¹〛 *adj.* 〘石工〙〈石・れんがが〉小口積みの (↔ outbond).

ín·bórn 〚OE *inboren*《なぞり》← LL *innātus* 'INNATE': ⇨ in (adv.), born〛 *adj.* 持って生れた, 生れつきの, 先天的な, 生得の: an ~ talent.

ín·bòund 〚← IN (adv.)+BOUND³〛 *adj.* 本国行きの; 帰航の (↔ outbound): an ~ ship.

ín·bòunds *adj.* 〘バスケットボール〙〈パスなど〉コート外からコート内への.

ínbounds líne *n.* 〘アメリカンフットボール〙インバウンドライン《フィールドをヤードラインに直角に縦に 3 分割する 2 本の破線の一方》.

ín·bréathe 〚ME *inbrethe(n)*《なぞり》← L *inspīrāre* 'to INSPIRE': ⇨ in-¹, breathe〛 *vt.* **1** 《まれ》吸い込む. **2** 〈思想などを〉吹き込む, 霊感を与える.

ín·brèd 〚← IN (adv.)+BRED〛 *adj.* **1** 〈性質など〉染みついた, 生得の. **2** 同血統繁殖の; 近親交配の: an ~ family 代々血族結婚の家族. **3** 派閥[排他]的な.

ín·brèed 〚← IN-¹ + BREED (v.)〛 — *v.* (**in·bred**) — *vt.* **1** 〈家畜を〉同血統交配によって繁殖させる (↔ outbreed). **2** 《古》〈美徳の種などを〉内に生じさせる, 発生させる. — *vi.* **1** 同血統交配によって繁殖する. **2** (社会的・文化的交流が限られているため)衰退する, 無力となる. **~·er** *n.*

ín·brèeding 〚↑〛 — *n.* **1** 〘生物〙同系交配, 同血統繁殖, 近親交配 (cf. exogamy 2, linebreeding; ↔ outbreeding). **2** 同系統の人たちばかりで部内を固めること, 派閥のみによる人材登用.

ín·búilt *adj.* **1** 作り付けの, はめ込みの (built-in): an ~ radio 作り付けラジオ《カーラジオなど》. **2** 生得の, 固有の: the atom's ~ energy.

ín·bùrst 〚← IN (adv.)+BURST (n.): cf. outburst〛 *n.* 《まれ》突入: an ~ of water.

in·býe 〚← IN (adv.)+BY (adv.)〛 (*also* **in·by** [~]) 《スコット・英方言》 — *adv.* 中心[内部]へ (inwards). — *adj.* **1** 近くにある. **2** 内部の (interior). — *prep.* **1** …の近くに. **2** …の内側で, 以内に. — *n.* 近くの土地.

inc. 《略》inclosure; included; including; inclusive; income; incomplete; 《米》[しばしば I-] incorporated; increase; incumbent.

In·ca [íŋkə] 〚(1594) *Inga* □ Sp. ← Quechua *inka* lord, king〛 — *n.* (*pl.* **~s**, ~) **1 a** [the ~(s)] インカ族《南米ペルーの Andes 山脈地方に住んでいたインディアン; ⇨ Incaic Empire》. **b** インカ人. **2** インカ帝国皇帝.

In·ca·bloc [íŋkəblɑ̀k | -blɔ̀k] *n.* 〘商標〙インカブロック《時計のてん真 (balance staff) の軸受に設けられた耐衝撃装置; cf. shock absorber 1 c》.

in·cage [ɪnkéɪdʒ, ən- | ɪn-] *vt.* ＝encage. 「帝国の.

In·ca·ic [ɪŋkéɪɪk, ɪn-] 〚⇨ Inca, -ic¹〛 *adj.* インカ人

Incáic Émpire *n.* [the ~] インカ帝国《インカ族の建てた帝国で高度の文明をもち, 1533 年スペイン人に征服された当時, その版図が Equador から Chile の半ばに達していた; cf. Pizarro》.

in·cal·cu·la·bil·i·ty [ɪnkæ̀lkjuləbíləṭi, ən- | ɪnkæ̀lkjuləbílətɪ, ɪŋ-, -lɪ-] *n.* **1** 数えきれないこと, 無数, 無量. **2** 予想し難いこと. **3** 当てにならないこと.

in·cal·cu·la·ble [ɪnkǽlkjuləbḷ, ən- | ɪn-, ɪŋ-] *adj.* **1** 数えきれない, 計算できない, 無数の, 無量の, 莫大な: ~ harm [benefits] 計り知れない害[利益]. **2** 予想[見積り]のできない, 見込みの立たない. **3** 信頼できない, 当てにならない, お天気屋の: a man of ~ moods 気まぐれな人. **~·ness** *n.* **in·cál·cu·la·bly** *adv.*

in·ca·les·cence [ɪnkəlésṇs, ɪŋ-] *n.* 《まれ》増温, 加熱; 熱意が増す状態.

in·ca·les·cent [ɪnkəlésṇt, ɪŋ-] 〚□ L *incalēscent-em* (pres.p.) ← *incalēscere* to become warm or hot ← IN-¹ +*calēscere* to grow warm (← *calēre* to be warm)〛 — *adj.* 《まれ》温度が増す, 増熱する; 熱意が増す.

in cam·er·a [ɪn-kǽm(ə)rə, ən- | ɪn-] 〚□ L ~《原義》in a chamber: ⇨ camera〛 *L. adv.* 秘密裡に, ひそかに.

In·can [íŋkən] 〚← INCA+-AN¹〛 *n.* **1** インカ帝国の住民. **2** ケチュア語 (Quechua). — *adj.* ＝Incaic.

in·can·desce [ɪnkəndés, -kæn- | ɪnkæn-, ɪŋ-, -kən-] 〚□ L *incandēsc-ere* to become hot, glow ← IN-¹+*candēscere* to become white, shine (← *candēre* to shine, be white)〛 — *vi.* 白熱する. — *vt.* 白熱させる.

in·can·des·cence [ɪnkəndésṇs, -kæn- | ɪnkæn-, ɪŋ-, -kən-] *n.* **1** 白熱(状態). **2** 〘医学〙発熱による身体のほてり. **3** 〘電気〙白熱放射.

in·can·des·cent [ɪnkəndésṇt, -kæn- | ɪnkæn-, ɪŋ-, -kən-] 〚(1794) □ F ~ ∥ L *incandēscent-em* (pres.p.) ← *incandēscere* 'to INCANDESCE'〛 — *adj.* **1** 白熱の, 白熱光を発する; まばゆいほどの, 光り輝く: under the ~ light. **2** 〈才知など〉光り輝く, きらめく, 絢爛(けんらん)たる: ~ wit. **3** 〈人・愛情など〉熱意に燃えた, 熱烈な: ~ affection. — *n.* 〘電気〙＝incandescent lamp. **~·ly** *adv.*

incandéscent lámp *n.* 〘電気〙白熱電球《普通の電球; 単に incandescent または light bulb ともいう》.

incandéscent líght *n.* 〘電気〙白熱(電)灯.

in·can·ta·tion [ɪnkæntéɪʃən | ɪn-, ɪŋ-] 〚(*a*1393) *incantacion* □ (O)F ∥ L *incantātiō(n-)* enchantment ← *incantāre* to bewitch ← IN-¹+*cantāre* 'to sing, CHANT'〛 — *n.* **1** 呪文(じゅもん); 呪文を唱えること. **2** 魔法, まじない. **3** 魔法の儀式. **4** [しばしば *pl.*] (特別の効果を出すために繰り返し述べられる)決まり文句. **~·al** [-ʃənḷ, -ʃnəl] *adj.*

in·can·ta·to·ry [ɪnkǽnṭətɔ̀:ri, -tɔ̀:ri, ən- | ɪnkǽntətərɪ, ɪŋ-] *adj.* まじない[呪文(じゅもん)]の.

in·cap [ínkæp] *n.* 《軍俗》＝incapacitant.

in·ca·pa·bil·i·ty [ɪnkèɪpəbíləṭi | ɪnkèɪpəbílətɪ, ɪŋ-, -lɪ-] *n.* 無能, 無力; 不適任; 無資格.

in·ca·pa·ble [ɪnkéɪpəbḷ | ɪn-, ɪŋ-] 〚(1592–93) □ F ~ ∥ LL *incapābil-is*: ⇨ in-², capable〛 — *adj.* **1 a** 〈人が〉(生れつき)〔…が〕できない, 不能な, 〔…に〕耐えない〔*of*〕: ~ *of* speech (生れつき, あるいは驚きなどで)ものが言えない / I am ~ *of* movement [moving]. 私は動けない / ~ *of* understanding 理解できない, 理解力のない. **b** 〈人が〉(人格的に)とても〔…が〕できない〔*of*〕: a man ~ *of* (tell*ing*) a lie [speak*ing* the truth] とてもうその[本当の事の]言えない人. **2** 〈物・事が〉〔…を〕許さない, 〔…を〕受け付けない〔*of*〕: ~ *of* measurement [be*ing* measured] 測定(することが)できない / The plan is ~ *of* improvement [be*ing* improved]. その計画は改善の余地がない (cf. 1). **3** 無能な, 無力の, 役に立たない: an ~ official [worker] 無能な役人[職人] / be drunk and ~ 酔いつぶれる. **4** 〘法律〙(知能の欠陥があるなどの理由により)〔…の〕資格がない〔*of*〕: ~ *of* hold*ing* public office 公職につく資格がない. — *n.* (全くの)無能者; (特に)知能の欠陥がある人. **~·ness** *n.* **in·cá·pa·bly** *adv.*

in·ca·pa·cious [ɪnkəpéɪʃəs | ɪn-, ɪŋ-] 〚← L *incapāci-, incapāx* incapable+-OUS: ⇨ in-², capacious〛 — *adj.* 《古》**1** 狭い, 限られた. **2** (知的に)無能な. **~·ness** *n.*

in·ca·pac·i·tant [ɪnkəpǽsəṭənt | ɪnkəpǽsɪt-, ɪŋ-, -sə-] 〚⇨ ↓, -ant〛 — *n.* 〘薬学〙活動不能化学剤《眠

気・めまい・方角識別不能などを起こさせ人や動物の活動を一時的に不能にする薬品で, 主に化学兵器として用いられる》.

in·ca·pac·i·tate [ìnkəpǽsətèɪt | ìnkəpǽsɪ-, ìŋ-, -sə-] 〘← INCAPACIT(Y)+-ATE³〙 — *vt.* **1** 〔…に対して〕〈人を〉無(能)力にする〔*for*〕; 〔行為などを〕〈人に〉できなくする, 耐えられなくする〔*from*〕; 〈…する〉能力をなくする〈*to do*〉: His poor health ~d him *from* working [*for* work, *to* work]. 健康がすぐれなくて仕事ができなかった. **2** 〘法律〙…から〔…の〕資格を奪う, 無資格にする, 失格させる〔*from*〕: be ~d *from* voting 投票の資格を失う. **ìn·ca·pác·i·tà·tor** [-tə | -tə(r)] *n.*

in·ca·pac·i·ta·tion [ìnkəpæ̀sətéɪʃən | ìŋkəpæ̀sɪ-, ìŋ-, -sə-] *n.* 無能力にすること, 資格剝奪, 失格; 無能力, 無資格.

in·ca·pac·i·ty [ìnkəpǽsəti, -sti | ìnkəpǽsɪtɪ, ìŋ-, -sɪ-] 〘(1611) □ F *incapacité* // ML *incapācitāt-em*: ⇨ in-², capacity〙 — *n.* **1** 無能であること, 不適当, 不適任〔*for*〕; 〈…する〉能力がないこと〈*to do*〉: ~ *for* work, *for* one's position, *to* work, etc. **2** 〘法律〙無能力, 無資格, 失格, 資格剝奪.

In·cap·a·ri·na [ɪnkæ̀pəríːnə, ən- | ɪn-] 〘← *incap* ((頭字語)) ← *I*(*nstitute of*) *N*(*utrition of*) *C*(*entral*) *A*(*merica and*) *P*(*anama*))+(F)ARINA〙 — *n.* 〘食品〙インカパリナ《高蛋白性食物補給剤; 綿実粉末・粗挽きコーン・もろこしなどから作られ, 特にラテンアメリカで用いられる》.

in·cap·su·late [ɪnkǽpsəlèɪt, ən-, -sju- | ɪnkǽpsju-] *v.* =encapsulate.

ín·càr 〘← IN (prep.)+CAR〙 *adj.* 自動車の中の, 自動車に取り付けた: an ~ computer.

in·car·cer·ate 〘(1560) ← ML *incarcerāt-us* (p.p.) ← *incarcerāre* ← IN-¹+L *carcerāre* to imprison (← *carcer* prison): ⇨ -ate³〙 — [ɪnkáəsərèɪt, ən- | ɪnkáː-, ɪŋ-] *vt.* **1** 投獄する, 監禁する, 幽閉する. **2** 囲む, 閉じ込める; 圧縮する. — [-s(ə)rət, -rɪt] *adj.* 投獄された (imprisoned). **in·cár·cer·à·tor** [-tə | -tə(r)] *n.*

in·cár·cer·at·ed hérnia [-tɪd-, -təd- | -tɪd-, təd-] *n.* 〘病理〙嵌頓(かんとん)ヘルニア (strangulated hernia).

in·car·cer·a·tion [ɪnkɑ̀əsəréɪʃən, ən- | ɪnkɑ̀ː-, ɪŋ-, ɪ̀ŋkɑː-] 〘(?a1425) □ (O)F *incarcération* // LL *incarcerātiō(n-)* ← *incarcerāre* 'to INCARCERATE': ⇨ -ation〙 *n.* **1** 投獄, 監禁, 幽閉(状態). **2** 〘病理〙嵌頓.

in·car·di·nate [ɪnkáədənèɪt, ən-, -dn- | ɪnkáːdɪn-] 〘← LL *incardināt-us* (p.p.) ← *incardināre* to institute into an ecclesiastical benefice: ⇨ in-¹, cardinal, -ate³〙 — *vt.* **1** (ローマ教皇庁の)枢機卿(けい) (cardinal) に任じる. **2** 〘キリスト教〙〈司教が〉〈聖職者を〉教区に入籍させる.

in·car·di·na·tion [ɪnkɑ̀ədənéɪʃən, ən-, -dn- | ɪnkɑ̀ːdɪn-] 〘□ LL *incardinātiō(n-)* (↑)〙 *n.* 〘キリスト教〙(聖職者の)教区入籍《司教が聖職者を自分の教区に tonsure によって入籍させること; cf. excardination》.

ín·carèer *adj.* 現職中の: ~ re-education 現職者再教育.

in·car·na·dine [ɪnkáənədàɪn, ən-, -dìːn, -dɪn, -dən | ɪnkáːnədàɪn, ɪŋ-] 〘(1591) □ F *incarnadine* □ It. ((方言)) *incarnadino* ((変形)) ← *incarnatino* carnation, flesh color ← *incarnato* 'INCARNATE'〙 ((詩)) — *adj.* 肉色の, とき色の, 淡紅色の (flesh-colored); 深紅の, 血赤色の (blood-red). — *n.* 肉色, とき色; 深紅, 血赤色. — *vt.* 赤く染める, 血染めにする: the multitudinous seas ~ 大海原をあかねに染める (Shak., *Macbeth* 2. 2. 62).

in·car·nal·ize [ɪnkáənəlàɪz, ən-, -nḷ- | ɪnkáː-] *vt.* =encarnalize.

in·car·nate 〘adj.: (1395) □ LL *incarnāt-us* (p.p.) ← *incarnāre* to make flesh ← IN-¹+*carn-*, *carō* flesh. — v.: (1533) ← (adj.): ⇨ carnal, -ate²·³〙 — [ɪnkáənət, ən-, -nɪt, -neɪt | ɪnkáː-, ɪŋ-] *adj.* **1** 肉体をもつ, 人間の姿をした (↔ discarnate): an ~ fiend =a devil ~ 悪魔の化身 / God ~ 神の化身, 人間の姿をした神 / the *Incarnate* Son of God 神の子の化身. **2** 〈観念・抽象・性質など〉具体化した, 顕現した: Liberty [Cruelty] ~ 自由[残酷]の権化(ごんげ). **3** 〈花の色など〉肉色の; 深紅の (cf. incarnadine).
— [ɪnkáəneɪt, ən-, ínkaənèɪt | ínkɑːnèɪt, íŋ-, ɪnkáːneɪt, ɪŋ-] *vt.* **1** …に肉体を与える; …に〔…の〕姿を与える〔*as*〕: the devil ~d *as* a serpent へびの姿をした悪魔. **2** 具体化する, 具現させる; 実現させる: ~ a plan, an idea, etc. **3** …の典型である: He ~s modern chivalry. 彼は近代騎士道の権化だ.

in·car·na·tion [ìnkaənéɪʃən | ìnkɑː-, ìŋ-] 〘(c1300) *incarnacion* □ (O)F *incarnation* // LL *incarnātiō(n-)* ← *incarnāre* (↑)〙 — *n.* **1 a** (人間・動植物など)地上生物の霊魂の化身. **b** 人間の姿をとること, 肉体を与えること; 人間の姿で現われること, 顕現: the ~ of God in Christ キリストにおける神の顕現. **2** [the I-] 〘カトリック〙托身; 〘プロテスタント〙受肉; 化肉(けにく)《神の子キリストが人類の救いのために人間として現われたこと》. **3** (観念・抽象的性質などの)具体化, 具体的に現われたと思われる姿, 権化(ごんげ), 化身: the ~ of health 健康の権化 / He is the ~ of patience. 忍耐そのものだ. **4** 〘医学〙肉芽発生[形成].

in·case [ɪnkéɪs, ən- | ɪn-] *vt.* =encase.

in·cáse·ment *n.* =encasement.

in·cau·tion [ɪnkɔ́ːʃən, ən- | ɪn-] *n.* 不注意.

in·cau·tious [ɪnkɔ́ːʃəs, ən- | ɪn-] *adj.* 不注意な, 軽率な, 無謀な: an ~ talk. **~·ly** *adv.* **~·ness** *n.*

Ince [íns], **Thomas Harper** *n.* (1882-1924) 無声映画時代の米国の映画監督.

in·cen·di·a·rism [ɪnséndiərìzṃ, ən- | ɪnséndjə-, -dɪə-] *n.* **1** 放火, 火付け: commit ~ 放火する. **2** (暴行・暴動などの)扇動, 教唆.

in·cen·di·ar·y [ɪnséndièri, ən- | ɪnséndjəri, -dɪəri] 〘(1606) □ L *incendiāri-us* causing fire ← *incendium* fire ← *incendere* to set fire to ← IN-¹+*candēre* to glow〙 — *adj.* **1** 放火の: an ~ fire 放火, 付け火 / ~ mania 放火癖. **2** 〘軍事〙(建物などに)火を付ける, 火災を起こす: ⇨ incendiary bomb / an ~ card 焼夷(しょうい)カード. **3** 扇動的な, 教唆的な: an ~ speech アジ演説 / an ~ article 扇動的記事. **4** 情欲をそそる, 扇情的な: a ~ picture, novel, etc. — *n.* **1** 放火者[犯人]. **2** 扇動者, 教唆者, 使嗾(しそう)者. **3** 〘軍事〙発燃剤; 焼夷剤; 焼夷弾《ナパーム・テルミットなど高熱で燃焼する物質を含む》.

incéndiary bómb *n.* 〘軍事〙焼夷弾 (cf. fire bomb).

in·cen·dive [ɪnséndɪv, ən- | ɪn-] 〘← L *incendere* (↑)+-IVE〙 *adj.* 〘軍事〙=incendiary 2.

in·cense¹ [ínsens] 〘(15C) □ LL *incens-um* ((原義)) something burnt (neut. p.p.) ← *incendere* ∞ (c1280) *encens* □ OF: ⇨ incendiary, cense〙 — *n.* **1** 香(こう), (特に, 宗教的儀式に用いられる)香料; 香の煙, 香のかおり: a stick of ~ 線香 / burn ~ *before* =offer ~ *to* …に香をたく[供える]. **2** 芳香, かおり. **3** 賛美, お世辞, 愛想, へつらい: burn ~ before a person 人にへつらう. — *vt.* **1** …に香をたき込める[くゆらす], 香でにおわせる; …に香を供える, 焼香する. **2** ((古)) …にこびへつらう. — *vi.* 香をたく.

in·cense² [ɪnséns, ən- | ɪn-] 〘(1435) *incence(n)* □ OF *incens-er* ← L *incensus* (p.p.) ← *incendere*: ⇨ incendiary〙 — *vt.* [通例 Passive で] 激昂させる, (ひどく)怒らせる: *be* ~*d by* [*with*, *against*] a person / *be* ~*d at* a person's words [conduct] 人の言葉を聞いて[行為を見て]かんしゃく玉を破裂させる. **~·ment** *n.*

íncense bòat *n.* 舟型(聖)香入れ《つり香炉に移す香を入れておく容器》.

íncense bùrner *n.* (置)香炉 (cf. censer).

íncense cèdar *n.* **1** 〘植物〙オニヒバ (*Libocedrus decurrens*)《北米太平洋岸産の樹皮が赤褐色になるヒノキ科の大樹》. **2** オニヒバ材《軽くて柔かく木目のまっすぐな木材; 鉛筆の材料に用いられ pencil cedar または red cedar, white cedar とも呼ばれる》.

in·cénsed 〘⇨ incense²〙 *adj.* **1** 激怒した, 激昂(げっこう)した. **2** 〘紋章〙〈動物が〉口あるいは耳から炎を吹き出した.

íncense·less 〘⇨ incense¹〙 *adj.* 〈教会堂・礼拝など〉香を用いない[たかない].

in·cen·so·ry [ínsens(ə)ri, ɪnsén-, ən-, ínsənsɔ̀ːri, -sòːri | ínsens(ə)rɪ] 〘← INCENSE¹ (n.)+-ORY²〙 *n.* つり[下げ]香炉 (censer).

ín·cènter *n.* 〘数学〙内心《三角形や正多角形に内接する円の中心》.

in·cen·tive [ɪnséntɪv, ən- | ɪnsént-] 〘(?a1425) □ L *incentīv-us* setting the tune, inciting ← *incentus* (p.p.) ← *incinere* to sound ← IN-¹+*canere* to sing: この意味にさらに L *incendere* to set fire to, kindle が影響した: cf. incendiary〙 — *adj.* 刺激的な, 誘発的な, 激励[奨励]的な, 鼓舞する: an ~ speech 激励演説 / ~ goods [pay] 報奨物資[金]. — *n.* **1 a** 〔…に対する〕刺激, 誘因, 動機〔*to*〕; 〈…させる〉誘因〈*to do*〉: act as an ~ 刺激となる / an ~ *to* an action 行為の動機[誘因] / He hasn't much ~ [many ~*s*] *to* work(ing) hard [hard work]. 彼には一心に働く励みになるものが余りない. **b** より一心に働くための報酬[利権]. **2** 〘心理〙(行動の動機となる)外的な誘因 (cf. drive 8, motivation 2). **~·ly** *adv.*

incéntive wàge *n.* 刺激給, 能率給《能率の上下によって賃率を増減する賃金制度》.

in·cept [ɪnsépt, ən- | ɪn-] 〘(1569) □ L *incept-us* (p.p.) ← *incipere* to begin ← IN-¹+*capere* to take, catch〙 — *vt.* **1** ((古)) 始める: ~ the Psalms 詩篇を起唱する, 詩篇の始句を独唱する. **2** 〘生物〙摂取する. — *vi.* ((英)) **1** (特に, Cambridge 大学で) Master [Doctor] の学位を取る. **2** 職[役]につく.

in·cep·tion [ɪnsépʃən, ən- | ɪn-] 〘(?a1425) □ (O)F ~ // L *inceptiō(n-)* ← *inceptus* (↑): ⇨ -tion〙 — *n.* **1** 初め, 開始, 発端: at the (very) ~ of …の初めに当たり. **2** ((英)) (中世の大学で) Master [Doctor] 学位受領者が最初の講義をする儀式《これによって同僚から有資格教員と認められる》; 学位授与式 (((米)) commencement).

in·cep·tive [ɪnséptɪv, ən- | ɪn-] 〘(1612) □ OF *inceptif, -ive* // LL *inceptīv-us*: ⇨ incept, -ive〙 — *adj.* **1** 初めを示す, 初めの, 開始の, 発端の: A point is ~ *of* a line. 点は線の初め. **2** 〘文法〙(主にギリシャ語・ラテン語の動詞について)動作[状態]の開始を示す, 起動(相)の (inchoative): an ~ verb 起動動詞《例: Gk *gignōskō* I learn (begin to know); L *calescō* I grow warm》. — *n.* 〘文法〙起動相 (inceptive aspect); 起動動詞 (inceptive verb). **~·ly** *adv.*

in·cép·tor *n.* ((英)) (特に, Cambridge 大学で) Master [Doctor] 学位取得者.

in·cer·tae se·dis [ɪŋkéətaɪ-séɪdɪs, ɪnsə́ːtiː-síːd-, -dəs | ɪŋkéətaɪ-séɪdɪs, ɪnsə́ːtiː-síːd-] *L. adv.* 〘生物〙(分類学上)不確かな位置に.

in·cer·ti·tude [ɪnsə́ːtət(j)ùːd, ən- | ɪnsə́ːtɪtjùːd] 〘□ F ~ // ML *incertitūdō* ← L *incertus* uncertain: ⇨ in-², certitude〙 — *n.* 不確実, 不確か, 不定; 疑惑, 疑念; 不安定, 不安.

in·ces·san·cy [ɪnsésnsi, ən- | ɪnsésnsɪ] *n.* 絶え間[間断]のないこと.

in·ces·sant [ɪnsésṇt, ən- | ɪn-] 〘(1461) □ (O)F ~ // LL *incessant-em* unceasing ← IN-²+*cessantem* ((pres. p.) ← *cessāre* 'to CEASE')〙 — *adj.* 絶え間のない, 間断のない, ひっきりなしの: a week of ~ rain / feel an ~ pain. **~·ly** *adv.* **~·ness** *n.*

in·cest [ínsest] 〘(?a1200) □ L *incest-us*, *incest-um* (neut.) ← *incestus* unchaste ← IN-²+*castus* 'CHASTE'〙 — *n.* **1** 近親相姦(かん), 血族相姦, 乱倫; 近親相姦罪. **2** 〘カトリック〙=spiritual incest.

in·ces·tu·ous [ɪnséstʃuəs, ən-, -tʃəs | ɪnséstju-, -tʃu-] 〘(1532) □ LL *incestuōs-us* ← *incestus*: ⇨ ↑, -ous〙 — *adj.* **1** 近親相姦(かん)的な: an ~ marriage. **2** 血族相姦の(罪を犯した). **~·ly** *adv.* **~·ness** *n.*

inch¹ [íntʃ] 〘OE *ynće* < **uŋkja* □ L *uncia* twelfth part of a foot, inch, ((原義)) unit ← *ūnus* one: OUNCE¹ と二重語〙 — *n.* **1** インチ《長さの単位; 0.083 フィート, 0.027 ヤード, 2.540 cm; 略 in.; 符号 ″》: He is five feet seven ~*es*. 身長が5フィート7インチある / a square [superficial] ~ 1平方インチ / a cubic [solid] ~ 1立方インチ / Give him an ~ and he'll take an ell [a yard, a mile]. ((諺)) 「寸を与えれば尺を望む」《抱けばおぶえと図に乗る》. **2** [*pl.*] 身長, 背丈: a man of your ~*es* 君と同じくらいの丈の男 / gather up one's ~*es* まっすぐに立ち上がる / His legs are too long for his ~*es*. 脚が身長の割に長過ぎる. **3** 小距離, 少量, 少額, 少し: win by an ~ 僅差で勝つ / He didn't yield [give, budge] an ~. 彼は少しも譲ら[一歩も引か]なかった. **4** 〘気象〙インチ: **a** 雨量・降雪量などの単位: an ~ of rain 1インチの雨量. **b** 気圧の単位 (cf. INCH of mercury): an atomospheric pressure of 35 ~*es* 35インチの気圧. **5** 〘水力学〙=water-inch. **6** =column inch.

by inches (1) 少しずつ, 次第に, じりじりと: die *by* ~*es* 徐々に死ぬ, 刻々死期が迫る / kill *by* ~*es* (じりじり)なぶり殺しにする. (2) 入念に, 綿密に, 注意深く. (3) やっとのことで, きわどいところで. ***every inch*** (1) 〔…の〕隅から隅まで〔*of*〕: I know *every* ~ *of* the place. その場所は隅から隅まで知っている. (2) 徹頭徹尾, 完全に, 寸分のすきのない: *every* ~ a king [gentleman] 申し分のない[典型的な]国王[紳士] (cf. Shak., *Lear* 4. 6. 109). ***inch by inch*** =*by* INCHES. ***see an inch beyond*** *one's* ***nose*** =*see* beyond (the *end* [*length*] *of*) *one's* NOSE. ***sell by inch of candle*** ⇨ candle 成句. ***to an inch*** 寸分たがわずに, 精密に. ***within an inch of***… ほとんど…するところまで, …の一歩手前まで (close to): come *within an* ~ *of* being killed すんでのことで殺されるところ. ***within an inch of*** *a person's* ***life*** 半殺しにするほど, 徹底的に, したたかに: flog a person *within an* ~ *of his life*.

inch of mercury 水銀柱インチ, インチ水銀《気圧の単位; 33.864 ミリバール; 略 in. Hg》.

— *vi.* じりじり動く, にじり入る[出る]: ~ *along*, *in*, *forward*, etc. / Prices are ~*ing up* [*down*]. 価格が徐々に上[下]がっている. — *vt.* じりじり[ゆっくり]動かす.

inch² [íntʃ] 〘(c1425) □ Gael. *innse* (gen.) ← *innis* island, land by a river=(O)Ir. *inis* & Welsh *ynys* (cf. L *insula* island): cf. isle, insular〙 — *n.* **1** 島 (island). ★ しばしばスコットランドの海岸近くの小島の名に使う: *Inch*keith. **2** 川のそばの低い牧場.

Ínch·cape Róck [íntʃkeɪp-] 〘⇨ ↑, cape²〙 *n.* [the ~] スコットランド東岸 Firth of Tay の沖にある岩礁; Bell Rock ともいう.

inched 〘← INCH¹+-ED 2〙 *adj.* **1** インチの目盛りのある: an ~ tape=inch tape. **2** [複合語の第2構成素として] …インチの: three-*inched* panels.

ínch màst *n.* 〘造船〙インチマスト《マストや帆桁に用いる用材で, 幅をインチで表わしたもの》.

inch·meal [íntʃmìːl, ⌐⌐] 〘← INCH¹+-MEAL: cf. piecemeal〙 *adv.* 1インチ1インチ, じりじりと, 少しずつ. ***by inchmeal*** =inchmeal.

in·cho·ate 〘(1534) □ L *inchoāt-us* (p.p.) ← *inchoāre*, *incohāre* to begin, ((原義)) to harness ← IN-¹+*cohum* the strap from plow beam to yoke: ⇨ -ate²〙 — [ɪnkóuət, ən-, -ɪt, ínkouèɪt | ínkəuèɪt, íŋ-, ɪnkə́uət, ɪŋ-, -kóuət, -ɪt] *adj.* 〘文語〙 **1** 今始まった, 始まったばかりの, 発端の. **2** 初期の, 不完全な, 未完成の, 未発達の. **3** まとまりのない, 秩序のない. **4** 〘法律〙未終結の, 懸案の, 未発効の, 係争中の. — [ínkouèɪt, ɪnkóueɪt, ən- | ínkəuèɪt, íŋ-] *vt.*, *vi.* ((文語)) 始める; 始まる. **~·ly** *adv.* **~·ness** *n.*

in·cho·a·tion [ìnkouéɪʃən | ìnkəu-, ìŋ-] 〘□ LL *inchoātiō(n-)*: ⇨ ↑, -ation〙 *n.* ((文語)) 初め, 開始, 発端, 端緒.

in·cho·a·tive [ɪnkóuətɪv, ən- | ínkəuèɪt-, íŋ-, ɪnkə́uət-, ɪŋ-] 〘(1530) □ LL *inchoātīv-us* ← *inchoāre*: ⇨ inchoate, -ative〙 — *adj.* **1** ((まれ)) =inchoate 1. **2** 〘文法〙=inceptive 2. — *n.* 〘文法〙=inceptive. **~·ly** *adv.*

In·chon [ìntʃán | -tʃɔ́n; *Korean* intʃʼən] *n.* 仁川(じんせん)《韓国北西部, 黄海に臨む港市; 人口 798,000》.

ínch-pòund *n.* インチパウンド《foot-pound の 1/12; 略 in-lb》.

ínch tàpe *n.* インチ目盛りの巻き尺 (inched tape).

ínch·wòrm *n.* 〘昆虫〙シャクトリムシ (⇨ looper 2).

in·ci·dence [ínsədəns, -dns, -dèns | -sɪdəns, -dns] 〘(?a1437)□(O)F ～□L *incidentia* (neut. pl.) ← *incidēns*: ⇨↓, -ence〙 ― *n.* **1**〔事件・災害などが〕降りかかること, 起こること〔*of*〕: the ～ *of* fire last night. **2**〔病気などの〕発生; 発生率, 罹患率; (影響する)範囲〔*of*〕: prevent the ～ *of* cholera コレラの発生を防ぐ / an area remarkable for a high ～ *of* disease and delinquency 病人や犯罪人を多数出したので有名な地帯 / the ～ *of* crime 犯罪の発生率, 犯罪者数. **3**〘経済〙 **a** (税などの)負担, 負担範囲: What is the ～ *of* the tax? 税の及ぶ範囲はどれだけか; その税はだれが払うのか. **b** (租税の)帰着《租税が最終的負担者へ達すること; incidence of tax ともいう》. **4**〘物理〙 **a** 投射, 入射: an ～ indicator 入射計. **b** =ANGLE of incidence (1). **5**〘数学〙(点と線・線と面・点と面の)結合《点が線に, 線が面に, 点が面に含まれること》.

incidence of tax〘経済〙=incidence 3 b.

in·ci·dent [ínsədənt, -dn̩t, -dènt | -sɪdənt, -dn̩t] 〘(a1420)□(O)F ～ // L *incident-em* (pres.p.) ← *incidere* to fall upon, happen ← IN-¹+*cadere* to fall (cf. case¹, cadence): ⇨ -ent〙 ― *adj.* [主に Predicative に用いて] **1**〔…に〕起こりやすい, ありがちな; 〔…に〕伴いやすい, 付随する〔*to*〕: diseases ～ *to* childhood 子供に起こりやすい病気 / weaknesses ～ *to* human nature 人間性に付随する弱点. **2**〘法律〙〔…に〕付帯する〔*to*〕: the rights and duties ～ *to* a settled estate 継承的不動産に付帯する権利義務. **3**〘物理〙投射する, 入射する, 投じる〔*on, upon*〕: an ～ light ray 入射光線 / rays of light ～ *upon* a mirror 鏡面に投じる光線.
― *n.* **1** (付随的なまたは起こりやすい)出来事. ★ accident より小さな出来事: a daily ～ 日常の出来事 / an ～ *in* [*of*] the journey 旅行中の出来事: without ～ これといった出来事もなく, 順調に. **2** 付随の出来事, 偶発事件, 小事件. ★ 控え目な表現としてかなり大きな事件についても用いられる. **3** (小説・劇などで, 本筋とは別の)挿話(そうわ), エピソード: an ～ *from* Edison's biography エジソンの伝記中のエピソード. **4** (戦争・暴動などに発展しうる)事件, 事変, 武力紛争: a frontier [border] ～ 国境紛争 / the Korea ～ 朝鮮動乱. **5**《英》(特に, 都市への)爆撃, 空襲. **6** 付帯的な事; 〘法律〙(特に, 土地の)付随条件, 付帯権利[義務].

in·ci·den·tal [ìnsədéntl̩ | -sɪdéntl̩] 〘(1616)□ML *incidentāl-is*: ⇨↓, -al¹〙 ― *adj.* **1**〔…に〕付随して起こる, 伴いやすい, ありがちな〔*to*〕: the trials ～ *to* married life 結婚生活につきものの苦労. **2** 主要でない, 枝葉的な, 偶然伴う, 偶然の; 不時の, 臨時の, 思わぬ: an ～ remark (何かの)ついでに言った事, ふと言った事 / an ～ acquaintance ふとした知り合い / ～ expenses 臨時費, 雑費 / ～ colors 残存色彩感覚 / ～ images 残像. ― *n.* **1** 付随的な事柄; 偶発的な事柄. **2** [*pl.*] 臨時費, 雑費. **～·ness** *n.*

ìn·ci·dén·tal·ly [-təli, -tl̩i | -təli, -tl̩i] 〘(1665): ⇨↑, -ly¹〙 ― *adv.* **1** 付随的に, 随伴的に. **2** 偶然, 不意に. **3** [《米》ではまた -tli] [文頭に置いて] ついでに(言うと), ついでながら (by the way).

incidéntal músic *n.* 付随音楽《劇・映画などに付随して作曲・演奏される音楽》.

íncident òffice [**pòst, ròom**] *n.* 《英》(事件の)捜査本部, (災害の)対策本部.

in·ci·en·so [ìnsiénsou | -siénsəu] 〘□Am.-Sp. ～□Sp. ～□L *incensum*: ⇨ incense¹〙 ― *n.* (*pl.* ～s) 〘植物〙米国南西部産の黄色の花をつけるキク科の砂漠植物の一種 (*Encelia farinosa*).

in·cin·der·jell [ɪnsíndədʒèl, ən- | ɪnsíndə-] 〘《転訛》← *incendiary gel*〙 *n.* 〘軍事〙発炎ゼリー《ナパームを混合したゼリー状ガソリン; 火炎放射機や爆弾用》.

in·cin·er·ate [ɪnsínərèɪt, ən- | ɪn-] 〘(1555)← ML *incinerāt-us* (p.p.) ← *incinerāre* ← IN-¹+L *ciner-, cinis* ashes: ⇨ -ate³〙 ― *vt.* 焼いて灰にする, 焼却する; 火葬にする; 〘化学〙灰化(かいか)する. ― *vi.* 燃えて灰になる; 〘化学〙灰化する.

in·cin·er·a·tion [ɪnsìnəréɪʃən, ən- | ɪn-] 〘(a1529)□F *incinération* // ML *incinerātiō(n-)*: ⇨↑, -ation〙 *n.* **1** 焼却; 〘化学〙灰化. **2** 火葬.

in·cín·er·à·tor [-tə | -tə(r)] *n.* **1** 焼却者. **2** (ごみなどの)焼却炉; 火葬炉.

in·cip·i·ence [-piəns | -piəns, -pjəns] *n.* =incipiency.

in·cip·i·en·cy [ɪnsípiənsi, ən- | ɪnsípiənsi, -pjən-] 〘⇨↓, -ency〙 *n.* 初め, 発端; (病気などの)初期.

in·cip·i·ent [ɪnsípiənt, ən- | ɪnsípiənt, -pjənt] 〘(1589)□L *incipient-em* (pres.p.) ← *incipere* to begin ← IN-¹+*capere* to take (⇨ capture)〙 ― *adj.* 始まりの, 初期の, 発端の, 兆しを見せる: the ～ stage of malaria マラリアの初期 / the ～ light of day 夜明けの光, 曙光(しょこう) / an ～ cause 遠因. **～·ly** *adv.*

incípient wílting *n.* 〘植物〙初発しおれ, 初発凋萎(ちょうい)《外観はさほどしおれが目立たないが, 水が少なくなって水分平衡の破れた初期》.

in·ci·pit [ínsəpɪt, íŋkə-, íntʃə-, -pət | -sɪpɪt, -kɪ-, -tʃɪ-] 〘(1897)□L ～ '(here) begins' (3rd sing. pres.) ← *incipere*: ⇨ incipient〙 *n.* 書き始め(語)《古写本や初期の刊本で巻頭などを示すのに用いた語句; ↔ explicit》.

in·cise [ɪnsáɪz, ən-, -sáɪs | ɪn-] 〘(1541)□F *inciser* ← L *incisus* (p.p.) ← *incidere* ← IN-¹+*caedere* to cut: cf. scissors, caesura〙 ― *vt.* **1** …に切り込む, 切れ目をつける, 切開する. **2** 刻む, 彫り込む, 彫刻する: ～ a stone surface 石の表面に彫る / ～ a design *on* a stone = ～ a stone *with* a design 石に模様を彫り込む.

in·císed *adj.* **1** 切り込んだ: an ～ wound 切り傷. **2** 刻んだ, 彫った, 刻み込んだ: ～ letters. **3**〘生物〙欠刻のある, 鋭浅裂の: an ～ leaf 鋭浅裂葉.

in·ci·sion [ɪnsíʒən, ən- | ɪn-] 〘(1392)□(O)F ～ // L *incisiō(n-)* ← *incidere* 'to INCISE': ⇨ -sion〙 ― *n.* **1** 切り込み; 切れ目, 切り口, 刻み目, 切り傷: make an ～ in …に刻み目をつける. **2**〘外科〙切開: a crucial ～ 十字形切開. **3**〘生物〙欠刻, 鋭浅裂. **4** 鋭さ.

in·ci·sive [ɪnsáɪsɪv, ən- | ɪn-] 〘(1528)□ML *incisivus* ← L *incisus*: ⇨ incise, -ive〙 ― *adj.* **1** 〈精神などが〉鋭い, 鋭敏な, 機敏な; 〈言葉・文などが〉鋭い, 痛烈な, 刺すような, 辛辣(しんらつ)な; 直截な: an ～ tone of voice かん高い音声 / ～ comments 鋭い論評. **2** 〈刃物などが〉切断に用いる; よく切れる, 鋭利な. **3**〘歯科〙切歯[門歯] (incisors) の, 切歯の近くの: ～ teeth=incisors. **～·ly** *adv.* **～·ness** *n.*

in·ci·sor [ɪnsáɪzə, ən- | ɪnsáɪzə(r)] 〘(1672)← NL ～《原義》cutter (⇨ incise, -or²): cf. (15C) *inscisours* (pl.) shear-like instrument to cut off flesh or bones □ML *incisōr-ium*〙 ― *n.* 〘歯科〙切歯, 門歯: a central ～ 中切歯 / a lateral ～ 側切歯.

in·ci·so·ry [ɪnsáɪzəri, ən- | ɪnsáɪzəri] *adj.* 切断用の, 切る力のある, 鋭利な.

in·ci·su·ra [ìnsaɪʒú(ə)rə, -sə- | -saɪzjúərə, -sɪ-] 〘□L *incisūra* a cutting into ← *incisus*: ⇨ incise, -ure〙 ― *n.* (*pl.* **-su·rae** [-riː]) **1** 切り傷. **2**〘解剖〙(骨などの陥凹としての)切痕. **in·ci·sur·al** [ìnsaɪʒú(ə)rəl, -sə-, ɪnsáɪʒər-, ən- | ìnsaɪʒúər-, ɪnsáɪʒər-] *adj.*

in·ci·sure [ɪnsáɪʒə, ən- | ɪnsáɪʒə(r)] *n.* =incisura.

in·cit·ant [ɪnsáɪtnt, ən-, -tənt | ɪnsáɪt-] 〘□L *incitānt-em* (pres.p.) ← *incitāre* 'to INCITE': ⇨ -ant〙 ― *n.* **1** 刺激者, 激励者. **2** 刺激物, 興奮剤. **3** (病気の)素因. **4**〘植物病理〙病因となる生物. ― *adj.* 刺激する, 興奮させる.

in·ci·ta·tion [ìnsaɪtéɪʃən, -sə- | -saɪ-, -sɪ-] 〘(15C)□(O)F ～ // L *incitātiō(n)-*: ⇨↓, -ation〙 *n.* =incitement.

in·cite [ɪnsáɪt, ən- | ɪn-] 〘(1483)□(O)F *inciter* // L *incitāre* ← IN-¹+*citāre* to put in motion (⇨ cite)〙 ― *vt.* **1** 刺激する, 励ます, 鼓舞する; 誘発する, 引き起こす: ～ a person's curiosity 人の好奇心をそそる / Insults ～ resentment. 侮辱は怒りを生む. **2** 〈人を〉〈ある行動に〉駆り立てる〔*to*〕; 〈人を〉〈…するように〉扇動する, そそのかす 〈*to do*〉: ～ children *to* mischief 子供達にいたずらをさせる / His words ～*d* the people *to* rebellion [*to* rise against him]. 彼の言葉に刺激されて人々は反乱を起こした[彼に対して蜂起した]. **in·cít·er** [-tə(r | -tə(r)] *n.*

in·cíte·ment *n.* **1** 扇動; 刺激, 激励, 鼓舞〔*to*〕: an ～ *to* study 研究の奨励. **2** 刺激するもの; 動機, 誘因〔*to*〕.

ín·cìty *adj.* 市内の: an ～ bus 市内バス.

in·ci·vil·i·ty [ìnsɪvíləti, -sə- | -sɪvílətɪ, -lɪ-] 〘□F *incivilité*: ⇨ in-², civility〙 *n.* **1** 無礼, 失礼, 無作法. **2** 無礼な行為[言葉], 無作法な言行.

in·ci·vism [ɪnsívɪzm | ←ー→] 〘(1794)□F *incivisme*: ⇨ in-², civism〙 ― *n.* 公共心[愛国心]のないこと, 公共義務の怠慢; (特に, フランス革命に敵意を抱いたフランス市民の)非愛国的精神.

incl. 《略》incline; inclosure; including; inclusive.

in·clasp [ɪnklǽsp, ən- | ɪnklɑ́ːsp] *vt.* =enclasp.

in·cle [íŋkl̩] *n.* =inkle.

ín·clèarer *n.* 《英》〘金融〙手形交換担当(銀行)員.

ín·clèaring *n.* 《英》〘金融〙 **1** 受入れ手形, 交換受入れ手形《手形交換所を経て銀行から支払うべき手形; ↔ out-clearing》. **2** 受入れ手形総額.

in·clem·en·cy [ɪnklémənsi, ən- | ɪnklémənsi, ɪŋ-] 〘□L *inclēmentia*: ⇨↓, -ency〙 ― *n.* **1** (気候・天候の)厳しさ, 酷烈; 険悪, 不良, 厳寒 (↔ clemency). ★ 暑熱については用いない: the ～ of the weather 悪天候. **2**《古》残酷, 無慈悲.

in·clem·ent [ɪnklémənt, ən- | ɪn-, ɪŋ-] 〘(1621)□F *inclément* // L *inclēment-em*: ⇨ in-², clement〙 ― *adj.* **1** 〈気候, 特に寒さが〉厳しい, 激しい; 〈天候が〉荒れた, 嵐の: an ～ season, sky, etc. **2**《古》〈人・性格など〉残酷な, 無慈悲な: an ～ ruler. **～·ly** *adv.* **～·ness** *n.*

in·clin·a·ble [ɪnkláɪnəbl̩, ən- | ɪn-] 〘(c1443)□OF *enclinable* (F *inclinable*): ⇨ incline, -able〙 ― *adj.* **1**〔…に〕心が傾いている, 〔…の〕傾向がある〔*to*〕; …したがる, する気がある 〈*to do*〉: be ～ *to* mercy 慈悲の心がある / I am ～ *to* believe you. 君の言うことを信じたい気がする. **2**〔…に〕好意がある, 〔…の〕肩をもつ, 〔…に〕好都合な (favorable)〔*to*〕: circumstances ～ *to* Japanese interests 日本の利害に好都合な情況. **3** 〈置き台など〉傾けられる, 傾斜自在の.

in·cli·na·tion [ìnklənéɪʃən, ɪŋ- | -klɪ-] 〘(c1395)□(O)F ～ // L *inclīnātiō(n-)* a leaning ← *inclīnāre* 'to INCLINE': ⇨ -ation〙 ― *n.* **1** 傾く[傾ける]こと: an ～ of the head 頭を傾けること, うなずき / an ～ of the body 体を傾けること, お辞儀. **2** 傾いている状態, 傾斜, 勾配(こうばい), 斜面: the ～ of a column 円柱の傾斜 / the ～ of a roof 屋根の勾配 / the angle of ～ 傾角. **3** **a** (精神的)傾向, 性向〔*to, for, toward*〕; 〈…する〉性癖 〈*to do*〉: an ～ *to* conservatism 保守的な傾向[傾き] / by ～ 性質[性向]は / have an ～ *to* criticize others 他人を非難する性癖がある. **b** (体質的)傾向, たち (tendency): an ～ *to* stoutness [*to* grow fat] 太るたち, 肥満体質. **4**〔…に対する〕好み, 意向〔*for, toward*〕; 〈…したい〉心, 気持 〈*to do*〉: against one's ～ 不本意ながら, 心ならずも / follow one's ～ 自分の好きなようにする / sacrifice one's ～ 自分の好みを犠牲にする, 好きな事をしないで我慢する / have a strong ～ *for* sports [*toward* study] スポーツが大好きである[大いに勉強したいという気持がある] / I feel no ～ *to* eat. どうも食べる気がしない / My ～ does not run that way. 私はそういう気になれない. **5** 心の向かう対象, 愛好物: That task is my ～. その仕事は自分の好きな事だ. **6** (建具・道具・機械などの)〈…する〉癖 〈*to do*〉: This window has an ～ *to* stick. この窓は開け閉めがうまくいかない. **7**〘数学〙傾き, 傾角《2線または2面間の角, または与えられた直線が x 軸となす角》. **8**〘天文〙傾斜(角)《惑星の軌道と黄道との角度》. **9**〘磁気・測量〙=dip 8. **～·al** [-ʃənl̩, -ʃnəl] *adj.*

in·cli·na·to·ry [ɪnkláɪnətɔ̀ːri, ən-, -tòːri | ɪnkláɪnətəri, ɪŋ-] 〘← L *inclīnātus* (⇨↓, -ate²)+-ORY¹〙 *adj.* 傾斜の, 傾斜している.

in·cline 〘*v.*: (16C)□L *inclīnāre* to lean ← IN-¹+*clīnāre* to bend ∞ (a1325) *encline(n)* □OF *encliner* (F *incliner*). ― *n.*: (1600) ← (*v.*): cf. lean²〙 ― [ɪnkláɪn, ən- | ɪn-, ɪŋ-] *v.* ― *vi.* **1** 傾斜する, 傾く: ～ *forward* 〈人が〉体を前に傾ける / ～ *to* one side 〈建物などが〉一方に傾斜している / ～ *toward* a speaker 話し手の方へ体を乗り出す. **2**〔…に〕心が傾く, 気が向く〔*to, toward*〕; …したいと思う, …しがちである 〈*to do*〉: ～ *to* an opinion ある意見に傾く / ～ *toward* the conservative 保守主義に傾く / ～ *to* think that …のように思う, …という気がする / He ～*s to* study at night. 夜に勉強する傾向がある. **3**〔…に向かう〕体質[たち]である, 生れつき〔…への〕傾きがある〔*to, toward*〕: ～ *to* leanness [corpulence] やせる[太る]たちである / ～ *toward* melancholia 憂鬱(ゆううつ)症の傾向がある. **4**〔…に〕近づく, 近い〔*to*〕: purple *inclining to* red 赤味がかった紫 / The leaves ～ *to* dark. 葉は黒味がかっている. **5**〘陸軍〙斜めに進む, 斜行進する: Right ～! 斜め右へ進め. ― *vt.* **1** 傾ける, 傾斜させる. **2** 〈体を〉曲げる, かがめる; 〈頭を〉下げる; 〈耳を〉傾ける, 貸す: ～ oneself 身をかがめる / ～ one's head お辞儀をする, うなずく / ～ one's ear *to* …に耳を傾ける, (好意をもって)…を聞いてやる (cf. *Isa.* 37: 17). **3**《文語》〈心などを〉〈…するように〉向ける, 傾ける 〈*to do*〉: Let us ～ our hearts *to* obey God's commandments. 神の戒律に従うよう我々の心を向けよう. **4** [目的語+*to* do [*for*] を伴って; 通例 Passive で] 〈人を〉〈…したい〉という気にさせる (cf. inclined 2): The letter ～*d* him *to* go. 手紙を読んで行きたい気分になった / I *am* ～*d to* agree. 賛成したいような気がする / *Are* you ～*d* (*to* go) *for* a walk? 散歩はいかがですか / She *was* ～*d for* conversation. なんだかおしゃべりがしたかった. **5** [Passive で] **a** (体質的・性格的に)〔…への〕傾きがある〔*to, toward*〕; 〈…する〉たちである 〈*to do*〉: *be* mechanically ～*d* 生来機械いじりが好きである / *be* ～*d to* baldness [*toward* hairiness] はげる[毛深い]たちである / *be* ～ *to* be lazy 怠けがちである / She *is* ～*ed to* be flirtatious. どうも浮気っぽい. **b** 〈建具・機械などが〉〈…する〉癖がある 〈*to do*〉: This door *is* ～*d to* bang. このドアはよくばたんとなる. ― [ínklaɪn, ɪnkláɪn, ən- | ínklaɪn, íŋ-, ー←] *n.* **1** 傾斜, 勾配(こうばい); 傾斜面, 斜面: a steep ～ 急な傾斜[坂]. **2**〘鉄道〙インクライン《勾配約45°の2地点を結ぶ急斜面の線路の上をケーブルを用いて車両や船を上下させる鉄道》. **in·clín·er** *n.*

in·clined [ɪnkláɪnd, ən- | ɪn-, ɪŋ-] 〘(c1380): ⇨↑, -ed〙 ― *adj.* **1** [《米》ではまた ínklaɪnd] **a** 傾斜した, 傾いた. **b** (他の線や面に対して)傾角をなした, 斜めになった. **2**〔…に〕気乗りした〔*for*〕; 〈…したく〉思って 〈*to do*〉 (cf. incline *vt.* 4): seem ～ *to* depart 帰りたがっているように見える / I don't feel much ～ *for* work. 余り仕事がしたくない.

inclined pláne *n.* **1** (水平面と交わる)斜面. **2** =incline 2.

inclined-plane clòck *n.* 〘時計〙斜面時計《ドラム形の時計で, 斜面を落ちる時の力を動力として動く》.

íncline plàne *n.* 〘鉄道〙=incline 2.

in·clín·ing *n.* **1** 傾向, 気質. **2**《古》(人や主義の)共鳴者[支持者]たち.

in·cli·nom·e·ter [ìnklənɑ́mətə, ɪŋ-, ɪnklaɪ- | -klɪnɔ́mɪtə(r), -mə-] 〘(1842) ← INCLINE+-O-+-METER¹: cf. declinometer〙 ― *n.* **1** クリノメーター《地球磁力が水平面となす角を測定する傾斜[傾角]計》. **2**〘航空〙傾斜計.

in·clip [ɪnklíp, ən- | ɪn-] *vt.* 《古》抱き締める; 囲む.

in·close [ɪnklóuz, ən- | ɪnkláuz, ɪŋ-] 〘《異形》← ENCLOSE〙 *vt.* =enclose. **in·clós·er** *n.*

in·clo·sure [ɪnklóuʒə, ən- | ɪnklóuʒə(r), ɪŋ-] 〘《異形》← ENCLOSURE〙 *n.* =enclosure.

in·clud·a·ble [ɪnklúːdəbl̩, ən-, ɪŋ-] *adj.* 包含[包括]できる, 包含するのに適した.

in·clude [ɪnklúːd, ən- | ɪn-, ɪŋ-] 〘(1402)□L *inclūdere* to shut in ← IN-¹+*claudere* to shut (cf. clause, close)〙 ― *vt.* (↔ exclude) **1** 〈場所などが〉(その中に)…を含む (contain): The school ～*d* a swimming pool. 学校にはプールがあった. **2** **a** 〈事が〉(全体の一部として)…を含む, 包含する; …を含めて(考える), 算入する: The tour ～*s* a visit to the Tower. その観光旅行にはロンドン塔の参観も含まれている / Surrender ～*s* submission. 降伏は(当然)服従を伴う / His work ～*s* tak*ing* care of the dogs. 犬の世話も彼の仕

事の一つだ / The price ~s taxes.=Taxes are ~d *in* the price. それは税金込みの値段だ / He ~s me *among* his supporters. 私を支持者の一人に数えている. **b** [現在分詞または p.p. 形で] …を含めて, …込みで (cf. exclude 2 b): Price $10, postage ~d [*including* postage]. 郵送料共代価 10 ドル / There were ten present, *including* me [myself]. 私も入れて 10 人出席した. **3** [しばしば p.p. 形で]〈付属品などを〉封入する, 同封する (enclose): a warranty ~d *with* an electric appliance 電気器具に同封の保証書.
include in 〘*include out* の反意語として〙《口語・戯言》(特別に)〈人を〉加える, 含める. ***include out*** 〘米国の映画製作者 Sam Goldwyn の用語から〙《口語・戯言》(特別に)〈人を〉除外する, 除く (exclude): *Include* me *out*. 私は除いて下さい.

in·clúd·ed *adj.* **1** 含まれた, 包含された. **2** 〘生物〙〈雄蕊(ずい)・雌蕊(しべ)が〉花冠の外に突き出ていない (↔ exserted). 「う辺のなす角).

inclúded ángle *n.* 〘数学〙夾角(きょう)《多角形の隣合

in·clud·i·ble [inklúːdəbl̩, ən- | ɪnklúːdə-, ɪŋ-, -dɪ-] *adj.* =includable.

in·clúd·ing 〘(1670) ← INCLUDE + -ING²〙 *adj.* 包む, 含む: an ~ membrane 〘解剖〙包皮膜.

in·cluse [ínkluːs | ín-, íŋ-] 〘(*a*1396) ⊏ L *inclūs-us*: ⇨ inclusive〙 — *n.* 修道者, 隠修士《宗教的な理由で, 洞窟, あばら屋, あるいは人里離れた小屋などに自ら進んで閉じこもる隠(遁)者》.

in·clu·sion [ɪnklúːʒən, ən- | ɪn-, ɪŋ-] 〘(1600) ⊏ L *inclūsiō(n-)* ← *inclūdere*: ⇨ include〙 — *n.* **1** 中に含める[含められる]こと, 含有, 包含, 包括; 算入. **2** 含有物, 包含物. **3** 介在物《金属中に含まれる非金属性の不純物》. **4** 〘生物〙原形質中に含まれる物質《顆粒(かりゅう) (granule) など》. **5** 〘地質〙包有物《鉱物や岩石中に含まれる異物質》. **6** 〘論理・数学〙包含(関係)《一つの集合の元がすべて他の集合の元に含まれる場合の, 2 集合の関係; cf. membership 3, subset 2》.

inclúsion bòdy *n.* 〘医学〙封入体《ウイルス感染細胞などの中に見られる粒子; cf. X-body》.

inclúsion màp *n.* 〘数学〙包含写像《部分集合から全体集合への写像で, 各要素をそれ自身に対応させるもの》.

in·clu·sive [ɪnklúːsɪv, ən-, -zɪv | ɪnklúːsɪv, ɪŋ-] 〘(1443) ⊏ ML *inclūsīv-us* ← L *inclūsus* (p.p.) ← *inclūdere*: ⇨ include, -ive〙 — *adj.* **1** 〔…を〕中に含めて, 入れて〔*of*〕: a party of ten ~ *of* the host 主客合わせて 10 人の会合 / The price, ~ *of* transport, is $200. 輸送料を含めた価格は 200 ドル / from January 1st to 31st (both) ~ [*incl.*] 1 月 1 日から 31 日に至るまで《1 日も 31 日も含めて; cf. 《米》from January 1st through 31st ⇨ through *prep.* 9》. **2** すべてを含んだ, 一切を込めた, 総括的な: ~ terms (ホテルなどで)食事その他一切込みの宿泊料 (cf. American plan) / make an ~ list of one's expenses 費用を細大もらさず記入して表にする. **3** 〘文法〙包括的の《話者と聴者を含む他の人を入れる》: ~ 'we' 包括の 'we' (↔ exclusive 'we'). **~·ness** *n.*

inclúsive disjúnction *n.* 〘論理〙包括[非排反]的選言《二命題の両方が偽の場合にだけ全体が偽でその他の場合は真となる選言 p∨q; cf. exclusive disjunction》.

in·clú·sive·ly *adv.* 中に含めて, 勘定に入れて; すべてを引っくるめて, 総括して.

inclúsive transcríption *n.* 〘音声〙包括表記《二つ以上の発音を同時に示す音声表記》.

in·co·erc·i·ble [ìnkouə́ːsəbl̩ | -kəʊə́ː sə-, -sɪ-] 〘⇨ in-², coercible〙 *adj.* **1** 強制できない, 強制し難い. **2** 〘化学〙〈気体が〉(圧力で)液化できない.

in·cog [ínkɑg, ɪnkɑ́g, ən- | ɪnkɔ́g, ⌣⌣] 〘(*a*1700)《略》〙 *adj., adv., n.* 《口語》=incognito, incognita.

incog. 《略》incognito.

in·cog·i·ta·ble [ɪnkɑ́dʒətəbl̩, ən- | ɪnkɔ́dʒɪtə-] 〘⊏ LL *incōgitābil-is*: ⇨ in-², cogitable〙 — *adj.* 《まれ》考えることのできない, 信じられない, 計り知れない, 想像を絶する. **in·còg·i·ta·bíl·i·ty** [-təbíləti | -təbílɪtɪ, -lɪ-] *n.*

in·cog·i·tant [ɪnkɑ́dʒətənt, ən- | ɪnkɔ́dʒɪ-] 〘⊏ L *incōgitānt-em* unthinking ← IN-²+*cōgitāns* ((pres.p.) ← *cōgitāre* 'to think, COGITATE')〙 — *adj.* 《まれ》**1** 思慮のない, 無分別な. **2** 思考力をもたない.

in·cog·ni·ta [ìnkɑgníːtə, ɪnkɑ́gnə-, ən- | ɪnkɔ́gnɪtə, ìnkɔgníː-] 〘⊏ It. ~ (fem.) ← INCOGNITO〙 — *adj., adv.* 〈婦人が〉匿名の[で], お忍びの[で], 微行の[で]. — *n.* (*pl.* **~s, -ni·te** [-níːteɪ, -nətèɪ | -nɪteɪ, -níːteɪ]) 女性の incognito.

in·cog·ni·to [ìnkɑgníːtou, ɪnkɑ́gnətòu, ən- | ɪnkɔ́gnɪtəʊ, ɪŋ-, ìnkɔgníːtəʊ] 〘(1638) ⊏ It. ~ ⊏ L *incognitus* unknown ← IN-²+*cognitus* ((p.p.) ← *cognōscere* to learn): ⇨ cognition〙 — *adj.* [しばしば後位修飾語としても用いて]〈男性が〉変名の, 匿名の, (名や身分を隠して)お忍びの, 微行の: an ~ traveler / a prince ~ 微行の王子. — *adv.* 変名で, 匿名で, 微行で, お忍びで: travel ~. — *n.* (*pl.* **~s, -ni·ti** [-níːtiː, -nətiː | -nɪtiː, -níːtiː]) (男性の)変名(者), 匿名(者), 微行者 (cf. incognita): drop one's ~ (微行をやめて)本当の身分を明かす / keep one's ~ 本当の身分を明かさない.

in·cog·ni·za·ble [ɪnkɑ́gnəzəbl̩, ən-, ìnkɑgnáɪz- | ɪnkɔ́gnɪ-, -kɔ́n-] *adj.* 認識[識別]できない, 知覚し得ない.

in·cog·ni·zance [ɪnkɑ́gnəzəns, ən-, -zns | ɪnkɔ́gnɪ-, -kɔ́n-] *n.* 気付かないこと, 無知, 認識の欠如.

in·cog·ni·zant [ɪnkɑ́gnəzənt, ən-, -znt | ɪnkɔ́gnɪ-, -kɔ́n-] 〘← IN-²+COGNIZANT〙 *adj.* 〔…を〕認識しない, 〔…に〕気付かない〔*of*〕.

in·co·her·ence [ìnko(ʊ)hí(ə)rəns, -hé(ə)r- | ìnkə(ʊ)híərəns-, ɪŋ-] 〘⇨ in-², coherence〙 — *n.* **1** 筋道の立たないこと, 支離滅裂, 矛盾. **2** 筋道の立たない[つじつまの合わない]言葉[考え]: the ~ of a madman 狂人のたわごと.

in·co·hér·en·cy [-rənsi | -sɪ] *n.* =incoherence.

in·co·her·ent [ìnko(ʊ)hí(ə)rənt, -hé(ə)r- | ìnkə(ʊ)híər-, ɪŋ-] 〘(1626) ← IN²+COHERENT〙 — *adj.* **1** 〈考え・言葉など〉筋の通っていない, 一貫していない, 支離滅裂な, とりとめのない. **2** つじつまの合わない事を言う, 考え[言うこと]が矛盾している: be ~ with drunkenness [in agitation] 酔っ払って[興奮して]訳のわからないことを言う. **3** 粘着性のない, ばらばらの: ~ dust. **4** 団結していない; 統一のない. **5** 〈物質など〉(本質的に)互いに相いれない, 異質の. **~·ly** *adv.* **~·ness** *n.*

in·co·he·sive [ìnko(ʊ)híːsɪv, -zɪv | -kə(ʊ)híːs-] *adj.* 粘着しない, 凝集[結合]しない.

in·com·bus·ti·bil·i·ty [ìnkəmbʌ̀stəbíləti | ìnkəmbʌ̀stəbílɪtɪ, ɪŋ-, -tɪ-, -lə-] *n.* 不燃性.

in·com·bus·ti·ble [ìnkəmbʌ́stəbl̩ | ìnkəmbʌ́stə-, ɪŋ-, -tɪ-] 〘(15C) ⊏ (O)F ~ // ML *incombustibil-is*: ⇨ in-², combustible〙 — *adj.* 燃えにくい, 不燃性の: an ~ city 不燃都市. — *n.* 不燃性物. **in·com·bús·ti·bly** [-bli | -blɪ] *adv.*

in·come [ínkʌm, -kəm | íŋ-, ín-] 〘(*a*1325) ⊏ ON *innkoma* arrival // ← IN (adv.)+COME〙 — *n.* **1** (定期的に入る一定の)収入, 所得 (cf. revenue 1 b) (↔ outgo): ⇨ earned income, gross income, net income, unearned income / draw a large ~ たくさんの収入がある / have an ~ of $10,000 1 万ドルの収入がある / live within one's ~ 収入内の生活をする. **2** (偶然に)増収[増加, 追加]されるもの. **3** 《古》入来, 到来. **4** 《英方言》**a** 入口. **b** =incomer.

íncome accòunt *n.* **1** 所得勘定. **2** 〘会計〙損益勘定, 集合損益勘定《決算に際し, 一期間の収益と費用勘定の貸借差額をこの勘定に振り替えて, 純損益を計算する勘定; これに基づいて損益計算書(income statement)が作られる; profit-and-loss account ともいう》.

íncome bònd *n.* 〘証券〙収益条件付き社債《得られる収益の範囲内で利子を支払うという条件の社債》.

ín·còmer 〘(1447–48): ⇨ in (adv.), comer〙 — *n.* **1** 入来者, 新来者; (赴任して来る)新任者, 後任者 (successor). **2** 《英》移入民, 来住者. **3** 侵入者. **4 a** 〘狩猟〙ハンターの方へ飛んでくる鴨(かも)や雉(きじ)などの獲物. **b** 〘射撃〙(クレー射撃で)射手の方へ飛んで来る標的《土ばとなど》.

íncomes pòlicy *n.* 〘経済〙所得政策《説得や法制により貨幣賃金・利潤等の上昇を抑制して, 物価水準を安定させようとする政策》.

íncome stàtement *n.* 〘会計〙損益計算書《一定期間における企業の営業成績を示す財務諸表; profit-and-loss statement ともいう; cf. income account》.

íncome tàx *n.* 所得税.

ín·còming 〘(?*a*1325): ⇨ in (adv.), coming〙 (↔ outgoing) — *n.* **1** 入り来ること, 入来, 到来: the ~ of spring 春の到来. **2** [通例 *pl.*] 収入, 所得 (income), 歳入 (revenue): ~s and outgoings 収支. — *adj.* **1 a** 入って[戻(もど)って]来る: an ~ ship 入港船, 入り船 / the ~ tide 上げ潮 / the ~ waves 寄せ波. **b** 〈郵便など〉配達された, 〈電話など〉かかってきた: ~ mail / He tossed the ~ telegram to me. 彼は配達された電報を私にぽいと放り投げた / He took an ~ call. 彼はかかってきた電話を受けた. **2 a** 〈人が〉(地位などを)引き継ぐ, 後任の, 新任の (succeeding): the ~ mayor 後継[後任]市長 / the ~ tenant 次に入る借家[借地]人. **b** 〈年度など〉新しく始まる; 〈学生など〉新しく入って来る: an ~ student 新入生 / plans for the ~ year 新年の計画. **3** 《英》移住してくる. **4** 〈利益・利子など〉生じる, つく: ~ profits 入ってくる利益. **5** 《スコット》次に起こる, 後続の (ensuing).

íncoming lìne *n.* **1** 〘通信〙入り線《電話交換機に入る回線》. **2** 〘電気〙引込み線 (cf. outgoing line 2).

in·com·men·su·ra·ble [ìnkəméns(ə)rəbl̩, -ʃʊr- | ìnkəménʃ(ə)rəbl̩, ɪŋ-] 〘(1557) ⊏ ML *incommensurābil-is*: ⇨ in-², commensurable〙 — *adj.* **1** (大きさなどが)〔…と〕同一の標準で計れない, 比較することのできない〔*with*〕: Furniture and human life are ~. 家具と人命では比較にならない《まるで性質が違う》. **2** 〔…と〕比較にならない(ほど違う), 桁(けた)違いの〔*with*〕. **3** 〘数学〙**a** 同一単位で計れない, 通約できない, 無理の (irrational): ~ quantities 通約できない量. **b** 約分できない, 公約数がない. — *n.* **1** 〘数学〙同一単位で計れない数[量], 通約できない数[量], 無理数[量]. **2** 同一標準で計れないもの. **ìn·com·mèn·su·ra·bíl·i·ty** [-s(ə)rəbíləti, -ʃʊr- | -ʃ(ə)rəbílɪtɪ, -ʃʊr-, -lɪ-] *n.* **ìn·com·mén·su·ra·bly** *adv.*

in·com·men·su·rate [ìnkəméns(ə)rət, -ʃʊr-, -rɪt | ìn-, ɪŋ-] 〘⇨ in-², commensurate〙 — *adj.* **1** 〔…と〕比較がとれない, 〔…に〕不相応な, 不釣合いな〔*to, with*〕: Our means are ~ *with* our desires. 金が足らなくて思うようにならない / abilities ~ *to* [*with*] the task 仕事に不釣合いな能力. **2** =incommensurable.

~·ly *adv.* **~·ness** *n.*

in·com·mode [ìnkəmóud | ìnkəmə́ʊd, ɪŋ-] 〘(1598) ⊏ F *incommod-er* ⊏ L *incommodāre* to be inconvenient ← IN-²+*commodāre* (← *commodus* 'COMMODIOUS')〙 — *vt.* **1** …に不便を感じさせる, 迷惑をかける, 困らせる: be ~d by …に閉口する / It will ~ us if you are not in time. 君が間に合わないと我々は迷惑するよ. **2** 妨げる, 邪魔をする.

in·com·mo·di·ous [ìnkəmóudiəs | ìnkəmə́ʊdjəs, ɪŋ-, -dɪəs] 〘⇨ in-², commodious〙 — *adj.* **1** 〈家・部屋など〉狭くて窮屈な, 狭苦しい. **2** 不便な, 勝手の悪い, 居心地のよくない. **~·ly** *adv.* **~·ness** *n.*

in·com·mod·i·ty [ìnkəmɑ́dəti | ìnkəmɔ́dɪtɪ, ɪŋ-, -dɪ-] 〘(?*a*1425) ⊏ (O)F *incommodité* ⊏ L *incommoditātem* ← *incommodus* inconvenient ← IN-²+*commodus* 'convenient, COMMODIOUS'〙 — *n.* **1** [通例 *pl.*] 不便なもの, 都合の悪いもの. **2** 《古》不便なこと[状態], 不都合.

in·com·mu·ni·ca·ble [ìnkəmjúːnɪkəbl̩, -nə- | ìnkəmjúːnɪ-, ɪŋ-, -mjún-] 〘⇨ in-², communicable〙 — *adj.* **1** 〈悲しみ・美しさなど〉伝えることができない, 言うことができない. **2** 《まれ》口の重い. **3** 連絡のない, 孤立した. **~·ness** *n.* **ìn·com·mù·ni·ca·bíl·i·ty** [-kəbíləti | -lətɪ, -lɪ-] *n.* **ìn·com·mú·ni·ca·bly** *adv.*

in·com·mu·ni·ca·do [ìnkəmjùːnəkɑ́ːdou | ìnkəmjùːnɪkɑ́ːdəʊ, ɪŋ-, -mjùn-] 〘(1844) ⊏ Sp. ~ (p.p.) ← *incomunicar* to isolate ← IN-²+*comunicar* (⊏ L *commūnicāre* 'to COMMUNICATE')〙 — *adj.* **1** 外部との連絡を断たれた: hold a person ~ 人に外部との連絡を禁じる. **2** 〈囚人など〉独房に監禁された, 幽閉の: a prisoner ~ 独房囚.

in·com·mu·ni·ca·tive [ìnkəmjúːnəkèɪtɪv, -nɪkət-, -nə- | ìnkəmjúːnɪkət-, ɪŋ-, -mjún-, -kèɪt-] *adj.* 話ぎらいな, 口の重い, 口数の少ない, むっつりした; 打ち解けない. **~·ly** *adv.* **~·ness** *n.*

in·com·mut·a·ble [ìnkəmjúːtəbl̩ | ìnkəmjúːt-, ɪŋ-] 〘⊏ L *incommūtābil-is*: ⇨ in-², commutable〙 — *adj.* **1** 取り換えられない, 交換できない (unexchangeable). **2** 変えられない, 不変の (unchangeable). **ìn·com·mùt·a·bíl·i·ty** [-təbíləti | -təbílətɪ, -lɪ-] *n.* **in·com·mút·a·bly** *adv.*

in·com·pact [ìnkəmpǽkt, -kɑm- | ìnkəm-, ɪŋ-] 〘← IN-²+COMPACT²〙 *adj.* 緻密(ちみ)[緊密]でない, 締まりのない, 簡潔でない, 散漫な. **~·ly** *adv.*

ín·còmpany *adj.* 企業[会社]内で行なわれる.

in·com·pa·ra·ble [ɪnkɑ́mp(ə)rəbl̩, ən- | ɪnkɔ́m-, ɪŋ-] 〘(?*c*1408) ⊏ (O)F ~ // L *incomparābil-is*: ⇨ in-², comparable〙 — *adj.* **1** (共通の標準がなくて)比較のできない: be ~ *with* [*to*] …と比較できない. **2** 比類のない, 無比の: a man of ~ wealth [learning] 無類の富豪[学者]. **in·còm·pa·ra·bíl·i·ty** [-rəbíləti | -lətɪ, -lɪ-] *n.* **~·ness** *n.*

in·cóm·pa·ra·bly [-rəbli | -blɪ] 〘(15C)〙 *adj.* 比較のできないほど, 飛び抜けて (cf. comparably).

in·com·pat·i·bil·i·ty [ìnkəmpæ̀təbíləti | ìnkəmpæ̀təbílətɪ, ɪŋ-, -tɪ-, -lɪ-] 〘⇨ ↓, -ity〙 — *n.* **1 a** 両立し難いこと; 性(しょう)が合わないこと, (性格の)不一致: the ~ of temper [temperament] *between* brothers 兄弟の気性[性格]の不一致. **b** 夫婦の性格不一致: on grounds of ~ 性格不一致の理由で. **2** [*pl.*] 相互に排除し合う性質[もの]. **3** 〘植物〙不和合(性)《雌雄の間に生理的に受精が行なわれないこと》.

in·com·pat·i·ble [ìnkəmpǽtəbl̩ | ìnkəmpǽtə-, ɪŋ-, -tɪ-] 〘(1459) ⊏ (O)F ~ // ML *incompatibil-is*: ⇨ in-², compatible〙 — *adj.* **1** 〈人が〉〔人と〕性質[気質]が合わない, そりが合わない, 仲よく生活[仕事]ができない, 調和しない〔*with*〕: ~ persons. **2** 〈事が〉〔事と〕相いれない, 両立しない, 矛盾する〔*with*〕: ~ ideas / Capitalism is ~ *with* socialism. 資本主義と社会主義は両立しない. **3** 〈地位・役目など〉兼務できない. **4** 〘論理〙**a** 〈二つ以上の命題が〉同時に真であり得ない, 両立し得ない. **b** 〈名辞が〉矛盾なく同一の主語の述語となり得ない. **5** 〘薬学〙〈薬剤が〉配合禁忌の. **6** 〘医学〙〈血液型など〉不適合の. **7** 〘数学〙〈方程式など〉論理的に矛盾する; 連立し得ない. — *n.* **1** [通例 *pl.*] 両立しないもの, 性(しょう)の合わない人. **2** 配合禁忌の薬. **3** [*pl.*] 〘論理〙非両立命題; 同時に同主語に属しえない述語. **~·ness** *n.*

incompátible cólor [sỳstem] *n.* 〘テレビ〙非両立式カラーテレビ《白黒の受像機では受像できないカラーテレビ方式; cf. compatible color》. 「いほどに.

in·com·pát·i·bly [-təbli | -təblɪ, -tɪ-] *adv.* 相いれな

in·com·pe·tence [ɪnkɑ́mpətəns, ən-, -tns | ɪnkɔ́mpətəns, -pɪ-, -tns, ɪŋ-] 〘(1663) ⊏ F *incompétence*: ⇨ in-², competence〙 — *n.* **1** 無能(力), 無力; 不適当, 無資格. **2** 〘法律〙無能力, 無資格, 禁治産; (裁判所が当該事件について)管轄権を欠くこと.

in·cóm·pe·ten·cy [-tənsi, -tnsi | -tənsɪ, -tn̩sɪ] *n.* =incompetence.

in·com·pe·tent [ɪnkɑ́mpətənt, ən-, -tnt | ɪnkɔ́mpət-, ɪŋ-, -pɪ-] 〘(1597) ⊏ F *incompétent* ⊏ LL *incompetentem* insufficient ← IN-²+*competens* 'COMPETENT'〙 — *adj.* **1** 〔…に〕無能な, 無力な〔*for*〕; 〈…するのに〉手腕のない, 役に立たない〈*to* do〉: an ~ cook / a thoroughly ~ person 全く無能な人 / an ~ lecture 拙劣な講義 / ~ leadership 無能な指導振り / be ~ as an administrator 行政官としての手腕がない / He is ~ *to* teach [*for* teach*ing*] English. 彼は英語を教える腕がない. **2** 〘法律〙 **a** 無能力の, 無資格の, 禁治産の; 〈裁判所が〉管轄権のない. **b** 〈証拠として〉認められない. **3** 〘地質〙 インコンピーテントの《岩盤・地質が圧力を伝えるだけの力と柔軟性に欠けたことにいう》. **—** *n.* **1** 無能な人, 不適任者. **2** 〘法律〙 無能力者, 無資格者, 禁治産者. **～·ly** *adv.*

in·com·plete [ìnkəmplíːt | ìn-, ìŋ-] 〘《?1384》□ LL *incomplēt-us* ← IN-² + *complētus* 'COMPLETE'〙 **—** *adj.* **1** 不完全な, 不十分な, 不備な, 未完成な. **2** 〘文法〙 不完全な《補語を伴わなければ叙述の完成しない》: an ～ (intransitive [transitive]) verb 不完全(自[他])動詞《例: This *is* a boy. / They *made* him president.》. **3** 〘植物〙 不完全な《各部を完全に備えていない》: an ～ flower [leaf] 不完全花[葉]. **4** 〘アメリカンフットボール〙 〈パス・ゴール・フィールドゴールなど〉完成しない, 失敗した. **5** 〘機械・建築〙 〈トラス構造が〉不完全な. **6** 〘論理・哲学〙 不完全な《公理体系がある領域の真である式を完全に証明できない》; 〈表現・記号が〉特定の文脈の中でのみ意味をもつ: an ～ symbol 不完全記号. **～·ly** *adv.* **～·ness** *n.*

incompléte frácture *n.* 〘外科〙 不完全骨折.

in·com·ple·tion [ìnkəmplíːʃən | ìn-, ìŋ-] 〘⇨ in-², completion〙 **—** *n.* **1** 不完全, 不十分, 不備, 未完成. **2** 〘アメリカンフットボール〙 (パス・ゴール・フィールドゴールなどの)失敗.

in·com·pli·ance [ìnkəmpláɪəns | ìn-, ìŋ-] *n.* 不承諾, 不従順, 強情.

in·com·pli·an·cy [-pláɪənsi | -nsɪ] *n.* = incompliance.

in·com·pli·ant [ìnkəmpláɪənt | ìn-, ìŋ-] 〘← IN-² + COMPLIANT〙 *adj.* **1** 承諾しない, 従わない; 強情な. **2** なかなか曲がらない. **～·ly** *adv.*

in·com·pos·si·ble [ìnkəmpɑ́səbl̩, -kəm- | ìnkəmpɔ́sə-, ìŋ-, -kəm-, -sɪ-] *adj.* 共存できない.

in·com·pre·hen·si·bil·i·ty [ɪnkɑ̀mprɪhènsəbíləṭi, ən-, -prə- | ɪnkɔ̀mprɪhènsəbílətɪ, ɪŋ-, -sɪ-, -lɪ-] *n.* 不可解; 不可解性.

in·com·pre·hen·si·ble [ɪnkɑ̀mprɪhénsəbl̩, ən-, -prə- | ɪnkɔ̀mprɪhénsə-, ɪŋ-, -sɪ-] 〘《c1340》□ L *incomprehensibil-is* ← IN-² + *comprehensibilis* 'COMPREHENSIBLE'〙 **—** *adj.* **1** 〈物・事が〉〔人に〕理解[了解]できない, 不可解な, 計り知れない 〔*to*〕: for some ～ reason / an ～ murder case 動機のわからない殺人事件. **2** 《古》(神の属性として)無限の (infinite). **—** *n.* **1** 不可解なもの. **2** 《古》限りのないもの. **in·còm·pre·hén·si·bly** *adv.* **～·ness** *n.*

in·com·pre·hen·sion [ɪnkɑ̀mprɪhénʃən, ən-, -prə- | ɪnkɔ̀mprɪhén-, ɪŋ-] *n.* 理解できないこと, 無理解.

in·com·pre·hen·sive [ɪnkɑ̀mprɪhénsɪv, -prə- | ɪnkɔ̀mprɪ-, ɪŋ-] *adj.* **1** 理解力のない, 理解の鈍い[遅い]. **2** 包容的でない, 範囲の狭い. **～·ly** *adv.* **～·ness** *n.*

in·com·press·i·bil·i·ty [ìnkəmprèsəbíləṭi | ìnkəmprèsəbílətɪ, ìŋ-, -sɪ-, -lɪ-] *n.* 圧縮[圧搾]できないこと, 非圧縮性.

in·com·press·i·ble [ìnkəmprésəbl̩ | ìn-, ìŋ-, -sɪ-] 〘⇨ in-², compressible〙 *adj.* (堅くて)圧縮[圧搾]できない; 堅い. **in·com·préss·i·bly** *adv.*

incompréssible flúid *n.* 〘物理・航空〙 非圧縮性流体《液体のように圧縮しても縮まない流体; 空気の流れも低速ならば非圧縮と仮定できる》.

in·com·put·a·bil·i·ty [ìnkəmpjùːṭəbíləṭi | ìnkəmpjùːtəbílətɪ, ìŋ-, ɪnkɔ́mpjʊt-, ɪŋ-, -lɪ-] *n.* 数えられないこと, 不可算.

in·com·put·a·ble [ìnkəmpjúːṭəbl̩ | ìnkəmpjúːt-, ìŋ-, ɪnkɔ́mpjʊt-, ɪŋ-] 〘⇨ in-², computable〙 **—** *adj.* 数えられない, 計算できない; 巨大な. **in·com·pút·a·bly** *adv.*

in·co·mu·ni·ca·do [ìnkəmjùːnəkɑ́ːdoʊ | ìnkəmjùːnɪkɑ́ːdəʊ, ìŋ-, -mjùn-] *adj.* = incommunicado.

in·con·ceiv·a·bil·i·ty [ìnkənsìːvəbíləṭi | ìnkənsìːvəbílətɪ, ìŋ-, -lɪ-] *n.* **1** 不可解, 想像も及ばぬこと; 信じられないこと. **2** 思いもよらないもの; 信じられないもの.

in·con·ceiv·a·ble [ìnkənsíːvəbl̩ | ìn-, ìŋ-] 〘《a1631》← IN-² + CONCEIVABLE: cf. F *inconcevable*〙 **—** *adj.* **1** 人知で考えられない, 想像も及ばない, 思いもよらない: an ～ event. **2** 《口語》信じられない, ありそうもない; ものすごい: ～ loss / It is ～ *that* he should have resigned. 彼が辞職したなんてとても信じられない. **～·ness** *n.*

ìn·con·céiv·a·bly [-vəbli | -blɪ] *adv.* 考えられない[想像もつかない]ほど; すごく.

in·con·cin·ni·ty [ìnkənsínəṭi | ìnkənsínətɪ, ìŋ-, -nɪ-] 〘□ L *inconcinnitāt-em*: ⇨ in-², concinnity〙 *n.* 適合していないこと, 不一致, 不調和, 不釣合い.

in·con·clu·sive [ìnkənklúːsɪv, -zɪv | ìnkənklúːs-, ìŋ-, -kəŋ-] *adj.* 〈議論・証拠など〉決定的でない, 結論に達しない, 確定しない, 要領を得ない, 説得的でない; 結末[終わり]のない, 果てしない: an ～ discussion, experiment, war, etc. **～·ly** *adv.* **～·ness** *n.*

in·con·dens·a·ble [ìnkəndénsəbl̩ | ìnkəndénsə-, ìŋ-] 〘⇨ in-², condensable〙 *adj.* 凝縮できない. **in·con·dèns·a·bíl·i·ty** [-səbíləṭi | -lətɪ, -lɪ-] *n.*

in·con·dens·i·ble [ìnkəndénsəbl̩ | ìnkəndénsə-, ìŋ-, -sɪ-] *adj.* = incondensable.

in·con·dite [ɪnkɑ́ndət, ən-, -dɪt, -daɪt | ɪnkɔ́ndɪt, ɪŋ-, -daɪt] 〘□ L *incondit-us* disordered ← IN-² + *conditus* ((p.p.) ← *condere* to put together, construct)〙 **—** *adj.* 《まれ》〈文学作品など〉構想[構成]のまずい; 仕上げが不十分の; 拙劣な, 生硬な, 粗雑な, ぎごちない.

In·co·nel [ínkənèl, -nèl | ín-, íŋ-] *n.* 〘商標〙 インコネル《ニッケル基の耐熱合金の商品名》.

in·con·for·mi·ty [ìnkənfɔ́ərməṭi | ìnkənfɔ́ːmətɪ, ìŋ-, -mɪ-] *n.* 《古》 = nonconformity 1, 3.

in·con·gru·ence [ìnkəngrúːəns, -kɑn-, ɪnkɑ́ŋgruː-, ən-, -kɑ́ŋ-, -gruəns | ɪnkɔ́ŋgruəns, ɪŋ-] 〘⇨ ↓, -ence〙 *n.* = incongruity.

in·con·gru·ent [ìnkəngrúːənt, -kɑn-, ɪnkɑ́ŋgruː-, ən-, -kɑ́ŋ-, -gruənt | ɪnkɔ́ŋgruənt, ɪŋ-] 〘《c1450》□ L *incongruent-em*: ⇨ in-², congruent〙 *adj.* **1** 合わない, 一致しない, 調和しない, 適合しない. **2** 〘数学〙 合同でない (↔ congruent). **～·ly** *adv.*

in·con·gru·i·ty [ìnkəngrúːəṭi, -kɑn-, -kɑŋ- | ìnkɔŋgrúːətɪ, ìŋ-, -grú:ɪ-] 〘《a1532》□ ML *incongruitāt-em*: ⇨ in-², congruity〙 **—** *n.* **1** 不一致, 不調和; 不適当, 不似合い, 不釣合い. **2** 不調和なもの, 不釣合いな事物. **3** 〘数学〙 不合同 (↔ congruity).

in·con·gru·ous [ɪnkɑ́ŋgruəs, ən- | ɪnkɔ́ŋgrʊ-, ɪŋ-] 〘《1611》□ L *incongru-us*: ⇨ in-², congruous〙 **—** *adj.* **1** 〔…と〕一致しない, 合わない; 首尾一貫しない, つじつまの合わない 〔*with, to*〕: conduct ～ *with* one's principles 自分の主義に反した行動 / an ～ story つじつまの合わない話. **2** 不釣合いな, 似合わない, 調和していない, 不適当な: ～ manners / an ～ remark. **3** 〘数学〙 合同でない (↔ congruous). **～·ly** *adv.* **～·ness** *n.*

in·con·nu [ìnkən(j)úː, ìŋ-, ɛ̃ː(ŋ)kənjúː, æ̀ŋ- | -njúː; *F.* ɛ̃kɔny] 〘□ F ～ 《原義》 unknown〙 **—** *n.* **1** (*pl.* ～s [～z; *F.* ～]) 未知の人 (stranger). **2** (*pl.* ～, ～s) 〘魚類〙 アラスカ・北西カナダおよびそれに連なるシベリア水域でとれるサケ科の大きな淡水魚 (*Stenodus leucichthys*) 《sheefish ともいう》.

in·con·scient [ɪnkɑ́nʃənt, ən- | ɪnkɔ́n-, ɪŋ-] 〘⇨ in-², conscience〙 *adj.* 意識のない, 無意識の (unconsious).

in·con·sec·u·tive [ìnkənsékjʊṭɪv | -tɪv] *adj.* 連続しない, 脈絡のない, ばらばらの, 順序不同の; 首尾一貫しない, つじつまが合わない. **～·ly** *adv.* **～·ness** *n.*

in·con·se·quence [ɪnkɑ́nsɪkwèns, ən-, -sə-, -kwəns | ɪnkɔ́nsɪkwəns, ɪŋ-] 〘⇨ ↓, -ence〙 *n.* **1** 非論理的なこと, 不合理, 矛盾. **2** 的外れ, 見当違い. **3** 不調和.

in·con·se·quent [ɪnkɑ́nsɪkwènt, ən-, -sə-, -kwənt | ɪnkɔ́nsɪkwənt, ɪŋ-] 〘《1579》□ L *inconsequent-em* disconnected: ⇨ in-², consequent〙 **—** *adj.* **1** 論理的でない, 不合理な, 矛盾した: ～ reasoning / an ～ mind 非論理的な頭. **2** 〈言葉など〉関係のない, 筋違いの, 見当違いの, 的[ピント]外れの: an ～ remark, reply, etc. **3** 調和しない, 不調和な. **4** 重要でない, つまらない, くだらない. **～·ly** *adv.*

in·con·se·quen·ti·a [ɪnkɑ̀nsɪkwénʃiə, -sə-, -ʃə | -kɔ̀nsɪkwénʃɪə, -ʃə] 〘□ LL ～ (neut. pl.) ← *inconsequēns*: ⇨ ↑, -ia²〙 *n. pl.* くだらない事柄, 些事(さじ).

in·con·se·quen·tial [ɪnkɑ̀nsɪkwénʃəl, ən-, -sə- | ìnkɔnsɪkwénʃəl, —⌣—⌣—] 〘⇨ in-², consequential〙 **—** *adj.* **1** 重要でない, 取るに足らない, つまらない. **2** 非論理的な, 筋の通らない. **3** 的外れの. **～·ly** *adv.* **～·ness** *n.*

in·con·se·quen·ti·al·i·ty [ɪnkɑ̀nsɪkwènʃiǽləṭi, ən- | ìnkɔnsɪkwènʃɪǽlətɪ, -lɪ-, —⌣—⌣—⌣—⌣—] *n.* **1** 取るに足らないこと. **2** 非論理性, 的外れ.

in·con·sid·er·a·ble [ìnkənsídərəbl̩, -d(ə)rə- | ìnkənsíd(ə)rə-, ìŋ-] 〘□ F *inconsidérable*: ⇨ in-², considerable〙 **—** *adj.* 考慮に値しない, 大した事でない, 重要でない; 〈大きさ・価値・額など〉取るに足らない, 些細(ささい)な, わずかの: no [not an] ～ amount of money 少なからざる額の金. **～·ness** *n.* **in·con·síd·er·a·bly** *adv.*

in·con·sid·er·ate [ìnkənsíd(ə)rət, -rɪt | ìn-, ìŋ-] 〘《15C》□ L *inconsiderāt-us*: ⇨ in-², considerate〙 **—** *adj.* **1** (他人の気持などを)察しない, 思いやりのない: ～ *of* other people 他人に対して思いやりのない / It was ～ *of* him to mention the matter in her hearing. 彼女の聞いている所でその話をするなんて彼も気がきかない. **2** 思慮のない, 無分別な, 軽率な: ～ behavior, remarks, etc. **～·ly** *adv.* **～·ness** *n.*

in·con·sid·er·a·tion [ìnkənsìdəréɪʃən | ìn-, ìŋ-] 〘□ F *inconsidération* // LL *inconsiderātiō(n-)*: ⇨ ↑, -ation〙 *n.* 考えのないこと, 軽率, 無思慮, 無分別.

ìn·con·sís·tence [-təns, -tn̩s] *n.* = inconsistency.

in·con·sis·ten·cy [ìnkənsístənsi, -tn̩- | ìnkənsístənsɪ, ìŋ-] *n.* **1** 不一致, 矛盾; 無定見, 無節操. **2** 矛盾した事物: full of *inconsistencies* 矛盾だらけの. **3** 〘論理〙 矛盾, 不整合.

in·con·sis·tent [ìnkənsístənt, -tn̩t | ìn-, ìŋ-] 〘《1646》← IN-² + CONSISTENT〙 **—** *adj.* **1** 〔…と〕一致しない, 調和しない, 両立しない, 相反する 〔*with*〕: be ～ *with* one's duty 職務[義務]に反する. **2** 矛盾する, つじつまの合わない: an ～ account, narrative, etc. **3** 〈人が〉矛盾の多い, 無定見な, 無節操な; 気まぐれな, 変わりやすい: an ～ man / ～ *in* one's opinions 意見が終始一貫していない. **4** 〘論理・数学〙 矛盾する, 不整合な; モデルをもたない. **～·ly** *adv.* **～·ness** *n.*

inconsistent equátions *n. pl.* 〘数学〙 不能連立方程式《解のない連立方程式》.

in·con·sol·a·ble [ìnkənsóʊləbl̩ | ìnkənsə́ʊl-, ìŋ-] 〘□ L *inconsōlābil-is*: ⇨ in-², consolable〙 **—** *adj.* 慰めることができない(ほどの), 悲しみに沈んだ; あきらめがつかない, やるせない: ～ grief やるせない嘆き. **ìn·con·sòl·a·bíl·i·ty** [-ləbíləṭi | -lətɪ, -lɪ-] *n.* **～·ness** *n.* **in·con·sól·a·bly** *adv.*

in·con·so·nance [ɪnkɑ́ns(ə)nəns, ən- | ɪnkɔ́n-] *n.* (行動・思想などの)不調和, 不一致, 矛盾; (音の)不協和.

in·con·so·nant [ɪnkɑ́ns(ə)nənt, ən- | ɪnkɔ́n-] *adj.* 調和しない, 和合しない, 一致しない; 〈音が〉協和しない, 不協和の(inharmonious): be ～ *with* …と調和しない / be ～ *to* the ear 耳障(ざわ)りである. **～·ly** *adv.*

in·con·spic·u·ous [ìnkənspíkjuəs | ìnkənspíkjʊ-, ìŋ-] 〘《1624》← LL *inconspicuus* + -OUS: ⇨ in-², conspicuous〙 **—** *adj.* **1** 目立たない, 注意を引かない, 引き立たない, 人目につかない: an ～ man, house, store, etc. / be dressed in ～ colors 余り目立たない色の服装をする / lead an ～ life (交際などをしないで)じみな生活をする. **2** 〘植物〙 〈花が〉小さくて淡色の: small and ～ flowers. **～·ly** *adv.* **～·ness** *n.*

in·con·stan·cy [ɪnkɑ́nstənsi, ən-, -tn̩- | ɪnkɔ́nstənsɪ, ɪŋ-, -tn̩-] 〘⇨ ↓, -ancy〙 **—** *n.* **1** (性格の)変わりやすさ, 移り気, むら気, 気まぐれ; 浮気, 無節操. **2** 不統一, 不揃(そろ)い.

in·con·stant [ɪnkɑ́nstənt, ən-, -tn̩t | ɪnkɔ́n-, ɪŋ-] 〘《1402》□ (O)F ～ // L *inconstant-em*: ⇨ in-², constant〙 **—** *adj.* **1** 気の変わりやすい, 気まぐれな, 移り気な, 浮気の: a woman ～ in love 浮気な女. **2** 不実な, 無節操な: ～ *in* friendship [love] 友人[恋人]に不実な. **3** 変わりやすい, 一様でない, 変化の多い: ～ winds. **～·ly** *adv.* **～·ness** *n.*

in·con·sum·a·ble [ìnkənsúːməbl̩ | ìnkəns(j)úːm-, ìŋ-] *adj.* **1** 焼き尽くせない, 使い切れない, 消耗し得ない. **2** 消耗品でない, 使用によって消滅しない, 耐久財の. **～·ness** *n.* **ìn·con·súm·a·bly** *adv.*

in·con·test·a·bil·i·ty [ìnkəntèstəbíləṭi | ìnkəntèstəbílətɪ, ìŋ-, -lɪ-] *n.* 論争の余地のないこと, 明白なこと.

in·con·test·a·ble [ìnkəntéstəbl̩ | ìn-, ìŋ-] 〘□ F ～: ⇨ in-², contestable〙 **—** *adj.* 〈事実・権利・証拠など〉論争の余地がない, 争えない; 疑う余地のない, 明白な, 否定できない: ～ proof, evidence, etc.

ìn·con·tést·a·bly [-təbli | -blɪ] *adv.* 争う[疑う]余地のないほど.

in·con·ti·nence [ɪnkɑ́nṭənəns, ən-, -kɑ́ntn̩-, -tn̩-, -nəns | ɪnkɔ́ntɪnəns, ɪŋ-] 〘《c1384》□ (O)F ～: ⇨ in-², continence〙 **—** *n.* **1** 自制のできないこと, 抑え切れないこと: the ～ of speech [tongue] 多弁, 冗舌. **2** 不節制; 色欲に耽ること, 色情的なこと. **3** 〘病理〙 失調; (大小便の)失禁: nocturnal ～ 夜尿(症) / the ～ of urine 尿失禁, 遺尿 / the ～ of feces 大便失禁.

in·con·ti·nen·cy [ɪnkɑ́nṭənənsi, ən-, -kɑ́ntn̩-, -tn̩- | ɪnkɔ́ntɪnənsɪ, ɪŋ-] 〘⇨ ↓, -ency〙 *n.* **1** = incontinence. **2** 不貞, 淫乱(いんらん).

in·con·ti·nent[1] [ɪnkɑ́nṭənənt, ən-, -kɑ́ntn̩-, -tn̩- | ɪnkɔ́ntɪn-, ɪŋ-] 〘《c1390》□ (O)F ～ // L *incontinent-em* not holding back: ⇨ in-², continent〙 **—** *adj.* **1** 〔…を〕自制のできない, 抑え切れない 〔*of*〕: an ～ talker のべつ幕なしにしゃべる人 / an ～ flow of talk のべつ幕なしにしゃべり通すこと / ～ *of* temper かんしゃくを抑え切れない. **2** 不節制な; 色欲に耽る, 淫(いん)らな. **3** 〘病理〙 (両便)失禁の; 失調の.

in·con·ti·nent[2] [ɪnkɑ́nṭənənt, ən-, -kɑ́ntn̩-, -tn̩- | ɪnkɔ́ntɪ-, ɪŋ-] 〘《a1422》□ (O)F ～ □ LL *in continenti* (*tempore*) in continuous (time)〙 **—** *adv.* 《古》 = incontinently[2].

「軽率に, 無思慮に.

in·cón·ti·nent·ly[1] *adv.* **1** だらしなく, 淫(いん)らに. **2**

in·cón·ti·nent·ly[2] 〘《?a1425》: ⇨ incontinent[2], -ly[1]〙 *adv.* 《文語》 **1** 直ちに, 即座に. **2** あたふたと, あわてふためいて.

in·con·tin·u·ous [ìnkəntínjuəs | ìnkəntínjʊ-, ìŋ-] *adj.* 続いていない, 非連続の.

in·con·trol·la·ble [ìnkəntróʊləbl̩ | ìnkəntrə́ʊl-, ìŋ-] *adj.* 抑制できない, 御し難い: an ～ desire. ★ uncontrollable の方が普通.

in·con·tro·vert·i·ble [ɪnkɑ̀ntrəvə́ːṭəbl̩, ən-, —⌣—⌣— | ìnkɔntrəvə́ːtəbl̩, ìŋ-, -tɪ-, —⌣—⌣—] *adj.* 〈事実・証拠など〉争う[論争の]余地のない, 争えない, 明白な (indisputable): ～ evidence. **in·con·tro·vert·i·bil·i·ty** [ɪnkɑ̀ntrəvə̀ːṭəbíləṭi, ən- | ìnkɔntrəvə̀ːtəbílətɪ, ɪŋ-, -tɪ-, -lɪ-, —⌣—⌣—⌣—⌣—] *n.* **～·ness** *n.* **in·còn·tro·vért·i·bly** *adv.*

in con·tu·ma·ci·am [ɪn-kɔ̀(ː)nṭəmɑ́ːkiɑ̀ːm, -kùnṭəméɪʃiæ̀m | -kɔ̀ntəmɑ́ːkiɑ̀ːm, -méɪʃiæ̀m] 〘□ L ～ ← *in* 'IN' + *contumaciam* ((acc.) ← *contumācia* 'CONTUMACY')〙 **—** *L. adv.* 〘法律〙 (主として教会法で)法廷の命令に応ぜず欠席のまま, 欠席裁判で (cf. contumacy 2, judgment by DEFAULT).

in·con·ve·nience [ìnkənvíːnjəns, -niəns | ìnkənvíːnjəns, ìŋ-, -nɪəns] 〘《?c1400》□ OF ～ (F *inconvenance*) □ L *inconvenientia*: ⇨ in-², convenience〙 **—** *n.* **1** 不便, 不自由, 不都合, 迷惑: at great ～ *to* oneself 非常な不便をしのんで, 万障繰り合わせて / put a person *to* ～ 人に不自由[迷惑]をかける, 不愉快な思いをさせる / put oneself *to* personal ～ 自分の迷惑をかまわない / suffer ～ 不自由な思いをする. **2** 不便[不自由]なこと, 迷惑なこと: the ～ *of* not hav*ing* a telephone / It is no ～ *to* me. 少しも迷惑ではありません. **—** *vt.* …に不便を感じさせる, 迷惑をかける, 困らせる, 邪魔をする: be much ～*d* by …で大いに迷惑する / Shall I [Will it] ～ you if I go by the first train? 一番列車で立っては御迷惑でしょうか / Do not ～ yourself for my sake. どうぞ私にはおかまいなく.

ìn·con·vé·nien·cy [-njənsi, -niən- | -sɪ] 〖《15C》: ⇨ ↓, -ency〗 *n.* ＝inconvenience.

in·con·ve·nient [ìnkənvíːnjənt, -niənt | ìnkənvíː-njənt, ìŋ-, -niənt] 〖《c1380》▭(O)F *inconvénient* ▭L *inconvenientem*: ⇨ in-², convenient〗 ―― *adj.* 不便な, 不自由な, 都合の悪い, 迷惑な: if (it is) not ～ *to* [*for*] you もし御迷惑でなければ / You have come at a very ～ time. こんな時に来られてははなはだ困る. **～·ness** *n.*

ìn·con·vé·ni·ent·ly 〖《15C》〗 *adv.* 不便[不自由]に, 不便[不自由]なほどに: His house is ～ located. 彼の家は不便な所にある.

in·con·vert·i·bil·i·ty [ìnkənvɜ̀ːtəbíləti | ìnkənvɜ̀ː-təbíləti, ìŋ-, -tɪ-, -lɪ-] *n.* 引き換えられないこと; (紙幣が)兌換(だかん)[転換]できないこと, 不換性; (通貨が)外国通貨と引き換えられないこと.

in·con·vert·i·ble [ìnkənvɜ́ːtəbl | ìnkənvɜ́ːtə-, ìŋ-, -tɪ-] 〖《1646》▭LL *inconvertibil-is*: ⇨ in-², convertible〗 ―― *adj.* **1** (他の物に)引き換えられない. **2 a** 〈紙幣が〉兌換(だかん)できない: ～ notes [paper money] 不換紙幣. **b** 〈通貨が〉外国通貨と引き換えられない. **3** 〘論理〙換位不能の. **in·con·vért·i·bly** *adv.*

in·con·vinc·i·bil·i·ty [ìnkənvìnsəbíləti | ìnkənvìn-səbíləti, ìŋ-, -sɪ-, -lɪ-] *n.* 納得させ得ないこと.

in·con·vinc·i·ble [ìnkənvínsəbl | ìnkənvínsə-, ìŋ-, -sɪ-] 〖▭LL *inconvincibil-is*: ⇨ in-², convincible〗 *adj.* 納得させる[説き伏せる]ことができない, 理屈の分からない, わからず屋の. **in·con·vín·ci·bly** *adv.*

in·co·or·di·nate [ìnkoʊɔ́ədənət, -nɪt, -dn̩- | ìn-kəʊɔ́ː-, ìŋ-] *adj.* 同格[等位]でない, 調整がとれていない.

in·co·or·di·na·tion [ìnkoʊɔ̀ədənéɪʃən, -dn̩- | ìn-kəʊɔ̀ːdən-, -dɪn-, -dn̩-] *n.* **1** 不同格; 不同等[不同位]関係; 不調整, 不一致, 不整合. **2** 〘病理〙共調(運動)不能.

in·cor·po·ra·ble [ɪnkɔ́əp(ə)rəbl, ən- | ɪnkɔ́ː-, ɪŋ-] *adj.* 合同[統合, 編入]できる.

incórporal próperty [ɪnkɔ́əp(ə)rəl- | -kɔ́ː-] *n.* ＝intangible property.

in·cor·po·rate¹ [ɪnkɔ́əp(ə)rət, ən-, -rɪt | ɪnkɔ́ː-, ɪŋ-] 〖▭LL *incorporāt-us* not embodied: ⇨ in-², corporate〗 *adj.* 《古》形体のない, 無形の, 霊的な.

in·cor·po·rate² 〖《a1398》← LL *incorporāt-us* embodied (p.p.) ← *incorporāre*: ⇨ in-¹, corporate〗 ―― [ɪnkɔ́əpərèɪt, ən- | ɪnkɔ́ː-, ɪŋ-] *v.* ―― *vt.* **1** 〔…と〕合同させる, 合併する〔*with*〕; 〔…に〕編入する, 組み入れる〔*in, into*〕: ～ a firm *with* another / ～ his suggestions *in*(*to*) the plan 計画に彼の提案を織り込む / The village was ～*d in*(*to*) the city. 村は市に編入された / The colonies were ～*d*. 植民地は合同した. **2** [しばしば目的補語を伴って] 〈人を〉(団体などに)加入させる, …の一員とする: He was ～*d* a member of the society. 彼はその会の会員になった. **3** 〔…と〕混ぜる, 混合する〔*with*〕: ～ a chemical substance *with* others 薬品を他の薬品と混和する. **4** 〘法律〙 **a** 〈会社などを〉法人として認める[を設立する], 法人組織にする. **b** 《米》(有限責任)会社[株式会社] (corporation) にする: ～ a business 事業を会社組織にする. **c** 文書を併合させる (cf. incorporation 5). **5** 具体化する, 実質を与える: ～ one's thoughts. ―― *vi.* **1** 〔…と〕(結合して)一体となる, 合同[合体]する, 混ざる〔*with*〕: His firm ～*d with* mine. 彼の会社は私の会社と合併した. **2** 〈会社などが〉法人組織になる, 株式会社になる. ―― [-p(ə)rət, -rɪt] *adj.* **1** 〈会社など〉法人組織の: an ～ company. **2** 《まれ》一体となった, 合同の, 緊密な, 結合した. **3** 具体化した (embodied).

in·cór·po·ràt·ed [-tɪd, -təd | -tɪd, -təd] *adj.* **1** 合体した, 合同した, 併合した, 編入した: an ～ town. **2** 法人組織の, 法人格を与えられた; 会社組織の; 《米》有限責任の. ★ Inc. と略して会社名の後に付ける: an ～ company 有限責任会社 (《英》limited (liability) company).

in·cór·po·ràt·ing [-tɪŋ | -tɪŋ] *adj.* **1** 結合させる, 合体させる. **2** 〘言語〙抱合的な: an ～ language 抱合語《アメリカインディアンの言語におけるようにすべての構成要素が密に結合し文が 1 語の形をなすもの》.

in·cor·po·ra·tion [ɪnkɔ̀əpəréɪʃən, ən- | ɪnkɔ̀ː-, ɪŋ-] 〖《a1398》▭LL *incorporātiō*(*n*-): ⇨ incorporate², -ation〗 ―― *n.* **1** 結合, 合同, 合併, 編入; 混合, 混入; 結社. **2** 〘言語〙合体, 抱合 (cf. INCORPORATING language). **3** 〘文法〙編入. **4** 〘法律〙法人格付与, 法人[会社]設立; (そうしてできた)法人, 団体, 会社. **5** 文書併合《例えば既存の文書を遺言の内容に組み込むこと》. **6** 〘生理〙取り込み《細胞・組織へ物質が取り入れられること》.

in·cor·po·ra·tive [ɪnkɔ́əpərèɪtɪv, ən-, -p(ə)rət- | ɪn-kɔ́ːp(ə)rət-, ɪŋ-, -pərèɪt-] *adj.* **1** 合体的な, 合同的な, 結合的な. **2** 〘言語〙抱合的な (polysynthetic).

in·cór·po·rà·tor [-tə | -tə(r)] *n.* **1** 合同者, 結合者. **2** 《米》法人[会社]設立者, 発起人. **3** 《英》他大学にも籍を置く大学生.

in cor·po·re [ɪn-kɔ́əpəri, ən-, -po(ʊ)rèɪ | ɪnkɔ́ːpəri, -pə(ʊ)rèɪ] 〖▭L ～ 《原義》in body〗 *L. adv.* 親しく (in body); 実際に, 事実上 (in substance).

in·cor·po·re·al [ìnkɔəpɔ́ːriəl, -pɔ́ːr- | ìnkɔːpɔ́ːri-, ìŋ-] 〖《15C》← L *incorporeus* without body ＋ -AL¹: ⇨ in-², corporeal〗 ―― *adj.* **1** 無形の, 非物質的な, 霊的な (spiritual). **2** 無形物の. **3** 〘法律〙無体の, 無体財産権に関する (cf. corporeal 4): an ～ hereditament 無体相続財産. **～·ly** *adv.*

in·cor·po·re·al·i·ty [ìnkɔəpɔ̀ːriǽləti, -pɔ̀ːr- | ìnkɔː-pɔ̀ːriǽlətɪ, ìŋ-, -lɪ-] *n.* ＝incorporeity.

in·cor·po·re·i·ty [ɪnkɔ̀əpəríːəti | ɪnkɔ̀ːpəríːətɪ, ɪŋ-, -ɪtɪ] 〖▭ML *incorporeitāt-em*: ⇨ in-², corporeity〗 *n.* 形体[実体]のないこと, 無形, 非物質性; 無形的存在.

in·cor·rect [ìnkərékt | ìn-, ìŋ-] 〖《?a1425》▭L *incorrect-us*: ⇨ in-², correct〗 ―― *adj.* **1** 正しくない, 間違った, 不正確な: an ～ statement, calculation, etc. **2** 妥当でない, 穏当でない: ～ behavior 不作法. **3** 〈語形・語法など〉正式でない, 間違っている, 正用法でない. **～·ly** *adv.* **～·ness** *n.*

in·cor·ri·gi·ble [ɪnkɔ́(ː)rɪdʒəbl, ən-, -kɑ́r-, -rə- | ɪn-kɔ́rɪ-, ɪŋ-, -dʒɪ-] 〖《c1340》▭(O)F ～ ‖ L *incorrigibil-is*: ⇨ in-², corrigible〗 ―― *adj.* **1 a** 〈人・性格・行状など〉直しようのない, 矯正[善導]できない, 救い難い, しようのない: an ～ gambler [liar]. **b** 〈髪などく〉せのある. **2** 〈子供が〉手に負えない, わがままな (cf. corrigible): an ～ child. **3** 〈人が〉改めたがらない; 〈習慣など〉根を張った, 頑固な: an ～ chauvinist 徹底した盲目的愛国主義者 / ～ bad habits 根強い悪習慣. ―― *n.* 矯正できない[手に負えない]人, 馴らせられない動物. **in·còr·ri·gi·bíl·i·ty** [-dʒəbíləti | -dʒə-bílətɪ, -dʒɪ-, -lɪ-] *n.* **～·ness** *n.*

in·cór·ri·gi·bly [-bli | -blɪ] *adv.* 直しようもなく, 手に負えなく.

in·cor·rupt [ìnkərʌ́pt | ìn-, ìŋ-] 〖《c1350》▭L *incorrupt-us*: ⇨ in-², corrupt (adj.)〗 ―― *adj.* **1** 堕落しない, 清廉な, 潔白な. **2** ＝incorruptible 2. **3** 誤りや改変などのない, 正しい, 純粋な: an ～ text. **4** 《廃》分解[解体]しない, 腐敗しない. **～·ly** *adv.* **～·ness** *n.*

in·cor·rúpt·ed *adj.* ＝incorrupt.

in·cor·rupt·i·bil·i·ty [ìnkərʌ̀ptəbíləti | ìnkərʌ̀ptə-bílətɪ, ìŋ-, -tɪ-, -lɪ-] 〖《15C》〗 *n.* 腐敗しないこと; 買収されないこと, 清廉潔白.

in·cor·rupt·i·ble [ìnkərʌ́ptəbl | ìnkərʌ́ptə-, ìŋ-, -tɪ-] 〖《c1340》▭(O)F ～ ‖ LL *incorruptibil-is*: ⇨ in-², corruptible〗 ―― *adj.* **1 a** 腐敗しない, 腐らない. **b** 不朽の, 不滅の: Gold is ～. **2** 賄賂(わいろ)のきかない, 買収されない, 清廉潔白な: be ～ by money 金で買収されない. **～·ness** *n.* **in·cor·rúpt·i·bly** *adv.*

in·cor·rup·tion [ìnkərʌ́pʃən | ìn-, ìŋ-] 〖《a1400》▭(O)F ～ ‖ LL *incorruptiō*(*n*-): ⇨ in-², corruption〗 ―― *n.* **1** 《古》腐敗しないこと, 腐らない[朽ちない]状態. **2** 清廉潔白.

ín-còuntry *adj.* 国内で行なわれる: ～ war 内戦.

incr. 《略》increase; increased; increasing; increment.

in·cras·sate [ɪnkrǽseɪt, ən- | ɪn-, ɪŋ-] 〖(v.: 1601; adj.: 1608) ← L *incrassāt-us* (p.p.) ← *incrassāre* to make thick ← IN-¹ + L *crassus* 'CRASS, thick': ⇨ -ate³,²〗 ―― *vt.* **1** 《廃》厚くする, 濃厚にする. **2** 〘薬学〙(濃化剤や蒸発などで)〈液体を〉濃化する, 濃縮する. ―― *vi.* 《廃》厚く[濃く]なる. ―― *adj.* **1** 厚くした, 濃くした. **2** 〘生物〙肥厚した.

in·crás·sat·ed [-tɪd, -təd | -tɪd, -təd] *adj.* ＝incrassate.

in·cras·sa·tion [ìnkræséɪʃən | ìn-, ìŋ-] *n.* **1** 《廃》濃厚にすること; 厚くすること, 厚くなること, 厚化. **2** 〘薬学〙濃化, 濃縮.

in·creas·a·ble [ɪnkríːsəbl, ən-, ínkriːs- | ɪnkríːsəbl, ɪŋ-, ⸗⸗⸗⸗] *adj.* 増大[増加]できる.

in·crease 〖v.: 《a1333》 *increse*(*n*), *encrese*(*n*) ▭AF *encres*(*s*)- ＝OF *encreis*(*s*)- (stem) ← *encreistre* < L *incrēscere* to grow in or upon ← IN-¹＋*crēscere* to grow. ― n.: 《c1380》 *encre*(*e*)*s* ← (v.): cf. crescent〗 (↔ decrease) ―― [ɪnkríːs, ən-, ínkriːs | ɪnkríːs, ɪŋ-, ⸗⸗] *v.* ―― *vi.* **1** 大きくなる, 増大する, 増す: ～ *in* number [power] 数[力]が増す / His salary ～*d by* $50 [*from* $250] *to* $300. 彼の給料は 50 ドル上がって [250 ドルから] 300 ドルになった. **2** (繁殖して)増える, 多くなる, 増加する: His family ～*d*. 彼の家族が増えた. **3** (質が)著しくなる, 強まる, 募る, 増進する: His vanity ～*d with* years. 彼の虚栄心は年と共に募った. **4** 《詩》〈月が〉満ちる (wax). ―― *vt.* **1** 増す, 増やす, 大きくする, 拡張する, 拡大する (↔ diminish): ～ one's possessions [wealth] 財産[富]を増やす / ～ one's influence [dominions] 勢力[領土]を拡大する / ～ a person's salary 昇給させる / ～ taxes 増税する / the ～*d* cost of living 増大した生活費. **2** 〈質などを〉著しくする, 強める, 増進させる: ～ speed [one's pace] 速力[歩調]を早める / ～ one's efforts なお一層努力する / ～ a risk 危険率を高める / ～ the rate of productivity 生産性を増大させる / This feeling ～*d* her happiness. この感じが彼女の幸福感を強めた / The rarity of an object ～*s* its value. 物はまれなほどその価値が増す. **3** 〘編物〙〈目 (stitch) を〉増やす. **4** 《廃》豊かにする. ―― [ínkriːs, ɪnkríːs, ən- | ínkriːs, íŋ-, ⸗⸗] *n.* **1 a** (大きさ・額・数・強さなどの)増加, 増進, 拡張, 拡大, 上昇: an ～ *of* coldness, work, knowledge, etc. / an ～ *in* crime, exports, population, power, prices, etc. **b** 増加額, 増大量, 増量, 増加: an ～ *in* wages 賃金の増額 / an ～ *of* 20% *on* [*over*] last year('s) 昨年に比べて 20% の増加. **2** 〘編物〙目 (stitch) を増やすこと. **3 a** [《詩》以外は集合的] 子孫. **b** 生産物; 利益, 利子. **c** 《古》農産物, 作物 (crops).

on the increase 増加して, 増大して: Crime is *on the* ～. 犯罪が増加しつつある.

in·créas·er *n.* **1** 増やす[大きくする]人[もの]. **2** 漸拡大管《異径管をつなぐ》.

increaser

in·créas·ing 〖《1598》← INCREASE ＋ -ING²〗 ―― *adj.* **1** 次第に増える, 増大[増加]する: an ～ population [traffic] / in ～ numbers ますます多く / his ～ fame 日に日に高まる彼の名声. **2** 〘数学〙増加の (cf. decreasing): an ～ function 増加関数.

in·créas·ing·ly 〖《c1450》〗 ―― *adv.* 次第に度を増して, ますます, いよいよ: It has become ～ difficult to find work. 職捜しがいよいよ困難になってきた. ★ この語がつくと, 通例進行形には用いられない動詞でも進行形で用いることがある: He *was resembling* his father ～. 彼はますます父親に似てきた.

incréasing retúrns *n. pl.* 〘経済〙収穫逓増 (↔ decreasing returns).

in·cre·ate [ìnkriéɪt, ɪnkríːət, ən-, -ɪt | ìnkriéɪt, ɪnkríː-ət, ɪŋ-, -kríːɪt] 〖《a1420》▭ML *increāt-us*: ⇨ in-², create〗 ―― *adj.* 創造されない; (神のように)創造されないで存在する, 自存的な (self-existent).

in·cred·i·ble [ɪnkrédəbl, ən- | ɪnkrédəbl, ɪŋ-, -dɪ-] 〖《a1400》▭L *incrēdibil-is*: ⇨ in-², credible〗 ―― *adj.* **1** 信じられない, 信用できない, 疑わしい: an ～ story, fact, happiness, etc. **2** 《口語》不思議な, 驚くべき, 途方もない, 非常な: an ～ dream / with ～ speed すさまじい速力で / His appetite was ～. 彼の食欲は途方もなかった. **～·ness** *n.* **in·crèd·i·bíl·i·ty** [-də-bíləti | -dɪbílətɪ, -də-, -lɪ-] *n.*

in·créd·i·bly [-bli | -blɪ] *adv.* 信じられないほど; 《口語》非常に, とても: be ～ easy うそのようにやさしい.

in·cre·du·li·ty [ìnkrɪd(j)úːləti, -krə-, -kre- | ìnkrɪ-djúːlətɪ, ìŋ-, -kre-, -krə-, -lɪ-] 〖《?a1425》▭(O)F *incrédulité* ‖ L *incrēdulitāt-em* ← *incrēdulus*: ⇨ ↓, -ity〗 *n.* 容易に信じないこと, 疑い深いこと, 懐疑心.

in·cred·u·lous [ɪnkrédʒʊləs, ən- | ɪnkrédjʊ-, ɪŋ-] 〖▭L *incrēdulus* unbelieving: ⇨ in-², credulous〗 ―― *adj.* **1** 〈人が〉〔…を〕容易に信じない, 疑い深い, 懐疑的な〔*of, about*〕: be ～ *of* the change その変化を本当にしない / be ～ *about* ghosts 幽霊を信じない. **2** 疑う[怪しむ]ような: an ～ laugh [look, voice] けげんそうな笑い[目つき, 声]. **～·ness** *n.*

in·créd·u·lous·ly *adv.* 疑う[怪しむ]ように.

in·cre·ment [íŋkrəmənt, ín- | íŋkrɪ-, íŋ-, -krə-] 〖《c1425》▭L *incrēment-um* increase ← *incrēscere* 'to grow, INCREASE': ⇨ -ment〗 ―― *n.* (↔ decrement) **1** 増すこと, 増えること, 増加, 増大, 増殖. **2** 増加[増大]量, 増額; 増収, 増俸: a yearly ～ of ¥100,000 年 10 万円ずつの増加[増額] / ⇨ unearned increment. **3** 利益, 利潤. **4** 〘数学〙増分, 変化量. **5** 〘紋章〙 **a** 満ちようとする月, 上弦の月. **b** ＝increscent 3. **in·cre·men·tal** [ìŋkrəméntl̩, ìn- | ìnkrɪméntl̩, ìŋ-, -krə-] *adj.* **in·cre·mén·tal·ly** *adv.*

increméntal cósts *n. pl.* 〘会計〙増分原価 (⇨ differential costs).

ìn·cre·mén·tal·ism [-təlɪzm, -tl̩- | -təl-, -tl̩-] *n.* (政治・社会の)漸進主義[政策]. **ìn·cre·mén·tal·ist** [-təlɪst, -ləst, -tl̩- | -təlɪst, -tl̩-] *n.*

increméntal repetítion *n.* 〘詩学〙漸増反復《劇的効果をあげるため, 通例各節の用語に少し変化を加えて先行節の一部を繰り返すこと》.

in·cres·cent [ɪnkrésn̩t, ən- | ɪn-, ɪŋ-] 〖▭L *incrēscent-em* (pres.p.) ← *incrēscere* 'to INCREASE'〗 ―― *adj.* (↔ decrescent) **1** 増大する. **2** 〈月が〉だんだん満ちてくる. **3** 〘紋章〙三日月の先が盾の側から見て右側 (dexter side) を向いている (⇨ crescent 挿絵).

in·cre·tion [ɪnkríːʃən, ən- | ɪn-, ɪŋ-] 〖← IN-¹＋(SE)CRETION〗 *n.* 〘生理〙内分泌(作用); 内分泌物《ホルモンなど》.

in·cre·tion·ar·y [ɪnkríːʃənèri, ən- | ɪnkríːʃ(ə)nəri, ɪŋ-] 〖⇨ ↑, -ary: cf. concretionary〗 *adj.* 内分泌の.

in·crim·i·nate [ɪnkrímənèɪt, ən- | ɪnkrímɪ-, ɪŋ-] 〖(1730-36) ← ML *incrīmināt-us* (p.p.) ← *incrīmināre* ← IN-¹＋*crīmināre* to accuse (⇨ criminate)〗 ―― *vt.* **1 a** 〈人を〉〔…に〕訴える, 告発する〔*to*〕: She ～*d* her naughty brother *to* her father. 彼女はいたずらな兄[弟]を父に訴えた. **b** (証言などによって)〈人を〉有罪にする, 罪に陥れる: ～ oneself (反証を承認することなどによって)自ら罪に陥る, 服罪する / ～ one's friend 友を罪に陥れる / *incriminating* evidence 罪になるような証拠, 罪証. **2** 〈物事を〉〔害悪の原因などと〕みなす〔*as*〕; 〔…の〕せいにする〔*in*〕: Exhaust gas has been ～*d in* [*as the cause of*] the city air pollution. 都市の大気汚染は排気ガスにある[がその原因である]とされている. **in·crím·i·nà·tor** [-tə | -tə(r)] *n.*

in·crim·i·na·tion [ɪnkrìmənéɪʃən, ən- | ɪnkrìmɪ-] 〖《1651》▭LL *incrīminātiō*(*n*-): ⇨ ↑, -ation〗 *n.* 罪を負わせること, 負わされること.

in·crim·i·na·to·ry [ɪnkrímənətɔ̀ːri, ən-, -tòːri | ɪn-krímɪnət(ə)rɪ, ɪŋ-, -nèɪtəri] *adj.* 罪があるとする, 罪を帰する[負わせる], 告訴する.

in·croach [ɪnkróʊtʃ, ən- | ɪnkrə́ʊtʃ, ɪŋ-] *vi.* 《廃》＝encroach.

in·cross [ɪnkrɔ́(ː)s, ən-, -krɑ́s | ɪnkrɔ́s, ɪŋ-] 〖← IN-¹＋CROSS¹ (n.)〗 〘生物〙 ―― *n.* 同血統交配によってでき

た個体 (cf. incrossbred); 同血統交配. ― *vt.* 同血統交配によって繁殖させる (inbreed).

incróss·brèd *n.* 〘生物〙同血統内での交配によってできた個体 (cf. incross).

ín-cròwd *n.* (共通の利害関係・興味・意見などをもっている)排他的集団 (clique).

in·croy·a·ble [ɛ̃ː(ŋ)krwɑːjáːbl̩, æ̀ŋ-; *F.* ɛ̃krwajabl] 〘□F ～ 'incredible'〙 *n.* (フランス執政内閣 (Directory) 時代の)めかし屋, しゃれ者.

in·crust [ɪnkrʌ́st, ən-|ɪn-, ɪŋ-] 〘(1641)《異形》← EN-CRUST〙 *v.* ＝encrust.

in·crus·ta·tion [ɪnkrʌstéɪʃən | ìn-, ìŋ-] 〘(1607) □ LL *incrustātiō(n-)*: ⇨ encrust, -ation〙 ― *n.* **1** 外被でおおう[おおわれる]こと (↔ decrustation). **2** 外被, 皮殻, 外層 (crust). **3** かさぶた (scab). **4** はめこみ細工, 象眼, 寄木張り, 化粧張り; その材料. **5** (習慣・見方など)泥のように付着したもの, 堆積物.

in·cu·bate [íŋkjubèɪt, ín- | ín-, íŋ-] 〘(1641) ← L *incubāt-us* hatched, sat on (p.p.) ← *incubāre* to lie, sit on eggs ← IN-[1]+*cubāre* to lie down: ⇨ -ate[3]〙 ― *vt.* **1** 〈鳥が〉〈卵を〉抱く, かえす; 〈卵を〉(人工的に)孵化(ふ)る. **2** 〈計画などを〉生み出す, もくろむ, 謀(はか)る, 画策する, 計画する. **3** 〈早産児・未熟児などを〉(保育器で)保育する. **4** 〘医学〙〈細菌・細胞などを〉培養する, 孵置(ち)する. ― *vi.* **1** 卵を抱く, 抱卵する, 巣につく; 〈卵が〉かえる (hatch). **2** 人工孵化を受ける. **3** 〈考え・計画などが〉生れる, 浮かぶ; 次第に発展する, 形をなす. **4** 〘病理〙〈病気が〉潜伏期にある.

in·cu·ba·tion [ìŋkjubéɪʃən, ìn- | ìn-, ìŋ-] 〘(1614) □ L *incubātiō(n-)* brooding: ⇨ ↑, -ation〙 ― *n.* **1** 卵を抱く[かえす]こと, 抱卵, 孵化(ふ), 孵卵: artificial ～ 人工孵化. **2** 孵卵器[保育器など]に入れておくこと; (早産児・未熟児などの)保育. **3** (細菌・細胞などの)培養, 孵置(ち). **4** (計画などの)案出, もくろみ. **5** 〘病理〙潜伏(期). **～·al** [-ʃənl̩, -ʃnəl] *adj.*

incubátion pèriod *n.* **1** 〘動物〙孵化(ふ)期間. **2** 〘病理〙潜伏期 (latent period).

in·cu·ba·tive [íŋkjubèɪtɪv, ín- | ínkjubèɪt-, íŋ-] 〘← L *incubātus* (⇨ incubate)+-IVE〙 *adj.* **1** 卵をかえす, 孵化(ふ)の. **2** 〘病理〙潜伏性[期]の.

ín·cu·bà·tor [-tə | -tə(r] 〘(1857) □ L *incubātor*: ⇨ incubate, -or[2]〙 ― *n.* incubate する人[もの]; 人工孵卵(ふん)器 (cf. foster-mother); (早産児・未熟児)保育器; 定温器《細菌培養器》.

íncubator bìrd *n.* 〘鳥類〙＝megapode.

in·cu·ba·to·ry [íŋkjubətɔ̀ːri, -tòːri | ínkjubèɪtəri, íŋ-] *adj.* ＝incubative.

incubi *n.* incubus の複数形.

in·cu·bous [íŋkjubəs, ín-] *adj.* 〘植物〙〈葉が〉倒覆瓦(かわら)状の (cf. succubous).

in·cu·bus [íŋkjubəs, ín-] 〘(?*a*1200) □ LL ～ 'nightmare' ← L *incubāre* to lie on: ⇨ incubate〙 ― *n.* (*pl.* **in·cu·bi** [-bàɪ], **～·es**) **1** 睡眠中の者の上に乗って苦しめる魔物, (特に)睡眠中の婦女を犯すと信じられた魔物 (cf. succubus 1). **2** 悪夢, 夢魔 (nightmare). **3** (払いのけることのできない)心の重荷, 心配事; 厄介者, 圧迫となる人[もの].

incudes *n.* incus の複数形.

in·cul·cate [ɪnkʌ́lkeɪt, ən-, ínkʌlkèɪt, -kəl- | ínkʌlkèɪt, íŋ-, -kəl-, ɪnkʌ́lkeɪt, ɪŋ-] 〘(1550) ← L *inculcāt-us* (p.p.) ← *inculcāre* to tread down, urge ← IN-[1]+*calcāre* to tread on (← *calc-, calx* heel: cf. calk[1])〙 ― *vt.* **1** 〈思想・感情・知識・習慣・事実などを〉〈人・心に〉反復して教え込む, 諄々(じゅんじゅん)と説き聞かせる 〔*in, into, on, upon*〕: ～ a doctrine *into* a person's mind 人の心に教義を教え込む / ～ obedience [patience] *upon* a person 人に服従[忍耐]を説き勧める. **2** 〈人・心〉に〔思想・感情などを〕注入する, 吹き込む, 植え付ける 〔*with*〕: ～ young people *with* love of knowledge 青年たちに知識愛を鼓吹する. ★ 2 の用法は inoculate 2 との混交. **in·cul·ca·tion** [ɪnkʌlkéɪʃən, -kəl- | ɪnkʌl-, ɪŋ-] *n.* **in·cúl·ca·tor** [-tə | -tə(r] *n.*

in·cul·pa·ble [ɪnkʌ́lpəbl̩, ən- | ɪn-, ɪŋ-] *adj.* 罪のない, 非難するところのない, 潔白な. **in·cúl·pa·bly** *adv.*

in·cul·pate [ɪnkʌ́lpeɪt, ən-, ínkʌlpèɪt, -kəl- | ínkʌlpèɪt, íŋ-, ―́―̀] 〘(1799) ← ML *inculpāt-us* (p.p.) ← *inculpāre* ← IN-[1]+L *culpāre* to blame: cf. culpable〙 ― *vt.* **1** …に罪を帰する[負わせる], 告訴する; 非難する, 責める, とがめる. **2** 〈事情・証拠などが〉…の罪状を明白にする, 有罪にする; 連座させる, 連累にする, 巻き添えにする.

in·cul·pa·tion [ɪnkʌlpéɪʃən, -kəl- | ìnkʌl-, ìŋ-] *n.* 告訴; 非難; 連累にすること.

in·cul·pa·to·ry [ɪnkʌ́lpətɔ̀ːri, ən-, -tòːri | ɪnkʌ́lpə-t(ə)ri, ɪŋ-, ínkʌlpèɪtəri, íŋ-] 〘← INCULPATE+-ORY[1]〙 ― *adj.* 罪を帰する[負わせる], 有罪にする; 非難する, 責める; 連累にする.

in·cult [ɪnkʌ́lt, ən- | ɪn-, ɪŋ-] 〘□ L *incult-us* ← IN-[2]+ *cultus* ((p.p.) ← *colere* to till: cf. cult)〙 ― *adj.* **1** 《古》〈土地が〉耕作されていない, 未開墾の. **2** 《文語》未開の, 野蛮な, 粗野な; 洗練されない, 下品な; 教養のない.

in·cum·ben·cy [ɪnkʌ́mbənsi, ən- | ɪnkʌ́mbənsɪ, ɪŋ-] 〘⇨ ↓, -ency〙 *n.* **1** もたれかかること, 寄り掛かること. **2** 《米》(公職・大学教授などの)地位; 在位期間. **3 a** 《英》聖職禄(ろく) (ecclesiastical benefice) をもつ者の地位[任期]. **b** 聖職禄. **4** 義務, 職責. **5** 《古》重荷.

in·cum·bent [ɪnkʌ́mbənt, ən- | ɪn-, ɪŋ-] 〘(*adj.*: 1548; *n.*: *c*1410) □ L *incumbent-em* leaning upon (pres.p.) ← *incumbere* to lie or lean upon ← IN-[1] + **cumbere* to lie (← *cubāre* to lie down)〙 ― *adj.* **1** 〈事が〉〔人に〕義務としてかかる, 義務である 〔*on, upon*〕: a duty ～ *on* him / It is ～ *upon* you *to* do so. そうするのが君の責任だ. **2** 現職[在職]の: ～ City Council members 現職の市会議員. **3** 《文語》〔…に〕寄り掛かる, もたれる 〔*on*〕. **4** 《詩》〈岩など〉張り出ている, (上から)差しかかった. **5** 〘地質〙〈地層が〉重なっている. ― *n.* **1** 《米》《英まれ》(公職・大学教授などの)在職者, 在任者. **2** 《英》聖職禄(ろく)所有者; (英国国教会の)教会をもつ牧師 (rector, vicar など). **～·ly** *adv.*

in·cum·ber [ɪnkʌ́mbə, ən- | ɪnkʌ́mbə(r, ɪŋ-] *vt.* ＝encumber.

in·cum·brance [ɪnkʌ́mbrəns, ən- | ɪn-, ɪŋ-] *n.* ＝encumbrance.

in·cu·na·ble [ɪnkjúːnəbl̩, ən- | ɪn-, ɪŋ-] 〘□F ～〙 *n.* ＝incunabulum 1.

incunabula *n.* incunabulum の複数形.

ìn·cu·náb·u·list [-lɪst, -ləst | -lɪst] 〘← L *incūnābula* (↓)+-IST〙 *n.* インキュナブラ研究者.

in·cu·nab·u·lum [ìnkjunǽbjuləm | ìnkjuː-, ìŋ-, -kju-] 〘(1824) □ L *incūnābula* swaddling clothes, cradle, childhood, origin ← *cūnae* (fem. pl.) cradle < **koinā* place to lie down in: cf. Gk *keîsthai* to lie down〙 ― *n.* (*pl.* **-u·la** [-lə]) **1** インキュナブラ《ヨーロッパの活字印刷術の揺籃期 (A.D. 1500 まで)に印刷された刊本》. **2** [*pl.*] 初期, 発生期, 揺籃時代, 黎明(れいめい)期.

in·cur [ɪnkə́ː, ən- | ɪnkə́ː(r, ɪŋ-] 〘(?*c*1400) □ L *incurrere* to run into or against ← IN-[1]+*currere* to run (cf. current)〙 ― *vt.* (**in·curred**; **in·cur·ring**) 〈負債・損害などを〉負う, 受ける, 〈危険・非難・怒りなどを〉招く, 〈不興などを〉買う, 〈罰などを〉受ける: ～ debts 負債を負う / ～ great expense 莫大(ばくだい)な出費を招く / ～ danger 危険を招く / ～ a person's hatred [wrath] 人の憎しみ[怒り]を買う / He ～*red* the displeasure of his sovereign by declining his invitation. 招待を断わったために彼は主君の不興を買った.

in·cur·a·bil·i·ty [ɪnkjù(ə)rəbíləti, ən- | ɪnkjùərəbílə-tɪ, ɪŋ-, -lɪ-] *n.* 直らぬこと, 不治; 矯正不能.

in·cur·a·ble [ɪnkjú(ə)rəbl̩, ən- | ɪnkjúər-, ɪŋ-] 〘(*c*1340) □ OF ～ ∥ L *incūrābil-is*: ⇨ in-[2], curable〙 ― *adj.* **1** 矯正できない, 直らない: an ～ habit 直らない悪習慣 / an ～ fool 救い難いばか / an ～ optimist 度し難い楽観主義者. **2** 不治の: an ～ disease [invalid] 不治の病[病人]. ― *n.* 不治の病人. **～·ness** *n.*

in·cúr·a·bly [-bli | -blɪ] *adv.* 直しよう[直る見込み]もないように[ほど].

in·cu·ri·os·i·ty [ɪnkjù(ə)riɑ́səti, ən-, -sti | ɪnkjùərɪ-ɔ́sətɪ, -sɪ-] *n.* 好奇心のないこと; 無関心.

in·cu·ri·ous [ɪnkjú(ə)riəs, ən- | ɪnkjúərɪ-, ɪŋ-] 〘□ L *incūriōs-us* careless, negligent: ⇨ in-[2], curious〙 ― *adj.* **1** 不注意な, 気をつけない, かまわない, 無頓着(むとんちゃく)な. **2** 好奇心のない, 穿鑿(せんさく)しない. **3** 《古》[通例二重否定を成して]興味のない, おもしろくない: a *not* ～ anecdote 興味がなくはない[なかなかおもしろい]逸話. **～·ly** *adv.* **～·ness** *n.*

in·cur·rence [ɪnkə́ː(r)əns, ən- | ɪnkʌ́r-, ɪŋ-] *n.* (損害などを)受ける[被(こうむ)る, 招く]こと: the ～ of debts.

in·cur·rent [ɪnkə́ː(r)ənt, ən- | ɪnkʌ́r-, ɪŋ-] 〘□ L *incurrent-em* (pres.p.) ← *incurrere* to run in: ⇨ incur, -ent〙 ― *adj.* **1** 〈水が〉流れ込む. **2** 〈事件が〉やってくる, 発生する.

in·cur·sion [ɪnkə́ːʒən, ən- | ɪnkə́ːʃən, ɪŋ-, -ʒən] 〘(?*a*1425) □ L *incursiō(n-)* onset ← *incurrere* 'to attack, INCUR': ⇨ -sion: cf. excursion〙 ― *n.* **1 a** (通例長い占領を目的としない突然の)侵入, 侵略; 襲撃 〔*on, upon, into*〕: make ～*s into* a country 国に侵入する / the Danish ～*s on* the English coasts 英国の沿岸に対するデーン人の侵入. **b** 侵害, 侵入: make ～*s on* a person's time 人の時間をたびたび侵す. **2** (河水などの)流入.

in·cur·sive [ɪnkə́ːsɪv, ən- | ɪnkə́ː-, ɪŋ-] 〘← L *incurs-* ((p.p. stem) ← *incurrere* (↑))+-IVE〙 *adj.* 侵入[侵略]する; 襲撃の; 〈河水など〉流入してくる.

In·cur·va·ri·i·dae [ɪnkə̀ːvəráɪədìː | -kə̀ːvəráɪɪ-] 〘← NL ～ ← *Incurvaria* (属名: ← L *incurvus* curved in: ⇨ in-[1], curve)+-IDAE〙 ― *n. pl.* 〘昆虫〙(鱗翅目)マガリガ科.

in·cur·vate 〘□ L *incurvāt-us* (p.p.) ← *incurvāre* 'to bend in, INCURVE'〙 ― [ínkəːvèɪt, ɪnkə́ːvət, -vɪt | ínkəːvèɪt, íŋ-, -vət, -vɪt] *adj.* 内側へ曲がった. ― [ínkəːvèɪt, ɪnkə́ːveɪt, ən- | ínkəːvèɪt, íŋ-] *vt.* [特に p.p. 形で](内側へ)曲げる, 湾曲させる.

in·cur·va·tion [ìnkəːvéɪʃən | ìnkəː-, ìŋ-] *n.* 内曲, 湾曲.

in·cur·va·ture [ɪnkə́ːvətʃùə, -tʃə, -t(j)ùə | -kə́ːvə-tjə(r, -tʃùə(r, -tjùə(r] 〘← L *incurvātus* (⇨ incurvate)+-URE〙 *n.* ＝incurvation.

in·curve 〘(15C) □ L *incurv-āre*: ⇨ in-[1], curve〙 ― [―́―̀] *n.* 内側に曲げること, 湾曲; 〘野球〙インカーブ (cf. outcurve, inshoot, screwball 1). ― [―̀―́] *vt.* [特に p.p. 形で](内側へ)曲げる.

in·cus [íŋkəs, -kuːs | -kəs] 〘(1669) □ L *incūs, incūdem* anvil ← *incūdere* to forge with hammer ← IN-[1]+ *cūdere* to strike, beat〙 ― *n.* (*pl.* **in·cu·des** [ɪŋkjúːdiːz, ɪn-, íŋkjudɪːz]) **1** 〘解剖〙きぬた骨, 砧骨(ちんこつ)《中耳の小骨の一つ; anvil ともいう》. **2** 〘気象〙かなとこ雲《積乱雲の頂が鉄床(かなとこ) (anvil) のような形になったもの; anvil, anvil cloud ともいう》.

in·cuse [ɪnkjúːz, ən-, -kjúːs | ɪnkjúːz, ɪŋ-] 〘□ L *incūs-us* (p.p.) ← *incūdere* (↑)〙 ― *adj.* 〈貨幣など〉極印を打ち込んだ. ― *n.* (貨幣などの)打ち込み模様, 極印. ― *vt.* 〈硬貨など〉に極印を打ち込む.

Ind [índ | índ, áɪnd] 〘(?*a*1200) □ (O)F *Inde*: ⇨ India〙 *n.* **1** 《古・詩》＝India. **2** 《廃》＝Indies.

IND 《略》〘薬学〙investigational new drug.

ind. 《略》independence; independent; index; indicated; indication; indicative; indigo; indirect; indirectly; industrial; industry.

Ind. 《略》India; Indian; Indiana; Indies.

I.N.D. 《略》*L.* in nomine Dei 神の御名において (in the name of God).

ind- [ɪnd] (母音の前に来る時の) indo- の異形: *ind*amine, *ind*ene.

Ind- [ɪnd] (母音の前に来る時の) Indo- の異形.

in·da·ba [ɪndɑ́ːbə] 〘□ Zulu *in-daba* topic, affair, doing ← *in* (pref.)+*daba* business, matter, news〙 ― *n.* **1** 《アフリカ南部》**a** (部族代表の)評議会, 会議. **b** [one's ～] 《口語》(自分の)事, 仕事. **2** 《英口語》(キャンプ・会議などの)集会.

in·da·gate [índəgèɪt] 〘← L *indāgāt-us* (p.p.) ← *indāgāre* to investigate ← *indāgo* investigation ← IN-[1]+ *agere* to drive〙 ― *vt.* 《古》探究する, 調査する. **in·da·ga·tion** [ìndəgéɪʃən] *n.* **ín·da·gà·tor** [-tə | -tə(r] *n.*

in·da·mine [índəmìːn, -mɪn, -mən | -mìːn, -mɪn] 〘← INDO-+AMINE〙 *n.* 〘化学〙インダミン ($C_{12}H_{11}N_3$)《塩基性の有機化合物で青色染料原料》.

in·dan [índæn] 〘← IND(ENE)+-AN[2]〙 *n.* 〘化学〙インダン (C_9H_{10})《タール中に存在する》.

In·daur [ɪndɔ́ə | -dɔ́ː(r; *Hindi* yndəwr] *n.* インダウル《インド中西部 Madhya Pradesh 州西部の都市; 人口 544,000; 旧名 Indore》.

in·de [índi | -dɪ] 〘□ L ～ 'thence, therefrom'〙 *adv.* 〘処方〙そこから, それから (therefrom).

IndE 《略》industrial engineer.

in·debt [ɪndét, ən- | ɪn-] 〘(逆成) ← INDEBTED〙 *vt.* 《古》…に借金を負わせる; …に恩義を被(こうむ)らせる. ★ 今では通例 indebted の形で用いる.

in·debt·ed [ɪndétɪd, ən-, -təd | ɪndét-] 〘(16C) ∽ (?*a*1200) *endetted* ← (O)F *endetté* (p.p.) ← *endetter* to involve in debt ← EN-[1]+*dette* 'DEBT'〙 ― *adj.* **1** 借金がある: be ～ *to* a person *for* a large sum 人に多額の負債がある. **2** 恩を受けている, 恩義がある, 負うところがある: be ～ *to* a book *for* information 書物から情報を受けている / I am [feel] ～ *to* you *for* your kindness [help]. 御親切[助力]ありがとうございます / I would [should] be greatly ～ if you would come and see me. ご来駕願えればありがたく存じます.

in·débt·ed·ness *n.* **1 a** 負債のあること. **b** 負債額; [集合的]負債. **2** 恩を受けていること: acknowledge one's ～ *to* one's seniors 先人の恩恵に感謝する.

in·de·cen·cy [ɪndíːsnsi, ən- | ɪndíːsnsɪ] 〘□ L *indecentia* ← *indecentem*: ⇨ ↓, -ency〙 ― *n.* **1** 下品; 猥褻(わいせつ). **2** 不体裁[下品]な行ない, 猥褻[卑猥]な行為[言葉]: commit *indecencies*. **3** 見苦しさ, 不体裁, 不作法.

in·de·cent [ɪndíːsnt, ən- | ɪn-] 〘□ F *indécent* ∥ L *indecent-em* unfitting (pres.p.) ← *indecēre* ← IN-[2]+*decēre* to be fitting: ⇨ decent〙 ― *adj.* **1** 下品な; 淫(みだ)らな, 猥褻[卑猥]な: an ～ story, picture, etc. / ～ language. **2** 《口語》不体裁な, 見苦しい: leave in ～ haste 見苦しいほどあわてて(そそくさと)去る. **～·ly** *adv.* 〘cf. rape[1] 2).

indécent assáult *n.* 〘法律〙強制猥褻(わいせつ)行為[罪]

indécent expósure *n.* 〘法律〙公然猥褻(わいせつ)罪.

in·de·cid·u·ate [ìndɪsídʒuət, -də-, -ɪt | -dɪsídʒu-] 〘⇨ in-[2], deciduate〙 *adj.* **1** 〘動物〙脱落膜 (decidua) をもたない. **2** 〘植物〙＝indeciduous.

in·de·cid·u·ous [ìndɪsídʒuəs, -də- | -dɪsídju-] *adj.* 〘植物〙落葉しない, 常緑(性)の (evergreen).

in·de·ci·pher·a·bil·i·ty [ìndɪsàɪf(ə)rəbíləti, -də- | -dɪsàɪf(ə)rəbílətɪ, -lɪ-] *n.* 判読[解読]できないこと.

in·de·ci·pher·a·ble [ìndɪsáɪf(ə)rəbl̩, -də- | -dɪ-] *adj.* 〈暗号など〉解読できない, 判読できない: a man with an ～ accent わからぬなまりでしゃべる人. **～·ness** *n.* **in·de·ci·pher·a·bly** *adv.*

in·de·ci·sion [ìndɪsíʒən, -də- | -dɪ-] 〘□ F *indécision*: ⇨ in-[2], decision〙 *n.* 不決断, 優柔不断; ためらい, 躊躇(ちゅうちょ): in (a state of) ～.

in·de·ci·sive [ìndɪsáɪsɪv, -də- | -dɪ-] 〘(1726): ⇨ in-[2], decisive〙 ― *adj.* **1** 決定的でない, 決着しない: an ～ battle 勝敗の決しない戦い / an ～ answer どっちつかずの返事 / ～ evidence はっきりしない証拠. **2** 決断力のない, 優柔不断な, 煮え切らない: an ～ character 煮え切らない性格. **3** 〈輪郭など〉はっきりしない, ぼんやりした: the blurred and ～ outline of a mountain ぼんやりかすんだ山の輪郭. **～·ly** *adv.* **～·ness** *n.*

indecl. 《略》indeclinable.

in·de·clin·a·ble [ìndɪkláɪnəbl̩, -də- | -dɪ-] 〘(*a*1398) □ (O)F *indéclinable* ∥ L *indeclīnābil-is* unchangeable: ⇨ in-[2], decline〙 ― *adj.* 〘文法〙語尾変化をしない, 不変化の (↔ declinable). ― *n.* 格変化 (declension) をしない語, 不変化詞《名詞・代名詞・形容詞以外の品詞》. **～·ness** *n.* **in·de·clín·a·bly** *adv.*

in·de·com·pos·a·ble [ìndìːkəmpóuzəbl̩ | -páuz-] *adj.* 分解[分析]できない.

in·dec·or·ous [ɪndék(ə)rəs, ən-, ìndɪkɔ́ːrəs, -də-, -kɔ́ːr- | ɪndékər-] 〘← L *indecōrus*＋-OUS: ⇨ in-², decorous〙 ― *adj.* 作法にかなわない, 無作法な, はしたない, ぶしつけな; 不体裁な. **~·ly** *adv.* **~·ness** *n.*

in·de·co·rum [ìndɪkɔ́ːrəm, -də-, -kɔ́ːr- | -dɪkɔ́ːr-] 〘□ L *indecōr-um* (neut. sing.) ← *indecōrus* (↑): ⇨ decorum〙 *n.* **1** 無作法, 不体裁. **2** 無作法な振舞い.

in·deed [ɪndíːd, ən- | ɪn-] 〘(a1375) *in dede*: ⇨ in (prep.), deed: 16C までは2語に書かれていた〙 ― *adv.* **1 a** 実に, 真に, 実際, 全く (in truth) (cf. in *very* DEED): He is, ~, a remarkable man. 彼は実にえらい人です / It is ~ alarming. 実に容易ならぬことだ / *Indeed* and ~. 《口語》全く本当に, 実際全く / Do you ~ believe so? 本当にそうだと信じているのですか (cf. 3) / He is a friend ~. 実際いい友人だ (cf. 2 b). **b** [質問の答えを強調して] 本当に: Yes, ~! = *Indeed*, yes! 本当にそうですとも. **c** [very ~ の形を強調して]本当に: Thank you *very* much ~. 本当にありがとう / I am *very* glad ~. 私は本当にうれしい. **2 a** [確認・敷衍] それにまた, いやそれどころか: It is useful, ~ indispensable. それは有用だ, いやそれどころかなくては困る / I know it—~, I am sure of it. 知っている, いや確かに知っているとも. **b** [前言を反復して; 確認・同感を表わしてしばしば反語的に] 本当に, なるほど: Who is this Mr. Brown?—Who is he, ~! このブラウンさんというのはだれですか?—(同感して)本当にだれだろう; 《反語》だれかとは驚いた / Scholar ~! 《反語》なるほど学者だ, 学者とは聞いてあきれる (cf. 1 a). **3** [間投詞的に]: **a** [確信を求めた疑問を表わして] 本当ですか (really): He passed the exam.—*Indeed?* 彼は試験に通ったよ—本当かい. **b** [驚き・懐疑・憤慨・皮肉などの意を表わして] へえ, まあ, ふふん, まさか: He intends to marry. Does he, ~! 彼は結婚するそうだ—へえ, まさか. **4** [しばしば次に but を従え, 譲歩を表わして] なるほど, いかにも, 確かに: I may, ~, be wrong. なるほど私の方が間違っているかも知れない / There are ~ exceptions. 例外はなるほどあるにはある / *Indeed* he is young [He is young ~], *but* he is wise. いかにも彼は若い, でも分別がある. **5** 実際は, 本当は, 実は (in reality): What seemed to be a failure was ~ a success. 失敗と思われたことが実は成功だった.

in·deed·y [ɪndíːdi, ən- | ɪndíːdɪ] 〘《変形》← INDEED〙 *adv.* [特に Yes [No], ~. の形式で用いて] 《口語》本当に, 実際に.

indef. 《略》indefinite.

in·de·fat·i·ga·bil·i·ty [ìndɪfæ̀tɪgəbíləṭi, -də-, -ṭə- | -dɪfæ̀tɪgəbílətɪ, -lɪ-] *n.* 根気強さ, 我慢強さ, 忍耐.

in·de·fat·i·ga·ble [ìndɪfǽṭɪgəbl̩, -də-, -ṭə- | -tɪ-] 〘(1586) □ F 《廃》*indéfatigable* // L *indēfatigābil-is* ← IN-²＋*dēfatigāre* to tire, exhaust (← DE-¹＋*fatigāre* to wear): ⇨ fatigue, -able〙 ― *adj.* 疲れない, 倦(う)むことを知らない, 飽きない, 根気のよい, 不屈な: an ~ worker 根気よく働く人, 倦むことを知らない努力家 / an ~ gossip 飽くことを知らぬ噂好きの人 / ~ zeal [perseverance] 衰えることのない熱意[不屈の忍耐] / He was ~ *in* his pursuit of truth. 真理の追求に飽くことを知らなかった. **ìn·de·fát·i·ga·bly** *adv.* **~·ness** *n.*

in·de·fea·si·ble [ìndɪfíːzəbl̩, -də- | -dɪfíːzə-, -zɪ-] *adj.* 破棄できない, 取り消せない, 無効にできない; 〈権利など〉奪うことができない: ~ rights, claims, etc. **in·de·fèa·si·bíl·i·ty** [-zəbíləṭi | -zəbílətɪ, -zɪ-, -lɪ-] *n.* **ìn·de·féa·si·bly** *adv.*

in·de·fec·ti·ble [ìndɪféktəbl̩, -də- | -dɪféktə-, -tɪ-] *adj.* **1** 欠けない, 損じない, 朽ちない, 長持ちする. **2** 欠点のない, 完全な. **ìn·de·fèc·ti·bíl·i·ty** [-təbíləṭi | -təbílətɪ, -tɪ-, -lɪ-] *n.* **ìn·de·féc·ti·bly** *adv.*

in·de·fec·tive [ìndɪféktɪv, -də- | -dɪ-] *adj.* 《古》欠陥[欠点]のない, 完全な.

in·de·fen·si·ble [ìndɪfénsəbl̩, -də- | -dɪfénsə-, -sɪ-] *adj.* **1** 防げない, 守り切れない, 防御できない. **2** 〈行動・議論など〉弁護の余地のない, 擁護できない. **ìn·de·fèn·si·bíl·i·ty** [-səbíləṭi | -səbílətɪ, -sɪ-, -lɪ-] *n.* **ìn·de·fén·si·bly** *adv.*

in·de·fin·a·ble [ìndɪfáɪnəbl̩, -də- | -dɪ-] *adj.* 限定できない; 定義できない, 説明しにくい, 漠然とした, 言いようのない: an ~ boundary はっきりしない境界 / an ~ word 定義できない言葉 / ~ sensations 何とも言いようのない[名状しがたい]感じ[気持]. **ìn·de·fìn·a·bíl·i·ty** [-nəbíləṭi | -lətɪ, -lɪ-] *n.* **~·ness** *n.* **in·de·fín·a·bly** *adv.*

in·def·i·nite [ɪndéf(ə)nət, ən-, -nɪt | ɪndéfɪ-, -f(ə)n-] 〘(1530) □ L *indēfīnīt-us*: ⇨ in-², definite〙 ― *adj.* **1** 明確でない, 曖昧(あいまい)な, ぼんやりした: an ~ answer 曖昧な返事 / an ~ plan 漠然とした計画 / in an ~ manner 漠然と, どっちつかずの様子で. **2** 〈数量・大きさなど〉不定の, 決まっていない, 限界のない: an ~ number 不定の数 / for an ~ time 無期限に, いつまでも. **3** 〘文法〙〈代名詞など〉(指示する物が)不定の (cf. impersonal 3): an ~ personal pronoun 不定人称代名詞《漠然と一般を指示する英語の we, you, they など》/ ⇨ indefinite article, indefinite pronoun, indefinite tense 1. **4** 〘植物〙 **a** 〈雄蕊(ずい)などが〉非常に数が多い, 数を数えにくい. **b** = indeterminate 5. **~·ness** *n.*

indéfinite árticle *n.* 〘文法〙不定冠詞《例えば英語の a, an; cf. definite article》.

indéfinite íntegral *n.* 〘数学〙不定積分《積分する区間の上端が不定の積分; ↔ definite integral》.

in·déf·i·nite·ly *adv.* 不明確に, 漠然と; 無期限に: put off one's departure ~ 出発を無期延期する.

indéfinite prónoun *n.* 〘文法〙不定代名詞《例えば英語の some, any, both, each, everything, none など; 時に impersonal pronoun ともいう》.

indéfinite ténse *n.* 〘文法〙 **1** 不定時制《完了形・進行形でない時制; 例えば I wrote a letter.; H. Sweet の用語では進行形以外の時制をさす; cf. definite tense》. **2** 不定過去 (indefinite past) 《フランス語で passé composé「複合過去」の旧称; 完了している行為などを表わし, 現在とのつながりを含意することが多い》.

in·de·fin·i·tude [ìndɪfínət(j)ùːd, -də- | -dɪfínɪtjùːd] *n.* = indefiniteness.

in·de·his·cence [ìndɪhísns, -də- | -dɪhís-, -diː-] *n.* 〘植物〙(果皮の)非裂開(状).

in·de·his·cent [ìndɪhísn̩t, -də- | -dɪ-, -diː-] *adj.* 〘植物〙果皮が裂開しない: an ~ fruit 閉果.

in·de·lib·er·ate [ìndɪlíb(ə)rət, -də-, -rɪt | -dɪ-] *adj.* 慎重でない, 熟慮されていない, 前もって計画されていない: an ~ remark. **~·ly** *adv.* **~·ness** *n.*

in·del·i·bil·i·ty [ɪndèləbíləṭi, ən- | ɪndèlɪbílətɪ, -dèlə-, -lɪtɪ] *n.* 消す[ぬぐう, 忘れる]ことのできないこと.

in·del·i·ble [ɪndéləbl̩, ən- | ɪndélə-, -lɪ-] 〘(1529) □ F *indélébile* // L *indēlēbil-is* ← IN-²＋*dēlēbilis* (← *dēlēre* 'to DELETE'): ⇨ -ible〙 ― *adj.* **1** 消すことのできない, 削られない, 除かれない: an ~ stain [mark] 消えないしみ[しるし] / ~ ink 消えないインク / an ~ pencil (書いたものが)消えない鉛筆. **2** 〈不面目・印象など〉ぬぐうことのできない, どうしても消えない, 忘れられない: an ~ disgrace [impression] 消えない不面目[忘れられない印象].

in·dél·i·bly [-bli | -blɪ] *adv.* 消えないように[ほど]; 永久に.

in·del·i·ca·cy [ɪndélɪkəsi, ən-, -lə- | ɪndélɪkəsɪ] *n.* **1** 下品, 粗野, 無作法; 猥褻(わいせつ): ~ of behavior [speech]. **2** 下品な[慎みのない]行為[言葉].

in·del·i·cate [ɪndélɪkət, ən-, -kɪt | ɪn-] *adj.* **1** 〈人の言行など〉品[たしなみ]のない, 慎みを忘れた, はしたない, ぶしつけな, 粗野な, 無作法な. **2** 淫(みだ)らな, 猥褻(わいせつ)な (indecent): ~ words. **3** 他人の気持を考えない, 思いやりのない, 機転のきかない (tactless). **~·ly** *adv.* **~·ness** *n.*

in·dem·ni·fi·ca·tion [ɪndèmnəfɪkéɪʃən, ən-, -fə- | ɪndèmnɪfɪ-] 〘⇨ ↓, -fication〙 *n.* (損害に対する)保障; 免責, 赦免, 賠償; 弁償金, 補償金.

in·dem·ni·fy [ɪndémnəfàɪ, ən- | ɪndémnɪ-] 〘(1611) ← L *indemnis* uninjured (← IN-²＋*damnum* loss, injury)＋-IFY〙 ― *vt.* **1** 〔生じた損害などを〕…に償う, 弁償する, 補償する 〔*for*〕: I will ~ you *for* any expenses incurred. かかっただけの費用は私が弁償しよう. **2** 〔起こりうる損害・損傷などに対して〕(法律的に)保護する, 保障する 〔*from, against*〕: ~ a person *from* [*against*] loss or harm. **3** 〔行為などに対して〕…に免責の法律的保証を与える, …の責任[刑罰]を免じる, 免責する 〔*for*〕: ~ a person *for* an action ある行為に対して責任を負わせないことを人に保証する. **in·dém·ni·fi·er** *n.*

in·dem·ni·tee [ɪndèmnətíː, ən- | ɪndèmnɪ-] *n.* 《米》被保障者; 被賠償者; 被免責者.

in·dem·ni·tor [ɪndémnəṭə, ən- | ɪndémnɪtə(r)] *n.* 《米》保障者; 賠償者; 免責者.

in·dem·ni·ty [ɪndémnəṭi, ən- | ɪndémnətɪ, -nɪ-] 〘(1444) □ (O)F *indemnité* □ LL *indemnitātem* ← L *indemnis* uninjured: ⇨ indemnify, -ity〙 ― *n.* **1** (起こりうる損害に対する)損害保障, 保険. **2** (生じた損害に対する)損害賠償, 補償: ⇨ double indemnity. **3** 賠償金, 補償金, 弁償金; (戦勝国が要求する)賠償金. **4** (刑罰の)免責, 赦免; 恩赦 (amnesty). **5** 〘保険〙損害填補.

in·de·mon·stra·bil·i·ty [ìndɪmɑ̀nstrəbíləṭi, -də-, ɪndèmən-, ən- | ɪndèmənstrəbílətɪ, ìndɪmɔ̀n-, -lɪ-] *n.* 証明不可能.

in·de·mon·stra·ble [ìndɪmɑ́nstrəbl̩, -də-, ɪndémən-, ən- | ɪndémən-, ìndɪmɔ́n-] *adj.* 証明できない: an ~ principle. **ìn·de·món·stra·bly** *adv.*

in·dene [índiːn] 〘← IND(OLE)＋-ENE〙 *n.* 〘化学〙インデン (C_9H_8)《コールタールから分留して得られる無色液状の炭化水素》.

in·dent¹ 〘(?c1380) *endente(n)* □ (O)F *endent-er* □ ML *indentāre* to furnish with teeth ← IN-¹＋L *dent-*, *dēns* 'TOOTH'〙 ― [ɪndént, ən- | ɪn-] *v.* ― *vt.* **1** …(の縁)にぎざぎざを付ける, …に刻み目を付ける, 鋸歯(きょし)状にする. **2** 〈海が〉〈海岸線を〉湾入させる, へこませる, 出入りさせる: The sea ~*s* the western coast of the island. 海はその島の西側に入江を作っている. **3 a** 〈1枚の紙に認(したた)めた同文2通の契約書などを〉ジグザグ線に沿って切り取る; 〈同文契約書などを〉正副2通作成する. **b** 《英》〘商業〙〈商品などを〉(通例複写注文書で)正式に注文する. **4** 《英軍》〈物資を〉徴発する; 請求する. **5** 〘印刷〙〈章・節の初行行頭を〉他の行頭より下げて組む[書く] (cf. indention 1): ~ the first line of each paragraph 各節の第一行目を引っ込める. **6** 〈人を〉年季奉公に入れる (indenture). ― *vi.* **1** ぎざぎざを付ける. **2** 〈海が〉湾入する. **3** 《英》〔品物を〕正式に注文する 〔*for*〕. **4** 《廃》(年季奉公などの)契約をする.

***indent on* [*upon*]** 《英》(1) 〈人・商店など〉に〔品物を〕正式に注文する 〔*for*〕《通例2通作成の複写注文書[申込書, 請求書など]を発行し, 1通は発送して1通は手元に保存する》: ~ *on* the shop *for* goods. (2) 《英軍》〈人〉に令書を出して〔物資の〕徴発を行なう 〔*for*〕: ~ *on* a person *for* food. (3) 〔赤字などを埋めるの〕〈準備金など〉に頼る 〔*for*〕: ~ *on* national bonds *for* covering [*to* cover] the deficit その赤字を埋めるのを国債に依存する.

― [ɪndént, ən-, índent | índent, ― ́] *n.* **1** (鋸歯状の)刻み目, ぎざぎざ. **2** 〘印刷〙(章・節の初行行頭の)字下げ, 字下がり. **3** (通例1枚の紙に2通並べて作成してジグザグの線に沿って切り離す)複写契約書, 証文; 年季証文. **4** 《英》徴発, 請求; 徴発書, 請求書: an ~ *for* goods. **5** 《英》〘商業〙 **a** (特に, 海外からの品種・条件などを明細に記入した)注文書, 買付委託書. **b** 外国からの注文. **6** (米国独立戦争の終わりに米国政府の発行した)歯形公債証書.

~·er [-ṭə | -tə(r)] *n.*

in·dent² 〘(?c1380): ⇨ in-¹, dent¹〙 ― [ɪndént, ən- | ɪn-] *vt.* **1** …にくぼみを作る, くぼませる, へこませる. **2** 〈印などを〉打ち込む, 押す. ― [ɪndént, ən-, índent | índent, ― ́] *n.* へこみ, くぼみ, くぼ地.

in·den·ta·tion [ìndentéɪʃən] 〘← INDENT¹ (v.)＋-ATION: cf. indent² (v.)〙 ― *n.* **1** (鋸歯(きょし)状の)刻み目をつけること, ぎざぎざを付ける[が付いている]こと. **2** (鋸歯状の)ぎざぎざ, 刻み目, 欠刻: the ~*s* of a leaf 葉の欠刻《へりのぎざぎざ》. **3** (海岸線などの)湾入, 入江, 入海, 湾: The coast is full of ~*s*. その海岸は出入りが多い. **4** くぼみ, へこみ. **5** 〘病理〙へこみ, ノッチング, 陥凹. **6** 〘印刷〙 = indention 1. **7** 〘金属加工〙圧痕(こん) (impression).

in·dént·ed [-ṭɪd, -ṭəd | -tɪd, -təd] 〘(?a1400) (p.p.) ← INDENT¹〙 ― *adj.* **1** ぎざぎざのある, でこぼこ[出入り]のある, ジグザグ形の: an ~ coastline 出入りのある海岸線 / an ~ molding [mold] 〘建築〙(三角形のぎざぎざをもった)かみ合わせ繰形(くりかた) / The snake slipped away with ~ glides. 蛇はうねうねと滑って行った. **2** 〘紋章〙〈仕切り線が〉ジグザグ形の (⇨ heraldry 挿絵 F). **3** 契約書で縛られた, 年季奉公に入れられた (⇨ indentured servant): an ~ apprentice 年季徒弟. **4** 〘印刷〙〈章・節の初行行頭が〉字下がりの, 字下げした.

indented molding

in·den·tion [ɪndénʃən, ən- | ɪn-] 〘← INDENT¹＋-ION〙 ― *n.* **1** 〘印刷〙字下がり, 字下げ《節の初行を他の行より下げて組むこと》; (字下げの)空所, あき: ⇨ hanging indention. **2** = indentation 1, 2.

in·den·ture [ɪndéntʃə, ən- | ɪndéntʃə(r)] 〘(?a1335) *endenture* □ OF *endent(e)ure* indentation □ ML *indentūra* ← *indentātus* (p.p.) ← *indentāre*: ⇨ indent¹, -ure: cf. indent² (v.)〙 ― *n.* **1** 〘法律〙歯型捺印(なついん)証書《もと1枚の紙に同文2通(以上)を記入し, ジグザグの切取線に沿って切断し各自1通ずつ保有した; cf. tally¹ 1, charter 5, poll²》. **2 a** (正副2通に作成した)契約書, 証書; [通例 *pl.*] 年季奉公[徒弟]契約書, 年季証文; [*pl.*] (移民の)役務契約(書): take up [be out of] one's ~*s* 年季奉公を終えて契約書を取り戻す, 年季を終える. **b** 借款契約. **3** 《まれ》刻み目[ぎざぎざ]を付けること (indentation); 刻み目, ぎざぎざ. ― *vt.* **1** 契約書をもって取り決める[約定する], (契約書をもって)年季奉公に入れる. **2** 《古》くぼませる; …にしわを生じさせる.

in·dén·tured sérvant *n.* 《米》年季契約奉公人《主に17-18世紀の間に米国に渡り通例渡航費・生活費などの代わりに3-7年間の労働契約を結んだ労働者》.

in·de·pen·dence [ìndɪpéndəns, ìndə- | ìndɪ-] 〘(1640) □ F *indépendance*: ⇨ in-², dependence〙 ― *n.* **1** 独立, 自立, 自主; 独立心 (↔ dependence): ~ of outside control 外部の支配からの独立 / declare ~ 独立を宣言する / an ~ of spirit 精神の独立 / live a life of ~ 独立して生活する, 自活する / Norway won ~ *from* Denmark in 1814. ノルウェーは1814年にデンマークから独立した. **2** 《古》自活できるだけの収入: make an ~. **3** 〘論理・数学〙(公理の)独立性.

independence of path 〘数学〙(積分)路に対する独立性.

In·de·pen·dence [ìndɪpéndəns, ìndə- | ìndɪ-] 〘Andrew Jackson の不羈独立の精神にちなむ〙 *n.* 米国 Missouri 州西部の都市; Kansas City の近郊; もと Santa Fe Trail と Oregon Trail の起点; 人口 112,000.

Indepéndence Dày *n.* (国の)独立記念日; (特に, 7月4日の)米国独立記念日《1776年7月4日に独立宣言が署名された; the Fourth of July ともいう; cf. Bastille Day, DECLARATION of Independence》.

Indepéndence Háll *n.* 独立記念堂《米国 Philadelphia にある同国の歴史的記念建造物; 1776年7月4日ここで独立が宣言された; 館内に有名な Liberty Bell が保存されている》.

in·de·pen·den·cy [ìndɪpéndənsi, ìndə- | -dɪpéndənsɪ] *n.* **1** 独立国, 自主国. **2** 《古》独立. **3** [I-] 〘キリスト教〙独立教会主義[制] (cf. congregationalism 2).

in·de·pen·dent [ìndɪpéndənt, ìndə- | ìndɪ-] 〘(1611) ← IN-²＋DEPENDENT: cf. F *indépendant*〙 ― *adj.* **1** 独立の, 自主的な, 自立の, 自由な; 〔…から〕独立した 〔*of*〕: an ~ state 独立国家 / The colonies became ~

of the mother country. 植民地は本国から独立した. **2** 独立の精神をもつ, 他人に服する[世話になる]ことを潔しとしない, 自尊心の強い; 気ままな: an ～ air, attitude, manner, spirit, etc. / She was so ～ that she refused all pecuniary aid. 彼女は非常に勝気だったので金銭的援助はすべて断わった. **3** 〔他の影響を受けない, 〔他に〕依存[関係]しない〔*of*〕; 独自の, 別々の: an ～ thinker 独自の考えをもつ人 / two ～ witnesses 二人の別々の証人 / an ～ retail store 自営の小売商店 (cf. chain store) / make ～ researches (他と)独立して研究する / impulses that are ～ *of* one's will 意志とは無関係な衝動 / An automobile makes you ～ *of* trains. 自動車があれば電車の世話にならなくてもすむ. **4 a** 〈人が〉独立の生活をする, 自活する, 一本立ちの; 〔他に〕頼らない〔*of*〕: earn enough to keep one ～ 自活していけるだけのものを稼ぐ / He is now quite ～ *of* his father. 今では全然父親の厄介になっていない. **b** 〈資産・収入が〉楽に[他から援助を受けずに]暮らせるだけの: an ～ income / a person of ～ means 楽に暮らせる身分の人. **5** (投票の際)党派的拘束を受けない, 自由な; 無所属の, 無党派の: ～ voters, candidates, etc. **6** 〘数学〙〈量・関数などが〉その値を他に依存しない, 独立の. **7** 〘統計〙(事象や確率変数の)条件付き確率と無条件の確率とが等しい. **8** 〘論理〙 **a** 〈命題が〉(他の命題から導出可能でもなく他の命題と両立不能でもなく)独立の. **b** (特に, 任意の公理が他の公理(群)と前記 a の関係にあり)独立の. **9** 〘文法〙〈節が〉独立の (cf. main[1] 4): an ～ clause 独立節, 主節. **10** [I-]〘キリスト教〙独立教会主義の.

independent of [副詞句を導いて] …に無関係で, …にはかまわず, …とは別に: This will happen ～ *of* whether you want it or not. 好むと好まざるとに関わりなくこの事態は起こるだろう.

— *n.* **1** 独立者[物]. **2** 無所属[中立]的立場で投票する人. **3** [I-]〘キリスト教〙独立教会主義者.

indepéndent assórtment *n.* 〘生物〙自由組合せ《染色体あるいは遺伝子が減数分裂でまったく自由な組合せで配偶子に配分されること》.

Indepéndent Bróadcasting Authòrity *n.* [the ～] ⇨ IBA.

indepéndent chúck *n.* 〘機械〙単独チャック《四つの爪(﹅)を単独に出入りさせることのできる旋盤用のチャック》.

indepéndent cóntractor *n.* 〘法律〙請負人.

Indepéndent Lábour Pàrty *n.* [the ～] (英国の)独立労働党《1893 年 Keir Hardie らによって創設された社会主義団体で Labour Party 結成の中心となる; 略 I.L.P.》.

in·de·pén·dent·ly *adv.* 独立して, 自立的に, 自主的に; 他に依存[関係]しないで, 別に, 自由に, 気ままに (↔ dependently).

independently of ＝INDEPENDENT *of*.

indepéndent schóol *n.* 《英》〘教育〙(政府や地方自治体の援助を受けない)初等および中等の私立学校《パブリックスクールなど》.

Indepéndent Télevision Authòrity *n.* [the ～] ⇨ ITA.

indepéndent váriable *n.* 〘数学〙独立変数(↔ dependent variable).

ín-dépth *adj.* 詳細な, 深遠な, 細かく立てられた; 徹底的な (thorough): an ～ survey / an ～ magazine article 詳細な雑誌の記事.

in·de·scrib·a·ble [ìndɪskráɪbəbḷ, -də- | -dɪ-] 〘⇨ in-[2], describable〙 **—** *adj.* **1** 言い表わすことのできない, 漠然とした: an ～ sensation 何とも言えない感じ[気持]. **2** 筆舌に尽くしがたい, 言語に絶する, 言うに言われぬ: ～ charm, beauty, sufferings, etc. **—** *n.* **1** [通例 *pl.*] 名状しがたいもの. **2** [*pl.*]《古・戯言》ズボン (trousers) (cf. indispensable 2, inexpressible, inexplicable, unmentionable 2 a, etc.). **ìn·de·scrib·a·bíl·i·ty** [-bəbílạti | -lətɪ, -lɪ-] *n.* **～·ness** *n.* **ìn·de·scrib·a·bly** [-bli | -blɪ] *adv.* 言葉で言い表わせないほど, 言うに言われぬほどに.

in·de·struc·ti·ble [ìndɪstrʌ́ktəbḷ, -də- | -dɪstrʌ́ktə-, -tɪ-] *adj.* 破壊できない, 不滅の, 不朽の. **ìn·de·strùc·ti·bíl·i·ty** [-təbílạti | -təbílətɪ, -tɪ-, -lɪ-] *n.* **～·ness** *n.* **ìn·de·strúc·ti·bly** [-bli | -blɪ] *adv.*

in·de·ter·min·a·ble [ìndɪtə́ːm(ə)nəbḷ, -də-, -mɪn- | -dɪtə́ːmɪn-] 〘(《15C》) ▭ L *indēterminābil-is*: ⇨ in-[2], determinable〙 **—** *adj.* 確かめる[決定する, 確定する]ことのできない, 決しかねる, 解決のつかない: ～ disputes [questions] 解決のつかない議論[問題]. **～·ness** *n.* **ìn·de·tér·min·a·bly** *adv.*

in·de·ter·mi·na·cy [ìndɪtə́ːmɪnəsi, -də-, -mə- | -dɪtə́ːmɪnəsɪ] *n.* 不確定(性). 「tainty principle.

indetérminacy prìnciple *n.* 〘物理〙＝uncer-

in·de·ter·mi·nate [ìndɪtə́ːm(ə)nət, -də-, -mɪ-, -nɪt | -dɪtə́ːmɪ-] 〘(《c1400》) ▭ L *indētermindruat-us*: ⇨ in-[2], determinate〙 **—** *adj.* **1** (範囲・性質などが)決定しない, 確定しない, 不定の: an ～ number. **2** (意味など)明確でない, ぼんやりした, 漠然とした, 曖昧(﹅﹅)な: an ～ color. **3** 確定していない, まだわからない; 決着のついていない, 未解決の: an ～ problem / The time of our departure is ～. 出発の時期はまだ確定していない. **4** 〘数学〙 **a** 〈分数の形の式の極限が〉不定の. **b** 〈方程式が〉不定の; 未知数に二つ以上の値を与えて満足させうる. **5** 〘音声〙〈母音が〉曖昧(﹅﹅)な (obscure). **6** 〘植物〙無限の: ～ inflorescence 無限花序. **7** 〘機械〙〈支点反力が〉静力学理論では完全に分析[決定]できない, 不静定の (cf. redundant 5): ⇨ statically indeterminate structure. **～·ly** *adv.* **～·ness** *n.*

indetérminate cléavage *n.* 〘動物〙非決定的卵割《調整卵のように, 発生運命が定まらず, 相互の発生能力に違いのない割球を生じる卵割; cf. determinate cleavage》. 「determinate growth).

indetérminate grówth *n.* 〘植物〙無限生長 (cf.

indetérminate séntence *n.* 〘法律〙(判決言渡しに当たって刑期の幅を 1 年以上 10 年以下というふうに言い渡す)不定期刑.

in·de·ter·mi·na·tion [ìndɪtə̀ːmɪnéɪʃən, -də-, -mə- | -dɪtə̀ːmɪ-] *n.* **1** 不定, 不確定. **2** 不決断, 優柔不断.

in·de·ter·min·ism [ìndɪtə́ːmɪnɪzm, -də-, -mə- | -dɪtə́ːmɪ-] *n.* **1** 〘哲学〙非決定論, 非定命論, 自由意志論《決定論と対立し, なんらかの意志の自由や事象の非斉一性を認める立場; ↔ determinism》. **2** 決定[確定]しない状態, 不確定; 明確でないこと, ぼんやりした状態; 予見[予測]不可能(性).

ìn·de·tér·min·ist [-nɪst, -nəst | -nɪst] *n.* 〘哲学〙非決定論者. **in·de·ter·min·is·tic** [ìndɪtə̀ːmɪnístɪk, -də-, -mə- | -dɪtə̀ːmɪ-] *adj.*

in·de·vout [ìndɪváʊt, -də- | -dɪ-] 〘(《15C》)〙 *adj.* 敬虔(﹅﹅)でない, 不信心な. **～·ly** *adv.*

in·dex [índeks] 〘(《a1398》) ▭ L ‘forefinger, pointer, sign’: ⇨ indicate〙 **—** *n.* (*pl.* **～·es, in·di·ces** [índəsìːz | -dɪ-]) **1** 指示[表示]する物, 指標; (特に, 計器などの)指針, 針, 目盛. **2** 人差し指 (index finger). **3 a** (内的な意味などを)表示するもの, 印: Style is an ～ of the mind. 文は心の鏡である. **b** 指針, 指標: an ～ to the solution of a problem 問題解決の指針. **4 a** 索引, 見出し, インデックス: an alphabetical ～ ABC 順索引 / a card ～ カード式索引 / an ～ *to* a book 本に付けた索引. **b** (通例定期的に発行される)出版目録, 図書解題. **5** [the I-]〘カトリック〙 **a** ＝Index Expurgatorius. **b** ＝Index Librorum Prohibitorum. **6** [通例 I-] (道徳上・政治上の)禁書目録: put a book on the *Index* 書物を禁書目録に載せる, 本を禁書に指定する. **7** 指数 (index number): the discomfort [uncomfortable] ～〘気象〙不快指数 / ⇨ cephalic index, cranial index, facial index, price index. **8** (*pl.* **in·di·ces**)〘数学〙 **a** 指数 (exponent). **b** (常用対数の)指標 (cf. mantissa). **c** 添え字 (Y^3, X^a や Y_3, X_a の $_3$, $_a$ のように主たる文字に付けて書いた数字や文字). **d** ＝winding number. **9** 〘印刷〙 **a** 手, 指じるし, 指標, インデックス《☞ 印の指示記号; fist, hand, index mark ともいう; cf. reference mark》. **b** ＝thumb index. **10** 〘時計〙緩急針. **11** 〘光学〙屈折率 (⇨ refractive index). **12** 《廃》 **a** (本の)目次. **b** 序文, まえがき.

index of refraction 〘光学〙屈折率 (⇨ refractive index).

index of retail prices 小売物価指数.

— *vt.* **1** 〈書物〉に索引を付ける, 〈書籍〉にとじ込み番号を付ける, 〈語などを〉索引に載せる: This book is well ～*ed*. **2** 指示する, 示す; 指摘する〈*out*〉. **3** …の指数を付ける[示す]; 〘農業〙〈ジャガイモ〉の特性[収量, 耐病性など]を検定する: ⇨ eye indexing, hill indexing. **4** 〘経済〙〈年金・利率などを〉生計指数に(反映した物価の変動に)応じて調整する, 物価(指数)にスライドさせる. **5** 〈本を〉禁書に指定する. **6** 〘機械〙割出しする (cf. index head, index plate).

in·dex·a·tion [ìndekséɪʃən] 〘⇨ index (v.), -ation〙 *n.* 〘経済〙インデクセーション, 指数連携《物価指数に合わせて他の価格(賃金・利子など)を動かすこと》.

índex auc·tór·um [-ɔːktɔ́ːrəm, -tóːr- | -tɔ́ːr-] 〘▭ L *index auctōrum* index of authors〙 *L. n.* (*pl.* **indices a-**) 著者索引.

índex càrd *n.* 索引カード.

índex crìme *n.* 《米》(連邦捜査局 (FBI) から毎年出される犯罪報告書に統計が載るほどの)重大犯罪.

ín·dex·er *n.* 索引作成者. 「差.

índex èrror *n.* 〘測量〙(測量器具の目盛りの)指示誤

Índex Ex·pur·ga·tó·ri·us [-ɪkspə̀ːgətɔ́ːriəs, -eks-, -tóːr- | -pə̀ːgətɔ́ːrɪ-] 〘▭ L *Index Expurgātōrius* expurgatory index〙 **—** *L. n.* (*pl.* **Indices Ex·pur·ga·to·ri·i** [-riàɪ]) 〘カトリック〙(削除個所指示)禁書目録《削除・変更があるまで信者が読んではならない禁読書の表; 現在存在しない; cf. Index Librorum Prohibitorum.

índex fìnger *n.* 人差し指.

índex fòssil *n.* 〘地質〙標準[示準]化石《広い地域にわたって短期間に分布している, ある特定の地質年代を示す化石》. 「についている平面鏡》.

índex glàss *n.* 〘測量〙指示鏡《六分儀などの指標機

índex hèad *n.* 〘機械〙割出し台《円周を等間隔に分割するのに用いる》.

in·dex·i·cal [ɪndéksɪkəl, ən-, -sə- | ɪndéksɪ-] *adj.* index の[に関する, の性質をもった].

ín·dex·ing *n.* 〘経済〙＝indexation.

índexing hèad *n.* 〘機械〙＝index head.

Índex Li·bró·rum Pro·hib·i·tó·rum [-laɪbrɔ́ː-rəm-pro(ʊ)hìbətɔ́ːrəm, -brɔ́ːr-, -tɔ́ːr- | -brɔ́ːrəm-prə(ʊ)-hibɪtɔ́ːr-] 〘▭ L *Index Librōrum Prohibitōrum* index of prohibited books〙 **—** *L. n.* (*pl.* **Indices L- P-**) 〘カトリック〙禁書目録《特別の許可がなければ信者は読んではならない禁読書の目録; 1966 年の省令によって廃止; cf. Index Expurgatorius》.

índex màp *n.* 索引図.

índex màrk *n.* 〘印刷〙＝index 9 a.

índex nùmber *n.* **1** 〘数学〙指数. **2** 〘統計〙指数《物価・賃金・人口などの移動を数値で表示したもの》: the ～ of prices 物価指数 / the ～ of all commodities 総物価指数.

índex pìn *n.* 〘時計〙＝regulator pin.

índex plàte *n.* 〘機械〙割出し板《円に目盛りをつけたりなどするために一つの円周上に等間隔に小穴のある円板; 割出し台 (index head) に用いる; dividing plate ともいう》. 「その変域》.

índex sèt *n.* 〘数学〙添数集合《添え字が変数の時の

in·di- [ɪndɪ, -də | -dɪ] indo- の異形 (⇨ -i-).

In·di·a [índiə | -djə, -dɪə] 〘OE ～, *Indea* ▭ L *India* ▭ Gk *India* ← *Indós* the river Indus ▭ Pers. *Hind* ← Skt *Sindhu* the Indus, 《原義》 river: ⇨ -ia[1]〙 **—** *n.* インド: **1** Himalaya 山脈の南からインド洋に突出する大半島でインド・パキスタン・ネパール・ブータンなどを含む地域; 面積 4,100,300 km². **2** インド半島の大部分を占める英連邦内の共和国; もと英領インド (British India) と藩王国 (Indian States) その他に分かれていたが, 1947 年パキスタンと分離して英国の自治領 (Dominion) となり(この時の公式名は the Union of India または the Indian Union), 1950 年独立; 人口 625,820,000, 面積 3,268,090 km², 首都 New Delhi; 公式名 the Republic of India インド共和国. ★ 現在では India といえば通例この「インド共和国」を指す. **3** ＝Indian Empire.

Índia cótton *n.* インド更紗(﹅﹅).

Índia ínk *n.* 《米》(液体の)墨, 墨汁 (《英》 Indian ink) 《China ink, Chinese ink ともいう》.

in·di·a·lite [índiəlàɪt | -djə-, -dɪə-] 〘← INDIA＋-LITE〙 *n.* 〘鉱物〙インド石《菫(﹅)青石 (cordierite) の同質異像・高熱型鉱物》.

Índia·man [-mən] *n.* (*pl.* **-men** [-mən]) (大型の)インド貿易船《特に昔の東インド会社の所有船》.

In·di·an [índiən | -dɪən, -djən] 〘(《16C》) ▭ LL *Indiānus* (⇨ India, -an[1]) ∽ 《? *a*1300》 *Indien* ▭ OF: cf. 《廃》 *Indish* < OE *Indisc*〙 **—** *adj.* **1 a** アメリカインディアンの (American Indian): ～ wars インディアンとの戦争 / an ～ path [trail] (北米大陸にインディアンが作った)インディアン道 / an ～ reservation (⇨ reservation 3 a) / the French and ～ War ⇨ French. **b** アメリカインディアン語の. **2** インド(人)の; 東インド(諸島)の: ～ philosophy インド哲学 / ～ races, languages, etc. / a custom of ～ origin インドから起こった風習 / ～ trade インド貿易. **3** 西インド諸島の. **4** 《米》トウモロコシ(の粉)で作った: an ～ dumpling トウモロコシだんご / ⇨ Indian pudding. **5 a** 〘動物地理〙東洋区の (cf. oriental 4). **b** 〘植物地理〙インド地方の《Himalaya 以南のインド・パキスタン・スリランカを含む》. **—** *n.* **1 a** アメリカインディアン (American Indian)《南北アメリカに住む原住民, 現在は Native American と呼ぶことが多い》: ⇨ Red Indian. **b** 《口語》アメリカインディアン語《アメリカインディアンの言語》. **2 a** インド人, 東インド(諸島)人 (East Indian). **b** インド語, 東インド(諸島)の言語. **3** 《英古》インドに在住する[した]ヨーロッパ人[《特に》英国人] (cf. Anglo-Indian 1). **4** 《米口語》トウモロコシ (Indian corn). **5** [the ～]〘天文〙インディアン座 (⇨ Indus 2).

In·di·an·a [ìndiǽnə | -diǽnə, -ɑ́ːnə] 〘← NL ～ ‘land of the Indians’: ⇨ ↑, -ana〙 *n.* 米国中部の州 (⇨ United States of America 表).

Indiána bállot *n.* 《米》インディアナ式投票用紙《候補者名が党派別に記入してある投票用紙; party-column ballot ともいう; cf. Massachusetts ballot, office-block ballot》.

Índian àgency *n.* インディアン保護事務所《米国のインディアン部落指定保留地 (Indian reservation) における政府管理官出張所》.

Índian àgent *n.* (米国の) Indian agency の管理官.

In·di·an·an [ìndiǽnən | -dɪǽnən, -ɑ́ːn-] *adj.* (米国) Indiana 州(人)の. **—** *n.* Indiana 州人.

In·di·a·nap·o·lis [ìndiənǽp(ə)lɪs, -ləs | -dɪənǽpəlɪs, -djə-] 〘← INDIANA＋Gk *pólis* city〙 *n.* 米国 Indiana 州の首都; 人口 726,000.

Índian béan *n.* 〘植物〙＝catalpa.

Índian bíson *n.* 〘動物〙インドヤギュー (⇨ gaur).

Índian blánket *n.* **1** アメリカインディアンが造った毛布; その模造品. **2** 〘植物〙米国産のテンニンギク属の植物 (*Gaillardia pulchella*).

Índian bréad *n.* **1** ＝corn bread. **2** 〘植物〙 **a** サルノコシカケ類; (特に) *Polyporus sapurema* の大型菌核の俗称. **b** ＝tuckahoe 2.

Índian chérry *n.* 〘植物〙＝yellow bush.

Índian chíckweed *n.* 〘植物〙＝carpetweed.

Índian chólera *n.* インドコレラ.

Índian clùb *n.* インディアンクラブ《体操用棍棒(﹅﹅); 通例一対で腕の筋肉の強化に用いる》.

Índian cóbra *n.* 〘動物〙インドコブラ (*Naja naja*) 《インド産の猛毒コブラ; 頸部に眼鏡模様があるので spectacled cobra ともいう》.

Índian córn 〘(《1617》)〙 **—** *n.* **1** 〘植物〙トウモロコシ (*Zea mays*) 《sweet corn, dent corn, flint corn, popcorn, pod corn, soft corn などの変種がある》. ★ 米国・カナダ・オーストラリアでは通例単に corn といい, 英国では maize という. **2** トウモロコシの穂, 穂軸についたままのトウモロコシ《未熟のものは料理用野菜として用いる; cf. green corn, sweet corn》. **3** トウモロコシの実[穀粒]. **4** 〘植物〙フリントコーン (flint

corn) の総称《色がさまざまありしばしば装飾用》.
Índian créss n.〘植物〙キンレンカ, ノウゼンハレン (*Tropaeolum majus*)《南米原産ノウゼンハレン科の黄色または紅色の花をつける観賞用一年草》.
Índian cúrrant n.〘植物〙=coralberry.
Índian élephant n.〘動物〙インドゾウ (*Elephas maximus*)《インドからマライ半島を経て Kalimantan まで分布するゾウ》.
Índian Émpire n. [the ~] インド帝国《独立以前の英領インド (British India) と英国の支配下にあった藩王国 (Indian States) の総称語; 1947 年解体》.
Índian fíg n. **1 a**〘植物〙熱帯アメリカ産のサボテン科の黄色い花をつけるウチワサボテンの類の植物 (*Opuntia ficus-indica*). **b** その実《酸味があり食用になる; 色は赤い》. **2**〘植物〙=banyan 3.
Índian fíle〘アメリカインディアンが襲撃のため森林などを横切る時縦列を組むことから〙n., adv. 一列縦隊(で): march in ~ 一列縦隊で進む.
Índian fìre n. インド花火《硫黄・鶏冠石・硝石の混合物で, その白熱炎を信号に用いる》.
Índian gíft n.《米口語》返礼目当ての[返してもらうつもりでする]贈り物.
Índian gìver n.《米口語》返礼を目当てに[その品を返してもらうつもりで]贈り物をする人. ★ 少年少女の用語. **Índian gìving** n.
Índian háwthorn n.〘植物〙中国南部産バラ科シャリンバイ属の植物 (*Raphiolepis indica*).
Índian háy n.《米俗》=marihuana 2 b.
Índian hémp n.〘植物〙**1** 北米産キョウチクトウ科バシクルモン属の低木 (*Apocynum cannabinum*)《アメリカインディアンはその繊維を麻の代用にする》. **2** =hemp 1.
In·di·an·i·an [ìndiǽniən, -njən | -dɪǽniən, -ɑ́:n-, -njən] adj., n. =Indianan.
Índian ínk n.《英》=India ink.
Ín·di·an·ism [-nɪ̀zṃ] n. アメリカインディアン(文化)復興運動[政策].
Ín·di·an·ist [-nɪst, -nəst | -nɪst] n. Indianism 唱導者.
in·di·a·nite [índiənàɪt | -djə-, -dɪə-]〘← INDIA + -ITE[1]: インドで発見されたことから〙n.〘鉱物〙灰長石 (anorthite).
In·di·an·ize [índiənàɪz | -djə-, -dɪə-] vt. **1** インド化する, インド的にする. **2**〈英国人支配下の制度を〉漸次インド人の支配に任せる. **In·di·an·i·za·tion** [ìndiənɪzéɪʃən, -naɪ- | -djənaɪ-, -dɪə-, -nɪ-] n.
Índian jálap n.〘植物〙=turpeth 1 b.
Índian jújube n.〘植物〙東南アジア産のナツメの木 (*Ziziphus mauritiana*); その実.
Índian lánguages n. pl. [the ~]〘言語〙インディアン語族 (⇨ American Indian languages).
Índian lícorice n.〘植物〙トウアズキ (*Abrus precatorius*)《インド地方産マメ科の常緑つる植物; あずき大の種子は色が美しいのでビーズとして用い, 根はかんぞう (licorice) の代用になる; rosary pea, jequirity ともいう》.
Índian lílac n.〘植物〙**1** =crape myrtle. **2** =chinaberry 2.
Índian lótus n.〘植物〙ハス (*Nelumbo nucifera*)《sacred lotus ともいう》.
Índian mádder n.〘植物〙**1** インドアカネ (*Rubia cordifolia*)《根は赤色染料; ジャワでは食用; munjeet ともいう》. **2** =chay[1].
Índian mállow n.〘植物〙インド原産アオイ科イチビ属の植物 (*Abutilon theophrasti*)《葉はビロード状で黄色の花をつける背の高い一年生野生草本》.
Índian méal n.《英》ひき割りトウモロコシ (《米》corn meal).
Índian míllet n.〘植物〙**1** =durra. **2** =pearl millet.
Índian múlberry n.〘植物〙ヤエヤマアオキ, アカダマノキ (*Morinda citrifolia*)《東南アジア原産の小高木で, 花と根から赤色および黄色の染料を採る》.
Índian mústard n.〘植物〙=leaf mustard.
Índian Mútiny n. [the ~] インド暴動《インド人傭兵軍 (sepoys) の英官憲に対する反乱 (1857–59); 事変の最中に East India Company による統治は廃止され (1858), インドの大部分は Victoria 女王の支配下に移され, 1877 年 the Indian Empire となった; the Sepoy Mutiny [Rebellion] ともいう》.
Índian Nátional Cóngress n. [the ~] インド国民会議派《1885 年結成; インド人の自治権を主張し, 独立後はインド最大の政党国民会議派 (Congress Party) となった》.
Ín·di·an·ness n. **1** アメリカインディアンであること. **2** インド(文化)的特質.
Índian Ócean n. [the ~] インド洋《アフリカとオーストラリアの間にあるアジア南部の海; 北部はインドによってアラビア海と Bengal 湾に分かれる; 面積 73,600,000 km², 最深所 7,725 m》.
Índian páintbrush n.〘植物〙**1** 北米産ゴマノハグサ科カステラソウ属の植物 (*Castilleja linariaefolia*)《painted cup ともいう》. ★ 米国 Wyoming 州の州花. **2** コウリンタンポポ (⇨ orange hawkweed).
Índian phýsic n.〘植物〙**1** 北米産のバラ科ミツバシモツケソウ属 (*Gillenia*) の多年草《*G. trifoliata*, *G. stipulata* の 2 種がある》. **2** =Indian hemp 1.
Índian pípe n.〘植物〙ギンリョウソウモドキ, アキノギンリョウソウ (*Monotropa uniflora*)《北米・アジア原産; broomrape ともいう》.
Índian pítcher n.〘植物〙ムラサキヘイシソウ (*Sarracenia purpurea*)《沼地に生じる食虫植物で, 袋状になった葉の中に落ちた虫を消化する》.
Índian potáto n.〘植物〙=giant sunflower.
Índian púdding n.《米》とうもろこし粉・牛乳・糖・香辛料などで造ったプディング.
Índian réd n. **1** (ペルシア湾産)酸化鉄粘土. **2** インド赤《代赭(たいしゃ)色の顔料; もと酸化鉄粘土から製したベンガラの一種》. **3** 酸化クロム鉛系赤色顔料《Persian red ともいう》. **4** えび茶色《Spanish brown ともいう》.
Índian ríce n.〘植物〙=wild rice 1.
Índian róse n.〘園芸〙=China rose 2.
Índian rúnner n. インディアンランナー《卵をよく産むアヒルの一種》.
Índian sígn n.《米》**1** [the ~] 敵の力をなくさせる呪文[呪い]. **2** 縁起の悪いもの[人].
have [*put*] *the Indian sign on*《米口語》(1) …の力をなくさせるため呪文を唱える, 悩殺する; …に勝つ. (2) …に不運[不幸]をもたらす.
Índian Státes n. pl. [the ~] (もと)インドの藩王国《英国支配下で多少の内政権をもった地方王侯が治めた諸国; 1947 年そのほとんどはインドまたはパキスタンに併合; the Indian States and Agencies ともいう》.
Índian súmmer〘《1778》: ⇨ Indian (adj. 1)〙— n. **1** (米国北部諸州やカナダでの晩秋・初冬の)小春日和. ★ 英国では 10 月・11 月に見られる同様な日和を St. Luke's summer, St. Martin's summer という. **2** (人生の晩年に訪れる)落ち着いた楽しい一時期; 物事の終わりの幸福[平安].
Índian tápir n.〘動物〙マレーバク (*Tapirus indicus*)《タイ・マライ半島などに生息する首から尻にかけて白色のバク; cf. tapir》.
Índian Térritory n. [the ~] インディアン特別保護区《米国でインディアンを集めて保護するために特設した地区 (1834–90); 現在の Oklahoma 州東部の一地方; 面積 80,290 km²》.
Índian tobácco n.〘植物〙**1** ロベリアソウ (*Lobelia inflata*)《北米産キキョウ科の薬用植物》. **2** アサ, タイマ (hemp). **3** 北米産のキク科の植物 (*Antenaria plantaginea*).
Índian túrnip n.〘植物〙テンナンショウの類 (jack-in-the-pulpit); テンナンショウの根.
Índian Únion n. [the ~] ⇨ India.
Índian wéed n. [the ~] たばこ (tobacco).
Índian-wréstle〘《逆成》← *Indian wrestling*〙vi. 腕相撲をとる; インディアンレスリングをやる.
Índian wréstling n.〘スポーツ〙**1** 腕相撲 (arm wrestling). **2** インディアンレスリング: **a** 互いに逆向きに並んで仰向けに横になり, 左[右]の足を組み合わせその足を床につけて相手をひっくり返し俯(うつ)せにすること. **b** 互いに左[右]の手を固く握り, 左[右]の足を相手と並べて立って, 相手のバランスをくずそうとすること.
Índian yéllow n. **1** オレンジイエロー, (赤味を帯びた)明るい黄色《snowshoe ともいう》. **2 a**〘絵画〙(マンゴーの葉を食べさせた牛の尿を濃縮して作る)黄色絵の具. **b**〘化学〙=aureolin.
Índia Óffice n. [the ~] (London にあった英国政府の)インド政庁 (1858–1947).
Índia pàper〘インドから伝えられたと信じられたことから〙— n.〘製紙〙**1** インディア紙, インディアペーパー《不透明で薄くて強い印刷用紙; 辞書・聖書などに用いる; Bible paper, Oxford India paper ともいう》. **2 a** インディアペーパー《彫刻凹板・木版の'試し刷'や印刷に用いられる薄手の紙; India proof paper ともいう》. **b** 唐紙.
Índia pàper pròofs n. pl.〘印刷〙インディアペーパー(の)試(ため)し[校正]刷 (⇨ India paper 2 a).
Índia print n. インド更紗(さらさ).
Índia pròof pàper n.〘製紙〙インディアプルーフペーパー (⇨ India paper 2 a).
Índia pròofs n. pl.〘印刷〙=India paper proofs.
Índia rúbber, i- r-〘西インド諸島で発見されたことから〙n. **1** ゴム (gum elastic); 消しゴム (eraser). **2**《米古》ゴム製オーバーシューズ (rubber overshoe).
Índia-rúbber trèe [**plànt, fìg**] n.〘植物〙=rubber plant 1.
Índia sílk n. インドシルク《平織で薄く柔らかい》.
Índia whéat n.〘植物〙=Tartarian buckwheat.
In·dic [índɪk]〘⊏L *Indic-us* ⊏Gk *Indikós* Indian ← *India* 'INDIA': ⇨ -ic[1]〙— adj. インド(人)の; インド語(系統)の; インド半島の. — n.〘言語〙(印欧語族の)インド語派.
indic.《略》indicating; indicative; indicator.
in·di·can [índɪkæ̀n, -də- | -dɪ-]〘← L *indicum* 'INDIGO' + -AN[2]〙— n. **1**〘化学〙インジカン ($C_{14}H_{17}NO_6$)《キアイ (*Indigofera tinctoria*) の葉中に存在する配糖体; 藍(あい) (indigo) の母体》. **2**〘生化学〙尿インジカン, インドキシル硫酸カリウム ($C_8H_6O_4SK$)《尿の一成分》.
in·di·cant [índɪkənt, -də- | -dɪ-]〘⊏L *indicant-em* (pres.p.) ← *indicāre* (↓)〙— adj. 表示する, 指示する. — n. **1** 指示物. **2**〘医学〙(適切な診断や治療法を示す)徴候.
in·di·cate [índɪkèɪt, -də- | -dɪ-]〘《1651》← L *indicāt-us* (p.p.) ← *indicāre* to point out ← IN-[1] + *dicāre* to proclaim, dedicate: cf. index: ⇨ -ate[3]〙— vt. **1 a** 指摘する: ~ an error in the argument 議論の誤りを指摘する. **b** (指・手などで)示す, 指し示す: ~ a place on a map 地図上のある場所を指さす / ~ the door (出て行けという意味で)ドアを指さす / ~ a chair (座りなさいと)椅子を指さす. **2** [しばしば *that*-clause を伴って] 表わす, 表示する (show): ~ assent by nodding うなずいて同意を示す / The thermometer ~s temperature. 温度計は温度を示す / The signpost ~s the right way to go. 道標は正しい道を示す[教えてくれる] / Everything ~s *that* the situation is getting better. あらゆることが情勢が好転していることを示している. **3** …のしるし[きざし]である: Tears ~ grief. 涙は悲哀のしるし / Fever ~s sickness. 熱で病気であることがわかる. **4** それとなく知らせる, 暗示する (suggest); 〈…と〉簡単に述べる〈*that*〉: ~ a willingness to negotiate 交渉の意のあることをほのめかす / He ~d *that* they planned something. 彼は彼らが何か計画を立てたという意味のことを言った. **5** [通例 Passive で] **a**〘医学〙〈徴候などが〉〈ある療法〉の必要を示す, 〈療法・処置を〉必要とする (require): The symptom ~s strict dieting. その徴候に対しては厳重な食事の規定が必要だ / An operation *is* ~*d* in this case. この症例には手術が必要である. **b** 必要とする, …が望ましい: In this weather a roaring fire *is* ~*d*. こんな天気には火を盛んにたくことが必要だ.
ín·di·cat·ed áirspeed [-tɪd-, -təd- | -tɪd-, -təd-] n.〘航空〙指示対気速度 (略 IAS; cf. true airspeed).
índicated hórsepower n.〘物理〙図示(実)馬力 (略 IHP., ihp.).
in·di·ca·tion [ìndɪkéɪʃən, -də- | -dɪ-]〘《?a1425》⊏(O)F ~ ⊏L *indicātiō(n-)*: ⇨ indicate, -ation〙— n. **1 a** 指示, 指摘. **b** 表示: give clear ~ of one's intentions 思っていることをはっきりと表明する. **2** 表示するもの, しるし, きざし, 徴候 (sign): such ~s of prosperity as second cars and cottages セカンドカーや別荘のような繁栄の指標 / His manner is no ~ of his feelings. 彼の態度は彼の気持を示していない / Knees are a very good ~ of age. ひざを見れば年がよく分かる / The painting has every ~ *of being* genuine. その絵はどう見ても本物のようだ / There is not much ~ *that* prices will fall. 物価が下がりそうな徴候はあまりない. **3** 必要とされること[もの]: The immediate ~ is first-aid treatment. 直ちに必要なのは応急手当てを施すことだ. **4** (各種計器の)表示度数, 示度 (reading). **5**〘医学〙(ある処置が必要なことを示す)徴候 (symptom), 指標, 適用; 適応(症).
~·al [-ʃənḷ, -ʃnəl] adj.
in·dic·a·tive [ɪndíkətɪv, ən- | ɪndíkət-]〘《c1450》⊏(O)F *indicatif*, *-ive* ⊏LL *indicātīvus*: ⇨ indicate, -ative〙— adj. **1** [《英》ではまた índɪkèɪtɪv]〔…を〕指示する, 表示する, 示す〔*of*〕: His words seemed ~ *of* prejudice. 彼の言葉は偏見を抱いていることを示しているように思われた. **2**〘文法〙直説法の, 叙実法の (cf. subjunctive, imperative 3): the ~ mood 直説法, 叙実法. — n.〘文法〙直説法, 叙実法 (indicative mood); 直説法[叙実法]動詞. **~·ly** adv.
ín·di·cà·tor [-tə | -tə(r)]〘⊏LL *indicātor*: ⇨ indicate, -or[2]〙— n. **1** 指示[表示]する人[もの]. **2** インジケーター, 指示計器, 表示器, 指針; 圧力計 (pressure gauge); (道順などを示す)標識, 指印, 矢印; (自動車の)方向指示器. **3**〘鉄道〙インジケーター《インジケーターダイヤグラムを描く記録装置》. **4**〘化学〙(色の変化によって水素イオン濃度や化学反応の終点を示す)指示薬, 標示薬. **5**〘生態〙指標《ある地域の土地条件を主とする局部的環境条件の判定の裏付けになるような動植物》. **6**〘経済〙(経済活動ないし景気変動を示す)(統計的)指標 (cf. coincident 2, lagger 2, leader 12): a leading ~ 先行指標 / a lagging ~ 遅行指標.
índicator càrd [**diagram**] n.〘機械〙インジケーターダイヤグラム[線図]《蒸気機関・内燃機関のシリンダー内の圧力とピストン行程との関係を示す図; 機関車などの性能に関して用いる》: a steam-engine ~.
In·di·ca·tor·i·dae [ìndɪkətɔ́(ː)rədiː, -də-, -tɑ́r- | -dɪkətɔ́rɪ-]〘← NL ~ ← *Indicator* (属名: ⇨ indicator) + -IDAE〙n. pl.〘鳥類〙(キツツキ目)ミツオシエ科.
in·dic·a·to·ry [ɪndíkətɔ̀ːri, ən-, -tòːri | ɪndíkət(ə)rɪ, índɪkèɪtərɪ]〘← L *indicātus* ((p.p.) ← *indicāre* 'to INDICATE') + -ORY[1]〙— adj.〔…を〕指示[表示]する〔*of*〕.
indices n. index の複数形.
in·di·ci·a [ɪndíʃiə, ən-, -ʃə | ɪndíʃɪə, -sɪə]〘⊏L ~ (pl.) ← *indicium* sign ← *indic-*, *index*: ⇨ index〙— n. (pl. ~, ~s) [通例複数扱い] **1** しるし, 現われ, 徴候 (signs) (cf. indicium). **2**《米》(料金別納郵便物などの)証印 (cf. metered mail).
in·di·cial [ɪndíʃəl, ən- | ɪn-]〘⇨ ↑, -al[1]〙adj. **1**〔…を〕指示する, 表示する (indicative)〔*of*〕. **2** 索引の, 索引をかねた. **3** 人差し指の.
indícial equátion n.〘数学〙決定方程式《線形常微分方程式を考察する際補助として用いられる方程式》.
in·di·ci·um [ɪndíʃiəm, ən- | ɪndíʃɪəm, -sɪəm] n. (pl. **-ci·a** [-ʃiə, -ʃə | -ʃɪə, -sɪə], ~s) =indicia 1.
in·dict [ɪndáɪt, ən- | ɪn-]〘《c1303》*endite(n)* ⊏AF *endit-er* to accuse, indict = OF *enditier* 'to INDITE, declare, dictate' < VL *indictāre* ← IN-[1] + L *dictāre* 'to say often, DICTATE'〙— vt.〔…(の罪)で〕(正式に)起訴する〔*for, on*〕;〔…として〕(正式)起訴状を提出する〔*as*〕;《米》〘法律〙(公判に付するために)〈大陪審

(grand jury) が〉起訴する： ～ a person *for* [*on* (a charge of)] manslaughter 人を故殺罪で起訴する / ～ a person *as* a murderer 人を殺人者として起訴する. **～·er** [-t̬ə | -tə(r] *n.* **in·díc·tor** [-t̬ə | -tə(r] *n.*

in·dict·a·ble [ɪndáɪt̬əbl, ən- | ɪndáɪt-] *adj.* 〈人·行為が〉起訴[告発]されるべき：an ～ offense 起訴犯罪《正式起訴手続きで訴追される犯罪; cf. summary offense》/ an ～ offender 被起訴犯罪人 / an offense not ～ 非起訴犯罪, 違警罪. **in·díct·a·bly** *adv.*

in·dict·ee [ɪndàɪtíː, ən-, ―⌣― | ɪndàɪtíː, ―⌣―] *n.* 被起訴者, 刑事被告人, 被告人.

in·dic·tion [ɪndíkʃən, ən- | ɪn-] 〖《a1387》▭ L *indictiō(n-)* ← *indīcere* to proclaim ← IN-[1]+*dīcere* to show: cf. diction〗 ― *n.* **1 a** (15 年ごとに課税の目的で財産の評価をする時の)ローマ皇帝の布告[査定更正]《313 年にコンスタンティヌス帝によって始められた》; その布告による財産税. **b** 15 周年, 15 年紀 (cf. CYCLE of indiction). **2** 《古》布告, 宣言. **～·al** [-ʃənl, -ʃnəl] *adj.*

in·díct·ment [ɪndáɪtmənt, ən- | ɪn-] 〖《c1303》▭ AF *endi(c)tement* ← *enditer* 'to INDICT': ⇨ -ment〗 ― *n.* **1** (正式)起訴. **2** 〖法律〗(大陪審 (grand jury) の提案に基づく)(正式)起訴手続き, 公訴提起, 起訴状 (cf. information 6 b): a bill of ～《米》起訴状案 / hand up an ～ 起訴状を手渡す / bring in an ～ *against* a person 人を起訴する / find an ～ 〈大陪審が〉公訴提起に決する / be under ～ for ...で起訴されている.

in·die [índi | -di] 〖← IND(EPENDENT)+-IE 4〗 *n.* 《俗》(どの系統にも属さない)独立映画会社[放送局, テレビ局]. ― *adj.* 独立の：an ～ movie producer.

In·di·enne, i- [ɛ̃ː(n)dién, æ̀n- | -dɪ-; *F.* ɛ̃djɛn] 〖▭ F ～ (fem.) ← *indien* Indian〗 ― *adj.* 〈食物が〉(カレーなどを使って)インド風に調理された, インド式の. ― *n.* [i-] インド製のものをまねて模様づけした織物.

In·dies [índiz | -dɪz] 〖《1555》(pl.) ← INDY: cf. F *les Indes*〗 ― *n. pl.* [the ～] **1** [単数扱い] インド諸国《インド·インドシナ·東インド諸島およびその付近の地方の総称的旧名; ヨーロッパ人はこの地方を世界の宝庫と考え探検の目的地とした》. **2** ＝East Indies. **3** ＝West Indies 1.

in·dif·fer·ence [ɪndíf(ə)rəns, ən-, -fəns | ɪndíf(ə)rəns] 〖《c1445》: ⇨ indifferent, -ence〗 *n.* **1** 無関心, 無頓着(むとんちゃく), 冷淡 〔*to, toward*〕: ～ *to* danger 危険をものともしないこと / his ～ *to* language 彼の言葉遣いに対する無頓着さ / the ～ of the general public *toward* politics 政治に対する一般大衆の無関心 / with ～ 無頓着に, 冷淡に; いいかげんに / He shows entire ～ *to* all that concerns others. 彼は他人に関する事には一切知らん顔をする. **2** 重要でないこと: It is a matter of perfect ～ (*to* me). それは(私にとっては)全くどうでもよいことだ. **3** どっちとも決まらないこと, どっちつかず. **4** (可もなく不可もない)平凡. **5** 《古》無差別, 均等: Journeys discover to us the ～ of places. 旅をしてみればどこも似たり寄ったりであることがわかる (R. W. Emerson).

indifference cùrve *n.* 〖経済〗無差別曲線.

in·dif·fer·en·cy [-rənsi | -sɪ] 〖《1447》: ⇨ ↓, -ency〗 *n.* 《古》＝indifference.

in·dif·fer·ent [ɪndíf(ə)rənt, ən-, -fənt | ɪndíf(ə)rənt] 〖《1386》▭ (O)F *indifférent* ∥ L *indifferent-em* not differing: ⇨ in-[2], different〗 ― *adj.* **1** 無関心な, 興味を感じない; 冷淡[無情]な; 無神経[無頓着(むとんちゃく)]な, 平気な 〔*to, toward*〕: an ～ attitude / ～ *to* politics [religion] / ～ *to* the cold 寒くても平気な / ～ *to* the sufferings [feelings] of others 他人の苦しみ[感情]に無頓着な / be ～ *to* fame [money, worldly success] 名声[金銭, 世俗的成功]には無関心である / She is ～ *to* him. 彼女は彼に無関心だ (cf. 3 a) / The British are rather ～ *toward* food. 英国人は食物に対してかなり無頓着である. **2** 偏しない, 公平な, 中立の; 分け隔てのない: an ～ judge 公平な裁判官 / ～ justice えこひいきのない公正 / remain ～ in a dispute 論争でどっちにも偏しない. **3 a** 〈人·物事が〉〔...にとって〕重要でない, どうでもよい, 何でもない; 無関係な 〔*to*〕: Dangers are ～ *to us*. 危険などは眼中にない / It is ～ *to* our welfare. それは我々の幸福には何の関係もない / She is ～ *to* him. 彼にとっては彼女なんか問題でない (cf. 1). **b** 〈行事·慣習など〉行なっても行なわなくてもよい, 守っても守らなくてもよい, 強制[義務]的でない. **4 a** 良くも悪くもない, 普通の, 平凡な: an ～ golfer / ～ acting [work] 平凡な演技[仕事] / an ～ book 取り柄のない本 / meet with ～ success 大した成功もしない / There were exhibited all kinds of paintings—good, bad, and [or] ～. あらゆる種類の絵一ぴんからきりまで一が展示されていた. **b** [しばしば very [but] ～ として] かなり劣る, かなりまずい, 貧弱な: an ～ meal まずい食事 / ～ qualifications 不十分な資格 / a *very* ～ poem [actor] 実に下手くそな詩[全くの大根役者]. **5** (大きさ·量·程度など)過大でも過少でもない, 中くらいの, 普通の: an ～ fortune 世間並みの財産 / This is a hill of ～ height to climb. これは登るのに手頃な高さの山だ. **6** 《方言》病身の, 病弱な, 病気がちな. **7** 〖電気·磁気〗中性の (neutral). **8** 〖生物〗〈細胞·組織など〉分化していない (not differentiated); (特に)〈発生運命が〉未決定の. ― *n.* **1** (宗教または政治に)無関心な人. **2** (道徳に)こだわらない行為. ― *adv.* 《古》＝indifferently.

in·díf·fer·ent·ìsm [-tìzm] *n.* **1** 無頓着(むとんちゃく)[無関心]主義《一般に真偽·善悪などに無関心な態度》. **2** 〖宗教〗信仰無差別論; 宗教的無関心主義《宗教的な事柄に熱意や関心をもたないこと》. **3** 〖哲学〗(Schelling などの)同一哲学 (identity philosophy) の異名.

in·díf·fer·ent·ist [-tɪst, -t̬əst | -tɪst] *n.* 無関心主義者; 〖宗教〗信仰無差別論者; 〖哲学〗同一哲学者.

in·díf·fer·ent·ly 〖《c1380》: ⇨ -ly[1]〗 ― *adv.* **1** 無関心で, 無頓着(むとんちゃく)に, 冷淡に, 平気で: look on ～ at a match 試合を漫然と[おもしろくもなさそうに]見物する. **2** 公平に; 分け隔てなく: judge ～. **3 a** 《古》普通に, 平凡に; かなり: ～ well かなりよく[うまく]. **b** [通例 very [but] ～ として] 下手に, まずく: play *very* [*but*] ～ (競技·演技などが)下手くそである.

in·di·gen [índɪdʒən, -də-, -dʒèn | -dɪdʒɪn, -dʒèn] *n.* ＝indigene.

in·di·gence [índɪdʒəns, -də- | -dɪ-] 〖《c1385》▭ (O)F ～ ▭ L *indigentia* ← *indigentem*: ⇨ indigent, -ence〗 *n.* 貧困, 貧窮, 窮乏.

in·di·gene [índɪdʒìːn, -də- | -dɪ-] 〖▭ F *indigène* ▭ L *indigena* native, 《原義》born within (the tribe) ← *indu-* 'IN-[1]' + *gen-* ((stem) ← *gignere* to be born: cf. genus)〗 ― *n.* **1** 原住民, 土着民 (native). **2** 《古》〖生物〗(動植物の)自生種, 土着種 (autochthon) (cf. cultigen).

in·dig·e·nist [ɪndídʒənɪst, ən-, -nəst | ɪndídʒɪnɪst] *n.* (ラテンアメリカの) Indianism の主張者.

in·dig·e·nous [ɪndídʒənəs, ən- | ɪndídʒɪ-, -dʒə-] 〖《1646》← LL *indigenus* (← L *indigena* 'INDIGENE') +-OUS〗 ― *adj.* **1** 土着の, 〔...の土地に〕固有の, 国産の (↔ exotic) 〔*to*〕: the plants and animals ～ *to* Japan 日本固有の動植物. **2** 生れながらの, 生来の; 〔...に〕固有の 〔*to*〕: emotions ～ *to* the human mind 人間(の心)に固有の感情. **～·ly** *adv.* **～·ness** *n.*

in·di·gent [índɪdʒənt, -də- | -dɪ-] 〖《?a1400》▭ (O)F ～ ▭ L *indigentem* (pres.p.) ← *indigēre* to need ← *indi-* 'IN-[1]'+*egēre* to be needy: ⇨ -ent〗 ― *adj.* **1 a** 貧乏な, 困窮した, 貧窮の. **b** [the ～; 名詞的に] 貧困者層. ★ 経済問題に関する報告書などに用いられる. **2** 《古》**a** 〔...が〕欠けている 〔*of*〕: be ～ *of* care 注意が欠けている. **b** 不十分な, 欠陥のある, 不完全な. ― *n.* 貧困者, 貧乏人. **～·ly** *adv.*

in·di·gest·ed [ìndaɪdʒéstɪd, -dɪ-, -də-, -təd | -dɪ-, -daɪ-] 〖(i) ← 《廃》*indigest* (adj.) undigested, crude ▭ L *indigest-us* unarranged ← IN-[2]+*digestus* ((p.p.) ← *digerere* 'to DIGEST') ∥ (ii) ← IN-[2] + DIGEST + -ED〗 ― *adj.* 《古》 **1** 〈食物が〉消化されない, 不消化の: ～ food. **2** 〈計画など〉粗雑な, 未熟な, まとまらない, 生硬な, ぎこちない. **3** 混乱状態の, 無秩序な (chaotic).

in·di·gest·i·bil·i·ty [ìndaɪdʒèstəbíləti, -dɪ-, -də- | -dɪdʒèstəbílɪti, -daɪ-, -tɪ-, -lɪ-] *n.* 不消化, 消化不良; 理解し難いこと.

in·di·gest·i·ble [ìndaɪdʒéstəbl, -dɪ-, -də- | -dɪdʒéstə-, -daɪ-, -tɪ-] 〖《15C》▭ LL *indīgestibil-is*: ⇨ in-[2], digestible〗 ― *adj.* **1** 不消化の, 消化しにくい: an ～ substance 不消化物. **2** 生硬な, 理解し難い; 耐え難い. **3 a** 〈学説など〉知的に消化しにくい, 理解し難い. **b** 〈態度など〉我慢ならない, 鼻もちならない, 不愉快な. ― *n.* indigestible なもの. **ìn·di·gést·i·bly** *adv.*

in·di·ges·tion [ìndaɪdʒéstʃən, -dɪ-, -də-, -dʒéʃtʃən | -dɪ-, -daɪ-] 〖《1392》▭ (O)F ～ ∥ LL *indīgestiō(n-)*: ⇨ in-[2], digestion〗 ― *n.* **1** 不消化, 消化不良, 胃弱 (dyspepsia). **2** 消化不良症(からくる不快症状). **3** 知的消化不良, 理解不足.

in·di·ges·tive [ìndaɪdʒéstɪv, -dɪ-, -də- | -dɪ-, -daɪ-] *adj.* 消化不良の (dyspeptic).

in·dig·i·ta·tion [ɪndìdʒətéɪʃən, ən- | ɪndìdʒɪ-] 〖← L *indigitāt-us, indigetāt-us* invoked (p.p.) ← *indigetāre* to invoke (deity): ⇨ -ation〗 ― *n.* 〖病理〗腸重積(症) (intussusception, invagination).

in·dign [ɪndáɪn, ən- | ɪn-] 〖《c1325》▭ (O)F *indigne* ∥ L *indign-us* unworthy ← IN-[2]+*dignus* worthy, honorable〗 ― *adj.* **1** 《古》価値のない; 品格を傷つける, 恥ずべき, 不面目な. **2** 《詩》〈罰など〉不当の.

in·dig·nant [ɪndígnənt, ən- | ɪn-] 〖《1590》▭ L *indignānt-em* deeming unworthy (pres.p.) ← *indignārī* to regard as unworthy ← *indignus* (↑): ⇨ -ant〗 ― *adj.* 〔人に〕怒る 〔*with*〕; 〔悪·不正などに〕腹をたてた, 憤慨した 〔*at, about, over*〕: He is ～ *at* your dishonesty.＝He is ～ *that* you are dishonest. / He was ～ *with* you *about* your remark. 君の言ったことで彼は憤慨していた. **～·ly** *adv.*

in·dig·na·tion [ìndɪgnéɪʃən] 〖《?a1200》▭ (O)F ～ ∥ L *indignātiō(n-)* ← *indignārī* (↑): ⇨ -ation〗 ― *n.* 〔人に対する〕憤り 〔*with, at, against*〕; 〔不義·不正などに対する〕憤慨, 義憤, 公憤 〔*at, about, over, against*〕: righteous ～ 義憤 / in ～ 憤慨して / rouse a person's ～ 人を憤慨させる / His face was red with ～. 彼の顔は怒りで赤くなった.

indignátion méeting *n.* (政府の失政·国民的屈辱などに対する)抗議集会, 国民[市民]決起大会.

in·dig·ni·ty [ɪndígnəti, ən- | ɪndígnɪti, -nɪ-] 〖《1584》▭ F *indignité* ∥ L *indignitāt-em* ← *indignus* unworthy: ⇨ indign, -ity〗 ― *n.* **1** 軽蔑, 侮辱, 無礼; 侮辱的な言動[待遇], 冷遇: suffer *indignities* 侮辱を受ける / subject a person to an ～＝put an ～ *upon* a person 人に侮辱を加える. **2** 《廃》卑劣, 不面目; 恥ずべき行為; 下劣さ (unworthiness).

in·di·go [índɪgòu, -də- | -dɪgəu] 〖《1555》▭ Port. ～ ▭ L *indicum* ▭ Gk *indikón* (*phármakon*) 《原義》Indian (dye) ← *Indikós* 'INDIC'〗 ― *n.* (*pl.* **～s, ～es**) **1** 藍(あい), 洋藍 (indigo dye) 《indigo plant から採った染料で, 主要成分は indigotin》. **2** インジゴ, 藍色(あいいろ) 《Newton が命名した 7 原色の一つ; indigo blue ともいう》. **3** 〖化学〗インジゴ, 藍青(らんせい) ($C_{16}H_{10}N_2O_2$) 《天然藍の一成分; 現在は多量に合成されている; indigo blue, indigotin ともいう》. **4** 〖植物〗＝indigo plant. ― *adj.* 藍色の (indigo-blue).

índigo bird *n.* 〖鳥類〗＝indigo bunting.

índigo-blúe *adj.* インジゴの, 藍色の.

índigo blúe *n.* **1** インジゴブルー (⇨ indigo 2). **2** 〖化学〗＝indigo 3.

índigo bróom *n.* 〖植物〗北米原産の黄色い花をつけるマメ科ムラサキセンダイハギ属の草本 (*Baptisia tinctoria*) 《rattle weed ともいう》.

índigo búnting *n.* 〖鳥類〗ルリノジコ (*Passerina cyanea*) 《北米産ウソの類の鳴鳥; 雄が藍色(あいいろ); indigo bird, indigo finch ともいう》.

índigo·bùsh *n.* 〖植物〗クロバナエンジュ (⇨ false indigo 2).

índigo cármine *n.* 〖染色〗インジゴカルミン《青色酸性染料》.

índigo cópper *n.* 〖鉱物〗銅藍(どうらん), 天然硫化銅 (⇨ covellite).

índigo fínch *n.* 〖鳥類〗＝indigo bunting.

in·di·goid [índɪgɔ̀ɪd, -də- | -dɪ-] 〖← INDIGO+-OID〗 〖染色〗 *adj.* インジゴイドの, インジゴ系の. ― *n.* インジゴイド (⇨ indigoid dye).

indigoid dýe *n.* 〖染色〗インジゴイド染料《indigo と類似の化学構造をもつ染料の総称; 単に indigoid ともいう》.

índigo plànt *n.* 〖植物〗インドアイ, キアイ (*Indigofera tinctoria*) 《インド産マメ科の低木; その葉と幹から染料藍(あい)を採る》.

índigo snáke *n.* 〖動物〗インディゴヘビ (*Drymarchon corais couperi*) 《米国南部に生息する藍黒色で体長 2 m 位にまでなる大形の無毒のヘビ; gopher snake ともいう》.

in·di·go·sol [índɪgo(u)sɔ̀(ː)l, -də- | -dɪgə(u)sɔ̀l] 〖← *Indigosol* (商標名)〗 *n.* 〖染色〗インジゴゾル染料《水溶性の建染め染料》.

in·di·got·ic [ìndɪgɑ́tɪk, -də- | -dɪgɔ́t-] *adj.* 藍(あい)の, 藍に似た.

in·dig·o·tin [ɪndígət̬ɪn, ən-, -t̬n, -tn, ìndɪgóutn, -də- | ɪndígətɪn, -tən, -tn, ìndɪgə́u-] 〖← INDIGO+-*t*- (無意味の連結字)+-IN[1]〗 ― *n.* 〖化学〗インジゴチン (⇨ indigo 3).

índigo whíte *n.* [時に I- W-] 〖化学〗白藍(はくらん), インジゴホワイト ($C_{16}H_{12}N_2O_2$) 《インジゴを還元して得られる白色の結晶》.

in·di·rect [ìndərékt, -də-, -daɪ-] 〖《?a1387》▭ (O)F ～ ∥ LL *indirect-us*: ⇨ in-[2], direct〗 ― *adj.* **1** 〈道など〉まっすぐでない, 遠回りの, 回り道の: an ～ road, route, etc. **2** 〈表現·行為など〉間接の, 直接でない, 遠回しの (↔ direct): make an ～ reference to a person 人のことを遠回しに言う / an ～ answer 焦点をぼかした答え. **3** 曲がった, ずるい, 不正な: an ～ method 不正手段. **4** 間接的な; 傍系の; 二次的な (secondary): an ～ cause [result] 間接原因[結果] / ～ descent 傍系《血統》/ ～ aggression 間接侵略《対外放送戦など》. **5** 〖文法〗間接の (↔ direct): ⇨ indirect object, indirect passive, indirect speech. **～·ly** *adv.* **～·ness** *n.*

indirect cósts [chárges] *n. pl.* 〖会計〗 **1** 間接費《製品との関連でその発生が直接的に認識できない原価; 例えば製造間接費, 販売間接費, 一般間接費; cf. direct cost》. **2** 共通費 (common costs) 《部門との関連でその発生が直接的に認識できない原価; 例えば二つ以上の部門を含む建物の減価償却費》.

indirect devélopment *n.* 〖動物〗間接発生《変態を経過する発生; ↔ direct development》.

indirect díscourse *n.* 《米》〖文法〗＝indirect narration.

indirect évidence *n.* 〖法律〗間接証拠 (circumstantial evidence) (cf. hearsay evidence).

indirect fíre *n.* (見えない目標に向かって観測所を介して行なう)間接照準射撃 (↔ direct fire).

indirect inítiative *n.* 〖政治〗間接発議(権)《発議権の一種で, 国民または選挙民の請願は議会に提出されなければならない; 議会が拒否した場合は国民投票にかけられる; ↔ direct initiative》.

in·di·rec·tion [ìndərékʃən, -də-, -daɪ-] 〖《1594》← INDIRECT+-ION: DIRECT と DIRECTION の関係にならう〗 ― *n.* **1** 間接的行動[処置], 遠回りな方法: by ～ 遠回しに, 間接に (cf. Shak., *Hamlet*. 2. 1. 66). **2** 目標の欠如, 無目的. **3** 不正直(な行為), 曲がったこと, 偽り, 詐欺. **4** 遠回り.

indirect lábor *n.* 〖労働〗 **1** 間接労働《生産に直接関係しない事務·修理·維持などの間接的な労働; ↔ direct labor》. **2** 間接労働者の賃金.

indirect líghting *n.* 間接照明 (↔ direct lighting).

indiréctly-héated cáthode *n.* 〖電子工学〗(真空管の)傍熱陰極《ヒーターと電気的に絶縁された熱陰極》.

indiréct narrátion *n.* 〖文法〗間接話法《例: He said that he knew it.; ↔ direct narration》.

indiréct óbject *n.* 〖文法〗間接目的語《例えば He gave me a watch. における me; cf. direct object》.

indirect pássive *n.* 〖文法〗間接受動態《例えば I

was told it. のように間接目的語が主語となった受動構文》.

índirect prímary *n.* 《米》大統領選予備選挙, 間接予選会《大統領候補などを指名する党大会へ送る代議員の予備選挙; cf. direct primary》.

índirect próof *n.* 〘論理〙間接証明法 (reductio ad absurdum).

índirect spéech *n.* 《英》〘文法〙=indirect narration.

índirect táx *n.* 〘財政〙間接税 (↔ direct tax).

in·dis·cern·i·ble [ìndɪsə́ːnəbl̩, -də-, -zə́ːn- | -dɪsə́ːnə-, -zə́ːn-, -nɪ-] 〘(1635): ⇨ in-², discernible〙 — *adj.* 識別できない, 見分けにくい, 見えない: ~ *to* the naked eye 肉眼では識別できない. — *n.* 見分けにくい物. **~·ness** *n.* **ìn·dis·cérn·i·bly** *adv.*

in·dis·cerp·ti·ble [ìndɪsə́ːptəbl̩, -də-, -zə́ː- | -dɪsə́ːptə-, -zə́ː-, -tɪ-] *adj.* (部分に)分解できない. **ìn·dis·cèrp·ti·bíl·i·ty** [-təbíləti | -təbílɪti, -tɪ-, -lɪ-] *n.*

in·dis·ci·plin·a·ble [ìndɪsəplínəbl̩, ɪndísəplɪn-, ən-, -plən-, -plìn- | ɪndísɪplɪn-, -sə-] *adj.* 訓練できない, 御し難い.

in·dis·ci·pline [ɪndísəplɪn, ən-, -plən, -plìn | ɪndísɪplɪn, -sə-] 〘← IN-²+DISCIPLINE: cf. F *indiscipline*〙 *n.* 訓練の欠乏; 不[無]規律, 無秩序.

in·dís·ci·plined *adj.* 訓練の行き届いていない; 無規律[秩序]な.

in·dis·cov·er·a·ble [ìndɪskʌ́v(ə)rəbl̩, -dəs- | -dɪs-] *adj.* 発見することができない.

in·dis·creet [ìndɪskríːt, -dəs- | -dɪs-] 〘(*a*1425) ⊏ (O)F *indiscret, -crète* ∥ L *indiscrētus*: ⇨ in-², discreet〙 — *adj.* 思慮のない, 分別のない, 軽率な: an ~ marriage. **~·ly** *adv.* **~·ness** *n.*

in·dis·crete [ìndɪskríːt, -dəs-, ɪndískriːt, ən- | ìndɪskríːt, ─ ⌐ ─] 〘⊏ L *indiscrētus* not separated: ⇨ in-², discrete: cf. discreet〙 — *adj.* (個々に)別れていない, 連続した, 個別的でない, 同質的な; 密着した (compact). **~·ly** *adv.* **~·ness** *n.*

in·dis·cre·tion [ìndɪskréʃən, -dəs-|-dɪs-] 〘(?*a*1396) ⊏ (O)F *indiscrétion* ∥ LL *indiscrētiō(n-)*: ⇨ in-², discretion〙 — *n.* **1** 不謹慎, 無分別, 無思慮, 軽率: without ~ / have the ~ to do... 無分別[不謹慎]にも…する. **2 a** 不謹慎[無分別, 軽率]な行為[言葉], 失態: commit a grave ~ 重大な失策をする. **b** 《古》社会の道徳律を破る行為. **3** 公の秘密をうっかりと洩らすこと, 機密漏洩(ろうえい).

in·dis·crim·i·nate [ìndɪskrím(ə)nət, -dəs-, -nɪt | -dɪskrímɪ-, -mə-] 〘⇨ in-², discriminate〙 — *adj.* 無差別の, 見境ない, 乱雑な, ごちゃごちゃの, めちゃくちゃの: ~ abuse [praise, charity] 誰彼の差別なしの非難[賞賛, 慈善] / ~ bombing 無差別爆撃, 盲爆 / an ~ reader 乱読家 / be ~ *in* one's friendships [*in* making friends] 誰彼の差別なく人とつき合う. **~·ness** *n.*

ìn·dis·crím·i·nate·ly *adv.* 無差別に, 見境なく, やたらに.

ìn·dis·crím·i·nàt·ing [-tɪŋ | -tɪŋ] *adj.* 無差別の, 差別立てをしない; 無分別の. **~·ly** *adv.*

in·dis·crim·i·na·tion [ìndɪskrìmənéɪʃən, -dəs- | -dɪskrìmɪ-] *n.* 無差別, でたらめ; 無分別.

in·dis·crim·i·na·tive [ìndɪskrímənèɪtɪv, -dəs-, -m(ə)nət- | -dɪskrímɪnət-, -nèɪt-] *adj.* 無差別の. **~·ly** *adv.*

in·dis·cuss·i·ble [ìndɪskʌ́səbl̩, -dəs-|-dɪskʌ́sə-, -sɪ-] *adj.* 討論のできない, 論議の対象とならない.

in·dis·pens·a·bil·i·ty [ìndɪspènsəbíləti, -dəs-|-dɪspènsəbílɪti, -lɪ-] *n.* 欠くことのできないこと, 不可欠なこと, 絶対必要なこと.

in·dis·pens·a·ble [ìndɪspénsəbl̩, -dəs- | -dɪs-] 〘(1533) ⊏ ML *indispensābilis*: ⇨ in-², dispensable〙 — *adj.* **1** 〔…に〕なくてはならない, 欠くことのできない, 不可欠の, 絶対必要な〔*to, for*〕(↔ dispensable): an ~ book / things ~ *to* [*for*] life 生命[生活]に欠くべからざるもの / His assistance is ~ *for* us. 彼の援助は欠くことができない[絶対必要だ]. **2** 〈義務など〉避けられない, 余儀ない: an ~ obligation, duty, etc. — *n.* **1** 必要欠くべからざるもの[人]. **2** [*pl.*]《古・戯言》ズボン (trousers) (cf. indescribable 2). **~·ness** *n.*

ìn·dis·péns·a·bly [-bli | -blɪ] *adv.* ぜひとも, 必ず.

in·dis·pose [ìndɪspóuz, -dəs-|-dɪspə́uz] 〘(1657)《逆成》← INDISPOSED〙 — *vt.* **1** …に〈…する〉気をなくさせる, 〈…したく〉ない気を起こさせる〈*to* do〉; …に〔…を〕思いとどまらせる〔*from*〕: Such hot weather ~*s* anyone *to* work [*from* working]. こんなに暑くてはだれも仕事なんかする気になれない. **2** 不適当にする, 不向きにする, 不能にする〔*for*〕: Illness ~*d* me *for* work. 病気で私は働けなくなった. **3** 《古》(軽い)病気にかからせる, …の調子を狂わせる (cf. indisposed 1).

ìn·dis·pósed 〘(*a*1400): ⇨ in-², disposed〙 — *adj.* [Predicative に用いて] **1** 気分が悪い, 不快な, (軽い)病気の: become ~ 気分が悪くなる / I am [feel] ~ *with* a cold. 風邪で加減がわるい. **2** 〈…する〉気がない〈*to* do〉; 〔物事に〕気が向かない, 気乗りがしない〔*for*〕: feel ~ *for* work 仕事に気が進まない / He seems ~ *to* come with us. 一緒に行きたくはないようだ. **ìn·dis·pós·ed·ness** [-zɪdnɪs, -zəd-, -zd-, -nəs] *n.*

in·dis·po·si·tion [ìndɪspəzíʃən, ɪndìs-, ən- | ìndɪs-] 〘(?*c*1421): ⇨ in-², disposition〙 — *n.* **1** 気分のすぐれないこと, 不快, (軽い)病気. **2** 〈…するのに〉気が向かない[進まない]こと〈*to* do〉; 〔…に対する〕いや気〔*to, toward*〕: an ~ *to* (do) the work.

in·dis·put·a·bil·i·ty [ìndɪspjùːṭəbíləṭi, -dəs-, ɪndìspjuṭ-, ən-, -pjuːṭ- | ìndɪspjùːtəbílətɪ, ɪndìspjʊt-, -pjuːt-, -lɪ-] *n.* 議論の余地のないこと, 明白[確実]さ.

in·dis·put·a·ble [ìndɪspjúːṭəbl̩, -dəs-, ɪndíspjuṭ-, ən-, -pjuːṭ- | ìndɪspjúːt-, ɪndíspjʊt-, -pjuːt-] 〘(1551) ⊏ LL *indisputābilis*: ⇨ in-², disputable〙 — *adj.* 議論の余地のない, 論をまたない, 争うべからざる; 明白な, 確実な (certain) (↔ disputable). **~·ness** *n.*

in·dis·put·a·bly [ìndɪspjúːṭəbli, -dəs-, ɪndíspjuṭ-, ən-, -pjuːṭ- | ìndɪspjúːtəblɪ, ɪndíspjʊt-, -pjuːt-] *adv.* 争う余地のないほど, 明らかに.

in·dis·so·cia·ble [ìndɪsóuʃəbl̩, -də-, -ʃiə-, -siə- | -dɪsə́uʃɪə-] *adj.* 分離できない, 分かつことができない (inseparable). **ìn·dis·só·cia·bly** *adv.*

in·dis·sol·u·bil·i·ty [ìndɪsɑ̀ljubíləti, -də- | -dɪsɔ̀ljubílɪti, -lɪ-] *n.* 不分解[溶解, 分離]性, 永久性, 不変性.

in·dis·sol·u·ble [ìndɪsɑ́ljubl̩, -də- | ìndɪsɔ́lju-, ɪndísəl-] 〘⊏ L *indissolūbilis*: ⇨ in-², dissoluble〙 — *adj.* **1** 〈物質が〉分解[溶解, 分離]することのできない. **2** 確固とした, しっかりした; 永久的な, 不変の, 切っても切れない: an ~ friendship 決して破れない友情 / the ~ link between man and wife 夫婦の永久に変わらない絆(きずな). **~·ness** *n.* **ìn·dis·sól·u·bly** *adv.*

in·dis·tinct [ìndɪstíŋ(k)t, -dəs- | -dɪs-] 〘(15C) ⊏ L *indistinctus*: ⇨ in-², distinct〙 — *adj.* 〈形・音・記憶など〉明瞭でない, はっきりしない, はっきり見分けがつかない, ぼんやりした, おぼろげな (↔ clear): an ~ murmur of voices なにやらざわめく人声 / ~ memories かすかな記憶 / ~ speech 不明瞭な言葉. **~·ly** *adv.* **~·ness** *n.*

in·dis·tinc·tive [ìndɪstíŋ(k)tɪv, -dəs- | -dɪs-] *adj.* 目立たない, 特色のない; 差別を示さない. **~·ly** *adv.*

in·dis·tin·guish·a·ble [ìndɪstíŋgwɪʃəbl̩, -dəs- | -dɪs-] *adj.* 区別[差別]のできない, 見分けのつかない: ~ murmurs / be ~ *from* each other どれがどれだか見分けがつかない. **ìn·dis·tìn·guish·a·bíl·i·ty** [-ʃəbíləti | -lətɪ, -lɪ-] *n.* **~·ness** *n.* **ìn·dis·tín·guish·a·bly** *adv.*

in·dis·trib·ut·a·ble [ìndɪstríbjuṭəbl̩, -dəs-|-dɪstríbjʊt-] *adj.* 分配できない.

in·dite [ɪndáɪt, ən- | ɪn-] 〘(*c*1303) *endite(n)* ⊏ OF *endit-(i)er* to dictate, write < VL **indictāre* ← IN-¹ +L *dictāre* 'to pronounce, DICTATE': cf. indict〙 — *vt.* **1** 〈詩文・演説などを〉作る, 書きつづる (compose); 《戯言》〈手紙などを〉書く. **2** 《古》文学作品で扱う. **3** 《廃》口授する, 書き取らせる; 命令する, 規定する (prescribe). **~·ment** *n.*

in·dít·er [-ṭə | -tə(r)] *n.* 書く人, 著作者.

in·di·um [índiəm | -dɪəm, -djəm] 〘← INDO-+-IUM〙 *n.* 〘化学〙インジウム《金属元素の一つ; 記号 In, 原子番号 49, 原子量 114.82》.

indiv. 《略》individual.

in·di·vert·i·ble [ìndɪvə́ːṭəbl̩, -də-, -daɪ- | -daɪvə́ːtə-, -dɪ-, -tɪ-] *adj.* わきへそらせない, 転じさせられない. **ìn·di·vért·i·bly** *adv.*

in·di·vid·u·al [ìndəvídʒuəl, -dʒʊl | -dɪvídjuəl, -djʊl, -dʒuəl, -dʒʊl] 〘(*c*1425) ⊏ ML *individuālis* ← L *individuus* undivided ← IN-²+*dīviduus* 'DIVISIBLE': ⇨ -al¹〙 — *adj.* **1** 単一の, 一個の, 個々の, 各個の: each ~ person 各個人 / ~ states 個々の国家. **2** 独自の, 独特の, 個性を発揮した (↔ general, universal): in one's ~ way 独自の方法で / a highly ~ style of speaking きわめて個性的な話し方. **3** 個人の, 個人的な; 個人用の: an ~ room 各自の部屋, 個室 / give [receive] ~ attention (ひとりひとり)個人的に世話をする[してもらう] / ~ instruction 個人教授 / ~ variation 個人差; 個体変異 / an ~ locker 個人用ロッカー. **4** 〘論理・哲学〙個体の, 個物の: ~ variable 個体変数[項]. **5** ひとり用の, 一人前の: an ~ portion of ice cream. **6** (模様などが)それぞれが異なっている: a set of ~ teacups (色・模様など)それぞれ違うひとそろいの紅茶茶碗.

— *n.* **1** (社会・家族などに対して)個人 (cf. society 1, family 1 a): a private ~ 一私人 / the rights of the ~ 個人の権利. **2** [修飾語を伴って]《口語》人, 人間: an agreeable ~ 気持のよい人 / a disagreeable ~ いやな人物. **3 a** 〘論理・哲学〙個体, 単一体, 個物. **b** 一群, (物の)一単位 (unit), (一個の)場合, 事実 (instance). **4** 〘生態〙(有機的に独立した)個体 (cf. colony 6). **5** 〘トランプ〙(duplicate bridge で) 個人戦《一回ごとにパートナーを変え, ペアでなく個人ごとの成績が出る方式のトーナメント》.

ìn·di·víd·u·al·ism [-lìzm] 〘(1835) ⊏ F *individualisme*: ⇨ ↑, -ism〙 — *n.* **1 a** 個人主義《全体主義などに対して, 個人は国家のために存在するのではなく, 国家が個人のために存在するという主義》. **b** 無干渉[自由放任]主義 (laissez-faire)《経済活動などにおいて政府が干渉しない主義》. **2** 〘哲学〙個体[個別, 個物]主義《全体や普遍でなく個体[個別, 個物]が真の実体であるとする説》; 個人主義. **3** 利己主義 (egoism). **4** 個性 (individuality). **5** (思想や行動の)主体性. **6** 個人[利己]主義に基づいた行動.

ìn·di·víd·u·al·ist [-lɪst, -ləst | -lɪst] 〘(1840): cf. F *individualiste*〙 — *n.* **1** 個人[利己]主義者. **2** (思想や行動において)独自の立場をとる人, 個性の強い人, 一匹狼. — *adj.* 個人[利己]主義(者)の.

in·di·vid·u·al·is·tic [ìndəvìdʒuəlístɪk, -dʒʊl- | -dɪvìdjuəl-, -djʊl-, -dʒuəl-, -dʒʊl-] *adj.* 個人主義的な; 利己主義的な; 個性の強い, 一匹狼的な. **ìn·di·vìd·u·al·ís·ti·cal·ly** *adv.*

in·di·vid·u·al·i·ty [ìndəvìdʒuǽləṭi | -dɪvìdjuǽlətɪ, -vìdʒʊ-, -lɪ-] 〘(1614): ⇨ individual, -ity〙 — *n.* **1** 個性, 個人的人格: a man of marked ~ 特異な個性をもつ人 / cultivate one's ~ 個性を養う. **2** [通例 *pl.*] 個人的特徴, 特質, 特性. **3** (共同の利益に対して)個人の利益. **4** 個人的存在, 個体, 単一体, 個物, 個人 (individual). **5** 特徴のある人[物], 特色ある存在. **6** 《古》分割できないこと.

in·di·vid·u·al·i·za·tion [ìndəvìdʒuəlɪzéɪʃən, -dʒʊl-, -lə- | -dɪvìdjuəlaɪ-, -djʊl-, -dʒuəl-, -dʒʊl-, -lɪ-] *n.* 個別化, 個性化; 差別, 区別; 特記.

in·di·vid·u·al·ize [ìndəvídʒuəlàɪz, -dʒʊl-|-dɪvídjuəl-, -djʊl-, -dʒuəl-, -dʒʊl-] 〘(1637): ⇨ individual, -ize〙 — *vt.* **1** 他と著しく違ったものに見せる, …に個性を発揮させる[与える], 個性化する: His peculiar style strongly ~*s* his works. 彼の特異な文体は彼の作品を著しく個性的なものにしている / A careful observation ~*s* the features of a landscape. 注意深く観察すると風景の部分部分にはっきりした特徴が認められる. **2** 個々に(詳細に)取り扱う, (個別に)特記する. **3** 個人の(好み・要求などの)特殊事情に合わせる. — *vi.* **1** 個別的になる, 特殊化する. **2** 詳細に述べる, 特記する. **ìn·di·víd·u·al·iz·er** *n.*

indivídual líberty *n.* (政府の統制外にあるとされる権利を行使する)個人の自由 (cf. civil liberty, political liberty).

ìn·di·víd·u·al·ly [-li | -lɪ] 〘(1597)〙 — *adv.* **1** 個別々に, 各自に, 各個に, 個別的に, それぞれ (↔ collectively): traits ~ different 個々に異なる特性. **2** 個人として, 個人的に. **3** 個性的に, 個人の特徴を表わして; はっきり, 明確に.

indivídual médley *n.* 〘水泳〙個人メドレー《全距離を 4 等分し, バタフライ, 背泳, 平泳ぎ, 自由型の順に個人が泳ぐ種目; cf. medley relay 2》.

indivídual psychólogy 〘《なぞり》← G *Individualpsychologie*〙 *n.* 個人心理学《A. Adler の学説》.

indivídual seléction *n.* 〘保険〙個別選択 (↔ group selection).

in·di·vid·u·ate [ìndəvídʒuèɪt | -dɪvídju-, -dʒu-] 〘← ML *individuātus* (p.p.) ← *individuāre* to individualize ← L *individuus*: ⇨ individual, -ate³〙 — *vt.* **1** 個体化する, 個々別々にする. **2** 個性化する, …に個性を与える, 区別して特徴づける (individualize).

in·di·vid·u·a·tion [ìndəvìdʒuéɪʃən|-dɪvìdju-, -dʒu-] 〘⊏ ML *individuātiō(n-)*: ⇨ ↑, -ation〙 — *n.* **1** 個体化. **2** 個性化. **3** 個性, 独自の存在 (individuality). **4** 〘生物〙個性形成, 場形成 (field formation). **5** 〘哲学〙個体化《個体を個体として同一指定し他から区別すること; 同じ普遍的本質を共有する個体を個別化すること》.

in·di·vis·i·bil·i·ty [ìndɪvìzəbíləṭi, -də-|-dɪvìzɪbílətɪ, -zə-, -lɪ-] *n.* **1** 分割できないこと, 不可分性. **2** 〘数学〙割り切れないこと.

in·di·vis·i·ble [ìndɪvízəbl̩, -də- | -dɪvízə-, -zɪ-] 〘(*a*1425) ⊏ LL *indīvīsibilis*: ⇨ in-², divisible〙 — *adj.* **1** 分割できない, 不可分の: an ~ atom / an ~ entity 不可分的実在物. **2** 〘数学〙割り切れない, 整除できない. — *n.* 分割できないもの; 極微分子, 極少量. **~·ness** *n.* **ìn·di·vís·i·bly** *adv.*

indn. 《略》indication.

in·do- [índoʊ | -də(ʊ)] 〘⇨ indigo〙「indigo の; (色など)indigo に似た」の意の連結形. ★ 時に indi-, また母音の前では通例 ind- になる.

In·do- [índoʊ | -də(ʊ)] 〘← L *Indus* ⊏ Gk *Indós* 'INDUS': ⇨ India〙「インド(人)の (Indian)」の意の連結形. ★ 母音の前では通例 Ind- になる.

Índo-Àryan *adj.* インドアーリア人[語]の. — *n.* インドアーリア人; インドアーリア語.

Índo-Brítish *adj.* 〈起源・関係など〉インドと英国の (cf. Anglo-Indian): ~ relations.

Índo·chína *n.* **1** インドシナ(半島)《Bengal 湾と南シナ海の間にあるアジア南東部の半島; 旧フランス領インドシナ (French Indochina)・タイ・マライ半島・ビルマを含む; Farther India ともいう》. **2** =French Indochina.

Índo-Chinése *adj.* **1** インドシナの. **2** インドシナ人の. **3** =Sino-Tibetan. — *n.* (*pl.* ~) **1** インドシナ人. **2** =Sino-Tibetan.

in·doc·ile [ɪndɑ́səl, ən-, -saɪl | ɪndə́usaɪl, -dɔ́s-] 〘⊏ F ~ ∥ L *indocilis*: ⇨ in-², docile〙 *adj.* 教えにくい, 扱いにくい, 言うことをきかない, 不従順の.

in·do·cil·i·ty [ìndɑsíləṭi, -do(ʊ)-, -də- | -də(ʊ)sílətɪ, -lɪ-] *n.* 教えにく[扱いにく]い性質, 不従順.

in·doc·tri·nate [ɪndɑ́ktrɪnèɪt, ən-, -trə- | ɪndɔ́ktrɪ-] 〘← IN-¹+L *doctrīna* 'teaching, DOCTRINE'+-ATE³〙 — *vt.* **1** …に〔教義などを〕教え込む, 吹き込む〔*with, in*〕: ~ a person *with* an idea [*in* a principle] 人に思想を吹き込む[原理を教え込む]. **2** 教える, 教授する. **in·dóc·tri·nà·tor** [-ṭə | -tə(r)] *n.*

in·doc·tri·na·tion [ɪndɑ̀ktrɪnéɪʃən, ən-, -trə- | ɪndɔ̀ktrɪ-] *n.* (教義や思想を)教え込む[吹き込む]こと, 鼓吹; 教化, 注入.

in·doc·tri·nize [ɪndɑ́ktrɪnàɪz, ən-, -trə- | ɪndɔ́ktrɪ-] *vt.* =indoctrinate.

indo·cýanine gréen 〘⇨ indo-, cyanine〙 *n.* 〘化

学》インドシアニングリーン ($C_{43}H_{47}N_2NaO_6S_2$)《主として肝機能検査用の注射剤として用いる色素》.
Índo-Européan 〘《1814》〙 — *adj.* **1** 印欧[インドヨーロッパ]語族の: an ～ language. **2** インドヨーロッパ人の. — *n.* **1** **a** 印欧[インドヨーロッパ]語族. **b** 印欧[インドヨーロッパ]語族の祖[基]語; 原始印欧語 (略 IE, I.E.). **2** **a** 印欧祖語の使用者. **b** インドヨーロッパ人《印欧語を用いる人》. **3** ヨーロッパ人を祖先にもつ東南アジアの住民.
Índo-Européanist *n.* 印欧[インドヨーロッパ]語学者, 印欧[インドヨーロッパ]比較言語学者.
Índo-Européan lánguages *n. pl.* [the ～] 印欧語(族), インドヨーロッパ語(族)《ヨーロッパ・西部アジア・インド・ペルシャなどで話される言語を含む大語族》.
Índo-Germánic 〘⊏G *Indo-Germanisch*〙 *adj.* インドゲルマン語族の (Indo-European). — *n.* インドゲルマン語族 (Indo-European) (略 Idg., IG, I.G.).
Índo-Híttite *n.* **1** インドヒッタイト語族《ヒッタイト語は他の印欧語の祖[基]語に匹敵するほど古いという仮定に基いて想定された語族; 現在では認められない》. **2** インドヒッタイト語族の祖[基]語. — *adj.* インドヒッタイト語族の.
Índo-Iránian *adj.* インドイラン語の. — *n.* **1** インドイラン語派《印欧語族中ペルシャ語とインドの諸言語を含む語派》; インドイラン語派の推定基語. **2** インドイラン人《インドイラン語を用いる人》.
in·dole [índoul | -dəul] 〘← INDO- + -OLE[1]〙 *n.* 〘化学〙 インドール (C_8H_7N)《蛋白質分解の際に生じる悪臭のある物質; 香料・試薬などに用いる》.
índole·acétic ácid 〘⇨↑, acetic〙 *n.* 〘生化学〙 インドール酢酸 (⇨ heteroauxin).
índole·butýric ácid 〘⇨ indole, butyric〙 *n.* 〘生化学〙 インドール酪酸 ($C_{12}H_{13}NO_2$)《白色[黄色]を帯びた可溶性結晶粉末で, 植物の生長を促すホルモン》.
in·do·lence [índələns] 〘《1603》⊏F ～ // L *indolentia*: ⇨↓, -ence〙 *n.* **1** 怠惰, なまけ, 不精. **2** 〘病理〙 無痛; (病気の)進行[直り]が遅いこと.
in·do·lent [índələnt] 〘《1663》⊏LL *indolēnt-em* free from pain ← IN-[2] + *dolēntem* ((pres.p.) ← *dolēre* to feel pain, grieve)〙 — *adj.* **1** **a** (生れつき)怠惰な, なまける, 無精な; 無活動の. **b** 〈暑さなど〉(人を)無活動にさせる, やる気をそぐ. **2** 〘病理〙 **a** 無痛性の: an ～ abscess, tumor, etc. **b** 〈病気など〉徐々に進行する; 直りが遅い. **～·ly** *adv.*
in·do·log·e·nous [ìndəládʒənəs, -dḷ- | -dəlɔ́dʒɪ-] 〘← INDOLE + -O- + -GENOUS〙 *adj.* 〘生化学〙 インドール (indole) を作る.
in·dól·o·gist, I- [-dʒɪst, -dʒəst | -dʒɪst] *n.* インド学者.
In·dol·o·gy [ɪndálədʒi, ən- | ɪndɔ́lədʒi] 〘← INDO- + -LOGY〙 *n.* インド学.
Índo-Maláyan *adj.* **1** インドとマラヤの. **2** = Malayan. — *n.* インドとマラヤの人[民族].
in·do·meth·a·cin [ìndo(ʊ)méθəsɪn, -sən | -də(ʊ)-méθəsɪn] 〘← INDO(LE) + METH(YL) + AC(ETIC) + -IN[1]〙 — *n.* 〘薬学〙 インドメタシン ($C_{19}H_{16}ClNO_4$)《関節炎などの治療に用いられる鎮痛薬》.
in·dom·i·ta·bil·i·ty [ɪndàmətəbíləṭi, ən- | ɪndɔ̀mɪtə-bílətɪ, -lɪ-] *n.* 不屈さ, 負けじ魂.
in·dom·i·ta·ble [ɪndáməṭəbḷ, ən- | ɪndɔ́mɪtə-] 〘《1634》⊏LL *indomitābil-is* ← IN-[2] + L *domitāre* to tame ((freq.) ← *domāre*): ⇨ -able: cf. daunt〙 — *adj.* 屈服しない, 負けじ魂の, 不屈の: an ～ spirit / ～ courage [will] 不屈の勇気[意志]. **～·ness** *n.* **in·dóm·i·ta·bly** *adv.*
Indon. 《略》 Indonesia; Indonesian.
In·do·ne·sia [ìndəní:ʒə, -ʃə, -ziə | -də(ʊ)ní:zjə, -zɪə, -ʒə, -sjə, -sɪə, -ʃə] 〘← INDO- + Gk *nēsos* island + -ia[1]〙 — *n.* **1** インドネシア《アジア南東部の共和国; もとオランダ領東インド諸島 (Netherlands East Indies) といったが, 1949 年独立; 人口 143,280,000, 面積 1,904,345 km², 首都 Djakarta; 公式名 the Republic of Indonesia インドネシア共和国》. **2** 東インド諸国 (East Indies). **3** マライ諸島 (Malay Archipelago).
In·do·ne·sian [ìndəní:ʒən, -ʃən, -ziən | -də(ʊ)ní:zjən, -zɪən, -ʒən, -ʃɪən, -sɪən, -ʃən] 〘⇨↑, -ian〙 — *adj.* **1** インドネシア人[語, 共和国]の. **2** マライ諸島 (Malay Archipelago) の. — *n.* **1** **a** インドネシア人《インドネシア共和国の人》. **b** マライ人; マライ諸島人 (Malaysian). **2** インドネシア語派《インドネシア語・マライ語・ジャワ語・タガログ語を含むフィリピン諸語・マダガスカル語・台湾語などを含み, オーストロネシア語族 (Austronesian) に属する》. **3** インドネシア語《主にマライ語に基礎を置くインドネシア共和国の公用語》.
Indonésian Tímor *n.* インドネシア領チモール (⇨ Timor).
in·door [ˊ-ˋ-, ˊ-ˊ-] 〘《1711》← IN + DOOR ∞ *within door*〙 — *attrib. adj.* (↔ outdoor) **1** **a** 屋内の, 室内の: an ～ game [amusement] 室内遊戯[娯楽] / an ～ (swimming) pool 室内[屋内]プール / an ～ set 〘映画〙 室内装置. **b** 室内[屋内]用の: ～ wear 室内着. **2** 《英》(もと救貧院の)院内の: ～ paupers 院内貧民 / ～ relief 院内救助.
índoor báseball *n.* インドアベースボール《普通のものよりも大きく柔らかく重いボールを用いる; ソフトボール (softball) の前身; 屋内で行なう》.
in·doors [ɪndɔ́əz, ən-, -dóəz | ɪndɔ́:z] 〘《1799》← IN-DOOR + -S[2] 1 // ← *(with)in doors*〙 — *adv.* 家の中で, 屋内[室内]で; 家の中へ, 屋内へ (↔ outdoors): stay [keep, remain] ～ 家の中に閉じこもる / live ～ 家にばかりいる / go ～ 家に入る / ～ and out 家の中でも外でも.
Índo-Pacífic *n.* [the ～] インド太平洋海域《熱帯アジアと西部太平洋を含む地域》. — *adj.* インド太平洋(海域)の.
ìndo·phénol 〘← INDO- + PHENOL〙 — *n.* 〘化学〙 インドフェノール ($HOC_6H_4N{=}C_6H_4{=}O$)《藍色(ᵃⁱ)のコールタール染料またはそれに類似の染料; 堅牢(ᵏᵉⁿ)度がきわめて低いため, 現在では用いない; 硫化染料製造用の中間体の一つ》.
In·dore [ɪndɔ́ə, ən-, -dóə | ɪndɔ́:(r)] *n.* インドール: **1** インド中部にあった旧国; 現在は Madhya Pradesh 州の一部. **2** Indaur の旧名.
in·dors·a·ble [ɪndɔ́əsəbḷ, ən- | ɪndɔ́:s-] *adj.* = endorsable.
in·dor·sa·tion [ìndɔəséɪʃən | -dɔ:-] *n.* = endorsement.
in·dorse [ɪndɔ́əs, ən- | ɪndɔ́:s] 〘《変形》: cf. ML *indorsāre* to put on the back〙 *vt.* = endorse. **～·ment** *n.* **in·dórs·er, in·dór·sor** *n.*
in·dor·see [ɪndɔ̀əsí:, ən-, ìndɔə- | ìndɔ:-] *n.* = endorsee.
in·dox·yl [ɪndáksɪl, ən-, índɑk-, -səl | ɪndɔ́ksɪl] 〘← INDO- + OXY-[1] + -YL〙 — *n.* 〘化学〙 インドキシル (C_8H_7NO)《合成 indigo の中間体として多量に合成されるが, 普通単離せず酸化してインジゴとなる》.
In·dra [índrə] 〘⊏Skt *Indra* ← ?〙 *n.* **1** 男性名. **2** 〘ヒンズー教〙 インドラ(因陀羅)《Veda 神話の主神で雷や雨を司り, また戦の神; 後世その信仰は衰えた》.
ín·dràft, 《英》 **ín·dràught** 〘← IN (adv.) + DRAFT, DRAUGHT〙 — *n.* **1** 引き入れること, 吸入; 吸入物. **2** 流入: an ～ of air [water] 空気[水]の流入. **3** 《古》 引きつける力, 魅力.
ín·dràwn 〘← IN (adv.) + DRAWN〙 *adj.* **1** 〈息など〉引き入れられた, 吸い込まれた. **2** 内省的な; 引っ込み思案の.
In·dre [ɛ̃́:(n)dr(ə), ǽn-; *F.* ɛ̃:dr] *n.* アンドル(県)《フランス中部の県; 人口 243,000, 面積 6,906 km², 首都 Châteauroux [ʃɑtoru]》.
Indre-et-Loire [ɛ̃́:(n)dreɪlwɑ́ə, ǽŋ- | -lwɑ́:(r; *F.* ɛ̃drelwa:r] *n.* アンドルエロワール(県)《フランス中西部の県; 人口 466,000, 面積 6,158 km², 首都 Tours》.
in·dri [índri | -drɪ] 〘《1839》⊏Malagasy *indry!* behold!: フランスの博物学者 P. Sonnerat (1748 (または 49) –1814) が誤ってつけた〙 — *n.* 〘動物〙 インドリ (*Indri indri*)《Madagascar 島産インドリ属の尾の短いキツネザルの一種》.
in·drid [índrɪd, -drəd | -drɪd] 〘← NL *Indrid-ae* (↓)〙 〘動物〙 *adj.* インドリ科の. — *n.* = indri.
In·dri·dae [índrədì: | -drɪ-] 〘← NL ～ ← *Indri* (属名: ⇨ indri) + -IDAE〙 *n. pl.* 〘動物〙 (霊長目)インドリ科.
in·du·bi·ta·bil·i·ty [ɪnd(j)ù:bəṭəbíləṭi, ən- | ɪndjù:-bɪtəbílətɪ, -lɪ-] *n.* 疑う余地のないこと, 確実性.
in·du·bi·ta·ble [ɪnd(j)ú:bəṭəbḷ, ən- | ɪndjú:bɪt-] 〘《1625》⊏F ～ // L *indubitābil-is*: ⇨ in-[2], dubitable〙 — *adj.* 〈事実・証拠など〉疑いの余地のない, 確かな, 明白な (↔ dubitable). **～·ness** *n.* **in·dú·bi·ta·bly** *adv.*
induc. 《略》 induction.
in·duce [ɪnd(j)ú:s, ən- | ɪndjú:s] 〘《c1385》 *enduce(n)* ⊏L *indūc-ere* to lead or bring in, persuade ← IN-[1] + *dūcere* to lead (cf. duke)〙 — *vt.* **1** 説いて[勧めて]...させる, 〈...するよう〉説き勧める, 勧誘する 〈*to* do〉: ～ a person *to* give up smoking 人に説いてたばこをやめさせる / ～ drivers *to* obey the traffic laws 運転者に交通法規を守るようによく言って聞かせる / Nothing will ～ me *to* go. どんな事があっても私は行かない. **2** 生じる, 引き起こす, 誘発する: indigestion ～*d* by overeating 食べ過ぎのために起こった消化不良 / ～ nostalgia *in* a person 人の心に郷愁を誘う / Marihuana ～*s* euphoria. マリファナは陶酔感を誘う. **3** **a** 〘電気・磁気〙〈電気・磁気などを〉誘導する: ～ magnetism *in* an iron bar 鉄棒に磁気を起こす. **b** 〘動物〙〈ある物質が〉〈ある構造を〉(動物体内に)誘導する. **c** 〘産科〙〈陣痛・分娩を〉人工的に起こす: ～ labor [childbirth]. **4** 〘論理〙 帰納する, 帰納的に推論する (↔ deduce).
indúced cúrrent *n.* 〘電気〙 誘導電流《電磁誘導や静電誘導により導電的なつながりなしに流れる電流》.
indúced dráft *n.* 〘機械〙 吸出し通風, 誘引通風.
indúced drág *n.* 〘航空〙 誘導抗力[抵抗]《揚力の発生に伴う抗力》.
indúced invéstment *n.* 〘経済〙 誘発投資.
indúced radioactívity *n.* 〘物理〙 誘導[誘発]放射能 (⇨ artificial radioactivity).
indúced reáction *n.* 〘物理化学〙 誘導[誘発]反応.
indúced vóltage *n.* 〘電気〙 誘導電圧《誘導により導電的なつながりなしに発生する電圧》.
in·dúce·ment 〘《1594》: ⇨ induce, -ment〙 — *n.* **1** 誘引[誘導, 勧誘]すること: on any ～ どんなに誘われても. **2** 〔...に対する〕誘因, 刺激, (人を誘う)力〔*to*〕; 〈...する〉動機 〈*to* do〉: an ～ *to* an action ある行動をさせる動機となるもの, 行動の原因《義理・利益・名誉・腹いせなど》/ Reward is an ～ *to* toil. 報酬は労働の誘因である / They don't have much ～ [many ～*s*] *to* work. 仕事をする励みになるものが余りない. **3** 〘法律〙 **a** 〘ローマ・スコット法〙 契約締結の誘因《相手方から受ける利益など》. **b** (訴訟の中での)予備的陳述. **c** (犯罪を行なうに至った)動機.
in·dúc·er *n.* **1** 誘引者[物]; 誘導物. **2** 〘生物〙 (遺伝子に対する)誘発因子, 発現因子《オペロン (operon) の中の遺伝子の活動を刺激すると考えられている構成要素; cf. repressor 2》.
in·duc·i·ble [ɪnd(j)ú:səbḷ, ən- | ɪndjú:sə-, -sɪ-] *adj.* 誘致[誘引]できる; 誘導できる; 帰納できる. **in·dùc·i·bíl·i·ty** [-səbíləṭi | -sɪbílətɪ, -sə-, -lɪ-] *n.*
in·duct [ɪndʌ́kt, ən- | ɪn-] 〘《1425》← L *induct-us* (p.p.) ← *indūcere* 'to INDUCE'〙 — *vt.* **1** **a** 〈聖職者を〉正式に就任させる (cf. institute 3): ～ a clergyman *to* a benefice 聖職者を禄(ʳᵒᵏᵘ)付きの牧師に就任させる. **b** 〔地位・官職などに〕(正式に)就任させる〔*into*〕; 〔...として〕(正式に)任命する〔*as*〕: be ～*ed into* the office of governor [*as* governor] 知事に就任する. **2** **a** 〔会などに〕入会させる, 加入させる〔*into*〕: ～ a person *into* a society. **b** 《米》(徴兵令により)兵役につかせる, 徴兵する (cf. inductee 2): ～ a draftee (*into* army) 徴募兵を兵役につかせる. **3** ...に〔秘伝・奥義を〕手ほどきする, 伝える, 伝授する〔*into*〕: ～ a person *into* the mysteries of a religion 人に宗教の秘法[極意]を授ける. **4** 〈人を〉導く, 案内する: ～ a person *into* a seat [room] 人を席に着かせる[部屋に案内する].
in·duc·tance [ɪndʌ́ktəns, ən- | ɪn-] 〘⇨↑, -ance: cf. induce 3〙 *n.* 〘電気〙 **1** インダクタンス《自己感応[誘導]係数, または自己感応を有する回路》: ⇨ self-inductance, mutual inductance. **2** 誘導子 (inductor).
indúctance còil *n.* 〘電気〙 インダクタンスコイル《インダクタンスを主体とするコイル状の回路素子》.
in·duct·ee [ɪndʌktí:, ˗ˊ˗ | ìndʌktí:] *n.* **1** 就任者. **2** 《米》(徴兵令による)徴集兵, 応召兵 (cf. induct 2 b).
in·duc·tile [ɪndʌ́ktḷ, ən-, -taɪl, -tɪl | ɪndʌ́ktaɪl] *adj.* 引き伸ばせない, 延性[柔軟性]のない; 従順でない.
in·duc·til·i·ty [ìndʌktíləṭi | -lətɪ, -lɪ-] *n.* 非延性; 非柔軟性.
in·duc·tion [ɪndʌ́kʃən, ən- | ɪn-] 〘《a1398》⊏(O)F ～ // L *inductiō(n-)* ← *indūcere* 'to INDUCE': ⇨ -tion: cf. induct〙 — *n.* **1** 誘導, 引入れ, 導入. **2** 就任式, 聖職就任式 (installation). **3** 〘論理〙 帰納(法), 帰納推理 (cf. syllogism 1 b; ↔ deduction): make an ～ *from* ...から帰納する. **4** 〘数学〙 = mathematical induction. **5** **a** 〘電気・磁気〙 誘導, 感応: electromagnetic ～ 電磁誘導 / magnetic ～ 磁気誘導, 磁束密度 / mutual ～ 相互誘導. **b** 〘機械〙 (内燃機関で, 混合気の燃焼室内への)吸入. **6** **a** 〘生物〙 (胎生時組織などの)分化誘導. **b** 〘産科〙 (陣痛・分娩の)人工的誘発. **7** 誘発, 誘致. **8** 提出, 提示. **9** 《古》 前置き, 前提, 序論, はしがき. **10** 《米》(徴兵令による)徴兵, 徴集.
indúction accèlerator *n.* 〘電気〙 電磁誘導加速器 (⇨ betatron).
indúction còil *n.* 〘電気〙 誘導コイル, 感応コイル (Ruhmkorff coil ともいう).
indúction còmpass *n.* 〘航空〙 磁気誘導コンパス.
indúction còurse *n.* (新入社員などの)研修.
indúction fùrnace *n.* 〘電気〙 誘導電気炉, 誘導炉《電磁誘導作用を利用した電気炉; cf. induction heating, arc furnace, electric furnace》.
indúction hèating *n.* 〘電気〙 (電磁誘導により加熱したい物体自体に電流を発生させて行なう)誘導加熱 (cf. dielectric heating).
indúction mòtor *n.* 〘電気〙 誘導電動機.
indúction pèriod *n.* **1** 〘写真〙 誘導期《現像液を作用させてから黒化が始まるまでの時間》. **2** 〘化学〙 誘導期《反応物質を接触させてから化学反応の現われるまでの時間》.
indúction règulator *n.* 〘電気〙 誘導電圧調整器《交流電圧を連続的に調整する装置の一種》.
in·duc·tive [ɪndʌ́ktɪv, ən- | ɪn-] 〘《c1412》⊏L *inductīv-us* ← *inductus* (p.p.) ← *indūcere* 'to INDUCE': ⇨ induct, -ive〙 — *adj.* **1** 《まれ》 誘導の; 誘導の働きをする 〈*to*〉. **2** 〘論理〙 帰納の, 帰納的な (↔ deductive): an ～ science / ～ reasoning 帰納的推理 / an ～ method 帰納的(研究)方法, 帰納法. **3** 〘電気・磁気〙 誘導(性)の, 感応の: ～ load 誘導負荷. **4** 〘機械〙 誘導運転の: an ～ machine. **5** 生物に変化反応を誘発する. **6** 《まれ》 緒言の, 前提の. **～·ly** *adv.* **～·ness** *n.*
indúctive cóupling *n.* 〘電気〙 電磁結合, 誘導結合.
indúctive ínference *n.* 〘論理〙 帰納的推理.
indúctive interférence *n.* 〘電気〙 誘導障害, 誘導妨害《誘導により通信線に雑音が入るような現象》.
indúctive lógic *n.* 〘論理〙 帰納(的)論理学.
indúctive rádio *n.* 〘通信〙 誘導無線《電線からの放射電波をその近くで用いる無線方式; 列車通信・坑内通信などに用いる; cf. space radio》.
indúctive reáctance *n.* 〘電気〙 誘導リアクタンス《変化する電流に対するインダクタンスの示す抵抗; cf. capacitive reactance》.
in·duc·tiv·i·ty [ìndʌktívəṭi | -vətɪ, -vɪ-] *n.* 誘導[感応]性, 誘導力.
in·duc·tom·e·ter [ìndʌktɑ́məṭə | -tɔ́mɪtə(r), -mə-] 〘← INDUCT(ION) + -O- + -METER[1]〙 *n.* 〘電気〙 インダクタンス[誘導係数]計, 可変誘導器.
in·dúc·tor 〘⊏L ～ 《原義》 one who leads or brings in: ⇨ induct, -or[2]〙 — *n.* **1** 授職者, 聖職授与者. **2** 〘電気〙 誘導器, 誘導子. **3** 〘化学〙 感応物質, 誘導質. **4** 〘生物〙 誘導者, 誘導原《胎生時または他の未分化組織の分化を誘導するもの》.
in·duc·to·ther·my [ɪndʌ́ktəθə̀:mi, ən- | ɪndʌ́ktə-θə̀:mɪ] 〘《混成》← *Inductotherm* (商標名) + (-THERM)Y〙 *n.* 〘医学〙 誘導温熱療法.
in·due [ɪnd(j)ú:, ən- | ɪndjú:] *vt.* = endue.
in·dulge [ɪndʌ́ldʒ, ən- | ɪn-] 〘《1638》⊏L *indulg-ēre*

to be kind to, yield to, 《原義》 be long-suffering or patient ← IN-¹+-*dulgēre* (cf. OE *tulge* firmly / Goth *tulgus* firm / Gk *dolikhós* long)〗 — *vt.* **1** 〈欲望・趣味などを〉満足させる: ~ one's desires [inclinations] 欲望[好み]を満足させる. **2** 〈子供などを〉甘やかす, 気ままにさせる: Children must not be ~*d* too much. 子供は余り甘やかしてはいけない. **3** 〔…で〕喜ばせる, 満足させる〔*with*〕: ~ the company *with* a song 座興に歌を歌って聞かせる / ~ oneself *with* a glass of wine 好きな酒を一杯飲む. **4** [~ *oneself* で] 〔…を〕ほしいままにする, 〔…に〕ふける〔*in*〕: ~ *oneself in* nostalgic memories [eating and drinking] 郷愁の思い[飲食]にふける. ★ 自動詞用法 (*vi.* 1) より積極性が強い. **5** 〖金融〗〈手形・会社・人など〉に支払猶予を与える. **6** 《古》〈特権などを〉許す, 与える. — *vi.* **1** 〔趣味・欲望などに〕ふける, 〔贅沢(ぜいたく)などを〕楽しむ, ほしいままにする〔*in*〕: ~ *in* drinking [tobacco] 好き放題に酒を飲む[たばこを吸う] / ~ *in* sports [dreams] スポーツ[空想]にふける / ~ *in* puns [sarcasm] しゃれ[皮肉]をもてあそぶ / ~ *in* a holiday [nap] 休暇[昼寝]を楽しむ / ~ *in* a new suit 新しい服を一着奮発する. **2** 《口語》(大)酒を飲む: Will you ~? 一杯やるかい. **in·dúlg·er** *n.*

in·dul·gence [ɪndʌ́ɫdʒəns, ən- | ɪn-] 〖(*a*1376) □ L *indulgentia* ← *indulgentem* 'INDULGENT': ⇨ ↑, -ence〗 — *n.* **1 a** 〔…に〕ふける[ふけらせる]こと, 耽溺(たんでき)〔*in*〕: constant ~ *in* vices 絶えず悪癖にふけること. **b** 道楽, 楽しみ: Smoking is his only ~. たばこは彼の唯一の道楽である. **2 a** 気ままをさせること, 甘やかし. **b** 気まま, 放縦 (↔ denial): a man given to ~ わがままをしつけている人. **3 a** 大目にみること, 寛大, 恩恵: treat with ~ 寛大に扱う / I request your ~ in that matter. そのことに関しご寛恕(かんじょ)のほどを願います. **b** (恩恵として与える)特権, 免除, 赦免. **4** 〖カトリック〗免償, 贖宥(しょくゆう), 赦免 (remission); 免罪符. **5** [時に I-] 〖英史〗信仰の自由: ⇨ DECLARATION of Indulgence. **6** 〖金融〗支払猶予. — *vt.* 〖カトリック〗…に贖宥(しょくゆう)[免償]を与える: ~*d* prayers 贖宥の付いた祈り.

in·dúl·gen·cy [-dʒənsi | -sɪ] 〖⇨ ↓, -ency〗 *n.* =indulgence.

in·dul·gent [ɪndʌ́ɫdʒənt, ən- | ɪn-] 〖(1509) □ F ~ // L *indulgent-em* (pres.p.) ← *indulgēre* 'to INDULGE'〗 — *adj.* 大目にみる, 寛大な, 手ぬるい, 甘やかす, 優しい: an ~ husband, smile, etc. / ~ parents 甘い親 / with ~ eyes 優しい眼で / be ~ *to* [*toward, of*] …に寛大である, …を大目にみる. **~·ly** *adv.*

in·du·line [índjulìːn, -lɪn, -lən | -djulìːn, -lɪn] 〖← INDO-+-ULE+-INE³〗 *n.* 〖染色〗インジュリン ($C_{12}H_9N_3$) 《濃青色酸性染料および油溶染料》.

in·dult [índʌɫt, ɪndʌ́ɫt, ən- | índʌɫt, ―́―] 〖(1535) □ F ~ □ LL *indultum* indulgence, grant (neut. p.p.) ← *indulgēre* 'to INDULGE'〗 — *n.* 〖カトリック〗特典, 特許 《教皇が司教などに教会法上の義務を免除する恩典的な行為》.

in·du·men·tum [ìnd(j)uméntəm | -djumént-] 〖← NL ~ ← LL ~ 'garment, covering' ← L *induere* to put on: ⇨ -ment〗 — *n. pl.* (**-men·ta** [-tə | -tə], ~**s**) 〖生物〗厚い毛[羽毛など]でおおわれた外皮.

in·du·na [ɪndúːnə, ən-|ɪn-] 〖(*a*1875) □ Zulu ~ 'officer of state or army under the chief' ← *in-* (n. pref.) +*duna* male, lord〗 — *n.* 《アフリカ南部》ズールー族 (Zulu) の族長; (ズールー族武装隊の)隊長.

in·du·pli·cate [ɪnd(j)úːplɪkət, ən-, -plə-, -kɪt | ɪndjúːplɪ-] 〖⇨ in-¹, duplicate〗 *adj.* 〖植物〗〈葉・花弁が〉内向鑷合(じょうごう)状の, 内向敷石状の.

in·du·rate 〖(v.: 1538; adj.: *a*1400) □ L *indūrāt-us* (p.p.) ← *indūrāre* ← IN-¹+*dūrāre* to harden (← *dūrus* hard): cf. endure〗 — [índ(j)urèɪt | índju(ə)r-] *v.* — *vt.* **1 a** 堅くする, 固める. **b** …の繊維組織を増やす. **2** 無感覚[無情, 頑固]にする: an ~*ed* heart. **3** 慣れさせる: ~ oneself *to* …に慣れる. **4** 確立[樹立]する: ~ a custom. — *vi.* **1** 堅くなる, 固まる. **2** 頑固[無情]になる. **3** 確かなものになる, 確立される. — [índ(j)urət, ɪnd(j)ú(ə)r-, ən-, -rɪt | índju(ə)r-, ɪndjúər-] *adj.* 硬化した; 無感覚[無情, 頑固]な; 慣れた.

in·du·ra·tion [ìnd(j)uréɪʃən | -djuər-] 〖(*c*1395) □ (O)F ~ // ML *indūrātiō(n-)*: ⇨ ↑, -ation〗 *n.* **1** 硬化すること, 硬化した状態; (性格・態度などの)硬化, 頑固, 強情. **2** 〖地質〗硬化. **3** 〖病理〗硬結(部); 硬化.

in·du·ra·tive [índ(j)urèɪtɪv, ɪnd(j)ú(ə)rət-| índjurèɪt-, -rət-, ɪndjúər-] *adj.* 固まる, 硬化性の; 頑固な.

In·dus [índəs] 〖⇨ India〗 — *n.* **1** [the ~] インダス(川) 《アジア南部の大河; Tibet 西部から Kashmir, Pakistan を流れてアラビア海に注ぐ (2,900 km)》. **2** 〖天文〗インディアン座 《南天の星座; the Indian ともいう》.

indus. 《略》 industrial; industry.

indusia *n.* indusium の複数形.

in·du·si·al [ɪnd(j)úːziəl, ən-, -ʒiəl, -ʒəl | ɪndjúːzɪəl] 〖⇨ ↓, -al¹〗 *adj.* **1** 〖植物〗包膜を有する. **2** 〖昆虫〗包被[触鞘(しょくしょう)]の.

in·du·si·um [ɪnd(j)úːziəm, ən-, -ʒiəm | ɪndjúːzɪəm] 〖(1706) □ L *indūsium* tunic ← *induere* to put on〗 — *n.* (*pl.* **-si·a** [-ziə, -ʒiə | -zɪə]) **1** 〖植物〗包膜 《シダ類の子嚢(しのう)群を包む薄膜》; ある種のシダ類のスカート状の環帯. **2** 〖解剖・動物〗包被膜, 包被層; (特に)羊膜 (amnion); (胼胝(べんち)体背面の)灰白層.

in·dus·tri·al [ɪndʌ́striəɫ, ən- | ɪndʌ́strɪ-] 〖(1590) □ F 《廃》 ~ (F *industriel*) □ ML *industriālis*: ⇨ industry, -al¹〗 — *adj.* **1** 生産業[産業, 工業, 実業]の[に関する]; 産業による; 工業用の: ~ bookkeeping 工業簿記 / ~ pollution 産業公害 / an ~ exhibition 勧業[産業]博覧会 / an ~ spy 産業スパイ. **2** 高度に産業[工業]の発達した: an ~ country 工業国 / an ~ nation [state] 産業[工業]国家 / an ~ town 産業[工業]都市. **3** 産業[工業]に従事する: ~ workers 産業従業員, 工員 / the ~ classes 産業従業員階級, 労働者階級. **4** 産業従業者の, 労働者の: ~ training 職業[実業]訓練 / ~ welfare 産業福利 《雇主が行なう厚生施設》 / ~ maintenance 産業扶助 《それぞれの産業がその失業者を救済する制度》. **5** 産業生命保険の. — *n.* **1** 産業労働者; (特に)工業従業員, 職工, 工員 (worker). **2** 《まれ》生産業者, 企業家, 製造家; 工業会社. **3** [*pl.*] 産業株, 工業株. **4** 工業生産品, 工業製品.

Industrial Workers of the World [the —; 複数または単数扱い] 世界産業労働者組合 《1905 年 Chicago で組織された急進社会主義的労働組合; 第一次大戦後解散; 略 IWW, I.W.W.; 俗称 the Wobblies》.

~·ly *adv.*

indústrial álcohol *n.* 工業用アルコール.

indústrial archaeólogy *n.* 産業考古学 《産業革命初期の産業・機械類・生産品を研究する学問》.

indústrial árt *n.* **1** 産業美術 《機械による量産を前提とした美術》. **2** [*pl.*] (教科としての)工作, 技術.

indústrial bánk *n.* 興業銀行.

indústrial chémistry *n.* 工業化学 《化学変化を含む操作過程によって原料から製品を製造する方法に関する化学》.

indústrial cóuncil *n.* 《英》=Whitley Council.

Indústrial Cóurt *n.* (英国の)労働裁判所 《高等法院と並ぶ上位記録裁判所 (superior court of record) で労使間の一般的な事件を取り扱う》.

indústrial design *n.* (工業製品の快適な美しさを出す特殊な)工業デザイン(の研究).

indústrial desígner *n.* 工業デザイナー.

indústrial diséase *n.* 産業病; 職業病 (occupational disease).

indústrial enginéer *n.* 生産管理技師, 管理工学者.

indústrial enginéering *n.* 生産管理, 管理工学.

indústrial estáte *n.* 《英》=industrial park.

indústrial fréquency *n.* 〖電気〗商用周波数 (⇨ commercial frequency).

indústrial geógraphy *n.* 産業地理.

indústrial insùrance *n.* 〖保険〗 **1** =industrial life insurance. **2** 労働災害健康保険.

in·dús·tri·al·ìsm [-lìzm] 〖(1831): ⇨ industrial, -ism〗 *n.* 産業[工業]主義 《国民の主要職業を近代産業に求める社会組織》.

in·dús·tri·al·ist [-lɪst, -ləst | -lɪst] 〖(1864)〗 *n.* 産業資本家, 実業家, 企業経営者; (特に)生産業者, 製造業者. — *adj.* 産業主義の.

in·dus·tri·al·i·za·tion [ɪndʌ̀striəlɪzéɪʃən, ən-, -laɪ- | ɪndʌ̀strɪəlaɪ-, -lɪ-] *n.* (国・地域などの)産業[工業]化.

in·dus·tri·al·ize [ɪndʌ́striəlàɪz, ən- | ɪndʌ́strɪ-] 〖(1882): ⇨ industrial, -ize〗 — *vt.* **1** 〈国・地域などを〉産業[工業]化する, 産業国にする, 工業地にする, 企業化する: ~ a village 農村を工業化する. **2** …に産業主義を鼓吹する, 産業に向かわせる. — *vi.* 工業[産業]化する.

indústrial lífe insùrance *n.* 〖保険〗産業生命保険 《毎週[毎月]低額の掛金を支払う一種の簡易保険》.

indústrial mélanism *n.* 〖生態〗工業黒[暗]化 《産業公害によって工業地帯にすむガなどに黒[暗]色のものがふえること》.

indústrial párk *n.* 《米・カナダ》工業団地 (《英》industrial [trading] estate) 《都市郊外に工場を計画誘致して造った地域》.

indústrial psychólogist *n.* 産業心理学者.

indústrial psychólogy *n.* 産業心理学 《産業方面に適用される心理学; 例えば人間工学・交通心理学・広告心理学など》.

indústrial ráilroad *n.* 専用鉄道 《各種産業専用の鉄道》.

indústrial relátions *n. pl.* **1** 労使[労資]関係 《経営者と労働者, 経営者団体と労働組合, それらと政府との関係など; labor relations ともいう》. **2** 〖社会学〗産業関係 《産業の場での諸活動を契機として生れる個人ないし集団間の社会的・経済的・政治的諸関係》.

indústrial resérve àrmy [fòrce] *n.* 産業予備軍 《Marx の用語》.

indústrial-révenue bònd *n.* 〖証券〗産業設備の賃貸料収入を元利支払いの財源とする債券.

Indústrial Revolútion *n.* [the ~] 産業革命 《1760 年ごろから 19 世紀にかけて, 英国を中心として機械・動力などの発明を契機として起こった経済体制・社会組織上の一大変革; これにより資本主義制度が確立》.

indústrial schóol *n.* **1** 実業学校, 産業学校. **2** 《米》教護院 (《米》reform school, 《英》community home) (cf. reformatory).

indústrial sociólogy *n.* 産業社会学.

indústrial télevision *n.* 工業用テレビ 《各種の状態監視用テレビ; cf. closed-circuit television》.

indústrial tribúnal *n.* (英国の)労働裁判所 《行政的裁判所 (administrative tribunals) の一つ; 企業による不当解雇や組合非加入の強制など労働事件を取り扱う》.

indústrial únion *n.* 産業別組合 《熟練度や現業・非現業にかかわりなく特定の産業に働く全ての階層の労働者を組織する労働組合; vertical union ともいう; cf. craft union》.

indústrial wáste *n.* 産業廃棄物 (《英》trade waste).

in·dus·tri·ous [ɪndʌ́striəs, ən- | ɪndʌ́strɪ-] 〖(1523) □ F *industrieux* // LL *industriōs-us* diligent ← *industria* (↓): ⇨ -ous〗 — *adj.* **1** よく働く, 勤勉な, 熱心な: an ~ workman / ~ *in* doing something. **2** 《廃》腕の達者な, 器用な. **~·ly** *adv.* **~·ness** *n.*

in·dus·try [índəstri, -dʌs- | -dʌstrɪ] 〖(*c*1477) □ (O)F *industrie* // L *industria* diligence ← *industrius* active, diligent, 《原義》 building within ← *indu* in+*struere* to build (cf. structure): ⇨ -y¹〗 — *n.* **1** 勤勉, 努力, 勤労: Poverty is a stranger to ~. 《諺》「かせぐに追い付く貧乏なし」. **2** 生産業, 産業, 実業; 製造工業, 工業; …業: light [heavy] ~ 軽[重]工業 / the farming ~ 農業 / the iron ~ 鉄工業 / the shipping ~ 海運業 / the steel ~ 鉄鋼業 / the sugar ~ 製糖業 / the automobile ~ 自動車工業 / the beauty ~ 美容業 / the broadcasting ~ 放送事業 / the tourist ~ 観光事業 / the film ~ 映画産業. **3** [集合的] 産業界, (特に)産業経営者: a leader of ~ 実業界の指導者 / the conciliation of labor and ~ 労働者側と経営者側との[労資の]協調. **4** [人名を冠して] 《口語》(ある特別の題目の)研究: the Shakespeare ~ シェークスピア研究. **5** (組織化された)労働. **6** 〖考古〗インダストリー 《一遺跡で発見される, 一定の製作技術による遺物群の総体》. **7** 《廃》腕が達者なこと, 器用.

in·dwéll 〖(?*a*1350) 《なぞり》 ← L *inhabitāre* to dwell in: cf. inhabit〗 — *v.* (**in·dwelt**) — *vi.* 〈精神・霊などが〉〔…に〕内在する, 宿る〔*in*〕: a power ~*ing in* God 神に内在する力. — *vt.* …に住む. **~·er** *n.*

in·dwell·ing [―́――, ―――́] *adj.* **1** 内に住む, 内在の: an ~ goodness. **2** 〖外科〗〈カテーテルなどの挿入管が〉身体に導入された.

In·dy [índi | -dɪ] 〖□ L *India*: cf. Italy, Germany〗 *n.* 《廃》=India.

Indy, Vincent d' *n.* ⇨ d'Indy.

I·ne [íːni, áɪni | -nɪ] *n.* イーネ (?-729; Wessex の王 (668-?726); 「イーネ法典」(Laws of Ine) の集成者; ラテン語名 Ina).

-ine¹ [iːn, aɪn, ɪn, ən | iːn, aɪn, ɪn] 〖ME *-ine, -in* □ (O)F *-in, -ine* // L *-īnus* □ Gk *-inos* (adj. suf.)〗 — *suf.* **1** 「…に似た, …に関する, …性[質]の」の意の形容詞を造る: can*ine*, fel*ine*; div*ine*, mar*ine*. **2** 科学用語として, また固有名詞に付いて形容詞を造る: alkal*ine*, lacustr*ine*, Byzant*ine*, Carol*ine*.

-ine² [ɪn, ən | ɪn] 〖□ F ~ // L *-ina* (fem.): cf. -ine³〗 *suf.* 抽象的な意味を表わす名詞語尾: discipl*ine*, doctr*ine*, fam*ine*, rap*ine*.

-ine³ [aɪn, iːn, ɪn, ən | aɪn, iːn, ɪn] 〖↑〗 — *suf.* 〖化学〗次の意味を表わす名詞を造る: **1** 化学製品・薬品名: glass*ine*, vasel*ine*. **2** ハロゲン化合物: chlor*ine*. **3** アルカロイドまたは窒素塩基名: caffe*ine*, morph*ine*, nicot*ine*. **4** アミノ酸名: alan*ine*, glyc*ine*. **5** 炭化水素化合物: benz*ine*, eth*ine*. **6** 《廃》=-yne.

-ine⁴ [ɪn, ən | ɪn] 〖ME □ (O)F ~ □ L *-īna* □ Gk *-ínē*: Du. & G *-in*〗 — *suf.* 女性形名詞語尾: hero*ine*, chor*ine*. ★ 英用法では上例や人名 (例: Joseph*ine*) 以外は《まれ》; また landgrav*ine*, margrav*ine* はドイツ語からの借入.

-ine⁵ [iːn, ɪn, ən | iːn, ɪn] 〖□ F ~ // It. *-ino, -ina*〗 *suf.* 指小辞 (⇨ -ina²): mandol*ine*, figur*ine*.

-in·e·ae [íniìː] 〖← NL ~ ← L ~ (fem. pl.) ← *-ineus*: ⇨ -eous〗 *suf.* 〖植物〗亜目を表わす複数名詞を造る: Dinocapsineae.

in·earth [ɪnə́ːθ, ən-| ɪnə́ːθ] 〖← IN-¹+EARTH (n.)〗 *vt.* 《詩・古》埋める (bury).

in·e·bri·ant [ɪníːbriənt, ən- | ɪníːbrɪ-] 〖□ L *inēbriant-em* (pres.p.) ← *inēbriāre* (↓)〗 *adj.* 酔わせる. — *n.* 酔わせる物, 酒 (intoxicant).

in·e·bri·ate 〖adj.: (1447) ← L *inēbriāt-us* (p.p.) ← *inēbriāre* to make drunk ← IN-¹+*ēbriāre* to intoxicate (← *ēbrius* drunk). — v.: (1497) ← (adj.): ⇨ -ate³〗 — [ɪníːbrièɪt, ən- | ɪníːbrɪ-] *vt.* **1** 酔わせる: the cups that cheer but not ~ ⇨ cup *n.* 5. **2** (興奮・刺激などによって)酔わせる, 有頂天にする: be ~*d* by success 成功によって有頂天になる. — [-briət, -brɪɪt | -brɪət, -brɪɪt, -brièɪt] *adj.* 酔った. — [-briət, -brɪɪt | -brɪət, -brɪɪt, -brièɪt] *n.* 酔った人, 酔っ払い; 大酒家, のんだくれ.

in·é·bri·àt·ed [-t̬ɪd, -t̬əd | -tɪd, -təd] *adj.* 酔った: ~ *with* one's own verbosity 自らの冗舌に酔って.

in·e·bri·a·tion [ɪnìːbriéɪʃən, ən- | ɪnìːbrɪ-] 〖□ L *inēbriātiō(n-)*: ⇨ inebriate, -ation〗 *n.* **1** 酔わせる[酔う]こと, 酩酊, 飲酒癖. **2** 夢中, 有頂天, 興奮.

in·e·bri·e·ty [ìnəbráɪət̬i | ìnɪbráɪətɪ, ɪnɪ-, -bráɪɪ-] 〖(i) ← IN-¹+EBRIETY 《(ii) 《混成》 ← IN(EBRIATION)+EBRIETY〗 *n.* 酔い, 酩酊; 常習的酔いどれ, 飲酒癖.

in·ed·i·ble [ɪnédəbɫ, ən- | ɪnédɪ-, -də-] *adj.* 〈植物など〉(性質上)食用に適しない, 食べられない (cf. uneatable). **in·èd·i·bíl·i·ty** [-dəbíləti | -dɪbílətɪ, -də-, -lɪ-] *n.*

in·ed·i·ta [ɪnédət̬ə | -dɪtə] 〖← NL ~ (neut. pl.) ← L *inēditus* not made known: ⇨ in-², edit〗 *n. pl.* 未刊本, 未刊著作.

in·ed·it·ed [ɪnédɪtɪd, ən-, -dət-, -t̬əd | ɪnédɪt-] *adj.* **1** 未編集の; (特に)未編集で出版された. **2** 未刊行の.

in·ed·u·ca·ble [ɪnédʒʊkəbɫ, ən-|ɪnédju-, -dʒu-] *adj.* 教育不可能な; (特に)精神薄弱[知恵遅れ]などで教育

を施せない. **in·èd·u·ca·bíl·i·ty** [-kəbíləṭi | -lətɪ, -lɪ-] *n.*

in·ed·u·ca·tion [ɪnèdʒʊkéɪʃən, ən- | ɪnèdju-, -dʒu-, -dju:-, -dʒu-] *n.* 無教育.

in·ef·fa·ble [ɪnéfəbḷ, ən- | ɪn-] 〘《a1393》▭ (O)F ∼ // L *ineffābil-is*: ⇨ in-², effable〙 ── *adj.* **1** 〈喜びなど〉口で言えないほどの, 言いようのない: ∼ joy, agony, beauty, etc. / a glance of ∼ contempt 言語に絶する軽蔑のまなざし / An ∼ sadness came over me. 言い知れぬ悲しみに襲われた. **2** 〈神の名など〉(おそれ多くて)口にすべからざる(ほど神聖な): the ∼ name of Jehovah. **in·èf·fa·bíl·i·ty** [-fəbíləṭi, ən- | -lətɪ, -lɪ-] *n.* **∼·ness** *n.* **in·éf·fa·bly** *adv.*

in·ef·face·a·ble [ɪnɪféɪsəbḷ, -əf-, -ef- | -ɪf-, -ef-] *adj.* 消せない, ぬぐうことができない: an ∼ impression 消えない印象 / ∼ infamy すすぐことのできない汚名. **in·ef·fàce·a·bíl·i·ty** [-səbíləṭi | -lətɪ, -lɪ-] *n.* **in·ef·fáce·a·bly** *adv.*

in·ef·fec·tive [ɪnɪféktɪv, -əf-, -ef- | -ɪf-] 〘《1651》: ⇨ in-², effective〙 ── *adj.* **1** 効果[効力]のない, 利き目のない: an ∼ remedy. **2** 〈芸術作品が〉美的価値に乏しい, 感銘の薄い; 効果的でない, ぱっとしない, 映えない: ∼ architecture. **3** 〈人が〉無能な, 無力な, 役に立たない: an ∼ old man. **∼·ly** *adv.* **∼·ness** *n.*

in·ef·fec·tu·al [ɪnɪféktʃuəl, -əf-, -ef-, -tʃʊl | -ɪféktʃuəl, -tʃʊl, -tjuəl, -tjʊl] 〘《a1425》: ⇨ in-², effectual〙 ── *adj.* **1** 効果のない, むだな: ∼ efforts むだな努力 / an ∼ remedy 利き目のない薬. **2** 無力な (powerless). **∼·ly** *adv.* **∼·ness** *n.*

in·ef·fec·tu·al·i·ty [ɪnɪfèktʃuǽləṭi, -əf-, -ef- | -ɪfèktjuǽlətɪ, -tʃu-, -lɪ-] *n.* 無効, 無益; 無力.

in·ef·fi·ca·cious [ɪnèfəkéɪʃəs, ən-, ɪnef- | ɪnef-] *adj.* 〈薬など〉効力[利き目]がない: an ∼ remedy, treatment, etc. **∼·ly** *adv.* **∼·ness** *n.* **in·ef·fi·cac·i·ty** [ɪnèfəkǽsəṭi, ən-, ɪnef- | ɪnèfɪkǽsətɪ, -sɪ-] *n.*

in·ef·fi·ca·cy [ɪnéfɪkəsi, ən-, -fə- | ɪnéfɪkəsɪ] 〘▭ LL *inefficācia*: ⇨ in-², efficacy〙 *n.* 無効果, 無効力.

in·ef·fi·cien·cy [ɪnɪfíʃənsi, -əf-, -ef- | ɪnɪfíʃənsɪ] 〘⇨↓, -ency〙 ── *n.* **1** 無能: be discharged for ∼ 無能のため免職される. **2** 無効力, 無効果, 非能率. **3** 無効力[無効果]なもの: the governmental mechanism full of *inefficiencies* むだだらけの行政機構.

in·ef·fi·cient [ɪnɪfíʃənt, -əf-, -ef- | ɪnɪf-] 〘《1750》: ⇨ in-², efficient〙 ── *adj.* **1** 〈人が〉無能な, 手腕のない: an ∼ worker 未熟練労働者. **2** 〈機械など〉非能率的な, 役に立たない; 効果のない: an ∼ pump. ── *n.* 無能な人. **∼·ly** *adv.*

in·e·gal·i·tar·i·an [ɪnɪgæ̀lətɛ́(ə)riən, -i:g-, -əg- | -ɪgælɪtɛ́əri-] 〘← IN-²+EGALITARIAN〙 *adj.* 社会的・経済的に不均衡な.

in·e·las·tic [ɪnɪlǽstɪk, -əl- | -ɪlǽs-, -lɑ́:s-] *adj.* **1** 〈物が〉弾力[弾性]のない, 伸縮性のない. **2** 〈人が〉順応性がない, 融通のきかない. **3** 〈規則・制度が〉固定的な, 杓子(しゃく)定規な, 融通のきかない. **4** 〘経済〙非弾力的な, 非弾性の (↔ elastic). **5** 〘物理〙〈衝突が〉非弾性的な《運動エネルギーが他のエネルギーに変わることにいう》. **in·e·las·tic·i·ty** [ɪnɪlæstísəṭi, ɪnəl-, ɪni:l-, ən-, -sti | ɪnèlæstísətɪ, ɪni:l-, -ləs-, -lɑ:s-, ɪnɪlæs-, ɪnəl-, lɑ:s-, -sɪtɪ] *n.*

inelástic collísion *n.* 〘物理〙非弾性衝突《微粒子の総運動エネルギーの一部が放射エネルギーのような他種のエネルギーに変わる衝突》.

inelástic scáttering *n.* 〘物理〙非弾性散乱《非弾性衝突による散乱》.

in·el·e·gance [ɪnélɪgəns, ən-, -lə- | ɪnélɪ-] *n.* (形・姿等が)優美でないこと, 趣がないこと, 不風流, 不粋, やぼ; (態度・言葉などの)ぎこちなさ, やぼ, 不器用, 俗悪.

in·el·e·gan·cy [ɪnélɪgənsi, ən-, -lə- | ɪnélɪgənsɪ] *n.* **1** 《古》=inelegance. **2** [通例 *pl.*] 雅致のない[俗悪な]もの《行為・言葉・文体など》.

in·el·e·gant [ɪnélɪgənt, ən-, -lə- | ɪnélɪ-] 〘▭ F *inélégant* ▭ L *inēlegantem*: ⇨ in-², elegant〙 ── *adj.* **1** 〈形・姿など〉優美でない, 不格好な, やぼな. **2** 〈言葉・態度など〉洗練されていない, 趣がない, あか抜けのしない, ぎこちない. **∼·ly** *adv.*

in·el·i·gi·bil·i·ty [ɪnèlɪdʒəbíləṭi, ən-, -lə- | ɪnèlɪdʒəbílətɪ, -dʒɪ-, -lɪ-] *n.* 無資格, 不適任, 不適格.

in·el·i·gi·ble [ɪnélɪdʒəbḷ, ən-, -lə- | ɪnélɪdʒə-, -dʒɪ-] 〘⇨ in-², eligible: cf. F *inéligible*〙 ── *adj.* **1** 〈人が〉(選ばれる)資格のない, 不適当な: ∼ *for* marriage / ∼ as a son-in-law 娘の婿としては不適当[不向き]な. **2** (法的または道徳的に)〔陪審員などに〕(選出される)資格がない, 不適格の〔*for*〕. **3** 〘アメリカンフットボール〙〈プレーヤーが〉フォワードパスを受ける資格がない. ── *n.* (特に, 夫または運動チームの一員として)好ましくない人, 資格のない人, 不適格者. **∼·ness** *n.* **in·él·i·gi·bly** *adv.*

in·el·o·quence [ɪnéləkwəns, ən- | ɪn-] *n.* 訥弁(とつべん).

in·el·o·quent [ɪnéləkwənt, ən- | ɪn-] *adj.* 弁舌のまずい, 訥弁(とつべん)な. **∼·ly** *adv.*

in·e·luc·ta·ble [ɪnɪlʌ́ktəbḷ, ɪnə- | ɪnɪ-] 〘《1623》▭ L *inēluctābil-is* ← IN-²+*ēluctābilis* (← *ēluctārī* to struggle out ← *ē-* 'EX-¹'+*luctārī* to struggle)〙 ── *adj.* 打ち勝てない, 不可抗力の; のがれられない, 免れ難い, 不可避の. **in·e·lùc·ta·bíl·i·ty** [-təbíləṭi | -tɪbílətɪ, -tə-, -lɪ-] *n.* **in·e·lúc·ta·bly** *adv.*

in·e·lud·i·ble [ɪnɪlú:dəbḷ, ɪnə- | ɪnɪlú:də-, -ljú:-, -dɪ-] *adj.* 避けられない, のがれられない (inescapable). **in·e·lúd·i·bly** *adv.*

in·e·nar·ra·ble [ɪnɪnǽrəbḷ, ɪni:-] 〘《a1500》▭ (O)F *inénarrable* ▭ L *inēnarrābilis* ← IN-²+*ēnarrābilis* explicable: ⇨ ex-¹, narrate, -able〙 ── *adj.* 口で言えない, 説明し難い, 描写のしようのない.

in·ept [ɪnépt, ən- | ɪn-] 〘《1603》▭ L *inept-us* ← IN-²+*aptus* 'APT, fitted': cf. inapt〙 ── *adj.* **1** (時・場所・場合などに)不適当な, 不適切な, 場違いな. **2** (仕事などに)適性がない, 不向きな; 無器用な, 下手な, まずい: ∼ management / be ∼ *at* ball games 球戯に向かない[が下手である]. **3** 〈言説など〉不条理な, ばかげた, ばかばかしい, 間抜けた: an ∼ remark. **∼·ly** *adv.* **∼·ness** *n.*

in·ep·ti·tude [ɪnéptətʃ(j)ù:d, ən- | ɪnéptɪtjù:d] 〘▭ L *ineptitūdo* ← *ineptus* (↑): ⇨ -tude〙 ── *n.* **1** 不適当, 不適切; 不向き: an ∼ *for* writing. **2** 不条理, 愚かさ. **3** ばかげた行為[言葉].

in·eq·ua·ble [ɪnékwəbḷ, ən-, -ní:k- | ɪn-] 〘▭ L *inaequābil-is* uneven: ⇨ in-², equable〙 *adj.* 一様でない, 不均等の, むらのある, 不平等な.

in·e·qual·i·ty [ɪnɪkwɑ́ləṭi, ɪni:-, ɪnə- | ɪnɪkwɔ́lətɪ, ɪni:-, -lɪ-] 〘《?a1425》▭ OF *inequalité* (F *inégalité*) // L *inaequālitās* ← *inaequālis*: ⇨ in-², equality〙 ── *n.* **1** 不同, 不等, 不平等, 不均衡: social *inequalities* 社会的不平等 / ∼ in wealth 富の不均衡 / ∼ in size [numbers] 大きさ[数]の不同[差異] / the ∼ of the fingers 指の長短 / the ∼ between the rich and the poor 貧富の差. **2** 不正, 不公平. **3** 不揃い(なもの), 変動, 高低, むら: the ∼ of the climate 気候の変動 / an ∼ of temperature 温度の不同. **4** (表面の)でこぼこ(していること), 起伏: the ∼ in the surface of the earth [of the earth's surface] 地球の表面の起伏[でこぼこ]. **5** 不適任: one's ∼ *to* a task ある仕事に対する不適当[無能]. **6** 〘天文〙均差, 不等, 差《例えばある天体の実際の運動と楕円軌道上の運動と考えたものとの差》. **7** 〘数学〙不等式 (cf. equation 2): the sign of ∼ 不等号《< (is less than と読む) または > (is greater than と読む)》.

in·e·qui- [ɪní:kwɪ, ən-, -kwɪ | ɪní:kwɪ] 〘← IN-²+EQUI-〙 unequal(ly) の意の連結形.

inèqui·láteral 〘⇨↑, lateral〙 *adj.* 不等辺の: an ∼ triangle 不等辺三角形. **∼·ly** *adv.*

in·eq·ui·ta·ble [ɪnékwəṭəbḷ, ən- | ɪnékwɪt-] *adj.* 不公平な, 不公正な (unjust): ∼ taxation. **∼·ness** *n.* **in·éq·ui·ta·bly** *adv.*

in·eq·ui·ty [ɪnékwəṭi, ən- | ɪnékwətɪ, -kwɪ-] 〘《1556》: ⇨ in-², equity〙 ── *n.* **1** 不公正, 不公平 (injustice). **2** [*pl.*] 不正なこと, 不公平な点[やりくち]: rectify the *inequities* 不公平な点を是正する.

inéqui·vàlve 〘← INEQUI-+VALVE〙 *adj.* 〈二枚貝が〉殻の形や大きさの違った, 不等殻の (↔ equivalve).

in·e·rad·i·ca·ble [ɪnɪrǽdɪkəbḷ, ɪnər- | ɪnɪr-] *adj.* (深く根を張って)根絶できない, 根深い (deep-rooted): ∼ habits, hatred, contempt, etc. **∼·ness** *n.* **in·e·rád·i·ca·bly** *adv.*

in·e·ras·a·ble [ɪnɪréɪsəbḷ, ɪnə- | ɪnɪréɪz-] *adj.* 消す[ぬぐう]ことのできない. **∼·ness** *n.* **in·e·rás·a·bly** *adv.*

in·er·ra·ble [ɪnérəbḷ, ən-, -ɜ́:(r)ə- | ɪnérə-] 〘▭ LL *inerrābil-is* ← IN-²+*errāre* 'to ERR': ⇨ -able〙 ── *adj.* 間違うはずのない, 間違いのない (unerring). **in·er·ra·bil·i·ty** [ɪnèrəbíləṭi, ən-, -ɜ̀:(r)ə- | ɪnèrəbílətɪ, -lɪ-] *n.* **in·ér·ra·bly** *adv.*

in·er·rant [ɪnérənt, ən- | ɪn-] 〘《1652》▭ L *inerrantem* ← IN-²+*errantem* ((pres.p.) ← *errāre* 'to ERR'): ⇨ -ant〙 ── *adj.* =inerrable. **in·ér·ran·cy** [-rənsi | -sɪ] *n.*

in·er·rat·ic [ɪnɪrǽṭɪk, ɪnə-, ɪne- | ɪnɪrǽt-, ɪner-] *adj.* **1** 常軌を逸しない, 脱線しない, さまよい歩かない. **2** (恒星のように)固定した, 不動の (fixed): an ∼ star.

in·ert [ɪnɜ́:t, ən- | ɪnɜ́:t] 〘《1647》▭ L *inert-, iners* unskilled, inactive ← IN-²+*art-, ars* 'ART², skill'〙 ── *adj.* **1** 〘物理〙〈物質が〉自動力のない, 自力で動けない, 惰性的な (inactive) (cf. inertia 1): an ∼ mass / ∼ matter. **2** 〘化学〙活性のない, 不活性の, 化学作用を起こさない (neutral): ⇨ inert gas. **3** 〘薬学〙〈砂糖・ゼリーなど〉薬理作用のない, 不活性の. **4** 〈人・心など〉鈍い, 遅鈍な, 緩慢な, 不活発な, のろい. ── *n.* 鈍い人; 不活性物質; 反応性のない物質. **∼·ly** *adv.* **∼·ness** *n.*

in·ert·ance [ɪnɜ́:tṇs, ən- | ɪnɜ́:-] 〘⇨↑, -ance〙 *n.* 〘音響〙イナータンス, 音響慣性 (acoustic inertance)《電気回路のインダクタンスに相当する音響学的量》.

inért gás *n.* 〘化学〙不活性ガス《普通 krypton, xenon, radon など希ガス (rare gas) を指すが, 反応性に乏しい窒素などを含むこともある; noble gas ともいう》.

in·er·tia [ɪnɜ́:ʃə, ən-, -ʃiə | ɪnɜ́:ʃə, -ʃɪə] 〘《1713》▭ L ∼ 'want of art or skill, inactivity': ⇨ inert, -ia¹〙 ── *n.* **1** 〘物理〙慣性, 惰性: the force of ∼ 慣性抵抗, 慣性力 / the product of ∼ 慣性乗積, 乗積能率 / ⇨ LAW of inertia, MOMENT of inertia. **2** 惰性, 不活発; 物ぐさ, 遅鈍. **3** 〘医学〙無力(症), 緩慢. **in·ér·tial** [-ʃəl, -ʃiəl | -ʃəl, -ʃɪəl] *adj.* **in·ér·tial·ly** *adv.*

inértial fórce *n.* 〘物理〙慣性力.

inértial fráme *n.* 〘物理〙慣性系 (⇨inertial system).

inértial guídance *n.* 〘航空・宇宙〙(ミサイル・航空機・船などの)慣性誘導 (cf. command guidance, inertial navigation system).

inértial máss *n.* 〘物理〙慣性質量.

inértial navigátion *n.* 〘航空・宇宙〙慣性航法.

inértial navigátion sỳstem *n.* 〘航空・宇宙〙慣性航法システム《航空機やロケットにおいて機上搭載の3軸方向加速度計で, 加速度, 速度および現在の位置を測定して行なう自立航法システム; 略 INS》.

inértial plátform *n.* 〘宇宙〙慣性プラットホーム《慣性誘導のための装置で, 諸検出器を内蔵し慣性空間に対して固定するように制御される》.

inértial spáce *n.* 〘宇宙〙慣性空間《Newton の慣性の法則が適用される空間》.

inértial sýstem *n.* 〘物理〙慣性(座標)系, 惰性系《その中では外部から力を加えぬ限り物体は静止しているか, 一定の直線速力で動くかする座標系; inertial frame, Newtonian frame ともいう》.

inértia rèel *n.* 《英》慣性リール《それに巻いてある安全ベルトを自動調節できる》.

inértia sélling *n.* 《英》〘商業〙押し付け販売《注文もしないのに品物を送り付け返品してこないと代金を請求する商法》.

inértia wélding *n.* 〘金属加工〙=friction welding.

I·nes [áɪnes, í:n-, ─ ╴] 〘▭ Sp. *Iñez* ▭ L *Agnes*: ⇨ Agnes〙 *n.* 女性名.

in·es·cap·a·ble [ɪnɪskéɪpəbḷ, ɪnəs-, ɪnes- | ɪnɪs-] *adj.* 逃げられない, 逃避できない; 免れ得ない, 不可避の, 必然的な: the ∼ realities / This is the year's ∼ movie. この映画は見逃すことのできない今年の話題作だ. **∼·ness** *n.* **in·es·cáp·a·bly** *adv.*

in·es·cutch·eon [ɪnɪskʌ́tʃən, -əs-, -es- | -ɪs-, -es-] 〘《1610》: ⇨ in-¹, escutcheon〙 *n.* 〘紋章〙盾の中に加えられた小さい盾 (⇨ heraldry 挿絵 D).

in es·se [ɪn ési | -ésɪ] 〘▭ L ∼ 'in being'〙 *L. adv., adj.* 実在して(いる), 存在して(いる) (↔ in posse).

in·es·sen·tial [ɪnɪsénʃəl, ɪnə-, ɪne- | ɪnɪ-, ɪne-] *adj.* **1** 緊要でない, 必ずしも必要ではない, なしで済まされる, 重要でない (unessential). **2** 《まれ》実質のない, 無形の. ── *n.* 緊要でない事物, なくて済ませるもの. **in·es·sen·ti·al·i·ty** [ɪnɪsènʃiǽləṭi, ɪnəs-, ɪnes- | ɪnɪsènʃɪǽlətɪ, ɪne-, -lɪ-] *n.*

in·es·sive [ɪnésɪv, ən- | ɪn-] 〘← L *iness(e)* to be in, at, or on (← IN-¹+*esse* to be: ⇨ is)+-IVE〙 〘文法〙 *adj.* 内格の. ── *n.* (フィンランド語名詞などの)内格.

in·es·ti·ma·ble [ɪnéstəməbḷ, ən- | ɪnéstɪ-] 〘《c1380》▭ (O)F ∼ ▭ L *inaestimābilis*: ⇨ in-², estimable〙 ── *adj.* **1** 計り知れない, 計算できない: ∼ magnitude, wasting, damage, etc. / a thing of ∼ value 計り知れないほど貴重な物. **2** 評価できない, 非常に[この上もなく]尊い: an ∼ privilege, contribution, etc. **∼·ness** *n.* **in·és·ti·ma·bly** *adv.*

in·e·va·si·ble [ɪnɪvéɪzəbḷ, ɪnəv-, -sɪ- | ɪnɪv-] 〘← IN-²+L *ēvāsus* ((p.p.) ← *ēvādere* 'to EVADE')+-IBLE〙 *adj.* 避けられない, 不可避の; 当然の.

in·ev·i·ta·bil·i·ty [ɪnèvəṭəbíləṭi, ən- | ɪnèvɪtəbílətɪ, -lɪ-] *n.* 避けられないこと, 免れ難いこと, 不可避, 必然; 避け難い[不可避な]事柄: historical ∼ 歴史的必然性.

in·ev·i·ta·ble [ɪnévəṭəbḷ, -évtə-, ən- | ɪnévɪtə-] 〘《c1443》▭ L *inēvītābil-is* ← IN-²+*ēvītābilis* avoidable (⇨ evitable)〙 ── *adj.* **1** 避けられない, 逃れられない, やむを得ない; 当然起こる, 不可避な (unavoidable): Death is ∼. 死は避けられない[必定である] / the ∼ hour のがれ難い時, 死期 (Gray, *Elegy*) / Some delay was ∼. 多少の遅れの出るのは避けられなかった. **2** (論理的に)当然の, 必然の (necessary): an ∼ conclusion 当然の帰結 / The conclusion is ∼ *that* ...という結論は当然である. **3** [the ∼; 名詞的に用いて] 必然的な事, 必然の(そうなるべき)運命: accept *the* ∼ 避けられない事は素直に受ける, 避けられない運命には甘んじて従う / It is in vain to fight against *the* ∼. 必然に反抗することはむだだ. **4** (物語の筋など)もっともな, 抜き差しならぬ, 手堅い (convincing)《批評家の常用語》. **5** [one's, the を伴って] 《口語》相変わらずの, お決まりの, つきものの (customary): with *his* ∼ camera 例のカメラを持って. **∼·ness** *n.* **in·év·i·ta·bly** *adv.*

inévitable áccident *n.* 〘法律〙不可避的事故. ★ act of God (不可抗力)に似ているがそれよりも広義.

in ex. 《略》in extenso.

in·ex·act [ɪnɪgzǽkt, -eg-] 〘▭ F ∼: ⇨ in-², exact〙 *adj.* 厳密でない, 正確でない, 不精密な: ∼ reasoning / an ∼ statement. **∼·ly** *adv.* **∼·ness** *n.*

in·ex·ac·ti·tude [ɪnɪgzǽktətʃ(j)ù:d, -eg- | -tɪtjù:d] 〘▭ F ∼: ⇨ in-², exactitude〙 ── *n.* 不正確, 不精密; 不正確なもの[こと]: terminological ∼*s* 用語上の不正確; 《戯言》うそ.

in·ex·cit·a·ble [ɪnɪksáɪṭəbḷ, -ek- | -sáɪt-] 〘▭ L *inexcitābil-is*: ⇨ in-², excitable〙 *adj.* 《まれ》冷静な, 興奮させられない.

in·ex·cus·a·ble [ɪnɪkskjú:zəbḷ, -eks-] 〘《a1415》▭ L *inexcūsābil-is*: ⇨in-², excusable〙 ── *adj.* 〈誤りなど〉言い訳の立たない, 許せない: an ∼ fault. **in·ex·cùs·a·bíl·i·ty** [-zəbíləṭi | -lətɪ, -lɪ-] *adv.* **∼·ness** *n.* **in·ex·cús·a·bly** *adv.*

in·ex·e·cut·a·ble [ɪnéksəkjù:ṭəbḷ, ən- | ɪnéksɪkjù:t-] *adj.* 実施[遂行]できない, 不可能な.

in·ex·e·cu·tion [ɪnèksəkjú:ʃən, ən- | ɪnèksɪ-] *n.* 不実施, 不実行.

in·ex·er·tion [ɪnɪgzɜ́:ʃən, -eg- | -zɜ́:-] *n.* 努力[奮発]の不足; 怠惰, 不精.

in·ex·haust·ed [ɪnɪgzɔ́:stɪd, -eg-, -təd] *adj.* 《古》= unexhausted.

in·ex·haust·i·bil·i·ty [ɪ̀nɪgzɔ̀ːstəbíləṭi, -eg- | -təbílətɪ, -tɪ-, -lɪ-] *n.* 無尽蔵；疲れを知らぬこと，精力絶倫.

in·ex·haust·i·ble [ɪ̀nɪgzɔ́ːstəbḷ, -eg- | -stə-, -tɪ-] *adj.* **1** 使い切れない，無尽蔵の，絶えない：～ riches, vitality, energy, etc. / an ～ supply of oil いくら使ってもなくならないほどの石油. **2** 疲れを知らない，倦(う)むことを知らない，不屈の，根気のよい：an ～ worker. **～·ness** *n.* **ìn·ex·háust·i·bly** *adv.*

in·ex·haus·tive [ɪ̀nɪgzɔ́ːstɪv, -eg-] *adj.* **1** 《古》＝inexhaustible. **2** きわめ尽くさない，徹底的でない，完全でない：an ～ investigation 徹底しない調査[研究].

in·ex·is·tent[1] [ɪ̀nɪgzístənt, -eg-, -tn̩t] 〘□ LL *inexistent-em* ← IN-[1]+*ex(s)istentem* 'existing, EXISTENT'〙 *adj.* 《古》内在する (inherent).

in·ex·is·tent[2] [ɪ̀nɪgzístənt, -eg-, -tn̩t] 〘← IN-[2]+EXISTENT〙 *adj.* 存在しない. **ìn·ex·ís·tence** [-təns, -tn̩s] *n.*

in·ex·o·ra·bil·i·ty [ɪnèks(ə)rəbíləṭi, ən-, -ègzər- | ɪnèks(ə)rəbílətɪ, -ègzər-, -lɪ-] *n.* 容赦のないこと，がんとして聞き入れないこと，冷酷さ；(法など)曲げられないこと，冷厳さ.

in·ex·o·ra·ble [ɪnéks(ə)rəbḷ, ən-, -égzər- | ɪn-] 〘《1553》□ F ～ ∥ L *inexōrābil-is* ← IN-[2]+*exōrābilis* 'EXORABLE'〙 — *adj.* **1** 〈人・言動など〉冷酷な，仮借しない，容赦のない，がんとして聞き入れない (↔ exorable)：an ～ creditor, judge, cruelty, etc. **2** 〈事実など〉曲げられない，動かすべからざる，不変の：～ laws, facts, logic, destiny, etc. **～·ness** *n.* **in·éx·o·ra·bly** *adv.*

in·ex·pec·tant [ɪ̀nɪkspéktənt, -eks-, -tn̩t] *adj.* 期待[予期]していない.

ìn·ex·pé·di·ence [-diəns | -djəns, -dɪəns] *n.* ＝inexpediency.

in·ex·pe·di·en·cy [ɪ̀nɪkspíːdiənsi, -eks- | -djənsɪ, -dɪənsɪ] *n.* 不便，不適当；不得策.

in·ex·pe·di·ent [ɪ̀nɪkspíːdiənt, -eks- | -djənt, -dɪənt] *adj.* 不便な，不適当な，不得策な，不都合な. **～·ly** *adv.*

in·ex·pen·sive [ɪ̀nɪkspénsɪv, -eks-] *adj.* (経済的に)費用のかからない，安価な，贅沢(ぜい)でない：an ～ paperback book. ★ cheap と違って安物の意味合いはない. **～·ly** *adv.* **～·ness** *n.*

in·ex·pe·ri·ence [ɪ̀nɪkspí(ə)riəns, -eks- | -píəri-] 〘□ F *inexpérience* □ LL *inexperientia*：⇨ in-[2], experience〙 *n.* 無経験，世間知らず，未熟，不慣れ.

in·ex·pe·ri·enced [ɪ̀nɪkspí(ə)riənst, -eks- | -píərɪənst] *adj.* 無経験の，未熟な，不慣れの；世間知らずの：be ～ *in* …に未経験だ.

in·ex·pert [ɪnékspəːt, ən-, -pət, ɪ̀nɪkspə́ːt, -eks- | ɪnékspəːt, ɪ̀nekspə́ːt, -ɪks-] 〘《1451》□ OF ～ ∥ L *inexpert-us* untried, inexperienced：⇨ in-[2], expert〙 — *adj.* 熟練者[玄人]ではない，未熟な，下手な，不得手な，不器用な (clumsy). **～·ly** *adv.* **～·ness** *n.*

in·ex·pi·a·ble [ɪnékspiəbḷ, ən- | ɪnékspɪə-, -pjə-] 〘《1459》□ L *inexpiābil-is* implacable：⇨ in-[2], expiable〙 — *adj.* **1** 〈罪など〉償われない，罪障の深い：an ～ sin, crime, etc. **2** 〈怒り・憎悪など〉なだめられない，抑え難い，執念深い (unappeasable). **～·ness** *n.* **in·éx·pi·a·bly** *adv.*

in·ex·pi·ate [ɪnékspièɪt, ən- | ɪnékspɪ-] 〘□ LL *inexpiāt-us*：⇨ in-[2], expiate〙 *adj.* 〈悪業など〉償われていない，罪滅ぼしのされてない.

in·ex·plain·a·ble [ɪ̀nɪkspléɪnəbḷ, -eks-] *adj.* 説明し難い，不可解な (inexplicable).

in·ex·plic·a·bil·i·ty [ɪnèksplɪ̀kəbíləṭi, ɪ̀nɪks-, ɪnèksplɪ-, ən-, -plə- | ɪnèksplɪkəbílətɪ, ɪ̀nɪksplɪ̀k-, -lɪtɪ] *n.* 説明できないこと，不可解さ.

in·ex·plic·a·ble [ɪneksplíkəbḷ, ɪ̀nɪks-, ɪnéksplɪ-, ən-, -plə- | ɪ̀nɪksplíkəbḷ, ɪnéksplɪk-] 〘《*a*1425》□ (O)F ～ ∥ L *inexplicābil-is* that cannot be unfolded：⇨ in-[2], explicable〙 — *adj.* 〈物・事が〉説明がつかない，解釈ができない，不可解な；不思議な，奇妙な (↔ explicable)：an ～ fact / for some ～ reason ある不可解な理由のために. — *n.* [*pl.*] 《廃》ズボン (trousers) (cf. indescribable 2). **～·ness** *n.* **in·ex·plíc·a·bly** *adv.*

in·ex·plic·it [ɪ̀nɪksplísɪt, -eks-, -sət | -sɪt] *adj.* はっきりしない，明確でない，曖昧な. **～·ly** *adv.* **～·ness** *n.*

in·ex·plor·a·ble [ɪ̀nɪksplɔ́ːrəbḷ, -eks-, -plóːr- | -plɔ́ːr-] *adj.* 探検[踏査]できない；計り知れない.

in·ex·plo·sive [ɪ̀nɪksplóusɪv, -eks-, -zɪv | -pláu-] *adj.* 爆発しない，不爆(発)性の.

in·ex·press·i·ble [ɪ̀nɪksprésəbḷ, -eks- | -sə-, -sɪ-] 〘《1625》：⇨ in-[2], expressible〙 — *adj.* 〈美しさなど〉言葉で言い表わせない，言うに言われぬ，言語に絶した，名状しがたい：～ grandeur, grief, beauty, etc. — *n.* [*pl.*] 《古》ズボン (trousers)(cf. indescribable 2). **ìn·ex·prèss·i·bíl·i·ty** [-səbíləṭi | -səbílətɪ, -sɪ-, -lɪ-] *n.* **～·ness** *n.* **ìn·ex·préss·i·bly** *adv.*

in·ex·pres·sive [ɪ̀nɪksprésɪv, -eks-] *adj.* **1** 無表情な：～ eyes. **2** 《古》＝inexpressible. **～·ly** *adv.* **～·ness** *n.*

in·ex·pug·na·bil·i·ty [ɪ̀nɪkspʌ̀gnəbíləṭi, -eks-, -pjùːnə- | -pʌ̀gnəbílətɪ, -lɪ-] *n.* 難攻不落，確固不動.

in·ex·pug·na·ble [ɪ̀nɪkspʌ́gnəbḷ, -eks-, -pjúːnə- | -pʌ́gnə-] 〘《*a*1425》□ (O)F ～ ∥ L *inexpugnābil-is* ← IN-[2]+*expugnābilis* that may be captured (← *expugnāre* to storm ← EX-[1]+*pugnāre* to fight)〙 — *adj.* **1** 難攻不落の，征服し難い：an ～ fortress, army, etc. **2** 〈議論など〉説破されない，確固不動の，しっかりした. **3** 〈憎しみなど〉拭き去ることのできない，消し難い：～ hatred. **～·ness** *n.* **ìn·ex·púg·na·bly** *adv.*

in·ex·pung·i·ble [ɪ̀nɪkspʌ́ndʒəbḷ, -eks- | -ɪkspʌ́ndʒə-, -dʒɪ-] 〘← IN-[2]+EXPUNGE+-IBLE〙 *adj.* 拭いきれない，(消しても)消えない：an ～ smell [memory].

in·ex·ten·si·ble [ɪ̀nɪksténsəbḷ, -eks- | -sə-, -sɪ-] *adj.* 広げられない，伸びない，拡張できない. **ìn·ex·tèn·si·bíl·i·ty** [-səbíləṭi | -səbílətɪ, -sɪ-, -lɪ-] *n.*

in·ex·ten·sion [ɪ̀nɪksténʃən, -eks-] *n.* 不伸張；不拡張，不拡大.

in·ex·tén·sion·al deformátion [-ʃənḷ, -ʃnəl-] *n.* 〘機械〙伸びなし変形.

in ex·ten·so [ɪn-ɪksténsou, -eks- | -səu] 〘□ L ～ 'in extention'〙 *L. adv.* 十分に，詳細に，省略せずに.

in·ex·tin·guish·a·ble [ɪ̀nɪkstíŋgwɪʃəbḷ | -ɪks-, -eks-] *adj.* 〈火など〉消すことができない，〈怒りなど〉抑え切れない，静められない，止められない：an ～ fire, light, hope, etc. / ～ rage, laughter, etc. **ìn·ex·tín·guish·a·bly** *adv.*

in·ex·tir·pa·ble [ɪ̀nekstə́ːpəbḷ, ən- | ɪ̀nekstə́ː-] 〘《1459》□ LL *inex(s)tirpābil-is* ← IN-[2]+L *ex(s)tirpāre* 'to EXTIRPATE'：⇨ -ABLE〙 — *adj.* 根絶し難い：an ～ disease. **～·ness** *n.*

in ex·tre·mis [ɪn-ɪkstréɪmɪs, -eks-, -tríːm-, -məs | -mɪs] 〘□ L *in extrēmis* in extremity〙 — *L. adv., adj.* 死に臨んで[だ]；瀕死(ひん)で[の]；全く絶望状態で[の]：a patient ～.

in·ex·tri·ca·bil·i·ty [ɪ̀nɪkstrɪ̀kəbíləṭi, -eks-, ɪnèkstrɪk-, ən-, -trək- | ɪnèkstrɪkəbílətɪ, ɪ̀nɪkstrɪ̀k-, -eks-, -lɪ-] *n.* 解決できないこと，脱出できないこと.

in·ex·tric·a·ble [ɪ̀nɪkstríkəbḷ, -eks-, ɪnékstrɪk-, ən-, -trək- | ɪnékstrɪk-, ɪ̀nɪkstrík-, -eks-] 〘《?*a*1425》□ L *inextricābil-is* that cannot be disentangled ← IN-[2]+*extricābilis* 'EXTRICABLE'〙 — *adj.* **1** 〈問題・困難など〉解けない，解決できない；込み入った，紛糾した：an ～ dilemma / in ～ confusion [difficulties] 手がつけられないほど混乱して[動きの取れない困難に陥って]. **2** 〈場所・状態など〉脱出できない (↔ extricable)：an ～ maze. **3** 〈結び目・輪など〉ほどけない，もつれた：an ～ tangle, knot, etc. **～·ness** *n.* **ìn·ex·tríc·a·bly** *adv.*

I·nez [aɪnéz, áɪnez, -nɪz, -nəz, íːnez, iːnéz | íːnez] 〘□ Sp. *Iñez* □ L *Agness*：⇨ Agnes〙 *n.* 女性名.

inf [ínf] 〘略〙 *n.* 〘数学〙＝infimum.

inf. 《略》infantry；inferior；infield；infielder；infinitive；infinity；infirmary；information；*L.* infra；〘処方〙 *L.* infunde (＝infuse).

ín·fàll 〘← IN (adv.)+FALL (n.)：cf. G *Einfall*〙 — *n.* **1** (海賊などの)侵入，侵略. **2** (隕石(いん)などの)落下；(ガスなどの)流入. **3** (川の)落合い，合流点 (confluence) (cf. outfall).

in·fal·li·bil·ism [ɪnfǽləbəlɪzm̩, ən- | ɪnfǽləbɪ-, -lɪbɪ-] *n.* 〘カトリック〙(ペトロ (Peter) の後継者の資格で話す際の)教皇の不可謬(ごびゅう)性，教皇無謬説 (cf. fallibilism 2).

in·fál·li·bil·ist [-lɪst, -ləst | -lɪst] *n.* 無謬(むびゅう)説の支持者[信奉者].

in·fal·li·bil·i·ty [ɪnfæ̀ləbíləṭi, ən- | ɪnfæ̀ləbílətɪ, -fæ̀lɪ-, -lɪtɪ] 〘《1611》□ F 《廃》*infallibilité* ∥ ML *infallibilitās*：⇨ ↓, -ity〙 — *n.* **1** 絶対に誤りのないこと，不過誤，絶対確実 (cf. fallibility). **2** 〘カトリック〙(教皇・公会議の)不可謬(ごびゅう)性：the ～ of the Pope＝papal infallibility / His *Infallibility* ローマ教皇の尊称《★ 嘲笑的にも用いる》.

in·fal·li·ble [ɪnfǽləbḷ, ən- | ɪnfǽlə-, -lɪ-] 〘《*a*1420》□ (O)F ～ ∥ ML *infallibil-is*：⇨ in-[2], fallible〙 — *adj.* **1** 〈判断・行動など〉全然誤りのない，絶対に正しい，決して誤らない：No man is ～ here on earth. この世に住む人でだれも絶対あやまちを犯さない人はない / an ～ rule 絶対確実な法則. **2** 〈効能など〉絶対確実な：an ～ remedy 必ず効く薬，妙薬. **3** 必ず起こる，避けられない，免れがたい：～ results of modern war 近代戦争の必然的な結果. **4** 〘カトリック〙〈教皇が〉(特に，ペトロ (Peter) の後継者の資格で宣言する際信仰と道徳について)不可謬(ごびゅう)の. — *n.* 決して誤らない[絶対確実な]人[もの]. **～·ness** *n.* **in·fál·li·bly** *adv.*

in·fame [ɪnféɪm, ən- | ɪn-] *vt.* 《古》＝defame.

in·famed [ɪ̀nféɪmd, ən- | ɪn-] *adj.* 〘紋章〙＝defamed.

in·fa·mize [ínfəmàɪz] 〘⇨ ↓, -ize〙 *vt.* …に汚名を着せる.

in·fa·mous [ínfəməs] 〘《15C》□ ML *infāmōs-us* ∽ 《*c*1378》*infamis* □ L *infāmis*：⇨ in-[2], famous〙 — *adj.* **1** 悪名の高い，評判の悪い，名うての：a name ～ in history. **2** 恥ずべき，いまわしい：an ～ woman けしからぬ[いまいましい]女 / ～ behavior 不埒(ふらち)な振舞い. **3** 《口語》下等な，拙劣な，ひどい：an ～ dinner, horse, house, pen, etc. **4** 〘法律〙(破廉恥罪で有罪の宣告を受けたため)公民権を剝奪された，証人たる能力を失った；(公民権を失う)破廉恥罪の. **～·ly** *adv.*

infamous crime *n.* 〘法律〙 **1** 《英廃》(bestiality など反自然的犯罪を含む)破廉恥罪. **2** 《米》(州刑務所での)拘禁刑を科せられる犯罪《連邦憲法第5修正にはこの用語が使われているが，州の犯罪を指すものとされる》.

in·fa·my [ínfəmi | -mɪ] 〘《?*a*1425》□ (O)F *infamie*, OF *infame* ∥ L *infāmia* ← *infāmis*：⇨ infamous, -y[1]〙 — *n.* **1** 不名誉，悪名，汚名，醜聞 (disgrace)；破廉恥，堕落 (moral depravity). **2** 醜行，非行. **3** 〘法律〙(破廉恥罪による)公民権[信用]の喪失；証人能力の喪失.

in·fan·cy [ínfənsi | -sɪ] 〘《*a*1398》□ L *infantia* early childhood，《原義》inability to speak ← *infantem* (↓)：⇨ -ancy〙 — *n.* **1** 幼少，幼時，幼年時代：He spent his ～ in London. / in (one's) ～ 幼時に，子供のころ. **2** 〘法律〙未成年 (nonage, minority). **3** [集合的] 幼児たち，嬰児(えいじ)たち. **4** (事物の)初期，未発達時代，揺籃(らん)期：the ～ of a nation / in the ～ of the arts and sciences 学芸の揺籃時代に / The invention is still in its ～. その発明はまだほんの初期にある.

in·fant [ínfənt] 〘《*c*1384》*enfaunt* □ (O)F *enfant* < L *infantem* child, 《原義》unable to speak ← IN-[2]+*fantem* ((pres.p.) ← *fārī* to speak)〙 — *n.* **1** 幼児，嬰児(えいじ)，小児，児童《通例7歳未満；cf. child 1 a》：～s' goods 子供用品 / a terrible ～ ⇨ enfant terrible. **2** 〘法律〙未成年者 (minor)《通例21歳未満，英国では18歳未満》. **3** 初心者；《まれ》初期の[幼稚な]事物. **4** 《英》幼児学校 (infant school) の児童. — *attrib. adj.* **1 a** 幼児の，小児の，児童の：during the ～ years 幼児の間 / ～ diseases 小児病. **b** 小児用の，幼児のための：～ food 幼児食. **2** 幼少の，幼い：an ～ child 幼児 / an ～ king, heir, etc. **3** 幼稚な，初期の階段の，未発達状態の：～ civilization, industries, etc. **4** 〘法律〙未成年の (minor).

in·fan·ta [ɪnfǽnṭə, ən-, -fáːn- | ɪnfǽntə] 〘《1601》□ Sp. & Port. ～ (fem.) ← INFANTE〙 *n.* **1** (スペインやポルトガルの)王女，皇女，内親王. **2** infante の妻.

ínfant báptism *n.* 〘キリスト教〙幼児洗礼《2, 3世紀頃から幼児の洗礼はかなり一般的となり，現在もローマカトリック教会や多くのプロテスタント教会で行なわれている；ただし，洗礼は本人の自覚的な信仰告白が必要であるという理由で，これを認めない教派(バプティスト教会など)もある》.

in·fan·te [ɪnfǽnṭi, ən-, -fáːn-, -teɪ | ɪnfǽntɪ] 〘《1555》□ Sp. & Port. ～ < L *infantem*, *infāns* 'INFANT'〙 — *n.* (スペインやポルトガルの)王子，皇子，親王《長子を除く；cf. principe 2》.

ínfant·hòod *n.* ＝infancy.

in·fan·ti·ci·dal [ɪnfæ̀nṭəsáɪdḷ, ən- | ɪnfæ̀ntɪ-] *adj.* 幼児殺しの.

in·fan·ti·cide [ɪnfǽnṭəsàɪd, ən- | ɪnfǽntɪ-] 〘1：□ F ～ □ LL *infanticīdium* child murder. — 2：□ F ～ □ LL *infanticīda* child murderer：⇨ infant, -cide〙 — *n.* **1 a** 乳児殺し，嬰児(えいじ)殺し. **b** 間引き《多くは貧困のため子供を出生直後殺す慣習；今もなお原始種族の間に残っている》. **2 a** 乳児殺害者. **b** 間引き者.

in·fan·tile [ínfəntàɪl, -tḷ, -tìːl, -tɪl | -tàɪl] 〘《1696》□ LL *infantil-is* pertaining to an infant：⇨ infant, -ile[1]〙 — *adj.* **1** 子供らしい，あどけない (childlike)；幼稚な，子供じみた (childish)：～ behavior, beauty, etc. **2** 幼児の，子供の：～ diseases 小児病 / ～ cholera 小児性コレラ / ～ mortality 幼児死亡率. **3** 〘地質〙 **a** 〈地形が〉(発達過程の)初期の (elementary). **b** 初めの，発端の，初歩の.

ínfantile parálysis *n.* 〘病理〙小児麻痺(ひ)《脊髄性小児麻痺 (infantile spinal paralysis) と脳性小児麻痺 (infantile cerebral paralysis) があり，前者は現在では通例 poliomyelitis という》.

in·fan·ti·lism [ínfənṭàɪlɪzm, -ṭəlɪzm, ɪnfǽnṭəlɪzm, -ṭḷ- | ɪnfǽntɪlɪzm, ínfən-] *n.* **1** 幼児の言葉. **2** 〘病理〙小児症，幼稚症，小児型(発育不全). **3** 小児病，発育不全者の言行，小児めいた言動.

in·fan·til·i·ty [ɪ̀nfəntíləṭi | -lətɪ, -lɪ-] *n.* 小児性.

in·fan·tine [ínfəntàɪn, -tìːn] 〘《1603》□ F 《廃》*infantin*：⇨ infant, -ine[1]〙 *adj.* ＝infantile.

in·fan·try [ínfəntri | -trɪ] 〘《1579》□ F *infanterie* □ It. *infanteria* ← *infante* youth, servant, foot soldier < L *infantem* 'INFANT'：⇨ -ery〙 — *n.* **1 a** [集合的] 歩兵，歩兵部隊 (foot soldiers)：two regiments of ～ 歩兵2個連隊 / light ～ 軽歩兵 / armored ～ 機甲歩兵部隊. **b** 歩兵科，兵科 (cf. cavalry 2, artillery 2). **2** [the I-]：歩兵連隊：*the* 136 *Infantry* 歩兵136連隊.

ínfantry·man [-mən | -mən, -mæ̀n] *n.* (*pl.* **-men** [-mən, -mèn]) (個々の)歩兵.

ínfant schòol *n.* (英国の)幼児学校《5-7歳の児童を収容する義務教育の公立学校；cf. junior school》.

ínfants' schòol *n.* 《英》＝infant school.

in·farct [ínfɑəkt, ɪnfɑ́əkt, ən- | ínfɑːkt, ─ ╯] 〘← L *infarct-us* stuffed in (p.p.) ← *infarcīre* ← IN-[1]+*farcīre* to stuff〙 — *n.* 〘病理〙梗塞(こうそく)(症)《塞栓(そくせん)症 (embolism) などのため血液の循環を阻止されて壊死(えし)に陥った状態》. **～·ed** *adj.*

in·farc·tion [ɪnfɑ́əkʃən, ən- | ɪnfɑ́ːk-] *n.* 〘病理〙梗塞(こうそく)が生じること，梗塞形成；梗塞 (infarct)：⇨ myocardial infarction.

in·fare [ínfɛ̀ə | -fɛ̀ə(r)] 〘OE *innfær* entrance ← *inn* 'IN (adv.)'+*fær* a going (← *faran* 'to go, FARE')〙 — *n.* 《方言》(特に，挙式の一両日後に新郎宅で行なう)結婚披露.

in·fat·u·ate 〘《adj.：1471；v.：1533》□ L *infatuāt-us* (p.p.) ← *infatuāre* to make a fool of ← IN-[1]+*fatuus* 'foolish, FATUOUS'〙 — [ɪnfǽtʃuèɪt, ən- | ɪnfǽtju-, -tʃu-] *vt.* …の思慮を失わせる，愚かにする，ぼんやりさせる；夢中にさせる，ぼうっとさせる (cf. infatuated)：She ～*d* him so much that he indulged her every whim. 望みは何でもかなえてもらえるほど彼女は彼

を虜(ﾄﾘｺ)にした. ── [-tʃuət, -tʃuɪt | -tju-, -tʃu-] *adj.* =infatuated. ── [-tjuət, -tʃuɪt|-tju-, -tʃu-] *n.* 夢中になった人, うつつを抜かしている人. **in·fát·u·à·tor** [-tə | -tə(r] *n.*

in·fát·u·àt·ed [-tɪd, -təd | -tɪd, -təd] *adj.* ぼうっとなった, のぼせ上がっている；〔女などに〕夢中になった, うつつを抜かしている〔*with*〕: a man ~ *with* pride うぬぼれでのぼせ上がった男 / be ~*d with* the study of linguistics 言語の研究に夢中になっている / He suddenly became ~ *with* her. 突然その女に熱を上げた. **~·ly** *adv.*

in·fat·u·a·tion [ɪnfætʃuéɪʃən, ən- | ɪnfætju-, -tʃu-] 〘◻LL *infatuātiō(n-)* ← L *infatuātus*: ⇨ infatuate, -ation〙 ── *n.* **1** 迷い込ませること, 夢中にさせる[なる]こと；のぼせ上がり, 逆上；迷い込み, 夢中：his ~ *with* a woman 彼の女に対するのぼせぶり / have an ~ *for* gambling ギャンブルにうつつを抜かす. **2** 夢中にさせるもの[こと].

in·fau·na [ínfɔ̀ːnə, -fɑ̀ː- | -fɔ̀ː-] 〘← NL ~: ⇨ in-[1], fauna〙 ── *n.* 〘生態〙内生動物《底生動物の中, 特に柔らかい海底にすむものをいう；cf. epifauna》. **ín·fàu·nal** [-nḷ] *adj.*

in·faust [ɪnfáust, ən-, -fɔ́ːst | ɪnfɔ́ːst] 〘◻F *infauste* ∥ L *infaust-us* ← IN-[2]+*faustus* lucky〙 *adj.* 運が悪い；縁起の悪い, 不吉な.

in·fea·si·bil·i·ty [ɪnfìːzəbíləṭi, ən-|ɪnfìːzəbílətɪ, -zɪ-, -lɪ-] *n.* 実行できないこと, 実行不可能性.

in·fea·si·ble [ɪnfíːzəbḷ, ən- | ɪnfíːzə-, -zɪ-] *adj.* 実行不可能な (impracticable). **~·ness** *n.*

in·fect [ɪnfékt, ən-|ɪn-] 〘《?*c*1378》 *infecte(n)* ← L *infect-us* (p.p.) ← *inficere* to dip into, stain, taint ← IN-[1] +*facere* to make, put〙 ── *vt.* **1 a** 病毒で汚す[汚染する]; …に〔病毒・病菌を〕混入する〔*with*〕: ~ a room 部屋に病菌をまき散らす / ~ water *with* cholera コレラで水を汚染する. **b** …に〔病気を〕感染させる, 伝染させる〔*with*〕: be ~*ed with* the plague ペストにかかる. **c** 〈病原菌が〉〈器官・組織などを〉侵す, …に侵入する: a wound ~*ed with* suppurative germs 化膿菌の入った傷口. **2 a**〔悪風に〕染ませる, かぶれさせる；…に〔危険思想などを〕鼓吹する〔*with*〕: ~ young people *with* dangerous thought 青年に危険思想を吹き込む. **b** …に影響を及ぼす, 感化する, 同じ気持に誘う (influence); …に〔感情などを〕感応させる〔*with*〕: ~ a person *with* enthusiasm 人に熱心な気持を起こさせる / Her gaiety ~*ed* the company. 彼女の陽気なのにつり込まれてみんな陽気になった. **3** 〘法律〙…に不法性を帯びさせる；〘国際法〙〈中立国の船に積んだ敵貨 (hostile goods) などが〉〈他の貨物または船そのもの〉に敵性を感染させる, 没収の危険を与える. ── *vi.* 病原菌が入る, 感染する. ── *adj.* 《古》=infected. **~·er, in·féc·tor** *n.*

in·féct·ed *adj.* 伝染した, 感染した：the ~ area 伝染病流行地域 (略 I.A.) / the ~ zone 伝染病流行地帯.

in·fec·tion [ɪnfékʃən, ən- | ɪn-] 〘《1392》◻(O)F ~ ∥ LL *infectiō(n-)* ← *inficere* 'to INFECT': ⇨ -tion〙 ── *n.* **1** 伝染, 感染 (cf. contagion 1 a): spread by ~ 〈病気が〉伝染して広がる. **2 a** (バクテリア・ウイルスなどの)病原菌. **b** (傷口などへの)病原菌の侵入: get an ~ *in* the eye 目に菌が入る. **3** 伝染病 (infectious disease). **4** 悪感化, 悪影響, (悪風の)伝染, かぶれること；(精神的)感化, 影響 (influence): the ~ of enthusiasm. **5** 〘法律〙不法性を帯びること；〘国際法〙敵性感染 (cf. infect 3). **6** 〘文法〙(ケルト語で)母音の隣接子音への同化.

in·fec·tious [ɪnfékʃəs, ən- | ɪn-] 〘《1542》: ⇨↑, -ious〙 ── *adj.* **1** 〈空気・水・衣服・ハエ・カなど〉(伝染性)病毒をもつ, 病毒[病気]をうつしやすい；〈病気が〉伝染力を有する, 伝染性の；伝染病の (cf. contagious 1 a): ~ clothing [water, air] 病菌のついている着物[水, 空気] / an ~ hospital 伝染病院. **2** 〈感化・影響など〉人にうつる, うつりやすい, 伝わりやすい: Yawning is ~. あくびは皆にうつる. **3** 〘法律〙不法性を帯びさせる；〘国際法〙〈敵貨など〉他の貨物や船そのものに敵性を感染させる (cf. infect 3). **4** 《廃》伝染した, 感染した. **~·ly** *adv.* **~·ness** *n.*

inféctious abórtion *n.* 〘獣医〙(ブルセラ菌による)牛の伝染性流産 (⇨ contagious abortion).

inféctious anémia *n.* 〘獣医〙=equine infectious anemia.

inféctious diséase *n.* 伝染病.

inféctious ectromélia *n.* 〘獣医〙=mousepox.

inféctious équine encephalomyelítis *n.* 〘獣医〙馬の伝染性脳脊髄(ｾｷｽﾞｲ)膜炎《ウイルスによる馬の伝染病の一種》.

inféctious hepatítis *n.* 〘医学〙伝染性肝炎.

inféctious laryngotracheítis *n.* 〘獣医〙伝染性喉頭気管炎《ウイルスによる鶏の急性伝染病》.

inféctious mononucleósis *n.* 〘病理〙伝染性単核症, 腺熱(ｾﾝﾈﾂ) (glandular fever).

inféctious myxóma *n.* 〘獣医〙伝染性粘液腫(ｼｭ)《ウサギの伝染病の一種》.

inféctious myxomatósis *n.* 〘獣医〙=myxomatosis 2.

in·fec·tive [ɪnféktɪv, ən- | ɪn-] 〘《*a*1398》◻L *infectīv-us*: ⇨ infect, -ive〙 ── *adj.* 伝染性の, うつりやすい (infectious). **~·ness** *n.*

in·fec·tiv·i·ty [ɪnfektívəṭi | -vətɪ, -vɪ-] *n.* うつりやすいこと, 伝染性.

in·fe·cund [ɪnfékənd, ən-, -fíːk- | ɪnfíːkənd, -fék-, -kʌnd] 〘◻L *infēcund-us* ← IN-[2]+*fēcundus* 'FECUND'〙 *adj.* 実を結ばない, 子を産まない, 不毛の, 不妊の.

in·fe·cun·di·ty [ɪ̀nfɪkʌ́ndəṭi, -fe- | ɪ̀nfɪkʌ́ndətɪ, -fiː-, -fe-, -dɪ-] *n.* 結実不能, 生殖不能, 不妊, 不毛.

in·fe·li·cif·ic [ɪnfìːləsífɪk, ən- | ɪnfìːlɪ-] 〘← IN-[2]+FELICIFIC〙 *adj.* 不幸にする, 不幸をもたらす.

in·fe·lic·i·tous [ɪnfɪlísəṭəs, -fə- | -fəlísɪt-, -fe-, -fɪ-, -sə-] *adj.* **1** 不幸な, 不運な: an ~ marriage. **2** 〈文体・言葉遣いなど〉不適当な, 不適切な, まずい: an ~ expression. **~·ly** *adv.*

in·fe·lic·i·ty [ɪ̀nfɪlísəṭi, -fə- | -fəlísətɪ, -fe-, -fɪ-, -sɪ-] 〘《*c*1384》◻L *infēlīcitāt-em* ← *infēlix* unhappy: ⇨ in-[2], felicity〙 ── *n.* **1** 不幸, 不運. **2** 不幸な事態, 逆境, 災難. **3** (言葉などの)不適当, 不適切；[*pl.*] 不適切な文句, 拙劣な表現: *infelicities* of expression 拙劣な表現.

ín·fèlt 〘← IN (adv.)+FELT[2] (p.p.)〙 *adj.* 《古》心に深く感じた[徹した], 心からの (heartfelt).

in·fer [ɪnfə́ː, ən- | ɪnfə́ː(r] 〘《1526》◻L *infer-re* 《原義》to bring in or on ← IN-[1]+*ferre* to carry, bear〙 ── *vt.* (**in·ferred**; **in·fer·ring**) **1** [しばしば *that*-clause を伴って]〔根拠・事実などから〕…と推論[推定, 推理]する (cf. posit 1)〔*from*〕: ~ a person's innocence (行動などの根拠から)人の潔白であることを推定する / *From* what he wrote to me I ~*red that* something had happened to our mother. 彼の手紙からみて私は母に何かがあったと推断した. **2** 〈事・《口語》人が〉(結論として)意味する, 暗示する: Silence often ~*s* consent. 沈黙はしばしば同意のしるしになる. **3** [しばしば *that*-clause を伴って] 暗示する, ほのめかす (suggest). ── *vi.* 〔…から〕推論[推測]する〔*from*〕.

in·fer·a·ble [ɪnfə́ː(r)əbḷ, ən-, ínf(ə)rə- | ɪnfə́ːrə-] *adj.* 推論できる, 推定される〔*from*〕. **in·fér·a·bly** *adv.*

in·fer·ence [ínf(ə)rəns, -fəns | -f(ə)rəns] 〘《1594》◻ML *inferentia* ← *inferentem* (pres.p.) ← *inferre* 'to INFER': ⇨ -ence〙 ── *n.* **1** 推論, 推理, 推定；推論の結果, 推断, 結論: by ~ 推測によって, 推論的に, 推論の結果として / speak from ~ (多分こうだろうと)推測して言う / draw [make] an ~ (*from*) (…から)推測する, 結論を下す / That is a mere ~. それはほんの推測に過ぎない. **2** 〘論理〙(演繹(ｴﾝｴｷ)的または帰納的)推理, 推論: hypothetic ~ 仮説推理 / ⇨ DEDUCTIVE inference, immediate inference, inductive inference, mediate inference.

ínference rùle *n.* 〘論理〙推論[推理]規則《公理体系で定理等を導出する変形規則またはその一部; 通例肯定式をいう；cf. modus ponens, transformation rule》.

in·fer·en·tial [ɪnfərénʃəl] 〘《1657》←ML *inferentia* 'INFERENCE'+-AL[1]〙 ── *adj.* 推理(上)の, 推論(上)の, 推定した: It is not an ~, but a palpable fact. 推定上の事ではなくれっきとした事実である.

ìn·fer·én·tial·ly [-ʃəli|-lɪ] *adv.* 推論的に, 推測的に.

In·fer·i [ínfəràɪ] 〘◻L *inferī* (pl.) ← *inferus* underneath: ⇨ inferior〙 ── *n. pl.* 〘ローマ神話〙インフェリ (cf. Superi): **1** 冥界の住人, 地獄の住人, 死者. **2** 地獄の神々.

in·fer·i·ble [ɪnfə́ː(r)əbḷ, ən- | ɪnfə́ːrə-, -rɪ-] *adj.* =inferable.

in·fe·ri·or [ɪnfí(ə)riə, ən-|ɪnfíərɪə(r] 〘《adj.: ?*a*1425; n.: 1502》◻L *inferior* lower (comp.) ← *inferus* being below, underneath: ⇨ -ior[1]: cf. under〙 ── *adj.* (↔ superior) **1** (位置が)下の, 下方の, 下部の: the ~ strata 下位地層. **2** 下の階級[身分]の, 階級[身分]の低い；〔…より〕下位[下級, 下層]の〔*to*〕: the ~ classes 下層階級 / the ~ ranks 下級(者) / ⇨ inferior court / A colonel is ~ *to* a general. 大佐は将官より下位である. **3** (質・程度などが)劣等[下等]の, 粗悪な；二流品[二等品]の, 並の: an ~ poet 二流詩人 / of ~ workmanship 仕上げ[出来栄え]の良くない / sell ~ goods at high prices 粗悪な品を高い値段で売る (cf. inferior goods) / This brandy is very ~ stuff. このブランデーは大変品が悪い. **4** (質・程度などが)〔…よりも〕劣った, 良くない〔*to*〕: goods ~ *to* sample 見本より悪い品物 / I always feel ~ *to* him. 彼にはいつもかなわないと思う / This wine is ~ *to* that in flavor. このぶどう酒はそのぶどう酒に比べて味が落ちる. **5** 〘解剖・動物〙他の器官の下に付いた, 下の: ⇨ inferior vena cava. **6** 〘植物〙下生の；〈萼(ｶﾞｸ)が〉子房の下にある；〈子房が〉萼の下にある: an ~ calyx [ovary] 下位萼[子房]. **7** 〘印刷〙下付きの: an ~ letter [number] 下付き文字[数字]《H_2, D_n などの $_2$, $_n$ など；H, 2 ~, D, N ~ と読む》. **8** 〘天文〙**a** 〈惑星が〉地球の軌道の内側にある: ⇨ inferior planet. **b** 〈合(ｺﾞｳ)が〉太陽と地球の間で起こる, 内合の: ⇨ inferior conjunction. ── *n.* (↔ superior) **1** 下の者, 目下の者, 下級者, 後輩 (cf. equal): He is condescending to his ~*s*. 目下の者に腰が低い. **2** 才能(など)の劣った者, 劣等者: I am your ~ *in* ability. 能力の点では君に及ばない. **3** 〘印刷〙下付き文字[数字, 活字]. **~·ly** *adv.*

inférior conjúnction *n.* 〘天文〙内合《内惑星の合(ｺﾞｳ)が太陽と地球の間で起こること；cf. superior conjunction》.

inférior cóurt *n.* **1** 《英》下位裁判所《その管轄権に制限のある裁判所；郡裁判所・治安判事裁判所以下のものがこれに当たる; cf. superior court》. **2** 《米》下位裁判所《州によって名称は異なるが郡裁判所・治安判事裁判所・遺言検認裁判所以下のものがこれに当たる》.

inférior góods *n. pl.* 〘経済〙劣等財, 下級財《消費者の収入が増せば消費量が減るような財》.

in·fe·ri·or·i·ty [ɪnfì(ə)riɔ́(ː)rəṭi, ən-, -ɑ́r- | ɪnfɪərɪɔ́rətɪ, -rɪtɪ, ⌒⌒⌒⌒⌒] *n.* 劣っていること, 下等, 劣等, 粗悪; 下級, 下位 (↔ superiority)〔*to*〕: a feeling of ~ 劣等感, 卑下感情.

inferiórity còmplex *n.* **1** 〘精神分析〙劣等コンプレックス, インフェリオリティーコンプレックス, 劣等感《他人より劣るという潜在観念, その結果著しく内気になるかまたは反動的に大げさな虚勢的態度を見せる》. **2** 《口語》ひけめ, ひがみ.

inférior plánet *n.* 〘天文〙内惑星《地球軌道の内側を運行する惑星: 水星 (Mercury) と金星 (Venus); inferior planet ともいう; ↔ superior planet; cf. inner planet》.

inférior véna cáva *n.* 〘解剖〙下大静脈.

in·fer·nal [ɪnfə́ːnḷ, ən- | ɪnfə́ː-] 〘《*c*1385》◻(O)F ~ ∥ L *infernāl-is* ← *infernus* lying beneath, underground ← *inferus* lower: cf. inferior〙 ── *adj.* **1** 地獄の: the ~ regions 地獄 / an ~ spirit 地獄の鬼. **2** 悪魔[悪鬼]のような, 極悪の, 非道の: ~ cruelty / an ~ deed. **3** 《口語》ひどい, 途方もない, 忌々(ｲﾏｲﾏ)しい: an ~ nuisance 忌々しい厄介物 / an ~ lie とんでもない嘘 / I'm in an ~ muddle. とても困っているんだ. ── *n.* **1** [通例 *pl.*] 《古》悪魔のような人, 極悪非道な人. **2** [*pl.*] 《廃》地獄.

in·fer·nal·i·ty [ɪ̀nfə(ː)nǽləṭi | -fə(ː)nǽlətɪ, -lɪ-] *n.* 極悪, 非道.

in·fér·nal·ly [-nəli, -nḷi | -nəlɪ, -nḷɪ] *adv.* **1** 悪魔のように. **2** 《口語》忌々(ｲﾏｲﾏ)しいほどに, やけに, ひどく.

inférnal machíne *n.* 《古》(機械仕掛けの)爆弾, 偽装爆破装置《暗殺・放火などに用いる; もと time bomb や booby trap をさすのにこの語を使った》.

in·fer·no [ɪnfə́ːnou, ən- | ɪnfə́ːnəu] 〘《1834》◻It. ~ < LL *infernum* hell: ⇨ infernal〙 ── *n.* (*pl.* **~s**) **1** 地獄; 焦熱地獄. **2** 地獄のような苦痛と苦悶の場所, この世の地獄. **3** 焦熱. **4** [The I-] 「地獄篇」《Dante 作「神曲」(*The Divine Comedy*) の第一部》.

in·fe·ro- [ínfərou | -rə(u)] 〘← L *inferus* lower: ⇨ inferior〙「下側に (on the underside); 下に (below)」の意の連結形.

ìnfero·antérior 〘⇨↑, anterior〙 *adj.* 下前部の.

in·fér·rer [-fə́ː(r)ə | -fə́ːrə(r] *n.* 推論者, 推測者.

in·fer·ri·ble [ɪnfə́ː(r)əbḷ, ən- | ɪnfə́ːrə-, -rɪ-] *adj.* =inferable.

in·fer·tile [ɪnfə́ːṭḷ, ən-|ɪnfə́ːtaɪl] 〘◻F ~ ◻LL *infertilis*: ⇨ in-[2], fertile〙 ── *adj.* **1** 〈土地が〉豊かでない, 不毛の, やせた. **2** 生殖[繁殖]力のない: an ~ egg 無精卵. **in·fer·til·i·ty** [ɪ̀nfə(ː)tíləṭi|-fə(ː)tílətɪ, -lɪ-] *n.*

in·fest [ɪnfést, ən- | ɪn-] 〘《?*a*1425》◻(O)F *infest-er* ∥ L *infest-āre* to assail, molest ← *infestus* hostile, 《原義》directed against ← IN-[1]+-*festus* (cf. manifest)〙 ── *vt.* **1 a** [しばしば Passive で]〈(多数の)山賊・ねずみ・病気などが〉…に横行する, 出没する, はびこる, 荒らし回る: Brigands ~ the mountains. 山賊が山地に横行している / The sea was ~*ed by* [*with*] pirates. その海域は海賊が横行していた / The fields are ~*ed with* rats [vermin]. 畑はねずみ[害獣]に荒らされている / a slum ~*ed with* crime 犯罪のはびこる汚ない裏町. ★ しばしば a pirate-*infested* sea, the rat-[vermin-] *infested* fields などとも用いる. **b** 〈子供などが〉…に群がる: streets ~*ed with* children. **2** 〈害虫などが〉〈動物〉に寄生する, たかる: a dog ~*ed* by fleas. **3** 《古》〈心配ごとなどが〉…にからみつく, しつこく悩ます. **~·er** *n.*

in·fes·tant [ɪnféstənt, ən- | ɪn-] 〘◻L *infestānt-em* (pres.p.) ← *infestāre* (↑): ⇨ -ant〙 ── *n.* 〘生物〙侵食生物[動物]《例えば衣類を食い荒らすイガ, 麦粉を食うコナムシ, 酢の中にいるスセンチュウなど》.

in·fes·ta·tion [ɪ̀nfestéɪʃən] 〘◻LL *infestātiō(n-)*: ⇨ infest, -ation〙 ── *n.* **1** (山賊・ねずみなどが)群がり荒らすこと, 横行, 出没; 来襲, 侵入; 蔓延(ﾏﾝｴﾝ). **2** 〘病理〙(寄生動物の)(体内)浸入, インフェステーション.

in·feu·da·tion [ɪnfjuːdéɪʃən] 〘《15C》◻ML *infeudātiō(n-)* ← *infeudāre* to enfeoff ← IN-[1]+*feudum*: ⇨ feud[2], fee〙 ── *n.* **1** 〘古英法〙授封, 封土《知行を与えて領臣 (vassal) にする[主従の関係を結ぶ]こと》; (授封によって結ばれた)領主領臣[主従]関係. **2** [the ~] 〘英法〙=INFEUDATION of tithes.

infeudation of tithes [the ─] 〘英法〙(俗人 (laymen) への)十分の一税 (tithe) 徴収権の譲与.

in·fib·u·la·tion [ɪnfɪbjʊléɪʃən] 〘← L *infibulāre* to clasp, buckle (← IN-[1]+*fibula* 'clasp, pin, FIBULA')+-ATION〙 ── *n.* 留め金[リング]で留めること; (特に)陰部封鎖《ある種の未開種族間で性交防止のため行なわれた》.

in·fi·del [ínfədḷ, -dèl | -fɪ-] 〘《*a*1470》◻(O)F *infidèle* ∥ L *infidēl-is* faithless, (LL) unbelieving ← IN-[2]+*fidēlis* faithful (cf. fidelity)〙 ── *n.* **1** 神を信じない人, 信仰のない者, 不信心者, 無神論者. **2** (ユダヤ教・キリスト教・イスラム教徒などおのおのの立場からみて)異教徒, 異端者, 邪宗徒. **3** どの理論・教義も信じない人, 懐疑主義者. ── *adj.* **1** 神を信じない, 信仰のない, 不信心な. **2** 反キリスト[イスラム]教の, 聖書や神の啓示を信じない. **3** 異教徒の, 異端者の, 不信仰者の.

in·fi·del·ic [ɪ̀nfədélɪk | -fɪ-] *adj.* =infidel.

in·fi·del·i·ty [ɪnfɪdéləṭi, -fə- | -fɪdélətɪ, -faɪ-, -lɪ-] 〘《*a*1400》◻(O)F *infidélité* ∥ L *infidēlitāt-em* ← *infidēlis*: ⇨ infidel, -ity〙 ── *n.* **1** 神を信じないこと, 不信心, 無信仰; キリスト教を信じないこと. **2** 不誠実; 背信. **3** (夫婦間の)不貞, 不義: conjugal ~ 密通. **4** (テキストなどとして)信頼できないこと, (釈訳などの)誤り.

ín·field 〚← IN (adj.)＋FIELD〛 ── n. 1 農家の周囲の畑;(常に耕作している)畑地. 2〚クリケット・野球〛内野 (↔ outfield);[集合的] 内野手 (infielders). 3〚陸上競技〛インフィールド《トラックに囲まれたフィールド》;〚競馬〛内馬場. ── adj. 内野の.

ín·field·er n.〚クリケット・野球〛内野手.
handcuff an infielder 〈打球が〉内野手を強襲する.

ínfield flý n.〚野球〛インフィールドフライ《無死または一死で走者が1, 2塁もしくは満塁のとき内野手が当然捕球できうると思われるフェア区域に打たれた飛球; 主審がインフィールドフライを宣すればその飛球が捕えられる前に打者はアウトになる》.

ínfield hít n.〚野球〛内野安打.

ínfield óut n.〚野球〛内野ゴロを打ってアウトになること.

ín·fìghter n. 1 内輪もめする人. 2〚ボクシング〛接近戦を得意とするボクサー.

ín·fighting n. 1〚ボクシング〛インファイト, 接近戦 (↔ outfighting). 2〚口語〛(政党内の)内部抗争, 内紛, 対抗意識, (組織・グループ内の)内輪もめ, 内ゲバ, (舞台裏の)暗闘. 3 乱戦, 乱闘.

in·fil·ter [ɪnfíltə, ən- | ɪnfíltə(r] 〚← IN (adv.)＋FILTER[1] (v.) ∥ ⇨F infiltre-r〛 vi. 漉(こ)し入れる, ふるい入れる.

in·fil·trate [ɪnfíltreɪt, ən-, ínfɪltrèɪt | ínfɪltrèɪt, — — —] 〚(1758) ← IN-[1]＋FILTRATE: F *infiltrer* からの類推による〛 ── vt. 1〔…に〕浸入させる〔into〕;〔…に〕浸透[浸潤]させる〔through〕;〔…を〕…に浸入[浸透, 浸潤]させる〔with〕: ~ some fluid *into* [*through*] something = ~ something *with* some fluid. 2 …に浸入[浸透, 浸潤]する. 3〈地域・組織〉にじりじり入り込む. 4〚軍事〛(敵の背後から攻撃するため)〈敵地〉に潜入する, 浸透する. ── vi. 1〔…に〕入り込む, しみ込む, 浸透[浸潤]する〔into〕. 2〚軍事〛潜入する, 浸透する. ── n. 1 侵入するもの. 2〚病理〛浸潤病(巣); 浸潤物.

in·fil·tra·tion [ɪnfɪltréɪʃən] 〚(1796): ⇨↑, -ation〛 ── n. 1 しみ込むこと, 浸入, 浸透, 浸潤: ~ of the lung 肺浸潤. 2 浸入するもの. 3 a〚軍事〛(敵の背後から攻撃するための)潜入(行動), 浸透;(敵機から発見[攻撃]されないための個人または小グループによる)不規行進, 各個躍進[前進];(他の車両縦隊の間を縫って進む車両の)間隙行進: advance by ~. b (スパイなどの目的で組織・団体などに)人を送り込むこと. 4〚地質〛浸潤.

infiltrátion gàllery n. 排水暗渠(きょ), 地下水収集管.

in·fil·tra·tive [ínfɪltrèɪtɪv, -fəl-, ɪnfíltrət-, ən- | ínfɪltrèɪt-] adj. 浸(し)み込ませる, 浸透[浸潤]する; 浸潤性の.

in·fíl·tra·tor [-tə(r | -tə(r] n. infiltrate する人[もの]: an enemy ~ 敵の潜入者.

ín·fi·ma spè·cies [ínfəmə- | -fɪ-] 〚*infima*: ⇨L ~ (fem.): ↓〛 n. (分類上の)最小区分;〚論理〛最低種.

in·fi·mum [ɪnfáɪməm, ən-, -fí:- | ɪn-] 〚⇨L ~ (neut.) ← *infimus* lowest (superl.) ← *inferus* low: ⇨ inferior〛 n.〚数学〛下限 (⇨greatest lower bound).

infin. 《略》 infinitive.

in fi·ne [ɪn-fáɪni, -fí:ni | -nɪ] 〚⇨L ~ ← *in* 'IN'＋*fine* ((abl.) ← *finis* end)〛 L. adv. 窮極において, 最後に.

in·fi·nite [ínfənət, -nɪt | -fɪnət, -fə-, -nɪt] 〚(c1380) ⇨L *infinit-us* unbounded, unlimited ← IN-[2]＋*finitus* 'FINITE'〛 ── adj. 1 無限の, 無窮の, 果てのない: ~ space, time, etc. / the ~ wisdom of God 神の無限の知恵 / the *Infinite* Being 無限者, 神 (God) / the ~ God 無窮の神 / a person's ~ variety 人の無限の変化 (cf. Shak., *Antony* 2. 2. 240-1). 2 無量の, 計られない, 数え切れない, 莫大な, 非常な: an ~ number of insects 無数の昆虫 / an ~ sum of money 莫大な金額 / a matter of ~ importance きわめて重要な事 / ~ patience [pains] 非常な忍耐[骨折り] / an ~ supply of coal 無尽蔵の石炭 / ~ instances おびただしい実例. 3 [または ɪnfáɪnaɪt, ən-, ínfàɪnaɪt | ɪnfáɪnaɪt, — — —]〚文法〛不定の, 非定形の《人称・数・法の限定を受けない Infinitive, Gerund, Participle などの動詞形; ↔ finite》. 4 [または ɪnfáɪnaɪt, ən-, ínfàɪnaɪt | ɪnfáɪnaɪt, — — —]〚数学〛無限の (↔finite): an ~ decimal 無限小数 / an ~ product 無限乗積 / an ~ sequence 無限数列. ── n. 1 [the ~] 無限(の空間), 無窮(の時間). 2 [the I-] 無限者, 造物主, 神 (the Creator). 3〚数学〛無限 (infinite quantity).
an infinite of… 《古》無限[無量]の….
~·ly adv. ~·ness n.

infinite báffle n.〚電子工学〛無限バッフル.

ínfinite bús n.〚電気〛無限母線《負荷効果のない十分な強力な母線》.

ínfinite íntegral n.〚数学〛無限積分《無限区間の上の定積分; cf. improper integral》.

ínfinite régress n.〚哲学〛無限後退[背進]《推論の条件・事物の原因[原理]の探究が同種の条件・原因[原理]を無際限に必要とし, 終結に至らないこと》.

ínfinite séries n.〚数学〛無限級数.

in·fin·i·tes·i·mal [ɪnfɪnətésəməl, -zə- | ɪ̀nfɪnɪtésɪ-, -nə-] 〚(1655) ⇨NL *infinitēsim-us* (← L *infinitus* 'INFINITE')＋-AL[1]: CENTESIMAL からの類推〛 ── adj. 1 極微の, 微小の, 極小の: to an ~ degree 最小限度まで. 2〚数学〛無限小の. ── n. 1 極微量. 2〚数学〛無限小. ~·ly adv.

infinitésimal cálculus n.〚数学〛極限算法; 微積分学.

in·fin·i·ti·val [ɪnfɪnətáɪvəl, ən- | ɪnfɪnɪtáɪvəl, — — —] adj.〚文法〛不定詞 (infinitive) の[を有する]: an ~ construction 不定詞構文.

in·fin·i·tive [ɪnfínəṭɪv, ən- | ɪnfínət-, -nɪ-] 〚(c1450) ⇨LL *infinitiv-us* unlimited, undefined ← IN-[2]＋*finitivus* defining, definite: cf. infinite〛〚文法〛 ── adj. 不定詞の (cf. finite 3). ── n. 不定詞《I can go., I want to go. などにおける *go*, *to go* などのように, 人称・数などの制約を受けずに用いられる動詞形》: ⇨ split infinitive. ~·ly adv.

in·fin·i·tize [ɪnfínətàɪz, ən- | ɪnfínɪ-, -nə-] 〚← IN-FINITE＋-IZE〛 vt. 無限にする, 無窮にする.

in·fin·i·tude [ɪnfínət(j)ù:d, ən- | ɪnfínɪtjù:d] 〚(1641): ⇨ infinite, -tude: MAGNITUDE からの類推〛 ── n. 1 無限, 無窮, 無辺: the ~ of God's mercy 神の慈悲の限りなさ / the ~ of the universe 宇宙の無限大. 2 [an ~ of の形で] 無量, 無数: *an* ~ *of* distinctions [varieties] 無数の区別[変化].

in·fin·i·ty [ɪnfínəṭi, ən- | ɪnfínətɪ, -nɪ-] 〚(c1378) *infinite* ⇨(O)F *infinité* ∥ L *infinitāt-em* boundlessness ← *infinitus* 'INFINITE': ⇨ -ity〛 ── n. 1 無限, 無窮, 無辺: the ~ of God 神の無窮性 / to ~ 無限に. 2 =infinitude 2. 3〚数学〛無限大 (∞ の記号で表わす); 無限遠: at ~ 無限遠において. 4〚写真〛(被写体とカメラのフィルム面の距離について)インフ(ィニティ), 無限遠《∞ の記号で表示》.

infínity sìgn n.〚数学・言語〛無限大記号 (∞).

in·firm [ɪnfə́:m, ən- | ɪnfə́:m] 〚(c1380) ⇨L *infirm-us* ← IN-[2]＋*firmus* 'strong, FIRM[1]'〛 ── adj. (~·er; ~·est) (cf. unfirm) 1〈人・動作など〉弱い, 弱々しい, (特に, 老齢のため)虚弱な: an ~ constitution 虚弱な体質 / be ~ *with* age [*from* old age] 老衰している / old and ~ 歳を取ってよぼよぼになった. 2 (精神的に)弱い, 薄弱な, 決断力のない, 優柔不断な: be ~ *of* purpose 意志が弱い. 3 (基礎・論拠などの)堅固でない, 根拠薄弱な: an ~ support, reasoning, etc. ── vt. 1〈法律・慣習などを〉無効にする. 2《廃》弱くする. ~·ly adv. ~·ness n.

in·fir·mar·i·an [ɪnfəmέ(ə)riən | -fəmέərɪ-] n. 修道院の診療所 (infirmary) などの看護人.

in·fir·ma·ry [ɪnfə́:m(ə)ri, ən- | ɪnfə́:m(ə)rɪ] 〚(1451) ⇨ML *infirmāria* ← L *infirmus*: ⇨infirm, -ary〛 ── n. (小)病院, 診療所; (特に, 僧院・学校・工場などの)付属診療所, 医務室; (その)薬局, 施薬所.

in·fir·ma·to·ry [ɪnfə́:mətɔ̀:ri, ən-, -tɔ̀:ri | ɪnfə́:mət(ə)rɪ] 〚← L *infirmātus* ((p.p.) ← *infirmāre* to weaken ← *infirmus* 'INFIRM')＋-ORY[1]〛 ── adj. 効果[価値]のないものにするような.

in·fir·mi·ty [ɪnfə́:məṭi, ən- | ɪnfə́:mətɪ, -mɪ-] 〚(?c1350) ⇨L *infirmitāt-em* ← *infirmus*: ⇨ infirm, -ity〛 ── n. 1 虚弱, 病弱, 衰弱, 老衰. 2 病気, 疾患: *infirmities* of age 老病, 老齢に伴う肉体的衰弱《老眼や手足の不自由など》/ No mortal is exempt from *infirmities*. 人間に病気は免れない. 3 (精神的な)弱さ, 弱点, 欠陥: *infirmities* of purpose 意志薄弱 / the ~ of human nature 人間性の弱さ / the last ~ of noble mind 気高き魂の最後の弱さ《J. Milton, *Lycidas*; 野心や名声を求めることについていう》.

in·fix 〚(1502) ← L *infix-us* (p.p.) ← *infigere* to fix or fasten in ∥ ← IN-[1]＋FIX〛 ── [ɪnfíks, ən- | ɪn-] v. ── vt. 1 固定する, 取り付ける, 差し込む, はめ込む (fix)〔in〕. 2〈習慣などを〉植えつける;〈思想・事実などを〉〈心に〉しみ込ませる, 覚え込ませる〔in〕: ~ a fact *in* one's mind. 3〚文法〛〈挿入辞を〉語幹中に挿入する (insert). ── vi.〚文法〛挿入辞が入る. ── [ínfɪks] n.〚文法〛挿入辞《語幹中に挿入された構成要素; 例えばラテン語の *vici* (=I have conquered) に対して *vincere* (=to conquer), *vincō* (=I conquer) などにおける *-n-*; cf. suffix》.

infl. 《略》 inflated; influence; influenced.

in fla·gran·te de·lic·to [ɪn-fləgrǽnṭi-dɪlíktoʊ, -də- | -tɪ-dɪlíktəʊ] 〚⇨L *in flāgrante delictō* while the crime is blazing〛 L. adv. 現行犯で, 犯罪の最中に.

in·flame [ɪnfléɪm, ən- | ɪn-] 〚(c1340) *enflame(n)* ⇨(O)F *enflam(m)-er* < L *inflammāre* to set on fire ← IN-[1]＋*flamma* 'FLAME'〛 ── vt. 1 燃え上がらせる, 燃え立たせる, 燃やす, 焼く, たきつける; …に火を付ける. 2 (炎のように)明るくする: The setting sun ~s the sky. 夕日が空を炎のように染めた. 3 (激怒などで)〈顔を〉真っ赤にする,〈目を〉充血させる, 血走らせる: an ~d eye 充血した目 / a face ~d *with* wrath 怒りで真っ赤になった顔. 4〈人・感情などを〉あおる, たきつける, 興奮させる; 怒らせる: be ~d *with* rage 激怒する / *Inflamed* by a biography of Nightingale, she became a nurse. 彼女はナイチンゲールの伝記を読んで感激し看護婦になった. 5〈食欲などを〉刺激する, 鼓舞する;〈敵意などを〉強める, 高潮させる. 6〚医学〛〈体組織〉に炎症を起こさせる: a wound ~d by infection 病毒で炎症を起こした傷口. ── vi. 1 燃え立つ, (ぱっと)燃え上がる. 2〈顔が〉真っ赤になる, ほてる,〈目が〉充血する. 3〈感情などが〉熱する, 激する, いきり立つ. 4〚医学〛炎症を起こす. **in·flám·er** n. **in·flám·ing·ly** adv.

in·flamed [ɪnfléɪmd, ən- | ɪn-] adj.〚紋章〛=flamant.

in·flam·ma·bil·i·ty [ɪnflæ̀məbíləṭi, ən- | ɪnflæ̀məbílətɪ, -lɪ-] n. 1 燃えやすいこと; 燃焼性, 引火性 (⇨ inflammable ★). 2 激し[怒り]やすいこと, 興奮性.

in·flam·ma·ble [ɪnflǽməbl̩, ən- | ɪn-] 〚(15C) ⇨ML *inflammābil-is* ← L *inflammāre* 'to INFLAME': ⇨ -able〛 ── adj. 1 火の付きやすい, 燃えやすい, 可燃性の: an ~ gas 可燃ガス. ★ nonflammable の意にとられやすいので, 工業・商業用語としては同意語の flammable のほうが好まれる; この傾向は逐次一般にも及びつつある. 2〈気質・感情など〉激し[怒り]やすい, 興奮[熱狂]しやすい. ── n. [通例 pl.] 可燃物. **~·ness** n. **in·flám·ma·bly** adv.

in·flam·ma·tion [ɪ̀nfləméɪʃən] 〚(?a1425) ⇨L *inflammātiō(n-)* ← *inflammāre* 'to INFLAME'〛 ── n. 1〚医学〛炎症: ~ of the lungs 肺炎 (pneumonia). 2 点火, 発火, 燃焼. 3 (感情などの)燃え上がり; 興奮, 激怒: an ~ of nationalism.

in·flam·ma·to·ry [ɪnflǽmətɔ̀:ri, ən-, -tɔ̀:r | ɪnflǽmət(ə)rɪ] 〚← L *inflammāt-us* ((p.p.) ← *inflammāre* 'to INFLAME')＋-ORY[1]〛 ── adj. 1〚医学〛炎症を起こす, 炎症性の: an ~ pain 炎症性疼痛. 2 人を激させる, 激昂させる; 刺激的な, 扇動的な: ~ speeches, writings, etc. **in·flam·ma·to·ri·ly** [ɪnflæ̀mətɔ́:rəli, ən-, -tɔ́:r-, — — — — — | ɪnflǽmət(ə)rəlɪ, -rɪ-] adv.

in·flat·a·ble [ɪnfléɪṭəbl̩, ən- | ɪnfléɪt-] adj. ふくらまされる, 膨脹させられる: an ~ boat. ── n. (使用するとき)ふくらまさねばならないもの《玩具・マットレス・ボートなど》.

in·flate [ɪnfléɪt, ən- | ɪn-] 〚(?a1425) ← L *inflāt-us* puffed up (p.p.) ← *inflāre* to blow into, make haughty ← IN-[1]＋*flāre* to blow〛 ── vt. 1〈風船などを〉(空気・ガスなどで)ふくらませる, 膨脹させる: ~ a balloon, tire, etc. / ~ one's lungs 息をうんと吸い込む. 2 拡げる, 増大させる. 3〚経済〛〈物価・株式などを〉(人為的に)つり上げる;〈通貨を〉(紙幣の濫発により)膨脹させる (cf. reflate; ↔ deflate): ~ the paper currency 紙幣を濫発する. 4 …の心を高ぶらせる, 鼻を高くさせる, 得意がらせる: ~ a person *with* pride 人を慢心させる[横柄に威張らせる]. ── vi. 1 膨脹を引き起こす; 膨脹する. 2 インフレを引き起こす, インフレが起こる. ── adj.《古》=inflated.

in·flát·ed [-ṭɪd, -ṭəd | -tɪd, -təd] 〚(1652): ⇨↑, -ed 1〛 ── adj. 1〈風船など〉(空気・ガスで)ふくらんだ, 膨脹した. 2〈文体・言語が〉大げさな, 仰々しい, 誇張的な: ~ language (内容のない)大げさな言葉, 大言壮語. 3 鼻を高くした, 慢心した: ~ *with* conceit [pride] うぬぼれ[慢心]で得意になった. 4 (インフレの結果)暴騰した;〈通貨が〉著しく膨脹した: the ~ value of land 暴騰した地価 / ~ prices. 5〚植物〛空気でふくらんだ, 中空の.

in·flát·er [-ṭə | -tə(r] n. ふくらませるもの, (特に, タイヤなどの)手動空気入れ[ポンプ].

in·fla·tion [ɪnfléɪʃən, ən- | ɪn-] 〚(c1340) ⇨L *inflātiō(n-)* ← *inflāre* 'to INFLATE': ⇨ -ation〛 ── n. 1 ふくらませる[ふくれる]こと, 膨脹. 2〚経済〛インフレーション, インフレ; (特に, 正貨と兌換(だかん)できない紙幣の発行による)通貨膨脹; (物価・株価などの)騰貴, 高騰, 暴騰 (↔ deflation): a galloping ~ 急性インフレ. 3 得意, 自負, 自慢; 慢心; 誇大, 誇張.

in·fla·tion·ar·y [ɪnfléɪʃənèri, ən- | ɪnfléɪʃ(ə)nəri] 〚⇨↑, -ary〛 ── adj. インフレの, インフレを誘発する; (特に)通貨膨脹の: an ~ tendency [policy] インフレ傾向[政策] / in ~ times インフレの時代に.

inflátionary gáp n.〚経済〛インフレギャップ《完全雇用の限度を越える購買力がある状態》.

inflátionary spíral n.〚経済〛悪性インフレ《物価上昇が賃金その他費用の騰貴をよび, その結果さらに物価が上がる事態》.

in·flá·tion·ìsm [-ʃənìzm] n. インフレ政策, 通貨膨脹論; インフレ状態.

in·flá·tion·ist [-ʃ(ə)nɪst, -nəst | -nɪst] n. インフレ政策を暗に奨励する人, 通貨膨脹論者.

inflátion mèthod n.〚化学〛インフレーション法《押出成形機により押し出した樹脂のチューブに空気を吹き込む包装材用の合成樹脂フィルム製法の一つ》.

in·flá·tor [-ṭə | -tə(r] n. =inflater.

in·flect [ɪnflékt, ən- | ɪn-] 〚(c1425) ⇨L *inflect-ere* ← IN-[1]＋*flectere* 'to bend, FLEX'〛 ── vt. 1 (内に)曲げる, 屈曲させる. 2〚文法〛変化させる, 屈折させる, (特に)…の語尾を活用させる: ~ a verb 動詞の活用形を書く[言う]. 3〈音声を〉調節する, …に抑揚をつける. 4〚植物〛内側に曲げる, 内曲させる. 5〚音楽〛〈音を〉半音高める[低める],〈声の調子を〉変える. ── vi.〚文法〛屈折を特色とする;〈語が〉屈折[活用]する. **in·fléc·tor** n.

in·flec·tion, 《英》 **in·flex·ion** [ɪnflékʃən, ən- | ɪn-] 〚(?a1425) ⇨(O)F ~ ∥ L *inflexiō(n-)* ← *inflectere* 'to INFLECT': ⇨ -tion〛 ── n. 1 屈曲, 湾曲, 反曲. 2 音調の変化, 抑揚 (intonation): a rising [falling] ~ 上昇[下降]調 / His English had a slightly Cockney ~. 彼の英語には少しコクニーなまりの抑揚があった. 3〚文法〛(名詞・代名詞・形容詞・動詞の)屈折, 語形変化(表); 語形変化論; 屈折語尾 (inflectional ending) (cf. declension 4, conjugation 2). 4〚数学〛a 変曲《曲線の凹凸が入れ替わること》. b =inflection point 2.

in·flec·tion·al, 《英》 **in·flex·ion·al** [ɪnflékʃənl̩, ən-, -ʃnəl | ɪn-] adj. 1〚文法〛語形変化する, 屈折する; 語尾変化の; 屈折を特徴とする: an ~ ending 屈折語尾 / ⇨ inflectional language. 2 屈曲する, 湾曲の. 3 抑揚の. ~·ly adv.

infléctional lánguage n.〚言語〛屈折(言)語 (cf. agglutinative language, isolating language).

infléction·less adj. 屈折[抑揚, 屈曲]のない.

infléction pòint n. 1〚建築〛反曲点《曲げ材で, 曲げモーメントが0になる点》. 2〚数学〛変曲点, 湾曲点 (point of inflection)《曲線の凹凸の入れ替わる点》.

in·flec·tive [ɪnfléktɪv, ən- | ɪn-] *adj.* **1** 屈曲する, 湾曲する, 反曲する. **2**〖文法〗屈折する, 語形変化する. **3**〈音が〉抑揚のある.

in·flexed [ɪnflékst]〖←《廃》inflex (□L *inflex-us*: ⇨ inflexible)＋-ED 2〗*adj.* **1** 曲がった, 湾曲した. **2**〖生物〗下へ[内へ, 軸寄りに]曲がった, 内折した: an ~ leaf.

in·flex·i·bil·i·ty [ɪnflèksəbíləṭi, ən- | ɪnflèksəbílɪti, -sɪ-, -lɪ-] *n.* **1** 曲げられないこと, 不撓(とう)性. **2** 目的を曲げないこと, ひるまないこと, 不撓不屈, 剛直, 断固とした態度. **3** 変えられないこと, 不可変性.

in·flex·i·ble [ɪnfléksəbḷ, ən- | ɪnfléksə-, -sɪ-]〖(1392) □L *inflexibil-is* ← *inflexus* (p.p.) ← *inflectere* 'to bend, INFLECT': ⇨ in-², flexible〗**—** *adj.* **1** 確固とした, 毅然(きぜん)たる, 揺るがない, 剛直な: ~ determination 断固とした決意 / an ~ will 不動の意志 / ~ *to* threats 脅しに屈しない. **2** 曲げられない, 曲らない, 硬直した: an ~ rod. **3** 変えられない: The rule is ~. その規則は変更を許さない. **~·ness** *n.* **in·fléx·i·bly** *adv.*

inflexion *n.* ＝inflection.

inflexional *adj.* ＝inflectional.

in·flict [ɪnflíkt, ən- | ɪn-]〖(1566) ← L *inflict-us* struck against (p.p.) ← *infligere* ← IN-¹＋*fligere* to strike〗**—** *vt.* **1**〈苦痛・打撃などを〉〔人に〕与える, 加える〔*on, upon*〕: ~ a blow [wound] *on* a person 人を打つ[人に傷を負わせる] / ~ pain [a heavy damage] *upon* a person 人に苦痛[大損害]を与える. **2**〈刑罰などを〉〔人に〕負わせる, 科する〔*on, upon*〕: ~ punishment / ~ heavy taxes *on* …に重税を課す / ~ the death penalty *upon* a criminal 罪人に死刑を科する. **3** 負わせる: She ~*ed* herself *on* her relatives. (長逗留などして)彼女は親類の厄介者になった[を悩ませた]. **~·a·ble** [-təbḷ] *adj.* **~·er, in·flíc·tor** *n.*

in·flic·tion [ɪnflíkʃən, ən- | ɪn-]〖(1534) □LL *inflictiō(n-)* ← *infligere* (↑): ⇨ -tion〗**—** *n.* **1**〔人に〕(苦痛・罰などを)課すること, 加えること〔*on, upon*〕: the ~ of punishment [pain, a penalty] *on* a person. **2** (加えられた・課せられた)処罰, 苦しみ, 試練; 迷惑, 厄介物: ~*s* from God 神罰, 天罰 / What an ~ you are! 君は何と厄介者なんだろう.

in·flic·tive [ɪnflíktɪv, ən- | ɪn-] *adj.* **1** (苦痛・罰などを)加えがちな, 課する傾向のある. **2** 刑罰の, 苦痛の.

in-flíght〖← IN (prep.)＋FLIGHT¹〗*adj.* 機内で催される[支給される], 機内用の; 飛行中の: ~ movies [meals] 機内映画[食] / ~ refueling 空中給油.

in·flo·res·cence [ìnflərésṇs, -flɔːr-, -floːr- | -flɔ(ː)r-]〖(1760) ← NL *inflōrēscentia* ← LL *inflōrēscere* to come into flower: ⇨ in-¹, florescence〗**—** *n.* **1** 花の咲くこと, 開花. **2**〖植物〗**a** 花序: definite [indefinite] ~ 有限[無限]花序. **b** 植物の花部. **c** 花の房. **3 a** [集合的] 花 (flowers). **b** (一輪の)花 (flower).

in·flo·res·cent [ìnflərésṇt, -flɔːr-, -floːr- | -flɔ(ː)r-] *adj.* 開花している.

ín·flòw〖← IN-¹＋FLOW〗*n.* 流入; 流入物; 流入量 (↔ outflow).

in·flówing *adj.* 流入する, 流れ込む. **—** *n.* ＝inflow.

in·flu·ence [ínfluːəns | -flu-]〖n.: (c1385) □(O)F ~ ∥ ML *influentia* stellar emanation, 《原義》a flowing in ← L *influentem* flowing in, influent (pres.p.) ← *influere* to flow in ← IN-¹＋*fluere* to flow. — v.: (1658) ← (n.) (cf. F *influencer*): ⇨ -ence〗**—** *n.* **1** 影響, 効果, 結果 (effect); 感化(力); 作用, 力 (action): the ~ of a good man 善人の感化(力) / the ~ of the moon *on* the tides 潮の干満に対する月の作用 / the hypnotist's ~ *over* his subject 催眠術師が被術者に及ぼす力 / under the ~ of a strong passion 激情にかられて / be under the ~ of a drug [of drink] 薬が効いている[一杯機嫌(きげん)である] / feel the ~ of music 音楽に感じる / have ~ *on* [*upon*] a person 人に影響を及ぼす[感化を与える]. **2** 影響力, 勢力, 権勢, にらみ; 威光; 声望, 信望: the position of ~ 影響力のある地位 / the sphere of ~ 勢力範囲 / a person of ~ 勢力家, 有力者 / through your kind ~ 御尽力[おかげ]によって / wield ~ 勢力をふるう, にらみをきかす / restore England to ~ and greatness 英国に威信と偉大さを取り戻す / exercise [use] one's ~ in a person's behalf 人のために尽力[運動]する. **3** 人を左右する[動かす]力, (不当な)圧力, 「顔」; 説得力: undue ~ 不当な圧力 / have [use, exert] ~ *with* [*over*] a person 人に対して顔がきく[幅をきかせる, 圧力をかける] / have ~ at court《英》上に対して顔[幅]がきく (cf. *a* FRIEND *at court*) / He got a job by his father's ~. 親の七光で就職した. **4** 影響を及ぼす人[もの]: a good [bad] ~ 道徳的に良い[悪い]影響を与える人[もの] / an ~ *in* the community [*in* politics] 土地の顔きき[政界の有力者] / an ~ *for* good [evil] 善[悪]に誘うもの / Environment is a potent ~ *on* character. 環境は性格に大きな影響を与えるものである. **5**《古》〖電気〗誘導, 感応(induction): electrostatic ~ 静電誘導. **6 a**〖占星〗(天体から流れて来る霊液が人の性格・運命などに与えるという)感応力(の働き). **b**《詩》(人のもつ)霊妙な力 (occult virtue).

under the influence《口語》酔っ(払っ)て (intoxicated) (cf. *n.* 1): drive *under the* ~.

— *vt.* **1** …に影響を及ぼす: Mountains ~ climate. 山は気候に影響を与える. **2** …に(精神的な)影響を与える, 感化を及ぼす;〈人・行動などを〉左右する, (不当に)動かす;〈人を〉促して…させる〈*to* do〉: ~ a person *for* good 人をよい方に動かす, 人によい影響を与える / ~ public opinion through mass media マスコミを通じて世論を動かす / He was ~*d* by his English teacher *to* take up the study of English. 英語の先生に感化されて英語の研究をするようになった. **3**《婉曲》贈賄する, 買収する (bribe): ~ police.

ín·flu·enc·er *n.*

in·flu·ence·a·ble [ínfluːənsəbḷ | -fluəns-] *adj.* 影響[感化]を受けやすい. **ìn·flu·ence·a·bíl·i·ty** [-səbíləṭi | -lətɪ, -lɪ-] *n.*

ínfluence lìne, I- l- *n.*〖機械〗影響線《鉄橋上を列車が走る場合などに, 鉄橋のある部材の受ける力が列車の位置によりどのように影響されるかを表わす線図》.

ínfluence machìne *n.*〖電気〗誘導起電機.

ínfluence pèddler *n.*《米》(第三者のために)顔をきかして官庁との商談をまとめる人. **ínfluence pèddling** *n.*

in·flu·ent [ínfluːənt, ━ ━́ ━ | ínfluənt]〖(?a1439) □L *influent-em*: ⇨ influence, -ent〗**—** *adj.* **1** 流れ込む, 流入する, 注ぐ. **2**《古》影響力を行使する. **—** *n.* **1** 支流. **2**〖生態〗影響種, 優越種《ある生物群集の構成に重要な影響を及ぼす動物, または植物》.

in·flu·en·tial [ìnfluénʃəl | -flu-]〖(1570) ← ML *influentia* 'INFLUENCE'＋-AL¹〗**—** *adj.* **1**〔…に〕影響を及ぼす, 感化力の大きい, 誘因[動機]となる〔*in*〕: considerations which are ~ *in* (reach*ing*) a decision ある決定に影響を与える事柄. **2** 勢力のある, 顔のきく, 有力な: an ~ politician 有力な政治家 / in ~ quarters 有力な筋に. **—** *n.* 勢力のある人, 有力者. **~·ly** *adv.*

in·flu·en·za [ìnfluénzə | -flu-]〖(1743) □ It. ~《原義》influence < ML *influentiam* 'INFLUENCE'〗**—** *n.* **1** インフルエンザ, 流行性感冒, 流感 (cf. flu 1). **2**〖獣医〗(馬・豚・犬などの)インフルエンザ. **in·flu·én·zal** [-zəl, -zḷ] *adj.*

in·flux [ínflʌks]〖(1626) □F ~ ∥ LL *influx-us* ← *influere* to flow in ← IN-¹＋*fluere* to flow〗**—** *n.* **1 a** 流入, 流れ込み; 流入物 (cf. efflux): the ~ of a river *into* another ある川の他の川への流入[注入]. **b** (支流が本流と合する)流入点, 落合い (cf. confluence 1 a); 河口 (estuary). **2 a** 入り来ること, 入来, 到来: the ~ of visitors 客の到来 / the ~ of immigrants *into* a country. **b** 殺到, 流入: an ~ of gold, wealth, correspondence, etc.

in·fo [ínfou | -fəu]〖《略》← INFORMATION〗*n.* (*pl.* ~**s**)「《口語》情報.

in·fold [ɪnfóuld, ən- | ɪnfə́uld] *vt.* ＝enfold. **—** *vi.* (内側に)折れ曲がる, (互いに)折り重なる. **~·er** *n.* **~·ment** *n.*

in·form¹ [ɪnfɔ́ə*m*, ən- | ɪnfɔ́ːm]〖(?a1325) *enfo(u)rme(n)* □OF *enfo(u)rm-er* ∥ L *inform-āre* to give form to, instruct ← IN-¹＋*formāre* 'to shape, FORM'〗**—** *vt.* **1** …に(…を)告げる, 知らせる〔*of, about, on*〕; [目的語＋*that*-clause, 目的語＋*wh*-clause, 目的語＋*wh*-word＋*to* do を伴って] …に通知[通報]する, 教える: ~ the police 警察に通報する / ~ a person *of* a fact 人に事実を告げる / ~ oneself *of* …を調べる; (調べて)知る, わきまえる / keep a person ~*ed* (*of*…) (…について)人に絶えず報告しておく / be well ~*ed about* the matter [*on* the situation] その事[事情]についてはよく知っている / I beg to ~ you *that* …につき御通知申し上げます / ~ the students *that* there will be no school on Monday 学生に月曜日は休校のむねを知らせる / The telegram ~*ed* us *when* and *where* they had discovered it. 電報にはいつどこで発見したかが報告されていた / He ~*ed* me *how to* get there. 私にそこへの行き方を教えてくれた. ★ I ~*ed* him *to* grant the application. (その申請を認可するように彼に通告した)のように *to* do を従えるのは誤用; この場合は inform の代わりに tell か ask を用いる. **2** …の特徴[本質, 生命, 基礎]をなす: Humanity ~*s* all his poems. 人間愛が彼の詩全編にみなぎる特色である. **3** …に魂を入れる, 活気[元気]づける;〈人・心など〉に〔感情などを〕吹き込む, 満たす〔*with*〕: ~ a person *with* new life 人に新しい生命を吹き込む / ~ a person's heart *with* pity 人の心に哀れみの情を起こさせる. **4 a** 教授する, 教える. **b**《廃》〈心・性格を〉形造る, 陶冶(とうや)する. **—** *vi.* **1** 告げ口をする, 密告する: ~ *on* [*against*] a person (*to* the police) 人を(警察に)告発する. ★ *on* は主に《米》, *against* は主に《英》. **2** 情報や知識を教える, 啓発する.

in·form² [ɪnfɔ́ə*m*, ən- | ɪnfɔ́ːm]〖□F *informe* □L *informis* shapeless, deformed ← IN-²＋*forma* 'FORM'〗*adj.*《廃》定形のない, 無形の; ゆがんだ, かたわの.

in·for·mal [ɪnfɔ́ə*m*əl, ən- | ɪnfɔ́ː-]〖(a1460): ⇨ in-², formal〗**—** *adj.* **1** 非公式の, 正式でない, 略式の; 破格の, 変則の (irregular): ~ proceedings 略式手続 / an ~ conversation between the representatives 代表者同士の非公式会談. **2** 形式[儀式]ばらない, 打ち解けた; 正装を必要としない: ~ clothes / an ~ gathering 形式ばらない会合. **3**〈言葉遣いが〉堅苦しくない, (文語に対して)口語体の, (書き言葉に対して)話し言葉の (colloquial): an ~ style 口語[会話]体. **4** 形式によらない, 形式的でない. **5** (フランス語などで)親密さを表わすのに用いられる, くだけた形の《二人称単数の代名詞・動詞の語形・語法など》. **6**《豪》〈投票用紙が〉正規のものでない, 無効票の: an ~ vote. **~·ly** *adv.*

in·for·mal·i·ty [ìnfɔəmǽləṭi | -fɔːmǽlətɪ, -lɪ-] *n.* **1** 本式[正式]でないこと; 非公式, 略式. **2** 形式ばらないやり方, 略式の処置.

infórmal séctor *n.* 非組織部門《発展途上国でまだ十分に組織化されるに至らない露店などの経済活動部門》.

in·for·mant [ɪnfɔ́əmənt, ən- | ɪnfɔ́ːm-]〖(1661) □L *informant-em* (pres.p.) ← *informāre* 'to INFORM': ⇨ -ant: cf. F *informant*〗**—** *n.* **1** 通知者, 情報提供者; 密告者: an FBI ~ / My ~ says …自分の受け取った報告によれば…. **2**〖言語〗インフォーマント, 資料提供者《native speaker として, 研究者の質問に対してその言語の分析・記述に必要な情報を提供する人》.

in for·ma pau·pe·ris [ɪn-fɔ́əmə-pɔ́ːpərɪs, -páup-, -rəs | -fɔ́ːmə-pɔ́ːpərɪs]〖□L ~ 'in the form of a pauper'〗**—** *L. adv., adj.*〖法律〗貧民として(の)《訴訟費用を免除して》.

in·for·mat·ics [ìnfəmǽtɪks | -fəmǽt-, -fɔː-]〖⇨↓, -ics〗*n.*〖電算機〗＝information science.

in·for·ma·tion [ìnfəméɪʃən | -fə-, -fɔː-]〖(c1380) *informacion* □OF *en-, informacion* (F *information*) ∥ L *informātiō(n-)* ← *informāre* 'to INFORM': ⇨ -ation〗**—** *n.* **1** 知らせること, 知らされること; 通知, 通報; (情報・知識の)伝達 (communication): for your ~ ご参考までに / The function of an encyclopedia is ~. 百科事典の使命は知識を伝えることである. **2 a** (伝えられた[入手した])情報, 報道, 報告, 消息; インフォメーション, 資料 (data): a useful piece [bit] of ~ 有益な情報 / a reliable source of ~ 確かな(情報)筋 / to the best of my ~ 私の聞いた[知っている]限りでは / according to the latest ~ 最新の情報によれば / ask for ~ 問い合わせる, 照会する / give ~ 情報[資料]を提供する / collect [gather] ~ 情報を集める[収集する] / release ~ (*that*…) (…という)情報を流す / I haven't much ~ *on* [*about*] the matter. その件についてはあまり聞いていない[知らない] / We have just received ~ *as to what* happened. 今事件についての情報を受け取ったところだ. ★ しばしば複合語を成して用いられる: *information*-carrying[-gathering, -seeking] / an *information*-gatherer. **b** (警察の)聞込み(による手掛り): acting on ~ received 聞込みによって《警官の証言に用いる文句》. **3** (調査・研究・経験・教授などによって得た)知識, 見聞 (knowledge): a man of wide ~ 博識な人, 見聞の広い人, 物知り / a mine of ~ 知識の宝庫《非常な物知り》/ pick up useful ~ here and there あちこちで有益な知識を得る[見聞を広める]. **4** [無冠詞で](駅・ホテル・電話交換局などの)案内係, 案内所, 受付(係), インフォメーション: dial ~ 案内係に電話する / ⇨ information girl. **5**〖電算機〗情報《コンピューターに記憶させるデータ》; 情報量《2 を底とするビット (bit) によって表わされることが多い》: ~ content 情報内容 / ⇨ information bit, information retrieval, information science, information theory. **6 a** (警察などへの)密告. **b**〖法律〗告訴(状), 告発(状); 略式起訴(状)《大陪審 (grand jury) の審査なしで提起される公訴; cf. indictment 2》: lodge [lay] an ~ *against* …を告発[告訴]する.

in·for·má·tion·al [-ʃənḷ, -ʃnəl] *adj.* 報道の; 情報の; 知識を与える; 聞込みの, 密告の.

informátion bìt *n.*〖電算機〗情報ビット《情報を表現するビット; cf. bit⁵ 1》.

informátion bòoth *n.* (特に, 小室になっている)案内所, 受付 (cf. information bureau 2).

informátion bùreau *n.* **1** 情報部. **2** (駅・ホテルなどの)案内所, 受付 (cf. information booth, information desk, information girl).

informátion chànnel *n.* 情報通信路.

informátion dèsk *n.* (特に, 机があってそこに案内人のいる)案内所, 受付 (《英》inquiry office) (cf. information bureau 2).

informátion gìrl *n.* **1** 受付の女の子. **2** 案内係の交換手.

informátion ìndustry *n.* [the ~] 情報産業.

informátion òffice *n.* ＝information bureau 2.

informátion pròcessing *n.*〖電算機〗情報処理《電算機などによりある目的のために必要な情報を処理する過程; cf. data processing》.

informátion retrìeval *n.* 情報検索《書物や電算機などの中にある情報の中から必要な情報を取り出すこと; 略 IR》.

informátion scìence *n.* 情報科学, 情報学《電子計算機のソフトウェアなどに関する基礎科学; 資料の収集・分類・蓄積・検索を目的とする学問; informatics ともいう》.

informátion thèory *n.* 情報理論《情報処理を対象とする理論》.

in·for·ma·tive [ɪnfɔ́əməṭɪv, ən- | ɪnfɔ́ːmət-]〖(a1378) ← L *informātus* ((p.p.) ← *informāre* 'to INFORM')＋-IVE〗**—** *adj.* 知識[情報]を与える, 見聞を広める; 有益な, 教育的な (instructive): an ~ book, lecture, etc. **~·ly** *adv.* **~·ness** *n.*

in·for·ma·to·ry [ɪnfɔ́əmətɔ̀ːri, ən-, -tòːri | ɪnfɔ́ːmət(ə)ri]〖(15C) ← L *informātus* (↑)＋-ORY¹〗*adj.* ＝informative.

infórmatory dòuble *n.*〖トランプ〗＝takeout double.

in·fórmed〖(?a1450) (p.p.) ← INFORM¹〗**—** *adj.* 知識のある, 学識のある, 見聞の広い, 博識の; 教化[洗練]された; 事実を知って[に通じて]いる; 消息通の: an ~ mind 博識家, 物知り / an ~ opinion 消息通の意見 / the ~ public 情報に通じた[教養のある]大衆 / ~ sources 消息筋 / ~ taste 洗練された趣味 / ⇨ ill-informed, well-informed.

in·fórm·er 〖ME *enfourmer*〗 ── *n.* **1** 通知者, 通報者, 情報提供者. **2** 密告者, スパイ, 反逆者, 告発者: spies and ~*s* / turn ~ *on* a person 人を密告する. **3** (警察などへの密告を職業とする)情報提供者, 情報屋, たれこみ屋《common informer ともいう》: a police ~ 警察への内報者.

in·fórm·ing *adj.* **1** 吹き込む, 鼓舞する. **2** 情報を与える; 有益な, 教育的な: an ~ speech. **~·ly** *adv.*

in·for·tune [ɪnfɔ́ətʃən, ən- | ɪnfɔ́:-] 〖(?*c*1375–*a*1390) ▭(O)F ~: ⇨ in-², fortune〗 *n.* **1** 〖占星〗凶星《主に土星か火星》; 凶の相. **2** 《廃》不幸, 不運.

in·fra [ínfrə, -frɑ: | -frə] 〖▭L *infrā* below, beneath〗 ── *L. adv.* **1** 下に, 下方に, 以下に (below). **2** (書物の中で参照に関して)下に, 以下に, 後に (later, below) (cf. supra): see ~ / ⇨ vide infra.

in·fra- [ínfrə, -frɑ: | -frə] 〖← L ~ (↑)〗 ── *pref.* 通例形容詞に付いて次の意味を表わす: **1** 「(地位・位置などが)下の, 以下の, 下部の」: *infra*human, *infra*costal, *infra*structure. **2** 「…内の」: *infra*territorial. **3** 「…以後の」: *infra*lapsarian.

ìnfra·clavícular *adj.* 〖解剖〗鎖骨下の.

in·fract [ɪnfrǽkt, ən- | ɪn-] 〖← L *infract-us* broken off (p.p.) ← *infringere* 'to INFRINGE'〗 ── *vt.* 〈法律・権利などを〉破る, 犯す, 侵害する: ~ neutrality 中立を犯す. **in·frác·tor** *n.*

in·frac·tion [ɪnfrǽkʃən, ən- | ɪn-] 〖(1461) ▭L *infractiō(n-)* a breaking: ⇨ ↑, -tion〗 ── *n.* **1** (法律・規則などの)違反, 反則; 違反行為. **2** 〖医学〗骨挫折(術); 亀裂骨折.

in·fra dig [ìnfrə díg] 〖(1824) ← L *infrā dignitātem* beneath one's dignity〗 *L. adj.* 《口語》 = infra dignitatem.

infra dig·ni·ta·tem [ínfrə dìgnətéɪtəm, -tɑ́:tem | -nɪtéɪtəm] 〖↑〗 *L. adj.* [Predicative に用いて] 威厳を損じる, 品格を下げる, 体面にかかわる (undignified).

ìnfra·húman *adj.* 人間以下の; (特に)人間に似た, 類人猿の (anthropoid) (cf. superhuman). ── *n.* 人間以下の人; 類人猿.

ìnfra·lábial *adj., n.* 〖動物〗 = sublabial.

in·fra·lap·sar·i·an [ìnfrəlæpsέ(ə)riən | -séəri-] 〖(1731) ← INFRA- + L *lapsus* 'fall, LAPSE' + -ARIAN〗 〖神学〗 ── *n.* 堕罪[堕落]後予定論者, 後定論者 (sublapsarian). ── *adj.* 堕罪後予定論(者)の.

ìn·fra·lap·sár·i·an·ism [-nìzm] *n.* 〖神学〗堕罪[堕落]後予定説[論], 後定論《神の選択の予定はアダムの堕罪後の人間を対象としているとするカルヴァン派などの予定説の一つ; sublapsarianism, postlapsarianism ともいう; cf. supralapsarianism》.

ìnfra·márginal 〖← INFRA- + MARGINAL〗 *adj.* 縁[端]の下の, 外縁の (submarginal).

ìnfra·máxillary 〖← INFRA- + MAXILA + -ARY〗 *adj.* 〖解剖〗上顎骨 (maxilla) の下にある.

ìnfra·médian 〖← INFRA- + MEDIAN〗 *n., adj.* 〖動物〗50–100 尋(ひろ) (90–180 m) までの海底地帯(に生活する), 中下深帯(の).

in·fran·gi·ble [ɪnfrǽndʒəbl̩, ən- | ɪnfrǽndʒɪbl, -dʒə-] *adj.* **1** 破壊できない, こわれない: ~ atoms. **2** そむけない, 犯されない, 違背してはならない: an ~ promise. **in·fràn·gi·bíl·i·ty** [-dʒəbíləṭi | -dʒɪbíləti, -dʒə-, -lɪ-] *n.* **~·ness** *n.* **in·frán·gi·bly** *adv.*

ìnfra·réd 〖(1831) ← INFRA- + RED〗 ── *n.* (スペクトルの)赤外部; 赤外線. ── *adj.* **1** 赤外(線)の (cf. ultraviolet); 赤外線を生じる; 赤外線を用いる: ~ rays 赤外線 / ~ photography 赤外線写真 / ~ therapy 赤外線治療 / an ~ spectrometer 赤外線分光計. **2** 赤外線に敏感な: an ~ film 赤外線フィルム.

ìnfra·sónic 〖← INFRA- + SONIC〗 *adj.* 〖物理〗超低周波の, 可聴下周波の《周波数が可聴範囲以下である 20 ヘルツ以下のものにいう; cf. supersonic 2》.

in·fra·son·ics [ìnfrəsɑ́nɪks, frɑ:- | -frəsɔ́n-] 〖⇨ ↑, -ics〗 *n.* 可聴下音波学.

ínfra·sòund *n.* 〖物理〗不可聴音《雷雨・竜巻などの現象によって大気中に作り出される非常に周波数の低い音波》.

ìnfra·specífic *adj.* 〖生物〗種以下の《亜種・変種など種より下の分類群の総称として用いる》.

ínfra·strùcture *n.* **1** (団体・組織などの)下部組織, 下部構造 (substructure); 構造基盤, 基盤; [集合的] (特に, 生活共同体などの存続・発展にかかわる)基本的施設《道路・学校・交通[通信]組織など》. **2** [集合的] 部隊支援施設《NATO などの軍事目的に必要な訓練・居住・管理・作戦・補給などの面で軍隊を支援する固定建造物または施設》. **infra·strúctural** *adj.*

in·fré·quence [-kwəns] *n.* = infrequency.

in·fre·quen·cy [ɪnfrí:kwənsi, ən- | ɪnfrí:kwənsi] 〖▭L *infrequentia*: ⇨ ↓, -cy〗 *n.* めったにないこと, まれなこと.

in·fre·quent [ɪnfrí:kwənt, ən- | ɪn-] 〖(1531) ▭L *infrequent-em*: ⇨ in-², frequent〗 ── *adj.* **1** めったにない, まれにしかない, まれにしか起こらない, 多くない, 珍しい. **2** 時たまの, 時々の (occasional): an ~ visitor. **3** 遠く離れた, とびとびの.

in·fré·quent·ly *adv.* めったに…ない, まれに: not ~ まれではなく, 往々.

in·fringe [ɪnfríndʒ, ən- | ɪn-] 〖(1533) ▭L *infring-ere* to break off ← IN-¹ + *frangere* to break: cf. infract〗 ── *vt.* 〈法律などを〉破る, 犯す, …に違反する; 〈権利などを〉侵害する: ~ the law, a rule, an oath, a copyright, etiquette, etc. ── *vi.* 〔…を〕侵す, 侵害する〔*on, upon*〕: ~ *on* [*upon*] a person's rights, privacy, etc. ★ impinge on [upon] との混交による. **in·fríng·er** *n.*

in·frínge·ment *n.* (法律・権利・義務などの)違反, 違背 (infraction); (特許権・版権・著作権・商標[商号]権などの)侵害; 違反[侵害]行為: copyright [trademark] ~ 版権[商標権]侵害.

in·fruc·tes·cence [ìnfrʌktésns] 〖▭F ~ ← IN-¹ + L *fructus* 'FRUIT': ⇨ -escence〗 *n.* 〖植物〗果実序.

in·fruc·tu·ous [ɪnfrʌ́ktʃuəs, ən- | ɪnfrʌ́ktju-] 〖▭L *infructuōs-us* unfruitful: ⇨ in-², fructuous〗 *adj.* **1** 実を結ばない, 不毛の. **2** 無益の, むだな. **~·ly** *adv.*

in·fu·la [ínfjulə] 〖▭ML ~ ← L ~ 'band, priest's fillet' ← ?〗 *n.* (*pl.* **in·fu·lae** [-lì:]) 〖カトリック〗司教冠の(刺繍をほどこした)垂れ飾り.

infundibula *n.* infundibulum の複数形.

in·fun·dib·u·lar [ìnfʌndíbjulə | -lə(r)] 〖⇨ infundibulum, -ar¹〗 *adj.* **1** 〖植物〗じょうご形の, 漏斗状の. **2** 〖動物〗漏斗状器官 (infundibulum) の.

in·fun·dib·u·late [ìnfʌndíbjulèɪt, -lət, -lɪt] 〖⇨ infundibulum, -ate²〗 *adj.* **1** 〖動物〗漏斗状器官 (infundibulum) をもった. **2** 〖植物〗 = infundibuliform.

in·fun·dib·u·li·form [ìnfʌndíbjuləfɔ̀əm | -lɪfɔ̀:m] 〖⇨ ↓, -i-, -form〗 *adj.* 〖植物〗〈萼(がく)など〉漏斗状の, じょうご形の.

in·fun·dib·u·lum [ìnfʌndíbjuləm] 〖(1706) ▭L ~ 'funnel' ← *infundere* to pour in + -I- + -*bulum* (器具の意を表わす suf.): cf. infuse〗 ── *n.* (*pl.* **-u·la** [-lə]) **1** 〖動物〗漏斗状器官. **2** 〖解剖〗 **a** 漏斗, 漏斗(状)部, 漏斗管. **b** 動脈円錐《右心室から肺動脈への移行部》.

in·fu·ri·ate 〖▭ML *infuriāt-us* maddened (p.p.) ← *infuriāre* to enrage ← IN-¹ + *furiāre* to enrage (← *furia* 'FURY')〗 ── [ɪnfjú(ə)rièɪt, ən- | ɪnfjúəri-] *vt.* 激怒させる, 狂気のように怒らせる, 狂暴にする: be ~*d at* … に激怒する, かんかんに怒る. ── [-èɪt, -riət, -rɪɪt | -rièɪt, -rɪət, -rɪɪt] *adj.* 《まれ》激昂した. **~·ly** *adv.*

in·fú·ri·àt·ing [-ṭɪŋ | -tɪŋ] *adj.* 憤慨させる(ような): an ~ reply 腹立たしい返事. **~·ly** *adv.*

in·fu·ri·a·tion [ɪnfjù(ə)riéɪʃən, ən- | ɪnfjùəri-] *n.* 激怒(させること); 狂暴.

in·fus·cate [ɪnfʌ́skeɪt, ən-, -kət, -kɪt | ɪn-] 〖▭L *infuscāt-us* p.p. ← *infuscāre* ← IN-¹ + *fuscāre* (← *fuscus* dark-brown, dusky: cf. fuscous)〗 ── *adj.* **1** はっきりしない, 不明瞭な: ~ minds. **2** 〖昆虫〗黒ずんだ, 暗褐色の (dark-brown).

in·fús·cat·ed [-ṭɪd, -ṭəd | -tɪd, -təd] *adj.* = infuscate.

in·fuse [ɪnfjú:z, ən- | ɪn-] 〖(?*a*1425) ▭(O)F *infus-er* // ← L *infūs-us* (p.p.) ← *infundere* to pour into or upon, communicate ← IN-¹ + *fundere* to pour: (cf. fusion)〗 ── *vt.* **1** 〈思想・信念・元気などを〉〈人・心などに〉吹き込む〔*into*〕; 〈人・心などを〉〔希望などで〕満たす〔*with*〕: ~ fresh courage [new blood] *into* a person 人に新たな元気を吹き込む[新生命を与える] / ~ one's life *into* one's poetry 詩作に生命を注ぎ込む / ~ a person [the mind] *with* new hope 人[人の心]を新しい希望で満たす. **2** 〈茶〉に湯を注ぐ, 煎(せん)じる, 〈薬草などを〉水[湯]に浸す, 振り出す: ~ tea [tea leaves] 茶を出す / ~ herbs *in* water 薬草を湯で煎じる. **3** 《廃》注ぐ, 注ぎ込む, 注入する: ~ some liquid *into* a vessel. ── *vi.* 〈茶・薬などが〉煎じられる: Let the tea ~ for five minutes. そのお茶は5分間煎じなさい. **in·fús·er** *n.*

infúsed vírtues *n.* 注入徳《人間の努力なしに, 恩恵とともに与えられた徳》.

in·fus·i·ble¹ [ɪnfjú:zəbl̩, ən- | ɪnfjú:zə-, -zɪ-] 〖← IN-² + FUSIBLE〗 ── *adj.* 溶解しない, 不溶解性の, 不融性の. **in·fùs·i·bíl·i·ty** [-zəbíləṭi | -zəbíləti, -zɪ-, -lɪ-] *n.* **~·ness** *n.*

in·fus·i·ble² [ɪnfjú:zəbl̩, ən- | ɪnfjú:zə-, -zɪ-] 〖← INFUSE + -IBLE〗 *adj.* 注がれる, 注入できる.

in·fu·sion [ɪnfjú:ʒən, ən- | ɪn-] 〖(*a*1400) ▭(O)F ~ // L *infūsiō(n-)*: ⇨ infuse, -sion〗 *n.* **1** 注入(すること); 注入物, 混和物. **2** (精神などの)鼓吹, 吹き込み. **3** (薬・茶などの)浸出, 煎(せん)じ出し, 振り出し; 煎じ[振り]出したもの, 浸出液, 浸剤, 煎じ汁. **4** 〖医学〗(静脈への食塩水・ぶどう糖などの)注入, 点滴; 注入液. **5** 〖キリスト教〗 **a** 注水 (affusion). **b** (恩恵の)注入: ~ of grace 恩恵[恩寵(おんちょう)]の注入.

in·fú·sion·ism [-ʒənìzm] *n.* 〖神学〗霊魂注入説《霊魂は既に存在しており, 肉体が母体に宿りまたは生れ出る時に注入されるとの説; cf. traducianism, creationism 2》.

in·fú·sion·ist [-ʒ(ə)nɪst, -nəst | -nɪst] *n.* 霊魂注入説論者.

in·fu·sive [ɪnfjú:sɪv, ən-, -zɪv | ɪn-] *adj.* 注入する, しみ込ませる, 吹き込む, 鼓吹する: an ~ force 感化[影響]力.

In·fu·so·ri·a [ìnfjuzɔ́:riə, -sɔ́:r-, -ɔ́:r- | -ɔ́:rɪə] 〖(1787) ← NL ~ ← L *infūsus*: ⇨ infuse, -ory¹, -ia²: 干草を水に浸したもの (hay infusion) の中に発生する顕微鏡的微小動物の意〗 ── *n. pl.* 〖動物〗 **1** 滴虫綱《原生動物 (Protozoa) の一綱》. **2** 《俗用》滴虫《腐朽した有機物に含まれる微生物; バクテリア・菌・原生動物など》.

in·fu·so·ri·al [ìnfjuzɔ́:riəl, -sɔ́:r-, -ɔ́:r- | -ɔ́:rɪ-] 〖⇨ ↑, -al¹〗 *adj.* 〖動物〗滴虫の, 滴虫を含む[から成る]: ~ earth = kieselguhr.

in·fu·so·ri·an [ìnfjuzɔ́:riən, -sɔ́:r-, -ɔ́:r- | -ɔ́:rɪ-] 〖← INFUSORIA + -AN¹〗 〖動物〗 *adj.* = infusorial. ── *n.* 滴虫綱 (Infusoria) の動物.

in·fu·so·ry [ɪnfjú:zəri, ən-, -sə- | ɪnfjú:zəri, -sə-] 〖← NL *Infusoria*: ⇨ Infusoria〗 〖動物〗 *adj.* = infusorial. ── *n.* [通例 *pl.*] 《古》滴虫 (infusorians).

in fu·tu·ro [ɪn-fju:t(j)ú(ə)rou | -fju:tjúərəu, -fju-] 〖▭L *in futūrō* in the future〗 *L. adv.* 将来において.

-ing¹ [ɪŋ] 〖OE *-ing, -ung* < Gmc *-ung* (Du. *-ing* / G *-ung*)〗 ── *suf.* 原形動詞に付いて動名詞 (gerund)・名詞を造る; 動名詞の場合は副詞・副詞句などに修飾され, また他動詞から来たものは目的語を支配することがある; また類推により動詞以外の語に添えることがある (例: offing): **1** 動作・職業などを表わす: danc*ing*, motor*ing*; bank*ing*, garden*ing*; clerk*ing*, soldier*ing* / See*ing* is believ*ing*. 「百聞は一見にしかず」/ I hate gett*ing* up early. 早起きするのは嫌いだ. **2** 動作の結果・産出物・材料, または具体物・材料の集合などを表わす: cloth*ing*, rail*ing*, sack*ing*; build*ing*, carv*ing*; carpet*ing*, floor*ing*, sew*ing*. **3** 形容詞用法: a sleep*ing* car / a look*ing* glass / a sew*ing* machine / a drink*ing* song / writ*ing* materials.

-ing² [ɪŋ] 〖ME *-ing(e)* (語形上 -ing¹ と混同?) ∽ ME (南部) *-inde*, (中部) *-ende*, (北部) *-ande* < OE *-ende, -ændi* < Gmc *-nd-* (Du. & G *-end*) < IE *-n̥t-* (L *-ant-, -ent-* / Gk *-ont-*)〗 ── *suf.* 原形動詞に付いて現在分詞 (present participle) を造る: **1** 形容詞的にまたは形容詞として: charm*ing* manners / a strik*ing* example. **2** 前置詞として: barr*ing*, dur*ing*, pend*ing*. **3** 副詞・形容詞または目的語と結合して複合語を造る: well-mean*ing*, strong-smell*ing*; heartbreak*ing*, lifesav*ing*.

-ing³ [ɪŋ] 〖OE ~: cf. OHG *-ing*〗 ── *suf.* 次の意味を表わす名詞を造る: **1** 父祖から出た名: athel*ing*; (家名・地名の例) Bill*ing* (= son of Bill) / Nott*ing*-(ham). **2** 「…に関係のあるもの, …に属するもの, …に似たもの, …から成るもの」: farth*ing*, geld*ing*, wild*ing*. ★ penny, king では音韻・語形変化のため現在の形では造語要素が明らかでない.

ín·gàte 〖← IN (adj.) + GATE¹〗 *n.* 〖金属加工〗 = gate¹ 11.

ín·gàther 〖← IN (adv.) + GATHER〗 *vt.* 〈収穫物などを〉集め込む, 取り入れる. ── *vi.* 集まる (assemble). **ín·gàtherer** *n.*

ín·gàthering *n.* **1** (農産物などの)収穫, 取入れ. **2** (人の)集合; 会合, 集会 (assembly).

Inge [índʒ], **William** (**Mot·ter** [mɑ́ṭə | mɔ́tə(r)]) *n.* (1913–73) 米国の劇作家; *Picnic* (1953), *Bus Stop* (1955).

Inge [íŋ], **William Ralph** *n.* (1860–1954) 英国国教会の聖職者・神学者・哲学者, London の St. Paul's の dean (1911–34); the Gloomy Dean と呼ばれる.

In·ge·gne·ri [ìndʒənjέ(ə)ri | -njéəri; *It.* indʒeɲɲé:ri], **Marc'An·to·nio** [mɑ̀rkantɔ́:njo] *n.* インジェニェーリ (1547?–1592; イタリアの作曲家).

In·ge·low [índʒəlòu | -dʒɪləu], **Jean** *n.* (1820–97) 英国の女流詩人・童話作家.

in·gem·i·nate [ɪndʒémənèɪt, ən- | ɪndʒémɪ-] 〖(1594) ← L *ingemināt-us* (p.p.) ← *ingemināre* to redouble, repeat ← IN-¹ + *gemināre* 'to GEMINATE'〗 ── *vt.* (強調のため)繰り返す, 反復する, 繰り返して言う: ~ peace 繰り返し平和を説く. **in·gem·i·na·tion** [ɪndʒèmənéɪʃən, ən- | ɪndʒèmɪ-] *n.*

in·gen·er·ate¹ [ɪndʒén(ə)rət, ən-, -rɪt | ɪn-] 〖▭LL *ingenerāt-us*: ⇨ in-², generate〗 ── *adj.* 生み出されたのでない, 独立して存在する, 自存の (self-existent): God is ~.

in·gen·er·ate² 〖(1528) ▭L *ingenerāt-us* (p.p.) ← *ingenerāre* to engender: ⇨ in-¹, generate〗 ── [ɪndʒénərèɪt, ən- | ɪn-] 《古》 *vt.* (心などの)中に生じさせる, 発生させる. ── [-n(ə)rət, -rɪt] *adj.* 生れながらの, 生得の. **~·ly** *adv.* **in·gen·er·a·tion** [ɪndʒènəréɪʃən, ən- | ɪn-] *n.*

in·ge·nious [ɪndʒí:njəs, ən- | ɪndʒí:njəs, -nɪəs] 〖(?*a*1425) ▭(O)F *ingénieux* // L *ingeniōs-us* talented, clever ← *ingenium* natural quality, ability, genius ← IN-¹ + *gen-*, *gignere* to beget: ⇨ genius, -ous: cf. engine〗 ── *adj.* **1** 〈人・頭脳など〉利口な, 策に富んだ; 発明の才ある, 創意・工夫のすぐれている, 器用な. **2** 〈仕掛けなど〉工夫に富んでいる, 独創的な, 器用な, 思いつきのよい, 巧妙な, 精巧な: an ~ device, machine, solution, excuse, etc. **3** 《廃》天才の. **~·ly** *adv.* **~·ness** *n.*

in·ge·nue [ǽndʒənjù:, έ:(n)ʒə-, ɑ́:n-, ＝－ー́ | ǽ:(n)ʒeɪnjù:, ǽn-, ＝－ー́; *F.* ɛ̃ʒeny] 〖(1848) ▭F *ingénue* (fem.) ← *ingénu* ▭L *ingenuus* 'INGENUOUS'〗 ── *n.* (*pl.* ~**s** [~z; *F.* ~]) (*also* **in·gé·nue** [~]) **1 a** (舞台に現われる)無邪気な少女. **b** 無邪気な少女役を演じる女優 (cf. soubrette). **2** 初めて社交界に出る少女 (debutante). **3** 純情な人, ナイーブな人.

in·ge·nu·i·ty [ìndʒən(j)ú:əṭi | -dʒɪnjú:ɪti, -dʒə-, -njúətɪ, -ɪtɪ] 〖(1598) ▭L *ingenuitāt-em* ← *ingenuus* 'INGENUOUS': ⇨ -ity: 意味上 INGENIOUS と混同しその影響を受けた〗 ── *n.* **1** 発明の才, 工夫の才, 創意; 器用: a man of ~ 創意工夫に富んだ人 / show ~ *in* …に創意を示す. **2** 工夫のうまさ, 巧妙さ, 精巧; 巧妙な考案. **3** [通例 *pl.*] 巧妙な策, 工夫に富んだ思いつき. **4** 《古》率直, 純真.

in·gen·u·ous [ɪndʒénjuəs, ən- | ɪndʒénju-] 〖(1598) ▭L *ingenu-us* native, innate, freeborn, noble, frank ← IN-¹ + *gen-*, *gignere* to beget: ⇨ genus, -ous〗 ── *adj.* **1** 〈人・性格など〉率直な, 正直な; 明らさまの, 淡白な,

誠意のある. **2** 〈表情など〉無邪気な, あどけない, 純真な, 飾り気のない: an ~ smile. **~·ly** *adv.* **~·ness** *n.*

In·ger·soll [íŋɡəsɔ̀(ː)l, -sɑ̀l, -səl | -sɔ̀l], **Ralph** *n.* (1900–) 米国のジャーナリスト; 新聞・雑誌の編集者・発行者.

Ingersoll, Robert Green *n.* (1833–99) 米国の法律家・講演家・自由思想家・不可知論の代表者.

in·gest [ɪndʒést, ən- | ɪn-] 〖《1617》← L *ingest-us* (p.p.) ← *ingerere* ← IN-¹+*gerere* to carry, act: cf. digest, egest〗 ― *vt.* **1** 〖生理〗〈食物などを〉(胃や細胞内に)取り入れる, (経口)摂取する (↔ egest): ~ food. **2** 〖航空〗(ジェットエンジンの空気取入れ口から)〈異物を〉吸い込む. **~·i·ble** [ɪndʒéstəbl̩, ən- | ɪndʒéstɪ-] *adj.* **in·ges·tion** [ɪndʒéstʃən, ən-, -dʒéʃtʃən | ɪn-] *n.* **in·ges·tive** [ɪndʒéstɪv, ən- | ɪn-] *adj.*

in·ges·ta [ɪndʒéstə, ən- | ɪn-] 〖□ L ~ (neut.pl.) ← *ingestus*〗 *n.* (特に, 口を通して)体内に摂取された栄養物.

íng·fòrm [íŋ-] *n.* 〖文法〗'ing' 形《動詞の原形に -ing を添えた形で, 動名詞形と現在分詞形のことをまとめていうときに用いる》. 「Injun].

In·gin [índʒɪn, -dʒən | -dʒɪn] 〖《1683》← Indian: cf. Injun〗 *n.* =Injun.

in·gle [íŋɡl̩] 〖《1508》□ Sc.-Gael. *aingeal* fire, light: cf. L *ignis*〗 *n.* **1** 炉火 (flame). **2** 炉 (fireplace). **3** かど, 角 (corner).

íngle·nòok *n.* **1** 炉隅(ろ), 炉辺 (chimney corner). **2** 暖炉の脇にあるベンチ[長椅子].

íngle·sìde *n.* 炉辺 (fireside).

in·glo·ri·ous [ɪŋɡlɔ́ːriəs, ən-, -ɡlóːr- | ɪŋɡlɔ́ːrɪ-] 〖□ L *inglōriōs-us*: ⇨ in-², glorious〗 ― *adj.* **1** 不名誉の, 不面目な, 恥ずべき: an ~ defeat, retreat, etc. **2** 《まれ》名声のない, 名もない (obscure): an ~ life. **~·ly** *adv.* **~·ness** *n.*

ín·gòal *n.* 〖ラグビー〗インゴール《ゴールポスト後方でトライ可能な地域》.

ín·gòing 〖《1340》― *go in* (⇨ go 成句)+-ing¹,²〗 ― *adj.* **1** 入って来る, 就任の, 上番の (↔ outgoing): an ~ tenant 新借家[借地]人 / the ~ tide 入り潮. **2** 洞察力のある, 透徹した, 鋭い: an ~ mind. ― *n.* **1** 入って来ること, 入来. **2** 《英》(新借受人が払う)定着物件費, 造作費《事業所などの取付物などの設備に対して支払う金額》.

In·golds·by Legends [íŋɡəl(d)zbi- | -bɪ-], **The** *n.* 英国の聖職者 Richard Harris Barham が Thomas Ingoldsby の筆名の下に中世物語を滑稽に書いた詩と散文集 (1840–47).

In·gol·stadt [íŋɡəlstɑ̀ːt, -ʃtɑ̀ːt; G. íŋɡɔlʃtàt] *n.* インゴルシュタット《西ドイツ Bavaria 州の都市; Danube 川に臨み, 中世の城と教会がある; 人口 72,000》.

in·got [íŋɡət, -ɡɑt | -ɡət, -ɡɔt] 〖《*c*1395》~ 'mold for metal' ← IN (prep.)+OE *goten* ((p.p.) ← *ġēotan* to pour, cast in metal ← (WGmc) **giut-* (G *Guss* a casting, mold) ← IE **gheud-* ← **gheu-* to pour)〗 〖冶金〗 ― *n.* **1** (金・銀・鉄などを型に鋳込んだ)鋳塊, (地金の)塊, インゴット. **2** 《原義》(金属の)鋳型. ― *vt.* 〈冶金を〉鋳塊にする.

íngot·càse *n.* 〖冶金〗=ingot mold.

ingot íron *n.* 〖冶金〗インゴッド鉄《錬鉄 (wrought iron) の一種; 炭素含有 0.05% 未満》.

íngot móld *n.* 〖冶金〗鋳塊鋳型.

in·graft [ɪnɡrǽft, ən- | ɪnɡrɑ́ːft] *vt.* =engraft.

in·grain 〖《1766》― *in grain* (⇨ grain¹ n. 成句)〗 ― [ɪnɡréɪn, ən-, íŋɡreɪn | ɪŋɡréɪn, ⸗⸗] *vt.* **1** 〈習慣・考えなどを〉根深くしみ込ませる, 深く植え込む. **2** 《古》〈染料を〉しみ込ませる, 染める. ― [íŋɡreɪn] *adj.* **1 a** 繊維のうちに染めた, 先染(さきぞ)めの. **b** 糸の状態で染めた, 生染(きぞ)めの, 地染めの. **2** 〈習慣・考えなど〉深くしみ込んだ, 根深い: ~ habits, vices, etc. / an ~ criminal 常習犯(人). **3** 生まれつきの, 生れながらの. ― *n.* **1** 生染めの糸《綿糸・毛糸》. **2** 《米》=ingrain carpet. **3** 本来の性質[性格].

íngrain cárpet *n.* イングレインカーペット《糸染めのじゅうたんで表裏両面に使用できるもの》.

íngrain dýe [**cólor**] *n.* 〖染色〗イングレイン染料; (特に) =azoic dye.

in·gráined 〖《1599》: cf. engrained〗 ― *adj.* **1** 〈習慣・考えなど〉深くしみ込んだ, 根深い: an ~ habit, prejudice, superstition, etc. / be deeply ~ *in* human nature 人間の本性に深くしみ込んでいる. **2** 生れついた, 生得の; 徹底的な, 心からの: an ~ liar / She had an ~ dislike of soup. 彼女は生れつきスープが嫌いだった. **3** 《古》糸の中まで(染料が)しみ込んだ: ~ *with* dye. **4** 〈ごみ・汚れなど〉こびりついた: ~ dirt. **in·gráin·ed·ly** [-nɪdli, -nəd- | -lɪ] *adv.*

In·gram [íŋɡrəm] 〖□ OF *Ingelram, Enguerran* □ OHG *Ingilramnus, Angilramnus* 《原義》 angel's raven ← *angil* 'ANGEL' +*hram* 'RAVEN¹'〗 *n.* 男性名.

in·grate [íŋɡreɪt | ⸗ ⸗́] 〖《?*a*1387》□ (O)F *ingrat* // L *ingrāt-us* unpleasing, ungrateful ← IN-²+*grātus* grateful, pleasing: cf. grace, agree〗 ― *n.* 恩知らず(の人), 忘恩者. ― *adj.* 《古》恩知らずの, 忘恩の. **~·ly** *adv.*

in·gra·ti·ate [ɪnɡréɪʃièɪt, ən- | ɪnɡréɪʃɪ-] 〖《1622》← It. 《古形》*ingratiare* (=It. *ingraziare*) (← L *in grātiam* into favor)+-ATE³〗 ― *vt.* [通例 ~ *oneself* で] 〔…の〕好意を得る, 気に入られる, 機嫌(きげん)を取る 〔*with*〕: He ~*d himself with* the boss. 上司に取り入った.

in·grá·ti·àt·ing [-ʃɪ̀eɪtɪŋ | -tɪŋ] *adj.* **1** 機嫌取りの, 気に入られようとする, 迎合的な: He had an ~ way with women. 彼にはうまく女性に取り入る腕があった. **2** 人を引き付ける, 魅力のある, 愛嬌(あいきょう)のある: an ~ smile, manner, etc. **~·ly** *adv.*

in·gra·ti·a·tion [ɪnɡrèɪʃiéɪʃən, ən- | ɪnɡrèɪʃɪ-] *n.* 機嫌取り, 取入り, 迎合(すること).

in·gra·ti·a·to·ry [ɪnɡréɪʃiətɔ̀ːri, ən-, -ʃə-, -tɔ̀ːri | ɪnɡréɪʃɪèɪtəri] *adj.* 機嫌を取る, 迎合する, 取り入ろうとする.

in·grat·i·tude [ɪnɡrǽṭət(j)ùːd, ən- | ɪnɡrǽtɪtjùːd, ɪŋ-] 〖《1340》□ F ~ □ LL *ingrātitūdō* displeasure, ingratitude ← L *ingrātus* 'INGRATE': ⇨ gratitude〗 ― *n.* 恩を知らない[感じない]こと, 感謝の心のないこと, 忘恩: ~ *to* one's parents 親不孝 / show ~ *for* a person's favor 人の好意に感謝しない. 「昂進(こうしん).

in·gra·ves·cence [ɪ̀nɡrəvésns] *n.* 〖病理〗悪化, 漸悪,

in·gra·ves·cent [ɪ̀nɡrəvésnt] 〖□ L *ingravēscent-em* (pres.p.) ← *ingravēscere* to grow worse ← IN-¹+*gravēscere* (← *gravis* heavy, severe: cf. grave⁴)〗 *adj.* 〖病理〗〈病気が〉重くなる, 悪化[漸悪]する, 昂進(こうしん)する.

in·gre·di·ent [ɪnɡríːdiənt, ən- | ɪnɡríːdjənt, ɪŋ-, -dɪənt] 〖《?*a*1425》□ L *ingredient-em* (pres.p.) ← *ingredi* to go into ← IN-¹+*gradi* to step, go (← *gradus* step: cf. grade)〗 ― *n.* **1** (混合物の)成分, 合成分, 原料 (component): the ~*s* of a cake 菓子の材料 / an essential ~ in fertilizer 肥料の重要成分. **2** (構成)要素, 因子: the ~*s* of a man's character 人の性格を作り上げる要素. ― *adj.* 《古》(構成)要素である.

In·gres [ɛ̃́ː(n)ɡr(ə), ǽŋ-; *F.* ɛ̃ːɡʀ], **Jean Auguste Dominique** *n.* アングル《1780–1867; フランス新古典派の画家》.

in·gress [íŋɡres | ín-, íŋ-] 〖《?1440》□ L *ingress-us* an entering, entrance ← (p.p.) ← *ingredi* to enter: ⇨ ingredient〗 ― *n.* **1** 入ること, 立入り, 入来, 進入 (↔ egress): prevent ~ 人の入って来るのを防ぐ / the right of ~ 進入[入場]権 / a means of ~ 入口. **2** 入場権, 入場の自由; 入場許可. **3** 入る手段; 入り道, 入口: an ~ *to* the valley. **4** 〖天文〗潜入《惑星が太陽面経過などの際, 太陽面に入り始めること; ↔ egress》.

in·gres·sion [ɪnɡréʃən, ən- | ɪn-] 〖《*a*1449》□ L *ingressiō(n-)*: ⇨ ↑, -sion〗 *n.* 入ること, 入来, 進入.

in·gres·sive [ɪnɡrésɪv, ən- | ɪn-] 〖《1649》← L *ingress-us* 'INGRESS'+-IVE: cf. aggressive〗 ― *adj.* **1** 入る, 進入の. **2** 〖文法〗動作の開始を示す, 起動(相)の (inceptive) (cf. terminate *adj.* 2): the ~ aspect 起動相. **3** 〖音声〗吸気(流)の, 吸気音(流)の. ― *n.* 〖音声〗吸気(流)音《吸気によって発せられる音》. **~·ness** *n.*

In·grid [íŋɡrɪd, -ɡrəd | -ɡrɪd] 〖□ Scand. ~ ← ON *Ingvi* name of a Germanic god+*rida* ride〗 *n.* 女性名.

ín·gròup 〖← IN (adj.)+GROUP〗 *n.* 〖社会学〗内集団《個人が自らをそれと同一視し, 一般に愛着・忠誠の態度でのぞむ集団; we-group ともいう; ↔ outgroup》.

ín·gròw 〖← IN (adv.)+GROW〗 *vi.* 中[内]へ伸びる; 内部に成長する.

in·growing [⸗ ⸗ ⸗, ⸗ ⸗́ ⸗] *adj.* **1** 内部に成長する, 内へ伸びる: ~ emotions. **2** 〈足の爪が〉肉の中に食い込む.

in·grown [⸗ ⸗, ⸗ ⸗́] *adj.* **1** 中[内]に成長した; (特に)〈足の爪が〉肉へ食い込んだ. **2** 活動・興味などが外より内に向かう, 内向的な, 内向性の. **~·ness** *n.*

ín·gròwth *n.* 内部に向く成長, 内方[内部]成長《爪が肉に食い込むなど》; 内方成長物.

in·gui·nal [íŋɡwənl̩ | -ɡwɪ-] 〖《?1425》□ L *inguinālis* ← *inguin-, inguen* (swelling in) groin〗 ― *adj.* 〖解剖〗鼠蹊(そけい)の, 鼠蹊部の, 股(こ)の付け根の: the ~ canal 鼠蹊管 / the ~ glands 鼠蹊(リンパ)腺(せん).

in·gulf [ɪnɡʌ́lf, ən- | ɪn-] *vt.* (*also* **in·gulph** [~]) = engulf.

in·gur·gi·tate [ɪnɡɜ́ːdʒətèɪt, ən- | ɪnɡɜ́ːdʒɪ-] 〖《1570》← L *ingurgitāt-us* (p.p.) ← *ingurgitāre* to pour in like a flood ← IN-¹+*gurgitāre* to flood, surge (← *gurgit-, gurges* whirlpool, abyss)〗 ― *vt., vi.* **1** むさぼり食う, がぶがぶ飲む. **2** 巻き込む, 飲み込む. **in·gur·gi·ta·tion** [ɪnɡɜ̀ːdʒətéɪʃən, ən- | ɪnɡɜ̀ːdʒɪ-] *n.*

INH 《略》〖薬学〗isonicotinic acid hydrazide.

in·hab·it [ɪnhǽbɪt, ən-, -bət | ɪnhǽbɪt] 〖《*c*1380》 *enhabite(n)* □ OF *enhabit-er* // L *inhabit-āre* to dwell in ← IN-¹+*habitāre* to dwell (← *habēre* to have, possess: ⇨ habit)〗 ― *vt.* **1** 〈民族・動物などが〉〈場所〉に住む, 居住する: ~ a city, a cave, a forest, an apartment, etc. / The region is thickly [thinly] ~*ed*. その地方には住民が多い[少ない]. ★ inhabit は複数の意味の名詞を主語として用い, 単数の意味の名詞を主語としては用いない; したがって Tom ~*s* the house. とは言えない. **2** 〈無形の物が〉占める, …に存在する, 宿る; …に広がる, 遍在する. **3** 〈人が〉…に精通している: ~ the world of music 音楽界にくわしい. ― *vi.* 《古》住む; 宿る, 存する.

in·hab·it·a·ble¹ [ɪnhǽbɪṭəbl̩, ən-, -bəṭ- | ɪnhǽbɪt-] 〖⇨ ↑, -able〗 *adj.* 〈地方・地域が〉住むことのできる, 住むに適した. ★ 家については通例 habitable. **in·hàb·it·a·bíl·i·ty** [-ṭəbíləṭi | -təbílətɪ, -lɪ-] *n.*

in·hab·it·a·ble² [ɪnhǽbɪṭəbl̩, ən-, -bəṭ- | ɪnhǽbɪt-] 〖《*c*1400》□ F ~ □ L *inhabitābilis*: ⇨ in-², habitable〗 *adj.* 《古》住むことのできない (uninhabitable).

in·hab·i·tan·cy [ɪnhǽbəṭənsi, ən-, -tn- | ɪnhǽbɪtənsɪ, -tn-] 〖⇨ ↓, -ancy〗 ― *n.* **1** 住むこと, 居住《特に, ある権利・資格を得るための特定期間の居住》. **2** (会社や協会などの本社[本部])所在地; (時に)居住地, 住所.

in·hab·i·tant [ɪnhǽbəṭənt, ən-, -tnt | ɪnhǽbɪtənt, -tnt] 〖《1425》□ AF ~ = OF ~ □ L *inhabitantem* dwelling in (pres.p.) ← *inhabitāre* 'to INHABIT'〗 ― *n.* **1** (特定の場所・家などの)住人, 住民, 居住者: original ~*s* 原住民 / The city has 100,000 ~*s*. その都市の住民は 10 万である. **2** (ある場所に)住んでいる動物: an ~ of the intestines 腸の寄生虫《サナダムシなど》. ― *adj.* 《古》住んでいる.

in·hab·i·ta·tion [ɪnhæ̀bətéɪʃən, ən- | ɪnhæ̀bɪ-] 〖□ LL *inhabitātiō(n-)*: ⇨ inhabit, -ation〗 *n.* **1** 居住, 生息. **2** 《廃》住居, 住所.

in·háb·it·ed [-tɪd, -ṭəd | -tɪd, -təd] *adj.* 人の住んでいる, 居住者のある, 住民のいる: an ~ island 人の住んでいる島 / the thickly [thinly] ~ part of the country その国の人口が多い[少ない]地方. 「者.

in·háb·it·er [-ṭə | -tə(r)] *n.* 《古》住んでいる人, 居住

in·hal·ant [ɪnhéɪlənt, ən- | ɪn-] 〖□ L *inhālant-em* (pres.p.) ← *inhālāre* 'to INHALE': ⇨ -ant〗 ― *adj.* 吸い込む, 吸入する, 吸入用の. ― *n.* 吸入孔; 吸入器; 吸入薬; (アレルギーの)吸入抗原.

in·ha·la·tion [ìn(h)əléɪʃən, ɪ̀nt- | ìn(h)əl-] 〖《1623》← INHALE+-ATION〗 ― *n.* **1 a** 吸入(法), 吸引 (↔ exhalation): the ~ of oxygen 酸素吸入. **b** 吸息 (inspiration). **2** 吸入物, 吸入剤.

in·ha·la·tor [ín(h)əlèɪṭə, ínt- | ín(h)əlèɪtə(r)] *n.* **1** 吸入器 (inhaler). **2** 人工呼吸装置 (respirator).

in·hale [ɪnhéɪl, ən- | ɪn-] 〖《1725》□ L *inhālāre* ← IN-¹+*hālāre* to breathe: cf. exhale〗 ― *vt.* **1** 吸い込む, 吸入する (↔ exhale): ~ air, gas, fragrance, tobacco smoke, etc. / ~ the fresh morning air 朝の清々しい空気を吸う. **2** がつがつ飲み込む, むさぼり食う. ― *vi.* **1** 空気を吸う; 〖医学〗吸入をする (↔ exhale): ~ deeply *on* the cigarette たばこ(の煙)を深々と吸い込む / *Inhale*! Exhale! 息を吸って, 息を吐いて. **2** (特に)たばこの煙を肺まで吸い込む. ― *n.* 息の吸い込むこと.

in·hál·er [-lə | -lə(r)] *n.* **1 a** 吸入者. **b** 吸入器: an oxygen ~ 酸素吸入器. **2** 呼吸用マスク, 空気清浄器 (respirator). **3** =snifter 1.

in·har·mon·ic [ìnhɑəmɑ́nɪk | -hɑːmɔ́n-] *adj.* 不調和な, 不協和音の.

in·har·món·i·cal *adj.* =inharmonic.

in·har·mo·ni·ous [ìnhɑəmóuniəs, -njəs | ìnhɑːmə́unjəs, -nɪəs] *adj.* **1** 〈音など〉不調和な, 調子の合わない, 調子はずれの: ~ sounds, voices, etc. **2** 不一致の, 調和しない, しっくりしない: ~ colors, surroundings, etc. **~·ly** *adv.* **~·ness** *n.*

in·har·mo·ny [ɪnhɑ́əməni, ən- | ɪnhɑ́ːmənɪ] 〖← IN-²+HARMONY〗 *n.* 不調和, 不一致, 不和, 調子はずれ, 不協和.

ín·hàul 〖← IN (adj.)+HAUL〗 *n.* 〖海事〗インホール《帆・帆桁(ほげた)などを引き込むための引索(ひきづな)》(↔ outhaul).

ín·hàuler *n.* 〖海事〗=inhaul.

in·here [ɪnhíə, ən- | ɪnhíə(r)] 〖《1586》□ L *inhaerēre* to stick ← IN-¹+*haerēre* 'to stick, cling, ADHERE'〗 ― *vi.* **1** 〈性質などが〉〔…に〕存在する, 固有である, 内在する 〔*in*〕: qualities *inhering in* a person 人に固有の性質. **2** 〈権利などが〉〔…に〕帰属している 〔*in*〕: rights *inhering in* a person 人に帰属する権利.

in·her·ence [ɪnhí(ə)rəns, ən-, -hér- | ɪnhí(ə)r-, -hér-] 〖《1577》□ ML *inhaerentia* ← *inhaerentem* 'INHERENT': ⇨ -ence〗 ― *n.* **1** (性質などの)内在, 固有, 生来, 生得, 生れつき, 天賦, 天与. **2** 〖哲学〗(実体における属性の)内属(の関係).

in·her·en·cy [ɪnhí(ə)rənsi, ən-, -hér- | ɪnhíərənsɪ, -hér-] *n.* **1** =inherence 1. **2** 固有[生得]の性質.

in·her·ent [ɪnhí(ə)rənt, ən-, -hér- | ɪnhíər-, -hér-] 〖《1578》□ L *inhaerent-em* (pres.p.) ← *inhaerēre* 'to INHERE': ⇨ -ent〗 ― *adj.* **1** 固有の, 持ち前の, 生来の, もって生れた, 先天的に備わっている (↔ acquired, extrinsic): one's ~ diligence 生来の勤勉さ / an ~ property of matter 物質固有の特性 / an ~ right 生得権 / Polarity is ~ *in* magnet. 極性は磁石に内在する / ~ differences between the sexes 男女間の生来の差異. **2** 〖文法〗〈文法的性質が〉固有の, 内在的な: an ~ feature 固有素性. **~·ly** *adv.*

in·her·it [ɪnhérɪt, ən-, -rət | ɪnhérɪt] 〖《*c*1350》 *enherite(n)* □ OF *enherit-er* to put in possession as heir < LL *in hērēditāre* to inherit ← *in* 'IN'+L *hērēditāre* (← *hērēd-, hērēs* 'HEIR'): cf. disinherit〗 ― *vt.* **1 a** 〈財産・権利などを〉〔…から〕継ぐ, 継承する, 相続する 〔*from*〕: ~ a fortune, a title, etc. / ~ one's father's estate = ~ an estate *from* one's father 父の資産を受け継ぐ / But the meek shall ~ the earth. されど謙(へりくだ)るものは国を継ぐ (*Ps.* 37:11). **b** 〈人〉の後を継ぐ, 相続する: A son ~*s* his father. 息子は父の後を継ぐ. **2** 〈肉体的特質・精神的性格を〉〈親・先祖から〉受ける, 受け継ぐ, 遺伝されてもつ (↔ acquire) 〔*from*〕: ~ a strong constitution *from* one's father 頑健な体質を父から受け継ぐ / Some habits are ~*ed*. 遺伝する習癖もある. **3** 引き継ぐ, 継承する; 《口語》〈お古などを〉もらう: ~ a problem *from* one's predecessor 前任者から(未解決の)問題を引き継ぐ. ― *vi.* 財産を継ぐ, 相続する; 引き継ぐ: Astronomy ~*s from* astrology. 天文学の前身は占星術である.

in·her·it·a·ble [ɪnhérɪṭəbl̩, ən-, -rəṭ- | ɪnhérɪt-] 〖《1470》 *enheritable* ▭ AF ← OF *enheriter* 'INHERIT': ⇨ -able〗 — *adj.* **1** 後継者[子孫]に伝えることができる, 相続させられる. **2** 相続者となりうる, 相続権を有する: ~ blood 相続血統. **3** 遺伝する. **in·hèr·it·a·bíl·i·ty** [-ṭəbíləṭi | -təbíləti, -lɪ-] *n.* **~·ness** *n.* **in·hér·it·a·bly** *adv.*

in·her·i·tance [ɪnhérəṭəns, ən- | ɪnhérɪt-] 〖《*a*1393》 ▭ AF *inheritaunce*: ⇨ inherit, -ance〗 — *n.* **1** 〘法律〙相続, 不動産相続; 相続権 (cf. alienation 2): The land came to him *by* ~. その土地は相続によって彼のものとなった. **2** 相続不動産, 遺産: A rich ~ fell to him on his father's death. 父親が死んで多額の遺産が彼のものとなった. **3** (先祖・先人などから)受け継いだもの, 継承物; 生得権 (cf. heritage 1). **4** 遺伝; 遺伝的性質[体質]: an ~ of disease 病気の遺伝, 遺伝した病気. **5 a** 伝統. **b** 神[自然]から受け継いだ共有財産《土地・空気・水など》. **6** 《廃》所有権.

inhéritance tàx *n.* 〘法律〙相続税《遺産全体に課せられる遺産税 (estate tax) と相続によって取得した財産に課せられる遺産取得税 (legacy tax) とが含まれるが, 通例後者を意味する》.

in·her·it·ed [-ṭɪd, -ṭəd | -tɪd, -təd] *adj.* **1** 〘生物〙(祖先から)継承した, 遺伝の: an ~ character [quality, tendency] 遺伝形質[特性, 性向]. **2** 〘文法〙〈単語が〉祖語から継承された.

in·hér·i·tor [-ṭə | -tə(r)] 〖《?*a*1430》 *enheritour, enheriter*: ⇨ inherit, -or²〗 *n.* (遺産)相続人; 後継者: ~*s* of an ancient culture.

in·her·i·tress [ɪnhérɪtrɪs, ən-, -rə-, -trəs | ɪnhérɪtrɪs, -très] 〖⇨ ↑, -ess¹〗 *n.* 女性の inheritor.

in·her·i·trix [ɪnhérɪtrɪks, ən-, -rə- | ɪnhérɪ-] 〖《1531》 ← INHERIT + -TRIX〗 *n.* (*pl.* **in·her·i·tri·ces** [ɪnhèrətráɪsiːz, ən- | ɪnhèrɪ-]) ＝inheritress.

in·he·sion [ɪnhíːʒən, ən- | ɪn-] 〖▭ LL *inhaesiō(n-)* ← L *inhaerēre* 'to INHERE': cf. adhesion, cohesion〗 *n.* 《まれ》＝inherence.

in·hib·it [ɪnhíbɪt, ən-, -bət | ɪnhíbɪt] 〖《1425》 ← L *inhibit-us* (p.p.) ← *inhibēre* to keep back ← IN-¹ + *habēre* to have, hold (cf. habit)〗 — *vt.* **1** 〈条文・規定などが〉…に〔…を〕禁じる, 禁止する 〔*from*〕: These provisions ~ the government *from doing* certain acts. これらの規定は政府がある種の行為を行なうことを禁ずるものである. **2** 〈物・事・感情などが〉制する, 止める, 制止する, 抑制する: ~ an action [desires, impulses] 活動[欲望, 衝動]を抑制する / Rules ~*ed* us. いろいろな規則に縛られて我々は自由な行動がとれなかった / Shyness ~*ed* me *from* talking to her. 私は恥ずかしくて彼女にろくに口もきけなかった. **3** 〘化学〙…の化学反応を止める, 〈化学反応を〉抑制する. **4** 〘英国国教会〙〈聖職者〉の聖務執行を停止する.

in·híb·it·ed [-ṭɪd, -ṭəd | -tɪd, -təd] *adj.* 抑制[抑圧]された: an ~ person (潜在意識による抑制のため)感情を現わせない人, (病的に)内気な人.

in·híb·it·er [-ṭə | -tə(r)] *n.* ＝inhibitor.

in·híb·it·ing [-ṭɪŋ | -tɪŋ] *adj.* 抑制[抑圧]する(ような): an ~ discipline 極めて厳重な規律.

in·hi·bi·tion [ìn(h)əbíʃən, -(h)ɪ- | -(h)ɪ-] 〖《*c*1375》 *inhibicioun* ▭ (O)F *inhibition* ∥ L *inhibitiō(n-)*: ⇨ inhibit, -tion〗 — *n.* **1** 禁止, 禁制: the ~ of an action. **2 a** 〘心理〙抑制, 制止《精神的・生理的機能や環境条件が他の機能の持続や実現を妨げること; cf. repression 2, facilitation 2》. **b** 《口語》内的に行動[活動]のじゃまをするもの, 抑制する心の働き: She has no ~*s*. 彼女は何事にも(気をとがめられずに)自由にふるまえる. **3** 〘生理〙 **a** (生理活動の)制止, 阻止, 抑制. **b** 反射抑制. **c** 興奮抑制. **4** 〘化学〙化学反応の停止[抑制]. **5** 〘英国国教会〙聖務[職務]停止命令. **6** 〘英法〙土地処分禁止命令, 訴訟進行停止令状.

in·hib·i·tive [ɪnhíbəṭɪv, ən- | ɪnhíbɪt-] *adj.* 禁止の, 禁止的な, 抑制する.

in·híb·i·tor [-ṭə | -tə(r)] *n.* **1** 〘化学〙反応抑制剤; 酸化防止剤. **2** 〘生物〙抑制遺伝子. **3** 〘宇宙〙燃焼抑制剤, レストリクター.

in·hib·i·to·ry [ɪnhíbɪtɔ̀ːri, ən-, -bə-, -tɔ̀ːri | ɪnhíbɪtəri] 〖《1490》 ▭ ML *inhibitōri-us*: ⇨ inhibit, -ory¹〗 *adj.* 禁止の, 禁制の, 抑制する.

ín-hóme *adj.* 家庭内の.

in·ho·mo·ge·ne·i·ty [ɪnhòuməʤəníːəṭi, ən-, -mo(ʊ)- | ɪnhɔ̀mə(ʊ)ʤəníːəti, -hə̀um-, -ʤɪ-, -níːɪ-] 〖← IN-² + HOMOGENEITY〗 — *n.* **1** 異種, 異質(性). **2** 異質[異種]物.

in·ho·mo·ge·ne·ous [ɪnhòuməʤíːniəs, -mo(ʊ)-, -njəs, ən- | ɪnhɔ̀mə(ʊ)ʤíːnjəs, -hə̀um-, -ʤén-, -nɪəs] 〖⇨ ↑, -eous〗 *adj.* 異種の, 異質な, 同質[均質, 等質]でない; 異種[異質]物から成る.

in·hos·pit·a·ble [ɪnhɑspíṭəbl̩, ɪnhɑ́spɪṭ-, ən-, -pəṭ- | ɪnhɔ́spɪt-, ìnhɔspít-, -hɔs-] 〖▭ OF ~ ▭ ML *inhospitābilis*: ⇨ in-², hospitable〗 — *adj.* **1** 〈人が〉客あしらい[もてなし]の悪い, 不親切な; 〈顔つきなど〉無愛想な, すげない. **2** 〈土地など〉(吹きさらしで)住みにくい, 生活できないような; 雨風にさらされた, 荒れ果てた, 寂しい (bleak): an ~ wilderness, coast, etc. / an ~ environment 住みにくい環境. **~·ness** *n.* **ìn·hos·pít·a·bly** *adv.*

in·hos·pi·tal·i·ty [ɪnhɑ̀spətǽləṭi, ən- | ɪnhɔ̀spɪtǽləti, -lɪ-] 〖▭ F *inhospitalité* ∥ L *inhospitālitāt-em* ← *inhospitālis*: ⇨ in-², hospitality〗 — *n.* もてなしの悪いこと, 冷遇, 無愛想, 不親切.

in-hóuse *adj.* **1** (組織・団体・会社などの)中の[で行なわれる]: an ~ job. **2** 企業内で雇って[使って]いる; 社内備付けの: an ~ typewriter, specialist, etc.

in·hu·man [ɪnhjúːmən, ɪnjúː- | ɪnhjúː-] 〖《1461》 ▭ F *inhumain(e)* ∥ L *inhūmān-us* ← IN-² + *hūmānus* 'HUMAN'〗 — *adj.* (cf. nonhuman, unhuman) **1** 〈人・言動など〉不人情な, 冷酷な, 残酷な, 思いやりのない: ~ treatment 虐待. **2** 〈形・性質など〉非人間的な, 人間と思われない; 超人的な: something ~ 何か人間と思われないもの. **~·ly** *adv.* **~·ness** *n.*

in·hu·mane [ìnhjuːméɪn, ìnjuː- | ìnhjuː-, -hjʊ-] 〖《1598》 ▭ L *inhūmān-us*: ⇨ ↑, humane〗 — *adj.* 不人情な, 無慈悲な, 思いやりのない, 薄情な; 残酷な, 非人道的な: an ~ act. **~·ly** *adv.*

in·hu·man·i·ty [ìnhjuːmǽnəṭi, ìnjuː- | ìnhjuːmǽnəti, -hjʊm-, -nɪ-] 〖《*c*1477》 ▭ F *inhumanité* ∥ L *inhūmānitāt-em*: ⇨ inhuman, -ity〗 — *n.* **1** 不人情, 薄情, 残酷. **2** 不人情な行為, 残忍な仕業: man's ~ to man 人間が人間に対して行なう残酷な行為(ほど悲しいことはない) (R. Burns, *Man was made to Mourn*).

in·hu·ma·tion [ìnhjuméɪʃən | -hjuː-, -hjʊ-] 〖《1612》 ▭ F ~ ← *inhumer* (↓): ⇨ -ation〗 *n.* 《文語》埋葬, 土葬 (cf. cremation).

in·hume [ɪnhjúːm, ən- | ɪn-] 〖《1616》 ▭ F *inhum-er* ▭ L *inhumāre* to bury in the ground ← IN-¹ + *humāre* to bury (← *humus* ground): cf. exhume〗 — *vt.* 《文語》土中に埋める, 葬る, 埋葬[土葬]する (bury).

In·i·go [ínɪgòu | -gəu] 〖▭ Sp. *Iñigo* ← L *Ignātius* 'IGNATIUS'〗 *n.* 男性名. ★ カトリック教徒に見られる.

in·im·i·ca·ble [ɪnímɪkəbl̩, ən-, -mə- | ɪnímɪ-] *adj.* ＝inimical.

in·im·i·cal [ɪnímɪkəl, ən-, -mə- | ɪnímɪ-] 〖《1643》 ▭ LL *inimicāl-is* ← L *inimīcus* unfriendly, enemy ← IN-² + *amīcus* friend (cf. amity)〗 — *adj.* **1** 敵意のある, 敵視する; 〔…と〕反目する, 不和な, 非友好的な 〔*to*〕: an ~ gaze 敵意に満ちた凝視 / nations ~ *to* one another 互いに反目する国家. **2** 〔…に〕有害な, 不利な 〔*to*〕: circumstances ~ *to* a project 計画に不利な情況. **~·ly** *adv.* **~·ness** *n.*

in·im·i·cal·i·ty [ɪnìmɪkǽləṭi, ən-, -mə- | ɪnìmɪkǽlətɪ, -lɪ-] *n.* 反目, 不和, 敵視.

in·im·i·ta·ble [ɪníməṭəbl̩, ən- | ɪnímɪt-] 〖▭ F ~ ∥ L *inimitābil-is*: ⇨ in-², imitable〗 — *adj.* まねのできない, 模倣を許さない; 独特の, 無比の, 無類の: an ~ style / a man of ~ eloquence 無類の雄弁家. **in·ìm·i·ta·bíl·i·ty** [-ṭəbíləṭi | -təbíləti, -lɪ-] *n.* **~·ness** *n.* **in·ím·i·ta·bly** *adv.*

in in·fi·ni·tum [ɪn-ɪnfənáɪṭəm, -ənfə- | -ɪnfɪnáɪt-] 〖▭ L *in infīnītum* to infinity〗 *L. adv.* 無限に, 際限なく, どこまでも.

in·i·on [íniɑ̀n, -ən | íniɔ̀n, -ən] 〖← NL ~ ← Gk *iníon* back of the head ← *ís* (gen. *inós*) sinew, muscle, 《原義》strength〗 — *n.* 〘人類学〙イニオン, 外後頭隆起点《後頭骨の分界項線と正中矢状面との交点》.

in·iq·ui·tous [ɪníkwəṭəs, ən- | ɪníkwɪt-] 〖⇨ ↓, -ous〗 *adj.* 不正の, 不公平な, 不法の, 邪悪な, よこしまな: an ~ bargain, deed, etc. **~·ly** *adv.* **~·ness** *n.*

in·iq·ui·ty [ɪníkwəṭi, ən- | ɪníkwətɪ, -kwɪ-] 〖《?*a*1300》 *iniquite* ▭ (O)F *iniquité* ▭ L *inīquitātem* injustice ← *inīquus* unequal, unfair, hostile ← IN-² + *aequus* 'just, righteous, EQUAL' (cf. equity)〗 — *n.* **1** (悪質または公的な)不正, 不法, 非道, 罪悪: commit ~ 罪悪を犯す. **2** 不正[不法]行為, 罪. **3** 《古》公正でないこと, 不公平《法に反した決定について用いる》.

in·isle [ɪnáɪl, ən- | ɪn-] *vt.* 《古》＝enisle.

init. 《略》initial; initio.

i·ni·tial [ɪníʃəl, ən- | ɪn-] 〖《adj.: 1526; n.: *a*1655》 ▭ L *initiāl-is* ← *initium* beginning ← *inīre* to go into, begin ← IN-¹ + *īre* to go: ⇨ -al¹〗 — *adj.* **1** 初めの, 最初の, 冒頭の, 発端の, 皮切りの: the ~ difficulties (事の)手始めの困難 / an ~ salary 初任給 / the ~ expenditure 創業費 / ~ symptoms (病気の)初期徴候 / the ~ stage(s) 初期の段階 / the ~ move 先行 / *Initial* steps have been taken. 第一歩が踏み出された, 仕事が始められた / the ~ velocity 〘物理〙初速度, 初速. **2** 〈文字・音が〉語[音節]の初めにある, 初頭の, 語頭の (cf. final 5 a, medial 2): The ~ sound in "xylophone" is [z]. — *n.* **1 a** 語頭の文字, 頭文字 (initial letter). **b** [*pl.*] (姓名や固有名詞の)頭文字, イニシアル《例: Tom Brown の T.B., United States of America の U.S.A.》: What are your ~*s*? / an ~ signature 頭文字だけの署名, 略署名; 仮調印. **2** イニシアル, 頭文字《章頭などの特別な大文字; 古写本などではこれに装飾を加えた》. **3** 〘生物〙始原細胞, (特に)分裂組織細胞. — *vt.* (**i·ni·tialed, -tialled; -tial·ing, -tial·ling**) …に頭文字を記す, イニシアルで署名する; (特に)〈正式代表が〉〈国際協定の草案など〉に頭文字の署名をして予備的に認証する, …に仮調印する: ~ a document 書類にイニシアルの署名をする / an ~*ed* handkerchief (名前の)イニシアルを刺繍した[入れた]ハンカチ. **~·ly** *adv.* **~·ness** *n.*

initial chárge *n.* 〘電気〙初充電《蓄電池の最初の充電》.

initial condition *n.* 〘数学〙初期条件.

i·ní·tial·ism [-ìzm] *n.* 〘言語〙頭文字語, 頭字語《DDT, IBM など》. ★ 頭文字をその順に綴った語で, acronym と同じであるが, 後者は NATO [néɪtou] のように一語として発音される点で異なる.

i·ni·tial·ize [ɪníʃəlàɪz, ən- | ɪn-] *vt.* 〘電算機〙初期化する《プログラムで使用するデータの初期値を設定する》. **i·ni·tial·i·za·tion** [ɪnìʃ(ə)lɪzéɪʃən, ən-, -lə- | ɪnìʃəlaɪ-, -ʃ(ə)lɪ-] *n.*

initial létter *n.* ＝initial 1 a.

initial líne *n.* 〘数学〙始線, 原線《極座標系で, 角を測り始める最初の半直線; initial side ともいう》.

initial rhýme *n.* 〘詩学〙 **1** ＝alliteration. **2** ＝beginning rhyme 1.

initial síde *n.* 〘数学〙＝initial line.

initial stabílity *n.* 〘造船〙初期復原力, 復元性[力]《横の傾斜角が 10°–15° 以下の場合にいう; metacentric stability ともいう》.

initial stréss *n.* 〘物理〙元(げん)応力.

initial téaching àlphabet, I- T- A- *n.* [the ~] 幼児用アルファベット《初学者用に英国の Sir James Pitman (1901–　) が考案した 44 文字のアルファベットで, もと augmented roman といった》.

initial wórd *n.* 〘言語〙＝initialism.

i·ni·ti·ate 〖《1603》 ← L *initiāt-us* (p.p.) ← *initiāre* to begin ← initium: ⇨ initial, -ate³〗 — [ɪníʃièɪt, ən- | ɪníʃɪ-] *vt.* **1** 〈事を〉始める, 起こす, 創始する, …に着手する: ~ a plan 案を新たに立てる / ~ a reform 改革に着手する, 改革運動を起こす / ~ a chain reaction 連鎖反応を起こす. **2** (正規の手続き[儀式]を踏んで)〔…に〕加入させる, 入会させる 〔*into*〕; 会員にする: ~ a person *into* a secret society 人を秘密結社に加入させる / be ~*d into* a plot 陰謀に加わる / Our club ~*d* five new members. 我々のクラブは 5 人の会員を新たに加えた. **3 a** …に〔初歩・原理などを〕教える, 手ほどきする 〔*in, into*〕: ~ pupils *in(to)* the elements of English grammar 生徒に英文法の初歩を授ける. **b** …に〔秘伝などを〕授ける, 〔秘密などを〕明かす 〔*in, into*〕: ~ a person *in(to)* a secret [the mysteries of antique-collecting] 人に秘密を教える[骨董品収集の秘伝を伝授する]. **c** [the ~*d*; 名詞的に; 集合的] 入門者たち; 秘伝を受けた人々, その道の人たち. **4** 〘政治〙(発議権によって)提案する (cf. initiative 3 a): ~ a constitutional amendment 憲法の改正を提案する. — [-ʃiət, -ʃiɪt, -ʃièɪt | -ʃɪət, -ʃiɪt, -ʃièɪt] *adj.* **1** 〈人が〉初歩を授けた, 手ほどきを受けた, 秘伝を授けられた. **2** 〈会員など〉新入の, (秘密結社などに)新たに入会した. — [-ʃiət, -ʃiɪt, -ʃièɪt | -ʃièɪt, -ʃɪət, -ʃiɪt] *n.* **1** 伝授を受けた人, 秘伝を授けられた人, その道の人, 玄人. **2** 新加入者, 入会者.

i·ni·ti·a·tion [ɪnìʃiéɪʃən, ən- | ɪnìʃɪ-] 〖《1583》 ▭ L *initiātiō(n-)* ← *initiāre* (↑): ⇨ -ation〗 — *n.* **1** 創始, 開始, 着手, 創設, 創業. **2 a** 加入, 入会(式), 入門(式), 入党(式), 入社(式)(など): ~ fee 《米》(クラブなどの)入会[加入]金 / ~ ceremonies 入会の儀式《学生のクラブなどでは頭から水を浴びせるなどしばしば奇抜な行為を伴う》. **b** 〘心理〙通過[移行]儀礼, 過渡[推移]儀礼, イニシエーション《個人が人生の一つの段階から次の段階へ移行する重要な時期に行なわれる儀礼》. **3** 秘伝[奥義]伝授; 手引き, 手ほどき: receive one's ~ into …の手ほどきを受ける.

i·ni·tia·tive [ɪníʃəṭɪv, ən- | ɪníʃɪət-, -ʃət-] 〖adj.: 《1795》 ▭ ML *initiātīv-us*: ⇨ initiate, -ive. — n.: 《1793》 ▭ F ~〗 — *adj.* 初めの, 手始めの, 創始の, 発端の, 率先の: ~ spirit 進取の気象. — *n.* **1** 第一歩, 開始, 創始; 首唱, 先導, 機先, 先制, 先手, イニシアチブ: have [possess] the ~ 先導権がある, 主導権を有する / take the ~ (*in*) (…を)先導する, 率先してやる; (…に)先手を打つ, イニシアチブを取る. **2** 創業の才, 企業心, 独創力: He has [lacks] ~. 独創力がある[ない]. **3** [通例 the ~] 〘政治〙 **a** 議案提出権, 発議権 (cf. initiate 4): ⇨ direct initiative, indirect initiative / The Commons have *the* ~ in respect to money bills. 財政議案に対しては下院に発議権がある. **b** 国民発案, 公民立案権, イニシアチブ《米国などで国や一地方の一般住民が立法に関する提案を行なうこと; cf. referendum 1 a》.

on one's own initiative 自発的に, 率先して, 自ら進んで.

~·ly *adv.*

i·ní·ti·à·tor [-ṭə | -tə(r)] 〖▭ LL *initiātor*: ⇨ initiate, -or²〗 *n.* **1** 創始者, 首唱者; 発起人; 教導者, 伝授者. **2** 反応を起こさせるもの, 反応開始剤, 起爆薬.

i·ni·ti·a·to·ry [ɪníʃiətɔ̀ːri, ən-, -ʃə-, -tɔ̀ːri | ɪníʃɪət(ə)rɪ, -ʃièɪtəri] 〖《1612–15》 ← INITIATE + -ORY¹〗 — *adj.* **1** 初めの, 初歩の, 手始めの, 発端の; 手ほどきの. **2** 入会[入門, 入党]の: the ~ rites 入門式. **i·ni·ti·a·to·ri·ly** [ɪnìʃiətɔ́ːrəli, ən-, -ʃə-, -tɔ́ːr-, ―⌐(―)⌐―― | ɪnìʃɪət(ə)rəli, -ʃièɪtə-, -rɪlɪ] *adv.*

i·ni·ti·o [ɪníʃiòu, ən-, -tiòu | ɪníʃɪəu, -tɪəu, -sɪəu] 〖▭ L *initiō* (abl.) ← *initium* beginning: cf. initial〗 — *L. adv.* (書物のページ・章・節などの)初めに, 冒頭に; 巻首に (略 init.): ⇨ ab initio.

I.N.J. 《略》*L.* in nomine Jesu (⇨ in nomine).

in-járgon 〖← IN-⁴ + JARGON〗 *n.* 最新流行の専門用語.

in·ject [ɪnʤékt, ən- | ɪn-] 〖《1601》 ← L *inject-us* (p.p.) ← *in(j)icere* to throw in ← IN-¹ + *jacere* to throw〗 — *vt.* **1** 〈液体を〉注ぐ, 注入する; 〈電流を〉流す; 〈電子などを〉送り込む: ~ fuel *into* an engine / ~ current *into* a circuit 回路に電流を流す / ~ atoms *into* an accelerator 加速装置に原子を送る. **2 a** 〈薬液などを〉〔人・腕・静脈などに〕注射する 〔*into*〕; 〈人など〉に〔薬液などを〕注入する 〔*with*〕: ~ some fluid *in-*

to the veins / ~ a person [the arm] *with* penicillin / ~ a drug hypodermically [under the skin] 皮下に薬を注射する. **b** 〈人〉に〔…に対する〕注射を打つ〔*against, for*〕: be [get] ~*ed against* typhoid [*for* flu] 腸チフス[インフルエンザ]の予防注射を受ける. **3** 〈新鮮[異質]なものを〉導入する, 入れる〔*into*〕: ~ a new life *into* the committee 委員会に新しい生命を吹き込む. **4** 〈意見などを〉さしはさむ〔*into*〕: ~ a remark *into* the conversation 話の中に口をさしはさむ. **5** 〖宇宙〗〈人工衛星・宇宙船などを〉〈軌道に〉打ち上げる, 乗せる〔*into*〕: ~ a satellite *into* (an) orbit.

in·ject·a·ble [ɪndʒéktəbl, ən- | ɪn-] *adj.* 〈薬物が〉注射可能の. — *n.* 〖医学〗注射可能薬物.

in·jéct·ed *adj.* **1** 注入[注射]された. **2** 〖病理〗充血した, 血走った: ~ eyes.

in·jec·tion [ɪndʒékʃən, ən- | ɪn-] 〖《?*a*1425》□ F ~ // L *injectiō(n-)*: ⇨ inject, -tion〗 — *n.* **1 a** 注射, 注入, 灌腸(かんちょう): (a) hypodermic [subcutaneous] ~ 皮下注射 / give [administer] two camphor ~*s* カンフルを2本[2回]注射する / have an ~ of glucose ぶどう糖の注射を受ける. **b** 注射液, 注射薬, 注入薬, 灌腸剤. **2** 〖医学〗充血, 鬱血 (congestion). **3** 〖機械〗噴射; (燃焼室に送り込む)加圧燃料. **4** 〖宇宙〗(人工衛星や宇宙船を計算された)軌道に乗せること (insertion); その軌道[時間, 場所]. **5** 〖数学〗単射, 単射写像《定義域の相異なる2点の像が常に相異なるような写像》.

injéction-mólded *adj.* 〖化学〗射出成形の.

injéction mólding *n.* 〖化学〗射出成形《溶融された樹脂をノズルから金型中に射出し, 冷やして成形する方法; プラスチック製のコップ・バケツなどはこの方法で作られる; : cf. extrusion molding》.

in·jec·tive [ɪndʒéktɪv, ən- | ɪn-] 〖音声〗*adj.* 吸入音の. — *n.* 吸入音, 内破音 (implosive).

in·jéc·tor *n.* **1** 注射する人, 注入器, 注射器. **2** 〖機械〗インゼクター《噴射式の給水器または燃料噴射装置》. **3** (injector razor 用の替え刃が入った)さし込み容器.

injéctor ràzor *n.* インジェクターかみそり《injector の操作で簡単に刃の交換ができる片刃の安全かみそり》.

ín-jòke *n.* 特定グループのみにわかるジョーク,「楽屋落ち」.

in·ju·di·cial [ìndʒudíʃəl, -dʒuː- | ìndʒúː-, -dʒú-] *adj.* =injudicious.

in·ju·di·cious [ìndʒudíʃəs, -dʒuː- | -dʒuː-, -dʒu-] 〖← IN-[2]+JUDICIOUS〗 — *adj.* 賢明でない, 無分別な, 思慮のない; 時機の悪い: an ~ remark. **~·ly** *adv.* **~·ness** *n.*

In·jun [índʒən] 〖《1812》← INDIAN: cf. Ingin〗 *n.* 《口語・米方言》(アメリカ)インディアン: ⇨ honest Injun. ***get up** one's **Injun*** 《俗》怒る. ***play Injun*** 《俗》隠れる, 逃げる.

in·junct [ɪndʒʌ́ŋ(k)t, ən- | ɪn-] 〖《逆成》← INJUNCTION〗 *vt.* 《口語》差し止める, 禁止する, 抑止する.

in·junc·tion [ɪndʒʌ́ŋ(k)ʃən, ən- | ɪn-] 〖《?*c*1425》□ LL *injunctiō(n-)* ← L *injunctus* (p.p.) ← *injungere* 'to ENJOIN'〗 — *n.* **1** 命令, 訓令, 指令, 指図: an ~ *against* ...禁止令 / lay ~*s upon* a person *to* do 人に...するように命じる. **2** 〖法律〗差止命令, 禁止命令《エクイティー上の救済方法の一つ; 一定の行為をすることを禁止する裁判所の命令; 不法建築物の取毀しなど一定の行為を命じる差止命令を mandatory injunction (命令的差止命令)といい, 行為の禁止を命じるものは prohibitory [restrictive] injunction (禁止的[制限的]差止命令)と呼ばれる》.

in·junc·tive [ɪndʒʌ́ŋ(k)tɪv, ən- | ɪn-] 〖《1664》← L *injunctus* (↑)+-IVE〗 — *adj.* **1** 命令的な. **2** 〖法律〗差止命令の, 禁止命令の. **3** 〖文法〗〈ギリシャ語やサンスクリットなどの動詞が〉指令法の. — *n.* 〖文法〗(動詞の)指令法《aorist のように, 第二次人称語尾をもちながら, 過去を表わす加音 (augment) をもたず, 本来は時制・法と無関係に行為そのものを表わした形》. **~·ly** *adv.*

in·jure [índʒə | -dʒə(r] 〖《逆成》← INJURY (n.) ∽《*c*1450》□ OF *injurier*: *injure* が《廃》*injury* (v.) にとって代わったのは1580年から1640年の間〗 — *vt.* **1** 〈身体を〉傷つける, 痛める, ...にけがをさせる; 〈健康を〉害する: ~ one's health / ~ one's leg = ~ oneself *in* the leg 脚を痛める / He was ~*d* in an auto accident. 自動車事故でけがをした. **2** 〈感情・自尊心・名声などを〉害する, 損じる, そこなう; 〈人を〉不当に扱う, ひどいことをする: ~ a person's feelings 人の感情を害する / ~ one's reputation 評判を落とす. **3** [しばしば p.p. で] ...に物質的損傷[損害]を与える: The tax ~*d* all business. その税金で どの商売も打撃を受けた / The crops were ~*d* by rain. 作物は雨で損害を受けた / a picture ~*d* by damp 湿気でいたんだ絵. **ín·jur·er** [-dʒərə | -rə(r] *n.*

in·jured 〖《1634》(p.p.) ← INJURE〗 — *adj.* **1 a** 負傷を受けた, けがをした: one's ~ arm けがをした腕 / the ~ party 被害者(側). **b** [the ~; 名詞的に; 集合的; 複数扱い] けが人たち, 負傷者たち. **2** 感情を害された, 気を悪くした: an ~ look 感情を害されたような顔つき / in an ~ voice むっとした声で / with an ~ air むっとした様子で / ~ innocence (不当に非難された人の)気を悪くしたような態度《しばしばその非難が実は正当であるという含みをもつ》.

in·ju·ri·ous [ɪndʒú(ə)riəs, ən- | ɪndʒúəri-] 〖《*c*1425》□ F *injurieux* // L *injūriōs-us* wrongful ← *injūria* (↓)〗 — *adj.* **1** 〔...に〕有害な, 毒な, 悪い〔*to*〕(↔ beneficial): habits ~ *to* health 健康によくない習慣. **2** 〈言葉が〉人を傷つける, 中傷的な, 侮辱的な, 無礼な. **3** 〈行為が〉不法な, 不当な, 不公平な: ~ falsehood 〖法律〗他の権利を侵害する虚偽の陳述. **~·ly** *adv.* **~·ness** *n.*

in·ju·ry [índʒ(ə)ri | -rɪ] 〖《*c*1390》 *injurie* □ L *injūria* wrong, harm ← *injūrius* unjust, wrongful ← IN-[2]+*jūr-, jūs* right, justice (cf. just[2])〗 — *n.* **1** 〔手・足などの〕傷害, 危害, 負傷; 〔物に対する〕損害, 損傷〔*to*〕: an ~ *to* the head [eyes] 頭[目]の傷 / an ~ *to* a roof [picture] 屋根[絵]の受けた損害 / be ~ *to* ...の害になる, ...を傷つける / do a person an ~ 人に危害を加える / do an ~ *to* ...に損害を与える, ...を傷つける / add insult *to* ~ ⇨ insult *n.* 1 / suffer severe *injuries* 大けがをする / I could discover no signs of external ~ on the body. 死体に外傷らしきものが見当たらなかった. **2** 〔感情・評判などを〕害すること; 〔...に対する〕無礼, 侮辱〔*to*〕: an ~ *to* a person's feelings 人の感情を害する無礼 / suffer *injuries to* one's reputation [character] 評判[人格]に対して侮辱を受ける / Don't say anything to the ~ of others. 他人を侮辱するようなことは口にするな. **3** 〖法律〗権利侵害, 違法行為. **4** 《廃》誹謗(ひぼう), 中傷, 侮辱的言辞.

ínjury tìme *n.* (アメリカンフットボールなどで, 負傷などによる)試合時間の延長.

in·jus·tice [ɪndʒʌ́stɪs, ən-, -təs | ɪndʒʌ́stɪs] 〖《*a*1393》□ (O)F ~ □ L *injūstitia* ← *injūstus* unjust ← IN-[2]+*jūstus* just: cf. justice〗 — *n.* **1** 不正, 不法, 不当, 不公平, 権利の侵害: remedy ~ 不公平を是正する / without ~ *to* anyone だれにも不公平なことなく, 依怙贔屓(えこひいき)なく. **2** 不公平な行為[処置], 不正行為, 不当な仕打ち: do a person an ~ = do an ~ to a person 人に対して不当な行為をする, 人を不公平に判断する, 誤解する / You're doing your friend a grave ~. (失礼なことなどを言った人をたしなめて)そんなことを言ってはこちらの方に対して失礼ですよ.

ink [íŋk] 〖《*c*1250》 *inke, enke* □ OF *enque* (F *encre*) < LL *encau(s)tum* □ Gk *égkauston* purple ink used by the later Roman emperors in signatures ← IN-[1]+*kaíein* to burn: cf. encaustic〗 — *n.* **1** インク, インキ; 印刷用インク: (as) black as ~ 真っ黒な / ⇨ India ink, invisible ink, marking-ink, printing [printer's] ink, sympathetic ink / write *in* (red) ~ (赤)インクで書く / write *with* pen and ~ ペンで書く. **2** (イカ・タコ類の出す)すみ: ⇨ ink sac.
sling ink 《俗》文士稼業(かぎょう)をやる, 駄文を書く (cf. inkslinger 1).
— *vt.* **1** 〈万年筆など〉にインクを入れる: ~ a pen. **2 a** インクで書く[描く]; ...にインクでしるしを付ける, インクを塗る[付ける]. **b** インクで汚す: ~ one's fingers 指をインクで汚す. **c** インクで消す: ~ *out* mistakes 誤りをインクで消す. **3** 〈契約など〉に署名する; 〈人を〉契約書に署名させて雇用する: ~ a pact, deal, etc.
***ink in* [*over*]** 〈鉛筆の下図などを〉インクでなぞる, ...にインクを入れる, 墨入れする.

ínk bàg *n.* =ink sac.

ínk bàll *n.* 〖印刷〗インクボール《印刷師が版面にインクをつけるための道具; 木製の把手がついていた; inking ball ともいう》.

ink·ber·ry [íŋkbèri, -b(ə)ri | -b(ə)rɪ] *n.* 〖植物〗**1** オクノフウリンウメモドキ (*Ilex glabra*)《黒い実のなるモチノキ科の植物; gallberry ともいう》; その実. **2** アメリカヤマゴボウ (*Pytolacca americana*); その実.

ínk·blòt *n.* **1** インクのしみ. **2** 〖心理〗**a** (inkblot test に使用される)インクのしみで作られた不規則な型の図形. **b** =inkblot test.

ínkblot tèst *n.* 〖心理〗inkblot を基礎にしたパーソナリティーテスト (⇨ Rorschach test).

ínk-bòttle *n.* インクびん, インク壺.

ínk-càp *n.* 〖植物〗=inky cap.

ínk·er *n.* **1** 〖印刷〗=ink roller. **2** 〖通信〗印字機《モールス信号の受信印字機》.

ínk-eràser *n.* インク消し《小刀・薬品・ゴムなど》.

ínk·fìsh *n.* 〖動物〗イカ (cuttlefish).

ínk fòuntain *n.* 〖印刷〗インク溝《印刷機でインクをためておく部分; duct ともいう》.

ínk·hòlder *n.* インク入れ; (万年筆の軸内の)インクだめ.

ínk·hòrn 〖《1378》: ⇨ ink, horn: cf. Du. 《廃》*enkthoren, inkt-horn*〗 — *n.* (昔の角製の)インク入れ, インク壺; 矢立て. — *adj.* インク壺臭い, 学者振った, 衒学的な, 物知り顔の: ~ terms [words, language] 学者言葉《生かじりの外来語や難しい語句》.

ínk·ing *n.* **1** 〖製図〗墨入れ. **2** 〖通信〗印字.

ínking bàll *n.* 〖印刷〗=ink ball.

ínk knìfe *n.* (印刷インクを練るための)インクべら.

in·kle [íŋkl] 〖《1541》□ ? Du. 《廃》*inckel* (Du. *enkel*) single (with reference to its narrow width)〗 *n.* 広幅のリンネルテープ(に用いるリンネル糸).

ínk·less *adj.* インクのない.

ink·ling [íŋklɪŋ] 〖《15C》 *ingkiling* ← ? ME *inkle(n), incle(n)* to hint (← OE *inca* suspicion)+-ING[1]〗 — *n.* **1** それとなく気づくこと, うすうす感づくこと: get [have] an ~ of ...をうすうす知る[知っている] / have no ~ of ...を全然知らない. **2** 暗示, ほのめかし: I gave her an ~ *of* his failure [*that* he had failed]. 彼が失敗したことを彼女にそれとなくにおわせておいた.

ínk-pàd *n.* (スタンプ用)印肉.

ínk·pòt *n.* インク入れ, インク壺.

ínk ròller *n.* 〖印刷〗インクローラー (inker).

ínk sàc *n.* (イカ・タコ類のもつ)墨袋.

ínk·slìnger *n.* 《俗》**1** 書きなぐる人, 三文文士 (cf. *sling* INK). **2** (材木切出しキャンプの)作業時間係.

ínk·stànd *n.* インクスタンド, 台付きインク壺.

ínk stìck *n.* (固形)墨.

ínk·stòne *n.* **1** すずり: an ~ case すずり箱. **2** 〖化学〗=copperas.

ínk·wèll *n.* インク壺《多く机の穴にはめ込むもの》.

ínk·wòod *n.* 〖植物〗米国 Florida 州および西インド諸島産ムクロジ科の小樹 (*Exothea paniculata*).

ink·y [íŋki | -kɪ] 〖《1581》← INK (n.)+-Y[4]〗 — *adj.* (**ink·i·er**; **-i·est**) **1** インクのような; 墨のように黒い, 真っ黒な: ~ darkness 真っ暗闇. **2** インクで汚れた, インクだらけの: ~ fingers / an ~ blot インクのしみ. **3** インクの; インクで書いた. **ínk·i·ness** *n.*

ínky-bláck *adj.* 真っ黒な (cf. black as INK).

ínky càp *n.* 〖植物〗かさが開くとまもなく自己消化して黒い汁を垂らすヒトヨタケ (*Coprinus atramentarius*) などのキノコ.

in·lace [ɪnléɪs, ən- | ɪn-] *vt.* =enlace.

in·laid [ɪnléɪd, ən-, ínlèɪd | ɪnléɪd, ⌐⌐] 〖(p.p.) ← INLAY〗 — *vt.* inlay の過去形・過去分詞. — *adj.* はめ込んだ, ちりばめた, 象眼した (cf. inlay *vt.* 2): an ~ table / ~ work 象眼細工 / a table with an ~ design 象眼模様のあるテーブル / ivory ~ *with* gold 金象眼の象牙(ぞうげ).

in·land [ínlænd, -lənd | -lənd, -lǽnd] 〖□ OE ~: ⇨ in-[3], land〗 — *adj.* **1** (海から遠い)内陸の, 国境から遠い, 奥地の: an ~ town, lake, harbor, etc. / open up ~ rivers 内陸河川を開発する. **2** 《英》国内で営まれる, 国内の, 内地の (↔ foreign): ~ trade [commerce] (外国貿易に対して)国内貿易[取引] / an ~ duty 内地関税 / ~ revenue 《英》内国税収入 (《米》internal revenue) / ~ mails 《英》内国郵便 (《米》domestic mail) / ~ navigation (河川・湖などの)内国航行 / ~ transport [transportation] 内国運輸, 国内輸送. **3** 国内に限られる, 国内で振り出されて支払われる: an ~ check 内国小切手. — [《英》ɪnlǽnd, ⌐⌐] *adv.* 内地へ[に], 内地[奥地]に向かって: go ~ / He lives about a mile ~. 内陸に向かって1マイルばかりの所に住んでいる. — *n.* 内地, 国内, 奥地.

ínland bíll *n.* 国内[州内]為替手形 (cf. foreign bill).

in·land·er [ínlændə, -ləndə | -ləndə(r] *n.* 内地人, 奥地人.

ínland maríne insùrance *n.* 〖保険〗インランドマリーン保険《国内運送保険・動産総合保険などの総称; cf. ocean marine insurance》.

Ínland Pássage *n.* [the ~] =Inside Passage.

ínland séa *n.* **1** 内海 (cf. territorial sea); (大)淡水湖. **2** [the I- S-] (日本の)瀬戸内海.

ín-lànguage *n.* 最新流行の言葉遣い.

in·laut [ínlaut; G. ínlaut] 〖□ G ~ ← *in* 'IN'+*Laut* sound〗 — *n.* (*pl.* **in·lau·te** [-tə | -tə; G. -tə], **~s**) 〖音声〗中間音《語または音節の中間の音; cf. anlaut, auslaut》.

in·law [ɪnlɔ́ː, ən-, ínlɔː | ɪnlɔ́ː, ⌐⌐] 〖OE *inlagian* ← IN-[1]+*lagian* (← *lagu* 'LAW[1]')〗 *vt.* 〖古英法〗〈法の恩典や保護を奪われた人を〉復権させる.

ín-làw 〖《1894》《逆成》← (*father, mother,* etc.)-IN-LAW: ↓〗《口語》*n.* [通例 *pl.*] 姻戚, (特に)しゅうと(め). — *attrib. adj.* 姻戚(関係)の. **~·ship** *n.*

-in-làw 〖《14C》《なぞり》← AF *en ley* = OF *en loi* in law〗 —「姻戚の」を意味する複合語の第2構成素: brother-*in-law*, sister-*in-law*. ★ 元来は, 血縁による (by blood) に対して教会法による (in canon law) の意で, 婚姻禁止の親等の一つであることを表わした.

in·lay 〖v.: 《1596》← IN (adv.)+LAY[1]. — n.: 《1656》← (v.)〗 — [ɪnléɪ, ən-, ínleɪ | ɪnléɪ, ⌐⌐] *vt.* (**in·laid** [ɪnléɪd, ən-, ínleɪd | ɪnléɪd, ⌐⌐]) **1** 〔...に〕はめ込む〔*in*〕: ~ a thing *in* another. **2** ...に〔...で〕象眼する, 〔...を〕ちりばめる (cf. inlaid)〔*with*〕: ~ a box *with* silver. **3** 〈ページ・版・カットなどを〉さし込む, 台紙にはめ込む. **4** 〖園芸〗〈接ぎ穂を〉台木に(はめ込むように)接ぐ. **5** 〈銀メッキ製品〉(のはげた部分)に銀をかぶせる. **6** 〈針金などを〉(金属・木・石などの刻み目に)はめ込む, すり込む. — [ínlèɪ] *n.* **1** 象眼模様[細工], はめ込み模様, 切りはめ細工. **2** 〖歯科〗インレー《金属製・陶製などの虫歯の穴埋め》: a gold ~. **3** 〖園芸〗=inlay graft.

in·láy·er[1] 〖⇨ ↑, -er[1]〗 *n.* 象眼師.

in·láyer[2] 〖← IN (adj.)+LAYER〗 *n.* 内側のおおい[積み重ね].

ínlay gràft *n.* 〖園芸〗接ぎ穂と台木の接合部がぴったりはめ込むようになっている接木法.

in-lb 《略》inch-pound(s).

in·let 〖n.: 《*c*1300》 *inlate* ← *let in* (⇨ let[1] (v.)). — v.: 《?*c*1225》 *in lete*: ⇨ in (adv.), let[1]〗 — [ínlet, -lət, -lɪt] *n.* **1 a** 入江. **b** (半島間などの)瀬戸, 小海峡. **c** (海水の出入する)砂州の切れ目. **2** 入口; (特に)注入口, 引入れ口 (↔ outlet): a fuel ~ 燃料注入口. **3 a** さし込み(物), 象眼(物). **b** はめ[さし]込むこと. — [ínlèt] *vt.* (**in·let**; **-let·ting**) はめ込む, さし込む.

ín-lètter *n.* 到着[未決]書類, 来信 (cf. in-tray).

ín·lìer 〖← IN (adv.)+LIE[2] (v.)+-ER[1]〗 *n.* **1** 〖地質〗内層, 内座層 (↔ outlier). **2** 他人の土地に囲まれた土地, 飛び領土, 包領 (enclave).

in lim. 《略》 in limine.

in li·mi·ne [ɪn-límənì | -mɪnɪ] 〘⊏L *in limine* 《原義》 on the threshold〙 *L. adv.* 戸口で；初めに，最初に，予備的に (at the outset).

ín-líne *adj.* 〘機械〙〈内燃機関が〉列形の，並列の：an ∼ engine 列形[並形]機関.

in loc. 《略》 in loco.

in loc. cit. 《略》 in loco citato.

in lo·co [ɪn-lóukou | -láukəu] 〘⊏L *in locō* in place〙 *L. adv.* あるべき場所に (in the proper place).

in lo·co ci·ta·to [ɪn-lóukou-saɪtéɪṭou | -láukəu-saɪtéɪtəu] 〘⊏L *in locō citātō* in the place cited〙 *L. adv.* 前に引用した所に.

in lo·co pa·ren·tis [ɪn-lóukou-pəréntɪs, -ṭəs | -láukəu-pəréntɪs] 〘⊏L *in locō parentis* in the place of a parent〙 ― *L. adv.* 親の代わりに，親の立場で. ― *n.* (大学などにおける)管理機関による親代わりの監督[統制].

in·ly [ínli | -lɪ] 〘ME *inliche, inli* < OE *in(n)līce* : ⇨ in (adv.), -ly¹〙 *adv.* 《文語・詩》 **1** 内に，内心に (inwardly). **2** 深く，衷心から，心から；親しく.

ín·lỳing 〘← IN (adv.)+LYING²〙 *adj.* 内側[内部]にある (↔ outlying).

ín·màrriage 〘← IN (adj.)+MARRIAGE〙 *n.* 同族[族内]結婚 (endogamy) (cf. outmarriage).

ín·màte 〘(1589) ← IN (adj.)+MATE¹ ∥ INN 3+MATE¹〙 ― *n.* **1** (今は主に病院・老人ホームなどの)入院者，在院者；(施設・刑務所などの)収容者，在監者：a prison [jail] ∼. **2** 同居人，同宿人，寄寓者；家人；居住者[物]，占居者[物]：be the ∼ of ...に同居する，に住む / be the ∼ of a person's heart 人の心に宿る，〈ある考えが〉念頭を去らない.

in me·di·as res [ɪn-médiəs-réɪs, ən-, -mí:diəs-rí:z | ɪn-mí:diæs-rí:z, -médiù:s-réɪs] 〘⊏L *in mediās rēs* into the middle of things〙 ― *L. adv.* **1** 事件の中心に：I shall now enter ∼. さてこれから事件の核心に入って述べよう. **2** 事件の途中から：Most novelists begin [start] ∼. たいていの小説家は途中(の重要な事件)から話を始める.

in mem. 《略》 in memoriam.

in me·mo·ri·am [ɪn-mɪmɔ́:riəm, -mə-, -mɔ́:r-, -riæm, -riù:m | -mɪmɔ́:riəm, -riæm] 〘⊏L ∼ 'in memory (of)'〙 ― *adv.* (亡き人の)記念に[として]，(...を)悼(いた)みて《碑文などに用いる句》：*In Memoriam A.H.H.* 「A.H.H. を悼みて」《英国の詩人 Tennyson が夭折した親友 Arthur Henry Hallam (1811–33) を弔うために書いた追悼の詩 (1850)》. ― *n.* 追悼の詩[文].

in·mesh [ɪnméʃ, ən- | ɪn-] *vt.* =enmesh.

ín-mìgrant *adj.* (国内の一地域から他の地域へ)移入する (cf. immigrant)：∼ workers 移入労働者. ― *n.* 移入者；移入動物.

ìn-mígrate *vi.* (特に，労働のため，国内の一地域から他の地域へ)移入する. **ìn-migrátion** *n.*

in·most [ínmòust | ínməust, -məst] 〘ME ∼, *inmest, in(ne)mast* < OE *innemest* (double superl.) ← *inne* 'IN (adv.)'+*-ma* (superl. suf.)+-EST¹: ME 期から IN+MOST と誤解された：⇨ -most〙 ― *adj.* **1** 一番[最も]奥の，最も深い，内奥の (cf. inner 1)：the ∼ depths of a mine 鉱山の一番奥の底 / In my ∼ heart I believed in you. 心の奥底ではあなたを信頼していた. **2** 心の奥の，深く心に秘めた：one's ∼ thoughts, feelings, desire, secrets, etc.

inn [ín] 〘OE *inn* 《廃》 dwelling place ← *inn, inne* 'IN (adv.)'：cf. ON *inni* house〙 ― *n.* **1** (通例階下で飲食店を兼ねた旧式の二階建ての)宿屋，旅館 (cf. lodging house, hotel 1)：a wayside ∼ / keep an ∼ 宿屋を経営する / put up at an ∼ 宿屋に泊まる. **2** 飲み屋，酒場. **3** 《古・詩》 住居，住所，憩い所. **4** 《英古》 (London の)法学生の宿舎《今は Inns of Chancery と Inns of Court の名に残っている》. ― *vi.* 《古》 宿屋に宿泊する.

Inns of Chancery [the ―] 法学予備院《London にある建造物；Inns of Court の付属建物で，法学生の宿舎に用いた；19 世紀以降消滅》.

Inns of Court [the ―] (英国の) 法学院. ★ London にあるバリスター (barristers) の協会で，Inner Temple, Middle Temple, Lincoln's Inn および Gray's Inn の四つの建物に分れている；英国の裁判官やバリスターは必ずそのいずれかの会員であり，また新しくバリスターを志望する者はこの協会の試験に合格しなければならない (cf. *eat one's* TERMS).

Inn [ín] *n.* [the ∼] イン(川)《ヨーロッパ中部の川；スイスの東部から流れてオーストリアと西ドイツを経て Danube 川に注ぐ (515 km)》.

inn·age [ínɪdʒ] 〘← IN+-AGE〙 ― *n.* **1** 〘商業〙 残留荷量《船貨の輸送中の乾燥などによる目減りを引いた分の到着時の実際分量；cf. outage 1 a》. **2** 〘航空〙 (飛行後の)残留燃料 (cf. outage 3).

in·nards [ínədz | ínədz] 〘(転訛) ← INWARDS〙 *n. pl.* 《口語》 **1** 内臓，おなか. **2** (物の)内部(機構[構造]).

in·nate [ìnéɪt, ən-, ínèɪt | ɪnéɪt, ⸗⸗] 〘(*a*1420) ⊏L *innāt-us* inborn ← *innāscī* ← IN-¹+*nāscī* to be born：⇨ native〙 ― *adj.* **1** 生れつきの，生得の，先天的な；固有の，本質的な (↔ acquired)：an ∼ gift [talent] 天賦の才，資質 / one's ∼ vigor 生来の元気さ / an ∼ defect in a plan 計画の本質的な欠陥 / the ∼ conservatism of the English 英国人固有の保守性. **2** 〘哲学〙 本有[生得]の，本有[生得]的な：⇨ innate ideas. **3** 〘植物〙 **a** 〈特に，葯(やく)が〉内生の. **b** (菌糸体などの)内部に生じる. **∼·ly** *adv.* **∼·ness** *n.*

innáte idéas 〘(なぞり) ← L *idea innāta*〙 *n. pl.* 〘哲学〙 本有[生得](的)観念《心が生れながらにして所有する観念；cf. nativism》.

in·nav·i·ga·ble [ɪ(n)nǽvɪgəbl, ən-, -və- | ɪ(n)nǽvɪ-] 〘⇨ in-², navigable〙 *adj.* 航行できない，船の通わない.

in·ner [ínə | ínə(r)] 〘OE *innera, inra* (cog. OHG *innaro, -ero* / ON *innri*) (compar.) ← *inne, inn* (adv.) 'IN'：⇨ -er²；cf. inmost〙 ― *adj.* (↔ outer) **1** 内の，内部の，内の方の，奥の (cf. innermost, inmost 1)：an ∼ door, room, bark, etc. / an ∼ pocket 内ポケット / an ∼ court 中庭. **2** より親しい，より内輪の，より個人的な；[通例 one's ∼] 心の奥の，内心の：the ∼ circle of one's friends 特に親しい友人たち / *one's* ∼ thoughts 深く心に秘めた思い / He kept *his* ∼ excitement out of his voice. 彼は内心の高ぶりを声に現わさないようにした. **3** 精神の，霊の：∼ experience 内的経験 / the ∼ life 精神[霊的]生活. **4** 裏面の，隠れた，秘密の；曖昧な，はっきりしない：an ∼ meaning. ― *n.* **1** 標的の内圏《標的の中心 (bull's-eye) と外圏との間の部分》. **2** 内圏命中(弾). **3** (サッカーなどの) インナー《前衛中堅の両側の二人の中の一人；left inner または right inner》. **∼·ly** *adv.* **∼·ness** *n.*

ínner automórphism *n.* 〘数学〙 内部自己同形《単位元をもつ環の各元 x にその左右から一定の元 a とその逆元 b とを掛けて得られる元 axb を対応させるような自己同形写像；⇨ automorphism；cf. outer automorphism》.

ínner bár *n.* [the ∼；集合的] 〘英法〙 勅選バリスター団 (King's Counsel)《法廷で判事席の前の仕切り (bar) の中の席で弁護する特権がある；cf. outer bar》.

ínner bárrister *n.* 〘英法〙 **1** 勅選弁護士《もとは serjeant-at-law も含めた；cf. inner bar》. **2** 《古》 法学院 (Inn of Court) 修習生.

ínner cábinet *n.* 《英》 **1** 閣内の実力者グループ. **2** ある組織の中で非公式に助言を与える役割りを果たす委員会[グループ].

ínner círcle *n.* 権力の中枢に最も近い連中，取巻き連中.

ínner cíty *n.* **1** 都心(部) (cf. outer city). **2** 《米》 貧困者の多い都心部の過密地区 (cf. central city). **ín·ner-cíty** *adj.*

Ínner Cíty *n.* [the ∼] 北京の城内.

ínner-diréctéd *adj.* **1** 〘心理〙〈人が〉自律的目的[理想]をもった. **2** 〘社会学〙 内部志向型の《目的・理想が他人の価値基準によらないで自己決定による；cf. other-directed, tradition-directed》：an ∼ type 内部志向型. **ínner-diréction** *n.*

ínner éar *n.* 〘解剖・動物〙 内耳 (internal ear).

ínner fórm *n.* 〘印刷〙 裏版《ページ物組版で，第 2 ページと同じ側を印刷するための組版；cf. outer form》.

Ínner Hébrides *n. pl.* [the ∼] ⇨ Hebrides.

ínner jíb *n.* 〘海事〙 インナジブ《何枚もある船首三角帆のうち一番内側のジブ；⇨ jib¹》.

Ínner Líght *n.* [the ∼] 〘キリスト教〙 内なる光《心の中に感じられるキリストの光；Quaker の信条によれば人の道徳的指導力となり宗教的確信の源泉となるという；Inner Word, Christ Within ともいう》.

Ínner Lóndon *n.* ⇨ London 1.

ínner mán *n.* [the ∼] **1** 内なる人，精神，心，霊魂 (soul and mind) (*Ephes.* 3: 16) (↔ outer man). **2** 《戯言》 胃袋，食欲：satisfy [warm] *the* ∼ 腹を満たす.

ínner márgin *n.* 〘印刷〙 のどあき (back margin).

ínner míssion *n.* 〘キリスト教〙 内国伝道 (home mission) (cf. foreign mission).

Ínner Mongólia *n.* 内モンゴル，内蒙古《中国北部の Mongol 族の自治区；1947 年成立，モンゴルの南部を占める地域；人口 6,240,000，面積 400,000 km²，首都 Huhehot (呼和浩特)；公式名 the Inner Mongolian Autonomous Region 内モンゴル自治区》.

ínner·mòst 〘(*c*1350)：⇨ inner, -most：cf. inmost〙 *adj.* =inmost. ― *n.* 最も深い[内奥の]部分.

ínner párt *n.* 〘音楽〙 内声，中間声部《混声四部合唱曲ではアルトとテナーの声部，男声四部合唱曲では第二テナーと第一ベースの声部；inner voice ともいう；cf. outer part》.

ínner plánet *n.* 〘天文〙 太陽系の中で小惑星帯 (asteroid belt) より内側を運行する惑星《太陽に近い方から水星 (Mercury)・金星 (Venus)・地球 (Earth)・火星 (Mars)；↔ outer planet；cf. inferior planet》.

ínner póst *n.* 〘海事〙 プロペラポスト《プロペラ軸を支える柱部で，船尾材の一部分》.

ínner próduct *n.* 〘数学〙 内積 (⇨ scalar product).

ínner quántum nùmber *n.* 〘物理〙 内量子数《全角運動量の大きさを表わす量子数；記号 J, j》.

ínner resérve *n.* (貸借対照表に載せない)内部留保金，秘密積立金.

Ínner Síx *n.* [the ∼] 〘経済〙 インナーシックス，内部 6 か国《1958 年 1 月に発足した EEC 加盟 6 か国(フランス，西ドイツ，イタリア，ベネルクス 3 国)；cf. Outer Seven》.

ínner·sóle *n.* 中底 (insole)《靴の中に入れる敷革》.

ínner spáce *n.* **1** 〘海洋・地学〙 海面下地域 (⇨ hydrospace). **2** (心の)潜在的部分，(人間の)精神世界. **3** 〘絵画〙 内的空間《抽象絵画における深さの感じ》.

ínner spéech fòrm 〘(なぞり) ← G *innere Sprachform*：ドイツの言語哲学者 W. von Humboldt (1767–1835) が最初に言語学に導入した用語〙 ― *n.* 〘言語〙 内部言語形式《心理的省察の対象となる場合の言語形式で，心的内容に外部言語形式を与える構成原理や統覚作用などにみられる；↔ outer speech form》.

ínner·sprìng *adj.* 《米》〈マットレスなど〉スプリングが内側にある，バネ式の：an ∼ mattress [cushion].

ínner squáre *n.* 〘木工〙 入りずみ定規.

Ínner Témple *n.* [the ∼] ⇨ INNS of Court.

ínner tùbe *n.* (空気入りタイヤの)チューブ，内管.

in·ner·vate [ínə́veɪt, ən-, ínə(:)vèɪt | ínə:vèɪt, ⸗⸗⸗] 〘← IN-¹+NERVE+-ATE³：cf. enervate〙 ― *vt.* 〘生理〙 **1** 〈器官・筋などに〉神経を分布する. **2** 〈神経を〉刺激する；(神経興奮によって)〈体内器官を〉刺激する.

in·ner·va·tion [ìnə(:)véɪʃən | ìnə:-] *n.* 〘解剖・生理〙 **1** (器官・筋などの)神経支配；神経分布. **2** 神経刺激.

in·nerve [ɪnə́:v | ɪnə́:v] 〘← IN-¹+NERVE〙 *vt.* **1** ...に活気を与える，鼓舞する (animate). **2** =innervate.

ínner vóice *n.* 〘音楽〙 内声 (⇨ inner part).

ínner wóman *n.* **1** (女性の)精神，心. **2** 《戯言》 (女性の)胃袋，食欲.

Ínner Wórd *n.* [the ∼] 〘キリスト教〙 内なる言葉 (⇨ Inner Light).

In·ness [ínɪs, ínəs | ínɪs], **George** *n.* **1** (1825–94) 米国の風景画家. **2** (1854–1926) その息子で画家.

ínn·hòlder *n.* 《米》《英古》 =innkeeper.

in·ning [ínɪŋ] 〘ME *inning(e)* < OE *innung* a putting in (ger.) ← *innian* to get in, put in ← *inn* 'IN'：⇨ -ing¹〙 ― *n.* **1 a** 〘(1746)〙 〘野球〙 イニング，回；(攻撃側の)打撃番：a long ∼ / nine ∼*s* / score a run in the first [second] half of the seventh ∼ 7 回の表[裏]に 1 点あげる / go into an extra [extended] ∼ 延長戦に入る / win by 5 runs and one ∼ 5 点アルファ付きで勝つ. **b** (バドミントン・クロッケー・蹄鉄投げなどで)攻撃の番，回. **2** =innings 2. **3** 《古》 (荒地などを)囲うこと；(海・沼地・水害地などの)埋立，干拓，修復 (cf. innings 3). **4** 《古》 (作物の)取入れ，収穫.

in·nings [ínɪŋz] 〘(1746) (pl.) ← INNING〙 ― *n.* (*pl.* ∼, 《口語》 ∼·**es**) **1 a** 〘クリケット〙 イニング《一方のチームが打つ回；一人の打者が打つ番》：a long [short] ∼ / two ∼ / follow the ∼ =FOLLOW *on* (2). **b** 1 イニングの得点. **2** (政党などの)政権保持期間；在任期；活躍期，得意時代，全盛期；(活躍の)機会：Now the Conservatives will have their [the] ∼. 今度は保守党が政権を取るだろう. **3** [複数扱い] 埋立地，干拓地 (chemical land).

have a (good) long innings (1) 長い間好運に恵まれる. (2) (幸福な)長い生涯を送る，天寿を全うする.

ínn·kèeper *n.* 宿屋 (inn) の主人；飲み屋の主人.

in·no·cence [ínəsəns, -sṇs] 〘(1340) ⊏(O)F ∼ ⊏L *innocentia*：⇨ innocent, -ence〙 ― *n.* **1** 清浄，純潔；貞操. **2** 無罪，潔白：prove one's ∼ / injured ∼ (⇨ injured 2) / wear an air of ∼ 何食わぬ顔をしている. **3 a** 無邪気，あどけなさ，天真爛漫(らんまん)さ，愚直：in all ∼ 全く無邪気に. **b** 無邪気な人，お人よし. **4** 毒にならないこと，無害. **5** 《米》〘植物〙 **a** トキワナズナ (⇨ bluets). **b** シソ科コリンソウ属の植物 (*Collinsia verna*). **c** コリンソウ (*Collinsia bicolor*)《米国 California 州産の草本》.

in·no·cen·cy [ínəsənsi, -sṇ- | -sɪ] 〘⊏L *innocentia*：⇨ ↓, -ency〙 *n.* =innocence 1–4；(特に)無邪気な性質[行動].

in·no·cent [ínəsənt, -sṇt] 〘(n.：*c*1200；adj.：1340) ⊏(O)F ∼ ∥ L *innocent-em* harmless ← IN-²+*nocent-em* ((pres.p.) ← *nocēre* to hurt, injure)〙 ― *adj.* **1 a** 汚れのない，清浄な，無垢の，純潔な. **b** 〈人が〉(法律上)罪のない，潔白な，身に覚えのない〔*of*〕(↔ nocent)：be ∼ *of* a crime 罪を犯していない / an ∼ victim 無実の罪をうけた人. **c** 〈取引・貿易など〉合法的な，公認された；(特に，国際法上)禁制でない，善意の：an ∼ purchaser 善意の買手. **2** 悪意から出たのでない，悪気のない：an ∼ deception, lie, remark, etc. **3 a** 毒にならない，無害の：∼ amusements / Few drugs are completely ∼. 全然害にならない薬は少ない. **b** 〘病理〙 悪性でない，病原性[毒性]のない，無害の. **4** 無邪気な，天真爛漫(らんまん)な，無心な：an ∼ child, smile, etc. **5** 〈人が〉(頭の)単純な，知恵の足りない，無知な，お人よしの，おめでたい：He is not so ∼ as to believe that. それを真に受けるほどおめでたくはない / an ∼ girl 世間知らずの少女，おぼこ娘. **6** 《口語》 **a** 〔...の〕全くない〔*of*〕：a stove ∼ *of* fire 火のないストーブ / windows ∼ *of* glass ガラスのない窓 / be ∼ *of* clothes 着物を着ていない，裸だ / She was ∼ *of* lipstick or rouge. 彼女は口紅などは一切つけなかった / The blue sky was ∼ *of* the trace of a cloud. 青空には雲のかけらもなかった. **b** 〔...を〕全く知らない；全然気づいていない〔*of*〕：be ∼ *of* grammar 全く文法を知らない[無視している] / He was ∼ *of* the danger. その危険に全然気がついていなかった.

― *n.* **1** 罪のない[潔白な]人；無邪気な子供：⇨ MASSACRE of the Innocents. **2** 知恵の足りない人，おめでたい人，間抜け；ばか：do the ∼ ばかを装う. **3** 〘⊏F ∼ ← *herbe de Saint Innocent* Saint Innocent's herb〙 [*pl.*] 〘植物〙 =bluets. **∼·ly** *adv.*

In·no·cent I [ínəsənt-, -sṇt-], Saint *n.* インノケンティウス[インノチェント]一世 (?–417；教皇 (401–17)；教皇権の拡大強化をはかり，Pelagianism などを禁圧).

Innocent II *n.* インノケンティウス[インノチェント]二世 (?–1143；教皇 (1130–43)；第 2 回ラテラノ公会議を開催；Abélard に異端者の宣告を下した；本名 Gregorio Papareschi [gregɔ́:rjo pùparéski]).

Innocent III *n.* インノケンティウス[インノチェント]三世《1161-1216；教皇 (1198-1216)；英仏両国に圧迫を加え宗教裁判所を強化し，教皇権を極度に伸張した；本名 Giovanni Lotario de' Conti [lotá:rjo de kónti]》.

Innocent IV *n.* インノケンティウス[インノチェント]四世《?-1254；教皇 (1243-54)；神聖ローマ帝国皇帝 Frederick 二世を廃し，宗教裁判所に拷問を許可した；本名 Sinibaldo de Fieschi [sìnibáldo de fjéski]》.

Innocent XI *n.* インノケンティウス[インノチェント]十一世《1611-89；教皇 (1676-89)；Louis 十四世と Gallicanism に関して争う；本名 Benedetto Odescalchi [bènedétto òdeskálki]》.

ínnocent misrepresentátion *n.* 〖法律〗善意不実表示 (cf. misrepresentation 2).

Ínnocents' Dày *n.* [the ～] =Holy Innocents' Day.

in·no·cu·i·ty [ìnəkjú:əṭi | ìnɔkjú:ɪti, -kjúə-, -kjú:ɪ-, -kjúɪ-] 〖▭F *innocuité* ∥ L *innocu-us* (↓)〗 *n.* 無害；無害な事[物].

in·noc·u·ous [ɪnάkjuəs, ən- | ɪnɔ́kju-] 〖《1598》▭L *innocu-us* ← IN-²＋*nocuus* harmful (← *nocēre* to hurt, harm : ⇨ noxious)〗 ―― *adj.* **1** 〈薬・ヘビなど〉害のない，無毒の：an ～ snake, drug, etc. **2** 〈言動など〉いらいらさせない，怒らせないような (inoffensive). **3** 刺激のない，興味の湧かない，おもしろくない，退屈な：an ～ lecture. **～·ly** *adv.* **～·ness** *n.*

in·nom·i·nate [ɪnάmənət, ən-, -nɪt | ɪnɔ́mɪnət, -nɪt, -nèɪt] 〖▭LL *innōminātus* unnamed ← IN-²＋*nōminātus* 'named, NOMINATE'〗 *adj.* 無名の；匿名の.

innóminate ártery *n.* 〖解剖〗無名動脈，腕頭動脈《大動脈弓から発し右鎖骨下動脈と右総頸動脈とに分かれる》.

innóminate bóne *n.* 〖解剖〗無名骨，寛骨《骨盤の側面をなす3つの堅い骨(腸骨・座骨・恥骨)；大人になると一つに融合する》.

innóminate véin *n.* 〖解剖〗無名静脈，腕頭静脈.

in·nom·i·ne [ɪnnάmənì, -nì:, -nóumənèɪ | -nɔ́mɪnì:] 〖← *in nomine (Jēsū)* in the name (of Jesus) (↓)：この曲の歌い出しの句から〗 ―― *n.* 〖音楽〗インノミネ，イノミネ《16世紀頃英国で多く作曲されたグレゴリオ聖歌を定旋律としたモテット風の器楽曲》.

in nom·i·ne [ɪn-nάmənèɪ, -nì:, -nóumənèɪ | -nɔ́mɪnì:] 〖▭L *in nōmine* in the name (of)〗 ―― *L. adv.* (…の)名において：～ Jesu イエスの御名において(略 I.N.J.).

in·no·vate [ínəvèɪt, ínou- | ínə(u)-] 〖《1548》← L *innovāt-us* (p.p.) ← *innovāre* to renew, alter ← IN-¹＋*novāre* to make new (← *novus* 'NEW')〗 ―― *vi.* 〔…を〕革新する，刷新する，〔…に〕新生面を開く〔*in, on, upon*〕：～ *in* [*on, upon*] religious forms. ―― *vt.* **1** 〈新しい事・物を〉採り入れる，導入する，始める. **2** 《古》改める.

in·no·va·tion [ìnəvéɪʃən, ìnou- | ìnə(u)-] 〖《1440》▭L *innovātiō(n-)* : ⇨ ↑, -ation〗 ―― *n.* **1** 新しい事[物]を採り入れること，刷新，一新；(技術)革新：technical [technological] ～*s* 技術革新. **2** 新方式(のもの)，新機軸，新制度，新施設，新商品；新奇な事物 (novelty)：a great ～ in education. **～·al** [-ʃənl, -ʃnəl] *adj.*

ìn·no·vá·tion·ist [-ʃ(ə)nɪst, -nəst | -nɪst] *n.* 革新主義者；革新論者.

in·no·va·tive [ínəvèɪṭɪv, ínou- | ínə(u)-] *adj.* 革新主義の，革新的な：an ～ policy. **～·ness** *n.*

ín·no·và·tor [-ṭə | -tə(r)] 〖▭LL *innovātor* : ⇨ innovate, -or²〗 *n.* 改新[刷新]者.

in·no·va·to·ry [ínəvətɔ̀:ri, ínou-, ən-, -tɔ̀(:)ri | ínə(u)-vèɪtəri] *adj.* =innovative.

in·nox·ious [ɪ(n)nάkʃəs, ən- | ɪnɔ́k-] 〖《1623》《廃》'innocent' ▭L *innoxius* ← IN-²＋*noxius* 'NOXIOUS' : ⇨ -ous〗 *adj.* 害のない，無毒の. **～·ly** *adv.* **～·ness** *n.*

Inns·bruck [ínzbrʊk, íns- | ínz-; G. ínsbrʊk] *n.* インスブルック《オーストリア西部，Tyrol 州の首都；Inn 川に臨む観光地；人口 116,000》.

in nu·bi·bus [ɪn-n(j)ú:bəbəs | -njú:bɪ-] 〖▭L *in nūbibus* in the clouds〗 *L. adj.* 雲の中の，漠然たる，未定の (vague).

in·nu·en·do [ìnjuéndou | ìnju:éndəu, ìnju-] 〖(n.: 1564; v.: 1705)▭L *innuendō* by intimation, by hinting (abl. ger.) ← *innuere* to give a nod, hint ← IN-¹＋*nuere* to nod, wink: cf. nutate〗 ―― *n.* (*pl.* **～s, ～es**) **1** 暗示，当てこすり，風刺，つら当て：by ～ 当てこすりに. **2** 〖法律〗 **a** 注釈句《告訴訟書類などに「すなわち」の意味で用いた語；例：He (*innuendo* the defendant)… 彼(すなわち被告)は…》. **b** 真意説明条項《名誉毀損(きそん)などの申立書または起訴状の中で被告(人)の使用した用語について…の意味で用いたものであると付け加えた割注[注釈]的文句》. **c** 真意説明語句《上記のように説明される中傷的な語句や表現》. ―― *vi., vt.* **1** (人に…の)当てこすりを言う，当てつけて言う. **2** 〖法律〗注釈句で説明する. ―― *adv.* 〖法律〗すなわち.

In·nu·it [ínjuɪt, ínju:-, -ət | ínjuɪt, ínju:-] 〖▭Eskimo ～ 'people' (pl.) ← *innuk*〗 *n.* (*pl.* **～s, ～**) 北米・グリーンランドのエスキモー；その言語.

in·nu·mer·a·ble [ɪn(j)ú:m(ə)rəbl, ən- | ɪnjú:-] 〖《c1350》▭L *innumerābil-is* : ⇨ in-², numerable〗 ―― *adj.* 数え切れない，無数の；おびただしい，多くの：～ instances. **in·nù·mer·a·bíl·i·ty** [-rəbíləṭi | -lətɪ, -lɪ-] *n.* **～·ness** *n.* **in·nú·mer·a·bly** *adv.*

in·nu·me·ra·cy [ɪn(j)ú:m(ə)rəsi, ən- | ɪnjú:m(ə)rəsi] 〖⇨ ↓, -acy〗 *n.* 数え切れないこと[状態].

in·nu·me·rate [ɪn(j)ú:mərɪt, -rət, ən- | ɪnjú:-] 〖← IN-²＋NUMERATE (adj.)〗 *adj., n.* 数学と科学の基本原理を知らない(人).

in·nu·mer·ous [ɪ(n)n(j)ú:m(ə)rəs, ən- | ɪnjú:-] 〖▭LL *innumerōs-us* ← IN-²＋*numerōsus* countable (← L *numerus* 'NUMBER' : ⇨ numerous)〗 ―― *adj.* 《詩》= innumerable.

in·nu·tri·tion [ì(n)n(j)u:tríʃən | ìnju:-, -nju-] 〖← IN-²＋NUTRITION ∥ NL *innūtritiō(n-)*〗 *n.* 栄養不良.

in·nu·tri·tious [ì(n)nju:tríʃəs | ìnju:-, ìnju-] *adj.* 滋養分の乏しい，滋養にならない.

I·no [áɪnou | -nəu] 〖▭L *Īnō* ▭Gk *Inṓ*〗 *n.* 〖ギリシャ神話〗イノ《Cadmus の娘，Thebes の王 Athamas の妻，Phrixus と Helle の継母；発狂した夫をのがれて海に身を投じ，海の女神 Leucothea となった》.

in·ob·ser·vance [ìnəbzə́:vəns | -zə́:-] 〖▭F ～ ▭L *inobservantia* (↓) : ⇨ -ance〗 ―― *n.* **1** 不注意，怠慢. **2** 〔規則・祭日などを〕守らないこと，違反，無視〔*of*〕：the ～ *of* a rule, treaty, Sunday, etc.

in·ob·ser·vant [ìnəbzə́:vənt | -zə́:-] 〖▭L *inobservānt-em* : ⇨ in-², observant〗 *adj.* 不注意な，怠慢な；〔規則・祭日などを〕守らない，無視する〔*of*〕.

in·oc·cu·pa·tion [ɪnὰkjupéɪʃən | -ɔ̀k-] *n.* 無職.

inocula *n.* inoculum の複数形.

in·oc·u·la·ble [ɪnάkjuləbl, ən- | ɪnɔ́k-] 〖← INOCUL(ATE)＋-ABLE〗 *adj.* 〈病原菌など〉接種できる.

in·oc·u·lant [ɪnάkjulənt | ɪnɔ́k-] 〖← INOCUL(ATE)＋-ANT〗 *n.* 〖医学〗=inoculum.

in·oc·u·late [ɪnάkjulèɪt, ən- | ɪnɔ́k-] 〖《?1440》← L *inoculāt-us* (p.p.) ← *inoculāre* to engraft, implant ← IN-¹＋L *oculus* eye, bud (⇨ ocular)＋-ATE³〗 ―― *vt.* **1** 〖医学〗 **a** 〈ワクチンなどを〉〔人・動物に〕接種する〔*into, on, upon*〕；〈人などに〉〔ワクチンなどを〕接種する〔*with*〕(cf. vaccinate 2)：～ a virus *into* [*upon*] a mouse = ～ a mouse *with* a virus マウスにウイルスを接種する. **b** 〈人〉に〔病気の〕予防接種をする〔*for, against*〕：～ a person *for* [*against*] smallpox 人に種痘を行なう / be ～*d for* [*against*] cholera コレラの予防接種を受けている. **c** 〈細胞などを〉〔培養基などに〕接種する，植え付ける〔*into*〕：～ cells *into* a culture medium. **2** 〈人〉に〔思想などを〕植え付ける，しみ込ませる〔*with*〕：～ a person *with* new ideas 人に新しい思想を吹き込む. **3** 〖農業〗(土壌の改良のために)〈微生物を〉接種する；〈微生物を〉〔土壌に〕混入する〔*into*〕. **4** 〖冶金〗接種する (⇨ inocutation 4). ―― *vi.* 接種[種痘]を行なう. ―― *n.* 〖冶金〗接種用物質. **in·óc·u·là·tor** [-ṭə | -tə(r)] *n.*

in·oc·u·la·tion [ɪnὰkjuléɪʃən, ən- | ɪnɔ̀k-] 〖▭L *inoculātiō(n-)* ← *inoculāre* (↑) : ⇨ -ation〗 ―― *n.* **1 a** 〖医学〗(伝染病予防などの)接種〔*for, against*〕：protective ～ 予防接種 / vaccine ～ ワクチン接種 / have ～*s for* [*against*] typhoid 腸チフスの予防接種を受ける[する]. **b** 接種《細胞・微生物などを培養のため培養基などに植え付けること》. **2** (悪風などの)植付け，感化，伝染：the ～ of vice, etc. **3** 〖農業〗接種，土壌の改良《微生物，特にマメ科植物の根粒などを混入して窒素の固定を促進すること》. **4** 〖冶金〗接種《結晶化の核となる物質を溶けた金属に加えること》. **5** 〖医学〗=inoculum. 「*adj.* 接種の，種痘の.

in·oc·u·la·tive [ɪnάkjulèɪṭɪv, ən- | ɪnɔ́kjulèɪt-, -lət-]

in·oc·u·la·tiv·i·ty [ɪnὰkjulətívəṭi, ən- | ɪnɔ̀kjulətívətɪ, -vɪ-] *n.* 接種性；接種状態.

in·oc·u·lum [ɪnάkjuləm, ən- | ɪnɔ́k-] 〖← NL ～ ← L *inoculāre* : ⇨ inoculate〗 *n.* (*pl.* **-u·la** [-lə], **～s**) 〖医学〗接種材料[物] (vaccines, bacteria, viruses など).

in·o·dor·ous [ɪnóudərəs, ən- | ɪnəu-] 〖▭L *inodōr-us* : ⇨ in-², odorous〗 *adj.* 香りのない，無臭の. **～·ness** *n.*

ín-óff *n.* 〖玉突〗=losing hazard (⇨ hazard 5).

in·of·fen·sive [ìnəfénsɪv] *adj.* **1** 〈動物・薬など〉無害な. **2 a** 〈人・態度など〉悪気のない，不快の念を与えない，穏やかな. **b** 〈言葉など〉当たりさわりのない，消極的な，目立たない. **～·ly** *adv.* **～·ness** *n.*

in·of·fi·cious [ìnəfíʃəs] 〖▭L *inofficiōs-us* : ⇨ in-², officious〗 ―― *adj.* **1** 〖法律〗道徳上の義務を守らない[無視した]，人倫に反する：⇨ inofficious testament [will]. **2** 〈法律など〉役に立たない，無効の. **3 a** 《古》義務観念のない. **b** 《廃》不親切な，思いやりのない.

inofficious téstament [wíll] *n.* 〖法律〗義務外遺言《遺言者のもつべき自然の愛情や道徳的義務に反し，財産の処分について故なくして家族を無視した遺言；cf. officious testament [will]》.

in om·ni·a pa·ra·tus [ɪn-ámniə-pəréɪṭəs | -ɔ́mniə-pəréɪt-] 〖▭L *in omnia parātus* ready for all things〗 *L. adj.* すべて用意のできた.

İ·nö·nü [ɪnən(j)ú: | ɪnə(u)njú:; *Turk.* ínœny], **İs·met** [ismét] *n.* イネニュ《1884-1973；トルコの政治家；大統領 (1938-50)，首相 (1923-24, '25-37, '61-65)》.

in·op·er·a·ble [ɪnáp(ə)rəbl, ən- | ɪnɔ́p-] 〖▭? F *inopérable* : in-², operable〗 ―― *adj.* **1** 〖病理〗〈癌(がん)など〉(手遅れなどで)外科手術ができない，手術不能の：(an) ～ cancer / an ～ case. **2** 実行できない.

in·op·er·a·tive [ɪnáp(ə)rəṭɪv, ən-, -pərèɪ- | ɪnɔ́p(ə)rət-, -pərèɪt-] *adj.* **1** 作用しない，効き目のない，無効の：an ～ remedy. **2** 〈法律が〉実施されていない，効力のない：an ～ law. **～·ness** *n.*

in·o·per·cu·late [ìnoupə́:kjulət, -lɪt, -lèɪt | -əupə́:-] 〖⇨ IN-², OPERCULATE〗 *adj.* 〖植物〗無蓋な：～ mosses.

in·op·por·tune [ɪnὰpət(j)ú:n, ən-, ―⏤―́ | ɪnɔ́pətjù:n, ―⏤―́] 〖▭L *inopportūn-us* unfitting : ⇨ in-², opportune〗 ―― *adj.* 時機を失した，折の悪い，あいにくの；場所をわきまえない：an ～ call, visit, etc. / at an ～ time 折悪く，時機を失して. **～·ly** *adv.* **～·ness** *n.*

in·or·di·na·cy [ɪnɔ́ədənəsi, ən-, -dṇ- | ɪnɔ́:dɪnəsi, -dṇ-] 〖⇨ ↓, -acy〗 *n.* 《古》過度，法外，無法；過度[法外]な行為.

in·or·di·nate [ɪnɔ́ədənət, ən-, -nɪt, -dṇ- | ɪnɔ́:dɪn-, -dṇ-] 〖《c1390》▭L *inordināt-us* disordered ← IN-²＋*ordinātus* ((p.p.) ← *ordināre* to set in order ← *ōrdō* 'ORDER')〗 ―― *adj.* **1** 過度の，法外な，極端な：～ demands 法外な要求. **2** 乱暴な，無法な. **3** 無節制な，ほどを知らない，度をはずした；不規則な：keep ～ hours 不規則な生活をする. **～·ly** *adv.* **～·ness** *n.*

inorg. 《略》inorganic.

in·or·gan·ic [ìnɔəgǽnɪk | ìnɔ:-] 〖⇨ in-², organic〗 ―― *adj.* **1** 動植物と違った物質から成る，生活機能をもたない；無生物の：～ nature 無生物界. **2** 〈社会・政治機関など〉有機的組織を欠いた，体制のない. **3** 本質に関係のない，根本的[肝要]でない；偶有的な；不規則の. **4** 〖化学〗無機の；無機物の (cf. organic 2)：～ matter 無機物 / an ～ compound 無機化合物. **5** 〖言語〗〈構造が〉発生[語源]的でない，偶発的な. **ìn·or·gán·i·cal·ly** *adv.*

ínorganic chémistry *n.* 無機化学 (cf. organic chemistry).

in·or·gan·i·za·tion [ɪnɔ̀əgənɪzéɪʃən, ən-, -nə- | ɪnɔ̀:gənaɪ-, -nɪ-] *n.* 無組織，無体制.

in·or·nate [ìnɔənéɪt, ɪnɔ́əneɪt, ən- | ìnɔ:néɪt, ―⏤―́] 〖← L *inornāt-us* : ⇨ in-², ornate〗 *adj.* 飾りのない，平明な，簡素な：～ language, style, etc.

in·os·cu·late [ɪnáskjulèɪt, ən- | ɪnɔ́s-] 〖《1671》← IN-¹＋LL *ōsculāt-us* ((p.p.) ← *ōsculāre* to supply with a mouth or opening ← *ōsculum* (dim.) ← *ōs* mouth : ⇨ osculate)〗 ―― *vi.* **1** 〈血管などが〉接合する，吻合(ふんごう)する〔*with*〕. **2** 〈繊維・つるなどが〉より合う，組み合う. **3** 混交する，合体する (amalgamate). ―― *vt.* **1** 〈血管などを〉接合[吻合]させる. **2** 〈繊維などを〉より[組み]合わせる. **3** 結合[合体]させる.

in·os·cu·la·tion [ɪnὰskjuléɪʃən, ən- | ɪnɔ̀s-] *n.* **1** 接合，吻合(ふんごう). **2** より合い，結合. **3** 混交，合体.

in·o·sil·i·cate [ìnousílәkèɪt, àɪn-, -lɪkət, -kɪt | ìnə(u)sílɪk-, àɪn-] 〖← Gk *ino-* (← *is* fiber, sinew)＋SILICATE〗 ―― *n.* 〖鉱物〗イノ珪酸塩《SiO_4 四面体の頂点の共有が一次元的に鎖状をなしているもの；metasilicate ともいう；cf. cyclosilicate》.

in·o·sine [ínəsì:n, áɪn-, -sɪn, -sən | -sì:n] 〖← Gk *ino-* (↑)＋-INE³〗 ―― *n.* 〖生化学〗イノシン《ヒポキサンチン (hypoxanthine) を塩基成分とするリボヌクレオシド (ribonucleoside) の一つ》.

in·o·sin·ic ácid [ìnəsínɪk-, àɪn-] *n.* 〖化学〗イノシン酸 ($C_{10}H_{13}N_4O_8P$)《イノシン一リン酸 (IMP) のこと；イノシンを含むヌクレオチド》.

in·o·site [ínəsàɪt] 〖← Gk *ino-* (← *is* fiber, muscle)＋-OSE²＋-ITE¹〗 *n.* 〖生化学・薬学〗=inositol.

in·o·si·tol [ɪnóusətɔ̀(:)l, ən-, aɪn-, -tòul | ɪnóusɪtɔ̀l, aɪn-] 〖← INOSITE＋-OL¹〗 ―― *n.* **1** 〖生化学〗イノシトール，筋肉糖 (muscle sugar) ($C_6H_6(OH)_6$)《心臓の筋肉などに存在する環式アルコール；ビタミンB複合体の一つ；化学的には9種の異性体がある；天然のものは myoinositol ともいう》. **2** 〖薬学〗イノシトール《主に肝臓治療に用いられる注射用結晶固体》.

in·o·tro·pic [ìnətróupɪk, àɪn-, -tráp- | -trɔ́p-] 〖← Gk *ino-* (← *is* fiber, sinew)＋-TROPIC〗 *adj.* 〖医学〗筋肉の収縮に影響する，変力性の.

in·ox·i·dize [ɪnáksədàɪz, ən- | ɪnɔ́ksɪ-] 〖⇨ in-², oxidize〗 *vt.* 酸化しないようにする，さびないようにする.

INP 《略》International News Photo.

in pa·ce [ɪn-péɪsi | -sɪ] 〖▭L *in pāce* in peace〗 *L. adv.* 平和に，安らかに.

in pais [ɪn-péɪ, ən- | ɪn-] 〖▭MF ～ 'in the country'〗 *adv.* 〖法律〗法廷外で，訴訟せずに，書面によらずに，事実上.

in pa·ri de·lic·to [ɪn-pά:ri-dɪlíktou, ən-, -də- | ɪn-pά:rɪ-dɪlíktəu] 〖▭L *in pari dēlictō* in equal fault〗 *adv.* 〖法律〗(原告・被告(人)とも)同罪で.

ín-pàrty *n.* 与党 (↔ out-party).

ín·pàtient 〖⇨ in (adj.)〗 *n.* 入院患者 (cf. outpatient).

in per·pe·tu·um [ɪn-pəpétʃuəm | -pə(:)pétʃu-, -tju-] 〖▭L ～ 'in perpetuity'〗 *L. adv.* 永久に (forever).

ín-pérson *adj.* 当人が出る，生(なま)の：an ～ performance 実演.

in per·so·nam [ɪn-pəsóunæm, -nα:m | -pəsə́unæm] 〖▭L *in persōnam* against a person〗 *adv., adj.* 〖法律〗(訴訟で)人に対して，対人の，対人的な (cf. in rem).

in pet·to [ɪn-pétou | -təu; *It.* inpétto] 〖▭It. ～ ＜ L *in pectore* in the breast〗 ―― *It. adv.* **1** (教皇の)胸中に，ひそかに《教皇意中の枢機卿候補者に関連して用いる句》. **2** 縮小して，小型に.

ín·phàse 〖← *in phase* (⇨ phase *n.* 成句)〗 *adj.* 〖電気〗同相の.

ínphase compónent *n.* 〖電気〗同相分.

ín-plánt *adj.* 工場内の[で行なわれる，維持される]：～ equipment / ～ training 工場内の技術訓練.

in pos·se [ɪn-pάsi | -pɔ́sɪ] 〖▭L ～ 'in possibility'〗

L. adv., adj. 可能的に[な], 潜在的に[な]; 潜在して(いる) (↔ in esse).

in po·ten·ti·a [ìn-po(ʊ)ténʃiə | -pə(ʊ)ténʃiə] 〚▭L ～ 'in potentiality'〛 *L. adv.* あり得ることとして, 可能的に, 潜在的に (potentially).

in·póur 〚← IN-¹+POUR〛 *vt., vi.* (…に)流入[注入, 殺到]する.

ín·pòuring *n.* 注入, 流入, 増加: a great ～ of mail 郵便物の殺到. ── *adj.* 流入する.

in pr. 《略》 in principio.

in prae·sen·ti [ìn-pri:zéntaɪ, -praɪsénti | -zéntaɪ, -séntɪ] 〚▭L *in praesentī* in the present〛 *L. adv.* 現在において.

in prin·ci·pi·o [ìn-prɪnsípiòʊ|-piəʊ] 〚▭L *in principiō* in the beginning〛 *L. adv.* 初めに.

ín-prínt *adj.* 印刷中の.

ín-príson *adj.* 刑務所内の.

in-prócess *adj.* **1** (原料や製品に対して)製造中の品物の. **2** (動作・行為の)途中の, 中間の: *In-process* corrections are difficult. 途中の修正はむずかしい.

in pro·pri·a per·so·na [ɪn-próʊpriə-pəsóʊnə | -práʊpriə-pə(:)sə́ʊ-] 〚▭L *in propriā persōnā* in one's own person〛 ── *L. adv.* 自身で, 本人自ら (↔ by proxy); (特に)弁護士の助けなしに.

in pu·ris nat·u·ral·i·bus [ɪn-pjú(ə)rɪs-nætʃʊréɪləbəs, -rəs-, -rá:l- | -pjúərɪs-nætjʊréɪlɪ-] 〚▭L *in pūrīs nātūrālibus* in (a state of) pure nature〛 ── *L. adv.* 真っ裸で (stark naked).

ín·pùt 〚← IN (adv.)+PUT: cf. output〛 ── *n.* **1 a** 中に入れた物. **b** 《スコット》(慈善団体への)寄付. **2** 〚機械・電気〛入力: an ～ current 入力電流. **3** 〚電算機〛 **a** インプット, 入力(信号)《電子計算機へ送り込まれる情報》. **b** 入力操作. **c** 入力装置. (↔ output). **4** (技術上の問題を解決するための)データ, 情報. **5** 〚経済〛投入《企業が買い入れる財または用役》; 投入量 (↔ output). ── *adj.* 〚電算機〛入力(装置)の. ── *v.* (～, **in·put·ted**; **in·put·ting**) 〚電算機〛 *vt.* 〈情報などを〉インプットする, 〔電算機に〕入れる, 入力する 〔*to*〕: ～ data [a program] *to* a computer. ── *vi.* インプットする.

ínput impédance *n.* 〚電気〛入力インピーダンス《電気回路の入力端子から見たインピーダンス》.

ínput-óutput tàble *n.* 〚経済〛投入産出表, 産出連関表, IO 表.

inq, inq. 《略》 inquire; inquiry; inquisition.

in·quest [ínkwest | ín-, íŋ-] 〚《*c*1290》 *enqueste* ▭OF (F *enquête*) < VL **inquesta* (fem. p.p.) ← **inquaerere* 'to INQUIRE'〛 ── *n.* **1** 〚法律〛 **a** (通例, 検死陪審 (coroner's jury) 立会いの上で行なう検死官の)検分, 検死 (coroner's inquest)《死因を審理する》; (陪審による)査問, 審理: hold an ～ *on* [*over*] …の検死を行なう; …に対する査問会を開く / an ～ of lunacy 精神鑑定審査(会) / the great [last] ～ 最後の審判 (Last Judgment). **b** [集合的] 査問委員, 陪審 (jury); (今は, 特に)検死陪審; その評決, 決定: the grand [great] ～ 〚英史〛 =grand jury / the grand ～ of the nation 《英》下院 (Lower House). **2** 調査, 取調べ 〔*into*〕.

inquest of office 〚法律〛国王[国有]財産審査.

in·qui·et [ɪnkwáɪət, ən- | ɪn-] 〚《*c*1384》 ▭L *inquiētus*: ⇨ in-², quiet〛 *vt.* 《古》…の平和を乱す, …に不安[動揺]を与える.

in·qui·e·tude [ɪnkwáɪət(j)ù:d, ən- | ɪnkwáɪətjù:d, ɪŋ-, -kwáɪɪ-] 〚《*c*1450》 ▭(O)F *inquiétude* ▭LL *inquiētūdō*: ⇨ ↑, -tude〛 ── *n.* **1** 不安, 動揺, (心身の)落着きのないこと. **2** [*pl.*] 心配事, 不安.

in·qui·line [ínkwəlàɪn, íŋ-, -lɪn, -lən | -kwɪlàɪn, -lɪn] 〚▭L *inquilīn-us* indweller, lodger ← IN-¹+*colere* to dwell: ⇨ -ine¹: cf. colony〛 ── *n.* 〚動物〛(他の巣の中に同居する)共生動物 (guest). ── *adj.* 共生的な.

ín·qui·lin·ism [-lənìzm | -lɪ-] *n.*

in·qui·lin·i·ty [ìnkwəlínəṭi, ìŋ- | -kwɪlínətɪ, -nɪ-] 〚⇨ ↑, -ity〛 *n.* 〚動物〛共生.

in·qui·li·nous [ìnkwəláɪnəs, ìŋ- | -kwɪ-] *adj.* 〚動物〛共生の.

in·quire [ɪnkwáɪə, ən- | ɪnkwáɪə(r, ɪŋ-] 〚《15C》 ▭L *inquīr-ere* to ask into ← IN-¹+*quaerere* to ask, seek ∽《*c*1290》 *enquere(n)* ▭OF *enquer-re* (F *enquérir*) < VL **inquaerere*=L *inquīrere*〛 ★《英》では *vt.* 1, *vi.* 1 の意味では enquire を用いる傾向がある. ── *vt.* **1** [しばしば *wh*-clause, *wh*-word+*to* do を伴って] 〈物事を〉尋ねる, 問う, 問い合わせる; 〈物事を〉〔人に〕聞く 〔*of*〕: ～ the time, the reason, a person's name, etc. / ～ *what* a person wants 何の用かを聞く / ～ *where to* wait どこで待ったらよいかを聞く / ～ *of* a policeman the way to the station 警官に駅への道を尋ねる / ～ *of* a person *whether* he knows it 人にそれを知っているかと尋ねる. **2** 《古》捜(し出)す, 調べ出す 〈*out*〉. **3** 《廃》〈人〉に質問する (question). ── *vi.* **1** 質問をする, 尋ねる, 聞く: When I don't know, I ～. わからない時には聞きます / ～ at the station *about* train schedules 列車の時刻を駅で聞く[尋ねる] / ～ *of* a person *about* a matter 人にある事を尋ねる. **2** 〔事を〕取り調べる, 調査[探求]する 〔*into*〕: ～ *into* the complaint 苦情の原因を調査する / ～ *into* the leak of the examination questions 試験問題の漏洩(ろう)を調査する. **3 a** 〔人に〕面会を求める 〔*for*〕: Someone has ～*d for* you. どなたかが訪ねてみえてます. **b** 〔品物などを〕問い合わせる, 求める 〔*for*〕: ～ *for* a book at a bookstore 書店である本がないかと聞く[ある本を下さいと言う].

inquire after 〈人〉の健康[安否]を尋ねる, 見舞う; …について尋ねる: He ～*d after* you [your health]. 彼は君の[君の健康の]ことを尋ね(てい)た.

in·quír·er [-kwáɪ(ə)rə | -kwáɪərə(r] *n.* 尋問者; 調査[探求]者: a scientific ～ 科学研究者.

in·quír·ing [-kwáɪ(ə)rɪŋ | -kwáɪər-] *adj.* **1** 聞きたそうな, けげんそうな: an ～ look 不審顔 / an ～ glance 訝(いぶか)るような眼差し. **2** 聞きたがる, 知りたがる, 穿鑿好きな, 好奇の: an ～ mind. **3** 問い合わせの.

in·quír·ing·ly *adv.* 聞きたそうに, けげんそうに.

in·qui·ry [ínkwaɪ(ə)ri, ɪnkwáɪ(ə)ri, ən-, ínkwəri, íŋ- | ɪnkwáɪərɪ, ɪŋ-] 〚《1426》 *enquery* ← ME *enquere(n)* 'to INQUIRE'+-Y¹: 16 世紀以降動詞にならって INQUIRY の形になる〛 ── *n.* ★《英》では 1 の意味では enquiry を用いる傾向がある. **1** 〔…についての〕問い, 質問, 問い合わせ, 照会 〔*about, concerning*〕: a letter of ～ 問い合わせ状, 照会状 / on ～ 尋ねて[調べて]みると, 照会[調査]の結果 / find out by ～ 問い合わせて知る / make *inquiries about* …について問い合わせる, 質問をする. **2** 〔…の〕取調べ, 調査, 探究, 研究 〔*into*〕: an ～ *into* the truth of a report 報告の真偽の調査 / a writ of ～ 調査命令書 / ⇨ COURT of inquiry / hold an official ～ 正式の調査会を開く / make exhaustive inquiries *into* …を徹底的に調査[穿鑿(せんさく)]する. **3** 〚商業〛引合(い).

inquíry àgency *n.* 《英》興信所, (私立)探偵社.

inquíry àgent *n.* 《英》(私立)探偵 (private detective).

inquíry òffice *n.* 《英》(駅・ホテルなどの)案内所, 受付 (《米》 information desk).

in·qui·si·tion [ìnkwəzíʃən, ìŋ- | -kwɪ-] 〚《*c*1384》 *inquisicioun* ▭(O)F *inquisition* ▭L *inquīsītiō(n-)* ← *inquīrere* 'to INQUIRE into': ⇨ -tion〛 ── *n.* **1** 調査, 審査, 審問, 探求 〔*into*〕. **2 a** (通例陪審立ち合いで, 官憲・裁判所などの行なう)取調べ, 尋問, 審理 〔*into*〕. **b** (官憲の行なう厳しい, 人権侵犯や偏見のある冷酷な)取調べ, 糾問. **3** (取調べ・尋問・審理によって得られた)調書, 尋問書, 報告書. **4** [the I-] 〚カトリック〛異端審問所, 宗教裁判所; 異端者弾圧《中世以来主にヨーロッパ南部で行なわれたが, スペインの宗教裁判所は特に残酷で有名; スペイン (1834 年) を最後として全廃された; 今日の (the Congregation of) the Holy Office の前身》.

ìn·qui·sí·tion·al [-ʃənḷ, -ʃnəl] *adj.* 調査の; 宗教裁判所の(ような).

ìn·qui·sí·tion·ist [-ʃ(ə)nɪst, -nəst | -nɪst] *n.* =inquisitor.

in·quis·i·tive [ɪnkwízəṭɪv, ən- | ɪnkwízət-, ɪŋ-, -zɪ-] 〚《*c*1390》 *inquisitif* ▭OF *inquisitif, -ive* ▭LL *inquīsītīvus* ← L *inquīsītus* (p.p.) ← *inquīrere*: ⇨ inquire, -ive〛 ── *adj.* **1** 〈人が〉知識欲の盛んな, ものを知りたがる, 聞きたがる, 好奇心の強い: ～ *about* everything. **2** (悪い意味で)穿鑿(せんさく)好きな, (特に, 他人のことを)根掘り葉掘り聞く: an ～ face / ～ *about* other people's affairs / with ～ eyes 好奇に満ちた目つきで. ── *n.* 何でも聞きたがる人. **～·ly** *adv.* **～·ness** *n.*

in·quis·i·tor [ɪnkwízəṭə, ən- | ɪnkwízɪtə(r, ɪŋ-] 〚《*a*1402》 *inquisitour* ▭(O)F *inquisiteur* ▭L *inquīsītōrem* detective, investigator ← *inquīrere*: ⇨ inquire, -or²〛 ── *n.* **1** 取調べ人, 調査者, 審問者, 検査官; (特に)不当に厳しい[穿鑿的な]尋問者. **2** [しばしば I-] 〚歴史〛宗教裁判官, 異端審問官《その残忍性で有名》: the Grand *Inquisitor* 宗教裁判所長, 異端審問所長 / the *Inquisitor* General (スペインの)異端審問所長.

in·quis·i·to·ri·al [ɪnkwɪzətɔ́:riəl, -tɔ́(:)r- | ɪnkwɪzɪtɔ́:riəl, ɪŋ-, ――――] 〚← ML *inquīsītōri-us*: ⇨ ↑, -al¹〛 ── *adj.* **1** 宗教裁判官[宗教裁判所]の(ような); (人権を無視して)厳しく尋問する. **2** (人の意向など構わずに)根掘り葉掘り聞く, 穿鑿(せんさく)好きな. **3** 〚法律〛糾問主義的な《同一人が判事・検事の両役を行なう; cf. accusatorial》. **～·ly** *adv.* **～·ness** *n.*

in·quis·i·tress [ɪnkwízətrɪs, ən-, -trəs | ɪnkwízɪtrɪs, ɪŋ-, -très] *n.* 女性の inquisitor.

in re [ɪn-réɪ, -rí:] 〚▭L *in rē* in the matter (of)〛 *L. prep.* 〚法律〛…の件で, …に関して《非訟事件の表示方法; cf. re² 1》.

in rem [ɪn-rém] 〚▭L ～ 'against a thing'〛 *adv., adj.* 〚法律〛(訴訟で)物に対して[する], 対物の (cf. in personam).

in re·rum na·tu·ra [ɪn-réɪrəm-nət(j)ú(ə)rə, -rí(ə)rəm- | -ríərəm-nətjúərə] 〚▭L *in rērum nātūra* 'in the nature of things'〛 ── *L. adv.* 物事自然の性として, 本来.

ín-résidence *adj.* 〔…に〕(ある資格で)駐在[在住]している, 官邸[公邸]住いの 〔*at*〕. ★ 通例次のような連結形で用いる: a poet-*in-residence* at the university 大学在住の詩人《創作活動を続けるかたわら, 一定期間教職をとる》.

I.N.R.I. 《略》 *L.* Iēsus Nazarēnus, Rēx Iūdaeōrum ユダヤびとの王ナザレのイエス (Jesus of Nazareth, King of the Jews) (cf. *John* 19:19).

in·ro [ínroʊ | -rəʊ] 〚《1617》 ▭Jap.〛 *n.* 印籠(いんろう).

ín·ròad 〚《1548》 ← IN (adv.)+*road* 《廃》'RAID, riding¹'〛 ── *n.* [通例 *pl.*] **1** 〔国などへの〕侵入, 来襲, 侵略 〔*into, on, upon*〕: the ～*s* of the disease 病気の侵入 / ～*s into* enemy territory 敵陣への侵攻. **2** 〔他人の物に対する〕侵害, 蚕食 〔*into, on, upon*〕: make ～*s on* [*upon, into*] a person's time [savings] 人の時間[貯え]に食い込んでくる. ── *vt., vi.* 侵入[侵害]する.

in·rùsh 〚← IN (adv.)+RUSH²〛 *n.* 突入, 侵入, 乱入, 来襲; 流入, 殺到: the ～ of a flood / the ～ of tourists.

INS 《略》 International News Service アイエヌエス《米国の通信社; ⇨ UPI》.

ins. 《略》 inches; inscribed; inside; inspected; inspector; insular; insulated; insulation; insulator; insurance.

in sae·cu·la sae·cu·lo·rum [ɪn-sékjʊlə-sèkjʊlɔ́:rəm, -sáɪkʊlà:-sàɪkʊ-, -lɔ́:r- | -lɔ́:r-] 〚▭L *in saecula saeculōrum* 《原義》 for ages of ages〛 ── *L. adv.* 永久に, いついつまでも.

in·sal·i·vate [ɪnsǽləvèɪt, ən- | ɪnsǽlɪ-] 〚⇨ in-¹, salivate〛 *vt.* 嚙(か)んで〈食物〉に唾液を混ぜる.

in·sa·lu·bri·ous [ìnsəlú:briəs | -lú:brɪ-, -ljú:-] 〚← L *insalūbris* (⇨ in-², salubrious)+-OUS〛 ── *adj.* 〈気候・土地が〉健康によくない, 不健康な: an ～ climate. **～·ly** *adv.*

in·sa·lu·bri·ty [ìnsəlú:brəṭi | -lú:brətɪ, -ljú:-, -brɪ-] 〚▭F *insalubrité*: ⇨ ↑, -ity〛 *n.* (土地・気候などの)不健康, 非衛生.

in·sa·lu·tar·y [ɪnsǽljʊtèri, ən- | ɪnsǽljʊt(ə)rɪ] *adj.* 〈書物・考え方など〉健康的でない, 不健全な.

in·sane [ɪnséɪn, ən- | ɪn-] 〚《1560》 ▭L *insān-us* unsound (in mind) ← IN-² + *sānus* 'healthy, SANE'〛 ── *adj.* **1 a** 〈人が〉正気でない, 精神に異常のある, 気の違った, 狂気の (↔ sane). **b** [the ～; 名詞的に; 集合的] 狂人たち, 精神異常者たち. **c** 《廃》〈精神が〉異常な. **2** 狂気のような, 気違いじみた, 非常識な, とっぴな, 途方もない: an ～ scheme, proposal, etc. **3** 狂人[精神異常者]のための: an ～ asylum [hospital] 精神病院. **4** 狂人[精神異常者]特有の. **～·ly** *adv.* **～·ness** *n.*

in·san·i·tar·y [ɪnsǽnətèri, ən- | ɪnsǽnɪt(ə)rɪ, -nət-] *adj.* 健康によくない, 非衛生的な: ～ houses, conditions, etc.

in·san·i·ta·tion [ɪnsæ̀nətéɪʃən, ən- | ɪnsæ̀nɪ-] *n.* 衛生規則[施設]を欠くこと; 非衛生(状態).

in·san·i·ty [ɪnsǽnəṭi, ən- | ɪnsǽnətɪ, -nɪ-] 〚《1590》 ▭L *insānitāt-em* unhealthiness, disease: ⇨insane, -ity〛 ── *n.* **1** 精神異常[障害], 精神病, 狂気: ～ of grandeur 誇大妄想(狂). **2** 〚法律〛(法的責任[能力]にひびくほどの)精神異常[障害]. **3** 気違いじみた[はなはだしい]行為, 愚行, 気違いざた: the *insanities* of daily life.

in·sa·tia·ble [ɪnséɪʃəbḷ, ən-|ɪnséɪʃɪə-, -ʃə-] 〚《*c*1412》 *insaciable* ▭OF (F *insatiable*) ∥ L *insatiābil-is*: ⇨ in-², satiable〛 ── *adj.* 飽くことを知らない, 足るを知らない, 欲の深い, 強欲な; 〔…を〕むやみに欲しがる 〔*of*〕: an ～ appetite, desire, ambition, curiosity, etc. / ～ *of* power 権力に貪欲な. **in·sà·tia·bíl·i·ty** [-ʃəbíləṭi, ən- | -ʃɪəbílətɪ, -ʃə-, -lɪ-] *n.* **～·ness** *n.* **in·sá·tia·bly** *adv.*

in·sa·ti·ate [ɪnséɪʃiət, ən-, -ʃiɪt, -ʃət, -ʃɪt | ɪnséɪʃɪət, -ʃɪɪt] 〚《?*c*1452》 *insaciat(e)* ▭L *insatiāt-us*: ⇨ in-², satiate〛 ── *adj.* 足るを知らない, 飽くことのない: an ～ longing / Hate bred in woman is ～. 女の恨みは執念深い. **～·ly** *adv.* **～·ness** *n.*

in·scape [ínskeɪp] 〚← IN-¹+-SCAPE〛 *n.* 構成要素, 本質 (cf. haecceity).

in·scribe [ɪnskráɪb, ən- | ɪn-] 〚《1552》 ▭L *inscribere* to write in or upon ← IN-¹+*scribere* to write: ⇨ scribe¹〛 ── *vt.* **1** 〈石碑・金属板・紙など〉に〔語句・姓名などを〕印する, 彫る 〔*with*〕; 〈姓名などを〉〔石碑などに〕記す, 刻む 〔*on, in*〕: ～ a stone [silver watch] *with* one's name=～ one's name *on* a stone [silver watch] 石[銀時計]に名を刻む / Will you ～ your name *in* my book? 私の本にご署名を頂けませんか. **2** 〔心・記憶などに〕刻み込む, 銘記する 〔*on, in*〕: ～ an event *on* [*in*] the memory 事件を深く記憶に留める. **3** 〈書物・写真などを〉(それを献じる辞や名前などを記して)〔人に〕贈る, 献じる 〔*to, for*〕: ～ a book *to* [*for*] a person (署名して)本を人に献じる / This book I ～ *to*… 本書を…にささげる. **4 a** 〈人・姓名などを〉(公式の名簿・リストなどに)記入する, 登録する: ～ a person as a donor 人(の名)を寄贈者として名簿に載せる. **b** 《英》〈公債などの購入者の名を〉登録する, 記録する. **5** 〚数学〛〈図形を〉内接させる (cf. circumscribe 3): ～ a square in a circle 正方形を円に内接させる. **in·scríb·a·ble** [-bəbḷ] *adj.* **in·scríb·er** *n.*

in·scríbed *adj.* **1** 〈書物が〉(献呈の辞などを添えて)署名された; 印刻した, 銘刻した: an ～ copy 献本 / ～ *in* hieroglyphics 象形文字で刻まれている. **2** 登録した, 記名の: an ～ stock 《英》登録公債《証書を発行せず単に所定の登録簿に登録するもの》. **3** 〚数学〛内接した: an ～ circle 内接円.

in·scrip·tion [ɪnskrípʃən, ən-|ɪn-] 〚《*a*1390》 *inscripcioun* ▭L *inscriptiō(n-)* ← *inscribere* 'to INSCRIBE': ⇨ -tion〛 ── *n.* **1** 銘刻(すること), 記入; 銘刻した[書いた]文字, 銘, 銘刻文, 碑文, 題銘; 〚古銭〛(貨幣・メダルなどの)銘刻(legend): an ～ *on* a tombstone 墓碑銘. **2** (寄贈図書に記した)題字, 署名; 献呈の辞. **3** (姓名の)記入, 記載, (名簿・リストなどへの)登録. **4** 《英》 **a** (登録公債などの)登記. **b** [*pl.*] 登録公債. **5** 〚薬学〛(処方箋の)処方欄《薬品名とその調合量を記した部分》. **～·al** [-ʃənḷ, -ʃnəl] *adj.*

inscríption·less *adj.* 銘[銘刻文]のない.

in·scrip·tive [ɪnskríptɪv, ən- | ɪn-] 〚← L *inscriptus* ((p.p.) ← *inscribere* 'to INSCRIBE')+-IVE〛 *adj.* 銘の, 銘刻文の, 題銘の, 碑銘の, 銘文的な. **～·ly** *adv.*

in·scroll [ɪnskróʊl, ən-|ɪnskrə́ʊl] 〘← IN-¹+SCROLL〙 *vt.* =enscroll.

in·scru·ta·bil·i·ty [ɪnskrùːṭəbíləṭi, ən-|ɪnskrùːtəbíləti, -lɪ-] *n.* 計り知れないこと, 不可解, 不可思議; 不可思議な事[物].

in·scru·ta·ble [ɪnskrúːṭəbl̩, ən-|ɪnskrúːt-] 〘《a1500》□LL *inscrūtābil-is* ← IN-²+L *scrūtārī* to search, examine+*-ābilis* '-ABLE': ⇨ scrutable〙 — *adj.* **1** 探索できない, 不可解な, 不可思議な: an ~ mystery / The ways of Providence are ~ *to* man. 神意は人間には計りがたい. **2** なぞのような: an ~ smile, expression, etc. **3** 肉眼で見えない[見通せない]: an ~ fog. **~·ness** *n.* **in·scrú·ta·bly** *adv.*

in·sculp [ɪnskʌ́lp, ən-|ɪn-] 〘□L *insculp-ere* ← IN-¹+*sculpere* to carve: cf. sculpture〙 *vt.* 《古》刻む, 彫刻する.

ín·sèam *n.* (手袋・靴・衣類などの)内側の縫目, 継目.

in·sect [ínsekt] 〘《1601》□L (*animal*) *insect-um* notched (animal) (p.p. neut.) ← *insecāre* to cut into ← IN-¹+*secāre* to cut: 体に切れ目があることから: cf. entomology〙 — *n.* **1** 昆虫 (cf. worm). **2** 虫《クモ・ムカデなどを含む》. **3** 下等な人間, 虫けら(に等しい人間), 小人. — *adj.* **1 a** 昆虫の(ような): ~ pests [vermin] 害虫 / the ~ kind 昆虫類 / ~ eggs [wings] 昆虫の卵[翅(はね)]. **b** 昆虫用の; 殺虫用の: an ~ cabinet 昆虫標本箱 / ⇨ insect powder. **2** けちな, 卑しい.

insect 1

1 palpus; 2 labial palpus; 3 maxillary palpus; 4 mandible; 5 labrum; 6 head; 7 antenna; 8 scape; 9 simple eye; 10 compound eye; 11 thorax; 12 tympanum *or* ear; 13 veins *or* nervures; 14 wing; 15 ovipositor; 16 segments; 17 spiracles; 18 tibia; 19 tarsus; 20 femur; 21 legs; 22 trochanters; 23 coxa; 24 abdomen; 25 metathorax; 26 mesothorax

In·sec·ta [ɪnséktə, ən-|ɪn-] 〘← NL ~ ← L ~ (pl.) ← *insectum* (↑)〙 *n. pl.* 〚昆虫〛昆虫綱.

in·séc·tan [ɪnséktən, ən-|ɪn-] 〘⇨↑, -an¹〙 *adj.* **1** 昆虫綱の[に属する]. **2** 昆虫の[に関する].

in·sec·tar·i·um [ìnsektέ(ə)riəm|-téəri-] 〘← NL ~ ← L *insectum*: ⇨ insect, -arium〙 *n.* (*pl.* **~s, -i·a** [-riə|-riə]) =insectary.

in·sec·ta·ry [ínsektəri, ɪnsék-, ən-, ínsektèri|ínsektəri, ーーーー] 〘⇨↑, -ary: INSECTARIUM の英語化〙 — *n.* (動物園などで研究のために設けられた)昆虫飼育場[研究所], 昆虫館.

in·sec·ti·ci·dal [ɪnsèktəsáɪdl̩, ən-|ɪnsèktɪ-] 〘⇨↓, -al¹〙 *adj.* 殺虫の, 殺虫剤の. **~·ly** *adv.*

in·sec·ti·cide [ɪnséktəsàɪd, ən-|ɪnséktɪ-] 〘← INSECT+-I-+-CIDE〙 *n.* **1** 殺虫剤; 防虫剤. **2** 殺虫.

in·sec·ti·form [ɪnséktəfɔ̀ːəm, ən-|ɪnséktɪfɔ̀ːm] *adj.* =insectile.

in·sec·ti·fuge [ɪnséktəfjùːdʒ, ən-|ɪnséktɪ-] 〘← INSECT+-I-+-FUGE: cf. vermifuge〙 *n.* 駆虫剤.

in·sec·tile [ɪnséktl̩, ən-, -taɪl|ɪnséktaɪl] *adj.* **1** 昆虫の[に関する]; 昆虫のような. **2** 昆虫から成る.

in·sec·tion [ɪnsékʃən, ən-|ɪn-] 〘□LL *insectiō(n-)* ← L *insecāre* to cut into: ⇨ -tion: cf. insect〙 *n.* 切り込み, 断節.

in·sec·ti·val [ìnsektáɪvəl] 〘← INSECT+-IVE+-AL¹〙 *adj.* 昆虫の[に関する, のような].

In·sec·tiv·o·ra [ìnsektív(ə)rə] 〘← NL ~ (neut. pl.) ← *insectivorus*: ⇨ insect, -vora〙 — *n. pl.* 〚動物〛食虫目《真獣類のなかで最も原始的な類; 主に昆虫やミミズを食べる》.

in·sec·ti·vore [ɪnséktəvɔ̀ə, -vɔ̀ə|-tɪvɔ̀ː(r] 〘← NL *insectivor-us*: ↑〙 *n.* **1** 〚動物〛食虫目に属する小哺乳動物. **2** 〘□F ~〙(一般に)食虫動物, 食虫植物.

in·sec·tiv·o·rous [ìnsektív(ə)rəs|-və-] 〘← NL *insectivorus*: ⇨↑, -ous: cf. carnivorous〙 — *adj.* 〚生物〛〈動物・植物が〉昆虫を食う, 食虫性の: an ~ plant [animal] 食虫植物[動物]. **in·sec·tiv·o·ry** [ìnsektívəri|-rɪ] *n.*

ínsect·like *adj.* 昆虫のような; 虫けらのような.

ínsect nèt *n.* 捕虫網.

in·sec·tol·o·gy [ìnsektɑ́lədʒi|-tɔ́lədʒɪ] 〘← F *insectologie*: ⇨ insect, -logy〙 *n.* 昆虫学 (entomology). **in·sec·tól·o·gist** [-dʒɪst, -dʒəst|-dʒɪst] *n.*

ínsect pòwder *n.* 除虫粉, 虫取り粉; (特に)除虫菊粉 (pyrethrum).

ínsect wàx *n.* =Chinese wax.

in·se·cure [ìnsɪkjúə, -sə-|-sɪkjúə(r] 〘□ML *insēcūrus* ← IN-²+*sēcūrus* 'SECURE'〙 — *adj.* **1 a** 〈人・言行などが〉たより[頼み]にならない, 不確かな: ~ promises. **b** 〔…に〕自信がもてない, 確信がない〔*of, about*〕: He felt ~ *of* [*about*] his success. 自分の成功に確信がもてなかった. **2** (危険・害などから)安全でない, 〈位置・境遇が〉不安定な. **3** これやすい, あぶなっかしい, 危険な: an ~ footing [foothold] 今にもくずれそうな足場[足掛り] / an ~ lock 不安な[当てにならない]錠前. **~·ly** *adv.* **~·ness** *n.*

in·se·cur·i·ty [ìnsɪkjú(ə)rəṭi, -sə-|-sɪkjúərəti, -rɪ-] 〘□ML *insēcūrit-ās*: ⇨↑, -ity〙 — *n.* **1** 不安定, 危険; 不確実, たよりなさ, 不安, 不確か: the ~ of a staircase, foundation, etc. / a feeling of ~ 不安感, たよりない感じ. **2** 不安定なもの[こと], 不安なもの.

in·sem·i·nate [ɪnsémənèɪt, ən-|ɪnsémɪ-] 〘← L *inseminat-us* (p.p.) ← *insēmināre* ← IN-¹+*sēmināre* to sow, plant (← *sēmen* 'seed, SEMEN')〙 — *vt.* **1** 〈種を〉まく, 植え付ける. **2** 〚獣医・医学〛(特に, 人工受精の目的で)精液を注入する, 媒精[授精]する (impregnate). **3** 〈思想などを〉〈心に〉植え付ける〔*in*〕; 〈心〉に〔思想などを〕教え込む〔*with*〕: ~ ideas *in* the mind = ~ the mind *with* ideas.

in·sem·i·na·tion [ɪnsèmənéɪʃən|ɪnsèmɪ-, ìnsemɪ-] 〚獣医・医学〛 *n.* 精液注入, 媒精, 授精: ⇨ artificial insemination. 「を施す人.

in·sém·i·nà·tor [-ṭə|-tə(r] *n.* (家畜などの)人工受精

in·sen·sate [ɪnsénseɪt, ən-, -sət, -sɪt|ɪn-] 〘□LL *insensāt-us* ← IN-²+*sensātus* intelligent, sensible (⇨ sensate)〙 — *adj.* **1** 知覚[感覚]をもたない, 感覚力のない, 生命のない: mute ~ things もの言わぬ生なきもの. **2** 無感覚の, 無情な, 非情の, 残忍な: ~ cruelty. **3** 理性を欠いた, 不条理な, ばかげた: ~ rage, ambition, etc. **~·ly** *adv.* **~·ness** *n.*

in·sen·si·bil·i·ty [ɪnsènsəbíləṭi, ən-|ɪnsènsəbílətɪ, ìnsen-, -sɪ-, -lɪ-] 〘□LL *insensibilit-ās*: ⇨↓, -ity〙 — *n.* **1** 無知覚, 無感覚, 麻痺(ひ), 無神経, 鈍感: ~ *to* pain, beauty, art, etc. **2** 無意識, 人事不省: a state of ~ 気絶状態 / lapse into ~ 人事不省に陥る, 気絶する. **3** 平気, 無関心, 冷淡, 無情〔*to*〕.

in·sen·si·ble [ɪnsénsəbl̩, ən-|ɪnsénsə-, -sɪ-] 〘《1392》□L *insensibil-is*: ⇨ in-², sensible〙 — *adj.* **1** 知覚力のない, 感じない, 無感覚な. **2 a** 〔…に〕感受性のない, 無神経な, 鈍感な, 無頓着な〔*to*〕: ~ *to* the beauties of art 芸術品の美しさを感じない / ~ *to* pain [shame] 苦痛[恥]を感じない. **b** 〔…を〕意識しない〔*of*〕: be ~ *of* one's danger 自分の危険に気づかないでいる. **c** 品のない, 上品さの欠けた. **3** 感覚を失った, 人事不省の: hands ~ *from* cold 寒さで無感覚になった手 / be ~ *from* wounds けがで気絶している / be knocked ~ 打たれて人事不省になる. **4** 認められない[感じられない]ほどわずかの, 目に見えないほどの, 気がつかないほどの: ~ changes, transitions, etc. / by ~ degrees きわめて徐々に. **5** 〚法律〛意味のない, 訳の分からない (meaningless). **6** 《古》非常識な, 不合理な. **~·ness** *n.* **in·sén·si·bly** *adv.*

in·sen·si·tive [ɪnsénsəṭɪv, ən-, -stɪv|ɪnsénsɪtɪv, -sə-] 〘《1610》'not sentient' ← IN-²+SENSITIVE〙 — *adj.* 感じない, 無感覚な, 無感応の, 鈍感な; 〔…に〕感受性のない〔*to*〕; 〔…の〕影響を受けない〔*to*〕: ~ *to* light [beauty] 光[美]を感じない / ~ *to* the demands of the public 一般大衆の声に耳を貸さない. **~·ly** *adv.* **~·ness** *n.*

in·sen·si·tiv·i·ty [ɪnsènsətívəṭi, ən-|ɪnsènsɪtívətɪ, -vɪ-] *n.* 無感覚, 無感応, 鈍感.

in·sen·tient [ɪnsénʃənt, ən-, -ʃiənt|ɪnsénʃənt, -ʃɪənt] *adj.* 知覚力のない, 意識を失った; 生気[生命]のない. **in·sén·tience** [-ʃəns, -ʃiəns|-ʃəns, -ʃɪəns] *n.*

in·sep·a·ra·bil·i·ty [ɪnsèp(ə)rəbíləṭi, ən-|ɪnsèp(ə)rəbílətɪ, -lɪ-] *n.* 不可分性: the ~ of ecnomics and politics in foreign affairs 外交問題における経済と政治の不可分性.

in·sep·a·ra·ble [ɪnsép(ə)rəbl̩, ən-|ɪn-] 〘《?1348》□L *insēparābil-is*: ⇨ in-², separable〙 — *adj.* 分けることができない, 離し難い, 分離できない, 不可分の, 離れ[別れ]られない, つきものの: ~ companions, friends, etc. / an ~ prefix 〚文法〛非分離接頭辞《例えば dis-, mis-, un- など独立しては用いられないもの》/ ~ *from* each other 互いに離れ[離され]ない. — *n.* 〔通例 *pl.*〕離し難いもの[人], 別れ難い人; (特に)互いに離れられない友, 特別の親友. **~·ness** *n.*

in·sép·a·ra·bly [-rəbli|-blɪ] 〘《1447》: ⇨↑, -ly¹〙 *adv.* 分離できないように[ほどに], 不可分に.

in·sep·a·rate [ɪnsép(ə)rət, ən-, -rɪt|ɪn-] *adj.* 分かれていない.

in·sert 〘《v.: 1529; n.: 1907》← L *insert-us* (p.p.) ← *inserere* to put in ← IN-¹+*serere* to join (cf. season)〙 — [ɪnsə́ːt, ən-|ɪnsə́ːt] *vt.* **1 a** 入れる, 挿入(そうにゅう)する, はさむ, 差し込む: ~ a key *in* [*into*] a lock / ~ a piece of blotting paper *between* the sheets 紙の間に吸い取り紙をはさむ. **b** 〔破れた衣服などに〕〈継ぎはぎなどを〉あてる, 縫いつける〔*in, on*〕: ~ lace *on* a shirtfront ワイシャツの胸にレースを縫いつける. **2** 書き入れる, 書き込む; 〈言葉などを〉差しはさむ: ~ a comma *between* two words / ~ a clause *in* a contract 契約に一条項を書き加える / In a pause he managed to ~ a question. (相手が)一息ついたときにやっと質問を差しはさむことができた. **3** 〔新聞などに〕掲載する〔*in*〕: ~ an advertisement *in* a newspaper 新聞に広告を載せる. — *vi.* 〚解剖〛〈筋肉が〉付着する. — [ínsəːt|-səːt] *n.* **1** 差入れ物: **a** (別刷りの)別丁(本文活字にかこまれた)差込み[挿絵など]. **b** (新聞・本・雑誌などの)差込み[折込み]ビラ[広告]. **2** 〚映画・テレビ〛挿入画面《大写しで画面と画面との間に差し込まれた字幕または説明的画面》. **in·sért·er** [-ṭə|-tə(r] *n.*

in·sért·ed [-ṭɪd, -ṭəd|-tɪd, -təd] *adj.* **1** 差し込んだ[込まれた]. **2** 〚植物〛(花の部分など他の部分に)着生した. **3** 〚解剖〛(筋肉の一端などに)付着した, 付着点のある (attached).

in·ser·tion [ɪnsə́ːʃən, ən-|ɪnsə́ː-] 〘《1578》□L *insertiō(n-)* ← *inserere* 'to INSERT': ⇨ -tion〙 — *n.* **1** 挿入, 差込み; (新聞紙面の広告の)刷込み: make an ~ of ads. **2** 挿入物, 差し込んだもの; (語・章句などの)書加え, 書込み, 挿入句; (新聞・雑誌などの)差込み[折込み]広告, 差込み[折込み]ビラ[印刷物] (insert); (新聞紙面の)刷込み広告. **3** 〚生物〛(器官の一部などの)着生, 着生点. **4** 〚解剖〛付着点《筋肉の骨への付着部位; cf. origin 3》. **5** 〚服飾〛はめこみ布《布の上にのせるのでなく切り替えて縫い込みにする細巾レースや装飾布》: a lace ~. **6** 〚宇宙〛=injection 4. **~·al** [-ʃənl, -ʃnəl] *adj.*

in-sérvice *adj.* **1** 現職の, 現役の: an ~ teacher. **2** 現職中行なわれる[継続する]: ~ training 現職(者)教育《従業員に対する技能教育》.

in·ses·so·ri·al [ìnsesɔ́ːriəl, -sóu(ː)r-|-sɔ́ːrɪ-] 〘← NL *Insessorēs* perching birds ((pl.) ← L *insessor* occupant, 《原義》one who sits on ← *insidēre* (⇨ insidious)) +-IAL〙 — *adj.* **1** 〈鳥の足が〉木に止まるのに適した. **2** 〈鳥が〉常に木に止まる. **3** 木に止まる習性をもつ鳥の.

in·set 〘*v.*: OE *insettan*: ⇨ in-¹, set (v.). — n.: 《1559》← IN (adv.)+SET (n.)〙 — [ɪnsét, ən-|ɪn-] *vt.* (~, **-set·ted**; **-set·ting**) 〈物を〉〔…に〕差し込む〔*in, into*〕; 〈物〉に〔…を〕はめ込む〔*with*〕. — [ínsèt] *n.* **1** 書物・新聞などに差し[綴じ]込まれる別刷の印刷物; 挿入画[図, 写真]. **2** インセット, 挿入図版《大きな地図・図表などの図版の中に切り込んで入れたもの》. **3** 〚服飾〛はめこみ《衣服の一部分にレースや布切れを縫い込んだもの; 主として装飾用に用いる》. **4** 差し込むこと, 差込み. **5 a** 流入する場所, 水路. **b** 流入.

in·sev·er·a·ble [ɪnsév(ə)rəbl̩, ən-|ɪn-] *adj.* 切り離せない, 分けられない, 緊密な.

in·shal·lah [ìnʃɑːlɑ́ː] 〘□Arab. *in šā' allāh* if Allah wills〙 *Arab. int.* 〚イスラム教〛神が許し給うならば, 神のおぼしめしであるなら. 「=ensheathe.

in·sheathe [ɪnʃíːð, ən-|ɪn-] 〘← IN-¹+SHEATHE〙 *vt.*

ín·shòot *n.* 〚野球〛インシュート《打者の近くに来て急に内側へ曲がる変化球; cf. outshoot 3, incurve》.

ín·shóre 〘← IN (adv.)+SHORE〙 (↔ offshore) — *adj.* 海岸に近い, 沿海の, 近海の; 海岸に向かう: an ~ wind 向陸風 / ~ fisheries [fishing] 近海漁業. — *adv.* 海岸に近く[向かって], 陸の方へ: The wind blew ~. / The boat was headed ~. 舟は海岸に向かっていた. ***inshore of*** …より海岸に近く.

ínshore cúrrent *n.* 沿岸流.

in·shrine [ɪnʃráɪn, ən-|ɪn-] *vt.* 《古》=enshrine.

in·side [ɪnsáɪd, ən-, ínsàɪd|ɪnsáɪd, ーー] 〘《n.: 1392; adj.: 1610; adv.: 1803》← IN (adj.)+SIDE〙 (↔ outside) — *n.* **1** 内部, 内(側), 内面: the ~ of a box, an envelope, a house, etc. / the ~ of the hand 手のひら / the ~ of a window [wall] 窓[壁]の内側 / He knows the business from the ~. 彼は事業の内情に通じている / The door was locked on the ~. ドアは内側から鍵がかかっていた. **2** [the ~ として]《英》(週・月などの)中ごろ, 主要部分: *the* ~ of a week 1 週の中ごろ《月曜から金曜までのころ》. **3** (道路などの)車道より遠い部分, 内側, 家寄り: the ~ of a sidewalk 歩道の内側. **4** [しばしば *pl.*] **a** 《口語》おなか, 腹: I have something wrong with my ~(*s*). 腹の具合が悪い / I have a pain in my ~(*s*). 腹が痛い / I drank some brandy to warm my ~*s*. 体を温めようとブランデーを飲んだ. **b** 人の腹の中, 本性: know the ~ of a person 人の心の内[本心]を知る / We spoke our ~*s* freely. 腹臓なく腹の中を話した. **5** 内部の事情, 内幕; 内幕に通じている人: I happen to know the ~. たまたま内部の事情を知っている. **6** 《古》(乗合馬車などの)内側座席(の乗客): help out the ~*s* 車内の乗客を助けて降ろす. **7** 〚野球〛内角, インサイド(ボール). **8 a** (種々の競技で)競技場の中央の位置[選手], インサイド. **b** 〚バスケットボール〛ゴールの近く[下]の地域.

inside out (1) 内側を外にして, 引っくり返しに: turn a shirt ~ *out* シャツを裏返しにする / put one's socks on ~ *out* 靴下を裏返しにはく. (2) めちゃめちゃになって. (3) 完全に, 隅から隅まで: I know the business ~ *out*. 私はその仕事は何から何まで心得ている. ***in the inside of*** 《英口語》…以内に (within) (cf. INSIDE *of*): It must be done *in the* ~ *of* a month. それは 1 か月以内にしなければならない. ***on the inside*** 内部の事情に通じて, 内幕を知って: He is believed to be *on the* ~. 彼は内幕に通じていると信じられている.

— *adj.* **1** 内側の, 内面の: an ~ address (封筒の名あて (outside address) に対して)手紙の中の名あて / an ~ seat [passenger] (車などの)内側の座席[内側座席の乗客] (cf. aisle seat, outside 3) / the ~ pages of a newspaper 新聞の内側のページ / ~ diameter 内径 (略 ID) / ~ measurement [dimensions] 内法(うちのり) / He placed the money in an ~ pocket of his jacket. 彼はその金を上衣の内ポケットに入れた / ⇨ inside track. **2 a** 内部の, 部内の; 《口語》内情に通じた: ~ information 内部の消息 / an ~ story 内幕 / have an ~ knowledge of …の内部の事情[内情, 内幕]に通じている. **b** 〈人が〉内勤の; 〈仕事が〉屋内の: an ~ man 内

勤者 / ～ work 屋内の仕事. **c**《口語》内部の人のした：⇨ inside job. **d** (ある団体の)内部に入ってスパイをする：an ～ man in the union 労組に入ってスパイをする人々《会社側の御用組合員》. **3**〘サッカー・ホッケー〙インサイドの《競技場の中央寄りのポジションにいう》：～ forward / ⇨ inside left, inside right. **4**〘野球〙〈投球が〉インサイドの, 内角の.

— *adv.* **1 a** 内(側)に, 内部に, 内面に：from ～ 内側[内部]から / go ～ 入り込む / look ～ のぞき込む. **b** 家の中に：The house was kept clean ～ and out. 家は内も外もきれいに掃除してあった / He went out and I stayed ～. 彼は外出し私は家に残った. **2** 心の中で；心底は：I knew ～ that it was a lie. それがうそだということは内心知っていた / He was born rotten ～. 彼は生れたときから性根が腐っていた / *Inside*, he's very gentle. 根はとても優しい. **3**《俗》刑務所に入って (in prison)：He went ～ again. また「むしょ」に入った.

inside of《口語》…以内に, …足らずで(within): The snow will be gone ～ *of* a week. 雪は1週間以内に消えてしまうだろう.

— *prep.* **1** [位置] …の中に[へ, で], の内側に：～ the house / The conductor put me ～ the bus. 車掌は私をバスの中に入れてくれた / I stepped ～ the door. ドアの内側にはいって行った. **2** (組織などの)内部に：*Inside* the party it is common knowledge. 党内ではそれはだれ知らぬ者はない / *Inside* Europe「ヨーロッパの内幕」《書名》. **3** [時間] …以内に (within): He will answer ～ an hour. 1時間以内に返事をするだろう.

ínside báll *n.*〘野球〙インサイドベースボール《うまい戦術や美技の多い野球》. 「挿絵).

ínside cáliper *n.*〘機械〙内パス, 穴パス (⇨ caliper

ínside jób *n.*《口語》内部の者の犯罪《被害者と深い関係のある者によるかまたはなれ合いの犯罪》: The police thought the theft to be an ～. 警察では盗難を内部の者の仕業とにらんだ.

ínside léft *n.* (サッカーで)インサイドレフト《フォワードのポジション名の一つ；センターフォワードとアウトサイドレフトの間》.

ínside lóop *n.*〘航空〙＝loop¹ 10.

ínside lót *n.*〘建築〙中敷地 (⇨ interior lot).

ínside márgin *n.*〘印刷〙のどあき (back margin).

Ínside Pássage *n.* [the ～] 内海航路《米国 Washington 州 Puget Sound から Alaska 州 Skagway までの沿岸諸島と大陸との間の航路；the Inland Passage ともいう》.

in·sid·er [ɪnsáɪdə | -də(r] *n.* **1** 内部[部内]の人, 会員, 部員. **2**《口語》内幕[内情]を知っている人, 消息通；(会社などの管理・経営を司る)有力グループの1人, 内輪筋 (↔ outsider).

ínside ríght *n.* (サッカーなどで)インサイドライト《フォワードのポジション名の一つ；センターフォワードとアウトサイドライトの間》.

ínside stráight *n.*〘トランプ〙(ポーカーで)カンチャン待ち《ある数字のカードが間に1枚入れば straight ができる状態の手；cf. bobtail 3 a》.

ínside tráck *n.* (陸上競技のトラックの)内側走路, インコース, 内回りコース；《口語》有利：have [be on] the ～ (for) 走路の内側を走る；(…に対して)有利な地位[立場]にある.

in·sid·i·ous [ɪnsídiəs, ən- | ɪnsídɪəs, -djəs]〘《1545》⊏ L *insidiōs-us* cunning, artful ← *insidiae* ambush, stratagem ← *insidēre* to sit in or on ← IN-¹+*sedēre* 'to SIT': ⇨ -ous〙 — *adj.* **1** (こっそりと裏で)人をだまそうとしている, 油断のならない, 陰険な：～ wiles 悪だくみ. **2** 知らない間に進行する, 潜行性の：an ～ disease / the ～ approach of age 知らない間に寄る年波. **～·ly** *adv.* **～·ness** *n.*

in·sight [ínsàɪt]〘《?a1200》*insiht, insight*《廃》internal sight: ⇨ in (adv.), sight: cf. Du. *inzicht* / Swed. *insiht*〙 — *n.* **1** (物の真相や内面の意味などを, 特に直観によって見抜く)眼識, 見識, 識見；看破力, 明察, 洞察〔*into*〕: a man of ～ 物を見抜く力のある人, 洞察力のある人 / gain [have] an ～ *into* a person's mind 人の心を見抜く[見抜いている]. **2**〘心理〙洞察, 見透し, 直観 (intuition). **3**〘精神医学〙(精神病者の自己の病気に対する)病識.

in·sight·ful [ínsàɪtfəl, ─ ─ ─] *adj.* 洞察に満ちた, 見識のある. **～·ly** *adv.*

in·signed [ɪnsáɪnd, ən- | ɪn-] *adj.*〘紋章〙〈紋章図形が〉冠を付けた《動物に限らず, 植物あるいは剣などについてもいう；cf. gorged 3》.

in·sig·ni·a [ɪnsígniə, ən- | ɪnsígnɪə, -njə]〘《1648》⊏ L ～ (pl.) ← *insigne* distinctive mark ← *insignis* distinguished by a mark ← IN-¹+*signum* 'mark, SIGN': ⇨ -ia²: cf. ensign〙 — *n.* (*also* **in·sig·ne** [-niː]) (*pl.* ～, **～s**) (位階・職務などを示す)記章, 勲章；(職業などを表わす)しるし：armorial [school] ～ 紋章[校章] / the ～ of mourning 喪章 / the ～ of an order 勲章.

in·sig·nif·i·cance [ìnsɪgnífɪkəns, -fə- | -fɪ-]〘⇨ insignificant, -ance〙 *n.* **1** 取るに足らないこと, 些細；微々たること, 卑しい身分：shrink [pale, fade] into ～ 微々たるものになる, 振るわなくなる. **2** 無意味.

in·sig·nif·i·can·cy [ìnsɪgnífɪkənsi, -fə- | -fɪkənsɪ] *n.* **1** ＝insignificance. **2** 取るに足らない人[もの].

in·sig·nif·i·cant [ìnsɪgnífɪkənt, -fə- | -fɪ-]〘《1627–77》← IN-²+SIGNIFICANT〙 — *adj.* **1** つまらない, 些細な；微々たる, 重みのない, くだらない；(数・量・大きさなど)取るに足らない；(地位・性格などが)低い, 卑しい：an ～ person つまらない人 / an ～ town 微々たる町 / waste time on ～ points つまらない点に時間を費やす / The effect was quite ～. その効果は全く問題にならなかった. **2** 無意味な：an ～ phrase. — *n.* 物の数でない[くだらない]人[もの, 言葉など]. **～·ly** *adv.*

in·sin·cere [ìnsɪnsíə, -sən- | -sɪnsíə(r]〘⊏ L *insincēr-us*: ⇨ in-², sincere〙 *adj.* 誠意のない, 不まじめな, 偽善的な, 偽りの, 不実な：an ～ statement. **～·ly** *adv.*

in·sin·cer·i·ty [ìnsɪnsérəṭi, -sən-, -sí(ə)r- | -sɪnsérətɪ, -rɪ-] *n.* 不誠実, 不まじめ, 偽善；不誠実な言葉[行為]: evasions and *insincerities* 言いのがれや偽善的行為.

in·sin·u·ate [ɪnsínjuèɪt, ən- | ɪnsínju-]〘《1529》← L *insinuāt-us* (p.p.) ← *insinuāre* to twist oneself into ← IN-¹+*sinuāre* to bend (← *sinus* bend, curved surface: cf. sinus)〙 — *vt.* **1** ほのめかす, 遠回しに言う；(特に)〈名誉・人格を傷つけるようなことを〉それとなく[婉曲に]言う, 当てつけて言う〈*that*〉: They ～*d* (to us) *that* he was dishonest. 彼らは(我々に)彼は不正直だということをほのめかした. **2**〔…に〕徐々に入り込ませる；〈思想などを〉〔人の心などに〕巧みにしみこませる〔*into*〕: The dog ～*d* his nose *into* my closed hand. 犬は私の閉じた手の中に鼻を突っ込んできた / ～ doubt *into* a person's mind 人の心に疑念を植え付ける. **3** [～ oneself で]〔…に〕(気づかれないほど)徐々に入り込む, 段々入る；〔好意などに〕巧みに取り入る〔*into*〕: The ivy ～*s itself into* every crevice. アイビーはどんなすき間にもいつの間にか入り込む / Slang ～*s itself into* the language. 俗語は気づかれぬうちにその言語に入り込むものだ / ～ *oneself into* a person's favor [confidence, friendship] うまく人の機嫌(きげん)[信頼心, 友情]に取り入る / ～ *oneself into* good society [a conversation] 巧みに上流社会[人の話]に入り込む. — *vi.*《古》巧みに入り込む；取り入る；当てこする. **in·sín·u·à·tor** [-ṭə | -tə(r] *n.*

in·sín·u·àt·ing [-ṭɪŋ | -tɪŋ] *adj.* **1** うまく取り入る, 気に入るような, こびるような：an ～ smile, manner, etc. / an ～ voice ねこなで声. **2** (疑念・不信などを)それとなくほのめかす, 当てこする；疑惑を抱かせる, 不審な：an ～ letter, remark, hint, etc.

in·sín·u·àt·ing·ly *adv.* こびるように, 迎合的に；疑わせるように.

in·sin·u·a·tion [ɪnsìnjuéɪʃən, ən- | ɪnsìnjʊ-]〘《1526》⊏ L *insinuātiō(n-)* ← *insinuāre*: ⇨ insinuate, -ation〙 — *n.* **1 a** (思想・感情などを)それとなくしみ込ませること. **b** 巧みに取り入ること, 歓心を買うこと, 迎合. **2** (特に, よくないことを)遠回し[婉曲]に言うこと；当てこすり, 当てつけ, ほのめかし, 暗示：by ～ 遠回しに / Make ～*s against* …をそれとなく当てつける. **3**《廃》迎合的な行為[言辞]. **4**《古》徐々に入り込むこと.

in·sin·u·a·tive [ɪnsínjuèɪtɪv, ən-, -njuəṭ- | ɪnsínjuət-, -njuèɪt-]〘⇨ insinuate, -ative〙 — *adj.* **1** うまく取り入る, 巧みに人の好意[信用]を得る. **2** 遠回しに[それとなく]言う, ほのめかしの, 当てつけの, 当てこすりの. **～·ly** *adv.*

in·sin·u·a·to·ry [ɪnsínjuətɔ̀ːri, ən-, -tòːri | ɪnsínjuèɪtəri, -njuət-] *adj.* ＝insinuative.

in·sip·id [ɪnsípɪd, ən-, -pəd | ɪnsípɪd]〘《1620》⊏ F *insipide* ∥ LL *insipid-us* tasteless ← IN-²+*sapidus* 'savory, SAPID' (⇨ sapient)〙 — *adj.* **1** 風味のない, 気の抜けた, まずい：～ food / an ～ drink 味のない飲物 / ～ coffee 香りの抜けたコーヒー. **2** 面白くない, 無味乾燥な, 退屈な, 活気のない (↔ sipid, sapid): ～ compliments 気の抜けたお世辞 / ～ conversation 退屈な会話 / an ～ young girl 面白味のない娘. **～·ly** *adv.* **～·ness** *n.*

in·si·pid·i·ty [ìnsɪpídəṭi, -sə- | -sɪpídətɪ, -dɪ-]〘《1611》: ⇨ ↑, -ity〙 *n.* **1** 無味, 無風味. **2 a** 平凡, 無味乾燥. **b** 平凡な言葉[考え].

in·sip·i·ence [ɪnsípiəns, ən- | ɪnsípɪəns, -pjəns]〘《?1412》⊏ OF ～ ⊏ L *insipientia* folly: ⇨ ↓, -ence〙 *n.*《古》無知, 愚鈍.

in·sip·i·ent [ɪnsípiənt, ən- | ɪnsípɪənt, -pjənt]〘《?1457》⊏ L *insipient-em* unwise ← IN-²+*sapient-, sapiēns* 'wise, SAPIENT'〙 *adj.*《古》無知な, 愚鈍な.

in·sist [ɪnsíst, ən- | ɪn-]〘《1586》'to persevere' ⊏ L *insist-ere* to persist, stand or press upon ← IN-¹+*sistere* to stand, place (《加重形》← *stāre* 'to STAND'): cf. persist〙 — *vi.* **1**〔…を〕強要する, 強いる, せがむ；〔…と〕言い張る〔*on, upon*〕: ～ *on* obedience 服従を強要する / ～ *on* absolute secrecy 絶対に秘密にしておくようにと言い渡す / They ～ *on coming.* 来ると言って聞かない / I ～ *on* your *being* present [*on* your presence]. ぜひ君に出席してもらわねばならない / She ～*ed on* her husband('s) *paying* the check. どうしても自分の夫が勘定を払うべきだと言ってきかなかった《★ 所有格を用いるのは《文語》》/ I will have some more if you ～. そんなにすすめるならもう少しいただこう. **2 a**〔…を〕主張する, 固執する〔*on, upon*〕: ～ *on* one's point 自分の主張を固執する / ～ *on* the justice of a claim 要求の正当性を主張する / He ～*s on* his innocence. ＝He ～*s on* it that he is innocent. 自分は無罪であると主張している《★ on it を介して *that*-clause を従えるのは《文語》; cf. *vt.*》. **b**〔…を〕力説する, 強調する,〔…と〕くどくど[しつこく]述べる〔*on, upon*〕: ～ *on* the importance of being honest 正直である事の重要性を力説する. — *vt.* [*that*-clause を伴って]〈…であると〉強く主張する, あくまで言い張る；〈…せよと〉強要する：He ～*s* (*that*) he saw a UFO. ユーフォーを見たと言ってきかない / Congress has ～*ed that* the present law (should) continue to operate. 議会は現行法の存続を要求している《★ should を省くのは主に《米》》/ The policeman ～*ed that* he sign the statement. 警官は彼に供述書に署名せよとせまった. **～·er** *n.* **～·ing·ly** *adv.*

in·sis·tence [ɪnsístəns, ən-, -tṇs | ɪn-]〘⇨ ↑, -ence〙 — *n.* (*also* **in·sis·tance** [～]) **1 a** くどくど述べること, 力説, 強調〔*on, upon*〕: ～ *upon* the need of hard work 勤勉の必要の力説. **b** 主張, 断言, 固執〔*on, upon*〕: ～ *upon* one's innocence 無罪の主張. **2** 強要, 無理強い〔*on, upon*〕; しつこさ, 執拗：～ *upon* strict obedience. 絶対服従を強いること / with ～ しつこく / We went for a drive—at his ～. 我々はドライブに出かけた. 彼がぜひとせがむので.

in·sis·ten·cy [-tənsi, -tṇ- | -sɪ] *n.* ＝insistence.

in·sis·tent [ɪnsístənt, ən-, -tṇt | ɪn-]〘⊏ L *insistent-em* (pres.p.) ← *insistere* 'to INSIST': ⇨ -ent〙 — *adj.* **1** しつこい, せき立てる；〔…を〕主張する, 言い張る；〔…を〕せがむ, 強要する〔*on, upon*〕: an ～ demand 執拗(しつよう)な要求 / be ～ about …についてしつこい / He was ～ *on going* with me. 私と一緒に行くと言って聞かなかった. **2**〈色・音・調子など〉人目を引く, 強烈な, 目立つ, 著しい. **～·ly** *adv.*

in si·tu [ɪn-sáɪt(j)uː, -sít-, -síːt-, -tʃuː | -sáɪtjuː, -síːt-]〘⊏ L *in sitū* in (the) site〙 *L. adv.* 元の位置に, 本来の場所に (in its original place).

in·snare [ɪnsnéə, ən- | ɪnsnéə(r] *vt.*《古》＝ensnare.

in·sòak *n.* (水が)しみ込むこと, 浸透.

in·so·bri·e·ty [ìnsəbráɪəṭi, -so(ʊ)- | -sə(ʊ)bráɪətɪ, -bráɪɪ-] *n.* 不節制；(特に)暴飲, 大酒.

in·so·cia·ble [ɪnsóʊʃəbl, ən- | ɪnsə́ʊ-]〘⊏ L *insociābil-is*: ⇨ in-², sociable〙 — *adj.*《まれ》＝unsociable. **in·sò·cia·bíl·i·ty** [-ʃəbíləṭi | -lətɪ, -lɪ-] *n.* **in·só·cia·bly** *adv.*

in·so·fár〘← *in so far* (⇨ far 成句): cf. inasmuch〙 — *adv.* **1** その程度まで, その限りにおいて. **2** [～ *that* として] …する程度まで, …までも. **3** [～ *as* として] …する限りにおいて；…の故に：I agree with you ～ *as* you adopt his opinion. 君が彼の意見を採る限りにおいて[故に]私も君に賛成する. ★《英》では通例 in so far as と離して書く (⇨ far *adj.* 成句).

insol.《略》insoluble.

in·so·late [ínso(ʊ)lèɪt, -sə- | -sə(ʊ)-]〘← L *insōlāt-us* (p.p.) ← *insōlāre* to place in the sun ← IN-¹+*sōl* sun (cf. solar¹)〙 *vt.* 日光にさらす, 日に当てる.

in·so·la·tion [ìnso(ʊ)léɪʃən, -sə- | -sə(ʊ)-]〘⊏ LL *insōlātiō(n-)* ← *insōlāre* (↑)〙 — *n.* **1** 日光にさらすこと, 日に当てる[干す]こと；日光浴. **2**〘病理〙日射病 (sunstroke). **3**〘気象〙日射《ある物体または地域にさす太陽放射》; 日射率《日射をうける割合》.

ín·sòle〘← IN (adj.)+SOLE¹〙 *n.* **1** 靴の中底《はいたとき足裏が直接ふれる底；sock lining ともいう；⇨ shoe 挿絵》. **2** (靴の)敷革.

in·so·lence [íns(ə)ləns | -sə-]〘《c1390》⊏ L *insolentia* ← *insolentem*: ⇨ ↓, -ence〙 — *n.* **1** 横柄, 傲慢, 無礼, 尊大：have the ～ *to* do 傲慢にも…する. **2** 横柄[傲慢]な振舞[言葉].

in·so·lent [íns(ə)lənt | -sə-]〘《c1390》⊏ L *insolent-em* unusual, excessive, arrogant ← IN-² + *solentem* ((pres.p.) ← *solēre* to be accustomed)〙 — *adj.* 〈人・言葉・態度など〉横柄な, 傲慢な, 無礼な, 生意気な (↔ humble): an ～ child, fellow, reply, speech, etc. / ～ *to* customers 客に対して横柄な. — *n.* 生意気な人, 横柄な人. **～·ly** *adv.* **～·ness** *n.*

in sol·i·do [ɪn-sɑ́lədòʊ | -sɔ́lɪdəʊ]〘⊏ L *in solidō* in (the) whole〙 *L. adv., adj.*〘民法〙連帯して[の].

in sol·i·dum [ɪn-sɑ́lədəm | -sɔ́lɪ-]〘⊏ L ～: ↑〙 *L. adv., adj.*〘民法〙＝in solido.

in·sol·u·bil·i·ty [ɪnsɑ̀ljʊbíləṭi, ən- | ɪnsɔ̀ljʊbílətɪ, -lɪ-]〘⊏ LL *insolūbilitāt-em*: ⇨ in-², solubility〙 *n.* **1** 不溶解性. **2** 解決[説明]できないこと.

in·sol·u·bil·ize [ɪnsɑ́ljʊbɪlàɪz, ən-, -bə- | ɪnsɔ́ljʊbɪ-] *vt.* 溶けないようにする. **in·sol·u·bi·li·za·tion** [ɪnsɑ̀ljʊbəlɪzéɪʃən, ən-, -lə- | ɪnsɔ̀ljʊbɪlaɪz-, -lɪ-] *n.*

in·sol·u·ble [ɪnsɑ́ljʊbl, ən- | ɪnsɔ́l-]〘《c1384》*insolible* ⊏ (O)F ∥ L *insolūbil-is*: ⇨ in-², soluble〙 — *adj.* **1 a** 溶解しない, 不溶(解)性の：an ～ substance / ～ salts 不溶性塩類 / ～ in water. **b** やっと[少しだけ]溶解できる, なかなか溶けない. **2** 解くことのできない, 解決[説明, 解釈]のできない：an ～ problem, mystery, doubt, etc. — *n.* 不溶性物質. **～·ness** *n.* **in·sól·u·bly** *adv.* 「ment.

insóluble énzyme *n.*〘生化学〙＝organized fer-

in·solv·a·ble [ɪnsɑ́lvəbl, ən- | ɪnsɔ́l-] *adj.* ＝insoluble.

in·sol·ven·cy [ɪnsɑ́lvənsi, ən- | ɪnsɔ́lv(ə)nsɪ] *n.* **1**〘法律〙(借金の)支払い不能, 債務超過. **2** 破産.

in·sol·vent [ɪnsɑ́lvənt, ən- | ɪnsɔ́l-]〘⇨ in-², solvent〙 — *adj.* **1 a** 支払い不能の；(特に)破産した. **b**〈抵当物件など〉全債金の支払いに不十分な[足りない]. **2** 欠陥のある：They are morally ～. — *n.* 支払い不能者；破産者.

in·som·ni·a [ɪnsɑ́mniə, ən- | ɪnsɔ́mnɪə, -njə]〘《1623》⊏ L ～ ← *insomnis* sleepless ← IN-²+*somnus* sleep:

⇨ -ia¹〗 *n.* 不眠, 眠れないこと; 不眠症: suffer from [have] ~. **in·sóm·ni·ous** [-niəs | -nɪəs, -njəs] *adj.*

in·som·ni·ac [ɪnsάmniæ̀k, ən- | ɪnsɔ́mnɪæ̀k]〘⇨↑, -ac〙 *n.* 不眠症患者. ── *adj.* 不眠症の, 不眠症特有の; (暑さ・騒音などで)眠れない: an ~ night.

in·som·no·lence [ɪnsάmnələns, ən- | ɪnsɔ́m-]〘⇨ in-², somnolence〙 *n.* 不眠, 眠れないこと.

in·sóm·no·len·cy [-lənsi | -sɪ] *n.* =insomnolence.

in·so·múch〘《c1384》*in so muche*《なぞり》← OF *en tant (que)*: 合成語になったのは 16C から: ⇨ in (prep.), so, much〙 ── *adv.*《文語》 **1** [通例 ~ *that* として] …する程度まで, …ほど, …までも: The rain fell in torrents, ~ *that* we were ankle-deep in water. 雨がどしゃ降りに降ったので我々はくるぶしまで水につかった. **2** [~ *as* として] =inasmuch as.

in·sooth [ɪnsúːθ, ən- | ɪn-]〘← *in sooth* (⇨ sooth 成句)〙 *adv.*《古》実際, ほんとに.

in·sou·ci·ance [ɪnsúːsiəns, ən-, -ʃəns | ɪnsúːsjəns, -sɪəns; *F.* ɛ̃susjɑ̃ːs]〘□ F ~: ⇨↓, -ance〙 *n.* 無頓着, 無関心, のんき (heedlessness).

in·sou·ci·ant [ɪnsúːsiənt, ən-, -ʃənt | ɪnsúːsjənt, -sɪənt; *F.* ɛ̃susjɑ̃]〘《1829》□ F ~ ← IN-² + *souciant* caring ((pres.p.) ← *soucier* to care < L *sollicitāre* to disturb, agitate: cf. solicit)〙 ── *adj.* 無頓着な, のんきな (unconcerned). **~·ly** *adv.*

in·soul [ɪnsóʊl, ən- | ɪnsə́ʊl] *vt.* =ensoul.

insp.《略》inspected; inspection; inspector.

in·span [ɪnspǽn, ən-, ínspæn | ɪnspǽn, ⌐⌐]〘《1852》□ Afrik. ~ =Du. *inspannen* ← *in* 'IN (adv.)' + *spannen* 'to SPAN¹, stretch'〙 ── *v.*《アフリカ南部》(**in·spanned; -span·ning**) ── *vi.* (馬や牛を)車につける (yoke up). ── *vt.* 〈車〉に馬[牛]をつける; 〈馬[牛]を〉車につなぐ.

in·spect [ɪnspékt, ən- | ɪn-]〘《1623》← L *inspect-us* (p.p.) ← *inspicere* to look into, examine ← IN-¹ + *specere* to look (cf. speculum) // L *inspectāre* ← *inspectus*〙 ── *vt.* **1** 視察[検分, 検査]する, 詳しく調べる: ~ every part of a machine 機械の各部を点検する / ~ a warehouse *for* potential fire hazards 出火の危険がないか倉庫を検分する. **2** (官権をもって公式または正式に)検閲[検査など]を行なう: ~ a passport / ~ troops 軍隊を査閲する.

in·spec·tion [ɪnspékʃən, ən- | ɪn-]〘《a1393》*inspeccioun* □ (O)F *inspection* □ L *inspectiō(n-)*: ⇨↑, -tion〙 ── *n.* **1** 視察, 検査, 検分, 点検, (書類の)閲覧: a close [careful] ~ 厳密な検査 / aerial ~ 空中査察 / medical ~ 健康診断, 検疫 / safety ~ (自動車などの)安全検査, 車検 / bottom ~ 船底検査 / *Inspection* declined [free]. [掲示]縦覧謝絶[随意] / for (your kind) ~ 御閲覧を請うて / on the first ~ 一応調べた[一見した]所では. **2** (職権をもってする)視察, 査閲, 検閲: a tour of ~ 視察旅行 / make an ~ of a school 学校の視察をする / an ~ of troops 軍隊の査閲. **3** 検閲官の監督地域. **~·al** [-ʃənḷ, -ʃnəl] *adj.*

inspéction àrms *n.*〘軍事〙(小火器の点検を受けるとき, 薬室を開いて構える)銃点検の姿勢; [号令]「銃点検」.

inspéction càr *n.*〘鉄道〙(レールの異状を調べる)「検査車.

in·spec·tive [ɪnspéktɪv, ən- | ɪn-]〘□ LL *inspectīvus*: ⇨ inspect, -ive〙 *adj.* 検査[視察]する, 注意深い; 検閲[検査, 視察]の.

in·spec·tor [ɪnspéktə, ən- | ɪnspéktə(r)]〘《1602》□ L ~: ⇨ inspect, -or²〙 ── *n.* **1** 検査者, 視察者; 検査官, 検閲官, 監督官: an ~ of mines [factories] 鉱山[工場]監督官 / an ~ of schools = a school ~ 視学官 / an ~ of weights and measures 度量衡検査官. **2**《米》警視正;《英》警部補 (⇨ police 1 ★). ★ 肩書にも用いる: *Inspector* Bacon. **3** 選挙管理[立会]人. **~·al** [-t(ə)rəl] *adj.* **in·spec·to·ri·al** [ɪnspektɔ́ːriəl, -tóːr- | -tɔ́ːrɪ-] *adj.*

in·spec·tor·ate [ɪnspékt(ə)rət, ən-, -rɪt | ɪn-] *n.* **1** 検査官[検閲官, 査閲官など]の職[任務, 管轄区域, 視察区域]. **2** [集合的] 検査官[検閲官, 査閲官]一行, 視察団.

inspéctor géneral *n.* (*pl.* **inspectors g-**)〘米軍〙(軍隊の規律・士気・能率・経済などを点検する)監察総監, 監察官(略 IG, I.G.);《英》監察長官.

inspéctor·shìp *n.* 検査官[検閲官, 査閲官など]の職[任務, 期間].

in·spec·to·scope [ɪnspéktəskòʊp, ən- | ɪnspéktəskəʊp]〘《商標名》: ⇨ inspect, -scope〙 ── *n.* 蛍光検査[透視]鏡《米国陸軍が禁制品の有無を調べるため身体検査または包装物の内容検査に用いた X 線利用の装置》. 「inspector.

in·spec·tress [ɪnspéktrɪs, ən-, -trəs | ɪn-] *n.* 女性の

in·sphere [ɪnsfíə, ən- | ɪnsfíə(r)] *vt.* =ensphere.

in·spir·a·ble [ɪnspáɪ(ə)rəbḷ, ən- | ɪnspáɪər-] *adj.* 吸い込むことができる; 霊感を受けることができる.

in·spi·ra·tion [ɪnspəréɪʃən, -spɪ-]〘《a1387》*inspiracioun* □ (O)F *inspiration* □ LL *inspīrātiō(n-)* ← L *inspīrātus* (p.p.) ← *inspīrāre*: ⇨ inspire, -ation〙 ── *n.* **1** インスピレーション, 霊感, 天来の感興: the flash of ~ 霊感のひらめき / draw [get] ~ from…から霊感を受ける. **2** 霊感による思想, 天来の思想[着想], 妙想;《口語》(急にわいた)名案, うまい思いつき: have a sudden ~ 急に霊感[名案]がわいてくる. **3** 鼓吹, 激励, 刺激; 感化, 感動, 感激: the ~ of one's teacher 教師の感化[激励] / We heard his speech with deep ~. 彼の演説を聞いて我々は深く感動した. **4** 霊感による精神活動の所産. **5** 霊感[感化, 鼓舞]を与える人[もの]: His wife was a constant ~ to him. 彼は妻から絶えず霊感[知的な刺激]を受けた. **6** (有力筋の)指令, 暗示, 示唆, 内意, 内示: the governmental ~ of a report 政府の意を体した報告. **7**〘キリスト教〙(神の)霊感, 神感, 神霊感応, (特に, 聖書記者の受けた)聖霊の導き: moral ~ 道徳的神感《聖書中の道徳的教訓だけが神感によるとするもの》/ ⇨ plenary inspiration, verbal inspiration. **8** (息を)吸い込むこと, 吸息 (↔ expiration).

ìn·spi·rá·tion·al [-ʃənḷ, -ʃnəl] *adj.* **1** 霊感[神感]の, 霊感[神感]に関する. **2** 人に霊感[神感]を与える, 霊感的な, 鼓吹する, 鼓舞する: an ~ talk. **3** 霊感[神感]を受けた, 霊感による: an ~ writer, speaker, etc. **~·ly** *adv.*

ìn·spi·rá·tion·ism [-ʃənìzm] *n.*〘キリスト教〙霊感[神感]説《聖書は霊感によって記されたとする説》.

in·spi·rá·tion·ist [-ʃ(ə)nɪst, -nəst | -nɪst] *n.* 霊感論者, 神感論者.

in·spi·ra·tor [ínspərèɪtə, -spɪ- | -tə(r)]〘《1624》《廃》*inspirer* □ LL *inspīrātor* ← L *inspīrātus* (p.p.): ⇨ inspire, -or²〙 ── *n.* **1** 生気を与える人. **2** 吸入器. **3**〘機械〙(蒸気機関の)インゼクター(injector), 注入器.

in·spi·ra·to·ry [ɪnspáɪ(ə)rətɔ̀ːri, ən-, ínsp(ə)r-, -tòːri | ɪnspáɪərət(ə)rɪ]〘← L *inspīrāt*us ((p.p.) ← *inspīrāre* (↓)) + -ORY¹〙 ── *adj.* 吸気の, 吸入の; 吸気に関する: an ~ sound〘音声〙吸気音.

in·spire [ɪnspáɪə, ən- | ɪnspáɪə(r)]〘《?a1349》*inspire(n)*, *enspire(n)* □ (O)F *inspir-er* □ L *inspīrāre* to breathe into ← IN-¹ + *spīrāre* to breathe (⇨ spirit)〙 ── *vt.* **1 a** 生気づける, …の気を引き立たせる, 鼓舞する; …に影響を与える, 感化する, 感動[感激]させる: His speech ~*d* the crowd. 彼の演説は群衆を鼓舞した[感動させた]. **b** 〈人を〉(…に)駆り立てる (*to*); 〈…するように〉動機づける 〈*to* do〉: He was ~*d* by the sermon *to* [*to* live] a better life. 彼はその説教に感じて心を入れ替えた. **2** 〈人〉に〈思想・感情を〉吹き込む, 鼓吹する (*with*); 〈思想・感情を〉〈人に〉注ぎ込む, 起こさせる (*in, into*): ~ a person *with* hope [confidence, distrust, horror] = ~ hope [confidence, distrust, horror] *in(to)* a person 人に希望[信頼, 不信の念, 恐怖]を起こさせる. **3 a** 〈人〉に霊感[神感]を与える, 天来の感興を催させる: be ~*d* by natural scenery 自然の美景に接して霊感を受ける / The muse does not ~ all poets equally. 詩神はすべての詩人に等しく霊感を与えはしない. **b** 神の啓示によって導く: writings ~*d* by God 神の啓示によって書かれた書. **c** (霊感[感興]によって)産み出す: The book was ~*d* by his travels in Africa. その本は彼のアフリカ旅行の感興が書かせたものだ. **4** 〈報道・記事などを〉(ひそかに)指令する, 示唆する (cf. inspired 2 a); 〈うわさなどを〉(間接的に)広げる: ~ false stories about a person 人についてデマを飛ばす / The news has been ~*d* by their agents. その報道には彼らの手先の息がかかっている. **5** 〈ある結果を〉引き起こす, 生じる, 招来する: Honesty ~*s* respect. 正直は尊敬の基 / His thoughts ~*d* the revolution. 彼の思想がその革命の原因となった. **6** 〈空気などを〉吸う, 吸い込む, 吸入する (↔ expire). **7**《古》**a** 〈息・命などを〉吹き込む. **b** …に息を吹きかける. ── *vi.* **1** 霊感[神感]を与える. **2** 息を吸い込む. **in·spír·er** [-spáɪ(ə)rə | -spáɪərə(r)] *n.*

in·spired〘ME: ⇨↑, -ed〙 ── *adj.* **1** 霊感[神感]を感じた[受けた]; 霊感を受けて書かれた; 神の啓示を受けた: in an ~ moment / an ~ prophet, preacher, poet, etc. / the ~ books of the Bible / the ~ writings 聖書. **2 a** 〈報道・記事など〉他から吹き込まれた, 内意を受けた: an ~ newspaper [article] 御用新聞[記事] / ~ views その筋の意向を含む意見. **b** 〈推測など〉事実[確実な情報]に基づかない: an ~ guess (cf. educated 3). **3** 吸い込まれた: ~ air. **in·spír·ed·ly** [-spáɪ(ə)rɪdli, -rəd-, -spáɪəd- | -spáɪərɪdlɪ, -rəd-, -spáɪəd-] *adv.*

in·spír·ing [-spáɪ(ə)rɪŋ | -spáɪər-] *adj.* **1** 生気をつける, 勢いづける, 鼓舞する, 奮い立たせる: an ~ sight 勇ましい光景 / His speech was ~. 彼の演説は人の心を奮起させるものであった. **2** [しばしば複合語の第 2 構成素として] (…を)吹き込む, 喚起する: awe-*inspiring* 恐れをいだかせる, 畏敬(いけい)の念を起こさせる. **3** 霊感を与える. **~·ly** *adv.*

in·spir·it [ɪnspírɪt, ən-, -rət | ɪnspírɪt]〘← IN-¹ + SPIRIT (n.)〙 ── *vt.* 生気[活気]づける, 〈人〉に元気をつける, 力をつける; 〈人を〉(…に)駆り立てる (*to*); 〈人を〉鼓舞[激励]して…させる 〈*to* do〉: ~ a person *to* an action [*to* do something] 人を鼓舞して事をなさせる.

in·spír·it·ing [-ṭɪŋ | -tɪŋ] *adj.* 元気づける, 激励の, 鼓舞する: an ~ example 人を励ます手本[模範] / ~ music 勇ましい音楽.

in·spis·sate〘《1626》□ LL *inspissāt-us* (p.p.) ← *inspissāre* ← IN-¹ + *spissāre* to thicken (← *spissus* thick, hard)〙《文語》── [ɪnspíseɪt, ən-, ínspɪsèɪt, -spə- | ɪnspíseɪt, ínspɪsèɪt] *vt., vi.* (蒸発などによって)濃厚にする[なる]; 濃くする[なる]: ~*d* gloom 深い憂鬱(ゆう). ── [ɪnspísət, ən-, -sɪt, ínspɪsèɪt, -spə- | ɪnspísɪt, ínspɪsèɪt] *adj.* 濃厚な, 濃くした. **in·spís·sa·tor** [-ṭə | -tə(r)] *n.*

in·spis·sa·tion [ɪnspɪséɪʃən, -spə- | -spɪ-]〘□ ML *inspissātiō(n-)*: ⇨↑, -ation〙 *n.*《文語》濃厚化.

inst.《略》instant (⇨ *adj.* 4 a); instantaneous; institute; institution; instruction; instructor; instrument; instrumental.

Inst.《略》Institute; Institution.

in·sta·bil·i·ty [ɪnstəbíləṭi | -lətɪ, -lɪ-]〘《c1422》□ (O)F *instabilité* // L *instabilitāt-em*: ⇨ instable, -ity〙 ── *n.* **1** 不安定: economic ~. **2** (心の)変わりやすさ, たよりなさ, 移り気. **3**〘物理〙不安定性: plasma ~ プラズマ不安定性《外部からの刺激なしにプラズマ中に振動が発生する性質》.

instabílity lìne *n.*〘気象〙不安定線《寒冷前線の前方によく起こる強い上昇流を伴う悪天候の線状域》.

in·sta·ble [ɪnstéɪbḷ, ən- | ɪn-]〘《c1405》□ (O)F ~ // L *instabil-is*: ⇨ in-², stable¹〙 *adj.* 不安定な.

in·stal [ɪnstɔ́ːl, ən- | ɪn-] *vt.* (**in·stalled; -stall·ing**) =install.

in·stall [ɪnstɔ́ːl, ən- | ɪn-]〘《c1422》□ ML *install-āre* ← IN-¹ + *stallum* 'STALL¹, seat': cf. (O)F *installer*〙 ── *vt.* **1 a** (正式に式などを行なって)…に任命する, 任用する: ~ a college president 大学学長に任命する. **b** 〈人を〉〈職・地位などに〉つかせる, 任じる (*in*); (…として)就任させる (*as*): ~ a person *in* an office [*as* chairman] 人をある職に任用する[議長に就任させる]. **2** [しばしば ~ one*self* または Passive で] 〈人を〉〈席・場所などに〉つける, 落ち着かせる (*in*): ~ a visitor *in* the best seat 客を一番よい席につかせる / They ~*ed themselves in* a new home. 新居に落ち着いた / He *was* comfortably ~*ed in* an easy chair. 安楽椅子に気持ちよさそうに腰をおろしていた. **3** 〈装置などを〉取り付ける, 据え付ける; (…に)備え付ける, 設備する (*in*): ~ an air conditioner (*in* a house) (家に)冷暖房装置を付ける / have a telephone ~*ed* 電話をひく. **~·er** [-lə | -lə(r)] *n.*

in·stal·lant [ɪnstɔ́ːlənt, ən- | ɪn-]〘□ ML *installant-em*: ⇨↑, -ant〙 *n.* 任命者, 叙任者. ── *adj.* 任命する.

in·stal·la·tion [ɪ̀nstəléɪʃən | -stə-, -stɔː-]〘□ ML *installātiō(n-)*: ⇨ install, -ation〙 ── *n.* **1** 任命(する[される]こと), 任官, 叙任; 就任式. **2** 取付け, 取り付ける[られる]こと, 架設. **3** [しばしば *pl.*] (設備された)装置, 設備: a lighting ~ 照明装置 / a ship equipped with wireless ~*s* 無線設備を施した船. **4** 軍事施設; 軍事基地.

in·stall·ment¹,《英》**in·stal·ment** [ɪnstɔ́ːlmənt, ən- | ɪn-]〘《1732》《変形》← 《16C》*estallment* arrangement for payment □ AF *estalement* ← *estaler* to stop, fix (as payments) ← *estal* place, halt □ OHG *stal* 'place, STALL¹': 変形は INSTALL の影響: ⇨ -ment〙 ── *n.* **1** (1 回分の)分割払い込み金, 賦払金: monthly [annual] ~*s* 月[年]賦 / payment *in* [*by*] ~*s* 分納支払い, 分割払い / pay for a thing *in* ~*s* of $50 a month for a year 月 50 ドルの月賦で 1 年間に支払う. **2** (数回に現われる[供給される]ものの) 1 回分, 一部; (逐次刊行される本の)分冊, 一篇: an ~ of a serial story 連続[連載]小説の 1 回分 / the first ~ of goods ordered 注文品の第 1 回分 / a serial *in* six ~*s* 6 回の連続[連載]物. ── *attrib. adj.* 分割支払方式の[による]: ~ buying [selling] 分割払い式購入[販売] / an ~ credit 分割支払勘定 / an ~ loan 分納返済式貸付け金.

in·stáll·ment²〘《1589》← INSTALL + -MENT〙 *n.* = installation 1, 2.

instállment plàn *n.* [the ~]《米》分割支払い購入(法) (《英》hire purchase, tally plan) (cf. tally system [trade]): *on the* ~ 賦払法で, 月賦で, 分割払いで.

instalment¹ *n.* =installment¹.

in·stál·ment² *n.* =installment².

in·stance [ínstəns]〘n.: 《a1382》*instaunce* eagerness □ (O)F *instance* □ L *instantia* presence, urgency ← *instantem* (⇨ instant). ── v.: 《1425》《廃》to urge ← (n.): 1 の語義は 16C から〙 ── *n.* **1** 例, 実例, 例証: a familiar ~ よくある例 / the earliest ~ on record 記録に残っている最古の例 / produce [cite, give] an ~ 例を引く, 例証を挙げる. **2** [修飾語を伴って] (…の)場合, 事実: in this ~ この場合 / fresh ~*s* of negligence 怠慢の新事実. **3** (過程の)段階: in this ~ この段階では. **4** [単数形で] 要求, 懇請; 勧め, 示唆: at the ~ of…の求め[依頼, 要求]により; …の提議[発起]で. **5**〘法律〙訴訟(手続); 審級: ⇨ COURT of first instance. **6**《古》反対のために持ち出された例, 例外. **7**《古》言葉や行動による強要[懇願]. **8**《古》緊急, 切迫.

for instance 例えば (for example). ***in the first instance*** (1) まず第一に, 手始めに. (2)〘法律〙第一審で. ***in the last instance*** (1) 最後に. (2)〘法律〙最終審で.

── *vt.* **1** 例に引く[挙げる]. **2** [通例 Passive で] 例で説明する, 例証する: *be* well ~*d in* …によく例証されている. ── *vi.* 例を挙げる, 例証する.

in·stan·cy [ínstənsi | -sɪ]〘□ L *instantia*: ⇨↑, -ancy〙 *n.* **1 a** 強要, 懇願. **b** 緊急, 切迫. **2** 即時(性); 同時(性).

in·stant [ínstənt]〘《n.: a1398; adj.: c1443; adv.: 1600》□ (O)F ~ 'assiduous, at hand' □ L *instantem* standing upon or near, being present, urging (pres.p.) ← *instāre* ← IN-¹ + *stāre* 'to STAND'〙 ── *adj.* **1** 即刻の, 即時の, 猶予のない: ~ death 即死 / an ~ reply 即答 / a tube of ~ glue 瞬間接着剤のチューブ / The book became an ~ bestseller. その本はたちまち

ベストセラーになった / The medicine gave me ～ relief. その薬ですぐ楽になった / I took an ～ dislike to him. 会ったとたんに彼が嫌いになった. **2** 緊急の, 差し迫った : a matter of ～ importance 差し迫って重要な問題 / be in ～ need of help すぐ救助の必要がある / There is ～ need for action. すぐ行動する必要がある. **3 a** 即席料理用の, インスタントの : ～ coffee / ～ meals 即席料理 / ～ mashed potatoes. **b** 即席の, にわか仕込みの : an ～ beard [mustache] インスタントひげ《簡単に着脱できる》/ ～ knowledge にわか仕込みの知識 / in this ～ world of today 万事安直な今の世の中で. **4 a** [日付のあとに添えて]本月の, 今月の《通例 inst. と略す ; cf. proximo, ultimo》: your letter of the 13th *inst.* 本月 13 日付けの御書面. ★ 今は商業文でも of the 13th *of this month* とするか, その月の名を明示して *of September* 13th のようにするほうが普通. **b**《古》現在の, 目下の : this ～ June この 6 月 / the ～ case 審理中の事件. **5** 切な, 熱心な, 倦(う)まない : ～ *in* argument 論じて倦まない / continuing ～ *in* prayer 祈りを恒(つね)にし (*Rom.* 12 : 12).
— *adv.*《詩》直ちに, 即刻.
— *n.* **1 a** 即時, 即刻 : at that very ～ ちょうどその途端に / on the ～ 立ち所に, 即刻, 直ちに / in the ～ of do*ing* …しようとする瞬間に / this [that] ～ [副詞的に用いて] 今[その時]すぐに, 今この場[すぐその場]で. **b** [the ～ として ; 接続詞的に] (…する)や否や (as soon as) : He ran away *the* ～ (*that*) he saw it. それを見たとたんに逃げ出した. **2** 瞬間, 瞬時, 寸時 : not an ～ too soon 丁度よい[うまい]時に / for an ～ ちょっとの間, 瞬間 / in an ～ またたく間に, すぐに, たちまち / Don't waste an ～. 一瞬もむだにするな. **3**《口語》インスタント食品[飲料].

in·stan·ta·ne·i·ty [ɪnstæ̀ntəníːəti, ən-, -tn-|ɪnstæ̀ntəníːəti, -níə-, -níːɪ-] 〘⇨ ↓, -ity〙 *n.* 即時性, 即刻性 ; 瞬間性 ; 同時性.

in·stan·ta·ne·ous [ìnstəntéɪniəs, -njəs|-njəs, -nɪəs] 〘《1651》⊏ ML *instantāneus* : ⇨ instant, -aneous : cf. momentaneous, simultaneous〙 — *adj.* **1** 立ち所の, 即時の, 即座の, てきめんの : an ～ photograph (ポラロイドカメラなどによる)早取り写真 / an ～ (water) heater 瞬間湯沸し器 / The dose produced an ～ effect. その一服で立ち所に効き目が現われた / Death was ～. 即死だった. **2**《物理》ある瞬間の[に起こる] : ～ velocity ある瞬間の速度. **～·ness** *n.*

in·stan·tá·ne·ous·ly 〘《1644》: ⇨ ↑, -ly¹〙 *adv.* 立ち所に, 即座に, 即刻に.

in·stan·ter [ɪnstǽntə, ən-|ɪnstǽntə(r] 〘⊏ L ～ 'urgently, pressingly' ← *instant-*, *instāns* 'INSTANT'〙 — *adv.* 直ちに, 即時に. ★ 法律用語として用いる以外は今は主に《古》または《戯言》.

in·stan·tial [ɪnstǽnʃəl, ən-|ɪn-] 〘← L *instantia* 'INSTANCE' + -AL¹〙 *adj.* 具体例の, 例(示)化できる : an ～ premiss《論理》例(示)化できる前提.

in·stan·ti·ate [ɪnstǽnʃièɪt, ən-|ɪnstǽnʃɪ-] 〘← L *instantia* (↑) + -ATE³〙 *vt.* 〈抽象的なことを〉(具体)例をあげて説明する, 例示する ;《論理》例(示)化する.

in·stan·ti·a·tion [ɪnstæ̀nʃiéɪʃən, ən-|ɪnstæ̀nʃɪ-] *n.* 《論理》例(示)化 (↔ generalization) : universal [existential] ～ 全称[存在]例(示)化.

in·stan·tize [ínstəntàɪz] *vt.* インスタント食品に加工する.

in·stant·ly 〘《adv. : 1425 ; conj. : 1793》← INSTANT (adj.) + -LY¹〙 — *adv.* **1** 直ちに, 立ち所に, 即座に : be ～ killed 即死する. ★ 未来時制と共に用いることはできない. **2**《古》切に, ひたすら. — *conj.* (…するや否や : I telegraphed ～ I arrived there. 着くとすぐ打電した.

ínstant réplay *n.* 《テレビ》(競技・動作などの終了直後にそれを)(スロー)ビデオで再現して見せること.

in·star¹ [ínstɑə|-stɑː(r] 〘← NL ～ ← L ～ 'form, likeness'《変形》? ← *instāre* to approach, be evenly balanced : cf. instant〙 — *n.* 《昆虫》(脱皮と脱皮との中間の)中間形態, 齢 (cf. stage *n.* 11). ★ 第 1 回の脱皮前のものを初齢 (first instar), 第 1 回の脱皮を終わったものを二齢 (second instar) という.

in·star² [ɪnstɑ́ə, ən-|ɪnstɑ́ː(r] 〘← IN-¹ + STAR〙 *vt.* (**in·starred ; -star·ring**) **1** (…で)きら星のように飾る 〔*with*〕. **2**《古》星として[のように]置く ; 星にする.

in·state [ɪnstéɪt, ən-|ɪn-] 〘《1604》← IN-¹ + STATE (n.) : cf. reinstate〙 — *vt.* **1** 〈人を〉〔地位などに〕つかせる, 就任させる, 任じる, 叙する 〔*in, into, to*〕. **2**《廃》授ける. **～·ment** *n.*

ín-státion *adj.* (駅・警察・消防署などで)勤務中の : ～ hours 勤務時間.

in sta·tu pu·pil·la·ri [ɪn-stéɪt(j)uː-pjùːpəlɛ́(ə)raɪ, -stǽt-, -tʃuː-, -stɑ́ːtuː-|-stéɪtjuː-pjùːpɪlɛ́əraɪ] 〘⊏ L *in statū pūpillārī* in a state of pupilage〙 — *L. adv.* 被後見者の身分[立場]で ; 大学の三年生で ; 修士の学位をもっていない.

in sta·tu quo [ɪn-stéɪt(j)uː-kwóʊ, -stǽt-, stǽtʃuː-|-stéɪtjuː-kwə́ʊ, -stɑ́ːtuː-] 〘⊏ L *in statū quō* in the state in which (anything was or is)〙 — *L. adv.* 現状維持で, 現状のままで, 以前のままで (cf. status quo).

in·stau·ra·tion [ìnstɔːréɪʃən, -stə-] 〘《a1603》⊏ L *instaurātiō(n-)* ← *instaurāre* 'to renew, RESTORE' : ⇨ in-¹, -ation〙 — *n.* **1** 回復, 再興, 復興, 復旧. **2** 創立, 設立.

in·stau·ra·tor [ínstɔːrèɪtə, -stə-|-tə(r] 〘⊏ LL *instaurātor* : ⇨ ↑, -or²〙 *n.* **1** 復興[復旧]者. **2** 創立者.

in·stead [ɪnstéd, ən-|ɪn-] 〘《?a1200》 *in sted* (*of*) in stead (of)《なぞり》← OF *en lieu* (*de*) (cf. L *in locō*) : INSTEAD の語形は 16C 後半から : ⇨ in (prep.), stead〙 — *adv.* **1** その代わりに[として] ; それどころか : Take me ～. 代わりに私を連れて行って下さい / Give me this ～. 代わりにこれを下さい / He doesn't work at all. *Instead*, he sits and daydreams. 彼は全然仕事をしない, それどころか白日夢にふけるばかりだ. **2** (それよりも)むしろ : The city has its own pleasures, but I long ～ for a quiet country life. 都会には都会の楽しみが色々あるが私はむしろ静かな田舎の生活に憧れる.
instead of… の代わりに, …しないで, …するどころか : use margarine ～ *of* butter バターの代わりにマーガリンを使う / watch TV ～ *of* study*ing* 勉強もしないでテレビを見る.

ín·stèp 〘《c1450》? ← IN (adj.) + STEP〙 — *n.* **1** 足の甲 ; 靴[靴下]の甲 ; 足の甲形のもの. **2** 跗(ふ)《牛・馬などの後脚のひざ (hock) とつなぎ関節 (pastern joint) の間》.

in·sti·gate [ínstəgèɪt|-stɪ-] 〘《1542》← L *instīgāt-us* (p.p.) ← *instīgāre* to urge, stimulate ← IN-¹ + *stīgāre* to prick, goad (← IE **steig-* (Gk *stízein* to prick)) : cf. stigma〙 — *vt.* **1** 〈人を〉〔…に〕けしかける 〔*to*〕; 〈人を〉唆(そそのか)して…させる 〈*to do*〉: ～ workers *to* a strike [*to* go out on strike] 労働者を唆してストライキをやらせる. **2** 〈反乱などを〉扇動する, 誘発する, 〈殺人などを〉教唆する : ～ a rebellion, strike, etc.

in·sti·ga·tion [ìnstəgéɪʃən|-stɪ-] 〘《c1422》⊏ F ～ ∥ L *instīgātiō(n-)* : ⇨ ↑, -ation〙 — *n.* 扇動, 教唆, 使嗾(しそう) ; 唆(そそのか)し, 唆されること ; 刺激, 誘因 : at [by] the ～ of …の扇動で, …に唆されて / His encouragement was an ～ *to* succeed. 彼の激励が成功をもたらす刺激となった.

in·sti·ga·tive [ínstəgèɪtɪv|-stɪgèɪt-] 〘← L *instīgāt-us* (⇨ instigate) + -IVE〙 *adj.* 扇動的な, 唆(そそのか)す.

ín·sti·gà·tor [-tə|-tə(r] 〘⊏ L *instīgātor* : ⇨ instigate, -or²〙 *n.* 扇動者.

in·stil [ɪnstíl, ən-|ɪn-] *vt.* (**in·stilled ; in·stil·ling**) ＝instill. **～·ment** *n.*

in·still [ɪnstíl, ən-|ɪn-] 〘《?a1425》⊏ L *instill-āre* to pour in by drops ← IN-¹ + *stillāre* to drop, trickle (← *stilla* drop : cf. distill)〙 — *vt.* **1** 〈感情・観念などを〉〔人・心などに〕しみ込ます, 徐々に教え込む 〔*into, in*〕; 〈人・心などを〉〔感情などで〕浸透させる 〔*with*〕: ～ the fear of God *in*(*to*) a person [the mind] ＝ ～ a person [the mind] *with* the fear of God 人[人の心]に敬虔(けいけん)の念を教え込む. **2** (一滴ずつ)たらす, 滴下する, たらし込む. **～·er** [-lə|-lə(r] *n.* **～·ment** *n.*

in·stil·la·tion [ìnstəléɪʃən, -stɪ-|-stɪ-] 〘⊏ L *instillātiō(n-)* : ⇨ ↑, -ation〙 — *n.* **1** (思想などを)段々しみ込ませること, 教え込むこと, 注入. **2 a** したたらせること, 滴下, 滴注. **b** したたらせた物, 滴下物. **3**《医学》点滴注入(法).

in·stinct¹ [ínstɪŋ(k)t] 〘《a1420》⊏ L *instinct-us* instigation, impulse ← (p.p.) ← *instinguere* to incite, impel ← IN-¹ + *stinguere* to urge on, goad : cf. instigate, distinct, extinct〙 — *n.* **1 a** 本能 ; 本性 : animal ～*s* 動物本能 / the ～ of self-preservation 自己保存の本能 / the ～ of imitation 模倣本能 / act *on* ～ 本能のままに振舞う / *by* [*from*] ～ 本能で, 本能的に ; 勘で. **b**《精神分析》生死の生物学的衝動. **2** 〔…に対する〕(天性の)素質, 才能 ; (生得の)直覚[直観]力, 勘 〔*for*〕: an ～ *for* art 芸術的素質[天分] / He has an ～ *for* doing and saying the right thing. 決してへまな事をしたり言ったりしないようにできている.

in·stinct² [ɪnstíŋ(k)t, ən-|ɪn-] 〘《1538》'innate' ⊏ L *instinct-us* instigated, impelled (p.p.) ← *instinguere* (↑)〙 — *adj.* **1** [Predicative に用いて] 〔生気・活気などで〕満ちた, いっぱいになった, みなぎる 〔*with*〕: a picture ～ *with* life 生気に満ちた[生き生きとした]絵 / a poem ～ *with* beauty 美しさのあふれた詩 / be ～ *with* feeling 感情に満ちあふれている. **2**《廃》内部にある力から駆り立てられた.

in·stinc·tive [ɪnstíŋ(k)tɪv, ən-|ɪn-] 〘《1649》: ⇨ instinct¹, -ive〙 — *adj.* 本能的な, 天性の ; 直覚的な : an ～ movement 本能的な動作 / an ～ taste for art 天性の芸術趣味 / an ～ sense of danger 危険に対する直感 / have an ～ horror of spiders 生れつきクモがきらいである《本能的にきらう》. **～·ly** *adv.*

in·stinc·tu·al [ɪnstíŋ(k)tʃuəl, ən-|ɪnstíŋ(k)tju-, -tʃu-] *adj.* ＝instinctive.

in·sti·tute [ínstət(j)ùːt|-stɪtjùːt] 〘v. : 《c1330》← L *institūt-us* set up, established (p.p.) ← *instituere* to set up, found ← IN-¹ + *statuere* to set up, establish (← *stāre* to stand). — n. : 《a1520》'purpose' ⊏ L *institūt-um* ← *institūtus*〙 — *vt.* **1** 〈慣例・規則・会などを〉設ける, 制定する, 設定する, 設立する : ～ a custom, a rule, a society, an exhibition, etc. / ～ a government 政府を組織する / ～ restrictions on the use of …の使用に規制を設ける. **2** 〈調査・改革などを〉始める ; 〈訴訟などを〉起こす, 開始する : ～ an inquiry 調査を始める / ～ a reform 改革に着手する / ～ legal proceedings against …を相手どって訴訟を起こす. **3**《キリスト教》〈人を〉〔…に〕任命する (appoint) 〔*to, into*〕 (cf. induct 1 a) : ～ a person *to* [*into*] a benefice 人を聖職に任命する. **4**《ローマ法》(相続人として)指名する.
— *n.* **1** 会, 協会, 学会, 修道会 ; (その)会館. **2**《米》**a** (主に理工系の)専門学校, (大学付属の)専門部 ; (理工系の)大学 : an ～ of technology (理)工科大学. **b** (大学付属)研究所 : a research ～ / the English Language *Institute* 英語研究所《外国人学生のために英語の教授と研究を行なう施設》. **c** (短期の)特殊講座, (教員などの)講習会 : an adult ～ 成人講座 / a farmers' ～《米・カナダ》農事講習会 / a teachers' ～《米》教員講習会. **3** 原則, 規則, 慣習. **4** [*pl.*] 法律原論, 提要, 綱要, 注釈書《体系的な法律学 (jurisprudence) の原理(注釈)書》. **5 a**《スコット法》(第一次的な不動産権の)受遺者. **b**《大陸法》(遺言によって受遺者に財産引渡の義務を負った)相続人. **6**《廃》(規則・慣例・会などを)制定すること.

Institute of France [the ―] フランス学士院《学術・文芸・美術の振興のため設けられた五つのアカデミー (アカデミーフランセーズ (French Academy) はその一つ)から成る ; 1795 年設立》.

ín·sti·tùt·er [-tə|-tə(r] *n.* ＝institutor.

in·sti·tu·tion [ìnstət(j)úːʃən|-stɪtjúː-] 〘《a1400》 *institucioun* ⊏ (O)F *institution* ⊏ L *institūtiō(n-)* ← *instituere* 'to INSTITUTE' : ⇨ -tion〙 — *n.* **1** 設立, 創設, 制定, 開始 : the ～ of laws, customs, a school, etc. **2** 制度, 規定, 掟(おきて), 慣例, 慣習, しきたり : the ～ of slavery [marriage] 奴隷[婚姻]制度 / Giving presents at Christmas is an ～. クリスマスに贈り物をするのは一つの慣例である. **3**《口語》おなじみのもの[人], 名物, 名物的存在 : one of the ～*s* of the place 土地の名物の一つ. **4** (学術的・社会的な目的の)会, 協会, 学会 ; (公共的または教育的機関である)…団, 院, 会, 社, 館, 所(など) ; (その)会館, 施設 : a charitable ～ 慈善団体, 慈善院 / a public ～ 公共機関《学校・病院など》/ an educational ～ (各種)学校, 教育施設 / a training ～ for …養成所. **5** (小売商・仲買人・保険会社などの)商社, 会社. **6**《キリスト教》**a** 聖職叙任[任命], 補職 (installation) : ～ into a benefice. **b** (キリストによる)聖餐の創始[制定, 設立], 聖餐式の掟. **c**《カトリック》(聖体の)制定.

ìn·sti·tú·tion·al [-ʃənl, -ʃnəl] 〘《1617》: ⇨ ↑, -al¹〙 — *adj.* **1** 制度(上)の ; 正規の, 規定の. **2** 〈宗教が〉制度を有する, 制度化した. **3** 学会の, 協会の ; 会館の. **4** 規格にはまった, 画一的な, 個性に乏しい. **5** (社会事業などのために)組織化した, 社会[慈善]事業を特色とする : an ～ church. **6** (主に法学の)原理の, 原理研究に関する. **7**《米》《広告》企業の(ための)《商品の直接の販売よりも信頼の獲得を目的とした, 名声をあげるためのものにいう》: an ～ ad インスティチューショナルアド, 企業広告. **～·ly** *adv.*

ìn·sti·tú·tion·al·ìsm [-ʃ(ə)nəlìzm] *n.* **1** (宗教上などの)制度(尊重)主義. **2** (教育・社会事業団体などの)組織, 制度 ; その特徴, 性格. **3** (公的機関による)困窮者救済. **4** 教会の教育・福祉事業重視主義[制度]. **5**《経済》制度学派《経済行動に対する社会制度の影響を重視する経済思想》. **ìn·sti·tú·tion·al·ist** [-lɪst, -ləst|-lɪst] *n.*

in·sti·tu·tion·al·ize [ìnstət(j)úː(ʃ(ə)nəlàɪz|-stɪtjúː-] *vt.* **1** 公共団体にする ; 制度化[慣行化]する ; 規定[定例]とする. **2** 〈精神病者・アルコール中毒患者・青少年犯罪者・老衰者などを〉(病院・感化院・養老院などの)施設に収容する. **3** 〈人を〉(一歩外へ出ては生活できないほど)収容施設の生活に慣れきらせる. **in·sti·tu·tion·al·i·za·tion** [ìnstət(j)ùːʃ(ə)nəlɪzéɪʃən, -lə-|-stɪtjùːʃ(ə)nəlaɪ-, -lɪ-] *n.*

institútional revolútion *n.* ＝cultural revolution 1.

institútional revolútionary *n.* ＝cultural revolutionary.

in·sti·tu·tion·ar·y [ìnstət(j)úːʃənèri|-stɪtjúːʃ(ə)nəri] *adj.* **1** 学会[協会]の. **2** 創始[制定]の. **3** 聖餐式制度の ; 聖職授与の. **4**《古》教育の.

in·sti·tu·tive [ínstət(j)ùːtɪv|-stɪtjùːt-] *adj.* **1** 制定[設立, 開始]する : an ～ meeting 設立会. **2**《廃》慣習的な.

ín·sti·tù·tor [-tə|-tə(r] 〘⊏ L *institūtor* ← *instituere* 'to INSTITUTE' : ⇨ -or²〙 — *n.* **1** 制定者, 設立者, 創設者, 創建者. **2**《米》(米国聖公会の)聖職授任者. **3**《古》教師, 教育者.

in·sti·tu·tress [ínstət(j)ùːtrɪs, -trəs|-stɪtjùːtrɪs, -trəs, -tres] *n.* (*pl.* **～·es**) 女性の institutor.

instn. 《略》institution.

instns. 《略》instructions.

instr. 《略》instruction(s) ; instructor ; instrument(s) ; instrumental.

ín·stròke 〘← IN (adj.) + STROKE¹〙 *n.* 《機械》内方へ向かっての運動 ; (ピストンなどの)内衝程, 内向き行程 (↔ outstroke).

in·struct [ɪnstrʌ́kt, ən-|ɪn-] 〘《?a1425》← L *instruct-us* (p.p.) ← *instruere* to build, teach ← IN-¹ + *struere* to pile up, build (← IE **streu-* to spread) : cf. structure〙 — *vt.* **1** 〈人・クラスなどを〉教える, 教育する ; 〈人などに〉〔学科を〕教授する 〔*in*〕: ～ the young / ～ a discussion group ディスカッショングループの指導をする / ～ students [a class] *in* English 学生[クラス]に英語を教える. **2** [目的語＋*to* do, 目的語＋*wh*-word＋*to* do を伴って] 〈人に〉(正式に)指図する, 命令する, 指令する : ～ a patient *to* diet 〈医者が〉患者に規定食を命じる / ～ one's secretary *to* admit no callers 秘書に来訪者は断るように指示する / be ～*ed when to* start 出発の日時の指令を受ける. **3** [通例, 目的語＋*that*-clause を伴って] 知らせる, 伝える : They ～*ed* me *that* the meeting had been postponed. 会が延期

になった旨を通知してよこした / I will ~ you *of* further developments. 今後の事情については追って通知します. **4** 〘法律〙 **a** 〈裁判官が〉〈陪審〉に説示する: The judge ~*ed* the jury about the procedure. 裁判官は手続に関して陪審に説示した. **b** 《英》〈訴訟依頼人などが〉〈弁護士〉に指図[説明]をする; …に弁護[事件]を依頼する (brief).

in·strúct·ed *adj.* **1** 〈人が〉教育[教養]のある; 〈趣味など〉上品な, 洗練された; 〔…に〕明るい, 通じた 〔*in*〕: an ~ person, taste, etc. / be ~ *in* …に明るい, 通じている. **2** 指図[命令, 訓命]を受けている. **~·ly** *adv.* **~·ness** *n.*

in·struct·i·ble [ɪnstrʌ́ktəbḷ | -tə-, -tɪ-] *adv.* 教えることができる, 教えやすい: an ~ subject.

in·struc·tion [ɪnstrʌ́kʃən, ən- | ɪn-] 〖《1419》▭ (O)F ~ ▭ L *instructiō(n-)*: ⇨ instruct, -tion〗 **— *n.*** **1 a** 教授, 教育, 指導: give [receive] ~ *in* French [swimming] フランス語[水泳]の教授をする[受ける]. **b** (教えられた)知識, 教訓, 教え: the ~*s of* one's elders 先輩[長上]の教え. **2** [通例 *pl.*] 通達, 訓令, 指図, 命令: be under ~*s that* …という命令を受けている / have full and particular ~*s to do* …せよとの詳細な訓令を受けている. **3** [*pl.*] 使用説明書: the ~*s for* assembling a kit 模型組立用説明(書). **4** [*pl.*] 〘英法〙 (代理人に対する本人の)指図, (弁護士に対する依頼人の)事件の説明, (陪審に対する裁判官の)説示. **5** 〘電算機〙 命令 (machine instruction), インストラクション《機械に一定の作業を行なわせるための機械語》.

in·strúc·tion·al [-ʃənḷ, -ʃnəl] *adj.* 教授[教育]の; 教授する, 教訓となる: an ~ film 教育映画.

instrúctional télevision *n.* 《米》(教室内で使用する)授業用有線テレビ番組 (略 ITV) (cf. closed-circuit television).

instrúction bóok *n.* 使用説明書.

in·struc·tive [ɪnstrʌ́ktɪv, ən- | ɪn-] 〖《1611》← L *instructus* (← *instruere* 'to INSTRUCT')+-IVE〗 **— *adj.*** **1** (教育上)ためになる, 教育的な, 教訓的な, 啓発的な: an ~ book ためになる本. **2** 〘文法〙 (フィンランド語などで手段・方法を示す)助格の, 具格の. **— *n.*** 〘文法〙 助格, 具格. **~·ly** *adv.* **~·ness** *n.*

in·strúc·tor 〖《*a*1464》 *instructour* ▭ AF=F *instructeur* ▭ ML *instructor* teacher (L) preparer ← L *instruere* 'to INSTRUCT'〗 **— *n.*** ★ 通例女性も含まれる (cf. instructress). **1 a** 教授者, 教官, 教師, 指導者: an ~ in history 歴史の教師. **b** 《英》職業[技術]学校の教師. **2** 《米》(大学の)専任講師《多くの大学では assistant, instructor, assistant professor, associate professor, (full) professor の順の階級がある》: an ~ *in* linguistics *at* Harvard University.

in·struc·to·ri·al [ɪ̀nstrʌktɔ́ːriəl, -tɔ́ːr- | -tɔ́ːrɪ-] *adj.* 教師[教授者]の; 指導者の.

instrúctor·ship *n.* **1** 教師[指導者]の身分[任務]. **2** 《米》(大学の)専任講師の職[地位].

in·struc·tress [ɪnstrʌ́ktrɪs, ən-, -trəs | ɪn-] *n.* 《まれ》女性の instructor.

in·stru·ment [ínstrəmənt | -strʊ-, -strə-] 〖《n.: *c*1300; v.: 1719》▭ (O)F ~ ▭ L *instrūmentum* ← *instruere* 'to build, provide, INSTRUCT': ⇨ -ment〗 **— *n.*** **1 a** (主に学術用の)器械, 器具, 道具 (cf. tool 1, implement 1); 計器: astronomical [surgical] ~*s* 天文[外科]用器械 / a dentist's [dental] ~ 歯科用器具 / drawing ~*s* 製図器械 / medical ~*s* 医療器械 / nautical ~*s* 航海計器 / an ~ *to* regulate temperature 温度を調節する計器. **b** 〘航空〙 計器; [形容詞的に] 計器による: go [fly] *on* ~*s* 計器飛行をする / ⇨ instrument flight, instrument landing. **2** 楽器 (musical instrument): a plucked ~ 撥弦楽器 / ⇨ percussion instrument, stringed instrument, wind instrument. **3** 手段, 方便 (means): an ~ of study 研究の手段 / an ~ of libel 中傷の手段 / Language is an ~ *for* communication. 言語は伝達の手段である. **4** 事の動機[素因]を作る人, 媒介者: be the ~ of a person's death (誤って)人を死に至らせる. **5** 手先, だし, 道具, ロボット (human tool): act as another's ~ 人の手先となって働く / He was the ~ of her crime. 彼は彼女の犯罪の手先になった. **6** 〘法律〙 証書, 証券, 文書, 書類: a commercial [financial] ~ 商業証券《手形など》/ the ~ of surrender 降服文書.

— *vt.* **1** (嘆願書などで)…へ文書をあてる. **2** …に用具[器械]類を取り付ける[備える]: ~ a factory, satellite, submarine, etc. **3** 〈楽曲を〉器楽用に編曲する.

in·stru·mén·tal [ɪ̀nstrəméntḷ | -strʊméntl, -strə-] 〖《*a*1398》▭ (O)F ~ ▭ ML *instrūmentālis*: ⇨ ↑, -al[1]: 「助格(の)」の語義は 19C の初めから〗 **— *adj.*** **1** 器械による, 器械の: ~ drawing 用器画 / ~ errors in measurement 測定上の器械誤差. **2** 役立つ, 助け[手段]となる: ~ *in* one's work 仕事に役立つ / ~ *in clearing* the matter up その事を解決するのに役立つ / be ~ *in finding* work for a friend 友人の就職に尽力してやる / be ~ *to* a purpose 目的達成の助けになる. **3** 楽器の, 楽器による[のための] (cf. vocal 5): ~ music 器楽 / ~ parts 器楽部. **4** 〘文法〙 **a** (サンスクリット, OE やロシヤ語などの)助格の, 造格の: the ~ case 助格《手段・方法などの意を示す格; 例えば 'The more, the better.' における the は OE þæt (=that) の助格 þȳ に由来する》. **b** (格文法の)具格の《動詞によって示される状態・行為の原因として働く無生物を示す; 例えば The key opened the door. / He opened the door with the key. / He used the key to open the door. における the key はすべて具格である》. **5** 〘哲学〙 道具[器具]主義 (instrumentalism) の. **6** 〘教育〙 道具的な, 道具による: ⇨ instrumental learning. **— *n.*** **1** 〘文法〙 助格, 具格 (instrumental case); 助格[具格]の語. **2** 器楽, 器楽曲. 「件づけ.

instruméntal condítioning *n.* 〘教育〙 道具的条

in·stru·mén·tal·ism [-təlìzm, -tḷ- | -təl-, -tḷ-] **— *n.*** 〘哲学〙 (概念)道具[器具]主義《概念は現象を解明するための手段・道具であり, この目的に無用となれば他の有用な概念に替えられるべきだとする Dewey の説》.

ìn·stru·mén·tal·ist [-təlɪst, -ləst, -tḷ- | -təlɪst, -tḷ-] 〖《1823》: ⇨ instrumental, -ist〗 **— *n.*** **1** 器楽家 (cf. vocalist). **2** 〘哲学〙 (概念)道具[器具]主義者. **— *adj.*** (概念)道具[器具]主義の.

in·stru·men·tal·i·ty [ɪ̀nstrəmentǽləti, -men- | -strʊmentǽlɪti, -strə-, -mən-, -lɪ-] 〖《1651》: ⇨ instrumental, -ity〗 **— *n.*** 手段, 方便, 助け, 媒介, 道具, おかげ: by [through] the ~ of… の手段[媒介]によって, (人・団体などの)助けで.

instruméntal léarning *n.* 〘教育〙 道具的学習《あることをすればほうびがもらえ, 他のことをすればもらえないという経験を通して何をしたらよいかを学んでいく学習法; operant conditioning ともいう》.

ìn·stru·mén·tal·ly [-təli, -tḷi | -təli, -tḷi] 〖《1581》: ⇨ instrumental, -ly[1]〗 **— *adv.*** **1** 手段[方便]として; 方便を用いて; 間接に. **2** 楽器で: ~ accompanied 楽器の伴奏で. **3** 〘文法〙 助格[具格]的に, 助格[具格]として.

instuméntal phonétics *n.* 機械音声学.

ínstrument appróach *n.* =instrument landing.

in·stru·men·ta·tion [ɪ̀nstrəmentéɪʃən, -men- | -strʊmen-, -strə-, -mən-] 〖《1845》▭ F ~ ← *instrumenter*: ⇨ instrument, -ation〗 **— *n.*** **1** 〘音楽〙 管弦楽法; 楽器(演奏)法 (cf. orchestration 1). **2** 器械[器具]使用. **3** 《まれ》 手段, 方便, 媒介. **4** 計測操業[運転]《計測器を使って操業すること》. **5** =instrumentology. **6** ある目的に用いられる全器具《機械装置の部品, オーケストラで用いられる楽器など》.

ínstrument bòard *n.* 計器盤; =dashboard 2 b.

ínstrument flìght [**flýing**] *n.* 〘航空〙 計器飛行《レーダーなどの計器のみに頼って飛行すること; blind flight ともいう; cf. contact flight [flying], instrument landing》: the ~ rules 計器飛行規則.

ínstrument lánding *n.* 〘航空〙 計器着陸《blind landing, instrument approach ともいう; cf. instrument flight》.

ínstrument lánding sỳstem *n.* 〘航空〙 (ラジオビームなどの誘導による)計器着陸方式 (略 ILS, i.l.s.; cf. ground-controlled approach).

ìn·stru·men·tól·o·gist [-dʒɪst, -dʒəst | -dʒɪst] *n.* 計測器学者.

in·stru·men·tol·o·gy [ɪ̀nstrəməntάlədʒi | -strʊmentɔ́lədʒi, -strəmən-] 〖← INSTRUMENT+-LOGY〗 *n.* 計測器学《精密計測器械の設計・製作・操作などを研究する》.

ínstrument pànel *n.* =instrument board.

in·sub·or·di·nate [ɪ̀nsəbɔ́ːd(ə)nət, -nɪt, -dṇ- | -bɔ́ːd(ə)n-, -dɪn-, -dṇ-] 〖⇨ in-[2], subordinate: cf. F *insubordonné*〗 **— *adj.*** **1** 服従しない, 不従順な, 反抗する: be ~ *to* one's superiors 目上の者に服従しない. **2** 下位でない, (劣らず)重要である. **3** 《まれ》 低くない, (劣らず)高い: an ~ hill, tree, etc. **— *n.*** 不従順な人, 反抗者. **~·ly** *adv.*

in·sub·or·di·na·tion [ɪ̀nsəbɔ̀ədənéɪʃən, -dṇ- | -bɔ̀ːdən-, -dɪn-, -dṇ-] 〖⇨ ↑, -ation: cf. F *insubordination*〗 *n.* 不服従, 不従順, 反抗.

in·sub·stan·tial [ɪ̀nsəbstǽnʃəl] 〖▭ F *insubstantiel* // LL & ML *insubstantiāl-is*: ⇨ in-[2], substantial〗 **— *adj.*** **1** 実体[実質]のない; 非現実的の: an ~ vision 幻(のような理想像) / like this ~ pageant この偽りの芝居のように (Shak., *Tempest* 4. 1. 155). **2** 堅固でない, 微弱な, かすかな, か弱い: ~ arguments / an ~ accusation 根拠の薄弱な非難[言いがかり]. **in·sub·stan·ti·al·i·ty** [ɪ̀nsəbstæ̀nʃiǽləti | -ʃɪǽlɪti, -lɪ-] *n.*

in·suf·fer·a·ble [ɪnsʌ́f(ə)rəbḷ, ən- | ɪn-] 〖⇨ in-[2], sufferable〗 **— *adj.*** 耐えられない, 我慢のならない, (いやで)たまらない, しゃくにさわってならない, 憎らしい: an ~ person, nuisance, etc. / ~ insolence. **~·ness** *n.* **in·súf·fer·a·bly** *adv.*

ìn·suf·fí·cience [-ʃəns] 〖《1425》▭ OF ~ ▭ LL *insufficientia*: ⇨ insufficient, -ence〗 *n.* =insufficiency.

in·suf·fi·cien·cy [ɪ̀nsəfíʃənsi | -si] 〖⇨ ↓, -ency〗 **— *n.*** **1** (知的・精神的に)不十分なこと, 不適切, 不適当; 不足, 欠乏, 払底: the ~ of the man *for* teaching profession その人が教職に向かないこと / the ~ of a theory 理論の不徹底 / ~ of provisions 食糧の不足. **2** [しばしば *pl.*] 不十分な点, 至らない所, 欠点. **3** 〘医学〙 (器官の)機能不全(症).

in·suf·fi·cient [ɪ̀nsəfíʃənt] 〖《*c*1395》▭ OF ~ // LL *insufficient-em*: ⇨ in-[2], sufficient〗 **— *adj.*** **1** 不足な, 不十分な: acquit a person on the ground of ~ evidence 証拠不十分として人を放免する / ~ daylight 不十分な日光, 日光不足 / an ~ supply of coal 石炭の供給不足 / ~ *for* one's needs 必要品にも事欠く / ~ *in* quantity 量が不足して / There is an ~ number of people present. 出席者は不足していた. ★ この語は質・量を示す語を修飾する. **2** 〈人が〉力量の足りない, 能力のない; 〔…に〕不適任な, 不適切な 〔*to*〕: a person ~ *to* the discharge of his duties 任務遂行の能力のない人. **~·ly** *adv.*

in·suf·flate [ínsəflèɪt, ɪnsʌ́fleɪt, ən- | ínsəflèɪt, ɪnsʌ́fleɪt] 〖《1657–83》← LL *insufflāt-us* (p.p.) ← *insufflāre* to blow into or upon ← IN-[1]+*sufflāre* to blow (← *suf-* 'SUB-'+*flāre* 'to BLOW[1]')〗 **— *vt.*** **1** 〘医学〙 〈ガス・蒸気・麻酔剤などを〉〈体腔(たいこう)〉に吹き込む[入れる], 通気する 〔*into*〕; 〈鼻など〉に吹入れ法を施す. **2** 〔消毒剤などを〕〈部屋〉に吹き入れる, 散布する 〔*with*〕: ~ a room *with* insecticide 部屋に殺虫剤をまく. **3** 〘キリスト教〙 (ある種の教会で洗礼の際新しい魂の生命に入るしるしの儀式として)〈受洗者・洗礼の水〉に息を吹きかける.

in·suf·fla·tion [ɪ̀nsəfléɪʃən] 〖▭ LL *insufflātiō(n-)*: ⇨ ↑, -ation〗 **— *n.*** **1** 〘医学〙 吹入れ(法); 吸入(法); (耳管・卵管などの)通気(法). **2** 〘キリスト教〙 (聖霊を与えるための)息吹(いぶき).

ín·suf·flà·tor [-tə | -tə(r)] *n.* **1 a** 〘医学〙 (空気・薬品などを吹き込む)吹入れ器; 通気器. **b** 散布器. **2** (粉末散布による)指紋現出器.

in·su·la [ínsjʊlə, -ʃʊ-, -sə- | -sjʊ-] 〖← NL ~ ← L ~ 'island': ⇨ isle〗 *n.* (*pl* **in·su·lae** [-lìː, -lài]) 〘解剖〙 (脳・膵臓(すいぞう)の)島.

in·su·lant [ínsələnt, -sjʊ-, -ʃʊ- | -sjʊ-] 〖← INSUL(ATE)+-ANT〗 *n.* 〘電気〙 絶縁物[体].

in·su·lar [ínsələ, -sjʊ-, -ʃʊ- | -sjʊlə(r)] 〖《adj.: 1611; n.: 1744》▭ LL *insulār-is* of an island ← L *insula* island: ⇨ isle, -ar[1]〗 **— *adj.*** **1** 島の, 島に関する; 島のような(形をした); 島に住んでいる: ⇨ insular climate / ~ rocks 島をなす岩. **2** 島民の, 島国民の, 島国的な; 島国根性の, 偏狭な, 狭量な: ~ narrowness 島国的偏狭 / ~ prejudices 島国根性, 偏狭. **3** (島のように)孤立した: an ~ fortress 孤立した砦(とりで) / an ~ building 1 戸だけ孤立した建物. **4** 〘病理〙 島状の, 点々と散発する. **5** 〘生物〙 限られた生息地[生育地]しかもっていない. **6** 〘生理・解剖〙 島 (island) の, 島状細胞群の, (特に)ランゲルハンス島 (islets of Langerhans) の. **— *n.*** 島民, 島人. **~·ly** *adv.*

Ínsular Céltic *n.* 〘言語〙 島嶼(とうしょ)ケルト語《Gaulish を除いたケルト諸語》.

ínsular clímate *n.* (季節変化の少ない)海洋的気候.

in·su·lar·ism [ínsələrìzm, -sjʊ-, -ʃʊ- | -sjʊ-] *n.* 島民気質; 島国根性, 偏狭 (narrow-mindedness).

in·su·lar·i·ty [ɪ̀nsəlǽrəti, -sjʊ-, -ʃʊ-, -lér- | -sjʊlǽrətɪ, -rɪ-] *n.* (cf. peninsularity) **1** 島(国)であること, 島嶼(とうしょ)性, 孤立. **2** =insularism.

in·su·lar·ize [ínsələràɪz, -sjʊ-, -ʃʊ- | -sjʊ-] 〖⇨ insular, -ize〗 *vt.* 島にする, 島として示す.

in·su·late [ínsəlèɪt, -sjʊ-, -ʃʊ- | -sjʊ-] 〖《1538》← L *insula* island+-ATE[3] // L *insulāt-us* made into an island ← *insula*〗 **— *vt.*** **1** 〈物体を〉(電気・音・熱などから)絶縁する, 絶縁材を巻きつける: (an) ~*d* wire 絶縁線 / an ~*d* cargo compartment 〘海事〙 防熱船倉 / ~ an electric wire / ~ an oven *with* asbestos オーブンを石綿で断熱する / ~ a studio *from* noise スタジオを防音する. **2** 隔離する, 孤立させる (isolate): an ~*d* life / ~ a patient from …から患者を隔離する. **3** 《古》〈陸地を〉水でとりまく, 島にする.

ín·su·làt·ing bòard [-tɪŋ- | -tɪŋ-] *n.* 〘建築〙 断熱板《断熱性の高い板状の建材》.

insulating òil *n.* 〘電気〙 絶縁油《変圧器やコンデンサーの絶縁耐力を増すために用いる油; insulation oil ともいう》. 「プ.

insulating tàpe *n.* (電線などに使われる)絶縁テー

insulating transfórmer *n.* 〘電気〙 絶縁変圧器《入出力間の導電的なつながりをなくすための変圧比1の変圧器》.

insulating vàrnish *n.* 〘電気〙 絶縁ワニス.

in·su·la·tion [ɪ̀nsəléɪʃən, -sjʊ-, -ʃʊ- | -sjʊ-] *n.* **1** 隔離, 孤立. **2** (電気・熱・音などからの)絶縁; 絶縁体, 絶縁材[物]: thermal [acoustic] ~ 断熱[防音]材.

insulátion bòard *n.* 〘建築〙 =insulating board.

insulátion clàss *n.* 〘電気〙 絶縁種別《耐熱温度・使用材料などに応じて定められた電気絶縁の階級》.

insulátion óil *n.* 〘電気〙 =insulating oil.

insulátion resístance *n.* 〘電気〙 絶縁抵抗《絶縁物の示す電気抵抗》.

ín·su·là·tor [-tə | -tə(r)] 〖《1801》: ⇨ insulate, -or[2]〗 *n.* **1** 隔離者[物]. **2** 〘物理・電気〙 絶縁体, 絶縁物; 絶縁器, 碍子(がいし) (cf. conductor 2 a).

in·su·lin [ínsəlɪn, -sjʊ-, -ʃʊ-, -lən | -sjʊlɪn] 〖《1922》← NL *insula* 'INSULA'+-IN[1]: islets of Langerhans にちなむ: cf. insular〗 **— *n.*** **1** 〘生化学〙 インシュリン, インスリン ($C_{90}H_{150}O_{24}N_{22}S_2$) 《膵臓(すいぞう)内のランゲルハンス島 (islets of Langerhans) から血液内に分泌されるホルモン; 血液中のぶどう糖などの炭水化物を調節する》. **2** 〘薬学〙 インシュリン《羊・牛などの膵臓から抽出する同上のホルモンで, 糖尿病治療薬》.

in·su·lin·ize [ínsəlɪnàɪz, -sjʊ-, -ʃʊ-, -lə- | -sjʊlɪ-] *vt.* …にインシュリン療法を施す, インシュリンを注射する.

ínsulin shòck *n.* 〘医学〙 インシュリンショック, 低血糖性ショック《震戦・冷汗・痙攣(けいれん)・昏睡状態などを主徴とし, 精神分裂症などの治療に応用される》.

in·su·lite [ínsəlàɪt, -sjʊ-, -ʃʊ- | -sjʊ-] 〖《商標》← L *insula*+-ITE[1]: cf. insulate〗 *n.* 〘電気〙 絶縁材料の一種《金属くずにパラフィンを吸収させたもの》.

in·sult 〘v.: 《*a*1592》▭L *insult-āre* to leap at or on, assail, insult ← IN-¹+*saltāre* ((freq.) ← *salire* to leap). — n.: 《1603》▭F *insulte* ∥ LL *insult-us* ← IN-¹+L *saltus* leap, spring (← *saltāre*)〙 **—** [ɪnsʌ́lt, ən- | ɪn-] *v.* **—** *vt.* **1** 〈人を〉辱しめる, 侮辱する, …に無礼を加える: ~ a person by calling him a fool. **2** 《体など》に害を及ぼす. **3** 《古》攻撃する, 襲撃する. **—** *vi.* 《古》〔…に対して〕威張る, 尊大振る〔*on, upon, over*〕. **—** [ínsʌlt] *n.* **1** 侮辱(的な言動), 無礼: under the ~ 侮辱を受けて / add ~ to injury ひどい目に会わせた上になお侮辱を加える, 踏んだり蹴ったりの目に会わせる《イソップ物語から》/ offer an ~ to …に侮辱を与える / put up with [swallow (down), pocket] an ~ 我慢して侮辱を受ける, 侮辱を我慢する. **2** 〘医学〙傷害, 外傷 (trauma); 発作 (attack); (傷害を起こすもの[原因]. **3** 《古》攻撃, 襲撃. **in·súlt·er** [-ṭə | -tə(r] *n.*

in·sul·ta·tion [ìnsʌltéɪʃən] 〘《1513》▭F ~ ∥ L *insultātiō(n-)*: ⇨↑, -ation〙 *n.* 《古》侮辱(行為), 無礼.

in·súlt·ing [-ṭɪŋ | -tɪŋ] *adj.* 侮辱の, 無礼な, 失敬な: make an ~ remark 無礼なことを言う / use ~ language 侮辱的な言葉を使う.

in·súlt·ing·ly 〘《1623》〙 *adv.* 侮辱して.

in·súlt·ment *n.* 《廃》=insult.

in·su·per·a·ble [ɪnsú:p(ə)rəbḷ, ən- | ɪns(j)ú:-] 〘《*a*1398》'unconquerable'▭OF ~ ∥ L *insuperābil-is*: ⇨ in-², superable〙 **—** *adj.* 〈障害・困難など〉打ち勝ち難い, 克服し難い, 排し得ない, 越えられない (↔ superable): an ~ barrier, difficulty, objection, etc. **in·sù·per·a·bíl·i·ty** [-rəbíləṭi | -lətɪ, -lɪ-] *n.* **~·ness** *n.*

in·sú·per·a·bly [-bli | -blɪ] 〘《1675》: ⇨↑, -ly¹〙 *adv.* 「打ち勝ち難いほどに).

in·sup·port·a·ble [ìnsəpɔ́əṭəbḷ, -pɔ́əṭ- | -pɔ́:t-] 〘▭F ~ ∥ LL *insupportābil-is*: ⇨ in-², supportable〙 **—** *adj.* **1** 〈生活・重荷など〉耐えられない, 辛抱のできない, 忍び難い, 我慢のできない: an ~ pain / a life ~ *to* me 私に耐えられない生活. **2** 〈主張など〉支持できない, 弁護の余地のない, 条理の立たない: ~ charges, accusations, etc. **~·ness** *n.* **in·sup·pórt·a·bly** *adv.*

in·sup·press·i·ble [ìnsəprésəbḷ | -səbḷ, -sɪ-] 〘← IN-²+SUPPRESSIBLE〙 *adj.* 抑制できない, 押さえ切れない. **in·sup·préss·i·bly** *adv.*

in·sur·a·ble [ɪnʃú(ə)rəbḷ, ən- | ɪnʃúər-] 〘⇨ insure, -able〙 *adj.* 保険が付けられる[に適する]: ~ property 被保険財産. **in·sùr·a·bíl·i·ty** [-rəbíləṭi | -lətɪ, -lɪ-] *n.*

insúrable ínterest *n.* 〘保険〙被保険利益.

insúrable válue *n.* 〘保険〙被保険価格.

in·sur·ance [ɪnʃú(ə)rəns, ən- | ɪnʃúər-] 〘《n.: ?*a*1400; adj.: 1651》*ensurance*▭OF *enseurance*: ⇨ insure, -ance〙 **—** *n.* **1** 保険 (cf. assurance 6): contract [cancel] ~ 保険を契約[解約]する / buy ~ 保険にはいる[を付ける] / carry [be covered by] ~ 保険が付けて[掛けて]ある / sell ~ 保険の外交[セールス, 勧誘]をする / aviation ~ 航空保険 / cancer ~ 癌(がん)保険 / compulsory ~ 強制保険 / crop ~ 収穫物保険 / earthquake ~ 地震保険 / family income ~ 家族収入保険 / frost [hail] ~ 霜害[雹害(ひょうがい)]保険 / full ~ 全部保険 / invalidity ~ =disability insurance / juvenile ~ 小児保険 / loss of profits ~ 利益保険《火災などの事故による営業利益の喪失に対する保険》/ mutual ~ 相互保険 / pure endowment ~ =pure endowment / sickness ~ 疾病(しっぺい)保険 / survivorship ~ 遺族保険 / under ~ 一部保険 / voluntary ~ 任意保険 / windstorm ~ 暴風雨[風水害]保険 / ~ *against* traffic accidents 交通傷害保険 / ~ for life 終身保険. **2** 保険契約; 保険証券: apply for an ~ 保険を申し込む / He has several ~*s*. 保険に幾つもはいっている. **3** 保険金; 保険料: carry (a large) ~ (*on* one's life) (多額の生命)保険を掛けている / receive ¥200,000 ~ *for* damage to one's car 自動車の破損に対して保険金 20 万円を受け取る / My ~ is $300 a year. 私の保険料は年に 300 ドルだ. **4** 《英》保証, 請合い〔*against*〕.

— *attrib. adj.* 保険の: ~ business 保険事業 / an ~ carrier 保険業者 / an ~ company [firm] 保険会社 / ~ law 保険法 / an ~ man 保険勧誘員 / ~ money 保険金 / an ~ premium 保険料 / an ~ rate 保険料率.

insúrance àgent *n.* 保険代理店. 「約書).

insúrance certìficate *n.* 保険証明書[引受証, 契

insúrance pòlicy *n.* 保険証券[証書]: carry [be covered by] an ~ 保険が付けて[掛けて]ある / take out an ~ (*against*) (…に対して)保険を掛ける.

insúrance rùn *n.* 〘野球〙駄目押し点.

in·sur·ant [ɪnʃú(ə)rənt, ən- | ɪnʃúər-] 〘⇨↓, -ant〙 *n.* 被保険者; 保険契約者.

in·sure [ɪnʃúə, ən- | ɪnʃúə(r] 〘《*c*1390》*ensure(n), insure(n)* to guarantee: ⇨ ensure〙 **—** *vt.* **1** 〈人・家などを〉保険に入れる, …に保険を付ける (cf. assure 5): ~ oneself [one's life] *for* £20,000 2 万ポンドの生命保険にはいる / ~ one's house *against* fire *for* $10,000 *with* an insurance company 家に対して保険会社と 1 万ドルの火災保険契約を結ぶ. **2** 〈保険業者が〉(生命・傷害・火災・損害・健康・失業などに対して)…の保険を引き受ける〔*against*〕: The company ~*d* his cargo *against* sea perils. 保険会社は彼の船荷の海上保険を引き受けた. **3** 確実にする, 確保する; 保証する, 請け合う: ~ a seat 席を確保する / I ~ your success.=I ~ *that* you will succeed. 君の成功を保証する. **4** 《米》〔…から〕守る, 安全にする〔*against, from*〕: ~ a person *against* [*from*] danger 危険から人を守る / ~ one's money *against* theft by depositing it in a bank 金を銀行に預けて盗難から守る. **—** *vi.* 〔…の〕保険の契約をする, 保険に加入する, 保険証券を発行する〔*against*〕.

in·súred *adj.* **1** 保険に加入した; 保険付きの. **2** [the ~; 名詞的; 単数または複数扱い] 被保険者, 保険契約者 (policyholder) (↔ insurer).

in·súr·er [-ʃú(ə)rə | -ʃúərə(r] *n.* **1** 〘保険〙保険業者[会社]: a life ~ 生命保険会社. **2** 《古》保証人, 引受人; 保証するもの.

in·sur·gence [ɪnsə́:dʒəns, ən- | ɪnsə́:-] 〘⇨ insurgent, -ence〙 *n.* 暴動, 反乱, 謀反; 反乱行為.

in·sur·gen·cy [ɪnsə́:dʒənsi, ən- | ɪnsə́:dʒənsɪ] 〘⇨↓, -ency〙 **—** *n.* **1** =insurgence. **2** 〘国際法〙反乱 (rebellion) (cf. belligerency 1).

in·sur·gent [ɪnsə́:dʒənt, ən- | ɪnsə́:-] 〘《1765》▭F 《廃》~▭L *insurgentem* (pres.p.) ← *insurgere* to rise up ← IN-¹+*surgere* 'to rise, SURGE'〙 **—** *adj.* [通例 Attributive に用いて] **1** 反乱[暴動]の, 反乱[暴動]を起こした, 反旗を翻した: ~ troops 反乱軍. **2** 《米》〘政治〙(政党主脳部に対する)反抗分子の, 造反派の, 反主流派の. **3** 《詩》荒立つ, 打ち寄せる: ~ waves 逆巻く荒波. **—** *n.* **1** 暴民, 暴徒, 反乱者. **2** 《米》〘政治〙(政党の)党議に反抗する党員, 反抗分子《特に, 1911 年急進主義を唱えて反乱した共和党議員》. **~·ly** *adv.*

in·súr·ing clàuse [-ʃú(ə)rɪŋ- | -ʃúər-] *n.* 〘保険〙保険条項.

in·sur·mount·a·ble [ìnsəmáunṭəbḷ | -sə(:)máunt-] 〘⇨ in-², surmountable〙 **—** *adj.* 〈山など〉越せない; 〈困難など〉打ち勝ち難い, 克服できない: an ~ chain of mountains 越すことのできない山脈 / an ~ task 手に負えない仕事 / an ~ difficulty [obstacle] 打ち勝ち難い困難[障害]. **ìn·sur·mòunt·a·bíl·i·ty** [-ṭəbíləṭi | -təbílətɪ, -lɪ-] *n.* **~·ness** *n.*

ìn·sur·móunt·a·bly [-bli | -blɪ] 〘⇨↑, -ly¹〙 *adv.* 越せない[打ち勝ち難い]ほどに).

in·sur·rect [ìnsərékt] 〘《逆成》← INSURRECTION〙 *vi.* 《まれ》暴動を起こす, 反抗する (revolt).

in·sur·rec·tion [ìnsərékʃən] 〘《1430–31》▭(O)F ~▭LL *insurrectiō(n-)* ← L *insurrectus* (p.p.) ← *insurgere* to rise up: ⇨ insurgent〙 **—** *n.* 暴動, 反乱, 謀反: rise in [raise] ~ 暴動を起こす. **~·al** [-ʃənḷ, -ʃnəl] *adj.* **~·al·ly** *adv.*

in·sur·rec·tion·ar·y [ìnsərékʃənèri | -ʃ(ə)nərɪ] 〘⇨↑, -ary〙 **—** *adj.* **1** 暴動の, 反逆の, 謀反の. **2** 暴動を好む[起こしがちな], 反逆を事とする. **—** *n.* 暴徒, 暴民; 反逆者.

ìn·sur·réc·tion·ìsm [-ʃənìzm] *n.* 暴動主義.

ìn·sur·réc·tion·ist [-ʃ(ə)nɪst, -nəst | -nɪst] *n.* 暴動[反乱]扇動者[参加者], 暴徒, 反徒.

in·sur·rec·tion·ize [ìnsərékʃənàɪz] *vt.* **1** 〈国など〉に暴動を起こす. **2** 〈個人・集団・国民を〉扇動して暴動を起こさせる.

in·sus·cep·ti·bil·i·ty [ìnsəsèptəbíləṭi | -təbílətɪ, -tɪ-, -lɪ-] *n.* 無感覚, 無感動, 感受性のないこと〔*to*〕.

in·sus·cep·ti·ble [ìnsəséptəbḷ | -tə-, -tɪ-] 〘⇨ in-², susceptible〙 **—** *adj.* **1** 〔…を〕容れない, 受け付けない〔*of, to*〕: a disease ~ *of* medical treatment 治療のできない病気 / a person ~ *to* colds かぜを寄せ付けない人. **2** 〔感情などに〕動かされない, 感じない, 無感覚な, 無神経な〔*of, to*〕: a heart ~ *of* pity [*to* flattery] 哀れみの情のない[へつらいに動じない]心. **ìn·sus·cép·ti·bly** *adv.*

ín·swèpt 〘← IN (adv.)+SWEPT〙 *adj.* 〈飛行機の翼・自動車など〉先端が狭くなった, 先細の.

ín·swìnger *n.* 〘クリケット〙インスウィンガー《打者の右前方から左後方にそれる打球; cf. outswinger》.

in't [ɪnt, ənt | ɪnt] 《古・詩》in it の縮約形.

int. 《略》integral; intelligence; intercept; interest; interim; interior; interjection; interleaved; intermediate; internal; international; interpret; interpreter; interpretation; intersection; interval; interview; intransitive.

i'n't, i'nt [ínt, ənt | ɪnt] 《廃》isn't, is not の縮約形.

in·tact [ɪntǽkt, ən- | ɪn-] 〘《*a*1500》▭L *intact-us* untouched ← IN-²+*tactus* ((p.p.) ← *tangere* to touch): cf. tact, tangent〙 **—** *adj.* **1** [Predicative に用いて] **a** 手をつけない, そのままの, 完全な, そこなわれない: remain ~ そのまま残る / leave [keep] a thing ~ 物を完全にして置く, 手をつけないでおく / be found ~ そっくりそのまま見つかる / live on the interest keeping the capital ~ 元金には手をつけないで利子で生活する. **b** 変わってない, 減ってない; 影響を受けてない, 動揺してない. **2 a** 〈身体または身体の一部が〉無傷な, 健全な. **b** 処女の. **c** 〈動物が〉(去勢されずに)健全な. **~·ness** *n.*

intagli *n.* intaglio の複数形.

in·ta·gliat·ed [ɪntǽljeɪṭɪd, ən-, -tá:l-, -tǽglièɪt-, -tá:g-, -ṭəd | ɪntá:lɪèɪt-, -tǽl-, -ljeɪt-] 〘▭It. *intagliato* (p.p.) ← *intagliare*: ⇨↓, -ate², -ed〙 **—** *adj.* 彫り込み[彫り下げ]にした.

in·ta·glio [ɪntǽljou, ən-, -tá:l-, -tǽgliòu, -tá:g- | ɪntá:lɪəu, -tǽl-, -ljəu] 〘《1644》▭It. ~ 'engraving, engraved work' ← *intagliare* ← IN-¹+*tagliare* to cut (< ? VL *tāliare*: cf. tailor¹)〙 **—** *n.* (*pl.* **~s, in·ta·gli** [-lji:, -li | -lji:, -ljɪ]) **1** 〘美術〙**a** 陰刻, 沈み彫り(模様) (⇨ sunk relief): in ~ 沈み彫りにして[した]. **b** 沈み彫り細工 (cf. cameo 1 a). **2** 沈み彫りをつくる鋳型. **3** 〘印刷〙凹版(おうはん): ~ printing 凹版印刷. **—** *vt.* …に模様を彫り込む, 沈み彫りにする; 〈模様を〉彫り込む.

ín·tàke 〘← IN (adv.)+TAKE: cf. take-in〙 **—** *n.* **1** (水・空気・蒸気などの)取入れ口, 取水口: an air [a sewer] ~ 空気[下水]取入れ口 / the ~ of an engine cylinder. **2 a** 取入れ(量), 吸込み(量), 摂取(量): a high alcohol ~ 高いアルコール摂取量《大酒飲み》/ the ~ of oxygen [protein] 酸素[蛋白質]の摂取量 / I heard a sudden ~ of her breath. 突然彼女が息を吸い込む音が聞えた. **b** 〘機械〙入力 (input); (内燃機関の)吸気. **3** (管・靴下などが)くびれて細くなること, くびれ. **4** 〘鉱山〙通気[入気]立坑, 通風孔 (air shaft). **5 a** (人などの)採用, 徴用: the ~ of new employees. **b** [集合的にも用いて] 受け入れ[採り入れ]た人[もの]; 収容人員; 採用[徴用]人員; 《英》新兵, 初年兵. **6** 《1230》《英方言》囲い地, (特に, 沼沢地の)埋立地, 干拓地. **7** 《英方言》詐欺; 詐欺師.

in·tan·gi·bil·i·ty [ɪntæ̀ndʒəbíləṭi, ən- | -dʒəbílətɪ, -dʒɪ-, -lɪ-] *n.* **1** 触れることができないこと; (問題などの)つかみどころのなさ. **2** 触れることのできない[無形の]もの.

in·tan·gi·ble [ɪntǽndʒəbḷ, ən- | -dʒə-, -dʒɪ-] 〘《1640》▭F ~ ∥ ML *intangibil-is*: ⇨ in-², tangible〙 **—** *adj.* **1** (光や音のように)触れることができない, 手に取れない; 実体のない, 無形の: tangible and ~ losses 有形無形の損失. **2** (雲をつかむように)つかみにくい, ぼんやりした, はっきりしない, 不可解な: ~ hopes, ideas, dreams, etc. **—** *n.* 手に触れ得ないもの; 無形のもの; つかみにくいもの, (善意・特許権などの)無形資産. **~·ness** *n.* **in·tán·gi·bly** *adv.*

intángible fíxed ássets *n. pl.* 〘会計〙無形固定資産《有形固定資産に対するもので, 営業権・特許権など; cf. TANGIBLE fixed assets》.

intángible próperty *n.* 無形資産, 無体財産《株式・のれん・特許権・約束手形など》.

in·tar·si·a [ɪntá:siə, ən- | ɪntá:sɪə] 〘▭It. *intarsio* ← *intarsiare* to inlay, incrust ← IN-¹+*tarsiare* to inlay (← *tarsia* inlaid work▭Arab. *tarṣīʿ* setting together)〙 **—** *n.* 〘美術・工芸〙インタルジア, 寄木象眼《15 世紀ごろからイタリアで発達した象眼(細工)》; 象眼技術.

in·tar·sist [ɪntá:sɪst, ən-, -səst | ɪntá:sɪst] *n.* 象眼細工職人[師].

in·te·ger [íntɪdʒə, -ṭə- | -tɪdʒə(r] 〘《1571》▭L ~ (adj.) untouched, whole ← IN-²+*tag-, teg-* ((stem) ← *tangere* to touch): cf. entire, tact〙 **—** *n.* **1** 〘数学〙整数, 全数 (whole number) (cf. fraction 5). **2** 完全なもの, 完全体.

in·te·gra·ble [íntɪgrəbḷ, -ṭə- | -tɪ-] 〘← INTEGR(ATE)+-ABLE〙 *adj.* 〘数学〙〈関数・微分方程式が〉積分可能な, 可積分の. **in·te·gra·bíl·i·ty** [-grəbíləṭi | -lətɪ, -lɪ-] *n.*

in·te·gral [íntɪgrəl, -ṭə-, ɪntég-, -tí:g- | íntɪg-, ɪntég-] 〘《adj.: 1551; n.: 1620》▭LL *integrāl-is* whole, complete: ⇨ integer, -al¹: スイスの数学者 J. Bernoulli (1654–1705) によって数学に導入された〙 **—** *adj.* **1** (全体の一部分として)欠くことのできない, 絶対必要な, 肝要な: the ~ parts of a machine / a point ~ *to* one's plan 計画に欠くことのできない点. **2 a** 〔…と共に〕(全体を構成する)要素を成す〔*with*〕. **b** 各部分[要素]から成る, 統合された, 複合的な: A hospital and a medical school are one ~ group. 病院と医科大学とは 1 つの複合体である. **3** 完全な: an ~ whole 完全体, 総合体 / the ~ works 全作品, 全集. **4** [íntɪgrəl, -ṭə- | -tɪ-] 〘数学〙整数の (cf. fractional 3); 積分の (cf. differential). **—** *n.* **1** 完全体, 完全物, 全体, 総体. **2** [íntɪgrəl, -ṭə- | -tɪ-] 〘数学〙整数; 積分: ⇨ definite integral, elliptic integral, indefinite integral, Riemann integral. **~·ly** *adv.*

íntegral cálculus *n.* 〘数学〙積分学.

íntegral cóver *n.* 〘製本〙=self-cover.

íntegral cúrve *n.* 〘数学〙(常微分方程式の)積分曲線, 解曲線.

íntegral domáin *n.* 〘数学〙整域《零因子をもたない環; domain of integrity ともいう》.

íntegral equátion *n.* 〘数学〙積分方程式《未知関数の積分を含む方程式》.

in·te·gral·i·ty [ìnṭəgrǽləṭi | -tɪgrǽlətɪ, -lɪ-] 〘⇨ integral, -ity〙 *n.* 完全, 不可欠(性).

íntegral tánk *n.* 〘航空〙インテグラルタンク《燃料タンクの容量増大と軽量化とを図るために, 翼などの構造の一部をそのまま燃料タンクとするもの》.

íntegral tést *n.* 〘数学〙積分判定法《積分を用いて級数の収束発散を判定する方法》.

íntegral trípack *n.* 〘写真〙インテグラルトライパック《感色性の異なる 3 種の乳剤を同一の支持体に塗布した現在一般に使われるカラーフィルム》.

in·te·grand [íntəgrænd | -tɪ-] 〘▭L *integrand-um* (neut. gerundive) ← *integrāre*: ⇨ integrate〙 *n.* 〘数学〙被積分関数.

in·te·grant [íntɪgrənt, -ṭə- | -tɪ-] 〘▭L *integrant-em* (pres.p.) ← *integrāre*: ⇨ integrate〙 **—** *adj.* 完全体を構成する; 一部を成す, 成分である, 要素の; (要素として)必要欠くべからざる: an ~ part 構成要素, 成分, 要素. **—** *n.* **1** (不可欠な)成分, 要素. **2** 合板(建材).

in·te·graph [íntəgræ̀f | -tɪgrɑ̀:f, -græ̀f] 〘《混成》←

INTEGRA(TE)+(-GRA)PH》 *n.* 〘数学〙インテグラフ, 積分器, 求積器 (integrator).

in·te·grate [íntəgrèɪt | -tɪ-] 《(adj.: c1450; v.: 1638)》 ← L *integrāt-us* made whole (p.p.) ← *integrāre* to make whole ← *integr-, integer* whole: ⇨ integer》 **—** *vt.* **1 a** 〈部分・要素を〉全体にまとめる, 統合する, 一本にする: ~ plans 計画を一本にまとめる / ~ several ideas *into* one's own philosophy いろいろな思想をまとめて独自の哲学に作り上げる. **b** (必要な部分・要素を加えて)完全にする, 完成する: The conquest ~*d* the empire. その征服によって帝国は完全なものとなった. **2** 〈個人・グループなどを〉(全体の中に)吸収[統合]する〔*into*〕: ~ immigrants *into* the community 移民を地域社会に融け込ませる. **3** 〈部分・要素を〉〔他の物と〕正しく調和[融合]させる〔*with*〕: ~ a new building *with* the setting 新しい建物を環境と一体的に調和させる. **4 a** (軍隊・学校・施設などで)…に対し人種的・宗教的差別を廃止[撤廃]する (cf. desegregate, segregate 2): ~ Negroes. **b** 〈教育機関などを〉(人種的・宗教的差別を廃止して)統合[融合]する: ~ classes [school districts]. **c** 〈公共施設などを〉(人種的・宗教的差別を廃止して)共用化する: ~ a restaurant. **5** 〈温度・風速・面積など〉の総和[平均値]を示す. **6** 〘数学〙積分する. **7** 〘心理〙〈人格を〉統合させる. **—** *vi.* **1** 統合される, 一本になる. **2** 〈学校・近隣・軍隊などが〉人種的・宗教的差別を廃止[撤廃]する. **3** 優勢な文化と融合[合体]する.
— *adj.* 部分から成る; 合成した, 複合体の, 完全な, 全一的な: an ~ whole 完全な統合体.
— *n.* 複合体, 統合体.

ín·te·gràt·ed [-tɪd, -təd | -tɪd, -təd] 《(p.p.) ← INTEGRATE》 **—** *adj.* **1** 統合した, 合成した; 組織化された, 一貫生産の, 完全な. **2** 人種的・宗教的差別をしない (cf. segregated 2): an ~ school. **3** 〘心理〙〈人格が〉統合された (cf. dissociated 2): an ~ personality (肉体・精神・情操共に均衡のとれた)統合された人格. **4** 〘社会学〙〈集団・社会など〉共通の規範・価値で結ばれた.

íntegrated círcuit *n.* 〘電子工学〙集積回路 (略 I.C., IC): a large-scale ~ 大規模[高密度]集積回路 (略 LSI).

íntegrated círcuitry *n.* 〘電子工学〙集積回路工学, 集積回路設計.

íntegrated dáta pròcessing *n.* 〘電算機〙統合データ処理(方式), 集中情報処理 (略 IDP; cf. automatic data processing).

íntegrated ínstrument sỳstem *n.* 〘航空〙総合計器装置《操縦士への情報提供をより適確にするため数種の表示を一つのパネルで示す装置; 略 IIS》.

ín·te·grat·ing fàctor [-tɪŋ- | -tɪŋ-] *n.* 〘数学〙積分因子[因数]《一階の微分方程式に掛けて完全微分の形にするための因数》.

íntegrating sphère *n.* 〘光学〙積分球《内面を白色拡散面にした中空の球で, 光源の全光束等を測定するのに用いる; Ulbricht sphere ともいう》.

íntegrating wàttmeter *n.* 〘電気〙電力量計, 積算電力計.

in·te·gra·tion [ìntəgréɪʃən | -tɪ-] 《(1620)》 ▭ L *integrātiō(n-)* renewal, restoration to wholeness ← *integrāre* 'to INTEGRATE': ⇨ -ation》 **—** *n.* **1** 完全(体)にすること; 集成, 統合, 完成. **2** (個人の)環境と調和のとれた行動[態度], 調整. **3** 〘数学〙積分法 (cf. differentiation): ~ by parts 部分積分法 / ~ constant 積分常数 / ~ by substitution 置換積分法 / the sign of ~ 積分符号 (∫). **4** 〘経済〙(国際的な)経済統合; 〘軍事〙(軍隊の 2 またはそれ以上の構成要素を緊密な協同動作のとれる統一体に組織化する)統合 (cf. coordination 4). **5** 〘心理〙(人格の)統合 (cf. dissociation 2). **6** 《米》〘教育〙学科目の統合, インテグレーション《一つのテーマを中心にしていくつかの教科を総合的に教えること》. **7** (軍隊・学校・施設などにおける)人種的・宗教的差別待遇の廃止, (その廃止による)統合《racial integration ともいう; cf. desegregation, segregation 3》.

integrátion cìrcuit *n.* 〘電子工学〙積分回路《入力信号を時間的に積分したものを出力とする回路》.

ìn·te·grá·tion·ist [-ʃ(ə)nɪst, -nəst | -nɪst] *n.* 人種的・宗教的差別待遇撤廃論者[運動家], 人種差別廃止論者[運動家]. **—** *adj.* 人種的・宗教的差別待遇の廃止を唱える.

in·te·gra·tive [íntəgrèɪtɪv | -tɪgrèɪt-] 〘← L *integrāt-us* (⇨ integrate)+-IVE〙 *adj.* **1** 完全にする, 集成的な, 統合的な. **2** =integrant.

ín·te·grà·tor [-tə | -tə(r] 〘▭ LL *integrātor*: ⇨ integrate, -or²〙 *n.* **1** 完成[集成, 統合]する人[もの]. **2** 〘数学〙積分器, 求積器; 求積者.

in·te·gri- [íntəgrə | -tɪgrɪ] 〘▭ L ~ ← *integr-, integer* 'INTEGER'〙「完全な (entire)」の意の連結形.

in·teg·ri·ty [ɪntégrəti, ən- | -rɪti] 《(a1400)》 *integrite* ▭ (O)F *intégrité* ∥ L *integritāt-em* wholeness, purity ← *integr-, integer* 'INTEGER': ⇨ -ity》 **—** *n.* **1** 完全, 無欠, 完全性; (そっくり)元のまま(の状態), 本来の姿: the ~ of an ancient manuscript 古写本の完全な形 / in its ~ そっくりそのままで, 元のままで / preserve the territorial ~ [the ~ of the state] 領土[国家]を保全する. **2** 正直, 高潔, 誠実: a man of ~ (of character) (人格の)高潔な人 / lack of commercial ~ 商業道徳の欠如.

ìn·te·gro-differéntial [ìntəgro(ʊ)- | -tɪgrə(ʊ)-] *adj.* 〘数学〙積分微分の《関数の積分と微分の両方を含む》: an ~ equation 積分微分方程式.

in·teg·u·ment [ɪntégjumənt, ən- | ɪn-] 《(c1611)》 ▭ L *integument-um* ← *integere* to cover ← IN-¹+*tegere* to cover (⇨ tegument: cf. thatch / Gk *stégein*)》 **—** *n.* **1 a** 〘解剖・動物〙外皮, 包被; (特に)皮膜 (membrane), 皮膚 (skin), 皮 (rind), 殼(から) (shell), 莢(さや) (sheath). **b** 〘植物〙珠皮, 珠被《胚珠(はいしゅ)の外側にある薄い皮》. **2** おおい, 外被.

in·teg·u·men·tal [ɪntègjuméntḷ, ən- | ɪntègjuméntl] *adj.* 外皮[珠皮]の, おおいの; (特に)皮膚に関する, 皮膚を冒す.

in·teg·u·men·ta·ry [ɪntègjuméntəri, ən- | ɪntègjuméntəri] *adj.* =integumental.

in·tel·lect [íntəlèkt, -tḷ- | -te-, -tɪ-] 《(c1380)》 ▭ (O)F ~ ∥ L *intellect-us* a perceiving, discernment, understanding ← (p.p.) ← *intellegere, intelligere* to perceive: cf. intelligent》 **—** *n.* **1** (意志や感情に対する)知性, 思惟(しい)能力, 悟性; (特に, 高度な論理的または直観的な)知性, 理知: a man of ~ 知性のすぐれた人, 理知的な人 / appeal to the ~ 知性に訴える. **2 a** 知識人, 識者 (intellectual person): a great ~ / the ~*s* of the country 全国のインテリたち. **b** [the ~; 集合的に用いて] 知識人たち; 知識階級: *The* (whole) ~ of the age is enlisted in these inquiries. これらの研究には当代の知識層がこぞって参加している. **3** [*pl.*] 《米方言》理性, 分別, 正気 (senses).

in·tel·lec·tion [ìntəlékʃən, -tḷ- | -təl-, -tɪ-] 《(?c1400)》 *intelleccioun* 《廃》 meaning ▭ L *intellectiō(n-)*: ⇨ ↑, -tion》 **—** *n.* **1** 思惟(しい)作用, 思考. **2** (思惟の結果得られる)概念, 観念; 理解; 知性.

in·tel·lec·tive [ìntəléktɪv, -tḷ- | -tə-, -tɪ-] 《(?a1425)》 ▭ (O)F *intellectif* ∥ LL *intellectīv-us*: ⇨ intellect, -ive》 **—** *adj.* **1** =intellectual 1. **2** 知性のある, 賢明な (intelligent). **~·ly** *adv.*

in·tel·lec·tu·al [ìntəléktʃuəl, -tḷ-, -tʃʊl | -təléktjuəl, -tɪ-, -tjʊl, -tʃuəl, -tʃʊl] 《(adj.: a1398; n.: 1599)》 ▭ L *intellectuāl-is* ← *intellectus* 'INTELLECT': ⇨ -al¹》 **—** *adj.* **1** (意志や感情に対し)知力の, 知的な, 理知の: the ~ faculties [powers] 知的能力, 知能 / an ~ process 知的作用 / an ~ effort 知的な努力. **2** 〈職業・仕事などが〉(高度の)知力を要する, 理知に訴える, 知能を働かせる, 頭を使う; 知的な, 理知的な: ~ employment [pursuits] 知的研究 / an ~ occupation 知的職業 / an ~ offense [crime] 知能犯 / an ~ taste 理知的な趣味 / an ~ life 知的生活 / an ~ novel 知的な小説. **3** 〈人など〉知性[理性]のすぐれた, 理知的な, 知識のある, 賢明な, 頭のよい: an ~ writer [poet] 理知的な作家[詩人] / the ~ class 知識[インテリ]階級 / an ~ face 理知的な顔. **—** *n.* **1** 知識人, インテリ: the ~*s* of a country 一国の知識[インテリ]階級. **2** 極端に理性的[理知的]な人. **3** [*pl.*] 《古》知的能力, 思考力. **4** [*pl.*] 《まれ》知的な事柄. **~·ness** *n.*

ìn·tel·léc·tu·al·ìsm [-lɪzm] 《(1829)》: ⇨ ↑, -ism》 **—** *n.* **1** 〘哲学〙主知[理知, 知性]主義《認識論・形而上学・倫理学などにおいて, 感覚論 (sensationalism)・経験論 (empiricism)・直観主義 (intuitionism)・神秘主義 (mysticism)・主意主義 (voluntarism) 等に対立し, 人間の理性・知性・理知・思慮などの存在と機能を力説する立場》. **2** 〘文芸〙主知主義《文芸は感情と感傷のみのものではなく, 知性と結びついて社会・人生を見るものだとする態度; 主に第一次大戦後のイギリス文学などに現われた傾向》. **3** 知性の行使; 理知に偏すること, 知性偏重; 主知的傾向; 知的研究.

in·tel·léc·tu·al·ist [-lɪst, -ləst | -lɪst] 《(1605)》 *n.* 主知主義者, 知性偏重傾向の人.

in·tel·lec·tu·al·is·tic [ìntəlèktʃuəlístɪk, -tḷ-, -tʃʊl- | -təlèktjuəl-, -tɪlèk-, -tjʊl-, -tʃuəl-, -tʃʊl-] *adj.* 主知主義(者)の.

in·tel·lec·tu·al·i·ty [ìntəlèktʃuǽləti, -tḷ- | -təlèktjuǽlɪti, -tɪlèk-, -tʃu-, -lɪti] 《(c1380)》 ▭ LL *intellectualitāt-em*: ⇨ intellectual, -ity》 *n.* 知性; 知力.

in·tel·lec·tu·al·ize [ìntəléktʃuəlàɪz, -tḷ-, -tʃʊl- | -təléktjuəl-, -tɪlèk-, -tjʊl-, -tʃuəl-, -tʃʊl-] *vt.* **1** …に知性を与える, 理知的にする. **2** (情を交えずに)理性的に調査[解釈]する, 知的に分析する. **—** *vi.* 知性を働かす, 知的に論ずる, 思考する. **in·tel·lec·tu·al·i·za·tion** [ìntəlèktʃuəlɪzéɪʃən, -tḷ-, -ləz-, -tʃʊl- | -təlèktjuəlaɪz-, -tɪ-, -tjʊl-, -tʃuəl-, -tʃʊl-] *n.* **ìn·tel·léc·tu·al·ìz·er** *n.*

ìn·tel·léc·tu·al·ly [-tʃuəli, -tʃʊli | -tjuəli, -tjʊli, -tʃuəli, -tʃʊli] 《(a1398)》: ⇨ intellectual, -ly¹》 **—** *adv.* **1** 知的に, 理知的に. **2** 知性[知力]に関しては, 知的見地から言えば.

intelléctual vírtue *n.* 〘アリストテレス哲学〙知徳《知恵や認識などのように理性的原理の体得に関する徳; cf. moral virtue》.

in·tel·li·gence [ɪntélədʒəns, ən- | ɪntélɪ-] 《(c1380)》 ▭ (O)F ~ ▭ L *intelligentia, -legentia* understanding ← *intellegentem* 'INTELLIGENT': ⇨ -ence》 **—** *n.* **1** 理知, 知性, 知力, 思考力: human ~ 人間の知性, 人知. **2 a** (すぐれた)知性, 知力, 知恵, 聡明, ものわかりのよさ. ★intellect より意味が広い: have the ~ *to* do …するだけの頭[知恵, 機転]がある / The boy shows very little ~. あの子は理性が足りない《頭の働きが悪い》. **b** すぐれた知性の持主, 聡明な人. **3** (重要な事柄の)報道, 情報, 消息; 情報収集: exchange a look of ~ 互いに意味ありげに目配せする / give [receive] ~ of the movements of the enemy 敵軍の動静について情報を与える[受ける]. **4** 諜報(活動); =intelligence service. **5** 情報交換, 通信 (communication). **6** [しばしば I-] 知的存在物, 霊 (spirit); (特に)天使: the Supreme *Intelligence* 神 (God).

intélligence àgent *n.* 報道者; 情報将校; スパイ.

intélligence bùreau *n.* (軍事情報収集のための政府の)情報局, 情報部, 諜報部.

intélligence depàrtment *n.* =intelligence bureau.

intélligence òffice *n.* **1** =intelligence bureau. **2** 《米古》(家政婦などのための)職業紹介所[安定所].

intélligence òfficer *n.* 情報[諜報]将校.

intélligence quòtient *n.* 〘心理・教育〙知能指数《精神年齢 (mental age) を暦年齢 (chronological age) で割っ(て 100 倍し)た数; 略 IQ, I.Q.》.

in·tél·li·genc·er 《(1581)》: ⇨ intelligence, -er¹》 *n.* **1** 通報者, 情報者. **2** 内通者, 探偵, スパイ.

intélligence sèrvice *n.* (秘密)情報機関, 諜報機関《単に intelligence ともいう; cf. secret service 1》; 情報勤務; 情報幕僚.

intélligence tèst *n.* 〘心理〙知能検査[テスト].

in·tel·li·gent [ɪntélədʒənt, ən- | ɪntélɪ-] 《(1509)》 ▭ L *intelligent-em, -legentem* (pres.p.) ← *intelligere, -legere* to see into, perceive, understand, 《原義》 choose among ← INTER-+*legere* to gather, choose, observe, read》 **—** *adj.* **1** 理解力のある, 理性的な, 理知的な. **2** 〈人・動物が〉(生れつき)理解力の鋭い, 物分りのいい, 聡明な, 賢い: an ~ child / an ~ reader 聡明な読者 / an ~ animal 利口な動物. **3** 〈発言・行為など〉頭のよさを示す, 利口な, 気のきいた: an ~ question [reply] 頭のいい質問[返答] / conduct an ~ conversation 気のきいた会話をする. **4** 〘電算機〙情報処理機能をもつ. **5** 《古》〔…を〕理解している, 知っている〔*of*〕. **6** 《廃》話好きな.

in·tel·li·gen·tial [ɪntèlədʒénʃəl, ən- | ɪntèlɪ-] 〘← L *intelligentia* 'INTELLIGENCE'+-AL¹〙 **—** *adj.* **1** 知力の, 知的な. **2** 知力をもった, 知力のすぐれた. **3** 通報する.

in·tél·li·gent·ly 《(1671)》 ⇨ intelligent, -ly¹》 *adv.* 理知的に, 聡明に, 利口に.

in·tel·li·gen·tsi·a [ɪntèlədʒéntsiə, -dʒéntʃiə, -tʃə, ən-, -géntsiə | ɪntèlɪdʒéntsiə, ‒‒‒‒‒, -gén-; *Russ.* intjiljigjéntsijə] 《(1914)》 ▭ Russ. *intelligentsiya* ▭ Pol. *inteligiencja* ▭ L *intelligentia* 'INTELLIGENCE': cf. G *Intelligenzia*》 **—** *n.* (*also* **in·tel·li·gen·tzi·a** [~]) [通例 the ~; 集合的; 複数扱い] インテリゲンチア, インテリ層, 知識[文化人]階級; 頭脳労働者.

in·tel·li·gi·bil·i·ty [ɪntèlədʒəbíləti, ən- | ɪntèlɪdʒəbílɪti, -dʒɪ-, -lɪti] *n.* **1** 理解できること, 分かること, 明白, 明瞭. **2** 〘通信〙了解度. **3** 理解できる[明白な]事柄.

in·tel·li·gi·ble [ɪntélədʒəbḷ, ən- | ɪntélɪdʒə-, -dʒɪ-] 《(a1382)》 ▭ L *intelligibil-is, -legibilis*: ⇨ intelligent, -ible》 **—** *adj.* **1** 理解できる, 分かりやすい〔*to*〕; 意味の明瞭な: ~ pronunciation 明瞭な発音 / an ~ explanation 分かりやすい説明 / an ~ writer 分かりやすい作家 / ~ only to experts 専門家にしか分からない / make oneself ~ 自分の考え[言うこと]を分かってもらう / He spoke so fast as to be hardly ~. 余り早口に話すのでよく分からなかった. **2** 〘哲学〙(感覚を越えて)思惟(しい)され得る, 知性[理性]によって知り得る, 知性[英知]的な. **~·ness** *n.* **in·tél·li·gi·bly** *adv.*

In·tel·sat [íntelsæ̀t, ‒‒‒] 〘← *In(ternational) Tel(ecommunications) Sat(ellite Consortium)*〙 **—** *n.* **1** インテルサット, 国際商業衛星通信機構《衛星による宇宙空間の通信業務を商業ベースで世界(共産圏諸国を除く)の総ての地域に提供することを目標として 1964 年に発足した機構; 日本を含めて約 80 か国が加盟》. **2** インテルサットの後援で打ち上げた通信衛星.

in·tem·er·ate [ɪntémərèɪt, ən-, -rət, -rɪt | ɪn-] 〘▭ L *intemerāt-us* ← IN-²+*temerātus* ((p.p.) ← *temerāre* to violate ← *temere* rashly, by chance): cf. temerity〙 **—** *adj.* 《まれ》犯されない, 汚されない, 清らかな.

in·tem·per·ance [ɪntémp(ə)rəns, ən- | ɪn-] 《(?a1425)》 ▭ (O)F *intempérance* ▭ L *intemperantia*: ⇨ in-², temperance》 **—** *n.* **1** 不節制, 放縦; (言行などが)穏健さを欠くこと, 乱暴, 過激. **2** 耽溺(たんでき), 過度; 暴飲, 大酒: ~ in eating 暴食. **3** 激しさ, 厳しさ, (特に, 天候の)苛烈さ.

in·tem·per·ate [ɪntémp(ə)rət, ən-, -rɪt | ɪn-] 《(a1398)》 ▭ L *intemperāt-us* untempered, inclement, immoderate: ⇨ in-², temperate》 **—** *adj.* **1** 〈人・言行など〉節度のない; 穏健さを欠く, 不謹慎な, 過激な: ~ ambition 途方もない[大それた]野心 / ~ language 暴言 / ~ zeal 過度の熱心. **2** 度を過ごした; (特に)酒におぼれる, 大酒を飲む: ~ habits 大酒癖. **3** 〈寒さ・天候など〉厳しい, 激しい: an ~ zone 熱[寒]帯 / ~ weather 険悪な天候, 荒天, 嵐 / an ~ winter 寒さの厳しい冬. **~·ly** *adv.* **~·ness** *n.*

in·tend [ɪnténd, ən- | ɪn-] 《(?a1425)》 *intende(n)* ▭ L *intend-ere* to stretch out, direct ← IN-¹+*tendere* to stretch out (⇨ tend¹) ∽ 《(c1290)》 *entende(n)* ▭ (O)F *entend-re* ▭ L *intendere*》 **—** *vt.* **1 a** [*to* do, doing, *that*-clause を伴って] 〈…する〉つもりである, 〈…しようと〉思う, 意図する: I ~ *to* go. 行くつもりだ (cf. I ~*ed to have* gone. 行くつもりだった(が実現しなかった)) / I didn't ~ *to* hurt you. 君を傷つけるつもりでやったのではない / What do you ~ do*ing*? 何をする

つもりですか / I ~ *that* it (shall) be done today. それは今日仕上げるつもりだ / He ~*ed that* you (should) be invited. 君を招くつもりでいた. ★最後の2例のように *that*-clause で仮定法現在形を用いるのは《米》. **b** [目的語＋*to* do を伴って] …に〈…させる〉つもりである, …を〈…にする〉意向である：Do you ~ me *to* share the cost of the dinner? 食事の代金をぼくにも払わせるつもりかい / He has ~*ed* his novel *to* be filmed. 小説を映画化させる意向でいる. ★I ~ *for* him *to* call her. (彼に彼女を訪ねさせるつもりだ)のように言うのは《米口語》. **2** 〈人・物を〉〔ある目的に〕向けようとする〔*for*〕; 〔…として〕予定する〔*as*〕: This gift is ~*ed for* you. これは君への贈り物だ / His remark was ~*ed for* me. 彼の言葉は私への当てこすりだった / What was this ~*ed for*? これは何のため[何にするつもり]だったろう / I ~*ed* it *as* a stopgap. ほんの当座しのぎにやったまでだ. **3** 意図する, 企てる; 故意にする：~ marriage 結婚しようと思う / ~ the advantage of… の利益を考える[意図する] / We ~*ed* no harm. 別に悪気があってやった[言った]わけではない / Was this ~*ed*? これは故意にやったことか. **4** 〔…で〕意味する〔*by*〕: What do you ~ *by* your words? 君の言葉はどういう意味か《どういう意味でそう言ったのか》/ *By* biology is ~*ed* the science of living things. 生物学とは生物を研究する学問の謂(い)である. **5** 《古》〈目・心・方向・針路などを〉向ける.
— *vi.* **1** 目的[計画]を持つ：He may ~ otherwise. 彼はほかに考えがあるのかも知れない. **2** 《古》方向[針路]をとる. **~·er** *n.*

in·ten·dance [ɪnténdəns, ən- | ɪn-] 〘▭F ~：⇨ intendant, -ance〙 — *n.* **1** 行政, 監督, 管理 (superintendence); 経理(局). **2** (フランス・スペインなどの)行政庁, 地方庁; 管理庁; (特に軍の)管理部.

in·ten·dan·cy [ɪnténdənsi, ən- | ɪnténdənsi] 〘⇨↓, -ancy〙 — *n.* **1** intendant の職[身分, 地位, 区域]. **2** [集合的] 監督官; 管理部. **3** (スペイン植民地などの)行政区.

in·ten·dant [ɪnténdənt, ən- | ɪn-] 〘《1652》▭F ~ ▭L *intendentem* (pres.p.) ← *intendere*: ⇨intend, -ant〙 — *n.* (フランス・スペインなどの)監督官, 管理官 (superintendent); (スペイン植民地などの)地方行政長官.

in·ténd·ed 〘《1576》(p.p.) ← INTEND〙 — *adj.* **1** 意図された, もくろまれた, 故意の; 予定された, 所期の：an ~ insult 故意のはずかしめ / produce the ~ effect 予期した効果を生じる / a book ~ *for* advanced students 上級学生向きの本 / as ~ 予想通り. **2** 《口語》いいなずけの：one's ~ wife 未来の妻, 婚約中の女性.
— *n.* [one's ~ として]《口語》未来の夫[妻], いいなずけ, 婚約者 (fiancé(e)): her [his] ~.

in·ten·den·cy [ɪnténdənsi, ən- | ɪnténdənsi] *n.* = intendancy 3.

in·ténd·ing *adj.* これからなろう[しよう]とする：~ subscribers 予約[寄付]を申し込もうとする人々 / an ~ teacher 教師志望者 / an ~ emigrant (他国への)入国[移住]希望者.

in·ténd·ment 〘《a1393》*entendement*《廃》understanding, meaning ▭(O)F ← *entendre* to mean, intend < L *intendere* 'to INTEND': ⇨ -ment〙 *n.* **1** 《法律》(法の)真義, (法の)真意解釈. **2** 《古》意図, 目的.

in·ten·er·ate [ɪnténərèɪt, ən- | ɪn-] 〘← IN-¹＋L *tener* 'TENDER³'＋-ATE³〙 *vt.* 柔らかにする, 軟化する (soften).

in·ten·er·a·tion [ɪntènəréɪʃən, ən- | ɪn-] *n.* 軟化.

in·ten·sate [ɪnténseɪt, ən- | ɪn-] 〘⇨↓, -ate³〙 *vt.* 《文語》= intensify.

in·tense [ɪnténs, ən- | ɪn-] 〘《?a1425》▭(O)F *intens(e)* ‖ L *intens-us* stretched, violent (p.p.) ← *intendere* 'to INTEND'〙 — *adj.* **1** 〈光・温度など〉激しい, 強烈な, 猛烈な, 極端な：~ cold 厳しい寒さ, 厳寒 / ~ heat 酷暑; 高い熱 / the ~ sun 烈日 / ~ pain 激痛. **2** 〈感情・行動など〉激しい, 熱心な, 熱烈な; 〔…に〕努力する, 一生懸命な〔*in*〕: an ~ desire [hatred] 激しい欲望[憎しみ] / ~ happiness 強烈な幸福(感) / ~ love 熱烈な愛[恋愛] / an ~ life 奮闘努力の生涯 / ~ study 熱心な研究 / be ~ *in* one's application 一心不乱に勉強する. **3** 〈人など〉感情的な, 熱情的な, 感動しやすい, 熱烈な; 〈顔など〉真剣な, 緊張した：an ~ person 熱情家 / an ~ face 真剣な顔. **4** 《写真》(明暗の)強い, どぎつい (dense), 光の強い. **~·ness** *n.*

in·ténse·ly 〘《?a1425》〙 *adj.* 激しく; 強烈に, 熱情的に; 熱心に, 一生懸命に.

in·ten·si·fi·ca·tion [ɪntènsəfɪkéɪʃən, ən-, -fə- | ɪntènsɪfɪ-] 〘← INTENSIFY＋-FICATION〙 — *n.* **1** 強める[強まる]こと, 強化, 増大. **2** 《写真》補力(法), 増感(法)《陰画が薄過ぎる場合, 薬液によって不透明度を増加させること; ↔ reduction》.

in·tén·si·fì·er 〘⇨↓, -er¹〙 — *n.* **1** 強める[激しくする]もの. **2** 《文法》強意語 (⇨ intensive 3). **3** 《写真》増感剤, 補力液, 増度液. **4** 《生物》強調遺伝子, 強調因子. **5** 《機械》増圧機《水圧を上げるためのピストン装置》.

in·ten·si·fy [ɪnténsəfàɪ, ən- | ɪnténsɪ-] 〘《1817》← INTENSE＋-FY〙 — *vt.* **1** 〈光・温度などを〉強める, 激しくする, 強烈にする：~ heat, colors, etc. **2** 〈感情・行動などを〉激しくする, …の度を増す, 激化する, 深刻化する：~ one's efforts / The political ferment was *intensified* by labor unrest. 政治的動揺は労働不安によってさらに激化した. **3** 《写真》〈薄い原板を〉濃くする, 補力する, 増感する. — *vi.* 強くなる, 激化する, 深刻化する：The war has *intensified*. 戦争が激化した.

in·tén·si·fỳ·ing scrèen *n.* 《写真》増感[板]《X 線写真の感度を増大するため, フィルムの両面に密着させて用いられる蛍光物質を塗った厚紙または薄板》.

in·ten·sion [ɪnténʃən, ən- | ɪn-] 〘《1603》▭L *intensiō(n-)* ← *intendere* to stretch out: ⇨intend, intense, -sion: cf. intention〙 — *n.* **1** (精神的)緊張, 努力. **2** 強さ, 高度; 激しさ, 強烈さ, 猛烈さ. **3** (強弱の)度, 強度 (degree). **4** 強化, 増強. **5** 《論理》内包 (connotation) (↔ extension). **6** 《農業》集約的経営.

in·tén·sion·al [-ʃənl, -ʃnəl] *adj.* 《論理》内包(的)な; 内在的な (↔ extensional): an ~ definition 内包的定義 / an ~ meaning 内包[内在]的意味《思考[思念]の内容・対象としての意味; 属性, 共通性質》. **in·tén·sion·al·ly** *adv.*

in·ten·si·tom·e·ter [ɪntènsətɑ́məṭə, ən- | ɪntènsɪtɔ́mɪtə(r, -mə-] 〘← INTENSIT(Y)＋-O-＋-METER¹〙 — *n.* (正しい露出時間を決めるための) X 線強度測定装置, 線量計.

in·ten·si·ty [ɪnténsəṭi, ən- | ɪnténsɪti, -sɪ-] 〘《1665》: ⇨ intense, -ity〙 — *n.* **1** (性質・感情・力・温度などの)強烈さ, 激烈さ, 熱烈さ, 緊張：the ~ of feeling [faith] 強烈な感情[信仰] / the ~ of heat [light] 熱[光]の強烈さ / speak with (great) ~ (大変)熱を入れて話す / the ~ of one's exertion 激しい[猛烈な]努力 / He went mad at the ~ of his grief. 悲嘆の余り気が狂った. **2** 強さ, 強弱, 強度, 力, 度 (degree): luminous ~ 光度 / ~ of electric current 電流の強さ / ~ of pressure 圧力の強さ / heighten the ~ of effect 効果を高める / The pain increased *in* ~. 苦痛がひどくなった. **3** 《音声》(音の)強さ, 強度. **4** 《写真》= density 3b. **5** 《光学》= saturation 5.

intensity of illumination 《光学》= illumination 1b.

intensity of magnetization 《物理》磁化の強さ.

intensity of radiation 《物理》放射の輝度.

inténsity modulàtion *n.* 《電気》輝度変調《ブラウン管上に現われる図形などの特定部分の明るさを変える変調》.

in·ten·sive [ɪnténsɪv, ən- | ɪn-] 〘《c1450》▭F *intensif, -ive* ‖ ML *intensīv-us* ← L *intensus* 'INTENSE': ⇨ -ive〙 — *adj.* **1** 強い, 激しい, 猛烈な, 緊張した; 徹底的な, 集中的な：~ study [research] 徹底的研究 / ~ reading 精読 (cf. EXTENSIVE reading) / an ~ course (会話などの)集中(的訓練)コース / an ~ bombardment 集中爆[砲]撃. **2** 度が強くなる, 増大する. **3** 《文法》強意の, 強調の (cf. *n.* 2): an ~ adverb 強意的副詞 / an ~ plural 強意複数形《full of hopes and fears の hopes, fears; I've got my wishes. の wishes など》/ an ~ prefix 強意接頭辞《beseech の be-, forlorn の for-, perjure の per- など》. **4** 《論理》内包的な (↔ extensive): ~ development 内包的発展. **5** 《経済・農業》**a** 集約的な《一定の地域に資本と労力とを多量に集中して生産の増大を計る経営方法にいう; ↔ extensive》: ~ agriculture [farming] 集約農業 / ~ cultivation 集約耕作 / ~ fishery 集約漁業 / ~ methods 集約的方法. **b** [しばしば複合語の第2構成素として] (…を)集約的に用いる：capital-[labor-]*intensive* 資本[労働]集約的な. **6** 《医学》集中的な, 集約的な：an ~ care unit 集中治療部[病棟] (略 ICU).
— *n.* **1** (ある物を)強めるもの[原因]. **2** 《文法》**a** 強意語《形容詞・副詞の前に来てその意味を強調する語; 例: *very* well, *terribly* cold など; intensifier, intensive adverb ともいう》. **b** 強意的造語要素《接頭[尾]辞など; cf. *adj.* 3》.
~·ness *n.*

inténsive lánguage prògram *n.* [the ~] 《教育》(第二次大戦中, 特に米陸軍の行なった)集中的語学教育計画.

in·tén·sive·ly 〘《1604》〙 *adv.* 激しく, 強烈に; 集中的に, 緊張して, 集約的に.

inténsive prónoun *n.* 《文法》強意代名詞《強意用法の再帰代名詞; 例: He himself said so. の himself など》.

in·tent¹ [ɪntént, ən- | ɪn-] 〘《?a1200》~, *entent* ▭OF *entent* intention < LL *intentum* intention, attention ← L 'stretching out' ← *intendere* 'to INTEND' ‖ ▭(O)F *ententa* purpose < VL **intentam* (fem.) ← L *intentus*〙 — *n.* **1** 意思, 意向; 目的, 計画; 《法律》意思, 故意, 決意：criminal ~ 犯意 / with evil [malicious] ~ 悪意をもって / with good ~ 善意をもって / with ~ *to* defraud [kill] 詐欺[殺害]の目的で / use one's leisure time *to* good ~ 余暇を善用する. **2** 意味, 趣旨; 真意.

***to all intents* (*and purposes*)** どの点からみても; 実際上, 事実上, ほとんど, つまり：The revised edition is *to all ~s and purposes* a new book. 改訂版は事実上新版である.

in·tent² [ɪntént, ən- | ɪn-] 〘《?c1390》▭L *intent-us* stretched, bent (on something), attentive, eager (p.p.) ← *intendere*: ↑〙 — *adj.* **1** 〔…に〕心を向けて, 一心になって; 〔…に〕余念がない, 没頭して(いる), ふけって(いる)〔*on, upon*〕: ~ *on* one's study [task] 勉強[仕事]に余念がない / be ~ *on* a newspaper 新聞を読み耽っている / be ~ *on* pleasure [revenge, money making] 遊び[復讐, 金もうけ]に夢中になっている / He is ~ *on* pleasing everyone. 皆の気に入ろうと努めている / He was too ~ *on* watching TV to hear the phone. テレビにあまり熱中していたので電話の音が耳に入らなかった. **2** 熱心な, 専心の：an ~ look 一心に見守る目, 凝視 / His face was ~. 熱心な顔つきだった. **~·ness** *n.*

in·ten·tion [ɪnténʃən, ən- | ɪn-] 〘《a1387》*entencioun, in-* ▭OF *entencion* (F *intention*) ▭L *intentiō(n-)* a stretching, purpose ← *intendere* 'to stretch out, INTEND': cf. intension〙 — *n.* **1** 意思, 意向, 意図, 目的; 故意：by ~ 故意に / with good ~*s* 善意で, 誠意をもって / with the best of ~*s* 誠心誠意 / with the ~ *of doing* …するつもりで / without ~ 故意でなく, 何心なく / have no [every] ~ *of doing* …しようとする意思がない[大いにある] / My ~ is *to* do… [is *that* …] 私の目的は…することである[…ということである] / His ~ *to* finish by noon is surprising. お昼までに終えようなんて驚きだ《★このように the, an, no, any などの修飾語をとるときは「of＋動名詞」が普通; その他の場合は to 不定詞の方が好まれる：without ~ *to* do》/ Hell is paved with good ~*s*. 《諺》地獄の道は善意で敷かれている《改心しようと思いながらも地獄へ落ちる人が多い; Boswell, *The Life of Samuel Johnson*》. **2** [*pl.*]《口語》結婚の意思：make known one's ~*s* 恋を打ち明ける; 自分の意思を知らせる / His ~*s* are honorable. (交際中の女性と)彼は結婚する意思がある / What are your ~*s toward* her? 君は彼女に対して(結婚する)気があるのか. **3** 意味, 趣旨：the ~ of a clause 条項の趣旨. **4** 《文学》(批評家が作品中に認める作家の)意図, 目的 (design). **5** 《論理》志向; 概念, 観念, 思念, 想念 (conception): ⇨ first intention 2, second intention 2. **6** 《外科》癒合(ゆごう) (⇨ healing). **7** 《カトリック》(ミサ・祈りなどの)意向：a special [particular] ~ 特定の目的《特定の人の精神的幸福など》. **8** 《古》一心, 専心.

in·tén·tion·al [-ʃənl, -ʃnəl] 〘《1530》▭ML *intentiōnāl-is*: ⇨↑, -al¹〙 — *adj.* **1** もくろんだ, 計画的な, 故意の, ことさらの (↔ accidental): an ~ insult 故意の侮辱 / an ~ pass 《野球》インテンショナルパス《故意にバッターを歩かせること》/ I was not ~ *in* doing so. 故意にそうやったのではありません. **2** 《哲学》志向的な, 表象的な. **in·ten·tion·al·i·ty** [ɪntènʃənǽləṭi, ən- | ɪntènʃənǽlɪti, -lɪ-] *n.*

in·tén·tion·al·ly [-ʃ(ə)nəli | -lɪ] 〘↑, -ly¹〙 *adv.* わざと, 故意に, ことさら.

in·tén·tioned *adj.* [しばしば複合語の第2構成素として] (…の)意志[意向]がある, (…の)つもりの, 目的(が…)の：ill-*intentioned* 悪意でした / a well-*intentioned* lie 好意的に言ったうそ.

in·tént·ly 〘《c1425》*ententli*: ⇨ intent², -ly¹〙 *adv.* 熱心に, 夢中になって, 余念なく, もっぱら.

in·ter [ɪntə́:, ən- | ɪntə́:(r)] 〘《c1400》*entere(n)* ▭(O)F *enterr-er* < VL **interrāre* ← IN-¹ ＋ L *terra* earth, ground, 《原義》dry land: cf. thirst〙 — *vt.* (**in·terred**; **-ter·ring**) 〈死体を〉埋める, 埋葬する; 葬る：The good is oft *interred* with their bones. 善事はしばしばそれをなした人の骨と共に土中に埋(う)もれる (Shak., *Caesar* 3. 2. 81).

inter. 《略》《英大学》intermediate (examination); interrogation.

inter- [ɪ́ntə | -tə(r)] 〘ME ~, *entre-, enter-* ▭MF ~, *entre-* ▭L *inter-* ← *inter* between, among〙 — *pref.* 名詞・形容詞・動詞に付いて次の意味を表わす：**1** 「…の間(between, among)」: *inter*collegiate, *inter*oceanic. **2** 「相互関係, 交互動作」: *inter*convertible, *inter*growth, *inter*knit. **3** 科学用語で between の意味の形容詞を造る：*inter*costal, *inter*glacial, *inter*stellar.

in·ter·a·bang [ɪntérəbæ̀ŋ, ən- | ɪn-] *n.* = interrobang.

ìnter·acadèmic 〘← INTER-＋ACADEMIC〙 *adj.* 学校[大学]間の, 学校[大学]に共通の：~ exchanges.

ìnter·ácinous 〘← INTER-＋ACINOUS〙 *adj.* 《解剖》腺房間の, (肺の)細葉間の.

in·ter·act¹ [ìntəǽkt | -tə(r)-] 〘⇨ inter-, act (v.)〙 *vi.* 相互に作用する：Wages and prices ~. 賃金と物価は互いに影響し合う.

in·ter·act² [ɪ́ntərǽkt | -tə-] 〘《なぞり》← F *entr'acte*: ⇨ inter-, act (n.)〙 *n.* = entr'acte.

in·ter·ac·tant [ìntəǽktənt | -tə(r)-] *n.* 相互作用する物質; (特に)化学反応を起こしている物質.

in·ter·ac·tion [ìntəǽkʃən | -tə(r)-] 〘⇨ interact¹, -tion〙 — *n.* **1** 相互[交互]作用, 相互影響. **2** 《物理》(素粒子の間に働く)相互作用《強さの違う以下の3種類の相互作用からなる》: strong ~ 強い相互作用 / electromagnetic ~ 電磁相互作用 / weak ~ 弱い相互作用. **~·al** [-ʃənl, -ʃnəl] *adj.*

ìn·ter·ác·tion·ism [-ʃənɪzm] *n.* 《哲学・心理》相互影響論, 相互作用説《精神と肉体はそれぞれ独立だが互いに影響し合うという説; cf. epiphenomenalism》.

in·ter·ac·tive [ìntəǽktɪv | -tə(r)-] 〘← INTERACT¹＋-IVE: cf. active〙 *adj.* 相互に作用する, 相互作用[影響]の.

in·ter a·li·a [ìntə-éɪliə, -ɑ́:l-, -ljə | -tə(r)-éɪljə, -lɪə] 〘▭L ~ 'among other things'〙 *L. adv.* (もの・事について)なかんずく, 中でも.

ìnter á·li·òs [-éɪliòus, -ɑ́:l- | -éɪlɪɔ̀us] 〘▭L *inter aliōs* 'among other persons'〙 *L. adv.* (人について)なかんずく, 中でも.

ìnter·allied *adj.* 連合国[同盟国]間の; 連合軍間の.

inter-Américan *adj.* 米大陸(諸国)間の, 北米・中南

米諸国間の (cf. Pan-American): ～ Conferences 米州会議 / the ～ Treaty for Reciprocal Defense 米州相互防衛条約《1948 年 12 月発効》.

ìnter·artícular *adj.* 〘解剖〙関節間の.

ìnter·atómic *adj.* 原子間の: ～ forces.

ìnter·authórity *adj.* 当局間の.

ìnter·béd *v.* (-bed·ded; -bed·ding) 〘地質〙＝interstratify.

ìnter·bédded *adj.* 〘地質〙〈岩石・鉱物など〉異質の地層に挟(はさ)まれた, 混合層の (interstratified).

ìnter·blénd *vt., vi.* (～·ed, -blent) (互いに)混合する, 混ざり合う.

ínter·bòrough *adj.* 自治町村[都市] (boroughs) 間の[にある]: an ～ railway. — *n.* 自治町村[都市]間を結ぶ交通機関《地下鉄・路面電車・バスなど; cf. interurban》.

ínter·bràin *n.* 〘解剖〙間脳 (diencephalon).

ìnter·bréed *v.* (-bred) 〘生物〙 — *vt.* 〈動植物を〉〔…と〕異種交配させる〔*with*〕. — *vi.* **1** 〈異種の動植物が〉雑種を生じる[作る], 雑種繁殖をする. **2** 血族結婚する.

in·ter·ca·lar·y [ɪntə́ːkəlèri, ən-, ìntəkǽləri | ɪntə́ːkələri, ìntəkǽləri] 〘《1614》□ L *intercalāri-us* ← *intercalāre*: ⇨ intercalate, -ary〙 — *adj.* **1 a** 〈日・月が〉暦に閏(うるう)として加えられた: an ～ day 閏日《2 月 29 日》/ an ～ month 閏月《太陽暦で 2 月; cf. month 1》. **b** 〈年が〉閏の: an ～ year 閏年 (leap year). **2 a** さし込んだ, 間に入れた[入った, はさまれた]. **b** 〘地質〙地層間の: ～ strata 中間地層.

intércalary méristem *n.* 〘植物〙節間分裂組織.

in·ter·ca·late [ɪntə́ːkəlèɪt, ən- | ɪntə́ː-] 〘《1614》← L *intercalāt-us* (p.p.) ← *intercalāre* to proclaim insertion of intercalary day ← INTER-＋*calāre* to call out, proclaim: cf. calendar〙 — *vt.* **1** 〈1 日または 1 か月を〉暦に閏(うるう)(日, 月)を加える, 置閏(ちじゅん)する. **2** 〔…に〕さし込む, 挿入する, 〔…の〕間に入れる[加える]〔*into*〕. **3** [通例 p.p. 形で] 〘地質〙〈溶岩層を〉異質の地層にはさむ.

in·ter·ca·la·tion [ɪntə̀ːkəléɪʃən, ən- | ɪntə̀ː-] 〘《1577》□ F ～ ∥ L *intercalātiō(n-)*: ⇨ ↑, -ation〙 — *n.* **1** 置閏(ちじゅん)《閏(うるう)日または閏月を置くこと》. **2** 挿入, 間に入れること, (中間への)さし込み; さし込んだ物. **3** 〘地質〙中間層.

in·ter·ca·la·tive [ɪntə́ːkəlèɪtɪv, ən-, -lət- | ɪntə́ːkəlèɪt-, -lət-] *adj.* 挿入する, 挿入的な.

ìnter·cáll télegraph *n.* 〘通信〙個別呼出し電信機.

ìnter·cárdinal póint *n.* 四隅点《基本方位(cardinal points) の中間方位; 北東, 南東, 南西または北西》.

in·ter·cede [ìntəsíːd | -tə-] 〘《1578》□ (O)F *intercéder* ∥ L *intercēd-ere* to intervene ← INTER-＋*cēdere* to go (cf. proceed)〙 — *vi.* **1** 仲裁する, 仲にはいる: ～ *in* a quarrel between husband and wife 夫婦げんかの仲裁にはいる / ～ *with* a person *for* [*on behalf of*] one's friend 人に友人のことを執り成す / ～ *with* a teacher *for* a pardon 許して下さいと先生に頼んでやる. **2** 〘ローマ史〙〈護民官が〉拒否権を持ち出す[発動する]. **ìn·ter·céd·er** *n.*

ìnter·céllular *adj.* 〘生物〙細胞間の[にある]. **～·ly** *adv.*

intercéllular súbstance *n.* 〘生物〙細胞間質.

ìnter·cénsal 〘← INTER-＋CENSUS＋-AL[1]〙 *adj.* 国勢調査と国勢調査との間の: the ～ period, years, etc.

ìnter·céntral *adj.* 中心間の.

in·ter·cept 〘《v.: *c*1400; n.: 1821》← L *intercept-us* (p.p.) ← *intercipere* to seize while passing, cut off ← INTER-＋*capere* to take, seize〙 — [ìntəsépt | -tə-] *vt.* **1** 〈人を〉途中で捕える, 〈物を〉途中で奪う, 横取りする: ～ a letter, messenger, etc. **2** 〈光・音・熱・水などを〉さえぎる, ふさぐ, 遮断(しゃだん)する, 止める: ～ a view 見晴らしをさえぎる / ～ rays of light *from* …から光線をさえぎる. **3** 〈逃亡・通行などを〉妨害する, 止める, 押える: ～ the flight of a criminal 囚人の脱走を押える. **4** 〈無線通信を〉窃信(せっしん)[傍受]する, 〈有線通信を〉盗聴する. **5** 〈敵機・敵ミサイルなどを〉要撃[迎撃]する, 空中破壊する: missiles that ～ missiles ミサイル迎撃用ミサイル. **6** (ホッケー・サッカーなどで)〈パスなどを〉インターセプトする. **7** 〘数学〙2 点[2 線]間にはさみ取る, 2 点[2 線]によって切り取る. **8** 《廃》…の活動を妨げる; …との連絡を断つ; …の視野をさえぎる.

— [ˊ‐‐ˋ] *n.* **1** 途中で奪う[横取りする]こと. **2** 遮断(しゃだん), 妨害. **3** 傍受[盗聴]した暗号[通信]. **4** 〘軍事〙(敵機・敵ミサイルなどの)要撃[迎撃], 空中破壊. **5** (ホッケー・サッカーなどで)インターセプト《敵側がパスした[投げた]ボールを途中で捕えること》. **6** 〘数学〙切片《2 点[2 線]間に切り取った部分; 直線や曲線と座標軸との交点と原点との間の距離》.

ìn·ter·cépt·er *n.* ＝interceptor.

in·ter·cep·tion [ìntəsépʃən | -tə-] 〘《?*a*1425》□ F ～ ∥ L *interceptiō(n-)*: ⇨ intercept, -tion〙 — *n.* **1** 途中で捕える[奪う]こと, 横取り, さえぎること. **2** 途中で捕えられる[奪われる]こと, 妨害[遮断(しゃだん)]されること. **3** (ホッケー・サッカーなどで)インターセプトされたもの, (特に)インターセプトされた前への送球. **4** 〘軍事〙 **a** (敵機・敵ミサイルに対する)要撃, 迎撃: air ～ 空中要撃. **b** (無線通信の)窃信(せっしん), 傍受, (有線通信の)盗聴.

in·ter·cep·tive [ìntəséptɪv | -tə-] *adj.* さえぎる, 妨げる.

ìn·ter·cép·tor 〘□ L ～: ⇨ intercept, -or[2]〙 — *n.* **1** 途中で奪う人[もの]; 横取りする人. **2** さえぎる人[もの], 妨害者, 障害物. **3** 〘軍事〙(敵機に対する)要撃機, 迎撃機; (敵機・敵ミサイルに対する)要撃[迎撃]ミサイル《intercept(or) missile ともいう》.

in·ter·ces·sion [ìntəséʃən | -tə-] 〘《?*a*1430》□ (O)F ～ ∥ L *intercessiō(n-)* ← *intercēdere* 'to INTERCEDE': ⇨ -sion〙 — *n.* **1** 仲裁, 調停, 斡旋(あっせん), 執り成し: through his ～ 彼の執り成しによって / on ～ *of* …の仲裁により / make an ～ *with* a teacher *for* one's friend 友人のために先生に執り成しをする. **2** 〘キリスト教〙(神への)執り成し, 代禱(だいとう), 代願 (intercessory prayer): the ～ of Christ キリストの執り成し (cf. *Heb.* 7: 25) / the ～ of saints 聖人の代禱. **3** 〘ローマ史〙(護民官の)拒否権発動[行使]. **～·al** [-ʃnəl, -ʃənl].

in·ter·ces·sor [ìntəsésə, ˊ‐‐ˋ‐ | ìntəsésə(r, ˊ‐‐ˋ‐] 〘《1482》□ OF ～ (F *intercesseur*) ∥ L ～: ⇨ intercession, -or[2]〙 — *n.* **1 a** 仲裁者, 調停者, 執り成し人. **b** [しばしば I-] 仲保者 (Mediator)《キリストのこと》. **2** 〘キリスト教〙臨時の主教《主教の後継者が決まるまで主教不在の教区を管轄する主教 (bishop)》.

in·ter·ces·so·ri·al [ìntəsəsɔ́ːriəl, -sóːr- | -təsesɔ́ːri-] *adj.* 仲裁(者)の, 執り成し(人)の.

in·ter·ces·so·ry [ìntəsés(ə)ri | -təsésəri] 〘《1576》□ ML *intercessōri-us*: ⇨ intercessor, -ory[1]〙 — *adj.* 執り成しの, 仲裁の: an ～ prayer 〘キリスト教〙執り成しの祈り, 代禱(だいとう), 代願.

in·ter·change 〘《v.: *c*1380; n.: 1427》*enterchaunge(n)* □ OF *entrechang-ier* to change, disguise ← *entre-* 'INTER-'＋*changier* 'to CHANGE'〙 — [ìntətʃéɪndʒ | -tə-] *v.* — *vt.* **1** (互いに)交換する, 取り交わす (exchange): ～ gifts [letters] 贈物[手紙]のやり取りをする / ～ ideas [opinions] 考え[意見]を交換する / He ～*d* a glance *with* her. 彼は彼女と視線を交わした / Greetings were ～*d between* the two people. 二人の間で挨拶が交わされた. **2** 交換する, 入れ替える; 交替に起こさせる (alternate): ～ front and rear tires 前後のタイヤを入れ換える / ～ cares *with* pleasures 苦労と楽しみを交互に交える. — *vi.* 〈二つの物が〉入れ替わる, 交替する; 交替に起こる (alternate).

— [ˊ‐‐ˋ] *n.* **1** 交換, 取替え, やり取り (exchange): an ～ of gifts [letters] / an ～ of kind offices 互いに親切を尽くすこと / an ～ of personnel *between* departments 部局間の人事交流. **2** 交替, 代わり合い (alternation): the ～ of light and darkness 明暗の交替 / an ～ of work *with* play 勉強と遊びを交互にすること. **3** (高速道路の)インターチェンジ. **ìn·ter·cháng·er** *n.*

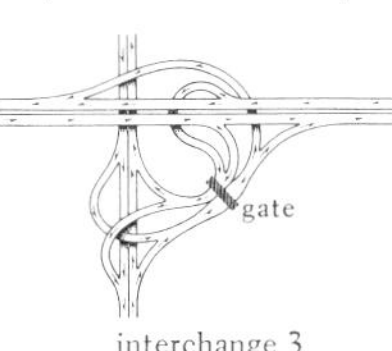

interchange 3

in·ter·change·a·bil·i·ty [ìntətʃèɪndʒəbíləti | -tətʃèɪndʒəbíləti, -lɪ-] *n.* 取り替えられること; 交換[交替]可能性; (部品の)互換性.

in·ter·change·a·ble [ìntətʃéɪndʒəbl | -tə-] 〘《*c*1380》*enterchaungeable* □ OF *entrechangeable*: ⇨ interchange, -able〙 — *adj.* 取り替えられる, 交換できる; 交代できる: ～ words / ～ in all contexts あらゆる文脈で交換可能な / Parts are ～ from one model to another. 部品は型が違っても交換が可能です. **～·ness** *n.* **ìn·ter·chánge·a·bly** *adv.*

interchángeable léns *n.* 〘写真〙交換レンズ.

ínterchange pòwer *n.* 融通電力《外国との間, 電力会社相互間でやりとりされる電力》.

ínterchange stàtion *n.* (鉄道の)乗換駅.

ìnter·chúrch *adj.* 各教派に共通の, 各教派が協力した, 諸宗派間の, 教派協調的な (interdenominational).

ìnter·cíty *adj.* 都市間の[を結ぶ]: an ～ train.

ìnter·cláss *adj.* **1** 階級間の: ～ marriage. **2** クラス間[対抗]の, 2 クラス以上を含む: an ～ debate クラス対抗討論会.

ìnter·clávicle *n.* 〘解剖〙(爬行(はこう)動物などの)鎖骨間.

ìnter·clavícular *adj.* 〘解剖〙鎖骨間の.

ìnter·cóllege *adj.* ＝intercollegiate.

ìnter·collégiate *adj.* 大学[カレッジ]間の, 大学対抗[連合]の (cf. interuniversity): an ～ regatta 大学対抗ボートレース / an ～ baseball game 大学対抗野球試合.

ìnter·colónial *adj.* 〈通商・相互関係など〉(一国の)植民地間の: ～ trade, relations, etc. **～·ly** *adv.*

ìnter·colúmnar 〘← INTER-＋L *columna* 'COLUMN'＋-AR[1]〙 *adj.* **1** 〘建築〙柱間(はしらま)の. **2** 〘解剖〙柱間(ちゅうかん)の.

ìnter·columniátion 〘← L *intercolumnium* space between columns＋-ATION: ↑〙 — *n.* 〘建築〙柱間(はしらま), 柱の内法(うちのり)寸法; 柱割り; 柱割り様式《柱の太さに比例した内法寸法の定式》.

in·ter·com [íntəkɑ̀m | -təkɔ̀m] 〘略〙 *n.* [the ～] 《口語》インターコム (⇨ intercommunication system).

ìnter·cómmon 〘《15C》*entercome(n)* □ AF *entrecomun-er* ← *entre-* 'INTER-'＋*comuner* to share: cf. common, commune〙 — *vi.* 〘英法律〙相互入会をする《隣接地間で, 相手の土地に対する入会権(common)を相互に行使し合う; 隣接地間の放牧など》.

ìnter·commúne 〘《*c*1385》*entercomune(n)* □ AF *entrecomun-er*: ↑〙 *vi.* 親しく語り合う.

ìnter·commúnicate 〘《1586》← ML *intercommūnicāt-us* (p.p.) ← *intercommūnicāre* to have intercourse with each other: ⇨ inter-, communicate〙 — *vi.* **1** 相通じる, 相交わる, 交通し合う. **2** 〈部屋などが〉互いに通じる, 自由に行き来できる. — *vt.* 《まれ》〈情報・意見などを〉互いに交換する.

ìnter·communicátion 〘□ ML *intercommūnicātiō(n-)*: ⇨ ↑, -ation〙 *n.* **1** 相互の交通, 互いに通じ合うこと, 交際, 連絡: ～ telephone. **2** 交通路.

intercommunicátion sỳstem *n.* 相互通信方式《放送などの一方向通信に対し, 両方向のものをいう; 略して intercom ともいう》.

ìnter·commúnicative *adj.* 互いに通じる; 連絡[交際]の.

ìnter·commúnion *n.* **1** 相互の交通, 交際, 親交; 相互関係. **2** 〘キリスト教〙諸教派共同陪餐 (cf. close communion, open communion).

ìnter·commúnity *n.* 共通性, 共有; 共催. — *adj.* 地域(社会)の, 地域(社会)間の.

ìnter·concéptional *adj.* (連続した)妊娠の間に起こる.

ìnter·condénser *n.* 〘海事〙中間復水器.

ìnter·conféssional *adj.* 〘キリスト教〙諸教派共同の, 信仰告白を異にする教派間の[に共通な, に支持された], 信条協調的な.

ìnter·connéct *vt.* 相互に連結[連絡]させる. — *vi.* 相互に連結[連絡]する.

ìnter·connéctedness *n.* 相互連関性, 相関状態, 提携 (interrelatedness).

ìnter·connéction *n.* 相互連結, 相互連絡.

ìnter·consonántal *adj.* 〘音声〙〈母音が〉子音間にある, 子音にはさまれた.

ìnter·continéntal *adj.* **1** (二つの)大陸間の[にまたがる]: ～ railways, trade, etc. **2** 大陸間を飛びうる: an ～ warplane, bomber, missile, etc.

intercontinéntal ballístic míssile *n.* ＝ICBM.

ìnter·convérsion *n.* 転換; 相互交換, 取替え.

ìnter·convért *vt.* 交換する.

ìnter·convértible *adj.* 相互転換のできる, 互いに代わり合うことができる, 取り替えられる. **ìnter·convertibílity** *n.*

ìnter·cóoler *n.* 〘機械〙中間冷却器, インタークーラー.

ìnter·cóstal 〘← NL *intercostāl-is*: ⇨ inter-, costa, -al[1]〙 — *adj.* **1** 〘解剖〙肋間(ろっかん)の, 肋間に生じる: ～ neuralgia 肋間神経痛. **2** 〘海事〙〈竜骨など〉連続している骨組の間の. — *n.* 〘解剖〙肋間筋. **～·ly** *adv.*

intercóstal múscle *n.* 〘解剖〙肋間筋.

in·ter·course [íntəkɔ̀ːəs, -kòəs | -təkɔ̀ːs] 〘《15C》*entercourse* □ (O)F *entreco(u)rs* < ML *intercursum* a running between ← L (p.p.) ← *intercurrere* to run between, mingle with: ⇨ inter-, course〙 — *n.* **1** (グループ・団体などの間の)交通, 交際: friendly ～ 友交関係, 交際 / social ～ 社交 / have [hold] ～ *with*… と交際している. **2** (国際間などの主に貿易上・商業上の)相互関係, 交通, 交渉, 取引, 通商: commercial [trade] ～ *with* the U.S. 米国との通商 / diplomatic ～ *between* two nations 2 国間の外交関係[国交]. **3** 思想・感情の交換; 霊的[精神的]交通, 霊交: ～ *with* God 神との交わり. **4** 肉体関係, 性交 (sexual intercourse): illicit ～ 姦通.

ìnter·cróp 〘農業〙 *v.* (-cropped; -crop·ping) *vt.* 〈作物・土地を〉間作する. — *vi.* 間作する. — *n.* 間作 (catch crop).

ìnter·króss *vt.* **1** 〈線などを〉互いに交わらせる, 交差させる. **2** 異種交配させる, 雑種を生じさせる. — *vi.* **1** 〈線などが〉互いに交わる[交差する]. **2** 異種交配する, 雑種を生じる〔*with*〕. — [ˊ‐‐ˋ] *n.* 異種交配; 雑種.

ìnter·crúral 〘← INTER-＋CRURAL〙 *adj.* 股間の, 下肢間の.

ìnter·crýstalline *adj.* 〘結晶〙(モザイク結晶において)〈割れ目など〉小結晶領域同士の間にある (cf. transcrystalline).

ìnter·cúltural *adj.* 異文化間の, 二つ以上の文化の.

ìnter·cúpola *n.* 〘建築〙 **1** 屋根を構成する円蓋と天井を構成する円蓋との間の空間. **2** 二重の円蓋の間の距離.

in·ter·cur·rence [ìntəkə́ː(r)əns | -təkʌ́r-] *n.* **1** 間に起こる[来る]こと. **2** 〘医学〙(病気の)併発, 介入.

in·ter·cur·rent [ìntəkə́ː(r)ənt | -təkʌ́r-] 〘□ L *intercurrent-em* running between, intervening (pres.p.) ← *intercurrere* ← INTER-＋*currere* to run (⇨ current)〙 — *adj.* **1** 間に来る[起こる], 中間の. **2** 〘医学〙〈病気が〉介入[併発]性の: an ～ disease 介入性疾患; 併発症. **～·ly** *adv.*

in·ter·cus·pa·tion [ìntəkʌspéɪʃən | -tə-] 〘⇨ inter-, cuspate, -ation〙 *n.* 〘歯科〙咬頭嵌合(かんごう)《上下顎の歯の咬頭と小窩が嵌合すること》.

ìnter·cút 〘映画〙 *v.* (～, -cut·ting) — *vi.* インターカットする《カットにより遠写からクローズアップまたは別種のシーンを交互させる》. — *vt.* 〈ある場面〉に〔対照的なショットを〕はさみ込む〔*with*〕; 〈対照的なショットを〉ある場面の間にはさむ. — *n.* インターカット《対照的な画面を交互に編集した連続画面》.

ìnter·dáte *vi.* 《米》宗教[宗派]の異なった人とデートする.

ìnter·déaler *adj.* (取引)業者間の.

ìnter·denominátional *adj.* 教派[宗派]間の, (特定教派に限らない)全教派連合の, 教派協調的な: an ～ church. **～·ism** *n.*

ìnter·déntal *adj.* **1** 歯間の：an ～ papilla〘歯科〙歯間乳頭. **2**〘音声〙歯間的な, 歯間音の《舌端を歯間に置いて発音する》. **—** *n.*〘音声〙歯間音 ([θ], [ð]). **～·ly** *adv.*

ìnter·departméntal *adj.* 各部[局, 省]間の；(大学の)専攻学科[学部]間の；異種部門間の：～ cooperation [friction] 各部門間の協力[軋轢(あつれき)]. **～·ly** *adv.*

ìnter·depénd *vi.* 相寄る, 互いに依存する.

ìnter·depéndence *n.* 相寄ること, たより合い, 相互依存：～ of labor and capital 労資の相互依存.

ìnter·depéndency *n.* ＝interdependence.

ìnter·depéndent *adj.* 〈人・国など〉相寄る, 互いに頼り合う, 相互に依存する. **～·ly** *adv.*

in·ter·dict 〘v.:《1502》← L *interdict-us* (p.p.) ← *interdīcere* to interpose by speech, forbid by decree ← INTER-＋*dīcere* to say, speak ∽《c1290》*enterdite(n)* ▭ OF *entredit* (p.p.) ← *entredire* ▭ L *interdīcere*. — n.:《c1300》*enterdit, interdi(c)t* ▭ OF *entredit* ▭ L *interdictum* (neut.) ← *interdictus*〙 **—** [ìntədíkt | -tə-] *vt.* **1 a** (命令によって)禁じる, 禁止する：～ trade with …との通商を差し止める. **b** …の使用を禁止する. **c** 〈人〉に〔…することを〕禁じる〔*from*〕：～ a person *from* doing. **2**《米》〘軍事〙(空爆・地上砲火によって)〈敵を〉阻止する, 遮断する (cf. interdiction 5). **3**〘カトリック〙…の聖務を禁止[停止]する. **—** [⏑⏑⏑] *n.* **1** 禁止(命令), 禁制, 差止め. **2**〘カトリック〙(聖務または秘跡授与の)禁止[停止], 聖務禁止：lay a priest under an ～ 司祭を聖務停止にする. **3**〘ローマ法〙(執政官が下す所有権紛争に関する)差止命令. **in·ter·díc·tor** *n.*

in·ter·dic·tion [ìntədíkʃən | -tə-]〘《1464》▭ L *interdictiō(n-)*: ⇨ ↑, -tion〙 **—** *n.* **1** 禁止, 禁制, 停止, 差止め. **2**〘カトリック〙＝interdict 2. **3**〘法律〙禁治産宣告：～ of lunacy 精神病による禁治産宣告. **4**〘国際法〙(国家間の通商の)禁止. **5**《米》〘軍事〙阻止, 遮断《敵軍の戦場到着以前にこれをたたき, あるいは交通路を遮断して敵軍の移動および補給を弱化させる作戦行動》; (空爆・地上砲火による)輸送作戦の破壊[妨害], 補給路砲撃[爆撃]; 阻止[遮断]射撃《interdiction fire ともいう》: air ～ (敵軍に対して航空部隊の行なう)航空阻止(作戦).

in·ter·dic·tive [ìntədíktɪv | -tə-]〘▭ ML *interdictīv-us*: ⇨ interdict, -ive〙 *adj.*《古》＝interdictory.

in·ter·dic·to·ry [ìntədíkt(ə)ri | -tədíkt(ə)rɪ]〘▭ LL *interdictōri-us*: ⇨ interdict, -ory[1]〙 *adj.* **1** 禁止の, 禁制の. **2**《米》〘軍事〙(敵を)阻止する, 遮断する.

ìnter·diffúse *vi.*〘物理化学〙〈ガス・液体などが〉(均質な混合状態に近づくまで)相互に拡散する. **ìnter·diffúsion** *n.*

ìnter·dígital〘▭ L *interdigitāl-is* ← INTER-＋L *digitus* finger＋*-ālis* '-AL[1]': ⇨ digital〙 **—** *adj.* **1** (手・足の)指の間の, 指間の. **2**〘電子工学〙〈電極など〉櫛歯をからませた形の.

ìnter·dígitate〘⇨ ↑, -ate[3]〙 **—** *vi.* (組んだ指のごとく)堅く組み合う, 互いにかみ合う[入り込む]〔*with*〕. **—** *vt.* [p.p. 形で用いて]〘地質〙地層間に差し込む (interstratify): an ～*d* succession 中間層. **ìnter·digitátion** *n.*

ìnter·dísciplinary〘《1937》← INTER-＋DISCIPLINARY〙 **—** *adj.* 〈研究など〉2 学科以上にわたる, 各学科[研究部門]合同の, 隣接諸科学関連的な, 諸学提携の, 学際的な：～ collaboration, research, etc. / an ～ conference 協同研究[学際]会議[学会].

in·ter·dit [ɛ̃ː(n)təədíː, æn- | -tɛə-; *F.* ɛ̃tɛrdi]〘▭ F ～ (p.p.) ← *interdir* to prohibit〙 *F. adj.* 禁止された.

in·ter·est [íntrɪst, -trəst, -ṭər-, -ṭərèst, -trest | -trɪst, -trest, -tərèst, -trəst]〘n.:《?c1425》▭ OF ～ 'loss, damage' (F *intérêt*) ▭ L ～《名詞用法》← *interest* it concerns (3rd sing. pres.) ← *interesse* to be or lie between, take part in, be of interest ← INTER-＋*esse* to be ∽《1387–88》*interesse* ▭ AF ▭ ML 'compensation for loss'《不定詞の名詞的用法》← L *interesse*. —v.:《1608》《変形》←《廃》*interess* ▭ F *intéress-er* to damage, concern ▭ L *interesse*〙 **—** *n.* **1** 興味, 関心, 感興, おもしろさ, 好奇心：a matter of ～ 興味のある[おもしろい]事 (cf. 3) / a subject of absorbing [strong, deep] ～ きわめて興味深い問題 / places of ～ 名所 / with breathless ～ 固唾(かたず)を呑んで / arouse [excite] one's ～ 興味を起こさせる[そそる] / take (an) ～ *in* …に興味をもつ / lose ～ *in* …に興味を失う / feel a great [not much] ～ *in* …に大いに興味をもつ[たいして興味をもたない] / I have no great ～ *in* politics. 政治にはあまり興味がない (cf. 2). **2** 興味を起こさせるもの, 興味の対象, 関心事, 趣味：a man with wide ～*s* 多趣味な人 / have no ～*s* outside one's business 仕事以外に趣味がない / Baseball is his chief ～. 野球が彼の一番の趣味だ / It is *of* no ～ *to* me. それは私にとってなんの興味もない / Politics has no ～ *for* me. 政治は私にはいっこうにおもしろくない (cf. 1). **3** 重要(性), 重大(性)：a matter of no little ～ (*to* me) (私にとっての)重大事 (cf. 1). **4** (法律上の)所有権；権利, 要求権；(金銭上の)権利, 利権；(持)株 (share)；利害関係：⇨ vested interest 1 a / conflicts of ～*s* 利害の衝突 / American ～*s* in Japan 日本における米国の権益 / have an ～ *in* an affair 事件に利害関係をもつ / have an ～ *in* an estate 地所に(一部の)権利をもつ / have an ～ *in* a business 事業に出資[関係]している / buy [sell] ～*s in* a company 会社の株を買う[売る] / declare an [one's] ～ *in* an undertaking 事業に参画[出資]することを表明する / Everything goes *by* ～ nowadays. 当世は万事が利害で決まる. **5 a** [しばしば *pl.*] 利益, ため：common ～ 共同の利益 / the public ～*s* 公(共の利)益 / in the ～(*s*) of the country [a firm, truth] 国[社会, 真理]のために / look after one's own ～*s* 自己の利益を計る / know one's own ～*s* 自己の利益に抜け目がない / I did it *in* your ～(*s*). 君のためを思ってそうしたのだ / It is (*to* [*in*]) your ～ to go. 行く方が君のためだ. **b** 私利, 私心, 私情：distinguish ～ from impartiality 私利と無私を区別する. **6** 勢力, 支配力；信用；縁故,「顔」：through ～ *with* …の縁故で,「コネ」で / have ～ *with* the authorities その筋に勢力がある[顔がきく] / make ～ *with* a person 人に運動する, 人に顔[羽振り]をきかせる / He has got a lot of ～. 彼は顔が広い. **7** (多くの人が共通して関係している)事柄, 主義, 主張：two opposite ～*s* 二つの相反する主張. **8 a** [集合的；または *pl.*] (同じ職業・事業・主張などの)関係者, 利害関係者, 同業[主張]者, …側, 派, 党：the landed ～ 地主連[側] / the moneyed ～ 金融業者(側) / the shipping [banking] ～ 海運[銀行]業界(側) / (the) steel ～*s* 鉄鋼業界 / hotel ～*s* ホテル業界 / the Protestant [Conservative] ～ 新教派[保守陣営]. **b** [*pl.*] 大企業；財閥：the Mitsui ～*s* 三井財閥. **9 a**〘金融〙金利, 利子, 利息 (略 i, int) (cf. principal 5): an ～ rate 利率 / annual [daily] ～ 年利[日歩] / legal ～ 法定利率 / ⇨ compound interest, simple interest / at high [low] ～ 高[低]利で / at 5 percent ～ 五分利で / ～ *on* a loan ローンの利息 / free of ～ 無利子で (cf. interest-free) / bear ～ *at* 6% 6 パーセントの利子がつく. **b** おまけ, 余分, 利息：return a blow [kiss] *with* ～ おまけをつけてなぐり返す[一層強くキスし返す]. **—** *vt.* **1** …に興味を起こさせる, …の注意[好奇心]を引く；…に〔…に対する〕関心をもたせる〔*in*〕: The book ～*s* me greatly. その本は大層おもしろい / He could ～ his listeners *in* every aspect of the subject. 聴衆にその問題のあらゆる面にわたって関心をもたせることができた / I began to ～ my*self in* economics. 経済学がおもしろくなり始めた (cf. 2) / They were (very) much ～*ed* by the news. そのニュースに大変興味をかきたてられた. **2** 〔…に〕関係させる, あずからせる, 引き入れる, 加入させる〔*in*〕: ～ *oneself* [a person] *in* an enterprise 事業に関係する[人を事業に関与させる] / He ～*s himself* actively *in* the problem. その問題で奔走している (cf. 1) / Can I ～ you *in* a game of bridge [*in* join*ing* our club]? ブリッジを一番やる[我我のクラブに入会する]気はありませんか.

ín·ter·est·ed〘《1665》(p.p.) ← INTEREST〙 **—** *adj.* **1** (↔ uninterested) **a** 興味[注意, 好奇心]を呼び起こされた；〔…に〕興味をもっている, 関心がある〔*in*〕: an ～ audience 興味をもって聞いている聴衆 / ～ spectators おもしろがる[打ち興じる]見物人 / He is not much [《口語》very] ～ *in* the enterprise. 彼はその事業には余り興味[関心]がない (cf. 2 a) / She seems more ～ *in* complain*ing* than *in* work*ing*. 仕事より不平を言うことに興味があるらしい / I am ～ *to* find out how he did it. 彼がどうやってそれをしたのか知りたいものだ. **b** 興味の色を浮かべた：an ～ look おもしろそうな顔つき. **2** (↔ disinterested) **a** 利害関係をもっている；〔…に〕関係した, 関与した〔*in*〕: a group of ～ people 関係者の団体 / the ～ parties〘法律〙(事件の)双方の利害関係人, 当事者たち / the person ～ 関係者 / He is ～ *in* the enterprise. 彼はその事業に関係[出資]している (cf. 1 a). **b** 利害に動かされた, 自分のためを考える, 私心のある：an ～ adviser 己れのためにする忠告者 / an ～ marriage 私欲のための結婚 / ～ motives 不純な動機 / an ～ witness 私情にとらわれた証人. **～·ness** *n.*

ín·ter·est·ed·ly *adv.* **1** 興味[関心]をもって. **2** 自分のためを考えて, 私心をもって.

ínterest equalizàtion tàx *n.* 利子平衡税.

ínterest-frée *adj.* 無利子の：～ loans / ～ credit 無利息の掛売り.

ínterest gròup *n.*〘社会学〙利益団体, 利害関係集団, 圧力団体.

ín·ter·est·ing〘《1711》《廃》'important': ⇨ interest, -ing[2]〙 **—** *adj.* 興味を起こさせる, 興味のある, おもしろい (↔ uninteresting): an ～ anecdote, book, person, subject, etc. / It's ～ *to* me. / How ～! (相手の話に興味をもって)ほう, そう(ですか), なんとまあ / The lecture was very ～ *to* [*for*] me. その講義は私には非常に興味があった / It is ～ (to note) that the rule does not apply here. その法則はこの場合には適用されないということ(に注意を向けてみるの)は興味のあることだ.

in an interesting condition [***situation, state***]《古・婉曲》〈女が〉身重で, 妊娠して (pregnant). ***an interesting event***《英・婉曲》子供の出生, 誕生 (happy event).

ínter·est·ing·ly *adv.* **1** 興味をそそるように, おもしろく：write ～. **2** おもしろいことには.

ínter·fàce *n.* **1**〘物理〙中間面, 界面《二つの相の相接する面》. **2 a** (二つのものが相接する)境界面, 接点. **b** (一般に)両方にまたがる分野, 共通領域[問題]: the high school-college ～ 高校大学にまたがる共通問題. **3**〘電算機〙インタフェース《情報処理機能をもつ二つの部分の間の接続, あるいはその接続のための装置》. **—** *vt.* **1**〘服飾〙〈襟・袖口など〉に見返しの芯地 (interfacing) をつける. **2**〘電算機〙〔…と〕インタフェースで接続する〔*with, to*〕. **3** 調和させる, 協力させる. **—** *vi.* **1**〘電算機〙〔…と〕インタフェースする〔*with*〕. **2** (なめらかに)調和する, 協力する.

ìnter·fácial *adj.* **1**〘結晶〙面と面にはさまれた. **2**〘物理化学〙界面の.

interfácial ténsion *n.*〘物理〙界面張力, 表面張力《二つの液体の境界面で働く表面張力》.

ínter·fàcing *n.*〘服飾〙見返し芯《前打ち合わせ・襟ぐり・袖口などの表と見返しの間に入れる芯地；cf. facing 2》.

ìnter·fáith *adj.* 宗派を超えた：～ marriage.

ìnter·fascícular〘⇨ inter-, fascicular〙 *adj.*〘植物〙維管束間の：～ tissue 維管束間組織.

interfascícular cámbium *n.*〘植物〙維管束間形成層《維管束間の柔組織に生じる形成層；cf. fascicular cambium, secondary cambium》.

ìnter·fenestrátion〘⇨ inter-, fenestration〙 *n.*〘建築〙**1** 窓間《窓と窓の間の壁面の幅》. **2** 窓割り《窓の割り付け方》.

in·ter·fere [ìntəfíə | -təfíə(r)]〘《1440》*enterfere(n)* ▭ OF *(s')entrefer-ir* to strike each other ← *entre-* 'INTER-'＋*férir* to strike (< L *ferīre* to strike, affect: cf. bore[2])〙 **—** *vi.* **1 a** 〔…に〕干渉する, 口出しする〔*in, with*〕: ～ *in* private concerns 人の私事に干渉[口出し]する / I don't like to be ～*d with*. 人に干渉されるのは嫌いだ. **b** 〔…を〕(許しも得ないで)いじくる, ひねくりまわす〔*with*〕: Don't ～ *with* my bicycle [these papers]. 僕の自転車[この書類]にはさわらないでくれ. **2 a** 〈人・物事が〉〔…を〕妨げる, 〔…の〕邪魔をする, 〔…に〕抵触する〔*with*〕: Don't ～! 邪魔をするな / if nothing ～*s* 何も故障が起こらなければ, 差し支えがなければ / That ～*s with* my work [plans]. それでは私の仕事[計画]に支障を来たす / This vacuum cleaner ～*s with* TV. この電気掃除機を使うとテレビの画像がゆがむ / Pleasure must not be allowed to ～ *with* business. 娯楽が仕事の妨げとなるようなことがあってはならない. **b** 〈物事が〉〔…に〕害を与える, 〔…を〕損なう〔*with*〕: Sedentary work often ～*s with* health. すわってする仕事は健康を害することが多い. **3** 仲に入る[立つ], 仲裁する, 調停する：It is time to ～. 今や調停の時機である. **4** 〈利害などが〉衝突する, 対立する：interests *interfering with* each other 互いに衝突する利害. **5**〘スポーツ〙〔他の競技者を〕(不法に)妨害する, インターフェアする〔*with*〕. **6**〘物理〙〈光波・音波・電波などが〉干渉する；〘放送・通信〙〔…と〕混信する, 〔…に〕雑音をもたらす〔*with*〕. **7**〘チェス〙〈駒が〉〔…を〕妨害する〔*with*〕. **8**《米》(発明の時期が早かったと主張して)特許権を争う (cf. infringe). **9**《婉曲》〔女性を〕暴行[強姦]する〔*with*〕. **10** 〈馬が〉(歩行中に)脚と脚とをぶつける. **ìn·ter·fér·er** [-fí(ə)rə | -fíərə(r)] *n.*

in·ter·fer·ence [ìntəfí(ə)rəns | -təfíər-]〘《1783》: ⇨ ↑, -ence〙 **—** *n.* **1** 干渉, 口出し；妨害, 邪魔；妨害物：official ～ 官憲の干渉 / an unwarranted ～ *in* my affairs 私の私事に対する不当な干渉 / make ～ *with* a person's work 人の仕事の邪魔をする. **2**〘物理〙(光波・音波・電波などの)干渉；〘電気・通信〙混信, 雑音障害, 通信障害；(空気力学で)干渉. **3**〘機械〙締めしろ. **4**〘言語〙**a** (2 国語使用また言語学習の際の母国語の)干渉, 妨害. **b** (2 国語使用の場合一方の言語の語法がもう一方の言語の語法に)重なり合うこと, 重合. **5**〘教育〙既習事項の妨害[干渉]. **6**〘心理〙記憶の妨害による干渉. **7**〘《1888》〙**a**〘アメリカンフットボール〙インターフェア《キック・フォワードパスをキャッチしようとする相手に接触して不法に妨害すること》: run ～ for …について走り敵のタックルを阻止する. **b**〘スポーツ〙インターフェア《相手のプレーの妨害》. **8**〘チェス〙(駒の)妨害. **9 a**〘生物〙干渉《同一染色体上で一つの乗違い現象 (crossing-over) が他の乗違い現象を起こりにくく[やすく]すること》. **b**〘医学・生物〙干渉《ウイルスが体内で他のウイルスの増殖を阻止すること》. **10**《米》特許権争い. **11**《婉曲》(女性に対する)暴行, 強姦.

interférence còlors *n. pl.*〘光学〙干渉色.

interférence dràg *n.*〘物理〙干渉抗力《二つの飛行物体の間の相互作用によって生じる力》.

interférence fìgure *n.*〘光学〙干渉図形《コノスコープ (conoscope) によって観察される, 結晶板に入射する集束光によって生ずる明暗の円環および十字線からなる干渉縞；広義には光の干渉によって生ずる明暗の干渉縞図形をいう》.

interférence frìnge *n.*〘光学〙干渉縞《干渉によって生じる明暗の縞》.

interférence mìcroscope *n.* 干渉顕微鏡.

interférence pàttern *n.*〘光学〙干渉図形, 干渉縞.

interférence phenòmenon *n.*〘医学〙干渉現象《一剤の治療効果が他剤の併用によって干渉される現象；またウイルスの増殖ないし毒性が他のウイルスの共存によって干渉低下される現象》.

in·ter·fer·en·tial [ìntəfərénʃəl, -fɪ(ə)r- | -təfər-]〘← INTERFERENCE ＋ -IAL: DIFFERENTIAL の類推〙 *adj.*〘物理〙〈光など〉干渉の.

ìn·ter·fér·ing [-fí(ə)rɪŋ | -fíər-] *adj.* **1** 〈老人など〉干渉する, おせっかいな：an ～ old woman おせっかいな[うるさい]婆さん. **2** 邪魔をする, 抵触する. **～·ly** *adv.*

in·ter·fer·o·gram [ìntəfí(ə)rəgræ̀m | -təfíər-] *n.*〘光学〙干渉(写真)像《干渉によって生じる明暗の干渉図形を記録した写真》.

in·ter·fer·om·e·ter [ìntəfərámətə, -fɪ(ə)r- | -təfərɔ́mɪtə(r, -mə-] 〘← INTERFERE＋-O-＋-METER[1]〙 ― *n.* 〘光学〙干渉計《光・電磁波など波動の干渉 (interference) を利用し, 光路差・波長・長さ・変位・スペクトル線などを精密に測定する装置》. **in·ter·fer·o·met·ric** [ìntəfì(ə)rəmétrɪk | -təfìərə-] *adj.* **in·ter·fèr·o·mét·ri·cal·ly** *adv.* **in·ter·fer·om·e·try** [ìntəfərámətri, -fɪ(ə)r- | -təfərɔ́mɪtrɪ, -fɪər-, -mə-] *n.*

in·ter·fer·on [ìntəfí(ə)rɑn | -təfíərɔn] 〘← INTERFERE ＋-*on* (添字)〙 ― *n.* 〘生化学〙インターフェロン, ウイルス抑制因子, 干渉菌《ウイルスの感染に応じて生じその成長を阻む働きをする蛋白質》.

ìnter·fértile *adj.* 〘生物〙異種交配が可能な; 雑種ができる. **ìnter·fertílity** *n.*

ìnter·fíle *vt.* 〈カード・書類等を〉(項目別に)とじ込む, とじ込んで整理する. ― *vi.* **1** (項目別に)とじ込んで整理する. **2** (現存のとじ込みと)内容が一致する.

ìnter·fílling *n.* 〘建築〙間詰め《柱の間にれんがを積むなど, 材料をつめること》.

ìnter·fírm *adj.* 会社間の.

ìnter·flow 〘← INTER-＋FLOW〙 [⌐―⌐] *vi.* 流れ合う, 合流[混流]する; 混合する. ― [⌐―⌐] *n.* 混流; 混合.

in·ter·flu·ent [ìntəflúːənt, ɪntə́ːfluːənt, ən- | ìntəflúːənt, ɪntə́ːfluənt] 〘□ L *interfluent-em* (pres.p.) ← *interfluere* to flow between: ⇨ inter-, fluent〙 ― *adj.* 互いに流れ込む, 合流[混流]する.

in·ter·fluve [íntəflùːv | -tə-] 〘← INTER-＋L *fluvius* stream, river (← *fluere* to flow)〙 *n.* 〘地理〙河間(かん)地域《川と川または谷と谷の間の地帯》.

ìnter·fóld *vt.* 〈紙を〉折り込む, 折り合わせる; 折り畳む.

ìnter·foliáceous *adj.* 〘植物〙＝interfoliar.

ìnter·fóliar *adj.* 〘植物〙(特に, 対生または輪生の)葉間の.

in·ter·fret·ted [ìntəfrétɪd, -təd | -təfrét-] *adj.* 〘紋章〙＝interlaced.

in·ter·fuse [ìntəfjúːz | -tə-] 〘(1593) ← L *interfūs-us* (p.p.) ← *interfundere* ← INTER-＋*fundere* to pour: cf. found[3], fuse[1]〙 ― *vt.* **1** 混ぜる, 混入[混和]させる: ～ one substance *with* another. **2** …に混じる, にじみ込ませる: floating vapors ～*d with* light 光のにじんだもや. ― *vi.* 〈二物が〉混ざる, 混合する.

in·ter·fu·sion [ìntəfjúːʒən | -tə-] 〘□ LL *interfūsiō(n-)*: ⇨ ↑, -sion〙 *n.* 混入, 混合, 混和; 浸透, 浸潤.

ìnter·galáctic 〘⇨ inter-, galactic〙 *adj.* 〘天文〙(銀河)系間の: ～ gas (銀河)系間ガス.

ìnter·generátional *adj.* 二世代以上の間に起こる[わたる]: ～ conflicts.

intergenerátional gáps *n. pl.* 世代の断絶.

ìnter·genéric *adj.* 〘生物〙属 (genus) 間に存在する[起こる].

ìnter·glácial 〘← INTER-＋GLACIAL: スイスの博物学者 Oswald Heer (1809–83) による造語〙 〘地質〙 ― *adj.* (二つの氷期の中間の)間氷期の (cf. interstadial). ― *n.* 間氷期.

In·ter·glos·sa [ìntəglɑ́sə, -glɔ́(ː)sə | -təglɔ́sə] 〘⇨ inter-, gloss[1]〙 ― *n.* 〘言語〙インターグロッサ《ギリシャ・ラテン語の語根を基礎にした, 用語数の比較的少ない語尾変化のない国際語; Lancelot Hogben の創案 (1943); cf. Esperanto, interlingua 2》.

ìnter·glỳph *n.* 〘建築〙縦溝間《ドリス式の建物の軒に見られる triglyph の溝と溝の間のスペース》.

ìnter·governméntal *adj.* 政府間の[に起こる].

ìnter·gradátion *n.* **1** (一連の段階・形式を経ての)遷移, 変移; 遷移の段階. **2** 〘生物〙(異なる種・属の動植物の)漸進進化. **ìnter·gradátional** *adj.*

ìnter·grade [⌐―⌐] *n.* 中間の段階[形式, 程度]. ― [⌐―⌐] *vi.* 〘生物〙〈種 (species) などが〉(中間の段階を経て)漸次に他に移り変わる.

ìnter·grádient *adj.* (漸次に)移り変わる. 「きる.

ìnter·gráft *vi.* **1** 相融合する. **2** 互いに接ぎ木がで

ìnter·gróup *adj.* 〘社会学〙(特に, 人種を異にした)集団間の, 集団相互の: ～ relationships, conflicts, etc.

ìnter·grówth *n.* 互いに混ざり合って成長すること; 交生, 合生, 雑生.

ìnter·hemisphéric *adj.* **1** 〘解剖〙大脳半球間の. **2** (地球の)両半球間の, 両半球に拡がる: ～ warfare.

in·ter·im [íntərɪm, -rəm, -rìm | -tərɪm] 〘(1563–87) □L ～ 'in the meantime' (adv.) ← INTER-＋-*im* (adv. suf.)〙 ― *n.* **1** [通例 the ～] 間の時間, 合間; 暫時, しばらく: in *the* ～ 当座の間; その間に, そのうちに. **2** 仮の取決め, 仮協定[決定]. **3** [the I-] 〘キリスト教〙仮信条協定, 暫定協約《宗教改革当時ドイツの新教徒とカトリック教徒間の紛争解決のため神聖ローマ皇帝 Charles 五世が行なった協定 (1548) などを指す》. ― *adj.* 当座の, 暫時の, 中間の, 仮の: an ～ solution 一時しのぎの解決策 / an ～ report 中間報告 / an ～ peace agreement 暫定平和協定. ― *adv.* 〘古〙その間に. 「仮証券.

interim certíficate *n.* 〘証券〙(株券などの)仮証書,

interim dívidend *n.* 〘証券〙(一決算期の中間に出す)仮配当, 中間配当.

ìnter·influence [⌐―⌐―] *vt.* 相互に影響を与える, 影響し合う. ― [⌐―⌐―] *n.* 相互影響.

ìnter·insúrance *n.* 〘保険〙＝reciprocal insurance.

ìnter·iónic *adj.* イオン間の.

in·te·ri·or [ɪntí(ə)riə, ən- | ɪntíəriə(r] 〘(adj.: 1490; n.: 1596) □ L ～ 'inner' (compar.) ← OL **interus* within: ⇨ inter-: cf. inferior, exterior〙 ― *adj.* **1** 内の, 内にある, 内側の (↔ exterior): the ～ walls of a building 建物の内壁. **2** 内部の, 内部に関する: ～ repairs 内部の修理 / ～ decoration＝interior design / the ～ dimensions of a room 部屋の内法(うちのり). **3** 海岸[国境]から遠ざかった, 奥地の, 内陸の: an ～ city. **4** 〈政務など〉内国の, 国内の (↔ foreign): ～ trade 国内貿易. **5** 内心の, 内的な, 精神的な, 霊的な. **6** 私的な, 内密の, 秘密の: his ～ life 彼の隠された生活. **7** 〘数学〙〈角が〉内側の (↔ exterior): ⇨ interior angle. ― *n.* **1** 内部, 内側: the ～ of a house 家の内部. **2 a** 屋内, 室内. **b** 〘建築〙インテリア, 室内構成. **3** 室内[屋内]図; (劇の)室内の場面[背景]; (映画・テレビの)室内セット. **4** 内地, 内陸; 奥地: the ～ of Siberia シベリアの奥地. **5** [the ～] 内政, 内務: the Department of *the Interior* 《米》内務省(《英》Home Office) / the Secretary of *the Interior* 《米》内務長官 (《英》Home Secretary) / the Minister of *the Interior* (フランス・ドイツ・イタリアなどの)内務大臣. **6** [the ～] 内心, 本心, 本性. **7** 《俗》腹, おなか. **8** 〘数学〙内部 (kernel).

in·te·ri·or·i·ty [ɪntì(ə)riɔ́(ː)rəti, ən-, -ɑ́r- | ɪntìəriɔ́rətɪ, -rɪtɪ] *n.*

intérior ángle *n.* 〘数学〙 **1** (多角形の)内角《隣接する2辺が多角形の内側につくる角; cf. exterior angle》. **2** (2直線が1直線と交わってできる)内角《2直線の内側にできる四つの角の一つ》.

intérior ballístics *n.* 砲[腔]内弾道学《発射体の銃砲腔内における運動に関する科学; cf. exterior ballistics》.

intérior decorátion *n.* ＝interior design.

intérior décorator *n.* **1** ＝interior designer. **2** 家の備品を供給する人. **3** 家の壁にペンキを塗ったり壁に壁紙を張る人.

intérior desígn *n.* 室内設計, 室内装飾, インテリアデザイン. 「イナー.

intérior desígner *n.* 室内装飾家, インテリアデザ

intérior dráinage *n.* 〘地理〙内部流域, 内陸流域《川が海に達せず内陸の砂漠や湖沼に終わるような流域; internal drainage ともいう》.

in·te·ri·or·ize [ɪntí(ə)riəràɪz, ən- | ɪntíəriə-] *vt.* 〈概念・価値などを〉内面化する; (特に)自分の心・精神構造の一部とする, 同化[吸収]する: ～*d* language 同化言語. **in·te·ri·or·i·za·tion** [ɪntì(ə)riərɪzéɪʃən, ən-, -raɪ- | ɪntìəriəraɪz-, -rɪz-] *n.*

intérior lòt *n.* 〘建築〙中敷地《敷地の一方だけが道路に面するもの; inside lot ともいう》.

in·té·ri·or·ly 〘(1609)〙 *adv.* 内部に; 国内に; 内的に, 心の中で. 「合に写す写像).

intérior mápping *n.* 〘数学〙開写像《開集合を開集

intérior mónologue *n.* 〘文学〙(意識の流れ (stream of consciousness) の手法に用いられる)内的独白.

intérior plánet *n.* 〘天文〙内惑星 (⇨inferior planet).

intérior-sprúng *adj.* 内部にバネをもった.

ìnter·ísland *adj.* 島と島の間にある, 島嶼(とうしょ)間の.

interj. 《略》interjection. 「(物).

in·ter·ja·cen·cy [ìntədʒéɪsnsi | -tədʒéɪsnsɪ] *n.* 介在

in·ter·ja·cent [ìntədʒéɪsnt | -tə-] 〘□ L *interjacent-em* (pres.p.) ← *interjacēre* to lie between ← INTER-＋*jacēre* to lie, 《原義》to be thrown (← *jacere* to throw): cf. gist, jet[2]〙 ― *adj.* 中間にある, 介在する.

in·ter·jac·u·la·to·ry [ìntədʒǽkjʊlətɔ̀ːri, -tòːri | -tədʒǽkjʊlətərɪ] 〘← INTER-＋L *jaculātus* ((p.p.) ← *jaculārī* to throw)＋-ORY[1]: cf. ↑, ejaculate〙 ― *adj.* 〈質問・評言など〉(話し半ばに不意に)さしはさまれた, 飛び出した.

in·ter·ject [ìntədʒékt | -tə-] 〘(1588) ← L *interject-us* (p.p.) ← *interjicere* ← INTER-＋*jacere* to throw: cf. jet[2]〙 ― *vt.* **1** 〈質問・評言などを〉(話し半ばに不意に)間に入れる, さし挟む; 不意に(さえぎって)言う: ～ a question 不意に問をさしはさむ / ～ a witty remark 気のきいた半畳を入れる. **2** 《まれ》…の間に入る. ― *vi.* 《まれ》間に入る, 間に入って邪魔をする.

in·ter·jéc·tor *n.*

in·ter·jec·tion [ìntədʒékʃən | -tə-] 〘(15C) □ (O)F ～ □ L *interjectiō(n-)*: ⇨ ↑, -tion〙 ― *n.* **1** 不意の発声, 不意の叫び[言葉], 思わず出る感嘆; (不意に)さしはさんだ言葉. **2** 〘文法〙 **a** 間投詞, 感嘆詞《Wonderful! Heavens! Ha ha! など; 略 interj., int.》. **b** 間投[感嘆]詞的な語句《ouch! Indeed! など》.

in·ter·jéc·tion·al [-ʃənḷ, -ʃnəl] *adj.* 叫び声の; 間投[感嘆]詞的な; 挿入句的な. 「(的)にする.

in·ter·jéc·tion·al·ìze [-ʃ(ə)nəlàɪz] *vt.* 間投[感嘆]詞

in·ter·jéc·tion·al·ly [-ʃ(ə)nəli | -lɪ] *adv.* 感嘆の声をあげて; 間投[感嘆]詞的に.

in·ter·jec·to·ry [ìntədʒékt(ə)ri | -tə(ː)dʒékt(ə)rɪ] 〘⇨ interject, -ory[1]〙 *adj.* 間投詞の(ような); 不意にさしはさんだ. **in·ter·jéc·to·ri·ly** [-t(ə)rəli | -rəlɪ, -rɪ-] *adv.*

ìnter·jóin *vt.* …と接合[結合]する.

ìnter·kinésis *n.* 〘生物〙(核分裂の)中間期, 休止期, 分裂間期《第一回核分裂が終わり次の核分裂が始まるまでの時期; interphase ともいう》. **ìnter·kinétic** *adj.*

ìnter·knít *vt.* 編み合わせる.

ìnter·knót *vt.* 結びつける, 結び合わせる.

ìnter·láboratory *adj.* 二つ以上の研究所にまたが(って行なわれ)る.

in·ter·lace [ìntəléɪs | -tə-] 〘(*c*1380) *enterlace(n)* □ OF *entrelaci-er*: ⇨ inter-, lace (v.)〙 ― *vt.* **1** 〈糸などを〉織り交ぜる, より合わせる; 〈枝・指などを〉組み合わせる, 交錯させる: ～*d* fibers / ～ one's fingers 指を組み合わす / He ～*d* his fingers *with* mine. 彼は彼の指を私の指と絡み合わせた. **2** 点々とまき散らす: The book was ～*d with* pictures. その本は所々に絵が入れてあった. **3** …に〔…を〕織り交ぜて変化を与える〔*with*〕: The lecturer ～*d* his talk *with* anecdotes. 講師は時々逸話を交えて話に興を添えた. ― *vi.* 〈糸などが〉織り交ざる, 交錯する; 〈枝・文字などが〉組み合わさる, 絡み合う: *interlacing* branches, letters, etc. **～·ment** *n.* 「た.

ìn·ter·láced *adj.* 〘紋章〙〈紋章図形が〉織り交ぜられ

interláced scánning *n.* 〘テレビ〙飛越し走査《ちらつきを目立たなくするために1本おきに走査する方式》.

ìn·ter·lác·ing *n.* 〘テレビ〙＝interlaced scanning.

interlácing arcáde *n.* 交差アーケード《それぞれ織り合わされたように重なり合うアーチ (interlacing arches) をもつアーケード; cf. intersecting arcade》.

ínterlacing árches *n. pl.* 〘建築〙たすきアーチ, 交差迫持(せりもち) (cf. interlacing arcade).

interlacing arches

In·ter·la·ken [íntəlɑ̀ːkən | -tə-; G. íntɐlaːkən] 〘□ G ～: ⇨ inter-, lake[1]〙 ― *n.* インターラーケン《スイス Bern 州の小都市: Brienz, Thun 両湖間にあり, 観光避暑地; Jungfrau などの眺望で有名; 人口 5,000》.

ìnter·láminate *vt.* **1** 薄片の間にさし込む. **2** 薄片を交互に重ねて作る.

ìnter·laminátion *n.* 交互薄層.

ìnter·lánguage *n.* (人工の)国際語, 世界語 (interlingua).

in·ter·lard [ìntəlɑ́əd | -təlɑ́ːd] 〘(?*a*1425) 《廃》'to lard' □ (O)F *entrelard-er* ← *entre-* 'INTER-'＋*larder* 'to LARD'〙 ― *vt.* **1** …に交ぜる; (特に)〈話・文章など〉に〔…を〕交ぜる, 交ぜて変化を与える〔*with*〕: a book ～*ed with* illustrations 挿絵の入った本 / ～ one's speech *with* foreign phrases 話に外国語を交ぜる. **2** 《廃》〈赤肉〉に脂肉を混ぜる. **～·ment** *n.*

ìnter·láy 〘← INTER-＋LAY[1]〙 ― *vt.* (-laid) **1** 中間に入れる. **2** (中間に物を入れて)変化をつける. **3** 〘印刷〙中ムラトリする, 中張りする. ― *n.* 〘印刷〙中張り紙《版面の高さを調節するために版と台木の間にはり込む紙; cf. overlay 5, underlay 3》.

ìnter·làyer *n.* 層と層との間の層.

ìnter·leaf [⌐―⌐] *n.* (*pl.* -leaves) 〘製本〙間(あい)紙《本の色刷り写真版などを保護するため, または注などを書き込むため本にさし込んだ白紙》. ― *vt.* [⌐―⌐] ＝interleave.

ìnter·léague *adj.* リーグ間の: ～ trading of players リーグ間の選手のトレード.

ìnter·leave 〘← INTER-＋-*leave* (《逆成》← LEAVED): ⇨ leave[3]〙 ― [⌐―⌐] *vt.* **1 a** 〈本などに〉白紙を綴じ[さし]込む: an ～*d* copy. **b** 〘印刷〙＝slip-sheet. **2** ＝interlaminate. ― [⌐―⌐] *n.* 〘電算機〙インターリーブ《電子計算機の記憶装置を複数個の部分に分け, その動作周期を少しずつずらすことにより等価的に高速化すること》.

ìnter·líbrary lóan *n.* **1** 図書館(間)相互貸借制度, 相互貸借. **2** 相互貸借資料.

ìnter·líne[1] 〘(*c*1400) □ ML *interlīne-āre* ← INTER-＋L *linea* 'LINE[2]'〙 ― *vt.* **1** [主に Passive で] 〈文書など〉の行間に〔字・語句などを〕書き入れる〔*with*〕: The manuscript *was* ～*d with* his corrections. 原稿には行間に彼の訂正が書き込まれていた. **2** 〈字・語句などを〉行間に書き込む[印刷する]: ～ corrections [a translation] (*on* a page) 訂正文句[訳文]を(ページの)行間に書き込む[印刷する]. ― *vi.* 行間へ書き込みをする.

ìnter·líne[2] 〘← INTER-＋LINE[3]〙 ― *vt.* 〈衣服〉に(表と裏との間に保温のためや嵩(かさ)を張らせるため)裏打ちをする (cf. interlining[2]): ～ a coat [skirt] 上着[スカート]に裏打ちをする.

ìnter·líne[3] 〘← INTER＋LINE[2] (n.)〙 *adj.* 〈輸送機関・運賃など〉二つ以上の(輸送)路線にまたがる[を用いる].

ìnter·líneal *adj.* **1** ＝interlinear. **2** 《まれ》1行置きの. **～·ly** *adv.*

in·ter·lin·e·ar [ìntəlíniə | -təlíniə(r, -njə(r] 〘(*c*1378) *interliniare* □ ML *interlineār-is*: ⇨ inter-, linear〙 ― *adj.* **1** 行間の; 行間に書いた[印刷した]: an ～ gloss [translation] 行間注[訳]. **2 a** 〈原稿など〉行間に書き込みのある, 書込みの. **b** テキストと訳が1行おきに書かれた[印刷された]: the ～ Bible. ― *n.* 行間印刷本; (特に)行間翻訳(付)語学書[テキスト]. **～·ly** *adv.*

in·ter·lin·e·ate [ìntəlínièɪt | -təlínɪ-] 〘← ML *interlineāt-us*: ⇨ interline[1], -ate[3]〙 *vt.* ＝interline[1].

in·ter·lin·e·a·tion [ìntəlìniéɪʃən | -təlɪnɪ-] *n.* 行間書き入れ[込み](語句).

in·ter·lin·gua [ìntəlíŋgwə | -tə-] 〘□ It. ～: ⇨ inter-, lingua: イタリアの数学者 Giuseppe Peano (1858–1932) による造語〙 ― *n.* **1** (人工)国際語, 世界語 (interlanguage). **2** [通例 I-] インターリングア《ロマンス語を主要素とする人工語で, International Auxiliary Language Association (国際補助語協会)の提唱になる, 主として科学者用の国際語; cf. Interglossa》.

ìnter·língual *adj.* 言語間の, 二つ以上の言語に共通

ìnter·línguist *n.* 国際語学者. 「する.

ìnter·linguístic *adj.* **1** ＝interlingual. **2** 国際語

(interlanguage) の.
ìnter·linguístics *n.* 国際語(言語)学.
ìnter·líning¹ 〘(1467): ⇨ interline¹, -ing¹〙 *n.* ＝interlineation.
ínter·lìning² 〘⇨ interline²〙 *n.* (衣服の)裏打ち; 裏打ち布.
ìnter·línk 〘← INTER-＋LINK¹〙 [ˌ--ˊ] *vt.* つなぎ合わせる, 相互に連結する, 連鎖する: ～ two things / ～ one thing *with* another. ── [ˊ--ˌ] *n.* 連結環.
ìnter·línkage *n.* 〘電気〙 鎖交《電波における電界と磁界のように互いに相手と交わる交わり方》.
ìnter·lócal *adj.* 場所と場所の間に存在する, 場所間の: ～ tax differences 土地によって異なる税金.
in·ter·lock 〘(1632) ← INTER-＋LOCK² (v.)〙 ── [ìntəlák | -tələ́k] *v.* ── *vi.* **1** 〈腕・指輪などが〉重なり合う, 組み合う, 握り合う: ～*ing* branches からみ[重なり]合った枝 / five ～*ing* circles 組み合わされた五つの輪《the Olympic Games のシンボル》. **2** 〘機械〙〈機械などが〉互いにかみ合う, はまり込む; 連動する, 鎖動する (joint together): an ～*ing* (milling) cutter かみ合いフライス / an ～*ing* device 連動装置. **3** 〘鉄道〙〈信号機・転轍(てつ)機などが〉連動装置で働く: an ～*ing* signal 連動信号機. ── *vt.* **1** 〈腕・指などを〉組み合わせる, 重ね合わせる, かみ合わせる, はめ込む, 連結させる: with ～*ed* hands 手を組んで. **2** 〘鉄道〙〈信号機などを〉連動装置にする. ── [ˊ--ˌ] *n.* **1** 連結, 連動; 連動装置. **2** 〘映画〙(映像と音声を一致させる)同時装置.
ìn·ter·lócked gráin *n.* 〘木工〙 交錯木理(もく), 逆目(さか)縮緬杢(ちりめんもく)《木材繊維の並び方がまっすぐでなく異常に交錯した木理》.
ìn·ter·lóck·er *n.* 連動装置.
ìn·ter·lóck·ing diréctorate *n.* 〘経営〙 役員兼任(制), 重役兼任(制).
in·ter·lo·cu·tion [ìntəlo(ʊ)kjúːʃən, -lə- | -tələ(ʊ)-, -lɔ-] 〘□L *interlocūtiō(n-)*: ⇨ inter-, locution〙 *n.* 対話, 会談, 問答.
in·ter·loc·u·tor [ìntəlákjʊtə | -tələ́kjʊtə(r] 〘(1514) ← L *interlocūtus*＋-OR²: cf. F *interlocuteur*〙 ── *n.* **1 a** 対話者, 対談者: one's ～ 話し相手, 対話者. **b** 発問者. **2** ミンストレルショー (minstrel show) の司会者, 主役 (middleman)《列の中央にいて両端の道化役 (end men) と掛け合いをする》. **3** 〘スコット法〙(裁判所の)命令, 決定.
in·ter·loc·u·to·ry [ìntəlákjʊtɔ̀ːri, -tòːri | -tələ́kjʊtəri] 〘← INTERLOCUT(ION)＋-ORY¹〙 ── *adj.* **1** 対話の[に関する], 対話体の, 問答体の; 対話中にはさんだ: ～ observations. **2** 〘法律〙 中間(判決)の, 最終的でない: an ～ judgment [decree] 中間判決.
in·ter·loc·u·tress [ìntəlákjʊtrɪs, -trəs | -tələ́kjʊtrɪs, -tres] 〘⇨ interlocutor, -ess¹〙 *n.* 女性の interlocutor.
in·ter·loc·u·trice [ìntəlákjʊtrɪs, -trəs | -tələ́kjʊtrɪs] 〘□F ～ (fem.) ← *interlocuteur* 'INTERLOCUTOR'〙 *n.* ＝interlocutress.
in·ter·loc·u·trix [ìntəlákjʊtrɪks | -tələ́kjʊ-] *n.* (*pl.* **-u·tri·ces** [-lɑ̀kjʊtráɪsiːz | -lɔ̀k-] ＝interlocutress.
in·ter·lope [ìntəlóʊp, ˊ-ˌ | ìntəlòʊp] 〘(1603–27)《逆成》← INTERLOPER: cf. elope〙 ── *vi.* **1** 他人の事に立ち入る, 出しゃばる. **2** (営業権など)他人の権利を侵害する, もぐり営業をやる.
in·ter·lop·er [ìntəlóʊpə, ˊ-ˌ- | íntəlòʊpə(r] 〘(*c*1590) ← INTER-＋-*loper* (⇨ landloper)〙 ── *n.* **1** 他人の事に立ち入る人; 出しゃばり屋. **2** (他人の営業権などを侵す)もぐり商人.
in·ter·lude [íntəlùːd, -ljùːd | -tə-] 〘(*c*1303) *enterlude*, *-ludi* □ML *interlūdi-um* ← INTER-＋-*lūdium* (← L *lūdus* game, play): cf. ludicrous〙 *n.* **1 a** (演芸の)幕間(まく). **b** 幕間の演芸[余興], 幕間劇,「間(あい)狂言」. **c** (英国の道徳劇 (moralities) から起こった 15–16 世紀ごろの)短い喜劇, 笑劇, インタールード. **2** 〘音楽〙 間奏曲《賛美歌の合唱の中継ぎとして, また演劇・歌劇などの合間に奏する短い器楽曲; cf. intermezzo 2, entr'acte》. **3** 合間 (interval); 合間の出来事, エピソード: brief ～*s* of fair weather during the rainy season 雨時の短い晴れ間.
ìnter·lúnar 〘□? MF *interlunaire* □L *interlūnium*: ⇨ inter-, lunar〙 *adj.* 月の見えない期間の, 無月期間の.
ìnter·lunátion *n.* 無月期間《陰暦三十日ごろの約 4 日》.
ìnter·márriage *n.* **1** 異なる人種・種族・階級・宗徒間の結婚《特に, 白人と黒人, キリスト教徒と非キリスト教徒間のもの》. **2 a** 近親[血族]結婚. **b** 仲間同士の結婚. **3** 〘法律〙 婚姻 (marriage) (cf. intermarry).
ìnter·márry *vi.* **1** 〈異人種・異教徒などが〉結婚する, 結婚によって姻戚関係になる: ～ *with* other tribes 他種族と交婚する. **2 a** 近親[血族]結婚をする. **b** 仲間同士で結婚する. **3** 〘法律〙 婚姻する (marry)《その婚姻が当事者相互の合意によったことを強調する場合に用いられる》: ～ *with* a person.
ìnter·máxillary *adj.* 〘解剖・動物〙 **1** 上顎(がく)間の[にある]. **2** 上あごの中部および後部の. **3** (甲殻類で)あごをもつ輪環の間の.
ìnter·méddle 〘(15C) *entermedle(n)* □AF *entremedl-er*＝OF *entremesler*: ⇨ inter-, meddle〙 ── *vi.* 〔…に〕干渉する, おせっかいをする, 出しゃばる 〔*in*, *with*〕: ～ *in* other people's affairs 他人のことにおせっかいをする / ～ *with* what is not one's concern 自分に関係のないことに出しゃばる. **ìn·ter·méd·dler** *n.*
intermedia¹ *n.* intermedium の複数形.
in·ter·me·di·a² [ìntəmíːdiə | -təmíːdɪə, -djə] 〘← NL ～ ← L ～ (fem.) ← *intermedius* 'INTERMEDIATE'〙 ── *n.* (*pl.* **-di·ae** [-dìiː]) 〘鳥類〙 中央尾羽.
ìnter·média³ 〘← INTER-＋MEDIA²〙 ── *n.* インターメディア《舞台などにあらゆる芸術形式のさまざまな趣向や技術を用いること; cf. mixed media, multimedia》. ── *adj.* 幾つもの媒体(特に電子媒体)を同時に使用した.
in·ter·me·di·a·cy [ìntəmíːdiəsi | -təmíːdɪəsɪ, -djə-, -dʒə-] 〘← INTERMEDI(ATE)＋-ACY〙 *n.* 中間にあること; 仲介.
in·ter·me·di·ar·y [ìntəmíːdièri | -təmíːdjərɪ, -dɪə-] 〘(1788) □F *intermédiaire*: ⇨ ↓, -ary〙 ── *adj.* **1** 仲介の, 媒介の: the ～ business 仲介業 / ～ service 仲介. **2** 中間の, 介在する, 中継の: an ～ station [post office] 中継局[郵便局]. ── *n.* **1** 媒介者[物], 仲介者; 仲裁人: act as ～ for A and B A と B のために仲介の労をとる[仲立ちをする]. **2** 媒介, 手段: through the ～ of …の手[仲介]を経て. **3** 中間の段階, 中間体[物], 暫定形式.
in·ter·me·di·ate¹ [ìntəmíːdiət, -dɪɪt | -təmíːdjət, -dɪət, -dɪɪt] 〘(adj.: ?*a*1425; n.: 1650) □ML *intermediāt-us* ← L *intermedius* ← INTER-＋*medius* 'middle, MID¹': cf. mediate, immediate〙 ── *adj.* **1** 〈場所・時・程度など〉中間にある[起こる], 中間の; 中級の (cf. introductory, advanced): an ～ rank 中間の階級 / an ～ stage 中間段階 / the ～ examination 〘英大学〙(入学試験と卒業試験との間の)中間試験 / an ～ station 中間駅[局] / an ～ product [compound] 〘化学〙 中間生成物[化合物] / ～ French 中級フランス語 / ⇨ intermediate range ballistic missile / Gray is ～ *between* black and white. 灰色は黒と白の中間である. **2** 〘地質〙〈火成岩が〉52%–65% のシリカ (silica) を含む. ── *n.* **1** 中間(にある)物, 介在物. **2** 〘化学〙(化学作用の最終結果の前に生じる)中間生成物[化合物]. **3** ＝intermediary 1. **4** 《米》 中型自動車《小型自動車 (compact) と full-sized car との中間; cf. subcompact》. **～·ly** *adv.* **～·ness** *n.*
ìnter·médiate² 〘(1610)《廃》'interfere' ← INTER-＋MEDIATE (v.)〙 ── *vi.* 〔…の〕仲に立つ, 仲立ちをする, 仲裁をする, 〔…を〕執り成す 〔*between*〕. **ìnter·mé·diator** *n.*
intermédiate bóson *n.* 〘物理〙 ＝W boson.
intermédiate cárd *n.* 〘紡織〙 インターメディエイトカード, 中間のカード《梳毛(そもう)紡績で用いられる 3 段階カードの中間のもの》.
intermédiate fréquency *n.* 〘電気〙 中間周波数 (略 I.F.).
intermédiate góods *n. pl.* 〘経済〙 中間財 (⇨ producer goods).
intermédiate hóst *n.* 〘生物〙 **1** 中間宿主《寄生動物が幼生期に寄生するもの; cf. definitive host》. **2** 病菌保有生物 (reservoir); (特に)保菌生物 (vector).
intermédiate rànge ballístic míssile *n.* ＝IRBM.
intermédiate schòol *n.* **1** 《米》 **a** 中学校 (junior high school). **b** 通例小学課程の第 4 学年から第 6 学年の 3 学年からなる学校. **2** 《英》 小学上級と中学校との中間の学校《12–14 歳の生徒を収容する》.
intermédiate-válue thèorem *n.* 〘数学〙 中間値の定理《閉区間 $[a, b]$ で連続な関数 $f(x)$ は $f(a)$ と $f(b)$ との間にあるすべての値をとるという定理》.
intermédiate véctor bóson *n.* 〘物理〙 ＝W boson.
intermédiate véssel *n.* 〘海事〙 貨客船《貨物を主として客を若干搭載する航洋船》.
intermédiate wáve *n.* 〘通信〙 中短波《1.5 MHz–4MHz の主として海上通信用周波数帯の電波》.
in·ter·me·di·a·tion [ìntəmìːdiéɪʃən | -təmìːdɪ-] 〘⇨ intermediate¹, -ation〙 *n.* 間にはいること, 介在; 仲介; 調停, 仲裁.
in·ter·me·din [ìntəmíːdn | -təmíːdɪn, -dn] 〘← L (*pars*) *intermedia* intermediate (lobe)＋-IN¹〙 ── *n.* 〘動物生理〙 インテルメディン《脊椎動物の脳下垂体中葉から分泌されるホルモンで, 色素細胞の活動に影響を及ぼす》.
in·ter·me·di·o- [ìntəmíːdioʊ | -təmíːdɪə(ʊ)] 〘← L *intermedius* (↓)〙「中間と…との (intermediate and …)」の意の連結形: *intermedio*lateral 中間と側面の.
in·ter·me·di·um [ìntəmíːdiəm | -təmíːdɪəm, -djəm] 〘□L ～ (neut.) ← *intermedius*: ⇨ intermediate¹: cf. medium〙 ── *n.* (*pl.* **-di·a** [-diə | -dɪə, -djə], **～s**) **1** 仲介物, 媒介物. **2** 〘音楽〙 ＝intermezzo 2.
in·ter·ment [ɪntə́ːmənt, ən- | ɪntə́ː-] 〘ME *enterement* □OF *enterrement*: ⇨ inter¹, -ment〙 *n.* 埋葬, 土葬: make ～*s* 埋葬する.
ìnter·mésh *vi.* 〘機械〙〈歯車などが〉互いにかみ合う.
ìnter·metállic 〘冶金〙 *adj.* 金属間化合の. ── *n.* ＝intermetallic compound.
intermetállic cómpound *n.* 〘冶金〙 金属間化合物.
in·ter·mez·zo [ìntəmétsoʊ, -médzoʊ | ìntəmétsəʊ, -médzəʊ; *It.* intermέddzo] 〘(1811) □It. ～ < L *intermedium* between: cf. intermediate〙 ── *n.* (*pl.* **～s, -mez·zi** [-tsiː, -dziː; *It.* -dzi]) **1** (劇・歌劇などの)幕間(まく)演芸, 間(あい)狂言 (interlude). **2** 〘音楽〙(歌劇・多楽章形式の曲などの)間奏曲; 間奏曲風の独立曲《19 世紀に流行したキャラクターピース (character piece) の一つ; cf. interlude 2》.
ìnter·migrátion *n.* 相互移住.
in·ter·mi·na·ble [ɪntə́ːm(ə)nəbl̩, ən- | ɪntə́ːm(ɪ)n-] 〘(adj.: *c*1380; n.: 1671) □(O)F ～ □LL *interminābilis* ← IN-²＋L *termināre* 'to TERMINATE'＋-*ābilis* '-ABLE'〙 ── *adj.* **1** 永久に続く, 無限の, 無窮の. **2** いつ果てるとも知れない, 止めどもない; 長たらしい, 飽き飽きする: an ～ speech, sermon, etc. ── *n.* [the I-] 無窮の実在, 神 (the Infinite). **～·ness** *n.*
in·tér·mi·na·bly [-bli | -blɪ] *adv.* 際限なく, 果てしなく, 無限に.
ìnter·míngle *vt.* 混ぜ合わせる: ～ two things / ～ red roses *with* white ones 赤バラに白バラを取り合わせる. ── *vi.* **1** 〔…と〕入り混ざる 〔*with*〕: Several pickpockets ～*d with* the crowd. 幾人ものすりが群衆の中に紛れ込んでいた. **2** 〈人々が〉自由に交わる, 交歓し合う 〔*with*〕. **～·ment** *n.*
in·ter·mis·sion [ìntəmíʃən | -tə-] 〘(15C) □(O)F ～ // L *intermissiō(n-)* ← *intermittere* 'to INTERMIT': ⇨ -sion〙 ── *n.* **1** 中絶, 中止, 休止, 中断, 絶え間: without ～ 間断なく, 絶え間なく, 引っ切りなしに / with short ～*s* now and then 時折短い合間を置いて. **2** 《米》 **a** (劇場などの)休憩時間, 幕間(まく) (cf. interval 3); (休憩時間に演奏される)抜粋曲. **b** (授業の間の)休憩[休み]時間, 合間 (《英》 recess, break): a ten-minute [ten minutes'] ～ 10 分の休み時間. **3** 〘病理〙(発作性の病気の)間欠[休止](期), 中休み.
in·ter·mis·sive [ìntəmísɪv | -tə-] 〘← L *intermiss-us* ((p.p.) ← *intermittere* (↓))＋-IVE〙 *adj.* 絶え間のある; 時々とぎれる, 断続する.
in·ter·mit [ìntəmít | -tə-] 〘(*a*1542)《廃》'to interrupt' □L *intermitt-ere* to leave off ← INTER-＋*mittere* to send (cf. mission)〙 ── *v.* (**in·ter·mit·ted**; **-mit·ting**) ── *vt.* 一時やめる, 中止する, 中絶[中断]する: ～ one's efforts 努力を中断する. ── *vi.* 〈苦痛などが〉一時やむ, 止まる, 中絶する; 断続する, とぎれる; 〈脈拍が〉結滞する: The fever ～*ted*. 断続的に熱が出た.
ìn·ter·mít·ter [-tə | -tə(r] *n.*
in·ter·mit·tence [ìntəmítns, -tns | -təmítns, -təns] 〘□F ～: ⇨ intermittent, -ence〙 *n.* 断続.
in·ter·mít·ten·cy efféct [ìntəmítnsi-, -tənsi- | -təmítnsɪ-, -tənsɪ-] *n.* 〘写真〙 間欠露光効果, 断続効果.
in·ter·mit·tent [ìntəmítnt, -tənt | ìntəmítnt, -tənt] 〘□L *intermittent-em* (pres.p.) ← *intermittere* 'to INTERMIT'〙 ── *adj.* **1** 時々とぎれる, 断続する: an ～ pain / an ～ rain 断続的な雨 / Tokyo will be cloudy with ～ rain. 東京は曇り時々雨. **2 a** 間欠性の, 周期性の (periodic): an ～ discharge 〘電気〙 間欠放電 / an ～ spring 間欠泉 (geyser). **b** 〘病理〙 間欠性の (cf. remittent): an ～ pulse 結滞する脈拍 / ⇨ intermittent fever. ── *n.* 〘病理〙 ＝intermittent fever. **～·ly** *adv.*
intermíttent claudicátion *n.* 〘病理〙 間欠跛行(こう).
intermíttent cúrrent *n.* 〘電気〙(電信や呼び鈴などの)断続電流.
intermíttent féver *n.* 〘病理〙 間欠熱.
intermíttent móvement *n.* 〘映画〙 間欠運動.
ìn·ter·mít·ting·ly [-tɪŋli | -tɪŋlɪ] 〘← INTERMIT＋-ING²＋-LY¹〙 *adv.* とぎれとぎれに, 断続して.
ìnter·míx 〘《逆成》←《廃》 *intermixt* ← L *intermixtus* (p.p.) ← *intermiscēre* to mix together ← INTER-＋*miscēre* 'to MIX': -*mixt* を MIX の過去分詞と誤認したため〙 ── *vt.* 混ぜる, 混合する: smiles ～*ed with* tears 泣き笑い. ── *vi.* 混ざる: Oil and water do not ～.
ìnter·míxture 〘⇨ ↑, -ure〙 *n.* **1** 交じること, 入り交じり, 混合. **2** 混合物, 混入物.
ìnter·módal *adj.* **1** 〈物資の輸送体系など〉一本にまとめ(られ)た, 一本化した, 統合した. **2** 〈コンテナなど〉一本化した輸送体系の一環として使用される.
ìnter·modíllion *n.* 〘建築〙 飾り持ち送り間《軒(のき)持ち送りの間(の窪み); cf. modillion》.
ìnter·modulátion *n.* 〘電気〙 相互変調.
ìnter·molécular *adj.* 分子間の. **～·ly** *adv.*
ìnter·mónt *adj.* 〘地理〙 ＝intermontane.
in·ter·mon·tane [ìntəmánteɪn | -təmɔ́n-] 〘← INTER-＋L *montān-us* of a mountain (← *mōns* 'MOUNTAIN')〙 ── *adj.* 〘地理〙 山間の, 山にはさまれた: an ～ basin 山間盆地《本来は, 地層の急なたわみ下りによって生じた盆地》.
ìnter·móuntain *adj.* 〘地理〙 ＝intermontane.
ìnter·múndane 〘← INTER-＋MUNDANE〙 *adj.* 二つの天体の間にある, 天体間の: ～ space.
ìnter·múral 〘□L *intermurāl-is*: ⇨ inter-, mural〙 ── *adj.* **1** 〈建物・都市など〉壁[塀, 城壁]に囲まれた. **2** 都市間の, 公共機関間の: an ～ baseball match 都市対抗野球試合.
in·ter·mu·tule [ìntəmjúːtʃuːl | -təmjúːtjuːl] 〘← INTER-＋MUTULE〙 *n.* 〘建築〙 二つのミューチュール (mutule) の間の空間.
in·tern¹ 〘(1606)《廃》'to enter' □F *intern-er* ← *interne* (↓)〙 ── [íntəːn, ɪntə́ːn, ən- | ɪntə́ːn] *vt.* **1** 〈捕虜などを〉〔一定の区域内に〕拘禁[抑留]する 〔*in*〕. **2** 〈交戦国の船舶などを〉(戦争の終結するまで)抑留する. **3** 閉じ込める, 監禁する. ── [íntəːn | íntəːn, ˌ-ˊ] *n.* 《米》 被抑留者 (internee).
in·tern² [íntəːn | íntəːn, ˌ-ˊ] 〘(1578) □F *interne* resident within □L *internus* 'inward, INTERNAL' ← *inter* between, among: cf. extern〙 ── *n.* **1** インターン, 医学研修生 (《英》 houseman)《医大卒業後助手

として働く病院詰め実習医; cf. extern 1 b, resident 3 a). **2** =student teacher. **3** (会社などの)実習訓練生, 見習い社員. — *vi.* インターンとして勤務する, 実習勤務をする (cf. WALK *the hospital(s)* [*wards*]).

in·tern³ [ɪntə́ːn, ən- | ɪntə́ːn] 〘▭F *interne* // L *internus* (↑)〙 *adj.* 《古》=internal.

in·ter·nal [ɪntə́ːnl̩, ən- | ɪntə́ː-] 〘《?*a*1425》▭ML *internālis* ← L *internus* inward: ⇨intern², -al¹〙 — *adj.* **1** 内の, 内部の; 内輪の (↔external, exterior): the ~ parts of the body 体の内部 / an ~ trouble 内紛 / an ~ security 国内の治安 / an ~ line 内線電話. **2 a** 体内の (↔ external, exterior): ~ organs 内臓 / ⇨ internal secretion / receive ~ injuries 体の内部に傷を受ける / ~ bleeding 内出血. **b** 〘薬学〙内服用の, 経口の (oral): for ~ use 〈薬など〉内服の / an ~ remedy 内服薬 / an ~ stimulant 刺激飲料. **3** 内面的な, 内在的な, 本質的な (↔ external): ~ evidence 内的証拠《外物に頼らないで物自体に備わる証拠》. **4** 〘哲学〙**a** 内的な. **b** 内部的な. **c** (意識の)内界の, 主観的な (subjective) (↔external): the ~ world (意識の)内面的[主観的]世界, 内界. **5** 内的な, 心的な, 精神的な (mental): ~ peace 内面的な[心の]平和. **6** 内政の, 国内の, 内務の, 国内の (↔ foreign): ~ debts [loans] 内国債 / an ~ tax [duty] (関税に対して)内国税 / ~ trade 内地商業, 国内貿易. **7** 〘英大学〙〈学生が〉学内で勉強する《校外にいて独学し試験だけ受ける学生に対していう; cf. internal student; ↔ external》. **8** 〘解剖·動物〙内部の, 奥深くにある, 身体の中軸に近い: the ~ carotid artery 内頸(ᵏᵉⁱ)動脈 / ⇨ internal ear. — *n.* **1** 〘《1834》〙[*pl.*] 内臓, はらわた. **2 a** (人·物の)本質, 属性. **b** 《廃》精神, 霊 (soul).

intérnal ángle *n.* 〘数学〙=interior angle.

intérnal áuditory meátus *n.* 〘解剖〙内耳道 (cf. external auditory meatus).

intérnal-combústion *adj.* 〘機械〙内燃の (↔ external-combustion): an ~ engine 内燃機関《IC engine ともいう》.

intérnal convérsion *n.* 〘物理〙内部転換《原子核が励起状態から低い状態に転位し, その時に放出されるエネルギー(通常は光子)を同じ原子内の軌道電子が吸収し, 電子が外に飛び出してくること》.

intérnal dráinage *n.* 〘地理〙=interior drainage.

intérnal éar *n.* 〘解剖·動物〙内耳.

intérnal énergy *n.* 〘物理化学〙内部エネルギー《物体のもつエネルギーのうち, 運動エネルギーを除いた部分》.

intérnal fríction *n.* 〘物理〙内部摩擦.

intérnal gèar *n.* 〘機械〙内歯(ᵘᶜʰⁱᵇᵃ)歯車.

intérnal hémorrhoid *n.* 〘病理〙内痔核.

intérnal íliac ártery *n.* 〘解剖〙内腸骨動脈 (⇨ iliac artery 3).

in·ter·nal·i·ty [ɪ̀ntəːnǽləṭi | -təːnǽləti, -lɪ-] *n.* 内在, 内在[内面]性.

in·ter·nal·i·za·tion [ɪntə̀ːnəlɪzéɪʃən, ən-, -lə-, -nl̩- | ɪntə̀ːnəlaɪ-, -lɪ-, -nl̩-] *n.* 〘心理〙内面化《他者が保持する価値観や信念を個人が自らの自我の一部として受け入れる過程》.

in·ter·nal·ize [ɪntə́ːnəlàɪz, ən-, -nl̩- | ɪntə́ː-] *vt.* 内面化する, 主観化する; (特に)〈文化の価値·型などを〉吸収する, 習得する (↔ externalize).

in·tér·nal·ly [-nəli, -nl̩i | -nəli, -nl̩ɪ] 〘《1597》〙 *adv.* **1** 内に, 内部に. **2** 内面的に, 精神的に. **3** 国内で.

intérnally fíred bóiler *n.* 〘機械〙内だきボイラー, 内火罐(ᵏᵃⁿ) (cf. externally fired boiler).

intérnal máxillary ártery *n.* 〘解剖〙顎動脈 (maxillary artery).

intérnal médicine *n.* 〘医学〙内科(学) (cf. internist).

intérnal navigátion *n.* 〘海事〙内地航行, 内航.

intérnal ópen júncture *n.* 〘言語〙内部開放連接 (open juncture).

intérnal pháse *n.* 〘物理化学〙内相 (⇨ dispersed phase).

intérnal pollútion *n.* (薬物·食品などに含まれる有害物質の摂取による)体内汚染.

intérnal préssure *n.* 〘物理〙内圧(力).

intérnal reconstrúction *n.* 〘言語〙内的再建《比較によらず, その言語の組織から理論的に過去のそれを再建すること》.

intérnal relátion *n.* 〘哲学〙内(界)的関係 (↔ external relation).

intérnal respirátion *n.* 〘生理〙内呼吸《血液と細胞間における酸素と炭酸ガスの交換; cf. external respiration》.

intérnal révenue *n.* 《米》内国税収入 (《英》inland revenue).

Intérnal Révenue Sèrvice *n.* [the ~] (米国の)内国歳入庁, 国税庁《財務省の機関の一つ》.

intérnal rhýme *n.* 〘詩学〙中間韻, 行中韻《行末韻 (end rhyme) に対して同一行(まれに 2 行以上)の中に, 同韻語を用いること》.

intérnal secrétion *n.* 〘生理〙内分泌(物), ホルモン「分泌.

intérnal stréss *n.* 〘物理〙内部応力[ひずみ]《鋳造·熱処理などの過程で品物の内部に生じた応力》.

intérnal stúdent *n.* 学位を取得しようとする大学に在席して研究している学生.

intérnal wáve *n.* 〘物理〙内部波《密度の異なる流体層の境界面に生じる横波》.

internat. 《略》international.

in·ter·na·tion·al [ɪ̀nṭənǽʃənl̩, -ʃnəl | -tə-] 〘《adj.: 1780; n.: 1870》← INTER-+NATIONAL: J. Bentham の用語〙 — *adj.* **1** 国際(上)の, 国際間の, 国際的な, 万国の: ~ peace [trade] 国際平和[貿易] / ~ tension 国際緊張 / an ~ conference [organization] 国際会議[機関] / an ~ servant (国連など)国際機関に勤務する人, 国際公務員 / an ~ exhibition 万国博覧会 / ~ games [matches] 国際競技 / an ~ official record 公認世界記録 / inventions of ~ value 国際的価値のある発明品 / a post office from which ~ calls can be placed 国際電話をかけられる郵便局. **2** 諸国民の(間の), 各国民による[のための]. **3** [I-] 国際労働者協会 (International Workingmen's Association) の. **4** [I-] 国際信号 (International Code) の: hoist an *International* "B" 国際信号旗 B を掲げる. — *n.* **1 a** 国際競技会出場[参加]者. **b** 国際競技会, (スポーツの)国際大会. **2** [I-] インターナショナル《社会主義者·共産主義者の国際的団体》; インターナショナルの参加者[メンバー]: the First *International* 第一インターナショナル《Karl Marx を中心とし 1864 年 London で結成, 1876 年 Philadelphia で解散; ⇨ International Workingmen's Association》/ the Second *International* 第二インターナショナル《英国·フランス社会主義者を主勢力とし 1889 年 Paris に創立され数次にわたり大会を開いたが, 1914 年解散》/ the Third *International* 第三インターナショナル《1919 年 Moscow に創立, ロシヤ共産党指導の国際的同盟で Communist [Moscow, Red] International (共産主義[モスコー, 赤色]インターナショナル)ともいい, 第二インターナショナルを反動的であるとして排撃した; 1943年解散されたが 1947 年 Cominform として復活; 別称 the Comintern》/ the Vienna *International* ウィーンインターナショナル《1921 年 Vienna で結成されたもので, Two-and-a-half International (第二半インターナショナル)ともいう》/ the Labor and Socialist *International* 社会主義労働者インターナショナル《1923 年 Hamburg において第二インターナショナルとウィーンインターナショナルを合同したもの》/ the Fourth [Trotskyist] *International* 第四[トロツキー]インターナショナル《もと Leon Trotsky の指導の下にソ連に反対して 1936 年少数の極端な急進論者によって結成されたもの》. **3** [the I-] =Internationale 1.

International Bank for Reconstruction and Development [the —] 国際復興開発銀行《1945 年戦後の世界の復興·開発促進を目的に国連内に設立された国際金融機関; 略 IBRD; 通称 World Bank; cf. IDA》.

International Court of Justice [the —] 国際司法裁判所《1946 年国際連合憲章によって The Hague に設立された; 俗称 the Hague Court; cf. PERMANENT Court of International Justice》.

International System of Units [the —] 〘物理〙国際単位系《1960 年に国際度量衡総会で採択された単位系; 略 SI》.

International Years of the Quiet Sun [the —] 〘気象〙太陽活動極小期国際観測年《1964 年 1 月から 65 年 12 月までの期間行なわれた国際協同観測; 略 IQSY》.

internátional áir míle *n.* 〘航空〙国際空里 (⇨ international nautical mile).

internátional auxíliary lánguage *n.* 国際補助語 (international language)(cf. Esperanto, Volapük, Novial).

internátional cándle *n.* 〘光学〙国際(標準)燭(ˢʰᵒᵏᵘ)《古い光度の単位; 現在は用いられない; ⇨ candle 3; cf. candela》.

Internátional Códe *n.* [the ~] (船舶などで用いる)国際信号 (cf. international *adj.* 4).

internátional cópyright *n.* 国際著作権《国家間で取り決めた著作権(制度)》.

internátional corporátion *n.* 国際企業 (⇨ MULTINATIONAL enterprise).

Internátional Críminal Políce Organizàtion [Commìssion] *n.* [the ~] 国際刑事警察機構[委員会] (略 ICPO; ⇨ Interpol).

internátional dáte lìne *n.* [the ~] (ほぼ 180° の子午線に沿って太平洋の中央を通過する)国際日付変更線 (cf. date line).

internátional dríving pèrmit [lìcense] *n.* 国際自動車運転免許証 (略 IDP).

In·ter·na·tio·nale [ɪ̀nṭənæ̀ʃənǽl, -næ̀ʃənǽt, -nɑ́ːl | ɪ̀ntənæ̀ʃənɑ́ːl, -nǽt; *F.* ɛ̃tɛʀnasjɔnal] 〘《1912》← F *internationale* (*chanson*) international (song)〙 — *n.* **1** [the ~] 「インターナショナル」《フランスその他の諸国の社会主義者·労働者間などに歌われる革命歌; フランスの Eugène Pottier 作詞(1871), Pierre Degeyter 作曲(1888); もとソ連の国歌(1917–1944)》. **2** 国際労働者協会; インターナショナル (International).

internátional exchánge *n.* 国際為替, 外国為替 (foreign exchange).

Internátional Geophýsical Yéar *n.* [the ~] 国際地球観測年《1957 年 7 月 1 日から 1958 年 12 月 31 日まで; 略 IGY》.

Internátional Hérald Tríbune *n.* [The ~] 「インターナショナルヘラルドトリビューン」《1967 年から Paris で発行されている米国系の新聞; 1966 年に廃刊となった *New York Herald Tribune* の国際版と *The New York Times* の国際版とが合併したもの》.

ìn·ter·ná·tion·al·ism [-ʃ(ə)nəlɪzm̩] 〘《1877》〙 — *n.* **1** 国際(協調)主義《国際的平等·平和·正義·協力などを主張する; cf. nationalism》. **2** 国際的性格, 国際性. **3** 国際政党(連合)主義. **4** [I-] (プロレタリア)インターナショナリズム[国際主義]《社会主義建設のためプロレタリアートが国際的に団結·協力するという主義》.

ìn·ter·ná·tion·al·ist [-lɪst, -ləst | -lɪst] 〘《1864》〙 *n.* **1** 国際法学者; 国際関係に通じた人. **2** 国際(協調)主義者. **3** 国際政党(連合)主義者. **4** [I-] プロレタリア国際主義者.

in·ter·na·tion·al·i·ty [ɪ̀nṭənæ̀ʃənǽləṭi | -tənæ̀ʃənǽləti, -lɪ-] *n.* 国際的であること, 国際性.

in·ter·na·tion·al·i·za·tion [ɪ̀nṭənæ̀ʃ(ə)nəlɪzéɪʃən, -lə- | -tənæ̀ʃ(ə)nəlaɪ-, -lɪ-] *n.* **1** 国際化. **2** (領土などを)国際管理下に置くこと.

in·ter·na·tion·al·ize [ɪ̀nṭənǽʃ(ə)nəlàɪz | -tə-] *vt.* 国際的にする, 万国共通にする, 国際化する; 〈領土などを〉国際管理下に置く.

International Lábor Organizàtion *n.* [the ~] 国際労働機関《1919 年ベルサイユ条約によって設立され, 国際連盟解体後国際連合と共に新発足をした国連の専門機関; 略 ILO, I.L.O.》.

internátional lánguage *n.* 国際語, 世界語《international auxiliary language ともいう》.

internátional láw *n.* 国際法 (cf. MUNICIPAL law).

in·ter·ná·tion·al·ly [-ʃ(ə)nəli | -lɪ] 〘《1864》: ⇨ international, -ly¹〙 *adv.* 国際的に, 国際上, 国際間で.

Internátional Mílitary Tribúnal *n.* [the ~] 国際軍事裁判所[法廷].

Internátional Mónetary Fùnd *n.* [the ~] 国際通貨基金《1945 年米英を中心として第二次大戦後の世界の通貨の安定および貿易の促進を目的とし, 各国が出資して設けた基金; 国連の専門機関; 略 IMF, I.M.F.》.

internátional Mórse códe *n.* 国際モールス符号 (⇨ Morse code).

internátional náutical míle *n.* 〘海事〙国際海里《6,076.11549 フィートまたは 1,852 m; international air mile もこれに等しい》.

Internátional Néws Sèrvice *n.* ⇨ INS.

Internátional Órange *n.* 〘海事〙国際オレンジ色《遠距離や濃霧でも見えるので, 航海·海難救助に利用される明るいオレンジ色》.

Internátional Péace Cònference *n.* [the ~] 万国平和会議, ハーグ国際平和会議《1899 年および 1907 年ロシヤ皇帝 Nicholas 二世の提唱により The Hague で開催された会議》.

Internátional Phonétic Álphabet *n.* [the ~] 〘音声〙国際音標文字《International Phonetic Association 制定の音声記号; 略 IPA, I.P.A.》.

Internátional Phonétic Associátion *n.* [the ~] 国際音声学協会《1886 年設立; 略 IPA, I.P.A.》.

internátional pítch *n.* 〘音楽〙**1** =diapason normal. **2** 国際標準音(高), 国際標準調子《1939 年採用; a=440; 日本でもこれを採用している》.

internátional práctical témperature scàle *n.* 〘化学〙国際実用温度目盛.

internátional prívate láw *n.* 〘法律〙国際私法《国際結婚·貿易など渉外的な私法関係について, それに密接な関係をもつ準拠法を選び出し, 解決する適用法(適用関係を決定する規範); 条約もあるが, 国内法の一種; cf. CONFLICT of laws, public international law》.

internátional relátions *n. pl.* [通例単数扱い] 国際関係論.

Internátional Replý Còupon *n.* 〘郵便〙国際返信券《国際間で返信をもらう時, 封書に同封するクーポン券で, 返信切手の代用; 郵便局で扱う》.

Internátional Scientífic Vocábulary *n.* [the ~] 国際科学用語(略 ISV).

internátional stándard átmosphere *n.* 〘気象·航空〙国際標準大気 (略 ISA).

internátional únit *n.* 国際単位: **1** ビタミンや抗生物質などの量·効果を測定するのに国際的に認められた単位(略 IU). **2** 〘物理〙絶対単位をもとにして実施に便利なように国際規約で定めた電気·熱などの単位; cf. absolute unit》.

internátional vólt *n.* 〘電気〙国際ボルト(⇨volt¹ 2).

Internátional Wórkingmen's Associàtion *n.* [the ~] 国際労働者協会《のちに First International と呼ばれる; cf. international *adj.* 3, *n.* 2》.

internatl. 《略》international.

in·terne¹ [ɪ́ntəːn | ɪ́ntəːn, ― ́] *n.* 《米》=intern².

in·terne² [ɪntə́ːn, ən- | ɪntə́ːn] *adj.* 《古》=intern³.

in·ter·nec·ine [ɪ̀nṭənésiːn, -níːsaɪn, -sn̩, -sɪn, -sən, ɪntə́ːnəsiːn, ən-, -sɪn, -sən | ɪ̀ntə(ː)níːsaɪn] 〘《1663》▭ L *internecīn-us* ← *internecium* slaughter, destruction ← *internecāre* to kill, destroy ← INTER-+*necāre* to kill (cf. L *nex* death)〙 — *adj.* **1** 殺戮(ˢᵃʳᵘᵏᵘ)と破壊に満ちた. **2 a** 〈喧嘩(ᵏᵉⁿᵏᵃ)など〉互いに殺し合う; 刺し違えの, 共倒れの: an ~ duel. **b** 〈戦争など〉多数の死傷者を出す, 血なまぐさい: ~ war 血なまぐさい激戦. **3** 〈争いなど〉内輪の: an ~ struggle.

in·ter·nee [ɪ̀nṭəníː, ɪntə́ːniː, ən- | ɪ̀ntəníː] 〘← INTERN¹+-EE¹〙 *n.* (戦時中の)被抑留者, 捕虜.

ìnter·négative 〘← INTER-+NEGATIVE〙 — *n.* 〘写真〙インターネガ, 中間ネガ《スライドなどポジ像を普通の印画紙やプリントフィルムに焼き付けるとき, まずフィルムに焼き付けて作られるネガ》.

ìnter·néuron *n.* 〘解剖〙=internuncial neuron. **~al** *adj.*

in·ter·nist [ɪ́ntəːnɪst, -nəst | -təːnɪst] 〘《短縮》← INTERN(AL MEDICINE)+-IST〙 *n.* (主に成人を扱う)内科(専門)医 (cf. surgeon 1).

in·térn·ment 〘← INTERN¹+-MENT〙 *n.* 抑留(する[される]こと), 留置, 収容.

intérnment càmp *n.* 抑留所, 敵国人[捕虜]収容所.

ìnter·nòde 〖□ L *internōd-ium* ← INTER- + *nōdus* knot (⇨ node : cf. net¹)〗 *n.* 〖植物〗節間《節と節との間の部分 ; cf. node 4》. **ìnter·nódal** *adj.*

in·ter nos [ìntə-nóus | -tə-nɔ́us] 〖□ L *inter nōs* between ourselves〗 *L. adv.* 我々[ここ]だけの話だが, 秘密に (cf. inter se 1).

íntern·shìp *n.* 《米》 **1** intern² の地位[職, 期間]. **2** 病院実習補助金. **3** (会社などでの)実習訓練期間, 見習い期間, 研修期間.

ìnter·núclear *adj.* **1** 〖物理〗核間の《原子核と原子核の間にある》. **2** 〖生物〗核間の《細胞の核と核との間にある》.

in·ter·nun·ci·al [ìntənʌ́nsiəl, -nʌ́n-, -ʃiəl, -ʃəl | -tənʌ́nsiəl, -sjəl, -ʃiəl, -ʃəl] 〖← L *internūncius* (⇨ internuncio) + -AL¹〗 — *adj.* **1** 〖解剖〗介在の, 連結の《神経中枢間などに介在する》. **2** 〖カトリック〗教皇代理使節の[に関する]. — *n.* 〖解剖〗= internuncial neuron. **～·ly** *adv.*

internúncial néuron *n.* 〖解剖〗介在ノイロン《単に internuncial, また interneuron ともいう》.

in·ter·nun·ci·o [ìntənʌ́nsiòu, -nún-, -ʃiòu | -tənʌ́nsiəu, -ʃiòu] 〖《1641》□ It. *internunzio* □ L *internuntius* messenger, go-between ← INTER- + *nūntius* 'messenger, NUNCIO'〗 — *n.* (*pl.* **～s**) **1** 〖カトリック〗(教皇大使 (nuncio) が任命されない際の)ローマ教皇代理使節 ; 教皇庁公使《教皇大使の下位》. **2** (二者間の)使者, 仲介者.

ìnter·oceánic *adj.* 大洋間の, 二大洋を結ぶ : ～ communication / an ～ canal.

in·ter·o·cep·tive [ìntəro(u)séptiv | -tərə(u)-] 〖← INTEROCEPT(OR) + -IVE〗 *adj.* 〖生理〗内受容(性)の.

in·ter·o·cep·tor [ìntəro(u)séptə | -tərə(u)séptə(r)] 〖← NL *intero-* inside (← **interus* (L *exterus* との類推)) + *-ceptor* (cf. receptor)〗 — *n.* 〖生理〗(体内に発生する刺激に感応する)内受容器 (↔ exteroceptor).

ìnter·ócular *adj.* 両眼間の[にある].

ìnter·óffice *adj.* (同一組織内で)各部課間の, 社内の : an ～ memo 社内連絡メモ.

ìnter·óperable *adj.* 協同して作業することができる, 相互に影響を与えることができる. **ìnter·operátion** *n.*

ìnter·ósculate 〖← INTER- + OSCULATE〗 *vi.* **1** 結び合わせる. **2** 〖生物〗通有性をもつ, つながりがある. **ìnter·ósculant** *adj.* **ìnter·osculátion** *n.*

ìnter·ósseous 〖← INTER- + L *osseus* bony (← *os* bone) + -OUS〗 *adj.* 〖解剖〗骨間の, (特に, 脚・腕の)骨の間にある ; 骨間筋の.

ìnter·páge 〖← INTER- + PAGE¹ (v.)〗 *vt.* ページの間にさし込む.

ìnter·parliaméntary *adj.* 議会(相互)間の : the *Interparliamentary* Union 列国議会同盟.

in·ter par·tes [ìntə-pɑ́ːtiːz | -tə-pɑ́ː-] *adj.* [名詞の後から修飾して]〖法律〗当事者間の, 当事者に限られた : papers ～ 当時者間で締結された契約書.

in·ter·pel·lant [ìntəpélənt | -tə-] 〖□ F ～ (pres.p.) ← *interpeller* □ L *interpellāre* (↓)〗 *n.* = interpellator.

in·ter·pel·late [ìntəpéleit, -pəléit, ɪntə́ːpəlèɪt | ɪntə́ːpelèɪt, -pə-, -pɪ-] 〖《1599》← L *interpellāt-us* (p.p.) ← *interpellāre* to interrupt by speaking, 《原義》drive between ← INTER- + *pellere* to drive, urge〗 — *vt.* 〖議会〗(政策などに関して)〈当該大臣〉に公式に質問する[説明を求める].

in·ter·pel·la·tion [ìntəpəléɪʃən, ɪntə̀ː-, ən- | ɪntə̀ː-pe-, -pɪ-] 〖《?a1475》《廃》'pleading, interruption' □ L *interpellātiō(n-)* : ⇨ ↑, -ation〗 — *n.* 〖議会〗(通例内閣不信任のために行なわれる大臣に対する公式の)説明の要求, 質問《通例討論と不信任投票とを含む ; 休会の動議に相応する政府への挑戦の一形式》.

in·ter·pél·la·tor [-tə | -tə(r)] 〖□ L *interpellātor* : ⇨ interpellate, -or²〗 *n.* 〖議会〗(大臣に対する公式の)質問者《interpellant ともいう》.

ìnter·pénetrate 〖← INTER- + PENETRATE〗 — *vt.* **1** 浸透する, しみ込む, しみ通る. **2** [通例 ～ each other [one another] として] 互いに貫通[浸透]する. — *vi.* 〈二物が〉貫き合う, 互いに貫通[浸透]する ; 物[部分]の間に貫通[浸透]する.

ìnter·penetrátion *n.* **1** 相互透徹, 相互浸透, 相互貫入, 相貫. **2** 〖絵画〗画面上の形態相互の交錯.

ìnter·pénetrative *adj.* 互いに貫通[浸透]する.

ìnter·pérsonal *adj.* **1** 個人間の[に起こる] : ～ relationships 対人関係 / Communication is an ～ occurrence. **2** 対人関係の. **～·ly** *adv.*

interpérsonal thèory *n.* 〖心理〗対人関係説《人間関係が人格形成と異常行動に影響を及ぼすとする説》.

ínter·phàse *n.* 〖生物〗= interkinesis.

in·ter·phone [íntəfòun | -təfəun] 〖← INTER- + (TELE)PHONE〗 — *n.* (船舶・飛行機などの)内部電話, (局内・社内・省内・店内などの同一建物内部だけの)構内電話, 内線, インターホン.

ìnter·pílaster *n.* 〖建築〗二つの付け柱 (pilaster) の間の空間.

ìnter·pláit *vt.* 編み[組み]合わせる.

ìnter·pláne *adj.* 〖航空〗 **1** 飛行機相互間の : ～ communication. **2** (複葉機の)翼と翼との間にある : ～ struts 翼間支柱.

ìnter·plánetary *adj.* 〖天文〗惑星と惑星の間にある, 惑星間の ; 太陽系内の : an ～ journey 惑星旅行 / an ～ monitoring platform 惑星間空間観測衛星.

ìnter·plánt *vt.* 〈他の作物〉の間に作物を植える ; …の間に苗木を植える.

ínter·play [ˊ-ˋ-] *n.* **1** 相互作用, 交錯 : the ～ of light and shadow 光と影の交錯. **2** 作用と反作用. — [ˋ-ˊ-] *vi.* 互いに作用[影響]し合う.

in·ter·plead [ìntəplíːd | -tə-] 〖《15C》*enterplede(n)* □ AF *enterpleder* = F *(s')entreplaider* : ⇨ inter-, plead〗〖法律〗 — *vi.* (競合)権利者確認手続き (interpleader) をする. — *vt.* (競合)権利者確認のために法廷に召喚する.

in·ter·pléad·er¹ 〖《1516》《名詞的用法》← AF *enterpleder* (v.) (↑) : ⇨ -er³〗 — *n.* 〖法律〗(競合)権利者確認手続き《二人以上の者から占有物の引渡しを求められた時, その正当な権利者がだれであるかを確認させる手続き》.

in·ter·pléad·er² 〖← INTERPLEAD + -ER¹〗 *n.* 〖法律〗(競合)権利者確認手続きをする人.

In·ter·pol [íntəpòul | -təpɒl] 〖← INTER(NATIONAL) + POL(ICE)〗 — *n.* インターポール《International Criminal Police Organization (国際刑事警察機構)の通称 ; 国際犯罪に対し加盟国が協力して捜査活動を行なう ; 本部は Paris》.

ìnter·pólar *adj.* 両極(地)を結ぶ, 両極(地)間の.

in·ter·po·late [ɪntə́ːpəlèɪt, ən- | -tə́ːpə(u)-] 〖《1612》← L *interpolāt-us* (p.p.) ← *interpolāre* to furbish up, vary ← INTER- + *polīre* to polish, adorn〗 — *vt.* **1 a** (新しいまたは疑わしい事柄を挿入して)〈原文を〉改竄(ざん)する, こわす. **b** 〈新しいまたは確定的でない語句を〉挿入する, 書き入れる〔*in*〕 : ～ comments and questions (*in* a manuscript) (原稿に)評言と質問を書き添える. **c** (会話中に)〈意見を〉さしはさむ : "Nonsense!" ～*d* Jack. 「ばかばかしい」とジャックが横から口をはさんだ. ★ この意味では主に伝達動詞として用いられる. **2** 〈付加的[無関係]なものを〉さしはさむ. **3** 〖数学・統計〗〈中間の値を〉補う, 内挿(そう)する, 補間する (cf. extrapolate 1). — *vi.* **1** 書入れ[挿入]を行なう. **2** 〖数学・統計〗内挿法[補間法]を行なう.

in·tér·po·làt·or, in·tér·po·làt·er [-tə | -tə(r)] *n.*

in·ter·po·la·tive [ɪntə́ːpəlèɪtɪv | -tə́ːpə(u)lèɪt-] *adj.*

in·ter·po·la·tion [ɪntə̀ːpəléɪʃən, ən- | ɪntə̀ːpə(u)-] 〖《1612》□ F ～ ∥ L *interpolātiō(n-)* : ⇨ ↑, -ation〗 — *n.* **1** (疑わしい語句などの)書入れ, 改竄(ざん). **2** 〖数学・統計〗 **a** 挿入, 内挿, 補間. **b** 内挿法, 補間法 (cf. extrapolation 1). **3** (後代の編者・筆写者などの)書入れ語句.

ínter·pòle *n.* 〖電気〗補極《直流電動機などの界磁の主極の間にあって整流を助ける目的の補助の磁極 ; commutating pole ともいう》.

ìnter·pólymer *n.* 〖化学〗共重合体 (⇨ copolymer).

ìnter·polymerizátion *n.* 〖化学〗共重合 (copolymerization).

ìnter·populátional *adj.* 異なったグループの間に起こる ; (特に)異なった人種[品種, 文化圏など]の間に存在する.

in·ter·pos·al [ìntəpóuzl | -təpə́u-] *n.* = interposition.

in·ter·pose [ìntəpóuz | -təpə́uz] 〖《1599》□ (O)F *interpos-er* □ L *interpōnere* to place between ← INTER- + *pōnere* to place, put : (O)F *-poser* is *poser* to put の影響 : ⇨ pose¹〗 — *vt.* **1 a** 間にはさむ[置く, 入れる], さしはさむ, 挿入する : ～ a barrier between …の間に柵(さく)[障害物]を置く. **b** [～ one*self* で] 立ち入る, 立ち塞(ふさ)がる. **2 a** 〈異議・反対などを〉さしはさむ, 持ち出す ; 〈権力などを〉介入させる : ～ an objection / ～ one's authority 権限を利用して干渉する. **b** 〈拒否権を〉(妨害のために)発動する : ～ a veto. **3** 〈言葉を〉話の中途にさしはさむ : ～ a remark / "No," he ～*d*, "I don't agree with you." 「いや, 君には同意しないよ」と彼は言葉をさしはさんだ. **4** 〖チェス〗〈駒を〉合駒として動かす《王手をかけられたキングや攻められた駒を守るため相手の駒の効き筋をさえぎる位置に動かす》. **5** 〖映画〗〈画面を〉重ね映しにして入れ換える. — *vi.* **1** 間に入る ; 間をさえぎる〔*between*〕. **2** 〔…の〕仲に立つ, 仲裁に入る ; 〔…の〕間に入って干渉する, 〔…に〕口を出す〔*in, between*〕 : ～ *in* a dispute 紛争の調停をする / ～ *between* the opponents in a quarrel 口論する人の間に入って仲裁する. **3** さえぎる, 差出口をする, 異議をさしはさむ. **in·ter·pós·er** *n.*

in·ter·pós·ing·ly *adv.* 間に入って, 言葉をさしはさんで.

in·ter·po·si·tion [ìntəpəzíʃən | ɪntə̀ː-, ìntə-] 〖《15C》□ (O)F ～ ∥ L *interpositiō(n-)* : ⇨ ↑, -tion〗 — *n.* **1** 間に置く[置かれる]こと, 介在. **2** 間に置かれた[さし込んだ]もの, 挿入物. **3** 仲裁, 調停 ; 介入, 干渉 ; 妨害. **4** 《米》(連邦政府の命令に対して)州が拒否すること, (連邦政府)干渉排除主義, 州政府介入可能説.

in·ter·pret [ɪntə́ːprɪt, ən-, -prət | ɪntə́ːprɪt] 〖《c1384》□ (O)F *interprét-er* ∥ L *interpret-āri* to explain, 《原義》to act as agent between (two parties in a bargain) ← *interpret-, interpres* agent, broker, translator ← INTER- + *pret-, pres* (cf. L *pretium* 'PRICE, value')〗 — *vt.* **1** …の意味を解く, 解き明かす ; 〈夢などを〉判断する : ～ an inscription [an obscure passage] 銘文[曖昧な一節]を解明する / ～ a dream 夢を判断する / Poetry helps to ～ life. 詩は人生の解釈に役立つ. **2** (自己の信念・判断・利害などに基づいて)解釈する, 解する ; 〔…と〕判断する〔*as*〕 : ～ a contract, law, etc. / ～ a person's silence unfavorably [*as* consent] 人の沈黙を好意的でないと[承諾と]解する. **3** (自己の解釈に基づいて)〈音楽・演劇などを〉演奏[演出]する, 演じる : ～ (the role of) Hamlet in a new way ハムレット(の役柄)を新しい演出で演じる. **4** 通訳する (cf. translate 1 a) : She ～*ed to* me what he was saying. 彼の言っていることを私に通訳してくれた. **5** 〖電算機〗解釈する, 翻訳する. **6** 〖軍事〗〈地図・航空写真など〉から情報を読み取る[判読する]. — *vi.* **1** 通訳する ; ～ *for* a person 人に通訳してやる. **2** 説明[解説]する.

in·ter·pret·a·ble [ɪntə́ːprɪtəbl, ən-, -prət- | ɪntə́ː-prɪt-] 〖□ LL *interpretābil-is* : ⇨ ↑, -able〗 — *adj.* 意味を解くことができる, 解釈[説明]できる ; 判断できる ; 通訳できる : His silence is ～ *as* a refusal. 彼の沈黙は拒絶と解せる. **in·ter·pret·a·bíl·i·ty** [-təbíləti, -təbíləti, -lɪ-] *n.* **～·ness** *n.* **in·tér·pret·a·bly** *adv.*

in·ter·pre·tant [ɪntə́ːprətənt, ən- | ɪntə́ːprɪt-, -prə-] 〖□ L *interpretant-em* (pres.p.) ← *interpretārī* 'to INTERPRET'〗 — *n.* **1** 〖哲学〗解釈傾向《記号が解釈者に及ぼす影響または解釈者の記号に対する反応傾向》. **2** = interpreter.

in·ter·pre·ta·tion [ɪntə̀ːprətéɪʃən, ən- | ɪntə̀ːprɪ-, -prə-] 〖《c1384》□ (O)F *interprétation* ∥ L *interpretātiō(n-)* ← *interpretārī* 'to INTERPRET' : ⇨ -ation〗 — *n.* **1** 解釈, 解説, 説明, 理解 ; (情報の)判読, 判定 : the ～ of a law 法の解釈 / the ～ of a dream 夢の判断 / the ～ of an aerial photograph 航空写真の判読 / put a favorable ～ on a person's conduct 人の行動を好意的なものと解釈する. **2** (劇中の人物・音楽作品などの)解釈, 解釈[理解]の仕方 ; (自己の解釈に基づく)演技, 演出, 演奏 : an original ～ of '*Hamlet*' 「ハムレット」の独創的な演出. **3** 通訳(すること).

in·tèr·pre·tá·tion·al [-ʃənl, -ʃnəl] *adj.* 解釈上の ; 通訳の.

interpretátion clàuse *n.* 〖法律〗解釈条項《制定法または契約書の中で使用されている文言の意義を確定しておくために設けられる条項》.

in·ter·pre·ta·tive [ɪntə́ːprətèɪtɪv, ən- | ɪntə́ːprɪtət-, -prə-, -tèɪt-] 〖□ ML *interpretātīv-us* : ⇨ interpret, -ative〗 — *adj.* **1** 解釈[説明]の ; 解釈的[説明的]な, 解釈[説明]に役立つ. **2** 解釈[説明]から生じた. **3** 媒体[再生]芸術の《演奏者・俳優を媒介させる音楽・演劇などにいう》. **～·ly** *adv.*

intérpretative dánce *n.* 〖ダンス〗創作ダンス《具体的な動作で思想・感情・ストーリーなどを表わそうとするモダンダンス》.

in·tér·pret·er [-tə | -tə(r)] 〖《c1384》*interpretour* □ AF = OF *interpreteur* □ LL *interpretātōrem* explainer ← *interpretārī* 'to INTERPRET' : cf. F *interprète* : 語尾 -er が用いられるようになったのは 16C から〗 — *n.* **1** 解釈者, 説明者, 解説者, 判断者〔*of*〕. **2** 通訳(者), 通訳官 (cf. translator) : act as (an) ～ *for* a person 人の通訳を勤める. **3** 〖電算機〗インタープリター, 解釈ルーチン[プログラム]《ある命令語があると自動的にそれに対応するサブルーチンを使用して, その命令を実行するような命令の実行方法 ; cf. translator 6》.

intérpreter·shìp *n.* 通訳の職分[地位, 腕前].

in·ter·pre·tive [ɪntə́ːprətɪv, ən- | ɪntə́ːprɪt-, -prə-] *adj.* = interpretative. ★ interpretative の方が普通. **～·ly** *adv.*

intérpretive thèory *n.* 〖言語〗意味解釈理論《変形生成文法における深層構造は統語構造であり, 統語論と意味論とは区別されるべきであって, 文の意味解釈は深層構造および表層構造を含め派生句構造からの情報でなされるという説 : interpretative theory ともいう ; cf. generative semantics》.

in·ter·pre·tress [ɪntə́ːprɪtrɪs, ən-, -prə-, -trəs | ɪntə́ː-prɪ-, -prə-] *n.* 女性の interpreter.

ìnter·províncial *adj.* 州の間の[に在る].

ìnter·próximal *n.* 〖歯科〗隣接歯間の.

ìnter·púpillary *adj.* **1** 〖解剖〗瞳孔間の. **2** (めがねの)二つのレンズの中心間の.

ìnter·quártile ránge *n.* 〖統計〗四分位数間領域《最小の四分位数から最大の四分位数までの間の範囲》.

ìnter·ráce *adj.* = interracial.

ìnter·rácial *adj.* 異人種間の ; 各人種の混合した : an ～ conflict, meeting, etc.

ìnter·rádial *adj.* 〖動物〗間幅の《棘皮(きょく)動物などの射出部間の》 : an ～ canal 間幅水管. **～·ly** *adv.*

ìnter·rádius 〖← NL ～ : ⇨ inter-, radius〗 *n.* (*pl.* **-dii**) 〖動物〗間対称面, 間幅.

interreges *n.* interrex の複数形.

interregna *n.* interregnum の複数形.

in·ter·reg·nal [ìntərégnl | -tə-] 〖⇨ ↓, -al¹ : cf. regnal〗 *adj.* 空位期間の ; (政治の)空白期間の ; 中絶[休止]期間の.

in·ter·reg·num [ìntərégnəm | -tə-] 〖《1579-80》□ L *interregn-um* ← INTER- + *regnum* 'REIGN'〗 — *n.* (*pl.* **～s, -reg·na** [-nə]) **1** (帝王の崩御・廃位などによる)空位期間, 帝[王]位空虚期間. **2** 〖英史〗空位時代《1649-60 の Commonwealth of England と Protectorate の期間 ; 時には 1688-89 の名誉革命時の James 二世逃亡後の期間にも用いられる》. **3** 〖政治〗(内閣更迭・大統領改選などによる)政務の停止, 政治の空白期間. **4** 中止, 中絶(期間), 自由期間.

ìnter·reláte *vt.* 相互に関係づける, 相互関係に置く. — *vi.* 相互関係を有する〔*with*〕.

ìnter·reláted *adj.* 相互に関係のある, 相関の. **～·ly** *adv.* **～·ness** *n.*

ìnter·relátion *n.* 相互関係, 相関.
ìnterrelátion·shìp *n.* 相互関係があること.
ìnter·relígious *adj.* 異宗教間の, 宗教の異なる信者間の.
in·ter·rex [íntərèks | -tə-] 〖▭L ～ ← INTER-＋*rex* king〗 *n.* (*pl.* **in·ter·re·ges** [ìntəríːdʒiːz | -tə-]) 空位期間中の執政官, 中間王, 摂政.
in·ter·ro·bang [ɪntérəbæ̀ŋ, ən- | ɪn-] 〖← *interro(gation point)*＋*bang* (印刷工の用いる俗語で, 感嘆符の意)〗 ― *n.* ダブルだれ, 雨だれ, 耳シズク (!?, ?!) 《疑問符(?)と感嘆符(!)との結合による句読点; 特に, 感嘆を伴う修辞疑問文の終わりに置く》.
interrog. 《略》 interrogation; interrogative; interrogatively.
in·ter·ro·gate [ɪntérəgèɪt, ən- | ɪntérə(ʊ)-] 〖《1483》 ← L *interrogāt-us* (p.p.) ← *interrogāre* to ask, examine ← INTER-＋*rogāre* to ask, 《原義》stretch out the hand: cf. rogation〗 ― *vt.* **1** 〈人〉に(正式, かつ組織的に)質問する, 聞きただす, 〈人を〉尋問する, 審問する, 取り調べを行なう: ～ a witness (about…) (…について)証人を審問する. **2** 〖電算機〗 …に(応答機を駆動させるために)信号を送る, 問い合わせる. ― *vi.* (正式に)質問する, 尋問する.
in·tér·ro·gàt·ing·ly [-tɪŋli | -tɪŋlɪ] *adv.* 不審そうに, 物問いたげに, 問いただすように.
in·ter·ro·ga·tion [ɪntèrəgéɪʃən, ən- | ɪntèrə(ʊ)-] 〖《c1390》 ▭(O)F ～ // L *interrogātiō(n-)*: ⇨ interrogate, -ation〗 ― *n.* **1** 質問(する[される]こと), 尋問, 審問, 取り調べ: a mark [note, point] of ～ = interrogation point / undergo ～ by the police 警察の尋問を受ける. **2** 《古》 = question mark 1. **～·al** [-ʃənḷ, -ʃnəl] *adj.*
interrogátion pòint [màrk] 〖《1598》〗 *n.* = question mark 1.
in·ter·rog·a·tive [ìntərɑ́gətɪv | -tərɔ́gət-] 〖《a1500》 ▭LL *interrogātīv-us*: ⇨ interrogate, -ive〗 ― *adj.* **1** 疑問の, 疑問を表わす; 不審そうな, 物を問いたそうな: an ～ look, tone, etc. **2** 〖文法〗 疑問の: an ～ adjective 疑問形容詞《What book? の what, Which way? の which など》/ an ～ adverb 疑問副詞《when?, where?, why? など》/ an ～ pronoun 疑問代名詞《Who are you? の who, What is this? の what など》/ an ～ sentence 疑問文 (cf. DECLARATIVE sentence) / an ～ word 疑問詞《疑問代名詞・疑問形容詞・疑問副詞の総称》. ― *n.* **1** 疑問を表わす言葉[発話]. **2** 〖文法〗 疑問(文); 疑問詞; (特に)疑問代名詞. **～·ly** *adv.*
in·tér·ro·gà·tor [-tə | -tə(r)] 〖▭LL *interrogātor*: ⇨ interrogate, -or²〗 ― *n.* **1** 質問者; (特に, 捕虜の)尋問者, 審問者. **2** 〖通信〗 質問機送信部, 呼掛器《応答機 (transponder) に送信してその応答機からの応答信号を受信し, その結果を表示するために送信・受信機を組み合わせたもの》.
intérrogator-respònsor *n.* 〖電子工学〗 呼掛応答機《応答機に質問信号を送信したり返答を受信・解釈する無線送受信機》.
in·ter·rog·a·to·ry [ìntərɑ́gətɔ̀ːri, -tɔ̀ːri | -tərɔ́gət(ə)ri] 〖《1533》 ▭LL *interrogātōri-us*: ⇨ interrogate, -ory¹〗 ― *adj.* 疑問の, 質問の; 疑問を表わす, 不審そうな, 物を問いたそうな: the ～ method of teaching 問答式教授法 / an ～ sentence 〖文法〗 疑問文 / an ～ tone 質問の口調 / an ～ look 物を問いたそうな顔つき. ― *n.* **1** (正式かつ組織的な)質問, 尋問, 審問. **2** 〖法律〗 質問書面手続き《裁判所の命令を得て相手方に一定の質問事項を記した書面を送り答弁を求める手続き; 開示(discovery) 制度の一つ》; (このような事項を記した)質問書面. **in·ter·rog·a·to·ri·ly** [ìntərɑ̀gətɔ́ːrəli, -tɔ́ːr-, ―――――― | ìntərɔ́gət(ə)rəli, -rɪlɪ] *adv.*
in·ter·ro·gee [ɪntèrədʒíː, ən-, ―――́ | ɪntèrə(ʊ)dʒíː] 〖← INTERROG(ATE)＋-EE¹〗 *n.* 尋問を受ける人, 被尋問者.
in ter·ro·rem [ɪn-terɔ́ːrem, -róːr- | -rɔ́ːr-] 〖▭L *in terrōrem* in terror〗 ― *L. adv., adj.* 〖法律〗 脅迫的に[な]: ～ clauses (遺言書の中の)脅迫的条項《特定の人と婚姻すれば遺贈をしないなどの条項で無効》.
in·ter·rupt [ìntərʌ́pt | -tə-] 〖《15C》 ← L *interrupt-us* (p.p.) ← *interrumpere* to break up ← INTER-＋*rumpere* to break (cf. rout¹)〗 ― *vt.* **1** (口を出して)〈話・談話など〉の腰を折る, 〈人〉の話[仕事]の邪魔をする: ～ a conversation, discussion, etc. / ～ a person's speech = ～ a person *in* his speech 人の話の腰を折る / ～ a speaker [lecture] *with* frequent questions 何べんも質問して話し手[講義]をさえぎる / Don't ～ me when I am busy. 忙しい時に邪魔をしないでくれ. **2** 〈行為・過程などを〉妨害する, 妨げる; 〈交通などを〉不通にする; 〈眺めなどを〉さえぎる, 遮断(しゃだん)する: ～ the proceedings 議事の妨害をする / ～ a person's sleep 人の睡眠を妨げる / The fog ～*ed* air travel. 霧のために空の便が不通になった / A building ～*s* the view from our window. 建物があるのでこちらの窓のながめがきかない. **3** 中断する, 中絶させる, 断つ: ～ an electric current 電流を切る / ～ one's work to answer the phone 仕事を中断して電話に出る / The war ～*ed* the flow of commerce between the two countries. 戦争のために両国間の通商が途絶えた. ― *vi.* 中断させる, 阻止する; (特に, 話・談話などの)邪魔をする: Please don't ～. 邪魔をしないで下さい. ― *n.* 〖電算機〗 割り込み《電子計算機が実行している操作を中断して他の操作を行なうようにすること》. **～·i·ble** [-təbḷ | -tə-, -tɪ-] *adj.*

in·ter·rúpt·ed 〖(p.p.) ← INTERRUPT〗 ― *adj.* **1** さえぎられた, 中断された, 妨げられた, 途切れがちの; 〈交通など〉不通になった: an ～ sleep, murmur, etc. **2** 〖植物〗 非相称の (asymmetrical).
interrúpted cádence *n.* 〖音楽〗 = deceptive cadence.
interrúpted cúrrent *n.* 〖電気〗 断続電流.
in·ter·rúpt·ed·ly 〖《1663》〗 *adv.* とぎれとぎれに, 断続的に.
interrúpted scréw *n.* 〖機械〗 間抜きねじ.
in·ter·rúpt·er *n.* **1** さえぎる人[もの], 妨害者[物]. **2** 〖電気〗 電流断続器.
in·ter·rúpt·ing cúrrent *n.* 〖電気〗 遮断電流.
in·ter·rup·tion [ìntərʌ́pʃən | -tə-] 〖《1425》 ▭(O)F ～ // L *interruptiō(n-)*: ⇨ interrupt, -tion〗 ― *n.* **1** **a** 邪魔, 妨害: if you will excuse my ～ お話の途中邪魔をして失礼ですが. **b** 途絶, 中絶, 中断, 休止; (交通の)不通: without ～ 間断なく, 引き続いて / ～ of electric [water] supply 停電[断水]. **2** 中断するもの, 邪魔物.
in·ter·rup·tive [ìntərʌ́ptɪv | -tə-] *adj.* 中断する, 邪魔する, 妨害的な.
in·ter·rúp·tor *n.* = interrupter.
in·ter·rup·to·ry [ìntərʌ́ptəri | -tərʌ́ptəri] *adj.* = interruptive.
ìnter·scápular *adj.* 〖解剖・動物〗 肩甲(骨)間の.
ìnter·scholástic *adj.* 《米》 (中学・高校の)学校間の, 学校対抗の (cf. extramural, intercollegiate): ～ athletics.
ínter·schòol *adj.* 学校対抗の (↔ intraschool): an ～ debate.
in·ter se [íntəséɪ, -síː | -tə-] 〖▭L *inter sē* between themselves〗 *L. adv.* **1** 彼らだけの間の事として, 秘密に (cf. inter nos). **2** 〖畜産〗 同一系統間で(交配する).
in·ter·sect [ìntəsékt | -tə-] 〖《1615》 ← L *intersect-us* (p.p.) ← *intersecāre* to cut apart ← INTER-＋*secāre* to cut: cf. secant〗 ― *vt.* 横切る, 横断する; 交差する: A path ～*s* the field. 小道が畑を横切っている / The moor is ～*ed with* paths. その荒れ地にはいくつもの小道がついている / The line AB ～*s* the line CD at the point E. 線分ABは点Eにおいて線分CDと交わる. ― *vi.* **1** 〈線・面・道路などが〉交わる, 交差する: The streets ～ at right angles. 街路は直角に交差する. **2** 重なる, 重複する.
in·ter·sec·tant [ìntəséktənt | -tə-] *adj.* 交差する.
in·ter·séct·ing arcáde *n.* 〖建築〗 (ロマネスク様式の建物に見られる, 同一面上に重なったアーチをもつ)アーケード (cf. interlacing arcade).
in·ter·sec·tion [ìntəsékʃən | -tə-] 〖《1559》 ▭L *intersectiō(n-)*: ⇨ intersect, -tion〗 ― *n.* **1** **a** 横切ること, 交差, 横断. **b** (特に, 一方が主要道路の)交差点, 辻(つじ). **2** 〖数学〗 交差, 交わり, 共通部分 (記号 ∩) (meet); 交点. **～·al** [-ʃənḷ, -ʃnəl] *adj.*
ìnter·sénsory *adj.* 二つ以上の感覚機能を同時に働かせた.
in·ter·sep·tal [ìntəséptḷ | -tə-] 〖← L *intersaept-um* diaphragm, partition: ⇨ inter-, septal¹〗 *adj.* 〖解剖〗 隔膜 (septa) 間の.
ìnter·sérvice *adj.* 陸・海・空の軍隊間の.
ínter·sèssion *n.* (2学期制の)学期間《時に成人教育のための短期集中講義に当てられる》.
ínter·sèx *n.* 〖生物〗 間性; 間性個体 (intersexual individual) 《雌雄両性の中間の形質を示す雌雄異体の種のある個体》 (cf. gynandromorph, hermaphrodite 1 a).
ìnter·séxual *adj.* **1** 異性間の: ～ love 異性愛. **2** 〖生物〗 間性の: an ～ individual = intersex. **～·ly** *adv.*
ìnter·sexuálity *n.* 〖生物〗 間性.
ìnter·sidéreal *adj.* 《まれ》 = interstellar.
ínter·space [―́―̀] *n.* **1** (物と物との間の)空所, 隙間(すきま). **2** (出来事・時間の)合間, 中間. ― [―̀―́] *vt.* **1** …の間に合間[空間]を置く[残す]: ～ one's visits 間を置いて訪問する. **2** …の間の空所を占める[埋める].
ìnter·spátial 〖← INTER-＋SPATIAL〗 *adj.* 中間の, 中間に介在する.
ìnter·spécies *adj.* 〖生物〗 = interspecific.
ìnter·specífic *adj.* 〖生物〗 異種間の: an ～ hybrid 種間雑種.
in·ter·sperse [ìntəspə́ːs | -təspə́ːs] 〖《c1645》 ← L *interspers-us* strewn (p.p.) ← *interspergere* to scatter among ← INTER-＋*spargere* to scatter (cf. sparse)〗 ― *vt.* [しばしば Passive で] **1** まき散らす, 散在させる, 散らばらせる: ～ pictures *in* a book 絵を本の所々に入れる (cf. 2) / Evergreen shrubs *are* ～*d among* the trees. 常緑低木が木々の間に散在している. **2** …のあちこちに(…を)さし入れる 〔*with*〕; (…で)点々と飾る 〔*with*〕: ～ a book *with* pictures 本の所々に絵を入れる (cf. 1) / His lecture *was* ～*d with* amusing comments. 彼の講義には興味深い論評があちこちにはさまれていた / The sky *was* ～*d with* stars. 空には星がちりばめられていた.
in·ter·sper·sion [ìntəspə́ːʒən, -ʃən | -təspə́ːʃən] 〖⇨ ↑, -sion〗 ― *n.* **1** まき散らし, 散布; 散在, 点在. **2** 〖生態〗 相互的散在《さまざまな種類の生物群が, 小さな生育場所に生活し, それぞれが互いに関係をもち合っていること; あるいはそのような状態》.
in·ter·stade [íntəstèɪd | -tə-] 〖《逆成》↓: cf. stade〗 *n.* 〖地質〗 亜間氷期《一つの氷期の中での暖化期; interstadial ともいう》.
in·ter·sta·di·al [ìntəstéɪdiəl | -stéɪdɪəl, -djəl] 〖INTER-＋STADI(UM)＋-AL¹〗 〖地質〗 ― *n.* **1** 氷床移動[氷床の成長と縮少の間]の一時的中止[休止](期). **2** = interstade. ― *adj.* 亜間氷期の (cf. interglacial).

ìnter·státe *adj.* (米国・オーストラリアなどで)各州(相互)間の, 各州連合の, 州連帯の (cf. intrastate): ～ railroads, affairs, etc. / ～ commerce 州間通商 / an ～ highway 州連絡高速道路. ― *n.* 各州間の道路.
Ínterstate Cómmerce Commìssion *n.* [the ～] (米国) 州間通商委員会《飛行機以外の輸送機関を監督する委員会; 1887 年に創設; 略 I.C.C.》.
ìnter·stéllar *adj.* 星間の, 星と星との間の《まれに intersidereal ともいう》: ～ communications / ～ space 星間空間.
ìnter·stérile *adj.* 〖生物〗 〈動植物が〉異種交配によって繁殖できない. **ìnter·sterílity** *n.*
in·ter·stice [ɪntə́ːstɪs, ən-, -stəs | ɪntə́ːstɪs] 〖《?a1425》 ▭LL *interstit-ium* space between ← L *intersistere* to stand between ← INTER-＋*sistere* to set (← *stāre* to stand)〗 ― *n.* **1** 間の空間[空所]; (特に, 連続しているもの[部分]の間の)隙間(すきま), 割れ目, 裂け目. **2** 《まれ》 (時間の)合間. **3** 〖カトリック〗 中間期間《教会法規で定めた聖階昇進に必要な経験年数》.
in·ter·sti·tial [ìntəstíʃəl | ìntə-] 〖← LL *interstitium* (↑)＋-al¹〗 ― *adj.* **1** 隙間(すきま)[裂け目]の; 隙間に生じる; 隙間を作る, 割れ目をなす. **2** **a** 〖解剖〗 間質(性)の, 〈線維組織など〉細胞組織の間にある: ～ cells [tissue] 間質細胞[組織]. **b** 〖病理〗 間質を冒す: ～ inflammation 間質炎. **3** 〖結晶〗 侵入型の, 格子間型の, 格子間にはいった: an ～ compound 侵入型化合物. ― *n.* 〖結晶〗 侵入型, 格子間型《規則配列した結晶内原子の隙間に余分の原子がはいった型の格子欠陥, またその原子》. **～·ly** *adv.*
interstítial-céll-stìmulating hórmone *n.* 〖生化学〗 間質細胞刺激ホルモン (⇨ luteinizing hormone).
ìnter·stratificátion *n.* 〖地質〗 中間地層をなすこと; 中間地層[岩層].
ìnter·strátify 〖地質〗 *vi.* 他の地層の間に介在する, 中間地層をなす. ― *vt.* [Passive に用いて] **1** 地層間にさし込む 〔*with*〕. **2** 層を交互に重ねる.
ìnter·subjéctive *adj.* 〖哲学〗 間主観的な: ～ communication 間主観的交通《E. Husserl の現象学における用語》. **～·ly** *adv.* **ìnter·subjectívity** *n.*
ìnter·syllábic *adj.* 音節間の.
ìnter·tángle *vt.* もつれ合わせる, 絡み合わせる, より[織り]合わせる. **～·ment** *n.*
ìnter·territórial *adj.* 二つの領土間に存在する[またがる], 領土間で行なわれる.
ìnter·testaméntal *adj.* 旧約聖書から新約聖書が出るまでの間の, 旧約聖書の最後の書と新約聖書の最初の書の作成間の約 2 世紀の.
ìnter·téxture 〖← L *intertextus* ((p.p.) ← *intertexere* to interweave)＋-URE: ⇨ inter-, texture〗 ― *n.* **1** 織り[編み]合わせること, 織り交ぜること; 織り合わせ, 交織. **2** 織り合わせ物, 交織地.
ìnter·tídal *adj.* 満潮と干潮の間の, 潮間帯の: ～ fauna 潮間帯動物群. **～·ly** *adv.*
ínter·tie *n.* 〖電気〗 均圧線.
ìnter·tíll *vt.* 〈他の作物〉の列の間に栽培する. **ìnter·tíllage** *n.*
ìnter·tráffic *n.* 二人[個所]間の交通.
ìnter·tríbal *adj.* (異)種族間の, 部族間の: ～ warfare, marriages, etc.
ìnter·trópic *adj.* 〖地理〗 = intertropical.
ìnter·trópical *adj.* 〖地理〗 両回帰線間の, 熱帯地方の.
ìnter·twíne *vt.* 絡み合わせる, より合わせる, 編み合わせる, 織り込む: ～ two things / This is closely ～*d with* that. これはそれとは深くかかわりあっている. ― *vi.* 絡み合う, もつれ合う: *intertwining* vines.
ìnter·twíne·ment *n.* 絡み[もつれ]合い, より合わせ.
in·ter·twín·ing·ly *adv.* 絡み合って, もつれて.
ìnter·twíst *vt.* より合わせる, 絡み合わせる, ねじり合わせる: ～ one's fingers. ― *vt.* より合う, 絡み合う: ～*ing* tendrils. ― *n.* より合わせる[合う]こと, 絡み合い, もつれ.
In·ter·type [íntətàɪp | -tə-] *n.* 〖商標〗 インタータイプ《ライノタイプに似た鋳植機の商品名》.
ìnter·univérsity *adj.* 各大学間の, 大学連合の, 大学対抗の (cf. intercollegiate): an ～ match 大学対抗試合 / ～ research 大学間の協同研究.
ìnter·úrban 〖← INTER-＋URBAN〗 ― *adj.* 都市間の: an ～ motorway [railway] 都市連絡自動車道路[鉄道]. ― *n.* 《米》 都市連絡列車[電車, バス] (cf. interborough).
in·ter·val [íntəvəl | -tə-] 〖《a1300》 *interval(le)* ▭OF *entrevale, intervalle* // L *intervall-um* space between ramparts ← INTER-＋*vallum* 'rampart, WALL'〗 ― *n.* **1** (時の)間隔, 隔たり, 合間: an ～ of twenty years 20年の隔たり / at ～*s* of two hours 2時間の間隔で / in the ～ その間に; (…の)合間に / at ～*s* 時々, 折々 / at long [short] ～*s* 時たま[しばしば] / at odd ～*s* 不定期に / at regular ～*s* 一定の時の間隔を置いて. **2** 休止期間: lucid ～*s* between fits of madness 狂気の発作と発作の間の平静期. **3** 《英》 (劇場で)幕間(まくあい), 休憩時間 (cf. intermission 2): *Interval*—10 Min. 休憩10分間. **4** (場所の)間隔, 距離, 隔たり: an ～ of ten feet between columns 10フィートの柱間距離 / at ～*s* 飛び飛びに, ここかしこに / at ～*s* of fifty feet 50フィート置きに / at regular ～*s* 一定の間隔を置いて. **5** 〖軍事〗 (前後の距離(distance)に対して左右の)間隔. **6** 〖音楽〗 音程: a major [minor] ～ 長[短]音程 / ⇨ harmonic interval, melodic interval. **7** 〖数学〗 区間《2数[点]間の全ての数[点]から成る集合》. **8** = inter-

vale. **9** 〘トランプ〙(ポーカーで)インターバル (betting interval)《チップや賭金を張るための合間》.

interval of convergence 〘数学〙収束区間《実級数が収束するすべての点から成る区間; cf. CIRCLE of convergence》.

in·ter·val·lic [ìnṭəvǽlɪk | -tə-] *adj.*

in·ter·vale [íntəvəl, -vèɪl | -tə-] 〖《14C》《廃》'interval': 現在の意味は17Cからで VALE¹ の影響による INTERVAL の変形〗 — *n.* 《ニューイングランド・カナダ》(川沿いまたは山と山の間の)低地《intervale land ともいう》.

in·ter·val·om·e·ter [ìnṭəvəlɑ́məṭə | -təvəlɔ́mɪtə(r, -mə-] *n.* 〘写真〙インターバロメーター《航空写真撮影などに用いる等間隔シャッター装置》.

ìnter·vársity *adj.* 《英》=interuniversity.

in·ter·vene [ìnṭəvíːn | -tə-] 〖《1605》⊏ L *interven-ire* to come between ← INTER-+*venīre* to come〗 — *vi.* **1 a** 〈年月・出来事などが〉間に起こる, はさまる: during the years that ~(*d*) その間の年月に, その間に / Lent ~*s between* Christmas and Easter. 四旬節はクリスマスと復活祭の間にある. **b** 〈場所などが〉間にある, 介在する: an *intervening* river 中間を流れる川 / A desert ~*s between* the two cities. 両都市間には砂漠がある. **2** 〈無関係な事が〉間に入る, 入り込む, 現われる; 間に入って邪魔をする: I will start tomorrow if nothing ~*s*. 何も故障が起こらなければ明日出発します. **3 a** 〈人が〉〔…の〕中に入る,〔…を〕仲裁する〔*in*, *between*〕: ~ *in* a dispute 争いを仲裁する / ~ *in* a strike ストライキの調停に立つ / ~ *between* two persons who are quarreling 争っている二人の間に入る. **b** 〈人が〉干渉する, 介入する; 〈国が〉〔他国の内政などに〕(武力)干渉する〔*in*〕: ~ *in* a debate 論争に口を出す / ~ *in* another nation's domestic affairs 他国の内政に干渉する. **4** 〘法律〙〈第三者が〉訴訟に参加する; 《英》(特に)〈女王代訴人 (Queen's Proctor) が〉離婚裁判に参加する.

ìn·ter·vén·er *n.* 仲介人, 調停者; 〘法律〙訴訟参加人.

in·ter·ve·nient [ìnṭəvíːnjənt | -təvíːnjənt, -nɪənt] 〖⊏ L *intervenient-em* (pres.p.) ← *intervenīre* (↑)〗 — *adj.* **1** 間に来る[入る, 起こる], はさまる, 介在する, 干渉する. **2** 付随の, 二次的な (incidental). — *n.* 仲介人, 調停者.

ìn·ter·vén·ing váriable *n.* 〘社会学〙媒介[仲介]変数.

ìn·ter·vé·nor *n.* =intervener.

in·ter·ven·tion [ìnṭəvénʃən | -tə-] 〖《*c*1425》⊏ F ~ ∥ LL *interventiō(n-)*: ⇨ intervene, -tion〗 — *n.* **1** 間に入る[入られる]こと, 介在; 調停, 仲裁: on [through] the ~ of…の仲裁で. **2** (大国による小国の内政などへの)干渉: armed [military] ~ 武力干渉, 軍事介入. **3** 〘法律〙(第三者の)訴訟参加; 《英》(女王代訴人 (Queen's Proctor) の)離婚裁判への参加. **~·al** [-ʃənḷ, -ʃnəl] *adj.*

ìn·ter·vén·tion·ism [-ʃənɪzm] *n.* (国家の政治的・経済的)干渉政策 (cf. isolationism).

ìn·ter·vén·tion·ist [-ʃ(ə)nɪst, -nəst | -nɪst] *n.* 干渉主義者, (他国に対する)内政干渉論者, (自国経済に対する)政府干渉賛成論者. — *adj.* 干渉主義の.

in·ter·ven·tor [ìnṭəvéntə | -tə-véntə(r] 〖⊏ L ~: ⇨ intervene, -or²〗 *n.* (職業・官職上の)介在者, 干渉者, 仲裁者, 調停者. **~·ly** *adv.*

ìnter·vértebral *adj.* 〘解剖〙(脊)椎(³)骨間の, 椎間の.

intervértebral dísk *n.* 〘解剖〙椎間板.

in·ter·view [íntəvjùː | -tə-] 〖《1514》*enterv(i)ew(e)* ⊏ F *entrevue* ← (s')*entrevoir* to see (each other) ← *entre-* 'INTER-'+*voir* to see (< L *vidēre* to see: ⇨ view)〗 — *n.* **1** 面接, 面談, 対談; (公式の)会談, 協議: an ~ room (警察や刑務所の)取調室 / a job ~ = an ~ for a job 就職[求職]面接 / at a personal ~ 直接面談のうえで. **2** (新聞雑誌記者またはテレビ・ラジオのニュース解説者の)会見, インタビュー, 取材訪問; 会見記, 訪問記事: ~ shows (テレビの)インタビュー番組 / have [hold] an ~ *with* the prime minister 総理大臣と会見する / give [grant] an ~ to reporters 新聞記者のインタビューに応じる. — *vt.* …と面接[会見]する; …の面接試験をする; 〈新聞記者などが〉〈公人・名士などに〉インタビューする: ~ applicants 志願者を面接する / ~ the President (about…) (…について)大統領に会見[インタビュー]する / be ~*ed for* a job 就職の面接(試験)を受ける.

in·ter·view·ee [ìnṭəvjuːíː, ←−−⌣ | -tə-] 〖⇨↑, -ee¹〗 *n.* 被面接者, 被会見者, インタビューされる人.

ín·ter·vìew·er 〖《1869》〗 *n.* **1** 面接者, 会見者, インタビュアー, 会見[訪問]記者. **2** (玄関扉の)のぞき穴.

Ínter·vìsion 〖← INTER-+(TELE)VISION〗 *n.* インタービジョン《東ヨーロッパ諸国間のテレビ番組やニュース素材の中継・交換組織; ユーロビジョン (Eurovision) との交換も行なう》.

in·ter vi·vos [ìnṭə-víːvous, -vái- | -tə-víːvəus, -vái-] 〖⊏ L *inter vīvos* among (the) living〗 — *L. adv., adj.* 〘法律〙〈贈物・信託などが〉生存者間で[の], 生存者から生存者へ(の).

ìnter·vocálic *adj.* 〘音声〙〈子音が〉母音間にある, 母音にはさまれた.

in·ter·volve [ìnṭəvɑ́lv, -vɔ́(ː)lv | -təvɔ́lv, -vóulv] 〖← INTER-+L *volv-ere* to roll (⇨ walk)〗 *vt.* 巻き合わせる, 絡み合わせる.

ìnter·wár *adj.* 戦争と戦争の間の, (特に, 1914年と1939年の)両大戦間の: the ~ period.

in·ter·weave [ìnṭəwíːv | -tə-] 〖《1578》← INTER-+WEAVE〗 — *v.* (-wove [-wóuv | -wə́uv], -weaved; -wo·ven [-wóuvən | -wə́u-], -weaved) — *vt.* **1** 織り交ぜる, 織り込む, 編み合わせる: ~ two things / ~ nylon *with* cotton ナイロンを綿を織り交ぜる. **2** 〈事〉と〔事を〕混ぜ合わせる, 混合する〔*with*〕: ~ truth *with* fiction 真実と虚偽とを織り交ぜる / be *interwoven with*…と関連し合っている. — *vi.* 織り交ざる; 混交する, 交じる. — [⌣−⌣] *n.* 交織, 混合, 融合. **ìn·ter·wéave·ment** *n.* **ìn·ter·wéav·er** *n.*

ìnter·wínd [-wáɪnd] *vt., vi.* (-wound) 巻き込む, 巻き合わせる[合う], からみ合わせる[合う].

ìnter·wórk *v.* (~ed, -wrought) — *vt.* =interweave. — *vi.* =interact¹.

interwove *v.* interweave の過去形.

in·ter·wo·ven [ìnṭəwóuvən | -təwə́u-] *v.* interweave の過去分詞. — *adj.* 織り[編み]込まれた; 混ぜ合わされた: an ~ design. 「み合わせる.

ìnter·wréathe *vt.* 巻き合わせる, 編み合わせる, 組

ìnter·zónal *adj.* 二つ(以上)の地域間の: an ~ competition 地域間対抗試合.

ínter·zòne *adj.* =interzonal.

in·tes·ta·ble [ɪntéstəbḷ, ən- | ɪn-] 〖⊏ LL *intestābilis*, (L) infamous: ⇨ intestate〗 — *adj.* 〘法律〙〈幼児・精神異常者など〉遺言をする能力を欠いた, 遺言状を書く資格のない.

in·tes·ta·cy [ɪntéstəsi, ən- | ɪntéstəsi] 〖《1767》: ⇨↓, -cy〗 *n.* 〘法律〙無遺言で死ぬこと; 無遺言で死んだ人の財産, 無遺言相続.

in·tes·tate [ɪntésteɪt, ən-, -tət, -tɪt | ɪn-] 〖《adj.: *c*1378; n.: 1658》⊏ L *intestāt-us* ← IN-²+*testātus* ((p.p.) ← *testārī* to witness, make a will: cf. testament)〗 — *adj.* **1** 〈人が〉(法律にかなった)遺言をしない, 遺言書を作らない (cf. testate 1): die ~ 遺言書を作らずに死ぬ. **2** 〈財産が〉遺贈されたものでもない, 遺言によって処分されない, (その処分について)何の遺言もない: an ~ estate — *n.* 無遺言死亡者.

in·tes·ti·nal [ɪntéstənḷ, ən- | ɪntéstɪnḷ, ìntestáɪnḷ] 〖⊏ ML *intestināl-is* ← L *intestinum* 'INTESTINE': ⇨ -al¹〗 — *adj.* 腸の, 腸管の, 腸にある: ~ catarrh 腸カタル / ~ disorder [trouble] 腸疾患 / an ~ worm 腸内寄生虫《回虫など》. **~·ly** *adv.*

intéstinal canál *n.* 〘解剖〙腸管, 腸.

intéstinal fórtitude *n.* 《米口語》勇気と忍耐, 肝っ玉, 胆力. ★ guts に代わる婉曲的表現.

in·tes·tine [ɪntéstɪn, ən-, -tən | ɪntéstɪn] 〖adj.: 《1439》⊏ L *intestin-us* inward, internal ← *intus* within. — n.: 《?*a*1425》⊏ L *intestin-um* (neut. sing.) ← *intestinus*〗 — *n.* [しばしば *pl.*] 〘解剖〙腸 (bowels): ⇨ large intestine, small intestine. ★ ラテン語系形容詞: alvine. — *adj.* **1** 内部の. **2** 〈戦争・災難など〉国内の, 内国の: an ~ war 内乱, 内戦 / ~ disorders 国内紊乱(ぶん). **3** 体内の.

ín·thìng *n.* 最も現代的なもの[こと], かっこいいこと.

in·thral [ɪnθrɔ́ːl, ən- | ɪn-] *vt.* (in·thralled; in·thral·ling) =enthrall.

in·thrall [ɪnθrɔ́ːl, ən- | ɪn-] *vt.* =enthrall.

in·thrál·ment *n.* 《古》=enthrallment.

in·throne [ɪnθróun, ən- | ɪnθrə́un] *vt.* =enthrone.

in·ti·ma [íntəmə | -tɪ-] 〖← NL ~ ← L (fem.) ← *intimus* inmost: cf. intimate¹·²〗 — *n.* (*pl.* **in·ti·mae** [-mìː], ~**s**) 〘解剖〙(血管などの)内膜, 脈管内膜. **ín·ti·mal** [-məl] *adj.*

in·ti·ma·cy [íntəməsi | -tɪməsi] 〖《1641》: ⇨ intimate¹, -acy〗 — *n.* **1 a** 親密, 親交, 懇意: on terms of ~ = *on* INTIMATE¹ *terms*. **b** [*pl.*] 親しさを表わす行為[表現], 馴れ馴れしくすること《体に触れたり, キスなどをすること》. **c** 《婉曲》(異性との)肉体関係, ねんごろな関係, 情交. **2** 密接なつながり, 精通, 深い理解. **3** 人目を避けること, 非公開, 内輪.

intimae *n.* intima の複数形.

in·ti·mate¹ [íntəmət, -mɪt | -tɪ-] 〖《1632》⊏ LL *intimāt-us* (p.p.) ← *intimāre* to put in (↓) ∽ 《*a*1618》 *intime* ⊏ L *intim-us*〗 — *adj.* **1** 密接な, 親密な, 仲のよい, 懇意な. ★ しばしば 9 の意味を含意するので一般に, 特に異性間では close などが好まれる: ~ friends [friendship] 親友[交] / an ~ relation [connection] 懇意な間柄, 深い縁故. **2 a** 〈言動など〉親しみのこもった, くだけた, 打ち解けた: an ~ voice, handshake, etc. **b** 〈部屋など〉親しみがわく, くつろげる, 懇親的な: an ~ room, lounge, etc. **3** 私事の, 私事に関する, 一身上の, 個人的な: one's ~ affairs 私事 / the ~ details of one's life 私生活のこまごました事柄 / an ~ diary (秘密の感情や内面的経験をつづった)心の日記. **4** 最も内部の, 本質的な: the ~ structure of matter 物質の本質的な構造. **5** 〈知識など〉直接的な, 詳細な, 深い: have an ~ knowledge of [acquaintance with] the facts 事実に精通している. **6** 〈考えなど〉心の奥底にある, 内心の, 衷心の: one's ~ feelings [thoughts] 心の奥に秘めた感情[考え] / ~ reflections 内省. **7** 〈分子・イオンなど〉密接した, よく混じった: an ~ ion pair 内部イオン対. **8** 〈音楽会など〉少人数を対象とした, 内輪の, 非公開の: an ~ opera オペラ鑑賞会 / It was an ~ dinner, just five of us. 丁度5人だけの内輪の食事だった. **9** 《婉曲》〔異性と〕肉体関係のある, 情を通じている〔*with*〕: be ~ *with* a woman. **10 a** 〈下着など〉肌に直接着る; 家庭で着る: ~ underwear 下着 / ~ apparel 部屋着, 寝間着(など). **b** 〈包装など〉品物にじかに触れる.

on intimate terms (1) 親しい間柄で, 懇意で〔*with*〕. (2) 〈男女が〉深い仲で, 関係して〔*with*〕.

— *n.* [one's ~ として] 親友. ★ 今日では *adj.* 9 を連想するので一般に避けられる. **~·ness** *n.*

in·ti·mate² [íntəmèɪt | -tɪ-] 〖《1538》← LL *intimāt-us* (p.p.) ← *intimāre* to bring or press into, announce ← *intimus* inmost, deepest, close in friendship, (n.) close friend, (superl.) ← *intus* within < IE **en-tos* (Gk *entós* within): cf. F *intimer*〗 — *vt.* **1** 遠回しに言う, ほのめかす, 暗示する 〈*that*〉: He ~*d* (*to* me) *that* he intended to resign soon. 間もなく辞職するつもりだということを(私に)それとなく言った. **2** 《古》通知する, 通告する; 〈…ということを〉公表する, 告示する 〈*that*〉. **ín·ti·màt·er** [-ṭə | -tə(r] *n.*

íntimate bórrowing *n.* 〘言語〙密接借用《2言語間に起こる言語形式, 特に語句の借用》.

ín·ti·mate·ly 〖《1637》: ⇨ intimate¹, -ly¹〗 *adv.* 親しく; 近く; 直接的に, 詳しく; 内心で.

in·ti·ma·tion [ìnṭəméɪʃən | -tɪ-] 〖《1442–43》⊏ (O)F ~ ∥ LL *intimātiō(n-)*: ⇨ intimate², -ation〗 — *n.* **1** それとなく知らせること; ほのめかし, 暗示: have an ~ *that*… それとなく…という感じがする. **2** 通知, 通告; 告示, 発表: issue an ~ *that*…という通告を発する.

in·time [ɛ̃ː(n)tíːm, æn-; *F.* ɛ̃tim] 〖⊏ F ~ ∥ L *intimus*: ⇨ intimate¹〗 *F. adj.* =intimate¹.

in·tim·i·date [ɪntímədèɪt, ən- | ɪntímɪ-] 〖《1646》← ML *intimidāt-us* (p.p.) ← *intimidāre* to intimidate ← IN-¹+L *timidus* 'TIMID': ⇨ -ate³〗 — *vt.* (通例暴力的な脅しによって)怖がらせる, 脅す, おびえさせる; 脅迫して〔ある行動を〕させる〔*into*〕; 威嚇して〔ある行動を〕させない〔*from*〕: ~ a voter 有権者を脅迫する / ~ the parents *into* paying the ransom 両親を脅迫して身の代金を払わせる / ~ workers *from* forming a union 従業員を脅して組合を作らせない.

in·tim·i·da·tion [ìntɪmədéɪʃən, ən- | ɪntɪmɪ-] 〖⊏ F ~ ← *intimider*: ⇨↑, -ation〗 — *n.* 恐れさせること, 脅し, 威嚇, 脅迫: by ~ / surrender to ~ 脅迫に屈する.

in·tím·i·dà·tor [-ṭə | -tə(r] *n.* 脅迫者.

in·tim·i·da·to·ry [ɪntímədətɔ̀ːri, ən-, -tɔ̀ːri | ɪntímɪdət(ə)ri] *adj.* 脅迫的な, 脅しの.

In·ti·mism, i- [íntəmɪzm | -tɪ-] 〖← INTIM(IST)+-ISM〗 — *n.* 〘美術〙アンティミスム《Vuillard や Bonnard に代表される20世紀初頭のフランス絵画で, 日常身辺の題材を暖かい感じで描いた日常的な画風》.

ín·ti·mist, I- [-mɪst, -məst | -mɪst] 〖⊏ F *intimiste* (↓)〗 — *adj.* **1** (個人の内部を大きく取り上げる)日常主義画風の. **2** 〈小説が〉(個人の心理をえぐり出す)内面描写の, 心理主義的な. — *n.* アンティミスム (Intimism) の画家[作家].

in·ti·miste [ɛ̃ː(n)tɪmíːst, æ̀n-; *F.* ɛ̃timist] 〖⊏ F ~: ⇨ intime, -ist〗 *F. adj., n.* =intimist.

in·tim·i·ty [ɪntíməṭi, ən- | ɪntímɪti, -mɪ-] 〖⊏ F *intimité* ∥ ← L *intimus* 'inmost, INTIMATE¹'+-ITY〗 *n.* **1** 《古》親密 (intimacy). **2** 秘密, 内密.

in·tinc·tion [ɪntíŋ(k)ʃən, ən- | ɪn-] 〖《1559》《廃》'dipping' ⊏ LL *intinctiō(n-)* ← L *intingere* to dip in ← IN-¹+*tingere* 'to wet, TINGE'〗 — *n.* 〘キリスト教〙インティンクション, 浸し《聖餐[聖体拝領]用のパンをぶどう酒に浸して信者に与えること》.

in·tine [íntiːn, -taɪn] 〖← L *intus* within+-INE¹〗 *n.* 〘植物〙内膜, 内壁《胞子や花粉の内外2層の膜のうち内側の膜; endosporium ともいう; cf. exine》.

in·ti·tle [ɪntáɪṭḷ, ən- | ɪntáɪtḷ] *vt.* 《古》=entitle.

in·tit·ule [ɪntítʃuːl, ən-, -tʃut | ɪntítjuːl] 〖《?*a*1400》⊏ (O)F *intitul-er* ⊏ LL *intitulāre* to give a name to ← IN-¹+*titulus* 'TITLE': cf. entitle〗 — *vt.* [通例 p.p. 形で] 《英》〈法令・書物などを〉…と称する, 題する. ★ 今は主に法令について用いる. **in·tit·u·la·tion** [ɪntìtʃuléɪʃən, ən- | ɪntìtjʊ-] *n.*

intl, intl. 《略》international.

intnl 《略》international.

in·to [《母音の前》ìntu, 《子音の前》ìntə, 《文末》ìntuː, -tuː | 《母音の前》ìntu, 《子音の前》ìntə, 《文末》ìntuː] 〖ME *in to* < OE *in(n) tō*: 16C までは2語に分けて書かれた〗 — *prep.* **1** …の中に[へ], …に, …へ; …に加わるように, …の活動[獲得]に: come ~ the house 家の中へ入る / go ~ the park 公園の中へ入る / look ~ the box 箱の中をのぞく / throw a letter ~ the fire 手紙を火にくべる / He butted ~ their conversation. 彼らの会話に割り込んだ / About three minutes ~ conversation, he asked. 会話を始めて3分ほどすると彼は尋ねた / His salary went ~ the rent. 彼の月給は家賃に当てられた / inquire ~ a matter 事件を調査する / A flush came ~ her cheeks. 彼女のほおがぽっと赤らんだ / get ~ difficulties 困難に陥る / go ~ business [teaching] 実業界に入る[教職につく] / come ~ property 財産を手に入れる[相続する]. **2** …の方向へ: look ~ the sun 太陽の方を見る. **3** …にぶつかって (against): run ~ a pole 柱にぶつかる / He fell ~ the wall. 壁にぶつかった. **4** [変化・結果]〈…を〉…に(する), 〈…が〉…に(なる): make flour ~ bread 小麦粉をパンにする / convert water ~ ice 水を氷に変える / put [turn] Latin ~ English ラテン語を英語に訳す / A caterpillar turns ~ a butterfly. 毛虫は蝶に変わる / He was elected ~ the academy. 彼は選ばれて学士院会員になった / fall ~ sleep 眠り

に落ちる / burst ~ tears わっと泣き出す / burst ~ laughter どっと笑い出す / Suddenly he broke ~ singing. 突然彼は歌い始めた / Neglected talents rust ~ decay. なおざりにされた才能はさびて朽ちてしまう / The sad news drove him ~ despair. その悲報は彼を絶望のどん底に陥れた / harden something ~ a mass 物を(固めて)かたまりにする / harden ~ a mass (固まって)かたまりになる / cut [divide] something ~ two 物を二つに切る[分ける] / I laughed him ~ good humor again. 私は笑ってまた彼を上機嫌にさせた / reason a person ~ compliance 人を説いて承知させる. **5 a** 〘数学〙…を割って: 2 ~ 6 (=6 divided by 2) goes 3 times [is 3, equals 3]. =Dividing 2 ~ 6 gives 3. 6割る2は3. **b** 《古》=by *prep.* 15. ★ multiply とともに用いる: *a multiplied ~ b*=*a*×*b* (=*a* multiplied by *b*). **6** 《俗用》=IN to (cf. in *adv.* 1 a): He took her ~ dinner. 彼女を食事のために食堂に案内した. **7** 《方言》=in: He fought ~ the Revolution. 独立戦争で戦った / There is salt ~ the porridge. ポリッジに塩が入っている. **8** 《方言・俗》…だけ足りない (within): six feet tall ~ an inch 丈が6フィートに1インチ足りない. **9** [時間]…まで (up to): We have been good friends right ~ today. 今日の今日まで仲良しだった / We sat talking far [well] ~ the night. 夜が更けるまで話し込んだ. **10** 《口語》…に関心を抱いて, かかわって: First I was ~ Zen, then I was ~ peace. 最初私は禅に関心をもち, のちに平和問題に首を突っ込んだ.
— *adj.* 〘数学〙〈写像が〉中への: an ~ mapping 中への写像.

in·toed [íntòud | -tə̀ud] 〘← IN (adv.)+TOE+-ED 2〙 *adj.* 足指が内方に曲がっている, 内股(ﾁﾏﾀ)の.

in·tol·er·a·ble [ɪntɑ́l(ə)rəbl, ən- | -tɔ́l-] 〘《*a*1415》⊏ L *intolerābil-is*: ⇨ in-², tolerable〙 — *adj.* **1** 耐えられない, 我慢できない, 忍び難い: an ~ burden / ~ pain, heat, insolence, etc. **2** [強意語として] 非常な, 大変な (extreme). **ìn·tol·er·a·bíl·i·ty** [-rəbíləṭi | -lɪ̀ti, -lɪ-] *n.* **~·ness** *n.* **in·tól·er·a·bly** *adv.*

in·tol·er·ance [ɪntɑ́l(ə)rəns, ən- | ɪntɔ́lə-] 〘⊏ L *intolerantia* impatience ← *intolerantem* (↓)〙 — *n.* **1** (異説や, 特に他宗教を許容できない)不寛容, 偏狭, 狭量. **2 a** 耐え得ないこと: an ~ of pain, heat, etc. **b** 我慢できない行為. **3** 〘病理〙〔食品・薬品などに対する〕不耐(性) 〔*for, to*〕.

in·tol·er·ant [ɪntɑ́l(ə)rənt, ən- | ɪntɔ́lə-] 〘《*a*1735》⊏ L *intolerant-em* ← IN-²+*tolerantem* ((pres.p.) ← *tolerāre* 'to endure, TOLERATE')〙 — *adj.* **1 a** 異説を容(ｲ)れない; (特に, 他宗教に)不寛容な, 偏狭な, 狭量な. **b** 社会的[政治的, 職業的]権利を共にし[与え]たがらない, (特に)他民族集団と社会的平等を共にしたがらない. **2** 〔…に〕耐えられない, 我慢ができない 〔*of*〕: plants ~ *of* shade 日陰では生長しない植物 / be ~ *of* excesses 過激なことに耐えられない. — *n.* 度量の狭い人, 寛容でない人. **~·ly** *adv.* **~·ness** *n.*

in·tomb [ɪntúːm, ən- | ɪn-] *vt.* 《古》=entomb. **~·ment** *n.*

in·to·na·co [ɪntɑ́nəkòu, ən-, -tɔ́(ː)n- | ɪntɔ́nəkə̀u] 〘⊏ It. ~ *intonacare* to coat with plaster < VL **intunicāre* ← IN-¹+L *tunica* 'TUNIC'〙 — *n.* (*pl.* ~**s**) 〘美術〙フレスコ画の下地の最上層となる白色微粒子の漆喰層 (cf. arriccio).

in·to·nate [íntənèɪt, -to(ʊ)- | -tə(ʊ)-] 〘← ML *intonāt-us* (p.p.) ← *intonāre* ← IN-¹+L *tonus* 'TONE': ⇨ -ate³〙 — *vt.* …に抑揚をつける, 抑揚をつけて言う; 調子をつけて読む, 詠唱する.

in·to·na·tion [ìntənéɪʃən, -to(ʊ)- | -tə(ʊ)-] 〘《1620》⊏ ML *intonātiō(n-)*: ⇨ ↑, -ation〙 — *n.* **1** (教会の典礼文 (liturgy)・聖歌などを)単調に唱えること, 詠唱. **2** 〘キリスト教〙(グレゴリオ聖歌 (Gregorian chant) の)歌い始め(の文句), 始唱. **3** 〘音声〙イントネーション, (声の)抑揚, 音調, 語調 (cf. stress *n.* 5): falling [rising] ~ 下降[上昇]イントネーション / falling-rising ~ 下降上昇イントネーション. **4** 〘音楽〙音調の整理, 調音, 音高の調整《特に, 音律に応じて正しい音程を保つこと》. **~·al** [-ʃənḷ, -ʃnəl] *adj.*

intonátion còntour *n.* 〘音声〙イントネーション曲線《いくつかの音調の上がり下がりの動き》. 「型.

intonátion pàttern *n.* 〘言語〙イントネーション

in·tone [ɪntóun, ən- | ɪntə́un] 〘⊏ ML *inton-āre*, (L) to make a noise ← IN-¹+*tonus* 'TONE' ∽ 《*c*1485》 *entone* ⊏ OF *enton-er*: ⇨ intonate〙 — *vt.* **1** 〈聖歌・儀式文などの歌い始めを〉一定の調子で唱える, 詠唱する. **2** 〈声〉に抑揚をつける. — *vi.* 単調な歌い声で唱える, 詠唱する. **in·tón·er** *n.*

in·tor·sion [ɪntɔ́əʃən, ən- | ɪntɔ́ː-] 〘⊏ F ~ ⊏ LL *intortiō(n-)* ← L *intortus* (p.p.) (↓)〙 — *n.* (植物の茎などの, 内側への)ねじれ, よれ; (特に, 身体部分の)内転, (内側への)ねじれ (cf. extorsion).

in·tort·ed [ɪntɔ́əṭɪd, ən-, -ṭəd | ɪntɔ́ːt-] 〘← L *intortus* ((p.p.) ← *intorquēre* ← IN-¹+*torquēre* to twist)+-ED: ⇨ tort〙 — *adj.* (内側へ)ねじれた; もつれた: ~ horns ねじれた角. 「sion.

in·tor·tion [ɪntɔ́əʃən, ən- | ɪntɔ́ː-] *n.* 〘植物〙=intor-

in·tor·tus [ɪntɔ́əṭəs, ən- | ɪntɔ́ːt-] 〘⊏ L ~: ⇨ intorted〙 *adj.* 〘気象〙〈巻雲が〉もつれた糸状の.

in to·to [ɪn-tóuṭou | -tə́utəu] 〘⊏ L *in tōtō* in the whole〙 — *L. adv.* 全体として, 全部, そっくり (wholly), 完全に (completely). ★ 通例否定的な意味の語と共に用いられる: He rejected the plan ~. 彼はその計画に全面的に反対した.

In·tour·ist [ɪntú(ə)rɪst, -rəst | -túərɪst; *Russ.* inturíst] 〘⊏ Russ. *Inturist* 《短縮》← *inostrannyĭ turist* foreign tourist〙 *n.* インツーリスト, ソ連邦国営旅行社《ソ連の外人観光局》.

in·town [ˊ-ˊ, ˊ-ˋ] *adj.* 都市(の中央部)にある, 都心にある: an ~ hotel.

in·tox·i·cant [ɪntɑ́ksɪkənt, ən-, -sə- | ɪntɔ́ksɪ-] 〘《1863》⊏ ML *intoxicant-em* (pres.p.) ← *intoxicāre* (↓)〙 — *adj.* 酔わせる. — *n.* 酔わせる物《特に, 酒・麻薬など》. **~·ly** *adv.*

in·tox·i·cate 〘《15C》← ML *intoxicāt-us* (p.p.) ← *intoxicāre* ← IN-¹+L *toxicāre* to smear with poison ← *toxicum* poison (cf. toxic)〙 — [ɪntɑ́ksɪkèɪt, ən-, -sə- | ɪntɔ́ksɪ-] *v.* — *vt.* **1** 〈酒・麻薬などが〉酔わせる: be [get] ~*d* 酔っている[酔う]. **2** 〈成功・吉報などが〉興奮させる, 夢中にさせる, うきうきさせる: be ~*d by* [*with*] success 成功に酔う[有頂天になる]. **3** 〘病理〙中毒させる (poison). — *vi.* 酔いを起こす, 酔わせる. — [-kət, -kɪt, -kèɪt] *adj.* 《古》酔った (intoxicated). **in·tóx·i·cà·tor** [-ṭə | -tə(r] *n.*

in·tóx·i·càt·ed [-ṭɪd, -ṭəd | -tɪd, -təd] *adj.* **1** 酔った: an ~ man. **2** 夢中になっている, うきうきしている[した]. **~·ly** *adv.*

in·tóx·i·càt·ing [-ṭɪŋ | -tɪŋ] *adj.* **1** 酔わせる: ~ drinks 酒類, アルコール性飲料. **2** 夢中にさせる, うきうきさせる. **~·ly** *adv.*

in·tox·i·ca·tion [ɪntɑ̀ksɪkéɪʃən, -sə- | ɪntɔ̀ksɪ-] 〘《1548》《廃》'killing by poison' ⊏ F ~ // ML *intoxicātiō(n-)*: ⇨ intoxicate, -ation〙 — *n.* **1** 酔う[酔わせる]こと; 酔い, 酩酊(ﾒｲﾃｲ)(状態). **2** (狂気に近い)興奮, 夢中, 狂気. **3** 〘病理〙中毒 (poisoning).

in·tox·i·ca·tive [ɪntɑ́ksɪkèɪṭɪv, ən-, -sə- | ɪntɔ́ksɪkèɪt-] *adj.* **1** 《古》酔わせる (intoxicating). **2** 〘病理〙中毒の.

intr. 《略》intransitive.

in·tra- [íntrə, -trɑː] 〘⊏ LL *intrā-* ← L *intrā* (adv., prep.) within (cf. *interior* inner, *inter* between)〙 — *pref.* 主に学術用語として「内に, 内部に, 内側に」などの意味を表わす (cf. intro-): *intra*cardiac, *intra*cellular, *intra*glacial.

ìntra-abdóminal *adj.* 腹内の; 〈注射など〉腹腔(ﾌｸｺｳ)内の.

ìntra·artérial *adj.* **1** 動脈内の[にある], 動脈によって入る. **2** 動脈内で用いる. **~·ly** *adv.*

ìntra·atómic *adj.* 原子内の: ~ energy.

ìntra·cárdiac *adj.* **1** 心臓内(へ)の, 心臓内で起こる. **2** 心臓内で用いる.

ìntra·cárdial *adj.* =intracardiac. **~·ly** *adv.*

ìntra·céllular *adj.* 〘生物〙細胞内の (↔ extracellular). **~·ly** *adv.*

ìntra·cíty *adj.* 市内の[にある]: an ~ bus. 「ning.

ìntra·clóud *adj.* 〈電光など〉雲の中[間]の: ~ light-

Íntra·cóastal Wáterway *n.* [the ~] (小型船舶用の)内陸大水路《Boston と Florida 湾間の Atlantic Intracoastal Waterway, および Florida 州 Carrabelle と Texas 州 Brownsville 間の Gulf Intracoastal Waterway の二つから成る》.

ìntra·cómpany *adj.* 会社内の, 社内に起こる.

ìntra·cránial *adj.* 頭蓋(ｽﾞｶﾞｲ)内の[に起こる]; 頭蓋組織に影響する[を含む]. **~·ly** *adv.*

in·trac·ta·bil·i·ty [ɪntræ̀ktəbíləṭi, ən- | ɪntræ̀ktəbílətɪ, -lɪ-] *n.* 御しにくいこと, 手に負えないこと, 強情; 処置しにくいこと, 取り扱いにくいこと.

in·trac·ta·ble [ɪntræ̀ktəbl, ən- | ɪn-] 〘《*a*1500》'rough' ⊏ L *intractābil-is*: ⇨ in-², tractable〙 — *adj.* **1** 〈人・性質など〉御しにくい, 取り扱いにくい, 手に負えない; 強情な, 片意地な: an ~ child, animal, temper, etc. **2** 〈問題など〉処置[処理]しにくい; 〈病気など〉難治性の; 〈金属など〉加工し難い: an ~ disease, metal, etc. — *n.* 手に負えない[強情な]人. **~·ness** *n.* **in·trác·ta·bly** *adv.*

ìntra·cutáneous 〘← INTRA-+CUTANEOUS〙 *adj.* =intradermal. **~·ly** *adv.*

intracutáneous tést *n.* 〘医学〙(過敏症の判定などに用いる)皮内試験 (cf. patch test, scratch test 1).

ìntra·dáy *adj.* 一日のうちに生起する, 一日の: the ~ high 〘証券〙今日[その日]の高値.

ìntra·dérmal *adj.* 〘医学〙皮(膚)内の: an ~ injection 皮内注射. **~·ly** *adv.*

intradérmal tést *n.* 〘医学〙=intracutaneous test.

in·tra·dos [íntrədɑ̀s, -dòu(s), ɪntréɪdɑs, -trɑ́ː-, -dəs | ɪntréɪdɔs] 〘《1772》⊏ F ~ ← INTRA-+F *dos* back (< L *dorsum* back: cf. dorsal¹)〙 — *n.* (*pl.* ~, ~·**es**) 〘建築〙(アーチの)内側の面, 内輪, 内弧面, 拱(ｷｮｳ)腹線 (cf. extrados; ⇨ arch¹ 挿絵).

ìntra·galáctic *adj.* 〘天文〙一つの銀河系 (galaxy) 内にある[起こる].

ìntra·glácial *adj.* 〘地質〙間氷期の, 氷河中にはさまっている.

ìntra·governméntal *adj.* 政府内部の.

ìntra·márginal *adj.* 余白の, 限界内の.

ìntra·molécular *adj.* 分子内の[で起こる]: ~ rearrangement 分子内転位 / ~ rotation 分子内回転. **~·ly** *adv.*

intramolécular respirátion *n.* 〘植物病理〙分子内呼吸.

ìntra·múndane *adj.* 現世の, 物質界で起こる (↔ extramundane).

in·tra·mu·ral [ìntrəmjú(ə)rəl | -mjúər-] 〘← INTRA-+MURAL〙 — *adj.* **1** (都市などの)城壁内の, 都市内の, 建物内の (↔ extramural): an ~ burial 教会内埋葬. **2** 〈授業・スポーツなど〉大学構内の, 学内(だけ)の, 校内の: ~ games, sports, teaching, etc. **3** 〘解剖〙(器官・細胞の)壁内の. **~·ly** *adv.*

in·tra mu·ros [íntrə-mjú(ə)rous | -mjúərəus] 〘⊏ L *intrā mūrōs* within the walls〙 *L. adv.* (都市の)城壁内で; 学内で.

ìntra·múscular *adj.* 筋肉内の: an ~ injection. **~·ly** *adv.*

ìntra·nátional *adj.* 国内の.

intrans. 《略》intransitive.

in trans. 《略》in transitu.

in·tran·si·geance [ɪntrǽnsədʒəns, ən-, -zə- | ɪntrǽnsɪ-, -trɑ́ːn-, -zɪ-; *F.* ɛ̃trɑ̃ziʒɑ̃ːs] *F. n.* =intransigence.

in·tran·si·geant [ɪntrǽnsədʒənt, ən-, -zə- | ɪntrǽnsɪ-, -trɑ́ːn-, -zɪ-; *F.* ɛ̃trɑ̃ziʒɑ̃] *F. adj.* =intransigent.

in·tran·si·gence [ɪntrǽnsədʒəns, ən-, -zə- | ɪntrǽnsɪ-, -trɑ́ːn-, -zɪ-] 〘⇨ intransigent, -ence〙 — *n.* 折り合わないこと, 妥協[譲歩]しないこと, (政治上の)非妥協的態度.

in·trán·si·gen·cy [-dʒənsi | -sɪ] *n.* =intransigence.

in·tran·si·gent [ɪntrǽnsədʒənt, ən-, -zə- | ɪntrǽnsɪ-, -trɑ́ːn-, -zɪ-] 〘《1879》⊏ F *intransigeant* ⊏ Sp. (*los*) *intransigentes* revolutionary party refusing compromise ← IN-²+L *transigentem* coming to an agreement ((pres.p.) ← *transigere* to come to an agreement ← *trāns* across+*agere* to lead, act)〙 — *adj.* (主に政治上)妥協しない, 非妥協的な, 敵対的な; (自分の地位・見解を)固執する, 譲歩しない. — *n.* 妥協しない人. **~·ly** *adv.*

ín·trànsit 〘← IN-³+TRANSIT〙 *adj.* 〈貨物など〉運送中の (cf. in transitu).

in·tran·si·tive [ɪntrǽnsəṭɪv, ən-, -zə- | ɪntrǽns(ɪ)t-, -trɑ́ːns-, -zɪ-] 〘《1612》⊏ LL *intransitīv-us* not passing over: ⇨ in-², transitive〙 〘文法〙 — *adj.* **1** 〈動詞が〉自動の (↔ transitive): an ~ verb=a verb ~ 自動詞 (略 v.i., vi.). **2** 〈形容詞が〉目的語を伴わない《例えば fond という形容詞は「好んで」という意味では fond of milk のように前置詞を介して目的語をとるが, 「優しい」「甘い」という意味では目的語をとらない》. — *n.* 自動詞 (intransitive verb). **~·ly** *adv.* **~·ness** *n.*

in tran·si·tu [ɪn-trǽnsəṭ(j)ùː, -zə- | -trǽnsɪtjùː, -trɑ́ːn-] 〘⊏ L *in transitū* in passing〙 *L. adv.* 運送中, 途上に, 途中で (on the way).

in·trant [íntrənt] 〘⊏ L *intrant-em* (pres.p.) ← *intrāre* 'to ENTER'〙 《古》*n.* 加入者, 入会者, 新入者, 入学者 (entrant). — *adj.* 入って来た.

ìntra·núclear *adj.* 〘物理・生物〙(原子・細胞などの)核内の.

ìntra·ócular *adj.* 〘眼科〙眼内にある[起こる], 眼内(性)の: ~ pressure 眼圧.

ìntra·óffice *adj.* 事務所内の.

ìntra·párty *adj.* 政党内の: an ~ fight 党内抗争.

ìntra·peritonéal *adj.* 〘解剖〙 **1** 腹腔(ﾌｸｺｳ)内にある[に入る]. **2** 腹膜を通して差し込まれた. **~·ly** *adv.*

ìntra·pérsonal *adj.* 個人(の精神)内の.

ìntra·populátion *adj.* 住民内の, 住民内に起こる.

ìntra·psýchic *adj.* 〘心理〙精神内の.

ìntra·psýchical *adj.* 〘心理〙=intrapsychic. **~·ly** *adv.*

ìntra·régional *adj.* 地域内の: ~ trade.

ìntra·schóol *adj.* (学)校内の.

ìntra·spécies *adj.* =intraspecific.

ìntra·specífic *adj.* 種内部の, 種全体にかかわる. **ìntra·specífically** *adv.*

ìntra·spínal *adj.* 〘解剖〙髄腔内の; 〈注射など〉脊髄管への.

ìntra·státe *adj.* 《米》州内の: ~ commerce 州内通商.

ìntra·tellúric 〘← INTRA-+L *tellūr-*, *tellus* earth (cf. telluric)〙 *adj.* 〘地質〙地下の, 内成的な: ~ rocks 深成岩.

ìntra·tràding *n.* 内部通商: Common Market ~ ヨーロッパ経済共同体の内部での通商[貿易].

ìntra·únion *adj.* 連合組織内の.

ìntra·úterine *adj.* 子宮 (uterus) 内の[にいる]; (特に)胎児期の.

intraúterine contracéptive device *n.* 〘産科〙=intrauterine device.

intraúterine device *n.* 〘産科〙子宮内避妊法[器具]《子宮内にプラスチックのリングなどを挿入する; 略 IUD; intrauterine contraceptive device (略 IUCD) ともいう; cf. Lippes loop》.

ìntra·váscular *adj.* 〘医学〙脈管[血管]内の, リンパ管内の. **~·ly** *adv.*

ìntra·vehícular *adj.* 宇宙船内の (↔ extravehicular).

ìntra·vénous 〘← INTRA-+VENOUS〙 〘医学〙 *adj.* **1** 静脈内の: an ~ injection 静脈注射. **2** 静脈注射の. — *n.* 静脈注射; 輸血; 点滴. **~·ly** *adv.*

intravénous dríp *n.* 〘医学〙静脈内点滴(注入)法.

in·tra vi·res [intrə-váɪriːz | -váɪər-] 〘⊏ L *intrā vīrēs* within the powers〙 *adv.* (人の)権限内で.

ìntra·vítal *adj.* 〘生物〙 **1** 生存中の[に起こる]. **2** 〈染色が〉生体内の. **~·ly** *adv.*

in·tra·vi·tam [ìntrəváɪtæm, -trɑwíːtɑːm] 〘← NL ~ ← INTRA-+L *vīta* life (cf. vital)〙 *adj.* =intravital.

ín·tràу *n.* (事務室の机上に置く)到着[未決]書類入れ《書類入れに in と書くのが普通; in-basket ともいう; cf. in-letter, out-tray》.

ìntra·zónal *adj.* **1** 〘土壌〙間帯の (cf. azonal 2, zonal 2). **2** 地域内の.

intrazónal sóil *n.* 〘土壌〙間帯土壌《気候・植生の影響以上に地形・母材などの影響を強く受けて, 成帯土壌の中に小面積ずつ散在分布する土壌型；cf. azonal soil, zonal soil》.

in·treat [ɪntríːt, ən- | ɪn-] *v.* 《古》＝entreat.

in·trench [ɪntréntʃ, ən- | ɪn-] *v.* ＝entrench. **～·ment** *n.*

in·trénch·ing tòol *n.* ＝entrenching tool.

in·trep·id [ɪntrépɪd, ən-, -pəd | ɪntrépɪd] 〖《1697》□ F *intrépide* ∥ L *intrepid-us* not alarmed ← IN-²+*trepidus* agitated, alarmed (cf. trepidation)〗 ― *adj.* 恐れを知らない, びくともしない, 大胆な, 勇猛な, 不敵な, 勇気のある：an ～ soldier / ～ courage 大胆, 剛勇. **～·ly** *adv.* **～·ness** *n.*

in·tre·pid·i·ty [ìntrɪpídəṭi, -trə-, -tre- | -trɪpídəti, -tre-, -dɪ-] 〖⇨↑, -ity：cf. F *intrépidité*〗 *n.* 大胆, 剛勇, 恐れ知らず；大胆(不敵)な行為.

in·tri·ca·cy [íntrɪkəsi, -trə- | íntrɪkəsɪ, ɪntrík-] *n.* **1** 込み入って[入り組んで]いること[状態], 複雑さ：the ～ of a plot 筋の複雑さ. **2** [*pl.*] 込み入っているもの[こと], (特に, 部分・様相・動作・関係など)複雑なもの.

in·tri·cate [íntrəkət, -kɪt | íntrɪk-, ɪntrík-] 〖《?a1425》□ L *intricāt-us* entangled (p.p.) ← *intricāre* to entangle, perplex (← IN-¹+*trīcārī* to play tricks ← *trīcae* tricks, trifles, troubles)：⇨ -ate²：cf. extricate〗 ― *adj.* 入り組んだ, 込み入った, 複雑化した；複雑で難解な：the ～ windings of a path 小道の複雑な曲がりくねり / an ～ piece of machinery 複雑な機械 / an ～ pattern 手の込んだ模様 / an ～ plot 複雑な筋 / an ～ business 込み入った仕事. **～·ly** *adv.* **～·ness** *n.*

in·tri·gant [ìntriːgáːnt, ɛ̃ː(n)-, æ̀n-, -gáː(ŋ), -gɔ̃ː(ŋ), -gáːŋ, -gɔ́(ː)ŋ | íntrɪgənt；*F.* ɛ̃trigɑ̃] 〖□ F ～ □ It. *intrigante* (pres.p.) ← *intrigare*：⇨ intrigue〗 ― *n.* (*also* **in·tri·guant** [～]) 陰謀者, 策略家；密通者, 密夫 (intriguer).

in·tri·gante [ìntrɪgáːnt, ɛ̃ː(n)triːgáː(n)t, -gɔ̃ː(n)t, æ̀ntriːgáːnt, -gɔ́(ː)nt | *F.* ɛ̃trigɑ̃ːt] 〖□ F ～ (fem.)：↑〗 *n.* (*also* **in·tri·guante** [～]) 女性の intrigant.

in·trigue 〖v.：《1612》□ F *intrigu-er* □ It. *intrigare* < L *intricāre* to entangle. ― n.：《1647》□ F ～, 《廃》*intrique* □ It. *intrigo*, *-ico* ← *intrigare*：cf. intricate〗 ― [ɪntríːg, ən- | ɪn-] *v.* ― *vi.* **1** 陰謀を企てる, 術策をめぐらす, ひそかに謀(はか)る：～ *with* the enemy *against* the government 敵と手を組んで政府に対して陰謀を企てる. **2** 《文語》〔…と〕不義の恋仲となる〔*with*〕：～ *with* a woman 女と密通する. ― *vt.* **1** [フランス語法] **a** 〈人〉の好奇心[興味]をそそる, 〈人を〉おもしろがらせる, 魅する (fascinate)：I was greatly ～*d by* [*with*] his story. 彼の話にひどく興味をそそられた. **b** 〈好奇心・興味などを〉引く, そそる. **c** 好奇心[興味]などを引いてだます. **2** 当惑させる, 惑わす：The event ～*d* me. あの出来事にはまいった. **3** [しばしば ～ *oneself* または ～ one's way として] 策略で達成する, うまく手に入れる：～ *oneself into* office うまく役にありつく / ～ *one's way into* a person's notice 取り入って人の注意を引く / ～ a bill *through* Parliament 策略を用いて法案を議会に通す. **4** 《古》だます (cheat). **5** 《廃》もつれさせる, 紛糾させる. **6** 《廃》…の陰謀をめぐらす, …をたくらむ. ― [íntriːg, ɪntríːg, ən-|ɪntríːg] *n.* **1** 陰謀：political ～*s*. **2** 《文語》不義の恋仲, 密通：carry on an ～ *with* …と浮気をする. **3** (劇・小説などの)複雑な筋[構成].

in·trígu·er *n.* 陰謀者, 策略家；密通者.

in·tríg·uing *adj.* **1** 陰謀[術策]をめぐらす, 陰謀的な. **2** [フランス語法] 好奇心をそそられる, 興味ある, おもしろい, 魅惑的な：～ ideas おつな思い付き / ～ vacation spots おもしろい娯楽[観光]地 / a most ～ piece of news はなはだ興味をそそるニュース. **～·ly** *adv.*

in·trin·sic [ɪntrínzɪk, ən-, -sɪk | ɪntrínsɪk, -zɪk] 〖《1490》'interior' □ (O)F *intrinsèque* □ LL *intrinsecus* inward, (L) inwardly ← INTRA-+*secus* side (< IE **sekwos* following)：cf. extrinsic〗 ― *adj.* (↔ extrinsic) **1** 本来備わった, 固有の, 本来の, 本質的な：an ～ merit 本質的な価値 / ～ qualities 本質 / the ～ worth of a man 人の本質[内在]的な価値《家柄・財産などと区別して勇気・道義心など》/ the ～ value of a coin 貨幣の真実[実在]価値《額面でなく金属としての価値》. **2** 《電子工学》真性の：⇨ intrinsic semiconductor. **3** 《解剖》《筋肉・神経など》本来の器官に属する, 内在(性)の, 内因性の. **in·trín·si·cal·ly** *adv.* **in·trín·si·cal·ness** *n.*

in·trín·si·cal [-zɪkəl, -sɪ- | -sɪ-, -zɪ-] *adj.* 《古》＝intrinsic.

intrínsic fáctor *n.* 《生化学》内在因子《正常な胃腸粘膜から分泌される物質；胃腸のビタミン B_{12} (extrinsic factor) の吸収を促進し, 赤血球の成長を助ける》.

intrínsic semicondúctor *n.* 《電子工学》真性半導体《N 形でも P 形でもない半導体》.

in·tro [íntrou | -trəu] 〖《略》← INTRODUCTION〗 *n.* (*pl.* ～**s**) 《口語》イントロ《ジャズやポピュラー音楽の序奏部》.

intro. 《略》introduce；introduced；introducing；introduction；introductory.

in·tro- [íntro(ʊ), -trə | -trə(ʊ)] 〖ME □ OF ～ ∥ L *intrō-* ← *intrō* (adv.) to the inside〗 ― *pref.* 「内へ」の意を表わす (cf. intra-；↔ extro-)：*intro*gression (＝stepping into) / *intro*flexion (＝bending inward) / *intro*pulsive (＝driving inward).

introd. 《略》introduce；introduced；introducing；introduction；introductory.

in·tro·duce [ìntrəd(j)úːs, -tro(ʊ)- | -trədjúːs] 〖《15C》□ L *intrōdūc-ere* to lead ← INTRO-+*dūcere* to lead (cf. duke)〗 ― *vt.* **1** もたらす, 伝える, 広める, 始める；〈外国の文物を〉取り入れる, 招来する：～ a new method [fashion] 新方式[流行]を伝える[紹介する] / Potatoes were ～*d* by the Spaniards *from* America *into* Europe. じゃがいもはスペイン人によってアメリカからヨーロッパに初めて伝えられた. **2** 〈話題・議案などを〉持ち出す, 提出する, 提起する；〈学説などを〉提唱する：～ a topic (*into* a conversation) (座談に)話題を持ち出す / ～ a bill *into* [*to*] Congress [Parliament, the Diet] 議会に議案を提出する. **3 a** 〈人を〉(正式に)紹介する；〈講演者・演奏者などを〉(聴衆に)紹介する；(宮廷・社交界で)公式に紹介する：～ strangers 知らない者同士を紹介する / ～ oneself 自己紹介をする, 名乗る / ～ one's girl friend *to* one's parents ガールフレンドを両親に引き合わせる / *Introducing* Mr. Evans. [名刺に書いて]エバンズ氏を御紹介致します / Let me ～ my brother (*to* you). 私の兄[弟]を御紹介致します. **b** 〈若い婦人を〉〔社交界に〕紹介する, 出す〔*to*, *into*〕；〈俳優・歌手・主人公などを〉(映画・演奏会・文学作品などの中で)初登場させる, デビューさせる：～ a girl *to* [*into*] society. ★ 映画の出演者紹介のクレジットタイトルでは, 主演者から順に Starring..., also starring... などとし, 新人のときには Introducing... とするのが普通. **c** 〈番組・演目などを〉(口上を述べて)(聴衆・観衆に)紹介する；〈新製品を〉(華々しく広告して)売り出す. **4** 〈人〉に〔…を〕初めて経験させる, 〔…の〕手引きをする〔*to*〕：～ a person *to* a new way of life 人に新しい生活の仕方を経験させる / ～ foreigners *to* the etiquette of the tea ceremony 外国人に茶の湯の作法を手ほどきする. **5** 〈人を〉(初めて)導き入れる, 案内する：～ a person *into* a drawing room / ～ a person *into* a whirl of gaiety 人を歓楽の中に連れ込む. **6** (特色となるように)取り入れる, 入れる, 加える：～ a touch of color *into* a room 部屋に色彩を添える / ～ new subjects *into* the curriculum カリキュラムに新しい学科を取り入れる / ～ amendments *to* a bill 法案に修正条項を加える. **7** 差し込む, 挿入する：～ a key *into* a lock / ～ a probe *into* a wound 傷口に探り針を差し込む. **8** 〈談話・文章などを〉〔…で〕始める〔*with*, (時に) *by*〕：～ a talk *with* a joke 冗談を前置きにして話を始める / ～ a subject *by* a preface 序論から本題に入る. **9** 《文法》〈接続詞などが〉〈節・文などを〉導く.

ìn·tro·dúc·er *n.* 紹介者；輸入者；創始者；提出者.

in·tro·duc·i·ble [ìntrəd(j)úːsəbl̩, -tro(ʊ)- | -trədjúːsə-, -sɪ-] 〖← INTRODUCE+-IBLE〗 *adj.* 取り入れられる, 採用[紹介, 提出]することができる.

in·tro·duc·tion [ìntrədʌ́kʃən, -tro(ʊ)- | -trə-] 〖《a1400》□ (O)F ～ ∥ L *intrōductiō(n-)* ← *intrōdūcere* 'to INTRODUCE'：⇨ -tion〗 ― *n.* **1 a** 導き入れる[られる]こと, 導入, 創始；伝来, 輸入；取り入れ, 採用：the ～ of a custom, new fashion, etc. / the ～ of foreign capital (*to*…) (…への)外資導入 / foreign words of recent ～ 最近取り入れられた外国語 / on ～ 採用してみると. **b** (話題・議案などの)提起, 提出. **2** (正式に)紹介する[される]こと, 披露(ひろう)：a letter of ～ 紹介状 / on a first ～ 初めて紹介される時 / with an ～ *from* a person 人からの紹介で / make an ～ (*to*…) (…に)人を紹介する / He needs no ～ *to* you. 彼は君に紹介するまでもないでしょう. **3** 紹介[導入]された人[もの], 提出[提案]されたもの. **4** 序論, 緒言, 前置き (cf. preface 1 a). **5** 〔…の〕手引き, 入門(書), 序説, 概論〔*to*〕：an ～ *to* (the study of) botany 植物学入門, 植物学概論. **6** 〔…に〕挿入すること, 差込み〔*into*〕：the ～ of a probe *into* a wound. **7** 《音楽》序奏(部), 導入(部). **8** 《英》《証券》取引所導入《かなり広範囲にわたって所有されている証券を取引所に初めて上場すること》.

in·tro·duc·tive [ìntrədʌ́ktɪv, -tro(ʊ)-|-trə-] 〖□ ML *intrōductīv-us*：⇨ introduce, -ive〗 *adj.* ＝introductory. **～·ly** *adv.*

in·tro·duc·to·ry [ìntrədʌ́kt(ə)ri, -tro(ʊ)- | -trədʌ́kt(ə)ri] 〖ME 'an introductory treatise' □ LL *intrōductōri-us* ← *intrōdūcere* 'to INTRODUCE'：⇨ -ory¹〗 ― *adj.* 紹介の；前置き[予備]の；序言の：an ～ chapter 序説, 緒論 / ～ remarks 前置きの言葉, 序言. **ìn·tro·dúc·to·ri·ly** [-rəli | -rəlɪ, -rɪ-] *adv.* **ìn·tro·dúc·to·ri·ness** *n.*

in·tro·flex·ion [ìntrəflékʃən, -tro(ʊ)- | -trə(ʊ)-] *n.* (*also* **in·tro·flec·tion** [～]) 内側に曲がること, 内側屈折.

in·tro·gres·sant [ìntrəgrésənt, -tro(ʊ)-|-trə(ʊ)-] 《生物》 *adj.* ＝introgressive. ― *n.* 浸透遺伝子《交配によって別の種から得られたある種の遺伝子》.

in·tro·gres·sion [ìntrəgréʃən, -tro(ʊ)- | -trə(ʊ)-] 〖← L *intrōgressus* ((p.p.) ← *intrōgredi* to go in ← INTRO-+*gradi* to step, go)+-SION〗 ― *n.* 《生物》遺伝質浸透, イントログレッション, 因子拡散《遺伝的に因子構成の異なる大小の二集団間の交雑により, それぞれの因子が他集団の中に拡散する現象》.

in·tro·gres·sive [ìntrəgrésɪv, -tro(ʊ)- | -trə(ʊ)-] *adj.* 《生物》(遺伝質)浸透の, 浸透性の：～ hybridization 浸透交雑.

in·troit [íntrouɪt, -trouət, -trɔɪt, ɪntróuɪt, ən-, -tróuət, -trɔ́ɪt | íntrɔɪt, íntrəuɪt, ɪntrə́uɪt] 〖《?a1425》'entrance' □ (O)F *introït* □ L *introitus* entrance ← *introīre* to enter ← INTRO-+*īre* to go：cf. exit¹〗 ― *n.* **1** 《カトリック》入祭文[唱]《ミサにおける最初の可変部分；荘厳ミサの時, 司祭が入堂して祭壇に向かう際に聖歌隊が歌う賛美歌など》. **2** 《英国国教会》聖餐式前に歌う聖歌, 参入唱；イントロイト.

in·tro·ject [ìntrədʒékt, -tro(ʊ)- | -trə(ʊ)-] 〖《逆成》↓〗 《精神分析》 ― *vt.* **1** (無意識的に)自我の中に取り入れる；〈他者に属する特質・態度を〉自己のものとして受け取る[感じる]. **2** 〈他人への愛・敵意などを〉自己の方へ向ける. ― *vi.* 投入する, 取り入れを行なう.

in·tro·jec·tion [ìntrədʒékʃən, -tro(ʊ)- | -trə(ʊ)-] 〖← INTRO-+(PRO)JECTION〗 *n.* 《精神分析》取り入れ, 投入作用, (内部への)投射 (↔ projection).

in·tro·jec·tive [ìntrədʒéktɪv, -tro(ʊ)- | -trə(ʊ)-] 〖← INTRO-+(PRO)JECTIVE〗 *adj.* 《精神分析》取り入れの.

in·tro·mis·sion [ìntrəmíʃən, -tro(ʊ)- | -trə(ʊ)-] 〖《1567》□ F ～ ∥ ML *intrōmissiō(n-)*：⇨↓, -sion〗 ― *n.* **1** 《スコット法》(他人の事件・財産などへの)干渉：⇨ legal intromission, vicious intromission. **2** 差込み, 挿入；(特に, 陰茎の膣(ちつ)への)挿入；挿入時間. **3** 入場, 加入.

in·tro·mit [ìntrəmít, -tro(ʊ)- | -trə(ʊ)-] 〖《15C》□ L *intrōmitt-ere* to send in ← INTRO-+*mittere* to send (cf. mission)〗 ― *vt.* (**-mit·ted**；**-mit·ting**) 《まれ》 **1** 〔…の中へ〕入らせる；差し込む, 挿入する〔*into*〕. **2** 入れる, 加入させる. **ìn·tro·mít·ter** [-ṭə | -tə(r)] *n.*

in·tro·mit·tent [ìntrəmítn̩t, -tro(ʊ)- | -trə(ʊ)-] *adj.* 差し込むための, 挿入用の：an ～ organ 挿入器官《雄の交接器》.

ìntro·púnitive *adj.* 《心理》内罰的な《欲求不満の責任を自分自身に帰するもの；cf. extrapunitive, impunitive》.

in·trorse [íntrɔəs, ɪntrɔ́əs, ən- | íntrɔːs, ―́] 〖□ L *introrsus* ← *intrōversus* (turned) inwards ← INTRO-+*versus* ((p.p.) ← *vertere* to turn：cf. verse)〗 *adj.* 《植物》〈葯(やく)が〉内向きの, 内曲した (↔ extrorse). **～·ly** *adv.*

in·tro·spect [ìntrəspékt, -tro(ʊ)- | -trə(ʊ)-] 〖《1683》← L *intrōspect-us* (p.p.) ← *intrōspicere* to look into ← INTRO-+*specere* to look (cf. spectacle)〗 ― *vi., vt.* 内省[内観]する, 自己反省する.

in·tro·spec·tion [ìntrəspékʃən, -tro(ʊ)- | -trə(ʊ)-] 〖《a1677》：⇨↑, -tion：cf. inspection〗 ― *n.* **1** 内省, 自己反省. **2** 《心理》内省, 内観：⇨ sympathetic introspection. **～·al** [-ʃənl̩, -ʃnəl] *adj.*

ìn·tro·spéc·tion·ìsm [-ʃənìzm̩] *n.* 《心理》内省[内観]主義 (cf. behaviorism 1, mentalism 1).

ìn·tro·spéc·tion·ist [-ʃ(ə)nɪst, -nəst|-nɪst] *n.* **1** 内省的傾向の人. **2** 内省主義者. ― *adj.* 内省主義の. **in·tro·spec·tion·is·tic** [ìntrəspèkʃənístɪk, -tro(ʊ)-|-trə(ʊ)-] *adj.*

in·tro·spec·tive [ìntrəspéktɪv, -tro(ʊ)- | -trə(ʊ)-] 〖《1820》：⇨ introspect, -ive〗 *adj.* 内省の；内省的な (↔ extrospective). **～·ly** *adv.* **～·ness** *n.*

in·tro·ver·si·ble [ìntrəvə́ːsəbl̩, -tro(ʊ)- | -trə(ʊ)vɜ́ːsə-, -sɪ-] 〖← INTRO-+L *versus* ((p.p.) ← *vertere* to turn：⇨ version)+-IBLE〗 ― *adj.* (カタツムリの眼柄 (eyestalk) のように)内翻できる, 裏返しにして内に引っ込めることができる.

in·tro·ver·sion [ìntrəvə́ːʒən, -tro(ʊ)-, -ʃən, ―――― | ìntrə(ʊ)vɜ́ːʃən] 〖← NL *intrōversiō(n-)*：⇨ introvert, -sion〗 ― *n.* **1** 内へ向ける[向く]こと, 内へ曲げる[曲がる]こと. **2** (器官などの)内向, 内曲, 内転, 内翻, 内側転位. **3** 《心理》内向性, 内省性《関心を外界よりもむしろ自己の精神生活に向ける性向；cf. extroversion 2, ambiversion》.

in·tro·ver·sive [ìntrəvə́ːsɪv, -tro(ʊ)-, -zɪv | -trə(ʊ)vɜ́ːs-] *adj.* **1** 内向する, 内曲[内転]的な. **2** 《心理》内省的な, 内向的な (↔ extroversive). **～·ly** *adv.*

in·tro·vert 〖v.：1669；n.：1883〗 ← INTRO-+L *vertere* to turn〗 ― [ìntrəvə́ːt, -tro(ʊ)-, ――́ | ìntrə(ʊ)vɜ́ːt] *vt.* **1** 〈心・考えを〉内[自分]へ向ける, 内省させる. **2** 《動物》〈器官を〉内翻させる《裏返しにして内に引っ込める》. ― [―́――] *n.* **1** 《心理》内向性の人, 内省的な人 (↔ extrovert). **2** 《口語》はにかみ屋. **3** 《動物》内翻器官, 陥入吻(ふん)《裏返しにして内に引っ込められる器官；カタツムリの眼柄 (eyestalk) など》. ― [―́――] *adj.* **1** 内へ曲がった. **2** 内向的な, 内向性の強い.

ìn·tro·vért·ed [-ṭɪd, -ṭəd | -tɪd, -təd] *adj.* **1** 内向する. **2** 《心理》内向性の (↔extroverted)：an ～ nature 引っ込み思案な性質, 内向性.

in·tro·vert·ish [ìntrəvə́ːṭɪʃ, -tro(ʊ)- | -trə(ʊ)vɜ́ːt-] *adj.* ＝introversive.

in·tro·ver·tive [ìntrəvə́ːṭɪv, -tro(ʊ)- | -trə(ʊ)vɜ́ːt-] *adj.* ＝introversive.

in·trude [ɪntrúːd, ən- | ɪn-] 〖《c1422》□ L *intrūd-ere* ← IN-²+*trūdere* to thrust, push (cf. threat)〗 ― *vt.* **1** [しばしば ～ *oneself* で] **a** 〔…に〕無理に入れる, 押し入れる, 押し込む〔*into*〕：～ *oneself into* a conversation 話に割り込む / ～ *oneself into* a person's affairs 人の事に干渉する / The suspicion ～*d itself into* his mind. その疑惑はいくら押えても心に浮んできた. **b** 〔人に〕無理に押し付ける, 強いる (force) 〔*on*, *upon*〕：～ *oneself upon* a person 人の所へ押しかけて行く[の邪魔をする] / ～ one's views *on* [*upon*] a person 人に自分の意見を押し付ける. **2** 《スコット教会》〈牧師を〉教区民の反対を押し切って教会に就任させる. **3** 《地質》〈他の地層〉に迸入(へいにゅう)させる：～*d* rocks 迸入

岩. ── *vi.* **1 a** (招かれないのに)〔…へ〕押し入る, 押しかける, 侵入する〔*into*〕: ~ *into* a place ある場所に侵入する / ~ *into* company 客の中に割り込む. **b** 〔…の〕邪魔をする, 〔…に〕立ち入る〔*on, upon*〕: ~ *upon* a person's time [privacy] 人の時間の邪魔をする[私事に立ち入る] / ~ *upon* a person's hospitality 人の親切なもてなしにつけ入る / I hope I am not *intruding* (*upon* you). お邪魔ではないでしょうね. **2** 〘地質〙迸入する.

in·trúd·er *n.* **1** 邪魔をする人, 出しゃばり; 侵入者, 乱入者. **2** 〘空軍〙(通例夜間の)侵入[襲撃]機, 低空襲撃機; その操縦士. **~·ly** *adv.*

in·trúd·ing *adj.* 押し入る, 邪魔をする, 侵入的な.

in·tru·sion [ɪntrúːʒən, ən-|ɪn-] 〘(15C) □ (O)F ~ ∥ ML *intrūsiō(n-)* ← L *intrūdere* 'to INTRUDE': ⇨ -sion〙 ── *n.* **1** (意見などの)押付け: the ~ of one's opinions *upon* another. **2** (場所・私事などへの)侵入, 押入り, 邪魔 (↔ extrusion): his ~ *upon* my privacy. **3 a** 〘法律〙(無権利の土地・寺禄(じろく)に対する)不法占有, 横領 (usurpation). **b** 〘スコット教会〙(教区民の反対を押し切っての)牧師の天下り任命. **4** 〘地質〙(岩脈などの)迸入(へいにゅう); 迸入部. **5** 〘音声〙嵌入(かんにゅう), 割り込み《ある音とある音との間に本来存在しなかった音が生じること; cf. intrusive r》.

in·tru·sive [ɪntrúːsɪv, ən-|ɪn-] 〘← L *intrūsus* ((p.p.) ← *intrūdere* 'to INTRUDE') + -IVE〙 ── *adj.* **1** 押しつけがましい, 出しゃばる, 出過ぎた, 邪魔をする: ~ guests, remarks, etc. **2** 〘音声〙嵌入(かんにゅう)的な, 割り込みの: ⇨ intrusive r. **3** 〘地質〙 **a** 内側に突出する: an ~ arm of the sea (陸の)内側に突き出た入江. **b** 〈岩石が〉迸入(へいにゅう)の[する] (cf. extrusive 2): ~ rocks 迸入岩. ── *n.* 〘地質〙迸入岩. **~·ly** *adv.* **~·ness** *n.*

intrúsive grówth *n.* 〘植物〙侵入生長《細胞膜の伸長; cf. gliding growth》.

intrúsive r [-ɑ́ə | -ɑ́ː(r] *n.* 〘音声〙割り込みの r, 嵌入(かんにゅう)的 r 音《イギリス英語における an idea of [ənaɪdíərəv] の [r] の音など》.

in·trust [ɪntrʌ́st, ən- | ɪn-] *vt.* = entrust.

intsv. 《略》intensive.

in·tu·bate [ínt(j)ubèɪt | -tju-] 〘← IN-¹ + L *tub-us* 'pipe, TUBE' + -ATE³〙 *vt.* 〘外科〙〈人〉の喉頭(こうとう)などに管をさし込む, …に挿管(そうかん)(治療を)する.

in·tu·ba·tion [ìnt(j)ubéɪʃən, -tə- | -tju-] 〘⇨ ↑, -ation〙 *n.* 〘外科〙管の挿入, 挿管(法): ~ of the larynx 喉頭(こうとう)挿管法《ジフテリアなどに用いる》.

in·tu·it [ɪnt(j)úːɪt, ən-, ínt(j)uɪt, -ət | ɪntjúːɪt, -tjúɪt, íntjuːɪt, -tjuɪt] 〘← L *intuit-us* (p.p.) ← *intuērī* to look at, regard, consider ← IN-¹ + *tuērī* to look at, watch〙 *vt., vi.* 直観[直覚]で知る. **~·a·ble** [-təbl̩ | -tə-] *adj.*

in·tu·i·tion [ìnt(j)u(ː)íʃən | -tjuː-, -tju-] 〘(*c*1450) □ OF ~ 'view, contemplation' □ LL *intuitiō(n-)* ← L *intuērī* (↑)〙 ── *n.* **1** 直観, 直覚: know by ~ 直観によって[直覚的に]知る. **2** 直観された事実[真理]. **3** すばやく見抜くこと, 看破; 直観力, 洞察(力), 明察(力). **4** 〘哲学〙直覚, 直観, 直覚的知識, 直観的真理.

in·tu·í·tion·al [-ʃənl̩, -ʃnəl] *adj.* 直観(的)の; 直観[直覚]力のある; 直観[直覚]に基づく. **~·ly** *adv.*

in·tu·í·tion·al·ism [-ʃ(ə)nəlɪzm] *n.* = intuitionism.

in·tu·í·tion·al·ist [-ʃ(ə)nəlɪst, -ləst | -lɪst] *n.*

in·tu·í·tion·ism [-ʃənɪzm] *n.* **1** 〘倫理〙直覚説《道徳的価値・義務は直観的に認識されるとする説》. **2** 〘哲学〙直覚主義, 直観主義《真理の認識は直観によってのみ得られるとする説》. **3** 〘論理・数学〙直観主義《数学の対象は直観的に構成しうるものに限定すべきであるとする数学基礎論の立場; L.E.J. Brouwer が提唱》.

in·tu·í·tion·ist [-ʃ(ə)nɪst, -nəst | -nɪst] *n.* 直覚[直観](主義)論者.

in·tu·i·tive [ɪnt(j)úːɪtɪv, ən-, -t(j)úːət- | ɪntjúːɪtɪv, -tjúɪt-, tjúət-] 〘(1594) □ ML *intuitīvus* ← L *intuit-us* 'INTUITION': ⇨ -ive〙 ── *adj.* **1** 直覚の, 直観の; 直覚[直観]力のある: an ~ mind, poet, etc. **2** 〈知識など〉直観[直覚]でわかる; 〘哲学〙〈能力など〉直覚的な, 直観的な (↔ discursive): ~ judgment [knowledge] 直覚的判断[知識]. **~·ly** *adv.* **~·ness** *n.*

in·tú·i·tiv·ism [-vɪzm] *n.* = intuitionism.

in·tú·i·tiv·ist [-vɪst, -vəst | -vɪst] *n.* = intuitionist.

in·tu·mesce [ìnt(j)uːmés | -tjuː-, -tju-] 〘□ L *intumēsc-ere* to swell up ← IN-¹ + *tumēscere* (← *tumēre* 'to be TUMID, swell')〙 ── *vi.* **1** (熱などで)膨脹する, ふくれる, 腫(は)れ上がる. **2** (熱などで)泡(あわ)立つ, 沸騰する.

in·tu·mes·cence [ìnt(j)uːmésns | -tjuː-, -tju-] 〘⇨ ↑, -ence〙 *n.* **1** (充血などで)腫(は)れ上がること, 膨大; 沸騰. **2** 腫れ物.

in·tu·mes·cent [ìnt(j)uːmésnt | -tjuː-, -tju-] 〘□ L *intumēscent-em* (pres.p.) ← *intumēscere*: ⇨ intumesce, -ent〙 ── *adj.* **1** 膨脹する; 腫(は)れる. **2** 〘絵画〙熱を受けて絵の具が膨脹し, 画面にしわや亀裂を生じる.

ín·tùrn *n.* (カーリングで)石(curling stone)の時計回り式移動 (↔ out-turn).

in·tus·sus·cept [ìntəsəsépt | -tə-] 〘(逆成) ↓〙 ── *vt.* **1** …の中に取り入れる. **2** 〘病理〙〈腸管〉の一部などを嵌入(かんにゅう)させる (invaginate); (特に)〈腸重積を〉起こさせる. ── *vi.* 〘病理〙嵌入する.

in·tus·sus·cep·tion [ìntəsəsépʃən | -tə-] 〘(1707) □ F ~ ∥ ← NL *intussusceptiō(n-)* ← L *intus* within + *susceptiō(n-)* taking in hand (← *susceptus* (p.p.) ← *suscipere* to take up ← *sus-* 'SUB-' + *capere* to take): 英国の外科医 John Hunter (1728–93) の造語〙 ── *n.* **1** 〘生物〙(細胞壁の)填充(てんじゅう)生長 (cf. apposition 3). **2** 〘病理〙腸重積(症) (invagination). **3** (思想などの)受入れ, 取入れ, 摂取, 同化. **in·tus·sus·cep·tive** [ìntəsəséptɪv | -tə-] *adj.*

in·twine [ɪntwáɪn, ən- | ɪn-] *v.* = entwine.

in·twist [ɪntwíst, ən- | ɪn-] *vt.* = entwist.

in·u·lase [ínjulèɪs, -lèɪz | -lèɪs] 〘⇨ ↓, -ase〙 *n.* 〘生化学〙イヌラーゼ《イヌリンを加水分解して果糖に変じる酵素》.

in·u·lin [ínjulɪn, -lən | -lɪn] 〘□ ? G ~ ← NL *Inula* (← L *inula* elecampane): ⇨ -in¹〙 ── *n.* 〘化学〙イヌリン《ダリア・キクイモなどの球根に含まれる物質でフルクトースからなる多糖類の一種; alant starch ともいう》.

in·unc·tion [ɪnʌ́ŋ(k)ʃən, ən- | ɪn-] 〘(1483) □ L *inunctiō(n-)* an anointing ← *inunguere* ← IN-¹ + *unguere* to smear, anoint (cf. unction, unguent)〙 ── *n.* **1** 塗油 (cf. unction 1 a). **2** 〘医学〙油や膏薬(こうやく)をすり込むこと, (膏薬の)塗擦(療法). **3** 塗擦剤, 軟膏.

in·un·dant [ɪnʌ́ndənt, ən- | ɪn-] 〘□ L *inundant-em* (pres.p.) ← *inundāre* (↓)〙 *adj.* **1** 《詩》みなぎる, あふれる. **2** (力・数などで)圧倒的な.

in·un·date [ínəndèɪt, ínən-, ɪnʌ́ndeɪt, ən- | ínʌndèɪt, ínən-] 〘(1623) ← L *inundāt-us* (p.p.) ← *inundāre* ← IN-¹ + *undāre* to surge, flow (← *unda* wave: cf. water, wet, weather)〙 ── *vt.* **1** 〈川が〉〈土地〉に氾濫(はんらん)する, 水浸しにする, 浸水させる: The flood ~*d* the whole district. 大水でその地方はすっかり浸水した / be ~*d with* water 水浸しになる. **2** [しばしば Passive で] (大水のように)〔…で〕満たす, あふれさせる〔*with*〕: a place ~*d with* tourists 観光客で混雑している場所 / be ~*d with* invitations [telephone calls] 招待[電話]攻めに会う / The publisher *was* ~*d with* orders for the best seller. 出版社にそのベストセラーの注文が殺到した. **ín·un·dà·tor** [-tə | -tə(r] *n.*

in·un·da·tion [ìnʌndéɪʃən, ìnən-] 〘(?*a*1425) □ OF *inundacion* (F *inondation*) ∥ L *inundātiō(n-)*: ⇨ ↑, -ation〙 ── *n.* **1** 氾濫(はんらん), 大水, 洪水, 浸水: the annual ~ of the Nile. **2** 充満, 殺到: an ~ of visitors [letters, inquiries] 客[手紙, 問合わせ]の殺到.

in·un·da·to·ry [ɪnʌ́ndətɔ̀ːri, ən-, -tɔ̀(ː)ri | ínʌndèɪtəri, ínən-] *adj.* 大水の(ような).

in·ur·bane [ìnəːbéɪn | ìnəː-] 〘□ L *inurbān-us*: ⇨ in-², urbane〙 *adj.* 粗野な, 無作法な; 下品な, 野卑な.

in·ur·ban·i·ty [ìnəːbǽnəṭi | -əːbǽnəti, -nɪ-] *n.* 粗野, 無作法, 下品.

in·ure [ɪn(j)úə, ən- | ɪnjúə(r] 〘(15C) *enewre(n)* □ AF *eneur-er* ← *en ure* in use ← *en* 'IN (prep.)' + (廃) *ure* use, work (□ OF *uevre* (F *œuvre* work) < L *opera* work: cf. opera¹)〙 ── *vt.* [通例 ~ *oneself* または Passive で] 〔…に〕慣れさせる〔*to*〕; 〈…するように〉鍛える〈*to do*〉: *be* ~*d to* distress 困苦に慣れている / become ~*d to* drudgery 骨折り仕事を何とも思わなくなる / ~ *oneself to* (bear) the cold [life] その寒気[生活]に耐えるように身を鍛える. ── *vi.* 役立つ, ためになる, 好都合になる; 〘法律〙効力を生じる, 適用される: These improvements ~ *to* the owner's benefit. これらの改良は所有主の利益に帰する.

in·úre·ment *n.* 慣らす[慣れる]こと; 鍛錬.

in·urn [ɪnə́ːn, ən- | ɪnə́ːn] 〘(1600) ← IN-¹ + URN〙 *vt.* **1** 骨壷に入れる[納める]. **2** 埋葬する. **~·ment** *n.*

in u·ter·o [ɪn(j)úːtəròu, ən- | ɪnjúːtərəu] 〘□ L ~ 'in the uterus'〙 *L. adv.* 子宮内で[に]; 胎内で, 生まれる前に: a child ~ 胎児.

in·u·tile [ɪnjúːtl̩, ən-, -taɪl | ɪnjúːtaɪl] 〘□ (O)F ~ □ L *inūtilis* ← IN-² + *ūtilis* useful (← *ūtī* use: cf. utility)〙 *adj.* 無価値な, 用をなさない. **~·ly** *adv.*

in·u·til·i·ty [ìnjutíləṭi, -nju- | ìnjuːtíləti, ìnju-, -lɪ-] 〘□ F *inutilité* ∥ □ L *inūtilitātem*: ⇨ in-², utility〙 *n.* **1** 無価値, 用をなさないこと. **2** 無益なもの, くだらない人: talk *inutilities* くだらない事をしゃべる.

inv. 《略》invenit; invented; invention; inventor; invoice.

Inv. 《略》Inverness; Investment.

in va·cu·o [ɪn vǽkjuòu | -kjuəu] 〘□ L *in vacuō* 'in a vacuum'〙 *L. adv.* **1** 真空内に. **2** 事実とは無関係に.

in·vade [ɪnvéɪd, ən- | ɪn-] 〘(1494) □ L *invād-ere* ← IN-¹ + *vādere* to go, step, move (cf. wade)〙 ── *vt.* **1 a** 〈敵が〉…に攻め入る, 侵攻する; 〈盗賊が〉…に侵入する. **b** 〈客などが〉…に押し寄せる, なだれ込む: Tourists ~*d* the town. 観光客が町に殺到した / My house was ~*d* by a crowd of visitors. 家が客攻めにあった. **2** 〈都市・都会(の住民など)が〉〈周辺地域〉に広がる, 入り込む: The city is *invading* the surrounding countryside. 町は膨張して田舎にまで蚕食している. **3 a** 〈病気・感情などが〉侵す, 襲う, …に入り込む: Terror ~*d* our minds. 我々の心は恐怖に襲われた. **b** 〈音・においなどが〉…に広がる, 充満する: The smell of cooking ~*d* the house. 料理のにおいが家中に充満した. **4** 〈権利・プライバシーなどを〉侵す, 侵害する: ~ another person's rights, privacy, etc. ── *vi.* 侵略[侵入]する.

in·vád·er *n.* 侵入者, 侵略者[国], 侵入軍; 侵害者.

in·vag·i·na·ble [ɪnvǽdʒənəbl̩, ən- | ɪnvǽdʒɪ-] *adj.* **1** 《まれ》中に引っ込められる. **2** 〘病理〙〈腸が〉嵌入(かんにゅう)しやすい, 腸重積(症)にかかりやすい.

in·vag·i·nate 〘(1656) ← ML *invāgināt-us* (← IN-¹ + L *vāgina* sheath) + -ATE³〙 ── [ɪnvǽdʒənèɪt, ən- | ɪnvǽdʒɪ-] *v.* ── *vt.* **1** さやに入れる, 収める. **2** 〈管・器官など〉の一部分を中に引っ込める, 嵌入(かんにゅう)させる. ── *vi.* (管・さやなどに)入る, はまる, 嵌入する. ── [-nət, -nɪt, -nèɪt] *adj.* 《まれ》さやに収めた; 中に引っ込めた, 嵌入した.

in·vag·i·na·tion [ɪnvæ̀dʒənéɪʃən, ən- | ɪnvæ̀dʒɪ-] 〘(1658): ⇨ ↑, -ation〙 *n.* **1** さやに入れる[入っている]こと. **2** 〘生物〙嵌入(かんにゅう)(部). **3** 〘病理〙腸重積(症).

in·va·lid¹ 〘(adj.: 1642; n.: 1709; v.: 1803) □ F *invalide* □ L *invalidus* infirm, weak ← IN-² + *validus* 'strong, VALID'〙 ── [ínvəlɪd, -ləd | -lɪd, -liːd] *adj.* **1** 病弱な, 虚弱な, 病身の (↔ valid): an ~ soldier 傷病兵 / support one's ~ mother 病身の母を養う. **2** 病人向きの, 病弱者用の: an ~ diet 病人向きの食事 / ⇨ invalid chair. **3** 〈物が〉不良の, 傷んだ, 壊れかかった, がたびしの. ── [ínvəlɪd, -ləd | -lɪd, -liːd] *n.* (慢性的な)病人, 病弱者; 《古》傷病兵, 廃兵: an asylum [an establishment, a hospital] for ~*s* 傷病兵療養所 / a resort of ~*s* 療養地. ── [ínvəlɪ̀d, -lɛ̀d | ínvəlìːd, ˌ-ˌ-ˊ] *v.* ── *vt.* [通例 Passive で] **1** 病弱[病人]にする: *be* ~*ed* for life 生涯の病人になる. **2** 病弱者[病人]として取り扱う; 《英》傷病兵名簿に記入する, 傷病兵として兵役を免除する: *be* ~*ed home* 傷病兵として送還される / *be* ~*ed out* (of the army) 傷病兵として免役される. ── *vi.* 《古》病身となる; 傷病兵となる[として免役される].

in·val·id² [ɪnvǽlɪd, ən-, -ləd | ɪnvǽlɪd] 〘(1635) □ L *invalid-us* not strong, weak: ⇨ in-², valid: ↑〙 ── *adj.* **1** 〈方法など〉価値のない, 力のない, 効力のない (↔ valid): an ~ method, technique, etc. **2** 〈議論など〉(論理的に)妥当でない, 説得力に欠けた, 内容のない; 〈論拠など〉薄弱な: an ~ argument. **3** 〘法律〙効力のない, 無効の (void): an ~ will 無効の遺言状 / an ~ claim [contract] 無効の請求[契約] / declare a marriage ~ 結婚の無効を宣告する. **~·ly** *adv.*

in·val·i·date [ɪnvǽlədèɪt, ən- | ɪnvǽlɪ-] 〘(1649): ⇨ ↑, -ate³〙 ── *vt.* 〈要求など〉の効力を失わせる, 無価値にする, (法律的に)無効にする, 無力にする (↔ validate): ~ a contract. **in·vál·i·dà·tor** [-tə | -tə(r] *n.*

in·val·i·da·tion [ɪnvæ̀lədéɪʃən, ən- | ɪnvæ̀lɪ-] *n.* 無効にすること, 効力を失わせること, 無効, 失効.

ínvalid chàir *n.* (歩行困難な患者用の)病人用椅子(いす), 車椅子.

ín·va·lid·hood [ínvəlɪdhʊ̀d, -ləd- | -lɪd-, -liːd-] *n.* = invalidism.

ín·va·lid·ism [-dɪzm] *n.* (通例慢性病による長い)病弱(の状態), 病身, 虚弱.

in·va·lid·i·ty [ìnvəlídəṭi | -dəti, -dɪ-] 〘1: (*c*1550) □ F *invalidité* ∥ ML *invaliditāt-em*. 2: (*a*1698) ← IN-VALID¹ + -ITY〙 ── *n.* **1** 無効, 無力. **2 a** (傷病・不具などによる)就労不能. **b** = invalidism.

in·val·u·a·ble [ɪnvǽljuəbl̩, ən-, -ljuə- | ɪnvǽljuəbl̩, -ljubl̩] 〘(1576) ← IN-² + VALUABLE〙 ── *adj.* **1** 値の付けられない, 評価できない, 価値の知れないほどの (cf. valuable 4) (↔ worthless); 非常に貴重な (priceless): an ~ piece of information / be ~ *to* …にとって極めて大切な. **2** 《古》価値のない (worthless). **~·ness** *n.* **in·vál·u·a·bly** *adv.*

In·var [ínvɑə | ínvɑː(r] 〘(略) ← INVARIABLE〙 *n.* 〘化学〙不変鋼, インバール, アンバー《ニッケル 35.5 %, 鉄 64% の合金; 線膨張係数が非常に小さいので温度による変化をきらう学術用精密計器類製造に用いる》.

in·var·i·a·bil·i·ty [ɪnvɛ̀(ə)riəbíləṭi, ən- | ɪnvɛ̀əriəbílətɪ, -lɪ-] *n.* 不変, 不易, 一定不変; 不変性, 安定性.

in·var·i·a·ble [ɪnvɛ́(ə)riəbl̩, ən- | ɪnvɛ́əriə-] 〘(adj.: *a*1410; n.: 1864) □ (O)F ~ ∥ LL *invariābil-is*: ⇨ in-², variable〙 ── *adj.* **1** 変えられない, 不変の: an ~ rule. **2** 不動の, 一定不変の. **3** 〘数学〙一定の, 定数の, 不変の (constant). ── *n.* **1** 不変のもの. **2** 〘数学〙定数, 常数, 不変量[数]. **~·ness** *n.*

in·vár·i·a·bly [-bli | -blɪ] 〘(1646)〙 *adv.* **1** 変わらずに, 一定不変に. **2** 相変わらず, いつも, 必ず.

in·var·i·ance [ɪnvɛ́(ə)riəns, ən- | ɪnvɛ́əri-] *n.* 不変性.

in·var·i·ant [ɪnvɛ́(ə)riənt, ən- | ɪnvɛ́əri-] 〘(1851) ← IN-² + VARIANT〙 ── *adj.* **1** 変化しない, 不変の, 一様の. **2** 〘数学〙〈部分群が〉正規の (normal). ── *n.* 〘数学〙不変式, 不変量. **~·ly** *adv.*

in·va·sion [ɪnvéɪʒən, ən- | ɪn-] 〘(?*a*1439) □ (O)F ~ ∥ LL *invāsiō(n-)* attack ← L *invāsus* (p.p.) ← *invādere* 'to INVADE': ⇨ -sion〙 ── *n.* **1 a** (武力によって)侵入する[される]こと, (敵の)侵略, 侵攻; 蹂躙(じゅうりん), 占領: Caesar's ~ of Britain シーザーのブリテン島侵略 / an ~ of the earth from another planet 他の惑星からの地球の侵略 / make an ~ *upon* …に侵入する, …を襲う. **b** (病気などの)侵入: an ~ of viruses 病菌の侵入. **2** (客などの)なだれ込み, 殺到. **3** (権利・プライバシーなどの)侵害, 侵犯: ~ of privacy.

in·va·sive [ɪnvéɪsɪv, ən-, -zɪv | ɪnvéɪsɪv] 〘(15C) □ (O)F *invasif, -ive* □ ML *invāsīvus* ← L *invāsus* (↑): ⇨ -ive〙 ── *adj.* **1** 伸び拡がる, (特に)健康な組織を冒す: ~ cancer cells. **2** 侵入[侵略]する, 侵略的な: an ~ war. **3** 出過ぎた, 出しゃばる: a ~ person. **~·ness** *n.*

in·vecked [ɪnvékt, ən- | ɪn-] 〘← L *invectus* (↓)〙 *adj.* 〘紋章〙= invected.

in·vect·ed [ɪnvéktɪd, ən-, -təd | ɪn-] 〘← L *invectus* (↓)〙 *adj.* 〘紋章〙engrailed の逆の波線状の (⇨ heraldry 挿絵 F).

in·vec·tive [ɪnvéktɪv, ən- | ɪn-] 〖《?*a*1439》 □ (O)F *invectif, -ive* □ LL *invectivus* reproachful ← L *invectus* (p.p.) ← *invehere* (↓): ⇨ -ive〗 — *n.* **1** (ひどい)悪口, ののしり, 毒舌; (激しい)非難, 攻撃: a master of ~ 毒舌の名人. **2** [通例 *pl.*] 悪口[ののしり]の言葉, 侮辱的言辞: break out in coarse ~s *against*… に対して下品な悪口雑言を浴びせる. — *adj.* 悪口の, ののしる. **~·ly** *adv.* **~·ness** *n.*

in·veigh [ɪnvéɪ, ən- | ɪn-] 〖《(15C)》 *inveh* □ L *invehi* (pass.) ← *invehere* to carry into, enter, attack with words ← IN-[1] + *vehere* to carry (⇨ vehicle, vehement: cf. OE *wegan* to carry)〗 — *vi.* 〔…に対して〕言葉激しく攻撃する, 痛烈に非難する; 〔…を〕激しく責める, 荒々しくとがめる; 〔…の〕悪口を言う, 〔…を〕ののしる 〔*against*〕: ~ *against* corruption [monarchism] 汚職を糾弾する[君主主義を罵倒(ばとう)する]. **~·er** *n.*

in·vei·gle [ɪnvéɪgl̩, ən-, -víːgl̩, -vígl̩ | ɪnvéɪ-, -víː-] 〖《1494》 *enve(u)gle* □ AF *envegl-er* 《変形》 ← (O)F *aveugler* to blind, delude ← *aveugle* blind < LL *aboculum* ← AB-[1] + L *oculus* eye (⇨ ocular)〗 — *vt.* **1** 〈人を〉〔…に〕誘い込む, おびき寄せる; 誘惑[籠絡(ろうらく)]して〔ある行動を〕させる 〔*into*〕: ~ a person *into* a place 人をある場所に連れ込む / ~ a person *into* doing something wrong 人をそそのかして悪い事をさせる. **2** 〈物を〉甘言[おべっか]などを使って〔人から〕巻き上げる 〔*from, out of*〕: ~ a cigar *from* a person おべっかを使って人から葉巻を 1 本せしめる / ~ a subscription *out of* a person うまく取り入って人から寄付をもらう. **~·ment** *n.* **in·véi·gler** [-glə, -glə | -glə(r, -glə(r] *n.*

in·ve·ne·runt [ìnvɪníː(ə)rənt, -və- | -níər-] 〖□ L *invenērunt* they have invented: ↓〗 — *L. v.* (2 人以上の発明者・考案者の名と共に用いて)…の制作[発明]による (cf. invenit).

in·ve·nit [ɪnvéɪnɪt, -nət | -nɪt] 〖□ L ~ 'he [she] has invented' (perf.) ← *invenīre* (↓)〗 — *L. v.* (発明者・考案者の名と共に用いて)…の 制作[発明]による (略 inv.; cf. invenerunt).

in·vent [ɪnvént, ən- | ɪn-] 〖《*c*1475》 *invente(n)* ← L *invent-us* (p.p.) ← *invenīre* to come upon, discover, contrive ← IN-[1] + *venīre* to come: cf. advent〗 — *vt.* **1** 発明する, 初めて作る; 考案する, 工夫する (cf. discover 1): ~ a new method 新しい方法を案出する / James Watt ~*ed* the steam engine. ジェームズワットが蒸気機関を発明した. **2** 〈物語などを〉(想像力で)作り出す, 創作する. **3** 〈言い訳・虚説などを〉こしらえる, 作り上げる, でっち上げる, 捏造(ねつぞう)する: ~ an excuse, explanation, etc. **4** 《古》(偶然)見つける, 発見する.

in·vent·a·ble [ɪnvéntəbl̩, ən- | ɪnvént-] *adj.* = inventible.

in·vént·er [-tə | -tə(r] *n.* 《まれ》 = inventor.

in·ven·ti·ble [ɪnvéntəbl̩, ən- | ɪnvéntə-, -tɪ-] *adj.* 《まれ》 発明できる.

in·ven·tion [ɪnvénʃən, ən- | ɪn-] 〖《*c*1400》 □ L *inventiō(n-)* ← *invenīre* 'to INVENT': ⇨ -tion〗 — *n.* **1** 発明, 案出, 創案, 考案: the ~ of the telescope 望遠鏡の発明 / the ~ of printing [gunpowder] 印刷[火薬]の発明 / make an ~ 発明する / Necessity is the mother of ~. 《諺》 必要は発明の母. **2** 発明[案出]されたもの, 新案, 新工夫, (特に, 特許法による)発明(品): patent an ~ 発明品に対して特許を取る / This plan was his ~. この案は彼が考え出したものだ. **3** 発明の才, 工夫の才, 発明力, 創作能力. **4** (文学・芸術における)想像力[創作力]の駆使, 創作活動, 創造行為. **5** こしらえ事, 作り事, 作り話: ~s of a newspaper 新聞の作り事[捏造(ねつぞう)記事]. **6** 〘社会学〙 発明, 創造 《新要素の発見, 創造, 付加, 旧要素の新しい結合などの行為》. **7** 〘音楽〙 インベンション 《有鍵(ゆうけん)楽器用の単一の主題による対位的な小曲; J. S. Bach のクラビア曲など》. **8** 〘修辞〙 (主題の)創造的選択 《弁論の構想・展開のための 5 段階からなる伝統的修辞論の第一部》. **9** 《古》 発見: the *Invention* of the Cross 〘キリスト教〙 聖十字架発見の記念日 (5 月 3 日; 紀元 326 年の同日 Constantine 大帝の母 St. Helena が Jerusalem において聖十字架を発見したことを記念する祝日).

in·ven·tive [ɪnvéntɪv, ən- | ɪnvént-] 〖《*a*1420》 □ (O)F *inventif, -ive* □ ML *inventivus*: ⇨ invent, -ive〗 — *adj.* **1** 発明の才のある, 発明[創作]力のある, 発明の: an ~ person, mind, etc. / the ~ faculty 発明的才能. **2** 工夫[創意]に富む, 器用な: an ~ drawing. **~·ly** *adv.* **~·ness** *n.*

in·vén·tor [-tə | -tə(r] 〖□ L ~: ⇨ invent, -or[2]〗 *n.* 発明者, 案出者, 考案者, 創案者.

in·ven·to·ri·al [ìnvəntɔ́ːriəl, -tóːr- | -tɔ́ːrɪ-] *adj.* 財産目録の. **~·ly** *adv.*

in·ven·to·ry [ínvəntɔ̀ːri, -tòːri | -trɪ] 〖《n.: 1523; v.: 1622》 □ ML *inventōri-um* = L *inventārium* list of property found in a person's possession at his death: ⇨ invent, -ory[2]〗 — *n.* **1 a** (商品・財産などの)明細目録, 財産[在庫品]目録, 棚卸し表: an ~ of household furniture 家財の目録 / an ~ of books 蔵書目録 / the ~ of stolen items 盗品のリスト / draw up an ~ 在庫品[財産]目録を作る. **b** (船舶の)属具目録. **2** 財産[在庫品]目録に記した物品; 《米》 在庫品; 在庫総額: ~ control 在庫管理 / have high *inventories* 在庫品を多くもっている. **3** 《米》 〘会計〙 **a** (商店などで毎年定時に行なう)在庫品調べ, 棚卸し (stocktaking). **b** [*pl.*] 棚卸し資産 (cf. current assets). **4** (一定地域に生息する野生動物などの)天然資源目録. **5** (カウンセリング・ガイダンスにおける性格・適性・特技などの)診断表, 調査一覧. **6** (明細)目録作成.
take* [*make*] (*an*) *inventory of (1) 〈商品・家財など〉の在庫目録を作成する. (2) 〈技術・性格など〉の評価をする, 調査する, 調べ上げる.
— *vt.* **1 a** 〈商品・財産など〉の目録を作る, 〈在庫品を〉目録に記入する. **b** 《米》 …の在庫品調べ[棚卸し]をする. **2** 要約する. — *vi.* 〈財産などが〉(目録記載の通り)〔…の〕価値がある 〔*at*〕.

ínventory fìnance *n.* 〘経済〙 資産見合いの運転資金, 在庫金融.

ínventory tùrnover *n.* 〘会計〙 棚卸し資産回転率.

in·ven·tress [ɪnvéntrɪs, ən-, -trəs | -trɪs, -tres] *n.* 女性の inventor.

in·ve·rac·i·ty [ìnvɪrǽsəti, -və- | -verǽsəti, -vɪ-, -və-, -sɪ-] 〖⇨ in-[2], veracity〗 *n.* **1** 不信実, 不誠実. **2** 虚偽, 偽り, うそ (cf. unveracious).

In·ver·ness [ìnvənés | -və-] 〖□ Gael. *Inbhir-nis* mouth of the (river) Ness〗 — *n.* **1** スコットランド 旧 Inverness-shire 州の首都; 現在は Highland 州の首都で, Ness 河口の港市; 人口 52,000. **2** = Inverness-shire. **3** [しばしば i-] **a** インバネスコート 《長くゆったりしたケープ (Inverness cape) 付きコート》, 二重回し. **b** = Inverness cape.

Invernéss càpe 〖↑〗 *n.* インバネスケープ.

In·ver·ness-shire [ìnvənésʃɪə, -ʃə | -vənésʃə(r, -ʃɪə(r] *n.* スコットランド北西部高地の旧州; 1975 年に Highland 州の一部となる; 面積 2,800 km^2, 首都 Inverness.

in·verse 〖《adj.: ?1440; n.: 1681; v.: 1611》 □ L *invers-us* (p.p.) ← *invertere* to turn upside down ← IN-[1] + *vertere* to turn: ⇨ invert〗 — [ínvəːs, ―́― | ɪnvə́ːs, ―́―] *adj.* **1** 〈位置・方向・順序・関係・傾向など〉逆の, 逆さの, 反対の, あべこべの: in ~ order 逆の順序で. **2** 〘数学〙 〈比例・関数が〉逆の (↔ direct): in ~ proportion [ratio] to… に反比例して. — [ínvəːs, ―́― | ɪnvə́ːs, ―́―] *n.* **1** [the ~] 逆, 反対(の状態); 逆[反対]のもの: Evil is *the* ~ of good. 悪は善の反対である. **2** 〘数学〙 **a** 逆元 《一般の演算に関連して, 乗法における逆数の役割を演じる元》. **b** = inverse function. **c** 反転; 反転図形. **3** 〘論理〙 戻換(れいかん) 《変形推理の一形態》. — [ɪnvə́ːs, ən- | ɪnvə́ːs] *vt.* 《まれ》 逆にする (invert).

ínverse cósecant *n.* 〘数学〙 逆余割(関数) (⇨ arc cosecant).

ínverse cósine *n.* 〘数学〙 逆余弦(関数) (⇨ arc cosine).

ínverse cotángent *n.* 〘数学〙 逆余接(関数) (⇨ arc cotangent).

ínverse fúnction *n.* 〘数学〙 逆関数.

ínverse ímage *n.* 〘数学〙 原像, 逆像 《写像の終域の部分集合に対し, その像がその部分集合に属するような定義域の要素全体から成る集合; counter image ともいう》.

in·vérse·ly 〖《1660》〗 *adv.* 逆に, 反対に, あべこべに; 逆比に: ~ proportional to… に反比例して.

invérse propórtion *n.* 〘数学〙 反[逆]比例 (↔ direct proportion).

ínverse rátio *n.* 〘数学〙 反比, 逆比 (↔ direct ratio).

ínverse sécant *n.* 〘数学〙 逆正割(関数) (⇨ arc secant).

ínverse síne *n.* 〘数学〙 逆正弦(関数) (⇨ arc sine).

ínverse spélling *n.* 〘言語〙 逆つづり字 (⇨ reverse spelling).

ínverse-squáre làw *n.* 〘物理・光学〙 逆二乗法則 《万有引力や電磁気のクーロンの法則のように 2 物体間の作用の大きさが, その間の距離の二乗に逆比例することをいう; 点光源によって照らされる面の(放射)照度も点光源と面との距離の二乗に逆比例する》.

ínverse tángent *n.* 〘数学〙 逆正接(関数) (⇨ arc tangent).

invérse trigonométric fúnction *n.* 〘数学〙 逆三角関数.

in·ver·sion [ɪnvə́ːʒən, ən-, -ʃən | ɪnvə́ːʃən] 〖《1551》 □ L *inversiō(n-)* ← *invertere* 'to INVERT': ⇨ -sion〗 — *n.* **1** (位置・方向など)反対[逆]にする[なる]こと, あべこべ, 転倒; 逆になったもの. **2** 内側にめくり返すこと; 内翻 (↔ eversion). **3** 〘文法・修辞〙 倒置(法) (⇨ anastrophe). **4** 〘論理〙 逆換(法), 戻換(れいかん)法. **5** 〘音楽〙 (和音・音程・保続音・対位法・主題の)転回. **6** 〘音声〙 反転, そり舌 (retroflexion). **7** 〘解剖・病理〙 (足・子宮など人体部分の)反転, 逆正, 倒置, 内反(症), (心臓などの)逆位, 転位. **8** 〘精神医学〙 性対象倒錯, 性欲[性的]倒錯; 同性愛. **9** 〘生物〙 逆位 《突然変異で同一染色体の部分が逆になっていること》. **10** 〘化学〙 転化, 反転. **11** 〘数学〙 反転, 転位, 相反: ⇨ CENTER of inversion. **12** 〘気象〙 (温度の)逆転 《高度と気温の関係が逆になること》. **13** 〘電気〙 極性反転, 逆変換 《直流から交流への変換》. **14** 〘鉱物〙 相転移 (transformation).

in·vér·sion·ist [-ʒ(ə)nɪst, -ʃ(ə)n-, -nəst | -ʃ(ə)nɪst] *n.* (習慣的に逆に書く)転倒書家.

invérsion pòint *n.* **1** 〘冶金〙 転相点. **2** 〘物理化学〙 逆転温度.

in·ver·sive [ɪnvə́ːsɪv, ən-, -zɪv | ɪnvə́ːs-] *adj.* 転倒の, 逆の, 反対の; 転倒を起こさせる, 転換させる.

in·ver·sor [ɪnvə́ːsə, ən- | ɪnvə́ːsə(r] *n.* 反転器 《互いに他の反転であるような 2 曲線を同時に描く器具》.

in·vert 〖《1533》 □ L *invert-ere* to turn about, upset ← IN-[1] + *vertere* to turn (⇨ verse)〗 — [ɪnvə́ːt, ən- | ɪnvə́ːt] *v.* — *vt.* **1** (位置・方向・順序・内外などを)逆にする, 反対にする, 逆さにする, あべこべにする; 内側へ曲げる: ~ a glass グラスを伏せる. **2** 〘音楽〙 転回させる. **3** 〘音声〙 〈舌を〉そり舌にする, 反転させる, 倒舌させる (cf. inverted 2). **4** 〘化学〙 転化させる. — *vi.* 〘化学〙 転化する. — [ínvəːt | -vəːt] *n.* **1** 〘建築〙 = inverted arch. **2** 〘精神医学〙 性欲倒錯者; (特に)同性愛者 (homosexual). **3** (水深測量で)排水管内で水深が最も深い部分. **4** 〘郵趣〙 逆刷り 《刷込文字や模様の一部が逆さまになったエラー切手》. **5** 〘化学〙 転化. — [ínvəːt | -vəːt] *adj.* 〘化学〙 転化した: ⇨ invert soap, invert sugar.

in·ver·tant [ɪnvə́ːtənt, ən-, -tn̩t | ɪnvə́ːtənt, -tn̩t] 〖← INVERT + -ANT〗 *adj.* 〘紋章〙 = inverted 4.

in·ver·tase [ɪnvə́ːteɪs, ən-, -teɪz, ínvəːtèɪs, -tèɪz | ɪnvə́ːteɪs, ―́―] 〖← INVERT + -ASE〗 — *n.* 〘生化学〙 蔗糖(しょとう)酵素, 転化酵素, インベルターゼ 《蔗糖を転化 (invert) させる; sucrase ともいう; cf. invert sugar》.

in·ver·te·brate [ɪnvə́ːtəbrət, ən-, -brɪt, -brèɪt | ɪnvə́ːtəbrət, -tɪ-, -brɪt, -brèɪt] 〖《1826》 ← NL *invertebrāt-us* not jointed: ⇨ in-[2], vertebrate〗 — *adj.* **1** 〘動物〙 脊椎(せきつい)[背骨]のない, 無脊椎動物の. **2** 気骨(きこつ)がない, 弱々しい, 女々しい, 優柔不断な. — *n.* **1** 〘動物〙 無脊椎動物. **2** 気骨のない人.

in·vért·ed [-tɪd, -təd | -tɪd, -təd] 〖《(p.p.) ← INVERT〗 — *adj.* **1** 逆さにした, 逆にした, 反対にした, 転倒した: the ~ order 逆順 / ~ e [ə] の記号 (cf. schwa). **2** 〘音声〙 反転(音)の, そり舌の (retroflex): an ~ vowel 反転母音, そり舌母音 (retroflex vowel). **3** 〘精神医学〙 性(欲)[性的]倒錯の; 同性愛の (homosexual). **4** 〘紋章〙 〈鳥が〉翼の先端を下に向けた. **~·ly** *adv.*

invérted árch *n.* 〘建築〙 逆迫持(せりもち), 逆アーチ, インバートアーチ 《建物の基礎などに用いる; invert ともいう》.

invérted cómma *n.* 〘印刷〙 **1 a** 逆コンマ(活字). **b** (引用符の初めの)逆コンマ (" または '). **2** [*pl.*] 《英》 引用符 (quotation marks).

invérted flíght *n.* 〘航空〙 背面飛行.

invérted gúll wìng *n.* 〘航空〙 逆ガル翼, 逆かもめ型翼 《主翼が W 型になっているもの; cf. gull wing》.

invérted mórdent *n.* 〘音楽〙 = pralltriller.

invérted pléat *n.* 〘服飾〙 インバーテッドプリーツ 《2 本の襞山(ひだやま)が表でつき合わせになるプリーツ; すなわち裏側で box pleat を作ることになる》.

invérted síphon *n.* 逆サイホン 《窪地などを横断する時に使う U 字形の導水路》.

in·vért·er [-tə | -tə(r] *n.* **1** 逆にするもの. **2 a** 〘電気〙 インバーター, 逆変換器 《直流を交流にするもの》. **b** 〘電子工学〙 インバーター 《波形の極性を逆にするもの》.

in·vert·i·ble [ɪnvə́ːtəbl̩, ən- | ɪnvə́ːtə-, -tɪ-] *adj.* **1** 逆さにできる, 逆にできる. **2** 〘音楽〙 転回の.

invértible cóunterpoint *n.* 〘音楽〙 転回対位法 《声部を転回ないし移高しても成り立ちうるよう配慮して作られている対位法; 転回される声部の数によって二重対位法 (double counterpoint), 三重対位法 (triple counterpoint) などと呼ばれる》.

in·ver·tin [ɪnvə́ːtn̩, ən- | ɪnvə́ː-] *n.* 〘生化学〙 = invertase.

in·vér·tor [-tə | -tə(r] 〖← NL ~: ⇨ invert, -or[2]〗 *n.* = inverter 2.

ínvert sóap *n.* 〘物理化学〙 = cationic detergent.

ínvert súgar *n.* 〘生化学〙 転化糖 《甘蔗(かんしょ)糖を加水分解して生じるぶどう糖および果糖の交じった左旋性の糖; cf. invertase》.

in·vest [ɪnvést, ən- | ɪn-] 〖《1533–34》 □ (O)F *investir* // ML *invest-īre* ← IN-[1] + *vestīre* to clothe ← *vestis* clothes (⇨ vest (v.))〗 — *vt.* **1 a** 〔地位・位階・栄誉の表象である衣服・記章・勲章などを〕〈人〉に着用させる, 帯びさせる, 授ける 〔*with*〕: ~ a person *with* a decoration 人に勲章を授ける. **b** 〔官職・位階・権力などを〕〈人〉に与える 〔*with*〕: ~ a person *with* full power 人に全権を付与する / ~ a person *with* an office 人にある職を与える, 人をある職に任命する / ~ a person *with* honor 人に名誉を与える. **2** 〔性質などを〕〈人〉に賦与する, 帯びさせる 〔*with*〕; 〔特色・性格などを〕〈物・事〉に与える, しみつかせる 〔*with*〕: He was ~*ed with* an air of dignity. どことなく威厳を帯びていた / His presence ~*ed* the occasion *with* importance. 彼が出席したので行事も重みを増した. **3 a** おおう, 取り囲む, 包む: Darkness ~*s* the earth at night. 夜には闇が地上をおおう. **b** 〘軍事〙 囲む, 包囲する, 攻囲する: ~ a town. **4 a** 〈資本・金などを〉〔…に〕投じる, 投下する, 投資する 〔*in*〕: ~*ed* capital 〘商業〙 払いこみ[投下]資本 / ~ one's money *in* stocks [a business enterprise] 株式[事業]に投資する / ~ a lot of money *in* bringing up children 子供を育てるのに多くの金を費す. **b** 〈時間・精力などを〉〔…に〕投じる, 使う 〔*in*〕: ~ time and energy *in* studying for a degree 学位取得のために時間と精力を注ぎ込む. **5** 〘金属加工〙 〈原型を〉インベストメントで包む, 〈模様〉に外装処理を施す. — *vi.* **1** 〔事業・株式などに〕投資する, 出資する 〔*in*〕. **2** 《口語》 〔…に〕金を使う, 〔…を〕買う 〔*in*〕: ~ *in* a new business suit 奮発して新しい背広を一着買う. **~·a·ble** [-təbl̩] *adj.*

in·ves·ti·ga·ble [ɪnvéstɪgəbl̩, ən-, -tə- | ɪnvéstɪ-] 〖□ LL *investigābil-is* ← L *investigāre* (↓)〗 *adj.* 調査[研究]できる.

in·ves·ti·gate [ɪnvéstəgèɪt, ən- | ɪnvéstɪ-] 〖《*c*1510》 ← L *investigāt-us* (p.p.) ← *investigāre* ← IN-[1] + *vestigāre* to track out (← *vestigium* 'footprint, trace, VESTIGE')》 **—** *vt.* (詳細にわたって組織的に)調査する, 研究する, 取り調べる, 捜査する; 吟味する: ～ a crime 犯罪を捜査する / ～ the cause of an accident 事故の原因を究明する / ～ the matter minutely 問題を細かに調査する. **—** *vi.* 調査する, 究明する. **in·vés·ti·gà·tor** [-tə | -tə(r] *n.*

in·ves·ti·ga·tion [ɪnvèstəgéɪʃən, ən- | ɪnvèstɪ-] 〖(?*a*1425) □ (O)F *investigation* ∥ L *investīgātiō(n-)*: ⇨ ↑, -ation〗 **—** *n.* **1** (詳しく系統立てて行なう)調査, 研究, 検討; 取調べ, 事実究明: *on* [*upon*] ～ 調べてみると / a committee of ～ 調査委員会 / an ～ of a murder 殺人事件の捜査 / make ～ *into*…を調査[研究]する / The matter is *under* ～. その件は調査中である. **2** 研究論文, 調査報告. **～·al** [-ʃənḷ, -ʃnəl] *adj.*

in·ves·ti·ga·tive [ɪnvéstəgèɪtɪv, ən- | ɪnvéstɪgèɪt-] *adj.* **1** 調査の, 取調べの, 吟味の, 研究の; 調査[研究]に関係する[携わる]. **2** 研究的な.

in·ves·ti·ga·to·ry [ɪnvéstɪgətɔ̀ːri, ən-, -təg-, -tɔ̀ːri | ɪnvéstɪgèɪtəri] *adj.* ＝investigative.

in·ves·ti·tive [ɪnvéstəṭɪv, ən- | ɪnvéstɪt-] 〖← ML *investitus* ((p.p.) ← L *investire* 'to INVEST')＋-IVE〗 *adj.* 授与の[に役立つ]; 投資の[に関する].

in·ves·ti·ture [ɪnvéstətʃùə, ən-, -tʃə, -t(j)ùə | ɪnvéstɪtʃə(r, -tjùə(r] 〖(*a*1387) □ ML *investitūra* ← L *investire* 'to INVEST': ⇨ -ure〗 **—** *n.* **1** (勲章・記章などを与えて行なう)叙任式; 叙任, 任命, 授爵, 叙位. **2** (資格・性質などを)賦与されること, 賦与. **3** 《文語》着せること; 衣装, 衣類. **4** 《古》投資物件.

in·vest·ment [ɪnvés(t)mənt, ən- | ɪn-] 〖(1598): ← INVEST＋-MENT〗 **—** *n.* **1** 投資, 出資; 投下資本, 投資金[額]; 投資の対象, 投資物件: make an ～ *in* …に投資する / a good [safe] ～ 有利な[安全な]投資物件 / ～ buying 投資的買い入れ / ～ operation 投資運用 / plant and equipment ～ 設備投資. **2 a** 着せること, かぶらせること, まとわせること. **b** 《古》衣服 (vestment). **3** 任命, 叙任, 授与, 授爵. **4** (性質・特性などの)賦与. **5** (時間・才能などの)投入, 傾注, 傾倒. **6** 《軍事》包囲, 攻囲 (beleaguerment): the ～ of a city / the line of ～ 攻囲線. **7** 《生物》(動植物体の)外被, 外殻. **8** 《金属加工》インベストメント《鋳型を作る一方法》.

invéstment bànk *n.* 《経済》投資銀行《有価証券投資を専門に行なう金融機関》.

invéstment càsting *n.* 《金属加工》インベストメント鋳造(法), 焼流し精密鋳造(法).

invéstment còmpany *n.* 投資会社, 投資信託(会社)《投資者が株主として収益分配を受ける会社型投資信託(会社); cf. holding company》.

invéstment fùnd *n.* 《経済》投資信託.

invéstment létter stòck *n.* 《証券》＝letter stock.

invéstment mòld *n.* 《金属加工》インベストメント[蠟(ろう)]型造型法.

invéstment trùst *n.* ＝investment company.

in·vés·tor *n.* **1** 投資者. **2** 叙任者, 授与者. **3** 包囲[攻囲]者.

inv. et del. 《略》*L.* invēnit et dēlīneāvit (彫刻師などの名と共に用いて) …の案ならびに絵 (cf. invenit).

in·vet·er·a·cy [ɪnvéṭərəsi, ən-, -trə- | ɪnvét(ə)rəsi] 〖(1691): ⇨ ↓, -acy〗 **—** *n.* **1** (習癖などの)根深いこと, (病気などの)頑固(がんこ), 慢性. **2** (感情の)執念深いこと, 宿怨(しゅくえん).

in·vet·er·ate [ɪnvéṭərət, ən-, -rɪt, -trət, -trɪt | -vét(ə)r-] 〖(1392) □ L *inveterāt-us* rendered old, of long standing (p.p.) ← *inveterāre* to give age to, grow old ← IN-[1]＋*veterāre* to make old (← *vetus* old, 《原義》having many years: cf. veteran)〗 **—** *adj.* **1** 〈感情・病気など〉長い間続いた, 年来の, 根深い, 執念深い, 難治性の: an ～ enmity [prejudice] 根深い恨み[偏見] / an ～ feud 積年の恨み / an ～ disease 固疾, 持病 / feel ～ *against* a person 《古・俗》人をいまいましく思う. **2** 癖になった, 凝り固まった, 常習的な, しんからの, 根っからの: an ～ liar, smoker, drinker, gambler, etc. / He was an ～ talker [gardener]. 彼は根っからのおしゃべり[庭いじりが好き]だった / an ～ habit 常習. **～·ly** *adv.* **～·ness** *n.*

in·vexed [ɪnvékst] 〖(p.p.) ← *invex* ← IN-[1]＋(CON)VEX〗 *adj.* 《紋章》＝arched 2.

in·vi·a·bil·i·ty [ɪnvàɪəbíləṭi, ən- | ɪnvàɪəbílɪti, -lɪ-] 〖← IN-[2]＋VIABILITY〗 *n.* (特に, 遺伝体質に致命的要素がある場合における)生存不能 (↔ viability).

in·vi·a·ble [ɪnváɪəbḷ, ən- | ɪn-] *adj.* (特に, 遺伝体質に致命的要素があって)生き残れない, 生存不能の; 正常に育たない.

in·vid·i·ous [ɪnvídiəs, ən- | ɪnvídɪəs, -djəs] 〖(1606) □ L *invidiōs-us* envious ← *invidia* 'ill-will, ENVY'〗 **—** *adj.* **1** 〈言動など〉癪(しゃく)にさわる, いまいましい, いやな: an ～ remark 癪にさわる言葉. **2** 〈地位・名誉など〉人に嫉妬(しっと)を起こさせる, 人のねたみを受けるような: an ～ position 人のねたみを受けるような地位. **3** (不公平で)不快な; 腹の立つ, けしからぬ: make ～ distinctions *between*…の間に不当な差別立てをする. **4** 《古》嫉妬深い. **～·ly** *adv.* **～·ness** *n.*

in·vig·i·late [ɪnvídʒəlèɪt, ən- | ɪnvídʒɪ-] 〖(1553) ← L *invigilāt-us* (p.p.) ← *invigilāre* to watch over ← IN-[1]＋*vigilāre* to watch (← *vigil* watchful: cf. vigil)〗 **—** *vi.* **1** 《英》試験監督をする (《米》proctor). **2** 警戒[張番]をする, 監視する 〔*over*〕. **—** *vt.* **1** 《英》〈試験〉の監督をする. **2** 警戒させる. **in·vig·i·la·tion** [ɪnvìdʒəléɪʃən, ən- | ɪnvìdʒɪ-] *n.* **in·víg·i·là·tor** [-ṭə | -tə(r] *n.*

in·vig·o·rant [ɪnvígərənt, ən- | ɪn-] *n.* 強壮剤.

in·vig·o·rate [ɪnvígərèɪt, ən- | ɪn-] 〖(1646) ← IN-[1]＋L *vigor* 'strength, VIGOR'＋-ATE[3]〗 **—** *vt.* …に元気[気力]をつける, 活気づける, 爽快(そうかい)にする; 鼓舞する, 励ます.

in·vig·o·ràt·ing [-ṭɪŋ | -tɪŋ] *adj.* **1** 元気を出させる, 活気づける, 激励する: an ～ speech 激励的な演説. **2** 〈空気・微風など〉気持を引き立たせる, 爽快(そうかい)な: an ～ climate さわやかな気候. **～·ly** *adv.*

in·vig·o·ra·tion [ɪnvìgəréɪʃən, ən- | ɪn-] *n.* 元気づけること, 鼓舞, 励まし, 激励.

in·vig·or·a·tive [ɪnvígərèɪṭɪv, ən- | ɪnvígərèɪt-] 〖← INVIGORATE＋-IVE〗 *adj.* 元気づける, 心身をさわやか[爽快(そうかい)]にする(ような); 激励する.

in·víg·o·rà·tive·ly 〖(1858)〗 *adv.* 元気づけるように, 激励的に.

in·víg·o·rà·tor [-ṭə | -tə(r] *n.* **1** 元気づける人[もの]. **2** 刺激物; 強壮剤.

in·vin·ci·bil·i·ty [ɪnvìnsəbíləṭi, ən- | ɪnvìnsɪbílɪti, -sə-, -lɪ-] *n.* 征服不能, 無敵.

in·vin·ci·ble [ɪnvínsəbḷ, ən- | ɪnvínsə-, -sɪ-] 〖(*a*1420) □ (O)F ～ □ L *invincibilis*: ⇨ in-[2], vincible〗 **—** *adj.* 打ち破ることのできない, 征服できない, 無敵の; 打ち勝ち難い, 至難の: an ～ army, opposition, difficulty, etc. / an ～ determination [will] 不屈の決意 / ～ ignorance 《神学》個人の判断・理解能力を越えた無知, 倫理的に責任のない無知. **—** *n.* **1** 無敵の人. **2** [I-] インビンシブル《特権者の暗殺を目的として 1880 年代にアイルランドに起こった Fenian Brotherhood の流れをくむ秘密結社の一員》. **～·ness** *n.* **in·vín·ci·bly** *adv.* 「ish Armada).

Invíncible Armáda *n.* [the ～] 無敵艦隊 (⇨ Spanish Armada).

in vi·no ve·ri·tas [ɪn-váɪnou-vérətæ̀s, -víːnou- | -nəu-] 〖□ L *in vīnō vēritās* '(there is) truth in wine'〗 **—** *L.* 酒にまことあり, 酔った時に本性が現われる 《Pliny the Elder の言葉》.

in·vi·o·la·bil·i·ty [ɪnvàɪələbíləṭi, ən- | ɪnvàɪələbílɪti, -lɪti] *n.* 不可侵(性), 神聖.

in·vi·o·la·ble [ɪnváɪələbḷ, ən- | ɪn-] 〖□ (O)F ～ ∥ L *inviolābil-is*: ⇨ in-[2], violable〗 **—** *adj.* 破ることのできない, 汚すことを許されない, 不可侵の, 神聖な: an ～ right 不可侵権 / an ～ oath [law] 犯すべからざる誓言[法律] / The gods are ～. 神々は神聖で犯すことができない. **～·ness** *n.* **in·ví·o·la·bly** *adv.*

in·vi·o·la·cy [ɪnváɪələsi, ən- | ɪnváɪələsi] *n.* 固く守られていること[状態].

in·vi·o·late [ɪnváɪələt, ən-, -lɪt, -lèɪt | ɪn-] 〖(*c*1412) □ L *inviolāt-us* ← IN-[2]＋*violātus* ((p.p.) ← *violāre* 'to VIOLATE')〗 **—** *adj.* **1** [通例 Predicative で] 破られていない, 侵されない; 固く守られた, 神聖のままの, 冒瀆(ぼうとく)されていない, 汚れない: keep one's faith [a promise, a rule] ～ 信念[約束, 規則]を固く守っている. **2** ＝inviolable. **～·ly** *adv.* **～·ness** *n.*

in·vi·ous [ínviəs | -vɪ-] 〖← L *invius* (← IN-[2]＋*via* 'WAY')＋-OUS〗 *adj.* 《まれ》道のない (trackless).

in·vis·cid [ɪnvísɪd, ən-, -səd | ɪnvísɪd] *adj.* 粘性のない.

invíscid flúid *n.* 《物理・航空》非粘性流体《流れの理論的取扱いを容易にするために仮定する粘性のない流体》.

in·vis·i·bil·i·ty [ɪnvìzəbíləṭi, ən- | ɪnvìzəbílɪti, -zɪ-, -lɪ-] *n.* 目に見えないこと, 隠れていること; 不可視性; 見えないもの.

in·vis·i·ble [ɪnvízəbḷ, ən- | ɪnvízə-, -zɪ-] 〖(adj.: *c*1340; n.: 1646) □ (O)F ～ ∥ L *invīsibil-is*: ⇨ in-[2], visible〗 **—** *adj.* **1** 目に見えない, 目につかない: Air is ～. / be ～ in the dark 暗闇で見えない / be ～ *to* the naked eye 肉眼では見えない / the ～ stars＝the stars ～ 見えない星《★ 後位の場合はその時たまたま見えない星を指すことが多い》. **2** 目につかないほど小さい, 見分けにくい; 気づかない, それとわからない, 心に留まらない: ～ differences 見分け難いほどの小さな違い. **3** 〈計算書・統計・目録など〉おもてに出ない: Good will is an ～ asset. のれんは隠れた[財産目録に載らない]資産. **4** 顔を見せない, 姿を表わさない, 世を忍んで; 公にされない: He remains ～ when out of spirits. 気分がすぐれないと引っ込んでいて人に会わない / ～ government 黒幕政治. **5** (一見黒と区別しにくいような)濃い: ～ indigo [green] 濃紺[濃緑].

— *n.* **1** 目に見えないもの. **2** [the ～] 目に見えない世界, 霊界. **3** [the I-] 神 (God). **4** [*pl.*] 《経済》**a** ＝invisible exports. **b** invisible imports. **～·ness** *n.*

invísible cáp *n.* [the ～] 隠れ帽子《伝説によればこれをかぶれば姿が見えなくなるという》.

invísible chúrch *n.* 《神学》＝church invisible.

invísible éxports *n. pl.* 《経済》見えざる輸出 (cf. invisible trade).

invísible gláss *n.* 不可視ガラス, 無反射ガラス《板ガラスを適度に彎曲させて反射鏡像をある部分に集め, それを見る人の視界から隠すようにすることによってガラスの存在を気付かぬようにしたもの; ショーウィンドーなどに用いる》.

invísible hánd *n.* 《経済》見えざる手《Adam Smith の説いた, 個人が私利を追求すればその作用で社会最高の経済福祉が実現という見えざる手(市場機構)》.

invísible ímports *n. pl.* 《経済》見えざる輸入 (cf. invisible trade).

invísible ínk *n.* (火であぶらなければ見えない)あぶり出し[隠顕]インク《secret ink, sympathetic ink ともいう》.

invísible ménding *n.* かけはぎ《かぎ裂きなどを目に見えないように繕うかがり方》.

invísible supplý *n.* 《商業》市場外在荷《まだ農家の手元にあって市場に現われない農産物; cf. visible supply》.

invísible tráde *n.* 《経済》貿易外取引, 見えざる貿易《資本移動・サービスの海外取引など商品以外の貿易; cf. visible trade》.

in·vís·i·bly [-bli | -blɪ] 〖ME〗 *adv.* 目に見えないように, 目につかないほど.

in·vi·ta·tion [ìnvətéɪʃən | -vɪ-] 〖(1600) □ F ～ ∥ L *invitātiō(n-)* ← *invitāre* 'to INVITE': ⇨ -ation〗 **—** *n.* **1** 招く[かれる]こと, 招き, 招待, 案内, 招聘(しょうへい), 勧誘, 依頼: an ～ *to* give a lecture 講演の依頼 / admission by ～ only 入場は招待客に限る / at [on] the ～ of a person＝at [on] a person's ～ 人の招きにより, 人に招かれて[勧められて] / accept [decline] an ～ *to* a party パーティーへの招待に応じる[を断る]. **2** 招待状, 案内状《通例厚紙に印刷したもの》: send out ～*s* 招待状を発送する. **3** 提案, 示唆. **4** 〔…へ〕人の気を引くこと, 〔…への〕誘引, 誘惑; 〔…に対する〕魅力 〔*to*〕: an ～ *to* death 死への誘惑. **5** 〔…への〕誘因, 挑発, 挑戦 〔*for*〕: an ～ *for* protest 抗議を引き起こす[起こした]原因. **6** [しばしば I-] 《英国国教会》勧告, 奨励《聖餐式中, 懺悔(ざんげ)の直前に会師によって読まれる Ye that do truly and earnestly repent… で始まるもの》.

— *attrib. adj.* **1** 要求に応じて準備[登録]された. **2** 《スポーツ》〈試合など〉(一般参加者でなく)招待選手[チーム, 団体]に限られた, 招待選手[チーム]による: an ～ tournament 招待トーナメント.

ìn·vi·tá·tion·al [-ʃnəl, -ʃənḷ] *adj.* ＝invitation.

in·vi·ta·to·ry [ɪnváɪṭətɔ̀ːri, ən-, -tɔ̀ːri | ɪnváɪtətəri] 〖(*c*1340) □ LL *invitātōri-us* inviting ← L *invitātus* (p.p.) ← *invitāre* (↓): ⇨ -ory[1]〗 **—** *adj.* 招待の, 招きの, 誘いの. **—** *n.* 《キリスト教》(朝課または早禱の時の神への賛美のための)招詞, 招きの詞《Venite など》.

in·vite 〖(v.: 1533; n.: 1659) □ F *invit-er* ∥ L *invitāre* to ask, bid, entertain ← IN-[1]＋-*vitāre* (←? IE **wei-* to go directly toward, chase after): cf. vie〗 **—** [ɪnváɪt, ən- | ɪn-] *v.* **—** *vt.* **1** [目的語＋前置詞句または副詞, 目的語＋*to* do を伴って](正式に)招待する, 招く, 招聘(しょうへい)する; 案内する: an ～*d* guest 来賓(らいひん) / ～ oneself (招かれないのに)押しかける / ～ a person *to* one's house [*to* a wedding] 人を家[結婚式]に招く / ～ a team *to* a tournament チームをトーナメントに招待する / ～ a person *to* a cup of tea 人にお茶を一杯勧める / ～ a person *in* 人を(家に)招き入れる / be ～*d out* よそに招かれる, 招待されて行く / We ～*d* them *to* have dinner with us. 彼らに晩餐(ばんさん)を一緒にしてもらうために招待した. **2 a** 〈意見・質問・寄付などを〉(丁重に)求める, 請う, 懇請する: ～ donations 寄付を求める / ～ questions 遠慮なく質問して下さいと言う / ～ tenders 入札を募集する / Your suggestions are ～*d*. ご提言をお聞かせ下さい. **b** [目的語＋*to* do を伴って] 〈人〉に〈…することを〉勧める, 促す, 請う: ～ a person *to* be chairman 人に議長への就任を要請する / ～ a person *to* give a talk 人に講演をしてくれるように頼む / I ～ you *to* consider…のご考慮を請う. **3** 〈危険・困難・非難・論議などを〉(意図的でなく)招く, もたらす, 引き起こす: ～ criticism, danger, trouble, war, etc. / He ～*d* death by speeding. スピードの出し過ぎで死を招いた / His actions will ～ scandal. あんなことばかりしていると今に物議をかもすぞ. **4** 〈事物が〉誘う, 招く, 引きつける; 〈人を〉魅惑して…させる 〈*to* do〉: The quiet ～*s* sleep. 静けさが眠気を誘う / His manner does not ～ approach. あの態度では近寄れない / The sign ～*d* me *to* browse about the shop. 看板に誘われてその店をぶらりとのぞてみる気になった.

— *vi.* 招待する, 招く; 〔…へ〕誘う, 引き付ける 〔*to*〕.

— [ínvaɪt] *n.* 《俗》招待, お呼ばれ; 招待状, 案内状.

in·vi·tee [ɪnvɪtíː, -və-, ɪnvàɪ- | ɪnvàɪ-] *n.* 招待された人, 招待客.

in·vít·er [-ṭə | -tə(r] *n.* 招待する人, 招待主.

in·vít·ing [-ṭɪŋ | -tɪŋ] *adj.* 招く, 誘う; 人を引きつける, 見ると欲しくなるような, 魅力的な; 結構な, うまそうな: an ～ climate, dinner, look, offer, etc. **—** *n.* 《古》＝invitation. 「に.

in·vít·ing·ly *adv.* 招くように; 人(の心)を誘うように.

in vi·tro [ɪn-víːtrou | -trəu] 〖← NL *in vitrō* in glass〗 *L. adv., adj.* 《生物》生体外で[の] (cf. in vivo); ガラス器内で[の], 試験管の中で[の].

in vi·vo [ɪn-víːvou | -vəu] 〖← NL *in vīvō* in the living body〗 *L. adv., adj.* 《生物》生体内で[の] (cf. in vitro).

in·vo·cate [ínvəkèɪt | -və(ʊ)-] 〖← L *invocāt-us* (p.p.) ← *invocāre* 'to INVOKE'〗 **—** *vt.* 《古》＝invoke. **—** *vi.* 祈願する, 懇願する, 哀願する. **ín·vo·cà·tor** [-ṭə | -tə(r] *n.*

in·vo·ca·tion [ɪnvəkéɪʃən, -vo(ʊ)- | -və(ʊ)-] 〖(*c*1380) □ (O)F *invocation* □ L *invocātiō(n-)* ← *invocāre* 'to INVOKE': ⇨ -ation〗 **—** *n.* **1** (神・聖人などに救い・

導き・保護などを求める)希求の祈り, 祈願, 欣求(ごんぐ); (礼拝式の初めなどで用いられるそういう)祈願の言葉, 招詞: an ~ *to* God. **2** 救助嘆願, 援助懇願. **3** 呪文で悪霊[悪魔など]を呼び出すこと; (悪魔などを呼ぶ)呪文, 呪い, まじない. **4 a** (叙事詩などの冒頭で詩神 Muses へ呼び掛ける)霊感・指導・援助の祈願. **b** (法律に)訴えること, (法の)発動, 実施. **5** (権威をつけたり正当化するための)言及, 参照. **~·al** [-ʃənḷ, -ʃnəl] *adj.*

in·voc·a·to·ry [ɪnvákətɔ̀ːri, ən-, -tɔ̀ːri | ɪnvɔ́kətəri] 〚← L *invocāt-us* ((p.p.) ← *invocāre* 'to INVOKE')＋-ORY[1]〛 **—** *adj.* 祈り[祈願]の, 祈願をこめた[表わした], 懇願的な.

in·voice [ínvɔɪs] 〚《n.: 1560; v.: 1698》 *invoyes* (pl.) ← 《廃》 *invoy* thing sent ▭ F *envoy, envoi* a sending, thing sent: cf. envoy[1]〛〘商業〙 **—** *n.* **1 a** 送り状, 仕切り状; 仕切り状による送付: receive a large ~ of goods 多量の商品の送付を受ける / an ~ price 送り状(面)値段 / make an ~ of…の送り状を作る, 仕切る. **b** 明細記入請求書, インボイス. **2** 《まれ》送り状記載の貨物, 送り荷. **—** *vt.* **1** 〈売り手が〉…の送り状を作る, 仕切る: ~ goods. **2** …に送り状を送る. **—** *vi.* インボイスを作る[提出する].

ínvoice bòok *n.* 〘簿記〙仕入れ帳; 送り状控え簿.

in·voke [ɪnvóuk, ən- | ɪnvə́uk] 〚《1490》 ▭ (O)F *invoquer* ▭ L *invocāre* to call upon, appeal to ← IN-[1]＋*vocāre* to call (← *vox* voice)〛 **—** *vt.* **1 a** 〈神などに(救い・霊感を求めて, または証人となることを求めて)呼び掛ける, …の名を唱える, の照覧を求める; 〈神の慈悲などを〉祈る, 願う, 祈願する: ~ the gods (救い・保護を求めて)神々の名を呼ぶ / ~ the Muses (霊感を求めて)ミューズの女神たちに呼び掛ける. **b** 〈著名人(の名)を〉引き合いに出す: ~ (the name of) one's father (偉かった)父親(の名)をよく引き合いに出す. **2 a** 〈法律・権威などに〉訴える, たよる, 訴願[請願]する: ~ the power of the law 法の力に訴える. **b** 〈法律などを〉実施する, 有効と宣言する, 行使[発動]する: ~ a veto 拒否権を発動する. **3** 切願する, 懇願する, 念じる: ~ aid [protection] 助け[保護]を求める / ~ vengeance *on* one's enemies 敵に対して復讐を祈念する. **4** (魔法や呪文によって)〈悪霊などを〉呼び出す. **5** もたらす, 引き起こす, 招来する; 呼びさます: ~ a new problem 新しい問題を生じさせる. **in·vók·er** *n.*

in·vo·lu·cel [ɪnváljusèl, ən- | ɪnvɔ́l-] 〚← NL *involūcell-um* (dim.) ← L *involūcrum* covering: ⇨ involucre〛 *n.* 〘植物〙小総苞(しょうそうほう).

in·vol·u·cel·late [ɪnvàljusélət, ən-, -lɪt | ɪnvɔ̀l-] *adj.* 〘植物〙小総苞の.

involucra *n.* involucrum の複数形.

in·vo·lu·cral [ìnvəlúːkrəl, -ljúː-] *adj.* 〘植物〙総苞(そうほう)の[に似た].

in·vo·lu·crate [ìnvəlúːkrət, -ljúː-, -krɪt, -kreɪt] 〚← NL *involūcrāt-us* ← L *involūcrum*: ⇨ involucel, -ate[2]〛 *adj.* 〘植物〙総苞(そうほう)をもった.

in·vo·lu·cre [ínvəlùːkə, -ljùː- | -kə(r)] 〚《1578》 ▭ F ~ ▭ L *involūcrum* (↓)〛 *n.* **1** 〘解剖〙＝involucrum 1. **2** 〘植物〙総苞(そうほう). **ín·vo·lù·cred** *adj.*

in·vo·lu·crum [ìnvəlúːkrəm, -ljúː-] 〚▭ L *involūcrum* wrapper, covering ← *involvere* 'to enwrap, INVOLVE'〛 **—** *n.* (*pl.* **-lu·cra** [-krə]) **1** 〘解剖〙包被, 被膜 (covering). **2** 〘病理〙骨柩(こっきゅう). **3** 〘植物〙＝involucre 2.

in·vol·un·tar·i·ly [ɪnvɑ̀ləntérəli, ən-, ―́―̀――― | ɪnvɔ́lənt(ə)rəli, -rɪli] 〚《1562》〛 *adv.* 思わず知らず; 不本意ながら, 心ならずも.

in·vol·un·tar·y [ɪnváləntèri, ən- | ɪnvɔ́lənt(ə)ri] 〚《c1454》 ▭ L *involuntāri-us*: ⇨ in-[2], voluntary〛 **—** *adj.* **1** (自分の意志からではなく)無意識の, われ知らずの, 何気なしの; 自動的な, 本能的な: an ~ closing of the eyelids まぶたを思わず閉じること / make an ~ movement of fear 思わず[本能的に]恐怖の身振りをする. **2** 心ならずの, 不本意な: ~ submission 不本意な屈従 / an ~ listener いやいやながら聞いている人. **3** 〘生理・解剖〙意識を伴わない, 不随意の (↔ voluntary): ~ movements 不随意運動 / ⇨ involuntary muscle. **in·vól·un·tàr·i·ness** *n.*

invóluntary mánslaughter *n.* 〘法律〙過失致死(罪) (cf. voluntary manslaughter).

invóluntary múscle *n.* 〘解剖〙不随意筋 (cf. voluntary muscle).

in·vo·lute [ínvəlùːt, -ljùːt, ―̀―́ | ―́―̀] 〚《?a1425》 ← L *involūt-us* rolled up or in (p.p.) ← *involvere* 'to INVOLVE'〛 **—** *adj.* **1** 込み入った, 入り組んだ, 複雑な, 紛糾した. **2 a** 螺旋(らせん)状に巻いた, 内側へ曲がった. **b** 〘動物〙〈貝殻が〉螺旋状に巻かれた, 回旋の. **3** 〘植物〙〈葉など〉内側へまくれた, 内巻きの, 内旋の (cf. convolute 2, revolute[1]). **—** *n.* 〘数学〙伸開線, 漸伸線 (cf. evolute[1]). **—** *vi.* **1** 丸くなる, 丸く曲がる. **2 a** 正常な形[大きさ, 状態]に戻る, 元の状態に返る. **b** 解消する, 消える, うせる. **~·ly** *adv.*

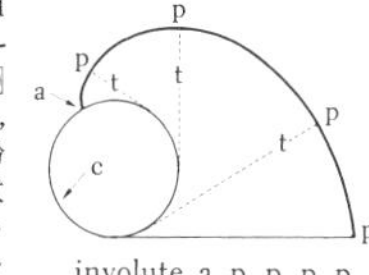

involute a, p, p, p, p traced by point p of thread t unrolled from curve c

ín·vo·lùt·ed [-tɪd, -təd | -tɪd, -təd] 〚(p.p.) ← INVOLUTE〛 *adj.* **1** ＝involute 1. **2** 〘生理〙退縮した (cf. involution 9). **3** 正常な形[大きさ, 状態]に戻った.

ín·vo·lùt·ed·ly 〚《1879》〛 *adv.* 入り組んで; 内巻きに, 螺旋(らせん)状に.

ínvolute tóoth *n.* 〘機械〙インボリュート歯.

in·vo·lu·tion [ìnvəlúːʃən, -ljúː-] 〚《1392》 ▭ L *involūtiō(n-)* ← *involvere* 'to INVOLVE': ⇨ -tion〛 **—** *n.* **1** 巻き込む[込まれる]こと, 包み込む[込まれる]こと. **2** 巻き込んだ[包み込んだ]もの; 巻込み(線), 内巻き, 回旋. **3** もつれ, からまり; 複雑, 交錯, 紛糾. **4** 〘文法・修辞〙(入り組んだ)複雑な構文, 錯綜体. **5** 〘数学〙対合; 冪方(べきほう), 累乗法 (↔ evolution). **6** 〘生物〙退化 (degeneration). **7** 〘生物〙巻上げ, 包みこみ; 巻き上げられた[包みこまれた]部分. **8** 〘生物〙嵌入(かんにゅう) (invagination). **9** 〘生理〙衰退, 退縮《男女とも性器官の活力減退によって現われる》. **10** 〘医学〙退縮; (特に, 出産後の子宮の)産褥(さんじょく)退縮, 復旧作用. **11** 〘地質〙＝congeliturbation.

in·vo·lú·tion·al [-ʃənḷ, -nəl] *adj.* **1** 〘医学〙退行(性)の. **2** 〘精神医学〙退行期[更年期]鬱(うつ)病の. **—** *n.* 退行期[更年期]鬱病患者.

involútional depréssion [melanchólia] *n.* 〘精神医学〙退行期[更年期]鬱病.

involútional psychósis *n.* 〘精神医学〙(閉経・更年期に起こる)退行期精神病.

in·volve [ɪnvɑ́lv, ən-, -vɔ́(ː)lv | ɪnvɔ́lv, -vɔ́ulv] 〚《a1382》 ▭ L *involv-ere* to wrap or roll up, infold ← IN-[1]＋*volvere* to roll, turn (cf. volute, volume)〛 **—** *vt.* **1** 〔議論・事件・陰謀・困難などに〕巻き込む, 引き込む〔*in*〕(cf. 8); 〔犯罪者・陰謀者・警察などと〕掛かり合いにする〔*with*〕: be ~*d in* debt 借金で首が回らない / become ~*d in* an argument [a war] 論争[戦争]に巻き込まれる / He [Ten vehicles] got ~*d in* a traffic accident. 彼は[10台の車が]交通事故に会った / That ~*d* me *in* serious trouble. そのことで大変な面倒にかかずらう羽目になった / become ~*d with* gangsters [the police] ギャングの一味[警察]と掛かり合いになる. **2** (必然的結果として)包含する, 伴う, もたらす; 意味する, 必要とする: Lavish hospitality ~*s* much expense. 贅沢(ぜいたく)な歓待は大変な出費が必要だ / This job would ~ my living abroad. この仕事に就くとすれば私は自然海外に住まなければならなくなる / A certain degree of risk is ~*d in* the free enterprise system. 自由企業制には必然的にある程度の危険が伴う. **3** [通例 Passive または ~ *oneself* で]〔…に〕熱中させる, 没頭させる, 夢中にさせる〔*in, with*〕: *be ~d in* one's work [handling pressing matters] 仕事[緊急な問題の処理]に没頭している / ~ *oneself with* her [him] 彼女[彼]に夢中になる. **4** 従事させる, 参加させる: workmen ~*d in* build*ing* a highway ハイウェーの建設に従事している労働者. **5** (密接に)関連[関係]させる: Drunkenness is ~*d in this* accident. この事故には飲酒が関係している / This problem is ~*d with* that. この問題はそれと関連がある. **6** …に(直接)影響を及ぼす, 関係する: The decision ~*s* our future. その決定は我々の将来に影響を与える / His honor is ~*d*. 彼の名誉が関わっている. **7** 〈事柄を〉複雑にする, 込み入らせる. **8** 包む, 包み込む, 巻き込む: be ~*d in* doubt 疑惑に包まれている / Clouds ~*d* the mountaintop. 雲が山頂を包んだ / The riot soon ~*d* hundreds. 暴動はあっと言う間に何百人もの人間を巻き込んだ (cf. 1). **9** (運動を妨げるように)巻き込む, からめ込む: get ~*d with* a rope ロープにからまる. **10** 螺旋(らせん)状に巻きつける, ぐるぐる巻く. **11** 〘数学〙累乗する, 相乗する (raise) 〔*to*〕. **in·vólv·er** *n.*

in·vólved *adj.* **1** 〈思想・表現が〉込み入った, 入り組んだ, 複雑化した: an ~ argument, sentence, style, scheme, etc. **2** 混雑した, 混乱した; 不明確な. **3** (財政的に)非常に困っている, 困難に陥っている, (特に)乱脈を極めた. **4** (政治思想・芸術運動などに)深く関係のある, 関わり合った; (一般に)物事に打ち込んでいる: ~ young people 政治運動などに熱中している若者たち. **5** 螺旋(らせん)状に巻いた, ひねった形の.

in·vólve·ment *n.* **1** 巻き込む[巻き込まれる]こと, 巻き添えにする[を食う]こと, 連座, 掛かり合い: ~ *in* debt 借金をこしらえる[しょい込む]こと / ~ of others 他人を巻き添えにすること / avoid ~ *with* a woman 女と掛かり合いをもつのを避ける. **2** 困った事, 迷惑, 当惑; 財政困難. **3** (必然的結果としての)包含; 付随的に伴うこと.

in·vul·ner·a·bil·i·ty [ɪnvʌ̀ln(ə)rəbíləṭi, ən- | ɪnvʌ̀ln(ə)rəbílɪti, -lɪ-] *n.* 傷つけられないこと, 不死身; 攻撃[論破]不能.

in·vul·ner·a·ble [ɪnvʌ́ln(ə)rəbḷ, ən- | ɪn-] 〚▭ L *invulnerābil-is*: ⇨ in-[2], vulnerable〛 **—** *adj.* **1** 傷つけられない, 害を受けない, 不死身の; 難攻不落の. **2** 〈議論など〉容易に打ち破られない, 論破できない: an ~ argument, opinion, etc. **~·ness** *n.* **in·vúl·ner·a·bly** *adv.*

in·wale [ínwèɪl] 〚← IN (adj.)＋WALE[1]〛 **—** *n.* 〘海事〙 **1** (無甲板の舟の外板最上部内側につける)水平補強材 **2** 舷側補強材. **3** 《廃》舷側上縁 (gunwale).

in·wall 〚← IN (adj. & adv.)＋WALL〛 [ínwɔ̀ːl] *n.* **1** 内壁. **2** 〘冶金〙溶鉱炉のシャフト部の内壁. **—** [ɪnwɔ́ːl, ən- | ɪn-] *vt.* 壁[塀(へい)]で囲む.

in·ward [ínwəd | -wəd] 〚OE *in(nan)weard, inneweard* ← *inn, inne, innan* (adv. & prep.) within＋*-weard* '-WARD'〛 **—** *adj.* **1 a** 内部の[にある], 内の, 内側の; 体内の (↔ outward, exterior): an ~ room 奥の部屋 / the ~ organs 内臓 / ~ convulsions 体内の痙攣(けいれん). **b** 内へ向かう, 内部[内方]への (↔ outward): an ~ curve / ~ correspondence 受信 / an ~ voyage 復航, 帰航. **2 a** 内地の, 奥地の: ~ Africa アフリカの奥地. **b** 《古》国内の, 自国の. **3** 本質的な, 本来備わった: the ~ nature of a thing 物の本質[固有性]. **4** 内的な, 心の, 精神的な, 霊的な: ~ happiness 精神的な幸福 / ~ peace 心の平和 / one's ~ thoughts 内心, 心の奥 / ~ struggles 精神的な悩み / feel some ~ agitation 心の動揺を覚える / with an ~ sigh 心の中で溜息をついて / an ~ and spiritual grace ⇨ sign 9. **5** 敬虔(けいけん)な, 信心深い. **6** 〈声など〉(腹の中で出るように)低い, はっきりしない: speak in an ~ voice 含み声で話す. **7** ごく親しい, 親密な〔*with*〕. **8** 《廃》秘密の, 内密の.

— *adv.* **1 a** 内部[内方, 内側]へ[に]; 本国へ: curve [bend] ~ / ~ bound 本国向け[帰航中]で[の]. **b** 《廃》内部で, 内側では. **2 a** 内心に, 心中に: turn one's thoughts ~ 内省する. **b** 《廃》心の中で, 精神的に.

— *n.* **1** 内部, 内側. **2** 内心, 精神, 真意, 本質. **3** [*pl.*] [通例 ínədz | -ədz] 内臓, おなか; 臓物 (innards). **4** 《廃》腹を割って話せる友, 腹心の友, 親友.

Ínward Líght *n.* 〘キリスト教〙＝Inner Light.

ín·ward·ly 〚OE *inweardlīce*: ⇨ inward, -ly[1]〛 **—** *adv.* **1** (外部に表わさず)内部で[へ, に]: bleed ~ 内出血する. **2** 心のうちで, 精神的に; 腹の中で, ひそかに: laugh [grieve] ~. **3** 小声で: speak ~. **4** 内部[内方, 中心]へ向かって.

ín·ward·ness 〚ME〛 **—** *n.* **1** 内部[内側]にあること, 内部性. **2** 本質, 正体, 真相: the true ~ of a scheme 計画の真相. **3** 真義, 本義, 真意. **4** 心の奥底, 内心, 本心; 内省的な深さ, 霊性 (spirituality). **5** 誠実, 熱意. **6** 知[精神]的生活に没頭すること. **7** 《まれ》親密; 熟知, 精通.

ín·wards [-wədz | -wədz] 〚《a1250》: ⇨ inward (adv.), -s[2]: cf. besides〛 *adv.* ＝inward. **—** *n.* ＝inward 3.

in·weave [ɪnwíːv, ən- | ɪn-] 〚← IN-[1]＋WEAVE〛 **—** *vt.* (**in·wove** [-wóuv | -wə́uv], **~d**; **-wo·ven** [-wóuvən | -wə́u-], **-wove, ~d**) [比喩的にも用いて]織り込む, 織り交ぜる, 織り合わせる〔*with*〕; 織り込んで変化を与える.

in·wíck 〚← IN (adj. & adv.)＋WICK[2]〛 *n.* (カーリングで)自分の石で邪魔な石を内側からはじく一投 (cf. outwick). **—** *vi.* (カーリングで)邪魔な石を内側からはじく.

in·wind [ɪnwáɪnd, ən- | ɪn-] *vt.* (**in·wound** [-wáund]) ＝enwind.

ín-wòrd *n.* (最新)流行語.

ín·wòrker 〚← IN (adj. & adv.)＋WORKER〛 *n.* 内働きの人, 内勤者 (↔ outworker).

inwound *v.* inwind の過去形・過去分詞.

inwove *v.* inweave の過去形・過去分詞.

inwoven *v.* inweave の過去分詞.

in·wrap [ɪnrǽp, ən- | ɪn-] *vt.* (**in·wrapped; -wrap·ping**) ＝enwrap.

in·wreathe [ɪnríːð, ən- | ɪn-] *vt.* ＝enwreathe.

in·wrought [ɪnrɔ́ːt, ən-, ―́― | ɪnrɔ́ːt, ―́―] 〚《1637》 ← IN (adv.)＋WROUGHT〛 **—** *adj.* **1 a** 〈模様など〉〔布地などに〕織り[縫い]込んだ, 刺繍(ししゅう)した; 象眼した〔*on, in*〕: flowers ~ *on* silken tissue 薄い絹地に織り[縫い]込んだ花模様 / ~ flowers 織り[縫い]込んだ花模様. **b** 〈織物など〉〔模様などを〕織り[縫い]込んだ〔*with*〕; 織込み[打込み]模様の: a carpet ~ *with* flower patterns 花模様を織り[縫い]込んだじゅうたん. **2** よく混合された, 織り込まれた〔*with*〕.

in·ya·la [ɪnjɑ́ːlə, ən- | ɪn-] 〚▭ Zulu *inxala*〛 *n.* (*pl.* ~) 〘動物〙ニヤラ (*Tragelaphus angasi*) 《アフリカ南部に分布するブッシュバック属のレイヨウ》.

I·o[1] [áɪou | áɪəu] 〚▭ L *Īō* ▭ Gk *Iṓ*〛 **—** *n.* **1** 〘ギリシャ神話〙イオ《Argos の川の神 Inachus の娘; Zeus に愛されたので, Hera にねたまれ白色の雌牛に変えられた; cf. Argus 2 a》. **2** 〘天文〙イオ《木星 (Jupiter) の第 I 衛星; cf. Galilean satellites》.

I·o[2] [áɪou | áɪəu] 〚← NL ~: ↑〛 *n.* (*pl.* **~s**) 〘昆虫〙 **1** ＝Io moth. **2** ＝peacock butterfly.

Io 《記号》〘化学〙ionium.

I/O 《略》input/output; inspecting order.

Io. 《略》Iowa.

Ío bùtterfly *n.* 〘昆虫〙＝peacock butterfly.

IOC 《略》International Olympic Committee 国際オリンピック委員会.

i·od- [aɪóud, áɪəd | aɪə́ud, áɪəd] (母音の前に来る時の) iodo- の異形.

I·od·a·ma [aɪádəmə | -ɔ́d-] 〚▭ Gk *Iodáma*〛 *n.* 〘ギリシャ神話〙イオダマ《頭が蛇である怪物 Gorgon を見て恐怖のあまり石に化した Athena の女神官》.

i·o·date [áɪədèɪt | áɪə(ʊ)-] 〚⇨ ↓, -ate[1,3]〛〘化学〙 **—** *n.* ヨウ素酸塩[エステル]《ヨウ素酸ナトリウム ($NaIO_3$) など》. **—** *vt.* ＝iodize. **i·o·da·tion** [àɪədéɪʃən | àɪə(ʊ)-] *n.*

i·od·ic [aɪádɪk | -ɔ́d-] 〚▭ F *iodique* ∥ ← IODO-＋-IC[1]〛 *adj.* 〘化学〙ヨウ素の; (特に) 5 価のヨウ素 (I^V) を含む (cf. iodous); ヨウ素酸の.

iódic ácid *n.* 〘化学〙ヨウ素酸 (HIO_3) 《ヨウ素が酸化してできる白色結晶; 分析試薬・酸化剤に用いる》.

i·o·dide [áɪədàɪd, -dɪd, -dəd | -ə(ʊ)dàɪd] 〚← IODO-＋-IDE[2]〛 **—** *n.* 〘化学〙ヨウ化物, ヨウ素化合物: ~ of potassium ヨウ化カリウム (KI) / ~ of silver ヨウ化銀 (AgI).

i·o·dim·e·try [àɪədímətri | -mɪtri, -mə-] *n.* 〘化学〙＝iodometry.

i·o·din [áɪədɪn, -dən, -dn̩ | -ə(ʊ)dɪn] *n.* 〘化学〙 =iodine.

i·o·di·nate [áɪədɪnèɪt, -də- | -dɪ-] *vt.* 〘化学〙ヨウ素化する, ヨウ素で処理する. **i·o·di·na·tion** [àɪədɪnéɪʃən, -də- | -dɪ-] *n.*

i·o·dine [áɪədàɪn, -dn̩, -dìːn | áɪə(ʊ)dìːn, -dàɪn] 〘(1814) ← F *iode* iodine (▭ Gk *iṓdēs* violetlike ← *ion* violet+*eîdos* form)+-INE³: 英国の化学者 Humphrey Davey (1778–1829) の造語〙 ― *n.* **1** 〘化学〙ヨウ素, ヨード《ハロゲン元素の一つ; 記号 I, 原子番号 53, 原子量 126.9045》: ～ preparation ヨード剤 / tincture of ～ = ～ tincture ヨードチンキ. **2** 《口語》ヨードチンキ. 「位体; 記号 ^{131}I).

iodine 131 *n.* 〘化学〙ヨード 131《ヨウ素の放射性同

iodine nùmber [**vàlue**] *n.* 〘化学〙ヨウ素価《油脂などの 100 g 中に吸収されるハロゲンの量をヨウ素に換算してグラム数で表わしたもの》.

i·o·dism [áɪədìzm | áɪə(ʊ)-] *n.* 〘病理〙ヨード中毒(症).

i·o·dize [áɪədàɪz | áɪə(ʊ)-] 〘← IODO-+-IZE〙 ― *vt.* 〘化学〙ヨードで処理する, ヨウ素化する, …をヨードの蒸気に当てる: ～*d* plates ヨー化銀で処理した乾板. **í·o·diz·er** *n.*

i·o·do- [aɪóʊdo(ʊ), áɪədo(ʊ)|aɪɔ́udə(ʊ), áɪədə(ʊ)] 〘(19C) ← NL *iōdum* ← F *iode*: ⇨ iodine〙「ヨウ素 (iodine)」の意の連結形. ★ 母音の前では通例 iod- になる.

i·od·o·form [aɪóʊdəfɔ̀əm, aɪɑ́d- | aɪɔ́dəfɔ̀ːm] 〘(1838) ← IODO-+FORM(YL): cf. chloroform〙 ― *n.* 〘化学〙ヨードホルム (CHI_3)《主に防腐剤, 劇薬; triiodomethane ともいう》.

I·o·dol [áɪədɔ̀(ː)l, -dòʊl | -ə(ʊ)dɔ̀l] 〘← IODO-+-OL²〙 *n.* 〘商標〙ヨードール《tetraiodopyrrole の商品名》.

i·o·dom·e·try [àɪədɑ́mətri | -dɔ́mɪtri, -mə-] 〘← IODO-+-METRY〙 *n.* 〘化学〙ヨードメトリー, ヨウ素滴定, ヨウ素酸化滴定. **i·o·do·met·ric** [aɪòʊdəmétrɪk, aɪɑ̀d- | aɪɔ̀d-] *adj.*

i·o·do·phor [aɪóʊdəfɔ̀ə, -ɑ́d- | -ɔ́dəfɔ̀ː(r)] 〘← IODO-+-PHORE〙 *n.* 〘化学〙ヨードフォア《界面活性剤を担体とするヨウ素剤》. 「(cf. thyroprotein).

iòdo·prótein *n.* 〘化学〙(ヨウ素を含む)ヨード蛋白質

i·o·dop·sin [àɪədɑ́psɪn, -sn̩|-ə(ʊ)dɔ́psɪn] 〘← IODO-+Gk *óps-is* sight+-IN¹〙 ― *n.* 〘生化学〙ヨードプシン《網膜錐体細胞中の紫色の色素; 昼光における視覚に関係する》.

i·o·do·pyr·a·cet [aɪòʊdəpáɪrəsèt, -ɑ̀d-|-ɔ̀d-] 〘(短縮) ← (*di*)*iodo-pyr*(*idone*)-(N)-*acet*(*ic*)-(*acid*)〙 ― *n.* 〘化学〙ヨードピラセート ($C_8H_{19}I_2N_2O_3$)《レントゲン写真の造影剤, 尿路X線造影剤; diodone ともいう》.

i·o·dous [aɪóʊdəs, áɪəd- | áɪəd-, aɪɔ́ud-] 〘← IODO-+-OUS〙 ― *adj.* 〘化学〙 **1** ヨウ素の; (特に) 3 価のヨード (I^{III}) を含む (cf. iodic); ヨードのような. **2** 亜ヨウ素酸の.

I.O.F. 《略》Independent Order of Foresters 米国 New Jersey 州の Newark に創立 (1874) され, 米国・カナダに多くの支部を持つ慈善共済団.

Iof·fé bár [jɑ́fiː-, jə-] 〘← *M. S. Ioffe* (1962 年に初めてその実験に成功したソ連の物理学者)〙 ― *n.* 〘物理〙ヨッフェ棒《核融合装置において プラズマを磁気的な井戸の中にとじこめるために外磁場の方向に電流を通す棒》.

I·o·la [aɪóʊlə|-ɔ́u-] 〘▭ L *Iolē* ▭ Gk *Iólē* 《原義》? dawn cloud, violet color〙 *n.* 女性名. ★ ウェールズに多い.

i·o·lite [áɪəlàɪt|áɪə(ʊ)-] 〘▭ G *Iolith* ← Gk *íon* violet: ⇨ -lite: ドイツの地質学者 A.G. Werner (1750–1817) の造語 (1810)〙 *n.* 〘鉱物〙アイオライト, 菫青石 (⇨ cordierite).

I.O.M. 《略》Isle of Man.

Ío mòth, i- m- 〘← NL *Io* ← L *Iō*: ⇨ Io¹〙 ― *n.* 〘昆虫〙北米産ヤママユガ科のガ (*Automeris io*)《黄色い後翅(ﾊﾈ)に青い眼状紋がある大形のガ; 日本のエゾヨツメ (*Aglia tau*) に近い; 単に Io ともいう》.

Io moth

i·on [áɪən, áɪɑn | áɪən, áɪɔn] 〘(1834) ▭ Gk *ión* (neut. pres.p.) ← *iénai* to go: M. Faraday が電解実験の際, 電極に向かって'移動する'ものを発見し命名したもの〙 ― *n.* 〘物理化学〙イオン《電子の一部を失い, または付加して荷電を得た原子または分子》: a positive ～ 陽イオン (cation) / a negative ～ 陰イオン (anion).

Ion. 《略》Ionic.

-ion [ən] 〘ME *-ioun* ▭ (O)F *-ion* ▭ L *-iō*(*n*-): cf. -sion, -tion〙 ― *suf.* ラテン語系動詞語幹に付いて動作・状態・結果などを表わす名詞語尾: commun*ion*, correct*ion*, domin*ion*, leg*ion*, relig*ion*. ★ 主に t, s, x に終わるラテン語過去分詞幹に付く: inflat*ion*, mis*sion*, connex*ion*.

I·o·na¹ [aɪóʊnə | -ɔ́u-] *n.* スコットランドの西方, Strathclyde 州 Inner Hebrides 諸島中の小島; ケルト教会の中心地であった; 面積 16 km².

I·o·na² [aɪóʊnə|-ɔ́u-] 〘← Gk *íon* violet: スコットランドでは Iona¹ と関係づける〙 *n.* 女性名.

íon chàmber *n.* 〘物理化学〙=ionization chamber.

íon èngine *n.* 〘宇宙〙イオンエンジン《イオンを静電界で加速・噴出して推力を得る形式の電気ロケットエンジン; 《米》では ion jet ともいう》.

Io·nes·co [iːənéskou, jou- | jɔnéskəʊ, ɪɔ-, -kuː; *F.* jɔnɛsko], **Eugène** *n.* イヨネスコ《1912– ; ルーマニア生れのフランスの劇作家; 不条理劇の主唱者; *La Cantatrice chauve*「禿の女歌手」(1950)》.

íon ètching *n.* 〘物理〙イオン エッチング《金属・ガラス・ポリマー・生体組織などの構造を明らかにするために, それらに高エネルギーイオンを当てたのち腐蝕させる技術; また高エネルギー重イオンの検出にも使われる》.

íon exchànge *n.* 〘物理化学〙イオン交換《イオン交換樹脂などが, 樹脂中のイオンと溶液中のイオンを交換する反応》.

íon-exchànger *n.* 〘物理化学〙イオン交換体《溶液中のイオンとその物質中のイオンを交換することのできる物質; イオン交換樹脂など》.

íon-exchange résin *n.* イオン交換樹脂.

I·o·ni·a [aɪóʊniə | -ɔ́unjə, -nɪə] 〘▭ L ～ ▭ Gk *Iōnía* ▭ ? Egypt. *Ha-nebu* (地中海諸島に住んだ民族, 特にイオニア人に対する古称)〙 ― *n.* イオニア《古代ギリシャ人の植民した小アジア西海岸中部地方および付近の島々の総称》.

I·o·ni·an [aɪóʊniən | -ɔ́unjən, -nɪən] 〘(1563) ← L *Iōnius* (▭ Gk *Iṓnios*)+-IAN〙 ― *adj.* **1** イオニアの; イオニア人の. **2** 〘哲学〙イオニア派の. ― *n.* **1** イオニア人; イオニア系ギリシャ人 (Ionian Greek) (cf. Aeolian 1, Dorian¹). **2** 〘哲学〙(古代ギリシャの)イオニア学派の自然哲学者.

Iónian Íslands *n. pl.* [the ～] イオニア諸島《ギリシャ領で同国西岸の Corfu, Levkás, Ithaca, Cephalonia, Zante と南岸の Cerigo を含む; 人口約 185,000》.

Iónian móde *n.* 〘音楽〙イオニア旋法: **1** 古代ギリシャ旋法の一つで優雅を特徴とする. **2** 教会旋法の第 11 旋法; 現在のハ長調音階に相当 (⇨ mode¹ 6 a).

Iónian schòol *n.* 〘哲学〙イオニア学派《ギリシャの哲学者 Thales によってイオニア地方に広められたギリシャ最古の自然哲学の一派; Ionic school ともいう》.

Iónian Séa *n.* [the ～] イオニア海《イタリア半島南部及び Sicily 島とギリシャとの間》.

i·on·ic [aɪɑ́nɪk | -ɔ́n-] 〘← ION+-IC¹〙 ― *adj.* 〘物理化学〙 **1** イオンの, イオンを含む (cf. homopolar 2): an ～ tube イオン管 / an ～ lattice イオン格子. **2** イオンで機能する.

I·on·ic [aɪɑ́nɪk|-ɔ́n-] 〘(1579) ▭ L *Iōnic-us* ▭ Gk *Iōnikós* 'IONIAN': ⇨ -ic¹〙 ― *adj.* **1** イオニア (Ionia) の; イオニア人の. **2** 〘建築〙イオニア式の: ～ architecture イオニア式建築 (cf. Doric 2, Corinthian 3) / the ～ order (⇨ order 挿絵) / an ～ volute (柱頭の)イオニア式渦形. **3** (古代ギリシャ語の)イオニア語[方言]の. **4** 〘古典詩学〙イオニア詩脚の. ― *n.* **1** 〘言語〙(古代ギリシャ語の)イオニア語[方言] (⇨ Old Ionic, Ionic dialect). **2** 〘古典詩学〙イオニア詩脚; それで書かれた詩: ～ a majore [eɪ mədʒɔ́ːri, -dʒɔ́ːri|-dʒɔ́ːrɪ] 長々短短格 (——⏑⏑) (greater Ionic) / ～ a minore [eɪ mɪnɔ́ːri, -mə-, -nóːri|-mɪnɔ́ːrɪ] 短々長々格 (⏑⏑——) (smaller or lesser Ionic). **3** [しばしば i-] 〘活字〙イオニア《活字体の一種》. 「字].

Iónic álphabet *n.* イオニア式アルファベット[文

iónic bónd *n.* 〘物理化学〙イオン結合, 異極結合《electrovalent bond ともいう; cf. covalent bond》.

Iónic díalect *n.* [the ～] イオニア語[方言]《Ionia と呼ばれた西アジア沿岸地方とエーゲ諸島で用いられたギリシャ語で, Homer の叙事詩にも用いられた》.

i·on·ic·i·ty [àɪənísəṭi|-sətɪ, -sɪ-] *n.* 〘物理化学〙イオン性.

iónic propúlsion *n.* 〘宇宙〙=ion propulsion.

iónic púmp *n.* 〘物理〙イオン ポンプ《テレビ・X 線管球などに必要な高度の真空を作る装置》.

Iónic schòol *n.* 〘哲学〙=Ionian school.

íon implantàtion *n.* イオン注入法《不純物をイオンとして加速し高純度シリコンなどに打ち込んで半導体を作る方法》.

i·o·ni·um [aɪóʊniəm | -njəm, -nɪəm] 〘← NL ～ ← ION+-IUM〙 *n.* 〘化学〙イオニウム《トリウムの同位体 ^{230}Th のこと; 古典的な呼び方》.

i·on·i·za·tion [àɪənɪzéɪʃən, -nə- | àɪənaɪ-, -nɪ-] *n.* 〘物理化学〙イオン化, 電離《溶液中または気体中で原子または分子がイオンになること》.

ionizátion chàmber *n.* 〘物理化学〙電離箱《放射線測定装置の一種; ion chamber ともいう》.

ionizátion cùrrent *n.* 〘電気〙電離電流. 「化電位.

ionizátion gàuge *n.* 〘電気〙電離真空計.

ionizátion poténtial *n.* 〘電気〙電離電圧, イオン

i·on·ize [áɪənàɪz] 〘(1898) ← ION+-IZE〙 *vt., vi.* イオン化する, 電離する. **í·on·iz·a·ble** [-zəbl̩] *adj.*

í·o·nìz·er *n.* イオン化[電離]装置.

íon jèt *n.* 《米》〘宇宙〙=ion engine.

i·on·o·gen [aɪɑ́nədʒɪn, -dʒən, -dʒèn | -ɔ́n-] 〘← ION+-o-+-GEN〙 ― *n.* 〘化学〙イオノゲン《電解質のようなイオン発生物質》. **i·on·o·gen·ic** [aɪɑ̀nədʒénɪk | -ɔ̀n-] *adj.*

i·on·o·mer [aɪɑ́nəmə | -ɔ́nəmə(r)] 〘← ION+-o-+(POLY)MER〙 ― *n.* 〘化学〙イオノマー《カルボキシル基などイオンとして解離する基を含むエチレンなどの共重合物》.

I·o·none [áɪənòʊn|-nəʊn] 〘← Gk *íon* violet+-ONE〙 *n.* 〘商標〙イオノン ($C_{13}H_{20}O$)《香料》.

i·on·o·sonde [aɪɑ́nəsɑ̀nd | -ɔ́nəsɔ̀nd] 〘← IONO-(SPHERE)+SONDE〙 *n.* 〘地球物理〙イオノゾンデ《短波の反射を用いて電離層の高さを測り記録する装置》.

i·on·o·sphere [aɪɑ́nəsfɪə | -ɔ́nəsfɪə(r)] 〘← ION+-o-+-SPHERE〙 ― *n.* 〘通信〙 **1** イオン圏, 電離圏《地球の上空にある電離層のある圏内; cf. mesosphere》. **2** 電離層《地上約 60–400 km の高さにおいて電波を反射する大気層; 最下層から D layer, E layer, F layer がある; もと発見者の名を取って Kennelly-Heaviside layer または Heaviside layer といった》. **3** 《廃》=E layer. **i·òn·o·spher·ic** [aɪɑ̀nəsférɪk, -fɪ́(ə)r- | -ɔ̀nəsfér-] *adj.* **i·òn·o·sphér·i·cal·ly** *adv.*

íon propùlsion *n.* 〘宇宙〙イオン推進《イオンエンジンを用いた宇宙推進》.

íon ròcket *n.* 〘宇宙〙=ion engine.

íon tràp *n.* 〘電子工学〙イオントラップ《ブラウン管の蛍光面を破壊するイオンを蛍光面以外のところに集めて捕える装置》.

I.O.O.F. 《略》Independent Order of Odd Fellows (⇨ Odd Fellow).

-i·or¹ [iə, jə | ɪə(r, jə(r)] 〘▭ L *-iōrem*〙 *suf.* 形容詞の比較級を表わす: jun*ior*, infer*ior*, sen*ior*, super*ior*.

-i·or², (英) **-i·our** [iə, jə | ɪə(r, jə(r)] 〘← -I-+-OR²: cf. behavior〙 *suf.*「…する人」の意を表わす名詞を造る: sav*io*(*u*)*r*, warr*ior*.

I.O.R.M. 《略》Improved Order of Red Men 米国 Baltimore に創立 (1834) された慈善結社.

i·o·ta [aɪóʊṭə | -ɔ́utə] 〘(1607) ▭ L ～ ▭ Gk *iôta* ▭ Heb. *yōdh*: cf. yodh, jot〙 ― *n.* **1** イオタ《ギリシャ語アルファベット 24 字中の第 9 字: *I*, *ι* (ローマ字の I, i に当たる); ⇨ alphabet 表》. **2** [通例否定語と共に用いて] 少々, 微少, みじん《*ι* はギリシャ文字の中で最小なことから; cf. *Matt.* 5:18》: There is *not* an [one] ～ of truth in his story. 彼の話には全然真実がない. ★ しばしば次のように副詞的に用いる: You have *never* changed an ～. 君は全然変わっていない.

i·o·ta·cism [aɪóʊṭəsìzm | -ɔ́utə-] 〘(1656) ▭ LL *iōtacism-us* ▭ Gk *iōtakismós* repetition of *ι* ← *iôta* (↑)〙 ― *n.* **1** イオタ (*ι*) を他の文字に代用し過ぎること. **2** 〘ギリシャ文法〙イオタ化《古代ギリシャ語の *ī*, *η*, *ū*, *ει*, *οι*, *υι* をすべて *ι* [i, iː] と発音すること; cf. etacism, itacism 1》.

IOU, I.O.U. [àɪòʊjúː | -əʊ-] 〘(1795) ← *I owe you*〙 *n.* **1** 仮[略式]借用証書《IOU £5, Robert Brown. などと記す》. **2** 借金, 債務.

-iour *suf.* =-ior²: sav*iour*.

-i·ous [iəs, jəs | ɪəs, jəs] 〘← -I-+-OUS ∽ ▭ F *-ieux* ∥ L *-iōsus*: cf. -ous, -eous〙 ― *suf.* **1** -ion に終わる名詞に対応する形容詞語尾: ambit*ious*, relig*ious*. **2** 「…の特徴をもった, …に満ちた」などの意の形容詞語尾: cur*ious*, dub*ious*, prec*ious*.

I.O.W. 《略》Isle of Wight.

I·o·wa [áɪəwə] 〘▭ Am.-Ind. (Dakota) *Ayukwa* 《原義》sleepy ones〙 ― *n.* **1** 米国中西部の州 (⇨ United States of America 表). **2** [the ～] 同州北部から南東に流れ, Mississippi 川に注ぐ川 (531 km). **3** アイオワ族《もと Iowa 州内部各地に住んでいた北米インディアンで Siouan 語族に属し, 現在は Kansas, Minnesota, Missouri その他にも居住している》. **4** アイオワ語《アイオワインディアンが話す言語》.

I·o·wan [áɪəwən] 〘⇨ ↑, -an¹〙 *adj.* (米国) Iowa 州(人)の. ― *n.* Iowa 州人.

i.p. 《略》initial point; intermediate pressure; 〘チェス〙in passing. 「球回数.

i.p., ip., IP 《略》〘野球〙innings pitched (投手の)投

I.P. 《略》India Paper; Installment Plan.

IPA, I.P.A. 《略》International Phonetic Alphabet; International Phonetic Association (cf. API); International Publishers Association 国際出版者協会《1891 年創設, 本部 Geneva; 出版を通じて文化の振興, 国際交流の活発化を目指す》.

I·pa·ti·eff [ɪpɑ́ːṭièf, -tʃɪf, -tʃəf | ɪpɑ́ːtɪèf; *Russ.* ipátʲjɪjəf], **Vladimir Nikolaevich** *n.* イパティエフ《1867–1952; ロシヤ生れの米国の触媒化学者》.

I.P.D. 《略》*L.* in praesentia Dominōrum (=in the presence of the Lords (of Session) (cf. COURT of Session).

ip·e·cac [ípɪkæ̀k, ípə- | ípɪ-] 〘(1788) 《略》↓〙 ― *n.* **1** 〘植物〙トコン (*Cephaelis ipecacuanha*)《ブラジル原産のアカネ科の低木》; 吐根《トコンの根; 下剤に用いる》. **2** 吐根剤《吐剤・下剤に用いる; cf. emetine》.

ípecac spùrge [*ipecac*: 《略》↓] ― *n.* 〘植物〙北米東部産トウダイグサ科の植物 (*Euphorbia ipecacuanhae*)《根を吐剤・下剤に用いる; American white ipecac ともいう》.

i·pe·cac·u·a·nha [ìpɪkæ̀kjuǽn(j)ə, iːpèɪkəkwǽnjə | ìpɪkæ̀kjuǽnə, -ɑ́ːnə] 〘(1682) ▭ Port. ～ ▭ Tupi-Guarani *ipe-kaa-guéne* low or creeping plant causing vomit〙 ― *n.* =ipecac.

I·phid·a·mas [ɪfídəməs, əf-|ɪf-] 〘▭ Gk *Iphidámas*〙 *n.* 〘ギリシャ伝説〙イフィダマス (*Iliad* に出る Antenor と Theano の息子で, Agamemnon に殺される).

Iph·i·ge·ni·a [ìfədʒənáɪə, -níːə | ìfɪdʒɪnáɪə, ìfɪ-] 〘▭ L ～ ▭ Gk *Iphigéneia* 《原義》mightly born, i.e. mighty princess ← *îphi* stoutly (← *ís* muscle)+*génos* race, descent〙 ― *n.* 〘ギリシャ神話〙イフィゲネイア《Agamemnon と Clytemnestra の娘; Agamemnon が女神 Artemis の怒りを解くために Aulis で彼女をいけにえに供しようとした時, 女神が彼女を雲に乗せ Tauri 族の住む Crimea 半島へ連れて行って女神官 (priestess) にした》.

I·phin·o·ë [ɪfínouìː, əf- | ɪfínəʊ-] 〘▭ L *Īphinoē* ▭ Gk *Iphinóē*〙 ― *n.* 〘ギリシャ伝説〙イフィノエ: **1** Antia と Proetus の娘で神々への不敬により狂人に

された. **2** Hypsipyle 女王からの歓迎の言葉を英雄 Jason とアルゴー船の勇士に伝えた婦人 (cf. Jason[2], Argonaut 1).

IPI 《略》 International Press Institute.

I·pin [íːpín, -píːn; *Chin.* ípīn] *n.* 宜賓(ぎひん)《中国四川省 (Szechwan) 南部の都市》.

ipm, i.p.m., IPM 《略》 inches per minute.

ip·o·me·a [ìpəmíːə | ìpə(ʊ)míːə, -míə] *n.* **1** 《植物》 =ipomoea. **2** メキシコスカモニア (Mexican scammony) の乾いた根《その「やに」はしばしば下剤に用いる》.

ip·o·moe·a [ìpəmíːə | ìpə(ʊ)míːə, -míə] 〖《1794》← NL ～ ← Gk *ip-, íps* a kind of worm＋*hómoios* like: cf. homoeo-〗 ── *n.* 《植物》 ヒルガオ科サツマイモ属 (*Ipomoea*) の植物の総称. ⌈eration.

I.P.P.F. 《略》 International Planned Parenthood Fed-

Ip·po·li·tov-I·va·nov [ìpəlíːtɔ(ː)f-ɪváːnɔ(ː)f | -tɔf-ɪváːnɔf; *Russ.* ipaljítəfivánəf], **Mikhail Mikhailovich** *n.* イッポリトフ イヴァーノフ《1859-1935; ロシヤの作曲家・指揮者》.

IPR, I.P.R. 《略》 Institute of Pacific Relations 太平洋問題調査会《1925 年設立》.

i·pro·ni·a·zid [àɪprənáɪəzɪd, -zæd | -zɪd] 〖← ɪ(so)-pʀo(pʏʟ)＋ɴɪ(ᴄᴏᴛɪɴᴇ)＋ᴀᴢ(ᴏ)-＋-ɪᴅ[5]〗 ── *n.* 《薬学》 イプロニアジッド ($C_9H_{13}N_3O$)《鬱病治療に用いる結晶状ジヒドロクロライド》.

ips, i.p.s., IPS 《略》 inches per second.

ip·se dix·it [ípsi-díksɪt, -sət | -sɪ-díksɪt] 〖《1572》▭ L *ipse dīxit* he himself said it《なぞり》← Gk *autòs épha*〗 ── *L. n.* (*pl.* ～**s**) 独断, 独断的な言葉[主張] (cf. dixit).

ip·si·lat·er·al [ìpsɪlǽtərəl, -sə-, -lǽtrəl | -sɪlǽt(ə)rəl] 〖← L *ipse* self＋-ɪ-＋ʟᴀᴛᴇʀᴀʟ〗 *adj.* 《生理》(身体の)同側(性)の (cf. contralateral). **～·ly** *adv.*

ip·sis·si·ma ver·ba [ɪpsísəmə-vɚ́ːbə | -sɪmə-vɜ́ː-] 〖▭ L ～ 'the precise words'〗 *L. n. pl.* (ある人の言ったままの)その通りの言葉, 文字通りの引用

ip·so fac·to [ípsoʊ-fǽktoʊ | -səʊ-fǽktəʊ] 〖▭ L *ipsō factō* by the fact itself〗 *L. adv.* 事実それ自身によって, 事実上.

ípso jú·re [-dʒʊ́(ə)ri | -dʒʊ́əri] 〖▭ L *ipsō jūre* by the law itself〗 *L. adv.* 法律そのものによって, 法律の力で, 法律上.

Ip·sus [ípsəs] *n.* イプソス《小アジアの古代 Phrygia 地方南部の村; Alexander 大王の後継者たちである Diadochi の戦跡地 (301 B.C.)》.

Ips·wich [ípswɪtʃ] 〖OE *Gipeswic* village of *Gip(e)*〗 ── *n.* **1** イングランド Suffolk 州の都市, 旧 East Suffolk の首都で港市; 人口 112,000. **2** オーストラリア南東部 Queensland 州の都市; 人口 122,000.

IPTS 《略》 International Practical Temperature Scale.

IQ, I.Q. 《略》《心理・教育》 intelligence quotient.

i.q. 《略》 idem quod.

IQSY, I.Q.S.Y. 《略》 International Years of the Quiet ⌊Sun.

Ir 《記号》《化学》 iridium.

IR 《略》 information retrieval; infrared.

IR 《記号》 ⇨ IRA.

Ir. 《略》 Ireland; Irish.

I.R. 《略》 intelligence ratio; Inland [Internal] Revenue (⇨ Int. Rev.); 《スポーツ》 inside right.

ir- [ɪ, ə | ɪ] *pref.* (r の前に来る時の) in-[1,2] の異形: *ir*radiate, *ir*rational, *ir*respectable.

I·ra [áɪ(ə)rə | áɪərə] 〖▭ Heb. *'Îrā'* ← ? *'îr* male ass〗 *n.* **1** 男性名. ★ 英国に多い. **2** 女性名. ★ 米国に多い.

IRA 《略》 Iran National Airlines Corp. イラン航空(記号 IR).

IRA, I.R.A. 《略》 Intercollegiate Rowing Association; International Reading Association; Irish Republican Army.

i·ra·cund [áɪrəkʌ̀nd | áɪər-] 〖▭ L *īrācund-us* ← *īra* 'anger, ɪʀᴇ'＋*-cundus* inclining to〗 *adj.* 《古》 怒りやすい, 短気な, 癇癪(かんしゃく)もちの.

i·ra·cun·di·ty [àɪrəkʌ́ndəṭi | àɪərəkʌ́ndətɪ, -dɪ-] *n.* 《古》 怒りやすいこと, 短気.

i·ra·de [ɪráːdeɪ] 〖《1883》▭ Turk. ～ ▭ Arab. *irāda*[h] will, desire ← *arāda* to wish〗 *n.* イスラム教徒統治者の教令, トルコ皇帝の勅令.

Í ràil *n.* 《土木》 I 形 [I 字] レール, 双頭レール.

I·rak [ɪráːk, ɪrǽk | ɪráːk] *n.* =Iraq.

I·ra·ki [ɪráːki, ɪrǽki | ɪráːkɪ] *n., adj.* =Iraqi.

I·rak·i·an [ɪráːkiən, ɪrǽk- | ɪráːkɪən, -kjən] *n., adj.* =Iraqian.

I·rak·li·on [ɪráːkliɔ̀(ː)n | -lɪɒ̀n] *n.* イラクリオン《Candia 1 のギリシャ語名》.

I·ran [ɪrǽn, ɪráːn, aɪrǽn, aɪr- | ɪ(ə)ráːn] 〖▭ Pers. *Īrān* < OPers. *ariya* noble ← IE **aryo-* lord, ruler: cf. Skt *ārya* noble, Aryan〗 ── *n.* イラン《アジア南西部の共和国; 1935 年までは Persia といった; 人口 28,448,000, 面積 1,648,000 km², 首都 Teheran; 公式名 the Islamic Republic of Iran イランイスラム共和国》.

IRAN 《略》 Inspection and Repair as Necessary 《航空》 アイラン(作業)《航空機の中程度の整備作業で, 機体構造および各種機能部品を検査し必要に応じた修理を実施する》.

Iran, the Plateau of *n.* イラン高原《Tigris 川から Indus 川におよび, イランとアフガニスタンの大部分にわたる大高原; 面積 2,590,000 km²》.

I·ra·ni [ɪréɪni, aɪr- | ɪráːnɪ, ɪréɪ-, aɪ(ə)r-] *n.* =Iranian 1. ── *adj.* =Iranian, Persian.

I·ra·ni·an [ɪréɪniən, aɪ-, ər- | ɪréɪnjən, aɪ(ə)r-, -nɪən] 〖《1841》← Iʀᴀɴ＋-ɪᴀɴ〗 ── *adj.* イランの; イラン人の; イラン語派の: the ～ languages. ── *n.* **1** イラン[ペルシャ]人. **2** イラン語派《印欧語族に属し, その古層はインド語派に非常に近い関係にある》.

Iránian Platéau *n.* [the ～] =the Plateau of Iʀᴀɴ.

I·ran·ic [ɪrǽnɪk, aɪr- | ɪ(ə)ráːn-] *adj.* =Iranian.

I·raq [ɪráːk, ɪrǽk | ɪráːk] 〖▭ Arab. *'Irāq* 《原義》? shore (of the Tigris and Euphrates)〗 ── *n.* イラク《アジア南西部の共和国; 昔の Mesopotamia とほぼ同じ地域を占め, 1958 年王制が廃止され共和国となった; 人口 11,910,000, 面積 434,924 km², 首都 Baghdad; 公式名 the Republic of Iraq イラク共和国》.

I·ra·qi [ɪráːki, ɪrǽki | ɪráːkɪ] 〖▭ Arab. *'Irāqī* ← *'Irāq* (↑)＋-*i* (adj. suf.)〗 *n.* **1** イラク人. **2** イラク語《イラクで用いられるアラビア語》. ── *adj.* イラクの, イラク人の; イラク語の: ～ Arabic イラクアラビア語.

I·raq·i·an [ɪráːkiən, ɪrǽk- | ɪráːkɪən, -kjən] *n., adj.* =Iraqi.

i·ras·ci·bil·i·ty [ɪræ̀səbíləṭi, ər-, aɪr- | ɪræ̀səbílətɪ, aɪ(ə)r-, -sɪ-, -lɪ-] 〖⇨ ↓, -ity〗 *n.* 怒りやすいこと, 怒りっぽさ, 短気, 癇癪(かんしゃく).

i·ras·ci·ble [ɪrǽsəbḷ, ər-, aɪr- | ɪrǽsəbḷ, aɪ(ə)r-, -sɪ-] 〖《*a*1398》 *irascibel* ▭(O)F *irascible* ▭ LL *īrāscibilis* ← L *īrasci* (↓): ⇨ -ible〗 ── *adj.* 〈人・性質など〉怒りやすい, 怒りっぽい, 短気な, 癇癪(かんしゃく)もちの. **～·ness** *n.* **i·rás·ci·bly** *adv.*

i·rate [aɪréɪt, ⌐-⌐ | aɪ(ə)réɪt] 〖《1838》▭ L *īrāt-us* (p.p.) ← *īrāscī* to grow angry ← *īra* 'anger, ɪʀᴇ'〗 *adj.* 怒った, 憤慨した; 怒りから生じる. **～·ly** *adv.* **～·ness** *n.*

I.R.B. 《略》 Irish Republican Brotherhood.

IRBM, I.R.B.M. 《略》 Intermediate Range Ballistic Missile 中距離弾道弾[ミサイル]《射程 2,500-5,000 km のもの; cf. ICBM, MRBM, SRBM》.

I.R.C. 《略》《英》 Industrial Reorganization Corporation; International Red Cross 国際赤十字社.

ire [áɪɚ | áɪə(r)] 〖《*c*1300》▭(O)F ～ < L *īra* anger〗 《詩・文語》 *n.* 怒り, 憤怒: arouse a person's ～. ── *vt.* 怒らせる.

Ire. 《略》 Ireland.

ire·ful [áɪɚfəl | áɪə-] 〖《?*a*1400》← ɪʀᴇ＋-ғᴜʟ〗 *adj.* 《詩・文語》 **1** 怒った, 憤った. **2** 怒りやすい. **～·ly** *adv.* **～·ness** *n.*

Ire·land [áɪɚlənd | áɪə-] 〖OE *Īraland, Īrland* 《原義》 land of the Irish ← OIr. *Ēriu* Ireland: ⇨ land: cf. Erin, Hibernia〗 ── *n.* **1** 英国諸島 (British Isles) 中の西方の島; 南部のアイルランド共和国 (⇨ 2) と北部の Northern Ireland に分かれる. ★ 詩語に Erin, Hibernia がある. **2** アイルランド(共和国)《Ireland 島の南部を占める共和国; 1921 年アイルランド自由国 (Irish Free State) として British Empire の中で自治領 (dominion) の地位を占め, 1937 年独立して Eire と改称し, さらに 1949 年英連邦から脱退; 人口 2,978,000, 面積 68,893 km², 首都 Dublin; the Republic of Ireland または the Irish Republic ともいう; ゲール語名 Eire, Saorstat Éireann》. **3** 《紋章》 青地に銀色の弦を持った金の竪琴が描かれてある紋章 (cf. harp 3).

I·rene[1] [aɪríːn, aɪríːni | aɪríːnɪ, àɪríːn, áɪ(ə)riːn] 〖↓〗 *n.* 女性名《愛称形 Renie》.

I·re·ne[2] [aɪríːni | aɪ(ə)ríːni] 〖▭ L *Īrēnē* ▭ Gk *Eirḗnē* ← *eirḗnē* peace: cf. irenic〗 *n.* 《ギリシャ神話》 エイレネ《平和の女神; Zeus と Themis の子; ローマ神話の Pax に当たる》.

I·rène [ɪréɪn; *F.* irɛn] 〖▭ F ～: ↑〗 *n.* 女性名.

i·re·nic [aɪrénɪk, -ríːn- | aɪ(ə)ríːn-, -rén-] 〖▭ Gk *eirēnik-ós* peaceful ← *eirḗnē* peace: ⇨ -ic[1]〗 ── *adj.* (主に宗教上の争いなどについて)平和的な, 協調的な (cf. polemic): ～ theology 和協神学 (irenics). ── *n.* =irenics.

i·ré·ni·cal [-nɪkəl, -nə- | -nɪ-] *adj.* =irenic. **～·ly** *adv.*

i·re·ni·con [aɪrénɪkɑ̀n, -nə-, -kən | aɪ(ə)ríːnɪkən, -rén-, -kɒ̀n] 〖《1618》〗 *n.* =eirenicon.

i·ren·ics [aɪrénɪks, -ríːn- | aɪ(ə)ríːn-, -rén-] 〖← ɪʀᴇɴ(ɪᴄ)＋-ɪᴄs〗 ── *n.* 和協[平和, 融和]神学《全キリスト教徒・各派教派間の信仰的神学的な協調の方法を論じたもので, 特に 17 世紀のヨーロッパで盛んであった; irenic ともいう; cf. polemics 2》; (神学上の)協調論.

IrGael 《略》 Irish Gaelic.

Ir·gun [ɪɚgúːn | ɪə-] *n.* [the ～] イルグーン団 (⇨ Irgun Zvai Leumi). ⌈ーン団員.

ir·gún·ist [-nɪst, -nəst | -nɪst] 〖⇨ ↓, -ist〗 *n.* イルグ

Irgún Zva·í Le·u·mí [-tsvəíː-lèjuːmíː] 〖▭ Mod-Heb. *Irgún Sba'i Le'umí* National Military Organization〗 ── *n.* [the ～] イルグーン団《パレスチナ国民軍事組織; イスラエル解放支援のためパレスチナ (Palestine) で結成された右翼系ユダヤ人の地下組織; 単に Irgun ともいう》.

Ir·i·an [iriáːn | íəriən] *n.* イリアン《New Guinea のインドネシア語名; ⇨ West Irian》.

Irián Bá·rat [-báːrɑːt] *n.* イリアンバラット《West Irian の旧インドネシア語名》. ⌈の湾.

Irián Báy *n.* イリアン湾《New Guinea 島北西海岸

Irián Já·ya [-dʒáːjə] *n.* イリアンジャヤ《West Irian のインドネシア語名》.

I·ri·cism [áɪrəsɪzm | áɪ(ə)rɪ-] *n.* =Irishism.

I·ri·cize, i- [áɪrəsàɪz | áɪ(ə)rɪ-] *vt.* =Irishize.

i·rid [áɪrɪd, -rəd | áɪərɪd] 〖← NL *Irid-, Iris* 'ɪʀɪs[2]'〗 *n.* 《植物》 アヤメ科の植物. ⌈irido- の異形.

irid. 《略》 iridescent.

ir·id- [írəd, áɪr- | írɪd, áɪər-] (母音の前に来る時の)

Ir·i·da·ce·ae [ìrədéɪsiìː, àɪr- | ìrɪ-, àɪər-] 〖← NL ～ ← ɪʀɪᴅᴏ-＋-ᴀᴄᴇᴀᴇ〗 *n. pl.* 《植物》 アヤメ科.

ir·i·da·ceous [ìrədéɪʃəs, àɪr- | ìrɪ-, àɪər-] *adj.* 《植物》 アヤメ科の; (特に, アヤメ・ハナショウブ・イチハツなどの属する)アヤメ属 (*Iris*) の[に似た].

ir·i·dec·to·my [ìrədéktəmi, àɪr- | ìrɪdéktəmɪ, àɪər-] 〖← ɪʀɪᴅᴏ-＋-ᴇᴄᴛᴏᴍʏ〗 *n.* 《外科》 虹彩(こうさい)切除(術).

irides *n.* iris[1,2] の複数形.

ir·i·des·cence [ìrədésns | ìrɪ-] 〖⇨ ↓, -ence〗 *n.* **1** 虹(にじ)色, 真珠光沢, 玉虫色. **2** (才気などの)ひらめき: the ～ of one's genius.

ir·i·des·cent [ìrədésnt | ìrɪ-] 〖《1796》← ɪʀɪᴅᴏ-＋-ᴇsᴄᴇɴᴛ: ⇨ iris[1]〗 ── *adj.* **1** 虹(にじ)色の, 真珠光沢の, 玉虫色の: ～ glass. **2** (シャボン玉・真珠貝などのように)見る角度により色の変わる, 玉虫色の. **3** 〈才気など〉ひらめく. ── *n.* 玉虫色の布地, 虹彩(こうさい)色織. **～·ly** *adv.*

iridéscent séaweed *n.* 《植物》 ギンナンソウ属 (*Iridaea*) の海藻《太平洋の東・西岸に分布し, 数種あって幅広い葉状; 赤色または紫色で美しいるり色の蛍光を放つ》.

i·rid·ic *adj.* **1** [ɪrídɪk, ər-, aɪr- | aɪ(ə)r-, ɪr-] 〖← ɪʀɪᴅ(ɪᴜᴍ)＋-ɪᴄ[1]〗 《化学》 イリジウム(酸)の, (特に) 4 価のイリジウム (Ir^{IV}) を含む. **2** [aɪrídɪk | aɪ(ə)r-] 〖← ɪʀɪᴅᴏ-＋-ɪᴄ[1]〗 《解剖》 眼球虹彩(こうさい)の.

i·rid·i·um [aɪrídiəm, ɪr-, ər- | aɪ(ə)rídiəm, ɪr-, -djəm] 〖《1804》← NL ～: ⇨ irido-, -ium〗 ── *n.* 《化学》 イリジウム《金属元素の一つ; 万年筆のペン先などに使用; 記号 Ir, 原子番号 77, 原子量 192.22》.

ir·i·dize [írədàɪz, áɪr- | írɪ-, áɪər-] 〖← ɪʀɪᴅᴏ-＋-ɪᴢᴇ〗 ── *vt.* **1** 〈ペン先などを〉イリジウムにする, …の先にイリジウムを付ける. **2** 虹(にじ)色にする, …に真珠光沢を出させる. **ir·i·di·za·tion** [ìrədɪzéɪʃən, àɪr-, -də- | ìrɪdaɪ-, àɪər-, -dɪ-] *n.*

ir·i·do- [írədo(ʊ), áɪr- | írɪdə(ʊ), áɪər-] 〖← NL ～ ← Gk *irid-, îris* 'rainbow, ɪʀɪs[1]'〗 ── 「虹(にじ); 虹色の; 《解剖》虹彩(こうさい), 虹彩と…との (iris and …); 《化学》イリジウム, イリジウムと…との (iridium and …)」 の意の連結形. ★ 母音の前では通例 irid- になる.

ìrido·choroidítis *n.* 《病理》 虹彩(こうさい)脈絡膜炎.

ìrido·cyclítis 〖← ɪʀɪᴅᴏ-＋ᴄʏᴄʟᴏ-＋-ɪᴛɪs〗 *n.* 《病理》 虹彩(こうさい)毛様体炎《虹彩および毛様体の炎症》.

ir·id·os·mine [ìrədɑ́zmiːn, àɪr-, -mɪn, -mən | ìrɪdɔ́zmiːn, àɪər-, -mɪn] 〖← ɪʀɪᴅᴏ-＋ᴏsᴍᴏ-[1]＋-ɪɴᴇ[3]: cf. G *Iridosmin*〗 ── *n.* 《化学》 イリドスミン《イリジウムとオスミウムの合金で, 天然に産し, ペン先や電気接点材料などに用いる》.

ir·id·os·mi·um [ìrədɑ́zmiəm, aɪr- | ìrɪdɔ́zmɪəm, àɪər-, -mjəm] *n.* 《化学》 =iridosmine.

ir·id·ot·o·my [ìrədɑ́ṭəmi, àɪr- | ìrɪdɔ́təmɪ, àɪər-] 〖← ɪʀɪᴅᴏ-＋-ᴛᴏᴍʏ〗 *n.* 《外科》 虹彩(こうさい)切開(術); 瞳孔(どうこう)形成(術).

ir·i·dous [írədəs, áɪr- | írɪ-, áɪər-] 〖← ɪʀɪᴅᴏ-＋-ᴏᴜs〗 *adj.* 《化学》 3 価のイリジウム (Ir^{III}) を含む.

i·ris[1] [áɪrɪs, -rəs | áɪərɪs] 〖《*a*1387》▭ L *iris* ▭ Gk *îris* rainbow ← **wîris* 《原義》 something bent or curved ← IE **wei-* to turn, twist〗 ── *n.* (*pl.* ～·**es, ir·i·des** [áɪrədìːz, ír- | írɪ-, áɪər-]) **1** 《解剖》 (眼球の)虹彩(こうさい) (⇨ eye 挿絵). **2 a** 虹(にじ). **b** (虹の)七色閃耀(せんよう). **c** 虹状のもの, 暈(かさ). **3** 《鉱物》 アイリス, 虹色水晶《割れ目が玉虫色の石英の一種》. **4** =iris diaphragm. **5** 《映画・テレビ》 **a** =iris-in. **b** =iris-out. ── *vt.* **1** 虹色にする. **2** 《映画・テレビ》 〈画面を〉絞り開きにする 〈*in*〉; 絞り閉じにする 〈*out*〉.

i·ris[2] [áɪrɪs, -rəs | áɪərɪs] 〖← NL ～: ↑〗 ── *n.* 《植物》 (*pl.* ～·**es**, ～, **ir·i·des** [áɪrədìːz, írə- | áɪərɪ-]) **1** アイリス, アヤメ《アヤメ属 (*Iris*) の植物の総称; アヤメ (*I. sanguinea*), イチハツ (*I. tectorum*), カキツバタ (*I. laevigata*), シャガ (*I. Japonica*), ジャーマンアイリス (German iris) など》. **2** アイリス色《アイリスの花のような色; iris blue ともいう》.

I·ris [áɪrɪs, -rəs | áɪərɪs] 〖▭ L *Īris* ▭ Gk *Îris* ← *îris* rainbow: ⇨ iris[1]〗 ── *n.* **1** 女性名. ★ 19 世紀以後一般的になった. **2** 《ギリシャ神話》 イリス《虹(にじ)の女神, 神々の使者》.

i·ris·a·tion [àɪrɪséɪʃən, -rə- | àɪərɪ-] 〖← ɪʀɪs[1]＋-ᴀᴛɪᴏɴ〗 *n.* 玉虫色(を帯びること).

íris blúe *n.* =iris[2] 2. ⌈光色表示器.

i·ri·scope [aɪrɪskòʊp, -rəs- | áɪərɪskə̀ʊp] *n.* 《光学》 分

íris dìaphragm *n.* (写真機や顕微鏡の)虹彩(こうさい)絞り, アイリス絞り《口径が同心円状に連続的に変化する絞り; iris stop ともいう》.

í·rised *adj.* 虹(にじ)色に彩られた.

íris gréen *n.* =malachite green 2.

I·rish [áɪrɪʃ | áɪ(ə)r-] 〖《?*a*1200》 *Iris(c)h, Irisc* ← OE *Īras* (pl.) the Irish ← OIr. *Ēriu* Ireland: ⇨ -ish[1]: cf. Erin, Erse / ON *Īrar*〗 ── *adj.* アイルランドの, アイルランド人[語]の. ── *n.* **1** 《言語》 =Irish Gaelic. **2** =Irish English. **3** [the ～; 集合的; 複数扱い] アイルランド国民; アイルランド軍. **4** アイルランド産品《ウイスキー・リンネル・嗅(か)ぎたばこなど》. **5** 《口語》 [one's ～] 怒り, 癇癪(かんしゃく): get *one's* ～ up 癇癪を起こす / *My* ～ *is getting up.* 腹が立ってきた.

Írish-Américan *n., adj.* アイルランド系アメリカ人(の)《米国社会で最も上層部を占める》.

Írish brídge n. 《英》道が川などを横切る所に設けられた人工的な浅瀬(の川底).

Írish búll n. ⇨ bull³.

Írish cóffee n. アイリッシュコーヒー《砂糖入りのホットコーヒーに Irish whiskey を入れ, その上に泡立てたクリームを浮かせた飲み物; Gaelic coffee ともいう》.

Írish confétti n. 石やれんがのつぶて.

Írish cróchet n. アイリッシュクロシェット《チュール (tulle) の上に花や葉を編み込んだレースで, 縁がスカラップ (scallops) になっている; 衣服の装飾に用いる》.

Írish dáisy n. 〘植物〙 =dandelion 1 a.

Írish élk [déer] n. 〘古生物〙 オオツノジカ (*Megaloceros hibernicus*)《今は絶滅した鮮世紀・更新世紀の手のひら状の巨大なつのをもつ動物》.

Írish Énglish n. アイルランド英語《アイルランドなまりの英語; 単に Irish ともいう》.

Írish Frée Stàte n. [the ~] アイルランド自由国 (⇨ Ireland 2).

Írish Gáelic n. アイルランドのゲール語, アイルランド語《印欧語族のケルト語派に属する; 単に Irish ともいう; 略 IrGael; cf. Goidelic》.

Írish Guárds n. pl. [the ~] ⇨ Foot Guards.

Í·rish·ìsm [-ʃɪzm] n. **1** アイルランド語法, アイルランドなまり; アイルランド気質, アイルランド風. **2** =Irish bull.

I·rish·ize [áɪrɪʃàɪz | áɪ(ə)r-] vt. [時に i-] アイルランド化する, アイルランド風にする.

Írish máil n. (手動レバーで作動される3輪または4輪の)おもちゃ[小型]の乗物.

Írish·man [-mən] 〚《?a1200》: ⇨ Irish, man〛 n. (pl. -men [-mən, -mèn]) **1** アイルランドの男. **2** 〘植物〙 =tumatakuru.

Írish móss n. **1** 紅藻類トチャカ (*Chondrus crispus*) や *Gigartina mamillosa* を漂白乾燥したもの《料理や調剤などにおける濃化剤・乳状化剤, または鎮痛剤として用いられる》. **2** 〘植物〙 トチャカ (*C. crispus*)《北欧・北米沿岸産の暗紫色のツノマタの一種; carrageen ともいう》.

Írish pénnant [péndant] n. 《俗》〘海事〙 **1** ひもで巻く末端処理をしていないロープの先端《cow's tail ともいう》. **2** だらしなく垂れた索[ロープ]の先端.

Írish póint n. アイリッシュポイント《アイルランド風手編みレース; Irish point lace ともいう》.

Írish potáto n. (sweet potato と区別して)ジャガイモ (potato).

Írish Renáissance n. [the ~] アイルランド文芸復興《19世紀末にアイルランドの伝統的な民族精神の覚醒と表現のため, またアイルランド的文芸の建設と独立のため, Æ, Yeats, Lady Gregory, Synge たちが中心となって起こしたさまざまな文化運動の総称》.

Írish Repúblic n. [the ~] =Ireland 2.

Írish Repúblican Ármy n. [the ~] アイルランド共和国軍《北アイルランドのカトリック系過激派の非合法組織; 反英武力活動を行なっている; 略 IRA》.

Írish Repúblican Brótherhood n. Fenian Brotherhood の旧称.

I·rish·ry [áɪrɪʃri | áɪ(ə)rɪʃrɪ] 〚《15C》 *Irisherie*: ⇨ Irish, -ery〛 n. **1** [集合的] アイルランド人. **2** アイルランド人気質.

Írish Séa n. [the ~] アイルランド[アイリッシュ]海《Ireland と Britain 島の間》.

Írish sétter, I- S- n. アイリッシュセッター《アイルランドのマホガニー色または濃い栗紅色の鳥猟犬種のイヌ》.

Írish stéw n. アイリッシュシチュー《羊肉に玉ねぎ・じゃがいもを加えて蒸し煮にしたシチュー》.

Írish térrier n. アイリッシュテリア《アイルランドの明るい赤, 赤みの小麦色, 金色の赤毛の小型テリア犬種のイヌ》.

Írish wáter spàniel n. アイリッシュウォータースパニエル《アイルランドで発達した冠毛のある, 水猟用の大種のイヌ》.

Írish whískey n. アイリッシュウイスキー《大麦の麦芽を石炭で乾燥させ, それを未発芽の穀類と混合して発酵させ蒸留して造るアイルランド産のウイスキー; cf. Scotch whisky》.

Írish wólfhound n. アイリッシュウルフハウンド《アイルランドの, もと狼や大鹿狩などに使われた巨大な狩猟犬種のイヌ》.

Írish·wòman n. アイルランドの女.

Írish yéw n. 〘植物〙 セイヨウイチイ (*Taxus baccata* var. *stricta*)《ユーラシア大陸・北アフリカ産のイチイの類で庭園に植えられる》.

íris-ìn n. 〘映画・テレビ〙 アイリスイン, 絞り開き《画面の一部を, はじめ中央に写し, そこから次第に丸く拡大して行く技法》.

íris-òut n. 〘映画・テレビ〙 アイリスアウト, 絞り閉じ《画面をスクリーンの周辺部から中央部へ丸く消して行くこと》.

íris shùtter n. 〘写真〙 虹彩(こうさい)シャッター《中心から開き周辺から閉じるシャッター》.

íris stòp n. =iris diaphragm.

i·ri·tis [aɪráɪtɪs, -təs | aɪ(ə)ráɪtɪs] 〚← NL ~ ← IR(IS)¹+-ITIS〛 n. 〘病理〙 虹彩(こうさい)炎. **i·rit·ic** [aɪrítɪk | aɪ(ə)rít-] adj.

irk [ə́ːk | ə́ːk] 〚《c1330》《北部方言》 *irke(n)*, *yrke(n)* ▭ ? ON *yrkja* to work ← Gmc *wurg- ← IE *werg- to do: cf. MHG *erklich* disgusting ← *erken* to disgust〛 — vt. [通例 it を主語として] 疲れさせる, あきあきさせる, うんざりさせる; いらいらさせる: *It ~s* me to wait. 人を待つのはうんざりだ, 待つ身はつらい. — n. 疲れ[あきあき]させること; 悩み[いらだたしさ]の種.

irk·some [ə́ːksəm | ə́ːk-] 〚《?c1425》: ⇨ ↑, -some¹〛 — adj. あきあきする, うんざりする, わずらわしい, 退屈な; いらいらする, いらだたしい: ~ hours / an ~ task / ~ *to* [*upon*] a person 人にとってめんどうくさい. **~·ly** adv. **~·ness** n.

Ir·kutsk [ɪəkúːtsk, əː-, -kútsk | əːkútsk, ɪək-; Rus. irkútsk] 〚▭ Russ. ~ ← *Irkut* (川の名)〛 n. イルクーツク《ソ連邦ロシヤ共和国, 東シベリアのアンガラ川とイルクート川との合流点の都市; 人口 532,000》.

Ir·ma [ə́ːmə | ə́ː-] 〚⇨ ERMA〛 n. 女性名.

Ir·mi·na [əːmíːnə | əː-] 〚(dim.) ↑〛 n. 女性名.

IRO, I.R.O. 《略》 International Refugee Organization (国連の)国際難民救済機関.

i·ro·ko [ɪróukou, ər- | ɪrə́ukəu] 〚▭ Yoruba ~〛 n. 〘植物〙 熱帯西アフリカ産の巨木 (*Chlorophora excelsa*); その材.

i·ron [áɪən | áɪən] 〚n. & adj.: OE *īren*, *īsen*, *īsern* < Gmc *isarnam (OS & OHG *isarn* (Du. *ijzen* / G *Eisen*) / ON *ísarn* / Goth *eisarn*) ▭ ? Celt. *isarno- 《原義》 holy metal ← IE *eis- passion, anger. — v.: 《c1430》 ← (n.)〛 — n. **1 a** 〘化学〙 鉄《金属元素の一つ; 記号 Fe, 原子番号 26, 原子量 55.847》: cast [wrought] ~ 鋳[鍛]鉄 / pig ~ 銑鉄(せんてつ) / made of ~ 鉄製の / Strike while the ~ is hot. 《諺》 鉄は熱いうちに打て《好機を逃がすな》. ★ ラテン語系形容詞: ferric, ferrous. **b** (一般に堅いもの・強いものとしての)鉄: (as) hard as ~ 鉄のように堅い; 厳格な, 冷酷な / a man of ~ 意志の強い人; 冷酷な人 / muscles of ~ 鉄のような強い筋肉 / a will of ~ 鉄の(ような)意志, 不屈の意志. **2** 鉄製品, 鉄製の器具, 鉄器. **3 a** アイロン, 火のし, こて: an electric ~ 電気アイロン / ⇨ curling iron, flatiron. **b** 〘製靴〙 こばごて. **c** 焼印, 焼き金 (branding iron). **d** かんなの刃. **e** 銛(もり) (harpoon). **f** =shooting iron. **g** 《古》 剣 (sword). **4 a** [pl.] 足枷(あしかせ), 手枷, 手錠: ⇨ *in* IRONS (1). **b** [通例 pl.] あぶみ (stirrup). **c** [pl.] (彎脚を直すための鉄製の)下肢(かし)矯正器, 鉄製サポート. **5** 〘ゴルフ〙 アイアン《頭部が鉄製のクラブ; cf. wood¹ 7》: ⇨ driving iron. **6** 鉄色. **7** 〘医学〙 鉄分; 〘薬学〙 鉄剤, 含鉄強壮剤. **8** 〘天文・地質〙 =meteoric iron.

in* [*into*] *irons (1) 足枷[手枷, 手錠]をはめられて, 囚(とら)われの身となって. (2) 〘海事〙 (a) 〈帆船が〉(上手(うわて)回し (tacking) の時, 船首を風上に向けたまま右にも左にも転じられない)金縛りの状態で (cf. *in* STAYS). (b) 〈曳船が〉曳綱が張り過ぎて方向転換できないで. ***irons in the fire*** [many, several などの修飾語を伴って] 仕事, 計画: have many ~*s in the fire* 一度にいろいろな仕事に手を出す[を計画する]. ***rule with a rod of iron*** 鉄の鞭(むち)をもって治める, 圧政[虐政]を行なう (cf. *Ps.* 2:9; *Rev.* 2:27). ***The iron entered into his soul.*** 〚*Ps.* 105:18 (Prayer Book Version) におけるヘブライ語の誤訳から〛 (囚われの身で[虐待されて])非常な苦悩を味わった.

— *attrib. adj.* **1** 鉄の, 鉄製の: an ~ gate 鉄の門 / an ~ bar 鉄棒 / an ~ tool 鉄製の器具, 鉄器 / ~ ores 鉄鉱. **2** 鉄のような; 鉄のように堅い, 頑丈な, 堅固な: an ~ constitution 頑丈な体質 / an ~ grip 力強い握り締め / an ~ will 鉄の(ような強固な)意志 / a man of ~ nerve 鉄のように強い神経の人 / an ~ pitcher (野球の)鉄腕投手. **3** 厳格な; 無情な, 冷酷な: ~ rule 冷酷な統治 / ⇨ iron hand. **4** 鉄色の. **5** しっかり把握した, 強く縛った. **6** 〈音が〉いらいらさせる, 金属的な, 耳ざわりな. **7** 《古》 堕落時代の; 堕落した (⇨ Iron Age 3): ~ times. **8** 《古》 鉄器時代の.

iron law of wages 〚《なぞり》 ← G *ehernes Lohngesetz*〛 [the —] 〘経済〙 賃金鉄則《賃金の自然的傾向は最低生存費の方向に向かうというドイツの F. G. Lassalle の説; brazen law of wages ともいう》.

— *vt.* **1 a** 〈衣服など〉にアイロンをかける: Will you ~ me this shirt [this shirt *for* me]? このシャツにアイロンをかけてくださいませんか. **b** 〈しわなど〉をアイロンをかけて伸ばす 〈*away*〉. **2** 〈人〉に足枷[手枷]をかける. **3** ...に鉄をつける[かぶせる, 張る, 打つ], 装甲する: ~ a wagon. — *vi.* **1** 〈人が〉アイロンをかける; 〘製靴〙 こばごてをかける. **2** 〈衣服などが〉アイロンがかかる, アイロンのかかり具合が...だ: This shirt ~*s* easily.

iron out (1) 〈しわなどを〉アイロンをかけて伸ばす; 〈しわくちゃな紙などを〉きちんと伸ばす; 〈道路を〉ローラーでならす; 〈道路のカーブなどを〉まっすぐに直す. (2) 〈事を〉円滑にする; 〈障害・不和・誤解などを〉除く, 解消する, 和解させる; 〈意見・問題などを〉調整する: ~ *out* difficulties, problems, etc. (3) 〈〈賃金・税金などの〉不揃いを〉是正する. (4) 《俗》〈人を〉射殺する, 「消す」.

~·ness n.

Íron Àge n. **1** [the ~] 〘考古〙 鉄器時代《Stone Age, Bronze Age に続く時代》. **2** [時に i- a-] 〘ギリシャ神話〙 鉄の時代《golden age, silver age, bronze age に続く世界の最後の最も堕落した時代》. **3** [the i- a-] (人類の)堕落時代, 末世.

íron álum n. 〘化学〙 鉄明礬(みょうばん); (特に)硫酸鉄カリウム ($KFe(SO_4)_2 \cdot 12H_2O$).

íron bactéria n. 鉄バクテリア.

íron·bàrk n. 〘植物〙 オーストラリア産の堅い樹皮をもち良材を産するユーカリの総称《*Eucalyptus resinifera* など; ironbark tree ともいう》; その木材《耐久性が強く船舶材・建築材に用いられる》.

íron bínding capàcity n. 〘医学〙 鉄結合能.

íron bláck n. 〘化学〙 鉄黒《アンチモンの黒色微粉末で, 黒色顔料》.

íron blúe n. 〘化学〙 **1** =Prussian blue 1. **2** =Turnbull's blue.

íron·bóund 〚← IRON+BOUND⁴〛 — adj. **1 a** 鉄で包まれた[巻かれた], 鉄張りの. **b** 足[手]枷(かせ)をかけられた: an ~ prisoner. **2 a** 〈規則など〉曲がらない, 変え難い, 動かし難い, 厳格な (rigid): ~ rules 鉄則 / ~ traditions 根強い伝統. **b** 〈天候など〉厳しい, 苛烈な. **3** 〈海岸が〉岩の多い, 絶壁の.

íron brìck n. 〘石工〙 鉄れんが《鉄塩を含有するため黒斑が点在する》.

íron cárbide n. 〘冶金〙 セメンタイト (cementite).

íron cárbonyl n. 〘化学〙 鉄カルボニル; (特に)鉄ペンタカルボニル ($Fe(CO)_5$).

íron cemént n. 〘化学〙 鉄セメント《ポルトランドセメントの一種で, 酸化鉄分の多いもの》.

Íron Cháncellor n. [the ~] 鉄血宰相《Bismarck の通称》.

íron·clad 〚《1859》: ⇨ iron, clad〛 — [´-´] adj. **1** 鉄板をきせた, 甲鉄の, 装甲した: an ~ ship. ★ ironclad (甲鉄の)は19世紀後半の軍艦に用い, armored (装甲の)はその後の厚い鋼鉄製のものにいう. **2** 《米》〈協定など〉変更を許さない, 破る[解除する]ことのできない, 厳しい: an ~ agreement 厳しい申し合わせ / an ~ guarantee 強固な保証. **3** 《米》〈植物が〉寒さなどの不利な環境に耐えられる. — [´-`] n. **1** (初期の)甲鉄艦, 装甲艦《19世紀後半の木造軍艦の舷側に鉄の厚板を取り付け始めたころの用語》. **2** 武装した騎士. **3** 道義心の強い人.

íron córe n. 〘電気〙 鉄心.

Íron Cróss 〚《なぞり》 ← G *eisernes Kreuz*〛 n. 鉄十字《プロイセン・ドイツの戦功章; 1813年から第二次大戦期まで》.

íron cúrtain, I- C- 〚《なぞり》? ← G *eiserner Vorhang*〛 — n. [the ~] 鉄のカーテン: **a** 厳重な検閲と秘密の地域を後ろに隠している境界《英国首相 Winston Churchill が 1946年3月5日米国 Missouri 州で演説した際, 西ヨーロッパに接するソ連勢力圏をさして言ったことから; cf. bamboo curtain》. **b** 情報・思想などの伝達を遮断(しゃだん)する無形の障壁; 知識・文化などの越境を妨げる障害.

behind* [*inside*] *the iron curtain 鉄のカーテンの背後[内部]で[の]《ソ連・ソ連衛星国およびドイツのソ連地帯を含む地域にいう》.

Íron Dúke n. [the ~] 英国の将軍 1st Duke of Wellington (1769–1852) のあだ名.

i·rone [áɪroun, ─´ | áɪərəun, aɪ(ə)rə́un] 〚← IR(IS)²+-ONE〛 n. 〘化学〙 イロン ($C_{14}H_{22}O$)《香料》.

í·ron·er n. **1** アイロンを使う[かける]人. **2** =mangle².

íron-físted adj. **1** 無慈悲で横暴な, 強圧的な: ~ methods. **2** けちんぼうの, にぎり屋の, けちな.

íron-fòunder n. 鋳鉄業者, 製鉄工場主.

íron-fòundry n. 鋳鉄工場, 製鉄所.

Íron Gáte n. [the ~] 鉄門《ルーマニアとユーゴスラビアの国境で Danube 川が Carpathian 山脈を貫く峡谷 (3 km); Iron Gates ともいう》.

íron glánce n. 〘鉱物〙 =hematite.

íron-gráy adj. 鉄灰色の: ~ hair.

íron gráy n. 鉄灰色, かすかに緑がかった灰色《鉄の新しい断面の色》.

Íron Guárd n. [the ~] 鉄衛団《ルーマニアの反ユダヤ的ファッショ党; 第二次大戦後解体》.

íron hánd n. 冷酷なこと, 圧制 (cf. iron adj. 3): the ~ of fate 冷厳な運命の手[支配力] / the ~ in the velvet glove 表面は穏やかで実は苛酷なこと.

íron·hánded adj. 圧制的な, 冷酷な: an ~ ruler. **~·ly** adv. **~·ness** n.

íron hát n. **1 a** (中世の)鉄かぶと. **b** (金属またはプラスチック製の)安全帽, 作業用ヘルメット. **c** 《俗》 山高帽. **2** 〘地質〙 =gossan.

íron·héarted adj. 無情な, 薄情な, 冷酷な, 残酷な.

íron hórse n. 《古》 **1** 機関車 (locomotive). **2** (二輪・三輪)自転車 (bicycle, tricyle).

íron hydróxide n. 〘化学〙 水酸化鉄: **a** =ferric hydroxide. **b** =ferrous hydroxide.

i·ron·ic [aɪránɪk | aɪrɔ́n-, àɪər-] 〚《1630》 ▭ F *ironique* // LL *irōnic-us* ▭ Gk *eirōnikós* dissembling ← *eirōneia* 'dissimulation, IRONY': ⇨ -ic¹〛 — adj. 反語の, 反語的な; 皮肉な, 皮肉を言う: an ~ man, remark, smile, compliment, laughter, etc.

i·rón·i·cal [-nɪkəl, -nə- | -nɪ-] 〚《1576》: ⇨ ↑, -ical〛 — adj. =ironic. **~·ly** adv. **~·ness** n.

í·ron·ing n. **1** アイロンかけ. **2** アイロンをかける[かけた]衣類[敷布, テーブル掛けなど].

íroning bòard [tàble] n. アイロン台; こて台.

i·ro·nist [áɪrənɪst, -nəst | áɪərənɪst] 〚⇨ irony, -ist〛 n. 皮肉屋; 反語を使う人, (特に)アイロニーを用いる作家.

i·ro·nize [áɪrənàɪz | áɪər-] 〚← IRONY+-IZE〛 vt. 〈物事を〉皮肉に扱う[見せる]. — vi. 皮肉を用いる[言う].

íron-jáwed *adj.* **1** 鉄製のあごのついた, 鉄のようなあごをもった: an ~ boxer. **2** 決意の固い, 決然とした.

íron·lìke *adj.* 鉄のように強い[堅い].

íron lòss *n.* 〘電気〙鉄損《鉄心に起こる電力損失》.

íron lúng *n.* 〘医学〙鉄の肺《小児麻痺(ﾏﾋ)患者などに用いる鉄製の気密式呼吸補助装置; 正式の名称は Drinker respirator》.

íron máiden 〘《なぞり》← G *eiserne Jungfrau*〙 *n.* 鉄の処女《昔の拷問道具; 女性をかたどった箱で内側に尖った釘がついている》.

íron mán *n.* 《米俗》 **1 a** 製鉄工. **b** 保線工[係]. **2** 〘野球〙鉄腕投手. **3** 粘り強い人, 精力的活動家, 仕事を任せきれる人. **4** 《俗》1ドル銀貨 (silver dollar). **5** 《俗》ロボット.

íron·màster *n.* 《英》鉄工場主; 製鉄業者; 鉄器製造業者.

íron méteorite *n.* 〘天文·地質〙=meteoric iron.

íron-mòld *vt.* 鉄さび[インクのしみ]でよごす.

íron mòld 〘《1601》〙 *n.* (布などについた)鉄さび, インクのしみ.

íron·mònger 〘ME *irenmonger*: ⇨ iron, monger〙 *n.* 《英》鉄器商, 金物屋 (《米》 hardware dealer): an ~*'s* 金物店.

íron·mòngery *n.* 《英》 **1** 鉄器類, 金物 (《米》 hardware). **2** 金物店. **3** 金物商売 (ironmonger's trade). **4** 《俗》鉄砲 (fire arms).

íron ólivine *n.* 〘鉱物〙=fayalite.

íron óxide *n.* 〘化学〙酸化鉄《酸化第二鉄 (ferric oxide), 酸化第一鉄 (ferrous oxide) など》.

íron perchlóride *n.* 〘化学〙=ferric chloride.

íron pýrites [pýrite] *n.* 〘鉱物〙 **1** 黄鉄鉱 (pyrite). **2** 白鉄鉱 (marcasite). **3** 磁硫鉄鉱 (pyrrhotite).

íron ràtion *n.* [しばしば *pl.*] 非常食料; (かん詰にした)非常携帯糧食[口糧].

íron sànd *n.* 砂鉄.

íron shót *n.* 《英》〘金属加工〙=cold shot 1.

íron-sìck *adj.* 《まれ》〘海事〙=nail-sick 2.

íron·sìde 〘《*a*1259》〙 ― *n.* **1** 頑強(ｶﾞﾝｷｮｳ)な人, 勇猛果敢な人, 豪の者. **2** [I-] 剛勇王《英国王 Edmund 二世のあだ名》. **3** [Ironsides] **a** [単数扱い] Oliver Cromwell の通称名. **b** (O. Cromwell 配下の)鉄騎隊. **4** [*pl.*; 通例単数扱い] **a** 〘海軍〙(昔の)甲鉄艦 (ironclad). **b** 《米東部》〘魚類〙=scup.

íron·smìth *n.* 鍛冶(ｶｼﾞ)屋 (blacksmith).

íron spónge *n.* 〘冶金〙=sponge iron.

íron·stòne *n.* **1** 鉄鉱石, 鉄鉱. **2** =ironstone china.

ironstone chína *n.* アイアンストーンチャイナ《通常のイギリス精陶器よりも石英が少なくコーンウォール石の多い白色陶器; cf. Mason's ironstone china》.

íron súlfate *n.* 〘化学〙硫酸鉄: **a** 硫酸第一鉄 ($FeSO_4·7H_2O$) (ferrous sulfate). **b** 硫酸第二鉄 ($Fe_2(SO_4)_3$) (ferric sulfate).

íron súlfide *n.* 〘化学〙硫化鉄: **a** =ferrous sulfide. **b** 二硫化鉄 (FeS_2).

íron trichlóride *n.* 〘化学〙=ferric chloride.

íron vítriol *n.* 〘化学〙=ferrous sulfate.

íron wálls *n. pl.* 鉄壁《国の護りとして英海軍が誇った鋼鉄艦; cf. wooden walls》.

íron·wàre *n.* [集合的] 鉄器, 金物《特に, 台所用品》.

íron·wèed 〘← IRON+WEED[1]: その茎が硬いところから〙 ― *n.* 〘植物〙 **1** =knapweed. **2** =blueweed 1. **3** キク科ショウジョウハグマ属 (*Vernonia*) の植物の総称《花は筒状で色は真っ赤か紫; 葉は互生葉》.

íron·wòod *n.* 各種の硬質材の樹木《コクタン (ebony), シデ (hornbeam), アカシア (acacia) などの類》; その木材.

íron·wòrk 〘《1423》〙 *n.* **1** (構造物の)鉄製部分; 鉄(細工)製品, 鉄金物 (cf. woodwork). **2** [*pl.*; 単数または複数扱い] 製鉄所, 鉄工場.

íron·wòrker *n.* **1** 鉄工; 金物職人. **2** (鉄橋·高層建築などの)鉄骨組立て職人.

íron·wòrking *n.* 鉄製品製作(法).

i·ro·ny[1] [áɪrəni | áɪərəni] 〘《1502》▭ L *īrōnīa* ▭ Gk *eirōneia* dissembling, assumed ignorance ← *eírōn* dissembler ← *eírein* to say ← IE **wer-* to speak: cf. word〙 ― *n.* **1** 反語《雨降りの日に「いい天気ですねえ」などと言う類; cf. satire 2, sarcasm》. **2** (穏やかな)皮肉, 当てこすり, いや味. **3** 〘修辞·文学〙 **a** 反語法《言葉の意味をうらはらに用い, 表面の(是認·賞賛の)意味にかくれて裏面でそれと反対の意味を伝えようとする表現技巧; cf. antiphrasis》. **b** 逆説的手法, アイロニー《互いに矛盾するような複雑·多様な経験を客観的に表現するために, 主題とは反対または副次的なことを強調する技法; cf. paradox 1》. **4** (運命などの)意外な成行き, 皮肉な結果, 奇遇, 奇縁: the ~ of fate [circumstances] 運命の皮肉[いたずら] / life's little *ironies* 人生のささやかな皮肉(な巡り合わせ), 人生にありがちな矛盾《T. Hardy の短編集の題名から》/ as ~ would have it 皮肉にも. **5** 〘哲学〙アイロニー, 皮肉《相手を肯定するふりをして本当は相手を否定する逆説的技法; cf. Socratic irony》. **6** 〘演劇〙=dramatic irony. **7** 皮肉たっぷりな言葉, 嘲笑的な性向. **8** 不調和に気づいていながらの超然たる[無関心な]態度.

i·ron·y[2] [áɪəni | áɪəni] 〘ME *yrony*: ⇨ iron (n.), -y[4]〙 *adj.* **1** 鉄の, 鉄製の, 鉄を含む. **2** 〈味·堅さなどが〉鉄のような.

Ir·o·quoi·an [ìrəkwɔ́ɪ(j)ən, -kwɑ́:jən | ìrə(ʊ)kwɔ́ɪən] 〘⇨↓, -an[1]〙 ― *adj.* **1** イロクォイ人[族] (Iroquois) の. **2** イロクォイ語族の. ― *n.* **1** イロクォイ人. **2** イロクォイ語族 (Iroquoian languages).

Ir·o·quois [írəkwɔ̀ɪ, -kwɑ̀: | írəkwɔ̀ɪ(z)] 〘《1710》▭ F ~ ▭ N-Am-Ind. (Algonquian) *Irinakhoiw* 《原義》real adders〙 ― *n.* (*pl.* ~ [-kwɔ̀ɪ(z), -kwɑ̀:(z) | -kwɔɪz]) **1 a** [the ~] イロクォイ族《もと米国 New York 州に住んでいた有力なアメリカインディアンの種族; 1570 年ごろ Mohawk, Oneida, Onondaga, Cayuga, Seneca の五支族が連合を結成し Five Nations と呼んだが, 1722 年 Tuscarora 族をも加えた; 好戦的で文化の程度が高い; 独立戦争後大部分はカナダに移住し今は New York 州と Wisconsin 州に残っている》. **b** イロクォイ族の人. **2** イロクォイ語. ― *adj.* イロクォイ人[族]の.

ir·ra·di·ance [ɪréɪdiəns, ər- | ɪréɪdjəns, -dɪəns] 〘⇨ irradiant, -ance〙 ― *n.* **1** (知的·精神的)光明を与えるもの. **2** 〘物理〙放射照度《面に入射する放射束を, その面の面積で割った値; 単位ワット毎平方メートル》. **3** 《古》(光などの)放射, 発光, 射光, 光輝.

ir·ra·di·an·cy [ɪréɪdiənsi, ər- | ɪréɪdjənsɪ, -dɪən-] *n.* **1** 発光性; 輝き. **2** 〘物理〙=irradiance 2.

ir·ra·di·ant [ɪréɪdiənt, ər- | ɪréɪdjənt, -dɪənt] 〘▭ L *irradiant-em* (pres.p.) ← *irradiāre* (↓)〙 *adj.* 光を発する, 光る, 輝く; まばゆい.

ir·ra·di·ate 〘《adj.: 1526; v.: 1603》← L *irradiāt-us* illumined (p.p.) ← *irradiāre* to shine forth ← *ir-* 'IN-[1]' + *radiāre* to shine (← *radius* ray): cf. radiate〙 ― [ɪréɪdièɪt, ər- | ɪréɪdɪ-] *v.* ― *vt.* **1** …に光を投じる, 照らす, 明るくする. **2** 〈心·問題などに〉に知識の光[光明]を与える, 啓発[啓蒙]する: ~ the mind [a subject] 心を啓発する[問題に光明を投じる]. **3** 〈顔を〉明るくする, 輝かせる 〔*with, by*〕: a face ~*d with* [*by*] a smile 微笑に輝く顔. **4** (光線のように)放射する, 発する, 放つ: ~ happiness 喜びの色を発散する / ~ hospitality もてなしの心を十分に示す / His presence ~*d* strength and comfort. 彼が居るだけで力強く安心できた. **5** 輻射エネルギーで熱する. **6** 〘化学〙放射線にさらす; 〔放射線などで〕照射する 〔*with*〕: ~ milk *with* ultraviolet rays. **7** 〘医学〙…に放射線を照射する. ― *vi.* 《古》光を発する[放つ], 光る, 輝く, 照る, 明るくなる.
― [-diət, -dɪɪt, -dièɪt | -dɪət, -dɪɪt, -dɪèɪt] *adj.* (きらきら)輝く〔*with*〕. **ir·rá·di·à·tor** [-tə | -tə(r] *n.*

ir·rá·di·àt·ed [-tɪd, -təd | -tɪd, -təd] *adj.* **1** 〘医学·化学〙(放射線で)照射された, 照射を受けた. **2** 〘紋章〙光線に囲まれた, 放射状の光に包まれた (ensoleil).

ir·ra·di·a·tion [ɪrèɪdiéɪʃən, ər- | ɪrèɪdɪ-] 〘▭ F ~ ▭ LL *irradiātiō(n-)*: ⇨ irradiate, -ation〙 ― *n.* **1** 発光; 光を投じること; 照射. **2** 知的啓蒙, 啓発 (mental illumination). **3** 熱(線)の放射. **4** 〘光学〙光滲(ｺｳｼﾝ)《暗い背景で物を強く照らすと発光体の大きさが実物よりも大きく見える心理的現象》. **5** 〘写真〙イラジエーション《フィルムに当たった光が乳剤内で散乱して光のにじみとなって現われる現象; cf. halation 1》. **6** 〘物理〙 **a** =irradiance 2. **b** (放射線の)照射 (bombardment). **7** 〘医学〙(放射線)照射, レントゲン[ラジウム]線照射; 放射強度. **8** 〘心理·生理〙拡散《求心性神経の刺激興奮が正常な伝導路を超えて拡散すること》; (条件反射の)拡延. **9** 《古》光, 光線.

ir·ra·di·a·tive [ɪréɪdièɪtɪv, ər- | ɪréɪdɪèɪt-] *adj.* **1** 光を発する, 発光する, 輝く. **2** 啓蒙的な.

ir·rad·i·ca·ble [ɪrǽdɪkəbḷ, ər-, -də- | ɪrǽdɪ-] 〘▭ ML *irrādīcābil-is* ← L *ir-* 'IN-[2]' + *rādīcāre* to take root (⇨ radical): ⇨ -able〙 ― *adj.* 根絶[撲滅]することができない, 深く根ざした. **ir·rád·i·ca·bly** *adv.*

ir·ra·tion·al [ɪrǽʃ(ə)nəl, ər-, -ʃnəl | ɪr-] 〘《*a*1398》▭ L *irratiōnāl-is* ← *ir-* 'IN-[2]' + *ratiōnālis* 'RATIONAL'〙 ― *adj.* (↔ rational) **1** 理性のない: an ~ animal. **2** 一時的に理性[分別]を失った. **3** 道理の分からない, 分別のない. **4** 理屈に合わない, 不合理な; ばかげた: ~ fears / ~ conduct. **5** 〘古典詩学〙〈詩脚が〉変則格の, 破格の: ~ spondee. **6** 〘数学〙 **a** 無理数の, 不尽根数の (surd) (↔ rational): an ~ expression [equation] 無理式[方程式] / an ~ root 無理根. **b** 無理方程式の. ― *n.* **1** 不合理なこと. **2** 〘数学〙=irrational number. **~·ly** *adv.* **~·ness** *n.*

ir·rá·tion·al·ìsm [-ʃ(ə)nəlìzm] *n.* **1** (思想·行動の)無分別, 不合理, 背理. **2** 非合理主義. **ir·rá·tion·al·ist** [-lɪst, -ləst | -lɪst] *n.*

ir·ra·tion·al·i·ty [ɪræ̀ʃənǽləṭi, ər- | ɪræ̀ʃənǽlətɪ, -lɪ-] 〘▭ ML *irratiōnālitāt-em*: ⇨ irrational, -ity〙 ― *n.* **1** 理性のないこと; 道理の分からないこと, 分別のなさ, 理解力のなさ. **2** 不合理, 背理; 不合理な行為[考えなど].

ir·ra·tion·al·ize [ɪrǽʃ(ə)nəlàɪz, ər- | ɪr-] *vt.* …の理性をなくする, 不合理[不条理]にする.

irrátional númber *n.* 〘数学〙無理数.

Ir·ra·wad·dy [ìrəwɑ́di | -wɔ́dɪ] *n.* [the ~] イラワジ(川)《ビルマの大河; チベットに源を発し同国の中央部を南流して Bengal 湾に注ぐ (2,090km)》.

ir·re·al [ɪrí:əl, ər-, -ríəl, -rí:l | ɪríəl, ɪrí:əl, ɪrí:l] *adj.* 実在しない; 本物でない.

ir·re·al·i·ty [ìriǽləṭi | ìrɪǽlətɪ, ìri:-, -lɪ-] *n.* =unreality.

ir·re·al·iz·a·ble [ɪrí:əlàɪzəbḷ, ər-, -ríəlaɪz-, -rí:l- | ɪríəl-] *adj.* **1** 実現できない, 達成できない. **2** 〈財産·証券など〉現金に換えられない.

ir·re·but·ta·ble [ìrɪbʌ́ṭəbḷ, ər-, -rə- | ìrɪbʌ́t-] *adj.* 反論[反証]できない.

ir·re·claim·a·ble [ìrɪkléɪməbḷ, ìrə- | ɪrɪ-] 〘← *ir-* 'IN-[2]'+RECLAIMABLE〙 ― *adj.* **1** 取返しのつかない, 回復できない; (特に)改心[矯正(ｷｮｳｾｲ)]させられない, 済度し難い, 教化できない. **2** 〈土地が〉埋め立てられない, 開墾[開拓]できない. **ìr·re·clàim·a·bíl·i·ty** [-məbíləṭi | -lətɪ, -lɪ-] *n.* **ìr·re·cláim·a·bly** *adv.*

ir·rec·og·niz·a·ble [ɪrékəgnàɪzəbḷ, ər-, -kəg-, ―⌣⌣―⌣― | ɪrékəgnàɪzəbḷ, -kɪg-, ―⌣―⌣―⌣―] 〘← *ir-* 'IN-[2]'+RECOGNIZABLE〙 ― *adj.* 認められない, 認識のできない, 見分けがつかない.

ir·rec·on·cil·a·ble [ɪrèkənsáɪləbḷ, ər-, ―⌣―⌣―⌣ | ɪr-] 〘← *ir-* 'IN-[2]'+RECONCILABLE〙 ― *adj.* **1** 〈人など〉和解できない, 融和しない, 妥協をいれない, 執念深い: ~ enemies. **2** 調和しない, 相いれない; 〔…と〕両立しない, 矛盾する (inconsistent) 〔*to, with*〕: ~ statements / ~ *to* [*with*] the fact 事実と一致しない. ― *n.* **1** (政界などでの)非妥協派の人 (intransigent). **2** [*pl.*] 妥協できない思想[信念など]. **ir·rèc·on·cìl·a·bíl·i·ty** [-ləbíləṭi | -lətɪ, -lɪ-] *n.* **~·ness** *n.* **ir·rèc·on·cíl·a·bly** *adv.*

ir·re·cov·er·a·ble [ìrɪkʌ́v(ə)rəbḷ, ìrə- | ɪr-] 〘← *ir-* 'IN-[2]'+RECOVERABLE〙 ― *adj.* **1 a** 〈損失など〉取返しのつかない; 〈病気など〉回復の見込みのない, 回復し難い: an ~ loss, injury, disease, etc. / Lost youth is ~. 失われた青春は取り戻せない. **b** 〈誤りなど〉直せない, 〈悲しみなど〉慰め[救い]ようがない. **2** 〈貸金が〉取り戻せない, 回収できない: an ~ debt.
~·ness *n.* **ìr·re·cóv·er·a·bly** *adv.*

ir·re·cu·sa·ble [ìrɪkjú:zəbḷ, ìrə-] 〘▭ F *irrécusable* // LL *irrecūsābil-is* ← *ir-* 'IN-[2]' + *recūsābilis* (← L *recūsāre* to refuse): ⇨ -able: cf. recusant〙 ― *adj.* 〈証拠など〉認めざるを得ない, 拒めない, 拒絶できない. **ir·re·cú·sa·bly** *adv.*

ir·re·deem·a·ble [ìrɪdí:məbḷ, ìrə-] 〘← *ir-* 'IN-[2]'+REDEEMABLE〙 ― *adj.* **1** 買い戻しのできない, 取り戻せない. **2** 教化[矯正]できない, 直せない, 済度し難い: an ~ criminal. **3** 〈国債など〉(満期以前に)償還されない, 無償還の; 〈紙幣など〉兌換(ﾀﾞｶﾝ)されない, 不換の: ~ bank notes 不換紙幣. **4** 〈病気など〉望みのない, 回復できない, 不治の, 救いようのない. ― *n.* 無償還公債. **~·ness** *n.* **ìr·re·déem·a·bly** *adv.*

ir·re·den·ta [ìrɪdéntə, ìrə- | ìrɪdéntə] 〘▭ It. (*Italia*) *irredenta* unredeemed (Italy): ⇨ irredentist〙 ― *n.* イレデンタ, 未回収領《ある国の統治下にあるが歴史的·人種的には別の国とかかわりの深い地域; cf. irredentist 2》.

ir·re·den·tism [ìrɪdéntɪzm, ìrə-] *n.* **1** [通例 I-] イレデンタ併合主義, イタリア民族統一主義. **2** 民族統一主義, 失地回復主義.

ir·re·dén·tist [-tɪst, -təst | -tɪst] 〘《1882》▭ It. *irredentista* ← (*Italia*) *irredenta* unredeemed (Italy.) (fem) ← *ir-* 'IN-[2]'+L *redempta* (fem.) ← *redemptus* (p.p.) ← *redimere* 'to REDEEM': ⇨ ist〙 ― *n.* **1** [通例 I-] イレデンタ併合党員, イタリア民族統一党員《イタリア語を用いる近隣の地域で未併合のイタリア (Italia irredenta) をイタリアに併合しようという主義で, 1878 年に創立された政党の党員》. **2** (現在他の国に属する地域を, その住民の民族的なつながりでその他の理由から自国に併合しようとする)民族統一派の人, 失地回復主義者. ― *adj.* イレデンタ民族統一主義の.

ir·re·duc·i·ble [ìrɪd(j)ú:səbḷ, ìrə- | -djú:sə-, -sɪ-] 〘← *ir-* 'IN-[2]'+REDUCIBLE〙 ― *adj.* **1 a** (元の形式·状態以上には)簡単[明瞭]にはできない: an ~ formula 単純化が不可能な方式. **b** 〔欲する形式·状態·程度などに〕帰し[化し, 復し]得ない〔*to*〕: ~ *to* measurement 数量に換算できない / ~ *to* rule 規則にまとめ上げることのできない. **2** 減じることのできない, 削減できない: the ~ minimum それ以上は減らせない最小限. **3** 〘外科〙整復不能の: an ~ hernia. **4** 〘数学〙既約の, 約されない. **ìr·re·dùc·i·bíl·i·ty** [-səbíləṭi | -səbílətɪ, -sɪ-, -lɪ-] *n.* **ìr·re·dúc·i·bly** *adv.*

ir·re·flex·ive [ìrɪfléksɪv, ìrə-] *adj.* 反射しない, 非反射性の.

ir·re·form·a·ble [ìrɪfɔ́əməbḷ, ìrə- | -fɔ́:m-] 〘← *ir-* 'IN-[2]'+REFORMABLE〙 ― *adj.* **1** 改訂[変更]を許さない. **2** 矯正(ｷｮｳｾｲ)できない, 救いがたい. **ìr·re·fòrm·a·bíl·i·ty** [-məbíləṭi | -lətɪ, -lɪ-] *n.*

ir·ref·ra·ga·ble [ɪréfrəgəbḷ, ər-, ɪrɪfrǽg-, ìrə- | ɪréfrəg-] 〘《1533》▭ LL *irrefrāgābil-is* ← *ir-* 'IN-[2]'+L *refrāgārī* to oppose: ⇨ -able: cf. suffrage〙 ― *adj.* 論駁(ﾛﾝﾊﾞｸ)できない, 論争の余地のない; 否定し得ない; 〈法律など〉犯す[破る]ことができない: ~ arguments, evidence, etc. **ir·ref·ra·ga·bil·i·ty** [ɪrèfrəgəbíləṭi, ər-, ɪrɪfrǽg-, ɪrəf- | ɪrèfrəgəbílətɪ, -lɪ-] *n.* **~·ness** *n.* **ir·réf·ra·ga·bly** *adv.*

ir·re·fran·gi·ble [ìrɪfrǽndʒəbḷ, ìrə- | -dʒə-, -dʒɪ-] 〘← *ir-* 'IN-[2]'+REFRANGIBLE〙 ― *adj.* **1** 〈法律など〉破ることができない, 犯すべからざる. **2** 〘光学〙〈光線が〉屈折しない. **~·ness** *n.* **ir·re·frán·gi·bly** *adv.*

ir·re·fut·a·ble [ìrɪfjú:ṭəbḷ, ìrə-, ɪréfjuṭ-, ər- | ɪréfjʊt-, ɪrɪfjú:t-, ìrə-] 〘▭ LL *irrefūtābil-is* ← *ir-* 'IN-[2]'+*refūtābilis* ← *refūtāre* 'to REFUTE'〙 ― *adj.* 〈理論·学説など〉論破できない, 反駁(ﾊﾝﾊﾞｸ)できない. **ir·re·fut·a·bil·i·ty** [ìrɪfjù:ṭəbíləṭi, ìrə-, ɪrèfjuṭə-, ər- | ɪrèfjʊtəbílətɪ, ìrɪfjù:t-, ìrə-, -lɪ-] *n.* **ìr·re·fút·a·bly** *adv.*

irreg. 《略》 irregular; irregularly.

ir·re·gard·less [ɪrɪgáədlɪs, ìrə-, -ləs | -gáːd-] 〘《混成》? ← IR(RESPECTIVE)+REGARDLESS〙 *adj., adv.* 《米戯言・俗用》 =regardless.

ir·reg·u·lar [ɪrégjʊlə, ər- | ɪrégjʊlə(r)] 〘《1483》 ▭ ML *irrēgulār-is* ∽ 《c1390》 *irreguler* ▭ OF (F *irrégulier*): ⇨ in-², regular〙 ── *adj.* (↔ regular) **1** 不規則な, 変則の, 破格の, 異常な: an ~ liner 不定期船 / ~ service 不定期便 / at ~ intervals 不規則に間隔を置いて / be ~ *in* one's attendance at school 学校の出席が不規則である. **2** 〈手続など〉反則の, 不法の; (法律上)無効の (invalid): an ~ physician 無免許医師 / an ~ proceeding 不法処置[手段] / an ~ marriage 正式でない[内縁の]婚姻. **3** 〈行動など〉不規律な, 乱れた, だらしのない; 不道徳な: ~ conduct 不身持ち, 不始末. **4** 〈形・配置など〉不整の, 不揃(そろ)いの, 不同の, むらのある, 〈道など〉でこぼこの: ~ teeth / an ~ outline いびつな輪郭 / an ~ group of buildings 乱雑な建物の集まり / an ~ calyx [corolla, flower] 〘植物〙不整斉萼(がく)[花冠, 花] / an ~ curve 雲形定規 / ~ in shape 形が不揃いな. **5** 《米》〈商品など〉きずのある, はんぱの. **6** 〘軍事〙正規兵でない, 不正規の: ~ troops 不正規軍. **7** 〘文法〙〈動詞・形容詞など〉(語尾変化が)不規則変化の (cf. strong 16): an ~ verb 不規則動詞. **8** 〘キリスト教〙宗規によらない.
── *n.* **1 a** 不規則[不揃い]なもの. **b** 型破りな人; 無法者. **2** [*pl.*] 《米》(商品などの)きずもの, はんぱもの, (規格はずれの)等外[二級]品. **3** [通例 *pl.*] 〘軍事〙(ゲリラなどの)不正規兵, 義勇兵.

Ir·reg·u·lar·i·a [ɪrègjʊlé(ə)riə, ər- | ɪrègjʊléəriə] 〘← NL *irrēgulāria* ← LL (neut. pl.) ← ML *irrēgulāris* (↑)〙 *n. pl.* 〘動物〙 =Exocycloidea.

ir·reg·u·lar·i·ty [ɪrègjʊlǽrəṭi, ər- | ɪrègjʊlǽrətɪ, -rɪ-] 〘《a1325》 ▭ (O)F *irrégularité* ▭ ML *irrēgulāritātem*: ⇨ in-², regularity〙 ── *n.* **1** 不規則, 変則, 破格, 異常: ~ of attendance 出席不規則. **2** 不整, 不揃(そろ)い, 不規律, 不秩序. **3 a** 不規則[不法]な行為[方法], 反則, 不法. **b** [しばしば *pl.*] 不身持ち, 不品行: *irregularities in* one's conduct. **4 a** でこぼこ[高低]のあること. **b** [通例 *pl.*] でこぼこ: the *irregularities* of the earth's surface 地球表面のでこぼこ. **5** 便秘 (constipation).

ir·rég·u·lar·ly 〘《1591》〙 *adv.* 不規則に, 不定期に, 不正規に; 不揃(そろ)いに; でこぼこに.

irrégular óde *n.* 〘詩学〙 =Cowleyan ode.

ir·re·la·tion [ɪrɪléɪʃən, ìrə-] *n.* 無関係, 無縁故.

ir·rel·a·tive [ɪréləṭɪv, ər- | ɪrélət-] 〘← *ir-* 'IN-²'+RELATIVE〙 ── *adj.* **1** 〔…と〕関係[関連]のない, 姻戚関係でない〔*to*〕; 縁故のない. **2** 不適当な, 見当違いの. **~·ly** *adv.*

ir·rel·e·vance [ɪréləvəns, ər- | ɪrélə-, -lɪ-] 〘《1561》: ⇨ irrelevant, -ance〙 ── *n.* **1** 無関係(であること); 不適切, 見当違い. **2** 見当違いな言葉[批評, 陳述], 的はずれの質問.

ir·rél·e·van·cy [-vənsi | -sɪ] *n.* =irrelevance.

ir·rel·e·vant [ɪréləvənt, ər- | ɪrélə-, -lɪ-] 〘《1786》 ← *ir-* 'IN-²'+RELEVANT〙 ── *adj.* **1** 〔…に〕無関係な, 不適切な, 的はずれの, 筋違いの, 見当違いの〔*to*〕: ~ remarks, evidence, etc. / an argument ~ *to* a case 事件に無関係な議論. **2** 重要でない, 無意味な. **3** 〘法律〙〈証拠・間接事実が〉関連性のない. **~·ly** *adv.*

ir·re·liev·a·ble [ɪrɪlíːvəbl̩, ìrə-] 〘← *ir-* 'IN-²'+RELIEVABLE〙 *adj.* 救助[救済]し難い; 〈苦痛など〉軽減[脱却]させ得ない, 除去できない.

ir·re·li·gion [ɪrɪlídʒən, ìrə-] 〘▭ F *irréligion* ∥ LL *irreligiō(n-)*: ⇨ in-², religion〙 *n.* 無宗教, 無信仰; 反宗教, 不敬.

ìr·re·li·gion·ist [-dʒənɪst, -nəst | -nɪst] *n.* 無宗教者, 「反宗教者.

ir·re·li·gious [ɪrɪlídʒəs, ìrə-] 〘▭ LL *irreligiōs-us*: ⇨ in-², religious〙 *adj.* 無宗教の, 不信心な, 反宗教的な; 神を汚す, 不敬な. **~·ly** *adv.*

ir·re·me·a·ble [ɪríːmiəbl̩, ər- | ɪríːmɪə-, -mjə-] 〘▭ L *irremeābil-is* not returning ← *ir-* 'IN-²'+*remeāre* to return (RE-+*meāre* to go, pass): ⇨ -able: cf. meatus〙 ── *adj.* 《文語》引き返すことのできない, 戻ることのできない: an ~ way 帰るによしなき道.
~·ness *n.* **ir·ré·me·a·bly** *adv.*

ir·re·me·di·a·ble [ɪrɪmíːdiəbl̩, ìrə- | -djə-, -dɪə-] 〘▭ LL *irremediābil-is*: ⇨ in-², remediable〙 ── *adj.* **1** 〈病気など〉治療のできない, 不治の, 直らない: an ~ disease. **2** 〈欠点など〉回復のできない, 償うことのできない; 〈誤りなど〉取返しのつかない: ~ faults, evils, etc. **~·ness** *n.* **ir·re·mé·di·a·bly** *adv.*

ir·re·mis·si·ble [ɪrɪmísəbl̩, ìrə- | -sə-, -sɪ-] 〘▭ F *irrémissible* ▭ LL *irremissibilis*: ⇨ in-², remissible〙 ── *adj.* **1** 許し難い, 容赦のならない(unpardonable): an ~ sin. **2** 免れることのできない: an ~ duty. **ir·re·mìs·si·bíl·i·ty** [-səbíləṭi | -səbílətɪ, -sɪ-, -lɪ-] *n.* **ìr·re·mís·si·bly** *adv.*

ir·re·mov·a·ble [ɪrɪmúːvəbl̩, ìrə-] 〘← *ir-* 'IN-²'+REMOVABLE〙 ── *adj.* 〈物・事が〉移し得ない, 動かされない, 除去されない; 〈人が〉免官できない, 終身官の. **ìr·re·mòv·a·bíl·i·ty** [-vəbíləṭi | -lətɪ, -lɪ-] *n.* **ìr·re·móv·a·bly** *adv.*

ir·rep·a·ra·ble [ɪrép(ə)rəbl̩, ər- | ɪr-] 〘《15C》 ▭ (O)F *irréparable* ▭ L *irreparābilis*: ⇨ in-², reparable〙 ── *adj.* 修繕[修復]のできない, 直されない, 償えない: 回復の見込みがない, 取返しのつかない: an ~ injury 回復不能侵害 / an ~ disaster, loss, damage, etc. **ir·rèp·a·ra·bíl·i·ty** [-rəbíləṭi | -lətɪ, -lɪ-] *n.* **~·ness** *n.* **ir·rép·a·ra·bly** *adv.*

ir·re·peal·a·ble [ɪrɪpíːləbl̩, ìrə-] *adj.* 〈法律など〉廃止できない, 取り消せない. **ìr·re·pèal·a·bíl·i·ty** [-ləbíləṭi | -lətɪ, -lɪ-] *n.*

ir·re·place·a·ble [ɪrɪpléɪsəbl̩, ìrə- | ɪrɪ-, ìrɪ-] 〘← *ir-* 'IN-²'+REPLACEABLE〙 ── *adj.* 置き換えることのできない, 取り換えられない; 代わりのもの[人]がない, 代わりのない: valuable and ~ treasures かけがえのない貴重な宝物. **ìr·re·plàce·a·bíl·i·ty** [-səbíləṭi | -lətɪ, -lɪ-] *n.* **~·ness** *n.* **ìr·re·pláce·a·bly** *adv.*

ir·re·plev·i·sa·ble [ɪrɪplévəsəbl̩, ìrə- | -vɪ-] 〘← *ir-* 'IN-²'+REPLEVISABLE〙 *adj.* 〘法律〙動産占有回復訴訟 (replevin) で取り戻すことができない.

ir·re·press·i·ble [ɪrɪprésəbl̩, ìrə- | -sə-, -sɪ-] 〘← *ir-* 'IN-²'+REPRESSIBLE〙 ── *adj.* **1** 〈人など〉制することができない, 抑えられない, 手に負えない: an ~ child. **2** 〈感情など〉制し[抑え]切れない, こらえられない, 包み切れない: ~ laughter, joy, spirits, etc. / conceal one's ~ yawns こらえられないあくびを隠す. **ìr·re·press·i·bíl·i·ty** [-səbíləṭi | -səbílətɪ, -sɪ-, -lɪ-] *n.* **ìr·re·préss·i·bly** *adv.*

ir·re·proach·a·ble [ɪrɪpróʊtʃəbl̩, ìrə- | -prə́ʊtʃ-] 〘▭ F *irréprochable*: ⇨ in-², reproachable〙 ── *adj.* とがめようのない, 非難すべきところのない, 落度のない; 非の打ちどころのない, 申し分のない: produce one's ~ alibi 完全なアリバイを作り上げる. **ìr·re·pròach·a·bíl·i·ty** [-tʃəbíləṭi | -lətɪ, -lɪ-] *n.* **~·ness** *n.* **ìr·re·próach·a·bly** *adv.*

ir·re·pro·duc·i·ble [ɪrìːprəd(j)úːsəbl̩ | -djúːsə-, -sɪ-] *adj.* 再生産できない. **ir·rè·pro·dùc·i·bíl·i·ty** [-səbíləṭi | -lətɪ, -sɪ-, -lɪ-] *n.*

ir·re·sist·i·ble [ɪrɪzístəbl̩, ìrə- | -tə-, -tɪ-] 〘▭ LL *irresistibil-is* ∥ ← *ir-* 'IN-²'+RESISTIBLE〙 ── *adj.* **1** 抵抗できない, 食い止められない: an ~ force 〘法律〙不可抗力. **2** 〈感情など〉抑えられない, 打ち勝つことのできない: an ~ desire, impulse, etc. **3** 〈魅力など〉人を悩殺する; 〈人・物など〉実に魅力的な, 愛さずにはおれないほど愛くるしい: ~ charms / an ~ little baby [doll] とてもかわいい赤ちゃん[人形]. **4** 〈議論・申し出など〉人を信服[承服]させる, いやおうのない, 文句の言えない: an ~ argument / ~ proofs. ── *n.* 愛さずにはおれないような人[もの]. **ìr·re·sìst·i·bíl·i·ty** [-təbíləṭi | -təbílətɪ, -tɪ-, -lɪ-] *n.* **~·ness** *n.* **ìr·re·síst·i·bly** *adv.*

ir·re·sol·u·ble [ɪrɪzáljʊbl̩, ìrə-, ɪrézəl-, ər- | ɪrézə-, ìrə-, ɪrɪzɔ́l-] 〘▭ L *irresolūbil-is*: ⇨ in-², resoluble〙 ── *adj.* **1** 解けない, 解決できない, 説明できない: an ~ problem. **2** 《古》溶解しない. **3** 《古》救済不可能な, 消散できない.

ir·res·o·lute [ɪrézəlùːt, ər-, -ljùːt, -lət | ɪrézəlùːt, -ljùːt] 〘▭ L *irresolūt-us* ∥ *ir-* 'IN-²'+RESOLUTE〙 ── *adj.* 決断力のない, 優柔不断の; ためらいがちの, 煮えきらない, ぐずぐずした. **~·ly** *adv.* **~·ness** *n.*

ir·res·o·lu·tion [ɪrèzəlúːʃən, ər-, -ljúː- | ɪr-] 〘*ir-* 'IN-²'+RESOLUTION: cf. F *irrésolution*〙 *n.* 不決断, 優柔不断.

ir·re·solv·a·ble [ɪrɪzɑ́lvəbl̩, ìrə- | -zɔ́lv-, -záʊlv-] *adj.* **1** 分解[分離, 分析]のできない. **2** 解決できない, 解けない.

ir·re·spec·tive [ɪrɪspéktɪv, ìrə-] 〘← *ir-* 'IN-²'+RESPECTIVE〙 ── *adj.* 《古》〈法令など〉無私な, 絶対的な; 無関心な, 無関係な〔*of*〕. ★ 今は通例副詞的に次の成句に用いる.
irrespective of …にかかわりなく, に関係なく, にかまわないで, …を顧みないで: be chosen ~ *of* age [nationality] 年齢[国籍]を問わずに選ばれる.

ìr·re·spéc·tive·ly 〘《1624》〙 *adv.* 関係なく: ~ of =IRRESPECTIVE *of*. ★ irrespective of の方が普通.

ir·res·pi·ra·ble [ɪrésp(ə)rəbl̩, ɪrɪspáɪrəbl̩, ɪrəs- | ɪréspɪr-, ɪrɪspáɪər-, ɪrəs-] 〘▭ F ∽ ∥ ← *ir-* 'IN-²'+RESPIRABLE〙 ── *adj.* 〈空気・ガスなど〉吸入できない, 呼吸に適さない.

ir·re·spon·si·ble [ɪrɪspɑ́nsəbl̩, ìrə- | -spɔ́nsə-, -sɪ-] 〘《adj.: 1648; n.: 1894》 ← *ir-* 'IN-²'+RESPONSIBLE〙 ── *adj.* **1** 責任を負わない, 責任のない; 精神的[経済的]に責任を負うことができない, 責任能力のない, とがめられない, 罰せられない: an ~ monarch 責任を問われない君主 / an ~ child (何をしても)とがめられない子供 / ~ *for* …に対し責任がない. **2** 責任感のない, 無責任な, 当てにならない, いい加減な: an ~ person, action, reply, etc. ── *n.* 責任のない人; 無責任な人. **ir·re·spòn·si·bíl·i·ty** [-səbíləṭi | -səbílətɪ, -sɪ-, -lɪ-] *n.* **~·ness** *n.* **ìr·re·spón·si·bly** *adv.*

ir·re·spon·sive [ɪrɪspɑ́nsɪv, ìrə- | -spɔ́n-] 〘← *ir-* 'IN-²'+RESPONSIVE〙 ── *adj.* 〔…に手ごたえのない, 反応のない, 感応しない〔*to*〕: an ~ child 鈍感な子供 / ~ to control [treatment] 制御[治療]がきかない. **~·ly** *adv.* **~·ness** *n.*

ir·re·strain·a·ble [ɪrɪstréɪnəbl̩, ìrə-] *adj.* 抑制できない, 抑えられない.

ir·re·ten·tion [ɪrɪténʃən, ìrə-] 〘← *ir-* 'IN-²'+RETENTION〙 *n.* 保持[保留]できないこと, 保持力のないこと: ~ of urine 尿の失禁 (cf. incontinence 3).

ir·re·ten·tive [ɪrɪténṭɪv, ìrə- | -tɪv] *adj.* 〈記憶力が〉保持できない, 保持力のない. **~·ness** *n.*

ir·re·trace·a·ble [ɪrɪtréɪsəbl̩, ìrə-] 〘← *ir-* 'IN-²'+RETRACEABLE〙 ── *adj.* 元へ戻せない; 取返しのつかない: an ~ step.

ir·re·triev·a·ble [ɪrɪtríːvəbl̩, ìrə-] 〘← *ir-* 'IN-²'+RETRIEVABLE〙 ── *adj.* 回復のできない; 取返しのつかない, 元通りにならない, 償い難い: an ~ loss, mistake, disaster, etc. **ìr·re·trìev·a·bíl·i·ty** [-vəbíləṭi | -lətɪ, -lɪ-] *n.* **ìr·re·tríev·a·bly** *adv.*

ir·rev·er·ence [ɪrév(ə)rəns, ər- | ɪr-] 〘⇨ ↓, -ence〙 ── *n.* **1 a** 不敬; 不遜(そん), 非礼. **b** 不敬の[不遜な]行為[言葉]. **2** 不面目, 不名誉: be held in ~ 面目を失する, 軽蔑を受ける. **3** 軽視, 無視: treat a person with ~ 人を無視してかかる.

ir·rev·er·ent [ɪrév(ə)rənt] 〘▭ L *irreverent-em* (pres. p.): ⇨ in-², reverent〙 *adj.* 不敬な, 尊崇心のない; 非礼な, 不遜な. **~·ly** *adv.*

ir·rev·er·en·tial [ɪrèvərénʃəl, ər- | ɪr-] *adj.* =irreverent. **~·ly** *adv.*

ir·re·vers·i·ble [ɪrɪvə́ːsəbl̩, ìrə- | -vɜ́ːsə-, -sɪ-] 〘← *ir-* 'IN-²'+REVERSIBLE〙 ── *adj.* **1** 逆にできない, 裏返しできない; 転倒[逆転, 逆行]できない: an ~ engine 逆転不能の機関. **2** 〈法律・決議など〉廃止できない, 廃棄し得ない, 取り消せない, 撤回できない, 変更できない: the ~ decisions of the court 取り消せない裁判所の判決. **3** 〘物理化学〙不可逆の, 非可逆の. **ìr·re·vèrs·i·bíl·i·ty** [-səbíləṭi | -səbílətɪ, -sɪ-, -lɪ-] *n.* **ìr·re·vérs·i·bly** *adv.*

ir·rev·o·ca·ble [ɪrévəkəbl̩, ər- | ɪr-] 〘《c1384》 ▭ L *irrevocābil-is*: ⇨ in-², revocable〙 ── *adj.* **1** 呼び戻せない, 取返しのつかない: the ~ yesterday. **2** 廃止できない, 取り消せない, 変更できない, 最終的な: an ~ promise, judgment, etc. **ir·rèv·o·ca·bíl·i·ty** [-kəbíləṭi | -lətɪ, -lɪ-] *n.* **~·ness** *n.* **ir·rév·o·ca·bly** *adv.*

ir·ri·den·ta [ɪrɪdénṭə, ìrə- | ɪrɪdéntə] *n.* =irredenta.

ir·ri·ga·ble [írɪgəbl̩, írə- | írɪ-] 〘← L *irrigāre* (↓)+-ABLE〙 *adj.* 〈土地など〉灌漑(かんがい)できる. **ír·ri·ga·bly** *adv.*

ir·ri·gate [írəgèɪt | írɪ-] 〘《1615》 ← L *irrigāt-us* (p.p.) ← *irrigāre* to convey water to ← *ir-* 'IN-¹'+*rigāre* to wet (cf. rain)〙 ── *vt.* **1** 〈川・用水路などが〉〈土地・作物を〉潤す; (川などで)〈土地〉に水を注ぐ[引く], 灌漑(かんがい)する: a land ~*d* by many streams たくさんの川で潤されている土地 / ~ the desert (*with* water from a river) (川から水を引いて)砂漠を灌漑する. **2** 〘外科〙〈傷口など〉に水・液などを灌注する, 洗浄する. **3** 濡(ぬ)らす, 湿らせる. **4** …に生命を与える, 肥沃にする. ── *vi.* **1** 灌漑する. **2** 《俗》酒を飲む.

ir·ri·ga·tion [ìrəgéɪʃən | ìrɪ-] 〘《1612》 ▭ L *irrigātiō(n-)* watering: ⇨ ↑, -ation〙 ── *n.* **1** 水を引くこと, 灌漑(かんがい), 注流: canal [reservoir, sewage] ~ 水路[貯水池, 下水]灌漑 / an ~ canal [ditch] 用水路. **2** 〘外科〙灌注(法), 洗浄(法). **~·al** [-ʃənl̩, -ʃnəl] *adj.*

ir·ri·ga·tive [írəgèɪṭɪv | írɪgèɪt-] *adj.* 灌漑(かんがい)(用)の.

ír·ri·gà·tor [-ṭə | -tə(r)] 〘▭ LL *irrigātor*: ⇨ irrigate, -or²〙 *n.* **1** 灌漑(かんがい)者, 灌漑車. **2** 〘外科〙イルリガートル, 灌注器, 洗浄器.

ir·rig·u·ous [ɪrígjuəs, ər- | ɪrígju-] 〘▭ L *irrigu-us* moist ← *irrigāre* 'to IRRIGATE': ⇨ -ous〙 *adj.* 《まれ》 **1** 潤った (moist). **2** 潤す, 灌漑(かんがい)する.

ir·ri·ta·bil·i·ty [ìrəṭəbíləṭi | ìrɪtəbílətɪ, -lɪ-] 〘▭ L *irritābilitāt-em*: ⇨ ↓, -ity〙 ── *n.* **1** 怒りやすいこと, 怒りっぽいこと, 短気. **2 a** 〘生理〙被刺激性, 過敏症《刺激に対する興奮性》. **b** 〘生物〙刺激感受性.

ir·ri·ta·ble [írəṭəbl̩ | írɪt-] 〘《1662》 ▭ L *irritābil-is* ← *irritāre* 'to IRRITATE¹'〙 ── *adj.* **1** 〈人・性質など〉怒りやすい, 怒りっぽい, 短気な, 癇癪(かんしゃく)もちの; じれったがる, いらいらする: an ~ disposition 短気 / grow ~ いらいらしてくる / in an ~ voice いらいらした声で. **2 a** 〘生物・生理〙〈身体・器官など〉(刺激に対して)感じやすい, 興奮性の[しやすい], 過敏な. **b** 〘病理〙〈傷など〉炎症を起こしやすい, 炎症性の.
~·ness *n.* **ír·ri·ta·bly** *adv.*

írritable cólon *n.* 〘病理〙過敏性大腸《慢性下痢もしくは下痢便秘の反覆・腹痛などを呈する》.

írritable héart *n.* 〘病理〙過敏心臓, 心悸(しんき)亢進, 心臓神経症 (cardiac neurosis).

ir·ri·tan·cy¹ [írəṭənsi, -tn- | írɪtənsɪ, -tn-] 〘← IRRITANT¹: ⇨ -ancy〙 ── *n.* いらだたしさ, うるささ (annoyance); じれったさ; いらだたせる事物; 気にさわること, 立腹, 激昂(げっこう).

ir·ri·tan·cy² [írəṭənsi, -tn- | írɪtənsɪ, -tn-] 〘← IRRITANT²: ⇨ -ancy〙 ── *n.* 〘ローマ・スコット法〙無効にすること, 無効状態 (invalidation); 無効条項 (irritant clause).

ir·ri·tant¹ [írəṭənt, -tnt | írɪt-] 〘▭ L *irrītant-em* (pres.p.) ← *irrītāre*: ⇨ irritate¹, -ant〙 ── *adj.* 刺激する, 刺激性の, 炎症を起こさせる. ── *n.* 刺激薬[剤]; 刺激物; (心の)刺激.

ir·ri·tant² [írəṭənt, -tnt | írɪt-] 〘▭ L *irritant-em* (pres.p.) ← *irritāre*: ⇨ irritate², -ant〙 *adj.* 〘法律〙無効にする.

írritant cláuse *n.* 〘スコット法〙無効条項.

ir·ri·tate¹ [írəṭèɪt | írɪ-] 〘《1531》 《廃》'incite' ← L *irrītāt-us* (p.p.) ← *irrītāre* to excite, stimulate〙 ── *vt.* **1** いらいら[じりじり]させる, じらす; 怒らせる, …に癇癪を起こさせる: be ~*d at* the thought of it それを思っただけでもいらいらする / be ~*d with* [*against*] a person 人に対して腹を立て(ている) / His arrogance ~*d* me. 奴(ʼ)の横柄な態度にじりじりした. **2** 〘生理・生物〙〈身体・器官などを〉刺激する, 興奮させる ; 〘病理〙…に炎症を起こす : The smoke ~*d* my eyes. 煙のため目が痛くなった. ── *vi.* 〈物事が〉いらいらの原因となる, 腹が立つ ; (皮膚などを)刺激する.

ir·ri·tate² [írətèɪt | írɪ-] 〘(1605) ← LL *irritāt-us* (p.p.) ← *irritāre* to invalidate ← L *irritus* invalid, void ← *ir-* ʻIN-²ʼ + *ratus* established, valid (p.p.) ← *rērī* to think, count : cf. rate¹〙 *vt.* 〘法律〙 無効にする, 失効させる.

ír·ri·tàt·ed [-tɪd, -təd | -tɪd, -təd] *adj.* **1** 〈人が〉いらいら[じりじり]した, 怒った. **2** 〈皮膚・目など〉(炎症を起こして)ちくちく[ひりひり]する, 荒れた, 赤くなった.

ír·ri·tàt·ing [-tɪŋ | -tɪŋ] *adj.* **1** 腹立たしい, いまいましい, 苛立たしい, じれったい, うるさい 〔*to*〕: an ~ answer, laugh, etc. **2** 刺激する, ちくちく[ひりひり]させる ; 炎症を起こさせる ; 興奮させる. **~·ly** *adv.*

ir·ri·ta·tion [ìrətéɪʃən | ìrɪ-] 〘(?a1425) □ L *irritātiō(n-)* : ⇨ irritate¹, -ation〙 ── *n.* **1** 怒らせること, 激させること, 苛(ʼ)立たせること ; 怒らせるもの, じれったいもの. **2** 怒ること, 苛立ち, 立腹, 癇癪(ʼ) ; 焦燥 : with ~ いらいらして. **3** 〘生理・病理〙 刺激, 興奮(すること, 状態) : cause eye and throat ~*s* 目や喉を刺激する. **4** 刺激物.

ir·ri·ta·tive [írətèɪtɪv | írɪtèɪt-] *adj.* **1** 刺激する, 興奮させる. **2** 〘病理〙 刺激に伴う[によって起こる], 刺激性の ; 興奮性の : an ~ cough, fever. **~·ness** *n.*

ir·ro·rate [írərèɪt, ɪróʊrət, -rɪt | írərèɪt, ɪróʊrət, -rɪt] 〘□ L *irrōrāt-us* (p.p.) ← *irrōrāre* to bedew ← *ir-* ʻIN-¹ʼ + *rōrāre* to drop dew (← *rōs* dew)〙 ── *adj.* 〘動物〙 小斑点のある (speckled).

ír·ro·ràt·ed [-tɪd, -təd | -tɪd, -təd] *adj.* 〘動物〙 = irrorate.

ir·ro·ta·tion·al [ìro(ʊ)téɪʃənl, -ʃnəl | ìrə(ʊ)-] 〘← *ir-* ʻIN-¹ʼ + ROTATIONAL〙 ── *adj.* **1** 回転しない, 無回転の. **2** 〘数学〙 渦なしの, 非回転的な, 層状の《回転が 0 であるベクトルについていう》.

ir·rupt [ɪrʌ́pt, ər- | ɪr-] 〘← L *irrupt-us* (↓)〙 ── *vi.* **1** 突然[力ずくで]侵入する, 乱入する 〔*into*〕. **2** 〈群集などが〉激動する ; 感情を爆発させる. **3** 〘生態〙〈動物が〉(自然の均衡が破れて)大繁殖する.

ir·rup·tion [ɪrʌ́pʃən, ər- | ɪr-] 〘(1577) □ L *irruptiō(n-)* ← *irruptus* (p.p.) ← *irrumpere* ← *ir-* ʻIN-¹ʼ + *rumpere* to break (cf. rupture)〙 ── *n.* **1** 突入, 侵入, 乱入 ; 侵略 : an ~ *of* the Goths *into* Italy ゴート族のイタリア侵入. **2** 〘生態〙(動物の)大繁殖, 激増, 急増.

ir·rup·tive [ɪrʌ́ptɪv, ər- | ɪr-] *adj.* **1** 突入[乱入, 侵入]する. **2** 〘地質〙〈火成岩が〉迸入する (intrusive). **3** 〘生態〙〈動物が〉大繁殖する, 激増[急増]する. **~·ly** *adv.*

IRS, I.R.S. 《略》 Information and Records Section 情報記録部 ; 《米》 Internal Revenue Service.

Ir·tish [ɪətíʃ, ə:- | ɪə:-, ɪə-; *Russ.* irtíʃ] *n.* [the ~] = Irtysh.

ir·tron [ə́:trɑn | ə́:trɔn] 〘← *i*(*nfra*)*r*(*ed*) (*spec*)*tr*(*um*) + -ON²〙 *n.* 〘天文〙 銀河系中心にある強烈な赤外線源.

Ir·tysh [ɪətíʃ, ə:- | ɪə-; *Russ.* irtíʃ] *n.* [the ~] イルトゥシ(川)《Altai 山脈より旧ソ連邦西部を流れて Ob 川に注ぐ川 (3,720 km)》.

Ir·vine [ə́:vɪn, -vən | ə́:vɪn, -vaɪn] 〘⇨ Irving²〙 *n.* 男性名.

Ir·ving [ə́:vɪŋ | ə́:-] 〘ME *Irwine* < OE *Eoforwine* 《原義》 boar-friend〙 *n.* 男性名《異形 Ervin, Erwin, Irvin, Irvine, Irwin》.

Irving, Sir **Henry** *n.* (1838–1905) 英国の俳優 ; Shakespeare 劇の演出・演技で有名.

Irving, Washington *n.* (1783–1859) 米国の随筆家・短編小説家・歴史家 ; *The Sketch Book* (1819–20).

Ir·ving·ite [ə́:vɪŋàɪt | ə́:-] 〘(1836) ← *Edward Irving* + -ITE¹〙 ── *n.pl.* 〘キリスト教〙 [しばしば軽蔑的に] アーヴィング派の人 《1832 年にスコットランドの牧師 Edward Irving (1792–1834) を中心として起こった, 原始教会の職制に帰り, キリストの再臨の切迫を説くプロテスタントの一派 (Catholic Apostolic Church) の人》.

Ir·win [ə́:wɪn, -wən | ə́:wɪn] 〘⇨ Irving〙 *n.* 男性名.

is [ɪz, əz ; iz, íz ; z, ʒ, dʒ 以外の有声音の後ではまた z ; s, ʃ, tʃ 以外の無声音の後ではまた s | ɪz ; ɪz, íz ; z, ʒ, dʒ 以外の有声音の後ではまた z ; s, ʃ, tʃ 以外の無声音の後ではまた s] 〘OE *is* (G & Goth. *ist* / ON *es, er*) < IE **esti* (L *est* / Gk *estí* / Skt *asti*) ← **es-* to exist : ⇨ be¹〙 ── *vi.* be の第三人称単数直説法現在形 (cf. am, are¹).

Is. 《略》 Isaiah (旧約聖書の)イザヤ書.

Is., is. 《略》 island(s) ; isle(s).

is- [aɪs] (母音の前に来る時の) iso- の異形 : *is*energetic, *is*acoustic.

I·sa [áɪsə] 〘(dim.) ← ISABEL〙 *n.* 女性名.

Isa. 《略》 Isaiah (旧約聖書の)イザヤ書.

I·saac [áɪzɪk, -zək | -zək] 〘□ L (Vulgate) *Isaac-us* □ Gk (Septuagint) *Isaák* □ Heb. *Yiṣḥāq* 《原義》 he laughs〙 ── *n.* **1** 男性名《愛称形 Ike》. **2** 〘聖書〙 イサク《ヘブライの族長 ; Abraham と Sarah の子で, Jacob の父 ; cf. *Gen.* 17 : 19 ; 21 : 3 ; 22》.

I·sa·ac [í:zɑ:ɑ:k ; *Du.* í:za:ɑk], **Heinrich** *n.* イザーク 《1450?–1517 ; フランドル楽派の作曲家》.

I·saacs [áɪzɪks, -zəks | -zəks], Sir **Isaac Alfred** *n.* (1855–1948) オーストラリアの法学者 ; オーストラリア総督 (1931–36).

Is·a·bel [ízəbèl] 〘□ F & Sp. ~ ← L *Elisabetha* ʻELIZABETH²ʼ〙 *n.* 女性名.

Is·a·bel·la¹ [ìzəbélə] 〘(1600) □ F *isabelle* : Isabella² の特殊用法 : 俗にスペインの Philip II の王女 Isabella が Ostend 攻略の際, 陥落までは下着を変えぬと誓い, 3 年間その誓いを守ったという故事と連想されるが, 正確な由来は不明〙 ── *n.* 灰黄色 (grayish yellow), 麦わら色 (dull straw color). ── *adj.* 灰黄色の.

Is·a·bel·la² [ìzəbélə] 〘⇨ Isabel〙 *n.* 女性名.

Isabella I *n.* イサベル一世 《1451–1504 ; スペイン Castile と León の女王 (1474–1504) ; Aragon 王 Ferdinand 五世との結婚 (1474 年) によりスペインを統一した ; Columbus の後援者 ; the Catholic または Isabella of Castile と呼ばれた》.

Isabella II *n.* イサベル二世 《1830–1904 ; スペイン女王 (1833–68)》.

Is·a·bel·line [ìzəbélɪn, -lən, -laɪn, -li:n | -lɪn, -làɪn, -li:n] 〘1 : ← *Isabella I* + -INE¹. 2 : ← ISABELLA¹ + -INE¹〙 ── *adj.* **1** (スペイン女王)イサベル一世 (Isabella I) 時代の. **2** [i-] 灰黄色の, 麦わら色の.

is·ab·nor·mal [àɪsəbnɔ́əməl, -zə- | àɪsəbnɔ́:-] 〘← ISO- + ABNORMAL〙 *n.* 〘気象〙 等異常線《標準気象からの偏差が等しい地点を結ぶ地図・海図上の線》.

Is·a·do·ra [ìzədɔ́:rə, -dó:rə | -dɔ́:rə] 〘(fem.) ← ISIDORE〙 *n.* 女性名.

Is·a·dore [ízədɔ̀ə, -dɔ̀ə | -dɔ̀:(r)] 〘⇨ Isidore〙 *n.* 男性名.

i·sa·go·ge [áɪsəgòʊdʒi, ⌣⌣⌣⌣ | áɪsəgəʊdʒi, ⌣⌣⌣⌣] 〘□ L *isagōgē* □ Gk *eisagōgḗ* (↓)〙 ── *n.* (学問の分野などに対する)手引き, 序説 (introduction). **2** = isagogics.

i·sa·gog·ic [àɪsəgɑ́dʒɪk | -gɔ́dʒ-] 〘(1828) □ L *īsagōgicus* □ Gk *eisagōgikós* ← *eisagōgḗ* introduction ← *eis* into + *agōgḗ* leading (← *ágein* to lead : cf. agent)〙 ── *adj.* (特に, 聖書の)手引きの, 序説的な. ── *n.* = isagogics.

i·sa·gog·ics [àɪsəgɑ́dʒɪks | -gɔ́dʒ-] 〘⇨ ↑, -ics〙 *n.* 序論的研究 ; (特に)聖書序論[入門] 《聖書の文献学的研究の準備としてのもの》.

I·sai·ah [aɪzéɪə | -záɪə] 〘□ Heb. *Yᵉšaʿyā́h* ← *Yᵉšaʿyāhū* 《原義》 salvation of Yahweh〙 ── *n.* **1** 男性名. **2** 〘聖書〙 **a** イザヤ 《紀元前 720 年ごろのヘブライの預言者》. **b** (旧約聖書の)イザヤ書 (The Book of Isaiah) (略 Is., Isa.).

I·sa·ian [aɪzéɪən | -záɪ-] *adj.* イザヤ(書)の, イザヤ(書)的な.

I·sa·ian·ic [àɪzeɪǽnɪk | -zaɪ-] *adj.* = Isaian.

I·sai·as [aɪzéɪəs | -záɪ-] *n.* (Douay Bible での) Isaiah のラテン語形.

i·sal·lo·bar [aɪsǽlo(ʊ)bɑ̀ə, -lə- | -lə(ʊ)bɑ̀:(r)] 〘← ISO- + ALLO- + (ISO)BAR〙 ── *n.* 〘気象〙 イサロバール, 気圧等変化線. **i·sal·lo·bar·ic** [aɪsæ̀lo(ʊ)bǽrɪk, -zæ̀l-, -lə-, -bǽr- | -sælə(ʊ)bǽr-] *adj.*

is·al·lo·therm [aɪsǽləθə̀:m | -θə̀:m] 〘← ISO- + ALLO- + -THERM〙 *n.* 〘気象〙 気温等変化線 《一定期間中に同じ気温変化を示した地点を結ぶ天気図上の線》.

is·an·drous [aɪsǽndrəs] 〘← ISO- + -ANDROUS〙 *adj.* 〘植物〙 雄蕊(ʼ)と花弁が同数の.

is·a·nom·al [àɪsənɑ́məl | -nɔ́m-] 〘← ISO- + -*anomal* (《逆成》 ← ANOMALOUS)〙 *n.* 〘気象〙 等偏差線《気温・気圧などの偏差の等しい地点を結ぶ地図・海図上の線》.

is·an·thous [aɪsǽnθəs] 〘← NL *isanthus* : ⇨ iso-, -anthous〙 *adj.* 〘植物〙 整正花 (regular flowers) をもった.

I·sar [í:zɑə | -zɑ:(r ; *G.* í:zar] *n.* [the ~] イーザル(川) 《オーストリア西部からドイツ南部を流れて Danube 川に注ぐ川 (260 km)》.

i·sa·rithm [áɪsərìðəm] 〘← ISO- + (LOG)ARITHM〙 ── *n.* 〘地理〙 等値線 (isopleth) 《地図や海図で気温・高度・水深・人口密度その他の値の等しい地点を結んで引いてある線》.

i·sa·tin [áɪsətɪn, -tən | -tɪn] 〘(1845) ← NL *Isatis* (← L *isatis* □ Gk *isátis* woad) + -IN¹〙 *n.* 〘化学〙 イサチン ($C_8H_5NO_2$) 《インジゴ系染料の一種の中間体》.

-isation *suf.* = -ization.

is·aux·e·sis [àɪsɔ:gzí:sɪs, -sɔ:ksí:-, -səs | -sɪs] 〘← NL ~ : ⇨ iso-, auxesis〙 *n.* 〘生物〙 = isogony.

is·ba [ɪzbɑ́: ; *Russ.* izbá] 〘(1784) □ Russ. *izba* < ORuss. *istŭba* bathing room ← ? Gmc. (cf. OHG *stuba* heated room : ⇨ stove¹)〙 *n.* (ロシヤの)丸太小屋 (log hut), 木造小屋, 百姓家.

ISBN, I.S.B.N. 《略》 〘図書館〙 International Standard Book Number 国際標準図書番号.

ISC, I.S.C. 《略》 International Space Congress ; International Student Conference ; interstate commerce.

Is·car·i·ot [ɪskǽriət, əs- | ɪskǽri-] 〘□ LL *Iscariōta* □ Gk *Iskariṓtēs* □ ? Heb. *iš-qᵉriyōth* man of Kerioth (Palestine の地名) : cf. Gk *sikários* killer〙 ── *n.* **1** イスカリオテ 《キリストを裏切ったユダヤ人 Judas の姓 ; cf. Judas 1 a》. **2** 裏切り者 ; 反逆者 (traitor).

is·che·mi·a [ɪskí:miə, əs- | ɪskí:miə, -mjə] 〘← NL ← Gk *ískhein* to check + -EMIA〙 *n.* (*also* **is·chae·mi·a** [~]) 〘病理〙 虚血, 乏血, 局所貧血.

is·che·mic [ɪskí:mɪk, əs- | ɪs-] *adj.* (*also* **is·chae·mic** [~]) 〘病理〙 虚血(性)の, 乏血(性)の : an ~ heart disease 虚血性心疾患《心筋硬塞など》.

ischia *n.* ischium の複数形.

Is·chi·a [ískiə, ískiə, -kjə ; *It.* ískja] *n.* イスキア(島) 《イタリア南西岸ナポリ湾外の火山島 ; 1883 年大地震があった ; 人口 15,000, 面積 47 km²》.

is·chi·ad·ic [ìskiǽdɪk | -kɪ-] 〘□ L *ischiadic-us* □ Gk *iskhiadikós* ← *iskhíon* (⇨ ischium)〙 *adj.* 〘解剖〙 坐骨の (sciatic), 坐骨神経の.

is·chi·al [ískiəl | -kɪəl, -kjəl] *adj.* 〘解剖〙 = ischiatic.

is·chi·al·gi·a [ìskiǽldʒiə, -dʒə | -kɪǽldʒɪə, -dʒə] 〘← *ischio-* ← (ISCHIUM) + -ALGIA〙 *n.* 〘病理〙 坐骨神経痛.

is·chi·at·ic [ìskiǽtɪk | -kɪǽt-] *adj.* 〘解剖〙 坐骨の(近くにある).

is·chi·op·o·dite [ìskiɑ́pədàɪt | -kɪɔ́p-] 〘← *ischio-* (← ISCHIUM) + *-podite* (⇨ pod-, -ite¹)〙 *n.* 〘動物〙 座節 《節足動物の関節肢の第 3 肢節》.

is·chi·um [ískiəm | -kɪ-] 〘← L ~ ← Gk *iskhíon* hip joint〙 *n.* (*pl.* **is·chi·a** [-kiə | -kɪə]) 〘解剖〙 坐骨.

is·chu·ri·a [ɪskjú(ə)riə, əs- | ɪskjúəriə] 〘□ L *ischūria* □ Gk *iskhouría* ← *iskhein* to check, hold + *oûron* urine : ⇨ -ia¹〙 *n.* 〘病理〙 尿閉.

Is·chy·ro·my·i·dae [ìskɪro(ʊ)máɪədì:, -kə- | -kɪrə(ʊ)máɪɪ-] 〘← NL ~ ← *Ischyromys* (属名 : ← Gk *iskhūrós* strong + *mūs* mouse) + -IDAE〙 ── *n. pl.* 〘動物〙 (齧歯目)イスキロミス科.

Ise, I'se [aɪz] I shall の縮約形. **2** [aɪz] I is (= am) の縮約形 (cf. ye'se).

-ise¹ [⌣⌣(⌣)àɪz, ⌣aɪz] 〘ME □ OF ~ < L *-itiam, -itium, -icium* : cf. -ice, -ess²〙 *suf.* -ice の異形 : exerc*ise*, franch*ise*, merchand*ise*.

-ise² *suf.* = -ize.

is·en·thal·pic [àɪsnθǽlpɪk, -sən-, -zn-, -zən- | -sen-] 〘← ISO- + ENTHALPY + -IC¹〙 *adj.* 〘物理化学〙 等エンタルピー (enthalpy) の.

is·en·tro·pic [àɪsntróʊpɪk, -sən-, -zn-, -zən-, -sen-, -zen-, -trɑ́p- | -sentrɔ́p-] 〘← ISO- + ENTROPY + -IC¹〙 ── *adj.* 〘物理化学〙 等エントロピー (entropy) の[をもった] ; (特に)エントロピーの変化なくして起こる. **ìs·en·tróp·i·cal·ly** *adv.*

I·sère [i:zéə | -zéə(r ; *F.* izɛ:r] *n.* **1** イゼール(県) 《フランス南東部の県 ; 人口 813,000, 面積 7,474 km², 首都 Grenoble》. **2** [the ~] イゼール(川) 《フランス南東部の川 ; アルプスから流れて Rhône 川に注ぐ (290 km)》.

I·seult [ɪsú:lt, ɪz- | i:zú:lt, ɪz-, -sú:lt] 〘ME □ OF *Iseut, Isolt* □ OHG *Isold* ← ? *is* ice + *waltan* to rule : cf. Isolde〙 ── *n.* **1** 女性名. **2** 〘アーサー王伝説〙 イズー, イゾーデ, イゾルデ 《ドイツ語名 Isolde》: **a** アイルランド王の娘で Cornwall 王 Mark の妻 ; Tristram の愛人 ; the Fair or Beautiful Iseult. **b** フランス Brittany 王の娘で Tristram の妻 ; Iseult of the White Hands.

Is·fa·han [ìsfəhɑ́:n, -hǽn] *n.* = Esfahān.

-ish¹ [ɪʃ] 〘OE *-isċ* < Gmc **-iskaz* (Du. & G *-isch*) : cf. L *-iscus* / Gk *-iskós*〙 ── *suf.* 次の意味を表わす形容詞語尾 : **1** 特に, 国民・人種の名称において「…の, …に属する, …性の」の意 : Engl*ish*, Ir*ish*, Frank*ish*. ★ これらの形は名詞に転用されて言語名も表わす. **2** 「…のような, …がかった, …めいた」などの意 : boy*ish*, fever*ish*, wagg*ish*. **3** 悪い意味で「…じみた」の意 : ap*ish*, baby*ish*, monk*ish*. **4** 色彩などを表わす形容詞に付いて「やや…の, 幾分…な」の意 : brown*ish*, cold*ish*, thinn*ish*. **5** 《口語》 時刻・年齢などで「およそ…, …ごろ」の意 : a sixty*ish*, white-haired gentleman 六十がらみの白髪の紳士 / Come at ten*ish* next Monday. 次の月曜 10 時ごろおいでなさい / I'll call on you dinner*ish*. 夕食のころお訪ねしよう.

-ish² [ɪʃ] 〘ME *-ische(n)* (口蓋化) ← *-isse(n)* □ (O)F *-iss-* (原形に *-ir* の語尾をもつ動詞の現在分詞・現在複数語幹) < L *-isc-*〙 ── *suf.* フランス語系の動詞語尾 : fin*ish*, per*ish*, pol*ish*, pun*ish*.

Ish·bo·sheth [ɪʃbóʊʃɪθ, -ʃəθ | ɪʃbəʃèθ, -bɔ-, ɪʃbɔ́ʃeθ, ɪʃbəʊ-] 〘□ Heb. *Īš-bōšeth* 《原義》 man of shame〙 ── *n.* 〘聖書〙 イシボセテ 《Saul の第 4 子で薄命の後継者 ; cf. *2 Sam.* 2–4》.

Ish·er·wood [íʃəwʊ̀d | íʃə(:)-], **Christopher (William Bradshaw-)** *n.* (1904–) 英国生れの米国の小説家・劇作家 ; *Goodbye to Berlin* (1939).

Ísherwood fràming [sỳstem] 〘← *B.F. Isherwood* (1822–1915 : 米国の技師)〙 ── *n.* 〘造船〙 イシャーウッド構造《船の縦通材を多く用いて縦剛性を特に強くする艦船建造法 ; longitudinal framing ともいう》.

I·shi·há·ra tèst [ìʃihɑ́:rə-] 〘← 石原忍 (1879–1963 : 日本の眼科学者)〙 ── *n.* 〘医学〙 石原式色盲検査法 《同名の検査表ないし「英文色盲検査表」を用いる ; Ishihara's test ともいう》.

Ish·ma·el [íʃmiəl, -mèɪəl | -mèɪəl, -mɪəl] 〘□ Heb. *Yišmāʿēl* 《原義》 God hears〙 ── *n.* **1** 〘聖書〙 イシマエル 《Abraham がその侍女 Hagar に生ませた子 ; 妻 Sarah によって母と共に追放された ; cf. *Gen.* 16 : 11》. **2** 〘(1899)〙 世の憎まれ者, 世ののけ者, 追放人, 社会の敵.

Ish·ma·el·ite [íʃmiəlàɪt, -meɪə- | -mɪə-, -mjə-, -meɪə-, -mə-] 〘⇨ ↑, -ite¹〙 ── *n.* **1** イシマエルの子孫 《アラビア人の祖先といわれる》. **2** = Ishmael 2. **Ísh·ma·el·ìt·ish** [-tɪʃ | -tɪʃ] *adj.* **Ísh·ma·el·ìt·ism** [-tɪzm] *n.*

Ish·tar [íʃtɑə | -tɑ:(r)] 〘□ Akkad. *Ištar* : cf. Heb. ʻ*Aštōreth* ʻASHTORETHʼ〙 ── *n.* 〘神話〙 イシュタル 《Babylonia と Assyria の主神 ; 愛・戦争・豊作の女神 ; cf. Astarte, Inanna》.

Ish·va·ra [í:ʃwərə] *n.* **1** 〘ヒンズー教〙 イーシュバラ 《最高神 ; Siva に冠して使うことが多い ; cf. deva²》. **2** 〘哲学〙 人間や宇宙に遍在する聖霊.

Is·i·ac [ísiæk, ízi-, áɪsi- | -sɪ-, -zɪ-] 〘□ L *Īsiac-us* □ Gk *Īsiakós* : ⇨ Isis¹, -ac〙 *adj.* 豊穣と受胎の女神イシス (Isis) の, イシス崇拝の.

I·si·a·cal [ɪsáɪəkəl, əs-, aɪs- | ɪs-, aɪs-] *adj.* = Isiac.

isidia *n.* isidium の複数形.

i·sid·i·oid [aɪsídiɔ̀ɪd | -dɪ-] 〖← ISIDI(UM)＋-OID〗 *adj.* 〘植物〙 針芽 (isidium) の, 針芽状の.

i·sid·i·um [aɪsídiəm | -dɪ-] 〖← NL ～ ← *Isid-* (⇨ Isis¹)＋-IUM: その形状が Isis の日輪と角の頭飾りに似ているところから〗 ― *n.* (*pl.* **i·sid·i·a** [-diə | -dɪə]) 〘植物〙 針芽, 裂芽 《地衣類の無性生殖器官の一つ》.

Is·i·dor [ízədɔ̀ə, -dòə | ízɪdɔ̀ː(r, -zə-] *n.* ＝Isidore.

Is·i·do·ra [ìzədɔ́ːrə, -dóːrə | ìzɪdɔ́ːrə] 〖(fem.) ← ISIDORE〗 *n.* 女性名 《異形 Isadora》.

Is·i·dore [ízədɔ̀ə, -dòə | ízɪdɔ̀ː(r] 〖□F ～ □L *Īsidōrus* □Gk *Īsidōros* ← *Îsis* 'ISIS¹'＋*dôron* gift〗 *n.* 男性名 《異形 Isidor, Isadore》. ★ 米国に多い.

Ísidore of Seville, Saint *n.* (セビリヤの)イシドルス 《560?–636; スペイン Seville の大司教; 歴史家·百科辞典編纂(さん)者》.

i·sin·glass [áɪzŋglæ̀s, -zɪŋ- | -zɪŋglɑ̀ːs] 〖(1545) *isonglass* (変形) ← MDu. *huisenblas* (cf. G *Hausenblase*) ← *huso* sturgeon＋*blas* bladder (← Gmc **blēs-* to blow: cf. blast): *-glass* ← *-blas* は GLASS の影響による変形〗 ― *n.* **1** アイシングラス 《魚類の浮袋から造り, 水を加え加熱してゼラチンを造る; 清澄剤·宝石の接着剤に用いる》. **2** 〘鉱物〙 雲母(うんも) (mica). **3** 寒天.

I·sis¹ [áɪsɪs, -səs | -sɪs] 〖□L *Īsis* □Gk *Îsis* □Egypt. *'Ese* ＝*Ást* ← *Ås-* 《原義》 seat＋*-t* (fem. suf.): cf. Osiris〗 ― *n.* 〘エジプト神話〙 イシス 《豊穣と受胎の女神; Osiris の妹で妻; Horus の母; 古代エジプトで最も広く信仰された》.

Isis¹

I·sis² [áɪsɪs, -səs | -sɪs] 〖ME *Isa* ← *Tamise, Tamesis* (*Thames* の古形)〗 *n.* [the ～] (イングランド Oxford 付近の) Thames 川上流の名.

Is·ken·de·run [ɪskɛ̀ndərúːn, ―⌣―⌣; *Turk.* iskéndɛrun] *n.* イスケンデルン 《トルコ南部 Iskenderun 湾に臨む港市; 人口 82,000; 旧名 Alexandretta》.

Iskenderun, the Gulf of *n.* イスケンデルン湾 《トルコ南部地中海東部の湾; 旧名 the Gulf of ALEXANDRETTA》.

Isl., isl. 《略》 island; isle.

Is·lam [ɪslɑ́ːm, ɪz-, -lǽm, ―⌣ | ízlɑːm, -læm, -ləm, ɪzlɑ́ːm, ɪs-] 〖(1613) □ Arab. *islām* submission (to the will of God) ← *áslama* to submit oneself ← *sálima* to be safe: cf. Moslem, salaam〗 ― *n.* **1** イスラム教, マホメット教, 回教. **2** イスラム教の世界; 回教文化 [文明].

Is·la·ma·bad [ɪslɑ́ːməbɑ̀ːd, ɪzlǽməbæ̀d] *n.* イスラマバード 《パキスタン北東部にある同国の首都; 人口 78,000; cf. Rawalpindi》. 「の.

Is·lam·ic [ɪslǽmɪk, ɪz- | ɪz-, ɪs-] *adj.* イスラム教(徒)

Islámic cálendar *n.* イスラム暦 《Muhammadan calendar ともいう》. ★ 12 の太陰月から成るイスラム教徒の暦法 (cf. Jewish calendar). Muhammad の Mecca から Medina への移住の日 (紀元 622 年 7 月 16 日金曜日 ⇨ Hegira, A.H.) から起算する; この暦法によれば 1 年は 354 日 (うるう年 355 日) で 12 か月は 1 か月交互に 30 日, 29 日 (うるう年に限り第 12 月は 30 日) となる; 各月の名は次の通り: Muharram, Safar, Rabi I, Rabi II, Jumada I, Jumada II, Rajab, Sha'ban, Ramadan, Shawwal, Dhu'l-Qa'dah, Dhu'l-Hijja.

Islámic Repúblic of Mauritánia *n.* [the ～] モーリタニア回教共和国 《Mauritania の公式名》.

Is·lam·ics [ɪslǽmɪks, ɪz- | ɪz-, ɪs-] *n.* [単数または複数扱い] イスラム教研究.

Is·lam·ism [ɪslɑ́ːmɪzm, ɪz-, -lǽm-, ízləmɪzm, ís- | ízləmɪzm] 〖(1747) ← ISLAM＋-ISM〗 ― *n.* イスラム [マホメット] 教信仰 (Muhammadanism). **Is·lám·ist** [-mɪst, -məst | -mɪst] *n.*

Is·lam·ite [ɪslɑ́ːmaɪt, ɪz-, -lǽm-, ízləmàɪt, ís- | ízləmàɪt] 〖(1821) ← ISLAM＋-ITE¹〗 *n.* イスラム教徒.

Is·lam·it·ic [ìzləmítɪk, ìs- | ìzləmɪ́t-] *adj.* イスラム [マホメット] 教信仰の[に関する]; イスラム教的な.

Is·lam·ize [ízləmàɪz, ís-, ɪslɑ́ːmaɪz, ɪz-, -lǽm- | ízləmàɪz] *vt.* イスラム化する; …にイスラム教を信奉させる. **Is·lam·i·za·tion** [ìzləmɪzéɪʃən, ìs-, ɪslɑ̀ːm-, ɪz-, -læ̀m-, -mə- | ìzləmaɪ-, -mɪ-] *n.*

is·land [áɪlənd] 〖OE *īland, ī(e)ġland* ← *īġ, īeġ* island, 《原義》 watery land (＜Gmc **aʒwjō* water (ON *ey* island / OE *ēa* water, river / G *Aue* 《古》 water-meadow, river-island) ← IE **akwa* water (L *aqua*))＋*land* 'LAND': *-s-* は ISLE からの類推で 16C 末頃から一般化した〗 ― *n.* **1** 島: ⇨ floating island 1. **2** 島のようなもの: **a** (街路上の)安全地帯 (cf. refuge 2 c): a safety [street, traffic] ～. **b** 孤立した丘[地面など]; 孤丘, 島状丘陵. **c** 《米·カナダ》 大草原中の森林地. **d** 〘鉄道〙 ＝island platform. **3** 〘生理·解剖〙 (組織の)島(細胞群) (cf. ISLETS of Langerhans, insular 6). **4** 〘海事〙 (航空母艦の)司令塔, アイランド 《艦橋·砲台·煙突などを飛行甲板の右舷(げん)中央部に取りまとめた構造物》. **5** 孤立した人種集団. **6** 〘言語〙 言語島 (speech island).

island of Reil [the ―] 〘解剖〙 島, ライル島 《大脳皮質の三角部; insula ともいう》. 「称》.

Island of Saints [the ―] 聖人島 《アイルランドの別

islands of Langerhans [the ―] 〘解剖〙 ＝ISLETS of Langerhans.

Islands of the Blessed [Blest] [the ―] 〘ギリシャ神話〙 極楽島 《善人が死後移り住むといわれる大洋のはるか西方にある島》.

― *attrib. adj.* 島の; 島国の; 島のような, 島状の: an ～ empire 島帝国 / our ～ story わが国の物語, 英国の歴史 (cf. A. Tennyson, *Ode to the Death of the Duke of Wellington* viii).

― *vt.* **1** 島にする; …に島を散在させる. **2** 〔…を〕…に島のように点在させる 〔*with*〕. **3** 島(のような所)に置く; 隔離する, 孤立させる (isolate).

Ís·land [*Iceland.* íːsland] *n.* イースラント 《アイスランド (Iceland) のアイスランド語名》.

ís·land·er *n.* 島の住民, 島民; 島国民.

ísland-hòp *vi.* 《米》 島伝いに行く; (特に)島伝いに攻撃する, 島伝い戦法をとる. **ísland-hòp·ping** *n.*

ísland·man [-mən] *n.* (*pl.* **-men** [-mən, -mèn]) 《アイル》 ＝islander.

ísland plàtform *n.* 〘鉄道〙 島式プラットホーム, 両側[面]ホーム 《上り下り両線の発着に併用される》.

ísland úniverse *n.* 〘天文〙 島宇宙 《銀河系外星雲》.

isle [áɪl] 〖(?c1225) *i(s)le* □OF *i(s)le* (F *île*) ＜L *insulam* island ← ? (*terra*) *in salō* (land) in the open sea〗 ― *n.* **1** 小島. **2** 島 (island). ★ 特に詩語として, または散文では固有名詞の一部として用いる: the *Isle* of Wight / the British *Isles.* ― *vt.* 《詩》 **1** 島に[島のように]する. **2** 島(のような所)に置く; 隔離する. ― *vi.* 島 (isle) に住む.

Isle of Ely [the ―] ⇨ the Isle of ELY.

Isle of Man [the ―] ⇨ the Isle of MAN.

Isle of Pines [the ―] ⇨ the Isle of PINES.

Isle of Saints [the ―] ＝ISLAND of Saints.

Isle of Thanet [the ―] ⇨ the Isle of THANET.

Isle of Wight [the ―] ⇨ the Isle of WIGHT.

Ísle Róy·ale [-rɔ́ɪ(ə)l] 〖□F ～ 'royal island'〗 *n.* 米国 Michigan 州, Superior 湖中の島 (⇨ Isle Royale National Park).

Ísle Róyale Nátional Párk *n.* アイルロイヤル国立公園 《米国 Michigan 州北部 Superior 湖中にあり, Isle Royale および付近の島々からなる, 1940 年指定; 面積 2,183 km²》.

is·let [áɪlɪt, -lət | áɪlɪt, -lət, -let] 〖(1538) □OF *islette* (F *îlette*) (dim.) ← *isle*: ⇨ isle, -et〗 ― *n.* 小島; 小島に似たもの 《斑点(はんてん)·斑紋など》: an ～ of verdure in a desert 砂漠の中の緑地.

islets of Langerhans [the ―] 〘生理·解剖〙 ランゲルハンス島 《インシュリンを分泌する膵(すい)の細胞群; the islands of Langerhans ともいう; cf. insular 6》.

Is·ling·ton [ízlɪŋtən] 〖OE *Ġislandūn* ← *Ġislan dūn* Gisla's hill〗 *n.* Greater London Borough の一区; 人口 179,000.

Isls., isls. 《略》 islands.

ism [ízm] 〖(1789) ← -ISM〗 *n.* 《口語》 [しばしば軽蔑的に] 主義, 学説, イズム (doctrine) (cf. doxy¹): an age of ～s イズム(いろいろ難しい理論)の多い時代.

-ism [⌣―ɪzm, ―ɪzm] 〖ME □(O)F *-isme* □L *-ismus, -isma* □Gk *-ismós, -isma* ← *-izein* '-IZE'＋*-m-* (抽象名詞語尾): cf. G *-ismus*〗 ― *suf.* 次の意味を表わす抽象名詞を造る: **1** -ize, -ise で終わる動詞に対応する名詞を造り, 行為·結果を表わす: bapti*sm*, catech*ism*, ostrac*ism*. **2** 典型的行動, 状態, 作用: barbar*ism*, hero*ism*, pauper*ism*. **3** 学説, 主義, 信仰: Calvin*ism*, Darwin*ism*, sceptic*ism*. **4** 特性, 特徴: American*ism*, Gallic*ism*, manner*ism*, patriot*ism*. **5** 病的状態: alcohol*ism*, morph*ism*.

Is·ma·il [ɪsmɑ́ːiːl | ìzmɑːíːl, ìs-, ìzmɪl, -meɪl] 〖□Arab. *Ismā'īl*: cf. Ishmael〗 *n.* イスマイル 《?–760; Shi'a 派第六代教主の長子》.

Is·ma·il·i [ìzmɑːíːli, ìs-, -mə- | -lɪ] *n.* ＝Ismailian.

Is·ma·il·i·an [ìzmɑːíːliən, ìs-, -məíː- | -lɪən, -ljən] 〖← ISMAIL＋-IAN〗 *n.* 〘イスラム教〙 イスマイル派 (Ismailiya) の信徒 《Ismaili ともいう》.

Is·ma·i·li·ya [ìsmɑːiːlíːjɑː] 〖□ Arab. *Ismā'īlīya* ← *Ismā'īl* 'ISMAIL'＋*-ī* (adj. suf.)＋*-ya* (名詞化の suf.)〗 ― *n.* [the ～] 〘イスラム教〙 イスマイル派 《秘教的哲学を信奉し, Ismail を第七代教主であると唱えたイスラム教 Shi'a 派の一分派》.

Ismáil Pásha *n.* イスマイル パシャ 《1830–95; エジプトの総督 (1863–79), 1867 年より副王 (khedive Ismail) と呼称変わる》.

is·me·ne [ɪzmíːniː] 〖← NL ～ ← L *Ismēnē* □Gk *Isménē* (Oedipusの娘)〗 *n.* 〘植物〙 ＝Peruvian daffodil.

is·n't [íznt] 《口語》 is not の縮約形.

I.S.O. 《略》 Imperial Service Order 《英》 文官勲功章; International Standardization Organization, International Organization for Standardization 国際標準化機構; International Sugar Organization 国際砂糖機関.

i·so- [áɪsoʊ, -sə | -sə(ʊ)] 〖← NL ～ ← Gk *ísos* equal〗 ― 主に学術用語として次の意味を表わす連結形 (↔ aniso-): **1** 「等しい, 同一の」: *iso*chromatic, *iso*morph. **2** 〘化学〙 「同質異性体の」: *iso*alloxazine, *iso*butane. ★ 母音の前では通例 is- になる.

ìso·agglutinátion 〖⇨↑, agglutination〗 *n.* 〘医学〙 (血液型などの)同種[同系, 種族内]血球凝集反応[現象]. **ìso·agglútinative** *adj.*

ìso·agglútinin 〖← ISO-＋AGGLUTININ〗 *n.* 〘医学〙 (血液型などの)同種凝集素.

ìso·allóxazine *n.* 〘生化学〙 イソアロキサジン 《アロキサジンの異性体; 窒素原子に水素原子の付いている位置が異なる; フラビン類の一部を構成する》.

ìso·ámyl 〖← ISO-＋AMYL〗 *n.* 〘化学〙 **1** イソアミル (⇨ isopentyl). **2** ＝amyl.

isoámyl ácetate *n.* 〘化学〙 酢酸イソアミル ($CH_3CO_2C_5H_{11}$) 《酢酸アミル (amyl acetate) の異性体の一つ; 芳香のある無色の液体で, フルーツエッセンスなどに用いられる; banana oil, pear oil ともいう》.

isoámyl álcohol *n.* 〘化学〙 イソアミルアルコール: **a** ＝isopentyl alcohol. **b** ＝amyl alcohol.

isoámyl bénzoate *n.* 〘化学〙 イソアミル安息香酸塩 ($C_6H_5COOCH_2CH_2(CH_3)_2$) 《果実のような強い香りをもつ無色の液体で, 化粧品に用いる》.

isoámyl bénzyl éther *n.* 〘化学〙 イソアミルベンジルエーテル ($(CH_3)_2CHCH_2CH_2OCH_2C_6H_5$) 《石鹸の香料に用いる無色の液体; benzyl isoamyl ether ともいう》.

isoámyl gròup *n.* 〘化学〙 イソアミル基 ($(CH_3)_2CHCH_2CH_2$–) 《isoamyl radical ともいう》.

isoámyl nítrite *n.* 〘化学〙 ＝amyl nitrite.

isoámyl ràdical *n.* 〘化学〙 ＝isoamyl group.

isoámyl salícylate *n.* 〘化学〙 サリチル酸イソアミル (⇨ amyl salicylate).

ìso·ántibody 〖← ISO-＋ANTIBODY〗 *n.* 〘免疫〙 同種抗体.

ìso·ántigen 〖← ISO-＋ANTIGEN〗 *n.* 〘免疫〙 同種抗原 《isoantibody に対応する》. **ìso·antigénic** *adj.* **iso·antigenícity** *n.*

i·so·bar [áɪsəbɑ̀ə, -so(ʊ)- | -sə(ʊ)bɑ̀ː(r] 〖(1864) □ Gk *isobar-ēs* of equal weight: ⇨ iso-, baro-〗 ― *n.* (*also* **i·so·bare** [-bɛ̀ə | -bɛ̀ə(r)]) **1** 〘気象·物理〙 等圧線. **2** 〘物理·化学〙 同重体 《同一の質量数を有する異種の元素または原子核(同重原子核)》.

i·so·bar·ic [àɪsəbǽrɪk, -so(ʊ)- | -sə(ʊ)-] *adj.* **1** 〘気象〙 等圧の, 等圧を示す; 等圧線の. **2** 〘物理·化学〙 同重体の.

isobáric spín *n.* 〘物理〙 ＝iso spin.

íso·bàse 〖← ISO-＋BASE²〗 *n.* 〘地理〙 イソバース, 等隆起線 《土地の隆起量の等しい地点を結んだ地図上の線》.

i·so·bath [áɪso(ʊ)bæ̀θ, -sə- | -sə(ʊ)-] 〖□ Gk *isobath-ḗs* of equal depth: ⇨ iso-, batho-〗 ― *n.* **1** (海図上の)等深線. **2** 等深度線 《地下の滞水層やある地質層までの地表からの深さの等しい点を結んだ地質学的曲線》. ― *adj.* 深さが等しい; 等深線の.

i·so·bath·ic [àɪso(ʊ)bǽθɪk, -sə- | -sə(ʊ)-] *adj.* ＝isobath.

i·so·bath·y·therm [àɪso(ʊ)bǽθɪθə̀ːm, -sə-, -θə- | -sə(ʊ)bǽθɪθə̀ːm] 〖← ISO-＋BATHY-＋-THERM〗 ― *n.* 海中[地中]等温線 《同じ水深[地下深度]で一定の温度を示す点を結んでできる線を海面[地面]上に描いた線》.

Is·o·bel [ízəbɛ̀l | ízə(ʊ)-] 〖□F. & Sp ～ ← L *Elisabetha* ← 'ELIZABETH²': cf. Isabel〗 *n.* 女性名.

iso·bilatéral *adj.* 2 個の平面によって相称的な二つに分けることのできる.

i·so·bront [áɪso(ʊ)brɑ̀nt, -sə- | -sə(ʊ)brɔ̀nt] 〖← ISO-＋*-bront* (← Gk *brontḗ* thunder)〗 ― *n.* 〘気象〙 同鳴線 《最初の雷鳴が同時に聞こえた地表上の地点を結ぶ線; homobront ともいう》.

ìso·bútane 〖← ISO-＋BUTANE〗 *n.* 〘化学〙 イソブタン ($(CH_3)_3CH$) 《燃料·イソオクタンなどの製造原料などに使う無色の可燃性ガス》.

ìso·bútene 〖← ISO-＋BUTENE〗 *n.* 〘化学〙 ＝isobutylene.

ìso·bútyl 〖← ISO-＋BUTYL〗 *n.* 〘化学〙 イソブチル ($(CH_3)_2CHCH_2$–) 《イソブタンから誘導される 1 価の置換基》.

isobútyl cárbinol *n.* 〘化学〙 イソブチルカルビノール (⇨ isopentyl alcohol).

ìso·bútylene 〖← ISO-＋BUTYLENE〗 ― *n.* 〘化学〙 イソブチレン ($(CH_2)_2C{=}CH_2$) 《オレフィン臭をもつ無色の液化しやすいガスで, ブチル合成ゴムの製造に使う; isobutene ともいう》.

isobútyl própionate *n.* 〘化学〙 プロピオン酸イソブチル ($CH_3CH_2COOCH_2CH(CH_3)_2$) 《無色の液体; ワニス·ペンキなどの溶剤》.

ìso·cárpic 〖← ISO-＋-CARPIC〗 *adj.* 〘植物〙 〈花が〉同数心皮の (cf. anisocarpic).

ìso·cephálic 〖← ISO-＋CEPHALIC〗 *adj.* 〘美術〙 等項の 《絵画や浮彫で, 群像の背丈が等しく頭の線がだいたいそろっている様子》.

ìso·céphalous *adj.* 〘美術〙 ＝isocephalic.

i·so·ceph·a·ly [àɪso(ʊ)séfəli, -sə- | -sə(ʊ)séfəlɪ] *n.* 〘美術〙 等項性 《並列する人物群の頭部を揃える表現》.

i·so·ce·rau·nic [àɪso(ʊ)sɪrɔ́ːnɪk, àɪsə- | -sə(ʊ)-] 〖← ISO-＋*ceraun-* (← Gk *keraun-ós* thunderbolt)＋-IC¹〗 *adj.* 〘気象〙 等雷雨性の[を示す].

i·so·chasm [áɪso(ʊ)kæ̀zm, -sə- | -sə(ʊ)-] 〖← ISO-＋CHASM〗 *n.* 〘気象〙 等出現度数曲線 《オーロラが観測される頻度が同じ地点を結ぶ地図上の線》.

i·so·cheim [áɪso(ʊ)kàɪm, -sə- | -sə(ʊ)-] 〖ISO-＋*-cheim* (← Gk *kheima* winter)〗 *n.* 〘気象〙 冬季等温線, 等寒線. **ì·so·chéi·mal** [-məl] *adj.*

i·so·chime [áɪso(ʊ)kàɪm, -sə- | -sə(ʊ)-] *n.* 〘気象〙 ＝isocheim.

i·so·chor [áɪso(ʊ)kɔ̀ə, -sə- | -sə(ʊ)kɔ̀ː(r] 〖← ISO-＋Gk *khṓra* space〗 ― *n.* (*also* **i·so·chore** [áɪso(ʊ)kɔ̀ə, -sə-, -zo(ʊ)-, -zə-, -kòə | -sə(ʊ)kɔ̀ː(r)]) 〘物理化学〙 等容線,

等積線《ある物質の体積を一定に保った時の温度と圧力の関係を表わす曲線》. **i·so·chor·ic** [àɪso(ʊ)kɔ́:rɪk, -sə-, -kɔ́:r-|-sə(ʊ)kɔ́:r-] *adj.*

ìso·chromátic 〘← ISO-＋CHROMATIC〙 — *adj.* **1** 〘光学〙等色の. **2** 〘物理〙一定の波長[周波数]の. **3** 〘写真〙＝orthochromatic: an ～ film [plate] 整色フィルム[乾板].

i·soch·ro·nal [aɪsɑ́krənl̩, àɪsəkróʊn-|aɪsɔ́krən-] 〘(1680) ← Gk *isókhronos* equal in age or time (← ISO-＋*khrónos* time)＋-AL[1]〙 — *adj.* 等時の, 等時性の; (時間的に)等間隔の. **～·ly** *adv.*

i·so·chrone [áɪso(ʊ)kròʊn, -sə-|-sə(ʊ)krəʊn] 〘(逆成) ↑〙 — *n.* (*also* **iso·chron** [-krɑ̀n|-krɔ̀n]) 〘地理〙等時線《一定の現象が同時に起こる地点, または中心から同じ時間で行ける地点を結ぶ地図上の線》.

i·soch·ro·nism [aɪsɑ́krənɪzm, àɪsəkróʊnɪzm|aɪsɔ́krənɪzm] 〘□F *isochronisme*: ⇨ ↑, -ism〙 *n.* 等時性.

i·soch·ro·nize [aɪsɑ́krənàɪz, àɪsəkróʊnaɪz|aɪsɔ́krənàɪz] *vt.* …に等時性をもたせる[与える], 等時的にする.

i·soch·ro·nous [aɪsɑ́krənəs, àɪsəkróʊ-|aɪsɔ́krə-] 〘(1706) ← ISOCHRON(AL)＋-OUS〙 *adj.* ＝isochronal. **～·ly** *adv.*

isóchronous góvernor *n.* 〘機械〙等時性調速機.

i·soch·ro·ous [aɪsɑ́kroʊəs, àɪsəkróʊ-|aɪsɔ́krəʊ-] 〘ISO-＋-CHROOUS〙 *adj.* 同色の.

i·so·cli·nal [àɪso(ʊ)kláɪnl̩, -sə-|-sə(ʊ)-] 〘← ISO-＋-CLINAL〙 — *adj.* **1** (地磁気の)等伏角(線)の. **2** 〘地質〙等(傾)斜の, 地層が一方に同じく傾く: an ～ valley 等斜谷. — *n.* ＝isoclinic line. **～·ly** *adv.*

i·so·cline [áɪsəklàɪn, -so(ʊ)-|-sə(ʊ)-] 〘← ISO-＋-CLINE〙 *n.* 〘地質〙等斜褶曲(しゅうきょく).

i·so·clin·ic [àɪsəklínɪk, -so(ʊ)-|-sə(ʊ)-] *adj.* 〘地質〙＝isoclinal 2. — *n.* ＝isoclinic line. **ì·so·clín·i·cal·ly** *adv.*

isoclínic líne *n.* (地磁気の)等伏角線 (cf. isogonic line).

ìso·cólon 〘□Gk *isókōl-on* (neut.) ← *isókōlos* of equal members or clauses ← ISO-＋*kôlon* limb: cf. colon[1]〙 — *n.* 〘修辞〙同型句反復(の文)《同じ長さの句を並列構文で反復する技法[文]》.

i·soc·ra·cy [aɪsɑ́krəsi|-sɔ́krəsi] 〘(1652) □Gk *isokratía* equality of power: ⇨ iso-, -cracy〙 *n.* 〘政治〙平等参政権; 万民等権政治.

I·soc·ra·tes [aɪsɑ́krətì:z|-sɔ́k-] *n.* イソクラテス《436–338 B.C.; Athens の雄弁家・修辞家》.

i·so·crat·ic [àɪso(ʊ)krǽtɪk, -sə-|-sə(ʊ)krǽt-] *adj.* 〘政治〙平等参政権の, 万民等権的な.

iso·cýanate 〘← *isocyan(ic acid)*＋-ATE[1]〙 *n.* 〘化学〙**1** イソシアン酸塩[エステル]. **2** 一価の基 -NCO を含む化合物《樹脂・接着剤の製造に用いる》.

ìso·cyánic ácid 〘*isocyanic*: ← ISO-＋CYANIC〙 *n.* 〘化学〙イソシアン酸 (HNCO)《無色揮発性の液体; carbimide ともいう》.

ìso·cýanide 〘← ISO-＋CYANIDE〙 *n.* 〘化学〙イソシアン化物《NC 群を含む有機化合物; carbylamine ともいう》.

ìso·cýanine 〘← ISO-＋CYANINE〙 *n.* 〘化学・写真〙イソシアニン《シアニン色素の一種; 写真乳剤に添加し, 長波長光の感度を増す》.

ìso·cýano 〘← ISO-＋CYANO〙 *adj.* 〘化学〙イソシアン基を含む.

ìso·cýclic 〘← ISO-＋CYCLIC〙 *adj.* 〘化学〙同素環式の《構成元素が同一元素の環の[からなる]; cf. carbocyclic, heterocyclic》.

ìso·diamétric 〘← ISO-＋DIAMETRIC〙 *adj.* **1** 〘物理・生物〙等直径の; 等軸の. **2** 〘結晶〙等側軸の: ～ crystals.

ìso·dimórphism 〘← ISO-＋DIMORPHISM〙 *n.* 〘結晶〙異質同像[同形]. **ìso·dimórphous** *adj.*

i·so·dom·ic [àɪsədɑ́mɪk, -so(ʊ)-|-sə(ʊ)dɔ́m-] 〘← L *isodomum* (□Gk *isódomon* ← *isódomos* with equal layers or rows)＋-IC[1]: ⇨ iso-, dome〙 — *adj.* 〘建築〙切石整層積みの.

i·so·dont [áɪsədɑ̀nt, -so(ʊ)-|-sə(ʊ)dɔ̀nt] 〘← ISO-＋-ODONT〙 *adj.* 〘動物〙等歯性の.

i·so·dose [áɪsədòʊs, -so(ʊ)-, -zə-, -zo(ʊ)-|-sə(ʊ)dəʊs] 〘← ISO-＋DOSE〙 *adj.* 〘化学・生物〙等線量の, 等放射能汚染地点[域]の: an ～ chart.

i·so·dros·o·therm [àɪso(ʊ)drɑ́səθə̀:m, -sə-|-sə(ʊ)drɔ́səθə̀:m] 〘← ISO-＋Gk *drósos* dew＋-THERM〙 — *n.* 〘気象〙等露点温度線《露点温度の等しい地点を結ぶ天気図上の線》.

ìso·dynámic 〘← ISO-＋DYNAMIC〙 *adj.* 〘磁気〙等力の; 等磁力の.

ìso·dynámical *adj.* 〘磁気〙＝isodynamic.

isodynámic líne *n.* 〘磁気〙等磁力線《isogam ともいう》.

ìso·elástic 〘← ISO-＋ELASTIC〙 *adj.* 〘物理〙〈物質が〉等弾力性の.

ìso·eléctric 〘← ISO-＋ELECTRIC〙 *adj.* 〘化学〙等電の.

isoeléctric póint *n.* 〘化学〙等電点.

ìso·electrónic 〘← ISO-＋ELECTRONIC〙 *adj.* 〘物理〙〈原子・イオンが〉(核の外に)同数の電子をもつ. **ìso·electrónically** *adv.*

ìso·énzyme 〘← ISO-＋ENZYME〙 *n.* 〘化学〙＝isozyme. **ìso·enzymátic** *adj.* **ìso·enzýmic** *adj.*

I·so·e·ta·les [àɪso(ʊ)ətéɪli:z, -sə-|-sə(ʊ)ɪ-] 〘← NL ～ ← *Isoetes* (属名: ↓)＋-ALES〙 *n. pl.* 〘植物〙ミズニラ目.

i·so·e·tes [aɪsóʊətì:z|-sə́ʊɪ-] 〘← NL ～ ← L *īsoetes* houseleek □Gk *isoetés* equal in years ← ISO-＋*étos* year〙 — *n.* 〘植物〙**1** [I-] ミズニラ属《清水中に生えるニラのような形をしたシダ植物の一属》. **2** ＝quillwart.

i·so·flor [áɪso(ʊ)flɔ̀ə, -sə-|-sə(ʊ)flɔ̀:(r] 〘← ISO-＋FLOR(A)〙 *n.* 〘生態〙等分布線《ある種または属などの分布数の同じ地点を結ぶ線》.

i·so·gam [áɪsəgæ̀m, -so(ʊ)-|-sə(ʊ)-] 〘← ISO-＋-GAM〙 *n.* 〘磁気〙＝isodynamic line.

ìso·gaméte 〘← ISO-＋GAMETE〙 *n.* 〘生物〙同形配偶子 (↔ heterogamete). **ìso·gamétic** *adj.*

i·sog·a·mous [aɪsɑ́gəməs|-sɔ́g-] *adj.* 〘生物〙同形配偶子によって生殖する (cf. heterogamous 1).

i·sog·a·my [aɪsɑ́gəmi|-sɔ́gəmi] 〘← ISO-＋-GAMY〙 *n.* 〘生物〙同形配偶子生殖, 同形配偶 (↔ anisogamy; cf. heterogamy).

i·so·gen·ic [àɪso(ʊ)dʒénɪk, -sə-|-sə(ʊ)-] *adj.* 〘生物〙同一遺伝子の[に関する, に起因する].

i·sog·e·nous [aɪsɑ́dʒənəs|-sɔ́dʒɪ-] *adj.* 〘生物〙同原の.

i·sog·e·ny [aɪsɑ́dʒəni|-sɔ́dʒɪni] 〘← ISO-＋-GENY〙 *n.* 〘生物〙同原.

ìso·géotherm 〘← ISO-＋GEO-＋-THERM〙 *n.* 〘地質〙等地温線. **ìso·geothérmal** *adj.* **ìso·geothérmic** *adj.*

i·so·gloss [áɪsəglɑ̀s, -so(ʊ)-, -glɔ̀(:)s|-sə(ʊ)glɔ̀s] 〘← ISO-＋Gk *glôssa* tongue, word, speech: ⇨ gloss[1]〙 — *n.* 〘言語〙**1 a** 等語線《ある言語的特徴をもつ地域と, それをもたない地域との間に引かれる線》. **b** (地図上に示されたその)等語線. **2** 共通言語特徴《一定地域の多数の人が共有する言語特徴》. **i·so·gloss·al** [àɪsəglɑ́səl, -so(ʊ)-, -glɔ́(:)s-|-sə(ʊ)glɔ́s-] *adj.*

i·so·gon [áɪso(ʊ)gɑ̀n, -sə-|-sə(ʊ)gən] 〘← ISO-＋-GON〙 *n.* 〘数学〙等角多角形.

i·sog·o·nal [aɪsɑ́gənl̩, àɪsəgóʊnl̩|aɪsɔ́gə-] *adj., n.* ＝isogonic.

i·so·gone [áɪso(ʊ)gòʊn, -sə-|-sə(ʊ)gəʊn] 〘↓〙 *n.* ＝isogonic line.

i·so·gon·ic [àɪsəgɑ́nɪk, -so(ʊ)-|-sə(ʊ)gɔ́n-] 〘← Gk *isogṓnios* having equal angles＋-IC[1]: ⇨ iso-, gon-〙 — *adj.* **1** 〘磁気〙等偏角の. **2** 等比成長の[に関する]. — *n.* ＝isogonic line.

isogónic líne *n.* (地磁気の)等偏角線, 等方位角線 (cf. aclinic line, agonic line, isoclinic line).

i·sog·o·ny [aɪsɑ́gəni|-sɔ́gəni] 〘← ISO-＋-GONY〙 *n.* 〘生物〙等比成長《生物の各部分の相対的な大きさの差が一定であるように成長すること; cf. heterogony》.

ìso·grádient 〘← ISO-＋GRADIENT〙 *n.* 〘気象〙等傾度線《気温・気圧など気象条件が同じ曲線を描く地点を結ぶ天気図上の線》.

íso·gràft 〘← ISO-＋GRAFT[1]〙 *n.* 〘外科〙同種移植片 (cf. homograft).

i·so·gram [áɪsəgræ̀m, -so(ʊ)-|-sə(ʊ)-] 〘← ISO-＋-GRAM〙 *n.* 〘気象・地理〙(地図上の)等値線.

íso·gràph 〘← ISO-＋-GRAPH〙 — *n.* **1** 〘言語〙等語線《共通の言語的特徴を示す地図上の線》. **2** 〘電算機〙アイソグラフ《n 次代数方程式の複素根を求める単能アナログ計算機》. **ìso·gráphic** *adj.*

i·so·griv [áɪsəgrìv, -so(ʊ)-|-sə(ʊ)-] 〘← ISO-＋GRIV(ATION)〙 — *n.* 〘海事〙(地磁気の)等偏差曲線《地球表面における真子午線と磁気子午線のなす角すなわち偏差 (variation, grivation, grid-variation) の等しい点を結んで作った曲線》.

i·so·ha·line [àɪso(ʊ)héɪli:n, -sə-, hǽl-, -laɪn|-sə(ʊ)-] 〘← ISO-＋Gk *hálinos* salty (⇨ halo-)＋-INE[1]〙 *n.* 〘海洋〙等塩分線《塩分が等しい点を結ぶ海図上の線》.

i·so·hal·sine [àɪso(ʊ)hǽlsi:n, -sə-, -saɪn|-sə(ʊ)-] 〘← ISO-＋-*halsine* (← Gk *háls* salt)〙 *n.* ＝isohaline.

i·so·hel [áɪso(ʊ)hèl, -sə-|-sə(ʊ)-] 〘← ISO-＋Gk *hḗlios* sun〙 *n.* 〘気象〙等日照線.

ìso·hemólysis 〘← NL ～ ← ISO-＋HEMOLYSIS〙 *n.* 〘医学〙同種溶血.

i·so·hume [áɪso(ʊ)hjù:m, -sə-|-sə(ʊ)-] 〘← ISO-＋HUM(IDITY)〙 *n.* 〘気象〙等湿度線《湿度が等しい地点を結ぶ地図上の線》.

i·so·hy·et [àɪso(ʊ)háɪɪt, -sə-, -háɪət|-sə(ʊ)-] 〘← ISO-＋Gk *huetós* rain〙 *n.* 〘気象〙等降水量線. **～·al** [-t̬l|-tl̩] *adj.*

ìso·immunizátion 〘← ISO-＋IMMUNIZATION〙 — *n.* 〘免疫〙同種免疫(を生じること)《同一種の動物間で抗体を生じた場合をいう; 例えば, 人間同士で血液型が違うために生じるような場合》.

ìso·iónic póint *n.* 〘化学〙等イオン点.

i·so·ke·rau·nic [àɪso(ʊ)kɪrɔ́:nɪk, -sə-, -kə-|-sə(ʊ)kɪ-] *adj.* 〘気象〙＝isoceraunic.

i·so·la·ble [áɪsələbl̩, ís-|áɪsə(ʊ)-] 〘← ISOL(ATE)＋-ABLE〙 *adj.* 孤立させることができる, 隔離できる.

i·so·lat·a·ble [áɪsəlèɪtəbl̩, ís-|áɪsə(ʊ)lèɪt-] *adj.* ＝isolable.

i·so·late 〘(1807) (逆成) ↓: ⇨ insulate〙 — [áɪsəlèɪt, ís-|áɪsə(ʊ)-] *vt.* **1** 孤立させる, 隔てる, 離す: ～ oneself *from* all society 世間と一切の交際を絶つ, 隠遁する / The flood ～*d* the town. 洪水でその町は孤立した. **2** 〘医学〙〈伝染病患者などを〉隔離する. **3** 〘電気〙絶縁する (insulate). **4** 〘電子工学〙〈同一基板上に作る素子を〉(相互に)分離する. **5** 〘化学〙単独に取り出す, 単離[遊離]する. **6** 〘細菌〙〈細菌などを〉分離(培養)する. — [-lət, -lɪt, -lèɪt] *adj.* ＝isolated. — [-lət, -lɪt, -lèɪt] *n.* 孤独者, 隔離集団.

í·so·làt·ed [-t̬ɪd, -t̬əd|-tɪd, -təd] 〘(1763) □F *isolé* □It. *isolato* (p.p.) < LL *īnsulātus* made into an island ← L *īnsula* 'ISLE'〙 — *adj.* **1** 孤立した; 隔離された: an ～ house 離れ家, 一軒家 / some ～ instances (まとまっていないで)ばらばらで孤立したいくつかの実例 / stand ～ 孤立する / an ～ patient 隔離患者. **2** 〘化学〙単離した. **3** 〘電気〙絶縁した, 非接地の: ～ system 非接地電力系統. **4** 〘数学〙孤立の.

isolated cámera *n.* 〘テレビ〙(スポーツ実況放送などで)特定の場面を必要に応じてすぐに再現して見せるビデオテープ用カメラ.

isolated póint *n.* 〘数学〙**1** (位相空間の)孤立点《その点だけから成る集合がその近傍であるような点》. **2** (曲線の)孤立点 (acnode).

í·so·làt·ing lànguage [-t̬ɪŋ-|-tɪŋ-] *n.* 〘言語〙孤立言語, 孤立語《中国語などのように語が文法的関係を表わす語形変化をもたない言語; cf. agglutinative language, inflectional language》.

isolating mèchanism *n.* 〘生物〙隔離機構《生物の 2 群の間で互いに交雑することを妨げ, その結果この 2 群が将来, 例えば一つの種の中の二つの品種として分化する原因となる機構; 地理的に分布が異なること, 生理や生態が互いに異なること, 交尾器の形態が違い交雑できぬことなど》.

i·so·la·tion [àɪsəléɪʃən, ìs-|àɪsə(ʊ)-] 〘(1833) □F ～: ⇨ isolate, -ation〙 — *n.* **1** 隔離, 分離; 孤立, 孤独(の状態); 交通遮断(しゃだん): in ～ 分離して; 孤立して / the ～ *of* A *from* B A を B から分離すること. **2 a** (政策による国家の国際的)孤立: splendid [glorious] ～ (英国が 19 世紀末とった)光輝ある孤立《G. E. Foster が 1896 年カナダ議会で演説した文句から》. **b** 超然と他から離れていること. **3** 〘医学〙(細菌などの)分離; (伝染病患者の)隔離: ⇨ isolation hospital, isolation ward. **4** 〘精神分析〙隔離. **5** 〘社会学〙孤立 (social isolation). **6** 〘化学〙単離, 遊離. **7** 〘電気〙絶縁. **8** 〘電子工学〙(素子)分離. **9** 〘生物〙隔離.

isolátion bòoth *n.* (テレビのスタジオ内の)隔離防音室.

isolátion hòspital *n.* (伝染病)隔離病院.

ì·so·lá·tion·ism [-ʃənɪzm] *n.* (国家の政治的・経済的・国際的)孤立主義[政策].

ì·so·lá·tion·ist [-ʃ(ə)nɪst, -nəst|-nɪst] *n.* 孤立主義者. — *adj.* 孤立主義の.

isolátion wàrd *n.* 隔離病棟[病室].

i·so·la·tive [áɪsəlèɪt̬ɪv, ís-|áɪsələt-, -sə(ʊ)lèɪt-] *adj.* **1** 孤立[隔離](的)の. **2** 〘言語〙〈音韻変化が〉孤立的に生じる, 孤立性の (cf. combinative 4): an ～ change 孤立的変化《例えば OE *stān* から ModE *stone* への変化など》. **～·ly** *adv.*

í·so·là·tor [-t̬ə|-tə(r] *n.* **1** 隔離する人[もの]; 騒音[振動]防止装置. **2** 〘電気〙絶縁体 (insulator).

I·sol·da [ɪzóʊldə, əz-|ɪzɔ́l-] 〘⇨ Iseult〙 *n.* 女性名.

I·sol·de [ɪsóʊldə, əs-|ɪzɔ́ldə; G. i:zɔ́ldə] 〘□G ～: ⇨ Iseult〙 *n.* イゾルデ《Iseult のドイツ語名》.

ìso·lécithal 〘← ISO-＋LECITHAL〙 *adj.* 〘生物〙＝homolecithal.

i·so·lette [àɪsəlét, ìs-|àɪsə-] 〘← *Isollette* (商標名) ← ISOL(ATION)＋(BASSIN)ET〙 *n.* 早産児保育器.

ìso·léucine 〘□G *Isoleucin*: ⇨ iso-, leucine〙 *n.* 〘化学〙イソロイシン ($C_2H_5CH(CH_3)CH(NH_2)COOH$)《各種蛋白質の中にあるアミノ酸の一種》.

íso·lìne *n.* 〘気象・地理〙＝isogram.

isoln. 《略》 isolation.

i·so·log [áɪso(ʊ)lɔ̀(:)g, -sə-, -lɑ̀g|-sə(ʊ)lɔ̀g] *n.* 〘化学〙＝isologue.

i·sol·o·gous [aɪsɑ́ləgəs|-sɔ́l-] 〘← ISO-＋(HOMO)LOGOUS〙 *adj.* 〘化学〙**1** 同級体 (isologue) の. **2** 同級列の.

i·so·logue [áɪso(ʊ)lɔ̀(:)g, -sə-, -lɑ̀g|-sə(ʊ)lɔ̀g] 〘(逆成) ↑〙 *n.* 〘化学〙同級体《同型の構造をもち, 異なる原子または原子団から成る化合物》.

I·solt [ɪsóʊlt, əs-|ɪsə́ʊlt] 〘⇨ Iseult〙 *n.* ＝Iseult.

I·sol·te [ɪsóʊlt̬ə, əs-|ɪsə́ʊltə] 〘⇨ Iseult〙 *n.* ＝Iseult.

ìso·magnétic *adj.* **1** 等磁の. **2** 等磁線の[を示した]. — *n.* 等磁線《地球表面の地磁気の値が等しい地点を結んだ地図上の線》.

i·so·mer [áɪsəmə, -so(ʊ)-|-sə(ʊ)mə(r] 〘□G ～: ⇨ iso-, -mer: スウェーデンの化学者 J. J. Berzelius (1779–1848) の造語〙 — *n.* **1** 〘化学〙異性体. **2** 〘物理〙異性核《原子核の励起状態; nuclear isomer ともいう; cf. isomerism 2》.

i·som·er·ase [aɪsɑ́mərèɪs, -rèɪz|-sɔ́mərèɪs] *n.* 〘化学〙イソメラーゼ《ある化合物を異性化する酵素の一般名》.

i·so·mer·ic [àɪsəmérɪk, -so(ʊ)-|-sə(ʊ)-] *adj.* 〘物理・化学〙異性の. **ì·so·mér·i·cal·ly** *adv.*

i·som·er·ism [aɪsɑ́mərɪzm|-sɔ́m-] *n.* **1** 〘化学〙異性: ⇨ geometric isomerism. **2** 〘物理〙異性, 核異性《原子核の励起状態をさす; 基底状態 (ground state) とはエネルギー・半減期が異なる; nuclear isomerism ともいう; cf. isomer 2》.

i·som·er·i·za·tion [aɪsɑ̀mərɪzéɪʃən, -rə-|-sɔ̀məraɪ-, -rɪ-] *n.* 〘化学〙異性化.

i·som·er·ize [aɪsɑ́məràɪz|-sɔ́m-] *vi., vt.* 〘化学〙異性化する[させる].

i·som·er·ous [aɪsɑ́mərəs|-sɔ́m-] 〘← ISO-＋-MER-

OUS】 ── *adj.* **1** 〘植物〙〈花など〉各部分が等しい数でできている, 等数の (cf. heteromerous): an ～ flower 同数花. **2** 〘動物〙〈昆虫の脚・斑紋(はんもん)模様など〉同数の部分[点]をもっている. **3** 〘物理・化学〙異性の.

i·so·met·ric [àɪsəmétrɪk, -so(ʊ)- | -sə(ʊ)-] 〘← Gk *isometría* of equal measure + -IC¹: ⇨ iso-, metric〙 ── *adj.* **1** 同じ大きさの, 同大の, 等積の, 等角の, 等容の (↔ anisometric). **2** 〘詩学〙等韻律の, 等長性の, 詩脚の規則正しい. **3** 〘生理〙(筋肉の収縮が)等尺性の; アイソメトリックス (isometrics) の: ～ exercise アイソメトリック運動, アイソメトリックス. **4** 〘製図〙(遠近法を無視した)等角投影の. **5** 〘結晶〙等軸の (regular) (cf. anisometric 1): ⇨ isometric system. ── *n.* **1** 等角投影画法, 等距離図法 (isometric drawing). **2** 〘物理化学〙= isometric line. **i·so·mét·ri·cal·ly** *adv.*

i·so·met·ri·cal [àɪsəmétrɪkəl, -so(ʊ)-, -trə- | -sə(ʊ)-métrɪ-] *adj.* = isometric.

isométric dráwing *n.* = isometric 1.

isométric líne *n.* 〘物理化学〙等積線, 等容線《一定体積のもとで圧力・温度の関係を表わす線; 単に isometric, isochor(e) ともいう》.

isométric projéction *n.* **1** 等角投像《物体の三軸が投像面に直角に傾く場合》. **2** 〘数学〙等測投影, 等大射影.

i·so·met·rics [àɪsəmétrɪks, -so(ʊ)- | -sə(ʊ)-] *n.* 〘医学〙アイソメトリックス《等尺性収縮による筋肉鍛練運動》.

isométric sýstem *n.* 〘結晶〙等軸晶系, 立方晶系.

i·so·me·tro·pi·a [àɪso(ʊ)mətróʊpiə, -sə- | -sə(ʊ)mɪtróʊpɪə, -pjə] 〘← NL ～ ← ISO- + METRO-¹ + -OPIA〙 *n.* 〘医学〙両眼屈折力均等, 同視眼.

i·som·e·try [aɪsɑ́mətri | -sɔ́mɪtrɪ, -mə-] 〘← ISO- + -METRY〙 *n.* **1** (額・量の)均等. **2** 〘地理〙(海抜高度の)等高. **3** 〘数学〙等長写像《距離を変えない写像》.

i·so·morph [áɪsəmɔ̀ːf, -so(ʊ)- | -sə(ʊ)mɔ̀ːf] 〘← ISO- + -MORPH〙 *n.* 〘化学・結晶〙(異種)同形体[物].

i·so·mor·phic [àɪsəmɔ́ːfɪk, -so(ʊ)- | -sə(ʊ)mɔ́ː-] *adj.* **1** 〘生物〙異種同形の. **2** 〘化学・結晶〙= isomorphous. **3** 〘数学〙同形の《二つの代数系についてその間に同形写像が存在することにいう; cf. homomorphic 4》.

i·so·mor·phism [àɪsəmɔ́ːfɪzm̩, -so(ʊ)- | -sə(ʊ)mɔ́ː-] 〘← ISO- + -MORPHISM: cf. G *Isomorphismus*〙 ── *n.* **1** 〘結晶〙類質同形《化学組成が類似した物質で, 結晶形と構造が類似していること; 狭義には固溶体を作る二種の物質に用いる》; 同形 (cf. heteromorphism 3, homeomorphism 1). **2** 〘数学〙同形[型]写像, 同形[型] (cf. homomorphism 5). **3** 〘言語〙同型性.

i·so·mor·phous [àɪsəmɔ́ːfəs, -so(ʊ)- | -sə(ʊ)mɔ́ː-] 〘← ISO- + -MORPHOUS〙 ── *adj.* 〘結晶〙類質同形の; 異種同形の; 同形結晶でできる, 等晶形の (cf. isostructural).

isomórphous substitútion *n.* 〘地質〙同形置換.

i·so·neph [áɪsənèf, -so(ʊ)- | -sə(ʊ)-] 〘← ISO- + Gk *néph-os* cloud〙 *n.* 〘気象〙(天気図上の)等雲量線.

i·so·ni·a·zid [àɪsənáɪəzɪd, -so(ʊ)-, -zəd | -sə(ʊ)náɪəzɪd] 〘← *isoni(cotinic acid hydr)azid(e)*: ↓〙 *n.* 〘薬学〙イソニアジド (isonicotinic acid hydrazide の化学名).

ìso·nicotínic ácid hýdrazide 〘*Isonicotinic*: ← ISO- + NICOTINIC〙 ── *n.* 〘薬学〙イソニコチン酸ヒドラジド ($C_5H_4N \cdot CO \cdot NHNH_2$)《結核治療[予防]剤; 略 INH》.

i·son·o·my [aɪsɑ́nəmi | -sɔ́nəmɪ] 〘(1600) ▭ Gk *isonomía*: ⇨ iso-, -nomy〙 *n.* 市民同権, 同権, 権利平等.

ìso·óctane 〘← ISO- + OCTANE〙 *n.* 〘化学〙イソオクタン《ガソリンのアンチノック性 (antiknock) 測定の標準に用いる一種の炭化水素》.

ìso-osmótic *adj.* 〘物理化学〙等侵透圧の.

i·so·pach [áɪsəpæ̀k, -so(ʊ)- | -sə(ʊ)-] 〘← ISO- + Gk *pákh-os* thickness〙 *n.* 〘地質〙(地図上の)等層厚線.

ísopach màp *n.* 〘地質〙等層厚線図《ある地層について, 厚さの等しい点を結んで層厚分布を示した図》.

i·so·pach·ous [àɪsəpǽkəs, -so(ʊ)-, aɪsɑ́pək- | àɪsə(ʊ)pǽk-, aɪsɔ́pək-] 〘⇨ isopach, -ous〙 *adj.* **1** 同じ厚さの. **2** 〘地質〙等層厚線の.

i·so·pag [áɪsəpæ̀g, -so(ʊ)- | -sə(ʊ)-] 〘← ISO- + Gk *pág-os* frost〙 *n.* 〘気象〙等氷結線《冬期ほぼ同日数結氷する地点を結ぶ地図上の線》.

i·so·pec·tic [àɪsəpéktɪk, -so(ʊ)- | -sə(ʊ)-] 〘← ISO- + Gk *pēktik-ós* freezing: ⇨ pectic〙 ── *n.* 〘気象〙等結氷線《冬期ほぼ同時期に結氷し始める地点を結ぶ地図上の線》.

i·sop·e·din [aɪsɑ́pədɪn, -dn̩, àɪsəpíːdn̩, -so(ʊ)- | aɪsɔ́pɪdɪn, àɪsə(ʊ)píːdɪn] 〘← ISO- + Gk *pedín-ós* level〙 *n.* 〘魚類〙硬鱗魚類のうろこの下部の板骨層.

i·sop·e·dine [aɪsɑ́pədɪn, -dən, -dìːn, -dàɪn | -sɔ́pɪdìːn, -dàɪn] *n.* 〘魚類〙= isopedin.

ìso·péntane 〘← ISO- + PENTANE〙 *n.* 〘化学〙イソペンタン ($(CH_3)_2CHC_2H_5$)《高オクタン価ガソリンの成分の一つ》.

ìso·péntyl 〘← ISO- + PENTA- + -YL〙 *n.* 〘化学〙イソペンチル《イソペンタンから誘導される 1 価の原子団 $(CH_3)_2CHCH_2CH_2$-; isoamyl ともいう》.

isopéntyl álcohol *n.* 〘化学〙イソペンチルアルコール ($(CH_3)_2CHCH_2CH_2OH$)《フーゼル油から得られる無色の液体; 不快臭がある; isoamyl alcohol, isobutyl carbinol ともいう》.

i·so·phene [áɪsəfìːn, -so(ʊ)- | -sə(ʊ)-] 〘← ISO- + -*phene* (← Gk *phaínein* to show: ⇨ pheno-)〙 ── *n.* 〘生態〙等季節線, 等態線《開花・排卵などが同時期に起こる地点を結んだ線》.

i·so·phote [áɪsəfòʊt, -so(ʊ)- | -sə(ʊ)fəʊt] 〘← ISO- + Gk *phōt-*, *phōs* light (⇨ photo-)〙 *n.* 〘光学〙被照射面上の等照度の点をむすぶ曲線. **i·so·phot·al** [àɪsəfóʊtl̩, -so(ʊ)-, -zə-, -zo(ʊ)- | -sə(ʊ)fə́ʊtl̩] *adj.*

ìsophthálic ácid 〘← *isophthalic*: ISO- + PHTHALIC〙 *n.* 〘化学〙イソフタル酸 ($C_6H_4(COOH)_2$)《無色結晶状のフタル酸異性体; 合成樹脂・エステル製造の可塑剤として用いる》.

i·so·pi·es·tic [àɪso(ʊ)paɪéstɪk, -sə-, -paɪ- | -sə(ʊ)pɪ-, -paɪ-] 〘← ISO- + Gk *piestós* compressible (← *piézein* to press) + -IC¹〙 〘気象〙 ── *adj.* 等圧の (isobaric). ── *n.* 等圧線 (isobar).

i·so·pleth [áɪsəplèθ, -so(ʊ)- | -sə(ʊ)-] 〘← Gk *isoplēthés* equal in number: ⇨ iso-, plethora〙 ── *n.* **1** 〘気象〙等値線《二つの座標軸で決まる面内の等値線の意に多く用いる》. **2** 〘地理〙アイソプレス, (地図の等高線のような)等値線 (isarithm). **i·so·pleth·ic** [àɪsəpléθɪk, -so(ʊ)- | -sə(ʊ)-] *adj.*

i·so·pod [áɪsəpɑ̀d, -so(ʊ)- | -sə(ʊ)pɔ̀d] 〘← NL *Isopoda* (pl.): ⇨ iso-, -pod¹〙 〘動物〙 ── *n.* 等脚目 (Isopoda) の甲殻類《扁平卵形で 7 対の脚をもつ; ダンゴムシ (*Armadillidium vulgare*) やフナムシ (*Ligia exotica*) など》. ── *adj.* 等脚目の; 等脚をもつ.

I·sop·o·da [aɪsɑ́pədə | -sɔ́p-] 〘← NL ～ (↑)〙 *n. pl.* 〘動物〙等脚目.

i·sop·o·dan [aɪsɑ́pədən, -dn̩ | -sɔ́p-] *adj.*, *n.* 〘動物〙= isopod.

i·sop·o·dous [aɪsɑ́pədəs | -sɔ́p-] *adj.* 〘動物〙= isopod.

ìso·pólity 〘▭ Gk *isopoliteía*: ⇨ iso-, polity〙 *n.* (市民権などの)権利平等, 相互権利.

i·so·por [áɪsəpɔ̀ə, -so(ʊ)- | -sə(ʊ)pɔ̀ː(r)] 〘← ISO- + Gk *pór-os* 'path, PORE¹'〙 *n.* 〘磁気〙等偏角変化線《地磁気偏角の年間変化が等しい点を結ぶ線》.

i·so·pren·a·line [àɪsəprénəlɪn, -so(ʊ)-, -lən, -lìːn, -nl̩- | -sə(ʊ)prénəlìːn, -lɪn, -nl̩-] 〘← ? ISOPR(OPYL) + (ADR)ENALINE〙 *n.* 〘薬学〙= isoproterenol.

i·so·prene [áɪsəprìːn, -so(ʊ)- | -sə(ʊ)-] 〘← ISOPR(OPYL) + -ENE: 英国の化学者 C. G. Williams (1829–1910) の造語〙 ── *n.* 〘化学〙イソプレン (C_5H_8)《人造ゴムの原料》.

i·so·pren·oid [àɪsəpríːnɔɪd, -s(oʊ)- | -sə(ʊ)-] 〘⇨ ↑, -oid〙 ── *adj.* 〘化学〙イソプレノイド《イソプレン構造をもつ化合物の一般名; 天然ゴム・テルペン・ビタミン A などがこれに属する》.

ìso·própyl 〘← ISO- + PROPYL〙 *n.* 〘化学〙イソプロピル ($(CH_3)_2CH$-).

isoprópyl álcohol *n.* 〘化学〙イソプロピルアルコール ($(CH_3)_2CHOH$)《無色・引火性の液体; 溶剤》.

isoprópyl éther *n.* 〘化学〙イソプロピル エーテル ($(C_3H_7)_2O$)《蠟(ろう)・脂肪などの溶解剤として用いる無色の液体》.

isoprópyl gròup *n.* 〘化学〙イソプロピル基 ($(CH_3)_2CH$-)《プロピル基の異性体》.

i·so·pro·ter·e·nol [àɪsəpro(ʊ)térənɔ̀(ː)l, -nòʊl | -prə(ʊ)térɪnɔ̀l] 〘《短縮》← *isopropylarterenol* ← ISOPROPYL + *Arterenol* (商標名)〙 ── *n.* 〘薬学〙イソプロテレノール ($C_{11}H_{17}NO_3$)《喘息(ぜんそく)治療薬》.

I·sop·ter·a [aɪsɑ́ptərə | -sɔ́p-] 〘← NL ～: ⇨ iso-, -ptera〙 *n. pl.* 〘昆虫〙等翅目, シロアリ目.

i·so·pyc·nal [àɪso(ʊ)píknəl, -sə- | -sə(ʊ)-] *adj.*, *n.* 〘気象〙= isopycnic.

i·so·pyc·nic [àɪso(ʊ)píknɪk, -sə- | -sə(ʊ)-] 〘← ISO- + PYCNO- + -IC¹〙 〘気象〙 *adj.* 等密度の. ── *n.* 等密度線《水・空気などの密度が等しい点を結ぶ線》.

i·so·quant [áɪso(ʊ)kwɑ̀nt, -sə- | -sə(ʊ)kwɔ̀nt] 〘← ISO- + QUANT(ITY)〙 *n.* 〘経済〙等産出量曲線《同一生産量を与えるような生産因子の結合を示す曲線》.

íso·rhỳthm 〘← ISO- + RHYTHM〙 ── *n.* 〘音楽〙イソリズム, 定型反復リズム《主にテナー声部に反復して現われる同じリズム型のこと; アルスノヴァ時代の重要な楽曲構成原理》.

i·so·sbes·tic [àɪso(ʊ)sbéstɪk | -sə(ʊ)-] 〘← ISO- + Gk *sbestós* extinguished + -IC¹: cf. G *isosbestisch*〙 ── *adj.* 〘化学〙等吸収の: an ～ point 等吸収点《水素イオン濃度などの条件によってお互いに変わり得る異性体の光吸収曲線が 1 点で交わる波長》.

i·sos·ce·les [aɪsɑ́səlìːz, -sl̩- | -sɔ́sɪl-, -səl-, -sl̩-] 〘(1551) ▭ LL *isoscelēs* ▭ Gk *isoskelḗs* with equal legs ← ISO- + *skélos* leg〙 ── *adj.* 〘数学〙〈三角形が〉二等辺の, 等脚の: an ～ triangle 二等辺三角形.

ìso·séismal 〘← ISO- + SEISMAL〙 *adj.* 〈地震の震度が〉等震の; 等震線の: an ～ line. ── *n.* 等震線.

ìso·séismic *adj.* = isoseismal.

is·os·mot·ic [àɪsɑzmɑ́tɪk, -sɑs- | -sɔzmɔ́t-, -sɔs-] 〘← ISO- + OSMOTIC〙 *adj.* 〘物理化学〙等侵透性の[に関する]. **ìs·os·mót·i·cal·ly** *adv.*

íso·spìn 〘《略》← *isotopic spin*〙 ── *n.* 〘物理〙アイソスピン《ハドロン (hadron) に固有な物理的特性を表わす量; あるハドロンのアイソスピンが I (整数または半奇数) であれば, 強い相互作用に対して全く同等な (2I+1) 個の(質量のほぼ等しい)素粒子が存在し, これらの電荷の差は陽子の電荷に等しい》.

I·so·spon·dy·li [àɪso(ʊ)spɑ́ndəlàɪ, -sə- | -sə(ʊ)spɔ́n-] 〘← NL ～: ⇨ iso-, spondyl〙 *n. pl.* 〘魚類〙ニシン目, 等椎目.

i·so·spon·dy·lous [àɪso(ʊ)spɑ́ndələs, -sə- | -sə(ʊ)spɔ́n-] 〘⇨ ↑, -ous〙 *adj.* 〘魚類〙ニシン目の[に関する].

ìso·spórous 〘← ISO- + -SPOROUS〙 *adj.* 〘植物〙= homosporous.

i·so·spo·ry [áɪsəspɔ̀ːri, -so(ʊ)- | -sə(ʊ)spɔ̀ːrɪ] *n.* 〘植物〙= homospory.

i·sos·ta·sy [aɪsɑ́stəsi | -sɔ́stəsɪ] 〘← ISO- + Gk *stásis* a standing still + -Y¹〙 ── *n.* 〘地球物理〙**1** (地殻の)平衡, 均衡, アイソスタシー. **2** 地殻均衡説《地殻が均衡を保っているのは地下の岩石の重力的変形に起因するとの仮説》.

ìso·státic 〘← ISO- + STATIC〙 *adj.* 地殻均衡(説)の. **ìso·státically** *adv.*

i·so·ste·mo·nous [àɪsəstíːmənəs, -so(ʊ)-, -stém- | -sə(ʊ)-] 〘← ISO- + Gk *stḗmōn* thread + -OUS〙 *adj.* 〘植物〙〈花被が〉萼片(がくへん)や花弁と同数の雄蕊をもつ.

i·so·stere [áɪsəstɪə, -so(ʊ)- | áɪsə(ʊ)stɪə(r)] 〘← ISO- + Gk *stere-ós* solid, hard (cf. stereo-)〙 ── *n.* **1** 〘気象〙等比容線《比容 (specific volume) の等しい点を結ぶ線》. **2** 〘化学〙等量線, 等量式.

i·sos·ter·ism [aɪsɑ́stərɪzm̩, áɪsəsti(ə)rɪzm̩, -so(ʊ)-, -stèr- | aɪsɔ́stərɪzm̩, áɪsə(ʊ)stɪərɪzm̩, -stèr-] *n.* **1** 〘化学〙等電子配置[性]. **2** 〘薬学〙等配電子体説《等配電子体は薬理作用が同じであるとする理論》.

ìso·strúctural 〘← ISO- + STRUCTURAL〙 *adj.* 〘結晶〙同型構造の《結晶構造が同じで化学成分は必ずしも同じでないことにいう; cf. isomorphous》.

i·so·tac [áɪsətæ̀k, -so(ʊ)- | -sə(ʊ)-] 〘← ISO- + Gk *takénai* to melt〙 *n.* 〘地理〙等融氷線《春ほぼ同時期に融氷する地点を結ぶ線》.

i·so·tach [áɪsətæ̀k, -so(ʊ)- | -sə(ʊ)-] 〘← ISO- + Gk *takhús* swift (⇨ tachy-)〙 *n.* 〘気象〙等風速線《風速の等しい点を結ぶ線》.

ìso·táctic *adj.* 〘化学〙アイソタクチックの《主鎖に対して側鎖が同一方向のみに配列されていることにいう》: an ～ polymer アイソタクチックポリマー《立体特異性重合体 (stereospecific polymer) の一種》.

i·so·ten·i·scope [àɪsəténəskòʊp, -so(ʊ)- | -sə(ʊ)ténɪskəʊp] 〘← ISO- + *ten-* (← L *tenēre* to hold) + -I- + -SCOPE〙 ── *n.* 〘化学〙イソテニスコープ《沸点あるいは蒸気圧測定装置の一つ》.

i·so·ther·al [àɪsəθí(ə)rəl, -so(ʊ)- | -sə(ʊ)θɪər-] 〘⇨ ↓, -al¹〙 〘気象〙 *adj.* 等高温の, 等暑線の. ── *n.* 等暑線.

i·so·there [áɪsəθɪə, -so(ʊ)- | -sə(ʊ)θɪə(r)] 〘▭ F *isothère* ← ISO- + Gk *théros* summer〙 *n.* 〘気象〙等夏温線, 等暑線.

i·so·therm [áɪsəθə̀ːm, -so(ʊ)- | -sə(ʊ)θə̀ːm] 〘(1860) ▭ F *isotherme*: ⇨ iso-, -therm〙 ── *n.* **1** 〘気象〙等温線. **2** 〘物理・化学〙等温式.

i·so·ther·mal [àɪsəθə́ːməl, -so(ʊ)- | -sə(ʊ)θə́ː-] 〘(1826) ← F *isotherme* (↑) + -AL¹〙 〘気象・物理・化学〙 ── *adj.* 一定の温度で起こる; 等温を示す, 等温(線)の (cf. adiabatic): ～ change [process] 等温変化[過程]. ── *n.* = isotherm. **～·ly** *adv.*

isothérmal líne *n.* 〘気象・物理・化学〙= isotherm.

isothérmal région *n.* 〘気象〙等温圏 (⇨ stratosphere).

ìso·thiocyánic ácid 〘*isothiocyanic*: ← ISO- + THIOCYANIC〙 *n.* 〘化学〙イソチオシアン酸 (HNCS) (thiocyanic acid).

i·so·tim·ic [àɪsətímɪk, -so(ʊ)- | -sə(ʊ)-] 〘← ISO- + TIME + -IC¹〙 *adj.* 〈空間の線・面が〉同期等価の.

i·so·tone [áɪsətòʊn, -so(ʊ)- | -sə(ʊ)təʊn] 〘▭ Gk *isótonos* having equal tension or tone: ⇨ iso-, tone〙 *n.* 〘物理〙アイソトーン, 同中性子核.

ìso·tónic 〘⇨ ↑, -ic¹〙 ── *adj.* **1** 〘化学・生物〙〈塩類その他の溶液が〉等張(性)の. **2** 〘生理〙〈筋肉が〉同緊張の, 等張の. **3** 〘音楽〙同音の. **ìso·tónically** *adv.* **ìso·tonícity** *n.*

isotónic sódium chlóride solùtion *n.* 〘薬学〙生理食塩液.

isotónic sỳstem *n.* 〘音楽〙イソトニック記譜法《嬰(えい)・変の記号を廃し一高度の音の表示にそれぞれ独自の符号を与え, または新譜表などによって, 一高度の音を特に一定した譜表上の位置に存置させる記譜法》.

i·so·tope [áɪsətòʊp, -so(ʊ)- | -sə(ʊ)təʊp] 〘(1913) ← ISO- + Gk *tóp-os* place〙 ── *n.* 〘物理〙アイソトープ, 同位体, 同位元素《互いに化学的性質を同じくするが, 原子量を異にするもの》; 同位核《陽子数は等しいが質量数の異なる原子核》. **i·so·top·ic** [àɪsətɑ́pɪk, -so(ʊ)- | -sə(ʊ)tɔ́p-] *adj.* **ì·so·tóp·i·cal·ly** *adv.*

ísotope effèct *n.* 〘物理〙同位体効果.

isotópic númber *n.* 〘物理〙アイソトピックナンバー《原子核の中性子数から陽子数を引いたもの; 原子核のアイソスピン (isospin) にマイナスをつけたものに等しい》.

isotópic spìn *n.* 〘物理〙= isospin.

i·so·tron [áɪsətrɑ̀n, -so(ʊ)- | -sə(ʊ)trɔ̀n] 〘← ISO(TOPE) + -TRON〙 *n.* 〘物理〙アイソトロン《同位元素の電磁分離器の一種; 特に, 原子爆弾製造用》.

i·so·tro·pic [àɪsətróʊpɪk, -so(ʊ)-, -trɑ́p- | -sə(ʊ)trɔ́p-] 〘← ISO- + -TROPIC〙 *adj.* **1** 〘物理〙等方性の (cf. isotropy 1). **2** 〘動物〙等方性の.

i·sot·ro·pous [aɪsɑ́trəpəs | -sɔ́t-] *adj.* = isotropic.

i·sot·ro·py [aɪsɑ́trəpi | -sɔ́trəpɪ] 〘← ISO- + -TROPY〙 ── *n.* **1** 〘物理〙等方性《方向によって物質の物理的性質の異ならないこと; ↔ anisotropy》. **2** 〘動物〙等方性《卵が先天的に決定された軸をもたず, 体軸が後

天的に決定されること》.

íso·type 〘← ISO-＋TYPE〙 ── *n.* **1** 〘生物〙同基準標本《正基準標本と同時に同一場所で採集した重複標本》. **2** アイソタイプ《絵グラフの単位となる絵や図形》. **3** 絵グラフ《アイソタイプを幾つか並べて人口・生産物などを示したもの》.

ìso·týpic *adj.* 〘結晶〙同一構造型の (isostructural).

ìso·týpical *adj.* 同形像(統計グラフ) (isotype) の.

iso·valéric ácid 〘*isovaleric*: ← ISO-＋VALERIC〙 *n.* 〘化学〙イソ吉草酸 ($(CH_3)_2CHCH_2COOH$)《不快臭のある無色の液体; 香料に用いる》.

íso·zỳme [-zàɪm] 〘← ISO-＋-ZYME〙 *n.* 〘化学〙アイソザイム《構造は違っていて全く同じ働きをする酵素》. **ìso·zý·mic** [-záɪmɪk] *adj.*

Is·pa·han [ìspəhɑ́ːn, -hǽn] *n.* **1** イスパハン (Esfahān の旧名). **2** 手織のペルシャ敷物《濃い赤・青・緑の地に古風な花や動物の模様のあるのが特色》.

I spy [áɪ-spáɪ] *n.* 〘遊戯〙 ＝hy spy.

ISR 《略》〘物理〙 Intersecting Storage Ring スイス Geneva 郊外のヨーロッパ原子核共同研究所 (CERN) 内にある(30 GeV 陽子ビーム)貯蔵衝突器《1971 年完成》.

Isr. 《略》Israel; Israeli.

Is·ra·el[1] [ízriəl, ís-, -reɪ(ə)l | ízreɪ(ə)l, -rɪəl, -reɪèl] 〘OE ～ ▭ L *Isrāēl* ▭ Gk *Israḗl* ▭ Heb. *Yiśrā'ēl* (原義) ? one who strives with God, God fights ← *śārāʰ* to fight＋*Ēl* God: cf. *Gen.* 32: 28〙 ── *n.* **1** 男性名. ★ ユダヤ人に多い. **2** 〘聖書〙イスラエル《天使と格闘後のヤコブ (Jacob) の異名; cf. *Gen.* 32: 28》: the Children of ～ ヤコブの子, ユダヤ人 (*Gen.* 32: 32). **3** [集合的; 複数扱い] ヤコブの子孫, イスラエル人, ユダヤ人 (Jewish people). **4** [集合的] 神の選民 (God's elect); キリスト教徒 (Christians).

Is·ra·el[2] [ízriəl, ís-, -reɪ(ə)l | ízreɪ(ə)l, -rɪəl, -reɪèl] 〘↑〙 ── *n.* **1** イスラエル(王国)《Palestine 北部の古代王国で, 古代ヘブライ人の国が南北に分裂した当時の北方の国名; 首都 Samaria; cf. Judah 3》. **2** イスラエル(共和国)《アジア南西部, 地中海に臨むユダヤ人共和国; 1948 年 5 月, もと英国委任統治領 Palestine に建設された; 人口 3,610,000, 面積 20,700 km^2, 首都 Jerusalem; 公式名 the State of Israel イスラエル国; cf. Zionism》.

Is·rae·li [ɪzréɪli | -lɪ] 〘▭ ModHeb. *Yiśrə'elí* ← *Yiśrā'ēl* 'ISRAEL[2]'＋*-i* (adj. suf.)〙 ── *n.* (*pl.* ～**s**, ～) (現代の)イスラエル人[共和国民]. ── *adj.* (現代の)イスラエルの[共和国(民)の].

Isráeli Hébrew *n.* (現代イスラエル人の用いる)口語ヘブライ語 (cf. Hebrew 2 b).

Is·ra·el·ite [ízriəlàɪt, ís-, -reɪ(ə)l- | ízrɪəl-, -rəl-, -reɪəl-] 〘(n.: *c*1350; adj.: 1851) ▭ LL *Isrāēlīta* ▭ Gk *Israēlítēs* ← *Israḗl* ▭ Heb. *Yiśrā'ēl*: ⇨ Israel[1], -ite[1]〙 ── *n.* **1** (ヤコブ (Jacob) の子孫である)古代ヘブライ人. **2** (現代または古代の)イスラエル人, ユダヤ人 (Jew). **3** 神の選民. ── *adj.* イスラエルの; ユダヤ(人)の (Jewish).

Is·ra·el·it·ic [ìzriəlítɪk, ìs-, -reɪ(ə)l- | ìzrɪəlít-, -rəl-, -reɪəl-] *adj.* ＝Israelite.

Is·ra·el·it·ish [ízriəlàɪtɪʃ, ís-, -reɪ(ə)l- | ízrɪəlàɪt-, -rəl-, -reɪəl-] *adj.* ＝Israelite.

Is·ra·fil [ízrəfìːl] 〘▭ Arab. *Isrāfīl*〙 *n.* 〘イスラム神話〙イスラフィール《コーラン (Koran) で音楽の大天使》.

Is·ro [ízrou, ís- | ízrəu] 〘← IS(RAELI)＋(AF)RO〙 *n.* 《米》アフロ型 (Afro) に似た若いユダヤ人の髪型.

Is·sa [iːsɑ́ː] *n.* (*pl.* ～, ～**s**) **1** [the ～(s)] イサ族《エチオピア東部, ソマリア (Somalia) およびアファルイッサ (Afars and Issas) に住むソマリ族》. **2** イサ族の人.

Is·sa·char [ísəkɑ̀ə, -kə | -kə(r, -kɑ̀ː(r] 〘▭ Gk *Issákhar* ▭ Heb. *Yiśśākhār* (原義) ? he brings pay〙 ── *n.* 〘聖書〙 **1** イッサカル《Jacob の第 9 子, 母は Leah; cf. *Gen.* 30: 18; 49: 14-15》. **2** イッサカル族《イッサカルを祖とするイスラエル十二支族の一つ》.

Is·sei, i- [iːséɪ, ‒ ⁻] 〘▭ Jap.〙 *n.* (*pl.* ～, ～**s**) 《米》一世《米国へ移住・帰化した日本人; cf. Nisei, Sansei, Kibei》.

is·su·a·ble [íʃu(ː)əbḷ | íʃuːə-, íʃʊə-, ísjuːə-, ísjʊə-] 〘← ISSUE＋-ABLE〙 ── *adj.* **1** 発布[発行]できる. **2** 生じるかも知れない, 受け取りうる (receivable). **3** 〘法律〙 **a** 訴訟上の争点になりうる. **b** 〈商品・通貨など〉発売[発行]することができる. **c** 財産から(利得などが)生じうる. **is·su·a·bly** *adv.*

is·su·ance [íʃu(ː)əns | íʃuː-, íʃʊ-, ísjuː-, ísjʊ-] 〘⇨ ↓, -ance〙 ── *n.* **1** 配給, 給与 (distribution): an ～ of rations 食糧の配給. **2** 発行, 発布, 公布: the ～ of an order 命令の発布.

is·su·ant [íʃu(ː)ənt | íʃuː-, íʃʊ-, ísjuː-, ísjʊ-] 〘← ISSUE＋-ANT〙 *adj.* **1** 《まれ》出現する, 出て来る (issuing). **2** 〘紋章〙〈動物が〉上半身を表わす (cf. jessant).

is·sue [íʃuː, íʃʊ | íʃuː, ísjuː] 〘n.: (?*a*1300) ▭ OF (*e*)*issue* (F *issue*) (fem. p.p.) ← *i*(*s*)*sir*, *eissir* < L *exīre* to go out ← EX-[1]＋*īre* to go: ⇨ exit[2]. ── v.: (*a*1338) ▭ (O)F *issu* (p.p.) ← OF *issir*, *eissir*〙 ── *n.* **1** 発布, 公布, 発行; (手形・為替などの)振出し: the ～ of stamps [coinage, bonds] 切手[貨幣, 公債]の発行 / First Day of *Issue* 〘郵趣〙発行日第 1 日《切手の初日カバー (first-day cover) に日付・発行場所と共に押される消印》/ ⇨ BANK[2] of issue. **2 a** 発行物, 刊行物; (雑誌などの)号: a new ～ (切手・公債・貨幣・紙幣などの)新発行物 / today's ～ of a newspaper 今日発行の新聞 / Autumn ～ (季刊誌の)秋季号. **b** (貨幣・紙幣・新聞などの)発行数[高], 発行部数. **3** 〘書誌〙別版《既刊の edition (または impression) の下位概念で, 主に販売上の理由で, 標題紙などを変えたり, 紙綴版に変えて, 一時に出版した図書などの総部数; cf. edition 2, impression 6 b, state 9》: the second ～ 第 2 別版. **4 a** 外に出す[出る]こと, 流出 (outgoing): an entrance and ～ of customers 客の出入り. **b** 流出口; 出口 (exit), はけ口 (vent); 内海の口, 河口, 落口. **5** 流出物, 発生物, 所産, 成果: Hallucinations are the ～*s* of a disordered imagination. 幻覚は妄想の所産である. **6** 論点, 争点, 論争点; (係争)問題; 論争, 討議 (discussion): ⇨ general issue, side issue, special issue / burning ～*s* 焦眉の問題 / raise a new ～ 新しい論点を持ち出す / debate an ～ 問題を討議する / make a political ～ of …を政治問題化する. **7 a** (成行きの)結果, 終局, 結末: the ～ of a contest [a battle, an argument] 競争[戦闘, 議論]の結果 / bring [put] a matter to an ～ 事柄に決着[結末]をつける / bring a campaign to a successful ～ 運動を成功させる / abide [await] the ～ 結末[成行き]を待つ / force the ～ 強行に決着をつける. **b** 《廃》(熟慮の上で到達した)決意, 決定. **8** (*pl.* ～) 〘法律〙[通例集合的] 子 (child, children); 子孫, 直系卑属 (descendant(s)): male ～ 男系子孫 / die without ～ 子をもたずに[跡継ぎなしに]死ぬ. **9** [*pl.*] 〘法律〙(不動産などからの)利得, 上り高 (proceeds). **10** 〘軍事〙(軍人に対する補給品・装備・器械などの)交付, 支給; 交付品, 支給品: an ～ of clothing by the quartermaster *to* the troops 補給将校から隊への衣料の支給. **11** 《古》〘病理〙出血, 漏膿(ろう), 化膿性病巣; (血膿(ちう)を出すための)切開 (incision): the ～ of blood from a wound [the nose] 傷口からの出血[鼻血].

at issue (1) 未解決で[の], 係争[論争]中で[の], 問題となって(いる): the point [question] *at* ～ 係争点[問題]. (2) 不一致で, 不和で; 矛盾して: be *at* ～ *with*…と意見が合わない, 不和である. ***face the issue*** 事実を事実として認めて対処する. ***in issue*** ＝*at* ISSUE (1). ***in the issue*** 帰する処は, 結局は. ***join (the) issue*** (1) 〘法律〙訴訟の双方が争点を認める. (2) 議論を始める; 反対する: *join* ～ *with* a person *on* [*about*] a point ある点について人と議論を戦わす[反対の立場を取る]. ***take issue with*** …に反対する, に異議を唱える.

issue of fact 〘法律〙 ＝FACT in issue.

issue of law 〘法律〙法律上の争点《通常裁判官が決定する; question of law ともいう》.

── *vi.* **1** 出る, 流出する, 発する, 噴出する, 漏れる, 現われる: smoke *issuing from* chimneys / The students ～*d out into* the campus. 学生たちはどっと校庭へ溢(あふ)れ出た / A stream of abuse ～*d* (*forth*) *from* his lips. 彼の口から矢継ぎ早に罵詈(ばり)雑言が飛び出した. **2** 〔…に〕由来する, 〔…から〕起こる, 生じる 〔*from*〕: It ～*s* naturally *from* his doctrine. 彼の主義からすれば当然そうなる. **3** 〘法律〙 **a** (子孫として)生まれる, 出る: ～ *from* …から生まれる, …の子孫である. **b** 〔土地などから〕(利得として)上がる, 入る (accrue) 〔*from*〕. **4** 〔…の〕結果に終わる, 結局〔…と〕なる 〔*in*〕: The game ～*d in* a tie. 勝負は同点に終わった. **5** 〈通貨などが〉発行される, 〈書物などが〉刊行される, 〈令状などが〉出される. ── *vt.* **1** 〈命令・令状・布告・免許証などを〉出す, 発する, 発行する; 〈通貨・切手・公債などを〉発行する; 〈新聞・雑誌などを〉刊行する, 出版する; (手形を)振り出す: ～ notes, coins, books, etc. / ～ orders *to* a subordinate 部下に命令を下す / A joint communiqué was ～*d* after the conference. 会議のあとで共同コミュニケが発表された. **2** [しばしば Passive で] 〈物資を〉〈人に〉交付する, 支給する 〔*to*〕; 《英》〈人〉に〈物資を〉給与[配給]する 〔*with*〕: ～ food and clothing *to* soldiers＝《英》～ soldiers *with* food and clothing 兵士に食糧と衣料を給する / The pupils are ～*d with* their textbooks. 《英》学童たちには教科書が支給される. **3** 〈血・膿(う)・煙などを〉出す.

íssue·less *adj.* **1** 子のない, 子孫のない. **2** 成果のない, 無益[無駄]な. **3** 議論を生むような論点のない, 問題を提起するようなものでない.

íssue price *n.* 〘証券〙(公(社)債・株式などの)発行[売出]価格.

ís·su·er *n.* (手形などの)発行人, 振出人.

Is·sus [ísəs] *n.* イッソス《小アジア Cilicia の古代都市, 今の Iskenderun 付近; 紀元前 333 年 Alexander 大王が Darius 三世を大敗させた地》.

Is·syk-Kul [ísɪk-kɑ́ɫ, -kʊ́ɫ; *Russ.* issɨ́kúlj] *n.* イシククール(湖)《ソ連邦 Kirghizia 共和国にある山間の大湖; 面積 6,236 km^2, 標高 1,608 m》.

IST 《略》〘医学〙 insulin shock therapy インシュリンショック療法.

is't [ɪst, əst | ɪst] 《古・詩・方言》 is it の縮約形.

-ist [ɪst, əst | ɪst] 〘ME ▭ (O)F *-iste* ▭ L *-ista* ▭ Gk *-istḗs* ← *-izein* '-IZE'＋*-tēs* (agent suf.): cf. -ism〙 ── *suf.* 「人」の意を表わす名詞を造る; 多くは -ize, -ise に終わる動詞と -ism に終わる名詞に対応する: **1** -ize に終わる動詞の「動作主 (agent)」を表わす: antagon*ist*, evangel*ist*, monopol*ist*. **2** 「(主義・慣例・風習など -ism の)信奉者, 主義者」を表わす: Buddh*ist*, fatal*ist*, polygam*ist*, social*ist*. **3** 「(特殊な研究・職業などに)従事する人」を表わす: dent*ist*, novel*ist*, pian*ist*, zoolog*ist*. **4** [形容詞用法]「…の特徴をもった, …的な」の意: dilettant*ist* / a social*ist* state.

Is·tan·bul [ìstæmbúːɫ, -tɑːm-, -tæm-, -tɑːn- | -tæn-búːɫ, -tɑːn-, -búɫ; *Turk.* istánbul, ‒ ‒ ⁻] 〘▭ Turk. ～ (変形) ← MGk *eis tḕn pólin* in(to) the city〙 ── *n.* イスタンブール《アジアとヨーロッパの接合点にあるトルコの都市, Bosporus 海峡に臨む; Ottoman 帝国時代の首都; 旧名 Constantinople, Stambul, 古代名 Byzantium; 人口 2,535,000》.

isth. 《略》isthmus.

isthmi *n.* isthmus の複数形.

isth·mi·an [ísmiən | ísθmɪən, ístm-, ísm-, -mjən] 〘← ISTHMUS＋-IAN〙 ── *adj.* **1** 地峡の. **2** [I-] コリント (Corinth) 地峡(大競技祭)の; パナマ (Panama) 地峡の: the *Isthmian* Canal (Zone) パナマ運河(地帯). ── *n.* **1** 地峡に住む人. **2** [I-] パナマ地峡の住民.

Ísthmian gámes *n. pl.* [the ～] (古代ギリシャの)コリント地峡[イストミア]大競技祭《往時コリント (Corinth) 地峡で隔年に海神 Poseidon のために行なったもの; cf. Nemean games》.

isth·mic [ísmɪk | ísθm-, ísm-, ístm-] *adj.* ＝isthmian.

isth·mus [ísməs | ísm-, ísθm-, ístm-] 〘(1555) ▭ L ～ ▭ Gk *isthmós* narrow passage, neck: cf. Gk *íthma* march, movement, *eisíthmē* entrance〙 ── *n.* (*pl.* ～**·es**, **isth·mi** [-maɪ]) **1** 地峡. **2** [the I-] スエズ[パナマ]地峡 (the Isthmus of Suez [Panama]). **3** 〘植物〙(接合藻(そう)類の)峡部. **4** 〘解剖・動物〙峡(部), 地峡, 狭窄(きょうさく)部: the ～ of the throat [fauces] 〘解剖〙口峡(部). **5** 〘魚類〙両鰓(さい)の間の肉質部.

-is·tic [ístɪk] 〘▭ F *-istique* ∥ L *-isticus* ▭ Gk *-istikós*: ⇨ -ist, -ic[1]〙 ── *suf.* -ist, -ism に終わる名詞に対応する形容詞を造る: euphu*istic*, lingu*istic*, subjectiv*istic*, the*istic*.

-is·ti·cal [ístɪkəɫ, -tə- | -tɪ-] 〘← -ISTIC＋-AL[1]〙 *suf.* ＝-istic: ego*istical*, Method*istical*.

Is·ti·o·phor·i·dae [ìstio(ʊ)fɔ́(ː)rədiː, -fɑ́r- | -tɪə(ʊ)fɔ́rɪ-] 〘← NL ～ ← *Istiophorus* (属名: ← Gk *histíon* sail (← Gk *histánai* to cause to stand)＋NL *-phorus* (⇨ -phorous))＋-IDAE〙 ── *n. pl.* 〘魚類〙マカジキ科.

is·tle [ís(t)li | ístlɪ] 〘▭ Mex.-Sp. *ixtle* ▭ Nahuatl *ichtli*〙 ── *n.* イストレ《熱帯アメリカ産の各種の agave, yucca などから採取した繊維; 綱・網・敷物などの原料; ixtle ともいう》.

Is·tri·a [ístriə | -trɪə; *It.* ístrja] *n.* [the ～] イストラ[イストリア](半島)《アドリア海北端の半島; 大部分はユーゴスラビア領, 残りはイタリア領; Istrian Peninsula ともいう》.

Is·tri·an [ístriən | -trɪ-] 〘← ISTRIA＋-AN[1]〙 *adj.* イストラ[イストリア](半島)の; イストリア人の. ── *n.* イストリア人.

Ístrian Península *n.* [the ～] ＝Istria.

ISV 《略》International Scientific Vocabulary.

it[1] [ɪt, ət; ít, ít | ɪt; ít, ít] 〘ME (*h*)*it*, (*h*)*yt* < OE *hit*, *hyt* (gen. *his*, dat. *him*, acc. *hit*) (neut.) ← *hē* 'HE[1]': cog. Du. *het* it / Goth. *hita* this〙 ── *pron.* [人称代名詞, 三人称中性単数主格および目的格; 所有格 **its**; 複数 **they**] **1** [物・事柄, または性別を無視して幼児・動物などを指して] それ: He took a stone and threw *it*. / Where did you buy your watch?—I bought *it* in London. / I should like to have a car, but I can't afford *it*. 私は車が欲しいが買うことができない《★ it は前の to have a car という不定詞句をさす》/ He got to the hut before dark, but I don't know how he managed to do *it*. 暗くならないうちに山小屋に着いたのだが, どうやってそれができたのかわからない《★ to do it は to get there before dark の代用; cf. so[1] *pron.* 1 b》/ Where is the dog?—*It* is in the kennel. 犬はどこにいますか—犬小屋にいます / The child [baby] was so lovely that I could not help kissing *it*. 大変かわいい子だったので私は思わずキスしてしまった. ★ 幼児や動物(特に愛玩動物)を特に親愛の情をこめて指す場合には, それを受ける代名詞として he や she を用いる: What's the baby doing?—*He's* [*She's*] sleeping. / Have you given Rover *his* dog biscuit? ローバーにビスケットをやりましたか.

2 [心中にあるかまたは問題に上った人・物・事情・出来事・行為などを指して]: Go and see who *it* is. だれだか行って見て来なさい / *It's* me. 《口語》(それは)私だ (＝*It* is I.) / There *it* is, do what you like. たとえ君がどうしようとどうにもならないのだ / *It* says, "Keep to the Right."「右側通行」と書いてある / *It* says in the Bible that …と聖書に出ている / I would go if *it* were not for the expense. 費用さえ(そんなに)かからなければ行くんだがな / Had *it* not been for your help, he would have been drowned. 君が助けてくれなかったら彼は溺れて死んでいたろう / That's *it*. 《口語》おおそれだ, そこだ; それでよし; それだけだ, それでおしまい / This is *it*. 《口語》さあいよいよだ; もうだめだ, おだぶつだ / Don't let *it* come to a breach between us. 我々の間で仲たがいなどよそうよ / We had a good time of *it*. 私たちは愉快な時を過ごした《とても楽しかった》/ What can you do about *it*? それを何とかできるかね / run for *it* 逃げる / be in for *it* 《口語》罰を受けるにきまっている; のっぴきならない破目に陥る.

3 [非人称動詞の主語として, または一般的な漠然とした事情・状態・事件・天候・温度・時間・距離などを示して]: *It* is going to rain. 雨が降りそうだ / *It* will snow [thunder] before long. 間もなく雪が降る[雷が鳴る]だろう / *It* looks like snow. 雪になりそうだ / *It* seems [looks] as if we should finish tomorrow. どうや

ら明日は済みそうだ / *It* is getting very hot. 大変暑くなってきた / *It* is six o'clock. 6時です / *It* is winter. (今は)冬です, 冬になりました / *It* is Friday (today). 今日は金曜日です / How goes *it* with you?《口語》ごきげんいかがですか, いかがお暮らしですか / *It* is 6 miles to [from] Oxford. オクスフォードへ[から]6マイルです / *It* is a 10-minute walk. 歩いて10分間で行けます.

4 [文の一部を強める構文 'It is…that [who, which] …' において]: *It* is you *that* [*who*] are to blame. 悪いのは君だ / *It* is the price *that* [*which*] frightened him. 彼の驚いたのはその値段だ / Who is *it that* I see for tax information? だれに会って税金の相談をしたらいいのですか / *It* was yesterday *that* I met her. 私が彼女に会ったのは昨日だった. ★ この構文の Clause が主格の関係代名詞に導かれる場合, それに続く述語動詞は通例, 強調される語と一致する; しかし《口語》では it と一致することもある: *It's* me *that* has to give it up. それを諦めなければならぬのは私だ.

5 [形式主語[目的語]として後に従う実質主語[目的語]としての不定詞句・動名詞句・*that*-clause などを代表して]: *It* will be difficult (for you) *to* beat him. (君が)彼を負かすのは困難だろう / *It* is natural *that* he should complain. 彼が不平を言うのは当然だ / *It* is said *that* the Cabinet will soon change. 内閣はもうすぐ変わるそうです / *It* does not matter *whether* you like it or not. 君がそれを好もうが好むまいが問題ではない / *It* is no use try*ing*. やってみたってむだだ / *It* is absurd talk*ing* [*to* talk] like that. そんな事を言うのはばかげている / He found *it* hard *to* solve the problem. その問題を解くのはむずかしいと思った / I take *it* that you will act at once. 君が直ちにやることと私は信じる / *It* is a nuisance, this delay. こんなに延びるのは本当に迷惑だ.

6 [it is [was] として]《方言》=there is [was]: *It's* nobody here but me. ここにいるのは私ばかりだ.

7《口語》**a** [ある種の動詞の後に無意味な形式上の目的語として]: walk *it* 歩く, 徒歩で行く (walk) / fight *it* out あくまで戦う / as ill luck will [would] have *it* あいにく / Hook *it*! 逃げろ (Be off!) / Deuce take *it*! あっ, しまった / Go *it* while you are young. 若いうちに大いにやれ / I have done *it*. 大しくじりをした, へまをやった / ⇨ FACE *it out*, *give it a person* HOT, HAVE *it out with*, TAKE *it out of*. **b** [ある種の名詞を臨時動詞として用いる時その後に付けて]: foot *it* 歩いて行く / bus *it* バスで行く / queen *it* 女王の役をする; 女王然と振舞う / lord *it* 殿様顔をする, 威張る (play the lord).

it[2] [ít]〘《転用》← IT[1]〙 **—** *n.* **1** (鬼ごっこの)鬼: Everybody hide! I'll be *it*. みんな隠れて. あたしが鬼よ. **2**《口語》理想 (the ideal), 完全, 極致 (absolute perfection), まさにその物 (the thing). ★ 通例イタリック体で書き, 特に強勢を置いて読む: For barefaced lying you are really *it*. しゃあしゃあとしてうそをつくことにかけては君は天下の第一人者[天下一品]だ / In a lilac sunbonnet she was *it*. 彼女が藤(ふじ)色の日よけボンネットをかぶった姿は天下一品だった. **3**〘米国の人気女優 Clara Bow (1905–65) が主演した映画の題名 "It" (1927) から〙[時に It]《俗》性的魅力, 「イット」(sex appeal). **4**《口語》性交: ⇨ DO[1] *it* (2).

it[3], **It** [ít]〘《略》← ITALIAN〙 *n.*《英口語》=Italian vermouth: gin and *it* [*It*] ⇨ gin[2] 1 a.

It.《略》Italian; italic; Italy.

I.T.《略》income tax;《米》Indian Territory.

ITA《略》Independent Television Authority (英国の)独立テレビジョン公社《1954年設立; 1972年に IBA と改称》.

i.t.a., ITA《略》initial teaching alphabet.

i·ta·cism [íːtəsìzm | -tə-]〘《1837》← Gk *ēta* name of the letter *η* (後期ギリシア語では [íːtə / -tə] と発音する) + (IOTA)CISM〙 **—** *n.* **1**〘ギリシャ文法〙母音字 *η* を [iː] と発音すること《J. Reuchlin がこの発音を用いた; cf. etacism, iotacism 2》. **2** =iotacism. **í·ta·cist** [-sɪst, -səst | -sɪst] *n.*

it·a·col·u·mite [ìtəkɑ́l(j)umàɪt | ìtəkɔ́l-]〘← *Itacolumi* (この岩石が発見されたブラジル東部の山の名) + -ITE[1]〙 *n.*〘岩石〙イタコルミ岩, 撓(とう)曲石英片岩.

it·a·cón·ic ácid [ìtəkɑ́nɪk- | ìtəkɔ́n-]〘*itaconic*: (恣意的綴りかえ) ← *aconitic* ← ACONITE + -IC[1]〙 **—** *n.*〘化学〙イタコン酸 ($C_5H_6O_4$)《結晶; サトウキビ培地で培養してつくる; 樹脂・可塑剤の製造に用いる》.

i·tai·i·tai [íːtaɪíːtaɪ]〘《1969》□ Jap.〙 *n.*〘病理〙イタイイタイ病.

ital.《略》〘印刷〙italic; italicized; italics.

I·tal- [ɪtǽl, ət-, áɪtəl, -tl | ɪtǽl, áɪtəl] (母音の前に来る時の) Italo- の異形.

I·ta·lia [*It.* itáːlja]〘□ It. ～ 'ITALY'〙 *n.* イタリア《Italy のイタリア語名》.

Italia ir·re·den·ta [*It.* itáːlja·irredénta]〘□ It. ～ 'unredeemed Italy': ⇨ irredentist〙 *n.* 未併合のイタリア (⇨ irredentist 1).

I·tal·ian [ɪtǽljən, ət- | ɪtǽljən, -lɪən]〘(*n.*: 1422; *adj.*: 1513) □ L *Italiān-us* ← *Italia* 'ITALY'〙 **—** *adj.* **1** イタリアの; イタリア人の. **2** イタリア語の. **—** *n.* **1** イタリア人. **2** イタリア語 (cf. romance[1] 7 a).

Itálian áster *n.*〘植物〙イタリアンアスター (*Aster Amellus*)《ユーラシア産キク科の多年生草本》.

I·tal·ian·ate〘《1572》□ It. *italianato* ← *italiano* Italian (← *Italia* 'ITALY') + *-ato* (< L *-ātus* '-ATE[2]')〙 **—** [ɪtǽljənət, ət-, -nɪt, -nèɪt | ɪtǽljənèɪt, -lɪə-, -nət, -nɪt] *adj.* イタリア化した, イタリア式[風]の: an ～ novel. **—** [-nèɪt] *vt.* イタリア風にする (Italianize).

Itálian brèad *n.* (甘味をつけない)イタリアパン《30 cm 位の長さで外皮は堅い》.

Itálian bróccoli *n.*《米》〘園芸〙ブロッコリー (⇨ broccoli 1).

Itálian clóth *n.* イタリア繻子(しゅす)《薄地の綿毛交織繻子; 裏地用》.

Itálian clóver *n.*〘植物〙=crimson clover.

Itálian córn sàlad *n.*〘植物〙イタリアンコーンサラダ (*Valerianella eriocarpa*)《南欧産の一年生草本で, 野菜サラダに用いる》.

Itálian cýpress *n.*〘植物〙セイヨウヒノキ, ホソイトスギ (*Cupressus sempervirens*)《ユーラシア原産ヒノキ科シダレイトスギ属の常緑針葉高木; 樹冠は細長く先がとがっている庭園樹; Mediterranean cypress ともいう》.

Itálian Èast África *n.* イタリア領東アフリカ《1936年 Ethiopia 征服後それに旧領土 Eritrea と Italian Somaliland をあわせた地域の名称; 1941年英軍によって占領された; 首都 Addis Ababa》.

Itálian gréyhound *n.* イタリアングレーハウンド《gazehound からペットとして矮小化されたイタリアの犬種のイヌ》.

Itálian hánd *n.* **1** イタリア書体《中世イタリアで発達した手書き書体で, イタリア最初の印刷者達が活字書体の手本としたり, 現代英国では美しい手書き書体の模範となっている; Italian handwriting ともいう》. **2** [通例 fine ～]《口語》(政治・商談などにおける)狡猾さ, 巧妙さ.

Itálian íron *n.* イタリアンアイロン《ラッフル状の丸いひだ作り用の円筒形のアイロン》.

I·tál·ian·ism [-nɪzm]〘□ F *italianisme* // ← ITALIAN + -ISM〙 **—** *n.* **1** イタリア風[式, 流]. **2** イタリア気質. **3** イタリア語法[なまり]《Italicism ともいう》. **4** イタリアびいき[好み], 親イタリア主義.

I·tál·ian·ist [-nɪst, -nəst | -nɪst] *n.* **1** イタリア(語)学者. **2** 親イタリア家.

I·tal·ian·i·za·tion [ɪtæ̀ljənɪzéɪʃən, ət-, -nə- | ɪtæ̀ljənaɪ-, -lɪə-, -nɪ-] *n.* イタリア(風)化.

I·tal·ian·ize [ɪtǽljənàɪz, ət- | ɪtǽljən-, -lɪən-]〘□ F *italianis-er*: ⇨ Italian, -ize〙 *vt., vi.* イタリア風にする[なる], イタリア(語)化する.

I·tál·ian·iz·er *n.* イタリア風の人[もの].

Itálian jásmine *n.*〘植物〙ヒマラヤソケイ (*Jasminum humile*)《香り高い黄金色の花が咲くモクセイ科の常緑低木》.

Itálian míllet *n.*〘植物〙=foxtail millet.

Itálian rýe gràss *n.*〘植物〙イタリアンライグラス (*Lolium multiflorum*)《ヨーロッパ産イネ科の一年生牧草で, 北米に移植され芝生・緑肥に用いられる; 単に Italian rye ともいう》.

Itálian sándwich *n.*《米口語》イタリアンサンドイッチ (⇨ hero sandwich).

Itálian síxth *n.*〘音楽〙イタリア六の和音《長三度と増六度から構成される増六度和音の一形式》.

Itálian Somáliland *n.* イタリア領ソマリランド《東アフリカのインド洋に臨むイタリアの国連信託統治領 (1950–60), 1960年 British Somaliland と合体して Somalia として独立; 首都 Mogadiscio》.

Itálian sónnet *n.*〘詩学〙イタリア風ソネット[十四行詩]《Petrarch 等によって始められたもので, 前半8行と後半6行の2部に分かれ, 前の8行は abba abba, 後の6行は cde cde, cdc dcd などの韻を踏む; Petrarchan sonnet ともいう; ⇨ sonnet》.

Itálian vermóuth *n.* イタリアンベルモット《イタリア産の甘口で濃い色のベルモット; cf. French vermouth》.

Itálian wárehouse *n.*《英》イタリア産食料品店《マカロニ・乾果・オリーブ油などイタリア産食料品を売る店》.

Itálian wárehouseman *n.*《英》イタリア産食料品商.

i·tal·ic [ɪtǽlɪk, ət-, aɪt- | ɪt-]〘(*adj.*: 1563; *n.*: 1594) □ L *Italic-us* ← *Italia* 'ITALY': ⇨ -ic[1]〙 **—** *adj.* **1**〘活字〙イタリック(体)の: ～ type イタリック《1501年に Venice の Aldus Manutius が初めて用いた斜体活字; cf. Gothic 7, Roman 4》. **2** [I-] **a** 古代イタリアの. **b** 古代イタリア人[語]の. **c**〘言語〙イタリック語派の. **—** *n.* **1** [通例 *pl.*]〘活字〙イタリック(体)《ローマン(体) (roman) に対し強調のため, または外来語・出版物名・船名などを示すために用いる斜体活字; タイプや手書きの場合には1本の下線で示す; cf. Roman 3, Gothic 4》: in ～*s* イタリック(体)になって(いる), イタリック(体)で / I quote the passage; the ～*s* are mine [in the original]. その一節を引用するが, イタリック(体)にしたのは筆者[原文のまま]である. **2** [I-]〘言語〙イタリック語派《古代イタリアにおいて話された印欧語族の一派で Latin, Oscan などを含む》.

I·tal·i·cism [ɪtǽləsɪzm, ət-, aɪt- | ɪtǽlɪ-]〘⇨ ↑, -ism〙 *n.* =Italianism 3.

i·tal·i·cize [ɪtǽləsàɪz, ət-, aɪt- | ɪtǽlɪ-]〘《1795》: ⇨ italic, -ize〙 **—** *vt.* **1** 〈語・句を〉(強調や区別などのために)イタリックで印刷する. **2** (イタリックを指示するために)…に下線を1本引く. **3** 強調する, 力説する; 目立たせる, 引き立てる; 浮彫りにする: The quietness of his tone ～*d* the malice of his reply. 彼の口調の穏やかなのがかえって彼の返答に含まれている悪意を強調した. **—** *vi.* イタリックを使う. **i·tal·i·ci·zá·tion** [ɪtæ̀ləsɪzéɪʃən, ət-, aɪt-, -sə- | ɪtæ̀lɪsaɪ-, -sɪ-] *n.*

I·tal·i·ot [ɪtǽliət, ət-, -liòut | ɪtǽliət, -lɪəʊt] *n.* =Italiote.

I·tal·i·ote [ɪtǽliòut, ət-, -liət | ɪtǽliəʊt, -lɪət]〘《1660》□ Gk *Italiṓtēs* ← *Italia* 'ITALY' + *-ōtēs* inhabitant〙 **—** *n.* 南部イタリアの古代ギリシャ植民地の住民. **—** *adj.* 南部イタリアの古代ギリシャ植民地の.

I·tal·o- [ɪtǽlou, ət-, áɪtəlou, -tl- | ɪtǽləu, áɪtəl-]〘← L *Ital-us*〙 **—** 「イタリア(系)の (Italian); イタリアと…の間の (Italian and…)」の意の連結形: *Italo*-Austrian イタリアとオーストリアの. ★ 母音の前では通例 Ital- になる.

I·tal·o·phil [ɪtǽləfɪl, ət-, áɪtəlo(u)-, -tl- | ɪtǽlə-, áɪtələ(u)-] *adj.* =Italophile.

I·tal·o·phile [ɪtǽləfàɪl, ət-, áɪtəlo(u)-, -tl- | ɪtǽlə-, áɪtələ(u)-]〘⇨ ↑, -phile〙 *n.* 親イタリア家. **—** *adj.* 親イタリア的な.

It·a·ly [ítəli, ítli | ítəlɪ, ítlɪ]〘□ L *Italia* < ? *Vitelia* (変形) ← *Vitel(l)iu* (原義) land of cattle ← *vitulus* calf: 本来は南イタリアの突端部の地名[民族名]; 牡牛を崇拝したところからか〙 **—** *n.* **1** イタリア《ヨーロッパ南部の共和国; もと王国 (1870–1946); 人口 56,450,000, 面積 301,225 km², 首都 Rome; 公式名 the Italian Republic イタリア共和国; イタリア語名 Italia》. **2** イタリア半島.

I·tas·ca [aɪtǽskə], **Lake**〘← L (*ver*)*itas ca*(*put*) true source: Mississippi 川の水源と考えられたところから〙 **—** *n.* アイタスカ湖《米国 Minnesota 州北部の小湖; Mississippi 川の水源》.

itch [ítʃ]〘*v.*: ME (*y*)*icche*(*n*) < OE *ġiċċ(e)an*, *ġyċċan* ← (WGmc) **juk-* (Du. *jeuken* / G *jucken*). — *n.*: ME *yicche*, *icche* < OE *ġyċċe* ← (*v.*)〙 **—** *n.* **1** かゆいこと, むずがゆさ, かゆみ, 掻痒(そうよう). **2** [通例 the ～]〘病理〙疥癬(かいせん), 皮癬(ひぜん): have [suffer from] *the* ～ 皮癬にかかる / the barber's ～〘病理〙ひげ湿疹(しっしん), かみそりまけ. **3** [通例 an ～ または one's ～ として]〔…に対する〕むずむずするような[たまらない]ものほしさ, 熱望, 切望, 渇望〔*for*〕; 〈…したいという〉じれったいような望み〈*to do*〉: have *an* ～ *for* money [honor] 金[名誉]が欲しくてたまらない / his ～ *to* travel abroad 海外旅行がしたくてじっとしていられない気持.

— *vi.* **1 a** かゆい, むずがゆい: scratch where it ～*es* かゆい所をかく. **b** 〈衣類などが〉体をかゆくさせる, ちくちくする: This undershirt ～*es*. このシャツを着るとかゆくなる. **2**〔…が欲しくて〕たまらない〔*for, after*〕; 〈…したくて〉むずむずする〈*to do*〉: be ～*ing for* praise ほめてもらいたくてたまらない / ～ *after* fame 名声を切望する / My fingers ～ *to* box his ears. 彼に往復びんたを食らわせたくて手がむずむずする / He was ～*ing for* the postman *to* come. 郵便屋が来るのを待ちかねていた. **—** *vt.* **1** むずがゆくさせる, ちくちくさせる. **2** いらいらさせる, じらす, 不愉快にする.

ítch·ing〘ME: ⇨ ↑, -ing[1,2]〙 **—** *n.* **1** かゆいこと. **2** 欲しくてたまらないこと, 渇望: have an ～ *for*… が欲しくてたまらない. **—** *adj.* **1** かゆい, むずむずする. **2** …したくてたまらない; 貪欲な: have ～ ears ⇨ ear[1] 成句 / have an ～ palm ⇨ palm[1] *n.* 成句.

ítch mìte *n.*〘動物〙ヒゼンダニ (*Sarcoptes scabiei*)《皮癬(ひぜん)の原因になる寄生虫》.

itch·y [ítʃi | ítʃɪ]〘← ITCH (*n.*) + -Y[4]〙 **—** *adj.* (**itch·i·er, -i·est; more ～, most ～**)《口語》**1 a** かゆい. **b** 疥癬(かいせん)[皮癬(ひぜん)]にかかった. **2** 渇望する, 欲しくてむずむずする; 何かをしたがる. **itch·i·ly** [ítʃəli | ítʃɪli, ítʃə-] *adv.* **ítch·i·ness** *n.*

it'd [ítəd | ɪt-]《口語》it had, it would の縮約形.

-ite[1] [←(—) àɪt, ˊ aɪt]〘ME □ (O)F ～ // L *-ita*, *-ītēs* □ Gk *-ítēs* (fem. *-ītis*: ⇨ -itis)〙 **—** *suf.* 次の意味を表わす名詞・形容詞を造る: **1** 「…に関係ある人, …の住民, …の信奉者」: Israel*ite*, Labo(u)r*ite*, Sem*ite*, Wycliff*ite*. **2** 学術用語: **a** 岩石・鉱物の名称: dolom*ite*, haemat*ite*. **b** 化石の名称: ammon*ite*, trilob*ite*. **c** 爆薬の名称: cord*ite*, dynam*ite*. **d** 製品の名称: bakel*ite*, ebon*ite*, vulcan*ite*. **e** 動物体などの「節・一部分」: som*ite*.

-ite[2] [ɪt, ət, aɪt | ɪt, aɪt]〘□ L *-ītus* (*-īre*, *-ēre* で終わる動詞の p.p. 語尾)〙 **—** *suf.* **1** 形容詞語尾: defin*ite*, fin*ite*, pol*ite*. **2** 名詞語尾: appet*ite*, favor*ite*. **3** 動詞語尾: un*ite*.

-ite[3] [aɪt]〘□ F ～ (変形) ← *-ate* ← NL *-ātum*: ⇨ -ate[1]〙 *suf.*〘化学〙-ous で終わる酸の「塩またはエステル」の意の名詞を造る: nitr*ite*, sulph*ite*.

i·tem [áɪtəm, -tɪm | -təm, -tem, -tɪm]〘(*adv.*: *a*1398; *n.*: *c*1440) □ L ～ (*adv.*) just so, likewise ← *ita* so ← **i-* (pron. stem: ⇨ he[1], it[1]) + *-em* (adv. suf.): cf. idem〙 **—** *n.* **1** 箇条, 項目, 条項; 種目, 品目, 細目: fifty ～*s* on the list 表の上の50の項目[品目] / budget ～*s* 予算項目 / clothing ～*s* 衣料品 / ～ by ～ 1項目ごとに; 逐条的に. **2** (新聞記事などの)項目; 新聞記事: an ～ of news 1つのニュース / the front-page ～ 第一面の記事 / local ～*s* (新聞の)地方記事, 地方だね. **3**《俗》(誹謗(ひぼう)・扇情的な)記事, 噂の種, ゴシップ; (特に)スキャンダル. **4**〘教育〙アイテム (⇨ frame 17). **5**《廃》訓戒, 警告 (warning); 暗示 (hint). **—** *vt.*《古》

項目として記入する，箇条書きにする；一つ一つ数えあげる．── 〘米〙ではまた áɪtem〙 *adv.* 《古》 **1** (項目を次々に数えあげる場合に)一つ…. **2** (新しい事実・陳述などに特別の注意を与えるために)また同じく，さらにまた[同様に] (also).

i·tem·ize [áɪṭəmàɪz, -ṭɪ- | -tə-, -tɪ-] 〘(1864): ⇨↑, -ize〙 ── *vt.* 項目分けにする，箇条書きにする，明細に記す：～ expenses [a bill] 必要経費[勘定]を項目別に[詳しく]記す / an ～*d* account 明細精算書. **i·tem·i·za·tion** [àɪṭəmɪzéɪʃən, -ṭɪ-, -mə- | -təmaɪ-, -tɪ-, -mɪ-] *n.* **í·tem·iz·er** *n.*

ítem vèto *n.* 〘米法〙 (州知事の有する歳出予算案などに対する)部分拒否権.

I·té·nez [*Am. Sp.* iténes] *n.* [the ～] イテネス(川) 《Guaporé 川のボリビア語名》.

it·er [ítɚ, áɪt- | -tə(r)] 〘□ L ～ 'passage, journey, way, 《原義》 a walking' ← *īre* to go〙 ── *n.* (*pl.* ～**s**, 2 ではまた **i·ti·ner·a** [ɪtínərə, ət-, aɪt- | ɪt-, aɪt-] **1** ＝eyre. **2** 古代ローマの道路. **3** 〘解剖〙 導管；(特に)シルヴィウス導水管 (aqueduct of Sylvius).

it·er·ance [íṭərəns | ít-] 〘⇨ iterant, -ance〙 *n.* ＝iteration.

ít·er·an·cy [-rənsi | -sɪ] *n.* ＝iterance.

it·er·ant [íṭərənt | ít-] 〘□ L *iterant-em* (pres.p.) ← *iterāre* (↓)〙 *adj.* 反復する，繰り返す：～ echoes こだまする山びこ.

it·er·ate [íṭərèɪt | ít-] 〘(1533) ← L *iterāt-us* (p.p.) ← *iterāre* to do again, repeat ← *iterum* again ← **iterus* (compar.) ← **i-* (pron. stem: ⇨ he[1], it[1])〙 ── *vt.* 繰り返して言う[する]，繰り返す，反復する：～ a warning [an objection] 繰り返し警告を発する[異議を唱える].

íter·àt·ed íntegral [-ṭɪd-, -ṭəd- | -tɪd-, -təd-] *n.* 〘数学〙 累次[反復]積分 《多重積分を，一重積分を反復して求めること》.

it·er·a·tion [ìṭəréɪʃən | ìt-] 〘(?a1425) □ L *iterātiō(n-)*: ⇨ iterate, -ation〙 *n.* **1** 反復 (repetition): damnable ～ 全くいやな繰返し (Shak., *1 Hen. IV* 1. 2. 101). **2** 〘電算機〙 繰返し 《次の動作に移るたびに少しずつ修正を加えて，一連の命令を繰り返し，最終的な結果に到達する過程》.

it·er·a·tive [íṭərèɪṭɪv, -rəṭ- | ítərət-, -rèɪt-] 〘(1490) □ F *itératif*, *-ive* □ LL *iterātīvus* (p.p.) ← L *iterāre* 'to ITERATE': ⇨ -ative〙 ── *adj.* **1** 繰返す，反復の；繰返しの多い. **2** 〘文法〙 〈動詞が〉反復を表わす，反復相の (cf. frequentative): the ～ aspect 反復相. **3** 〘電算機〙 繰返しの. ── *n.* 〘文法〙 反復相. ～**·ly** *adv.* ～**·ness** *n.*

-i·tes[1] [áɪti:z] 〘← NL ～: ⇨ -ite[1]〙 *suf.* (*pl.* ～) 「…に似た[…産の]化石・生物」の意の名詞を造る：Malay*ites*.

-ites[2] *suf.* -itis の複数形.

Ith·a·ca [íθɪkə, íθə- | íθə-] *n.* **1** イタキ[イタケー](島) 《ギリシャ西岸沖のイオニア諸島 (Ionian Islands) 中の一島で，Ulysses の故郷と伝えられる；人口 5,000，面積 96 km²；ギリシャ語名 Ithaki [iθǽki]》. **2** 米国 New York 州南部の工業都市，Cornell 大学の所在地；人口 27,000. **Íth·a·can** [-kən] *adj., n.*

I·tha·ki [*Mod.Gk.* iθáki] *n.* ＝Ithaca 1.

ith·er [íðɚ | íðə(r) 《英方言》 *adj., pron.* **1** ＝other. **2** ＝either.

I·tho·ma·tas [ɪθóʊməṭəs, əθ- | ɪθáʊmət-] *n.* 〘ギリシャ神話〙 イトマタス 《Zeus の別名；イトメ山 (Mount Ithome) が Zeus に献納されたためこの名がついた》.

I·tho·me [ɪθóʊmi, əθ- | ɪθáʊmɪ] 〘□ Gk *Ithṓmē*〙 *n.* 〘ギリシャ神話〙 イトメ 《Zeus を育てた nymph の一人》.

Ithome, Mount *n.* イトメ山 《ギリシャの Peloponnesus 半島南西部 Messene の山；標高約 780 m》.

I·thunn [í:ðʊn] 〘□ ON *Idhunn* ← ? *idh* again, anew ← IE **e-* (pron. stem)〙 ── *n.* (*also* **I·thun** [～]) 〘北欧神話〙 イズン，イドゥン 《Bragi の妻；豊穣の女神；食べると永遠の若さを保つ 11 の黄金のリンゴの入ったかごを保管する；Idun ともいう》.

I·thu·ri·el [ɪθ(j)ʊ́(ə)riəl, əθ- | ɪθjʊ́ərɪ-] 〘Milton の造語〙 *n.* イスリエル 《Milton 作 *Paradise Lost* の天使；Gabriel から Satan 探索の命を受けた》.

Ithúriel's spéar 〘← *Ithuriel with his spear* (Milton *Paradise Lost* 4: 810)〙 ── *n.* **1** 真偽を試す確実な標準 《Ithuriel が少しでも触れると欺瞞(ぎまん)をあばくことのできる槍(やり)を持っていたことから》. **2** 〘植物〙 ＝triplet lily.

i·thy·phal·lic [ìθɪfǽlɪk, ìθə- | ìθɪ-] 〘(n.: 1614; adj.: 1795) □ LL *ithyphallic-us* □ Gk *ithúphallos* erect phallus ← *ithús* straight＋*phallós* 'PHALLUS'〙 ── *adj.* **1** 酒神 Bacchus の祭礼にかつぎ歩く陰茎像 (phallus) の. **2 a** (図画・彫刻で)陰茎を勃起(ぼっき)させた. **b** 淫猥(いんわい)な (obscene). **3** 〘古典詩学〙 バッカス賛歌に用いる韻律の 《長短長短長長格》. ── *n.* バッカス賛歌律の詩；淫猥詩.

-it·ic [íṭɪk | ít-] 〘□ F *-itique* // L *-iticus* □ Gk *-itikos* ← *-itis* (n. & adj. suf.)＋*-ikos* '-IC[1]'〙 *suf.* -ite, -itis などで終わる名詞に対応する形容詞語尾：bronch*itic*, Sem*itic*.

itin. 《略》 itinerant; itinerary.

itinera *n.* iter 2 の複数形.

i·tin·er·a·cy [aɪtín(ə)rəsi, ɪt-, ət- | ɪtín(ə)rəsɪ, aɪt-] *n.* ＝itinerancy.

i·tin·er·an·cy [aɪtín(ə)rənsi, ɪt-, ət- | ɪtín(ə)rənsɪ, aɪt-] 〘⇨↓, -ancy〙 ── *n.* **1** 巡回，巡歴，遍歴；巡回者の団体. **2** 〘メソジスト教会〙 巡回制[組織]，巡回説教. **3** 巡回の必要な[勤務地不定の]職務.

i·tin·er·ant [aɪtín(ə)rənt, ɪt-, ət- | ɪt-, aɪt-] 〘(1570–76) □ LL *itinerant-em* (pres.p.) ← *itinerārī* to travel: ↓〙 ── *adj.* **1** 〈商人など〉巡回する，巡歴する，遍歴する，旅回りの (↔stationary): ～ musicians 旅回りの楽団 / an ～ peddler [trader] 行商人 / an ～ showman 旅見世物師 / an ～ library 巡回図書館. **2** 放浪の，旅行しながらの. **3** 〈肉体労働者など〉移動労働の；〈職務など〉巡回の必要な. **4 a** 〘法律〙 〈裁判官が〉巡回する，巡回裁判の：an ～ judge [justice] 巡回裁判官. **b** 〘メソジスト教会〙 〈牧師が〉巡回説教をする：an ～ preacher 巡回説教師. ── *n.* 巡回者，遍歴者；巡回説教[布教]師；巡回裁判官；行商人，旅役者，旅見世物師(など). ～**·ly** *adv.*

i·tin·er·ar·i·um [aɪtìnəré(ə)riəm, ɪt-, ət- | aɪtìnəréərɪ-, ɪt-] 〘□ ML *itinerāri-um*: ↓〙 *n.* (*pl.* **-i·a** [-iə | -ɪə], ～**s**) 〘カトリック〙 旅行祝福祈禱(きとう)文.

i·tin·er·ar·y [aɪtínərèri, ɪt-, ət- | aɪtín(ə)rərɪ, ɪt-] 〘adj.: (1552) □ LL *itinerāri-us* of a journey ← L *itiner-*, *iter* journey, way, road: ⇨↓, -ary. ── n.: (?a1425) □ LL *itinerāri-um* (neut.) ← (adj.)〙 ── *adj.* **1** 《まれ》 巡回する，巡歴する，巡回中の：an ～ judge 巡回裁判官. **2** 道程の，旅程の，旅路の：an ～ pillar [column] 道路指示標，道しるべの柱. ── *n.* **1** 旅路. **2** 旅行日程(表)，旅行計画. **3** 旅行記. **4** 旅行案内書.

i·tin·er·ate [aɪtínərèɪt, ɪt-, ət- | ɪt-, aɪt-] 〘← LL *itinerāt-us* (p.p.) ← *itinerārī* to travel ← L *iter* (↑)〙 ── *vi.* **1** 巡回する，巡歴する，巡遊する：an *itinerating* library 巡回図書館，回覧文庫. **2** 〈牧師が〉説教して回る；〈裁判官が〉巡回裁判をする. ── *adj.* 巡回する，遍歴する：～ newspapermen.

i·tin·er·a·tion [aɪtìnəréɪʃən, ɪt-, ət- | ɪt-, aɪt-] *n.* ＝itinerancy.

-i·tion [íʃən] 〘ME □ (O)F ～ // L *-ītiō(n-)*: ⇨ -ite[2], -tion〙 *suf.* 動作・状態を表わす名詞語尾：defin*ition*, exped*ition*.

-i·tious [íʃəs] 〘□ ML *-ītius*＝L *-īcius*: ⇨ -ition, -ous〙 ── *suf.* 「…の，…に関する，…の特徴をもった」の意を表わす形容詞を造る：advent*itious*, amb*itious*, exped*itious*, propit*ious*.

-i·tis [áɪṭɪs, -ṭəs | -tɪs] 〘□ Gk *-ītis* (fem.) pertaining to ← *-ítēs*: cf. -ite[1]〙 ── *suf.* (*pl.* **-i·tes** [áɪti:z]) 次の意味を表わす名詞を造る： **1** 〘病理〙 「…炎」：append*icitis*, bronch*itis*, tonsill*itis*. **2** 〘戯言〙 「…熱，…狂」：education*itis* (教育ママなどにみられる過度の)教育熱 / golf*itis* ゴルフ熱.

-i·tive [ɪṭɪv, əṭ- | ɪt-] 〘□ L *-ītīvus*: ⇨ -ive〙 *suf.* 形容詞および名詞語尾：appos*itive*, infin*itive*, pun*itive*.

it'll [íṭḷ | -tl] 《口語》 it will または it shall の縮約形.

I·to [í:toʊ | -təʊ] 〘(頭字語) ← *J*(*ewish*) *T*(*erritorial*) *O*(*rganization*): J を I に変えて造った語〙 *n.* ユダヤ民族領土獲得連盟.

ITO 《略》 International Trade Organization 国際貿易機関 《国際貿易憲章に規定されたが実現せず》.

-i·tol [-ɪtɔ̀(:)l, -ətɔ̀ʊl | -ɪtɔ̀l] 〘← -ITE[1]＋-OL[1]〙 *suf.* 〘化学〙 一水酸基群以上を含むアルコールを表わす名詞を造る：inos*itol*, mann*itol*.

I·to·ni·a [ɪtóʊniə, ət- | ɪtáʊnjə, -nɪə] 〘□ Gk *Itōnía*〙 *n.* 〘ギリシャ神話〙 イトニア 《Athena の別称》.

-i·tous [əṭəs | ɪt-] 〘← -IT(Y)＋-OUS ∽ F *-iteux* // L *-itōsus*〙 *suf.* ラテン語系の形容詞を造る：calam*itous*, felic*itous*, iniqu*itous*.

its [ɪts, əts; íts | ɪts; íts] 〘(1596) ～, *it's* ← IT[1]＋-'s ∽ ME *his* (gen.) ← *hit* 'IT[1]': 19C 初頭まで *it's* と書かれた〙 ── *pron.* [it の所有格] その，それの：The dog ran toward me wagging ～ tail. 犬はしっぽを振りながら私の方へ走って来た. ★ its is yours, his, hers などと違って，独立的に所有代名詞としてはほとんど用いられない.

it's [ɪts] 《口語》 it is または it has の縮約形.

it·self [ɪtsélf, ət- | ɪt-] 〘OE *hit self* (⇨ it, self): 17–18C には *its self* とも書かれた〙 ── *pron.* [三人称単数中性複合代名詞：⇨ oneself] **1** [強意用法] それ自身，そのもの：At last the house ～ fell down. ついに家自体が倒れた / Rome is older than London, ～ an ancient city. ロンドン自体古都であるが，ローマはそのロンドンよりも古い / She was beauty ～. 彼女はほんとうに美しかった (＝She was quite beautiful.). **2** [－⌒] [再帰用法]: The cat stretched ～. 猫は背伸びをした / The dog began to lick ～. 犬が体[足]をなめ始めた. **3** (動物などの)普通の健康状態：The pussy was soon ～. 子猫はすぐ元気になった.

by itself (1) (助けを借りずに)それだけで，単独で；(他のものと)離れて，孤立して (alone): The house stands all *by* ～. その家は一軒家である. (2) ひとりでに，自動的に (automatically): An automatic machine goes *by* ～. 自動装置の機械はひとりで動く.

in itself それ自体(において) (as such)，元来，実質において，本質的に (basically) (cf. thing-in-itself): Diamond is hard *in* ～. ダイヤモンドは本来堅い.

of itself 自然に，ひとりでに (spontaneously). ★ 今は by itself を用いるほうが普通.

it·sy-bit·sy [ítsibítsi | -sɪbítsɪ] *adj.* 《米口語》 ＝itty-bitty.

ITT, I.T. & T. 《略》 International Telephone and Telegraph Corporation (米国の)国際電話電信会社.

it·ty-bit·ty [íṭibíṭi | ítɪbítɪ] 〘(変形) ← *little bit*: 小児語〙 *adj.* 《口語》 ちっぽけな，ちいちゃい；ちょっぴりの (very small).

ITU, I.T.U. 《略》 International Telecommunication Union 国際電気通信連合 《1865 年 International Telegraph Union として創設され，1947 年国連の専門機関となる》; International Typographical Union 国際活版印刷同盟.

-i·tude [⌒ət(j)ù:d | -ɪtjù:d] *suf.* (連結辞 -i- を伴った) -tude の異形.

ITV, I.T.V. 《略》 《英》 independent television 独立放送公社 (IBA) が行なうテレビ放送; industrial television; instructional television.

-i·ty [⌒əṭi | -ətɪ, -ɪtɪ] 〘ME *-ite* □ (O)F *-ité* < L *-itā-tem*: ⇨ -i-, -ty〙 *suf.* 状態・性格・程度などを表わす抽象名詞語尾：calam*ity*, major*ity*, prob*ity*.

I·tys [áɪṭɪs, -ṭəs | -tɪs] 〘□ Gk *Ítus*〙 *n.* 〘ギリシャ神話〙 イテュス (⇨ Philomela 1).

IU, I.U. 《略》 international unit(s).

IUCD, I.U.C.D. 《略》 〘産科〙 intrauterine contraceptive device. ★ 今は IUD のほうが普通.

IUD, I.U.D. 《略》 〘産科〙 intrauterine device.

I·u·lus [aɪjú:ləs] 〘□ L *Iūlus*〙 *n.* 〘ローマ神話〙 イウルス 《Ascanius の別称》.

-i·um [iəm, jəm | jəm, ɪəm] 〘□ L ～〙 ── *suf.* **1** ラテン語の中性形容詞語尾：med*ium*, prem*ium*. **2** 〘化学〙 塩を作り得る金属または非金属の存在を示す語尾：irid*ium*, rad*ium*, sod*ium*; ammon*ium*, imidazol*ium*. **3** 〘← NL ～ ← L *-ium* □ Gk *-ion*〙 (*pl.* ～**s**, **-i·a** [iə, jə | jə, ɪə]) (特に植物学用語で)「小型，塊」の意の名詞語尾：pollin*ium*.

IUPAB 《略》 International Union of Pure and Applied Biology 国際基礎および応用生物学連合.

IUPAC 《略》 International Union of Pure and Applied Chemistry 国際純正および応用化学連合.

IUPAC nómenclature *n.* 〘化学〙 イウパック命名法 《国際純正および応用化学連合で制定した化合物命名法》.

IUPAP 《略》 International Union of Pure and Applied Physics 国際純粋および応用物理学連合.

i.v., IV 《略》 intravenous; intravenously.

I·van [áɪvən; *Russ.* iván, *Serbo-Croat.* ívan] 〘□ Russ. ～ < ORuss. *Ioan*(*n*)*ŭ* □ Gk *Iōánnēs*: cf. John[1]〙 *n.* 男性名.

Ivan III *n.* イワン三世 《1440–1505; Muscovy 大公 (1462–1505)；ロシヤ帝国の基礎を築いた；通称 Ivan the Great》.

Ivan IV *n.* イワン四世 《1530–84; Muscovy 大公 (1533–47)，Ivan 三世の孫；ロシヤ帝国最初の皇帝 (czar) (1547–84)；通称 Ivan the Terrible イワン雷帝》.

I·van·hoe [áɪvənhòʊ | -hə̀ʊ] *n.* **1** 「アイバンホー」 《Sir Walter Scott 作の歴史小説 (1819)》. **2** アイバンホー 《*Ivanhoe* の主人公である騎士の名》.

I·van I·van·o·vich [áɪvən-ɪvá:nəvɪtʃ; *Russ.* iván-ivánəvjitʃ] 〘□ Russ. ～ (⇨ Ivan, Ivanovich): 'John Johnson' に当たる〙 ── *n.* (典型的な)ロシヤ人 《人が善くて怠け者；cf. John Bull, Uncle Sam 2》.

I·va·no·vich [ɪvá:nəvɪtʃ; *Russ.* ivánəvjitʃ] 〘□ Russ. ～ 《原義》 'son of IVAN'〙 *n.* 男性名.

I·va·no·vo [i:vá:nəvə, -vòʊ | -və̀ʊ; *Russ.* ivánəvə] 〘□ Russ. ～: Ivan IV にちなむ〙 ── *n.* イワノボ 《ソ連邦ロシヤ共和国 Moscow の北東にある工業都市；人口 461,000》.

I've [aɪv] 《口語》 I have の縮約形.

-ive [ɪv, əv | ɪv] 〘ME *-if*, *-ive* □ (O)F *-if* (masc.), *-ive* (fem.) // L *-īvus* (masc.), *-īvum* (neut.), *-īva* (fem.)〙 ── *suf.* 「(継続して，絶えず)…の傾向のある，…の性質をもった」などの意を表わす形容詞語尾：aggres*sive*, capt*ive*, gerund*ive*, sport*ive*, invect*ive*. ★ これらの中には名詞として用いられるものもある.

Ives [aɪvz], **Charles Edward** *n.* (1874–1954) 米国の作曲家.

Ives, Frederick Eugene *n.* (1856–1937) 米国の発明家；写真術の先駆者.

Ives, James Merritt *n.* (1824–95) 米国の石版師 (⇨ Currier and Ives).

í·vied 〘(p.p.) ← IVY〙 *adj.* 〈壁など〉キヅタ[ツタ] (ivy) の生い茂った[でおおわれた].

I·vo [áɪvoʊ, í:- | -vəʊ] 〘□ OF *Ive*(*s*), *Yve*(*s*), *Ivon* □ OHG *Iv* 《原義》 yew: cf. Yvonne〙 *n.* 男性名.

I·vor [áɪvɚ, í:vɚ | áɪvə(r)] 〘ME *Yfore* ← ? Scand. (ON *Ivarr* / ODan. *Iwar* / OSwed. *Ivar*) 《原義》 yew-army〙 *n.* 男性名 《ウェールズ語形 Ifor》.

í·vo·ried *adj.* **1** 《古》 象牙(ぞうげ)に似せた. **2** 象牙のある. **3** 《戯言》 歯のある.

i·vo·ry [áɪv(ə)ri | -rɪ] 〘(1263) □ OF *yvoire* (F *ivoire*) < L *eboreum* of ivory ← *ebor-*, *ebur* ivory □ Egypt. *āb*, *ābu* elephant, ivory: cf. Coptic *ebu* ivory / Skt *ibha* elephant〙 ── *n.* **1** 象牙(ぞうげ)；(ゾウ・カバ・セイウチなどの)牙(きば)：artificial ～ 人造象牙 / ⇨ black ivory, fossil ivory / hunt ～ 象狩りをする. **2** [*pl.*] 《俗》 象牙製の物： **a** 玉突きの玉. **b** ピアノのキー. **c** さいころ. **3** 象牙質，歯質 (dentine). **4** [しばしば *pl.*] 《俗》 歯 (teeth): show one's *ivories* 歯をむき出す. **5** アイボリー，象牙色 (ivory yellow). **6** ＝vegetable ivory. **7** ＝ivory paper. **8** 〘野球〙 (チームの)新顔 (new talent). ── *attrib. adj.* **1** 象牙製の；象牙に似た：an ～ box 象牙の箱 / an ～ letter weight 象牙製の文鎮 / ～ manufactures 象牙製品. **2** 象牙色

の: an ～ skin.

ívory·bìll *n.* 〘鳥類〙 =ivory-billed woodpecker.

ívory-bìlled wóodpecker *n.* 〘鳥類〙 ハシジロキツツキ (*Campephilus principalis*)《米国南東部産の非常に大きい黒と白のキツツキ; 雄には華やかな赤い冠毛がある, 今はほとんど絶滅; ivorybill ともいう》.

ívory bláck *n.* アイボリーブラック《動物の骨(本来は象牙)を焼いて作った黒色顔料》.

ívory bòard *n.* 〘製紙〙 アイボリー, アイボリー紙.

Ívory Cóast 〘《なぞり》← F *La Côte d'Ivoire*〙 **—** *n.* [the ～] コートジボアール, (植民地時代の) 象牙海岸《アフリカ中西部 Guinea 湾に臨む共和国; もとフランス領西アフリカ (French West Africa) の一部であったが, フランス共同体 (French Community) 内の共和国を経て, 1960 年独立; 人口 6,672,000, 面積 319,822 km^2, 首都 Abidjan; 公式名 the Republic of the Ivory Coast コートジボアール共和国; フランス語名 Côte d'Ivoire》.

ívory gáte *n.* [the ～] 〘ギリシャ神話〙 (眠りの家の) 象牙の門《この門からはかない夢が出る; gate of ivory ともいう; cf. GATE of horn》.

ívory gùll *n.* 〘鳥類〙 ゾウゲカモメ (*Pagophila eburnea*)《白色の北極産カモメ》.

ívory hùnter 〘cf. ivory (n. 8)〙 *n.* 《米俗》〘野球〙 メジャーリーグ (Major League) のスカウト.

ívory nùt *n.* アイボリーナット《ゾウゲヤシ (ivory palm) の実; 植物象牙 (vegetable ivory) が採れる; cf. coquilla nut》; 他のヤシの同じような実.

ívory pàlm *n.* 〘植物〙 ゾウゲヤシ, ボタンヤシ (*Phytelephas macrocarpa*)《熱帯アメリカ産アメリカゾウゲヤシ属の植物; 堅い胚乳(はいにゅう)をボタンの製造などに利用する》.

ívory pàper *n.* アイボリーペーパー, 象牙紙《画家の用いる光沢のある上質の厚紙》.

ívory ràider *n.* 《米俗》 **1** タレントスカウト (talent scout). **2** 優秀な学生を在学中からスカウトに来る人.

ívory tówer 〘《1917》《なぞり》← F *tour d'ivoire* (フランスの文学者 Sainte-Beuve の言葉 (1837)): cf. 'Thy neck is as a *tower* of *ivory*.' (*Solom.* 7:4)〙 **—** *n.* **1** 「象牙(ぞうげ)の塔」《社会の現実から隔離した思索・夢想の世界》. **2** (実社会から離れた) 超俗的な態度[生活], 現実離れ. **ivory-tówer** *adj.* **ívory-tów·er·ish** [-táʊ(ə)rɪʃ | -táʊər-] *adj.*

ívory-tówered *adj.* **1** 象牙(ぞうげ)の塔に閉じこもった[住む], 現実離れの, 外界から隔絶した: an ～ scientist. **2** 孤立した; 人里離れた, 辺鄙(へんぴ)な.

ívory-tów·er·ìsm [-táʊərɪzm] *n.* 超俗思想, 夢想主義.

ívory·tỳpe *n.* 《古》 アイボリータイプ《手工的に天然色効果を出す写真; 今は使われない》.

ívory-whíte *adj.* 象牙(ぞうげ)色の, 白色の (white).

ívory whíte [yéllow] *n.* 象牙色, 乳白色.

i·vy [áɪvi | -vɪ] 〘OE *ifiġ* < Gmc **ibahs* (OHG *ebah* (G *Efeu*) / Du. *ei-loof* ivy (leaf)): cf. L *ibex* climber〙 **—** *n.* **1** 〘植物〙 **a** キヅタ《ウコギ科キヅタ属 (*Hedera*) のつる性常緑低木の総称》; (特に) セイヨウキヅタ, (イングリッシュ) アイビー (*H. helix*)《観賞用; English ivy ともいう》. **b** ツタ類《キヅタに似たつる植物の総称》: ⇨ ground ivy, Boston ivy. **c** =poison ivy 1. **2** アイビー色《通例灰色がかった緑色》. **3** [通例 I-] =Ivy League college. **—** *adj.* **1** 学園の, 学究的な; 純学理的な. **2** =Ivy League. **—** *vt.* キヅタ[ツタ]で飾る[おおう], …にキヅタ[ツタ]を生い茂らせる.

I·vy [áɪvi | -vɪ] 〘↑〙 *n.* 女性名.

Ívy cóllege *n.* =Ivy League college.

ívy gerànium *n.* 〘植物〙 ツタバテンジクアオイ (*Pelargonium peltatum*)《南米産フウロソウ科の植物》.

Ívy Léague 〘伝統ある大学の校舎の多くが ivy におおわれているところから〙 **—** *n.* [the ～] 《米》 **1** アイビーリーグ《米国北東部の一群の有名大学, 特に Yale, Harvard, Princeton, Columbia, Pennsylvania, Cornell, Dartmouth および Brown の 8 大学; 個々の大学は Ivy League college という》. **2** 米国東部大学競技連盟. **—** *adj.* **1** アイビーリーグ (Ivy League) 大学[学生, 卒業生]の[に関する]: an ～ education / leaders with ～ backgrounds 有名大学出の指導者たち. **2** アイビーリーグ風の: the ～ look アイビー(リーグ)ルック《ブレザータイプの上着, 細身のズボン, アイビーシャツ, アイビータイなどに特徴づけられた身なり》. **3** 米国東部大学競技連盟の.

Ívy Léague cóllege *n.* 《米》 アイビーリーグ大学 (Ivy college, Ivy ともいう; ⇨ Ivy League *n.* 1).

Ívy Léagu·er [-líːgə | -gə(r] *n.* アイビーリーグ (Ivy League) 大学の学生[卒業生].

ívy-mántled *adj.* 〈家など〉キヅタ[ツタ] (ivy) におおわれた.

ívy vìne *n.* 〘植物〙 **1** 米国産ブドウ科のブドウの一種 (*Ampelopsis cordata*). **2** アメリカヅタ (⇨ Virginia creeper).

i.w. 《略》 index word; inside width; isotopic weight.

I.W. 《略》 Inspector of Works; Isle of Wight.

IWA 《略》 International Whaling Agreement 国際捕鯨協定.

i·wis [iːwís, aɪ-] 〘ME *ȝewis, iwis(se)* < OE *ġewis* (adj.) certain, **gewisse* (adv.) ← Gmc **ȝa-*, **ȝi-* 'Y-' + **wissa-* (← *wissaȝ* (p.p.) known ← IE *(*w*)*edi-*, **wid-* to see: cf. wit[1]): cf. Du *gewis* / OHG *giwis* (G *gewiss* certain, certainly)〙 **—** *adv.* 《古》 確かに (certainly).

I·wo Ji·ma [íːwoʊ-dʒíːmə | -wəʊ-] *n.* 硫黄島《1945–68 年の間米国の統治下にあった; 第二次大戦の激戦地 (1945)》.

I.W.S. 《略》 International Wool Secretariat 国際羊毛事務局.

I.W.T.D. 《略》 Inland Water Transport Department 《英》 内国水運管理局.

IWW, I.W.W. 《略》 Industrial Workers of the World.

I.X., IX 《略》 *Gk.* Iēsoûs Khrīstós (=Jesus Christ).

-ix [ɪks] 〘⊏L ～ 《変形》← *-iss-* '-ESS[1]'〙 *suf.* ラテン語の -or で終わる男性形名詞に対応する女性形語尾: executrix (cf. executor).

ix·i·a [íksiə | -sɪə, -sjə] 〘《1551》← NL ～ ← Gk *ixós* birdlime + -IA[1]〙 **—** *n.* 〘植物〙 アフリカ南部原産のアヤメ科ヤリズイセン属 (*Ixia*) の植物の総称《観賞植物; corn lily ともいう》.

ix·i·o·lite [íksɪəlàɪt, -sio(ʊ)- | -sɪə(ʊ)-] 〘⊏Swed. *ixiolith* ← IXION + Gk *líthos* stone (⇨ -lite): Tantalus に因む tantalum を含有するので同じような責め苦に遭った IXION に因んだ命名〙 **—** *n.* 〘鉱物〙 イキシオライト《タンタル・ニオビウムなどを含むマンガン・鉄の酸化鉱物》.

Ix·i·on [ɪksáɪən, ək- | ɪk-] 〘⊏L *Ixīōn* ⊏ Gk *Ixīōn*〙 **—** *n.* 〘ギリシャ伝説〙 イクシオン《Lapithae 族の王; Hera を慕って Zeus の怒りにふれ, 罰として永遠に回転する地獄の火の輪 (Ixion's wheel) につながれた》.

ix·od·id [íksədɪd, ɪksóʊdɪd, -sɑ́d-, -dəd | íksədɪd, ɪksə́ʊdɪd, -sɔ́d-] 〘← NL *Ixodid-ae*: ↓〙 〘動物〙 **—** *n.* マダニ科のダニ. **—** *adj.* マダニ科のダニの[に関する, による].

Ix·od·i·dae [ɪksɑ́dədìː | -sɔ́dɪ-] 〘← NL ～ ← *Ixodes* (属名: ⊏ Gk *ixṓdēs* like birdlime ← *ixós* birdlime) + *-ōdēs* '-ODE[1]' + -IDAE〙 *n. pl.* 〘動物〙 マダニ科.

Ix·ta·ci·huatl [ìːstɑːsíːwɑːtḷ | -tḷ; *Am. Sp.* ìstasíwatl] *n.* =Iztaccihuatl.

ix·tle [ís(t)li | -lɪ] *n.* =istle.

I·yar [íːjɑə | -jɑː(r] 〘⊏ Mish.Heb. *Iyyār* ⊏ Akkad. *Ayyaru*《原義》? month of bloom〙 **—** *n.* (*also* **Iy·yar** [～]) (ユダヤ暦の) 2 月《グレゴリオ暦の 4–5 月に当たる; ⇨ Jewish calendar》.

IYC 《略》 International Year of the Child 国際児童年.

I·zaak [áɪzɪk, -zək | -zək] 〘⇨ Isaac〙 *n.* 男性名.

iz·ard [ɪzɑ́ə(d) | ízəd] 〘《1791》⊏F *isard* ← ? Iberian: cf. Basque *izar* star, white spot on the forehead〙 *n.* (*pl.* **～, ～s**) 〘動物〙 =chamois.

-i·za·tion, 《英》 **-i·sa·tion** [⌐⌐(–)ɪzéɪʃən, -əz- | -aɪz-, -ɪz-] 〘⇨ ↓, -ation〙 **—** *suf.* -ize, -ise に終わる動詞に対応する名詞語尾 (cf. -ize ★): civiliz*ation*, organiz*ation*, steriliz*ation*.

iz·ba [ɪzbɑ́; *Russ.* izbá] *n.* =isba.

-ize, 《英》 **-ise** [⌐(–)àɪz] 〘ME *-isen* ⊏(O)F *-iser* ∥ LL *-izāre* ⊏ Gk *-izein*: cf. G *-isieren*〙 **—** *suf.* 次の意味を表わす動詞語尾: **1** [他動詞] **a** 「…(の状態)にする, …化する」: American*ize*, civil*ize*, real*ize*, symbol*ize*. **b** 「…のように[…式に]取り扱う, …で処理する」: bowdler*ize*, alkal*ize*, oxid*ize*. **2** [自動詞] 「…のように行動する, …(の状態)になる, …化する」: apolog*ize*, material*ize*, sympath*ize*, crystall*ize*. ★ 名詞語尾 -ism, -ization をとる語の場合には -ize が用いられる (英用法では -ise も併用されているが, baptize は -ise 形を用いない); -is- を語幹にもつ語の場合には, 英米ともに -ise (例: improv*ise*, telev*ise*); また advert*ise* の場合, 米用法では -ise と -ize 形の両形が用いられる.

I·zhevsk [ɪʒéfsk; *Russ.* iʒéfsk] *n.* イジェフスク《ソ連邦ロシヤ共和国東部 Udmurt 自治共和国の首都; 人口 549,000》.

Iz·mid [ɪzmíd, -mít] *n.* =Izmit.

İz·mir [ɪzmíə, ⌐⌐ | ɪzmíə(r, ⌐⌐; *Turk.* ízmir] *n.* イズミル《トルコ西部, エーゲ海の İzmir 湾に臨む港市; 人口 637,000; 旧名 Smyrna》.

İzmir, the Gulf of *n.* イズミル湾《トルコ西部のエーゲ海の湾》.

Iz·mit [ɪzmít; *Turk.* ízmit] *n.* イズミット《トルコ西北部 Marmara 海に臨む港市; 人口 165,000; Izmid ともいう》.

Iz·tac·ci·huatl [ìːstɑː(k)síːwɑːtḷ | -tḷ; *Am. Sp.* ìstasíwatl] *n.* イスタシワトル(山)《メキシコ中部の死火山 (5,286 m)》.

Iz·ves·tia [ɪzvéstiə | -tɪə, -tjə; *Russ.* izvjéstʲijə] 〘⊏ Russ. *izvestije* news〙 *n.* 「イズベスチヤ」《ソ連最高会議幹部会発行の政府機関紙; cf. Pravda, Red Star 1》.

Iz·zak [ízɪk, ízək | ízək, ízɪk] 〘⇨ Isaac〙 *n.* 男性名.

iz·zard [ízəd | ízəd] 〘《1738》《変形》← ZED: cf. 《古形》 *ezod, ezed*〙 **—** *n.* Z の字. ★ 次の成句以外では今は《古・方言》: ⇨ A[1] *and izzard, from* A[1] *to izzard*.

iz·zat [ízət] 〘《1895》⊏ Hindi *'izzat* ⊏ Arab. *'izzaʰ* glory *'azza* to become strong〙 *n.* 《インド》 (個人の) 体面, 面目, 名声, 自尊心 (honor); 尊大.

Iz·zy [ízi | ízɪ] 〘(dim.) ← Isidore ∥ Ishmael ∥ Isaac ∥ Israel[1]〙 *n.* 男性名.

J

J, j [dʒéɪ] 〘I, i の変形: 中世の写本で i を際立たせるため, または隣接する i, u, m, n などの縦線 (minim) と混同されないようにするために用いられた; 古くは母音 [i] にも子音 [j] [dʒ] にも用いられたが, 英語では 17 世紀はじめごろ *j* が子音字, *i* が母音字という区別が一般化した〙 ― *n.* (*pl.* **J's, Js, j's, js** [~z]) **1** 英語アルファベットの第 10 字. **2** (活字・スタンプなどの) J または j 字. **3** [J] J 字形(のもの): ⇨ J pen. **4** 文字 j が表わす音《jam, joke などの [dʒ]》. **5** (連続するものの) 第 10 番目(のもの). ★ J を省略して K を 10 番目とすることも多い. **6** 中世ローマ数字の 1 の異形《iij (=iii) のように i の文字が並んだときの最後の i を j として示すことが多く, 処方箋などでは今でも用いる》. **7** 〘物理〙 J 粒子《中間子の一種》.

j 《記号》〘数学〙 Y 軸に平行な一単位の長さのベクトル; 〘電気〙 虚数単位 $\sqrt{-1}$.

j, j. 《記号》〘処方〙 one.

J, j. 《記号》〘トランプ〙 Jack; 〘物理〙 joule.

j. 《略》 *F.* jour (=day); *F.* journal (=newspaper); *L.* jūris (=of law); jus.

J. 《略》 Jack; January; Journal; *L.* jūdex (=judge); Judge; Justice.

Ɉ 《記号》 riel.

ja [jáː; *G.* jáː] 〘⊏ G ~〙 *G. adv.* =yes (cf. nein).

JA, J.A. 《略》 Joint Account; Judge Advocate.

Ja. 《略》 January.

já·al góat [dʒéɪəl-, jáːəl-] 〘*jaal*: ⊏ Heb. *yāʿēl* wild goat: cf. Jael〙 ― *n.* 〘動物〙 ヌビアアイベックス (*Capraibex nubiana*)《アラビア・エジプト・エチオピア産の角の長い野生山羊》.

jab [dʒǽ(ː)b] 〘《1825-80》《変形》← JOB²〙 ― *v.* (**jabbed**; **jab·bing**) ― *vt.* **1 a** 〈尖った物などで〉ぐいと突く, ずぶりと突き刺す (stab) 〔*with*〕: ~ a boar *with* a spear いのししを槍で突き刺す / ~ a person in the ribs 人の横腹を肘(ひじ)で突く. **b** 〈尖った物を〉差し込む 〔*into*〕: ~ a key *into* the lock 鍵穴にキーを入れる. **2** 〘ボクシング〙 素早く突く, 〈相手〉にジャブを出す. ― *vi.* **1** (尖った物・肘などで) 突く, 突き刺す 〔*at*〕: ~ *at* a person. **2** 〘ボクシング〙 ジャブを出す. ― *n.* **1** (急激な) 突き, 突き刺すこと. **2** 〘口語〙 (皮下) 注射. **3** 〘ボクシング〙 ジャブ《腕だけで小刻みに突くこと》.
~·ber *n.*

Ja·bal·pur [dʒʌ́bəlpùə | -pùə(r] *n.* ジャバルプル《インド中部, Madhya Pradesh 州の都市; 人口 427,000》.

jab·ber [dʒǽbə | -bə(r] 〘《1440》《擬音語》: cf. gab¹, gabble〙 ― *vi.* 早口[不明瞭]にしゃべる, わけのわからないことをぺらぺらしゃべる (chatter). ― *vt.* 〈言葉を〉早口[不明瞭]にしゃべる. ― *n.* 早口なおしゃべり (chatter). **~·er** [-bərə | -rə(r] *n.*

Jab·ber·wock [dʒǽbəwɑ̀k | -bəwɔ̀k] 〘← JABBER + *wock* (← ?): L. Carroll の造語〙 ― *n.* **1** ジャバーウォク《L. Carroll 作 '*Through the Looking-Glass*' 中に出る架空の怪物》. **2** [j-] =jabberwocky 2.

jab·ber·wock·y [dʒǽbəwɑ̀ki | -bəwɔ̀kɪ] 〘← *Jabberwocky* (L. Carroll 作 '*Through the Looking-Glass*' 中の不可解な詩の題名): ⇨ ↑, -y¹〙 ― *n.* **1** 意味のない戯文. **2** 無意味な[訳のわからぬ]言葉. ― *adj.* 訳のわからぬたわごとの, ちんぷんかんぷんの.

Ja·bez [dʒéɪbɪz, -bəz | -bez, -bɪz] 〘⊏ Heb. *Yaʿbēṣ*《通俗語源》 he will cause pain〙 *n.* 男性名.

jab·i·ru [ʒæbərúː, dʒæb- | dʒǽbɪrùː] 〘《1774》⊏ Sp. ~ ⊏ S-Am.-Ind. (Tupi) *jabirú*〙 ― *n.* 〘鳥類〙 **1** ズグロハゲコウ (*Jabiru mycteria*)《熱帯アメリカ産コウノトリ科の鳥》. **2** セイタカコウ (*Xenorhynchus asiaticus*)《オーストラリア産で脚が長い》.

jab·o·ran·di [ʒæ̀bərændíː, -rǽndi | dʒæ̀bərǽndɪ, -bɔːr-] 〘⊏ Port. ~ ⊏ S-Am.-Ind. (Tupi) *yaborandi*〙 ― *n.* **1** 〘植物〙 南米熱帯地方産ミカン科 *Pilocarpus* 属の低木の総称; (特に) *P. jaborandi*. **2** ヤボランジ葉《同上植物および *P. microphyllus* の干葉でピロカルピジン (pilocarpidine) を含む; 利尿剤・発汗剤》.

ja·bot [ʒæbóu, dʒæ-, ―― | ʒǽbəu; *F.* ʒabo] 〘《1823》⊏ F ~《原義》 bird's crop ← ? Gaul.〙 ― *n.* ジャボー: **a** レースやレースの縁どりをしたフリルで出来た胸当て; ブラウスなどに付けたものもある. **b** 18 世紀に用いられた紳士用の首にまくフリル状のタイ.

jabot b

ja·bo·ti·ca·ba [ʒəbùːtɪkáːbə | -tɪ-] 〘⊏ Port. ~ ⊏ S-Am.-Ind. (Tupi)《原義》 tortoise fat ← *jaboti* tortoise + *icaba* fat〙 *n.* 〘植物〙 ブラジル産フトモモ科の低木 (*Myrciaria cauliflora*)《幹と主枝一体に花とぶどう状の実をつける》; その実.

Ja·brud [dʒǽbrud] *n.* 〘考古〙 ヤブルド, ジャブルード《シリア南西部の Anti-Lebanon 山脈にある旧石器時代の遺跡》.

ja·bu·ran [dʒùːburáːn] 〘⊏ Jap. 藪蘭〙 *n.* (*pl.* ~) 〘植物〙 ノシラン (*Ophiopogon jaburan*)《日本原産のユリ科の多年草; 庭園に植えられる》.

ja·cal [həkáːl; *Am. Sp.* hakál] 〘⊏ Mex.-Sp. ~ ⊏ N-Am.-Ind. (Nahuatl) *xacalli*《混成》← *xamitl* adobe + *calli* house〙 ― *n.* (*pl.* **ja·ca·les** [-leɪs; *Am. Sp.* -les], **~s**) **1** ハカール《米国南西部とメキシコに見られ細い杭(くい)を密に並べて打ちこみ, 泥で固めた草ぶきの家》. **2** ハカール造り.

jac·a·mar [dʒǽkəmɑ̀ə, dʒǽk- | -mɑ̀ː(r] 〘《1825》⊏ F ~ ⊏ S-Am.-Ind. (Tupi) *jacamá-ciri*〙 ― *n.* 〘鳥類〙 中南米熱帯産キリハシ科の鳥の総称《くちばしが長く, 羽毛が青銅色[金緑色]でハチドリを大きくしたような鳥》.

ja·ca·na [ʒæsənáː(ŋ), -sṇ-, -nǽŋ, dʒǽkənə; *Braz.* ʒasanã́] 〘《1753》⊏ Port. *jaçanã* ⊏ S-Am.-Ind. (Tupi) *jasanã*〙 ― *n.* 〘鳥類〙 レンカク《熱帯地方産レンカク科の鳥の総称; アメリカレンカク (*Jacana spinosa*), レンカク (water pheasant) などで, 足指が長く, スイレンその他の水草の葉などの上を歩く》.

Ja·can·i·dae [dʒəkǽnədìː | -nɪ-] 〘← NL ~: ⇨ ↑, -idae〙 *n. pl.* 〘鳥類〙 (チドリ目) レンカク科.

jac·a·ran·da [dʒæ̀kərǽndə, -rǽndə | -rǽndə] 〘《1753》⊏ Port. *jacarandá* ⊏ S-Am.-Ind. (Tupi) *yacarandá*〙 ― *n.* 〘植物〙 **1** 熱帯アメリカ産ノウゼンカズラ科ジャカランダ属 (*Jacaranda*) の樹木の総称《青[紫色]の密集花をつけ, 熱帯の街路樹とされる; キリモドキ (*J. filicifolia*) など》. **2** 熱帯アメリカ産マメ科ツルサイカチ属 (*Dalbergia*) の植物の総称.

J ácid *n.* 〘化学〙 J 酸 ($NH_2C_{10}H_5(OH)SO_3H$)《アゾ染料の製造原料》.

ja·cinth [dʒéɪsɪnθ, dʒǽs-, -sənθ, -sṇθ | dʒǽsɪnθ, dʒéɪs-] 〘《?c1200》 *iacyn(c)t* ⊏ OF *jacin(c)te* (F *jacinthe*) ⊏ L *hyacinthus*: ⇨ hyacinth〙 ― *n.* **1** 〘鉱物〙 =hyacinth 4. **2** 赤橙色.

ja·cinthe [dʒéɪsɪnθ, dʒǽs-, -sənθ, -sṇθ, ʒɑːsǽnt | dʒǽsɪnθ, dʒéɪs-; *F.* ʒasɛ̃ːt] 〘⊏ F ~: ↑〙 *n.* 濃橙色.

jack¹ [dʒǽk] 〘《n.: c1300; v.: 1873》《転用》← JACK〙 ― *n.* **1 a** [通例 J-] (普通一般の) 男, 人 (man), 若者. ★ 今は次のような表現に用いる: *Jack* and Gill [Jill] 若い男と女, 彼と彼女《英国の古い童謡の中の少年と少女の名から》/ Every *Jack* must have his Gill [Jill]. 《諺》 どんな男にもそれ相当の嫁の来手(きて)はあるもの, 「われ鍋にとじ蓋」/ A good *Jack* makes a good Gill [Jill]. 《諺》 女は夫次第 (で良くもなるもの) / *Jack* of all trades, and master of none. 《諺》 何でもやれる人にひいでた芸[能力]はない, 「多芸は無芸」 (cf. jack-of-all-trades) / *Jack* is as good as his master. 《諺》 人に上下はない, 人は平等である / *Jack* of [on, o'] both sides = Jack-of-both-sides / ⇨ *every man* JACK [*Jack*]. **b** 〘口語〙 [J-; 見知らぬ人への呼び掛けに用いて] 君(きみ): Hey, *Jack*! おーい, 君. **2 a** (半ぱな仕事などをする) 労働者, 人夫; 使用人, 雇人, 従者. **b** [しばしば J-] 船員, 水兵 (jack-tar)《愛称》. **c** 木こり. **3** ジャッキ, 押上げ万力《重量物をテコの原理や油圧・水圧などで押し上げる装置》.

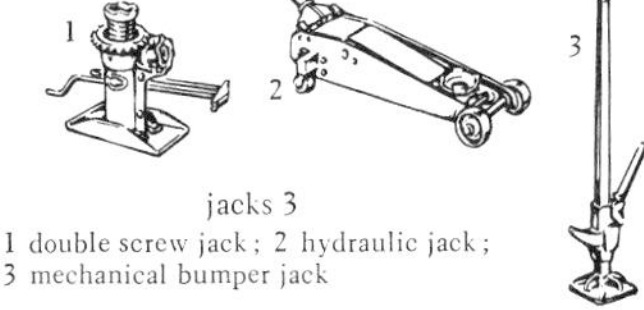

jacks 3
1 double screw jack; 2 hydraulic jack; 3 mechanical bumper jack

4 〘トランプ〙 **a** ジャックの札 (knave). **b** =jackpot 2 b. **5** 〘電気〙 ジャック《プラグを差し込んで電気の接続を行なう装置》. **6 a** (ある種の動物の) 雄 (male) (cf. jenny 1 a); (特に) 雄のロバ: ⇨ jackass, jackdaw, jacksnipe. **b** (ある種の魚の) 雄: a ~ salmon. **7 a** [複合語の第 1 構成素として] 小さめの, こぢんまりした: ⇨ jackhammer, jackshaft. **b** 船に関係のある人・用材・帆・ロープ・器具などのうち小さなものに対する愛称. **8** 〘魚類〙 **a** カワカマス (pike); (特に) カワカマスの幼魚[小魚]. **b** アジ科のうち主にカイワリ属 (*Caranx*) の魚類. **9** 〘鷹狩〙 チョウゲンボウ (kestrel), コチョウゲンボウ (merlin), チゴハヤブサ (hobby) などの雄の鷹. **10 a** jacks に用いる六つの突起のある金属片《石や骨を用いることもある; cf. b》. **b** [*pl.*; 単数扱い] ゴルフ球のようなゴム球を投げ, それを捕える間に金属片 6 個を操る遊戯 (jackstones). **c** (lawn bowling で) 的球(まとだま)《白い小球; 直径およそ 2.5 インチ, 重さ 10 オンス》.

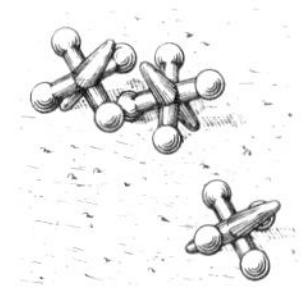
jacks 10 a

11 〘海事〙 **a** 船首旗, 国籍旗《艦船が停泊中だけ船首に掲げる国籍を示す小旗; 必ずしも国旗そのものとは限らない, 例えば米国のは国旗の左上すみの「青地に星」の部分だけ; cf. Union flag》. **b** =jack crosstree. **c** =mast funnel. **d** ジャック船《Newfoundland 地方で使用される 2 本マストの縦帆式の漁船》. **12** 〘音楽〙 打弦槌(つち)《ハープシコード属の鍵盤楽器の各鍵の内端に付いている木製のてこ; その先端に付いている爪で弦をはじく》. **13** 時打ちジャック《古い教会堂などの大型時計のベルを打つハンマーを持った機械人形》. **14 a** =smokejack. **b** =bootjack. **15** 〘ダイビング〙 =jackknife 2. **16** 《米》 **a** =applejack. **b** =brandy. **17** 《米》 =jacklight. **18 a** 《米俗》 金, 金銭. **b** 《英俗》 5 ポンド (紙幣). **19** 《英俗》 刑事, デカ; 警官. **20** 〘劇場〙 =brace jack. **21** 〘石工〙 詰め物《石・れんがなどを横に並べてゆく際, 石と石, れんがとれんがの間に詰める粘土・れんがくずなど: cf. bat² 5》. **22** 〘鉱物〙 閃(せん)亜鉛鉱. **23** 《英方言》 **a** 半パイント (half pint). **b** 4 分の 1 パイント.

ball the jack 〘← ?: cf. highball (v.)〙 (1) 《俗》 速く行なう, 機敏な行動をとる. (2) 一事にすべてを賭ける, 一か八かやる. ***before you can say Jack Robinson*** ⇨ Jack Robinson 成句. ***every man jack*** [***Jack***] だれも彼も皆, 一人残らず (everyone without exception): *Every man* ~ *of* us knows it. ***hook Jack*** 《米口語》 ずる休みする (cf. hooky²). ***Jack at a pinch*** 《俗》 急場の間に合わせに使う[手を貸す]人 (cf. Johnny-on-the-spot). ***Jack in the*** (***low***) ***cellar*** 《古》 お腹(なか)の子, 胎児. ***on one's Jack*** (***Jones***) 《英俗》 ひとりで, 人手を借りずに (alone). ***play the jack*** [***Jack***] 《廃》 悪辣[卑劣]なことをする, 欺く.
― *vt.* **1** [通例 ~ *up* として] **a** 〈車などを〉ジャッキで持ち上げる (lift): ~ *up* a car. **b** 〈物を〉(ぐっと) 引き[持ち]上げる. **2** 《米》 たいまつ[カンテラなど] (jacklight) をつけて〈魚・獣を〉探す[捕える]. ― *vi.* 《米》 たいまつ[カンテラなど]で夜釣[夜猟]をする; (鹿などに) スポットライトを当てて目をくらませて密猟する.
jack in 《英俗》 〈仕事などを〉捨てる, よす: ~ it *in*. ***jack off*** 〘《変形》? ← *jerk off* (⇨ jerk¹ (v.) 成句)〙 (1) 《英俗》 行ってしまう, ずらかる. (2) 《卑》 自慰をする. ***jack up*** (1) ⇨ *vt.* 1. (2) 《口語》 〈値段などを〉つり上げる, 引き上げる; 〈商品など〉のレベル[品質]を高める. (3) 《米口語》 〈人を〉(職務上などで) 元気づける, 励ます. (4) 《米口語》 〈人を〉しかる, 責める. (5) 《英口語》 〈仕事・計画などを〉(急に) 投げ出す, よす; だめにする. (6) 《英口語》 取決める; きちんとする. (7) 《豪俗》 断わる, 意地を張る.
~·er *n.*

jack² [dʒǽk] 〘《1375》 *jakke* ⊏ (O)F *jaque* (i) ⊏ Sp. *jaco* ← Arab. // (ii) ← OF *jacque(s)* peasant ← *Jacques* '**JACK**' (昔フランスの農夫がこの種の胴着を常用していたことから)〙 ― *n.* 《古》 **1** 皮製ジョッキ《ろう引きの皮で作り外側にタールを塗ったビール用の容器; cf. blackjack 2》. **2** 〘甲冑〙 ジャック《中世の兵卒防着; 刺縫したものや小札を入れた袷(あわせ)などがある》.

jack² 2

jack³ [dʒǽk] 〘《1613》⊏ Port. *jaca* ⊏ Malayalam *chakka*〙 *n.* 〘植物〙 =jackfruit.

jack⁴ [dʒǽk] 〘《転用》← JACK¹ (n.) 7 a〙 *adj.* 〘建築〙 配付(はいつけ)の: a ~ rafter ⇨ rafter².

Jack [dʒǽk] 〘ME *Jacke* ⊏ ? OF *Jaques* (F *Jacques*) ⊏ LL *Jacobus* = L *Jacōbus*: ⇨ Jacob〙 *n.* 男性名.

jàck-a-dándy [-kə-] 〘← JACK¹ + A-³ + DANDY¹〙 *n.* 洒落者(しゃれもの), めかし屋 (dandy, fop).

jack·al [dʒǽkəl, -kɔːl | -kɔːl, -kəl] 〘《1603》⊏ Turk. *çakāl* ⊏ Pers. *shag(h)āl*〙 ― *n.* **1** 〘動物〙 ジャッカル《イヌ科の野生犬; アフリカ・インド・セイロン・ビルマ・ヨーロッパ東南部産で数種いる; ライオンのた

めに獲物あさりの役をすると想像されていたので lion's provider ともいわれた》; (特に)キンイロジャッカル (*Canis aureus*). **2 a** 下働き, 道具に使われる人, お先棒かつぎ. **b** 自分の利益のために不正[卑劣]なことをする人. — *vi.* (～**ed**, **jack·alled**) 下働きをする, 〔…の〕お先棒をかつぐ〔*for*〕.

jackal 1

jáck-a-làntern [-kə-] *n.* ＝jack-o'-lantern.

Jáck-a-Lènt [-kə-] 〖← JACK¹+A-³+LENT〗 — *n.* **1** レント人形《四旬節の際, 石などを投げつけて遊ぶための詰め物をした人形》. **2** つまらない人間, 単純な人 (puppet).

jack·a·napes [dʒǽkənèɪps] 〖《c1450》← JACK¹+*napes* (← ?): 英国の Suffolk 公爵 William de la Pole (1396–1450) が猿の足かせと鎖をバッジの紋章としていたことからつけられたあだ名: -a- は 16 世紀に通俗語源により挿入? (cf. a-³)〗 — *n.* **1 a** 小さかしい生意気な男, きざな洒落(しゃ)者. **b** 生意気な[こましゃくれた]子, あくたれ小僧. **2** 《古》猿 (monkey).

Jáck and the Béanstalk *n.* 〖英国童話〗「ジャックと豆の木」《少年 Jack が天まで伸びた豆の木によじ登って大男から宝物を取って来る話》.

jáck àrch *n.* 〖建築〗＝flat arch.

jack·a·roo [dʒæ̀kərúː] 〖《1800》← JACK¹+(KANG)AROO〗 *n.* (*pl.* ～**s**), *vi.* ＝jackeroo.

jack·ass [dʒǽkæ̀s | dʒǽkæs, -kɑːs] 〖《1727》← JACK¹+ASS¹〗 — *n.* **1 a** 雄のろば. **b** ろば. **2** [《英》-kɑːs, -kæs] 間抜け, とんま, ばか: Oh, don't be a ～. おい, ばかなことを言うな. **3** 〖海事〗＝hawse bag. **4** 《豪》〖鳥類〗＝kookaburra.

jáckass bàrk *n.* 〖海事〗ジャッカスバーク《ジャッカス艤装 (jackass rig) をしたバーク型帆船; マストは 3 本または 4 本》.

jáckass brìg *n.* 〖海事〗ジャッカスブリッグ《前檣(しょう)に横帆を後檣に縦帆を張ったブリッグ型帆船》.

jack·ass·er·y [dʒǽkæ̀s(ə)ri | -kɑːsəri, -kæs-] 〖⇨ jackass, -ery〗 *n.* ばかなまね.

jáckass gùnter *n.* 〖海事〗ジャッカス式ガンター帆装《ヨットのような小型帆艇のマストの上部を垂直に滑らせて短くできる方式; bastard gunter ともいう》.

jáckass rìg *n.* 〖海事〗ジャッカス艤装《前檣(しょう)上部にだけ横帆を張った比較的簡略な帆装》.

jáck bèan *n.* 〖植物〗 **1** タチナタマメ (*Canavalia ensiformis*)《西インド諸島原産のマメ科のつる植物; 家畜飼料用などに栽培》. **2** タチナタマメの白い種子.

jáck blòck *n.* 〖海事〗展帆・絞帆のために, トゲルンヤード (topgallant yard) を上げ下ろしするのに使うマストの上に取付けてある滑車.

jáck·bòot 〖《1686》← JACK¹+BOOT³〗 — *n.* **1** ジャックブーツ: **a** 漁夫などが用いる膝下[ふくらはぎ]までの深さのある革のブーツ. **b** 17–18 世紀に騎兵隊が着用した厚革の膝の上まであるブーツ. **2** 高圧的[高飛車な]態度. — *attrib. adj.* 高圧的な, 高飛車な: ～ tactics 高圧[威嚇]的戦術.

jáck·bòx 〖← JACK¹+BOX²〗 *n.* 〖通信〗プラグ差し込み器《これにより拡声器[受話器]を受信機につなぐ》.

jáck chàin *n.* **1** S 字鎖《8 の字に近く, 深く曲げた S 字形の鐶(かん)の一つ一つが互いに直角になるように連結された鎖》. **2** 〖林業〗木材運送用のキャタピラー.

jáck chèese *n.* ジャックチーズ《全乳で造った半硬質のチーズ; cf. Monterey cheese》.

jáck crevàlle *n.* 〖魚類〗米国 Florida 州西岸産のカイワリ属の魚 (*Caranx hippos*)《重要な食用魚》.

jáck cròsstree *n.* 〖海事〗ジャッククロスツリー: **a** トゲルンマスト (topgallant mast) の最上部にある鋼製の肘形金具. **b** 橋の下を通過する時, 上部マストを引込めることができるようにした小型帆船用マスト支えの金具.

jáck·dàw 〖《1543》← JACK¹+DAW¹〗 — *n.* 〖鳥類〗 **1** コクマルガラス (*Corvus monedula*), (俗に)小(こ)がらす《ヨーロッパ・アジア・北アフリカ産の小型のカラスで教会の塔などに集まり, 鳴き声がやかましいのと盗癖とで知られている; 飼いならすと人語を真似する; daw ともいう》. **2** ＝grackle 2; (特に) ＝boat-tailed grackle.

Jack·e·lyn [dʒǽkəlɪn, -lən | -lɪn] 〖⇨ Jacqueline〗 *n.* 女性名.

jack·e·roo [dʒæ̀kərúː] 〖《変形》← JACKAROO〗《豪口語》 *n.* (*pl.* ～**s**) (牧羊場の)新米の雇人. — *vi.* 新米の雇人として牧羊場で働く.

jack·et [dʒǽkɪt, -kət] 〖《1451》□ OF *jaquet* (F *jaquette*) (dim.) ← *jaque* 'JACK²': ⇨ -et〗 — *n.* **1 a** ジャケット《前あきの短い上着, 通例ヒップをおおう長さで男女用ともにいう》. **b** (服装以外の目的で)上半身を覆うもの: ⇨ cork jacket, life jacket, straitjacket. **2 a** (羊・犬・猫などの)外被, 毛皮 (coat). **b** [通例 in their ～s として] (皮つきのまま丸ごと調理した)じゃが芋の皮: potatoes boiled [cooked] *in their* ～*s*. **3 a** 包被, 被覆物, ジャケット. **b** (ボイラー・スチームパイプなどをおおって熱の放散を防ぐ)外被. **c** (砲身[銃身]の)被筒. **d** 被甲《銃弾の金属外被》. **e** 冷却筒《水冷式機関銃の冷却水の通る外套》. **f** (機関などの過熱を防ぐ)水ジャケット (water jacket). **4 a** 本のカバー, ジャケット《表紙上にかぶせるおおい紙; book jacket [wrapper], dust cover [jacket, wrapper] ともいう》. **b** がんだれ《両端を折って裏に入れるようにした略装の表紙》. **c** (レコードを入れる厚紙などの)ジャケット. **5** 《米》(書類・公文書などを入れる)大型封筒, 書類入れ《しばしば内容などが表記されている》. **6** 〖製本〗外折り《中綴じをする小冊子の外側の折丁》.

dust a person's jacket (*for him*) ⇨ dust 成句.

— *vt.* **1** …にジャケットをきせる; 被覆する. **2** 〈本〉にカバーをかぶせる.

jácket cròwn *n.* 〖歯科〗ジャケットクラウン《歯の被覆修復用の人工歯冠; 陶製または合成樹脂製》.

jáck·fìsh *n.* 《米方言》＝jack¹ 8 a.

Jáck Fróst *n.* (擬人的に)霜, 厳寒 (cf. General Winter): before ～ comes 寒くならないうちに.

jáck·frùit 〖← JACK³+FRUIT〗 — *n.* **1 a** 〖植物〗パラミツ, ナガミパンノキ (*Artocarpus heterophyllus*)《インド原産のクワ科の高木》. **b** パラミツの実《食用》. **c** パラミツ材《家具・船材用》. **2** ＝durian.

jáck·hàmmer *n.* **1** 〖鉱山〗手持ち鑿(さく)岩機. **2** 〖機械〗＝air hammer.

Jáck Hór·ner píe [-hɔ́ənə- | -hɔ́ːnə-] 〖*Jack Horner*: 童謡の主人公, パイの中身のあんずをつまみ出してしまう〗 — *n.* ジャックホーナーのパイ《パーティーなどで, 贈り物や玩具を入れるパイ形の容器》.

Jack·ie [dʒǽki | -kɪ] 〖(dim.) 1: ← JACQUELINE; 2: ← JACK: ⇨ -ie: cf. Jacky¹〗 *n.* **1** 女性名. **2** 男性名.

jáck-in-a-bòx *n.* (*pl.* **jacks-**) **1** ＝jack-in-the-box 1. **2** 〖植物〗 **a** ハスノハギリ (*Hernandia sonora*)《熱帯アジア原産のハスノハギリ科の高木, 果実は発達した総苞中に納まっているのでこの名がある; 葉から採れる汁は強力な脱毛剤となる》. **b** 《英》＝cuckoopint.

jáck·ing èngine *n.* 〖機械〗＝turning engine 2.

jáck-in-òffice *n.* (*pl.* **jacks-**) 威張った[もったいぶった]小役人, 横柄な公務員.

jáck-in-the-bòx *n.* (*pl.* ～**·es**, **jacks-**) **1** びっくり箱. **2** 〖機械〗＝differential gear.

Jáck-in-the-grèen *n.* (*pl.* ～**s**, **Jacks-**) 《英》青葉(の中)のジャック《五月祭 (May Day) に煙突掃除夫などが行なう遊戯の際, 青葉や小枝で囲まれたピラミッド形の屋台の中に入れられた男または子供》.

jáck-in-the-púlpit *n.* (*pl.* ～**s**, **jacks-**) 〖植物〗サトイモ科テンナンショウ属 (*Arisaema*) の植物の総称; (特に)北米産の *A. atrorubens*.

Jáck Kétch [-kétʃ] 〖英国王 James 二世時代の絞刑吏 (1663?–86) の名〗 *n.* 《英》絞首刑執行人 (hangman).

jáck·knìfe 〖《1711》← JACK¹+KNIFE〗 — *n.* **1** ジャックナイフ《もと船乗りが所持した大型の折たたみ[ポケット]ナイフ》. **2** 〖ダイビング〗ジャックナイフ《えび型飛込み; cf. swan dive》. — *vt.* **1** ジャックナイフで切(り)つける. **2** 〈体などを〉ジャックナイフのように折り曲げる: *Jackknifing* his length, he climbed in. 体を曲げて(車に)乗込んだ. — *vi.* **1** 〈体などが〉ジャックナイフのように折れ曲がる. **2** 〈連結した 2 台の車が〉連結部で急角度[90 度以下]に曲がる.

jáckknife clàm *n.* 〖貝類〗＝razor clam.

jáckknife-fìsh *n.* 〖魚類〗大西洋の熱帯地方にいる白黒のすじのあるニベ科の魚 (*Equetus lanceolatus*)《背びれを垂直に立てて泳ぐ; cf. drum¹ 9》.

jáck làdder *n.* **1** 〖海事〗＝Jacob's ladder 3. **2** 〖林業〗 **a** (木材を貯材場から製材所へ送るのぼり傾斜の)自動運送樋(とい) (cf. bull chain). **b** ＝jack chain 2.

jáck·lèg 〖← JACK¹+(BLACK)LEG〗《米俗》 — *adj.* **1** 未熟な (unskilled), 素人の (amateurish). **2** いんちきな, ごまかしの, でたらめな, (仕事に)無責任な. **3** 間に合わせの (makeshift). — *n.* **1** 未熟者, 素人, かけ出し. **2** 無責任な人.

jáck·lìght 〖← JACK¹+LIGHT¹〗《米》 *n.* (夜間漁猟用の)たいまつ (torch), 閃光灯 (flashlight), カンテラ (lantern)《単に jack ともいう》. — *v.* ＝jack¹ *vt.* 2, *vi.*

jáck·lìght·er *n.* 《米》jacklight を用いて釣[狩猟]をする人; (特に)鹿の夜間密猟者.

jáck màckerel *n.* 〖魚類〗マアジ属 (*Trachurus*) の次の 2 種の魚: **a** 米国太平洋岸産の食用魚 (*T. symmetricus*). **b** オーストラリア・ニュージーランド産の食用魚 (*T. novaezelandiae*).

Jáck Mòrmon *n.* **1** モルモン教徒と親交のある[モルモン教社会に生活している]非モルモン教徒. **2** 教義に従わない[教会で活動しない]モルモン教徒.

jack·o [dʒǽkou | -kəu] *n.* (*pl.* ～**s**) 〖動物〗＝jocko.

jáck òak *n.* 〖植物〗＝blackjack 4.

jáck-of-áll-tràdes *n.* (*pl.* **jacks-**) よろず屋, 何でも屋 (⇨ jack¹ 1 a).

Jàck-of-bóth-sìdes *n.* (*pl.* **Jacks-**) あっちに付いたりこっちに付いたりする人, 内股膏薬(うちまたごうやく), 日和見主義者《Jack-on-both-sides, Jack-o'-both-sides ともいう》.

jáck-o'-làntern [-kə-] *n.* **1** 鬼火, きつね火 (ignis fatuus). **2** かぼちゃのちょうちん, おばけちょうちん《中身をくり抜き, 目・鼻・口などをあけたもの; 主に Halloween (10 月 31 日) に子供が作って遊ぶ》. **3** 〖気象〗＝St. Elmo's fire.

Jáck-o'-the-clòck *n.* ＝jack¹ 13.

jáck pìne *n.* 〖植物〗バンクスマツ (*Pinus banksiana*)《カナダ・米国北部に多いマツの一種》.

jáck plàne *n.* (大型の)粗(あら)かんな, 粗鉋(がんな) (⇨ plane 挿絵).

jáck·pòt 〖《1894》← JACK¹ (n.) 4+POT〗 — *n.* **1 a** (slot machine, bingo, lottery などで)組合せ《これが出ると最高賞または中の硬貨が全部手にはいる; cf. bingo》. **b** その賞金の額. **c** 《口語》大当たり, 高額の賞金[礼金]: ⇨ *hit the* JACKPOT. **2** 〖トランプ〗(ポーカーで)ジャックポット: **a** 最低ジャックのワンペアがないと賭に参加できない方式《麻雀の一翻縛りに当たる》. **b** (通例巨額の)積み金《流れた回から持ち越される場代や賭金; 単に jack ともいう》. **3** 〖郵便〗(区分ケースに余裕がないため)区分係が一括して一つの箱[袋]に一時入れておく遠距離仕切り用の郵便物.

hit the jackpot 《口語》(1) 急に大もうけをする; 大当たりする. (2) 大成功をとげる.

jáck·pùdding *n.* 道化師.

jáck·ràbbit 〖← JACK(ASS)+RABBIT¹: 耳の形にちなむ〗 — *n.* 〖動物〗ノウサギ《北米西部・中米産の耳と後肢が長いノウサギ属 (*Lepus*) のウサギの総称; オグロジャックウサギ (*L. californicus*) など》. — *vi.* 〈車などが〉急に傾く[とび上がる, スタートする].

jackrabbit
(*L. californicus*)

Jáck Róbinson *n.* ★ 次の成句で: ***before you can say Jack Robinson*** 〖18 世紀後半から: Jack Robinson には特別の由来はないらしい〗《口語》たちまち, あっという間に: He went away *before you can say* ～. あっという間に彼は行ってしまった.

jáck·ròd *n.* 〖海事〗＝jackstay 1.

jáck ròpe *n.* 〖海事〗ジャックロープ: **a** 縦帆下辺をブームに取りつける索. **b** 縮帆帯に通してある索.

jáck sàlmon *n.* 〖魚類〗 **1** 《北米西部》降海後初めて川を上って来たサケ(特にギンマス) (grilse). **2** ＝walleye 5.

jáck·scrèw 〖← JACK¹ (n.) 3+SCREW〗 *n.* 〖機械〗ねじジャッキ.

jáck·shàft *n.* 〖機械〗副軸 (countershaft); (特に, 昔の自動車の鎖駆動に用いた)中間軸, ジャックシャフト.

jáck·smèlt 〖← JACK¹+SMELT³〗 *n.* (*pl.* ～**s**, ～) 〖魚類〗トウゴロウイワシ科の一種 (*Atherinopsis californiensis*)《米国 California 州沿岸産の大型食用魚》.

jáck·snìpe *n.* (*pl.* ～, ～**s**) 〖鳥類〗 **1** コシギ (*Limnocryptes minimus*)《ヨーロッパ・アジア産》. **2** アメリカウズラシギ (⇨ pectoral sandpiper).

Jack·son¹ [dʒǽksn] 〖← *Andrew Jackson*〗 *n.* **1** 米国 Mississippi 州中部にある同州の首都; 人口 167,000. **2** 米国 Michigan 州南部の都市; 人口 44,000.

Jack·son² [dʒǽksn] 〖《原義》son of Jack〗 *n.* 男性名.

Jackson, Andrew *n.* (1767–1845) 米国の将軍, 第 7 代大統領 (1829–37) (⇨ Jackson Day); あだ名 Old Hickory.

Jackson, Barry *n.* (1879–1961) 英国の演出家・俳優.

Jackson, Helen (**Maria**) **Hunt** *n.* (1830–85) 米国の女流小説家・詩人; 旧姓 Helen Maria Fiske; *Ramona* (小説, 1884).

Jackson, John Hugh·lings [hjúːlɪŋz] *n.* (1835–1911) 英国の神経学者.

Jackson, Thomas Jonathan *n.* (1824–63) 米国南北戦争当時の南軍の将軍; 通称 Stonewall Jackson.

Jáckson Dày *n.* ジャクソン勝利記念日《1815 年 Andrew Jackson が New Orleans で英軍を撃破した記念日; 1 月 8 日; 民主党員が祝う; cf. Jefferson Day》.

Jack·so·ni·an [dʒæksóuniən | -sə́unjən, -nɪən] *adj.*, *n.* Andrew Jackson の(共鳴[支持]者).

Jacksónian demócracy *n.* ジャクソニアンデモクラシー《Andrew Jackson 大統領時代に行なわれた普通選挙などの政治改革運動》.

Jacksónian épilepsy 〖← *John H. Jackson*〗 *n.* 〖病理〗運動中枢損傷性癲癇(てんかん), ジャクソン癲癇《脳外傷に起因する二次性の癲癇》.

Jack·son·ville [dʒǽksnvɪl] 〖← *Andrew Jackson*+*-ville*: ⇨ -ville〗 *n.* 米国 Florida 州北東部 St. Johns 河畔の港市; 人口 563,000.

Jáck Spràt *n.* こびと, 一寸法師.

jáck stàff *n.* 〖海事〗船首旗竿(ざお)《国籍旗をあげる》.

jáck·stày 〖← JACK¹+STAY²〗 — *n.* 〖海事〗 **1** ジャックステー《帆桁(ほげた)の上側に取り付けた金属[木]の棒; ヤードに登った人のつかまる棒としても使われる; 古くは帆の上側をこれに取り付ける綱》. **2** すべり環. **3** ガフスル (gaff sail) のついたマストを固定するために左右に張る支索. **4** ガフトップスル (gaff topsail) の前ぶち (luff) をマストに引付け甲板上まで導く綱.

jáck·stòne 〖《1814》《変形》← *checkstone* ← ? 《廃》*check*＝? CHECKER¹〗 *n.* **1** [通例 *pl.*; 単数扱い] ＝jack¹ *n.* 10 b. **2** ＝jack¹ *n.* 10 a.

jáck·stràw 〖← JACK¹+STRAW¹: cf. *Jack Straw* (1381 年英国に起こった農民一揆(いっき) (Peasants' Revolt) の指導者の一人のあだ名?)〗 — *n.* **1 a** わら人形, かかし (scarecrow). **b** つまらぬ人物. **2 a** [*pl.*; 単数扱い] ジャックストロー《わら・木片・骨片などを卓上に積み上げ, 他を動かさずに一つずつ取り去る遊戯; cf. spillikin, pick-up-sticks》. **b** その遊戯に用いるわら[木片, 骨片など].

jáck-tàr, J- *n.* 水兵, 船乗り (sailor).

Jáck the Gíant Kìller *n.* 〖英国童話〗「巨人退治のジャック」《巨人から手に入れた隠れ蓑(みの)・飛び靴・全知の帽子・魔法の剣によって国中の巨人を全滅させた少年 Jack の話》.

Jáck the Rípper *n.* 切り裂きジャック《1888 年から 89 年にかけて London の East End で多くの女性(主に売春婦)を殺して死体を損傷した犯人が自ら呼んだ名；捕えられなかったため正体不明》.

jáck tòpsail *n.* 〘海事〙gaff topsail の変形小形の帆.

jáck tòwel *n.* (巻軸から輪にしてつるした, 手ふき用の)回転式長タオル (roller towel).

jáck·ùp *n.* **1** 《米》増加, 引き上げ. **2** (海底ボーリング用の)架脚繰り出し機.

jack·y [dʒǽki | -kɪ] 〘← JACK¹ (n.) 23＋-Y²〙 *n.* 《英俗》ジン (gin).

Jack·y¹ [dʒǽki | -kɪ] 〘(dim.) 1: ← JACK; 2: ← JACQUELINE: ⇨ -y²〙 *n.* **1** 男性名. **2** 女性名.

Jack·y², j- [dʒǽki | -kɪ] *n.* ＝jack-tar.

jáck yàrd *n.* 〘海事〙jack topsail を展帆しておくための帆桁(ほた).

Ja·cob 〘⊏LL *Jacob-us*＝L *Jacōbus* ⊏Gk *Iákōbos* ⊏ Heb. *Ya'aqōbh* 《原義》one who takes by the heel ← *'āqēbh* heel: cf. James〙 ── *n.* **1** [dʒéɪkəb; *G., Du.* jáːkɔp] 男性名. **2** [dʒéɪkəb] 〘聖書〙ヤコブ《Isaac の次男で兄の Esau とは双子；別名 Israel, イスラエル 12 支族の祖の父；cf. *Gen.* 25:24-34》.

Ja·cob [dʒéɪkəb; *F.* ʒakɔb], **François** *n.* ジャコブ《1920– ; フランスの遺伝学者; Nobel 医学生理学賞 (1965)》.

Jacob, Max *n.* ジャコブ《1876-1944; フランスの作家; surrealism の先駆者; *L'Art poétique*「詩学」(1922)》.

Ja·co·ba [dʒəkóubə | -kə́u-] *n.* ＝Jakoba.

Jac·o·be·an [dʒæ̀kəbíːən, dʒèɪk- | dʒæ̀kə(ʊ)bíːən, -bíən] 〘《1770》← NL *Jacōbae-us* ← L *Jacōbus* 'JACOB, JAMES': ⇨ Jacob, -ean〙 ── *adj.* **1 a** (英国王) James 一世時代 (1603-1625) の. **b** 〈家具・建築が〉ジェームズ一世朝風の, ジャコビアン(期)の《文芸復興期の影響を受けているが, それよりシンプルで軽快な様式にいう》. **c** (James 一世時代に書かれた文学, 特にドラマのスタイルについて)ジェームズ(王朝)風の. **2 a** 使徒ヤコブ (St. James the Less) の. **b** (新約聖書の)ヤコブ書 (The General Epistle of James) の. ── *n.* James 一世時代の人[作家, 政治家など].

Jacobéan árchitecture *n.* ジャコビアン様式建築, ジェームズ一世朝建築《イタリアのパラディオ風建築様式と後期ゴシック様式の影響を受けた 17 世紀初期の英国の建築; cf. Palladian²》.

Jacobéan líly, j- l- 〘← JACOBEAN (adj.) 2〙 *n.* 〘植物〙メキシコ産のヒガンバナ科の球根草本 (*Sprekelia formosissima*).

Ja·co·bi·an [dʒəkóubiən, jɑː- | -kə́ubjən, -bɪən] 〘← *K. G. J. Jacobi* (1804-51: ドイツの数学者)＋-AN¹〙 ── 〘数学〙*n.* ヤコビ行列式, ヤコビアン, 関数行列式《functional determinant ともいう》. ── *adj.* 関数行列式の: ～ determinant ヤコビ行列式.

jac·o·bin [dʒǽkəbɪn, -bən | -kə(ʊ)bɪn] 〘《1688》⊏F *jacobine* (fem.) ← *jacobin* (↓)〙 ── *n.* 〘鳥類〙ジャコビン種のドバト《頸(くび)にコートの襟(えり)を立てたような飾り羽がある鑑賞用のハト》.

Jac·o·bin [dʒǽkəbɪn, -bən | -kə(ʊ)bɪn; *F.* ʒakɔbɛ̃] 〘《*a*1338》⊏(O)F *Jacobin* (adj.) ⊏ML *Jacōbīnus* ← L *Jacōbus* 'JACOB': ⇨ -ine¹〙 ── *n.* **1** 〘フランス史〙(大革命の際の)ジャコバンクラブ員, ジャコバン派 (cf. sansculotte 1): ⇨ Jacobin Club. **2** (ジャコバン党式の)過激政治家, 破壊的政治改革者. **3** 〘キリスト教〙ドミニコ会修道士 (Dominican).

Ja·co·bi·na [dʒæ̀kəbíːnə] 〘← JACOB＋-INA²〙 *n.* 女性名《異形 Jacobine》.

Jácobin Clùb *n.* [the ～] 〘フランス史〙ジャコバン党《フランス革命期の政治結社; 1789年 Paris のドミニコ会修道院で結成; 革命の進展と共に急進化し, 92 年後半から山岳党(the Mountain)が主導権をとった》.

Jac·o·bin·ic [dʒæ̀kəbínɪk | -kə(ʊ)-] *adj.* **1** 〘フランス史〙Jacobin Club 派の, ジャコバン党主義的な. **2** ジャコバン的な, 過激な.

Jàc·o·bín·i·cal [-nɪkəl, -nə- | -nɪ-] *adj.* 〘フランス史〙＝Jacobinic. **～·ly** *adv.*

Jác·o·bin·ìsm [-nɪzṃ] 〘⊏F *jacobinisme*: ⇨ Jacobin, -ism〙 *n.* **1** 〘フランス史〙ジャコバン主義《ジャコバン党の政治原則》. **2** (政治の)過激急進主義.

Jac·o·bin·ize [dʒǽkəbɪnàɪz, -bə- | -kə(ʊ)bɪ-] *vt.* ジャコバン主義化する; 過激化する.

Jac·o·bite [dʒǽkəbàɪt, dʒéɪk- | dʒǽkə(ʊ)-] 〘1: 《1689》← L *Jacōb-us* 'JACOB, JAMES': ⇨ -ite¹; 2: 《*c*1400》⊏ ML *Jacōbita* ← L *Jacōbus*: ⇨ Jacobin〙 ── *n.* **1** 〘英史〙(1688 年の名誉革命による国王 James 二世廃位後の) James 二世派の人, Stuart 王家支持者 (cf. fifteen 5, forty-five 4). **2** シリアのキリスト(単性論)教会の信者. **3** ＝Dominican¹.

Jac·o·bit·i·cal [dʒæ̀kəbítɪkəl, -ṭə- | -kə(ʊ)bítɪ-] *adj.* (英国王) James 二世派的[流]の, Stuart 王家派[流]の.

Jác·o·bit·ism [-bàɪtɪzṃ] *n.* (英国の) Jacobites の政策[主義, 行き方].

Ja·cob-Mo·nod [ʒɑːkábmə(ʊ)nóu, -kɔ́(ː)b-, -mou- | -kɔ́bmɔnə́u; *F.* ʒakɔbmɔno, ʒa-] 〘← *François Jacob*＋*Jacques Monod* (ともにフランスの科学者)〙 ── *adj.* 〘生物〙ジャコブ モノー説の[に関する]. オペロン (operon) 説の.

Jácob's ládder *n.* **1** 〘聖書〙ヤコブのはしご《ヤコブが夢に見た天まで届くはしご; 天使たちがそれを上がり降りしているのが見られたという; cf. *Gen.* 28:12》. **2 a** 急勾配のはしご. **b** (連続的に動くはしご状のキャタピラとバケツによる)立体運搬機《石炭・土などを運ぶ》. **3** 〘海事〙(横棒[足掛け]だけが木[鉄]の)縄[鎖]ばしご. **4** 〘植物〙**a** ハナシノブ (*Polemonium caeruleum*)《ヨーロッパ産ハナシノブ属の多年草; 葉の配列がはしごに似ている; charity ともいう》. **b** ハナシノブ属の植物数種の総称. **c** 北米産ユリ科サルトリイバラ属の多年草 (*Smilax herbacea*).

Jácob's stáff *n.* **1 a** (ハンドレベルなど簡単な測量器具をのせる)単脚, (一本足の)支架. **b** 距離[高度]測定器. **2** 《廃》**a** 巡礼者の持つ杖 (cf. *Gen.* 32:10). **b** 仕込み杖.

Jácob stáff *n.* ＝Jacob's staff 1.

Jácob's stóne 〘この石を *Jacob* が枕に使ったとの伝説から〙 *n.* 〘英史〙＝Stone of SCONE.

Ja·co·bus [dʒəkóubəs | -kə́u-; *Du.* jaːkóːbʏs] 〘⊏LL *Jacōbus* James (I)〙 *n.* 《英》＝unite².

jac·o·net [dʒǽkənèt, -nɪt, -nət, dʒæ̀kənét | dʒǽkənɪt, -nət] 〘《1769》《変形》← Urdu *Jagganāth* (インドの原産地, 今の Puri)〙 ── *n.* ジャコネット: **1** 薄地のローン (lawn) 状の白綿布《本の背打ち用など》. **2** 耐水仕上げをした綿布.

jac·quard, J- [dʒǽkɑːd, dʒəkɑ́ːd | dʒǽkɑːd, dʒəkɑ́ːd] 〘← *J. M. Jacquard* (1752-1834: フランスの紋織装置の発明者)〙 ── *n.* **1** ＝Jacquard fabric. **2** ＝Jacquard loom. **3** ＝Jacquard weave.

Jácquard fàbric *n.* ジャカード[ジャカール]式紋織地[物]《精緻な紋様の織物》.

Jácquard lòom *n.* ジャカード[ジャカール]式紋織機.

Jácquard wèave *n.* (Jacquard loom で織った)ジャカード[ジャカール]織り, 紋織り(の布地).

Jacque [ʒǽk; *F.* ʒak] 〘⇨ Jacques〙 *n.* 男性名.

Jac·que·line [dʒǽk(w)əlɪn, -lən, -lìːn | dʒǽkliːn, ʒǽk-, -kəlɪn] 〘⊏F ～ (fem. dim.) ← *Jacques* James: ⇨ Jack〙 *n.* 女性名《愛称形 Jacky, Jackie》.

jacque·mi·not [dʒǽkmɪnòu | -mɪnə̀u; *F.* ʒakmino] 〘← *J. F. Jacqueminot* (1787-1865: フランスの将軍・博物学者)〙 ── *n.* **1** [J-] 〘園芸〙＝General Jacqueminot. **2** ＝raspberry 2.

Jacque·rie, j- [ʒɑ́ːkəriː, ʒɑ̀ːkəríː; *F.* ʒakʀi] 〘⊏F ～ 'peasants, villains' ← *Jacques* James (農民の通称): ⇨ Jack, -ery〙 ── *n.* **1 a** [the ～] (1357-58 年のフランスの)農民暴動. **b** [j-] 農民暴動, 百姓一揆(き). **2** [j-] 農民[小作人]階級.

Jacques [ʒɑ́ːk; dʒéɪks; *F.* ʒɑːk] 〘⊏F ～ (↑)〙 *n.* 男性名.

Jacques-Car·tier [ʒæ̀kkɑːtjéɪ | -kɑː-; *F.* ʒakkaʀtje] *n.* ジャックカルティエ《カナダ Quebec 州南部, Montreal 対岸の都市; 人口 53,000》.

Jac·quette [ʒəkét; *F.* ʒakɛt] 〘⊏F ～ (fem. dim.) ← *Jacques*: ⇨ Jack, -ette〙 *n.* 女性名.

jac·ta est a·le·a [dʒǽktə-est-éɪlɪə | -éɪlɪə] 〘⊏L ～ 'The die is cast.'〙 ⇨ die¹ 成句.

jac·ta·tion [dʒæktéɪʃən] 〘《1576》⊏L *jactātiō(n-)* a throwing ← *jactāre* (freq.) ← *jacere* to throw: ⇨ -ation〙 ── *n.* **1** 自慢, ほら吹き (bragging). **2** 〘病理〙＝jactitation 2.

jac·ti·ta·tion [dʒæ̀ktətéɪʃən | -tɪ-] 〘《1632》⊏ML *jactitātiō(n-)* ← L *jactitāre* (freq.) ← *jactāre* (↑)〙 ── *n.* **1** 《古》虚偽の揚言[自慢, 主張]. **2** 〘病理〙(高熱に伴う)意識異常の際のもがき, 輾転(てん)反側. **3** 〘英法〙**a** ＝JACTITATION of marriage. **b** ＝SLANDER of title.

jactitation of marriage 〘英法〙婚姻詐称《ある人と結婚したと詐称し, その事実が評判となること; 詐称者がその事実を立証できなければ, 裁判所はそれについて永久に沈黙を守ることを命じる》.

jac·u·late [dʒǽkjulèɪt] 〘← L *jaculāt-us* (p.p.) ← *jaculārī* to dart ← *jacere* to throw: ⇨ ejaculate〙 *vt.* 〈やりなどを〉投げる. **jac·u·la·tion** [dʒæ̀kjuléɪʃən] *n.*

Ja·cuz·zi [dʒəkúːzi | -zɪ] *n.* 〘商標〙ジャクーツィー《風呂用の噴射式水流装置》.

jade¹ [dʒéɪd] 〘《*c*1390》⊏? ON *jalda* mare〙 ── *n.* **1 a** (こき使われた)やせ馬. **b** 癖の悪い馬, 悍(かん)馬, はね馬. **2** あばずれ女; [軽蔑的に]女: a saucy ～ すれっからし. ── *vt.* **1** [しばしば p.p. 形で] **a** 〈馬を〉(こき使って)役立たずの馬にする. **b** 疲労させる, 疲れ切らせる (cf. jaded). **2** 《廃》ばかにする, 軽蔑にさらす. ── *vi.* ぐったり疲れる.

jade² [dʒéɪd] 〘《1657》⊏F ～ ⊏Sp. (*piedra de*) *ijada* colic stone ← L *ilia* flanks: ⇨ilium〙 ── *n.* **1** 〘鉱物〙翡翠(ひすい), 玉(ぎょく)《jadeite (硬玉) と nephrite (軟玉) の 2 種がある》. **b** 翡翠製品, 玉製品. **2** ＝jade green.

jád·ed *adj.* **1** (酷使されて)疲れ切った (exhausted): a ～ horse / ～ nerves. **2 a** あきあきした, 飽満状態の (surfeited): a ～ appetite 飽満. **b** 遊び疲れた, 放埒(ほうらつ)な: a ～ youth. **～·ly** *adv.* **～·ness** *n.*

jáde gréen *n.* 翡翠(ひすい)色《青緑から黄緑に至る各種の緑色》. **jáde-gréen** *adj.*

jade·ite [dʒéɪdaɪt] 〘⊏F ～: ⇨ jade², -ite¹〙 ── *n.* 〘鉱物〙硬玉《アルカリ輝石の一種; 主にエメラルド緑色ないし白色で, 磨いて宝石にする》. **ja·dit·ic** [dʒeɪdíṭɪk | -tɪk] *adj.*

jáde plànt *n.* 〘植物〙アフリカ南部およびアジア原産ベンケイソウ科の植物 (*Crassula arborescens*).

jád·ish [-dɪʃ] 〘← JADE¹＋-ISH²〙 *adj.* **1** 〈馬が〉たちの悪い, 悪癖のある (vicious). **2** 〈女が〉みだらな (wanton). **～·ly** *adv.* **～·ness** *n.*

j'a·doube [ʒædúːb; *F.* ʒaduːb] 〘⊏F ～ 'I adjust'〙 *F. int.* 〘チェス〙直し《ルール上, 駒の位置を正すだけで, 駒を進めるのではないと相手に断るときの言葉》.

jad·y [dʒéɪdi | -dɪ] 〘← JADE¹＋-Y⁴〙 *adj.* (**jad·i·er, -i·est; more ～, most ～**) ＝jadish.

jae·ger [jéɪgə | -gə(r; *G.* jɛ́ːgɐ] 〘《1776》⊏G *Jäger* hunter ← *jagen* to hunt〙 ── *n.* **1 a** (ドイツやスイスの)猟夫. **b** 狩猟服を着込んだ従僕. **2** (ドイツ・オーストリア軍の)狙撃兵. **3** 〘鳥類〙トウゾクカモメ《他の鳥を襲ってえさを横取りするトウゾクカモメ科の鳥の総称; 北極圏で繁殖する; クロトウゾクカモメ (parasitic jaeger) など; marlinespike, skua ともいう》.

Jae·ger [jéɪgə | -gə(r)] 〘《商標名》← *Dr. Gustav Jäger* (1832-1917: 純毛の生地が健康によいことを主張したドイツの学者)〙 ── *n.* イェーガー布《純毛織物の名》; イェーガー製品: ～ underclothes 純毛の下着.

Ja·el [dʒéɪəl, dʒéɪt, dʒéɪel] 〘⊏Heb. *Yā'ēl* 《原義》wild goat: ⇨ jaal goat〙 ── *n.* 〘聖書〙ヤエル《庇護を求めて来た敵将が熟睡中に, その頭に天幕の釘を打込んで殺害した女; cf. *Judges* 4:17-22》.

Jaf·fa [dʒǽfə, jǽfə | dʒǽfə] *n.* **1** ヤッファ《イスラエル中部の旧港市, 1950 年 Tel Aviv と合併; 古名 Joppa》. **2** 〘植物〙＝Jaffa orange.

Jáffa órange *n.* 〘植物〙イスラエルの Jaffa 産のオレンジ.

Jaff·na [dʒɑ́ːfnə, dʒǽf-] *n.* ジャフナ《Ceylon 島北部の海港; 人口 107,000》.

jag¹ [dʒǽ(ː)g] 〘《1373》擬音語?〙 ── *n.* **1** (岩石などの)鋭いかど; (鋸(のこ)の歯のような)ぎざぎざ (tooth); (木の葉の縁の)ぎざぎざ(の一つ一つ). **2 a** (ルネサンス期に衣服の飾りとしてつけたひとならびの)垂れぎれの 1 枚, 垂れ飾り. **b** (14-15 世紀に装飾用とした)衣服のすその切り込み《下着の色を見せるための工夫》. **3 a** 《古》かぎ裂き. **b** 《方言》(布地の)端(はし)切れ, 切れっぱし; [*pl.*] ぼろ(切れ). **4** 《英方言》(麦の穂・イバラなどの)とげ. **5** 《スコット》(とげの)ひと刺し. ── *v.* (**jagged; jag·ging**) ── *vt.* **1 a** ...にぎざぎざを付ける. **b** ...〈鋸〉に歯をつける. **b** ...にぎざぎざを作る. **c** 不ぞろいに切る[切り抜く]. **2** 《方言》突く, 突き刺す (jab, stab). ── *vi.* **1** 突き刺す (prick); 突く (thrust). **2** つっかえつっかえ進む (jog). **jág·ger** *n.*

jag² [dʒǽ(ː)g] 〘← ?〙 ── *n.* **1** 《方言》**a** (馬一頭の)小さい荷 (load): a ～ of hay, wood, etc. **b** (荷を積んで帰る)ひと仕事の往復. **2** 《俗》**a** 十分酔わせるだけの量の酒; 酔い (intoxication): on a ～ 酔っ払って, 飲んで浮かれて / have a ～ on 酔っている / sleep off one's ～ 眠って酔いをさます. **b** ...し放題 (binge); ばか騒ぎ; 浮かれ騒ぎ, 酒宴 (spree): an eating ～ 食い放題. **c** (活動・感情などの)ひとしきり: have a crying ～ ひとしきり泣く. **d** スリル, 興奮.

J.A.G., JAG 《略》Judge Advocate General.

Jag·an·nath [dʒʌ́gənɑ̀ːt, -nɔ̀ːt] *n.* ＝Juggernaut.

Jag·an·na·tha [dʒʌ̀gənɑ́ːthə] *n.* ＝Juggernaut.

Jag·a·tai [dʒæ̀gətàɪ, ⌐⌐⌐] *n.* **1** チャガタイ(察合台)《?-1242; モンゴルの王, Genghis Khan の第二子》. **2** 〘言語〙チャガタイ語《アルタイ語族の中のチュルク語群 (Turkic) の一つ; ウイグル語 (Uighur), ウズベック語 (Uzbek) を含む》.

ja·ger [jéɪgə | -gə(r; *G.* jɛ́ːgɐ] *n.* ＝jaeger 1, 2.

jag·ged¹ [dʒǽgɪd, -gəd] *adj.* (**more ～, most ～; ～·er, ～·est**) **1 a** ぎざぎざのある, のこぎりの歯のような: ～ rocks, pinnacles, leaves, etc. / ～ skyscrapers 凸凹(でこぼこ)のスカイラインを見せている超高層ビル(群). **b** 鋭く曲がった, ジグザグの (zigzag): a ～ lightning. **2** 〈声・思想など〉角(かど)がある, とげとげしい, 荒削りの (rugged): in a voice ～ with excitement 興奮のあまり声が変わって[割れて]. **3** 〈旋律など〉急激に変化する. **～·ly** *adv.* **～·ness** *n.*

jagged² [dʒǽ(ː)gd] 〘← JAG²〙 *adj.* 《米俗》酔っ払った (drunk).

jag·ger [dʒǽgə | -gə(r)] 〘⇨ jag²〙 *n.* 《英方言》小荷物運搬人; 行商人; 荷馬.

jag·ger·y [dʒǽgəri | -rɪ] 〘《1598》⊏Hindi *jāgrī* ← Skt *śarkarā* 'SUGAR'〙 *n.* (サトウヤシ (gomuti) の樹液から採る)粗糖.

jag·gy [dʒǽgi | -gɪ] 〘← JAG¹〙 *adj.* (**jag·gi·er; -gi·est**) ＝jagged¹.

jag·uar [dʒǽgwɑə, -gjuɑ̀ə, -gjuə | dʒǽgjuə(r, -gwə(r)] 〘《1604》⊏Sp. & Port. ⊏S-Am.-Ind. (Tupi) *jaguara*〙 ── *n.* (*pl.* **～s, ～**) 〘動物〙ジャガー, アメリカヒョウ, アメリカトラ (*Panthera onca*)《米国から南米まで分布するネコ類中最大の動物》.

jag·ua·run·di [ʒæ̀gwərʌ́ndi, dʒæ̀g- | -dɪ] 〘⊏Am.-Sp. & Port. ～ ← S-Am.-Ind. (Tupi)〙 ── *n.* 〘動物〙ジャガランディー, アイラ (*Herpailurus jaguarondi*)《米国からアルゼンチン北部まで分布するヤマネコの一種; 暗灰色と赤褐色の 2 型があり, 後者を eyra と呼び区別することもある》.

jaguarundi

Jah [jɑ́ː, dʒɑ́ː | dʒɑ́ː, jɑ́ː] 〘《1539》⊏Heb. *Yāh* 《略》← *Yahwéh* 'YAHWEH': cf. halleluyah, Elijah〙 *n.* ＝Yahweh.

Jah·ve [jɑ́ːveɪ, -ve | jɑ́ːveɪ, ⌐⌐, dʒɑ́ːveɪ, jɑ́ːvə] *n.* (*also* **Jah·veh** [～]) ＝Yahweh.

Jah·vism [jɑ́ːvɪzṃ] *n.* ＝Yahwism. **Jáh·vist** [-vɪst, -vəst | -vɪst] *n.*

Jah·vis·tic [jɑːvístɪk] *adj.* ＝Yahwistic.

Jah·weh [jɑ́ːweɪ, -we, -veɪ, -ve | jɑ́ːveɪ, ⌐⌐, dʒɑ́ːveɪ, jɑ́ːvə] *n.* ＝Yahweh.

Jah·wism [jɑ́ːwɪzṃ] *n.* ＝Yahwism.

Jáh·wist [-wɪst, -wəst | -wɪst] *n.* ＝Yahwist.

Jah·wis·tic [jɑːvístɪk] *adj.* ＝Yahwistic.

jai a·lai [háɪlaɪ, hàɪəláɪ; *Am. Sp.* hàialái] 〘□ Sp. ～ □ Basque *jai alai* ← *jai* festival＋*alai* merry〙 ── *n.* ハイアライ《中米で盛んな屋内球技; 片手に結びつけた cesta を用いてボール(pelota)を壁に打ち当ててするゲーム; シングルスとダブルスがある》.

jail [dʒéɪl] 〘《?a1300》 *gaiole* □ ONF *gaiole* & OF *jaiole* (F *geôle*) prison, cage < VL **gaviōlam* ＝ **caveola* (dim.) ← L *cavea*: ⇨ cage〙 ── *n.* **1** 刑務所, 牢獄; 拘置所. **2** 入獄; 留置: in ～ / be sent to ～. ★英国の公用語では gaol とつづる.
deliver a jail (巡回裁判などによって)拘置所から収容者全員を一掃する.
── *vt.* 拘置する, 拘留する; 投獄する.

jáil·bàit *n.* **1** 《俗》 **a** (性行為の相手にすると犯罪になる)未成年の少女. **b** 性的魅力のある若い女性. **2** 《米俗》刑務所行きになる犯罪の誘惑.

jáil·bird *n.* 《口語》 **1** 囚人; 前科者. **2** 常習犯.

jáil·brèak *n.* 脱獄.

jáil delivery *n.* **1** (暴力による)囚人解放. **2** 〘英法〙(巡回裁判(assizes)などによる)拘置所の収容者全員の一掃; 収容者全員の審理.

jail·er [dʒéɪlə | -lə(r] 〘ME □ OF *jaiolier*: ⇨ jail, -er¹〙 *n.* **1** (刑務所の)看守. **2** 自由を束縛するもの.

jail·er·ess [dʒéɪlərɪs, -rəs] *n.* (刑務所の)女看守.

jáil fèver 〘昔しばしば刑務所で発生したことから〙 *n.* 発疹チフス.

jáil·hòuse *n.* 《米》刑務所.

jail·or [dʒéɪlə | -lə(r] *n.* ＝jailer.

Jain [dʒáɪn] 〘《1805》 □ Hindi *jaina* saint ← Skt *jaina* of Buddha ← *jina* saint, Buddha, 《原義》 conqueror〙 ── *n.* ジャイナ[耆那(ぎ)]教徒 (Jainist). ── *adj.* ジャイナ教徒の; ジャイナ教の.

Jai·na [dʒáɪnə] *n., adj.* ＝Jain.

Jáin·ism [-nɪzm] *n.* ジャイナ[耆那(ぎ)]教《紀元前6世紀にインドに起こった二元論的禁欲主義の宗教, 動物を殺すことを極端に戒める》.

Jáin·ist [-nɪst, -nəst | -nɪst] *n.* ジャイナ[耆那(ぎ)]教徒.

Jai·pur [dʒáɪpʊə, ━ ́ | dʒaɪpʊ́ə(r, -pɔ́ː(r] *n.* ジャイプル《インド北西部の都市; Rajasthan 州の首都; 人口 616,000》.

Ja·i·rus [dʒeɪáɪrəs, dʒáɪr- | dʒeɪáɪər-, dʒáɪər-] 〘□ LL ～ □ Gk *Iáeiros* □ Heb. *Yā'īr* 《原義》? may Yahweh enlighten〙 *n.* 男性名.

Ja·kar·ta [dʒəkɑ́ːtə | -kɑ́ːtə] *n.* ＝Djakarta.

jake¹ [dʒéɪk] 〘《転用》 ← ? JAKE〙 *adj.* 《俗》ちょうどいい; 申し分のない, 結構[満足]な (satisfactory): It's ～ *with* me. こっちはオーケーだ.

jake² [dʒéɪk] 〘《転用》 ← JAKE〙 *n.* [しばしば軽蔑的に] 田舎者; やつ: a country ～ 田舎者.

jake³ [dʒéɪk] 〘《短縮》 ← *Jamaica (ginger)*〙 *n.* 《俗》しょうが酒《米国の禁酒時代に飲用された Jamaica 産のしょうがで造ったアルコール飲料》.

Jake [dʒéɪk] 〘(dim.) ← JACOB〙 *n.* 男性名.

jáke flàke *n.* 《米俗》うんざりする人.

jakes [dʒéɪks] 〘《c1530》《転用》 ← JACQUES〙 *n. pl.* [通例単数扱い] 《方言》 **1** 便所 (privy). **2** 《英》便, 糞.

Ja·kob [jáːkɑp, -kɔ(ː)p | -kɔp; *G.* jáːkɔp, *Swed.* jǘːkɔp] 〘□ G & Swed. ～ '*Jacob*'〙 *n.* 男性名.

Ja·ko·ba [dʒəkóʊbə | -kóʊ-] 〘□ ML *Jacōba* (fem.) ← LL *Jacōbus*: ⇨ Jacob〙 *n.* 女性名.

Ja·kob·son [jáːkəbsn; *Russ.* jakapsón], **Ro·man** [rámən] *n.* ヤーコブソン《1896– ; ロシヤ生れの米国の言語学者》.

JAL 《略》 Japan Air Lines 日本航空 (記号 JL).

jal·ap [dʒǽləp, dʒɑ́ːl- | dʒǽl-] 〘《1574》 □ F ～ □ Sp. *jalapa* ← *Jalapa*〙 ── *n.* **1** 〘植物〙ヤラッパ (*Exogonium purga*)《メキシコ原産のヒルガオ科の植物》. **2** ヤラッパ剤《乾燥させたヤラッパの根[粉末]; 下剤用》.

Ja·la·pa [həlɑ́ːpə; *Am. Sp.* halápa] *n.* ハラーパ《メキシコ東部の都市; Veracruz 州の首都; 人口 184,000; 公式名 Jalapa Enríquez [-enríːkəs; *Am. Sp.* -enrríkes] ハラパエンリケス》.

jal·a·pin [dʒǽləpɪn, dʒɑ́ːl-, dʒəlɑ́ːp-, -pən | -pɪn] 〘← JALAP＋-IN²〙 *n.* 〘化学〙ジャラピン ($C_{34}H_{56}O_{16}$)《jalap の樹脂; 下剤》.

ja·lee [dʒɑ́ːliː | -lɪ] 〘□ Hindi *jālī* network ← Skt *jāla* net〙 *n.* 〘インド建築〙透かし彫りを施した大理石などの格子細工《jalee work ともいう》.

Ja·lis·co [həlɪ́skoʊ | -kəʊ; *Am. Sp.* halíko] *n.* ハリスコ《メキシコ中西部の州; 人口 3,323,000, 面積 80,137 km², 首都 Guadalajara》.

jal·lop·y [dʒəlɑ́pi | -lɔ́pɪ] *n.* 《口語》 ＝jalopy.

ja·lop [dʒəlɑ́p | -lɔ́p] *n.* 《口語》 ＝jalopy 1.

ja·lop·y [dʒəlɑ́pi | -lɔ́pɪ] 〘← ? F *chaloupe* shallop〙 *n.* (*also* **ja·lop·py** [～]) 《口語》 **1** 旧式な自動車, ぼろ自動車. **2** 旧式な航空機, ぼろ飛行機.

jal·ou·sie [dʒǽləsi | ʒǽluziː, -lʊ-, ━ ━ ́; *F.* ʒaluzi] 〘《1824》 □ F ～ 《原義》 JEALOUSY〙 ── *n.* **1** 板すだれ (Venetian blind); よろい戸《日よけ・通風用ブラインド》. **2** ガラス製のよろい戸《ガラス板をブラインド式に並べ, その角度を変えて通風を得られるもの》.
jál·ou·sied *adj.*

jam¹ [dʒǽ(ː)m] 〘《1706》《擬音語》?: cf. champ¹〙 ── *v.* (**jammed; jam·ming**) ── *vt.* **1 a** 〈人・物を〉(狭い場所に)(ぎっしり)押し込む, 詰め込む 〔*into*〕: ～ one's purchases *into* a bag 買い物をかばんに詰め込む / ～ oneself *into* a crowded bus 満員バスにしゃにむに割り込む / We were ～*med into* the small room. その狭い部屋にぎゅうぎゅう詰めにされた. **b** はめ込む; きっちりかぶる[はく, 入れる]: ～ a stereo *between* a TV set and a bookcase テレビと本箱の間にステレオを無理やりにはめ込む / ～ a gun *in* one's belt ベルトにピストルを差し込む / He ～*med* his hat *on* (his head). (小さめの)帽子をきっちりかぶった. **c** 強く[ぐっと]押す, 押しつける, 突く (push, thrust) 〔*against, down*〕. **2 a** 〈群衆などが〉〈場所を〉雑踏させる, ふさぐ: ～ a passage 通路をふさぐ / The street was ～*med with* cars. 通りは車で動きがとれなかった / The hall was ～*med* to the doors. ホールは戸口まで満員だった. **b** 〈狭い場所を〉(…で)一杯にする (pack) 〔*with*〕: The desk was ～*med with* papers. 机(の引き出し)には書類が一杯に詰まっていた. **3** 〈指などを〉はさむ; (押し)つぶす: ～ one's finger [get one's finger ～*med*] *in* a door ドアに指をはさむ[まれる]. **4** 〈機械(の一部など)を〉引っ掛からせる, 詰まらせる, (故障などで)動かなくする: His hasty strokes ～*med* the typewriter keys. 急いで打ったためタイプのキーが動かなくなった / The gun is ～*med*. 銃(の装置)が動かない / The window is ～*med*. 窓が(引っ掛かって)動かない / The brakes were ～*med*. ブレーキが掛からなかった. **5 a** 〈意見などを〉〈人に〉押しつける 〔*on*〕: ～ one's opinion *on* other people. **b** 《米》〈法案などを〉(多数の力で)無理(やり)に通す 〔*through*〕. **6** 〘通信〙周波数の近い電波を送って〈ラジオ・通信などを〉妨害する; 〈電波が〉〈他の電波を〉妨害する (cf. jamming).
── *vi.* **1** 〔狭い場所などへ〕しゃにむに割り込む 〔*into*〕. **2** 〈機械(の一部)などが〉(詰まったり引っ掛かったりして)動かなくなる, 故障する. **3** 《口語》(ジャズ演奏中に)即興的に曲を変奏して面白くさせる, 即興ジャズ演奏会 (jam session) で演奏する.
jam on 〈自動車のブレーキを〉急に[強く]踏む: ～ *on* the brakes ＝ ～ the brakes *on* 急ブレーキをかける.
── *n.* **1 a** (身動きができないほどの)込合い, 雑踏; 渋滞: a traffic ～ 交通渋滞 / a ～ of broken ice in a river 川一杯にふさがった氷塊[砕氷]. **b** (事務などの)渋滞, 停頓. **2** 集積物: (川の流れをふさぐ)集積した材木: ⇨ logjam. **3** (機械の運転部分の引っ掛かりなどによる)停止, 故障, ロック. **4** 《口語》困難, 窮地, 困ったはめ: be in [get into] a ～ 窮地にある[陥る]. **5** 《口語》＝jam session. **6** 〘スポーツ〙(roller derby での)激戦のワンラウンド[一回戦]《各チームは相手チームの選手を一周(以上)抜いて得点しようとする》.
── *attrib. adj.* 《口語》即興ジャズ演奏会の; 即興的な: ～ music 即興ジャズ曲 / ⇨ jam session.
── *adv.* [しばしば ～ *up* として] 《口語》完全に, 見事に.

jam² [dʒǽ(ː)m] 〘《1730–36》 ← ? JAM¹ to bruise, crush with pressure〙 ── *n.* **1** ジャム: apple [apricot, grape, strawberry] ～. **2** 《英口語》愉快なもの, たやすい事: real ～ とても楽しいもの[人] / ⇨ MONEY *for jam* / That job wasn't ～ for her.
a bit of jam (1) 《英口語》楽しい[たやすい]物事. (2) 《俗》かわいい女の子. ***jam on it*** 《英口語》(1) (この上もない)幸運, 上首尾: You have ～ *on it*. 君はもったいないほど幸福だよ. (2) 余分(な望み): Do you want ～ *on it*? (その上)もっと欲張るのかね. ***jam tomorrow*** 《英口語》(いつもお預けになる)あす[将来]の楽しみ《L. Carroll, *Through the Looking-Glass* より; cf. PIE¹ *in the sky*》.
── *vt.* (**jammed; jam·ming**) **1** 〈パンなど〉にジャムを塗る[つける]. **2** 〈果物を〉ジャムにする.
～·like *adj.*

Jam. 《略》 Jamaica; James (新約聖書の)ヤコブ書.

jam·a·dar [dʒʌ́mədɑ̀ə | -dɑ̀ː(r] *n.* ＝jemadar.

Ja·mai·ca [dʒəméɪkə] 〘《変形》 ← 《廃》 *Xaymaca* □ Arawakan *xaimaca* 《原義》 land of fountain〙 ── *n.* **1** ジャマイカ《西インド諸島中キューバの南にある島で英連邦内の独立国; もと英領の西インド諸島連邦 (Federation of the West Indies) の一員であったが 1962 年独立; 人口 2,090,000, 面積 10,991 km², 首都 Kingston》. **2** ＝Jamaica rum.

Jamáica gínger *n.* **1** 〘植物〙ジャマイカ産のショウガ. **2 a** しょうがから抽出したエッセンス. **b** (薬用の)粉末しょうが根.

Jamáica hóneysuckle *n.* 〘植物〙キミノトケイソウ (*Passiflora laurifolia*)《西インド諸島産のトケイソウの一種; 花は白色で赤い斑点を持ち, 実は紫色で黄熟し食用となる; yellow granadilla, water lemon ともいう》.

Ja·mai·can [dʒəméɪkən] *adj., n.* ジャマイカ島の; ジャマイカ島人(の).

Jamáica rúm *n.* ジャマイカラム《香りと味の強いジャマイカ産のヘビーラム; 単に Jamaica ともいう》.

jamáica shórts *n. pl.* ジャマイカショーツ《ひざ上 10–12cm ぐらいのショートパンツ》.

jamb [dʒǽ(ː)m] 〘《1334》 □ (O)F *jambe* 《原義》 leg < LL *gambam* hoof: cf. gamb〙 ── *n.* **1 a** 〘建築〙(入口・窓・炉 (fireplace) などの両側の)だき, 竪枠(たてわく), わき柱 (cheek); [*pl.*] (炉辺の)だき石. **b** (石切場・鉱山の)鉱柱. **2** 〘窯業〙 **a** (窯(かま)の)吹出し口の横壁のブロック. **b** (窯の)吹出し柱. **3** 〘紋章〙(獣類の)前脚. **4** 〘甲冑〙 ＝jambeau.

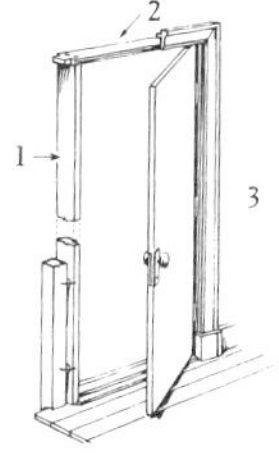

jamb 1 a
1 jamb; 2 lintel; 3 wall

jam·ba·lay·a [dʒʌ̀mbəláɪə, -láːjə] 〘□ Am.-F ～ □ Prov. *jambalaia*〙 ── *n.* **1** ジャンバラヤ《具としてハム・家禽の肉・えびなどを用い, トマト・香辛料を加えて炊いた米料理; クリオール (Creole) 料理》. **2** (いろいろな物の)ごた混ぜ (potpourri).

jam·beau [dʒǽmboʊ | -bəʊ] 〘ME □ AF **jambeau* ← (O)F *jambe* leg: ⇨ jamb〙 *n.* (*pl.* **jam·beaux** [～z]) 〘甲冑〙(よろいの)すね当て (⇨ armor 挿絵).

jam·bok [ʒæmbǽk | -bɔ́k] *n., vt.* ＝sjambok.

jam·bo·ree [dʒæ̀mbəríː, ━ ━ ́] 〘《1864》 ← ?: cf. corroborce〙 ── *n.* **1** 《口語》騒がしい会合, 陽気な宴会; (政党・スポーツ連盟[リーグ]などの)舞台演芸つきの大会, お祭り騒ぎ. **2** (各種の出し物を組み合わせた)長時間番組. **3** 〘ボーイスカウト〙ジャンボリー《通例4年毎に開かれる全国大会・国際大会; 1920 年 London 郊外で開催されたボーイスカウト国際大会に初めて用いられた語; cf. camporee》. **4** 〘トランプ〙(ユーカー (euchre) で)最高位の切札が5枚揃った手.

James [dʒéɪmz] 〘□ OF ～ □ LL *Jacomus* 《変形》 ← *Jacōbus* '*Jacob*': cf. Jack〙 ── *n.* **1** [dʒéɪmz; *F.* ʒam] 男性名《愛称形 Jamie, Jammie, Jim, Jimmie, Jimmy》. **2** [(Saint) ～] 〘聖書〙ヤコブ《ゼベダイ (Zebedee) の子, ヨハネ (John) の兄; ヨハネ・ペテロ (Peter)・アンデレ (Andrew) と共にキリスト最初の弟子で十二使徒中の四大使徒の一人; 今のスペイン地方で布教したという; Herod Agrippa I により処刑され, その遺体は奇跡によってスペインの Santiago de Compostela に移されたという; スペインの守護聖人, 七守護聖人 (Seven Champions of Christendom) の一人; 通称 St. James the Greater; St. James of Compostela ともいう; 祝日 7 月 25 日; cf. *Matt.* 4:21》. **3** [(Saint) ～] 〘聖書〙使徒ヤコブ《十二使徒の一人; 通称 St. James the Less; 祝日 5 月 1 日; cf. *Matt.* 10:3》. **4 a** 〘聖書〙ヤコブ《「ヤコブ書」の著者と伝えられている人物; St. James the Less と同一人ともいわれ, エルサレム教会の長となった; 通称 James the Lord's brother; cf. *Mark* 6:3; *Gal.* 1:19》. **b** (新約聖書の)ヤコブ書 (The General Epistle of James) (略 Jas.).

James I *n.* **1** (1394–1437) スコットランドの王 (1424–37); イングランドで教育を受け, 詩集 *The Kingis Quair* を出した. **2** (1566–1625) イングランドの王 (1603–25), Mary Stuart (Mary, Queen of Scots) の子; James 六世としてスコットランドの王 (1567–1625) になったが, Elizabeth 一世の死後イングランドの王を兼ね, 同国の Stuart 王朝を創始, その治世中欽定(きんてい)訳聖書 (Authorized Version) が完成した.

James II *n.* **1** (1430–60) スコットランドの王 (1437–60). **2** (1633–1701) イングランドの王 (1685–88), James 七世としてスコットランドの王も兼ねた; 名誉革命により王位を追われフランスに亡命.

James III *n.* **1** (1451–88) スコットランドの王 (1460–88); 反乱貴族との戦いに敗れ, 敗走中に暗殺された. **2** Louis 十四世と Jacobites が Old Pretender のことを称した名.

James IV *n.* (1473–1513) スコットランドの王 (1488–1513); イングランドに侵入したが Flodden の戦いで敗れ戦死した.

James V *n.* (1512–42) スコットランドの王 (1513–42); 1 歳半で即位, 最後は対イングランド戦敗北の悲報を聞きつつ病没.

James VI *n.* ⇨ James I 2.

James VII *n.* ⇨ James II 2.

James, Henry *n.* **1** (1811–82) 米国の宗教・社会問題に関する著述家; William および Henry James 2 の父. **2** (1843–1916) 米国の小説家で晩年英国に帰化した; W. James の弟; *Daisy Miller* (1879), *The Portrait of a Lady* (1881), *The Ambassadors* (1903).

James, Jesse (**Wood·son** [wʊ́dsn]) *n.* (1847–82) 米国の無法者, 強盗団の首領で義賊;「米国の Robin Hood」と呼ばれたが, 裏切者の仲間により射殺された.

James, William *n.* (1842–1910) 米国の心理学者・哲学者; Henry James 2 の兄; *The Principles of Psychology* (1890), *Pragmatism* (1907).

Jámes Báy *n.* ジェームズ湾《カナダ東部, Ontario, Quebec 両州間の, Hudson 湾南部の支湾; 沿岸の長さ 443 km》.

Jámes Édward *n.* ⇨ Old Pretender.

James·i·an [dʒéɪmziən | -zɪən, -zjən] 〘← (*Henry, William*) *James*＋-IAN〙 (*also* **James·e·an** [～]) ── *adj.* **1** Henry James 2 の[に関する, 的な]. **2** William James の[に関する, 的な]. ── *n.* **1** Henry James 2 の研究者. **2** William James 哲学の信奉者.

Jámes-Lánge thèory [-láːŋə-; *G.* -láŋə-] *n.* [the ～] 〘心理〙ジェームズランゲ説《対象や環境の変化の認知が生理的な変化をもたらし, その変化の意識が情動であるとする説; たとえば悲しいから泣くのではなく, 泣くから悲しいとみなす; 米国の W. James とデンマークの心理学者 C. G. Lange (1834–1900) が同時に独立に唱えた学説》.

Jame·son [dʒéɪmsn, dʒɪ́m-, dʒém-, -mɪsn], (**Margaret**) **Storm** *n.* (1897–) 英国の女流小説家.

Jameson, Sir **Leander Starr** [stɑ́ə | stɑ́ː(r] *n.* (1853–1917) スコットランド生れの英国の医師・南アフリカ行政官; 通称 Dr. Jameson (⇨ Jameson Raid).

Jámeson Ráid *n.* [the ～] ジェームソン進攻《Sir L. S. Jameson が C. J. Rhodes の指示を受けアフリカ

の Transvaal 共和国に向かって行なった英国の進攻 (1895–96); 同国の Boer 軍に敗北して降伏した; 英帝国主義の代表的事件の一つ》.

Jámes Ríver 〖1: ∽《廃》*King's River*: ⇨ Jamestown〗 — *n.* [the ~] ジェームズ川: **1** 米国 Virginia 州西部に発し東流して Chesapeake 湾に注ぐ川 (547 km). **2** 米国 North Dakota 州中部に発し南流して Missouri 川に合流する川 (1,143 km).

James·town [dʒéɪmstaun, dʒéɪmz-] 〖*James I* にちなむ〗 — *n.* **1** 米国 Virginia 州東部 James 河口の廃村; 北米最初の英国人定住地 (1607). **2** 米国 New York 州南西部の都市; 人口 40,000.

Ja·mi [dʒɑ́:mi | -mɪ] *n.* ジャーミー《1414–92; ペルシャの詩人; 本名 Nur ud-Din Abd-ur-Raḥman ibn Aḥmad; *Baharistan* (1478), *The Seven Thrones* (1472–85)》.

Ja·mie [dʒéɪmi | -mɪ] 〖《dim.》← JAMES〗 *n.* 男性名.

Jámie Gréen *n.* 〖海事〗 ジャミーグリーン: **a** 船首から突き出ているバウスプリット (bowsprit) およびその先端にあるジブブーム (jib boom) の下に張る帆; 角型縦帆で横風の時使う. **b** スクーナーのような縦帆船の帆の下端のブームから下に張る帆; 水面近くまで張って追風の時使う.

Ja·mie·son [dʒéɪmɪsn̩, -mə- | dʒéɪmɪ-, dʒǽm-, dʒém-, dʒím-], **John** *n.* (1759–1838) スコットランドの牧師・辞書編集者; *An Etymological Dictionary of the Scottish Language* (1808).

jam·mer [dʒǽmə | -mə(r] 〖← JAM¹〗 — *n.* **1** 妨害物; 邪魔者. **2** 〖軍事〗 妨害機《相手の電波を妨害するための電子器材またはこれを搭載した航空機》; 妨害送信機: radar ~. **3** 〖スポーツ〗 ジャマー《roller derby で相手方チームの選手を抜こうとする選手》.

jám·ming *n.* 〖通信〗 (電波)妨害, (妨害波による)混信, ジャミング (cf. jam¹ *vt.* 6).

Jam·mu [dʒʌ́mu:] *n.* **1** ジャンム《インド北部 Jammu and Kashmir 州の冬季首都; 人口 156,000; cf. Srinagar》. **2** ジャンム王国《インド北部にあった王国; 1846 年 Kashmir と合併した》.

Jámmu and Káshmir *n.* ジャンム カシミール(州)《インド北部 Himalaya 山脈中の州; 人口 4,616,000, 面積 222,798 km², 首都 Srinagar (夏季), Jammu (冬季); Kashmir の公式名で事実上インド領地区》.

jam·my [dʒǽmi | -mɪ] 〖← JAM²〗 *adj.* (**jam·mi·er**; **-mi·est**) **1** ジャムでべたつく: ~ fingers [hands] ジャムでべたべたの指[手]. **2** 《英口語》 愉快な; 容易な.

jám nùt *n.* 〖機械〗 =locknut.

jám-páck 〖← JAM¹+PACK¹〗 — *vt.* 《口語》 一杯に満たす, …に(ぎゅうぎゅう)詰め込む: The audience ~*ed* the hall. 聴衆でホールは一杯だった / streets ~*ed with* cars 自動車で動きもとれなくなった街路.

jám ríveter 〖← JAM¹+RIVETER〗 *n.* 〖造船〗 ジャムリベッター《リベット締めの際, 当て盤を使わずリベットの両端から打ち合う方式のリベット打ち機》.

jams [dʒǽ(:)mz] 〖《短縮》← PAJAMAS〗 *n. pl.* **1** =pajamas. **2** ジャムズ《派手な色柄でサーフィンに用いる膝までくるゆるい水泳パンツ; cf. baggys》.

jám sèssion *n.* 《口語》 ジャムセッション《数人の演奏家が交互に即興的に主旋律を生み出し, これを展開させて楽しむジャズの演奏(会); 単に session ともいう》.

Jam·shed·pur [dʒɑ́:mʃedpùə | -pùə(r] *n.* ジャムシェドプル《インド北東部 Bihar 州の都市; 人口 357,000》.

Jam·shid [dʒæmʃí:d] 〖◻Pers. ~ ◻ Aves. *Yimo kshaeto*《原義》 shining Yima: cf. Yama〗 — *n.* (*also* **Jam·shyd** [~]) 〖ペルシャ神話〗 ジャムシード《もと妖精 (peri) の王; 自分の不滅を誇ったため罰を受けて人間に化し, 地上に住んでペルシャ大王となり 700 年間君臨し, そのうち 300 年間は慈愛と幸福に満ちた世であったという》.

jám-ùp¹ 〖↓ の転用か〗 *adj.* 《口語》 一流の, すばらしい, すてきな (first-rate).

jám-ùp² 〖← JAM¹ (v.)+UP〗 *n.* 詰め込み, 押し合い, 混雑, 雑踏 (jam).

Jan [dʒǽ(:)n, jɑ́:n, jǽ(:)n; *F.* ʒɑ̃, *Czech, G., Pol.* ján, *Du.* ján] 〖《変形》 1: ← JOHN¹; 2: ← JANET〗 *n.* **1** 男性名. **2** 女性名.

Jan. 《略》 January.

Ja·ná·ček [jɑ́:nətʃèk; *Czech* jána:tʃek], **Leoš** [léɔʃ] *n.* ヤナーチェク《1854–1928; チェコスロバキアの作曲家》.

J & WO, j. & w.o. 《略》〖海上保険〗 jettisoning and washing overboard 投げ荷と波さらい.

jane [dʒéɪn] 〖↓〗 *n.* 《俗》 女, 娘: a G.I. ~ 女兵士.

Jane [dʒéɪn] 〖◻F *Jeanne* < OF *Jehane* ◻ ML *Johanna, Joanna* 'JOAN¹'〗 *n.* 女性名《愛称形 Janie, Jany, Jenny, Janet》.

Jáne Dóe *n.* 裁判で, 名前が不明な場合用いる女性の仮名 (cf. John Doe).

Jane·ite [dʒéɪnaɪt] 〖← *Jane* (*Austen*)+-ITE¹〗 *n.* Jane Austen 賛美者.

Jane·quin [ʒɑ̀:nəkɛ́:(ŋ), -kǽŋ; *F* ʒankɛ̃], **Clément** *n.* ジャヌカン《1485?–?1558; ルネサンス期フランスのシャンソン作曲家》.

Jan·et [dʒǽnɪt, -nət, dʒənét | dʒǽnɪt, -nət] 〖《dim.》← JANE: cf. Jessie, Nettie〗 *n.* 女性名.

Ja·net [ʒænéɪ; *F.* ʒanɛ], **Pierre** (**Marie Félix**) *n.* ジャネ《1859–1947; フランスの心理学者・神経学者》.

jan·gle [dʒǽŋgl] 〖《c1300》 ◻ OF *jangl-er* to chatter, tattle ← Gmc (MDu. *jangelen*)《擬音語》?〗 — *vi.* **1** じゃんじゃん鳴る; 騒音を立てる. **2** わいわい[騒々しく]言い争う, 口喧嘩(ぐち)をする, (大声で)口論する (wrangle). **3** 《古》 ぺちゃくちゃしゃべる, たわいもないことをしゃべる (babble). — *vt.* **1** 〈鐘・どらなどを〉じゃんじゃん[乱調子に]鳴らす. **2** 〈神経などを〉いらだたせる, 乱す: ~*d* nerves 乱れた神経. **3** 《古》〈事・話を〉ぺちゃくちゃしゃべる (chatter). — *n.* **1** (鐘などの)耳ざわりな音, 乱調子, 騒音: We heard the approaching ~ of footsteps. どたどたという靴音の近づいて来るのが聞こえた. **2** 喧嘩, 口論. **3** 《古》 おしゃべり. **ján·gler** [-glə, -glə | -glə(r, -glər] *n.*

Jan·ice [dʒǽnɪs, -nəs, dʒəní:s | dʒǽnɪs, -nəs] 〖《変形》← JANE, JANET〗 *n.* 女性名.

Ja·nie [dʒéɪni | -nɪ] 〖《dim.》← JANE〗 *n.* 女性名.

jan·i·form [dʒǽnəfɔ̀əm | -nɪfɔ̀:m] 〖← JAN(US)+-I-+-FORM〗 *adj.* =Janus-faced 1.

Ja·ni·na [*Serb.* jánina] *n.* ヤニナ《Ioannina のセルビア語名》.

Jan·is·sar·y, j- [dʒǽnəsèri, -zèri | -nɪsəri] 〖《1529》 ◻ F *janissaire* // It. *gianizzero* ◻ Turk. *yeniçeri* new soldiers (← *yeni* new+*çeri* soldiery, troops)〗 — *n.* **1** **a** イエニ チェリ, オスマン帝国の歩兵親衛軍団, 新軍《14 世紀末に組織され 1826 年に廃止》. **b** オスマン帝国兵. **2** (抑圧的な政治の)手先.

Jánissary músic, j- m- *n.* **1** トルコ王の親衛兵の軍楽《かん高い横笛やオーボエまたトルコクレスント(鈴)等の各種の打楽器を用いる》. **2** 1 を模した管弦楽その他の音楽.

Jan·ite [dʒǽnaɪt] *n.* =Janeite.

jan·i·tor [dʒǽnətə | -nɪtə(r] 〖◻L *Jānitor* doorkeeper ← *Jānus* 'JANUS'〗 — *n.* **1** 門衛, 玄関番. **2** (事務所・アパートなどの)管理人, 営繕係, 用務員. — *vi.* 門衛[管理人, 用務員]として働く. **jan·i·to·ri·al** [dʒæ̀nətɔ́:riəl, -tó:r- | -nɪtɔ́:rɪ-] *adj.* 「の janitor.

jan·i·tress [dʒǽnətrɪs, -trəs | -nɪ-] 〖⇨ -tress〗 *n.* 女性

Jan·i·za·ry, j- [dʒǽnəzèri | -nɪzəri] *n.* =Janissary.

Jan Máy·en [jɑ́:n-máɪən] *n.* ヤン マイエン(島)《Greenland とノルウェーとの間にあるノルウェー領の火山島; 気象観測所がある; 面積 373 km²》.

jan·nock¹ [dʒǽnək] 〖《15C》← ?: cf. johnnycake〗 *n.* 《英方言》 =bannock.

jan·nock² [dʒǽnək] 〖← ?〗 *adj.* 《英方言》 公正な (fair); 率直な, 正直な (straightforward).

Já·nos [jɑ́:nouʃ, -nɔ(:)ʃ | -nəuʃ, -nɔʃ; *Hung.* já:noʃ] 〖◻ Hung.〗 *n.* 男性名.

Jan·sen [dʒǽnsn̩, jɑ́:n- | dʒǽn-; *Du.* jánsən], **Cornelis** [kɔrné:lɪs] *n.* ヤンセン《1585–1638; オランダのカトリック神学者; Ypres の司教; ラテン語名 Cornelius Jansenius [dʒænsí:niəs | -njəs, -nɪəs]》.

Jan·sen [ʒɑ̃:(n)sén, ʒɔ̃:(n)-, ʒɑ:n-, ʒɔ(:)n-; *F.* ʒɑ̃sɛn], **Jean** *n.* ジャンセン《1920– ; アルメニア生れのフランスの画家》.

Jan·sen·ism [dʒǽnsənìzm̩ | -sn̩-, -sən-] 〖◻F *jansénisme* ← C. *Jansen*: ⇨ -ism〗 — *n.* 〖キリスト教〗 ヤンセン主義, ヤンセン説《17 世紀に C. Jansen の説を奉じる人々によって起こされたカトリック教会内の改革派の説; Augustine の特異な解釈に基づく厳格主義; のち異端として排斥された》.

Ján·sen·ist [-nɪst, -nəst | -n̩ɪst] 〖《1664》 ◻ F *janséniste*: ⇨ ↑, -ist〗 *n.* ヤンセン (C. Jansen) 派の人.

Jan·sen·is·tic [dʒæ̀nsənístɪk | -sn̩-, -sən-] *adj.* ヤンセン派の.

jan·thi·na [dʒǽnθənə | -θɪ-] 〖← NL ~ ← L *ianthinus* violet-blue ◻ Gk *iánthinos* (← *íon* violet + *ánthos* flower)〗 — *n.* 〖貝類〗 アサガオガイ《アサガオガイ属 (*Janthina*) の浮遊性の巻貝の総称》.

Jan·thin·i·dae [dʒænθínədì: | -nɪ-] 〖← NL ~: ⇨ ↑, -idae〗 *n. pl.* 〖貝類〗 アサガオガイ科.

Jan·u·ar·y [dʒǽnjuèri | -njuəri, -njuri] 〖《c1395》 *Januarie* ◻ L *Jānuāri-us* (*mēnsis*)《原義》 the month dedicated to Janus (⇨ ↓, -ary) ∽ 《c1300》 *ianivere* ◻ AF *jenvier* (F *janvier*) < VL **ienuārium*: cf. OE *Januarius* ◻ L〗 — *n.* 1 月 (略 Jan., Ja., J.): in ~ 1 月に / on ~ 5 1 月 5 日に / on the evening of ~ 15 1 月 15 日の夕方に.

Ja·nus [dʒéɪnəs] 〖◻L *Jānus*: *jānus* doorway, arcade の擬人化〗 — *n.* **1** 〖ローマ神話〗 (双面神) ヤヌス《前と後ろに顔を持ち, 左手に鍵, 右手に笏(しゃく)を持った神で, 日出・日没をはじめ一切の事の初めと終わりを司り, 門や入口を守護した》. **2** 〖天文〗 ヤヌス《土星 (Saturn) の第 10 衛星》.

Janus 1

Jánus-fáced *adj.* **1** (双面神 Janus のように)前と後ろに顔が(二つ)ある; (前と後ろを同時に見ることのできる)双面を持つ. **2** **a** 対照的な, 正反対の (contrastive). **b** 二心のある, 欺瞞(ぎまん)的な (deceitful): exhibit a ~ attitude 二股膏薬(ふたまたごうやく)的な態度をとる.

Jánus gréen 〖← ? *Janus* (商標名)〗 *n.* 〖化学・生物〗 ジェーナス グリーン《緑色の塩基性染料, 特にミトコンドリアの塗色に用いる》.

Ja·ny [dʒéɪni | -nɪ] 〖《dim.》← JANE〗 *n.* 女性名.

Ja·nys [dʒéɪnɪs, -nəs | -nɪs] 〖⇨ Janice〗 *n.* 女性名.

Jap [dʒǽp] *adj., n.* 《口語》 [しばしば軽蔑的に] =Japanese (cf. Chink).

Jap. 《略》 Japan; Japanese.

ja·pan [dʒəpǽn, dʒæ-, dʒɪ- | dʒə-] 〖《1673》: ↓〗 — *adj.* 漆塗りの; 漆器の: ~ ware 漆器類 / a ~ cabinet 漆塗りの飾り箪笥(だんす). — *n.* **1** **a** 漆. **b** 漆器. **2** **a** 日本製陶磁器. **b** 日本風の細工物. **c** 日本製の絹. **3** 液状乾燥剤, 調合乾燥剤《乾燥性脂肪油を含む塗料の乾燥促進剤》. — *vt.* (**ja·panned**; **-pan·ning**) **1** 〈木製の器など〉に漆を塗る. **2** 〈革など〉に黒ワニスを塗る.

Ja·pan [dʒəpǽn, dʒæ-, dʒɪ- | dʒə-] 〖◻ ? Malay *Japung* ◻ Chin. *Jihpûn* sunrise, orient (← *jih* 日+*pûn* 本)〗 — *n.* 日本. — *adj.* 日本の; 日本産の; 日本製の: ~ china 日本製陶器.

Japán, the Sea of *n.* 日本海 (Japan Sea ともいう).

Japán állspice *n.* 〖植物〗 ロウバイ (*Chimonanthus praecox*)《花に香気があり庭木として栽培》.

Japán cédar *n.* 〖植物〗 =Japanese cedar.

Japán clóver *n.* 〖植物〗 マルバヤハズソウ (*Lespedeza striata*)《マメ科ヤハズソウの類の 1 年草; 米国南東海岸地方で緑肥や牧草として広く栽培される》.

Japán Cúrrent *n.* [the ~] 日本海流, 黒潮.

Jap·a·nese [dʒæ̀pəní:z, -ní:s | dʒæ̀pəní:z] 〖《1604》← JAPAN+-ESE〗 — *adj.* **1** 日本の; 日本人の. **2** 日本語の. — *n.* (*pl.* ~) **1** 日本人: a ~ 日本人 / the ~ 日本人《全体》. **2** 日本語.

Jápanese ácid cláy *n.* 酸性白土《montmorillonite を主成分とする粘土の一種で, 脱色剤・吸着剤用》.

Jápanese-Américan *adj.* 日米の; 日系米人の. — *n.* 日系米人.

Japanése andrómeda *n.* 〖植物〗 アセビ (*Pieris japonica*).

Japanése anémone *n.* 〖植物〗 シュウメイギク (*Anemone hupehensis* var. *japonica*).

Jápanese ápricot *n.* 〖植物〗 ウメ (*Prunus mume*).

Japanése arborvítae *n.* 〖植物〗 クロベ, ネズコ (*Thuja standishii*).

Jápanese ártichoke *n.* 〖植物〗 =Chinese artichoke.

Jápanese ásh *n.* **1** 〖植物〗 ヤチダモ (*Fraxinus mandschurica*)《アジア東部産のモクセイ科トネリコ属の落葉高木》. **2** ヤチダモ材《合板の表板・家具などに用いる》.

Jápanese áspen *n.* 〖植物〗 ヤマナラシ (*Populus sieboldii*) (ヤマナギ科).

Jápanese banána *n.* 〖植物〗 バショウ (*Musa basjoo*).

Jápanese bárberry *n.* 〖植物〗 メギ (*Berberis thunbergii*)《垣根に用いる》.

Jápanese béar *n.* 〖動物〗 ニホンツキノワグマ (*Selenarctos thibetanus japonicus*).

Jápanese béauty-bèrry *n.* 〖植物〗 ムラサキシキブ (*Callicarpa japonica*).

Jápanese béetle *n.* 〖昆虫〗 マメコガネ (*Popillia japonica*)《1916 年ごろ日本から米国に渡り農作物に大害を与えた; cf. milky disease》.

Jápanese bítterling *n.* 〖魚類〗 日本産コイ科タナゴ亜科の魚類の総称.

Jápanese bláck píne *n.* 〖植物〗 クロマツ (*Pinus thunbergii*).

Jápanese cáne *n.* 〖植物〗 サトウキビ (*Saccharum officinarum*).

Jápanese cédar *n.* 〖植物〗 スギ (*Cryptomeria japonica*) (Japan cedar ともいう).

Jápanese chérry *n.* 〖植物〗 =Japanese flowering cherry.

Jápanese chéstnut *n.* **1** 〖植物〗 クリ, シバクリ (*Castanea crenata*)《日本産》. **2** クリ(の実)《米国のクリより実が大きい》.

Jápanese clématis *n.* 〖植物〗 センニンソウ (*Clematis terniflora*).

Jápanese clímbing férn *n.* 〖植物〗 カニクサ (*Lygodium japonicum*)《日本産のツル状シダ植物》.

Jápanese clóver *n.* 〖植物〗 =Japan clover.

Jápanese cráb¹ *n.* 〖動物〗 =giant crab.

Jápanese cráb² *n.* 〖植物〗 =showy crab apple.

Jápanese cýpress *n.* 〖植物〗 ヒノキ (*Chamaecyparis obtusa*); (その他)ヒノキ属の植物数種の総称.

Jápanese dáncing móuse *n.* 〖動物〗 コマネズミ, マイネズミ (*Mus musculus bacterianus*)《ハツカネズミの畜用品種; 内耳の蝸牛殻管(かぎゅうかく)異常のため, まわる習性がある; 遺伝学・腫瘍(しゅよう)学などの実験動物として用いられる; Japanese waltzing mouse ともいう》.

Jápanese déer *n.* 〖動物〗 ニホンジカ (*Cervus nippon, C. sika*).

Japanése encephalítis *n.* 〖病理〗 日本脳炎.

Jápanese flóod fèver *n.* 〖病理〗 =tsutsugamushi disease.

Jápanese flówer *n.* 水中花《水に入れると開く紙の造花》.

Jápanese flówering chérry *n.* 〖植物〗 (日本産の観賞用)サクラの総称《主にヤマザクラ (*Prunus serrulata*), ムシャザクラ (*P. sieboldii*) を品種改良したもの; Japanese cherry ともいう》.

Jápanese fówl *n.* 〖鳥類〗 オナガドリ.

Jápanese gút *n.* 〖釣〗 てぐす(糸), 天蚕糸(てんさんし).

Jápanese háwthorn *n.* 〖植物〗 タチシャリンバイ (*Raphiolepis umbellata*).

Jápanese házel *n.* 〖植物〗 ツノハシバミ (*Corylus sieboldiana*).

Jápanese hémlock *n.* 〖植物〗 コメツガ (*Tsuga diversifolia*); ツガ (*T. sieboldii*).

Jápanese hólly *n.* 〖植物〗 イヌツゲ (*Ilex crenata*).

Jápanese hóneysuckle *n.* 〖植物〗 スイカズラ (*Lonicera japonica*).

Jápanese hóp *n.* 〖植物〗 カナムグラ (*Humulus japonicus*).

Jápanese hórse chèstnut *n.* 〖植物〗 トチノキ (*Aesculus turbinata*).

Jápanese hórseradish *n.* 〖植物〗=wasabi.

Jápanese íris *n.* 〖植物〗ハナショウブ (*Iris ensata*) とカキツバタ (*I. laevigata*) から改良された数種のアヤメ属の植物の総称.

Jápanese ívy *n.* 〖植物〗=Boston ivy.

Jápanese knótweed *n.* 〖植物〗イタドリ (*Polygonum cuspidatum*).

Jápanese lácquer *n.* =lacquer 1 b.

Jápanese lácquer trèe *n.* 〖植物〗=Japanese varnish tree.

Jápanese lántern *n.* 岐阜提灯(ちょうちん).

Jápanese lárch *n.* 〖植物〗カラマツ (*Larix leptolepis*).

Jápanese láurel *n.* 〖植物〗アオキ (*Aucuba japonica*).

Jápanese láwn gràss *n.* 〖植物〗シバ (*Zoysia japonica*)《日本産の多年草》.

Jápanese léaf *n.* 〖植物〗=Chinese evergreen.

Jápanese líly *n.* 〖植物〗=Japan lily.

Jápanese línden *n.* 〖植物〗シナノキ (*Tilia japonica*).

Jápanese máckerel *n.* 〖魚類〗マサバ (*Scomber japonicus*).

Jápanese máple *n.* 〖植物〗イロハカエデ (*Acer palmatum*)《full-moon maple ともいう》.

Jápanese médlar *n.* 〖植物〗=loquat.

Jápanese míllet *n.* 〖植物〗ヒエ (*Echinochloa frumentacea*)《雑穀, また水田に生えるイネ科の雑草》.

Jápanese mínk *n.* 〖動物〗ホンドイタチ (*Mustela itatsi*)《チョウセンイタチ (*M. sibirica coreana*) に近いがやや小型; 本州・四国・九州・屋久島の特産》.

Jápanese mínt *n.* 〖植物〗(日本産の)ハッカ (*Mentha arvensis* var. *piperascens*).

Jápanese mórning glòry *n.* 〖植物〗アサガオ (*Ipomoea nil*)《熱帯アジア・ヒマラヤ山麓高原地帯を原産とし, 日本で多様に分化した; cf. morning glory》.

Jápanese níghtingale *n.* 〖鳥類〗ソウシチョウ (*Leiothrix lutea*).

Jápanese nútmeg *n.* 〖植物〗カヤ (*Torreya nucifera*).

Jápanese óak *n.* 〖植物〗日本産のカシの総称.

Jápanese óyster *n.* 〖貝類〗マガキ (*Crassostrea gigas*)《中国沿岸よりサハリンまでの大陸沿岸にも産する大型のカキ》.

Japanése pagóda trèe *n.* 〖植物〗エンジュ (*Sophora japonica*).

Jápanese páper *n.* 和紙《Japan paper ともいう》.

Jápanese péar *n.* 〖植物〗 **1** ニホンヤマナシ (*Pyrus pyrifolia*). **2** ニホンナシ (*P. pyrifolia* var. *culta*).

Jápanese pépper *n.* 〖植物〗サンショウ (*Xanthoxylum piperitum*).

Japanése persímmon *n.* 〖植物〗カキ (*Diospyros kaki*); カキの実.

Jápanese phéasant *n.* 〖鳥類〗(日本産の)キジ (*Phasianus colchicus versicolor*).

Jápanese plúm *n.* 〖植物〗スモモ (*Prunus salicina*).

Jápanese prínt *n.* 浮世絵版画.

Jápanese prívet *n.* 〖植物〗ネズミモチ (*Ligustrum japonicum*)《朝鮮・日本産のモクセイ科の常緑低木; 生垣に植える》.

Jápanese quáil *n.* 〖鳥類〗ウズラ (*Coturnix coturnix japonica*)《中国・日本等に分布; 実験用に利用》.

Jápanese quínce *n.* 〖植物〗 **1** ボケ (*Chaenomeles lagenaria*)《japonica ともいう》. **2** =loquat.

Jápanese ráisin trèe *n.* 〖植物〗ケンポナシ (*Hovenia dulcis*).

Jápanese réd píne *n.* 〖植物〗アカマツ (*Pinus densiflora*).

Jápanese ríver fèver *n.* 〖病理〗=tsutsugamushi disease.

Jápanese róbin *n.* 〖鳥類〗 **1** コマドリ (*Erithacus akahige*). **2** =Japanese nightingale.

Jápanese róse *n.* 〖植物〗 **1** ヤマブキ (*Kerria japonica*). **2** =multiflora rose.

Jap·a·ne·se·ry [dʒæ̀pəníːzəri | -rɪ] 〖← JAPANESE + -ERY〗 *n.* 日本様式(の作品); [*pl.*] 日本(様式)の装飾品[小物類] (japonaiserie).

Jápanese ságo pàlm *n.* 〖植物〗=sago palm 6.

Jápanese snówball *n.* 〖植物〗 **1** オオデマリ, テマリバナ (*Viburnum plicatum*); その花. **2** エゴノキ (*Styrax japonica*)《Japanese snowbell ともいう》.

Jápanese snówflower *n.* 〖植物〗ヒメウツギ (*Deutzia gracilis*).

Jápanese spániel *n.* 狆(ちん)《中国原産で日本で固定した小型犬種のイヌ》.

Jápanese sprúce *n.* 〖植物〗 **1** アオモリトドマツ (*Abies mariesii*). **2** =Yeddo spruce.

Jápanese spúrge *n.* 〖植物〗フッキソウ (*Pachysandra terminalis*)《庭園に植えられる常緑小低木》.

Jápanese stár ànise *n.* 〖植物〗シキミ (*Illicium anisatum*).

Jápanese stórax *n.* 〖植物〗=Japanese snowball 2.

Jápanese stóve *n.* 懐炉《大型のもの》.

Jápanese súmac *n.* 〖植物〗=Japanese varnish tree.

Jápanese táble píne *n.* 〖植物〗=Japanese umbrella pine 2.

Jápanese tíssue *n.* 薄葉(うすよう)和紙《コウゾなどを原料にして漉いた薄紙; レンズふき紙などに用いる; cf. tissue paper》.

Jápanese trée pèony *n.* 〖植物〗ボタン (*Paeonia suffruticosa*).

Jápanese túng òil *n.* 〖化学〗日本産桐油(きりゆ)《アブラギリ (*Aleurites cordata*) の種子から採る乾性油; 油紙の製造に用いる; Japanese wood oil ともいう》.

Japanése umbrélla píne *n.* 〖植物〗 **1** =umbrella pine 1. **2** ウツクシマツ (*Pinus densiflora* var. *umbraculifera*)《アカマツの園芸品種; Japanese table pine ともいう》.

Jápanese várnish trèe *n.* 〖植物〗ウルシ, ウルシノキ (*Rhus verniciflua*)《Japanese lacquer tree, Japanese sumac ともいう》.

Jápanese véllum *n.* 局紙(きょくし)《ミツマタを原料にした上質の光沢紙; 株券・証券用紙などに用いる》.

Jápanese wáltzing móuse *n.* =Japanese dancing mouse.

Jápanese wáx *n.* =Japan wax.

Jápanese wáx trèe *n.* 〖植物〗ハゼノキ, リュウキュウハゼ, トウハゼ, ロウノキ (*Rhus succedanea*).

Jápanese whíte píne *n.* 〖植物〗ゴヨウマツ (*Pinus parviflora*).

Japanése wistéria *n.* 〖植物〗フジ (*Wisteria floribunda*).

Jápanese wítch hàzel *n.* 〖植物〗マンサク (*Hamamelis japonica*).

Jápanese wólf *n.* 〖動物〗ヤマイヌ, ニホンオオカミ (*Canis hodophilax*)《本州・四国・九州に分布していたが, 1905 年頃絶滅した》.

Jápanese wóod òil *n.* 〖化学〗=Japanese tung oil.

Jápanese yéw *n.* 〖植物〗イチイ, アララギ, オンコ (*Taxus cuspidata*).

Jap·a·nesque [dʒæ̀pənésk, dʒəpæ̀n-, dʒɪ- | dʒæ̀pən-] 〖← JAPAN + -ESQUE〗 *adj.* 日本式[風, 流]の. 「式の.

Jap·a·nes·y [dʒæ̀pəníːzi, -si | -zɪ] *adj.* 日本風の, 日本

Japán férn pàlm *n.* 〖植物〗ソテツ (*Cycas revolta*).

Japán glóbeflower *n.* 〖植物〗=Japanese rose 1.

Ja·pán·ism [-nɪzm] *n.* **1** 日本人の特質. **2** (芸術様式などの)日本風; 日本語の(慣用)語法. **3** 日本好き; 日本心酔.

Jap·a·ni·za·tion [dʒæ̀pənɪzéɪʃən, -nə- | -naɪ-, -nɪ-] *n.* 日本(風)化.

Jap·a·nize [dʒǽpənàɪz] 〖《1890》: ⇨ -ize〗 *vt.* **1** 日本風にする, 日本化する. **2** 〈地域を〉日本の影響[勢力]下に置く.

Japán láurel *n.* =Japanese laurel.

Japán líly *n.* 〖植物〗日本産ユリ属 (*Lilium*) の植物の総称《ヤマユリ (*L. auratum*), ハカタユリ (*L. japonicum*) など》.

Japán médlar *n.* 〖植物〗 **1** =loquat. **2** =Japanese persimmon.

ja·pánned *adj.* 漆塗りの; 漆器の, 黒塗りの.

ja·pán·ner *n.* 漆職人.

Ja·pan·ner [dʒəpǽnə, dʒæ-, dʒɪ- | dʒəpǽnə(r] *n.* 《廃》日本人; 日本船.

Jap·a·no- [dʒǽpəno(ʊ) | -nə(ʊ)] 〖← JAPAN: ⇨ -o-〗 ——「日本の (Japanese); 日本と…との (Japanese and ...)」の意の連結形: the *Japano*-Chinese [*Japano*-Russian] War 日清[日露]戦争.

Jàp·a·nól·o·gist [-dʒɪst, -dʒəst | -dʒɪst] *n.* 日本学者.

Jap·a·nol·o·gy [dʒæ̀pənɑ́lədʒi | -nɔ́lədʒɪ] 〖← JAPANO- + -LOGY〗 *n.* 日本学, 日本研究.

Ja·pan·o·phile [dʒəpǽnəfàɪl, dʒæ-, dʒɪ- | dʒə-] 〖⇨ -phile〗 *n., adj.* (*also* **Ja·pan·o·phil** [-fɪl]) 親日家(の), 日本びいき(の).

Ja·pan·o·pho·bi·a [dʒəpæ̀nəfóʊbiə, dʒæ-, dʒɪ- | dʒəpæ̀nəfə́ʊbjə, -bɪə] 〖← JAPANO- + -PHOBIA〗 *n.* 対日恐怖症, 日本(人)ぎらい, 排日主義.

Japán páper *n.* =Japanese paper.

Japán Séa *n.* [the ~] 日本海.

Japán Stréam *n.* [the ~] =Japan Current.

Japán tállow *n.* =Japan wax.

Japán téa *n.* 日本茶, 緑茶 (green tea).

Japán Trénch *n.* [the ~] 〖地理〗日本海溝《東北・関東地方の東沖合にある海溝; 最大深度約 8,400 m》.

Japán wáx *n.* 木蠟(もくろう)《ハゼノキ (sumac) から採り, 日本蠟燭・電気絶縁材にする; Japanese wax ともいう》.

jape [dʒéɪp] 〖《c1378》《混成》? ← OF *japer* (F *japper*) to bark at, yap + OF *gaber* to mock〗 —— *vi.* **1** 冗談を言う, からかう; いたずらをする, 悪ふざけする 〔*at*〕. **2** 《方言》性交する. —— *vt.* 〈人を〉からかう (gibe). —— *n.* **1** 冗談, からかい (joke, jest); やじ. **2** 面白い作品[演劇]. **jáp·er** *n.*

jap·er·y [dʒéɪp(ə)ri | -pərɪ] 〖ME: ⇨ ↑, -ery〗 *n.* **1** 冗談を言うこと, からかい. **2** 冗談.

Ja·pheth [dʒéɪfɪθ, -fəθ | -feθ] 〖⊏ L ~ ⊏ Gk *Iaphéth* ⊏ Heb. *Yépheth* 《原義》? enlargement〗 *n.* **1** 男性名. **2** 〖聖書〗ヤペテ《Noah の第三子; cf. *Gen.* 5:32》.

Ja·phet·ic [dʒəfétɪk, dʒeɪ- | dʒeɪfét-, dʒə-] 〖《1828》: ⇨ ↑, -ic[1]: cf. Hamitic, Semitic〗 —— *adj.* **1 a** (Noah の子)ヤペテ (Japheth) の. **b** ヤペテの子孫の (cf. *Gen.* 10:1-5). **2** 《廃》〖言語〗 **a** ヤペテ系の, (Semitic および Hamitic に対する)アーリア系の, 印欧系[語族]の (Indo-European). **b** ヤペテ語族の. —— *n.* ヤペテ語族《ソビエトの言語学者 N. Marr の仮定した言語族; コーカサス・スメール・バスク・アジアなどの諸言語を含み, 印欧語族やセム語族より古いと考えられた》.

Jap·lish [dʒǽplɪʃ] 〖《混成》← JAP(ANESE) + (ENG)LISH〗 —— *n.* ジャプリッシュ, 日本語的英語《日本で用いられる日英混交語で, radio を rajio, old maid を old miss という類》.

ja·po·nai·se·rie [ʒɑ̀ːpo(ʊ)neɪzríː | -pə(ʊ)-; *F.* ʒapɔnɛzri] 〖⊏ F ~ ← *Japonais* Japanese + -*erie* '-ERY'〗 *n.* =Japanesery.

Ja·pon·ic [dʒəpɑ́nɪk, dʒæ-, dʒɪ- | dʒəpɔ́n-] 〖← *Japon* 《古形》← JAPAN) + -IC[1]〗 *adj.* =Japanese.

ja·pon·i·ca [dʒəpɑ́nɪkə, dʒæ-, dʒɪ-, -nə- | dʒəpɔ́nɪ-] 〖《1819》← NL ~ (fem.) ← *Japonicus* of Japan ← *Japonia* (⇨ Japan, -ia[1])〗 —— *n.* 〖植物〗 **1** ツバキ (*Camellia japonica*). **2** =Japanese quince 1.

Jap·o·nism [dʒǽpənɪ̀zm] 〖⊏ F *japonisme*〗 *n.* =Japanism.

Ja·pu·rá [ʒɑ̀ːpuráː; *Am. Sp.* ʒàpurá] *n.* [the ~] ジャプラ(川)《南米のコロンビア南西部の Andes 山脈に発しブラジル北西部を東流して Amazon 川に合流する川 (1,848 km)》.

ja·pyg·id [dʒəpídʒɪd, -dʒəd | -dʒɪd] 〖↓〗〖昆虫〗 *adj.* ハサミコムシ(科)の. —— *n.* ハサミコムシ《ハサミコムシ科の昆虫の総称》.

Ja·pyg·i·dae [dʒəpídʒədìː | -dʒɪ-] 〖← NL ~ ← *Japygia* (イタリアの古王国の名): ⇨ -idae〗 *n. pl.* 〖昆虫〗(倍尾目)ハサミコムシ科.

Jaque·lee [dʒǽklìː] 〖⇨ Jacqueline〗 *n.* 女性名.

Ja·ques [dʒéɪkwiːz, -kwɪz, dʒéɪks | dʒéɪkwɪz] 〖⊏ OF ~ (F *Jacques*): ⇨ Jack, James〗 —— *n.* **1** ジェイクィーズ《Shakespeare 作の *As You Like It* 中の人物》. **2** 世をすねて暮らす皮肉な人間観察者.

Jaques-Dal·croze [ʒɑ́ːkdælkróʊz, ʒǽk-, dɑːl- | -krə́ʊz; *F.* ʒakdalkroːz], **Émile** *n.* ジャック ダルクローズ《1865–1950; オーストリア生れのスイスの作曲家; eurythmics と呼ばれる独自のリズム教育を考案》.

jar[1] [dʒɑ́ə | dʒɑ́ː(r] 〖《1526》《擬音語》?: cf. jar[3]〗 —— *n.* **1** (神経にさわる)きしり音, (調子はずれで耳ざわりな)雑音. **2 a** (衝突などによる)激しい震動; 衝撃 (shock). **b** (身体・神経への)ショック (shock): Her words gave a ~ to his composure. 彼女の言葉にぎょっとして落着きを失った / a ~ to one's spine 背骨にひびく衝撃. **3** (意見・感情などの)衝突, 不和, けんか: be at (a) ~ 仲たがいしている.

—— *v.* (**jarred**; **jar·ring**) —— *vi.* **1 a** (ぎーぎー・ぎしぎし)きしる, (耳ざわりな)不快な音を立てる. **b** (きしるようないやな音を立てて)ぶつかる 〔*upon, against*〕. **c** 〔耳・神経などに〕不快に響く, 〔人の感情などに〕さわる 〔*on, upon*〕: Her voice ~*s on* [*upon*] my ear(s) [nerves]. 彼女の声は耳[神経]にさわる / ~ *on* a person 人の感情に[癇(かん)に]さわる. **2 a** 一致しない, 合わない (disagree) 〔*with*〕: The building ~*s with* surroundings. その建物は周囲と合わない. **b** 〈意見などが〉衝突する (disagree) 〔*with*〕; 口論する (bicker): His opinion ~*s with* mine. 彼は私と意見を異にする / They have been ~*ring at* each other. 彼らは互いに言い争ってきた. **3** がたがた震動する, ぎーぎー揺れる; 震動する, 揺れる (vibrate, shake).

—— *vt.* **1 a** (ぎーぎー・がたがた)震動させる: The wind ~*red* the whole house. 風で家中がぎしぎし鳴った. **b** 〈ニュース・予報・為替相場などが〉〈市場などを〉震駭させる, 動揺させる, …に揺さぶりをかける: ~ the markets. **2 a** …に不快な音を立てさせる, きしらせる. **b** 〈神経〉にさわる, いらいらさせる; ぎくりとさせる (shock): He was ~*red* by the sudden stopping of the bus. バスが急に止まったのでぎくりとした. **3** (昆虫採集・害虫駆除のため)〈昆虫を〉木から揺さぶって落とす[落として集める]. **4** 〖土木〗(繰り返して衝撃を加えて)〈井戸を〉掘る.

jar[2] [dʒɑ́ə | dʒɑ́ː(r] 〖《1592》⊏ F *jarre* ⊏ OProv. *jarra* ⊏ Arab. *járra*ʰ earthen vessel〗 —— *n.* **1** (広口の)びん, つぼ, かめ: a ~ with two handles 両耳付きのつぼ. **2** つぼ[びん]の 1 杯の量 (jarful): a ~ of oil, jam, etc. **3** 《英口語》(コップ)1 杯のビール.

jars[2] 1
1 pickle jars
2 honey jar

jar[3] [dʒɑ́ə | dʒɑ́ː(r] 〖《1674》《変形》← CHAR[1]: cf. ajar[1]〗 —— *n.* 《古》(ドアなどの)回転 (turn). ★ 次の成句で: ***on the jar*** 〈ドアなどが〉ちょっと開いて (ajar).

ja·ra·ra·ca [ʒæ̀rərɑ́ːkə] 〖⊏ Port. ~ ⊏ S-Am.-Ind. (Tupi)〗 *n.* (*also* **ja·ra·ra·ka** [~]) 〖動物〗ハララカハブ (*Bothrops jararaca*)《ブラジルなどにすむ毒蛇》.

jar·di·niere [dʒɑ̀ədəníə, -n(j)ɛ́ə, ʒɑ̀ə-, -dn- | ʒɑ̀ːdɪnjɛ́ə(r, -nɪɛ́ə(r; *F.* ʒaʀdinjɛːʀ] 〖《1841》⊏ F *jardinière* 《原義》gardener's wife (fem.) ← *jardinier* gardener ← *jardin* 'GARDEN': ⇨ -ier[1]〗 —— *n.* (*also* **jar·di·nière** [~]) **1** 装飾用の植木鉢; 植木鉢の台, 花台. **2** さいの目切りにし調理した数種の野菜《にんじん・かぶ・さやいんげんなど, 肉料理のつけ合わせとして用いる》.

Jar·ed [dʒǽrɪd, -rəd] 〖⊏ L ~ ⊏ Gk *Iáred* ⊏ Heb. *Yāredh* 《通俗語源》descent: cf. Akkad. (*w*)*ardu* slave〗 *n.* 男性名.

jar·ful [dʒɑ́əfʊ̀l | dʒɑ́ː-] *n.* (*pl.* ~**s**, **jars·ful**) びん[つぼ, かめ]一杯(の量) 〔*of*〕.

jar·gon[1] [dʒɑ́əgən, -gɑn | dʒɑ́ːgən] 〖《c1350》⊏ (O)F ~ 'chattering (of birds)' 《擬音語》?: cf. gargle〗 —— *n.* **1 a** (ちんぷんかんで)わけのわからない言葉; たわごと (gibberish): speak a perfect ~ / a baby's ~. **b** ひどいなまり言葉; (わけのわからない)外国[未開]人の言葉. **c** (pidgin English のような)混合語. **2** (職業上の)通用語, 隠語, (特殊な人たちにだけ通じる)通語 (cant); (学者間の)むずかしい専門語: metaphysical [medical] ~ (素人にはさっぱり判らない)形而上学[医学]用語. **3** 《古》(鳥の)さえずり (twittering). —— *vi.* **1** わけのわからない言葉を[で]話す. **2** 〈鳥が〉さえずる. **jar·gon·is·tic** [dʒɑ̀ːgənístɪk | dʒɑ̀ː-] *adj.*

jar·gon[2] [dʒɑəgɑ́n | dʒɑːgɔ́n] 〖⊏ F ~ ⊏ It. *giargone*

⊏ Arab. *zarqūn* ⊏ ? Pers. *zargūn* gold-colored ← *zar* gold+*gūn*- color: cf. zircon〗 *n.* 〖鉱物〗=jargoon.

jar·gon·ize [dʒάəgənàɪz | dʒά:-] 〖← JARGON¹+-IZE〗 ― *vi.* わけのわからない言葉[専門語]を使う, 言葉をくずして使う. ― *vt.* 〈普通の語句を〉専門語[むずかしい言葉]に言い換える[換えて言う, 換えて書く].

jar·goon [dʒɑəgú:n | dʒɑ:-] *n.* 〖鉱物〗ジャーゴン《ジルコン (zircon) の一種; 宝石に用いる》.

jarl [jάəl | jά:l] 〖《1820》⊏ ON ～ 'man of noble birth': cf. earl〗 *n.* (昔のスカンジナビア諸国で)王侯.

jár·less *adj.* 震動[揺れ]のない. ⌊的地位の人.

ja·ro·site [dʒərόusaɪt, dʒǽrəsàɪt | dʒərə́usaɪt, dʒǽrəsàɪt] 〖⊏ G *Jarosit* ← *Barranco Jaroso* (スペイン南東部の地名): ⇨ -ite¹〗 ― *n.* 〖鉱物〗ジャロサイト ($KFe_3(SO_4)_2(OH)_6$)《褐色ないし黄褐色の鉱物》.

jar·o·vi·za·tion [jὰ:rəvɪzéɪʃən, jὰr-, -və- | -vaɪ-, -vɪ-] *n.* 〖農業〗=vernalization.

ja·ro·vize [jά:rəvàɪz, jǽr-] 〖← Russ. *yarovoe* spring grain (← *yara* spring: cf. year)+-IZE〗 *vt.* 〖農業〗=vernalize.

jar·rah [dʒǽrə] 〖《1866》⊏ Austral. 《土語》 *jerryhl*〗 ― *n.* 〖植物〗マホガニーゴムノキ (*Eucalyptus marginata*)《オーストラリア南西部産のユーカリノキの一種》; その木材《木質が堅く耐久性に富む》.

Jar·rell [dʒərél, dʒæ-], **Randall** *n.* (1914-65) 米国の詩人・批評家; *The Woman at the Washington Zoo* (1960).

jar·ring [dʒά:rɪŋ] *n.* きしみ, きしり; 震動 (shaking). ― *adj.* きしる; 耳ざわりな (harsh). **～·ly** *adv.*

Jar·row [dʒǽrou | -rəu] 〖OE *gyruum* ← *gyr* mud, fen: cf. ON *giǫr* mud〗 *n.* 英国北東部, Tyne and Wear 州, Tyne 河口にある港市; 人口 29,000.

Jar·ry [ʒærí:; *F.* ʒari], **Alfred** *n.* ジャリ《1873-1907; フランスの詩人・劇作家; *Ubu Roi*「ユビュ王」(戯曲, 1896)》.

jar·vey [dʒάəvi | dʒά:vɪ] 〖《1819》(dim.) ← JARVIS: むちを持物とする St. Gervase にちなむ〗 ― *n.* (*also* **jar·vie** [～]) **1** 《アイル》辻馬車の御者 (cabdriver); 軽装二輪馬車 (jaunting car) の御者. **2** 《古俗》6 人乗り二頭立て四輪馬車 (hackney coach).

Jar·vis [dʒάəvɪs, -vəs | dʒά:vɪs] 〖⊏ AF *Gervais* ⊏ OHG *Gervas* ← *ger* spear+Celt. **vaas* servant: cf. vassal〗 *n.* 男性名.

jar·vy [dʒάəvi | dʒά:vɪ] *n.* =jarvey.

JAS 《略》Japanese Agricultural Standard 日本農林規格.

Jas. [dʒéɪmz, dʒæz] 《略》James.

ja·sey [dʒéɪzi | -zɪ] 〖《*c*1780》《転訛》← ? JERSEY 1: もと Jersey 産の毛糸で作ったのにちなむ〗 *n.* 《英》(通例, 毛糸製の昔の)かつら (wig).

jas·mine [dʒǽzmɪn, dʒǽs-, -mən | dʒǽsmɪn, dʒǽz-] 〖《1548》⊏ F *jasmin* ⊏ Arab. *yāsamīn* ⊏ Pers. *yāsemīn*〗 ― *n.* (*also* **jas·min** [～]) **1** 〖植物〗 **a** ジャスミン《オウバイ属 (*Jasminum*) の植物の総称; cf. winter jasmine》. **b** [通例 jessamine] ソケイ (*J. officinale*)《香水が採れる》. **c** これに似た他属の植物《コリンクチナシ (*Gardenia jasminoides*), インドソケイ (red jasmine) など》. **2** ジャスミン香水. **3** (多少緑がかった)薄黄色 (cf. butter yellow).

Jas·mine [dʒǽzmɪn, dʒǽs-, -mən | dʒǽzmɪn, dʒǽs-] 〖↑〗 *n.* 女性名.

jásmine òil *n.* 〖化学〗ジャスミン油《ソケイ (*Jasminum officinale*), オオバナソケイ (*J. grandiflorum*) などの花から採る淡黄色の花精油; 香料用》.

jásmine téa *n.* ジャスミン茶《ジャスミンの花を入れて香りをつけた茶, 中国の茉莉花(ﾏﾂﾘ)茶など》.

jásmine yéllow *n.* =butter yellow 2.

jas·mone [dʒǽzmoun, dʒǽs- | -məun] 〖← JASM(INE)+-ONE〗 ― *n.* 〖化学〗ジャスモン ($C_{11}H_{16}O$)《ジャスミン油・ネロリ油などに含まれるケトン性の液体; ジャスミン系香料に用いる》.

Ja·son¹ [dʒéɪsn] 〖⊏ Gk *E(i)ásōn* ⊏ Heb. *Yᵉhōshúa'* 'JOSHUA'〗 *n.* 男性名.

Ja·son² [dʒéɪsn] 〖⊏ L *Iāsōn* ⊏ Gk *Iásōn* healer: cf. iatric〗 ― *n.* 〖ギリシャ伝説〗イアソン《Aeson の息子; 金の羊毛 (Golden Fleece) を求めて Colchis 国へ出掛けたアルゴー船一行 (Argonauts) のリーダー; 後に Medea の夫となる》.

jas·pé [ʒæspéɪ, dʒæs-; *F.* ʒaspe] 〖⊏ F *jaspé* (p.p.) ← *jasper* to marble: ↓〗 *adj.* 多彩な色[模様]の; 玉虫色[模様]の.

jas·per [dʒǽspə | -pə(r)] 〖《?*c*1300》⊏ OF *jaspre* (F *jaspe*) ⊏ L *jaspis* ⊏ Gk *íaspis*: cf. Arab. *yašb* / Heb. *yāšᵉphéʰ*〗 ― *n.* **1** 〖鉱物〗碧玉(ﾍｷｷﾞｮｸ)《不純・不透明な石英, 血赤色・褐色・緑色などの色があり, 磨いて宝石に用いる》. **2** 暗緑色. **3** 〖窯業〗ジャスパー《Wedgwood の発明した半磁器素地に炭酸バリウムや硫酸バリウムを融剤として添加して作った一般に無釉の精炻器(ｾｯｷ); jasperware ともいう》. **jas·per·y** [dʒǽspəri | -rɪ] *adj.*

Jas·per [dʒǽspə | -pə(r)] 〖⊏ OF *Jaspar* ⊏ ? Pers. *Jasper* 《原義》treasure holder: cf. Casper〗 *n.* 男性名.

Jás·per Nátional Párk [dʒǽspə- | -pə-] *n.* ジャスパー国立公園《カナダ Alberta 州の西部, Rocky 山脈中にある国立公園; 面積 10,900 km²》.

Jásper Pláce *n.* カナダ Alberta 州, Jasper National Park 入口の村; 人口 31,000.

Jas·pers [já:spəs | -pəs; *G.* jáspɐs], **Karl** *n.* ヤスパース《1883-1969; ドイツの実存主義哲学者・精神病理学者; *Existenzphilosophie*「実存哲学」(1938)》.

jásper·wàre *n.* 〖窯業〗=jasper 3.

jas·pi·lite [dʒǽspəlàɪt | -pɪ-] 〖← JASP(ER)+-I-+-LITE〗 *n.* (*also* **jas·pi·lyte** [～]) 〖岩石〗ジャスピライト《石英に富む縞と赤鉄鉱などに富む縞からなる珪質岩》.

jass [jάs; G. jás] 〖⊏ G 《スイス方言》*Jaß* 《原義》red hot〗 ― *n.* 〖トランプ〗 **a** ヤース《5 から 2 までの札を除く 36 枚のカードを使い, 2 人がそれぞれ 6 枚ずつ持って得点を競うゲーム》. **b** =klaberjass. **c** (上述のゲームで)最高位札として働く切札のジャック.

jas·sid [dʒǽsɪd, -səd | -sɪd] 〖↓〗〖昆虫〗 *adj.* ヨコバイ(科)の. ― *n.* ヨコバイ《ヨコバイ科の昆虫の総称; cf. leafhopper》.

Jas·si·dae [dʒǽsədì: | -sɪ-] 〖← NL ～ ← *Jassus* (属名) ← L *Ias(s)us* (小アジアの古代都市): ⇨ -idae〗 *n. pl.* 〖昆虫〗(半翅目)ヨコバイ科.

Jas·sy [já:si | dʒǽsɪ] *n.* =Iaşi.

Jat [dʒά:t] 〖⊏ Hindi *jāṭ*〗 *n.* **1** [the ～s] ジャート[ジョート]族《Punjab, Sind, インド北西部の民族》. **2** ジャート[ジョート]族の人.

Ja·ta·ka [dʒά:ṭəkə | -tə-] 〖⊏ Skt *jātaka* nativity ← *jāta* (p.p.) ← *jan* to produce〗 ― *n.* 〖仏教〗ジャータカ, 本生(ﾎﾝｼﾞｮｳ)経, 本生《仏教の十二部経の一つ; 釈迦(ｼｬｶ)前世の物語で五百数十編から成る宗教訓話の宝庫; 一般には諸仏諸人の前世に関する説話の意》.

ja·to, JA·TO [dʒéɪṭou | -təu] 〖《頭字語》← *J(et)-A(ssisted) T(ake)-O(ff)*〗 *n.* (*pl.* **～s**) 〖航空〗 **1** ジャトー《jato unit を使っての離陸; cf. rato》. **2** =jato unit.

játo ùnit *n.* 〖航空〗ジャトーユニット, ジャトー《航空機の離陸距離を短縮するため, 機体外部に取り付ける補助のジェットエンジン装置》.

jauk [dʒɔ́:k] 〖ME ← ?〗 *vi.* 《スコット》ぶらぶらして時を過す, ぐずぐずする. ⌈る.

jaunce [dʒɔ́:ns, dʒά:ns | dʒɔ́:ns] 〖← ?〗 *vi.* 《古》はね回

jaun·dice [dʒɔ́:ndɪs, dʒά:n-, -dəs | dʒɔ́:ndɪs] 〖《1303》*jaundis, jaunis* ⊏ OF *jaunice* (F *jaunisse*) ← *jaune* yellow < L *galbinum* greenish yellow ← *galbus* yellow: cf. G *Gelb*〗 ― *n.* **1** 〖病理〗黄疸(ｵｳﾀﾞﾝ)(を伴う病気) (icterus). **2** (ねたみなどによる)ひがみ, 偏見, 不満. **3** 〖養蚕〗=grasserie. ― *vt.* [しばしば p.p. 形で] **1** 〈人〉に黄疸を起こさせる. **2** …にひがみ[偏見]を持たせる (prejudice).

jáun·diced *adj.* **1** 黄疸(ｵｳﾀﾞﾝ)にかかっている: ～ skin / All looks yellow to the *jaundic'd* eye. 黄疸にかかった人の目にはすべてが黄色く見える(ひがんで見ればどうにでも見える)(Pope, *An Essay on Criticism* 2. 359). **2** (ねたみなどのために)ひがんだ, 偏見の: take a ～ view of ...についてひがんだ見方をする.

jaunt [dʒɔ́:nt, dʒά:nt | dʒɔ́:nt] 〖《1570》← ?: cf. jaunce〗 ― *n.* **1** (行楽の)小旅行, 遠足. **2** 《古》骨の折れる[うんざりする]旅. ― *vi.* **1** 遠足に行く, (行楽の)小旅行をする. **2** 《古》てくてく歩く[歩きまわる].

jáunt·ing càr [-ṭɪŋ- | -tɪŋ-] *n.* (アイルランドの)軽快な四人乗りの二輪馬車.

jaunting car

jaun·ty [dʒɔ́:nṭi, dʒά:n- | dʒɔ́:ntɪ] 〖《1662》《変形》← 《廃》*janty, jentee* ⊏ F *gentil* genteel: ⇨ gentle〗 ― *adj.* (**jaun·ti·er**; **-ti·est**) **1** (気持ちの)軽快な, 気軽な, のんきを装った. **2** (態度・歩き振りなど)さっそうとした, 元気のいい (lively); 威張った, 気取った (perky). **3** 《古》お上品な (genteel); いきな, スマートな, しゃれた. ― *n.* 《英口語》=master-at-arms. **jáun·ti·ly** [-ṭɪli, -ṭəli, -ṭḷi | -tɪli, -tə-] *adv.* **jáun·ti·ness** *n.*

jaup [dʒɔ́:p, dʒά:p | dʒɔ́:p] 〖擬音語?〗《スコット・北英》 *vt.* 〈泥水などを〉はねかける (splash). ― *vi.* 〈泥水などが〉はねかかる. ― *n.* (泥水などの)はね.

Jau·regg [jáurek; *G.* jáurɛk], **Julius Wagner von** *n.* ヤウレック《1857-1940; オーストリアの医学者; Nobel 医学生理学賞 (1927)》.

Jau·rès [ʒourés | ʒəu-; *F.* ʒɔrɛs], **Jean Léon** *n.* ジョレス《1859-1914; フランスの社会主義者》.

Jav. 《略》Java; Javanese.

Ja·va [dʒά:və, dʒǽvə | dʒά:və] *n.* **1** ジャワ(島)《インドネシア共和国の主島, 西部に同国の首都 Djakarta がある; 人口 78,201,000, 面積 130,987 km²》. **2 a** ジャワコーヒー (Java coffee) (の木, 実). **b** [しばしば j-] 《俗》コーヒー. **3** ジャワ《アジア産の改良種である米国産の大型の鶏》.

Jáva cótton *n.* =kapok.

Jáva màn *n.* 〖人類学〗ジャワ原人 (*Homo erectus*)《1891 年ジャワでその化石が発見された原始人; 旧学名 *Pithecanthropus erectus*》.

Ja·van [dʒά:vən, dʒǽv- | dʒά:v-] *adj., n.* =Javanese.

Jav·a·nese [dʒæ̀vəní:z, dʒὰ:v-, -ní:s | dʒὰ:vəní:z] 〖⇨ Java, -ese〗 ― *adj.* **1** ジャワ島の. **2** ジャワ人[語]の. ― *n.* (*pl.* ～) **1** ジャワ人《マレー人種》: a ～ ジャワ人 / the ～ ジャワ人《全体》. **2** ジャワ語.

jav·a·nine [dʒǽvənì:n, -nɪn, -nən | -nì:n, -nɪn] 〖← NL *javan(ica)* (属名): ⇨ Java, -ic¹, -a¹)+-INE³〗 ― *n.* 〖薬学〗ヤバニン《アカネ科植物シンコナ (*Chinchona calisaya*) からとる結晶性アルカロイド; 健胃剤》.

Ja·va·ri [ʒὰ:vərí:; *Braz.* ʒàvarí] *n.* [the ～] ヤバリ(川)《Amazon 川南部の支流, ブラジルとペルーとの国境の一部をなしている (870 km); Yavari ともいう》.

Jáva Séa *n.* [the ～] ジャワ海《Java 島と Borneo 島との間の海》.

Jáva spárrow *n.* 〖鳥類〗ブンチョウ (*Padda oryzivora*)《ジャワに野生し, 稲を害する小鳥; ペット用》.

jav·e·lin [dʒǽv(ə)lɪn, -lən | -lɪn] 〖《1513》⊏ F *javeline* ← Celt.〗 ― *n.* **1 a** 投げ矢, 投げ槍. **b** (競技用)投げ槍, 槍《長さ 2.6 m》. **2** 投げ槍兵. **3** [the ～] 〖陸上競技〗=javelin throw. **4** 〖空軍〗=javelin formation. ― *vt.* **1** 投げ槍で刺す[突く]. **2** (投げ槍のように)投げる.

jav·e·li·na [hὰ:vəlí:nə; *Am. Sp.* hàβelína] 〖⊏ Sp. *jabalina* wild sow (fem.) ← *jabalí* boar ⊏ Arab. *jabalī* of the mountain, inhabitant of mountains ← *jábal* mountain〗 ― *n.* 〖動物〗=peccary.

jávelin formátion *n.* 〖空軍〗(爆撃機などの)縦列編隊, 追蹤(ﾂｲｼｮｳ)編隊《3 機ずつ縦に並んだ数個編隊からなり, 通例後の 3 機が前の 3 機より上方または下方に位置する》.

jávelin thròw *n.* 〖陸上競技〗槍投げ.

jávelin thròwer *n.* 槍投げ選手.

jávelin thròwing *n.* 〖陸上競技〗=javelin throw.

Ja·vélle wàter [ʒævél-, ʒə-] 〖《部分訳》← F (*eau de*) *Javelle* (water of) Javelle (現在 Paris に含まれる古都市)〗 ― *n.* 〖化学〗ジャベル水 (NaOCl)《次亜塩素酸カリウムと塩化カリウムの混合水溶液; 漂白・殺菌用》.

Ja·vél wàter [ʒævél-, ʒə-] *n.* 〖化学〗=Javelle water.

jaw¹ [dʒɔ́:] 〖《1325》*jou(e)* ⊏ (O)F *joue* cheek < VL **gautam* ← ? **gavita*=**gabita* ← OL **gaba* gorge, jaw (cf. jabot): cf. jowl¹, chaw, chew〗 ― *n.* **1 a** 顎(ｱｺﾞ), 顎(ｶﾞｸ)骨: the lower [upper] ～ 下[上]顎 / wag one's [the] ～(*s*) うるさくしゃべる. ★ ラテン語系形容詞: gnathic. **b** [通例 *pl.*] (上下顎骨と歯を含めた)口部, 口腔(ｺｳ) (cf. lip 2). **2 a** あごの形に似たもの. **b** [*pl.*] (谷・通路などの)狭い入口. **c** [*pl.*] (挟み道具の)あご: the ～*s* of a vise 万力(ﾏﾝﾘｷ)のあご (⇨ vise 挿絵). **3** [*pl.*] 死などに脅かされた状態: in [out of] the ～*s* of death 死地に陥って[を脱して], 死に瀕して[死を免れて]. **4** 《俗》 **a** おしゃべり, 多弁; 雑談: all ～ (ぺらぺらと)まくしたてること / have a ～ おしゃべりをする, 雑談する / Stop [Hold] your ～! 黙れ. **b** (うるさい)小言, (長たらしい)お説教 (lecture), 不(愉)快な話. **5** 〖海事〗ジョー《boom や gaff の内端で帆柱を半分抱いて上下できるように作った Y 型材; 帆柱から外れないようにその先端にはジョーロープ (jaw rope) という細索をつける》.
― *vi.* **1** くどくど[長々と]小言を言う 〔*at*〕. **2** 長々としゃべる (chat) 〈*away*〉. ― *vt.* **1** 〈ガムなどを〉かむ. **2** 《俗》…にしゃべりまくる. **3** 《俗》しかりつける, …に(くどくど)小言を言う (scold).

jaw² [dʒɔ́:] 〖← ?〗 *n.* 《スコット》波, はね, はね返り.

jáw·bòne *n.* **1** 〖解剖〗顎(ｶﾞｸ)骨 (cf. maxilla, mandible); (特に)下顎骨. **2** 《俗》信用, つけ (credit): He has nothing to live on but ～. 彼はつけで暮らすしか手がない. ― 〖《逆成》← JAWBONING〗 *vt.* 《米俗》一国の長の要請で抑えつける; 有力者の言葉[圧力]で抑えつける.

jáw·bòn·ing 〖← JAWBONE (n.)+-ING¹〗 ― *n.* 《米俗》(価格・賃金の抑制について, 企業・労組の指導者に与える)一国の長[大統領]の強力な要請; 有力者[高官]の要請[圧力].

jáw·brèaker *n.* **1** 《口語》非常に発音しにくい語[句], 舌をかむような言葉 (cf. tongue twister). **2** 非常に堅いあめ玉. **3** 〖機械〗=jaw crusher.

jáw·brèaking *adj.* 《口語》非常に発音しにくい.

jáw clùtch *n.* 〖機械〗かみ合いクラッチ.

jáw crùsher *n.* 〖機械〗ジョークラッシャー, 砕鉱機《鉱石などを砕く強力な破砕機》.

jawed *adj.* **1** あごのある: a ～ fish. **2** [複合語の第 2 構成素として] …の(ような)あごをした: a square-*jawed* boxer あご[えら]の張ったボクサー.

jáw·fìsh *n.* 〖魚類〗アゴアマダイ科の魚の総称.

jáw-jàw 〖《加重》← JAW¹ (vt. 2 & vi. 2)〗《英俗》 *vi., n.* 長話[長談議](をする).

jáw·less físh *n.* 〖魚類〗無顎綱の魚《ヤツメウナギなどの円口類》.

jáw·lìke *adj.*

jáw·lìne *n.* 下あごの輪郭.

jáw ròpe *n.* 〖海事〗ジョーロープ (⇨ jaw¹ 5).

Jax·ar·tes [dʒæksάəti:z | -sά:-] *n.* [the ～] ヤクサルテス(川)《Syr Darya の古名》.

jay¹ [dʒéɪ] 〖《?*a*1300》⊏ OF ～ (F *geai*) ⊏ LL *gaius* jay 《擬音語》: L *Gaius* (人名)との連想あり〗 ― *n.* **1** 〖鳥類〗 **a** カケス, (俗に)カシドリ (*Garrulus glandarius*)《鳴き声のやかましいいたずらな鳥》. **b** カケスに似た鳥の総称. **2** 《口語》 **a** (だまされやすい)のろま. **b** 世間知らず, 青二才 (greenhorn). **c** 生意気なおしゃべり屋. **d** めかし屋, 洒落(ｼｬﾚ)男 (dandy). **3** かけす色 (jay blue)《穏かな青色》. ― *adj.* (**～·er**; **～·est**) 《米口語》田舎っぽい, 安っぽい, くだらない.

jay² [dʒéɪ] *n.* アルファベットの J [j].

Jay [dʒéɪ], **John** *n.* (1745-1829) 米国の法律家・政治家; 初代最高裁判所長官 (1789-95): ⇨ Jay's Treaty.

jáy·bird *n.* 〖鳥類〗=jay¹ 1.

jay·cee, J- [dʒéɪsí:] 〖*Junior Chamber* の頭文字の発音から〗 *n.* 《口語》青年商工会議所 (Junior Chamber of Commerce) の会員.

jay·gee [dʒéɪdʒí:] 〖*junior grade* の頭文字の発音から〗 *n.* 《米口語》=lieutenant junior grade.

jáy·hàwk 〖《逆成》↓〗《米》 ― *vt.* 《俗》略奪する,

襲う; 襲撃する (raid). — *n.* **1** = jayhawker. **2** ジェイホーク鳥《米国 Kansas 州の象徴となっている嘴(ばし)の大きい架空の鳥》.

jáy·hàwk·er 〘← ? JAY¹+HAWK¹+-ER¹〙 — *n.* 《米》 **1** [しばしば J-] **a** 略奪者, 匪賊(ひぞく). **b** 《俗》南北戦争当時 Kansas 州を根拠として Missouri 州西部で略奪を続けていた奴隷制反対のゲリラ. **2** [J-] 《口語》 Kansas 州の住民《あだ名》, カンサス人 (Kansan).

Jáyhawker Stàte *n.* [the ~] 米国 Kansas 州の俗称.

Jayne [dʒéɪn] 〘⇨ Jane〙 *n.* 女性名.

Jáy's [Jáy] Tréaty *n.* ジェイ条約《米国の Washington 大統領の指示により, John Jay がロンドンで締結した米英間の和平協定 (1794); 制限つき通商の開始, 英軍側の北東部国境要塞の放棄, フランス革命不介入などを決定した》.

jay·vee [dʒéɪvíː] 〘*junior varsity* の頭文字の発音から〙 *n.* 《口語》〘スポーツ〙 **1** = junior varsity. **2** [通例 *pl.*] ジュニアチームのメンバー, 二軍のメンバー.

jáy·wàlk 〘← JAY¹ 2+WALK〙 *vi.* 《口語》交通規則を無視して街路[道路]を横断する. **~·er** *n.*

jáy·wàlking *n.* 《口語》交通規則を無視した街路横断.

jaz·er·ant [dʒǽzərənt] 〘《?*a*1400》 *jesseraunt* ▭ OF *jaseran(t)* ▭ Sp. *jacerina* ▭ Arab. *Jazā'irī* Algerian ← *al-Jazā'ir* Algiers, 《原義》 the islands〙 — *n.* 〘甲冑〙小札鎧(こざねよろい)《金属や角製の小札を布または革製の胴衣の表にうろこ状に重ねて縫い付けた一種の鎧》.

jazerant

jazz [dʒǽ(ː)z] 〘《1909》 ▭ ? Creole 《方言》 *jass* ← ? Afr. 《土語》: もとコンゴ踊りまた性的意味を表わした隠語〙 — *n.* **1 a** ジャズ《米国黒人起原の音楽; syncopation の多用, 即興演奏などが特徴; cf. Dixieland, ragtime, swing, boogie-woogie》. **b** ジャズ(ダンス): dance ~. **2** 《俗》 **a** (文体などに表現される)ジャズ的特色《奇異な刺激・興奮・狂騒など》. **b** 張り切り, 活気. **c** (いいかげんな)ほら話, 誇張した話. **3** 《卑》性交.

and all that jazz 《口語》などなど (et cetera): He likes chatting, drinking, dancing, and all that ~. しゃべるとか, 飲むとか, 踊るとかそういったようなことが好きなんだ.

— *attrib. adj.* **1** ジャズ(式)の: a ~ band, dance, singer, song, etc. **2** まだらの, 雑色の (mottled).

— *vi.* **1 a** ジャズ音楽を演奏する; ジャズ風に演奏する. **b** ジャズ(ダンス)を踊る. **2** あちこちぶらつく[歩きまわる] (gad) 〈*around*〉. **3** 《卑》性交する.

— *vt.* **1** ジャズ(風)に演奏[編曲]する, ジャズ化する: ~ a tune. **2** 《俗》 **a** 興奮させる, 活気づける (enliven) 〈*up*〉. **b** …のスピードを増す, 加速する (accelerate). **3** 《卑》…と性交する.

jázz àge, J- A- *n.* [the ~] ジャズ時代, ジャズエイジ《第一次大戦の後を受けジャズが流行し道徳が頽廃した米国の 1920 年代; F. S. Fitzgerald の命名》.

jázz·man [-mæ̀n, -mən] *n.* (*pl.* **-men** [-mèn, -mən]) ジャズ演奏家[者], ジャズ音楽家.

jázz-róck *n.* 〘音楽〙ジャズロック《ジャズとロックの混合した音楽》, ジャズ風(ふう)ロック.

jazz·y [dʒǽzi | -zɪ] *adj.* (**jazz·i·er; -i·est**) **1** ジャズ音楽特有の, ジャズ的な. **2** 《口語》 **a** 狂騒的な, 活発な. **b** 派手な: a ~ tie [shirt]. **jázz·i·ly** [-zɪli, -zə- | -lɪ] *adv.* **jázz·i·ness** *n.*

J.B. 《略》 John Bull; *L.* Jūrum Baccalaureus (=Bachelor of Laws).

J-bàr lìft *n.* 〘スキー〙(一人乗りの) J 字型リフト.

J.B.S. 《略》 John Birch Society.

J.C. 《略》 Jesus Christ; Julius Caesar; jurisconsult; 〘スコット法〙 Justice Clerk; Juvenile Court.

J.C.B. 《略》 junior college of business 実務短期大学; *L.* Jūris Canonicī Baccalaureus (=Bachelor of Canon Law); *L.* Jūris Cīvīlis Baccalaureus (=Bachelor of Civil Law).

J.C.C. 《略》 Jesus College, Cambridge; Junior Chamber of Commerce 青年商工会議所.

J.C.D. 《略》 *L.* Jūris Canonicī Doctor (=Doctor of Canon Law); *L.* Jūris Cīvīlis Doctor (=Doctor of Civil Law).

J.C.L. 《略》 *L.* Jūris Canonicī Licentiātus (=Licentiate in Canon Law) 教会法法曹; *L.* Jūris Cīvīlis Licentiātus (=Licentiate in Civil Law) 大陸法法曹.

J.C.R. 《略》〘英大学〙 Junior Common Room.

JCS, J.C.S. 《略》 Joint Chiefs of Staff (米国)統合参謀本部 (⇨ joint): Chairman of *JCS* 統合参謀本部議長.

jct., jctn. 《略》 junction.

JD 《略》〘法律〙 juvenile delinquency; 〘法律〙 juvenile delinquent.

JD, J.d. 《記号》〘貨幣〙 Jordan dinar(s).

jd. 《略》 joined.

J.D. 《略》〘天文〙 Julian Day; Junior Dean; *L.* Jūris Doctor (=Doctor of Jurisprudence); Doctor of Law; *L.* jūrum doctor (=doctor of laws); 〘法律〙 justice department 司法部; 〘法律〙 juvenile delinquency, juvenile delinquent.

Je 《略》 June.

jeal·ous [dʒéləs] 〘《?*a*1200》 ▭ OF *gelos* (F *jaloux*) < ML *zelōsum* ← LL *zēlus* zeal ▭ Gk *zēlos*: zealous と二重語: ⇨ zeal, -ous〙 — *adj.* **1 a** 嫉妬(しっと)心から出た, 嫉妬の: ~ intrigues. **b** 嫉妬深い, やきもちやきの: a ~ wife, lover, disposition, etc. **c** 〔…を〕ねたむ, 嫉妬する 〔*of*〕: be ~ *of* a person [another's happiness, wealth, etc.] 人[他人の幸福, 富など]をねたんでいる. **2** (疑い深いまでに)油断のない; (後生大事と)一途(いちず)に心を配っている 〔*of, for*〕: with ~ care きわめて用心深く / a ~ guardian 油断のない保護者 / be ~ *of* one's rights 権利を失う[冒され]まいと気を配っている. **3** 〘聖書〙〈神が〉ただ一筋の信仰を求める, 不信仰を許さぬ: I the Lord thy God am a ~ God. われエホバなんじの神はねたむ神なり (*Exod.* 20:5; cf. *Deut.* 6:15). **~·ly** *adv.* **~·ness** *n.*

jeal·ou·sy [dʒéləsi | -sɪ] 〘《?*a*1200》 ▭ OF *gelosie* (F *jalousie*): ⇨ ↑, -y¹〙 — *n.* **1** 嫉妬(しっと), そねみ, ねたみ. **2** 後生大事の念, 油断のない配慮, 警戒的な注視, 警戒心: guard with ~ 大切に[油断なく]守る. **3** 《英方言》疑惑 (suspicion), 疑念, 不信 (mistrust).

jean [dʒíːn | dʒéɪn] 〘《1488》 ← ME *Gene* ▭ OF *Janne* (F *Gênes*) < ML *Janua* Genoa〙 — *n.* **1** [時に ~s; 単数扱い] ジーンズ, ドイッチェン, 細綾綿布, 細綾綿毛交織《経糸(たていと)は綿で緯糸(よこいと)は毛》. **2** [*pl.*] **a** [《英》dʒíːn] ジーンズ《ジーンズで作った衣服・ズボン・作業服など; ⇨ blue jeans》. **b** ジーパン: a girl in ~s.

Jean [dʒíːn; *F.* ʒɑ̃] 〘1: ▭ F ~ 'JOHN¹'; 2: 《スコット》 ~ 'JANE, JOAN¹'〙 *n.* **1** 男性名. **2** 女性名.

Jean Bap·tiste de la Salle [ʒɑ́ːn-bætíːst-də-ləsáːl; *F.* ʒɑ̃batistdəlasal], Saint [sɛ̃] *n.* ジャン バティスト ドゥラサール (1651–1719; フランス Reims の聖職者, 聖人; Christian Brothers の創立者).

Jeanne [ʒɑ́ːn; *F.* ʒaːn, ʒan] 〘▭ F ~ 'JANE, JOAN¹'〙 *n.* 女性名.

Jeanne d'Arc [*F.* ʒaːndark] *n.* ジャンヌダルク (⇨ Joan of Arc).

Jean·nette [dʒənét | dʒɪ-, dʒə-; *F.* ʒanɛt] 〘▭ F ~ (dim.) ← JEANNE: ⇨ -ette〙 *n.* 女性名《愛称形 Nettie》.

Jean·nie [dʒíːni | -nɪ] 〘← JEANNE+-IE〙 *n.* 女性名.

Jeans [dʒíːnz], Sir **James** (**Hop·wood** [hɑ́pwʊd | hɔ́p-]) *n.* (1877–1946) 英国の数学・物理・天文学者.

Jebb [dʒéb], Sir **Richard C**(**la·ver·house**) [kléɪvəhàʊs | -və-] *n.* (1841–1905) スコットランド生れの英国のギリシャ古典学者.

jeb·el [dʒébəl] *n.* = djebel.

Jéb·el Drúze [dʒébəl-drúːz] *n.* = Djebel Druze.

Jeb·el ed Druz [dʒébəl-ed-drúːz] *n.* = Djebel Druze.

Jeb·el Mu·sa [dʒébəl-múːsə] *n.* ジェベル ムーサ《Morroco 北西部, Gibraltar 対岸の山 (840 m); Pillars of Hercules の一つ》.

Jed·burgh [dʒédb(ə)rə] 〘《古形》 *Jedworth* < OE *Ġedwearde* ← *Ġed* River Jed+*worð* enclosure: ⇨ -burgh〙 — *n.* スコットランド南東部, Jed 河畔の都市, 旧 Roxburghshire 州の首都; David 一世の建立(こんりゅう)した有名な僧院の旧跡のほか, 史跡に富む; 人口 3,500.

Jed·dah [dʒédə] *n.* ジェッダ《サウジアラビアの紅海の沿岸にある Mecca の外港; 人口 562,000》.

jee¹ [dʒíː] *int., n., v.* = gee¹.

jee² [dʒíː] *int.* 《米俗》 = gee².

jeep [dʒíːp] 〘《1941》《もと軍俗》 ← ? *Eugene the Jeep*: E.C. Segar (1894–1938) の漫画 Popeye 中の 'jeep' という奇声を出す架空の小動物の名, のち *G.P.* (=General Purpose Car) と連想された〙 — *n.* **1 a** ジープ《第二次大戦中に米軍が使用し出した 4 輪駆動の軍用小型万能自動車; cf. doodlebug》. **b** [J-]〘商標〙ジープ《同上の能率的な小型自動車》. **c** ジープ型の民間用自動車. **2 a** 《海軍俗》 = jeep carrier. **b** 〘空軍〙(軽快な)小型偵察(連絡)機. — *vi.* ジープに乗って行く. — *vt.* ジープで運ぶ.

jeep·a·ble [dʒíːpəbl] *adj.* (普通の自動車は通れず)ジープなら行ける[通れる].

jéep càrrier *n.* 《米海軍俗》船団護衛用小型空母.

jee·pers [dʒíːpəz | -pəz] 〘《婉曲的転訛》 ← JESUS〙 *int.* へーえ, おや《軽いののしりを表わす》.

jéepers créep·ers [-kríːpəz | -pəz] 〘《婉曲的転訛》 ← *Jesus Christ*〙 *int.* = jeepers.

jeep·ney [dʒíːpni | -nɪ] 〘← JEEP+(JIT)NEY〙 *n.* ジープニー《フィリピンのジープ改造の小型バス》.

jeer¹ [dʒíə | dʒíə(r)] 〘《15C》 ← ? GEE¹+-ER¹〙 *n.* [通例 *pl.*]〘海事〙重い帆桁(ほげた)(特に, 最下の帆桁)を上げ下げする時に使う滑車装置.

jeer² [dʒíə | dʒíə(r)] 〘《1553》《変形》 ← ? CHEER: cf. MDu. *scheeren, scheren* to jest, jeer〙 — *vi.* 嘲(あざけ)る, ばかにする, やじる (scoff) 〔*at*〕. — *vt.* ひやかす, やじる, からかう (deride): ~ a person out [off] 人を嘲って[やじって]追い出す. — *n.* からかい, ひやかし, 嘲り (gibe). **~·er** [dʒí(ə)rə | dʒíərə(r)] *n.*

jeer·ing [dʒí(ə)rɪŋ | dʒíər-] *adj.* 嘲る(ような), からかう. **~·ly** *adv.*

jeez [dʒíːz] 〘《婉曲的転訛》 ← JESUS〙 *int.* おや, あーあ《軽いののしりを表わす》.

je·fe [héɪfeɪ; *Sp.* xéfe] 〘▭ Sp. ~ ▭ OF *chief* (F *chef*) 'CHIEF'〙 *n.* (*pl.* **~s** [~z; *Sp.* ~s]) **1** 《米南西部》長, 頭(かしら). **2** 司令官 (commander).

Jeff [dʒéf] 〘(dim.) ← JEFFREY〙 *n.* 男性名.

Jef·feries [dʒéfriz | -rɪz], **Richard** *n.* (1848–87) 英国の随筆家, 病身で終生自然を友とした; *Bevis* (1882), *The Story of My Heart* (1883).

Jef·fers [dʒéfəz | -fəz], (**John**) **Robinson** *n.* (1887–1962) 米国の詩人; *Roan Stallion, Tamar, and Other Poems* (1925).

Jef·fer·son [dʒéfəsn̩ | -fə-], **Mount** *n.* ジェファーソン山《米国 Oregon 州北西部, Cascade 山脈の一高峰 (3,200 m)》.

Jef·fer·son [dʒéfəsn̩ | -fə-], **Thomas** *n.* (1743–1826) 米国の政治家・著述家・第 3 代大統領 (1801–09); 「独立宣言」の起草に重要な役割を果たした.

Jéfferson Cíty 〘← (*Thomas*) *Jefferson*〙 *n.* 米国 Missouri 州中部 Missouri 河畔にある同州の首都; 人口 33,000.

Jéfferson Dávis's Bírthday 〘← *J. Davis*〙 *n.* (南部諸州で祝う)ジェファソン誕生記念日《6 月 3 日》.

Jéfferson Dày *n.* Jefferson 大統領誕生記念日《4 月 13 日; 民主党員が祝う; cf. Jackson Day》.

Jef·fer·so·ni·an [dʒèfəsóʊniən, -njən | -fəsə́ʊnjən, -niən] 〘← (*Thomas*) *Jefferson*+-IAN〙 — *adj.* (米国第 3 代大統領) Thomas Jefferson 風[流]の. — *n.* Jefferson 崇拝家[追随者]. **~·ism** [-niənɪ̀zm, -njə- | -nɪə-, -njə-] *n.*

Jef·frey [dʒéfri | -frɪ] 〘《変形》 ← GEOFFREY: cf. Jeff〙 *n.* 男性名.

Jeffrey, Francis *n.* (1773–1850) スコットランドの評論家・裁判官; *Edinburgh Review* を創刊しロマン派に対する手厳しい批評家として有名; 称号 Lord Jeffrey.

Jéffrey píne 〘*Jeffrey*: ← *John Jeffrey* (19 世紀のスコットランドの園芸家)〙 — *n.* 〘植物〙ジェフリーマツ (*Pinus jeffreyi*)《米国 Oregon 州や California 州などに生育するマツ》; ジェフリーマツ材.

Jef·freys [dʒéfriz | -rɪz], **George** *n.* (1644–89) 英国の判事; James 二世に登用され, 1685 年 Monmouth 公の反乱後, 反徒たちに対する無慈悲な裁きは Bloody Assizes (血の裁判)として恐れられた; 名誉革命 (Glorious Revolution) 後 London 塔で獄死した; 称号 1st Baron Jeffreys of Wem [wém].

je·had [dʒɪhɑ́ːd, dʒə-, -hǽd | dʒɪhɑ́ːd] *n.* = jihad.

Je·hol [dʒəhóʊl | -hə́ʊl; *Chin.* ɹɪ̀xɤ́] *n.* **1** 熱河省《中国東北部の旧省; 現在は河北省・遼寧省などに属する》. **2** 熱河 (⇨ Chengteh).

Je·hosh·a·phat [dʒɪhɑ́ʃəfæ̀t, dʒə-, -hɑ́s- | -hɔ́ʃ-] 〘▭ Heb. *Yᵉhōšāphāṭ* 《原義》 Yahweh has judged〙 — *n.* 〘聖書〙ヨシャパテ《紀元前 9 世紀の南王国ユダの王; cf. *1 Kings* 22:41–50》.

Je·ho·vah [dʒɪhóʊvə, dʒə- | -hə́ʊ-] 〘《1530》 ← NL *Jehova*: 旧約聖書で神の名 YAHWEH を口にするのをはばかって「我が主」の意味の Heb. *Adhōnāy* (⇨Adonai) を代用していたのが, 聖書翻訳の際に誤まって字訳されたもの: cf. Tetragrammaton〙 — *n.* **1** エホバ《旧約聖書の伝統的な英訳で用いられたイスラエルの神の名称; cf. *Exod.* 6:3》. **2** 全能の神 (God). **Je·ho·vic** [dʒɪhóʊvɪk, dʒə- | -hə́ʊ-] *adj.*

Jehóvah Gód *n.* エホバの神《Jehovah's Witnesses の礼拝・信仰する神の呼称》.

Jehóvah's Wítnesses *n. pl.* エホバの証人[証者(しょうしゃ)], ものみの塔《19 世紀後半米国で組織されたキリスト教の一派で絶対平和主義を奉じる》.

Je·ho·vism [dʒɪhóʊvɪzm, dʒə- | -hə́ʊ-] *n.* = Yahwism.

Je·hó·vist [-vɪst, -vəst | -vɪst] *n.* = Yahwist.

Je·ho·vis·tic [dʒɪhòʊvístɪk, dʒə-, dʒìːhoʊ- | dʒìːhəʊ-, dʒɪ-, dʒə-] *adj.* **1** エホバの信仰の[に関する]. **2** = Yahwistic 1.

Je·hu [dʒíːh(j)uː, dʒíːjuː, dʒéɪ- | dʒíːhjuː] 〘▭ Heb. *Yēhū'* 《原義》 he is Yahweh〙 — *n.* **1** 男性名. **2** 〘聖書〙エヒウ《紀元前 9 世紀ヨシャパテ (Jehoshaphat) 王治下のユダの預言者, Hanani の子; cf. *1 Kings* 16》. **3 a** エヒウ《843?–?815 B.C.; 北王国イスラエル第 10 代の王; 馬車 (chariot) を疾駆させたことで有名; cf. *2 Kings* 9:20》. **b** [j-] 《戯言》御者 (driver); (特に)猛烈に飛ばす御者.

je·jun- [dʒɪdʒúːn, dʒə- | dʒɪ-] (母音の前に来る時の) jejuno- の異形.

jejuna *n.* jejunum の複数形.

je·june [dʒɪdʒúːn, dʒə- | dʒɪ-] 〘《1615》 ▭ L *jējūn-us* empty, meager: ⇨ jejunum〙 — *adj.* **1 a** (栄養分・実質などの)乏しい, 貧弱な, 粗末な: a ~ diet 粗食. **b** 〈土地が〉地味のやせた (barren). **2** 平凡な, 無味乾燥な, 興味の乏しい (dry): a ~ narrative, style, etc. **3 a** 経験[知識]の乏しい, 未熟な, 青くさい (immature). **b** 若い, 子供っぽい. **~·ly** *adv.* **~·ness** *n.*

je·ju·nec·to·my [dʒɪdʒùːnéktəmi, dʒə- | dʒɪdʒùːnéktəmɪ] 〘⇨ ↓, -ectomy¹〙 *n.* 〘医学〙空腸切除術.

je·ju·no- [dʒɪdʒúːnoʊ, dʒə- | dʒɪdʒúːnəʊ] 〘← NL ← L *jējūnum* 'JEJUNUM'〙「空腸 (jejunum); 空腸と…との」の意の連結形. ★ 母音の前では通例 jejun- になる.

je·ju·nos·to·my [dʒɪdʒùːnɑ́stəmi, dʒə- | dʒɪdʒùːnɔ́stəmɪ] 〘⇨ ↑, -stomy¹〙 *n.* 〘医学〙空腸造瘻(ろう)術.

je·ju·num [dʒɪdʒúːnəm, dʒə- | dʒɪ-] 〘~·LE ← NL ~ (neut.) ← L *jējūnus* empty, dry 《なぞり》 ← Gk *nēstis*: 死後は空になると思われていたことから〙 — *n.* (*pl.* **je·ju·na** [-nə]) 〘解剖〙空腸《十二指腸と回腸の間にある小腸の一部》. **je·jú·nal** [-nl] *adj.*

Jek·yll [dʒékəl, dʒíːk-, dʒéɪk- | dʒékɪl, dʒíːk-, -kəl], **Dr.** *n.* ジキル博士《R. L. Stevenson 作の小説 *The Strange Case of Dr. Jekyll and Mr. Hyde* (1886) 中の温良な紳士; 自分で発明した特殊な薬物を飲むとハイド氏 (Mr. Hyde) という極悪人に一変して凶暴性を発揮する》.

Jekyll and Hyde (ジキルとハイドのような典型的な)二重人格者 (cf. split personality 1).

Jékyll-and-Hýde *adj.* 二重人格的な, 二重人格者の: a ~ character.

jell [dʒél] 〘《逆成》 ← JELLY〙 《口語》 — *vi.* **1** ゼリー状になる. **2** 〈計画・意見などが〉固まる, 具体化する: Her opinion has ~*ed* upon an idea. 思惑についての考

えがまとまった. ― *vt.* **1** ゼリー状にする, 固める. **2** 〈計画・意見などを〉具体化する. ― *n.* =jelly.

jel·la·ba [dʒəlɑ́ːbə] 〚□ Arab. *jallāb(a^h)* tunic《変形》← *jallābīya^h*〛 ― *n.* ジャラバ《モロッコなどのイスラム教国で着用する長いゆったりした外衣; 袖が広くフードが付いている》.

Jel·li·coe [dʒélɪkòʊ, -lə- | -lɪkəʊ], **John Rush·worth** [rʌ́ʃwəːθ | -wəːθ] *n.* (1859–1935) 英国の提督, 第一次大戦中英艦隊司令長官として Jutland 沖海戦でドイツ艦隊と戦った; 称号 1st Earl Jellicoe.

jél·lied *adj.* **1** ゼリー状になった: ～ consommé ゼリー状コンソメ. **2** ゼリーでおおった[に入れた].

jéllied gásoline *n.* 〘化学〙=napalm.

jel·li·fy [dʒéləfàɪ | -lɪ-] 〚← JELLY＋-FY〛 *vt.* ゼリー(状)にする. ― *vi.* ゼリー(状)になる. **jel·li·fi·ca·tion** [dʒèləfɪkéɪʃən, -fə- | -lɪfɪ-] *n.*

Jell-O [dʒéloʊ | -əʊ] *n.* 〘商標〙ジェロー, ゼロー《各種の果実の味・色・香りをつけたデザート用ゼリー》.

jel·ly [dʒéli | -lɪ] 〚《1381》*gele* □ (O)F *gelée* jelly, frost < L *gelātam* (fem. p.p.) ← *gelāre* to freeze ← *gelū* frost: cf. gelatine〛 ― *n.* **1 a** ゼリー, ジェリー《ゼラチンやペクチンなど膠質分を利用して冷やし固めた透明度と弾力性のある食品》. **b** 肉ゼリー (aspic). **c** フルーツゼリー. **2** ゼリー状の物; ゼラチン膜; ゼリー剤. **3** (恐ろしさに)ぶるぶるふるえる状態, おののき; 優柔不断. **4** 《俗》=gelatine dynamite. **5** 《俗》かわいい娘; ガールフレンド.
beat a person to [into] a jelly 〈人を〉散々に打ちのめす (cf. pulp).
― *vi.* ゼリーになる, ゼリー状に凝固する. ― *vt.* **1** ゼリー状にする[固める]. **2** …にゼリーを塗る.
― *attrib. adj.* ゼリーでできた; ゼリーを塗った; ゼリーの入った; ゼリー状になった. **～·like** *adj.*

jélly bàby *n.* 赤ん坊の形に作ったゼリー菓子.

jélly bàg *n.* ゼリーこし袋《ゼリー用の果汁をこす袋》.

jélly bèan *n.* **1** ゼリービーンズ《ガムかゼリーに砂糖がけをした豆形の小さな菓子》. **2** 意気地なし, 弱虫 (jellyfish).

jélly bòmb *n.* 焼夷(しょうい)弾 (fire bomb).

jélly dòughnut *n.* ゼリーの入ったドーナツ.

jélly·fìsh *n.* **1** 〘動物〙クラゲ《腔腸動物と有櫛動物で浮遊生活をする動物の総称; cf. siphonophore, ctenophore》. **2** 《口語》意気地なし, ぐず.

jel·ly·graph [dʒéləgræ̀f | -lɪgrɑ̀ːf, -græ̀f] 《英》〘印刷〙 *n.* 寒天版, こんにゃく版. ― *vt.* 寒天版[こんにゃく版]で刷る.

jélly ròll *n.* **1** 《米》ゼリーロール《薄く焼いたスポンジケーキにゼリーを塗って巻いたもの; cf. Swiss roll》. **2** 《俗》恋人. **3** 《卑》**a** 性交. **b** 女性の性器.

jélly strèngth *n.* 〘化学〙ゼリー強度《弾性率・破壊度などを総合したゼリーの強さ; ゼラチンなどの品質試験に用いる; gel strength ともいう》.

jel·u·tong [dʒélətɔ̀(ː)ŋ | -tɔ̀ŋ] 〚← Malay《土語》〛 ― *n.* **1** 〘植物〙マラヤ原産キョウチクトウ科 *Dyera* 属の樹木の総称. **2** *Dyera* 属の樹木の樹液からとるゴム質の樹脂《特に, *D. costulata* の樹脂でチューインガム原料に用いる》.

Jem [dʒém] 〚(dim.) ← JAMES〛 *n.* 男性名.

jem·a·dar [dʒémədɑ̀ə | -dɑ̀ː(r)] 〚《1763》□ Hindi *jam'dar, jam'dar* ← Pers. *jamā'at* body of men＋*dār* having〛 ― *n.* 《インド》 **1** (原地人部隊の)インド人士官《少尉または中尉相当官》. **2** 役人, 巡査. **3** 召使頭.

Je·mappes [ʒəmǽp; *F.* ʒəmap] *n.* ジャマップ《ベルギー南西部の町, Mons に近い; 1792 年フランス軍がオーストリア軍を破った戦跡; 人口 13,000》.

Je·mi·ma [dʒəmáɪmə | dʒɪ-, dʒə-] 〚□ Heb. *Y^{e}mīmā^h* 《原義》dove〛 *n.* 女性名.

je·mi·mas [dʒəmáɪməz | dʒɪ-, dʒə-] 〚(pl.) ← JEMIMA: cf. 《廃》*jemmy* riding-boot〛 *n. pl.* 《英口語》=congress boot.

jem·my [dʒémi | -mɪ] 〚《18C》《変形》← JIMMY, JAMES: ⇨ -y^2〛 《英》 *n.* **1** =jimmy. **2** 《方言》外套(とう) (overcoat). **3** 〘料理〙羊の頭. ― *vt.* =jimmy.

Je·na [jéɪnə, -nɑː | -nə; *G.* jéːna] *n.* イエナ《東ドイツ南西部 Thuringia 地方の都市; 1806 年この付近で Napoleon がプロイセン軍に対し圧倒的勝利を得た; 人口 89,000》.

Jéna gláss *n.* 〘ガラス製造〙(イ)エナガラス《Jena 市のショット (Schott) 会社製のガラス製品で理化学用; 光学ガラスが特に有名》.

je ne sais quoi [ʒə-nə-sèɪ-kwɑ́ː; *F.* ʒənsɛkwa] 〚《1656》□ F ～《原義》I know not what〛 ― *F. n.* (人の性質などについて)はっきり説明できないもの[こと], 言い表わしがたいあるもの[こと]: There is an elegance, a ～, in his air. 彼の態度には上品さというか何というか, そういったものがある.

Jen·ghis Khan [dʒéŋgɪs-kɑ́ːn, -gəs- | -gɪs-, gɪz-] *n.* = Genghis Khan.

Jen·ghiz Khan [dʒéŋgɪz-kɑ́ːn, -gəz- | -gɪz-] *n.* = Genghis Khan.

Jen·ice [dʒénɪs, -nəs | -nɪs] 〚《変形》← JANICE〛 *n.* 女性名.

Jén·kins' Éar [dʒéŋkɪnz-, dʒén-], **the War of** *n.* ジェンキンズの耳戦争《英国とスペインの戦争 (1739–43) の異称; 英国人船長 Robert Jenkins がスペイン艦により臨検され片耳を切り取られたと主張したことに端を発した戦争》.

Jen·ne [dʒéni | -nɪ] 〚(dim.) ← JENNIFER〛 *n.* 女性名.

Jen·ner [dʒénə | -nə(r)], **Edward** *n.* (1749–1823) 英国の医師, 種痘法の発明者.

Jenner, Sir **William** (1815–98) 英国の医師.

jen·net [dʒénɪt, -nət] 〚《1463》□ (O)F *genet* □ Sp. *jinete* light horseman □ Arab. *Zanāta^h* (騎兵隊で有名な北アフリカの一種族)〛 ― *n.* **1** (アラブ馬の系統で)スペイン産の小馬. **2 a** 雌ロバ. **b** =hinny^1.

Jen·ni·fer [dʒénəfə | -nɪfə(r)] 〚《変形》← GUENEVERE〛 *n.* 女性名.

jen·ny [dʒéni | -nɪ] 〚《1600》《転用》↓〛 ― *n.* **1 a** [しばしば複合語の第 1 構成素として] (ある種の動物・鳥の)雌 (cf. jack *n.* 6 a). **b** =jenny ass. **c** =jenny wren. **2** 〘機械〙**a** 走行起重機 (traveling crane). **b** =spinning jenny. **c** スチーム掃除器《蒸気を噴出させて油性顔料などをぬぐいとる装置》. **3** 〘海事〙はえなわ導車《はえなわを巻上げる時用いる導滑車》. **4** [《英》dʒɪ́nɪ, dʒénɪ] 〘玉突〙ジェニー《クッション付近の的玉を経て同じ側のポケットに送る突き方》.

Jen·ny [dʒéni | dʒénɪ, dʒɪ́nɪ] 〚(dim.) ← JANE, JANET〛 *n.* 女性名.

jénny àss *n.* 雌ロバ.

jénny wrèn *n.* 雌ミソサザイ; (童話などでは一般に)ミソサザイ (wren).

Jens [jéns; *Dan.* jéns] 〚□ Dan. ～: ⇨ John^1〛 *n.* 男性名.

Jen·sen [jénzn; *G.* jénzn], **(Johannes) Hans (Daniels)** *n.* イェンゼン《1907–73; ドイツの物理学者; Nobel 物理学賞 (1963)》.

Jen·sen [jénsn, dʒén-; *Dan.* jénsən], **Johannes Vilhelm** *n.* イェンセン《1873–1950; デンマークの詩人・小説家; Nobel 文学賞 (1944)》.

jeop·ard [dʒépəd | -pəd] *vt.* =jeopardize.

jeop·ar·dize [dʒépədàɪz | -pə-] 〚← JEOPARDY＋-IZE〛 ― *vt.* 危くする, 危難にさらす: ～ national security 国家の安全を危くする / He ～*d* his position by taking bribes. 収賄して自分の地位を危くした.

jeop·ar·dous [dʒépədəs | -pə-] 〚《15C》: ⇨ ↓, -ous〛 *adj.* 危険な (dangerous).

jeop·ar·dy [dʒépədi | -pədɪ] 〚《?a1300》*juparti* □ OF *jeu parti* even game, uncertain chance ← *jeu* (< L *jōcum* jest)＋*parti* ((p.p.) ← *partir* to divide)〛 ― *n.* **1** (死・損失・失敗などの)危険にさらされていること; 危険, 危難 (danger): Her life was in ～. 彼女の命はあぶなかった. **2** 〘法律〙被告人が審理および処罰を受ける恐れのある状態: ⇨ double jeopardy.

Jeph·thah [dʒéfθə] 〚□ Gk *Iephtháe* □ Heb. *Yiphtāh* 《原義》Yahweh opens〛 ― *n.* **1** 男性名. **2** 〘聖書〙エフタ《勝利と引き替えに娘を犠牲にしたイスラエルの士師(しし) (judge); cf. *Judges* 11:30–40》.

je·quir·i·ty [dʒɪkwírəṭi, dʒə- | dʒɪkwírɪtɪ, -rɪ-] 〚《1882》□ Port. *jequiriti* ← Indic〛 ― *n.* **1** 〘植物〙(インド産)トウアズキ (⇨ Indian licorice). **2** [集合的] トウアズキの種子《半分赤半分黒色で装飾用ビーズなどに用いられる; jequirity beans ともいう》.

jer [jéə | jéə(r); *Russ.* jér] 〚□ Russ. ～〛 *n.* イェル, イェリ《ロシヤ語の ъ [jér] と ь [jérj] の文字》.

Jer. 《略》Jeremiah (旧約聖書の)エレミヤ書; Jeremias; Jerome; Jersey; Jerusalem.

jer·bo·a [dʒəːbóʊə, dʒəː-, dʒɛə- | dʒəːbə́ʊə] 〚《1662》← NL *jerbōa* ← Arab. *yarbū'*〛 ― *n.* 〘動物〙トビネズミ《乾燥地にすむ夜行性のトビネズミ科の動物の総称; 後肢と尾が長く跳躍に適応; ミユビトビネズミ (*Dipus sagitta*), イツユビトビネズミ (*Allactagulus sibirica*) など》.

jerboa (*D. sagitta*)

jerbóa móuse *n.* 〘動物〙トビネズミに似た齧歯(げっし)類の総称《カンガルーネズミ (kangaroo rat) など》.

jer·e·mi·ad [dʒèrəmáɪəd, -æd | -rɪ-, -rə-] 〚《1780》□ F *jérémiade*: ⇨ Jeremy, -ade: 「エレミヤの嘆き (Lamentations of Jeremiah)」にちなむ〛 ― *n.* 悲嘆; 泣き言, 恨み言.

Jer·e·mi·ah [dʒèrəmáɪə | -rɪ-, -rə-] 〚□ LL *Jeremias* □ Heb. *Yirm^{e}yā^h* ← *Yirm^{e}yāhū* 《原義》? Yahweh casts or founds〛 ― *n.* **1** 男性名. **2** 〘聖書〙**a** エレミヤ《650?–?585 B.C.; ヘブライの預言者》. **b** (旧約聖書の)エレミヤ書 (The Book of Jeremiah) (略 Jer.). **3** 現在[現代]を悲観し未来の惨状を予知する人; 悲観主義者.

Jer·e·mi·as [dʒèrəmáɪəs | -rɪ-, -rə-] *n.* (Douay Bible での) Jeremiah のラテン語式語形.

Jer·e·my [dʒérəmi | -rɪmɪ, -rə-] 〚□ F *Jérémie* □ LL *Jeremias*: ⇨ Jeremiah: cf. Jerry^1〛 *n.* 男性名.

Je·rez [həréɪs; *Sp.* xeréθ] *n.* ヘレス《スペイン南西部の都市, シェリーぶどう酒の産地として有名; 人口 150,000; Jerez de la Frontera [-de la frontéra] ともいう, 旧名 Xeres は sherry の語源》. ― *adj.* (ヘレス産の)シェリーの[に似た].

jer·fal·con [dʒə́ːfæ̀lkən, -fɔ̀ːl- | dʒə́ːfɔ̀ːl-, -fɔ̀l-, -fɔ̀ː-] *n.* 〘鳥類〙=gyrfalcon.

Jer·i [dʒéri | -rɪ] 〚(dim.) ← GERALDINE〛 *n.* 女性名.

Jer·i·cho [dʒérɪkòʊ, -rə- | -rɪkəʊ] *n.* **1** エリコ《死海北方の Palestine の古都; cf. *Num.* 22:1; *Matt.* 20:29》. **2** 《口語》世に隠れた所, 世を忍ぶ場所, 遠い遠い所 (cf. *2 Sam.* 10:5): Go to ～! どこへでも行ってしまえ, くたばってしまえ (cf. *go to* BATH!) / Send him to ～! やつを追っぱらえ / wish a person at ～ 人がどこか(遠い所)へ行ってしまえばいいと思う.

jerk^1 [dʒə́ːk | dʒə́ːk] 〚《1550》《変形》? ← YERK〛 ― *n.* **1** (急に)ぐいと引くこと, 急激な押し[ひねり, 突き]; 急な開始: with a ～ of the head 頭をぐんと動かして / give the rope a ～ なわをぐいと引く / pull [stop] with a ～ ぐいと引く[とめる] / The train started off with a ～. 列車はぐいと動き始めた. **2 a** 〘生理〙(急激な)反射[不随意]運動: a knee ～ 膝反射. **b** 〘生理・病理〙[*pl.*] 攣縮(れんしゅく). **c** [通例 the ～s] 《英俗》=jump 2 c. **3** [*pl.*] 《英口語》=physical jerks. **4** 《俗》うぶ, 世間知らず; 変り者; ばか; 役立たず, つまらないやつ. **5** 〘重量挙げ〙ジャーク《肩まで上げたバーベルを両脚を前後に開くと同時に頭上に差上げる種目 (clean and jerk) の第 2 動作》.
put a jerk into it 《口語》しっかりやる, ぐずぐずせずにやる.
― *vt.* **1** ぐいと動かす[引く, 押す, 突く, ねじる], ぴくぴくさせる; ひょいと投げる: ～ out a pistol ピストルをぐいと引っぱり出す / He ～*ed* open the drawer. 引出しをぐいと開けた / She ～*ed* her head in assent. 彼女は「その通りです」というふうに強くうなずいて見せた. **2** 出しぬけに高い声で言う 〈*out*〉: ～ *out* words. **3** 〈水・ビール・ソーダ水などを〉じゃーっと出す. ― *vi.* **1** ぐいと動く; ぴくぴくする, ぴくっとする[動く], 引きつる: The door ～*ed* open. ドアがぐいと開いた / His Adam's apple ～*ed* up and down. のどぼとけがぴくっぴくっと上下した. **2** とぎれとぎれに話す. **3** 〈列車・馬車などが〉がたごと走る. **4** 《米口語》ソーダ水の売子として働く.
jerk off 《卑》自慰をする (masturbate).
～·er *n.*

jerk^2 [dʒə́ːk | dʒə́ːk] 〚《1707》《変形》← Am.-Sp. *charquear* ← *charqui* 'JERKY^2'〛 ― *vt.* 〈牛肉を〉干し肉にする《保存用に薄く細長く切って乾燥させる》: ～*ed* beef 乾燥牛肉, 干し肉. ― *n.* 干し(牛)肉.

jer·kin [dʒə́ːkɪn, -kən | dʒə́ːkɪn] 〚《1519》← ?: cf. G 《方言》*Jürken* jacket〛 ― *n.* **1** ジャーキン《16–17 世紀のしばしば革製の男性用の短い上着》. **2** (1 に似た型の現代の)袖なしの短い胴着《男性・女性用》.

jerkin 1

jérkin·hèad *n.* 〘建築〙半切妻《切妻破風に半分寄棟(よせむね)が降りた形のもの; shreadhead, clipped gable ともいう》.

jérk pùmp *n.* 〘機械〙ジャークポンプ《内燃機関の吸気管内に一定量の燃料を衝撃的に供給するポンプ》.

jérk·wàter 〚← JERK^1 (v.)＋WATER: ローカル線の列車が蒸気汽罐給水用の水を運んでいたことから〛《米口語》 ― *n.* **1** ローカル線の列車. **2** 重要でない場所[土地]; 辺鄙(へんぴ)な場所, 田舎町. ― *adj.* **1** 幹線を離れた, ローカル線の: a ～ train, station, etc. **2** 田舎(風)の, 辺鄙な場所の (insignificant): a ～ college, museum, etc. **3** ちっぽけな, つまらない (petty).

jerk·y^1 [dʒə́ːki | dʒə́ːkɪ] 〚← JERK^1＋-Y^4〛 ― *adj.* (**jerk·i·er; -i·est**) **1 a** ぐいと[ぴくぴく]動く, がたがた動く[揺れる] (jumpy); 痙攣(けいれん)的な (spasmodic): a ～ vehicle. **b** 〈文体など〉だしぬけに変わる, 落ち着きのない. **2 a** ばかな, 間抜けな. **b** ばかばかしいほど弱い; ききめのない (ineffective): a ～ policy. ― *n.* 《米》(スプリングのない)がた馬車. **jérk·i·ly** [-kɪli, -kə- | -lɪ] *adv.* **jérk·i·ness** *n.*

jer·ky^2 [dʒə́ːki | dʒə́ːkɪ] 〚《1850》《変形》← Am.-Sp. *charqui* 'CHARQUI'〛 *n.* 《米》干し肉, ジャーキー.

Jer·o·bo·am [dʒèrəbóʊəm | -bə́ʊ-] 〚□ Heb. *Yārobh'ām* 《通俗語源》let the people increase〛 ― *n.* **1** 〘聖書〙**a** ヤラベアム(一世)《Solomon の死後王国は分裂し, その北王国イスラエルを治めた武勇の王 (922–901 B.C.); cf. *1 Kings* 11–14》. **b** ヤラベアム(二世)《北王国イスラエルの王 (786–746 B.C.); cf. *2 Kings* 14》. **2** 〚《1816》: Jeroboam 二世に関する次の記事にちなむ: 'a mighty man of valor' (*1 Kings* 11:28), 'who made Israel to sin' (*1 Kings* 14:16): cf. jerry^2〛 [j-] **a** (ワイン・シャンペン用の)ジェロボームびん《$2^1/_2$–3 gallons 入り》. **b** 《英》室内便器 (chamber pot).

Je·rome [dʒəróʊm | dʒərə́ʊm, dʒe-, dʒɪ-; *F.* ʒeroːm] 〚□ F *Jérôme* □ L *Hierōnymus* □ Gk *Ierṓnumos* (← *ierós* 'HOLY'＋*ónoma* 'NAME')〛 *n.* 男性名.

Jé·rôme [ʒeɪróʊm | -rə́ʊm; *F.* ʒeroːm] 〚□ F ～ (↑)〛 *n.* 男性名.

Je·rome [dʒəróʊm | dʒərə́ʊm, dʒe-, dʒɪ-], **Jerome K(lap·ka)** [klǽpkə] *n.* (1859–1927) 英国のユーモア作家; *Three Men in a Boat* (1889), *The Passing of the Third Floor Back* (戯曲, 1908).

Je·rome [dʒəróʊm | dʒərə́ʊm, dʒe-, dʒɪ-], Saint *n.* ヒエロニムス, ジェローム《340?–420; 古代キリスト教の代表的(ラテン)教父で, Doctors of the Church の一人に数えられる, ラテン語訳聖書 (Vulgate) の完成者; 祝日 9 月 30 日; ラテン語名 Eusebius Hieronymus Sophronius [səfróʊniəs | səfrə́ʊnjəs, -nɪəs]》.

Jer·o·ni·ma [dʒèrəníːmə] 〚(fem.) ← JEROME〛 *n.* 女性名.

jer·ri·can [dʒérikæ̀n | -rɪ-] 〚← JERRY^2＋CAN^1〛 *n.* ジェリカン《水・燃料などを入れる 5 ガロン (14 リットル) 入りの扁平直方体の容器》.

Jer·rie [dʒéri | -rɪ] 〚(dim.) ← GERALDINE〛 *n.* 女性名《異形 Jeri, Jerry》.

jer·ry^1 [dʒéri | -rɪ] 〚《1882》《略》← JERRY-BUILT〛 *adj.* (**jer·ri·er; -ri·est**) 安普請(やすぶしん)の (jerry-built); お粗末な, 間に合わせの (poor).

jer·ry[2] [dʒéri | -rɪ] 〖(*c*1825)《短縮》← JEROBOAM 2〗 *n.* 《英俗》室内便器 (chamber pot).

Jer·ry[1] [dʒéri | -rɪ] 〖(dim.) 1 : ← JEREMIAH, JEREMY, JEROME, GERALD, GERARD ; 2 : ← GERALDINE〗 *n.* **1** 男性名. **2** 女性名.

Jer·ry[2] [dʒéri | -rɪ] 〖← GER(MAN)[2]+-Y[2]〗 *n.* 《英》 **1** (あだ名として) ドイツ人 (German), (特に) ドイツ軍人 (cf. Hun 3). **2** [集合的] ドイツ人[兵] (Germans).

jérry-bùild 〖《逆成》← JERRY-BUILT〗 *vt.* **1** 安普請する. **2** 〈機械・計画・契約・文書などを〉ぞんざいにでっち上げる, いい加減に作る. — *vi.* 安普請をする.

jérry-bùild·er *n.* 安普請専門の大工, たたき大工.

jérry-bùild·ing *n.* がたがた普請, 安普請 ; [*pl.*] 安普請の建物.

jérry-bùilt 〖(1869) ← ? JERRY[1] : JURY[2] の影響〗 — *adj.* **1** 〈家・船・橋など〉安普請(ぶしん)の, 急造の, いい加減に造った : a ~ house 安普請の家. **2** 〈企画・立案・配置・組閣など〉間に合わせ的な, 慎重さを欠いた, 粗末な : a ~ project お粗末な企画.

jérry càn *n.* (*also* **jérry·càn**) =jerrican.

jer·ry·man·der [dʒèrimǽndə, ⌐⌐⌐ | dʒérɪmæ̀ndə(r] *v., n.* 《政治》 =gerrymander.

jérry-shòp *n.* 《英俗》低級なビヤホール.

jer·sey [dʒə́ːzi | dʒə́ːzɪ] 〖(1583) : ↓ (英国の最初の製造地)〗 — *n.* **1** ジャージー《伸縮性のあるメリヤスの布地》. **2 a** ジャージーセーター《ニット地を用いたプルオーバースタイルのスポーツ用セーター[シャツ]》. **b** 体にぴったり合うニットの上着. — *attrib. adj.* ジャージー毛糸の ; 毛編みの, メリヤスの.

Jer·sey [dʒə́ːzi | dʒə́ːzɪ] 〖《原義》? grass island〗 — *n.* **1** イギリス海峡にある Channel 諸島中最大の島 ; 人口 70,000, 面積 117 km², 主要都市 St. Helier. **2** ジャージー《Jersey 島原産の一品種の乳牛 ; 牛乳の脂肪含有量が多いので有名》. **3** 《米》 =New Jersey. — *adj.* ジャージー島(産)の : a ~ cow [cattle] =*n.* 2.

Jérsey Cíty *n.* 米国 New Jersey 州北東部の港市 ; Hudson 川をはさんで New York 市に対している ; 人口 244,000.

Jérsey Gíant 〖← (*New*) *Jersey*〗 *n.* ジャージー ジャイアント《New Jersey 原産の大型の一品種のニワトリ》.

Jer·sey·ite [dʒə́ːziàɪt | dʒə́ːzɪ-] 〖← (*New*) *Jersey*+-ITE[1]〗 *n.* 米国 New Jersey 州生れ[在住]の人.

Jérsey líghtning 〖← (*New*) *Jersey*〗 *n.* 《米口語》 =applejack.

Jérsey píne 〖← (*New*) *Jersey*〗 *n.* 〖植物〗 =Virginia pine.

Je·ru·sa·lem [dʒɪrúːs(ə)ləm, dʒə-, -z(ə)l-, -səlèm, -zə- | dʒərúːs(ə)ləm, dʒɪ-, -lèm] 〖□ LL *Ierusalem* □ Gk *Ierousalēm* □ Heb. *Yᵉrūšāláim* 《通俗語源》 foundation of peace〗 — *n.* エルサレム《Palestine の中心的都市で, ユダヤ教・キリスト教・イスラム教の聖地 ; 1949 年以来旧市街(東エルサレム)はヨルダン領, 新市街(西エルサレム)はイスラエル領となったが, 1967 年イスラエルは前者をも占領併合した ; 人口 288,000》.

Jerúsalem ártichoke 〖*Jerusalem* 《通俗語源》 ← It. *girasole* sunflower ← *girare* to turn+*sole* sun〗 — *n.* 〖植物〗 キクイモ (*Helianthus tuberosus*)《米国産のキク科の多年草でその塊茎は食用》.

Jerúsalem Bíble *n.* [the ~] エルサレム聖書《同名の解説付きフランス語訳聖書を範として 1966 年に英国で出版されたカトリック系聖書》.

Jerúsalem chérry *n.* 〖植物〗 フユサンゴ, タマサンゴ, リュウノタマ (*Solanum pseudo-capsicum*)《ヨーロッパ産のナス科の有毒植物 ; 白い花とまるい紅, 黄の実をつけ装飾用に栽培される》.

Jerúsalem cróss *n.* **1** エルサレムクロス《cross potent (T 形の先端をもつ十字)を中心に四つの小さい cross を配した十字 ; 十字軍遠征時代のエルサレム王の紋章に由来する》. **2** 〖植物〗 =Maltese cross 2.

Je·ru·sa·lem·ite [dʒɪrúːsələmàɪt, dʒə-, -z(ə)l- | dʒərúːs(ə)l-, dʒɪ-] 〖⇨ -ite[1]〗 *adj., n.* エルサレムの(出身者, 在住者).

Jerúsalem óak *n.* 〖植物〗 **1** ユーラシア・アフリカ産のアカザ科の一年草 (*Chenopodium botrys*)《アメリカに帰化して雑草となる ; feather geranium ともいう》. **2** =Mexican tea.

Jerúsalem thórn *n.* 〖植物〗 **1** =Christ's-thorn. **2** 熱帯アメリカ産のマメ科の低木 (*Parkinsonia aculeata*).

Jer·vis [dʒə́ːvɪs, -vəs | dʒɑ́ːvɪs, dʒə́ː-] 〖⇨ Jarvis〗 *n.* 男性名.

Jérvis Báy *n.* ジャーヴィス湾《オーストラリアの南東の太平洋側の湾》.

Jes·per·sen [jéspəsn̩ | -pə- ; *Dan.* jéspərsən], **(Jens) Otto (Har·ry)** [hári] *n.* イェスペルセン《1860–1943 ; デンマークの言語学者・英語学者 ; *The Philosophy of Grammar* (1924), *A Modern English Grammar* (7 vols., 1909–49)》.

jess [dʒés] 〖(1340) *ges* □ OF (nom. sing. & acc. pl.) ← *g(i)et* (F *jet*) < VL **jectum*=L *jactus* (p.p.) ← *jacere* to throw : cf. eject, jet[2]〗 — *n.* 《鷹狩用の鷹の, 特定の色の》足緒(あしお), 経緒(へお). — *vt.* 〈鷹〉に足緒を付ける : a falcon ~*ed* and belledor 〖紋章〗 金色の足緒と鈴を付けた鷹.

Jess [dʒés] 〖《変形》← JESSE〗 *n.* 男性名.

jes·sa·mine [dʒés(ə)mɪn, -mən | -səmɪn] *n.* 〖植物〗 =jasmine 1.

Jes·sa·myn [dʒés(ə)mɪn, -mən | -səmɪn] 〖□ MF *jassemin* : ⇨ Jasmine〗 *n.* 女性名.

jes·sant [dʒésənt] 〖□ OF *gesant* (F *gisant*) (pres.p.) ← *gésir* to lie < L *jacēre* : cf. OF *iessant* (← *isser* to issue)〗 — *adj.* 〖紋章〗 〈動物, 特にライオンが〉 fess などの ordinary の中から上半身を突き出した姿の.

jes·se[1] [dʒési | -sɪ] 〖(1839) ← ? JESSE 2 : 'There shall come forth a *rod* out of the stem of *Jesse*.' (*Isa.* 11 : 1) 「エッサイの株より一つの芽出でん」の戯言的誤用から〗 — *n.* 《方言》厳しく叱ること[打つこと] : give a person ~ 人を厳しく叱る, ひどく打つ, ひどい目に会わす / get [catch] ~ ひどく叱られる[打たれる], ひどい目に会う.

jesse[2] [dʒés] *n.* =jess.

Jes·se [dʒési | -sɪ] 〖□ L ~ □ Gk *Iessaí* □ Heb. *Yiššáy*〗 *n.* **1** 男性名. **2** 〖聖書〗 エッサイ《David 王の父 ; cf. *1 Sam.* 16》. **3** =Jesse tree.

Jésse trèe *n.* (キリストの)系図の木《エッサイ (Jesse) からキリストに至る系図を樹枝状または樹枝付きの燭台の形に表わした装飾模様 ; cf. *Isa.* 11 : 1 ; *Matt.* 1 : 6–16》.

Jésse wìndow *n.* Jesse tree を表現した教会などのステンドグラス.

Jes·si·ca [dʒésɪkə, -sə- | -sɪ-] 〖□ LL *Jesca* (*Gen.* 11 : 29) □ Gk *Ieskhá* □ Heb. *Yiskā́ʰ* 《原義》?〗 — *n.* **1** 女性名. **2** ジェシカ《Shakespeare 作 *Merchant of Venice* 中の人物, Shylock の娘》.

Jes·sie [dʒési | -sɪ] 〖1 : (スコット) ~ (dim.) ← JANET // (dim.) ← JESSICA // (fem.) ← JESSE〗 *n.* **1** 女性名. **2** =Jesse 1.

jest [dʒést] 〖(?*c*1225) *geste* deed, entertainment □ (O)F *geste* □ L *gesta* acts : ⇨ gest(e)〗 — *n.* **1** 冗談 (joke) ; ふざけ, おどけ, たわむれ : in ~ 冗談に / half in ~, half in earnest 冗談とも本気ともつかず, 冗談半分に / break a ~ 冗談を言う. **2 a** からかい(言葉), 茶化して言う言葉 (jeer, taunt). **b** 気のきいた[ウィットに富む]言葉 ; 洒落(しゃれ) : drop a ~ 洒落を飛ばす. **3** 笑い草, 物笑い(の種) : He is a standing ~ of all his companions. いつも仲間たちの物笑いの的になっている / make a ~ of ...を笑い物にする, からかう. **4** 《古》陽気, 快活 (gaiety). **5** 《廃》手柄 (exploit) ; 手柄話 (gest). — *vi.* **1** 冗談を言う (joke) ; ふざける 〔*at, about*〕. **2** 茶化す (trifle) 〔*with*〕. **3** からかう, ばかにする (scoff) 〔*at*〕. — *vt.* からかう, ばかにする (deride).

jést·bòok *n.* 笑話集 (jokebook).

jést·er 〖《変形》← ME *gestour*〗 *n.* **1** 冗談を言う人, (よく人を笑わせる)ユーモリスト, 諧謔家, 茶目. **2** 道化師 (fool)《特に, 中世の王侯・貴族のかかえた者》.

jést·ing *n.* **1** ふざけ, おどけ, 滑稽 (pleasantry). **2** [形容詞的に] 冗談向きの, くだらない : This is no ~ matter. これは冗談事では(すまされ)ない. — *adj.* 冗談の好きな, 滑稽な (jocose) : in a ~ manner ふざけて, おどけて.

jést·ing·ly *adv.* ふざけて, おどけて.

Je·su [dʒíːzuː, -suː, dʒéɪ- | dʒíːzjuː] 〖□ LL *Jēsū* 《斜格 ; 通例呼格》← *Jēsus* '*JESUS*'〗 *n.* 《詩》 =Jesus.

Jes·u·it [dʒéʒuɪt, -z(j)u-, -ət | -z(j)uɪt, -ʒu-] 〖(1550) □ F *Jésuite* // NL *Jēsuita* (cf. Sp. *Jesuita* / It. *Gesuita*) : ⇨ Jesus, -ite[1]〗 — *n.* **1** 〖カトリック〗 イエズス会(修道)士《1534 年 Ignatius Loyola が教皇 Paul 三世の承認を得て創立したカトリックの修道会の一つ「イエズス会 (Society of Jesus)」に属する一員》. **2** 〖イエズス会士の布教方法に対する新教徒側の批判から〗 [j- ; 通例軽蔑的に] (陰険な)策謀家 (intriguer), 詭(き)弁家.

Jes·u·it·ic [dʒèʒuítɪk, -z(j)u- | -z(j)uít-, -ʒu-] *adj.* **1** イエズス会士 (Jesuit) の ; イエズス会 (Society of Jesus) の. **2** [j- ; 通例軽蔑的に] 陰険で腹黒い, ずるくて策略的な (crafty) ; 詭(き)弁を使う (casuistic). **Jès·u·ít·i·cal** *adj.* **Jès·u·ít·i·cal·ly** *adv.*

Jés·u·it·ism [-tìzm] *n.* **1** イエズス会主義《その教義・慣行・組織など ; cf. equivocation 4, mental reservation 2》. **2** [通例軽蔑的に] **a** =Jesuitry. **b** [j-] ずるさ, 陰険さ (craftiness), あいまいな言葉, 言抜け (quibble).

Jes·u·it·ize [dʒéʒuɪtàɪz, -z(j)u-, -ət- | -z(j)uɪt-, -ʒu-] *vt., vi.* イエズス会風にする ; イエズス会化する.

Jes·u·it·ry [dʒéʒuɪtri, -z(j)u-, -ət- | -z(j)uɪtrɪ, -ʒu-] *n.* [通例軽蔑的に] (イエズス会士的な)策略, 権謀術数, (目的のためには手段を選ばない)詭弁的精神, ずるさ.

Jésuits' bárk 〖南米のイエズス会伝道士によってヨーロッパにもたらされたことから〗 *n.* =cinchona 2.

Je·sus [dʒíːzəs, -zəz | -zəs] 〖□ L *Iēsūs* □ Gk *Iēsoûs* □ Heb. *Yēšūaʻ* 《短縮》← *Yᵉhōšūaʻ* 《原義》 Yahweh is salvation : 当時のユダヤ人に普通の人名 : ⇨ Joshua : *Jesus* の形が一般化したのは 16 世紀後半から〗 — *n.* **1** 男性名. **2** イエス《8–4 B.C.—? 29 A.D. ; キリスト教の祖 ; 処女 Mary を母として Bethlehem で生れる ; Jesus Christ, Jesus of Nazareth ともいう》. ★ カトリックでは「イエズス」, 正教会では「イイスス」という. **3** 〖クリスチャンサイエンス〗 神の化身《人間の誤りを正し永遠の生へ導く》. **4** イエス《聖書外典 (Apocrypha) の一書 Ecclesiasticus の著者 ; 通称 the Son of Sirach (シラクの子イエス)》.

— *int.* 《俗》[Jesus (Christ)! として] へーえ, やっ, 大変だ, うーむ, 驚いた《不信・狼狽(ろうばい)・恐れ・失望・苦痛などを強く表わす ; cf. gee[2]》.

Jésus fréak *n.* 《米俗》キリスト陶酔派の人《キリストの教えを熱烈に信仰し陶酔し, 街頭説教・聖書研究・共同生活などをする正統派キリスト教の青年グループの一員 ; cf. Jesus Movement, fundamentalism 1》.

Jésus Mòvement [revolútion] *n.* [the ~] 《米》ジーザス[イエス]運動《主として若者から成る, 米国に始まるキリスト教運動(プロテスタント)で, あらゆる既成の教会・教派から独立してキリストの礼拝・伝道に従事する》.

jet[1] [dʒét] 〖(1351) *gete* □ AF *geet*=OF *jaiet* (F *jais*) < L *gagātem* jet □ Gk *gagā́tēs* ← *Gágai* : 小アジアの Lycia の古い町の名〗 — *n.* **1** 黒玉(こくぎょく)(炭(たん)), 貝褐炭《漆黒色の緻密(ちみつ)な炭質物, よく磨いて飾り石にする》. **2** 黒玉色《つやのある漆黒色》. — *adj.* **1** 黒玉(製)の. **2** 黒玉色の, 漆黒の (jet-black).

jet[2] [dʒét] 〖(1593) □ (O)F *jet-er* to throw < VL **jectāre*=L *jactāre* (freq.) ← *jacere* to throw〗 — *n.* **1 a** (孔口またはパイプからの)噴出, 射出, 噴流, 噴射 : a ~ of water, steam, air, gas, etc. / a ~ of light 一条の光 / words poured in a ~ 速射砲のようにぽんぽん飛び出す言葉. **b** 噴出物《ガス・水・言葉など》. **2** 噴出口, 吹出し口 (spout, nozzle) : ⇨ gas jet 1. **3** =jet engine. **4** ジェット機 (jet plane) : travel *by* ~ / a DC-9 passenger ~ DC-9 型ジェット旅客機.

— *attrib. adj.* ジェットの, ジェットエンジンの ; ジェット機の, ジェット機での : ~ travel(ing) ジェット機による旅行 / a ~ bomber [fighter] ジェット爆撃[戦闘]機 / a ~ flier ジェット機操縦士.

— *v.* (**jet·ted ; jet·ting**) — *vi.* **1** (細いすじとなって)射出する, 噴出する (spurt, spout). **2** ジェット機で行く, ジェット機で旅行する : ~ from London to New York. **3** 《廃》侵害する (intrude) 〔*upon*〕. — *vt.* **1** 噴出[射出]させる. **2** 〖土木〗 〈杭(くい)など〉を噴射水力で地中に打ち込む.

jét áirplane *n.* ジェット機 (jet plane).

jet·a·va·tor [dʒéṭəvèɪṭə | -təvèɪtə(r] 〖← JET[2]+(ELE)VATOR〗 *n.* 〖宇宙〗 ジェタベーター《ロケットの噴出口にある操縦面で動力の方向制御を行なうもの》.

jét·bèad *n.* 〖植物〗 シロヤマブキ (*Rhodotypos scandens*).

jét-bláck *adj.* 黒玉 (jet) のように真っ黒い, 漆黒の.

jét·bòat *n.* ジェットボート《水を強力に噴出させて推力を得る》.

jét condènser *n.* 〖機械〗 ジェット コンデンサー, 噴射復水器《蒸気を冷却水と直接接触させて復水する》.

je·té [ʒətéɪ ; *F.* ʒ(ə)te] 〖□ F ~ (p.p.) ← *jeter* to throw : ⇨ jet[2]〗 *n.* (*pl.* **~s** [~z ; *F.* ~]) 〖バレエ〗 ジュテ《一方の足から他の足に重心を移していく跳躍》.

je·té en tour·nant [dʒətéɪ-ɑ̃ː(ŋ)-tuənɑ̃ː(ŋ), -ɔ̃ː(ŋ)-, -ɑːn-, -ɔ̃(ː)n-, -nɔ̃ː(ŋ), -nɑ́ːŋ, -nɔ́(ː)ŋ | -tʊə- ; *F.* ʒəteɑ̃turnɑ̃] 〖□ F ~ 《原義》 jeté while turning〗 — *n.* 〖バレエ〗 =tour jeté.

jét éngine *n.* ジェットエンジン《吸気を高圧のガスに換え後方に噴出させ, 機体を前方に押し進める航空機用エンジン》.

jét fatìgue *n.* 〖病理〗 =jet syndrome.

jét fláp *n.* 〖航空〗 ジェットフラップ《翼の後縁に設けた細い隙間から翼面に対して後下方に高速のジェットを吹き出して高い揚力を得る装置》.

Jeth [dʒét] 〖□ Hindi *Jēṭh* ← Skt *Jyaiṣṭha*〗 *n.* ジェート(の月)《ヒンズー暦の月名の一つで, 太陽暦の 5 月–6 月に当たる ; cf. Hindu calendar》.

Jeth·ra [dʒéθrə] 〖(fem.) ↓〗 *n.* 女性名.

Jeth·ro [dʒéθroʊ | -rəʊ] 〖□ Heb. *Yithrṓ*=*Yéther* 《原義》 abundance〗 *n.* **1** 男性名. **2** 〖聖書〗 エテロ《Midian の祭司で Moses の義父 ; cf. *Exod.* 3 : 1》.

jét làg *n.* 〖病理〗 =jet syndrome.

jét·lìner *n.* ジェット旅客機.

jét mótor *n.* =jet engine.

jét nóise *n.* ジェット(機)騒音.

jet·on [dʒétn̩, ʒətɔ́ː(ŋ), -tɔ́(ː)ŋ ; *F.* ʒətɔ̃] 〖□ F ~ ← *jeter* to cast up (accounts, etc.) : ⇨ jet[2]〗 *F. n.* (*pl.* **~s** [-tn̩z, -tɔ́ː(ŋ)(z), -tɔ́(ː)ŋ(z) ; *F.* ~]) =counter[1] 2.

jét-píercing *n.* 〖鉱山〗 火炎ジェット穿孔(せんこう)《ケロシンと酸素あるいは空気を燃焼させた高温・高圧のガスをノズルの先から噴射して, 熱破砕により岩石に穿孔する方法》.

jét pílot *n.* ジェットパイロット.

jét pláne *n.* ジェット機 (jet airplane).

jét pód *n.* 〖航空〗 ジェットポッド《ジェットエンジンを内蔵する筒 ; 翼下面[後部胴体]などに付く》.

jét·pòrt 〖← JET[2]+(AIR)PORT〗 *n.* ジェット機用空港.

jét-propélled *adj.* **1** ジェット推進式の : a ~ airplane ジェット機. **2** ジェット機ふうな, 迫力のある ; 〈スピードなど〉ものすごい.

jét propúlsion *n.* 〖航空〗 噴流推進《ジェットエンジンやロケットのように気体を高速で後方に吹出し, その反動で前向きの推力を与える推進法 ; reaction propulsion の一種 ; cf. rocket propulsion》.

jét propúlsion èngine [mòtor] *n.* 〖航空〗 噴流推進エンジン.

jét púmp *n.* ジェットポンプ, 噴射水ポンプ《噴出する液体で他の液体を連れ出すポンプ》.

JETRO [dʒétroʊ | -rəʊ] 《略》 Japan External Trade Organization 日本貿易振興会, ジェトロ.

jet·sam [dʒétsəm | -səm, -sæm] 〖(1591)《変形》← JETTISON〗 — *n.* **1** 投げ荷された貨物《海難の際船体を軽くするために海中に投げ捨てた貨物, またはそれが後に海岸に打ち上げられたもの ; cf. flotsam 1, lagan》 : ⇨ FLOTSAM and jetsam. **2** =flotsam 2. **3** 《古》 =jettison 1.

jét sèt *n.* [通例 the ~] ジェット族《ジェット機で世界中の観光地を訪れて遊び暮らす有閑階級の人々》.

jét-sètter *n.* ジェット族の人.

jét strèam *n.* **1**〘気象〙ジェットストリーム, ジェット気流《大気中の狭い領域に集中した強風; 中緯度対流圏上部の偏西風帯に見出される; 風速は時速 90 km 以上》. **2**〘航空〙ジェット噴流《ジェットエンジン・ロケットエンジンなどによって生じる燃焼気体の流れ》.

jét sỳndrome *n.*〘病理〙ジェット症候群《ジェット機の旅客が 12 時間以内に数回の時差を経験した際に起こる各種の体調の変化・異常; jet fatigue, jet lag ともいう》.

jet·tage [dʒétɪdʒ | -tɪdʒ]〘← JETT(Y)²＋-AGE〙*n.*〘海事〙桟橋税.

jét thrùst *n.*〘機関〙＝thrust 2.

Jet·tie [dʒéti | -tɪ]〘← *Jet* (女性名: ⇨ jet¹)＋-IE〙*n.* 女性名.

jet·ti·son [dʒétəsn̩, -zn̩ | -tɪ-]〘《1425》□ AF *getteson* ＝OF *getaison* < L *jactātiō(n-)* a throwing ← L *jactāre* to throw: ⇨ jet²〙 ― *n.* **1 a** 打ち荷, 投げ荷《難船に際して船の重量を軽くするため積荷(の一部)を捨てること》. **b** 放棄, 投棄 (abandonment). **2** ＝jetsam 1.
― *vt.* **1** 〈船荷の一部を〉海中に投げ捨てる, 投げ荷する: ~*ed* cargo 投げ荷された貨物. **2** 〈邪魔物・障害物などを〉捨てる (abandon). **3**〘軍事〙**a** (非常時, 航空機・宇宙船・タンクなどを軽くするために)〈爆弾や装備を〉投棄する. **b** (非常の場合, 航空機の操縦士ごと)〈座席を〉射出する. **4**《俗》〘トランプ〙(ブリッジで)〈エース・キングなど高位の札を〉故意に捨てる (discard).

jet·ti·son·a·ble [dʒétəsənəbl, -zən-, -sn̩-, -zn̩- | -tɪ-] *adj.*〘軍事〙〈爆弾・装備など〉投棄できる; 〈航空機の座席が〉射出できる: a ~ seat 射出座席.

jéttison tànk *n.*〘航空〙＝slip tank.

jet·ton [dʒétn̩] *n.* ＝jeton.

jet·ty¹ [dʒéti | -tɪ] *adj.* **1** 黒玉質の. **2** 黒玉色の, 漆黒の.

jet·ty² [dʒéti | -tɪ]〘《1396》*gete* □ (O)F *jetée* structure thrown out (fem.p.p.) ← *jeter* to throw: ⇨ jet²〙 ― *n.* **1 a** 突堤, 半島堤, 防砂堤, 導水堤: a ~ harbor 突堤港. **b** 波止場, 桟橋 (wharf, pier). **c** (桟橋を波から保護する)水切り (starling)《桟橋に平行に置いた材木・石などの集積》. **2**〘建築〙(二階や窓などの)張出し. ― *vt.* 張り出して建築する[造る]. ― *vi.* **1** 〈建物の一部などが〉張り出す, 突き出る. **2** 〈突堤・桟橋などが〉(海中に)突き出る 〈*out*〉: The pier *jetties out* a hundred feet into the lake. 桟橋が湖面へ 100 フィート突き出ている.

jét·wàre *n.*〘窯業〙ジェットウェアー《赤色の素地(き)でマンガン系の黒色釉のかかった陶器》.

jét wàsh *n.*〘航空〙ジェットウォッシュ《ジェット機の背後にできる激しい気流》.

jeu [ʒə́ː; *F.* ʒø]〘《c1380》□ (O)F ~ < L *jocum* 'JOKE'〙 *F. n.* (*pl.* **jeux** [~z; *F.* ~]) 戯れ (play); ゲーム; スポーツ; 娯楽.

jeu de mots [ʒə́ːdəmóu | -mə́u; *F.* ʒødmo]〘□ F ~ 'play of words': ⇨ ↑, mot〙 *F. n.* (*pl.* **jeux de mots** [~z; *F.* ~]) しゃれ, 地口(ぢぐち) (pun).

jeu d'es·prit [ʒə́ːdesprí:; *F.* ʒødɛspri]〘□ F ~ 'play of wit': ⇨ jeu, esprit〙 ― *F. n.* (*pl.* **jeux d'esprit** [~]) **1** 気のきいた言葉, うまいしゃれ, 警句 (witticism). **2** 鋭い機智・知性のあふれた文学作品.

jeune fille [ʒə́ːnfí:; *F.* ʒœnfij]〘□ F ~ 'young girl': ⇨ fille: cf. young〙 *F. n.* (*pl.* **jeunes filles** [~]) 少女, 若い娘, うら若い未婚女性.

jeune pre·mier [ʒə́ːnprəmjéɪ; *F.* ʒœnprəmje]〘□ F ~ 'first young (person)': ⇨ premier〙 ― *F. n.* (*pl.* **jeunes pre·miers** [~]) 若い(男の)主役; 若い主役を演じる俳優; 恋人役《男》.

jeune pre·mière [ʒə́ːnprəmjéə | -mjéə(r; *F.* ʒœnprəmjɛːr]〘□ F ~ (fem.) ↑〙 ― *F. n.* (*pl.* **jeunes pre·mières** [~]) 若い(女の)主役; 若いヒロインを演じる女優; ヒロイン役.

jeu·nesse do·rée [ʒəːnésdəréɪ, -dɔːr-, -doːr- | -dɔːr-; *F.* ʒœnɛsdɔre]〘□ F ~ 'gilded youth'〙 *F. n.* [集合的] (富裕な家柄の)青年紳士たち, スマートな貴公子族[階級].

jeux *n.* jeu の複数形.

Jev·ons [dʒévənz], **William Stanley** *n.* (1835–82) 英国の経済学者・論理学者.

Jew [dʒúː]〘? OE *Jeu*, *Giu* □ OF *giu*, *juieu* (F *juif*) < L *jūdaeum* □ Gk *ioudaîos* □ Heb. *Yᵉhūdhī* Jew ← *Yᵉhūdhāʰ* 'JUDAH'〙 ― *n.* **1** ユダヤ人, ヘブライ人 (Hebrew), イスラエル人 (Israelite): ⇨ wandering Jew. **2** ユダヤ教信者. **3** 《口語》[通例軽蔑的に] 強欲無情な守銭奴[高利貸し]: (as) rich as a ~ 大金持で / a regular [perfect] ~ 強欲で無情な人 / an unbelieving ~ ひどく疑い深い人.
worth a Jew's eye 非常に貴重[高価]な《拷問を行なってユダヤ人から金をゆすり取った中世の史実に基づくという; cf. Shak., *Merch* V 2.5.43》: a picture *worth a ~'s eye* 非常に貴重[高価]な絵画.
― *adj.* [通例軽蔑的に] ユダヤ人の (Jewish): a ~ boy.
― *vt.* [j-; 通例軽蔑的に] (あくどい商法で)だます.
jew down 〈支払・値段を〉値切る; 〈取引の相手を〉値切り倒す.

Jew. 《略》Jewelry; Jewish.

Jéw-bàiting〘cf. bearbaiting〙*n.* (組織的な)ユダヤ人いじめ[迫害]. **Jéw-bàiter** *n.*

jew·el [dʒúːəl, dʒúəl, dʒúːl]〘《?a1300》*jeuel* □ AF *j(e)uel* ＝OF *joel* (F *joyau*) ← ? *jeu* game, jest < L *jocum* 'JOKE, joy'〙 ― *n.* **1** (装飾用にカットし磨いてある)宝石, 宝玉 (gem). **2 a** (装身具として身につける)玉飾り; 宝石入りの装身具. **b** 装身具 (1 個)《耳輪・指輪・腕輪・首飾りなど》. **3** (ステンドグラスにはめ込む)宝石形に刻んだ色ガラスの浮出し. **4 a** (宝石にも比すべき)貴重な人[もの], 至宝 (treasure), 掌中の珠(たま) (gem): She is my ~. / a ~ of a boy 大事な男の子 / these ~s of God, the poor 神の宝石とも言うべき貧しい人々. **b** 宝石に似たもの《いちご・星など》: the ~s of God 神の宝石《星》. **5**〘時計〙石《摩擦や摩耗を少なくするため軸受けや脱進機の係合部に使われるルビーなどの宝石》.
― *vt.* (**jew·eled, -elled; -el·ing, -el·ling**) **1 a** 宝石で飾る. **b** …に宝石をちりばめる. **2** 〈腕時計などに〉軸受け石をはめる: ~ a watch. **3 a** 〈言葉などを〉飾る, 〈表現を〉美しくする; 〈小島・風車・花などが〉〈風景〉に色どりを添える. **b** 〈人・性格などを〉〈美徳・才能・技能などで〉飾る 〈*with*〉.

Jew·el [dʒúːəl, dʒúəl, dʒúːl]〘↑〙*n.* 女性名.

jéwel blòck *n.*〘海事〙玉滑車《信号旗や国旗を揚げる時に用いる帆桁の端にある小さな単滑車; もとはスタンスル (studding sail) を上げる時に揚帆索用として使った》.

jéwel bòx [càse] *n.* **1** 宝石箱. **2** (宝石箱のような)小さくて美しいもの.

jéwel clòth *n.* きらきら光る金属片などで飾った薄地の布《舞台衣装・ウィンドーディスプレー用》.

jew·el·er [dʒúːələ, dʒúələ, dʒúːlə | dʒúːələ(r, dʒúəl-]〘《?c1380》□ AF *jueler* ＝OF *juelier* (F *joaillier*): ⇨ jewel, -er¹〙 ― *n.* **1 a** 宝石商, 貴金属・宝石・時計商: ~'s bar 貴金属細工地金(じがね). **b** 宝石細工人, 玉造り. **c** 宝石修理人. **2** 精密器具設計[製作, 修理]技師.

jéweler's enámel *n.* 七宝珐瑯(ほうろう)《銅・銀・金などの素地(きじ)にかけるのに適した低温で融ける珐瑯》.

jéwelers' pútty *n.* ＝putty powder.

jéwelers' róuge *n.*〘化学〙＝colcothar.

jéwel fìsh *n.*〘魚類〙ジュエルフィッシュ (*Hemichromis bimaculatus*)《アフリカ産カワスズメ科の美しい観賞魚》.

Jéwel-hòuse *n.* (London 塔内の)英国王室宝器 (crown jewels) 保存室.

jew·el·ler [dʒúːələ, dʒúələ, dʒúːlə | dʒúːələ(r, dʒúəl-] *n.* 《英》＝jeweler.

jew·el·lery [dʒúːəlri, dʒúəl-, dʒúːl- | -rɪ] *n.* 《英》＝jewelry.

jew·el·ly [dʒúːəli, dʒúəli, dʒúːli | -lɪ] *adj.* ＝jewely.

jew·el·ry [dʒúːəlri, dʒúəl-, dʒúːl- | -rɪ]〘《?c1380》□ OF *juelerie* (F *joaillerie*): ⇨ jewel, -ery〙 ― *n.* [集合的] **1** 宝石類 (jewels)《装身用の金・銀・宝石細工類》. **2** 宝石細工, 宝石装飾.

jéwel·wèed *n.*〘植物〙ホウセンカ《ホウセンカ属 (*Impatiens*) の植物の総称; touch-me-not ともいう》: **a** 北米大西洋岸産の *I. capensis*《celandine ともいう》. **b** 北米中・東部産の *I. pallida*.

jew·el·y [dʒúːəli, dʒúəli, dʒúːli | -lɪ] *adj.* 宝石のような; きらめく.

Jew·ess [dʒúːɪs, dʒúːəs | dʒúːɪs, dʒúɪs, dʒúːes, dʒúes, dʒuːés]〘ME: ⇨ Jew, -ess¹〙*n.* [しばしば軽蔑的に] ユダヤ女[婦人].

Jew·ett [dʒúːɪt, dʒúːət], **Sarah Orne** [ɔ́ən | ɔ́ːn] *n.* (1849–1909) 米国の女流小説家; *The Country of the Pointed Firs* (1896).

jéw·fìsh *n.*〘魚類〙**1** 米国の大西洋岸産のマハタ属の一種 (*Epinephelus itajara*). **2** 米国太平洋岸産のイシナギ属の一種 (*Stereolepis gigas*). **3** 西オーストラリア産フエダイ科アオバダイ属の海魚 (*Glaucosoma hebraicum*).

Jew·ish [dʒúːɪʃ | dʒúːɪʃ, dʒúɪʃ]〘《a1546》〙*adj.* **1** ユダヤ人の[特有の, らしい]. **2** ユダヤ教の. ― *n.* 《口語》＝Yiddish. **~·ly** *adv.* **~·ness** *n.*

Jéwish Autónomous Óblast *n.* [the ~] ユダヤ人自治州《ソ連邦ロシヤ共和国シベリア東部, Amur 川中流域の自治州, 通称 Birobidzhan; 人口 176,000, 面積 36,000 km², 首都 Birobidzhan》.

Jéwish cálendar *n.* ユダヤ暦. ★ 太陽暦と太陰暦とを併用したイスラエル民族の暦法で, ユダヤ人が天地創造の年と信じているキリスト紀元前 3761 年から起算する; 1 年は 354 日で 19 年に 7 回の割合でうるう年 384 日を設けて調整する (cf. defective year, regular year, perfect year; Islamic calendar); 各月の名は次の通り: Tishri, Heshvan, Kislev, Tebet, Shebat, Adar, Veadar (これはうるう年にだけ), Nisan, Iyar, Sivan, Tammuz, Ab, Elul; 1 年は教会暦では Nisan, 民間暦では Tishri をもって始まる.

Jéwish hólidays *n. pl.* ユダヤ教の祝祭日. ★ 次の 10 日をいう: Rosh Hashanah, Yom Kippur, Sukkoth, Simhath Torah, Hanukkah, Purim, Pesach, Lag b'Omer, Shabuoth, Tishah b'Ab.

Jew·ry [dʒú(ə)ri, dʒúːri | dʒúərɪ]〘《?a1200》*Jeueri(e)* □ AF *juerie* ＝OF *juierie* (F *juiverie*): ⇨ Jew, -ery〙 ― *n.* **1 a** [集合的] ユダヤ人; ユダヤ民族: British ~. **b** ユダヤ人社会: the world ~ 世界のユダヤ人(社会). **2** 《古》＝ghetto 1, 2. **3** 《廃》＝Judea.

Jéw's-èar〘《なぞり》← *auricula Judae* Juda's ear: その形の類似のためと, ユダが首をつったセイヨウニワトコの木によく寄生することから〙 ― *n.*〘植物〙キクラゲ (*Auricularia auricula-judae*).

Jéw's hàrp〘ユダヤ人が製作して販売してあるいたことから?〙 ― *n.* (*also* **Jews' h-**) **1** びやぼん, きやこん, 口琴《金属製の枠を上下の歯でくわえて中央の薄い金属の舌を指先ではじいて鳴らす簡単な楽器》. **2**〘植物〙＝nodding trillium.

Jew's harp 1

Jez·e·bel [dʒézəbèl, -bəl | -zəbəl, -zɪ-, -bèl]〘□ LL *Jezabel* □ Gk *Iezábel* □ Heb. *Īzébhel*: cf. Isabella²〙 ― *n.* **1**〘聖書〙イゼベル《北王国イスラエルの王 Ahab の邪悪な妻; cf. *1 Kings* 16:31, 21:25; *2 Kings* 9:30–37》. **2** [しばしば j-] 邪悪な女, 恥知らずの女, 悪女: a painted ~ 厚化粧の毒婦.

Jez·re·el [dʒézriəl, -riːl | dʒezríːl], **the Plain of** *n.* ジェズリール平原 (⇨ Esdraelon).

J.F.K., JFK 《略》John Fitzgerald Kennedy.

j.g., jg, jg. 《略》《米海軍》junior grade: Lieutenant, *j.g.* 海軍中尉.

Jhan·si [dʒáːnsi | -sɪ] *n.* ジャンシ《インド中部, Uttar Pradesh 州南西部の都市; 人口 174,000》.

jheel [dʒíːl]〘□ Hindi *jhīl*〙*n.* 《インド》〘地理〙沼地; (特に, 洪水のあとにできる)残留湖.

Jhe·lum [dʒéɪləm | dʒíː-; *Hind.* ɟehləm] *n.* [the ~] ジェールム(川)《インド Kashmir 南部に発しパキスタンの Chenab 川に合流する川 (725 km)》.

jhil [dʒíːl] *n.*〘地理〙＝jheel.

JHS《記号》Jesus (cf. IHS 1).

J.H.U. 《略》Johns Hopkins University.

JHVH, JHWH《記号》⇨ Tetragrammaton.

jib¹ [dʒíb]〘《1661》← ?〙〘海事〙 ― *n.* ジブ, 船首三角帆《船首に張る三角の縦帆; 大型船は外側より flying jib, jib, inner jib などに分ける》.
the cut of a person's jib ⇨ cut 成句.
― *attrib. adj.* ジブの. ― *v.* (**jibbed; jib·bing**)
― *vt.* (間切る際などに)〈帆・帆げたなどを〉一方の舷側から他方の舷側へまわす, ジャイブする. ― *vi.* 〈帆が〉(他方の舷へ)くるりとまわる.

jib² [dʒíb]〘《1811》← ? JIB¹〙 ― *vi.* (**jibbed; jib·bing**) **1** 〈馬などが〉たじろぐ, 急に立ち止まる, (横にそれたり後ずさりして)進もうとしない (balk, shy). **2** 〈人が〉二の足を踏む, しりごみする 〈*at*〉: ~ *at* doing something 何かすることをためらう.
― *n.* 急にとまって進まない馬[ろば, らくだなど].

jib³ [dʒíb]〘《短縮》← ? GIBBET〙*n.*〘機械〙ジブ, (クレーン[起重機]の)動臂(どうひ), 腕, 突出回旋臂.

ji·ba·ro [híːbəròu | -rə̀u; *Sp.* xíbaro]〘□ Am.-Sp. *jibaro, gibaro* ← ? *jíbaro* 'JIVARO'〙*n.* (*pl.* **~s**) プエルトリコ人の小農; 田舎[地方, 山地]の労務者.

Ji·ba·ro [híːbəròu | -rə̀u; *Sp.* xíbaro] *n.* (*pl.* **~s, ~**) ＝Jivaro.

jib·ba [dʒíbə]〘□ Egypt.-Arab. *jibbaʰ* (変形) ← Arab. *júbbaʰ* 'JUBBAH'〙*n.* (*also* **jib·bah** [~]) ジバ《イスラム教徒が着るスモックのような外衣》.

jib·ber¹ [-bə | -bə(r]〘← JIB²〙*n.* じれて暴れる馬.

jib·ber² [dʒíbə | -bə(r] *vi., n.* ＝gibber¹.

jib·bóom *n.*〘海事〙ジブブーム, ジブ斜檣(しゃしょう), 第二斜檣《帆船の船首から斜前に突き出ている円材の先端の方の材; ここに jib を張る》.

jíb cràne *n.* ジブクレーン, 動臂(どうひ)起重機《クレーン本体から jib を突き出し, その先端の滑車を通して貨物を釣る装置》.

jíb dòor〘← ?〙*n.*〘建築〙ジブドア《壁と同平面に取り付け壁面と同じ仕上げにしてドアに見えないようにした扉; gib door ともいう》.

jibe¹ [dʒáɪb]〘《1693》□ Du. 《廃》*gijb-en gijpen*: cf. jib¹ / G *gieben, giepen*〙〘海事〙 ― *vi.* **1** (帆走中風向きや船の向きが変わったため)〈縦帆 (fore-and-aft sail) とそのブーム (boom) が〉一方の舷から反対の舷に急に移行する, ジャイブする. **2** ジャイブするように船の向きを変える. ― *vt.* 〈帆〉の向きを変える, 〈船〉の向きを変える. ― *n.* 帆の向きの変わる[向きを変える]こと.

jibe² [dʒáɪb] *n., v.* ＝gibe.

jibe³ [dʒáɪb]〘← ?: cf. jibe¹〙*vi.* 《米口語》〈意見・説明などが〉合う, 一致する (agree) 〈*with*〉.

jíb gùy *n.*〘海事〙ジブブーム張索《jib の風圧に耐えるように jibboom を横から支える張り綱》.

jíb-hèaded *adj.*〘海事〙**1** 〈縦帆が〉ジブの形をした, 三角帆の. **2** (大檣(しょう)に)ジブ形の三角帆を装備した.

jib·let [dʒíblɪt, -lət] *n.* ＝giblet.

jíb·stày *n.*〘海事〙ジブステー《小型帆船ではマストと艇首の間に, 大型帆船では jibboom と foremast の間に斜めにはられたワイヤー; これに jib を結び付ける》.

jíb tòpsail *n.*〘海事〙ジブトップスル《jib よりも高い所に張られ, 帆の下端が jibboom から離れてずっと高く張られる三角帆; cf. topsail》.

Ji·bu·ti [dʒɪbúːti, dʒə- | dʒɪbúːtɪ] *n.* ＝Djibouti.

Ji·ca·ril·la [hìːkəríː(j)ə]〘□ Am.-Sp. *jicarillos, xicarillas* (dim.) ← N-Am.-Ind. (Nahuatl) *jícara* basket: この種族の女たちがかご作りに巧みだったことから〙 ― *n.* (*pl.* **~s, ~**) **1 a** [the ~(s)] ヒカリーヤ族《米国 New Mexico 州北部のアパッチ (Apache) 族》. **b** ヒカリーヤ族の人. **2** ヒカリーヤ語.

Jid·da [dʒídə] *n.* ＝Jeddah.

jiff [dʒíf] *n.* ＝jiffy.

jif·fy [dʒífi | -fɪ]〘《1785》← ?: cf. 《方言》*jiffle* to fidget〙*n.* 《口語》瞬間: in a ~ たちまち, すぐ / Wait half a ~. ちょっと待ってくれ.

jig¹ [dʒíg]〘《c1560》← ? OF *gigu-er* to hop, dance ← *gigue* fiddle ← Gmc: cf. G *Geige* fiddle〙 ― *n.* **1** ジグ《急速度で軽快な ⁶/₈ 拍子のダンス; 16–17 世紀英国で流行》; ジグ舞曲. **2** 《俗》**a** いたずら. **b** 策略, 手 (trick): ⇨ *The* JIG *is up.* **3**〘釣〙ジグ鉤《擬餌鉤の一種; 水中で上下に動かし魚をおびき寄せる》. **4**〘機

械》ジグ,「治具」《きりなどを穴あけ位置に正確に案内する工作用具;「治具」は意訳と音訳を兼ねたもの》. 5 〘染色〙=jigger^1 10. 6 〘鉱山〙=jigger^1 4 b.
in jig time 《口語》すぐ, じきに, あっという間に.
The jig is up. 〘⇨ (n.) 2 b〙《俗》(1) 手の内は読めた. (2) 勝負は終わった. (3) 万事休すだ, もうだめだ.
— v. (**jigged**; **jig·ging**) — vi. 1 ジグを踊る; 急速度で活発に踊る. 2 (急激に上下・前後に)動く, 揺れる: ～ up and down, to and fro, etc. 3 〘鉱山〙水選する. 4 〘釣〙ジグ鉤 (jig) で釣をする. — vt. 1 〈ダンスを〉ジグふうに速く踊る. 2 (急激に上下・前後に)動かす, ゆする. 3 〈井戸を〉振動鑿(ﾉﾐ)岩機で掘る. 4 〘鉱山〙〈鉱石を〉(ジガーに入れて)水選する. 5 〘釣〙〈魚を〉ジグ鉤で釣る. 6 〘機械〙ジグで工作する.
jig^2 [dʒíg] 〘← ? JIG^1〙 n. [しばしば軽蔑的に] =Negro.
jig·a·boo [dʒígəbùː] 〘《混成》? ← JIG^2+(BUG)ABOO // ← ? JIGGER^1+BOO^1〙 n. [しばしば軽蔑的に] =Negro.
jig-a-jig [dʒígədʒíg] 〘擬音語?〙 n. 《俗》性交 (jig-jig).
jigg [dʒíg] n. =jig^2.
jig·ger^1 [dʒígə | -gə(r)] 〘《1675》: ⇨ jig^1, -er^1〙 — n. 1 ジグ (jig) を踊る人. 2 《口語》仕掛け, しろもの《構造が複雑[簡単]すぎて適当な呼び名がない時とか, はっきりした名のわからない時に用いる語》: What is that little ～ on the machine? その機械に付いている小さなものは何ですか. 3 a ジガー《カクテル用の酒を計るのに使う 1 1/2 オンス容量の小コップ》. b ジガー1杯分 (1 1/2 オンス). 4 〘鉱山〙 a 選鉱夫. b ジッガー, 跳汰(ﾁｮｳﾀ)機《湿式選鉱機の一種; cf. pulsator》. c ぐいっぐいっと律動的に動く機械. 5 〘海事〙 a ジガー《小型帆船の船尾に付けた短マストに掛ける補助帆; 同上の帆装を有する小型漁船》. b 紐付き小型滑車, 小型のテークル(滑車装置). c =jiggermast. 6 〘玉突〙キュー架. 7 〘窯業〙機械ろくろ《平皿を成形する》. 8 〘通信〙振動変成器. 9 〘ゴルフ〙ジガー《頭の小さい4番と5番の中間のアイアンクラブ; 今は殆ど用いられない》. 10 〘染色〙ジッガー《布を, 染浴中の2本のローラー間で反復して巻返しながら染める染色機》. 11 〘釣〙ジグ鉤 (⇨ jig^1 n. 3). 12 =jigger coat.
— attrib. adj. 〘海事〙ジガーマストの; 補助帆の.
— vt. 1 上下にぐいと動かす. 2 〘窯業〙機械ろくろで作る.
jigger up 《俗》(1) 混乱させる; 破壊する, こわす. (2) [通例 p.p. 形で] 疲れさせる, へとへとにする.
jig·ger^2 [dʒígə | -gə(r)] 〘《1781》《転訛》← CHIGOE, CHIGGER〙 n. 1 〘昆虫〙=chigoe 1. 2 〘動物〙=chigger 2.
jígger còat n. ジッガー(コート)《婦人用の短いルースなジャケット; 単に jigger ともいう》.
jig·gered [dʒígəd | -gəd] 〘《1837》← ?〙 — adj. 《口語》damned の代用語: Well, I'm ～! まさか / I am ～ if I do it! そんなことをだれがするものか, そんなことをしてたまるものか.
jígger·màst n. 〘海事〙ジガーマスト《単に jigger ともいう》: a 4-5 本檣帆船の最後部のマスト. b (5本以上のマストを持つ帆船の)前から4本目のマスト. c (小艇の)艇尾に付けた小帆を張る短いマスト.
jig·ger·y-pok·er·y [dʒígəripóukəri | -rɪpə́ukərɪ] 〘《1893》《変形》← 《スコット》*joukery-paukery*《押韻俗語》← JOUK+PAWKY: cf. jigger^1 2〙 — n. 1 《英口語》ごまかし, ぺてん (humbug). 2 不公正な取引き, 目こぼし; 策略, ごまかし, いんちき (monkey business). 3 操作; (機械などの)巧みな扱い方.
jig·get [dʒígɪt, -gət] 〘← JIG^1 (v.)+-*et* (cf. fidget)〙 vi. 《口語》はね回る (jig); がたがたと動く[進む].
jig·get·y [dʒígɪti, -gəṭi | -tɪ] adj. がたがたする, 不安定な (jerky).
jig·gle [dʒígl̩] 〘《1830》← JIG^1 (v.)+-LE^3〙 vt. 軽く(ひょいひょい)揺り動かす. — vi. 軽くゆすぶる. — n. (ぴくぴくする)動揺, ゆすぶり.
jig·gly [dʒígḷi, -gli | -gḷɪ, -glɪ] adj. (**more** ～, **most** ～; **jig·gli·er**, **-gli·est**) 軽く揺れる; 不安定な.
jig·gy [dʒígi | -gɪ] 〘← JIG^1+-Y^4〙 adj. (**more** ～, **most** ～; **jig·gi·er**, **-gi·est**) ジグ(ダンス, 舞曲)風の.
jig-jig [dʒígdʒíg] n. 《俗》性交.
jig·sàw 〘《1873》← JIG^1+SAW^1〙 n. 1 細帯鋸(ﾎｿｵﾋﾞﾉｺ)《雲形などの曲線ひき用》. 2 =jigsaw puzzle. — attrib. adj. 細帯鋸で切り取った(ような)形の. — vt. 1 細帯鋸でひく. 2 入り組んだ[複雑な]形に並べる.
jígsaw pùzzle n. (切抜き)はめ絵, ジグソーパズル《picture puzzle ともいう》.
jíg-tíme n. 《米口語》ほんの少しの間, 即刻: in ～ すぐ, じきに, あっという間に.
ji·had [dʒɪhɑ́ːd, dʒə-, -hǽd | dʒɪhɑ́ːd] 〘《1869》□ Arab. *jihād* contest, strife〙 — n. 1 イスラム教徒が異教徒に対して行なう戦い, (イスラム教徒の)聖戦《コーランには信徒の義務と教えている》. 2 主義などの擁護または反対のための戦い (campaign): a ～ against a new doctrine 新教義反対運動.
jill, J- [dʒíl] 〘↓〙 n. 1 女, 女性; 小娘 (lass), 若い女性. 2 恋人, 愛人 (sweetheart) (⇨ jack^1 1 a).
Jill [dʒíl] 〘(dim.) ← GILLIAN: cf. Gill〙 n. 女性名.
jill·et [dʒílɪt, -lət] 〘← JILL+-ET〙 n. 《スコット》蓮っぱ娘, 男たらし (flirt).
jil·lion [dʒíljən] 〘*j-* (無意味な添え字)+*-illion* (cf. million, billion)〙《口語》 — n. 大変な数. — adj. 大変な数の: He wrote a ～ letters to her. ずい分たくさん彼女に手紙を書いた.
jilt [dʒílt] 〘《1660》← 《廃》*gillot* (dim.) ← GILL: cf. jillet〙 — n. 1 a 男たらし, 浮気女. b 女たらし, 浮気者. 2 売春婦 (whore). — vt. 1 a 〈女が〉〈男を〉(最初ちやほやしておいて最後に)振る, 捨てる. b …との深い関係を断つ. 2 《廃》たぶらかす, だます (cheat). **～·er** [-ṭə | -tə(r)] n.
Jim [dʒím] 〘(dim.) ← JAMES: cf. Jimmy〙 n. 男性名.
jim·crack [dʒímkræ̀k] adj., n. =gimcrack.
Jim Crow, j- c- [dʒímkróu | -krə́u] 〘'jump, Jim Crow' という繰り返し句のある黒人のミンストレルソングから〙《米》 — n. 1 a [通例軽蔑的に] 黒んぼ (Negro). b 《口語》=Jim Crowism. 2 [j- c-] 《口語》レール屈伸器,「ジンクロ」. — attrib. adj. 黒人差別待遇の[を支持する]; 黒人専用の: the ～ law (特に南部で)黒人差別の法律 / a ～ car [school] 黒人専用車[学校]《かつて差別的に黒人だけが乗せ[通学させ]られた》. — vt. 〈黒人を〉〈人種〉差別する, 差別待遇する.
Jím Crów·ism, j- c- [-króuɪzm | -krə́u-] n. 《米口語》人種差別主義; 黒人隔離政策.
jím-dándy adj., n. 《米口語》すてきな[すばらしい](物, 人).
jím dàsh n. 〘活字〙ジムダッシュ《新聞で見出しと本文の間, 同一欄中の別項目の間などに使う(しばしば M 字の 3 倍幅の)ダッシュ》.
Ji·mé·nez [himéːnəθ, -neɪs | -neɪθ; *Sp.* ximéneθ], **Juan Ramón** n. ヒメネス《1881-1958; スペインの詩人; Nobel 文学賞 (1956)》.
Ji·mé·nez de Cis·ne·ros [himéːneɪθ-deɪ-sɪsnéɪrous, -nəs-, -θɪs-, -rəs | -méɪneɪθ-deɪ-sɪsnéɪrəus; *Sp.* ximéneθdeθisnéros], **Francisco** n. ヒメネス デ シスネロス《1436-1517; スペインの宗教家・政治家, 枢機卿》.
jim·i·ny [dʒímənɪ | -mɪnɪ] 〘《1664》《変形》← GEMINI〙 int. [しばしば by ～, ～ Christmas, ～ cricket(s) として] ああ, おお《軽いののしりを表わす》.
jim·jams [dʒímdʒæ̀mz] 〘《a1550》: 恣意的加重〙 — n. pl. [the ～] 1 《口語》ぞっとする感じ; ひどい神経過敏, びくびく(すること): Every time she sees a caterpillar it gives her *the* ～. 彼女は毛虫を見るたびにぞっとする. 2 《俗》=delirium tremens.
Jim·mie [dʒími | -mɪ] 〘(dim.) ← JAMES〙 n. 男性名.
jim·mi·ny [dʒímənɪ | -mɪnɪ] int. =jiminy.
jim·my [dʒími | -mɪ] 〘《1753》《転用》↓〙《米》 — n. 組立式かなてこ《強盗用具》. ★ 英国では通例 jemmy の形を用いる. — vt. かなてこでこじあける: ～ a door, window, etc.
Jim·my [dʒími | -mɪ] 〘(dim.) ← JAMES〙 n. 男性名《異形 Jimmie, Jymmye》.
jimp [dʒímp] 〘← ?: cf. 《方言》*gim* smart, spruce〙《スコット・北英》 — adj. (**～·er**; **～·est**) 1 やせ形の, すんなりした (slim), 優美な (elegant). 2 乏しい, 不十分な (scanty). — adv. かろうじて, ほとんど…ない (scarcely). — vt. 削減する, けちけちする.
jím·son·wèed [dʒímsn̩-] 〘《短縮》← *Jamestownweed* ← *Jamestown* (米国 Virginia 州の地名)+WEED^1〙 — n. (*also* **jímp·son·wèed** [dʒím(p)sn̩-]) 〘植物〙シロバナヨウシュチョウセンアサガオ (*Datura stramonium*)《アジア原産ナス科チョウセンアサガオ属の植物の総称; 有毒》.
jin [dʒín] n. (pl. ～s, ～) 〘イスラム伝説〙=jinn.
jin·gal [dʒíŋgɔːl] 〘□ Hindi *jangāl* large musket〙 n. 〘銃砲〙ジンガル銃《銃架に載せて発射する大型の銃; 昔ビルマ・中国などで用いた》.
Jin·ghis Khan [dʒíŋgɪs-kɑ́ːn, -gəs- | dʒéŋgɪs-, -gɪz-] n. =Genghis Khan.
jin·gle [dʒíŋgl̩] 〘《c1387-95》*gingle(n)*《擬音語》: cf. Du. *jengelen*〙 — n. 1 a ちんちん[りんりん, ちゃりんちゃりん]と鳴る音, 金属性の音響. b りんりん鳴る物《ジングル》: a ～ of keys (キーホルダーにつないだ)ひと束(ﾀﾊﾞ)の鍵, 鍵束. 2 a (もっぱら音的効果のために用いた)同音または類似音の反復. b 脚韻・頭韻などで調子をよくした詩や文. c (テレビ・ラジオのコマーシャルの)調子のいい短い歌. 3 (アイルランド・オーストラリアなどの)ジングル馬車《一頭引二輪の幌馬車》. 4 〘貝類〙=jingle shell.
— vi. 1 ちんちん[りんりん]鳴る (tinkle): The keys ～d together in his hand. 手にした鍵束がちゃりんちゃりん鳴った. 2 ちりんちりん鳴りながら動く[進む]. 3 〈詩文が〉(頭韻・脚韻に満ちて)調子よく響く: a *jingling* ballad, song, etc. — vt. 1 ちんちん[りんりん]と鳴らす: ～ the keys 鍵をじゃらじゃらと鳴らす. 2 (音的効果のためだけに)韻を合わせる, 押韻する (rhyme). **jín·gler** [-glə, -gḷə | -glə(r, -gḷ-] n.
jíngle bèll n. 1 そりの鈴. 2 (店の入口のドアにつけた)客の来店を知らせる鈴. 3 〘海事〙速力指示用のベル《船橋から紐でこれを引き鳴らし, 引く回数で機関室に速力を指示するもの; 小型艇などで多く使う》. 4 〘銃砲〙=cascabel.
jíngle·jàngle 〘《加重》← JINGLE〙 n. ちんちん[りんりん, ちゃりんちゃりん]と鳴り響く音. — vi. ちんちん[りんりん, ちゃりんちゃりん]と鳴る.
jíngle shèll 〘その殻を振ると音がすることから〙 n. 〘貝類〙ナミマガシワガイ (*Anomia* 属の二枚貝の総称).
jín·gling Jóhnny [-glɪŋ-, -gḷ- | -gl-] n. =crescent 8.
jin·gly [dʒíŋgḷi, -gli | -gḷɪ, -glɪ] 〘← JINGLE (n.)+-Y^4〙 — adj. 1 りんりんと鳴る; りんりんと鳴るような. 2 〈詩文が〉(頭韻・脚韻を豊富に[むやみに]使って)調子よく響く.
jin·go [dʒíŋgou | -gəu] 〘n.: ← (int.): 1877-78 年の露土戦争当時流行の俗謡の折り返し 'We don't want to fight, but by Jingo! …' に由来する. — int.: 《1670》《恣意的造語》// ← ? Basque *Jinho, Jainko* god // 《転訛》? ← JESUS〙 — n. (pl. ～es) 1 (対外的政策に対する)示威的強硬論者, 主戦論者, 盲目的愛国者, 国粋主義者 (chauvinist). 2 (露土戦争時の英国首相 Disraeli の)対ロシヤ強硬政策支持者.
by (the living) jingo 《口語》いやはや; まったく《驚き・肯定などを示す強意的文句》.
— int. そーら《もと, 奇術師が何かとり出すときの「掛け声」.
— adj. 感情的対外強硬(論)の, 盲目的愛国主義的な: a ～ nationalism 国粋的愛国主義.
jín·go·ish [-gouɪʃ | -gəu-] adj. 国粋主義の, 対外強硬主義の.
jín·go·ìsm [-gouɪzm | -gəu-] 〘《1878》〙 n. (感情的)国威宣揚主義, 盲目的愛国主義 (cf. chauvinism).
jín·go·ist [-gouɪst, -əst | -gəuɪst] n. 感情的[盲目的]愛国主義者, (やっつけろ主義の)強硬外交論者. — adj. =jingoistic.
jin·go·is·tic [dʒɪ̀ŋgouístɪk | -gəu-] adj. 感情的愛国主義的な, 強硬外交的な. **jìn·go·ís·ti·cal·ly** adv.
jink^1 [dʒíŋk] 〘《a1700》← ?: 擬音語か〙 — vi. 1 さっと身をかわす, 巧みに逃げる (dodge). 2 (踊りなどで)はね回る, 飛びはねる. 3 〘ラグビー〙ひらりと身をかわす. 4 《俗》〘航空〙〈操縦士・飛行機が〉砲火(など)を巧みに避ける. — vt. 1 〈追手など〉からさっと身をかわす, 巧みに逃げる. 2 《スコット》〈人を〉だます, ぺてんにかける. — n. 1 さっと身をかわす[逃げる]こと. 2 [pl.] 浮かれ騒ぎ, はしゃぎ: ⇨ high jinks.
jink^2 [dʒíŋk] 〘《変形》〙 n. 《英方言》=chink^1.
jin·ker [dʒíŋkə | -kə(r)] 〘← ?〙 n. 《豪》ジンカー: a 二輪馬車 (sulky) の一種《競走用》. b (二輪または四輪の)木材運搬車.
jinks [dʒíŋks] n. (pl. ～) 〘植物〙=checkerberry.
jinn [dʒín] 〘《1684》□ Arab. ～ 'spiritual beings, 《原義》darkness' (pl.) ← *jinnī* ← *jánna* to conceal: cf. genie〙 — n. (pl. ～s, ～) 〘イスラム伝説〙[集合的にも用いて] 精霊, ジン《人間に, 時には益を, 時には害を与える(天使たちより位の低い)妖霊で, 人や獣の姿に変身できる》.
Jin·nah [dʒínɑː, -nə], **Mohammed Ali** n. ジンナー《1876-1948; パキスタンの政治家; 独立の父, パキスタンイスラム教徒自治領初代総督 (1947-48)》.
jin·nee [dʒɪníː, dʒə- | dʒɪ-] n. (pl. **jinn**) 〘イスラム伝説〙=jinni.
jin·ni [dʒɪníː, dʒə-, dʒíni | dʒɪníː] 〘□ Arab. *jinnī*〙 n. (pl. **jinn**) 〘イスラム伝説〙=jinn.
jin·ny [dʒíni | -nɪ] 〘《変形》← JENNY〙 n. 〘鉱山〙(斜面でトロッコを動かす)つるべ式の重錘または固定エンジン.
Jin·ny [dʒíni | -nɪ] 〘⇨ Jenny〙 n. 女性名.
jínny ròad 〘*jinny*: 《転用》← JINNY〙 n. 〘鉱山〙石炭車が自動的に重力の作用によって昇降する傾斜面.
jin·rik·i·sha [dʒɪnríkʃɔː, dʒən-, -ʃɑː | dʒɪnríkʃə] 〘□ Jap.〙 n. (*also* **jin·rik·sha** [～], **jin·rick·sha** [～]) 人力車《ricksha, rickshaw ともいう》.
jinx [dʒíŋks] 〘《1911》《転用》? ← NL *jynx* wryneck ← L *iynx* □ Gk *iugx*: 魔術に用いた鳥(キツツキの類)の名〙《口語》 — n. 縁起の悪い物[事, 人]; 不運続き, ジンクス: a ～ day 縁起の悪い日 / break the ～ 不運[失敗]続きから抜け出る, ジンクスを破る / put a ～ *on* … の縁起を悪くする, にけちをつける / He is a ～ *for* [*to*] us. / There is a ～ *on* that house. あの家は縁起が悪い. — vt. 1 〈人・物〉の縁起を悪くする, …にけちをつける: a ～*ed* car 縁起の悪い[けちのついた]車 / That ～*ed* the team. そのことでチームにけちがついた. 2 〈せっかくのもの[こと]を〉だめ[むだ]にしてしまう: That ～*ed* the play. そのことでせっかくの劇もだめになった.
jip [dʒíp] n. 《英口語》=gyp^3.
ji·pi·ja·pa [hìːpiːhɑ́ːpɑː; *Am. Sp.* hìpihápa] 〘□ Sp. ← *Jipijapa* (エクアドルの町の名)〙 (*also* **jip·pi-jap·pa** [hip-]) — n. 1 〘植物〙パナマソウ (*Carludovica palmata*)《中南米熱帯地方産のヤシに似た植物; その若葉を裂いてパナマ帽の材料とするので Panama hat plant ともいう》. 2 パナマ帽.
jir·ga [dʒə́ːgə, dʒíə- | dʒə́ː-, dʒíə-] 〘《1843》□ Pers. *jarga* ring (of men or beasts) ← ? Mongol〙 n. (*also* **jirgah** [～]) (アフガニスタンの)元老会議.
JIS 《略》Japanese Industrial Standard 日本工業規格 (cf. DIN).
JIT 《略》job instruction training.
jit·ney [dʒítni | -nɪ] 〘← ?: cf. F *jeton* a token or counter〙《米・カナダ》 — n. 1 《俗》ジットニー《5 セント白銅貨; cf. nickel 2》. 2 〘もと乗車賃が 5 セントだったことから〙 a 小型[ミニ]バス《jitney bus ともいう》. b 安物の自動車. 3 低級な品(物), 安物. — attrib. adj. 安物の, 低級な: a ～ bar, dance, piano, etc.
jit·ter [dʒítə | -tə(r)] 〘《1931》《転訛》? ← CHITTER《方言》to shiver: cf. chatter〙《口語》 — n. 1 [通例 the ～s] ひどい神経過敏, 神経質な動作, いらいらした(心理)状態: have *the* ～*s* いらいら[びくびく]している / give a person *the* ～*s* 人をひどくいらいら[びくびく]させる / The rattle of gunfire kept the whole city in ～*s*. 銃声が全市民をびくびくさせていた. 2 〘通信〙《信号パルスの時間軸上の位置の変動; 雑音や中継器の内部原因により生じる》.
— vi. 1 神経質に振舞う, いらいらする; ぶるぶる[がたがた]震える. 2 小刻みに動く[進む]. — vt. 1 いらいらさせる. 2 ぶるぶる[がたがた]振動させる.
jítter·bùg 〘← JITTER (v.)+BUG^1《俗》enthusiast〙《口語》 — n. 1 ジルバ《1920 年代に生れ, 1940 年代の初めに流行した動きの激しい社交ダンス; ブギウギ (boogie-woogie) やスイングなどに合わせて踊る》. 2

a ジルバを踊る人. b ジャズ狂《音楽に熱中し, 音楽に合わせて激しく踊り出す人》.
— *vi.* (**jitter·bugged**; **-bug·ging**) **1** ジルバを踊る. **2**〘スポーツ〙(相手を面食らわせるため)急速に動き回る, 急速に前後に動く.

jit·ter·y [dʒítəri | -təri]〖← JITTER+-Y[4]〗*adj.*《口語》**1** 神経過敏な (nervous). **2** (いらいらして)じっとしていない (jumpy). **jít·ter·i·ness** *n.*

jiu·jit·su [dʒu:dʒítsu:] *Jap. n.* (*also* **jiu·jut·su** [-dʒúts-]) = jujitsu.

ji·va [dʒí:və]〖⊏Skt *jīva* living, life〗*n.* **1**〘ヒンズー教〙**a** (大我(Atman)の顕現としての)人の霊魂. **b** (人の)生命力. **2**〘ジャイナ教〙ジーバ《宇宙構成要素を霊魂と非霊魂(ajiva)に分けた場合の霊魂》, 生 (life).

Ji·va·ro [hí:vəròu | -rəu; *Am. Sp.* xíbaro]〖⊏Sp. ~ ← Am.-Ind.〗— *n.* (*pl.* **~s**, ~) **1 a** [the ~(s)] ヒバロー族《エクアドル南部とペルー北東部に住むインディアンの一種族》. **b** ヒバロー族の人. **2** ヒバロー語.

jive [dʒáiv]〖《変形》← ? JIBE[1,2]〗《俗》— *n.* **1** ジャズ, スイング(音楽). **2 a** (むずかしい)専門語, 職域語; (一般の人にはわからない)隠語 (jargon). **b** いい加減なおしゃべり, ほら(話). — *adj.* にせの, いんちきな (phony). — *vi.* **1 a** ジャズ[スイング]を演奏する. **b** ジャズ[スイング]に合わせて踊る, ジルバを踊る. **2** ごまかす (kid); のらくらする (fool around). — *vt.* **1**〈音楽を〉ジャズ[スイング]式に(速く熱狂的に)演奏する. **2** いい加減な[大げさな]ことを言って煙に巻く; かつぐ, ぺてんにかける, だます (cheat); からかう (tease). **jív·er** *n.*

Jl《略》July.

JL《記号》⇨ JAL.

JM.《略》〘英法〙jactitation of marriage.

J.M.J.《略》〘カトリック〙Jesus, Maria, Joseph.

jn.《略》join; junction; junior.

Jn.《略》John; Junction; June.

jna·na [dʒná:nə]〖⊏Skt *jñāna* knowledge ← *jānāti* he knows〗*n.*〘ヒンズー教〙(瞑想や学問によって得られる解脱(げだつ)に達する方法としての)智, 知識.

jnána-márga *n.*〘ヒンズー教〙知の道 (⇨ marga).

JND《略》〘心理〙just noticeable difference.

jnl.《略》journal.

Jno.《略》John.

jnr., Jnr.《略》junior.

jnt.《略》joint.

jo[1] [dʒóu | dʒə́u]〖《転訛》← JOY〗*n.* (*pl.* **joes** [~z])《スコット》[しばしば呼掛けに用いて] いとしい人; 恋人, 愛人 (sweetheart).

jo[2] [dʒóu | dʒə́u]〖《異形》← JOE[2]〗*n.*《米口語》= joe[2].

Jo [dʒóu | dʒə́u]〖(dim.) 1: ← JOSEPH; 2: ← JOSEPHINE〗*n.* **1** 男性名. **2** 女性名.

Jo.《略》Joel; John; Joseph; Josephine.

Jo·ab [dʒóuæb | dʒə́u-]〖⊏LL *Joab* ⊏Gk *Iōáb* ⊏Heb. *Yō'ābh* Yahweh is father〗— *n.* **1** 男性名. **2**〘聖書〙ヨアブ《David 王の甥(おい), David 王の軍隊の隊長; 反乱した王子 Absalom を殺す; cf. 2 *Sam.* 18:14》.

Jo·a·chim [dʒóuəkim | dʒə́u-; *F.* ʒoaʃɛ̃, *G.* jó:axim, joáxim]〖⊏Heb. *Y'hōyāqīm*《原義》may Yahweh raise up, exalt: 経外典では聖母マリヤの父とされた〗— *n.* 男性名.

Jo·a·chim [jouá:kim, -xim, jóuəkìm, -xìm | jóuəkìm; *G.* jó:axim, joáxim], **Joseph** *n.* ヨアヒム《1831-1907; ハンガリー生れのドイツのバイオリン奏者·作曲家》.

Joan[1] [dʒóun, dʒóuən, dʒouǽn | dʒə́un]〖(dim.) ← JOANNA // (fem.) ← JOHN[1]〗*n.* 女性名.

Joan[2] *n.* ジョバンナ《伝説上の女性教皇; Benedict 会の若い修道士と恋仲となったが, 愛人に死なれて Rome に行き, 教皇 (855) となり John 八世と称した》.

Joan[3] *n.* (1328-85) 英国の Edward, the Black Prince の妃; Richard 二世の母; the Fair Maid of Kent の名で知られる.

Jo·an·na [dʒouǽnə | dʒəu-]〖⊏ML *Jo(h)anna* (fem.) ← *Jo(h)annēs* 'JOHANNES'〗*n.* 女性名.

jo·an·nes [dʒouǽni:s, -nəs | dʒəuǽnis] *n.* (*pl.* ~) = johannes.

Jóan of Árc [-á:k | -á:k] *n.* ジャンヌダルク《1412-31; 百年戦争の際オルレアン城を包囲した英軍を破り祖国フランスを救ったが, 後に英軍に捕えられ火刑に処せられた; 1920 年聖人の列に加えられた; オルレアンの少女 (Maid of Orléans) とも呼ばれる; フランス語名 Jeanne d'Arc》.

Joã·o Pes·so·a [ʒwãũ(m)pəsóuə, ʒwaum- | -sáuə; *Braz.* ʒwẽũpesóa] *n.* ジョアンペソア《ブラジル東部の都市; Paraíba 州の首都; 人口 288,000》.

Joa·quim [ʒwa:kíŋ; *Braz.* zwakí, *Port.* ʒwɐkí]〖⊏Port. ~: ⇨ Joachim〗*n.* 男性名.

Joa·quín [hwa:kín; *Sp.* xwakín, *Am. Sp.* wakín]〖⊏Sp. ~: ⇨ Joachim〗*n.* 男性名.

job[1] [dʒá(:)b | dʒɔ́b]〖《1557》← ?: cf. ME *gobbe* lump (⇨ gob[1]) / Celt. *gob*, *gop* mouth〗— *n.* **1 a** 仕事 (piece of work); 手間仕事, 賃仕事; 端物(はもの)仕事: do a ~ well / do a ~ of work《英口語》いい仕事をする / a bad ~ 割りの悪い[骨折り損の](仕)事 / a good ~ 割りのいい[うまくいった](仕)事 / odd ~*s* 半端(はんぱ)仕事, 種々な手間仕事 / have a [the] ~ of washing cars 洗車の仕事をもっている / get a ~ copy*ing* out a manuscript《口語》原稿を清書する仕事[アルバイト]を見つける《★ copying 以下は job と同格; cf. 3》. **b** 立派な仕事, 業績: make a (good, clean) ~ of ...をうまく[手際よく]やってのける. **c** 仕事の質[過程, 出来]: a weary [tedious] ~ 退屈な仕事. **d** [集合的にも用いて] (大きな事業の)一つの作業. **2** 役目, 役割 (role); 職務, 義務 (duty): It's your ~ to do this. これをするのが君の勤めだ. **3** 職業, 地位 (post): be out of a ~ 失業している / a teaching ~ 教師の職[口], 教職 / a part-time ~ パートの口 / get a ~ teach*ing* grade school《口語》小学校教員の口を見つける (cf. 1) / The public works employment bill will create 100,000 ~*s*. その公共事業雇用法案が通れば 10 万人分の職場が生れることになる. **4**《英口語》事, 事件, 事情; 運. ★ 通例 a good [bad] ~ として用いる (cf. 1 a, b): *a good* [*bad*] ~ 結構な[困った]事柄; 幸[不]運 / It's *a good* ~, too! ちょうど[かえって]よかった / (A) *good* ~ (too)! (ほんとに)よかった. **5**《口語》骨の折れる(仕)事, むずかしい事: *It* was a (hard) ~ *to* make [mak*ing*] her sing. 彼女に歌わせるのは骨が折れた / I had a ~ to persuade [persuad*ing*] him. 彼を説得するのに骨が折れた. **6 a** もうけ仕事; (公職利用の)不徳行為, 利権仕事, 汚職. **b**《俗》(泥棒の)一仕事, 盗み (theft); 犯罪: case the ~ ⇨ case[1] *vt.* **7**《口語》製品 (product)《機械·乗物·電気製品·服など》; 人, 品, もの (item): a four-door ~ フォードア車 / His new suit is a single-breasted ~. 彼の新調の服はシングルだ / What do you think of that blonde ~? あの金髪娘をどう思う. **8** [*pl.*] 見切り品, 特売品《ぞっき本(remainders)など》. **9** = jobsite.

by the job 一仕事いくら(の契約)で; (時間でなく)仕事いくらで: employ a man *by the* ~ (時間いくらでなく)仕事いくらで人を雇う. ***do a job on***《俗》...をやっつける; 〈車など〉をめちゃめちゃにする, 台無しにする: The collision *did a* ~ *on* the car. 衝突で車がめちゃめちゃになった. ***do the job for a person*** = ***do a person's job for him*** (1) 人に代って仕事をしてやる. (2)《俗》人をやっつけてしまう: This will *do his* [*the*] ~ *for him.* これで彼も往生するだろう. ***fall*** [***lie***] ***down on the job***《口語》仕事をなまける[いい加減にやる]. ***give up as a bad job***《口語》〈物事·人を〉だめなものとして見切りをつける. ***jobs for the boys***《口語》仲間[子分]向けの(割りのいい)仕事[公職]; = nepotism 1. ***just the job***《口語》ちょうど欲しかった[打ってつけの]もの. ***make the best of a bad job*** 不利な状況で最善を尽くす (make the best of). ***on the job*** (1) (忙しく)働いて, (仕事に)精出して; 仕事中に[で]; 〈機械が〉作動して (cf. on-the-job). (2)《俗》油断なく(警戒して). (3)《英卑》性交中で.

— *attrib. adj.* **1 a** 職業の; 雇用の. **b** 賃[手間]仕事の; 端物印刷(用)の: ⇨ job shop. **c** ある特定の仕事[取引]の(ための). **2** 一括購入[販売]の, 込みで売った[買った], 込みの: ⇨ job lot. **3**《英》賃貸(用)の.

— *v.* (**jobbed**; **job·bing**) — *vi.* **1** 賃[手間]仕事をする, 手間取りをする: ~ about (色々な)手間仕事をする. **2** 株式売買[仲買い]をする. **3** (公職を利用して)金もうけをする: ~ *in* elections 選挙でひともうけする. — *vt.* **1** 賃仕事[下請け]に出す: ~ out the work 仕事を分業的[部分的]下請けに出す. **2** 賃貸借する; 〈馬·馬車などを〉賃貸する; 賃借する. **3** 〈株式·商品〉の仲買いをする; 大口に安く買って小口にもうけて売る. **4** (うまく立ち回って)...でうまいもうけをする; 〈公職にある者が〉地位を利用して...に不正を行なう: ~ a person *into* a post (権力などを利用して)人を売り込む. **5**《俗》**a** だます. **b** 〈競争相手·政敵などを〉失脚させる, 片づける, やっつける.

job backwards《英》(1) あと知恵を使う. (2)〘証券〙あとで知ったことを利用して過去に遡って証券売買をしたと仮定し, その利益を計算してみる. ***job off*** 安値で品物を売る.

job[2] [dʒá(:)b | dʒɔ́b]〖《a1500》《擬音語》: cf. jab〗*v.* (**jobbed**; **job·bing**) — *vt.* **1** 軽く突く[刺す, 押す]. **2**《豪》強打する. — *vi.* 押す, 突く〔*at*〕.

Job [dʒóub | dʒə́ub]〖⊏LL *Jōb*, *Jōbus* ⊏Gk *Iōb* ⊏Heb. *Iyyōbh*《通俗語源》enemy, persecuted〗— *n.* **1** 男性名. **2 a**〘聖書〙ヨブ《ヘブライの族長; 神への信仰が厚くあらゆる神の試練に耐えた忍苦·堅忍の生活は旧約聖書の「ヨブ記」に伝えられている》: (as) poor [patient] as ~ ひどく貧しい[忍耐強い] / the patience of ~ ヨブの忍耐, 極度の辛抱 (*James* 5:11) / You [It] would try the patience of ~. 君[それ]には全く腹が立つ[いらいらする]. **b** (旧約聖書の)ヨブ記 (The Book of Job).

jób àction *n.* (怠業·順法闘争などの)抗議行動.

jób anàlysis *n.*〘経済〙職務分析《各職務の目的·範囲·責任などを分析·確定する》. **jób ànalyst** *n.*

jo·ba·tion [dʒoubéiʃən | dʒəu-]〖《1687》← 《俗》*jobe* to scold, reprove ← JOB (cf. Job's comforter): ⇨ -ation〗*n.*《英口語》長たらしい小言.

job·ber [dʒá(:)bə | dʒɔ́bə(r)]〖← JOB[1] (v.)〗— *n.* **1 a**《米》卸し商, 仲買人《安い品を大口に買って小売人に小口に売る》. **b** = stockjobber 2. **2** (臨時仕事の)人夫, 職人 (pieceworker). **3** 公の仕事で不正の金もうけをする人, 政商; 公職を利用して私利を図る人. **4**《英》(日ぎめの)貸馬屋.

job·ber·nowl [dʒá(:)bənòul | dʒɔ́bənə̀ul]〖《1592》← ? 《廃》*jobard* dupe (⊏F ← *jobe* stupid ← JOB) + *nowl* (《変形》← NOLL)〗*n.*《英口語》あほう, ばか.

job·ber·y [dʒá(:)b(ə)ri | dʒɔ́bəri]〖← JOB[1] (v.) + -ERY〗*n.* (官庁·公団などに関する)利権あさり, 結託[汚職]行為.

jób·bing *adj.* 臨時仕事をする: a ~ gardener 臨時雇いの植木屋 / a ~ printer《英》= job printer.

jób càse *n.*〘印刷〙ジョブケース《欧文活字を入れて手に持つケースの一種で, 端物(はもの)組版(くみはん)に便利なように 1 個のケースに大·小文字の活字をひとそろえ全部収容したもの》.

jób·cèntre *n.*《英》(雇用サービスの一環として政府が設けた)職業案内センター.

jób classificàtion *n.* 職種分類.

Jób Còrps *n.* 職業練成隊《米国で, 16-21 歳の無職の青少年に職業教育と訓練を施す国営機関》.

jób còsting *n.*〘会計〙= job-order cost system.

jób descrìption *n.* 職種内容記録; 職務分析記録.

jób evaluàtion *n.* 職務評価《job rating ともいう》.

jób fàctor *n.* 職務要素 (⇨ factor 2 c).

jób·hòlder *n.* 定職のある人; 政府職員.

jób·hòp〖← JOB[1] + HOP[2]: cf. island-hop〗*vi.* 職を点点とする, 絶えず職場を変える. **jób·hòp·per** *n.*

jób-hòp·ping *n.* (よりよい賃金·待遇を求めての)職場移り, 渡り歩き.

jób hùnter *n.* 求職者.

jób hùnting *n.* 仕事捜し, 求職.

Jo·bi·na [dʒoubí:nə | dʒəu-]〖(fem.) ← JOB〗*n.* 女性名《異形 Jobyna》.

jób·less *adj.* **1 a** 仕事のない, 失業(中)の (unemployed). **b** [the ~; 名詞的に; 複数扱い] 失業者たち. **2** 失業者(のため)の: ~ insurance 失業保険 / a high ~ rate 高い失業率. **~·ness** *n.*

jób lòt *n.* **1** 大口込み売の廉価品, 十把一からげの半端もの. **2** 寄せ集めの(雑多な)商品; (数量の)不ぞろいの[少ない]品, (サイズが)規格より小さい品. **3** 雑多な(時に, 低級な)人間の集団: a ~ of people.
in job lots 十把一からげで; 卸売りで (wholesale).

jób·màster *n.*《英》貸馬屋の主人, 貸馬車店主.

jób òrder *n.* (労務者に対する)作業指令(書) (cf. job ticket).

jób-òrder còsting *n.*〘会計〙= job-order cost system.

jób-order cóst sỳstem *n.*〘会計〙個別原価計算; 指図書別原価計算《主として受注生産形態の工場に適用される原価計算の方法; cf. process cost system》.

jób prìnter *n.* (名刺·招待状·ちらしなどの)端物(はもの)専門の印刷屋.

jób prìnting *n.* 端物(はもの)印刷.

jób ràting *n.*〘経営〙= job evaluation.

Jób's còmforter [dʒóubz- | dʒə́ubz-]〖← JOB: 三人の友人が病と災害に悩む Job を慰めに来たが, その心ない言葉でかえって Job を悲しませた故事から; cf. *Job* 16:2〗— *n.* **1** ヨブの慰安者; (意図的にまたは知らぬ間に)慰めようとしながらかえって相手の苦悩を深める人. **2**《俗》おでき (boil) (cf. *Job* 2:7).

jób shòp *n.* **1** 半端仕事をやる工場. **2** 端物印刷所.

jób·sìte *n.* (建設などの)工事現場, 仕事場.

Jób's téars [dʒóubz- | dʒə́ubz-]〖← JOB: Job が辛苦のために涙を流したことから〗— *n.* (*pl.* ~) **1**〘植物〙ジュズダマ (*Coix lacryma-jobi*)《アジア熱帯地域原産のイネ科の草本; tear grass ともいう》. **2** [複数扱い] ジュズダマの種子《ビーズまたはじゅず玉として用いられる》.

Jób's túrkey [dʒóubz- | dʒə́ubz-]〖← JOB: 19 世紀カナダのユーモア作家 T. C. Haliburton の造語〗— *n.*《米·戯言》赤貧(に甘んじるもの): (as) poor as ~ ものすごく貧乏で (as poor as Job).

jób tìcket *n.* **1** 作業指示票, 作業票《job order に付ける》. **2** = job order.

jób wòrk *n.* **1** (臨時の)かせぎ仕事, 手間賃仕事. **2** (名刺·ちらしなどの)端物(はもの)印刷.

joc.《略》jocose(ly); jocular(ly).

Jo·cas·ta [dʒo(u)kǽstə | dʒə(u)-]〖⊏L ~ ⊏Gk *Iokástē*〗— *n.* **1** 女性名《異形 Jocaste》. **2**〘ギリシャ伝説〙イオカステ《Laius 王の妃で Oedipus の母; のち知らずにその妃となる》.

Joc·e·lyn [dʒás(ə)lin, -lən | dʒɔ́slin]〖⊏? ONF ~ ⊏ OHG *Gautelen* ← *Gauta* 'GOTH' + *-lin* '-LING[1]'〗— *n.* **1** 男性名. **2** 女性名《異形 Jocelin, Joceline, Jocelynne, Joscelin, Joselyn》.

jock[1] [dʒák | dʒɔ́k]〖略〗*n.* **1**《口語》= jockey 1. **2**《俗》= disc jockey.

jock[2] [dʒák | dʒɔ́k]〖略〗*n.*《米·カナダ俗》**1** = jockstrap. **2** = jocker.

jock[3] [dʒák | dʒɔ́k]〖《略》← *jockam*, *jockum* ← ?〗*n.*《卑》= penis.

Jock[1] [dʒák | dʒɔ́k]〖《スコット》~ 'JACK, JOHN[1]'〗*n.* 男性名.

Jock[2] [dʒák | dʒɔ́k]〖《1508》《転用》↑〗*n.* **1**《スコット·アイル》田舎の青年[若者]. **2**《英軍俗》スコットランド人 (Scot); スコットランド兵.

jock·er [dʒákə | dʒɔ́kə(r)]〖⇨ ↑, -er[1]〗*n.*《米·カナダ俗》ホモ (queer).

jock·ey [dʒáki | dʒɔ́ki]〖《a1529》⊏《スコット》~ (dim.) ← JOCK[1]〗— *n.* **1** (職業的な)競馬騎手, ジョッキー. **2 a**《米·カナダ口語》(自動車·トラック·エレベーターなどの)運転手, (飛行機の)操縦士, (機械·道具などの)操作者: a truck ~ / a typewriter ~. **b** = disc jockey. **3**《英》若者 (lad); やっこさん (chappie). **4**《古·方言》馬商人. **5** (ある種の乗馬鞍(くら)の)小韉(あおり).
— *vt.* **1** 騎手として〈馬〉に乗る. **2**《口語》〈飛行機を〉操縦する, 〈自動車などを〉運転する; 〈機械·エレベーターなどを〉操作する. **3 a** 〈人を〉うまくあしらう[動かす] (maneuver). **b** 〈物を〉うまく扱う (manipulate); 〈運びにくい物などを〉うまく動かす[運ぶ]: ~ one's car *into* the garage 車をうまく車庫に入れる. **4** だます, 欺く (cheat): ~ a person *into* doing something 人をだまして何かさせる / ~ a person *out of* something 人をだまして何か取る[巻き上げる].
— *vi.* **1** 騎手を勤める. **2** (利益を求めて)うまく立

ちまわる. **3** 策略を用いる, 策略を用いて利益を得る. ***jockey for position*** (1) (競馬で)うまく馬を導いて好位置につける. (2) (ヨットレース・交通渋滞などの際)ずるく操縦して割りのよい位置に割り込もうとする. (3) (巧みにだましたり, 不正な手を用いて)有利な立場を得ようとする, うまく立ち回る. ***jockey for the favorite wind*** 〈帆船・ヨットなどが〉順風に乗ろうとする.

jóckey bòot *n.* ジョッキーブーツ《カフス付きのトップブーツ (top boot) の一種; 革またはゴム製で上部に房飾りがついているものもある》.

jockey boots

jóckey càp *n.* **1** 騎手帽. **2** 騎手帽を真似た婦人帽.

jóckey clùb *n.* **1 a** 競馬クラブ《その地方の競馬を管理する》. **b** [the J- C-] 英国 Newmarket の競馬クラブ《英本国内の競馬をつかさどる; 1750 年ごろ創立》. **2** これらのクラブ員用の(上等の)席.

jóckey·shìp *n.* 競馬騎手としての技術[熟練].

jóckey stràp *n.* =jockstrap.

jóck ítch 〘← JOCK³〙 *n.* いんきん (tinea cruris).

jock·o [dʒɑ́kou | dʒɔ́kəu] 〘《1847》□ F ～ □ W-Afr. 《土語》 *ncheko* chimpanzee〙 *n.* (*pl.* ～**s**) 〘動物〙 **1** = chimpanzee. **2** =monkey.

Jóck Scótt [Scót] 〘← JOCK¹+SCOTT, SCOT〙 *n.* 〘釣〙(サケ釣用の)毛鉤(ばり).

jóck·stràp 〘← JOCK³+STRAP〙 ― *n.* **1** サポーター《ゴム入り生地(きじ)製で, もと競馬騎手が着用し, 今は一般に男性の運動選手などが股間に用いる; jockey strap, athletic supporter ともいう》. **2** (大学・高校の)運動に熱心な男子学生, 運動選手.

jock·te·leg [dʒɑ́ktəlèg | dʒɔ́k-] 〘□《スコット》～《変形》← ? *Jock the leg* ← ?〙 *n.* 《スコット》(大型の)折りたたみナイフ, ポケットナイフ, ジャックナイフ.

jo·cose [dʒo(u)kóus | dʒə(u)kə́us] 〘《1673》□ L *jocōs-us* humorous: ⇨ joke, -ose¹〙 *adj.* 滑稽な (facetious); おどけた, ふざける (playful). **～·ly** *adv.* **～·ness** *n.*

jo·cos·i·ty [dʒo(u)kɑ́səṭi | dʒə(u)kɔ́sɪtɪ, -sɪ-] *n.* **1** おかしさ, 滑稽; 冗談, ふざけ. **2** おどけた言葉[行為].

joc·u·lar [dʒɑ́kjulə | dʒɔ́kjulə(r] 〘《1626》□ L *joculāris* facetious ← *joculus* (dim.) ← *jocus* 'JOKE': ⇨ -ar¹〙 ― *adj.* 滑稽な, おかしい, ひょうきんな: He is deadly serious behind his ～ façade. 見掛けはひょうきんだが実はくそまじめな男なのだ. **～·ly** *adv.*

joc·u·lar·i·ty [dʒɑ̀kjulǽrəṭi | dʒɔ̀kjulǽrɪtɪ, -rɪ-] *n.* **1** 滑稽, おかしさ. **2** ひょうきん[滑稽]な言葉[行為].

joc·und [dʒɑ́kənd, dʒóukʌnd, -kənd | dʒɔ́k-, dʒə́uk-, -kʌnd] 〘《c1380》□ OF *jocond* □ LL *jōcundus* pleasant (L *jūcundus* pleasant (← *juvāre* to help, delight) が *jocus* (⇨ joke) に影響された)〙 ― *adj.* 陽気な, 楽しい (cheerful); 愉快な (pleasant): a ～ manner. **～·ly** *adv.* **～·ness** *n.*

jo·cun·di·ty [dʒo(u)kʌ́ndəṭi, dʒɑk- | dʒə(u)kʌ́ndətɪ, dʒɔk-, -dɪ-] 〘《15C》: ⇨ ↑, -ity〙 *n.* **1** 愉快, 陽気, 浮き立つような気持ち, 歓喜. **2** 陽気な行為[言葉].

jodh·pur [dʒɑ́dpə | dʒɔ́dpə(r, -pɑː(r, -puə(r] 〘《転用》↓〙 ― *n.* [通例 *pl.*] **1** ジョドパーズ《乗馬ズボンの一種; 上部がゆったりして膝からくるぶしまでがきっちりしている; jodhpur breeches ともいう》. **2** ジョドパー《わきでバックル留めになった深さが足首までの乗馬靴; jodhpur boot [shoe] ともいう; cf. chukka》.

Jodh·pur [dʒɑ́dpə, dʒóud-, -puə | dʒɔ́dpə(r, -pɑː(r, -puə(r] *n.* ジョドプル: **1** インド北西部の旧州; Marwar ともいった. **2** インド北西部, Rajasthan 州の都市; 旧 Jodhpur 州の首都; 人口 318,000.

jódhpur bòot *n.* =jodhpur 2.

jódhpur brèeches *n. pl.* =jodhpur 1.

jódhpur shòe *n.* =jodhpur 2.

Jo·dine [dʒo(u)díːn | dʒə(u)-] 〘cf. Jody, -ine⁴〙 *n.* 女性名.

Jód·rell Bánk [dʒɑ́drəl- | dʒɔ́d-] *n.* イングランド Cheshire 州北東部の天文台所在地; 世界最大級の電波望遠鏡がある.

Jo·dy [dʒóudi | dʒə́udi] 〘(dim.) ← JUDITH〙 *n.* 女性名.

joe¹ [dʒou | dʒəu] *n.* 《スコット》=jo¹.

joe² [dʒou | dʒəu] 〘《変形》← JAVA〙 *n.* 《米口語》コーヒー (coffee).

Joe¹ [dʒóu | dʒə́u] 〘(dim.) ← JOSEPH〙 *n.* 男性名.

Joe², j- [dʒóu | dʒə́u] 〘《転用》↑〙 ― *n.* **1 a** 《口語》男, 人 (fellow), やつ (guy): He's a good ～. 彼はいいやつだ. **b** (米国の)兵隊, 兵士 (cf. GI *adj.* 2); 米国人. **2** [名を知らぬ人への呼掛けに用いて] やあ, 君.
not for Joe 《英俗》断じて…で[し]ない, まっぴらご免だ (by no means): "Are you going to help him?" "*Not for* ～." 「彼を助けるつもりか」「だれが助けてやるものか」.

Jóe Blów 〘← JOE²+BLOW¹ (n.)〙 *n.* 《米俗》**1** 普通の人. **2** うぬぼれ屋, えらがり屋.

Jóe Cóllege *n.* 《米口語》(男子)大学生; (特に)遊びまわる大学生.

Jo·el [dʒóuəl | dʒə́uel, dʒə́uəl, dʒə́ul] 〘□ LL *Jōēl* □ Gk *Iōḗl* □ Heb. *Yōʼēl* 《原義》Yahweh is God: cf. Elijah〙 ― *n.* **1** 男性名. **2 a** 〘聖書〙ヨエル《紀元前 5 世紀のヘブライの預言者》. **b** (旧約聖書の)ヨエル書.

Jóe Míller 〘英国喜劇俳優 *Joseph Miller* (1684-1738) の名が死後出版された John Mottley, *Joe Miller's Jests* (1739) の表題となったことから〙 ― *n.* **1** 滑稽小話集. **2** 冗談, だじゃれ; (特に)古臭い冗談.

jóe-pýe wèed, Jóe-Pýe w- 〘← ?〙 *n.* 〘植物〙ヒヨドリバナ; (特に)米国産ヒヨドリバナ 2 種 (*Eupatorium maculatum, E. purpureum*).

jo·ey¹ [dʒóui | dʒə́uɪ] 〘《1839》□ Austral. 《土語》*joè*〙 *n.* 《豪》**1 a** 幼獣; (特に)カンガルーの子. **b** 幼児. **2** 半端(はんぱ)仕事の雇い人.

jo·ey² [dʒóui | dʒə́uɪ] 〘*Joseph Hume* (1777-1855: この貨幣の鋳造を強力に推進したといわれる政治家)の愛称 (↓) から〙 *n.* 《英俗》ジョイ《3 ペンス貨》.

Jo·ey¹ [dʒóui | dʒə́uɪ] 〘(dim.) ← JOSEPH〙 *n.* 男性名.

Jo·ey² [dʒóui | dʒə́uɪ] 〘← *Joseph Grimaldi* (1779-1837: 英国のパントマイム役者・道化役者)〙 ― *n.* (サーカスの)道化役者《顔を白く塗り, 白いひだ襟付きの白の道化服を着て, 小鈴の付いた帽子をかぶる》.

Jof·fre [ʒɔ́ːfr(ə) | ʒɔ́f-; *F.* ʒɔfʀ], **Joseph Jacques Césaire** *n.* ジョッフル《1852-1931; フランスの陸軍元帥, 第一次大戦当初の陸軍最高指揮官, のち連合国軍最高指揮官, マルヌ (Marne) 戦勝 (1914) の英雄》.

jog¹ [dʒɑ́(ː)g, dʒɔ́(ː)g | dʒɔ́g] 〘《1548》《擬音語》?: cf. jag¹ (v.) / 《方言》*shog* to shake〙 ― *v.* (**jogged**; **jog·ging**)
― *vt.* **1 a** (押したり引いたりして)〈重い物を〉揺する, 揺さぶる. **b** そっと押す[突く]; (注意を促すために)ちょっと押す[突く] (nudge): ～ a person's elbow. **2** 〈記憶を〉促す; 〈人〉の注意を呼び起こす (remind): ～ a person's [one's] memory / ～ a person up to his duty 職務に忠実であるように人に注意する. **3** 〈機械・モーターなどを〉ちょっと動かす[回転させる]. **4** 〈馬を〉ゆるやかな速足で歩かせる. **5** 〘印刷〙〈束ねた紙を〉突(つ)き揃える. ― *vi.* **1** 上下に[あちこちに]重々しく動く, 揺れ動く, 〔…に〕揺れてぶつかる 〔*against*〕. **2 a** がたがた揺れながら進む, (馬車などに)ゆられて行く (jolt): ～ a few miles on horseback 馬上でゆられながら数マイル行く. **b** 単調に[どうやら]続けて行く; 〈物事が〉のろのろ進む 〈*along, on*〉: Matters ～*ged along* somehow. 事はどうにか運んだ. **3** (健康のために)ゆっくり走る, ジョギングする. **4** 出掛ける, 行く, 進む: We must be ～*ging*. もう出掛けよう. **5** 〘馬術〙〈馬が〉ゆるやかな速度で歩く, ジョグトロット (jog trot) で進む.
― *n.* **1** ゆすぶり, (軽い)揺れ. **2 a** 軽く押す[突く]こと. **b** (思い出させるための)刺激, ヒント: His words gave my memory a ～. 彼の言葉でふと思い出した. **3** とぼとぼ[がたごと]と通って行くこと, (馬の)徐行, 規則的なゆっくりした速歩歩様.
jóg·ger *n.*

jog² [dʒɑ́(ː)g, dʒɔ́(ː)g | dʒɔ́g] 〘《変形》← JAG¹〙 ― *n.* **1** (線または面の)でこぼこ, 出っ張り, 凹み, 不ぞろい. **2** (道路・壁面などの)突出部. **3** 〘舞台〙室内セットの壁面に造られた細長い突出部《立体感を加えたり, すきまを隠すのに用いられる》. ― *vi.* 〈線・道路・壁面などの一部が〉突き出る[引込む]: The corner of the wall ～*s* to the right. 塀(へい)の隅が右側に突き出ている.

jóg·ging *n.* ジョギング《健康のため, また準備運動としての軽い駆け足を加えた徒歩運動》.

jog·gle¹ [dʒɑ́gl | dʒɔ́gl] 〘《1513》← JOG¹ (v.) + -LE³〙 ― *vt.* 揺り動かす, ゆすぶる. ― *vi.* がたごと揺れる; 揺れながら進む 〈*on, along*〉. ― *n.* 振動, 動揺; がたごと揺れる進行.

jog·gle² [dʒɑ́gl | dʒɔ́gl] 〘← ? JOG²+-LE¹〙 ― *n.* **1 a** 枘(ほぞ)継ぎ《2 個の木材・石材などの一方に凸部を, 他方に凹部を造って行なう継ぎ合わせ》. **b** 枘穴《枘継ぎの凹部》. **c** 枘《枘継ぎの凸部》. **2** 〘石工〙=dowel 1. ― *vt.* 〈石材・木材などを〉枘継ぎする; ジョグルする《2 枚の板を重ねて接合する時, 外側に段がつかないように一方の板に他方の板厚だけ段をつけて重ねる》.

jóggle pòst *n.* 〘建築〙 **1** 枘(ほぞ)継ぎされた柱. **2** = king post.

jóg·gling plànk [-glɪŋ-, -gl-] *n.* 〘海事〙段付け板《相手側の材とよく嚙合うよう鎧戸状の段を付けた厚板》.

Jog·ja·kar·ta [dʒɑ̀gjəkɑ́ːṭə | dʒɔ̀gjəkɑ́ːtə] *n.* ジョグジャカルタ《Java 島中部の都市; 人口 343,000》.

jóg tròt *n.* **1** とぼとぼ歩き, てくてく歩き. **2** (生活などの)単調で平凡な進み方[やり方]. **3** 〘馬術〙ジョグトロット, ちょこちょこ歩き《短節の速歩(はやあし)歩調で, 常歩(なみあし)から速歩に移るときの歩様》.

Jo·han [jouhɑ́ːn, jóuhɑːn | jəuhɑ́ːn, jóuhɑːn; *Swed.* júːan, júːhan, *Dan.* johán, *Norw.* johɑ́n] 〘□ Swed. ～ 'JOHN¹'〙 *n.* 男性名.

Jo·hann [jouhɑ́ːn, jóuhɑːn | jəuhɑ́ːn, jóuhɑːn; *G.* johán, jóːhan] 〘□ G ～ 'JOHN¹'〙 *n.* 男性名.

Jo·han·na [dʒou(h)ǽnə | dʒəu-; *G.* johána] 〘⇨ Joanna〙 *n.* 女性名.

jo·han·nes [dʒouhǽnɪz, -nəs | dʒəuǽnɪs] 〘← NL ～ (↓): この金貨を 1722 年初めて鋳造させたポルトガル王 John 五世にちなむ〙 ― *n.* (*pl.* ～) ヨハンネス金貨《18 世紀のポルトガルの金貨》.

Jo·han·nes [jouhǽnɪs, -nəs | jəuhǽn-; *Dan.* johánʼəs, *Du.* joːhɑ́nəs, *G.* johánəs, -nɛs, *Swed.* juhánəs] 〘□ ML *Jōhannēs*: ⇨ John¹〙 *n.* 男性名.

Jo·han·nes·burg [dʒo(u)hǽnɪsbə̀ːg, dʒə-, -hɑ́ːn-, -nəs-, -nɪz-, -nəz- | dʒə(u)hǽnɪsbə̀ːg, -nəs-, -nɪz-, -nəz-] *n.* ヨハネスバーグ《Transvaal 州の商業・金鉱の中心地で南アフリカ共和国最大の都市; 人口 655,000》. ★ 現地では [dʒəhɔ́nɪsbə̀ːg] とも発音する.

Jo·han·nine [dʒouhǽnaɪn, -nɪn, -nən | dʒəuhǽnaɪn] 〘□ ML *Jōhannēs*+-INE¹: ⇨ Johannes〙 *adj.* 〘キリスト教〙使徒ヨハネの; ヨハネ伝の.

Jo·han·nis·berg·er [dʒo(u)hǽnɪsbə̀ːgə, dʒə-, -nəs-, -nɪz-, -nəz- | jə(u)hǽnɪsbə̀ːgə(r, -nəs-, -nɪz-, -nəz-] 〘《1822》□ G ～ ← *Johannisberg* (ドイツ東プロイセンの原産地名): ⇨ -er¹〙 ― *n.* ヨハニスベルク(ワイン)《西ドイツライン地方産白ぶどう酒》.

John¹ [dʒɑ́(ː)n | dʒɔ́n] 〘ME *Johan, Iohan* □ ML *Jōhannēs* □ Gk *Iōánnēs* □ Heb. *Yōḥānān* 《原義》Yahweh is gracious: cf. Jack〙 ― *n.* **1** 男性名《愛称形 Jack, Johnnie, Johnny, Jon; 異形 Johann, Johannes; (スコット) Ian, Iain; (アイルランド) Sean, Shane; (ウェールズ) Evan, Ifan, Sion》. **2** [(Saint) ～] 〘聖書〙 **a** ヨハネ《十二使徒の一人; 兄弟ヤコブ(ゼベダイの子ヤコブ)やペテロとともに最も中心的な使徒の一人; 伝承的には第 4 福音書(ヨハネによる福音書)・ヨハネの 3 書簡・黙示録の著者といわれる; 祝日 12 月 27 日》. **b** (新約聖書の)ヨハネ伝福音書, ヨハネによる福音書 (The Gospel according to St. John)《四大福音書の一つ》. **c** (新約聖書の)ヨハネの黙示録 (The Revelation of St. John) (略 Rev.). **d** (新約聖書の)ヨハネ書, ヨハネの手紙 (The Epistles of John)《第一・二・三の三書から成る》. **3** [(Saint) ～] 〘聖書〙(バプテスマの)ヨハネ (⇨ John the Baptist). **4** (以上の外, 聖書中に現われる数人の)ヨハネ.

John² *n.* (1167?-1216) イングランドの王 (1199-1216), フランスと戦って敗れ, フランス内の領土の多くを失い, 教皇 Innocent 三世と争って interdict の処分を受けた; 1215 年に大憲章 (Magna Charta) に署名させられた; 異名 John Lackland「領地なしのジョン, ジョン欠地王」.

John³ [dʒɑ́(ː)n | dʒɔ́n] 〘《転用》← JOHN¹〙 ― *n.* 《俗》**1 a** [しばしば j-] 男, やつ (guy, chap). **b** 恋人 (woman's lover). **c** [しばしば j-] 《米俗》売春婦のなじみ客の一人. **d** 《豪》警官, お巡(まわ)り. **e** 《軽蔑》=John Chinaman. **2** [j-] 《米》便所, トイレ (toilet); (特に)男子用公衆便所 (cf. loo²). **3** 《英卑》=penis.

John I *n.* ジョアン一世《1357-1433; ポルトガルの王 (1385-1433); 王子 Henry (航海王)のアフリカ探検を奨励; 通称 John the Great》.

John I, Saint *n.* ヨハネス[ヨハネ]一世《470?-526; 教皇 (523-26)》.

John II *n.* **1** ジャン二世《1319-64; フランスの王 (1350-64); ポアティエ (Poitiers) の戦に敗れて英国にとらわれの身となった; 通称 Jean le Bon (John the Good)》. **2** ホアン二世《ポルトガルの王 (1481-95); 通称 John the Perfect》.

John III *n.* ヤン三世《1624-96; ポーランドの王 (1674-96); 別名 John Sobieski》.

John IV *n.* ジョアン四世《1604-56; ポルトガルの王 (1640-56), Braganza 王朝の祖; 通称 John the Fortunate》.

John XXIII *n.* ヨハネス[ヨハネ]二十三世《1881-1963; イタリアの聖職者; 教皇 (1958-63); 本名 Angelo [ándʒelo] Giuseppe Roncalli [roŋkálli]》.

John, Augustus (Edwin) *n.* (1878-1961) 英国の肖像画家・銅版画家.

Jóhn Bárleycorn 〘⇨ Barleycorn〙 *n.* ビール[ウイスキー]の別称《大麦の擬人化》.

Jóhn Bírch·er [-bə́ːtʃə | -bə́ːtʃə(r] *n.* =Bircher.

jóhn·bòat 〘← JOHN¹+BOAT〙 *n.* (棹(さお)や櫂(かい)で推進する)平底の小舟《普通奥地の川で用いられる》.

Jóhn Búll [-búl] 〘← *John Bull* (John Arbuthnot 作 *The History of John Bull* (1712) の主人公で英国人の典型)〙 ― *n.* 英国, 英国国民《あだ名》; (典型的な)英国人 (cf. Uncle Sam 2, Brother Jonathan, Fritz², Hans, Ivan Ivanovitch, Paddy, Sandy, Taffy).

Jóhn Búll·ish [-lɪʃ] *adj.* 英国人風の, ジョンブルらしい. **～·ness** *n.*

Jóhn Búll·ism [-lɪzm] *n.* 英国人風, 英国人魂, 英国人気質(かたぎ).

Jóhn Chínaman *n.* [通例軽蔑的に] 中国人; (米国・豪州に住む)中国人移民《単に John ともいう》.

Jóhn Dóe 〘← *John Doe* (ありふれた人名で特定の個人ではない)〙 ― *n.* **1** 〘英法〙もと不動産回復訴訟 (ejectment) において原告を仮想的に呼んだ名 (cf. Richard Roe, Jane Doe). **2** (取引き・手続き・訴訟の)一方の仮想名. **3** 普通の[平均的な]人, 並の男.

Jóhn Dóry 〘← JOHN¹+DORY¹〙 *n.* (*pl.* ～**s**) 〘魚類〙ニシマトウダイ (*Zeus faber*)《dory ともいう》.

Jóh·ne's disèase [jóunɪz-, -nəz- | jə́unɪz-; *G.* jóːnə-] 〘← *Albert Johne* (1839-1910: ドイツの医師)〙 ― *n.* 〘獣医〙ヨーネ病《パラ結核菌 (*Mycobacterium paratuberculosis*) の感染による反芻(はんすう)獣の慢性下痢症; paratuberculosis ともいう》.

Jóhn F. Kénnedy Internátional Áirport *n.* ケネディー国際空港《米国 New York 州 Long Island 南西部にある; 旧名 Idlewild》.

Jóhn Hán·cock [-hǽnkɑk | -kɔk] 〘← *John Hancock* (1737-93: 米国の政治家, 独立宣言署名者の一人): その署名が読みやすい肉太の字であったところから〙 ― *n.* 《米口語》(自筆の)署名: Please put your ～ on it. それにご署名下さい.

Jóhn Hénry 〘← *John Henry* (ありふれた人名で特定の個人ではない)〙 ― *n.* (*pl.* **-ries**) **1** =John Hancock. **2** 〘米伝説〙ジョン ヘンリー《主に黒人のバラッドに歌われている怪力無双の黒人》.

John·i·an [dʒóuniən, -njən | dʒə́unjən, -nɪən] 〘← *St. John*+-IAN〙 *adj., n.* (Cambridge 大学の) St. John's College の(校友, 在学生, 出身者).

joh·nin [jóunɪn, -nən | jə́unɪn] 〘← *A. Johne* (⇨ Johne's disease)+-IN¹〙 ― *n.* 〘獣医〙ヨーニン《パラ結核菌 (*Mycobacterium paratuberculosis*) の培養濾液;

Johne's disease の診断液; paratuberculin ともいう》.

Jóhn Láw *n.* 《米》法務官 (law officer); 警官.

John·na [dʒɑ́nə | dʒɔ́nə] 〖(fem.) ← JOHN[1]〗 *n.* 女性名.

John·ny[1] [dʒɑ́ni | dʒɔ́nɪ] 〖(dim.) ← JOHN[1]〗 *n.* 男性名《異形 Johnnie》.

John·ny[2] [dʒɑ́ni | dʒɔ́nɪ] 〖《1673》: ↑〗 **—** *n.* 《俗》 **1 a** [時に j-; 男子への親しい呼掛けに用いて] おい, 君. **b** 《英》やつ, 野郎. **c** 《豪》巡査. **2** [j-] =John[3] 2. **3** (入院患者が着る)背中で留める襟のない短いガウン.

Jóhnny Ármstrong 〖《擬人化》← *strong arm*〗 *n.* 《英海軍俗》 **1** 腕力. **2** 力仕事, 筋肉労働.

jóhnny·càke 〖← ? JOHNNY[1]+CAKE // ← ? 《廃》 *jonakin* ▭ Am.-Ind. *jonikin* griddlecake // 《変形》? ← *Shawneecake* (⇨ Shawnee)〗 **—** *n.* ジョニーケーキ: **a** 《米》とうもろこし粉を練って鉄板などで焼くパン. **b** 《豪》粗びきの小麦を練って焼く[揚げる]パン.

Jóhnny-còme-látely *n.* (*pl.* **-late·lies, Johnnies-**) 《口語》新参者 (newcomer); 新米 (beginner).

Johnny Cra·paud [dʒɑ́ni-krӕpóu, ⸗–⸗– | dʒɔ́nɪ-krӕpóu, ⸗–⸗–] 〖← JOHNNY[1]+F *crapaud* toad (料理で蛙をよく使うため?)〗 *n.* フランス人《あだ名》.

Jóhnny-júmp-ùp 〖生長が早いところから〗 **—** *n.* 〘植物〙 **1** 野生のサンシキスミレ (wild pansy); 小さな花をつける園芸種のサンシキスミレの総称. **2** 北米産スミレ数種の総称.

Jóhnny-on-the-spót *n.* 《口語》待ってましたとばかり何でもやる人; (緊急の事態に対処できる)機転屋.

Jóhnny Ráw *n.* うぶ, 新米 (greenhorn)《初心者のあだ名》; 新兵 (raw recruit).

Jóhnny Réb [-réb] *n.* (米国南北戦争当時の)南軍の兵士 (Confederate soldier). ⌈1.

Jóhnny smókers *n.* (*pl.* ~) 〘植物〙 =prairie smoke

Jóhn of Aústria, Don *n.* ドンファン デ アウストリア《1547?–1578; スペインの提督・将軍; Charles 五世(スペインの Charles 一世)の庶子; Lepanto の海戦でトルコ軍を破った》.

Jóhn of Gáunt [-gɔ́:nt, -gɑ́:nt | -gɔ́:nt] 〖*Gaunt*: ← GHENT (その生地)〗 **—** *n.* (1340–99) Edward 三世の第四子で Lancaster 家の始祖; 百年戦争中兄の Black Prince に従って転戦した; 称号 Duke of Lancaster.

Jóhn of Láncaster *n.* ⇨ Duke of BEDFORD.

Jóhn of the Cróss, Saint *n.* クルス《1542–91; スペインの神秘家・詩人・教会博士; スペイン語名 Juan de la Cruz; *Cántico Espiritual*「霊の歌」(1578 ?)》.

Jóhn o'Gróat's Hóuse [dʒɑ́nəgróuts- | dʒɔ́nəgróuts-] 〖1489年ごろスコットランドに移住したオランダ人 John o'Groat の一家が家を建てたといわれる〗 **—** *n.* スコットランド北東端の岬 Duncansby Head の近辺; John o'Groat's ともいう; cf. Land's End.

Jóhn Pául I *n.* ヨハネス パウルス[ヨハネ パウロ]一世《1912–78; イタリアの聖職者; 教皇 (1978), 在位 33 日で急死; 本名 Albino Luciani》.

Jóhn Pául II *n.* ヨハネス パウルス[ヨハネ パウロ]二世《1920– ; ポーランドの聖職者; 教皇 (1978–); 本名 Karol Wojtyła [kárəl vɔitíwa]》.

John·son [dʒɑ́nsn | dʒɔ́n-], **Andrew** *n.* (1808–75) 米国の第 17 代大統領 (1865–69).

Johnson, James Wel·don [wéldn] *n.* (1871–1938) 米国の黒人詩人・小説家; *The Autobiography of an Ex-Colored Man* (小説, 1921).

Johnson, Lionel (**Pig·ot**) [pígət] *n.* (1867–1902) 英国の詩人・批評家; *Poems* (1895).

Johnson, Lyndon Baines [béɪnz] *n.* (1908–73) 米国の第 36 代大統領 (1963–69).

Johnson, Samuel *n.* (1709–84) 英国の詩人・辞書編集者・批評家, 18 世紀後半のイギリス文壇の中心人物; *The Vanity of Human Wishes* (1749); *A Dictionary of the English Language* (1755); *The Lives of the English Poets* (1779–81) (⇨ Boswell); 通称 Dr. Johnson.

Johnson, William Eugene *n.* (1862–1945) 米国の禁酒運動家; 通称 Pussyfoot Johnson.

John·son·ese [dʒɑ̀nsəní:z, -ní:s | dʒɔ̀nsəní:z, -sn-] 〖⇨ -ese〗 **—** *n.* Dr. Johnson 流の文体《ラテン系の語を多用し, 荘重・雄勁(ゆうけい)であると同時に重苦しいところのある文体》. **—** *adj.* 〈文体が〉Johnson 風[流]の.

Jóhnson gràss 〖← *William Johnson* (*d.* 1859: 米国の農業研究家)〗 *n.* 〘植物〙セイバンモロコシ (*Sorghum halepense*)《地中海地域原産のイネ科の大形多年草; 飼料用に栽培; Aleppo grass ともいう》.

John·so·ni·an [dʒɑnsóuniən, -njən | dʒɔnsóunjən, -nɪən] *adj.* **1** Dr. Johnson の. **2** =Johnsonese. **—** *n.* Dr. Johnson の模倣者[崇拝者]; Johnson 学者.

Jóhnson nóise 〖← *John B. Johnson* (1887– : 米国の物理学者)〗 *n.* 〘電子工学〙ジョンスン雑音 (⇨ thermal noise).

Jóhn Stíles [-stáɪlz] 〖《変形》← 《古形》 *John-a-stiles* ← JOHN[1]+A(T)+STILE〗 *n.* 〘法律〙氏名不祥の訴外第三者の仮名 (cf. John Doe, Richard Roe).

John·ston [dʒɑ́nstən, -tn, -sn | dʒɔ́n-], **Albert Sidney** *n.* (1803–62) 米国南北戦争当時の南軍の将軍.

Johnston, Joseph Eggleston *n.* (1807–91) 米国南北戦争当時の南軍の将軍.

Johnston, Mary *n.* (1870–1936) 米国の女流小説家; *To Have and to Hold* (1900).

Johns·town [dʒɑ́nstaun, dʒɑ́nz- | dʒɔ́ns-, dʒɔ́nz-] 〖← *Joseph Johns* (18 世紀末のこの地方の地主)〗 **—** *n.* 米国 Pennsylvania 州南西部の都市; 1889 年の貯水池決壊の惨事で有名; 人口 43,000.

Jóhn the Báptist *n.* [(Saint) ~] 〘聖書〙バプテスマのヨハネ, 洗(礼)者ヨハネ《Zacharias の子; ヨルダン川のほとりで神の国の近いことと悔い改めのバプテスマ(洗礼)の必要を述べ, きたるべきメシアの証人となる; イエスも彼から洗礼を受ける; イエスの先駆者; 祝日 6 月 24 日; 単に John ともいう; cf. *Matt.* 3:1; *Mark* 1:4》.

Jóhn the Cónstant *n.* 節操のヨハン《1468–1532; ドイツザクセン侯, 選帝侯; 新教に最も早く改教した一人; シュマルカルデン同盟 (Schmalkaldic League) の結成を助けた; ドイツ語名 Johann der Beständige》.

Jóhn Thómas *n.* 《英俗》=penis.

Jo·hore Bah·ru [dʒəhɔ́ə-bɑ́:ru:, -hóə- | dʒə(u)hɔ́:-] *n.* ジョホールバール《Malay 半島南端の都市; 人口 1,274,000》.

joie de vi·vre [ʒwɑ́:-də-ví:vr(ə); *F.* ʒwadvi:vr] 〖▭ F ~ 'joy of living'〗 *F. n.* 生の喜び, 生きる楽しみ.

join [dʒɔ́ɪn] 〖《?a1300》▭ (O)F *joign-* (pres.p. stem) ← *joindre* to join < L *jungere* to join, unite ← IE **yeu-* to join: cf. yoke[1]〗 **—** *vt.* **1 a** 接合する, くっつける (fasten, attach); 〈力などを〉合わせる (combine): ~ two metal sheets with solder 金属板 2 枚をはんだで接合する / We ~*ed* hands in a circle. われわれは手をつないで輪を作った / She ~*ed* the skirt *with* the bodice by a band. 彼女はスカートを胴衣にひもで結わえつけた / They ~*ed* forces in the effort. 彼らは協力して事に当たった. **b** (鉄道・橋などで)連結する (link): ~ two towns by a railway / ~ two seas by a canal / ~ an island to the mainland with a bridge 橋によって島を本土に結ぶ. **c** 〘数学〙〈2 点を〉結ぶ: ~ two points by a straight line. **2** (結婚・友情・同盟などで)密接に結合させる, 連合させる (unite); 結婚させる (marry): ~ one *with* [*to*] another *in* marriage, friendship, etc. / They will soon be ~*ed*. 二人はじき結ばれるだろう. **3 a** …と一緒になる, …に会う (meet): ~ one's friends at the station 駅で友人と落ち合う / I'll wait here till you ~ me. 君が来るまでここで待っていよう. **b** …の仲間になる, …と合同する, …に参加[加盟]する; 〈クラブ・会などに〉加入する, 加わる: ~ a club [the Socialist Party] クラブ[社会党]に入会[入党]する / ~ a church 教会の信徒となる / ~ a person *in* a walk [*in* taking a walk] 人と散歩を共にする / My wife ~*s* me *in* kind regards. 家内からもよろしく申しております. **c** 〘軍隊〙に入る, 入隊する, 〈船〉に乗り込む; 〈所属の連隊・乗組の本船〉へ帰る: ~ the Navy, a ship, etc. / ~ the colors 入隊する, 応召する. **4 a** 〈支流・小道などが〉〈本流・大道〉と合する, 合流する: Where does this road ~ the highroad? この道はどこで本街道に出ますか / The road climbed up to ~ the speedway. その道路は急な上り坂でその先は高速道路に合流していた. **b** 《口語》…と境を接する, 隣接する (adjoin): The U.S.A. ~*s* Canada along an immense frontier. 合衆国はカナダと広い範囲にわたって境を接している. **5** 〈戦いを〉交える: ~ battle 戦闘を開始する, 交戦する / The arms race was ~*ed* after the Russians made their first test. ソ連が最初の実験をやってから軍備競争が始まった.
— *vi.* **1** 一緒になる; 合する (meet), 接する: The two gardens ~ *at* the hedge. 二つの庭は生垣のところで接している. **2 a** 〔…と〕行動を共にする〔*with*〕: My mother ~*s with* me *in* congratulating you. 母共共お喜び申し上げます. **b** 〔…に〕参加する (take part) 〔*in*〕: If you are raising a subscription, I will ~ *in*. 寄付を募集なさるのなら私も仲間に入ります / Let me ~ *in* your conversation. お話に加わらせてください / Might I ask you all to ~ *in* the cry of 'Fire!'? 君たち全員で「火事だ」と大声で叫んでくれないか.
join up (*vi.*) (1) (団体などに)加入する; (特に)入隊する. (2) 提携する, 合併する〔*with*〕.
— *n.* **1** 合流, 接合. **2** 接合点[線, 面], 継ぎ目, 合わせ目. **3** (テープレコーダー用のテープの)つなぎ, スプライス (splice). **4** 〘数学〙結び, 和集合 (union) (記号 ∪).
~·a·ble [-nəbl] *adj.*

joi·nant [dʒɔ́ɪnənt] 〖▭ F *joignant* (pres.p.) ← *joindre* 'to JOIN'〗 *adj.* 〘紋章〙=conjoined.

join·der [dʒɔ́ɪndə | -də(r)] 〖《1601》▭ (O)F *joindre* to join: ⇨ join〗 **—** *n.* **1** 連合, 接合 (conjunction, union). **2** 〘法律〙 **a** (原告同士または被告同士の)共同; 訴えの併合; 共同訴訟; 訴訟原因の併合; 犯罪の併合. **b** (自己に不利益な)争点の承認[受諾].

jóin·er 〖ME *joinour* ▭ AF *joignour*=OF *joigneor* ← *joign-*: ⇨ join, -or[2]〗 **—** *n.* **1 a** 接合者, 結合者; 連合[合同]運動家. **b** 《口語》(各方面の)団体[会]に加入する(のを好む)人, クラブ(加入)マニア, 交際[社交]家. **2 a** 指物(さしもの)師, 建具屋 (cf. carpenter 1). **b** (種々の)接合職人, 接合工. **c** (窓に仕上げる前に, 色ガラスを鉛ぶちにはめる)ステンドグラスの職人. **d** (服の各部を縫い合わせる)縫製職人.

jóiner dòor *n.* 〘造船〙(水密を必要としない隔壁に用いる)仕切り戸《普通は木製》.

jóiner wòrk *n.* =joinery.

join·er·y [dʒɔ́ɪn(ə)ri | -nəri] *n.* **1 a** 指物業, 建具職. **b** 指物師[建具業者]の技術[腕前, 仕事]. **2** [集合的] 建具類; 家具類 (furniture).

jóin·ing 〖ME: ⇨ join, -ing[1]〗 *n.* **1** 接合, 接着, 結び付き. **2** 接合[接着]点 (juncture).

joint [dʒɔ́ɪnt] 〖《c1300》▭ OF *joint(e)* (p.p.) ← *joindre* 'to JOIN'〗 **—** *n.* **1 a** 接合個所, 継ぎ目, 合わせ目, 目地(めじ), 接合面, 接点: a ~ *in* a pipe 管の継ぎ目 / a ~ *between* two bricks れんがとれんがの間の継ぎ目. **b** 関節: the wrist ~ 手関節 / the ~ capsule 関節囊(のう) / the ~ cavity 関節腔 / set the knee in ~ (again) 外れた膝(ひざ)の関節を整復する. **2** (ロースト用骨付きの)大きな肉の塊: a ~ of mutton. **3** 《俗》 **a** (下等な)もぐり酒場, 博打宿, 安ホテル[レストラン, ナイトクラブ], 阿片窟, (悪党の)集合所,「穴」: a strip ~ ストリップ小屋 / a gambling ~ 賭博場 / ⇨ clip joint 1. **b** 家, 店, 建物, 場所: case the ~ ⇨ case[1] *vt.* **4** 《俗》マリファナ(紙巻き)たばこ (marijuana cigarette): smoke a ~. **5** 〘木工〙(木材の)仕口(しぐち), 差し口〔*between*〕. **6** 〘電気〙接続; 継ぎ目: a cable ~ ケーブル接続 / a soldered ~ はんだ接続. **7** 〘機械〙継ぎ手; 継ぎ目: ⇨ toggle joint, universal joint. **8** 〘植物〙(枝または葉の)付け根, ふし (node). **9** 〘地質〙節理《岩石中の割れ目》. **10** 〘製本〙 **a** つなぎ部, 接着部《表紙を開閉する時, 蝶番(ちょうつがい)の役をしている部分》. **b** 溝《表紙のつなぎ部分のくぼみ; hinge ともいう》.
out of joint (1) 関節が外れて, 脱臼(だっきゅう)して: put one's foot [arm, knees] *out of* ~ 足[腕, 膝]の関節を外す. (2) 乱れて, 狂って (out of order): The time is *out of* ~. 今の世は調子が狂っている《しばしば The times are *out of* ~. として引用される; Shak., *Hamlet* 1.5.189》. (3) 不釣合いで, 調子が合わないで〔*with*〕.
put a person's nose out of joint ⇨ nose 成句.
— *attrib. adj.* **1** 〈行為・事業・所有権・責任など〉合同の, 共同の, 共有の, 連合の: a ~ ballot 連記投票 / a ~ debtor 連帯債務者 / ~ members of a committee 共同委員 / a ~ editor 共同編集者 / a ~ adventure [enterprise] 共同事業[企業] / ~ development of Siberian raw materials シベリヤの原料共同開発 / ~ heirs 共同相続人 / a ~ note 連帯約束手形 / our ~ researches (二人による)合同捜査 / a ~ offense 共犯 / a ~ trial (複数の被告の)合同裁判 / ~ owners 共有者 / ~ ownership 共有権 / ~ property 共有財産 / a ~ protest 共同抗議 / a ~ statement 共同声明 / ⇨ joint communiqué / the ~ declaration of the French and Italian Communist parties 仏伊両共産党の共同宣言 / ~ occupation of the city その市の共同占領 / a ~ surety 連帯保証人 / ~ responsibility 連帯責任 / during the ~ lives of …が共々に生きている間 / in our ~ names われわれの連名で. **2** 〘議会〙(二院制立法府の)双方に関係のある; 両院合同の. **3** 〘軍事〙統合の《陸・海・空軍のうち 2 軍以上が参加する活動・作戦・編成などに関していう; cf. combined 1》: a ~ force 統合部隊 / ~ operation 統合作戦. **4** 〘社会学〙複合的な: ⇨ joint family. **5** 〘数学・統計〙同時の, 結合の《同一の母集団で定義されたいくつかの確率変数の組として得られる確率変数についていう》.
joint and (last) survivor annuity 連合生残年金《二人以上の被保険者のうち一人が生存する限り支払われる年金》.
Joint Chiefs of Staff [the —] (米国陸海空軍)統合参謀本部《議長・陸軍参謀総長・海軍作戦部長および空軍参謀総長で構成する大統領・国防長官・国家安全保障会議の最高軍事諮問機関; 略 JCS; cf. CHIEF of staff》.
joint life and survivor annuity =JOINT and (last) survivor annuity.
— *vt.* **1 a** (継ぎ目で)接合する, 継ぎ合わせる. **b** …の継ぎ目を漆喰(しっくい)で塗る, 目地を塗る; 〈板を〉はぎ合わせる. **c** 継ごうとする〈板など〉に継ぎ目をつける. **2 a** 継ぎ目[節]の個所で分ける. **b** 〈肉を〉大切り身に切る (cf. *n.* 2). **3** 《廃》結合する. **—** *vi.* **1** 合体する; 接合する, 継ぎ合わさる. **2** 〘植物〙節(ふし)ができる.

jóint accóunt *n.* 〘銀行〙共同預金口座, 銀行共同勘定《複数の加入名儀人の各々が預金および引出しのできる口座; cf. private account》.

jóint áction *n.* 〘法律〙共同訴訟.

jóint advénture *n.* 〘経営〙=joint venture.

jóint áuthor *n.* 共著者(の一人).

jóint bàr *n.* 〘鉄道〙継ぎ目板《レールを接続するために用いる鋼鉄製の添接(てんせつ)板》.

jóint bòx *n.* 〘電気〙接続箱《電気装置類を電気的に接続するコードの受け口をまとめた箱》.

jóint commíttee *n.* 〘米議会〙(両院のそれぞれによって選任された委員で構成する)両院合同委員会.

joint communiqué [⸗–⸗–⸗] *n.* 共同コミュニケ, 共同声明. ⌈する両院の)合同会議.

jóint convéntion *n.* 〘米議会〙(憲法改正などを審議

jóint cósts *n. pl.* 〘会計〙結合原価; 連結原価《連産品が分離されるまでに共通に発生する原価》.

jóint deníal *n.* 〘論理〙否定連言(詞)《構成要素となる二命題がともに偽のときにのみ全体が真となるような複合命題およびこのような複合命題を構成する命題結合詞; Sheffer's stroke の一つで選言の否定と等価; cf. alternative denial》.

jóint·ed [-tɪd, -təd | -tɪd, -təd] 〖《15C》〗 **—** *adj.* [しばしば複合語の第 2 構成素として] 継ぎ合わせの, 〈人形など〉関節接合の; 継ぎ目のある: a ~ fishing rod 継ぎざお / a well-[loose-] *jointed* toy 組立てのしっかりした[あまい]おもちゃ. **~·ly** *adv.* **~·ness** *n.*

jóint·er [-tə | -tə(r)] *n.* **1 a** 接合工《電線などを接続する工員》. **b** 接続器. **2** 〘木工〙(板の接合面を仕上げる)長かんな, 長台, 正直(しょうじき)《桶(おけ)屋の使う長かんな》. **3** 〘石工〙目地鏝(ごて). **4** 〘農業〙三角すき《すきで耕した時残存する植物体などを埋めるためにすきの前方に付ける付属品》.

jóinter plàne *n.* 〖木工〗接合かんな, 長かんな《二つの木材を合わせる時, 接合面を平らにするための 60 cm ほどのかんな》.

jóint èvil *n.* 〖獣医〗=navel ill.

jóint fámily *n.* 〖社会学〗複合家族, 合同家族《親が二人以上の子女の家族と同居する形態; cf. extended family, nuclear family》.

jóint gràss *n.* 〖植物〗 **1** キシュウスズメノヒエ (*Paspalum distichum*)《イネ科の植物; 飼料および土壌侵食防止用》. **2** =horsetail 3. **3** =yellow bedstraw.

jóint ìll *n.* 〖獣医〗=navel ill.

jóint indústrial còuncil *n.* 《英》産業別労資会議 (cf. Whitley Council).

jóint·ing rùle [-tɪŋ- | -tɪŋ-] *n.* 〖石工〗目地(めじ)定規《目地を引いたり石の継ぎ目を示すために用いる長い定規》.

jóint·less *adj.* 継ぎ目なしの; 無関節の.

jóint lífe annùity *n.* 連生年金《二人以上の被保険者のうち, 一人が死ねば支払いが停止される年金》.

jóint lífe insùrance *n.* 連生保険《二人以上の被保険者のうち, 最初の一人が死亡した場合にのみ保険金を支払う保険》.

jóint·ly 〖ME: ⇨ joint, -ly¹〗 **—** *adv.* 共に, 共同して, 連帯的に (unitedly): The sisters owned the car ~. 姉妹は共同で車を持っていた / ~ and severally [separately] liable 連帯および単独に責任を負って.

jóint méeting *n.* 《米議会》=joint session.

jóint mòuse 〖その動きが鼠を思わせることから〗 *n.* 〖病理〗関節鼠《骨片や軟骨片が関節腔内に遊離したもの; 膝に多い》.

jóint próduct *n.* 〖経営・会計〗連産品《同一工程で同一原料から不可避的に生産される主副の区別し難い 2 種以上の製品; cf. by-product》.

jóint resolútion *n.* 《米議会》(両院の)合同決議《大統領署名で法的効力発生; cf. concurrent resolution》.

jóint·ress [dʒɔ́ɪntrɪs, -rəs] 〖(fem.) ← 《廃》*jointer* man who holds a jointure ← JOINTURE + -ER¹: ⇨ -ess¹〗 *n.* 〖法律〗寡婦給与 (jointure) 取得権を持つ女子.

jóint retúrn *n.* (夫婦の収入を合わせて一本にした)所得税総合申告(書).

jóint rùnner *n.* 鉛止めバンド《鉛管などの接合で溶融鉛の流れ出るのを防ぐ石綿製の器具》.

jóint séssion *n.* 《米議会》(両院の)合同会議 (joint meeting ともいう).

jóint snàke *n.* 〖動物〗=glass snake.

jóint stóck *n.* 合資, 共同出資; 結合資本, 株式資本.

jóint-stóck còmpany *n.* **1** 《英》株式会社 (cf. stock corporation). **2** 《米》株式社団《法人格のない株式会社》.

jóint stòol *n.* ジョイントストゥール《挽物部材をほぞ継ぎで組み立てた腰掛け》.

jóint ténancy *n.* 〖法律〗合有不動産権《二人以上の者が, 同一の不動産に対して同一の権利を有する時に生じる不動産権; 合有者はすべてその不動産全体について占有権をもつため, 各持分の処分はできない》.

jóint undertáking *n.* 〖経営〗=joint venture.

join·ture [dʒɔ́ɪntʃə | -tʃə(r)] 〖(c1312) ioin(c)ture ▭ (O)F *jointure* < L *junctūram*: JUNCTURE と二重語〗 **—** *n.* **1** 〖法律〗寡婦給与《夫が自分の死後における妻の扶養のために設定した不動産権で, 夫の死後, 終身占有収益する権利を生じる》. **2** 《廃》夫婦の合有不動産. **—** *vt.* 〖法律〗〈妻〉に寡婦給与を設定する.

join·tur·ess [dʒɔ́ɪntʃərɪs, -rəs | -rɪs, -rəs, -rès] *n.* 〖法律〗=jointress.

jóint vénture *n.* 〖経営〗 **1** ジョイント ベンチャー, 共同事業(体)《複数の人間が財産・技能・知識などを出し合って単一の有限事業を共同で営むこと; その事業体》. **2** 合弁(事業), 合弁会社《一国内で 2 社以上の会社が共同出資して事業を営むこと; その事業体》.

jóint·wèed *n.* 〖植物〗 **1** アメリカ産タデ科タデ属の草本 (*Polygonum articulata*); (その他)タデ属の植物数種の総称. **2** トクサ属 (*Equisetum*) の植物の総称《トクサ (*E. hyemale*), スギナ (*E. arvense*) など, 茎に節があって関節状に見えるため》.

jóint·wòrm 〖← JOINT (n.) 8+WORM〗 *n.* 〖昆虫〗(膜翅目)カタビロコバチ科の昆虫の幼虫《小麦・竹などイネ科植物の節に寄生して大害をする》.

Join·vi·le [ʒɔ̃nvíːliː | -lɪ; *Braz.* ʒw̃evíli] *n.* ジョワンビレ《ブラジル南部の港; 人口 157,000》.

joist [dʒɔ́ɪst] 〖(15C)《変形》← (a1325) *giste* ▭ OF (F *gîte*) < L *jacitum* lying place (neut. p.p.) ← L *jacēre* to lie down: cf. gist〗 **—** *n.* 根太(ねだ); 梁(はり). **—** *vt.* …に梁を渡す, に根太を付ける. **~·ed** *adj.*

jo·jo·ba [həhóubə | hə(ʊ)háu-; *Am. Sp.* hohóba] 〖▭ Mex.-Sp. ~〗 **—** *n.* 〖植物〗ホホバ (*Simmondsia californica*)《北米南西部産のツゲ科の小木; その実は脂肪に富み食用になるが美味ではない》.

Jó·kai [jóukɔɪ | jáu-; *Hung.* jóːkɔi], **Mór** [moːr] *n.* ヨーカイ《1825-1904; ハンガリーの小説家・劇作家》.

joke [dʒóuk | dʒə́uk] 〖(1670) ▭ L *joc-us* ← IE **yek-* to speak〗 **—** *n.* **1 a** 冗談, しゃれ, おどけ (jest): as [for] a ~ 冗談のつもりで / in ~ 冗談に / make [crack] a ~ 冗談を言う, しゃれを飛ばす / carry [push] a ~ too far 冗談の度を越す / see a ~ 冗談がわかる / take a ~ 冗談を笑って受け入れる / I traded ~*s* with them. 彼らと冗談を交した. **b** 笑い話, 小話 (funny story): He knows a lot of risky ~*s*. きわどい小話をたくさん知っている. **c** 滑稽な点, おかしい所: What's the ~? 何がおかしいのだ / The ~ *of it* was that he believed it to the end of his life. 一番おかしいのは彼はそれを一生信じていたということだ. **d** 悪い冗談, 悪ふざけ, いたずら (practical joke): Don't play ~*s* on him. 彼にいたずらするのはよせ. **e** 笑い草, 物笑いの種 (laughingstock): He is the standing ~ of his companions. いつも仲間の物笑いの種になっている. **2 a** [しばしば否定構文で] 笑ってすませる(ような)事, どうでもいい事: It is *no* ~. 冗談じゃない / It is *no* ~ to be a popular actress. 人気女優というのもなまやさしいことではない. **b** (意外に)やさしいもの, 歯ごたえのないもの: The exam was a ~ for her. その試験は彼女にはあっけないほどやさしかった / They considered his work a ~. 彼の業績を子供だましぐらいに考えていた. **c** (貧弱で)お話にならないもの, ナンセンスなもの: Her dancing—oh, that's a ~. 彼女のダンスか—ありゃあナンセンスだ.

— *vi.* 冗談を言う, しゃれを言う (jest); おどける, ふざける: *joking* apart [aside] 冗談は抜きにして / You are [must be] *joking*. ご冗談でしょう / We ~*d about* our funny experience. 滑稽な経験について冗談を言い合った. **—** *vt.* **1** ひやかす (banter), (冗談を言って)〈人を〉からかう: ~ a person *on* his baldness 人のはげ頭をからかう. **2** 笑わせて〈金・物などを〉もらう: The clown ~*d* coins *out of* them. 道化師は彼らを笑わせて金をもらった. ｢集.

jóke·bòok *n.* しゃれを書いた本; ジョークの本, 笑話

jók·er 〖(1729): ⇨ joke, -er¹〗 **—** *n.* **1** 冗談を言う人, おどけもの, 滑稽な人, ふざけ屋 (jester). **2** 《口語》男, やつ, やっこさん (fellow, chap); (特に)生意気なやつ, いや[不愉快]なやつ. **3** 《米》 **a** カムフラージュ条項《議会通過の際反対意見を招くことのないよう巧みに挿入し, 通過後はその法律の一部を曖昧[有名無実]にさせてしまうような条項》. **b** (一般に約款・定款などの明文を無効にし, あるいは変改してしまう)目くらまし条項, ぺてん条項. **4** (局面を一変させてしまうような)予期しない出来事[困ったこと]: He gave me a nice fountain pen, but *the* ~ *was that* I lost it. 上等の万年筆をもらったまではよかったが, そいつを失くしてしまった. **5** 〖トランプ〗ジョーカー, ばば《番外の札で最高の切札または万能札 (wild card) などに用いる》.

joke·ster [dʒóukstə | dʒə́ukstə(r)] 〖⇨ -ster〗 *n.* 冗談を言う人 (joker); (特に)わるふざけをする人.

jok·ey [dʒóuki | dʒə́uki] *adj.* (**more ~, most ~; jok·i·er, -i·est**) 冗談好きな, よくふざける (waggish).

jók·ing *n.* 冗談, おどけ. **—** *adj.* **1** 冗談を言う, おどけている. **2** 冗談向きの, 下らない: This is no ~ matter. これは冗談事では(すまされ)ない.

jók·ing·ly *adv.* 冗談に, しゃれて, お笑い草に.

jóking relátionship *n.* 〖文化人類学〗冗談関係《主に無文字民族の親族間, 特に夫と妻の姉妹, 異性のいとこ同士の間などで(しばしば性的な)冗談・いたずら・悪口などを交し合うことが制度化された間柄》.

jóking rélative *n.* 〖文化人類学〗冗談関係親族《冗談関係 (joking relationship) にある親族(の人)》.

jo·kul [jóukuːl | jáu-] 〖▭ Icel. *jökull* icicle (dim.) ← *jaki* piece of ice: cf. icicle〗 *n.* (*also* **jö·kull** [~]) (アイスランドの氷河や万年雪におおわれた)雪峰.

jok·y [dʒóuki | dʒə́uki] *adj.* (**more ~, most ~; jok·i·er, -i·est**) =jokey.

Jok·ya·kar·ta [dʒɑ̀ukjəkáːtə | dʒɔ̀kjəkáːtə] *n.* =Jogjakarta

jole [dʒóul | dʒə́ul] *n.* =jowl².

jo·lie laide [ʒɔ(ː)liːléd | ʒɔ-; *F.* ʒɔlilɛd] 〖▭ F ← *joli* pretty+*laid* ugly〗 **—** *F. n.* (*pl.* **jolies laides** [~; *F.* ~]) おかめ美人《不美人だがどこか魅力のある人; belle laide ともいう》.

Jo·li·et [dʒòuliét, ⌐⌐⌐ | -lɪ-] 〖← *L. Jolliet*〗 *n.* 米国 Illinois 州北東部の都市; 人口 81,000.

Jo·liot-Cu·rie [ʒóu(ː)ljoukjuríː, -kjú(ə)riː | ʒɔ́ljəukjúəriː; *F.* ʒɔljɔkyri], **Irène** *n.* ジョリオキュリー《1897-1956; フランスの物理学者; Marie と Pierre Curie の娘; cf. J. F. Joliot-Curie》.

Joliot-Curie, Jean Frédéric *n.* ジョリオキュリー《1900-58; フランスの物理学者; 妻 Irène Joliot-Curie と共同で Nobel 化学賞 (1935)》.

Jo·li·vet [ʒɔ̀(ː)livéɪ | ʒɔlɪ-; *F.* ʒɔlivɛ], **André** *n.* ジョリベ《1905-74; フランスの作曲家》.

jól·li·er [-liə | -lɪə(r)] 〖← JOLLY (v.)〗 *n.* 《口語》(何かを得ようとして)お世辞を言う人; からかう人; ひやかし屋.

Jol·li·et [dʒóulièt, ⌐⌐⌐ | -lɪ-; *F.* ʒɔliɛ], **Louis** *n.* ジョリエ《1645-1700; カナダ生まれのフランス人探検家; Mississippi 川を探検した (1673)》.

jol·li·fi·ca·tion [dʒɑ̀lɪfɪkéɪʃən, -lə-, -fə- | dʒɔ̀lɪfɪ-] *n.* 歓楽, 宴楽, 浮かれ騒ぎ (festivity).

jol·li·fy [dʒɑ́lɪfàɪ, -lə- | dʒɔ́lɪ-] 〖← JOLLY (adj.)+-FY〗 *vi.* 《口語》(飲み)浮かれる, 愉快になる.

jól·li·ly [-lɪli, -lə-|-lɪ-] 〖ME: ⇨ jolly, -ly¹〗 *adv.* 愉快に, 楽しそうに, 陽気に.

jol·li·ty [dʒɑ́ləti | dʒɔ́lɪtɪ, -lɪ-] 〖ME: ⇨ ↓, -ty²〗 *n.* **1** 楽しさ, 面白さ, 歓喜, 陽気さ (merriment). **2 a** [*pl.*] どんちゃん騒ぎ (festivities). **b** 《英》宴会.

jol·ly [dʒɑ́li | dʒɔ́li] 〖(?a1300) *joli(f)* ▭ OF *joli(f)* gay, pretty ▭ ? ON *jōl* '**YULE**': *jolif* の -f の消失は -if が -i, -y と混同されたため: cf. hasty, tardy〗 **—** *adj.* (**jol·li·er; -li·est**) **1 a** 陽気な, 陽気にはしゃいだ; にぎやかな, 浮かれた: ~ company 愉快な仲間 / a ~ dog about town 陽気な遊び人 / a ~ fellow (付き合って)面白いやつ, 愉快な男 / have a ~ time 陽気に過ごす. **b** ほろ酔いの, 酒でご機嫌な (tipsy): the ~ god 陽気な神さま《酒神 Bacchus のこと》/ grow ~ (酔いが回って)陽気になる / He was ~ from drink. 一杯機嫌だった. **2** 《口語》 **a** すてきな, 気持ちのよい, 楽しい, 愉快な: a ~ book おもしろい本 / It was ~ *of* you to come and see me. 私に会いにきてくださってありがとうございました. **b** 《皮肉》おめでたい, ひどい: a ~ fool おめでたい人 / What a ~ mess I am in! いやはやひどいことになった. **3** 《英方言》 **a** (見るからに)明るい, ぴちぴちした. **b** 太った, 大きい.

— *adv.* 《英口語》とても, すごく (very): a ~ good fellow すごくいい男 / have a ~ bad time of it ひどくいやな目にあう[思いをする].

jolly well 《英口語》(1) とても元気で: He's ~ *well*. (2) とてもよく, 十分に: I know him ~ *well*. (3) [通例, 動詞に伴って] 確かに, 本当に, きっと (certainly): I ~ *well* know it. 知っているとも.

— *n.* **1** 《英口語》浮かれ騒ぎ, お祭り騒ぎ (jollification): get one's *jollies* ⇨ 成句. **2** 《英俗》(英国)海兵隊員. **3** 〖陶磁器〗機械ろくろ《空胴のもの, たとえばコップなどを成形する》. **4** 〖海事〗=jolly boat.

get one's jollies 《俗》楽しい思いをする, 面白がる.

— *vt.* 《口語》 **1** (何かを得ようとしてうまいことを言って)〈人を〉うれしがらせる, おだてる (flatter, cajole) 〈*along*〉. **2** からかう (banter). **—** *vi.* 《口語》明るい冗談をとばす, ひやかす (banter).

jól·li·ness *n.*

Jól·ly bàlance [dʒɑ́li-, jáli- | dʒɔ́lɪ-, jɔ́lɪ-; *G.* jɔ́li-] 〖← *Philipp Gustav von Jolly* (1809-84: ドイツの物理学者)〗 **—** *n.* 〖物理〗ジョリーのばねばかり《空気中および水中での計測により鉱物などの比重を測る比重計》.

jólly bòat 〖(1727) ← ? Dan. *jolle* // Du. *jol* kind of small boat: *boat* は説明的に付加されたもの: cf. yawl²〗 **—** *n.* 〖海事〗ジョリー艇, (2 本または 4 本のオールを有し cutter より小さい)雑用艇, (艦船付属の雑役用の)小型ボート《単に jolly ともいう》.

jólly jùmper *n.* 〖海事〗ジョリージャンパー《快速帆船 (clipper) で moonsail の上に張る軽風用の帆》.

Jólly Róger 〖← JOLLY+*Roger* pirate flag (← ROGER)〗 **—** *n.* [the ~] 海賊旗《頭蓋骨の下に 2 本の大腿(だいたい)骨を交差させたものが多い》.

Jolly Roger

Jo·lo [hɔːlɔ́ː] *n.* ホロ: **1** フィリピン南西部の一島, Sulu 諸島中の主島; 人口 209,000, 面積 894 km². **2** 同島の海港; 人口 47,000.

Jol·son [dʒóulsn | dʒə́ul-], **Al** *n.* (1886-1950) ロシヤ生れの米国の芸能人; 本名 Asa Yoelson [jáːlsn].

jolt [dʒóult | dʒə́ult] 〖(1599)《混成》? ← 《廃》*jot* to jolt +《廃》*jowl* to knock about〗 **—** *vt.* **1** (急激に)がたんとゆすぶる; 〈乗物が〉〈乗客などを〉ゆさぶりながら進む: The bus ~*ed* us over the stony road. バスは我我をがたがたゆさぶりながら石ころ道を進んだ. **2 a** …に心理的衝撃[ショック]を与える: The news ~*ed* him. その知らせで彼はがっくりしてしまった. **b** 衝撃を与えて…の状態にする〔*into, out of*〕: He was rudely ~*ed out of* the pensive mood. 物思いに耽っているところを突然ゆすぶられて考え事がめちゃくちゃになってしまった. **3** 干渉[邪魔]する. **4** 〖ボクシング〗(強烈なパンチで)ふらふらにさせる, 失神させる (stun). **—** *vi.* **1** 〈乗物が〉がたがた揺れる[揺れて行く] (bump): A buggy ~*ed* down the slope. 馬車はがたがた揺れながら坂を降りて行った. **2** からだを揺らしながら進む[歩く, (馬に)乗って行く]. **3** 《俗》麻薬[ヘロイン]を注射する, 薬(やく)を打つ.

— *n.* **1** 急激な動揺. **2 a** (精神的な)衝撃, ショック, 動揺, 驚き: The news gave him a severe ~. そのニュースは彼に大変なショックを与えた. **b** 突然の[予期しない]拒絶[敗北]. **3 a** 《米》(新鮮で目のさめるような空気・つんと匂う香りなどの)少量 (shot), ひと吸い; (強い酒の)一杯: pour out a good stiff ~ *of* whiskey 強いウイスキーをなみなみと注ぐ / a ~ of fresh air (はっとして目がさめるほど)新鮮な空気のひと吸い. **b** 《俗》(麻薬の注射の) 1 回分の分量. **4** 《俗》禁固刑. **5** 〖ボクシング〗強烈なパンチ: pass a ~ 痛打する. ｢る乗物.

jólt·er [-tə | -tə(r)] *n.* 動揺の激しいもの, がたがた揺れ

jólter-hèad 〖《変形》← 《廃》*jolt-head* ← JOLT〗 *n.* **1** 《古》(ばかの)大頭. **2** 《英方言》ばか者, のろま (blockhead). **~·ed** *adj.*

jólt-wàgon *n.* 《米中部》(農業用の)荷馬車.

jolt·y [dʒóulti | dʒə́ultɪ] *adj.* (**jolt·i·er; -i·est**) 動揺の激しい, がたがた揺れる (bumpy): a ~ car. **jólt·i·ly** [-tɪli, -tə- | -tɪlɪ, -tə-] *adv.* **jólt·i·ness** *n.*

Jo·lyon [dʒóuljən, dʒál- | dʒə́ul-, dʒɔ́l-] 〖← JULIAN¹〗 *n.* 男性名.

Jo·mon [dʒóumɑn | dʒə́umɔn] 〖(1946) ▭ Jap.〗 *adj.* 縄文時代の (cf. Yayoi): ~ ware 縄文(式)土器.

Jon [dʒɑ́(ː)n | dʒɔ́n] 〖(dim.) ← JOHN¹〗 *n.* 男性名.

Jon. 《略》Jonah; Jonathan.

Jona. 《略》Jonathan.

Jo·nah [dʒóunə | dʒə́u-] 〖▭ LL *Jōnās* ▭ Gk *Iōnās* ▭ Heb. *Yōnā^h* 《原義》dove (i.e., the moaning one)〗 **—** *n.* **1** 男性名. **2 a** 〖聖書〗ヨナ《ヘブライの預言

者, 旧約聖書の「ヨナ書」の主人公, 不信心のかどで船から海中へ投げ込まれ, 大魚に呑み込まれたが, 三日後に吐き出されたという; cf. *Jonah* 1–2》. **b** (旧約聖書の)ヨナ書. **3** (参加する仕事に凶事・不幸をもたらす)不吉な人, 縁起の悪い人.
— *vt.* [しばしば j-] …に不吉[不幸]をもたらす(jinx).

Jónah cràb *n.* 〘動物〙北米北東海岸産の赤味がかったイチョウガニ科の大型食用ガニ (*Cancer borealis*).

Jo·nas [dʒóunəs | dʒə́unəs, -næs] *n.* (Douay Bible での) Jonah のラテン語式語形.

Jon·a·than[1] [dʒɑ́nəθən | dʒɔ́n-] 〘⊏ Heb. *Yōnāthān*《短縮》← *Yᵉhōnāthān*《原義》Yahweh gave〙 — *n.* **1** 男性名. **2**《古》米国人 (Brother Jonathan; cf. Uncle Sam); (特に) New England の人. **3**〘聖書〙ヨナタン《Saul の子, David の親友; cf. 1 *Sam.* 19: 1–10》.

Jon·a·than[2] [dʒɑ́nəθən | dʒɔ́n-] 〘← *Jonathan Hastbrouck* (*d.* 1846: 米国の法律家)〙 *n.* 紅玉《米国産リンゴの品種; 濃赤色》.

Jones [dʒóunz | dʒə́unz] 〘⇨ John[1], -s[2]: もとウェールズ起源の家族名〙 — *n.* [the ~es] 隣人, 同輩(たち) (neighbors); (近所に住む)同じ生活程度の(中産階級の)人々: live up to *the ~es* 隣り近所の人たちに負けない暮らしをする / If *the ~es* install central heating, the Smiths must, or lose caste. あそこでセントラルヒーティングを取りつけたのなら, こっちもつけないと家の面子(めんつ)にかかわる.
keep up with the Joneses 〘米国の漫画家 A. R. Momand が 1913 年頃にヒットさせた連載漫画にちなむ〙近所の人と生活振りを張り合って行く, 世間に遅れをとらない.

Jones, Casey *n.* (1863–1900) 米国の鉄道機関士; 鉄道事故で殉職して民謡などに歌われた; 本名 John Luther Jones.

Jones, Daniel *n.* (1881–1967) 英国の音声学者; *An English Pronouncing Dictionary* (1917, '67[13]), *An Outline of English Phonetics* (1918, '56[8]).

Jones, Ernest *n.* (1879–1958) ウェールズ生れの英国の精神分析学者, フロイト伝の著者.

Jones, (Everett) Le·Roi [lərɔ́i] *n.* (1934–　) 米国の黒人小説家・詩人・劇作家; *The System of Dante's Hell* (小説, 1965).

Jones, Henry Arthur *n.* (1851–1929) 英国の劇作家; *The Liars* (1897).

Jones, Howard Mumford *n.* (1892–1980) 米国の教育家・著述家・文学者.

Jones, Inigo *n.* (1573–1652) 英国のルネサンス期の建築家・舞台装置家; Greenwich の Queen's House (1616–18, 1629–35), London の Whitehall の Banqueting House (1619–22).

Jones, James *n.* (1921–77) 米国の小説家; *From Here to Eternity* (1951).

Jones, John Paul *n.* (1747–92) 米国独立戦争の際米軍側に参加したスコットランド生れの海軍軍人; 旧姓名 John Paul. 「装置家.

Jones, Robert Edmond *n.* (1887–1954) 米国の舞台

Jones, Sir William *n.* (1746–94) 英国のインド学者・インド司法官・印欧比較言語学の先駆者.

Jones·i·an [dʒóunziən | dʒə́unzɪən, -zjən] *adj.* 〈音声表記・音素表記が〉Daniel Jones 方式の, ジョーンズ式の. — *n.* ジョーンズ式の主張者, ジョーンズ式論者.

jon·gleur [ʒɔ̃ː(ŋ)glə́ː, ʒɔ(ː)ŋ-, dʒɑ́ŋglə | ʒɔ̃ː(ŋ)glə́ː(r, ʒɔ(ː)ŋ-; *F.* ʒɔ̃glœːr] 〘《1779》⊏ F ~ '*JUGGLER*, 《古》minstrel'〙 — *n.* (中世のフランス・英国の)ジョングルール, 放浪[吟遊]楽人, 旅芸人《音楽の合間にしばしば奇術・道化などを余興として加えたので今日のサーカスの元といわれる》.

jon·nick [dʒɑ́nɪk | dʒɔ́n-] *adj.* ＝jannock[2].

jon·ny·cake [dʒɑ́nikèɪk | dʒɔ́nɪ-] *n.* ＝johnnycake.

jon·quil [dʒɑ́ŋkwɪl, dʒɑ́ŋ-, -kwəl | dʒɔ́ŋkwɪl] 〘《1629》⊏ F *jonquille* ⊏ Sp. *junquillo* (dim.) ← *junco* < L *juncum* rush: その葉の形にちなむ〙 — *n.* **1**〘植物〙キズイセン (*Narcissus Jonquilla*) (cf. narcissus, daffodil, polyanthus 2). **2** キズイセン色.

Jon·son [dʒɑ́nsn̩ | dʒɔ́n-], **Ben(jamin)** *n.* (1572–1637) 英国の劇作家・詩人; *Every Man in His Humour* (1598), *Volpone* (1607).

Jon·so·ni·an [dʒɑnsóuniən | dʒɔnsə́unjən, -nɪən] *adj.* (Ben) Jonson 風の. 「joint.

jook[1] [dʒúːk] 〘← Gullah *juke*: ⇨ jukebox〙 *n.* ＝juke

jook[2] [dʒúːk] 〘《異形》← JOUK〙 *n.*, *v.* ＝jouk.

jóok jòint *n.* ＝juke joint.

Jop·lin [dʒɑ́plɪn, -lən | dʒɔ́plɪn] 〘← *Rev. Harris G. Joplin* (最初の移住者)〙 *n.* 米国 Missouri 州南西部の都市; 人口 40,000.

Jop·pa [dʒɑ́pə | dʒɔ́pə] *n.* 〘聖書〙ヨッパ《Jaffa の古名》.

jor·dan [dʒɔ́ədn̩ | dʒɔ́ː-] 〘《*c*1390》 *jordan* alchemist's vessel, chamber pot ⊏ ML *jurdan-us*: 十字軍戦士や巡礼が *Jordan* 川から持ってきた水を入れたびんの意から ?〙 — *n.* 《英方言》(寝室用)便器 (chamber pot).

Jor·dan[1] [dʒɔ́ədn̩ | dʒɔ́ː-] *n.* **1** [the ~] ヨルダン(川)《レバノン (Lebanon) 南部に発し死海に注ぐ川 (320 km); バプテスマのヨハネ (John the Baptist) がキリストに洗礼を授けた川とされる; 荒野と the Promised Land の境をなす川として古典神話の Styx のように考えられた》. ★ 聖書・霊歌などでは無冠詞で用いられる. **2** ヨルダン《アジア南西部の王国, 第一次大戦後 Transjordan の名で英国の委任統治領であったが 1946 年独立; 人口 2,780,000, 面積 95,594 km², 首都 Amman; 公式名 the Hashemite Kingdom of Jordan ヨルダンハシミト王国》.

Jor·dan[2] [dʒɔ́ədn̩ | dʒɔ́ː-] 〘もと *Jordan* 川で洗礼を行なったバプテスマのヨハネと連想された〙 *n.* 男性名. ★ 今は米国の姓に多く用いられる.

Jordan, David Starr *n.* (1851–1931) 米国の魚類学者; 日本産魚類の分類も研究した.

Jórdan álmond 〘《1440》 *jardine* (⊏ (O)F *jardin*: ⇨ garden) *almaunde* 《原義》garden (i.e., cultivated) almond: のちに通俗語源で *Jordan* 川との連想が加わった〙 — *n.* **1**〘植物〙ヨルダン種アーモンド《スペイン産の優良種, 製菓用》. **2**〘菓子〙種々の色の糖衣をかけたアーモンド.

Jór·dan árc [ʒɔədɑ́ː(ŋ)-, -dɔ́ː(ŋ)-, -dɑ́ːn-, -dɔ́(ː)ŋ-, dʒɔ́ədn̩- | ʒɔː-, dʒɔ́ːdn̩-; *F.* ʒɔrdɑ̃] 〘← *M.E.C. Jordan* (1838–1922: フランスの数学者)〙 — *n.* 〘数学〙ジョルダン弧《自分自身と交わらない連続曲線; simple arc ともいう》.

Jórdan cúrve *n.* 〘数学〙ジョルダン曲線《両端が一致し, しかも自分自身と交わらない連続曲線; simple closed curve ともいう》.

Jórdan cúrve thèorem *n.* [the ~] 〘数学〙ジョルダンの曲線定理《平面上のジョルダン曲線は, 平面をその曲線の内部と外部との二つの領域に分けるという定理》.

Jordan-Höl·der theorem [–´– héldə ––´–, -hʌ́lt-|-hʌ́ldə-, -hél-; *G.* -hœ́ldɐ-] 〘← *M.E.C. Jordan* (1838–1922: フランスの数学者)＋*Otto Hölder* (1859–1937: ドイツの数学者)〙 — *n.* [the ~] 〘数学〙ジョルダン ヘルダーの定理《組成列をもつ群の組成商群列は, 項の順序を無視すれば一定であるという定理》.

Jor·da·ni·an [dʒɔədéɪniən, -njən | dʒɔːdéɪnɪən, -njən] 〘← *Jordan*[1]＋-IAN〙 *adj.* ヨルダン(人)の[と関係のある]. — *n.* ヨルダン生れの人; ヨルダンの住民.

jor·dan·on [dʒɔ́ədənɑ̀n, -dn̩- | dʒɔ́ːdənɔ̀n, -dn̩-] 〘← NL ~ ← *Alexis Jordan* (1814–97: フランスの植物学者)＋Gk *-on* (neut. n. & adj. suf.: cf. -on[3])〙 — *n.* 〘生物〙ジョルダン種《ジョルダンが生物分類上の単位とした種でほぼ純系に当たる》.

jor·na·da [hɔənɑ́ːdə | hɔː-; *Sp.* xornáda] 〘《1828》⊏ Sp. ~ 'one-day march' ⊏ OProv. *jornada* ← *jorn* day < LL *diurnum*: cf. journey〙 — *n.* 《米南西部》骨の折れる一日の砂漠の旅.

jo·rum [dʒɔ́ːrəm, dʒóːr- | dʒɔ́ːr-] 〘《1730》← ? *Joram* (金・銀・真鍮などの杯をダビデ (David) にもたらした人: cf. 2 *Sam.* 8: 10)〙 — *n.* **1 a** (ポンチ (punch) 用などの)大型コップ. **b** 大型コップの中味; (特に)ポンチ. **2** 大量: ~*s* of beer.

Jos. 《略》Joseph; Josephine; Josiah.

Jos·ce·lin [dʒɑ́s(ə)lɪn, -lən | dʒɔ́slɪn] 〘⇨ Jocelyn〙 *n.* **1** 男性名. **2** 女性名.

Jo·sé [ho(u)séɪ, ʒo(u)zéɪ | hə(u)séɪ, ʒə(u)zéɪ; *Braz.* ʒozé, *Port.* ʒuzé, *Sp.* xosé, *Am. Sp.* hosé] 〘⊏ Sp. ~ 'JOSEPH'〙 *n.* (スペイン系の)男性名.

Jo·sef [dʒóuzɪf, -zəf, -sɪf, -səf | dʒə́u-; *G.* jóːzɛf, *Swed.* júːsɛf, *Czech* józef] 〘⊏ G, Swed. & Czech ~: ⇨ Joseph〙 *n.* 男性名.

jo·seph [dʒóuzɪf, -zəf, -sɪf, -səf | dʒə́uz-] 〘《1659》← JOSEPH 2: cf. Joseph's coat〙 *n.* (18 世紀の)ケープの付いた婦人用乗馬コート.

Jo·seph [dʒóuzɪf, -zəf, -sɪf, -səf | dʒə́uz-; *G.* jóːzɛf, *F.* ʒozɛf] 〘⊏ LL *Jōsēph(us)* ⊏ Gk *Iōsḗph* ⊏ Heb. *Yōsēph* 《原義》may Yahweh add (children)〙 — *n.* **1** 男性名《愛称形 Jo, Joe, Joey; アイルランド語形 Iosep》. **2 a**〘聖書〙ヨセフ《ヘブライの族長; Jacob の第 11 子, 母は Rachel; 兄弟たちに嫉まれ, その悪だくみによって奴隷としてエジプトに売られたが, 後エジプトの高官となる; cf. *Gen.* 30: 22–24, 37》. **b** (ヨセフのように)志操堅固な男. **c**〘聖書〙ヨセフ族《ヨセフを祖とするイスラエル十二支族の一つ》. **3**〘聖書〙ヨセフ《聖母 Mary の夫であったナザレ (Nazareth) の大工; cf. *Matt.* 1: 16–25》.

Joseph II *n.* ヨーゼフ二世《1741–90; ドイツ王・神聖ローマ帝国皇帝 (1765–90); 啓蒙専制君主の典型》.

Jo·se·pha [dʒo(u)zíːfə, -síː- | dʒə(u)zíː-] 〘← NL ~ (fem.) ← LL *Jōsēphus* 'JOSEPH'〙 *n.* 女性名.

Jo·se·phine [dʒóuzɪfìːn, -zə-, -sɪ-, -sə- | dʒə́uzɪ-, -zə-; *F.* ʒozefin] 〘⊏ F *Joséphine* (fem.) ← JOSEPH: ⇨ -ine[4]〙 *n.* 女性名《愛称形 Jo, Josette, Josie; 異形 Josepha》.

Jo·sé·phine [dʒóuzɪfìːn, -zə-, -sɪ-, -sə- | dʒə́uzɪ-, -zə-; *F.* ʒozefin] *n.* ジョゼフィーヌ《1763–1814; Napoleon 一世の最初の妻; 皇后 (1804–09); Joséphine de Beauharnais》.

Jo·seph·ite [dʒóuzɪfàɪt, -zə-, -sɪ-, -sə- | dʒə́uz-] 〘← *St. Joseph's Society of the Sacred Heart*: ⇨ -ite[1]〙 — *n.* 〘カトリック〙ヨセフ会の会員《1871 年に米国 Baltimore で黒人教育福祉事業を行なう目的として設立された団体の一人; 前身は London で Herbert Alfred Vaughan によって設立された》.

Jóseph of Arimathéa *n.* アリマタヤ[アリマテア]のヨセフ《富裕なユダヤ人でユダヤの議会(Sanhedrin)の議員; キリストが十字架にかけられた時その死体を受けて自家の墓に手厚く葬った; 聖杯 (Holy Grail) を英国に持って来たとも伝えられる; cf. *Matt.* 27: 57–60; ⇨ Glastonbury》.

Jóseph's cóat 〘← *Joseph's coat of many colours* (*Gen.* 37: 3)〙 *n.* 〘植物〙ハゲイトウ (*Amaranthus tricolor*).

Jo·seph·son [dʒóuzɪfsn̩, -zəf-, -sɪf-, -səf- | dʒə́u-], **Brian David** *n.* (1940–　) 英国の物理学者; Nobel 物理学賞 (1973).

Josephson, Matthew *n.* (1899–　) 米国の批評家・伝記作者; Zola, Rousseau, Stendhal の伝記で有名.

Jósephson effèct 〘← *B. D. Josephson* (1962 年にこの効果を予言した)〙 — *n.* 〘物理〙ジョセフソン効果《極めて薄い絶縁膜をへだてた 2 つの超伝導体の間に生じる電流と電圧とに関する効果》.

Jo·se·phus [dʒo(u)síːfəs | dʒə(u)-] 〘⊏ LL *Jōsēphus* 'JOSEPH'〙 *n.* 男性名.

Josephus, Flavius *n.* ヨセフス《A.D. 37?–95; ローマ帝国下のユダヤの歴史家; アラム語 (Aramaic) とギリシャ語で著述した》. 「性名.

Jo·sette [dʒouzét | dʒəu-] 〘(dim.) ← JOSEPHINE〙 *n.* 女

josh [dʒɑ́(ː)ʃ, dʒɔ́(ː)ʃ | dʒɔ́ʃ] 〘《1845》《混成》? ← JOKE＋BOSH[1]〙《米口語》 *n.* 冗談, (悪気のない)からかい (banter). — *vt.*, *vi.* からかう. **~·er** *n.*

Josh [dʒɑ́(ː)ʃ, dʒɔ́(ː)ʃ | dʒɔ́ʃ] 〘⇨ Joshua〙 *n.* 男性名.

Josh. 《略》Joshua (旧約聖書の)ヨシュア記.

Josh·ua [dʒɑ́ʃwə, dʒɔ́(ː)ʃ-, -ʃuə | dʒɔ́ʃwə, -ʃuə] 〘⊏ Heb. *Yᵉhōšúaʻ*: ⇨ Jesus〙 — *n.* **1** 男性名《愛称形 Josh》. **2 a**〘聖書〙ヨシュア《イスラエル民族の指導者としての Moses の後継者; cf. *Exod.* 17: 9–14》. **b** (旧約聖書の)ヨシュア記 (The Book of Joshua) (略 Josh.).

Jóshua trèe 〘↑: その長い枝が Joshua が槍をもって Ai の町の方にさし伸べた腕を思わせることから: cf. *Josh.* 8: 18〙 — *n.* 〘植物〙米国南西部乾燥地に生育するユリ科イトラン属の一種 (*Yucca brevifolia*)《高さ 8 m に達し樹木のように分枝する》.

Jo·si·ah [dʒo(u)sáɪə | dʒə(u)sáɪə, -záɪə] 〘⊏ Heb. *Yōšiyāhū* 《原義》Yahweh supports〙 — *n.* **1** 男性名. **2**〘聖書〙ヨシヤ《ユダ王国の王 (640?–?609 B.C.), 宗教改革を行ない, 神殿を建設した; cf. 2 *Kings* 22》.

Jo·sie [dʒóusi, -zi | dʒə́usɪ, -zɪ] 〘(dim.) ← JOSEPHINE〙 *n.* 女性名.

jos·kin [dʒɑ́skɪn, -kən | dʒɔ́skɪn] 〘《1811》← ?《方言》*joss* to bump＋-KIN // JOSEPH＋-KIN: cf. bumpkin[1]〙 *n.* 《英俗》＝bumpkin[1].

Josquin des Prés *n.* ⇨ des Prés.

joss[1] [dʒɑ́(ː)s, dʒɔ́(ː)s | dʒɔ́s] 〘《1711》⊏ Pidgin English ~ ⊏ Port. *deos* < L *deus* god〙 *n.* (中国人の祭る)偶像.

joss[2] [dʒɑ́(ː)s, dʒɔ́(ː)s | dʒɔ́s] 〘← ?〙 *n.* 《英方言》＝foreman.

joss[3] [dʒɑ́(ː)s, dʒɔ́(ː)s | dʒɔ́s] 〘《短縮》← JOSTLE〙 *vi.* 《英方言》込み合う, 込み合いへし合いする.

jos·ser [dʒɑ́sə | dʒɔ́sə(r] 〘《1886》← ?: cf. joss[1], -er[1]〙 *n.* **1** 《豪俗》司祭, 僧, 牧師 (padre). **2** 《英俗》**a** のろま, ばか (simpleton). **b** 男, やつ (fellow).

jóss hòuse *n.* (中国の寺 (temple).

jóss pàper *n.* (中国人が葬式の際などに燃やす)金銀紙.

jóss stìck *n.* (joss 像の前に立てる)線香.

jos·tle [dʒɑ́sl̩, dʒɔ́(ː)sl̩ | dʒɔ́sl̩] 〘《?*a*1400》← JOUST＋-LE[3]〙 — *vt.* **1 a** 押す, 突く, …に突き当たる (push). **b** 押し分ける (elbow), …と押し合う, 押し合いへし合いする (hustle): ~ each other 互いに押し合う. **c** 〈人・家など〉と隣接して居住[存在]する. **2** 〈人を〉悩ます, 〈心を〉騒がす, 乱す (disturb). **3** 〈人〉と争う[競う].
— *vi.* **1 a** 押し合う, 突き当たる, ぶつかる 〔*against*, *with*〕: the *jostling* life of today 押し合いをしているような現代の生活. **b** 押し分けて進む 〔*through*, *into*〕 / ~ *through* a crowd 人込みの中を押し分けて進む / The crowd ~*d into* the theater. 群衆は押し合って劇場になだれ込んだ. **c** 隣接して居住[存在]する 〔*in*, *with*〕: These plants ~ *with* each other in the flower bed. こうした植物が花壇の中で所狭しと押し合っている. **2** 争う, せり合う, 競う (contend) 〔*with*〕: ~ *with* a person *for* a thing 物を得ようとして人とせり合う.
— *n.* **1 a** 押し合い, 込み合い: get on and off without a ~ at the station 駅で押し合わずに乗り降りする. **b** 押し合い(へし合い)の状態. **2**〘競馬〙(他の馬の間への)割り込み, (他馬の)押圧, 衝突 (interference).
jós·tler [-slə, -sl̩ə | -slə(r, -sl̩ə(r] *n.*

Jos·u·e [dʒɑ́ʃuèɪ | dʒɔ́sjuː-] *n.* (Douay Bible での) Joshua のラテン語式語形.

jot [dʒɑ́t | dʒɔ́t] 〘《1526》⊏ L *iōta* ⊏ Gk *iōta* (i に当たるギリシャ文字名)〙 — *n.* **1** (文字の)点, ぽち, 一画 (iota). **2** [通例否定構文で] (ほんの)わずか, 微量, ちょっと (trifle, whit): I don't care a ~.＝It doesn't matter a ~ to me. ちっともかまわない.
not a* [*one*] *jot or tittle ほんの少しも…(し)ない.
— *vt.* (**jot·ted**; **jot·ting**) 簡単に[手早く]書き留める 〈*down*〉: ~ *down* notes.

jo·ta [hóutə, -tɑː | hə́utə, -tɑː; *Sp.* xóta] 〘⊏ Sp. ~ < OSp. *sota* ← *sotar* to dance < L *saltāre*〙 — *n.* ホタ《カスタネットを振りながら男女で踊るスペインの 3/4 もしくは 3/8 拍子の軽快なダンス》; ホタの曲[歌曲].

jót·ter [-tə | -tə(r] *n.* **1** メモをとる人. **2** メモ帳.

jót·ting [-tɪŋ | -tɪŋ] 〘《1808》〙 *n.* **1** ざっと書き留めて置くこと. **2** メモ, 控え (memorandum).

Jo·tun [jóutn̩, -tʊn | jə́u-] 〘《1842》⊏ ON *jötunn* ← IE **ed-* 'to EAT[1]': cf. OE *eoten* giant〙 — *n.* 〘北欧神話〙ヨートゥン, 巨人《巨人族の一人; 神々や人間を脅かす超自然的な巨大な力の擬人化; 山巨人・嵐巨人・海巨人など》.

Jo·tun·heim [jóutn̩hàɪm, -tʊn-, -hèɪm | jə́u-] 〘⊏ ON *jötunheimar* (pl.): cf. ↑, home〙 — *n.* 〘北欧神話〙ヨートゥンヘイム《巨人族 (Jotuns) の住む国で北東の最果ての辺境の山々の後背地》.

Jo·tunn [jóʊtṇ, -tʊn | jɔ́ʊ-] *n.* 〘北欧神話〙=Jotun.
Jo·tunn·heim [jóʊtʊnhèɪm | jɔ́ʊ-] *n.* 〘北欧神話〙=Jotunheim.
jou·al [ʒuǽl, -ɑ́ːl | ʒʊ-; *F.* ʒwal] 〘▭ Canad.-F ～《転訛》← F *cheval* horse〙 ── *n.* 〘言語〙ジューアル《主として教育の低いフランス系カナダ人の間で行なわれているフランス語方言》.
Jou·bert [ʒuːbέə | -bέə(r; *F.* ʒubɛːr], **Joseph** *n.* ジュベール《1754–1824; フランスの随筆家・モラリスト; *Pensées*「随想」(1824, '42)》.
Jou·haux [ʒuːóʊ | -ɔ́ʊ; *F.* ʒwo], **Léon** *n.* ジュオー《1879–1954; フランスの労働運動指導者・政治家; Nobel 平和賞 (1951)》.
jouk [dʒúːk] 〘(*c*1450) ← ?〙《英方言・スコット》── *vt.* **1 a** 〈頭を〉ひょいと下げる (duck). **b** 〈仕事など〉からのがれる (evade). **2** だます (deceive). ── *vi.* **1 a** 身をかわす (dodge). **b** 仕事を避ける. **2** へつらう (flatter, fawn). **3** だます (cheat). ── *n.* ひょいと頭を下げること; さっと身をかわすこと.
joule [dʒúːl, dʒáʊl] 〘(1882) ↓〙 *n.* 〘物理〙ジュール《運動またはエネルギーの単位; =10 million ergs; 記号 J; cf. erg¹》.
Joule [dʒúːl, dʒáʊl, dʒóʊl | dʒúːl, dʒɔ́ʊl, dʒáʊl], **James Prescott** *n.* (1818–89) 英国の物理学者.
Jóule effèct *n.* 〘物理化学〙 **1** ジュール効果《ゴムを断熱的に引き伸す時に発熱する効果》. **2** =Joule-Thomson effect.
Jóule héat *n.* 〘物理〙ジュール熱《電流が導線を流れる時に発生する熱量》.
Jóule's equívalent *n.* 〘物理化学〙ジュールの当量 (⇨ MECHANICAL equivalent of heat).
Jóule's láw *n.* 〘物理〙ジュールの法則: **a** 導線に流れる電流による発熱(ジュール熱)の量は電流の 2 乗および回路の抵抗に比例するという法則. **b** 一定量の理想気体の内部エネルギーは, 体積には関係なく温度だけの関数であるとする法則.
Jóule-Thómson effèct 〘← *J.P. Joule & Sir William Thomson*〙 ── *n.* 〘物理化学〙ジュールトムソン効果《低圧の容器中に気体を断熱的に流出させる時, 気体の温度が変化する効果》.
jounce [dʒáʊns] 〘(1440) ← ?: cf. jaunt〙 ── *vt.* (上下に)がたがたゆする. ── *vi.* **1** がたがた揺れる. **2** がたがた揺れながら進む[動く]. ── *n.* 上下揺れ, がた揺れ (jolt), 動揺.
jounc·y [dʒáʊnsi | -si] *adj.* (**jounc·i·er; -est**) (上下に)揺れる, 動揺する, 動揺性の.
jour. 《略》journal; journalist; journeyman.
Jour·dan [ʒʊədɑ́ː(ŋ), -dɔ́ː(ŋ), -dɑ́ːŋ, -dɔ́(ː)ŋ | ʒʊə-; *F.* ʒuʀdɑ̃], Comte **Jean Baptiste** *n.* ジュルダン《1762–1833; フランスの陸軍元帥》.
jour·nal [dʒə́ːnḷ | dʒə́ː-] 〘(1355–56) ▭ OF *jornal, jurnal* (F *journal*) day's work; daily < L *diurnālem*: DIURNAL と二重語〙 ── *n.* **1 a** (日々の出来事を書いた)日誌, 日記 (cf. diary). **b** 議会日誌. **c** 〘議会〙[the Journals] 議事録. **2** [▭ F ～] **a** 日刊新聞, (定期刊行)雑誌: a monthly ～ 月刊雑誌. **b** (学術団体などの)機関誌. **3** 〘簿記〙仕訳(しわけ)帳; 仕訳記入 (journal entry). **4** 〘海事〙航海日誌 (logbook). **5** 〘機械〙ジャーナル《軸の首部; 軸の軸受で支えられている部分》. ── *adj.* 《廃》日々の (daily).
jóurnal bèaring *n.* 〘機械〙ジャーナル軸受, 横軸受《荷重が軸線に垂直の方向に作用するすべり軸受》.
jóurnal bòx *n.* 〘機械〙軸箱《車軸の軸受とその給油装置を収めた箱》.
jour·nal·ese [dʒə̀ːnəlíːz, -líːs, -nḷ- | dʒə̀ːnəlíːz, -nḷ-] 〘(1882) ← JOURNAL + -ESE〙 ── *n.* 新聞的文体, 新聞調, 新聞調の文章 (cf. officialese). ── *adj.* 新聞調の, 新聞的な文体の.
jour·nal·ism [dʒə́ːnəlìzm, -nḷ- | dʒə́ː-] 〘(1833) ▭ F *journalisme*: ⇨ journal, -ism〙 ── *n.* **1 a** 新聞雑誌編集[経営](業), 新聞雑誌寄稿執筆(業), ジャーナリズム. **b** (学術論文・文学作品などと区別して)新聞雑誌的の雑文. **c** (大学の)ジャーナリズム学科, ジャーナリズム研究. **2** 新聞雑誌界. **3** [集合的] 新聞雑誌. **4** (絵画・劇などでの)ジャーナリズム風の演出.
jóur·nal·ist [-nəlɪst, -ləst | -lɪst] 〘(1665) ← JOURNAL + -IST〙 ── *n.* **1 a** 新聞雑誌記者, 新聞人, 新聞雑誌寄稿家, ジャーナリスト. **b** 新聞雑誌業者. **c** 大衆受けするように書く著作家. **2** (米海軍などの)部外公報係(の下士官). **3** 日誌[日記]をつける人.
jour·nal·is·tic [dʒə̀ːnəlístɪk, -nḷ- | dʒə̀ː-] 〘(1829)〙 ── *adj.* 新聞雑誌的な, 新聞記者的な; 新聞雑誌特有の, ジャーナリスティックな: ～ conscience [ethics] ジャーナリストとしての良心[倫理感] / one's ～ friends 新聞社にいる友人. **jòur·nal·ís·ti·cal·ly** *adv.*
jour·nal·ize [dʒə́ːnəlàɪz, -nḷ- | dʒə́ː-] 〘(1766)〙 ── *vt.* **1** 日誌に記す. **2** 日記風に書く[述べる]. **3** 〘簿記〙〈取引など〉の仕訳(しわけ)をする; 仕訳帳に記入する. ── *vi.* **1** 日記を付ける. **2** 〘簿記〙仕訳帳に記入する.
jóur·nal·ìz·er *n.* **1** 日記記入者. **2** 〘簿記〙仕訳(しわけ)する人.
jour·ney [dʒə́ːni | dʒə́ːnɪ] 〘(?*a*1200) ▭ OF *jornee* (F *journée*) day, day's work or travel < VL **diurnātam* ← L *diurnum* (neut.) ← *diurnus* daily: ⇨ diurnal〙 ── *n.* **1 a** (主に陸上の)旅, 旅行 (cf. voyage 1): a ～ by rail [on foot] 汽車[徒歩]旅行 / (a) ten days' [a ten-day] ～ 10 日の旅 / one's ～'s end 旅路の果て; 人生行路の終わり / go [start, set out] on a ～ 旅に出かける / go on one's last ～ 死出の旅路につく / make [take] a ～ 旅行する / A pleasant ～ to you! 楽しいご旅行をなさるように(さよなら) (cf. Bon voyage) / I wish you a good [happy] ～. どうぞお気をつけて(行っていらっしゃい). **b** 道程; 過程, 径路; 人生行路[遍歴]: the Buddha's ～ from his birth to Nirvana 釈迦の降誕から涅槃(ねはん)までの行路. **c** 《廃・方言》1 日の道のり (a day's travel); (単に)旅の道のり, 行程: It is about three days' ～ from here. ここから約 3 日(がかり)の道のりだ. **2** (仕事などを)進めること, 続行; (新分野への)進出, 探求; 追求: He continued his ～ through those records. そうした記録を読み続けた / a ～ *into* cybernetics 人工頭脳学の研究. **3** 《廃》戦い (battle); 遠征 (expedition); 包囲戦 (siege). ── *vi.* 旅をする, 旅行する; 旅路を行く: ～ through life 人生を生きる / ～ by land [air] 陸[空]路の旅をする. ── *vt.* 〈国・土地などを〉旅[旅行]する. **～·er** *n.*
jóurney·man [-mən] 〘(1414) ← JOURNEY《廃》a day's work〙 ── *n.* (*pl.* **-men** [-mən, -mèn]) **1 a** (徒弟奉公期間を経過した)一人前の職人 (cf. apprentice 1 a, master¹ 3 c). **b** [形容詞的にも用いて] しっかりした[手堅い]腕前の人: a good ～ drummer, though not a first-rate one 第一級というほどではないがしっかりした腕前のドラマー. **2** 《古》日雇い職人[労務者].
jóurneyman clóck *n.* (天文台の)補助時計.
jóurney·wòman *n.* 女の職人 (female journeyman).
jóurney·wòrk 〘(1601)〙 *n.* **1 a** (職人のする)手間仕事. **b** 賃仕事, 雇われ仕事. **2** (きまりきった)つまらない仕事, 下仕事 (hackwork).
joust [dʒáʊst | dʒáʊst, dʒúːst] 〘(*c*1250) *juste(n)* ▭ OF *just-er* (F *jouter*) < VL **juxtāre* to come together ← L *juxtā* near〙 ── *n.* **1 a** (中世騎士の)馬上槍試合 (⇨ tilt 挿絵). **b** [*pl.*] (中世騎士の)馬上槍試合大会 (cf. tournament 2). **2** (一人対一人の)競争, 闘争, 試合. ── *vi.* **1** 馬上槍試合をする (tilt). **2** 試合をする, 試合[競技]に出る[参加する]. **～·er** *n.*
Jou·vet [ʒuːvéɪ; *F.* ʒuvε], **Louis** *n.* ジュベ《1887–1951; フランスの舞台・映画の俳優, 舞台演出家》.
Jouý prìnt [ʒuíː-, ʒwíː- | ʒuíː-, ʒwíː-; *F.* ʒwi-] *n.* 〘紡織〙=toile de Jouy.
Jove [dʒóʊv | dʒə́ʊv] 〘(*c*1385) *Jov(is)* ▭ L *Jovem* (acc.), *Jovis* (gen.) ← OL *Jovis* = L *Jūpiter* ← IE **dei-* to shine ∞ OE *Iob*: cf. Jupiter〙 ── *n.* **1** 〘ローマ神話〙=Jupiter 1. **2** 《詩・古》木星 (Jupiter).
by Jove! 神かけて, 誓って; ほんとうに; いやはや(まったく)《驚き・喜び・賛成などを表わす》: *By* ～, I forgot my purse! しまった, 財布を忘れた.
jo·vi·al [dʒóʊviəl, -vjəl | dʒə́ʊvjəl, -vɪəl] 〘(1590) ▭ F ～ < LL *joviālis* of Jupiter: ⇨ ↑, -al¹〙 ── *adj.* **1** 陽気な, 楽しい, 愉快な, 快活で面白い (merry) (cf. mercurial 4): a ～ expression 楽しそうな表情 / a ～ mood 明るい気分. **2** [J-] 〘ローマ神話〙ユーピテル (Jupiter, Jove) の[に関する]. **3** [J-] 〘占星〙木星の星の下に生れた. **～·ly** *adv.* **～·ness** *n.*
jo·vi·al·i·ty [dʒòʊviǽləṭi, dʒoʊvjǽl- | dʒə̀ʊvɪǽlətɪ, -lɪ-] 〘(1626) ▭ F *jovialité*〙 *n.* **1** 楽しさ, 愉快, 陽気, 上機嫌 (jollity). **2** [*pl.*] 陽気な言葉[行為].
Jo·vi·an¹ [dʒóʊviən, -vjən | dʒə́ʊvjən, -vɪən] *n.* ヨビアヌス《331?–364; ローマ皇帝 (363–364); ラテン語名 Flavius Claudius Jovianus [dʒòʊviéɪnəs | dʒə̀ʊvɪ-]》.
Jo·vi·an² [dʒóʊviən, -vjən | dʒə́ʊvjən, -vɪən] 〘(1530) ← L *Jovis* 'JOVE' + -AN¹〙 ── *adj.* **1 a** ユーピテル (Jove, Jupiter) の. **b** (Jove のように)威風あたりを払う, 堂々たる (majestic). **2** 木星 (Jupiter) の.
jow [dʒáʊ, dʒóʊ | dʒáʊ, dʒə́ʊ] 〘《変形》←《方言》*jowl* to strike ← ? JOWL¹〙《スコット》── *vt.* 〈鐘を〉打つ, 鳴らす. ── *vi.* 鐘を打つ. ── *n.* 打つこと, 鐘打ち[たたき]; 鐘の音.
Jow·ett [dʒáʊɪt, dʒóʊ-, -ət | dʒáʊ-, dʒə́ʊ-], **Benjamin** *n.* (1817–93) 英国のギリシャ学者, Oxford 大学教授.
jowl¹ [dʒáʊl, dʒóʊl | dʒáʊl] 〘(16C) 《JAW¹ との連想による変形》? ← ME *chavel, chawl* < OE *ċēafl* jaw < Gmc **kabal-* (G *Kiefer*) ← IE **geph-* jaw, mouth (Ir. *gob* beak)〙 ── *n.* **1** 顎(あご) (jaw); (特に)下顎 (under jaw). **2 a** 頬(ほお) (cheek). **b** (豚の)頬肉《骨をとったもの; ⇨ pork 挿絵》.
cheek by jowl ⇨ cheek 成句.
jowl² [dʒáʊl, dʒóʊl | dʒáʊl] 〘(16C) 《変形》→ ME *cholle* ← ?: cf. OE *ċeole* throat〙 *n.* **1** (豚・牛・鳥の)のどの垂れ肉 (dewlap). **2** (太った人の二重顎の)垂れ肉.
jowl³ [dʒáʊl, dʒóʊl | dʒáʊl] 〘ME *jol(le)* ← ?〙 *n.* 魚の頭《特にサケ・チョウザメなどの頭》; 胸びれの部分で切り落とした魚の頭の料理.
jowl·y [dʒáʊli, dʒóʊ- | dʒáʊlɪ] 〘(*a*1873) ← JOWL² + -Y⁴〙 *adj.* (**more ～, most ～; jowl·i·er, -i·est**) (下顎からのどにかけての)肉[垂れ肉]の大きい.
joy [dʒɔ́ɪ] 〘(?*a*1200) ▭ (O)F *joie* < LL *gaudiam* (intensive pl.) ← L *gaudium* joy ← *gaudēre* to rejoice ← IE **gāu-* 'to REJOICE' (Gk *gēthein* to rejoice): cf. gaud, enjoy〙 ── *n.* **1 a** 喜び, うれしさ, 歓喜: ～s and sorrows (種々の)喜びと悲しみ / tears of ～ うれし涙 / weep for ～ うれし涙にくれる, うれし泣きする / in (one's) ～ うれしくて, うれしさの余り, 喜んで / to one's ～ 喜んだことには / leap [jump] *with* ～ 小躍りして喜ぶ / It gives me ～ to hear ...というお知らせに接し本当に喜ばしい / I wish you ～ (of your success). (ご成功)おめでとう (⇨ wish *vt.* 5 a) / Give [I give] you ～! おめでとう. **b** [Oh ～! として間投詞的に] うれしい. **c** [否定・疑問構文で]《口語》満足, 成功: with *no* ～ 不首尾で. **2** 喜びとなるもの, 喜びのもと, 楽しみ: A thing of beauty is a ～ for ever. 美しいものは永遠の喜び (Keats, *Endymion* I. 1).
── *vi.* 喜ぶ, うれしがる (rejoice) 〔*in*〕: ～ *in* a person's success 人の成功を喜ぶ. ── *vt.* **1** 《古》喜ばせる (gladden). **2** 《廃》**a** 楽しむ. **b** 喜ぶ. **c** 《廃》歓迎する; 祝う.
Joy [dʒɔ́ɪ] 〘↑〙 *n.* 女性名.
joy·ance [dʒɔ́ɪəns] 〘(*c*1586): ⇨ -ance〙 *n.* 《古》**1** お祭り騒ぎ. **2** 喜び, 歓喜.
jóy·bèlls *n. pl.* (祝祭・慶事を知らせる)教会の祝いの鐘.
Joyce [dʒɔ́ɪs] 〘《変形》←《古形》*Josse, Goce* ← Celt. *Jodoc* (ブルターニュの聖者の名) ∥ ←《古形》*Jocosa* (fem.) ← L *jocosus* merry ← *jocus* jest〙 ── *n.* **1** 女性名. **2** 男性名.
Joyce, James *n.* (1882–1941) アイルランド生れの英国の小説家; *Dubliners* (1914), *Ulysses* (1922), *Finnegans Wake* (1939).
Joy·ce·an [dʒɔ́ɪsiən | -sɪən, -sjən] *adj.* James Joyce の, James Joyce 的[風]な. ── *n.* James Joyce 研究者; Joyce の愛読者; Joyce の文体[作風]をまねる人.
joy·ful [dʒɔ́ɪfəl] 〘(*c*1250): ⇨ joy, -ful¹〙 ── *adj.* **1** うれしい, 楽しい. **2** 〈顔つきなど〉うれしそうな, 楽しそうな. **3** 〈光景など〉人の心を喜ばせる, 楽しくする (delightful): a ～ flower garden 見ていると楽しくなって来る(ような)花園. **～·ly** *adv.* **～·ness** *n.*
jóy·less 〘ME〙 *adj.* 喜び[楽しみ]のない, 面白くない, 楽しまない, わびしい (cheerless, dreary). **～·ly** *adv.* **～·ness** *n.*
joy·ous [dʒɔ́ɪəs] 〘(?*a*1300) ▭ AF ～ =OF *joios* (F *joyeux*): ⇨ joy, -ous〙 *adj.* =joyful. **～·ly** *adv.* **～·ness** *n.*
jóy·pòp 〘← JOY + POP¹〙 *vi.* ときどき麻薬を使用する. **～·per** *n.*
jóy·rìde 〘(1908) ← JOY + RIDE〙《口語》── *n.* **1** 面白半分の(猛スピードの)ドライブ; (特に, 他人の車の)無断乗り回し. **2** 奔放な[あとさき見ずの]行為. **3** 遊山ドライブ[飛行]. ── *vi.* **1** 他人の車を無断で乗り回す. **2** 遊山ドライブ[飛行]をする. **jóy·rìder** *n.*
jóy·stìck 〘← ?《英俗》*joy stick* penis: その位置が操縦者の両膝の間にあることから〙 ── *n.* **1** 〘航空〙操縦桿《control stick, または単に stick ともいう》. **2** (前後左右に自由に動く)操縦桿, 操作レバー.
JP *n.* 《口語》=JUSTICE of the peace.
JP, j.p. 《略》〘航空〙jet pilot; jet-propelled; jet propulsion.
J.P., JP 《略》Japan(ese) paper; 〘法律〙Justice of the Peace.
J pén *n.* ジェーペン《J の字の印のついた幅広のペン先》.
Jr. 《略》juror.
Jr., jr. 《略》junior.
J.R. 《略》*L.* Jacōbus Rex (=King James).
J.R.C. 《略》Junior Red Cross 青少年赤十字.
J.S. 《略》〘英法〙Judgment Summons; 〘法律〙judicial separation.
J.S.D. 《略》*L.* Jūrum Scientiae Doctor (=Doctor of the Science of Law, Doctor of Juristic Science) 法学博士.
JST 《略》Japan Standard Time 日本標準時.
jt. 《略》joint.
jt.-ed. 《略》joint-editor 共同編集者.
Ju·an [(h)wɑ́ːn | dʒúːən, dʒúən, hwɑ́ːn; *Sp.* xwán, *Am. Sp.* (h)wán] 〘▭ Sp. ～ 'JOHN¹'〙 *n.* 男性名.
Ju·an de Fu·ca [(h)wɑ́ːn·də·fjúːkə | dʒúːən-, dʒúən-] *n.* フアン デフカ(海峡)《カナダの Vancouver 島と米国の Washington 州北西部との間の海峡; 長さ 161 km, 幅 18–27 km》.
Ju·an Fer·nán·dez [(h)wɑ́ːn·fənǽndɪs, -dəs, -des | dʒúːən·fənǽndez, dʒúən-; *Am. Sp.* hwánfernándeθ] *n.* [the ～] フアンフェルナンデス諸島《チリの西方約 650 km, 南太平洋にある 3 島から成る島; Robinson Crusoe のモデルと言われる Alexander Selkirk は 1704–09 年この島の一つで暮らした》.
Jua·ni·ta [(h)wɑːníːṭə | dʒuəníːtə, dʒùːə-; *Sp.* xwaníta, *Am. Sp.* (h)wa-] 〘▭ Sp. ～ (dim.) ← *Juana* (fem.) ← *Juan* 'JOHN¹'〙 *n.* 女性名.
Juá·rez [(h)wɑ́ːrəs; *Am. Sp.* (h)wáres], **Benito Pablo** *n.* フアレス《1806–72; メキシコの政治家; 大統領 (1861–65, 1867–72)》.
Juárez, Ciudad *n.* ⇨ Ciudad Juárez.
ju·ba [dʒúːbə] 〘(1834) ▭ ? Zulu ～《原義》to kick about〙 ── *n.* ジューバ: **a** 米国南部の農園の黒人踊りから発達した, 膝を打ち合わせる活発なダンス. **b** アフリカ起源の Haiti のダンス.
Ju·ba [dʒúːbə] *n.* [the ～] ジューバ(川)《エチオピア南部に発し Somalia でインド洋に注ぐ川 (1,500 km)》.
Ju·bal [dʒúːbəl, -bæl] 〘▭ Heb. *Yūbhāl*《通俗語源》ram's horn: cf. jubilee〙 ── *n.* **1** 男性名. **2** 〘聖書〙ユバル《Lamech と Adah の子; 音楽の父, 楽器の発明者と伝えられる; cf. *Gen.* 4: 21》.
ju·bate [dʒúːbeɪt] 〘(1826) ← NL *jubāt-us* maned ← L *juba* mane: ⇨ -ate²〙 *adj.* 〘動物〙(たてがみのような)長い毛が垂れ下がった.
Ju·bayl [dʒuːbéɪl] *n.* ジュベール《レバノンの地中海沿岸の村; 古名 Byblos, 聖書では Gebal》.
jub·bah [dʒúbə, dʒʌ́bə] 〘(*a*1548) ▭ Arab. *júbbaʰ*: cf. jibbah〙 ── *n.* (*also* **jub·ba** [～]) ジュバ《イスラム教徒 (Muslems), パルシー教徒 (Parsis) などが用いたゆったりした長袖付きの外衣》.
Jub·bul·pore [dʒʌ́bəlpɔ̀ə, -pòə | -pɔ̀ː(r] *n.* Jabalpur の旧名.
ju·be [júːbeɪ, dʒúːbi | dʒúːbɪ, júːbeɪ] 〘(1725) ▭ F *jubé* ▭ L *jubē* (*Domine benedicere*) (Sir,) bid (bless me)

(日課の福音書を詠誦する前に助祭の祝福を求めるときの言葉) (imper.) ← *jubēre* to bid：この場所に立って祈祷を唱えるところから〛 ── *n.* 〘建築〙 **1** 内陣仕切り《キリスト教教会の聖歌隊席(choir)と身廊(nave)を仕切る》. **2** ＝rood loft.

ju·bi·lance [dʒúːbələns | -bɪ-] 〘《1864》〙 *n.* 歓喜.

jú·bi·lan·cy [-si | -sɪ] *n.* ＝jubilance.

ju·bi·lant [dʒúːbələnt | -bɪ-] 〘《1667》□ L *jūbilantem* (pres.p.) ← *jūbilāre*：⇨ jubilate, -ant〛 ── *adj.* **1** (歓声をあげて)喜ぶ, 歓喜に酔った, 歓呼している, 歓喜に輝く (triumphant). **2** 歓喜[喜悦, 喜び]を表わす[表わしての], 見るからに嬉しげな. **～·ly** *adv.*

ju·bi·lar·i·an [dʒùːbəlɛ́(ə)riən | -bɪlɛ́ərɪ-] 〘← ML *jūbilāri(us)* jubilarian (← LL *jubilaeus* 'JUBILEE') ＋ -AN[1]〛 ── *n.* **1** 50 歳[年]を祝う人. **2** 〘カトリック〙 司祭叙階 50 年または修道会入会以来 50 年を祝う者.

ju·bi·late [dʒúːbəlèɪt | -bɪ-] 〘《1604》← L *jūbilāt-us* (p.p.) ← *jūbilāre* to shout for joy ← *jūbilum* cry of joy: ⇨ -ate[3]〛 ── *vi.* **1** 非常に喜ぶ, 歓喜する (rejoice); 歓呼する. **2** 記念祭 (jubilee) を祝う.

Ju·bi·la·te [jùːbəláːteɪ, dʒùː- | dʒùːbɪláːtɪ, jùː-] 〘《*a*1200; 1706》□ L *jūbilāte* shout ye (pl. imper.) ← *jūbilāre* (↑)〛 ── *n.* **1 a** (旧約聖書の)詩篇第百《英国国教会で礼拝式に用いる聖歌; カトリック聖書では「詩篇第九十九」; *Jubilate Deo* (＝O be joyful in the Lord) で始まる》. **b** 〘音楽〙 ユビラーテ《詩篇第百[九十九]に付けられた楽曲》. **2** 〘カトリック〙 復活祭後の第三日曜日《入祭文(にゅうさいぶん)が 'Jubilate' という語で始まる; Jubilate Sunday ともいう》.

Jubiláte Súnday *n.* 〘カトリック〙 ＝Jubilate 2.

ju·bi·la·ti·o [dʒùːbəléɪʃiòʊ, jùːbəláːtsiòʊ | dʒùːbɪléɪʃɪəʊ] *n.* 〘音楽〙 ＝jubilus.

ju·bi·la·tion [dʒùːbəléɪʃən | -bɪ-] 〘《?*a*1375》□ L *jūbilātiō(n-)* ← *jūbilātus*：⇨ jubilate, -ation〛 *n.* **1** 歓喜, 歓呼. **2** 喜びの祝い.

ju·bi·lee [dʒúːbəliː, ⌐⌐⌐ | dʒúːbɪliː, -lɪ, dʒùːbɪlíː] 〘《*a*1382》□ (O)F *jubilé* □ LL *jūbilaeus (annus)* (year) of jubilee □ LGk *iōbēlaîos* ← *iṓbēlos* □ Heb. *yōbhēl* ram, ram's horn：jubilee の記念祭を告げる笛として角笛が用いられたことから：LL の形は *jūbilāre* 'to JUBILATE' との連想による：cf. *Lev.* 25：9〛 ── *n.* **1 a** (25 年・50 年・60 年・75 年などの)記念祭, 祝典 (anniversary)：golden [silver, diamond] ～ 50 [25, 60 (または 75)] 周年記念祭. **b** 佳節, 祝祭, 祝典. **2** 歓喜. **3** ジュビリー《未来の幸福を歌う黒人民謡》. **4** 〘聖書〙 ヨベルの年 (year of jubilee)《50 年ごとの贖罪の日 (Yom Kippur) に角笛が吹き鳴らされて, 自由解放の「安息の年」が宣せられ, 耕作を中止し, 奴隷を解放し, 人手に渡った土地家屋を旧主またはその後嗣へ返還されるべきことを神は Moses に命じた; cf. *Lev.* 25：8–17》. **5** 〘カトリック〙 聖年, 大赦の年《ローマ教皇の指定した特赦の年で「聖なる年」(Annus Sanctus) とも呼ばれ, この年に痛悔・善行などによって贖宥(しょくゆう) (indulgence) を受けることができるとされている; 通例 25 年に一度; Holy Year ともいう》. ── *adj.* ＝flambé 1.

ju·bi·lus [dʒúːbələs | -bɪ-] 〘□ ML ～ 'shout of joy' ← L *jūbilum* a wild cry：⇨ jubilate〛 ── *n.* (*pl.* **ju·bi·li** [-lài]) 〘音楽〙 ユビルス《グレゴリオ聖歌の alleluia の最後の a を伸ばす唱法; jubilatio ともいう》.

Jud. (略) Judge(s); Judgment; Judicial; Judith (聖書外典の)ユディト書.

Ju·da [dʒúːdə] *n.* (Douay Bible での) Judah のラテン語式語形.

Ju·dae·a [dʒuːdíːə, dʒʊ- | -díə, -díːə] *n.* ＝Judea.

Ju·dae·an [dʒuːdíːən, dʒʊ- | -díən, -díːən] *adj.*, *n.* ＝Judean.

Ju·dae·o- [dʒuːdéɪo(ʊ), dʒʊ-, dʒúːdio(ʊ), dʒuːdíːo(ʊ), dʒʊ- | dʒuːdíːə(ʊ), dʒʊ-] ＝Judeo-.

Ju·dah [dʒúːdə] 〘□ Heb. *Yᵉhūdhāʰ*《通俗語源》praised〛 ── *n.* **1** 男性名. **2** 〘聖書〙 **a** ユダ《ヘブライの族長, Jacob の第 4 子, 母は Leah; cf. *Gen.* 29：35》. **b** ユダ族《ユダを祖とするイスラエル十二支族の一つ》. **3** ユダ王国《Palestine 南部の王国 (922?–586 B.C.); Judah と Benjamin の両族から成る; 首都 Jerusalem; cf. Israel[2] 1, *1 Kings* 12：17–21》. **4** Jordan 川西岸地区 (West Bank) の南部地方.

Ju·da·ic [dʒuːdéɪɪk, dʒʊ-] 〘《1611》□ L *Jūdaic-us* □ Gk *Ioudaikós* Jewish：⇨ ↑, -ic[1]：cf. Jew〛 *adj.* ユダヤ人[民族]の (Jewish); ユダヤ教の; ユダヤ人風の. **Ju·dá·i·cal** [-ɪkəl, -ək-l | -ɪk-] *adj.* **Ju·dá·i·cal·ly** *adv.*

Ju·da·i·ca [dʒuːdéɪɪkə, dʒʊ-, -déɪə- | -déɪɪ-] 〘□ L *Jūdaic-a* (neut. pl.) ← *Jūdaicus* (↑)〛 *n. pl.* ユダヤ文物集, ユダヤ(人)文献集.

Ju·da·ism [dʒúːdəìzm, -di- | -deɪ-] 〘《*a*1400》□ LL *jūdaism-us* □ Gk *ioudaismós* ← *Ioudaîos* 'JEW'：⇨ -ism〛 ── *n.* **1 a** ユダヤ教, ユダヤ教の教義. **b** ユダヤ教信仰. **2** ユダヤ主義, ユダヤ人気風[気質(かたぎ)]. **3** [集合的] ユダヤ人; ユダヤ人社会.

Jú·da·ist [-dəɪst, -diɪst, -dəəst, -dəɪst | -deɪɪst] *n.* **1** ユダヤ教徒. **2** (初代教会時代にユダヤ的慣行や式典を固執した)ユダヤ人キリスト教徒. **Ju·da·is·tic** [dʒùːdəístɪk, -diís- | -deiís-] *adj.*

Ju·da·ize, j- [dʒúːdəàɪz, -di- | -deɪ-] 〘《1582》□ LL *jūdaiz-āre* ← Gk *ioudaízein*：⇨ Judah, -ize〛 ── *vt.* ユダヤ人風にする, ユダヤ式にする, ユダヤ教に化する：～ the region その地方をユダヤ化する. ── *vi.* ユダヤ人風になる, ユダヤ式になる, ユダヤ教徒になる. **Ju·da·i·za·tion** [dʒùːdəɪzéɪʃən, -dəə-, -diɪ-, -diə- | -deɪaɪ-, -deɪɪ-] *n.* **Jú·da·iz·er** *n.*

ju·das [dʒúːdəs] 〘《1865》← JUDAS 1〛 ── *n.* (玄関のドアや独房の壁などに付けた)のぞき穴 (peephole), のぞき窓《反対側の人には気づかれずにのぞけるもの; judas hole, judas window ともいう》.

Ju·das [dʒúːdəs] 〘《*a*1376》□ L *Jūdas* □ Gk *Ioúdas* □ Heb. *Yᵉhūdhāʰ* 'JUDAH'〛 ── *n.* 〘聖書〙 **1 a** (イスカリオテの)ユダ (Judas Iscariot)《十二使徒の一人でイエスを裏切り銀 30 枚で祭司長に売った後自殺した; cf. *Matt.* 26：47–48; *Mark* 3：19, 14：43–46; *Matt.* 27：3–5》. **b** (イスカリオテのユダのような, 味方のふりをした)裏切者, 反逆者, 獅子身中の虫. **2** [(Saint) ～] ユダ《James の子で十二使徒の一人, Judas Iscariot と区別するため Jude あるいは Thaddeus とも呼ばれる; 祝日 10 月 28 日; cf. *Luke* 6：16; *John* 14：22; *Acts* 1：13》. **3** ユダ《James およびイエスの兄弟で,「ユダの書」の著者とされる; cf. *Matt.* 13：55; *Mark* 6：3》.
play* (*the*) *Judas 裏切り(行為)をする.
── *attrib. adj.* (他の動物をおびき寄せたり, また屠殺に送るために)おとりとして使った.

Júdas-cólored 〘《1673》：イスカリオテのユダの毛髪が赤かったという伝説から〛 *adj.* 〈毛髪が〉赤い; 赤毛の.

júdas hóle *n.* ＝judas.

Júdas Iscáriot *n.* 〘聖書〙 ＝Judas 1 a.

Júdas kíss 〘《*c*1400》〙 *n.* ユダの接吻《親切らしく見せかけた偽りのキス; cf. *Matt.* 26：48》; 罪深い裏切り行為 (cf. *the* KISS *of death*).

Júdas Maccabáeus *n.* ⇨ Maccabaeus.

Júdas trèe 〘イスカリオテのユダがこの木に首をつって死んだという伝説から〛 ── *n.* 〘植物〙 セイヨウハナズオウ (*Cercis siliquastrum*)《ユーラシア産マメ科ハナズオウ属の紫色の花をつける高木; cf. redbud》; ハナズオウ属の植物の総称.

júdas wíndow *n.* ＝judas.

Judd [dʒʌ́d] 〘《変形》← JUDAH〙 *n.* 男性名.

jud·der [dʒʌ́də | -də(r)] 〘《変形》? ← SHUDDER〙 *n.* (モーターなどの)激しい震動. ── *vi.* 激しく震動する.

Jude [dʒúːd] 〘《短縮》← JUDAS〙 ── *n.* **1** 男性名. **2** 〘聖書〙 **a** [(Saint) ～] ユダ (「ユダの書」の著者とされる; ⇨ Judas 3). **b** (新約聖書の)ユダの書 (The General Epistle of Jude). **3** 〘聖書〙 ＝Judas 2.

Ju·de·a [dʒuːdíːə, dʒʊ-, -déɪə | -díə, -díːə] *n.* ユダヤ, ユデア《死海の西側の山地, Jerusalem, Bethlehem などの都市がある》. ★ イスラエルの民の Canaan 定着の際, ユダ族が得た地とされる.

Ju·de·an [dʒuːdíːən, dʒʊ-, -déɪən | -díən, -díːən] 〘《1652》← L *Jūdae-us* □ Gk *Ioudaîos* ← *Ioúdas* 'JUDAS'：⇨ -an[1]〛 ── *adj.* **1** ユダヤ (Judea) の. **2** ユダヤ人の[に関する]. ── *n.* **1** 古代ユダヤ (Judea) 人. **2** ユダヤ人 (Jew).

Ju·de·o- [dʒuːdéɪo(ʊ), dʒʊ-, dʒúːdio(ʊ), dʒuːdíːo(ʊ), dʒʊ- | dʒuːdíːə(ʊ), dʒʊ-] 〘← L *Jūdae-us* Jewish：⇨ Jew〛 ──「ユダヤ人[教]の; ユダヤと…との」の意の連結形：*Judeo*-Christian.

Judéo-Chrístian *adj.* ユダヤ教とキリスト教との, ユダヤ教的・キリスト教的な, ユダヤ教とキリスト教とに歴史的根源を有する.

Judéo-Spánish *n.* ユダヤ系スペイン語《15 世紀にカトリック教徒によってスペインから追放され Balkan 半島から小アジア・北アフリカに移住したユダヤ人とその後裔(こうえい)の伝えるスペイン語》.

Judg. (略) Judges (旧約聖書の)士師(し)記.

judge [dʒʌ́dʒ] 〘n.：《*c*1303》□ (O)F *juge* < L *jūdicem*, *jūdex* judge ← *jūs* law＋*dicus* ((p.p.) ← *dicere* to say). ─v.：《?*a*1200》□ OF *jug-ier* (F *juger*) < L *jūdicāre* to judge〛 ── *n.* **1 a** 裁判官, 司法官, 判事：(as) grave as a ～ 非常に重々しい[いかめしい] / (as) sober as a ～ 全くしらふで; 非常に真面目[厳粛]で. **b** [the J-] (最高絶対の審判官である)神 (God), キリスト (Christ). **2** (競技・討論などの)審判者[員], 判定者, 審査員 (umpire)：a ～ of a beauty contest, etc. **3** 鑑定家, 玄人, 目利き (connoisseur)：a rather poor ～ *of* art およそ絵などの判らない人物 / He is a good ～ *of* wine. 彼はワインの鑑別がうまい / I am no ～ *of* poetry. 詩は全然わからない / He is a good ～ *of* people. 人を見る目を持っている / Who said he was any ～ *of* painting? あの男に絵(の良し悪し)が判るなんて誰が言ったんだ. **4** 〘聖書〙 士師(し), 裁き人《Joshua の死後 Samuel の時代まで, すなわち王国成立前に Israel の民を支配し指導した執権者》.
── *vt.* **1** 〈事件を〉裁判する, 裁く, 審理する (try); 〈被告を〉(審理して)判決を下す; 〈争議などを〉裁定する：The case is being ～*d* by the Supreme Court. その事件は最高裁で審理中である / The court ～*d* her guilty. 法廷は彼女に有罪の判決を下した. **2 a** …に(道徳的・知的な)判断を下す, 評価する (estimate), 批判する (criticize)：～ the merits of a reference book 参考書の価値を判定する / It is not for me to ～ your conduct. 君の行動にとかくの批判を下すことは私の任でない. **b** 〈審判者・審査員などが〉〈競争者・出品物などを〉審判[審査]する, 鑑定する; 〈審査員などが〉〈レース・コンクールなど〉の審判[審査, 判定]をする：～ wrestlers, cattle, a beauty contest, etc. / The censors ～*d* the film obscene. 検閲官たちはその映画に猥褻(わいせつ)という判断を下した. **3 a** [目的語＋補語または *to* be [do] を伴って] 〈…だと〉判断する：He ～*d* it prudent to obey my advice. 私の忠告に従うのが賢明なことだと判断した / I ～*d* her [her age] to be about forty. 彼女は 40 ぐらいだと見当をつけた. **b** 〈…だと〉思う (think) 〈*that*〉：I ～ (*that*) he was wrong. 彼は間違っていたと思う. **4** 〘聖書〙 〈士師(し)が〉統治する.
── *vi.* **1** 裁く; 〈裁判官・審判者・審査員が〉裁判する, 裁断を下す, 判定する：*Judge between* us. われわれ二人のどちらが正しいか裁いて下さい. **2** 判断[断定]する：～ *by* appearances 外見で断定する / *Judging from* the way she was dressed, I should say that she was fairly rich. 彼女の服装から察してみてかなり裕福な人らしかった / It is difficult to ～ *of* a person's character. 人の人格を判断することはむずかしい. **3** 〈審査員が〉審査[判定]をする, ジャッジを勤める：～ *at a* flower show.
júdg·er *n.*

júdge ádvocate *n.* 〘軍事〙 法務官, 法務課長《司令官への法律上の助言者で, 軍の司法行政を担当する幕僚将校》.
Judge Advocate of the Fleet 《英》 海軍法務総監.

jùdge ádvocate géneral *n.* (*pl.* **～s, judge advocates general**) (米国の)陸[海, 空]軍法務部長, (国防省の)法務総監; (英国の)陸[空]軍法務総監.

júdge-màde *adj.* 〘法律〙 裁判官の下した判決[判例]によって決まった, 裁判官の作った：the ～ law 裁判官の作った法, 裁判官制定法, 判例法《Jeremy Bentham がコモンロー (common law) を批判するためのキャッチフレーズにした造語》.

judge·mat·ic [dʒʌdʒmǽtɪk | -tɪk] *adj.* ＝judgmatic.

judge·mát·i·cal [-tɪkəl, -tə- | -tɪ-] *adj.* ＝judgmatical.

júdge·ment *n.* ＝judgment.

Judg·es [dʒʌ́dʒɪz, -dʒəz] *n. pl.* [単数扱い] (旧約聖書の)士師(し)記 (The Book of Judges) (略 Judg.).

júdge·shìp *n.* 裁判官[審判者]の職[地位, 権限, 任期].

júdge's márshal *n.* 《英》 ＝marshal 2 c.

Júdges' Rúles *n.* 〘英法〙 裁判官の判断基準《警察官の作成する調書を証拠として採用しうる基準を定めたもの》.

judg·mat·ic [dʒʌdʒmǽtɪk | -tɪk] *adj.* ＝judgmatical.

judg·mat·i·cal [dʒʌdʒmǽtɪkəl, -tə-, -kl | -tɪ-] 〘《1826》← JUDGE＋*-matical*：DOGMATICAL などからの類推〛 ── *adj.* 《口語》 思慮分別のある, 賢明な, 明敏な (judicious, discerning). **～·ly** *adv.*

judg·ment [dʒʌ́dʒmənt] 〘《*a*1250》□ (O)F *jugement*：⇨ judge, -ment〛 ── *n.* **1 a** 判決; 審判 (cf. court order, decree 2, sentence, verdict)：pass ～ *on* [*upon*] …に判決を下す / ～ by default 欠席裁判 / the ～ of God (昔の)神意裁判《決闘によって是非を決する裁判》. **b** 判決の理由. **c** 判例集中の各裁判官の意見. **2 a** 判断, 批判 (criticism); 非難 (censure); 審査, 鑑定：*in* my ～ 私の判断[意見]では / *on* one's own ～ 自分の判断[考え]で, 独断で / form a ～ *on* a question ある問題に関して意見を立てる, 問題を判断する. **b** (判断の結果得られた)結論, 意見 (decision, opinion)：I regretted my hasty ～. あわてて決めてしまったことを後悔した. **3** 判断力, 批判力 (discrimination, critical faculty); 思慮分別 (discretion)：mature ～ 円熟した判断 / a man of sound [small] ～ 判断力の健全な[貧弱な]人. **4** (神の裁きとしての)災, 天罰：It is a ～ *on* you for getting up late. それは君の朝寝坊の天罰だ. **5** 〘法律〙 判決債務 (judgment debt)《判決によって確定した債務で弁済されていない状態のもの》; (判決債務を確定する)判決書 (cf. decree 2). **6** [通例 the J-] 〘神学〙 審判, 最後の審判, 公審判 (Last Judgment). **7** 〘聖書〙 **a** (神の定めた)律法, おきて (decree, law). **b** 《廃》 正しい審判, 正義; 公正 (equity)：I the Lord love ～. 主われは公平を愛す (*Isa.* 61：8).
sit in judgment 〈裁判官が〉裁判する; 判断を下す, (一段高くとまって)批判する 〔*on, upon*〕. ***to the best of one's judgment*** できるだけ慎重に考えて; いくら考えても.

judg·men·tal [dʒʌdʒméntl̩ | -tl] *adj.* 判断(上)の, 判断に関する.

Júdgment Bòok *n.* [the ～] 最後の審判書[録], 公審判録《Last Judgment の時に開かれるという全人類の所業の記録》.

júdgment crèditor *n.* 〘法律〙 判決債権者《勝訴判決を得て, 債務者に対して強制執行をなしうる状態にある債権者》.

Júdgment Dày *n.* **1** 〘神学〙 [the ～] (世の終わりの最後の)審判の日 (Day of Judgment, doomsday). **2** [j- d-] 〘法律〙 判決日.

júdgment dèbt *n.* 〘法律〙 ＝judgment 5.

júdgment dèbtor *n.* 〘法律〙 判決債務者.

júdgment nísi *n.* 〘法律〙 仮判決, 条件付判決《判決に不服の者が一定期間内にその理由を主張し証明しなければ, 絶対的な効力を生じるという条件を付して言渡された判決》.

júdgment nòte *n.* 〘商法〙 認諾文書記載約束手形《約束手形が満期に支払いがなされない時には, 手形金額の請求訴訟において, それを認諾する代理権を振出人に代わって所持人に与える趣旨の文言を約束手形に付記したもの》.

júdgment sèat *n.* [しばしば J- s-] (神の行なう最後の審判の日の)審判(さばき)の庭.

júdgment sùmmons *n.* 〘英法〙 債務者拘禁のための召喚状.

júdgment thròne *n.* (最後の)審判廷, 神の御座.

ju·di·ca·ble [dʒúːdɪkəbl̩, -də- | -dɪ-] 〘《1647》□ LL *jūdicābil-is* ← L *jūdicāre* 'to JUDGE'：⇨ -able〛 *adj.* 裁くことのできる, 審理できる; 審理されるべき.

ju·di·ca·tive [dʒúːdɪkèɪtɪv, -də- | -dɪkət-, -kèɪt-] 〘《1641》□ ML *jūdicātīv-us* ← L *jūdicātus* (p.p.) ← *jū-*

dicāre 'to JUDGE': ⇨ -ive〗 ― *adj.* 判断する能力のある：～ faculty 批判力.

ju·di·ca·tor [dʒúːdɪkèɪṭɚ, -də- | -dɪkèɪtə(r)] 〘《1759》▭ LL *jūdicātor* ← L *jūdicātus* (↑)：⇨ -or²〙 *n.* 裁判官 (judge).

ju·di·ca·to·ry [dʒúːdɪkətɔ̀ːri, -də-, -tɔ̀ːri | -dɪkèɪtəri, -kət-] 〘《c1575》▭ ML *jūdicātōri-um* court of law (neut.) ← *jūdicātōrius* of a judge：⇨ ↑, -ory¹·²〙 ― *adj.* 裁判(上)の, 司法の：～ power 裁判[司法]権. ― *n.* **1** 裁判所. **2** 司法行政.

ju·di·ca·ture [dʒúːdɪkətʃʊ̀ɚ, -də-, -t(j)ʊ̀ɚ, -tʃɚ, -kèɪtʃɚ | dʒúːdɪkətʃə(r, dʒuːdík-, dʒʊ-, -tjʊ̀ə(r)] 〘《1530》▭ (O)F ～ // ML *jūdicātūra* ← L *jūdicātus* (p.p.) ← *jūdicāre* 'to JUDGE'：⇨ -ure〙 ― *n.* **1** 司法(権), 裁判(権)：⇨ SUPREME COURT of Judicature. **2** 裁判官の地位[職務, 権限]. **3** 司法行政. **4 a** (政府の)司法部. **b** [集合的] 裁判官 (judges).

Júdicature Àcts *n. pl.* 〘英法〙 裁判所法《英国の裁判所組織や訴訟手続き, その他司法に関する重要事項を定めた法律; 1873 年および 1875 年に制定され, その後も 1925 年をはじめ幾多の修正を受けた; 正式名 The Supreme Court of Judicature Acts, 1873–75》.

ju·di·ci·a·ble [dʒuːdíʃiəbl, -ʃə- | -ʃɪə-, -ʃə-] *adj.* ＝judicable.

ju·di·cial [dʒuːdíʃəl, dʒuː- | dʒuː-, dʒʊ-] 〘《a1382》▭ L *jūdiciāl-is* ← *jūdicium* judgment ← *jūdex* 'JUDGE (n.)'：⇨ -al¹〙 ― *adj.* **1** 司法の, 裁判の：～ power 司法権 / the ～ system 司法制度 / a ～ precedent 判例, 先例 / ～ proceedings 訴訟手続き. **2** 裁判[判決]による, 裁判所の指示[命令]による：⇨ judicial separation. **3** 裁判官の[に関する, に属する, にふさわしいような]：a ～ ermine 裁判官用の白てんの毛皮のえりの付いた法服 / the purity of the ～ ermine 裁判官職の潔白性. **4** 判断力のある, 批判的な (critical)：a ～ mind 批判精神, 批判力. **5** 〘神学〙 天[神]罰の[による]：a ～ pestilence 天罰による疫病[ペスト].

judícial cómbat *n.* 〘英史〙 ＝TRIAL¹ by battle.

judícial cónference *n.* 〘法律〙 司法審議会《司法の改善などに関する裁判官などの会議》.

ju·dí·cial·ly [-ʃəli | -lɪ] 〘《15C》：⇨ -ly¹〙 *adv.* **1** 司法上, 裁判上で; 裁判[司法手続き]によって. **2** 裁判官らしく. 「法だが不当な死刑宣告」.

judícial múrder *n.* 法による殺人, 合法的殺人《適

judícial políce *n.* 司法警察.

judícial review *n.* 〘米法〙 (裁判所による立法および行政処分の)司法審査, 合憲性 (constitutionality) 審査 (cf. review *n.* 7).

judícial separátion *n.* 〘英法〙 裁判上の別居《判決によって夫婦の同居義務を免除するもの; legal separation ともいう; cf. limited divorce》.

ju·di·ci·ar·y [dʒuːdíʃièri, dʒuː-, -ʃəri | dʒuːdíʃɪəri, dʒʊ-, -ʃəri] 〘《a1415》▭ L *jūdiciāri-us*：⇨ judicial, -ary〙 ― *adj.* 司法[裁判]の; 裁判所の; 裁判官の：～ proceedings 裁判手続き. ― *n.* **1 a** 司法組織[制度]. **b** (政府の)司法部 (judicature). **2** [集合的] 裁判官 (judges).

ju·di·cious [dʒuːdíʃəs, dʒuː- | dʒuː-, dʒʊ-] 〘《1591》▭ F *judicieux* ← L *jūdicium* judgment：⇨ judicial, -ous〙 ― *adj.* **1** 思慮分別のある (discreet, prudent). **2** 物わかりのよい, 賢明な, 明敏な (wise, sensible)：a ～ use of time [leisure, money] 時間[暇, 金銭]の賢い使い方. **～·ly** *adv.* **～·ness** *n.*

Ju·dith [dʒúːdɪθ, -dəθ | -dɪθ] 〘▭ LL *Jūdith* ▭ Gk *Ioudíth* ▭ Heb. *Yᵉhūdhīth* Jewess (fem.) ← *Yᵉhūdhāʰ* 'JUDAH'〙 ― *n.* **1** 女性名《愛称形 Jody, Judy》. **2** 〘聖書〙 **a** ユディト[ユデテ]書 (The Book of Judith) 《プロテスタントの外典 (Apocrypha) の一書; 略 Jud.》. **b** ユディト, ユデテ《同書中の主要人物であるユダヤ人の寡婦; Assyria の猛将 Holofernes の陣営に忍び込みその寝首をかいて殺し国民を危難から救った》.

ju·do [dʒúːdoʊ | -dəʊ] 〘《1889》▭ Jap.〙 *n.* 柔道.

jú·do·ist [-doʊɪst, -əst | -dəʊɪst] *n.* 柔道家.

Ju·dy¹ [dʒúːdi | -dɪ] 〘(dim.) ← JUDITH〙 *n.* 女性名.

Ju·dy² [dʒúːdi | -dɪ] 〘《1812》↑〙 ― *n.* **1** ジュディー《人形芝居 Punch-and-Judy show の女主人公で Punch の女房》. **2** [しばしば j-] 《俗》 女, 娘; 滑稽な人[女]：Don't play a *judy* of yourself. ばかなまねはよせ.

jug¹ [dʒʌ́g] 〘《1538》? ← *Jug* (dim.) ← JUDITH, JOANNA〙 ― *n.* **1 a** 《英》 (取手とつぎ口の付いた広口の)水差し. **b** 《米》 (コルクのふたの付いた細首で取手の付いた)陶器[金属, ガラス]製水差し. **2 a** 水差し 1 杯. **b** 《俗》 ウイスキーのびん《1 本》. **3** 《俗》 刑務所：in ～ 刑務所に入って. ― *vt.* (**jugged**; **jug·ging**) **1** 〈うさぎ肉などを〉陶製の器に入れて煮込む：⇨ jugged hare. **2** 《俗》 刑務所に入れる (imprison).

jug² [dʒʌ́g] 〘《1523》《擬音語》〙 *n.* (nightingale などの)「じゃっじゃっ」という鳴き声 (jug-jug). ― *vi.* (**jugged**; **jug·ging**) 「じゃっじゃっ」と鳴く.

juga *n.* jugum の複数形.

ju·gal [dʒúːgəl] 〘《1598》▭ L *jugāl-is* of a yoke ← *jugum* 'YOKE¹'：⇨ -al¹〙 〘解剖〙 *adj.* 頬骨の (malar)：the ～ bone 頬骨. ― *n.* (人・動物の)頬骨.

ju·gate [dʒúːgeɪt, -gət, -gɪt] 〘《1887》▭ L *jugāt-us* (p.p.) ← *jugāre* to join ← *jugum* (↑)：cf. conjugate〙 ― *adj.* **1** 連結した (conjoined); 重なり合った (overlapping). **2** 〘生物〙 対になった. **3** 〘植物〙 対になった小葉のある. **4** 〘昆虫〙 翅垂(しすい)がある.

júg bànd 〘← JUG¹ (n.)〙 ― *n.* 《米》 ジャグ バンド《ハーモニカやカズー (kazoo) など, 間に合わせの楽器または器物を使ってフォークソングやジャズを演奏する小さなバンド》.

Ju·gend·stil [júːgəntʃtiːl; *G.* júːgəntʃtiːl] 〘▭ G ～ ← *Jugend* youth＋*Stil* style〙 ― *n.* 〘美術〙 青春様式, 「ユーゲントシュティール」《19 世紀末から 20 世紀初頭にかけてのドイツ語文化圏におけるアールヌーボー (Art Nouveau) の呼称; 幻想的な流動美を持つ建築・工芸に特色を示す》.

jug·ful [dʒʌ́gfʊ̀l] 〘《1834》← JUG¹＋-FUL²〙 ― *n.* (*pl.* **～s, jugs·ful**) **1** 水差し (jug) 1 杯(の分量). **2** 大量, 多量. ★ 次の成句で：***not by a jugful*** 多量ではなく：He hasn't read many books yet, *not by a* ～. 本はまだたくさん読んだわけじゃない一多読家なんてもんじゃない.

júgged háre 〘← JUG¹ (vt.)〙 *n.* 《英》 (陶製の器でワイン・調味料とともに)煮込んだうさぎ肉料理.

Jug·ger·naut [dʒʌ́gɚnɔ̀ːt, -nɑ̀ːt | -nɔ̀ːt] 〘《1638》▭ Hindi *Jagannāth* Lord of the world ← Skt *Jagannātha* ← *jagat* world, 《原義》 moving＋*nātha* lord〙 ― *n.* **1** 〘インド神話〙 ジャガノート《Vishnu の第八化身であるクリシュナ (Krishna) に対する呼び名》. **2 a** クリシュナの像《インドの Puri 市では毎年の例祭にこの偶像を巨大な山車(だし)に乗せて市中を引き回す習わしがあったが, これにひき殺されると極楽往生できるという迷信から, 進んでその車輪の下敷きになる者が多かったという》. **b** クリシュナ神像の山車(だし). **c** [j-] (盲目的な服従や恐ろしい犠牲を強いる)絶対的な考え[迷信, 制度など]; 抵抗不可能なもの, 不可抗力. **d** [j-] 《英口語》 (他車を脅かす)巨大な自動車《長距離輸送トラックなど》.

Juggernaut 2 b

jug·gins [dʒʌ́gɪnz, -gənz | -gɪnz] 〘《1882》? ← *Juggins* (*Jug* (⇨ jug¹) に Tomkins, Jenkins などの姓の語尾をつけた名前から)：cf. muggins, ↓〙 ― *n.* だまされやすい人, のろま, 間抜け (simpleton).

jug·gle [dʒʌ́gl] 〘《c1378》 *jogele(n)* ▭ OF *jogl-er* (F *jongler*) < L *joculārī* to jest ← *joculus* (dim.) ← *jocus* 'JOKE'〙 ― *vi.* **1** (玉やナイフを巧みにあやつって)曲芸をする, 奇術を行なう：～ *with* four balls 四つの玉で曲芸をやる. **2** (人を欺くために)〔物事を〕弄(ろう)ぶ, 曲げる〔*with*〕：～ *with* words 言葉の魔術を使う / ～ *with* a fact 事実をごまかす. ― *vt.* **1 a** 〈玉やナイフを〉巧みにあやつる：～ six balls [clubs] at the same time 6 個のボール[棍棒]を同時に(空中で)あやつる. **b** 手品を使って〈物を〉〔…に〕する (conjure)〔*into*〕：～ a fan *into* a bird 手品で扇を鳥に変える / ～ a rabbit *away* うさぎを手品で消してしまう. **2 a** 〈帳簿や数字を〉ごまかす, 操作[工作]する：～ figures. **b** 〈人を〉だまして〔金・物を〕奪う (cheat)〔*out of*〕：～ a person *out of* his money ごまかして人から金を巻き上げる. **3 a** 〈幾つもの品物を〉あぶなっかしい手つきで持つ[支える]. **b** 〘野球〙 〈ボールを〉ジャッグルする. ― *n.* **1 a** 奇術, 曲芸; 早わざ. **b** (曲芸の)巧みな手わざ. **2** ごまかし, ぺてん. **3** 〘野球〙 ジャッグル.

júg·gler [-glɚ, -glə | -glə(r, -glə(r)] 〘? lateOE *iugelere* & ME *jugelour, jogeler* ▭ OF *joglere* (nom.), *jogleor* (acc.) < L *joculātōrem* jester ← *joculārī* (↑) ∽ OE *geogelere* ▭ L：⇨ -er¹〙 ― *n.* **1 a** 手品師, 奇術師 (conjurer). **b** (玉やナイフをあやつる)曲芸師, ジャグラー. **2** ごまかし屋, ぺてん師 (trickster).

jug·gler·y [dʒʌ́gləri | -rɪ] 〘《a1325》 *jogelri(e)* ▭ OF *jog(e)lerie*：⇨ juggle, -ery〙 ― *n.* **1** (玉やナイフをあやつる)曲芸, 奇術; 手品; (手先の)早わざ (sleight of hand). **2 a** 詐欺, ぺてん. **b** (帳簿や数字の)ごまかし, 操作.

júg-hàndled 〘《1881》← JUG¹＋HANDLED〙 *adj.* 一方的な (one-sided), 片手落ちの, 不公平な (partial); 不正な (unjust).

júg·hèad 〘《1936》← JUG¹＋HEAD〙 *n.* 《米西・中部》 **1 a** らば (mule). **b** 言うことを聞かない馬. **2** ばか, 間抜け.

júg-jùg *n.* ＝jug².

Ju·glan·da·ce·ae [dʒùːglændéɪsiìː, -glən-] 〘← NL ～ ← *Jugland-, Juglāns* walnut (属名：← L)＋-ACEAE〙 ― *n. pl.* 〘植物〙 クルミ科. **jù·glan·dá·ceous** [-ʃəs] *adj.*

Ju·go·slav [jùːgo(ʊ)slɑ́ːv, -slǽv, ⌐⌐⌐ | jùːgə(ʊ)slɑ́ːv, ⌐⌐⌐] *adj., n.* (*also* **Jugo-Slav**) ＝Yugoslav.

Ju·go·sla·vi·a [jùːgo(ʊ)slɑ́ːviə, -slǽv- | -gə(ʊ)slɑ́ːvjə, -vɪə] *n.* ＝Yugoslavia.

Ju·go·sla·vi·an [jùːgo(ʊ)slɑ́ːviən, -slǽv- | -gə(ʊ)slɑ́ːvjən, -vɪən] *adj., n.* ＝Yugoslavian.

Ju·go·slav·ic [jùːgo(ʊ)slɑ́ːvɪk, -slǽv- | -gə(ʊ)slɑ́ːv-] *adj.* ＝Yugoslavic.

jugula *n.* jugulum の複数形.

jug·u·lar [dʒʌ́gjʊlɚ, dʒúːg- | dʒʌ́gjʊlə(r)] 〘《1597》▭ LL *jugulār-is* ← L *jugulum* collarbone：⇨ jugum, -ar¹：cf. jugate〙 ― *adj.* **1** 〘解剖〙 頸(けい)部の; 咽喉(いんこう)部の; 頸静脈の：the ～ groove (馬の)頸部条溝. **2** 〘魚類〙 **a** のどの(位置にある)：a ～ fin のどびれ. **b** のどびれのある; 〈腹びれが〉胸びれの前方にある. **3** 〈闘争などが〉激烈な. ― *n.* **1** 〘解剖〙 頸静脈. **2** 〘魚類〙 のどびれのある魚. **3** (敵・相手の)最大の弱点[弱味].

júgular véin *n.* 〘解剖〙 頸(けい)静脈：the external [inner] ～ 外[内]頸静脈.

jug·u·late [dʒʌ́gjʊlèɪt, dʒúːg- | dʒʌ́g-] 〘《1623》← L *jugulāt-us* (p.p.) ← *jugulāre* to cut the throat of ← *jugulum*：⇨ jugular, -ate³〙 ― *vt.* **1** …ののどを切って殺す. **2** 〘医学〙 〈病症〉の進行を荒療治で抑える.

jug·u·lum [dʒʌ́gjʊləm, dʒúːg- | dʒʌ́g-] 〘← NL ～ (dim.) ← L *jugum* (↓)〙 *n.* (*pl.* **-u·la** [-lə]) **1** 〘鳥類〙 咽喉部《胸に近い部分》. **2** 〘昆虫〙 ＝jugum 1.

ju·gum [dʒúːgəm, júː- | dʒúː-] 〘《1857》▭ L ～ 'YOKE¹'〙 ― *n.* (*pl.* **ju·ga** [-gə], **～s**) **1** 〘昆虫〙 翅垂(しすい), 繋垂《昆虫の前翅の後縁の指状突起; 飛ぶ際にこれが後翅の前縁に突きこまれ, 前後の翼が 1 枚の翼のように組み合わされる》. **2** [*pl.*] 〘植物〙 (羽状葉の)対生小葉《一対》.

Ju·gur·tha [dʒugɚ́ːθə, dʒuː- | dʒugə́ː-, juː-] *n.* ユグルタ《?–104 B.C.; 北アフリカの Numidia の王 (112?–104 B.C.); ユグルタ戦争を開き, Rome で殺された》.

juice [dʒúːs] 〘《c1300》▭ (O)F *jus* ▭ L *jūs* broth, juice ← IE **yeu-* to blend, mix food〙 ― *n.* **1** (植物の)汁, 液, ジュース：lemon ～ / ⇨ fruit juice, grape juice. **2 a** (動物体内の)液, 分泌液：digestive ～ 消化液 / ⇨ gastric juice. **b** [the ～s] 体液《血液・リンパ液など体内にある各種の液; cf. humor 6》. **3 a** 精髄, 本質 (essence). **b** エネルギー, 元気, (男性的)活力 (vitality). **4** 《俗》 (動力源となる)石油, ガソリン, 電流, 電気(など). **5** 《俗》 **a** 金《特に収賄・賭博(とばく)・脅迫などによって得た金》. **b** (脅迫によって取り立てる)法外な利子, 暴利. **6** 《米俗》 アルコール, 酒, (特に)ウイスキー. ***step on the juice*** 《俗》 ＝STEP *on the gas*. ***stew in one's* (*own*) *juice*** 自業(じ)自得に苦しむ：let a person *stew in his own* ～ (助けないで)自分で蒔(ま)いた種は自分で刈らせる.
― *vt.* 《俗》 **1** 〈トマト・レモンなど〉のジュースをしぼる. **2** 〈料理など〉にジュースを加える[添える]. **3** 《方言》 〈牛〉の乳をしぼる (milk).
juice up (*vt.*) 《俗》 〈モーターなど〉の速力を速める (speed up); 活気づける (enliven).

juiced *adj.* **1** [通例複合語の第 2 構成素として] 汁[液, ジュース]を含む：lemon-*juiced* レモンジュース入りの. **2** 《俗》 酔っ払った (drunk).

júice·hèad 〘← JUICE (n.) 6〙 *n.* 《米俗》 アル中患者.

júice·less *adj.* 汁[液, ジュース]のない.

júic·er *n.* **1** ジュース搾り器, ジューサー. **2** (映画・テレビ・舞台の照明の仕事をする)電気技師, 照明係. **3** 《米俗》 大酒飲み, 飲助(のみすけ), 飲兵衛(のんべえ).

júice sàc *n.* 〘園芸〙 砂瓤(さじょう)《ミカンの袋の中にあるジュースを含んだ細長い袋状の組織》.

juic·y [dʒúːsi | -sɪ] 〘《15C》：⇨ juice, -y⁴〙 ― *adj.* (**juic·i·er**; **-i·est**) **1** 〈食物など〉汁の多い, 水分の多い, 汁気(しるけ)のたっぷりある (succulent)：a ～ apple / a nice ～ steak. **2** 《口語》 **a** 〈天候が〉湿っぽい, 雨降りの (rainy). **b** 濡れた, じめじめした (wet)：a ～ lane. **3** 《口語》 **a** 面白い (interesting); 〈うわさ話など〉興味をそそる, きわどい (racy, piquant)：a ～ story 興味津々(しんしん)のスキャンダルの話. **b** (色彩に)潤いのある：a ～ picture きれいな色彩の絵. **c** 生気に満ちた, 元気な. **d** 優秀な, 一流の (excellent). **e** 〈女性など〉豊満な, みずみずしい, 肉感的な (sensuous). **4** 《口語》 〈契約・取引など〉もうけの多い, うま味のある.
júic·i·ly [-sɪli, -sə- | -lɪ] *adv.* **júic·i·ness** *n.*

Júil·li·ard Schóol of Músic [dʒúːliɑ̀ɚd-, -ljɑɚd- | -lɪɑːd-, -ljɑːd-] 〘← *A. D. Juilliard* (1836–1919：米国の実業家・音楽愛好家：その寄付により設立)〙 ― *n.* [the ～] ジュリアード音楽院《米国 New York 市にある音楽学校》.

ju·jit·su [dʒuːdʒítsuː] 〘《1875》▭ Jap.〙 *n.* 柔術.

ju·ju [dʒúːdʒuː] 〘《1863》▭ W-Afr. *gru-gru* ← ? // F *jou-jou* toy〙 ― *n.* **1 a** (西部アフリカ黒人部落で用いる)護符, お守り (charm), 呪物(じゅぶつ) (fetish). **b** (その)魔力. **2** (護符などの効力による)魔よけ, 禁止.

ju·jube [dʒúːdʒuːb | -dʒuːb, -dʒʊb] 〘《a1400》▭ (O)F ～ // ML *jujuba* ← L *zizyphum* ▭ Gk *zízuphon*〙 ― *n.* **1** 〘植物〙 **a** ナツメの実. **b** ナツメ《ナツメ属 (*Zizíphus*) の樹木の総称; ナツメ (Chinese date) など》. **2** [《米》ではまた dʒúːdʒubìː] (ナツメの実など果物の香りをつけた)キャンデー, ゼリー菓子.

ju·jut·su [dʒuːdʒútsuː] *n.* ＝jujitsu.

juke¹ [dʒúːk] *n.* **1** ＝jukebox. **2** ＝juke joint. ― *vi.* 《俗》 ジュークボックスの音楽に合わせて踊る.

juke² [dʒúːk] 〘《変形》? ← JOUK〙 *vt.* 〘アメリカンフットボール〙 (作戦を用いて)〈相手チームの選手を〉要点からはずさせる, どかせる.

júke·bòx 〘《1939》? ← Gullah *juke* wicked, disorderly (← W-Afr.)＋BOX²：cf. Gullah *juke-house* roadhouse, brothel〙 ― *n.* ジュークボックス《硬貨を入れボタンを押すと自分の選んだレコードが鳴り出す機械》.

júke jòint 〘《1946》：⇨ ↑, joint〙 *n.* 《俗》 **1** (jukebox の備えてある)軽食堂, ダンスホール. **2** (路傍の)飲屋 (roadhouse); 売春宿 (brothel).

Jukes [dʒúːks] *n.* [the ～; 単数または複数扱い] ジューク家《18 世紀の後半に New York 州に実在した一家に与えられた仮名; 数代にわたって酒乱・低能・身体異常者・犯罪者・貧窮者などが続出し, 米国の社会学者 R. L. Dugdale [dʌ́gdeɪl] (1841–83) が遺伝学的な研究対象とした; cf. Kallikak 1》.

Jul. 《略》 Jules; Julius; July.

ju·lep [dʒúːlɪp, -ləp | -lep, -lɪp] 〘《a1400》▭ (O)F ～ ▭ Arab. *julāb* ▭ Pers. *gulāb* ← *gul* 'ROSE²'＋*āb* water (← IE **ap-* water)〙 ― *n.* **1** 色々な味をつけた砂糖水《飲みにくい薬を飲むのに用いる》. **2** 《米》 **a** ジュ

ーレップ《ジンやラムなどの火酒に柑橘類の風味を添えたカクテル》. **b** =mint julep.

Jules [dʒúːlz, ʒúːl; *F.* ʒyl] 〖◻F ～＜L *Jūlius* 'JULIUS'〗 *n.* 男性名.

Ju·lia [dʒúːljə | -ljə, -lɪə] 〖◻L *Jūliā* (fem.): ⇨ Julius〗 **—** *n.* 女性名《愛称形 Jill, Julie, Juliet; アイルランド語形 Sile; スコットランド語形 Sileas》. ★7 月生れに多い.

Ju·lian[1] [dʒúːljən | -ljən, -lɪən] 〖◻L *Jūliān-us* ← *Jūlius* 'JULIUS'〗 *n.* **1** 男性名. **2** 女性名.

Julian[2] *n.* ユリアヌス (331-363; ローマ皇帝 (361-363), キリスト教より異教に改教したため Julian the Apostate (背教者ユリアヌス)と呼ばれる; ラテン語名 Flavius Claudius Julianus [dʒùːliéɪnəs | -lɪ-]).

Ju·lian[3] [dʒúːljən | -ljən, -lɪən] 〖◻L *Jūliān-us* ← *Jūlius Caesar*: ⇨ -an[1]〗 *adj.* Julius Caesar の.

Ju·li·an·a [dʒùːliǽnə | -lɪáːnə, -ǽnə] 〖◻L *Jūliāna* (fem.): ⇨ Julian[1]〗 *n.* 女性名.

Júlian Álps *n. pl.* [the ～] ジューリアン アルプス《ユーゴスラビア北西部にある山脈》.

Júlian cálendar *n.* [the ～] ユリウス暦《紀元前 46 年に Julius Caesar が定めた旧太陽暦; 365 日 6 時間を 1 年とし平年は 365 日として 4 年ごとに閏(ᵘʳᵘᵘ)年を置いた; cf. Gregorian calendar》.

Júlian Dáy *n.* 〖天文〗ユリウス日《紀元前 4713 年 1 月 1 日暦表時 12 時から通算した経過日数で, 天文暦学上の世界共通の日付として用いられる》.

Ju·lie [dʒúːli | -lɪ] 〖(dim.) ← JULIA〗 *n.* 女性名.

ju·lienne [dʒùːlién, ʒùː- | -lɪ-; *F.* ʒyljɛn] 〖《1841》◻F ～ ← *Julienne* 'JULIANA'〗 **—** *n.* ジュリエンヌ《せん切りにした種々の野菜を入れたスープ, 特にコンソメ》: ⇨ à la julienne. **—** *adj.* 〈野菜・果物など〉せん切りにした: ～ potatoes, carrots, etc.

Ju·liet [dʒúːljət, dʒùːliét, ⌐–⌐, dʒúːliət, dʒuːljét | dʒúːliət, -lɪət, -ljèt, dʒùːlɪét] 〖◻It. *Giulietta* (dim.) ← *Giulia* 'JULIA': ⇨ -et: cf. F *Juliette*〗 **—** *n.* **1** 女性名. **2** ジュリエット《Shakespeare 作の悲劇 *Romeo and Juliet* の女主人公》.

Júliet càp *n.* ジュリエットキャップ《メッシュ地で作った宝石をちりばめた小さな縁なしの丸い婦人帽子; 特に花嫁衣装用》.

Juliet cap

Ju·lius [dʒúːljəs | -ljəs, -lɪəs; *G., Dan.* júːlɪʊs] 〖◻L *Jūlius* (ローマの家族名)《短縮》? ← **Jovilios* 'descending from JUPITER'〗 *n.* 男性名《愛称形 Jules》.

Július Cǽsar *n.* **1** ⇨Caesar. **2** 「ジュリアス シーザー」《Shakespeare 作の史劇 (1599)》.

Jul·lun·dur [dʒʌ́ləndə | -də(r] *n.* ジャランドル《インド Punjab 州中部の都市; 人口 297,000》.

Ju·ly [dʒuláɪ, dʒuː- | dʒuː-, dʒu-] 〖《c1250》*Jul(i)e* ◻ONF *julie*=OF *jule* (F *juillet*) ◻L *Jūlius* (*mēnsis*) 《原義》 Julian month ∽ lateOE *Julius* ◻L: *Julius Caesar* の出生月にちなんで従来の *Quinctīlis* (第 5 月)にかえたもの (⇨ December): cf. August[1]〗 **—** *n.* (*pl.* **Ju·lies**, **～s**) 7 月 (略 Jul., Jy.).

Julý Revolútion *n.* [the ～] 〖フランス史〗七月革命《1830 年 7 月の革命; Charles 十世が廃されて Louis Philippe が王位についた》.

Ju·ma·da I [dʒumáːdə] 〖◻Arab. *Jumādā*〗 *n.* (イスラム暦の) 5 月 (⇨ Islamic calendar).

Jumáda II *n.* (イスラム暦の) 6 月 (⇨ Islamic calendar).

jum·bal [dʒʌ́mbəl] *n.* =jumble[2].

jum·ble[1] [dʒʌ́mbḷ] 〖《a1529》《擬音語》?: cf. ME *jumpere, jombre* to jumble together: ⇨ -le[3]〗 **—** *vt.* **1** ごちゃごちゃに寄せ集める, ごた混ぜにする 〈*up, together*〉. **2** 困惑させる, 動揺させる. **3** 《古》〈馬車などが〉〈人を〉ゆする, ゆさぶる (jolt). **—** *vi.* **1** ごたごたになる, ごっちゃに混ざる. **2** ごった返して騒ぐ, うようよ押し合う (jostle). **3** 《古》がたごと揺られて行く; ごった返して進む, よろめき[つまずき]ながら進む. **—** *n.* **1** ごちゃまぜ; (がらくた・雑品などの)寄せ集め (medley). **2** 《英》**a** [集合的] 安売り[がらくた]市の商品. **b** がらくた市 (jumble sale). **3** (ごった返しの)混乱 (disorder, muddle). **4** 《古》動揺.

jum·ble[2] [dʒʌ́mbḷ] 〖《1615》◻? OF *jumel, gemel* twin: ⇨ gimbal〗 *n.* ジャンブル《薄くて甘い輪形のクッキー》.

júmble sàle *n.* 《英》=rummage sale.

júmble-shòp 〖《1893》← JUMBLE[1]+SHOP〗 *n.* 《英》廉価品販売店, よろず屋.

jum·bly [dʒʌ́mbli | -blɪ] 〖《1865》← JUMBLE[1] (n.)+-Y[4]〗 *adj.* ごちゃごちゃの, ごっちゃに混乱した.

jum·bo [dʒʌ́mbou | -bəʊ] 〖《1808》◻Negro Gullah *jamba* elephant ← Afr.: 19 世紀末期 London 動物園から米国に送られ, P. T. Barnum の率いるサーカスで人気を呼んだアフリカ象の名からこの語が広まった: cf. Mumbo Jumbo〗 **—** *n.* (*pl.* **～s**) **1** 《口語》超大型の物, ばかに大きくて見苦しい物; 巨大漢, 巨獣. **2** [時に J-] =jumbo jet. **3** 《米》削岩機(類)を搭載した台車. **4** 《口語》〖海事〗ジャンボ: **a** スクーナー用のフォア ステースル (forestaysail) の一種. **b** (横帆船の)逆三等辺三角形の帆《大横帆の代わりに用いる》. **c** (topsail schooner の)逆三角形の帆. **—** *adj.* ずば抜けて大きい, でっかい, 超大型の, ジャンボサイズの: a ～ butterfly, doll, dynamo, potato, etc.

júmbo jét *n.* [時に J- j-] ジャンボジェット(機)《数百人の乗客を収容できる大型旅客機; 単に jumbo ともいう》.

jum·buck [dʒʌ́mbʌk] 〖《1845》← Austral. (土語)〗 *n.* 《豪》羊.

júm·by bèad [dʒʌ́mbi- | -bɪ-] *n.* =jumby bean 2.

júmby bèan *n.* **1** 〖植物〗西インド諸島原産マメ科の常緑高木 (*Ormosia monosperma*)《jumby tree ともいう》. **2** その種子《首飾りなどにする; jumby bead ともいう》.

júmby trèe *n.* 〖植物〗=jumby bean 1.

Jum·na [dʒʌ́mnə; *Hindi* jəmna] *n.* [the ～] ジャムナ(川)《インド北部の川; Himalaya 山脈に発し南東に流れ Allahabad で Ganges 川に合流する (1,376 km)》.

jump [dʒʌ́mp] 〖《1511》《擬音語》?: cf. G *gumpen* / It. 《方言》*jumpai* to jump〗 **—** *vi.* **1 a** 跳ぶ, 跳び上がる, 跳躍する (leap, hop): ～ *about* 踊り回る / ～ *aside* 跳びのく / ～ *up* [*down*] 跳び上がる[降りる] / ～ *out* [*in*] 跳び出す[込む] / ～ *out* [《英》*out of*] the upstairs window 2 階の窓から跳び降りる / ～ *over* 跳び越える / ～ for joy 小躍りして喜ぶ / ～ to one's feet 跳び起きる, 急に立ち上がる / ～ *on* [*onto*] a bus バスに飛び乗る / ⇨ *jump* [*go* (*and*) *jump*] *in the* LAKE[1]. **b** (飛行機などから)パラシュートで降下する. **c** 〈タイプライターなど〉の活字が飛ぶ, 文字や数字が抜ける (skip). **2** ぎょっと[ぎくりと]する (jerk): His heart ～*ed at* the noise. その音で心臓がどきんとした. **3 a** 〈申し出などに〉飛びつく, 喜んで応じる 〔*at*〕: ～ *at* a chance, a proposal, an invitation, a suggestion, etc. **b** 《口語》すぐに服従する, (言われたことを)すぐやる (hustle) 〔*to*〕: ～ *to* a person's orders 人の命令にすぐ従う / ⇨ JUMP *to it* / You must ～ whenever the bell rings. ベルが鳴ったらいつでも飛んで行かなければいけない. **4 a** 急に飛び移る, 一足飛びに…する: He ～*ed from* page *to* page. あちこちページを飛ばして読んだ / ～ *from* one topic *to* another 一つの話題から他の話題へ飛ぶ[どんどん移る] / ～ *to* [*at*] a conclusion あわてて結論を出す, 速断する. **b** (階級・身分など)一足飛びに昇進する: He ～*ed* rapidly *from* captain *to* colonel. 彼は一足飛びに大尉から大佐に昇進した / He ～*ed to* stardom. 一躍スターにのし上がった. **c** 〈信号・職業・住所・目的などが〉絶えず変わる, 転々と変わる. **d** 〈数字・物価などが〉急にふえる, 飛躍する, はね上がる: New car sales ～*ed* 37% in mid-October. 10 月半ばには新車の売り上げが 37% の飛躍を見た / The population of the town has ～*ed from* 50,000 *to* 120,000. この町の人口は 5 万から 12 万に急増した. **5** 熱心に加わる, 早速始める 〈*in*〉 / 〔*into*〕: He ～*ed into* the job the next day. 早速翌日から仕事を始めた. **6** 《口語》**a** 〈ジャズ音楽が〉調子よく[強烈に]演奏される, スウィングする. **b** 活気にあふれる, わき立つ, ざわめく (bustle): The village was ～*ing* all night. 村は一晩中わき立っていた / Her birthday party ～*ed*. 彼女の誕生祝いのパーティーは活気にあふれた. **7** 《口語》**a** 突然襲う, いきなり襲いかかる (pounce) 〔*on, upon*〕. **b** どなりつける, 非難する, 酷評する 〔*on, upon*〕: The boss ～*ed on* me for the slightest fault. 社長はちょっとした間違いでもどなりつけた. **8** 一致する, 適合する (agree) 〔*with*〕: My father's idea ～*ed with* mine. 父の考えは私の考えと同じだった / Good [Great] wits (will) ～ (*together*). 《諺》知者は(考えが)一致する (cf. 「肝胆相照らす」). **9** 〖トランプ〗(ブリッジで)ジャンプビッド (jump bid) をする. **10** 〖電算機〗飛び越し[ジャンプ]する《あるプログラム命令語の系列から, 別の系列に制御の流れを移す; transfer, branch ともいう》. **11** 〖映画〗(映写機の故障または編集上のミスで)〈画面が〉切れて被写体の動きが飛ぶ. **12** 〖ジャーナリズム〗〈記事が〉他のページ[欄]に続く. **13** 〖チェッカー〗飛び越えて相手の駒を一つ取る.

— *vt.* **1 a** 跳び越える (clear): ～ a brook / ～ a hedge 〈馬が〉生垣を跳び越える (cf. 5 a). **b** 飛ばして進む (skip): ～ a chapter 1 章飛ばして読む / The typewriter ～*ed* a space. タイプは 1 スペース飛んだ. **c** 《米》〈乗物〉に飛び乗る: I ～*ed* a bus for Detroit. デトロイト行きのバスに飛び乗った. **d** 《米》〈乗物〉から飛び降りる (get off): ～ a running train 走っている列車から飛び降りる. **2** 〈交通信号を〉無視する: ～ a red light / ⇨ *jump the* GUN. **3 a** 《口語》避ける, …からのがれる (evade): ⇨ *jump* (*one's*) BAIL[1]. **b** 《口語》…から逃げる; 〈店など〉の勘定を払わずに逃げる: ～ one's hometown 故郷から逃げる[行方をくらます] / ⇨ *jump* SHIP. **c** (雇用契約などを無視して)〈勤め先を〉やめる; (転職などのため)〈雇用契約を〉破る (breach). **d** 〈レールなど〉から急にはずれる: The cars ～*ed* the rails [《米》track]. 車両は脱線した. **4 a** 《口語》…に突然襲いかかる; 襲いかかって強奪する. **b** 〈権利などを〉横領する: ～ a person's claim 人の先有地(鉱区など)を横領する. **c** 〈人を〉ひどく叱る 〈*out*〉: ～ a person *out* 人に大目玉を食らわす / ～ a person *into* doing 人を叱りつけて…させる. **5 a** はね上がらせる, 跳ぶ; 跳び越えさせる: The noise ～*ed* me *out of* bed. その音で思わずベッドから飛び降りた / He ～*ed* the horse *over* the hurdle. 馬にその障害物を跳び越えさせた. **b** 〈価格などを〉大幅に上げる, つり上げる. **c** 《米》一足飛びに昇進させる: He was ～*ed from* instructor *to* professor. 講師から一足飛びに教授に昇格された. **d** [通例 p.p. 形で] (フライパンで)〈じゃがいもなどを〉ゆすって炒(い)める: ～*ed* potatoes ソテーにしたじゃがいも, ポテトソテー. **e** 〖狩猟〗〈ハンター・猟犬などが〉〈獲物を〉隠れ場所から飛び出させる[立たせる] (flush, start). **6** 〖ジャーナリズム〗〈新聞・雑誌の記事を〉他のページに続ける. **7** 〖トランプ〗(ブリッジで)〈自分またはパートナーのビッドを〉通常より一段階高いレベルに跳ね上げる (cf. jump bid). **8** 〖チェッカー〗〈相手の駒を〉飛び越えて取る. **9** 〖鉱山・石工〗〈岩石などを〉たがねで穿(うが)つ. **10** 《卑》〈女〉と性交する. **11** 《廃》危険にさらす (risk).

jump all over 《俗》〈人〉をひどく非難する, やっつける. ***jump down a person's throat*** ⇨ throat 成句. ***jump in*** [***into something***] ***with both feet*** 張切って参加する, 熱心に始める; 早速仕事にとりかかる (cf. *vi.* 5). ***jump off*** (*vi.*) 《口語》〈歩兵部隊が〉攻撃のために(急に)出動する, (特に)〈戦闘・攻撃などが〉開始する (begin). ***jump on the bandwagon*** ⇨ bandwagon 成句. ***jump the queue*** ⇨ queue 成句. ***jump to it*** [通例命令形で] 《口語》すぐ[早速]とりかかる: Now then ～ *to it*! さあ急げ, そら掛かれ.

— *n.* **1 a** 跳び, 跳びはね, 跳躍; ジャンプ(競技) (leap, bound): the running high ～ 走り高跳び / ⇨ broad [high, long, running] jump / a ～ of three meters 3 メートルのジャンプ / at a ～ 一足飛びに. **b** ジャンプの距離[高さ]. **c** ジャンプの障害物. **d** (飛行機などからの)パラシュート降下. **2 a** (喜び・驚きなどでの)飛びはね, ぎくりとする動作 (start): I gave a ～ the moment I entered the room. 部屋に入った途端ぎょっとした / She was all of a ～. 彼女はひどくびくびくしていた. **b** [the ～s] 《口語》(じっとしていられない)落ち着きのなさ (the fidgets): I've got *the* ～*s* today. 今日はどうも落ち着かない / The stage gives me *the* ～*s*. 舞台に出ると妙にそわそわする. **c** [通例 the ～s] 《俗》(アルコール中毒症などの)神経的な震え, 振戦譫妄(せんもう) (delirium tremens); 舞踏病 (chorea). **d** 《口語》強烈なビートのジャズ, スウィング. **3 a** (議論などの)急転, 飛躍; (系列中の)中絶 (break), 突然の脱落 (gap): a ～ from one topic to another 話題の飛躍 / Economic progress proceeds by ～*s*. 経済成長は間欠的に進行する. **b** (数字・物価などの)急増, 急騰, 奔騰: a ～ *in* the stock market 株価の暴騰 / Prices have gone up with a ～. 物価は急に上がった / a ～ in attendance 観客数の急増 / show a ～ of nearly 30% 30 パーセントに近い伸びを示す. **4 a** 《口語》(飛行機での)急ぎの小旅行, ひと飛び (hop). **b** (巡回劇団などの)一回の移動 (move): They were going farther north at each ～. 一行は一丁場ごとに北上していた. **c** 一歩: Lupin always kept one ～ *ahead* of the police. ルパンは常に警察より一歩先んじていた[役者が一枚上だった]. **5** 《卑》性交. **6** 《廃》危険 (hazard). **7** 〖映画〗同一場面内で連続すべき画面と画面の被写体の動きが連続せず飛躍すること. **8** 〖電算機〗(プログラム系列の間の)飛び越し, ジャンプ (⇨ *vi.* 10). **9** 〖ジャーナリズム〗(新聞・雑誌の)記事が別のページや欄に続くこと, その続いた部分《記事が続くことを示す断り書き (jump line) を意味することもある; cf. breakover 1》. **10** 〖数学〗《関数の飛び不連続な点における, 右極限と左極限との差》: ⇨ jump discontinuity. **11** 〖チェッカー〗ジャンプ《飛び越えて相手の駒を取ること》. **12** 〖トランプ〗=jump bid. **13** 〖建築〗(れんが積み・石工事における)段違い《基礎を作る際にしばしば使われる階段状の積み方》. **14** 〖軍事〗(砲口の)跳起, 定起《砲[銃]口が発射の反動で持上がる現象》.

(***at a***) ***full jump*** 《米》全速力で (at full speed). ***from the jump*** 初めから. ***get*** [***have***] ***the jump on a person*** 《口語》(早く始めて)〈人〉より有利な立場を得る, 〈人〉の機先を制する: He *has* (*got*) *the* ～ *on me* (*in* doing it). 彼にまんまと出し抜かれた. ***on the jump*** 《口語》(1) せわしく動き[走り]回って; 精力的に仕事をして: These children keep me *on the* ～. この子供たちにはてんてこ舞いをさせられている. (2) すばやく, 大速力で (at great speed). (3) いらいらして (nervously): He's *on the* ～ this morning.

— *attrib. adj.* 〖ジャズ〗テンポの速い, 急テンポの; スウィングの〖に特有な〗: a ～ tune.

— *adv.* 《廃》正確に, まさしく (exactly).

jump·a·ble [dʒʌ́mpəbḷ] *adj.* 跳べる, 跳び越せる.

júmp àrea *n.* 〖軍事〗(落下傘隊の)降下地, 降下地域《通例敵陣の後方》.

júmp bàll *n.* 〖バスケットボール〗ジャンプボール《レフェリーが両チームの 2 選手の間にボールを投げてプレーを開始[再開]すること; そのボール》.

júmp bìd *n.* 〖トランプ〗ジャンプビッド《ブリッジで, 通常より一段高いランクの再ビッド; jump raise ともいう; cf. double jump 3》.

júmp bòot *n.* (落下傘隊員の)降下靴, 降下用長靴(ちょうか) (cf. jump suit 1).

júmp cút *n.* 〖映画〗ジャンプカット, 切詰め《同一シーン内の中間のいくつかの画面をカットして飛びつなぎすること》. **júmp-cút** *vi.*

júmp discontinùity *n.* 〖数学〗飛び不連続《関数の不連続性の一種; ある点で有限な右極限と左極限をもつが, それらが等しくないこと》.

júmped-úp *adj.* 《口語》成り上がりの; 思い上がりの.

júmp·er[1] 〖《1611》← JUMP (v.)〗 **—** *n.* **1 a** 跳ねる人. **b** 〖スポーツ〗(陸上競技・スキーなどの)ジャンプ競技の選手, 跳躍者. **c** (18 世紀におけるウェールズの)カルビン派メソジスト教徒《礼拝中に宗教的歓喜のため手を打ち, 小躍りした》. **2 a** 跳びはねる虫《ノミなど》. **b** 〘魚類〙=smallmouth bass. **c** 〘馬術・競馬〙(障害物を跳び越えるよう訓練した)障害馬, 障害競走に出走する馬. **3** 先取特権横奪者 (cf. jump *vt.* 4 b). **4** 《米》 **a** 滑降用そり. **b** (子供用または商品運搬用の簡単な)そり. **5** 《米》 **a** (配達トラックからの)小荷物配達係の少年. **b** =handyman. **6** 《英俗》(客車の)検札係. **7** 〘鉱山・石工〙 **a** (上下に震動する)突きがね, 震動たがね (gad); (浮いている岩石片などを落とすのに用いる)突き棒. **b** たがね工《たがねで作業する工員》. **8** 〘海事〙 **a** =jumper stay. **b** =jolly jumper. **9** 〘バスケットボール〙=jump shot. **10** 〘電気〙ジャンパー, ジャンプ線《回路の切断部(ターミナルとターミナルの間)をつなぐ短い電線; jump wire ともいう》.

jum·per[2] [dʒʌ́mpə | -pə(r] 〚《1853》← 《廃・方言》*jump* short coat ▭ F *juppe* 《変形》← *jupe* 'JUPE'〛 — *n.* **1** ジャンパードレス[スカート]《婦人・子供用のそでなしのワンピース; ブラウスまたはセーターと共に用いる》. **2 a** (水夫・漁夫・荷揚人夫などが着るズック布製のゆるい)上っ張り, 作業服. **b** 《米》ジャンパー《衣服の上に着るゆるいジャケット》. **3** 《英》婦人・女児用セーター. **4** [*pl.*] (子供の)ズボン付きジャンパー, ロンパース, いたずら着 (rompers). **5** (エスキモーや極地探検家などの着る)防寒用のフード付き毛皮製上着.

júmper drèss *n.* =jumper[2] 1.

júmper stày 〚← JUMPER[1]〛 — *n.* 〘海事〙ジャンパーステー, 檣(しょう)間維持索: **a** foremast と mainmast の両頂間に張る水平の維持索. **b** 荒天時に補強のためにつける臨時の後方支索 (backstay)《preventer backstay, triatic stay ともいう》.

júmp hèad *n.* 〘ジャーナリズム〙ジャンプヘッド, 飛びページ見出し《新聞・雑誌で記事が別のページ[欄]へ移る場合, その上につける見出し》.

júmp·ing bèan *n.* 〘植物〙メキシコ産トウダイグサ科 *Sebastiania* 属・*Sapium* 属の数種の植物の種子《その中の小さいガの幼虫が動くに伴って種子が踊り動く; jumping seed ともいう》.

júmping dèer *n.* 〘動物〙=mule deer.

júmping hàre *n.* 〘動物〙トビウサギ (*Pedetes cafer*)《アフリカ南部および東部産トビウサギ科の動物; 長い房尾をもち後脚が長くカンガルーのように跳ぶ》.

júmping jàck *n.* **1** (糸を引くと色々な動作をする)踊り人形, ばね人形. **2** 〘スポーツ〙ジャンピングジャック, 挙手跳躍運動《準備運動などで用いる徒手体操の一種目; side-straddle hop ともいう》.

júmping mòuse *n.* 〘動物〙オナガネズミ, トビハツカネズミ《北米・ヨーロッパ・アジアに分布するオナガネズミ科の総称; 外形はハツカネズミに似て尾が長く, 冬眠する》.

júmping-óff plàce *n.* **1** (研究・事業・冒険などの)開始(地点); 出発点, 手はじめ, 手がかり. **2** 《米口語》 **a** 人里離れた場所; 最果ての地. **b** (文明の)世界の果て.

júmping pìt *n.* 軟床《走り高[幅]跳び・棒高跳びで着地用砂場; 砂・おが屑・ゴム屑などが敷いてある》.

júmping plànt lòuse *n.* 〘昆虫〙キジラミ《キジラミ科の昆虫の総称; 腿節が太くて跳躍に適する》.

júmping ròpe *n.* 《米》=jump rope.

júmping sèed *n.* 〘植物〙=jumping bean.

júmping spìder *n.* 〘動物〙ハエトリグモ《ハエトリグモ科のクモの総称; 獲物をジャンプして捕える》.

júmp jèt *n.* ジャンプジェット機, VTOL ジェット機《垂直に離着陸できるジェット機》.

júmp lìne *n.* 〘ジャーナリズム〙ジャンプライン, 飛びページの断り書き《新聞・雑誌で記事が他のページへ[から]続く場合, "Continued on page 3, column 4" とか "Continued from page 1, column 7" などと記す行(ぎょう)》.

júmp·màster *n.* 〘軍事〙降下長, 降下指揮官《落下傘(さん)降下の際その統制をする将校または下士官》.

júmp-òff *n.* **1** 《米口語》 **a** 降下(地点), 飛び降り(る場所). **b** (競争・攻撃・冒険などの)出発, 開始; 出発点; (落下傘による)降下開始(点). **2** 〘馬術〙(障害飛躍競技の同点首位者の)優勝決定戦, 決勝試合 (cf. runoff 1, play-off).

júmp-pàss *vi.* ジャンプパス (jump pass) する.

júmp pàss *n.* 〘アメリカンフットボール・バスケットボール〙ジャンプパス《跳び上がって空中で受けたボールを足が着地する前に行なうパス》.

júmp ràise *n.* 〘トランプ〙=jump bid.

júmp·ròck *n.* 〘魚類〙米国南東部産サッカー科 *Moxostoma* 属の数種の淡水魚の総称.

júmp ròpe *n.* 《米》なわ跳び(遊び); なわ跳び(用)のなわ《jumping rope, skipping rope ともいう》.

júmp sèat *n.* **1** (自動車の)折りたたみ補助座席. **2** (馬車内の)可動座席 (movable seat).

júmp-shift *n.* 〘トランプ〙ジャンプシフト《ブリッジでパートナーのビッドに対して, 別なスーツを通常より一段高いレベルでビッドすること; jump bid よりさらに強力な手を示す; jump switch [takeout] ともいう》.

júmp shòt *n.* ジャンプショット: **a** 〘バスケットボール〙跳躍しながら行なうシュート. **b** 〘玉突〙キューボールが目標の球の上を跳び越すように打つショット.

júmp spàrk *n.* 〘電気〙飛火《間隙(げき)を飛ぶ火花》: ~ ignition (エンジンの)火花点火.

júmp sùit *n.* **1** ジャンプスーツ《落下傘(さん)隊員の降下服; cf. jump boot》. **2** ジャンプスーツ《ワンピースでパンツとブラウス[シャツ]が一緒になった服》.

júmp swìtch [tàkeout] *n.* 〘トランプ〙=jump-shift.

júmp tùrn *n.* 〘スキー〙跳躍回転.

júmp wèld *n.* 〘金属加工〙比較的大きな部分に対して別の部材を直角に溶接する突き合わせ溶接 (butt weld) の一種.

júmp wìre *n.* 〘電気〙=jumper[1] 10.

jump·y [dʒʌ́mpi | -pɪ] 〚⇨ -y[4]〛 — *adj.* (**jump·i·er**; **-i·est**) **1 a** 飛びはねる, 急に変動する. **b** 〈乗物が〉激しく揺れる, がたがた揺れる. **c** 〈物語など〉急激な変化に富む: a ~ narrative 目まぐるしく場面の変る物語. **2** (病的に)びくびくする, 痙攣(けいれん)性の, 神経質な. **júmp·i·ly** [-pɪli, -pə-|-lɪ] *adv.* **júmp·i·ness** *n.*

jun [dʒʌ́n] 〚▭ Korean ~〛 *n.* (*pl.* ~) チョン(銭)《北朝鮮の通貨単位; =$^{1}/_{100}$ won (圓)》.

Jun. 《略》June; Junius.

Jun., jun. 《略》junior.

Junc., junc. 《略》junction.

Jun·ca·ce·ae [dʒʌŋkéɪsiì:] 〚← NL *Juncāceae* ← *Juncus* (↓)+-ACEAE〛 *n. pl.* 〘植物〙イグサ科. **jun·cá·ceous** [-ʃəs] *adj.*

Jun·cag·i·na·ce·ae [dʒʌŋkædʒənéɪsiì: | -dʒɪ-] 〚← NL *Juncāgineae* ← *Juncāgo* (属名: ← L *juncus* (↓))+-ACEAE〛 *n. pl.* 〘植物〙シバナ科.

jun·co [dʒʌ́ŋkou | -kəu] 〚《1706》← NL ~ ← Sp. ~ 'rush' < L *juncum* rush: cf. jonquil, junk[1], junket〛 — *n.* (*pl.* ~**s**, ~**es**) 〘鳥類〙北米産のジュンコ属 (*Junco*) の小鳥の総称《ユキヒメドリ (slate-colored junco) など》.

junc·tion [dʒʌ́ŋ(k)ʃən] 〚《1711》▭ L *junctiō(n-)* ← *junctus* (p.p.) ← *jungere* 'to JOIN': ⇨ -tion〛 — *n.* **1** 接合, 連接, 接続 (union): make a ~ with …と連結[接続]する. **2 a** 接合点, 接続点, 連接個所: at the ~ of two parts. **b** (川の)合流点. **c** (鉄道の)連絡[接続]駅, 乗換え駅《しばしば駅名の一部として用いる》. **d** 十字路, (ハイウェーなどの)交差点. **e** (電気回路の)分岐点. **3** 〘電気〙=junction box. **4** 〘電子工学〙(異種半導体などの)接合, 接合部: a ~ transistor 接合形トランジスター《MOS 形トランジスターに対して普通のものをいう》/ ~ temperature 接合温度《接合部の温度》. **5** 〘解剖〙接合部, 連結. **6** 〘文法〙ジャンクション《Jespersen の用語; 例えば barking dogs のように一次語と二次語の結合から成る語群; cf. nexus 3》. — *vi.* 接合する. — *vt.* 接合させる. **~·al** [-ʃənḷ, -ʃnəl] *adj.*

júnction bòx *n.* 〘電気〙接続箱《多心ケーブルを接続する時に用いるケーブル保護のための金属の箱; 単に junction ともいう》.

júnction cìrcuit *n.* 〘通信〙中継線[回路]《電話交換局相互間または局内交換器相互間の中継接続用電話線[回路]》.

júnction lìne *n.* (鉄道の)接続線路, 分岐線.

junc·tur·al [dʒʌ́ŋ(k)tʃərəl] *adj.* 〘言語〙連接の[に関する].

junc·ture [dʒʌ́ŋ(k)tʃə | -tʃə(r] 〚《a1382》▭ L *junctūra* a joining, joint ← *junctus* (⇨ junction): JOINTURE と二重語〛 — *n.* **1** (危機などをはらむ)形勢, 情況, 急場; 時点, 転機, 岐路: at this ~ こういう(重大な)時に当たって, この際 / at a crucial ~ between these two countries' relations この2国間の重大な危機に当たって / in the present critical ~ of things 現下の危機に際して / Forty is a critical ~ in a man's life. 40歳という年齢は人の一生の重大な岐路である. **2 a** 接続, 連結 (joining). **b** 接合点 (junction), 縫い目 (seam); つなぎ目; 連絡個所. **c** 連結物; 関節. **3** 〘言語〙連接《語・句・節などの境界に現われる音韻論上の特徴》: plus ~ プラス連接(+) / single bar ~ 単一線連接 (|) / double bar ~ 二重線連接 (||) / double cross ~ 二重十字連接 (#).

June[1] [dʒú:n] 〚《?a1300》*Ju(i)n* ▭ (O)F *juin* < L *Jūnium* (mēnsem) '(month) of JUNO' ∞ lateOE *Junius* ▭ L〛 *n.* 6月 (略 Jun., Je).

June[2] [dʒú:n] 〚↑〛 *n.* 女性名. ★ 6月生れに多い.

Ju·neau [dʒú:nou, dʒunóu, dʒu:- | dʒú:nəu, dʒu:nə́u, dʒʊ-] 〚← *J. Juneau* (この地域の金鉱の発見者の一人)〛 — *n.* 米国 Alaska 州南東部の海港で同州の首都; 人口 14,000.

Júne bèetle *n.* 〘昆虫〙コフキコガネ《コガネムシ科のうちコフキコガネ亜科に属する種類の総称; 主としてクロコガネ類を指す; June bug ともいう》.

June·ber·ry [dʒú:nbèri, -bəri | -bəri] *n.* 〘植物〙 **1** バラ科ザイフリボク属 (*Amelanchier*) の植物の総称; (特に)北米産の植物 (*A. canadensis*). **2** その実《紫色の小果で, 食べられる》.

Júne bùg *n.* 〘昆虫〙=June beetle.

Júne dròp *n.* 〘園芸〙ジューンドロップ《結実して肥大し始めた果実が, 6月頃に生理的原因により落果すること》.

Júne gràss *n.* 〘植物〙 **1** =Kentucky bluegrass. **2** =prairie June grass.

Júne Wèek *n.* 《米》(West Point (陸軍士官学校) と Annapolis (海軍兵学校) と Air Force Academy (空軍士官学校)で種々の行事がある6月の)卒業週間.

Jung [jʊ́ŋ; G. júŋ], **Carl Gustav** *n.* ユング《1875–1961; スイスの精神医学者・心理学者》.

Jun·ger·man·ni·a·ce·ae [dʒʌŋgəmænièɪsiì: | -gə-mænɪ-] 〚← NL ~ ← *Jungermannia* (属名) ← *Jungermann* (*d.* 1653: ドイツの植物学者)+-IA[1]: ⇨ -aceae〛 — *n. pl.* 〘植物〙ツボミゴケ科. **jùn·ger·màn·ni·á·ceous** [-ʃəs] *adj.*

Jung·frau [júŋfrau; G. júŋfrau] 〚▭ G ~ 'YOUNG lady'〛 *n.* [the ~] ユングフラウ《スイス南部にあるアルプス山脈中の高峰 (4,158 m)》.

Jung·gram·ma·ti·ker [júŋgra:mà:tɪkə, -tə- | -tɪ-kə(r; G. júŋgramàtɪkɐ] 〚▭ G ~ 'young grammarians'〛 — *n. pl.* [the ~] 〘言語〙青年文法学派 (⇨ neogrammarian).

Jung·i·an [júŋiən | -ŋɪən] *adj.* ユング (C. G. Jung) の; ユングの学説の: ~ psychology. — *n.* ユングの学説を伝える人, ユング派の人. **~·ism** [-nɪzm] *n.*

jun·gle [dʒʌ́ŋgl] 〚《1776》▭ Hindi *jaṅgal* desert, forest ← Skt *jāṅgala* dry (ground) ← ?〛 — *n.* **1 a** (熱帯地方の)叢(そう)林(地), 密林(地帯), ジャングル. **b** 密叢地帯. **2 a** ごちゃまぜの山, がらくたの山 (jumble). **b** 混乱, 錯綜(さくそう), 迷宮 (maze): in the buried ~ of her consciousness 彼女の混乱した意識の奥に(は) / through the red-tape ~ 複雑なお役所手続きのために. **3** 《俗》浮浪労働者のたまり場 (hobo camp). **4** 生きるための闘争の場所; 猛烈な(生存)競争の場; 食うか食われるかの場所: a concrete ~ in a large city / ⇨ asphalt jungle / the law of the ~ ジャングルの掟(おきて)[習わし]《弱肉強食》.
— *vi.* **1** ジャングルで生活する. **2** 《俗》浮浪(労働)者のたまり場に住む 〈*up*〉: ~ *up with* a person.

júngle bèar *n.* 〘動物〙=sloth bear.

júngle càt *n.* 〘動物〙ジャングルキャット (*Felis chaus*)《エジプト・中東・小アジア・カスピ海東部のロシヤ・アジア南部産の野生ネコ》.

júngle còck *n.* 〘鳥類〙ヤケイ (jungle fowl) の雄.

jún·gled 〚《1842》〛 *adj.* 叢林におおわれた, 密林の.

júngle féver *n.* 〘病理〙密林熱, ジャングル熱《東インド諸島などのジャングル地帯の悪性マラリア》.

júngle fòwl *n.* 〘鳥類〙ヤケイ(野鶏)《インド・東南アジア・マレーシアなどにすむヤケイ属 (*Gallus*) の野生の鶏の総称》; (特に)セキショクヤケイ (*G. gallus*)《普通の鶏の祖鳥と考えられる》.

júngle gým 〚← *Junglegym* (商標名)〛 *n.* ジャングルジム《小学校・幼稚園・公園などにある, 鉄パイプで構築された遊戯器具》.

júngle hèn *n.* 〘鳥類〙ヤケイ (jungle fowl) の雌.

júngle ròt *n.* 〘病理〙熱帯性皮膚病.

júngle wàr [wàrfare] *n.* ジャングル戦.

jun·gli [dʒʌ́ŋgli | -glɪ] 〚《1920》← JUNGL(E)+(HIND)I〛 *n.* (インドの)ジャングル居住者. — *adj.* **1** =jungly 2. **2** 《インド》無作法な, 野暮くさい.

jun·gly [dʒʌ́ŋgli | -glɪ] 〚← JUNGLE+-Y[4]〛 *adj.* **1** ジャングル(性)の, 密林のような. **2** ジャングルに住む.

ju·nior [dʒú:njə | -njə(r, -nɪə(r] 〚《1296》▭ L *jūnior* (compar.) ← *juvenis* 'YOUNG': cf. senior〛 — *adj.* **1 a** 年下の, 年少の (younger) (cf. senior 1 a). ★ しばしば Jr. または Jun. と略して特に二人兄弟中の弟, 同名父子の息子, 同名の生徒の年少者をさす場合に用いる (cf. fils[1], young 2): John Smith *Junior* [*Jr.*, *Jun.*] 弟[息子]の方の John Smith. **b** 年少者向きの: a ~ novel. **c** 年少者から成る: a ~ class 年少組. **d** 若い (young); 〔…より〕年下の〔*to*〕: He is two years ~ *to* me.=He is ~ *to* me by two years. 彼は2歳年下だ. **2** 後進の, 後輩の, 下級の, 下位の (subordinate): a ~ clerk 下位の事務員[事務官] / a ~ partner (組合・合名会社などの)下級社員. **3** 〔…より〕あとの, 新しい〔*to*〕: My appointment is ~ *to* yours by a year. 僕が任命されたのは君より1年あとだ. **4** 小型の: a ~ typhoon 小型の台風, 豆台風 / a ~ earthquake 小型の[軽い]地震. **5** 《米》(四年制大学の)三年(級)の, (三年制大学の)二年(級)の, (二年制短大の)一年(級)の; (大学・高校などの)下級の (cf. *n.* 4, senior 3 a). **6** 〘法律〙(抵当権・質権などに関して)担保の後順位の. **7** 〘証券〙請求権の順位が後の, 下位の (cf. senior 4): ~ securities 下位証券《具体的には普通株》.
— *n.* **1** [one's ~ で] **a** 年少者, 年下の者: a young man considerably her ~ 彼女よりずっと年下の青年 / He is my ~ by three years.=He is three years my ~. 彼は私より三つ年下だ. **b** 後進者, 後輩. **2 a** [しばしば J- で固有名詞的に]《米口語》息子, 二世. **b** (愛玩動物の)子. **3 a** 若い人; (特に)若い娘 (junior miss): teens and ~*s* 十代の娘や若い女性たち. **b** 《口語》[生意気な若者などへの, いらだたしい気持ちを含む呼び掛けに用いて] お若いの, あんちゃん. **4** 《米》(四年制大学の)三年生, (三年制大学の)二年生 (cf. senior 3 a, sophomore 1, freshman 1), (二年制短大の)一年生; (日曜学校の) 9歳から11歳までの生徒. **5** 〘英法〙=junior barrister. **6** 《米》〘服飾〙ジュニアサイズ (junior miss)《細腰の女性用》.

ju·nior·ate [dʒú:njərèɪt, -rət, -rɪt | -njə-, -nɪə-] 〚⇨ ↑, -ate[1]〛 — *n.* 〘カトリック〙 **1** イエズス会 (Society of Jesus) の高等学院課程《2年間の修練期 (novitiate) を終えて哲学修業期に入る前の2年間の古典文学勉学の期間; 現在ではほとんどない》. **2** 高等学院課程の神学校.

júnior bárrister *n.* 〘英法〙ジュニアバリスター《まだ勅選バリスター (King's Counsel) の資格を持っていないバリスター; junior counsel ともいう》.

júnior clàss *n.* (米国で)(四年制大学の)三年生, (三年制大学の)二年生 (cf. senior 3 a, freshman 1).

júnior cóllege *n.* **1** (米国で)二年[一年]制カレッジ《課程履修証明書だけを与え, 学位 (degree) は与えない)；(日本の)短期大学. **2** (米国の四年制大学の)一般教養部, 2年間の前期課程. **3** 成人教育学校 (cf. community college).

júnior combinátion ròom *n.* 〘ケンブリッジ大学〙学部低学年学生社交室 (略 J.C.R.).

júnior cómmon ròom *n.* 〘英大学〙(学寮の)学生控室[休憩室] (略 J.C.R.) (cf. senior common room).

júnior cóunsel *n.* 〘英法〙＝junior barrister.

júnior hígh *n.* ＝junior high school.

júnior hígh schòol *n.* (米国の)下級高等学校《7–9学年の学校；まれには7–8または8–9学年のみの場合もある；日本の中学校に当たる；junior high ともいう；cf. senior high school》.

ju·nior·i·ty [dʒùːnjɔ́(ː)rəṭi, -njɑ́r- | dʒùːnɪɔ́rətɪ, -rɪ-] *n.* **1** 年下であること, 年少, 若年の身. **2** 後進[後輩]である身分；下級[下位]の立場[境遇].

Júnior Léague *n.* [the ～] 女子青年連盟《米国の若い上流婦人たちの構成する文化団体の一つ；1901年 New York 市に設立され, 1921年 Association of the Junior Leagues of America, Inc. の名で発足した》.

Júnior Léaguer *n.* 女子青年連盟団員.

júnior líbrary *n.* 《英》児童図書館.

júnior líghtweight *n.* (ボクシングの)ジュニアライト級の選手 (⇨ weight 表).

júnior míddleweight *n.* (ボクシングの)ジュニアミドル級の選手 (⇨ weight 表).

júnior míss *n.* **1** ジュニア(ミス), 若い娘《13–16歳ぐらいの少女》. **2** 〘服飾〙＝junior *n.* 6.

júnior mórtgage *n.* 〘法律〙二番抵当以下の後順位の抵当権 (cf. second mortgage).

júnior ófficers' quàrters *n. pl.* 〘米海軍〙士官次室《英海軍の gun room に相当する》.

júnior óptime *n.* 《英》(Cambridge 大学で)数学の学位試験における第一級優等合格者 (wranglers) 中, 第三位合格者.

júnior schòol *n.* (英国の)下級学校《7–11歳の児童を収容する義務教育の公立学校；cf. infant school》.

júnior séminary *n.* 〘カトリック〙＝minor seminary.

júnior vársity *n.* 《米》〘スポーツ〙(大学または高校対抗戦の)二軍チーム, ジュニアチーム《代表チームより下位のチーム；略 J.V.；cf. jayvee》.

júnior wélterweight *n.* (ボクシングの)ジュニアウェルター級の選手 (⇨ weight 表).

ju·ni·per [dʒúːnəpə | dʒúːnɪpə(r, dʒún-] 〘(*a*1382) ⊏ L *jūniper-us* juniper tree〙 — *n.* **1** 〘植物〙ビャクシン属 (*Juniperus*) の常緑針葉樹の総称《イブキ (*J. chinensis*) など》；(特に)セイヨウビャクシン, ヨウシュネズ, トショウ(杜松) (common juniper)：oil of ～＝juniper oil. **2** 〘聖書〙レダマの木《荒野ではしばしば唯一の日陰をつくる；retem を指すといわれる；cf. *1 Kings* 19:4》.

júniper bèrry *n.* 杜松実(としょうじつ)《米国産のセイヨウビャクシン (common juniper) の実》.

júniper òil *n.* 杜松油(としょうゆ)《セイヨウビャクシン (common juniper) の実から採られ, 薬剤またはジン (gin) の香味剤となる》.

Ju·nius [dʒúːnjəs | -njəs, -nɪəs] *n.* ジューニアス《1769–72年の間英国の高官達とその政策に対する公開非難状 (Letters of Junius) を発表した匿名人物；今では一般に Philip Francis であろうといわれている》.

junk[1] [dʒʌ́ŋk] 〘(1338) ⊏ ? Port. *junco* cordage, rush < L *juncum* rush〙 — *n.* **1** 《口語》**a** くず物；古い金物類, がらくた：a ～ heap くず物の山 / a piece of ～ くず物《一つ》. **b** ばかげたこと, くだらないもの：comic books and cowboy ～ 漫画の本やくだらないカウボーイもの. **2** 《英》(物の)かたまり (lump, chunk). **3** (マッコウクジラの)頭部脂肪組織《これから鯨蝋 (spermaceti) を採る》. **4** 《俗》麻薬, (特に)ヘロイン (heroin). **5** 〘海事〙**a** 古綱のきれはし《ほぐして種々の用にあてる》. **b** (帆船時代に水夫に支給された)固い塩づけ牛肉. — *attrib. adj.* くずの；がらくたの. — *vt.* 《米口語》(がらくたとして)投げ捨てる (discard).

junk[2] [dʒʌ́ŋk] 〘(1613) ⊏ Sp. & Port. *junco* ⊏ Javanese *joṅ* ship〙 *n.* ジャンク《極東水域, 特にシナ海を航行する平底帆船；帯板製の角型の帆を使用する》.

júnk àrt 〘← JUNK[1] 1 a〙 *n.* 〘美術〙廃物美術, ジャンクアート《金属・木・ガラスなどの廃物で構成された美術》. **júnk àrtist** *n.*

júnk dèaler 〘← JUNK[1] 1 a〙 *n.* くず物屋, (古金物などの)がらくた物商人；古綱商人, 古船具商人.

júnked úp *adj.* 《米俗》麻薬で陶酔した.

júnk·er 〘← JUNK[1] 4＋-ER[1]〙 *n.* **1** 《米俗》麻薬常習者 (drug addict)；麻薬密売者. **2** 《米》スクラップ寸前の物, (特に)おんぼろ自動車.

Jun·ker [júŋkə | -kə(r; *G.* júŋkɐ] 〘(1554) ⊏ G ～ < MHG *junc herre* ← *junc* (G *jung*) 'YOUNG'＋*herre* lord：cf. younker〙 — *n.* **1** ドイツの若い貴族, プロイセンの土地貴族, ユンカー《特に, 身分的特権・優越性を強く主張する高慢で偏狭な保守的貴族, 第二次大戦後消滅》. **2** (偏狭な)ドイツの役人[軍人].

Jún·ker·dom [-dəm] 〘⇨↑, -dom〙 *n.* **1** [集合的] ユンカーたち (Junkers). **2** プロイセン貴族の身分, ユンカーの身分. **3** [しばしば j-] ＝Junkerism.

Jún·ker·ism, j- [-kərɪzm] *n.* ユンカー風の貴公子かたぎ, 高慢で偏狭で反動的な貴族主義.

jun·ket [dʒʌ́ŋkɪt, -kət] 〘(*a*1382) *jonket* basket ⊏ (O)F *jonquette* rush basket ← *jonc* rush < L *juncum*：cf. junco：昔このかごの中で凝乳製品を作った(またはこの中に入れて運んだ)ことから〙 — *n.* **1** ジャンケット《甘い凝乳製食品；cf. curd 1》. **2** 宴会 (feast), パーティー (party). **3** 《米》**a** 旅行 (tour). **b** ピクニック, 遊山旅行 (picnic). **c** (官費の)大名旅行《視察などの口実で役人や議員などがする》：on an overseas ～ 〈議員など〉海外視察旅行に出て. — *vi.* **1** ごちそうを食べる (feast). **2** 《米》**a** 遊山旅行をする. **b** (官費[公費]で)大名旅行をする：Half the committee is ～*ing* around the world. 委員たちの半数は世界中をお手盛り旅行して歩いている. — *vt.* 〈人を〉ごちそうに呼ぶ, もてなす (entertain).

jún·ket·er [-ṭə | -tə(r] *n.* (*also* **jun·ke·teer** [dʒʌ̀ŋkətíə | -kɪtíə(r, -kə-]) **1** (宴会で)飲み騒ぐ人. **2** 《米》官費[公費]旅行者.

jún·ket·ing [-ṭɪŋ | -tɪŋ] *n.* **1** 《米》遊山旅行. **2** 《英》饗(きょう)宴；祝宴, 祝宴 (celebration).

júnk fòod *n.* (栄養価に乏しい)スナック(用食品).

junk·ie [dʒʌ́ŋki | -kɪ] *n.* **1** 《俗》＝junker 1. **2** ＝junkman[1].

júnk jèwelry *n.* (貝殻・木片・金属・モールなどで作った)安い装身具[アクセサリー].

júnk màil *n.* 《米》(誰彼かまわず送られてくる)広告物《宛名には "occupant", "resident" などとある》.

júnk·man[1] [-mən] 〘← JUNK[1]〙 *n.* (*pl.* **-men** [-mən, -mèn]) くず物屋 (junk dealer).

júnk·man[2] [-mən] 〘← JUNK[2]〙 *n.* (*pl.* **-men** [-mən, -mèn]) ジャンクの船員.

júnk plàyground *n.* ＝adventure playground.

júnk rìng 〘← JUNK[1]：もとピストンの周囲の麻の詰物を固定するのに用いたことから〙 *n.* 〘機械〙押え輪《内燃機関のピストンの周辺に取りつけられた輪》.

júnk scùlpture 〘← JUNK 1 a〙 *n.* 屑物[廃物利用]彫刻. **júnk scùlptor** *n.*

júnk-shòp *n.* **1** くず物店；中古品店, 古物屋. **2** 古綱店, 古船具店 (marine store).

junk·y [dʒʌ́ŋki | -kɪ] 〘← JUNK[1]＋-Y[4]〙 *adj.* (**junk·i·er**; **-i·est**) がらくたの, 屑物的な. — *n.* 《俗》＝junkie 1.

júnk·yàrd 〘← JUNK[1]＋YARD[2]〙 *n.* (古金属・ほご紙・古自動車など再販可能な品の)古物置場, 古物処理場.

Ju·no [dʒúːnou | -nəu] 〘⊏ L *Jūnō* ← ?：《原義》? the youthful one：cf. *juvenis* 'YOUNG'〙 — *n.* **1** 女性名. **2** **a** 〘ローマ神話〙ユーノー, ジュノー《Jupiter の妻でローマ最大の女神；女性(特に結婚生活)の保護神；ギリシャ神話の Hera に当たる》. **b** 侵し難い気品を備えた婦人 (cf. Junoesque). **3** 〘天文〙ユーノー, ジュノー《小惑星 (asteroid) 第三番の名；cf. Ceres 2, Pallas 2》.

Juno 2 a

Ju·no·esque [dʒùːnouésk | -nəu-] 〘⇨↑, -esque〙 — *adj.* **1** 〈婦人が〉(Juno のように)威厳のある；押出しの立派な (stately)：a good-looking, ～ type of woman 美人で押出しの立派な女性. **2** 豊満な, バストのふくよかな (plump).

Ju·not [ʒuːnóu | -nə́u; *F.* ʒyno], **An·doche** [ɑ̃dɔʃ] *n.* ジュノー《1771–1813；Napoleon 配下のフランスの陸軍元帥；称号 Duc d'Abrantès [dabrɑ̃tɛs]》.

jun·ta [hʊ́ntə, dʒʌ́n-, hʌ́n- | dʒʌ́ntə, dʒʊ́n-; *Sp.* xúnta, *Am. Sp.* hún-] 〘(1623) ⊏ Sp. ～ < L *junctam* (fem. p.p.) ← *jungere* 'to JOIN'〙 — *n.* **1** (スペイン・南米などの)議会, 会議, 閣議 (council). **2** ＝junto. **3** (クーデター直後, 合法的な政府ができるまでの)軍事政権, 臨時政府, (それに類する)小人数の政権 (junto).

jun·to [dʒʌ́ntou | dʒʌ́ntəu, dʒʊ́n-] 〘(1641)《転訛》↑〙 — *n.* (*pl.* ～**s**) 陰謀団；(政治上の)秘密結社, 徒党, 私党《英国史上では William 三世時代の Whig 党領袖たちのそれが有名》.

Júnto Clùb *n.* [the ～] ジャントークラブ《B. Franklin が1727年に Philadelphia で相互向上を目的に創設したクラブ；The Junto ともいう；後に発展して米国哲学協会 (American Philosophical Society) となる》.

jupe [dʒúːp | ʒúːp; *F.* ʒyp] 〘(*c*1300) ⊏ (O)F *jupe* ⊏ Arab. *júbbaʰ* 'JUBBAH'：cf. jupon, jumper[2]〙 — *n.* 《スコット・北英》**1** ドレスのスカート[ペチコート]. **2** ＝bodice. **3** [*pl.*] コルセット (stays).

Ju·pi·ter [dʒúːpəṭə | dʒúːpɪtə(r, dʒúp-] 〘(?*a*1200) ⊏ L *Jūpiter, Juppiter* (voc.)《原義》O father Jove! (cf. Gk *Zeû páter* (voc.))：⇨ Jove, pater〙 — *n.* **1** 〘ローマ神話〙ユーピテル, ジュピター (Jove)《神々の王で天の支配者である最高の神；雷電を武器とする；妻は Juno；ギリシャ神話の Zeus に当たる》. **2** 〘天文〙木星《太陽系中最大の惑星；衛星 Io, Europa, Ganymede, Callisto, Amalthea, Himalia, Elara, Pasiphae, Sinope, Lysithea, Carme, Ananke, Leda；1979年に 1979-J 1 を, 1980年に 1979-J 2, 1979-J 3 を発見》. ★ ラテン語系形容詞：Jovian.
by Jupiter! 《古》＝*by* JOVE!

Jupiter 1

Júpiter Plú·vi·us [-plúːviəs | -vɪəs, -vjəs] 〘⊏ L *Jūpiter Pluvius* Jupiter who brings rain：⇨ pluvial[1]〙 — *n.* **1** 〘ローマ神話〙雨神(としての Jupiter). **2** 《戯言》雨, 降雨.

ju·pon [dʒuːpɑ́n, ⌐⌐ | ʒúːpɔn, dʒúː-, -pɔ̃ː(ŋ), -pɔ(ː)ŋ; *F.* ʒypɔ̃] 〘(1345–49) ⊏ (O)F ～ ← JUPE：cf. Jap.「ジュバン」〙 — *n.* **1** (14世紀の)胴着 (doublet). **2** 〘甲冑〙(14世紀の)綿入陣羽織《鎧の上に着た紋章入りの短い上っ張り》.

jura *n.* jus[2] の複数形.

Ju·ra[1] [dʒʊ́(ə)rə | dʒʊ́ərə; *F.* ʒyra] *n.* **1** ジュラ, ジィラ《フランス東部のスイスに接する県；人口 248,000, 面積 5,008 km^2, 首都 Lons-le-Saunier [lɔ̃sləsonje]》. **2** ジュラ(州)《スイス北西部の州；1979年 Bern 州より分離；人口 68,000, 面積 837 km^2, 首都 Delémont [dəlemɔ̃]》.

Ju·ra[2] [dʒʊ́(ə)rə | dʒʊ́ərə] 〘← *Jura Mountains*〙 *n.* 〘地質〙ジュラ紀[系] (Jurassic period or system).

ju·ral [dʒʊ́(ə)rəl | dʒʊ́ər-] 〘← L *jūr-, jūs* law＋-AL[1]：⇨ jus[2]〙 *adj.* **1** 法律上の[に関する]：～ postulates 法的要請. **2** 権利・義務の[に関する]. **～·ly** *adv.*

ju·ra·men·ta·do [hùːrəmentáːdou | hùːrəmentáːdəu, dʒùər-; *Sp.* xùramentádo] 〘⊏ Sp. ～ 'bound by an oath' ← *juramento* oath < L *jūrāmentum* ← *jūrāre* to swear：cf. jury[1]〙 — *n.* (*pl.* ～**s** [～s]) フーラメンタード《キリスト教徒を殺して死ぬと誓ったフィリピンのモロ族 (Moros) 狂信的イスラム教徒》.

Júra Móuntains *n. pl.* [the ～] ジュラ山脈《フランスとスイスとの間にあり Rhine 川から Rhone 川に及ぶ；最高峰 Crêt de la Neige [krɛdlanjɛːʒ] (1,722 m)》.

Ju·ras·sic [dʒʊ(ə)rǽsɪk | dʒʊər-] 〘(1833) ⊏ F *jurassique*：⇨ Jura[2], -ic[1]〙〘地質〙 — *adj.* ジュラ紀[系]の：the ～ period ジュラ紀《三畳紀 (Triassic period) と白亜紀 (Cretaceous period) との間, 中生代 (Mesozoic era) の3区分の一つ》/ the ～ system ジュラ系《ジュラ紀にできた地層群》. — *n.* [the ～] ジュラ紀[系].

ju·rat [dʒʊ́(ə)ræt | dʒʊ́ər-] 〘(1432) ⊏ ML *jūrāt-us* sworn man (p.p.) ← L *jūrāre* to swear：⇨ jury[1]〙 — *n.* **1** **a** (Cinque Ports の)市政参与《他都市の上級議員 (alderman) に類する役》. **b** (Channel Islands の)終身治安判事. **2** 〘法律〙**a** 宣誓供述書 (affidavit) の結びの部分《宣誓の場所・日時, 宣誓者および立会官の氏名が記載してある部分》. **b** 宣誓立会官の証明書.

ju·ra·to·ry [dʒʊ́(ə)rətɔ̀ːri, -tòːri | dʒʊ́ərətəri] 〘⊏ LL *jūrātōri-us* confirmed by oath ← *jūrātus* (↑)〙 *adj.* 〘法律〙宣誓の, 宣誓して述べた.

ju·re di·vi·no [dʒʊ́(ə)ri-dɪváɪnou, jʊ́(ə)reɪ-dɪvíː-, -də- | dʒʊ́ərɪ-dɪváɪnəu] 〘⊏ L *jūre dīvīnō* by divine law〙 *L.* 神の掟(おきて)によりて.

júre hu·má·no [dʒʊ́(ə)ri-(h)juːméɪnou, jʊ́(ə)reɪ-uː-máː- | dʒʊ́ərɪ-hjuːméɪnəu, -hju-] 〘⊏ L *jūre hūmānō* by human law〙 *L.* 人の掟(おきて)によりて.

ju·rel [huːrél; *Am. Sp.* hurél] 〘⊏ Sp. ～ ← Gk *saûros* horse mackerel, lizard：cf. saury〙 — *n.* 〘魚類〙西インド諸島などのアジの類(特にカイワリ属 (*Caranx*) の食用魚の総称《blue runner, jack crevalle など》.

ju·rid·ic [dʒʊ(ə)rídɪk] *adj.* ＝juridical.

ju·rid·i·cal [dʒʊ(ə)rídɪkəl, -də- | -dɪ-] 〘(1502) ← L *jūridic(us)* judicial (← *jūrem, jūs* 'JUS[2]'＋*dīcere* to say (cf. diction))＋-AL[1]〙 — *adj.* **1** 司法上の, 裁判上の. **2** 法律上の (legal)：～ terms 法律用語. **～·ly** *adv.*

jurídical dáys *n. pl.* 裁判日, 開廷日.

jurídical pérson *n.* 〘法律〙＝juristic person.

ju·ri·me·tri·cian [dʒʊ̀(ə)rɪmətríʃən, -rə- | dʒʊ̀ərɪmɪ-] *n.* 法測定学者.

ju·ri·met·rics [dʒʊ̀(ə)rɪmétrɪks, -rə- | dʒʊ̀ərɪ-] 〘← L *jūri-, jūs* 'JUS[2]'＋-METRIC[1]＋-s：⇨ -ics〙 — *n.* 法測定学, 計量法学《法律問題への科学的方法の適用》. **jù·ri·mét·ri·cist** [-rəsɪst, -səst | -rɪsɪst] *n.*

ju·ris·con·sult [dʒʊ̀(ə)rɪskɑ́nsʌlt, -rəs-, -kənsʌ́lt | dʒʊ́ərɪskɔ̀nsʌlt] 〘⊏ L *jūrisconsult-us* lawyer：⇨ jus[2], consult〙 — *n.* **1** 法学者 (jurist)《特に, 国際法・公法の学者》. **2** 〘ローマ法〙法律顧問.

ju·ris·dic·tion [dʒʊ̀(ə)rɪsdíkʃən, -rəs- | dʒʊ̀ərɪs-] 〘(17 C) ⊏ L *jūrisdictiō(n-)* ← *jūris* ((gen.) ← *jūs* 'JUS[2]')＋*dictio* (⇨ diction) ∽ (*a*1325) *iuri(s)diccioun* ⊏ (O)F *juridiction*〙 — *n.* **1** 司法権, 裁判権：have [exercise] ～ over ... を(法的に)管轄している. **2** 権力 (power, authority), 支配権, 管轄権 (rule, control). **3** **a** 権限の範囲. **b** 管轄区域, 管区, 管内：come under the ～ of ... の管轄[権限]にある[属する] / It lies outside the ～ of the Committee. それは委員会の権限外だ.

jù·ris·díc·tion·al [-ʃənl, -ʃnəl] *adj.* 司法[裁判]権の；裁判管轄上の；(労組間の)管轄権に関する：a ～ dispute 管轄権をめぐっての争議. **～·ly** *adj.*

ju·ris·pru·dence [dʒʊ̀(ə)rɪsprúːdns, -rəs-, ⌐⌐⌐ | dʒʊ̀ərɪsprúːdəns, ⌐⌐⌐] 〘(1628) ⊏ F ～ ‖ L *jūrisprūdentia* science of law：⇨ jus[2], prudence〙 — *n.* **1** **a** 法学, 法律学；理論法律学, 法理学. **b** 法学の一部門：medical ～ 法医学. **2** 法制, 法体系：Roman ～. **3** [集合的] 判例集, 判決録 (reports). **4** 《古》法律の知識, 法律に精通すること.

ju·ris·pru·dent [dʒʊ̀(ə)rɪsprúːdnt, -rəs- | dʒʊ̀ərɪs-] 〘⊏ F《廃》～《逆成》↑：⇨ -ent〙 *adj.* 法学専攻の, 法律に精通した. — *n.* 法律学者 (jurist).

ju·ris·pru·den·tial [dʒʊ̀(ə)rɪsprùːdénʃəl, -rəs- | dʒʊ̀ərɪs-] *adj.* 法学上の, 法理学上の. **～·ly** *adv.*

ju·rist [dʒʊ́(ə)rɪst, -rəst | dʒʊ́ərɪst] 〘(1481) ⊏ (O)F *juriste* ‖ ML *jūrista* ← L *jūs* 'JUS[2]'：⇨ -ist〙 — *n.* **1**

a 法学者, (特に)ローマ法学者. b 法学生. 2 裁判官;《米》弁護士. 3 法律[法学]書著述家.

ju·ris·tic [dʒʊrístɪk | dʒʊ(ə)r-] *adj.* 1 a 法学者の, 法学者的な, 法律学徒の. b 法科の, 法学の. 2 裁判官の;《米》弁護士の. 3 法律上の (legal). **ju·rís·ti·cal·ly** *adv.* 「意図した私人の行為.

jurístic áct *n.* 〘法律〙法律行為《権利の得喪変更を

jurístic pérson *n.* 〘法律〙法人《artificial person, conventional person, juridical person ともいう; cf. natural person》.

ju·ror [dʒú(ə)rə, -rɔə | dʒúərə(r)] 〘《*a*1325》 *jurour* ▭ AF ＝OF *jureor* (F *jureur*) < L *jūrātōrem* one who swears ← *jūrāre* to swear: ⇨ jury[1], -or[2]〙 — *n.* 1 陪審 (jury) の一員; 陪審員 (juryman). 2 宣誓者 (cf. nonjuror). 3 (競技・コンテストなどの)審査員, 審判員.

Ju·ru·á [ʒùːruá: | -rʊ-; *Braz.* ʒurwá] *n.* [the ~] ジュルア(川)《ペルー東部に発しブラジル西部を北東に流れAmazon 川に注ぐ川 (3,283 km)》.

ju·ry[1] [dʒú(ə)ri | dʒúəri] 〘《1327》 *juree* ▭ AF *jure* one sworn＝OF *jurée* oath (p.p.) ← *jurer* < L *jūrāre* to swear ← *jūr-*, *jūs* 'JUS[2]'〙 — *n.* 1 〘法律〙陪審《訴訟の事実問題を評決して裁判長に答申する機関で, 市民から選定された普通 12 名の陪審員で構成される; 陪審員の一人一人は juryman, jurywoman, juror という; cf. verdict 2》; [集合的](全)陪審員: ⇨ common jury, grand jury, petty jury, special jury, trial jury / a ~ of matrons 婦人陪審員《被告の妊娠の有無を評定する》. 2 [集合的](コンクール・展示会などの)審査員(全員). ***sit* [*serve*] *on the jury*** (1) 陪審員となる[を勤める]. (2) 審査員となる[を勤める].
— *vt.* 〈出品作・展示品などを〉審査する, 選ぶ.

ju·ry[2] [dʒú(ə)ri | dʒúəri] 〘《頭音消失》? ← OF *ajurie* help < L *adjūtāre* to help: cf. aid〙 — *adj.* 〘海事〙仮の, 応急の, 間に合わせの (makeshift): a ~ anchor 応急錨 / a ~ rudder 応急舵(だ), 仮舵 / a ~ sail 仮帆.

júry bòx *n.* (法廷の)陪審員席.

júry fìxer *n.* 《米俗》陪審員買収者.

júry lìst *n.* 〘法律〙陪審員名簿.

júry·man [-mən] *n.* (*pl.* **-men** [-mən, -mèn]) 〘法律〙陪審構成員, 陪審員 (juror).

júry màst 〘← JURY[2]〙〘海事〙 *n.* (マストが破損した時の)応急マスト, 仮のマスト, 仮檣(しょう).

júry-pàcking *n.* 《米法》陪審員買収.

júry-rig 〘← JURY[2]＋RIG[1]〙〘海事〙 *n.* 応急索具[装備], 仮索具. — *vt.* 〈マストなど〉に応急索具を装着する.

júry-rìgged *adj.* 〘海事〙仮帆装の, 応急装備の.

júry ròom *n.* 〘法律〙陪審員室《陪審員が答申を協議し, 評決 (verdict) をうるための部屋》.

júry whèel *n.* 〘法律〙陪審員抽選器.

júry·wòman *n.* 〘法律〙婦人陪審員.

jus[1] [ʒúːs, dʒúːs; *F.* ʒy] 〘▭ F ~ 'juice'〙 *F. n.* (*pl.* ~) 汁 (juice); 肉汁 (gravy).

jus[2] [dʒʌ́s, júːs] 〘▭ L *jūs, jūris* (gen.) law, right < IE **yewos* law〙 *L. n.* (*pl.* **ju·ra** [dʒú(ə)rə | dʒúərə]) 〘ローマ法〙 1 (抽象的に)法, 法組織. 2 法的権利[権力].

jus ad rem [dʒʌ́s-æd-rém, júːs-ɑːd-] 〘▭ ML *jūs ad rem* right towards a thing〙 *L. n.* 〘ローマ法〙対物権.

jus ca·no·ni·cum [dʒʌ́s-kənɑ́nɪkəm, júːs-kɑːnóunɪkùm, -nə- | dʒʌ́s-kənɔ́nɪkəm, júːs-kɑːnɔ́nɪkùm] 〘▭ ML *jūs canonicum*〙 *L. n.* 教会法 (canon law).

jus ci·vi·le [dʒʌ́s-sɪváɪliː, júːs-kɪwíːleɪ] 〘▭ L *jūs cīvīle* civil law〙 — *L. n.* 〘ローマ法〙市民法《ローマの慣習に基づいたローマ市民に特有な法で, 万国の慣習に基づいた万民法 (jus gentium) と人間本来の権利義務の観念に基づく自然法 (jus naturale) に対立する》.

jus cri·mi·na·le [dʒʌ́s-krɪ̀mənáːliː | -mɪ-] 〘▭ L *jūs crīminālē* criminal law〙 *L. n.* 刑法.

jus di·vi·num [dʒʌ́s-dɪváɪnəm, júːs-dɪwíːnʊm] 〘▭ L *jūs dīvīnum* divine law〙 *L. n.* 神法, (帝王の)神権.

jus gen·ti·um [dʒʌ́s-dʒénʃiəm, júːs-génṭi- | dʒʌ́s-dʒénʃɪəm, júːs-géntɪ-] 〘▭ L *jūs gentium* law of nations: cf. gens〙 — *L. n.* 1 〘ローマ法〙万民法《主として商取引に関して発達した法で, ローマ市民とそれ以外の諸民族とに共通に適用される法; 諸民族の法という意味で万民法と呼ばれ, 市民法 (jus civile) と対立する》. 2 国際法.

jus in re [dʒʌ́s-ɪn-ríː, júːs-ɪn-réɪ] 〘▭ ML *jūs in rē* right in a thing: cf. res〙 *L. n.* 〘ローマ法〙＝jus in rem.

jús in rém [-rém] 〘▭ L *jūs in rēm* (↑)〙 *n.* 〘ローマ法〙対物権《対人的にではなく, もっぱら対物関係に立って物を支配できる権利》.

jús ma·ri·ti [dʒʌ́s-mərάɪtaɪ, júːs-mɑːríːtiː] 〘▭ L *jūs marītī* right of the husband〙 — *L. n.* 〘ローマ法〙(妻の動産に対する)夫の権利《特に婚姻の効果として妻の動産を取得した夫の権利》. 「turale.

jús na·tu·rae [-nət(j)ú(ə)riː | -tjúər-] *L. n.* ＝jus na-

jús na·tu·rá·le [-nætʃuréɪliː, -réɪ-, -rɑ́ː- | -tju-] 〘▭ L *jūs nātūrāle* natural law〙 *L. n.* 〘ローマ法〙自然法 (cf. jus civile).

jús post·li·mí·ni·i [-pòustləmíniàɪ | -pàustlɪmínɪ-] 〘▭ L *jūs postliminii* law of postliminy〙 — *L. n.* 〘国際法〙(財産の)戦前回帰権《戦時中敵国に奪われていた人や物が自国の統治下に戻った時に回復する権利》.

jús prí·mae nóc·tis [-práɪmiː-nɑ́ktɪs, -təs | -nɔ́ktɪs] 〘▭ L *jūs prīmae noctis* right of first night〙 — *L. n.* 〘ローマ法〙(法または慣習に基く封建領主などの)初夜権 (droit du seigneur).

jús sán·gui·nis [-sǽŋgwənɪs, -nəs | -gwɪnɪs] 〘▭ L *jūs sanguinis* right of blood〙 — *L. n.* 〘ローマ法〙属人主義, 血統主義《子は親の市民権を生れながらにして受け継ぐという原則; cf. jus soli》.

jús scríp·tum [-skríptəm] 〘▭ L *jūs scriptum* written law〙 *L. n.* 〘ローマ法〙成文法, 制定法.

Jus·se·rand [ʒuːsrɑ́ː(ŋ), -rɔ̃ː(ŋ), -rɑ́ːŋ, -rɔ̃(ː)ŋ; *F.* ʒysrɑ̃], **Jean (Adrien Antoine) Jules** *n.* ジュスラン《1855–1932; フランスの外交官・著述家》.

jus·sive [dʒʌ́sɪv] 〘《1846》← L *juss-us* (p.p.) ← *jubēre* to command: ⇨ -ive〙〘文法〙 — *adj.* (穏やかな)命令を表わす: the ~ subjunctive 命令(法)的仮定法. — *n.* (動詞の)命令形(構文), 命令法.

jús só·li [-sóʊlaɪ | -sə́ʊ-] 〘▭ L *jūs solī* right of soil: cf. soil[1]〙 — *L. n.* 〘ローマ法〙属地主義, 出生地主義《人は当然その生れた国の市民権を獲得し順法義務を負うという原則; cf. jus sanguinis》.

just[1] [dʒʌ́st] *n., vi.* ＝joust.

just[2] 〘《*a*1375》▭ (O)F *juste* ▭ L *jūstus* just, upright ← *jūs* 'JUS[2]'〙 — [dʒʌ́st] *adj.* (**more ~, most ~; ~·er, ~·est**) 1 正しい, 公正な, 公明正大な: a ~ man 廉直な人 / be ~ to a person 人に公正である / be ~ in one's dealings (人に対する)やり方が公正である / It was a ~ Providence that killed the villain. あの悪党が死んだのは正しい神の摂理によるものだ. 2 (法的に)正当な (lawful); 〈賞罰など〉当然の (well-deserved): a ~ claim [title] 正当な要求[権利] / a ~ reward, punishment, etc. / It is ~ that we should suffer from our faults. 自分のあやまちのために苦しむのは当然だ. 3 適正な, 適切な, 適当な (proper): in ~ proportions 適当な割合で, 過不足なく / in ~ measure 適当(な程度)に. 4 もっとも至極な, 十分根拠のある (well-grounded); 正しい, 本当の (right, true): ~ anger 至極当然の怒り / a ~ statement [opinion] 正しい(根拠のある)陳述[意見] / My fears were ~. 私の心配は誤っていなかった / She has no ~ cause for resentment. 彼女が腹を立てるまともな理由は何もない. 5 正確な, 精密な: a ~ scale 正確な尺度. 6 〘聖書〙(神に対して)義にかなった (righteous): be ~ with [before] God 神に対して[神の前に]正しい (cf. *Job* 9:2).
— [dʒəs(t), dʒɪs(t), dʒes(t) | dʒʌs(t), dʒəs(t)] *adv.* 1 a 正に, まさしく, ちょうど (exactly): ~ then [there] / It is ~ six (o'clock). きっかり 6 時だ / That is ~ it. 正にそれ[その通り] / *Just* this happens also in Greek. これと全く同じことがギリシャ語にもある / Do ~ as I tell you. 私の言う通りにしなさい. b [疑問詞の前で]正確に言って[言えば] (precisely): A controversy arose as to ~ *what* was the difference between them. その二つは厳密に言えばどう違うのかということについて議論が起こった / *Just how* many hours a child should sleep is a problem still unsettled. 子供は正確に言って何時間睡眠を取るべきかということはなお未解決の問題だ. 2 [完了形または過去形と共に用いて] …したばかり (very recently): She has ~ come [gone]. たった今来た[出掛けた]ばかりです / I ~ met her here. たった今ここで会ったところだ. ★ 過去形と共に用いるのは主に《米》. 3 [場所の前置詞・副詞に先立って] すぐ, ちょっと(離れた所に) (directly): The office is ~ *across* the road. 事務所は道路のすぐ向かい側にある / You see the school ~ *west of* the church. 教会のすぐ西に学校が見えます. 4 a ようやく, あやうく, やっと (barely): *only* ~ enough まずどうやら / He is *only* ~ of age. やっと成年に達したばかり / He ~ caught the train. やっと汽車に間に合った / ⇨ JUST *about*. b わずかに, きわどいところで: The arrow ~ missed the mark. 矢は的をほんのわずかにはずれた. c もう少しで(…するところで): He is ~ leaving. もうすぐ出掛けるところです. d もしかすると, ひょっとすると (possibly, perhaps): He ~ might come. もしかすると来るかも知れない. 5 ただ, ほんの…に過ぎない (simply): He was ~ a little displeased. ちょっと機嫌が悪かった / She is ~ an ordinary singer. ただの歌手に過ぎない / She is not ~ a singer. ただの歌手ではない《単に歌手というだけの人物ではない》/ I came ~ because you asked me to. 君が来てくれというから来たまでだ. 6 a [命令法に先立って]《口語》まあちょっと (only): *Just* look at this! ちょっとこれをごらん / *Just* fancy! ちょっと考えてもみたまえ / Only ~ listen to him! まあちょっと彼の言うことを聞いてごらん《面白い[あきれた]ことを言うじゃないか》. b [強意語として]《口語》全く, 実に (quite, truly): The weather is ~ glorious. 全くすばらしい天気だ / I am ~ starving. ほんとに腹ぺこで死にそうだ / Time ~ flew. 時間が全く飛ぶように過ぎた. c [反語的に否定疑問形と共に用いて]《俗》(…しないどころか)大いに, 全く: Did she cry then? —Didn't she, ~! あの子泣いたかいその時?—泣いたの泣かないのって(大泣きさ).
just about 《口語》(1) ほとんど (very nearly); まずどうやら, かろうじて (barely): I found it ~ *about* here. ここいらあたりで見つけたのです / It's ~ *about* ready. まずこれであらかた準備ができた / He will ~ *about* win. かろうじて勝てるというところだ. (2) [強意的] 正に, 全く(…も同然): She knew ~ *about* everything. もう何もかもわかっちゃったのです / I've had ~ *about* enough of you. 君にはもううんざりした. ***just now*** (1) [主として過去形と共に用いて] 今しがた, ついさっき: I arrived ~ *now*. / He was here ~ *now*. たった今ここにいた. ★ ただし, 同意表現の ~ this minute は現在完了と共に用いられる: The maid has ~ *this moment* swept the room. 女中がたった今部屋を掃除したばかりだ. (2) ちょうど今: I am busy ~ *now*. (3) やがて, 間もなく, すぐ: I'll do it ~ *now*. ***just on*** 《英》(時間・数量など)かれこれ…, ほとんど… (nearly): It was now ~ *on* ten o'clock. もうかれこれ10時だった / The bill came to ~ *on* twenty pounds. 勘定はほとんど 20 ポンドとなった. ***just so*** (1) 全くその通り(です): *Just so* (cf. so[1] *adv.* 5 b). (2) 《口語》〈物事が〉きちんと(して), よくかたづいて (in proper order): He will have everything done ~ *so*. 彼は何でもきちんと整理しておこうとする / She likes to keep her house ~ *so*. 彼女はいつも家の中をきちんとしておかないと気がすまない. (3) [接続詞的に] …である限り, …さえすれば (cf. so[1] *conj.* 3 ★). ***just the same*** ⇨ same 成句. ***not just… but (also)…*** ＝not ONLY…*but (also)*….

Jus·ta [dʒʌ́stə] 〘⇨ Justina〙 *n.* 女性名.

just·au·corps [ʒúːstəkɔ̀ə, -kɔ̀ə, ←–←– | ʒúːstəkɔ̀ː(r), ←–←–; *F.* ʒystokɔːr] 〘▭ F *juste au corps* close to the body〙 — *F. n.* (*pl.* ~ [~(z); *F.* ~]) ジュストーコール《17 世紀末–18 世紀初めに用いられた, 体にぴったりした男性用の膝丈のコート; ウェストから下部にフレアーが入っている》.

jus·te-mi·lieu [ʒúːstmiːljə́ː; *F.* ʒystəmiljø] 〘▭ F ~ 'happy medium'〙 *F. n.* (*pl.* **jus·te-mi·lieux** [~(z); *F.* ~]) 中庸 (golden mean).

jús tér·ti·i [-tə́ːʃiàɪ | -tə́ːʃɪ-] 〘▭ L *jūs tertiī* right of the third〙 — *L. n.* 〘法律〙第三者の権利《たとえば受寄者が寄託者より訴えられた場合に, その寄託物については寄託者以外の第三者が真の権利者であると抗弁することがあるが, その場合に受寄者は第三者の権利を主張するといわれる》.

jus·tice [dʒʌ́stɪs, -təs | -tɪs] 〘《?*a*1160》▭ (O)F ~ ▭ L *jūstitia* ← *jūstus* 'JUST[2]': ⇨ -ice〙 — *n.* 1 a (基本道徳の一つである)正義 (righteousness)《七主徳 (seven principal virtues) の一つ》; 正直, 方正 (integrity); 公正, 公明正大 (fairness): treat a person with ~ 人を公正に扱う / in ~ (to) (…のことを)公平に評すれば / ⇨ poetic justice / It's every man's business to see ~ done. 正義が行なわれるようにする[行なわれるのを見とどける]のが万人の義務だ. b 正当, 妥当, 至当 (justness), 当否 (rightness): the ~ of the plea その弁解の正当さ / complain with ~ こぼすのも無理はない [もっとも] / I saw the ~ of his remark. 彼の言っていることが正しいと判った. c 道義; 道義にかなった行為[行動] (just conduct). d 適法, 合法 (↔ injustice). 2 a 裁判すること, (法に照らして)善悪を明らかにすること, (犯罪の)処罰, 裁判; 司法: a court of ~ 法廷, 裁判所 / the Department of *Justice* 《米》司法省《その長官は Attorney General》/ administer ~ 裁判を行なう / bring a person to ~ 人を法に照らして処断する. b 司法官, 裁判官 (judge); 治安判事 (magistrate); 《英》高等法院判事: the ~s 司法官《全体》/ Mr. *Justice* A (英国高等法院判事・米国最高裁判所判事を呼んで) A 判事殿 / Lord *Justice* A 《英》(控訴院判事を呼んで) A 判事閣下 (cf. my Lord ⇨ lord *n.* 4). 3 (当然の)応報. 4 《古》正確(さ) (exactness); 正しさ (justness). 5 [J-] 正義の女神《手にはかりと剣を持ち目隠しをしている》. 6 〘神学〙(人の世の公正を摂理するために神に具わる)正義の神徳, (神の)義. ***deny a person justice*** 〈人を〉公平[正当]に扱わない. ***do justice of* [*on, upon*] *a person*** 《古》〈人を〉罰する, (特に)死刑に処する. ***do justice to a person* [*thing*]＝*do a person* [*thing*] *justice*** (当然認めるべきは認め)〈人・物〉に正当な取扱いをする; (真価を認めて)〈人・物を〉公平に評する: *do* ample ~ *to* the dinner ごちそうを十二分に食べる / To do him ~, we must say that… 公平に評すれば…だ / This photo does not *do* her ~. 彼女のこの写真は実物通り取れていない《実物より悪い》. ***do oneself justice*** 腕前を十分に発揮する.

Justice 5

justice of the peace 〘法律〙治安判事《民事・刑事上の軽微な事件を審理し, 重罪 (felony) の予審を行ない, 一般の治安維持に当る地方司法官で, 証人の宣誓確認・結婚公認権などを持つ; 略 J.P.; cf. magistrate 2》.

Jústice Clérk *n.* ＝Lord Justice Clerk.

jústice cóurt *n.* 〘法律〙治安判事裁判所《治安判事 (justices of the peace) が受け持つ下級裁判所; justice's court, justices' court ともつづる; cf. magistrates' court 2》.

jús·tic·er 〘ME ▭ AF ~＝OF *justicier* (⇨ justiciable) ＝ML *jūstitiārius* 'officer of JUSTICE, judge': ⇨ -er[1]〙 *n.* 《古》裁判官 (judge); 治安判事 (magistrate).

jústice·shìp *n.* 裁判官の身分[資格, 地位, 職, 任期].

jústice's wárrant *n.* 〘法律〙(治安判事などの出す)令状 (cf. bench warrant).

jus·ti·ci·a·ble [dʒʌstíʃiəbl̩, -ʃə- | -ʃɪə-, -ʃə-] 〖《15C》 ▭ (O)F ～ ← *justicier* to bring to trial ▭ ML *jūstitiāre* ← L *jūstitia* 'JUSTICE' : ⇨ -able〗 ― *adj.* 裁判に付せられるべき; 法律[裁判, 法廷]で解決しうる: a ～ case. **jus·ti·ci·a·bíl·i·ty** [-ʃiəbíləṭi, -ʃə- | -ʃɪəbíl-ətɪ, -ʃə-, -lɪ-] *n.*

jus·ti·ci·ar [dʒʌstíʃiə, -ʃiɑ̀ə | -ʃɪɑ̀:(r, -sɪ-] 〖《15C》 ▭ ML *jūstitiāri-us* (↓)〗 ― *n.* **1** 大司法官, 大判官《Norman 王朝および Plantagenet 王朝初期の司法行政の最高官で国王不在中はその代理をした高官》. **2** スコットランドの最高法院長 (Lord Justice General) の旧称《最高の刑事裁判官》.

jus·ti·ci·ar·y [dʒʌstíʃièri | -ʃɪərɪ, -ʃə-, -sɪə-, -sjə-] 〖▭ ML *jūstitiārius* judge, officer of justice ← L *jūstitia* 'JUSTICE' : ⇨ -ary〗 ― *n.* **1** ＝justiciar. **2** justiciar の職務[権限]. ― *adj.* 司法上の (judicial).

jus·ti·fi·a·ble [dʒʌ́stəfàɪəbl̩, ⸗⸗⸗⸗ | -tɪ-] 〖《15C》 ▭ (O)F ～ : ⇨ justify, -able〗 ― *adj.* 正当と認められる, 正当であると説明のできる, 条理の立つ (excusable): ⇨ justifiable homicide / It is hardly ～ that he should do it. 彼がそんなことをするのを正当化するわけにはいかない / It is surely ～ for him to have rejected it. 彼がそれを拒絶したのはたしかに正当だと言える. **jùs·ti·fì·a·bíl·i·ty** [-əbíləṭi | -lətɪ, -lɪ-] *n.* **jús·ti·fì·a·bly** *adv.*

jústifiable hómicide *n.* 〖法律〗正当殺人《執行官による死刑の執行, 正当防衛による殺人など》.

jus·ti·fi·ca·tion [dʒʌ̀stəfɪkéɪʃən, -fə- | -tɪfɪ-] 〖《*c*1384》 ▭ LL *jūstificātiō(n-)* : ⇨ justify, -ation〗 ― *n.* **1 a** (行為などの)正当化, (正当であるとする)弁明 (vindication): in ～ of ...を正当だと理由づけるために, を弁護して / Nothing can with reason be urged in ～ of genocide. どんなに論じても民族皆殺しを正当化することは無理だ. **b** 弁明の事由, 正当化の理由[事実]. **2** 〖神学〗(プロテスタントでは)義認, (カトリックでは)成義《人間が神・信仰によって義(ぎ)とされること, 罪なしとされること》: ～ by faith 信仰釈罪. **3** 〖印刷〗行揃(ぞろ)え, ジャスティフィケーション《活字組版の各行の長さを等しくし, 行末を一直線に揃える操作》.

jus·ti·fi·ca·tive [dʒʌ́stəfɪkèɪṭɪv, -fə-, dʒʌstífə-, dʒʌ̀stəfíkəṭ- | dʒʌ́stɪfɪkèɪt-, -kət-] *adj.* ＝justificatory.

jus·tif·i·ca·to·ry [dʒʌstífɪkətɔ̀:ri, -fə-, -tɔ̀:ri, dʒʌ́stəfɪkèɪṭəri, -fə- | dʒʌ́stɪfɪkèɪtərɪ, -kət-] 〖← LL *jūstificāt-us* (p.p.) ← *jūstificāre* 'to justify' : ⇨ -ory[1]〗 ― *adj.* 正当化する, 正当とする[正しいとする]力のある; 弁明として役立つ[通用する] (vindicatory).

jús·ti·fì·er *n.* **1** 正当化する人[もの]. **2** 〖印刷〗**a** 整版者. **b** ジョス《クワタ (quad) より大きい中空の込め物》. **c** (ライノタイプ・インテルタイプ用の)スペースバンド.

jus·ti·fy [dʒʌ́stəfàɪ | -tɪ-] 〖《?*c*1378》 ▭ (O)F *justifi-er* < LL *jūstificāre* to justify : ⇨ just[2], -fy〗 ― *vt.* **1** 〈人の行為・陳述などを〉正しいとする, 正当だと理由づける, 正当化する (vindicate): ～ one's action 自分の行為の正しい理由を示す / ～ oneself 自分の行為[主張]を正当化する, (立派に言い開きをして)身のあかしを立てる / I hope I am *justified in* saying that... 私は...と言ってもよろしかろう[名分が立つだろう]と思う / The benefit *justifies* the cost. 利益があがれば費用はかまわないことになる / The end *justifies* the means. 《諺》目的さえよければ手段は選ばない, 「嘘(うそ)も方便」/ if the [your] need *justifies* the price quoted 〖商業〗この値段でもよいというほどこれがご入用なら《稀覯(きこう)書や品薄の商品などを高値で売ろうとするときのきまり文句》/ If you trust me, you may find that I will ～ your trust. 私を信頼して下さるならそのご信頼に応えましょう. **2** 正当だと認める, 容認する (exonerate). **3** 〖神学〗〈神が〉〈罪ある人々を〉義(ぎ)とする, 罪なしとして取り扱う (absolve). **4** 〖印刷〗〈活字組版などの行の長さを〉揃える, 調整する. **5** 〖活字〗(父型を打込むためにマテ (strike) がまっすぐになるように)調節する. ― *vi.* **1** 〖法律〗**a** (なされた行為に対して)十分な根拠[理由]を示す, 免責事由を示す. **b** 保釈保証人としての資格がある. **2** 〖印刷〗行揃えができる, 〈行が〉(規定の長さに)きちんと納まる.

Jus·tin [dʒʌ́stɪn, -tən | -tɪn] 〖▭ L *Jūstin-us* ← *jūstus* 'JUST[2]'〗 *n.* 男性名.

Justin, Saint *n.* ＝Justin Martyr.

Jus·ti·na [dʒʌstí:nə, -táɪ-] 〖▭ L *Jūstīna* (fem.) ← *Jūstīnus* 'JUSTIN'〗 *n.* 女性名.

Jus·tine [dʒʌ́stɪn, -tən | -tɪn] 〖↑〗 *n.* 女性名.

Jus·tin·i·an I [dʒʌstíniən | -nɪən, -njən] *n.* ユスティニアヌス一世 (483–565; 東ローマ帝国の皇帝 (527–565); 本名 Flavius Petrus Sabbatius Justinianus; 同帝国中興の英主, 通称 Justinian the Great).

Justínian Códe *n.* [the ～] 〖東ローマ史〗ユスティニアヌス法典《東ローマ皇帝 Justinian 一世が命じて作らせた法典 (534 年完成), ローマ法大全; Corpus Juris Civilis ともいう》.

Jústin Mártyr, Saint *n.* 殉教者ユスティノス《100?–?165; シリア生れのキリスト教聖人・護教家・哲学者・殉教者; Justin the Martyr ともいう》.

jus·tle [dʒʌ́sl̩] *v., n.* ＝jostle.

júst·ly 〖ME : ⇨ just[2], -ly[1]〗 ― *adv.* **1** 正しく, 正当に, 公正に (rightly, fairly); 妥当に (properly). **2** 正確に (exactly). **3** 当然(に) (deservedly): be ～ punished 当然の罰を受ける.

júst·ness 〖《15C》〗 *n.* **1 a** 正しさ, 妥当 (propriety). **b** 正当, 公正 (fairness). **2** 正確 (exactness).

júst nóticeable dífference *n.* 〖心理〗丁度可知差異《標準刺激を変化させて, その変化に初めて気づく最小の値; difference limen, difference threshold ともいう; 略 JND》.

júst príce 〖《なぞり》← ML *jūstum pretium*〗 ― *n.* **1** 〖経済〗公正価格《中世スコラ哲学によって妥当とされた財の価格》. **2** 〖商業〗適正価格《ある財の価値に関する社会の一般的評価に近似的なその財の価格》.

jùst-só stòry *n.* (ある物事の由来を語ると称する)「本当の話」《実は作り話》.

Jus·tus [dʒʌ́stəs; *G.* jústʊs] 〖▭ L *Jūstus* 《原義》'JUST[2]'〗 *n.* 男性名.

jut [dʒʌt] 〖《1548》《変形》? ← JET[2] // 《逆成》? ← JUTTY〗 ― *v.* (**jut·ted**; **jut·ting**) ― *vi.* 突出する, 突き出る, 張り出る (project, protrude) 〈*forth, out, up*〉: a little peninsula ～*ting into* the lake 湖に突き出ている小さな半島 / His lower lip ～*ted out* when he was thinking hard. 本気に考えごとをしているときは下唇が突き出た. ― *vt.* 突き出させる, 張り出させる. ― *n.* 突出物; 突出部, 突端 (projection).

jute [dʒú:t] 〖《1746》 ▭ Hindi & Bengali *juṭ* ← ? Skt *jūṭa* braid of hair〗 ― *n.* **1** 〖植物〗**a** ツナソ, コウマ, ジュート (*Corchorus capsularis*)《インド原産シナノキ科ツナソ属の多年生草本》. **b** ツナソ属の植物の総称. **2** ジュート《ジュートの繊維; 帆布・ナンキン袋などの材料》.

Jute [dʒú:t] 〖ME *Iutes* (pl.) ← ML *Jutæ, Jutī* (pl.) ∽ OE *Eotas, Iotas* : cf. ON *Iōtar* people of Jutland〗 ― *n.* **1** [the ～s] ジュート[ユート]族《5–6 世紀に Britain 島に侵入し Kent や Hampshire 地方に定住したゲルマン民族》. **2** ジュート[ユート]族の人.

Jút·ish [-tɪʃ | -tɪʃ] *adj.* ジュート人[族]の. ― *n.* ＝Kentish.

Jut·land [dʒʌ́tlənd] 〖⇨ Jute, land〗 ― *n.* ユトランド(半島)《デンマークおよび西ドイツ Schleswig-Holstein 州から成る半島; その沖は第一次大戦における英独海戦場 (1916); 人口 2,236,000, 面積 29,776 km[2]》.

jut·ty [dʒʌ́ṭi | -tɪ] 〖《15C》《変形》? ← JETTY[2]〗 *n.* **1** 《古》＝jetty[2]. **2** 〖建築〗(建物の)突出部. ― *v.* 《廃》＝jut.

Ju·tur·na [dʒu:tə́:nə | -tə́:-] 〖▭ L *Jūturna*〗 *n.* 〖ローマ神話〗ユートゥルナ《Jupiter に愛されたと伝えられる泉の精》.

juv. 《略》juvenile.

ju·ve·nal [dʒú:vənl̩ | -və-, -vɪ-] 〖▭ L *juvelāl-is* ← *juvenis* young person : ⇨ juvenile〗 *adj.* 〖鳥類〗幼鳥の, 若鳥の, ひなの.

Ju·ve·nal [dʒú:vənl̩ | -və-, -vɪ-] *n.* ユウェナーリス《55?–?140; ローマの風刺詩人; 本名 Decimus Junius Juvenalis》.

ju·ve·nes·cence [dʒù:vənésn̩s | -və-, -vɪ-] 〖⇨ ↓, -ence〗 *n.* 若さ, 若々しさ, 青春 (youth).

ju·ve·nes·cent [dʒù:vənésn̩t | -və-, -vɪ-] 〖▭ L *juvenēscent-em* (pres.p.) ← *juvenēscere* to grow up to youth ← *juvenis* (↓) : ⇨ -escent〗 ― *adj.* 青年期に達する; 若々しい (youthful): the ～ period.

ju·ve·nile [dʒú:vənàɪl, -nl̩ | -vənàɪl, -vɪ-] 〖《1625》 ▭ L *juvenīl-is* youthful ← *juvenis* young person : ⇨ young, -ile[1]〗 ― *adj.* **1** 少年[少女](期)の[に関する], 年若い (young, youthful); 子供らしい: She is dressed in a ～ manner. 子供らしい服装をしている / ⇨ juvenile delinquency. **2** 少年[少女]向きの: ～ books, pictures, sports, etc. / ～ literature 児童文学. **3** 子供っぽい, 幼稚な. **4** 〖地質〗〈水・ガス・マグマなど〉初生的な《地下深所から初めて地表に出て来た》: ～ water 初生水. ― *n.* **1** 児童, 少年少女 (youth): books for ～*s* 児童向きの書物. **2** 児童[少年少女]向きの書物. **3** 〖演劇〗若役を演じる俳優; 若役, 子役. **4 a** 〖鳥類〗幼鳥, 若鳥, ひな. **b** (競馬用の) 2 歳馬.

júvenile cóurt *n.* 〖法律〗少年裁判[審判]所《通例 18 歳未満の少年少女を扱う》.

júvenile delínquency *n.* 〖法律〗少年[未成年]犯罪[非行].

júvenile delínquent *n.* 〖法律〗少年[未成年]犯罪者, 非行少年.

júvenile hórmone *n.* **1** 〖動物〗幼若ホルモン, 幼虫ホルモン《昆虫の脳の背後にある腺から分泌される farnesol 類似のホルモン; 幼虫などの成長と繁殖を抑制する働きがある》. **2** 〖薬学・生化学〗(人工)合成幼虫ホルモン《ゴキブリなどの繁殖抑制剤》.

júvenile léad [-lí:d] *n.* 〖演劇〗(重要な)青年[娘]役; その役を演じる若い俳優.

júvenile òfficer *n.* 少年補導官[補導警官].

ju·ve·nil·i·a [dʒù:vəníliə | -vəníliə, -vɪ-] 〖▭ L *juvenīlia* (neut. pl.) : ⇨ juvenile, -ia[2]〗 ― *n. pl.* [時に単数扱い] **1** (作家・詩人などの)少年[少女, 青年]時代の作品(集), 未熟な作品(集). **2** 児童[少年]文学作品, 児童[少年]映画.

ju·ve·nil·i·ty [dʒù:vəníləṭi | -vəníləti, -vɪ-, -lɪ-] 〖← L *juvenīlitāt-em* youth : ⇨ juvenile, -ity〗 ― *n.* **1** 年少, 幼少, 若年(の身); 若さ. **2** [集合的] 少年少女. **3** [*pl.*] 未熟[幼稚]な言行[考え].

ju·ve·nil·ize [dʒú:v(ə)nəlàɪz, -nl̩- | -v(ə)nɪl-, -vɪn-] *vt.* 〖動物〗〈幼虫など〉の成長を抑制する. **ju·ve·nil·i·za·tion** [dʒù:v(ə)nəlɪzéɪʃən, -lə- | -v(ə)nɪlaɪ-, -vɪn-, -lɪ-] *n.*

jux·ta- [dʒʌ́kstə] 〖▭ F ～ ← L *juxtā* (prep. & adj.) near, according to〗「近くにある, そばに (aside)」の意の連結形.

jux·ta·pose [dʒʌ́kstəpòuz | dʒʌ̀kstəpóuz, ⸗⸗⸗] 〖《1851》 ▭ F *juxtapos-er* : ⇨ ↑, pose[1]〗 *vt.* 並べる, 並置[並列]する: ～ it *with* [*to*] another.

jux·ta·po·si·tion [dʒʌ̀kstəpəzíʃən] 〖《1665》 ▭ F ～ : ⇨ juxta-, position〗 *n.* 並列, 並置. **～·al** [-ʃənl̩, -ʃnəl] *adj.*

J.V. 《略》junior varsity (cf. jayvee).

JWB, J.W.B. 《略》Jewish Welfare Board; joint wages board.

j.w.o. 《略》〖海上保険〗＝j. & w.o.

J.W.V. 《略》Jewish War Veterans ユダヤ人参戦者友交会.

J.X. 《略》*L.* Jēsus Chrīstus (＝Jesus Christ).

Jy. 《略》July.

K

K, k [kéɪ] 〘OE《まれ》*K, k* ▭ L (Etruscan を経由) ▭ Gk *K, κ* (káppa) ▭ Phoenician ﾂ : cf. Heb. כ (kaph)《原義》hollow of the hand: Etruscan では [k] を表わすのに K, C, Q の3字が用いられた: ⇨A¹ ★〙 ── *n.* (*pl.* **K's, Ks, k's, ks** [~z]) **1** 英語アルファベットの第11字. **2** (活字・スタンプなどの) K または k 字. **3** [K] K 字形(のもの). **4** 文字 k が表わす音《kiss, lark などの [k]》. **5** (連続したものの) 11 番目(のもの); (J を数に入れない時は)第10番目(のもの). **6** (中世ローマ数字の) 250.

k 《記号》〘数学〙 curvature; 〘数学〙 *z* 軸に平行な一単位の長さのベクトル.

K 《記号》 **1** 〘化学〙 potassium (← *L.* kalium). **2** 〘物理〙 kaon; kelvin; 〘物理化学〙 Kelvin scale. **3** 〘チェス・トランプ〙 King. **4** 〘貨幣〙 kip(s); kwacha; kyat(s). **5** 〘天文〙 solar constant. **6** 〘野球〙 三振 (strikeout). **7** 〘米軍〙 給油機 (tanker). **8** 〘電算機〙 **a** 《口語》 1000 (← kilo): 65 K = 65,000. **b** (記憶装置などの分野で) 1024, 2^{10}.

k. 《略》 keel; 〘冶金〙 killed; kilo(s); kilogram(s); knit; kosher; 〘海事〙 knot(s); karat.

k., K. 《略》 *L.* kalendae (= calends); kindergarten; king; kitchen; knight.

k., K. 《記号》〘気象〙 cumulus; 〘電気〙 *G.* Kapazität (= capacity); 〘電気〙 kathode (= cathode); 〘音楽〙 Köchel (number).

K2 [kéɪ-túː] 〘← *Karakoram Peak No. 2*〙 ── *n.* ケイトゥー(峰)《インドの Kashmir にある Karakoram 山脈中の最高峰 (8,611 m), Everest に次いで世界第2位の高山; Godwin Austen ともいう》.

ka [kɑ́ː] 〘← Egypt.〙 *n.* 〘古エジプト宗教〙 第二霊《第一霊とは異なり死後も人間の中に存在し続けると考えられた》.

kA 《略》〘電気〙 kiloampere(s).

ka. 《略》〘電気〙 kathode (= cathode).

Kaa·ba [kɑ́ːbə | kɑ́ːbə, kɑ́ːəbɑː] 〘▭ Arab. *ka'bah*《原義》cubic building ← *ka'b* 'CUBE¹'〙 ── *n.* [the ~] カーバ(神殿)《Mecca の大本山 (Great Mosque) 中にある方形の黒い石の建物でイスラム教徒の最も崇拝する神殿; cf. Black Stone》.

kaa·ma [kɑ́ːmə] 〘(1824) ▭ S-Afr. *ɔ́xamap, kamáb*〙 *n.* 〘動物〙 = hartebeest.

kab [kǽ(ː)b] *n.* = cab³.

Ka'·ba [kɑ́ːbə] *n.* = Kaaba.

kab·a·la [kǽbələ, kəbɑ́ː- | kəbɑ́ːlə, kæ-] *n.* = cabala.

Ka·ba·lev·sky [kɑ̀ːbəléfski | -ski; *Russ.* kəbaljéfskʲij], **Dmitri** (**Bo·ri·so·vich** [barʲísəvʲitʃ]) *n.* カバレフスキー《1904– ; ソ連の作曲家》.

Kab·ar·di·no-Bal·kar·i·an [kæ̀bədíːno(ʊ)bɔːłkǽriən, bæł-, -kér- | -bədíːnə(ʊ)bɔːłkǽrɪ-, -bæł-] *n.* カバルダバルカル《ソ連邦ロシヤ共和国南西部の自治共和国; 人口 674,000, 面積 12,500 km², 首都 Nalchik; 公式名 the Kabardino-Balkarian Autonomous Soviet Socialist Republic カバルダバルカル自治ソビエト社会主義共和国》.

kab·ba·la [kǽbələ, kəbɑ́ːlə | kəbɑ́ːlə, kæ-] *n.* (*also* **kab·ba·lah** [~]) = cabala.

ka·bob [kéɪbɑb, kəbɑ́b | kəbɔ́b] 〘(1690) ▭ Hindi & Arab. *kabāb* ▭ Turk. *kebap* roast meat〙 ── *n.* **1** [通例 *pl.*] カボップ《角切りにした肉(主に子羊肉)を漬け汁につけて野菜と交互に串に刺す串焼き料理; cf. shish kebab》. **2** 《インド》焼肉.

Ka·bu·ki, k- [kəbúːki, -búki, kɑ́ːbʊkìː | kəbúːkɪ] 〘(1899) ▭ Jap.〙 *n.* 歌舞伎.

Ka·bul [kɑ́ːbəł, -buːł, kəbúːł, kæ- | kɔ́ːbəł, -bʊł] *n.* **1** カブール《アフガニスタン北東部にある同国の首都; 人口 319,000》. **2** [the ~] カブール(川)《アフガニスタン北東部に発し Indus 川に合流する川 (700 km)》.

Ka·byle [kəbáɪł, kəbáɪł, kæ-, kæbíːł] 〘(1738) ▭ F ~ ▭ Arab. *qabā'il* (pl.) ← *qabīlaʰ* tribe〙 ── *n.* **1** カビール人《北アフリカ Algeria と Tunisia に住むベルベル (Berber) 族の一部族の人》. **2** カビール語《ベルベル語に属する》.

kach·a [kʌ́tʃə] *adj., n.* = kutcha.

Ka·chin [kətʃín] *n.* (*pl.* ~**s**, ~) **1 a** [the ~(s)] カチン族 (⇨ Chingpaw). **b** カチン族の人. **2** カチン語《チベット・ビルマ語族に属する》.

ka·chi·na [kətʃíːnə] 〘▭ N-Am.-Ind. (Hopi) *qačina* supernatural〙 ── *n.* (*pl.* ~**s**, ~) **1** カチーナ《ホピ族などのいわゆるプエブロインディアン (Pueblo Indians) の伝承で, 慈悲の霊》. **2** カチーナダンサー《カチーナを体現する仮面をつけた男の踊り手》. **3** カチーナ人形《カチーナを象徴する木の人形》.

kachína dòll *n.* = kachina 3.

K ácid *n.* 〘化学〙 K 酸 ($H_2NC_{10}H_4(OH)(SO_3H)_2$)《アゾ染料の中間体に用いる; cf. G acid》.

Ká·dár [kɑ́ːdɑə | -dɑ:(r; *Hung.* káːdaːr], **János** *n.* カダル《1912– ; ハンガリーの政治家, 首相 (1956–58, 1961–65)》.

Kad·dish, k- [kɑ́ːdɪʃ] 〘(1613) ▭ Aram. *qaddīš* holy, holy one: cf. kiddush〙 ── *n.* (*pl.* **Kad·di·shim, k-** [kɑːdíʃɪm, -ʃəm, -ʃiːm | -ʃɪm, -ʃiːm]) 〘ユダヤ教〙 **1** 礼拝式の終わりに唱える頌栄(しょうえい). **2** 死亡した親や兄弟のために, 埋葬の日から 11 か月間, 毎日 3 回の礼拝の際, および年忌の折に唱える頌栄《Mourner's Kaddish ともいう》.

ka·di [kɑ́ːdi, kéɪ- | -dɪ] *n.* = qadi.

Ka·di·yev·ka [kədíː(j)ɪfkə, -əf- | -ɪf-; *Russ.* kádʲijifkə] *n.* (*also* **Ka·di·ev·ka** [~]) カディエフカ《ソ連邦 Ukraine 共和国南東部, Donets 盆地の工業都市; 人口 141,000》.

kaf [kɑːf, kɔ́ːf] *n.* = kaph.

kaf·fee·klatsch, K- [kɔ́(ː)fɪklætʃ, kɑ́ː-, -klɑ̀ːtʃ | kɑ́ː-feɪ-, kɔ́f-, -fɪ-; *G.* káfeːklatʃ] 〘▭ G ~〙 *n.* = coffee klatch.

Kaf·fir [kǽfə | -fə(r] 〘(1801) ▭ Arab. *kāfir* infidel (pres.p.) ← *kāfara* to deny, be skeptical〙 ── *n.* (*pl.* ~**s**, 1–3 ではまた ~) **1 a** カフィール人《アフリカ南部の Bantu 族に属する》. **b** カフィール語《Bantu 語族に属する》. **c** [通例軽蔑的に] アフリカ南部の黒人[住民]. **2** [通例軽蔑的に] (アフリカ南部で)非イスラム教徒, 不信心者. **3** [通例軽蔑的に] = Xhosa. **4** [k-] 〘植物〙 = Kafir 3. **5** [*pl.*] (London 証券取引所で) 南アフリカの鉱山会社の株式 (cf. kangaroo 4).

Káffir béer *n.* カフィールビール《アフリカ南部でカヒアモロコシ (kafir corn) などから作るビール》.

Káffir cát *n.* 〘動物〙 リビアネコ (*Felis lybica*)《インド・アラビア・アフリカにすみ, 耳はとがり, イエネコの祖先と考えられる; bush cat ともいう》.

Káffir líly *n.* 〘植物〙 **1** = crimson flag. **2** ウケザキクンシラン (*Clivia miniata*)《アフリカ南部原産》.

kaf·fi·yeh [kəfíː(j)ə] 〘(*a*1817) ▭ Arab. *kaffīyaʰ*: cf. coif〙 ── *n.* (アラビア人がほこりと暑さを避けるために用いる)頭巾(ずきん)《綿の四角い布切れを三角に折り, 紐を巻いて頭につける》.

kaffiyeh

Kaf·frar·i·a [kəfré(ə)riə, kæ- | -fréərɪə] *n.* カフラリア《南アフリカ共和国南部, Cape of Good Hope 州の地方; 主にカフィール人 (Kaffirs) が住む》.

Kaf·ir [kǽfə | -fə(r] 〘(1854) ▭ Arab. *kāfir*: ⇨ Kaffir〙 ── *n.* (*pl.* ~**s**, 1, 2 ではまた ~) **1** カーフィル人《アフガニスタン北東部およびパキスタン北西部に住み, Alexander 大王の末裔(まつえい)とされる住民》. **2** = Kaffir 1. **3** [k-] 〘植物〙 カヒアモロコシ (*Sorghum vulgare* var. *caffrorum*)《乾燥地帯で栽培される食料・かいば用; kaffir または kaf(f)ir corn ともいう; cf. durra》.

Kaf·i·ri [kǽfəri | -fɪrɪ] 〘⇨ Kafir, Hindi〙 *n.* 〘言語〙 カーフィル語《カーフィル人 (Kafir) の用いる Dard 語群に属する言語》.

Ka·fi·ri·stan [kæ̀fərɪstǽn | -fɪrɪstɑ́ːn, -stǽn] 〘⇨ ↑, Pakistan〙 *n.* カーフィリスタン《Nuristan の旧名》.

Kaf·ka [kɑ́ːfkə, kǽf- | kǽf-; *G.* káfka], **Franz** *n.* カフカ《1883–1924; オーストリアの小説家; *Die Verwandlung*「変身」(1915), *Das Schloß*「城」(1926)》.

Kaf·ka·esque [kɑ̀ːfkəésk, kæ̀f- | kæ̀f-] *adj.* カフカ (Kafka) 流の, カフカの作品のような.

kaf·tan [kǽftən, -tæn, kæftǽn] *n.* = caftan.

Ka·gel [kɑːhél; *Sp.* kaxél], **Mau·ri·cio Ra·úl** [mauríṣjo rraúl] *n.* カヘル《1931– ; アルゼンチンの作曲家》.

Ka·ge·ra [kəgé(ə)rə | -géərə] *n.* [the ~] カゲラ(川)《アフリカ東部 Tanzania 北西部の川, Victoria 湖に注ぎ Nile 川の水源を成す; 長さ約 400 km》.

ka·gu [kɑ́ːguː] 〘← Melanesian〙 *n.* 〘鳥類〙 カグー, カンムリサギモドキ (*Rhynochetos jubatus*)《New Caledonia 特産ツル目カグー科の鳥》.

Kahn [kɑ́ːn] *n.* 〘医学〙 = Kahn test.

Kahn [kɑ́ːn; *F.* kan], **Gustave** *n.* カーン《1859–1936; フランスの象徴派詩人》.

Kahn [kɑ́ːn], **Herman** *n.* (1922–) 米国の軍事評論家・未来学者.

Kahn, Richard Ferdinand *n.* (1905–) 英国の経済学者.

Káhn tèst [**reàction**] [kɑ́ːn-] 〘← *Reuben Leon Kahn* (1887– : リトアニア生れの米国の細菌学者)〙 *n.* 〘医学〙 カーン試験[反応]《梅毒血清沈降反応》.

ka·hu·na [kəhúːnə] 〘▭ Hawaiian ~ 'wise man'〙 *n.* (ハワイの)祈禱師, 僧侶.

kai [kɑ́ɪ] 〘▭ Maori ~〙 *n.* 《ニュージーランド》食物.

kai·ak [kɑ́ɪæk, kɑ́ɪjæk | kɑ́ɪæk] *n.* = kayak.

Kai·e·téur Fálls [kɑ̀ɪətúə-, kaɪtʃúə- | kɑ́ɪətùə-] *n. pl.* カイエツール瀑布《南米北東部 Guyana にある滝; 高さ 226 m》.

kaif [kɑ́ɪf] *n.* = kef.

Kai·feng [kɑ̀ɪfʌ́ŋ; *Chin.* kʻāɪfə̄ŋ] *n.* 開封(かいほう)《中国北部の都市; 河南省 (Honan) の旧首都》.

kail [kéɪł] 〘《スコット》~ 'KALE'〙 *n.* = kale.

káil·yàrd 〘(1725) ← KALE, KAIL + YARD²〙 *n.* 《スコット》菜園 (kitchen garden).

Káilyard schòol, k- s- *n.* [the ~] 菜園派《方言を多用しスコットランド農民の生活を描いた 19 世紀末の作家 Sir J. M. Barrie, John Watson らの一派》.

Kain·gang [kɑ́ɪŋgæŋ] *n.* (*pl.* ~, ~**s**) = Caingang.

kai·nit [kaɪníːt] *n.* 〘鉱物〙 = kainite.

kai·nite [kɑ́ɪnaɪt, kéɪ-] 〘(1868) ▭ G *Kainit* ← Gk *kainós* new: ⇨-ite¹〙 *n.* 〘鉱物〙 カイナイト ($KMgSO_4 \cdot Cl \cdot 3H_2O$)《岩塩層中のカリ塩; 肥料などに用いられる》.

kai·ros [kaɪrɑ́s | -rɔ́s] 〘▭ Gk *kairós* proper time〙 *n.* (*pl.* **kai·roi** [-rɔ́ɪ]) (行動などの)好機, 潮時.

Kair·ouan [kɛəwɑ́ːn | kɛə-] *n.* (*also* **Kair·wan** [kaɪəwɑ́ːn | kaɪə-]) ケルワン《アフリカ北部 Tunisia 北東部の都市; イスラム教の聖地; 人口 47,000》.

kai·ser [kɑ́ɪzə | -zə(r] 〘▭ G ~ ∽ ME *caiser(e), keiser(e)* ▭ ON *keisari* ▭ L *Caesar* 'CAESAR¹'〙 ── *n.* **1** (ドイツ系の)皇帝, カイザー: **a** (1871–1918 年の)ドイツ皇帝の称号; [the K-] = William II 2. **b** (1804–1918 年の)オーストリア皇帝の称号. **2** 神聖ローマ帝国皇帝の称号. **3** 皇帝 (emperor). **4** 独裁者.

Kai·ser [kɑ́ɪzə | -zə(r; *G.* káɪzɐ], **Georg** *n.* カイザー《1878–1945; ドイツの表現主義の劇作家; *Von Morgens bis Mitternachts*「朝から夜中まで」(1916)》.

Kai·ser [kɑ́ɪzə | -zə(r], **Henry J**(**ohn**) *n.* (1882–1967) 米国の実業家.

kái·ser·dom [-dəm] 〘《なぞり》? ← G *Kaisertum*〙 *n.* **1** カイザーの地位; カイザーの統治. **2** カイザー統治下の地域.

kai·ser·in [kɑ́ɪzərɪn, -rən | -rɪn; *G.* káɪzərɪn] 〘▭ G ~ (fem.) ← *Kaiser* 'KAISER'〙 *n.* カイザーの妻, 皇后.

kái·ser·ism [-zərɪzṃ] *n.* (カイザーのような)皇帝独裁(主義).

káiser·shìp *n.* = kaiserdom 1.

Kai·sers·lau·tern [kàɪzəzláutən | -zəzláutən; *G.* kàɪzɐsláutɐn] *n.* カイザースラウターン《西ドイツ Rhineland-Palatinate 州の工業都市; 人口 101,000》.

Káiser's wár *n.* [the ~] 《口語》第一次世界大戦《ドイツ皇帝 William 二世 (Kaiser Wilhelm) の起こした戦争》.

Ka·jar [kədʒɑ́ə, kɑ́dʒɑə | kɑːdʒɑ́ː(r] *n.* **1** [the ~s] カージャール王朝[王家]《イラン史におけるトルコ系王朝 (1796–1925)》. **2** カージャール王朝の人.

ka·ja·wah [kədʒɑ́ːwə] 〘(1634) ▭ Hindi *kajāwa(h)* ← Pers.〙 *n.* ラクダ[ラバ]の両側に一つずつ垂れるようにした駕籠(かご)《インドやペルシャで婦人の乗用》.

ka·ka [kɑ́ːkə] 〘(1774) ▭ Maori ~ 'parrot'《擬音語》〙 *n.* 〘鳥類〙 カカオウム, カカ (*Nestor meridionalis*)《ニュージーランド産のオウム科の鳥》.

káka béak [**bíll**] *n.* 〘植物〙 = glory pea.

ka·ka·po [kɑ̀ːkəpóʊ, ⸗⸗⸗ | kɑ̀ːkəpə́ʊ, ⸗⸗⸗] 〘(1843) ▭ Maori ~ 'owl parrot' ← *kaka* parrot + *po* night〙 ── *n.* (*pl.* ~**s**) 〘鳥類〙 フクロウオウム (*Strigops habroptilus*)《ニュージーランド産の夜行性のオウム》.

ka·ke·mo·no [kɑ̀ːkɪmóʊnoʊ | kæ̀kɪmə́ʊnəʊ] 〘▭ Jap.〙 *n.* (*pl.* ~**s**) 掛け物[軸] (hanging scroll).

ka·ki [kɑ́ːki | -kɪ] 〘(1727) ▭ Jap.〙 *n.* 〘植物〙 カキ (Japanese persimmon).

kak·is·toc·ra·cy [kæ̀kɪstɑ́krəsi, -kəs- | -kɪstɔ́krəsɪ] 〘← Gk *kákistos* ((superl.) ← *kakós* bad) + -CRACY〙 *n.* 最悪の市民による政治[政府], 悪人政治.

kak·ke [kɑ́ːki, kɑ́ːkeɪ | kǽkɪ, kɑ́ːkeɪ] 〘(1874) ▭ Jap.〙 *n.* 〘病理〙 脚気(かっけ)《beriberi ともいう》.

ka·ko·to·pi·a [kɑ̀ːko(ʊ)tóʊpiə | -kə(ʊ)tə́ʊpɪə, -pjə] 〘← Gk *kakós* bad + (U)TOPIA〙 *n.* = dystopia.

KAL 《略》 Korean Air Lines 大韓航空 (記号 KE).

ka·la a·zar [kɑ̀ːlə-əzɑ́ə | -əzɑ́ː(r] 〘▭ Hindi *kālā āzār* ← *kālā* black + *āzār* disease〙 *n.* 〘病理〙 カラアザール《アジア熱帯地方の原虫 *Leishmania donovani* による伝染病で肝脾(かんぴ)の肥大・不規則熱・貧血などを主徴とする; visceral leishmaniasis ともいう》.

Ka·la·ha·ri [kæ̀ləhɑ́ːri | -rɪ] *n.* [the ~] カラハリ(砂漠)《アフリカ南西部の Botswana を中心とした乾燥地帯; 面積 260,000 km²》.

ka·lam [kəlɑ́ːm] 〘▭ Arab. *kalām*《原義》word, speech〙 ── *n.* 〘イスラム教〙 カラーム《9 世紀に始まる合理主

義神学の学派；創造者たる神の存在と人間の意志の自由とを主張する》.

Kal·a·ma·zoo [kæ̀ləməzúː] 〖□F ～ ← N-Am.-Ind. (Ojibwa)〗 *n.* 米国 Michigan 州の都市；人口 86,000.

kal·an·cho·e [kæ̀lənkóuiː, kələŋkóui | kæ̀lənkə́ui, kəl-æ̀ŋkəui] 〖← NL ～〗 ── *n.* 〘植物〙リュウキュウベンケイ属 (*Kalanchoe*) の多肉植物の総称《アジア・アフリカの熱帯地方産；観賞用に栽培される》.

Ka·lat [kəláːt] *n.* カラート(州)《旧英領インド Baluchistan 地方の藩王国；現在はパキスタンの一部》.

kal·a·thos [kǽləθɑ̀s | -θɔ̀s] 〖□Gk *kálathos* vase-shaped basket: cf. L *calathus*〗 *n.* (*pl.* **-a·thoi** [-θɔ̀ɪ]) ＝calathos.

Kalb, Johann De *n.* ⇨ De Kalb.

kale [kéɪl] 〖(*a* 1325)《北部方言》*cal(e)* < OE *cāl*: cf. cole〗 ── *n.* **1** 〘園芸〙ケール，ハゴロモカンラン (*Brassica oleracea* var. *acephala*)《キャベツのように玉にならない；cf. Scotch kale》. **2** 《スコット》**a** キャベツ類. **b** (キャベツを主にした)野菜スープ. **c** 食べ物；食事. **3** 《米俗》金 (money, cash).
give** a person his **kale through the reek 《スコット》ぎゅうぎゅう言う目に会わせる.

ka·lei·do·scope [kəláɪdəskòup | -skɔ̀up] 〖(1817) ← Gk *kalós* beautiful (cf. calli-)＋*eîdos* form (cf. idea)＋-SCOPE: 発明者 Sir David Brewster (1781–1868) による造語〗 ── *n.* **1** 万華(鏡)鏡，百色めがね，にしきめがね. **2** (変幻きわまりない)万華鏡的な様相：a ～ of color and pattern / the ～ of life 人生の万華鏡，変幻きわまりない[走馬燈(とう)のような]人生.

ka·lei·do·scop·ic [kəlàɪdəskɑ́pɪk | -skɔ́p-] *adj.* **1** 万華鏡の. **2 a** 変幻きわまりない. **b** 種々様々な，多様な. **ka·lèi·do·scóp·i·cal** *adj.* **ka·lèi·do·scóp·i·cal·ly** *adv.*

kal·en·dar [kǽlɪndə, -lən- | -də(r] *n., vt.* ＝calendar.

kal·ends [kǽlɪndz, kéɪ-, -ləndz | -lɪndz, -lendz, -ləndz] *n. pl.* ＝calends.

Ka·le·va·la [kɑ̀ːləvɑ́ːlə; *Finn.* kɑ́lɛvɑ̀lɑ] 〖□Finn. ～《原義》land of heroes ← *kaleva* heroic＋*-la* abode〗 ── *n.* [the ～]「カレワラ」《古詩・神話・英雄伝説などを集めたフィンランドの国民的叙事詩；E. Lönnrot が初めて体系的に採録し，「古カレワラ」(1835–36)，「新カレワラ」(1849) を出版した》.

kále·yàrd *n.* ＝kailyard.

Káleyard schòol *n.* [the ～] ＝Kailyard school.

Kal·gan [kɑ̀ːlgɑ́ːn] *n.* カルガン《張家口 (Chankiakow) のモンゴル語名》.

Ka·li [kɑ́ːli | -lɪ] 〖□Skt *Kālī*《原義》the black one (fem.) ← *kāla* black〗 *n.* 〘ヒンズー教〙カーリー《死と破壊の女神，Siva の配偶神；Parvati の異名》.

kal·i·an [kæ̀liɑ́ːn | -lɪ-] *n.* ＝calean.

Ka·li·da·sa [kɑ̀ːlɪdɑ́ːsə] *n.* カーリダーサ《4–5 世紀ごろのインドの劇詩人；*Sakuntala*「シャクンタラー」の作者；通称 Shakespeare of India》.

ka·lif [kéɪlɪf, kǽl-, -ləf | kǽlɪf, kéɪl-, kɑ́ːl-] *n.* ＝caliph.

ka·lig·e·nous [kəlídʒənəs, kæ- | -dʒɪ-] 〖← NL *kali* 'ALKALI'＋-GENOUS〗 *adj.* 〘化学〙アルカリを生じる.

Ka·li·man·tan [kæ̀ləmǽntæn, kɑ̀ːləmɑ́ːntɑːn | -lɪ-] *n.* カリマンタン《Borneo 島南部，同島の約 4 分の 3 を占める部分でインドネシアの一部；もとオランダ領ボルネオ (Dutch Borneo) といった；人口 5,172,000，面積 550,041 km²；首都 Banjermasin》.

ka·lim·ba [kəlímbə] 〖← Afr.《土語》: cf. marimba〗 *n.* カリンバ《アフリカの打楽器で代表的な体鳴楽器》.

Ka·li·nin [kəlíːnɪn, -nən | -nɪn; *Russ.* kaljínjin] *n.* カリーニン《ソ連邦ロシヤ共和国西部 Volga 河畔の都市；人口 401,000；旧名 Tver》.

Ka·li·nin [kəlíːnɪn, -nən | -nɪn; *Russ.* kaljínjin], **Mikhail Ivanovich** *n.* カリーニン《1875–1946；ソ連の政治家，中央執行委員会議長 (1923–38)，最高会議幹部会議長 (国家元首，1938–46)》.

Ka·lin·in·grad [kəlíːnɪŋgræ̀d, -nən- | -nɪŋgrɑ̀ːd, -græ̀d; *Russ.* kaljiningrát] *n.* カリーニングラード《ソ連邦ロシヤ共和国西部のバルト海に面する都市；ドイツ領当時の旧名 Königsberg；人口 353,000》.

ka·liph [kéɪlɪf, kǽl-, -ləf | kǽlɪf, kéɪl-, kɑ́ːl-] *n.* ＝caliph.

Ka·lisz [kɑ́ːlɪʃ; *Pol.* kálʲiʃ] *n.* カリシ《ポーランド中部の都市；人口 82,000》.

ka·li·um [kéɪliəm | -lɪəm, -ljəm] 〖← NL ～ ← *kali* 'ALKALI'＋-IUM〗 *n.* 〘化学〙＝potassium.

Ká·li Yú·ga [kɑ́li- | -lɪ-] 〖□Skt *kaliyuga* ← *kali* ace on a die＋*yuga* 'YUGA': dice のゲームで 1 の目が最も悪い目とされるところから〗 ── *n.* 〘ヒンズー教〙カリユガ，末世，暗黒時代 (⇨ Yuga).

kal·li·din [kǽlədɪn, -dən | -lɪdɪn] 〖□G ～ ← KALLI-(KREIN)＋*d*(*ekapeptid*) 'デカペプチド (10 個のアミノ酸が結合した化合物)'＋-IN¹〗 ── *n.* 〘生化学〙カリジン《膵臓(すいぞう)ホルモンの一つカリクレイン (kallikrein) によって血液グロブリンから形成される活性物質》.

Kal·li·kak [kǽləkæ̀k | -lɪ-] 〖(1912) ← Gk *kalli-* 'CALLI-'＋*kak* 'CACO-': 米国の心理学者 H. H. Goddard [gάdəd | gɔ́dəd] (1866–1957) の造語；優劣両方の家系の意から〗 ── *n.* **1** [the ～s; 単数または複数扱い] カリカック家《米国 New Jersey 州に実在した一農家に与えられた仮名；この一家の異腹の子孫の一方には優秀な者が生まれ，他方の子孫には酒乱・低能・犯罪者などが続出している事実が H. H. Goddard により報告された；cf. Jukes》. **2** 知能の低い人，うすのろ.

kal·li·krein [kǽlɪkràɪn, -lə- | -lɪ-] 〖□G ～ ← Gk *kallikreas* sweetbread ← *kalli-* 'CALLI-'＋*kréas* flesh: ⇨ -in¹〗 ── *n.* 〘生化学〙カリクレイン《尿や膵臓(すいぞう)などに含まれる酵素で血中キニンを活性化する》.

Kál·mar Sóund [kɑ́ːlmɑə-, kǽl- | -mɑː-; *Swed.* kálmar] *n.* カルマル海峡《スウェーデン本土と Oland 島との間の海峡》.

kal·mi·a [kǽlmiə | -mɪə] 〖(1776) ← NL ～ ← *Peter Kalm* (1715–79: スウェーデンの植物学者): ⇨ -ia¹〗 *n.* 〘植物〙カルミア《ツツジ科カルミア属 (*Kalmia*) の植物の総称；カルミア (mountain laurel) など》.

Kal·muck [kǽlmʌk, ─́─] 〖□Turk. *kalmuk*《原義》that which has remained (p.p.) ← *kalmak* to remain〗 ── *n.* (*also* **Kal·muk** [～], **Kal·myk** [kæ̀lmík, ─́─]) **1** カルムィク人《中国西部新疆(しんきょう)ウイグル自治区とソ連邦 Volga 川流域に住むラマ教徒の西モンゴル族の人》. **2** カルムィク語《モンゴル語に属する方言》. **3** [k-] カルムィク織《熊皮に似たあらいけばのある綿または毛織物》.

Kal·myk·i·a [kæ̀lmíkiə | -kɪə; *Russ.* kalmɨkíjə] *n.* カルムィク《ソ連邦ロシヤ共和国南西部カスピ海北岸の自治共和国；人口 272,000，面積 75,900 km²，首都 Elista；公式名 the Kalmyk Autonomous Soviet Socialist Republic カルムィク自治ソビエト社会主義共和国》.

ka·long [kɑ́lɔ(ː)ŋ, kɑ́(ː)-, kəlɔ́(ː)ŋ, kəlɑ́ŋ | kɑ́ːlɒŋ, -lɔ(ː)ŋ] 〖← Malay〗 ── *n.* 〘動物〙ジャワオオコウモリ (*Pteropus vampyrus*)《東南アジアに分布する最大のコウモリで果物を食べる》.

kal·o·ter·mi·tid [kæ̀lətə́ːmətɪd, -təd | -lə(ʊ)tə́ːmɪtɪd] 〖↓〗 〘昆虫〙 *adj.* レイビシロアリ(科)の. ── *n.* レイビシロアリ《レイビシロアリ科の昆虫の総称》.

Kal·o·ter·mit·i·dae [kæ̀lətəːmítədiː | -təːmítɪ-] 〖← NL ～ ← *Kalotermes* (属名: ← Gk *kalo-* 'CALLI-'＋L *termes* 'TERMITE')＋-IDAE〗 ── *n. pl.* 〘昆虫〙(等翅目)レイビシロアリ科.

kal·pa [kɑ́ːlpə, kǽl-, kʌ́l-] 〖□Skt ～〗 ── *n.* 〘ヒンズー教・仏教〙劫(こう)，劫波《ヒンズー教・仏教の宇宙論的時間；1 kalpa は梵天の 1 日，1,000 yuga に相当し，人間の 43 億 2,000 万年に相当するといわれる》.

kal·pak [kǽlpæk, ─́─] *n.* ＝calpac.

kal·pis [kǽlpɪs, -pəs | -pɪs] 〖□Gk *kálpis* pitcher, jar〗 *n.* カルピス《古代ギリシャ・ローマの取手のついた瓶，ヒュドリア (hydria) の一種》.

kal·so·mine [kǽlsəmàɪn | -sɪ-] *n., vt.* ＝calcimine.

Ka·lu·ga [kəlúːgə; *Russ.* kalúgə] *n.* カルーガ《ソ連邦ロシヤ共和国，Moscow 南西部 Oka 河畔の工業都市；人口 262,000》.

Ka·ma¹ [kɑ́ːmə; *Russ.* kámə] *n.* [the ～] カマ(川)《ソ連邦 Ural 地方に発し Kazan の南部で Volga 川の本流に合流する (1,805 km)》.

Ka·ma² [kɑ́ːmə] 〖□Skt *kāma* (the god of) love: cog. L *cārus* dear: cf. charity〗 ── *n.* **1** 〘インド神話〙カーマ，迦摩天(かまてん)《愛の神》. **2** [k-] 〘仏教〙愛欲，婬欲(いんよく)，愛楽.

ka·ma·ai·na [kɑ̀ːməáɪnə] 〖□Hawaiian *kama'āina* ← *kama* child＋*'āina* land〗 *n.* ハワイに住み慣れた人.

kam·a·cite [kǽməsàɪt] 〖□G《廃》*Kamacit* ← Gk *kámax* pole, shaft: ⇨ -ite¹〗 *n.* 〘鉱物〙カマサイト《隕石の成分；ニッケル含有率 4–6% の鉄の合金》.

ka·ma·la [kɑ́ːmələ | kɑ́ːmə-, kəmɑ́ː-, kǽmə-] 〖□Skt ～ 'a kind of lotus'〗 ── *n.* **1** 〘植物〙クスノハガシワ (*Mallotus philippinensis*)《アジアの熱帯に産するアカメガシワに似たトウダイグサ科の常緑樹》. **2** カマラ《クスノハガシワの果実の毛から採る赤橙色の粉末で駆虫剤および染料用》.

Ka·ma·su·tra [kɑ̀ːməsúːtrə] 〖□Skt ～ ← *kāma* love＋*sūtra* 'warp (of life), SUTRA': ⇨ Kama²〗 ── *n.* [the ～]「カーマスートラ」，「愛欲経」《古代インドのヒンズー教性典》.

Kam·chat·ka [kæmtʃǽtkə; *Russ.* kamtʃátkə] *n.* カムチャツカ(半島)《ソ連邦北東部，Okhotsk 海と Bering 海との間の半島；長さ 1,200 km，面積 370,000 km²》.

kame [kéɪm] 〖《スコット》～，*kaim* 'COMB¹'〗 ── *n.* **1** 〘地質〙氷礫(ひょうれき)丘，ケーム《氷河の作用によって形成される砂や細石からなる長円形などの丘陵；cf. esker》. **2** 《スコット》＝comb¹.

Ka·me·ha·me·ha I [kəmèɪəméɪhɑː, -méɪə] *n.* カメハメハ一世《1737?–1819；Hawaii 王国初代の王 (1810–19)；通称 Kamehameha the Great》.

Kamehaméha Dày *n.* カメハメハ記念日《Kamehameha 一世の誕生日で Hawaii の休日；6 月 11 日》.

ka·me·lau·ki·on [kɑ̀ːməláukjɔ̀(ː)n, -kɪ(ː)ɔn, kæ̀məlɔ́ːkiɔ̀n | kɑ̀ːməláukjɔ̀n, -kɪɔ̀n, kæ̀məlɔ́ːkɪɔ̀n] 〖□MGk *kamēlaúkion*〗 ── *n.* (*pl.* **-ki·a** [-láukjɑ̀ː, -kiɑ̀ː, -lɔ́ːkiə | -láukjɑ̀ː, -kɪɑ̀ː, -lɔ́ːkɪə], ～**s**) (ギリシャ正教会の聖職者がかぶる)山が高くて縁のない平らな黒の帽子.

kamelaukion

ka·me·rad [kɑ̀ːmərɑ́ːt; *G.* kàmərɑ́ːt] 〖□G ～ 'COMRADE, companion'〗 *int.* 降参《第一次大戦でドイツ兵が投降の時に叫んだ言葉》.

Ka·mer·lingh On·nes [kɑ́ːməlɪŋ-ɔ́(ː)nəs | -məlɪŋ-ɔ́n-; *Du.* kámərlɪŋ-ónəs], **Heike** [háɪkə] *n.* カーメルリングオネス《1853–1926；オランダの物理学者；低温物理学の開拓者；Nobel 物理学賞 (1913)》.

Ka·met [kʌ́meɪt] *n.* カメート(山)《インド北部 Himalaya 山脈中の山；高さ 7,756 m》.

ka·mi [kɑ́ːmi | -mɪ] 〖(1616) *Camme, Cammy* □Jap.〗 *n.* (*pl.* ～) (神道の)神.

ka·mi·ka·ze [kɑ̀ːmɪkɑ́ːzi, -mə- | -mɪkɑ́ːzɪ] 〖(1896) □Jap.〗 ── *n.* **1** (元寇の時の)神風. **2** 神風特攻機(の操縦士，隊員). ── *attrib. adj.* 特攻隊精神の；無謀な，向こう見ずな：a ～ taxi driver 神風タクシー運転手.

Kam·pa·la [kɑːmpɑ́ːlə | kæm-] *n.* カンパラ《アフリカ中部 Uganda 南東部の同国の首都；人口 384,000》.

kam·pong [kɑ́ːmpɔ(ː)ŋ, kǽm-, -pɑŋ, ─́─ | kæmpɔ́ŋ] 〖(1844) □Malay ～: ⇨ compound²〗 *n.* (マレーシアやインドネシア地方の)小村落.

Kamp·to·zo·a [kæ̀m(p)təzóuə | -zə́uə] 〖← NL ～ ← Gk *Kamptós* flexible＋-ZOA〗 *n. pl.* 〘動物〙＝Entoprocta.

Kam·pu·che·a [kæ̀mputʃíːə | -tʃíə, -tʃíːə] *n.* ⇨ Cambodia.

kam·seen [kæmsíːn] *n.* ＝khamsin.

kam·sin [kǽmsɪn] *n.* ＝khamsin.

Kan. 《略》Kansas (州).

Ka·nak·a, k- [kənɑ́ːkə, -nǽkə] 〖□Hawaiian ～ 'man'〗 *n.* カナカ人《Hawaii，南洋諸島の原住民》.

ka·na·my·cin [kæ̀nəmáɪsn] 〖← NL (*Streptomyces*) *kanamyceticus*＋-IN¹〗 *n.* 〘薬学〙カナマイシン《*Streptomyces* 属のカビからとる抗生物質》.

Ka·nan·ga [kənɑ́ːŋgə] *n.* カナンガ《アフリカ中部 Zaire 中部の都市；人口 597,000；旧名 Luluabourg》.

Ka·na·ra [kənɑ́ːrə, kɑ́nərə] *n.* カナラ《インド南西部の旧地方；現在は Mysore 州の一部の旧地方》.

Kan·a·rese [kæ̀nəríːz, -ríːs | -ríːz] *n.* (*pl.* ～) **1** (インドの)カナラ (Kanara) 地方の人《Kannada 語を話す》. **2** ＝Kannada. ── *adj.* **1** カナラ(地方，人)の. **2** カンナダ語 (Kannada) の.

Kan·chen·jun·ga [kæ̀ntʃəndʒʌ́ŋgə, -dʒúŋ- | -tʃen-dʒʌ́ŋ-, -tʃɪn-, -ʃen-, -ʃɪn-] *n.* カンチェンジュンガ(山)《Himalaya 山脈東部，Nepal と Sikkim の国境にある世界第 3 位の高峰 (8,598 m)》.

Kan·da·har [kǽndəhɑ̀ə | kæ̀ndəhɑ́ː(r] *n.* カンダハル《アフガニスタン南部の都市；人口 209,000》.

Kan·din·sky [kændínski | -skɪ; *Russ.* kandjínskjij] (*also* **Kan·din·ski** [～]), **Wassily** *or* **Va·si·li** [vasjílij] *n.* カンディンスキー《1866–1944；ロシヤに生れフランスに帰化した画家；抽象絵画の創始者とされる；1911 年 Marc と「青騎士」派 (Blaue Reiter) を結成》.

Kan·dy [kǽndi | -dɪ] *n.* カンディ《Sri Lanka 中部の都市；有名な寺院がある；人口 94,000》.

Kane [kéɪn] 〖← Ir.-Gael. *cain* tribute ∥ *cathan* little, warlike one〗 *n.* 男性名《異形 Kain, Kayne》.

ka·neel·hart [kənéɪlhɑət | -hɑːt] 〖□Du. ～ ← *kaneel* cinnamon (□MF *cannelle* (⇨ canella))＋*hart* 'HEART'〗 ── *n.* **1** 〘植物〙中・南米産クスノキ科の樹木 (*Licania cayenensis*). **2** 堅くて丈夫なその材.

kang [kɑ́ːŋ; *Chin.* k'ɑ̀ŋ] 〖□Chin. *k'ang* (炕)〗 *n.* (中国の)炕(カン)《石造りの暖房装置，この上に坐ったり寝たりする，朝鮮のオンドルに当る》.

kan·ga·roo [kæ̀ŋgərúː] 〖(1770) □Austral.《土語》*kangooroo*《原義》? the jumpers: cf. wallaroo〗 ── *n.* (*pl.* ～**s**, ～) **1** 〘動物〙カンガルー《カンガルー科カンガルー属 (*Macropus*) の草食有袋類のうち大型の動物の総称；アカカンガルー (*M. rufus*)，オオカンガルー (*M. gigantea*) など；cf. wallaby》. **2** 《英》オーストラリア人. **3** ＝kangaroo closure. **4** [*pl.*]《英俗》(London 証券取引所で)オーストラリアの鉱山(株)など (cf. Kaffir 5). ── *vi.* [通例 ～ing で] カンガルー狩りをする：go ～*ing*. ── *vt.* 《俗》〈人を〉でっち上げの証拠で有罪とする.

kangaróo acácia *n.* 〘植物〙ハリアカシア (*Acacia armata*)《オーストラリア産の垣根用低木》.

kángaroo clósure *n.* 《英》カンガルー式(一足飛び)討議終結《議長[委員長]が議案の一部の条項だけを討議に付し，他の条項の討議は省略する；もと議会用語》.

kángaroo cóurt 〖その進行状態がカンガルーの歩行のように不規則で飛躍的であることから〗 ── *n.* **1** (法律を無視または曲解して行なう)私的裁判，(リンチ式の)人民裁判，つるし上げ. **2** (未開地方などで行なわれる)不正規裁判. **3** (参加者・見物人を楽しませるための風刺的な)ユーモア裁判.

kangaróo dòg *n.* カンガルー狩用の大型の猟犬.

kangaróo mòuse *n.* 〘動物〙跳びはねる齧歯動物数種の総称《jumping mouse, pocket mouse など》.

kangaróo ràt *n.* 〘動物〙 **1** カンガルーネズミ《北米からメキシコ中南部まで分布するカンガルーネズミ属 (*Dipodomys*) の動物の総称；約 20 種がいる》. **2** ＝rat kangaroo.

kangaroo rat 1
(*D. deserti*)

kangaróo thòrn *n.* 〘植物〙＝kangaroo acacia.

kangaróo vìne *n.* 〘植物〙オーストラリア産リュウキュウヤブカラシ属のつる植物 (*Cissus antarctica*).

K'ang Hsi [kɑ̀ːŋ-ʃíː; *Chin.* k'ɑ̀ŋɕí] *n.* 康熙(こうき)帝《1654–1722；清の第 4 代皇帝 (1661–1722)；聖祖 (Shêng-tsu)》.

Ká·nin Península [kǽnɪn-, -nən- | -nɪn-; *Russ.* kánjin-] *n.* [the ～] カニン半島《ソ連邦ロシヤ共和国北西部，白海とバレンツ海とを分ける半島；面積 10,500 km²》.

Kan·na·da [kɑ́ːnədə, kǽn- | kǽn-] *n.* カンナダ語《インド Mysore 州とそれに隣接する南部地方のドラヴィダ語；cf. Dravidian》.

Ka·no [ká:nou|-nəu] *n.* カーノ《アフリカ中部 Nigeria 北部の都市; 人口 399,000》.

ka·noon [kɑ:nú:n] 〖《1714》□ Pers. ~ □ Arab. *qānūn*〗 *n.* カーヌーン, カーノン《アラビア・トルコなどで用いられる撥弦楽器》.

Kan·pur [ká:npuə|kɑ:npúə(r; *Hindi* kanpwr] *n.* カンプル《インド北部 Uttar Pradesh 州, Ganges 河畔の都市; Sepoy の反乱の時に英国軍人・ヨーロッパ人が虐殺された (1857); 人口 1,155,000; 旧英語名 Cawnpore》.

kans [ká:ns] 〖□ Hindi *kāns* ← Skt *kāśa*〗 *n.* (*pl.* ~) 〘植物〙ワセオバナ (*Saccharum spontaneum*)《熱帯・亜熱帯産のイネ科の植物; kans grass ともいう》.

Kans. 《略》 Kansas (州).

Kan·san [kǽnzən] *adj.* **1** (米国)カンザス (Kansas) 州(人)の. **2** 〘地質〙カンザス氷期の. — *n.* **1** Kansas 州人. **2** 〘地質〙カンザス氷期《北米大陸の第四紀の第 2 氷期; cf. Mindel》.

Kan·sas [kǽnzəs, -zəz|-zəs, -səs] 〖□ F ~ □ N-Am.-Ind. (Siouan) *Kansa(s)* 《原義》 people of the south wind〗 — *n.* **1** 米国中部の州 (⇨ United States of America 表). **2** [the ~] Kansas 州北東部より東流して Kansas City で Missouri 川に合流する川 (272 km).

Kánsas Cíty *n.* **1** 米国 Missouri 州西部の都市; Kansas 川と Missouri 川との合流点にある; 人口 473,000. **2** 米国 Kansas 州北東部の都市; Missouri 州の Kansas City に隣接する; 人口 169,000.

Kánsas gáy-fèather *n.* 〘植物〙ユリアザミ, ヒメキリンギク (*Liatris pycnostachya*)《北米原産の紫色の穂状花序をもつキク科の多年生草本》.

Kan·su [kænsú:; *Chin.* kānsù] *n.* 甘粛省《中国北西部の省; 人口 18,730,000, 面積 530,000 km^2; 首都蘭州 (Lanchow)》.

Kant [kǽnt, ká:nt|kǽnt; *G.* kánt], **Immanuel** *n.* カント (1724–1804; ドイツの哲学者; *Kritik der reinen Vernunft*「純粋理性批判」(1781), *Kritik der praktischen Vernunft*「実践理性批判」(1788), *Kritik der Urteilskraft*「判断力批判」(1790)).

kan·tar [kæntáə, kən-|-tá:(r] 〖《1555》□ Arab. *qinṭār* □ L *centēnārium* one hundred (lbs.) ← *centēnārius* ← *centum* '100, CENT': cf. quintal〗 — *n.* カンタール《アラブ諸国の重量単位; ほぼ hundredweight に相当》.

kan·te·le [ká:ntələ, kǽn-, -tḷə|-tələ] 〖□ Finn. ~〗 *n.* カンテレ《フィンランドの民族楽器; 本来は 5 弦, 現在は 20–30 弦》.

kan·tha·ros [kǽnθərəs] *n.* (*pl.* **-tha·roi** [-rɔ̀ɪ]) = cantharus.

Kant·i·an [kǽnṭiən, ká:nṭ-|kǽntɪən, -tjən] 〖《1798》 ← *Immanuel Kant*＋-IAN〗 — *adj.* カントの; カント派哲学の; カント学派の. — *n.* カント哲学研究者, カント学派の人.

Kánt·i·an·ism [-nìzm] 〖《1803》: ⇨↑, -ism〗 *n.* **1** カント哲学, カントの学説 (cf. Neo-Kantianism). **2** カント哲学を継承する学説.

Kánt·ism [-tɪzm] *n.* = Kantianism.

Kánt·ist [-tɪst, -ṭəst|-tɪst] *n.* = Kantian.

Kan·tor [kǽntə|-tə(r], **MacKinlay** *n.* (1904–　) 米国の小説家・ジャーナリスト; *Andersonville* (1955).

KANU [ká:nu:] *n.* = Kenya African National Union.

Ka·nuck [kənʌ́k] *n.* = Canuck.

Ka·nu·ri [kənú(ə)ri|-núərɪ] *n.* (*pl.* ~**s**, ~) **1 a** [the ~s] カヌリ族《アフリカ中部 Nigeria 北東部のイスラム教の黒人種族》. **b** カヌリ族の人. **2** カヌリ語.

kan·zu [kǽnzu:] 〖□ Swahili ~〗 *n.* (アフリカ東部の男子が着用する)白い綿[麻]の長衣.

Kaoh·siung [kàuʃiúŋ|-ʃɪ-; *Chin.* kāuʃyúŋ] *n.* 高雄《台湾南西部の海港, 工業都市; 人口 785,000》.

kao·li·ang [kàuliá:ŋ|kɑ̀:ə(u)lɪǽŋ, kèɪə(u)-; *Chin.* kāuliaŋ] 〖□ Chin. *kao liang* (高粱)〗 — *n.* **1** 〘植物〙コウリャン《モロコシ (common sorghum), コウリャン (*Sorghum nervosum*) など; cf. Kafir 3》. **2** 高粱酒.

ka·o·lin [kéɪəlɪn, keɪóul-, -lən|kéɪəlɪn; *Chin.* kāulíŋ] 〖《1727》□ F ~ □ Chin. *kao-ling* (高陵: 陶土の主産地であった江西省の山の名)〗 — *n.* (*also* **ka·o·line** [~]) **1** 〘鉱物〙カオリン《kaolinite やそれと近似の粘土鉱物の総称; china clay ともいう》. **2** 〘化学〙カオリン《含水ケイ酸アルミニウム》.

ka·o·lin·ic [kèɪəlínɪk] *adj.* 〘鉱物・化学〙カオリン(質)の.

ka·o·lin·ite [kéɪəlɪnàɪt, keɪóul-, -lə-|kéɪəlɪ-] 〖← KAOLIN＋-ITE[1]〗 — *n.* 〘鉱物〙カオリナイト, 高陵土, 陶土 ($Al_2Si_2O_5(OH)_4$)《岩石中の長石が分解して生じた残留粘土; cf. kaolin, nacrite》. **ka·o·lin·it·ic** [kèɪəlɪníṭɪk, -lə-|-lɪnít-] *adj.*

ka·o·li·ni·za·tion [kèɪəlɪnɪzéɪʃən, keɪòul-, -lə-, -nə-|kèɪəlɪnaɪ-, -nɪ-] *n.* 〘地質〙カオリン化《アルミノケイ酸塩岩石の風化》.

ka·o·lin·ize [kéɪəlɪnàɪz, keɪóul-, -lə-|kéɪəlɪ-] 〖⇨ kaolin, -ize〗 *vt.* 〘地質〙カオリン化する.

ka·on [kéɪɑn|-ɔn] 〖← *ka* (K 字の名)＋(MES)ON[2]〗 *n.* 〘物理〙K 粒子 (⇨ K-meson).

ka·on·ic [keɪánɪk|-ɔ́n-] *adj.* 〘物理〙K 粒子 (kaon) の[を含む, を作り出す] (cf. muonic).

ka·pa [ká:pə] 〖□ Hawaiian ~〗 *n.* 《ハワイ》〘植物〙= paper mulberry.

Ka·pell·meis·ter, k- [kəpélmàɪstə, kɑ:-|-tə(r; *G.* kapélmàɪstɐ] 〖□ G ~ 'choir master' ← *Kapell* 'CHAPEL'＋*Meister* 'MASTER[1]'〗 — *n.* (*pl.* ~) **1** (ドイツ王族の礼拝堂付属の)音楽[聖歌隊]指揮者[作曲家]. **2 a** (合唱団などの)指揮者, 楽長. **b** 《軽蔑》御用楽長.

kapéllmeister mùsic, K- m- 〖□ G *Kapellmeistermusik*〗 *n.* 《軽蔑》楽長音楽《形式的で独創性に欠ける作曲》.

kaph [ká:f, kɔ́:f] 〖□ Heb. ~ 《原義》 hollow of the hand: ⇨ K, k〗 — *n.* カフ《ヘブライ語アルファベット 22 字中の第 11 字: כ (ローマ字の K に当たる); ⇨ alphabet 表》.

Ka·pit·za [ká:pɪtsə, -pə-|-pɪ-; *Russ.* kapjítsə], **Pëtr L(e·o·ni·do·vich)** [ljianjídəvjitʃ] *n.* カピッツァ (1894–　; ソ連の物理学者).

ka·pok [kéɪpɑk|-pɔk] 〖《1750》□ Malay *kāpoq* cotton tree〗 *n.* カポック《主に東南アジア諸国に産するパンヤ (kapok tree) の種子を包んでいる綿毛; 糸に紡げないのでまくら・ふとん・救命帯などの詰め綿に用いる; cf. bombax》.

kápok òil *n.* カポック油《カポックの種子から得られる黄緑色の不乾性油, 食品や石鹸の製造に用いる》.

kápok trèe *n.* 〘植物〙パンヤ (⇨ silk-cotton tree).

kap·pa [kǽpə] 〖□ Gk *káppa*: cf. kaph〗 — *n.* **1** カッパ《ギリシャ語アルファベット 24 字中の第 10 字: *K*, *κ* (ローマ字の K, k に当たる); ⇨ alphabet 表》. **2** 〘生物〙カッパ粒子《原生動物, 特にゾウリムシの細胞質遺伝に関係する粒子》.

káppa méson *n.* 〘物理〙= K-meson.

ka·put [kɑ:pút, kə-, -pú:t; *G.* kapú:t] 〖《1895》□ G *kaputt* □ F (*être*) *capot* to have lost all the tricks at piquet ← ? 《方言》 *capoter* ← *chapoter* to castrate〗 — *pred. adj.* (*also* **ka·putt** [~]) 《俗》 **1** (もう)おしまいで, だめで, やられて, 死んで. **2** ひどく旧式[時代遅れ]で (cf. napoo). ★ この語は特に第一次・第二次大戦で流行した.

kar·a·bi·ner [kærəbí:nə|-nə(r] *n.* 〘登山〙= carabiner.

Ka·ra·chi [kərá:tʃi|-tʃɪ; *Hindi* kəraci] *n.* カラチ《パキスタン南部の港市, 同国の旧首都; Indus 川のデルタに近い; 人口 3,499,000》.

Ka·ra·de·niz Bo·ğa·zı [*Turk.* kɑrádɛnìz-bòɑzí] *n.* カラデニズ海峡《Bosporus 海峡のトルコ語名》.

Ka·ra·gan·da [kærəgəndá:; *Russ.* karəgandá] *n.* カラガンダ《ソ連邦 Kazakhstan 共和国中部の工業都市; 人口 576,000》.

Kar·a·ism [kέ(ə)rəɪzṃ|kέər-] 〖⇨↓, -ism〗 — *n.* (ユダヤ教の一派)カライ派の教義《Talmud をしりぞけ聖書の文字通りの解釈を基盤として 8 世紀に起こったユダヤ教派の教義》.

Kar·a·ite [kέ(ə)rəàɪt|kέərə-] 〖《1727》□ MHeb. *qārā'īth* ← *qārā'* to read: ⇨ -ITE[1]〗 *n.* (ユダヤ教の一派)カライ派教徒.

Kár·a·ìt·ism [-tɪzm] *n.* = Karaism.

Ka·ra·jan [ká:rəjà:n; *G.* ká:rajan], **Herbert von** *n.* カラヤン (1908–　; オーストリアの指揮者).

Ka·ra-Kal·pak [kærəkælpǽk] *n.* (*pl.* ~, ~**s**) **1 a** [the ~(s)] カラカルパク族《ソ連邦 Uzbekistan 共和国に住むモンゴル系の一族》. **b** カラカルパク族の人. **2** カラカルパク語《チュルク語群の言語》.

Kara-Kalpák Autónomous Sóviet Sócialist Repúblic *n.* [the ~] カラカルパク自治ソビエト社会主義共和国《ソ連邦 Uzbekistan 共和国西部の自治共和国; 人口 875,000, 面積 165,600 km^2, 首都 Nukus [nukús]》.

Ka·ra·khan [kærəká:n; *Russ.* kəraxán], **Lev Mikhailovich** *n.* カラハン (1889–1937; ソ連の政治家・外交官).

Ka·ra·ko·ram [kærəkɔ́:rəm, -kóːr-|kærəkɔ̀rəm, ⌣⌣⌣⌣] *n.* [the ~] **1** カラコルム(山脈)《インド北西部 Kashmir 高原北部の山脈; 最高峰 K 2 (8,611 m); Karakoram Range Pass ともいう》. **2** カラコルム(峠)《インドから中国新疆(ウイグル自治区)へ通じる Karakoram 山脈横断路; Karakoram Pass ともいう》.

Ka·ra·ko·rum [kærəkɔ́:rəm, -kóːr-|kærəkɔ̀rəm, ⌣⌣⌣⌣] *n.* **1** カラコルム(哈剌和林)《13 世紀のモンゴル帝国 (Mongol Empire) の首都; モンゴルの Orkhon [ɔ́əkɔ(:)n|ɔ́:kɔn] 河畔にその遺跡がある》. **2** = Karakoram.

kar·a·kul [kǽrəkəl, kér-|kǽr-; *Russ.* karákulj] 〖□ Russ. *karakul'* ← *Karakul* (Uzbekistan 共和国 Bokhara にある原産地名)〗 — *n.* **1** [しばしば K-] 〘動物〙カラクル (*Ovis aries*)《ヒツジの一品種で羊毛用, ソ連邦 Uzbekistan 共和国 Bukhara 原産; 子羊の毛は黒く, 軽くちぢれた毛皮は astrakhan として有名; cf. broadtail》. **2** カラクル毛皮《カラクル種の子羊の毛皮; アストラカン毛皮中最も珍重される》.

Ka·ra Kum [kærə-kú:m; *Russ.* kərakúmj] *n.* [the ~] カラクム(砂漠)《ソ連邦中央アジア, Aral 海の南の砂漠; 大部分 Turkmenistan 共和国に属する; 面積約 300,000 km^2》.

Ká·ra Séa [ká:rə-] *n.* [the ~] カラ海《ソ連邦北部と Novaya Zemlya (2 島)との間の北極海の支海》.

kar·at [kǽrət, kér-|kǽr-] 〖《異形》← CARAT〗 — *n.* **1** カラット《純金含有度を示す単位; 純金を 24 karats (24 金)としその $^1/_{24}$; 略 k., kt.》: 18-*karat* gold = gold 18 ~*s* fine 18 金《金を $^{18}/_{24}$ 含む》. **2** = carat 1.

ka·ra·te [kərá:ṭi|-tɪ, kæ-] 〖《1955》□ Jap.〗 *n.* 空手, 唐手: a ~ chop. — *vt.* 空手で打つ[なぐる]. **~·ist** [~ɪst, ~əst|-tɪst] *n.*

ka·rá·ya gúm [kəráɪə-] 〖□ Hindi *karāyal* resin〗 *n.* 〘化学〙カラヤゴム《インド産アオギリの一種からとるゴム状樹脂; 織物処理, セット液に用いられる》.

Ka·rel [ká:rəl, -rel; *Czech.* kárɛl, *Du.* ká:rəlx] 〖□ Du. ~ 'CHARLES[1]'〗 *n.* 男性名.

Ka·re·li·a [kərí:liə, -ljə|-ljə, -lɪə; *Russ.* karjéljijə] *n.* カレリア: **1** ソ連邦北西部の地方, 古くはフィンランド領であった. **2** ソ連邦ロシヤ共和国北西部の自治共和国; Karelia 地方と 1940 年フィンランドから割譲された地域とからなり, 1956 年まではソ連邦の一共和国 (Karelo-Finnish Soviet Socialist Republic) であった; 人口 743,000, 面積 172,400 km^2, 首都 Petrozavodsk [*Russ.* pjitrəzavótsk]; 公式名 the Karelian Autonomous Soviet Socialist Republic カレリア自治ソビエト社会主義共和国.

Ka·re·li·an [kərí:liən, -ljən|-lɪən, -ljən] *adj.* カレリア (Karelia) の; カレリア人[語]の. — *n.* **1** カレリア人. **2** カレリア語 (Finno-Ugric 語族に属し, フィンランド語とは互いに方言関係にある).

Karélian Ísthmus *n.* [the ~] カレリア地峡《Ladoga 湖と Finland 湾の間の地峡; 1945 年以来ソ連領》.

Kar·en[1] [kǽrən, ká:r-, kér-|ká:r-, kǽr-; *Dan.* ká:rən] 〖□ Dan. ~ 'CATHERINE'〗 *n.* 女性名《異形 Karin, Karyn, Karynne》.

Ka·ren[2] [kərén] *n.* (*pl.* ~**s**, ~) **1 a** [the ~(s)] カレン族《ビルマの東部および南部に住む種族》. **b** カレン族の人. **2** カレン語. — *adj.* カレン人[語]の.

ka·rez·za [kɑ:rézə] 〖□ It. *carezza* 'CARESS'〗 — *n.* 〘医学〙カレッザ, 保留性交《タランタ経典に出てヨガに残る方法; Oneida Community で啓蒙推進されたことでも有名; 途中で動きを止めて時間をかけることによって深い満足が得られるとされる》.

Ka·rí·ba Dám [kərí:bə-] *n.* [the ~] カリバダム《アフリカ南部 Zambia と Zimbabwe 国境の Zambezi 川に造られたダム; 高さ 128 m》.

Kar·in [kǽrɪn, ká:r-, kér-, -rən|ká:rɪn, kǽr-] 〖《変形》← KAREN[1]〗 *n.* 女性名.

Karl [káəl|ká:l; *G.* kárl, *Dan.* ká:'l, *Swed.* ká:rl, *Russ.* kárl] 〖□ G ~ 'CHARLES[1]'〗 *n.* 男性名.

Karl·feldt [káəlfelt|ká:l-; *G.* kárlfɛlt], **Erik Ax·el** [áksel] *n.* カールフェルト (1864–1931; スウェーデンの詩人; Nobel 文学賞 (1931)).

Karl-Marx-Stadt [káəlmáəksʃtɑ:t, -stɑ:t|ká:lmá:ks-; *G.* kárlmárksʃtat] *n.* カールマルクスシュタット《東ドイツ南東部の工業都市; 人口 306,000; 旧名 (1953 年まで) Chemnitz》.

Kar·lo·vy Va·ry [káələvi-vá:ri|ká:ləvɪ-vá:rɪ; *Czech.* kárlɔvi-vári] *n.* カルロビバリ《チェコスロバキア西部の温泉地; 旧ドイツ語名 Carlsbad, Karlsbad》.

Kar·lo·witz [káələwɪts|ká:-] *n.* = Carlowitz.

Karls·bad [*G.* kárlsba:t] *n.* カルルスバート《Karlovy Vary の旧ドイツ語名》.

Kárlsbad sált 〖← *Karlsbad* (Bohemia の原産地名)〗 *n.* 〘化学〙カルルスバート塩《下剤用》.

Karls·ruh·e [káəlzrù:ə, káəls-|ká:lz-; *G.* kárlsrù:ə] *n.* カールスルーエ《西ドイツ南西部, Baden-Württemberg 州 Rhine 河畔の都市; 人口 277,000》.

kar·ma, K- [káəmə, kɔ́:-|ká:-, kɔ́:-; *Hindi* kərma] 〖《1828》□ Skt *karman* deed, action〗 — *n.* **1** 〘ヒンズー教・仏教〙 **a** カルマ, 業(ごう); 所業《受戒・懺悔(さんげ)の作法》. **b** 業(ごう), 因業, 業感縁起(えんぎ), 因縁(いんねん)《前世の自己の行為に対する今世での応報》. **2** 〘神学〙宿命論. **3** 宿縁, 宿命. **4** = vibration 4 b.

kar·ma·dha·ra·ya [kə̀:mədá:riə, -rɑjə|kə̀:mədá:rɪə, -rɑjə] 〖□ Skt *karmadhāraya* ← *karma* (↑)＋*dhāraya* that maintains〗 — *n.* 〘サンスクリット文法〙同格限定複合語《複合語の一タイプを表わす用語; 例: *sarva* (すべての)＋*loka*- (世(の人に)), *megha* (雲のように)＋*śyāma*- (黒い)》.

kárma-márga *n.* 〘ヒンズー教〙行の道 (⇨ marga).

Kár·man tràil [káəmɑ:n-|ká:-; *Hung.* ká:rmɑ:n-] 〖← *Theodor von Kármán* (1881–1963: ハンガリー生れの米国の物理学・航空工学者)〗 — *n.* 〘航空〙カルマン渦列《流れの中に置かれた円柱などの下流にできる交番渦の列》.

kar·mic, K- [káəmɪk, kɔ́:-|ká:-, kɔ́:-] 〖⇨ karma, -ic[1]〗 *adj.* **1** 〘ヒンズー教・仏教〙カルマの, 業(ごう)によって定まる. **2** 宿縁の.

Kar·nak [káənæk|ká:-] *n.* カルナク《エジプト南部, Nile 川上流河畔にある; 古代 Thebes の遺跡の北辺; Amen 神殿がある「イツ語名》.

Kärn·ten [*G.* kέrntən] *n.* ケルンテン《Carinthia のドイツ語名》.

ka·ro [ká:rou|-rəu] 〖□ Maori ~〗 *n.* (*pl.* ~**s**) 〘植物〙ニュージーランド産トベラ属 (*Pittosporum*) の植物の総称《*P. crassifolium*, *P. cornifolium* の二種がある》.

Ka·rok [kərák|-rɔ́k] 〖□ Karok *káruk* 《原義》 upstream〗 — *n.* (*pl.* ~**s**, ~) **1 a** [the ~(s)] カロク族《米国 California 州 Klamath 川沿岸に住むインディアン》. **b** カロク族の人. **2** カロク語《アメリカインディアンのホカ語族に属する》.

Kar·ol [kǽrəl, kér-|kǽr-] 〖《異形》← CAROL〗 *n.* 女性名《異形 Carol, Carole》.

Kar·o·line [kǽrəlàɪn, kér-, -lɪn, -lən|kǽrəlàɪn] 〖《異形》← CAROLINE[1]〗 *n.* 女性名《異形 Caroline》.

Ká·ro·lyi [kǽrəlji, ká:r-|-ljɪ; *Hung.* ká:roj], **Mi·hál·y** [míha:j] *n.* カーロイ (1875–1955; ハンガリーの政治家, 民主共和国初代大統領 (1918–19)).

ka·roo [kərú:] (*pl.* ~**s**) = karroo.

ka·ross [kərás|-rɔ́s] 〖《1731》□ Afrik. *karos* (i) ? ← Hottentot 《 (ii) □ ? Du. *kuras* 'CUIRASS'〗 — *n.* (アフリカ南部の原住民の用いる)毛皮製の四角いケープのような外套(がいとう)・毛布・敷物(など).

kar·pas [káəpɑ:s|ká:-] 〖□ Heb. *karpás* parsley〗

── *n.* 〖ユダヤ教〗カルパス《春や希望のシンボルとして過ぎ越しの祝 (Passover) の食事に出されるパセリ・セロリ・レタスなどの野菜；エジプトの過ぎ越しの血とヒソプ (hyssop) を記念して, 塩水に浸される》.

Kar·rer [kɑ́ːrə | -rə(r; *G.* kárɐ], **Paul** *n.* カラー《1889–1971；スイスの化学者；Nobel 化学賞 (1937)》.

kar·ri [kǽri | -rɪ] 〖← Austral.《土語》〗 *n.* 〖植物〗オーストラリア産フトモモ科ユーカリ属の一種 (*Eucalyptus diversicolor*)；その木材.

kárri-trèe *n.* 〖植物〗キリ (⇨ princess tree).

kar·roo [kərúː] 〖▭ Afrik. *karo* ← ? Hottentot *garo* desert〗 ── *n.* (*pl.* **~s**) **1** カルー《アフリカ南部に多い赤土の乾燥性の台地》. **2** 〖地質〗＝Karroo system. **3** [the K-] カルー(高原)《南アフリカ共和国 Cape of Good Hope 州にある広大な乾燥性の高原；面積 259,000 km², 高さ 900–1,200 m；その中央の主要部を特に Great Karroo という》.

Karróo sỳstem *n.* [the ~] 〖地質〗カルー系《古生代後期から中生代初期にかけてできたアフリカ南部の地層；厚さ 9,150 m に達する》.

kar·ru·sel [kærəsét, -zét, ⌐⌐⌐] 〖▭ Dan. ~ ‘CARROUSEL’〗 *n.* 〖時計〗カリューゼル《回転脱進機の一種；ツールビロン (tourbillion) より回転が遅い》.

Kar·sa·vi·na [kɑəsáːvənə, -sǽv- | kɑːsáːvɪ-, -sǽv-; *Russ.* karsávjinə], **Ta·ma·ra** [tamárə] *n.* カルサヴィナ《1885–　；ロシア生れの英国のバレリーナ》.

Karsh [kɑ́əʃ | kɑ́ːʃ; *F.* karʃ], **You·suf** [júzuf] *n.* カーシュ《1908–　；アルメニア生れのカナダの写真家》.

karst [kɑ́əst | kɑ́ːst] 〖▭ G ~ ← *Karst* ▭ Slov. *Kras* (イタリア・ユーゴスラビアにまたがる石灰岩質の高原)〗 ── *n.* 〖地理〗カルスト地形《川や谷がなく窪地や鍾乳洞の多い石灰岩地の溶食地形の総称》. **~·ic** [kɑ́əstɪk | kɑ́ː-] *adj.*

kart [kɑ́ət | kɑ́ːt] 〖《逆成》← *Go-kart*《商標名》: cf. cart〗 *n.* ゴーカート: **1** ＝Go-kart. **2** (遊園地などで)子供が乗って遊ぶ模型自動車.

kar·tel [kɑ́ətel | kɑ́ː-] 〖▭ Afrik. ~ ▭ ? ← Port. *catel* little bed ▭ Tamil *kaṭṭil* bedstead〗 *n.* (アフリカ南部の牛車に取り付けた)木のベッド, ハンモック.

kar·tell [kɑ́ətel | kɑːtél] 〖▭ G ~ ‘CARTEL’〗 *n.* 〖経済〗＝cartel 4.

Kar·tik [kɑ́əṭɪk | kɑ́ːt-] 〖▭ Hindi *Kārtik* < Skt *Kārttika*〗 *n.* カールティク(の月)《ヒンズー暦の月名で, 太陽暦の 10–11 月に当たる；cf. Hindu calendar》.

kart·ing [kɑ́əṭɪŋ | kɑ́ːt-] *n.* ゴーカート競走 (cf. kart).

kar·y- [kǽri | -rɪ] (母音の前に来る時の) karyo- の異形.

Kar·yn [kǽrɪn, kɑ́ːr-, kér-, -rən | kǽrɪn, kɑ́ːr-] 〖《変形》← KAREN[1]〗 *n.* 女性名.

Kar·ynne [kǽrɪn, kɑ́ːr-, kér-, -rən | kǽrɪn, kɑ́ːr-] 〖《変形》← KAREN[1]〗 *n.* 女性名.

kar·y·o- [kǽrio(ʊ) | -rɪə(ʊ)] 〖← NL ~ ← Gk *káruon* ‘KARYON’〗〖生物〗「細胞核 (karyon)」の意の連結形. ★ 母音の前では通例 kary- になる.

kar·y·og·a·my [kæ̀riɑ́gəmi | -rɪɔ́gəmɪ] 〖⇨ ↑, -gamy〗 ── *n.* 〖生物〗(細胞)核融合, カリオガミー《受精作用の場合のような核の融合；細胞質のみ融合して核が合一しない；cf. plasmogamy》.

kàryo·kinésis 〖← KARYO-＋-KINESIS〗 *n.* 〖生物〗有糸核分裂 (mitosis) (cf. cytokinesis). **kàryo·kinétic** *adj.*

kar·y·o·log·ic [kæ̀riəlɑ́dʒɪk | -rɪə(ʊ)lɔ́dʒ-] *adj.* 〖生物〗核学(上)の. **kàr·y·o·lóg·i·cal·ly** *adv.*

kàr·y·o·lóg·i·cal [-dʒɪkəl, -dʒə- | -dʒɪ-] *adj.* 〖生物〗＝karyologic.

kar·y·ol·o·gy [kæ̀riɑ́lədʒi | -rɪɔ́lədʒɪ] 〖← KARYO-＋-LOGY〗 *n.* 〖生物〗核学《核の構造と機能を研究する細胞学の一分科》.

kar·y·o·lymph [kǽrio(ʊ)lɪmf | -rɪə(ʊ)-] *n.* 〖生物〗核液《核の内の透明な原形質》.

kar·y·ol·y·sis [kæ̀riɑ́ləsɪs, -səs | -rɪɔ́ləsɪs, -lɪ-] 〖← KARYO-＋-LYSIS〗 ── *n.* 〖生物〗核溶解, 核融解《細胞が死滅する過程で, 核が融解する現象》. **kar·y·o·lyt·ic** [kæ̀riəlɪ́tɪk | -rɪə(ʊ)lɪ́t-] *adj.*

kar·y·o·mi·tome [kæ̀rio(ʊ)máɪtoʊm | -rɪə(ʊ)máɪtəʊm] 〖← KARYO-＋MITO-＋-OME〗 *n.* 〖生物〗細胞核網《細胞核の一部を構成する網状組織》.

kar·y·on [kǽriɑ̀n | -rɪɔn] 〖← NL ~ ← Gk *káruon* nut, kernel〗 *n.* 〖生物〗細胞核.

kar·y·o·plasm [kǽriəplæ̀zm̩ | -rɪə(ʊ)-] *n.* 〖生物〗核質, 核原形質. **kar·y·o·plas·mic** [kæ̀riəplǽzmɪk | -rɪə(ʊ)-] *adj.*

kar·y·o·some [kǽriəsòʊm | -rɪə(ʊ)səʊm] 〖← KARYO-＋-SOME[3]〗 *n.* 〖生物〗染色仁, カリオソーム《核の中にある染色体の小体；cf. plasmosome》.

kàryo·systemátics *n.* 〖生物〗核型を基として生物の系統を研究する分類学の一分科.

kar·y·o·tin [kǽriəṭɪn, -ṭən, -tìn | -rɪə(ʊ)tɪn] 〖▭ G ~ ← KARYO-＋(CHROMA)TIN〗 ── *n.* 〖生物〗 **1** 核質, カリオチン《固定した核でみられる網状を呈する物質》. **2** ＝chromatin 1.

kar·y·o·type [kǽriətàɪp | -rɪə(ʊ)-] 〖▭ Russ. *kariotip*: ⇨ karyo-, -type〗 ── *n.* 〖生物〗核型(㊗)《ある生物の染色体の数や型の総称》. **kar·y·o·typ·ic** [kæ̀riətɪ́pɪk | -rɪə(ʊ)-] *adj.* **kàr·y·o·týp·i·cal** *adj.*

Ka·sai [kəsáɪ] *n.* [the ~] カサイ(川)《アフリカ南部の川；Angola から Congo 川へ注ぐ (2,154 km)》.

kas·bah [kǽzbɑː, kɑ́ːz-, -bə] *n.* (*also* **kas·ba** [~]) ＝casbah.

Kas·bek [kɑːzbék; *Russ.* kazbjék] *n.* ＝Kazbek.

ka·sha [kɑ́ːʃə; *Russ.* káʃə] 〖▭ Russ. ~〗 *n.* **1** カーシャ《ロシア料理の一つで, 粗くひいた穀物(特にそば)で作るかゆ》. **2** ひきわりした穀物, (特に)ひきわりそば.

Kash·a [kǽʃə] *n.* 〖商標〗カシャ《チベットヤギの毛を用いた手ざわりの柔らかい毛羽模様のある織物》.

ka·sher [kɑːʃéə | kɑ́ːʃə(r)] *vt.* ＝kosher. ── [kɑ́ʃə | kɔ́ʃə(r)] *adj.*, *n.* ＝kosher.

Kash·gar [kǽʃgɑə | -gɑː(r; *Chin.* kʻàʂíkáɚ] *n.* カシュガル《中国新疆(㊗)ウイグル自治区南西部の商業都市；現在は喀什と略称, シルクロードの要地》.

kásh·gar támarisk [kǽʃgɑə- | -gɑː-] *n.* 〖植物〗カスピ海東部産のギョリュウ属の低木 (*Tamarix hispida*).

kash·mir [kǽʃmɪə, kǽʒ-, ⌐⌐ | kæʃmɪ́ə(r)] *n.* ＝cashmere.

Kash·mir [kǽʃmɪə, kǽʒ-, ⌐⌐ | kæʃmɪ́ə(r)] *n.* カシミール《インド北西部の地方；⇨ Jammu and Kashmir》.

Káshmir góat, k- g- *n.* 〖動物〗カシミアヤギ (*Capra hircus*)《インドの Kashmir 原産の一品種のヤギ；毛は柔くカシミアの原料》.

Kash·mir·i [kæʃmɪ́(ə)ri, kæʒ- | kæʃmɪ́ərɪ] 〖▭ Hindi ~ ← Skt *Kāśmīra*〗 ── *n.* (*pl.* **~s**, **~**) **1** カシミール人 (Kashmirian). **2** カシミール語《アラビア語・ペルシア語の混じったサンスクリット系の言語；文学作品も多い》. ── *adj.* カシミールの.

Kash·mir·i·an [kæʃmɪ́(ə)riən, kæʒ- | kæʃmɪ́ərɪ-] *adj.* カシミール (Kashmir) の；カシミール人[語, 文化]の. ── *n.* カシミール人.

Káshmir rúg *n.* カシミアじゅうたん《Kashmir 産手織りじゅうたん；けばがなく色模様の刺繍がある》.

kash·ruth [kɑːʃrúːθ, -rúːt, ⌐⌐] 〖▭ Mish.Heb. *kašrūth*《原義》fitness ← *kāšēr* fit: cf. kosher〗 ── *n.* (*also* **kash·rut** [kɑːʃrúːt, ⌐⌐]) **1** (ユダヤ教の)食事規則 (cf. hechsher). **2** (ユダヤ教に照らして)使用適正 (kosher) であること, 適法.

Ka·shu·bi·an [kəʃúːbiən | -bɪən, -bjən] 〖← *Kashubia* ▭ Pol. *Kaszuby* (ポーランドの Gdansk の西・北西の地域): ⇨ -an[1]〗 ── *n.* カシュビア語《ポーランドの北部, Gdansk 港周辺で話される西スラブ語》.

Kas·sa·la [kǽsələ] *n.* カッサラ《アフリカ中部 Sudan 東部, エチオピア国境付近の都市；人口 81,000》.

Kas·sel [kǽsəl, kɑ́ːs-, -sḷ | kǽs-; *G.* kásḷ] *n.* カッセル《西ドイツ中部 Hesse 州の工業都市；人口 202,000》.

Kastl·er [kɑːstléə | -léə(r; *F.* kastlɛːr], **Alfred** *n.* カストレル《1902–　；フランスの物理学者；Nobel 物理学賞 (1966)》.

Käst·ner [késtnə | -nə(r; *G.* kɛ́stnɐ], **Erich** *n.* ケストナー《1899–1974；ドイツの詩人・小説家；*Emil und die Detektive*「エミールと探偵たち」(1929)》.「旧名」.

Kas·tro [kɑ́ːstroʊ | -trəʊ] *n.* カーストロ《Mytilene 2 の

kat [kɑ́ːt] 〖▭ Arab. *qāt*〗 *n.* 〖植物〗アラビア原産の常緑低木 (*Catha edulis*)《アラビア人はその葉をかみまたは茶のように飲用し陶酔感を得る》.

kat- [kæt] *pref.* 《まれ》＝cat-.

kat·a- [kǽṭə | -tə] 〖▭ Gk ~ ← *katá* down: ⇨ cata-〗 *pref.* 《まれ》＝cata-.

ka·tab·a·sis [kətǽbəsɪs, -səs | -sɪs] 〖▭ Gk *katábasis* ← *Katabainein* to go down ← KATA-＋*bainein* to go: cf. anabasis〗 ── *n.* (*pl.* **-a·ses** [-sìːz]) **1** (小サイラス王 (Cyrus the Younger) に従って Artaxerxes 二世の軍に向かったギリシャ軍の)海岸への撤退 (cf. anabasis 2). **2** (特に, 軍隊の)退却. **3** 〖病理〗回復期, (病勢の)衰退期.

kat·a·bat·ic [kæ̀ṭəbǽṭɪk | -təbǽt-] 〖▭ Gk *katabatikós* descending: ⇨ ↑, -ic[1]〗 ── *adj.* 〖気象〗〈風や気流が〉斜面に沿って下降する, 下降気流によって生じる (↔ anabatic).

katabátic wínd *n.* 〖気象〗＝gravity wind.

ka·tab·o·lism [kətǽbəlɪ̀zm̩] *n.* 〖生物・生理〗＝catabolism. **kat·a·bol·ic** [kæ̀ṭəbɑ́lɪk | -təbɔ́l-] *adj.*

ka·tal·y·sis [kətǽləsɪs, -səs | -lɪsɪs, -lə-] *n.* (*pl.* **-y·ses** [-sìːz]) 《化学》＝catalysis 1.

kat·a·lyst [kǽṭəlɪst, -ləst, -ṭḷ- | -təlɪst] *n.* 〖化学〗＝catalyst 1.

kat·a·lyze [kǽṭəlàɪz, -ṭḷ- | -təl-] *vt.* 〖化学〗＝catalyze 1.

kàta·morphósis 〖← NL ~ ← KATA-＋MORPHOSIS〗 *n.* 〖生物〗生物と環境との結びつきを単純にする進化過程.

Ka·tan·ga [kətɑ́ːŋgə, -tǽŋ-] *n.* カタンガ《Shaba の旧名》.

kat·a·pla·si·a [kæ̀ṭəpléɪʒiə, -ʒə | -təpléɪzjə, -zɪə, -ʒɪə, -ʒə] *n.* 〖生物〗＝cataplasia.

Kat·ar·che·an [kæ̀təɑ́kiən, kætɑ́əkiən | kæ̀təkíːən, kætɑ́ːkɪən] 〖⇨ cata-, Archaean〗〖地質〗 ── *adj.* 古期始生代の: the ~ era 古期始生代. ── *n.* [the ~] 古期始生代.

kàta·thermómeter 〖← KATA-＋THERMOMETER〗 *n.* カタ温度計《人間の体感をもとにして暑さ寒さを測るために考えられた温度計》.

Kate [kéɪt] 〖(dim.) ← KATHERINE〗 *n.* 女性名.

kath- [kæθ] *pref.* 《まれ》＝cath-.

Ka·tha·re·vu·sa [kɑ̀ːθərévəsùː] 〖▭ NGk *kathareúousa* (fem. pres.p.) ← Gk *kathareúein* to be pure ← *katharós* pure: cf. catharsis〗 ── *n.* (*also* **Ka·tha·re·vou·sa** [~]) カタレウサ《古代ギリシャ語を範とする現代の文語ギリシャ語；↔ Demotic》.

Kath·a·ri·na [kæ̀θəríːnə] 〖《変形》← KATHERINE〗 *n.* **1** 女性名. **2** カタリーナ《Shakespeare 作 *Taming of the Shrew* の女主人公》.

Kath·a·rine [kǽθ(ə)rɪn, -rən | -rɪn] 〖《異形》← KATHERINE〗 *n.* 女性名.

ka·thar·sis [kəθɑ́əsɪs, -səs | kəθɑ́ː-, kæ-] *n.* (*pl.* **ka·thar·ses** [-sìːz]) ＝catharsis. **ka·thár·tic** [kəθɑ́əṭɪk | kəθɑ́ːt-, kæ-] *adj.*

Kath·er·ine [kǽθ(ə)rɪn, -rən | -rɪn] 〖⇨ Catherine〗 *n.* 女性名《愛称形 Kate, Katie, Kathy, Katy, Kay, Kitty；異形 Katharine, Kathryn, Katrina》.

Ka·thi·a·war [kɑ̀ːṭiəwɑ́ə | -tɪəwɑ́ː(r)] *n.* カチアワル(半島)《インド西部の大半島》.

Kath·leen [kæθlíːn, ⌐⌐ | ⌐⌐] 〖▭ Ir. ~: ⇨ Catherine〗 *n.* 女性名. ★ アイルランドに多い.

Kath·man·du [kæ̀tmændúː, -mən- | kɑ̀ːtmɑːnúː-, kæ̀tmæn-] *n.* ＝Katmandu.

kath·ode [kǽθoʊd | -θəʊd] *n.* 〖電気〗＝cathode.

ka·thol·i·kos [kəθɑ́ləkəs, -kɑ̀s | -θɔ́lɪkəs, -kɔ̀s] *n.* (*pl.* **~·es**, **-i·koi** [-kɔ̀ɪ]) 〖キリスト教〗＝catholicos.

Kath·ryn [kǽθrɪn, -rən | -rɪn] 〖《変形》← KATHERINE〗 *n.* 女性名. ★ 米国に多い.

Kath·y [kǽθi | -θɪ] 〖(dim.) ← KATHERINE〗 *n.* 女性名.

Ka·tie [kéɪṭi | -tɪ] 〖(dim.) ← KATHERINE〗 *n.* 女性名.

kat·i·on [kǽtaɪən] *n.* 〖物理化学〗＝cation.

Kat·mai [kǽtmaɪ], **Mount** *n.* カトマイ山《米国 Alaska 州南西部の活火山；高さ 2,047 m》.

Kátmai Nátional Mónument *n.* カトマイ国定記念(名勝)地《米国 Alaska 州南西部にあり Katmai 山と Valley of Ten Thousand Smokes を含む》.

Kat·man·du [kæ̀tmændúː, -mən- | kɑ̀ːtmɑːnúː-, kæ̀tmæn-] *n.* カトマンズ《Nepal 中部にある同国の首都；人口 151,000》.

Ka·to·wi·ce [kɑ̀ːṭəvíːtsə | -tə-; *Pol.* katɔvítsɛ] *n.* カトウィツェ《ポーランド南部の都市；人口 347,000》.

Ka·tri·na [kətríːnə] 〖《変形》← KATHERINE〗 *n.* 女性名. ★ スコットランドに多い.

Kat·rine [kǽtrɪn, -rən | -rɪn], **Loch** *n.* カトリン湖《スコットランド中部 Central 州の湖；Walter Scott 作 *Lady of the Lake* の舞台として有名；長さ 13 km》.

kat·sup [kéṭʃəp, kǽṭʃ-, kǽtsəp | kǽtsəp, kǽtʃəp, kéṭʃ-] *n.* ＝catsup.

kát·su·ra trèe [kɑ́ːtsərə-] 〖*katsura*: ▭ Jap.〗 *n.* 〖植物〗カツラ (*Cercidiphyllum japonicum*)《日本原産》.

Kat·te·gat [kǽṭɪgæ̀t, -ṭə- | kǽtɪgæ̀t, ⌐⌐⌐] *n.* [the ~] カテガット(海峡)《Jutland 半島とスウェーデンとの間の海峡；幅 60–160 km》.

Ka·ty [kéɪṭi | -tɪ] 〖(dim.) ← KATHERINE〗 *n.* 女性名.

ka·ty·did [kéɪṭidɪ̀d | -tɪ-] 〖《1784》《擬音語》: 雄の鳴声が Katy did, Katy didn't と聞えるという〗 ── *n.* 〖昆虫〗キリギリス (long-horned grasshopper)；(特に)アメリカ産キリギリス科に属する緑色で大型のひげが長い昆虫の総称；green grasshopper, meadow grasshopper ともいう》.

Katz [kǽts], Sir **Bernard** *n.* カッツ《1911–　；ドイツ生れの英国の生理学者；Nobel 医学生理学賞 (1970)》.

katz·en·jam·mer [kǽtsəndʒæ̀mə | -mə(r)] 〖▭ G ~ ← *Katzen* ((pl.) ← *Katze* ‘CAT’)＋*Jammer* discomfort〗 ── *n.* 《米》 **1** 二日酔い. **2** 不安, ふさぎ込み, 憂鬱, 苦悩. **3** 大騒ぎ, 叫び声, 怒号.

Kau·ai [káʊaɪ, kaʊɑ́ːi | kaʊɑ́ːɪ] *n.* カウアイ(島)《米国 Hawaii 諸島北西部の島；人口 30,000, 面積 1437 km²》.

kauch [kɑ́ːx] *n.* ＝kiaugh.

Kauff·mann [káʊfmɑːn; *G.* káʊfman], **An·ge·li·ca** [angéːlika] *n.* カウフマン《1741–1807；スイス生れの女流画家；新古典主義の代表者の一人；Rome に在住》.

Kauf·man [kɔ́ːfmən], **George S(imon)** *n.* (1889–1961) 米国の劇作家(主に共作)・演出家・ジャーナリスト；*You Can't Take It with You* (1936).

Kau·nas [káʊnəs, -nɑːs; *Russ.* káunas] *n.* カウナス《ソ連邦西部 Lithuania 共和国の都市；人口 359,000；旧名 Kovno [kɔ́vnə]》.

kau·ri [káʊri | -rɪ] 〖▭ Maori ~《原義》? iron〗 ── *n.* **1** **a** 〖植物〗ナギモドキ《ナギモドキ属 (*Agathis*) の植物の総称；kauri pine ともいう》；(特に)ナギモドキ (*A. australis*)《高さ 40 m に達するニュージーランド産の常緑樹》. **b** ナギモドキ材. **2** 〖化学〗カウリ樹脂《ワニス, ラッカーなどの製造に用いる》.

káuri-bútanol vàlue *n.* 〖化学〗カウリブタノール価《石油シンナーの溶解力を表わす価》.

káuri gùm [**còpal**] *n.* 〖化学〗＝kauri 2.

káuri pìne *n.* 〖植物〗＝kauri 1 a.

káuri rèsin *n.* 〖化学〗＝kauri 2.

kau·ry [káʊri | -rɪ] *n.* ＝kauri.

Kaut·sky [káʊtski | -skɪ; *G.* káʊtski], **Karl** (**Johann**) *n.* カウツキー《1854–1938；ドイツの社会主義者・歴史家・著述家》.

ka·va [kɑ́ːvə] 〖《1777》▭ Tongan *kawa*《原義》bitter〗 ── *n.* **1** 〖植物〗カワカワ (*Piper methysticum*)《Polynesia 産コショウ科の低木》. **2** (その根から造る)カワカワ《陶酔感を与える飲料》.

kàva·káva *n.* ＝kava.

Ka·vál·la [kəvǽlə, -vɑ́ː-; *Mod.Gk.* kavála] *n.* カバラ《ギリシャ北東部, Macedonia 地方の海港；人口 47,000》.

ka·vass [kəvɑ́ːs] 〖《1819》▭ Turk. *qawās* ▭ Arab. *qawwās* bowman ← *qaws* bow〗 *n.* **1** (トルコの)武装警官. **2** (地中海東岸諸国の)領事館警備員.

kay [kíː] *n.* ＝key[3] 1.

Kay [kéɪ] 〖1: ▭ Welsh *Cai* ▭ L *Caius*. 2: (dim.) ← KATHERINE〗 *n.* **1** 男性名. **2** 女性名.

Kay, Sir *n.* 〖アーサー王伝説〗ケイ《アーサー王の乳兄弟で王の家令(seneschal), 円卓騎士中の意地悪な騎士で大ぼら吹き》.

Kay, John *n.* (1704–64) 英国の発明家; 飛杼(とび)(flying shuttle) を発明 (1733).

kay·ak [káɪæk, káɪjæk | káɪæk] 〘《1757》▭ Eskimo *qajaq*〙 — *n.* **1** カヤック《エスキモーの用いる一人乗り用小舟; 木の枠にアザラシの皮を張り中央に漕ぎ手の坐る穴がある; cf. umiak》. **2** (一人乗り両舷漕ぎの)競技用カヤック. **~·er** *n.*

kayak 1

Kaye-Smith [kéɪsmíθ], **Sheila** *n.* (1887–1956) 英国の女流小説家; *Sussex Gorse* (1916), *Joanna Godden* (1921); 通称 Mrs. Fry.

kay·o [kèɪóu, ⌐⌐ | kèɪə́u, ⌐⌐] 〘← K.O.: 発音綴り〙 — *vt.* **1** 《俗》〘ボクシング〙=KNOCK *out* (2). **2** 〘野球〙〈ピッチャーを〉ノックアウトする. — *n.* (*pl.* **~s**) 《俗》〘ボクシング〙=knockout 1 b.

Kay·se·ri [kàɪzəríː; *Turk.* káɪseri] *n.* カイセリ《トルコ中部の都市; 人口 208,000》.

ka·za·chok [kɑzɑːtʃɔ́(ː)k | -tʃɔ́k; *Russ.* kəzatʃók] 〘▭ Russ. ~ (dim.) ← *kazak* 'COSSACK'〙 — *n.* (*pl.* **ka·zach·ki** [kɑzɑːtʃkíː; *Russ.* kəzatʃkʲí]) コサックダンス《ロシヤの動きのはげしい民族舞踊; 男子がしゃがんだ状態で足を強く蹴り出す動作がその特徴》.

Ka·zak [kəzǽk, -záːk; *Russ.* kazák] 〘▭ Russ. ~ ▭ Turk *qāzāq*《原義》free person, nomad〙 — *n.* (*also* **Ka·zakh** [~]) **1 a** [the ~s] コサック族《中央アジア, 特に Kazakstan に住むチュルク系の民族》. **b** コサック族の人. **2** カザフ語 (Turki).

Ka·zak·stan [kəzækstǽn, -zɑːkstáːn, kɑ̀ːzæk-, -zɑːk- | -stáːn, -stǽn; *Russ.* kəzaxstán] *n.* (*also* **Ka·zakh·stan** [~]) カザフ《ソ連邦カスピ海北東部の共和国, ソ連邦構成共和国の一つ; 人口 14,700,000, 面積 2,717,300 km^2, 首都 Alma-Ata; 公式名 the Kazakh Soviet Socialist Republic カザフソビエト社会主義共和国》.

Ka·zan [kəzǽn, -záːn | -záːn; *Russ.* kazánʲ] *n.* カザン《ソ連邦ロシヤ共和国西部の Volga 河畔の都市; Tatar 自治共和国の首都; 人口 980,000》.

Ka·zan [kəzǽn], **Elia** *n.* カザン《1909– ; トルコ生れの米国の映画監督・舞台演出家》.

Ka·zan·tza·kis [kɑ̀ːzəndzáːkɪs, -kəs | -kɪs; *Mod. Gk.* kazandzákis], **Ni·kos** [níkɔs] *n.* カザンザキス《1883?–1957; ギリシャの詩人・小説家; *Zorba the Greek* (1946)》.

ka·zat·sky [kəzáːtski | -skɪ; *Russ.* kazátskjij] 〘▭ Russ. ~ (dim.) ← *kazak* 'COSSACK'〙 *n.* (*also* **ka·zat·ski** [~], **ka·zat·ska** [-skə]) =kazachok.

Kaz·bek [kɑːzbék; *Russ.* kazbjék], **Mount** *n.* カズベク山《ソ連邦 Georgia 共和国北部にある Caucasus 山脈中の中心峯 (高さ 5,033 m)》.

Ka·zin [kéɪzɪn, -zən | -zɪn], **Alfred** *n.* (1915–) 米国の文芸批評家; *On Native Grounds* (1942).

ka·zoo [kəzúː] 〘擬音語?〙 *n.* (*pl.* **~s**) カズー《木製または金属製の筒に腸線(catgut)や紙を張ったおもちゃの楽器》.

kb 《略》kilobar(s).

KB 《略》〘チェス〙king's bishop.

K.B. 《略》King's Bench (Division); Knight Bachelor; Knight (of the Order) of the Bath.

kbar 《略》kilobar(s).

K.B.E. 《略》Knight Commander of (the Order of) the British Empire.

KBP 《略》〘チェス〙king's bishop's pawn.

kc, kc. 《略》kilocycle(s); kilocurie(s).

K.C. 《略》Kansas City; Kennel Club; King's College(, London); King's Counsel; King's Cross; Knight Commander; Knight(s) of Columbus.

Kč 《記号》〘貨幣〙koruna(s), korun, koruny.

kcal, kcal. 《略》kilocalorie(s); kilogram calorie(s).

K-càpture *n.* 〘物理〙K 電子捕獲《K 電子が原子核内の陽子に吸収され, neutrino を放出する過程》.

K.C.B. 《略》Knight Commander of (the Order of) the Bath.

K.C.H. 《略》King's College Hospital.

KCIA 《略》Korean Central Intelligence Agency.

K.C.L. 《略》King's College, London.

K.C.M.G. 《略》Knight Commander of (the Order of) St. Michael and St. George 聖マイケル・聖ジョージ上級勲爵士.

kc/s 《略》kilocycle(s) per second.

K.C.V.O. 《略》Knight Commander of the Victorian Order.

KD 《記号》〘貨幣〙Kwait dinar(s).

KD, K.D. 《略》kiln-dried; 〘商業〙knocked-down (cf. SU).

KE 《記号》⇨ KAL.

ke- [kə] *pref.* ker- の異形.

ke·a [kéɪə, kíːə] 〘《1862》▭ Maori ~《擬音語》〙 — *n.* 〘鳥類〙ケアオウム, ミヤマオウム (*Nestor notabilis*)《ニュージーランド産のオウム科の鳥; 元来果実・昆虫食だったが近年は羊の腎(じん)臓の脂身を食べるために羊をつついて殺す習性が生じ農家に損害を与える》.

Ké·a [kíːə, kéɪə] *n.* ケア《Keos のギリシャ語名》.

Kean [kíːn], **Edmund** *n.* (1787–1833) 英国の悲劇俳優.

keat [kíːt] *n.* 〘鳥類〙=keet.

kea

Kea·ton [kíːtn], **Buster** *n.* (1895–1966) 米国の無声映画の喜劇俳優; 本名 Joseph Francis Keaton.

Keats [kíːts], **John** *n.* (1795–1821) 英国の叙情詩人; *Endymion* (1818), *Hyperion* (1818–19), *Ode to a Nightingale* (1819).

ke·bab [kéɪbɑːb, kəbáːb | kəbǽb] *n.* =kabob.

keb·buck [kébək] 〘ME *cabok* ▭ Sc.-Gael. *ceapag* cheese〙 *n.* (*also* **keb·bock** [~]) 《スコット》(小さく切ってない大きなままの)チーズ.

Ke·ble [kíːbl̩], **John** *n.* (1792–1866) 英国国教会の司祭・神学者・詩人; Oxford 運動の指導者の一人; *The Christian Year* (1827).

ke·bob [kéɪbɑb, kəbáb | kəbɔ́b] *n.* =kabob.

Kech·u·a [kétʃuə, kətʃúːə | kétʃuə, kətʃúːə] *n.* (*pl.* ~, **~s**) =Quechua.

Kech·u·an [kétʃuən, kətʃúːən | kétʃuən, kətʃúːən] *adj., n.* =Quechuan.

Kech·u·ma·ran [kètʃəmərάːn, kətʃúː-] *n.* =Quechumaran.

keck [kék] 〘《1601》《擬音語》: cf. OE *ceċil* choking〙 — *vi.* **1** げえっと言う, 吐き気を催す, むかつく (retch) 〔*at*〕. **2** (むかつくほど)ひどくきらう〔*at*〕. **3** 〈鳥が〉げえと鳴く. — *n.* 吐き気, むかつき.

keck·le[1] [kékl̩] *v.* 《方言》=cackle.

keck·le[2] [kékl̩] 〘← ?〙 *vt.* 〘海事〙すれ止めをする《摩擦部がすり切れるのを防ぐため, 器物や大索などに古ロープなどを巻きつける》.

kéck·ling [-klɪŋ, -lɪŋ] *n.* 〘海事〙すれ止めをほどこすこと (⇨ keckle[2]); すれ止め用の古ロープ.

ked [kéd] 〘← ?〙 *n.* 〘昆虫〙シラミバエ《双翅目シラミバエ科に属する昆虫の総称; 哺乳動物や鳥に寄生する昆虫で翅を欠く; louse fly ともいう》.

Ked·ah [kédə] *n.* ケダー(州)《West Malaysia 北西部の州; 人口 956,000, 面積 9,425 km^2; 首都 Alor Setar》.

Ke·dar [kíːdə | -dɑː(r, -də(r] *n.* 〘聖書〙ケダル《Ishmael の子でアラブの一部族の祖先; *Gen.* 25:13》: ~'s tents (荒地のような)この世 (cf. *Ps.* 120:5).

ked·dah [kédə, kədáː | kédə] 〘▭ Hindi *khedā*〙 *n.* 捕象柵(さく)囲い《Bengal 地方などで野象を追い込んで捕えるために用いる囲い》.

kedge [kédʒ] 〘《1627》《転訛》? ← CADGE[1]〙 〘海事〙 — *vt.* (投げた)小錨(いかり)の綱をたぐって〈船を〉移動させる. — *vi.* 〈人が〉小錨を使って船を移動する; 〈船が〉小錨を使って移動[回転]する. — *n.* =kedge anchor.

kédge ànchor *n.* 〘海事〙(船を kedge する時に用いる)小錨(こいかり), ケッジアンカー《船を移動させる場合その方向にボートで運び出して投入し, その錨索を引いて船を動かす[回転する]時などに用いる小型の錨》.

kedg·er·ee [kédʒəriː, ⌐⌐⌐ | ⌐⌐⌐, ⌐⌐⌐] 〘《1625》▭ Hindi *khichṛī* < Skt *khiccā*〙 — *n.* ケジャリー《米・豆・玉ねぎ・卵・香辛料などを材料とするインドの米料理; ヨーロッパではこれにタラの燻製などを加え朝食とする》.

Ked·ron [kédrən, kíːd- | -rɔn] *n.* =Kidron.

keek [kíːk] 〘ME *kike(n)* ▭ MDu. *kiken* (Du. *kijken*)〙 《スコット・北英》 *vi.* のぞき見る. — *n.* のぞき見: take a ~ at...をのぞいて見る.

kéek·er 〘⇨ ↑, -er[1]〙 *n.* 《スコット・北英》 **1** のぞき見する人; (鉱山の)見回り人, 監督 (overseer). **2** [*pl.*] 目 (eyes) (cf. peeper[2] 3 a).

keel[1] [kíːl] 〘《c1400》*kel(e)* ▭ ON *kjǫl-r* < Gmc **keluz* (Swed. *köl* / Dan. & Norw. *kjøl*): ↓〙 — *n.* **1** 〘海事〙竜骨, キール《船の背骨になる力材; cf. false keel, fin keel》: lay (down) a ~ 竜骨をすえる, 船を起工する. **2** 《詩》船. **3** 〘航空〙竜骨《飛行艇などの艇体下部を前後に走る強い縦梁》. **4 a** 〘植物〙(花の)舟弁(しゅうべん). **b** 〘鳥類〙(胸骨の)竜骨突起 (carina). **5** [the K-] 〘天文〙りゅうこつ(竜骨)座 (⇨ Carina[1]).

on (an) even keel (1) 〘海事〙船首・船尾の喫水が一様で, 等喫水で, 船体正平で; 〘航空〙〈(水上に浮かんでいる)飛行艇・水上機が〉計画喫水線に平行な前後トリム状態で. (2) 平らに[で], なだらかに[で]; 安定して[た], 落着いて[た]: keep society *on an even* ~ 社会を安定させておく / He felt *on an even* ~. 落着いた気持でいた.

— *vt.* **1** 〈船を〉転覆させる〈*over, up*〉. **2** 〈船・航空機〉に竜骨を備える. — *vi.* 〈船が〉転覆する〈*over, up*〉.

keel over (*vi.*) (1) ⇨ *vi.* (2) (あお向けに)倒れる, ひっくり返る; 《米口語》卒倒[気絶]する (faint). (3) 《米俗》死ぬ; 失敗する (collapse). (*vt.*) (1) ⇨ *vt.* 1. (2) ひっくり返す.

keel[2] [kíːl] 〘《1319》*kele* ▭ MDu. *kiel* ship < Gmc **keulaz* (OE *ċēol* / ON *kjóll*) ← IE* *gēu-* hollow space or place, round object〙 — *n.* **1 a** 平底船; (石炭船に石炭を積み込む)はしけ, キール船《特にイングランド Tyne 川などで用いる》. **b** はしけ一隻分の石炭. **2** キール《英国で用いる石炭の重量単位; $21\frac{1}{5}$ 英トンに相当》.

keel[3] [kíːl] 〘KEEL[1] (v.) の特殊用法〙 *n.* サルモネラ菌 (salmonella) の感染によるアヒルの子の急性敗血症《急死することが多い》.

keel[4] [kíːl] 〘lateME《北部方言》*keyle*: cf. Sc.-Gael. *cìl*〙 *n.* 《方言》紅土, 代赭(たいしゃ)石《羊・木材などに印をつける; ruddle ともいう》. — *vt.* 紅土で印をつける.

keel[5] [kíːl] 〘OE *cēlan* < Gmc **kōljan* ← IE **gel(ə)-* cold〙 《古・方言》 — *vt.* さます (cool); (特に)〈煮物などを〉(ふきこぼれないように)まぜてさます: ~ the pot なべの煮物をまぜてさます. — *vi.* **1** 〈煮物などが〉さめる. **2** 熱意がさめる, 〈熱意などが〉さめる.

keel·age [kíːlɪdʒ] 〘← KEEL[1]+-AGE〙 *n.* 〘海事〙(船の)入港税, 停泊税.

kéel·blòck *n.* 〘造船〙キール[竜骨]盤木《造船または船体修理の際, ドック内で船体重量を支えるためにキールの下に並べられている木製の台木》.

kéel·bòat *n.* **1** 《米》大型平底船《もと米国西部の河川で荷物運搬に用いられた》. **2** 竜骨船《センターボードでなしに竜骨のみによる方式のヨット》.

kéel·dràg *vt.* =keelhaul.

keeled *adj.* **1** 〘海事・航空〙竜骨のある. **2 a** 〘植物〙舟弁(しゅうべん)のある. **b** 〘鳥類〙胸骨に竜骨突起のある.

Kee·ley [kíːli | -lɪ] 〘← Ir.-Gael. *cadhla* beautiful one〙 *n.* 女性名《異形 Keelie, Keely》.

kéel·hàle *vt.* =keelhaul.

kéel·hàul 〘《なぞり》← Du. *kielhalen*: ⇨ keel[1], haul〙 — *vt.* **1** 〘海事〙〈人を〉(綱で縛って船側から反対の船側へ・船首から船尾へ)船底をくぐらせる《昔の刑罰》. **2** ひどく責める, しかりつける, さんざん油を絞る《keelhale, keeldrag ともいう》.

Kée·ling Íslands [kíːlɪŋ-] *n. pl.* [the ~] キーリング島 (⇨ Cocos Islands).

kéel·less *adj.* **1** 〘海事・航空〙竜骨のない. **2 a** 〘植物〙舟弁(しゅうべん)のない. **b** 〘鳥類〙(ダチョウ・ヒクイドリなどのように)胸骨に竜骨突起のない.

kéel lìne *n.* 〘海事〙キール線, 船首尾線《船の中心線》.

kéel·man [-mən] 〘ME *kēlman*〙 *n.* (*pl.* **-men** [-mən, -mèn]) キール船 (keel) の船頭[乗組員].

keel·son [kélsn, kíːl-] 〘《1627》← KEEL[1]+SON[1] ∽ 《廃》*kelsine* < ME *kelswayn, kelsweyn* ▭ ? LG *kielswin* ← *kiel* 'KEEL[1]'+? *swin* 'SWINE' (cog. Swed. *kölsvin* / Du. *kolzwijin* / G *Kielschwein*)〙 — *n.* 〘造船〙キールソン, 内竜骨《単底船で竜骨に沿ってその内部に走る縦通材》.

Kee·lung [kìːlúŋ; *Chin.* tʃīlúŋ] *n.* キールン (⇨ Chilung).

keen[1] [kíːn] 〘OE *cēn(e)* bold, wise < Gmc **kōnjaz* (G *kühn* bold / Du. *koen*)〙 — *adj.* (**~·er**; **~·est**) **1** 〈刃・刃物・先端など〉鋭い, 鋭利な (↔ dull): a ~ knife / a knife with a ~ edge 刃の鋭いナイフ. **2** 〈目など〉鋭い; 〈感覚が〉鋭い, 鋭敏な: ~ eyes / a ~ ear / a ~ sense of smell / ~ *of* hearing 耳が鋭敏で. **3 a** 〈観察力・知力など〉鋭い, 鋭敏な: a ~ intellect, wit, etc. / a ~ sense of humor. **b** 抜け目のない. **4 a** 〈風・寒さなど〉身にしみる, 膚を刺す (cutting); 〈音・光・においなど〉鋭い, 強烈な. **b** 〈苦痛・食欲など〉激しい. **c** 〈論法など〉鋭い, 痛烈な: ~ satire. **5** 〈競争など〉激烈な, きびしい: a ~ competition. **6** 〈感情が〉強い, 強烈な, 〈興味など〉深い: ~ pleasure / a ~ interest. **7 a** 熱心な〔*about, for*〕; 熱心に...したくて (eager) 〈*to do*〉: a ~ angler, student, etc. / be very ~ *about* sports スポーツに大いに熱心である / be ~ *for* independence 独立を熱望している / I am ~ *to* see my old friends. 旧友に会いたくてたまらない / She is ~ *for* him *to* visit her.=She is ~ *that* he should visit her. 彼の訪問を切望している / (as) ~ as mustard ⇨ mustard 成句. **b** [~ on として]《口語》...に熱中して, 大好きで: be ~ *on* birds, movies, one's business, etc. / be ~ *on* (*making*) money 金(もうけ)に執着している / He's ~ *on* the girl. その子に夢中になっている. **8** 《口語》すてきな, すばらしい. **9** 《英》(同業者と競争のため)〈価格が〉格安[割引き]の (cf. 5): at ~ prices 格安の値段で.

keen[2] [kíːn] 〘n.: 《1830》▭ Ir. *caoine* ← *caoinim* I wail. — v.: 《1811》▭ Ir. *caoinim*〙 — *n.* (アイルランドで人の死んだ時または葬式の時, 号泣を伴う)哀歌, 泣き悲しみ. — *vi.* **1** (死者のために号泣しながら)哀歌を唱える, (哀歌を唱えながら)泣き叫ぶ (bewail) 〔*over*〕 (cf. keener). **2** 哀歌の[泣き叫ぶ]ような音を出す. **3** 大声で泣く[不平を言う]. — *vt.* **1 a** 甲高い泣き声で言う. **b** 泣き叫んで〈悲しみなどを〉表わす. **2** 《古》〈死者〉のために哀歌を唱える[泣き叫ぶ].

Kee·nan [kíːnən] 〘← Ir.-Gael. *cianan* little ancient one〙 *n.* 男性名.

kéen·er 〘← KEEN[2] (v.)+-ER[1]〙 — *n.* (アイルランドで)死者のために哀歌を唱える[泣き叫ぶ]人; (特に)泣き女[男]《葬式・通夜(つや)などの時雇われて号泣しながら哀歌を唱える》.

kéene's cemént [kíːnz-] 〘← *Richard Wynn Keene* (1838 年にこれの製法特許を取った英国の発明家)〙 — *n.* 〘窯業〙キーンスセメント《硬仕上げ石膏(せっこう)に属する無水石膏プラスター; Parian cement ともいう》.

kéen-éyed *adj.* 目の鋭い.

kéen·ing 〘⇨ keen[2] (v.)〙 *n.* (アイルランドで, 人の死などを)泣き叫ぶ[悲しむ]こと, 哀歌を唱えること; 哀歌.

kéen·ly 〘OE *cēnlīċe*: ⇨ keen[1], -ly[1]〙 *adv.* **1** 鋭く; 鋭敏に; 身を切るように; きびしく; 抜け目なく; 熱心に. **2** 《英》格安に, 割引きして.

kéen·ness *n.* 鋭さ; 鋭敏さ; 抜け目なさ; 熱心.

kéen-scénted *adj.* 嗅覚が鋭い, 鼻がよくきく.

kéen-sét *adj.* 《古》=sharp-set.

keep [kíːp] 〘lateOE *cēpan* to observe, heed, seize ← **kōpjan*: cf. MLG *kapen* to stare at〙 — *v.* (**kept** [képt]) — *vt.* **1 a** 〈手・心に〉つかんでいる, 握っている, 保持[保有]する〔*in*〕: ~ a stick *in* one's hand / ~ a fact *in* mind 事実を覚えている[銘記する]. **b** 保存する (preserve), (捨てないで)取っておく; 預っておく; 自分のものにする, 取得する: ~ old letters

古い手紙を保存する / You may [can] ~ the change. お釣りは取っておいてよい / ⇨ KEEP *to oneself* (1).
2 a 〈ある位置に〉置いておく, 保つ: ~ one's hands *in* one's pockets ポケットに手を入れておく / ~ one's head *above* water ⇨ head *n.* 成句 / ~ a person *at* a distance [*at* arm's length] ⇨ distance *n.* 5, arm's length *n.* 成句. **b** [目的語+補語を伴って]〈ある状態〉にしておく (cf. leave *vt.* 5 b): ~ a razor sharp かみそりをいつも切れ味よくしておく / ~ things separate 物を別々にしておく / Sorry to have *kept* you wait*ing* so long. 長い間お待たせして失礼しました / ~ the fire burn*ing* 火を絶やさない / Cold baths ~ me *in* good health. 冷水浴のおかげで私はずっと健康だ / ⇨ *keep the* BALL¹ *rolling*, *keep the* POT *boiling*.
3 引き留める, 押える, 留置する, 拘留する (detain): ~ a person *in* custody [*in* prison] 人を留置する[刑務所に拘留する] / What ~*s* him here? どうして彼はここに(いつまでも)いるのか / I won't ~ you long. お手間は取らせません.
4 世話する, 大切にする (look after); 守る, 保護する (guard, defend): ~ a town against the enemy 敵の攻撃に対して町を守る / ~ goal (サッカーなどで)ゴールキーパーを勤める / ~ wicket (クリケットで)捕手 (wicketkeeper) を勤める / This garden is always *kept* well. この庭園はいつも手入れが行き届いている (cf. well-kept) / God ~ you! 神様があなたを守って下さるように, お大事に / ⇨ *keep* HOUSE.
5 a 〈家族を〉養う, 扶養する (support, provide for); 〈女中・助手などを〉雇っておく; 〈下宿人を〉置いている; 〈女・妾(めかけ)を〉囲う (cf. kept 1); 〈自家用の馬車・自動車などを〉かかえる: He has a wife and family to ~. 彼には養っていくべき妻子がある. **b** 〈犬・猫・家畜などを〉飼う, 養う, 飼育する: ~ bees.
6 〈商品を〉備えておく, たくわえておく: ~ a good stock of merchandise 商品をたくさん取り揃えておく.
7 a 経営する (manage, run): ~ a shop (cf. shopkeeper). **b** 開催する, 催す (hold): ~ an assembly 会議を開く / ~ a court 裁判を開く / ~ a fair 市を開く.
8 記入する, つける: ~ accounts 勘定をつける / ~ a diary 日記をつける / ~ books 簿記をつける / ~ records 記録をつける.
9 〈時間・約束・誓言・条約などを〉守る, 果たす (fulfill); 〈法律・規則などを〉守る (obey, observe): ~ early [late] hours 早寝早起き[夜ふかし]する / ~ the Sabbath 安息日を守る / ~ one's word 約束を守る / ~ faith with …に対して信義を守る / Does that clock ~ good hours? その時計は時間がよく合いますか.
10 [~ company として] 友だち[異性]と交わる[交際する] (cf. company 1, 2): ~ rough *company* 柄の悪い連中とつきあう / ~ *company with* her = ~ her *company* 彼女とつきあう.
11 〈儀式・祭などを〉(慣例通り)行なう, 挙げる, 祝う (celebrate, observe): ~ Christmas, one's birthday, etc.
12 a 〈家など〉にとどまっている, 閉じ込もる: ~ one's house, room, bed, etc. **b** 〈道などを〉はずれない: ~ the center of the road 道路の中央を通り続ける.
13 〈ある動作を〉続ける: ~ step 歩調を保つ / ~ watch 見張りする / ~ silence 沈黙を守る, 黙っている (keep silent) / ~ the job 仕事を続ける.
14 a 〈人から〉遠ざける, 〔…に〕与えない (withhold); 〔…から〕隠す (conceal) 〔*from*〕: *Keep* the knives away *from* the children. ナイフを子供たちの手の届かない所に置きなさい / He ~*s* nothing *from* me. 彼は私には何も隠さない. **b** 〈秘密などを〉隠しておく, 守る.
15 制する, 妨げて…させない; 〔物に〕寄せつけない 〔*from*〕: ~ a person [oneself] *from* smoking 人にたばこをのませない[たばこをのまずにいる] / Urgent business *kept* me *from* coming yesterday. 急用のためにきのうは来られなかった / ~ a child away *from* the fire 子供を火に近よらせない / She could not ~ the tears *from* her eyes. 彼女は涙を押え得なかった.
— *vi.* **1 a** (ある位置に)留まる: ~ indoors 家の中にいる / ~ *at* home 在宅する. **b** [補語を伴って]〈ある状態〉にある, ずっと…である: ~ silent 黙っている / ~ fit 元気でいる / ~ cool 冷静にしている, あせらない / Let's ~ friends. 《口語》(お互いに)友だちでいよう, 仲良くしていよう / We *kept* warm with blankets. われわれは毛布で体を温めていた / The mountain *kept* in sight for a long time. 山はいつまでも見えていた / How are you ~*ing*? 《口語》お元気ですか. **c** [do*ing* を伴って] …し続ける, 続いて…する: ~ stand*ing* 立ち続けている / ~ wait*ing* 待ち続けている / I *kept* wondering who she was. 彼女はだれかしらと考え続けた / ~ *on* doing ⇨ KEEP *on* (*vi.*) (1).
2 a 〈食物などが〉(腐らないで)保つ, もつ (last, endure): Milk will not ~ in such heat. この暑さでは牛乳はもつまい / I think these fish will ~ overnight. この魚は朝までもつだろう. **b** 〈仕事などが〉延ばしておける: The task will ~ *until* tomorrow. その仕事はあすでもよい.
3 《英口語》滞留する, 泊まっている; 住む: Where do you ~? 君はどこに泊まっているか.
4 a 遠ざかる: ~ *from* a person's house 人の家に寄りつかない / ⇨ KEEP *off* (2). **b** 〔…せずに〕いる, 慎しむ 〔*from*〕: ~ *from* smoking たばこを吸わずにいる / I tried to ~ *from* smiling. 笑わないように努めた.
5 《米口語》〈授業などが〉ある, やっている: School ~*s* till three o'clock. 学校は3時まである.
6 〘クリケット〙捕手を務める (keep wicket).
7 〘アメリカン フットボール〙〈クォーターバックが〉ボールをバックスに手渡しすると見せかけそのままボールを持って走る.
keep after (1) 〈犯人など〉のあとを追い続ける. (2) 〈人〉にしつこく注意する[小言を言う] 〈*to* do〉. ***keep apart*** (1) 〈人・物を〉離しておく; 〈事を〉区別しておく 〔*from*〕. (2) 〈人が〉離れて[避けて]いる 〔*from*〕. ***keep at*** (1) 〈人〉に〈仕事などを〉根気よく続けさせる; 〈仕事などを〉根気よく[熱心に]やる: ~ people *at* their work / *Keep at* it. 頑張れ. (2) 〈人に〉うるさくせがむ, 泣きつく: They *kept at* me with their appeals for assistance. 援助を頼むとうるさくせがんだ. ***keep away*** 〈人・物を〉近づけない (cf. *vt.* 14, 15); (…に)近寄らない. ***keep back*** (1) (*vt.*) (与えずに)しまっておく, 控えておく (withhold); 〈人などを〉制止する, 押える (restrain); 〈情報などを〉隠して[知らせないで]おく 〔*from*〕: ~ *back* a part of an employee's pay 雇い人の給料の一部を支払わずにおく / ~ *back* a smile 微笑をこらえる / He *kept* his brother *back from* committing the crime. 彼は弟がその犯罪を犯さないように制止した. (2) (*vi.*) あとに下がっている, 引っ込んでいる 〔*from*〕. ***keep down*** (*vt.*) (1) 〈反乱などを〉鎮圧する, はばむ (suppress); 従属させる; 押えつける (restrain): You can't ~ *down* a good man. 有能な人は必ず頭角を現わすものだ. (2) 〈害虫・雑草などを〉押える, 除く. (3) 〈感情などを〉抑える, 抑えつける (overcome). (4) 〈経費などを〉抑制する, 抑える (restrict). (5) 〈食べた物を〉戻さないようにする. (*vi.*) 坐ったままでいる, 寝たままでいる; (敵などに見つからないように)伏せている. ***keep going*** (1) (*vt.*) 〈人〉の命をつなぐ; 財政的に援助する. (2) (*vi.*) 活動を続ける, 頑張る; 体がもつ: The whiskey helped him to ~ *going*. ウイスキーで体がもっていた. ***keep in*** (*vt.*) (1) 〈感情などを〉抑える, 隠す: ~ *in* one's feelings. (2) 閉じ込める, 外出させない: The doctor *kept* me *in* for a week. 医者に言われて1週間家に閉じ籠(こも)った. (3) (罰として放課後)〈生徒を〉留めておく, 残す: I was *kept in*. 私は残された. (4) 〈火やストーブを〉絶やさない. (*vi.*) (1) (室内に)閉じ籠(こも)る. (2) 〈火が〉燃え続けている. (3) 〘印刷〙間を詰めて組む (cf. KEEP *out* (3)). ***keep in with*** 《口語》…と調子よくやる, と仲よくしている (cf. *in* KEEPING *with*). ***keep it up*** (1) 《口語》頑張り続ける. (2) (パーティーなどを)いつまでも続ける; = LIVE *it up*. ***keep off*** (1) (*vt.*) 〈敵・災害などを〉防ぐ, 近づけない (avoid); 〈人を〉近づけない, 〈事柄など〉に触れさせない. (2) (*vi.*) …から離れている, …に寄りつかない: *Keep off* the grass. ⇨ grass 3. ***keep on*** (*vt.*) (1) (体に)着けた[着た]ままでいる: *Keep* your coat *on*, please. どうぞ外套はそのまま(お脱ぎにならないで). (2) (解雇しないで)雇っておく, 使っておく: ~ *on* one's cook / ~ a person *on* at his old job 人にもとからの仕事をさせておく. (*vi.*) (1) 続けてやる: I'm sick of my work, but I still ~ *on*. / He *kept on* talk*ing*. 話し続けた. (2) 進む, 進み続ける; 話し続ける: *Keep on* along this street. ずっとこの通りに沿って行きなさい / I don't want you ~*ing on about* your ailments. 病気のことをくどくどと聞かせてもらいたくはない. ***keep on at*** 《英》〈人〉にうるさく言う[せがむ], …にがみがみ言う (nag). ***keep out*** (1) 中に入れない, 締め出す; 中にはいらない, 外にいる: *Keep out!* 中にはいるな,「立入禁止」/ ~ a dog *out of* the house 犬を家に入れないようにする. (2) 〈…の一部分を〉取っておく (reserve): ~ *out* a part of one's pay *for* emergencies 給料の一部を非常の際の用意に取っておく. (3) 〘印刷〙間をあけて組む (cf. KEEP *in* (*vi.*) (3)). ***keep out of*** (1) …の中に入れない; …の中にはいらない (cf. KEEP *out* (1)): They wanted to ~ it *out of* the papers. そのことが新聞に出ないようにしたいと思った. (2) 〈悪い事など〉をさせない[しない], に関係させない[しない]: ~ children *out of* mischief / ~ *out of* quarrels けんかに巻き込まれないようにする. (3) 〈危険など〉を避け(させ)る: ~ *out of* danger. ***keep oneself to oneself*** = KEEP *to oneself* (2). ***keep to*** (1) 〈習慣・規則・約束など〉を固守[堅持]する; 〈道・本論など〉を離れない: *Keep to* the left [right]. [掲示] 左側[右側]通行. (2) 〈家など〉に閉じ籠(こも)る (remain in): ~ *to* one's bed (病気で)寝ている. ***keep together*** (1) 〈雑多な物を〉まとめておく; まとまっている. (2) (集団としての)まとまりを保たせる[保つ]. ***keep to oneself*** (1) (*vt.*) 自分のものに取っておく, 自分だけのものにしておく; 〈情報などを〉秘密にする: ~ one's views *to oneself* 自分の考えを胸に仕舞っておく. (2) (*vi.*) 人と交際しない, 孤独でいる. ***keep under*** (1) 〈人を〉抑えつける, 従属させる. (2) 〈感情を〉抑える, 制する. (3) 〈火事などを〉鎮める, 抑える. ***keep up*** (*vt.*) (1) 〈家・財産などを〉維持する (maintain): ~ *up* a large establishment 大世帯を張って行く. (2) 持続する: ~ *up* an attack 攻撃を続ける / ~ *up* a tradition 伝統を保つ / ~ *up* one's French フランス語の勉強を続ける / ⇨ KEEP *it up*. (3) 〈元気・価格などを〉維持する (preserve): ~ *up* the prices of exports 輸出品の価格を維持する / *Keep up* your spirits. 元気を出せ, 頑張れ. (4) (夜分寝かさずに)起こしておく. (*vi.*) (1) (病気・逆境などに)屈しない, 元気にやっている: In spite of the cold they *kept up* wonderfully. 寒さにもかかわらず非常に元気だった. (2) 〈人・時勢などに〉遅れない, 落後しない 〔*with*〕; 〔事情に〕通じている 〔*on*〕: ⇨ *keep up with the* JONESES / He walked so fast that she could not ~ *up with* him. 彼は非常に早く歩いたので彼女はついて行けなかった / He cannot ~ *up with* his class in school. 彼は学校ではクラスについて行けない / ~ *up with* the times 時勢に遅れないでいる / ~ *up on* current events 時局に通じている. (3) 〈天候などが〉(同じ状態で)続く: The heat *kept up* all the summer. その暑さは夏中続いた.
— *n.* **1 a** (人や動物を)養うこと, 扶養, 飼育. **b** (生きるに必要な)糧(かて), 食物; (家畜の)飼料; 食と住(など); 生活費, 生計, 扶養費, 飼育費: earn one's ~ 食い扶持(ぶち)をかせぐ / The cow is no longer worth her ~. もうあの牛は飼っていても割に合わない. **c** 《英》牧草(地). **2** (城の)天主閣, 本丸 (donjon); 砦(とりで), 櫓(やぐら), 城塞(じょうさい). **3** 牢獄, 刑務所 (prison). **4** 《古》管理, 保護; 維持. **5** [*pl.*; 単数扱い]「ほんこ」でするおはじき. **6** 〘アメリカンフットボール〙キープ《ハンドオフをフェイクした後, 自らボールを持って走るクォーターバック》.
for keeps 《口語》(1) (子供の勝負などで)一度取ったものは返さないという取決めで,「ほんこ」で; 真剣に, 本気で (seriously): play marbles *for* ~*s* おはじきをほんこでする / This is not a joke, it's *for* ~*s*. これは冗談ではない, 本気だぞ. (2) いつまでも, 永久に (forever, for good); 決定的に (finally): It's yours *for* ~*s*. これは本当に君に上げるのです / He has gone to England *for* ~*s*. 永住のために渡英した. ***in good [low] keep*** 《古》〈馬など〉体調がよく[すぐれないで].

kéep·er 〘(?a1300): ⇨ ↑, -er¹〙 — *n.* **1** 守る人; 保護者; 番人, 看視者, 看守; (猟場などの)見回り人, 監視員; = gamekeeper: a ~ of promises 約束を守る人 / a lighthouse ~ 燈台守 / a lunatic ~ 精神病患者の付添人 / I am not my brother's ~. 私はそんな人の番人ではない《責任はない; cf. *Gen.* 4:9》. **2** (店などの)経営者, 持主; 飼い主: ⇨ innkeeper, shopkeeper, storekeeper. **3 a** (博物館などの)館長. **b** 管理人, 保管者《英国では官職名に用いることが多い》. **4** 保存に耐える果物[野菜(など)]: a good [bad] ~. **5 a** (サッカー・アイスホッケーなどで)キーパー, 守備者: ⇨ goalkeeper. **b** 〘アメリカンフットボール〙= keep 6. **c** 〘クリケット〙= wicketkeeper. **6** = guard ring. **7** 留め装置《車の掣子(せいし)など》, とめ金, つめ, (戸の)かんぬき穴. **8** (戸や引き出しの錠前の)受座 (strike). **9** (馬蹄形磁石の)保磁子. **10** 〘釣〙獲っても法に触れない大きさの魚.
Keeper of Crown Jewels [the —] (英国の)王室宝器保管官 (cf. jewel-house).
Keeper of the Exchange and Mint [the —] (英国の)造幣局長《大蔵大臣 (Chancellor of the Exchequer) がその地位を占める》.
Keeper of the King's Conscience [the —] (国王の国務上の行為に対する責任者としての)大法官. 「長官.
Keeper of the Privy Purse [the —] (英国の)王室出納
Keeper of the Privy Seal [the —] (英国の)王璽保管官. 「Keeper.
Lord Keeper of the Great Seal [the —] = Lord
kéeper·shìp *n.* keeper の職[地位].
kéep·ing 〘(a1325): ⇨ keep (v.), -ing¹〙 — *n.* **1** 維持, 保持; 保有; 保有物: Finding's ~. ⇨ finding 1. **2** (規則などを)守ること, 遵守, 遵法; (儀式などを)行なうこと, 祝うこと: the ~ *of* a wedding anniversary 結婚記念日の祝いをすること. **3 a** 保存, 貯蔵: be *in* safe [good, fine] ~ 安全に[うまく]保存してある / This stamp is worth (the) ~. この切手は保存しておく価値がある. **b** [形容詞的に]: apples with good ~ quality 長くとって置ける[持ちのよい]りんご. **4** 扶養, 飼育; 食物, 飼料 (cf. keep *n.* 1). **5** 管理, 保管, 保護: have the ~ *of* a lighthouse 燈台守をしている / The papers are *in* my ~. 書類は私が保管している.
in* [*out of*] *keeping with …と調和して[しないで], と一致して[しないで] (cf. KEEP *in with*): His deeds are not *in* ~ [are *out of* ~] *with* his words. 彼の行為は言うことと一致していない.
kéeping ròom *n.* 《方言》居間 (sitting room).
kéep·sàke 〘(1790) ← KEEP (v.) + SAKE¹: NAMESAKE の類推による造語〙 — *n.* **1** 記念品, 形見 (cf. souvenir): give a thing for a ~ 形見に物を贈る. **2 a** 贈答用図書 (⇨ giftbook 1). **b** (クラブや機関が創立記念などの折に出す)記念贈答本. — *attrib. adj.* **1** (贈答本のさし絵の顔のように)美しいばかりが取り柄の: ~ prettiness. **2** 〈容姿・文体など〉贈答本にふさわしい(ような), にやけた: a ~ style.
kees·hond [kéɪshɔ̀(ː)nd, -hɑ̀nd, -hɔ̀(ː)nt, -hɑ̀nt | kéɪshɔ̀nd, kíːs-, -hɔ̀nt; *Du.* kéːshɔ̀nt] 〘▭ Du. ~ ← *Kees* ((dim.) ← *Cornelis* 'CORNELIUS') + *hond* 'HOUND¹'〙 — *n.* (*pl.* **kees·hon·den** [-hɔ̀(ː)ndən, -hɑ̀nd- | -hɔ̀nd-; *Du.* -hɔ̀ndən]) ケースホンド《北極原産の大種のイヌ; 灰色と黒色のまじった毛でおおわれ尾を巻いている》.
kees·ter [kíːstə | -tə(r)] *n.* = keister.
keet [kíːt] 〘擬音語〙 *n.* 〘鳥類〙ホロホロチョウ (guinea fowl); (特に)ホロホロチョウの若鳥.
Kee·wa·tin [kiːwéɪtn̩ | -tɪn] *n.* カナダ北部, Northwest Territories 東部の一地区; 面積 590,900 km^2.
kef [kéf, kéɪf | kéɪf] 〘(1808) ▭ Arab. 《口語》*kef* = *kayf* good humor, enjoyment〙 — *n.* **1** 夢ごこちの陶酔, 夢幻境《アラビア人がインド大麻の葉などを喫用して起こす快い催眠状態》. **2** (大麻の葉などから製する)喫煙用麻薬《marihuana など》.

Ke·fal·li·ní·a [*Mod. Gk.* kjèfaljinjía] *n.* ケファリニア《Cephalonia のギリシャ語名》.

kef·fi·yeh [kəfí:(j)ə] *n.* =kaffiyeh.

ke·fir [kefíə, kɪ-, kə-, kéfə | kefíə(r, kɪ-, kéfə(r; *Russ.* kjifír] 〖▭Russ. ～ ← Caucasian〗 ── *n.* ケフィール《Caucasia 地方で牛乳を発酵させて造る, 微アルコール性の酸味のある一種の乳酒; cf. koumiss》.

keg [kég, kéɪg | kég] 〖《1632》《変形》← 《古形》*cag* < ME *kag* ▭ ON *kagg-i*〗 ── *n.* **1** 小樽《容量通例《米》では 30,《英》では 10 ガロン入り》: a nail ～. **2** 《廃》100 ポンド《釘の重量単位》. **3** 小樽入りの生ビール.

keg·el·er [kégələ | -lə(r] *n.* =kegler.

keg·er·ee [kédʒərì:, ⸗⸗⸗|⸗⸗⸗, ⸗⸗⸗] *n.* =kedgeree.

keg·ler [kéglə, kéɪg- | kéglə(r] 〖▭G *Kegler* ← *kegeln* to bowl ← *Kegel* bowling pin: ⇨ -er[1]: cf. keg〗 *n.* 《米口語》=bowler[1] 1.

keg·ling [kéglɪŋ, kéɪg- | kég-] *n.* 《米口語》=bowling.

ke·hil·lah [kəhílə] 〖▭Heb. *qᵉhillāʰ* assembly, community〗 ── *n.* (*pl.* **-hil·loth, -hil·lot** [-lout, -louθ, -lous | -ləut, -ləuθ, -ləus]) (*also* **ke·hil·la** [～]) (慈善事業や公共事業を管理するための)ユダヤ人の共同体.

Kéi àpple [kéɪ-, káɪ-] 〖*Kei*: ← *the Great Kei* (南アフリカ共和国にある川の名)〗 *n.* 〖植物〗アフリカ南部原産イイギリ科の低木 (*Dovyalis caffra*)《実は食用になる》; その実.

Keigh·ley [kí:θli | -lɪ] 〖ME *Chichelai, Kikeleia* ← OE *Cyhha* (? 人名) + *lēah* open place in a wood〗 ── *n.* イングランド West Yorkshire 州北西の工業都市; 人口 57,000.

keir [kíə | kíə(r] *n.* =kier.

keis·ter [kí:stə, káɪs- | -tə(r] 〖▭? Yid ～ ▭ MHG *kiste* box, chest < Gmc **kistā* ▭ L *cista* 'CHEST'〗 ── *n.* 《米俗》 **1** 手さげかばん, 旅行かばん, スーツケース. **2** 金庫. **3** 尻(しり), 臀部(でんぶ).

Kei·tel [káɪtl | -tl; *G.* káɪtl], **Wilhelm** *n.* カイテル《1882–1946; ドイツの陸軍元帥; ナチ国防軍最高司令官; 戦犯で処刑された》.

Keith [kí:θ] 〖← Gael. 《原義》? wood: もとスコットランド系の貴族名〗 *n.* 男性名.

Keith, Sir Arthur *n.* (1866–1955) スコットランド生れの英国の人類学者.

keit·lo·a [káɪtlouə, kéɪt- | kéɪtləuə] 〖▭Bantu (Tswana) *khetlwa*〗 *n.* 〖動物〗=black rhinoceros.

Ke·ku·lé's fórmula [kéɪkəlèɪz-; *G.* ké:kule-] 〖← *Friedrich A. Kekule*〗 *n.* 〖化学〗ケクレの式《ベンゼンの六角形の構造式の一つ; cf. benzene ring》.

Ke·ku·lé von Stra·do·nitz [kéɪkəlèɪ-fən-ʃtrá:do(ʊ)nɪts | -fən-ʃtrá:də(ʊ)-; *G.* ké:kule-fən-ʃtrá:donɪts], **Friedrich August** *n.* ケクレ《1829–96; ドイツの有機化学者》.

Ke·lan·tan [kəlǽntæn, -lɑ:ntá:n | kelǽntən, kə-] *n.* ケランタン(州)《Malaysia 北部の州; 人口 681,000, 面積 14,970 km², 首都 Kota Bahru》.

kel·e·be [kéləbi, -bì: | -lɪbɪ] 〖▭Gk *kelébē* cup, jar〗 ── *n.* ケレベ《古代ギリシャ・ローマのぶどう酒と水を混ぜるのに使った混酒器; 卵形で口が狭く, 口縁から肩にかけて二つの取っ手がつく; cf. krater》.

K-eléctron *n.* 〖物理〗K 電子《原子核に最も近い軌道を回る電子》.

K-eléctron càpture *n.* 〖物理〗=K-capture.

ke·lep [kəlép] 〖▭Guatemala《土語》*kelép*〗 ── *n.* 〖昆虫〗ハリアリの一種 (*Ectatomma tuberculatum*)《中米に生息するアリ; 昆虫を食べるのでワタミハナゾウムシ (boll weevil) 駆除のため米国にもたらされた》.

Kel·ler [kélə | -lə(r; *G.* kɛ́lɐ], **Gottfried** *n.* ケラー《1819–90; スイスの小説家・詩人; *Der grüne Heinrich*「緑のハインリッヒ」(1854–55)》.

Kel·ler [kélə | -lə(r], **Helen (Adams)** *n.* (1880–1968) 米国の女流著述家; 盲聾唖(ろうあ)の三重苦を Anne Sullivan Macy の指導により克服し, 平和運動・社会運動に活躍; *The Story of My Life* (1902).

kel·let [kélɪt, -lət] 〖《変形》← KILLICK〗 ── *n.* 〖海事〗増し錨《錨鎖(びょうさ)の途中に吊す小錨で, それより先の錨鎖を水平にして錨かきを良くするためのもの; sentinel ともいう》.

kel·li·on [kéliɑ̀n, -ə̀(:)n | -lɪɔ̀n] 〖▭LGk *kellion*《原義》little cell (dim.) ← Gk *kélla* 'CELL'〗 *n.* (*pl.* **-li·a** [-liə, -liɑ̀: | -lɪə, -lɪɑ̀:]) 〖東方正教会〗小修道院.

Kel·logg [kélɔ(:)g, -lɑg | -lɔg], **Frank Billings** *n.* (1856–1937) 米国の政治家; 国務長官のときにフランスの Briand と共に不戦条約 (Kellogg-Briand Pact) の締結に尽力 (1928); Nobel 平和賞 (1929).

Kells [kélz] *n.* ケルズ《アイルランド共和国東部, Meath 州の町》: the Book of ～ ⇨ book *n.*

kel·ly[1], **K-** [kéli | -lɪ] 〖← KELLY: この名がアイルランドに多い名であり, 緑色が昔からアイルランドの色とされていることから〗 ── *n.* **1** 〖顔料〗黄味を帯びた濃緑色 (kelly green). **2** 〖玉突〗=Kelly pool.

kel·ly[2] [kéli | -lɪ] 〖↓〗 *n.* (*pl.* **kel·lies, ～s**) 《米口語》(男子用の)堅い帽子《山高帽など》.

Kel·ly [kéli | -lɪ] 〖← Ir.-Gael. *ceallach* warrior〗 *n.* 男性名.

kélly gréen, K- g- *n.* 〖顔料〗=kelly[1] 1.

Kélly pòol *n.* 〖玉突〗ケリープール《ゲームを始める前に各プレーヤーが番号をひいて, 自分の番号のついたボールが打ちおとされたら負け; 順次プレーし, 最後に残った番号のボールのものが勝者となるゲーム》.

Kelm·scott [kél(m)skɑt, -skət | kémskɔt] 〖← *Kelmscott Press* (William Morris が自邸にちなんでつけた印刷・出版社名)〗 ── *attrib. adj.* ケルムスコット版の《芸術的印刷と意匠を凝らした版にいう》.

ke·loid [kí:lɔɪd] 〖▭F *kéloïde, chéloïde* ← Gk *kēlís* stain ← *khēlḗ* claw: ⇨ -oid〗 ── *n.* 〖病理〗ケロイド, 蟹足腫(かいそくしゅ)《皮膚の傷跡などに生じるかにの爪に似た堅い結合組織》. ── *attrib. adj.* ケロイド(状)の.

ke·loid·al [ki:lɔ́ɪdl] *adj.* ケロイド(状)の.

kelp [kélp] 〖《c1387》*culp(e)* ← ?〗 ── *n.* **1** 〖植物〗ケルプ《コンブ・アラメの類やホンダワラの類の漂着性の大型海藻の総称》. **2** ケルプ灰《漂着海藻を焼いたもの; ヨー素・カリウム塩などの原料; kelp ash ともいう; cf. barilla 2》.

kélp báss [-bǽs] *n.* 〖魚類〗釣りの対象魚として重要な米国 California 州沿岸のハタ科の魚 (*Paralabrax nebulifer*).

kel·pie[1] [kélpi | -pɪ] 〖《1747》《スコット》～ ← ?: cf. Sc.-Gael. *calpa* colt〗 ── *n.* 〖スコット伝説〗ケルピー, 水魔《馬の形をした水の怪物; 旅人などを溺死させて喜ぶという》.

kel·pie[2] [kélpi | -pɪ] 〖← *Kelpie*(この種の犬の一匹につけられた名)〗 *n.* ケルピー《オーストラリアの牧羊犬》.

kel·py [kélpi | -pɪ] *n.* 〖スコット伝説〗=kelpie[1].

kel·son [kélsn] *n.* 〖造船〗=keelson.

kelt [kélt] 〖ME《北部方言》～ ← ? Sc.-Gael. *cealt*〗 *n.* 《スコット》(産卵直後の)やせた鮭.

Kelt [kélt] *n.* =Celt. **Kélt·ic** [kéltɪk | -tɪk] *adj., n.* **～·i·cìsm** [-təsìzm | -tɪ-] *n.*

kel·ter [kéltə | -tə(r] *n.* 《英》=kilter.

kel·vin [kélvɪn, -vən | -vɪn] 〖← Sir *William Thomson, Lord Kelvin*〗 〖物理化学〗 ── *n.* ケルビン《水の三重点 (triple point) の熱力学的温度の 1/273.16 で定義される熱力学温度の SI 基本単位》. ── *adj.* [K-] ケルビン目盛り (Kelvin scale) の.

Kel·vin [kélvɪn, -vən | -vɪn] 〖← Ir.-Gael. *caolabhuinn* from the narrow place〗 *n.* 男性名.

Kelvin, 1st Baron *n.* (1824–1907) アイルランド生れの英国の物理学者・数学者; 本名 Sir William Thomson.

Kélvin effèct 〖← Sir *William Thomson, Lord Kelvin*〗 *n.* 〖電気〗ケルビン効果 (⇨ Thomson effect).

Kélvin scàle 〖← Sir *William Thomson, Lord Kelvin*〗 *n.* 〖物理化学〗ケルビン(絶対温度)目盛り, 熱力学的温度目盛り《0°C は 273.15K に当たる; 記号 K》.

Ke·mal A·ta·türk [kəmɑ́:l-ǽtətə̀:k, -ɑ́:tə- | kemá:l-ǽtətə̀:k, kə-, -ǽtətə́:k; *Turk.* kemál-ɑtɑtýrk] *n.* ケマル アタチュルク《1881–1938; トルコの将軍・政治家でトルコ共和国の初代大統領 (1923–38); 本名 Mustafa Kemal》.

Kem·ble [kémbl], **Frances Anne** *n.* (1809–93) 英国の女優・著述家; J. P. Kemble の姪(めい); 通称 Fanny Kemble.

Kemble, John Mitchell *n.* (1807–57) 英国の歴史家・言語学者; J. P. Kemble の甥(おい).

Kemble, John Philip *n.* (1757–1823) 英国の悲劇俳優; Mrs. Sarah Siddons の弟, F. A. Kemble の伯父.

Ke·me·ro·vo [kémərəvə, -ròuvə, -rəvòu | -rəvə, -rəuvə, -rəvəu; *Russ.* kjémjirəvə] *n.* ケメロボ《ソ連邦ロシヤ共和国中部の都市; 人口 454,000》.

kemp[1] [kémp] 〖《c1385》▭ON *kamp-r* beard, whisker of a cat, lion, etc.〗 *n.* (羊毛中の)粗毛; [*pl.*] よりのけた粗毛.

kemp[2] [kémp] 〖OE *cempa* < (WGmc) **kampjo* ▭ L *campus* plain, battlefield: ⇨ camp[1]: cf. OE *camp* combat〗 ── *n.* 《英方言》 **1 a** 勇士, つわもの. **b** (競技の)勝者, チャンピオン. **c** 気性の激しい若者. **2** 農業労働者間の(特に刈り取りの)競争. ── *vi.* 《スコット》刈り取りの競争をする. **～·er** *n.*

Kemp [kémp], **William** *n.* 16 世紀末ごろの英国の喜劇俳優; 通称 Will Kemp.

Kempis, Thomas à *n.* ⇨ Thomas à Kempis.

kempt [kém(p)t] 〖OE *cemd-* (p.p.) ← *cemban* 'to COMB'〗 *adj.* 〈髪など〉くしを入れた; きちんとした.

ken[1] [kén] 〖*n.*: 《1545》《廃》kenning ← (v.). ── v.: OE *cennan* to declare, make known < Gmc **kannjan* ← **kann-* 'I know, CAN[2]' (G & Du. *kennen* to know) ← IE **gen-* 'to KNOW[1]'〗 ── *n.* **1** 眼界, 視界. **2** 知力[理解]の範囲. ★ 今は 1, 2 とも主に次のような成句に用いる:

beyond* [*outside, out of*] *one's ken (1) 知識[知力]の及ばない所に: *beyond* human ～ 人知の及ばない所に. (2) 視界外に, 目の届かない所に. ***swim into* [*come in*] *one's ken*** 〈未知の物が〉(初めて)視界に現われる, 姿を表わす, 見えてくる (cf. John Keats, *On First Looking into Chapman's Homer*, 10).

── *v.* (**kenned, kent** [ként]; **ken·ning**) ── *vt.* **1** 《古・方言》見る; 認める. **2** 《スコット》〈人・物事を〉知る, 知っている 〈*that*〉. ── *vi.* 《スコット》知る, 知っている〔*of, about*〕.

ken[2] [kén] 〖《1567》《略》? ← KENNEL[1]〗 *n.* 《俗》(盗賊などの)巣, 隠れ家.

Ken [kén] 〖(dim.) ← KENNETH〗 *n.* 男性名.

Ken. 《略》Kensington; Kentucky (州); Kenya.

ken- [ki:n, ken] (母音の前に来る時の) keno- の異形.

ke·naf [kənǽf] 〖▭Pers. ～〗 ── *n.* **1** 〖植物〗ケナフ, ボンベイアサ, アンバリヘンプ (*Hibiscus cannabinus*)《インド産アオイ科ムクゲ属の植物; ambari ともいう》. **2** ケナフ繊維, ボンベイ麻糸《ケナフから得られるジュート (jute) のような弱い繊維; ロープの材料となる》.

Ké·nai Península [kí:naɪ-] *n.* [the ～] ケナイ半島《米国 Alaska 州南部の半島; 長さ 260 km》.

kench [kéntʃ] 〖《変形》? ← 《英方》*canch*〗 *n.* 《米》(獣皮や魚を塩漬けにする)深い入れ物.

Ken·dal [kéndl] 〖lateOE (*Cherkaby*) *Kendale*《原義》'DALE of the River KENT[1]'〗 ── *n.* **1** イングランド北西部 Cumbria 州の都市; 旧 Westmorland 州の事実上の首都. **2** =Kendal green 1.

Kéndal gréen 〖← *Kendal* (↑): もとここに Flanders の織工たちが居住したことから〗 ── *n.* **1** ケンダル織《昔用いられた緑色の紡毛織物》. **2** 〖染色〗(昔用いられた)緑色染料《エニシダの一種から作る》.

Ken·dall [kéndl] 〖← KENDAL〗 *n.* 男性名.

Kendall, Edward Calvin *n.* (1886–1972) 米国の生化学者, 内分泌学者; Nobel 医学生理学賞 (1950).

Kéndal snéck bènt *n.* 〖釣〗スネックベンド《四角に曲がった釣鉤》.

ken·dir [kéndíə | -díə(r] *n.* =kendyr.

Ken·drew [kéndru:], **John Cow·der·y** [káudəri | -rɪ] *n.* (1917–) 英国の化学者; Nobel 化学賞 (1962).

ken·dyr [kendíə | -díə(r] 〖▭Turk. *kendir* hemp〗 ── *n.* **1** ケンディール《アドリア海城産の麻に似た丈夫な植物繊維》. **2** 〖植物〗バシクルモン (*Apocynum venetum*)《ケンディールをとる》.

Ken·il·worth [kénɪlwə̀:θ | -nɪlwə̀:θ, -nl-, -wəθ] 〖OE *Chinewrde*《原義》enclosure of *Cynehild* (女性名)〗 ── *n.* イングランド中部 Warwickshire 州の都市; 近郊に Walter Scott の同名の歴史小説の背景をなす古城の廃墟(はいきょ)がある; 人口 20,000.

Kénilworth ívy *n.* 〖植物〗ツタガラクサ (*Cymbalaria muralis*)《ヨーロッパ高地原産のゴマノハグサ科の耐寒性多年草; 薄い青紫の小さな花をつける》.

Kenn [kén] 〖← ? OWelsh *cain* clear water〗 *n.* 男性名.

Ken·nan [kénən], **George F(rost)** *n.* (1904–) 米国の外交官・歴史家; ソ連問題の権威.

Ken·nard [kenɑ́əd, kə- | -nɑ́:d] 〖ME *Keneward, Kyneward* ← OE *cēne* warlike, brave // *cyne-* royal + *weard* guardian〗 *n.* 男性名.

Ken·ne·bec [kénəbèk, ⸗⸗⸗] *n.* [the ～] 米国 Maine 州西部を南流して大西洋に注ぐ川 (264 km).

Ken·ne·dy [kénɪdi, -nə- | -dɪ], **Cape** 〖← *John F. Kennedy*〗 *n.* ⇨ Cape CANAVERAL.

Ken·ne·dy [kénɪdi, -nə- | -dɪ], **Edward M(oore)** (1932–) 米国の政治家, 上院議員; John F. Kennedy の弟.

Kennedy, John F(itzgerald) *n.* (1917–63) 米国の政治家; 第 35 代大統領 (1961–63); 暗殺された; 略 J.F.K.

Kennedy, John Pendleton *n.* (1795–1870) 米国の小説家; *Horse-Shoe Robinson* (1835).

Kennedy, Robert (Francis) *n.* (1925–68) 米国の政治家, 上院議員; John F. Kennedy の弟; 暗殺された.

Kénnedy Áirport *n.* ケネディー空港《John F. Kennedy International Airport の通称名》.

Kénnedy Róund *n.* [the ～] 〖経済〗ケネディーラウンド《米国の John. F. Kennedy 大統領の提唱により 1964 年–67 年に行なわれたガット (GATT) の第 6 回関税交渉のことで, 関税一括引下げ交渉の一環》.

ken·nel[1] [kénl] 〖《1301》 *kenel* ▭ AF **kenil* = (O)F *chenil* < VL **canile* ← L *canis* dog: cf. canine, hound[1]〗 ── *n.* **1** 犬小屋. **2** [通例 *pl.* で, 単数または複数扱い] 犬の飼育場, 犬の預かり所, 犬舎: keep a ～*s* 犬舎を経営する. **3** あばら屋. **4** (猟犬などの)群 (pack): a ～ of hounds, wolves, etc. **5** (狐などの)巣. ── *v.* (**-neled,** 《英》**-nelled; -nel·ing,** 《英》**-nel·ling**) ── *vt.* 犬小屋に入れる[で飼う]. ── *vi.* **1** 〈犬が〉犬小屋に入る[入っている]; 〈狐などが〉穴に隠れる. **2** 〈人が〉(むさくるしい所に)住む; 潜む.

ken·nel[2] [kénl] 〖《1582》∽ *cannel* < ME *can(n)el* ▭ AF *canel* = OF *chanel* 'CHANNEL[1]': cf. canal〗 *n.* (道端の)溝, どぶ (gutter).

kénnel clùb *n.* ケンネルクラブ《畜犬の血統の証明と登録をし, 展覧会や競技の管理をしたりする非営利的な組織》.

Ken·nel·ly [kénəli, -nli | -nəlɪ, -nlɪ], **Arthur Edwin** *n.* (1861–1939) 米国の電気技師.

Kénnelly-Héaviside làyer 〖← A. E. *Kennelly* (1861–1939: 米国の電気技師) & *Oliver Heaviside* (1850–1925: 英国の物理学者)〗 *n.* [the ～] 〖通信・気象〗ケネリー ヘビサイド層 (⇨ ionosphere 2).

kénnel·man [-mən] *n.* (*pl.* **-men** [-mən]) 犬舎番人.

Kén·ne·saw Móuntain [kénɪsɔ̀:-, -nə-] *n.* ケネソー山《米国 Georgia 州中西部の山; 南北戦争の戦跡 (1864)》.

Ken·neth [kénɪθ, -nəθ | -nɪθ] 〖(i) ▭ Gael. *Cinaed* // (ii) Sc.-Gael. *Coinneach*《原義》handsome〗 *n.* 男性名《愛称形 Ken, Kenney, Kennie》.

Ken·ney [kéni | -nɪ] 〖(dim.): ↑〗 *n.* 男性名.

Ken·nie [kéni | -nɪ] 〖(dim.) ← KENNETH〗 *n.* 男性名.

ken·ning[1] [kénɪŋ] 〖《a1325》: ⇨ ken[1] (v.), -ing[1]〗 *n.* **1** 《古・方言》認識, 理解. **2** 《スコット》(どうにか認められるほど)僅か, 少し (little).

ken·ning[2] [kénɪŋ] 〖《1883》▭ ON *kenning-ar* (pl.) symbols ← *kenna* to know, name: ⇨ ken[1]〗 *n.* 〖修辞〗ケニング, 代称《一つの名詞を複合語または語群で隠喩的に表現する技巧; 中世ゲルマン諸語(特に古期英語や古期北欧語)の詩に見られる一特徴で 18 世紀の詩でも用いられた；例：OE *hwælweġ* (＝whale-way, *i.e.* sea), *woruldcandel* (＝world-candle, *i.e.* sun)》.

Ken·ning·ton [kénɪŋtən] 〖OE *Chintūn* ← *cyne-tūn* royal manor〗 ── *n.* London 南東部, Lambeth 自治区の一地区；有名な Kennington Oval がある.

Kénnington Óval *n.* ケニングトンオーバル (⇨ oval *n.* 2 b).

Ken·ny [kéni | -nɪ], **Elizabeth** *n.* (1886–1952) オーストラリアの看護婦, 小児麻痺(ﾋ)の治療法に光明を与えた；通称 Sister Kenny.

Kénny mèthod [trèatment] *n.* [the ～] ケニー療法《Elizabeth Kenny の始めた小児麻痺(ﾋ)の治療法で, 温熱・運動療法などを組合せたもの》.

ke·no [kíːnou | -nəu] 〖《転訛》← F *quine* five winning numbers ＜ OF *quines* (pl.) ＜ L *quīnī* five each ← *quīnque* five〗 ── *n.* (*pl.* **～s**) 《米》 キーノゥ《lotto の一種で, 1880 年代に流行し始めた賭博；5 列各 5 区画に 1 から 90 の数字が記され, blank はない》.

ke·no- [kíːno(ʊ), kén- | -nə(ʊ)] 〖← Gk *kenós* empty〗「空の (empty)」の意の連結形. ★ 母音の前では通例 ken- になる.

kèno·génesis *n.* 〖生物〗 ＝cenogenesis. **kèno·ge·nétic** *adj.*

Ke·no·sha [kɪnóʊʃə, kə- | kɪnə́ʊ-] 〖▭ F *Keinouche* ▭ N-Am.-Ind. (Algonquian) *kinōzhan* 《原義》 pickerel〗 ── *n.* 米国 Wisconsin 州南東部, Michigan 湖畔の都市；人口 79,000.

ke·no·sis [kɪnóʊsɪs, kə-, -səs | kɪnə́ʊsɪs] 〖《1873》▭ Gk *kénōsis* an emptying ← *kenós* empty：⇨ keno-, -osis〗 ── *n.* (*pl.* **-no·ses** [-siːz]) 〖神学〗 **1** (キリストの Incarnation における)神性放棄, ケノーシス, 謙虚 (cf. *Phil.* 2：5–8). **2** 神性放棄に関する教義・解釈. **ke·not·ic** [kɪnɑ́ṭɪk, kə- | kɪnɔ́t-] *adj.*

ke·not·i·cism [kɪnɑ́ṭəsìzm, kə- | kɪnɔ́tɪ-] *n.* 〖神学〗(キリストの)神性放棄説, ケノーシス説《16, 17 世紀のルーテル教会に始まるキリストの神性をめぐる一説》.

ken·o·tron [kénətrɑ̀n | -trɔ̀n] 〖← KENO-＋-TRON〗 *n.* 〖電気〗 ケノトロン《高電圧整流用の真空管》.

Kens. 《略》 Kensington.

Kén·sal Gréen [kénsḷ-] *n.* London 北西部にある地区；広い共同墓地 (Kensal Green Cemetery) がある.

Ken·sing·ton [kénzɪŋtən] 〖OE *Chenesitūn* 《原義》 town of *Cynesiġe's* people〗 *n.* もと London 西部の自治区；今は Kensington and Chelsea の一部.

Kénsington and Chélsea *n.* London 中央部の自治区；Kensington Gardens や重要な博物館がある (cf. Chelsea)；人口 185,000.

Kénsington Gárdens *n. pl.* [しばしば単数扱い] ケンジントン公園《London の Hyde Park の西に隣接する大きな公園；もと Kensington Palace の庭園》.

Kénsington Pálace *n.* ケンジントン宮殿《London の Kensington Gardens の西端にあり, 一部は London 博物館となっている；Margaret 王女が住んでいる；1689–1760 年まで王宮》.

ken·speck·le [kénspèkḷ] 〖← ?：cf. ON *kennispeki* power of recognition〗 *adj.* 《スコット》 それとすぐわかる, 目立つ (conspicuous).

kent [ként] *v.* ken[1] の過去形・過去分詞.

Kent[1] [ként] 〖OE *Cent* ▭ L *Cantium* ← ? Celt. **canto-* (Welsh *cant*) border, white〗 ── *n.* **1** イングランド南東端の州；Thames 川南方の森の多い田園地方；人口 1,396,000, 面積 3,710 km², 首都 Maidstone：a man of ～ 《英》 (Medway 川以東の) Kent 州の人 (cf. Kentish). **2** 〖英史〗 現在の Kent 州の地方に, 5 世紀にジュート人が建てた王国 (cf. heptarchy 2 b).

Kent[2] [ként] 〖← ? OWelsh *cant* white〗 *n.* 男性名.

Kent [ként], **James** *n.* (1763–1847) 米国の法律家；*Commentaries on American Law* (1826–30).

Kent, Rockwell *n.* (1882–1971) 米国の画家.

Kent, William *n.* (1685–1748) 英国の画家・パラディオ主義 (Palladianism) の建築家.

Ként bùgle 〖← ? (*Duke of*) *Kent* (1767–1820：Victoria 女王の父)〗 *n.* ＝key bugle.

Kent·ish [-ṭɪʃ | -tɪʃ] *adj.* (イングランド) Kent 州(人)の：a ～ man 《英》 (Medway 川以西の) Kent 州の人 (cf. a man of Kent ⇨ Kent[1] 1). ── *n.* (特に OE および ME で)ケント方言.

Kéntish fíre 〖1828–29 年に Kent 州で行われたカトリック解放法案 (Catholic Relief Bill) 反対の集会に由来する〗 ── *n.* 《英》 (演説会場などでの)鳴りやまぬ拍手喝采, ごうごうたる反対の声.

Kéntish·man [-mən] *n.* (*pl.* **-men** [-mən]) 《米》 (イングランド) Kent 州の人.

Kéntish rág *n.* 〖岩石〗 ケント石《イングランド Kent 地方産の堅い石灰石で建築材》.

kent·ledge [kéntlɪdʒ, -ledʒ] 〖《1607》▭ (O)F *quintelage* ← QUINTAL＋-AGE〗 *n.* 〖海事〗 (船の竜骨上に積む)永久バラスト用銑鉄.

Ken·tuck·i·an [kəntʌ́kiən, kɪn- | kentʌ́kɪ-] *adj.* (米国) Kentucky 州(人)の. ── *n.* Kentucky 州人.

Ken·tuck·y [kəntʌ́ki, kɪn- | kentʌ́kɪ] 〖← N-Am.-Ind. (Iroquoian)：land of tomorrow または prairie の意?〗 ── *n.* **1** 米国中東部の州 (⇨ United States of America 表). **2** [the ～] 同州東部から流れ Ohio 川に合流する川 (417 km).

Kentúcky báss *n.* 〖魚類〗 ケンタッキーバス (*Micropterus punctulatus*) 《北米淡水産サンフィッシュ科ブラックバス属の魚》.

Kentúcky blúegrass *n.* 〖植物〗 ナガハグサ (*Poa pratensis*) 《米国 Mississippi 川流域に特に多く, 牧草として有用；meadow grass ともいう；cf. bluegrass 1》.

Kentúcky cóffee trèe *n.* 〖植物〗 北米産マメ科の高木 (*Gymnocladus dioica*) 《その実 (Kentucky coffee bean) はもとコーヒーの代用品として用いられた；bonduc ともいう》.

Kentúcky cólonel *n.* 《米》 ケンタッキー大佐《Kentucky 州で非公式の名誉称号 Colonel をもらった人》.

Kentúcky Dérby *n.* [the ～] 〖競馬〗 ケンタッキーダービー《明け 4 歳馬による米国三冠レースの一つ；Kentucky 州 Louisville の Churchill Downs 競馬場で毎年 5 月の第一土曜日に行なわれる；1875 年創設；距離 1.25 miles (＝2,000 m)；cf. classic races 2, triple crown 3》.

Kentúcky rífle *n.* ケンタッキーライフル銃《18 世紀初め米国 Pennsylvania 州 Lancaster 近郊で開発された口装・火打ち石発火のライフル銃；西部辺境で盛んに用いられた》.

Ken·ya [kénjə, kíːn-] *n.* ケニア《アフリカ東部にある英連邦内の共和国；もと英国の植民地兼保護領であったが 1963 年独立；人口 14,340,000, 面積 582,644 km², 首都 Nairobi；公式名 the Republic of Kenya ケニア共和国》.

Kenya, Mount *n.* ケニア山《アフリカ東部 Kenya 中部の火山 (5,197 m)》.

Kénya Áfrican Nátional Únion *n.* [the ～] ケニアアフリカ民族同盟《ケニアの政党；略称 KANU》.

Ken·yan [kénjən, kíːn-] *adj.* ケニアの；ケニア人の. ── *n.* ケニア人.

ken·ya·pi·the·cus [kènjəpɪθíːkəs, kìːnjə-, -pə-, -píθɪ-, -θə- | -pɪθíː-, -píθɪ-] 〖← *Kenya*＋NL *pithicus* ← Gk *píthēkos* ape〗 ── *n.* 〖人類学〗 ケニアピセカス (*Kenyapithecus wickeri*) 《1962 年ケニアで発見された *Kenyapithecus* 属の第三紀中新世ならびに鮮新世の高等霊長類の化石；人類の先祖である可能性が強い；約 1,400 万年前に生息》.

Ken·yat·ta [kenjǽṭə | -tə], **Jo·mo** [dʒóumou | dʒə́ʊməʊ] *n.* ケニヤッタ《1893?–1978；ケニアの政治家；首相 (1963), 大統領 (1964–78)》.

Ken·yon [kénjən | -njən, -nɪən], **John Samuel** *n.* (1874–1959) 米国の音声学者・英語学者；*American Pronunciation* (1924, '35[6]), *A Pronouncing Dictionary of American English* (1944, '49) 《T. A. Knott [nɑ́t | nɔ́t] (1880–1945) と共編》.

Ke·o·kuk [kíːəkʌ̀k] *n.* 米国 Iowa 州南東部, Mississippi 河畔の都市；巨大なダム (Keokuk Dam) がある；人口 15,000.

Ke·os [kíːɑs | -ɔs] *n.* **1** ケア(島)《ギリシャ南東岸沖, Cyclades 諸島中の島；ギリシャ領；ギリシャ語名 Kéa；人口 1,700, 面積 145 km²》. **2** ケア《Keos 島中最大の都市；人口 700》.

keph·a·lin [kéfəlɪn, -lən | -lɪn] *n.* ＝cephalin.

ke·pi [kéɪpi, képi | -pɪ; *F.* kepi] 〖《1861》▭ F *képi* ▭ G 《方言》 *Käppi* (dim.) ← G *Kappe* 'CAP[1]'〗 ── *n.* ケピ帽《フランスの軍帽, 筒型で頂部が扁平(前方へ傾斜している場合もある), ほぼ水平なまびさし付き；警官なども同じ形のものをかぶる》.

1 2
kepis
1 stiff; 2 soft

Kep·ler [képlə | -lə(r; *G.* képlɐ], **Johann** *or* **Johan·nes** *n.* ケプラー《1571–1630；ドイツの天文学者・物理学者；Kepler's laws の発見者》.

Kep·le·ri·an [keplí(ə)riən | -líərɪ-] *adj.* ケプラー(の法則)の.

Keplérian télescope *n.* ケプラー式望遠鏡.

Képler's làws *n. pl.* 〖天文〗 ケプラーの法則《惑星運動に関する J. Kepler の三法則》.

kept [képt] *v.* keep の過去形・過去分詞. ── *adj.* **1** 囲いものの：a ～ mistress [woman] 妾(ﾒｶｹ). **2** 金銭上の援助を受けている：a ～ press 御用新聞.

Ker. 《略》 Kerry (州).

ker- [kə | kə] 〖擬音語〗 ── *pref.* 《米》 重い物が落ちる音や破裂の音などを表わす；主に擬音語に付けてそれを強調する：*ker*bang [kəbǽŋ | kə-] がたーん(と), ずどーん(と) / ⇨ kerplunk, kersmash.

Ker [kéə, kə́ː, kɑ́ə | kɑ́ː(r, kéə(r, kə́ː(r], **W(illiam) P(aton)** *n.* (1855–1923) スコットランド生れの英国の文学者, 中世研究の権威；*Epic and Romance* (1897), *English Literature*：*Mediaeval* (1912).

Ker·a·la [kérələ] *n.* ケララ(州)《インド南端の州；人口 21,281,000, 面積 38,855 km², 首都 Trivandrum》.

ke·ram·ic [kɪrǽmɪk, kə- | kɪ-] *adj.*, *n.* ＝ceramic.

ker·at- [kérət] (母音の前に来る時の) kerato- の異形 (⇨ cerato-).

ker·a·tec·to·my [kèrətéktəmi | -mɪ] 〖← KERATO-＋-ECTOMY〗 *n.* 〖眼科〗 角膜切除(術).

ker·a·tin [kérəṭn, -ṭən, -tṇ | -tɪn] 〖← KERATO-＋-IN[1]〗 ── *n.* 〖生化学〗 ケラチン, 角質《角・爪・羽・髪などに含まれる黄褐色の蛋白質；水に不溶, 酸やアンモニアの水溶液に溶ける；cf. chitin》.

ker·a·tin·i·za·tion [kərǽṭənɪzéɪʃən, -nə-, -tṇ- | kɪrǽtɪnaɪ-, -nɪ-] *n.* 〖生化学〗 ケラチン化, 角質化.

ker·a·tin·ize [kərǽṭənàɪz, -tṇ- | kɪrǽtɪn-] *vt.*, *vi.* 〖生化学〗 ケラチン化する, 角質化する.

ke·rat·i·noid [kərǽṭənɔ̀ɪd, -tṇ- | kɪrǽtɪn-] 〖⇨keratin, -oid〗 *adj.* 〖生化学〗 角質様の.

ke·ra·ti·no·phil·ic [kèrətənəfílɪk, kərǽṭ-, -tṇ- | kèrətɪnə(ʊ)-, kɪrǽt-] *adj.* 〖細菌〗 好ケラチン性の《硬蛋白質のケラチン質からなる動物の毛・皮などに好んで生じる菌類についていう》.

ke·rat·i·nous [kərǽṭənəs, -tṇ- | kɪrǽtɪn-, -tṇ-] 〖▭ Gk *kerátin-os*：⇨ keratin, -ous〗 *adj.* 〖生化学〗 ケラチン(性)の；角(状)の, 角質の (horny).

ker·a·ti·tis [kèrətáɪṭɪs, -ṭəs | -tɪs] 〖《1858》← KERATO-＋-ITIS〗 *n.* 〖眼科〗 角膜炎.

ker·a·to- [kérəṭo(ʊ) | -tə(ʊ)] 〖▭ Gk *kerato-* ← *kéras* 'HORN'〗 ＝cerato-. ★ 母音の前では通例 kerat- になる.

kèrato·conjunctivítis 〖⇨↑, conjunctivitis〗 *n.* 〖眼科〗 角結膜炎 (cf. pinkeye).

ker·a·tode [kérətòud | -tə̀ud] *n.* 〖動物〗 ＝keratose.

kèrato·dérma 〖← NL ～：⇨ kerato-, -derma〗 *n.* **1** 〖解剖〗 角膜. **2** 〖病理〗 角皮；角皮症.

kèra·to·dérmia *n.* 〖病理〗 ＝keratoderma 2.

ker·a·tog·e·nous [kèrətɑ́dʒənəs | -tɔ́dʒɪ-] *adj.* 角[角質物]を生じる.

ker·a·toid [kérətɔ̀ɪd] 〖▭ Gk *keratoeid-ēs* hornlike：⇨ kerato-, -oid〗 *adj.* 角に似た, 角質の (horny).

Ker·a·tol [kérətɔ̀(ː)l, -tòul | -tɔ̀l] 〖← ? KERATO-：⇨ -ole[2]〗 *n.* 〖商標〗 ケラトール《皮に似た製本用防水布》.

ker·a·to·ma [kèrətóumə | -tə́ʊ-] 〖⇨ kerato-, -oma〗 *n.* (*pl.* **～s**, **～·ta** [～ṭə | ～tə]) 〖病理〗 角化腫.

ker·a·tom·e·ter [kèrətɑ́məṭə | -tɔ́mɪtə(r, -mə-] *n.* 〖医学〗 角膜計《角膜の彎曲度を測定するもの》.

ker·a·to·plas·ty [kérəṭo(ʊ)plæ̀sti | -tə(ʊ)plæ̀stɪ] 〖▭ G *Keratoplastik*：⇨ -plasty〗 *n.* 〖眼科〗 角膜形成(術), 角膜移植(術).

Ker·a·to·sa [kèrətóusə, -zə | -tə́ʊ-] 〖← NL ～ ← KERATO-＋L *-ōsa* ((neut. pl.) ← *-ōsus* '-OUS')〗 *n. pl.* 〖動物〗 角質海綿目.

ker·a·to·scope [kérəṭəskòup | -təskə̀up] *n.* 〖医学〗 角膜鏡；検影器.

ker·a·tose [kérətòus | -tə̀us] 〖⇨ kerato-, -ose[1]〗 〖動物〗 *adj.* **1** 角質海綿目の. **2** 〈海綿類が〉角質の (horny). ── *n.* (海綿類の)角質纖維.

ker·a·to·sis [kèrətóusɪs, -sɪs | -tə́ʊsɪs] 〖← NL ～ ← KERATO-＋-OSIS〗 *n.* (*pl.* **-to·ses** [-siːz]) 〖病理〗 **1** 角化症, 角皮症《いぼ・たこなど》. **2** 角化, 角皮増殖. **ker·a·tot·ic** [kèrətɑ́ṭɪk | -tɔ́t-] *adj.*

ker·a·tot·o·my [kèrətɑ́ṭəmi | -tɔ́təmɪ] *n.* 〖眼科〗 角膜切開(術).

kerb [kə́ːb | kə́ːb] 〖《1664》《異形》← CURB〗 《英》 *n.* ＝curb 3. ── *vt.* ＝curb 3.

kérb drìll *n.* 《英》 (歩行者の)道路横断訓練.

kérb màrket *n.* 《英》 〖証券〗 (証券取引所の外部における)街頭の証券売買市場 (kerb stonemarket ともいう).

kérb sèrvice *n.* 《英》 ＝curb service.

kérb·stòne *n.* 《英》 ＝curbstone.

kérb wèight *n.* 《英》 〖自動車〗 装備重量《乗員[荷物]を積んでいない状態の重量》.

Kerch [kéətʃ | kéətʃ; *Russ.* kjértʃ] *n.* ケルチ《ソ連邦 Ukraine 共和国南部, Crimea 半島東端の海港で Kerch 海峡に臨む；人口 154,000》.

ker·chief [kə́ːtʃɪf, -tʃəf, -tʃiːf | kə́ːtʃɪf] 〖《*c*1300》 *courchef*, *keuerch(i)ef* ▭ OF *couvrech(i)ef* ← *covrir* 'to COVER' ＋ *ch(i)ef* head (⇨ chief)〗 ── *n.* **1** (*pl.* **～s**, 《米》 **ker·chieves** [-tʃiːvz]) (四角な布を三角に折って主に婦人が頭にかぶる)ヘッドカーチフ；(首や肩に巻く)スカーフ, ネッカチーフ. **2** 《まれ》 ハンカチ.

kér·chiefed *adj.* ヘッドカチーフ[ネッカチーフ]を着けた.

Kérch Stráit *n.* [the ～] ケルチ海峡《ソ連邦南西部 Azov 海と黒海との間の海峡》.

ker·choo [kətʃúː | kə-] 〖擬音語〗 《米》 *n.* (*pl.* **～s**) はくしょん. ── *vi.* くしゃみをする.

Ke·ren·ski [kərénski, ke- | -skɪ; *Russ.* kjirjénskjij] (*also* **Ke·ren·sky** [～]), **Aleksandr Fedorovich** *n.* ケレンスキー《1881–1970；ロシヤの政治家(社会革命党員)；臨時政府首相 (1917)；Bolsheviki に敗れ海外に亡命 (1918), 1940 年以後米国に在住》.

Ke·res [kéɪreɪs] *n.* (*pl.* ～) **1 a** [the ～] ケレス族《米国 New Mexico 州に住むプエブロインディアンの一種族》. **b** ケレス族の人. **2** ケレス語 (cf. Keresan).

Ker·e·san [kérəsṇ | -rɪ-] *n.* (*pl.* ～) 〖言語〗 ケレス語(族)《ケレス語以外の同族語不明》.

kerf [kə́ːf | kə́ːf] 〖OE *cyrf* a cutting ＜ Gmc **kurbiz* ← **kurb-*, **kerb-* 'to CARVE' (Du. *kerf* notch / ON *kurfr* chip) ＜ IE **gerebh-* to scratch〗 ── *n.* **1** (おのなどでの)切り目, (鋸(ﾉｺ)の)ひき目；(切り落とした木や枝の)切り口, 木口. **2** 切り取った分量 (cutting). **3** 〖製本〗 溝《丁合い取りして集めた折丁の背の天・地の近くにあるのこぎりによるひき目》.

ker·fuf·fle [kəfʌ́fḷ | kə-] 〖《異形》← *curfuffle* ← *fuffle* to disorder：cf. Gael. *car* to turn about〗 *n.* 《口語》 騒ぎ立て, 大騒ぎ.

Kér·gue·len Íslands [kə́ːgələn-, kə̀əgəlén- | kə́ːgɪlɪn-, -gə-] *n. pl.* [the ～] ケルゲレン諸島《インド洋南部のフランス領の諸島；面積 7,000 km²；Desolation Islands ともいう》.

Kér·ky·ra [*Mod. Gk.* kérkira | kéə-] *n.* ケルキラ(島) 《Corfu のギリシャ語名》.

Ker·man[1] [kəmɑ́ːn, keə- | kə(ː)-, keə-] *n.* **1** ケルマ

ン(州)《イラン南東部の州; 人口 989,000, 面積 192,978 km^2》. **2** ケルマン《Kerman 州の首都; 人口 93,000》.

Ker·man² [kəmáːn, kɛə- | kə(ː)-, kɛə-] *n.* ＝Kirman.

ker·mes [kə́ːmiːz, -mɪs, -məs | kə́ːmɪz, -miːz] 〖《1598》□F *kermès* □ Arab. *qirmiz* cochineal: cf. crimson〗 ── *n.* (*pl.* ～) **1** 〘昆虫〙タマカイガラムシ《異翅目タマカイガラムシ科 *Kermes* 属の昆虫の総称》. **2** ケルメス《カーミンカイガラムシ (*Kermes ilices*) の雌虫を乾燥したもの; 昔盛んに用いられた赤色の染料; 今は主にコチニール (cochineal) を用いる》. **3** 〘植物〙ケルメスナラ (*Quercus coccinea*)《タマカイガラムシのすむ地中海沿岸地方産のカシノキの一種; kermes oak ともいう》. **4** 〘化学・鉱物〙＝kermes mineral.

ker·mes·ite [kə́ːmiːzàɪt, -mɪsàɪt, -mə-, kəmésaɪt | kə́ːmɪzàɪt, -miː-] 〖□F *kermésite*: ⇨↑, -ite¹〗 *n.* 〘鉱物〙紅安鉱 (Sb_2S_2O) (cf. kermes mineral).

kérmes míneral *n.* 〘化学・鉱物〙輝安鉱 (Sb_2S_3) と方安鉱 (Sb_2O_3) の粉末状集合物.

kérmes óak *n.* 〘植物〙＝kermes 3.

ker·mis [kə́ːmɪs, kɛ́ə-, -məs | kə́ːmɪs, kɛ́ə-] 〖《1577》□ Du. *kermis*, 《古》 *kermisse*〈転訛〉← *kerkmisse* ← *kerk* 'CHURCH'＋*misse* 'MASS'〗 ── *n.* (*also* **ker·mess** [kə́ːmɪs, kɛ́ə-, -məs, kəmés | kə́ːmɪs]) **1** (オランダなどで行なわれる年一回の)大市(おおいち)《元来その地方の守護聖人の祝日に行なわれ, 戸外でにぎやかな催し物がある》. **2** 《米》にぎやかな慈善市.

kern¹ [kə́ːn | kə́ːn] 〖《1683》□F *carne* corner, salient angle < L *cardinem, cardō* hinge〗〘活字〙 ── *n.* 飾りひげ《イタリック体活字の *f* の上, 下端, *y* の下端に見られるような出っ張り》. ── *vt.* 〈活字や文字〉に飾りひげをつける: a ～*ed* letter 飾りひげ文字, カーンドレター. ── *vi.* 〈活字などが〉飾りひげ付きになる.

kern² [kə́ːn | kə́ːn] 〖《1297》*kerne* □ OIr. *ceitern* band of soldiers ← *cath* battle〗 ── *n.* **1** 《古》(中世アイルランドまたは時にスコットランドの)軽武装歩兵 (cf. gallowglass 2); [集合的]軽武装歩兵隊. **2** (特にアイルランドの)農夫 (peasant); 田舎者, 無骨者 (boor).

kern³ [kə́ːn | kə́ːn] 〖ME *kerne, curne* < OE **cyrnan*: cf. corn¹〗《英方言》 ── *vi.* **1** 〈木や穀類に〉仁(じん)[穀粒]ができる, 実を結ぶ; 種になる; 〈果実が〉固まる, なる. **2** 〈岩塩などが〉結晶する. ── *vt.* 〈肉などを〉あら塩でおおう, 塩漬けにする. ── *n.* ＝kernel 1.

kern⁴ [kə́ːn | kə́ːn] 〖□G *Kern* 'core, KERNEL'〗 *n.* 〘機械〙断面の核.

kern⁵ [kə́ːn | kɛ́ən, kə́ːn] *n.* ＝kirn².

Kern [kə́ːn | kə́ːn], **Jerome** (**David**) *n.* (1885–1945) 米国の作曲家; *Show Boat* (1927).

kerne [kə́ːn, kɛ́ən | kɛ́ən, kə́ːn] *n.* ＝kern².

ker·nel [kə́ːnḷ | kə́ː-] 〖OE *cyrnel* (dim.) ← *corn* 'seed, CORN¹': ⇨ -le¹〗 *n.* **1** 〘植物〙仁(じん)《ウメ・モモなどの果実の核の中にある種子》; (ムギ・トウモロコシなどの)穀粒 (grain). **2** (組織体の)中心部 (nucleus); 核心, 眼目, 要点 (core): the ～ *of* a question, story, etc. **3** 〘数学〙(積分方程式の)核; (点集合の)開核; (準同形写像の)核; (射の)核. **4** 〘物理化学〙核 (core). **5** 〘文法〙＝kernel sentence. ── *vt.* (**-neled, -nelled; -nel·ing, -nel·ling**) 包み込む 〈*in*〉.

kér·neled 〖ME: ⇨↑, -ed〗 *adj.* (*also* **ker·nelled**) 仁(じん)[核]のある.

kérnel séntence *n.* 〘文法〙核文《能動・肯定・平叙・単文で Tom has a book. のように構造の最も簡単な文》.

kérnel smùt *n.* 〘植物病理〙＝covered smut.

kern·ite [kə́ːnaɪt | kə́ː-] 〖← *Kern County* (米国 California 州の一郡で, この鉱物の産出地)＋-ITE¹〗 ── *n.* 〘鉱物〙カーナイト ($Na_2B_4O_7 \cdot 4H_2O$)《水和ホウ酸塩の無色透明の結晶体; ホウ砂の原鉱》.

ker·nos [kə́ːnɑs | kə́ːnɒs] 〖□Gk *kérn-os* earthen dish〗 ── *n.* (*pl.* **ker·noi** [-nɔɪ]) (古代ギリシャで用いられた)ケルノス, 子持ち壺《多数の小さな壺を結合した形式の祭儀用土器[陶器]》.

ker·o·gen [kérədʒɪn, -dʒən, -dʒèn] 〖← Gk *kērós* wax ＋-GEN〗 ── *n.* 〘化学〙ケロゲン, 油母(ゆぼ)《油頁(けつ)岩 (oil shale) 中に存在する有機物で, 熱分解によって頁岩油を生じる》.

ker·o·sene [kérəsìːn, kǽr-, ⌣⌣⌣ | kérəsìːn, ⌣⌣⌣] 〖《1854》← Gk *kērós* wax: ⇨ -ene, -ine³〗 ── *n.* (*also* **ker·o·sine** [～]) 灯油, ケロシン (cf. paraffin oil, petroleum): a ～ lamp 石油ランプ. ★ 日常語としては《米・豪》.

Ker·ou·ac [kéruæ̀k | -ru-], **Jack** *n.* (1922–69) カナダ生れの米国の小説家, ビート作家の一人; *On the Road* (1957).

ker·plunk [kəplʌ́ŋk | kə-] 〖《擬音語》: ⇨ ker-〗 *adv.* どさっと, どぼんと.

Kérr cèll [kɑ́ə-, kə́ː- | kɑ́ː-, kə́ː-] 〖← *John Kerr* (1824–1907: スコットランドの物理学者)〗 ── *n.* 〘光学〙カー セル《2枚の電極間にニトロベンゼンなどを入れ, Kerr effect を利用して光の偏光状態を変える装置; カメラの高速シャッターなどに利用する》.

Kérr effèct 〖← *John Kerr* (↑)〗 ── *n.* 〘光学〙カー効果《電界を加えた物質を電界に垂直な方向に光が通過する際, 電界の 2 乗に比例する複屈折を生じる現象; cf. Faraday effect》.

ker·ri·a [kériə | -rɪə] 〖← NL ～ ← *William Kerr* (*d.* 1814: 英国の植物学者): ⇨ -ia¹〗 *n.* 〘植物〙ヤマブキ《日本原産バラ科ヤマブキ属 (*Kerria*) の低木の総称; ヤマブキ (*K. japonica*) など》.

ker·rie [kéri | -rɪ] *n.* ＝knobkerrie.

Ker·ry¹ [kéri | -rɪ] *n.* アイルランド共和国南西部, Munster 地方の一州; 人口 113,000, 面積 4,700 km^2, 首都 Tralee [trəlíː].

Ker·ry² [kéri | -rɪ] 〖↑〗 *n.* **1** ケリー《アイルランド原産の小型品種の乳牛》. **2** ＝Kerry blue terrier.

Ker·ry³ [kéri | -rɪ] 〖← Ir.-Gael. *ciarda* dark one〗 *n.* **1** 女性名. **2** 男性名.

Kérry blúe térrier 〖← *Kerry*¹〗 ── *n.* ケリーブルーテリア《アイルランド Kerry 州原産中型の犬種のイヌ; 頭部が長くブルーの毛におおわれている; 単に Kerry blue, Kerry ともいう》.

ker·sey [kə́ːzi | kə́ːzɪ] 〖《1262》? ← *Kersey* (イングランド Suffolk 州の村, かつての紡織地)〗 ── *n.* **1** カージー織《厚地で表面に光沢があり縮絨加工した紡毛織物; 特にコート地・制服地用》. **2** カージー織の服.

ker·sey·mere [kə́ːzimɪə | kə́ːzɪmɪə(r)] 〖《1798》《変形》← CASSIMERE: ↑の影響による〗 *n.* カージーミア《カシミヤ級の上等紡毛織物》.

ker·smash [kəsmǽʃ | kə-] 〖《擬音語》: ⇨ ker-, smash¹ (adv.)〗 *adv.* がちゃんと, ぴしゃっと.

ke·ryg·ma [kɪrígmə, kə-] 〖□Gk *kḗrugma* proclamation ← *kērússein* to proclaim ← *kêrux* herald〗 ── *n.* (*pl.* ～**·ta** [～ṭə | ～tə]) 〘キリスト教〙(福音(ふくいん)の)宣教, ケリュグマ《その宣教の内容の中心はイエスキリストについてのメッセージである; なおケリュグマ(宣教)はディダケー(教え)とともに新約聖書の伝承の中心的要素であり両者は密接な関係にある; cf. Didache》.

ker·yg·mat·ic [kèrɪgmǽṭɪk | -tɪk] *adj.*

Ke·sey [kíːzi | -zɪ], **Ken** (**Elton**) *n.* (1935–) 米国の小説家; *One Flew Over the Cuckoo's Nest* (1962).

Kes·ter [késtə | -tə(r)] 〖《短縮》← CHRISTOPHER〗 *n.* 男性名.

kes·trel [késtrəl] 〖lateME *castrell* □F《方言》*casserelle* ← *crécerelle* ← *crécelle* rattle: cf. crepitate〗 ── *n.* 〘鳥類〙チョウゲンボウ, 《俗に》まぐそたか (*Falco tinnunculus*)《小型のハヤブサの類》.

Kes·wick [kézɪk] 〖ME *Kesewik* ← OE *cēse* 'CHEESE¹' ＋*wīc* 'WICK³'〗 ── *n.* イングランド北西部, Cumbria 州の Derwent Water 湖畔の町; Coleridge や Southey などの詩人が住んだ風光明媚(めいび)の地.

ket- [ket] (母音の前に来る時の) keto- の異形.

ketch [kétʃ] 〖《1371–72》*cache* ← *cacchen* 'to CATCH'〗 *n.* 〘海事〙ケッチ《通例メインとミズンの二本のマストに縦帆を張った沿岸貿易帆船》.

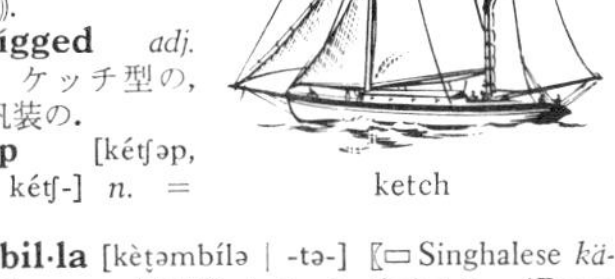

ketch

Ketch·i·kan [kétʃɪkæ̀n, -tʃə- | kétʃɪ-] *n.* ケチカン《米国 Alaska 州南東部の港市; 人口 7,000》.

kétch-rígged *adj.* 〘海事〙ケッチ型の, ケッチ帆装の.

ketch·up [kétʃəp, kǽtʃ- | kétʃ-] *n.* ＝catsup.

ket·em·bil·la [kèṭəmbílə | -tə-] 〖□ Singhalese *kätämbilla*〗 ── *n.* 〘植物〙セイロングズベリー (*Dovyalis hebecarpa*)《セイロン原産イイギリ科の小高木》; その果実《ジャムの原料になる》.

ke·tene [kíːtiːn] 〖□G *Keten*: ⇨ keto-, -ene〗 ── *n.* 〘化学〙ケテン: **a** アセトン (acetone) から得られる強い臭気のあるガス ($H_2C{=}C{=}O$). **b** $RHC{=}C{=}O$ および $R_2C{=}C{=}O$ の化学式をもつ化合物の総称.

Ke·thu·bim [kətuːbíːm] *n.* 〘聖書〙＝Ketubim.

ke·to [kíːtoʊ | -təʊ] 〖↓〗 *adj.* 〘化学〙ケトン (ketone) の[に関する], ケトンから派生する.

ke·to- [kíːṭoʊ | -təʊ] 〖← KETONE〗 〘化学〙「ケトン (ketone)」の意の連結形. ★ 母音の前では通例 ket- になる.

kéto ácid *n.* 〘化学〙ケト酸《ケトン基を有するカルボン酸の総称》.

ké·to-énol tautòmerism [kíːṭoʊíːnɔ(ː)l-, -noʊl- | -tə(ʊ)íːnɒl-] *n.* 〘化学〙ケトエノール互変異性.

kéto fòrm *n.* 〘化学〙(ケトエノール互変異性体の)ケト型.

kèto·génesis *n.* 〘医学〙ケトン[アセトン]体生成.

ke·to·gen·ic [kìːṭo(ʊ)dʒénɪk | -tə(ʊ)-] *adj.*

kèto·glutáric ácid 〖← KETO-＋GLUTARIC ACID〗 ── *n.* 〘生化学〙ケトグルタル酸 ($COOH \cdot (CH_2)_2CO{-}COOH$)《グルタミン酸が脱アミノされて生じる; アミノ酸代謝に重要な役割をもつ; cf. glutaric acid》.

kèto·héxose *n.* 〘化学〙ケトヘキソース《ケトン基のあるヘキソース; cf. hexose, sorbose》.

ke·tol [kíːtɔ(ː)l, -toʊl | -tɒl] 〖← KETO-＋-OL¹〗 ── *n.* 〘化学〙ケトール《一つの分子中にアルコール性水酸基とケトン基の両方をもつ有機化合物の総称; hydroxy ketone ともいう》.

ke·tol·y·sis [kiːtɑ́ləsɪs, -səs | -tɒ́ləsɪs, -lɪ-] 〖← KETO-＋-LYSIS〗 *n.* (*pl.* **-y·ses** [-sìːz]) 〘化学〙ケトン分解.

ke·to·lyt·ic [kìːṭəlíṭɪk | -təlít-] *adj.*

ke·tone [kíːtoʊn | -təʊn] 〖《1851》□G *Keton*《変形》← *Aketon* □F *acétone* 'ACETONE': ドイツの化学者 Leopold Gmelin (1788–1853) の造語〗 ── *n.* 〘化学〙ケトン《アセトン (acetone) のように 2 個の炭素原子に結合しているカルボニル基をもつ化合物》.

kétone bòdy *n.* 〘生化学〙ケトン体《脂質の代謝作用の中間段階で生じるアセト酢酸, β オキシ酪酸, およびアセトンの三つ; 糖尿病患者などの血液や尿中に多量にみられる; acetone body ともいう》.

kétone gròup *n.* 〘化学〙ケトン基《2 個の炭素原子の結合しているカルボニル基 (C-CO-C)》.

ke·to·ne·mi·a [kìːtəníːmiə | -tə(ʊ)níːmjə, -mɪə] 〖← KETON(E)＋-EMIA〗 *n.* 〘病理〙ケトン血症, アセトン血症《血中にアセトン等のケトン体が増加した状態》.

ke·ton·ic [kiːtɑ́nɪk | -tɒ́n-] 〖← KETONE＋-IC¹〗 *adj.* 〘化学〙ケトンの, ケトンを含む, ケトンから誘導された.

ke·ton·u·ri·a [kìːtən(j)ú(ə)riə | -tə(ʊ)njúərɪə] 〖← KETON(E)＋-URIA〗 *n.* 〘病理〙ケトン[アセトン]尿症.

ke·tose [kíːtoʊs, -toʊz | -təʊs] 〖← KETO-＋-OSE²〗 *n.* 〘化学〙ケトース《ケトン基を有する糖類》.

ke·to·sis [kiːtóʊsɪs, -səs | -təʊsɪs] 〖← NL ～ ← KETO-＋-OSIS〗 *n.* (*pl.* **-to·ses**) 〘病理〙ケトーシス, ケトン症《糖尿病・酸中毒などにおけるケトン体の増加》.

ke·tot·ic [kiːtɑ́ṭɪk | -tɒ́t-] *adj.*

kèto·stéroid 〖← KETO-＋STEROID〗 *n.* 〘医学〙ケトステロイド《分子中にケトン体を含むステロイド》.

Ket·ter·ing [kéṭərɪŋ | -tə-] 〖OE *Cytringan, Keteiringan* ← *Cytringas* (もと氏族名?) ← ?〗 ── *n.* イングランド Northamptonshire 州の工業都市; 人口 45,000.

Ket·ter·ing [kéṭərɪŋ | -tə-], **Charles Franklin** *n.* (1876–1958) 米国の電気技師・発明家.

ket·tle [kéṭḷ | -tḷ] 〖《*a*1300》*ketel* □ ON *ketill* ∽ ME *chetel* < OE *ċetel* < Gmc **katilaz* (Du. *ketel* / G *Kessel*) □ L *catillus* (dim.) ← *catinus* bowl, container for food: cf. Gk *kotúlē* cup〗 ── *n.* **1 a** やかん, 湯沸かし, 鉄びん, 茶釜(ちゃがま) (teakettle). **b** 鍋(なべ) (pot), 釜 (caldron); 《特に》＝fish kettle. **2 a** 《廃》＝kettledrum 1. **b** (ケトルドラムの)胴の部分. **3** 〘地質〙 **a** ＝pothole 2. **b** ＝kettle hole.

a kettle of fish 〖Tweed 川などでの船遊びやピクニックの際その場で料理して大鍋で煮た魚の意から転じてそのピクニックそのものを指すが, 更にその不便さを指すこととなったもの〗 (1) 《口語》[通例, 反語的意味の pretty, fine または nice を伴って] 困った事態[破目], 混乱, いざこざ (mess): This is *a pretty* ～ *of fish.* これは困ったことになった / There will be *a nice* ～ *of fish.* 今にとんだことになるぞ. (2) [different, another を伴って] 事柄, 問題, 代物: That's altogether *a different* ～ *of fish.* それは全く別問題だ.

wait for the kettle to boil 機会[時機]を待つ.

kéttle-bòttomed *adj.* 〘海事〙ケットル型底の《中世の商船の一つの型で, 船幅よりも甲板の幅の方が狭くなっている型の喫水の浅い船体についていう》.

kéttle·drùm *n.* **1** ケトルドラム《真鍮(しんちゅう)または銅製の半球形の胴に皮を張った太鼓; 管弦楽では音程の異なったものが 2 個(以上)用いられ timpani ともよばれる》. **2** 《口語》(大きな)午後のお茶の会《teakettle を用いての drum (茶会) の意から; 19 世紀に流行した》.

kéttle·drùmmer *n.* ケトルドラム奏者.

ket·tle·ful [kéṭḷfʊ̀l | -tḷ-] *n.* やかん[鍋(なべ)]一杯〔*of*〕.

kéttle-hòlder *n.* 鍋つかみ《熱したやかんや鍋を手に持つための布など》.

kéttle hòle *n.* 〘地質〙なべ穴《第四紀, 洪積(こうせき)世氷河の下底に流水の作用でできた井戸状の穴》.

kéttle stìtch 〖□G *Kettelstich* ← *Kettel* small chain ((dim.) ← *Kette* chain)＋*Stich* 'STITCH¹'〗 ── *n.* 〘製本〙からみがけ《各折丁を天地の両端で前の折丁に結びつけていく手綴じの一種; catch stitch, chain stitch ともいう》.

ke·tu·bah [kètuːvɑ́ː, kèθuː-] 〖□ Mish. Heb. *kᵉthubbā́ʰ*《原義》writing, writ ← *kāthábh* to write〗 ── *n.* (*pl.* **-tu·both** [-vóʊt, -vóʊθ | -vɔ́ʊt, -vɔ́ʊθ], **-tu·bot** [-vóʊt | -vɔ́ʊt], ～**s**) 〘ユダヤ法〙夫婦財産契約《婚姻時に締結される正式な夫婦間契約; 夫の死後または離婚後に妻の経済生活を支えるための取決め》.

Ke·tu·bim [kətuːbíːm] 〖□ Heb. *kᵉthūbhīm*《原義》written things (pl.) ← *kāthūbh* ← *kāthábh* (↑)〗 *n. pl.* [the ～] 〘聖書〙諸書 (the Writings)《旧約聖書の第三部; ⇨ Torah ★》.

ketubot *n.* ketubah の複数形.

ketuboth *n.* ketubah の複数形.

Ke·tur·ah [kɪtú(ə)rə, kə- | ketjúərə, kɪ-, kətúərə] 〖□ Heb. *Qᵉṭūrā́ʰ*《原義》incense〗 *n.* 〘聖書〙ケトラ《Abraham の 2 番目の妻; cf. *Gen.* 25: 1》.

keV, KEV 《記号》〘物理〙kilo-electron volt(s).

ke·va·lin [kéɪvəlɪn, -lən | -lɪn] 〖□ Skt ～ ← *kevala* alone, belonging exclusively to a single person〗 *n.* 〘ジャイナ教〙独存者, 最高の叡知に到達した人.

kev·el [kévəl] 〖ME *kevil(e)* □ ONF *keville* ＝F *cheville* pin, peg < L *clāviculam* (dim.) ← *clāvis* key: cf. clavicle〗 ── *n.* 〘海事〙大型索留め《帆綱などを巻き留める堅固な突起物; 小型のものは cleat という》.

Kev·in [kévɪn, -vən | -vɪn] 〖□ Ir. *Caomhghin* < OIr. *Coemgen*《原義》comely birth: アイルランドの聖者名〗 *n.* 男性名.

Kew [kjúː] 〖OE *cǣg-hōh*《原義》projecting piece of land ← *cǣg* 'KEY¹'＋*hōh* point of land〗 ── *n.* London 西郊外の住宅地区, Richmond upon Thames の一部.

Kéw Gárdens *n. pl.* Kew にある有名な国立植物園; 創立 1759 年; 公式名 the Royal Botanic Gardens.

kew·pie [kjúːpi | -pɪ] 〖(dim.) ← CUPID: ⇨ -ie〗 *n.* キューピー《翼のある赤ん坊の姿をした善良な妖精》.

Kew·pie [kjúːpi | -pɪ] 〖↑〗 *n.* 〘商標〙キューピー《米国の Rose O'Neill (1874–1944) の絵をもとにしたセルロイドやプラスティックのあどけない裸の人形》.

kex [kéks] 〖《*a*1325》*kex(e), kyx* ← ? Celt.: cf. L *cicuta* hemlock〗 *n.* 《英方言》(セリ科に多い節のある中空の茎をもつ植物の)干草, 干した茎.

key¹ [kíː] 〖OE *cǣg(e)* ← ?: cog. OFris. *kei, kay*: cf. MLG *keige* spear〗 **—** *n.* **1 a** 鍵, キー (cf. lock²): the ~ *of* [*to*] a door / a bunch of ~*s* 一束の鍵 / turn the ~ in the lock 錠に鍵をおろす / put a ~ down a person's back (しゃっくりを止めてやるために)鍵を人の(首筋から)背中に入れる / ⇨ latchkey, master key, skeleton key. **b** (時計のねじを巻くための)鍵. **c** ねじ廻し, ドライバー. **d** =ignition key.
2 鍵形のもの《バッジ・装飾・紋様など》: a Phi Beta Kappa ~ ファイベータカッパ会員章.
3 要所, 要衝の地, 要害, 関門; (局面などを支配する)鍵〔*to*〕: Gibraltar, the ~ *to* [*of*] the Mediterranean 地中海の要衝の地ジブラルタル / hold the ~ *to* a political situation 政治情勢の鍵を握る.
4 a 〔問題・事件などの〕解決の手がかり, 秘訣(けつ); 〔暗号・謎などの〕解読[解き方]の鍵, 解法〔*to*〕: *a* ~ *to* victory 勝利の秘訣 / the ~ *to* the mystery 神秘[秘密]を解く鍵. **b** =key letter. **c** =key word.
5 a 〔試験問題などの〕解答書[集]; (教科書の)ひとり案内, とらの巻; (外国書の)直訳本, 逐語訳〔*to*〕: the ~ *to* algebra. **b** 〔辞書・地図などの〕略語解, 発音解, 記号解, 凡例(など)〔*to*〕. **c** 〖生物〗(種族識別)検索表.
6 (機会をつかむ)手がかり, (物を手に入れる)手段, 方法 (access): find a ~ *to*...の手がかりを見つける / ⇨ golden key.
7 〖cf. *Matt.* 16:19〗 [the ~s] 〖神学・カトリック〗 **a** 教皇権《天国の門を開閉する鍵の意から》. ★ 通例 the power of the keys として用いる. **b** 教権.
8 a (電信の発信に用いる)キー, 電鍵(けん)《手動で回路の開閉・切換えを行なう装置》; (タイプライター・モノタイプ・コンピューターなどの)キー; =keybutton. **b** (オルガン・ピアノ・吹奏楽器の)キー, 鍵(けん): a natural [chromatic] ~ (ピアノの)白[黒]鍵.
9 a 〖音楽〗(長短の)調; 調性: the major [minor] ~ 長[短]調 / a sonata in the ~ of C major ハ長調奏鳴曲 / an attendant [a relative] ~ 関係調 / a related [remote] ~ 近接[遠隔]調 / ⇨ off-key 1. **b** 〖絵画〗色調: a picture painted in a low ~ 沈んだ色調の絵.
10 (声の)調子; (思想・表現などの)調子, 様式, 基調: in a minor ~ 沈んだ調子[悲しそうな語調]で / speak in a high [low] ~ 高い[低い]調子で話す, 調子を高めて[下げて]話す / all in the same ~ 全く同じ調子で, きわめて単調に / in different ~*s* 調子を色々変えて.
11 (感情・行動などの)激しさ(の度合い).
12 〖建築〗鼻栓(はなせん), くさび栓, 込み栓, 車知(しゃち)栓《木材の接合部を固めるために用いられる長い栓》.
13 a 〖石工〗(木ずりの間からはみ出した)荒塗りしっくい; (しっくいの付着を容易にさせる)壁面のざらざら. **b** 〖建築〗(ベニヤ板の素材の膠着(こうちゃく)を容易にさせる)板面のざらざら.
14 〖建築〗=keystone 1.
15 〖広告〗(どの新聞の広告に対する反響かを知るために印刷広告中にさし入れる)符牒(ふちょう)文句, キー.
16 〖植物〗翅果(しか), 翼果 (⇨ samara).
17 〖チェス〗(problem) の解《正解の第一手》.
18 〖写真〗(写真画像の)明暗の調子の分布: ⇨ high-key, low-key.
19 〖機械〗=cotter pin.
20 〖バスケットボール〗=keyhole 3.
21 [K-] (Man 島の)下院議員 (cf. HOUSE of Keys).
22 〖紋章〗鍵《St. Peter の象徴であることから, 教区・主教職の紋章に好んで使用される外, 都市の紋章にも多く見られる》.
(as) cold as a key (死んで)冷たくなって, 死んで (cf. key-cold). ***have* [*get*] *the key of the street*** 《戯言》夜間締出しを食う; 宿なしになる. ***hold the keys of*** ...の鍵[急所]を握る, ...を牛耳る. ***in key*** 調子が合って, 調和して〔*with*〕. ***lay* [*put*] *the key under the door*** (家をたたんだしるしに)ドアの下に鍵を置く; 家をたたむ. ***out of key*** 調子はずれで, 不調和で〔*with*〕. ***under lock and key*** ⇨ lock² *n.* 成句.
— *adj.* [通例 Attributive に用いて] 主な, 主要な (pivotal): a ~ concept 主要概念 / a ~ position 枢要な地点[地位] / a ~ role 主要な役割.
— *vt.* **1** ...に鍵をかける, 鍵で締める. **2** 栓(せん)[くさび]で締める 〈*in, on*〉. **3** 〈楽器〉の調子を整える, 整調する〔*to*〕: ~ the strings 弦を締める / ~ down the strings 弦の調子を下げる. **4** ...の調子を〔ある事に〕合わせる, 〈物事を〉...に適するように調整する〔*to*〕/〈*to* do〉: ~ one's talk *to* the occasion その場に調子を合わせて話す. **5** 〖絵画〗特定の調子で塗る; 特定の色調に合わせる. **6** ...に記号解[略語解, 解答表(など)]をつける. **7** 〖広告〗(どの新聞の広告に対する反響かを知るため)〈印刷広告〉にキー[符牒(ふちょう)文句]を入れる. **8** 〖生物〗検索する (cf. *n.* 5 c). **9** 〖石工〗〈壁面などを〉ざらざらにする (cf. *n.* 13 a). **10** 〖建築〗〈アーチ〉に要石(かなめいし)を入れる〈*in*〉. **11** 〖電算機〗キーを操作して〈データを〉機械に与える. **—** *vi.* **1** キー[電鍵]を操作する. **2** [通例 ~ *on* として] 〖アメリカンフットボール〗相手側のプレイを分析し特定選手の動きを捕え, 戦法を読む; その読みをもとにプレーする.
key into* [*in with*]** (1) 〈物事を〉...に調和させる. (2) ...に調和する. ***key out 〈キーパンチャーが〉〈数字などを〉(キーで)打ち出す. ***key up*** (1) 〈楽器などの〉調子を上げる, 音締(ねじ)めをする. (2) 鼓舞する; 緊張させる, 興奮させる, 神経過敏にする〔*about, over*〕: ~ *up* a person's courage 人の勇気をあおる / ~ *up* a person *to* do [*to* action] 人をあおって行動を促す / He was all ~*ed up about* his blood pressure. 血圧のことをひどく気にしていた. (3) 〈要求など〉の調子を強める, 強める: ~ *up* an effort, a demand, etc.

key² [kíː] 〖ME ▭ OF *Kay, kai* 'CAY'〗 *n.* 《古》=quay.

key³ [kíː] 〖《変形》← Sp. *cayo*: KEY² の影響〗 **—** *n.* **1** (西インド諸島・米国 Florida 州沖の)低い小島《砂洲(す)・さんご礁からなり, 環礁が多い》. **2** [the Keys] =Florida Keys.

key⁴ [kíː] 〖← KI(LOGRAM)〗 *n.* 《俗》1 キロの麻薬《マリファナなど》.

Key [kéɪ; *Swed.* kéi], **El·len** [élən] *n.* ケイ《1849–1926; スウェーデンの女性解放論者・著述家》.

Key [kíː], **Francis Scott** *n.* (1780–1843) 米国の弁護士; 米国国歌 "The Star-Spangled Banner" の作詞者.

kéy bàr *n.* (タイプライターの)キーバー《先端に活字の付いた腕で, キーに連動する》.

kéy·bòard *n.* **1 a** (ピアノなどの)鍵盤: a ~ instrument 有鍵楽器. **b** (タイプライターなどの)キーボード, 鍵盤: a ~ machine キーボードを備えた[で操作する]機械. **2** キーボード《ホテルの受付などで客室の鍵を下げる板》. **3** =keyset. **—** *vi.* (機械・データを)キーボードによって操作[処理]する. **—** *vt.* 《電算機》=key¹ 11. **~·er** *n.*

kéy brìck *n.* 〖石工〗擬(ぎ)形れんが《アーチ形構築に使用するくさび形れんが》.

kéy bùgle *n.* 有鍵[キー]ビューグル《6 個の鍵があって半音階が奏される 19 世紀の金管楽器》.

kéy·bùtton *n.* (タイプライター・植字機などのキーを操作する時にたたく[押す])キーボタン, 「キー」《表面にアルファベットや数字の目印がついている》.

kéy càse *n.* キーホルダー《革製などのケース》.

kéy clùb *n.* 《米》(会員各自が出入り用の鍵を持っている)会員組織のナイトクラブ[レストラン(など)].

kéy-cóld *adj.* 《古・英方言》 **1** (鍵のように)冷たい; (死んで)冷たくなった, 死んだ (cf. *(as) cold as a* KEY). **2** 冷淡な, 無関心な.

kéy dràwing *n.* 〖印刷〗輪郭線, 標画《描き版で原画の輪郭を写した線; 印刷の位置を定めたり, 色分けの目安となる線》.

keyed *adj.* **1** 有鍵の (cf. stringed): a ~ instrument 有鍵楽器. **2** 〖音楽〗(ある特定の)調に合わせた. **3** 〖機械〗キーを付けた, キーでとめた. **4** 〖石工〗要石(かなめいし)で締めた[かみ合わせた]: a ~ arch.

kéy frùit *n.* 〖植物〗=samara.

kéy·hòle 〖(c1592)〗 **—** *n.* **1** 鍵穴: look through [listen at] the ~(s) 鍵穴からのぞき込む[そっと盗み聞きする] / None of your ~! 鍵穴からのぞくと承知しないぞ. **2** 栓(せん)穴. **3** 〖バスケットボール〗キーホール《フリースローを行なう制限区域》. **—** *attrib. adj.* 〈記事など〉のぞき見的な, 内幕の, 機微に触れた; 〈記者など〉のぞき見趣味の, 内幕をあばきたがる.

kéyhole sàw *n.* 鍵穴用先細鋸(のこ), 回しびき《板に穴をあけるのに用いる》.

kéyhole úrchin *n.* 〖動物〗棘皮動物門ウニ綱マドアキカシパン科 *Encope* 属の動物の総称《アメリカ沿岸, 西インド諸島産》.

kéy índustry *n.* (一国の)基幹産業《鉄鋼業のように他の産業部門の基本となる産業》.

kéying séquence *n.* 〖電算機〗文字系列を暗号化した文字[数字列].

Kéy Lár·go [-lɑ́ːɡoʊ | -lɑ́ːɡəʊ] 〖▭ Sp. *Cayo Largo* 'large KEY³'〗 *n.* 米国 Florida 州南東部沿岸の Florida Keys 中の一島.

kéy·less *adj.* **1** 鍵のない; 無鍵(けん)の. **2** 《英》〈懐中時計が〉(巻き鍵のいらない)りゅうず巻きの (《米》stem-winding): a ~ watch りゅうず巻き時計 (《米》stem-winder).

kéy létter *n.* キー文字《暗号を読解する要素となる文字》.

kéy lìght *n.* 〖写真〗キーライト《写真撮影の照明で, 主要被写体に効果を与える主光線》.

kéy·màn [-mæ̀n] *n.* (*pl.* **-men** [-mèn]) **1** (企業などの)中心人物. **2** 《米古》電信技手.

kéyman insùrance *n.* 〖保険〗企業幹部保険《企業が契約者となってその企業の幹部を被保険者とする生命保険; cf. business life insurance》.

kéy màp *n.* 輪郭地図, 白地図.

kéy mòney *n.* **1** 《英》(借家人に鍵を渡す時に受け取る)保証金, 権利金. **2** (家を優先的に借りるために家主に支払う)袖の下.

kéy·mòve *n.* 〖チェス〗=key¹ 17.

Keynes [kéɪnz], **John May·nard** [méɪnəd, -nɑəd | -nəd, -nɑːd] *n.* (1883–1946) 英国の経済学者; *The Economic Journal* 誌の主筆; 称号 1st Baron Keynes of Tilton [tíltn].

Keynes·i·an [kéɪnziən | -zɪən, -zjən] *adj.* ケインズ (J. M. Keynes) の, ケインズ学説の: ~ economics ケインズ経済学. **—** *n.* ケインズ学徒, ケインズ学説の主張者.

Kéynes·i·an·ìsm [-nìzm] *n.* ケインズ主義《失業をなくすため積極的な金融・財政政策を主張する》.

kéy·nòte 〖(1752)〗 **—** *n.* **1** 〖音楽〗主音《音階の第一音》. **2** (演説などの)主眼, 要旨; (行動・政策などの)基調, 基本方針: the ~ *of* a speech, a poet's work, etc. / the ~ *of* a person's character, policy, etc. / strike [sound] the ~ of ...の基調に触れる[を探る]. **—** *vt.* **1** 〈政党大会など〉で基調演説をする. **2** 〈ある考えなど〉を強調する **3** 〖音楽〗...の主音を示す.

kéynote addréss *n.* 基調演説《政党大会などの開会に際して重要報告, 施政方針, 問題の提起などを行なう演説》.

kéy·nòter *n.* =keynote speaker.

kéynote spèaker *n.* 基調演説を行なう人.

kéynote spéech *n.* =keynote address.

kéy pàttern *n.* 卍(まんじ)模様, さや形, 雷文(らいもん) (fret).

kéy plàn *n.* 〖建築〗建物の主要部の配置を示す略図.

kéy plàte *n.* **1** キープレート《鍵穴の回りを保護するための金属板》. **2** 〖印刷〗捨て版《原画の輪郭線を仮に製版した描き版》.

kéy·pùnch *vt.* **1** 〈パンチカード・紙テープ〉にキーパンチで穿孔(せんこう)する. **2** 〈データを〉カード[紙テープ]に打ち込む.

kéy pùnch *n.* 〖電算機〗キーパンチ, 鍵盤穿孔(せんこう)機《鍵盤を手動で操作することによってカードまたは紙テープに情報を穿孔記録する装置; cf. card punch》.

kéy·pùncher *n.* キーパンチャー《キーパンチを操作する人》.

kéy rìng *n.* 鍵輪《鍵を(たくさん)通しておくリングのキーホールダー; cf. key case》.

kéy scàrf *n.* 〖造船〗楔(くさび)継ぎ《2 材が互いに相手方に鍵のようにはめ込まれ固定される形の継ぎ方》.

kéy sèat *n.* 〖機械〗キー溝《キーのはまる溝》.

kéy·sèater *n.* **1** 〖機械〗=keyway 1. **2** キー溝盤を操作する人.

Key·ser·ling [káɪzəlɪŋ | -zə-; *G.* káɪzɐlɪŋ], **Hermann Alexander von** *n.* カイザーリング《1880–1946; ロシヤ生れのドイツの哲学者・著述家・旅行家; 称号 Count H. A. von Keyserling》.

kéy·sèt *n.* キーセット《タイプライター・電子計算機入出力装置などのキーの集合》.

kéy sìgnature *n.* 〖音楽〗(楽曲の)調号《五線譜の最初に記した ♯, ♭ の記号》.

kéy·smìth *n.* 鍵屋; 合鍵製造機の操作人.

kéy stàtion *n.* 〖ラジオ・テレビ〗親局, キーステーション《ネットワークの参加局のうちで番組製作などに中心的地位を占める局》.

kéy·stòne *n.* **1** 〖建築〗(アーチの頂上にある)要石(かなめいし), くさび石. **2** (組織などの)中枢; (学説・教義などの)根本原理〔*of*〕. **3** 《俗》〖野球〗二塁.

Key·stone [kíːstoʊn | -stəʊn] 〖(1913) ← *Keystone Comedy Co.*〗 *attrib. adj.* (無声映画時代の)どたばた喜劇(式)の.

Kéy·stòn·er 〖⇨ Keystone State, -er¹〗 *n.* 《米口語》米国 Pennsylvania 州の人のあだ名.

kéystone sàck *n.* 《俗》〖野球〗=keystone 3.

Kéystone Stàte 〖⇨ keystone 2: 独立当時の 13 州の中心部にあったことから〗 *n.* [the ~] 米国 Pennsylvania 州の俗称.

kéy·stròke *n.* (タイプライター・キーパンチ・ライノタイプなどの)キーのひと打ち, ストローク: He can do fifty-five ~*s* a minute. 彼は 1 分間に 55 字打てる. **—** *vt.* 《電算機》=key¹ 11.

kéy·wày *n.* **1** 〖機械〗キー溝《シャフトや車輪のボス (boss) などにつけるくさびを受けるための溝》. **2** (錠の)鍵穴, 鍵溝 (cf. keyhole 1). **3** 〖建築〗(コンクリート打ちで新しく打つコンクリートを固定するため土台や固まったコンクリートなどにつける)継ぎ溝. **4** 〖土木〗キーウェイ, 歯形キー, かかり溝《ダムなどで構造物を固定するために岩などにつける溝》.

Kéy Wést 〖▭ Sp. *Cayo Hueso* 'rocky KEY³'〗 **—** *n.* **1** 米国 Florida 州の南端沖, Florida Keys の南西端の島. **2** Key West 島の海港; 米国本土最南端の都市, 海軍基地がある; 人口 30,000.

kéy wòrd *n.* **1** (句や文の意味解明・問題解決などの)鍵となる語, キーワード; (発音表示などに用いられる)例語. **2** 暗号を解く語. **3 a** 主要語. **b** [通例 keyword] (索引などの)主要語, キーワード: a *keyword* in context 文脈中のキーワード (cf. KWIC) / a *keyword* out of context 文脈の前に来るキーワード (cf. KWOC).

Ke·zi·a [kɪzáɪə, kə-, ke-] 〖▭ Heb. *Qᵉṣīʿāh* 《原義》'CASSIA'〗 *n.* 女性名《異形 Keziah》.

kg, kg. 《略》keg(s); kilogram(s); king.

kG 《略》〖電気〗kilogauss(es).

K.G. 《略》Knight of (the Order of) the Garter.

KGB, K.G.B. 《略》*Russ.* Komitet Gosudarstvennoi Bezopasnosti ソ連国家保安委員会 (Committee of State Security)《1954 年設置; 閣僚会議に直属; 米国の CIA に匹敵; cf. Cheka, GPU, GRU》.

K.G.C.B. 《略》Knight of the Grand Cross (of the Order) of the Bath.

kgf 《略》kilogram-force.

K.G.F. 《略》Knight of the Golden Fleece (オーストリアおよびスペインの)金羊毛勲爵士.

kg-m, kgm 《略》kilogram-meter(s).

kgps, kg/sec 《略》kilogram(s) per second.

Kha·ba·rovsk [kəbɑ́ːrəfsk; *Russ.* xabárəfsk] *n.* ハバロフスク: **1** ソ連邦ロシヤ共和国シベリア東部, Amur 川から Bering 海峡に至る太平洋沿岸地方; もと極東地区 (Far Eastern Region) とよばれた; 人口 1,547,000, 面積 824,600 km². **2** Khabarovsk 地方南東部 Amur 河畔の同地方の首都; 人口 524,000.

Kha·cha·tu·ri·an [kɑ̀ːtʃətʊ́(ə)riən, kæ̀tʃ- | -túərɪ-; *Russ.* xatʃəturʲján], **A·ram** [arám] **Ilich** *n.* ハチャトゥリアン《1903–78; ソ連邦アルメニアの作曲家; *Gayane*「ガイーヌ」(1942)》.

khad·dar [ká:də | -də(r] 〚◻ Hindi *khādar*〛 ── *n.* (インドの)手織の粗綿布, カダール織《輸入綿布を排してこれを着ることが国産品奨励運動 (Swadeshi) の重要な一手段とされた》.

kha·di [ká:di | -dɪ] 〚◻ Hindi *khādī*〛 *n.* ＝khaddar.

kha·gan [ka:(g)á:n] 〚◻ Turkic *khāqān* king, emperor: cf. khan¹〛 *n.* 可汗(ｶｶﾝ) (⇨ khan¹).

Khái·bar [Khái·ber] Páss [káɪbə- | -bə-] *n.* [the ～] ＝Khyber Pass.

kha·kan [ka:(k)á:n] *n.* ＝khagan.

kha·ki [kǽki, ká:-| ká:kɪ, -ki:] 〚(1857) ◻ Hindi *khākī* dusty, dust-colored ◻ Pers. *khāk* dust〛 ── *adj.* **1** カーキ色の. **2** カーキ色の布の. ── *n.* **1** カーキ色の布, カーキ色の服地; [しばしば *pl.*] カーキ色の制服[ズボン]; (特に)カーキ色の軍服. **2** カーキ色.

kháki eléction *n.* **1** [the ～] カーキ選挙《1900 年 Boer 戦争中に英国政府が時の戦争熱に訴えて行なった国会議員選挙》. **2** 非常時に乗じて行なう選挙.

kha·lif [kéɪlɪf, kǽl-, -ləf | kǽlɪf, kéɪl-, ká:l-] *n.* ＝caliph.

kha·li·fa [kəlí:fə | ka:-, kə-] *n.* ＝caliph.

kha·li·fat [kéɪlɪfæ̀t, kǽl-, -lə- | kéɪlɪ-, kǽl-, ká:l-] *n.* ＝caliphate.

kha·li·fate [kéɪlɪfèɪt, kǽl-, -lə-, -fət, -fɪt | kǽlɪ-] *n.* ＝caliphate.

Khal·kha [kǽłkə] *n.* **1** ハルハ人《モンゴル人民共和国の主要構成民族の人》. **2** ハルハ方言《モンゴル語の主要方言で, モンゴル人民共和国の公用語》.

Khal·ki·di·kí [*Mod. Gk.* kàlkjiðikjí] *n.* カルキディキ(半島)《Chalcidice のギリシャ語名》.

Khal·kís [*Mod. Gk.* kalkjís] *n.* カルキス《Chalcis のギリシャ語名》.

kham·sin [kæmsí:n] 〚(1685) ◻ Arab. *khamsīn* ((gen.) ← *khamsūn* fifty) (略) ← *rikh-al-khamsīn* the wind of fifty days〛 ── *n.* 〖気象〗カムシン風《エジプトで Sahara 砂漠から吹いて来る南東の熱風; 春に顕著; cf. simoom, ghibli》.

Kham·ti [ká:mti | -tɪ] *n.* (*pl.* ～**s**, ～) **1 a** [the ～(s)] カムティ族《北東アッサム (Assam) とビルマに住むタイ系の一種族》. **b** カムティ族の人. **2** カムティ語《カムティ族の話すタイ語》.

khan¹ [ká:n, kǽ(:)n] 〚(*c*1400) *caan, chan* ◻ OF *chan* ◻ ML *caanus* ◻ Turkic *khān* lord, prince (短縮) ← *khāqān* 'KHAGAN': cf. cham〛 ── *n.* 汗(ｶﾝ): **a** 中央アジア地方の王族・大官などの尊称. **b** 昔のタタール族(モンゴル族・トルコ族など)の君主の称号.

khan² [ká:n, kǽ(:)n | kǽ(:)n] 〚(*c*1400) ◻ Arab. & Pers. *khān* inn〛 *n.* 隊商の宿舎, 隊商宿.

khan²

khan·ate [ká:neɪt, kǽn- | ká:n-] 〚← KHAN¹＋-ATE¹〛 ── *n.* **1** 汗(ｶﾝ)の領土, 汗国; 汗の領土, 汗国民. **2** 汗の位.

khan·sa·mah [kà:nsəmá:, ⌐⌐⌐, ka:nsá:mə] 〚◻ Hindi *khānsāmān* ← Pers. *khān* lord＋*sāmān* stores〛 ── *n.* (*also* **khan·sa·ma** [～]) 《インド》 **1** (英人家庭の)執事, 家扶. **2** 現地人の男子召使.

Khan-Ten·gri [kà:ntéŋ(g)ri | -grɪ] *n.* テングリハン(山)《中国とソ連邦 Kirghizia 共和国との境にある天山山脈 (the Tien Shan) の山 (6,995 m)》.

kháp·ra béetle [kǽprə-, ká:p-] 〚*khapra*: ◻ Hindi *khaprā* (原義) destroyer ← Skt *kṣapayati* he destroys〛 ── *n.* 〖昆虫〗カプラダラカツオブシムシの一種 (*Trogoderma granarium*) 《インド原産カツオブシムシ科の甲虫; 広く世界に分布し貯蔵穀物に大害を与える》.

Khar·kov [ká:ɚkɔ(:)f, -kəf, -kɔ(:)v, -kəv | ká:kɔf, -kɔv; *Russ.* xárjkəf] *n.* ハリコフ《ソ連邦 Ukraine 共和国北東部の工業都市; もと同共和国の首都(1934 年まで); 人口 1,405,000》.

Khar·toum [kaɚtú:m | ka:-] *n.* (*also* **Khar·tum** [～]) ハルツーム《スーダン東部の Blue Nile 川と White Nile 川との合流点にある同国の首都; 人口 300,000》.

Khas·ku·ra [ka:skú(ə)rə | -kúərə] *n.* カースクラー語《インド北東部, Bihar 東部の丘陵地帯に行なわれるネパール語の方言》.

khat [ká:t] *n.* 〖植物〗＝kat.

Khayyám, Omar *n.* ⇨ Omar Khayyám.

khed·a [kédə, kədá: | kédə] *n.* ＝keddah.

khed·ah [kédə, kədá: | kédə] *n.* ＝keddah.

khe·di·va [kɪdí:və, kə-, ke- | kɪ-, ke-, kə-] 〚(fem.) ← KHEDIVE〛 *n.* ヘディーヴ (khedive) の妻.

khe·di·vate [kɪdí:vət, kə-, ke-, -vɪt, -veɪt | kɪ-, ke-, kə-] 〚⇨ ↓, -ate¹〛 *n.* ヘディーヴ (khedive) の地位[政権].

khe·dive [kɪdí:v, kə-, ke- | kɪ-, ke-, kə-] 〚(1867) ◻ F *khédive* ◻ Turk. *khidīv* ◻ Pers. *khidīw* prince, lord〛 ── *n.* ヘディーヴ, エジプト副王《1867-1914 年の間のエジプト統治者の称号; オスマン帝国政府が Ismail Pasha に初めてこの称号を与えた》. **khe·dí·vi·al** [-dí:viəl | -vjəl, -vɪəl] *adj.* **khe·dí·val** [-vəl] *adj.*

khe·di·viah [kɪdí:vjə, kə-, ke- | kɪdí:vjə, ke-, kə-, -vɪə] *n.* ＝khediva.

khe·di·vi·ate [kɪdí:viət, kə-, ke-, -viɪt, -vièɪt | kɪdí:vjət, ke-, kə-, -vjɪt, -vɪət, -viɪt, -vièɪt] *n.* ＝khedivate.

Khe·lat [kəlá:t, kɪ-, ke-] *n.* ＝Kalat.

Kher·son [kɛəsɔ́:n | kɛəsɔ́n; *Russ.* xjirsón] *n.* ヘルソン《ソ連邦 Ukraine 共和国南部, 黒海付近, Dnieper 河畔の港市; 人口 324,000》.

kheth [xéɪt, xét, xéɪθ, xéθ] *n.* ＝heth.

khi [káɪ] *n.* ＝chi.

khid·mat·gar [kídmətgàɚ | -gà:(r; *Hindi* xydmətgar] 〚(1765) ◻ Hindi *khidmatgār* ← Arab. *khidma*ʰ service ＋Pers. *-gār* -er¹〛 ── *n.* (*also* **khid·mut·gar** [～]) 《インド》(英人家庭の)食堂係, 給仕.

khil·a·fat [kìləfǽt, kɪlá:fət, kə-] 〚◻ Turk. *hilâfet* ◻ Arab. *khilāfa*ʰ 'CALIPHATE'〛 *n.* 〖イスラム教〗キラファット《トルコでの最高権威者》.

Khin·gán Móuntains [ʃìŋgá:n-; *Chin.* ʃīŋān-] *n. pl.* [the ～] シンアンリン(興安嶺)山脈《中国東北部にあり Greater Khingan Mountains (最高 1,729 m) と Lesser [Little] Khingan Mountains (最高 1,423 m) の二つに分れる》.

Khir·bet Qum·ran [kɪəbét-kumrá:n | kɪə-] *n.* (*also* **Khir·bat** [-bá:t] **Q-**) キルベトクムラン, クムラン遺構 (⇨ Qumran).

khit·mat·gar [kítmətgàɚ | -gà:(r] *n.* ＝khidmatgar.

khit·mut·gar [kítmətgàɚ | -gà:(r] *n.* ＝khidmatgar.

Khi·va [kí:və; *Russ.* xjivá] *n.* ヒバ《ソ連邦 Uzbekistan 共和国 Aral 海南部, Amu Darya 河畔の都市; ヒバ汗(ｶﾝ)国の中心地(16 世紀から 1920 年まで); 人口 26,000; 古名 Chorasmia [kərǽzmiə | -mɪə]》.

Khmer [kmɛ́ɚ | kmɛ́ə(r] *n.* (*pl.* ～**s**, ～) **1 a** [the ～(s)] クメール族《Cambodia の原住民族; 9-14 世紀にインドシナ文化の黄金時代を現出した》: the ～ civilization. **b** クメール族の人, クメール人. **2** クメール語 (⇨ Mon-Khmer). **3** クメール (⇨ Cambodia).

Khmer·i·an [kmɛ́(ə)riən | kmɛ́ərɪ-] *adj.* クメールの, クメール族[語]の.

Khoi·san [kɔ́ɪsa:n] *n.* **1** コイサン語を話すアフリカの種族. **2** (アフリカ南部の)コイサン語(群)《Hottentot, Bushman などの言語を含む》.

Kho·mei·ni [kouméɪni, xou- | kəuméɪnɪ, xəu-], **Ayatollah Ru·hol·lah** [ruhálə, -hɔ́(:)lə | -hɔ́lə] *n.* ホメイニ(師)《1901- ; イランのシーア (Shi'a) 派イスラム教徒の指導者; 1978 年の反王制運動の革命に大きな影響を与えた》.

Khond [ká(:)nd | kɔ́nd] *n.* (*pl.* ～**s**, ～) **1 a** [the ～(s)] コンド族《インド東中部の丘陵地帯に住む Dravidian 系の一部族》. **b** コンド族の人. **2** コンド語《Dravidian 語族に属する》.

khor [kɔ́ɚ | kɔ́:(r] 〚◻ Arab. *khurr*〛 *n.* 水路, 峡谷.

Kho·ra·na [kɔ(:)rá:nə], **Har Go·bind** [háɚ góubɪnd, -bənd | há: gə́ubɪnd] *n.* コラーナ《1922- ; インド生れの米国の化学者; Nobel 医学生理学賞 (1968)》.

Kho·tan [kòutá:n | kàu-; *Chin.* xɤ́t'iɛ́n] *n.* 和田《中国新疆(ｼﾝｷｮｳ)ウイグル自治区, Takla Makan 砂漠南端の都市》.

Kho·war [kóuwaɚ | káuwa:(r] *n.* コーワル語《パキスタン北西部の言語; インド語派の Dard 語群に属する》.

Khrush·chev [kruʃ(t)ʃɔ́(:)f, -(t)ʃɔ́(:)v, -(t)ʃéf, -(t)ʃév, ⌐⌐ | krʊʃtʃɔ́f; *Russ.* xruʃʃjóf], **Ni·ki·ta** [njikjítə] **Sergeevich** *n.* フルシチョフ《1894-1971; ソ連の政治家; 共産党第一書記 (1953-64), 首相 (1958-64)》.

khud [kʌ́d] 〚◻ Hindi *khaḍ*〛 *n.* (インドの山腹の)険しい崖(ｶﾞｹ), 断崖; 峡谷, 亀裂: a ～ stick 登山杖.

Khu·fu [kú:fu:] *n.* クフ (⇨ Cheops).

khur·ta [kɚ́:ṭə | kɔ́:tə] *n.* ＝kurta.

khus·khus [kʌ́skəs] 〚◻ Pers. & Hindi *khaskhas*〛 ── *n.* 〖植物〗カスカスソウ (*Vetiveria zizanioides*) 《インド産イネ科の草本; 根は芳香があり編んで室の入口に掛ける; これより香油をとる; cf. tatty》.

Khwa·riz·mi [kwá:rɪzmi, -rəz- | -rɪzmɪ], **al-** [æl-] *n.* フワーリズミー《780?-?850; アラビアの数学者》.

Khý·ber Páss [káɪbə- | -bə-] *n.* [the ～] ハイバル[カイバー]峠《パキスタンの Peshawar 西方, アフガニスタンへ通じる山道; 長さ 53 km, 高さ 1,072 m》.

kHz (略) kilohertz.

KIA, K.I.A. (略) killed in action 戦死(者) (cf. MIA).

ki·a·bóo·ca wòod [kàɪəbú:kə-] 〚◻ Malay *kayu-buku* knot-wood ← *kayu* tree＋*buku* knot, joint〛 *n.* ＝Amboina wood.

ki·ang [kiá:ŋ | kɪ-] 〚◻ Tibet. *(r)kyaṅ*〛 *n.* 〖動物〗キャング (*Equus kiang*) 《チベットの野生のアジアロバ》.

Kiang·ling [kià:ŋlíŋ | kɪ-; *Chin.* tʃiāŋlíŋ] *n.* 江陵《中国中部, 湖北省 (Hupeh) の揚子江沿岸の都市; 旧称 Kingchow》.

Kiang·si [kià:ŋsí: | kɪ-; *Chin.* tʃiāŋʃī] *n.* 江西省《中国南東部の省; 人口 31,830,000, 面積 160,000 km², 首都 Nanchang》.

Kiang·su [kià:ŋsú: | kɪ-; *Chin.* tʃiāŋsū] *n.* 江蘇省《中国東部の省; 人口 58,340,000, 面積 108,900 km², 首都 Nanking》.

Kiao·chow [kiàutʃóu | kɪàutʃə́u; *Chin.* tʃiāutʂōu] *n.* 膠州(ｺｳｼｭｳ)《中国山東省 (Shantung) の一地方; 旧ドイツ租借地 (1898-1914); 現在は膠県》.

Kiaochów Báy *n.* 膠州(ｺｳｼｭｳ)湾《黄海の一部》.

ki·a o·ra [kì:ə-ɔ́:rə, -ó:rə | kì:ə-ɔ́:rə, kàɪə-] 〚◻ Maori ～ (原義) be well〛 *int.* 《豪》よお, ようこそ; ご健康を祝す《挨拶・乾杯の辞》.

kiaugh [kjɔ́:x, kjá:x] 〚◻ ? Sc.-Gael. *cabhag* hurry, troubles〛 *n.* 《スコット》苦労, 心配.

kib·ble¹ [kíbl̩] 〚(1671) ◻ G *Kübel* bucket, tub: cf. OE *cӯfl* tub, bucket〛 《英》〖鉱山〗 ── *n.* (鉱石やくず石などを入れて吊り上げる)吊りおけ, バケツ, キブル. ── *vt.* 〈鉱石などを〉キブルで運ぶ.

kib·ble² [kíbl̩] 〚← ?: cf. cobble¹〛 *vt.* 〈穀物などを〉あらくひく, あらびきにする. ── *n.* あらくひいた穀物.

kib·butz [kɪbúts, -bú:ts | kɪbú:ts, ki:-] 〚(1931) ◻ ModHeb. *qibbūṣ* < Heb. *qibbūṣ* gathering: cf. kvutzah〛 ── *n.* (*pl.* **kib·but·zim** [-butsí:m, -bu:- | -bu:-]) キブツ《イスラエルの農業共同体; cf. moshav》.

kib·butz·nik [kɪbútsnɪk, -bú:ts- | kɪbú:ts-, ki:-] 〚◻ Yid. *kibutsnik*: ⇨ ↑, -nik〛 *n.* キブツの一員[住民].

kibe [káɪb] 〚(*a*1387) ◻ ? Welsh *cibi*〛 ── *n.* (古) (かかとの)つぶれた霜焼け (chilblain), あかぎれ (chap). ***gall [tread on] a person's kibes*** 人の痛い所に触れる, 人の感情を害する (cf. Shak., *Hamlet* 5. 1. 153).

Ki·bei, k- [kì:béɪ] 〚◻ Jap.〛 *n.* (*pl.* ～, ～**s**) 《米》帰米二世《米国に生れ, 日本で教育を受けた後再び帰米した二世; cf. Nisei》.

ki·bit·ka [kɪbítkə, kə- | kɪ-; *Russ.* kjibjítkə] 〚◻ Russ. ～ 'tent, tilt-wagon' ← Tatar *kibits*〛 ── *n.* **1** (コサック族 (Kazak) やキルギス族 (Kirghiz) の用いる)円形天幕. **2** (ロシヤの)幌(ﾎﾛ)車, 幌付きそり.

kib·itz [kíbɪts, -bəts, kɪbíts, kə- | kíbɪts, ⌐⌐] 〚◻ Yid. *kibitsen* ◻ G 《口語》 *kiebitzen* to look on (at cards) ← *Kiebitz* busybody, (原義) lapwing〛 《口語》 ── *vi.* **1** (トランプなどの)ゲームを肩ごしにのぞく; (勝負事に)横から口を出す. **2** 余計な口出しをする, いらぬ世話を焼く. ── *vt.* (トランプなどで)〈ゲームを〉肩ごしにのぞく.

kíb·itz·er 〚(1927) ◻ Yid. *kibitser*: ⇨ ↑, -er¹〛 ── *n.* 《口語》 **1** (トランプ・チェスなどのゲームを)肩ごしにのぞく人, (勝負事に)横から口出しをする人, 傍目(ｵｶﾒ). **2** 余計な世話を焼く人, 口出しをする人 (meddler), 邪魔をする人.

kib·la [kíblə] *n.* (*also* **kib·lah** [～]) 〖イスラム教〗＝qibla.

ki·bosh [káɪbɑʃ, ⌐⌐, kɪbɑ́ʃ, kə- | káɪbɔʃ] 〚(1836) ← ? Yid.〛 (俗) *n.* たわごと (nonse).
put the kibosh on (俗)〈物事・人〉をぺちゃんこにする, ぐうの音も出ないようにする, …にとどめを刺す.
── *vt.* ＝*put the* KIBOSH *on.*

kick¹ [kík] 〚(*c*1384) *kike(n)* ← ?: cf. ON. *kikna* to sink at the knees〛 ── *vt.* **1 a** 蹴(ｹ)る, 足蹴(ｱｼｹﾞ)にする; 蹴飛ばす; 蹴って動かす: ～ a person's shin / ～ a ball / ～ a person to death 人を蹴殺す / ～ away a dog 犬を蹴って追い払う / ～ over a chair 椅子を蹴倒す / ～ hind legs high in the air 〈馬などが〉後足を高く蹴上げる / ～ a man when he's down 倒れている者を蹴る; 人の弱味につけこんでひどい仕打ちをする / ⇨ KICK *oneself.* **b** [～ one's way として]蹴って進む: He ～*ed his way through* the crowd. 人込みの中を蹴散らすようにして通って行った. **2** 〖アメリカンフットボール・ラグビー・サッカー〗〈ゴール〉にボールを蹴って入れる; ボールをゴールに蹴って〈点を〉入れる: ～ a goal / ～ a point. **3** 〈物が〉(反動で)打つ: The rifle ～*ed* my shoulder. **4** (オートレース・競馬などで)〈車・馬〉のスピードを上げる. **5** 《米方言》〈求婚者などを〉はねつける, 断る (reject); 〈女が〉〈恋人を〉捨てる, そでにする (jilt). **6** (俗)〈悪癖などを〉きっぱりやめる: ～ the habit (特に, 麻薬常用の)習慣を断つ. **7** (俗)〖トランプ〗(ポーカーで)〈賭けを〉つりあげる (raise). ── *vi.* **1 a** (…を目がけて)蹴る: ～ *at* a dog. **b** 〈馬などが〉蹴る癖がある. **2 a** 〖アメリカンフットボール・ラグビー・サッカー〗ボールを蹴る[蹴ってゴールに入れる]. **b** 〖クリケット〗ボールをはね上げる; [しばしば ～ *up* として]〈ボールが〉はね上がる. **3** (発射の反動で)〈火器が〉はね返る, 反動する, 後坐する (recoil). **4** 反抗する, 反対する, さからう [*against, at*]; 不平を鳴らす (complain): ～ *against* a decision 決定に反抗する / Tom ～*ed about* his low grades. トムは悪い点数のことで文句を言った. **5** (俗) 死ぬ, くたばる (die) (cf. KICK *in* (3), KICK *off* (5)).
alive and kicking ⇨ alive 成句. ***kick about [around]*** 《口語》 (*vt.*) (1) 虐待[酷使]する, 粗末に扱う. (2) (あれこれ)考えて[検討して]みる, (一応)取り上げてみる. (*vi.*) (1) 転々とする, うろつき回る: He has been ～*ing about* Europe since then. それ以来ヨーロッパを転々としている. (2) 〈物が〉ほっておかれる, かえりみられない; 入手できる, ある: Old shoes were ～*ing around* in the backyard. 古靴が裏庭にほったらかしにしてあった. ***kick back*** (1) (*vt., vi.*) 蹴返す; 応酬する. (2) (*vi.*) 〈エンジンが〉キックバックする (cf. kickback 1 a); 《口語》(急に)はね返ってくる, 反動する. (3) (*vt., vi.*) 《口語》(賃金などの一部を)(親方に)払う; 〈盗品を〉返す; リベート[口きき料]を払う (cf. kickback 2). ***kick down*** 〖自動車〗自動車で, アクセルペダルを一杯に踏込んで)低速ギヤに入れ換える, キックダウンする (cf. kickdown). ***kick downstairs*** (1) 人を階段から蹴落とす; 人を追い出す. (2) 人を格下げ[左遷]する (cf. KICK *upstairs*). ***kick in*** (1) 〈ドアなどを〉外側から蹴破って入る. (2) (俗) (出し前として)〈金を〉払う; 〈金を〉寄付する (contribute): ～ ten dollars *in* for a scholarship 奨学金の割当てとして 10 ドル払う / Someone ～*ed in with* a big sum. だれかが多額の寄付をした. (3) (俗) 死ぬ. ***kick a person in the tooth*** 《口語》〈人〉に(思わぬ)ひどい仕打ちをする, ひどいことを言う. ***kick off*** (1) 蹴飛ばす; 〈靴を〉蹴って脱ぐ: ～ *off* one's shoes. (2) 〖アメリカンフットボール・ラグビー・サッ

カー〗キックオフする《試合開始や得点後の試合再開の時にボールを蹴り出す; cf. kickoff》. (3)《口語》〈人・事が〉(試合・会合などを)始める, 開始する (start); 〈事が〉…の幕開けとなる; 〈試合・会合などが〉始まる, 開始される: The mayor ~*ed off* (the game) by throwing the first ball. 市長の始球式で試合が始められた / The party ~*ed off with* a toast. パーティーの初めに先ず祝杯が挙げられた. (4)《俗》出て行く, 去る (leave). (5)《俗》死ぬ (die). ***kick on***《口語》(1)〈スイッチなどを〉入れる. (2) 作動を始める. ***kick oneself***《口語》(自分のした事を)くやしがる, 自分を責める〔*for, over*〕: He ~*ed himself for* being a damned fool. とんでもないばかな真似をしたことを残念がった. ***kick out*** (*vt.*) (1) 蹴って追い出す. (2)《口語》追い出す; 解雇する (dismiss): He was ~*ed out of* the firm. 会社を首になった. (*vi.*) (1)〖アメリカンフットボール・ラグビー・サッカー〗ボールをサイドライン外に蹴り出す. (2)〖サーフィン〗キックアウトする《波乗り板の後部を足で押すようにして反転して波頭を乗り越える》. (3)《俗》死ぬ. ***kick over***《口語》〈エンジンが〉点火する, 始動する; 〈モーターを〉始動させる. ***kick through***《米俗》(1) = KICK *in* (3). (2) 自白する, 打ち明ける. ***kick up*** (*vt.*) (1) 蹴上げる; 〈ほこりなどを〉蹴立てる (raise). (2)《口語》〈騒ぎなどを〉起こす: ~ *up* a row [dust, fuss] 騒ぎ立てる, 騒動を起こす. (3)《口語》〈値段などを〉つり上げる, 高める (raise). (4)《口語》〈機械など〉の調子が悪くなる. (*vi.*) (1) ⇨ *vi.* 2 b. (2) 不調[不順]になる. (3) 反抗的になる[振舞う]. ***kick upstairs***《口語》〈うるさい人を〉(空名的な高位に)祭り上げる (shelve) (cf. KICK *downstairs* (2)).

— *n.* **1 a** 蹴ること, 足蹴(あしげ), 蹴飛ばし: give a ~ at… …を一蹴りする / receive a ~ on the shin [in the stomach] むこうずね[腹]を蹴られる. **b** 蹴る力, (馬などの)蹴る癖. **c** (水泳の)足の蹴り, キック. **d** (競走の終わりの)力走, ひとふん張り. **2**〖アメリカンフットボール・ラグビー・サッカー〗**a** (ボールの)蹴り, キック (cf. dropkick 1, placekick). **b**《英》蹴り手, キッカー: a splendid ~ すさまじい蹴り手. **c** 蹴ったボール. **d** 蹴ったボールの飛んだ距離. **3** (急激な)反動力, 推進力, 爆発力; (発射した時の銃砲の)反動, 後坐. **4 a**《口語》反対, 反抗, 拒絶 (rejection); 苦情, 苦情の種; 抗議〔*against, at*〕. **b**〖野球〗(審判の判定に対する)身振り入りの抗議. **5**《口語》**a** (ウイスキーなどの)刺激性, ぐっとくる酔い (pungency, bite): Vodka has a lot of ~ in it. ウォッカは飲むとひどくこたえる. **b** 反発力; 元気, 活力 (vigor, energy): I have no ~ left. もうやる元気がない. **c** 興奮, 痛快味, おもしろみ, スリル (excitement, thrill): He used to get a ~ out of seeing such a thing. こういうものを見ると夢中になって喜んだものだ / They are gambling (just) *for* ~*s*. 彼らは(ただ)スリルを求めてギャンブルをやっている. **6 a**《俗》一時的に凝ること, 熱中: He is *on* a stereo ~. ステレオに凝っている / They were *off* the ~. 彼らはもう熱がさめてしまっていた. **b** [通例 the ~]《古俗》(最新)流行 (the fashion). **7**《口語》(事件・物語などの)意外な展開[結末], 逆転, ひねり (twist): an ironical ~. 皮肉な展開[結末]. **8** [通例 the ~]《俗》解雇 (dismissal): get *the* ~ 首になる, お払い箱になる / give a person *the* ~ 人を首にする. **9**《米俗》値上げ (raise); 賃上げ. **10**《英俗》6 ペンス: two and a ~ 2 シル 6 ペンス. **11**《俗》ポケット; 財布. **12** [*pl.*]《俗》靴 (shoes). **13 a**〖物理〗反跳. **b**〖通信〗キック雑音.

get* [*receive*] *more kicks than halfpence* [*ha'pence*]**〖猿まわしの猿が小突きまわされてただ働きをさせられることから〗《口語》親切どころかひどい扱いを受ける, もうかる[得をする]どころかひどい目に会う. ***a kick in one's gallop《俗》気まぐれ, 移り気. ***a kick in the pants* [*teeth*]**《口語》(思わぬ)ひどい仕打ち, 激しい非難; 失望; ひじ鉄, 拒絶: give [get] *a* ~ *in the pants.*

~·a·ble [-kəbl] *adj.*

kick[2] [kík]〖KICK[1] の戯言的転用?〗*n.* **1** (瓶の)上げ底 (cf. false bottom 2). **2**《英》れんが型.

Kick·a·poo [kíkəpùː] *n.* (*pl.* ~**s**, ~) **1 a** [the ~(s)] キカプー族《アルゴンキアン族 (Algonquian) の一部族でもと米国 Wisconsin 州に居住したが各地へ移動し今は Kansas, Oklahoma の二州や Mexico などに居住する》. **b** キカプー族の人. **2** キカプー語《アルゴンキアン語族の一つ》.

kíck·bàck *n.*《口語》**1 a**〖機械〗キックバック, ケッチング《内燃機関始動時の逆転》. **b** (強い)反作用, 反動. **2** (盗品の)返却, 送り返し. **3** (賃金の)上前をはねること, 上前, ぴんはね. **4** リベート, 口きき料.

kíck·bàll *n.* キックボール《野球に似た子供の球技; 大きなボールを蹴る》.

kíck·bòard *n.*〖水泳〗キックボード, ビート板《ばた足の練習をするのに使う浮き板》.

kíck·dòwn *n.*〖自動車〗キックダウン《アクセルペダルを一杯に踏込んで自動変速機のギヤを高速用から低速用に変えること》; キックダウン装置.

kíck·er〖(*c*1570)〗— *n.* **1 a** 蹴(け)る人, 蹴り手, キッカー; 蹴るもの, (特に)蹴る癖のある馬. **b**〖アメリカンフットボール・ラグビー・サッカー〗キッカー. **2** 不平家, こぼし屋; 反対者, 反抗者; 批判家. **3 a** はね返るもの; (銃砲の)薬莢(やっきょう)送り装置. **b**〖クリケット・テニス〗キッカー《落ちた後高くはね上がるボール》. **4**《米・カナダ口語》〖海事〗(帆船用の)補助機関; (ボートに取り付ける低馬力の)ガソリンエンジン; 船外モーター, 船外機. **5**《俗》刺激[スリル]を与えるもの; (カクテルなどに入れる)酒, アルコール分. **6**《米俗》**a** = kick[1] 7. **b** 意外な難点; 思わぬ難問題. **7**《米俗》ピストル, ガン. **8**〖印刷・ジャーナリズム〗キッカー《普通の見出しのさらに上部に目に付くように組まれた見出し》. **9**〖トランプ〗(ポーカーで)キッカー, おどし札《ドローするとき, ワンペアーなどとともに手もとに残しておく 3 枚目の高位札; cf. draw *vt.* 16 a》.

kíck·òff *n.* **1**〖アメリカンフットボール・ラグビー・サッカー〗キックオフ《試合開始や得点後の試合再開の時に placekick で蹴(け)り出すこと; cf. KICK *off* (2)》. **2** 初め, 手始め, 発端, 着手 (beginning)〔*of*〕.

kíck·plàte *n.* 蹴(け)り板《衝撃や摩擦に耐えるようドアの下部や階段の蹴込みなどに張る金属板》.

kíck plèat *n.*〖服飾〗キックプリーツ《裾(すそ)の狭いスカートの歩行を楽にするためにつけるひだ》.

kick·shaw [kíkʃɔː]〖(1597) *kickshawes*《転訛》← F *quelque chose* something, anything〗— *n.* **1** [通例軽蔑的] いやに凝った料理; 珍味. **2** (つまらぬ)飾り, おもちゃ, 小物 (trinket, trifle).

kíck·sòrter *n.* = pulse height analyzer.

kíck·stànd *n.* (自転車・オートバイなどの)キックスタンド《止めておく時倒れないように支持する》.

kíck stàrt [stàrter] *n.* キックスターター《オートバイなどの足蹴り式始動装置》.

kíck tùrn *n.*〖スキー〗キックターン《片足を蹴(け)上げて反対方向に向かう方向変換》.

kíck·ùp *n.* **1** (足の)蹴(け)上げ. **2**《口語》騒ぎ, 騒動, けんか (row, quarrel). **3**〖自動車〗キックアップ《自動車用フレームの上向き彎曲部》.

kíck whèel *n.*〖窯業〗蹴ろくろ《蹴って回す陶工用ろくろ》.

kick·y [kíki | -kɪ]〖← KICK[1] (v.) + -Y[4]〗*adj.* (**kick·i·er**; **-i·est**)《米俗》**1** 元気のある, はつらつとした; 刺激的な, スリルのある. **2** すばらしい, すてきな.

kid[1] [kíd]〖(*c*1200) *kide* □ ON *kið* < **kiðjam*《擬音語》: cog. G *Kitze*〗— *n.* **1 a** 子ヤギ. **b** レイヨウやシカなどの子. **2** 子ヤギの肉. **3** キッド革 (kid leather): a book bound in ~ キッド革表紙の本. **4** [*pl.*] キッドの手袋; キッドの靴. **5**《口語》子供; 若者, 青年: school ~*s* 学校の生徒たち / make a ~ of …を子供扱いする / ⇨ kid stuff. **6**《米俗》[ボクサーなどの名に冠して]新進…: *Kid* O'Flannigan.
— *attrib. adj.* **1** キッド製の: ⇨ kid glove. **2**《口語》年下の (younger): one's ~ brother [sister] 弟[妹].
— *v.* (**kid·ded**; **kid·ding**) — *vi.* 〈ヤギなどが〉子を産む. — *vt.* 〈ヤギなどが〉〈子を〉産む.
kíd·dish [-dɪʃ] *adj.* **~·lìke** *adj.*

kid[2] [kíd]〖(1811) ? ← *make a kid of*: ⇨ kid[1] (n.) 5〗《口語》— *v.* (**kid·ded**; **kid·ding**) — *vt.* **1** (真顔で冗談を言ったりして)からかう, かつぐ (tease)〈*on*〉: ~ a person (on) / He ~*ded* me *about* my old bag. 古いかばんのことでよく私をからかった. **2** だます (deceive): ~ oneself 現実を無視する, 甘い考えをもつ. — *vi.* 冗談を言う, からかう〈*along, around, on*〉: No ~*ding*! 冗談を言っているのではない, 本当だよ / No ~*ding*? 本当かね, まさか.
— *n.* **1** からかい, 冗談. **2** ごまかし (humbug).
no kid《口語》うそではない, 本当(だ) (cf. *vi.*).
kíd·ding·ly *adv.*

kid[3] [kíd]〖(1769)《変形》? ← KIT[1]〗*n.* **1** 手桶. **2**〖海事〗(もと水夫の)配食用の手桶.

Kid [kíd] *n.* = Kyd.

Kidd [kíd], **William** *n.* (1645?–1701) スコットランド生れの英国の私掠(しりゃく)船船長, のちに海賊; 絞首刑に処せられた; 通称 Captain Kidd.

kid·der[1] [← KID[2]] *n.*《口語》からかう人, 冗談を言う人; だます人.

kid·der[2] [kídə | -də(r)] *n.* = kiddier.

Kid·der·min·ster [kídəmìnstə | -dəmìnstə(r)]〖ME *Chideminstre, Kedeleministre*《原義》'Cydda's MINSTER'〗— *n.* **1** イングランド Hereford and Worcester 州北部の都市; じゅうたんの産地; 人口 48,000. **2** (地染めの丈夫な)キッダーミンスター製じゅうたん《Kidderminster carpet ともいう》.

kid·die [kídi | -dɪ] *n.* = kiddy.

kid·di·er [kídiə | -dɪə(r)]〖← ?〗*n.*《英方言》(野菜などの)呼売り商人, 行商人 (huckster).

kid·dle [kídl]〖ME *kydle* □ AF *quidel* (F *guideau*) □ MLG *kiedel*〗*n.* (魚をとる)簗(やな).

kid·do [kídou | -dəu]〖← KID[1] + -O〗*n.* (*pl.* ~**s**, ~**es**) [呼掛けに用いて] 君(きみ), お前.

kid·dush [kídəʃ, -dɪʃ, kɪdúːʃ]〖□ Mish.Heb. *qiddûš* sanctification ← *qiddēš* to hallow〗— *n.*〖ユダヤ教〗キッドゥーシュ《安息日または祝祭日を聖日として迎えるために, 夕食前に行なう儀式; またはその時唱える祈りの言葉》.

kid·dy [kídi | -dɪ]〖(1579) ← KID[1] + -Y[2]〗*n.* **1** 子ヤギ. **2**《口語》子供.

kiddy càr *n.* **1** おもちゃのミニカー. **2** 乳母車, ベビーカー.

kid-glóve *attrib. adj.* **1** (キッドの手袋をはめているように)ひどくお上品[潔癖]な (extremely dainty). **2** ごく慎重な[優しい], そつがない.

kid glóve *n.* キッドの手袋.
with kid gloves 優しく, そつなく; 用心深く, 慎重に: handle a person [thing] *with* ~*s* 人[物事]を丁寧[慎重]に扱う.

kid-glóved *adj.* **1** キッド革の手袋をはめた. **2** = kid-glove.

kíd lèather *n.* (主として子ヤギの皮をなめして作った)キッド革, キッド《靴・手袋などに用いる柔らかい革; 単に kid または kidskin ともいう》.

kid·nap [kídnæp]〖(1682)《逆成》← KIDNAPPER〗— *vt.* (**kid·napped**, **-naped**; **-nap·ping**, **-nap·ing**) **1** 〈子供などを〉さらう, 連れ去る (steal). **2** (身の代金などを目当てに暴力でまたは欺いて)〈人を〉かどわかす, 誘拐(ゆうかい)する (cf. abduct 1).

kid·nap·per [kídnæpə | -pə(r)]〖(1678) ← KID[1] + (古俗) *napper* thief (← *nap* to seize □ Scand. (Swed. *nappa*))〗*n.* (*also* **kid·nap·er**) 誘拐者; 人さらい.

kíd·nàp·ping *n.* 誘拐;〖法律〗(営利)誘拐罪.

kid·ney [kídni | -nɪ]〖(*a*1325) *kidenei* ← ? *kiden-* ((gen. pl.) ? ← KID[1]) + *ey* 'EGG[1]'〗— *n.* **1**〖解剖・動物〗**a** 腎(臓). ★ ラテン語系形容詞: renal. **b** 無脊椎動物の)腎臓に相当する部分. **2** (食品としての牛・羊・豚などの)腎臓: ~*s* and bacon. **3** 気質, たち, 種類: a man of that ~ そんなたちの男 / a man of the right ~ まともな人間 / two fellows of the same ~ 同じ気質の二人. **4** = kidney potato.

kídney bèan *n.*〖植物〗**1** インゲンマメ (*Phaseolus vulgaris*); その豆《common bean ともいう》. **2** ベニバナインゲン (*P. coccineus*).

kídney còrpuscle *n.*〖解剖〗腎小体 (Malpighian corpuscle).

kídney machìne *n.*〖医学〗人工腎 (artificial kidney).

kídney òre *n.*〖鉱物〗腎臓状鉄鉱《腎臓状瘤塊として産する赤鉄鉱または褐鉄鉱》.

kídney potàto *n.* 卵形種のじゃがいも.

kídney-shàped *adj.* 腎臓形の, いんげん豆形の.

kídney stòne *n.* **1**〖病理〗腎石, 腎臓結石 (renal calculus). **2** 腎臓形の小石.

kídney vètch *n.*〖植物〗ユーラシア産マメ科の植物 (*Anthyllis vulneraria*)《昔腎臓病の治療に用いた》.

kídney wòrm *n.*〖獣医〗腎虫; (特に)豚腎虫 (*Stephanurus dentatus*)《豚の腎臓に寄生する》.

kídney·wòrt *n.*〖植物〗**1** = navelwort 1. **2** = coyote brush.

Ki·dron [kíːdrən, káɪd- | káɪdrɒn, kíd-] *n.* キドロン, ケドロン,〖聖書〗ケデロンの谷《Palestine 中部, Jerusalem 東部の Jordan の峡谷; そこに発する小川 (Kidron) は東流して死海に注ぐ; cf. 2 *Sam.* 15: 23, *John* 18: 1》.

kíd·skìn *n.* **1** 子ヤギの(毛)皮. **2** = kid leather.

kid stùff *n.*《口語》**1** 幼稚な事柄, 子供っぽい振舞い. **2** ごく容易[簡単]な事柄, 何でもない事.

kíds' stùff *n.* (*also* **kíd's stùff**) = kid stuff.

kief [kíːf] *n.* = kef.

Kief·fer [kíːfə | -fə(r)]〖← *Peter Kieffer* (1812–90: フランス生れの米国の園芸家)〗— *n.*〖園芸〗キーファー《ナシの品種名; 米国で育成, 罐詰用; セイヨウナシ (pear) と Chinese pear の交雑種と推定》.

ki·e·ki·e [kíːeɪkìːeɪ, kíːkiː, káɪkaɪ]〖(1854) □ Maori ~〗— *n.*〖植物〗ニュージーランド産タコノキ科のつる植物 (*Freycinetia banksii*)《実は食用になり, 葉はかご作りに用いられる》.

Kiel [kíːl; G. kíːl] *n.* キール《西ドイツ北部の Schleswig-Holstein 州 Jutland 半島の海港, 同州の首都; 避暑地として有名, 大学がある; 10 世紀以来の都市でハンザ同盟 (Hanseatic League) 市の一つ; 第一次大戦当時ドイツ海軍の根拠地; 人口 272,000》.

kiel·ba·sa [k(j)ɛłbáːsə, kɪł-, kiːł-]〖□ Pol. *kiełbasa* sausage〗— *n.* (*pl.* ~**s**, **-ba·sy** [-si | -sɪ]) キルバーサ《粗く刻んだ牛・豚肉でつくったニンニク風味のポーランドのソーセージ》.

Kíel Canál *n.* [the ~] キール運河《西ドイツ北部, 北海とバルト海を結ぶ運河; 長さ 98 km》.

kier [kíə | kíə(r)]〖(1573) *keare, keere* ← Scand.: cf. Norw. *kjer* / Swed. & Dan. *kar* / ON *ker* vessel, tub〗*n.* 漂白槽《布地を煮て漂白する大桶》.

Kier·ke·gaard [kíəkəgàːd, -gɔə | kíəkəgàː(r), -gàːd, -gɔː(r), -gɔːd; *Dan.* kérgəgɔːr], **Sö·ren** (**Aa·bye**) [sǿːrən óːby] *n.* キルケゴール《1813–55; デンマークの宗教的・哲学的思想家; 実存主義に影響を与えた》.

Kier·ke·gaard·i·an [kìəkəgáːdiən, -gɔ́ə- | kìəkəgáːdɪ-, -gɔ́ː-] *adj.* キルケゴール (Kierkegaard) (流)の. — *n.* キルケゴール信奉者.

kie·sel·guhr [kíːzəlgùə | -gùə(r)]〖□ G ~ ← *Kiesel* flint + *Gu(h)r* 'GUHR'〗*n.* (*also* **kie·sel·gur** [~])〖地質〗(多孔性の)ケイ藻土 (cf. diatomite).

kie·ser·ite [kíːzəràɪt]〖□ G *Kieserit* ← *D. G. Kieser* (1779–1862: ドイツの鉱物学者): ⇨ -ite[1]〗— *n.*〖鉱物〗キーゼライト, 硫酸苦土石 ($MgSO_4H_2O$)《天然の含水硫酸マグネシウム, 白色または黄色》.

Ki·ev [kíː(j)ef, -jɪf, -jəf, -(j)ev, -jɪv, -jəv | kíːev, -ef; *Russ.* kʲíjɪf]〖← ? *Kiy* (人名)〗— *n.* キエフ《ソ連邦 Ukraine 共和国 Dnieper 河畔の都市; 同共和国の首都; 人口 2,133,000》.

kif [kíf] *n.* = kef.

Ki·ga·li [kɪgáːli | -lɪ] *n.* キガリ《アフリカ中部 Rwanda 中央部にある同国の首都; 人口 60,000》.

kike [káɪk]〖? ← *kiki*《加重》← *-(s)ky, -(s)ki* (東欧系ユダヤ人の名前の語尾)〗*n.*《米俗》[軽蔑的] ユダヤ人.

Ki·ku·yu [kɪkúːjuː, kə- | kɪ-] *n.* (*pl.* ~**s**, ~) **1 a** [the ~(s)] キクユ族《東アフリカの Kenya に住む Bantu 族の一部族で農耕民族》. **b** キクユ族の人. **2** キクユ語《Bantu 語派に属する》. **3**〖英国国教会〗キクユ問題《他派の信者を聖餐式に参加させることに

関する英国国教会内の論争；1913 年 Kenya でこの問題が議論されたことから》.

kil. 《略》kilderkin(s); kilometer(s).

Ki·lau·e·a [kìːlauéɪə] *n.* キラウェア《米国 Hawaii 州, Hawaii 島の活火山 Mauna Loa 山腹の大噴火口；幅 3.2 km, 高さ 1,250 m》.

kild. 《略》kilderkin(s).

Kild. 《略》Kildare (州).

Kil·dare [kɪldέə | -déə(r] *n.* **1** アイルランド共和国東部, Leinster 地方の州；人口 72,000, 面積 1,694 km², 首都 Naas [néɪs]. **2** Kildare 州の都市；人口 3,200.

kil·deer [kíldɪə | -dɪə(r] *n.* (*pl.* ~**s**, ~) 〚鳥類〛 = killdeer.

kil·der·kin [kíldəkɪn, -kən | -dəkɪn] 〘《1390》 *kilderkyn*, 《変形》← *kyn(d)erkyn* ◻ MDu. *kinderkin, kinnekijn* quarter tun (dim.) ← *kintal* ◻ ML *quintāle* 'QUINTAL': ⇨ -kin〙 —— *n.* (16–18 ガロン入りの)中樽；同上一杯の液量《2 firkins に当たる》.

kil·im [kiːlíːm] 〘◻ Turk. ~ ◻ Pers. *kilim*〙 *n.* キリムじゅうたん《カフカス, トルコその他近東でできる華麗なもの》.

Kil·i·man·ja·ro [kìlɪmənʤάːrou, -lə-, -ʤǽr- | -lɪmənʤάːrəu], **Mount** *n.* キリマンジャロ山《Tanzania 北部の火山；アフリカの最高峰 (5,895 m)》.

Kilk. 《略》Kilkenny (州).

Kil·ken·ny [kɪlkéni | -nɪ] *n.* **1** アイルランド共和国東部, Leinster 地方の州；人口 62,000, 面積 2,062 km². **2** Kilkenny 州の首都；人口 10,000.

Kilkénny cáts *n. pl.* 〚アイル伝説〛キルケニーのけんか猫《双方しっぽだけになるまで激しく戦ったと伝えられる二匹の猫》: fight like ~ 双方倒れるまで戦う, 頑強に[とことんまで]戦う.

kill[1] [kíl] 〘《?a1200》 *kulle(n), culle(n)* to beat, kill < OE **cyllan* < Gmc **kuljan* ← IE **gʷel-* to pierce: cf. OE *cwellan* 'to kill, QUELL'〙 —— *vt.* **1 a** 殺す, 殺害する: ~ a man, wolf, etc. / be ~*ed* in an accident, in battle, by poison, with a knife, etc. / the ~*ed* and wounded (戦争や乱闘での)死傷者 / ⇨ KILL *oneself* (1) / The author ~*s* the heroine [villain] in the last chapter. 作者は女主人公[悪人]を最後の章で死なせてしまう / ~ two birds with one stone ⇨ bird *n.* 1. **b** 〈霜などが〉〈植物を〉枯らす (blight): The heat ~*ed* the plants. 暑さで植物が枯れた. **2** 〈病気・苦労・飲酒などが〉…の死因となる, …の寿命を縮める: Pneumonia ~*ed* the old man. 老人は肺炎で死んだ. **3 a** 〈家畜を〉屠殺(とさつ)する (butcher). **b** 屠殺して〈肉を〉取る: ~ beef, pork, etc. **4 a** 〈風・病気などの〉勢いをそぐ, 静める (still): ~ toothache with a medicine 歯の痛みを薬で抑える. **b** 〈機会などを〉だめにする, つぶす (ruin); 〈熱意・希望などを〉消滅させる: ~ a person's hopes 人に希望を失わせる / He has ~*ed* her affections. 女から愛想をつかされた. **c** …の効果を弱める; 〈色などを〉中和する (neutralize); 〈音などを〉消す (deaden): The wallpaper ~*s* the furniture. 壁紙のせいで家具がいっこうに引き立たない / The noise ~*ed* the music. 騒音のため音楽が聞こえなかった. **5** 〈時間を〉つぶす (consume): ~ half an hour / I didn't know how to ~ time. どうやって時間を紛らしたらよいかわからなかった. **6 a** 〈議案・提案などを〉否決する, 握りつぶす: ~ a bill in committee 委員会で議案を否決する. **b** 〈小説・劇などを〉(酷評によって)葬る; 発売[上演, 上映]禁止にする. **c** (新聞などで)〈記事〉の掲載をよす, 削る; (劇などで)〈ある部分を〉削る. **d** 〚印刷〛〈語・パラグラフを〉削除する; 〈不必要となった組版を〉解版する. **7 a** 〈機械・エンジンなどを〉止める (stop), …の運転を止める; 〈照明などを〉消す. **b** 〚電気〛〈回路を〉断つ (cut off). **8** 《口語》**a** (服装・目つきなどで)悩殺する, うっとりさせる. **b** 〈人〉に腹をかかえさせる, 腹の皮をよじらせる (cf. *vi.* 4, killing *adj.* 3): The funny play nearly ~*ed* me. その滑稽な劇を見ていたらおかしくてたまらなかった (cf. make a person die with laughter ⇨ laughter 1). **9** 《口語》**a** 〈人〉にひどい苦痛を与える: My back is ~*ing* me. 腰が痛くてしょうがない / It ~*s* me not to be able to help them. 彼らの力になってやれないのがくやしくてたまらない. **b** へとへとに疲れさす, 消耗させる: The heat ~*ed* us. 私たちは暑さにほとほと参った / ⇨ KILL *oneself* (2). **10** 《口語》〈飲食物を〉平らげる, 飲み[食べ]尽くす: ~ a bottle of wine ぶどう酒一本を空(から)にする. **11 a** 〚球技〛相手が打ち返せないような〈剛球・リターンショットを〉打つ (cf. smash[1] *vt.* 5). **b** 〚アメリカンフットボール〛〈ボールを〉ぴたりと止める. **c** 〚アイスホッケー〛(仲間が反則をしたためペナルティーを受けている間)相手チームに得点されないようにする. **12** 〚金属加工〛(造塊前に)〈鋼を〉脱酸する: ⇨ killed steel.

—— *vi.* **1** 殺す; 人殺しをする: shoot to ~ 〈相手を〉殺すために発砲する / Thou shalt not ~. なんじ殺すなかれ《モーセの十戒の一つ; *Exod.* 20:13; *Deut.* 5:17》. **2** 枯れる (be killed): These plants ~ easily. これらの植物は枯れやすい. **3** 〈牛・豚などが〉(屠殺されて)肉が取れる: The ox ~*ed* well [30 stone]. その牛は切りでがあった[30 ストーンあった]. **4** 《口語》悩殺[圧倒]する: She was dressed [got up] (fit) to ~. ひどく派手な[ほれぼれするような]身なりをしていた (⇨ *fit to* KILL (1)).

fit to kill 《口語》(1) ひどく派手に, うっとりさせるほどに (cf. *vi.* 4.). (2) 大いに, ひどく: weep fit *to* ~ さめざめと泣く. ***kill down*** 殺す; 枯死させる. ***kill off*** (1) 絶滅させる, 除去する: DDT ~*ed off* all the insects. DDT で昆虫が全滅した. (2) 〈計画などを〉打ち壊す, つぶす. (3) 〈熱意などを〉全く失わせる. ***kill or cure*** 一か八か (cf. MAKE *or* [*break*] *mar*, SINK *or swim*): I'll try it, ~ *or cure*. ***kill out*** (1) = KILL *off*. (2) (変質を防止するため)〈たばこを〉完全に乾燥させる. ***kill oneself*** (1) 自殺する. (2) 《口語》(無理なことをして)へとへとになる, 参りそうになる. ***kill a person with*** [***by***] ***kindness*** ⇨ kindness 成句.

—— *n.* **1** 殺すこと, 殺害. **2** [the ~] (狩で獲物を)仕止めること: ⇨ *be in at the* KILL. **3** [集合的にも用いて] (狩の)獲物: a plentiful ~. **4** 撃墜, 撃沈, 撃破; (敵側の)撃墜機[ミサイル], 沈没艦, 沈没船. **5** 〚球技〛相手が打ち返せないような剛球(など) (cf. *vt.* 11 a). **6** 《米口語》= killing 3.

be in at the kill (1) 獲物が仕止められる時に居合わせる. (2) 勝利の瞬間に居合わせる, 最後を見届ける. ***on the kill*** (1) 〈動物が〉獲物を求めて[ねらって]. (2) 是が非でも目的を遂げようとして.

kill[2], **K-** [kíl] 〘◻ Du. *kil* < MDu. *kille* channel〙 —— *n.* 《米方言》水路 (channel), 小川 (stream). ★ 初めオンラダ人が植民した地方で主に地名として複合語をなしている: Schuyl*kill*, Cats*kill*, etc.

Kil·lan·in [kɪlǽnɪn, kə-, -nən | kɪlǽnɪn], **Michael** *n.* キラニン (1914– ; アイルランドのジャーナリスト・実業家; 国際オリンピック委員会会長 (1972–); Lord Killanin).

Kil·lar·ney [kɪlάəni, kə- | kɪlάːni], **the Lakes of** *n. pl.* キラーニー湖《アイルランド南西部, Kerry 州の町 Killarney 付近にある景色のよい三つの湖》.

kill·deer [kíldɪə | -dɪə(r] 〚擬音語〛 *n.* (*pl.* ~**s**, ~) 〚鳥類〛フタオビチドリ (*Charadrius vociferus*)《北米産のチドリ》.

kíll-dèvil *n.* **1** 《方言》西インド諸島のラム(酒). **2** 質の悪い酒, 安酒. **3** 〚釣〛傷ついた小魚をまねて水中をくるくる回るようにできている擬似鉤.

kílled stéel *n.* 〚冶金〛キルド鋼《インゴット (ingot) にする前に完全に脱酸された鋼; cf. rimmed steel》.

kill·er [-lə | -lə(r] 〘《1535》〙 —— *n.* **1** 殺す人[動物, 物]; 殺人者 (murderer); 屠殺者; (特に)殺し屋: the ~ disease 命取りになる病気《癌(がん)など》/ ⇨ humane killer. **2** [通例 *pl.*] 《口語》屠殺用の動物. **3** 〚動物〛= killer whale. **4** 《俗》物凄い威力をもったもの; ほれぼれするような(身なりの)人, 悩殺的な人: ⇨ lady-killer. **5** 《俗》悪消し《切手の図案がわからない位にきたなく押された消印》.

kíller bòat *n.* キラーボート, キャッチャーボート《加工設備をもたないで鯨を仕止めて母船に運ぶ船》.

kill·er-dill·er [kíləd̀ɪlə | -lədílə(r] 〘《加重》← KILLER 4〙 *n.* 《俗》= killer 4.

kíller operàtion *n.* 〚軍事〛対潜攻撃(作戦)《航空機・潜水艦・艦艇などの共同作戦による対潜水艦攻撃》.

kíller whàle *n.* 〚動物〛シャチ, サカマタ (⇨ orca).

kil·lick [kílɪk] 〚New England 《方言》← ?〛 *n.* **1** 石錨(いかり), 錨代用の石; 小型錨. **2** 錨 (anchor).

Kil·lie·cran·kie [kìlikrǽŋki | -lɪkrǽŋkɪ] *n.* [the ~] スコットランド中部, Tayside 州のグランピア山脈 (Grampians) 中の山道, 戦跡 (1689).

kil·li·fish [kílifɪʃ] 〘? ← KILL[2] + -I(E) + FISH[1]〙 *n.* 〚魚類〛= topminnow.

kill·ing [-lɪŋ] 〚ME: ⇨ kill[1], -ing[1]〛 —— *n.* **1** 殺すこと, 殺害 (slaying), 屠殺(とさつ) (slaughtering). **2** = kill[1] 3. **3** 《口語》大もうけ: make a ~ on the stock market [in a horse race] 株[競馬]で大もうけする.

—— *adj.* **1** 殺す, 致死の (fatal): a ~ frost 草木を枯らす霜 / the ~ power of nuclear weapons 核兵器の殺傷力 / Cancer is a ~ disease. **2** 死にそうな; 骨の折れる, くたびれる (exhausting): the ~ heat 猛烈な暑さ / ~ languor たまらないほどのだるさ / ~ work ひどく骨の折れる仕事. **3** 《口語》おかしさで死にそうな, おかしくてたまらない: a perfectly ~ play. **4** 《口語》うっとりとさせる, 悩ましいほどの (very attractive): a ~ glance, hat, etc. / She looked just [simply] ~. 彼女の姿は全く悩ましいほど美しかった.

kílling bòttle *n.* (殺虫剤入りの)毒びん, 殺虫管, 毒つぼ《昆虫採集用》.

kíll·ing·ly *adv.* 殺す[死ぬ]ほど; 《口語》悩殺的なほど.

kíll·jòy *n.* (宴会などで)座を白けさせる人, 陰鬱な人, 興をそぐ人[物], 興ざまし (wet blanket).

kil·lock [kílək] *n.* = killick.

kíll ràte *n.* (戦争・暴動などの)殺傷率《敵・味方死傷者数の割合; kill ratio ともいう; cf. body count 1 a》; (兵器などの)殺傷率, 威力, (対空砲火による)撃墜率 (cf. kill[1] *n.* 4).

kíll-tìme *n., adj.* 暇つぶし[退屈しのぎ]の(仕事, 遊び).

Kil·mar·nock [kɪlmάːnək | -mάːnək, -nɔk] *n.* スコットランド南西部, Strathclyde 州 Glasgow の南西方にある都市; 人口 51,000.

Kil·mer [kílmə | -mə(r], **(Alfred) Joyce** *n.* (1886–1918) 米国の詩人; *Trees and Other Poems* (1914).

kiln [kíln] 〚OE *cyl(e)n(e)* ◻ L *culina* kitchen, cookstove: cf. culinary〛 —— *n.* (窯業製品の焼成[煆焼(かしょう), 焼結]に用いる)窯(かま), 炉 (furnace): a brick [lime] ~ れんが[石灰]窯. —— *vt.* 炉で乾燥[焼成]する. ★ 窯業者間の発音は [kít].

kíln-drìed *adj.* 窯[炉]で焼成[乾燥]した: ~ bricks.

kíln-drỳ *vt.* 窯[炉]で焼成[乾燥]する: ~ wood.

ki·lo [kíːlou, kíl- | kíːləu] 〘《1870》◻ F ~ 《略》← *kilogramme*: ⇨ kilo-〙 *n.* (*pl.* ~**s**) キロ《kilogram, kilometer など》.

kilo. [kíːlou, kíl- | -ləu] 《略》kilogram(s); kilometer(s).

ki·lo- [kílo(u) | -lə(u)] 〘◻ F ~ ← Gk *khílioi* a thousand〙 「1,000(倍), 千(倍)」の意の連結形 (cf. mega-, giga-, tera-): *kilo*ampere, *kilo*dyne, *kilo*gauss, *kilo*lumen, *kilo*volt.

kílo·àmpere *n.* 〚電気〛キロアンペア《電流の単位; 1,000 アンペア; 略 kA》.

kílo·bàr *n.* 〚物理〛キロバール《圧力の単位; 1,000 バール; 略 kbar, kb》.

kílo·bàud *n.* 〚通信〛キロボー《電信の通信速度の単位; 1,000 ボー》.

kílo·bìt *n.* 〚電算機〛キロビット《記憶容量の単位; 1,000 ビット》.

kílo·bỳte *n.* 〚電算機〛キロバイト《記憶容量の単位; 1,000 バイト》.

kílo·càlorie *n.* 〚物理化学〛キロカロリー, 大カロリー《熱量の単位; 1,000 カロリー; 略 kcal》.

kílo·cùrie *n.* 〚物理〛キロキューリー《放射能の単位; 1,000 キューリー》.

kílo·cỳcle *n.* 〚電気〛キロサイクル《1,000 サイクル; 略 kc; 周波数の単位としては現在では kilohertz, kHz を用いる》.

kílo·dỳne *n.* 〚物理〛キロダイン《力の単位; 1,000 ダイン》.

kílo·gàuss *n.* 〚電気〛キロガウス《磁気誘導の単位; 1,000 ガウス; 略 kG; 工学では基本単位としては tesla (略 T) を用い, 1 T = 10 kG》.

kílo·gràin *n.* キログレン《1,000 グレン; 略 kgr》.

kílo·gràm 〘《1797》◻ F *kilogramme*: ⇨ kilo-, gram[2]〙 *n.* キログラム《質量の SI 単位; 1,000 グラム; 略 kg, k., kilo.》.

kílogram càlorie *n.* 〚物理化学〛キログラムカロリー《熱量の単位; 1,000 カロリー》.

kílogram-fórce *n.* 〚物理〛キログラム重, 重量キログラム《1 kg の質量に働く重力の大きさに等しい力; 略 kgf》.

kílo·gràmme *n.* = kilogram.

kílogram-méter 〘◻ F *kilogrammètre*〙 *n.* 〚物理〛キログラムメートル《仕事の単位; 1 キログラムの質量を 1 メートルの高さに上げる仕事の量; 略 kg-m》.

kílo·hèrtz *n.* 〚電気〛キロヘルツ《周波数の単位; 1,000 ヘルツ; 略 kHz; cf. megahertz》.

kíl·òhm *n.* 〚電気〛キロオーム《電気抵抗の単位; 1,000 オーム; 略 kΩ》.

kílo·jòule *n.* 〚物理〛キロジュール《エネルギーの単位; 1,000 ジュール; 略 kJ, kj》.

kilol. 《略》kiloliter(s).

kílo·lìne *n.* 〚電気〛キロライン《磁束の単位; = 1,000 maxwells; = 10^{-5} weber》.

kílo·lìter 〘《1810》◻ F *kilolitre*: ⇨ kilo-, liter〙 *n.* キロリットル《1,000 リットル; 略 kl, kilol》.

kilom. 《略》kilometer(s).

kílo·mègacycle *n.* 〚電気〛キロメガサイクル《1,000 メガサイクル》.

kílo·mègahertz *n.* 〚電気〛キロメガヘルツ《1,000 メガヘルツ》.

ki·lo·me·ter [kɪlάməṭə, kə-, kíləmìːṭə | kílə(u)mìːtə(r, kɪlɔ́mɪtə(r, -mə-] 〘《1810》◻ F *kilomètre*: ⇨ kilo-, meter[1]〙 —— *n.* キロメートル《1,000 メートル; 略 km, kil., kilo., kilom.》.

kil·o·met·ric [kìləmétrɪk] *adj.* キロメートルの.

kìl·o·mét·ri·cal [-rɪkəl, -rə- | -rɪ-] *adj.* = kilometric.

kílo·mòle *n.* 〚化学〛キロモル《1,000 モール; 略 kmole》.

kílo·òersted *n.* 〚電気〛キロエルステッド《磁界の強さの cgs 単位; 1,000 エルステッド; 略 kOe》.

kílo·pàrsec *n.* 〚天文〛キロパーセク《天体の距離の単位; 1,000 パーセク; 略 kpc》.

kílo·pòund *n.* キロポンド《1,000 ポンド》.

kílo·ràd *n.* 〚物理〛キロラド《放射線の吸収線量の単位; 1,000 ラド》.

kilos. 《略》kilograms; kilometers.

kílo·stère *n.* キロステール《1,000 立方メートル》.

kílo·tòn *n.* (*also* **kílo·tònne**) **1** キロトン《1,000 トン》. **2** キロトン《原・水爆などの TNT 火薬千トンに相当する爆破力》: a ~ bomb キロトン爆弾.

kílo·vàr *n.* 〚電気〛キロバール《無効電力の単位; 1,000 バール; 略 kVAr, kVar》.

kílovar-hóur *n.* 〚電気〛キロバール時《無効電力量の実用単位》.

kílo·vòlt *n.* 〚電気〛キロボルト《電圧の単位; 1,000 ボルト; 略 kV》.

kílovolt-ámpere *n.* 〚電気〛キロボルトアンペア《皮相電力の実用単位; 1,000 ボルトアンペア; 略 kVA》.

kílo·wàre *n.* 〚郵趣〛キロウェア, キロ物(もの)《郵便局などで小包や料金別納用に使われた使用済の紙つきのままで分類されていない切手で, 目方単位で売られる; cf. mixture 7》.

kílo·wàtt 〘《1884》〙 *n.* 〚電気〛キロワット《電力の単位; 1,000 ワット; 略 kw》.

kílowatt-hóur *n.* 〚電気〛キロワット時《エネルギー・電力量の実用単位; 略 kWh, K.W.H.》.

kílo·wòrd *n.* 〚電算機〛キロワード《記憶容量の単位; 1,000 ワード》.

Kil·pat·rick [kɪlpǽtrɪk], **Hugh Jud·son** [ʤʌ́dsn̩] *n.* (1836–81) 米国南北戦争当時の北軍の将軍.

Kil·roy [kílrɔɪ] 〘《1945》: 第二次大戦中以降米兵が(外地の)至る所に 'Kilroy was here' と書き残したことから; Kilroy なる人物が実在したか否かは不明〙

— *n.* **1** (外地を移動中の)米軍, 米軍人. **2** 旅行ばかりする人, 大の旅行好き.

kilt [kílt] 〚v.: 《c1340》 *kilte, kylte* ← Scand. (cf. Dan. *kilte* to tuck up / ON *kilting* skirt). — n.: 《c1730》 ← (v.)〛 — *n.* **1** キルト《スコットランド高地の男性が時に着用する格子柄の縦ひだの膝丈の巻スカート》. **2** [時に *pl.*; 単数扱い] キルトスカート, キルト風の巻スカート《時に脇よりの前をピンでとめる》. — *vt.* **1** 〈スカートなどを〉はしょる, からげる (tuck up) 〈*up*〉. **2** 〈スカート〉に縦ひだを取る (pleat). **3** 〈人〉にキルトを着けさせる. **4** 《古》〈人を〉縛り首にする (hang). — *vi.* 身軽に動く.

kilt 1
1 glengarry; 2 brooch; 3 plaid; 4 sporran; 5 kilt

kílt·ed [-tɪd, -ṭəd | -tɪd, -təd] *adj.* **1** キルトを着けた: a ~ regiment スコットランド高地人連隊. **2 a** 〈スカートが〉縦ひだを取ってある, ひだのある (pleated). **b** 〈スカートなど〉からげた.

kil·ter [kíltə | -tə(r)] 〚← ?〛 — *n.* 《米》好調 (《英》kelter). ★ 主に次の句に用いる: in ~ 好調で, 調子よく / out of ~ 調子が悪く, 故障して, 元気なく / throw *out of* ~ 調子を狂わせる, 故障させる.

kilt·ie, K- [kílṭi | -tɪ] 〚← KILT (n.)+-IE〛 *n.* キルトを着けた人; (キルトを着けた)スコットランド高地人連隊の兵士.

kílt·ing [-tɪŋ | -tɪŋ] 〚← KILT (v.)+-ING¹〛 *n.* (キルトの)縦ひだ《数本の kilt pleats からなる》.

kílt plèat *n.* キルトプリーツ《一つ一つが前のひだを半分おおうように重なり合っている大きい縦ひだ》.

kilt·y [kílṭi | -tɪ] *n.* = kiltie 1.

Ki·lung [kì:lúŋ] *n.* = Chilung.

Kim [kím] 〚← OE *cyne* royal, kingly // (dim.) ↓〛 *n.* **1** 男性名. **2** 女性名.

Kim·ball [kímbəl] 〚← OWelsh *cymbel* warrior chief // ← OE *cyne-bold* very bold〛 *n.* 男性名.

Kim·ber·ley [kímbəli | -bəlɪ] *n.* キンバリー《南アフリカ共和国中部, Cape of Good Hope 州の都市; ダイヤモンド原鉱の産地; 人口(郊外とも) 104,000》.

kim·ber·lite [kímbəlàɪt | -bə-] 〚← *Kimber(ley)*+-LITE〛 — *n.* 〘岩石〙キンバーリー岩《かんらん岩質の一種の噴出性岩石で, ダイヤモンドを含有するときもある》.

Kim·bun·du [kɪmbúndu:] *n.* 〘言語〙北アンゴラのバンツー語.

kim·chi [kímtʃi | -tʃɪ] 〚□ Korean ~〛 *n.* キムチ《野菜を主とする朝鮮の漬物の総称》.

Kim Il Sung [kím-ìl-súŋ] *n.* 金日成《1912– ; 朝鮮民主主義人民共和国(北朝鮮)の政治家・軍人; 首相 (1948–), 国家主席 (1972–)》.

kim·mer [kímə | -mə(r)] *n.* = cummer.

ki·mo·no [kɪmóunə, kə-, -nou | kɪmə́unəu] 〚《1886》 □ Jap.〛 — *n.* (*pl.* ~**s**) (*also* **ki·mo·na** [-nə]) **1** (日本の)着物. **2** (着物風で西洋の婦人・子供用の)化粧着, キモノ (dressing gown).

kimóno drèss *n.* キモノドレス《キモノスリーブ (kimono sleeve) のついたドレス》.

kimóno slèeve *n.* キモノスリーブ《日本の着物の袖に似せたもので巾が広く丈は通例短い》.

kin [kín] 〚OE *cyn(n)* kind, race, family < Gmc **kunjam* family, race (Du. *kunne* / Dan. & Swed. *kön*) ← IE **gen-* to produce (L *genus* race / Gk *génos* race): cf. akin, kind¹〛 — *n.* (*pl.* ~) **1** [集合的] 親族, 親類: ⇨ KITH *and kin*. **2 a** 《まれ》血族関係: of ~ (*to*...) (...と)親戚で; 同(種)類で (akin) / near of ~ 近親で / next of ~ ⇨ next *n.* **b** 《古》家系, 家柄, 生れ (birth): of good ~ 家柄のよい. **3** (*pl.* ~**s**) 《古》一族, やから. **4** 親類 (relative(s)): He is no ~ *to* me. = He is no ~ of mine. 彼は私の親類なんかではない. **5** 同類; 同類の人[もの]. — *adj.* [通例 Predicative に用いて] **1** 血族で, 親族で〔*to*〕: He is ~ *to* us. 私たちと縁続きだ / more ~ than kind 親族だが愛情がない (cf. Shak., *Hamlet* 1. 2. 65). **2** 同質で, 同類で〔*to*〕.

kin- [kɪn, kən, kaɪn | kɪn, kaɪn] (母音の前に来る時の) 「kino- の異形.

-kin [kɪn, kən | kɪn] 〚ME □ MDu. *-kijn, -ken*: cog. G *-chen*〛 — *suf.* 指小辞: lamb*kin* / mani*kin* (← man) / Sim*kin* (← Simon, Samuel) / Jen*kin* (← John) / Rumpelstilts*kin* ルンペルスティルツキン《ドイツの民話の主人公の名; Rumpelstilzchen の英語化》. ★ 1400年ごろからは名に -kin を付けることはすたれていったが姓の方にはこれに -s (⇨ -s² 3) または -son を添加した形 Dickens, Jenkins, Watkins, Dickinson, Wilkinson などが残っている.

ki·na [kí:nə] 〚□ Papuan ~〛 *n.* キナ《パプアニューギニアの通貨単位; =100 toeas》.

kinaesthes·es *n.* kinaesthasis の複数形.

kin·aes·the·si·a [kɪ̀nəsθí:ʒiə, kàɪn-, -ʒə | kàɪni:sθí:-ziə, -nɪs-, -zɪə, -ʒɪə, -ʒə] *n.* 〘心理〙 = kinesthesia.

kin·aes·the·sis [kɪ̀nəsθí:sɪs, kàɪn-, -səs | kàɪni:sθí:sɪs, -nɪs-] *n.* (*pl.* **-the·ses** [-si:z]) 〘心理〙 = kinesthesis.

kin·aes·thet·ic [kɪ̀nəsθéṭɪk, kàɪn- | kàɪni:sθét-, kɪ̀n-, -nɪs-] *adj.* 〘心理〙 = kinesthetic.

ki·nase [káɪneɪs, kín-, -neɪz | -néɪs] 〚← KIN(ETIC)+-ASE〛 — *n.* 〘生化学〙 **1** キナーゼ《酵素原 (proenzyme *or* zymogen) を活性ある酵素に変える物質》. **2** キナーゼ《一つの物質に含まれるある基を, 他の物質に転移させる酵素の総称; phosphokinase ともいう》.

Kinc. 《略》Kincardineshire (州).

Kin·car·dine [kɪnkɑ́ədṇ, kən-, kɪŋ- | kɪnkɑ́:dɪn, kɪŋ-, -dṇ] 〚□ Gael. *cinn gàirdein* ? inlet, 《原義》head of the arm〛 — *n.* スコットランド東部の旧州; 現在の Grampian 州南東部; 面積 989 km², 首都 Stonehaven.

Kin·car·dine·shire [kɪnkɑ́ədṇʃɪə, -ʃə, kən-, kɪŋ- | kɪnkɑ́:dɪnʃə(r, kɪŋ-, -dṇ-, -ʃɪə(r)] *n.* = Kincardine.

kin·chin [kíntʃɪn, -tʃən | -tʃɪn] 〚《1561》 □ G *Kindchen* ← *Kind* child+*-chen* '-KIN'〛 *n.* 《俗》子供, ちび《もと盗賊隠語》. 「(cf. lay¹ *n.* 2).

kínchin lày *n.* 《英古俗》使い歩きの子供からの盗み

kin·cob [kíŋkɑb, kíŋ- | kíŋkəb] 〚《1712》 □ Hindi *kimkh(w)āb* □ Pers. *kinkhab, kimkhāb* □ Chin. *Kimsha* (金紗)〛 *n.* (金銀糸で刺繍(しゅう)した)インド錦.

kind¹ [káɪnd] 〚OE *ġecynd(e)* kind, nature, birth < **ʒakundiz* ← Gmc **ʒa-* 'Y-'+**kunjam* 'KIN'+*-*diz* (抽象名詞語尾): 語頭の *ġe-* は ME の初期に消失〛 — *n.* **1 a** 種類, 部類: There are different [many] ~*s*. 色々な[多くの]種類がある / I like this ~. この種[手]が好きだ. ★ この意味に用いられる kind と sort は通例 (1) ~(*s*) of または (2) of に導かれて次のように用いられるが, (2) は大体文語的: ⇨ *a* KIND *of*, *of a* KIND (1) / this ~ *of* beer = beer *of* this ~ / this ~ *of* book = a book *of* this ~ この種の[こういう]本 / Books *of* this ~ are... = This ~ *of* books are [is]... =《口語》These ~ *of* books are... / These ~*s of* books [book] are... = Books *of* these ~*s* are ...これらの種類の本は... / *Of* what ~ is this? これはどんな種類のものか / What ~ *of* book [《口語》*a* book] is this? これはどんな種類の本か / What ~ *of* (a) man is he? 彼はどんな人[人柄]ですか / He is the ~ *of* man I want for this post. 私がこの地位に求めているのはああいう人だ / He expected something *of* the ~. そういったような事を期待していた / I won't do anything *of* the ~. だれがそんなことをするものか / And did you lend him the money?—Nothing *of* the ~. で, 彼にその金を貸したのかね—冗談じゃない. **b** [the ~] 特定の種類[性質]の人 〈*to do*〉; [one's ~] 性に合った人: He is not *the* ~ *to* complain. 不平を言うような人[たち]ではない / She is not *his* ~. 彼とは性が合わない. **c** 〘文学〙様式, ジャンル. **2 a** (動・植物などの)類, 族 (race), 種 (species), 属 (genus): the cat ~ ねこ属 / ⇨ humankind, mankind 1. **b** 《古》民族, 人種. **c** 《古》家柄, 血統. **3** 《古》**a** 自然(界): the law of ~ 自然の法則. **b** (生れながらの)性質; (自己特有の)仕方: All men act after their ~. 人は皆自分の流儀に従って行動する. **c** 方法, やり方, 風 (way): in that ~. **4 a** 《古》本質, 本性: *in* ~ ⇨ 成句. **b** 《廃》性 (sex, gender). **5** 〘トランプ〙(ポーカーなどで)同位, 同数字(の札) (cf. suit *n.* B 2): four [three] of a ~ フォー[スリー]カード《同位札の 4[3] 枚揃い》/ five of a ~ ファイブカード《フォーカードに万能札 (wild card) を加えた手; 最高位の出来役とされる》. **6** 〘キリスト教〙(聖体の)形色《パンまたはぶどう酒》: receive in both ~*s* 聖体を二つとも受ける.

a kind of (1) ...の一種: *a* ~ *of* insect, oil, etc. / a ~ *of* boat [《口語》*a* boat] / a new ~ *of* car 新式[新式]の車. (2) 一種の..., (大体)...と言えるもの (cf. *of a* KIND¹ (1), KIND *of*): *a* ~ *of* essay 一種の随筆, 大体エッセイと言えるもの / *a* ~ *of* sympathy 一種の[漠然とした]同情心, 同情に近い気持ち / *a* ~ *of* secretary 一種の[ある意味での]秘書. ***all kinds of*** (1) いろいろな(種類)の: *all* ~*s of* countries, vice, etc. (2) 《口語》たくさんの (much, many): have *all* ~*s of* money. ***in a kind*** 《古》ある程度, 幾分 (in a way). ***in a kind of way*** 《口語》= *in a* WAY (1). ***in kind*** (1) 本来の性質において, 本質的に: differ *in* ~, not in degree 程度でなく性質が違う [本質的に相違がある]. (2) (金銭でなく)品物で, 現物で (cf. *in* SPECIE¹ 2): payment *in* ~ 物納 / taxes paid *in* ~ 税金の物納. (3) (返報に)同種のもので: repay a person's insult *in* ~ 人に侮辱されて侮辱で仕返しする. ***kind of*** [káɪndə(v), -də | -də(v)] 《口語》[副詞的に; 形容詞・動詞に先立ちそれを修飾して] 多少, いくらか, 大体 (somewhat, rather): It was ~ *of* cold outside. 外はちょっと寒かった / I ~ *of* like it. それがまあ好きだ. ★ 発音に応じて, kind o', kinda, kind a [kàɪndə], kinder [kàɪndə, -də | -də] などと書かれることがある (cf. SORT *of*): It's ~ *o'* [*kinda*] interesting. それちょっとおもしろい. ***kind of sort of*** 《方言・口語》= KIND *of*. ***of a kind*** (1) 名ばかりの, いい加減な, 怪しげな (cf. *a* KIND¹ *of* (2)): a gentleman *of a* ~ えせ紳士 / coffee *of a* ~ (コーヒーとは名ばかりの)まずいコーヒー. (2) 同じ種類の: all *of a* ~ 皆同じ種類で, 一様で (all alike) / You are two *of a* ~. 似たもの同士だ. ***that kind of money*** 《口語》そんなにたくさんの金: He doesn't have *that* ~ *of money*.

kind² [káɪnd] 〚OE *ġecynde* natural, native, 《原義》according to nature < **ʒakundiaz* ← **ʒakundiz* (↑): 現行の意味は 13C からで「生まれの良い」からの転義〛 — *adj.* (~·**er**; ~·**est**) **1 a** 〈人・心が〉親切な, 思いやりのある, 情深い; 優しい (↔ cruel): a ~ mother, friend, heart, etc. / He is ~ *to* us all. 彼は私たちみんなに親切にしてくれる / *It is* very [so] ~ *of* you ([You are very ~]) *to* say so. (そう言って下さって)本当にありがとう / He was ~ enough *to* carry my bag. 親切にも私のかばんを持ってくれた / Will you be so ~ *as to* close the window? すみませんが窓を締めて下さい. **b** 〈言行が〉もの柔らかな, 優しい, 親切な: a ~ act, look, word, etc. **2** 心からの: with ~ regards 敬具《手紙の結び文句》/ Please give my ~ regards to your father. お父様によろしく. **3** 《古》愛情のある. **4** 《古・方言》**a** 扱いやすい, 素直な: a horse ~ *in* harness 素直に馬具につく馬 / stone ~ *for* dressing 加工の容易な石. **b** 柔らかい, 感じのよい: wool ~ *to* the skin はだ触りのよい羊毛. 「(cf. sorta).

kind·a [káɪndə] *adv.* (*also* **kind a** [~]) ⇨ KIND¹ *of*

kind·er [káɪndə, -də | -də] *adv.* ⇨ KIND¹ *of*.

kin·der·gar·ten [kíndəgɑ̀ətn, -də-, -dṇ | -dəgɑ̀:tn] 〚《1852》 □ G *Kindergarten* 《原義》children's garden ← *Kinder* ((pl.) ← *Kind* child)+*Garten* 'GARDEN': F. Froebel の造語〛 — *n.* 幼稚園: attend [go to] ~.

kin·der·gart·ner [kíndəgɑ̀ətnə, -də-, -gɑ̀əd- | -dəgɑ̀:tnə(r, -tn-] 〚⇨ ↑, -er¹〛 — *n.* (*also* **kin·der·gar·ten·er** [-tṇ-, -tn-]) **1** 幼稚園の先生, (幼稚園の)保母. **2** 幼稚園の園児.

kin·der, kir·che, kü·che [G. kíndɐr kírçə ký:çə] 〚□ G *Kinder, Kirche, Küche*, children, church, kitchen〛 G. 子供・教会・台所《女性の活動分野を制限するドイツのスローガン》.

kínd·héarted *adj.* 心の優しい, 情深い, 人情に富んだ, 親切心のある, 温情のある. ~·**ly** *adv.* ~·**ness** *n.*

kin·dle¹ [kíndḷ] 〚《?c1200》 *kindle(n)* ← ON *kynd-a* to kindle: ⇨ -le³: cf. ON *kyndill* candle, torch〛 — *vt.* **1** 〈火・物を〉燃やす, (たき)つける, 火をつける (set fire to), 点火する (light): ~ a flame, fire, straw, etc. **2** 照らす, 明るくする 〈*up*〉: The sun ~*d* the eastern sky. **3** 〈人・感情・熱意などを〉燃え立たせる, あおる, 扇動する: ~ anger in a person 人の心に怒りを燃え立たせる / ~ a person's emotions 人の感情をあおり立てる / ~ an audience 聴衆を扇動する / ~ a person *with* [*to*] passion 人の感情をたきつける / ~ a person *to* do something 人を扇動して事をさせる. — *vi.* **1** 火がつく, 燃えつく, 燃える, 燃え上がる: The paper ~*d*. / The fire is *kindling* at last. やっと火が燃えてきた. **2** 〈顔などが〉輝く, ほてる, 熱くなる; きらきらする (flash); 〈空の色などが〉燃えるように輝く: Her eyes ~*d with* ardor. / The sky ~*d* at dawn. **3** 興奮する, かっとする: ~ *at* an insult.

kin·dle² [kíndḷ] 〚《?a1200》 *cundle(n)* < OE **ġecyndlian* ← *ġecynde* 'KIND¹, birth': ⇨ -le¹: cf. G *Kind* child〛 《方言》 — *vt., vi.* 〈ウサギなどが〉(子を)産む. — *n.* (ウサギなどの)子, 一腹の子.

kín·dler [-dlə, -dḷə | -dlə(r, -dḷə(r)] *n.* **1** たきつける人; 点火者; 扇動者. **2** たきつけ (kindling wood).

kínd·less 〚ME: ⇨ kind², -less〛 *adj.* **1** 《まれ》親切心[温情]のない, つれない (unkind). **2** 《廃》非人間的な, 冷酷な (inhuman). ~·**ly** *adv.*

kínd·li·ly [-dlɪli, -lə- | -lɪ] 〚《1826》〛 *adv.* 親切に, ねんごろに, 優しく.

kínd·li·ness 〚《1440》〛 *n.* **1** (心情の)優しさ, 親切, 温情, 懇篤; 親切な行為. **2** (気候などの)温和.

kín·dling¹ [-dlɪŋ | -dlɪŋ, -dḷɪŋ] 〚ME: ⇨ kindle¹, -ing¹〛 *n.* **1** 燃やすこと, 燃えつくすこと, 点火, 発火; (感情などの)興奮. **2** たきつけ (kindling wood).

kín·dling² [-dlɪŋ, -dlɪn | -dlɪŋ, -dḷɪŋ] 〚ME: ⇨ kindle², -ing¹〛 *n.* 《方言》(ウサギなど)子を産むこと.

kíndling wòod *n.* たきつけ.

kind·ly¹ [káɪndli | -lɪ] 〚OE *ġecyndeliċ* natural, innate: ⇨ kind², -ly²〛 — *adj.* (**kind·li·er**; **-li·est**) **1** 親切な, 情深い, 思いやりのある: a ~ act, heart, smile, etc. **2** 〈気候・環境など〉快い, 快適な. **3** 〈地味など〉〔...に〕向く, 合う〔*for*〕: ~ soil *for* crops 作物に適する土地. **4** 《古》天然の, 自然の; 生来の, 生得の: the ~ fruits of the earth 地の産物(さち) (*Prayer Book, 'The Litany'*). **5** 《英古》土着の, はえ抜きの: a ~ Scot.

kind·ly² 〚OE (*ġe*)*cyndeliċe* naturally: ⇨ kind², -ly¹〛 — *adv.* **1 a** 親切に, ねんごろに, 優しく; 親切にも: speak ~ to children 子供に優しい言葉をかける / He ~ helped me. 彼は親切にも助けてくれた. **b** どうぞ (please): Will you ~ show me the way to the station? すみませんが駅へ行く道を教えて下さいませんか. **2** 快く, 喜んで (agreeably): take (it) ~ 快く受ける, 善意に解する. **3** 心から (cordially): Thank you ~. 心からお礼を申し上げます, 本当にありがとう. **4** 《廃》自然に, 無理なく. ★ 今は次の成句で: ***take kindly to***...を(自然に)好きになる, ...になじむ (cf. TAKE *to* (2)): At first he didn't *take* ~ *to* the old man. 初めはその老人になじめなかった / He *took* ~ *to* the idea. その着想が気に入った.

kínd·ness [-(d)-] 〚《c1300》 *kundenesse*: ⇨ kind²〛 — *n.* **1** 親切, 優しさ (goodness): He did it out of ~ *to* you. 彼はそれをあなたへの親切心からしたのだ / have the ~ *to* do 親切にも...する (be so kind as to do). **2** 親切な態度[ふるまい]: Thank you for your ~. 御親切ありがとう. **3** 親切な行為: Will you do me a ~? お願いしたいことがあるのですが / He has done [shown] me many ~*es*. 色々親切にして[世話して]くれた. **4** 《古》愛情, 好意, 友情: have a ~ *for* a person 人に好意を寄せる, 愛慕の情を抱く.

kill a person with [by] kindness 〈人〉への親切が仇(あだ)になる, 〈人〉に対してひいきの引き倒しをする (cf. Shak., *Shrew* 4. 1. 211).

kind o' [kàɪndə] *adv.* ⇨ KIND[1] *of*.

kin·dred [kíndrɪd, -drəd] 〘(14C) ∽ ME *kinrede* ← OE *cynn* 'family, KIN'＋*-rǣde* '-RED'〙 ── *n.* (*pl.* ～) **1 a** 血縁, 血族関係: ties of ～ 血縁のつながり. **b** 《俗用》姻戚関係. **2 a** [集合的] 親族, 親類(の人々). **b** [通例 one's ～ として] 一門, 一族, 同族: of his ～ 彼の一族で[の]. **3** (質の)近似, 類緣, 同種, 同質.
── *adj.* **1** 血族の, 同族の: ～ races, tribes, etc. **2** 親族の, 身寄りの. **3** 同じ気質の, 気心の合った: ～ spirits 気の合った同士. **4** 同類の, 類似の ～ languages / frost and ～ phenomena 霜及び同種の現象.

kíndred·shìp *n.* 血族[親族]関係, 類緣 (kinship).

kine[1] [káɪn] 〘(*c*1250) *kin* (pl.) ← *kȳ* < OE *cȳ* cows (cf. *cȳna* (gen. pl.)) ← *cū* 'cow[1]': 複数形 *kī*, *cȳ* にさらに複数語尾 *-en* が添加した二重複数 (cf. children)〙 ── *n. pl.* 《古》雌牛 (cows), 畜牛 (cattle).

kin·e[2] [kíni | -nɪ] *n.* 〘テレビ〙＝kinescope 1.

kine[3] [káɪn] 〘《逆成》← KINESICS〙 *n.* 〘言語〙身振り言語の最小単位.

kin·e- [kɪnɪ, kaɪnɪ, -nə | -nɪ] kino- の異形.

kin·e·ma [kínəmə | -nɪ-, -nə-] *n.* 《英》＝cinema.

kin·e·mat·ic [kìnəmǽṭɪk, kàɪn- | kàɪnɪmǽt-, -nə-] 〘(1864)《逆成》← KINEMATICS〙 *adj.* 運動学的な, 運動学上の (cf. dynamic *adj.* 2).

kìn·e·mát·i·cal [-ṭɪkəl, -ṭə- | -tɪ-] *adj.* ＝kinematic.
kìn·e·mát·i·cal·ly *adv.*

kinemátic páir *n.* 〘機械〙＝pair 8.

kin·e·mat·ics [kìnəmǽṭɪks, kàɪn- | kàɪnɪmǽtɪks, kìn-] 〘(1840) ← Gk *kinēmat-*, *kínēma* motion＋-ICS: cf. G *Kinematik* / F *cinématique*〙 ── *n.* 〘物理〙運動学《物体の運動を数学的に表現する学問; cf. mechanics 1》.

kinemátic viscósity *n.* 〘物理〙動粘性率《粘性率と液体の密度との比率; 単位 cm²/s》.

kin·e·mat·o·graph [kìnəmǽṭəgræ̀f, kàɪn- | kìnɪmǽt-ə(ʊ)grɑ̀ːf, kàɪn-, -nə-, -græ̀f] *n.*, *v.* ＝cinematograph.

kin·e·scope [kínəskòʊp, káɪn- | kínɪskəʊp] 〘← *Kinescope* (商標名) ← KINES(I)-, KINE(TO-)＋-SCOPE〙 ── *n.* **1** 《米》〘テレビ〙キネスコープ (RCA 社製のテレビジョン受像用ブラウン管; 略称 kine; cf. picture tube, Braun tube). **2** キネスコープ映画《キネスコープで見るように作られた映画》. **3** 〘眼科〙運動鏡《目の屈折を測定するためのもの》. ── *vt.* キネスコープに撮(と)る.

kineses *n.* kinesis の複数形.

-kineses -kinesis の複数形.

ki·ne·si- [kɪníːsi, kə-, kaɪ- | kaɪníːsɪ, kɪ-] 〘← Gk *kínēsis* movement〙「運動」の意の連結形: *kinesi*atrics 運動療法. ★ 時に kinesio- となる.

-ki·ne·si·a [kɪníːʒ(i)ə, kə-, kaɪ-, -ʒə | kaɪníːzɪə, kɪ-, -zjə, -ʒɪə, -ʒə] 〘← NL ～: ⇨↑, -ia[1]〙「運動」の意の名詞連結形: diadocho*kinesia*, para*kinesia*.

ki·ne·sic [kɪníːsɪk, kə-, kaɪ-, -zɪk | kaɪníːs-, kɪ-] 〘← Gk *kínēsis*＋-IC[1]〙 *adj.* 動作学の[に関する]. **kiné·si·cal·ly** *adv.*

ki·ne·sics [kɪníːsɪks, kə-, kaɪ-, -zɪks | kaɪníːs-, kɪ-] 〘⇨↑, -ics〙 *n.* 〘心理・言語〙動作学, キネシクス《身振りと思想伝達との関係についての系統的研究》.

ki·ne·si·o- [kɪníːsio(ʊ), kə-, kaɪ-, -zi- | kaɪníːsɪə(ʊ), kɪ-] 〘← KINESI-＋-O-〙 kinesi- の異形: *kinesio*logy.

ki·ne·si·ol·o·gy [kɪnìːsiɑ́ləʤi, kə-, kaɪ-, -zi- | kaɪnìːsɪɔ́ləʤɪ, kɪ-] 〘← KINESIO-＋-LOGY〙 ── *n.* **1** キネシオロジー《身体運動の力学; 体育学の一分科》. **2** ＝kinesitherapy. **ki·ne·si·o·log·ic** [kɪnìːsiəlɑ́ʤɪk, kə-, kaɪ-, -zi- | kaɪnìːsɪəlɔ́ʤ-, kɪ-] *adj.* **ki·nè·si·o·lóg·i·cal** *adj.*

ki·ne·sis [kɪníːsɪs, kə-, kaɪ-, -səs | kaɪníːsɪs, kɪ-] 〘← NL ～ ← Gk *kínēsis* movement ← *kineîn* to move〙 ── *n.* (*pl.* **-ne·ses** [-siːz]) 〘生物〙キネシス, 動性, 無定位運動性《外部からの刺激に反応して起こした運動のうち, 刺激の方向と関係なく無定位的に行なわれるもの; cf. taxis 2》.

-ki·ne·sis [kɪníːsɪs, kə-, kaɪ-, -səs | kaɪníːsɪs, kɪ-] 〘← NL ～: ⇨↑〙 (*pl.* **-ne·ses** [-siːz])「分裂」の意の名詞連結形.

kinèsi·thérapy *n.* 運動療法.

kinestheses *n.* kinesthesis の複数形.

kin·es·the·si·a [kìnəsθíːʒ(i)ə, kàɪ-, -ʒə | kàɪnɪsθíːzjə, -nɪs-, -zɪə, -ʒɪə, -ʒə] 〘← NL ～: ⇨ kin-, esthesia〙 *n.* 〘心理〙(筋)運動感覚.

kin·es·the·sis [kìnəsθíːsɪs, kàɪ-, -səs | kàɪnɪsθíːsɪs, -nɪs-] *n.* (*pl.* **-the·ses** [-siːz]) 〘心理〙＝kinesthesia.

kin·es·thet·ic [kìnəsθéṭɪk, kàɪ- | kàɪnɪsθét-, kìn-, -niːs-, -nəs-] 〘↑〙 *adj.* 〘心理〙(筋)運動感覚の[に関する]. **kìn·es·thét·i·cal·ly** *adv.*

ki·net- [kɪnét, kə-, kaɪ-, -níːt | kaɪ-, kɪ-] (母音の前に来る時の) kineto- の異形.

ki·net·ic [kɪnéṭɪk, kə-, kaɪ- | kaɪnét-, kɪn-] 〘(1855) ▭ Gk *kīnētik-ós* moving ← *kineîn* to move: ⇨ -ic[1]〙 ── *adj.* **1** 〘物理〙運動の, 運動学上の (cf. static): the ～ theory of gases [heat, matter] 気体[熱, 物質]の運動学的理論; 気体[熱, 物質]運動論. **2** 動的な, 活力的な (dynamic, powerful): a man of ～ energy [force] 活動的な精力家. **3** 〘美術〙キネティックアート (kinetic art) の.

kinetic theory of gases [the ─] 〘物理〙気体分子運動論, 気体運動論《気体分子の運動から気体の諸性質を論じる理論》.

kinetic theory of heat [the ─] 〘物理〙熱の運動論《物質の温度が構成粒子の運動エネルギーの変化によるものであるとする理論》.

ki·nét·i·cal·ly *adv.*

kinétic árt *n.* 〘美術〙動く芸術, キネティックアート《実際の光線あるいは動きを表現の主体とした構成的芸術; kineticism ともいう; cf. luminal art, energy structure, mobile 5》. **～·ist** *n.*

kinétic énergy *n.* 〘物理〙運動エネルギー (cf. static energy, potential energy).

kinétic fríction *n.* 〘物理〙動摩擦, 運動摩擦 (⇨ sliding friction).

ki·nét·i·cism [-ṭəsɪzm | -tɪ-] *n.* 〘美術〙＝kinetic art.

ki·nét·i·cist [-sɪst, -səst | -sɪst] *n.* **1** 動力学者. **2** ＝kinetic artist.

kinétic poténtial *n.* 〘物理・数学〙運動ポテンシャル (⇨ Lagrangian).

ki·net·ics [kɪnéṭɪks, kə-, kaɪ- | kaɪnét-, kɪ-] 〘← KINETIC: ⇨ -ics〙 ── *n.* **1** 〘物理〙動力学 (dynamics) (cf. statics 1, mechanics 1). **2** 〘物理化学〙(反応)速度論; (一般に)反応の起こる機構.

ki·ne·tin [káɪnəṭɪn, -ṭən | -nɪtɪn, -nə-] 〘⇨↓, -in[1]〙 *n.* 〘植物生理〙カイネチン, キネチン ($C_{10}H_9N_5O$) 《植物の細胞分裂を促進するホルモンの一種》.

ki·net·o- [kɪnéṭo, kə-, kaɪ-, -níːṭ-, -ṭo(ʊ) | kaɪnétə(ʊ), kɪ-, -níːt-] 〘← Gk *kīnētós* movable〙「動く」の意の連結形. ★ 母音の前では通例 kinet- になる.

ki·net·o·chore [kɪnéṭəkɔ̀ə, kə-, kaɪ-, -níːṭ-, -ṭo(ʊ)-, -kɔ̀ə | kaɪnétə(ʊ)kɔ̀ː(r, kɪ-, -níːt-] 〘← KINETO-＋Gk *khōr-os* place〙 *n.* 〘生物〙動原体 (⇨ centromere).

ki·net·o·graph [kɪnéṭəgræ̀f, kə-, kaɪ-, -níːṭ-, -ṭo(ʊ)- | kɪnétə(ʊ)grɑ̀ːf, kaɪ-, -níːt-, -græ̀f] 〘(1891)〙 *n.* (Edison の発明した初期の)活動写真撮影機.

ki·net·o·ne·ma [kɪnèṭəníːmə, kə-, kaɪ-, -nìːṭ-, -ṭo(ʊ)- | kɪnètə(ʊ)-, kaɪ-, -nìːt-] 〘← KINETO-＋Gk *nêma* thread〙 ── *n.* (*pl.* **～·ta** [～ṭə | ～tə]) 〘生物〙動原体糸《染色体の螺旋(らせん)糸の延長部で動原体 (kinetochore) 内にある部分》.

kinèto·núcleus *n.* 〘生物〙＝kinetoplast.

ki·net·o·phone [kɪnéṭəfòʊn, kə-, kaɪ-, -níːṭ-, -ṭo(ʊ)- | kɪnétə(ʊ)fəʊn, kaɪ-, -níːt-] 〘(1896)〙 *n.* (発声装置を別に備えた初期の)発声活動写真映写機.

kinèto·phónograph *n.* ＝kinetophone.

ki·net·o·plast [kɪnéṭəplæ̀st, kaɪ-, -níːṭ-, -ṭo(ʊ)- | kɪnétə(ʊ)-, kaɪ-, -níːt-] 〘cf. F *Kinétoplaste*〙 ── *n.* 〘生物〙動原核《鞭毛や繊毛の基部にある基粒やそれと関係のある小体の総称》. **ki·net·o·plas·tic** [kɪnèṭəplǽstɪk, kə-, kaɪ-, -nìːṭ- | kɪnèt-, kaɪ-, -nìːt-] *adj.*

Ki·net·o·scope [kɪnéṭəskòʊp, kə-, kaɪ-, -níːṭ- | kɪnétəskəʊp, kaɪ-, -níːt-] 〘(1864)〙 ── *n.* 〘商標〙キネトスコープ (Edison の発明したのぞき眼鏡式の初期の活動写真映写機).

kin·et·o·sis [kìnətóʊsɪs, kàɪn-, -səs | kìnɪtə́ʊsɪs, kàɪn-] 〘← NL ～: ⇨ kineto-, -osis〙 *n.* (*pl.* **-to·ses** [-siːz]) 〘病理〙＝motion sickness.

ki·net·o·some [kɪnéṭəsòʊm, kə-, kaɪ-, -níːṭ- | kɪnét-ə(ʊ)səʊm, kaɪ-, -níːt-] 〘← KINETO-＋-SOME[3]〙 *n.* 〘生物〙＝basal body.

kín·fòlk *n. pl.* (*also* **kín·fòlks**) 《米口語》＝kinsfolk. ★ 主に米南部で用いられる.

king [kíŋ] 〘*n.*: OE *cyning*, *cyng* < Gmc **kuninȝaz* (Du. *koning* / G *König*) ← **kunjam* 'KIN'＋*-inȝaz* '-ING[3]'. ── v.: (*c*1412) ← (n.)〙 ── *n.* **1** 王, 国王, 君主 (cf. queen) (↔ subject): the *King* of England 英国[イングランド]王 / *King* George VI 国王ジョージ六世 / an uncrowned ～ 無冠の帝王[王者] (cf. uncrowned) / the ～ and country 王と祖国《王国の愛国者が唱える忠誠の対象》/ ～*s* and counsellors of the earth 地の王たち参議たち (*Job* 3: 14) / the Book of *Kings* 〘聖書〙＝Kings / Later he became ～ (of England). 彼はのちに(英国)王となった / The ～ is dead, long live the ～! 国王は崩御された, 新国王万歳《もとフランスで伝令官が新国王の王位継承の布告に用いた文句の英訳; cf. Le roi est mort, vive le roi. ⇨ 巻末》/ The ～ can do no wrong. ⇨ wrong *n.* 2. ★ ラテン語系形容詞: regal, royal. **2** [the K-] 神; キリスト: the *King* of heaven [glory] 天[栄光]の主たる神[キリスト]. **3** 王になぞらえれらる物 (cf. monarch[1] 2): the ～ *of* beasts 百獣の王《ライオンのこと》/ the ～ *of* birds 鳥類の王《ワシのこと》/ the ～ *of* metals 金属の王《金のこと》/ the ～ *of* day 太陽 / the ～ *of* the forest 森の王《オークのこと》/ the ～ *of* the jungle ジャングルの王《トラのこと》/ *King* Coal [Cotton] (産業界で)王座を占める石炭[綿]. **4 a** (王になぞらえられる)大勢力家, 大立者 (cf. baron 3, magnate 1): an oil ～ 石油王 / a railroad ～ 鉄道王. **b** 《口語》(その道の)第一人者, 王者: the marathon ～. **5** [the K-] 《英》英国国歌 ('God Save the King') (cf. queen 5). **6 a** 〘魚類〙＝king salmon. **b** 《米口語》＝KING-SIZE cigarette. **7 a** 〘トランプ〙キング: the ～ of hearts, spades, etc. **b** 〘チェス〙キング (記号 K; ⇨ chess 挿絵). **c** 〘チェッカー〙なりごま. **8** [K-] (英国の)紋章院部長《King of Arms の略称》.

fit for a king (王侯にもふさわしいほど)豪奢(ごうしゃ)な, 飛び切りの: a dinner *fit for a* ～ (王様にも出せるような)飛び切りの御馳走 / a sight *fit for a* ～ すばらしい眺(なが)め, 絶景. ***the king of terrors*** 恐れの王, 死 (*Job* 18: 14).

King of Arms [the ─] (英国の)紋章院 (College of Arms) の上級紋章官《GARTER King of Arms, CLARENCEUX King of Arms, NORROY and Ulster King of Arms の 3 名からなる》.

King of Kings [the ─] (1) (王の王たる)神, イエスキリスト. (2) 王者の王, 皇帝《昔しばしば東方諸国の王が用いた称号》.

King of Misrule [the ─] ＝LORD of Misrule.

King of the Castle＝**king of the hill [mountain]** [the ─] お山の大将(ごっこ)《山の上から突き落とし合う遊戯》.

King of Waters [the ─] 諸川の王《Amazon 川のこと》.

King over the Water [the ─] 亡命中の王《英国王 James 二世がフランスに亡命後, Jacobite 派が彼とその子と孫のことを呼ぶのに用いた; cf. Old Pretender, Young Pretender》.

── *vt.* **1** 王にする. **2** [通例 ～ it として] 君臨する (rule); 王者のようにふるまう (play the king): ～ *it over* one's friends 友達に対して王様気取りで臨む.
── *attrib. adj.* [通例複合語に用いて] 主な (chief), 最も重要な: ⇨ kingbolt, kingpin, etc.

King [kíŋ] 〘↑〙 *n.* 男性名.

King, Martin Luther, Jr. *n.* (1929–68) 米国バプテスト教会牧師, 黒人解放運動指導者; 暗殺された; Nobel 平和賞 (1964).

King, Rufus *n.* (1755–1827) 米国の政治家.

King, (William Lyon) Mackenzie *n.* (1874–1950) カナダの政治家; 首相 (1921–26, 1926–30, 1935–48).

kíng·bìrd *n.* 〘鳥類〙タイランチョウ (*Tyrannus tyrannus*) 《北米産ハイトリ属のヒタキに似た鳥》; ハイトリ属の鳥類の総称.

kíng·bòlt *n.* **1** 〘機械〙キングボルト《馬車・荷馬車などの前車軸と車体とをつなぐ縦ボルト; 前車軸の左右旋転の中心軸となる》. **2** 〘建築〙(小屋組の中心の)真ボルト.

Kíng Chárles's héad 〘Dickens 作の小説 *David Copperfield* 中の登場人物 Mr. Dick がどんな話にも '首をはねられた英国王 Charles I' の話題をもちだすことから〙 ── *n.* (どうしても頭から追い払えない)固定観念 (obsession).

Kíng Chárles spániel 〘これを愛玩した英国王 Charles II にちなむ〙 *n.* キング チャールズ スパニエル《小型の犬種のイヌ》.

King·chow [kìŋʧóʊ | -ʧə́ʊ; *Chin.* ʧɪŋʦōu] *n.* 荊州(けいしゅう) (Kiangling の旧称).

kíng clòser *n.* 〘石工〙隅切(すみきり)れんが, 隅切端物(はもの)《隅を 45 度に落としたれんが; cf. closer, queen closer》.

kíng cóbra *n.* 〘動物〙キングコブラ (*Ophiophagus hannah*) 《東南アジアに分布し, コブラ科に属する世界最大の毒蛇; 体長 6 m に達する; hamadryad ともいう》.

kíng cónsort *n.* 女王の夫君 (prince consort) (cf. queen consort).

kíng cráb *n.* 〘動物〙 **1** カブトガニ《三葉虫型の節足動物で, 「生きている化石」(living fossil) として有名; 現存種は北米東岸と, 日本の瀬戸内海のカブトガニ (*Tachypleus tridentatus*) などアジアに 3 属 5 種; (特に)リムルスポリフェムス (*Limulus polyphemus*) をさす》. **2** タラバガニ (*Paralithodes camtschaticus*) 《北太平洋産, 食用資源として重要種》.

kíng·cràft *n.* (王としての)治国策, 王道 (cf. statecraft); (王の)統治上の術策.

kíng·cùp *n.* 〘植物〙 **1** キンポウゲ (⇨ buttercup). **2** 《英》リュウキンカ (marsh marigold).

kíng dèvil *n.* 〘植物〙ヨーロッパ原産ヤナギタンポポの類; (特に) *Hieracium praealtum*.

king·dom [kíŋdəm] 〘OE *cyningdōm* (cog. OS *kuningdōm* / ON *konugdōmr*): ⇨ king, -dom〙 ── *n.* **1 a** 王国《王(または女王)が統治する; cf. empire, queendom》: the ～ of heaven [God] 神の国, 天国. **b** 王の国土[領土], 王土, 王領 (realm). **2 a** 王の統治, 王政. **b** 《廃》王権 (kingship). **3** [また K-] 〘神学〙神の国, 神政, 天国 (cf. a): Thy ～ come. 御国(みくに)のきたらんことを, 御国がきますように (*Matt.* 6: 10) (cf. kingdom come). **4** (博物学上の)界: ⇨ animal kingdom, mineral kingdom, plant kingdom. **5** (学問・活動などの)分野, 世界: the ～ *of* science 科学界 / come into one's ～ 権力[勢力]を得る.

Kingdom of England [the ─] イングランド王国《公式名》.

Kingdom of Scotland [the ─] スコットランド王国《公式名》.

United Kingdom of Great Britain and Northern Ireland [the ─] ⇨ United Kingdom.

kíngdom cóme 〘⇨ kingdom 3 (用例)〙 ── *n.* 《口語》来世 (the next world), 天国 (heaven): gone to ～ あの世へ行って, 死んで / send to ～ 殺す (kill).

Kíngdom Háll *n.* キングダムホール (Jehovah's Witnesses 派教会の礼拝所).

Kíng-Émperor *n.* 国王兼皇帝: **a** (インド独立前の)英国王兼インド皇帝. **b** (もと)オーストリア皇帝兼ハンガリー国王.

kíng·fìsh *n.* **1** ニベ科の海水魚数種の総称; (特に)北米大西洋岸産の魚 (*Menticirrhus saxatilis*). **2** 米国 California 産ニベ科の食用魚 (*Genyonemus lineatus*). **3** サバ科の魚数種の総称; (特に)＝cero. **4** アカマンボウ, マンダイ (opah). **5** オーストラリア・ニュージーランド産アジ科ブリ属の魚 (*Seriola grandis*). **6** 《米口語》(ある社会・部門の)大立物, 巨頭.

kíng·fìsher 〘(17C) ∽ (1440) *kyngys fyschare* 《原義》

king's fisher〛 *n.*〘鳥類〙 **1** カワセミ (*Alcedo atthis*). **2** カワセミ科の鳥類の総称.

kingfisher dàisy *n.*〘植物〙キク科ルリヒナギク属の一年草 (*Felicia bergeriana*)《アフリカ南部原産; 青い花をつける》.

Kìng Geórge's Wár *n.* ジョージ王戦争 (1743–48)《オーストリア継承戦争 (War of the Austrian Succession) の一環としてオーストリアと同盟した英国がフランスを相手に北米で行なった戦争》.

kíng·hòod〚ME: ⇨ -hood〛 *n.* =kingship.

Kìng Jámes Bíble [Vérsion]〚James I の命により出版されたのにちなむ〛 **—** *n.* [the ～] =Authorized Version. ★ 主に米国での呼称; King James's Bible [Version] ともいう.

Kíng Jóhn *n.*「ジョン王」《Shakespeare 作の史劇「(1594–96)》.

Kìng Kóng [-kɔ́(ː)ŋ | -kɔ́ŋ] *n.* **1** キングコング《1933 年製作の映画 *King Kong* のゴリラに似た巨大な怪物》. **2** 大男, 巨漢.

King·lake [kíŋleɪk], **Alexander William** *n.* (1809–91) 英国の歴史家・旅行家; *Eothen* (1844), *Invasion of the Crimea* (1863–87).

Kíng Léar [-líə | -líə(r] *n.* **1**「リア王」《Shakespeare 作四大悲劇の一つ (1604–06)》. **2** リア王《*King Lear* の主人公の名》.

kíng·less〚ME〛 *adj.* 国王のない, 君主のない; 無政府状態の.

king·let [kíŋlɪt, -lət]〚《1603》〛 **—** *n.* **1**《通例軽蔑》小王, 小国の王 (petty king) (cf. kingling). **2**〘鳥類〙キクイタダキ属 (*Regulus*) の小鳥数種の総称《米国に ruby-crowned kinglet, golden-crowned kinglet の 2 種, ヨーロッパに goldcrest, firecrest の 2 種がいる》.

kíng·lìke *adj.* 国王[王者]のような, (威風)堂々とした (kingly). **—** *adv.*《詩・まれ》王者らしく, 堂々と.

kíng·li·ness〚《1548》〛 *n.* 王らしさ, 王者の威風[尊厳].

king·ling [kíŋlɪŋ]〚⇨ -ling[1]〛 *n.* 小王, 小国の王 (cf. kinglet 1).

Kíng Lóg *n.* 無力な王, 暗君《Aesop 物語中のカエルの国のたとえ話に出てくる「丸太の王様」から; cf. King Stork》.

kíng·ly〚《adj.: c1384; adv.: a1420》〛 **—** *adj.* (**king·li·er, -li·est; more ～, most ～**) **1** 王の, 王者の (cf. royal, regal): ～ virtue, pride, etc. **2** 王者にふさわしい, 王らしい (kinglike), (威風)堂々たる (majestic): a ～ look, mien, manner, etc. **3** 王政の (monarchical). **—** *adv.* (**more ～, most ～; king·li·er, -li·est**) 王らしく, 堂々と.

kíng màckerel *n.*〘魚類〙西大西洋産サバ科サワラ属の魚 (*Scomberomorus cavalla*).

kíng·màker *n.* **1** 王を立てる人, 国王擁立者 (cf. Richard Neville WARWICK). **2** (要職の振り当てなどに参画する)政党実力者.

Kíng Márk *n.*〘アーサー王伝説〙マーク王《Cornwall 王で Iseult の夫; 裏切りと臆病で知られる》.

kíng-of-the-hérrings *n.*〘魚類〙=oarfish.

kíng-of-the-sálmon *n.* (*pl.* ～)〘魚類〙北太平洋産のフリソデウオ属の一種 (*Trachipterus altivelis*).

kíng pènguin *n.*〘鳥類〙キングペンギン, オオサマペンギン (*Aptenodytes patagonica*).

Kìng Phílip *n.* (?–1676) アメリカインディアン Wampanoag 族の大酋長; King Philip's War における同族の指揮者; インディアン名 Metacomet [mèṭəkɑ́mɪət, -mət | -təkɔ́m-].

Kìng Phílip's Wár *n.* フィリップ王戦争《New England におけるインディアンと植民者との最大の戦い (1675–76); ⇨ King Philip》.

kíng·pìn *n.* **1**〘ボウリング〙 **a** ヘッドピン, 1 番ピン (headpin). **b** 5 番ピン. **2**《口語》親玉, 中心人物; (物事の)主要な要素[部分]. **3**〘機械〙 **a** =kingbolt 1. **b** =knuckle joint 2.

kíng plànk *n.*〘造船〙基板《木甲板中心線上の厚板で他の板はこれにはめ込まれる》.

kíng pòst *n.*〘建築〙真束(ﾂｶ)《トラスの小屋組で棟から梁を垂直に結ぶ部材; cf. queen post》.

kíng-pòst trúss *n.*〘建築〙真束組.

kíng ràil *n.*〘鳥類〙北米産の大型のクイナの一種 (*Rallus elegans*).

kíng ròd *n.*〘建築〙=kingbolt 2.

Kings [kíŋz] *n. pl.* (旧約聖書の)列王紀《略》(The Books of the Kings)《プロテスタント訳では上・下二書から成る; Douay 聖書などのカトリック訳では第一・二・三・四の四書から成り, 欽定訳聖書の *1 & 2 Sam.* と *1 & 2 Kings* に当たる》.

King's Ádvocate *n.* Lord Advocate の旧名.

kíng sàlmon *n.*〘魚類〙マスノスケ, スケ, キングサーモン (*Oncorhynchus tshawytscha*)《太平洋産サケ科の食用魚の最大種; chinook, salmon, quinnat salmon ともいう》.

King's Bénch〚ME: 国王が昔その上座に臨御したため〛 **—** *n.* [the ～] **1** (英国の高等法院 (High Court of Justice) の一部門の)王座部《長官は Lord Chief Justice of England (⇨ lord); 略 K.B.; 女王治世の場合は Queen's Bench (略 Q.B.) という》. **2** 王座裁判所《1873 年廃止; 正式名 Court of King's [Queen's] Bench; 国王が自ら臨御したのでこの名がある; 民事刑事につき一般的第一審の管轄権をもっていた; 現在の高等法院 Queen's Bench Division の前身; cf. court of common pleas, COURT of Exchequer》.

King's Bírthday *n.* (英国の)国王誕生日《国祭日; 女王治世の場合は Queen's Birthday という》. ★ 今は実際の誕生日とは別に 6 月初旬公式祝賀日がある.

kíng's bíshop *n.*〘チェス〙kingside のビショップ.

kíng's blúe *n.* **1** キング青《桔梗色よりやや薄く緑味の強い青》. **2** =smalt 2. **3** =cobalt blue.

Kíng's bóunty *n.* [the ～] (英国で)三つ子(またはそれ以上の子)を生んだ母親への御下賜金《女王治世の場合は Queen's bounty という》.

Kíngs Cányon Nátional Párk *n.* キングズキャニオン国立公園《米国California州中東部にあり, 山の峰・峡谷・セコイヤで有名; 1940 年指定; 面積 1,863 km²》.

King's Chámpion *n.* [the ～] 国王擁護者《英国王戴冠式の際の慣習として, 当日 Westminster Hall の正餐に武装して乗り込み「陛下の御即位を認めざる者あらばわれと一騎打ちの勝負せよ!」と名乗った Dymoke [dímək] 家に伝わる世襲の名誉職であったが, この習慣は 1821 年 George 四世の即位式以後は廃止された; Champion of the King [of England]; 女王治世の場合は Queen's Champion といった》.

kíng's clóver *n.*〘植物〙=yellow sweet clover.

King's Cóllege *n.* キングズカレッジ《Cambridge 大学の学寮の一つ; 1441 年に Henry 六世が創立》.

King's Cólour, k- c- *n.* (英国の)王旗《女王治世の場合は Queen's Colour という》: **a** 王室の組合わせ文字のついた白地の儀式用軍艦旗. **b** 連隊用国旗《英国陸軍で連隊旗の右に掲げる英国旗》. **c** [*pl.*] 錦旗《王室の組合わせ文字のついた 1 対の絹の旗; 王の臨席を示す》.

King's Cóunsel *n.* (*pl.* ～) (英国の)勅選バリスター《10 年以上の経験のある優秀なバリスター (barrister) の申し出を受けて大法官 (Lord Chancellor) が推薦し, 国王が任命する; 現在約 400 人いるが, 実動しているのは約 250 人といわれる; 必ずジュニアバリスターと共に出廷し, 絹製の法服 (silk gown) を着用しバー (bar) の内側に着席する; 略 K.C.; 女王治世の場合は Queen's Counsel (略 Q.C.) という》.

kíng's Énglish, K- E-〚《1553》: cf. Shak., *Merry W* 1. 4. 6.〛 **—** *n.* [the ～] キングズイングリッシュ, 純正英語; (特に南イングランドの教養ある人々が使う)標準英語《女王治世の場合は queen's English という; cf. President's English》: abuse [mishandle, murder] *the* ～ 純正な英語を汚す, でたらめな英語を使う.

kíng's èvidence, K- e- *n.*〘英法〙 **1** 共犯証言《犯罪人が検察官の約束を受けて起訴を免れる目的で共犯者に関して行なう証言; 女王治世の場合は queen's evidence という》. **2** 共犯証人: turn ～ 共犯証人となる. ★ 米法の state's evidence に当たる.

kíng's évil, K- E-〚《c1400》《なぞり》← ML *regius morbus*: cf. OF *le mal le roy*: 王の手が触れるとなおると信じられたことから〛 **—** *n.* [the ～]〘病理〙瘰癧(ﾙｲﾚｷ)《scrofula ともいう; cf. royal touch, touchpiece》.

kíng's híghway *n.* [the ～]《英》(天下の)公道, 国道.

kíng·shìp〚ME〛 *n.* **1** 王の身分[位], 王位, 王権; (王の)在位期間. **2** 王の器, 王の尊厳. **3** 王政.

kíng·sìde *n.*〘チェス〙白から見てチェス盤右半分.

kíng-sìze〚《1825》〛 **—** *adj.* **1 a** 〈たばこが〉標準より長い, ロング[キング]サイズの: a ～ cigarette ロングサイズのたばこ. **b** 特大の (oversize). **2** 〈ベッドが〉キングサイズの《横 76 インチ縦 84 インチの大きさの; cf. full-size 2》; 〈シーツなど〉キングサイズのベッドに合う. **3**《米俗》尋常でない, どえらい: a ～ thunderstorm. **—** *n.* =KING-SIZE cigarette.

kíng-sízed *adj.* =king-size.

kíng's knìght *n.*〘チェス〙kingside のナイト.

kíng's knìght's pàwn *n.*〘チェス〙白から見て右から 2 番目の行のポーン.

Kings·ley [kíŋzli | -lɪ]〚← KING+-s[2]+LEA[1]〛 *n.* 男性名.

Kingsley, Charles *n.* (1819–75) 英国国教会の聖職者・小説家・詩人・キリスト教社会主義者; *Westward Ho!* (1855), *The Water Babies* (1863).

Kingsley, Henry *n.* (1830–76) 英国の小説家; Charles Kingsley の弟; *Geoffrey Hamlyn* (1859).

Kingsley, Mary Henrietta *n.* (1862–1900) 英国の旅行家・著述家; Charles Kingsley の姪.

Kingsley, Sidney *n.* (1906–　) 米国の劇作家; *Dead End* (上演 1935, 出版 1936).

King's Lýnn [-lín] *n.* イングランド Norfolk 州の都市, 保養地; 古代から有名な港で定期市場; 人口 31,000.

kíng's mán *n.* **1 a**《英古》王党員. **b**《米古》(独立戦争の時の)英国支持者. **2**《古》税関吏.

Kings Móuntain *n.* キングズ山《米国 South Carolina 州北部の山; 独立戦争当時米軍が英軍を破った所 (1780)》.

kíng snàke *n.*〘動物〙キングヘビ (*Lampropeltis getulus*)《北米産ヘビ科の無毒蛇; 外のヘビ類を食べる》.

kíng's pàwn *n.*〘チェス〙白から見て右から 4 番目の行のポーン.

King's Próctor *n.*〘英法〙国王代訴人《高等法院 (High Court of Justice) で遺言・離婚・海事関係の訴訟事件に不正の疑いのある時, その訴訟に参加し仮命令 (decree nisi) が確定するのを防止する職権をもつ職員; 女王治世の場合は Queen's Proctor という》.

kíng's ránsom *n.* **1** 王の身の代金《昔, 王が捕虜になった時に要求された巨額の身の代金》. **2** 巨額の金, 大金: cost a ～ / worth a ～ 計り知れない価値のある.

King's Remémbrancer *n.*〘英法〙王債権徴収官《最高法院事務長の兼務で, 現在は儀式的な事務だけを行なう; 女王治世の場合は Queen's Remembrancer という》.

kíng's róok *n.*〘チェス〙kingside のルーク.

kíng's róok's pàwn *n.*〘チェス〙白から見て一番右の行のポーン.

Kíng's Schólar *n.* (英国の)勅定奨学金受領者, 官費生《女王治世の場合は Queen's Scholar という》.

kíng's scóut *n.*《英》キングスカウト《最高位のボーイスカウト; 女王治世の場合は queen's scout という》.

kíng's shílling *n.* [the ～] (もと英国で募兵係の将校が応募者に与えた) 1 シリング貨《これを受けると兵役の義務が生じた; 1879 年廃止; 女王治世の場合は queen's shilling といった》: take *the* ～ (応募して)兵隊となる, 入隊する (enlist).

Kíng's spéech *n.* [the ～] (英国議会で)開院式の勅語《上院で読まれる; 女王治世の場合は Queen's speech という》.

Kings·ton [kíŋstən]〚⇨ Kingston upon Thames〛 **—** *n.* **1** キングストン《ジャマイカの港市で同国の首都; 人口 118,000》. **2** カナダ Ontario 州南東部の Ontario 湖東端の港市; 人口 60,000. **3** =Kingston upon Thames.

Kíngston upon Húll *n.* Hull (1) の公式名.

Kíngston upon Thámes〚*Kingston*: OE *Cyninges-tūn*《原義》royal manor: ⇨ -s[2] 2, -ton〛 **—** *n.* もとイングランド Surrey 州の首都; London 南西部の自治区 (royal borough); Thames 河畔の住宅地; Anglo-Saxon 時代の王はここで戴冠(ﾀｲｶﾝ)式を行なった; 人口 136,000.

Kíngston válve〚← ? *the F. C. Kingston Co.* (米国 Los Angeles の会社名)〛 *n.*〘海事〙キングストン弁, 海水取入弁《特に潜水艦用海水吸込弁》.

Kìng Stórk *n.* 暴君《Aesop 物語中のカエルの国の話に出てくる「コウノトリの王様」から; cf. King Log》.

kíng's wéather *n.*《英口語》(儀式当日などの)王様日和(ﾋﾞﾖﾘ),「日本晴れ」.

Kíng's X [-éks]〚← *king's ex(cuse)*〛 *n.* たんま《鬼ごっこなどの子供の遊戯で, タイムを要求したりする時に指を交差させて言う言葉》.

kíng's yéllow *n.*〘顔料〙雄黄《黄色顔料の一種; 主成分硫化第一ヒ素 (As_2S_3)》.

King·teh·chen [kíŋdʌ̀tʃén; *Chin.* tɕĭŋtɤ̀tʂən] *n.* 景徳鎮《中国南東部, 江西省 (Kiangsi) の都市; 陶磁器の産地》.

kíng trùss *n.*〘建築〙=king-post truss.

kíng vùlture *n.*〘鳥類〙トキイロコンドル (*Sarcoramphus papa*)《タカ目コンドル科の鳥; 中・南米の熱帯の森林にすむ》.

Kìng Wílliam's Wár *n.* ウィリアム王戦争 (1689–97)《アウグスブルク同盟戦争 (War of the Grand Alliance), ファルツ継承戦争の一環として, 北米において英国とフランスが戦った植民地戦争》.

kíng·wòod *n.*〘植物〙マメ科ツルサイカチ属の種々の樹木の総称; (特に)ブラジル産のシタンの類の樹木 (*Dalbergia cearensis*); その木材《家具製造用》.

ki·nin [káɪnɪn, -nən | -nɪn]〚← KIN(O-)+-IN[1]〛 **—** *n.*〘生化学〙 **1** キニン《動物組織にある平滑筋収縮ホルモン》. **2** キニン《植物生長因子であるアデニン (adenine) に関連ある物質; その一つに kinetin がある》.

ki·nin·o·gen [kaɪnínədʒən]〚⇨ ↑, -o-, -gen〛 *n.*〘生化学〙キニノーゲン, キニン母体《キニンの不活性体》.

ki·nin·o·gen·ic [kaɪnìnədʒénɪk] *adj.*

kink [kíŋk]〚《1561》□ (M)LG *kinke* (Du. *kink*) a twist in a rope: cf. G. *Kink*〛 **—** *n.* **1 a** (糸・綱・毛などの)よじれ, 縮れ; 曲がり, カーブ. **b** (背や首筋の)引きつり, 凝り. **2 a** (心の)ねじけ, 依估地(ｲｺｼﾞ); 気まぐれ. **b** 妙案, 奇想, アイディア. **3** (計画などの)欠陥, 不備な点. **4** (精神の)異状; (性的)変態.

take the kinks out of (1) …の凝り[縮れ]を直す. (2) …の欠陥を除く.

— *vi.* 〈綱などが〉よじれる, もつれる. **—** *vt.* 〈綱などを〉よじれさせる, もつれさせる.

kin·ka·jou [kíŋkədʒùː]〚《1796》□ (Canad.-)F *quincajou* ← N-Am.-Ind.: cf. carcajou〛 *n.*〘動物〙キンカジュー (*Potos flavus*)《中・南米に生息するアライグマ科の動物; 樹上にすみ尾は物に巻きつく》.

kinkajou

kin·kle [kíŋkl̩]〚← KINK (n.)+-LE[1]〛 *n.* **1** 縮れ, よじれ; 軽い凝り. **2** かすかな暗示 (hint).

kink·y [kíŋki | -kɪ]〚← KINK (n.)+-Y[4]〛 **—** *adj.* (**kink·i·er; -i·est**) **1 a** ねじれた, よれた (twisted); よれやすい: ～ thread. **b** 〈髪が〉(黒人のように)こまかく縮れた, ちりちりの. **2**《口語》**a** 風変りな, 突飛な. **b** (性的に)変態の; 同性愛の. **3 a**《米俗》不正の, 不正直な, いんちきの (crooked); 盗品の, くすねた. **b**《米方言》元気[生き]のいい. **—** *n.*《英》 **1** 縮れっ毛の人. **2** (性的に)変態の人; 同性愛の人. **3** [*pl.*] =kinky boots. **kínk·i·ness** *n.*

kinky bóot *n.*《英》(女性用の主に)黒いブーツ《ひざまたはももまでのもの; cf. kinky *n.* 2》.

kín·less *adj.* 親類のない.

Kin·men [dʒìnmán; *Chin.* tɕĭnmə́n] *n.* 金門島《Quemoy の中国語名》.

kin·ni·kin·nick [kìnɪkənɪ́k, -nə-, ⌣⌣⌣ | -nɪ-]〚□ N-Am.-Ind. (Algonquian)《原義》mixture〛 **—** *n.* (*also* **kin·ni·kin·nic** [～]) **1** キニキニック《ハゼ・ヤナギなどの干葉や樹皮の混合物; もとアメリカインディ

アンや Ohio 川流域の開拓民たちがそのまま，または たばこに混ぜて喫用した》. **2** 〖植物〗キニキニックの原料にする数種の植物の総称《クマコケモモ (bearberry), アメリカミズキ (silky cornel), sumac など》.

ki·no [kíːnou | -nəu] 〘▭ W-Afr. (Mandingo) *keno*〙 ── *n.* **1** 〖化学〗キノ(樹脂), 赤膠(ʒ)《キノノキなどから採る catechu に似た暗赤褐色のゴム性樹脂; 薬剤・染料に用いる》. **2** 〖植物〗キノノキ (*Pterocarpus marsupium*)《インドおよびセイロン島原産のマメ科シタン属の高木; 材が美しく工芸用, 樹脂は薬用》.

kin·o- [kínə, káɪn-, -no(ʊ) | -nə(ʊ)] 〘← Gk *kínēsis* motion〙「運動」の意の連結形. ★ 時に kine- また母音の前では通例 kin- になる.

kíno gúm *n.* 〖化学〗= kino 1.

kin·o·plasm [kínəplæ̀zm, káɪn-, -no(ʊ)- | -nə(ʊ)-] 〘▭ G *Kinoplasma*: ⇨ -plasm〙 *n.* 〖生物〗活動原形質, キノプラズマ (cf. germ plasm, trophoplasm).

kin·o·rhynch [kínərɪ̀ŋk, káɪn-, -no(ʊ)- | -nə(ʊ)-] 〘← NL *kinorhyncha* (↓)〙 *n.* 〖動物〗動吻(ふん)綱の虫.

Kin·o·rhyn·cha [kɪ̀nəríŋkə, kàɪn-, -no(ʊ)- | -nə(ʊ)-] 〘← NL ～ ← KINO- + *-rhyncha* (← Gk *rhúgkhos* snout)〙 *n. pl.* 〖動物〗(袋形動物門)動吻(ふん)綱.

Kin·o·ster·ni·dae [kɪ̀nəstə́ːnədìː, kàɪn-, -no(ʊ)- | -nə(ʊ)stə́ːnɪ-] 〘← NL ～ ← *Kinosternon* (属名: ← KINO- + Gk *stérnon* breast) + -IDAE〙 ── *n. pl.* 〖動物〗(カメ目)ドロガメ科.

Kin·ross [kɪnrɔ́(ː)s | -rɔ́s] 〘《c1150》 *Chinross*《原義》 at the head or end of the wood ← Gael. *cinn* head + Celt. *ross* wood〙 ── *n.* **1** = Kinrossshire. **2** Kinrossshire 州の首都.

Kin·ross·shire [kɪnrɔ́(ː)sʃɪə, -ʃə | -rɔ́sʃə(r, -ʃɪə(r] *n.* スコットランド中東部の旧州; 現在の Tayside 州南東部; 面積 212 km², 首都 Kinross.

-kins [kɪnz, kənz | kɪnz] 〘⇨ -kin〙 -kin の異形《もと誓言で多く用いられた》: bodi*kins*, petti*kins*.

Kin·sey [kínzi | -zɪ], **Alfred Charles** *n.* (1894–1956) 米国の動物学者; 米国人の性生活に関する統計的調査 (Kinsey Report) で有名.

kíns·fòlk 〘ME: ⇨ kinsman, folk〙 *n. pl.* (*also* **kíns·fòlks**) [集合的] 親族, 親類 (cf. kinfolk).

Kin·sha·sa [kɪnʃáːsə, kən- | kɪn-] *n.* キンシャサ《ザイール南西部にある同国の首都; Congo 川に沿う港市; 旧名 Léopoldville; 人口 2,009,000》.

kín·shìp 〘《1833》 ← KIN + -SHIP〙 ── *n.* **1** 親族関係, 血族関係 (consanguinity): a ～ family = extended family / a ～ term 親族名称. **2** (性質などの)類似, 近似 (affinity). **3** 密接な関係; 親近感.

kíns·man [-mən] 〘《c1200》: ⇨ kin, -s² 2, man¹〙 *n.* (*pl.* **-men** [-mən, -mèn]) **1** 血族(男子); (男子の)親類 (male relative). **2** 同一民族の者.

kíns·pèople *n.* (*pl.* ～)《米》= kinsfolk.

kíns·wòman 〘ME: ⇨ kinsman〙 *n.* 血族(女子); (女子の)親類.

kin·tal [kíntḷ | -tl] *n.* = quintal.

ki·osk [kíːɑsk, kiɑ́sk, káɪɑsk | kíːɔsk, kíɔsk, kɪ́ɔsk] 〘《1625》 ▭ F *kiosque* ▭ Turk. *kiöshk* pavilion ← Pers. *kūshk* portico, palace〙 ── *n.* キオスク: **1** トルコ・イランなどの東屋(あずまや)風の建物. **2 a** (可動式の)軽便な建物; 街頭などの(新聞)売店, 電話ボックス, 野外音楽堂, 地下鉄入口(など). **b**《米》広告塔.

Ki·o·wa [káɪəwɔ̀ː, -wɑ̀ː, -wèɪ] 〘▭ Kiowa *Gâ-i-gwŭ*, *Kâ-i-gwŭ*《原義》chief people〙 ── *n.* (*pl.* ～**s**, ～) **1 a** [the ～(s)] カイオワ族《米国の平原インディアンの一部族; 今は Oklahoma に住むが, 以前は Kansas, Colorado, New Mexico などの諸州に住んだ; アパッチ, コマンチの諸族と共に最も白人を悩ました》. **b** カイオワ族の人. **2** カイオワ語 (Uto-Aztecan 系). ── *adj.* カイオワ族[語]の.

kip¹ [kíp] 〘《古形》*kippe* ▭ ? Du.《廃》*kip* bundle of hides〙 *n.* **1** 小獣皮, キップ皮《牛・羊・馬などの幼獣や小動物の皮》. **2** (一定数を束ねた)小獣皮の束.

kip² [kíp] 〘▭ ? Dan. *kippe* mean hut, alehouse〙 ── *n.* **1**《俗》**a** 安宿, どや; 下宿(の部屋); 寝床. **b** 眠り. **2**《廃》売春宿. **3**《アイル》仕事, 職. ── *vi.* (**kipped**; **kip·ping**)《俗》**1 a** 眠る. **b** 寝る 〈*down*〉. **2** 下宿する; 泊る. ***kip out***《俗》野外で寝る, 野宿する.

kip³ [kíp] 〘← KI(LO-) + P(OUND)¹〙 *n.* 〖土木〗キップ《1,000 ポンドの重量単位》.

kip⁴ [kíp] 〘← Thai〙 *n.* (*pl.* ～**s**, ～) キップ《ラオスの通貨単位; = 100 centimes; 記号 K》; 1 キップ紙幣.

kip⁵ [kíp] 〘▭ G *Kippe*《原義》edge, seesaw〙 *n.* **1**《米》〖体操〗蹴上り. **2** 〖水泳〗キップ《シンクロナイズドスイミング泳法の一動作》.

Kip·ling [kíplɪŋ], **(Joseph) Rud·yard** [rʌ́djəd | -djəd] *n.* (1865–1936) インド生れの英国の作家・詩人; Nobel 文学賞 (1907); *The Jungle Book* (1894).

Kip·ling·esque [kɪ̀plɪŋésk] 〘← *J. R. Kipling*〙 *adj.* **1** 〈文体など〉キップリングのような. **2** キップリング的な《白人としての優越感と自負心をもっている》.

kip·per¹ [kípə | -pə(r] 〘? OE *cypera* ← ? *copor, coper* 'COPPER¹': その雄鮭(さけ)類の色から?〙 ── *n.* **1** 産卵期(以後)の雄鮭[鱒(ます)]. **2** 干物[燻製]の鰊(にしん)[鱒(など)], キッパー (cf. bloater). **3**《俗》人, 奴(やつ), 若者, 子供: a giddy ～ うわついた若造 / a merry old ～ おもしろいじいさん. ── *vt.* 〈鮭・鰊などを〉塩をして干物[燻製]にする: a ～*ed* herring 燻製鰊. **～·er** [-pərə | -rə(r] *n.*

kip·per² [kípə | -pə(r] 〘▭ Austral.《土語》*kippa*〙 *n.* 《豪》(大人の仲間入りをしたばかりの)若い男の原住民.

Kir·by [kə́ːbi | kə́ːbɪ] 〘《短縮》← *Kirkby* (地名) ▭ ON *kirkju-bȳr* church town〙 *n.* 男性名《異形 Kerby》.

Kirby, Rol·lin [rɑ́lɪn, -lən | rɔ́lɪn] *n.* (1875–1952) 米国の政治漫画家.

Kirch·hoff [kíəkɔ(ː)f | kíəkɔf; *G.* kírçhɔf], **Gustav Robert** *n.* キルヒホフ《1824–87; ドイツの物理学者》.

Kírchhoff's láw 〘← *G. R. Kirchhoff*〙 ── *n.* 〖電気〗キルヒホフの法則《回路の分岐点での出入電流に関する第 1 法則と, 閉路についての電圧に関する第 2 法則とからなる電気回路理論の基本法則》.

Kirch·ner [kíəknə | kíəknə(r; *G.* kírçnɐ], **Ernst Ludwig** *n.* キルヒナー《1880–1938; ドイツの画家》.

Kir·ghiz [kɪəgíːz | kə́ːgɪz] 〘▭ Kirghiz *Kyrghyz* ← *kyr* desert + *gizmäk* to wander〙 ── *n.* (*pl.* ～, ～·**es**) (*also* **Kir·ghese** [～], **Kir·ghis** [～]) **1 a** [the ～(es)] キルギス族《主に中央アジアのキルギス草原地方 (Kirghiz Steppe) に遊牧生活をするチュルク系の民族》. **b** キルギス族の人, キルギス人. **2** キルギス語《チュルク語に属する》.

Kir·ghi·zi·a [kɪəgíːʒiə, -ʒə, -ziə | kəːgízjə, -ziə; *Russ.* kjirgízjijə] *n.* キルギス《ソ連邦中央アジア東北部, 中国新疆(しんきょう)ウイグル自治区 (Sinkiang Uighur Autonomous Region) に隣接するソ連邦構成共和国の一つ; 人口 3,511,000, 面積 198,500 km², 首都 Frunze; 公式名 the Kirghiz Soviet Socialist Republic キルギスソビエト社会主義共和国》.

Kir·ghi·zi·an [kɪəgíːʒiən, -ʒən, -ziən | kəːgízjən, -ziən] *adj.* キルギスの; キルギス族[人]の; キルギス語の. ── *n.* = Kirghiz.

Kirghíz Stéppe *n.* [the ～] キルギスステップ《ソ連邦 Kazakstan 共和国にある黒土の発達した大草原地帯, 今日では重要な穀倉地帯になっている; 単に the Steppes ともいう》.

Kir·gi·zi·a [kɪəgíːʒiə, -ziə, -ʒə | kəːgízjə, -ziə; *Russ.* kjirgízjijə] *n.* = Kirghizia.

Ki·ri·ba·ti [kɪ̀ːrɪbáːṭi | -tɪ] *n.* キリバス《1979 年に独立した Gilbert Islands の新称; 公式名 the Republic of Kiribati キリバス共和国》.

ki·rin [kiːrín] 〘▭ Jap.〙 *n.* (日本の陶器などに描かれる)麒麟(きりん) (cf. kylin).

Ki·rin [kìːrín; *Chin.* tʃílín] *n.* **1** 吉林省《中国東北部の省; 人口 24,740,000, 面積 290,000 km², 首都長春 (Changchun)》. **2** 吉林《同省の第二松花江に面する港市》.

kirk [kíək, kə́ːk | kə́ːk] 〘《?c1200》《北部方言》*kirk(e)* ▭ ON *kirkja* ▭ OE *ċir(i)ċe* 'CHURCH'〙 ── *n.* **1**《スコット・北英》教会 (church): go to ～ 教会へ行く. ★ イングランドでも戯言的に用いる. **2** [the K-] = KIRK of Scotland.

Kirk of Scotland [the ─] スコットランド教会《the Auld Kirk ともいう; cf. CHURCH of Scotland》. ★ スコットランドでは今はこの名称を用いない.

Kirk. 《略》Kirkcudbrightshire.

Kirk·cal·dy [kə(ː)kɔ́ː(ḷ)di, -kɑ́ːdi | kə(ː)kɔ́ː(ḷ)dɪ, -kǽdɪ, -kɑ́ːdɪ] 〘《c1150》 Welsh **Caleto-dunon*《原義》hard fort〙 ── *n.* スコットランド東部の Edinburgh の北方にある港市; Adam Smith の生地; 人口 52,000.

Kirk·cud·bright [kə(ː)kúːbri | kə(ː)kúːbrɪ] 〘《1291》 *kirkcudtbrith*《原義》'church of St. CUTHBERT': ⇨ kirk〙 ── *n.* **1** = Kirkcudbrightshire. **2** 旧 Kirkcudbrightshire 州の首都.

Kirk·cud·bright·shire [kə(ː)kúːbriʃɪə, -ʃə | kə(ː)kúːbrɪʃə(r, -ʃɪə(r] *n.* スコットランド南西部の旧州; 1975 年以降は Dumfries and Galloway の一部; 面積 2,320 km², 首都 Kirkcudbright.

kirk·man [kíəkmən, kə́ːk- | kə́ːk-] 〘ME《北部方言》: ⇨ kirk〙 *n.* (*pl.* **-men** [-mən, -mèn]) **1**《スコット》聖職者, 牧師. **2** スコットランド教会の信者.

kírk sèssion *n.* (スコットランド教会や他の長老派教会の)教会会議《牧師と長老から成る最下位の宗教法廷; cf. consistory 4》.

Kir·man [kəmáːn, kɪə- | kə(ː)-, kɪə-] 〘《変形》← *Kerman*²〙 ── *n.* キルマンじゅうたん《イランの Kerman 州産; 柔らかい優美な色と精巧な流線模様で有名》.

kir·mess [kə́ːmɪs, -məs, kəːmés | kə́ːmɪs] *n.* = kermis.

kirn¹ [kíən, kə́ːn | kíən] 〘ME《北部方言》*kirne* ▭ ON *kirna*: ⇨ churn〙 *v., n.*《スコット》= churn.

kirn² [kíən, kə́ːn | kíən] 〘← ? Scand.: cf. ON *korn* grain〙 *n.*《スコット》**1** 収穫祭. **2** (収穫の終わりの)最後の一束[一握り]の刈り入れ.

Ki·rov [kíːrɔ(ː)f, -rɔ(ː)v, -rəf | -rɔf, -rɔv; *Russ.* kjírəf] *n.* キーロフ《ソ連邦ロシヤ共和国西部 Vyatka 河畔の都市; 人口 381,000》.

Ki·ro·va·bad [kɪróuvəbæ̀d | -rə́uvəbɑ̀ːd; *Russ.* kjirəvabát] *n.* キーロババード《ソ連邦 Azerbaijan 共和国の都市; 人口 216,000》.

Ki·ro·vo·grad [kɪróuvəgræ̀d | -rə́uvəgrɑ̀ːd; *Russ.* kjirəvagrát] *n.* キーロボグラード《ソ連邦 Ukraine 共和国中部の都市; 人口 228,000》.

kirsch [kíəʃ | kíəʃ; *G.* kírʃ] 〘▭ G ～《略》↓〙 *n.* キルシュ(バッサー), 桜桃酒《ドイツ産のブランデー》.

kirsch·was·ser [kíəʃvɑ̀ːsə | kíəʃvɑ̀ːsə(r, -væ̀sə(r; *G.* kírʃvàsɐ] 〘《1819》 ▭ G ～ ← *Kirsche* cherry + *Wasser* water〙 *n.* = kirsch.

Kir·sten [kə́ːstən | kə́ː-] 〘▭ Scand. ～ 'CHRISTINE'〙 *n.* 女性名.

Kir·sty [kə́ːsti | kə́ːstɪ] 〘1:《スコット》(dim.) ← *Kyrstyan* 'CHRISTINE'. 2: (dim.) ← CHRISTOPHER〙 *n.* **1** 女性名. **2** 男性名.

kir·tle [kə́ːtḷ | kə́ːtl] 〘OE *cyrtel* gown, tunic < Gmc **kurtilaz* (ON *kyrtill*) ← **kurt-* short ▭ L *curtus* (cut) short: ⇨ curt, -le¹〙 ── *n.*《古》**1** (婦人用の身ごろとスカートのついた)ゆったりしたガウン[ドレス]. **2** (男子用の)上着 (tunic, coat).

Ki·san·ga·ni [kìːsəŋgáːni | -nɪ] *n.* キサンガニ《Zaire 北東部 Congo 川に臨む都市; 人口 230,000; 旧名 Stanleyville [stǽnlivɪl, -lɪ-]》.

kish [kíʃ] 〘《変形》? ← G *Kies* gravel〙 *n.* 〖冶金〗キッシュ《銑鉄が凝固する際に分離される単体の黒鉛》.

Kish [kíʃ] *n.* キシュ《現在のイラク中部, Euphrates 河畔にあった古代 Sumer の都市》.

Ki·shi·nev [kìʃənéf, -nèv | -ʃɪ-; *Russ.* kjiʃinjóf] *n.* キシニョフ《ソ連邦 Moldavia 共和国の首都; 人口 492,000》.

kish·ke [kíʃkə] 〘▭ Yid. ～ ▭ ? Russ. *kishka* intestine〙 ── *n.* (*also* **kish·ka** [～; *Russ.* kjíʃkə]) キシュケ《小麦粉・油・たまねぎ・薬味などを混ぜ, 牛・鳥の腸に詰めて焼いたユダヤ料理; cf. derma²》.

Kis·ka [kískə] *n.* 米国 Alaska 州南西部, Aleutian 列島西端の島; 日本軍が占領していた (1942–43).

Kis·lev [kísləf] 〘ME ▭ Heb. *Kislēw* ▭ Akkad. *Kis(i)līmu*《原義》?〙 *n.* (ユダヤ暦の) 9 月《グレゴリオ暦の 11–12 月に当たる; ⇨ Jewish calendar》.

Kis·ling [kíslɪŋ; *F.* kisliŋ], **Mo·ïse** [mɔiːz] *n.* キスリング《1891–1953; ポーランド生れのフランスの画家》.

kis·met, K- [kízmet, -mɪt, -mət | kísmet, kíz-] 〘《1849》 ▭ Turk. ～ ▭ Arab. *qísmaʰ* fate ← *qásama* to divide, alot〙 *n.* 運命, 天命, 宿命 (destiny, fate).

kiss [kís] 〘v.: OE *cyssan* < Gmc **kussjan* (G *küssen*) ← **kussaz* a kiss ← IE **ku(s)-* a kiss. ─ n.: ME *kisse* ← (v.) ∽ OE *coss* < Gmc **kussaz* (G *Kuss*)〙 ── *n.* **1** 接吻(せっぷん), くちづけ, キス《挨拶・愛情・尊敬のしるしとして相手の唇・手・顔などに唇を触れること》: a ～ of pardon 許しの接吻 / give a (soft) ～ to a child 子供に(そっと)キスする / blow [throw] a ～ to a person 人にキスを送る, 投げキスをする. ★ ラテン語系形容詞: osculatory. **2 a** 軽く触れること, ひと触れ; (微風が花・髪などを)ゆすぶること. **b** 〖玉突〗(球と球の)接触, キス (kiss-off). **3**《小児語》(牛乳・茶などに浮かんだ)泡(あわ). **4 a** 卵白に砂糖を加えて作った小さな菓子 (cf. meringue): milk ～*es*. **b** (しばしばフォイルなどに包んだ)小さな糖菓: a chocolate ～.

the kiss of death 〘Judas が接吻を合図にイエスを敵の手に渡したことから (*Mark* 14: 44–45): cf. Judas kiss〙(役立つように見えて実は)災の元, 命取り《関係・行為・物事》, 死の接吻.

kiss of life 〘《1961》: ↑ のもじり〙 [the ─]《英》(1) 口移し式人工呼吸(法) (cf. mouth-to-mouth). (2) 元気[活気]を取り戻す手段, 起死回生の策.

kiss of peace [the ─] 親睦(しんぼく)の接吻, 平和の接吻《初期キリスト教会で親和の印として行われた信者同士の挨拶; 今もカトリック教会でミサなどで行われる》.

── *vt.* **1** …に接吻[キス]する: ～ a person's forehead, cheek, mouth, etc. / He ～*ed* her *on* the forehead. 彼女の額にキスした / ～ a person good night 人にお休みなさいのキスをする / ～ one's hand to a person (手で)人に投げキスをする. **2** 《詩》〈風・波などが〉…に軽く触れる: The sun was just ～*ing* the horizon. **3** 〖玉突〗〈球が〉〈球〉に接触する, キスする. ── *vi.* **1** 〈二人が〉キスする: We ～*ed* and parted. / Let's ～ and be friends. (キスして)仲直りしよう. **2 a** 〈二つの物が〉軽く触れる: make glasses ～ 酒のグラスを軽く触れさせる. **b** 〖玉突〗〈二つの球が〉接触[キス]する.

(as) easy as kiss my [your] hand《口語》ごく容易で, 朝飯前で. ***kiss away*** キスして取り去る: ～ *away* a baby's tears (泣いている)赤ん坊にキスして泣くのをやめさせる《機嫌(きげん)を直させる》/ ～ *away* a person's worries 人にキスして心配事を忘れさせる. ***kiss better*** 〈子供など(の傷や痛い所)〉にキスして慰める: She ～*ed* her child [his cut] *better*. ***kiss good-bye*** (1) 〈人〉に別れのキスをする, 別れる: He ～*ed* me *good-bye*. (2) 〈損失・計画などを〉あきらめる, 捨てる, 手離す: He ～*ed good-bye to* the trip. 旅行をあきらめた. ***kiss hands*** [***the hand***] ⇨ hand 成句. ***Kiss my foot!*** 《俗》ばかを言え, (そんなこと)真っ平だ. ***kiss off*** (1) キスしたために〈相手の女の口紅などを〉落と[はが]してしまう: He ～*ed* her lipstick *off*. (2)《米俗》首にする, お払い箱にする; はねつける. (3)《米俗》〈人を〉殺す. ***kiss the book*** [***the Bible***] 聖書に接吻して宣誓する. ***kiss the dust*** (1) 屈服する, 屈従する. (2) 屈辱を受ける. (3) 殺される. ***kiss the ground*** (1) ひれ伏す, 平身低頭する. (2) 敗北を喫する, 滅びる; 屈辱をなめる. ***kiss the rod*** ⇨ rod 2 b. ***kiss well*** = KISS *better*.

kiss·a·ble [kísəbḷ] *adj.* 〈女性など〉キスしたくなるような(魅力のある).

kíss-cùrl *n.* (額や頬に掛かる)ゆるいカール, 愛嬌(あいきょう)毛.

kíss·er *n.* **1** キスする人. **2**《俗》口, 唇; 顔.

kíss·ing *attrib. adj.* キスする(ほどの): be on ～ terms with… と会えばキスするほどの親しい間柄である / ⇨ kissing cousin. 「ing は副詞的用法」.

kissing kind キスするほどの仲で, 親密で《★ この kiss-

kíssing bùg *n.* 〖昆虫〗= conenose.

kíssing cóusin *n.* (会えば(軽く)キスし合うような)親しいいとこ[親類, 友人].

kíssing crúst *n.* 《口語》パンを焼く間に生地のかたまりが互いにくっついてできる柔らかい部分.

kíssing disèase 〘その伝染が口の接触によると信

じられているところから〗 *n.* 〚病理〛 =infectious mononucleosis.

Kis·sin·ger [kísɪndʒə, -sn̩- | -sɪndʒə(r, -sɪŋə(r], **Henry Alfred** *n.* (1923–) ドイツ生れの米国の政治学者; ニクソン大統領の特別補佐官 (1969–73); 国務長官 (1973–77); Nobel 平和賞 (1973).

kíssing gàte *n.* 《英》〚建築〛 (一度に一人しか通れない)小さな自在門《生垣や柵に設けられる U[V] 字形の入口をもつ木戸》.

kíssing góurami *n.* 〚魚類〛 キッシンググーラミ (*Helostoma temmincki*) 《東南アジア産の淡水魚; 腹びれが糸状でなく口先を押しつけ合う習性がある》.

kíssing kín *n.* (*pl.* ~) =kissing cousin.

kíss·ing·ly *adv.* やさしく; 軽く, そっと.

kíss-in-the-ríng *n.* 〚遊戯〛 キスとりごっこ《野外で若い男女が輪になって行なう古い田舎の遊戯; drop the handkerchief の原形》.

kíss-me-òver-the-gàrden-gàte *n.* 〚植物〛 **1** = prince's-feather 2. **2** =achimenes.

kíss-me-quìck *n.* **1** (19 世紀後半に流行した)あみだにかぶる小さいボンネット. **2** (耳の前に垂れた)愛嬌(ᵃⁱ)毛.

kíss-òff *n.* **1** 《米俗》お払い箱, 首; 拒絶; 終わり; 死. **2** 〚玉突〛 =kiss 2 b.

kíss·pròof *adj.* 〈口紅が〉キスしても取れ[落ち]ない.

kist[1] [kíst] 〚ME ▭ ON *kist-a* 'CHEST'〛 *n.* 《北英・スコット》 **1** 箱 (box, chest); 金箱. **2** 棺 (coffin).

kist[2] [kíst] *n.* 〚考古〛 =cist[1]. 「の旧名).

Kist·na [kís(t)nə] *n.* [the ~] キストナ(川) 《Krishna[1]

kist·vaen [kístvaɪn] 〚▭ Welsh *cist faen* ← *cist* 'CHEST'+*faen* (← *maen* stone)〛 *n.* 〚考古〛 =cist[1].

Kis·wa·hi·li [kìswɑːhíːli | -wɑːhíːlɪ, -wə-] 〚▭ Swahili ~ ← *ki-* (pref. designating an abstract object)+SWAHILI〛 *n.* 〚言語〛 スワヒリ語 (Swahili).

kit[1] [kít] 〚《1375》 *kyt, kitt* ▭ ? MDu. *kitte* (Du. *kit*) a kind of tub, jug〛 — *n.* **1 a** (仕事などの)道具一式, (旅行・運動などの)用具[用品]一式 (outfit, equipment): a golfing [hunting] ~ / a first-aid ~ 救急箱. **b** 道具箱[袋, 入れ], 用具入れ. **2** 《英》 **a** 〚軍事〛 (武器以外の)装具: a ~ inspection 装具点検. **b** (特定の場合のための)服装: in hunting [tennis] ~ 狐狩り[テニス]の服装で. **3** =kit bag. **4** (模型飛行機などの)キット, 組立用部品一式: a ~ locomotive [plane] 組立ての模型機関車[飛行機]. **5** (特定の事柄についての)説明書[パンフレット]一式. **6** [通例 the whole ~ として] 《口語》 (人や物の)全部, 残らず, 皆. **7 a** 《英》 (木の小さな)桶(ᵒᵏᵉ), 樽, 手桶. **b** 《英方言》 籠(ᵏᵃᵍᵒ).

the whole kit and caboodle [***boodle, biling***] 《米口語》 だれも彼も, 何もかも, 皆, 残らず (cf. 6).

— *vt.* (**kit·ted; kit·ting**) 《英》 〈軍人などに〉装備を付けさせる, 仕度させる (equip) 〈*out, up*〉.

kit[2] [kít] 〚《略》 ← KITTEN〛 *n.* **1** 子猫. **2** 子狐(など); その(毛)皮.

kit[3] [kít] 〚《1519》 《短縮》 ? ← L *cithara* 'CITHARA': cf. guitar〛 *n.* (昔ダンス教師が用いた)小型バイオリン.

Kit [kít] 〚1: (dim.) ← CHRISTOPHER. 2: (dim.) ← KATHERINE, KATE〛 *n.* **1** 男性名. **2** 女性名. 「billa.

Kit·am·bil·la [kìtəmbílə | -təm-] *n.* 〚植物〛 =ketem-

kít bàg 〚⇨ kit[1]〛 *n.* **1 a** (軍人などの)衣嚢(ᵖ), 雑嚢. **b** =rucksack. **2** (口が大きく帯の付いた昔の)旅行鞄(ᵏᵃᵇᵃⁿ).

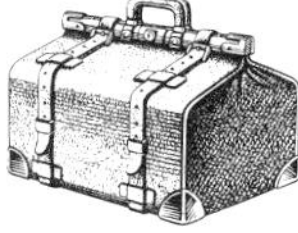

kit bag 2

Kit-Cat [kítkæ̀t] *n.* **1** キットキャットクラブ員. **2** 〚英国の画家 Sir Godfrey Kneller (1636–1723) が描いて Kit-Cat Club の食堂に掲げたクラブ員の肖像画から〛 [通例 kit-cat] 半身よりも小さい, 両手を含む肖像画 (kit-cat portrait).

Kít-Cat Clúb 〚← *Kit Cat* (=Christopher Cat(ling): キットキャットクラブの最初の会合所であった食堂の主人の名)〛 — *n.* [the ~] キットキャットクラブ 《1703–20 年に London にあった Whig 党員や文筆家などのクラブ; Addison や Steele も会員であった》.

kitch·en [kítʃɪn, -tʃən] 〚OE *cycene* < (WGmc) **kocina* (G *Küche*) ▭ (L)L *coquīna* (fem.) of cooking ← *coquere* 'to COOK'〛 — *n.* **1 a** 台所, 勝手, キッチン, 調理場. **b** 調理部 (cuisine): a fine French ~ フランス料理の上手な調理場. **2** 《俗》〚音楽〛 (オーケストラなどの)打楽器部. **3** 《スコット》 副食物《肉, 魚, 卵, バターなど》. — *attrib. adj.* **1** 台所の, 台所用の: a ~ door 台所口, 勝手口 / a ~ knife (台所用)庖丁(ᵇᵒ) / a ~ match (ガスレンジなどの点火用)台所用マッチ. **2** 台所[勝手仕事]に雇われた: ⇨ kitchenmaid. **3** 〈言語が〉訛った, 混合の; 標準以下の: ⇨ kitchen Dutch.

kítchen càbinet *n.* **1** 台所用戸棚, キッチンキャビネット. **2** 《米》 (大統領・州知事などの内々の相談相手となる)私設顧問団 (cf. brain trust). 「clock).

kítchen díal *n.* 〚時計〛 キッチンダイアル (⇨ dial

kítchen Dútch *n.* (南アフリカ共和国の喜望峰地方の)混合オランダ語《オランダ語をよく知らない白人が土着の召使と話す時に使う英語とオランダ語の混合語》.

kítch·en·er [-tʃɪnə, -tʃ(ə)nə | -tʃɪnə(r, -tʃə-] 〚ME〛 *n.* **1** 《英》料理用レンジ (cook stove). **2** 料理人, コック, (特に修道院の)調理係.

Kitch·e·ner [kítʃɪnə, -tʃ(ə)nə- | -tʃɪnə(r, -tʃə-] 〚← *H. H. Kitchener*〛 *n.* カナダ Ontario 州南東部の都市; 人口 94,000.

Kitch·en·er [kítʃɪnə, -tʃ(ə)nə | -tʃɪnə(r, -tʃə-], **Horatio Herbert** *n.* (1850–1916) アイルランド生れの英国の陸軍元帥; アフリカにおける戦争で総司令官を勤めた; 陸軍大臣 (1914); 称号 1st Earl Kitchener of Khartoum and of Broome [brúːm].

Kítchener's Ármy *n.* 《英口語》 キッチナー部隊 《第一次大戦で Kitchener 元帥の要請 (1914 年 8 月) に応えて応募した 300 万の兵士; Kitchener's Boys [mob] ともいう》.

kitch·en·ette [kìtʃɪnét, -tʃə-] 〚《1910》〛 *n.* (*also* **kitch·en·et** [~]) (アパートなどの)簡易台所; 簡易台所設備, キチネット: a one-room apartment with ~.

kítchen gàrden *n.* 家庭菜園 (cf. market garden).

kítchen Látin *n.* =dog Latin. ⌊~·**er** *n.*

kítchen·màid *n.* 台所の下働き《女中》.

kítchen mìdden 〚《なぞり》 ← Dan. *kökkenmödding* ← *kökken* 'KITCHEN'+*mödding* 'MIDDEN'〛 *n.* 〚考古〛 貝塚《先史人類居住の跡》.

kítchen políce *n.* 《米》〚軍事〛 **1** 炊事勤務, 炊事場使役《陸軍で調理手 (cook) の手助けをする勤務, 時に微罪の罰として課せられる; 略 KP》. **2** [集合的] 炊事補助員, 炊事勤務兵, 炊事場使役兵.

kítchen-sìnk *attrib. adj.* 台所調の《主に 1950 年代から 1960 年代にかけて, 労働者階級の家庭生活を極端なまでリアルに描いた英国の戯曲・絵画などについていう》: a ~ drama, dramatist / ~ painting.

kítchen sìnk *n.* 台所の流し(台).

everything but the kitchen sink 《英》 何でもかでも, ありとあらゆるもの.

kítchen stòve *n.* (台所の)レンジ: everything but the ~ =*everything but the* KITCHEN SINK. 「の残物.

kítchen stùff *n.* **1** 料理の材料《野菜など》. **2** 台所

kítchen ùnit *n.* キッチンユニット《ユニット式台所セットを構成する一点》. 「金物類.

kítchen·wàre *n.* [集合的] 台所用品, 勝手道具《主に

kitch·y-kitch·y [kítʃikítʃi | -tʃɪkítʃɪ] 〚《擬態語》: cf. kittle[2], kitty[1]〛 *int.* こちょこちょ《くすぐる時の発声》.

kitch·y-koo [kítʃikùː | -tʃɪ-] *int.* =kitchy-kitchy.

kite [káɪt] 〚OE *cȳta* ← Gmc **kūtja-* (G *Kauz* a kind of owl) 《擬音語》〛 — *n.* **1** 〚鳥類〛 トビ《ワシタカ科の鳥類の総称; トビ (black kite), エンビトビ (swallow-tailed kite) など》; トビに似たタカ類の総称. **2** (トビのように)強欲な人, 詐欺師, ぺてん師. **3** 凧(ᵗᵃᵏᵒ): fly [let out] a ~ 凧を揚げる (⇨ 成句) / draw in a ~ 凧を降ろす. **4** 《口語》〚商業〛 融通手形; 空手形, なれ合い手形. **5** [*pl.*] 〚海事〛 (微風の時だけ檣頭(ˢʰᵒᵗᵒ)に張る)軽帆《skysail など》. **6** (世論の)探り, 打診, 人気試し (ballon d'essai). **7** 《英俗》 飛行機.

(as) high as a kite 《口語》 ひどく酔っぱらって. ***fly*** [***send up***] ***a kite*** 〚(2), (3): 凧を揚げて風向きを調べることにかけたもの〛 (1) 凧を揚げる. (2) 人気試しをする, 世論を探る[打診する]. (3) 《口語》〚商業〛 融通手形を振り出す (cf. kiteflying 3). ***fly one's own kite*** 《俗》 私利を図る. ***go fly a*** [***one's***] ***kite*** [通例命令法で] 《米俗》 うるさい, あっちへ行きなさい. ***higher than a kite*** 《米口語》 (1) 非常に[突拍子もなく]高い[く]. (2) 夢中になって. (3) ひどく酔っぱらって. ***higher than Gilderoy's*** [gíldərɔ̀ɪz] ***kite*** 〚*Gilderoy* はスコットランドの盗賊の首領 Patrick MacGregor (?–1638) のあだ名, 重罪人として特に高くした絞首台で処刑されたことからか; kite はゲール語で「腹, 身体」の意〛 (1) (見えないくらいに)すごく高く. (2) こっぴどく, 手ひどく. (3) 《米俗》 ひどく酔っぱらって.

— *vi.* 《口語》 **1 a** (トビのように)空を舞う; 早く走る, すらすら進む; あわてて行く (rush). **b** 〈物価が〉急に上昇する. **2** 〚商業〛 融通手形で金を作る. — *vt.* 《口語》 **1** 舞い上がらせる; 〈物価を〉急に上昇させる. **2** 〚商業〛 〈手形を〉融通手形として使用する.

kíte ballòon *n.* 凧(ᵗᵃᵏᵒ)型気球《繫留(ᵏᵉⁱʳʸᵘ)気球の一種で気球の形を工夫し, 凧のように風の動的な揚力も併せて利用するもの》.

kíte·flỳing *n.* **1** 凧揚げ. **2** 人気[世論]打診. **3** 《口語》〚商業〛 融通手形振出し.

Kite·mark [káɪtmɑ̀ːk | -mɑ̀ːk] *n.* [the ~] カイトマーク《英国規格協会 (British Standards Institution) 規定の製品規格に合致していることを示す凧印; BS Mark の俗称》.

Kitemark

kít fòx *n.* **1** 〚動物〛 キットギツネ (*Vulpes macrotis*) 《米南西部・メキシコに生息; cf. red fox》. **2** キットギツネの毛皮.

kith [kíθ] 〚OE *cȳþ(þ), cȳþþu* knowledge, acquaintance < Gmc **kunþiþā* ← **kunþ-* known (p.p.) ← **kunnan* to know: cf. can[2], uncouth〛 — *n.* [集合的] 知人, 友人, 知己 (acquaintances). ★ 今は次の成句で:

kith and kin (1) 知己親類 (friends and relations). (2) 親類縁者. ★ 元来 (1) の意ではあるが, 今はしばしば (2) の意に用いられる.

kith·a·ra [kíθərə, kɪθɑ́ːrə] *n.* =cithara.

kithe [káɪð] 〚OE *cȳþan* to make known ← Gmc **kunþ-*: ⇨ kith〛 《スコット・北英》 *vt.* 表わす, 示す (show). — *vi.* 現われる (appear).

Ki·thi·ra [kíːθərɑ̀ː] *n.* キチラ(島), キュテラ(島) 《ギリシャの Peloponnesus 半島南端にある島; 人口 4,100, 面積 290 km², 首都 Kíthira; ⇨ Cythera》.

kit·ling [kítlɪŋ] 〚《*a*1382》 ▭ ? ON *ket(t)ling-r* kitten ← *köttr* 'CAT': ⇨ -ling[1]〛 *n.* 《英方言》 子猫.

ki·tool [kɪtúːl, kə- | kɪ-] *n.* =kittul.

kitsch [kítʃ] 〚▭ G *Kitsch* gaudy trash ← 《方言》 *kitschen* to smear〛 *n.* 浅薄[通俗的]な作品, 駄作.

kitsch·y [kítʃi | -tʃɪ] *adj.* 〈文学作品など〉俗受けをねらった, 安っぽい, ちゃちな.

kit·tel [kítl̩ | -tl̩] 〚▭ Yid. *kitel* ▭ MHG *ki(e)tel* cotton outer garment ▭ Arab. *quṭn* 'COTTON'〛 — *n.* (*pl.* ~) 〚ユダヤ教〛 キットゥル《特に正統派のユダヤ人が新年祭 (Rosh Hashanah) やあがないの日 (Yom Kippur) などの儀式用に着る綿・リンネルの白衣; きょうかたびら (shroud) としても用いる》.

kit·ten [kítn̩] 〚《*c*1378》 *kitoun, kyton* ▭ AF **kitoun* ▭ OF *chitoun* (F *chaton*) kitten (dim.) ← *chat* 'CAT'〛 — *n.* **1 a** 子猫. **b** (その他の)小動物の子: a ferret [hamster, rabbit] ~. **2** おてんば娘.

(as) nervous as a kitten ひどく神経質で. ***have kittens*** 《口語》 ひどく興奮する[驚く, あわてる, 怒る].

— *vi.* 〈猫が〉子を生む: Our cat has ~*ed*. — *vt.* 〈猫が〉〈子を〉生む.

kít·ten·ish [-tnɪʃ] *adj.* **1** 子猫みたいな; じゃれる, ふざける (playful). **2** 〈若い女が〉おてんばの; 〈年増の女が〉色[あだ]っぽい (coquettish). ~·**ly** *adv.* ~·**ness** *n.*

kit·ti·wake [kítiwèɪk | -tɪ-] 〚擬音語〛 *n.* 〚鳥類〛 ミツユビカモメ (*Rissa tridactyla*) 《後趾は小さい》.

kit·tle[1] [kítl̩ | -tl̩] 〚《逆成》 ? ← KITLING: cf. Norw. 《方言》 *kjetla* to kitten ← *kjetling* kitten〛 *vi.* 《方言》 子猫を生む (kitten).

kit·tle[2] [kítl̩ | -tl̩] 〚《1483》 《北部方言》 *kytyllen* to tickle ▭ ? ON *kitla*: cf. OE kitelung: ⇨ tickle〛 — *adj.* (**kit·tler; -tlest**) 《スコット》 **1 a** 〈人・物事など〉扱いにくい, 難かしい, 厄介な, 微妙な (ticklish): ⇨ kittle cattle. **b** 神経質な, 気難かしい; 気まぐれな. **2** 器用な. — *vt.* **1** くすぐる (tickle). **2** (お世辞などで)喜ばす. **3** (問題などで)迷わす, 当惑させる.

kíttle cáttle *n. pl.* [集合的] **1** 扱いにくい[気まぐれ, 厄介な]連中. **2** 扱い[使い]にくい物; わかりにくい物事.

kit·tly-bend·ers [kítlibèndəz | -lɪbèndəz] 〚← *kittly* (← ? KITTLE[2])+BENDER: ⇨ -s[1]〛 *n. pl.* 《米口語》 (川などの)薄氷; 薄氷の上を走り回ること[遊び].

Kit·tredge [kítrɪdʒ], **George Ly·man** [láɪmən] *n.* (1860–1941) 米国の英語・英文学者・Shakespeare 学者.

kit·tul [kɪtúːl, kə- | kɪ-] 〚▭ Singhalese *kitul, hitul* ← Skt *hintāla*〛 — *n.* **1** 〚植物〛 クジャクヤシ (*Caryota urens*) 《インド産》. **2** キトール (kittul fiber) 《クジャクヤシの葉柄から採る柔軟な繊維; ブラシ製造用》.

kit·ty[1] [kíti | -tɪ] 〚← KIT[2]+-Y[2]〛 *n.* 《愛称》 猫, 子猫, にゃんこ (kitten).

kit·ty[2] [kíti | -tɪ] 〚← ? KIT[1]+-Y[2]〛 — *n.* **1** 小壺(ᵗˢᵘᵇᵒ) (small pot). **2** 〚トランプ〛 **a** =pot 7 a. **b** 席代, ショバ代《ポーカーなどで賭け金 (pot) の一部を一勝負ごとに積み立てて席料や飲食代にする》. **c** =widow 3. **3 a** (金品の)共同積立て, 共同積立て金 (pool). **b** 《口語》 予備金, 蓄え (reserves): There's little left in the ~. もう予備金は幾らも残っていない. **4** =jack[1] 10 c.

kit·ty[3] [kíti | -tɪ] 〚《変形》 ? ← 《廃》 *kidcot(e)* prison ← KID[1]+COT[1]〛 *n.* 《英方言》 刑務所 (prison), 拘置所.

Kit·ty [kíti | -tɪ] 〚(dim.) ← KATHERINE, CATHERINE〛 *n.* 女性名《異形 Kittie》.

kit·ty-cor·ner [kìtikɔ́ənə | -tɪkɔ́ːnə(r] *adj., adv.* 《米》 =catercorner.

kit·ty-cór·nered *adj., adv.* 《米》 =kitty-corner.

Kit·ty Hawk [kítihɔ̀ːk | -tɪ-] 〚← N-Am.-Ind.〛 *n.* 米国 North Carolina 州北東部の村; 1903 年ここの海岸で Wright 兄弟が初飛行に成功した.

Kiu·kiang [kjùːkjǽŋ; *Chin.* tɕiǒutɕiɑ̄ŋ] *n.* 九江《中国江西省 (Kiangsi) 北部, 揚子江岸の港市》.

Kiung·chow [kjùŋtʃóu, -tʃáu | -tʃóu, -tʃáu; *Chin.* tɕʏúŋtʂōu] *n.* 瓊(ᵏᵉⁱ)州《中国南部広東省 (Kwangtung), 海南島の都市, 外港は海口 (Hoikow)》. 「chow.

Kiung·shan [kjùŋʃɑ́ːn; *Chin.* tɕʏúŋʂān] *n.* =Kiung-

ki·va [kíːvə] 〚▭ N-Am.-Ind. (Hopi) ~〛 *n.* (Pueblo インディアンの)集会所[室] 《通例円形で一部または全部地下に造られ, 礼拝その他に用いられる》.

Ki·vu [kíːvuː], **Lake** *n.* キブ湖《アフリカ中部, Zaire と Rwanda の国境にある湖》.

Ki·wa·ni·an [kɪwɑ́ːniən, kə- | kɪwɑ́ːnjən, -niən] *adj., n.* キワニース (Kiwanis) の(会員).

Ki·wa·nis [kɪwɑ́ːnɪs, kə- | kɪ-] 〚▭ ? N-Am.-Ind. *keewanis* to make oneself known〛 — *n.* キワニース《1915 年米国およびカナダのクラブを結合した社交団体で実業界の人々の道義向上を目標とし "Service" をスローガンとする》.

ki·wi [kíːwi:, -wi | -wiː, -wɪ] 〚▭ Maori ~: 擬音語〛 — *n.* **1 a** 〚鳥類〛 キーウィ (*Apteryx australis*) 《ニュージーランドに生息するキーウィ属の鳥; 翼が退化して飛べない》. **b** 〚植物〛 =kiwi fruit. **2** [K-] 《口語》 ニュージーランド人. **3** 《俗》〚空軍〛 地上勤務兵[員].

kíwi frùit [**bèrry**] *n.* (*pl.* ~) 〚植物〛 キーウィーフルーツ《単に kiwi ともいう; ⇨ Chinese gooseberry》.

ki·yi [kíːjiː] 〚← ?〛 *n.* 〚魚類〛 北米五大湖にすむサケ科の魚 (*Leucichthys kiyi*).

Ki·zil Ir·mak [kɪzíl-ɪəmáːk, kə- | kɪzíl-ɪə-; *Turk.* kizil-irmàk] *n.* [the ~] キジル イルマク(川)《トルコ中部を北流して黒海に注ぐ川 (1,182 km)》.
Ki·zil Kum [kɪzíl-kúm; *Russ.* kizilkúm] *n.* [the ~] =Kyzyl Kum.
kJ, kj 《略》 kilojoule.
KJV, K.J.V. 《略》 King James Version (of the Bible).
K.K.K., KKK 《略》 Ku Klux Klan.
KKt 《記号》〘チェス〙 king's knight.
KKtP 《記号》〘チェス〙 king's knight's pawn.
kl, kl. 《略》 kiloliter(s).
KL 《記号》 ⇨ KLM.
kla·ber·jass [kláːbəjàːs | -bə-] 〘◻ G ~〙 ── *n.* 〘トランプ〙 クラーバヤース《6 から 2 までの札を除く 32 枚のカードを使い, 2 人がそれぞれ 6 枚ずつ持って得点を競うゲーム》.
Kla·gen·furt [kláːgənfʊ̀ət | -fʊ̀ət; *G.* kláːgənfʊ̀rt] *n.* クラーゲンフルト《オーストリア南部の首都; 人口 75,000》.
Klai·pe·da [kláɪpədə; *Russ.* klájpjidə] *n.* クライペダ《ソ連邦 Lithuania 共和国西部バルト海沿岸の港市; 人口 173,000; 旧ドイツ語名 Memel》.
Klam·ath[1] [klǽməθ] *n.* [the ~] 米国 Oregon 州南西部に発し, California 州北西部を貫流して太平洋に注ぐ川 (400 km).
Klam·ath[2] [klǽməθ] *n.* (*pl.* **~s**, ~) **1 a** [the ~(s)] クラマス族《米国 Oregon 州南部に住む北米インディアン, ルツアミ族 (Lutuamian) の一部族》. **b** クラマス族の人. **2** クラマス語.
Klámath Lákes *n. pl.* [the ~] クラマス湖《米国 Klamath 川の水源を成す二つの湖; Upper Klamath Lake は Oregon 州南西部に, Lower Klamath Lake は California 州北部にある》.
Klámath wèed 〘← *the Klamath*〙 *n.* 〘植物〙 ヨーロッパ原産のオトギリソウ属の雑草 (*Hypericum perforatum*).
Klan [klǽ(ː)n] 〘← (Ku Klux) Klan〙 *n.* **1** =Ku Klux Klan. **2** Ku Klux Klan の支部.
Klans·man [klǽnzmən] *n.* (*pl.* **-men** [-mən, -mèn]) Ku Klux Klan の団員.
klatch [klǽtʃ, kláːtʃ] 〘◻ G *Klatsch* gossip ← *klatschen* to gossip: 擬音語〙 ── *n.* (*also* **klatsch** [~]) 《米》 (コーヒーを飲みながらする)世間話, 茶飲み話; =coffee klatch.
klav·ern [klǽvən | -vən] 〘《混成》 ← Kl(an)+(c)avern〙 *n.* 《米》 **1** Ku Klux Klan の地方支部. **2** Ku Klux Klan の集会所.
Klax·on [klǽksən, -sn̩] 〘会社名から: cf. Gk *klazein* to roar〙 *n.* 〘商標〙 クラクション《自動車用警笛》.
klea·gle [klíːgl̩] 〘← Kl(an)+eagle〙 *n.* Ku Klux Klan の役員.
kleb·si·el·la [klèbziélə, klèpsi- | -zɪ-, -sɪ-] 〘← NL ~ ← *Edwin Klebs* (↓)+-i-+-ella〙 ── *n.* 〘細菌〙 クレブシェラ, 莢(きょう)膜杆(かん)菌《グラム陰性で非運動性の *Klebsiella* 属の微生物; 肺炎杆菌 (*K. pneumoniae*) など》.
Klébs-Löf·fler bacìllus [kléɪpsléflə-, klébz- | -flə(r-; *G.* kléːpslœ́flɐ] 〘← *Edwin Klebs* (1834–1913: ドイツの病理学者) & *Friedrich August Johannes Löffler* (1852–1915: ドイツの細菌学者)〙 ── *n.* 〘細菌〙 ジフテリア杆菌 (*Corynebacterium diphtheriae*).
Klee [kléɪ; *G.* kléː], **Paul** *n.* クレー《1879–1940; スイスの画家. 詩的幻想に富む小品にすぐれる》.
Kleen·ex [klíːneks] 〘《商標名》 ← clean+*-ex* (cf. L *tex-ere* to weave)〙 *n.* 〘商標〙 クリネックス《ティッシュペーパー (tissue paper) の一種》.
kleig [klíːg] *n.* =klieg.
kléig èyes *n. pl.* 〘病理〙 =klieg eyes.
kléig light *n.* =klieg light.
Klein [kláɪn; *G.* kláɪn], **Felix** *n.* クライン《1849–1925; ドイツの数学者》.
Kléin bòttle 〘← *Felix Klein*〙 ── *n.* 〘数学〙 クラインのびん[壺(こ)]《先細の管の細い側を曲げて管を横断させ, 先をひろげて太い側につなぐことにより得られる曲面, 表面が一つしかなく, 面を通り抜けずに一点と, 面の反対側の点とを曲線で結ぶことができる; cf. Möbius band》.

Klein bottle

Kleist [kláɪst; *G.* kláɪst], **Heinrich von** *n.* クライスト《1777–1811; ドイツロマン派の代表的劇作家; *Der zerbrochene Krug* 「こわれた甕(かめ)」 (1812), *Prinz Friedrich von Homburg* 「ホンブルクの公子」 (1821)》.
Kle·mens [kléɪməns; *G.* kléːmens] 〘◻ G ~: ⇨ Clement〙 *n.* 男性名.
Klem·pe·rer [klémpərə | -rə(r; *G.* klɛ́mpərɐ], **Otto** *n.* クレンペラー《1885–1973; ドイツの指揮者》.
klepht, K- [kléft] 〘《1820》 ◻ NGk *klépht-ēs* = Gk *kléptēs* thief〙 ── *n.* **1** クレフト《15 世紀にトルコ人がギリシャを征服した時 Thessaly の山中に立てこもって反抗したギリシャ人》. **2** 山賊 (brigand), ゲリラ兵 (guerrilla). **kleph·tic, K-** [kléftɪk] *adj.*
klept- [klept] (母音の前に来る時の) klepto- の異形.
klep·to- [kléptə | -tə(ʊ)] 〘◻ Gk ~ ← *kléptēs*: cf. *kléptein* to steal〙「盗み」の意の連結形. ★ 母音の前では通例 klept- になる.
klep·to·ma·ni·a [klèptəméɪniə, -njə | -tə(ʊ)méɪnjə, -nɪə] 〘《1830》 ← NL ~: ⇨ ↑, -mania〙 *n.* 〘精神医学〙 病的盗癖, クレプトマニア.
klep·to·ma·ni·ac [klèptəméɪniæ̀k | -tə(ʊ)méɪnɪ-] *n.* 〘精神医学〙 窃盗狂, 窃盗癖のある人. ── *adj.* 窃盗癖の.
klet·ter·schuh·e [klétəʃùːə | -tə-; *G.* klɛ́tɐʃùːə] 〘◻ G ← *Kletter-* climbing+*Schuhe* ((pl.) ← *Schuh* 'shoe')〙 ── *G. n. pl.* 〘登山〙 (ロッククライミング専用の)登山靴.
klieg [klíːg] *n.* =klieg light.
klíeg èyes 〘↓〙 *n. pl.* 〘病理〙 クリーグ眼炎《klieg light などの強力な照明による眼炎》.
klíeg lìght 〘← *John H.* (1869–1959) & *Anton T.* (1872–1927) *Kliegl*: ドイツ生れの米国の照明専門家兄弟〙 ── *n.* **1** 〘映画〙 クリーグ灯《映画撮影所で用いられた照明用の初期の強力なアーク灯》. **2** (映画・テレビ製作などで使用される電気の)強力な照明.
K-lìne *n.* 〘物理〙 K 線《原子核に最も近い軌道に電子がおちこむときに放出する X 線のこと; 水銀の場合ではその放出する輝線スペクトルのうち, 波長 4047Å のもの》.
Klíne·fel·ter's sýndrome [kláɪnfeltəz- | -feltəz-] 〘← *Harry F. Klinefelter* (1912– : 米国の医師)〙 ── *n.* 〘病理〙 クラインフェルター症候群《先天性の性染色体異常による性器の発育不全; 女性化乳房などを伴う》.
Klíne tèst [reàction] [kláɪn-] 〘← *Benjamin S. Kline* (1886–1968: 米国の病理学者)〙 *n.* 〘医学〙 クライン試験[反応]《梅毒血清の載せガラス沈降法》.
Kling·er [klíŋ(g)ə | -(g)ə(r; *G.* klíŋɐ], **Friedrich Maximilian von** *n.* クリンガー《1752–1831; ドイツのロマン派の劇作家・小説家; *Sturm und Drang* 「シュトゥルム ウント ドランク (疾風怒濤(しっぷうどとう))」 (戯曲, 1776)》.
kli·no·stat [kláɪnəstæ̀t] 〘◻ G ~〙 *n.* 〘植物〙 =clinostat.
klip·das [klípdæs] 〘◻ Afrik. ~ ← Du. *klip* rock+*das* badger〙 *n.* 〘動物〙 =cape hyrax.
klip·pe [klípə; *G.* klípə] 〘◻ G ~ ← Swed. *klippa* to cut〙 ── *n.* (*pl.* **klip·pen** [~n]) (*also* **klip** [klíp; *G.* klíp]) クリッパ《17 世紀のドイツなどの四角[菱形]の貨幣; 金属はいろいろで緊急貨幣であることが多い》.
klip·spring·er [klípsprìŋə | -ŋə(r] 〘《1785》 ◻ Afrik. ~ 'cliff springer'〙 *n.* 〘動物〙 クリップスプリンガー, イワトビレイヨウ (*Oreotragus oreotragus*)《サハラ砂漠以南のアフリカの岩の多い地方にすむレイヨウ》.
klis·ter [klístə | -tə(r] 〘◻ Norw. ~ 《原義》 paste: cf. clay〙 *n.* 〘スキー〙 クリスターワックス《雪が湿っている場合スキーに塗るタール状の蠟(ろう)》.
KLM 《略》 *Du.* Koninklijke Luchtvaart Maatschappij オランダ航空 (Royal Dutch Airlines) (記号 KL).
kloes·se [klɑ́sə, klésə | klɑ́sə; *G.* klœ́sə] *n. pl.* =klösse.
Klon·dike[1] [klɑ́ndaɪk | klɔ́n-] 〘↓〙 ── *n.* **1** 富源, ドル箱. **2** [また k-] 〘トランプ〙 クロンダイク《solitaire の一種で 28 枚の場札を 7 列に並べ, 24 枚の手札と合せて数列を作っていく一人遊び》.
Klon·dike[2] [klɑ́ndaɪk | klɔ́n-] 〘← N-Am.-Ind. (Athapascan)〙 ── *n.* [the ~] **1** クロンダイク《カナダ北西部 Yukon Territory 西部の一地方; 金産地で 1897–99 年の金鉱熱 (gold rush) は有名》. **2** クロンダイク (川)《Klondike 地方を流れる Yukon 川の支流(145km)》.
klong [klɔ́(ː)ŋ, klɑ́ŋ | klɔ́ŋ] 〘◻ Thai ~〙 *n.* (タイの)運河 (canal).
klooch [klúːtʃ] *n.* =klootchman.
kloof [klúːf] 〘《1731》 ◻ Afrik. ~ 'cleft': cf. clove[4]〙 *n.* (アフリカ南部の)深い峡谷 (ravine).
klootch·man [klúːtʃmən] 〘◻ Chinook Jargon ~ 'woman, wife'〙 *n.* (*pl.* **-men** [-mən, -mèn]) 《米》 (北米北西部の)インディアンの女 (squaw).
Klop·stock [klɑ́pstɑk, klɔ́(ː)pʃtɔ(ː)k | klɔ́pstɔk; *G.* klɔ́pʃtɔk], **Friedrich Gottlieb** *n.* クロプシュトック《1724–1803; ドイツの詩人; *Der Messias* 「メシア」 (1748–73)》.
klös·se [klɑ́sə, klésə | klɑ́sə; *G.* klœ́sə] 〘◻ G *Klösse* (pl.) ← *Kloss* lump〙 *n. pl.* クレッセ《ドイツのだんご料理の総称; cf. dumpling 1》.
kludge [klúːdʒ] 〘← ?〙 *n.* 〘電算機〙 クラッジ《各構成要素が適合していない設計の悪いコンピューターシステム》.
Kluck·hohn [klʌ́khoun | -həʊn], **Clyde** (**Kay Maben** [méɪbən]) *n.* (1905–60) 米国の人類学者.
klutz [klʌ́ts] 〘◻ G *Klotz* 《原義》 block of wood: cf. clot〙 *n.* 《米俗》 **1** 不器用な人. **2** ばか, でくのぼう (blockhead). **klutz·y** [klʌ́tsi | -sɪ] *adj.*
Klux·er [klʌ́ksə | -sə(r] 〘← (Ku) Klux (Klan): ⇨ -er[1]〙 *n.* Ku Klux Klan の団員.
Kly·don·o·graph [klaɪdɑ́nəgræ̀f | -dɔ́nəgrɑ̀ːf, -græ̀f] 〘← Gk *klúdōn* wave〙 ── *n.* 〘商標〙 クリドノグラフ《リヒテンベルヒ像 (Lichtenberg figure) を利用して電圧を測定する装置》.
klys·tron [kláɪstrɑn | -trɔn] 〘← Gk *klustḗr* syringe+-tron〙 ── *n.* 〘電子工学〙 クライストロン(真空管), 速度変調管《超高周波の発振および増幅に使用する; 二空洞共振器から成るものでは入力側を buncher resonator (密度変調共振器), 出力側を catcher resonator (出力共振器)という》.
km, km. 《略》 kilometer(s).
K.M. 《略》 Knight of Malta (⇨ knight).
Kmer [kméə | kméə(r] *n.* (*pl.* **~s**, ~) =Khmer.
K-mésic *adj.* 〘物理〙 =kaonic.
K-méson *n.* 〘物理〙 K 中間子, K 粒子《陽子のほぼ半分の質量をもち, ゼロや電子と等しい大きさの正[負]の電荷を有する中間子; kaon, K particle ともいう》.
K.M.G. 《略》 Knight Commander of (the Order of) St. Michael and St. George.
k.m.h. 《略》 kilometer(s) per hour.
kmole 《略》 kilomole.
kmps, KMPS 《略》 kilometer(s) per second.
km/sec 《略》 kilometer(s) per second.
kn. 《略》 knot(s).
knack[1] [nǽk] 〘《1369》 *knak(ke)* ◻ Du. & LG *knak*: 《擬音語》: cf. knock, knap[2]〙 ── *n.* **1** [通例 *sing.*] **a** (練習の結果体得した)技巧, こつ: have a [the] ~ of [*for*] making doughnuts ドーナツ作りのこつを心得ている / get the ~ *of it* こつを覚える / There is a ~ *in* doing it. それをやるにはこつがある. **b** (人・動物の)癖, 習慣, (物の)傾向 〔*of*〕: He has a ~ *of* rub*bing* his chin. 彼はあごをさする癖がある. **2** (手品師などの)わざ. **3** 《古》 =knickknack.
knack[2] [nǽk] 〘ME *knak* 《擬音語》: cf. knock〙 *n.* (指先をぱちんとはじく音 (snap).
knack·er[1] [nǽkə | -kə(r] 〘↑〙 *n.* **1** たたいて音を出すのに用いる器具; [*pl.*] カスタネット(など). **2** [*pl.*] 《英卑》 =testicles.
knack·er[2] [nǽkə | -kə(r] 〘《1573》 《原義》 ? harness maker ← ? knack[1]: ⇨ -er[1]〙 ── *n.* 《英》 **1** 廃馬屠殺(とさつ)業者: be fit only for the ~'*s* yard 〈馬が〉つぶすより外に仕方がない. **2** 古家[廃船]買入解体業者. **3** 《方言》 年を取って役に立たなくなった家畜, (特に)廃馬. ── *vt.* 《英俗》 **1** 殺す; 去勢する. **2** [主に p.p. 形で] くたくたにする (tire out).
knack·er·y [nǽkəri | -rɪ] 〘⇨ ↑, -ery〙 *n.* 《英》 廃馬屠殺(とさつ)場 (knacker's yard).
knack·wurst [nǽkwə̀ːst, -vʊ̀əst | -wɑ̀ːst, -vʊ̀əst] 〘◻ G ~ ← *knacken* to crack, break+*Wurst* sausage: ⇨ knack[2]〙 ── *n.* ナックヴルスト《太くて短いドイツソーセージの一種》.
knack·y [nǽki | -kɪ] *adj.* (**knack·i·er**; **-i·est**) こつを心得ている; 手並のさえた, 巧妙な (artful, clever).
knag [nǽ(ː)g] 〘《1440》 *knagg(e)* knot, peg: cog. G *Knagge*〙 *n.* **1** 《米廃・英》 **a** (木の)ふし, こぶ. **b** (枯れ)枝の根元. **2** 《米古・英》 (物を掛ける)木釘.
knag·gy [nǽgi | -gɪ] *adj.* (**knag·gi·er**; **-gi·est**) ふしこぶの多い (knotty); でこぼこの, ざらざらした.
knai·del [knáɪdəl, knéɪ-] 〘◻ Yid. *kneydel* ◻ (MH) G *Knödel*〙 ── *n.* (*pl.* **knai·dlach** [-dləx]) クネーデル《小麦粉・卵・鶏の脂などで作っただんご; ユダヤ料理; cf. dumpling 1》.
knap[1] [nǽp] 〘OE *cnæp(p)* top, hilltop < Gmc **knapp-* ← IE **gen-*: ⇨ knead〙 *n.* 《方言》 頂上(top); 丘, 小山 (hill, mound).
knap[2] [nǽp] 〘ME *knappe(n)*: 《擬音語》 ?: cf. Du. & (L)G *knappen* to crack, bite〙 ── *vt.* (**knap·ped**; **knap·ping**) **1 a** 《英方言》 ぴしゃり[ごつん]と打つ. **b** ぼきんと折る; (特に)〈石を〉(打ち)砕く[割る]; 〈石を〉(砕いて)仕上げる. **2** 《英方言》 〈動物が〉〈草などを〉ぽりぽりかじる. **3** 《英方言》 ぺちゃぺちゃしゃべる. **4** 《英俗》 ひったくる, 盗む, かっぱらう. ── *n.* 《英方言》 ぴしり, ぴしゃ, ごつん, かちん, ぽきん.
knáp·per *n.* **1** 砕く人[物]; (特に)石を砕く石工. **2** 〘石工〙 =knapping hammer.
knáp·ping hàmmer *n.* 〘石工〙 (柄の長い)砕石槌(つち).
knap·sack [nǽpsæ̀k] 〘《1603》 ◻ LG *knappsack* & Du. *knapzak* ← LG & Du. *knappen* to bite, eat (cf. knap[2])+LG *sack* & Du. *zak* 'bag, sack[1]'〙 ── *n.* ナップザック (cf. rucksack). **~ed** *adj.*
knap·weed [nǽpwìːd] 〘《?*a*1450》 *knopwed*: ⇨ knop, weed[1]〙 ── *n.* 〘植物〙 ヤグルマギク, ヤグルマソウ《キク科ヤグルマギク属 (*Centaurea*) の植物の総称》; (特に) *C. nigra* 《hardhead, Spanish buttons ともいう》.
knar [nɑ́ə | nɑ́ː(r] 〘《*a*1250》 *knarre*: cf. Du. *knar* / G *Knorren*: ⇨ knur〙 *n.* (木の)ふし, こぶ (knot).
knarred [nɑ́əd | nɑ́ːd] *adj.* =knarry.
knar·ry [nɑ́ːri | -rɪ] *adj.* ふし[こぶ]のある.
knave [néɪv] 〘OE *cnafa* boy, servant < (WGmc) **knabōn* (G *Knabe*) ← ?〙 ── *n.* **1** 悪党, 悪人, ならず者 (rascal). **2** 《古》 **a** 男の子, 少年 (boy). **b** (若い男の)雇人, 下男. **c** 身分の低い男. **3** 〘トランプ〙 **a** 《英》 =jack[1] 4 a. **b** [*pl.*; 単数扱い] ジャック《3 人で遊ぶゲーム; ジャックを取るとマイナス点がつく》.
knav·er·y [néɪv(ə)ri | -vərɪ] 〘《1528》: ⇨ ↑, -ery〙 *n.* **1** 不埒(ふらち)(な行為) (roguery); ごまかし, 不正, 詐欺 (trickery). **2** 《廃》 ちゃめっ気, いたずら.
knáv·ish [-vɪʃ] 〘《*c*1390》: ⇨ -ish[1]〙 ── *adj.* **1** 悪党[ならず者]のような; 不埒(ふらち)な, 不正な (dishonest), ごまかしの (tricky). **2** 《廃》 ちゃめな, いたずらっぽい (mischievous). **~·ly** *adv.* **~·ness** *n.*
knead [níːd] 〘OE *cnedan* < (WGmc) **kned-*, **knad-* (G *kneten*) ← IE **gen-* to compress into a ball〙 ── *vt.* **1** 〈練粉・土を〉こねる, 練る; 〈パン・陶器を〉こねて作る. **2** 〈筋肉などを〉もむ, マッサージする (massage). **3** 〈考えなどを〉練る; 〈人格などを〉作り上げる, みがく. **4** 〈手などを〉こねるように動かす. ── *vi.* **1** こねる, 練る. **2** こねるような動作[仕事]をする. **~·a·ble** [-dəbl̩] *adj.*
knéad·er 〘ME〙 *n.* **1** こねる人[物]; (特に)パン屋. **2** こね器.

knéading-tròugh 〖ME〗 *n.* (粉をこねる)こねばち, 練りばち.

knee [níː] 〖n.: OE *cnēo(w)* < Gmc **knewam* (Du. *knie* / G *Knie*) < IE **genu-* knee (L *genu* / Gk *gónu* knee). — v.: OE *cnēowian* ← *cnēo(w)* (n.)〗 **— *n.* 1 a** (人間の)膝(ひざ), 膝頭(ひざがしら), 膝(ひざ)関節: up to one's [the] ~*s* 膝までの深さに[の], 膝まで没して (knee-deep) / fall [go] on a ~ 片膝をつく / draw up one's ~*s* 膝を立てる / rise on one's ~*s* 膝をついて起き上がる (cf. *on one's* KNEES (1)) / When she was a girl, she was all ~*s* and elbows. 娘のころは膝やひじが出っぱってぎすぎすしていた. **b** (坐った時の)ももの上側, 膝: hold a child on one's ~*(s)* 子供を膝にのせている. **2** (衣服の)膝 (cf. lap[1] 2 a). **3** (脊椎(せきつい)動物の)後肢の膝; (ウマ・イヌなどの)手根関節; (鳥類の)脛骨(けいこつ). **4** [通例 the ~] (曲げた)膝で突くこと. **5** 膝状の物: **a** 腕木, 持送りひじ材. **b** 〖機械〗 ニー, 受け膝 《フライス盤などの膝状になった受け台》. **c** 〖造船〗 肘(ちゅう) 《角度をなして交わっている二つの船材を内側から補強するために取り付ける湾曲材または三角板》. **6** 〖建築〗 =kneeler 3. **7** 〖統計〗 (グラフなどに現われる)急激な変化.

across** one's **knee 〈子供などを〉うつむきに膝にのせて 《こりを打つため》. ***at** one's **mother's knee*** 母の膝もとで; 子供の時に. ***bend [bow] the knee to [before]***…に膝を屈する, 屈従する; …に膝を折って嘆願する / ⇨ *bend [bow] the knee to* BAAL. ***bring [beat] a person to his knees*** 〈人を〉屈従[屈服]させる. ***drop the knee*** = ***fall [go (down)] on** one's **knees*** ひざまずく (kneel down); ひざまずいて嘆願する; 伏し拝む, 祈る. ***give [offer] a knee to*** (ボクシング試合などで)…に膝を貸して休ませる; …に介添えする. ***gone at the knees*** 《口語》 (1) 〈馬が〉膝ががくがくで, もうろくして. (2) 〈ズボンが〉の膝がだめになって. ***knee by knee*** 膝を接して, 隣り合って: sit ~ *by* ~ *with* a person 人と隣り合わせに坐る. ***knee to knee*** (1) =KNEE *by knee*. (2) 膝を突き合わせて, 向かい合って: sit ~ *to* ~ *with* a person 人と膝を接して向かい合う. ***on bended knee(s)*** ⇨ bended. ***on** one's **knees*** (1) (祈り・懇願・屈従などのため)ひざまずいて. (2) 懇願[嘆願]して. (3) 《口語》 疲れ果てて; (経済的に)参りかけて. ***on the knees of the gods*** ⇨ god 成句.

— *v.* (**kneed**) **— *vt.* 1 a** …に膝で触れる, 膝で突く[押す]: ~ a door open ドアを膝で押しあける. **b** 《米》 (うながすために)〈馬〉の横腹を膝で押す. **c** [~ one's way として] 膝をついて進む. **d** 《古》 …に膝を屈する. **2** 〈わくなどを〉ひじ材で接合する, …にひじ材を当てる. **3** 《米》 〈ズボンなど〉の膝を繕う. **4** 《口語》 〈ズボン〉の膝をだぶだぶにする. **— *vi.* 1** 《廃》 ひざまずく, 膝を屈する: ~ *to* no man だれにも頭を下げない. **2** (膝のように)(折れ)曲がる 〈*over*〉.

knée àction *n.* 〖自動車〗 膝関節運動方式独立懸架装置, 前輪上下動装置 《自動車の前輪を左右別々に垂直に上下できる装置》.

knée-àction spríng *n.* 〖自動車〗 前輪上下動装置に使用されているばね. 「独立懸架車輪.

knée-action whéel *n.* 〖自動車〗 膝関節運動方式

knée bènd *n.* 〖体操〗 膝(ひざ)曲げ 《直立の姿勢から膝を折ってしゃがみ, また元にもどる膝の屈伸運動》.

knée bràce *n.* 〖建築〗 方杖(ほうづえ) 《柱と梁(はり)の間に使用する斜材(しゃざい)》.

knée brèeches *n. pl.* ブリーチズ 《膝丈または膝下丈ですその所が脚にぴったりとつくようになっているズボン》.

knee breeches

knée·càp *n.* **1** 〖解剖〗 膝(ひざ)頭, 膝のさら, 膝蓋(しつがい)骨 (patella, kneepan). **2** 膝当て, 膝おおい.

kneed *v.* knee の過去形・過去分詞. **— *adj.* 1** [しばしば複合語の第 2 構成素として] 膝(ひざ)のある, 膝が…の: a knobby-*kneed* boy (膝がまるくなっている)だぶだぶズボンの少年. **2** 膝を曲げた形[角度]の: ~ gables.

knée-déep 〖ME〗 **— *adj.* 1** 〈水など〉膝(ひざ)までの深さの[で]: ~ mud, snow, water, etc. / a ~ flood / The water was [The snow lay] ~. **2 a** 〈地面など〉〔雪などに〕膝までの深さにおおわれて 〔*in*〕: The road is ~ *in* snow. 道路は膝まで雪が積もっている. **b** 〈人など〉膝まで没して[はいって]: sink ~ into [stand ~ in] mud / wade ~ through snow 膝までうずまって雪の中を歩く. **c** 〔面倒な事・仕事などに〕巻き込まれて, 深くはまって, 動きがとれなくて (involved) 〔*in*〕: be ~ *in* study, debt, etc.

knée-hígh *adj.* **1** 膝(ひざ)までの高さの[で]: ~ boots, grass, etc. **2** =knee-deep 2 b.

knee-high to a grasshopper [duck, frog, mosquito, etc.] 《口語》 とても小さい, ちっちゃい(子供で).

knée·hòle *n.* **1** 両膝(ひざ)を入れる余地; (特に机の両袖の間の 膝を入れる)膝空間. **2** 両袖机. **— *adj.*** 〈机が〉膝空間のある: a ~ desk [table] 両袖机 (cf. writing table).

knée-jèrk *attrib. adj.* **1** 膝(ひざ)反射の. **2** 〈反応が〉反射的な; (言動が)型にはまった; 〈人が〉反射的な反応を示す.

knée jèrk *n.* 〖医学〗 膝(しつ)反射, 膝蓋(腱)反射 《膝(ひざ)の下の腱(けん)を軽く打つと下腿がはね上る反射; cf. ankle jerk》.

knée jòint *n.* **1** 膝(しつ)関節. **2** 〖機械〗 膝(ひざ)継ぎ手.

kneel [níːl] 〖OE *cnēowlian* ← *cnēow* 'KNEE'〗 **— *vi.*** (**knelt** [nélt], **~ed**) 膝(ひざ)を曲げる, ひざまずく: ~ down ひざまずく; 膝を屈する, 屈服する / ~ (down) in prayer ひざまずいて祈る / ~ (down) to pray 祈るためにひざまずく / ~ up 膝をついて起き上がる / ~ to [before] …の前にひざまずく[膝を屈する]; …を拝む. **— *n.*** ひざまずくこと, ひざまずいた姿勢.

knée-léngth *attrib. adj.* 〈服・靴下・ブーツなど〉膝までである[の長さの]. **— *n.*** 膝まである服[ブーツ(など)].

knéel·er [-lə | -lə(r)] 〖ME〗 *n.* **1** ひざまずく人, ひざまずいて拝む人. **2** 膝(ひざ)つき台[クッション], 膝(つき)ぶとん (hassock). **3** 〖建築〗 **a** 踏止め石 《切妻破風の両端部の石》. **b** 石目地(めじ)の方向をかえる斜めの部分をもった石材.

knée·pàd *n.* 膝当て 《時に服の膝につけてある》.

knée·pàn *n.* 〖解剖〗 =kneecap 1.

knée·pìece *n.* 〖甲冑〗 膝(ひざ)当て 《中世の鎖股引の上に用いた; poleyn ともいう》.

knée·ròom *n.* (自動車・飛行機などの席で)膝を楽にしていられるゆとり.

knee·sies [níːziz | -ziz] 〖← *knees* (pl.) ← KNEE: ⇨ -ie〗 *n. pl.* 《口語》 (テーブルの下から異性の)膝を突ついたりさすったりすること: play ~.

knée-sprùng *adj.* 〖獣医〗 〈ウマ・ラバなど〉(屈腱(くっけん)が炎症で短縮したために)膝の前屈した.

knée swèll [stòp] *n.* (足踏みオルガンの増音用)膝(ひざ)板 《膝で右に押して音を強めるてこ板》.

knell [nél] 〖OE *cnyll* bell-sound & *cnyllan* to ring a bell < (WGmc) **knell-*, **knull-* (ON *knylla* to strike / G *knallen* to clap) ← IE **gen-*: ⇨ knead〗 **— *n.* 1** 鐘の音, 鐘声, (特に)人の死を告げる鐘(の音), 弔いの鐘, 弔鐘: sound a ~ / ⇨ death knell. **2** (事の終わりを示す)不吉な前兆 (evil omen); (事の)終わり. **3** 悲しみに満ちた音. 「を告げる.

sound [ring, toll] the knell of 〈事が〉…の消滅[没落]

— 《古》 *vi.* 1 (特に, 人の死・弔いなどの時)〈鐘が〉鳴る; 悲しい音を発する. **2** 不吉に響く (sound ominously). **— *vt.* 1** 〈弔いの鐘を〉鳴らす. **2** 鐘を鳴らして〈人を〉呼ぶ. **3** 〈凶事を〉知らせる, 告げる: ~ the downfall of an empire. 「去形・過去分詞.

knelt 〖《19C》: FELT, DEALT との類推〗 *v.* kneel の過

Knes·set [knéset] 〖□ ModHeb. *kneset* < Heb. *kᵉnéseth* assembly〗 *n.* [the ~] イスラエル国会 《1948 年の憲法により制定され一院制で議席 120》.

knew 〖OE (*ge*)*cnēow*〗 *v.* know[1] の過去形.

knick·er·bock·er [níkəbɑ̀kə, -kə- | -kəbɔ̀kə(r)] 〖《1809》 ← *Diedrich Knickerbocker*: Washington Irving が *History of New York* (1809) を書いた時の変名, この書に英国の画家 Cruikshank が半ズボンをはいたオランダ移民を描いたのによる〗 **— *n.* 1** [K-] **a** New Amsterdam (今の New York 市) のオランダ移民の子孫: a *Knickerbocker* family (ニューヨークの)オランダ移民の子孫と称する家族. **b** ニューヨーク人 (New Yorker). **2** [*pl.*] ニッカーボッカーズ, ニッカーズ 《膝(ひざ)下にギャザーをよせて裾をしぼりカフスをつけた半ズボン; スポーツ・カジュアルウェア用》. 「を着けた[はいた].

knick·ered [níkəd | -kəd] *adj.* ニッカーズ (knickers)

knick·ers [níkəz | -kəz] 〖← KNICKERBOCKER〗 **— *n. pl.*** ニッカーズ: **1** 《米》 **a** =knickerbocker 2. **b** 少年用短ズボン. **2** 《英》 ブルマーのような婦人用下着. **— *int.*** 《英俗》 ばかな, ちえっ 《いら立ち, 軽蔑などを表わす》: *Knickers to* that! そんな事ばかばかしい.

knick·knack [níknæ̀k] 〖《加重》 ← KNACK[1]〗 *n.* **1** おもちゃ; 小さい装身具, 小間物, アクセサリー (trinket); 珍味. **2** 骨董(こっとう)品 (bric-a-brac).

knick·knack·er·y [níknæ̀k(ə)ri | -kəri] 〖⇨ ↑, -ery〗 *n.* [しばしば集合的] =knickknack.

knife [náɪf] 〖OE *cnif* □ ON *knif-r* < Gmc **knibaz* (Du. *knijf* / G *Kneif*) ← ? IE **gen-* to compress into a ball: cf. knead〗 **— *n.*** (*pl.* **knives** [náɪvz]) **1** ナイフ, 小刀, 庖丁(ほうちょう): a table ~ / a paper ~ / a clasp ~ 折りたたみナイフ / ⇨ DESSERT knife, dinner knife, kitchen knife, pocketknife / The north wind cuts like a ~. 北風が身を切るように寒い. **2 a** 刀(とう), 外科刀, メス. **b** [the ~] 外科手術 (surgical operation(s)): be afraid [have a horror] of *the* ~ 手術をこわがる / submit to *the* ~ 手術を受ける. **3** 刀剣; 短刀, 短剣: the assassin's ~. **4** 〖機械〗 (切断器の)刃部: the *knives* of a mowing machine.

a knife and fork (1) (食卓用)ナイフとフォーク; 食事: play *a* good [capital] ~ *and fork* 食欲が盛んである, たらふく食う. (2) 《英》 食べる人: *a* good [poor] ~ *and fork* 大食[少食]家. ***before one can [could] say knife*** 《口語》 あっという間に, 突然, にわかに (cf. Jack Robinson). ***get [have]** one's **knife into*** 〈人〉に対して恨みをもつ[示す]. ***sharpen** one's **knife*** 〔…に対して〕攻撃[罰]しようと構える, 「牙を研ぐ」〔*for*〕. ***under the knife*** 手術を受けて, 手術中に[で]: be [go] *under the* ~ 手術を受けている[受ける] / She died *under the* ~. 手術中に死亡した. ***you [one] could cut with a knife*** 《口語》 〈霧など〉とてもひどい, ものすごい, 〈大気など〉ひどく重苦しい: There was a silence that *you could cut with a* ~. ひどく重苦しい沈黙が続いた.

— *vt.* 1 ナイフ[小刀]で切る, (特に)短刀で刺す[刺し殺す]. **2** 《米口語》 **a** 陰険な手段で陥れ(ようとす)る. **b** (反対党の者に投票したりして)〈自党の候補〉の不利を図る, 裏切る. **3** 〈絵の具を〉ナイフで塗る[伸ばす]. **4** 《米》 〈波などを〉切り分けて進む. **— *vi.*** 《米》 切り進む, (波などを)切り分けて進む: ~ *through* the waves.

~·lìke *adj.*

knífe-and-fórk tea *n.* 《英口語》 =high tea.

knífe·bòard *n.* **1** (昔の)食卓用ナイフ磨き台. **2** 《英》 (もと乗合馬車の屋上に縦に置いた)背中合わせの長いベンチ.

knífe bòx *n.* ナイフボックス (knife case) 《食卓用ナイフを立てる蓋(ふた)付きで装飾の施された箱》.

knífe-bòy *n.* 《英》 (昔の大家で)食卓用ナイフを磨いたりするために雇われた)下働きの少年.

knífe càse *n.* =knife box.

knífe-èdge *n.* **1** ナイフの刃. **2** 極めて微妙な状態. **3** 〖登山〗 (ナイフの刃のように)鋭い尾根 (cf. arête). **4** 〖機械〗 ナイフエッジ 《天秤・はかりなどの支点となるくさび形の刃》. **5** 〖宝石〗 =girdle[1] 6.

on a knife-edge (1) 〈事が〉(の成否)がきわどい状態で. (2) 〈人が〉〔事の成行きを〕ひどく心配して, やきもきして 〔*about*〕.

knífe-èdged *adj.* **1** (ナイフのように)鋭い刃のある, 鋭利な; (ナイフの刃のように)細くて鋭くとがった. **2** 〈機知など〉鋭い, 鋭敏な, 的確な, 犀利(さいり)な.

knífe grìnder *n.* ナイフ[小刀]研(と)ぎ, 研ぎ屋.

knífe lànyard *n.* =lanyard 2.

knífe plèat *n.* 〖服飾〗 ナイフプリーツ 《同方向へきっちりと折り目をつけた幅の狭いひだ》.

knífe-pòint *n.* ナイフ[小刀]の切っ先: at ~ ナイフを突きつけ(られ)て.

knífe rèst *n.* ナイフ置き 《ガラスや金属製の箸(はし)置き台に似た器具で, carving knife や carving fork を載せるために食卓の上に置く》.

knífe·smìth *n.* 小刀鍛冶(かじ), ナイフ製造人. 「器」.

knífe swìtch *n.* 〖電気〗 ナイフスイッチ 《刃形開閉

knight [náɪt] 〖OE *cniht* boy, servant, warrior < (WGmc) **kneχtaz* (Du. *knecht* / G *Knecht*) ← ?〗 **— *n.* 1** (中世の封建君主に仕えた)騎馬の武士, 騎士. ★ 通例貴族の子弟が封建君主に仕えて武士的訓練を受け, page から squire を経て夜 accolade の式でこの位に叙せられた. **2** (昔, 貴婦人に付き添った)騎士 《闘士 (champion) として戦場に臨み, また馬上試合 (tournament) に出た》. **3 a** (近世英国の)ナイト爵, 勲爵士: be created [made] a ~ ナイト爵に叙せられる. ★ 王室または国家に対する功労によって叙せられ baronet のすぐ下に位する一代限りの栄爵; Sir の称号を許され, 例えば Sir John Jones, 簡単には Christian name の方に付けて Sir John と呼ばれる (cf. dame 4, lady 2 d). **b** [K-] (英国で, 勲章によって特定勲爵士団 (Orders of Knighthood) に属する)勲爵士: a *Knight* of the Bath [Garter, Thistle, St. Patrick] バス[ガーター, あざみ, 聖パトリック]勲爵士. **4** [通例 K-] **a** (Knights of… という名称の政治・社交・慈善団体または結社の)会員. **b** (ある種の団体・結社における男子会員の等級である)ナイト: a *Knight* of the Primrose League 《英》 桜草連盟ナイト会員. **5** (古代ローマの)騎士 《エクイテス (equites) と平民との中間に位した》; (古代ギリシャの)騎士 《貴族政期 Athens の第二身分》. **6** (主義・人などの)擁護者, 支持者; (特に)女性に献身的な人. **7** 《戯言》 君子, 専門家. ★ 主に商売道具や場所を表わす語とともに用いられる (cf. brother *n.* 2 d): a ~ of the brush 画家 / a ~ of the cleaver 肉屋 / a ~ of the cue 玉突き家 / a ~ of the hammer 鍛冶(かじ)屋 / a ~ of the knife 巾着切り / a ~ of the needle [shears, thimble] 裁縫師, 仕立屋 / a ~ of the pen [quill] 文士 / a ~ of the pencil 馬券屋 / a ~ of the pestle (and mortar) 薬剤師 / a ~ of the spigot 酒場の給仕人; 酒場の主人 / a ~ of the stick 植字工 / a ~ of the vapor 愛煙家 / a ~ of the wheel 自転車乗り / a ~ of the whip 御者 / a ~ of St. Crispin 靴(くつ)屋 (⇨ Saint CRISPIN) / a ~ of St. Nicholas 盗賊. **8** =KNIGHT of the shire. **9** 〖チェス〗 ナイト 《通例馬の首が付いていて, 八方に「桂馬」の動きをする駒; 略 Knt; ⇨ chess 挿絵》. **10** 〖海事〗 ナイト 《滑らかに索を導くため頭部に通索用の心車 (sheave) がついている小型の柱 (bitt)》.

a knight in shining armor 《戯言》 輝く鎧(よろい)の騎士 《義侠(ぎきょう)心の強い, 特に女性に献身的な男》.

Knight of La Mancha [the —] ラ マンチャの騎士 《Don Quixote のこと; cf. La Mancha》.

knight of the carpet [chamber] 文勲勲爵士 《武勲以外の功績によって, 戦場でなくじゅうたんの上[王の居室]で dub[2] されて成った勲爵士; carpet knight とは異なり, 軽蔑的な意味はない》.

knight of the post 〖← ? (*whipping*) *post*〗 (昔, 英国で裁判所の回りをうろついて)偽証などを業とした者.

knight of the road (1) 追いはぎ (gentleman of the road). (2) 外交員. (3) 浮浪者. (4) トラック[タクシー]などの運転手.

Knight of the Rueful Countenance [the —] 憂愁の騎士 《Don Quixote のこと》.

knight of the shire 〖ME〗 〖英史〗 (都市選出に対して)州選出議員, 州代議士 《19 世紀の選挙法改正の過程で廃止; cf. burgess 2》.

Knights of Christian Charity [the —] 傷痍(しょうい)軍人保護協会 《フランス王 Henry 四世 (在位 1589–1610) の創立》.

Knights of Columbus 〘← (*Christopher*) *Columbus*〙 [the ―] コロンブス騎士会《米国カトリック慈善会; 1882 年創立》.

Knights of Labor [the ―] 労働騎士団《1869 年米国に組織された秘密結社; その後公然と労働運動を指導して 1917 年まで存続》.

Knights of Malta 〘← *Malta* (その本部の所在地)〙 [the ―] マルタ騎士団《Knights Hospitalers のこと》.

Knights of Pythias 〘← *Pythias* (紀元前 4 世紀の哲学者): ⇨ Damon and Pythias〙 [the ―] ピシアス慈善会《1864 年米国 Washington 市に創立された秘密結社》.

Knights of St. John (of Jerusalem) 〘← *St. John* (洗礼者ヨハネ)〙 [the ―] 聖ヨハネ騎士団《Knights Hospitalers の別名》.

Knights of the Holy Sepulcher [the ―] 聖地保護団《1099 年 Godefroy de Bouillon の創立》.

Knights of the Ku Klux Klan [the ―] ＝Ku Klux Klan b.

Knights of the Maccabees 〘← *Maccabees*〙 [the ―] マカベ騎士団《1878 年カナダの Ontario 州に結成されたユダヤ人秘密結社; 1881 年米国に導入された; Maccabees 族の古い儀式を守った》.

Knights of the Round Table [the ―] 円卓(の)騎士団, 円卓の騎士(たち)《Arthur 王によって組織されたといわれる伝説的な騎士団; 騎士たちは王と円卓を囲んで談論・飲食したという; cf. round table 2》.

Knights of the White Camellia [the ―] 白つばき団《南北戦争後, 黒人に対する白人の優位を確保するために米国南部各地に起こった秘密結社; cf. Ku Klux Klan a》.

Knights of Windsor [the ―] ウインザー騎士団《Military Knights of Windsor の旧名》.

― *vt.* 勲爵士に列する, ナイト爵に叙する (cf. dub² 1): He was ~*ed* by the king. 彼は王によってナイト爵に叙せられた.

knight advénturer *n.* 《廃》 ＝knight-errant.

knight·age [náɪtɪdʒ | -tɪdʒ] 〘⇨ -age〙 *n.* **1** [集合的] ナイト爵団. **2** ナイト爵[勲爵士]名鑑.

knight báchelor *n.* (*pl.* **knights bachelors, knights b-**) **1** (英国の, 特定の騎士団 (order of chivalry) に属さない)最下級の騎士, 平騎士, 下級勲爵士 (略 K.B.). **2** 〖英史〗1609 年勲爵士に叙された gentleman の称号.

knight bánneret *n.* (*pl.* **knights bannerets, knights b-**) バナレット勲爵士 (⇨ banneret¹ 2).

knight commánder *n.* (*pl.* **knights commanders**) (英国の, バス勲位などの) 2 等勲爵士, 第 2 級勲功章受勲者: a *Knight Commander* of (the Order of) the Bath.

knight-compánion *n.* (*pl.* **knights-companions, ~s**) (ガーター勲位・あざみ勲位の)勲爵士, 等位勲爵士.

knight-érrant 〘(c1390): ⇨ knight, errant〙 *n.* (*pl.* **knights-**) **1** (中世の)遍歴騎士, 武者修行者. **2** [しばしば皮肉] 義侠(ぎょう)家, ドンキホーテ的人物.

knight-érrantry *n.* 武者修行; 義侠(ぎょう)的な行為.

knight gránd cróss *n.* (*pl.* **knights g-**) (英国の, バス勲位などの) 1 等勲爵士, 最上級勲功章受勲者: a *Knight Grand Cross* of (the Order of) the Bath.

knight·hèad 〘騎士の頭像が刻みこまれていたことから〙 *n.* 〖海事〗船首副肋(ろく)材, ナイトヘッド《第一斜檣(しょう) (bowsprit) を左右から固定している短い柱》.

knight·hòod 〘(?c1225) *kni3thod*: cf. OE *cnihthād* boyhood: ⇨ knight, -hood〙 ― *n.* **1 a** 騎士の身分. **b** 騎士かたぎ, 騎士道. **2** (英国の)ナイト爵の身分, ナイト爵位 (cf. knight 3 a): an Order of *Knighthood* 勲爵士団. **3** [集合的] **a** 騎士団. **b** ナイト爵団.

Knight Hóspitaler *n.* (*pl.* **Knights Hospitalers**) ホスピタル[病院]騎士団 (Knights Hospitalers) の一員[修道会士].

knight·lìke 〘ME〙 *adj.* 騎士らしい; 義侠(ぎょう)心のある. ― *adv.* ＝knightly.

knight·ly 〘ME: cf. OE *cnihtlīc* boyish: ⇨ knight, -ly²〙 ― *adj.* (**knight·li·er, -li·est**) **1** 騎士の; 勲爵士の, ナイト爵の: be of ~ rank 勲爵士の位にある. **2** 騎士の; 騎士らしい, 騎士にふさわしい; 勇武の, 義侠(ぎょう)的な (chivalrous). **3** 騎士[ナイト]から成る. ― *adv.* 《詩》騎士らしく; 義侠的に. **knight·li·ness** *n.*

knight márshal *n.* (*pl.* **knights marshals**) **1** (もと英国の)宮内司法官《王宮から半径 12 マイルの地域内で行なわれた犯罪に対する裁判権をもっていた; 19 世紀中葉まで存続》. **2** 《廃》補給保将校.

knight sèrvice 〘ME〙 ― *n.* **1** 騎士奉仕, 騎士軍役義務《封建君主から封土を与えられた代償としての主君に対する従軍・金銭援助・助言の義務》; (軍務に服する事を条件として君主から与えられた)知行(ぎょう), 領地. **2** 騎士のするような奉仕, 立派[貴重]な奉仕.

knight's fée 〘ME〙 *n.* (封建時代の)騎士の知行(ぎょう), 騎士の領地.

Knights Hóspitalers 〘ME〙 ― *n. pl.* [the ~] ホスピタル[病院]騎士団《第 1 回十字軍 (1096–99) のころ十字軍従軍傷病者保護および聖地参拝者救護を目的として Jerusalem に結成された騎士修道会; 英国では 1540 年解散; the Knights of St. John ともいう》.

knight's móve *n.* 遠回りの動き[進み]方, 回りくどいやり方 (cf. knight 9).

knight's sérvice *n.* ＝knight service.

Knights Témplars 〘(1859)〙 ― *n. pl.* [the ~] テンプル騎士団, エルサレム神殿騎士団《聖地巡礼と聖墓の保護のため 1118 年 Jerusalem に結成された騎士修道会; 1312 年教皇の命令により廃止; 略 K.T.》.

Knight Témplar *n.* **1** (*pl.* **Knights Templars**) テンプル騎士団員 (Templar) (⇨ Knights Templars 1). **2** (*pl.* **Knights T-**) ナイトテンプラー《テンプル騎士団の後継者と自称する米国のフリーメーソンの団員; 単に Templar ともいう》.

knip·ho·fi·a [nɪphóufiə, naɪfóu- | -háufɪə, -fóu-] 〘← NL ~ ← *Johan H. Kniphof* (1704–1763: ドイツの植物学者): ⇨ -ia¹〙 ― *n.* 〖植物〗シャグマユリ《アフリカ産ユリ科シャグマユリ属 (*Kniphofia*) の赤または黄色の花をつける多年草の総称; tritoma ともいう》.

knish [kníʃ] 〘▭ Yid. ~ ▭ Russ. ~ 'kind of cake'〙 *n.* クニッシュ《肉・チーズ・じゃがいもなどをベーキングパウダー入りの生地で包んで焼いたユダヤ料理》.

knit [nít] 〘OE *cnyttan* to tie in a knot < (WGmc) **knuttjan* (G *knütten*) ← **knutto* 'KNOT¹'〙 ― *v.* (~, **knit·ted; knit·ting**) ― *vt.* **1 a** 編む; 編んで作る: ~ wool *into* a cap 毛糸を編んで帽子を作る / ~ a cap *out of* wool 毛糸で帽子を編む / She ~ her son a sweater. 息子にセーターを編んでやった. **b** (表編みで)〈ひと目〉編む: *Knit* one, purl two. 表編みでひと目, 裏編みでふた目(編みなさい). **2** 密着させる, 接合する 〈*together*〉: ~ one's hands 両手をしっかり組み合わせる / ~ a broken bone (*together*) 折れた骨をつぐ[接合する] / These planks are ~ *together with* bond. この板はボンドで接着してある. **3** (愛情・共通の利害などによって)結合する, 緊密な関係にする 〈*together*〉: They are ~ *together* by love of their hometown. 彼らは郷土愛で堅く結ばれている. **4** 〈額〉にしわを寄せる, 〈まゆ〉を寄せる, ひそめる 〈*together*〉: ~ one's brows (*together*) 額に八の字を寄せる, まゆ[額]をしかめる. **5 a** [主に p.p. 形 knit で複合語を成して] 引き締める, がっちり組み立てる: a well-*knit* frame 引き締まった体格 / a closely ~ argument 理路整然たる議論. **b** 〈論文などを〉まとめる. **6** 《古・方言》〈ひもなどを〉結ぶ, 結び付ける: ~ a knot 結び目を作る. ― *vi.* **1** 編物をする. **2** 接合[連合]する, 密着する 〈*together*〉: The (broken) bone ~ (*together*). (折れた)骨は元通りにつながった. **3** 〈まゆなどが〉八の字になる 〈*together*〉. **4** 親密になる, (愛情などで)結び付く 〈*together*〉.

knit up (*vt.*) (1) 編み上げる; (こぼれた目を拾って)編み繕う; 〈毛糸などを〉編んで全部使う. (2) 〈議論などを〉結ぶ, 終える (conclude). (3) 結合する, 密着させる. (*vi.*) 〈毛糸などが〉編みやすい.

― *n.* **1 a** 編むこと, 編み方. **b** ＝knit stitch. **2** 編んだ生地, ニット; 編んだ物《衣料品; cf. knitwear》. **3** (額に)しわを寄せること.

knit góods *n. pl.* **1** ニット地《主に機械編みの伸縮性のあるしなやかな生地》. **2** ニット製品.

knit stitch *n.* (編み物の)表編み, 表目《メリヤス状の一般的な編み方; cf. purl stitch》.

knit·ted [-tɪd, -təd | -tɪd, -təd] *adj.* **1** 編まれた, 編み物の; ニットの, メリヤスの: a ~ fabric ニット地. **2** [しばしば複合語の第 2 構成素として] …編みの: hand-*knitted* 手編みの / machine-*knitted* 機械編みの.

knit·ter [-tə | -tə(r)] 〘ME〙 *n.* **1** 編む人, 編物師; メリヤス工. **2** 編機械, メリヤス機械.

knit·ting [-tɪŋ | -tɪŋ] 〘ME〙 *n.* 編むこと; 編糸細工; 編み物 (knitted work), 編んで[編みかけて]いる物; ニット地, メリヤス地 (knitted fabric).

stick to* [*tend to, mind*] *one's knitting 《米口語》自分の事に専念する, いらぬおせっかいをしない.

knitting bèe *n.* 《米》(近所の人などが手伝いに集まってやる)編み物の寄り合い (⇨ bee¹ 4).

knitting machìne *n.* 編み機, メリヤス機械.

knitting nèedle *n.* (手編み用の)編み針.

knitting pìn *n.* (手編み用の)編み棒.

knit·wèar *n.* ニットウェア《編まれた衣料の総称; 下着類, セーター, スーツ, 帽子など》.

knives *n.* knife の複数形.

knob [ná(ː)b | nɔ́b] 〘(c1387–95) ▭ ? MLG *knobbe*: cf. Flem. *knobbe* lump of bread: ⇨ knop, nub〙 ― *n.* **1** (木の幹などの)こぶ, ふし(こぶ). **2 a** (ドア・引出しなどの球状の)取手, 引手, 握り, ノブ 〔*of, on*〕. **b** (旗竿などの)球飾り. **c** (テレビなどの)つまみ (button). **3** 《米》(孤立した)丸い丘[山], 円丘 (knoll); [*pl.*] (丸い丘の多い)丘陵地帯. **4** 《英》(バター・砂糖・石炭などの)丸い小さなかたまり (small lump). **5 a** 《俗》＝nob¹ 1. **b** 《卑》＝penis. **6** 〖建築〗握り; 球飾り; 擬宝珠(ぎぼし). **7** 〖電気〗ノブ《取手形の碍子(がいし)》.

with knobs on 《俗・皮肉》それに輪をかけて, (それどころか), もっとひどく: The same [Same] to you *with ~s on.* いや, そっちの方はもっとひどいぞ.

― *v.* (**knobbed; knob·bing**) ― *vt.* **1** 〈戸などに〉取手[つまみ(など)]を付ける. **2** 〖石工〗〈石を〉(仕上げる前に)あら削りする. ― *vi.* こぶができる, ふくらむ 〈*out*〉.

~·lìke *adj.*

knobbed 〘ME〙 *adj.* (ふし)こぶのある; 先端がこぶ状の; 取手[つまみ]のある.

knob·ble [nábḷ | nɔ́bḷ] 〘ME: ⇨ knob, -le¹〙 *n.* 小さいこぶ, いぼ, 小円塊.

knóbbled íron *n.* 錬鉄 (wrought iron).

knob·bly [nábli | nɔ́blɪ, -blɪ] 〘⇨ knob, -ly²〙 *adj.* (**more ~, most ~; knob·bli·er, -bli·est**) ＝knobby.

knob·by [nábi | nɔ́bɪ] 〘⇨ knob, -y⁴〙 ― *adj.* (**knob·bi·er, -bi·est; more ~, most ~**) **1** (ふし)こぶの多い, こぶのついた; でこぼこの; こぶのような. **2** 《米》丸い丘[小山]の多い, 丘陵性の. **3** 〈問題など〉困難な, 複雑な; 〈事態など〉厳しい, 動かしがたい. **knób·bi·ly** [-bɪli, -bə- | -lɪ] *adv.* **knób·bi·ness** *n.*

knob·ker·rie [nábkèri | nɔ́bkèri] 〘(1849) ▭ Afrik. *knopkirie* ← Du. *knop* knob＋Hottentot *kir(r)i* stick, club: knob の影響による変形〙 ― *n.* 投げ棒, 棍棒《頭に大きなこぶのついた棒で, アフリカの Kaffir 人が武器に用いる》.

knobkerrie

knób lòck *n.* (ドアの)ノブの自動錠.

knób·stìck *n.* **1** 頭が太く丸くなったステッキ[棍棒]. **2** ＝knobkerrie. **3** 《英古》ストライキ破り.

knock [nák | nɔ́k] 〘OE *cnocian* < Gmc **knuk-* (ON *knoka*) ← ? IE **gen-* to compress into a ball (cf. knead): または擬音語か〙 ― *vt.* **1 a** (強く)打つ: ~ a ball *with* a bat. **b** 〈戸を〉たたく, ノックする (★ *vi.* 1 の用法の方が普通): ~ the door. **c** [補語を伴って] 打って…にする: ~ a person flat 人を打ち倒す / ~ a person senseless [unconscious] 人をなぐって気絶させる. **2** 打って〈穴などを〉作る: ~ a hole in the fence ぶっつかって塀(へい)に穴を明ける. **3** 打ち当てる, ぶつける, 衝突させる: ~ one's foot *against* [*on*] a stone. **4** 《俗》…の悪口を言う, けなす, くさす. **5** 《英俗》あっと驚かせる, びっくりさせる: What ~*s* me most is his ignorance. 私の一番驚くのは彼の無知だ. **6 a** 《俗》〈女〉と性交する; はらませる. **b** 《卑》〈金庫など〉から盗む. ― *vi.* **1** 打つ, たたく; (特に, 戸・窓などを)たたく, ノックする: ~ gently *on* [*at*] the door (★ 特に《米》では on が普通) / ~ for admittance 入れてくれと戸をたたく. **2** 突き当たる, ぶつかる 〔*against, into*〕: ~ *against* [*into*] a person 人にぶつかる (cf. KNOCK *against* (3)) / My knees ~*ed* with fear. 恐ろしくて膝ががくがくした. **3** [副詞を伴って] 《口語》〈人が〉ばたばた動く: ⇨ KNOCK *about* (*vi.*) (2). **4** 《機械・内燃機関》**a** (故障または爆燃 (detonation) のため)〈機械が〉がたがたいう: The engine is ~*ing* badly. **b** 〈内燃機関の燃料が〉爆燃[ノッキング]を起こす. **5** 《俗》悪口を言う, あら捜しをする: They are always ~*ing*. 彼らはいつも人のあら捜しばかりしている. **6** 〖トランプ〗(gin rummy などで)上がる, 上がりと言う《gin に達しないうちに持札全部を場にさらして上がりを宣告すること; cf. gin⁴ 2, GO *down* (11 b)》.

knock about 《口語》 (*vt.*) (1) 続けざまにたたく, こづき回す; 〈人や物を〉手荒く扱う, 虐待する: ~ crockery *about* 瀬戸物類を乱暴に扱う / He was badly ~*ed about.* こっぴどくこづき回された. (2) 〈波などが〉〈船を〉もむ, 翻弄(ほんろう)する: The boat was ~*ed about* by the waves. (*vi.*) (1) ぶらつく, 放浪する, 転々とする; ぶらぶらする; だらしない生活をする: ~ *about* the world 諸国を放浪する. (2) ばたばた動き[走り]回る, せかせか働く. (3) [be ~*ing about* として] 〈物・人が〉(どこかに)ある, いる: Do you have any small change ~*ing about?* 小銭の持ち合わせないかね. (4) 〔人と〕連れ立っている; 〔異性と〕関係する 〔*with*〕; [~ *about* together として] 〈二人が〉連れ立っている; 〈男女が〉関係する. ***knock against*** (1) ⇨ *vt.* 3. (2) ⇨ *vi.* 2. (3) …にでくわす. ***knock around*** ＝KNOCK *about.* ***knock back*** (1) 《英口語》〈酒を〉(ぐっと)飲む, あおる; がぶがぶ飲む; 〈食べ物を〉腹一杯食べる. (2) 《英口語》〈ニュースなどが〉〈人を〉うろたえさせる, ショックを与える. (3) 〈買い物などが〉〈人に〉…の出費をさせる (cost). ★ 受動態には用いられない: How much did your new typewriter ~ you *back?* 君の新しいタイプライターはいくらしたかね. (4) 《豪・ニュージーランド口語》〈人・物事を〉はねつける, 拒絶する. ***knock (out) cold*** 《口語》(1) 〈人を〉打って気絶させる. (2) 〈人を〉びっくり仰天させる. ***knock a person dead*** 《口語》〈人を〉強く感動させる, 大いに驚かす: ~ an audience *dead* 観衆[聴衆]をうならせる. ***knock down*** (*vt.*) (1) 打ち倒す, なぐり倒す: He was ~*ed down* by a car. 車にはねられた / You could [might] have ~*ed* me *down* with a feather. 私は卒倒するほど驚いた. (2) 〈敵機・猟鳥などを〉撃ち落とす, 射落とす; 〈反論などを〉くつがえす, 打ち破る. (3) (輸送・保管のため)〈機械などを〉解体する, 分解する (↔ set up). (4) 《口語》〈値段を〉下げる, 安くする. (5) 〈売手を〉値切り倒す. (6) (競売で, つちをたたいて)せり落とす, 落札する: The vase was ~*ed down to* him. 花びんは彼の手に落ちた. (7) 《米俗》〈雇主の金などを〉着服する; 盗む. (8) 《米俗》(給料などとして)かせぐ, とる. (9) 《米》〖海事〗〈帆船を〉(立ち直れないほど)傾かせる. (*vi.*) (1) 解体される: This machine ~*s down* easily. この機械はすぐ解体できる. (2) 〈風・海などが〉静まる, 凪(な)ぐ (subside). ***knock in*** (1) 打ち込む, たたき込む. (2) 〖英大学〗門限後に門をたたいて中に入れてもらう (cf. KNOCK *out* (*vi.*)). ***knock into*** (1) 〈ある事を〉人[人の頭]にたたき込む, よく教え込む, 徹底させる. (2) …にばったり出会う. ***knock into one*** 〈幾つかの部屋などを〉ぶち抜いて一つにする: ~ two rooms *into one.* ***knock it off*** [通例命令形で] 《俗》よす; 黙る (shut up). ***knock off*** (*vt.*) (1) 打ち払う, 打ち落とす, 払いのける: ~ a bee *off* one's head. (2)

《口語》〈仕事などを〉やめる, 済ます, 中断する; 〈従業員などに〉仕事をやめさせる: We ~ *off* work at noon for lunch. 昼食のため正午に仕事をやめる. (3)《口語》〈金額を〉割り引く, 差し引く; 〈速力を〉落とす: ~ half a dollar *off* (a bill) (請求書から) 50 セント引く. (4)《口語》手早く仕上げる, さっさとやってしまう; 〈飲食物を〉平らげる: ~ *off* an article in half an hour 30 分で記事を書き上げる. (5)《俗》片付ける, 取り除く, 打ち砕く[破る]; やっつける, 殺す: ~ *off* an obstacle 障害を取り除く. (6)《俗》...に強盗にはいる, ...から盗む; 盗む. (7)《口語》〈賞を〉もらう, 〈得点を〉あげる: ~ *off* runs 〘クリケット〙得点をあげる. (8)《俗》〈男が〉...と性交する. (*vi.*) (1)《口語》仕事をやめる[休む]: We started work at nine and ~*ed off* at one for lunch. 9 時に仕事を始めて 1 時に休んで昼食をとった. (2)《俗》往生する, くたばる. ***knock on*** (*vt.*) (1)〘ラグビー〙〈ボールを〉ノックオンする《ボールを手または腕に当てて相手側のデッドボールラインの方向に進める; 通例反則》. (2) 打って[たたいて]前進させる; 《比喩》(ある事物の動きがはずみとなって)〈他の事物を〉押し進める, 駆り立てる, 促進する. ***knock out*** (*vt.*) (1) たたき出す; 〈パイプを〉たたいて灰を落とす. (2)〘ボクシング〙ノックアウトする《knock out of time の略; cf. knockout *n.* 1 b》. (3)《口語》気絶させる, 意識を失わせる; 参らせる, へとへとにする; ひどく驚かす; 感激させる: He received a blow on the head and was ~*ed out*. 頭に一撃を受けて動けなくなった[気絶した] / ⇨ KNOCK *oneself out*. (4) 破壊する, 使えなくする, 痛める: The enemy tank was ~*ed out*. (5)《口語》〈計画などを〉速成する, 急いで考える[作る]; (手早く)やってのける: ~ *out* a plan for a trip 急いで旅行の計画を立てる / I can just ~ *out* a tune. (ピアノを弾くのではなく)曲をたたき出すことができるだけです. (6) (勝抜き方式の競技で)〈相手を〉負かす, 敗退させる (cf. knockout *adj.* 3). (7)〘野球〙〈相手の投手を〉打ちまくって退かせる, ノックアウトする《knock out of the box の略》. (8)《英》(競売で)〈物件を〉談合によって安く落とす, 不正入札する (⇨ knockout *n.* 3). (*vi.*)〘英大学〙門限後に門をたたいて外に出してもらう (cf. KNOCK *in* (2)). ***knock out of the box*** ⇨ KNOCK *out* (7). ***knock out of time*** ⇨ KNOCK *out* (2). ***knock oneself out***《口語》(1) 懸命の努力をする, 力を出し切る; 疲れ果てる. (2) 感激する. ***knock over*** (1) ひっくり返す, 張り倒す. (2) 仰天させる: We were ~*ed over* by the event. その出来事に大騒ぎをした. (3)《口語》ひどく感動させる. (4)《俗》...に強盗にはいる, ...を盗む, ...から盗む. ***knock together*** (1) 激しくぶつかる[ぶつける]: ~ their heads *together* ⇨ head 成句. (2) 急いで組み立てる, 大急ぎで作る. ***knock to pieces*** ⇨ piece 成句. ***knock under*** 降参する, かぶとを脱ぐ〔*to*〕. ***knock up*** (*vt.*) (1) 打ち上げる, 突き上げる. (2) 大急ぎで[間に合わせに]建てる[作る, 用意する], 急造する: ~ *up* a shelter 雨露のしのぎ場を造り上げる. (3)〈物を〉傷つける, 痛める; 負傷させる, けがをさせる; 〈事が〉〈事業などを〉だめにする, つぶす. (4)《英》疲れ切らす, 参らす, 病気にする: ~ oneself *up* (無理をして)参ってしまう, 病気になる / She was ~*ed up* by nursing her child. 子供の看病で参ってしまった. (5)《英》(ノックして)〈人を〉たたき起こす: *Knock* me *up* at 6 o'clock. 6 時に起こしに来て下さい. (6)《英》(あれこれ合わせて)〈幾ら〉かせぐ. (7)〘クリケット〙球を打ちまくって〈点数を〉あげる: ~ *up* runs (cf. KNOCK *off* (7)). (8)《英》〘製本〙突き揃える, 〈紙〉の端を揃える. (9)《米俗》妊娠させる, はらませる; 〈男が〉...と性交する. (*vi.*) (1)《英》疲れ切る, へとへとになる. (2) (テニスなどで)試合開始前に練習する. ***knock up against*** 偶然〈人〉に出会う; 〈不幸など〉に遭遇する.

— *n.* **1** 打つこと, 殴打, 打撃: give a ~ *on* the head 頭をこつん[ぽかり]と打つ / get hard ~*s* 激しく打たれる. **2** こんこん[とんとん]たたくこと, ノック, (合図の)戸をたたく音: a single ~ こん[とん]とひとたたき / a double ~ (とんとんと)続けて二度たたく[ノックする]音 / the postman's ~ 郵便集配人がこんこん[とんとん]と(二度)戸[ノッカー]をたたく音 / There is a ~ *at* the door. 戸をたたく音がする《玄関に来客だ》. **3**《口語》不幸, 災難, 痛手; ひどい仕打ち: ⇨ *the* SCHOOL *of hard knocks*. **4**《俗》悪口, 揚げ足取り, 酷評. **5**《口語》〘クリケット〙打撃番, 順番. **6**〘内燃機関〙**a** ノッキング《内燃機関内の異常爆発音; cf. antiknock》. **b** ＝detonation 2.

get the knock《俗》(1) 解雇される, お払い箱になる. (2)〈俳優などが〉人気を落とす. ***take the*** [***a***] ***knock***《俗》大きな打撃を受ける, ひどい目に会う; (経済的に)痛手をこうむる.

knock for knock agreement〘保険〙ノック フォア ノック協定《自動車保険を営む会社間の協定で, この協定のメンバー会社の引き受けている自動車間の衝突の際は, お互い相手会社への求償をしないことを定めたもの》.

knóck·abòut 〘(1876)〙 — *attrib. adj.* **1** 荒っぽい; 騒々しい; 〈演劇・演技者が〉立回り的な, どたばたの (slapstick): a ~ performance 騒々しい演技, どたばた. **2**《口語》うろつき回る, 放浪的な. **3**〈服など〉乱暴に扱える, 不断着用の: a ~ suit. **4** だらしない; 目的のない.
— *n.* **1** 騒々しい[荒っぽい]芝居, どたばた(喜劇, 役者). **2**《米》ノックアバウト, ノッカバウ《小型帆走ヨットの一種で第一斜檣(しょう) (bowsprit) がなく 1 本マストスループ (sloop) 型の帆が特徴》. **3** (自動車・服など)乱暴に扱える物. **4**《豪口語》(農場の)雑役夫; 放浪者, 浮浪人.

knóck-bàck *n.*《豪》はねつけ, 拒絶 (refusal).

knóck·dòwn 〘(1690)〙 — *adj.* **1 a** 打ち倒す(ほどの), 強烈な: a ~ blow. **b**〈議論など〉圧倒的な, 強引な, 高飛車な. **c** ＝knock-down-and-drag-out. **2**〈家具など〉分解できる, 組立て[折りたたみ]式の; ＝knocked-down: a ~ bed, boat, bookcase, etc. **3 a** (競売で)〈価格が〉最低の, 限度の (reserve): a ~ price 最低価格. **b** (一般に)〈値段が〉非常に安い, 割引きの.
— *n.* **1** 打ち倒す打撃[殴打]; 大きな打撃, 痛手. **2** ＝knock-down-and-drag-out. **3** 取りこわしできる品物《組立て式家具など》. **4**《米・豪俗》紹介. **5** 割引き, 値引き; 減数, 減額. **6**〘海事〙ノックダウン《強風による小型船の転覆》.

knóck-dòwn-and-drág-oùt《米口語》*adj.*〈喧嘩・議論など〉容赦しない, とことんまでやる, 徹底的な《knock-down-drag-out, knockdown, drag-out ともいう》. — *n.* 容赦のない争い[喧嘩], 徹底的な論争.

knócked-dówn *adj.* 組立て部品からなる, 組立て式の《すぐにバラバラにできるようなパーツで組み立てられた; 略 KD》: a ~ building 組立て式建物.

knóck·er 〘ME〙 — *n.* **1 a** たたく人, 戸をたたく人: a ~ at the door 玄関の来客. **b**《英》戸別訪問のセールスマン[選挙運動員(など)]. **2** (玄関に取り付けた)ノッカー《訪問者が取手を持ってかちかちと打つたたき金》. **3**《俗》けなし屋, 悪口屋. **4**《英方言》(鉱山に住み鉱脈のありかをたたいて知らせるという)小鬼, 地の精 (cf. kobold 2). **5**《古俗》＝knockout 2. **6** [通例 *pl.*]《卑》乳房 (breasts).

knocker 2

on the knocker《英俗》(1) (セールスや選挙のため)戸別訪問をして. (2) 掛け(買い)で. ***up to the knocker***《英俗》申し分なく, 立派に, 完全に.

knócker-ùp *n.*《英》(もと早朝の仕事に出たりする人の)起こし屋《家の外から寝室の窓ガラスなどをたたいて回った》.

knóck·ing 〘ME〙 *n.* **1** 戸をたたくこと[音]. **2** (内燃機関内に起こる)ノッキング, 爆燃.

knócking-shòp 〘(ger.): ⇨ knock vt. 6 a〙 *n.*《英俗》売春宿 (brothel).

knóck-knée 〘← KNOCK (v.)+KNEE〙 *n.* **1**〘病理〙外反膝(ひざ), X 脚《歩行中両膝(ひざ)がぶつかるような脚の内彎曲》. **2** [*pl.*] 内わに脚.

knóck-knéed *adj.* **1**〘病理〙外反膝の (cf. bandy-legged). **2**〈議論など〉しどろもどろの, 気の抜けた, 生気のない. **3** ぶかっこうな, 田舎くさい.

knóck·mèter *n.*〘計器〙ノックメーター《ガソリンエンジンのシリンダー内の燃焼が異常燃焼を起こしている時その強さを測定する計器》.

knóck·òff *n.*《米》(織物・陶磁器などのデザインの)模造品, イミテーション.

knóck-òff *n.* **1** 仕事を打ち切ること[時間, 合図], 退庁[退社](時間). **2**〘機械〙**a** ノックオフ《機械に異常な力が作用した時, 自動的に動作を停止させ, 機械を保護するカム装置》. **b** 仕事終わり.

knóck-òn *n.* **1**〘ラグビー〙ノックオン(すること)(⇨ KNOCK *on* (1)). **2**〘物理〙たたき出し《高エネルギーの粒子が原子[原子核]に衝突して粒子(素粒子, 原子核または原子)をたたき出すこと》. — *adj.*〘物理〙たたき出しの.

knóck·òut 〘(1818)〙 — *n.* **1 a** 打ちのめすこと, 打ちのめされること; 打ちのめす一撃, 痛打. **b**〘ボクシング〙ノックアウト (略 KO); ＝technical knockout. **2**《口語》すばらしい[すてきな]人[物]. **3**《英》**a** (競売で)ぐるになって安く落とすこと, 談合競売, 不正入札《不正に安く落とした利益を後で仲間で分ける》. **b** 談合競売一味の者. **4**〘木工〙(ハンマーなどでたたいて)すぐはずれるパネル(板). **5**〘機械〙ノックアウト《ダイス (die) の底を持上げて製品を突出す装置》. **6** (スポーツ・チェスなどの)勝ち抜き式競技会[トーナメント大会].
— *adj.* **1 a**〈打撃など〉猛烈な; ノックアウトの: a ~ blow, punch. **b**《口語》あっと言わせるような, すばらしい, すてきな. **2**《英》談合競売の, 不正入札の: a ~ auction, sale. **3**〈スポーツ・チェスなどの競技会が〉勝ち抜き方式の, トーナメント方式の: a ~ competition 勝ち抜き式競技会 / a ~ tournament トーナメント大会.

knóckout dròps *n. pl.* (人を意識不明にさせる目的で秘かに)飲物に入れる麻酔剤《水溶液》.

knóck-ùp *n.*〘スポーツ〙(テニスなどで)試合開始前の練習, ウォーミングアップ.

knock·wurst [nákwə̀ːst, -vʊ̀əst | nɔ́kwə̀ːst, -vʊ̀əst] *n.* ＝knackwurst.

knoll[1] [nóʊl | nə́ʊl] 〘OE *cnol(l)* < Gmc **knuðlō* (Norw. *knoll* hillock / G *Knolle(n)* lump) ← IE **gen-* to compress into a ball: cf. knot[1]〙 — *n.* **1** (丸い)小山, 塚 (mound). **2**《英方言》丘の頂上.

knoll[2] [nóʊl | nə́ʊl] 〘(?a1400)《擬音的変形》? ← KNELL〙 *n., v.*《古》＝knell.

knop [nɑ́p | nɔ́p] 〘(?a1400) ⊏ ? MLG & MDu. *knoppe* (Du. *knop*): cf. G *Knopf*〙 — *n.* **1** 丸い取手, 握り. **2**〘建築〙つぼみ形装飾, 化粧がしら, 頂華《花・葉などの浮彫のある柱頭》. **3** (ゴブレット・燭台などの)丸こぶ装飾. **4**《古》(花の)つぼみ. **knopped** *adj.*

Knóp's solútion [náps-, knóʊps- | nɔ́ps-, knə́ʊps-; G. knɔ́p-] 〘← *J. A. L. W. Knop* (1817–1891: ドイツの化学者)〙 *n.*〘植物〙クノープ液《水栽培用の培養液》.

Knos·si·an [(k)násiən | knə́ʊsiən, knɔ́s-, -sjən] *adj.* クノッソス (Knossos) の.

Knos·sos [(k)násəs | knə́ʊsɔs, knɔ́s-] *n.* クノッソス《Crete 島北岸の廃都, ミノス文明 (Minoan civilization) の中心地で, その宮殿は A. J. Evans によって発見された》.

knot[1] [nát | nɔ́t] 〘n.: OE *cnotta* < (WGmc) **knutton* (Du. *knot* / G *Knoten*) ← IE **gen-*: ⇨ knoll[1]. — v.: ME ← (n.)〙 — *n.* **1 a** 結び, 結び目: the ~ *of* [*in*] a necktie / make [tie] a ~ 結び目を作る / loosen [untie] a ~ 結び目をゆるめる[解く] / tie a ~ *in* a rope ＝tie a rope *in* a ~ ロープに結び目を作る / tie a ~ *in* a handkerchief (何かを忘れないようにするため)ハンカチに結び目を作る. **b**〘海事〙結索(けっさく)《ロープの結び方》: ⇨ bowknot, French knot, running knot, slipknot, etc. **c**〘外科〙(手術の縫合糸の)結節. **2 a** (装飾の)結びひも[リボン]; (衣服の付属品としての)ちょう結び, 花結び, (肩章などの)飾り結び; (彫刻で)節総(ふさ)飾り: ⇨ shoulder knot. **b**〘紋章〙結び《badge として使用される図形》. **3** (特に夫婦の)縁, きずな: the marriage [nuptial] ~ 夫婦のきずな. **4** 難事, 困難, 紛糾, 難問: cut the ~ 一刀両断の処置をとる (cf. Gordian knot) / ⇨ *tie* (*up*) *in*(*to*) KNOTS. **5** (問題の)中心点, 要点: the ~ *of* the matter. **6** (物語・劇などの)筋のもつれ, やま: a ~ in a play. **7 a** (筋肉などの)こぶ. **b** (胃などの)しこり; 締めつけられるような感じ. **c** (草木の)節; (樹幹の)こぶ; (板・木材の)節: seek a ~ in a rush ⇨ rush[1] 成句. **d**〘植物病理〙樹木のこぶ病. **8** (人や物の少数の)集まり, 群れ: a ~ of boys, people, etc. / a little ~ of politicians 政治家の小団体 / *in* a ~ (小さな)群れをなして, 固まって / gather *in* ~*s* 三々五々群れをなして集まる. **9**〘海事〙**a** 測程線 (log line) の結節. **b** ノット《1 時間航走の海里数で示す船の速力; 1 ノットは 1 時間に約 1,852 m 走る速力》: a vessel of 25 ~*s* / make [sail *at*] 15 ~*s* 15 ノット出す[で走る]. **c**《俗用》1 海里 (nautical mile): sail *at* 15 ~*s* an hour. **10**《英》(荷物を運ぶため肩や頭に当てる)当て物, 肩当て《通例 porter's knot という》. **11**〘ガラス製造〙節(ふし)《まわりのガラスと組成を異にした小さなガラス化した含有物》. **12** ＝knotted bed.

at a [***the***] ***rate of knots*** ⇨ rate[1] 成句. ***tie the knot*** (1)〈聖職者が〉結婚式を執り行なう. (2)〈男女が〉結婚する. ***tie*** (***up***) ***in***(***to***) ***knots*** [***a knot***]《口語》〈人を〉ひどく心配[当惑]させる, 神経過敏にする: *tie* oneself [get oneself *tied*] *in* ~*s* ひどく心配[当惑]する.

— *v.* (**knot·ted**; **knot·ting**) — *vt.* **1**〈ひもなどを〉結ぶ, ...に結び目を作る; (ひもなどで)結びつける, ゆわえる; 固く結び合わせる 〈*together*〉: ~ a parcel 小包をゆわえる / ~ (*up*) *into* a bundle 〈物を〉包んで(きちんと)縛る. **2 a** 緊密に結びつける, 結合させる. **b** もつれさせる, からませる. **3**〘服飾〙**a**〈糸, 紐などを〉結んでふさにする. **b** 糸を結んで〈レースなどを〉作る. **4**〈額〉にしわを寄せる, 〈まゆを〉ひそめる (knit). **5** (競技などで)〈得点を〉同点にする, タイにする (tie up). **6 a** 節[こぶ]にする, ...にこぶを作る. **b**〈心配などが〉〈胃などを〉固くする, 締めつける: Fear ~*ed* the pit of his stomach. 恐怖で鳩尾(みずおち)のところが締めつけられた. **7** ...から節を取り去る. **8** (塗装の前に)〈板〉の節止めをする. — *vi.* **1** こぶ[節]ができる, 節[こぶ]になる. **2** もつれる, からまる. **3**〈人が〉小さなグループになる, 三々五々群れをなして集まる. **4**〘服飾〙(糸やひもを結んだり組んだりして柄を出し)レースや組紐(くみひも)飾りなどを作る.

knot[2] [nát | nɔ́t] 〘(1452) ← ?〙 *n.*〘鳥類〙コオバシギ (*Calidris canutus*)《シギ科の鳥類の一種; 北極圏で繁殖する》.

knót gàrden *n.* **1** ノット花壇 (knotted bed) を主体にした庭園. **2** (ノット花壇と同様な様式であるが)イチイ・ツゲなどの装飾的に刈込んだ樹木を主に栽植した庭園 (cf. topiary).

knót·gràss 〘⇨ knot[1]〙 *n.*〘植物〙**1** ミチヤナギ (*Polygonum aviculare*). **2** (その他)茎が節くれ立っているタデ科の草本の総称; (特に) ＝joint grass 1.

knót·hèad *n.*《米・カナダ俗》ばか, のろま.

knót·hòle *n.* (木の幹・製材の)節穴.

knót·less 〘ME〙 *adj.* 結び目のない; 結節のない, 節なしの.

knót·ròot *n.*〘植物〙＝Chinese artichoke.

knót·ted [-tɪd, -təd | -tɪd, -təd] 〘OE〙 — *adj.* **1** 節のある, 節くれ立った. **2** 結んだ; 結び目のある. **3** もつれた, 入り組んだ, 困難な.

Get knotted!《英俗》うるさい, ばか言うな, 行ってしまえ.

knótted béd *n.* ノット花壇《英国ルネサンス期に始まった様式の花壇; 通路・花壇の配置は幾何模様を成し, 草花に代わり, 色の付いた砂なども花壇に敷かれ, 縁取りにはツゲ類・木材・れんがなどが使われた; 単に knot ともいう》.

knót·ter [-tə | -tə(r)] *n.* **1** 結ぶ人[物, 機械]. **2** 結び目を解く人[物, 機械].

knót·ting [-tɪŋ | -tɪŋ] *n.* **1** 結節. **2**〘服飾〙**a** 組紐細工《糸をより, 結び目をこしらえて柄を出してレース風の編物を作ること; cf. tatting》. **b** ＝knotwork. **3** (織物・パルプなどからの)節取り, 除節. **4** (塗装の)節止め.

knot·ty [nɑ́ṭi | nɔ́ti] 〖ME: ⇨ knot[1], -y[4]〗 **—** *adj.* (**knot·ti·er, -ti·est; more ~, most ~**) **1** 結節の(ある), 節こぶの多い; 〈なわなど〉結び目の多い: ~ timber 節だらけの木材. **2** もつれた, 紛糾した (complicated), 難しい (difficult): a ~ problem, point, etc. **3** 頑丈な, 頑健な, タフな; 不屈な. **knót·ti·ly** [-ṭɪli, -ṭə- | -tɪlɪ, -tə-] *adv.* **knót·ti·ness** *n.*

knótty píne *n.* 〖植物〗 =lodgepole pine.

knótty rhátany *n.* 〖植物〗 =Peruvian rhatany 2.

knót·wèed *n.* 〖植物〗 =knotgrass 1.

knót·wòrk *n.* 〖服飾〗 結び糸細工, 組糸飾り[レース].

knout [náut, nú:t | náut] 〖《1716》▭ F ~ ▭ Russ. *knut* ▭ Icel. *knútr* 'KNOT[1]'〗 **—** *n.* 皮を編んで作った鞭(むち) 《昔のロシヤの刑具》; [the ~] 鞭打ちの刑罰. **—** *vt.* (刑罰として)鞭で打つ.

know[1] [nóu | nə́u] 〖OE (*ġe*)*cnāwan* ← Gmc **knōw-*, **knē*(*w*)- ← IE **gen-* to know (L (*g*)*nōscere* / Gk *gignṓskein* to know): cf. can[2], ken[1]〗 **—** *v.* (**knew** [n(j)ú: | njú:]; **known** [nóun | nə́un]) **—** *vt.* **1 a** 知る, 知っている; …がわかる, わかっている: Everyone ~*s* it. / It is ~*n to* everyone. それはだれにでも知られている《★ *to* の代わりにまれに *by* を用いることもある; cf. 4, *be* KNOWN *to*》/ *Know* thyself. 己を知れ / I ~ all about him. 彼のことは何でも知っている / He is a man who ~*s* no defeat. 彼は負けがわからない人だ《決して負けたと言わない》/ He *knew* (*that*) you were right. 彼は君の言うことが正しいのを知っていた / What do you think of that play?—I don't ~ *that* I like [care for] it very much. 《口語》あの劇をどう思いますか—さあ, あまり感心しませんがね / I don't ~ *if* [*whether*] he is coming. 彼が来るかどうか私は知らない / There is no ~*ing who* she is [*where* she lives]. 彼女がだれなのか[どこに住んでいるのか]知りようもない / The box was full of I *knew* not *what*. その箱には何か得体の知れないものが一杯はいっていた / Do you ~ *how to* drive a car? 車の運転(の仕方)を知っていますか, 車を運転できますか / I ~ *what it* is *to* live alone. ひとり暮らしがどんなものか知っている / They ~ not *what* they do. 彼らはそのなすところを知らず (They do not know what they are doing.) (*Luke* 23:34) / How did you ~ him *to be* the criminal (=~ *that* he was the criminal)? 彼が犯人だとどうしてわかったのですか《★ 不定詞構造を従える表現は *that*-clause を従えるものより文語的》/ We ~ him *as* trustworthy. 我々は彼が信頼できる男だと知っている / He was ~*n* (*among* his patients) *as* a good physician. (患者の間で)名医だという評判だった / He is ~*n for* his originality. 独創的なことで知られている / I ~ *it for* certain [*for* a certainty]. 確かな事実として知っている / I ~ it *as* [*for*] a fact. / He ~*s* too much. 彼は知りすぎている(のでほっておけない) / The company has gone bankrupt.—I *knew* it. あの会社は破産したよ—そうなるだろうと思っていたよ / The place will ~ him no more. その場所は再び彼を見ることがなかろう (cf. *Job* 7:10, 20:9, *Ps.* 103:16). **b** [完了形または過去形で用い, 目的語+*to* do (または原形)を伴って] 〈…したことのあるのを〉見て[聞いて]知っている: I *have* never ~*n* that man (*to*) *smile.* あの男の笑ったのを見たことがない / I never *knew* her *complain.* 彼女が不平を言うのを聞いたことが一度もない. ★ (1) 原形を用いるのは《英》. (2) 受動態では常に *to* do が用いられる: That man has never *been* ~*n to* smile.

2 a 〈人〉と知り合いである, 知っている; …と懇意である: ~ a person by sight [name] 人の顔[名前](だけ)は知っている / I ~ him to speak to. (会えば)声をかける程度に彼を知っている / I'd like to ~ him. 彼と知り合いになりたい. **b** (研究・熟練の結果)知って[通じて]いる, …をやれる, …ができる: ~ English, accounting, chess, etc. **c** 〈台詞(せりふ)など〉を覚え込んでいる: ~ one's lines 台詞がはいっている.

3 認める, 見て〈…だと〉わかる (recognize): I *knew* him at once. すぐ彼だということがわかった / He ~*s* a good picture when he sees one [it]. いい絵なら見てすぐわかる人だ, 絵を見る目がある / It is a wise father that ~*s* his own child. 《諺》自分の子供が本当に自分の子であるかどうかを知っている父親は少ない (Shak., *Merch* V 2.2.81); 自分の子供を知り抜いている父親は少ない.

4 (区別を)知る, 見分けができる (distinguish): ~ a goat *from* a sheep やぎと羊の見分けがつく (cf. *Matt.* 25:32) / ~ black *from* white 物事の見分けがつく《良否がわかる》/ ~ good *from* bad 善悪をわきまえている / The tree is ~*n by* its fruit. 木はその実によりて知らる (cf. *Matt.* 12:33).

5 〈恐怖・苦痛などを〉知る, 体験する, …の体験がある: ~ poverty, sorrow, etc. / I have seldom ~*n* such a heavy snow. このようなひどい雪の経験はあまりない.

6 (性的に)知る. ★ 聖書・法律用語以外では《古》: Adam *knew* Eve his wife. アダムその妻エバを知る (*Gen.* 4:1, 25).

7 《古》〖聖書〗 心にかける (regard); 守る (protect); 認める (approve): Thou hast ~*n* my soul in adversities. なんじわがたましいの禍害(わざわい)を知る (*Ps.* 31:7).

— *vi.* 知る, 知っている, (確かに)承知している (be certain): those who ~ 識者 / If you can come, let me ~. お出でになれるならお知らせ下さい / You are catching a cold.—I ~. 君はかぜを引きかけてるね—知ってるよ / How should I ~? 私が知っているはずがないじゃないか / You never ~. 物事[先のこと]はわからないものだ / You never ~ *with* women. 女というものはわからぬものだ / ⇨ KNOW about, KNOW *of*.

all one knows (***how***) 《口語》 (1) できる限りのこと, 全力: I did *all I knew.* (2) [副詞的に] できるだけ, 全力を尽くして. ***as far as one knows*** 自分の知っている限りでは, たしか, 多分 (so far as one knows): *As far as I* [ái] ~, he is a businessman. たしか彼は実業家だ / *As far as I* ~, the matter was not discussed. 私の知っている限りその件は論議されなかった. ***before one knows where one is*** 《口語》あっと言う間に, たちまち. ***be known to*** 〈人〉に知られている (⇨ *vt.* 1 a): He is ~*n to* the police. 彼のことは(前科などがあって)警察に知られている. ***Don't I know it?*** 《口語》知ってるよ, そうなんだよ. ***don't you know*** 《英古》ご承知のように, ねえ(そうじゃありませんか). ★ you know の気取った言い方で, 今は用いられない: Everything is so expensive, *don't you* ~? 物が何でもとても高いでしょう, ねえ. ***do you know*** 《口語》ねえ君, いいかね: *Do you* ~, I am thinking of getting married. ***God*** [***Heaven, Goodness, dear***] ***knows*** (1) [*wh*-clause を伴って] 神だけが知っている, だれも知らない: *God* ~*s when* he will come back. 彼がいつ戻って来るかだれも知らない / The meeting will be over *Heaven* ~*s when.* 会議はいつ終るかわかったものではない. (2) [*that* clause を伴って] 神が知っている, 確かに: *God* ~*s* (*that*) she is an honest girl. 彼女は確かに正直な子だ. ***I know what.*** 《口語》ねえ, いい考えがある, こうしたらどうだろう. ***I want to know.*** 《米口語》 =*What do you* KNOW? (1). ***I wouldn't know*** (***about that***). 《口語》(そんなこと)私が知(って)るはずはないだろう. ***know about*** …について知って[聞いて]いる: I ~ all *about* him. / I can't drive, but I ~ *about how* to do it. 運転はできないが運転の仕方は(間接に)知っている / Do you ~ *about* the earthquake? 地震の(あった)ことを知っていますか / I don't ~ *about* you, but I'd like one more cup. 君はどうかね, 私はもう一杯ほしいんだが / This will slow down inflation.—I don't ~ *about that.* これでインフレも緩和されるだろう.—さあ, どうかね[怪しいものだ]. ***know apart*** ⇨ apart *adv.* 成句. ***know best*** 一番よく知っている, 一番の通[権威者]だ: You ~ *best.* ***know better*** (***than***…) [しばしば *to* do を伴って] (…以上に)もっと分別がある, (…するほどの)ばかなまねはしない: I ~ *better.* そんなことはわかっている, その手は食わぬ; そんなばかなことはしない / You ought to ~ *better.* 無分別だ, 年がいもない / I ~ *better than to* quarrel. けんかなんかするようなばかではない. ***know little*** [***nothing***] ***and care less*** (1) 無関心である. (2) わざと知らないふりをする. ***know no better*** それくらいしか知恵がない, 精々それくらいの頭だ. ***know of***…のある[いる]ことを知って[聞いて]いる: Do you ~ *of* any good doctor near here? この近所でいい医者をご存じありませんか / This is the best method I ~ *of.* これは私の知っている限りでは最良の方法です / ⇨ *not that I* KNOW *of*. ***know what one is about*** 何事も抜け目がない. ***make known*** (1) 〈事を〉知らせる, 発表する 〔*to*〕. (2) 〈人を〉引き会わせる, 紹介する (introduce) 〔*to*〕: He *made* me ~*n to* them. 私を彼らに紹介した / I *made* myself ~*n to* him. 私は彼に名を名乗った[自己紹介をした]. ***Not if I know it!*** 《口語》そんなことだれがするものか, もってのほかだ (Not if I can help it!). ***not know from nothing*** 《米俗》まるっきり知らない 〔*about*〕. ***not that I know of*** 《口語》私の知るところではそうでない (not so far as I know) (cf. not 2 a, that[2] 5): Is he on a trip?—*Not that I* ~ *of.* 彼は旅行でもしているのですか.—さあ, そういうことは聞いていませんが. ***so far as one knows*** =*as far as one* KNOWS. ***That's all you*** [jú:] ***know*** (***about it***). 《口語》君は全然わかっていないよ, (それは)全くお門違いだ. ***What do you know?*** 《口語》 (1) (それは)驚いた, 本当かね, まさか (Well, I never!). (2) 何かニュース[おもしろい話]はないかね. ***What do you know about that?*** =*What do you* KNOW? (1). ***you know*** 《口語》 (1) 御承知のように, (何しろ)…だからね (cf. *you* SEE[2]): He's no longer a child, *you* ~. 彼はもう子供ではないからね. (2) [単に言葉のつなぎに用いて]: He was, *you* ~, a little bit crazy. 彼は—そのう—一頭が少し変だったんだ.

— *n.* 知っていること, 知識, 熟知 (knowledge). ★ 主に次の成句で: ***in the know*** 《口語》その間の消息に通じて, 内部の事情に詳しい.

~·er *n.* 「knowe.

know[2] [nóu, náu | nə́u, náu] *n.* 《スコット・北英》=

know·a·ble [nóuəbl | nə́u-] 〖ME〗 **—** *adj.* **1** 知ることのできる, (人知をもって)理解できる. **2** 近づきやすい, 知りやすい. **—** *n.* [通例 *pl.*] 知り得る事柄: ~*s* and unknowables わかる事とわからぬ事.

know·a·bil·i·ty [-bíləṭi | -bílətɪ, -lɪ-] *n.* **~·ness** *n.*

knów·àll *n., adj.* =know-it-all. 「knoll[1].

knowe [nóu, náu | nə́u, náu] *n.* 《スコット・北英》=

knów-hòw 〖《1838》〗 **—** *n.* (専門の)知識, 技術; 技術情報, ノウハウ; 能力, 手腕; 方法, 秘訣(ひけつ), こつ (cf. show-how): golfing ~ / the ~ *of* the atomic bomb 原爆製造の方法[技術].

knów·ing 〖ME〗 **—** *n.* 知(っている)こと; 知, 認知.

— *adj.* **1 a** 知識のある; よく知っている, 物知りの (well-informed), 利口な (intelligent): a ~ dog. **b** 目のきく, くろうとらしい, 堂に入った. **2** 如才のない, 抜け目のない (shrewd): a ~ fellow, rascal, etc. **3** きいた風な, 知ったかぶりの: ~ looks 物知り顔. **4** 知りながらの, 故意の (deliberate). **5** 認識の, 認知の: one's ~ faculties 認知能力, 認識力. **~·ness** *n.*

knów·ing·ly 〖ME〗 *adv.* **1** 如才なく, 抜け目なく; 心得顔に. **2** 知りつつ, 承知の上で, 故意に: ~ kill 〖法律〗故殺する.

knów-it-àll 《口語》 *n.* 知ったかぶりをする人, 物知り顔をする人. **—** *adj.* 知ったかぶりの, 物知り顔の.

knowl·edg·a·ble [nɑ́lɪdʒəbl | nɔ́l-] *adj.* =knowledgeable.

knowl·edge [nɑ́lɪdʒ | nɔ́l-] 〖n.: 《*a*1325》 *knaulage, knowleche* acknowledgment, confession < lateOE *cnāwlǣċ* ← *cnāwan* 'to KNOW[1]'+? *lāc* play (cf. wedlock).〗 **—** *n.* **1** (事実などを)知っていること, 知識 〔*of, about*〕: scientific ~ 科学知識 / with a person's ~ 人の承知の上で / without a person's ~ 人に知られずに, 人に無断で / in the certain ~ *that* …ということを確実に知った上で / bring [come] to a person's ~ 人の耳に入れる[入る] / It is (a matter of) common ~. それは一般に知られていることだ《常識だ》/ He had (no) ~ *of* the suspect's whereabouts. 容疑者の居所を知ってい(なかっ)た / It is within your ~ that …だということは君も知っているはずだ / *Knowledge* is power. 《諺》知識は力なり (cf. *Prov.* 24:5). **2 a** (研究・修練などによる)知識, 熟知, 通暁; 見聞; (人を)知っていること, 知り合い 〔*of*〕: a ~ *of* music, Shakespeare, etc. / the ~ *of* the world 世情に通じていること; 処世法 / She has some [little] ~ *of* Spanish. スペイン語を多少知っている[あまり知らない] / *Knowledge* [*A* ~] *of* swimming is useful. 水泳の心得は有用だ / have a slight ~ *of* a person 人をよく知らない《懇意でない》/ *A* little ~ is a dangerous thing. ⇨ learning 2 b. **b** 体験, 経験 〔*of*〕: a ~ *of* life. **3** 認識, 理解: the ~ *of* good and evil 善悪の認識 (cf. TREE of knowledge (of good and evil)). **4 a** 学識, 学殖. **b** (人類の)知識, 学問: every branch of ~ 学問のあらゆる分野. **5** 性交. ★ 法律用語以外では《古》carnal knowledge.

to one's knowledge (1) 自分の知っている限りでは, 聞くところによるとたしか: *To* (the best of) *my* ~, he is living alone. たしか彼はひとりで住んでいるようだ / No one touched the papers, *to* (the best of) *my* ~. だれも書類に手を触れた者はないはずだ. (2) 確かに, 間違いなく: I have never seen him *to my* ~. 私は一度も彼を見た覚えがありません.

knowledge by [**of**] **acquaintance** 〖哲学〗熟知, 直接知《特に B. Russell の用語で, 記述による間接知と対照的に対象の直接的知覚に基づく経験をいう; cf. KNOWLEDGE by description》.

knowledge by [**about**] **description** 〖哲学〗記述知《B. Russell の用語で, 熟知と対照的に命題による記述に依存した対象についての知識; cf. KNOWLEDGE by acquaintance》.

knowl·edge·a·ble [nɑ́lɪdʒəbl | nɔ́l-] 〖《1607》〗 **—** *adj.* **1 a** 知識のある; 物知りの, 見聞の広い. **b** 〔…に〕精通している 〔*about*〕; 〈事を〉知っている 〔*of*〕: He is ~ *about* music.=He is musically ~. 彼は音楽に詳しい. **2 a** 聡明な; 見識のある, 明敏な. **b** 心の広い, 偏見のない. **3** (知的に)熱心な. **4** 意識的な, 故意の.

knòwl·edge·a·bíl·i·ty [-dʒəbíləṭi | -lətɪ, -lɪ-] *n.*

knówl·edge·a·bly *adv.* **~·ness** *n.*

knówledge-bòx *n.* 《戯言》頭 (head).

knówledge ìndustry *n.* [the ~] 知識産業.

known [nóun | nə́un] 〖OE *cnāwen*〗 **—** *v.* know[1] の過去分詞. **—** *adj.* 〖ME〗 **1** 知られている, 知れ渡っている; 既知の; 周知の: a ~ fact 周知の事実 / ⇨ known quantity. **2** [the ~; 名詞的に] 既知の物事[世界]: *the* ~ and the unknown. **—** *n.* **1** 〖数学〗既知数を表わす符号. **2** 〖化学〗既知化合物.

knów-nòthing *n.* **1** 何も知らない人, 無知の人 (ignoramus). **2** 不可知論者 (agnostic). **3** [Know-Nothing] 〖米史〗(1852–55 年ごろの米国の)ノーナッシング党員《秘密結社 Order of United Americans から発展したもので米国生れでない者およびカトリック教徒の公職就任排除を目的とした; のち American party と改称; 党のことについて人に質問されると "I know nothing." と答えた》. **4** [しばしば Know-Nothing] (20 世紀半ばの米国の)不知主義者《政治的に反理知的態度・排外的傾向などを特徴とする》.

— *adj.* **1** 何も知らない, 無知な. **2** 不可知論的な. **3** [Know-Nothing] ノーナッシング党(員)の (cf. *n.* 3). **4** (政治的に)不知主義の, 反理知主義の, 排外主義の.

knów-nòth·ing·ism [-ɪzm] *n.* **1** 不可知論 (agnosticism). **2** [Know-Nothingism] 〖米史〗ノーナッシング党の(国粋)主義. **3** [しばしば Know-Nothing] (20 世紀半ばの米国の)不知主義.

knówn quántity *n.* 〖数学〗既知数[量] (↔ unknown quantity).

Knox [nɑ́ks | nɔ́ks], **John** *n.* (1505?–72) スコットランドの宗教改革家; 長老派教会を創始.

Knox, Philander Chase *n.* (1853–1921) 米国の政治家・国務長官 (1909–13).

Knox, Ronald (**Arbuthnott**) *n.* (1888–1957) 英国のカトリック神学者・聖書翻訳者・推理小説家.

Knox·ville [nɑ́ksvɪl, -vəl | nɔ́ksvɪl] 〖← *Henry Knox*

(1750–1806 : 初代の米国陸軍長官)〗 *n.* 米国 Tennessee 州東部 Tennessee 河畔の都市 ; 人口 183,000.

KNP 《記号》〘チェス〙 king's knight's pawn.

Knt., knt. 《略》〘チェス〙 knight.

knub·bly [nʌ́bḷi, -bli | -bli] *adj.* =nubbly.

knub·by [nʌ́bi | -bɪ] *adj.* (**knub·bi·er ; -bi·est**) = nubby.

knuck·le [nʌ́kḷ] 〘《c1375》 *knokel* ▭ ? MLG *knökel* (dim.) ← *knoke* bone : cf. G *Knöchel* knuckle / *Knochen* bone〙 —— *n.* **1** 〘解剖〙 **a** こぶしの角(ｶﾄﾞ); 指関節, (特に)その背面《この場合の指関節は指節間関節よりも, 指のつけ根の関節すなわち中手指節関節をさすことが多い》. **b** 《廃》関節, (特に)その曲げたとき突き出る部分. **2** [通例 the ～s] (こぶしの)指関節部, げんこつ. **3 a** (四足獣の)膝(ﾋｻﾞ)関節突起. **b** (子牛・豚などの)膝関節部上下の肉, 膝肉(ﾋｻﾞﾆｸ)《スープ用など ; ⇨ veal 挿絵》. **4** [*pl.* ; 単数または複数扱い] = knuckle-duster. **5** 〘機械〙 **a** (蝶番(ﾁｮｳﾂｶﾞｲ)などの)つぼ金, (連結の)ひじ. **b** =knuckle joint 2. **c** (機械の)回転支軸点. **6** (金網の)曲げ部. **7** (椅子の)ナックル《臂掛けの前面に人の指に合わせて刻み込んだ縦筋》. **8** 〘造船〙 ナックル《船尾の稜角, 折れ角》.

give* [*get*] *a rap on* [*over*] *the knuckles ⇨ rap¹ *n.* 成句. ***near the knuckle*** 《口語》 (1) きわどい, しもがかった (risqué). (2) 〈非難など〉あまりにも露骨で. ***rap a person's knuckles*** = ***rap a person on* [*over*] *the knuckles*** ⇨ rap¹ *v.* 成句.

—— *vt.* **1** げんこつで打つ, 指の関節で打つ[押す, こする]. **2** (こぶしを地につけて)〈おはじきを〉はじく. **3** 〘ゴルフ〙 〈膝を〉内側に曲げる. —— *vi.* (こぶしを握って)親指の関節を地面につける 〈*down*〉《おはじきをはじく時の用意》.

knuckle down (1) じっくり取り掛かる, 懸命[熱心]に始める 〔*to*〕: ～ *down to* work. (2) 降参する, 屈服する (submit)〔*to*〕. (3) ⇨ *vi.* ***knuckle under*** = KNUCKLE *down* (2).

knúckle·bàll *n.* 〘野球〙 ナックルボール《人差し指と中指(時に ; さらに薬指)を曲げてボールに押し当てて投げるスローボール》.

knúckle·bàll·er *n.* 〘野球〙 ナックルボールを投げる投手.

knúckle·bóne 〘ME〙 —— *n.* **1** 〘解剖〙 指の関節を作っている骨《指節, 中手骨》. **2 a** (羊・子牛・豚などの)一端が丸くなった趾(ｼ)骨. **b** [*pl.* ; 単数扱い] (昔, 羊の趾骨などで作った玉をほおり上げて遊んだ)お手玉に似た子供の遊戯. **3** (子牛・羊などの)膝肉(ﾋｻﾞﾆｸ).

knúckle·dùster *n.* 拳鍔(ｹﾝﾂﾊﾞ)《握って拳にはめる武器用金具 ; brass knuckles ともいう》.

knúckle·hèad *n.* 《米口語》 のろま. **～·ed** *adj.*

knúckle jòint *n.* **1** 〘解剖〙 (中手)指節関節《指の付根の関節》. **2** 〘機械〙 ナックル継ぎ手, ひじ継ぎ手.

knúckle lìne *n.* 〘造船〙 ナックルライン《二重底縁板の屈曲線, 船尾の稜角線》.

knuckle-duster

knúckle pìn *n.* 〘機械〙 ナックルピン, ひじピン 《knuckle joint に用いるピン》.

knúck·ler [-klə, -klə | -klə(r, -klə(r] *n.* 〘野球〙 =knuckleball.

knúck·ly 〘← KNUCKLE＋-Y⁴〙 *adj.* (**more ～, most ～ ; knuck·li·er, -li·est**) 指の節[指骨]の大きい.

Knúd·sen effèct [núːdsn- ; *Dan.* knúsən-] 〘← *Martin Knudsen* (1871–1949 : デンマークの物理学者)〙 —— *n.* 〘熱力学〙 クヌーセン効果《毛細管で結合された容器内の2気体に対する温度変化による圧力の変化》.

knur [nə́ː | nə́ː(r] 〘ME *knorre* : cf. G *Knorren*〙 *n.* **1** (木の)節, こぶ (knob) ; (石などの)堅い心(ｼﾝ). **2** (イングランド北部で行なわれる一種の球戯用の)木球.

knurl [nə́ːl | nə́ːl] 〘《1608》《混成》? ← KNUR＋GNARL¹〙 —— *n.* **1** (木の幹の)節, こぶ. **2** 〘機械〙 (道具の柄・六角穴つきねじの頭・硬貨の縁などの表面に滑りどめ・装飾のためにつける)刻み, ぎざぎざ. **3** 《スコット》 ずんぐりした人. —— *vt.* 節[こぶ]をつくる, (滑りどめ・装飾のために)刻み[ぎざぎざ]をつける.

knurled *adj.* **1** 節のある ; 節だらけの, こぶの多い. **2** 〘機械〙 (六角穴つきねじの頭などに)刻みをつけた.

knúrl·ing [-lɪŋ] *n.* **1** 節[こぶ]を作ること ; 節[こぶ]の隆起. **2** 〘機械〙 ローレット切り. **3** 〘ガラス製造〙 ナーリング, 梨子地模様《びんのぶつぶつの表面など》.

knurl·y [nə́ːli | nə́ːli] *adj.* (**more ～, most ～ ; knurl·i·er, -i·est**) 節の多い, いぼ[こぶ]だらけの.

knurr [nə́ː | nə́ː(r] *n.* 《英》 =knur.

knut [(k)nʌ́t] 〘《1911》 NUT の戯言的つづり〙 *n.* 《俗》 (19世紀終わりから第一次大戦ごろまでの)しゃれ者, おしゃれ.

Knut [kn(j)úːt | knjúːt] *n.* =Canute.

Knute [kn(j)úːt | knjúːt] 〘⇨ Canute〙 *n.* 男性名.

KO [kèɪóu, ˌ-ˌ-ˊ | kèɪə́u, ˌ-ˌ-ˊ] 〘ボクシング〙 *n.* (*pl.* **KO's**) =knockout 1 b. —— *vt.* (**KO'd ; KO'ing ; KO's**) = KNOCK *out* (2).

k.o. 《略》 keep off ; keep out ; kick off.

k.o., K.O. 《略》 knockout.

ko·a [kóuə | kə́uə] 〘《1850》 ▭ Hawaiian 《土語》 ～〙 *n.* **1** 〘植物〙 コア (*Acacia koa*) 《Hawaii 産のアカシア属の高木》. **2** コア材《赤色で木目が美しく家具用》.

ko·a·la [kouáːlə | kəu-] 〘《1808》《変形》 ← *koolah* ▭ Austral. 《土語》 *kūl(l)a*〙 —— *n.* **1** 〘動物〙 コアラ, コモリグマ, フクログマ (*Phascolarctos cinereus*) 《オーストラリア南東部に分布するクスクス科の有袋類 ; 樹上棲でユーカリの葉を常食 ; koala bear ともいう》. **2** コアラの毛皮.

ko·an [kóuɑːn | kə́u-] 〘▭ Jap.〙 *n.* (*pl.* **～, ～s**) (禅宗の)公案.

kob [kɑ́(ː)b, kóub | kɔ́b, kə́ub] 〘← Senegal 《土語》〙 *n.* 〘動物〙 コーブ (*Kobus kob*) 《アフリカ中央部の草原地帯に分布するレイヨウ》.

Ko·ba·rid [kóubəriːd | kə́u- ; *Serbo-Croat.* kóbarid] *n.* コバリッド《ユーゴスラビア北西部の村 ; もとイタリア領 ; 第一次大戦でイタリア軍大敗の地 (1917) ; イタリア語名 Caporetto》.

Kö·ben·havn [*Dan.* købənháu'n] *n.* ケーベンハウン 《Copenhagen のデンマーク語名》.

Ko·blenz [kóublents | kə(u)blénts, kə́ublents ; *G.* kóːblɛnts] *n.* コブレンツ《西ドイツ North Rhine-Westphalia 州の都市, Rhine 川と Moselle 川の合流点にある ; 人口 117,000》.

ko·bo [kɔ́ːbɔː] 〘《変形》 ← COPPER¹〙 *n.* (*pl.* ～) **1** コボ《ナイジェリアの通貨単位 ; =$^{1}/_{100}$ naira》. **2** 1 コボ青銅貨.

ko·bold [kóubɔ(ː)ld, -bould | kɔ́bəuld, kə́ub-, -bḷd ; *G.* kóːbɔlt] 〘《1830》 ▭ G ～ : cf. cobalt〙 —— *n.* 〘ドイツ伝説〙 **1** (人家に来ていたずらなどをする)小鬼, 小魔物. **2** (鉱山などの穴の中に住むと言われている)地霊, 地の精.

Koch [kɔ́(ː)k, kɔ́(ː)x, kóuk, kóux, kʌ́k, kɑ́(ː)x | kɔ́k, kɔ́x ; *G.* kɔ́x], **Ro·bert** [róːbɛrt] *n.* コッホ《1843–1910 ; ドイツの細菌学者・医学者 ; 結核菌・コレラ菌などを発見 ; Nobel 医学生理学賞 (1905)》.

Kóch bacíllus *n.* 〘細菌〙 =Koch's bacillus.

Kö·chel [kə́ːkəl, kʌ́k-, kə́ːʃəl, kʌ́ʃ- ; *G.* kœ́çəl], **Ludwig, Ritter von** *n.* ケッヘル《1800–77 ; オーストリアの植物・鉱物学者 ; Köchel number を作成》.

Köchel number [ˊ-ˊ-ˊ-] 〘↑〙 *n.* 〘音楽〙 ケッヘル番号《Mozart の全作品を年代順に整理した作品番号 ; 略 K.》.

Ko·cher [kɔ́(ː)kə, kɔ́(ː)xə | kɔ́kə(r, kɔ́xə(r ; *G.* kɔ́xɐ], **Emil Theodor** *n.* コッハー《1841–1917 ; スイスの外科医 ; Nobel 医学生理学賞 (1909)》.

Kóch phenómenon 〘← *R. Koch*〙 *n.* 〘医学〙 コッホ現象《結核患者にツベルクリンを皮下注射すると, 一時的な反応熱があって局所の炎症反応を起こす》.

Kóch's bacíllus 〘← *R. Koch*〙 *n.* 〘細菌〙 結核菌, コッホ菌 (*Mycobacterium tuberculosis*).

Kóch-Wéeks bacíllus [-wíːks-] 〘← *R. Koch* & *John E. Weeks* (1853–1949 : 米国の眼科医)〙 —— *n.* 〘細菌〙 コッホ ウィークス菌, 結膜炎好血菌 (*Hemophilus aegypticus*).

Ko·dak [kóudæk | kə́u-] 〘《1888》 : 米国の George Eastman (1854–1932) の造語〙 *n.* 〘商標〙 コダック《米国 Eastman Kodak 社製のカメラおよび写真材料》.

Ko·dá·ly [kóudaɪ | kə́udaɪ, ˌ-ˊ ; *Hung.* kóːdaːj] **Zoltán** [zóltaːn] *n.* コダーイ《1882–1967 ; ハンガリーの作曲家・民謡研究家・音楽教育学者》.

Ko·di·ak [kóudiæk | kə́udɪ-] *n.* 米国 Alaska 州南部, Alaska 半島基部に近い島, 面積 13,890 km².

Kódiak bèar *n.* 〘動物〙 コディアク グマ, アラスカヒグマ (*Ursus middendorffi*) 《Kodiak 島産の大グマ ; 大きいものは体重 1,500 ポンドにまで成長する》.

Ko·dok [kóudɑk | kə́udɔk] *n.* コドク (⇨ Fashoda).

kOe 《略》〘電気〙 kilo-oersted(s).

ko·el [kóuɪl, -əl, kɔ́ɪl | kə́uɪl, kɔ́ɪl] 〘▭ Hindi *koel, koil* ← Skt *kokila* : cf. cuckoo〙 —— *n.* 〘鳥類〙 オニカッコウ (*Eudynamys scolopaceus*) 《南アジア・オーストラリアなどにすむホトトギス科のカッコウの類》.

Koes·tler [kés(t)lə | -lə(r], **Arthur** (**Otto**) *n.* ケスラー《1905– ; ハンガリー生れの英国の小説家 ; *Darkness at Noon* (1941)》.

K. of C. 《略》 Knight(s) of Columbus.

Koff·ka [kɔ́(ː)fkə | kɔ́f- ; *G.* kɔ́fka], **Kurt** [kúrt] *n.* コフカ《1886–1941 ; ドイツ生れの米国の心理学者》.

K. of L. 《略》 Knight(s) of Labor.

K. of P. 《略》 Knight(s) of Pythias.

Koh-i-noor [kóuənùə | kə́uɪnùə(r, -nɔ̀ː(r] 〘《1849》 ▭ Pers. *kōh-i-nūr* 《原義》 mountain of light ← *kōh* mountain + *i* of + *nūr* light〙 —— *n.* **1** [the ～] コーイヌール《1849 年東インド会社が Punjab 併合記念に Victoria 女王に献上, 以来英国王室御物として有名になった 106 カラットのインド産ダイヤモンド》. **2** [また k-] (コーイヌールのように)大きなすばらしいダイヤモンド ; (一般に)(その種類中の)絶品, 逸品 〔*of*〕.

kohl [kóul | kə́ul] 〘《1779》 ▭ Arab. *kuḥl* : cf. alcohol〙 —— *n.* コール墨《通例アンチモニーの粉末で, アラビア婦人などがまぶたの縁などを黒ずませるために用いる ; cf. mascara》. —— *vt.* 〈まぶたなど〉にコール墨を塗る. **～ed** *adj.*

Köh·ler [kə́ːlə, kéɪ- | kə́ːlə(r ; *G.* kǿːlɐ], **Wolfgang** *n.* ケーラー《1887–1967 ; 米国に在住したエストニア生れのドイツの心理学者》.

kohl·rab·i [koulrǽbi, -ráːbi, ˌ-ˊ- | kə̀ulráːbɪ] 〘《1807》 ▭ G ～ 《混成》 ← G *Kohl* cabbage + It. *cauli* (or *cavoli*) *rape* ((pl.) ← *cavolo rapa* cabbage turnip) : cf. cole, rape²〙 —— *n.* (*pl.* **～es**) 〘植物〙 キュウケイカンラン, コールラビー (*Brassica oleracea* var. *caulorapa*) 《茎部が肥大してかぶ状になっている ; 食用》.

ko·i [kɔ́ɪ] 〘▭ Jap.〙 *n.* 〘魚類〙 コイ (carp).

ko·il [kóuɪl, -əl, kɔ́ɪl | kə́uɪl, kɔ́ɪl] *n.* 〘鳥類〙 =koel.

koil·o·nych·i·a [kɔ̀ɪlo(u)níkiə | -lə(u)níkɪə] 〘← NL ～ ← Gk *koîlos* hollow + *ónux* 'ONYX' + -IA¹〙 *n.* 〘病理〙 さじ状爪, スプーン(状)爪 (spoon nail).

koi·ne, K- [kɔɪnéɪ, ˌ-ˊ, kiːnéɪ | kɔ́ɪniː] 〘《1913》 ▭ Gk *koinḗ* (*diálektos*) common (dialect) (fem.) ← *koinós* common〙 —— *n.* **1** [the ～] コイネー《Attica 時代末期—ビザンチン期の標準ギリシャ語 ; Attica 方言を基礎に Ionia 方言などを混交したギリシャ語 ; 新約聖書はこの言語で書かれた》. **2** [k-] (もと特定の地域の方言であった)共通語, 標準語. **3** [k-] 共通の文化.

koi·no·ni·a [kɔ̀ɪnəníːə, kìːn-] 〘▭ Gk *koinōnía* communion, partnership ← *koinós* (↑)〙 —— *n.* **1** 〘キリスト教〙 キリスト教徒の交わり ; [集合的] キリスト教信者. **2** 交わりのしるし[手段], 献金. **3** (共通の責任を担うことから生じる)親密な精神的共同体.

kó·jic ácid [kóudʒɪk- | kə́u-] 〘← Jap. *kōji* + -IC¹〙 —— *n.* 〘化学〙 こうじ酸 ($(HO)(C_5O_2H_2)CH_2OH$) 《こうじ菌族によって各種の炭水化合物から生成される抗菌性物質》.

Ko·kand [ko(u)kǽnd | kə(u)káːnd ; *Russ.* kakánt] *n.* コーカンド《ソ連邦 Uzbekistan 共和国東部の都市 ; もと Kokand 汗国(ｶﾝｺｸ)の首都であったが, 1876 年帝政ロシヤに併合 ; 人口 155,000》.

ko·kan·ee [ko(u)kǽni | kə(u)kǽnɪ] 〘← ? *Kokanee Creek* (カナダ British Columbia 州の川の名)〙 —— *n.* (*pl.* **～s, ～**) 〘魚類〙 北米北西部産ベニマスの陸封型 (*Oncorhynchus nerka*).

ko·ko [kóukou | kə́ukəu] 〘▭ Fanti ～〙 *n.* 〘植物〙 **1** 熱帯アフリカ西部で根を食用とするため栽培されるテンナンショウ科の植物. **2** 〘← ?〙 =lebbek 1.

Ko·ko Nor [kóukou-nɔ́ə | kə́ukəu-nɔ́ː(r] *n.* **1** ココノール《中国西部, 青海省(Tsinghai) のモンゴル語名》. **2** ココノール(湖) (⇨ Tsinghai 2).

Ko·kosch·ka [kəkɔ́(ː)ʃkə, kɔ́ːkəʃ- | kəkɔ́ʃ-, kə́ukəʃ- ; *G.* kokɔ́ʃka], **Oskar** *n.* ココシュカ《1886–1980 ; オーストリアの画家・劇作家 ; 表現主義の代表者》.

kok-sa·ghyz [kòuksəgíːz, kʌ̀k-, -gíz | kə̀uk-, kɔ̀k- ; *Russ.* kəksagís] 〘▭ Russ. *kok-sagyz* ← Turk. *kok* root + East Turk. *sagiz* rubber, gum〙 —— *n.* (*also* **kok-sagyz** [～]) 〘植物〙 ゴムタンポポ (*Taraxacum kok-saghyz*) 《ソ連邦 Kazakstan 共和国に産するタンポポの一種 ; その根にある乳液は弾性ゴムの原料となる》.

ko·la [kóulə | kə́u-] *n.* **1** =cola³ 2. **2** =kola nut.

Ko·la [kóulə | kə́u- ; *Russ.* kólə] *n.* **1** [the ～] コラ(半島)《ソ連邦ロシヤ共和国北西部, 白海と Barents 海との間の半島》. **2** コラ《コラ半島の Murmansk 付近の町》.

kóla nùt *n.* コラノキ (kola tree) の実, コラナッツ《caffeine と theobromine を含有し, 清涼飲料に刺激剤として入れる ; 単に kola ともいう : cf. cola³ 1》.

Ko·lár Góld Fìelds [kouláə-, kóulaə- | kəuláː-, kə́ulaː-] *n. pl.* [the ～] コラルゴールドフィールズ《インド南部, Mysore 州の都市 ; 金鉱地 ; 人口 77,000》.

kóla trèe *n.* 〘植物〙 コラノキ (*Cola nitida*) 《アオギリ科コラ属の植物 ; その実は清涼飲料水の原料》.

Kol·ha·pur [kóuləpùə | kə̀ulhaːpúə(r] *n.* コラプル《インド西部の都市 ; 人口 259,000》.

ko·lin·sky [kəlínski | -skɪ] 〘▭ Russ. *kol'skii* (adj.) ← *Kola* (その産地であるロシヤ北西部の半島および町の名)〙 —— *n.* (*also* **ko·lin·ski** [～]) **1** 〘動物〙 チョウセンイタチ (⇨ yellow weasel). **2** コリンスキー《チョウセンイタチの毛皮》.

kol·khoz [kɑlkɔ́(ː)z, kʌl-, kɔ(ː)l-, -kɔ́(ː)s | kɔlkɔ́z, -káuz ; *Russ.* kalxós] 〘《1921》 ▭ Russ. ～ ← *koll*(*ektivnoe*) collective + *khoz*(*yaĭstvo*) housekeeping, farm〙 —— *n.* (*pl.* **kol·kho·zy** [～i | ～ɪ ; *Russ.* kalxózi], **～es**) (ソ連の)コルホーズ, 集団農場 (collective farm) (cf. sovkhoz).

kol·khoz·nik [kɑlkɔ́(ː)znɪk, kʌl-, kɔ(ː)l- | kɔlkɔ́z-, -kɔ́uz- ; *Russ.* kalxóznjik] 〘▭ Russ. ～ : ⇨ ↑, -nik〙 —— *n.* (*pl.* **-khoz·ni·ki** [-ki | -kɪ ; kalxóznjiki], **～s**) コルホーズの構成員, 集団農場員.

kolkhozy *n.* kolkhoz の複数形.

kol·ler·gang [kɑ́ləgæ̀ŋ | kɔ́lə-] 〘▭ G ～ ← *Kollern* to roll + *Gang* action, course〙 *n.* 〘機械〙 =edge runner.

Koll·witz [kɔ́(ː)lwɪts | kɔ́l- ; *G.* kɔ́lvɪts], **Kä·the** [kɛ́ːtə] *n.* コルウィッツ《1867–1945 ; ドイツの女流画家・版画家 ; 旧姓 Schmidt》.

Köln [*G.* kœln] *n.* ケルン《Cologne のドイツ語名》.

Kol Nid·re [kòul-nídreɪ, kɔ(ː)l-, -dri, -drə, kòul-nɪdréɪ | kɔl-nídrɪ, -drə] 〘▭ Aram. *kol nidhrê* all the vows : この祈りの冒頭の句〙 —— *n.* 〘ユダヤ教〙 コルニドレ《あがないの日 (Yom Kippur) に入る直前のまだ明るい時から日没にかけて会堂で歌われる祈り》.

ko·lo [kóulou | kə́uləu] 〘▭ Serbian ～ 'WHEEL'〙 *n.* (*pl.* **～s**) コーロ《ソロの踊り手をリーダーとして円になって踊るセルビアの民俗舞踊》.

Ko·ly·ma [kəlíːmə ; *Russ.* kalimá] *n.* [the ～] コリマ(川)《ソ連邦ロシヤ共和国東部 Yakut 自治共和国とマガダン州を流れる川 ; 北東に流れて東シベリア海に注ぐ (2,129 km)》.

ko·mat·ik [ko(u)mǽtɪk | kə(u)mǽt-] 〘▭ Eskimo ～〙 —— *n.* (Labrador 半島の)エスキモーの犬ぞり.

Kó·mi Autónomous Sóviet Sócialist Repúblic [kóumi- | kə́umɪ- ; *Russ.* kómji-] *n.* [the ～] コミ自治ソビエト社会主義共和国《ソ連邦ロシヤ共和国北西部の自治共和国 ; 人口 1,080,000, 面積 415,900 km², 首都 Syktyvkar》.

Kom·in·tern [kɑ́mɪntə̀ːn, -mən-, ˌ-ˌ-ˊ | kɔ́mɪntə̀ːn, ˌ-ˌ-ˊ ; *Russ.* kəmjintérn] *n.* =Comintern.

kom·i·tad·ji [kòumətáːdʒi, kàm-|kəumɪtáːdʒi, kɔ̀m-] 〘▭ Turk. *komitacı* rebel, member of a revolutionary committee ← *komita* ▭ F *comité* 'COMMITTEE'〙 ── *n.* (*also* **kom·i·ta·ji** [～]) (バルカン地方の)ゲリラ部隊員.

kom·man·da·tu·ra [kəmæ̀ndətúː(ə)rə|-màːndətúərə] 〘▭ G *Kommandantur* command post〙 ── *n.* 軍政司令部[本部]; (特に第二次大戦後ヨーロッパ占領都市での)ソ連[連合国]軍政司令部.

Ko·mó·do drágon [lízard] [kəmóudou-|-məúdəu-] 〘← *Komodo* (インドネシアの島の名)〙 ── *n.* 〘動物〙コモドオオトカゲ, コモドリュウ (*Varanus komodoensis*)《インドネシアの Komodo 島およびその付近にすむ世界最大のトカゲ; 長さ 3.5 m にも達する; インドネシア政府保護動物; dragon lizard ともいう》.

Ko·mon·dor, k- [kámənd ɔ̀ə, kóu-|kɔ́məndɔ̀ː(r), kə́u-; *Hung.* kúmondor] 〘▭ Hung. ～〙 ── *n.* コモンドール《ハンガリー原産の犬種で大きな白いむく毛の牧羊・牧牛用または番犬として用いられるイヌ》.

Kom·so·mol [kàmsəmɔ́(ː)l, -mál|kɔ̀msəmɔ́l; *Russ.* kəmsamól] 〘▭ Russ. ～ ← *Kom(munisticheskii) So(yuz) Mol(odezhi)* Communist Union of Youth〙 ── *n.* (ソ連の)共産青年同盟(員), コムソモール《1918 年に結成された 16-23 歳の青年を対象とした組織; cf. Octobrist 2, pioneer 6》.

Kom·so·mólsk-on-Amúr [kàmsəmɔ́(ː)lsk-, -málsk-|kɔ̀msəmɔ́lsk-; *Russ.* kəmsamóljsk-] *n.* コムソモリスク(ナアムーレ)《ソ連邦ロシヤ共和国東部, Khabarovsk 地方の Amur 河畔の都市; 人口 252,000; 単に Komsomolsk ともいう》.

ko·na [kóunə|kə́u-] 〘▭ Hawaiian (土語) ～〙 *n.* 〘気象〙コナ《Hawaii 地方で吹く雨を伴った強い南西風》.

kóna cỳclone *n.* 〘気象〙コナサイクロン《太平洋亜熱帯地域で冬に発生するサイクロン》.

Ko·na·kri [kánəkri|kɔ́nəkri; *F.* kɔnakri] *n.* ＝Conakry.

kóna stòrm *n.* 〘気象〙＝kona cyclone.

kon·fyt [kanfáɪt] 〘▭ Afrik. ～ ← Du. *konfijt* 'COMFIT'〙 *n.* 《アフリカ南部》果物の砂糖漬け.

Kon·go[1] [káŋgou|kɔ́ŋgəu] *n.* [the ～] ＝Congo 3.

Kon·go[2] [káŋgou|kɔ́ŋgəu] *n.* (*pl.* ～**s**, ～) **1 a** [the ～(s)] コンゴ族《アフリカ Congo 川の下流に住む Bantu 系種族の一部族》. **b** コンゴ族の人. **2** コンゴ語《Bantu 語派に属し商用語》.

kon·go·ni [kaŋgóuni|kɔŋgə́unɪ] 〘▭ Swahili ～〙 ── *n.* (*pl.* ～) 〘動物〙コンゴニハーテビースト (*Alcelaphus buselaphus cokei*)《東アフリカ産のハーテビースト属のレイヨウ; cf. hartebeest》.

Kö·nig·grätz [kéɪnɪggrèɪts, kə́ːn-|kə́ːn-; *G.* kø̀ːnɪçgrɛ́ːts, ←⌣] *n.* ケーニヒグレーツ《Hradec Králové のドイツ語名》.

Kö·nigs·berg [kéɪnɪgzbə̀ːg, kə́ːn-, -bɛ̀əg, -bɛ̀ək|kə́ːnɪgzbɛ̀əg, -bə̀ːg; *G.* kǿːnɪçsbɛ̀rk, -bɛ̀rç] *n.* ケーニヒスベルク《Kaliningrad の旧ドイツ語名; Kant の出生地》.

ko·nim·e·ter [ko(u)nímətə|kə(u)nímɪtə(r, -mə-] 〘← Gk *konía* dust＋-METER[1]〙 *n.* 塵埃(じんあい)測定器.

ko·ni·ol·o·gy [kòuniálədʒi|kəunɪɔ́lədʒɪ] 〘← Gk *konía* dust＋-o-＋-LOGY〙 ── *n.* 塵埃(じんあい)学《細菌・花粉など大気中に浮遊する不純物を医学的に研究する衛生学の一分野》.

konk [káŋk, kɔ́(ː)ŋk|kɔ́ŋk] *n.* ＝conk[1].

Kon·ka·ni [káŋkəniː|kɔ́ŋ-] 〘▭ Marathi *Koṅkaṇī* ← *Koṅkaṇ* (インド西部の海岸地帯)〙 ── *n.* 〘言語〙コーンカニー語《インド西海岸に話される近代インドアーリア語の一つであるマラーティー語の一方言》.

Kon·rad [kánræd|kɔ́n-; *G.* kɔ́nraːt] 〘《異形》← CONRAD〙 *n.* 男性名.

Kon·stan·tin [kánstəntìːn, ⌣⌣←|kɔ́nstəntìːn, ⌣⌣←; *G.* kɔ́nstantiːn, ⌣⌣←] 〘▭ G ～ 'CONSTANTINE'〙 *n.* 男性名.

Kon·stan·ti·no·vich [kànstəntíːnəvɪtʃ, kɔ̀(ː)n-|kɔ̀n-; *Russ.* kənstantínəvjitʃ] 〘▭ Russ. ～ (原義) son of Konstantin (↑): ⇨ Constantine〙 *n.* 男性名.

Kon·stanz [*G.* kɔ́nstants] *n.* コンスタンツ《Constance のドイツ語名》.

kon·ta·ki·on [kəntáːkjɔ(ː)n|-kjən] 〘▭ MGk ～ (原義) scroll (dim.)? ← LGk *Kontak-, Kontax* pole ＝Gk *Kontós*〙 ── *n.* (*pl.* **-kia** [-kjaː]) 〘東方正教会〙 **1** (祝日主題)摘要聖歌. **2** (司祭・輔祭の)祈禱書[折本].

Kon-ti-ki [kántíːki|kɔ́ntíːkɪ] 〘Inca の太陽神の名から〙 ── *n.* [the ～] コンチキ号《ノルウェーの民族学者, 探検学者 T. Heyerdahl が, 昔南米人がポリネシア諸島に移住したことを実証しようと作ったバルサ材製の筏; 1947 年ペルーの Lima から 101 日間でポリネシアに漂着成功》.

「の都市; 人口 470,000》.

Ko·nya [kɔːnjáː; *Turk.* kónja] *n.* コニヤ《トルコ南部

Koo [kúː; *Chin.* kù], **Vi Kyuin** [uéɪtʃýn] **Wellington** *n.* 顧維鈞(こいきん)《1887– ; 中国(国民政府)の政治家・外交官》.

koo·doo [kúːduː] 〘《1777》▭ Hottentot *kudu* ▭ Kaffir *iqudu*〙 ── *n.* (*pl.* ～**s**) 〘動物〙クードゥー, クーズー, ネジツノレイヨウ (*Strepsiceros strepsiceros*)《アフリカ南部および東部産の角がねじれて体に白い縞(しま)のある大型のレイヨウ》.

kook [kúːk] 〘《転訛》? ← CUCKOO〙 *n.* 《俗》 **1** 変人, 変わり者, ばか. **2** [形容詞的] ＝kooky 1.

kook·a·bur·ra [kúkəbə̀ː(r)ə|-bʌ̀rə] 〘← Austral. (土語)〙 ── *n.* 〘鳥類〙ワライカワセミ (*Dacelo novaeguineae*)《オーストラリア産の大型のカワセミ; laughing jackass ともいう》.

kook·y [kúːki|-kɪ] 〘← KOOK＋-Y[4]〙 ── *adj.* (**kook·i·er**; **-i·est**) (*also* **kook·ie** [～]) 《俗》 **1** 変な, 変人の, ばかな, 気違いじみた. **2** 〈服装など〉風変りな, 尖端的な. **kóok·i·ly** [-kɪli, -kə-|-lɪ] *adv.* **kóok·i·ness** *n.*

Kooning, Willem de *n.* ⇨ de Kooning.

koo·ra·jong [kú(ə)rədʒɔ̀(ː)ŋ, -dʒàŋ|kúərədʒɔ̀ŋ] *n.* 〘植物〙＝kurrajong.

koor·bash [kúəbæʃ, ⌣←|kúəbæʃ, ⌣←] *n., vt.* ＝kurbash.

Koo·te·nay[1] [kúːtənèɪ, -tn-, -tneɪ, -tnɪ|-tənèɪ, -tneɪ, -tnɪ] *n.* (*also* **Koo·te·nai** [～]) ＝Kutenai[1].

Koo·te·nay[2] [kúːtənèɪ, -təni, -tni|-tənèɪ, -nɪ] 〘← ? N-Am.-Ind. (Salishan)〙 ── *n.* (*also* **Koo·te·nai** [～]) [the ～] カナダの British Columbia 州南東部に発する川 (650 km); 米国 Montana 州北西部および Idaho 州北部を貫流, 再びカナダに向かい最後に Columbia 川に注ぐ; カナダのこの付近は Kootenay National Park (クートネー国立公園).

kop [káp|kɔ́p] 〘▭ Afrik. ～ ▭ Du. ～ 'head': cf. cop[1]〙 *n.* (アフリカ南部の)丘, 小山 (hill).

kop. 《略》 kopeck(s).

ko·peck [kóupek|kə́u-, kɔ́p-] 〘▭ Russ. *kopeika* (dim.) ← *kop'e* lance: もと馬上でやりを持った Ivan 四世の像が付いていたことから〙 ── *n.* (*also* **ko·pek** [～]) コペイカ《ソ連の通貨単位; ＝1/100 rouble; 略 kop.》; 1 コペイカ銅貨.

koph [kóuf|kə́uf] *n.* ＝qoph.

kop·je [kápi|kɔ́pɪ] 〘▭ Afrik. *koppie* ← Du. *kopje* (dim.) ← *Kop* 'KOP'〙 *n.* (*also* **kop·pie** [～]) (アフリカ南部の草原の)小丘, 小山 (hillock).

Kóp·lik's spóts [káplɪks-|kɔ́p-] 〘← *Henry Koplik* (1858-1927: アメリカの小児科医)〙 *n. pl.* 〘病理〙麻疹(はしか)口内疹, コプリック斑《早期診断に役立つ》.

kor [kɔ́ə, kóə|kɔ́ː(r] 〘▭ Heb. *kōr* ▭ Akkad. *kurru* ▭ Sumer. *gur*〙 *n.* ＝homer[2].

Kor. 《略》 Korea; Korean.

korai *n.* kore の複数形.

ko·rait [kəráɪt] *n.* 〘動物〙＝krait.

ko·ra·kan [kɔ́ːrəkæn, kóːr-|kɔ́ːr-] 〘▭ Tamil *kuṟakkaṉ* ▭ Sinhalese *kurakkan*〙 *n.* 〘植物〙＝raggee.

Ko·ran [kərǽn, ko(ʊ)r-, kɔːr-, kur-|kɔráːn, kɔːr-, kur-, kər-] 〘《1625》▭ Arab. *qur'ān* reciting ← *qára'a* to recite: cf. Alcoran〙 ── *n.* [the ～] コーラン《イスラム教の経典で Muhammad に降された啓示の集大成》.

Ko·ran·ic [kərǽnɪk, ko(ʊ)r-, kɔːr-, kur-, -rá:n-|kɔrǽnɪk, kɔːr-, kur-, kər-] *adj.* コーランの; コーランによって定められた.

kor·ban [kɔ́əbæn, -bɑːn, ⌣←|kɔ́ːbæn] *n.* ＝corban.

Kor·do·fan [kɔ̀ədəfǽn|kɔ̀ːdə(ʊ)fáːn, -fǽn] *n.* コルドファン《スーダン中部の地方; 人口 3,020,000, 面積 381,000 km², 首都 El Obeid [èɪ-o(ʊ)béɪd|-ə(ʊ)-]》.

Kor·do·fan·i·an [kɔ̀ədəfǽniən|kɔ̀ːdə(ʊ)fáːnjən, -fǽn-, -nɪən] 〘← *Kordofan*〙 *n.* (アフリカ語の)コルドファニア語群.

ko·re [kɔ́ːri, kóːri, -reɪ|kɔ́ːrɪ, -reɪ] 〘▭ Gk *kórē* girl〙 ── *n.* (*pl.* **ko·rai** [-raɪ]) **1** 〘ギリシャ美術〙(多くは紀元前 6 世紀より前に造られた)若い女性の彫像. **2** [K-] 〘ギリシャ神話〙コレー (⇨ Persephone 1).

Ko·re·a [kəríːə|kəría, kɔ(ː)r-] 〘▭ Korean *Koryo* (*Korai* (高麗)): 王朝 (A.D. 936-1392) 名, (原義)「高い山やきらめく川の国」〙 ── *n.* **1** 朝鮮《アジア東部の半島; 面積 220,231 km²; 1948 年以来, 北緯 38 度線付近で North Korea と South Korea とに二分されている》. **2** [the ～] ＝Korea Strait.

Koréa Báy *n.* 朝鮮湾《北朝鮮と遼東(りょうとう)半島 (Liaotung Peninsula) との間, 黄海の入江》.

Ko·re·an [kəríːən|kəríən, kɔ(ː)r-] 〘《1614》: ⇨ Korea, -an[1]〙 *adj.* 朝鮮の; 朝鮮人の; 朝鮮語の. ── *n.* **1** 朝鮮人. **2** 朝鮮語.

Koréan azálea *n.* 〘植物〙チョウセンヤマツツジ (*Rhododendron yedoense* var. *poukhanense*)《半常緑の低木で紫の斑点のある赤い花をつけるツツジの類》.

Koréan láwn gràss *n.* 〘植物〙コウライシバ, チョウセンシバ, イトシバ (*Zoysia tenuifolia*)《ゴルフ場などの芝生をつくる》.

Koréan Wár *n.* [the ～] 朝鮮戦争 (1950-1953).

Koréa Stráit *n.* [the ～] 朝鮮海峡《朝鮮半島と対馬の間の海峡》.

kórf·bàll [kɔ́əf-|kɔ́ːf-] 〘▭ Du. *Korfbal* ← *Korf* basket＋*bal* ball〙 *n.* コーフボール《バスケットボールやネットボールに類似したオランダのゲーム》.

Ko·rin·thos [*Mod. Gk.* kɔ́rinθɔs] *n.* コリントス《Corinth 3 のギリシャ語名》.

Korn·berg [kɔ́ənbəːg|kɔ́ːnbəːg], **Arthur** *n.* (1918–) 米国の生化学者; Nobel 医学生理学賞 (1959).

Kor·o·seal [kɔ́(ː)rəsìːl, kár-|kɔ́r-] *n.* 〘商標〙コロシール《塩化ビニールから作られる可塑性塩化ビニール重合体; 絶縁材, 気球外皮などに利用》.

Kór·sa·koff's psychósis [sýndrome] [kɔ́əsəkɔ̀(ː)fs-, -kàvz-|kɔ́ːsəkɔ̀vz-, -kɔ̀fs-; *Russ.* kórsəkəf-] 〘← *Sergei Korsakoff* (1854-1900: ロシヤの精神病学者)〙 *n.* 〘精神医学〙コルサコフ精神病[症候群], 健忘症候群《激しい精神病で, アルコール中毒と極度の栄養不足が原因》.

ko·ru·na [kɔ́(ː)rənàː, kár-|kɔ́r-; *Czech* kóruna] 〘▭ Czech ～ ▭ L *corōna* 'CROWN'〙 ── *n.* (*pl.* **ko·run** [-ruːn], **ko·ru·ny** [-ni|-nɪ; *Czech* kóruni], ～**s**) **1** コルナ《チェコスロバキアの通貨単位; ＝100 halers; 記号 Kč》. **2** 1 コルナ硬貨[紙幣].

Kor·zyb·ski [kɔəzípski|kɔːzípski; *Pol.* kɔʒípski], **Alfred** (**Hab·dank Skar·bek**) [hábdank skárbɛk] コジブスキー《1879-1950; ポーランド生れの米国の自然科学者; 一般意味論 (general semantics) の創始者; *Science and Sanity* (1933)》.

kos [kóus|kə́us] 〘▭ Hindi *kōs* ← Skt *krōśa* (原義) a call, shouting distance〙 *n.* (*pl.* ～) コウス《インドの里程単位; 地域により 1-3 マイルで一定しない》.

Kos [kɑ́(ː)s, kóus|kɔ́s] *n.* コス(島)《トルコの南西海岸沖の Dodecanese 諸島のギリシャ領の一島; ぶどうの産地; 人口 17,000, 面積 287 km²》.

Kos·ci·us·ko [kàziáskou|kɔ̀zɪáskəu], **Mount** *n.* コジアスコ山《オーストラリア New South Wales 州南東部にある同国最高の山; 高さ 2,230 m》.

Kos·ci·us·ko [kàsiáskou, kɔ̀(ː)ʃtʃúʃkou|kɔʃtʃúːʃkəu; *Pol.* kɔʃtʃúʃkɔ], **Thad·deus** [θædíː(ː)əs|θædɪ-] *n.* コシチューシコ《1746-1817; ポーランドの愛国者・将軍; 米国独立戦争で米国側に従軍して奮戦, ポーランド独立運動の父; ポーランド語名 Tadeusz Andrzej Bonawentura [tadéuʃ ándʒɛj bonaventúra] Kościuszko》.

ko·sher [kóuʃə|kə́uʃə(r] 〘《1851》▭ Yid. ～ ▭ Mish. Heb. *kāšēr* fit, proper〙 ── *adj.* **1** 〈食物, 特に肉類が〉ユダヤ教の法にかなった, 適法の, 清浄な (cf. *Levi.* 11, *Deut.* 14) (↔ tref): ～ food 適法の[清浄な]食物. **2** 〈料理店など〉(ユダヤ教の法にかなった)清浄な食品を売る[使う]: a ～ shop 清浄な食物を売る[食べさせる]店. **3** 《口語》純粋の, 本物の; 適当な, 正しい. ── *n.* ＝KOSHER food; ＝KOSHER shop. ── *vt.* 〈食物を〉ユダヤ教の法に従って処理する, 清浄に調理する. ★ *vt.* では kasher の形を多く用いる.

Ko·ši·ce [kɔ́(ː)ʃətsèɪ|kə́uʃɪt-; *Czech* kɔ́ʃitsɛ] *n.* コシツェ《チェコスロバキア, Slovakia 地方東部の都市; 人口 180,000》.

Ko·sin·ski [ko(ʊ)sínski|kə(ʊ)sínskɪ], **Jer·zy** [dʒə́ːzi|dʒə́ːzɪ] *n.* (1933–) ポーランド生れの米国の小説家; *The Painted Bird* (1965).

ko·so [kóusou|kə́usəu] 〘▭ ? Galla *kosso*〙 *n.* 〘薬学〙クッソ (⇨ brayera).

Kos·sel [kɔ́(ː)səl, -sl|kɔ́s-; *G.* kɔ́sl], **Albrecht** *n.* コッセル《1853-1927; ドイツの生化学者; Nobel 医学生理学賞 (1910)》.

Kos·suth [kásuːθ, ⌣←, kɔ́(ː)ʃʊt|kɔʃúːt; *Hung.* kóʃuːt], **Fe·renc** [férents] *or* **Francis** *n.* コシュート《1841-1914; ハンガリーの愛国者・政治家》.

Kossuth, La·jos [lɔ́jɔʃ] *or* **Louis** *n.* コシュート《1802-94; ハンガリーの愛国者・政治家; F. Kossuth の父》.

Ko·stro·ma [kàstrəmáː|kɔ̀s-; *Russ.* kəstramá] *n.* コストロマ《ソ連邦ロシヤ共和国, Volga 川上流の都市; 人口 250,000》.

Ko·sy·gin [kasíːgɪn, -gən|kɔsíːgɪn; *Russ.* kasígin], **Aleksei Nikolaevich** *n.* コスイギン《1904– ; ソ連の政治家, 首相 (1964-80)》.

Ko·ta Bah·ru [kóutə-báːruː|kə́utə-] *n.* コタバル《マレーシア Kelantan 州の首都; 人口 55,000》.

Ko·ta·ba·ru [kóutəbáːruː|kə́utə-] *n.* コタバル《インドネシアの West Irian 北東岸の海港で同地方の首都》.

ko·to [kóutou|kə́utəu] 〘《1795》▭ Jap.〙 *n.* (*pl.* ～**s**) (日本の)琴.

ko·tow [koutáu, ⌣←|kəutáu, ⌣←] *n., vi.* ＝kowtow.

kot·wal [kóutwaːl|kə́ut-] 〘▭ Hindi *kotwāl* ▭ Pers. *kūtwāl*〙 *n.* (インドの都市の)警察署長; 都市長官.

kot·wa·lee [kóutwaːliː|kɔ́twaːlɪ] 〘▭ Hindi *kotwālī*: ↑〙 *n.* (*also* **kot·wa·li** [～]) (インドの)警察署.

Kot·ze·bue [kátsəbùː, kɔ́(ː)t-|kɔ́t-; *G.* kɔ́tsəbùː], **August** (**Friedrich Ferdinand**) **von** *n.* コッツェブー《1761-1819; ドイツの劇作家; *Menschenhass und Reue*「人間憎悪と悔恨」(1789) (英訳名 *The Stranger*)》.

kou·miss [kuːmís, kúːmɪs, -məs|kúːmɪs; *Russ.* kumís] 〘▭ Russ. *kumys* ▭ Tatar *kumiz*: cf. F *koumis* / G *Kumiss*〙 ── *n.* クミス, 馬乳酒《シベリア・カフカス地方で馬やらくだの乳を発酵させたアルコール度の低い酒; 欧米では牛乳に蜂蜜を加えて発酵させて造るものもある; cf. kefir》.

kou·prey [kúːpreɪ] 〘土語〙 *n.* 〘動物〙コープレイ, ハイイロヤギュウ (*Novibos sauveli*)《カンボジアの森林地帯にすむウシ科の動物》.

kour·bash [kúəbæʃ, ⌣←|kúəbæʃ, ⌣←] *n., vt.* ＝kurbash.

kous·kous [kúːskuːs] *n.* 〘料理〙＝couscous.

Kous·se·vitz·ky [kùːsəvítski|-kɪ; *Russ.* kusjivítskjij], **Serge** [sɔ́ːdʒ, sɛ́əʒ|sɔ́ːdʒ, sɛ́əʒ] *n.* クーセヴィツキー《1874-1951; ロシヤ生れの米国の指揮者; ロシヤ語名 Sergei Aleksandrovich Kussevitzky [kusjivítskjij]》.

Ko·va·lev·ski [kàvəléfski, -lév-|-skɪ; *Russ.* kəvaljéfskjij], **Sonya** *n.* コヴァレフスカヤ《1850-91; ロシヤの女性数学者; ロシヤ語名 Sofya Vasilievna Kovalevskaya [sófjjə vasjíljivnə kəvaljéfskəjə]》.

Kov·no [*Russ.* kóvnə] *n.* コブノ《Kaunas の旧名》.

Kow·loon [kàulúːn|kàulúːn; *Cant.* kaulʊŋ] *n.* 九竜: **1** 中国南東部, 香港対岸の半島; Hong Kong 植民地の一部; 面積 8 km². **2** 同半島の海港.

kow·tow [kautáu, ⌣←|kautáu, kəu-, ⌣←; *Chin.* k'òut'óu] 〘《1804》▭ Chin. *k'o(u)-t'ou* (叩頭)〙 ── *n.* (昔の中国流の)叩頭(こうとう)の礼. ── *vi.* **1** 叩頭の礼を行なう, 叩頭する 〔*to*〕. **2** 卑屈に追従する (fawn) 〔*to*〕.

Ko·zhi·kode [kóuʒɪkòud, -ʒə-|kə́uʒɪkə̀ud] *n.* コジコード (⇨ Calicut).

KP 《記号》〘チェス〙king's pawn.
KP, K.P. 《略》kitchen police.
K.P. 《略》Knight of (the Order of) St. Patrick; Knight(s) of Pythias.
Ḱ pàrticle *n.* 〘物理〙K 粒子 (⇨ K-meson).
kpc 《略》〘天文〙kiloparsec(s).
Kpel·le [kpléla] *n.* (*pl.* **~s**, **~**) **1 a** [the ~(s)] クペル族《リベリア中央部に住む種族》. **b** クペル族の人. **2** クペル語《マンデ (Mande) 語に属する》.
k.p.h. 《略》kilometer(s) per hour.
kr, kr. 《略》kreu(t)zer.
Kr 《記号》**1** 〘化学〙krypton. **2** 〘貨幣〙krona, kronor, kronur; krone(r), krone(n).
KR 《記号》〘チェス〙king's rook.
kra [krɑ́ː] 〘□ Malay *kera*〙 *n.* 〘動物〙=crab-eating macaque.
Kra [krɑ́ː], **the Isthmus of** *n.* クラ地峡《Malay 半島の最狭部; 幅約 50 km》.
kraal [krɔ́ːl, krɑ́ːl | krɑ́ːl, krɔ́ːl] 〘《1731》□ Afrik. ~ 'village, pen' □ Port. *curral* enclosure: cf. corral〙 **—** *n.* **1 a** (アフリカ南部の原住民の)村落《通例, 周囲に柵(さく)をめぐらし中央に家畜用の空地がある 集団生活の場》; (その)村落共同体. **b** [集合的にも用いて] (アフリカ南部の粗末な)小屋. **2 a** (アフリカ南部で家畜を入れる)囲い, 檻(おり). **b** (インドなどで野生の)象の囲い. **c** (ウミガメなどを入れる)生簀(いけす). **—** *vt.* 〈家畜を〉囲いに入れる[入れて飼う].
k·rad [kéɪræd] 〘《短縮》← k(ILO)RAD〙 *n.* 〘物理〙=kilorad.
Krae·pe·lin [krèpəlíːn; G. krɛ̀ːpəlíːn], **Emil** *n.* クレペリン《1856–1926; ドイツの精神病学者》.
Krafft-E·bing [krɑ́ːftébɪŋ, krǽft-; G. kráftéːbɪŋ], Baron **Richard von** *n.* クラフトエービング《1840–1902; ドイツの神経学者・精神病学者》.
kraft [krǽft | krɑ́ːft] 〘□ G *Kraft (papier)* 《原義》strength-paper〙 **—** *n.* 〘製紙〙クラフト紙《硫酸塩パルプから作る丈夫な紙; セメント袋・ショッピングバッグなどに用いる; kraft paper ともいう》: the ~ liner クラフトライナー.
krait [kráɪt] 〘□ Hindi *karait*〙 *n.* 〘動物〙アマガサヘビ《アジア南部に広く分布するコブラ科アマガサヘビ属 (*Bungarus*) の毒蛇の総称; キオビアマガサヘビ (*B. fasciatus*) など》.
Kra·ka·tau [krɑ̀ːkətáu, krǽk-] *n.* (*also* **Kra·ka·tao** [~], **Kra·ka·to·a** [krɑ̀ːkətóuə | -táuə]) クラカタウ(島)《Java 島と Sumatra 島の間にある東インド諸島中の小火山島; 1883 年大噴火をしほとんど壊滅した》.
kra·ken [krɑ́ːkən] 〘□ Norw. 《方言》~ 《原義》pole, post: *-n* は定冠詞〙 **—** *n.* クラーケン《北欧の民間信仰で深海にすむ巨大な怪物; その背で多数の魚を集め豊漁となるが舟を転覆あるいは返し波に巻き込む》.
Kra·ków [krɑ́ːkau, krǽk-, kréɪ-, -kou | krǽkɔv; *Pol.* krákuf] *n.* クラクフ《ポーランド南部, Vistula 川に臨む都市, もと同国の首都 (1320–1609); 人口 694,000; 英語名 Cracow》.
Kra·nach [G. kráːnax], **Lucas** *n.* =Lucas CRANACH.
krantz [krǽnts, krɑ́ːnts] 〘□ Afrik. ~ □ Du. *krans* garland, cornet〙 *n.* (*also* **krans** [krǽns, krɑ́ːns]) (アフリカ南部で, 峡谷壁の)急斜面, 絶壁.
Krapp [krǽp], **George Philip** *n.* (1872–1934) 米国の英語学者; *The English Language in America* (1925).
Kras·no·dar [krǽsnədɑ̀ə | krɑ̀ːsnədɑ́ː(r; *Russ.* krəsnadár] *n.* クラスノダル《ソ連邦ロシヤ共和国西南部, Azov 海付近の都市; 人口 552,000; 旧名 Ekaterinodar》.
Kras·no·yarsk [krǽsnəjɑ́əsk | krɑ̀ːsnəjɑ́ːsk; *Russ.* krəsnajársk] *n.* クラスノヤルスク《ソ連邦ロシヤ共和国東シベリア, Yenisei 河畔の工業都市; 人口 769,000》.
kra·ter [kréɪtə, krɑːtɑ́ə | kréɪtə(r, krɑːtɑ́ː(r] 〘□ Gk *kratḗr*〙 **—** *n.* クラテール器《古代ギリシャ・ローマでぶどう酒と水を混ぜるのに使った調合用混酒器; 口が大きく, 二つの取っ手が口のつけ根につく; cf. kelebe》.

krater

Ḱ ràtion 〘← *Ancel Keys* (1904– : 米国の生理学者)〙 **—** *n.* 〘米陸軍〙(第二次大戦で用いられた) K 号(携行)糧食《3 箱で 1 日分; 肉, チーズ, クラッカー, 粉末コーヒー, 巻たばこなどが入っている非常用野戦食料セット; cf. C ration》.
krau·ro·sis [krɔːróusɪs, -səs | -rə́usɪs] 〘← NL ~ ← Gk *kraûros* dry+-OSIS〙 *n.* 〘病理〙萎縮症. **krau·rot·ic** [krɔːrɑ́tɪk | -rɔ́t-] *adj.*
Krauss [kráus; G. kráus], **Clemens** *n.* クラウス《1893–1954; オーストリアの指揮者》.
kraut [kráut] 〘← G (*Sauer*)*kraut* pickled (sour) cabbage〙 *n.* **1** =sauerkraut. **2** [しばしば K-] 《俗》[軽蔑的に] **a** ドイツ兵. **b** ドイツ人.
kráut·héad 〘↑〙 *n.* =kraut 2.
Krebs [krébz; G. kréːps], Sir **Hans Adolf** *n.* クレブス《1900–81; ドイツ生まれの英国の生化学者; Nobel 医学生理学賞 (1953)》.
Krébs cýcle 〘← *Sir H. A. Krebs*〙 *n.* 〘生化学〙クレブスのサイクル《呼吸における有機物の完全酸化に大きな役割をもつ代謝回路》.
Kre·feld [kréɪfelt; G. kréːfɛlt] *n.* クレフェルト《西ドイツ North Rhine-Westphalia 州の都市; 人口 223,000》.
Kreis·ler [kráɪslə | -lə(r; G. kráɪslɐ], **Fritz** *n.* クライスラー《1875–1962; オーストリアに生れ米国に帰化した (1943) バイオリン奏者・作曲家》.
Krem·lin [krémlɪn, -lən | -lɪn] 〘《1662》□ F ~ □ Russ. *kreml'* 《原義》citadel ← Tatar〙 **—** *n.* **1** [the ~] **a** クレムリン宮殿《Moscow にある Ivan 三世築造の市城でもとは皇居; 今はソ連政府の官庁として用いられている》. **b** ソ連政府; ソ連政府幹部. **2** [k-] **a** (Moscow など古代ロシヤ都市の)城塞(じょうさい).
Krem·lin·ol·o·gy [krèmlɪnɑ́lədʒi, -lə- | -lɪnɔ́lədʒi] *n.* ソ連の政策などの研究 (cf. Pekingology). **Krem·li·no·log·i·cal** [krèmlɪnəlɑ́dʒɪkəl, -lən-, -dʒə- | -lɪnəlɔ́dʒɪ-] *adj.* **Krèm·lin·ól·o·gist** [-dʒɪst, -dʒəst | -dʒɪst] *n.*
Kre·nek [krʃének], **Ernst** *n.* クシェネク《1900– ; オーストリア生れでチェコ系の米国の作曲家; チェコ語名 Křenek [krʃɛnɛk]》.
kre·o·sote [kríːəsòut | kríəsəut, kríːəsəut] *n.* =creosote.
krep·lach [kréplax] 〘□ Yid. *kreplech* (pl.) ← *krepel* □ MHG 《方言》*kreppel* (G 《方言》*Kräppel*) (dim.) ← *krape* fritter〙 **—** *n.* (*pl.* **~**) (*also* **krep·lech** [~]) クレップラック《薄くのばした小麦粉の生地に肉やチーズの詰め物をし, スープに入れたり, つけ合わせにする麺料理》.
Kretsch·mer [krétʃmə | -mə(r; G. krétʃmɐ], **Ernst** *n.* クレッチマー《1888–1964; ドイツの精神病学者; 体型と性格についての学説などで有名》.
kreut·zer [krɔ́ɪtsə | -sə(r] *n.* =kreuzer.
Kréut·zer Sonáta [krɔ́ɪtsə- | -sə(r-; F. krødʒɛːr, G. krɔ́ʏtsɐ] *n.* [the ~]「クロイツェルソナタ」《ドイツ系のフランスのバイオリン奏者 Rodolphe Kreutzer (1766–1831) に献呈された Beethoven 作曲のバイオリン奏鳴曲 (Op. 47) (1803)》.
kreu·zer [krɔ́ɪtsə | -sə(r; G krɔ́ʏtsɐ] 〘□ G *Kreuzer* ← *Kreuz* 'CROSS¹': その「十字」の模様にちなむ〙 **—** *n.* クロイツァー《昔ドイツ・オーストリアなどで使われた小硬貨; 初め銀貨, 後に銅貨》.
Kreym·borg [kréɪmbɔəg | -bɔːg], **Alfred** *n.* (1883–1966) 米国の詩人・編集者・劇作家; *Our Singing Strength* (1929) (米国詩史).
Krieg [kríːg; G. kríːk] 〘□ G ~ < OHG *krēg* obstinacy ← ?〙 G. *n.* (*pl.* **Krie·ge** [kríːgə; G. kríːgə], **~s**) 戦争 (war).
krieg·spiel [kríːgspìːl, kríːk-; G. kríːkʃpìːl] 〘□ G *Kriegsspiel* 《原義》war's game〙 **—** *n.* 兵棋, 戦争ゲーム《将校の戦術指導に用いる盤上戦争ゲーム; war game ともいう》.
Kriem·hild [kríːmhɪlt; G. kríːmhɪlt] 〘□ G ~ < MHG *Kriemhilt* 《原義》mask-battle〙 *n.* 〘ドイツ伝説〙クリームヒルト, クリエムヒルデ《ニーベルンゲン物語 (*Nibelungenlied*) の女主人公; 夫 Siegfried が Brunhild にだまし討ちにされたことを知りそのあだを討つ; *Edda* などの北欧神話の Gudrun に当たる》.
Kril·i·um [krɪ́liəm | -lɪ-] 〘← (*sodium salt of hydrolized polya*)*cryl*(*onitrile*)+-IUM〙 *n.* 〘商標〙クリリウム《acrylonitrile から製する土壌改良剤》.
krill [kríl] 〘□ Norw. *kril* young of fish〙 *n.* (*pl.* **~**) 〘動物〙オキアミ科の甲殻類の総称《ヒゲクジラ (whalebone whale) 類の餌になる》.
krim·mer [krímə | -mə(r] 〘□ G *Krimmer* ← *Krim* Crimea〙 *n.* クリミア地方産子羊の毛皮《しっかりした巻毛で通例灰白色または薄い青灰色》.
krim-sa·ghyz [krímsægíːz, -gíz; *Russ.* krimsagís] *n.* 〘植物〙=krym-saghyz.
kris [kríːs] 〘□ Malay *kěris*〙 *n.* クリース剣《刀身が波形で両刃のマラヤの短剣》.
Krish·na¹ [kríʃnə] *n.* [the ~] クリシュナ(川)《インド南部の川; Bengal 湾に注ぐ; 長さ 1,300 km; 旧名 Kistna》.
Krish·na² [kríʃnə] 〘↓〙 *n.* 男性名.
Krish·na³ [kríʃnə] 〘□ Hindi ~ 'the black one' ← Skt *kṛṣṇa* black〙 *n.* 〘インド神話〙クリシュナ《インド人に親愛される英雄で, Vishnu の第八化身》.
Krísh·na·ism [-nəɪzm] *n.* クリシュナ崇拝.
kriss [krís] *n.* =kris.

kris

Kriss Krin·gle [krís-kríŋgl] 〘□G *Christkindl* ← CHRIST+*Kindel* ((dim.) ← *Kind* child)〙 *n.* 《米》=Santa Claus.
Kris·ti·a·ni·a [krìstiǽniə, -sti-, -ɑ́ːn- | -tiɑ́ːnjə, -nɪə; *Norw.* kristiániа] *n.* クリスティアニア《Oslo の旧名》.
Krít·a Yúga [kríṭə- | -tə-] 〘□ Skt *kṛtayuga* ← *kṛta* the best throw at dice+*yuga* 'YUGA'〙 **—** *n.* 〘ヒンズー教〙クリタユガ, 黄金時代 (⇨ Yuga).
Kri·voi Rog [krɪvɔ́ɪ-róug, -rɔ́(ː)k | -ráug, -rɔ́k; *Russ.* krjivój-rók] *n.* クリボイログ《ソ連邦 Ukraine 共和国中部の都市; 人口 641,000》.
Kroe·ber [króubə | krə́ubə(r], **A**(**lfred**) **L**(**ouis**) *n.* (1876–1960) 米国の人類学者; 北米インディアンの研究家.

Krishna³

Krogh [krɔ́(ː)g | krɔ́g; *Dan.* krɔːʼv], (**Schack**) **August** (**Steen·berg**) [sák, sdéːʼnbɛg] *n.* クローグ《1874–1949; デンマークの生理学者; Nobel 医学生理学賞 (1920)》.
Kroll [króul | krə́ul], **Leon** (1884–) 米国の画家.
Króm·draai ápe-man [krɑ́mdraɪ- | krɔ́m-] 〘← *Kromdraai* (南アフリカ共和国 Transvaal の町の名)〙 **—** *n.* 〘人類学〙クロムドライ猿人 (*Australopithecus robustus*)《南アフリカの Kromdraai で発見; 初期洪積世に生存した人類の祖先型; cf. australopithecus》.
kro·mes·ki [kro(u)méski | krə(u)méski] 〘□ Russ. *kromochki* (pl.) ← *kromochka* (dim.) ← *kroma* slice of bread〙 *n.* (*pl.* **~s**, **~es**) (*also* **kro·mes·ky** [~]) クロメスキー《ベーコンに包み, 衣をつけて揚げたロシヤ風のコロッケ》.
kro·na¹ [króunə | krə́u-] 〘□ Swed. ~ 《原義》crown: ↓〙 **—** *n.* (*pl.* **-nor** [-nɔə, -nə | -nɔː(r)]) **1** クローナ《スウェーデンの通貨単位; =100 öre; 記号 Kr》. **2** 1 クローナ銀貨.
kro·na² [króunə | krə́u-] 〘□ Icel. *krōna* < ON *krūna*: ⇨ krone¹〙 **—** *n.* (*pl.* **-nur** [-nə | -nə(r)]) **1** クローナ《アイスランドの通貨単位; =100 aurar; 記号 Kr》. **2** 1 クローナ銅貨.
Kro·nach [G. króːnax], **Lucas** *n.* =Lucas CRANACH.
kro·ne¹ [króunə | krə́u-] 〘□ Dan. & Norw. ~ (↓)〙 **—** *n.* (*pl.* **kro·ner** [-nə | -nə(r)]) **1** クローネ《デンマーク・ノルウェーの通貨単位; =100 öre; 記号 Kr》. **2** 1 クローネ銀貨.
kro·ne² [króunə | krə́u-; G. króːnə] 〘□ G ~ < OHG *corōna* □ L *corōna* 'CROWN'〙 **—** *n.* (*pl.* **kro·nen** [-nən; G. -nən]) クローネ (記号 Kr): **1** 昔のドイツ金貨 (=10 marks). **2** 1892–1925 年のオーストリア銀貨 (=100 heller).
Kró·neck·er délta [króunekə- | krə́unekə-; G. króːnɛkɐ] 〘← *Leopold Kronecker* (1823–91: ドイツの数学者)〙 **—** *n.* 〘数学〙クロネッカーのデルタ《二つの添え字 i, j をもつ δ_{ij} という形の記号; $i=j$ のとき 1, $i \neq j$ のとき 0 を表わすと規約されている》.
kronen *n.* krone² の複数形.
kroner *n.* krone¹ の複数形.
kronor *n.* krona¹ の複数形.
Kro·nos [króunəs | krə́unɔs] *n.* =Cronus.
Kron·stadt¹ [króunstæt, krɑnʃtɑ́ːt, -ʃtɑ́ːt | krɔ́nʃtæt; *Russ.* kranʃtát] *n.* クロンシュタット《ソ連邦ロシヤ共和国北西部, Finland 湾内のコトリン島にある海港で海軍基地がある; 人口 40,000》.
Kron·stadt² [G. króːnʃtat] *n.* クロンシュタット《Braşov のドイツ語名》.
kronur *n.* krona² の複数形.
Kroo [krúː] *n.* (*pl.* **~**) =Kru. **—** *adj.* =Kru.
Króo·bòy *n.* クルー族 (Kru) の若者, クルー人《男子》.
Króo·man [-mən] *n.* (*pl.* **-men** [-mən, -mèn]) =Kruman.
kroon [krúːn] 〘□ Estonian *kron* □ G *Krone* 'KRONE²'〙 **—** *n.* (*pl.* **~s**, **kroo·ni** [-ni | -nɪ]) クルーン《1928–40 年の間のエストニアの通貨単位》; 1 クルーン銀貨[アルミ青銅貨, 紙幣].
Kro·pot·kin [krəpɑ́tkɪn, -kən | -pɔ́tkɪn; *Russ.* krapótkjin], **Pëtr Alekseevich** *n.* クロポトキン《1842–1921; ロシヤの無政府主義者・地理学者・植物学者; スイス, フランスおよび英国に在住した; Prince Kropotkin とも呼ばれる》.
Krou [krúː] *n.* (*pl.* **~**) =Kru. **—** *adj.* =Kru.
KRP 《記号》〘チェス〙king's rook's pawn.
Kru [krúː] 〘□ W-Afr. ~〙 **—** *n.* (*pl.* **~s**, **~**) **1 a** [the ~(s)] クルー族《西アフリカの Liberia 海岸に住む黒人種族, 水夫として好適と言われている》. **b** クルー族の人, クルー人 (Kruman). **2** クルー語《Kwa 語に属する》. **—** *adj.* クルー族[人, 語]の.
Kru·ger [krúːgə | -gə(r; *Afrik.* krýːər], **Ste·pha·nus Jo·han·nes Pau·lus** [stefɑ́ːnʊs johɑ́ːnəs páulʊs] *n.* クリューガー《1825–1904; Boer人の政治家, 旧南アフリカ連邦大統領 (1883–1900); アフリカ南部における英国の支配に抵抗 (cf. Boer War); 通称 Oom Paul または Paul Kruger》.
Krúger Nátional Párk 〘← *S. J. P. Kruger*〙 *n.* クリューガー国立公園《南アフリカ共和国, Transvaal 州東部にある大自然動物公園》.
Kru·ger·rand [krúːgərænd, -gə-, -rɑ̀ːnd, -rɑ̀ːnt | -gə-; *Afrik.* krýːərrànt] 〘⇨↑, rand²: Kruger 大統領の肖像が彫られているところから〙 **—** *n.* クルーガーランド《南アフリカ共和国の, 1 オンスの金を含有する地金型金貨》.
Kru·gers·dorp [krúːgəzdɔ̀əp | -gəzdɔ̀ːp; *Afrik.* krýːərsdɔrp] *n.* クルーガースドルプ《南アフリカ共和国北東部, Transvaal 州の都市; 人口 90,000》.
Kruif, Paul (**Henry**) **de** *n.* ⇨ de Kruif.
Krui·sing·a [krɔ́ɪsɪŋə, kráɪ-; *Du.* krœysiŋxa:], **Ets·ko** [étsko] *n.* クロイシンハー《1875–1944; オランダの英語学者; *A Handbook of Present-day English* (1909, 1931⁵)》.
krul·ler [krʌ́lə | -lə(r] *n.* =cruller.
Kru·man [krúːmən] 〘⇨ Kru〙 *n.* (*pl.* **-men** [-mən, -mèn]) クルー族 (Kru) の人, クルー人《単に Kru, Kroo ともいう》.
krum·horn [krʌ́mhɔ̀ən | -hɔ̀ːn] *n.* =krummhorn.
krumm·holz [krʊ́mhoults | -həults; G. krʊ́mhɔlts] 〘□ G ~ 《原義》crooked wood〙 *n.* (*pl.* **~**) 〘植物〙(高木限界線 (timberline) の)矮林(わいりん).
krumm·horn [krʊ́mhɔ̀ən | -hɔ̀ːn; G. krʊ́mhɔrn] 〘《1694》□ G ~ ← *krumm* crooked+*Horn* 'HORN'〙

― *n.* クルムホルン《管の端が上方に湾曲した2枚の舌のあるルネサンス時代の管楽器》.

Krung Thep [krúŋ-tép] *n.* クルンテプ《Bangkok のタイ語名》.

Krupp [krúp, krʌ́p ; *G.* krúp] 〖↓〗 *n.* クルップ工場 「製の大砲.

Krupp, Alfred *n.* クルップ《1812–87 ; ドイツ Essen の Krupp 大製鉄工場の設立者, 大砲王とあだ名された ; Friedrich の子》.

Krupp, Friedrich *n.* クルップ《1787–1826 ; ドイツの鉄鋼・軍需企業経営者の一族の祖》. 「養子」.

Krupp, Gustav *n.* クルップ《1870–1950 ; Alfred の

Krup·ska·ya [krúpskəjə ; *Russ.* krúpskəjə], **Na·dezh·da Kon·stan·ti·nov·na** [nadjéʒdə kənstantjínəvnə] *n.* クループスカヤ《1869–1939 ; ロシヤの革命家・教育者 ; Lenin の妻》.

Krush·chev [kruʃ(tʃ)ɔ́(ː)f, -(tʃ)ɔ́(ː)v, -(tʃ)éf, -(tʃ)év, ―ー | kruʃtʃɔ́f ; *Russ.* xruʃʃjóf], **Nikita Sergeevich** *n.* = Nikita Sergeevich KHRUSHCHEV.

Krutch [krúːtʃ], **Joseph Wood** *n.* (1893–1970) 米国の評論家・伝記作家・自然主義者 ; *The Modern Temper* (1929) ; *The Desert Year* (1952).

krym-sa·ghyz [krímsəgíːz, -gíz ; *Russ.* krimsagís] 〖⊏ Russ. *krym-sagyz* ← *Krym* Crimea＋East Turk. *sagiz* rubber, gum〗 ― *n.* 〖植物〗ゴムタンポポの一種 (*Taraxacum megalorrhizon*).

kry·o- [kráɪo(ʊ) | -ə(ʊ)] ＝cryo-.

kry·o·lite [kráɪəlàɪt] *n.* 〖鉱物〗氷晶石 (cryolite).

krypt- [krɪpt] (母音の前に来る時の) krypto- の異形 (⇨ crypto-).

kryp·to- [kríptoʊ(ʊ) | -tə(ʊ)] ＝crypto-.

kryp·ton [kríptɑn, -tən | -tɔn, -tən] 〖《1898》← NL ～ ← Gk *kruptón* (neut.) ← *kruptós* hidden〗 ― *n.* 〖化学〗クリプトン《希ガス元素の一つ ; 記号 Kr, 原子番号 36, 原子量 83.80》.

KS 《略》〖米郵便〗Kansas (州).

Ks. 《略》Kansas (州).

K.S. 《略》〖印刷〗keep (type) standing 組置き《後日, 再び使用するので, 活字組版を解版しないように》; King's Scholar.

Kshat·ri·ya [(k)ʃǽtriə, (k)ʃʌ́t-, tʃǽt- | -rɪə] 〖⊏ Skt *kṣatriya* ← *kṣatra* rule〗 ― *n.* クシャトリヤ, 刹帝利《婆羅門(ﾊﾞﾗﾓﾝ)に次ぐインドのカーストの第二階級に属する人 ; 王族, 武士 ; cf. caste 1》.

K-shèll *n.* 〖物理〗K 殻《原子核を取巻く電子殻のうち, 主量子数 1 をもつもの ; cf. L-shell, M-shell, N-shell》.

Kt 《記号》〖チェス〗knight.

kt. 《略》karat(s) ; kiloton(s) ; knot.

Kt., Kt 《略》Knight.

K.T. 《略》Knights Templars; Knight of (the Order of) the Thistle.

Kt. Bach. 《略》Knight Bachelor.

K trùss *n.* 〖建築〗K トラス《斜材を K 形に組んだトラス》.

kts. 《略》knots.

KU 《略》Kuwait Airways Corporation.

Kua·la Lum·pur [kwɑ́ːlə-lúmpʊə, kuɑ́ː-, -lʌ́m- | kwɑ́ːlə-lúmpʊə(r, kwɔ́lə-, -lʌ́m-, -pə(r] *n.* クアラルンプル《Malay 半島南西部にある都市 ; マレーシア連邦および Selangor 州の首都 ; 人口 770,000》.

Kuang-chou [kwɑ̀ːŋʤóʊ | -ʤáʊ ; *Chin.* kuɑ̌ŋtʂōu] *n.* ＝Kwangchow.

Kuang·hsi [kwɑ̀ːŋʃíː ; *Chin.* kuɑ̌ŋʃī] *n.* ＝Kwangsi.

Kuang·tung [kwɑ̀ːŋtúŋ | kwæ̀ŋtʌ́ŋ ; *Chin.* kuɑ̌ŋtūŋ] *n.* ＝Kwangtung.

Kuan·tung [kwɑ̀ːntúŋ | kwæ̀ntʌ́ŋ ; *Chin.* kuɑ̌ŋtūŋ] *n.* ＝Kwangtung.

Kuan-Yin [kwɑːnjín ; *Chin.* kuànīn] *Chin. n.* 〖仏教〗観音.

Ku·ba [kúːbə] *n.* (*p.* ～, ～s) **1** [the ～(s)] クバ族《バンツー語を話す中央コンゴ族》. **2** クバ族の人.

Ku·be·lik [kúːbəlɪk ; *Czech* kúbɛliːk], **Je·ro·nym** [jérɔnim] **Rafael** *n.* クーベリック《1914– ; チェコ生れの指揮者》.

Kub·lai Khan [kúːblaɪ-kɑ́ːn, -blə- | kúːblaɪ-] 〖cf. khan[1]〗 *n.* フビライ ハン, 忽必烈汗(ｸﾋﾞﾗｲ)《1216?–94 ; 元第 1 代の皇帝(世祖) (1259–94), 成吉斯汗(ｼﾞﾝｷﾞｽｶﾝ) (Genghis Khan) の孫》.

Ku·bla Khan [kúːblə-kɑ́ːn] *n.* 「クビライ カン」《Kublai Khan とその宮殿を主題にした Coleridge 作の 54 行から成る夢幻的な未完の詩 (1816)》.

Ku·che·an [kuːtʃíːən] 〖⊏ F *koutchéen* ← *Kucha* (中国新疆省の地名): ⇨ -an[1]〗 *n.* 〖言語〗クーチャン語《古代中央アジアのクチ国で話されていたトカラ語 (Tocharian) の方言》.

ku·chen [kúːkən, -xən ; *G.* kúːxən] 〖⊏ G ～ 'CAKE'〗 *n.* (*pl.* ～) クーヘン《ドイツ風ケーキの総称》.

Ku·ching [kúːtʃɪŋ] *n.* クチン《マレーシア東部, Borneo 島 Sarawak 州南西部にある海港で同州の首都; 人口 64,000》.

ku·do [kjúːdoʊ | -dəʊ] 〖《逆成》↓〗 *n.* (*pl.* ～s) 栄誉 ; 賛辞, 謝辞.

ku·dos [k(j)úːdɑs, -doʊs | kjúːdɔs] 〖《1793》⊏ Gk *kûdos* glory, fame : もと英大学俗語〗 *n.* 名声, 栄光 ; 信望 ; 称賛, 感謝.

ku·du [kúːduː] *n.* 〖動物〗＝koodoo.

kud·zu [kúdzuː] 〖⊏ Jap.〗 *n.* 〖植物〗クズ (*Pueraria lobata*)《日本原産のマメ科のつる植物 ; 米国で野生化して害草となっている : kudzu vine ともいう》.

Kuei·chou [kwèɪʤóʊ | -ʤáʊ ; *Chin.* kuìtʂōu] *n.* ＝Kweichow.

Kuen·lun [kùnlún ; *Chin.* k'ūnlún] *n.* [the ～] ＝Kunlun.

ku·fa [kúːfə] *n.* ＝gufa.

Ku·fa [kúːfə] 〖⊏ Arab. *al-Kūfa^h*〗 *n.* クーファ《イラク中部 Euphrates 川西岸の都市 ; 人口 30,000 ; Al-Kufa ともいう》.

Ku·fic [k(j)úːfɪk] 〖⇨ ↑, -ic[1]〗 ― *adj.* クーファ (Kufa) の ; (特に)クーファ書体の. ― *n.* **1** (アラビア文字の)クーファ書体《Kufa で始められ, 普通の書体よりは角張っていて, 主に Koran の古写本, 貨幣, 碑文に用いられた》. **2** (アラビア文字の)角張った書体.

ku·gel [kúːgəl] 〖⊏ Yid. ～《原義》ball ⊏ MHG *kugel(e)* : cf. cudgel〗 ― *n.* クーゲル《めん類・じゃがいも・パンなどを主体として種々の材料を加えて蒸し上げたユダヤ料理のプディング》.

Kuh·li·i·dae [kuːláɪədìː | -láɪɪ-] 〖← NL ～ ← *Kuhlia* (属名 : ← *Heinrich Kuhl* (*d.* 1821 : ドイツの動物学者))＋-IDAE〗 *n. pl.* 〖魚類〗ユゴイ科.

Kuhn [kúːn ; *G.* kúːn], **(Franz Felix) A·dal·bert** [áːdalbɛ̀rt] *n.* クーン《1812–81 ; ドイツの言語学者・比較神話学者》.

Kuhn, Richard *n.* クーン《1900–67 ; ドイツの化学者 ; Nobel 化学賞 (1938, 辞退)》.

Kui·by·shev [kwíːbəʃèf, kúːɪ-, -ʃèv | kwíbɪ- ; *Russ.* kújbiʃif] *n.* クイビシェフ《ソ連邦ロシヤ共和国西部, Volga 河畔の港市 ; 人口 1,204,000 ; 旧名 Samara》.

ku-klux, Ku-K- [k(j)úːklʌ̀ks | kjúː-] 〖← KU KLUX KLAN〗 ― *vt.* …にリンチを加える, なぐりつける.

Ku Klux [k(j)úː-klʌ̀ks | kjúː-] *n.* **1** [the ～] ＝Ku Klux Klan. **2** ＝Ku Kluxer.

Ku Klux·er [k(j)úː-klʌ̀ksə | kjúː-klʌ́ksə(r] *n.* クー クラックス クランの一員, 3 K 団団員.

Ku Klux·ism [k(j)úː-klʌ̀ksɪzm̩ | kjúː-] *n.* クー クラックス クラン主義[説].

Ku Klux Klan [k(j)úː-klʌ̀ks-klǽn | kjúː-] 〖《1868》← ? Gk *kúklos* 'circle, CYCLE'＋CLAN〗 ― *n.* [the ～] クー クラックス クラン, 3 K 団《略 K.K.K.》: **a** 米国で南北戦争後に黒人および北部人を威圧するために南部諸州に結成された秘密結社 ; 後年不法行為が多かったので 1871 年禁止された ; cf. KNIGHTS of the White Camellia. **b** 1915 年に米国生れの白人新教徒たちによって結成された秘密結社 ; 旧教徒・ユダヤ人・東洋人などをアメリカ文明の敵と称して排斥運動をした ; 会員を knight と呼び会名を Knights of the Ku Klux Klan という.

Kú Klùx Klán·ner [-klǽnə | -nə(r] *n.* ＝Ku Kluxer.

kuk·ri [kúkri | -rɪ] 〖⊏ Hindi *kukṛī*〗 *n.* ククリ刀《インド・ネパールの Gurkha 人の用いる蛮刀》.

kukri

ku·la [kúːlə] 〖← Melanesian《土語》〗 *n.* (*pl.* ～) (Melanesia 島民の間で儀礼的に行われる)贈り物交換.

ku·lak [k(j)uːlǽk, -lɑ́ːk, ―ー | kúːlæk, ―ー ; *Russ.* kulák] 〖⊏ Russ. ～ 'fist, tight-fisted person' ← ? Turk.〗 ― *n.* (*pl.* ～s, **ku·la·ki** [-ki | -kɪ ; *Russ.* kulakí]) クラーク《ロシヤの革命前の悪辣(ｱｸﾗﾂ)な金持農夫, 貧農を搾取した富農 ; 革命後は農業集団化[コルホーズ化]に抵抗して迫害された》.

ku·lan [kúːlɑːn] 〖⊏ Kirghiz ～〗 *n.* 〖動物〗クーラン (*Equus hemionus* var. *hemionus*)《モンゴル・中央アジア産の野生ロバ》.

Kul·tur, k- [kʊltúə | -túə(r ; *G.* kultúːɐ] 〖《1914》⊏ G ～ ⊏ L *cultūra* 'CULTURE'〗 ― *n.* **1** 文化 (culture) ; 精神文化. **2** 《軽蔑》(19 世紀末から第二次大戦までのドイツの帝国主義を基盤とした)ドイツ文化.

Kul·tur·kampf, k- [kʊltúəkɑ̀ːmpf | -túəkæmf ; *G.* kultúːɐkàmpf] 〖⊏ G ～ ← *Kultur* (↑)＋*Kampf* struggle (cf. camp[1])〗 ― *n.* **1** 〖ドイツ史〗文化闘争《ドイツ帝国の Bismarck 宰相 (1871–90) が反プロイセン的なカトリック教会に対して教育・宗教上の権利を制限しようとしてとった諸方策 (1872–78)》. **2** [k-] (特に教育・宗教に関する)政府と宗教界との闘争.

Ku·lun [kùːlúːn ; *Chin.* k'ùlún] *n.* 庫倫(ｸﾛﾝ)《Ulan Bator の旧中国語名》.

ku·ma·ra [kúːmərə] 〖⊏ Maori ～〗 *n.* 《ニュージーランド》さつまいも (sweet potato).

Ku·ma·si [kuːmɑ́ːsi, kʊ-, -mǽsi | -mǽsɪ] *n.* クマシ《Ghana 中部の Ashanti 地方の主要都市 ; 人口 235,000》.

ku·miss [kúːmɪs, kúːmɪs, -məs | kúːmɪs ; *Russ.* kumís] *n.* (*also* **ku·mis** [～]) ＝koumiss.

küm·mel [kíməl | kúm-, kím- ; *G.* kʏ́məl] 〖⊏ G *Kümmel* 'CUMIN, caraway seed'〗 ― *n.* **1** キュンメル(酒)《キャラウェーの実 (caraway seeds) などで香りを付けたリキュール ; ドイツ・オランダ・バルト海地方の名産》. **2** キュンメルチーズ《キャラウェーの実が入ったオランダチーズの一種》.

kum·mer·bund [kʌ́məbʌ̀nd | -mə-] *n.* ＝cummerbund.

kum·quat [kʌ́mkwɑt | -kwɔt ; *Cant.* kamkuat] 〖⊏ Chin.《広東方言》*kam-kwat* (金橘)〗 ― *n.* **1** 〖植物〗キンカン《キンカン属 (*Fortunella*) の樹木の総称》; ナガキンカン (*F. margarita*), キンカン (Chinese orange) など》. **2** キンカン(の実).

ku·mys [kuːmís, kúːmɪs, -məs | kúːmɪs ; *Russ.* kumís] 〖⊏ Russ. ～〗 *n.* (*also* **ku·myss** [～]) ＝koumiss.

Kun [kúːn ; *Hung.* kúːn], **Bé·la** [béːlə] *n.* クーン《1885–1937 ; ハンガリーの政治家・共産党指導者》.

ku·nai [kúːnaɪ] 〖⊏ New Guinea《土語》〗 *n.*＝cogon.

kun·da·li·ni, K- [kúndəlɪnì | -nɪ] 〖⊏ Skt *kuṇḍalinī* ← *kuṇḍala* a coil〗 ― *n.* 〖ヒンズー教〗クンダリニー《ヨーガやタントラ教で脊柱の最下部に蛇のようにとぐろを巻いて存在する潜在的エネルギー》.

Kung [kúŋ ; *Chin.* k'ǔŋ], **Hsiang-Hsi** [ʃíɑŋʃí] *n.* 孔祥熙《1880–1967 ; 中国国民政府の政治家 ; 宋靄齢 (Soong Ai-ling) の夫 ; 1948 年米国に亡命》.

kung fu [kʌ̀ŋfúː] 〖⊏ Chin.《方言》～ ＝ *chüanfa* (拳法)〗 *n.* (*also* **kung-fu** [～]) 拳法《空手に似た中国の自己防衛術》.

K'ung Fu-tzŭ [kúŋfùːtsʌ́ ; *Chin.* k'ǔŋfūtsɪ̌] *n.* (*also* **Kung Fu-tse** [～]) 孔夫子《Confucius の中国語名》.

kun·kur [kʌ́ŋkə | -kə(r] 〖⊏ Hindi *kaṅkar* ← Skt *karkara*《原義》hard〗 *n.* (*also* **kun·kar** [～]) 〖岩石〗(インド産の)粗悪な石灰石.

Kun·lun [kùnlún ; *Chin.* k'ūnlún] *n.* [the ～] 崑崙(ｺﾝﾛﾝ)山脈《中国西部, チベット北方の山脈 ; 延長 2,500 km, 海抜 6,000 m 以上》.

Kun·ming [kùnmíŋ ; *Chin.* k'ūnmíŋ] *n.* 昆明《中国雲南省 (Yünnan) の首都 ; 第二次大戦中はビルマ公路の要衝 ; 旧名 Yünnan》.

kunz·ite [kúntsaɪt] 〖← *Dr. G. F. Kunz* (1856–1932 : 米国の宝石学者) : ⇨ -ite[1]〗 ― *n.* 〖鉱物〗クンツァイト《(黝(ﾕｳ))輝石 (spodumene) の一種 ; 淡紫色でみがいて宝石にする》.

Kuo·min·tang [kwóʊmɪntǽŋ | kwə́ʊ- ; *Chin.* kuómíntɑ̌ŋ] 〖⊏ Chin. *Kuo min tang* (国民党)〗 *n.* [the ～] (中国)国民党 (⇨ Nationalist Party).

Kuo Mo-jo [kwóʊ-mòʊdʒóʊ | kwə́ʊ-mə̀ʊdʒə́ʊ ; *Chin.* kuō mòɹuò] *n.* 郭沫若(ｶｸﾏﾂｼﾞｬｸ)《1893–1978 ; 中国の政治家・文学者・歴史学者 ; 中国人民代表大会常務委員会副委員長, 科学院院長》.

Kuo-yü [kwòʊjúː, -júː | kwə̀ʊ- ; *Chin.* kuóỳ] 〖⊏ Chin. ～ (国語)〗 *n.* 中国の標準語 (Mandarin)《中華民国時代の呼称 ; 現在は共通語を putonghua (普通話) という》.

Kup·rin [kúːprɪn, -rən | -rɪn ; *Russ.* kuprjín], **Aleksandr Ivanovich** *n.* クプリン《1870–1938 ; ロシヤの小説家 ; *The Duel* (1905)》.

Ku·ra [kəráː, kú(ə)rə | kʊráː ; *Russ.* kurá] *n.* [the ～] クラ(川)《トルコ北東部に発し, ソ連邦 Georgia および Azerbaijan 両共和国を南東に貫流してカスピ海に注ぐ川 (1,364 km)》.

ku·rak·kan [kúrəkɑ̀ːn] *n.* 〖植物〗＝korakan.

kur·bash [kúəbæʃ, ―ー | kʊ́əbæʃ, ―ー] 〖⊏ Turk. *kirbaç* whip〗 ― *n.* (もとトルコ・エジプトなどで刑具, または労働強制に用いた)革鞭(ﾑﾁ): under the ～ 鞭のもとで, 強制労働で. ― *vt.* 革鞭で打つ.

kur·cha·to·vi·um [kə̀ːtʃətóʊviəm | kə̀ːtʃətə́ʊviəm, -vjəm] 〖⊏ Russ. *Kurchatovii* ← *Igor Kurchatov* (1903–60 : ソ連の物理学者)〗 ― *n.* 〖化学〗クルチャトビウム (⇨ element 104).

Kurd [kúəd, kə́ːd | kə́ːd] 〖⊏ Turk. & Arab. ～〗 *n.* クルド人《Kurdistan に住み農牧を営むイラン系のイスラム教徒》.

Kúrd·ish [-dɪʃ] *adj.* クルド人 (Kurd) の ; クルド語の. ― *n.* クルド語《印欧語族のイラン語派に属する》.

Kur·di·stan [kùədəstǽn, kə̀ː-, kùədəstɑ́ːn, ―ー― | kə̀ːdɪstɑ́ːn, -stǽn] *n.* **1** クルジスタン《トルコ南東部, イラン北西部, イラク北部にわたる一帯の高地 ; 住民は主にクルド人 (Kurd)》. **2** クルジスタンじゅうたん《クルド人の織る美しいじゅうたん (rug)》.

kur·gan [kʊəgɑ́ːn, -gǽn | kʊə- ; *Russ.* kurgán] 〖⊏ Russ. ～ ← Turki : cf. Turk. *Kurgan* fortress〗 *n.* 東欧・シベリアの墳墓.

Kur·gan [kʊəgǽn, -gɑ́ːn | kʊə- ; *Russ.* kurgán] *n.* クルガン《ソ連邦ロシヤ共和国シベリア南西部の都市 ; 人口 304,000》.

Kú·ril Íslands [kjú(ə)riːl-, kjʊríːl- | kʊríːl-] *n. pl.* (*also* **Kú·rile I-** [～]) [the ～] 千島列島, クリル列島《総面積 15,600 km² ; the Kurils, the Kuriles ともいう》.

Kur·land [kúələnd | kʊ́ələnd, -lænd] *n.* ＝Courland.

Ku·ro·pat·kin [kù(ə)rəpǽtkɪn, -pɑ́ːt-, -kən | kʊ̀ər- ; *Russ.* kurapátkjin], **Aleksei Nikolaevich** *n.* クロパトキン《1848–1925 ; ロシヤの将軍 ; 陸相 (1898–1904), 日露戦争当時の総司令官 (1904–05)》.

Ku·ro·shi·o [kuróʊʃiòʊ | -rə́ʊʃɪə̀ʊ] 〖《1885》⊏ Jap.〗 *n.* [the ～] 黒潮 (Japan Current).

kuróshio exténsion *n.* [the ～] 黒潮続流《黒潮が日本を離れ東流する部分で, 太平洋海流につながる》.

kuróshio sỳstem *n.* [the ～] 黒潮系《北赤道海流の一部分・対馬海流・黒潮・黒潮続流の総称》.

kur·ra·jong [kə́ːrədʒɔ(ː)ŋ, -dʒɑŋ | kʌ́rədʒɔŋ] 〖← Austral.《土語》〗 ― *n.* 〖植物〗 **1** オーストラリア原住民が繊維をとるのに用いるアオギリ科の低木の総称. **2** ゴウシュウアオギリ (*Brachychiton populneum*)《オーストラリア東部に普通なアオギリ科の高木 ; 材は内装用, 葉は飢饉の時家畜の飼料とする》.

Kur·saal [kúəzaːl | kʊ́əza:l, -saːl, kɔ́ːsaːl ; *G.* kúːɐzaːl] 〖⊏ G ～ 'cure-hall' ← *Kur* 'CURE'＋*Saal* hall〗 ― *G. n.* (*pl.* **Kur·sä·le** [kʊəzéɪlə | kʊə- ; *G.* kuːɐzɛ́ːlə]) (ドイツその他の海水浴場・温泉場などにある casino 風の)娯楽館.

Kursk [kúəsk | kʊ́əsk ; *Russ.* kúrsk] *n.* クルスク《ソ連邦ロシヤ共和国西南部の工業都市 ; 第二次大戦の激戦地の一つ ; 人口 373,000》.

Kurt [kə́ːt | kə́ːt; G. kúrt] 〖《短縮》← KONRAD, CONRAD〗 *n.* 男性名《異形 Curt》.

kur·ta [kə́ːṭə | kə́ːtə] 〖□ Hindi *kurtā*〗 *n.* (シャツに似たインドの)ゆるやかな長い上着; (軍装の)ゆるやかな上着.

kur·to·sis [kəːtóusɪs, -səs | kəːtə́usɪs] 〖← NL ～ ← Gk *kúrtōsis* curvature ← *kurtós* convex〗 — *n.* 〖統計〗尖度(せんど), とがり《度数分布の並数を中心とするとがり方の程度を示す数値》.

ku·ru [kú(ə)ruː | kúər-] 〖□ New Guinea《土語》～《原義》trembling〗 *n.* 〖病理〗クールー《中部ニューギニアの地方病で死亡率の高いウィルス性疾患》.

ku·rus [kərúːʃ | ku-] 〖□ Turk. *kuruş*〗 *n.* (*pl.* ～) **1** クルシュ《トルコの通貨単位; $=^1/_{100}$ lira; 1926 年までは piaster といった》. **2** 1 クルシュアルミ貨.

Kusch [kúʃ], **Pol·y·karp** [pɑ́ləkɑ̀ːp | pɔ́lɪkɑ̀ːp] *n.* クッシュ《1911-　; ドイツ生れの米国の物理学者; Nobel 物理学賞 (1955)》.

Kus·ko·kwim [kʌ́skəkwɪ̀m] 〖□ Eskimo ～ : *-kwim* は stream の意〗 *n.* [the ～] 米国 Alaska 州南西部の Bering 海に注ぐ川 (965 km).

kus·kus[1] [kʌ́skəs] *n.* 〖植物〗 =khuskhus.

kus·kus[2] [kúːskuːs] *n.* =couscous.

Kutch [kʌ́tʃ] *n.* カッチ《インド西部, アラビア海に接した旧州; 現在は Gujarat 州の県》.

Kutch, the Rann [rʌ́n] **of** *n.* カッチ湿地帯《インド西部 Gujarat 州の Kutch 地方からパキスタン南部にまで広がる大塩性原野; 雨期には大沼沢地となる; 面積約 20,000 km²》.

kutch·a [kʌ́tʃə] *adj.*, *n.* =cutcha.

Ku·te·nai[1] [kúːtənèɪ, -tṇ-, -tneɪ, -tni | -tənèɪ, -tneɪ, -tnɪ] *n.* (*pl.* ～**s**, ～) (*also* **Ku·te·nay** [～]) **1 a** [the ～(s)] クテナイ族《カナダの British Columbia 州, 米国の Montana, Washington, Idaho 諸州に住むインディアンの部族》. **b** クテナイ族の人. **2** クテナイ語.

Ku·te·nai[2] [kúːtənèɪ, -tṇ-, -tneɪ, -tni | -tənèɪ, -tneɪ, -tnɪ] *n.* (*also* **Ku·te·nay** [～]) =Kootenay[2].

kut·tar [kətɑ́ə | -tɔ́ː(r] 〖□ Hindi *kaṭār* ← Skt *kaṭṭāra* ← *kartati* he cuts: cf. shear〗 *n.* クタール《インドの短剣》.

kuttar

Ku·tu·zov [kutúːzɔ(ː)f, -zɔ(ː)v | -zɔf, -zɔv; *Russ.* kutúzaf], **Mikhail I·la·ri·o·no·vich** [ɪlərjiónəvjɪtʃ] *n.* クトゥーゾフ《1745-1813; ロシアの将軍; Napoleon の侵入を撃退》.

ku·vasz, K- [kúvɑːs, kúːv-] 〖□ Hung. ～ □ Turk. *kavas* armed constable □ Arab. *qawwās* bowman: ⇨ kavass〗 — *n.* (*pl.* **ku·va·szok** [-vɑːsɔ̀(ː)k | -sɔ̀k]) クバース《15 世紀にハンガリーの貴族たちがチベット原産の祖犬を改良した大型で純白の犬種のイヌ; 護衛・狩猟または牧羊・牧牛用》.

Ku·wait [kuwéɪt] *n.* クウェート: **1** アラビア北東部のペルシャ湾に臨む王国, もと英国の保護領で1961年独立; 油田で有名; 人口 1,130,000, 面積 16,000 km²; 公式名 the State of Kuwait クウェート国. **2** クウェート東部にある同国の首都; Al [æl] Kuwait ともいう; 人口 79,000.

Ku·wai·ti [kuwéɪṭi | -tɪ] 〖□ Arab. *Kuwaytīy* (adj.) ← *Kuwáyt* Kuwait〗 *adj.* クウェート(人)の. — *n.* クウェート人.

Ku·weit [kuwéɪt] *n.* =Kuwait.

Kuyp [kɔ́ɪp; *Du.* kœ́ɪp] *n.* =Cuyp.

Kuz·bass [kuːzbɑ́ːs, -bǽs; *Russ.* kuzbás] *n.* (*also* **Kuz·bas** [～]) =Kuznetsk Basin.

Kuz·nets [kuznéts; *Russ.* kuznjéts], **Simon** *n.* クズネッツ《1901-　; ロシヤ生れの米国の経済学者; Nobel 経済学賞 (1971)》.

Kuz·nétsk Básin [kuznétsk-; *Russ.* kuznjétsk-] *n.* [the ～] クズネツク盆地《ソ連邦ロシヤ共和国中部の工業・炭坑地帯; 短縮して Kuzbass, Kuzbas ともいう》.

kV, kv 《略》kilovolt(s).

K.V. 《略》〖音楽〗G. Köchel-Verzeichnis ケッヘル番号 (Köchel number).

kVA 《略》kilovolt-ampere(s).

kVAr, kVar 《略》kilovar(s).

kvass [kvɑ́ːs, kfɑ́ːs | kvǽs; *Russ.* kvás] 〖《1553》□ Russ. *kvas*: cog. cheese[1]〗 — *n.* (*also* **kvas** [～]) クワス《ロシヤなどの家庭でライ麦・大麦などに麦芽を混ぜて発酵させて造る微アルコール性清涼飲料》.

kvell [kvél] 〖□ Yiddish *veln* □ G *quellen* to gush〗 *vi.* 《米俗》大いに楽しむ, 満悦する.

kvetch [kvétʃ] 〖□Yiddish *kvetsh*□G *Quetsche* presser〗《米俗》 *n.* 不平家; あら捜しばかりする人, うるさ型. — *vi.* 不平を言う, こぼす; あら捜しをする.

kvu·tzah [kvutsɑ́ː, ⌐⌐] 〖□ ModHeb. *qvuṣa* < Heb. *qᵉbhūṣā́h* (pl. *qᵉbhūṣṓth*) group, gathering ← *qābhaṣ* to gather〗 — *n.* (*pl.* **kvu·tzoth** [kvutsóuθ, -tsóut, ⌐⌐ | kvutsə́uθ, -tsə́ut, ⌐⌐], **kvu·tzot** [kvuː-tsóut, ⌐⌐ | kvuːtsəut, ⌐⌐], ～**s**) (*also* **kvu·tza** [～]) (イスラエルの)集団農場, クバーツァー《kibbutz より小さく国有地に設けられる》.

kw. 《略》kilowatt(s).

K.W. 《略》Knight(s) of Windsor.

Kwa [kwɑ́ː] *n.* (*pl.* ～) **1** クワー語《Niger-Congo 語族の一つ, Ibo, Ewe, Yoruba その他西アフリカの諸語を含む》. **2** クワー語を話す原住民. — *adj.* クワー語の.

kwa·cha [kwɑ́ːtʃə] 〖□ Zambia《土語》～《原義》dawn〗 *n.* (*pl.* ～) **1 a** クアチア《ザンビアの通貨単位; =100 ngwee; 記号 K》. **b** 1 クアチア紙幣. **2 a** クアチア《マラウィの通貨単位; =100 tambala; 記号 K》. **b** 1 クアチア白銅貨.

Kwa·ja·lein [kwɑ́ːdʒəlɪn, -lən, -lèɪn] *n.* クワジャリン(島)《西太平洋 Marshall 諸島中の環状珊瑚(さんご)島》.

Kwa·ki·u·tl [kwɑ̀ːki(j)úːṭḷ, kwɑːk(j)úː- | -tl] 〖□《土語》～《原義》beach at the north end of the river〗 — *n.* (*pl.* ～**s**, ～) **1 a** [the ～(s)] クワキウトル族《カナダの Vancouver 島および British Columbia 州沿岸に住むアメリカインディアンの種族; ポトラッチ (potlatch) を行なうので有名》. **b** クワキウトル族の人. **2** クワキウトル語.

Kwang·chow [kwɑ̀ːŋtʃóu | -tʃə́u; *Chin.* kuɑ̌ŋtʂōu] *n.* (*also* **Kwang·chou** [～]) 広州《Canton[1] の中国語名》.

Kwang·cho·wan [kwɑ́ːŋtʃóuwɑ́ːn | -tʃəu-; *Chin.* kuɑ̌ŋtʂōuwān] *n.* 広州湾《中国南部広東省 (Kwangtung) 雷州半島 (Luichow-Peninsula) 東側の湾; もとフランス租借地 (1898-1945)》.

Kwang·ju [kwɑ̀ːŋdʒúː] *n.* 光州《韓国南西部の都市; 人口 607,000》.

Kwang·si [kwɑ̀ːŋsíː; *Chin.* kuɑ̌ŋʃī] *n.* 広西省《中国南部の旧省; 現在の Kwansi-Chuang》.

Kwang·si-Chuang [kwɑ́ːŋsìːtʃwɑ́ːŋ; *Chin.* kuɑ̌ŋʃītʂuɑ̀ŋ] *n.* 広西チワン族自治区《中国南部の自治区; 面積 230,000 km², 人口 34,020,000, 首都南寧 (Nanning); 旧称広西省 (Kwangsi)》.

Kwang·tung [kwɑ̀ːŋtúŋ | kwæ̀ŋtʌ́ŋ; *Chin.* kuɑ̌ŋtūŋ] *n.* 広東省《中国南東部の省; 人口 55,930,000, 面積 221,308 km², 首都広州 (Canton)》.

Kwan·tung [kwɑ̀ːntúŋ | kwæ̀ntʌ́ŋ; *Chin.* kuɑ̄ntūŋ] *n.* 関東州《中国東北部, 遼東半島 (Liaotung) 南部のもと日本の租借地 (1905-45); 中心都市大連 (Dairen)》.

kwan·za [kwǽnzə] 〖□Bantu ～〗 *n.* クワンザ《アンゴラの通貨単位》.

kwash·i·or·kor [kwɑ̀ːʃióəkə, -ɔəkɔ́ə | -ʃiɔ́ːkə(r, -ɔː-kɔ́ː(r] 〖□ Ghana《土語》～《原義》red boy〗 — *n.* 〖病理〗クワシオルコル《熱帯・亜熱帯各地の乳幼児に見られる栄養不良; 不消化なとうもろこしの食事から起こるビタミン・蛋白の不足と関係があり, 水腫・腹のふくれ・皮膚の赤色化などの症状が特色》.

Kwei·chow [kwèɪtʃóu | -tʃə́u; *Chin.* kuìtʂōu] *n.* 貴州省《中国南部の省; 人口 26,860,000, 面積 176,480 km², 首都貴陽 (Kweiyang)》.

Kwei·hwa·ting [kwéɪhwɑ̀ːtíŋ; *Chin.* kuīxuɑ̀tʻīŋ] *n.* (*also* **Kwei·hwa·cheng** [kwéɪhwɑ̀ːtʃʌ́ŋ; *Chin.* kuīxuɑ̀tʂʻə́ŋ]) 帰化庁[城] (Huhehot の旧名).

Kwei·lin [kwèɪlín; *Chin.* kuìlín] *n.* 桂(けい)林《中国南部広西チワン族自治区の都市》.

Kwei·sui [kwèɪswéɪ; *Chin.* kuīsuì] *n.* 帰綏(きすい) (Huhehot の旧名).

Kwei·yang [kwèɪjɑ́ːŋ; *Chin.* kuìiɑ́ŋ] *n.* 貴陽《中国南部の都市; 貴州省 (Kweichow) の首都》.

kWh, kwh(r), K.W.H. 《略》kilowatt-hour(s).

KWIC [kwík] 〖《頭字語》← *k(ey) w(ord) i(n) c(ontext)*〗 *n.* 〖電算機・図書館〗クウィック《キーワードが文脈の中にそのまま入った形式で作る索引》.

KWOC [kwɑ́k | kwɔ́k] 〖《頭字語》← *k(ey) w(ord) o(ut of) c(ontext)*〗 *n.* 〖電算機・図書館〗クウォック《キーワードが文脈の直前に来る形式の索引》.

KY 《略》〖米郵便〗Kentucky (州).

Ky. 《略》Kentucky (州).

ky·ack [káɪæk, káɪjæk | káɪæk] 〖← ?〗 *n.* 《米西部》(荷ぐらの両側に掛ける)荷袋.

ky·ak [káɪæk, káɪjæk | káɪæk] *n.* =kayak.

ky·a·nite [káɪənàɪt] *n.* 〖鉱物〗=cyanite.

ky·a·nize [káɪənàɪz] 〖《1837》← *J.H. Kyan* (1774-1850: その防腐法の発明者のアイルランド人): ⇨ -ize〗 — *vt.* (防腐のため)〈木材〉に昇汞(しょうこう)水を注入する, 〈木材を〉昇汞水で防腐する.

kyat [tʃɑ́ːt] 〖□ Burmese ～〗 *n.* **1** チャット《1952 年 rupee に代わって制定されたビルマの通貨単位; =100 pyas; 記号 K》. **2** 1 チャット白銅貨.

ky·bosh [káɪbɑʃ, ⌐⌐, kɪbɑ́ʃ, kə- | káɪbɔʃ] *n.*, *vt.* =kibosh.

Kyd [kíd], **Thomas** *n.* (1557?-94) 英国の悲劇作家; *The Spanish Tragedy* (1587?).

kye [káɪ] 〖OE *cȳ*〗 *n. pl.* 《方言》=kine[1].

kyle [káɪl] 〖□ Sc.-Gael. *caol*《原義》narrow〗 *n.* (スコットランド西部の)瀬戸, 水道 (sound, strait).

Kyle [káɪl] 〖↑〗 *n.* **1** 男性名. **2** 女性名.

ky·lie [káɪli | -lɪ] 〖□ Austral.《土語》～〗 *n.* (*also* **ky·ley** [～]) 《豪》(片面が平らで片面がやや中高の)ブーメラン.

kylikes *n.* kylix の複数形.

ky·lin [kiːlín | káɪlɪn] 〖□ Chin. *ch'i-lin* (麒麟): ⇨ kirin〗 *n.* (中国の陶器などに描かれる)麒麟(きりん).

ky·lix [káɪlɪks, kíl- | káɪ-] 〖□ Gk *kúlix*〗 *n.* (*pl.* **ky·li·kes** [kíləkìːz | káɪlɪ-]) (古代ギリシャ・ローマの)浅い酒杯《脚と二つの取っ手をもつ》.

kylix

Ky·loe [káɪlou | -ləu] 〖← *Kyloe* (Northumbria の地名: 《原義》cow-pasture)〗 *n.* =West Highland.

ky·mo·gram [káɪməgræ̀m | -mə(ʊ)-] 〖⇨ ↓, -gram〗 *n.* キモグラフで描かれる図.

ky·mo·graph [káɪməgræ̀f | -mə(ʊ)grɑ̀ːf, -græ̀f] 〖□ G *Kymographion* ← Gk *kûma* wave + -GRAPH〗 — *n.* 〖医学〗キモグラフ, 動態記録器, 動態描記器《脈拍・鼓動・呼吸・発音などの波動曲線記録器》. **ky·mo·graph·ic** [kàɪməgrǽfɪk | -mə(ʊ)-] *adj.*

ky·mog·ra·phy [kaɪmɑ́grəfi | -mɔ́grəfɪ] 〖⇨ ↑, -graphy〗 *n.* 〖医学〗キモグラフィ, 動態記録(法), 動態描記(法).

Kym·ric [kímrɪk] *adj.*, *n.* =Cymric.

Kym·ry [kímri | -rɪ] *n. pl.* =Cymry.

Kyn·e·wulf [kínəwʊ̀lf | -nɪ-] *n.* =Cynewulf.

kyn·u·rén·ic ácid [kɪ̀njurénɪk-, kàɪn-] 〖《部分訳》← G *Kynuren-säure* ← Gk *kun-*, *kúōn* dog + *oûron* 'URINE': ⇨ -ic[1]〗 — *n.* 〖生化学〗キヌレニン酸 ($C_9H_5N(OH)COOH$)《トリプトファン代謝産物》.

kyn·u·ren·ine [kɪ̀njuréniːn, kàɪn-, -nɪn, -nən | -niːn, -nɪn] 〖⇨ ↑, -ine[3]〗 — *n.* 〖生化学〗キヌレニン ($NH_2C_6H_4COCH_2CH(NH_2)COOH$)《トリプトファン (tryptophan) から体内で作られるアミノ酸》.

kyphoses *n.* kyphosis の複数形.

Ky·phos·i·dae [kaɪfɑ́sədìː | -fɔ́sɪ-] 〖← NL ～ ← *Kyphosus* (属名: ← Gk *kuphós* (↓) + L *-ōsus* '-OSE[1]') + -IDAE〗 *n. pl.* 〖魚類〗(スズキ目)イスズミ科.

ky·pho·sis [kaɪfóusɪs, -səs | -fə́usɪs] 〖← NL ～ ← Gk *kúphōsis* hunched state ← *kuphós* hunch-backed: ⇨ -osis〗 — *n.* 〖病理〗(脊柱)後彎(症) (cf. lordosis, scoliosis). **ky·phot·ic** [kaɪfɑ́tɪk | -fɔ́t-] *adj.*

Kyr·i·a·le [kiriɑ́ːleɪ | -rɪ-] 〖← NL ～ ← *Kyrie* (↓) + ML (*miss*)*āle* 'MISSAL'〗 *n.* 〖キリスト教〗(原句とミサ用音楽が書いてある)典礼書, キリアーレ.

Ky·ri·e [kírièɪ | kíəriːèɪ, kíriɪ] 〖□ Gk *kúrie* (voc.) ← *kúrios* lord〗 *n.* **1** 〖キリスト教〗=Kyrie eleison 1. **2** 《古》連禱(れんとう) (litany).

Kýrie e·lé·i·son, K- E- [-əléɪəsɑ̀n, -əléɪsɑn, -sṇ | -ɪléɪɪsɔ̀n, -sṇ] 〖《?*a*1200》□ ML ～ □ Gk *Kúrie eléēson* Lord, have mercy (upon us): ↑〗 — *n.* **1** 〖キリスト教〗求憐誦《通例カトリック・ギリシャ正教のミサや英国国教会の聖餐式に用いる「主よ哀れみたまえ (Lord, have mercy)」の祈りの文句》. **2** 〖音楽〗キリエ《求憐誦に付けた音楽》.

kyr·ielle [kɪrìːl | -rɪ-; *F.* kirjɛl] 〖《1887》□ F ～ OF *kyriele*《短縮》← *Kyrie eleison* (↑)〗 — *n.* (*pl.* ～) 〖詩学〗キリエル《通例 8 音節押韻対句からなる 4 行詩で折返し語句を伴う》.

kyte [káɪt] 〖□ ? LG *küt* bowel: cf. cot[1]〗 *n.* 《スコット・北英》腹, 胃.

kythe [káɪð] *v.* =kithe.

ky·toon [kaɪtúːn] 〖《混成》← KITE + (BALL)OON〗 *n.* 〖気象〗繋留(けいりゅう)気球《気球に気象測器を吊して一定高度での観測を行なう》.

Ky·zyl [kɪzíl; *Russ.* kizíl] *n.* キジル《ソ連邦ロシヤ共和国中部の Tuva 自治共和国の首都; 人口 59,000》.

Ky·zyl Kum [kɪzíl-kúm; *Russ.* kizilkúm] *n.* [the ～] キジルクム(砂漠)《ソ連邦 Uzbekistan および Kazakstan 両共和国にわたる砂漠; 面積約 300,000 km²》.

L

L[1], **l** [él] 〖OE *L*, *l* ▭ L (Etruscan を経由) ▭ Gk *Λ*, *λ* (lámbda) ▭ Phoenician 𐤋 : cf. Heb. ל (lāmedh)《原義》goad〗 ── *n.* (*pl.* **L's, Ls, l's, ls** [~z]) **1** 英語アルファベットの第12字. **2** (活字・スタンプなどの) L または l 字. **3** [L] L 字形(のもの);〚機械〛L 字管; (建築物の) L 字形の翼, そで. **4** 文字 l が表わす音《light, heel などの [l]》. **5** (連続したものの)第12番目(のもの); (J を数に入れない時は)第11番目(のもの). **6** (ローマ数字の) 50 : LVI=56 / LX=60 / CL=150. ***the three L's*** 〚海事〛(船乗りに大事な)三エル《lead (測深), latitude (緯度測定), lookout (見張り); cf. three R's》.

L[2] [él] 〖⇨ el[2]〗 *n.* (*pl.* **L's, Ls**)《米口語》高架鉄道: ride on the *L* / an *L* station 高架鉄道駅 / an *L* train 高架鉄道列車.

L 《略》ell; Large; Latin; [イタリック体で]〚物理〛Lagrangian;〚化学〛lewisite;〚軍事〛liaison; longitude;〚劇場〛left.

L 《記号》 **1**〚電気〛インダクタンス (inductance). **2**〚物理化学〛潜熱 (latent heat). **3** 〖← *learner*〗《英》(運転練習中の自動車につける) L の記号, 練習者. **4**〚米軍〛連絡機 (liaison plane). **5**〚貨幣〛lek(s); lempira(s); leu, lei, ley; lira(s), lire; litas, litai *or* litu.

L, l 《略》〚光学〛lambert; pound(s).

l., l 《略》large; liter(s); lost; lumen(s).

L. 《略》Lady; Latin; Liberal; Licentiate; Linnaeus;〚フリーメーソン〛Lodge.

L., l. 《略》lady; lake; land; large; lat; latitude; law; leaf; league; left; length; *L.* lēx (=law); *L.* liber (=book); line; link; *L.* locus (=place); lord; low;〚劇場〛left.

£., L, l. 《略》*L.* lībra (=pound).

l- [líːvoʊ | -vəʊ] 〖← LEVO-〗 *pref.* [通例イタリック体で]〚化学〛「右旋(光)性の (levorotatory)」の意: *l*-tartaric acid.

la[1] [láː] 〖《*a*1325》《略》← L *labii* (gen.) ← *labium* lip〗 ── *n.* 〚音楽〛 **1** (階名唱法の)「ラ」《全音階的長音階の第6音; ⇨ do[3] 1》. **2** (固定ド唱法の)「ラ」, イ (A) 音《ハ調長音階の第6音》.

la[2] [lɔ́ː, láː | lɔ́ː] 〖OE *lā* : cf. lo〗 ── *int.* 《古・方言》 **1** 見よ, そら (look!); 本当に (indeed)《強意を表わす》: *La* you そらね / Indeed, ~, without an oath, I'll make an end on't. 本当に, 事実, 誓言なしでおしまいにしましょう (Shak., *Hamlet* 4. 5. 57). **2** おや, まあ (lo!)《驚きを表わす》: *La* me! おやまあ.

La 《記号》〚化学〛lanthanum.

La. 《略》Louisiana.

LA 《記号》〚米郵便〛Louisiana (州).

L.A. 《略》Latin America; 〚スコット法〛Law Agent; Legislative Assembly; Library Association; Local Agent; Los Angeles.

laa·ger [lɑ́ːgə | -gə(r] 〖《1850》▭ Afrik. *lager* camp: cog. G *Lager* camp: cf. lair[1]〗 ── *n.* **1** 《アフリカ南部》(周囲に荷馬車などを円形に配置して防壁とする)野営所, 車陣 (camp) (cf. corral). **2**〚軍事〛(装甲車両を周囲に配置し防壁とする)野営陣地, 車陣. ── *vt.* 〈車両を〉車陣に配置する. ── *vi.* 車陣を敷く; 車陣で野営する (encamp).

Laa·land [lɔ́ːlɑːn; *Dan.* lɔ̀lanʔ] *n.* =Lolland.

lab [lǽ(ː)b] 〖《略》〗 *n., attrib. adj.* 《口語》=laboratory.

LAB 《略》Labor Advisory Board 労働諮問委員会.

lab. 《略》labor; laboratory; laborer.

Lab. 《略》Labor; Laborite; Labrador.

La·ban [léɪbən | -bən, -bæn] 〖▭ LL ~ ▭ Heb. *lābhān*《原義》white〗 ── *n.* **1** 男性名. **2**〚聖書〛ラバン《ヤコブ (Jacob) の義父および叔父に当たり, リベカ (Rebecca) の兄; cf. *Gen.* 24: 29–60》.

lab·a·rum [lǽbərəm] 〖《1658》▭ LL ~ ← ?〗 ── *n.* (*pl.* **-a·ra** [-rə], **~s**) **1** (行列などに持ち歩く)教会の旗. **2** 後期ローマ帝国の軍旗《Constantine 大帝が十字架の幻を見て戦争に勝った後, その旗印はギリシャ語 *ΧΡΙΣΤΟΣ* (Christ) の頭文字 XP を組み合わせて作られたといわれる; cf. Chi-Rho》.

labarum 1

lab·da·num [lǽbdənəm] 〖《1502》▭ ML ~ =L *lādanum* ▭ Gk *lādanon* 'LADANUM'〗 ── *n.* 〚化学〛ラブダナム《ハンニチバナ科ゴジアオイ属の植物 (*Cistus ladanum*, *C. creticus* など) から採った樹脂; たばこ・石鹸などの香料に用いる; cf. cistus》.

-labe [lèɪb] 〖ME ▭ OF ~ ▭ ML *-labium* ▭ lateGk *-labion* ← Gk *-labos* ← *lambánein* to take〗「…(器)具 (implement)」の意の名詞連結形: astro*labe*.

lab·e·fac·tion [læ̀bəfǽkʃən | -bɪ-] 〖《1775》▭ L *labefactiō(n-)* ← *labefacere* to shake ← *labī* to fall + *-facere* to make: ⇨ lapse, -faction〗 ── *n.* 《文語》(道徳・社会秩序の)動揺, 弱体化, 衰弱; 没落 (downfall).

la·bel [léɪbəl] 〖《?*c*1300》▭ OF *la(m)bel* (F *lambeau* strip) ← ? Gmc: cf. OHG *lappa* a rag〗 ── *n.* **1** 札, 貼札[紙], 荷札, 付箋(ふせん), レッテル, ラベル (tag): the ~ of the bottle / put ~*s* on one's luggage 荷物に荷札を付ける. **2 a** (人・団体・運動・派などの特色を簡単に示す)符牒(ふちょう), 標語 (epithet). **b** (辞書などで用法・専門語などを示す)表示, レーベル《〚口語〛〚古〛〚物理〛など》. **3** ゴムのり付き切手[印紙]. **4 a** (レコード会社などの)商標, レーベル. **b** 商標つきのレコード; その会社. **5** 《古》細長い切れ, 細片. **6**〚物理・化学〛標識化に用いる同位体. **7**〚製本〛ラベル, レーベル, 貼り外題 (title piece)《本の背や平に貼付ける著者・書名などの文字入れをした小片》. **8**〚紋章〛レーベル《父の紋章に加えて長男であることを示すマーク; 昔は長男以外の紋章にも使用された; また英国王室では皇太子・王子・王女はいずれもこの label (皇太子は無模様, 他は模様付き)によって王の紋章と区別している; ⇨ heraldry 挿絵 D, G》. **9**〚建築〛(入口や窓の上方の)雨だれ石, 雨押え (dripstone).
── *vt.* (**la·beled, -belled; -bel·ing, -bel·ling**) **1** …に札[レッテル]を付ける[貼る]: ~ a package, bottle, etc. / ~ a trunk for Tokyo トランクに東京行きの札を貼る[付ける]. **2** (レッテルを付けて)〈…と〉分類する (classify), 明示する; 〔…と〕呼ぶ (designate) 〔*as*〕: The bottle was ~*ed* poison. そのびんには毒薬のレッテルが貼ってあった / It is unjust to ~ him *as* a mere agitator. 彼を単なる扇動者と呼ぶのは不当だ / I do not usually ~ myself *as* dense. ふだん自分を鈍い人間だと思っていない. **3**〚物理・化学〛(化学反応や生物学的過程をたどるために)〈元素・原子を〉(放射性)同位体で置換して識別する; 〈化合物・分子を〉その中の原子を同位体で置換して識別する.
~·a·ble [-ləbl] *adj.*

lá·bel·er [-b(ə)lə | -lə(r] *n.* (*also* **la·bel·ler** [~]) (商品の)ラベルをつける人.

la·bel·lum [ləbéləm] 〖▭ L ~ 'little lip' (dim.) ← *labrum* lip〗 *n.* (*pl.* **la·bel·la** [-lə]) **1**〚植物〛唇(しん)弁《ラン科植物の花冠の最も顕著な花弁》. **2**〚昆虫〛唇弁《口吻の基部をおおう上唇の延長物》. **la·bel·late** [ləbélət, -lɪt, -leɪt] *adj.*

labia *n.* labium の複数形.

la·bi·al [léɪbiəl | -bjəl, -bɪəl] 〖《1650》▭ ML *labiāl-is* ← L *labium* lip: ⇨ -al[1]〗 ── *adj.* **1**〚解剖・動物〛 **a** 唇(しん)状の, 唇形の (liplike); 唇(くちびる)の; 唇の用をなす. **b** 陰唇 (labium) の. **2**〚音声〛唇音の: ~ sounds 唇音. **3**〚音楽〛〈フルートなどの楽器が〉唇に息を吹きつけて音を出す: a ~ instrument 唇管楽器. ── *n.* **1**〚音声〛唇音《唇で調音される音; [p] [b] [m] [f] [v] など》. **2**〚音楽〛=labial pipe.

lá·bi·al·ìsm [-lìzṃ] *n.* 〚音声〛唇(しん)音で発音する癖[傾向]《特に, [r], [l] の代わりに [w] を用いるような発音上の欠陥をいう》.

la·bi·al·i·ty [lèɪbiǽləti | -briǽləti, -lɪ-] *n.* 〚音声〛唇音性.

la·bi·al·i·za·tion [lèɪbiəlɪzéɪʃən, -lə- | lèɪbjəlaɪ-, -bɪə-, -lɪ-] *n.* 〚音声〛唇(しん)音化《twin の [t] などに見られるように唇のまるめ (rounding) を加えること》.

la·bi·al·ize [léɪbiəlàɪz | -bjə-, -bɪə-] *vt.* 〚音声〛唇音化する.

lá·bi·al·ìzed *adj.* 〚音声〛唇音化した.

lá·bi·al·ly [-biəli | -bjəlɪ, -bɪə-] *adv.* **1** 唇で. **2**〚音声〛唇音的に.

lábial pálp *n.* **1**〚動物〛口葉, 唇弁《二枚貝の口の背腹にある1対の葉状物》. **2**〚昆虫〛下唇鬚(かしんしゅ)《下唇から生じる小突起》.

lábial pípe *n.* =flue pipe.

la·bi·a ma·jo·ra [léɪbiə-mədʒɔ́ːrə, -dʒóːrə | -bjə-mədʒɔ́ːrə, -bɪə-] 〖▭ L *labia mājora* larger lips〗 *n. pl.* 〚解剖〛大陰唇(しん).

lábia mi·nó·ra [-mɪnɔ́ːrə, -mə-, -nóːrə | -mɪnɔ́ːrə] 〖▭ L ~ 'smaller lips'〗 *n. pl.* 〚解剖〛小陰唇(しん).

La·bi·a·tae [lèɪbiéɪtiː | -bɪ-] 〖← NL ~ (fem. pl.) ← *labiātus* (↓)〗 *n. pl.* 〚植物〛(ムラサキ目)シソ科.

la·bi·ate [léɪbiət, -biɪt, -bièɪt | -bɪət, -bɪɪt, -brèɪt] 〖《1706》← NL *labiāt-us* ← L *labium* lip: ⇨ -ate[2]〗 ── *adj.* **1** 唇(しん)状物のある, 唇状の, 唇形の. **2**〚植物〛 **a** 唇形花冠の: a ~ petal (オドリコソウ・ランの花の)唇弁. **b** シソ科の. **3**〚動物〛(形状・機能が)唇状の, 唇状物のある. ── *n.* 〚植物〛シソ科の植物.

la·bi·at·ed [léɪbièɪtɪd, -tɪd | -bièɪt-] *adj.* =labiate.

La·biche [lɑːbíːʃ; *F.* labiʃ], **Eugène Ma·rin** [marɛ̃] *n.* ラビーシュ《1815–88; フランスの劇作家》.

la·bile [léɪbaɪl, -bɪl, -bəl, -biːl | -baɪl] 〖《1447》*labyl* ▭ LL *lābil-is* unsteady, wavering ← *lābī* to slip, fall, slide: cf. lapse〗 ── *adj.* **1** 変化しやすい (changeable); 〈心など〉変りやすい; 不安定な (unstable). **2**〚物理・化学〛化学変化を起こしやすい, 不安定な. **3**〚医学〛〈有効電流など〉(患部上を)不安定に動き回る (cf. stabile 2 b). **la·bil·i·ty** [leɪbíləṭi | -lətɪ, -lɪ-] *n.*

la·bi·o- [léɪbio(ʊ) | -bɪə(ʊ), -bjə(ʊ)] 〖← L *labium* lip: cf. labial〗「唇 (lips); 唇の[を用いる] (labial); 唇と…との」の意の連結形.

làbio·déntal 〚音声〛 *adj.* 唇(しん)歯音の. ── *n.* 唇歯音《上の歯と下唇とで調音される音; [f] [v] など》.

la·bi·o·gres·sion [lèɪbio(ʊ)gréʃən | -bɪə(ʊ)-] *n.* 〚歯科〛=labioversion.

làbio·násal 〚音声〛 *adj.* 唇(しん)鼻音の. ── *n.* 唇鼻音《[m]》.

làbio·vélar 〚音声〛 *adj.* 唇(しん)軟口蓋(がい)音の. ── *n.* 唇軟口蓋音《[w]》.

làbio·velarizátion *n.* 〚音声〛唇(しん)軟口蓋音化.

làbio·vélarize *vt., vi.* 〚音声〛唇軟口蓋音化する.

làbio·vérsion *n.* 〚歯科〛(前歯の)唇側転位.

la·bi·um [léɪbiəm | -bjəm, -bɪəm] 〖▭ L ~ 'lip': cf. lip〗 ── *n.* (*pl.* **la·bi·a** [-biə | -bjə, -bɪə]) **1** 唇(くちびる). **2**〚解剖〛(片方の)陰唇 (cf. labia majora, labia minora). **3**〚動物〛(昆虫・甲殻類などの)下唇 (cf. labrum[1] 2). **4**〚植物〛(唇形花冠の)下唇弁.

la·bor, 《英》**la·bour** [léɪbə | -bə(r] 〖*n.*: 《*c*1300》▭ OF *labor* (F *labeur*) ▭ L *labōrem* hardship, fatigue, toil: cf. L *labāre* to totter. ── *v.*: 《*a*1376》*laboure(n)* ▭ (O)F *labour-er* ▭ L *labōrāre* to take pains〗 ── *n.* **1** (肉体的・精神的な)労力, 骨折り, 労働 (cf. 8): ⇨ hard labor / with ~ 骨折って. **2** (一つの)骨折り仕事, 仕事 (task, work): the twelve ~*s* of Hercules ⇨ Hercules 2 / a Herculean ~ ⇨ Herculean 2 b / a ~ of love 愛の労苦, (報酬を望まずに)好意[好き]でする仕事, 篤志事業 (cf. *1 Thess.* 1:3; *Heb.* 6:10) / the ~ of one's hands 手の労苦《人の助けを借りずに自ら行なう仕事; cf. *Gen.* 31:42》/ the fruits of one's ~ ⇨ fruit *n.* 3. **3** (労働力を提供してその対価として賃金を得る)労働, 勤労: the hours of ~ 労働時間 / cheap ~ 低廉な労働 / ⇨ DILUTE labor. **4**〚集合的〛 **a** (資本家・企業に対して)労働者たち, 賃金労働者; 労働者階級 (cf. capital[1] *n.* 4, management 3 b): the claims [rights] of ~ 労働者の要求[権利] / ~ and capital 労働者と資本家, 労資 / the Department [Secretary] of *Labor* (米国の)労働省[長官]. **b** 筋肉労働者 (cf. white-collar). **c** 労働組合. **5** 労働生産物: the ~*s* of many years 多年の労働の成果. **6** [通例 Labour] (英国・その他の国の)労働党 (Labour Party): Will *Labour* win at the next election? この次の選挙では労働党が勝つだろうか. **7 a** 陣痛; 分娩(ぶんべん), 出産 (parturition): be *in* ~ 産気づく / easy [hard] ~ 安[難]産. **b** 出産時間: a 10-hour ~. **8** [*pl.*]《文語》(日常の)労苦, 浮世の務め: rest from one's ~*s* (死んで)労苦から解放される (cf. *Rev.* 14:13); 仕事をやめる / His ~*s* are over. この世の務めを終えた《一生が終わった》. **9**〚海事〛(船の)大揺れ.
── *attrib. adj.* **1** 労働の[に関する]: a ~ dispute 労働争議 / a ~ problem 労働問題. **2** [通例 Labour] (英国などの)労働党の: a *Labour* member 労働党議員.
── *vi.* **1** (骨折って)労働する, (精を出して)働く: ~ in the fields 畑で働く / ~ *at* a task 仕事に精を出して働く / He ~*ed over* the single line far into the night. その1行に夜の更けるまで苦心した. **2** (ある目的のために)骨を折る〔*for, after*〕; 〈…しようと〉努力する (work hard, strive) 〈*to do*〉: ~ *for* bread [peace] 生活[平和]のために努力する / ~ *after* wealth 富を得ようと努力する / I ~*ed to* understand him. 彼の言うことを理解しようと骨折った. **3** 苦しむ, 悩む, 難儀する (suffer) 〔*under*〕: ~ *under* difficulties 窮境にあって苦しむ / ~ *under* thrombosis 血栓症に悩む / ~ *under* a mistake [delusion] 誤解[錯覚]をしている. **4** [方向を示す副詞または前置詞を伴って] 骨折って[やっと]進む: The injured men ~*ed along*. 負傷者たちがあえぎながら歩いていった / Our car ~*ed up* (the steep hill). 我々の車は苦労して(急な丘を)登って行った / He ~*ed through* the mud. ぬかるみの中をやっと通った. **5** 産気づく, 産みの苦しみをする (travail). **6**〚海事〛〈船が〉ひどく揺れる, 難航する. ── *vt.* **1** 詳しく論じる, 詳説する (elaborate): ~ an argument, a point, etc. **2** 〈人を〉わずらわせる, 苦しめる〔*with*〕: He always ~*s* us *with* trifles. いつも些細なことで我我をうんざりさせる. **3** 《古》苦心して作る, 念入りに作り上げる. **4** 《古・英方言》〈土地を〉耕す.

lab·o·ra·to·ri·al [læ̀b(ə)rətɔ́ːriəl, -tóːr- | -tɔ́ːr-] *adj.* 実験室の[を利用する, に似た].

lab·o·ra·to·ry [lǽb(ə)rətɔ̀ːri, -tɔ̀ri | ləbɔ́rət(ə)rɪ, lǽb(ə)rə-] 〖《1605》▭ ML *labōrātōri-um* workshop ← *labōrātus* ((p.p.) ← *labōrāre* 'to LABOR') + *-ōrium* '-ORY²'〗 ― *n.* **1** 実験室, 試験室: a chemical ~ 化学実験室, 化学研究所 / a hygienic ~ 衛生試験所. **2** (薬品・化学製品などの)製造所; 火薬製造所. **3** (教育・社会科学などで実験・観察・実習などの設備のある)実習室, 演習室; 研究室: ⇨ language laboratory. **4** (大学の課程での)演習, 実習 (略 lab.): The course comprises three lectures and one ~ a week. この課程には1週間に講義三つと実習が一つある.
― *attrib. adj.* **1** 実験室の, 実験室用の: ~ animals 実験動物 / ~ equipment 実験室設備 / ~ work 実験作業. **2** 実習の, 演習の: a ~ course 実習コース. **3** 〖医学〗検査(室)の, 臨床検査による.

láboratory schòol *n.* 実験学校《教育に関する実験をしたり, 教員志望の学生に教育実習を行なわせる, 主に大学付属の学校》.

lábor bànk *n.* 労働銀行《労働組合が株主となる銀行》.

lábor càmp *n.* **1** (ソ連などの)強制労働収容所《slave labor camp ともいう》. **2** 《米》移動労働者宿泊施設.

lábor cóntent *n.* 〖経済〗(ある商品の原価のうちに占める)労務費用部分, 加工[労働]価値.

Lábor Dày *n.* 労働休日, 労働者の日《米国の大半の州・カナダでは9月第1月曜日で法定休日; ヨーロッパ・その他では5月1日, つまり May Day》.

lá·bored 〖《15C》〗 ― *adj.* **1** 〈文体・談話など〉骨折った跡のある, 苦心した; 無理な, こじつけの, 不自然な: a ~ joke [compliment] こじつけた冗談[わざとらしいお世辞]. **2** 〈人の動作など〉骨の折れる, 苦しい; のろくさい: ~ movements のろのろした動作. **~·ly** *adv.* **~·ness** *n.*

lá·bor·er [-b(ə)rə | -bərə(r] 〖《*c*1325》 *labo(u)rer* ▭ OF *laboreor*: ⇨ labor, -er¹〗 *n.* **1** 労働者, 賃金労働者; 肉体労働者: the ~ worthy of his hire [share] 真に報酬を受けるに値する働き手 (*Luke* 10:7) / ~s in one's vineyard ⇨ vineyard 2. **2** (熟練職人の手伝いをする)未熟練労働者: a bricklayer's ~.

lábor exchànge *n.* **1** 労働組合の事務所や集会所がある建物. **2** [L- E-]《口語》職業紹介所. **3** (もと農夫[労働者]が生産物を物々交換した)生産物取引所.

lábor fòrce *n.* 〖労働〗労働力《会社などで働く一団の労働者; 雇用[動員]可能の人員; 特に, 米国では14歳以上の雇用可能の人員》.

lá·bor·ing [-b(ə)rɪŋ] 〖ME〗 ― *adj.* **1** 労働に従事する: a ~ man 労働者 / the ~ classes 労働階級. **2 a** 苦しい, 骨の折れる: ~ breath 苦しい息. **b** 難航する, ひどく揺れる: a ~ ship. **3** 産気づいた, 分娩中の: a ~ woman.

lá·bor·ing·ly *adv.* 骨折って, 苦しんで.

lábor-intènsive *adj.* 〖経済〗労働集約的な[型の]《生産性増加のためなどの労働強化の; cf. capital-intensive》.

la·bo·ri·ous [ləbɔ́ːriəs, -bóːr- | -bɔ́ːrɪ-] 〖《*a*1393》▭ (O)F *laborieux* ▭ L *labōriōsus* toilsome, industrious: ⇨ labor, -ous〗 ― *adj.* **1** 骨の折れる, 労力を要する, 困難な: a ~ undertaking. **2** よく働く, 勤勉な (hard-working, industrious): a ~ worker / live ~ days 艱難辛苦の日を送る (Milton, *Lycidas* 72). **3** 苦心の跡の見える, 〈文体など〉ごつごつした, ぎこちない: a ~ style, speech, etc. **4** 《英》未熟な労働に従事する. **~·ness** *n.*

la·bó·ri·ous·ly *adv.* 骨折って, 苦心して.

Lá·bor·ism [-bərɪzm] *n.* 労働党[労働組合]の主義[政策].

la·bor·ite [léɪbəràɪt] 〖← LABOR + -ITE¹〗 *n.* 《米》**1** 労働者利益擁護団体の一員. **2** [L-] 労働党員.

lábor màrket *n.* 〖労働〗労働市場《労働力の需要・供給のメカニズム》.

lábor mòvement *n.* **1** 労働運動. **2** [集合的] 労働組合; 労働組合活動.

lábor pàins *n. pl.* 陣痛.

lábor relàtions *n. pl.* 労使[労資]関係, 労働関係.

lábor·sàving *adj.* 人手を省く, 労働節約的な; 省力(化)の: a ~ device, method, etc.

lábor spỳ *n.* 〖労働〗組合活動をスパイする経営者側の回し者.

lábor tùrnover *n.* 〖労働〗=turnover 3.

lábor ùnion *n.* 《米》労働組合.

La·boul·be·ni·a·ce·ae [ləbùːlbìːniéɪsiìː | -nɪ-] 〖← NL ~ ← *Laboulbenia* (← *Jean J. A. Laboulbène* (19世紀のフランスの植物学者) + -IA¹) + -ACEAE〗 ― *n. pl.* 〖植物〗(子嚢菌類)ラブルベニア科. **la·bòul·be·ni·á·ceous** [-ʃəs] *adj.*

labour *n., adj., v.* =labor.

Lábour Exchànge *n.* (英国の)職業紹介所 (employment exchange) の旧称.

La·bour·ite [léɪbəràɪt] *n.* (英国の)労働党員.

Lábour Pàrty *n.* [the ~] (英国の)労働党《1900年独立労働党・フェビアン協会・社会民主連盟と労働組合によって結成された漸進的社会主義政党; 保守党 (Conservative Party) と共に現在の英国二大政党の一つ》.

labra¹ *n.* labrum¹ の複数形.

labra² *n.* labrum² の複数形.

Lab·ra·dor [lǽbrədɔ̀ə | -dɔː(r] *n.* **1** カナダ東部, Hudson 湾と大西洋との間にある大半島; 面積 1,620,000 km². **2** この半島の東部大西洋岸地方; Newfoundland 州に属する; フィヨルドが発達し良港が多い. **3** =Labrador retriever.

Lábrador Cúrrent *n.* [the ~] ラブラドル海流《Baffin 湾から南流し Labrador 地方の沿岸を通って Newfoundland 島の沖合に至る寒流》.

Lábrador dúck *n.* 〖鳥類〗カササギガモ (*Camptorhynchus labradorius*)《北米北部産, 今は絶滅》.

Lab·ra·dor·e·an [læ̀brədɔ́ːriən, -dóːr- | -dɔ́ːrɪ-] 〖⇨ -ean〗 (*also* **Lab·ra·dor·i·an** [~]) ― *adj.* **1** Labrador の. **2** 〖地質〗Labrador 半島にあった第四紀洪積世の大陸氷床の. ― *n.* ラブラドル人[の住民].

lab·ra·dor·ite [lǽbrədɔːràɪt] 〖← *Labrador* (その発見地): ⇨ -ite¹〗 *n.* 〖鉱物〗曹灰長石《斜長石の一種》.

Lábrador retríever *n.* ラブラドル レトリーバー《Newfoundland 産の, 鳥獣ちで獲物を持って来るよう訓練される猟犬; 単に Labrador ともいう》.

Lábrador téa *n.* 〖植物〗ラブラドルチャ (*Ledum groenlandicium*)《北米産ツツジ科の常緑の低木で, 日本のイソツツジと近縁種; 昔その葉を茶に代用した》.

la·bral [léɪbrəl] 〖← LABRUM¹ + -AL¹〗 *adj.* 唇 (labrum) の, 唇(しん)状物のような.

la·bret [léɪbrɪt, -brət, -bret] 〖← LABRUM¹ + -ET〗 ― *n.* 唇(くちびる)飾り《Alaska, Aleutian 列島に住むアリュート族などが装飾として唇に穴をあけてはめ込む貝殻・木片・骨片など》.

la·brid [léɪbrɪd, lǽb-, -rəd | -rɪd] 〖↓〗 *adj., n.* 〖魚類〗ベラ亜目の(魚).

Lab·ri·dae [lǽbrədìː | -rɪ-] 〖← NL ~ ← L *lābrus* (↓) + -IDAE〗 *n. pl.* 〖魚類〗(スズキ目)ベラ科.

la·broid [léɪbrɔɪd, lǽb-] 〖← L *lābrus* (魚の一種) + -OID〗 *adj., n.* 〖魚類〗ベラ亜目の(魚).

la·brum¹ [léɪbrəm, lǽb-] 〖▭ L ~ 'lip': cf. labium〗 ― *n.* (*pl.* **la·bra** [-brə], ~**s**) **1** 唇(くちびる), 唇(しん)状物. **2** 〖動物〗上唇《昆虫・甲殻類などの口器の一部で, 下唇 (labium) に向かい合っている; ⇨ insect 挿絵》. **3** 〖解剖〗(関節などの)唇, 上唇, 門.

la·brum² [léɪbrəm] 〖▭ L *lābrum* basin〗 *n.* (*pl.* **labra** [-brə]) (古代ローマの)装飾的浴槽.

La Bru·yère [lɑ̀ːbruːjɛ́ə, -briɛ́ə | -bruːjɛ́ə(r, -briɛ́ə(r; *F.* labʀyjɛːʀ], **Jean de** *n.* ラブリュイエール《1645–96; フランスのモラリスト・著述家; *Les Caractères*「人さまざま」(1688)》.

La·bu·an [ləbúːən | ləbúːən, -bʊ́ən, lǽbjʊən] *n.* ラブアン(島)《マレーシア連邦 Sabah 州の Borneo 島北西沿岸沖にある島; 人口 7,200, 面積 98 km²》.

la·bur·num [ləbə́ːnəm | -bɜ́ː-] 〖《1578》▭ L ~ ← ?〗 ― *n.* 〖植物〗キングサリ《マメ科キングサリ属 (*Laburnum*) の植物の総称》; (特に)キングサリ, キバナフジ (*L. anagyroides*)《ヨーロッパ産で黄色のフジのような花をつける; しばしば復活祭の装飾に用いられる; golden chain, golden rain ともいう》.

laburnum
(*L. anagyroides*)

lab·y·rinth [lǽbərɪnθ, -rɪnθ, -rənθ | -bərɪnθ, -bɪ-] 〖《*c*1380》 *labelynthe, laborinthus* ▭ L *labyrinth-us* ▭ Gk *labúrinthos* ← ?: cf. Gk *lábrus* double axe〗 ― *n.* **1 a** (入ったら出られないように造った)迷宮. **b** [the L-] 〖ギリシャ神話〗ラビュリントス《Crete 島の王 Minos が Minotaur を監禁するために Daedalus に命じて造らせたという迷宮》. **2** (庭園や遊園地などで高い垣根で仕切った)迷路. **3** 複雑に配置された街路[建物(など)]: a ~ *of* streets ひどく入り組んだ街路. **4** 入り組んだ事情, 複雑な関係; 錯雑, 複雑: a ~ *of* relationship 複雑に入り組んだ関係 / the ~ *of* mind 錯雑した心的状態, 千々に乱れる心. **5** 中世の教会の床に敷きつめた複雑な敷き石模様. **6** 〖解剖〗迷路. **7** 〖音響〗迷路《低音を良く出すためスピーカーの箱の中に作る折れ曲った通路; acoustical labyrinth ともいう》.

lábyrinth fìsh *n.* 〖魚類〗キノボリウオ《キノボリウオ亜目の魚の総称; えらの部分が変形して迷路を形成し, これで空気呼吸を行なう; キノボリウオ (*Anobas testudineus*), タイワンキンギョ (*Macropodus opercularis*) など》.

lab·y·rin·thi·an [læ̀bərínθiən | -bərínθɪən, -bɪ-, -θjən] *adj.* =labyrinthine.

lab·y·rin·thic [læ̀bərínθɪk | -bə-, -bɪ-] *adj.* =labyrinthine.

lab·y·rin·thine [læ̀bərínθɪn, -θən, -θaɪn, -θiːn | -bərínθaɪn, -bɪ-] 〖← LABYRINTH + -INE¹〗 ― *adj.* **1** 迷宮の, 迷路の, 迷宮のような. **2** 曲折した, 入り組んだ, 複雑な: a ~ bureaucracy. **3** 〖解剖〗迷路の, 内耳の: ~ deafness 迷路[内耳]性難聴 / ~ disturbance 内耳障害.

lab·y·rin·thi·tis [læ̀bərɪnθáɪtɪs, -rən-, -təs | -bərɪnθáɪtɪs, -bɪ-] 〖← LABYRINTH + -ITIS〗 *n.* 〖病理〗迷路炎, 内耳炎.

lac¹ [lǽk] 〖《1553》▭ Du. *lak* // F *laque* ▭ Hindi *lākh* ▭ Skt *lākṣā, rākṣā* red dye: cf. lake²〗 ― *n.* ラック《東南アジアで lac insect の雌が木の枝に分泌する樹脂状物質; ワニスや赤色天然染料の材料; cf. shellac 1》.

lac² [lɑ́ːk, lǽk] *n.* 《インド》=lakh.

lac³ [lǽk] 〖《略》← LAC OPERON〗 *adj.* 〖生化学〗乳糖要求性突然変異の (cf. lac operon).

Lác·ca·dive, Mín·i·coy, and A·min·dí·vi Íslands [lǽkədìːv-mínɪkɔ̀ɪ-ən-æ̀məndíːvi-, lǽkədàɪv- | -dɪv-mínɪkɔ̀ɪ-ən-æ̀mɪndíːvɪ-] *n. pl.* [the ~] ラカジブミニコイアミンジビ諸島《インド南西海岸沖, アラビア海の群島; さんご礁があり, インド政府の直轄領; 人口 32,000, 面積 28 km²》.

lac·case [lǽkeɪs] 〖← It. *lacc(a)* 'LAC¹' + -ASE〗 *n.* 〖化学〗ラッカーゼ《漆などの樹液に含まれる酸化酵素の一種》.

lac·col [lǽkɔ(ː)ɫ, -koʊɫ | -kɔl] 〖⇨ ↑, -ol¹〗 *n.* 〖化学〗ラッコール ($C_{17}H_{31}C_6H_3(OH)_2$)《漆の樹液の主成分》.

lac·co·lite [lǽkəlàɪt] *n.* 〖地質〗=laccolith.

lac·co·lith [lǽkəlɪθ] 〖← Gk *lákkos* pond + -LITH〗 ― *n.* 〖地質〗ラコリス, 餅(もち)状岩体《下から盛り上がるとき上層を押し上げて餅(もち)型になった火成岩塊; cf. lopolith》. **lac·co·lith·ic** [læ̀kəlíθɪk] *adj.*

lace [léɪs] 〖n.: 《?*a*1200》 *las* ▭ OF *laz, las* noose, string (F *lacs*) < VL **lacium* = L *laqueus* noose, snare. — v.: 《?*a*1200》 ▭ OF *lacier* (F *lacer*): LASSO と二重語〗 ― *n.* **1** (靴やコルセットなどにみられるような, 革または繊維製の)締めひも. **2** レース《種々の模様を刺したり編み込んだりした布地で, 衣服やその一部分の装飾またはテーブル掛け・カーテンなどに用いる; cf. bobbin lace, needlepoint lace》. **3** モール《金箔や銀箔をかぶせた糸を編みこんだブレード (braid)》: ⇨ gold lace, silver lace.
― *attrib. adj.* レースの: a ~ curtain.
― *vt.* **1 a** ひもで縛る 〈*up*〉: ~ (*up*) one's shoes 靴のひもを(しっかり)結ぶ. **b** (コルセットのひもで)〈胴を〉締める, 締めつける: ~ one's waist *in* 腰をひもで締める / She is too tight-*laced*. 胴を締め過ぎている. **2** 〈ひもなどを〉通す: ~ a cord *through* (a hole) (穴に)ひもを通す. **3 a** レースで飾る; レースのように飾る. **b** 〔金・銀モールなどで〕飾る〔*with*〕: cloth ~*d with* gold 金モールで飾られた布. **4 a** 組み合わせる: He ~*d* her fingers in his. 彼女の指と自分の指を組み合わせた. **b** 織り混ぜる; 刺繍する〔*with*〕: a fabric ~*d with* rayon レーヨンと混紡の生地 / a handkerchief ~*d with* a silver string 銀糸で刺繍したハンカチ. **5** 縞にする〔*with*〕: a white petunia ~*d with* purple 紫の縞のある白ペチュニア. **6 a** 〔少量のアルコール性飲料を〕…に加味する〔*with*〕: ~ one's tea *with* whiskey 紅茶に少しばかりウイスキーを入れる. **b** …に趣[面白味]を添える〔*with*〕: a book ~*d with* beautiful illustrations 美しい挿絵の入った本. **7 a** 打つ, むち打つ: ~ one's hand 手をむち打つ. **b** 負かす, やっつける: ~ the opponent. ― *vi.* **1 a** ひもで締まる[結ぶ]: These boots ~. このブーツはひもで結ぶようになっている. **b** (コルセットなどのひもで)腰を締める: I can ~ *in* to sixteen inches. 私の腰は16インチにひき締められる / This corset ~*s* (*up*) at the side. このコルセットは横のところで締められるようになっている. **2** 攻撃する; 非難する; 叱る〔*into*〕: Reviewers ~*d into* his new book. 批評家たちは彼の新著をこきおろした.
***lace a person's jacket* [*coat*]** 人をむちで打つ.
lác·er *n.* **~·less** *adj.* **~·lìke** *adj.*

láce·bàrk *n.* 〖植物〗**1** レースバーク (*Lagetta lintearia*)《西インド諸島産のジンチョウゲ科の高木で, その樹皮がレースのようになり装飾用に使う》. **2** ゴウシュウアオギリ (*Sterculia acerifolia*)《オーストラリア産のアオギリ科の常緑樹》. **3** =ribbonwood 1.

láce bùg *n.* 〖昆虫〗グンバイムシ《半翅(し)目グンバイムシ科の小形カメムシの総称; 頭・胸・羽などにレース状の模様がある; 種々の植物の害虫》.

láce-cùrtain *adj.* 中流階級にあこがれる, 成金的上流趣味の.

láced *adj.* **1** ひものついた, ひもで締める[結ぶ]: ~ shoes. **2** レースで飾った, モールのついた: a ~ hat, coat, etc. **3** 少量のアルコール性飲料を加味した: ~ coffee. **4** 色縞のついた: a ~ flower.

Lac·e·dae·mon [læ̀sədíːmən | -sɪ-] 〖▭ L ~ ▭ Gk *Lakedaímōn*: cf. laconic〗 ― *n.* **1** 〖ギリシャ神話〗ラケダイモン《Zeus と Taygete の子》. **2** ラケダイモン《古代 Sparta の別名》.

Lac·e·dae·mo·ni·an [læ̀sədɪmóʊniən, -də-, -njən | -sɪdɪmə́ʊnjən, -nɪən] 〖← L *Lacedaemonius* (▭ Gk *Lakedaimónios*) + -IAN: cf. laconic〗 ― *adj.* **1** ラケダイモン (Lacedaemon) の; ラケダイモン人の. **2** 〈話しぶりなど〉簡明な, 簡潔な. ― *n.* ラケダイモン人, スパルタ人 (Spartan).

láce fèrn *n.* 〖植物〗エビガラシダ属 (*Cheilanthes*) のシダ類の総称《lip fern ともいう》.

láce flòwer *n.* 〖植物〗=wild carrot.

láce-fràme *n.* レース編機.

láce glàss *n.* レース模様のあるガラス器.

láce·lèaf *n.* 〖植物〗=lattice plant.

láce·màking *n.* レース作り[編み].

láce-man [-mən, -mæ̀n] *n.* (*pl.* **-men** [-mən, -mèn]) レース商(人).

láce pàper *n.* レース紙《晒(さら)化学パルプから作った清潔で強靱(じん)な紙; 紙ナプキン・紙レースなどに使用》.

láce pìece *n.* 〖海事〗船首飾りを固定するための背面材 (lacing ともいう).

láce pìllow *n.* レース編み台《手編みレース (pillow lace) を作る時, ひざの上に置くクッション状のもの》.

lac·er·a·ble [lǽsərəbl] 〘□LL *lacerābil-is*: ↓〙 *adj.* 引き裂くことができる, 裂けやすい.

lac·er·ate [lǽsərèɪt] 〘(1592)← L *lacerātus* (p.p.) ← *lacerāre* to tear ← *lacer* torn: cog. Gk *lakízein*〙 ── *vt.* **1** 裂く, 引き裂く, 切り裂く, ずたずたに裂く: feet ~*d* by the thorns. **2** 〈心を〉傷つける; 苦しめる, 悩ます: ~ the heart, a person's feelings, etc. ── [-rət, -rɪt, -rèɪt] *adj.* =lacerated.

lác·er·àt·ed [-tɪd, -təd | -tɪd, -təd] *adj.* **1** 裂けた, 引き裂かれた, ずたずたに裂けた: a ~ wound 裂傷. **2** 傷ついた; 苦しめられた: one's ~ mind. **3** 〘植物〙ぎざぎざのある, のこぎりの歯の形をした: ~ leaves.

lac·er·a·tion [læ̀sərèɪʃən] 〘□(O)F ~ □L *lacerātiō*(*n*-): ⇨ lacerate, -ation〙 ── *n.* **1** 裂くこと, 切り裂くこと; 裂けていること. **2** (感情などを)傷つけること, 悩ませること. **3** 裂傷; 裂口.

lac·er·a·tive [lǽsərèɪtɪv, -rət̬- | -tɪv] *adj.* 引き裂く; 裂こうとする; 裂傷を生じさせる, 引き裂けそうな.

La·cer·ta [ləsə́ːt̬ə | -sə́ːtə] 〘□L ~ 'LIZARD'〙 ── *n.* **1** 〘天文〙とかげ(蜥蜴)座《Cepheus 座と Pegasus 座の間にある北天の星座; the Lizard ともいう》. **2** [l-] 〘動物〙コモチカナヘビ《コモチカナヘビ属 (*Lacerta*) のヘビの総称; ミドリカナヘビ (*L. viridis*), ニワカナヘビ (sand lizard) など》.

la·cer·ti·an [ləsə́ːʃiən, -ʃən | -sə́ːʃɪən, -ʃən] *adj., n.* 〘動物〙=lacertilian.

la·cer·tid [ləsə́ːtɪd, -təd | -sə́ːtɪd] 〘← NL *Lacertidae* (↓)〙 *adj., n.* 〘動物〙コモチカナヘビ属の(トカゲ).

La·cer·ti·dae [ləsə́ːt̬ədìː | -sə́ːtɪ-] 〘← NL ~: ⇨ Lacerta 2, -idae〙 *n. pl.* 〘動物〙(トカゲ目)カナヘビ科.

Lac·er·til·i·a [læ̀sət̬íliə | -sətílɪə, -ljə] 〘← LACERTA 2 + -IL + -IA²〙 *n. pl.* 〘動物〙トカゲ亜目, トカゲ類.

lac·er·til·i·an [læ̀sət̬íliən | -sətílɪən, -ljən] 〘⇨↑, -an¹〙 〘動物〙 *adj.* トカゲ亜目の; トカゲの. ── *n.* トカゲ亜目の動物. ⌈=lacertilian.

lac·er·tine [ləsə́ːtaɪn, -tɪn, -tən | -sə́ːtaɪn] *adj.* 〘動物〙

láce-shòe *n.* [通例 *pl.*] ひも付き短靴または編上げブーツ《lace-shoe boot ともいう》.

la·cet [leɪsét] 〘← LACE + -ET〙 *n.* ラセット《縁飾りなどに使うブレード (braid) の一種》.

láce-ùp *attrib. adj.* 〈靴が〉編上げの. ── *n.* [通例 *pl.*] 編上げ靴.

láce·wìng *n.* 〘昆虫〙クサカゲロウ《脈翅目クサカゲロウ科の昆虫の総称; 羽の脈がレース状になっている; lacewing(ed) fly ともいう》. **~ed** *adj.*

láce·wòrk *n.* レース(細工) (lace); レース状すかし細工.

lac·ey [léɪsi | -sɪ] *adj.* =lacy.

La·chaise [ləʃéɪz; *F.* laʃɛːz], **Gaston** *n.* ラシェーズ《1882–1935; フランス生まれの米国の彫刻家》.

La Chaise [ləʃéɪz; *F.* laʃɛːz], **(Père** [pɛːr]**) François d'Aix de** [dɛks də] *n.* ラ シェーズ《1624–1709; フランスのイエズス会士; Louis 十四世の聴罪司祭》.

lach·es [lǽtʃɪz, léɪtʃ-, lǽʃ-, -əz | léɪtʃɪz, lǽtʃ-] 〘(*a*1376) *lachesse* □ AF = OF *laschesse* (F *lâchesse*) ← *lasche* loose < VL **lascum* = L *laxus* 'LAX²': cf. lash² / L *laxāre* to slacken, relax〙 *n.* (*pl.* ~) **1** 義務不履行, 怠慢. **2** 〘法律〙懈怠(ﾀｲ)《権利の行使を怠るとその保護を失う旨のエクイティー (equity) 上の法則》.

Lach·e·sis [lǽkəsɪs, -səs | -kɪsɪs] 〘□L ~ □Gk *Lákhesis* 《原義》lot, destiny ← *lagkhánein* to obtain by lot〙 ── *n.* 〘ギリシャ・ローマ神話〙ラケシス《運命の三女神 (Fates) の一人; 人間の一生の長さや運命を決定することを役目とした; cf. fate 4》.

La·chine [ləʃíːn; *F.* laʃin] *n.* ラシーヌ《カナダ Quebec 州南部の Montreal 島にある都市; 人口 45,000》.

Lach·lan [lǽklən | lǽk-, lɔ́k-] 〘□Sc.-Gael. *laochailan* warlike one〙 *n.* 男性名. ★ スコットランドに多い.

Lach·ry·ma Chris·ti [lǽkrəmə-krísti, -taɪ | -rɪmə-krístɪ] 〘(17C) □ ML *lac(h)rima Christi* Christ's tear: cf. It. *lagrima di Cristo*〙 ── *n.* (*pl.* **Lach·ry·mae C-** [-miː-, -màɪ-]) ラクリマ クリスチ(ワイン)《イタリア南部の Vesuvius 山近くで栽培されたぶどうで造るぶどう酒》.

lach·ry·mal [lǽkrəməl | -rɪ-] 〘(1541) □ ML *lac(h)rymāl-is* ← L *lac(h)rima* tear + *-ālis* '-AL¹'〙 ── *adj.* **1** 涙の; 涙もろい; 泣き出しそうな: a ~ countenance. **2** 〘美術〙涙を入れる: a ~ vase 涙つぼ. **3** 〘解剖〙=lacrimal 2. ── *n.* **1** 〘美術〙=lacrimatory. **2** 〘解剖〙**a** =lacrimal gland. **b** =lacrimal bone.

lach·ry·ma·tion [læ̀krəméɪʃən | -rɪ-] *n.* =lacrimation. ⌈=lacrimator.

lach·ry·ma·tor [lǽkrəmèɪt̬ə | -rɪmèɪtə(r)] *n.* 〘化学〙

lach·ry·ma·to·ry [lǽkrəmət̬ɔ̀ːri, -tɔ̀ːri | -rɪmət(ə)rɪ, -mèɪt-, læ̀krɪméɪt-] *adj., n.* =lacrimatory.

lach·ry·mose [lǽkrəmòʊs | -rɪməʊs] 〘(1661) □ L *lacrimōs-us* ← *lac(h)rima* tear: ⇨ -ose¹〙 ── *adj.* **1** 涙ぐんだ, 涙を流す, 涙もろい. **2** 涙を催させる; 悲しい, 陰気な, 哀れな. **~·ly** *adv.*

L ácid *n.* 〘化学〙エル酸 ($C_{10}H_6NH_2SO_3H$)《アゾ染料の中間生成物》.

lác·ing 〘ME〙 ── *n.* **1** **a** ひもで縛る[締める]こと. **b** 締めひも (lace): shoe [corset] ~. **2** **a** レースで飾ること. **b** レース[組ひも]の装飾, 金[銀]モール, レースの縁飾り. **3** (花弁や羽毛などの)色縞. **4** **a** (コーヒーなどに入れた)少量のアルコール性飲料: coffee with a ~ of brandy ブランデーを少量混ぜたコーヒー. **b** (少量で)趣を添えるもの: a show with a ~ *of* veteran actors ベテラン俳優を加えて色取りを添えたショー. **5** 打つこと, たたくこと: give a person a thorough ~ 人を徹底的に打ちのめす. **6** 〘海事〙**a** (帆またはオーニング (awning) の端の穴を通してついている)取付けひも. **b** =lace piece.

lácing còurse *n.* 〘石工〙レーシング層, 結合層《壁を造る際, 積まれた粗い石や割り石の間に水平に入れられたれんがやタイルの層》.

la·cin·i·ate [ləsíniət, -niɪt, -nièɪt | -nɪèɪt, -nɪət, -nɪɪt] 〘(1760) ← L *lacinia* lappet (← *lacer* torn) + -ATE²〙 ── *adj.* **1** ぎざぎざのへりのある. **2** 〘生物〙細長い裂片になった, ぎざぎざ[切込み]のある. **la·cin·i·a·tion** [ləsìniéɪʃən | -nɪ-] *n.* ⌈iate.

la·cin·i·at·ed [ləsínièɪt̬ɪd, -t̬əd | -nɪèɪt-] *adj.* =lacin-

lác ìnsect [lǽk-] *n.* 〘昆虫〙ラックカイガラムシ (*Laccifer lacca*)《東南アジアで木の枝につくカイガラムシ (scale insect) の一種; ⇨ lac》.

lack [lǽk] 〘n.: (*c*1200) *lak* □ MDu. *lak* deficiency (cf. ON *lakr* deficient) ← ? Gmc **lak-* deficiency ← IE **leg-* to dribble. ─ v.: (*a*1175) *lakke(n)* □ MDu. *laken* to be wanting, blame〙 ── *n.* **1** 欠乏, 不足 〔*of*〕: *Lack of* sleep made me tired. / We have no ~ *of* food. 食料には事欠かない / There was a great ~ *of* oil that year. その年はたいへんな石油不足だった / The flowers died *for* ~ *of* water. 花は水が欠乏して枯れた / Analysis was delayed by ~ *of* adequate computer facilities. 分析は必要なコンピューター施設がないために遅滞した. **2** 欠乏[不足]しているもの; (欠乏していて)必要なもの: supply the ~ ない品を補充する / Money is the chief ~. 何よりもまず金が足りない / Water is a ~ of desert regions. 水は砂漠地帯には何よりも必要なものだ.
── *vt.* ★ Passive には用いられない. **1** **a** 欠いている, …に乏しい: She ~*s* intelligence [experience]. 彼女には知性[経験]が欠けている / What he ~*s* in ability, he makes up for in diligence. 能力の不足を勤勉で補っている. **b** [~*ing* で前置詞的に] *Lacking* provisions, they could not continue their expedition. 食料が不足して探検を続行することができなかった. **2** 〔…までに〕…だけ足りない〔*of*〕: The vote ~*ed* five *of* being a majority. 投票の結果は過半数までに 5 票足りなかった. ── *vi.* 欠けている, 足りない; 〔…に〕乏しい〔*in, for*〕. ★ *vi.* としては lacking の形で叙述形容詞として用いるのが普通 (⇨ lacking).

lack- [lǽk] 〘← LACK (v.)〙「…を欠く (lacking)」の意の連結形: *lack*land.

lack·a·dai·si·cal [læ̀kədéɪzɪkəl, -zə- | -zɪ-] 〘(1768): ⇨↓, -ical〙 ── *adj.* (すぐ lackaday と言う人のように)気力のない, 活力のない; 気抜けした, 物憂(ｳ)げな, 怠惰な. **~·ly** *adv.* **~·ness** *n.*

lack·a·dai·sy [lǽkədèɪzi | -zɪ] 〘《変形》: ↓〙 *int.* 《古》=lackaday.

lack·a·day [lǽkədèɪ | ⏤⏤⏤, ⏤⏤⏤] 〘《頭音消失》← ALACKADAY〙 *int.* 《古》ああ, 悲しいかな, まあ《悲哀・悔恨などを表わす》.

lack·er [lǽkə | -kə(r)] *n., vt.* =lacquer.

láck·er·er *n.* =lacquerer.

lack·ey [lǽki | -kɪ] 〘(1529) □ F *laquais* □ Catalan *alacay* foot soldier □ ? Arab. *al qā'id* the leader: cf. alcayde〙 ── *n.* **1** (通例, 仕着せの制服を着た)下男, 従僕. **2** 卑屈な追従(ﾂｲｼｮｳ)者. ── *vi.* 《廃》下男[従者]の勤めをする. ── *vt.* **1** …にしもべとして仕える. **2** …のご機嫌を取る; …にへつらう, ぺこぺこする.

láck·ing 〘ME〙 ── *pred. adj.* **1** 手もとになくて, 足りなくて: Wit is ~ *in* his writings. 彼の書く物には機知が足りない / Nothing is ~ *for* your happiness. 君の幸福のために足りないものは何一つない. **2** 〈物質・属性などに〉欠けて, 乏しい〔*in*〕(↔ rich): a diet ~ *in* protein 蛋白質に乏しい食事 / a country ~ *in* natural resources 天然資源に乏しい国 / He is not ~ *in* experience, but there is something ~ *in* his character. 彼は経験には不足はないが性格には何か欠陥がある.

láck·lànd *adj.* 土地を持たない, 土地のない; 領土を失った. ── *n.* **1** 土地のない人; 領土を失った人. **2** [L-] 英国王 John の異名 (⇨ John²).

láck·lùster 〘← LACK- + LUSTER²: Shakespeare の造語〙 ── *adj.* 光のない, つやのない; くすんだ, どんよりした: ~ eyes 活気のない目(cf. Shak., *As Y L* 2. 7. 21). ── *n.* 光[つや]のないこと[もの].

La·clos [ləklóʊ | -kləʊ; *F.* laklo], **Pierre Ambroise François Cho·der·los de** [ʃɔderlo də] *n.* ラクロ《1741–1803; フランスの軍人・作家; *Les Liaisons dangereuses*「危険な関係」(1782)》.

La·combe [ləkóʊm | -kə́ʊm] 〘実験所名から〙 *n.* ラコム《カナダ原産の白色の一品種の豚》.

La·co·ni·a [ləkóʊniə, -njə | -kə́ʊnjə, -nɪə] 〘□L *Lacōnia* □ Gk *Lákōn*〙 *n.* ラコニア《古代ギリシャ, Peloponnesus 南東部の地方; Sparta が支配していた》.

La·co·ni·an [ləkóʊniən, -njən | -kə́ʊnjən, -nɪən] 〘⇨↑, -an¹〙 ── *adj.* ラコニア[スパルタ]の, ラコニア[スパルタ]人の (Spartan). ── *n.* **1** ラコニア[スパルタ]人. **2** ラコニア方言.

la·con·ic [ləkάnɪk | -kɔ́n-] 〘(1583) □ L *Lacōnic-us* □ Gk *Lakōnikós* Laconian ← *Lákōn* a Spartan〙 ── *adj.* **1** 簡潔な, 簡明な, 寸鉄的な: ~ style [expression] 簡潔な文体[表現]. **2** むだ口をきかない, 簡潔に話す, 簡明に書く: a ~ person. **3** [L-] 《古》=Spartan. ── *n.* **1** 簡潔な表現. **2** [*pl.*] 簡潔な文.

la·cón·i·cal [-nɪkəl, -nə- | -nɪ-] *adj.* 《古》=laconic. **~·ly** *adv.*

la·cón·i·cìsm [-nəsìzm | -nɪ-] *n.* =laconism.

lac·o·nism [lǽkənìzm] 〘□ Gk *Lakōnism-ós* imitation of Lacedaemonians: ⇨ laconic, -ism: スパルタ人は簡潔な言い方を好んだので有名〙 ── *n.* **1** 簡潔な表現. **2** 簡潔な話しぶり, 簡明な文章.

lác óperon [lǽk-] *n.* 〘生化学〙乳糖オペロン《乳酸代謝に必要な 2 種の酵素の生産に関係する構造遺伝子の群; この遺伝子の発現機構の研究から有名なオペロン説が生れた》.

La Co·ru·ña [lὰːkərúːnjə; *Sp.* lakorúɲa] *n.* ラコルニャ《スペイン北西部, 大西洋岸の港市; 人口 1,040,000; 英語名 Corunna》.

lac·quer [lǽkə | -kə(r)] 〘(1579) *laker, leckar* □ F 《廃》*lacre* a kind of sealing wax □ Sp. & Port. *lacre* ← *laca* 'LAC¹'〙 ── *n.* **1** **a** ラッカー《セルロース誘導体などを原料にした塗料で金属や木材などに塗る》. **b** (日本や中国産の)漆《Japanese lacquer, Chinese lacquer ともいう》. **2** [集合的にも用いて] 漆器 (lacquer ware): gold ~ 金蒔絵(ﾏｷｴ) / sprinkled [aventurine] ~ 梨(ﾅｼ)地蒔絵. **3** **a** ヘアスプレー. **b** =nail polish. ── *vt.* **1** **a** …にラッカーを塗る. **b** …に漆を塗る, 蒔絵にする. **2** 〈欠点などを〉(巧みな言葉で)隠す, 言い紛らす 〈*over*〉.

lácquer disc *n.* ラッカー盤《ニトロセルロースラッカーを用いた昔の録音盤》. ⌈師.

lác·quer·er [-kərə | -rə(r)] *n.* 漆屋, 塗物師; 蒔絵(ﾏｷｴ)

lác·quer·ing [-k(ə)rɪŋ | -kər-] *n.* ラッカー塗り; 漆塗り(方).

lácquer trèe [plànt] *n.* ラッカーや漆をとる木[植物]の総称; (特に) =Japanese varnish tree.

lácquer wàre *n.* [集合的にも用いて] 漆器.

lac·quey [lǽki | -kɪ] *n., v.* =lackey.

Lac·ri·ma Chris·ti [lǽkrəmə-krísti, -taɪ | -rɪmə-krístɪ] *n.* (*pl.* **Lac·ri·mae C-** [-miː-, -màɪ-]) =Lachryma Christi.

lac·ri·mal [lǽkrəməl | -rɪ-] *adj.* **1** =lachrymal 1, 2. **2** 〘解剖〙涙(液)の, 涙の分泌に関する. ── *n.* 〘解剖〙**1** =lacrimal gland. **2** =lacrimal bone.

lácrimal bòne *n.* 〘解剖〙涙骨.

lácrimal dùct *n.* 〘解剖〙涙管.

lácrimal glànd *n.* 〘解剖〙涙腺.

lácrimal sàc *n.* 〘解剖〙涙嚢(ﾉｳ).

lac·ri·ma·tion [læ̀krəméɪʃən | -rɪ-] 〘□L *lacrimātiō(n-)* ← *lacrimātus* (p.p.) ← *lacrimāre* to weep: ⇨ lachrymal, -ation〙 *n.* 涙を流すこと, 流涙.

lac·ri·ma·tor [lǽkrəmèɪt̬ə | -rɪmèɪtə(r)] *n.* 〘化学〙催涙ガス (tear gas).

lac·ri·ma·to·ry [lǽkrəmət̬ɔ̀ːri, -tɔ̀ːri | -rɪmət(ə)rɪ, -mèɪt-, læ̀krɪméɪt-] 〘(1658) ← L *lacrimātus* (⇨ lacrimation) + -ORY¹〙 ── *adj.* **1** 涙の; 涙を催させる: ~ gas [shells] 催涙ガス[弾]. **2** 〘美術〙涙を入れるための. ── *n.* 〘美術〙涙つぼ《古代ローマのガラス器の一種; 首の細い小さいびんで哀悼者の涙を入れたと伝えられる; tear bottle ともいう》.

la·crosse [ləkrɔ́ːs, -krάs | ləkrɔ́s, lɑː-] 〘(1763) □ Canad.-F ~ ← F *la crosse* the crook: ⇨ crosse〙 ── *n.* ラクロッス《ヘルメットやグラブをつけて行なわれるスピーディーな球技で, 10 人ずつ(女子は 12 人ずつ)の 2 チームで得点を争う; ネットつきのスティック (crosse) で相手のゴールにシュートする; もとアメリカインディアンから起こったものでカナダ・米国・オーストラリア・英国などで行なわれている》.

lacrosse

lact- [lǽkt] (母音の前に来る時の) lacto- の異形.

lact·al·bu·min [læ̀ktælbjúːmɪn, -mən | -mɪn] 〘← LACTO- + ALBUMIN〙 *n.* 〘生化学〙ラクトアルブミン《アルブミンに属する乳蛋白質の一種; 分子量 69.0》.

lac·tam [lǽktæm, ⏤⏤] 〘← LACT(ONE) + AM(IDE)〙 *n.* 〘化学〙ラクタム《環式分子内アミド》.

lac·ta·rene [lǽktəriːn] 〘← L *lactārius* (↓) + -ENE〙 *n.* 〘化学〙ラクタリーン《乾酪素または凝乳から採ったサラサの捺(ﾅ)染剤》.

lac·ta·ry [lǽktəri | -rɪ] 〘□L *lactāri-us* ← *lact-, lāc* milk〙 *adj.* 《古》乳の, 乳のような.

lac·tase [lǽkteɪs, -teɪz | -teɪs] 〘← LACTO- + -ASE〙 *n.* 〘化学〙ラクターゼ《β- ガラクトシダーゼとして知られる乳糖分解酵素》.

lac·tate [lǽkteɪt] 〘← L *lactātus* (p.p.) ← *lactāre* to suckle young: ⇨ lacto-, -ate³〙 *vi.* 乳を生じる, 乳を分泌する. ── *n.* 〘化学〙乳酸塩; 乳酸エステル.

lac·ta·tion [læktéɪʃən] 〘(1668) □ LL *lactātiō(n-)*: ⇨↑, -ation〙 *n.* 授乳(期), 哺乳(期), 乳汁分泌. **~·al** [-ʃənl, -ʃnəl] *adj.* **~·al·ly** *adv.*

lac·te·al [lǽktiəl | -tɪəl, -tjəl] 〘(1633) ← L *lacteus* milky (← *lāc* milk) + -AL¹〙 ── *adj.* **1** 乳の, 乳汁の; 乳汁のような, 乳状の. **2** 〘生理〙乳糜(ﾆｭｳﾋﾞ) (chyle) の[を輸送する]: the ~ vessels 乳糜管. ── *n.* 〘解剖〙乳糜管. **~·ly** *adv.*

lácteal glànd *n.* 〘解剖〙乳腺.

lac·te·ous [lǽktiəs | -tɪəs, -tjəs] 〘(1646) ← L *lacteus* (⇨ lacteal)＋-OUS〙 *adj.* **1** 乳の, 乳のような (lacteal). **2** 《古》乳白色の (milky white).

lac·tes·cence [læktésṇs] 〘↓〙 *n.* **1** 乳(状)化. **2** 乳汁状, 乳汁色. **3** 〘植物・昆虫〙乳状液分泌.

lac·tes·cent [læktésṇt] 〘(1668) ▭ L *lactēscent-em* (pres.p.) ← *lactēscere* to turn to milk〙 ― *adj.* **1** 乳(状)化する; 乳汁状の. **2** 乳液を生じる. **3** 〘植物・昆虫〙乳状液を分泌する[生じる].

lac·ti- [lǽktɪ, -tə | -tɪ] lacto- の異形 (⇨ -i-).

lac·tic [lǽktɪk] 〘(1790) ← L *lact-*, *lāc* milk＋-IC[1]〙 *adj.* 〘化学〙 **1** 乳の, 乳汁の; 乳汁から採る. **2** 乳酸を生成する: ～ fermentation 乳酸発酵.

láctic ácid *n.* 〘生化学〙乳酸 ($CH_3CH(OH)COOH$)《黄色がかったまたは透明な水飴状の有機酸で, 薬用または皮なめし, 染色などに用いる》.

láctic ácid bactérium *n.* 〘細菌〙乳酸菌.

láctic dehydrógenase *n.* 〘生化学〙乳酸脱水素酵素《乳酸をピルビン酸に酸化する酵素》.

lac·tide [lǽktaɪd, -tɪd, -təd | -taɪd, -tɪd] 〘← LACTO-＋(ANHYDR)IDE〙 *n.* 〘化学〙 **1** ラクチド《環状のジエステルの一般名》. **2** (乳酸の)ラクチド ($C_6H_8O_4$).

lac·tif·er·ous [læktíf(ə)rəs] 〘(1673) ← LL *lactifer* milk-bearing＋-OUS: ⇨↓, -ferous〙 ― *adj.* **1** 乳汁を生じる. **2** 〘解剖〙乳汁分泌性の, 乳汁を輸送する: the ～ duct 乳管. **3** 〘植物〙乳状液を作る[生じる].
～·ness *n.*

lac·to- [lǽkto(ʊ) | -tə(ʊ)] 〘← L *lact-*, *lāc* milk〙 ― 次の意味を表わす連結形: **1** 「乳」. **2** 〘生化学〙「乳酸 (lactic acid); ラクトーゼ (lactose)」: *lacto*bacillus. ★時に lacti-, また母音の前では通例 lact- になる.

Lac·to·bac·il·la·ce·ae [læ̀kto(ʊ)bæ̀səléɪsiì: | -tə(ʊ)-bæ̀sɪ-] 〘← NL ～ ← *Lactobacillus* (属名: ⇨↓)＋-ACEAE〙 *n. pl.* 〘細菌〙乳酸菌科.

làcto·bacíllus 〘← NL ～: ⇨ lacto-, bacillus〙 *n.* (*pl.* -cilli) 〘細菌〙乳酸桿菌《ラクトバシラス属 (*Lactobacillus*) の微生物》.

Lactobacíllus cá·se·i fàctor [-kéɪsiàɪ- | -sɪ-] 〘*casei*: ▭ L *cāsei* (gen.) ← *cāseus* cheese〙 *n.* 〘生化学〙乳酸菌発育因子 (⇨ folic acid).

làcto·flávin *n.* 〘生化学〙ラクトフラビン (⇨ riboflavin).

lac·to·gen [lǽktədʒɪn, -dʒən, -dʒèn | -dʒèn, -dʒɪn] 〘← LACTO-＋-GEN〙 *n.* ＝lactogenic hormone.

lac·to·gen·ic [læ̀ktədʒénɪk] *adj.* 催乳性の.

lactogénic hórmone *n.* 〘生化学〙催乳ホルモン, 乳汁分泌ホルモン (⇨ prolactin).

làcto·glóbulin *n.* 〘化学〙ラクトグロブリン《グロブリンに属する蛋白質; 乳汁から得られる》.

lac·tom·e·ter [læktɑ́mətə | -tɔ́mɪtə(r, -mə-] 〘← LACTO-＋-METER[1]〙 *n.* 乳脂計, 乳調計.

lac·tone [lǽktoun | -təun] 〘(1848) ← LACTO-＋-ONE〙 *n.* 〘化学〙ラクトン《-COO を含む環状エステル; β-, γ-, δ- ラクトンなどがある》.

lac·ton·ic [læktɑ́nɪk | -tɔ́n-] *adj.* 〘化学〙ラクトンの.

lac·to·nize [lǽkto(ʊ)nàɪz | -tə(ʊ)-] *vt., vi.* 〘化学〙ラクトン化する.

làcto·prótein 〘← LACTO-＋PROTEIN〙 *n.* 〘生化学〙乳汁蛋白質.

lac·to·rrhe·a [læ̀ktəríːə | -ríə] 〘← LACTO-＋-RRHEA〙 *n.* 〘病理〙乳汁漏出(症).

lac·tose [lǽktous, -touz | -təus] 〘(1858) ← LACTO-＋-OSE[2]: cf. lactase〙 *n.* 〘生化学〙ラクトーゼ ($C_{12}H_{22}O_{11}$), 乳糖《sugar of milk ともいう》.

la·cu·na [lək(j)úːnə | ləkjúː-, læ-] 〘(1663) ▭ L *lacūna* pit, pool, gap ← *lacus* 'LAKE[1]'〙 ― *n.* (*pl.* **la·cu·nae** [-k(j)úːniː, -kúːnaɪ | -kjúːniː], ～**s**) **1 a** (原稿などの)脱漏, 脱文, 欠文: a ～ *in* a list, book, etc. **b** 欠陥, すき: a ～ *in* one's knowledge. **2** 〘植物〙細胞間の空隙(くうげき), 組織中の間隙. **3** 〘解剖〙陰窩(いんか), 腺窩, 凹窩, 裂孔, 裂口, 小窩, 間隙.

la·cu·nal [lək(j)úːnḷ | ləkjúː-, læ-] *adj.* ＝lacunary.

la·cu·nar [lək(j)úːnə | ləkjúːnə(r, læ-] 〘▭ L *lacūnar*: ⇨ lacuna, -ar[2]〙 ― *n.* 〘建築〙 **1** (*pl.* ～**s**) (古代ローマ建築に起源をもつ)格(ごう)天井; 格縁(ごうぶち). **2** (*pl.* **lac·u·nar·i·a** [læ̀kjunéː(ə)riə | -néərɪə]) 格天井の格間(ごうま).

lacunar

lac·u·nar·y [lǽkjunèri, lək(j)úːnəri | lǽkjunəri, ləkjúːn-] 〘← LACUNA＋-ARY〙 ― *adj.* **1** 空隙(くうげき)の, 隙窩(かんか)の, 隙窩状の. **2** 間隙のある, 小孔[くぼみ]の多い.

la·cu·nate [lək(j)úːnət, -nɪt, -neɪt, lǽkjunèɪt | ləkjúː-nət, læ-, -nɪt, lǽkjunèɪt] *adj.* ＝lacunary.

La·cu·ni·dae [lək(j)úːnədiː | ləkjúːnɪ-, læ-] 〘← NL ～ ← *Lacūna* (属名: ⇨ lacuna)＋-IDAE〙 *n. pl.* 〘貝類〙コウダカチャイロタマキビガイ科.

la·cu·nose [lək(j)úːnous | ləkjúːnəus, læ-] 〘▭ L *lacūnōs-us*: ⇨ lacuna, -ose[1]〙 *adj.* **1** 間隙(かんげき)のある, 隙窩(かんか)の多い. **2** 〈写本など〉脱漏の多い.

lac·u·no·sis [læ̀kjunóusɪs, -səs | -nə́usɪs] 〘⇨↑, -osis〙 *adj.* 〘気象〙〈雲が〉蜂の巣状の《丸い穴がやや規則的にあいている》.

la·cus·tri·an [ləkʌ́striən | ləkʌ́strɪ-, læ-] 〘⇨↓, -an[1]〙 *adj.* ＝lacustrine.

la·cus·trine [ləkʌ́strɪn, -trən | ləkʌ́straɪn, læ-, -trɪn] 〘(1830) ← F *lacustre* of a lake (← L *lacus* 'LAKE[1]': cf. *paluster* marshy ← *palus* marsh)＋-INE[1]〙 ― *adj.* **1** 湖の, 湖水の: ～ dwellings 湖上住居. **2** 湖上に生活する: the ～ age [period] 湖上生活時代. **3** 〘生物〙湖水にすむ; 湖水に生じる: a ～ flora / ～ fishes.

lac·y [léɪsi | -si] *adj.* (**lac·i·er**; **-i·est**) レースの(ような); レース製の. **lác·i·ly** [léɪsɪli, -sə- | -lɪ] *adv.*

lad [lǽ(ː)d] 〘(c1300) *ladde* ← ? ON: cf. OE *Ladda* (nickname)〙 ― *n.* **1** 若者, 青年, 少年(cf. lass 1): the ～*s* of the village 村の青年たち. **2** [親愛を表わす呼掛けに用いて]《口語》(年令にかかわらず)男: my ～*s* 諸君. **3** 《スコット》恋人: my bonnie ～ いとしの人.

lad·a·num [lǽd(ə)nəm, -dṇ-] 〘▭ L *lādanum* ▭ Gk *lādanon*, *lḗdanon* ← *lēdon* mastic〙 *n.* ＝labdanum.

lad·der [lǽdə | -də(r] 〘OE *hlǣd(d)er* ← (WGmc) **χlaidr-* (G *Leiter*) ← IE **klei-* to lean (Gk *klîmax* 'ladder, CLIMAX')〙 ― *n.* **1** 梯子(はしご) (cf. aerial ladder, extension ladder, stepladder): set up a ～ 梯子を掛ける / ⇨ Jacob's ladder. **2 a** 梯子状のもの, 梯子を思わせるもの. **b** 《英》(靴下や編物の)ほつれ, 「伝線」(《米》run). **c** ＝fish ladder. **d** 〘鉄道〙＝ladder track. **3** (立身出世・昇進の)道, 方法, 手段: the ～ *of* success, fame, etc. **4** (身分・地位などの)段階, 序列: the ～ of bureaucracy 官僚制の地位の序列 / He is high on the administrative ～. 彼の地位は上級行政[管理]職だ. **5 a** (消防署の)梯子車隊. **b** ＝ladder truck.
begin from the bottom of the ladder 卑賤から身を起こす. ***get one's foot on the ladder*** 事を始める, 着手する. ***get up*** [***mount***] ***the ladder*** 《俗》絞首台に登る, 絞首刑に処せられる. ***go*** [***move***] ***up the ladder*** 昇進する, 出世する. ***kick down*** [***away***] ***the ladder*** 出世の道を開いてくれた友人[職業(など)]を捨てる.
― *vt.* **1** …に梯子をつける[掛ける]; …に梯子を掛けて登る: ～ a wall. **2** 《英》〈靴下を〉ほつれさせる, 伝線させる. ― *vi.* **1** 《英》〈靴下が〉ほつれる, 伝線する. **2** (梯子を登るように)登っていく, 出世する.

ládder-bàck *adj.* 〈椅子など〉背もたれが梯子(はしご)型になった《2本の支柱に横桟(さん)がついている》.

ladderback chair

ládder còmpany *n.* (消防署の)梯子(はしご)車隊.

ládder-drèdge *n.* 〘機械〙バケットドレッジャー《鎖で連結した数個のバケツを回転させて泥をさらう浚渫(しゅんせつ)機》.

ládder·man [-mən, -mæ̀n] *n.* (*pl.* **-men** [-mən, -mèn]) 梯子(はしご)車を運転操作する消防士.

ládder pólymer *n.* 〘化学〙梯子状高分子《梯子のように2個の高分子が結合したもの; 耐熱性がよい》.

ládder·próof *adj.* 《英》〈靴下が〉ほつれない, 伝線しない.

ládder stìtch *n.* 梯子状ステッチ《刺繍に使われるステッチの一種で, faggoting に似た刺し方》.

ládder tóurnament *n.* 〘スポーツ〙梯子(はしご)トーナメント《参加者全員の氏名を順位をつけて表にし, 各参加者は自分のすぐ上位の2人の参加者のうち1人に挑戦する権利を与えられ, その者に勝つとその者と順位が入れ替わる, という競技方法》.

ládder tràck *n.* 〘鉄道〙梯子(はしご)線, 梯形測線《車両の入替・留置などのため分岐した数条の平行測線群を持った線》.

ládder trùck *n.* 梯子(はしご)車.

ládder·wày *n.* 〘鉱山〙(坑内で人が上り降りするための)梯子(はしご)道.

lad·die [lǽdi | -dɪ] 〘← LAD＋-IE: cf. lassie〙 *n.* 若者, 少年.

lade [léɪd] 〘OE *hladan* to load, draw (water) < Gmc **hlaðan* (Du. & G *laden* to load) ← IE **klā-* to spread out flat: cf. last[4]〙 ― *v.* (**lad·ed**; **lad·ed, lad·en** [léɪdṇ]) ― *vt.* **1 a** 〈船・車〉に〔貨物・荷物を〕積む, 載せる〔*with*〕: ～ a cart [vessel] *with* cargo. **b** 〈貨物・荷物を〉〔船・車に〕積み込む, 積む〔*on*〕: ～ hay *on* a cart 車に干草を積む. **2** [主に p.p. 形で] **a** 〈責任などを〉…に負わせる; 〔悲しみなどで〕苦しめる〔*with*〕: be ～*n with* responsibilities 責任を背負い込んでいる / a heart ～*n with* regret 後悔で一杯の心. **b** …に豊富に持たせる, 十二分に帯びさせる〔*with*〕: a thesis ～*n with* footnotes 脚注のたくさんついた論文 / trees heavily ～*n with* fruit 枝もたわわに実っている木 / The air was ～*n with* pungent aroma. あたりの空気は鼻を刺すような芳香がただよっていた. **3** (ひしゃくなどで)汲み出す, 汲み入れる, すくう: ～ water *out of* a boat ボートから水をかい出す. ― *vi.* **1** 荷を積む (load). **2** 水を汲む.

la-de-da [lɑ́ːdidɑ́ː | -dɪ-] *n., adj., int.* ＝la-di-da.

lad·en[1] [léɪdṇ] 〘OE *ġehladen* (p.p.): ⇨ lade〙 ― *v.* lade の過去分詞. ― *adj.* **1** 荷を積んだ, 貨物を積載した: a ～ ship [mule] 荷を積んだ船[騾馬(らば)]. **2** [しばしば複合語の第2構成素として] **a** (…を)積んだ, 帯びた: a hay-*laden* horse / a suspense-*laden* film サスペンスのみなぎった映画 / a traffic-*laden* street 交通量の多い通り. **b** (…に)苦しんでいる: a sin-*laden* soul 罪に苦しむ心 / a misery-*laden* man 悲嘆に暮れた男 / a debt-*laden* company 負債に苦しむ会社.

lad·en[2] [léɪdṇ] 〘← LADE＋-EN[1]〙 *vt.* ＝lade.

la-di-da [lɑ́ːdidɑ́ː | -dɪ-] 〘(1870)《擬態語》: 1880 年頃流行した歌の繰返しの囃し言葉から: cf. lardy-dardy〙《口語》 ― *n.* **1** めかし屋, 気取り屋, きざな男. **2** 気取り, 上品ぶった態度, きざなふるまい. ― *adj.* **1** 気取った, きざな, めかした. **2** 見栄を張る, 誇張的な. **3** 上品な; 贅沢な. ― *int.* ほうほう《気取りや上品ぶった態度などをからかうときに言う》.

ládies chàin, L- C- *n.* レディースチェイン《lancer's quadrille に似たスクウェアダンスの踊り方の一種》.

Ládies' Dày *n.* 《米》婦人の日《野球・アメリカンフットボールなどの催し物に女性が優待される日》.

Ládies' gàllery *n.* (英国下院の)婦人傍聴席.

ládies' màn *n.* 好んで婦人と交際する男, 婦人にいんぎんな男.

ládies' ròom *n.* (ホテル・劇場などの)婦人用(公衆)便所《women's room ともいう; cf. men's room》.

ládies' slìpper *n.* 〘植物〙＝lady's slipper.

ládies'-tobácco *n.* 〘植物〙＝pussytoe.

ládies' trèsses *n.* (*pl.* ～) 〘植物〙ネジバナ《北米産ラン科ネジバナ属 (*Spiranthes*) の植物の総称》.

la·di·fy [léɪdɪfàɪ, -də- | -dɪ-] *vt.* **1** 貴婦人扱いにする; 〈女性を〉Lady の敬称で呼ぶ. **2** 貴婦人らしくする; 貴婦人にふさわしいようにする.

La·din [lədíːn] 〘▭ Rhaeto-Romanic ～ ▭ L *Latinus* Latin〙 ― *n.* **1** ラディン語《北東イタリア Dolomites 地方で用いられるレートロマン(ス)語系方言; cf. Rhaeto-Romanic》. **2** ラディン語を母国語とする人.

lád·ing 〘ME〙 *n.* **1** 荷を積むこと, 積載. **2** 船荷, 船積み, 貨物: ⇨ BILL[3] of lading.

La·di·no[1] [lədíːnou | -nəu] 〘▭ Sp. *ladino* sagacious, learned ▭ L *Latinus* Latin〙 ― *n.* **1** ラディノ語《トルコやギリシャその他に居住するスペイン・ポルトガル系ユダヤ人 (Sephardim) によって話されるスペイン語とヘブライ語・アラビア語などとの混合方言》. **2** (ラテンアメリカで)スペイン語を話す混血白人 (mestizo). **3** 《米南西部》癖の悪い馬[雄牛].

La·di·no[2], **l-** [lədáɪnou, -díː-, -nə | -nəu] 〘▭ ? It. ～ 'LADIN': この草がこの地方に多いことから〙 ― *n.* 〘園芸〙クローバーの一変種 (*Trifolium repens* var. *giganteum*)《Ladino clover ともいう》.

la·dle [léɪdḷ] 〘OE *hlædel* ← *hladan* 'to LADE'〙 ― *n.* **1** ひしゃく, しゃくし. **2** (教会で, 礼拝献金を集める柄の長い)献金箱. **3** 〘冶金〙取瓶(とりべ)《溶融した金属または鉱滓などを炉から受けて鋳型に運ぶ容器》.
― *vt.* **1** (ひしゃくで)汲む, すくう: ～ soup *into* the plates 皿にスープをよそう. **2 a** (ひしゃくで)汲んで与える 〈*out*〉: ～ *out* porridge おかゆをよそってやる. **b** 《口語》(ひしゃくで汲んで与えるように, ふんだんに)与える, 贈る 〈*out*〉: ～ *out* honors, praise, etc.
lá·dler [-dḷə, -dlə | -dḷə(r, -dlə(r] *n.*

ladle·ful [léɪdḷfʊ̀l] *n.* ひしゃく一杯.

Lad·o·ga [lǽdəgə, lɑ́ː- | -də(ʊ)gə; *Russ.* ládəgə], **Lake** *n.* ラドガ湖《ソ連邦ロシヤ共和国北西部, フィンランド国境近くの湖; カスピ海を除きヨーロッパで最大; 面積 18,100 km²》.

La·don [léɪdṇ] 〘▭ *Lādōn* ▭ Gk *Ládōn*〙 *n.* 〘ギリシャ神話〙ラドン《Hesperides の金のりんごを守っていた竜》.

la·dron [lədróun | -drə́un] 〘▭ Sp. *ladrón* < L *latrōnem* robber〙 *n.* 《米南西部》強盗, 追いはぎ.

la·drone [léɪdrən, lǽd- | lǽd-] 〘▭ MF *ladron* thief〙 *n.* 《スコット》ごろつき.

La·dróne Íslands [lədróun- | -drə́un-] *n. pl.* [the ～] ラドローン諸島《Mariana Islands の旧名》.

La·drones [lədróunz | -drə́unz] *n. pl.* [the ～] ＝Ladrone Islands.

la·dy [léɪdi | -dɪ] 〘OE *hlǣfdīge* loaf-kneader ← *hlāf* 'LOAF[1]'＋**-dīg-* to knead (cf. *dāh* 'DOUGH'): cf. lord〙 ― *n.* **1** 身分の高い気品のある婦人, 貴婦人; 教養があり優雅で気品のある婦人, 淑女, レディー: She is not quite a ～. とても淑女などではない / I do not call her a ～. あんな人は淑女とは言わない / She is a ～ by birth. 生れは良家の女だ. **2** [L-; 称号として (cf. lord 4)]《英》 **a** 侯爵夫人[女侯爵] (Marchioness)・伯爵夫人[女伯爵] (Countess)・子爵夫人[女子爵] (Viscountess)・男爵夫人[女男爵] (Baroness) の略式の敬称《姓または領地名に冠する》: (the Countess of Basildon or) *Lady* Basildon. **b** 公爵 (duke)・侯爵 (marquis)・伯爵 (earl) の令嬢に対する敬称《本人の名に冠する; cf. honorable 4》: *Lady* Mary. **c** Lord という敬称を名に冠する人の夫人に対する敬称《夫の名に冠する》: *Lady* William. **d** 准男爵 (baronet)・勲爵士 (knight) の夫人に対する敬称《姓に冠する; cf. sir 2, dame 4》: *Lady* Gregory. ★ b, c で The Lady… とする場合はより形式的. **3** 女領主: the ～ of the manor 荘園の女主人. **4 a** (一家の)主婦. ★ LADY of the house の用法以外は《廃》. **b** 妻; (今は, 特殊な社会的地位のある人の)夫人 (cf. lord 1 b): officers and their *ladies* 士官とその夫人たち / my ～ 私の家内 (cf. 8) / your good ～ 奥様. **c** 女性, 婦人: a cleaning ～ 洗濯女, 掃除婦. **5** [通例 Our Lady として] 聖母マリア (the Virgin Mary). **6** [L-]《古・詩》女王: Our Sovereign *Lady* 女王. **7** [通例 L-]《古》超自然的なもの・擬人化された抽象物の名に冠する敬称: *Lady* Venus / *Lady* Luck. **8** [女性に対する敬称として] 婦人 (cf. gentleman 3 a, man[1] 12): *Ladies* and gentlemen! [聴衆への呼掛け] 紳士淑女諸君, 皆さん / my ～ 奥様, お嬢様《特に高貴の婦人に向かって召使いが呼掛ける時の敬称; cf. 4 b》/ young ～ [呼掛け] お嬢さん. **9 a** 中世の騎士道において愛の対象としての貴婦人. **b** 恋人: my young ～ 私のいいなずけ. **10** [the ladies(')]; 単数扱い]《英》＝ladies' room. **11** [形容詞的に] **a**

女性の；(動物の)雌の (female)：a ～ clerk 女書記 / a ～ novelist 女流小説家 / a ～ friend 婦人の友だち；情婦 / a ～ president 婦人大統領 / a ～ dog [goat] 雌犬[山羊]. ★ 人を修飾する場合は woman のほうが好まれる. **b** 貴婦人の；貴婦人らしい.
first lady in the land [the ―]《米》米国大統領夫人.
Lady in the Chair [the ―]《天文》椅子の婦人 (⇨ Cassiopeia).
lady of pleasure 売春婦 (prostitute).
lady of the bedchamber 《英》(王女・女王付き)女官.
lady of the evening [night] 夜の女, 売春婦.
lady of the house [the ―] 奥様, 主婦.
Lady of the Lake [the ―]《アーサー王伝説》⇨ Vivian² 2.
Lady with the Lamp [the ―] Florence Nightingale の異名.
Lády àltar *n.* 聖母小礼拝堂 (Lady Chapel) の祭壇.
Làdy Báltimore càke 〘← ? *Lady Baltimore* (*Lord Baltimore* の夫人)〙 ― *n.* レディーバルティモアケーキ《卵白を使ったバターケーキの間に干しぶどう・干しいちじく・ナッツをはさんで層にし, 全体に白い糖衣をかぶせたもの；cf. Lord Baltimore cake》.
lády bèetle *n.* 《昆虫》＝ladybug.
lády·bìrd 〘《原義》(Our) Lady's bird：cf. Lady Day〙 *n.* **1** 《昆虫》＝ladybug. **2** 恋人.
Lády Bóuntiful 〘Farquhar 作の喜劇 *The Beaux' Stratagem* (1707) 中の金持で慈悲深い女主人公〙 ― *n.* (*pl.* **～s, Ladies B-**) [しばしば l- b-] 恵み深い婦人, 婦人慈善家.
lády·bùg *n.* 《昆虫》テントウムシ《テントウムシ科の各種の甲虫の総称；lady beetle, ladybird ともいう》.
lády chàir *n.* 手車《負傷者などを運ぶのに 2 人の手を組み合わせて作った座》.
Lády Chàpel, L- c- *n.* 聖母小礼拝堂, マリア礼拝堂《大聖堂または教会に付属し, 通例中央祭壇の東方, つまり後陣(apse)に, また時には別棟にある, 聖母マリアに献堂された礼拝所》.
lády cràb *n.* 《動物》米国大西洋岸の砂浜に生息するワタリガニ科のカニ (*Ovalipes ocellatus*)《日本産ヒラツメガニの近縁種》.
Lády Dày 〘(*a*1325) (*oure*) *lady day*：lady は無変化所有格：cf. Lord's day〙 ― *n.* (聖母マリアの)お告げの祝日《3 月 25 日；英国では四期支払い日の一つ；Annunciation Day ともいう；cf. quarter day》.
lády fèrn *n.* 《植物》ミヤマメシダ (*Athyrium filix-femina*)《葉の切れこみが繊細なことによる》.
lády·fìnger *n.* **1** 《米》スポンジケーキ用の生地を指形に焼いた菓子. **2** 《植物》＝lady's-finger.
lády·fìsh *n.* 《魚類》**1** ＝bonefish. **2** ＝tenpounder 1 a.
la·dy·fy [léɪdɪfàɪ, -də- | -dɪ-] *vt.* ＝ladify.
Làdy Godíva *n.* ⇨ Godiva.
lády-hélp *n.* 《英古》(賃金は低いが家族と同等の扱いを受ける)家事手伝い婦人, 家政婦.
lády·hòod *n.* **1** 貴婦人[淑女]であること, 貴婦人[淑女]の身分[品格]. **2** [集合的] 貴婦人たち, 淑女たち (ladies).
lády-in-wáiting *n.* (*pl.* **ladies-**) (女王・王女付き)侍女.
lá·dy·ish [-diɪʃ] *adj.* (好ましくない貴婦人の特徴を示す)貴婦人ふうの, 淑女らしい. **～·ly** *adv.* **～·ness** *n.*
lády-kìller *n.* 女泣かせ, 女たらし, マダムキラー《婦人に取って危険なほど魅力のある男》.
lády-kìlling *n., adj.* 女泣かせ(の), 手練手管(の), 女たらし(の).
la·dy·kin [léɪdikɪn, -kən | -dɪkɪn] 〘⇨ -kin〙 *n.* **1** 小貴婦人, 小淑女. **2** [愛称として] お嬢さん.
lády·lìke *adj.* **1** 貴婦人らしい；上品な, 優雅な：in a ～ manner. **2** 〈男が〉女々しい, 柔弱な. **～·ness** *n.*
lády·lòve *n.* 《まれ》意中の女性, 恋人, 愛人.
Làdy Macbéth *n.* マクベス夫人《Shakespeare 作 *Macbeth* 中の女主人公；⇨ Macbeth 2》.
Làdy Máyoress *n.* 《英》(市長を Lord Mayor という都市の)市長夫人.
lády-of-the-níght *n.* 《植物》アメリカバンマツリ (*Brunfelsia americana*)《西インド諸島原産のナス科バンマツリ属の低木；花は黄白色で特に夜間芳香を放つ；観賞用に温室で栽培》.
lády's bèdstraw 〘← OUR-LADY'S-BEDSTRAW〙 *n.* 《植物》キバナノカワラマツバ (⇨ yellow bedstraw)《正しくは Our-Lady's-bedstraw という》.
lády's-còmb *n.* 《植物》ナガミノセリモドキ (*Scandix pectenveneris*)《venus's-comb ともいう》.
lády's compànion *n.* 携帯用裁縫セット.
lády's éardrop *n.* 《植物》フクシャ (fuchsia) やコマクサ (bleeding heart) などフクシャの花に似た花をつける数種の植物の総称；(特に)北米産タデ科の *Brunnichia cirrhosa*.
lády's-fìnger *n.* 《植物》指の形をした部分のあるさまざまな植物の総称：**a** kidney vetch や bird's-foot trefoil などのマメ科植物. **b** 《英方言》＝cuckoopint. **c** ＝okra 1.
lády·shìp 〘ME〙 ― *n.* **1** 貴婦人の身分[品位]. **2** [しばしば L-]《英》Lady の敬称をもつ婦人に対する敬称. ★ 皮肉にも用いる：her [your] *Ladyship* 令夫人, 奥様, 御令嬢.
lády slìpper *n.* 《植物》＝lady's slipper.
lády's màid *n.* (婦人の化粧などを手伝う)小間使, 侍女, 腰元.
lády's màn *n.* ＝ladies' man.
lády's-màntle *n.* 《植物》バラ科ハゴロモグサ属 (*Alchemilla*) の植物数種の総称《ハゴロモグサ (*A. vulgaris*) など》.
lády smòck *n.* ＝lady's-smock.
lády's slìpper *n.* 《植物》**1** シプリペジウム《ラン科アツモリソウ属 (*Cypripedium*) の植物の総称；唇弁の形がスリッパに似ている》；(特に) C. *calceolus*. **2** 《米》ホウセンカ (⇨ garden balsam).
lády's-smòck *n.* 《植物》タネツケバナ《アブラナ科タネツケバナ属 (*Cardamine*) の植物数種の総称；白・桃色・紫色の花をつける》；(特に, ヨーロッパ産の)ハナタネツケバナ (*C. pratensis*)《米国産のものは cuckooflower という；milkmaid ともいう》.
lády's-thìstle *n.* 《植物》オオアザミ, マリヤアザミ (*Silybum marianum*)《南欧・北アフリカ原産のキク科の草本；つやのある鋭い刺をもった葉は切葉に, 若葉はサラダに, また種子は煎って薬用とする；holy thistle, milk thistle ともいう》.
lády's thùmb *n.* 《植物》ハルタデ (*Polygonum persicaria*)《米国・湿地に生える一年草, 葉は細長い披針形で花はアカノマンマに似て淡紅色》.
lády's trèsses *n.* (*pl.* ～) 《植物》＝ladies' tresses.
Lády Wáshington gerànium *n.* 《植物》＝Martha Washington geranium.
La·ën·nec [leɪnék; *F.* laenɛk, laɛ-], **René Thé·o·phile Hya·cinthe** [teɔfil jasɛ̃:t] *n.* ラエネク《1781–1826；フランスの医師；聴診器を発明 (1819?)》.
Laennéc's cirrhósis *n.* 《病理》(萎縮性)肝硬変.
lae·o·trop·ic [lì:ətrɑ́pɪk | -trɔ́p-] 〘← Gk *laiós* left＋-TROPIC〙 *adj.* 〈巻貝の渦巻きなど〉左巻きの.
La·er·tes [leɪɔ́:ti:z | leɪɔ́:-] 〘⊏ L *Lāertes* ⊏ Gk *Laértēs* 《原義》gatherer of the people〙 ― *n.* **1** 《ギリシャ伝説》ラーエルテース《Odysseus の父親》. **2** レアーティーズ《Shakespeare 作 *Hamlet* 中の人物；Polonius の息子で, Ophelia の兄》.
Lae·tá·re Súnday [leɪtɑ́:ri-, -tɛ́(ə)ri-, -reɪ- | -tɑ́:rɪ-, -tɛ́ər-, -reɪ-] 〘この日の詠誦の冒頭の句 "*Laetāre Jerusalem*" (Rejoice ye with Jerusalem) (*Isa.* 66：10) から〙 ― *n.* 《教会》喜び[歓喜]の主日[日曜日]《四旬節 (Lent) 中の第 4 日曜日；Mid-Lent Sunday ともいう；またこの日に英国のある地方では母を訪ねる習慣があったことから, あるいはこの日に cathedral や mother church を訪問する慣行から, この日を Mothering Sunday ともいう》.
Lae·ti·tia [lətíʃə, -tí:- | lɪtíʃɪə, li:-, -ʃə] 〘← L *laetitia* joy：cf. Lettice〙 *n.* 女性名《異形 Latitia, Letitia》.
laev- [li:v] (母音の前に来る時の) laevo- の異形 (⇨ levo-).
lae·vo- [lí:vo(ʊ) | -və(ʊ)] ＝levo-.
làevo·rotátion *n.* ＝levorotation.
làevo·rótatory *adj.* ＝levorotatory.
laev·u·lin [lévjʊlɪn, -lən | -lɪn] *n.* 《化学》＝levulin.
laev·u·lose [lévjʊlòʊs, -lòʊz | -lə̀ʊs] *n.* 《化学》＝levulose.
LaF 《略》Louisiana French.
La Farge [lə-fɑ́əʒ, -fɑ́ədʒ | -fɑ́:ʒ, -fɑ́:dʒ], **John** *n.* (1835–1910) 米国の画家.
La Farge, Oliver (Hazard Perry) *n.* (1901–63) 米国のアメリカインディアン専攻の民族学者・小説家；*Laughing Boy* (1929).
La·fargue [ləfɑ́əg | -fɑ́:g; *F.* lafarg], **Paul** *n.* ラファルグ《1842–1911；フランスの社会主義者》.
La·fa·yette¹ [læfiét, lɑ̀:f-, lèɪf- | -fɪ-] 〘← LAFAYETTE〙 ― *n.* **1** 米国 Indiana 州西部, Wabash 河畔の都市；人口 45,000. **2** 米国 Louisiana 州南部の都市；人口 69,000.
La·fa·yette² [lɑ̀:fiét, lǽf- | lɑ̀:faɪ-; *F.* lafajɛt] 〘《転用》← F ～ (フランスの surname)〙 *n.* 男性名《愛称形 Lafe》.
La·fa·yette [lɑ̀:fiét, lǽf- | lɑ̀:faɪ-; *F.* lafajɛt], **Marquis de** *n.* ラファイエット《1757–1834；フランスの軍人・政治家；米国独立戦争に従軍, またフランス革命に指導的役割を果した；本名 Marie Joseph Paul Yves Roch Gilbert du Motier》.
La Fa·yette [lɑ̀:fiét, lǽf- | lɑ̀:faɪ-; *F.* lafajɛt], **Comtesse de** *n.* ラファイエット《1634–93；フランスの女流小説家；La Rochefoucauld の友人；*La Princesse de Clèves*「クレーブの奥方」(1678)；旧姓名 Marie-Madeleine Pioche de La Vergne》.
Laf·fite [ləfí:t, læ- | lɑ:-, læ-, lə-; *F.* lafit] (*also* **La·fitte** [～]), **Jean** *n.* ラフィート《1780?–?1826；Mexico 湾沿岸で活躍したフランスの海賊》.
La Fol·lette [ləfɑ́lɪt, -lət | -fɔ́l-], **Robert Marion** *n.* (1855–1925) 米国の政治家, 進歩党大統領候補 (1924), 上院議員 (1906–25).
La·fon·taine [ləfɑntéɪn, ―⊥ | ləfɔntéɪn; *F.* lafɔ̃tɛn] (*also* **La Fon·taine** [～]), **Henri** *n.* ラフォンテーヌ《1854–1943；ベルギーの政治家・法律家；Nobel 平和賞 (1913)》.
La Fon·taine [ləfɑntéɪn, ―⊥ | ləfɔntéɪn; *F.* lafɔ̃tɛn], **Jean de** *n.* ラフォンテーヌ《1621–95；フランスの詩人・寓話作家；*Fables* (1668–94)》.
La·forgue [ləfɔ́əg | -fɔ́:g; *F.* lafɔrg], **Jules** *n.* ラフォルグ《1860–87；フランスの象徴派詩人》.
lag¹ [lǽ(ː)g] 〘(1514) ← ?：cf. Norw. *lagga* to go slowly〙 ― *v.* (**lagged; lag·ging**) ― *vi.* **1 a** のろのろ歩く, ぐずぐずする. **b** のろのろ進む, ぐずつく, 進展が遅い；遅れる 〔*behind*〕：Japan ～*s far behind* European countries in adult education. 成人教育では日本はヨーロッパ諸国より遙かに遅れている / ～ *behind* at school 学業に遅れる. **c** (発達・価値の最大発揮に)遅れる：Business is ～*ging*. 景気が沈滞気味である. **2** 〈熱意・関心などが〉ゆるむ, 弱まる, 衰える. **3** 《米》(marbles や玉突きで順番を決めるために)玉を投げる[転がす]. ― *vt.* **1** …より遅い. **2** 〈玉・コインを〉(目標に向かって)投げる. **3** 《廃》遅れさせる. ― *n.* **1** 遅れること, 遅いこと, 遅延；遅れるもの, 最後になるもの；(時期の)ずれ：⇨ cultural lag. **2** (marbles や玉突きで順番を決めるための)玉を投げること[転がすこと]. **3** 《機械》(流れ・運動の)遅れ, 遅滞；遅滞量：a ～ in the work. **4** 《電気》(位相などの)遅れ《交流回路では特に電流位相の電圧位相に対する遅れを指すことが多い》.
lag of the tide 遅潮；(潮の調和分析の際の)遅角 (cf. PRIMING of the tide).
― *adj.* 《古・方言》**1** 最後の, 一番後ろの. ★ 主として次の句で用いる：the ～ end (ようやく到達する)終末 (Shak., *1 Hen IV* 5. 1. 24). **2** 遅れた, 遅くなった.
lag² [lǽ(ː)g] 〘(1812) ← ?：もと盗賊の隠語〙《英俗》― *vt.* (**lagged; lag·ging**) **1** 投獄する. **2** 逮捕する, 捕縛する. ― *n.* **1 a** 囚人, 懲役人：an old ～ 常習犯 / a good ～ 模範囚. **b** 前科者. **2** 服役期間.
lag³ [lǽ(ː)g] 〘(1672) ← Scand.：cf. ON *logg* rim of a barrel / Swed. *lagg* stave〙 ― *n.* **1** おけ板, たる板, 胴板. **2** 《機械》(熱の逃げるのを防ぐためにボイラーなどをおおう)外套板, 被覆材；(紡織用の)ドビー装置用の板. ― *vt.* (**lagged; lag·ging**) 〈ボイラーなどを〉外套板でおおう, 保温材で包む：～ a boiler.
lag·an [lǽgən] 〘(1531) ⊏ OF ～ ← ? ON *lagn-*, *lögn* dragnet ← Gmc：cf. lie², lay¹〙 ― *n.* 浮標付き投荷《海難の際, 後日引き上げることのできるように浮標を付けて海中に投げ入れた貨物；lagend, ligan ともいう；cf. flotsam 1, jetsam》.
Lag be-O·mer [lɑ́:g-bəóʊmə | -óʊ-] *n.* (*also* **Lag ba-O·mer** [～]) ＝Lag b'Omer.
lág bòlt *n.* ラッグボルト[木ねじ] (⇨ lag screw).
Lag b'O·mer [lɑ́:g-bóʊmə | -bə́ʊmə(r)] 〘⊏ Mish. Heb. ～ ← *lag* thirty-third＋*ba* in＋*'ōmer* sheaf of the wave offering：過ぎ越しの祝いの第 2 日からペンテコステの第 1 日までの 49 日間の数え方：*Lev.* 23:15, 16〙 ― *n.* 《ユダヤ教》オーメルの第 33 日祭《大麦の束(オーメル)を神殿に捧げる過ぎ越しの祝いの第 2 日から「7 週の祝い」までの物忌みをして生活する 49 日間の Omer のうち, 散髪・ひげそり・歌舞が許される 33 日目；Iyar 月の 18 日；cf. Jewish holidays》.
la·ge·na [lədʒí:nə] 〘⊏ L ～ 'large flask' ⊏ Gk *lágūnos*〙 ― *n.* (*pl.* **la·ge·nae** [-ni:]) 《動物》壺《鳥・爬虫類などの内耳の迷路の小嚢の付属器官で, 哺乳類の蝸牛殻に当たる》.
lag·end [lǽgənd] 〘⊏ OF *lagand* 'LAGAN'〙 *n.* ＝lagan.
la·ge·ni·form [lədʒí:nəfɔ̀əm | -nɪfɔ̀:m] 〘⇨ lagena, -form〙 *adj.* 《生物》(細口で底が広い)びん状の, フラスコ状の.
la·ger¹ [lɑ́:gə | -gə(r)] *n., v.* 《アフリカ南部》＝laager.
la·ger² [lɑ́:gə | -gə(r)] 〘(1853) 《略》← *lager beer* 《部分訳》← G *Lagerbier* ← *Lager* storehouse＋*Bier* 'BEER'：cf. lair¹〙 ― *n.* 貯蔵ビール, ラガービール《加熱殺菌して貯蔵をよくしたビール；lager beer ともいう；cf. draft beer, ale 1 a, porter³, stout 1》.
La·ger·kvist [lɑ́:gəkvìst, -kwìst | -gə-; *Swed.* lɑ́:gərkvist], **Pär (Fabian)** *n.* ラーゲルクビスト《1891–1974；スウェーデンの小説家・詩人・劇作家；Nobel 文学賞 (1951)》.
La·ger·löf [lɑ́:gələ̀:v | -gə-; *Swed.* lɑ́:gərlø:v], **Selma (Ot·ti·li·a·na Lo·vi·sa)** [ɔ̀ttiliɑ́:na luví:sa] *n.* ラーゲルレーブ《1858–1940；スウェーデンの作家；女性として初の Nobel 文学賞 (1909)》.
lag·gard [lǽgəd | -gəd] 〘← LAG¹＋-ARD〙 ― *n.* ぐずぐずする人, 遅れる人, のらくら者, のろま. ― *adj.* 遅れる, あとになる；のろい, 遅い, ぐずぐずする. **～·ness** *n.*
lág·gard·ly *adv., adj.* ぐずぐずした[と], のろのろした[と], のらくら(の).
lágged *adj.* 遅れた, 遅延した：a ～ response.
lag·ger [lǽgə | -gə(r)] *n.* **1** ＝laggard. **2** 《経済》＝lagging indicator.
lág·ging¹ 〘← LAG¹ (v.)〙 *adj.* 遅れる, 遅い, のろい：the ～ economic recovery of France フランスの遅々とした経済復興.
lág·ging² 〘← LAG² (v.)〙 *n.* 《英俗》懲役の判決；服役期間.
lág·ging³ 〘← LAG³ (v.)〙 ― *n.* **1** 《機械》**a** ラギング《ボイラー・管などを保温のため外套板でおおうこと》. **b** 外套板, (断熱の)被覆材. **2** 《建築》型枠, 迫枠板, 迫枠貫《アーチやヴォールト天井の迫枠を結ぶ材》. **3** 《鉱山・土木》矢板, 土木《鉱山・トンネルなどで土や岩石塊の崩れるのを防ぐための板》.

lagging³ 2

lágging indicàtor *n.* 《経済》遅行指標(系列) (cf. coincident 2).
lág·ging·ly *adv.* 遅れて, 遅く, のろのろと.
La Gio·con·da [*It.* ladʒokónda] *n.* 「ラジョコンダ」(⇨ Mona Lisa).
la·gnappe [lǽnjæp, ―⊥] *n.* ＝lagniappe.
-lag·ni·a [lǽgniə | -nɪə] 〘← Gk *lagneia* lust〙「欲, 色情 (lust)」の意の名詞連結形：copro*lagnia*.
la·gniappe [lǽnjæp, ―⊥] 〘⊏ Louisiana-F ～ ← F *la* the＋Sp. *ñapa* gratuity (⊏ Quechua *yapa* something added)〙 ― *n.* **1** 《米南部》(商人が買物をしたお客に与える)お添え物, 景品. **2** 《米》心付け, チップ.
lag·o·morph [lǽgəmɔ̀əf | -mɔ̀:f] 〘← NL *Lagomorpha* ← Gk *lagṓs* hare＋*morphḗ* '-MORPH'〙 ― *n.* ウサギ《ウサギ目の動物の総称；hare, rabbit, pika な

ど). **lag·o·mor·phic** [lægəmɔ́əfɪk | -mɔ́:-] *adj.* **làg·o·mór·phous** [-fəs] *adj.*

Lag·o·mor·pha [lægəmɔ́əfə | -mɔ́:-] 〘↑〙 *n. pl.* 〘動物〙ウサギ目《2対の上あご門歯がある；昔は齧歯(げっ)目 (Rodentia) の一つとして分類されていた》.

la·goon [ləgú:n] 〘《(1612)》▭F *lagune* ∥ It. & Sp. *laguna* fen, bog < L *lacūnam* hole, pool: ⇨ lacuna, lake¹〙 — *n.* **1** 潟(かた), 潟湖(せきこ)《湾口などが砂洲(す)でほとんどふさがれて出来た浅い水面》. **2** 《米》(川·湖水などに通じる)沼, 池. **3** 礁湖《環礁 (atoll) や堡礁 (barrier reef) などで珊瑚礁に取り巻かれた水面》. **4** 酸化池, ラグーン(池(ち))《下水溜めなど浅い人工の池》. **~·al** [-nl] *adj.*

Lagóon Íslands *n. pl.* [the ~] Tuvalu の旧名.

Lagóon of Vénice *n.* [the ~] ベニス礁湖 (⇨ Venice).

La·gos [léɪgɑs | -gɔs] *n.* ラゴス《Nigeria 南西部, Guinea 湾に臨む海港で同国の首都；人口 1,061,000》.

La·grange [ləgrɑ́:(n)dʒ | -grɔ́:(n)ʒ, -grɑ́:nʒ, -grɔ́(:)nʒ; *F.* lagrɑ̃:ʒ], Comte **Joseph Louis** *n.* ラグランジュ《1736–1813；イタリア生れのフランスの数学者·天文学者》.

Lagránge múltipliers *n. pl.* 〘数学〙ラグランジュの乗数《ラグランジュの方法によって関数の条件づき極値を求める時に用いられる未定係数》.

Lagránge's méthod *n.* 〘数学〙ラグランジュの方法, ラグランジュの未定係数法《Lagrange によって開発された, 関数の条件づき極値を求める方法》.

Lagránge thèorem *n.* 〘数学〙ラグランジュの定理《有限群の部分群の要素の個数は, もとの有限群の要素の個数の約数であるという定理》.

La·grang·i·an [ləgrɑ́:ndʒiən, -grɑ̃́:(n)ʒ-, -grɑ́:nʒ- | -dʒɪən] 〘← *J. L. Lagrange*: ⇨ -ian〙 — *n.* 〘物理·数学〙ラグランジアン, ラグランジュ関数《力学系の状態を表わす関数; 一般化座標と一般化速度を変数とする; ニュートン力学では運動エネルギーとポテンシャルエネルギーの差に等しい; Lagrangian function, kinetic potential ともいう; L で表わす; cf. Hamiltonian²》.

Lagrángian fùnction *n.* 〘物理·数学〙=Lagrangian.

La Gran·ja [*Sp.* lagráŋxa] *n.* グランハ宮殿 (⇨ San Ildefonso).

lág scrèw 〘← LAG³: もと胴板を固定するのに用いられたことから〙 *n.* ラッグ木ねじ《レンチでとめる四角い頭のねじ; lag bolt, coach screw ともいう》.

Lag·ting [lɑ́:gtɪŋ] 〘▭ Norw. ~ ← *lag* society (cf. ON *lǫg* (pl.) law) + *ting* parliament〙 — *n.* (*also* **Lagthing** [~]) (ノルウェーの国会の)上院 (cf. Odelsting, Storting).

La Guai·ra [ləgwáɪrə; *Sp.* lagwáira] *n.* ラ グワイラ《Venezuela 北部の港市; Caracas の外港; 人口 21,000》.

La Guar·di·a [ləg(w)ɑ́ədiə | -g(w)ɑ́:djə, -dɪə], **Fi·o·rel·lo** [fì:ərélou | -ləʊ] **H**(**enry**) *n.* (1882–1947) 米国の法律家·政治家; New York 市長 (1934–45).

La Guár·di·a Áirport [ləg(w)ɑ́ədiə- | -g(w)ɑ́:djə-, -dɪə-] *n.* ラガーディア空港《New York 市の空港》.

La·guerre [lɑgéə | -géə(r; *F.* lage:r], **Edmond-Nicolas** *n.* ラゲール《1834–86; フランスの数学者》.

Laguérre equàtion *n.* 〘数学〙ラゲールの方程式《ある種の 2 階線形常微分方程式》.

la·gu·na [ləgú:nə] 〘▭ Sp. ~ ▭ L *lacūna*: ⇨ lacuna〙 *n.* 小さな湖; 池.

la·gune [ləgú:n] *n.* =lagoon.

la·har [lɑ́:hɑə | -hɑ:(r] 〘▭ Javanese ~〙 *n.* 〘地質〙ラハー《火山泥流》.

lah-di-dah [lɑ́:-di-dɑ́: | -dɪ-] *n., adj., int.* =la-di-da.

La Hogue [ləhóug | -hɔ́ʊg] *n.* ラオーグ(岬)《フランス北西部 Normandy の岬; その沖合で 1692 年イギリス·オランダ対フランスの海戦があった》.

La·hore [ləhɔ́ə, -hóə | ləhɔ́:(r, lɑ:-] *n.* ラホール《パキスタン Punjab 州の首都; 人口 2,166,000》.

La Hougue [ləhú:g; *F.* laug] *n.* =La Hogue.

lai [léɪ] 〘▭F ~: cf. lay³〙 *n.* **1** 中世フランス語の短い物語詩《Marie de France などを代表的作者とする 1 行 8 音節のもの》. **2** =lay³.

la·ic [léɪɪk] 〘《(1491)》▭LL *lāic-us* ▭Gk *lāikós* (⇨ lay²): LAY² と二重語〙 *n.* 俗人, 平信徒. — *adj.* =laical.

la·i·cal [léɪɪkəl, léɪə- | léɪɪ-] *adj.* (聖職者に対して)俗人の, (平)信徒の[に関する] (lay); 世俗の, 現世の (secular). **~·ly** *adv.*

la·i·cism [léɪəsɪzm | léɪɪ-] 〘← LAIC + -ISM〙 — *n.* 世俗主義, 非聖職権主義《政治·社会的支配勢力としての聖職権関係のものを一切排除して, 非聖職者の支配下におこうとする思想; cf. clericalism》.

la·i·cize [léɪəsàɪz | léɪɪ-] 〘《(1870)》← LAIC + -IZE: cf. F *laïciser*〙 — *vt.* **1** 還(げん)俗させる; 俗的にする, 俗化させる. **2** 俗人に任せる: ~ education 教育を(聖職者の手から)俗人の手に移す. **3** 〈公職などを〉俗人に開放する. **4** 〘カトリック〙〈司祭を〉平信者にする (cf. secularize 3). **la·i·ci·za·tion** [lèɪəsɪzéɪʃən, -sə- | lèɪɪsaɪ-, -sɪ-] *n.*

laid 〘OE *leġde* (pret.) & *leġd* (p.p.)〙 *v.* lay¹ の過去形·過去分詞.

láid-báck *adj.* **1** (ロックの演奏などで)リラックスした(スタイルの); 悠々とした, 急がない. **2** 《俗》無感動の, 冷淡な, 冷たい: She is a ~ chick. 冷たい女だ.

láid déck *n.* 〘造船〙湾曲式木甲板《船の舷側の湾曲に沿わせて湾曲させて張った木甲板; swept deck ともいう; cf. straight deck》.

láid páper *n.* 簀(す)の目紙《簀の目線のすき入れられた紙; cf. wove paper, cream-laid》.

laigh [léɪx] 〘ME《スコット》: ⇨ low¹〙《スコット》*adj., adv.* 低い[く] (low). — *n.* 窪地; 小さな谷.

lain 〘OE *leġen*〙 *v.* lie² の過去分詞.

lair¹ [léə | léə(r] 〘OE *leġer* bed, resting place ← Gmc **leʒ-* (Du. *leger* bed / G *Lager* storehouse): ⇨ lie²〙 — *n.* **1 a** (野獣の)ねぐら, 獣の穴, 巣. **b** 隠れ場, 隠れ家: a robbers' ~. **2** 《英》**a** (人の)休み場所; 寝床. **b** 移送中の牛の休む囲い場[小舎]. **3** 《スコット》(墓地の)埋葬地, 墓所. — *vi.* 〈獣が〉穴[ねぐら]に行く; 寝る. — *vt.* **1** 〈獣〉に穴[ねぐら]を与える; 〈獣を〉穴[ねぐら]に入れる. **2** …の寝所[穴]の用をする.

lair² [léə | léə(r] 〘ME *leir, lair* clay ▭ ON *leir*: cf. loam〙《スコット》— *n.* 泥; 泥沼, ぬかるみ. — *vt.* 泥の中に沈める, 泥まみれにする. — *vi.* 泥の中に沈む, 泥まみれになる.

laird [léəd | léəd] 〘《(c1450)》*laverde*: ⇨ lord〙 *n.* 《スコット》(富裕な)地主. **~·ly** *adj.*

láird·ship *n.* 地主[領主]の資格[身分].

lais·ser-al·ler [léseɪælér, léɪ- | léɪseɪæleɪ; *F.* leseale] 〘▭F ~《原義》let (persons) go (as they please)〙 *F. n.* 無拘束, 放縦.

lais·ser-faire [léseɪféə, léɪ- | léɪseɪféə(r; *F.* lesefε:r] 〘▭F ~《原義》let (people) do (what they like)〙 *n., adj.* =laissez-faire.

lais·sez-al·ler [léseɪzælér, léɪ- | léɪseɪzæleɪ; *F.* lesezale] *n.* =laisser-aller.

lais·sez-faire [léseɪféə, léɪ- | léɪseɪféə(r; *F.* lesefε:r] *n.* 無干渉主義[政策], 自由放任[競争]主義《政府の商工業政策などについていう》. — *adj.* 無干渉主義の, 自由放任の.

lais·sez-pas·ser [léseɪpæséɪ, léɪ-, -pɑ:s- | léɪseɪ-; *F.* lesepase] 〘▭F ~《原義》let (someone) pass〙 — *F. n.* (*pl.* ~**s**, ~) 許可証; (特に, 旅券代用の)通行許可券, 通過証 (pass).

lai·tance [léɪtns] 〘▭F ~ ← *lait* milk + -ANCE〙 — *n.* 〘土木〙レイタンス, 乳皮《混入する水が多すぎたり, 過度の震動を与えたために塗り立てのセメント[コンクリート]の表面に生じる乳白色の堆積物》.

la·i·ty [léɪəṭi | léɪətɪ, léɪɪ-] 〘《(?1541)》← LAY² + -ITY〙 — *n.* [the ~; 集合的] **1** (聖職者に対して)俗人, (平)信徒 (laymen); 信徒の身分 (↔ clergy, priest): ~ formation 平信者の養成[訓育]. **2** (専門家に対して)素人, 門外漢.

Lai·us [léɪəs, láɪəs | láɪəs, léɪəs] 〘▭ L *Lāius* ▭ Gk *Láïos*〙 *n.* 〘ギリシャ伝説〙ラーイオス《Thebes の王; 過って息子 Oedipus に殺された》.

lake¹ [léɪk] 〘《(a1121)》*lake, lac* (i) ▭(O)F *lac* ▭ L *lacus* basin, lake ∥ (ii) < OE *lacu* stream ▭ L *lacus*: cf. loch / Gk *lákkos* pond, ditch〙 — *n.* **1** 湖, 湖水: the *Lakes* = the Lake District / ⇨ Great Lakes. ★ ラテン語系形容詞: lacustrine. **2 a** 湖水状のもの. **b** (公園などの)泉水, 池. **c** (溶岩·石油などの)たまり. ***jump*** [***go*** (***and***) ***jump***] ***in the lake*** [命令形で]《口語》黙りなさい, 出て行け.

lake² [léɪk] 〘《(1616)》▭F *laque* ▭ Pers. *lāk*: ⇨ lac¹〙 — *n.* **1** レーキ《元来は lac に金属化合物を加えて造った深紅色の絵の具; 今は各種染料の不溶性金属塩でつくった有機顔料》. **2** 深紅色.

lake³ [léɪk] 〘↑〙 *vi., vt.* 〘病理〙溶血する[させる].

lake⁴ [léɪk] 〘OE *lācan* < Gmc **laikan* (ON *leika*)〙 *vi.* 《英方言》**1** 遊ぶ, ふざける〔*with*〕. **2** 競技[試合]をする, プレーする.

Lake [léɪk], **Simon** *n.* (1866–1945) 米国の海軍造船技師; 潜水艦の改良家.

láke chúb sùcker *n.* 〘魚類〙=chub sucker.

láke cópper *n.* 〘冶金〙米国 Superior 湖付近で採れる純度のよい自然銅.

Láke Dìstrict [**Còuntry**] *n.* [the ~] 湖水地方《イングランド北西部, Cumbria 州の景色のよい湖に富む山岳地方; the Lakes ともいう; ⇨ Lake Poets》.

Láke Dìstrict Nátional Párk *n.* レイクディストリクト国立公園《イングランド北西部の Lake District よりなる; 1951 年指定; 面積 2,240 km²》.

láke dwèller *n.* (有史以前の)湖上生活者.

láke dwèlling *n.* (有史以前の)湖上家屋.

láke·frònt *n.* 湖岸, 湖畔: hotels on the ~.

láke hèrring *n.* 〘魚類〙北米産サケ科コクチマス属のシスコ (cisco) の類の魚 (*Coregonus artedii*)《五大湖や東部の小さい氷河湖に多く産する》.

láke·lànd [-lænd, -lənd] *n.* 湖水地方.

Lákeland térrier *n.* レークランドテリア《英国 Lake District 産の作業犬種のイヌ》.

lake·let [léɪklɪt, -lət] 〘← LAKE¹ + -LET〙 *n.* 小湖水.

Láke of the Wóods *n.* [the ~] ウッズ湖《米国 Minnesota 州とカナダの Ontario 州と Manitoba 州にはさまれた湖; 観光地; 長さ 110 km, 面積 3,846 km²》.

Lake Plac·id [-plǽsɪd, -səd | -sɪd] *n.* 米国 New York 州北東部, Adirondack Mountain 中の保養地; 人口 2,800.

Láke Pòets *n. pl.* [the ~] 湖畔詩人《19 世紀初頭英国の Lake District に住んでいた Wordsworth, Coleridge, Southey などの詩人たち; cf. Lake school》.

lák·er *n.* **1** 湖畔の住人[逍遙者など]. **2** [the Lakers] 湖畔詩人 (⇨ Lake Poets). **3** 湖産魚; (特に) =lake trout 1. **4** 湖(特に五大湖)航行用船.

Láke schòol *n.* [the ~] 湖畔詩人派《Lake Poets の流派, またその詩風》.

láke·shòre *n.* 湖水沿いの土地; (特に)湖岸.

láke·sìde *n.* 湖畔.

Láke Státe *n.* [the ~] 米国 Michigan 州の俗称.

láke tròut *n.* 〘魚類〙**1** レイク トラウト (*Salvelinus namaycush*)《北米·カナダの主として湖に産するサケ科イワナ属の魚; namaycush, salmon trout ともいう》. **2** ヨーロッパの湖沼型の brown trout.

láke whìtefish [**whìting**] *n.* 〘魚類〙米国五大湖地方産のサケ科の食用魚 (*Coregonus clupeaformis*).

Lake·wood [léɪkwʊd] *n.* 米国 Ohio 州北東部, Cleveland 郊外の Erie 湖畔の都市; 人口 71,000.

lakh [lɑ́:k, lǽk] 〘▭Hindi *lākh* ▭Skt *lakṣā* mark, hundred thousand〙《インド》— *n.* **1** 10 万; (特に) 10 万ルピー: a ~ of rupees. **2** きわめて多数: ~*s of* human beings 何百万もの人類. — *adj.* 10 万の: 10 ~ rupees 100 万ルピー.

lak·y¹ [léɪki | -kɪ] 〘《(15C)》〙 *adj.* (**lak·i·er**; **-i·est**) **1** 湖の, 湖から発する; 湖状の. **2** 湖の多い.

lak·y² [léɪki | -kɪ] 〘← LAKE²〙 *adj.* (**lak·i·er**; **-i·est**) **1** 深紅色の. **2** 〈血液が〉(溶血して)薄紅色の.

La·la [léɪlə] 〘← ?〙 *n.* 女性名.

la·la·pa·loo·za [lɑ̀:ləpəlú:zə] 〘← ?〙 *n.* 《米俗》非常に目立つ物, すばらしい物.

-la·li·a [léɪliə | -lɪə] 〘← NL ~ ← Gk *laliá* chat, talking〙「(発声上の)言語障害」の意の名詞連結形: rhino*lalia*.

Lal·lan [lǽlən] 〘《スコット》~ 'LOWLAND'〙 *adj.* 《スコット》スコットランド低地 (Lowlands) の. — *n.* [しばしば *pl.*; 単数扱い] スコットランド低地方言.

lal·la·pa·loo·za [lɑ̀:ləpəlú:zə] *n.* 《米俗》=lalapalooza.

lal·la·tion [læléɪʃən] 〘《(1647)》← L *lallāre* to sing lullaby + -ATION〙 — *n.* 〘音声〙[l] を不完全に発音すること[癖]; 他の音([r] など)の代わりに [l] を用いること[癖]《小児などに見られる; cf. rhotacism 1》.

L'Al·le·gro [lɑléɪgrou, læ-, -lég- | lælérgrəʊ, -lég-; *It.* lallé:gro] 〘▭It. ~ ← *allegro* cheerful〙 *n.* 「快活なる人」《Milton の詩 (1632) の題名; cf. Il Penseroso》.

Lal·ly [lǽli | -lɪ] *n.* 〘商標〙ラリー《コンクリートを詰めた円筒鋼鉄の柱》.

lal·ly·gag [lɑ́:ligæ̀g | -lɪ-] 〘← ?〙 — *vi.* (**-ly·gagged**; **-gag·ging**) 《米俗》**1** 何もしないでぼんやり過ごす, ぶらぶら[のらくら]過ごす. **2** (人前で)キスや愛撫(ぶ)をしていちゃつく, 首に抱きつく.

La·lo [lɑlóu | -ləʊ; *F.* lalo], (**Victor Antoine**) **Édouard** *n.* ラロ《1823–92; フランスの作曲家; *Symphonie Espagnole*「スペイン交響曲」(1875)》.

la·lo- [lǽlo(ʊ) | -lə(ʊ)] 〘← NL ~ ← Gk *lálos* talkative〙「言語 (speech), 言語器官 (speech organs)」の意の連結形.

lal·op·a·thy [lælɑ́pəθi | -lɔ́pəθɪ] 〘⇨ ↑, -pathy〙 *n.* 〘病理〙言語障害.

lal·o·pho·bi·a [lælәfóubiə | -fə́ʊbjə, -bɪə] 〘← LALO- + -PHOBIA〙 *n.* 〘精神医学〙発語恐怖症.

lal·o·ple·gi·a [lælәplí:ʒiə, -ʒə | -ʒɪə, -ʒə] 〘← LALO- + -PLEGIA〙 *n.* 〘病理〙発語筋麻痺.

lam¹ [lǽ(:)m] 〘《(1596)》← ON: cf. lame / ON *lamða* (pret.) ← *lemja* to beat〙 — *v.* (**lammed**; **lamming**)《俗》— *vt.* (杖などで)打つ, 強く打つ, なぐる, むち打つ: ~ a person *on* the head 人の頭をなぐる. — *vi.* 打つ, たたく, むち打つ 〈*out*〉; 〔人を〕やっつける〔*into*〕: ~ *out at* a person 人をたたく / ~ *into* one's opponent 相手をやっつける.

lam² [← ? LAM¹]《米俗》— *vi.* (**lammed**; **lamming**) 走る, 一目散に逃げる: Let's ~ out of here. ここから急いでずらかろう. — *n.* 一目散に逃げること, 逃走. ★ 次の成句で: ***on the lam*** 逃走中で. ***take it on the lam*** 一目散に逃げ出す.

lam. 《略》laminated.

Lam. 《略》Lamentations (旧約聖書の)エレミヤ哀歌.

la·ma¹ [lɑ́:mə] 〘《(1654)》▭ Tibetan *blama* (*b-* は黙字) chief, high priest〙 *n.* ラマ教の僧, ラマ僧: ⇨ Dalai Lama, Panchen Lama.

la·ma² [lɑ́:mə] 〘Sp. *llama* の誤記〙 *n.* 〘動物〙=llama 1.

Lá·ma·ism [-məɪzm] *n.* ラマ教《チベットおよびモンゴルにおける仏教の総称》.

Lá·ma·ist [-ɪst, -əst | -ɪst] *n.* ラマ教徒, ラマ教信者.

La·ma·is·tic [lɑ̀:məístɪk] *adj.* ラマ教(徒)の.

La Man·cha [ləmɑ́:ntʃə, -mǽn-; *Sp.* lamántʃa] *n.* ラ マンチャ《スペイン中部の不毛の高原地方; Cervantes の *Don Quixote* の舞台》.

La·man·ite [léɪmənàɪt] 〘← *Laman* (紀元前 600 年頃の Jerusalem 出身の預言者 Lehi の息子) + -ITE¹〙 — *n.* 〘モルモン教〙レーマン人《Laman を先祖とする民; 南北アメリカ大陸の原住民》.

La·marck [ləmɑ́ək | -mɑ́:k; *F.* lamark], **Chevalier de** *n.* ラマルク《1744–1829; フランスの博物学者で進化論の先駆者; 本名 Jean Baptiste Pierre Antoine de Monet》.

La·marck·i·an [ləmɑ́əkiən | -mɑ́:kɪən, -kjən] *adj.* ラマルク (Lamarck) 説の, ラマルクの進化説を奉じる. — *n.* ラマルクの学説を奉じる人.

La·márck·ism [-kɪzm] *n.* 〘生物〙ラマルク説, 用不用説《種は環境が個体におよぼす影響の遺伝により進化するという説; use and disuse theory ともいう; cf. Lysenkoism, Neo-Lamarckism》.

La Marseillaise *n.* ⇨ Marseillaise.

La·mar·tine [lɑ̀:mɑətí:n, læmə- | lɑ̀:mɑ:-, læmə-; *F.* lamartin], **Alphonse Marie Louis de** (**Prat de** [pra d]) *n.* ラマルティーヌ《1790–1869; フランスの詩人·政治家》.

Lamas, Carlos Saavedra *n.* ⇨ Saavedra Lamas.

la·ma·ser·y [lɑ́:məsèri | lɑ́:məsərɪ, lǽməs-, ləmǽs-]

〖《1867》▭F *lamaserie*: ⇨lama¹〗 *n.* ラマ教の僧院, ラマ寺.

La·máze technìque [ləmɑ́:z-; F. lama:z-] 〖←*Fernand Lamaze* (1950年代にこの出産法を開発したフランスの産科医)〗 ── *n.* 〘医学〙ラメイズ法《心理学を応用した無痛分娩法の一種》.

lamb [lǽ(:)m] 〖OE ～ < Gmc **lambaz* (G *Lamm* / Du. *lam*) ← ? IE **el-* brown: cf. elk〗 ── *n.* **1 a** 子羊(young sheep)《特に, 1歳以下または永久歯の生えていない羊をいう》: like a ～ (子羊のように)おとなしく, 柔順に / ⇨ *a* WOLF *in a lamb's skin* / One may as well be hanged for a sheep as a ～. ⇨ sheep 1. **b** (レイヨウなどの)子. **2** [the L-] 神の子羊, キリスト(Christ)《the Lamb of God の略; cf. *John* 1:29, *Rev.* 5:6, etc.; cf. Agnus Dei》. **3 a** 子羊肉, ラム (cf. mutton¹ 1). **b** =lambskin. **4 a** (子羊のような)無邪気な人[子供], 柔和な人[子供]. **b** 親愛な者, かわいい人 (dear, pet): my [sweet] ～ [親愛の意を表わして]よい子, 坊や. **5** だまされやすい人; 素人投機家.

lamb 3 a
1 leg
2 loin
3 rack
4 breast
5 shoulder
6 shank

a lamb to the slaughter 〖cf. *Isa.* 53:7, *Acts* 8:32〗屠場(ほふりば)にひかれる子羊 (cf. *like* [*as*] *a* SHEEP (*led*) *to the slaughter*). ***in lamb*** 〈雌羊が〉妊んで.

── *vt.* **1** [p.p. 形で]〈羊が〉〈子を〉産む: This ram was ～*ed* yesterday. この雄羊はきのう生まれた. **2** 〈産期の雌羊〉の番をする, 世話をする〈*down*〉. ── *vi.* 〈羊が〉子を産む.

Lamb [lǽ(:)m], **Charles** *n.* (1775–1834) 英国の随筆家・批評家; *Essays of Elia* (1823, 1833); 筆名 Elia.

Lamb, Mary Ann *n.* (1764–1847) 英国の作家; 弟 Charles と共同で *Tales from Shakespeare* (1807).

Lamb, Sydney M. *n.* (1929–) 米国の言語学者; *Outline of Stratificational Grammar* (1966) によって成層文法理論を提唱した.

Lamb, William *n.* ⇨ 2nd Viscount MELBOURNE.

Lamb, Willis Eugene *n.* (1913–) 米国の物理学者; Nobel 物理学賞 (1955).

Lam·ba·ré·né [lɑ̀:mbəréɪni, -nə, -rənéɪ | -réɪneɪ, -reɪnéɪ; F. lɑ̃barene] *n.* ランバレネ《Gabon 西部の町; A. Schweitzer が建てた医療隣保施設がある》.

lam·baste [læmbéɪst, -bǽst | -béɪst] 〖← LAM¹ + BASTE³〗 *vt.* (*also* **lam·bast** [～]) 《口語》**1** (杖などで)ぶつ, むち打つ. **2** 激しく叱責する, 激しく非難する.

lamb·da [lǽmdə] 〖ME ～ ▭Gk *lámbda*〗 ── *n.* **1** ラムダ《ギリシャ語アルファベット24字中の第11字: Λ, λ (ローマ字の L, l に当たる); ⇨ alphabet 表》. **2** $^1/_{1000}$ 立方センチ. **3** 〘物理〙=lambda particle.

lamb·da·cism [lǽmdəsɪzm] 〖《1658》▭LL *lambdacism-us* ▭Gk *lambdakismós*: ⇨↑, -ism〗 ── *n.* **1** l 字[音]使用過多. **2** [r] を [l] のように発音すること[癖] (lallation).

lámbda hýperon *n.* 〘物理〙ラムダハイペロン(⇨ lambda particle).

lámbda pàrticle *n.* 〘物理〙ラムダ粒子《荷電をもたない重粒子の一種; 電子の2183倍の質量をもち, 平均寿命 2.6×10^{-10} sec で, 主として核子と π 中間子に自然崩壊する; 通例 Λ-particle と書く; 記号 Λ》.

lámbda pòint *n.* 〘物理化学〙ラムダ点《物質の比熱が温度変化に対してギリシャ文字の λ に似た形の変化をする場合の転移温度をいう》.

lamb·doid [lǽmdɔɪd] 〖《1597》▭F *lambdaboïde* ← NL *lambdoïdēs* ← Gk *lambdoeidés*: ⇨ lambda, -oid〗 ── *adj.* **1** ギリシャ文字ラムダ(Λ)形の, 三角形の. **2** 〘解剖〙(頭頂骨・後頭骨間の)ラムダ(状)縫合の: a ～ suture ラムダ(状)縫合.

lamb·doi·dal [læmdɔ́ɪdl] *adj.* =lambdoid.

lam·ben·cy [lǽmbənsi | -sɪ] *n.* **1** (炎・光などが)静かに光ること, ちらちらする光のゆらめき. **2** (空・目などの)柔らかな光, 優しい輝き; 柔らかに光るもの. **3** (機知などの)軽妙さ.

lam·bent [lǽmbənt] 〖《1647》▭L *lambent-em* (pres. p.) ← *lambēre* to lick〗 ── *adj.* **1** 〈炎・光など〉静かにゆれている, ちらちらゆらめく. **2** 〈空など〉柔らかに光る, 優しく輝く: a cloudless and ～ sky 雲一つなくさわやかに晴れ渡る空. **3** 〈機知など〉軽妙な: ～ wit, humor, etc. **～·ly** *adv.*

lamb·er [lǽmə | -mə(r)] *n.* **1** 産期の雌羊の番をする人. **2** 産期の雌羊.

lam·bert [lǽmbət | -bət] 〖← *J. H. Lambert* (1728–77: ドイツの物理学者)〗 ── *n.* 〘光学〙ランベルト《輝度の cgs 単位; 1cm² の面積から1ルーメンの光束を発散[反射]する時, これを1ランベルトとする》.

Lam·bert [lǽmbət | -bət] 〖▭F ～ ▭G ～ < OHG *Lambreht, Landberht* ← *lant* 'LAND¹' + *beraht* 'BRIGHT'〗 *n.* 男性名.

Lámbert confórmal cónic projéction *n.* 〘地図〙ランベルト正角円錐図法《Lambert conformal projection ともいう》.

lámbert's blúe *n.* =azurite blue.

Lam·beth [lǽmbəθ] 〖OE *Lām(b)hȳð(e)* 《原義》harbor where lambs were shipped ← LAMB + *hȳð* landing place〗 ── *n.* **1** London 中南部の自治区; 人口 303,000. **2** =Lambeth Palace.

Lámbeth Cónference, L- c- *n.* [the ～] ランベス会議《1867年以来ほぼ10年毎に Lambeth Palace で開かれる全世界の英国国教会派の主教の会議》.

Lámbeth degrée *n.* (Oxford, Cambridge 両大学で) Canterbury 大主教によって授与される名誉学位.

Lámbeth Pàlace *n.* ランベス宮(殿)《London 南部 Thames 川付近にある Canterbury 大主教の住居》.

Lámbeth Wàlk *n.* ランベスウォーク《1930年代後期に英国ではやったダンスの一種》.

lámb·ing [-mɪŋ] *n.* 羊の出産; 産期の雌羊の世話: the ～ season [time] 羊の産期.

lámb·kìll 〖羊に有害であることにちなむ〗 *n.* 〘植物〙=sheep laurel.

lamb·kin [lǽmkɪn, -kən | -kɪn] 〖← LAMB + -KIN〗 *n.* **1** 小さい子羊. **2** [愛称として] かわいい[小さい]子.

lámb·lìke *adj.* 子羊のような; (子羊のように)おとなしい, やさしい; 無邪気な.

lam·bre·quin [lǽmbəkɪn, -brɪk-, -brək- | -bək-, -brək-] 〖《1725》▭F ～ ▭MDu. **lamperkijn* (dim.) ← *lamper* veil: cf. -kin〗 ── *n.* **1** 《米》(戸・窓・寝台柱・炉棚などの上部に垂らす)垂れ布. **2** 〘甲冑〙(日や湿気を除けるために15世紀の騎士達がかぶとにかぶせた)かぶと飾り被い. **3** 〘紋章〙=mantling 1.

lámb's èars *n.* (*pl.* ～) 〘植物〙コーカサス原産のシソ科イヌゴマ属の多年草 (*Stachys olympica*)《アメリカにも帰化, 葉が綿毛におおわれている; woolly hedge nettle ともいう》.

lámb·skìn *n.* **1** 子羊の毛皮《装飾用》. **2** 子羊の皮: ～ gloves. **3** 上等の羊皮紙 (parchment).

lámb's-léttuce *n.* 〘植物〙=corn salad.

lámb's-quàrters *n.* (*pl.* ～) 〘植物〙シロザ (*Chenopodium album*)《アカザ属の植物; 若葉は食用》.

lámb's-tòngue *n.* 〘建築〙羊舌形《羊の舌のように曲った形の階段手摺りの端》.

lámb's wòol *n.* **1 a** 子羊の毛《7, 8か月の子羊から刈り取られたきわめて柔軟な高級羊毛》. **b** 子羊の毛で織った羊毛地. **2** ラムズウール《焼きりんごをつぶして砂糖・香料を入れて暖めたビールを混ぜた飲料》.

lame¹ [léɪm] 〖OE *lama* < Gmc **lamaz* 《原義》broken (Du. *lam* / G *lahm*) ← IE **lem-* to break〗 ── *adj.* (**lam·er, -est; more ～, most ～**) **1** 足の悪い; 足を引きずる: a ～ old man / be ～ *in* [*of*] a leg (片)足が悪い / go [walk] ～ 足を引きずる[引きずって歩く]. **2 a** 〈議論・説明・弁解など〉不完全な, 不十分な (insufficient), なっていない, つじつまの合わない (unconvincing): a ～ excuse つじつまの合わない弁解 / a ～ and impotent conclusion 腰くだけで気の抜けた結び[結論] (Shak., *Othello* 2.1.162). **b** 〈詩など〉調子の合わない, 韻律の整わない (halting): a ～ verses (韻律の整わない)悪詩.

help a lame dog over a stile 困っている人を助けてやる.

── *n.* 《米俗》時代遅れの人, 堅物(かたぶつ).

── *vt.* **1** …の足を悪くする[痛める]. **2** 〈物事を〉無力にする, だめにする (disable).

～·ness *n.*

lame² [léɪm, lǽ(:)m] 〖▭F ～ < L *lāminam* thin piece or plate〗 *n.* 〘甲冑〙(よろいなどを作る時つづり合わせる)薄い金属板.

la·mé [lɑ:méɪ, læ-, lə- | lɑ́:meɪ; F. lame] 〖▭F ～ 'laminated' ← *lame* (↑)〗 ── *n.* (*pl.* **～s** [～z; F. ～]) 金銀線などを織り込んだ一種の金襴(きんらん), ラメ《婦人夜会服・聖職服・古式儀礼服などに用いる》. ── *attrib. adj.* ラメの.

láme-bràin *n.* 《口語》愚か者.

láme-bráined *adj.* 《口語》愚かな, 鈍い.

La·mech [léɪmɪk | léɪmek, lɑ́:-, lɑ́:mex] 〖▭L *Lamech* ▭Gk *Lámekh* ▭Heb. *Lémek* 《原義》? strong youth〗 ── *n.* 〘聖書〙レメク《Cain の子孫, Jubal の父; cf. *Gen.* 4:18》.

la·medh [lɑ́:med] 〖▭Heb. *lāmedh* 《原義》oxgoat〗 ── *n.* (*also* **la·med** [～]) ラーメド《ヘブライ語アルファベット22字中の第12字: ל (ローマ字の L に当たる); ⇨ alphabet 表》.

láme dúck *n.* 《口語》**1** (人の助けを受ける)能なし; だめになったもの《人, 物, 事業など》. **2 a** 《米》(再選に落ちて最後の任期をつとめている)落選議員[知事(など)]. ★国会では11月改選後12月から翌年3月まで開かれる議会 (lame duck session) の期間で, その期間の短縮のため1933年米国憲法修正第20条 (Lame Duck Act) で新議会は1月3日開会, 新大統領就任は1月20日と改められた. **b** 定年間近の人, 窓際族. **3** 〘証券〙債務不履行のため除名された会員.

Láme Dúck Amèndment *n.* [the ～] 《米口語》(米国憲法の)落選議員修正条項 (⇨ lame duck 2 a ★).

la·mell- [ləmél] (母音の前に来る時の) lamelli- の異形.

la·mel·la [ləmélə] 〖《1678》▭L *lāmella* (dim.) ← *lāmina* thin plate: cf. lamina〗 ── *n.* (*pl.* **-mel·lae** [-li:, -laɪ | -laɪ], **～s**) **1** 薄板, 薄片, 薄葉, 薄層. **2** 〘動物〙鰓(えら)葉《エビ・カニなどのえらを形成する薄片》. **3** 〘植物〙(キノコのかさの裏の)ひだ, 菌褶(きんしゅう) (gill); 細胞と細胞との間にある最初の膜; 葉緑体内にある層状構造. **4** 〘解剖〙ラメラ, 層板, 薄膜, 薄板. **5** 〘眼科〙ラメル《眼瞼下に挿入するゼラチンとグリセリンで造った薄板》. **6** 〘建築〙ラメラ《十字形をした鉄筋コンクリート, 金属または木製の部材で, これを連続して組み, アーチやヴォールトの天井を作る》.

la·mel·lar [ləmélə, lǽmə- | ləmélə(r)] 〖⇨↑, -ar¹〗 ── *adj.* **1** 薄板[薄片]の. **2** =lamellate. **3** 〘動物〙鰓(えら)葉の. **4** 〘植物〙菌褶(ひだ)の; (葉緑体の)層状構造の. **5** 〘甲冑〙〈よろいが〉金属の薄板つづりで出来た. **～·ly** *adv.*

La·mel·la·ri·i·dae [lèmələráɪədi: | -raɪɪ-] 〖← NL ～ ← *Lāmellaria* (属名: ⇨ lamella, -aria¹) + -IDAE〗 *n. pl.* 〘貝類〙ベッコウマタガイ科.

la·mel·late [ləméleɪt, -lɪt, -leɪt, lǽməlèɪt | lǽməlèɪt, ləmélət, -lɪt] *adj.* **1** 薄片[薄層]から成る. **2** 平らな, 平板状の. **～·ly** *adv.*

la·mel·lat·ed [lǽməlèɪtɪd, ləméleɪt-, -tɪd | -tɪd, -təd] *adj.* =lamellate.

lam·el·la·tion [lǽməléɪʃən] *n.* **1** 薄片化[形成]. **2** =lamella.

la·mel·li- [ləmélɪ, -lə | -lɪ] 〖← NL ～ ← L *lāmella*: ⇨ lamella〗「薄片 (lamella)」の意の連結形. ★母音の前では通例 lamell- になる.

la·mel·li·branch [ləméləbræ̀ŋk | -lɪ-] 〖← NL *Lamellibranch-ia* (pl.): ⇨↑, branchia〗 *adj.*, *n.* 弁鰓(さい)綱の(貝).

La·mel·li·bran·chi·a [lәmèləbrǽŋkiə | -lɪbrǽŋkɪə] 〖↑〗 *n. pl.* 〘貝類〙弁鰓綱《最近は二枚貝綱 (Bivalvia) を用いる》.

la·mel·li·bran·chi·ate [ləmèləbrǽŋkiət, -kɪɪt, -kièɪt | -lɪbrǽŋkɪət, -kɪɪt, -kɪèɪt] *adj.*, *n.* 弁鰓(さい)綱の(貝).

la·mel·li·corn [ləméləkɔ̀ən | -lɪkɔ̀:n] 〖← NL *lamellicorn-is*: ⇨ lamelli-, cornu〗 *n.* 鰓角群[類]の昆虫. ── *adj.* 鰓角群[類]の.

La·mel·li·cor·ni·a [ləmèləkɔ́əniə | -lɪkɔ́:nɪə] 〖← NL ～: ⇨↑, -ia²〗 ── *n. pl.* 〘昆虫〙鰓角群, 鰓角類《甲虫の一群で, コガネムシ科, クワガタムシ科などを含み, 触角の先端数節が鰓状または葉片状を呈するもの》.

la·mel·li·form [ləméləfɔ̀əm | -lɪfɔ̀:m] 〖← LAMELLI- + -FORM〗 *adj.* 薄片形の; 平板状の.

lamèlli·róstral 〖← LAMELLI- + ROSTRAL〗 〘鳥類〙 ── *adj.* (ガン・カモ・アヒルのように)くちばしの内側に歯状の横みぞのある, 扁嘴(へんし)[板嘴]類の. ── *n.* 扁嘴[板嘴]類の鳥.

lamèlli·róstrate *adj.* =lamellirostral.

La·mel·li·ros·tres [ləmèlərɑ́stri:z | -lɪrɔ́s-] 〖← NL ～: ⇨ lamelli-, rostrum〗 *n. pl.* 〘鳥類〙扁嘴(へんし)類, 板嘴類《ガン・カモ・フラミンゴなど》.

la·mel·lose [ləmélous, lǽmə- | -ləus] *adj.* =lamellate.

láme·ly *adv.* びっこを引いて, びっこで[のように].

la·ment [ləmént] 〖*n.*: 《1591》▭L *lāment-um* a wailing // ← (v.). ── v.: 《*a*1450》▭F *lamenter* ▭L *lāmentāri* to wail, weep ← *lāmentum* ← IE **la-* 《擬音語》〗 ── *vi.* 悲しむ, 嘆く, 嘆き悲しむ (*over, for, at*): ～ *for* [*over*] a person's death 人の死を嘆く. ── *vt.* **1** 悲しむ, 嘆く: ～ the death of…の死を悼(いた)む. **2** (深く)後悔する: ～ one's folly 愚行を後悔する. **3** [～ *oneself* で] 《古》悲嘆に暮れる. ── *n.* **1** 悲嘆, 悲しみ, 悔み. **2** 哀悼の詩, 悲歌, 哀歌, 悲曲: David's ～ *over* Saul and Jonathan サウルとヨナタンを悼(いた)むダビデの歌 (cf. *2 Sam.* 1:17). **3** 不平, 不満. **～·er** [-tə | -tə(r)] *n.*

lam·en·ta·ble [lǽmən̩təbl̩, ləmén- | lǽməntəbl̩, -mɪn-, ləmén-] 〖《*a*1420》▭F ～ ▭L *lāmentābilis*: ⇨↑, -able〗 ── *adj.* **1 a** 悲しい, 悲しむべき, 痛ましい; 遺憾な, 嘆かわしい. **b** 非難されるべき; 品質の悪い. **2** 《古》悲しげな, 哀れっぽい: a ～ cry. **lám·en·ta·bly** *adv.* **～·ness** *n.*

lam·en·ta·tion [læ̀məntéɪʃən | -men-, -mən-, -mɪn-] 〖《1375》▭(O)F ～ // L *lāmentātio(n-)*: ⇨ lament, -ation〗 ── *n.* **1** 嘆き, 悲しみ, 悔み. **2** 悲嘆の声; 哀悼歌: set up a great ～ 悲嘆の声をあげる. **3** [the Lamentations; 単数扱い] (旧約聖書の)エレミヤ哀歌, 哀歌 (The Lamentations of Jeremiah) (略 Lam.).

la·mént·ed [-tɪd, -təd | -tɪd, -təd] *adj.* 哀悼される, 惜しまれる《死者に対し慣習的に用いる》: the late ～ 故人, (特に)亡夫. **～·ly** *adv.*

la·mént·ing [-tɪŋ | -tɪŋ] *adj.* 悲しんでいる, 悲しげな; 泣いて訴えるような. **～·ly** *adv.*

La Met·trie [lɑmetrí:; F. lametri], **Julien Of·froy de** [ɔfrwɑ d] *n.* ラメトリ (1709–51; フランスの医師・哲学者; *L'homme-machine*「人間機械論」(1747)).

la·mi·a [léɪmiə | -mɪə, -mjə] 〖《*a*1382》▭L ～ ▭Gk *lámia* vampire, bogey〗 ── *n.* (*pl.* **～s, -mi·ae** [-mi:, -mɪ̀:]) **1** 〘ギリシャ・ローマ神話〙ラミア《上半身が人間で下半身が蛇である女の怪物; 人を食い子供の血を吸うという》. **2** 妖婦, 魔女 (witch).

la·mi·a·ceous [lèɪmiéɪʃəs | -mɪ-] 〖← NL *Lāmium* (属名: ← L *lāmium* dead nettle) + -ACEOUS〗 *adj.* 〘植物〙シソ科の.

lamiae *n.* lamia の複数形.

lam·in- [lǽmən | -mɪn] (母音の前に来る時の) lamino- の異形.

lam·i·na [lǽmənə | -mɪ-] 〖▭L *lāmina* thin piece of metal or wood, layer, leaf: cf. lamella〗 ── *n.* (*pl.* **-i·nae** [-nì:, -nàɪ | -nì:], **～s**) **1** (金属・骨・動植物組織・岩石などの)薄板, 薄片, 薄層, 薄膜. **2** 〘動物〙(馬の蹄(てい)壁の)葉状層, 蹄葉. **3** 〘植物〙葉片, 葉身. **4** 〘解剖〙板, 層.

lam·i·na·ble [lǽmənəbl̩ | -mɪ-] *adj.* 薄板[薄片]にすることができる.

laminae *n.* lamina の複数形.

lam·i·nal [lǽmənl̩ | -mɪ-] *adj.* =laminar. ── *n.* 〘音声〙舌端音《舌端で調音される音; 例: [ʃ], [ʒ], [tʃ], [dʒ], [j] など》.

lámina pró·pri·a [-próupriə | -prə́upriə] 〖← NL ～ 《原義》one's own lamina〗 *n.* (*pl.* **laminae pro·pri·ae** [-prii:, -priàɪ | -prii:, -prɪàɪ]) 〘解剖〙固有層.

lam·i·nar [lǽmənə | -mɪnə(r)] 〖← LAMINA + -AR¹〗 *adj.*

1 薄板[薄片]から成る, 薄層をなす; 鱗(りん)片[薄片]状の. 2 〘物理〙流線流の, 無変流の.

láminar flów *n.* 〘流体力学・航空〙層流《きれいな層になって流れる乱れのない流れ; streamline flow の一種; cf. turbulent flow》.

lam·i·nar·i·a [læ̀mənέ(ə)riə | -mınέəriə] 〘← NL ~: ⇨ lamina, -aria[1]〙 *n.* **1** 〘植物〙コンブ《コンブ属 (*Laminaria*) の海藻の総称; マコンブ (*L. japonica*) など》. **2** 〘医学〙ラミナリア杆(かん), コンブ杆《子宮頸管拡張用》.

Lam·i·nar·i·a·ce·ae [læ̀mənὲ(ə)riéısiì: | -mınὲərı-] 〘← NL ~: ⇨ ↑, -aceae〙 *n. pl.* 〘植物〙コンブ科. **lam·i·nar·i·a·ceous** [læ̀mənὲ(ə)riéıʃəs | -mınὲərı-] *adj.*

Lam·i·nar·i·a·les [læ̀mənὲ(ə)riéıli:z | -mınὲərı-] 〘← NL ~: ⇨ laminaria, -ales〙 *n. pl.* 〘植物〙コンブ目.

la·mi·nar·i·an [læ̀mənέ(ə)riən | -mınέərı-] *n.* ＝laminaria.

lam·i·nar·in [læ̀mənέ(ə)rın, -rən | -mınέərın] 〘⇨ laminaria, -in[1]〙 — *n.* 〘化学〙ラミナリン, ラミナラン《褐藻類(特に, コンブ)に含まれるグルコースからなる多糖類の一種》.

lam·i·nar·y [lǽmənèri | -mınəri] *adj.* ＝laminar.

lam·i·nate 〘← LAMINA＋-ATE[3]〙 — [lǽmənèıt | -mı-] *v.* — *vt.* **1** 〈金属などを〉打って[ロールにかけて]薄板にする, 箔(はく)にする. **2** 薄層[薄葉]に裂く, 薄片に切る. **3** …に薄板をかぶせる. **4** 薄片を重ね合わせて作る. — *vi.* 薄片[薄層]に裂ける; 箔[薄片]になる. — [-nət, -nıt, -nèıt | -nèıt, -nət, -nıt] *adj.* **1** 薄片から成る[を有する] (laminated). **2** 薄板をかぶせた. — [-nət, -nıt, -nèıt] *n.* **1** 積層物. **2** ＝laminated plastic. **lám·i·nà·tor** [-tə | -tə(r] *n.*

lám·i·nàt·ed [-tıd, -təd | -tıd, -təd] *adj.* **1** 薄板[薄片]状の; 薄層から成る. **2** 薄片[薄膜]をもつ. **3** 〘電気〙積層構造の, 薄板を積み重ねた. **4** 〘紋章〙 **a** 〈魚が〉鱗(うろこ)を付けた. **b** 〈bend などの図形が〉鱗模様の.

láminated córe *n.* 〘電気〙成層鉄心, 積層鉄心《薄い鉄心を積重ねて作った変圧器用などの鉄心》.

láminated gláss *n.* 合わせガラス《有機質膜を中間にはさんだ板ガラスで, 安全ガラスの一種; sandwich glass ともいう》.

láminated plástic *n.* 〘化学〙積層プラスチック《紙・木材・布などの層を重ね加熱して造ったプラスチック》.

láminated spríng *n.* 〘機械〙＝leaf spring.

láminated wóod *n.* 積層木材, 合材《単板を繊維方向に多数重ね, 接着剤を塗布して加圧した合成木材》.

lam·i·na·tion [læ̀mənéıʃən | -mı-] *n.* **1** 薄板[薄片]にする[なる]こと, 成層. **2** 薄片[層]状(のもの), 層状組織[構造]. **3** ＝lamina.

lam·i·nec·to·my [læ̀mənéktəmi | -mınéktəmı] 〘← LAMINO-＋-ECTOMY〙 *n.* 〘外科〙ラミネクトミー, 椎弓切除(術).

lam·i·ni- [lǽmənı, -nə | -mını] lamino- の異形 (⇨-i-).

lam·i·nif·er·ous [læ̀mənıf(ə)rəs | -mı-] 〘⇨ ↑, -ferous〙 *adj.* 薄板[薄片]をもつ, 薄層[薄膜]から成る.

lam·i·ni·tis [læ̀mənáıtıs, -təs | -mınáıtıs] 〘← NL ~: ⇨ lamina, -itis〙 *n.* 〘獣医〙蹄(てい)葉炎《過労・過食が原因で起こる馬蹄の葉状層の炎症; founder ともいう》.

lam·i·no- [lǽmənoʊ | -mınəʊ] 〘← LAMINA〙「薄片 (lamina)」の意の連結形. ★ 時に lamini-, また母音の前では通例 lamin- になる.

lam·i·nose [lǽmənòʊs | -mınəʊs] *adj.* ＝laminate.

lam·i·nous [lǽmənəs | -mı-] *adj.* ＝laminate.

lám·ish [-mıʃ] *adj.* 少しびっこの, びっこを引いて歩く.

lam·is·ter [lǽmıstə, -məs- | -mıstə(r] *n.* ＝lamster.

La·mi's théorem [ləmí:z-] 〘← *Lami* 物理学者〙 — *n.* 〘物理〙ラミの定理《三つの力が平衡状態にあるとき, その中の一つの力の大きさと他の 2 力からなる角の正弦値との比は一定になるという定理》.

Lam·mas [lǽməs] 〘OE *hlāmmæsse, hlāfmæsse* loaf mass: ⇨ loaf[1], -mas〙 — *n.* **1** ラマス, 収穫(感謝)祭《英国ではもと新麦の粉で作ったパンを神に捧げて祝った 8 月 1 日の収穫祭; スコットランドでは四季支払日の一つ; カトリックでは聖ペテロの投獄とその奇跡的脱出 (cf. *Acts* 12: 4-10) を記念する日; Lammas Day ともいう; cf. latter Lammas》. **2** 収穫祭の季節《8 月 1 日前後; Lammastide ともいう》.

Lámmas lànds [**mèadows**] *n. pl.* 〘英法律〙(昔の)定期共用地《8 月 1 日の収穫祭まで所有者個人が所有し, 以後 Lady Day (3 月 25 日) まで一般人に使用させた耕地または牧場》.

Lámmas·tìde *n.* ラマス[収穫祭] (Lammas) の季節.

lam·mer·gei·er [lǽməgàıə | -məgàıə(r; *G.* lámɐgàıɐ] 〘(1817) ☐ G *Lämmergeier* ← *Lämmer* ((gen. pl.) ← *Lamm* lamb)＋*Geier* vulture: 子羊をえじきとするところから〙 — *n.* (*also* **lam·mer·gey·er** [~], **lam·mer·geir** [~]) 〘鳥類〙ヒゲワシ (*Gypaetus barbatus*)《ヨーロッパ南部から中国までの山地にすむ; bearded vulture ともいう》.

Lam·ni·dae [lǽmnədì: | -nı-] 〘← NL ~ ← *Lamna* (属名: ← Gk *lámna* shark)＋-IDAE〙 *n. pl.* 〘魚類〙(ネズミザメ目)ネズミザメ科.

lamp [lǽmp] 〘(c1200) *la(u)mpe* ☐ (O)F *lampe* < LL *lampada* ＝ L *lampas* ☐ Gk *lampás* torch, light, lamp ← *lámpein* to shine ← IE **lāp-* to light, burn: cf. lantern〙 — *n.* **1** (ガス・灯油・電気などによる)照明器具, 灯火, 明かり, ランプ; スタンド; (加熱用)ランプ: ⇨ electric lamp, safety lamp, spirit lamp. **2** 知識の光, 精神的光明: Thy word is a ~ unto my feet. なんじの聖言(みことば)はわが足の燈火(ともしび)なり (*Ps.* 119: 105). **3** 〘詩〙たいまつ (torch). **4** 〘詩〙(太陽・月・星など光を出す)天体: the ~*s* of heaven / the ~ of Phoebus 太陽. **5** 〘古・俗〙 [*pl.*] 目 (eyes): my wasting ~*s* 私の衰えてきた目.

hand on the lamp ＝hand on the TORCH[1]. ***of the lamp*** 苦心の研究の, 苦労の; 自然さ[霊感]のない: a theory born *of the* ~ 苦心のすえ生れた理論. ***smell of the lamp*** ⇨ smell *v.* 成句.

— *vt.* **1** (明かりで)照らす, 明るくする. **2** 〘詩〙…に明かりをつける. **3** 〘米俗〙見る. — *vi.* 光る, 輝く.

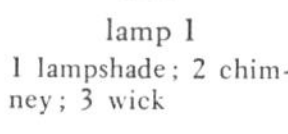

lamp 1
1 lampshade; 2 chimney; 3 wick

lam·pas[1] [lǽmpəs, -pəz | -pəz] 〘(1523) ☐ (O)F ~ ← ? 〘方言〙 *lāpā* throat または *lāpé* gums ← Gmc **lap-* to lap〙 — *n.* 〘獣医〙(幼駒のいわゆる)ガマ腫(しゅ), (馬の)口蓋(がい)腫.

lam·pas[2] [lǽmpəs] 〘1: (1851) ☐ F ~ ← ?: cf. LL *lampas* brilliance. 2: (1390) ☐ ? MDu. *lampers* (Du. *lamfer*)〙 — *n.* **1** (もと中国で産出した)花絹(けん), 緯(ぬき)の色糸でその交錯により 2 色以上の模様を出した織物. **2** 〘廃〙光沢のあるちりめんの一種.

lámp·blàck *n.* **1** ランプブラック, 油煙《黒色印刷インキ原料; cf. carbon black》. **2** 黒色絵の具.

lámpbrush chrómosome *n.* 〘生物〙ランプブラシ染色体《卵黄の多い卵母細胞でみられる巨大染色体; 細い軸の周囲に無数のブラシ状の突起がある》.

lámp·bùrner *n.* ランプの口金, 灯口.

lámp càge *n.* 〘海事〙ランプケージ《信号灯を保護する金属籠》.

lámp-chìmney *n.* ランプのほや.

Lam·pe·du·sa [læ̀mpədú:sə, -zə | -pı-; *It.* lampedú:za] *n.* ランペドゥーザ(島)《地中海 Tunisia と Malta 島との間のイタリア領の小島》.

lám·per éel [lǽmpə- | -pə(r)-] *n.* **1** 〘魚類〙＝lamprey. **2** 〘動物〙＝congo snake.

lam·pers [lǽmpəz | -pəz] 〘(変形) ← LAMPAS[1]〙 *n.* 〘獣医〙＝lampas[1].

lámp hòlder *n.* (電灯の)ソケット.

lámp·hòle *n.* 〘土木〙灯孔《下水管を点検するため地表から灯火を吊り下げる孔で, マンホールとマンホールの間にある》.

lámp·hòuse *n.* 〘写真〙ランプハウス《映写機・写真引伸し機などのランプを包むための小さい金属カバー》.

lam·pi·on [lǽmpiən | -pıən, -pjən] 〘(1848) ☐ F ~ ☐ It. *lampione* carriage or street lamp ← *lampa* lamp〙 *n.* 〘古〙(もと照明に用いられた色ガラスの)小ランプ.

lámp·lìght 〘ME〙 *n.* ランプの明かり, 灯光, 灯火.

lámp·lìghter *n.* **1** (街灯の)点灯夫《昔街路上のガス灯に点火するため夕方町を走って歩いた》: run like a ~ 迅速に走る. **2** 〘米〙点灯用具《つけ木など》.

lámp òil 〘(15C)〙 *n.* 灯油.

lam·poon [læmpú:n] 〘(1645) ☐ F *lampon* drinking song ← *lampons* let us drink ← *lamper* to guzzle 〘変形〙 ← *laper* to lap[3]〙 — *n.* (通例個人に向けられる悪意のある)風刺文[詩], 落首. — *vt.* (風刺文や詩で)風刺する.

lam·póon·er *n.* 風刺文[落首]を書く人, 風刺作家.

lam·poon·er·y [læmpú:n(ə)ri | -rı] *n.* **1** 風刺文を書くこと. **2** 風刺(的精神).

lam·póon·ist [-nıst, -nəst | -nıst] *n.* ＝lampooner.

lámp·pòst *n.* 街灯柱, 灯柱.

lam·prey [lǽmpri, -preı | -prı] 〘(c1300) *laumprey* ☐ OF *lampreie* (F *lamproie*) < ML *lamprēdam*＝(i) ? LL *lampetra* (*lambere* to lick＋*petra* rock): 岩などに口をつけてかじりついているところから ∥ (ii) ? LL *nauprēde* mud-lamprey: LIMPET と二重語〙 — *n.* 〘魚類〙ヤツメウナギ《降海性と深水性とがあるヤツメウナギ類の総称; 口は円形で両顎を欠き, 吸盤がある; lamprey eel ともいう; cf. sea lamprey》.

Lam·prid·i·dae [læmprídədì: | -dı-] 〘← NL ~ ← *Lamprid-, Lampris* (属名: ← Gk *lamprós* bright)＋-IDAE〙 *n. pl.* 〘魚類〙アカマンボウ科.

lam·pro·phyre [lǽmprəfàıə | -fàıə(r] 〘← NL ~ ← Gk *lamprós* bright＋-PHYRE〙 *n.* 〘岩石〙ランプロファイアー, 煌斑岩《塩基性火成岩の一種》.

lámp·shàde *n.* ランプのかさ (⇨ lamp 挿絵).

lámp shèll *n.* 〘貝類〙ホウズキチョウチン《腕足動物綱 *Terebratula* 属の貝類の総称; *T. vitrea* など》.

lámp·stànd *n.* ランプ台.

lámp·wìck *n.* ランプの芯(しん), 灯心: ~ scissors 灯心切りばさみ.

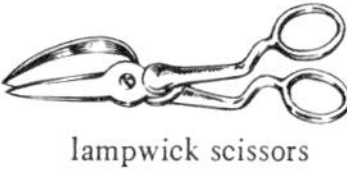

lampwick scissors

lámp·wòrking *n.* 〘ガラス製造〙ガラス細工, 吹きづくり《ガスバーナーを用いてガラス細工を行なうこと》.

lam·py·rid [lǽmpərıd, -rəd | -pırıd] 〘← NL *Lampȳrid-ae* (科名) ☐ L *lampȳris* glowworm ☐ Gk *lampurís* ← *lámpein* to shine: ⇨ -id[2]〙 — *adj., n.* 〘昆虫〙ホタル科の(甲虫).

Lam·pyr·i·dae [læmpírədì: | -rı-] 〘← NL ~ (↑)〙 *n. pl.* 〘昆虫〙(鞘翅目)ホタル科.

lam·ster [lǽmstə | -stə(r] 〘← LAM[2]＋-STER〙 *n.* 〘俗〙法律からの逃亡者, 逃走者 (fugitive).

La·mus [lá:məs] 〘☐ L ~ ☐ Gk *Lámos*〙 *n.* 〘ギリシャ伝説〙ラモス: **a** Hercules と Omphale の子. **b** 放浪中の Odysseus の船団を襲った蕃族の王.

lan- [læn, leın] (母音の前に来る時の) lano- の異形.

Lan·a [lǽnə, lá:-] 〘(dim.) ← HELEN〙 *n.* 女性名.

la·na·i [lənáı, la:-] 〘☐ Hawaiian ~ 〘変形〙 ← *nanai* a swelling〙 *n.* ラナイ《ハワイで居間に使用する明け放しのベランダ》.

La·na·i [lənáı, la:-] *n.* ラナイ(島)《ハワイ諸島中部の島; 人口 2,500, 面積 363 km²》.

Lan·ark [lǽnək, -nɑək | -nək, -nɑ:k] 〘☐ ? Welsh *llanerch* forest glade〙 — *n.* **1** スコットランド南部 Strathclyde 州の都市で旧 Lanarkshire 州の首都; 人口 9,000. **2** ＝Lanarkshire.

Lan·ark·shire [lǽnəkʃıə, -nɑək-, -ʃə | -nəkʃə(r, -nɑ:k-, -ʃıə(r] *n.* スコットランド南西部の旧州, 現在の Strathclyde 州南東部; 面積 2,323 km², 首都 Lanark.

la·nate [léıneıt] 〘☐ L *lānāt-us* woolly ← *lāna* wool, soft hair: ⇨ -ate[2]〙 *adj.* **1** 羊毛状の. **2** 羊毛[柔らかい毛]でおおわれた.

lá·nat·ed [-tıd, -təd | -tıd, -təd] *adj.* ＝lanate.

Lan·ca·shire [lǽŋkəʃıə, -ʃə | -kəʃə(r, -kı-, -ʃıə(r] 〘ME *Lancastreshire*: ⇨ Lancaster[1], -shire〙 — *n.* イングランド北西部の州; 多くの炭鉱があり, 綿業の大中心地 Liverpool, Manchester の二大都市をもち, イングランド中最も人口が多く産業の最も発達した州; 1974 年に南西部 (Liverpool を含む) は Merseyside 州の一部, 南東部 (Manchester を含む) は Greater Manchester 州の一部, 北西部は Cumbria 州の一部になった; 人口 1,370,000, 面積 3,004 km², 首都 Lancaster, 州庁所在地 Preston.

Láncashire chàir *n.* ランカシャーチェア《英国 18 世紀初期の藺草(いぐさ)張りの座と数本の背棒からなる背もたれつきの田舎風の椅子》.

Lan·cas·ter[1] [lǽŋkəstə, lǽnkæs-, lǽŋ- | lǽŋkəstə(r, -kıs-] 〘OE *Loncastre* ← *Lon* the River Lune (← OIr. *slán* healthy)＋*castre* Roman fort: ⇨ -chester〙 — *n.* **1** 米国 Pennsylvania 州南東部の都市; 人口 58,000. **2** イングランド Lancashire 州の首都; 人口 127,000. **3** ＝Lancashire: the Duchy of ~ ⇨ duchy. **4** 米国 Ohio 州中部の都市; 人口 33,000.

Lan·cas·ter[2] [lǽŋkəstə, lǽnkæs-, lǽŋ- | lǽŋkəstə(r, -kıs-] *n.* ランカスター家《Duke of Lancaster を祖とし, Henry 四世, 同五世, 同六世の三代続いた英国の王家 (1399–1461)》.

Lancaster, Duke of *n.* ⇨ John of Gaunt.

Lan·cas·tri·an [lænkǽstriən, læŋ- | læŋkǽstrı-] 〘← LANCASTER[1,2]＋-IAN〙 — *adj.* **1** Lancashire 州の; Lancaster[1] の. **2** 〘英〙 **a** ランカスター家(出)の. **b** (ばら戦争 (Wars of the Roses) 中 Lancaster 家を助けた)赤ばら党の, ランカスター党の. — *n.* **1** Lancashire 州の人; Lancaster[1] の人. **2** 〘英〙 **a** ランカスター家の人. **b** 赤ばら党員, ランカスター党員 (cf. Yorkist).

lance[1] [lǽns | lá:ns] 〘*n.*: (c1300) *launce* ☐ (O)F *lance* < L *lancea* light spear ← ? Celt. — *v.*: (?c1300) *launce(n)* ☐ OF *lancier* (F *lancer*) to pierce with a lance〙 — *n.* **1** (近代の騎兵, 中世の騎士の)槍(やり). **2** 槍(そう)騎兵. **3** (魚・もりにかかった鯨の急所を突くのに用いる)やす. **4** 〘外科・建築〙＝lancet. **5** 〘機械〙＝oxygen lance.

lance[1] 1
1 banderole
2 shoe

break a lance with …と試合をする, 競う; …と議論を戦わせる.

— *vt.* **1** 槍[やす]で突く[刺す]. **2** 〘古・詩〙投げる, 放つ: ~ a dart. **3** 〘外科〙ランセットで切る. — *vi.* すばやく前進する, 突進する.

lance[2] [lǽns | lá:ns] 〘↑の転用〙 *n.* 〘魚類〙＝launce.

Lance [lǽns | lá:ns] 〘☐ OF ~ ☐ OHG *Lanzo* ← *landa* land〙 *n.* 男性名.

lánce córporal *n.* **1** 〘英軍〙伍(ご)長代理, 伍長勤務上等兵. **2** 〘米海兵隊〙上等兵.

lánce-fìsh *n.* 〘魚類〙＝sand launce.

lance·let [lǽnslıt, -lət | lá:ns-] 〘← LANCE[1]＋-LET〙 — *n.* 〘動物〙ナメクジウオ《脊(せき)索動物門ナメクジウオ属 (*Branchiostoma*) の体長 5 cm ほどの魚のような動物の総称; amphioxus ともいう》.

Lan·ce·lot[1] [lǽnsəlɑ̀t, lá:ns-, -s(ə)lət | lá:nslət, -lɔt] 〘☐ OF ~ (double dim.) ← LANCE: *-el, -ot* は dim. suf.〙 *n.* 男性名《異形 Launcelot》.

Lan·ce·lot[2] [lǽnsəlɑ̀t, lá:n-, -s(ə)lət | lá:nslət, -lɔt] *n.* 〘アーサー王伝説〙ランスロット《Arthur 王の円卓騎士中第一の勇士, Guinevere と道ならぬ恋に落ち, 円卓の崩壊の原因を作った; Lancelot of the Lake ともいう》.

lan·ce·o·lar [lǽnsiələ, lænsí:ə- | lǽnsıələ(r, lænsí:ə-, -síə-] *adj.* ＝lanceolate.

lan·ce·o·late [lǽnsiəlèıt, -lət, -lıt, lænsí:ələt, -lıt | lǽnsıəlèıt, -lət, -lıt, lænsí:ələt, -síə-, -lıt] 〘☐ L *lanceolāt-us* ← *lanceola* small lance〙 — *adj.* **1** 槍先形の. **2** 〘植物〙〈葉など〉披(ひ)針形の. **~·ly** *adv.*

lánce·pòd 〘← LANCE[1]＋POD[1]〙 *n.* 〘植物〙アフリカ・南米・オーストラリアに産するマメ科 *Lonchocarpus*

属の植物；(特に) =bloody bark.

lanc·er [lǽnsə | lɑ́ːnsə(r)] 〘(1590) ◻ F *lancier* man armed with a lance：⇨ lance[1] (n.)〙 — *n.* **1** 槍(ⓢ)騎兵：a ～ regiment 槍騎兵連隊. **2** [*pl.*；単数扱い] =lancer's quadrille.

lánce rèst *n.* 〘甲冑〙槍(ⓢ)支え《馬上にて槍を構えるためによろいの胸当てにつけたもの；⇨ armor 挿絵》.

láncer's quadrílle [lǽnsəz- | lɑ́ːnsəz-] *n.* **1** ランサーズ カドリール《19 世紀初頭の英国の舞踊；8 [16] 組のカップルによるスクウェアダンス；cf. quadrille[2] 1》. **2** ランサーズカドリールの曲.

lánce sèrgeant *n.* 〘英軍〙軍曹(ⓢ)代理, 軍曹勤務伍(ⓒ)長.

lánce snàke *n.* 〘動物〙=fer-de-lance.

lan·cet [lǽnsɪt, -sət | lɑ́ːn-] 〘(1410) *launcet, lawnset* ◻ (O)F *lancette* (dim.) ← *lance* 'LANCE[1]'〙 — *n.* **1** 〘外科〙ランセット, 槍状刀, 披(ⓗ)針, 刃針, 刺胳(ⓢ)針. **2** 〘建築〙 **a** =lancet arch. **b** =lancet window.

láncet àrch *n.* 〘建築〙尖頭(ⓢ)アーチ《二つの円孤の組合せからなる尖ったアーチ；acute arch ともいう；cf. lancet window；⇨ arch[1] 挿絵》.

lán·cet·ed [-tɪd, -təd | -tɪd, -təd] *adj.* **1** 披(ⓗ)針形の. **2** 〘建築〙〈窓・アーチなど〉尖頭(ⓢ)のある.

láncet fìsh *n.* 〘魚類〙ミズウオ《ミズウオ属 (*Alepisaurus*) の短剣のような歯をもつ大きな深海魚の総称；*A. ferox* など；handsaw fish ともいう》.

láncet wíndow *n.* 〘建築〙尖頭窓 (cf. lancet arch).

lánce·wòod *n.* 〘植物〙西インド・熱帯アメリカ産バンレイシ科の高木 (*Oxandra lanceolata*)《材質は屈曲性があって強く, 槍の柄・車軸・弓・釣竿などに使用》.

Lan·chow [lɑ́ːntʃóu | -tʃáu；*Chin.* lántʃōu] *n.* 蘭州《中国北西部, 甘粛省 (Kansu) の首都；黄河に臨む》.

lan·ci·form [lǽnsəfɔ̀əm | lɑ́ːnsɪfɔ̀ːm] 〘← LANCE[1] + -I- + -FORM〙 *adj.* 槍(ⓢ)の形をした, 槍状の.

lan·ci·nate [lǽnsənèɪt | lɑ́ːnsɪ-] 〘(1603) ← L *lancinātus* (p.p.) ← *lancināre* to tear to pieces：cf. lacerate〙 — *vt.* 裂く, かき裂く (tear)；刺す, 突き通す (pierce)：be ～*d with* pain 刺すような痛みを感じる. ★ 医学用語以外は《まれ》.

lán·ci·nàt·ing [-tɪŋ | -tɪŋ] *adj.* 〈苦痛など〉刺すような (piercing), 鋭い (acute).

lan·ci·na·tion [lænsənéɪʃən | lɑ̀ːnsɪ-] *n.* **1** 裂くこと, 刺すこと. **2** 刺すような痛み, 激痛.

Lancs, Lancs. [lǽŋks] 《略》Lancashire.

land[1] [lǽ(ː)nd] 〘OE ～, *lond* < Gmc **landam* (Du. *land* / G *Land*) ← IE **lendh-* open land〙 — *n.* **1** (海に対して)陸, 陸地；(月など, 天体の)陸地：dry ～ 陸, 岸 / learning to swim on dry ～ 畳の上の水練 / travel by ～ 陸路を行く (cf. *by* SEA, *by* WATER) / clear the ～ 〈船が〉岸の危険物を避けて沖に出る / close with the ～ 陸に接近する / lay [shut in] the ～ 〘海事〙出発した港が途中の岬に隠れて見えなくなる / make (the) ～ =sight the ～ 〘海事〙陸を認める, 陸地の見える所へ来る / set (the) ～ 《廃》〘海事〙陸地の方位を計る / *Land* ho! 〘海事〙陸が見えるぞ. **2** (有用性のある, 特に地味・耕作の適否から見た)土地, 土壌(ⓓ)；(…の)地：agricultural ～ 農地 / arable ～ 適耕地 / barren ～ 不毛の地 / wet ～ 湿地 / forest ～ 森林地帯 / waste ～ 荒地 / coal ～ 石炭地帯, 炭田 / a man on the ～ 農夫 / go [work] on the ～ 農夫になる[である]. **3 a** 国, 国土, 国家 (country)：one's adopted [native] ～ 帰化国 [故国] / English-speaking ～*s* 英語国 / home ～ 本国 / throughout the ～ =through the length and breadth of the ～ 全国至る所, 津々浦々 (cf. *Gen.* 13：17). **b** 国民 (nation)：The ～ will rise in rebellion. 国民は蜂(ⓗ)起するだろう. **4** [しばしば *pl.*] 所有地；地所：own ～ 土地を所有する / divide ～*s* among heirs 相続人の中で土地を分ける / houses and ～*s* 土地家屋. **5** 領域, (…の)世界：the ～ *of* dreams 夢の国, 理想郷 / in the ～ *of* the living (現世に)生きて (*Job* 28：13). **6 a** 領土, 地方：⇨ LAND of milk and honey. **b** [the ～] (都会に対して)田園；田園生活：Back to *the* ～. 田園に帰れ. **7** (旋条銃や石うすなどの)溝と溝との間の平面部. **8** 《スコット》(入口が一つの)共同住宅, アパート (tenement house). **9** 〘法律〙不動産(権). **10** 〘造船〙=landing 4 a. ★ ラテン語系形容詞：praedial.

how the land lies 形勢, 事態 (cf. lie[2] *vi.* 5)：see *how the* ～ *lies* with them 彼らの形勢を調べる / Can you tell me *how the* ～ *lies* with them? 彼らはどうしているかわかりませんか. ***spy out the land*** 情勢を探る, 内偵する (cf. *Num.* 13：16).

Land o' [of] Cakes, l- of c- [the ―] 〘普通からす麦の菓子 (oatcakes) を食べるところから〙スコットランドの異名.

Land of Beulah ベウラの地 (⇨ Beulah[1] 1).

Land of Enchantment [the ―] 米国 New Mexico 州の俗称.

land of milk and honey = L- of M- and H- [the ―] 乳と蜜との流るる地, 肥沃豊穣(ⓓ)の地；イスラエル, カナン (Canaan) の地；天の恵み (cf. *Exod.* 3：8, *Num.* 16：13).

Land of Nod [the ―] (1) ノドの地《Cain が移住したといわれる Eden の東方の地；cf. *Gen.* 4：16》. (2) 〘Nod と nod をかけた洒落(ⓓ)〙眠りの国；睡眠.

Land of Opportunity [the―] 米国 Arkansas 州の俗称.

Land of Promise [of the Covenant] [the ―] ⇨ Promised Land.

Land of the Leal [the ―] 《スコット》天国 (Heaven).

Land of the Midnight Sun [the ―] (1) 白夜の国《北極圏の国で, 夏には太陽が没しない》；(特に) Norway・Lapland の異名. (2) 米国 Alaska 州の俗称.

Land of the Rising Sun [the ―] 日出づる国, 旭日(ⓓ)の国, 日本.

Land of the Rose [Shamrock, Thistle] [the ―] イングランド[アイルランド, スコットランド]の異名.

— *vt.* **1** 〈船客・積荷を〉上陸させる, 陸揚げする：～ troops *in* France 軍隊をフランスに上陸させる / ～ goods *from* a vessel 船から荷物を陸揚げする. **2 a** 〈航空機・宇宙船を〉着陸させる：～ an airplane. **b** 〈乗物が〉(ある場所へ運んで)〈人を〉降ろす, 下車[下船]させる：He was ～*ed* at the hotel. 彼はホテルで降ろされた / be ～*ed* on a lonely island 孤島に降ろされる / be unhorsed and ～*ed* in the mud 馬から落とされて泥の中にはまる. **3 a** 〈人を〉〈困った状態に〉立ち至らせる, 陥らせる 〔*in*〕：The problem ～*ed* me *in* great difficulties. その問題で私は非常に困った羽目に陥った / be nicely ～*ed* 《反語》難局に陥っている. **b** [p.p. 形で] 《英》〔面倒なことで〕〈人を〉悩ませる, 困らせる 〔*with*〕：be ～*ed with* hard work つらい仕事に苦しむ. **4** 《口語》得る, 物にする, 獲得する, 捕える：～ a person's support, a prize, a job, etc. / ～ several big deals 幾つかの大きな契約を結ぶ / The detective ～*ed* the thief after a long chase. 刑事は長いこと追跡してやっと泥棒を逮捕した. **5** 《口語》〈打撃などを〉…に加える, 与える：～ a person a blow on the nose 人の鼻っつらに一撃を食わす. **6** 〈ボールなどを〉(ある特定の場所に)送る：～ a ball *near* the goal ボールをゴールの近くへ落とす. **7** 〘釣〙〈魚を〉(網や手鉤(ⓓ)にかけて)取り込む, 引き上げる：～ a big fish / ⇨ *land one's* FISH.

— *vi.* **1** 陸に上がる[降りる], 上陸する：～ *at* Dover / ～ *in* Egypt / ～ *on* an island. **2 a** 〈航空機・宇宙船が〉着陸[着水]する：～ *in* a field / ～ *on* a lake, the moon, the water, etc. / ～ *at* Haneda. **b** 降りる, 下車する：～ *from* a bus [train]. **3** 飛び降りる；地面に着く[落ちる]：～ *on* the opposite bank 対岸に飛び越える / ～ *on* one's head (逆さに落ちて)頭を地面にぶつける / ～ *on* one's feet ⇨ 成句. **4** 到着する 〈*up*〉 〔*at, in, on*〕：～ *at* an inn. **5** 〔困った状態に〕立ち至る, 陥る 〈*up*〉 〔*in*〕：～ (*up*) *in* difficulties.

land like a cat = land on one's feet = ***drop on one's feet*** (⇨ foot 成句). ***land on*** 《米口語》…を厳しく叱る[とがめる] (scold severely)：His father ～*ed on* him for being lazy. 彼の父は怠けているといって彼を叱った. ***land up*** (1) 〈水路などを〉土でふさぐ：The canal was almost ～*ed up*. その運河は泥でほとんどふさがれていた. (2) ⇨ *vi.* 5.

land[2] [lǽ(ː)nd] 〘(1825) 《婉曲的変形》← LORD：初めは *land of liberty* などの句で用いられた〙 — *n.* [間投詞的に用いて] =lord *n.* 2. ★ 軽いののしりや驚きなどに婉曲的に用いられて：my ～! =good ～! まあ, おや, ほんとうに.

(for) land('s) sake(s) = for the land's sake 後生だから；ほんとうに, まあ.

lánd àgency *n.* **1** 《米》土地売買周旋所, 不動産業. **2** 《英》地所差配(所), 土地管理(所).

lánd àgent *n.* **1** 《米》土地売買周旋業者, 不動産業者. **2** 《英》地所差配人, 土地管理人.

lan·dau [lǽndau, -dɔː | -dɔː] 〘(1743) ← *Landau* (ドイツ Bavaria の町)〙 — *n.* **1** ランドー型馬車《幌(ⓗ)の前半部と後半部が別別に開閉し, 向き合った座席を持つ四輪馬車；この項の挿絵の他に ⇨ equipage 挿絵》. **2** 《古》ランドー型自動車.

landau 1

Lan·dau [lɑːndáu；*Russ.* landáu], **Lev (Da·vi·do·vich** [davídəvjitʃ]) *n.* ランダウ《1908–68；ソ連の理論物理学者；Nobel 物理学賞 (1962)》.

lan·dau·let [lændəlét, -dɪ- | -dɔːl-] 〘← LANDAU + -LET〙 — *n.* (*also* **lan·dau·lette** [～]) **1** 小型ランドー型馬車. **2** 《古》小型ランドー型自動車《後部座席にだけ開閉自在の幌がある》.

lánd bànk *n.* 土地[不動産]抵当銀行.

lánd bòard *n.* 《米》〘海事〙ランドボード《荷役中に木甲板を保護するための敷板》.

lánd brèeze *n.* 〘気象〙陸風《通例夜に急速に冷えた, 陸地から海へ吹く風；cf. sea breeze》.

lánd bròker *n.* 《英》=land agent 1.

lánd-càrriage *n.* 陸運, 陸上運搬.

lánd còntract *n.* 〘法律〙土地売買契約.

lánd cràb *n.* 〘動物〙オカガニ《オカガニ科のカニの総称；繁殖の時だけ水に入り通常は陸にすむ》.

land·drost [lǽn(d)drɔ̀(ː)st | -drɔ̀st] 〘◻ Afrik. ～ ← LAND[1] + *drost* bailiff〙 *n.* (南アフリカ連邦設立以前の南アフリカの)地方行政長, 地方長官.

lánd·ed 〘(1440)〙 — *adj.* **1** 土地を所有する：the ～ classes 地主階級 / a ～ proprietor 土地所有者, 地主 / the ～ interest 土地所有者たち, 地主たち (cf. moneyed interest 2). **2** 地所の, 地所から成る：a ～ estate [property] 地所, 所有地, 不動産. **3** 陸揚げをした：newly ～ fish.

lánd·er *n.* **1** 上陸者；陸揚げ人. **2** (月・惑星などの)着陸船. **3** 〘鉱山〙たて坑口荷卸し人夫.

Landes [lɑ́ː(n)d, lɔ̃ː(n)d, lɑ́ːnd, lɔ̃ː(n)d；*F.* lɑ̃ːd] *n.* ランド(県)《フランス南西部の Biscay 湾に臨む県；人口 282,000, 面積 9,364 km^2, 首都 Mont-de-Marsan [mɔ̃dmarsɑ̃]》.

lánd·fàll *n.* **1 a** 陸地初認《長い航海[飛行]後初めて陸地を見ること》：make a good [bad] ～ 予測通り[予測に反して]陸地が見つかる. **b** 初認陸地. **2** =landslide.

lándfall màrk *n.* 〘海事〙陸地進入標識《海から港域または河口区域へ進入したことを示すための遠距離から見えるようにしてある顕著な標識》.

lánd fàst *n.* 〘海事〙陸上の係船柱.

lánd·fìll *n.* **1** (低地の地層に埋める)埋め立てごみ処理(法)《sanitary landfill ともいう》. **2** (埋め立て式の)ごみ処理地.

lánd fòrce *n.* [しばしば *pl.*] 陸上部隊, 陸軍(部隊).

lánd·fòrm *n.* 地形.

lánd frèeze *n.* (政府による)土地売買制限, 土地凍結.

lánd gìrl *n.* 《英》(第一次および第二次大戦で男子が戦場に送られたあとの人員不足を補うため作られた Women's Land Army の)若い農婦.

lánd-gràbber *n.* **1** 土地横領者；公地不法占有者. **2** 《アイル》小作人を追いたててその土地を買収する[借り受ける]人.

lánd grànt *n.* 《米》(学校・鉄道建設などに対する政府による)土地供与；その供与地.

lánd-gránt cóllege [univérsity] *n.* 《米》農科・工科などの設置を条件に連邦政府から州に国有地を賦与され, その費用で設立された大学.

land·grave [lǽn(d)greɪv] 〘(1516) ◻ MLG ～ (G *Landgraf*) ← LAND[1] + *Grave* count, earl〙 — *n.* ラントグラーフ《12 世紀以降 1806 年までのドイツの官職で, 帝国直轄の領地ラントグラーフシャフトを治める》.

land·gra·vi·ate [læn(d)gréɪviɪt, -vièɪt, -viət, -vɪɪt | -vièɪt, -viət, -vɪɪt] 〘◻ F *landgraviat* ◻ ML *landgraviātus*：↑〙 *n.* landgrave の位[職権, 所領].

land·gra·vine [lǽn(d)grəvìːn] 〘◻ G *Landgräfin* (fem.) ← *Landgraf*：cf. landgrave〙 *n.* **1** landgrave 夫人. **2** 婦人の landgrave.

lánd·hòlder 〘ME〙 *n.* **1** 土地所有者, 地主. **2** 借地人.

lánd·hòlding *n.* 土地の所有[借用]. — *adj.* 土地を所有[借用]している.

lánd-hùnger *n.* 土地所有欲, 地所熱, 領土拡張熱.

lánd-húngry *adj.* 土地所有欲の盛んな, 地所[領土拡張]熱に浮かされた.

lánd·ing 〘(15C)〙 — *n.* **1 a** 上陸；〘航空〙着陸, 着水：make [effect] a ～ 上陸[着陸]する / moon ～ 月(面)着陸 / ⇨ forced landing, hard landing, soft landing. **b** (旅客の)下船, 下車. **c** (体操等での)着地. **d** 陸揚げ. **2** 上陸場, 荷揚げ場, 波止場. **3** 階段の頂上[底部]の床面, 踊り場, (階段の途中の)中休み段 (⇨ flight[1] 挿絵). **4** 〘造船〙 **a** 鎧張りの外板等で板の継ぎ目の二重になる所. **b** 板にリベットを打つ場合のリベット中心から板の端までの距離.

lánding àngle *n.* 〘航空〙接地時迎角《三点接地時における主翼の迎角》.

lánding àrea *n.* 着陸区域, 上陸地域.

lánding bèam *n.* 〘航空〙着陸援助用電波《地上から航空機に高度および正しい径路を知らせる信号電波》.

lánding càrd *n.* 〘海事〙 **1** 上陸船客証明書《船から上陸する船客に対して発行される証明書》. **2** 上陸許可証《上陸する船員に持たせる証明書》.

lánding chàrges *n. pl.* 陸揚げ料, 荷揚げ料.

lánding cràft *n.* 〘米海軍〙上陸用舟艇, 揚陸艇《全長 200 フィート(約 61 m)以下で, 兵員・需品・器材を上陸させる沿岸航行用の舟艇；略 LC；LC の次の文字で種類を示す (⇨ LCC, LCI, LCM, LCP, LCVP)；cf. landing ship》.

lánding èdge *n.* 〘造船〙縦継ぎ手《船体外板や甲板の板の縦継ぎ目で二重に重なって見える部分；隔壁の場合では板の背後に補強材のある部分》.

lánding fìeld *n.* 〘航空〙着陸場.

lánding flàp *n.* 〘航空〙(飛行機の)着陸用フラップ《主翼の前・後縁にあって着陸などの際に揚力や抗力を増す下げ翼》.

lánding fòrce *n.* 〘海軍〙(敵前)上陸部隊《上陸作戦のため一つの指揮系統内に編成されたもの》；陸戦隊.

lánding gèar *n.* 〘航空〙降着装置, (陸上機の)着陸装置, (水上機の)着水用フロート[浮舟].

lánding-gròund *n.* 〘航空〙=landing field.

lánding màt *n.* (飛行機の)離着陸場に使用する網状鋼製マット《幅 12 フィート長さ 3 フィートのマットでこれを何枚も継ぎ合わせて使用する》.

lánding nèt *n.* 〘釣〙(鉤にかかった魚を取り込む)手網(ⓓ).

lánding pàrty *n.* 〘軍事〙上陸戦闘部隊《上陸作戦で直接戦闘を行なう部隊》；陸戦隊.

lánding-plàce *n.* **1** 上陸場, 陸揚げ場, 波止場. **2** 着陸場；到着地, 停泊地.

lánding ràtes *n. pl.* =landing charges.

lánding rìght *n.* [通例 *pl.*] (空港への)着陸権.

lánding shìp *n.* 〘海軍〙大型上陸用舟艇, 上陸用船舶, 揚陸艦《全長 200 フィート以上で, 外洋航行の可能なもの；略 LS；LS の次の文字で種類を示す (⇨ LSD, LSM, LST, LSV)；cf. landing craft》.

lánding stàge *n.* (乗客や船荷用の)(浮き)桟橋, 荷揚げ場.

lánding stràke *n.* 〘造船〙ランディングストレーキ《無甲板船の上部から 2 番目(ガンネルの下)の外板》.

lánding strìp *n.* 〘航空〙(飛行場の)滑走路.

lánding survèyor *n.* 《英》(税関の荷揚げ監視人 (landwaiter) を監督する)荷揚げ監督官.

lánding T [**tée**] *n.* 〘航空〙=wind tee.

lánding wàiter *n.* =landwaiter.

Lan·dí·ni cádence [lɑndíːni- | -nɪ- ; *It.* landíːni-] 〘*Landini* : ← *Francesco Landini* (1325?–97 : イタリアのオルガン奏者・作曲家)〙 ── *n.* 〘音楽〙ランディーニ終止《14–15 世紀のヨーロッパ音楽, 特に Landini の作品に多くみられる終止法; 主音から導音, 下中音 (submediant) を経て主音にかえる》.

lánd-jòbber *n.* 土地投機師, 地所仲買人.

lánd·làdy 〘《*a*1536》〙 *n.* **1** (下宿屋・旅館などの)女主人, おかみ. **2** 女家主. **3** 女地主.

lánd làne *n.* 〘海事〙(浮氷原の)接岸水路《陸岸にまで船で行けるだけ続いている氷の割れ目; land lead ともいう》.

lánd làw *n.* [通例 *pl.*] 土地所有法, 土地法.

lánd lèad [-lìːd] *n.* 〘海事〙=land lane.

lánd léague *n.* 地積リーグ《3 法定マイルに相当》.

Lánd Lèague *n.* (アイルランドの)小作人組合, 農民同盟《小作料の値下げ・土地法の改革などを目的として 1879 年 C. S. Parnell によって The Irish National Land League の名で組織されたもの; 1881 年禁止された; cf. moonlighter 1 a》.

Lánd-lèaguer *n.* 小作人組合 (Land League) 加盟者.

länd·ler [léntlə | -lə(r ; *G.* léntlɐ] 〘⇐ G ～ ← 《方言》*Landl* (この舞踏の発祥地)+-ER¹〙 ── *n.* (*pl.* ～, ～s) **1** レントラー《$^3/_4$ 拍子または $^3/_8$ 拍子のゆっくりしたリズムをもつオーストリアのワルツに似た田舎風の舞踏》. **2** レントラーの舞踏曲.

lánd·less *adj.* **1** 地所のない, 土地を持たない. **2** 陸地のない : ～ seas.

lánd·lìne *n.* **1** 〘通信〙陸線《海底を主体とする通信線路(海底ケーブル)のうち陸上の部分》. **2** 陸と水面[空]との境界線, 陸地線.

lánd·lòcked *adj.* **1** 〈港・国など〉陸地に囲まれた, 陸に包まれた : a ～ bay. **2** 〈魚が〉陸封された, 陸封の《海から断たれた》; 淡水にすむ : ～ fish.

lándlocked fórm *n.* 〘魚類〙陸封型《サケ・マスの類のように川の上流で産卵・孵(ふ)化し川を下り海に入って成長する種類の魚が, 自然の障害や人工のダムなどのため降河せずに成長したもの》.

lándlocked sálmon *n.* 〘魚類〙**1** 北米北東部湖水産の陸封型のタイセイヨウサケ (*Salmo salar*)《時に亜種 (*S. salar sebago*) または別種 (*S. sebago*) とみなされる》. **2** =lake trout.

lánd·lop·er [lǽndlòupə, -lùː- | -lə̀upə(r, -lùː-] 〘《16C》⇐ MDu. *landlooper* ← LAND¹+Du. *loopen* to run + -ER¹ : cf. leap, interloper〙 ── *n.* 《スコット》浮浪人, 宿なし.

lánd·lòrd [-(d)-] 〘OE *landhlāford* : ⇨ land¹, lord〙 *n.* **1** (下宿屋・旅館等の)主人, 亭主. **2** 家主. **3** 地主.

lánd·lord·ism [-lɔːrdìzm] *n.* **1** 地主であること; 地主かたぎ. **2** 地主制度.

lánd·lòrd·ly *adj.* 地主の, 地主特有の : ～ rights and duties 地主の権利と義務 / a ～ manner 地主らしい態度.

lánd·loup·er [lǽndlàupə, -lùː- | -pə(r] *n.* =land-loper.

lánd·lùbber *n.* 〘海事〙おか者, しゃば人; 未熟水夫 (cf. lubber 2). **～·ly** *adj.*

land·man [lǽn(d)mən, -mæ̀n] 〘OE *landmann* : ⇨ land¹, man¹ : cf. landsman¹〙 *n.* (*pl.* **-men** [-mən, -mèn]) **1** 陸に住む人, 陸上勤務者, おか者 (cf. seaman 1). **2** =leaseman 1. **3** 《古》田舎者, 百姓. **4** 《廃》地主.

lánd·màrk 〘OE *landmearc* : ⇨ land¹, mark¹〙 ── *n.* **1** 陸標《航路標識の昼標の一つ, または旅行者の目印となる陸上の目標》. **2 a** (歴史などにおける)顕著な事件, 画期的な出来事 : a historical ～. **b** (公的に保存指定された)文化財[史跡]保存建造物. **3** (土地の)境界標 (boundary mark). **4** 〘解剖〙標識点《他の器官や組織の位置の指標となる解剖学的構造物》.

lánd·màss 〘⇨ mass¹〙 *n.* 広大な陸地; (特に)大陸.

lánd mèasure *n.* **1** (土地測量に用いる)平方計量法. **2** 土地測量単位《acre など》.

lánd mìne *n.* 〘軍事〙**1** 地雷. **2** =aerial mine 2. **3** 地雷敷設用立て坑《敵の防御施設の下に掘った坑道》.

land·oc·ra·cy [lændɑ́krəsi | -dɔ́krəsi] 〘← LAND¹+-O-+-CRACY〙 *n.* 《戯言》土地所有者達, 大地主階級.

land·o·crat [lǽndəkræ̀t] 〘← LAND¹+-O-+-CRAT〙 *n.* 《戯言》地主階級の人.

lánd òffice *n.* 《米》国有地管理局.

lánd-òffice búsiness 〘19 世紀に合衆国西部の土地管理局が土地を民間に払い下げたとき申込者が殺到したことから〙 ── *n.* 《米口語》にわか景気の仕事 : do a ～ 非常にはやる, 大繁昌する.

Lan·dor [lǽndɔə, -də | -dɔː(r, -də(r], **Walter Savage** *n.* (1775–1864) 英国の詩人・随筆家; *Imaginary Conversations* (1824–29).

lánd·òwner *n.* 土地所有者, 地主.

lándowner·ship *n.* 地主であること, 地主の身分.

lánd·òwning *n.* 土地所有. ── *adj.* **1** 地所持ちの, 地主の : the ～ classes 地主階級. **2** 土地所有上の, 地主としての : ～ worries 地主の悩み.

Lan·dow·ska [lændɔ́(ː)fskə, lɑːn-, -dɔ́(ː)v- | -dɔ́f- ; *Pol.* landɔ́fska], **Wan·da** [vɑ́ndə] *n.* ランドフスカ《1879–1959; ポーランドの女性ハープシコード奏者・ピアニスト》.

lánd pàtent *n.* 《米》(公有地所有許可の)土地(下付)証書.

lánd·plàne *n.* (水上機に対して)陸上機.

lánd plàster *n.* 粉末石膏(こう)《肥料用》.

lánd-pòor *adj.* (高税や低産出で)多くの土地を持ちながら金のない, 土地倒れの.

lánd pòwer *n.* **1** (大)陸軍国. **2** 陸軍[地上]兵力 (cf. sea power).

Land·ra·ce [lɑ́ːn(d)rɑːsə] 〘⇐ Dan. ～ : ⇨ land¹, race²〙 *n.* ランドレース《デンマークで改良された加工用型の一品種の豚》.

lánd ràil *n.* 〘鳥類〙ハタクイナ (⇨ corncrake).

lánd refòrm *n.* 土地改革.

Lánd Ròver *n.* 〘商標〙ランドローバー《ジープに似た英国製の汎用性のある商用・軍用自動車》.

land·scape [lǽn(d)skèɪp] 〘《1598》*landskip, landscap* ⇐ Du. *landschap* ← LAND¹+-*schap* '-SHIP' : cog. OE *landscēap, landscipe* district, region / G *Landschaft*〙 ── *n.* **1** (田園風景など, 一目で見渡せる)景色, 風景 : a picturesque ～. **2 a** 風景画, 山水画. **b** 風景[山水]画法. **3** 地表, 地形. **4** 《廃》見晴らし, ながめ. ── *vt.* …の景色をよくする; (造園術を施して)美化する. ── *vi.* 庭師[造園技師]をする.

lándscape àrchitect *n.* 景観建築家, 造園家, 造園技師, 風致的都市計画技師.

lándscape àrchitecture *n.* (街路・建物など, 景観全体を計画する)景観設計, 造園学, 風致的都市計画術.

lándscape enginèer *n.* 造園技師.

lándscape gàrden *n.* 〘造園〙風景式庭園《18 世紀英国で流行した自然そのままの趣きを再現しようとした庭園; cf. formal garden》.

lándscape gàrdener *n.* 庭師, 造園技師.

lándscape gàrdening *n.* 庭造り, 庭園術, 造園術[法].

lándscape màrble *n.* 〘石工〙樹木状の斑(はん)紋のある粒子の細かい大理石.

lándscape-pàinter *n.* 風景画家, 山水画家.

lándscape-pàinting *n.* 風景画(法), 山水画(法).

lánd·scàp·er *n.* =landscape gardener.

lánd·scàp·ist [-pɪst, -pəst | -pɪst] *n.* =landscape-painter.

Land·seer [lǽn(d)sɪə | -sɪə(r, -sjə(r], **Sir Edwin Henry** *n.* (1802–73) 英国の画家; 特に動物画で有名.

Lánd's Ènd 〘ME *the Londis end*《なぞり》← ? Cornish *Pen an Wlas* end of the land〙 ── *n.* イングランド Cornwall 州の岬でイングランドの南西端 (cf. John o'Groats House).

from Land's End to John o'Groat's* (*House*)=*from John o'Groat's* (*House*) *to Land's End (イギリスの)果てから果てまで, 全英国くまなく.

lánd-sèrvice *n.* 〘陸軍〙(海軍に対して)陸軍兵役; 陸上勤務.

lánd shàrk *n.* **1** (上陸した水夫を食い物にする)波止場詐欺師; 水夫専門の盗人. **2** =land-grabber 1.

lánd-sìck *adj.* 〘海事〙〈船など〉陸に近づき過ぎて思うように動けない.

lánd·sìde *n.* 〘農業〙犂(すき)の地側板《犂が倒れるのを防ぐために犂板の下部後方につけた V 字型の鉄板または回転円板》.

land·skip [lǽn(d)skɪp] *n.* 《古》=landscape.

lands·knecht [lɑ́ːntsknɛkt, -knext ; *G.* lántsknɛçt] 〘⇐ G ～ ← *Lands* of the land+*Knecht* servant (⇨ knight)〙 *n.* =lansquenet.

landsleit 〘⇐ Yid. *landslayt* compatriots ⇐ MHG *lantluste* ← *lant* land+*liute* people〙 *n.* landsman² の複数形.

lánd·slìde 〘《1856》〙 ── *n.* **1** 山くずれ, 地すべり; 崩壊した土砂. **2** (選挙において在野党が圧倒的多数を獲得したための)一方的選挙; 地すべり的[圧倒的]大勝利 : a Democratic ～ 民主党の大勝利 / in a ～ *for* the Republican party 共和党の圧倒的大勝利で / win (an election) by a ～. ── *vi.* (**land·slid**; **-slid**, 《古》**-slidden**) **1** 地すべり[山くずれ]を生じる. **2** (選挙において)圧倒的大勝利を収める.

lánd·slìp 〘《1679》: ⇨ slip¹〙 *n.* 《英》=landslide 1.

Lands·mål, l- [lɑ́ːntsmɔːl ; *Norw.* lántsmoːl] 〘⇐ Norw. ～ ← *land* country + *mål* speech〙 *n.* (*also* **Lands·maal** [～]) 〘言語〙ランスモール (⇨ Nynorsk).

lánds·man¹ [-mən] 〘OE : ⇨ land¹, -s², man¹ : cf. craftsman, etc.〙 ── *n.* (*pl.* **-men** [-mən]) **1** 同国人. **2** 陸の人, 陸上生活者 (cf. seaman 1). **3** 〘海事〙未熟水夫, 見習船員 (cf. lubber 2).

lands·man² [lɑ́ːntsmən] 〘⇐ Yid. ～〙 *n.* (*pl.* **lands·leit** [lɑ́ːntslàɪt], **-men** [-mən]) 同じ出身地[宗教]の人[ユダヤ人]; (ユダヤの)同国人.

lánd stàtion *n.* 〘無線〙地上無線局, 陸上局《地上にあって, 移動する無線局と通信する; cf. aeronautical station, aircraft station》.

Land·stein·er [lǽn(d)staɪnə, lɑ́ːntʃtaɪ- | -nə(r ; *G.* lántʃtaɪnɐ], **Karl** *n.* ラントシュタイナー《1868–1943; オーストリア生れの米国の病理学者, 血液型を発見; Nobel 医学生理学賞 (1930)》.

lánd stèward *n.* 地所管理人, 土地差配人.

Lands·ting [lɑ́ːnstɪŋ ; *Dan.* lánsteŋ] 〘⇐ Dan. ～ ← *lands* land's+*t*(*h*)*ing* parliament〙 ── *n.* (*also* **Lands·thing** [～]) [the ～] (もとのデンマーク議会の)上院 (cf. Rigsdag, Folketing).

Land·sturm, l- [lɑ́ːntstùəm | -stùəm ; *G.* lántʃtʊrm] 〘⇐ G ～ 'land storm'〙 ── *n.* **1** (ドイツ・スイスなどの)国民軍召集, 国家総動員. **2** 国民軍《現役・予備役以外で武器を取りうる国民のすべてから成る》.

lánd-swèll *n.* (海岸に近い)波のうねり.

lánd-tàx *n.* 地租.

lánd tìe *n.* 〘土木〙(壁などを土中の支柱に連結する)控え.

lánd-to-lánd *adj.* 〈ミサイル・攻撃など〉地対地の (cf. surface-to-surface).

lánd tòrtoise [**tùrtle**] *n.* 〘動物〙リクガメ《陸地に生息するリクガメ科のカメの総称》.

lánd·wàiter *n.* 《英》(税関の)荷揚げ監視人 (cf. landing surveyor).

land·ward [lǽndwəd | -wəd] 〘《15C》〙 ── *adv.* 陸の方に[へ], 陸に向かって (cf. seaward). ── *adj.* **1** 陸の方にある, 陸地の近くの; 陸に面した; 陸の方に向かう : a ～ wind. **2** 《スコット》地方の, 田舎の.

lánd·wards [-wədz | -wədz] *adv.* =landward.

lánd·wàsh *n.* **1** (海浜の)高潮(こうちょう)線. **2** (海浜への)波の打寄せ.

Land·wehr, l- [lɑ́ːntvɛə | lǽndveɪə(r, -vɛə(r ; *G.* lántveːɐ] 〘⇐ G ～ 'land defense' < OHG *landweri* army for protection of the country : cf. OHG *werian* to protect〙 ── *n.* (もとドイツ・スイス・オーストリアなどの)後備軍.

lánd wìnd *n.* =land breeze.

lánd yàcht *n.* =sand yacht.

lane¹ [léɪn] 〘OE ～ ← ? : cog. Du. *laan*〙 ── *n.* **1** (垣根・土手・家などを両側にもつ)小道, 細道 (cf. path 1); 抜け道, わき道 (byway) : a blind ～ 行きづまり, 袋小路 / It is a long ～ that has no turning. 《諺》曲りのない道はない (cf.「待てば海路の日和あり」) / ⇨ red lane. **2** (人の列の間などの)狭い通路 : a ～ between lines of men. **3 a** 車線《自動車が一列になって進むように白線で画した道路の一部》: a two-*lane* [four-*lane*] road 複線[四車線]道路. **b** 氷原中の狭い可航水路. **c** 〘海事〙大洋航路 (lane route ともいう). **d** 〘航空〙=air lane. **4** 〘陸上競技〙(短距離走者の定められた)コース. **5** 〘ボウリング〙レーン. **6** 〘バスケットボール〙=free throw lane.

lane² [léɪn] *adj.* 《スコット》=lone.

láne ròute *n.* 〘海事〙大洋航路 (lane).

Lan·franc [lǽnfræŋk] *n.* ランフランク《1005?–1089; Canterbury 大主教; イタリア生れの初期スコラ哲学者; Anselm の師》.

lang [læŋ] 〘《スコット》～ ← LONG¹〙 *adj., adv., n.* 《スコット・北英》=long¹.

Lang [læŋ], **Andrew** *n.* (1844–1912) スコットランド生れの英国の民俗学者・詩人・翻訳家.

lang. 《略》language.

lang·bein·ite [lɑ́ːŋbaɪnàɪt] 〘⇐ G *Langbeinit* ← A. *Langbein* (19 世紀のドイツの化学者) : ⇨ -ite¹〙 ── *n.* 〘鉱物〙ラングバイン石 ($K_2Mg_2(SO_4)_3$)《カリウム・マグネシウムの硫酸塩鉱物》.

Lang·e [lɑ́ːŋə | lǽŋə ; *Norw.* lɑ́ŋə], **Christian Louis** *n.* ランゲ《1869–1938; ノルウェーの外交官; Nobel 平和賞 (1921)》.

Lang·er [lǽŋə, lɑ́ːŋə | -ŋə(r], **Susanne K**(**nauth**) [knáut] *n.* (1895–　) 米国の女性哲学者.

Lang·er·hans [lɑ́ːŋəhɑ̀ːns, -hɑ̀ːnz | -ŋə- ; *G.* láŋɐhàns], **Paul** *n.* ランゲルハンス《1847–88; ドイツの病理学者; ⇨ ISLETS of Langerhans》.

Lang·land [lǽŋlənd], **William** *n.* (1332?–?1400) 英国の詩人; *Piers Plowman* の作者とされる.

lang·lauf [lɑ́ːŋlàuf ; *G.* láŋlàuf] 〘⇐ G ～ ← *lang* long + *Lauf* run, race〙 *n.* 〘スキー〙長距離(スキー)レース.

lang·läu·fer [lɑ́ːŋlɔ̀ɪfə | -fə(r ; *G.* láŋlɔ̀yfɐ] 〘⇨ ↑, -er¹〙 *n.* (*pl.* ～, ～s) 〘スキー〙=geländeläufer.

láng láy [lǽŋ-] 〘*lang* : (変形) ? ← *along*〙 *n.* ラング縒(よ), 共縒《鋼索の縒方が子なわの縒方と同方向のもの》.

lang·ley [lǽŋli | -lɪ] 〘← *S. P. Langley*〙 *n.* 〘物理〙ラングレー《太陽輻射の単位; 1 cm² につき 1 g-cal.》

Lang·ley [lǽŋli | -lɪ], **Batty** *n.* (1696–1751) 英国の建築理論家.

Langley, Edmund of *n.* ⇨ 1st Duke of YORK.

Langley, Samuel Pier·pont [píəpɑnt | píəpɔnt] *n.* (1834–1906) 米国の天文学者・物理学者, 航空学の開拓者.

Langley, William *n.* =William LANGLAND.

Lang·muir [lǽŋmjuə | -mjuə(r], **Irving** *n.* (1881–1957) 米国の物理化学者; Nobel 化学賞 (1932).

Lan·go·bard [lǽŋgəbɑ̀əd | -bɑ̀ːd] 〘⇐ L *Langobardī* (pl.) : ⇨ Lombard〙 *n.* ランゴバルド人, ロンバルド人 (⇨ Lombard 1).

Lan·go·bar·dic [læ̀ŋgəbɑ́ədɪk | -bɑ́ː-] *adj.* ランゴバルド人の, ロンバルド人の. ── *n.* ランゴバルド語《高地ドイツ語の一方言》. **Lan·go·bar·di·an** [læ̀ŋgəbɑ́ədiən | -bɑ́ːdɪən, -djən] *adj.*

lan·goor [lʌŋgúə | -gúə(r] *n.* 〘動物〙=langur.

lan·gouste [lɑ̃ː(ŋ)gúːst, lɔ̃ː(ŋ)-, lɑːŋ-, lɔ(ː)ŋ- ; *F.* lɑ̃gust] 〘⇐ F ～ ⇐ OProv. *langosta* < VL **lacusta*(*n*)〙 *n.* 〘動物〙=spiny lobster.

lan·grage [lǽŋgrɪdʒ] 〘《1769》← ? : cf. Sc. *langrel* lanky〙 *n.* くず弾《人馬や船の帆などを狙うため鉄片や石片を詰めた一種の砲弾; langrel ともいう》.

lan·grel [lǽŋgrəl] *n.* =langrage.

lan·gridge [lǽŋgrɪdʒ] *n.* =langrage.

lang·sat [lɑ́ːŋsɑːt] 〘⇐ Malay ～〙 ── *n.* (*also* **lang·set** [-sɛt]) 〘植物〙**1** ランサット (*Lansium domesticum*)《マレーシア・インドシナなど東南アジア原産の

センダン科の小高木の果樹). **2** ランサット(の実)《黄褐色で多肉・芳香があり生食する》.

Lang·shan [lǽŋʃæn; *Chin.* láŋʂān] 〖上海近くの地名〗 *n.* 狼山(ﾗﾝｼｬﾝ)《単冠で黒白の羽毛をもつ中国原産の肉用鶏》.

lang syne [lǽŋ-záɪn, -sáɪn | -sáɪn, -záɪn] 〖《1500-20》← Sc. *lang* 'LONG[1]'+*syne* 'SINCE'〗《スコット》 *adv.* 昔. — *n.* その昔: ⇨ auld lang syne.

Lang·ton [lǽŋtən], **Stephen** *n.* (?-1228) 英国の神学者・歴史家・詩人; 枢機卿; Canterbury の大主教.

Lang·try [lǽŋtri | -trɪ], **Lil·lie** [líli | -lɪ] *n.* (1853-1929) 英国の女優; 旧姓 Emily Charlotte Le Breton [brétən, -tn̩ | -tən, -tn̩]; "the Jersey Lily".

lan·guage [lǽŋgwɪdʒ] 〖《c1280》▭ (O)F *langage* < VL **linguāticum* ← L *lingua* tongue, speech ← IE **dn̥ghū-* 'TONGUE': ⇨ lingual, -age〗 — *n.* **1** (一国・一民族の)言語, 国語, …語: the English [Japanese] ～ 英語[日本語] / the native [home, vernacular] ～ 母国語, 土語 / ⇨ dead language, living language / the ～*s* of Europe ヨーロッパ諸国語 / the Indo-European ～*s* インドヨーロッパ[印欧]諸言語 / learn a foreign ～ 外国語を学ぶ / an artificial ～ (エスペラントなどのような)人工(国際)語 / ⇨ international language. **2 a** (音声・文字により思想・感情などを伝える)言語, 言葉: long ～ (符号・暗号などに対して)普通につづった言葉 / spoken [written] ～ 話し[書き]言葉 / *Language* is the peculiar possession of man. 言語は人間に固有なものである. **b** 〖言語〗(具体的な言語活動に対して抽象的な)言語[記号]体系, ラング (langue) (cf. speech 4 a). **3 a** (普通の音声・文字を用いないで思想・感情などを伝える)言葉, 語: the ～ of flowers 花言葉《例えば, ユリは純潔, オリーブは平和を象徴するなど》/ the ～ of the eyes 目言葉《目で心を表わす》/ gesture ～ =sign language / ⇨ finger language. **b** (記号的論理学 (symbolic logic) などで用いる)記号言語. **c** (鳥獣などの)鳴き声. **d** 〖電算機〗言語《計算機のプログラムを書くための言語》. **4 a** 術語, 専門語, 用語, 通語: the ～ of the law [science] 法律[科学]用語 / medical ～ 医学用語 / sailor's ～ 船乗り言葉. **b** 語法, 文体, 言葉づかい, 言回し: the ～ of a writer / the ～ of poetry / in his own ～ 彼自身の言い方によれば / in strong ～ 激しい言葉づかいで / bad [vulgar] ～ 下品[野卑]な言葉 / fine ～ 美しく飾った言回し, はなやかな文体 / use bad ～ to a person 人を口汚くののしる. **5** 下品な言葉, 悪口: He used ～ to her. 彼女をののしった. **6** (学科としての)語学; 言語学: a genius for ～*s* 語学の天才. **7** 《古》 **a** 言語能力, (特に)外国語の運用力. **b** 同一言語を用いる国民.

speak one's [the same] language 変わらぬ[同じ]信念[態度, 趣味]を持っている.

lánguage àrts *n. pl.* 《米》国語技能科目《初・中等学校で英語の運用力を養うために行なう読解・作文・話し方などの教科》.

lánguage làboratory *n.* 語学演習室, LL 教室, (ランゲージ)ラボ(ラトリー).

lánguage-màster *n.* 語学教師.

langue [lɑ́ː(ŋ)g, lɔ̃ː(ŋ)g, lɑ́ːŋg, lɔ́(ː)ŋg; *F.* lɑ̃ːg] 〖▭ F ～〗 *n.* 〖言語〗ラング, 知識言語《ある言語社会の成員によって共有される抽象的な言語体系; F. de Saussure の用語; cf. parole 8》.

langued [lǽŋd] *adj.* 〖紋章〗〈ライオンなど〉舌が体の色と異なる: a lion armed and ～ gules 爪と舌が赤いライオン.

langue d'oc [lɑ́ː(ŋ)gdɔ́(ː)k, lɔ̃ː(ŋ)g-, lɑ́ːŋ(g)-, lɔ́(ː)ŋ(g)-, -dɑ́k | -dɔ́k; *F.* lɑ̃gdɔk] 〖▭ F ～ 'language of *oc* (▭ Prov. *oc* yes < L *hoc* this thing)': yes (F *oui*) のことを *oc* という方言の意: cf. langue d'oïl〗 — *n.* **1** オック語《中世フランスの南部地方で話されたロマンス語; cf. langue d'oïl 1, Romance language》. **2** (現代)プロバンス語 (modern Provençal).

langue d'oïl [lɑ́ː(ŋ)gdɔ́ɪl, lɔ̃ː(ŋ)g-, lɑ́ːŋ(g)-, lɔ́(ː)ŋ(g)-, -dɔ́ɪ; *F.* lɑ̃gdɔil, -dɔj] 〖▭ F ～ 'language of *oïl* (▭ OF *oïl* (F *oui* yes) < L *hoc illud* that's it)': cf. langue d'oc〗 — *n.* **1** オイル語《中世フランスの北部地方で話されたロマンス語で, 現代フランス語のもと; cf. langue d'oc 1》. **2** 現代フランス語.

lan·guet [lǽŋgwɪt, -gwət, læŋgwét] 〖ME ▭ (O)F *languette* (dim.) ← *langue* < L *linguam* tongue: cf. language〗 — *n.* (*also* **lan·guette** [lǽŋgwet, ⌐⌐́]) **1** (サーベルの)柄舌(ﾂｶｼﾀ)《剣をさやの中に固定させるため柄についた舌形の部分》. **2** ランゲット: **a** (パイプオルガンの)フルーパイプの口に(舌として)付けてある薄い金属板. **b** (ハープシコードの)ジャックの舌 (tongue). **c** (管楽器の管側孔を操作するための)鍵.

lan·guid [lǽŋgwɪd, -gwəd | -gwɪd] 〖(▭ (O)F *languide* // L *languid-us* faint, dull ← *languēre* to be faint, weary: cf. lax[2]〗 — *adj.* **1** 活気[元気]のない, 生気[気力]のない, 力のない: a ～ competition, market, style, etc. **2** ものうい, だらけた, 不活発な, のろい: ～ movements. **3** 無感動な, 無神経な: ～ attempts 気乗りのしない試み. **～·ly** *adv.* **～·ness** *n.*

lan·guish [lǽŋgwɪʃ] 〖《a1325》*languishe(n)* ▭ (O)F *languiss-*, *languir* < VL **languīre*=L *languēre* (↑)〗 — *vi.* **1 a** だるくなる, 元気がなくなる, 弱る, 衰える: ～ *from* hunger 空腹でぐったりする. **b** 〈活動などが〉だれる, 不活発になる: Trade has ～*ed* since then. あの時以来商売は振わない. **c** 〈草木が〉しぼむ, しおれる: The plants are ～*ing from* lack of water. 植物が水分が欠乏してしおれかけている. **2** 楽しくない[苦しい]生活を送る, 悩み暮す: ～ *under* depressing conditions 気の滅入るような境遇で憂鬱な生活を送る / ～ in prison 獄舎で長く苦しむ[呻吟(ｼﾝｷﾞﾝ)する] / They are ～*ing* in slums. 貧民街で哀れな生活をしている. **3** 〈契約・議案などが〉無視される, 棚上げされる: The bill has ～*ed* in the Diet for the past ten months. その法案は国会で 10 か月も棚上げされている. **4** 思い悩む, あこがれる (pine) 〔*for*〕: He ～*es for* her in secret. 彼女をひそかに思い焦がれている. **5** 物思わしげな様子をする, センチメンタルな表情をする[で見る] 〔*at*〕: ～ *at* a person 物思わしげなまなざしで人を見る. — *n.* 《古》 **1** 元気のない[しおれた, がっかりした]状態; 悩み. **2** 物思わしげな様子[表情]. **～·er** *n.*

lán·guish·ing 〖ME〗 — *adj.* **1** 弱っていく, 次第に衰える: ～ spirits 弱まりいく気力. **2** 〈表情・様子など〉思いに悩む, 感傷的な: ～ eyes [looks] 悩ましげな目[表情] / heave a ～ sigh 物思わしげな吐息をつく. **3** 〈病気など〉ぐずぐずした, 遅々たる, 長引く: a ～ illness いつまでもはっきりしない病気 / a ～ death 長わずらいの後の死. **～·ly** *adv.*

lán·guish·ment *n.* 《古》 **1 a** 衰弱 (weakness), やつれ(ていくこと). **b** 無気力 (inertness); 倦(ｹﾝ)怠 (languor). **2 a** 難儀, 苦悩, 悲嘆 (trouble, grief). **b** 恋の悩み (pining); 思い悩む様子.

lan·guor [lǽŋ(g)ə | -gə(r)] 〖《c1300》*langour* ▭ OF (F *langueur*) ▭ L *languōrem* ← *languēre* to languish: ⇨ languid〗 — *n.* **1** だるさ, 倦(ｹﾝ)怠, 疲労: the delicious ～ of a sun bath 日光浴の快いけだるさ. **2** 衰弱. **3** 気抜け, 無気力. **4** 重苦しさ, うっとうしさ: 物憂い静寂: the ～ of the sky うっとうしい空模様. **5** 思い悩み, 思い煩い, 物思い.

lan·guor·ous [lǽŋ(g)ərəs, lǽŋgrəs | lǽŋgər-] 〖⇨ ↑, -ous〗 — *adj.* **1** だるい, 物憂い, 疲れた, 気の抜けた. **2** 飽き飽きする, 退屈な, うっとうしい, 気の滅入りそうな. **～·ly** *adv.*

lan·gur [lɑːŋgúə, lʌŋ- | læŋgúə(r)] 〖《a1826》▭ Hindi *lāgūr*: cf. Skt *lāṅgūlin* having a tail〗 — *n.* 〖動物〗ラングールヤセザル, コノハザル《アジアに生息するオナガザル科ヤセザル属 (*Presbytis*) のサルの総称; 木の葉などを食べ, 尾を高く上げて歩く》.

lan·i- [lǽni, léɪ-, -nə | -nɪ] lano- の異形 (⇨ -i-).

lan·iard [lǽnjəd | -njəd, -njɑːd] *n.* =lanyard.

lan·i·ar·y [léɪnièri, lǽn- | -nɪəri] 〖《1826》▭ L *laniārius* of a butcher ← *lanius* butcher: ⇨ -ary〗 〖解剖〗 — *adj.* 〈歯が〉裂くに適する, 裂く用をする: ～ teeth. — *n.* 犬歯.

La·nier [lənɪ́ə | -nɪ́ə(r)], **Sidney** *n.* (1842-81) 米国の詩人・学者; *The Marshes of Glynn* (1878).

la·nif·er·ous [lənɪ́f(ə)rəs] 〖《1656》← L *lānifer* wool-bearing (← *lāna* wool+*ferre* to bear)+-ous〗 *adj.* 羊毛のある, 羊毛を生じる.

la·nig·er·ous [lənɪ́dʒərəs] *adj.* =laniferous.

La·ni·i·dae [lənáɪədìː | -náɪɪ-] 〖← NL ～ ← *Lanius* (属名: ← L *lanius* butcher)+-idae〗 *n. pl.* 〖鳥類〗(スズメ目)モズ科.

la·nis·ta [lənɪ́stə] 〖▭ L ～ 'fencing master'〗 *n.* (古代ローマの)剣闘士の養成家.

Lan·i·tal [lǽnətæ̀l | -nɪ-] 〖← It. *lana* wool+*Ital*(*ia*) Italy〗 *n.* 〖商標〗ラニタル《カゼインから作られる羊毛に似た合成繊維》.

lank [lǽŋk] 〖OE *hlanc* flexible ← Gmc **χlaŋk-* ← IE **kleng-* to bend, turn〗 — *adj.* (～·er; ～·est) **1** やせた, ほっそりした; 細長い, ひょろ長い. **2** 〈植物など〉長くてたるんだ, ぐにゃぐにゃの, ひょろひょろした: ～ grass. **3** 〈毛髪が〉長くて柔らかい, 真っ直ぐで縮れない: ～ hair 縮れていない毛髪. **4** 《廃》〈かばん・財布など〉余りふくれていない, ぺしゃんこの. **～·ly** *adv.* **～·ness** *n.*

Lan·kes·ter [lǽŋkɪstə, -kəs-, lǽnkes-, lǽŋ- | lǽŋkɪstə(r, -kəs-], Sir **Edwin Ray** *n.* (1847-1929) 英国の動物学者.

lank·y [lǽŋki | -kɪ] *adj.* (**lank·i·er; -i·est**) やせ気味の, やせてひょろ長い: ～ limbs, persons, etc. / *lanky*-legged 足のひょろ長い. **lánk·i·ly** [-kɪli, -kə-| -lɪ] *adv.* **lánk·i·ness** *n.*

lan·ner [lǽnə | -nə(r)] 〖《?a1300》*lanere* ▭ (O)F (*faucon*) *lanier* cowardly (falcon) ← *lanier* woolworker, coward < L *lānārium* ← *lāna* wool〗 — *n.* **1** 〖鳥類〗ラナーハヤブサ (*Falco biarmicus*)《南ヨーロッパ産》. **2** 〖鷹狩〗ハヤブサの雌 (cf. lanneret).

lan·ner·et [lǽnərét, ⌐⌐⌐́] 〖⇨ ↑, -et〗 *n.* 〖鷹狩〗ハヤブサの雄《雌 (lanner) より小さい》.

lan·o- [lǽno(ʊ), léɪn- | -nə(ʊ)] 〖← L *lāna* wool〗「羊毛 (wool)」の意の連結形. ★ 時に lani-, また母音の前では通例 lan- になる.

lan·o·lin [lǽnəlɪn, -lən, -nl̩- | -nə(ʊ)lɪn, -lìːn] 〖▭ G ～ ← L *lāna* wool: ⇨ lanate, -ol[2], -in[1]〗 — *n.* (*also* **lan·o·line** [-lɪn, -lən, -lìːn, -nl̩- | -lìːn, -lɪn]) 〖化学〗ラノリン, 羊毛脂《羊毛から取る脂肪質を溶剤で分離精製し, 水分を加えたもので, 軟膏(ﾅﾝｺｳ)基材・化粧品に用いられる》.

la·nose [léɪnous | -nəʊs] 〖▭ L *lānōs-us*: ⇨ lano-, -ose[1]〗 *adj.* =lanate.

la·nos·ter·ol [lənɑ́stərɔ̀(ː)l, -rɔ̀ʊl | -nɔ́stərɔ̀l] 〖← LANO-+STEROL〗 *n.* 〖化学〗ラノステリン ($C_{30}H_{49}OH$)《羊毛脂の中に含まれるステリンの一つ》.

lan·seh [lǽnsə] 〖← Indonesian〗 *n.* =langsat.

Lan·sing [lǽnsɪŋ] 〖← *John Lansing* (1751-1829: 米国の裁判官)〗 *n.* 米国 Michigan 州南部にある工業都市で同州の首都; 人口 127,000.

Lan·sing [lǽnsɪŋ], **Robert** *n.* (1864-1928) 米国の法律家・政治家; 国務長官 (1915-20).

lans·que·net [lǽnskənèt, -néɪ | lɑ́ːnskɪnèt; *F.* lɑ̃skənɛ] 〖《1607》▭ F ～ ▭ G *Landsknecht* ← *Lands* land's+*Knecht* manservant〗 — *n.* **1** (15-17 世紀頃のドイツの)傭(ﾖｳ)兵. **2** 〖トランプ〗15 世紀頃よりヨーロッパ中部で始まった faro に似たゲーム.

lan·ta·na [læntɑ́ːnə] 〖← NL ～《変形》← *lentana*《原義》pliant plant ← L *lentus* flexible〗 — *n.* 〖植物〗ランタナ《クマツヅラ科ランタナ属 (*Lantana*) の蔓性の低木の総称; ランタナ (red sage) など》.

lan·tern [lǽntən | -tən] 〖《c1250》*lanterne* ▭ (O)F < L *lanternam*《混成》← Gk *lamptḗr* torch, light (← *lámpein* to shine)+L *lūcerna* lamp〗 — *n.* **1** 角灯, カンテラ, ちょうちん, ランタン; 灯籠(ﾄｳﾛｳ)《通例箱型の携帯用の灯で, わが国や中国の紙張りのものは珍しい》: a Chinese ～ 岐阜ぢょうちん / a paper ～ ちょうちん / ⇨ dark lantern, FEAST of Lanterns, parish lantern. **2** 幻灯機 (magic lantern). **3** (灯台の)灯室. **4** 〖建築〗(通風・明り取りに屋上に設けた)越し屋根, ランタン; (ドーム・丸屋根の上に設けた)頂塔 (⇨ dome 挿絵). **5** 〖機械〗=lantern wheel.

lántern clòck *n.* 〖時計〗ランタンクロック《英国で 17 世紀に用いられたランタン型をした真鍮のケースに入った置時計; birdcage clock ともいう》.

lántern fìsh *n.* 〖魚類〗ハダカイワシ《ハダカイワシ科の海魚の総称; 体側に数個の発光器をもつ》.

lántern flỳ *n.* 〖昆虫〗ビワハゴロモ《半翅目ビワハゴロモ科の昆虫の総称; 以前頭頂が突出した一部の種類の突出部の先端が発光すると考えられていた》.

lántern jàw 〖ほおがこけた顔がカンテラに似ているところから〗 *n.* **1** 下に突き出たあご. **2** [*pl.*] (ほおがこけて)細長いあご.

lántern-jàwed *adj.* ほおがこけてあごの突き出た.

lántern kèg *n.* 〖海事〗(捕鯨船で昔使った)ボート積込用の食料入れ小樽《母船から長時間離れる時のためのもの》.

lántern pìnion *n.* 〖機械〗=lantern wheel.

lántern rìng *n.* 〖機械〗パッキンリングの一種.

lántern slìde *n.* 幻灯機用のスライド.

lántern trèe *n.* 〖植物〗チリ原産のホルトノキ科のつぼ型の深紅色の花が咲く高木 (*Crinodendron hookerianum*).

lántern whèel *n.* 〖機械〗ピン歯車.

lan·tha·nide [lǽnθənàɪd, -nɪd, -nəd | -nàɪd, -nɪd] 〖← LANTHAN(UM)+-IDE[2]〗 *n.* 〖化学〗ランタニド《58 番元素セリウムから 71 番元素ルテチウムまでの元素の総称; 57 番ランタンを含むこともある》.

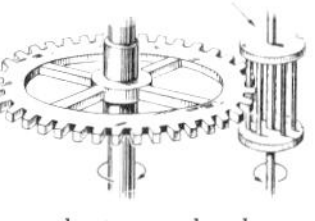

lantern wheel

lánthanide sèries *n.* [the ～] 〖化学〗ランタン系列《57 番元素ランタンから 71 番元素ルテチウムまでの元素をいう; 最近国際純正および応用化学連合により lanthanoids と呼ぶように統一された; cf. actinide series》.

lan·tha·noid [lǽnθənɔ̀ɪd] 〖← LANTHAN(UM)+-OID〗 *n.* 〖化学〗ランタノイド (⇨ lanthanide series).

lan·tha·non [lǽnθənɑ̀n | -nɔ̀n] *n.* =lanthanide.

lan·tha·num [lǽnθənəm] 〖《1841》← NL ～ ← Gk *lanthánein* to lie hid, to escape: cf. latent〗 — *n.* 〖化学〗ランタン《金属元素の一つ; 記号 La, 原子番号 57, 原子量 138.9055》.

lant·horn [lǽntən, lǽnthɔən | lǽnthɔːn, lǽntən] 〖《変形》← LANTERN: *-horn* はもと角灯の材料に角(ﾂﾉ)を用いたのにちなむ〗 *n.* 《英》=lantern.

Lán·tian mán [lǽntjæn-; *Chin.* lántʻiɛ́n-] 〖▭ Chin. *Lant'ien* (これが発見された地名)〗 — *n.* (*also* **Lán·tien màn** [-tjen-]) 〖人類学〗藍田(ﾗﾝﾃﾞﾝ)原人《中国, 陝西省藍田で発見された化石人類; 中期洪積世に属し, 北京原人よりやや古い》.

Lan·tsang [lɑ̀ːntsɑ́ːŋ; *Chin.* lántsʻāŋ] *n.* [the ～] 瀾滄(ﾗﾝｿｳ)江《Mekong 川上流の中国領内の名》.

la·nu·gi·nose [lən(j)úːdʒənòus | -njúːdʒɪnəʊs] *adj.* =lanuginous.

la·nu·gi·nous [lən(j)úːdʒənəs | -njúːdʒɪ-] 〖《1575》▭ L *lānūginōs-us* woolly ← *lānūgō* (↓): ⇨ -ous〗 — *adj.* (生れたての赤ん坊のように)柔らかい産毛でおおわれた, 産毛の生えた. **～·ness** *n.*

la·nu·go [lən(j)úːgou | -njúːgəʊ] 〖▭ L *lānūgō* down ← *lāna* wool〗 *n.* (*pl.* ～s) 〖動物〗胎児[生児]の産毛.

lan·yard [lǽnjəd | -njəd, -njɑːd] 〖《1483》*lanyer* ▭ (O)F *lanière* rope, line ← *lasne* rope: 現在の語尾は YARD[1] との類推: cf. lanate〗 — *n.* **1** 〖海事〗(三つ目滑車を船側に締め付けている)締めなわ, ラニヤード (⇨ deadeye 挿絵). **2** (水兵・ボーイスカウトがナイフ・笛などを吊す)首紐 (knife lanyard ともいう). **3** 〖軍事〗(大砲発射用の)引き綱, 拉縄(ﾗｼﾞｮｳ). **4** 〖米軍事〗 **a** 飾り紐(ﾋﾓ)《感状または勲章を受けた部隊の栄誉を示すため隊員が左肩につける着色した紐》. **b** 銃紐《首または肩から吊してピストルの床尾につける白い紐》.

Lao [láu, lɑ́ːou | láu, lɑ́ːəu] *n.* (*pl.* ～, ～s) **1 a** [the ～(s)] ラオス族《タイ族に属し Mekong 川流域および

タイに居住する》. **b** ラオス族の人, ラオス人. **2** ラオ語《ラオスの公用語であるタイ語》. ― *adj.* =Laotian.

La·oc·o·on [leɪǽkouɑ̀n | -ɔ́kəuɔ̀n, -kəuən] 〖◻L *Lāocoōn* ◻Gk *Laokóōn* ← *lāós* people＋*koéō* I mark, perceive〗 ― *n.* (*also* **La·oc·o·ön** [~]) **1** 〘ギリシャ神話〙ラオコーン《Troy の Apollo 神殿の神官; トロイ戦争の際ギリシャ軍の木馬の計略を見破りこれを市民に警告したため, 罰として Athena から送られた二匹の海蛇により二人の息子たちとともに絞め殺された》. **2** (Vatican 宮殿にある)ラオコーンの群像.

La·od·a·mi·a [leɪɑ̀dəmáɪə | lèɪə(ʊ)də-] 〖◻L *Lāodamīa* ◻Gk *Laodámeia*〗 ― *n.* 〘ギリシャ伝説〙ラオダメイア《トロイ戦争で Hector のために殺された Protesilaus の妻; 亡夫の霊が現われたとき別れるに忍びず黄泉(よみ)の国に同行した》.

La·od·i·ce·a [leɪɑ̀dəsíːə | lèɪə(ʊ)dɪsíə] *n.* ラオディケア, ラオデキア《Latakia の古代名》.

La·od·i·ce·an [leɪɑ̀dəsíːən | lèɪə(ʊ)dɪsíən] 〖《1611》← L *Lāodicēa* (↑)＋-AN¹〗 ― *adj.* **1** ラオデキアの. **2** (昔のラオデキア人のように)熱のない, 冷淡な (cf. *Rev.* 3: 14–16). ― *n.* **1** ラオデキア人. **2** (宗教・政治などに)熱のない人, 無頓(とん)着な人.

La·òd·i·cé·an·ìsm [-nɪzm] *n.* (宗教・政治などに対する)不熱心, 無関心, 冷淡.

Laoighis [léɪʃ, liːʃ | liːʃ] *n.* アイルランド共和国 Leinster 地方の一州; 人口 46,000, 面積 1,720 km², 首都 Maryborough [mɛ́(ə)ribə̀ː(r)ə, -b(ə)rə | mɛ́əribərə, -bʌ̀rə].

La·om·e·don [leɪɑ́mədɑ̀n | -ɔ́mɪdən, -dn̩] 〖◻L *Lāomedōn* ◻Gk *Laomédōn*〗 *n.* 〘ギリシャ伝説〙ラオメドン《Priam の父親; Troy の建設者でその王》.

Laos [láus, léɪɑs | láːus, láus; *F.* laɔs] *n.* ラオス《インドシナ半島北西部の共和国; もとはフランス領インドシナ (French Indochina) の一部であったが, 1953 年完全独立, 王制を経て 1976 年共和制となる; 人口 3,460,000, 面積 236,800 km², 首都 Vientiane, 旧王都 Luang Prabang; 公式名 the People's Democratic Republic of Laos ラオス人民民主共和国》.

La·o·tian [leɪóuʃən, láuʃən | láuʃən, leɪə́uʃən] *adj.* ラオスの; ラオス人の; ラオ語の. ― *n.* =Lao.

Lao-tzu [láutsə́ɪ | lɑ́ːəutsə́ɪ, láu-, -tsíː; *Chin.* lǎutsì] *n.* (*also* **Lao-tse, Lao-tsze** [~]) **1** 老子《604?–531 B.C.; 中国の思想家; 道教 (Taoism) の祖とされる》. **2** 「老子」《老子の著;「道徳経」(Tao Tê Ching) ともいう》.

lap¹ [lǽp] 〖n.: ME *lappe* < OE *læppa* tag, skirt ← Gmc **lapp(i)a-* (Du. *lap* / G *Lappen*) ← IE **leb-* hanging loosely. ―v.: 《*a*1300》 *lappe(n), bilappe(n)* ← *bi-* 'BE-'＋*lappe* (n.): 名詞の中 7–8 は動詞からの転用〗 ― *n.* **1** ひざ《すわった時に腰からひざ頭までの部分で, 子供・物などを載せたりする所》: hold a child *in* [*on*] one's ~ 子供をひざに載せる / sit *on* [*in*] a person's ~ 人のひざに乗る. **2 a** (スカートなどの)ひざ: in the ~ of one's dress 着物のひざに入れて[前だれに包んで]. **b** (衣服・鞍(くら)などの)たれ(た部分), へり. **3** [通例複合語の第 2 構成素として] ぶら下がった突出部: ⇨ earlap, dewlap. **4 a** (物を入れる[受ける]所として)「ひざ」,「ふところ」,「手」; 育てる所: Everything falls *into* his ~. なんでも彼の思う通りになる, 万事とんとん拍子に行く. **b** 管理, 監督: drop the whole thing *in* a person's ~ 万事を人にまかせる. **5** 〘紡織〙(製綿工程の)むしろ綿, ラップ. **6** (山間のひざ状の)窪地, 窪んだ所, ふところ; 表, 面: the ~ of a fertile valley / the ~ of a book. **7 a** (二つの物が)互いに重なっている部分, 重なり, 余面. **b** 〘建築〙重ね, 羽掛(はがかり): the ~ of a shingle 屋根板[こけら板]の重なり. **8 a** (長期間にわたる計画・旅行などの)一部分: the last ~ 最後の部分. **b** (糸・ひもなどの)一巻き. **c** 〘競技〙ラップ, (トラック競走で, 競走距離が一周より長い場合の)一周, (競泳で)一往復 (cf. lap time).

in the lap of fortune 好運に恵まれて. ***in the lap of luxury*** 贅沢のしほうだいをして, 何不足なく. ***in the lap of the gods*** ⇨ god 成句.

― *v.* (**lapped; lap·ping**) ― *vt.* **1 a** 巻く, 巻きつける; 着せる 〔*around, round, over*〕: ~ a bandage *around* the head 頭に包帯を巻きつける. **b** 包む, くるむ (wrap) 〔*in*〕: ~ the head *in* a bandage 頭を包帯でくるむ / be ~*ped in* a blanket 毛布にくるまる. **2 a** [通例 p.p. 形で] (包むようにして)囲む, 取り巻く〔*in*〕: a house ~*ped in* woods 林に取り囲まれた家 / be ~*ped in* luxury 贅沢に暮らしている. **b** 抱く, 抱いてかわいがる, (ひざに抱くように)大切にする. **3** 重ねかける, 一部分おおう: ~ weatherboards 下見板を重ねかける / ~ a slate *over* another (屋根ふき)スレートをもう一枚のスレートの上に重ねかける. **4** 〘紡織〙〈綿・羊毛などを〉むしろ綿[ラップ]にする. **5** 〘木工〙重ね継ぎをする. **6** 〘競技〙 **a** 〈相手を〉一回り[一コース](以上)抜く[リードする]. **b** 〈トラックなどを〉一周する. ― *vi.* **1** 折れ重なる, たたまる; 折れ返る, まくれる. **2** (部分的に)重なり合う, かぶさる (overlap) 〈*over*〉: The tiles on the roof ~ *over* beautifully. 屋根瓦が美しく重なり合っている. **3** 〈場所などが〉(境界を越えて)広がる; 〈会・時間などが〉(定時を過ぎて)延びる 〈*over*〉: The session ~*ped over into* lunchtime. 会が長引いて昼食時に食い込んだ. **4** 〘競技〙一周する. **~·per** *n.*

lap² [lǽp] 〖↑〗〘機械〙 *n.* (宝石などをみがく)ラップ盤, みがき具. ― *vt.* (**lapped; lap·ping**) (ラップ盤で)〈宝石などを〉みがく, …にラップ仕上げをする.

lap³ [lǽp] 〖OE *lapian* to drink, lap ← Gmc **lap-* (G *Löffel* spoon) ← IE **lab-* lapping, to lick (L *lambere* / Gk *láptein* to lick, lap): cf. F *laper* to lap〗 ― *v.* (**lapped; lap·ping**) ― *vt.* **1 a** 〈犬・猫などが〉ぴちゃぴちゃ食べる[飲む] 〈*up*〉: ~ (*up*) milk ミルクを(きれいに)なめる. **b** 〈液体を〉がぶがぶ飲む 〈*up, down*〉: ~ whiskey out of the bottle ウイスキーをラッパ飲みする. **2** 《口語》〈お世辞・話などを〉喜んで聞く, 受け入れる 〈*up*〉: ~ *up* flattery お世辞を真に受ける. **3** 〈波などが〉〈岸を〉洗う, 打つ: the waves ~*ping* the shore. ― *vi.* **1** 〈犬・猫などが〉(舌先で)ぴちゃぴちゃ食べる[飲む]. **2** 〈波が〉(なめるように)洗う, 打つ: waves ~*ping against* the shore ひたひたと岸に打ち寄せる波 / I hear lake water ~*ping* with low sounds by the shore. 湖水が岸辺に低い音を立てて打ち寄せるのを聞く (W. B. Yeats, *The Lake Isle of Innisfree*). ― *n.* **1** なめること; 一なめ分; ぴちゃぴちゃ食べる[飲む]音. **2** (波の)打寄せ; (岸を打つ)小波の音. **3 a** (犬に与える)流動食物. **b** 《俗》水っぽい飲料. **~·per** *n.*

la·pac·tic [ləpǽktɪk] 〖◻ Gk *lapaktik-ós* ← *lapássein* to evacuate〗 *adj.* 〘医学〙便通を促す, 下痢を起こさせる, 緩下剤の.

lap·ar- [lǽpər] (母音の前に来る時の) laparo- の異形.

lap·a·ro- [lǽpəro(ʊ) | -rə(ʊ)] 〖《1802–19》← Gk *lapárā* flanks ← *laparós* soft, hollow〗 ― 〘解剖・外科〙「腹部, わき腹, 横腹 (flank)」の意の連結形. ★ 母音の前では通例 lapar- になる.

lap·a·ro·scope [lǽpərəskòup | -skə̀up] 〖⇨ ↑, -scope〗 *n.* 〘医学〙腹腔鏡.

lap·a·ros·co·py [læ̀pərɑ́skəpi | -rɔ́skəpɪ] *n.* 〘医学〙腹腔鏡検査(法), ラパロスコピー.

lap·a·rot·o·my [læ̀pərɑ́ṭəmi | -rɔ́təmɪ] 〖← LAPARO-＋-TOMY〗 *n.* 〘外科〙開腹(術)《特に, 試験開腹術 (exploratory laparotomy) をさすことが多い》.

La Paz [ləpǽz, -pɑ́ːz, -pɑ́ːs | lɑːpǽz; *Am. Sp.* lapás] 〖◻Sp. ~ 'the peace'〗 ― *n.* ラパス《南米中部 Bolivia 西部の都市, 海抜約 3,600 m; 政府所在地 (憲法上の首都は Sucre); 人口 655,000》.

láp bèlt *n.* (腰で締める)シートベルト.

láp·bòard *n.* ひざ板《裁縫師などがひざの上に載せたり肘(ひじ)掛け椅子の肘に載せてテーブルの代わりに用いる板》.

láp dissòlve *n.* 〘映画・テレビ〙ラップ ディゾルブ《消えて行く一つの画面の上に, 次の画面が徐々に重なって現れる二重写しの手法; ⇨ dissolve 8; cf. overlap 2》.

láp·dòg *n.* (ひざに載せてかわいがる)小さな愛玩(がん)犬, 抱き犬.

la·pel [ləpél | lə-, læ-] 〖《1789》← LAP¹＋-EL¹〗 ― *n.* [通例 *pl.*] ラペル《襟や袖口など身返しがついて折返っている部分; 特にジャケットやドレスなどの襟に続く下襟[折り襟]》.

la·pélled *adj.* 折り襟の付いている; 襟が折れている.

lapél mìcrophone *n.* ラペルマイクロホン《上着の折り襟・ポケットなどに留めて使う小型マイク》.

lapél mìke *n.* =lapel microphone.

La Pé·rouse [lɑ̀ːpeɪrúːz, -pə- ; *F.* laperuːz], Comte de *n.* ラペルーズ《1741–88; フランスの海軍士官, 太平洋を探検; 本名 Jean François de Galaup [galo]; cf. La Pérouse Strait》.

La Pérouse Strait [∸–∸–] 〖← *La Pérouse* (↑)〗 *n.* ラペルーズ海峡《宗谷海峡の別名》.

lap·ful [lǽpfʊ̀l] *n.* (スカートなどの)ひざ一杯.

lap·i·cide [lǽpəsàɪd | -pɪ-] 〖◻L *lapicīda* = *lapidicīda* ← *lapis* stone: ⇨ -cide〗 *n.* 石工《特に, 石に文字を彫る人》.

lap·i·dar·i·an [læ̀pədɛ́(ə)riən | -pɪdɛ́ərɪ-] *adj.* =lapidary.

lap·i·da·rist [lǽpədərɪst, -dèr-, -rəst | -pɪdərɪst] *n.* 宝石通, 宝石学者.

lap·i·dar·y [lǽpədèri | -pɪdərɪ] 〖《*c*1380》 *lapidarie* ◻L *lapidāri-us* (adj.) of stone(s), (n.) worker in stone ← *lapid-, lapis* stone: ⇨ -ary〗 ― *adj.* **1** 玉みがきの, 宝石彫り[細工]の: ~ work 玉細工品 / the ~ art 宝石細工術. **2** 石に刻んだ[彫った]: ~ inscriptions 碑文. **3** 碑文の, 碑銘に適する; きちっと整った: a neat ~ style 整った碑文体. ― *n.* **1** (ダイヤ以外の)宝石細工人. **2** 宝石細工術. **3** 宝石通, 宝石鑑定家.

lápidary bée *n.* 〘昆虫〙北米産の石壁のすき間に巣を造るマルハナバチ属の一種 (*Bombus lapidarius*).

lápidary míll [**whéel**] *n.* 宝石みがき用旋盤.

lap·i·date [lǽpədèɪt | -pɪ-] 〖← L *lapidātus* (p.p.) ← *lapidāre* to pelt with stones ← *lapid-, lapis* stone: ⇨ -ate³〗 ― *vt.* 《古・文語》…に石を投げつける; 石で打ち殺す, 石を投げつけて殺す. **lap·i·da·tion** [læ̀pədéɪʃən | -pɪ-] *n.*

lapides *n.* lapis の複数形.

la·pid·i·fy [ləpídəfàɪ | -dɪ-] 〖◻F *lapidifi-er* // ML *lapidificāre* ← L *lapid-, lapis* stone＋*facere* to make: ⇨ -fy〗 ― *vt.* 《古》石に変える, 石化させる. **la·pid·i·fi·ca·tion** [ləpɪ̀dəfɪkéɪʃən, -dɪ-, -fə- | -dɪfɪ-] *n.*

lap·i·dist [lǽpədɪst, -dəst | -pɪdɪst] *n.* 宝石細工人; 宝石通.

la·pil·lus [ləpíləs] 〖◻L ~ (dim.) ← *lapis* stone〗 *n.* (*pl.* **la·pil·li** [-laɪ, -liː]) [通例 *pl.*] 〘地質〙ラピリ, 火山礫(れき).

lap·in [lǽpɪn, -pən | -pɪn; *F.* lapɛ̃] 〖◻F ~: cf. Port. *lapim, laparo*〗 *n.* (*pl.* **~s** [~z; *F.* ~]) **1** ウサギ; (特に)去勢したウサギ. **2** ウサギの毛皮.

lap·is [lǽpɪs, léɪp-, -pəs] 〖◻L ~ 'stone'〗 *L. n.* (*pl.* **lap·i·des** [lǽpədìːz | -pɪ-]) **1** 石. ★ 鉱物・宝石のラテン語名に用いる. **2** =lapis lazuli.

lap·is la·zu·li [lǽpɪs lǽzəli, léɪpɪs-, -pəs-, -lǽʒʊ-, -làɪ, lɑ́ːpəs-lɑ́ːzəli: | lǽpɪs-lǽzjʊlɪ, -làɪ] 〖《*c*1400》◻ML *lapis lāzulī* ← L *lapis* (↑)＋ML *lāzulī* ((gen.) ← *lāzulum* ◻Arab. *lāzawárd* 'AZURE')〗 ― *n.* **1** 〘鉱物〙ラピスラズリ, 青金石, るり《群青色の準宝石; アフガニスタン東北部に産し, 古代メソポタミア文明で多く用いられた》. **2** るり色, 群青色 (lapis lazuli blue).

Lap·ith [lǽpɪθ, -pəθ | -pɪθ] 〖◻L *Lapith-ae* (pl.) ◻Gk *Lapithai*〗 ― *n.* (*pl.* **Lap·i·thae** [lǽpəθìː | -pɪ-], **~s**) 〘ギリシャ神話〙 **1** [the Lapithae, the Lapiths] ラピテース族《Thessaly の山岳地方に住んでいた一氏族; その王 Pirithoüs の婚礼で, centaurs 族が狼藉(ろうぜき)を働いたので, 争いの末これを放逐した》. **2** ラピテース族の人.

láp jòint *n.* 〘建築〙重ね継ぎ (cf. butt joint). **láp-jòinted** *adj.*

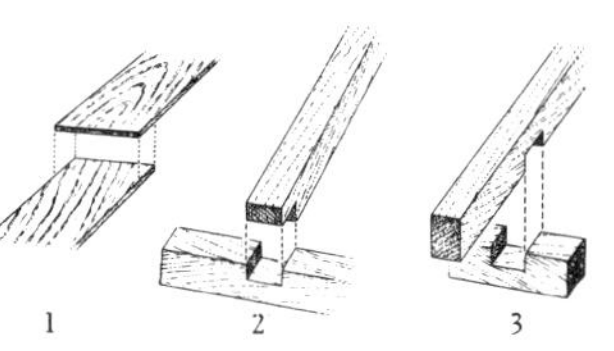

lap joints
1 lap joint; 2 end lap joint; 3 cross-lap joint

La·place [ləplɑ́ːs, lɑː-; *F.* laplas], **Pierre Simon de** *n.* ラプラス《1749–1827; フランスの天文学者・数学者; 称号 Marquis de Laplace》.

La·pláce's equàtion 〖← *Marquis de Laplace* (↑)〗 ― *n.* 〘数学〙ラプラスの方程式《各独立変数に関する二階偏導関数の総和を 0 に等しいとおいた偏微分方程式》.

Laplace transform 〖↑〗 *n.* 〘数学〙ラプラス変換.

La·plac·i·an [ləplɑ́ːsiən, -lǽs-, -léɪʃən | -sɪən, -sjən] 〖← *Laplace* (↑)＋-IAN〗 ― *n.* 〘数学〙ラプラシアン, ラプラスの演算子[作用素]《Laplacian operator ともいう》.

Lap·land [lǽplæ̀nd, -lənd | -læ̀nd] 〖◻Swed. *Lappland*: ⇨ Lapp, land¹〗 ― *n.* ラップランド《ノルウェー・スウェーデン・フィンランドの北部, およびソ連領 Kola 半島を含む地域; 大部分が北極圏内でラップ族 (Lapps) が住んでいる》.

Láp·lànd·er *n.* ラップランド人 (Lapp).

La Pla·ta [ləplɑ́ːṭə | -tə; *Sp.* lapláta] *n.* **1** ラプラタ《アルゼンチン東部, Río de la Plata 河口の港市; 人口 392,000》. **2** ラプラタ(川) (⇨ Río de la PLATA).

láp mìcrophone *n.* =lapel microphone.

Lapp [lǽp] 〖《1859》◻Swed. ~: もとは軽蔑的呼称か: cf. MHG *lappe* simpleton〗 ― *n.* **1 a** [the ~s] ラップ族 (⇨ Lapland). **b** ラップ族の人, ラップランド人 (Laplander). **2** ラップ[ラップランド]語 (Lappish)《Finno-Ugric 語族に属す》. ― *adj.* **1** ラップ族の, ラップランド人の. **2** ラップ語の.

lap·page [lǽpɪdʒ] 〖← LAP¹＋-AGE〗 *n.* 〘法律〙土地について所有権の抵触する部分.

lápped séam *n.* =lap seam.

lap·pet [lǽpɪt, -pət] 〖《?*c*1425》 *lappette* 《廃》 lobe of the liver or the lung (dim.): ⇨ lap¹, -et〗 ― *n.* **1 a** (衣服・かぶり物などの)垂れ, 垂れひだ. **b** 垂れ飾り. **2** 折り襟 (lapel). **3** (肉・膜などの)垂れ《牛の喉袋 (dewlap) など》; (七面鳥などの)肉垂(にくすい); 耳たぶ. **4** 〘紡織〙ラペット《刺繍のような紋様を織出すために織機に取付けた針ざお》.

lappet 1 b

láp·pet·ed [-tɪd, -ṭəd | -tɪd, -təd] *adj.* 〈かぶり物など〉垂れ (lappet) の付いている.

láppet lòom *n.* ラペット織機.

láppet wèaving *n.* ラペットを用いた機械刺繍.

Lap·pic [lǽpɪk] *adj.* ラップランド(人)の.

Lapp·ish [lǽpɪʃ] *adj.* =Lappic. ― *n.* =Lapp *n.* 2.

láp ròbe *n.* 《米》ひざ掛け《自動車・馬車などに乗るとき用いる毛皮・毛布など》.

laps·a·ble [lǽpsəbl̩] *adj.* **1** 変わりやすい: be ~ *into* …に変わりやすい. **2** 誤りやすい. **3** 〘法律〙〈権利・特権など〉無効となるべき, 失効[消滅]すべき, (遺産相続人を欠くため)〈遺産など〉他人の所有に帰すべき.

Lap·sang sou·chong [lǽpsæŋ-súːtʃɔ(ː)ŋ, -ʃɔ(ː)ŋ, -tʃɑŋ, -ʃɑŋ | -tʃɔŋ, -ʃɔŋ; *Cant.* -ʃiutsuŋ] 〖← *Lapsang* (紅茶の市場名): ⇨ souchong〗 ― *n.* ラプサンスーチョン《中国産の上等な紅茶; いぶした風味が特徴》.

lapse [lǽps] 〖n.: 《1440》◻L *laps-us* a slipping, falling (p.p.) ← *lābī* to glide. ―v.: 《?*a*1425》◻L *lapsāre* to slide〗 ― *n.* **1 a** (時の)経過, 推移: the ~ *of* centuries 数世紀の経過 / a long ~ *of* time 時の長い流れ[経過] / the rapid ~ *of* time 時の速い経過 / with the ~ *of* time 時の経つにつれて / after a ~ *of* three months 3 か月経ってから. **b** 《古》(水などの)静かな流れ, 緩

流：the ~ of a stream. **2** (うっかりして陥る)ちょっとした間違い, ふとした過失[失敗]：a ~ of memory 思い違い / a momentary ~ of attention ちょっとの間の不注意 / a ~ of the pen 筆の誤り, 書違い / a ~ of the tongue 言い違い[損ない]. **3 a** (正道から)一時的にそれること；(罪悪・邪教などに)陥ること, 堕落；背教：a moral ~ 堕落 / a ~ from virtue [faith] 背徳[教]. **b** 〔ある状態に〕陥ること〔*into*〕：a ~ *into* crime [sin] 罪を犯すこと / a ~ *into* barbarism [heresy] 野蛮状態[邪信仰]への堕落. **4 a** (信仰・信念などの)喪失, 衰退：a ~ of confidence 自信喪失. **b** (慣習などの)衰退, 廃止, 廃滅. **5** 〘法律〙(権利・特権の)消滅, 喪失, 失効；(保険料不払いによる契約の)失効；(受遺者の死亡による)遺贈の失効[喪失]. **6** 〘気象〙(温度・圧力などの)低下 (cf. lapse rate).

— *vi.* **1 a** 〈時が〉(知らない間にまたは徐々に)推移する, 経過する〈*away*〉. **b** 〈流れが〉静かに流れる, 流過する：*lapsing* waves. **2 a** (ずるずると)〔罪・悪徳などに〕陥る, 堕落する；〔ある状態に〕陥る〔*into*〕：~ *into* laziness なまけ癖に陥る / ~ *into* decay 衰退する / ~ *back into* savagery 野蛮状態に逆戻りする / ~ *into* unconsciousness [silence] 無意識状態[沈黙]に陥る. **b** 〔正道から〕逸脱する〔*from*〕：~ *from* good manners だんだん行儀が悪くなる. **3** なくなる, 消える, 終わる：The custom ~*d* many years ago. その風習は何年も前にすたれている. **4** 〘法律〙(条件または相続人などを欠くために)〈権利・財産・官職などが〉無効になる, 失効する；人手に渡る〔*to*〕：The tenure of the office has ~*d*. 任期が切れた. — *vt.* **1** (基準に合わないことによって)無効にする, 失効させる：~ the membership. **2** 《廃》失う.

láps·er *n.*

láp sèam *n.* 靴の甲革の重ね縫い.

lapsed *adj.* **1** 消え去った, 過ぎ去った；〈慣習など〉廃された：a ~ custom すたれた風習. **2 a** 罪に落ちた, 堕落した, 信仰を失った：the ~ society. **b** [the ~；名詞的に；複数扱い] 背教者, 脱落者《迫害のために信仰を捨てた初期のキリスト教徒たち》. **3** 〘法律〙〈権利・財産・官職など〉無効となった, 失効した, 人手に渡った：a ~ fief 失効した封土.

lápse ràte *n.* 〘気象〙気温逓減率《高度に比例して気温の下がる率, 普通高度 100 m につき 0.6°C 位；cf. temperature gradient》.

lap·si·ble [lǽpsəbl | -sə-, -sɪ-] *adj.* =lapsable.

láp·stràke 〘cf. lap¹〙 *adj.* 〈ボートなど〉よろい張りの (clinker-built). — *n.* よろい張りのボート.

láp·strèak *adj., n.* =lapstrake.

lap·sus [lǽpsəs] 〘□L ~ 'a slip'：cf. lapse〙 *L. n.* (*pl.* ~) 失錯, 間違い, 誤り.

lápsus cál·a·mi [-kǽləmàɪ] 〘□L *lapsus calamī* slip of the pen〙 *L. n.* 筆の誤り, 書き損ない.

lápsus lín·guae [-líŋgwaɪ] 〘□L ~ 'slip of the tongue'〙 *L. n.* 言い違い, 言い損ない, 失言.

lápsus me·mó·ri·ae [-memɔ́ːriìː, -mɔ́ːr-, -riàɪ | -mɔ́ːriìː, -rìaɪ] 〘□L ~ 'slip of MEMORY'〙 *L. n.* 覚え違い, 思い違い.

Láp·tev Séa [lǽptef-, -tev-；*Russ.* láptjif-] *n.* [the ~] ラプテフ海《ソ連邦アジアの北部, Taimyr 半島と New Siberian Islands との間にある北極海の支海；旧名 Nordenskjöld Sea》.

láp tìme *n.* 〘競技〙ラップタイム《ある区間に要する時間；cf. lap¹ 8 c》.

La·pu·ta [ləpjúːtə | -tə] 〘Swift の造語〙 — *n.* ラピュータ島《Swift の小説 *Gulliver's Travels* に出る飛行する浮島；その住民は数学と音楽に熱中し, 自分の職業を顧みず, 空想的計画に夢中になっている》.

La·pu·tan [ləpjúːtn, -tən | -tn, -tən] 〘(1726) ← LAPUTA + -AN¹〙 — *adj.* **1** (*Gulliver's Travels* に出てくる) Laputa 島の. **2** (ラピュータ島の住民のように)空想的な, 非実際的な；雲をつかむような, 途方もない. — *n.* **1** ラピュータ島の住民. **2** 空想家.

láp wèld *n.* 〘金属加工〙重ね溶接. **láp-wèld** *vt.*

láp wìnd·ing [-wàɪndɪŋ] *n.* 〘電気〙重ね巻《直流電動機などの巻線法の一種；cf. wave winding》.

lap·wing [lǽpwɪŋ] 〘OE *hlēapewince* ← *hlēapan* 'to LEAP' + *-wince, wincian* 'to WINK¹'：現在の語形は通俗語源 (LAP¹ + WING) による〙 — *n.* 〘鳥類〙タゲリ (*Vanellus vanellus*)《チドリ科の大きな鳥；pewit, green plover ともいう》.

lapwing

la·que·us [léɪkwiəs, lǽk- | -kwɪ-] 〘□L ~ 'noose, snare'〙 *n.* (*pl.* **la·que·i** [-kwiàɪ, -kwiː | -kwiàɪ, -kwiː]) 〘解剖〙=lemniscus.

lar, L- [lɑ́ə | lɑ́ː(r)] 〘□L *lār*〙 — *n.* **1** (*pl.* **la·res** [lɛ́(ə)riːz, léɪriːz, lɑ́ːreɪs | lɛ́əriːz, lɑ́ːreɪz], ~**s**) [*pl.*] 〘ローマ神話〙⇨ lares. **2** (*pl.* ~**s**) 〘動物〙シロテテナガザル (*Hylobates lar*)《Malay 半島地方産の霊長類》.

La·raine [ləréɪn] 〘← L *larus* gull〙 *n.* 女性名《異形 Larine, Larina》.

Lar·a·mie [lǽrəmi | -mɪ] 〘← *Jacques Laramie* (*d.* 1821：米国の探検家)〙 *n.* 米国 Wyoming 州南東部の都市；人口 24,000.

lar·board [lɑ́əbəd | lɑ́ːbəd, -bɔ̀ːd] 〘(?*c*1380) *ladde-borde* ← ? LADE (< OE *hladan* to lade) + OE *bord* 'BOARD, ship's side'：STARBOARD からの類推〙《古》〘海事〙 — *n.* 左舷(さげん). ★ starboard (右舷)と紛らわしいため, 今は port² という. — *adj.* 左舷の.

lar·ce·ner [lɑ́əs(ə)nə, -sṇə | lɑ́ːsənə(r, -sɪn-, -sn-] *n.* =larcenist.

lár·ce·nist [-s(ə)nɪst, -nəst, -sṇ- | -sənɪst, -sɪ-] *n.* 窃盗, 窃盗犯人.

lar·ce·nous [lɑ́əs(ə)nəs, -sṇ- | lɑ́ːsənəs, -sɪ-, -sṇ-] 〘⇨ ↓, -ous〙 — *adj.* **1** 窃盗の, 窃盗に類する：a ~ act 窃盗行為. **2** 盗みをする, 手癖の悪い：a ~ person. **~·ly** *adv.*

lar·ce·ny [lɑ́əs(ə)ni, -sṇi | lɑ́ːs(ə)nɪ, -sṇɪ] 〘(*a*1475) □ AF **larcenie* = (O)F *larcin* < L *latrōcinium* highway robbery ← *latrō* highway robber〙 — *n.* 《古》〘法律〙窃盗罪《今は theft を用いる》：⇨ grand larceny, petty larceny 1.

larch [lɑ́ətʃ | lɑ́ːtʃ] 〘(1548) □ G *Lärche* □ L *laric-, larix*〙 *n.* **1** 〘植物〙カラマツ《カラマツ属 (*Larix*) の針葉樹の総称；cf. tamarack》. **2** カラマツ材.

lárch sáwfly *n.* 〘昆虫〙カラマツハラアカハバチ (*Pristiphora erichsonii*)《北米・ヨーロッパ産のハバチ科の害虫；幼虫はカラマツの葉を食う》.

lard [lɑ́əd | lɑ́ːd] 〘(1231) □ (O)F *larde* fat of pork, bacon < L *lār(i)dum* fat of pork：? cog. Gk *lārīnós* fat〙 — *n.* **1** ラード《豚の脂肉・内臓脂肪を原料にして精製した固形油脂》. **2** 《古》豚の脂身(あぶらみ). — *vt.* **1 a** …にラードを塗る[混ぜる]. **b** 脂でおおう[汚す]. **2** 〈脂身の少ない赤身肉〉に(調理する時に前もって)細長く切った豚の背脂やベーコンを差し込む (cf. lardoon)：~ lean meat, poultry, etc. **3** (興味深くするために)〔比喩・術語などで〕〈話・文章などを〉飾る, 潤色する, …にあやをつける〔*with*〕：~ one's conversation *with* Latin words 会話にラテン語を交える. **4** 《廃》豊かにする, 飾る〔*with*〕：~*ed with* sweet flowers 美しい花で飾られて (Shak., *Hamlet* 4. 5. 37).

lar·da·ceous [lɑədéɪʃəs | lɑː-] 〘⇨ ↑, -aceous〙 — *adj.* **1** ラードのような, ラード状の：a ~ mass. **2** 〘病理〙類澱粉(でんぷん)質を含む (amyloidal)：~ degeneration 澱粉様変性.

lar·der [lɑ́ədə | lɑ́ːdə(r)] 〘(*c*1300) □ AF ~ = OF *lardier* ← *larde* 'LARD'〙 *n.* **1** 肉部屋, (未加工の)食料貯蔵室[戸棚] (cf. pantry). **2** 貯蔵食糧 (provisions).

lárder bèetle *n.* 〘昆虫〙オビカツオブシムシ (*Dermestes lardarius*)《世界各地に分布するカツオブシムシ科の黒または暗褐色の甲虫；幼虫は乾いた動物質を食害する》.

lár·der·er [-dərə | -rə(r)] *n.* 《古》肉部屋番人, 食料室係.

lárd·hèad *n.* 《米俗》うすのろ, とんま.

Lar·di·zab·a·la·ce·ae [lɑ̀ədəzæbəléɪsiìː | lɑ̀ːdɪ-] 〘← NL ~ ← *Lardizabala* (属名：← *Miguel Lardizábal y Uribe*：18 世紀のメキシコの政治家) + -ACEAE〙 — *n. pl.* 〘植物〙(キンポウゲ目)アケビ科. **làr·di·zàb·a·lá·ceous** [-ʃəs] *adj.*

Lard·ner [lɑ́ədnə | lɑ́ːdnə(r)], **Ring(gold Wilmer)** [ríŋgoʊld wílmə | -gəʊld wílmə(r)] *n.* (1885–1933) 米国のユーモア小説家・ジャーナリスト；*You Know Me, Al* (1916).

lárd òil ラード油《ラードから採った油で機械用または灯火用》.

lar·doon [lɑədúːn | lɑː-] 〘ME *lardon* □ (O)F：⇨ lard, -oon〙 — *n.* (*also* **lar·don** [lɑ́ədn | lɑ́ːdn]) (脂身の少ない赤身肉を調理する時に前もって差し込むための)細長く切った豚の背脂やベーコン (cf. lard *vt.* 2).

lárd tỳpe *n.* 脂肪用豚《脂肪の蓄積の早いタイプの豚；cf. meat type》.

lard·y [lɑ́ədi | lɑ́ːdɪ] *adj.* (**lard·i·er**; **-i·est**) **1** ラードの；ラード様の, ラード質の：a white ~ skin. **2** ラードに富む；脂肪の多い, 太った：a ~ hog.

lar·dy-dar·dy [lɑ̀ədidɑ́ədi | lɑ̀ːdɪdɑ́ːdɪ] 〘cf. la-di-da〙 *adj.* 《俗》きざな, 気取った, にやけた.

La·re·do [ləréɪdoʊ | -dəʊ] 〘□ Sp. ~ (スペインの都市名)〙 *n.* 米国 Texas 州南部, Rio Grande 河畔の都市；人口 69,000.

la·res, L- [lɛ́(ə)riːz, léɪriːz, lɑ́ːreɪs | lɛ́əriːz, lɑ́ːreɪz] 〘(1600) □ L *larēs* (pl.) ← *lār*：cf. lar〙 — *n. pl.* (*sing.* **lar** [lɑ́ə | lɑ́ː(r)]) 〘ローマ神話〙ラーレース《家庭の守護神；cf. penates》.

lares and penates (1) 家庭の守護神 (household deities). (2) (大切な)家財, 家宝 (household effects).

lar·ga [lɑ́əgə, -gɑː | lɑ́ː-；*It.* lárga] 〘□ L ~ (fem.) ← *largus* 'LARGE'〙 *n.* 〘音楽〙=maxima².

lar·gan·do [lɑəgɑ́ːndoʊ | lɑːgǽndəʊ；*It.* largándo] 〘□ It. ~：cf. largo〙 *adv.* 〘音楽〙次第に遅く大きく《allargando ともいう》.

large [lɑ́ədʒ | lɑ́ːdʒ] 〘? lateOE 'munificent, bountiful' □ (O)F < L *largam* (fem.) ← *largus* abundant, liberal：cf. lard〙 — *adj.* (**larg·er**; **-est**) **1** (形など)(普通より)大きい (big), 割合に大きい (comparatively big)：a ~ dog, book, pin, building, eye, mouth, etc. / This coat is a trifle ~ *for* me. この上着は私には少し大きい / ⇨ *as large as* LIFE. **2** (面積・容量など)大きい, 広い, 広々とした (spacious)：a ~ pond, field, room, house, etc. **3** (数・量・額など)大きい；多くの, かなりの (considerable)；多数の, 大勢の, 多額の：a ~ income [property] 大きな収入[財産] / a ~ population [congregation] 多数の人口[会衆] / a ~ amount of money 多額の金 / several hundred dollars in ~ bills 高額紙幣で数百ドル / serve ~ meals 多量の食事を供する. **4** (範囲・規模など)大きい, 遠大な, 広大な, 大規模な (extensive)：a ~ farmer 大百姓, 大農 / ~ ideas 雄大な思想 / ~ views 博大な見識 / ~ powers 広大な権能 / ~ insight 達観, 卓見 / on a ~ scale 大規模に. **5** 大げさな (pompous), 誇張した (exaggerated)：~ talk 大げさな話 / a ~ order ⇨ order *n.* A 3 / speak in a ~ way 大げさに話す. **6** 《廃》**a** 度量の大きい, 寛大な (generous)；豊富な (abundant)：a ~ heart / ~ tolerance 寛容. **b** 〈作風・手法など〉自由な, 豪放な. **c** 〈言葉など〉節度のない, 下品な, みだらな. **7** 〘海事〙順風で, 〈風など〉帆走に好都合の方向から吹く.

all very fine and large ⇨ fine¹ *adj.* 成句. ***in large part*** ⇨ part *n.* 成句.

— *n.* **1** 〘音楽〙=maxima². **2** 無拘束, 自由. ★ 次の成句に用いる以外は《廃》：

at large (1) 〈犯人など〉捕まらないで, 逃走中で；拘束されないで, 自由に：The culprit is still *at* ~. 犯人はまだ逮捕されない / The cattle are grazing *at* ~. 牛は(放牧されて)自由に草を食(は)んでいる. (2) 詳細に, 十分に (at full length)：talk *at* ~ / He discoursed on the subject *at* ~. その問題を詳細に論じた. (3) でまかせに, でたらめに (at random)：He scatters imputations *at* ~. でたらめに悪口を言いふらす, むやみに非難を浴びせかける. (4) 全体として, 一般に, あまねく (as a whole)：the public *at* ~ 社会全般 / Baseball is now popular with the nation *at* ~. 野球は今日国民一般に人気がある. (5) 特定の任務のない：a gentleman *at* ~ 決まった任務のない宮廷付きの官吏；定職のない人, 無職者 / an ambassador *at* ~ 《米》無任所大使. (6) 《米》(分割された選挙区からでなく)全州[郡]から選出される：a representative *at* ~ 全州選出議員. ★ -at-large ともつづる：a congressman-*at-large*. (7) 《古》未定に (unsettled)：leave the matter *at* ~ 問題を未決定のままにしておく. ***in (the) large*** (1) 大規模に, 大じかけに (on a large scale)；(縮小しない)大きいままで[の] (cf. *in* LITTLE). (2) 概して, 一般に (in general).

— *adv.* **1** 大きく：write ~ 大きな字を書く / writ ~ ⇨ write *v.* 成句. **2** 誇大に, 自慢して：talk ~ 誇大にしゃべる, 大言壮語する. **3** 《廃》大々的に；豊富に；詳細に. **4** 〘海事〙順風を受けて：go [sail] ~.

by and large ⇨ by *adv.* 成句.

lárge cálorie *n.* 〘物理化学〙大カロリー (cf. calorie 1 b).

lárge cránberry *n.* =American cranberry.

lárge-éyed *adj.* 目の大きい；(興味・好奇心・驚きなどで)目を大きく開けた.

lárge-hánded *adj.* **1** 手の大きい. **2** 物惜しみしない, 気前のよい. **3** 《廃》強欲な. **~·ness** *n.*

lárge-héarted *adj.* **1** 心の大きい, 度量の大きな, 寛大な. **2** 慈善心の深い, 情深い, 博愛の. **~·ness** *n.*

lárge intéstine *n.* 〘解剖〙大腸 (cf. small intestine).

lárge·ish [-dʒɪʃ] *adj.* =largish.

lárge-léaved magnólia *n.* 〘植物〙オオバタイサンボク (*Magnolia macrophylla*)《米国南部産のモクレン科の落葉高木, 葉は長楕円形, 花は白で中心は紫》.

lárge-léaved máple *n.* 〘植物〙=paper bark maple.

lárge·ly 〘ME〙 — *adv.* **1** 主として, 大部分(は)：His failure is ~ due to timidity. 彼の失敗は主に臆病のせいだ. **2** 豊富に, 惜しみなく, 気前よく (abundantly, generously)：give ~. **3** 大きく, 広く, 大規模に (extensively)：build ~. **4** 《廃》詳細に, 十分に.

lárge-mínded *adj.* 度量の大きい, 考えが偏狭でない；寛大な, 寛容な. **~·ly** *adv.* **~·ness** *n.*

lárge-mòuth báss [-bǽs] *n.* 〘魚類〙オオクチバス, (俗に)ブラックバス (*Micropterus salmoides*)《暖かい緩やかな流れに生息する北米原産サンフィッシュ科の貪食な淡水魚で釣の対象魚として珍重される；単に largemouth, また largemouth black bass ともいう；cf. smallmouth bass》.

lárgemouth bláck báss *n.* 〘魚類〙=largemouth bass.

larg·en [lɑ́ədʒən | lɑ́ːdʒ-] 〘ME〙《古・詩》*vi.* 大きくなる. — *vt.* 大きくする.

lárge·ness 〘ME〙 *n.* **1** 大きいこと, 大きさ, 広大, 多大. **2** (思想・見識などの)雄大さ；(人物・事業などの)偉大さ. **3** 尊大, 横柄. **4** 《廃》度量の大きさ, 寛大.

lárge páper edition *n.* 〘製本〙大判紙版, 大形判, 大判特製本《普及版用の組版をそのまま使って, 大判の紙に印刷・製本した版[本]》.

lárge périwinkle *n.* 〘植物〙ツルニチニチソウ (*Vinca major*)《キョウチクトウ科ニチニチソウ属の植物》.

lárge-prínt *adj.* 〘印刷〙(14 アメリカンポイント以上の)大活字(組み, 印刷)の：~ books (弱視者用)大型活字本.

Lárger Béar *n.* [the ~] 〘天文〙おおぐま(大熊)座 (⇨ Ursa Major).

Lárger Dóg *n.* [the ~] 〘天文〙おおいぬ(大犬)座 (⇨ Canis Major).

lárge-scále *adj.* **1** 大規模の (cf. small-scale 1)：~ public works 大規模の公共事業. **2** 〈地図が〉比率の大きい, 大縮尺の：a ~ map 大縮尺地図.

lárge-scàle integrátion *n.* 〘電子工学〙大規模集積化《半導体小片上に数百個以上の素子を集積化すること；略 LSI》.

lárge-sízed *adj.* 大形の.

lar·gess [lɑədʒés, -dʒés, lɑ́ədʒes | lɑːdʒés, -ʒés, ⸗⸗, lɑ́ːdʒɪs] 〘(?*a*1200) *larges* □ (O)F *largesse* liberality：⇨ large, -ess²〙 — *n.* (*also* **lar·gesse** [~]) **1** 気前のよい贈与[援助]. **2** 惜しげなく与える金品, 多額の贈与, 多分の祝儀：cry ~ 祝儀を求める. **3** (精神の)高潔さ, 気高さ (nobility)：a writer of imaginative ~ 高尚(こうしょう)な想像力に富む作家. **4** 《廃》気前のよさ, 鷹揚(おうよう), 慈善心, 思いやり；自由.

lárge-týpe *adj.* 〚印刷〛=large-print.
lárge whíte *n.* **1** 〚昆虫〛オオモンシロチョウ (⇨ cabbage butterfly 2). **2** [L- W-] ラージホワイト《英国産の大型の白豚の一品種; cf. small white 2》.
lar·ghet·to [lɑəgétou | lɑːgétəu; *It.* largétto] 〚□ It. ～ (dim.) ← LARGO〛〚音楽〛 **—** *adv.* ややおそく, ラルゴよりやや速く. **—** *n.* (*pl.* **～s**) ややおそい曲[楽章, 楽節], ややおそい速さ (cf. largo).
lárg·ish [-dʒɪʃ] *adj.* やや大きい, やや広い, いくらかゆるやかな (rather large).
lar·go [láəgou | láːgəu; *It.* lárgo] 〚(1683) □ It. ～ < L *largum* 'LARGE'〛〚音楽〛 **—** *adj., adv.* ラルゴの[で], きわめておそい[く]. **—** *n.* (*pl.* **～s**) きわめておそいゆったりしたテンポの曲[楽章, 楽節] (cf. larghetto).
La·ri [léɪraɪ] 〚← NL ～ (pl.) ← LL *larus* gull □ Gk *láros*〛 *n. pl.* 〚鳥類〛カモメ亜目.
lar·i·at [lǽriət, lér- | lǽrɪ-] 〚← Sp. *la reata* 'the RIATA'〛 **—** *n.* 《米》 **1** (野獣を捕まえるのに用いる) 輪なわ, 投げなわ. **2** つなぎなわ《草を食うあいだ馬などをくいにつなぐなわ》. **—** *vt.* 《米西部》 **1** 輪なわ[投げなわ]で捕まえる. **2** なわでつなぐ. 「(鳥).
lar·id [lǽrɪd, -rəd | lǽrɪd] 〚↓〛 *adj., n.* カモメ科の
Lar·i·dae [lǽrədìː | -rɪ-] 〚← NL ～ ← *Larus* (属名: ⇨ Lari) + -IDAE〛 *n. pl.* 〚鳥類〛(チドリ目)カモメ科.
lar·ine [lɛ́(ə)raɪn, -rɪn, -rən | léəraɪn, -rɪn] 〚← NL *Larinae* (← LL *larus*: ⇨ Lari) + -INE¹〛 *adj.* **1** 〚鳥類〛カモメ科の. **2** カモメのような.
La·ris·a [lərísə] *n.* =Larissa².
La·ris·sa¹ [lərísə] 〚← ? Gk *lārós* pleasant, sweet: cf. Gk *lárisa* citadel〛 *n.* 女性名.
La·ris·sa² [lərísə] *n.* ラリサ《ギリシャ, Thessaly 東部の都市; 人口 73,000》.
la·rith·mics [ləríðmɪks, -ríθ-] 〚← Gk *lāos* people + *arithmós* number + -ICS〛 *n.* 人口集団学《人口の量的面の科学的研究》.
lark¹ [láək | láːk] 〚ME *larke, laverke* < OE *lāferce, lǣwerce* < (WGmc) **larw(a)rikōn* (G *Lerche* / Du. *leeuwerik*)〛 **—** *n.* **1** 〚鳥類〛 **a** (ヨーロッパ・アジア・北アフリカ産の)ヒバリ《ヒバリ科の鳴鳥の総称》; (特に) =skylark 1: (as) happy as a ～ 非常に楽しい / rise with the ～ 朝早く起きる / If the sky fall [falls], we shall catch ～*s*. 《諺》もし空が落ちて来たらひばりが捕まるさ (cf. 「棚からぼたもちは落ちて来ぬ」). **b** [通例複合語をなして] ヒバリ科以外のヒバリに似た鳴鳥の総称: ⇨ meadowlark, titlark. **2 a** 詩人. **b** 歌手. **—** *vi.* ひばりを捕まえる: ～ with birdlime.
lark² [láək | láːk] 〚(1811) 《変形》← ? 《方言》 *lake* < ME *laike(n)* to play □ ON *leika*〛 **—** *n.* 浮かれ, ふざけ, 戯れ; 冗談; 愉快なこと: for a ～ 冗談に / be up to one's ～*s* いたずらをしている / have ～*s* [a ～] with ...をからかう, ...にふざける / What a ～! これは面白い. **—** *vi.* **1** 戯れる, ふざける, 浮かれる. **2** 〚狐狩〛〈騎手が〉馬にいたずらに(垣などを)飛び越えさせる. **—** *vt.* からかう (tease). **～·er** *n.*
lárk búnting *n.* 〚鳥類〛ハジロクロヒメドリ (*Calamospiza melanocorys*).
lárk·ish [-kɪʃ] *adj.* ふざけたがる, 茶目っ気のある (mischievous): in a ～ mood なにかいたずらをしたい気分で. **～·ly** *adv.* **～·ness** *n.*
lark·some [láəksəm | láːk-] 〚← LARK² + -SOME¹〛 *adj.* ふざけたがる, 浮かれた (sportive).
lárk spàrrow *n.* 〚鳥類〛北米産ホオジロ科の鳥の一種 (*Chondestes grammacus*).
lark·spur [láəkspə̀ː | láːkspə̀ː(r, -spə(r] 〚⇨ lark¹, spur〛 **—** *n.* 〚植物〛ヒエンソウ《キンポウゲ科ヒエンソウ属 (*Delphinium*) の植物の総称》; (特に) ヒエンソウ (*D. ajacis*) (cf. delphinium).
lark·y [láəki | láːkɪ] 〚← LARK² + -Y⁴〛 *adj.* (**lark·ier**; **-i·est**) 戯れる, ふざける, 浮かれる; 冗談好きな.
Lár·mor precèssion [láəmɔə | láːmɔː-] 〚← Sir *Joseph Larmor* (1857–1942: 英国の数学者)〛 *n.* 〚物理〛ラーモア歳差運動《磁気モーメントをもった粒子に静磁場が加えられると, その磁気モーメントまたは角運動の方向が静磁場方向を軸として回転する現象》.
Lármor's thèorem 〚↑〛 *n.* 〚物理〛ラーモアの定理《磁界中での電子などの荷電粒子の振舞いに関する基礎定理》.
lar·moy·ant [lɑəmɔ́ɪənt | lɑː-; *F.* larmwajɑ̃] 〚□ F ～ (pres.p.) ← *larmoyer* to be tearful ← *larme* < L *lacrima(m)* tear〛 *adj.* 涙もろい (lachrymose).
La Roche·fou·cauld [lɑːrɔ̀(ː)ʃfuːkóu, -ròuʃ- | -rɔ̀ʃ-fuːkə́u; *F.* larɔʃfuko], **François de** *n.* ラ ロシュフーコー《1613–80; フランスの著述家・モラリスト; 称号 Duc de La Rochefoucauld; *Réflexions, ou sentences et maximes morales*「箴(しん)言集」(1665)》.
La Ro·chelle [lɑ̀ːrəʃél; *F.* larɔʃɛl] *n.* ラ ロシェル《フランス西部の Biscay 湾に臨む港市; ユグノー (Huguenot) の本拠として包囲を受けた (1627–28); 人口 76,000》.
La·rousse [lərúːs; *F.* larus], **Pierre A·tha·nase** [atanaːz] *n.* ラルース《1817–75; フランスの文法学者・辞書編集者》.
lar·ri·gan [lǽrɪgən, -rə- | -rɪ-] 〚← ? Canad.〛 *n.* 《米・カナダ》ラリガン《木材伐出し人夫などのはくかかとのないひざまでの長靴》.
lar·ri·kin [lǽrɪkɪn, -rə-, -kən | -rɪkɪn] 〚(1870) 《アイルランド発音による変形》← *larking* // LARRY + -KIN〛《豪俗》 **—** *n.* 暴漢, ごろつき, 無頼漢, 不良少年 (hooligan). **—** *adj.* 粗暴な, 無頼の (rowdy).
lar·rup [lǽrəp, lér- | lǽr-] 〚(1823) ← ?: cf. Du. *larpen* to thrash〛《方言》 **—** *vt.* **1** 打つ, むち打つ (beat, whip). **2** 徹底的にやっつける, 打ちのめす (trounce). **—** *vi.* だらしなく動く. **—** *n.* 打つこと, むち打ち (blow); (むちなど)打つ道具.
Lar·ry [lǽri, léri | lǽrɪ] 〚(dim.) ← LAWRENCE², LAURENCE〛 *n.* 男性名.
Lars [lɑ́əz | lɑ́ːz] 〚□ L ～ ← Etruscan: もとは古代エトルリアの貴族の長子の敬称 (Lord に当たる): または LAURENCE の異形〛 *n.* 男性名.
l-ar·te·re·nol [èlùəṭəríːnɔ(ː)l, -nòut | -ɑ̀ːtɪríːnɔl] 〚*l*: 《略》← LEVO-〛 *n.* 〚生化学〛=levarterenol.
La Rue [lɑːrúː; *F.* lary], **Pierre de** *n.* ラリュー《1460?–1518; オランダのフランドル楽派の作曲家》.
lar·um [lɛ́(ə)rəm, lɑ́ːr- | lɛ́ər-, lɑ́ːr-] 〚《頭音消失》← ALARUM〛 *n.* 《古》=alarum.
lar·va [láəvə | láː-] 〚(1651) □ L *lārva* specter, mask: ⇨ lar〛 **—** *n.* (*pl.* **lar·vae** [-viː, -vaɪː], **～s**) **1** 〚昆虫〛幼虫《変態を行なう昆虫の幼体; cf. adult 2, grub *n.* 1, maggot 1, caterpillar 1》: The caterpillar is the ～ of the butterfly. 毛虫は蝶の幼虫である. **2** 〚生物〛幼生《発生初期においてその形態が著しく親と異なるもの; オタマジャクシなど》. **3** 《廃》幽霊, お化け.
larva of Desor 〚← *Edouard Desor* (1811–82: フランスの地質学者・考古学者)〛〚動物〛デゾル幼生《紐形動物の間接発生するものの浮遊しないで卵殻内で変態が完了する幼生型; ピリディウム (pilidium) の一特殊型; Desor's larva, Desor larva ともいう》.
Lar·va·ce·a [lɑəvéɪʃiə | lɑːvéɪsɪə, -sjə] 〚← NL ～: ⇨ ↑, -acea〛 *n. pl.* 〚動物〛(原索動物門)幼形綱《尾虫綱 (Appendiculata) の別名》.
larvae *n.* larva の複数形.
lar·val [láəvəl | láː-] 〚← LARVA + -AL¹〛 **—** *adj.* **1** 〚昆虫・生物〛幼虫の, 幼生期の: be in the ～ stage 幼虫[幼生]である / ～ organs 幼生器官《オタマジャクシの尾など》. **2** 〚病理〛(病気について)仮性の, 仮面性の, 潜在(性)の. **3** 《廃》幽霊の, お化けの.
lárva mí·grans [-máɪgrænz] 〚← NL ～: ⇨ larva, migrant〛 *n.* (*pl.* **larvae mi·gran·tes** [-maɪgrǽntiːz]) 〚病理〛幼虫移行症 (⇨ creeping eruption).
lar·vi- [láəvə | láːvɪ] 〚← NL ～: ⇨ larva〛 larva, larval の意の連結形.
lar·vi·cide [láəvəsàɪd | láːvɪ-] 〚⇨ ↑, -cide〛 **—** *n.* (幼虫の)殺虫剤 (cf. adulticide). **—** *vt.* 殺虫剤で処理する. **lar·vi·ci·dal** [lɑ̀əvəsáɪdl | lɑ̀ːvɪ-] *adj.*
lar·vip·a·rous [lɑəvípərəs | lɑː-] 〚← LARVI- + -PAROUS〛 *adj.* 〚動物〛〈特殊なハエ・ある種の軟体動物など〉幼生生殖の.
la·ryng- [ləríŋ | lə-, læ-, lɛə-] (母音の前に来る時の) laryngo- の異形.
la·ryn·gal [ləríŋgəl | lə-, læ-, lɛə-] 〚音声〛 *adj.* =laryngeal 3. **—** *n.* =laryngeal 2.
la·ryn·gal·i·za·tion [ləriŋgəlɪzéɪʃən, -lə- | ləriŋgəlaɪ-, læ-, lɛə-, -lɪ-] *n.* 〚音声〛=laryngealization.
la·ryn·gal·ize [ləríŋgəlàɪz | lə-, læ-, lɛə-] *vt.* 〚音声〛=laryngealize.
lar·yn·ge·al [lærɪndʒíːəl, lɛ̀(ə)r-, -rən-, ləríndʒiəl, -dʒəl | lærɪndʒíːəl, lɛ̀ər-, -dʒíəl, ləríndʒɪəl] 〚(1795) ← NL *laryngeus* (← *larynges* (pl.) ← LARYNX) + -AL¹〛 **—** *adj.* **1** 喉(こう)頭の[にある]. **2 a** 〈病気など〉喉頭を冒す. **b** 〈器具が〉喉頭治療[診察]用の. **3** 〚音声〛喉頭音の. **—** *n.* **1** 喉頭部. **2** 〚音声〛喉頭音. **3** 〚言語〛ラリンガル, 基語喉(こう)音《印欧語比較文法で印欧共通基語の音韻として存在したと想定される喉音で, 印欧諸言語の母音組織にその影響が認められ, ヒッタイト語では h(h) となって時に残存すると考えられている》. **～·ly** *adv.*
lar·yn·ge·al·i·za·tion [lærɪndʒìːəlɪzéɪʃən, lɛ̀(ə)r-, -rən-, ləríndʒiəl-, -dʒəl-, -lə- | lærɪndʒìːəlaɪ-, lɛ̀ər-, -dʒìəl-, ləríndʒɪəl-, -lɪ-] *n.* 〚音声〛喉頭(音)化.
lar·yn·ge·al·ize [lærɪndʒíːəlàɪz, lɛ̀(ə)r-, -rən-, ləríndʒiəl-, -dʒəl- | lærɪndʒíːəl-, lɛ̀ər-, -dʒíəl-, ləríndʒɪəl-] 〚← LARYNGEAL + -IZE〛 *vt.* 〚音声〛喉頭(音)化する.
lar·yn·gec·to·my [lærɪndʒéktəmi, lɛ̀(ə)r-, -rən- | lærɪndʒéktəmɪ, lɛ̀ər-, -rɪŋ-, -gék-] 〚← LARYNGO- + -ECTOMY〛 *n.* 〚外科〛喉頭切除(術).
larynges *n.* larynx の複数形. 「yngeal 3.
la·ryn·gic [ləríndʒɪk | lə-, læ-, lɛə-] *adj.* 〚音声〛=lar-
lar·yn·git·ic [lærɪndʒítɪk, lɛ̀(ə)r-, -rən- | lærɪndʒít-, lɛ̀ər-] *adj.* 〚病理〛喉(こう)頭炎の.
lar·yn·gi·tis [lærəndʒáɪṭɪs, lɛ̀(ə)r-, -ṭəs | lærɪndʒáɪtɪs, lɛ̀ər-] 〚← NL ～: ⇨ ↓, -itis〛 *n.* (*pl.* **-git·i·des** [-dʒíṭədìːz | -tɪ-]) 〚病理〛喉(こう)頭炎.
la·ryn·go- [ləríŋgou | ləríŋgə(u), læ-, lɛə-] 〚□ Gk *larungo-, lárugx*: ⇨ larynx〛 **—**「喉(こう)頭 (larynx); 喉頭と...との」の意の連結形. ★ 母音の前では通例 laryng- になる.
lar·yn·gol·o·gy [lærɪŋgáləʤi, lɛ̀(ə)r-, -rən- | lærɪŋgɔ́lədʒi, lɛ̀ər-] 〚⇨ ↑, -logy〛 **—** *n.* 咽喉(いんこう)科学. **la·ryn·go·log·i·cal** [ləriŋgəládʒɪkəl, -dʒə- | ləriŋgəlɔ́dʒɪ-, læ-, lɛə-] *adj.* **làr·yn·gól·o·gist** [-dʒɪst, -dʒəst | -dʒɪst] *n.*
larỳngo·pharýngeal *adj.* 〚解剖〛咽喉(いんこう)頭の.
larỳngo·phárynx *n.* 〚解剖〛咽喉頭.
la·ryn·go·phone [ləríŋgəfòun | ləríŋgəfə̀un, læ-, lɛə-] *n.* のど当て送話器.
la·ryn·go·scope [ləríŋgəskòup | ləríŋgəskə̀up, læ-, lɛə-, lǽrɪŋ-, lɛ́ər-] 〚← LARYNGO- + -SCOPE〛 **—** *n.* 〚医学・音声〛喉(こう)頭鏡. **la·ryn·go·scop·ic** [ləriŋgəskɑ́pɪk | ləriŋgəskɔ́p-, læ-, lɛə-, læ̀rɪŋg-, lɛ̀ər-] *adj.*
lar·yn·gos·co·py [lærɪŋgɑ́skəpi, lɛ̀(ə)r-, -rən- | lærɪŋgɔ́skəpɪ, lɛ̀ər-] 〚← LARYNGO- + -SCOPY〛 *n.* 〚医学〛喉(こう)頭鏡検査(法).
lar·yn·got·o·my [lærɪŋgɑ́ṭəmi, lɛ̀(ə)r-, -rən- | lærɪŋgɔ́təmɪ, lɛ̀ər-] 〚← LARYNGO- + -TOMY〛 *n.* 〚外科〛喉(こう)頭切開(術).
larỳngo·trácheal *adj.* 〚解剖〛喉頭(と)気管の.
larỳngo·tracheítis *n.* 〚病理〛喉頭気管炎 (cf. infectious laryngotracheitis).
lar·ynx [lǽrɪŋ(k)s, lɛ́(ə)r- | lǽr-, lɛ́ər-] 〚(1578) ← NL ～ ← Gk *lárugx* throat ← ? (cf. *phárugx* throat)〛 **—** *n.* (*pl.* **la·ryn·ges** [ləríndʒiːz | lə-, læ-, lɛə-], **～·es**) 〚解剖〛喉(こう)頭 (cf. pharynx, epiglottis).
la·sa·gna [ləzɑ́ːnjə, lɑː-, -zǽn-; *It.* lazáɲɲa] 〚□ It. ～ < VL **lasania* = L *lasanum* cooking-pot □ Gk *lásanon*〛 **—** *n.* (*pl.* **la·sa·gne** [ləzɑ́ːnjə, lɑː-, -zǽn-, -njeɪ; *It.* lazáɲɲe]) ラザーニア: **a** イタリア料理で用いる幅広の平たいめん類. **b** ラザーニアを肉・チーズ・トマトソースなどと重ね焼きにした料理.
La·Salle [ləsǽl; *F.* lasal] *n.* ラサル《カナダ Quebec 州南部の Montreal 島にある都市; 人口 73,000》.
La Salle [ləsǽl; *F.* lasal], **(René) Robert Cavelier de** *n.* ラ サール《1643–87; フランスの冒険家, Illinoi 川, Mississippi 川を探検, Louisiana を建設(1682); 称号 Sieur de La Salle》.
las·car [lǽskə | -kə(r] 〚(1625) □ Hindi *lashkar* □ Pers. army, camp □ Arab. *al-'áskar* the army〛 **—** *n.* **1** (外国船に雇われている)インド人水夫 (cf. serang). **2** 《インド》(英国軍の)インド人砲兵.
Las Ca·sas [lɑːskɑ́ːsəs; *Sp.* laskásas], **Bartolomé de** *n.* ラス カサス《1474–1566; アメリカインディアンに伝道したスペインのドミニコ会宣教師》.
Las·cáux Cáve [læskóu- | -kə́u-; *F.* lasko] *n.* ラスコー洞窟《フランス Dordogne 地方の Lascaux にあるほら穴; 後期旧石器時代の壁画が残存している》.
las·civ·i·ous [ləsíviəs, læ- | ləsívɪəs, -vjəs] 〚(*c*1425) □ LL *lascīviōs-us* ← L *lascīvus* wanton: ⇨ lust〛 **—** *adj.* **1** 淫(いん)な, 好色な (lustful): a ～ glance 色目. **2** 猥褻(わいせつ)な, 挑発的な, 扇情的な (salacious): a ～ picture. **～·ly** *adv.* **～·ness** *n.*
lase [léɪz] 〚《逆成》↓〛〚光学〛 **—** *vi.* レーザー (laser) の働きをする; 誘導放出により可干渉性の光を増幅[放出]する (cf. mase). **—** *vt.* ...にレーザー光を放射する[かける].
la·ser [léɪzə | -zə(r] 〚《頭字語》← *l(ight) a(mplification by) s(timulated) e(mission of) r(adiation)*〛 **—** *n.* 〚電子工学〛レーザー《誘導放出を利用し光の増幅・発振を行ない, 指向性および干渉性の良い強い単色光を作る装置; optical maser ともいう》: ～ beams.
lash¹ [lǽ(ː)ʃ] 〚(?*a*1300) *lassh, lashe* 《擬音語》?〛 **—** *n.* **1** むちのしなやかな部分, むちひも; むち (whip). **2 a** (むちの)一打ち: receive twelve ～*es* 12 回むち打たれる. **b** [the ～] むち打ちの刑: under the ～ むち打ちの刑を受けて. **3** (むち打ちのように)急激な一打ち; (馬・犬などが)尾を振ること: I received a ～ of his hand on my cheek. ほおに平手打ちを食らった. **4** (風・雨などが)強く打ち当たること: the ～ of wintry storm 冬のあらしの吹付け / the ～ of waves against the rock 岩を打つ波. **5** 当てこすり, 風刺; 痛烈な非難: under the ～*es* 痛烈な非難を受けて. **6** まつ毛 (eyelash). **7** 〚紡織〛首糸《ジャカード織で模様を織るために竪針の下に付けてある麻糸または針金の輪》. **8** 〚機械〛ラッシ, すき間《互いに接触して運動する機械部品の間に発生するすき間》.
— *vt.* **1** むち(のようなもの)で打つ, 打つ, 打ちすえる: ～ a person *on* the back [*across* the face] 人の背[顔]を打つ / The wind ～*ed* his hair around the forehead. 風に吹かれて髪の毛が額のあたりを打った. **2** (怒って)急に激しく動かす; 振り上げる[飛ばす]: The lion ～*ed* its angry tail. ライオンは怒って尾を激しく振った / The horse ～*ed up* its heels. 馬があと足を蹴上げた. **3** 〈雨・波などが〉...に打ち当たる, 打ち寄せる: The rain ～*ed* the window glass. 雨が窓ガラスを叩いた / The waves are ～*ing* the shore. 波が岸辺に打ち寄せている. **4** ののしる; ...に皮肉を浴びせる (satirize); 〔非難・批判などで〕痛烈に非難する, 激しく責める (rebuke) 〔*with*〕: ～ a person *with* one's tongue [pen] 人を口頭[ペン]で皮肉る. **5** 〈人を〉刺激して〔ある状態に〕する (provoke), 〔ある行為に〕駆り立てる (drive) 〔*into*〕: ～ a person *into* fury [*into* murder] 人を激怒させる[人に殺人を犯させる] / He ～*ed* himself *into* a raging temper. かっと激怒した. **6** 《英方言》〈金を〉無鉄砲に使う: ～ the money *around*.
— *vi.* **1** (むちなどで)激しく打つ: ～ *at* a person with a stick 棒で人を激しく打つ. **2** 痛烈に非難する, 激しく責める 〈*out*〉〔*at, against*〕: ～ *at* a person / ～ *out against* [*at*] the government 政府を痛烈に攻撃する. **3** 〈風・波などが〉激しく打ち当たる (beat); 〈雨などが〉激しく降る (pour) 〈*down*〉〔*against*〕: The waves ～*ed against* the shore. 波が岸に激しく打ち寄せた / The rain was ～*ing down against* the window. 雨が激しく窓を打っていた. **4 a** さっと動く; 激しく動き回る 〈*about*〉; 突進する 〈*out*〉〔*at*〕: The snake ～*ed* and coiled. へびはさっと動くととぐろをまい

た / He ~ed about in pain. 彼は痛くて七転八倒した / He ~ed out at the burglar. 彼は強盗に突進した. **b** 〈馬が〉蹴る (kick) 〔at〕: The horse ~ed out at the driver. 馬は御者を蹴飛ばした. **5** 《英方言》金を無鉄砲に使う, 散財する 〈out〉.

lash² [lǽ(ː)ʃ] 〖《c1440》▭ OF *lachier* 《変形》← *lacier* 'to LACE'〗 ── *vt.* 〔縄・ひもなどで〕縛る, くくり[縛り]つける (fasten) 〔*with*〕: ~ a person's hands *with* cord 両手をひもで縛る.
lash a hammock ⇨ hammock¹. ***lash and carry*** 〖海事〗飛び起きて片付け当直の用意をする《目が覚めると同時に飛び起きて, ハンモックを片付け, 当直に備える動作》.

lash·car [lǽʃkə | -kə(r)] *n.* =lascar.

lashed *adj.* [主に複合語の第2構成素として] (…の)まつ毛のある: a dark-*lashed* girl 黒いまつ毛の少女 / her long-*lashed* hazel eyes まつ毛の長い薄茶色の目.

lásh·er¹ *n.* **1** むち打つ人; 非難者. **2** 《英》堰(せき); 堰を流れ落ちる水; 堰の下の水たまり.

lásh·er² *n.* 締め綱《材木などの貨物を甲板へ縛り付けたりする時などの綱》.

lásh·ing¹ 〖ME〗 *n.* **1** むち打ち (flogging). **2** 痛烈な非難. ── *adj.* **1** 〈雨など〉激しく降る. **2** 〈非難など〉痛烈な. **~·ly** *adv.*

lásh·ing² *n.* **1** (綱・ひもなどで)結ぶこと, 縛ること. **2** ひも, なわ (cord, rope), 針金 (wire), 鎖 (chain).

lash·ings [lǽʃɪŋz] 〖⇨ lashing¹〗 ── *n. pl.* (*also* **lash·ins** [-ʃɪnz, -ʃənz | -ʃɪnz]) 《俗》たくさん, 多量: cornflakes with ~ *of* milk 牛乳をたくさんかけたコーンフレーク.

lash·kar [lʌ́ʃkə, lǽʃ- | -kə(r)] *n.* =lascar.

Lash·kar [lɑ́ːʃkə, lǽʃ-, lʌ́ʃ- | -kə(r)] *n.* ラシュカル《インド北部の都市; 人口 182,000》.

lásh·less *adj.* まつ毛のない.

lásh ràil *n.* 〖海事〗綱取りレール《ブルワーク (bulwark) に固定取付けのレールで, ロープなどを縛り付けるのに使う》.

lásh-ùp 〖← *lash up* (⇨ lash²)〗 ── *n.* **1** (実験・非常の措置などのための)装置の間に合わせの物; 大急ぎの間に合わせ物, 即席の考案(など) (makeshift). **2** 装備 (outfit). **3** 《俗》失敗 (failure).

la·si·o·cam·pid [lèɪzioʊkǽmpɪd, -pəd | -zɪə(ʊ)kǽmpɪd] 〖↓〗 〖昆虫〗 *n.* カレハガ《カレハガ科のガの総称》. ── *adj.* カレハガ(科)の.

La·si·o·cam·pi·dae [lèɪzioʊkǽmpədìː | -zɪə(ʊ)kǽmpɪ-] 〖← NL ~ ← *Lasiocampa* (属名: ← Gk *lásios* shaggy + NL *campa* caterpillar (← Gk *kampḗ* turning)) + -IDAE〗 *n. pl.* 〖昆虫〗(鱗翅目)カレハガ科.

las·ket [lǽskɪt, -kət] 〖《変形》← ? LATCHET: GASKET の類推〗 *n.* 〖海事〗=latching.

Las·ki [lǽski | -kɪ], **Harold (Joseph)** *n.* (1893–1950) 英国の政治学者・社会主義者.

LASL 《略》Los Alamos Scientific Laboratory.

Las Pal·mas [lɑːspɑ́ːlməs | læspǽl-] *n.* ラスパルマス《Canary 諸島の Gran Canary 島の港市; 人口 329,000》.

L-as·pa·rag·i·nase [élæspərǽdʒənèɪs, -nèɪz | -dʒɪnèɪs] 〖*L*: 《略》← LEVO-〗 ── *n.* 〖生化学〗L アスパラギナーゼ《L アスパラギンを加水分解する酵素; 白血病の治療に用いる》.

La Spe·zia [lɑːspétsiə | -tsɪə, -tsjə, -zɪə, -dzjə; *It.* laspéːtsja] *n.* ラスペツィア《イタリア北西部の港市で, 海軍基地; 人口 122,000》.

lasque [lǽ(ː)sk | lɑ́ːsk] 〖▭ ? Pers. *lashk* bit, piece〗 *n.* 〖鉱物〗薄い不整形なダイヤモンド《宝石に用いる》.

lass [lǽ(ː)s] 〖《c1300》 *lasse, lasce* ▭ ? ON *laskwa* (fem.) ← **laskwar* unmarried〗 *n.* **1** 若い女, 娘っ子, 少女 (cf. lad 1). **2** 恋人《女性》. **3** 《スコット》女中.

Las·sa [lɑ́ːsə, lǽsə] *n.* =Lhasa.

Lás·sa fèver [lǽsə-] 〖*Lassa*: 最初にこの伝染病が確認されたナイジェリア西部の部落名〗 *n.* 〖病理〗ラッサ熱《死亡率の高いウイルス性の急性熱性伝染病》.

Las·salle [ləsǽl, -sɑ́ːl; G. lasál], **Ferdinand (Gottlib)** *n.* ラッサール《1825–64; ドイツの社会主義者・著述家》.

Lás·sen Volcánic Nátional Párk [lǽsn̩-] *n.* ラッセン火山国立公園《米国 California 州北部の Cascade 山脈の南部を占める国立公園; 米国本土唯一の活火山がある; 面積 433 km²》.

las·sie [lǽsi | -sɪ] 〖← LASS + -IE: cf. laddie〗 *n.* 小娘, 少女 (little lass).

Las·sie [lǽsi | -sɪ] 〖↑〗 *n.* 女性名《異形 Lasse》. ★スコットランドに多い.

las·si·tude [lǽsət(j)ùːd | -sɪtjùːd] 〖《1533》▭ F ─ ▭ L *lassitūdō* weariness ← *lassus* weary〗 ── *n.* **1** だるいこと, 疲労, 倦(けん)怠. **2** 気の進まないこと, 気乗りのしないこと.

las·so [lǽsoʊ, læsúː, ─ ─ | læsúː, lə-, lǽsəʊ] 〖《1807》▭ Sp. *lazo* < VL **lacium* = L *laqueus* noose, snare: LACE と二重語〗 ── *n.* (*pl.* **~s, ~es**) 輪なわ, 投げなわ《引結びの輪 (running noose) のある獣皮製の長いなわ; 野生馬などを捕えるのに用いる》. ── *vt.* 輪なわ[投げなわ]で捕える. **~·er** *n.*

Las·so [lɑ́ːsoʊ | -səʊ; *It.* lásso], **Orlando di** *n.* ラッソ《1532?–94; フランドル楽派の作曲家; ラテン語名 Orlandus Lassus》.

lásso cèll *n.* 〖動物〗=adhesive cell.

last¹ [lǽ(ː)st | lɑ́ːst] 〖ME *last(e), latst* 《中音消失》← *latest* < OE *latost, lætest* (< Gmc **latast-*, **latist-*: Du. *laatst* / G *letzt*) (superl.) ← *læt* 'LATE'〗 ── *adj.* [元来は late の最上級; ⇨ latest] **1 a** [the ~ として] (順序が)最後の, 一番あとの (↔ first): *the* ~ page of a book / *the* ~ two [three] days = *the* two [three] ~ days 最後の2日[3日]. ★(1) 数詞が少ない数を表わす場合には last [first, next] を数詞の前に置いても後に置いてもよいが, 現在は前に置く方が普通; 数詞が多い数を表わす場合には, last [first, next] は数詞の前に置く: *the* ~ [first, next] ten pages. (2) 数詞が序数の場合は, last は常に序数の後に置く: *the* second [third] ~ paragraph 最後から2番目[3番目]のパラグラフ / *the* ~ …but one [two] = *the* ~ but one [two] … 終わりから2番目[3番目]の… / in *the* ~ place (列挙などで)最後に / to *the* ~ man 最後の一人まで, 全滅するまで / ⇨ last ditch. **b** [通例 the ~, one's ~ として] (時間が)最後の, 最終の (↔ first); 生涯の終わりの, 臨終の; 死別の, 告別の; (世界の)終わりの, 終末の: *the* ~ day of the year 大みそか / *the* ~ Sunday in August 8月の最後の日曜日 / see something for *the* ~ time ある物の見納めをする / hear from a person for *the* ~ time それを最後に人から消息がない / pay *one's* ~ respects to …に告別する / in *one's* ~ hours [moments] 死のまぎわに, 死に臨んで / *one's* ~ days (人の)晩年 / ⇨ four last things, last rites, last word 1.

2 a 最後に残った: one's ~ shilling [crust] 最後の一シリング[パンのひと切れ] / one's ~ hope [chance] 最後の望み[機会] / the ~ stronghold [survivor] 最後の砦[生存者]. **b** 〈行為が〉最後の, 最終の: the ~ spurt 最後の努力 / put the ~ touch [《廃》hand] to …を仕上げる[完成する] / She cast a ~ look at him. 彼女は最後に彼をちらりと見やった.

3 a すぐ[この]前の, 昨…, 先…, 去る… (cf. this 2, next 1): ~ evening [night] 昨晩[夜] (cf. yesterday *n.* 1 b) / ~ month [week] 先月[週] / ~ Wednesday = on Wednesday ~ この前の[先週の]水曜日に / on Wednesday ~ week 先週の水曜日に / ~ May = in May ~ 去る5月に / ~ spring 過ぐる春に《去年の春に; 今年の終わった春に》/ ~ year 去年 (cf. the year before (その)前年に) / ~ time この前(の時)《★ 以上は前置詞なしに, しばしば副詞句として用いられる》/ in [for, during] *the* ~ few days ここ数日間 / in *the* ~ fortnight この2週間に / in [during] *the* ~ century 前世紀に / I haven't seen him for *the* ~ month or so. ここ1か月ばかり彼と会っていない《★ この場合の the last … は the past … と同意》/ *The* ~ time I saw him was Saturday. この前彼に会ったのは土曜日だった / He looked much worried (*the*) ~ time I saw him. この前会った時にはとても心配そうにしていた. **b** [通例 the ~, one's ~] 最近の (most recent) (cf. *n.* 3 b): as I said in *my* ~ letter 前便で申し上げたように / *The* ~ news I heard was that… 最近の消息では…だった / *the* ~ issue of *Time*「タイム」の最新号《★ 前の2例では latest を用いた方がよいとされる》. **c** [the ~] 最新(流行)の (latest): *the* ~ thing in skirts [fashion] 最新流行のスカート[ファッション] / ⇨ last cry, last word 3.

4 [the ~] **a** 最上の, 至極の (supreme, utmost): a matter of *the* ~ importance 最も重要な事柄 / be exposed to *the* ~ term of contempt 最大の侮辱を受ける. **b** 一番下位の, 最低の, どんじりの (lowest, worst): *the* ~ prize 最下位の賞 / *the* ~ boy in the class クラスのびり.

5 最後的な, 決定的な, 究極の (conclusive, final): give the ~ explanation 最終的な解釈を示す / There is no ~ answer *to* …に対しては決定的な答は出ない / ⇨ last word 2.

6 a [the ~; *to* do または関係詞節を伴って] 決して…しそうもない, まさか…しまいと思われる (most unlikely): You should be *the* ~ man *to* wish it. そんなことは決して願ってはいけない / That is *the* ~ thing *to* try. それはやってみるほどの物ではない / Teachers are *the* ~ persons on earth *who* can believe that all men are born equal. 教師とは, 人間はだれでも生れながらに平等であるということを到底信じることのできない人種である / This is about *the* ~ place *where* anyone will look for you. まさかこんな所に君がいようとはだれも思うまい. **b** [the ~] 最も不適当な, 最も不相応な (most unsuitable) 〔*for*〕: She was *the* ~ wife in the world *for* a farmer. およそ農家の主婦には向かぬ女だった.

7 [強意語として] 個々の, たった1個の: He spent every ~ cent. 最後の1セントまで使い果たした.

on one's last pins ⇨ pin *n.* 5.

── *adv.* [元来は late の最上級; ⇨ latest] **1 a** (順序・時間など)最後に, 一番終わりに (↔ first): ~ of all [強意的] 一番最後に / come ~ and leave first 最後に来て最初に帰る / She was ~ seen going out shopping. 買物に出かけるところを見られたのが最後だった / He ranks ~ in his class. クラスでは彼が一番劣っている. **b** (いろいろ述べて)終わりに当たって; (列挙して)最後に (finally) (cf. lastly): *Last*, I'd like to say a few words on the educational aspect. 最後にひとこと教育的な側面について述べてみたい. **c** [複合語の第1構成素として] 最後に: *last*-born 最後に生まれた / *last*-mentioned 最後に挙げた[言った] / *last*-named 最後に名を挙げた.

2 この前, 前回に, 最近 (most lately): When did you ~ go abroad [go abroad ~]? この前外国へ行かれたのはいつですか / I ~ met him in Oxford. = I met him ~ in Oxford. 最近はオックスフォードで彼に会った.

first and last ⇨ first *adv.* 成句. ***last but not least*** 最後に述べるが決して軽んずべきではない(もの[こと]であるが), 順序は最後だが重要な(もの[こと]だが), 大事なことを一つ言い残したが (cf. Shak., *Caesar* 3. 1. 189).

── *n.* **1 a** [通例 the ~; 単数または複数扱い] (…のうちの)最後の物[人] (↔ first): *the* ~ *of* the tests 一番最後の試験 / *the* ~ *of* the Stuarts スチュアート家の最後の王 / He was *the* ~ *to* volunteer. 彼が一番最後に志願した(人だった) (cf. He volunteered *last*. (⇨ *adv.* 1 a)) / This is our ~. これがうちの末っ子です / from first to ~ 初めから終わりまで. **b** [the ~] 終わり, 結末 (end, conclusion): I didn't hear *the* ~ *of* the story. 話の結末は聞かずじまいだった. **c** [the ~, one's ~] 臨終, 末期, 死 (death): He was faithful to his principles *to the* ~. 死ぬまで主義を守り抜いた.

2 《文語》最後の動作《呼吸など》: breathe one's ~ 息を引き取る, 死ぬ (cf. Shak., *3 Hen VI* 5. 2. 40) / look one's ~ (on…) (…の)見納めをする. ★これらの例では *adj.* としての last のあとにそれぞれ breath, look が略されているものと解され, one's last は一種の同族目的語と見られる. **3 a** […before ~ の形で] 一昨…, 先々… (cf. *adj.* 3 a): the night *before* ~ 一昨夜 / the month *before* ~ 先々月 / the year *before* ~ 一昨年, おととし. **b** 最後[最近]の物[人] (cf. *adj.* 3 b); 最後に挙げた人[物]: the [this] ~ この最後の物[人] / These ~ were given honorary degrees. この最後に名を挙げた人々は名誉学位を授与された / the ~ (news) I received from him 彼からもらった最後[最近]の報道 / Have you heard Professor Quirk's ~ (joke)? クワーク教授の最近のジョークを聞いたかい / Is this Mr. Smith's ~ (baby)? これがスミスさんの今度の赤ちゃんですか. ★ *adj.* としての last の次に名詞が省略されたもの. **4** [the ~] (週・月などの)末 (↔ first): *the* ~ *of* a week [month] 週[月]末 / We went there *the* ~ *of* July. 7月の終わりにそこへ行った.

at last 終わりに, ついに (finally): The vacation came *at* ~. ついに休暇になった. ***at long last*** (長い期間がたったあとで)やっとのことで, ようやく, ついに: *At long* ~ he paid the money back. ようやく金を返してくれた. ***hear the last of*** …の聞き納めになる: We shall never *hear the* ~ *of* it. いつになってもその話はやまない[人のうわさになっている]だろう. ***see the last of*** …の見納めになる: That was *the* ~ I *saw of* my father. それが父の見納めとなった.

last² [lǽ(ː)st | lɑ́ːst] 〖OE *lǣstan* to carry out, continue, follow < Gmc **laistjan* (G *leisten* to perform) ← **laist-* 'LAST³'〗 ── *vi.* **1** (時間的に)続く, 継続する (continue): The sermon ~*ed* (*for*) an hour. 説教は1時間続いた / How long will the performance ~? 芝居[演奏]はどの位かかりますか. **2 a** 持続する, 持ちこたえる (endure); 〈人が〉命を持ちこたえる: as long as life ~*s* 命の続く限り / He can't ~ *till* morning [*through* another bad hemorrage]. 朝まで[今度またひどく出血したら]持つまい. **b** 持ちがよい, 長持ちする: This cloth will not ~ long. この布地は長持ちしないだろう. **3** 〈力・精力などが〉損なわれない, 衰えない, 持つ: His strength ~*ed to* the end of the journey. 旅行の最後まで力が衰えなかった / If my health ~*s*, I will finish my work. もし健康が持つならこの仕事をやってしまおう. **4** 足りる, 間に合う (suffice): We have enough food to ~ (*for*) a week. 1週間分の食糧がある / You must make your money ~ *till* you get home. 家に帰るまでその金で間に合わせなければならない.

── *vt.* ★ Passive には用いられない. **1** …の終わりまで生きながらえる (survive), …の間持ちこたえる (endure) 〈*out*〉: They ~*ed* (*out*) the famine. 彼らは飢饉(ききん)を生き延びた / He won't ~ *out* the week. 彼は1週間持つまい / Our supply of oil will hardly ~ *out* the winter. 石油の貯えは冬中はとても持つまい. **2** 〈ある期間〉だけ〈人〉に(とって)間に合う, 十分である, 足りる (be enough for): food to ~ them a month 彼らに1か月持つ食糧 / A pound of tobacco only ~*s* me a fortnight. 1ポンドのたばこは私には2週間しか持たない. ★この用法は今日では間接目的語(人)と直接目的語(期間)を伴う *vt.* 用法と解されるが, 歴史的には時間規定の副詞的目的格を伴う *vi.* の用法 (cf. *vi.* 1, 4) に人をさす与格が添えられたもの; なお, 次のように前置詞付きの句を伴うこともある: He gave me enough files to ~ me *for* a month. 彼は私にひと月分の[目を通すだけでもひと月はかかる]ファイルをくれた.

── *n.* 持続力, 耐久力, 根気 (stamina).

last³ [lǽ(ː)st | lɑ́ːst] 〖OE *lǣste* ← *lāst* footstep, track < Gmc **laist-* (Du. *leest* / G *Leisten*) ← IE **leis-* track, furrow〗 ── *n.* (木・プラスチック・金属製の)靴型.

go beyond one's last 〖cf. *stick to one's* LAST〗 自己の本分を越える, 自分の領域外のことに口を出す.

stick to one's last 〖'Let the COBBLER¹ stick to his last.' という諺から〗 自己の本分を守る, 自分の仕事だけをする, わからない事に口出しをしない.

── *vt.* 〈靴を〉つりこむ《靴の甲部を引っ張って靴型に合わせる》. ── *vi.* つりこむ.

last[4] [lǽ(ː)st | lɑ́ːst] 〘OE *hlæst* burden ← (WGmc) **hlatsta-* (Du. *last* / G *Last*) ← **hlaþ-* 'to LADE'〙 ― *n.* **a** ラスト《重量の単位; 通例 4,000 ポンド, 地方によって不同》: a ~ of wool 羊毛 1 ラスト《12 sacks すなわち 4,368 ポンド》. **b** ラスト《英国の穀量の単位; =10 quarters, 80 bushels》: a ~ of malt [corn] 麦芽[麦] 1 ラスト.

last[5] [lǽ(ː)st | lɑ́ːst] *n.* =miter 6.

lást accóunt *n.* [the ~] =Last Judgment.

Lást Assíze *n.* [the ~] =Last Judgment.

lást crý *n.* =dernier cri.

lást dáy, L- D- *n.* [the ~] 最後の審判の日 (Judgment Day).

lást-dítch *attrib. adj.* **1** 絶体絶命の, のっぴきならない: the 'income policy' as a ~ measure to curb inflation インフレ抑止のための絶体絶命の処置としての所得政策. **2** 最後まで戦われる, 死力を尽くしての: a ~ fight.

lást dítch *n.* [the ~] 窮地, どたん場: be driven *to the* ~ どたん場に追い詰められる / fight *to the* ~ ことん戦う / die *in the* ~ 最後まで防戦して死ぬ.

lást-dítch·er *n.* 最後まで頑張る人.

lást·er[1] 〘⇨ last[2]〙 *n.* 持続する物; 耐久力のある物[人].

lást·er[2] 〘⇨ last[3]〙 *n.* つりこみ作業者; つりこみ機.

Las·tex [lǽsteks] 〘← (E)LAS(TIC)+TEX(TILE)〙 *n.* 〘商標〙 ラステックス《ゴム乳状液を細いゴム糸に作り, これに綿糸などをからみ付けて作った糸》.

Lást Frontíer *n.* [the ~] 米国 Alaska 州の俗称.

Lást Góspel *n.* 〘キリスト教〙 (カトリックで)終わりの聖福音; 最終福音(書)《カトリック教会のミサ聖祭や多くの英国国教会派の教会の聖餐式の終わりに読まれる福音書; 通例ヨハネ福音書 1: 1–14》.

lást hurráh *n.* 最後の努力[試み].

lást-ín, fírst-óut *n.* 〘会計〙 後入れ先出し法《仕入単価の異なる同じ種類の商品を出庫する時, 一番最後に仕入れた口の商品が, 一番先に出庫したものとして, その払出価格を決定する方法; 頭文字をとって LIFO, Lifo ともいい, また, last-in, first-out method ともいう; cf. first-in, first-out; next-in, first-out》.

lást·ing 〘ME〙 ― *adj.* (長く)続く, 永続する(durable), 長持ちする, 耐久力のある (enduring), 永久(不変)の (permanent): ~ comfort, sorrow, etc. / a ~ friendship, peace, etc. ― *n.* ラスティング《持ちのよい一種のラシャ; 婦人靴や包みボタンなどに用いる》. **~·ly** *adv.* **~·ness** *n.*

Lást Júdgment 〘ME〙 *n.* [the ~] (世の終わりに神が行なう)最後の審判 (Last Assize).

lást·ly 〘ME《スコット》*lestely*〙 ― *adv.* (いろいろ述べて)最後に, 終わりに(当たって); (列挙して)最後に: *Lastly*, I ask you to drink to .... 最後に…のために皆様と乾杯をいたしたく思います.

lást-méntioned *attrib. adj.* [the ~] 一番最後に挙げた; [代名詞的に用いて] 一番最後に挙げたもの《the first, the second などに対する; cf. latter 3 ★》.

lást míle *n.* 死刑囚が独房から刑場まで歩いて行く距離.

lást-mínute *attrib. adj.* 最後の瞬間の, どたん場での: ~ amendments / a ~ appeal.

lást mínute *n.* 最後の瞬間, どたん場: at the ~ どたん場になって, いよいよという時になって.

lást nàme *n.* ラストネーム (⇨ name 1).

lást-námed *attrib. adj.* =last-mentioned.

lást óffices *n. pl.* [the ~] 葬式, 葬儀.

lást rites *n. pl.* **1** 死者に対する告別の儀式および祈禱(きとう). **2** 臨終の人に施される秘跡.

lást sácrament *n.* 〘カトリック〙 終油の秘跡.

lást stráw *n.* **1** (そのために急に負担が耐えられなくなる)最後のわずかな付加, 重荷に小付(こづけ): as a ~ 不幸続きの挙句の果てに. **2** [the ~] 限界すれすれのもの: It is *the* ~ that breaks the camel's back. 《諺》たとえわずかでも限度を越せば大事となる.

Lást Súpper *n.* [the ~] **1** 最後の晩餐(ばんさん)《キリストがはりつけになる前夜に使徒たちと共にした晩餐》. **2** 「最後の晩餐」《キリスト最後の晩餐を描いた絵画; Leonardo da Vinci の壁画など》.

lást survívor annùity *n.* 〘保険〙 最終生残(せいざん)者年金《二人以上の被保険者の中, 最後の生残者に与えられる年金》.

Lást Thíngs 〘《なぞり》← ML *Novissima*〙 *n. pl.* 〘キリスト教〙 最後のもの《世の終わりのしるしである全人類の復活や最後の審判の出来事; 終末論的出来事》.

lást váriable *n.* 〘数学〙 最終変数.

lást wórd *n.* [the ~] **1** [*pl.*] 臨終[最後]の言葉; 遺言. **2** 決定的な言葉; 決定的判断; 決定権: She always tries to say [have] *the* ~ in disputes. 争い事にはいつも人をやり込めようとする. **3** 《口語》最新流行品[発明品], 最優秀品, 極致 (cf. dernier cri); 最高権威者 (*in*): *the* ~ *in* science 科学の最新の発明[発達] / His residence was absolutely *the* ~ *in* luxury. 彼の邸宅は全く贅美(ぜいび)を尽くしたものだった / He is *the* ~ *in* modern architecture. 近代建築の最高権威だ.

famous last words (1) 臨終の名言(集). (2) [戯言・皮肉に用いて] そんなばかなこと(あるものか), どうだかね《相手の予想などに対する不信を表わす》.

Las Ve·gas [lɑːs-véɪɡəs | lǽs-, lɑ́ːs-] *n.* 米国 Nevada 州南東隅の都市; 歓楽都市・賭博(とばく)地として有名; 人口 147,000.

lat[1] [lɑ́ːt] 〘《略》← *Latvija* Latvia〙 *n.* (*pl.* **~s, la·ti** [-ṭi | -tɪ]) **1** ラット《Latvia の通貨単位 (1918–40); =100 santimi》. **2** 1 ラット銀貨.

lat[2] [lɑ́ːt] 〘⇨ Hindi *lāṭ(h)*《変形》← Skt *yaṣṭi* pillar〙 *n.* 〘建築〙 (インドである種の寺院の)大石柱《碑文や宗教的な表象を刻んだりした柱》.

lat. 《略》〘地理・天文〙 latitude.

Lat. 《略》 Latin; Latvia.

Lat·a·ki·a [læ̀ṭəkíːə | -kíə, -kíːə] *n.* **1** ラタキア《シリア北西部の港市; 人口 192,000》. **2** [l-] ラタキアたばこ《トルコ産の上等なたばこ》.

latch [lǽtʃ] 〘(?*a*1200) *lacche* a fastening ← *lacchen* to seize < OE *lǣċċan* to take hold of, catch, take < Gmc **lakkjan* ← IE **(s)lagw-* to seize〙 ― *n.* (ドア・門などに付ける)掛け金, かんぬき (cf. night latch).

off the latch 〈戸が〉掛け金をはずして. ***on the latch*** 〈戸が〉(錠をおろさずに)掛け金だけかけて.

― *vt.* **1** …に掛け金をおろす[かける]: ~ a door, window, etc. **2** 《英方言》捕まえる (catch), 得る (get), 受け取る (receive). ― *vi.* 〈戸・窓などが〉掛け金で締まる.

***latch on to* [*onto*]** 《口語》 (1) …をつかむ, しっかり握る (grasp): ~ *onto* the wheel ハンドルをしっかり握る. (2) …を手に入れる (acquire): ~ *on to* 100,000 shares 10 万株を手に入れる. (3) …を理解する, のみこむ (understand): He just hasn't ~*ed on to* what we are doing. 我々のやっていることなど彼にはわかっちゃいない. (4) …の仲間[一員]になる; …と親しく付き合う: ~ *onto* a rich widow 金持ちの未亡人と親しくする. (5) …から離れない.

látch bòlt *n.* から締めボルト.

latch·et [lǽtʃɪt, -tʃət] 〘(*c*1440) ⇨ OF *lachet* thong《変形》← *lacet* (dim.) ← *laz* 'LACE': cf. lasket〙 *n.* 《古》靴ひも.

látch·ing 〘(15C)《廃》fastening a door〙 *n.* [通例 *pl.*] 〘海事〙 なわ輪《bonnet という追加帆布を取付けるために帆裾につけてある; lasket ともいう》.

látch·kèy *n.* (表戸の)掛け金の鍵; 玄関の鍵《passkey ともいう》. ― *vt.* **1** 〈戸〉の掛け金の鍵をあける: ~ the door. **2** [~ *oneself* で] 玄関の鍵をあけて入る: ~ *oneself into* the house.

látchkey chìld *n.* 鍵っ子.

látch nèedle *n.* 〘紡織〙 べら針, 舌針, 杓子針《メリヤス編みに使う編み針の一種; 先端に上下に開閉する舌がある》.

látch·strìng *n.* 掛け金[かんぬき]のひも《外からそれを引っ張って掛け金をはずす》.

lat. dol. 《略》〘処方〙 *L.* laterī dolentī 痛みのある側に (on the side which is painful).

late [léɪt] 〘OE *læt* behindhand, slow < Gmc **lataz* slow (Du. *laat* late / G *lass* slothful) ← IE **lē(i)-* to let go, slacken (L *lassus* exhausted / Gk *lēdeîn* to be tired)〙 ― *adj.* (**lat·er; lat·est**) (cf. latter, last[1]) **1 a** (ある時刻に)遅れた, 遅刻して; 遅い (↔ early): a ~ arrival 遅刻者 (cf. latecomer 1) / The mail is ~ today. 今日は郵便が遅い / It is never too ~ to mend. 《諺》改めるに遅過ぎることはない,「過ちては改むるにはばかることなかれ」/ I was ~ *for* school [*for* work, *at* the office]. 学校に[仕事に, 役所に]遅れた / He was too ~ *for* the train. 列車に乗り遅れた / We were ~ *in* arriving. 到着するのが遅れた《★ この表現法の in は《口語》ではしばしば省かれる; cf. long[1] *adj.* 2 c》/ I was ~ *with* breakfast this morning. 《口語》=I was ~ having breakfast this morning. 今朝は朝食をとるのが遅くなった. **b** (通常より)遅い; 時候[時節]遅れの (↔ early): (a) ~ marriage 晩婚 / ~ frosts 晩霜 / ~ fruits [crops] おくての果物[作物] / The crops are ~ this year. 今年は作物のできが遅い. **c** (時刻が)遅い; 日暮れに近い; (夜が)ふけた, 夜になってからの, 夜遅い: a ~ party 時刻の遅いパーティー / ~ dinner 夜の正餐(せいさん) (cf. midday *adj.*) / ~ revels 夜ふけの宴 / a ~ night club 深夜営業のナイトクラブ / the ~ edition of a newspaper 新聞の遅版 / keep ~ hours ⇨ hour 成句 / It is too ~ to go out. 外出するには遅すぎる / Three o'clock is too ~ in the day for lunch. 3 時では昼食には遅すぎる (cf. LATE *in the day*). **d** 遅れた者に与えられる: ~ marks 遅刻点 / a ~ penalty 遅刻の罰(金). **2 a** (時期の)終わりに近い, 末期の, 後期の (↔ early): ~ (the) spring 晩春 / the ~ eighteenth century 18 世紀末 / the ~ Roman Empire ローマ帝国の末期 / the ~ period of one's life 晩年 / in the ~ 1970's 1970 年代の末期に / in one's ~ teens [twenties] ハイティーン[20 代の終わり]で. **b** (言語史で)後期の (↔ early): ⇨ Late Greek, Late Latin. **c** 〘医学〙後発の; 晩期の; 後遺の: ~ effects 後遺症, 後遺作用 / ~ gestation 妊娠後期 / ~ syphilis 後発梅毒. **3 a** 近頃の, 最近の, この頃の (recent) (⇨ latest *adj.* 2): the ~ floods, war, etc. / ~ students 近頃の学生たち / a ~ news bulletin 最近のニュース公報. **b** 先の, 前の, 前…, 元… (former, ex-) (cf. present[1] 1): the ~ allies, Government, etc. / one's ~ residence 前の住居, 旧居 / the ~ prime minister 前[元]首相《★ 人を修飾する場合 c の意味と紛らわしい時には避けた方がよい》. **c** (最近)死んだ, 物故した, 故… (dead, deceased)《★ 死後 20 年か 30 年ごろまでが限度》: my ~ husband / the ~ king / the ~ Dr. Palmer 故パーマー博士.

late in the day 遅すぎて, 遅まきで, 手遅れで, 機を失して (cf. 1 c): It's rather ~ *in the day* to report it. 今になって届け出てもちょっと手遅れですね. ***of late years*** 近年, この数年: I have not seen much of her *of* ~ *years*. ここ数年彼女にあまり会っていない.

― *adv.* (**lat·er; lat·est**) (cf. last[1]) **1** 遅刻して, 遅れて, 間に合わないで: come ~ (to work) (仕事に)遅刻する / He arrived (too) ~ *for* the train. 列車が出てしまってから到着した《間に合わなかった》/ Better ~ than never. 《諺》遅くともしないよりはよい. **2 a** (時刻が)遅く, 夜ふけて; 遅くまで, 夜ふけまで (↔ early): ~ in the morning [at night] 朝[夜]遅く / get up ~ / go to bed ~ / sit up ~=stay up ~ 遅くまで起きている, 夜ふかしする (cf. *till* LATE) / They talked [worked] ~ into the night. 夜遅くまでしゃべった[仕事をした]. **b** (時期が)遅く, 遅くまで: He married ~ in life. 彼は晩婚だった / Roses flowered ~ this year. ばらは今年は遅く咲いた / These trees keep their blossoms ~ in warm climates. この種の木は温暖な風土では花を遅くまでつけている. **c** (時期の)終わりに近い頃: I met him ~ in March [1960]. 3 月[1960 年]も終わりに近い頃彼に会った. **3** 最近, 近頃 (lately, recently): *as* ~ *as* yesterday [last week] ついきのう[先週] / These traces remained *as* ~ *as* the Victorian times. この痕(こん)跡は近くはヴィクトリア朝時代まで残っていた. ★ 以上のような用法以外は《詩》: He had a fever ~. 最近熱を出した (Keats, *The Eve of St. Agnes*). **4** もとは, 以前(は), 前に (formerly): his own study, ~ his father's 今まで父のであった彼の書斎. ★ しばしば以前の住所または勤務先を示す *of*-phrase を伴って用いられる: my friend, ~ *of* London and now of New York 以前ロンドンにいて今はニューヨークに住んでいる友人 / Mr. Hoover, ~ *of* the FBI 先頃まで連邦捜査局勤務であったフーバー氏.

― *n.* ★ 次の成句で: ***of late*** この頃, 近頃, 最近: I've not seen him *of* ~. ***till late*** 遅くまで (cf. *adv.* 2 a): sit [stay] up *till* ~ 遅くまで起きている, 夜ふかしする / Winter holds *till* ~ in England. イングランドでは冬が遅くまで続く.

láte blight *n.* 〘植物病理〙 (発育時の終わり頃現われる)斑点病: **a** ジャガイモ疫病菌 (*Phytophthora infestans*) の寄生によってジャガイモ・トマトなどが葉に斑点を生じ, 葉・茎・イモなどが腐る病気 (cf. early blight). **b** 葉枯病菌 (*Septoria apii*) によってセロリの葉に斑点の生じる病気.

láte·còmer *n.* **1** 遅参者, 遅刻者. **2** 最近到来した者[物], 新参者.

lat·ed [léɪṭɪd, -ṭəd | -tɪd, -təd] *adj.* 《詩》 =belated.

la·teen [lətíːn, læ- | lə-] 〘(1727–41) ⇨ F (*voile*) *latine* Latin (sail) (fem.) ← LATIN (地中海で用いられたことにちなむ)〙 〘海事〙 ― *adj.* 大三角帆の. ― *n.* **1** 大三角帆, ラテンセール. **2** (*also* **la·teen·er** [-tíːnə | -nə(r)]) 大三角帆船.

latéen-rìgged *adj.* 〘海事〙 大三角帆[ラテンセール]を装備した.

latéen sàil *n.* 〘海事〙 大三角帆, ラテンセール (cf. dhow).

láte fée *n.* 《英》時間外特別郵送料.

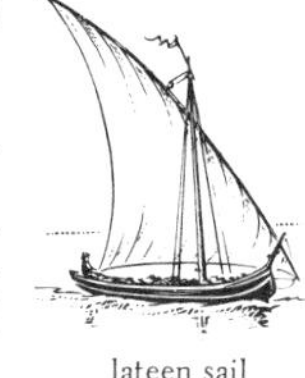

lateen sail

Láte Gréek *n.* 後期ギリシャ語 (⇨ Greek 3).

Láte Látin *n.* 後期ラテン語 (⇨ Latin 1).

láte·ly 〘ME *latli* < OE *lætliċe*〙 ― *adv.* この頃, 近頃, 最近 (recently): Things haven't become any better ~. このところ事態が一向に好転していない / Have your studies been improving ~? ご研究は近頃進んでいますか / I saw her *only* ~ [*as* ~ *as* last Saturday]. つい最近[先週の土曜]彼女に会ったばかりです. ★ 特に《英》では lately を only ~, as ~ as …という連語で用いる以外は否定・疑問構文に用い, 肯定構文には recently, a few days ago などを用いる傾向がある.

till lately 最近まで.

lat·en [léɪtn] 〘(15C)〙 *vt.* 遅くする, 遅れさせる. ― *vi.* 遅くなる, 遅れる.

la·ten·cy [léɪtnsi, -tən- | -tnsɪ, -tən-] 〘⇨ latent, -ency〙 ― *n.* **1** 隠れていること, 見えないこと; 潜伏, 潜在. **2** 〘精神分析〙 潜伏(期)《4–5 歳から思春期までの, 性的発達の休止する時期; latency period ともいう》. **3** 〘医学〙 潜伏. **4** 〘生理〙 =latent period 2. **5** 〘電算機〙 待ち時間《制御装置が記憶装置に対して情報転送の要求を出してから転送が始まるまでの時間》.

La Tène [lɑːtén, -téɪn] 〘← *La Tène* (鉄器時代の典型的遺物を出したスイスの Neuchâtel 湖東岸の地名)〙 ― *adj.* 〘考古〙 ラテーヌ(文化)期の《紀元前 5 世紀から紀元前後頃のヨーロッパに盛んであった鉄器文化の後期で, Hallstatt 期に次ぐ時代にいう》.

láte·ness 〘ME *latnesse* < OE *lætnes*〙 *n.* 遅いこと, 遅れること, 遅刻.

la·ten·si·fi·ca·tion [leɪtènsəfɪkéɪʃən, -fə- | -sɪfɪ-] 〘《混成》← LAT(ENT)+(IN)TENSIFICATION〙 *n.* 〘写真〙 潜像補力《現像前の補力でなく現像前の潜像を弱い光に当てたり水銀の蒸気などに触れさせて増感すること》.

la·ten·si·fy [leɪténsəfàɪ | -sɪ-] 〘《逆成》↑〙 *vt.* 〘写真〙 潜像補力をする, …の潜像を増感する.

la·tent [léɪtnt, -ṭənt | -tnt, -tənt] 〘(1616) ⇨ L *latent-em* (pres.p.) ← *latēre* to lie hidden〙 ― *adj.* **1 a** 存在しているが表には見えない, 隠れている, 潜在的な (hidden, potential): ~ qualities, defects, etc. **b** 〈指紋が〉かすれているが採取しうる. **2** 〘病理〙 潜伏している, 潜伏性[期]の (dormant) (↔ manifest): a ~ disease / ⇨ latent period 1. **3** 〘心理〙潜在している, 潜在の : a ~ homosexual 潜在性同性愛者. **4** 〘植物〙潜伏の. **—** *n.* (犯罪場面などで)かすれているが採取しうる指紋. **~·ly** *adv.*

látent ambigúity *n.* 〘法律〙潜在的意味不明瞭《書面上の文言は明確であるが, 書面以外の事情(証拠)によって明らかにされる意味不明瞭, 例えば書面で指名されている名前を有するものが複数いるような場合; cf. patent ambiguity》.

látent búd *n.* 〘植物〙潜芽, 潜伏芽.

látent cóntent *n.* 〘精神分析〙潜在内容《夢に見られた内容(顕在)の基底にある無意識の願望で, 分析によって明らかにされるもの; cf. manifest content》.

látent héat *n.* 〘物理化学〙潜熱《温度変化に関係なく, 物質の状態変化のためにのみ費やされる熱量; cf. sensible heat》.

látent ímage *n.* 〘写真〙潜像《感光材料に露光してできた肉眼では見えない像》.

látent mosáic *n.* 〘植物病理〙= latent virus disease.

látent pèriod *n.* **1** 〘病理〙潜伏期 (incubation period). **2** 〘生理〙刺激と反応の間の時間, 反応時間.

látent róot *n.* 〘数学〙(行列の)固有値《eigenvalue, characteristic root ともいう》.

látent strabísmus *n.* 〘眼科〙潜伏斜視.

látent vírus disèase *n.* 〘植物病理〙(ジャガイモの)潜伏性ウイルス病《healthy potato disease ともいう》.

lat·er [léɪtə | -tə(r)] 〘《1548》: cf. ME *later* : ⇨ latter〙 [late の比較級; cf. latter] **—** *adj.* **1** もっと遅い, もっと後の (↔ earlier) : ~ news その後のニュース / in ~ years 後年に / in one's ~ years 晩年に / It was ~ than I had expected. 思ったより遅くなっていた. **2** 比較的に末期[後期]の (cf. late *adj.* 2 a) : the ~ Middle Ages 中世の末ごろ. **—** *adv.* 後で, 追って, 後ほど (subsequently, afterward) : ~ on 後で, もっと先へ行って / sooner or ~ 遅かれ早かれ, いつかは / three years ~ それから3年後に / See [I will see] you ~. 後ほどお目にかかります[また後ほど] / He handed in his resignation, and ~ regretted his hasty action. 彼は辞表を提出したが後になって軽率な行為を悔やんだ.

lat·er- [lǽtər | lǽt-] (母音の前に来る時の) latero- の異形.

-la·ter [← lətə | -tə(r)] 〘← Gk *látr-is* worshipper : cf. -latry〙「崇拝者」の意の名詞連結形 : biblio*later*, ido*later*.

lat·er·ad [lǽtəræ̀d | -tə-] 〘← LATERO- + -AD³〙 *adv.* 〘解剖〙外方[側方]へ, 外側(の方向)へ.

lat·er·al [lǽtərəl, -trəl | -t(ə)rəl] 〘《1600》⊏ L *laterāl-is* ← *later-, latus* side : ⇨ -al¹〙 **—** *adj.* **1** 横の, 横の方への, 横からの (cf. longitudinal 3) : a ~ branch (of a family) (親族の)傍系. **2** 側面の, 側部の, 側の (cf. longitudinal) : a ~ view 側面図, 側面観 / the ~ face 側面 / ~ pressure 側面圧力, 側圧 / ~ motion 横運動. **3** 〘植物〙〈花・芽が〉側生の (cf. terminal 6) : a ~ bud [branch, root] 側生芽[枝, 根]. **4** 〘解剖〙体の正中線から外れた, 外側の, 側方の, 側位の. **5** 〘音声〙側音の, 側面音の : a ~ consonant 側(面)音. **6** 〘航空〙横の, 横および方向の (cf. longitudinal 5) : ~ stability 横(および方向の)安定 / ~ axis ⇨ axis¹ 7. **7** 〘歯科〙側方の, 側面の : a ~ incisor 側切歯. **—** *n.* **1** 側部, 側面部. **2** 側部にあるもの, 側面から生じるもの. **3** 〘植物〙側生芽[枝, 根] (⇨ *adj.* 3). **4** 〘音声〙側音, 側面音《舌によって口腔の中心線を閉鎖し, その両側または片側から呼気を通して調音する音; [l] など》. **5** 〘アメリカンフットボール〙= lateral pass. **6** 〘鉱山〙主坑道から枝分かれした小坑道, 支線坑道. **—** *vi.* 〘アメリカンフットボール〙ラテラルパス (lateral pass) を投げる. **~·ly** *adv.*

láteral canál *n.* **1** (航行が不便な[不可能な]河川に平行して流れる)側部運河. **2** (本運河から水を配る支流の)用水路.

láteral físsure *n.* 〘解剖〙(大脳の)外側溝 (sylvian fissure ともいう).

láteral frícative *n.* 〘音声〙側面摩擦音《摩擦の音を伴う側(面)音; ウェールズ方言の [ɬ] やモンゴル語の [ɮ]》.

lat·e·ral·i·ty [læ̀tərǽləti | -tərǽlətɪ, -lɪ-] *n.* **1** 〘医学〙左右差; 一側だけの著明な発育[発達]や利(き)き手腕(など) (cf. handedness 2). **2** 〘音声〙側音性.

lat·er·al·ize [lǽtərəlàɪz, -trə- | -t(ə)rə-] *vt.* 横の方へ向ける, 横向けにする.

láteral líne *n.* 〘動物〙 **1** 側線《魚類・両生類の幼生の体の両側に並んだ感覚器官; ⇨ fish¹ 1 挿絵》. **2** 側線器《貧毛類(ミミズ類)の体側に並んだ感覚器官》.

láteral magnificátion *n.* 〘光学〙横倍率《光軸に垂直な小線分の大きさに対する共役な像の大きさの比; transverse magnification ともいう》.

láteral méristem *n.* 〘植物〙側生分裂組織 (cf. apical meristem).

láteral páss *n.* 〘アメリカンフットボール〙ラテラルパス《ゴールの線にほとんど真横[後方]への短いバックへのパス》.

láteral pláne *n.* **1** 〘植物〙横截(せつ)面《地表に平行に引いた花の切面》. **2** 〘造船〙船体水線下縦断面《船首から船尾まで船体中央部で垂直面で切った水線下の断面図; 横方向の抵抗などを知るために利用される》.

láteral plósion [reléase] *n.* 〘音声〙側面破裂《atlas, badly の [t], [d] におけるように破裂が舌先で行なわれず, 舌の両側または片側で行なわれること》.

láteral resístance *n.* 〘造船〙横抵抗《船体水面下の形・竜骨・センターボード・リーボードなどによって得られる横方向に対する抵抗で, 風によって船が横流れするのに抵抗するもの》.

láteral sỳstem *n.* 〘海事〙(航路標識の)側面標示方式《標識の形・色・数字などで安全水路をその両側を示すことによって側面から標示する方式; 立標式・浮標式によらないものもある; cf. cardinal system》.

láteral thínking *n.* (問題に種々の角度から接近する)水平思考.

Lat·er·an [lǽtərən | -tə-] 〘《c1300》⊏ L *Laterāna* ← *Laterānus* : 古代ローマの Plautii Laterani という家族の名から〙 **—** *n.* [the ~] **1** ラテラノ聖堂 (the Church of St. John Lateran)《ローマ司教としての教皇の大聖堂》. **2** = Lateran Palace.

Láteran Cóuncil *n.* 〘カトリック〙ラテラノ公会議《西暦 1123 年, 1139 年, 1179 年, 1215 年, 1512–17 年の 5 回, ラテラノ宮殿で開かれた全キリスト教会議》.

Láteran Pálace *n.* [the ~] ラテラノ宮殿《ラテラノ聖堂に隣接する; 1309 年までローマ教皇の宮殿で 16 世紀に改築され, 現在は博物館》.

latera recta *n.* latus rectum の複数形.

láter-dáy *attrib. adj.* = latter-day.

lat·er·i- [lǽtərə | -tərɪ] latero- の異形 (⇨ -i-).

lat·er·ite [lǽtəràɪt | -tə-] 〘《1807》← L *later* brick + -ITE¹〙 *n.* 〘地質〙ラテライト, 紅土《鉄礬(ばん)土の水酸化状の.

lat·er·it·ic [læ̀tərítɪk | -tərít-] *adj.* 〘地質〙ラテライト

lat·er·i·za·tion [læ̀tərɪzéɪʃən, -rə- | -təraɪz-, -rɪz-] *n.* 〘地質〙ラテライト化.

lat·er·o- [lǽtəro(ʊ) | -tərə(ʊ)] 〘← L *later-* : ⇨ lateral〙「側 (side), 側面の (lateral)」の意の連結形. ★ 時に lateri-, また母音の前では通例 later- になる.

la·tes·cent [lətésnt, -sənt] 〘⊏ L *latēscent-em* (pres. p.) ← *latēscere* to be concealed, hide oneself ← *latēre* : ⇨ latent〙 **—** *adj.* 隠れる, 見えなくなる. **la·tés·cence** [-sns, -səns] *n.*

lat·est [léɪtɪst, -təst | -tɪst, -təst] 〘《1588》: cf. ME *latest* : ⇨ last¹〙 [late の最上級; cf. last¹] **—** *adj.* **1 a** 一番遅い (cf. last¹ 1 a) : the ~ arrival 一番の遅参者 / the ~ train 一番遅い(時刻に発車する)列車. **b** 《古》最後の. **2** [Attributive に用いて] 最新の, 最近の (↔ earliest) : the ~ news / the ~ fashion / the ~ thing 新奇な[目新しい]物, 最新の発明品 / I hope his ~ book will not be his last. 著者の最近作が最終作にならないことを希望します. **—** *adv.* 一番遅く : He arrived ~. 最後にやってきた. **—** *n.* [the ~] **1** 最新流行品[発明品] : *the* very ~ *in* ladies' wear 最新流行型の婦人服. **2** 最新の消息 : *the* ~ about the Carters カーター家の最近のニュース.
at (the) latest 遅くとも : We must be at the station by ten *at (the)* ~. 遅くとも 10 時までには駅へ行っていなければならない.

láte·wòod *n.* 〘林業〙晩材, 秋材《一年輪のうち, 夏から秋にかけて形成された木部; summerwood ともいう; cf. earlywood》.

la·tex [léɪteks] 〘⊏ L ~ 'liquid' : cf. Gk *látax* drop of wine〙 **—** *n.* (*pl.* **la·ti·ces** [léɪtəsìːz, lǽt- | lǽtɪ-], ~·**es**) **1** 〘植物〙(オオトウワタ (milkweed), トウダイグサ (spurge) などの)乳液, 乳樹脂, ラテックス. **2** 〘化学〙(合成ゴム・プラスチックの)乳濁液.

lath [lǽ(ː)θ, lɑ́ː(ː)θ | lɑ́ːθ] 〘《14C》*la(þ)þe* ← OE **læþþ-* (cog. G. *Latte*) ∽ ME *latt* < OE *lætt*〙 **—** *n.* (*pl.* ~**s** [lǽ(ː)ðz, lǽ(ː)θs | lɑ́ːθs, lɑ́ːðz]) **1** [集合的にも用いて] 木ずり, 木舞(こまい)《漆壁の下地を構成するために細い木片などを打ちつけたもの》: a *lath*-and-plaster shed 掘っ立て小屋 / (as) thin as a ~ 〈人が〉非常にやせている / built of ~ and plaster 木ずりと漆喰(しっくい)とで作った. **2** 木ずり作り, 木舞(こまい)張り (lathing). **3** 木ずり類似のもの, ラス《wire lath や expanded metal など》. **4 a** 木ずり状のもの. **b** 薄い木片《よろい戸などの材料》. **c** やせた[きゃしゃな]人[物] : He is a ~ painted to look like iron. 虚勢を張っているが根は臆(おく)病者. **—** *vt.* …に木ずりを打ちつける, 木舞をつける : ~ a wall, ceiling, etc.

lathe¹ [léɪð] 〘《1310》⊏ ? ODan. *lad* supporting framework ∥ ? ON *hlað* ← *hlaða* to lade〙 *n.* **1** 〘機械〙旋盤. **2** = batten². **—** *vt.* 旋盤にかける.

lathe² [léɪð] 〘OE *lǣþ* landed estate : cog. ON *lāð* landed possession〙 *n.* (昔の)イングランド Kent 州の行政区.

láthe-dòg *n.* 〘機械〙(旋盤の)回し金.

la·thee [lɑ́ːtiː] *n.* = lathi.

lath·er¹ [lǽðə | lɑ́ːðə(r, lǽð-] 〘OE *lēaðor* washing soda, foam < Gmc **lauþram* (ON *lauðr*) ← IE **lou-* to wash (Gk *loutrón* bath / L *lavāre* to wash)〙 *n.* **1** (石鹸の)泡. **2** (馬の)泡汗. **3** 《口語》興奮[動揺]状態. ***in a lather*** 興奮して, 焦って, びくびくして : She is *in a* ~ to get famous. 有名になろうと焦っている. **—** *vt.* **1** (ひげをそるために)…に石鹸の泡を塗る : ~ the face. **2** 《口語》ひどく打つ, ぶんなぐる. **3** 《口語》興奮させる, 動揺させる 〈*up*〉. **—** *vi.* **1** 〈石鹸が〉泡を生じる, 泡立つ. **2** 〈馬が〉泡汗だらけになる. **~·er** [-ðərə | -rə(r)] *n.*

lath·er² [lǽθə | lɑ́ːθə(r, lǽθ-] *n.* 木ずり[木舞(こまい)]を打つ職人.

lath·er·y [lǽð(ə)ri | lɑ́ːðərɪ, lǽð-] *adj.* 泡だらけの, 泡立つ.

láth·hòuse *n.* 〘園芸〙ラスハウス, 遮(しゃ)光育苗室《屋根や周囲をすのこ状の板で作り光を制限した育苗室》.

la·thi [lɑ́ːtiː | lǽtɪ] 〘⊏ Hindi *lāṭhī*〙 *n.* 《インド》ラーティー《竹や木の棒に鉄のたがをはめこんだ梶棒で, インドの警官が武器として用いる》.

lath·ing [lǽθɪŋ, lǽð- | lɑ́ːθ-] *n.* **1** 木ずりを打つこと; 木ずり作り[張り], (木ずりの)壁下地. **2** [集合的] 木ずり (laths).

Lath·ri·di·i·dae [læ̀θrədáɪədìː | -θrɪdáɪɪ-] 〘← NL ~ ← *Lathridius* (属名 : ← Gk *lathridios* secret) + -IDAE〙 *n. pl.* 〘昆虫〙(鞘翅目)ヒメマキムシ科.

láth·wòrk *n.* = lathing 1.

lath·y [lǽθi, lǽði | lɑ́ːθɪ] *adj.* (**lath·i·er; -i·est**) 木ずりのような; ひょろ長い, やせた.

lath·y·rism [lǽθərìzm | -θɪ-] 〘← *lathyr-* (← NL *Lathyrus* ← Gk *láthuros* a kind of pulse) + -ISM〙 **—** *n.* 〘獣医〙エジプトマメ中毒症《ある種の豆類, 特に *Lathyrus sativas* の採食により後肢麻痺を呈する家畜, 特に馬の中毒症》.

lath·y·rit·ic [læ̀θərítɪk | -θɪrít-] *adj.* 〘獣医〙エジプト豆中毒症の.

lati *n.* lat¹ の複数形.

lat·i- [lǽtə | -tɪ] 〘⊏ L *lāti-, lātus* broad〙「広い (wide)」の意の連結形.

latices *n.* latex の複数形.

lat·ic·i·fer [leɪtísəfə | -sɪfə(r)] 〘← L *latici-* (← L *latex* : ⇨ latex) + -FER〙 *n.* 〘植物〙乳管・乳液を含む細胞.

lat·i·cif·er·ous [læ̀təsíf(ə)rəs | -tɪ-] 〘← L *latici-* (↑) + -FEROUS〙 *adj.* 〘植物〙乳液を含む[出す].

la·ti·clave [lǽtəklèɪv, -tɪ- | -tə-, -tɪ-] 〘⊏ LL *lāticlāvi-um* ← LATI- + *clāvus* purple stripe〙 **—** *n.* (古代ローマの)紫じま《高官の服章で tunic の前部に付けた; 元老院議員の tunic には正面に一条の幅広い紫の縦じまがあった》.

latifundia *n.* latifundium の複数形.

la·ti·fun·dio [lɑ̀ːtəfúːndiòʊ, -fʌ́n-, -djoʊ | -tɪfúːn-dɪəʊ, -fʌ́n-, -djəʊ; *Sp.* lɑ̀tifúndjo] 〘⊏ Sp. ~ : ⇨ latifundium〙 *n.* (*pl.* ~**s** [~z; *Sp.* ~s]) (南米などでの)広大な所有地.

lat·i·fun·dism [læ̀təfʌ́ndɪzm | -tɪ-] 〘⊏ Am.-Sp. *latifundismo* : ⇨ latifundium〙 *n.* 広大な土地所有.

lat·i·fún·dist [-dɪst, -dəst | -dɪst] *n.* 広大な土地所有者.

lat·i·fun·di·um [læ̀təfʌ́ndiəm | -tɪfʌ́ndɪ-] 〘⊏ L *lātifundium* ← LATI- + *fundus* farm, estate + -IUM〙 **—** *n.* (*pl.* **-di·a** [-diə | -dɪə]) (大地主が主として奴隷を使役して経営した)広大な所有地.

lat·i·go [lǽtɪgòʊ, lɑ́ːt-, -tə- | -tɪgəʊ; *Sp.* látigo] 〘⊏ Sp. *látigo*〙 *n.* (*pl.* ~**s** [~z; *Sp.* ~s], ~**es**) 《米西部》(腹帯を締める)鞍(くら)ひも.

látigo léather *n.* 牛皮を明礬(みょうばん)とガムビア (gambier) でなめした紐革《馬具・軍装用》.

Lat·i·mer [lǽtəmə | -tɪmə(r)], **Hugh** *n.* (1485?–1555) 英国宗教改革を指導した主教・説教家; 異端者として火刑に処せられた.

lat·i·mer·i·a [læ̀təmí(ə)riə | -tɪmíərɪə] 〘← *Marjorie E. D. Courtenay-Latimer* (1907– : 発見当時の East London Museum の館長) : ⇨ -ia²〙 **—** *n.* 〘魚類〙ラチメリア (*Latimeria chalumnae*)《総鰭(き)類シーラカンス目に属する魚; 中生代に絶滅したと信じられていたが, 1938 年南アフリカ沖で発見された. いわゆる「生きている化石」(living fossil) の一つ; cf. coelacanth》.

Lat·in [lǽtn, -tɪn, -tən | -tɪn] 〘《?a1200》⊏ (O)F ~ ∥ L *Latīnus* of Latium ← *Latium* 'LATIUM' : cf. OE *lǣden* Latin, language〙 **—** *adj.* **1** 古代ラティウム (Latium) の, ラティウム[ラテン]人の; (ラティウム人の用いた)ラテン語の, ラテン語で書いた. **2 a** (その言語・文化を古代ラティウムから継承した)ラテン系の; ラテン語系の, ラテン人系の; (特に)ラテンアメリカの : the ~ peoples [races] ラテン民族《フランス・スペイン・ポルトガル・イタリア・ルーマニアなどの諸民族》/ in the ~ part of Europe ヨーロッパのラテン系の地方で. **b** ラテン民族特有の. **3** (東方正教会と区別して)ローマカトリック教会の. **4** ラテンアルファベット[字母]の. **—** *n.* **1** ラテン語 : Classical ~ 古典ラテン語《紀元前 75 年頃から紀元後 175 年頃まで》/ monks' ~ = dog Latin / Late ~ 後期ラテン語《175–600 年》/ Low ~ 《まれ》非古典ラテン語《Late Latin, Vulgar Latin, Medieval Latin を含む》/ Medieval ~ 中世ラテン語《600–1500 年の間ヨーロッパで広く用いられた》/ New ~ [Neo-*Latin*] 近代ラテン語《1500 年以後, 特に科学・学術文献で用いられた》/ Old ~ 古代ラテン語《紀元前 75 年以前》/ Vulgar ~ 俗ラテン語《ローマの民衆が話し言葉で用いたラテン語で, 近代ロマンス諸語の基礎となった》/ thieves' ~ 盗賊同士の合言葉, 盗賊隠語. **2** (古代ラティウムに住んだ)ラテン人, 古代ローマ人. **3** ラテン民族の人, ラテン語系の人; (特に)ラテンアメリカ人. **4** (東方正教会教徒と区別して)ローマカトリック教徒. **5** = Latin alphabet.

Látin álphabet *n.* [the ~] ローマ字《元来古代ローマ人がラテン語を表記するのに用いたアルファベットで, その源は西ギリシャ系アルファベット; Roman alphabet ともいう》.

Látin América *n.* ラテンアメリカ《スペイン語・ポルトガル語・フランス語などラテン系言語を公用語とする中南米地方の総称; cf. Spanish America》.

Látin-Américan *adj.* ラテンアメリカ(人)の.

Látin Américan *n.* ラテンアメリカ人.

Látin Américan Repúblics *n. pl.* ラテンアメリカ諸国《Latin America にある 20 の共和国; すなわち Argentina, Bolivia, Brazil, Chile, Colombia, Costa Rica, Cuba, Dominican Republic, Ecuador, El Salvador, Guatemala, Haiti, Honduras, Mexico, Nicaragua,

Panama, Paraguay, Peru, Uruguay および Venezuela》.

Lat·in·a·te, l- [lǽtənèɪt, -tṇ-|-tɪn-] *adj.* ラテン語の, ラテン語に似た, ラテン語に由来する.

Látin Chúrch *n.* [the ~]〘キリスト教〙ラテン式典礼の教会, ラテン教会, ローマカトリック教会 (Roman Catholic Church), 西方教会 (Western Church).

Látin cróss *n.* ラテン十字架《最も普通の十字架》.

La·ti·ne [lætáɪniː, lə-]〖□ L *Latīnē*〗 *L. adv.* ラテン語では, ラテン語で言えば (in Latin) (cf. Anglice 1).

Látin grámmar schòol *n.* ラテン語学校《ラテン語とギリシャ語を主眼に教える中等学校; cf. grammar school》.

La·tin·i·an [lætíniən, lə-|-nɪən, -njən] *n.*〘言語〙インドヨーロッパ語族に属するイタリック語派のうち, ラテン語を含む一分派.

La·tin·ic [lætínɪk, lə-] *adj.* **1** ラテン語の; 古代ラテン語を話す民族の. **2** ラテン民族の.

Lát·in·ìsm [-tənìzm, -tṇ-|-tɪn-]〖□ ML *Latinismus*〗 **—** *n.* **1** 他の言語に見られるラテン語的な表現, ラテン語風, ラテン語法 (cf. Saxonism). **2** ラテン的特質[性格], ラテン的思想.

Lát·in·ist [-tənɪst, -nəst, -tṇ-, -tn-|-tɪnɪst]〖(1538) □ ML *Latinista*: ⇨ Latin, -ist〗 *n.* ラテン語学者.

Lat·i·nis·tic [lætənístɪk, -tṇ-|-tɪn-] *adj.* ラテン語風の.

La·tin·i·ty, l- [lætínəti, lə-|lətínətɪ, læ-, -nɪ-]〖(1619) □ L *Latinitāt-em*: ⇨ Latin, -ity〗 **—** *n.* **1** ラテン語使用, ラテン語の知識: His ~ is pure. 彼の書く[使う]ラテン語は純正だ. **2** ラテン語風, ラテン語法 (Latinism). **3** =Latinism 2.

Lat·in·ize, l- [lǽtənàɪz, -tṇ-|-tɪn-]〖□ LL *Latinizāre*: ⇨ Latin, -ize〗 **—** *vt.* **1 a** ラテン語風にする, ラテン語化する. **b** ローマ字化する (Romanize). **c** 《廃》ラテン語に訳す. **2** 〈思想・生活様式などを〉古代ローマ[ラテン]風にさせる, ラテン化する: ~ a people. **3** ローマカトリックの慣行に従わせる, 〈信条・教義などを〉ローマカトリック化する. **—** *vi.* **1** ラテン語[語法]を用いる. **2** 古代ローマ[ローマカトリック]の影響を見せる. **Lat·in·i·za·tion, l-** [lætənɪzéɪʃən, -nə-, -tṇ-|-tɪnaɪ-, -nɪ-] *n.*

la·ti·no, L- [lætíːnou, lə-|-nəʊ; *Sp.* latíno]〖□ Am.-Sp. ~ □ Sp. ~ 'LATIN'〗 *n.* (*pl.* **~s** [~z; *Sp.* ~s]) 《米》(米国在住の)ラテンアメリカ人.

Látin Quàrter〖《なぞり》← F *Quartier Latin*〗 **—** *n.* [the ~] カルチエラタン《Paris の Seine 川の南岸の地区; 大学など多くの文化施設があり, 古来学生・芸術家たちが多く住む; フランス語名 Quartier Latin》.

Látin Ríte, L- r- *n.* **1** ラテン式典礼《ラテン語を用いるカトリックの儀式ならびに挙式法で, ローマ式典礼 (Roman Rite) はその典型的なもの》. **2** ラテン式典礼を使用するローマカトリック教会.

Látin róck *n.*〘音楽〙ラテンロック《ボサノバ (bossa nova) のリズムを取り入れたロック音楽》.

Látin schòol *n.* =Latin grammar school.

Látin squáre *n.*〘数学〙ラテン方陣[方格]《いくつかの数字またはローマ字を正方形に並べて, どの数字または文字も縦・横とも 1 回ずつ現われるようにしたもの; 統計分析に用いられる》.

lát·ish [léɪtɪʃ|-tɪʃ] *adj.* 少し遅い, やや遅れた. **—** *adv.* やや遅れて: get up ~.

la·tis·si·mus dor·si [lətísəməs-dɔ́ːsaɪ|-sɪməs-dɔ́ː-]〖← NL ~ 'broadest of the back': ⇨ ↓, dorsi-〗 *n.* (*pl.* **-si·mi d-** [-màɪ-])〘解剖〙広背筋.

lat·i·tude [lǽtət(j)ùːd|-tɪtjùːd]〖(*c*1390) □ L *lātitūd-ō* breadth ← *lātus* broad: ⇨ -tude〗 **—** *n.* **1**〘地理〙**a** 緯度 (略 lat.; cf. longitude 1): ⇨terrestrial latitude / 50 degrees [minutes] of ~ 緯度 50 度[分] / the north [south] ~ 北[南]緯 / sail as far north as *Latitude* 80 degrees 北緯 80 度まで航海する. **b** [通例 *pl.*] ある緯度の所; (緯度から見た)地帯, 地方: at about 80° S *Lat.* 南緯 80 度位の所に / in ~ 40° N 北緯 40 度の所に / The orange does not bear fruit in these ~*s.* オレンジはこの緯度の土地では実を結ばない / cold ~*s* 寒帯地方 / high ~*s* 高緯度地方《南極・北極に近い》/ low ~*s* 低緯度地方《赤道に近い》. **c**〘天文〙緯度《天球座標系で, 地球の緯度のような縦方向の座標; 略 lat.; cf. longitude 2》: celestial ~ 天球緯度 / ⇨astronomical latitude. **2** (思想・行動・選択の許される)自由: ~ in political belief 政治的信条の自由 / Some ~ must be allowed him. ある程度の自由が彼に許されなければならない. **3** 《古》**a** (活動などの)範囲. **b** 幅, 広さ. **4**〘写真〙露出寛容度《適正な写真を生じるために許容しうる露出の範囲》; ラチチュード《D-log E 曲線の直線部の露光範囲》; 寛容度《露光量・現像午額などの許容範囲》. **5**〘測量〙緯距《ある測線の子午線への投影距離》.
out of latitude 自分の本領外で, 柄になく.

látitude effèct *n.*〘地球物理〙緯度効果.

lat·i·tu·di·nal [lætət(j)úːd(ə)nḷ, -dnḷ|-tɪtjúːdɪnḷ]〖(1392) ← L *lātitūdin-, lātitūdō* 'LATITUDE' + -AL[1]〗 *adj.* 緯度の, 緯度の方向の.

lat·i·tú·di·nal·ly [-d(ə)nḷi, -dənəli, -dṇ-|-dɪnəlɪ, -nḷɪ] *adv.* 緯度から言って[見て].

lat·i·tu·di·nar·i·an [lætət(j)ùːdənɛ́(ə)riən, -dṇ-|-tɪtjùːdɪnɛ́ərɪ-]〖(1662) ← L *lātitūdin-* (⇨ latitudinal) + -ARIAN〗 **—** *adj.* 〈行動・思想・信仰など〉窮屈でない, 自由主義的な: ~ opinions, doctrines, etc. **—** *n.* **1** 自由主義者, (宗教的)自由思想家. **2** [しばしば L-]〘英国国教会〙(英国国教会内の)自由主義者, 広教会派の人 (Broad Churchman)《教会政治・礼拝形式・信条などに対して自由な立場を採る; 軽蔑的に用いられることが多い》.

làt·i·tù·di·nár·i·an·ìsm [-nìzm] *n.* (宗教上の)自由主義.

lat·i·tu·di·nous [lætət(j)úːdənəs, -dṇ-|-tɪtjúːdɪn-] *adj.* 〈思想・解釈など〉幅のある, 偏狭でない.

La·ti·um [léɪʃiəm, -ʃəm, láːtiùm, -tiəm|léɪʃɪəm]〖□ L ~《原義》? flat land ← ? IE **stel-* to extend: cf. L *lātus* broad〗 **—** *n.* ラティウム: **1** ティレニア海 (Tyrrhenian Sea) に臨むイタリア中部の地方; 面積 17,203 km², 人口 4,755,000, 首都 Rome. **2** イタリアの今の Rome の南東にあった古代の部族国家群; ローマとともにラテン同盟を結んだが, 紀元前 5 世紀頃ローマに吸収された.

lat·ke [láːtkə]〖□ Yid. ~ □ Russ. *latka* patch〗 *n.* (*pl.* **~s** [-kəs, -kəz]) ラートカ《おろしたジャガイモ・玉ねぎに卵・小麦粉などを混ぜ込んで焼いたユダヤ料理》.

La·to·na [lətóunə|-tə́ʊ-]〖□ L *Lātōna* □ Gk *Lētṓ*〗 *n.*〘ギリシャ神話〙ラートーナ (⇨ Leto).

La Tour [laːtúə|-túə(r); *F.* latuːr], **Georges de** *n.* ラトゥール (1593–1652; フランスの画家).

lat·o·sol [lǽtəsɔ̀(ː)l, -sàl|-təsɔ̀l]〖← *lato-* (← L *later* brick) + (POD)SOL〗 **—** *n.*〘土壌〙ラトゾル《熱帯で生成される土壌で通例赤色を呈する》. **lat·o·sol·ic** [lætəsɔ́(ː)lɪk, -sál-|-təsɔ́l-] *adj.*

La Trappe [lətrǽp; *F.* latrap] *n.* ラトラップ《フランス Normandy にある修道院; Trappist 修道会の創立されたところ》.

la·tri·a [lətráɪə]〖(1526) □ LL *latria* □ Gk *latreía* service, worship ← *latreúein* to serve〗 *n.*〘カトリック〙ラトリア《天主に捧げる最高礼拝; cf. dulia》.

la·trine [lətríːn]〖(1642) □ F ~ □ L *latrīna*《短縮》← *lavātrīna* bath ← *lavāre* to wash: cf. lavatory, lave[1]〗 *n.* (兵舎・野営地などの)便所 (privy), 便器.

La·trobe [lətróub|-trə́ʊb], **Benjamin Henry** *n.* (1764–1820) 英国生まれの米国の建築家.

-la·try [~lətri|-trɪ]〖□ Gk *-latrīa* ← *latreía*: ⇨ latria〗「礼拝, 崇拝」の意の名詞連結形: angelo*latry*, ido*latry*, Mario*latry*, lordo*latry*.

lat·ten [lǽtn]〖(?*a*1300) *lato(u)n* □ OF *laton* (F *laiton*) □ Arab. *lāṭūn* copper (*l-* は定冠詞: cf. al-[2]-)〗 **—** *n.* **1** ラッテン《真鍮(しんちゅう)のもとになった古い合金; この薄板で昔教会用の器が作られた》. **2 a** ブリキ (tin plate). **b** 薄い金属板: gold ~.

lat·ter [lǽtə|-tə(r)]〖OE *lætra* later (compar.) ← *læt* 'LATE'〗 **—** *attrib. adj.* [元来は late の比較級; cf. later] **1** (期間・時代の)後の方の, 終わりの, 後半の (second) (↔ first): the ~ half あとの半分, 後半 / the ~ part of the week 週の後半《木・金・土》/ the ~ days of summer 夏の終わり頃 / the ~ years of Queen Victoria's reign ヴィクトリア朝の後期 / during the ~ half of the eighteenth century 18 世紀の後半に. **2 a** (期間・経過の中で)その後の (later): the ~ stages of the process その経過の後の段階. **b** 近頃の, 昨今の (recent), 現在の (present): in these ~ days 近来は, 当今は. **c** 《古・詩》(人生・この世の)最後の, 末期(まつご)の (last): one's ~ end 最期, 死 (*Dent.* 32: 29) / in one's ~ years 晩年に. **3** [the ~ として] (前者に対する)後者の; [代名詞的に用いて] 後者 (cf. former[1] 4): I prefer *the* ~ expression to the former. 前の表現よりも後の表現の方がよいと思う / Of pork and beef *the* ~ is more expensive (than the former). 豚肉と牛肉では後者が(前者よりも)高い. ★ 三つ以上のものについて the latter を用いるのは《俗用》で, この場合は the last, the last mentioned, the last-named などを用いた方がよい.

látter-dáy *attrib. adj.* **1** 近代の, 近来の (modern): the ~ problems 近代の問題. **2** 後の, 次期の: the ~ leaders. **3** 世界の終末の.

Látter-dày Sáint *n.* 末日聖徒《モルモン教徒 (Mormon) の正式な呼称; cf. Mormon Church》.

látter Lámmas *n.* 決して来ない日《Lammas は年に 1 度しかないことから; cf. Lammas 1》.

lát·ter·ly *adv.* **1** その後, 後に (later); 後期に. **2** 最近, 近頃 (lately).

látter·mòst *attrib. adj.* 最後の (last).

Látter Próphets *n. pl.* **1** [the ~] (旧約聖書の)後預言書《Major Prophets と Minor Prophets の二つ; すなわち Isaiah 以下の 16 書; cf. prophet 4》. **2** [the ~, the l- p-] 後預言書の作者.

lat·tice [lǽtɪs, -təs|-tɪs]〖(1304) *latis* □ OF *lattis* ← *latte* 'LATH' + *-is* '-ICE'〗 **—** *n.* **1 a** ラチス, 格子, 格子作り. **b** 格子窓・格子門など. **c** 《古》(居酒屋の看板に用いられた赤色の)格子. **2**〘紋章〙格子形紋章 (trellis). **3**〘結晶・物理・化学〙空間格子 (space lattice). **4**〘原子力〙(非均質型原子炉の)格子. **5**〘数学〙束(そく)《どの有限部分集合も常に上限および下限をもつような順序集合》. **—** *vt.* …に格子をつける; 格子にする.

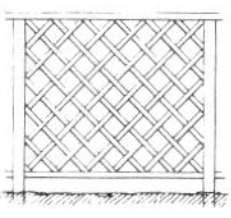
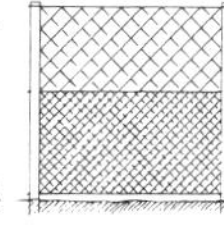
lattices 1 a

láttice bàr *n.*〘建築〙ラチスバー, 綾片《斜めの帯板》.

láttice bèam *n.*〘建築〙=lattice girder.

láttice brìdge *n.*〘土木〙ラチス橋《格子形骨組で支えた橋》.

láttice cònstant *n.*〘結晶〙格子定数.

lát·ticed *adj.* **1** 格子作りの, 格子をつけた: a ~ door, window, etc. **2** 〈葉など〉格子状の: a ~ leaf.

láttice fràme *n.*〘建築〙=lattice girder.

láttice gìrder *n.*〘建築〙ラチス梁(ばり), 格子梁《側面を斜めの格子に組んで構成した梁》.

láttice·lèaf *n.*〘植物〙=lattice plant.

láttice plànt *n.*〘植物〙レースソウ (*Aponogeton fenestralis*)《マダガスカル産の水草; 葉は葉肉が無く葉脈だけが格子状になってレースのようになる; lace-leaf ともいう》.

láttice trùss *n.*〘土木〙ラチストラス《格子形骨組》.

láttice wìndow *n.* 格子窓.

láttice·wòrk *n.* **1** 格子作り, 格子細工 (trelliswork). **2** 格子 (lattice).

lát·tic·ing *n.* 格子作り, 格子組, 格子細工.

lat·ti·ci·nio [lætətʃíːnjou|lætɪtʃíːnjəʊ; *It.* lattitʃíːnjo]〖□ It. ~ 'dairy product' ← L *lact-, lac* milk〗 **—** *n.* (*pl.* **-ci·ni** [-tʃíːniː; *It.* -tʃíni])〘ガラス製造〙ラティシーニオ《装飾意匠に用いる不透明白色ガラス》.

lattice window

Lat·ti·more [lǽtəmɔ̀ə, -mɔ̀ə|-tɪmɔ̀ː(r)], **Owen** *n.* (1900–) 米国の東洋学者; 中国問題の権威.

lat·tin [lǽtn] *n.* =latten.

la·tus rec·tum [léɪtəs-réktəm, láːtː-, léɪt-|-təs-]〖□ L *latus rēctum* right side〗 *n.* (*pl.* **la·ter·a rec·ta** [-tərə-réktə|-tə-])〘数学〙(2 次曲線の)通径.

Latv. 《略》Latvia.

Lat·vi·a [lǽtviə|-vɪə, -vjə] *n.* ラトビア《バルト海に臨むソ連邦構成共和国の一つ, もと独立国家 (1918–40); 人口 2,530,000, 面積 63,700 km², 首都 Riga; 公式名 the Latvian Soviet Socialist Republic ラトビアソビエト社会主義共和国》.

Lat·vi·an [lǽtviən|-vɪən, -vjən] *adj.* Latvia の. **—** *n.* **1** ラトビア人. **2** ラトビア語《バルト語派 (Baltic) の一つ; レット語 (Lettish) ともいう》.

lau·an [lúːɑːn, ~́~, lauáːn]〖□ Tagalog *lawaan*〗 *n.* ラワン《フィリピン産フタバガキ科 *Shorea* 属・*Parashorea* 属の大高木の材; 建築・家具用》.

laud [lɔ́ːd]〖*v.*: (*c*1378) □ L *laud-āre* to praise ← L *laud-, laus* praise ← IE **leu-*《擬音語》. — n.: (1340) □ OF *laude, laudes* (pl.) □ L *laudēs* (pl.) ← *laus*: cf. G *Lied* song〗 **—** *vt.* (言葉や歌で)ほめたたえる, 賛美する, 称揚する (praise): ~ a person to the skies 人をほめちぎる, 言葉を尽くして人を賞賛する. **—** *n.* **1** 賞賛, 賛美; (特に)賛歌, 賛美歌. **2** [しばしば Lauds; 単数または複数扱い]〘カトリック〙(聖務日課の)賛課《通例 matins と共に暁に行なわれる; cf. canonical hour 1》. **~·er** *n.*

Laud [lɔ́ːd], **William** *n.* (1573–1645) 英国の聖職者; Canterbury の大主教で, 清教主義 (Puritanism) の反対者; 国事犯人として処刑された.

laud·a·bil·i·ty [lɔ̀ːdəbíləti|-lɪtɪ, -lɪ-]〖(*c*1426) □ *laudābilitāt-em* (↓)〗 *n.* 賞賛するに足ること, 称揚すべきこと.

laud·a·ble [lɔ́ːdəbḷ]〖(*c*1420) □ L *laudābilis*: ⇨ laud, -able〗 **—** *adj.* **1** 賞賛するに足る, 称揚すべき, ほめるべき, 見上げた (praiseworthy): a ~ speech. **2** 《古》〘医学〙〈膿の分泌作用が〉健全な: ⇨ laudable pus.

láud·a·bly *adv.* **~·ness** *n.*

láudable pús *n.*〘医学〙健全な膿(のう)《悪臭のないクリーム状の膿; たちがよいと考えられこう呼ばれた》.

lau·da·num [lɔ́ːd(ə)nəm, -dṇ-|lɔ́d(ə)n-, lɔ́ːd-]〖(1602–03) ← NL ~《変形》← ? *lādanum* 'LABDANUM'〗 **—** *n.*〘薬学〙**1** アヘンチンキ (tincture of opium). **2** 《廃》アヘン剤.

lau·da·tion [lɔːdéɪʃən]〖(?*a*1425) *laudacioun* □ L *laudātiō(n-)* ← *laudātus* (p.p.) ← *laudāre* to praise: ⇨ laud, -ation〗 *n.* 賞賛, 賛美; 賛辞.

lau·da·tive [lɔ́ːdətɪv|-tɪv]〖□ L *laudātīv-us* (↑)〗 *adj.* =laudatory.

lau·da·to·ry [lɔ́ːdətɔ̀ːri, -tɔ̀ri|-t(ə)rɪ]〖(1555) ← L *laudāt-* (⇨ laudation) + -ORY[1]〗 **—** *adj.* 賞賛する, 賛美の: a ~ speech. **lau·da·to·ri·ly** [lɔ̀ːdətɔ́ːrəli, -tɔ́ːr-, ~́~~~|lɔ́ːdət(ə)rəlɪ, -rɪlɪ] *adv.*

Laud·i·an·ism [lɔ́ːdiənìzm|-dɪə-, -djə-]〖← *William Laud*〗 *n.* カンタベリー大主教の W. Laud および彼の信奉者が確立した教義や儀式.

Lau·e [láuə; G. láuə], **Max (Theodor Felix) von** *n.* ラウエ (1879–1960; ドイツの物理学者; Nobel 物理学賞 (1914)).

Lau·en·burg [láuənbɜ̀ːg, -bùəg|-bɜ̀ːg, -bùəg; *G.* láuənbùrk] *n.* ラウエンブルク《西ドイツ Schleswig-Holstein 州南東部の地方; もと公国》.

Láue pattern [phótograph]〖← *Max von Laue*〗 **—** *n.*〘結晶・物理〙ラウエ模様, ラウエ図形《連続 X 線を静止結晶に当てた時, 結晶の前方または後方においたフィルムに記録される斑点状の回折模様; cf. diffraction pattern》.

Láue spòt〖↑〗 *n.*〘結晶・物理〙ラウエ斑点.

laugh [lǽ(ː)f, láːf|láːf]〖OE (Anglian) *hlæhhan*, (W-S) *hliehhan* ← Gmc **χlaχ-* (G & Du. *lachen* / Goth.

hlahjan) ← IE **kleg-* to cry, sound《擬音語》】 **—** *vi.* **1 a** (声を立てて)笑う (cf. smile 1); 笑いさざめく: burst out ~*ing* あははと笑い出す, 吹き出す / ~ out loud 声を出して笑う (cf. out loud) / ~ silently 声を出さないで(心の中で)笑う / ~ like a hyena 狂おしく[ヒステリックに]笑う / Don't make me ~.《口語》笑わすな《ばかげている》/ *Laugh* and grow fat.《諺》笑って太れ,「笑う門には福来たる」/ He ~*s* best who ~*s* last.＝He who ~*s* last ~*s* longest.《諺》最後に笑う者が最もよく笑う,「余り気早に喜んでは後悔する」/ He was ~*ing away* to himself all the time. そのあいだ中ひとりで笑い続けていた / We ~*ed about* him. 彼のことで大笑いした. **b** 〈目や顔が〉笑いの表情を見せる: His eyes were ~*ing*. 彼の目は笑っていた. **2 a** 〈鳥・動物などが〉人間の笑い声に似た声を出す: A crow ~*ed* on the tree. からすが木の上で笑うような声で鳴いた. **b**《文語・詩》〈自然界(の風物)が〉(動き・光・音などによって)なごやかな[生き生きした]趣を見せる: a stream ~*ing* in the sun 陽光を浴びてさらさら[軽やかに]流れる小川 / The trees ~*ed with* fresh leaves. 木々は若葉をつけてはしゃいでいるようだった.

— *vt.* **1** [同族目的語を伴って]〈…の笑い方を〉する: ~ a hearty [sad] laugh 腹からの[悲しい]笑い方をする, からからと[悲しそうに]笑う. **2** 〈同意・不同意などを〉笑って示す: ~ a reply 笑って答える / He ~*ed* his assent [dissent]. 笑って同意した[不同意の意を示した]. **3** [副詞・前置詞付きの句・形容詞などを目的補語として] **a** 〈人を〉笑って〈ある状態に〉至らせる: The audience ~*ed* the speaker *down*. 聴衆は弁士を笑い倒した / They ~*ed* him *out of* the town. 彼を笑い者にして町から追放した / ~ a person *out of* his foolish habit [belief] 人のばかげた習慣[考え]をあざ笑ってやめさせる / ~ a person *out of* countenance ⇨ *out of* COUNTENANCE / ~ …out of court ⇨ *out of* COURT (2) / ~ a bad singer *off* the stage 下手な歌い手をあざ笑って舞台から退場させる. **b** [~ *oneself* で] 笑いこけて〈ある状態に〉なる: We ~*ed ourselves into* convulsion.＝We ~*ed ourselves* inside out. 我々は腹の皮がよじれるほど笑った / He ~*ed himself to* death. 彼は笑い死にした; 死ぬほど笑いこけた / I ~*ed myself* hoarse [breathless]. 笑いすぎて声をからした[息も止まるほどだった] / She ~*ed herself* helpless. 彼女は笑いこけてどうにもしようがなくなった.

laugh at (1) …を見て[聞いて]笑う: ~ *at* the sight, a joke, etc. / Everybody ~*ed* loudly *at* the clown's trick. 道化師のいたずらを見てみんなげらげら笑った. (2) …を面白がる, あざける: ~ *at* one's own clumsiness 自分自身の無器用さがおかしくなる / I'm afraid of being ~*ed at*. 笑い者にされるのがこわい. (3) …を一笑に付する, 無視する, 物ともしない (disregard): ~ *at* threats, the danger, etc. ***laugh away*** (*vi.*) ⇨ *vi.* 1 a. (*vt.*) (1) 笑って過ごす: ~ *away* one's days. (2) 笑い飛ばす, 一笑に付する: ~ *away* a person's fears [doubts] 人の不安[疑念]を一笑に付する. ***laugh down*** 笑って聞こえなくする, 笑い消す; 笑って黙らせる (cf. *vt.* 3 a): ~ *down* a speech 笑って演説を妨害する. ***laugh in*** [***up***] *one's* ***sleeve***＝***laugh in*** *one's* ***beard*** (人をうまくやりこめたりして)ひそかにほくそえむ. ***laugh off*** (1) 笑って退ける, 一笑に付する: ~ *off* the accusation (*as* nonsense) 告発を(たわごとだと言って)一笑に付する. (2) 〈間の悪さなどを〉笑ってそらす: ~ *off* an embarrassing remark [situation] 笑って間の悪い言葉[間の悪さ]をそらす. ***laugh on the wrong*** [***other***] ***side of*** *one's* ***mouth*** [《英》***face***] ⇨ side 成句. ***laugh out*** (おかしくて)吹き出す, からからと笑う. ***laugh*** *a person* ***to scorn*** 〈人を〉あざけり笑う, 冷笑する (ridicule) (cf. *Ps.* 22:7).

— *n.* **1** (ひと)笑い (cf. smile 1); 笑い声; 笑い方: a loud ~ 大きな笑い声 / with a ~ 笑って / give a short [mournful] ~ 短い[悲しげな]笑い声を立てる / laugh a sad ~ ⇨ *vt.* 1 / raise a ~ 人を笑わせる / burst into a ~ わっと笑い出す / join in the ~ 〈からかわれた人などが〉皆と一緒になって笑う / have a good [hearty] ~ *at* a joke 冗談に[を聞いて]大笑いする / We had a good many ~*s over* his foolishness. 彼の馬鹿さ加減には何度も笑った / The ~ was turned against him. あべこべに彼が笑われた. **2**《口語》物笑いの種, 笑い草, 笑い事: You're going to swim across the Straits of Dover? That's a ~. ドーバー海峡を泳いで渡るだって. これはお笑いだ. **3** [*pl.*]《口語》気晴らし (diversion), 遊び (sport): play golf just *for* ~*s* 単なる気晴らしにゴルフをやる.

have the last laugh (***on***) (…を)最後に笑い返してやる; (…に対して)形勢を逆転して最後の勝利を納める. ***have*** [***get***] ***the laugh of*** [***on, at***] 〈人〉を笑い返してやる; 〈人〉に形勢を逆転して勝つ; 〈人〉を出し抜く. ***have the laugh on*** *one's* ***side*** (1) 〈先に笑われた者〉が今度は自分が笑う番になる. (2) (取り引きなどで)うまくやる, (競走などに)勝つ.

laugh·a·ble [lǽfəbl | lɑ́ːf-] 【《1596》】 **—** *adj.* 笑うべき, おかしい, 面白い, ばかばかしい (amusing, ridiculous): make ~ mistakes ばかばかしい間違いをする / Modern audiences do not find Shylock a ~ character. 現代の観客はシャイロックを笑うべき人物だとは思わない. **láugh·a·bly** *adv.* **~·ness** *n.*

láugh·er 【ME】 *n.* **1** 笑う人, 笑い上戸. **2** あざける人 (scoffer). **3** 家鳩 (pigeon) の一種.

láugh·ing 【ME】 **—** *n.* 笑うこと, 笑い (laughter): hold one's ~ おかしさをこらえる, 笑いを忍ぶ. **—** *adj.* **1 a** 笑っている, うれしそうな (merry): a ~ girl / a ~ countenance 笑っている[うれしそうな]顔つき / in a ~ mood うれしい気分で. **b** 〈自然界など〉笑っているような, なごやかな: the ~ face of nature のどかな景色 / ~ wavelets さらさら岸打つさざ波. **2** 笑うべき, おかしい (laughable): It is no ~ matter. 笑いごとじゃない.

láughing gàs *n.*〖化学〗笑気 (⇨ nitrous oxide).

láughing gúll *n.*〖鳥類〗**1** ユリカモメ (*Larus ridibundus*). **2** ワライカモメ (*Larus atricilla*)《北米産の小型のカモメ, かん高い鳴き声は笑い声に似ている》.

láughing hyéna *n.*〖動物〗ワライハイエナ (⇨ spotted hyena).

láughing jáckass *n.*〖鳥類〗ワライカワセミ (⇨ kookaburra).

láugh·ing·ly 【《15C》】 *adv.* 笑って, 笑いながら; あざけるように.

láughing múscle *n.*〖解剖〗笑筋《顔面筋の一つ》.

Láughing Philósopher *n.* [the ~] Democritus の異名 (cf. Weeping Philosopher).

láughing·stòck *n.* 笑いの種, 物笑い, 笑い草: make a ~ of oneself 人の物笑いになる.

láugh lìne *n.* 目尻のしわ, 笑い皺《笑いでできると思われていることから》.

laugh·ter [lǽftə, lɑ́ːf- | lɑ́ːftə(r] 【OE *hleahtor* < Gmc **χlaχtraz* (G *Gelächter*): ⇨ laugh】 **—** *n.* **1** 笑い, 大笑い (cf. smile 1); 笑い声: peals [roars, gales] of ~ 大笑い / ⇨ Homeric laughter / be convulsed with ~ 腹を抱えて笑う / break out [burst] into ~ [fits of ~] あはははと笑い出す / make a person die with ~ 人をおかしくて死ぬほど笑わせる《腹の皮をよじらせる》. **2** おかしさ; おかしがること: inward ~ 内心の笑(ˣ)み. **3** 笑い顔, 笑いの表情: There was ~ in his face. **4**《古》おかしなこと[物], 笑いの種, 物笑い. ★ ラテン語系形容詞: risible.

L.A.U.K. 《略》Library Association of the United Kingdom 英国図書館協会.

lau·mont·ite [lóumɑ̀ntaɪt | ləumɔ́n-] 【← *F. P. N. G. de Laumont* (1747–1834: フランスの鉱物学者): ⇨ -ite[1]】 **—** *n.* (*also* **lau·mon·ite** [-mɑ́naɪt | -mɔ́n-])〖鉱物〗濁沸石 ($CaAl_2Si_4O_{12}$·$4H_2O$)《沸石の一種》.

launce [lɔ́ːns, lɑ́ːns, lǽns | lɑ́ːns] 【《異形》← LANCE[2]】 *n.*〖魚類〗＝sand launce.

Launce·lot [lɑ́ːnslət, lɔ́ːns- | lɑ́ːns-] 【《異形》← LANCELOT[2]】 *n.* **1** 男性名. **2**〖アーサー王伝説〗＝Lancelot.

launch[1] [lɔ́ːntʃ, lɑ́ːntʃ | lɔ́ːntʃ] 【《?*a*1300》▭ AF *launcher* & ONF *lancher*＝OF *lancier* (F *lancer*): ⇨ lance[1] (v.)】 **—** *vt.* **1 a** 〈船を〉進水させる; 水面に(降ろして)浮かべる: ~ a new passenger liner 新しい旅客船を進水させる / ~ a lifeboat 救助艇を降ろす. **b** 〈人を〉〔世の中などに〕送り出す, 〈人を〉〔事業などに〕乗り出させる (send off)〔*in, into*〕: ~ (*out*) one's son *in* the world 息子を世の中に送り出す / ~ an actress *in* a star role 女優をスターとして売り出す / ~ (*forth*) one's daughter *into* society 娘を華々しく社交界に出す / His friends ~*ed* him *into* business. 友人たちは彼に商売を始めさせた. **c** [~ oneself または p.p. 形で]〔事業などに〕乗り出す (embark)〔*on, upon*〕: He ~*ed himself on* a business [political] career. 彼は実業界[政界]に乗り出した / Our company now *is* ~*ed on* a new program. わが社は今事業の新計画に着手している. **2** 〈企業などを〉始める, 起こす; 〈運動などを〉展開する; 〈新製品などを〉送り出す: ~ a new enterprise 新しい事業に乗り出す / ~ a fund drive 基金募集運動を始める / The police ~*ed* an investigation. 警察は捜査を開始した / They ~*ed* a campaign to dissolve the Diet. 彼らは国会解散運動を始めた. **3 a** 〈矢・槍(ˢ)などを〉放つ, 投げつける (hurl); 〈魚雷・ミサイル・ロケットなどを〉発射する, 発進する, 打ち上げる (send off, release): ~ a spear 槍を投げる / ~ a satellite 人工衛星を打ち上げる / Airplanes were ~*ed from* the aircraft carrier. 航空母艦から飛行機が飛び立った / A spacecraft was ~*ed into* outer space. 宇宙へ向けて宇宙船が発進された. **b** 〈攻撃などを〉開始する (commence), 〈打撃などを〉加える; 〈軍隊を〉進撃させる: ~ a counterattack 反撃を開始する / They ~*ed* a preemptive strike *against* the enemy. 彼らは敵に先制攻撃をかけた. **c** 〈非難・攻撃などを〉放つ, 浴びせる (direct)〔*against, at, on*〕: ~ invectives *against* another 相手を非難する / ~ threats *at* an opponent 敵方を脅迫する / ~ an attack *on* his criticism.

— *vi.* **1** 〔事業などに〕乗り出す; 〔生産・実験などに〕着手する (commence) 〈*out, forth*〉〔*into, on, upon*〕: ~ *into* business 商売を始める / ~ *out into* a series of experiments 次々と色々な実験に着手する / ~ (*out*) *into* dissipation 放蕩(ᵗ)を始める / The plant has ~*ed upon* the production of new cars. その工場は新型自動車の生産に着手した. **2** 〔議論・説明などを〕やり出す; 〔暴言などを〕吐き始める 〈*forth, out*〉〔*into*〕; 激しく非難する, まくし立てる (lash) 〈*out*〉: ~ *into* an argument [a tearful diatribe against …] 勢いよく議論をやり出す[涙ながらに…へのうらみつらみを述べ始める] / ~ *forth into* a colorful description of one's journey 色彩豊かに旅の話を長々と始める / She began to ~ *out* after hearing what he had to say. 彼の言い分を聞き終わると今度は彼女がまくし立て始めた. **3** (海へ)乗り出す 〈*out, forth*〉; 飛び立つ.

— *n.* **1** (船の)進水; (ミサイル・ロケット・人工衛星・宇宙船などの)発射, 発進, 打ち上げ. **2** 進水台.

launch[2] [lɔ́ːntʃ, lɑ́ːntʃ | lɔ́ːntʃ] 【《1697》▭ Sp. & Port. *lancha* ▭ Malay *lancharan* a kind of boat】 **—** *n.* **1** ランチ, 汽艇, 機動艇《港湾・沿岸用・遊覧用》: a pleasure ~ / a motor ~. **2** ランチ《艦載の大型ボート》.

láunch·er *n.*〖軍事〗**1** 発射筒, 発射機, 発射装置, ランチャー: ⇨ grenade launcher, rocket launcher. **2** 艦載機発射機, カタパルト.

láunch·ing *n.* **1** (船の)進水, 進水式; (ミサイル・ロケット・人工衛星・宇宙船などの)発射, 発進, 打ち上げ. **2 a** (事業・制度などの)着手, 開始, 創設. **b** (新製品などの)発表; (書籍などの)発刊.

láunching pàd *n.*〖宇宙〗(ミサイル・ロケット・人工衛星・宇宙船などの)発射台, 発射点《コンクリート製》.

láunching site *n.*〖宇宙〗(ミサイル・ロケット・人工衛星・宇宙船などの)発射場.

láunching wàys *n. pl.* [単数または複数扱い] ＝way[1] 19.

láunch pàd *n.*〖宇宙〗＝launching pad.

láunch vèhicle *n.*〖宇宙〗(ミサイル・人工衛星・宇宙船などの)打ち上げ用ロケット.

láunch wìndow *n.*〖宇宙〗(ロケット・宇宙船などの)打ち上げ可能時間帯.

laun·der [lɔ́ːndə, lɑ́ːn- | lɔ́ːndə(r] 【《1597》← ME *lander* washer《中音消失》←《*c*1325》*lavender* ▭ (O)F *lavandier* < VL **lavandārium* ← L *lavanda* things to be washed (gerundive) ← *lavāre* to wash: ⇨ lave[1]】 **—** *vt.* **1 a** 〈衣類を〉洗う, 洗濯(ᵗ)する. **b** [通例 p.p. 形で] 洗濯してアイロンをかける: freshly ~*ed* underwear さっぱりと洗濯のできた下着. **2 a** …からよごれを取る, きれいにする (cleanse). **b** …の欠点を除く (purify). **3**〖政治〗〈不法な金を〉(出所を擬装したりして)合法的にみせる. **—** *vi.* **1** 洗濯をする, 洗濯をしてアイロンをかける; 洗濯屋を営む. **2** 洗える, 洗濯がきく: This cloth ~*s* well. この布地はきれいに洗える. **—** *n.* **1**〖鉱山〗樋(ˢ)《選鉱のため水力で石炭および鉱石を運搬するもの》. **2**〖土木〗樋《土木工事中くみ上げた水を流すもの》. **3**〖冶金〗樋《とけた金属を炉から流し出す道》.

láun·der·er [-dərə | -rə(r] 【《15C》】 *n.* 洗濯(ᵗ)人; 洗濯屋.

laun·der·ette [lɔ̀ːndərét, lɑ̀ːn-, ━━ | lɔːndərét, lɔːndrét] 【← LAUNDER＋-ETTE: もと営業標識】 **—** *n.* コインランドリー《コインを入れて動かすセルフサービスの洗濯機や乾燥器などが置いてあるクリーニング屋; cf. Laundromat 2》.

laun·dress [lɔ́ːndrɪs, lɑ́ːn-, -drəs | lɔ́ːn-] 【《1550》← LAUNDER＋-ESS[1]】 *n.* 洗濯女.

Laun·dro·mat [lɔ́ːndrəmæ̀t, lɑ́ːn- | lɔ́ːn-] 【《商標》← LAUNDR(Y)＋(AUT)OMAT(IC)】 **—** *n.* **1** ローンドロマット《コインを入れて動かす電気洗濯機の一種; サービスマーク (service mark) とされる》. **2** [l-] コインランドリー《その機械を用いるセルフサービスのクリーニング屋; cf. launderette》.

laun·dry [lɔ́ːndri, lɑ́ːn- | lɔ́ːndrɪ] 【《*a*1530》《変形》← ME *lavendrie* ▭ (O)F *lavanderie*: ⇨ launder, -ery】 **—** *n.* **1** 洗濯場; 洗濯屋, クリーニング屋. **2** [集合的] 洗濯物. **3**《廃》洗濯.

láundry bàsket *n.* 洗濯物入れのバスケット.

láundry lìst *n.* **1** (ホテルなどの)洗濯物記入表. **2** 細部にわたった長い表[リスト].

láundry·man [-mən, -mæ̀n] *n.* (*pl.* **-men** [-mən, -mɛ̀n]) 洗濯屋; 洗濯屋の御用聞き.

láundry·wòman *n.* ＝laundress.

Laur. 《略》Laurence.

lau·ra [lɑ́ːvrə] 【▭ Gk *laúra* lane, passage】 **—** *n.* **1** ラウラ, 散居修道院《初代教会における独住修士 (anchorite) の集団》. **2** ラウラ《今日の東方正教会におけるある特権を有する大修道院》.

Lau·ra [lɔ́ːrə] 【(fem. dim.) ← ? LAWRENCE】 *n.* 女性名《愛称形 Lauretta; 異形 Laurel, Laurene, Laurie, Lolly, Lora》.

Lau·ra·ce·ae [lɔːréɪsiː] 【← NL ～ ← L *laurus* 'LAUREL'＋-ACEAE】 *n. pl.*〖植物〗クスノキ科. **lau·rá·ceous** [-ʃəs] *adj.*

Laur·a·sia [lɔːréɪʒə, -ʃə] 【← LAUR(ENTIAN)＋(EUR)ASIA】 *n.*〖地質〗ローレシア《古生代の終わりころに北半球にあったと推定される大陸塊; 分かれて北米大陸・ユーラシア大陸となった; cf. Gondwana》.

lau·rate [lɔ́(ː)reɪt, lɑ́r- | lɔ́r-] 【← L *laurus* 'LAUREL'＋-ATE[1]】 *n.*〖化学〗ラウリン酸塩[エステル].

lau·re·ate [lɔ́(ː)riət, lɑ́r-, -riɪt | lɔ́r-, -riɪt, -riɛ̀ɪt] 【《*c*1375》*laureat* ▭ L *laureāt-us* ← *laureus* (adj.) ← *laurus* 'LAUREL'】 **—** *adj.* **1** (栄誉のしるしとしての)月桂(ᵗ)冠[桂冠]をいただいた. **2** 【← ML *laureāre* to crown with laurels】[しばしば名詞の後に置いて] 〈詩人が〉桂冠を受ける価値のある, 桂冠の: ⇨ poet laureate. **3** (ある分野で)名高い (distinguished), 秀でた (prominent). **4** 〈冠・花輪が〉月桂樹から成る. **—** *n.* **1** (ある分野で卓越した業績をあげて)栄冠を得た人, 受賞者: a Nobel ~ *in* literature ノーベル文学賞受賞者. **2** 桂冠詩人. **—** *vt.* **1** 月桂冠で飾る; …に栄冠を授与する. **2** 桂冠詩人に任命する.

láureate·shìp *n.* 桂冠詩人の地位[職務].

lau·re·a·tion [lɔ̀(ː)riéɪʃən, lɑ̀r- | lɔ̀ːri-, lɔ̀r-] 【▭ ML *laureātiō(n-)*: ⇨ laureate, -ation】 **—** *n.* **1** 桂(ᵗ)冠授与; 桂冠詩人 (poet laureate) の任命. **2**《古》(大学での)学位授与.

lau·rel [lɔ́(ː)rəl, lɑ́r- | lɔ́r-] 【《*a*1325》*lorel*《異化》←

lorer ⊏ OF *lorier* (F *laurier*) ← *lor* < L *laurum* laurel: 地中海起源？〗 ── *n.* **1**〘植物〙**a** ゲッケイジュ(月桂樹) (*Laurus nobilis*)《南ヨーロッパ産クスノキ科の高木；芳香があり葉を乾かして香料とする；古代ギリシャ人はピシア競技 (Pythian games) の勝利者にこの木の葉を冠せた；類似の木から区別するために true laurel ともいう；また bay, bay laurel, bay tree とも呼ばれる》. **b** ゲッケイジュに似た各種の低木の総称《カリフォルニア ゲッケイジュ (mountain laurel) など》. **2** [集合的] (勝利・栄誉のしるしとしての)月桂樹の葉または枝；月桂冠. **3** [通例 *pl.*] 光栄, 名誉 (honor)；覇権(はけん), 選手権 (championship)；勝利 (victory)；名声 (reputation): look to one's ～*s* 名誉を失わないように心がける / rest on one's ～*s* 既に得た名誉に甘んじる, 栄光にあぐらをかいている / win [gain, reap] ～*s* 名誉を得る, 賞賛を博する.
── *vt.* (**lau·reled, -relled; -rel·ing, -rel·ling**) **1** …に桂冠を授ける. **2** …に栄誉をになわせる.

Lau·rel [lɔ́(ː)rəl, lɑ́r- | lɔ́r-] 〖↑〗 *n.* 女性名《愛称形 Lauretta, Laurette》.

láu·reled *adj.* 桂(けい)冠をいただいた；栄冠を得た, 栄誉をになった (honored).

láurel òak *n.*〘植物〙**1** ローレルガシ (*Quercus laurifolia*)《米国南東部産のブナ科の常緑高木》. **2** ＝shingle oak.

láurel-wàter *n.* ローレル水, 桂(けい)葉水《月桂樹の葉を蒸して採る液；鎮痛剤などに用いる》.

Lau·rence [lɔ́(ː)rəns, lɑ́r- | lɔ́r-] 〖⊏ L *Laurenti-us* ← *Laurentum* (Latium の町の名) ← ? *laurus* 'LAUREL'〗 ── *n.* 男性名《愛称形 Larry, Lars, Laurie, Lowrie；異形 Lawrence；cf. Laura》.

Lau·ren·cin [lɔ̀ːrɑːnsɛ̃́ː(ŋ), -sǽŋ; *F.* lɔʀɑ̃sɛ̃], **Marie** *n.* ローランサン《1885-1956；フランスの女流画家》.

Lau·rens [lɔ́(ː)rəns, lɑ́r- | lɔ́r-], **Henry** *n.* (1724-92) 米国の政治家；大陸会議議長 (1777-78).

Lau·ren·tian [lɔːrénʃən, -ʃiən | lərénʃiən, lɔːr-, -ʃən] 〖← L *Laurenti-us* 'LAURENCE'＋-IAN〗 *adj.* **1** カナダの St. Lawrence 川の. **2**〘地質〙ローレンシア系の.

Lauréntian Plateáu [Híghlands] *n.* [the ～] ローレンシア台地 (⇨ Canadian Shield).

Láu·ren·tides Pàrk [lɔ́(ː)rəntàɪdz-, lɑ́r- | lɔ́r-; *F.* lɔʀɑ̃tid] *n.* ローレンタイズ公園《カナダ Quebec 州, St. Lawrence 川と St. John 湖との間の州立公園》.

Lau·rént's ácid [lɔːrɑ́ːnz-, -rénts-] 〖← *Auguste Laurent* (1807-53: フランスの化学者)〗 ── *n.*〘化学〙ローレント酸 ($H_2NC_{10}H_6SO_3H$)《1-ナフチルアミン-5-スルホン酸の通称；アゾ染料の中間体》.

Laurént sèries 〖← *Hermann Laurent* (1841-1908: フランスの数学者)〗 *n.*〘数学〙ローラン級数《負の累乗の項が現われるような巾(べき)級数》.

Laurént's théorem 〖↑〗 ── *n.*〘数学〙ローランの定理《二つの同心円で囲まれた領域で正則な関数は, それらの円の中心のまわりのローラン級数 (Laurent series) で表わされるという定理》.

lau·res·ti·nus [lɔ̀(ː)rəstáɪnəs, lɑ̀r-, -tíː- | lɔ̀r-] *n.*〘植物〙＝laurustine.

Lau·ret·ta [lɔːrétə | lɔːrétə, lər-] 〖(dim.) ← LAURA〗 *n.* 女性名《異形 Laurette》.

lau·ric [lɔ́(ː)rɪk, lɑ́r- | lɔ́r-] 〖← L *laurus* 'LAUREL'＋-IC¹〗 *adj.*〘化学〙ラウリン酸の.

láuric ácid *n.*〘化学〙ラウリン酸 ($CH_3(CH_2)_{10}COOH$)《グリセリンエステルとしてココナツ油・やし油などに存在する脂肪酸；金属石鹸・ラウリルアルコールなどの原料；dodecanoic acid ともいう》.

láuric áldehyde *n.*〘化学〙ラウリン アルデヒド ($CH_3(CH_2)_{10}CHO$)《無色の液体；香水の原料》.

Lau·rie [lɔ́(ː)ri, lɑ́ri | lɔ́ːri, lɔ́ri] 〖1: (dim.) ← LAURENCE. 2: (dim.) ← LAURA〗 *n.* **1** 男性名. ★ スコットランドに多い. **2** 女性名.

Lau·ri·er [lɔ́(ː)rièɪ, lɑ́r- | lɔ́rièɪ, lɔ́riə(r; *F.* lɔʀje], **Sir Wil·frid** [wɪ́lfrɪd, -frəd | -frɪd; *F.* wilfʀid] *n.* ロリエ《1841-1919；カナダの政治家；首相 (1896-1911)》.

lau·rite [lɔ́(ː)raɪt, lɑ́r- | lɔ́r-] 〖⊏ G *Laurit* ← *Laura Joy* (これを発見した 19 世紀のドイツの化学者 F. Wöhler が友人の夫人の名 Laura にちなんで命名したもの): ⇨ -ite¹〗 ── *n.*〘鉱物〙ローライト (RuS_2)《しばしば少量のオスミウムを含む鉄黒色不透明な鉱物；微結晶または粒状で産する》.

lau·ro·yl [lɔ́(ː)rouɪl, lɑ́r- | lɔ́rəu-] 〖← *lauro-* (⇨ lauric)＋-YL〗 ── *n.*〘化学〙ラウロイル《ラウリン酸から誘導される 1 価の酸基 ($CH_3(CH_2)_{10}CO$-)；lauryl ともいうことがあるが, 正しくは lauryl は $C_{12}H_{25}$ の基》.

láuroyl gròup [ràdical] *n.*〘化学〙ラウロイル基.

lau·rus·tine [lɔ́(ː)rəstàɪn, lɑ́r-, -stiːn | lɔ́rəstàɪn] 〖《変形》↓〗 ── *n.*〘植物〙南欧産スイカズラ科ガマズミ属 (*Viburnum*) の常緑低木の総称 (arrowwood ともいう)；特に *V. tinus*《芳香のある花と緑葉のために広く栽培される》.

lau·rus·ti·nus [lɔ̀(ː)rəstáɪnəs, lɑ̀r-, -tíː- | lɔ̀r-] 〖《1664》← NL ～ ← L *laurus* 'LAUREL'＋*tīnus* plant of the laurel tribe〗 *n.*〘植物〙＝laurustine.

lau·ryl [lɔ́(ː)rɪl, lɑ́r-, -rəl | lɔ́rɪl] 〖← LAUR(IC)＋-YL〗 *n.*〘化学〙ラウリル《$C_{12}H_{25}$ のアルキル基；古くは lauroyl のことを lauryl と呼んだこともあった》.

láuryl álcohol *n.*〘化学〙ラウリルアルコール ($CH_3(CH_2)_{10}CH_2OH$)《洗剤・表面活性剤の原料》.

Lau·sanne [lo(ʊ)zǽn, -zɑ́n | lə(ʊ)zǽn; *F.* lɔzan, lo-] *n.* ローザンヌ《スイス西部 Geneva 湖北岸の都市；大学がある；人口 135,000》.

laus De·o [lɔ́ːs-díːou, láus-déɪou | -díːəu, -déɪ-] 〖⊏ L *laus Dēō* praise God〗 *L.* 神をほめまつれ, 神を賛えよ.

láu·ter tùb [tùn] [láutə- | -tə-] 〖*lauter*: ⊏ G ～ 'clear'〗 ── *n.*〘醸造〙麦芽汁濾過(ろか)機《ビール醸造の時, 麦芽汁をこしとるために使う網目の層のついた大型タンク》.

Lau·tré·a·mont [lòutreɪəmɔ̃́ː(ŋ), -mɔ́(ː)ŋ | lə̀u-; *F.* lotʀeamɔ̃], **le Comte de** [kɔ̃ːt də] *n.* ロートレアモン《1846-70；ウルグアイ生れのフランスの詩人；超現実派の先駆；本名 Isidore (Lucien) Ducasse [dykas]；*Les Chants de Maldoror*「マルドロールの歌」(1868, 90)》.

Lautrec *n.* ＝Toulouse-Lautrec.

lau·wine [lɔ́ːwɪn, -wən | -wɪn; *G.* lauvíːnə] *n.* ＝lawine.

lav [lǽ(ː)v] 〘略〙 *n.*《英口語》＝lavatory.

la·va [lɑ́ːvə, lǽvə | lɑ́ːvə] 〖《1750》⊏ It.《方言》～ 'stream' ← ? *lavare* to wash < L *lavāre*〗 ── *n.*〘地質〙**1** (流動状の)溶岩 (cf. magma 2): a ～ cave [tube] 溶岩洞. **2** (凝固した)溶岩, 火山岩, 焼石. **～·like** *adj.* **lá·val** [-vəl] *adj.*

láva bèd *n.*〘地質〙溶岩層.

la·va·bo [ləvɑ́ːbou | ləvéɪbəu] 〖《1858》⊏ L *lavābō* I will wash ← *lavāre* to wash: cf. *Ps.* 26:6: ⇨ lave¹〗 ── *n.* (*pl.* ～**s**, ～**es**) **1** [時に L-]〘キリスト教〙洗手式《ミサ聖祭で奉献の後司祭が手を洗う式》. **2** 洗手式の際に唱える詩篇 (*Ps.* 26:6-12；1969 年以後は *Ps.* 51:4). **3** [《英》ではまた lǽvəbɑ̀u] 洗手式に用いる手ぬぐい；手洗い鉢(はち). **4** (中世の修道院で洗浄に用いられた多くの蛇口のある石製の)水槽(そう). **5 a** (壁に取り付けられた)上部に水槽の付いた洗面器. **b** (壁に取り付けられた)装飾的水盤《そこに花を生ける場合もある》.

láva flòw *n.*〘地質〙溶岩流《流動状の溶岩の流れ, またはその凝固したもの》.

la·vage [ləvɑ́ːʒ | lævɑ́ːʒ, -vɑ́ːdʒ; *F.* lavaːʒ] 〖⊏ F ～ ← *laver* 'to LAVE¹': ⇨ -age〗 *n.* **1** 洗うこと. **2**〘医学〙洗浄；胃洗浄 (gastric lavage). ── *vt.*〘医学〙洗浄する.

La·val [ləvǽl, -vɑ́ːl; *F.* laval], **Pierre** *n.* ラバル《1883-1945；フランスの政治家；首相 (1931-32, 1935-36)；フランス Vichy 政府首班 (1942-44)；国事犯として処刑された》.

la·va·la·va [lɑ̀ːvəlɑ́ːvə] 〖⊏ Samoan ～ 'clothing'〗 *n.* ラバラバ《Samoa 島および南洋諸島の原住民がつける更紗(さらさ)の腰布；cf. sulu》.

la·va·liere [lɑ̀ːvəlíə, lǽv- | -líə(r; *F.* lavaljeːʀ] 〖← *Duchesse de La Vallière* (1644-1710: フランス王 Louis 十四世の愛妾(しょう))〗 ── *n.* (*also* **la·va·lier** [～], **la·val·liere** [～]) 宝石をちりばめた鎖の首飾り[ペンダント].

la·va·tion [leɪvéɪʃən, lə-] 〖⊏ L *lavātiō(n-)* a washing ← *lavātus* (p.p.) ← *lavāre* to wash: ⇨ lave¹, -ation〗 *n.* 洗うこと, 洗浄 (washing). **～·al** [-ʃənḷ, -ʃnəl] *adj.*

lav·a·to·ry [lǽvətɔ̀ːri, -tòri | -t(ə)rɪ] 〖《a1375》*lavatorie* ⊏ LL *lavātōri-um* ← L *lavātus* (↑): ⇨ -ory²〗 ── *n.* **1**《米》**a** (学校・ホテルなどの)洗面所, 手洗所, 化粧室《通例便所がある》. **b** (据え付けの)洗面台. **2**《英》水洗便所.

lave¹ [léɪv] 〖《?a1200》⊏ (O)F *laver* < L *lavāre* to wash, bathe ← IE **lou-* (Gk *loúein*): cf. OE *lafian*〗 *vt.* **1**《詩》洗う；〈波などが〉〈岸を〉洗う. **2**《詩・廃》ひしゃくでくみ出す[注ぐ]. ── *vi.*《古》水を浴びる.

lave² [léɪv] 〖OE *lāf* < Gmc **laibō*: cf. leave¹〗 *n.*《スコット・方言》残り, 残余 (remainder).

la·veer [ləvíə | -víə(r] 〖⊏ Du. *laveer-en* <《古形》*loveren* ⊏ MF *loveer* (F *louvoyer*) ← *lof* windward: cf. luff〗 *vi.*《古》〘海事〙風に逆らって間切る (tack).

lav·en·der [lǽvəndə, -vɪn- | -də(r] 〖《c1265》⊏ AF *lavendre* ⊏ ML *lavendula, livendula* ← ? L *lavāre* to wash (⇨ lave¹)：浴用香水に用いたところから?〗 ── *n.* **1**〘植物〙ラベンダー (*Lavandula officinalis*)《南ヨーロッパ原産のシソ科の植物；干してたんすに入れたり香水の原料にする》: oil of ～ ＝lavender oil. **2** 乾燥させたラベンダーの花[茎]《虫除けにまたは香をつけるため衣類の間に入れる》. **3** ラベンダー色《薄紫色・藤色》. **4** ＝lavender water.

lavender 1

lay* (*up*) *in lavender (あとで使うために)大切に取っておく.
── *attrib. adj.* **1** ラベンダー(の花)の. **2** ラベンダー色[藤色]の. ── *vt.* 〈衣類〉の間にラベンダーを入れる；…にラベンダー水をふりかける.

lávender cótton *n.*〘植物〙ワタスギギク (*Santolina chamaecyparissus*)《ヨーロッパ南部原産のキク科の常緑叢生低木；花を駆虫剤や水虫の薬に使う》.

lávender òil *n.*〘化学〙ラベンダー油《ラベンダーから採った無色[帯黄色]の芳香性精油；香料に使用》.

lávender wàter *n.* ラベンダー水[香水].

la·ver¹ [léɪvə | -və(r] 〖《1340》*lavour* ⊏ OF *laveoir* (F *lavoir*) ⊏ LL *lavātōrium* 'LAVATORY'〗 ── *n.* **1**《古》(ユダヤ人の神殿にあった)洗盤, たらい《祭司が手足や犠牲(いけにえ)を洗った》. **2**《古》洗盤, 水盤. **3**《古》**a** 心を清めるもの[力]. **b**〘教会〙洗礼盤.

la·ver² [léɪvə | -və(r] 〖lateOE *laber* water plant ⊏ L *laver* ← *lavāre* to wash: ⇨ lave¹〗 ── *n.*〘植物〙アマノリ《アマノリ属 (*Porphyra*) の食用のりの総称；マルバアマノリ, アサクサノリなど》.

La·ve·ran [lævərɑ̃́ː(ŋ), -rɔ̃́ː(ŋ), -rɑ́ːŋ -rɔ́(ː)ŋ; *F.* lavʀɑ̃], **Charles Louis Alphonse** *n.* ラブラン《1845-1922；フランスの医学者；マラリア原虫を発見 (1880)；Nobel 医学生理学賞 (1907)》.

láver·brèad *n.* ラーバーブレッド《乾燥したアマノリ (laver) から作るパン状の食物；英国西部, 特にウェールズ地方で食べる》.

La Vé·ren·drye [lɑːvèrəndríː, -vérəndràɪ | -vèrəndríː; *F.* laveʀɑ̃dʀi], **Sieur de** *n.* ラ ベランドリ《1685-1749；北米を探検したフランス系カナダ人；本名 Pierre Gaultier de Varennes [pjɛːʀ gotje d varɛn]》.

la·ver·ock [léɪv(ə)rək, lǽv-] 〖《変形》← ME *laveroc, laverke* 'LARK²'〗 *n.*《スコット》〘鳥類〙＝lark.

La·ver·y [léɪv(ə)ri, lǽv- | -vəri], **Sir John** *n.* (1856-1941) 英国の肖像画家.

La·vin·i·a [ləvíniə | -niə, -njə] 〖⊏ L *Lāvīnia* (Virgil の *Aeneid* に出てくる王女の名)〗 *n.* 女性名《愛称形 Vinny》. ★ ジプシーに多い名.

lav·ish [lǽvɪʃ] 〖《c1475》*laves* extravagant ← OF *lavasse, lavache* deluge of rain ← *laver* to wash: ⇨ lave¹〗 ── *vt.* **1** [...に]気前よく恵んでやる, 惜しまずに与える (bestow generously) [*on, upon*]: ～ money *on* the poor / ～ care *upon* one's children 子供を大事に世話する / ～ praises *on* a person 人をほめちぎる / ～ them *with* wine ぶどう酒を彼らにうんと飲ませる. **2** [...に]浪費する (squander) [*on, upon*]: ～ one's money *on* one's pleasures 快楽に金を浪費する.
── *adj.* **1** 気前のよい, おおまかな (generous, free)；[...を]惜しまない [*of*]: one's ～ uncle 気前のいいおじさん / be ～ *of* praise やたらに人をほめる / be ～ *with* money 金を惜しまない / be ～ *in* giving presents 気前よく贈り物をする. **2** 浪費癖のある, 贅沢な: He's rather too ～. ちょっと浪費癖があり過ぎる. **3** 豊富な, たくさんの, 十分な (ample)；多過ぎる, むやみな (superabundant): ～ hospitality 親切すぎる歓待 / ～ expenditure 浪費 / a ～ supply of food 十分な食糧の供給. **4**《廃》わがままな, 放縦な, 手に負えない. **～·er** *n.* **～·ment** *n.* **～·ness** *n.*

láv·ish·ly 〖《1571》〗 *adv.* 惜しみなく, 気前よく: The book is ～ illustrated. その本はふんだんに挿絵が入っている.

La·voi·sier [ləvwɑ́ːzièɪ | -zɪ-; *F.* lavwazje], **Antoine Lau·rent** [lɔrɑ̃] *n.* ラボアジェ《1743-94；フランスの化学者で近代化学の祖》.

la·vol·ta [ləvɑ́ltə, -vóʊl- | -vɔ́l-, -vəʊl-; *It.* lavɔ́lta] 〖⊏ It. *la volta* the turn〗 *n.*〘音楽〙＝volta 1.

lav·rock [lǽvrək] *n.*《スコット》〘鳥類〙＝laverock.

La·vrov [lɑːvrɔ́(ː)f, -vrɑ́f | -vrɔ́f; *Russ.* lavrɔ́f], **Pëtr La·vro·vich** [lávrəvjitʃ] *n.* ラヴロフ《1823-1900；ロシヤの革命家・哲学者》.

law¹ [lɔ́ː] 〖lateOE *lagu* ⊏ ON **lagu* (pl.) (OIcel. *lǫg*) law,《原義》something laid ← *lag* layer ← Gmc **laʒ-* to place: ⇨ lay¹, lie²〗 ── *n.* **1 a** (社会生活維持のため国会など国権の最高機関の規定する)法；(個々の)法律；(法律全体としての)法, 国法 (cf. act 3 a, bylaw, code): the ～ of the land 国法 / the Federal ～《米》(州法に対して)合衆国連邦法 / ⇨ common law, constitutional law, private law, public law, Roman law, statutory law, unwritten law / a man of [at] ～ 法律家 / under the ～ 法により[の下に] / by ～ 法(律)により / in the eye(s) of the ～ 法的観点からいうと / be good [bad] ～ (意見・判決などが)法律にかなう[かなわない] / Everybody is equal before the ～. 法の前では万人が平等である / Necessity has [knows] no ～.《諺》必要に法律はない,「背に腹は代えられず」. **b** (適用範囲またはその特殊性によって分立されている)法体系, …法: the ～ of contract 契約法 / the ～ of evidence 証拠法 / military ～ 軍律 / martial ～ 軍律；戒厳令 / ⇨ civil law 1, criminal law, forest law, international law. **c**《法律》＝common law.
2 法律学, 法学；法の知識: a Doctor of *Laws* 法学博士 (略 LL.D.) / be learned in the ～ 法律に通じている / read [study, go in for] ～ 法律を研究する.
3 a 法の統制力, 法の支配: maintain ～ and order 治安を維持する. **b** 権威, 支配: The child submits to no ～. 子供は権威に服従しない.
4 [通例 the ～] **a** 法律的職業, 法律家階級 (legal profession)；法的職業に従事する人々, 法曹(そう)界: be bred to *the* ～ 弁護士となるための教育を受ける / follow *the* ～ 弁護士になる / practise ～ 弁護士を開業している / *The* ～ and the clergy supported the measure. 法律家と宗教家はその案を支持した. **b**《口語》法律の施行機関；警官, 警察: the arm of *the* ～ 警察力, 法の力 / an officer of *the* ～ 警官.
5 法的手段[手続], 訴訟, 起訴 (litigation): be at ～ 訴訟[裁判]中である / contend at ～ 法廷で争う, 訴訟する / resort to ～ 法に訴える, 訴訟する / go to ～ with [against]… ＝have [take] the ～ of [on] …を告訴[起訴]する.
6 a [しばしば *pl.*] (遵(じゅん)奉すべき)おきて, 規定. **b** (道徳・慣習上の)ならわし, 慣例, 慣習 (usages): ～*s* of honor 礼儀作法；決闘の作法 / moral ～ 道徳律 / the ～ of arms 武士道 / a ～ of courtesy 礼儀作法. **c** (技術・芸術上の)原則, 法 (principle): the ～ of perspective 遠近法 / the ～ of painting 画法 / the ～ of meter [harmony] 韻律[和声]法. **d** (運動競技の)規則, 規定: the ～*s* of golf [the chase] ゴルフ[狩猟]規定.
7 a (宗教上の)法律, 戒律, おきて；神の教え, 啓示:

the ～*s* of God 神のおきて[律法] / the new [old] ～ 〘聖書〙新約[旧約]. **b** [the L-]〘聖書〙＝Torah.
8 (科学・哲学・自然上の)法則, 理法, 原則, 定律 (principle): the ～ of gravity 重力の法則 / the ～ of mortality 生者必滅の定則 / the ～ of self-preservation 自己保存の法則[本能] / Where they saw chance, we see ～. 昔の人が偶然と思った事が今では自然の理法となっている / ⇨ Engel's law, Gresham's law, Grimm's law, Kepler's laws, Mendel's laws, Verner's law.
9 《英》(狩猟で猟犬が放たれる前に獲物に与える, または競技で弱い相手にハンディキャップとして与える)先発時間, 先進距離 (allowance): a ～ of five seconds, three meters, etc.
10 《廃》猶予, 余裕.
be a law unto oneself (他人の意見を無視して)自分の思う通りにする, 慣習を無視する (cf. *Rom.* 2:14). ***give the law to***...を意に従わせる, ...に指図する. ***lay down the law*** (1) 独断的なことを言う, 命令的に[権威ぶって]言い渡す. (2) 〔...を〕叱りつける〔*to*〕. ***take the law into one's own hands*** (法律の力を借りないで)自分勝手に制裁を加える.

law of averages [the ―]〘統計〙平均の法則 (⇨ Bernoulli's theorem).
law of causation [causality] [the ―]〘哲学〙因果律.
law of continuity [the ―]〘哲学〙連続の法則《自然の全変化を連続的と見て突発性を認めない立場》.
law of contradiction [the ―]〘論理〙矛盾律.
law of corresponding states [the ―]〘物理化学〙対応状態の原理《物質の状態をその臨界定数に対する相対値で表わした時, その値の等しい時, すべての物質が同じ状態にあるという法則》.
law of definite proportions [composition] [the ―]〘化学〙定比例の法則.
law of diminishing marginal utility [the ―]〘経済〙限界効用逓減の法則《消費量が増えるにしたがって単位当たり効用が減少するという法則》.
law of diminishing returns [the ―]〘経済〙収穫逓減の法則《特定の生産要素の投入を増加する時, その単位当たり生産物が減少するという法則》.
law of dominance [the ―]〘生物〙優性[劣]の法則 (⇨ Mendel's law c).
law of excluded middle [the ―]〘論理〙排中律.
law of exponents [the ―]〘数学〙指数法則《累乗に関する次の三つの法則の総称; $a^m a^n = a^{m+n}$, $(a^m)^n = a^{mn}$, $a^m b^m = (ab)^m$》.
law of gaseous reaction [the ―]〘化学〙気体反応の法則.
law of gravitation [the ―]〘物理〙引力の法則.
law of identity [the ―]〘論理〙同一律, 自同律.
law of independent assortment [the ―]〘生物〙独立の法則 (⇨ Mendel's law b).
law of inertia [the ―]〘物理〙＝LAW of motion (1).
law of large numbers [the ―]〘統計〙大数の法則 (⇨ Bernoulli's theorem).
law of mass action [the ―]〘化学〙質量作用の法則.
Law of Moses [the ―]〘聖書〙＝Mosaic Law.
law of motion [the ―]〘物理〙運動の三法則の一つ《Newton's law of motion ともいう》: (1) 慣性の法則. (2) 運動方程式. (3) 作用反作用の法則.
law of multiple proportion [the ―]〘化学〙倍数比例の法則.
law of nations 〘《なぞり》← L *jūs gentium*〙[the ―]〘法律〙(1) ＝jus gentium 1. (2) ＝international law.
law of nature 〘《15C》〙[the ―] (1)〘哲学〙自然法則, 自然の理法《自然の事象間に見られる普遍的・客観的な法則性》. (2)〘法律〙＝natural law 1.
law of parsimony [the ―]〘哲学〙倹約[節倹]律: (1) 理論の基本になる概念・法則などを最少限にすべきだという格率 (cf. Occam's razor). (2) 快楽や利益を得るのに最少限の労苦をもってすべきだとする格率.
law of reflection [the ―]〘光学〙反射の法則.
law of refraction [the ―]〘光学〙屈折の法則.
law of segregation [the ―]〘生物〙分離の法則 (⇨ Mendel's law a).
law of supply and demand [the ―]〘経済〙需要供給の法則.
law of the jungle [the ―] ジャングルのおきて[ならわし]《弱肉強食》.
law of the mean [the ―]〘数学〙＝mean value theorem.
Law of the Medes and Persians [the ―] 変え難い制度[慣習] (cf. *Dan.* 6:12).
law of thermodynamics [the ―]〘物理化学〙(1) 熱力学第一法則《巨視的現象に適用されたエネルギー保存の法則; first law of thermodynamics ともいう》. (2) 熱力学第二法則《巨視的現象が一般に不可逆変化であることを主張する法則; second law of thermodynamics ともいう》. (3) 熱力学第三法則《絶対零度におけるエントロピーに関する法則; third law of thermodynamics ともいう》. (4) 熱力学第零法則《A, B, C という三つの物体について, A と B, B と C が熱平衡であれば, A と C も熱平衡であるという法則; zeroth law of thermodynamics ともいう》.
law of thought [the ―]〘論理〙思考法則: (1) 真もしくは妥当な任意の論理法則または推理規則. (2) (伝統的には, 特に)＝law of contradiction, law of excluded middle, law of identity.
law of trichotomy [the ―]〘数学〙三分法則《整数は 0, 正, 負のいずれかであるという法則》.
law of war [the ―]〘国際法〙戦争法規《特に, 戦時の捕虜・スパイ・私有財産などの取扱いに関する法規》.
― *vt.* **1** 《口語・方言》告訴する. **2** 《英・廃》(鹿を追えないように, 特に)〈犬〉のつめや前足の肉趾(ˢ)を切り取る. ― *vi.* 告訴する.

law[2] [lɔ́ː] 〘《1588》: cf. lo, la², lor〙 *int.* 《方言》大変, おや《驚きを表わす; cf. lawk-a-mussy》.
Law [lɔ́ː], **(Andrew) Bonar** *n.* (1858–1923) カナダ生れの英国保守党の政治家; 首相 (1922–23).
Law, John *n.* (1671–1729) スコットランド出身の財政家《18 世紀初めフランスで大きな財政的発言権を持ったが, 紙幣濫発により経済恐慌を引き起こし, 亡命した; Law of Lauriston [lɔ́ːrɪstn̩, -rəs- | lɔ́rɪs-] とも呼ばれた》.
Law, William *n.* (1686–1761) 英国の神秘主義的宗教家. 忠誠拒誓者 (Nonjuror).
láw-abìding *adj.* 法律に従う, 法律を守る: a ～ citizen 法律をよく守る市民, 良民. **～·ness** *n.*
láw àgent *n.* 〘スコット法〙＝solicitor 3.
láw·bòok *n.* 法律書, 法学書.
láw·brèaker 〘OE *lah-breka*〙 *n.* 法律を破る人, 違法者.
láw·brèaking *adj.* 法律を破る, 違法の. ― *n.* 違法行為.
láw càlf 〘法律書の製本に多く用いられたことから〙 *n.* 〘製本〙法典用カーフ, 律書用カーフ《染めてない, 生地のままの小牛革》.
láw·còurt *n.* 法廷.
láw enfòrcement *n.* [しばしば形容詞的に] 法の執行: a *law-enforcement* agency 法執行機関《警察などの犯罪発見と犯罪者逮捕の任に当たる機関》.
Lawes [lɔ́ːz], **Henry** *n.* (1596–1662) 英国の作曲家.
láw Frénch *n.* 法律用フランス語《William 一世の時から Edward 三世の頃まで英国の法廷で用いられた Anglo-Norman; 今もその名残がある; 例: arson, feme, treasure trove》.
law·ful [lɔ́ːfəl] 〘《*c*1300》: ⇨ law¹, -ful¹〙 ― *adj.* **1** 法律の許す, 合法の, 適法の (legitimate): a ～ act 合法的行為 / a ～ reason 適法の理由. **2** 法律の認める[定める], 法定の (legal), 法律上適格[正当]の, 法律上有効な (valid): a ～ possessor 法律上正当な所有者 / a ～ child 嫡出子 / a ～ king 法律上資格の正しい国王 / a ～ marriage (正当の手続きを経た)合法的な結婚 / a ～ day 裁判所開廷日; (法律に規定された)営業日 / ⇨ lawful age, lawful money. **3** 法律に従う, 法律を守る (law-abiding): ～ citizens. **～·ness** *n.*
láwful áge *n.* 適法年齢, 成年.
láw·ful·ly *adv.* 合法的に, 正しく.
láwful móney *n.* 〘経済〙法定貨幣 (cf. legal tender).
láw·gìver 〘ME〙 *n.* 立法者, 法律制定者 (legislator).
láw·gìving *n.* 立法, 法律制定. ― *adj.* 立法の, 法律制定の.
láw-hànd *n.* 法律文書体, 公文書体《英国の古い法律文書に用いられた手書き書体; cf. engross 1》.
la·wine [lɔ́ːwɪn, -wən | -wɪn; G. laviːnə] 〘□ G *Lawine* □ VL **lāvina* = LL *lābina*: cf. L *labāre* to be ready to fall〙 ― *n.* (*pl.* **la·wi·nen** [G. -nən]) なだれ (avalanche).
law·ing [lɔ́ːɪŋ] 〘← (スコット・廃) *law* bill (＜ME《北部方言》*lagh* □ ON *lag* price, tax)＋-ING¹: ⇨ law¹〙 *n.* 《スコット》(居酒屋などの)勘定書; つけ.
lawk [lɔ́ːk] 〘《1768–74》《転訛》← LORD〙 *int.* 《英卑》おや, 大変《驚きを表わす》.
lawk-a-mus·sy [lɔ́ːkəmʌ̀si | -sɪ] 〘《転訛》← *Lord have mercy!*〙 *int.* 《英卑》おや, まあ《驚きを表わす》.
lawks [lɔ́ːks] *int.* ＝lawk.
láw Látin *n.* 法律用ラテン語《Low Latin の一種でラテン語化した英語や古代フランス語などを混ぜたもの; 英国で法律・法律書類に用いる》.
láw·less 〘《*c*1175》〙 ― *adj.* **1** 法律のない: a ～ city 無法都市 / ～ tribes 法律を持たない種族. **2** 法律を守らない; 法律に合わない, 非合法的な, 不法の (illegal): ～ activity. **3** 無法な, 始末におえない (unruly); 放縦な (licentious): a ～ man 無法者 / ～ passions 抑えがたき激情. **～·ly** *adv.* **～·ness** *n.*
Láw Lòrd *n.* 《英法》常任上訴裁判官, 法律貴族《最高裁判所としての貴族院で裁判に当たるために特に任命される英国の貴族院議員; 貴族院議員の資格を得るために一代貴族 (life peer) に叙せられる, 定員 11 名; 正式の職名は Lord of Appeal in Ordinary; cf. lay lord》.
láw·màker *n.* 立法者 (legislator, lawgiver).
láw·màking *n.* 立法. ― *adj.* 立法の.
láw·man [-mən] *n.* (*pl.* **-men** [-mən, -mèn]) 《米》法執行官《marshal, sheriff, policeman など》.
Law·man [lɔ́ːmən] *n.* ＝Layamon.
láw mèrchant 〘《15C》*laue marchaunt* 《なぞり》← ML *lex mercatōria*〙 ― *n.* (*pl.* **laws m-**)〘法律〙**1** 商慣習法《オレロン海法その他のヨーロッパに流通した商事の慣習法体系; cf. mercantile law》. **2** 《英》商法.
lawn[1] [lɔ́ːn, lάːn | lɔ́ːn] 〘《1548》*laune* ← ME *laund* □ OF *la(u)nde* (F *lande*) heath, wooded ground ← Celt. (cf. Welsh *llan* clear open space)〙 ― *n.* **1** (公園・家の周囲などにある, きれいに刈り込んだ)芝生(ˢ), 芝原, 芝地 (cf. grass 2 a, 3): a tennis ～ テニス用芝生コート (cf. lawn tennis 2). **2** 《古・方言》林間の空地 (glade).
lawn[2] [lɔ́ːn, lάːn | lɔ́ːn] 〘《1416》*laun(e), laund(e)* (*lynen*) lawn (linen) ← ? *Laon* (北フランスのリンネルの産地)〙 ― *n.* **1** ローン《きわめて薄地の上等綿またはリンネル布; 英国国教会で主教 (bishop) の法衣の袖を作る》. **2** 〘cf. lawn sleeves〙英国国教会の主教の職[地位]: a man of ～ 主教. **3** ＝lawn sieve.
láwn bòwling *n.* ローンボウリング《偏重の木球 (bowl) を芝生の上に転がして的球 (jack) になるべく近づけようとする遊び; 英国や米国・カナダの一部で行なわれる; bowls ともいう》.
láwn mòwer *n.* 芝刈器.
láwn pàrty *n.* 《米》園遊会 (garden party).
láwn sìeve *n.* 絹製のふるい.
láwn slèeves *n. pl.* **1** (英国国教会の主教 (bishop) の法衣の)ローン製の袖. **2** [単数または複数扱い] **a** bishop の職[地位]. **b** ＝bishop(s).
a pair of lawn sleeves 主教.
láwn-sprìnkler *n.* 芝生水まき器.
láwn tènnis *n.* **1** ローンテニス《court tennis と区別していう》. **2** テニス《芝生・土・アスファルト・木の床のコート で, 戸内・外でするテニスすべてをいう》.

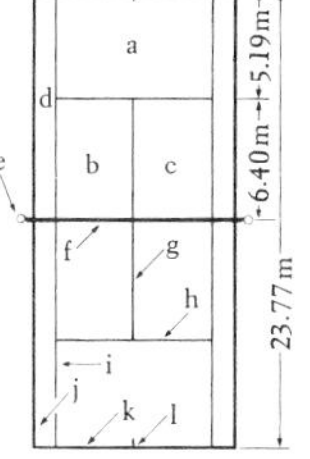

lawn tennis court
a back court; b right service court; c left service court; d alley; e post; f net; g center service line; h service line; i service side line; j side line; k base line; l center mark

lawn·y[1] [lɔ́ːni, lάːni | lɔ́ːnɪ] *adj.* 芝生の, 芝生のような.
lawn·y[2] [lɔ́ːni, lάːni | lɔ́ːnɪ] *adj.* **1** ローン (lawn) のような, ローンで作った. **2** 英国国教会の主教の.
láw òffice *n.* 弁護士[法律]事務所 (lawyer's office).
láw òfficer *n.* 法務官《英国では特に Attorney-General, Solicitor-General, Lord Advocate をいい, law officer of the Crown ともいう》.
Law·rence[1] [lɔ́(ː)rəns, lάr- | lɔ́r-] 〘1: ← *Abbott Lawrence* (1792–1855: 米国の商人・政治家). 2: ← *A. A. Lawrence* (1814–86: 米国の商人・慈善家)〙 ― *n.* **1** 米国 Massachusetts 州北東部, Merrimack 河畔の都市; 人口 67,000. **2** 米国 Kansas 州北東部, Kansas 河畔の都市; 人口 46,000.
Law·rence[2] [lɔ́(ː)rəns, lάr- | lɔ́r-] 〘《異形》← LAURENCE〙 *n.* 男性名.
Lawrence, D(avid) H(erbert) *n.* (1885–1930) 英国の小説家・詩人; *Sons and Lovers* (1913), *Lady Chatterley's Lover* (1928).
Lawrence, E(rnest) O(rlando) *n.* (1901–58) 米国の物理学者; サイクロトロン (cyclotron) を発明; Nobel 物理学賞 (1939).
Lawrence, Sir Thomas *n.* (1769–1830) 英国の肖像画家.
Lawrence, T(homas) E(dward) *n.* (1888–1935) 英国の軍人・考古学者・著述家; 1927 年 Thomas Edward Shaw と改名; アラブ独立運動の指導者として "Lawrence of Arabia" と呼ばれる; *The Seven Pillars of Wisdom* (1926).
law·ren·ci·um [lɔ(ː)rénsiəm, lɑ-, -ʃiəm, -ʃəm | lɔrénsɪ-] 〘← *E. O. Lawrence*: ⇨ -IUM〙 *n.* 〘化学〙ローレンシウム《放射性元素; 記号 Lr, 原子番号 103》.
laws [lɔ́ːz] *int.* ＝law².
láw schòol *n.* 《米》ロースクール, 法学部《わが国の大学院に相当する 3 年間の法学研究機関》.
Law·son [lɔ́ːsn], **John Howard** *n.* (1895–　) 米国の劇作家; *Success Story* (1932).
láw stàtioner *n.* **1** 法律家用書類商. **2** (英国・アイルランドの)法律書類代書人.
láw·sùit *n.* 訴訟(事件), 争訟《action, suit ともいう》: enter [bring in] a ～ against ...に対して訴訟を起こす.
láw-tèrm *n.* **1** 法律用語. **2**〘法律〙裁判所開廷期.
law·yer [lɔ́ːjə, lɔ́ɪə | lɔ́ːjə(r, lɔ́ɪə(r] 〘《*c*1378》*lauier(e)*: ⇨ law¹, -ier¹〙 ― *n.* **1** 法律家; 弁護士《attorney, solicitor, barrister, counselor, advocate などの総称》: a corporation ～ 会社の顧問弁護士 / a good [poor] ～ 法律に明るい[暗い]人 / He is no ～. 彼には法律がわからない. **2**〘聖書〙律法学者《モーセ律法の解釈家; cf. *Matt.* 22:35, *Luke* 14:3》. **3**〘魚類〙＝burbot.
law·yer·ing [lɔ́ːjərɪŋ, lɔ́ɪər-] *n.* [しばしば軽蔑的に] 法律を業とすること, 弁護士稼業.
láwyer·lìke *adj.* 法律家のような[にふさわしい].
láw·yer·ly *adj.* ＝lawyerlike.
láwyer rèference *n.* (依頼者に対し弁護士会の行なう)弁護士の紹介.
lax[1] [lάːks] 〘OE *leax* ← Gmc **laχs-* (G *Lachs* / Swed. & Dan. *lax*): cog. Russ. *losos'* salmon〙 *n.* 〘魚類〙タイセイヨウサケ (Atlantic salmon) の Iceland と Sweden での呼称.
lax[2] [lǽks] 〘《1373》□ L *lax-us* slack ← IE **(s)lēg-* to be slack: cf. slack¹〙 ― *adj.* (～·er; ～·est) **1 a** 〈綱など〉ゆるい, ゆるんだ (loose, slack) (↔ tense): a ～ rope. **b** 〈織物など〉目のつんでない, きめのあらい: ～ texture. **c** 力の弱い, ぐったりした (relaxed): a ～ handshake 軽い握手. **2 a** 〈腸が〉ゆるんでいる, 下痢する (loose). **b** 〈人が〉下痢している. **3 a** 〈規律など〉手ぬるい, 厳しくない (↔ strict): ～ discipline, laws, etc. **b** 〈行為など〉だらしない, 締まりのない (careless): ～ behavior / He is ～ in his morals. 素行がだらしない. **4** 正確でない, あいまいな, はっきりしない (vague): ～ ideas / The terms of the contract are far too ～. その契約書の言葉は極めてあいまいだ. **5**〘植物〙散開する: a ～ panicle 散開円錐(ˢ)花. **6**〘音声〙弛緩した, 筋肉の張りのない (cf. tense¹ 3 b): ～

vowels 弛緩母音《英語の [ɪ] [ʊ] など》. **—** *n.* 《方言》下痢. **～·ly** *adv.* **～·ness** *n.*

lax·a·tion [læksέɪʃən] 〘⊏L *laxātiō(n-)* a widening ∽ ME *laxacion* ⊏ OF : ⇨ ↑, -ation〙 *n.* **1** ゆるみ; 放縦; 緩漫. **2** 便通 (bowel movement).

lax·a·tive [lǽksətɪv | -tɪv] 〘(*c*1373) ⊏ (O)F *laxatif* ⊏ L *laxātīvus* loosening ← *laxāre* to open, relax ← *laxus* 'LAX²'〙 **—** *adj.* 便通を促進する, 瀉下(しゃげ)作用のある. **—** *n.* 〘薬学〙緩下剤, 通じ薬. **～·ly** *adv.* **～·ness** *n.*

lax·i·ty [lǽksəṭi | -sətɪ, -sɪ-] 〘(1528) ⊏ F *laxité* ∥ L *laxitāt-em* : ⇨ lax², -ity〙 **—** *n.* **1** (握り・規律・腸などの)ゆるいこと, 弛緩(しかん); (織物などの)きめのあらいこと (looseness): a ～ in discipline 規律の厳しくないこと / a ～ of bowels 下痢. **2** (素行などの)だらしなさ, 締まりのなさ (carelessness): the ～ of one's morals 素行のだらしなさ / ～ in one's work だらだらした仕事ぶり. **3** (話し振り・文体などの)不正確さ, あいまいさ (inexactness).

Lax·ness [lá:ksnes; *Icel.* láxsnes], **Hall·dór Kil·jan** [háldɔur kjíljan] *n.* ラクスネス《1902– ; アイスランドの作家; Nobel 文学賞 (1955)》.

lay¹ [léɪ] 〘ME *leye(n)*, *legge(n)* (pret. *leide*, p.p. *leid*) < OE *leċġan* (pret. *leȝde*, p.p. *ȝeleȝd*) < Gmc **lajjan* to place (Du. *leggen* / G *legen* / ON *leggja* / Goth. *lagjan*) 《変形》← **lejjan* 'to LIE²': cf. law¹, fellow〙 **—** *v.* (**laid** [léɪd]) **—** *vt.* **1 a** 置く, 横たえる (place) (cf. lie² *vi.* 1 a): ～ a pen [a book, one's hat] *on* the table / ～ a wreath *on* a tomb 墓に花輪を供える / ～ one's hand (*up*)*on* a person's shoulder 人の肩に手をかける / ～ one's head *on* a pillow [*against* a person's shoulder] 頭を枕につける[人の肩に載せかける] / ～ oneself *down* (*on* the bed) (ベッドに)横になる / ～ one's baby *in* a crib 赤ん坊をベビーベッドに寝かせる / He *laid* the materials *back in* the cupboard. 資料を戸棚に戻した. **b** 葬る, 埋める: ～ one's bones ⇨ bone¹ *n.* 2 b / ～ a person *to rest* [sleep] 人を葬る, 埋葬する (cf. 12) / Mr. Medley is *laid in* a cemetery at Chiswick. メドレー先生はチジックの墓地に埋葬されている.

2 a 敷く, 積む (dispose); 敷設する, 建造する (construct): ～ turf 芝生を敷く / ～ bricks れんがを積む / ～ a pavement 舗道を敷く / ～ a submarine cable 海底電線を敷設する / ～ a railroad track 鉄道を敷設する / ～ mines on the roads 道路に地雷を敷設する. **b** 〈基礎などを〉据える (deposit): ～ a foundation stone 礎石を据える / ～ the foundation(s) of ...の基礎を置く; ...を創設する. **c** 〈わななどを〉しかける (set): ～ a snare [trap] *for* ...を取ろうとわなをかける; ...を陥れようとする / ⇨ *lay* SIEGE to.

3 a 〈食卓・食事の席などを〉用意する, 整える (prepare): ～ the table [cloth, plates] *for* breakfast 朝食のため食卓[テーブル掛け, 食器]の用意をする / Places were *laid for* five persons. 5人分の食事の席が設けられていた. **b** (まきを積んだりして)〈火の〉用意をする: ～ a fire (in the fireplace) (暖炉に)火をたく用意をする. **c** 〘印刷〙(新しい活字と)入れ換える, 〈新しい活字を〉〔活字ケースに〕入れる〔*in*〕.

4 〈案などを〉準備する, 案出[工夫]する (devise): ～ one's plans 計画を立てる, 手はずを決める / ～ a conspiracy 陰謀を企てる / ～ the design of a book 本の構想を練る / a deep-*laid* plot 深くめぐらされた陰謀.

5 a 〈信頼・希望・強勢などを〉〔...に〕置く (place) 〔*on*, *upon*〕: ～ trust *upon* a person 人に信頼を置く / ～ one's hopes *on* a person 人に希望を託す / ～ great store *on* tradition 伝統を大いに重んじる / ～ great stress [emphasis, weight] *on* ...を大いに強調する. **b** 〈重荷・義務・税・罰などを〉〔...に〕負わせる, 課する (impose) 〔*on*, *upon*〕: ～ duty [punishment, a burden] (*up*)*on* a person / Heavy taxes are *laid on* land. 土地には重税が課せられている. **c** 〈罪・過失などを〉〔...に〕帰する, 嫁する, 塗りつける (ascribe) 〔*on*, *upon*, *to*〕: ～ the blame (*up*)*on* a person *for* a mistake 間違いの責めを人に負わせる / ～ a fault *to* a person's charge 過失を人の罪に帰する / The accident was *laid to* faulty maintenance. その事故は不完全な整備のためとされた.

6 打ち倒す, 打ちのめす (strike down): ～ a person in the dust with a single blow 一撃で人を地面に倒す / The wind [rain] *laid* the crops (flat). 風[雨]で作物が倒れた (cf. 12).

7 a 〈ほこりなどを〉しずめる, 押える (calm): water the street to ～ the dust ほこりを押えるために街路に水をまく. **b** 〈心配などを〉しずめる: ～ a person's fears [doubts] 人の心配[疑念]をしずめる. **c** 〈幽霊などを〉墓[霊界]に戻らせる (cf. raise *vt.* 4 a): The cock's crow *laid* the ghost. 雄鶏が鳴いて亡霊が退散した.

8 a 〈権利の主張・告発などを〉〔...に対して〕行なう (allege) 〔*to*, *against*〕: He *laid* claim *to* the property. 彼はその財産に対する権利を主張した / They *laid* an information *against* the manufacturer for selling defective cars. 欠陥車を販売したかどで製造会社を告発した. **b** 〈考え・質問・問題などを〉〔...に〕提示[提出]する (present) 〔*before*〕: ～ one's problem [troubles] *before* a person 人に問題[苦衷]を打ち明ける / ～ one's case *before* a commission 委員会に事件を持ち出す / I'll ～ the matter clearly *before* you. 事態をはっきり知ってもらおう / The Foreign Secretary will ～ the papers. 〘議会〙外務大臣が議会に報告書を提出する予定である.

9 a 〈金などを〉〔...に〕賭(か)ける (bet) 〔*on*〕: ～ ten pounds *on* the favorite 本命馬に10ポンド賭ける / I'll ～ six to one *on* that horse. 6対1でその馬に賭けよう. **b** ...に賭ける (bet on). **c** [時に二重目的語＋*that*-clause を伴って] 〈...であると〉賭ける, ...に断言する (bet): I'll ～ (you) $10 *that* he won't come. (君に)10ドル賭けてもいいが, 彼は絶対に来ない.

10 a 〔...に〕かぶせる, 塗る, 置く (spread) 〔*on*〕: ～ a carpet *on* the floor カーペットを床に敷く / ～ paint *on* the wall ペンキを壁に塗る / ～ embroidery *on* a piece of cloth 切れ地に刺繍をする. **b** 〔...で〕おおう, 塗る (cover), 〔...を〕...にまき散らす (strew) 〔*with*〕: ～ the floor *with* a carpet 床にカーペットを敷く / The ground was neatly *laid with* sand. 地面にはきれいに砂が敷きつめられていた. **c** 〔...を〕...にはめ込む (inlay) 〔*in*〕: The floors are *laid in* mosaic stones. 床にはモザイク模様の石が敷きつめられている.

11 [通例 p.p. 形で] 〈物語などの場面を〉〔ある場所に〕置く (locate) 〔*in*〕: The scene *is laid in* Wessex. その場面はウェセックスに置かれている.

12 [形容詞・前置詞付きの句などを目的補語として] 〈ある状態に〉する, おく: ～ a person asleep [*to* sleep, *to* rest] 人を眠ら[休ま]せる (cf. 1 b) / ～ the land fallow [dry, idle, *under* water] 土地を休閑させる[乾かしておく, 遊ばせておく, 水浸しにしておく] / ～ the crops flat ⇨ 6 / ～ a person *under* restraint [contribution] 人を束縛する[人に寄付を強要する] / His failure in business *laid* him *under* the necessity of selling his house. 彼は事業に失敗して家を売らなければならなくなった.

13 a 〈物を〉〔...に〕当てる (apply) 〔*to*〕: ～ an ear *to* the door ドアに耳を当てる / ～ pen *to* paper ペンを取って書いてみる. **b** 〘軍事〙〈野砲・機関銃などの〉照準を合わせる, 照準する, 射向を付与する (aim): ～ a fieldpiece, machine gun, etc. **c** 〈打撃・むちなどを〉加える (inflict); 〈斧(おの)などを〉打ち下ろす: ～ a blow *on* a person's jaw 人のあごに一撃を食らわす / ～ an ax *to* the tree 木に斧を打ち下ろす. **d** 《廃》付け加える, 付け添える (annex) 〔*to*〕: ～ field *to* field 田畑に田畑を増し加える《所有地[財産]をどんどん殖やす》(*Isa.* 5:8)《★ *The New English Bible* ではこの個所は *join* field to field となっている》.

14 〈伏兵などを〉配置する (place); 〈犬を〉〔臭跡に〕つかせる〔*on*〕: ～ an ambush 伏兵を置く / ～ hounds *on* the scent 猟犬を臭跡につかせる.

15 〈卵を〉産む: a hen that ～*s* golden eggs 金の卵を産む鶏 / a new-*laid* egg 産みたての卵.

16 a 〈糸などを〉縒(よ)る, なう (twist): ～ strands [yarn] 縒り糸を縒る. **b** 〈ロープなどを〉縒って作る (make) 〈*up*〉: ～ a rope.

17 〈らしゃのけばなどを〉押える, 寝かす (↔ raise): ～ the nap by brushing ブラシをかけてけばを寝かす.

18 《卑》〈女〉と性交する, 寝る: ～ a woman.

19 〘園芸〙...に取木法を施す, ...の取木をする (layer).

20 〘海事〙 **a** 〈船を〉(ある位置・方向に)すえる, 横づけにする: Our ship was *laid alongside* the pier. 我々の船は桟橋に横づけにされた. **b** (船が沖へ行くに従って)陸が水平線下に没して行く (↔ raise): We had *laid* the land by noon. 正午までには陸が見えなくなるほど沖に出ていた.

— *vi.* **1** 卵を産む (lay eggs): The hens haven't been ～*ing* very well lately. このところ鶏があまりよく卵を産んでいない. **2** 賭ける, 賭けをする (bet) 〔*on*〕; 断言する, 保証する (declare): ～ *on* a horse race 競馬で賭ける. **3** 勢いよく取りかかる〔*to*〕: The crew *laid to* their oars. 乗組員たちは勢いよくオールを手に取った. **4** 《方言》準備する (prepare), 計画を立てる (plan) 〔*for*〕: ～ *for* a chance to escape 逃亡の機会をねらって計画する. **5** 《卑》〈女が〉(婚外の)性交をする, 寝たがる. **6** 《米中部》〈風が〉静まる, 和らぐ (subside). **7** ＝lie² 《非標準的な語》. **8** 〘海事〙〈船が〉〔ある方向に〕かじを取る〔*to*〕; [副詞を伴って] 〈船員が〉(船上である位置に)就(つ)く, 行く (go), 来る (come): The ship *laid* close *to* the wind. 船は針路を風上に取った[詰開きで帆走した] / *Lay ashore*! 陸へ / *Lay aft*! (船尾へ)後部へ / *Lay forward*! (船首へ)前進 / *Lay aloft*! 上方へ, マストへ.

lay aboard ⇨ aboard 成句.

lay about (1) ...の前後左右を打ちまくる; ...を激しく攻撃[非難]する: He *laid about* him with his free arm. 使える方の腕をふるって打ちまくった / He *laid about* them with a stick. ステッキを武器に彼らに猛然と襲いかかった. (2) [～ *about* one として] 大奮闘する, 必死になって努める, 全力を尽くす.

lay aside (1) (一時)わき[下]へ置く: ～ a book *aside* to watch television 本を置いてテレビを見る. (2) 取っておく, 貯える (save): ～ *aside* every Sunday *for* golf 毎日曜日をゴルフに取っておく / ～ some money *aside* every month 毎月少しずつ貯金をする. (3) 〈計画・習慣・責任などを〉捨てる, やめる: You'd better ～ such prejudices *aside*. そんな偏見は捨てたほうがよい.

lay at 《方言》...を目がけて打ちかかる, 攻撃する.

lay away (1) 取っておく, 貯える (save): ～ *away* money *for* a time of need 必要な時に備えてお金を貯蓄しておく. (2) 〘商業〙〈商品を〉残額完済まで取っておく (cf. layaway): I'll ～ *away* a summer suit. 夏服を予約して取っておいてもらおう. (3) [通例 p.p. 形で] 埋める, 葬る (bury): My father was *laid away* in this cemetery. 父はこの墓地に葬られた.

lay back (1) 元へ戻す (cf. *vt.* 1 a). (2) 後ろへ向ける (turn back): The dog [horse] *laid* its ears *back*. 犬[馬]は耳を後ろへ向けた.

lay bare ⇨ bare¹ *adj.* 成句.

lay by (1) 取っておく, 貯える (save): ～ *by* money *for* a rainy day まさかの時の用意にお金を貯えておく. (2) 〈仕事・習慣などを〉やめる (discard): ～ *by* all formalities 形式ばったことはいっさいやめる. (3) 〘海事〙 ＝LAY *to* (4). (4) 《米南部・中部》〈農作物〉の最後の手入れをする; 刈り入れ後貯蔵する.

lay down (*vt.*) (1) 下に置く, 降ろす (put down); 寝かせる (cf. *vt.* 1 a): ～ *down* a pen ペンを置く / ～ a baby *down* gently 赤ん坊をそうっと寝かせる. (2) 〈ぶどう酒などを〉貯蔵する (store): ～ *down* sauerkraut 塩づけキャベツを(発酵させるために)貯蔵する / He has *laid down* some excellent vintages. 彼は(地下室に)すばらしい銘柄のぶどう酒を貯蔵している. (3) 〈規則・原則などを〉規定する (prescribe); 〈...と〉主張する, 断言する (assert) 〈*that*〉: ～ *down* codes [conditions] 規則[条件]を規定する / ⇨ *lay down the* LAW / ～ it *down as* an axiom *that*... 次の事を自明の理とする[として主張する] / The Act *lays* it *down that*... ＝It is *laid down in* the Act *that*... とその条例に規定されている. (4) 〈武器・命などを〉捨てる, 〈職などを〉やめる (abandon, give up): ～ *down* one's arms 武器を捨てる, 降服する / ～ *down* one's office 辞任する, 勇退する. (5) 〈道路・鉄道・船・海底電線などを〉造る, 建設する, 敷設する (construct): ～ *down* a railway, battleship, cable, etc. / A concrete causeway was being *laid down* from the mainland to the island. 本土と島との間にコンクリートの高架道路が建設中であった. (6) 〈作物を〉植える; 〔牧草を〕〈畑など〉に作る〔*to*〕: ～ *down* melons メロンを植える / ～ *down* a field *to* grass 畑に牧草を作る, 畑をつぶして牧草地にする. (7) 《米》〈商品を〉配達[配送]する. (8) 〘造船〙 ＝LAY *off* (*vt.*) (3). (9) 〈砲火などを〉浴びせかける. (10) 〘野球〙低く打つ, 流し打ちする. (11) 《米廃》〈賭(か)け金を〉賭ける; 支払う. (*vi.*) ＝LIE down (非標準的な語).

lay for 《口語》...を待ち伏せする: A policeman was *laying for* him. 警官が彼を待ち伏せていた.

lay in (1) 貯える, 貯蔵する (store up): ～ *in* oil *for* the winter 冬の用意に石油を買い込んでおく / ～ *in* provisions *against* a shortage 品不足に備えて食料品を買い溜めしておく. (2) 〘園芸〙間に合わせに浅く植える (heel in); 〈枝などを〉好みの形に仕立てる (train): ～ *in* a tree by the heels (本植えの前に)根元に土盛りして木を仮に植える. (3) 〈絵の具を〉カンバスに塗る; 〈絵を〉おおざっぱに描いておく. (4) 《英》〈炭鉱を〉閉鎖する (shut down).

lay into 《俗》(1) ...を激しく打つ, 攻撃する (attack): The mob *laid into* the police. 暴徒が警官隊に襲いかかった. (2) ...をしかり飛ばす, 非難する (criticize): They *laid into* each other fiercely. 彼らはお互いに激しく非難し合った.

lay it on 〘「こってり塗る」の意から: cf. LAY *on* (*vt.*) (1)〙《口語》(1) 法外な値を吹っかける. (2) やたらにとがめる, ひどくしかる. (3) 大げさに言う (exaggerate); べたぼめする, やたらにお世辞を言う (cf. PILE¹ *it on*): I wish he would not ～ *it on* so. (彼は大げさなんだ) あんなにお世辞を言ってもらいたくないよ.

lay it on thick ＝LAY *it on* (3).

lay low ⇨ low *adj.* 成句.

lay off (*vt.*) (1) 〈従業員を〉(不況などのため)一時解雇する, 帰休させる (cf. layoff); 〈工場〉の操業を一時停止させる: The factory *laid off* 200 workers because of the drop in sales. その工場は売れ行き不振で200人の従業員を帰休させた / The plant has *been laid off* because of a strike. その工場はストライキのため目下操業を停止している. (2) 〈区域など〉の境界を定める, 区画(整理)する (mark off): ～ *off* a parking lot 駐車場を区画する / ～ *off* an estate *in* building lots 地所を建築用地に区分する. (3) 〘造船〙〈造船諸用材〉の現寸図を現図場 (mold loft) の床上に描く. (4) 〘海事〙〈船〉のかじを岸[桟橋, 他船]から離れるように取る. (5) 《俗》〘競馬〙〈賭け屋が〉(危険を減らすために)〈賭け金(の一部)を〉ほかの賭け屋に移す, 両賭けする. (6) 《米中部》〈...する〉計画を立てる 〈*to* do〉: I ～ *off to* go to the races tomorrow. あす競馬へ行くつもりだ. (7) 〘トランプ〙(ラミーで)〈自分の札を〉(相手がメルドした札に)つける. (*vi.*) (1) 《口語》仕事をやめる; 仕事[活動]をやめて休息する: I'd like to ～ *off* a few days. 2, 3日仕事をやめて休みたいものだ. (2) 《口語》悩ませる[うるさくする]のをやめる; [off は *prep.*] 〈人〉を悩ませる[にうるさくする]のをやめる: I wish you would ～ *off*! そんな不快なことはやめてもらいたいね / Just ～ *off* me, will you? ちょっとうるさくしないで[ほっといて]くれないか. (3) [off は *prep.*] 《口語》〈有害な物・不快な事〉をやめる: The doctor told me to ～ *off* smoking. / *Lay off* that [your teasing]. そんな事[からかうの]はよしてくれ. (4) 〈ハンターなどが〉獲物[標的]の脇などを狙って撃つ《銃弾に対する風の影響や獲物の移動を考慮に入れて》. (5) 〘海事〙〈船が〉岸[桟橋, 他船]から少し離れている.

lay on (*vt.*) (1) 〈ペンキ・ニスなどを〉塗る: ～ *on* paint, plaster, etc. / ⇨ LAY *it on*. (2) 〈税・罰などを〉

課する, 賦課する (impose): The government has *laid on* a new tax. 政府は新しい税を設けた. (3)《英》〈ガス・水道などを〉引く, 敷設する (supply): ~ *on* gas [water, electricity] / I rent a 2-room flat with gas and hot water *laid on*. ガス付きでお湯の出る 2 部屋のフラットを借りた. (4)《英口語》〈催し・料理・車などを〉用意する, 提供する (provide); 賃借りする (hire): ~ *on* a car 車の手配をする / In case it rains, we ought to ~ *on* some indoor entertainment. 雨天の場合を考えて屋内での催し物を準備しておかなければならない. (5)〈家畜が〉〈肉を〉つける (gain). (6)【印刷】(印刷機に)〈紙を〉差す; (版盤に)〈組版を〉のせる, 置く, 固定する. (*vi.*) なぐりつける (beat); 攻撃する (attack).

lay open ⇨ open *adj.* 成句.

lay out (*vt.*) (1) 広げる (spread out), 並べる, 陳列する (exhibit): ~ *out* one's evening clothes 夜会服を出して広げる / On the table the things were *laid out for* tea. テーブルの上にはお茶のために茶器が並べられていた. (2)〈死体〉の埋葬の準備を整える: ~ *out* a corpse. (3)《口語》打ち倒す[のめす], 打って気絶させる(knock out): Ali *laid out* Frazier in the first round. アリはフレイジャーを第 1 ラウンドで打ち倒してしまった / She was *laid out* by the intense heat. ひどい暑さで彼女は倒れてしまった. (4) …の計画を精密に立てる (map out): ~ *out* an election campaign, the work for tomorrow, etc. (5)〈土地などを〉地取りする (plot);〈庭・市街などの〉配置計画をする, 全体計画を設計する (design); 縄張りをする, 測量をする: ~ *out* a garden, park, etc. / The streets are *laid out on* a plan. 市街は計画に基づいて設計されている. (6)【印刷】割付ける, レイアウトする (cf. layout 2 a, b); (丁合いがしやすいように順番に)〈折丁を〉並べる: ~ *out* a printed page 紙面を割り付ける. (7)《口語》〈金を〉出す, 使う (spend); 投資する (invest): I *laid out* a thousand pounds *on* repairs to my house. 家の修理に 1000 ポンド使った. (8)《俗》しかる (scold), なじる (censure). (9)《米中部》〈…しようと〉計画する, 〈…する〉つもりである (plan, intend) 〈*to do*〉: I'm *laying out to* move into a new apartment. 新しいアパートへ移るつもりでいる. (*vi.*)《米南部・中部》〈学校などを〉無断で休む 〔*from*〕: ~ *out from* school.

lay over (1)《米》延期する (postpone): The meeting was *laid over* for a week. 会は 1 週間延期された. (2)《米》(スケジュールの都合で)途中下車する(stay over): We *laid over at* Anchorage on our way to Washington. 我々はワシントンへ向かう途中アンカレッジでしばらく飛行機を降りた. (3)《米方言》…にまさる (excel): He *lays over* all of us *in* tennis. テニスでは彼が我々のだれよりも上手だ.

lay oneself out《口語》〈…しようと〉努力する, 骨折る (try hard), 最善を尽くす (do one's best)〈*to do*〉: They *laid themselves out to* make the party successful. パーティーを成功させようと大いに努力した.

lay to (1) ⇨ *vi.* 3. (2) 努力する, 精を出す: He *laid to* with the others. 彼は他の連中と一緒になって頑張った. (3) なぐる, 打つ: Mr. Hyde *laid to* right and left with his stick. ハイド氏はステッキであたりを打ちまくった. (4)【海事】〈船を〉(船首を風上に立てて一時)停船させる;〈船が〉(船首を風上に立てて一時)停船する: The ship (was) *laid to* off the coast. 船は沖で停船した.

lay up (*vt.*) (1) 使わずにおく, たくわえる, ためる (store up): ~ *up* large supplies of food 食料を大量に買い溜めする / ~ *up* a fortune 一財産ためる / He's just *laying up* trouble *for* himself. まったくあとで困るようなことを自分でしでかしている (cf. *Matt.* 6: 19). (2) [通例 p.p. 形で]〈病気や怪我で〉〈人を〉働けなくする, 引きこもらせる (disable, confine) 〔*with*〕: He has been *laid up with* the flu. 彼は流感で床についている / I got *laid up with* a bad cold. 悪性の風邪で伏せってしまった. (3)【海事】〈船を〉係船する;《英》〈自動車を〉ガレージに入れる: The ship has been *laid up* for repairs. その船は修理のためにドックに入れられている / I have *laid up* my car for a week. 車は 1 週間ほどガレージに入れたままです. (4)〈畑を〉保存しておく (reserve), 〈畑を〉〈ある状態に〉しておく (leave): the field *laid up for* pasture 牧草地用に保存された畑 / ~ *up* the field dry [in ridges] 畑を乾かしておく[畑のうねを立てておく]. (5)〈石・れんがなどを〉積む;〈へいなどを〉(石・れんがなどを積んで)構築する. (6)〈ベニヤ・心材などを〉(プレス・接合の前ににかわなどを塗って)組み合わせる. (7)〈ロープなどを〉綯(な)って作る, なう (cf. *vt.* 16 b). (*vi.*)【海事】〔…へ向かって〕(船の)針路を取る 〔*for*〕.

lay waste ⇨ waste *adj.* 成句.

— *n.* **1** (物の置かれた)位置, 状態; 地形, 地勢; 方向: ⇨ *the* LAY *of the land*. **2**《俗》**a** 行動方針, 計画. **b** (いかがわしい)職業, 商売, 仕事: He gave up the gambling ~. 彼は賭博(とばく)渡世をやめた. **3** (なわ・綱の)綯(よ)り目, 綯り方: a hard ~ かたい綯り(方) / a left ~ 左綯り. **4**《米口語》**a** 販売[雇用]条件. **b** 代価, 値: sell a thing at a good ~ 物をよい値で売る. **5** (捕鯨[漁業]隊員が給料の代りに受ける一航海についての)利益の配当, 漁獲配当高. **6** (動物の)隠れ場, 巣, 穴. **7** 産卵: *in* ~〈鶏が〉産卵期で / hens just coming *into* ~ ちょうど産卵期に入ってきた鶏. **8**《卑》性交; 性交の相手(の女).

the lay of the land《米》(1) 地勢, 地形. (2) 事態, 形勢.

lay[2] [léɪ] 〖《*c*1330》*lai* ◻ (O)F *lai* < LL *lāicum* ◻ Gk *lāikós* of the people ← *lāós* people: cf. laic〗 — *adj.* **1 a** (聖職者に対して)俗人の, 平信徒の (nonclerical) (↔ ecclesiastical). **b**【カトリック】助修士の, 助修道女の《聖職者ではないが修道院で宗教生活をしながら一般労働に従事する》: ⇨ lay brother, lay sister. **2** (専門家に対して)素人の, 門外漢の, 本職でない: a ~ opinion 素人の意見 / a legal handbook for ~ readers 素人向け法律便覧 / ~ witness 一般の証人 (cf. expert 2). **3**【トランプ】切札でない, 平札の: a ~ card 平札《切札でないもの》/ a ~ suit 切札以外の同種札の揃い.

lay[3] [léɪ] 〖《*a*1250》◻ (O)F *lai* ← ? Celt. (cf. OIr. *laid* poem): cf. OE *lāc* play / G *Leiche* song〗 — *n.* **1** 歌《特に, 単純な短い叙情詩や短い物語り歌》; 民謡 (ballad). **2**《古・詩》(歌う)歌; 鳥のさえずり.

lay[4] 〖OE *læg*〗 *v.* lie[2] の過去形.

lay[5] [léɪ] 〖《変形》← LATHE[1]〗 *n.*【紡織】筬框(おさかまち)《織機の筬, 杼箱(ひばこ)などを含んだ部分名》.

láy·abòut *n.*《英口語》のらくら者, なまけ者.

Lay·a·mon [láɪəmən, léɪə- | láɪəmən, -mɔn] *n.* 13 世紀の英国の詩人; *Brut* (1205) の作者; Lawman とも呼ばれる.

láy ánalyst *n.* 医師の資格のない精神分析学者, 素人精神分析医.

láy·awày *n.*【商業】layaway plan で購入した商品.

láyaway plàn *n.*【商業】商品予約購入法《手付け金 (deposit) を支払って予約し, 割賦式で残額完済後に届けてもらう商品の購入法》.

láy báptism *n.*【教会】平信徒の施す洗礼式, 平信徒洗礼《緊急時に司祭をまたずに信徒が行なう洗礼》.

láy bòard *n.*【造船】= hog piece.

láy bòat *n.*【海事】目標[標的]船《射撃練習とかレースの目標のために海上に係留されている船》.

láy bróther *n.*【カトリック】助修士, 平修士, 労働修士《聖職者ではないが修道院で修道士と同じ宗教生活をしながら一般労働に従事する修道者; cf. brother *n.* 5, lay sister》.

láy-bỳ 〖← *lay by* (⇨ lay[1] 成句)〗 — *n.* **1** (川または運河の)一時停船所《船が停泊したりすれ違えるように広げられた所》. **2**《英》(道路の)待避所《交通を妨げないで停車できるように広げられた所》. **3**《英》【鉄道】鉄道の待避線. **4**《米》【農業】農作物栽培の最後の作業. **5**【商業】= layaway.

láy clérk *n.*【英国国教会】(礼拝式などで司祭の手助けをする)教会(庶務)役員, 教区書記 (parish clerk).

láy commúnion *n.* **1** 俗人として教会員であること. **2** 平信徒の聖餐(さん)式.

láy dày 〖⇨ lay[1] (n.)〗 *n.* **1**【商業】船積み[停泊]期間《この期間を越すと demurrage を支払わされる; cf. demurrage》. **2**【海事】(出港予定日より)遅れた日数.

láy·dòwn *n.*《口語》【トランプ】(ブリッジで)見下ろしの手《勝つことが明白なため, 開いて見せて必要なトリック数を相手に要求できるような手; cf. claim *n.* 6》.

lay·er 〖《1282》*leyer, legger*〗 — [léɪə, lɛ́ə | léɪə(r, 4-6 では《英》ではまた lɛ́ə(r)] *n.* **1** 置く人, 積む人, 敷く人: a brick*layer* れんが工. **2** 産卵鶏: a good [bad] ~ よく卵を産む[産まない]鶏. **3** なわない機. **4** 層, 積み, 重ね, 塗り (stratum); 地層 (bed): ~*s* of bricks, clay, society, etc. **5**《まれ》【天文】地平. **6**【園芸】取り木法で繁殖させている[させた]植物. **7**【競馬】私設馬券業者; 賭け屋, 賭け元 (bookmaker) (cf. backer 2). — [léɪə, lɛ́ə | lɛ́ə(r, léɪə(r] *v.* — *vt.* **1** 層にする. **2**【園芸】取り木法で〈植物を〉繁殖させる, 取り木にする. — *vi.* **1** 層になる. **2**【園芸】地面に接した枝の部分から発根する.

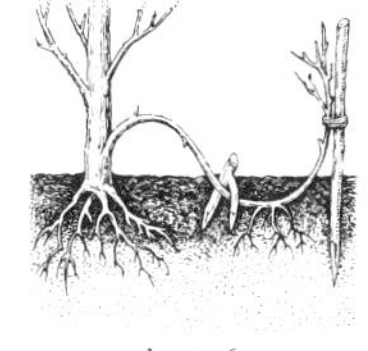

layer 6

lay·er·age [léɪərɪdʒ, lɛ́(ə)- | lɛ́ər-, léɪər-] *n.*【園芸】取り木, 取り木技術.

láyer càke *n.* レイヤーケーキ《クリーム・ジャム等を間にはさみ層にしたスポンジケーキ》.

láy·ered *adj.* **1** 層をなした, 層のある. **2**【服飾】重ね着の.

láy·er·ing [léɪərɪŋ, lɛ́(ə)r- | lɛ́ər-, léɪər-] *n.* **1**【園芸】取り木, 取り木をすること. **2**【地図】(地形の)段彩式表示法.

láyer-ón *n.* (*pl.* **layers-on**)《英》【印刷】紙差し工《印刷機に 1 枚ずつ紙を差す人》.

láyer-óut *n.* (*pl.* **layers-out**)【造船】罫描家(けがきか)《工作物に罫線を書き入れる作業の担当者》.

lay·ette [leɪét; *F.* lɛjɛt] 〖《1874》◻ F ~ (dim.) ← *laie* box ◻ Flem. *laeye*: cog. G *Lade* drawer: ⇨ -ette〗 *n.* 新生児用品一式《産着・おむつ・ふとん類》.

lay figure [⸗⸗ | ⸗⸗] 〖《1795》←《廃》*lay(man)* ◻ Du. *le(d)eman*《原義》joint-man: 宗教的な意味での「俗人」(cf. layman) との混同を避けるため figure が man に代わった〗 — *n.* **1** (美術家がモデル代りに衣服を掛けるのに用いる)人体模型; (衣装品店で衣装を陳列するために用いる)人台(じんだい), マネキン人形. **2 a** 名は出ているが何もしない人, 単なる飾り物的存在; 何の個性もない人物 (puppet, dummy). **b** (小説などの)非現実的人物 (nonentity).

lay·ing 〖ME〗 — *n.* **1** 置くこと; 積むこと, 敷くこと. **2** (ガス・水道などの)敷設. **3** (漆喰(しっくい)の)下塗り. **4** (糸やなわの)綯(よ)り方, ない方. **5** ひとかえし分の卵. **6**【砲術】照準, 射向付与.

láy intermédiary *n.*【法律】弁護士と依頼者の接触を妨げるために介入する素人.

láy lòrd *n.*【英法】素人貴族《法律の専門的素養のない貴族; cf. Law Lord》.

láy·man [-mən] 〖《?*a*1425》: ⇨ lay[2], man[1]〗 — *n.* (*pl.* **-men** [-mən]) **1** (聖職者 (ecclesiastic) に対して)信徒, 平信徒, 俗人. **2** (専門家 (expert) に対して)素人, 門外漢: They were *laymen in* economics. 経済学に関しては素人だった.

láy·òff 〖← *lay off* (⇨ lay[1] 成句)〗 — *n.* **1 a** (不況などによる)一時的強制休業, (一時的)解雇[休職], 一時帰休制, レイオフ: the ~ rate 一時的解雇率 (⇨ quit rate). **b** (工場などの)操業休止 (shutdown). **2** 一時的解雇[休職]期間; (選手などの)試合[活動]中止期間.

láy·òut 〖← *lay out* (⇨ lay[1] 成句)〗 — *n.* **1 a** (庭園・建物などの)配置, 設計, 地取り, 間取り, レイアウト (arrangement): the ~ of classrooms 教室の配置. **b** 配置[地取り]図, 設計図. **2 a** (書籍・新聞・広告などの)割付け, 割定(わりじょう), レイアウト《各ページに入れる内容の配列や取合わせ》. **b** 割付け[レイアウト]作業. **c**【ジャーナリズム】= spread 8 a. **3 a** 広げられたもの. **b** (食卓の)配膳, 配置: a fine ~ すばらしいごちそう. **c**《口語》(大きくて入り組んだ)構え (setup), 邸宅, 工場(など). **d** (ルーレットの)賭け盤. **4** 道具一式; 一そろいの用具. **5**《米南部・西部》仲間, 一団, 一味 (gang). **6**【トランプ】置き札《一人遊び(占い)などで指定の形に並べられ, それをもとにゲームを進める最初の札の集まり》. **7**【スポーツ】(ダイビング・水泳・体操で)体型, 姿勢 (cf. pike[7], tuck[1] 5 a).

láy·òver 〖← *lay over* (⇨ lay[1] 成句)〗 *n.*《米》途中下車; (乗り継ぎの)時間待ち.

láy réader *n.*【英国国教会・米国聖公会】平(信徒)読師, 信徒奉持者《罪の許し・祈禱(きとう)などを除いて礼拝式を行なうことを許されている平信徒; 説教には牧師の原稿を読むことが許される》.

láy rèctor *n.*【英国国教会】俗人教区長《rector の領収する tithes を受けている平信徒》.

láy sèrmon *n.* (司祭でない)信徒の説教.

láy·shàft 〖← ? LAY[1]〗 *n.*【機械】副軸, 添え軸.

láy síster *n.*【カトリック】助修女, 平修女, 労働修女《修道院で修道女と同じ宗教的生活をしながら一般労働に従事する修道者; cf. sister *n.* 5 a, lay brother》.

láy·stàll *n.*《英》ごみ捨て場.

láy·ùp 〖← *lay up* (⇨ lay[1] 成句)〗 — *n.* **1** 休み, 休むこと. **2** (プレスのためのベニヤ・心材の)組合わせ, 合板作業. **3** (強化プラスチックの金型の中に入れる)補強材. **4**【海事】(船の)休航. **5**【バスケットボール】レイアップ《ゴール下からジャンプして片手でバックボードからのボールのはね返りを利用して行なうシュート》.

láy vícar *n.*【英国国教会】= clerk vicar.

láy·wòman *n.* (*pl.* **-women**) (修道女 (nun) でない)(女性)信徒, 女の平信徒.

Laz. 《略》Lazarus.

laz·ar [lǽzə, léɪzə | lǽzə(r] 〖《*c*1300》◻ ML *lazar-us* (LL *Lazarus* の特殊用法): cf. *Luke* 16: 20〗 *n.*《古》不潔な病気にかかっている人; (特に) = leper 1.

laz·a·ret [læ̀zərét, ⸗⸗⸗ | ⸗⸗⸗] 〖《1611》◻ F ~ ◻ It. *lazzaretto* (↓)〗 *n.* (*also* **laz·a·rette** [~]) **1**【海事】(商船の船尾にある)食料貯蔵室. **2** = lazaretto 2.

laz·a·ret·to [læ̀zərétoʊ | -təʊ] 〖《1549》◻ It. *lazzaretto*《変形》← Venetian *lazareto*《混成》← *nazareto*《短縮》← *Santa Maria di Nazaret* (Venice にあるハンセン病院名) + *lazaro* lazar, leper〗 — *n.* (*pl.* ~**s**) **1** 隔離病院, (特に)ハンセン病院 (lazar house). **2** 検疫所, 検疫船《lazaret, lazarette ともいう》.

lázar hòuse *n.* = lazaretto 1.

Laz·a·rist [lǽzərɪst, ləzɑ́:r-, -rəst | lǽzərɪst] 〖《1747》◻ F *Lazariste* ← *Lazare* (↓): ⇨ -ist〗 *n.*【カトリック】(⇨ Vincentian).

Laz·a·rus [lǽz(ə)rəs] 〖◻ LL ~ ◻ Gk *Lázaros* ◻ Heb. *El'āzār* 'ELEAZAR'〗 — *n.* **1** 男性名. ★ ユダヤ人に多い. **2**【聖書】ラザロ: **a** ベタニアのマリアとマルタ (Mary and Martha of Bethany) の弟でイエスの友人; イエスの奇跡によって死からよみがえった; Lazarus of Bethany と呼ばれる (cf. *John* 11: 1–44, 12: 1–18). **b** 聖書に腫物(しゅもつ)がはれただれていた (full of sores) とあるこじき (cf. *Luke* 16: 19–31; cf. Dives 1). **3** [時に l-] (病気の)こじき (beggar); (特に) = leper 1: ~ and Dives 貧者と富者.

Lazarus, Emma *n.* (1849–87) 米国の女流詩人.

laze [léɪz] 〖《*a*1592》《逆成》← LAZY〗《口語》— *vi.* なまける, のらくらする (idle). — *vt.* なまけて過ごす (idle away)〈*away*〉: ~ *away* one's life 一生をなまけて暮す. — *n.* **1** なまけること. **2** のらくらして過ごす時間; くつろぎ (relaxation).

lá·zi·ly [-zɪli, -zə- | -lɪ] 〖《1587》〗 *adv.* **1** なまけて, のらくらして, ぶらぶらして. **2** 不精に, 物憂げに.

lá·zi·ness *n.* **1** なまけ, 怠惰. **2** ものぐさ, 不精.

lázuli *n.* = lapis lazuli.

laz·u·line [lǽzəli:n, -ʒə-, -làɪn | -zjʊ-] 〖← (LAPIS) LAZULI + -INE[1]〗 *adj.* るり (lapis lazuli) 色の.

laz·u·lite [lǽzəlàɪt, -ʒə- | -zjʊ-] 〖← ML *lāzulum* 'LAPIS LAZULI' + -ITE[1]〗 *n.*【鉱物】天藍(てんらん)石, 青リン鉱 ($(Fe, Mg)Al_2P_2O_8(OH)_2$). **la·zu·lit·ic** [læ̀zəlítɪk, -ʒə- | -zjʊlɪt-] *adj.*

laz·u·rite [lǽzəràɪt, -ʒə- | -zjʊ-] 〘← ML *lāzur* azure ＋-ITE[1]〙 *n.* 〘鉱物〙 青金石 ($Na_5Al_3Si_3O_{12}S_3$) (lapis lazuli の主要素; 濃青色の鉱石で装飾用).

la·zy [léɪzi | -zɪ] 〘(1549) *laysy* ← ? MLG *lasich* feeble: cf. G *lässig*〙 ― *adj.* (**la·zi·er**; **la·zi·est**) **1** [通例軽蔑的に] (仕事嫌いで)なまける, 不精な, ものぐさな (indolent) (↔ diligent): a ～ fellow. **2** 倦怠感[眠気]を誘う, 物憂げな, だるい: a ～ afternoon of late spring 晩春の日の物憂げな午後. **3** 動きのおそい, のろくさい: a ～ stream. **4** まっすぐに立っていない, だらりと垂れた (drooping): a puppy with ～ ears 垂れ耳の子犬. **5** 〘畜産〙〈焼印が〉横に押された: a ～ brand 横に押された焼印 / a ～ E＝ш. ― *vi.* ＝laze.

lázy·bàck *n.* (乗り物のいすの)寄りかかり.

lázy·bònes 〘(1592) ← LAZY＋BONE[1]＋-S[1] 1〙 *n. pl.* [単数または複数扱い]《口語》なまけ者, 不精者.

lázy éight *n.* 〘航空〙 8 の字飛行《飛行機の操縦訓練の基本操作の一つで, 空中に 8 の字を描く》.

lázy gúy *n.* 〘海事〙 レージー ガイ《縦帆のブームの揺れを止める張り綱》.

lázy hályard *n.* 〘海事〙 代用ハリヤード《正規のハリヤード(揚帆索, 揚げ綱)を休ませておいて, 入港中などに旗や帆を揚げるのに使う力の弱いロープを使ったハリヤード》.

lá·zy·ish [-ziɪʃ] *adj.* やや なまける, なまけ気味の.

lázy jàck *n.* 〘機械〙 屈伸ジャッキ.

lázy páinter *n.* 〘海事〙 (ボートの)小もやい綱《正規のもやい綱の代りとして使う》.

lázy-pínion *n.* 〘機械〙 中立ち小歯車, 遊び小歯車.

lázy Súsan *n.* 《米》 回転盆《食卓に置いて調味料・香辛料などを載せるもの; 仕切りがあることが多い》.

lazy Susan

lázy tàck *n.* 〘海事〙 **1** 代用タック《大帆の下端隅を留める正規のタックを滑車装置で取付ける作業の間など, 一時的に帆を留めておくためのもの》. **2** ゆるみ綱《支索をかわして縦帆のタックをかえるような時, 帆がばたつかないように一時的に使用するタックで, 普通はゆるんでいる》.

lázy tòngs *n. pl.* [時に単数扱い] 無精ばさみ《少し離れた所にある物をはさんで取るために用いる伸縮やっとこ》.

lazy tongs

laz·za·ro·ne [læ̀zəróʊneɪ | -róʊ-; *It.* làddzaróːne] 〘◻ It. ～ (aug.) ← *lazzaro* lazar: ⇨ -oon〙 ― *n.* (*pl.* **-ro·ni** [-niː; *It.* -ni]) (イタリアの Naples の)宿なし, こじき.

lb. [páʊnd] 《略》 *L.* lībra(e) (＝pound(s)) (cf. ₤).

L.B. 《略》 *L.* Lēctor benevolō (＝to the kind reader); letter box; *L.* Lit(t)erārum Baccalaureus (＝Bachelor of Letters *or* Literature); Local Board 地方委員会; landing barge 上陸用はしけ; 〘軍事〙 light bomber.

Ĺ-bànd *n.* 〘通信〙 L 周波帯《390–1550 メガヘルツの超高周波帯; cf. S-band》.

lb. ap. 《略》〘処方〙 (apothecaries') pound.

lb. av. 《略》 avoirdupois pound.

lbf 《略》〘物理〙 pound-force.

LBJ 《略》 Lyndon Baines Johnson.

LBL 《略》 Lawrence Berkeley Laboratory.

LBO 《略》〘法律〙 Law of Belligerent Occupation 軍事占領地区関係国際法.

LBP 《略》〘海事〙 length between perpendiculars.

lbs. [páʊndz] 《略》 pounds (lb. の複数形).

lb. t. 《略》 troy pound.

l.b.w. 《略》〘クリケット〙 leg before wicket.

LC 《略》〘米海軍〙 Landing Craft.

L/C, l/c, l.c. 《略》〘金融・商業〙 letter of credit.

l.c. 《略》〘劇場〙 left center (舞台の向かって)右中央; loco citato; 〘印刷〙 lower case (cf. u.c.).

L.C. 《略》 Library of Congress; Lord Chamberlain; Lord Chancellor; Lower Canada.

Ĺ. cásei fàctor 《略》 Lactobacillus casei factor.

LCC 《略》〘米海軍〙 Landing Craft, Control 揚陸指揮艇《上陸戦闘部隊指揮のための特別な通信器材をもつ》.

L.C.C. 《略》 London City [County] Council.

L.C.D., l.c.d. 《略》〘数学〙 least [lowest] common denominator.

LCDR 《略》〘海軍〙 lieutenant commander.

l'cha·im [ləxáːjɪm] 〘◻ ModHeb. *lḥayim* to life (乾杯の掛け声)〙 *int.* (*also* **l'chay·im** [～]) 乾杯.

LCI 《略》〘米海軍〙 Landing Craft, Infantry 歩兵上陸用舟艇, 歩兵揚陸艇.

L.C.J. 《略》 Lord Chief Justice (英国)首席裁判官《高等法院王座部長官》.

L.C.L., l.c.l. 《略》〘商業〙 less than carload lot (荷物など)一車貸切量未満, 車扱い量未満, 小口貨物.

LCM 《略》〘米海軍〙 Landing Craft, Mechanized 機械化部隊上陸用舟艇[揚陸艇].

L.C.M., l.c.m. 《略》〘数学〙 least [lowest] common multiple.

LCP 《略》〘米海軍〙 Landing Craft, Personnel 兵員上陸用舟艇[揚陸艇].

LCR 《略》〘米海軍〙 Landing Craft, Rubber ゴム製上陸用舟艇[揚陸艇].

LCS 《略》〘米海軍〙 Landing Craft, Support 上陸用舟艇, 支援艇, 揚陸支援艇《水陸両用上陸作戦で, 揚陸艇の行動に火力支援を行なう》.

LCT 《略》〘米海軍〙 Landing Craft, Tank 戦車上陸用舟艇, 戦車揚陸艇.

LCT, L.C.T. 《略》 local civil time 地方常用時.

LCVP 《略》〘米海軍〙 Landing Craft, Vehicle, Personnel 車両兵員[人員]上陸用舟艇[揚陸艇].

LD 《記号》〘貨幣〙 Libia dinar(s).

LD, LD., L.D. 《略》 Low Dutch.

ld. 《略》〘印刷〙 lead[1].

Ld. 《略》 Limited; Lord.

L.D. 《略》 Lady Day; *L.* Laus Deō 神をほめまつれ (praise be to God); 〘劇場〙 left door; *L.* Litterārum Doctor (＝Doctor of Letters); lethal dose; long distance.

'ld [d] 《まれ》 would の縮約形 (cf. 'd): you'*ld*.

ĹDC 《略》 Less Developed Countries.

ĹD-convérter 〘*LD*: オーストリアの工業都市 Linz と Donawitz にある会社の共同研究によることにちなむ頭文字から〙 *n.* LD 転炉《製鋼用上吹き転炉》.

ldg. 《略》 landing; leading; loading.

LDH 《略》〘化学〙 lactate [lactic] dehydrogenase 乳酸脱水素酵素.

L-Do·pa, L-DOPA [èldóʊpə | -dáʊ-] 〘← *L* (《略》← LEVO-)＋*dopa* (《短縮》← *d*(*ihydr*)*o*(*xy*) *p*(*henyl*) *a*(*lanine*))〙 ― *n.* 〘薬学〙 レボドパ《パーキンソン病治療薬, 降圧剤; levodopa ともいう》.

Ĺ-drìver 〘《略》← LEARNER-DRIVER〙 *n.* 《英》(自動車の)運転練習中の人《教官が同乗し, 自動車の前と後ろに L のプレートをつける; ⇨ L《記号》4》.

L.D.S. 《略》 Licentiate in Dental Surgery; Latter-Day Saints; *L.* laus Deō semper (＝praise be to God for ever).

Le 《記号》〘貨幣〙 leone(s).

£E, LE 《記号》 Egyptian pound(s).

l.e. 《略》〘アメリカンフットボール〙 left end; leading edge.

-le[1] [l] 〘OE *-el, -ela, -ol, -ul*: cog. Du. & G *-el*〙 *suf.* **1** 指小辞: icicle, knuckle. **2** 行為者・道具を表わす: beadle, girdle, handle.

-le[2] [l] 〘OE *-el, -ol, -ul*: cog. OHG *-al, -il* / L *-ulus*〙 *suf.* 「…する傾向のある」などの意の形容詞語尾: brittle, fickle, nimble.

-le[3] [l] 〘OE *-lian*: cog. Du. & G *-len*〙 *suf.* 動作の反復などを表わす動詞語尾《擬音語起源の語に多い》: dazzle, fondle, jingle, twinkle.

lea[1] [líː, léɪ | líː] 〘ME *lei*(*e*) < OE *lēa*(*h*) ← Gmc **lauχ-* (原義) place where light shines (OHG *lōh* (cf. *Hohenlohe* (人名) (原義) high leas) ← IE **leuk-* light, brightness (L *lūcus* grove)〙 ― *n.* **1** 《詩・古》草原, 草地 (grassland), 牧草地 (meadow): The lowing herd wind slowly o'er the ～. ⇨ wind[3] *vi.* 1. **2** ＝ley[1] 1. ― *adj.* 耕作されていない, 未開墾の (fallow).

lea[2] [líː] 〘(1399) *lee*: ME *lees* (◻ OF *lesse, laisse*: ⇨ leash) を複数と誤解してできた逆成語か〙 ― *n.* 綛(かせ)《繊維の長さの単位; 通例毛糸では 80, 綿糸・絹糸では 120, 麻糸では 300 ヤード; 土地によって多少異なる》.

Le·a [líːə | líː] 〘《変形》← LEAH〙 *n.* 女性名.

L.E.A. 《略》 Local Education Authority 地方教育当局.

leach[1] [líːtʃ] 〘《変形》← 《廃》*letch* (v.) (cf. 《方言》*letch* (n.) bog) < ? OE *leccan* to water, lave, moisten (cf. OE *lacu* stream): ⇨ leak: cf. lack〙 ― *vt.* **1** 〈水などを〉濾(こ)す. **2** 〈鉱石・木皮などを〉濾し水に浸す. **3** (濾し水に浸して)〈可溶物を〉濾し取る, 浸出する 〈*out*〉: ～ (*out*) alkali *from* ashes 灰からアルカリを濾し取る. **4** 《比喩》(濾すように)取り出す, 取り除く. ― *vi.* 濾せる, 濾(ろ)過によって分離する. ― *n.* **1** 濾すこと. **2** 濾過器, 濾しがめ, 濾しおけ. **3** 濾した液体, 濾過液, 濾し灰. **～·er** *n.*

leach[2] *n.* 〘海事〙 ＝leech[3].

leach·a·ble [líːtʃəbl] *adj.* 濾すことのできる. **lèach·a·bíl·i·ty** [-tʃəbíləṭi | -lətɪ, -lɪ-] *n.*

leach·ate [líːtʃeɪt] *n.* 浸出物[溶液].

léach·ing *n.* 〘化学〙 浸出《分離操作の一つ》; 浸出物.

leach·y [líːtʃi | -tʃɪ] 〘← LEACH[1]＋-Y[4]〙 *adj.* (**leach·i·er**; **-i·est**) 〈岩石などが〉水を通す, 多孔質の (porous).

Lea·cock [líːkɒk | -kɔk], **Stephen** (**Butler**) *n.* (1869–1944) 英国生れのカナダのユーモア作家・経済学者; *Nonsense Novels* (1911).

lead[1] [léd] 〘OE *lēad* < (WGmc) **lauda* (Du. *lood* / G *Lot* plummet) ← ? Celt. (cf. Gael. *luaidh*)〙 ― *n.* **1** 〘化学〙 鉛《金属元素の一つ; 記号 Pb, 原子番号 82, 原子量 207.21》: ⇨ red lead 1, white lead 1 / heavy as ～ 鉛のように重い, どっしり重い / (as) dull as ～ 鉛のような鈍い色の; 非常に間抜けな. **2 a** 鉛製のもの. **b** 測鉛 (plummet): cast [heave] the ～ (測鉛を投じて)水深を計る / arm the ～ (海底の砂泥の見本を付着させるために)測鉛の底部のくぼみに獣脂を詰める. **c** [*pl.*]《英》屋根ふき用鉛板, 鉛ぶきの屋根. **d** (窓ガラスの)鉛わく. **e** 《英方言》鉛製の容器《なべ・かま・湯沸かしなど》. **3** (鉛筆の材料としての)黒鉛 (black lead); 鉛筆のしん. **4** [集合的] 弾丸 (bullets): get the ～ 弾丸に当たる / a shower of ～ 雨あられのように飛んで来る弾丸 / an ounce of ～ 弾丸. **5** 〘印刷〙 インテル, レッズ《活字組版の行間をあけるための薄い金属[木]片; leading ともいう; cf. reglet 2》. **6** 〘化学〙 **a** ＝white lead. **b** ＝tetraethyl lead.

get the lead out of one's pants 《俗・卑》どんどん仕事をやる, せっせとする. ***lead in one's pencil*** 《卑》(男性の, 特に性的)精力: Garlic is supposed to put ～ *in your pencil.* にんにくは精力剤だとされている. ***swing the lead*** 《英俗》仮病を使う, (口実を作って)役目をなまける (idle, malinger). ― *attrib. adj.* 鉛製の (leaden). ― *vt.* **1** [通例 p.p. 形で] 鉛でおおう; 〈屋根〉を鉛板でふく. **2** 〈窓〉に鉛わくをつける. **3** …に鉛を詰める; …に鉛で重りをつける. **4** …に鉛[鉛化合物]を入れる, 鉛[鉛化合物]で処理する: ～*ed* gasoline ⇨ leaded 1. **5** 〘印刷〙 〈行間〉にインテルを入れる[挿入する]; 〈行間〉をあける. ― *vi.* **1** 測鉛で水深を計る. **2** 鉛でおおわれる, 鉛がつく.

lead[2] [líːd] 〘n.: ME *lede*(*n*) < OE *lǣdan* to lead, guide, convey < Gmc **laiðjan* (Du. *leiden* / G *leiten*) ← **laiðō* 'LOAD'. ― v.: (*a*1325) ← (n.): cf. lode〙 ― *v.* (**led** [léd]) ― *vt.* **1 a** [方向を示す副詞または前置詞を伴って] 導く, 案内する (conduct, guide): He *led* me *in* [*out, up, down, back*]. 私を中まで[外まで, 上まで, 下まで, またもとへ]案内してくれた / The guide *led* us *to* the Tower of London. ガイドは我々をロンドン塔へ案内してくれた / He *led* me *through* a sitting room and *into* his study beyond it. 彼は居間を通ってその向こうにある彼の書斎へ私を案内した. **b** 〔手などを取って〕連れて行く, 手引きする 〔*by*〕: ～ a blind man *by* the hand 盲人の手を引いてやる / ～ a horse *by* the bridle 手綱(たづな)を取って馬を引いて行く / She *led* her little child *across* the street. 彼女は子供の手を取って通りを渡った / If the blind ～ the blind, both shall fall into the ditch. 盲人(めしい)もし盲人を手引せば, 二人とも穴に落ちん (*Matt.* 15: 14). **c** 〈犯人・捕虜などを〉: ～ a person captive 人を捕虜として連れ去る / The policeman *led* him *to* the station. 警官はその男を警察へ連行した.

2 a …の先に立って行く, 先導する: Baton twirlers *led* the parade. バトンガールたちが行進の先頭に立って行った / The scout *led* the troops *over* the mountains. 斥候が先導してその一隊は山を越えた. **b** 〈社会運動などの〉先頭に立つ, 首唱する: ～ the fashion 流行の先駆けをする / ～ a campaign to combat crime 犯罪防止運動の先頭に立つ / ～ a peace movement 平和運動を首唱する. **c** 指揮する, 指導する, 率いる (direct); …の先に立って行なう, …のために音頭を取る: ～ an army [Antarctic expedition, orchestra] 軍隊[南極探検隊, オーケストラ]を指揮する / Mr. Heath *led* the Conservative Party from 1970 to 1974. 1970 年から 1974 年までヒース氏が保守党の指導者であった / The priest *led* the audience *in* prayers. 司祭に続いて会衆は祈禱をした.

3 a …の首位を占める, …で一番である: He ～*s* the class *in* mathematics. 数学では彼がクラスで一番だ. **b** 〔…だけ〕…にまさる, しのぐ, (スポーツで)リードする 〔*by*〕: Our crew *led* the opponent *by* two lengths. わがクルーは 2 艇身の差で相手を抑えた / Boston Red Sox *is* now ～*ing* New York Yankees *by* three runs. ボストンレッドソックスは目下ニューヨークヤンキーズを 3 点リードしている.

4 a 〈道路などが〉〈人を〉〔ある場所に〕導く, 連れて行く (bring) 〔*to*〕: This path will ～ you *to* the house. この小道を行けばその家に行きます / The light *led* us *to* the shore. その明かりに導かれ我々は海岸へ着いた / Chance *led* him *to* London. ふとしたことから彼はロンドンに来た. **b** 〈事・人が〉〈人を〉〔ある行為・状態に〕導く; 誘惑する (allure) 〔*into, to*〕: ～ a person astray 人を迷わせる[邪道に陥れる] / This *led* me *into* error. これが原因で間違えた / That road will ～ you *to* destruction. そんな道を踏めば君は破滅する / I'll ～ her *back to* the right way. 彼女を正道に立返らせてやろう / I was *led to* the conclusion that... 私は…という結論に到達した. **c** [目的語＋*to* do を伴って] 〈事・人が〉〈人を〉〈…する〉気にならせる (induce), 〈人〉に…させる (cause): Curiosity *led* him *to* peep through a keyhole. 好奇心に駆られて彼は鍵穴から覗いてみた / Teachers must ～ pupils *to* think for themselves. 教師は生徒が自分の頭で思考できるように導かなければならない / I am *led to* believe that... 私は…と信じる気持ちになっている. ★《米口語》では *to* do の代わりに *to* doing も用いられる: This *led* him *to* believing. このことがあって彼は信じる気になった.

5 〈人〉の心を動かす[左右する] (influence); 〈人を〉説得する (persuade): I am easily *led* by my friends. 私はすぐ友人の言葉に乗ってしまう / He is easier *led* than driven. 彼は無理強いするよりも説得したほうが早い.

6 〈水などを〉引く, 通じる, 運ぶ (convey); 〈綱などを〉通す (pass): ～ a stream *through* a field 畑に水を引く / ～ a rope *through* a pulley 滑車に綱を通す / Gutters ～ the water *into* the ditch [*away from* the roof]. 樋(とい)で水が溝に流れ出る[屋根の水が吐き出される].

7 a 〈…の生活を〉過ごす, 送る, 暮す (spend): ～ a quiet [busy, miserable, dog's] life 平和な[多忙な, 不幸な, みじめな]生活を送る / He *led* a Jekyll and Hyde existence. その男はジキルとハイドのような生活をした. **b** [二重目的語を伴って] 〈…の生活を〉…に送らせる: She *led* him a miserable life. 彼女のために彼はみじめな生活をしなければならなかった.

8 〘法律〙 **a** 〈証人〉に誘導訊問を浴びせる: ～ a witness. **b** 《英》〈事件〉の主任弁護人 (leader) となる: ～ the cause 訴訟事件の主任弁護人となる.

9 〘トランプ〙〈札を〉打ち出す《ある一巡で最初に場に

出す》: ～ trumps [the ace] 切札のスーツ[エース]を打ち出す / The double-five was *led*. (ドミノで)5ぞろいが最初の手だった.
10 a 〈動く標的〉の前方を狙って撃つ《銃弾が標的に届く時間を考慮に入れて》: ～ a duck [an airplane] かも[飛行機]の前方を狙って撃つ. **b** 〘アメリカンフットボール〙…にリードパスする《走っているレシーバーの前方にボールを投げる》.
11 〘ボクシング〙(攻勢に出て)〈一撃を〉加える: ～ a jab *to* the jaw 攻勢に出てあごにジャブを加える.
— *vi.* **1 a** 先に立って行く, 案内する, 先導する: He *led* and we followed. 彼が先に立って案内し我々が後に続いた. **b** 〈馬などが〉引かれて行く: This horse ～*s* easily. この馬は引きやすい.
2 指揮する, 率いる; 指揮者となる; 真先にする, 首唱する: ～ in prayer (祈禱会などで)真先に祈る / Who's going to ～? だれが指揮をとるのか.
3 a 首位に立つ, 一番である (excel): In English [As a runner] he ～*s* in the class. 英語では[走者としては]彼はクラスで一番だ / Of these copper easily ～*s*. これらのうちで銅が断然一位だ. **b** 〔…だけ〕まさる, 優勢である, (スポーツで)リードする〔*by*〕: The Republican candidate appeared to ～ from the first. 共和党の候補者が最初から優勢に見えた / Oxford *led by* two lengths. オックスフォードは2艇身リードした.
4 a 〈道路などが〉〈ある場所に〉通じる, 達する, 至る (run, extend)〔*to, into*〕: This road ～*s* (*down*) *to* the river. この道を(下って)行くと川へ出ます / Broad is the way that ～*eth to* destruction. 滅(ほろび)にいたる路(みち)は広し (*Matt.* 7:13) / All roads ～ *to* Rome. 《諺》すべての道はローマに通じる《方法は色々あっても結局は同じ所[目的]に到達する》/ The short drive *led up to* a fine villa. 短い車道を走って行くと立派な邸宅の前に着いた / the door ～*ing into* the living room [*on to* the stairs] 居間[階段]に通じるドア / The little lane *led into* the main street. その小径は大通りに通じていた. **b** 〈事が〉〈ある状態に〉通じる, 帰着する (eventuate)〔*to*〕: The information *led to* the solution of the case. その情報がもとどなって事件が解決した / She took a course of study ～*ing to* a license as an English teacher. 彼女は英語の教師の免許状の取れる課程を履修した / The incident *led to* his quitting his job. その事件が原因で彼は職を辞した / Your work won't ～ anywhere. 君の仕事は徒労に帰するだろう.
5 〘ジャーナリズム〙(新聞・雑誌で)〔…を〕トップ記事にする〔*with*〕: Every paper ～*s with* the Queen's visit to Japan. 各紙が(エリザベス)女王の日本訪問をトップ記事にしている.
6 《英》〘法律〙主任弁護人 (leader) となる〔*for*〕: ～ *for* the prosecution [defence] 起訴者[被告]側の主任弁護を務める.
7 〘トランプ〙打ち出す, 打出しとなる《ある一巡で最初に札を出す番になる》: Who ～*s* in this round? 今度はだれの打出しですか.
8 〘ボクシング〙(初めに相手に一撃を加えて)攻勢を取る: He *led with* a left jab. 左ジャブを浴びせて攻勢を取った.
9 〘野球〙〈走者が〉リードをとる〈*away*〉.
lead away (1) 引っ張って行く, 連れ去る; 運び去る (cf. *vt.* 6): ～ *away* prisoners 捕虜を連行する. (2) 逸脱させる, そらす: His argument *led* us *away from* the topic. 彼が議論を始めて皆が論題からそれてしまった. (3) [通例 p.p. 形で] すぐ熱中[熱狂]する; うそでもすぐ信用する: Helen is easily *led away*. ヘレンはすぐ熱中する[人にかつがれる]質(たち)だ / I am apt to be *led away* by my enthusiasm. つい熱中して我を忘れてしまう. (4) 〘野球〙 ⇨ *vi.* 9. ***lead away from*** 〘トランプ〙〈エースなど〉の下から打ち出す《損になることが多い; cf. underlead *n.*》. ***lead back*** 〘トランプ〙打ち返す《味方が最初に出した札と同じスーツの札を打つ》. ***lead in*** (1) 演説[演奏(など)]を始める (cf. lead-in 1 a): The chairman *led in with* some references to the speaker's record. 司会者は挨拶(あいさつ)の初めに講師の経歴についてひとこと述べた. (2) 〘電気〙導線[リード線]が引かれている; 導線[電流]を引き込む: This wire ～*s* the current *in*. この電線から電気が引かれている. ***lead off*** (1) (*vi., vt.*) (手初めに)始める, 開始する (begin): He *led off by* making an apology. まず詫びを言ってから話を始めた / The singer *led off with* a well-known lied. その歌い手は有名なドイツ歌曲から始めた / The lecturer *led off* his comments *by* describing the general purport. 講師は初めに全般的な趣旨を述べて講評に移った. (2) 〘野球〙(打順の)一番打者になる; (各イニングの)先頭打者になる: Johnson *led off* at bat. ジョンソンが一番手として打席についた. ***lead on*** (1) [通例命令形で] 先に立って行く, 先導する: *Lead on!* We'll follow. 先導してくれ, 我々も続くから. (2) (偽って・口車に乗せて)誘う, つり込む (entice); (だまして)〈…するように〉仕向ける (induce)〈*to do*〉: She was *led on* by her lover. 彼女は恋人にだまされた / She *led* him *on to* bad ways. あの女のために彼は悪習に染まってしまった / He *led* them *on to* think that he did it. 彼は彼らをだまして自分がやったのだと思いこませた. (3) 《口語》じらす (tease): Stop ～*ing* us *on* and tell us the truth. じらすのは止めて早く真相を話してくれ. ***lead out*** (*vt.*) (1) ⇨ *vt.* 1 a. (2) 〈婦人を〉(ダンスに)席から誘う: ～ a girl *out for* the dance 少女をダンスに誘う / I *led* her *out* and we danced the tango. 彼女を誘って一緒にタンゴを踊った. (*vi.*) 一番先に外へ出る. ***lead through*** 〘トランプ〙(ホイスト・ブリッジで)〈自分の左にいる人の手を〉通す《自分の左手にある高位札などを絞り出す目的で打出しをする》. ***lead toward*** 〘トランプ〙(ホイスト・ブリッジで)〈自分の右にいる人の(通常弱い)手〉に向かって打ち出す (cf. LEAD *through*). ***lead up to***... (1) 次第に…へ導く, (予備段階として)積み重なって…となる: These events *led up to* the war. これらの事件が重なってその戦争となった / Every event in his life *led up to* that moment. 彼の生涯に起こった事件が一つ一つ積み重なってその瞬間になった. (2) 段々と…に話を向ける: ～ *up to* a subject [favorite story] 徐々に話題を問題[得意の話]の方へもって行く / What are you ～*ing up to*? 君は何を言おうとしているのか, 君の下心は何だ. (3) 〘トランプ〙(ホイスト・ブリッジで)〈自分の右手にいる敵の強い手〉に打ち込む《ある札を打ち出し, 結果として敵方の高位札に取られる場合; cf. LEAD *toward*》.
— *n.* **1 a** 先頭(の位置) (van): A brass band was in the ～. ブラスバンドが先頭に立っていた / ⇨ *take the* LEAD (1). **b** 率先, イニシアチブ (initiative): ⇨ *take the* LEAD (2). **c** 指揮, 指導; 指導的地位; 指導力, 統率力 (leadership): look to a person for a ～ 人に指揮[指導]を求める.
2 a 指図 (directions), 提言 (suggestion): He gave me a ～ in this matter. この件で彼の指図を受けた. **b** 手本, 模範 (example): follow the ～ of …の手本に従う, …の例に習う.
3 (問題解決の)糸口, 手がかり (clue): a good ～ *for* a job 職を見つけるよい手がかり / The fingerprints were a ～ *in solving* the crime. 指紋がその犯罪を解く糸口となった / There are no firm ～*s* as to his murder. 彼の殺害に確かな手掛りがない.
4 a [the ～] 首位, 1番, 優位: ⇨ *take the* LEAD (3) / gain [lose] *the* ～ in race 競走で先頭に出る[首位を奪われる] / The horse had *the* ～ at midway by a head. その馬は途中から首ひとつ先頭に躍り出た. **b** [a ～] (スポーツでの)勝ち越し(た差), リードした距離[時間], リード: *a* two-run ～ 2点のリード / *a* four-game ～ 4試合のリード / have *a* ～ of a second [meter, boat's length] 1秒[1メートル, 1艇身]リードする / Cambridge gained *a* long [narrow] ～ *over* Oxford. ケンブリッジ大学クルーはオックスフォードをはるか[わずか]にリードした / San Francisco Giants took *a* commanding 8–0 ～. サンフランシスコ ジャイアンツは8対0の圧倒的なリードを得た.
5 (馬・犬などの)引きひも (leash): keep [walk] a dog *on* a ～ 犬をひもに繋いでおく[歩かせる].
6 a (水車へ水を引く)溝, 導水溝. **b** 氷原中の水路.
7 〘ボクシング〙相手に一撃を加えて攻勢に出ること; (一方または双方が加える)最初の一撃.
8 〘野球〙リード《投手が投球動作にはいるとき走者が盗塁・走塁に備えてベースを離れること》: take a ～ *off* third base 三塁からリードする.
9 〘トランプ〙打出し《ある一巡で最初に札を出すこと, その権利, また打ち出された札》: return the ～ 打出しを返す《ブリッジなどで前回パートナーが打ち出した札と同じスーツの札を打ち返す》/ Whose ～ is it? だれの打出しか.
10 〘演劇〙立役, 主役; 立役者, 主演俳優: play the ～ 主役を務める / Hamlet with Laurence Olivier in the ～ ローレンスオリビエ主演のハムレット.
11 a 〘新聞〙(記事・論説などの概要を書いた)主要導入部, 書き出し, リード; トップ記事. **b** 〘ラジオ・テレビ〙主要なニュース, トップニュース.
12 〘電気〙導線; リード線; アンテナの引込み線.
13 〘鉱山〙 **a** 鉱脈 (lode). **b** 古い河床の砂金を含む砂礫(されき)層.
14 〘機械〙リード, 進み《ねじや歯車が1回転して軸方向に進む距離》; 先開き《往復蒸気機関などでピストンの行程より弁の行程が進んでいること》.
15 〘土木〙運搬距離, 搬程.
16 〘海事〙動索の(端から端までの)道筋[通り具合].
17 〘鉄道〙駅構内の搬程《転轍器から轍叉までの軌道距離》.
18 〘射撃〙(動く標的に命中させるため)標的の前方に狙いをつけること; (その際の)狙いをつけた地点から標的までの距離.
19 〘音楽〙 **a** (後続声部に模倣される主題の)提示. **b** (カノンで後続声部の入りを示す)記号.
20 〘馬術〙キャンター (canter)・ギャロップ (gallop) で前足のいずれかを常に真っ先に地面に降ろす駆け方; 常に真っ先に地面を蹴るほうの足.
21 〘生理〙誘導, 導出: chest [limb] ～*s* (心電図の)胸部[四肢]誘導.
give a person a lead (1) 〈人〉に手本を示す, 範を示して〈人を〉励ます. (2) 〈人を〉指図[指導]する (cf. *n.* 2 a). (3) 〈人〉に手がかりを与え(て思いつかせ)る: Well, let me *give you a* ～. 君にひとつヒントを与えよう.
take the lead (1) 先頭に立つ, 先導する: He *took the* ～ on the dark path. 暗い小径を先に立って行った. (2) 範を示す, 率先する: The president *took the* ～ and subscribed $100. 会長が率先して100ドルを寄付した. (3) (競走などで)先頭に出る, リードを奪う.
— *attrib. adj.* **1** 先導する, 真っ先を行く (leading): the ～ horse 先導馬 / the ～ car 先導車 / the ～ runner 〘野球〙先頭の走者. **2** 最も重要な, 主要な, リーダー株の; 目立つ: a ～ editorial 主要論説 / a ～ headline 目立つ見出し / the group's ～ singer (声楽アンサンブルの)第一歌手, リードボーカル.

lead·a·ble [líːdəbl] *adj.* 導きうる, 指揮しうる.
léad ácetate [léd-] *n.* 〘化学〙酢酸鉛 ($Pb(C_2H_3O_2)_2$).
léad àngle [líːd-] *n.* 〘機械〙リード角, 進み角《つる巻線と軸直角平面とのなす角》.
léad ársenate [léd-] *n.* 〘化学〙砒(ひ)酸鉛 ($Pb_3(AsO_4)_2$)《殺虫剤》.
「爆薬」.
léad ázide [léd-] *n.* 〘化学〙アジ化鉛 ($Pb(N_3)_2$)《起
léad blóck [líːd-] *n.* 〘海事〙導滑車《力のかかるロープの走行方向を変えるための滑車》.
léad cárbonate [léd-] *n.* 〘化学〙炭酸鉛 ($PbCO_3$).
léad chlóride [léd-] *n.* 〘化学〙塩化鉛 ($PbCl_2$).
léad chrómate [léd-] *n.* 〘化学〙クロム酸鉛 ($PbCrO_4$).
「ともいう」.
léad cólic [léd-] *n.* 〘病理〙鉛疝(せん)痛《painter's colic
léad crýstal glàss [léd-] *n.* =lead glass.
léad cúrve [líːd-] *n.* 〘鉄道〙リードカーブ, リード曲線《一つの線路から他の線路を分岐する場合の分岐部分の曲線》.
léad dióxide [léd-] *n.* 〘化学〙二酸化鉛 (PbO_2).
lead·ed [lédɪd, -dəd] 〘(p.p.) ← LEAD[1] (vt.) 4, 5〙 **—** *adj.* **1** 加鉛の: ～ gasoline 加鉛ガソリン《四エチル鉛などの添加による》. **2** 〘印刷〙インテル入りの; (インテルを入れたため, 行間に)あきのある (⇨ double-leaded; cf. solid 12).
lead·en [lédn] 〘OE *lēaden*: ⇨ lead[1], -en[2]〙 **—** *adj.* **1** 鉛の, 鉛製の: a ～ ball / a ～ pipe 鉛管. **2** 鉛色の, 薄墨色の; 鈍い灰色の: a ～ sky. **3** 重苦しい (heavy); 鈍い; だるい (dull): ～ eyes どんよりした目つき / a ～ silence 重苦しい沈黙 / ～ limbs だるい手足 / ～ monotony 物憂い単調 / a ～ rule うるさい規則 / a ～ sword なまくら刀 / ～ slumber 重苦しい眠り. **4** 活気のない, 無気力な (inert); のろのろした (sluggish): at a ～ pace のろのろした足取りで / a ～ heart, mind, etc. **5** 価値のない, つまらない: a ～ age. **—** *vt.* 鉛のようにさせる; 鈍らせる, …の気力[活気]を失わせる. **～·ly** *adv.* **～·ness** *n.*
「目の.
léaden-éyed *adj.* 眠そうな目をした, どんよりした
léaden-fóoted *adj.* 足の重い; まだるっこしい, 中中経過しない: ～ hours.
Léad·en·hall Márket [lédnhɔ̀ːl-] *n.* London の City にある Leadenhall Street のそばにある鳥獣肉類市場.
「気のない.
léaden·héarted *adj.* **1** 無慈悲な. **2** 無気力な, 活
lead·er [líːdə | -dəʳ] 〘ME *ledere* < OE *lǣdere*: ⇨ lead[2], -er[1]〙 **—** *n.* **1 a** 先導者, 統率者, 指揮者, 指導者; (軍隊・政治組織などの)首領, 党首, 主将 (chief): the ～ of the House of Commons (与党の)院内総務 / a union ～ 労組の指導者. **b** 職長, 親方 (foreman). **c** 〘英法〙主任弁護人《勅選弁護士 (King's Counsel) が当たる》; (巡回裁判の)首席弁護士 (senior counsel). **d** 〘音楽〙《米》(オーケストラの)指揮者 (conductor); 《英》=concertmaster; リーダー《吹奏楽団の第1コルネット奏者または合唱団の第1ソプラノ歌手など》; パートリーダー《合唱団の各パートの首席唱者》.
2 a 水道管; 《米》=downspout. **b** (花火などの)導火線. **c** (セントラルヒーティングにおいて)建物の各所に温風を送る導管. **d** 《米》〘商業〙目玉商品 (cf. loss leader); 《古》(商店の)主要商品. **e** 腱(けん) (tendon). **f** 魚を定置網などに導くために水中に設ける垣網. **3** (四頭立ての馬車の)先頭の馬 (front horse) (cf. wheel horse 1, pole horse). **4** 《英》(新聞の)社説, 論説 (leading article) (cf. editorial 1). **5** 〘映画・テレビ〙リーダー《映写機・テープレコーダーなどの機械にさしこむフィルム・テープの先端の引き出し部分; cf. trailer 6》. **6** 《米》〘釣〙鉤素(はりす)《道糸の下端に用いる透明な細糸で, それに釣鉤を結びつける》. **7** 〘機械〙主輪, 主動部. **8** 〘海事〙索導器, 索(さく)道 (fairleader). **9** [*pl.*] 〘印刷〙リーダー, 引出線《目次・表・索引などで空白面の行を示す点線または破線》. **10** 〘植物〙樹幹の頂芽の伸びた若枝. **11** 〘鉱山〙導脈《大鉱脈に導く支脈》. **12** 〘経済〙=leading indicator.
léader càble *n.* 〘海事〙誘導電纜(でんらん), リーダーケーブル《電流を通じた海底電線で, その発信で船舶を誘
léader·less *adj.* 先導者[指揮者]のない. 「導する」.
léader·ship 〘(1834)〙 **—** *n.* **1** 指揮者[首領]の地位[任務]: take [assume] the ～ of …を指揮する, …を司会する. **2** 指導, 指揮, 統御, 統率 (guidance): be under the ～ of …の指揮を受ける. **3** リーダーシップ, 統率力, 指揮[指導]者としての手腕[資質]. **4** [集合的] (一集団の)指導者達, 指導者集団, 指導部.
léader wrìter *n.* 《英》(新聞の)論説委員. 「galena.
léad glànce [léd-] 〘《なぞり》← G *Bleiglanz*〙 *n.* =
léad glàss [léd-] *n.* 鉛ガラス《酸化鉛の含有率が高くて屈折率が比較的大きい; lead crystal glass ともいう》; フリントガラス.
「釉」.
léad glàze [léd-] *n.* 〘窯業〙鉛釉(なまりぐすり)《酸化鉛を含む
léad-in [líːd-] *n.* **1 a** (読者・聴衆の注意を引くための)導入部, 前奏. **b** 〘ラジオ・テレビ〙(放送者の話・番組の)コマーシャルへの導入部分 (introduction). **2** 〘電気〙引込み線《空中線を受信機に連結する線; lead-in wire ともいう; 英国では通例 down-lead という》.
— *attrib. adj.* 引込みの.
lead·ing[1] [lédɪŋ] 〘(15C)〙 *n.* **1** 鉛細工 (lead work); 鉛のおおい, 鉛のわく. **2** [集合的]《英》(屋根ふき用)

鉛板 (leads). **3** 〘印刷〙＝lead¹ 5.

lead·ing² [líːdɪŋ] 〘ME〙 ― *n.* **1** (ある場所から他の場所へ)導くこと; 誘導: a ～ *of* the water to arid lands 乾燥した土地へ水を導くこと. **2 a** 指導, 先導, 指揮, 統率 (direction, guidance). **b** 指導[指揮]者としての手腕, 統率力 (leadership). **3 a** 《古》権威, 威信 (authority). **b** 啓蒙(力) (enlightenment): men of light and ～ 啓蒙家たち, (世の)指導者たち (Edmund Burke, *Reflections on the Revolution in France*).
― *adj.* **1 a** 先頭の, 先導する, 導く: the ～ car 先導車. **b** 指導する, 指揮する (directing, guiding): a ～ spirit 主導者 / a ～ thought 指導的な思想. **2** 第一流の, 第一位の, 抜群の, 卓越した (foremost, preeminent): a ～ singer, writer, etc. / ～ stocks 一流株, 主導株 / a ～ figure in economic circles 経済界の重鎮 / the ～ summer resort in this area この地域での第一級の避暑地. **3 a** 主要な, おもな (chief, principal): a ～ factor おもな要因 / the ～ topics of the hour 目下の主要な話題 / play a ～ part in...で指導的役割を演じる. **b** 〘演劇〙主役の, 主役を勤める: play the ～ part [role] 主役[仕手]を務める. **4** 勢力のある, 有力な (influential): a ～ member of the party 有力党員. **5** 《英》〘軍事〙下士官 (petty officer または noncommissioned officer) のすぐ下の位の: a ～ seaman 一等水兵 / a ～ signalman 一等信号兵.

léad·ing àrticle [líːdɪŋ-] 〘(1807)〙 *n.* **1** 《英》(新聞の)論説, 社説 (leader). **2** (新聞雑誌の)トップ記事. **3** 《英古》〘商業〙＝leader 2 d.

léading blóck [líːdɪŋ-] *n.* 〘海事〙導滑車 (lead block).

léading-bùsiness [líːdɪŋ-] *n.* 〘演劇〙(芝居の)立役, 主役.

léading càse [líːdɪŋ-] *n.* 〘法律〙指導的判例.

léading coeffícient [líːdɪŋ-] *n.* 〘数学〙(多項式または代数方程式の)最高次の係数.

léading cúrrent [líːdɪŋ-] *n.* 〘電気〙進み電流, 進相電流《電圧の位相よりも進んだ位相の電流; 容量性負荷のとる電流》.

léading édge [líːdɪŋ-] *n.* **1** 〘航空〙(翼[プロペラ]の)前縁 (cf. trailing edge 1). **2** (車の)最前部. **3** 〘海事〙(曲線の)立ち上がり先端《オシログラフの曲線などで山形の立ち上りの部分; ↔ trailing edge; cf. following edge》.

léading índicator [líːdɪŋ-] *n.* 〘経済〙先行指標(系列) (cf. coincident 2).

léading-ìn wíre [líːdɪŋìn-] *n.* 〘電気〙(電球などの)導入線《ガラスなどの中と外とを結ぶ導線》.

léading lády [líːdɪŋ-] *n.* (演劇・映画の)主演女優.

léading líght [líːdɪŋ-] *n.* **1** 〘海事〙(船の出入港の際などに目標となる)導灯. **2** (会・教会などの)指導的な影響力のある成員, 泰斗.

léading lóad [líːdɪŋ-] *n.* 〘電気〙進相負荷 (⇨ capacitive load).

léading mán [líːdɪŋ-] *n.* (演劇・映画の)主演男優.

léading màrk [líːdɪŋ-] *n.* 〘海事〙(船の出入港の際などに目標となる)導標.

léading mótive [líːdɪŋ-] 〘《なぞり》← G *Leitmotiv*〙 ― *n.* **1** 指導動機. **2** 〘音楽〙指[示]導動機, ライトモチーフ《特定の対象または観念と結びつけられた音楽上の動機; Richard Wagner の楽劇に多用されている; leitmotiv ともいう》.

léading nóte [líːdɪŋ-] *n.* 〘音楽〙＝leading tone.

léading quéstion [líːdɪŋ-] *n.* (希望する答え・適正な答えを暗示するように尋ねる)誘導尋問.

léading rèin [líːdɪŋ-] *n.* 〘馬具〙(馬その他の動物を引いて行く)引き綱, 引き手綱.

léad-ìn gróove [líːdìn-] *n.* リードイン《音溝(おんこう)の出発点の音を吹きこんでいない, また音溝の間隔も大きくなっているレコードの溝》.

léad·ing stàff [líːdɪŋ-] *n.* 牛の鼻輪につけた棒.

léading strìngs [líːdɪŋ-] *n. pl.* **1** (もと, 歩き始めた幼児を導き支えるのに用いた)手引きひも. **2** (人を拘束するような)導き, 指導. ★主に次の成句で: ***be in*** (*one's*) ***leading strings*** まだ一本立ちができない, 人に頼り過ぎる, 人にあやつられる.

léading tóne [líːdɪŋ-] *n.* 《米》〘音楽〙導音《長・短音階の第7度の音; 主音へ解決する性質をもつ; leading note ともいう》.

léading trùck [líːdɪŋ-] *n.* 〘機械〙先台車《機関車の先頭につけて, その曲線転向に自由を与える台車》.

léading whèel [líːdɪŋ-] *n.* 〘機械〙導輪.

leading wind [líːdɪŋ-wínd] *n.* 〘海事〙順風, 追風.

léad-in wíre [líːdìn-] *n.* 〘電気〙＝lead-in 2.

léad·less [léd-] *adj.* **1** 鉛のない, 無鉛化の: ～ gasoline. **2** 〘印刷〙インテルなしの; (写植のように)インテルを使わない.

léad lìne [léd-] 〘(15C): ⇨ lead¹〙 *n.* 〘海事〙測鉛線 (sounding line).

léad lòss [léd-] *n.* 〘電気〙鉛被損《鉛被ケーブルの鉛被中に誘導により流れる電流で生じる損失; sheath loss ともいう》.

lead·man [líːdmən, -mæ̀n] *n.* (*pl.* **-men** [-mən, -mèn]) 労働者のかしら, 親方 (foreman).

lead monóxide [léd-] *n.* 〘化学〙一酸化鉛 (PbO) (⇨ litharge).

lead nítrate [léd-] *n.* 〘化学〙硝酸鉛 ($Pb(NO_3)_2$).

léad·òff [líːd-] 〘← *lead off* (⇨ lead² (v.) 成句)〙 ― *n.* **1** 開始, 着手 (start, beginning); 最初の一手. **2** 〘ボクシング〙先制の一撃. **3** 〘野球〙一番打者, リードオフマン, トップバッター; (各イニングの)先頭打者.

léad-òff *attrib. adj.* 初めの; 一番目の: the ～ essay 巻頭エッセイ[論文] / a ～ man [batter] 〘野球〙一番[先頭]打者, リードオフマン.

léad-òut gróove [líːdàut-] *n.* リードアウト《ピックアップの針先を導き出すレコードの最後の溝》.

léad óxide [léd-] *n.* 〘化学〙酸化鉛《鉛酸化物の総称》.

léad péncil [léd-] *n.* 鉛筆.

léad peróxide [léd-] *n.* 〘化学〙＝lead dioxide.

léad-pìpe [léd-] 〘← ME *lede pype*: 鉛のパイプが曲がり易いことから?: ⇨ lead¹, pipe〙 ― *n.* 《米俗》 **1** ごく簡単にできる事, 朝飯前の仕事: It's a ～ to find him. やつを見つけ出すのはいとも簡単. **2** 間違いなしの事, 確かな事: That's a ～. そいつは間違いないことだ.

léad-pìpe cínch *n.* ＝lead-pipe.

léad·plànt [léd-] *n.* 〘植物〙北米中部の乾燥地に生えるマメ科クロバナエンジュ属の低木 (*Amorpha canescens*)《その枝葉が鉛色をしている》.

léad pòisoning [léd-] *n.* 〘病理〙鉛中毒, 鉛毒症《plumbism, saturnism ともいう》.

léad scréw [líːd-] *n.* 〘機械〙(旋盤の)親ねじ (cf. feed screw).

léad shèet [líːd-] *n.* 〘音楽〙(歌の旋律, 時には歌詞と和声の骨格が示されている)楽譜.

leads·man [lédzmən] 〘← LEAD¹+-s² 2+MAN¹〙 *n.* (*pl.* **-men** [-mən, -mèn]) 〘海事〙測鉛手, 投鉛手《測鉛を投じて測深する水夫》.

léad subácetate [léd-] *n.* 〘化学〙次酢酸鉛 ($Pb_2O(C_2H_3O_2)_2$).

léad súlfate [léd-] *n.* 〘化学〙硫酸鉛 ($PbSO_4$).

léad·swìnging [léd-] *n.* 《英俗》仮病を使うこと, 役目をなまけること (cf. *swing the* LEAD¹).

léad tetraéthyl [léd-] *n.* 〘化学〙＝tetraethyl lead.

léad tìme [líːd-] *n.* **1** 製品の立案から実際の製造までの期間. **2** 発注から配達に至るまでの期間.

léad tràck [líːd-] *n.* 〘鉄道〙引上線《入換えのため車両を引き上げるための側線》.

léad trèe [léd-] *n.* **1** 〘化学〙鉛樹《酢酸鉛水溶液中に浸した亜鉛棒上に鉛が析出して樹状になること》. **2** 〘植物〙ギンネム (*Leucaena glauca*)《熱帯地方に分布するマメ科の常緑低木; 垣根・緑陰樹などに用い, 種子で工芸品を作る》.

léad-ùp [líːd-] 〘← *lead up* (*to*) (⇨ lead² (v.) 成句)〙 *n.* 〔ある結果に至る〕道程, 道ならし, 前段階〔*to*〕.

léad whíte [léd-] *n.* 〘化学〙＝white lead.

léad wóol [léd-] *n.* 鉛ウール《パイプを接合する目止めに用いる繊維状の鉛》.

léad·wòrk [léd-] *n.* 鉛細工; 鉛細工業.

léad·wòrt [léd-] *n.* 〘植物〙 **1** イソマツ科イソマツ属 (*Plumbago*) の植物の総称; (特に)ルリマツリ (*P. europaea*)《地中海地方産の小低木で根を歯科の薬用に用いる》. **2** ＝leadplant.

lead·y [lédi | -di] 〘ME〙 *adj.* (**lead·i·er; -i·est**) 鉛のような, 鉛色の.

leaf [líːf] 〘ME *lēf* < OE *lēaf* < Gmc **laubaz, -am* (Du. *loof* / G *Laub*) ← IE **leup-* to peel off (Russ. *lupit'*)〙 ― *n.* (*pl.* **leaves** [líːvz]) **1 a** 葉: shed *leaves* 落葉する / ⇨ compound leaf, foliage leaf, simple leaf. ★ラテン語系形容詞: foliar. **b** ＝floral leaf. **c** 花弁 (petal): a rose ～ ばらの花びら.
2 [集合的] **a** 葉, 群葉 (foliage): *in* ～ 葉が出て, 青葉になって / come *into* ～ 葉が出る, 葉が開き始める / ⇨ *the* FALL *of the leaf*. **b** (商品としての)葉; たばこの葉, 茶の葉: choice tobacco ～ 良質のたばこの葉.
3 a 葉状のもの. **b** (書物などの)一枚, 一葉《2ページ分》; ページ (page): turn over the *leaves* (本の)ページをめくる / cut the *leaves* ページを切る (cf. uncut 5). **c** 蝶番(ちょうつがい)で接合されている物の一片; (折戸の)とびら; (びょうぶの)一枚; (蝶番の)一片; (テーブルを広げるための)たれ板 (cf. drop leaf); (事務机の)ふた; (はね橋 (bascule bridge) の)可動部(など). **d** [集合的にも用いて] 金属の薄片, 箔(はく)《foil より薄い》: ⇨ gold leaf, silver leaf. **e** (石・つの・ひずめなどの薄くはがれる)薄層. **f** (板ばね (leaf spring) の)一片. **g** 《米方言》＝leaf fat. **h** 《英方言》帽子のへり. **4** 《米俗》[the ～]＝cocaine. **5** 〘建築〙葉形飾り. **6** 〘機械〙小歯車 (pinion) の歯. **7** 〘紡織〙＝shaft 7.
take a leaf out of** a person's* ***book 人の例に習う, 人(の行動)をまねる. ***turn over a new leaf*** 心を入れ換える, 素行を改める, 生活を一新する.
― *vi.* **1** 葉が出る〈*out*〉. **2** (さっと目を通すため)ページをぱらぱらめくる〔*through*〕: ～ *through* a catalogue カタログのページをぱらぱらめくる.
― *vt.* 《米》〈書物などを〉1ページ1ページめくる.
～·like *adj.*

leaf·age [líːfɪdʒ] *n.* [集合的] 葉; 葉形飾り.

leaf bèetle *n.* 〘昆虫〙ハムシ《ハムシ科の甲虫の総称》.

léaf·bìrd *n.* 〘鳥類〙コノハドリ《南アジア産 *Chloropsis* 属の緑色の小鳥の総称》.

léaf blàde *n.* 〘植物〙葉片, 葉身.

léaf blìght *n.* 〘植物病理〙葉枯病, 葉焼病(など)《葉が総体的に淡茶色になって枯死し, 脱落する》.

léaf blòtch *n.* 〘植物病理〙汚葉病, 葉枯病, 雲形病(など)《葉に不規則な枯死部や変色部を生じさせる; leaf spot と異なり輪郭が不明確》.

léaf-brìdge *n.* はね橋 (bascule bridge).

léaf bùd *n.* 〘植物〙葉芽 (cf. bud¹ 1 a).

léaf bùtterfly *n.* 〘昆虫〙コノハチョウ《タテハチョウ科 *Kallima* 属のチョウの総称; 翅(はね)を合わせると枯葉そっくりで保護色の好例とされる》.

léaf còral *n.* 〘植物〙北米太平洋岸産の紅藻類の一種 (*Bossea orbigniana*)《関節のある茎が, 平扁石灰質を帯びる》.

léaf cùrl *n.* 〘植物病理〙植物の縮葉病; (特に)桃の縮葉病 (peach leaf curl).

léaf-cùshion *n.* 〘植物〙まくら, 葉枕(ようちん), 葉褥(ようじょく).

léaf-cùtting ánt *n.* 〘昆虫〙ハキリアリ《熱帯アメリカ産 *Atta* 属のアリ; 植物の葉を切って持ち去り, これをかみ, 唾液で練ったものに菌を培養して食べる》.

léaf-cùtting bée *n.* 〘昆虫〙ハキリバチ《ハキリバチ科のハチの総称; 葉の縁から切り取った丸い小片で巣を作る》.

leafed *adj.* [通例複合語の第2構成素として] (...の)葉がある: a broad-*leafed* tree 広葉樹 / a four-*leafed* clover 四つ葉のクローバ.

léaf fàll *n.* **1** 落葉 (defoliation). **2** [集合的] 落ち葉.

léaf fàt *n.* 豚の腎(じん)臓の周辺の脂肪層 (cf. leaf lard).

léaf físh *n.* 〘魚類〙リーフフィッシュ (*Monocirrhus polyacanthus*)《南米熱帯地方産のナンダス科の小型淡水魚; 水中では枯葉に似て見える》.

léaf gàp *n.* 〘植物〙葉隙.

léaf gòld *n.* ＝gold leaf.

léaf·hòpper *n.* 〘昆虫〙ヨコバイ《ヨコバイ科, オオヨコバイ科などに属する昆虫の総称; 農作物に被害を与えるものが多い》.

léaf ínsect *n.* 〘昆虫〙コノハムシ《羽の色と形が木の葉に似たナナフシ科の昆虫の総称; 南アジア産の *Phyllium* 属など; walking leaf ともいう》.

léaf làrd *n.* 《米》leaf fat から製造した上質のラード.

léaf·less *adj.* 葉のない: a ～ tree. **～·ness** *n.*

leaf·let [líːflɪt, -lət] 〘(18C) ← LEAF+-LET〙 ― *n.* **1** 小さい葉, 若葉. **2** 〘植物〙小葉《複葉の一片》. **3 a** 葉のような部分. **b** 〘解剖〙(心臓・血管などの弁の)尖頭. **4** ちらし広告, 引き札ビラ; 一枚ずりの印刷物, 折り畳み印刷物, リーフレット. ― *vi.* リーフレット[ちらし広告]を配る.

léaf mìner *n.* 〘昆虫〙潜葉虫, ハモグリムシ《幼虫が葉肉内に潜入する昆虫の幼虫の総称; 小蛾類, 小甲虫類, 小型双翅類などの幼虫がこれに属する》.

léaf mòld *n.* **1** 腐葉土 (cf. HUMUS soil). **2** 葉に生じるカビ.

léaf mònkey *n.* 〘動物〙＝langur.

léaf mùstard *n.* 〘植物〙カラシナ (*Brassica juncea*)《アジア産のカラシナで日本のからしの原料植物; Indian mustard ともいう; cf. black mustard》.

léaf-nòsed bát *n.* 〘動物〙ヘラコウモリ科・カグラコウモリ科の鼻の膜が木の葉状のコウモリの総称.

léaf-nosed snáke *n.* 〘動物〙吻端板[鼻先の鱗]が木の葉状に変形したヘビの総称《米国南西部にいる *Phyllorhynchus decurtatus*, アフリカ北部にいるマダラスナヘビ属 (*Lytorhynchus*) のヘビなど》.

léaf ròll *n.* 〘植物病理〙葉捲病《ジャガイモのウイルス病; 葉が巻き上がって, 株が萎縮する》.

léaf ròller *n.* 〘昆虫〙ハマキガ, ハマキムシ《植物の葉を巻いて巣を造るハマキガ科の昆虫の幼虫の総称》.

léaf rùst *n.* 〘植物病理〙穀草の葉を冒すさび病.

léaf scàld *n.* 〘植物病理〙(バクテリア・菌類のために)葉に不規則な脱色部や落葉が生じる病気.

léaf shèath *n.* 〘植物〙＝ocrea 1.

léaf sòil *n.* 腐葉土 (leaf mold).

léaf spìne *n.* 〘植物〙葉針《葉の変化でできたとげ》.

léaf spòt *n.* 〘植物病理〙斑点病・葉斑病(など)《寄生生物などによって葉に円形の変色部を生じさせる; cf. leaf blotch》.

léaf sprìng *n.* 〘機械〙板ばね, 重ね板ばね.

léaf·stàlk *n.* 〘植物〙葉柄 (petiole).

léaf tràce *n.* 〘植物〙葉跡《茎から分かれて葉に入る維管束; cf. branch trace》.

léaf wàrbler *n.* 〘鳥類〙ムシクイ《旧世界産ムシクイ属 (*Phylloscopus*) の小鳥の総称; 木の葉の虫を捕食》.

leaf·y [líːfi | -fi] 〘(1552) ← LEAF+-Y⁴〙 ― *adj.* (**leaf·i·er; -i·est**) **1 a** 葉の多い, 葉の茂っている: the ～ month of June 葉の茂れる緑の六月. **b** 広葉の: a ～ plant. **2** 葉から成る, 葉の作る: a ～ shade 緑陰, 木陰. **3** 葉状の, 葉状器官のある (foliaceous); 薄層状の (laminate): a ～ layer. **léaf·i·ness** *n.*

léafy lìverwort *n.* 〘植物〙ウロコゴケ目のコケ《配偶体の茎の腹面に1列, 背面に2列の鱗状の葉をつける; scale moss ともいう》.

léafy spúrge *n.* 〘植物〙北米とカナダに分布するトウダイグサ属の草丈の高い多年草 (*Euphorbia esula*).

league¹ [líːg] 〘(1373) *lege* ⊏ OF *legue* (F *lieue*) // LL *leuga, leuca* ← ? Celt.: cf. OE *leowe* ← Celt.〙 ― *n.* **1** リーグ《距離の単位; 時と所によって一定しないが, 2.4-4.6 法定マイル; 英米ではほぼ3マイル》. **2** 平方リーグ《California 州, Texas 州など旧メキシコ領で用いられていた面積の単位; ほぼ 4,440 acres》.

league² [líːg] 〘(1452) ⊏ F *ligue* ⊏ It. *liga, lega* ← *legare* < L *ligāre* to bind〙 ― *n.* **1** (共通目的を持ったものの)盟約, 同盟, 連盟 (cf. alliance 1, confederation 1, entente 1): enter in a ～ 同盟[連盟]する. **2** [the L-] **a** ＝Holy League. **b** ＝SOLEMN League and Covenant. **c** ＝LEAGUE of Nations. **3** (野球・フットボール・クリケットなどの)リーグ, 競技連盟 (⇨ major league, minor league). **4** [集合的] 連盟加盟者[団体, 国] (leaguers). **5** 《口語》(特定の種類[水準]の人または物事の)グループ, 仲間, 組, 部類 (class, category) (cf. big league): In that respect I'm not in the same ～ with [as] you. その点ではとても君に及ばない.
in league (共通の目的のために)結束[団結]して, 同盟して; (特に)結託[共謀]して: He was *in* ～ *with* a scoundrel. 悪党と結託していた.

League of Arab States [the —] ⇨ Arab League.
League of Nations [the —] 国際連盟《Versailles 平和条約によって 1920 年結成され, 1946 年4月解散し国際連合に引きつがれた; 本部は Geneva にあった》. — *vt.* 同盟[連盟]させる, …に盟約を結ばせる, 団結[連合]させる: The two countries were ~*d together* [*with* each other] *against* their common enemy. 二国は共同の敵に対して同盟を結んでいた. — *vi.* 同盟[連盟]する, 団結[連合]する.

léague màtch *n.* 〘スポーツ〙リーグ戦《連盟加盟団体間で行なう総当たり戦》.

léagu·er¹ *n.* [通例特定の連盟を示す限定詞を伴って] 連盟の加盟員[団体, 国]; 〘野球〙連盟の選手: ⇨ major-leaguer.

lea·guer² [líːgə | -gə(r] 〘(1577) ▭ Du. *leger* bed, camp = OE *leġer* 'LAIR': cf. beleaguer, laager〙《古》*n.* **1** 包囲陣, 包囲軍. **2** 包囲, 攻囲. — *vt.* 包囲する.

Leah [líːə | lɪə] 〘▭ Heb. *Lē'āh*《原義》gazelle or wild-cow〙 *n.* **1** 女性名《異形 Lea》. **2** 〘聖書〙レア《Laban の姉娘で, Jacob の最初の妻; cf. *Gen.* 29: 16–30》.

Lea·hy [léɪhi | líːhɪ, líːɪ], **William Daniel** *n.* (1875–1959) 米国の海軍元帥・外交官.

leak [líːk] 〘(*a*1398) *leke(n)* ▭ ON *lek-a* to drip ← Gmc **lek-, *lak-* 'LACK': cf. OE *leċċan* to moisten / Du. *lekken* to leak: cf. leach〙 — *vi.* **1** 漏る, 漏口がある: The boat [kettle] is ~*ing*. ボート[やかん]が漏っている. **2** 〈蒸気・ガスなどが〉漏れる, しみ出る 〈*out*〉, しみ込む 〈*in*〉: Gas is ~*ing from* [*out of*] the stove. ガスがストーブから漏れている. **3** 〈秘密・情報などが〉漏れる, 発覚する, 露顕する (transpire) 〈*out*〉: The news [secret] has ~*ed out*. ニュース[秘密]が漏洩(ろうえい)した. **4** 《俗》小便をする (urinate). — *vt.* **1** 〈水・空気・光などを〉漏らす: This roof ~*s* rain. この屋根は雨が漏る. **2** 〈秘密・情報などを〉漏らす: He ~*ed* the news (*out*) *to* the press. 彼は記者たちにそのニュースをこっそり漏らした.
— *n.* **1** 漏口, 漏孔; 漏れ, 漏出: a ~ of gas ガス漏れ / a ~ *in* a boiler, ship, etc. / stop [plug] a ~ 漏口をふさぐ, 漏れを止める / spring [start] a ~ 漏口ができる, 漏り始める. **2** (秘密・情報などの)漏洩, 暴露 (disclosure)《国家公務員などが一見不用意に行なったかに見えて実は意図的に行なったもの; news leak ともいう》: a ~ of information. **3** [a ~]《俗》小便をすること, 放尿: take *a* ~ 小便をする. **4** 〘電気〙リーク, 漏洩, 漏電.

leak·age [líːkɪdʒ] 〘(15C)〙 — *n.* **1** 漏り, 漏出; (秘密・電話の談話などの)漏洩(ろうえい), 露顕: the ~ of a secret. **2** 漏り高, 漏出量. **3** 〘電気〙 **a** リーク, 漏洩: an electric ~ 漏電. **b** 漏れ磁束《磁路の外に出た磁束; leakage flux ともいう》. **4** 〘商業〙漏損《(半)液体その他の商品の中味が容器から漏出することによる損害》.

léakage cùrrent *n.* 〘電気〙漏れ電流.

léakage flùx *n.* 〘電気〙= leakage 3 b.

léakage indùctance *n.* 〘電気〙漏れインダクタンス《漏れ磁束によるインダクタンス》.

léakage reàctance *n.* 〘電気〙漏れリアクタンス《漏れ磁束に基づくリアクタンス》.

Lea·key [líːki | -kɪ], **L(ouis) S(eymour) B(az·ett)** [bǽzɪt, -zət] *n.* (1903–72) ケニア (Kenya) 生れの英国の考古学者・人類学者; zinjanthropus の発見者.

leak·y [líːki | -kɪ] *adj.* (**leak·i·er**; **-i·est**) **1** 漏孔のある, 漏れやすい, 漏りがちな: a ~ roof, boat, cask, faucet, etc. **2** 小便のしまりがない. **3 a** 〈人が〉秘密を守れない, おしゃべりな: a ~ person. **b** 〈記憶が〉あてにならない: a ~ memory. **léak·i·ly** [-kɪli, -kə- | -lɪ] *adv.* **léak·i·ness** *n.*

léaky coáxial cáble *n.* 〘電気〙漏洩同軸ケーブル《周囲に電磁波を漏らすように作られた同軸ケーブルで, 移動体無線用の導体兼アンテナとして用いる》.

leal [líːl] 〘(?*a*1300) ▭ AF *le(i)al* = OF *leel* < L *lēgālem* 'LEGAL': LOYAL と二重語〙 — *adj.*《スコット》忠実な, 誠実な, 真実な (faithful): the land of the ~ 天国. **~·ly** [líː(l)li | -lɪ] *adj.* **le·al·ty** [líːlti | -tɪ] *n.*

Leam·ing·ton [lémɪŋtən] 〘OE *Lunintone* ← *Leomena* the River *Leam* (← Celt.《原義》elm: cf. OIr. *lem* (Ir. *leamh*)) + *-tone* '-TON'〙 — *n.* イングランド Warwickshire 州の都市; 鉱泉がある; 人口 45,000; 公式名 Royal Leamington Spa.

lean¹ [líːn] 〘ME *lene* < OE *hlǣne* < Gmc **χlainjaz* ← ?〙 — *adj.* (**~·er**; **~·est**) **1** やせている, 肉の落ちた (thin, lank) (↔ fat, plump): a ~ person, animal, face, etc. / (as) ~ as a rake 骨と皮ばかりで. **2** 〈肉が〉脂肪のない, 赤身の (↔ fat). **3 a** 乏しい, 貧弱な, 収穫の少ない, 不作の: ~ crops, years, budgets, etc. **b** 栄養分のない, 滋養にならない (innutritious): a ~ diet. **c** 中身のない, 貧弱な, つまらない (poor): a ~ purse, discourse, etc. **d** 〈土地が〉やせた, 不毛の (barren): ~ soil 不毛の土壌. **4 a** 〈コンクリート・モルタルが〉セメントの割合の低い. **b** 〈鉱石が〉金属の含有量の乏しい. **c** 〈粘土が〉可塑性に乏しい. **d** 〈内燃機関内の混合気が〉可燃成分の少ない, (理論混合比よりも)薄い (cf. rich 9). **5** 〈文体・表現が〉簡潔な: a ~ style / His diction is ~. 彼の言葉遣いは簡潔だ. **6** 〘印刷〙 **a** 組みにくい, 組むのに骨の折れる; 割に合わない, 引き合わない. **b** 〈字面・筆線が〉細い (thin): a ~ face. **7** 〘海事〙〈船首が〉鋭い. — *n.* **1** 脂肪のない肉, 赤身 (cf. fat *n.* 1 a). **2** やせ細ったもの[部分]. **3** 〘印刷〙組みにくい原稿, (空白部分がないので)植字に手間のかかる原稿 (cf. fat *n.* 8). — *vt.* **1** やせさせる, 細っそりさせる 〈*out*〉: He was ~*ed out* by his sickness. 病気でやせ細った. **2** 〈鯨の脂肪〉から赤身をとる. **~·ly** *adv.* **~·ness** *n.*

lean² [líːn] 〘ME *lenen* < OE *hleonian, hlinian* ← Gmc **χlī-* (G *lehnen* / Du. *leunen*) ← IE **klei-* to lean (L *inclīnāre* / Gk *klínein* to incline)〙 — *v.* (**~ed** [líːnd | lént, líːnd], 《英》ではまた **leant** [lént]) — *vi.* **1** (真直な姿勢から)上体を曲げる, かがむ, そり返る; 体を乗り出す: ~ *back* そる, そり返る / ~ *forward* 前かがみになる / Please don't ~ *out* (of the window). (窓から)顔を[体を乗り]出さないで下さい / She ~*ed over* the balcony. 彼女はバルコニーから身を乗り出した. **2** もたれる, もたれ掛かる, 寄り掛かる: ~ *against* the wall 壁にもたれる / ~ *on* a person's arm 人の腕に寄り掛かる / ~ *upon* one's elbow ひじにもたれる. **3** 〔…に〕頼る, すがる (rely, depend)〔*on, upon*〕: ~ *on* the help of a friend 友人の援助に頼る. **4 a** 傾斜する; 〔…に〕傾く (incline)〔*to, toward*〕: The tower ~*s* somewhat (*to* the north). 塔は少し(北に)傾いている / The tree ~*s toward* the house. その木は家の方に傾いている. **b** 〈人が〉(意見・趣味などで)〔…に〕傾く, 気が向く, 〔…の〕方を好む〔*to, toward*〕: I rather ~ *to* your view. 私は大体君の意見に賛成だ / He ~*s toward* staying here. 彼はここに泊まる気がある / He ~*s toward* fatalism. 彼は宿命論に傾いている. — *vt.* **1** もたせ掛ける, 立て掛ける (rest): ~ a ladder *against* a wall はしごを壁に立て掛ける. **2** 傾かせる, かたよらせる, 曲げる: He ~*ed* his head *forward* [*back*]. 彼は頭を前に曲げた[後ろにそらせた].
lean over backward ⇨ backward 成句. ***lean upon*** 〘軍事〙(陣地・配備などの)側面を…で防護される, …を側面援護にする.
— *n.* 傾き, 傾斜 (inclination, slope); かたより, 曲り (deviation): a wall with a slight ~ 少し傾いている壁.

Le·an·der [liǽndə | liǽndə(r, lɪ-] 〘▭ L *Lēander* ▭ Gk *Léandros* ← *léōn* lion + *andrós, anḗr* man〙 — *n.* **1** 〘ギリシャ神話〙レアンドロス (⇨ Hero 2). **2** 男性名.

léan·er *n.* **1** もたれ掛かる人[物]. **2** (蹄鉄投げ遊びで)くいにもたれ掛かった蹄鉄.

léan·ing 〘ME〙 — *n.* **1** 傾き, 傾斜. **2** 傾向, 性向 (inclination), 好み (liking)〔*toward*〕: literary ~*s* 文学趣味 / a man with a marked ~ *toward* Marxism 著しくマルクシズムに傾いている人 / He has a (strong) ~ *toward* engineering. 彼には(非常に)工学に向いたところがある.

léaning tówer *n.* 斜塔.

Leaning Tower of Pisa [the —] ピサの斜塔《イタリアの Pisa にある高さ約 55 m の鐘楼で, 垂直線から約 5 m 近く傾いている; 1174 年着工, 1350 年竣工; Galileo が重力の実験をした》.

leant *v.* lean² の過去形・過去分詞.

léan-tò *adj.* 差掛けの: a ~ roof [shed] 差掛け屋根[小屋]. — *n.* (*pl.* **~s**) **1** 差掛け小屋, 下屋(げや). **2** 差掛け屋根, 片流れ屋根.

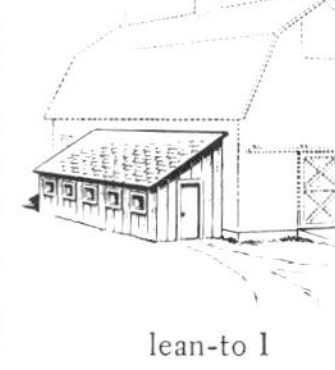
lean-to 1

leap [líːp] 〘*v.*: ME *lepen* < OE *hlēapan* to leap, run < Gmc **χlaupan* (D *loopen* / G *laufen* to run) ← ? IE **klou-* to bend. — *n.*: OE *hlēp, hlȳp* < Gmc **χlaupiz*: cf. lope〙 — *v.* (**~ed** [líːpt | lépt, líːpt], **leapt** [líːpt, lépt | lépt]) — *vi.* **1 a** 跳ぶ, はねる, 跳躍する: ~ *aside* [*down, up*] 跳びのく[降りる, 上がる] / ~ *over* a brook [fence] 小川[柵(さく)]を跳び越える / ~ high *into* the air 空中へ高く跳躍する / ~ *out of* bed ベッドからはね起きる / ~ *to* one's feet (驚いて)跳び上がる, さっと立ち上がる / He ~*ed on* [*off*] a moving bus. 彼は動いているバスに跳び乗った[から跳び降りた] / My heart *leapt into* my mouth. びっくりした / Look before you ~.《諺》跳ぶ前に見よ, 実行する前に熟慮せよ,「転ばぬ先の杖」. **b** 〈心・胸が〉踊る, 躍動する (throb): My heart ~*s up* when I behold a rainbow in the sky. 空に虹を見る時私の心は踊る (Wordsworth, *My Heart Leaps Up When I Behold*). **2 a** [方向を示す副詞・前置詞を伴って] 飛ぶように行く[急ぐ]: ~ *home* 飛ぶようにして帰宅する / ~ *to* the door 玄関へ飛んで出る / ~ *to* action さっと行動に移る / We ~*ed to* his assistance. 急いで彼の援助に駆けつけた / He ~*ed into* the conversation. 急に話の中へ割り込んだ. **b** 急に〔ある状態・話題に〕推移する[変わる]〔*into, to*〕: ~ *into* public favor 一躍人気者となる / ~ *from* one topic *to* another 転々と話題を変えて話す / He has ~*ed from* rags *to* riches. 彼はあっと言う間に裸一貫から一代の富をなした. **3** 飛びつくように〔…に〕応じる〔*at*〕: ~ *at* a chance 機会に飛びつく / ~ *at* an offer 得たり賢しと申し出に応じる. **4** 〈費用・物価などが〉急にかさむ, はね上がる: Retail prices have ~*ed* at an annual rate of 13 per cent. 小売物価が年 13 パーセントの割ではね上がった. — *vt.* **1 a** 跳び越える: ~ a brook, ditch, wall, etc. **b** 跳ぶように越える[渡る]: Then he ~*ed* the Pacific by jet. それからジェット機で太平洋をひと飛びした. **c** 跳ばせる, 跳び越えさせる: ~ a horse *across* a ditch [*over* an obstacle] 馬に溝[障害物]を跳び越えさせる. **2** 〈動物の雄が〉〈雌〉と交尾する (cover). — *n.* **1 a** 跳ぶこと, 跳び, 跳躍 (jump): at a ~ 一跳びで / with a ~ 一足飛びに. **b** 跳躍の高さ[距離]. **c** 跳び越えるべきもの[所]; 跳ぶ所, 踏み切る個所. **2 a** 飛躍的な変化[推移]; 飛躍, 躍進: one giant ~ for mankind 人類にとって一つの巨大な躍進 / The physical sciences have made a great ~ forward. 自然科学は飛躍的進歩を遂げた. **b** 急激な上昇[増加]: a ~ *in* population [profits] 人口[利益]の急上昇. **3 a** 交尾. **b** 《廃》性交. **4** 〘地質〙= fault 8.
a leap in the dark ⇨ *in the* DARK. ***by leaps and bounds*** ずんずん, 急激に, うなぎ登りに, とんとん拍子に: Prices are going up *by* ~*s and bounds*. 物価は急激に高騰している.

léap dày *n.* うるう日《2 月 29 日》.

léap·er 〘ME〙 *n.* 跳ぶ人, はねる人; (サーカスで)アクロバットジャンプをする人.

léap·fròg *n.* **1** 馬跳び《交互にかがんだ人の背を跳び越える遊戯》. **2** 〘軍事〙交互躍進, 超越交代, 超越前進《各部隊が交戦中に他の部隊の前進を支援射撃によって掩護(えんご)しながら進撃する法》. — *v.* (**leap-frogged**; **-frog·ging**) — *vi.* **1 a** 馬跳びをする. **b** (ある場所から他の場所へと)次々に移動する: ~ *from* town *to* town 町から町へと跳び歩く. **2** 抜きつ抜かれつして進む. — *vt.* **1** 抜きつ抜かれつする: ~ each other 交互に抜きつ抜かれつする. **2** (馬跳びのように)〈障害物を〉のがれる. **3** 〘軍事〙〈各部隊を〉交互躍進[超越交代]させる, 交互に前進させる.

leapt *v.* leap の過去形・過去分詞.

léap-yéar *attrib. adj.* うるう年の: a ~ day = leap day / a ~ proposal《戯言》婦人からの結婚申し込み《うるう年にだけ許されるとされている》.

léap yèar 〘(*a*1387)〙 — *n.* **1** (グレゴリオ暦で)うるう年《2 月が 29 日の年; 西暦年号が 4 で割り切れる年; ただし 400 で割り切れない 100 の年を除く; cf. CIVIL year》: in (a) ~. **2** (他の暦で)日数が平年より 1 日多い年 (intercalary year).

Lear [líə | líə(r], **Edward** *n.* (1812–88) 英国の詩人・画家: *The Book of Nonsense* (1846).

Lear, King *n.* ⇨ King Lear.

lea rig [líː-rɪg, léɪ-] 〘OE *lǣghryċġ* ← **lǣġ* fallow (← Gmc **laʒ-* 'to LAY¹') + *hryċġ* 'RIDGE¹'〙 — *n.*《スコット》**1** (畑の中の耕されていない)あぜ, うね. **2** 畑の境界を示す草でおおわれたあぜ.

learn [lə́ːn | lə́ːn] 〘OE *leornian* < (WGmc) **liznōjan* (G *lernen*) ← **lais-* (cf. lore¹) ← IE **leis-* track, furrow: cf. OE (*ġe*)*lǣran* / G *lehren* to teach〙 — *v.* (**~ed** [lə́ːnd, lə́ːnt | lə́ːnt, lə́ːnd], **learnt** [lə́ːnt | lə́ːnt]) — *vt.* **1 a** 学ぶ, 習う, 教わる; けいこする, 勉強する: ~ a foreign language 外国語を学ぶ / ~ music [painting] 音楽[絵]を習う / ~ a trade 商売を教わる / ~ the piano ピアノのけいこをする / ~ French *from* [*of*] an excellent teacher 立派な先生からフランス語を習う / ~ *how to* ride a horse 乗馬を習う / He has never ~*ed* even *to* read and write. 彼は読み書きさえ習ったことがない (cf. *vt.* 1 c) / We have ~*ed up* all we can about the subject. 我々はその問題についてできるだけのことを学習した. **b** (経験などを通じて)身につける, 習得する (acquire); 自覚する, 悟る (realize) 〈*that*〉: ~ one's lesson (経験などから)教訓を学ぶ / You must ~ patience. 君は忍耐(の徳)を学ばなければならない / He ~*ed that* honesty is the best policy. 正直はやっぱり最上の策だということを悟った. **c** (訓練・努力・経験により)〈…する[できる]〉ようになる 〈*to do*〉: At last I ~*ed to* swim. ようやく泳げるようになった / You must ~ *to* be more patient. もっと辛抱ができるようにならなければいけない. **2** 記憶する, 覚える (memorize): ~ one's part 自分の役[せりふ]を覚える / ~ a poem *off* = ~ a poem by heart [rote] 詩をそらで覚える[暗記する]. **3** (聞き)知る, 聞く (hear), 突き止める (ascertain) 〈*that, whether, why, etc.*〉: ~ something *from* [*of*] a person 人からあることを聞く / I just ~*ed* (*from* him) *that* they had an accident. 彼らが事故にあったということを今(彼から)聞いた / I have not yet ~*ed whether* they arrived safely. 彼らが無事着いたかどうかまだ聞いていない / I am [have] yet to ~ the truth [*why* that is so]. (通例不信の意を含んで)私にはその真相[なぜそうなるのか]がまだわからない (cf. *vi.* 2). **4 a** 《古・卑》教える (teach): I'll ~ you *to* tell a lie. うそをつくとどんなことになるか教えてやる《叱るときの言葉》. **b** 《廃》…に知らせる (inform). — *vi.* **1** 学ぶ, 習う, 教わる, 覚える: ~ *by* [*from*] experience 経験によって学ぶ / ~ *on* the job (学校からでなく)仕事によって実地に学ぶ / ~ *about* the importance of peace 平和の重要性について学ぶ / Modern man can ~ *from* the mistake of his ancestors. 現代人は先祖の誤りから学ぶことができる / He ~*s* very fast [slowly]. 彼は物覚えが早い[遅い] / It's never too late to ~.《諺》学ぶのに遅過ぎることは決してない. **2** (聞き)知る, 聞く〔*of, about*〕: I ~*ed of* your illness *from* your friend. 君が病気であることを君の友人から聞い(て知っ)た / They have ~*ed about* the project. 彼らはその計画については知っている / I am [have] yet to ~. (通例不信の意を含んで)私はまだ聞いていない, 私はまだ知らない (cf. *vt.* 3).

learn·a·ble [lə́ːnəbl̩ | lə́ːn-] *adj.* 学びうる, 学ばれる.

learn·ed 〘ME〙 — *adj.* **1** [lə́ːnɪd, -nəd | lə́ːn-] **a**

学問[学識]のある, 博学な (erudite): a ~ man 学者 / the ~ 学者たち / a ~ doctor 造詣の深い医者 / my ~ friend [brother]《英》下院・法廷などで弁護士が他の弁護士をさすのに用いる敬称/He looks very ~. 彼はいかにも学者らしい風貌(ふう)をしている. **b** 〔...の〕造詣が深い,〔...に〕通じた〔*in*〕: He is ~ *in* the law. 彼は法律に通じている[明るい]. **c** 学問的な, 学究的な; 学者の書いた, 学者間で用いられる: ~ activities 学究的活動, 研究活動 / a ~ book [journal, treatise] 学術書[雑誌, 論文] / a ~ society 学会 / ~ words 学者の用いる(難しい)言葉, 学者語 / such ~ languages as Latin and Greek ラテン語・ギリシャ語のような学者が用いる言語. **2** [lə́ːnd, lə́ːnt | lɜ́ːnt, lɜ́ːnd] 学問[経験(など)]によって会得した: ~ skills 熟練 / a ~ response 習熟した応答[反応]. **~·ness** *n.*

learn·ed·ly [lə́ːnɪdli, -nəd- | lɜ́ːnɪ-, -nəd-] *adv.* 学者らしく, 物知りらしく; 蘊蓄(うん)を傾けて.

léarn·ed proféssion [lə́ːnɪd-, -nəd- | lɜ́ːn-] *n.* 学問的職業《神学・法学・医学の3職業のうちの一つ》; (一般に学問的素養の必要な)知的職業.

léarn·er 〘OE *leornere*: ⇨ learn, -er¹〙 ── *n.* **1 a** [通例修飾語を伴って] 学習者, 修学者 (student): a fast [slow] ~ 物覚えの早い[遅い]人 / an advanced [adult] ~ 上級[成人]の学習者 / a foreign ~ *of* English 外国人の英語学習者. **b** 初学者, 初心者 (beginner): a ~'s permit (自動車運転の)仮免許証. **2** 徒弟, 弟子 (apprentice).

léarner-dríver *n.* (自動車の)運転練習中の人. ★ 通例 L-driver と略して用いられる.

léarn·ing 〘OE *leornung*: ⇨ learn, -ing¹〙 ── *n.* **1 a** 学ぶこと, 習うこと, 覚えること, けいこ, 学習: the ~ of English as a foreign language 外国語としての英語学習. **b**〘心理〙学習《経験や練習による行動の永続的な変容》. **2 a** 学問, 体系的知識: the ~ of all ages and countries 古今東西の学問 / ⇨ New Learning. **b** 学問のあること, 学識, 博識 (erudition): a man of ~ 学者 / A little ~ is a dangerous thing. 少しばかりの学識[学問]は危険なものだ,「生兵法(なまびょうほう)は大怪我のもと」(Pope, *Essay on Criticism*). ★ しばしば learning の代わりに knowledge が用いられる. **3**《方言》正式な教育. 「程を量的に示す曲線》.

léarning cùrve *n.*〘心理〙学習曲線《学習の進行過

learnt *v.* learn の過去形・過去分詞.

leas·a·ble [líːsəbḷ] *adj.* 〈土地が〉賃貸[借]できる.

lease¹ [líːs] 〘《変形》← LEASH〙 *n.*〘紡織〙 **1** 機(はた)のたて糸が交差する所. **2** 綾(あや)《たて糸を綜絖(そうこう)に引き入れる時の順序》.

lease² [líːs] 〘n.: (*c*1384) ▭ AF *les* a letting = OF *lais* (F *legs* legacy) ← *laissier* (F *laisser*) to leave, transmit < L *laxāre* to make wide, relax ← *laxus* wide, loose: cf. lax². ── v.: (*a*1475) ▭ AF *less-er* = OF *laissier*〙 ── *n.* **1** 借地[借家]契約, 賃貸借契約; 借地[借家]証書, 賃貸借契約書: hold [take]...*by* [*on*] ~ ...を賃借りする / put...out *to* ~ ...を賃貸しする. **2** 借地権; 賃貸借期間; 賃貸借される地所[物財]: I have a long ~ of this house. 長期契約でこの家を借りている / a two-year ~ 2年の賃貸[借]期間. **3** (生命などの)期間: a ~ of life 寿命.

a new lease of [《米》***on***] ***life*** (好都合な変化が起きて)寿命が延びること, 立ち直ること; より幸せな生活が送れるようになること: take (on) *a new* ~ *of* [*on*] *life* (病気が全快して)命拾いをする.

── *vt.* **1** 〈土地・家屋を〉賃貸しする: He ~*d* his house (*out*) to Mr. X for the summer. 夏の間家をXさんに賃貸しした. **2** 〈土地・家屋を〉賃借りする, 租借する: He ~*d* the land *from* the owner. 土地を所有者から賃借りした. ── *vi.* 賃貸し[借り]される.

léase·bàck *n.*〘金融〙リース, 設備賃付《不動産の買主が当該物件をその売主に長期契約で貸付けること; sale-and-leaseback ともいう》.

léase·hòld *n.*〘法律〙 **1** 土地賃借権; (土地の)定期貸借権. **2** 借地. ── *adj.* 賃借りした.

léase·hòld·er *n.* 借地人, 賃借人.

léase-lénd *n., vt.* = lend-lease.

léase·man [-mən] *n.* (*pl.* **-men** [-mən, -mèn]) **1** 土地を賃借りしてその土地の使用権を持っている人; (特に)石油採掘権を獲得する人《landman ともいう》. **2** 広告板を立てる目的で土地を賃借りする人.

léase ròd 〘⇨ lease¹〙 *n.*〘紡織〙綾竹(あやだけ).

leash [líːʃ] 〘(?*a*1300) *les(se)* ▭ OF *lesse* (F *laisse*) ← *laissier* to let (a dog) run on a slack lead: ⇨ lease²〙 ── *n.* **1** (猟犬や鷹(たか)などを縛っておく)革ひも, 綱 (lead). **2** 束縛, 抑制 (control, check): slip the ~ 拘束を脱する. **3 a**〘狩猟〙(犬・鹿・きつね・うさぎなどの)ひとつがい半, 3匹, 3頭: a ~ *of* dogs 犬3匹. **b**〘戯言〙3(個): a ~ *of* days 3日(間). **4**〘紡織〙綜絖(そうこう)を形成している糸.

hold [***have, keep***] ***in leash*** (1) 〈猟犬などを〉革ひもでつないでおく. (2) 束縛[統御]する: *keep* floods *in* ~ 洪水を抑制する. ***on*** [***in***] (***the*** [***a***]) ***leash*** 〈猟犬など〉革ひもにつないで[だ]: dogs *on* (*the*) ~. ***strain at the leash*** (1) 〈猟犬が〉革ひもを引っぱる. (2) 自由を得たいともがく, (自由の日を待って)もどかしがる.

── *vt.* **1** 〈犬などを〉革ひも[綱]でつなぐ: ~ (*up*) a dog. **2** 抑制する, 拘束する (control).

leas·ing [líːsɪŋ, -zɪŋ] 〘OE *lēasung* ← *lēasian* to tell lies ← *lēas* false < Gmc **lausaz* (Du. & G *los*) ← IE **leu-* to loosen: cf. lose, -less〙 ── *n.*《廃・スコット》うそ, 虚言 (cf. *Ps.* 4:2; 5:6).

least [líːst] 〘OE *lǣst, lǣsest* (superl.) < **laisistaz* ← **laisiz* 'LESS'〙 ── *adj.* [little の最上級] **1** [通例 the ~; Uncountable の名詞を修飾して; cf. few¹] 最も小さい, 最も少ない; 最少の(...でさえも): *the* ~ amount [sum] 最少量[額] / without *the* ~ shame 少しも恥じることなく / bear ~ resemblance to ...とはほとんど似ていない / *The* ~ kindness will please him. ほんのちょっとした親切でも彼は喜ぶだろう / the country that received ~ assistance 最も援助を受けなかった国. **2**《方言》〈子供が〉一番小さい, 一番下の. ★ 通例 the ~ one, the ~ un の形で用いられる.

not the least (1) 少しの...もない (not...at all): There isn't *the* ~ wind today. 今日はちっとも風がない / He hasn't *the* ~ knowledge of good and evil. 善悪の判断がちっともない. (2) [not を強調して] 少なからぬ, 多大な (great): There's *nót the* ~ danger. 少なからぬ危険がある.

── *adv.* [時に the ~] 最も...でない; 最も少なく, 一番少なく (↔ most): work hardest and get ~ 一番よく働いて一番少ない報酬をもらう / I am ~ happy today. 今日はちっとも嬉しくない / She came when we ~ expected her. 彼女は全然思いもかけない時にやって来た / He writes *the* ~ clearly of all the students. 全学生の中で彼が一番きたない書き方をする / *The* ~ said the best. 言わぬが花 / *Least* said soonest mended. ⇨ mend *vt.* 4.

least of all (1) 最も[特に]...でない: I like that ~ *of all.* それが一番きらいだ. (2) [否定の陳述に続けて] とりわけ: Nobody can complain, John ~ *of all.* だれも不平は言えない, とりわけジョンはそうだ. ***not least*** 少なからず, 一つには (partly); 特に (especially): He excelled in many ways, *not* ~ in his reasoning. 彼は多くの点, 特に推理力で優れていた. ***not the least*** 少しも...しない (cf. *not in the* LEAST ⇨ *n.* 成句): I am *not the* ~ worried. ちっとも心配してない.

── *n.* **1** [通例 the ~] 最小, 最少; 最少量, 最小限度: *The* ~ you could do is (to) apologize to her. 君にできるせめてものことは彼女に謝罪することだ. **2** 最も価値の少ない[つまらない]もの: I am *the* ~ *of* the apostles. われは使徒のうちいと小さきものなり (*1 Cor.* 15:9).

at (***the***) ***least*** (1) 少なくとも (at the minimum) (cf. *at* (*the*) MOST): It will cost *at* ~ 1,000 dollars. 少なくとも1,000ドルはするでしょう. (2) せめて (at any rate): You must *at* ~ be polite. とにかく丁寧にしていなければいけない. ***not in the least*** 少しも...しない, ちっとも...しない (not at all): I am *not in the* ~ afraid of it. そんな物ちっともこわくない / It doesn't matter *in the* ~. そんなことはちっとも構わない / Do you mind if I smoke?—*Not in the* ~. たばこを吸ってもいいですか—ええ, どうぞどうぞ. ***to say the least*** (***of it***) 控え目に言っても, 大目に見ても, 少なくとも.

léast áction *n.*〘物理〙最小作用.

principle of least action [the ─]〘物理〙最小作用の原理《作用量と呼ばれる力学系の量が実際に起こる運動においては極小になるという原理》.

léast cómmon denóminator *n.* [the ~]〘数学〙最小公分母 (略 L.C.D., l.c.d.).

léast cómmon múltiple *n.* [the ~]〘数学〙最小公倍数 (略 L.C.M., l.c.m.).

léast flýcatcher *n.*〘鳥類〙米国東部産タイランチョウ科の小鳥 (*Empidonax minimus*).

léast killifish *n.*〘魚類〙米国南東部沿岸地方の沼地に生息するカダヤシ科の魚 (*Heterandria formosa*).

léast sándpiper *n.*〘鳥類〙ヒメヒバリシギ (*Calidris minutilla*)《北米産》.

léast shréw *n.*〘動物〙ヒメコミミトガリネズミ (*Cryptotis parva*)《米国東部の草原地帯に生息する食虫類トガリネズミ科のネズミの一種》. 「(略 LSB.)

léast signíficant bít *n.*〘電算機〙最下位のビット

léast signíficant dígit *n.*〘電算機〙**1** 最下位の数字《位取り記数法において, 基数の最も小さい巾(べき)の係数となる数字; 略 LSD; cf. most significant digit 1》. **2** 最下位のビット《least significant bit ともいう》.

léast squáres *n. pl.*〘統計〙最小自乗法《観測値との差の2乗の和が最小になるようにして, 必要な値を決める方法》.

léast úpper bóund *n.* [the ~]〘数学〙最小上界, 上限, 上端《略 lub; supremum ともいう; cf. bound¹ *n.* 4》.

léast·wàys 〘ME *leste wei*〙 *adv.*《方言》= leastwise.

léast wéasel *n.*〘動物〙アメリカイイズナ (*Mustela rixosa*)《米国西部産の小型のイタチ》.

léast·wise 〘ME *leste wise*〙 *adv.*《口語》少なくとも, せめて, とにかく (at least).

leat [líːt] 〘OE *ġelǣt* aqueduct ← *ġe-* 'Y-' + *lǣtan* 'to leave, LET¹'〙 *n.*《英》(水車場などへ水を引く)水路, 溝.

leath·er [léðə | -ðə(r)] 〘OE *leþer-* < Gmc **leþram* (Du. *leder* / G *Leder*) ← IE **letro-* leather (OIr. *lethar*)〙 ── *n.* **1** 革, なめし革 (cf. skin 2 a, hide¹ 1): ⇨ American leather, MOROCCO leather, patent leather. **2 a** 革製品. **b** 革ひも (strap). **c** あぶみ革 (stirrup leather). **d**《俗》紙入れ, 金入れ (wallet). **e**《俗》(野球・クリケット・フットボールなどの)球 (cf. leather-hunting). **f** (玉突きの)キューの先端. **3** [*pl.*] (革製の)乗馬用半ズボン, (革製の)脚絆(きゃはん) (leggings). **4**《俗》**a** (人の)皮膚 (skin): lose a bit of ~ 少し皮膚をすりむく. **b** (犬の)垂れ耳.

leather and [***or***] ***prunella*** 衣服の上だけの違い, どうでもよい事 (cf. Pope, *Essay on Man* iv. 203). ***Nothing*** [***There is nothing***] ***like leather.*** 〘市の防備は革製の城壁に限ると革屋が言ったとの話から〙自分の物ほど重宝なものはない, 自分の物に及ぶものはない (cf.「手前みそ」).

── *vt.* **1** ...に革をつける[当てる, 張る]. **2** なめし革にする; 革状にする. **3**《口語》革ひも[むち]で打つ.

── *adj.* 革の, 革製の, 革に似た: a ~ jacket 革[レザー]ジャケット / a pair of ~ gloves 一対の革手袋. **~·lìke** *adj.*

léather·bàck *n.*〘動物〙オサガメ (*Dermochelys coriacea*)《leatherback turtle ともいう》.

léather·bòard *n.* レザーボード《合成樹脂等を粘着材として皮革繊維を板状に成型したもの; 建材用》.

léather-bòund *adj.*〘製本〙〈本が〉革装の, 革装本の.

léather·clòth *n.* 革布, レザークロス《布の表面に塗料を塗って作った皮まがいの防水布》.

Leath·er·ette [lèðərét | ⸗⸗⸗́] 〘← LEATHER + -ETTE〙 *n.*〘商標〙レザーレット《製本や家具などの革張りに本革代わりに用いる模造革》.

léather·flòwer *n.*〘植物〙米国南東部産のテッセンの一種 (*Clematis versicolor*)《花は赤紫色で花弁状の萼(がく)片が皮のような質感をもつ》.

léather·hèad *n.* **1**《俗》ばか, とんま, 間抜け (blockhead). **2**《豪》〘鳥類〙= friarbird.

léather·hèaded *adj.* ばかな, 間抜けな (stupid).

léather-hùnting *n.*《英口語》〘クリケット〙外野守備 (fielding) (cf. leather *n.* 2 e).

léather·jàcket *n.* **1**〘魚類〙**a** カワハギ類の魚類の総称 (cf. filefish). **b** アジ科の魚 (*Oligoplites saurus*). **2**《英》〘昆虫〙ガガンボ (crane-fly) の幼虫. **3**《豪》粗挽き小麦をねって焼くか油で揚げたパン.

léather·lèaf *n.*〘植物〙ヤチツツジ, ホロムイツツジ《北温帯のツツジ科ヤチツツジ属 (*Chamaedaphne*) の常緑低木の総称》; (特に)ヤチツツジ (*C. calyculata*)《沼地に生え, 葉は革質で小さい白い花をつける》.

léather-lúnged [-lʌ̀ŋd] *adj.*《口語》とてつもない大声でしゃべる.

leath·ern [léðən | -ðən] 〘OE *leþer(e)n*: ⇨ leather, -en²〙 *adj.*《古》**1** 革の, 革製の: a ~ belt, purse, etc. **2** 革のような, 革状の (leatherlike).

léather·nèck, L- 〘19世紀の中ごろ着用された革の襟の制服にちなむ〙 *n.*《米俗》(米国の)海兵隊員 (marine).

Leath·er·oid [léðərɔ̀ɪd] 〘⇨ -oid〙 *n.*〘商標〙レザーロイド《かばん類の製造に用いる模造革》.

léather stàr *n.*〘動物〙北米太平洋沿岸産の表皮が革質のヒトデの一種 (*Dermasterias imbricata*).

léather wédding *n.* 革婚式《結婚4周年の記念式[日]; ⇨ wedding 4》.

léather·wòod *n.*〘植物〙**1** カワノキ (*Dirca palustris*)《米国産ジンチョウゲ科の低木; 樹皮は皮のように強く黄色いミツマタに似た小花をつける; moosewood, wicopy ともいう》. **2** 北米南部の海岸地方に特産するキリラ科の低木 (*Cyrilla racemiflora*).

léather·wòrk *n.* **1** 革細工. **2** [集合的にも用いて] 革製品.

léather·wòrker *n.* 革職人.

leath·er·y [léð(ə)ri | -ðəri] *adj.* **1** 革のような; 革色の. **2** 〈肉など〉革のように堅い (tough). **léath·er·i·ness** *n.*

leave¹ [líːv] 〘ME *leve(n)* < OE *lǣfan* (vt.) to bequeath, (vi.) to remain < Gmc **laibjan* to remain, continue (cf. G *bleiben*) ← **laibo* remainder (OE *lāf* remainder) ← IE **leip-* to stick, adhere: cf. life, live¹〙 ── *v.* (**left** [léft]) ── *vt.* **1 a** 〈場所を〉離れる, 去る, 立つ; ...から出発する: ~ one's house, country, etc. / ~ one's hometown and live in the city 故郷を出て都会で暮らす / ~ home *for* school [the office] at eight 8時に家を出て学校[会社]へ行く / We ~ here tomorrow. 明日ここを出発します / The train *left* London *for* Paris. 列車はパリに向かってロンドンを出た / ~ the track 脱線する. **b** 〈病気・興味などが〉〈人など〉から去る: The fever didn't ~ me for days. 熱が何日も下がらなかった / His zest for golf will soon ~ him. 彼のゴルフ熱もすぐさめてしまうだろう / The anger had *left* his voice. 怒りの気配も彼の声から消え失せていた. **c** 〈道が〉...からそれる[離れる]: The road now ~*s* the city and enters the country. 道はここで町から離れて田舎へはいる. **d** (一定の方向に進みながら)通り過ぎる (pass): I *left* the post office on my left. 郵便局を左手に見て通り過ぎた.

2 a 〈仕事・会社・学校などを〉やめる; 〈会などを〉脱退する; 〈雇い主〉から暇を取る; 〈軍隊を〉離れる; 〈学業などを〉よす: ~ one's job / ~ the company [club, society] / ~ school 学校を卒業する; 退学する / ~ the army 除隊する / His secretary has *left* him without notice. 彼の秘書が予告もなしにやめた / He *left* medicine for literature [to study literature]. 文学の[を学ぶ]ために医学を捨てた. **b** ...の使用[習慣]などをよす, やめる (give up, stop): ~ drinking [smoking] for good 金輪際(こんりんざい)酒[たばこ]をやめる. **c**《古》〈...するのを〉やめる, よす (cease)〈*doing*〉: *Leave* talking and begin doing. 議論はやめて実行だ.

3 a (持って[連れて]行かないで)置いて行く, 置き忘れる, 置き去りにする: ~ one's family *in* the country 家族を田舎に置いて行く / ~ the book *on* the table 本をテーブルの上に置いて行く[置き忘れる] / ~

one's umbrella *on* [*in*] the train かさを電車[列車]の中に置き忘れる / They have *left* a lot of litter *about* [*around* the room]. たくさんのごみをそこらじゅうに[部屋じゅうに]置き去りにして行った / The poor girl always gets *left at* home.《口語》かわいそうにあの子はいつも家に置いて行かれる / Always ～ things *where* you can easily find them again. 何でもあとですぐ見つかる所に置いておきなさい / To be *left* till called for.〘郵便〙局留め (cf. poste restante) / ⇨ LEAVE *behind* (1). **b** 〈人・物を〉捨てる, 見捨てる (forsake, abandon): ～ one's old friend 旧友を見捨てる / ～ a person *for* dead 人を死んだものと見捨てる[諦める] / *He left* his wife *for* another woman. 妻を捨てて別の女と一緒になった / We have *left* all, and have followed thee. われらは一切を捨ててなんじに従いたり (*Mark* 10:28). **c** 〈仕事・問題などを〉放置する, ほったらかす (neglect): Don't ～ your work till tomorrow. 仕事を明日まで放っておいてはいけない / *Leave* that matter *aside* for a moment. その問題からちょっと離れよう.

4 a 置いて行く (put), 配達して行く (deliver): ～ one's card *on* a person《古》(訪問のしるしに)人に名刺を置いて帰る / ～ one's bags *at* the left-luggage office 手荷物預り所にかばんを預ける / The postman has *left* this parcel *for* you. 郵便屋さんがあなたあてにこの小包を置いて行った. **b** 〔人に〕残して[預けて]行く (deposit)〔*with*〕(cf. *vt.* 9 a): He *left* a message *with* the receptionist. 受付嬢に伝言を残して行った / She *left* her dog *with* us while on her trip. 旅行中うちに犬を預けて行った / The children were *left in* the care of the housemaid. 子供たちは家政婦に預けられた.

5 a (同じ場所・状態に)残しておく, そのまま[元のまま]にしておく: Don't pick off all the apples, but ～ some. りんごを全部取らないで少しは残しておきなさい / There was a lot of work *left*. たくさんの仕事が手もつけられずに残っていた. ★ 時に目的語＋doing などを伴っても用いられる: I *left* him *gazing* at the picture. 絵に見入っている彼をあとにして立ち去った (cf. 5 b). **b** [目的語＋補語, 副詞または前置詞付きの句を伴って]〈ある状態・場所に〉おいておく, しておく, 放置する: ～ the door *open* 戸を開けておく / ～ the room *locked* 部屋にかぎを掛けておく / ～ nothing *undone* 何事もせずにはおかない, 何でも必ずする / ～ a person *stranded* 人の困っているのを放っておく[見捨てる] / ～ no stone *unturned* ⇨ stone *n.* 成句 / Better ～ it *unsaid*. 言わぬが花 / Don't ～ the water *running*. 水を出しっぱなしにしておいてはいけない / I *left* him *gazing* at the picture. 彼を絵に見入るままにしておいた (cf. 5 a ★) / You can ～ the notice *up* for another day. 掲示はもう1日出しておいてよい / *Leave* all switches *down*. スイッチを皆下げた[切った]ままにしておきなさい / ～ the dishes *in* the sink 皿を流しにつけておく / ～ a person *in* the dark 人に知らせずにおく / The plan is *left in* the air. 計画はどうなることか未定の状態だ / ～ a person *in* the lurch ⇨ lurch[1] 成句 / I *left* him *to* his work. 干渉しないで仕事をさせておいた / *Leave* him in peace *to* his foolish dreams. 彼にはのんびりとたわいのない夢を見させておくのがいい / That will ～ you *at* the mercy of burglars. そんなふうならいつ泥棒に入られるかわからないだろう / *Leave* the study *as* it is. 書斎を(片付けないで)そのままにしておきなさい / ～ a person *to* his own devices ⇨ device 7.

6 a [しばしば間接目的語を伴って] (使用後・支払後などに, 余りとして)残す: ～ bones *for* a dog 犬に骨を残してやる / There was little oil *left*. 石油はほとんど残っていなかった / Five from twelve ～*s* seven. 12から5を引くと7が残る / The payment of my debts *left* me nothing to live upon. 借金を返したら食っていけなくなった / ⇨ LEAVE *over* (1). **b** 〔物を〕〈人〉に残す〔*with*〕: The payment *left* me *with* only a single one-dollar note. 支払をしたら1ドル紙幣が1枚しか残らなかった / Latecomers were *left with* nothing to eat. 遅く来た者には食べる物が何も残されていなかった. **c** (遺憾な点として)残す. ★ 通例次の句で用いられる: ～ something [nothing] to be desired 遺憾な点が少しある[申し分がない] / Her singing ～*s* much to be desired. 彼女の歌い方には至らぬところが少なくない.

7 a [しばしば間接目的語を伴って]〈妻子・財産などを〉残して死ぬ, 残す; 遺言で譲る (bequeath): ～ a great name *behind* one あとに名を残して死ぬ / He died, *leaving* a widow with three children *behind*. 妻と3人の子供を残して亡くなった / ～ one's wife a large fortune＝～ a large fortune *to* one's wife 妻に多額の財産を残す / He was *left* a large fortune by his uncle. おじが亡くなって多額の財産を受け継いだ. **b** [目的補語として形容詞または副詞を伴って]〈ある状態に〉残して死ぬ: He *left* his children poor. 彼が亡くなると子供たちは貧困にさらされた / He *left* his family well [badly] off. 彼が死んで遺族は生活に困らずに済んだ[困った] / She was comfortably *left*. 彼女は遺族として裕福に暮せた.

8 a 〈痕跡・しみ・傷跡・感情などを〉残す: The wound *left* a scar. その傷は跡になって残った / There was a stain of ink *left on* the carpet. 敷物にインクのしみが残っていた / It has *left* a soreness *behind*. そのためあとまで気まずい思いが残った / He went slowly out, *leaving behind* a haze of cigar smoke. 彼はもうもうとした葉巻の煙をあとにゆっくりと立ち去った. **b** [通例 Passive で]〔感情などを〕〈人〉にあとまで抱かせる, 〔負担・不幸などを〕かかえ込ませる〔*with*〕: I *was left with* a feeling of relief. そのあとほっとした気分に浸った / She *was left with* the child to look after. 結局彼女はその子を世話しなければならなくなった / The measles *left* hundreds of children *with* brain damage. はしかで数百の児童が脳障害を起こした. **c** [目的語＋補語を伴って] (結果として)〈ある状態に〉留まらせる, 至らせる: The insult *left* me speechless. この侮辱を受けて私は物も言えなかった / Her manner *left* me cold [cool]. 彼女の態度にはぞっとした[興ざめした] / The flood *left* them homeless. 洪水のため彼らは家を失った / Only a few were *left* alive. 生き残った者はほんの数人に過ぎなかった / The serious illness *left* him a permanent invalid. その重病で彼は生涯廃人同様となってしまった / The battle *left* the streets littered with bodies. その戦闘の結果市街に死体が散乱した.

9 a 〈物・事を〉〔人に〕託する, 預ける (entrust)〔*with*〕(cf. *vt.* 4 b): ～ word [the matter] *with* a person 伝言[問題]を人に託す / ～ one's trunk *with* a porter トランクを赤帽に託す. **b** 〈物事を〉〔人・人の判断・運命などに〕任せる, ゆだねる (commit)〔*to*〕; 〈重要な決定などを〉〔人に〕任せる〔*up to*〕: I'll ～ the decision *to* you.＝I'll ～ it *to* you to decide. 決定は君に任せる / I('ll) ～ it [that] *to* you, sir. おぼしめしにお任せします《What's the fare [price]? のような質問に対する答え》/ I ～ that *to* your judgment. それは君の判断に任せる / The rest shall be *left to* the reader's imagination. あとは読者のご想像に任せよう / He ～*s* everything *to* chance. 彼は何をするにも運任せだ / I'll ～ that entirely *up to* you. その事は全部君にお任せする / We decided to ～ the result *in* the hand of God. 成行きは神のみ意志に任せることとした. **c** [通例目的語＋*to* do を伴って]〈…することを〉〈人〉に任せる, …させておく: I have *left* him *to* choose his occupation. 職業の選択は自分でするように彼に任せてある / You'd better ～ them *to* do as they like. 連中は好きなようにさせておきなさい / We usually ～ the students *to* their own resources. いつもは学生自身の裁量に任せている. **d** [しばしば目的語＋原形不定詞を伴って]《米口語》…に…させる (let): *Leave* us go. 行かせて下さい / *Leave* him be. そっとしておけ / *Leave* her in. 彼女を入れてやりなさい.

— *vi.* **1** 去る, 辞する (go away); 立つ, 出発する (depart): It's time (for me) to ～. もう帰らなければならない時間です / The plane to Rome will be *leaving* in ten minutes. ローマ行きの飛行機はあと10分で出ます / I am *leaving for* London tomorrow. 明日ロンドンへ立ちます / Which platform does the Brighton train ～ *from*? ブライトン行きの列車は何番のプラットホームから出ますか. **2** 退職する, 退会する, 退学[卒業]する: My typist *left* yesterday. うちのタイピストは昨日やめた.

be* [*get*] *nicely left《口語》だまされる, 一杯食わされる. ***get left***《口語》(1) ⇨ *vt.* 3 a. (2) (競争などで)おくれを取る, 負かされる. (3) 見捨てられる; 当てがはずれる, ばかを見る: I *got left* with nothing to eat. (パーティーなどで)食べる物も無く取り残された《冷遇された》. ***leave alone*** (1) …を一人にしておく: ～ a child *alone* in the house 子供を家に一人ぼっちにしておく. (2) そっとしておく, 触れない: *Leave* the dog *alone*. その犬には触わるな / Let's ～ the cake *alone* today. 今日はそのケーキをとって置くことにしよう. (3) うっちゃっておく, 干渉しない: You'd better ～ that question *alone*. その問題には干渉しないほうがよい / *Leave* him *alone* to do anything. 彼が何をしようとかまわないでさせておけ. ***leave behind*** (1) 置き去りにする, 置き忘れる; (退却の時などに)あとに捨てて[見捨てて]行く: He *left behind* a pair of glasses and this book. めがねとこの本を忘れていった / You'd better ～ your mac *behind*. レインコートは置いて行ったほうがよい / All of them ran away, *leaving* their wounded friend *behind*. 彼らは皆傷ついた友を置き去りにして逃げ去った. (2) 〈痕跡・影響・名声などを〉あとに残す (cf. *vt.* 7 a, 8 a). (3) 通り過ぎる (pass): ～ a village *behind*. (4) 追い越す, …にまさる (outstrip): In mathematics, he ～*s* everyone else way *behind*. 数学では彼はみんなをはるかに引き離している. ***leave go***《口語》手を放す (let go): Don't ～ go until I tell you. 私が言うまで手を放すな. ***leave hold*** [《口語》***go***] ***of*** …から手を離す: ～ *hold of* the rope. ***leave in*** (1) 中に入れたままにしておく (cf. *vt.* 5 b); 〈字句などを〉(省かないで)そのままにしておく, 残す (cf. LEAVE *out* (3)): I have *left* these words *in* after all. この文句は結局残しておいた. (2)〘トランプ〙(ブリッジで)〈味方または相手のビッドやダブルを〉あえてパスする, そのまま通す. ***leave it at that***《口語》(批評・行為などを)そのくらいにしておく, それ以上は言わない[しない]でおく. ***leave loose of***《口語》＝LEAVE *hold of*. ***leave off*** (1) やめる, よす; やむ, 終わる: ～ *off* crying [a bad habit] 泣くのを[悪い習慣を]やめる / *Leave off* (work) now and have some tea. さあ(仕事を)やめてお茶にしよう / The rain has *left off*. 雨がやんだ / Where did we ～ *off* last time? この前はどこで終わりましたか. (2) 〈衣服・薬など〉の着用[服用]をやめる, 脱ぐ, 用いないことにする (give up): It was so warm that I *left* my overcoat *off*. とても暖かかったのでオーバーを脱いだ. ***leave on*** 着た[点(つ)けた, 掛けた]ままにしておく: ～ one's hat *on* 帽子をかぶったままでいる / Don't ～ the light *on* when you go to bed. 寝るときは電気を点(つ)けたままにしておかないように / *Leave* the cloth *on*. (テーブルに)クロスを掛けたままにしておきなさい. ***leave out*** (1) 出たままにしておく: ～ one's bicycle *out* overnight 一晩中自転車を外に出したままにしておく / be *left out* in the cold ⇨ (*out*) *in the* COLD. (2) (使える[食べられる]ように)出しておく: I'll ～ the key [some food] *out for* you. 鍵[食べる物]を出しておきます. (3) 落とす, 抜かす, 省く (omit) (cf. LEAVE *in* (1)): ～ *out* a letter 1字抜かす / I *left* this part of the speech *out*. 演説のこの部分は省いた. (4) 考慮しない, 忘れる; 抜かす (omit), 除外する (exclude): See that these people are not *left out* from the invitations. この人たちを招待状から落とさないように気をつけなさい / You can ～ my name *out of* the list. 私の名前はリストから抜いてくれてもよい / *Leaving out* the post office, there was no telephone in the neighborhood. 郵便局以外には近くに電話がなかった. (5)《米南部・中部》出発する (set out). (6)《方言》〈授業などが〉終わる (end). ***leave over***《英》(1) 残す, 余す: ～ the cake *over* for tomorrow ケーキを明日まで残しておく / He was too hungry to ～ anything *over*. とても空腹だったので何も残さなかった. (2) しばらく放っておく; 繰り延べる, 延期する (postpone): ～ the meeting [work] *over* until next week. 会合[仕事]を来週まで延期する. ***leave a person to it***《口語》〈人〉に一人で事を処理させておく, 〈人を〉放っておく. ***leave a person to himself*** (忠告・援助などを与えずに)〈人を〉好きなようにさせておく, 放任する. ***leave well alone*** ＝LET[1] *well alone*.

leave[2] [líːv]〘OE *lēaf* permission, licence ＜(WGmc) **lauba*《原義》pleasure, approval (G *Urlaub* permission, *erlauben* to permit) ← IE **leubh-* to desire, love (L *libīdō* 'LIBIDO'): cf. love, lief〙**— *n.*** **1** 許し, 許可 (permission): by [with] your ～ ご免をこうむって, 失礼ですが / without ～ 許可なく, みだりに, 無断で / neither with your ～ nor by your ～ 君の気に入ろうが入るまいが, 君が何と言おうと / without a 'with your ～' or a 'by your ～'《口語》許可も得ずに, 断りもしないで, 無断で / ask [beg, get, give, refuse] ～ *to* do …する許可を求める[願う, 得る, 与える, 拒む] / I take ～ to consider the matter settled. 勝手ながら本件は落着したものとみなします / I beg ～ *to* inform you of it. 御通知申し上げます《手紙の文句》. **2 a** 賜暇, 休暇 (cf. liberty 7): ask for ～ 賜暇を願い出る / have [get, go on] ～ 休暇を取る / ⇨ *on* LEAVE / a ticket of ～ ⇨ ticket *n.* 9 c. **b** 賜暇[休暇]期間: three days' [a six months'] ～ 3日間[6か月]の休暇 / spend one's ～ in Switzerland スイスで休暇を過ごす / leave off for South France for a month's ～ ひと月の休暇を過ごすために南仏に立つ / We have two ～*s* in a year. 年に2回の休暇がある. **3** [通例 take (*one's*) ～ として] いとまごい, 告別 (farewell): He *took his* ～ [*took* courteous ～] *of* us. 彼は我々に別れを告げた[丁重にいとまごいをした] / ⇨ *take* LEAVE *of one's senses* / ⇨ French leave.

get one's leave《スコット》免職になる. ***give a person his leave***《スコット》〈人を〉免職にする. ***on leave*** 賜暇で, 休暇で: He was *on* ～ *from* the army. 賜暇で隊にいなかった / She is at home *on* (sick) ～. (病気療養の)休暇で帰省している / I've sent him *on* three months' ～. 彼に3か月の休暇を与えて帰省させた / a professor *on* sabbatical ～ 休暇年度で休んでいる教授. ***take leave of one's senses*** 気が狂(ったように振舞)う. **leave of absence** 請暇, 賜暇; 休暇(期間): be granted a two-month ～ *of absence from* the university 大学から2か月の休暇を与えられる.

leave[3] [líːv]〘《c1300》*leve* ← *lef* 'LEAF'〙 *vi.* 〈植物が〉葉を出す, 葉が出る (leaf) 〈*out*〉.

leave[4] [líːv]〘← LEAVE[1]〙 *n.* **1**〘玉突〙(前に突いた者の)突き残した球の位置. **2**〘ボウリング〙(第1投のあとの)残りピン.

leaved〘ME: ⇨ ↑, -ed 2〙**— *adj.*** **1** 葉のある. **2** [通例複合語の第2構成素として] **a** 葉が…な, …葉の: red-*leaved* 紅葉した / opposite-*leaved* 対生の / a broad-*leaved* tree 広葉樹 / a four-*leaved* clover 四つ葉のクローバー. **b** 〈とびらなど〉…枚付きの: a two-*leaved* screen [door] 二枚びょうぶ[戸]. **3**〘紋章〙〈木が〉幹の色と異なる葉のある.

leav·en [lévən]〘《1340》*levain* ▭ (O)F ＜ VL **levāmen*＝L *levāmen*《原義》alleviation, something that raises ← *levāre* to raise, lighten: ⇨ level〙**— *n.*** **1 a** パン生地・液体などの発酵を起こさせるもの, 酵素 (ferment); (特に)パン種 (sourdough, yeast): The kingdom of heaven is like unto ～. 天国はパン種のごとし (*Matt.* 13:33). **b** ベーキングパウダー, ふくらし粉. **2** (パン種のように)感化[影響]を与える物, 一大変化をかもし出す力. **3** (全体にある特色を与える)要素 (element), 気味, 色合 (tinge): a ～ *of* vanity, wit, etc. 「跡 (cf. *1 Cor.* 5:7).

the old leaven 古きパン種, 革新されない旧習の痕(こん)

— *vt.* **1** …にパン種を入れる; 発酵を起こさせる. **2** …に影響をおよぼす, 感化する (influence); …に変化を与える. **3** …に〔…の〕気味を与える, しみ込ませる〔*with*〕: His friendship is ~*ed with* inconstancy. 彼の友情にはどうも不実の気味がある. **~·less** *adj.*

léav·en·ing [-v(ə)nɪŋ] *n.* **1** (パンなどを)発酵·膨張させるもの《ベーキングパウダーやイーストなど; leavening agent ともいう》. **2** =leaven *n.* 2.

Leav·en·worth [lévənwə̀ːθ, -wəθ | -wə̀ːθ, -wəθ] 〖← *Henry Leavenworth* (1783–1834: この地に宿営を設定した米国陸軍大佐)〗 **—** *n.* 米国 Kansas 州北東部, Missouri 河畔の都市; 連邦刑務所がある; 人口 26,000.

léav·er *n.* 去る人, 捨てる人: ⇨ school leaver.

leaves *n.* leaf の複数形.

léave-tàking *n.* いとまごい, 告別 (farewell).

léav·ing 〖ME〗 *n.* [通例 *pl.*] 残った物; 残り物, 余り物 (remnants); くず, かす (refuse): I want none of your ~*s*. 君の残した物なんかご免だ.

léaving certificate *n.* 《英》=school certificate.

Leav·is [líːvɪs, -vəs | -vɪs], **F(rank) R(aymond)** *n.* (1895–1978) 英国の文芸批評家; *New Bearings in English Poetry* (1932), *The Great Tradition* (1948).

leav·y [líːvi | -vɪ] *adj.* (**leav·i·er; -i·est**) 《古》=leafy.

Leb. 《略》 Lebanese; Lebanon.

Leb·a·nese [lèbəníːz, -níːs | -níːz] *adj.* レバノン(人)の. **—** *n.* (*pl.* ~) レバノン人.

Leb·a·non [lébənən, -nɑ̀n | -nən] 〖⊏ Heb. *Lᵉbhānōn* the white mountain ← *lābhān* white〗 **—** *n.* **1** レバノン《アジア南西部, 地中海の東岸にある共和国; 人口 3,060,000, 面積 10,400 km², 首都 Beirut; 公式名 the Republic of Lebanon レバノン共和国》. **2** 米国 Pennsylvania 州南東部の都市; 人口 29,000.

Lébanon cédar *n.* 〘植物〙=CEDAR of Lebanon.

Lébanon Móuntains *n. pl.* [the ~] レバノン山脈《レバノン共和国中央部を南北に貫く山脈》.

leb·bek [lébek] 〖← ?〗 **—** *n.* **1** 〘植物〙ビルマネムノキ, ビルマゴウカン, オオバネム (*Albizzia lebbeck*)《熱帯アジア原産のネムノキに似たマメ科の落葉高木; koko, siris, woman's tongue tree, East Indian walnut ともいう》. **2** ビルマゴウカン材.

leb·en [lébən] 〖⊏ Syr.-Arab. *léban* = Arab. *lában* milk〗 *n.* (*also* **leb·an** [~]) レバン《中近東·北アフリカ地方の凝乳から作られる酸味のある飲み物》.

Le·bens·raum, l- [léɪbənzràum, -bəns- ; G. léː-bənsràum] 〖⊏ G ~ 'room for living'〗 **—** *G. n.* **1** (ナチスの理念だった)生活圏(領土) (cf. geopolitics 1). **2** (共同体·組織·個人などの)生活圏. **3** =living space 1.

le·bes [líːbiːz] 〖⊏ L *lebēs* ⊏ Gk *lébēs*〗 *n.* (*pl.* ~) (ギリシャ·ローマ古物の)レベス《口が大きく開いた鉢》.

Le·bésgue íntegral [ləbég- ; F. ləbɛg-] 〖← *Henri Leon Lebesgue* (1875–1941: フランスの数学者)〗 *n.* 〘数学〙ルベーグ積分.

leb·ku·chen [léɪpkùːkən ; G. léːpkùːxən] 〖⊏ G *Lebkuchen*: ⇨ loaf¹, cake〗 **—** *n.* (*pl.* ~) レープクーヘン《小麦粉·蜂蜜または砂糖·オレンジやレモンの皮·香辛料で作るドイツの伝統的なクリスマスクッキー》.

Le·blanc [ləblɑ́ː(ŋ), -blɔ́ː(ŋ), -blɑ́ːŋ, blɔ́(ː)ŋ ; F. ləblɑ̃], **Maurice** *n.* ルブラン《1864–1941; フランスの推理小説家; ルパン (Lupin) の出てくる推理小説を書いた; cf. Lupin》.

Le Bon [ləbɔ́ː(ŋ), -bɔ́(ː)ŋ ; F. ləbɔ̃], **Gustave** *n.* ルボン《1841–1931; フランスの群集心理学者》.

Le Bour·get [ləbuəʒéɪ | -buə- ; F. ləburʒɛ] *n.* ルブールジェ《フランス Paris の北東方郊外の空港所在地》.

Le·brun [ləbrɑ́ː(ŋ), -brɑ́ːŋ ; F. ləbrœ̃], **Albert** *n.* ルブラン《1871–1950; フランスの政治家; 大統領 (1932–40)》.

Lebrun (*also* **Le Brun**), **Charles** *n.* ルブラン《1619–90; Louis 十四世の宮廷で活躍したフランスの歴史画家》.

Lebrun, Mme. **Vigée-** *n.* ⇨ Vigée-Lebrun.

le Carré [ləkɑːréɪ], **John** *n.* (1931–) 英国の小説家; 本名 David John Moore Cornwell; *The Spy Who Came in from the Cold* (1963).

lech [létʃ] 〖《逆成》← LECHER〗 《俗》 **—** *n.* **1** 好色, 淫(いん)乱; 性的欲望. **2** 好色な人, 淫乱者. **—** *vi.* 好色漢のような振舞いをする; 求めてやまない, 渇望する〔*for, after*〕.

le·cha·te·lier·ite [ləʃɑ́ːtəlí(ə)raɪt | -tǽljər-] 〖⊏ F *lechateliérite* ← *Le Châtelier* (↓): ⇨ -ite¹〗 **—** *n.* 〘鉱物〙ルシャトリエライト《隕石の一種テクタイト中の等方性粒子》.

Le Châ·te·lier príncipie [ləʃɑ́ːtəljèɪ- | -tə- ; F. ləʃɑtəlje-] 〖← *H. L. Le Châtelier* (1850–1936: フランスの化学者)〗 **—** *n.* 〘物理·化学〙ルシャトリエの法則, 平衡移動の法則《平衡状態にある物質系に, 外部からその状態を乱すような影響を与えると, その影響を打消す方向に平衡が移動し始めるというもの》.

lech·e·gui·lla [lètʃəgíː(j)ə] *n.* 〘植物〙=lechuguilla.

lech·er [létʃə | -tʃə(r)] 〖? OE *lech(o)ur* ⊏ OF *lecheor* (F *lécheur*) libertine ← *lechier* to live in debauchery (F *lécheur* to lick) ⊏ Frank. **likkōn* < Gmc **likkōjan* 'to LICK'〗 **—** *n.* 好色家, 淫(いん)乱な人. **—** *vi.* 好色に耽る.

lech·er·ous [létʃ(ə)rəs] 〖《*c*1300》⊏ OF *lecheros*: ⇨ ↑, -ous〗 *adj.* **1** 好色な, 淫(いん)乱な. **2** 色情を催させる, 扇情的な, 挑発的な. **~·ly** *adv.* **~·ness** *n.*

léch·er wìres, L- w- [lékə- | -kə- ; G. léçɐ-] 〖← *Ernst Lecher* (1856–1926: オーストリアの物理学者)〗 **—** *n. pl.* 〘電子工学〙レッヘル線《針金2本を並行に並べた伝送線で, 超短波の波長測定などに用いる》.

lech·er·y [létʃ(ə)ri | -tʃəri] 〖《? *a*1200》⊏ OF *lecherie*: ⇨ lecher, -y¹〗 *n.* 色欲, 肉欲 (lust); 好色, 淫(いん)乱.

léch·o·sos òpal [lékəsòus- | -sàus-] 〖*lechosos*: ⊏ Sp. *lechoso* milky ← *leche* milk + *-oso* -ous〗 *n.* 〘鉱物〙レコソス蛋白石.

lech·u·gui·lla [lètʃugíː(j)ə; *Am. Sp.* lètʃugíja] 〖⊏ Sp. ~ (dim.) ← *lechuga* < L *lactūcam* 'LETTUCE'〗 **—** *n.* 〘植物〙レチュギヤ (*Agove heteracanthe*)《メキシコ産のリュウゼツランの一種, 葉から採れる繊維でブラシなどを作る》.

le·chwe [líːtʃwi | -wɪ] 〖← Bantu〗 *n.* 〘動物〙リーチュエ (*Kobus leche*)《アフリカ産のレイヨウの一種で比較的長い角は後方に伸び, 体の色は赤茶色》.

lec·i·thal [lésəθəl | -sɪ-] 〖⇨ ↓, -al¹〗 *adj.* [しばしば複合語の第2構成素として]〘生物〙卵黄がある: homolecithal.

lec·i·thin [lésəθɪn, -θən | -sɪθɪn] 〖← Gk *lékithos* yolk of an egg + -IN¹〗 **—** *n.* 〘生化学〙 **1** レシチン《動物の脳および神経組織·卵黄·植物種子などの中にある燐(りん)脂質》. **2** レシチンの商品化されたもの《大豆·卵黄などが原料で, 食品·化粧品·塗料の材料》.

lec·i·thin·ase [lésəθɪnèɪs, -θə-, -nèɪz | -sɪθɪnèɪs] 〖⇨ ↑, -ase〗 **—** *n.* 〘生化学〙レシチナーゼ《レシチンを分解する酵素; 分解する程度で A, C, D に分けられる; A は蛇毒に含まれ, レシチンから一つの脂肪酸を加水分解する》.

Leck·y [léki | -kɪ], **William Edward Hart·pole** [hɑ́ətpoul | hɑ́ːtpəul] *n.* (1838–1903) Dublin 生れの英国の歴史家·評論家; *Leaders of Public Opinion in Ireland* (1861), *History of England in the 18th Century* (1878–90).

Le·clair [ləkléə | -kléə(r ; F. ləklɛːr], **Jean-Marie** *n.* ルクレール《1697–1764; フランスのバイオリン奏者, 作曲家》.

Le·clan·ché cell [ləklɑ́ː(n)ʃéɪ-⌐, -lɔ́ː(n)-, -lɑːn-, -lɔ(ː)n- ; F. ləklɑ̃ʃe-] 〖← *Georges Leclanché* (1839–82: フランスの化学者)〗 **—** *n.* 〘電気〙ルクランシェ電池《現在の乾電池の原形》.

Le·conte de Lisle [ləkɔ́ː(n)t-də-líːl, -kɔ́(ː)nt- ; F. ləkɔ̃tdəlil], **Charles Marie** (**René**) *n.* ルコントドリール《1818–94; フランスの高踏派 (Parnassian) の詩人; *Poèmes antiques* (1852)》.

Le Cor·bu·sier [ləkɔəb(j)uːzièɪ | -kɔːb(j)úːzɪ- ; F. ləkɔrbyzje] *n.* ル コルビュジエ《1887–1965; スイス生れのフランスの建築家; 都市計画, 集合住宅等に新理論を展開した; 本名 Charles Édouard Jeanneret [ʒanrɛ]》.

lect. 《略》 lectern; lecture; lecturer.

lec·tern [léktən, -təːn | -tɜːn, -tən] 〖《15C》 *lecturn* ⊏ LL *lectrum* reading desk ← L *lectus* (p.p.) ← *legere* to read ∽ 《*c*1325》 *lettrun* ⊏ OF〗 **—** *n.* **1** 〘教会〙聖書(朗読)台, 読書台《教会の礼拝の際に典礼書を載せる書見台; 通例, 木や金属で作られた移動式のもので, しばしば両翼を広げた鷲(わし)やペリカンの形をしている》. **2** 書見台.

lectern 1

lec·tion [lékʃən] 〖《1540》⊏ L *lectiō(n-)* ← *lect-*, *legere* to read〗 *n.* **1** (特定の版本でのある章句の)異文. **2** 〘教会〙(礼拝式で読む)聖句; 日課, 読誦.

lec·tion·ar·y [lékʃənèri | -ʃ(ə)nəri] 〖⊏ ML *lectionārium* ← L *lectiōn-* (↑): ⇨ -ary〗 **—** *n.* 〘教会〙日課表, 読誦集, 聖句集《礼拝式の中で読まれる新·旧約聖書の章句の一覧表》.

lec·tor [léktə, -tɔə | -tɔː(r)] 〖《*a*1387》⊏ L *lēctor* ← *lect-*, *legere* to read〗 **—** *n.* **1** 〘カトリック〙読師, レクター《下級聖品第二級の聖職者, 祭式の際に日課を朗読する役; reader ともいう; cf. minor order》. **2** (特に, ヨーロッパの大学で)講師 (lecturer).

lec·to·type [léktətàɪp] 〖← Gk *lectós* picked + -TYPE〗 **—** *n.* 〘生物〙選定基準標本《植物の種の基準として, 発表者が数個の標本を引用した時, 後の研究者がその中から最も適正であると選定した標本》.

lec·ture [léktʃə | -tʃə(r)] 〖《? *a*1300》⊏ (O)F ~ // ML *lectūra* ← L *lect-*, *legere* to read (← IE **leg-* to collect, speak) + *-ūra* '-URE'〗 **—** *n.* **1 a** 講義; 講演, 講話: a ~ *on* morals 倫理講話 / attend a ~ 講義[講演]を聞く / deliver [give] a ~ *on* [*about*] …について講義[講演]をする. **b** [形容詞的に] 講義(用)の, 講演の(ための): a ~ room 講堂 / a ~ theater 階段型講義室, 階段教室 / go on a ~ tour 講演旅行をする. **2** 説諭, 訓戒, 小言 (admonition, reprimand): read [give] a person a ~ 人にお説教をする, 叱る / have a ~ from …から説教される / ⇨ curtain lecture. **3** 《古》閲読, 音読; 閲読[音読]する物.
— *vi.* 講義をする, 講演をする: ~ *on* English literature *to* a class クラスに英文学の講義をする / ~ *in* mathematics *at* Harvard ハーバード大学で数学の講義をする. **—** *vt.* **1** …に講義する, 教授する (instruct): ~ a class. **2** 説法する, 訓戒する, 叱る (reprove): I was severely ~*d for* being late. 遅れたのをひどく叱られた.

léc·tur·er [-tʃ(ə)rə | -rə(r)] 〖《1570》〗 **—** *n.* **1** 講演者, 講話者. **2** (大学の)講師: a ~ *in* English *at* Harvard University ハーバード大学英語講師. ★ 英国の大学で教授 (professor) の下の等級で, 通例 assistant [junior] lecturer から始まり senior lecturer, そして professor となる; ただし, 上位の senior lecturer に reader というタイトルを与える大学が多い; 一方, 米国の大学では, 助教授 (assistant professor) の下に位して, 非常勤の講師 (cf. instructor).

lécture·shìp *n.* **1** lecturer の職[地位]. **2** 講座(を維持する基金).

lecythi *n.* lecythus の複数形.

Lec·y·thi·da·ce·ae [lèsəθədéɪsiː | -sɪθɪ-] 〖← NL ~ ← *Lecythid-*, *Lecythis* (属名: ↓) + -ACEAE〗 *n. pl.* 〘植物〙サガリバナ科. **lèc·y·thi·dá·ceous** [-ʃəs] *adj.*

lec·y·thus [lésəθəs | -sɪ-] 〖⊏ LL ~ ⊏ Gk *lḗkuthos*〗 **—** *n.* (*pl.* **-y·thi** [-θàɪ]) (ギリシャ·ローマ古物の)レキュトス《首が細くて取手が一つ付いた細身の陶器のびん; 油や軟膏(こう)を入れるのに用いた; cf. alabastrum, aryballos, askos》.

lecythus

led [léd] 〖OE *lǣde* (pret.), *lǣd(ed)* (p.p.)〗 **—** *v.* lead² の過去形·過去分詞. **—** *adj.* 指導[支配]される; 引かれる: a ~ horse 引き馬, 乗替え馬, 予備馬.

LED 〖《頭字語》← *l(ight)-e(mitting) d(iode)*〗 **—** *n.* 〘電子工学〙発光ダイオード《電卓や電子ウォッチの表示などに用いられる半導体の発光素子》.

Le·da [líːdə] 〖⊏ L *Lēda* ⊏ Gk *Lḗdā* ⊏ ? Lycian *Lada* wife, woman〗 **—** *n.* **1** 女性名. **2** 〘ギリシャ神話〙レダ《Zeus が白鳥の姿で言い寄って妻とした女性; Helen, Clytemnestra, Castor, および Pollux の母》. **3** 〘天文〙レダ《木星 (Jupiter) の第13衛星》.

léd càptain *n.* へつらう人, 腰巾(ぎん)着 (toady).

Le·der·berg [léɪdəbə̀ːg | -dəbɜ̀ːg], **Joshua** *n.* (1925–) 米国の遺伝学者; Nobel 医学生理学賞 (1958).

le·der·ho·sen [léɪdəhòuzn | -dəhəu- ; G. léːdɐhòː-zn] 〖⊏ G *Lederhosen* (pl.) ← MHG *lederhose*: ⇨ leather, hose〗 **—** *n. pl.* (ドイツ Bavaria 地方で男性がサスペンダーを使ってはく)短い革のズボン.

ledge [lédʒ] 〖《1272–73》 *legge* support, bar ← ? *legge(n)* 'to LAY¹'〗 **—** *n.* **1** (壁面から突き出ている)棚; 棚状の突起; 出張り, (盆などの)縁: the ~ of a blackboard. **2** (岩壁の側方の)岩棚, レッジ. **3** 〘海事〙岩棚《海岸に大体並行して水中に連なる一列の岩石》. **4** 〘鉱山〙鉱脈. **5** 〘建築〙(太い)横桟; (入口の)戸当たり. **6** [*pl.*] 〘造船〙(船の)副梁(りょう)材. **—** *vt.* …に ledge をつける. **—** *vi.* ledge をなす. **~·less** *adj.*

ledged *adj.* **1** 出張りのある: a ~ cliff 岩棚のある絶壁. **2** 〘建築〙太い横桟を打った: a ~ door ぬき打ち戸.

ledge·ment [lédʒmənt] *n.* =ledgment.

ledg·er [lédʒə | -dʒə(r)] 〖《1481》 *legger* ← *legge(n)* to lay〗 **—** *n.* **1** (墓の上に置く)平石 (slab). **2** 〘建築〙(足場の)布丸太. **3** 〘会計〙元帳: ⇨ general ledger. **4** 〘釣〙 **a** =ledger bait. **b** =ledger line 1. **c** =ledger tackle.

lédger bàit *n.* 〘釣〙(ぶっ込み釣の)固定えさ《水底に固定される; cf. walking bait》.

lédger bàlance *n.* 〘会計〙元帳残高.

lédger bòard *n.* **1** 柵(さく)の立て杭に打った平らな横木. **2** 〘木工〙=ribbon 6.

lédger hòok *n.* 〘釣〙ぶっ込み釣の釣鉤.

lédger lìne *n.* **1** 〘釣〙ぶっ込み釣の釣糸. **2** 〘音楽〙(五線譜の)加線《leger line ともいう》.

lédger plàte *n.* **1** 〘機械〙固定刃《芝刈機などで運動している刃と一対になって芝などを切る》. **2** 〘木工〙=ledger strip.

lédger strìp *n.* 〘木工〙根太掛け《根太の端を支える横木》.

lédger tàckle *n.* 〘釣〙ぶっ込み釣仕掛け.

ledg·ment [lédʒmənt] 〖《15C》〗 *n.* 〘建築〙蛇(じゃ)腹繰形《煉瓦や石の装飾的な胴蛇腹; cf. stringcourse》.

ledg·y [lédʒi | -dʒɪ] *adj.* (**ledg·i·er; -i·est**) 棚のある, 出張りの多い.

Le·doux [lədúː ; F. lədu], **Claude-Nicolas** *n.* ルドゥー《1736–1806; フランスの抽象的な新古典主義の建築家》.

Le Duc Tho [léɪ-dɑ́k-tóu | -tə́u] *n.* レドクト《1911– ; ベトナム人民共和国の政治家, 労働党政治局員; Nobel 平和賞 (1973; 辞退)》.

lee¹ [líː] 〖OE *hlēo(w)* shelter < Gmc **χlēw-* (Du. *lij* / Dan. *læ*) ← ? IE **kel-* warm (L *calēre* to be warm)〗 **—** *n.* **1** (風下の)物陰, 陰 (shelter); (風を防ぐ物の陰の)風の当たらない所: under the ~ of the hill 丘の陰に(風を避けて). **2** 〘海事〙風下, 風下側 (↔ windward): on [under] (the) ~ 風下に[の] / be in the ~ 風下にある.
by the lee (順走中の帆船の)船首が大きく風下に落ちて裏帆を打つばかりに.
— *adj.* **1** 〘海事〙風下の (↔ weather, windward): the ~ side 風下側 / ⇨ lee tide. **2** 〘地質〙氷河が動き出す側面にある.

lee² [líː] 〖《*c*1380》 *lie* ⊏ OF ⊏ ML *lia* ← Celt.〗 **—** *n.* [通例 *pl.*] **1** (酒類の)澱(おり), 滓(かす) (sediment): The best wine has its ~*s*. 《諺》最上の酒にも澱がある (cf. 「玉にきず」). **2** くず, 廃物 (refuse): the ~*s* of life つまらない人生.
drink [***drain***] ***to the lees*** 飲み干す; 苦労をし尽くす, 辛酸をなめ尽くす.

Lee [líː] 〘(異形) ← LEAH, LEIGH² ∥ (短縮) ← LEROY〙 *n.* **1** 男性名. **2** 女性名.

Lee, Ann *n.* (1736–84) 英国の女性神秘論者；米国のシェーカー派 (Shakers) の創始者 (cf. shaker 3 a).

Lee, Charles *n.* (1731–82) 独立戦争当時の英国生れの米国の将軍.

Lee, Henry *n.* (1756–1818) 独立戦争当時の米国の将軍；Robert E. Lee の父；通称 Light-Horse Harry.

Lee, (Nelle) Harper *n.* (1926–) 米国の女流小説家；*To Kill a Mockingbird* (1960).

Lee, Richard Henry *n.* (1732–94) 米国の独立戦争当時の政治家.

Lee, Robert E(dward) *n.* (1807–70) 米国の将軍・教育家；南北戦争における南軍の総指揮官.

Lee, Sir **Sidney** *n.* (1859–1926) 英国の伝記作者・批評家；*The Dictionary of National Biography* (1882–1917) の編者の1人；*A Life of William Shakespeare* (1898).

Lee, Vernon *n.* (1856–1935) フランス生れのイタリアに住んだ英国の批評家・小説家；Violet Paget の筆名.

lée·bòard *n.* 〘海事〙リーボード, せかせ《帆船が風下に押し流されないように平底船の風下舷(げん)に取り付けた板》.

leech¹ [líːtʃ] 〘OE *lǣce* leech (cf. MDu. *leke*)：LEECH² と別語源だが, 蛭を外科治療に使ったことから混同された〙 ― *n.* **1** 〘動物〙ヒル《環形動物ヒル綱の水生または陸生の虫の総称；吸血性または肉食性》: stick like a ～ 固着する, 吸いついて離れない. **2** 他人の膏(こう)血をしぼる人 (parasite), 人から利益を搾取する人, 吸血鬼 (bloodsucker), 高利貸 (usurer). **3** 〘医学〙人工放血器, 吸いふくべ, 吸い玉. ― *vt.* **1** …にひるをつける, ひるをつけて血を取る. **2** ひるのように吸いついて〈他のものの血・財産などを〉吸い尽くす[しぼり取る]. ― *vi.* ひるのように吸いつく〔*on, to, onto*〕.

leech² [líːtʃ] 〘OE *lǣce* < Gmc **lǣkjaz*《原義》enchanter ← IE **leg-* to collect, speak (L *lēx* law)：↑〙 ― *n.* **1** 《古》医者, 外科医. **2** 《英方言》獣医. ― *vt.* 《古》治療する.

leech³ [líːtʃ] 〘(1485) *lek, leche* ▭ ? MLG *lik* leech line：cf. G *Leik* / Du *lijk* leech rope〙 *n.* 〘海事〙(横帆や縦帆の)縦ふち, リーチ.

Leech [líːtʃ], **John** *n.* (1817–64) 英国の風刺画家；*Punch* 誌に描いた.

léech·cràft 〘OE *lǣcecræft*：⇨ leech², craft〙 *n.* 《古》医術.

léech lìne *n.* 〘海事〙リーチライン.

léech ròpe *n.* 〘海事〙リーチロープ《帆の縦ふちに沿ってつけたロープ》.

Leeds [líːdz] 〘OE *Ledes*《原義》? the folk living round the river *Lāta*《原義》the violent one ← Celt.)〙 ― *n.* イングランド West Yorkshire 州の都市；大機業地；大学がある；人口 495,000.

lée·fàng *n.* (*also* **lee·fange** [～]) 《英》= traveler 5 b.

lée gàuge 〘⇨ gauge (n.) 9 b〙 *n.* 〘海事〙(帆船において他船の)風下にある位置関係 (cf. weather gauge): have [keep] the ～ of (他船の)風下にいる；…より不利な地位を占める.

lée hèlm *n.* 〘海事〙[号令] 舵柄風下へ《昔の言い方で, 舵柄を風下に取ること；従って舵面は風上に行き, 船首は風上に曲る；1930 年頃にこの言葉は世界的に廃止され, 現在は weather wheel という》.

leek [líːk] 〘OE *lēac* < Gmc **laukaz*《原義》? the bent one (その葉が外側にまくれることから) (Du. *look* / G *Lauch*) ← IE **leug-* to bend, wind：cf. lock¹〙 ― *n.* 〘植物〙リーキ, ニラネギ, セイヨウネギ (*Allium porrum*)《地中海沿岸のユリ科の二年草；タマネギに似るが, 葉は料理用；ウェールズの badge；cf. daffodil, rose² 7, thistle 1, shamrock 1 a》.
eat the leek 侮辱を忍ぶ, 屈従する (cf. Shak., *Henry V* 5. 1. 10). ***not worth a leek*** 三文の値打ちもない.

léek-gréen *adj.* 青味を帯びた緑色の.

leer¹ [líə | líə(r] 〘(1530)《転用》← ?《廃》*leer* cheek < OE *hlēor*〙 ― *n.* 横目, 流し目；意地悪い目つき. ― *vi.* 横目を使う, 流し目で[意地悪そうに]見る：～ *at* the girls. ― *vt.* **1** 〈目を〉横に向けて見る：～ one's eye *at* …を横目で見る. **2** 横目[流し目]を使って〈人を〉誘う.

leer² [líə | líə(r] *n.* = lehr.

leer·ing [líə(ː)rɪŋ | líər-] *adj.* 横目を使う；意地悪そうな目つきの：a ～ ruffian.

léer·ing·ly *adv.* 横目[流し目]で見ながら.

leer·y [lí(ə)ri | líəri] *adj.* (**leer·i·er**; **-i·est**) **1** 《俗》疑い深い；〔…を〕用心する〔*of*〕: a ～ look / be ～ *of* a proposal うっかり提案に乗らない. **2** 《古》狡猾(こうかつ)な, 抜け目のない：a ～ old bird 狡猾な男, 食えない奴. **leer·i·ly** [lí(ə)rəli, -rɪ- | líərəli, -rɪ-] *adv.* **léer·i·ness** *n.*

Lée's Bírthday *n.* リー将軍 (Robert E. Lee) 誕生記念日《1 月 19 日；米国南部諸州の法定休日》.

lée shòre *n.* **1** 風下に海岸のある態勢, 風下浜 (↔ weather shore). **2** 〘船の風下にある海岸は嵐の際, 船にとって危険なものであるところから〙危険の源, 破滅の原因.
on a lee shore 危険に瀕して, 困って, 背水の陣に立って.

leet¹ [líːt] 〘(*c*1273) *lete* ▭ AF ← ? Gmc：cf. OE *lǣþ* estate〙 *n.* 《英》**1** (昔の)領主刑事裁判所. **2** (昔の)領主裁判所の管轄区.

leet² [líːt] 〘(1441) *lite* ▭ ? OF *lit(te)*《変形》← *liste* 'LIST²'〙 *n.* 《スコット》官職候補者表.

lée tìde *n.* 〘海事〙= leeward tide.

Lee Tsung-Dao [-tsúŋdáu; *Chin.* li tsʊ̀ŋtàu] *n.* 李政道《1926– ；中国生れの米国の物理学者；Nobel 物理学賞 (1957)》.

Leeu·war·den [léɪvəːdn | -vɑː-; *Du.* léːwardə] *n.* レーワルデン《オランダ北部 Friesland 州の首都；人口 86,000》.

Leeu·wen·hoek [léɪvənhùk; *Du.* léːwənhùːk], **Anton van** *n.* レーウェンフック《1632–1723；オランダの博物学者；手製の顕微鏡で微生物・赤血球等を観察》.

lee·ward [líːwəd | -wəd; (海) lúːəd | lúːəd, lúəd, ljúːəd, ljúəd] *adj.* 風下の, 風下にある. ― *adv.* 風下に, 風下の方へ. ― *n.* 風下, 風下側, 風下の方向 (cf. windward): on the ～ of …の風下の側に / to ～ 風下に当たって.

Lée·ward Íslands [líːwəd- | -wəd-] *n. pl.* [the ～] リーワード諸島：**1** 西インド諸島, 小アンチル諸島 (Lesser Antilles) 中の北部を占める諸島；フランス領の Guadeloupe, かつての英領植民地 Anguilla, Antigua, Montserrat, Nevis, St. Christopher などから成る. **2** 上記のもと英領の諸島.

lée·ward·ly *adj.* 〈船が〉風下に落とされがちな (cf. weatherly).

léeward·mòst [-mòust | -màust, -məst] *adj.* 《古》一番風下にある, 最も風下の.

léeward tíde *n.* 〘海事〙順風潮《風下に向かって流れる潮流；lee tide ともいう；cf. weather tide》.

lée·wày *n.* **1** 〘海事〙**a** 風圧量《航進中の船が風下に押し流される横距離》. **b** 風圧差《風圧によって船首の方向と船の進む方向とに生じる角度》: have ～ 風下に余地がある, 風下が広い；〈船が〉風下へ流される. **2** 〘航空〙偏流角 (⇨ drift angle 2). **3** 時間の損失；基準[目標]に対する遅れ. **4** 《米口語》(空間・時間・金・行動などの)余地, 余裕；許容差：ask a little ～ *for* the payment 支払いに対してしばらくの猶予を願う / You have an hour's ～ *to* catch the train. 列車にはまだ 1 時間余裕がある.
make up leeway 遅れを取り返す；苦境を切り抜けようとする：have much [a great deal of] ～ to *make up* 遅れを取り返すのに骨が折れる；脱し難い逆境に陥る.

lée whéel *n.* 〘海事〙**1** [号令] 舵輪を風下へ (cf. weather helm). **2** 2 人以上で舵輪について舵を取っている時の風下側につく操舵員《下級者で操舵補助員》.

Le Fan·u [léfən(j)ùː, ləfáːnuː | léfənjuː, ləfáːnuː], **(Joseph) Sheridan** *n.* レ ファニュ《1814–73；アイルランドの小説家；*Uncle Silas* (1864)》.

left¹ *v.* leave¹ の過去形・過去分詞.

left² [léft] 〘ME ～, *luft, lift* < OE **lyft* weak (cf. *lyftādl* paralysis,《原義》left-disease) ← ?：cf. MDu. & MLG *lucht* weak, useless〙 ― *attrib. adj.* (↔ right) **1** 左の, 左方の, 左側の, 左にある；〘野球〙左翼の：one's ～ hand, shoulder, leg, etc. / the ～ bank of a river 下流に向かって川の左岸 / ⇨ left field, left fielder / the ～ flank [wing] (隊の)左翼 / the ～ hand 左手；左側, 左方 / on the ～ hand of …の左方に. **2** [しばしば L-] (政治上の)左派の, 左翼の (cf. *n.* 2 b): ⇨ left wing 2. **3** 〘数学〙左の, 左側の《集合や元に左側から作用することに関していう；↔ right》: a ～ inverse 左逆元 / a ～ module 左加群.
over the left shoulder 《古・俗》= *over the* LEFT (⇨ *n.* 成句).
― *adv.* 左に, 左方に, 左側に, 左側に当たって：turn ～ 左に曲がる / *Left!* 《米》〘海事〙取りかじ (⇨ port² 1) / Eyes ～! [号令]かしら左 / *Left* turn [face]! [号令] 左向け左 / *Left* wheel! [号令] 左に向きを変え進め / Keep ～. [標識]左側通行.
left and right = RIGHT *and left.*
― *n.* **1** [the ～, *a person's* ～] 左, 左方, 左側, 左手：turn to *the* ～ / sit on *a person's* ～ 人の左側にすわる / keep to *the* ～ (of the road) 道の左側を通る / Keep to *the* ～. [標識]左側通行. **2** 〘ヨーロッパ諸国の議会では, 急進派の席を議長席からみて左側に置く慣習があったことから〙[通例 the L-] **a** (議会の)左側の席. **b** [集合的] (議会の)左側(の席)を占める議員たち；左翼, 左派, 急進党 (cf. right *n.* B 2 b, center 6): Politically he is a bit on *the* ～. 政治的には彼は少々左寄りだ. **3** 〘軍事〙左翼. **4 a** 〘スポーツ〙左方の位置；左方に位置する選手. **b** 〘野球〙左翼；左翼手. **5** 〘ボクシング〙レフト, 左手打ち：give a person a straight ～ 左のストレートを食らわす. **6** 〘劇場〙= left stage.
over the left 〘《略》← *over the left shoulder*：右の親指で左肩越しに指して, 前言に対する否定・不信を表わすジェスチャーから〙《俗》その反対だ, 逆に言えばだがね：He's a very clever fellow—*over the* ～. すごく賢い奴だ, 逆さまに[反語を使って]言えば.

Léft Bànk 〘《なぞり》← F *Rive Gauche*〙 *n.* [the ～] (Paris の Seine 川の)左岸[南岸](地区), リーブ ゴーシュ《画家・作家などが多く集まる；cf. Right Bank》.

léft bówer *n.* 〘トランプ〙⇨ bower³.

léft-èyed flóunder *n.* 〘魚類〙ヒラメ《両目が頭の左側にあるヒラメ科の魚の総称》.

léft fíeld *n.* 〘野球〙左翼；左翼手の守備位置.
out in left field 《米俗》(1) すっかり間違って. (2) 筋の通らない, 気が狂って.

léft fíelder *n.* 〘野球〙左翼手, レフト.

léft-hànd 〘ME〙 ― *adj.* **1** 左手の, 左側の, 左の：the ～ side of the street / the ～ man 左側にいる人 / a ～ drive 〘自動車〙(右側通行に適する)左ハンドル(の車) (cf. drive *n.* 12 b). **2** 左手でする：a ～ blow [stroke] 左手の強打[ストローク]. **3** 左方向きの, 左回しの, 左巻きの. **4** = left-laid 3. **5** 〈錠が〉ドアの左側に設けられた；〈鍵が〉左回しに開く：a ～ door 左手に蝶番がつき, 向う側に開くドア / a ～ reverse door 左手に蝶番がつき, 手前に開くドア.

léft-hànd búoy *n.* 〘海事〙左舷浮標《水源に向かって水路の左側を示す浮標》.

léft-hánded 〘ME〙 ― *adj.* **1** 左ききの, ぎっちょの (southpaw): a ～ pitcher / a ～ bowler 〘クリケット〙左ききき投手. **2** 左手でする, 左手に適した：a ～ tool 左手用道具 / a ～ blow レフトブロー. **3** 〈なわ・ロープなど〉左撚(よ)りの (left-laid). **4 a** 〘機械〙左回りの, 左回転の：a ～ screw 左ねじ / a ～ engine 左回転発動機. **b** = left-hand 5. **5** 不器用な, へまな, 下手な (awkward). **6** 疑わしい, あいまいな, 両様に解される (ambiguous)；実意のない, 不誠実な (insincere)；陰険な, 腹黒い (malicious): a ～ compliment (裏でけなすような)うわべの賞賛. **7 a** 〈結婚が〉身分違いの (morganatic): ⇨ left-handed marriage 1. **b** 〈結婚が〉不法な. **8** 《古》不吉な, 凶兆の (sinister) (cf. dexter 3). **9** 〈巻貝など〉左巻きの (sinistral). ― *adv.* **1** 左手で. **2** 左手へ；左回りに. **～·ly** *adv.* **～·ness** *n.*

léft-hànded márriage *n.* **1** 身分違いの結婚《この種の結婚の式で男が左手を出すドイツの風習にちなむ；なおこの種の結婚によれば妻は夫の遺産相続権がなく, 子は嫡出としての権利がない；morganatic marriage ともいう；cf. *marry with the left* HAND》. **2** にせの結婚, 合法的でない結婚.

léft-handed rópe *n.* 左撚(よ)り綱, S 撚り綱《backhanded rope ともいう；cf. RIGHT-HANDED rope》.

léft-hánd·er *n.* **1 a** 左利きの人. **b** 〘野球〙左腕投手, サウスポー (southpaw)；〘クリケット〙左利きのプレーヤー. **2** 〘ボクシング〙左手の打撃, レフトブロー.

léft-hànd rópe *n.* = left-handed rope.

léft-hand rúle *n.* [the ～] 〘電気〙左手の法則 (⇨ Fleming's rules).

léft-hand stóne *n.* 〘時計〙= exit pallet.

léft héart *n.* [the ～] 〘解剖〙左心《左心房と左心室》.

left·ie [léfti | -tɪ] *n., adj., adv.* = lefty.

léft·ish [-tɪʃ] *adj.* 《口語》左派の, 左翼的な.

léft·ism [-tɪzm] *n.* [時に L-] **1** 左翼主義《政治上の革新的な思想・行動など》. **2** 左翼主義[政党]支持.

léft·ist [-tɪst, -təst | -tɪst] *n.* **1** [しばしば L-] 左翼政党[急進党]議員, 左翼政党支持者, 左派の人 (cf. rightist)；急進主義者, 社会主義者. **2** 《米》左利きの人. ― *adj.* [しばしば L-] 急進的政治意見をいだいている, 左派の；左翼的な, 左翼思想の.

léft-láid *adj.* 〈なわ・ロープなど〉左撚(よ)りの.

léft-lúggage òffice 〘⇨ left¹〙 *n.* 《英》(駅などの)手荷物一時預り所 (《米》checkroom). ★ 標示では Left Luggage と書いてある.

léft·mòst *adj.* 一番左の, 極左の.

léft-óff 〘← *leave off* (⇨ leave¹ 成句)〙 *adj.* 捨てた, やめた, 脱ぎ捨てた, 不用の：～ clothes.

léft·òver 〘← *leave over* (⇨ leave¹ 成句)〙 *adj.* 残りの, 余り物の, 食べ残しの. ― *n.* **1** [しばしば *pl.*] 残り物；(特に)食べ残し. **2** 時代錯誤の生き残り；痕跡.

léft shóulder àrms *n.* 〘軍事〙換え銃(つつ)《右肩に担(にな)っていた銃を左肩に換え, 床尾を左手で握らせるための号令またはその姿勢》.

léft stáge *n.* 〘劇場〙舞台右方, 上手《観客に向かって舞台中央から左側；cf. right stage》.

left·ward [léftwəd | -wəd] *adj.* 左の方の, 左の方にある；左の方へ向かった. ― *adv.* 左の方に[へ], 左手に. **～·ly** *adv.*

léft·wards [-wədz | -wədz] *adj., adv.* = leftward.

léft-wíng *adj.* **1** (スポーツで)左翼の. **2** (政治上の)左翼の, 左派の, 左翼的な：a ～ intellectual 左翼インテリ.

léft wíng *n.* **1** (スポーツで)左翼レフトウィング(のポジション), 左翼手. **2** [the ～] **a** [しばしば L- W-] (政治上の)左翼, 左派, 急進派 (cf. right wing). **b** [集合的] 左翼の人々；左翼政党. **3** 〘軍事〙左翼.

léft-wíng·er [-wíŋə | -ŋə(r] *n.* **1** 左翼[左派]の人；急進主義的な人. **2** 左翼手.

léft-wíng·ism [-ŋɪzm] *n.* 左翼主義[思想].

left·y [léfti | -tɪ] 《口語》*n.* **1 a** 左利きの人. **b** 〘野球〙左腕投手 (left-hander). **2** 左派の人, 急進主義者 (↔ righty). ― *adj.* 左利きの. ― *adv.* 左手で.

leg [lég, léɪg | lég] 〘(?*a*1300) ▭ ON *legg-r* leg, limb ← ?：cf. L *lacertus* muscle〙 ― *n.* **1** (人間・動物の)足, 脚(あし), 下肢《もの付け根から下, 特に足首までの部分》；(特に)すね《ひざから足首までの部分；cf. foot 1, thigh 1》: an artificial ～ 義足 / a wooden ～ 木の義足 / ⇨ cork leg / a ～ of the law 《俗》= a limb of the law (⇨ limb¹ *n.* 4). ★ ラテン語系形容詞：crural. **2** (食用動物の)足, 脚肉 (⇨ beef, lamb, mutton¹, veal 挿絵). **3 a** (机・コンパスなどの)脚：the ～s

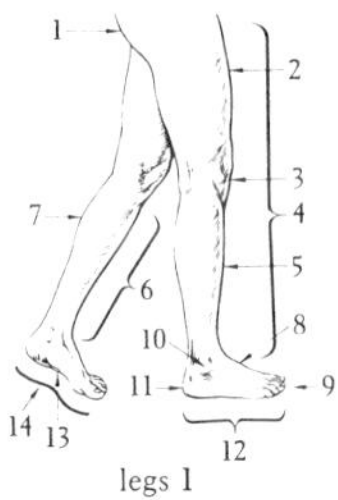

legs 1
1 buttocks; 2 thigh; 3 knee; 4 leg; 5 shin; 6 shank; 7 calf; 8 instep; 9 toe; 10 ankle; 11 heel; 12 foot; 13 arch; 14 sole

of a chair, table, bed, etc. **b** (機械などの)支柱, つっぱり, あし (support). **4 a** 《口語》(旅行の)一区切り, (全行程中の)一行程 (stage): the last ～ of a journey 旅行の最後の行程 / Each contestant swims each of the several ～*s* of the course. 各競泳者は全コース中の一区切りずつを泳ぐ. **b** 《口語》(長距離飛行の)一行程, ひと飛び. **c** 〘海事〙(帆船の)一区切りの区間[距離]: a long [short] ～. **5** 《古》(片足を後ろに引いてする)会釈: make a ～. **6** 《英俗》詐欺師, ぺてん師 (swindler) (cf. blackleg 1). **7** 〘服飾〙(ズボン・ブーツなどの)脚部[すね]のはいる部分: the ～ of a stocking. **8** 〘数学〙三角形の底辺[斜辺]以外の辺. **9** 〘クリケット〙打者の左後方の所(にいる外野手): hit to ～ 打者の左後方に球を打つ / ⇨ long leg, short leg. **10** 〘スポーツ〙 **a** (2 ゲームで 1 試合となる場合の)1 ゲーム. **b** (2–3 回目に勝負の決まる場合の)先勝. **11** 〘電気〙 **a** 脚(きゃく)《変圧器のコイルの巻かれている部分の鉄心》. **b** 枝《回路の部分》. **12** 〘通信〙足《ネットワークを組んでいる放送局間の通信路》.

be all legs (***and wings***) (1) 成長し過ぎる, 大きくなり過ぎる. (2) 〘海事〙マストがばかに高過ぎる《ヤードが長過ぎる》. ***break a leg*** 演技で成功する, うまく行く. ***change leg*** 〈競走中に馬が〉手前(先に出る脚)を変える. ***fall on one's legs*** (1) 〈ねこなどが〉(高い所から落ちても)うまく立つ. (2) うまく危難を免かれる. ***find*** [***feel***] ***one's legs*** 〈子供・病後の人などが〉歩ける[立てる]ようになる. ***get a leg in*** 《俗》…の信用を得る, …に取り入る. ***give a person a leg up*** 《口語》(1) 〈人を〉助けて馬に乗せる. (2) 〈人を〉助けて障害[困難]を切り抜けさせる. ***hang a leg*** ぐずぐずする, しり込みする. ***have a bone in one's leg*** ⇨ bone[1] 成句. ***have the legs of*** …より速く走れる, …を走り越せる. ***in high leg*** 《古》大得意で, 大元気で. ***keep one's legs*** 倒れない, 歩いている. ***leg before wicket*** 〘クリケット〙打者が投球者の投げた球を体(主として脚)に当て, 審判により, もし当てなかったら三柱門に当たると判断されたアウトを宣告されること (略 l.b.w.). ***lift*** [***heave up***] ***the leg*** 〈犬が〉足を上げて小便する. ***not have a leg to stand on*** 《口語》弁解[弁明, 自説支持]の根拠がない. ***on one's hind legs*** (1) 《口語》(1) 〈馬が〉後脚で立って; 〈人が〉立ち上がって: get *on one's hind* ～*s* 立ち上がる. (2) 攻撃[好戦]的になって, 憤然として, 怒って: get up *on one's hind* ～*s* 攻撃的になる, 怒る. ***on*** [***upon***] ***one's*** [***its***] ***last legs*** 《口語》死にかけて; 参りかけて; つぶれかけて; こわれかけて: The old man was *on his last* ～*s*. 老人は死にかけていた / The business is *on its last* ～*s*. その商売はつぶれかけている. ***on*** [***upon***] ***one's legs*** (1) (演説をするため)立ち上がって. (2) (病気が回復して)歩けるようになって; (経済上)立ち直って: set a person *on his* ～*s* 人を立ち直らせる; 人を健康に復させる. (3) 立っていて, 待たされて. ***pull a person's leg*** 《口語》(1) 人をからかう[ばかにする]. (2) 人をだます, 人に一杯食わせる (cf. legpulling). ***put*** [***set***] ***one's best leg foreward*** =*put one's best* FOOT *foreward*. ***scrape a leg*** 右足を後ろに引いて深くおじぎをする. ***shake a leg*** 《俗》(1) 踊る (dance). (2) 急ぐ (hurry). ***show a leg*** 《俗》(1) 現われる. (2) 起きる, 起床する; 出発する. ***stretch one's legs*** (長い間すわっていたあとなどに)足を伸ばす, 足をほぐす; 散歩する (walk). ***take to one's legs*** 逃げる, 逃走する (run away). ***talk a person's leg off*** ⇨ talk 成句. ***tie a person by the leg*** 〈人を〉束縛する, 〈人〉に「足かせ」をはめる. ***without a leg to stand on*** 《口語》弁解[弁明]の根拠もなく (cf. *not have a* LEG *to stand on*).

— *v.* (**legged**; **leg·ging**) **—** *vt.* **1** [～ it として] 《口語》(速く)歩く (walk fast), 走る (run). **2** (運河のトンネルの中を壁を蹴るなどして)足で〈船を〉進める. **—** *vi.* (運河のトンネルの中を)足で船を進める.

leg out 〘野球〙駿足をとばして〈ヒットを〉打つ, 脚で〈ヒットを〉かせぐ. ***leg up*** 〈人を〉馬に乗せてやる.

leg. (略) legal; legate; 〘音楽〙legato; legend; legislation; legislative; legislature.

leg·a·cy [légəsi | -sɪ] 〘《c1384》▭OF *legacie* office of legate, legateship ▭ ML *lēgātia* ← L *lēgātus*: ⇨ legate[2], -cy〙 **—** *n.* **1** (特に, 金銭・動産の)遺贈; 遺産: come into a ～ 遺産を相続する. **2** (物質的・精神的な)祖先の遺物, 遺産; 過去から受け継いだ物: a ～ of hatred [ill will] 祖先伝来の恨み. **3** 《廃》ローマ教皇の遺外使節 (legate) の職務[任務].

légacy dùty *n.* 《英》遺産相続税.

légacy hùnter *n.* 遺産を狙って人の機嫌を取る人.

le·gal [líːgəl] 〘《1447》▭(O)F *légal* // L *lēgāl-is* ← *lēg-*, *lēx* law: cf. L *legere* to pick out: LOYAL と二重語〙 **—** *adj.* **1 a** 法律の[に関する], 法律上の, 法的な: the ～ profession 法律家階級, 法曹 / a ～ adviser 法律顧問 / a ～ offense 法律上の罪 / ～ relations 法律関係. **b** (エクイティー (equity) と区別して)コモンロー (common law) 上の (cf. equitable 2). **2** 法律によって定められた, 法定の, 法律の要求[指定]する (statutory): a ～ communicable disease 〘医学〙法定伝染病 / a ～ fare 法定運賃 / ～ interest 法定利子[歩合] / the ～ heir to a house 法定(家督)相続人 / the ～ limit (自動車の)法定制限速度. **3** 法律の認める, 合法の, 適法の, 正当な (lawful): It is perfectly ～ to fish on Sunday. 日曜日に魚釣りをしてもちっとも差しつかえない. **4** 法律家の, 法律家に適する: ～ ethics. **5** 〘神学〙 **a** モーセの律法による. **b** 神の恩寵(おんちょう)よりも善行による救済を説く. **—** *n.* **1** 法律要件. **2** 〘法律〙適法投資《貯蓄銀行・信用組合などが合法的に認められている投資物件》.

légal áge *n.* 法定年齢, 成年 (lawful age).

légal áid *n.* 〘法律〙司法扶助《貧困者に対する弁護料および訴訟費用の援助》.

légal áid socìety [**assocìation**] *n.* 司法扶助 (legal aid) を行なう団体.

légal ássets *n. pl.* 〘法律〙遺産《common law 上の債務弁済のひきあて財産; 死者の遺産をさすことが多い; cf. equitable assets》.

légal cáp *n.* 《米》法律用紙《弁護士用の幅 $8^1/_2$ インチ長さ 13–14 インチの白地の罫(けい)紙》.　「chemistry).

légal chémistry *n.* 〘法律〙法化学 (⇨ forensic

le·gal·ese [lìːgəlíːz, -líːs | -líːz] *n.* (冗漫で複雑な, しばしば素人には難解な)法律家[文書]独特の言い回し.

légal fíction *n.* 〘法律〙=fiction 5.　「欺.

légal fráud *n.* 〘法律〙(間接的に認定できる)法定詐

légal hóliday *n.* 《米》法定休日 (cf. bank holiday 2, national holiday). ★ 主な法定休日は次の通り: New Year's Day, Washington's Birthday, Memorial Day, Independence Day, Labor Day, Columbus Day, Veterans Day, Thanksgiving Day, Christmas Day.

légal intromíssion *n.* 〘スコット法〙正当な遺産(動産)干渉 (cf. vicious intromission).

légal invéstment *n.* 〘法律〙=legal 2.

lé·gal·ìsm [-lìzṃ] *n.* **1** (法の精神より条文を尊重する形式主義的な)合法主義, 法律尊重主義, お役所式形式主義 (red-tapeism). **2** (実用価値のない)法律用語[規則]. **3** 〘神学〙律法主義《福音よりも律法を重んじる主義, 神の恩寵(おんちょう)よりも善行によって救済されるとする説》. **4** [L-] 〘哲学〙(中国古代の)法家の説《法治主義を重んじる思想》.

lé·gal·ist [-lɪst, -ləst | -lɪst] *n.* **1** 法律尊重主義者. **2** 〘神学〙律法主義者. **le·gal·is·tic** [lìːgəlístɪk] *adj.* **lè·gal·ís·ti·cal·ly** *adv.*

le·gal·i·ty [lɪgǽləṭi, lə-, liː- | liːgǽlətɪ, lɪ-, -lɪtɪ] 〘《1459》▭(O)F *légalité* // ML *lēgālitāt-em* ← L *lēgālis* 'LEGAL': ⇨ -ity〙 **—** *n.* **1** 適法, 合法(性) (lawfulness). **2** 法律厳守, 遵法. **3** [*pl.*] 法律によって課される義務. **4** 〘神学〙律法尊重.

le·gal·ize [líːgəlàɪz] *vt.* **1** 法律上正当と認める, 公認する (authorize). **2** …に正当の手続きを踏ませる, 適法にする, 法律[法制]化する. **le·gal·i·za·tion** [lìːgəlɪzéɪʃən, -lə- | -laɪ-, -lɪ-] *n.*

Le Gal·lienne [ləgǽljən, -ljen], **Eva** *n.* (1899–　) 英国生まれの米国の女優・演出家; R. Le Gallienne の娘.　「人・批評家.

Le Gallienne, Richard *n.* (1866–1947) 英国の詩

légal líst *n.* 〘法律〙(貯蓄銀行などに許されている)投資.

lé·gal·ly [-gəli | -lɪ] *adv.* 法律的に; 合法的に.

légal mán [**pérson**] 〘《なぞり》← ML *lēgālis homo*〙 *n.* 〘法律〙法人.

légal médicine *n.* =forensic medecine.

légal represéntative *n.* 〘法律〙法律上の代表者《遺言執行者および遺産管理人を元来意味したが, 最近親者・相続人・破産管財人・後見人などを意味する》.

légal resérve *n.* 〘法律〙(銀行・生命保険会社に義務づけられる)法定準備金.

légal ríght *n.* 〘法律〙 **1** 法的権利 (cf. natural right). **2** (equity と区別して) common law 上の権利.

légal separátion *n.* 《俗用》=judicial separation.

légal ténder *n.* 〘経済〙法貨, 法定通貨《強制通用力のある貨幣; cf. lawful money》.

lég àrt *n.* 《俗》=cheesecake 2.

leg·ate[1] [légət, -gɪt | -gət, -gɪt, -geɪt] 〘《a1121》▭(O)F *légat* ▭ L *lēgātus* ambassador, envoy (p.p.) ← *lēgāre* to send as ambassador, depute ← *lēg-*, *lēx* law, contract: ⇨ legal〙 **—** *n.* **1** ローマ教皇の遺外使節 (cf. nuncio 1): a ～ a latere [-ɑːlɑ́ːtərèɪ | -lǽt-, -lɑ́ːt-] ローマ教皇の全権使節. **2** 遺外使節, 国使 (envoy). **3 a** (古代ローマの)将軍や総督の代官. **b** (古代ローマの帝政時代の)属州総督.

le·gate[2] [lɪgéɪt, lə- | lɪ-] 〘← L *lēgātus* (p.p.) ← *lēgāre* to bequeath by will: ↑〙 *vt.* 〘法律〙遺産として譲る. ***give and legate*** ⇨ give *vt.* 1 a.　⌊遺贈する.

leg·a·tee [lègətíː, ⌐–⌐ | ⌐–⌐] 〘⇨ ↑, -ee[1]〙 *n.* 〘法律〙遺産受取人, 被遺贈者, 受遺者: a universal ～ 全遺産受取人.

légate·shìp *n.* legate[1] の職[地位, 任期].

leg·a·tine [légətìːn, -tàɪn, -ṭɪn, -ṭən | -tàɪn] 〘《15C》▭ML *lēgātīn-us* ← L *lēgātus* 'LEGATE[1]': ⇨ -ine[1]〙 *adj.* 教皇使節の (cf. legate[1] 1).

le·ga·tion [lɪgéɪʃən, lə- | lɪ-, le-] 〘《a1400》▭OF *legacion* // L *lēgātiō(n-)* embassy: ⇨ legate[1], -ation〙 **—** *n.* **1** 使節派遣. **2** [集合的] 公使一行, 公使館員. **3** 公使館 (cf. embassy 2). **4** =legateship. **～·àr·y** [-ʃənèri | -ʃ(ə)nəri] *adj.*

le·ga·to [lɪgɑ́ːṭou, lə-, leɪ- | ləgɑ́ːtəu, lɪ-; *It.* legáːto] 〘《1811》▭ It. ～ (p.p.) ← *legare* to tie together < L *ligāre* to bind〙 〘音楽〙 **—** *adj.*, *adv.* レガートの[で], (音を切らず)なめらかな[に] (cf. staccato 1). **—** *n.* レガート奏法; レガートで演奏される楽句[楽節, 楽章].

le·ga·tor [lɪgéɪṭə, lə- | lɪgéɪtə(r, le-] 〘▭ L *lēgātor*: ⇨ legate[1], -or[2]〙 *n.* **1** 遺産の譲与者, 遺贈者. **2** 遺言人.

leg·a·to·ri·al [lègətɔ́ːriəl, -tóː- | -tɔ́ːrɪ-] *adj.*

lég bàil *n.* 《戯言》逃亡, 脱走 (flight). ***give*** [***take***] ***leg bail*** 逃亡する (escape).

lég bréak *n.* 〘クリケット〙(投手の投げた球が)打者の左側 (on side) から右側 (off side) に切れてバウンドする球.　「すって得た点.

lég býe *n.* 〘クリケット〙球が打者の(手以外の)体をか

lég dròp *n.* 〘劇場〙細長いフラット《木の幹や柱などを表わすのに用いる; cf. flat[1] *n.* 10》.

leg·end [lédʒənd] 〘《?a1325》▭(O)F *légende* ▭ ML *legenda* things to be read (neut. pl. gerundive) ← L *legere* to read: ⇨ lecture〙 **—** *n.* **1 a** 伝説, 言伝え (cf. myth): *Legend* has it that... 伝説によれば…ということである. **b** [集合的] (特定の民族に関する)伝説, 伝承物語: famous *in* American ～. **2 a** (その偉業が人々の語りぐさとなる)話題の人. **b** [集合的] (そのような人の)偉業を伝える話. **3 a** (メダル・貨幣面・絵・記念碑などの)題銘, 題語, 銘. **b** (図表・地図などの)凡例. **c** (挿絵の)説明文. **4** 《廃》聖人物語, 聖人伝; 偉人伝: ⇨ Golden Legend.

Le·gen·da Au·re·a [lədʒéndəɔ́ːriə | -rɪə] *n.* Golden Legend のラテン語名.

leg·end·ar·y [lédʒəndèri | -dʒənd(ə)rɪ, -dʒɪn-] 〘《1513》▭ ML *legendāri-us*: ⇨ legend, -ary〙 **—** *adj.* **1** 伝説の, 言伝えの, 伝説にだけ残っている. **2** 伝説的な, 信じ難い, 途方もない (fabulous). **—** *n.* **1** [集合的] 伝説書, 伝説集, 古伝集. **2** 伝説作者. **leg·end·ar·i·ly** [lèdʒəndérəli | lédʒəndərəlɪ, -dʒɪn-, -rɪlɪ] *adv.*

lég·end·ist [-dɪst, -dəst | -dʒəndɪst, -dʒɪn-] *n.* 伝説作者, 伝説編集者.

leg·end·ize [lédʒəndàɪz | -dʒənd-, -dʒɪnd-] *vt.* 伝説化する, 伝説にする, 伝説的に[として]扱う.

Le·gen·dre [ləʒɑ́ː(n)dr(ə), -ʒɔ́ː(n)-, -ʒɑ́ːn-, -ʒɔ́(ː)n-; *F.* ləʒɑ̃ːdr], **Adrien Marie** *n.* ルジャンドル《1752–1833; フランスの数学者》.

Legéndre equàtion *n.* 〘数学〙ルジャンドルの方程式《ある種の 2 階線形常微分方程式》.

Legéndre polynómial *n.* 〘数学〙ルジャンドルの多項式《Legendre equation の解になっているようなある種の多項式》.　「伝説類 (legends).

leg·end·ry [lédʒəndri | -dʒəndrɪ, -dʒɪn-] *n.* [集合的]

leg·er [lédʒə | -dʒə(r] *n.* 〘釣〙=ledger 4.

Lé·ger [leɪʒéɪ; *F.* leʒe], **Alexis Saint-Léger** [sɛ̃] *n.* レジェ《1887–1975; フランスの外交官・詩人; Nobel 文学賞 (1960); *Anabase*「アナバシス」(1924); 筆名 Saint-John Perse》.

Léger, Fer·nand [fɛrnɑ̃] *n.* レジェ《1881–1955; フランスの立体派画家》.

leg·er·de·main [lèdʒədəméɪn | -dʒə-] 〘《?c1430》▭F *léger de main* 《原義》light(ness) of hand〙 *n.* **1** 手品. **2** 手先の早業, 巧妙なトリック. **3** ごまかし, 虚偽; こじつけ.　「敏, 敏捷.

le·ger·i·ty [lɪdʒéraṭi, lə-, le- | lɪdʒérətɪ, le-, -rɪ-] *n.* 機

léger lìne 〘《変形》← *ledger line*〙 *n.* =ledger line 2.

leges *n.* lex の複数形.

legg. 《略》〘音楽〙leggiero.

leg·ged [légɪd, léɪg-, -gəd, -gd | légd, légɪd, -gəd] 〘《15C》〙 **—** *adj.* **1** 足のある; 〈椅子・机など〉脚(あし)の付いた: a ～ desk 脚の付いた机. **2** [通例複合語の第 2 構成素として] 足の…な, …足の: long-*legged* / a four-*legged* animal / bow*legged* がにまたの / thick-*legged* 足の太い. **3** 〘紋章〙=membered 3.

leg·ger [légə | -gə(r] *n.* **1** =legman. **2** 〘《略》← BOOTLEGGER〙=bootlegger. **3** 運河のトンネルを抜けるのにはしけ舟を足で進める人.

leg·gie·ro [ledʒɛ́(ə)rou, -dʒí(ə)r- | -dʒɛ́ərəu; *It.* leddʒɛ́ːro] 〘▭ It. ～ 'light and rapid' ▭ OF *legier* light in weight〙 *adv.* 〘音楽〙軽快に.

leg·ging [légɪŋ] *n.* (*also* **leg·gin** [légɪn, -gən | -gɪn]) **1** [通例 *pl.*] (小児の用いる)レギンス. **2** (兵士・労働者がつける)ゲートル (gaiter)《通例革または布製の, 脚部を保護するため用いるもの》. **lég·ginged** *adj.*

leg·go [légou | -gəu] *int.* 《英口語》=let go!

lég guàrd *n.* (野球・フットボールなどで)レガーズ, すね当て (cf. shin guard).

leg·gy [légi, léɪgi | légɪ] *adj.* (**leg·gi·er**; **-gi·est**) **1** 〈子供・子馬・子犬など〉やせ足の, 足のひょろ長い. **2** 《口語》長い魅力的な足をもつ: a ～ chorus girl. **3** 足をあらわに見せる: ～ photography. **4** 〘植物〙茎[軸, 幹]の長い: ～ trees. **lég·gi·ness** *n.*

lég·hàrness *n.* 〘甲冑〙脚甲(きゃっこう) (cuisse, poleyn, greave, sabbaton を含む).

lég hìt *n.* 〘クリケット〙打者の左後方への打球.

leg·horn [lég(h)ɔən, -gən | léghɔːn, legɔ́ːn, lɪ-, lə-] 〘《1804》: ↓〙 **—** *n.* **1 a** (イタリア Tuscany 地方産の)一種の麦わらさなだ. **b** 同上製の帽子《leghorn hat ともいう》. **2** 〘《英》legɔ́ːn, lɪ-, lə-〙 [通例 L-] レグホン《卵用の一品種のニワトリ》: ⇨ White Leghorn.

Leg·horn [lég(h)ɔən | leghɔ́ːn] *n.* レグホン, リボルノ《イタリア西部 Tuscany 地方の港市; 人口 178,000; イタリア語名 Livorno》.

leg·i·bil·i·ty [lèdʒəbíləṭi | -dʒɪbílətɪ, -dʒə-, -lɪ-] *n.* (文字が)読みやすいこと, 読みやすさ, 可読程度[性].

leg·i·ble [lédʒəbḷ | -dʒə-, -dʒɪ-] 〘《?a1440》▭ LL *legibil-is* ← L *legere* to read: ⇨ lecture, -ible〙 **—** *adj.* 〈筆跡・印刷の文字が〉容易に読める, 読みやすい (cf. readable). **～·ness** *n.* **lég·i·bly** *adv.*

le·gion [líːdʒən] 〘《?a1200》▭ OF *legiun* (F *légion*) ▭ L *legiō(n-)* ← *legere* to pick out, collect (↑)〙 **—** *n.* **1** (古代ローマの)レギオン, 軍団《300–700 の騎兵の付属する最初 3,000 のち 5,000–6,000 の兵員から成る歩

兵軍団; cf. cohort 1 a). **2** 軍隊, 軍団; 軍人団: ⇨ American Legion, British Legion, foreign legion. **3** [the L-] =American Legion. **4 a** 多数, 無数, 多勢: ~s *of* jobless workers / My name is *Legion*: for we are many. わが名はレギオン, われら多きが故なり (*Mark* 5:9). **b** [形容詞的に] 多数の, 無数の: My foes [anxieties] are ~. 私の敵[心配]は限りない.

Legion of Honor 〖《なぞり》← F *Légion d'honneur*〗 [the —] レジョンドヌール勲位[勲章] 《1802 年 Napoleon 一世が制定; 今もフランス国家に対して文武の功労のある者に授けられる; 5 階級がある》.

Legion of Merit [the —] 〖米軍〗 勲功章 《戦功のあった米国および外国の軍人に与えられる; 1942 年創設》.

lé·gion·àr·y [-dʒənèri | -dʒ(ə)nəri] 〖▭L *legiōnāri-us*: ⇨↑, -ary〗 — *adj.* **1** (古代ローマの)軍団の, 軍団から成る, 軍団を構成する. **2** 多数の, 無数の, 数えられないほどの. — *n.* **1** (古代ローマの)軍団兵. **2** 《英》 British Legion の会員 (cf. legionnaire 1).

légionary ànt *n.* 〖昆虫〗 グンタイアリ 《特に, 熱帯アメリカ産 *Eciton* 属の数種の食肉アリの総称; cf. army ant》.

lé·gioned *adj.* 《詩》 軍団になった, 隊を組んだ: ~ soldiers.

le·gion·naire [lìːdʒənéə, ⸗⸗⸗ | lìːdʒənéə(r] 〖▭F *légionnaire*: ⇨ legionary〗 — *n.* **1** [しばしば L-] American [British, Foreign] Legion の会員 (cf. legionary 2). **2** =legionary 1.

legis. 《略》 legislation; legislative; legislature.

leg·is·late [lédʒɪslèɪt, -dʒəs- | -dʒɪs-] 〖《1719》《逆成》← LEGISLATION // LEGISLATOR〗 — *vi.* 法律を制定する, 立法する. — *vt.* 立法化する; 立法によって(ある地位・状態に)する 〔*into, out of*〕: ~ a person *into* [*out of*] office 立法によって人を任[廃]官する.
legislate against 〈事が〉...を妨げる(傾向がある). ***legislate for*** (1) 〈議会が〉〈国のため〉に立法する. (2) ...を考慮する.

leg·is·la·tion [lèdʒɪsléɪʃən, -dʒəs- | -dʒɪs-] 〖《*a*1655》 ▭LL *lēgislātiō(n-)* ← L *lēgis* ((gen.) ← *lēx* law)+*lātio* bringing (forward)〗 — *n.* **1** 法律制定, 立法. **2** [集合的にも用いて] (制定された)法律, 制定法.

leg·is·la·tive [lédʒɪslèɪtɪv, -dʒəs-, -lət- | -dʒɪslət-, -lèɪt-] 〖《*c*1641》← LEGISLAT(OR)+-IVE〗 — *adj.* **1** 法律を制定すべき, 立法権のある; 法律制定の, 立法の, 立法上の, 立法に関する (cf. administrative, judicial 1, executive 2): the ~ body 立法府《議会・国会》/ ~ power 立法権 / ~ proceedings 立法手続き. **2** 立法府の; 立法府によって作られた: a ~ clerk / a ~ recess 立法府の休会期間. — *n.* **1** 立法府 (legislative body). **2** 《廃》 立法権. **~·ly** *adv.*

législative assémbly *n.* **1** [時に L- A-] **a** (二院制議会の)立法府. **b** 下院. **2** [the L- A-] (フランスの革命期の)立法議会.

législative cóuncil, L- C- *n.* **1** (英国植民地の)立法委員会議. **2** 〖政治〗 (米州の)立法委員会 《州の両院議員から選出され(行政職員が加わることもある), 会期外に州の諸問題を検討し立法計画をたてる》.

lég·is·là·tor [-tə | -tə(r] 〖《1605》 ▭L *lēgis lātor* bringer of a law: cf. legislation〗 *n.* **1** 法律制定者, 立法者. **2** 立法府[議会, 国会]議員. **~·shìp** *n.*

leg·is·la·to·ri·al [lèdʒɪslətɔ́ːriəl, -dʒəs-, -tóːr- | -dʒɪslətɔ́ːrɪ-] *adj.* 立法の; 立法者の.

leg·is·la·tress [lèdʒɪsléɪtrɪs, -dʒəs-, -trəs, ⸗⸗⸗⸗ | lédʒɪslèɪtrɪs, -tres] *n.* 女性の legislator.

leg·is·la·trix [lèdʒɪsléɪtrɪks, -dʒəs- | -dʒɪs-] *n.* (*pl.* ~·**es**, **-la·tri·ces** [lèdʒɪsléɪtrəsìːz, -dʒəs- | -dʒɪsléɪtrɪ-]) =legislatress.

leg·is·la·ture [lédʒɪslèɪtʃə, -dʒəs- | -dʒɪslèɪtʃə(r, -lətʃə(r, -lətjùə(r, -tjùə(r] 〖← LEGISLATE+-URE〗 *n.* **1** 立法部, 立法府《議会・国会》. **2** 《米》 州議会.

le·gist [líːdʒɪst, -dʒəst | -dʒɪst] 〖《?*c*1425》 ▭(O)F *légiste* // ML *legista* ← L *lēg-*, *lēx* law+-IST〗 — *n.* **1** 法律学者; (時に)ローマ法または大陸法の専門家. **2** 中世の法学徒.

le·git [lɪdʒít, lə- | lɪ-] 〖《略》← *legitimate drama*〗 《口語》 *adj.* =legitimate. — *n.* =legitimate drama.

leg·i·tim [lédʒətɪm | -dʒɪ-] 〖▭F *légitime* // ML *lēgitima* (*pars*) lawful (part): ⇨ legitimate〗 — *n.* 〖法律〗 (古代ローマ・スコットランドなどの)父の死に際して遺族の受けうる遺産.

le·git·i·ma·cy [lɪdʒítəməsi, lə- | -dʒítɪməsɪ, -tə-] *n.* **1** 合法[適法]であること, 正当なこと: the ~ of a conclusion, of a government, etc. **2** 嫡出, 嫡流, 正統, 正系 (lawfulness of birth) (cf. bastardy 1, illegitimacy 2).

le·git·i·mate 〖《*a*1460》 ▭ML *lēgitimāt-us* (p.p.) ← *lēgitimāre* to make lawful ← L *lēgitimus* lawful ← *lēg-*, *lēx* law: ⇨-ate[2,3]〗 — [lɪdʒítəmət, lə-, -mɪt | -tɪ-, -tə-] *adj.* **1 a** 合法の, 適法の, 正当な; 順法的な: a ~ claim, purpose, etc. **b** 相続権の原則に基づいた, 正系の, 正統の: a ~ king, monarch, etc. **2** 道理にかなった, 筋道の通った: a ~ argument, inference, result, etc. / That is a perfectly ~ question. 少しも不自然な質問ではない. **3** 本物の, 本格的な, 真正の. **4** 嫡出の (cf. bastard 1, illegitimate 2): a ~ child 嫡出子. **5** 〖演劇〗 正劇の: ⇨ legitimate drama. — [-mət, -mɪt] *n.* **1** 嫡出の者. **2** [the ~] =legitimate drama. — [-mèɪt] *vt.* **1** (法令・証拠などによって)合法[適法]と認める[宣言する]. **2** 合法[正当]化する. **3** 〈非嫡出子を〉嫡出の者と認める, 認知する. **~·ly** *adv.*

le·git·i·ma·tion [lɪdʒìtəméɪʃən, lə- | -tɪ-, -tə-] *n.*

legítimate dráma *n.* 〖演劇〗 **1** (バーレスク・ボードビル・パントマイムなどに対して)正劇《普通の悲劇や喜劇》. **2** (映画に対して)舞台劇, 芝居.

le·git·i·ma·tize [lɪdʒítəmətàɪz, lə- | -tɪ-, -tə-] *vt.* =legitimate.

le·git·i·mism [lɪdʒítəmɪ̀zm, lə- | -tɪ-, -tə-] 〖▭F *légitimisme* ← *légitime* 'LEGITIMATE': ⇨ -ism〗 — *n.* [しばしば L-] 正統主義; (特に)王位継承正統主義, 王統主義 (⇨ legitimist).

le·git·i·mist [-mɪst, -məst | -mɪst] 〖《1841》 ▭F *légitimiste* ← *légitime* (↑): ⇨ -ist〗 — *n.* [しばしば L-] 正統主義者; (王位継承の)正統[正系]主義者, (特に)フランスで Louis 十四世の正系である Bourbon 家を擁護した人. **le·git·i·mis·tic** [lɪdʒìtəmístɪk, lə- | -tɪ-, -tə-] *adj.*

le·git·i·mize [lɪdʒítəmàɪz, lə- | -tɪ-, -tə-] *vt.* =legitimate. **le·git·i·mi·za·tion** [lɪdʒìtəmɪzéɪʃən, lə-, -mə- | -tɪmaɪ-, -tə-, -mɪ-] *n.* **le·gít·i·mìz·er** *n.*

lég·less *adj.* 足のない, 足を持たない.

lég·màn [-mæ̀n] *n.* (*pl.* **-men** [-mèn]) **1** (人のために情報を集めたり使い走りをする)下働き, 取材係助手 (cf. legwork 1). **2** 〖新聞〗 取材記者, レポーター《取材や現場からの通報だけを担当し, 記事は書かない》.

Leg·ni·ca [legníːtsə; *Pol.* lɛgnítsa] *n.* レグニツァ《ポーランド南西部の都市; 人口 76,000》.

lég-of-mútton *adj.* (*also* **lég-o'-mútton**) 〈婦人服の袖が〉羊脚形の, 三角形の《肩の所がふっくらして手首の方へ次第に細くなっていく》: a ~ sleeve.

lég-of-mútton sàil *n.* 〖海事〗 レグオブマトンセール, (ヨットやボートの)長三角帆.

le·gong [léɪgɑŋ | -gɔŋ] 〖← Balinese〗 *n.* [しばしば L-] レゴン《Bali 島の最も有名な伝統的な舞踊で, レゴン劇の中の美しい女性の踊り》.

Le·gouis [ləgwíː; *F.* ləgwi], **Émile** *n.* ルグイ《1861–1937; フランスの英文学者; L. Cazamian と共著の *Histoire de la littérature anglaise* (1924); *A Short History of English Literature* (1934)》.

lég-pùll *n.* 《口語》 からかい, 悪ふざけ (cf. *pull a person's* LEG). **~·er** *n.*

lég-pùlling *n.* 《口語》一杯食わせること, 悪ふざけをすること.

Legree, Simon *n.* ⇨ Simon Legree.

lég·rèst *n.* (病人用の)足掛け.

lég·ròom *n.* (自動車・劇場などの座席の, すわった際に)足をおく余地, 足元の広さ.

lég shòw *n.* 《口語》 踊り子たちの足を見せるレビュー.

lég sìde *n.* 〖クリケット〗 =on side.

lég stùmp *n.* 〖クリケット〗 レグスタンプ《投球を受けている打者の守っている三柱門の内, オンサイド (on side) にある柱; cf. middle stump, off stump》.

leg·ume [légjuːm, lɪgjúːm, lə- | légjuːm] 〖《1676》 ▭F *légume* vegetable ▭L *legūmen* pea, 《原義》 something gathered ← *legere* to collect: ⇨ lecture〗 — *n.* **1** 〖植物〗 マメ科の植物《特に, 食用・飼料・肥料になるもの》. **2** さや (pod) 《マメ科植物の果実; cf. fruit 1 a》. **3** (野菜としての)豆類.

le·gu·men [lɪgjúːmɪn, lə-, -mən | le-, lɪ-] *n.* (*pl.* **le·gu·mi·na** [-mənə | lɪgjúːmɪ-, le-], ~**s**) =legume.

le·gu·min [lɪgjúːmɪn, lə-, -mən | legjúːmɪn, lɪ-] 〖▭F *légumine*: ⇨ legume, -in[1]〗 *n.* 〖生化学〗 レグミン《エンドウなど豆類の蛋白質》.

Le·gu·mi·no·sae [lɪgjùːmənóusiː, lə- | lɪgjùːmɪnə́ʊ-, le-] 〖← NL ~ (fem. pl.) ← *leguminosus* (↓)〗 *n. pl.* 〖植物〗 マメ科 (Fabaceae).

le·gu·mi·nous [lɪgjúːmənəs, lə-, le- | legjúːmɪ-, lɪ-] 〖《1656》← NL *leguminosus* ← L *legūmin-*, *legūmen* (⇨ legume)+-OUS〗 — *adj.* **1** 豆のなる. **2** 〖植物〗 マメ科の (fabaceous): ~ plants マメ科の植物.

lég·wòrk *n.* 《口語》 **1** 歩き回る仕事 (cf. legman 1); (新聞記者などが仕事として)歩き回ること, 外回り. **2** (刑事の)聞きこみ捜査.

Le·hár [léɪhɑə | -hɑː(r; *Hung.* lɛ́haːr], **Franz** *n.* レハール《1870–1948; ハンガリーのオペレッタ作曲家; *The Merry Widow* (1905)》.

Le Ha·vre [ləhɑ́ːvrə, -və | -(h)ɑ́ːvr(ə); *F.* ləɑːvr] *n.* ルアーブル《フランス北部 Seine 河口の海港; 人口 220,000; 単に Havre ともいう》.

Leh·man [líːmən], **Herbert H(enry)** *n.* (1878–1963) 米国の銀行家・政治家.

Leh·mann [léɪmən], **John** *n.* (1907–) 英国の詩人・作家; *New Writing* (1936–46), *Penguin New Writing* (1946–50) の編集者.

Lehmann, Rosamond *n.* (1904?–) 英国の小説家; John Lehmann の姉; *Dusty Answer* (1927).

lehr [lɪə, léə | lɪə(r, léə(r] 〖▭G *Lehr, Leer* pattern〗 *n.* 〖ガラス製造〗 レア, 徐冷がま.

le·hu·a [leɪhúːə] 〖← Hawaiian〗 — *n.* 〖植物〗 レフア (*Metrosideros villosa*) 《太平洋諸島産; フトモモ属の常緑樹で赤い花を散房状に開き木質は堅い》.

lehua

le·i[1] [léɪ, léɪiː | léɪiː] 〖← Hawaiian〗 — *n.* レイ《花や葉や貝で作った輪で, ハワイ諸島で首や頭にかける》.

lei[2] *n.* leu の複数形.

Leib·niz [láɪbnɪts; *G.* láɪbnɪts] (*also* **Leib·nitz** [~]), Baron **Gottfried Wilhelm von** *n.* ライプニッツ《1646–1716; ドイツの哲学者・数学者》.

Leib·niz·i·an [laɪbnítsiən | -tsɪən, -tsjən] 〖⇨↑, -ian〗 (*also* **Leib·nitz·i·an** [~]) — *adj.* ライプニッツ哲学説の[に基いた]. — *n.* ライプニッツ学派の人[研究者]. **~·ism** [-nɪzm] *n.*

Leic. 《略》 Leicestershire.

Lei·ca [láɪkə; *G.* láɪka] 〖← (*Ernst*) *Lei(tz)* (製作者の名)+CA(MERA)〗 *n.* 〖商標〗 ライカ《ドイツ製の 35 ミリカメラ》.

Leices·ter[1] [léstə | -tə(r] 〖OE *Ligora ċeaster* 《原義》 city of the dwellers on the river *Legra* (← Celt.): ⇨ -chester〗 — *n.* **1** イングランド Leicestershire 州の首都; 人口 290,000. **2** =Leicestershire. **3** レスター《長毛で肉用の一品種の羊》.

Leices·ter[2] [léstə | -tə(r], 1st Earl of *n.* ⇨ Robert Dudley.

Leices·ter·shire [léstəʃɪə, -ʃə | -təʃə(r, -ʃɪə(r] 〖⇨ Leicester[1], -shire〗 — *n.* イングランド中部の州; 1974 年に旧 Rutlandshire 州を加える; 人口 733,000, 面積 2,150 km², 首都 Leicester.

Leics. 《略》 Leicestershire.

Léi Dày *n.* レイデー《米国 Hawaii 州の May Day》.

Lei·den [láɪdn̩] *n.* ライデン《オランダ西部の都市; 人口 102,000》.

Leif [líːf, léɪf] 〖ME (*le*) *Lef* (家族名) ← OE *lēof* dear: ⇨ lief〗 *n.* 男性名.

Leigh[1] [líː] 〖OE *leaġe* (dat.) ← *lēa(h)* 'LEA[1]'〗 *n.* イングランド Greater Manchester 州の工業都市; 人口 48,700.

Leigh[2] [líː] 〖↑: 地名に由来する家族名から〗 *n.* 男性名《異形 Lee》.

Leigh, Vivien *n.* (1913–67) 英国の舞台および映画女優; 本名 Vivian Mary Hartley.

Leigh·ton [léɪtn̩], **Frederick** *n.* (1830–96) 英国の新古典主義の画家・彫刻家; 称号 Baron Leighton of Stretton.

Lei·la [líːlə, léɪ- | líː-] 〖▭Pers. ~ 《原義》 darkness, night〗 *n.* 女性名 《異形 Lila》. ★ブルネットの髪の女性に多い.

Lein·ster [lénstə | -stə(r] 〖← *Laigin* (古代ケルトの部族名)+-STER〗 — *n.* アイルランド共和国東南部の地方; Carlow, Dublin, Kildare, Kilkenny, Laoighis [Leix], Longford, Louth, Meath, Offaly, Westmeath, Wexford, Wicklow の諸州から成る; 人口 1,495,000, 面積 19,632 km².

lei·o·my·o·ma [làɪo(ʊ)maɪóʊmə | -ə(ʊ)maɪə́ʊ-] 〖← NL ~ ← Gk *leio-*, *leîos* smooth+MYOMA〗 — *n.* (*pl.* ~**s**, ~·**ta** [~tə | ~tə]) 〖病理〗 平滑筋腫(しゅ) (cf. rhabdomyoma).

Leip·zig [láɪpsɪg, -sɪk | láɪpzɪg, -sɪg; *G.* láɪptsɪç] *n.* ライプチヒ《東ドイツ中南部, Saxony 州の都市; かつての出版業の大中心地; 人口 608,000》.

leish·man·i·a [liːʃmǽniə, -méɪn- | -nɪə] 〖← NL ~ ← *Sir W. B. Leishman* (1865–1926: スコットランドの細菌学者): ⇨ -ia[2]〗 — *n.* 〖細菌〗 リーシュマニア属 (*Leishmania*) の原虫《住血鞭(べん)毛虫類で kala azar などの病原体》. **leish·man·i·al** [liːʃmǽniəl, -méɪn- | -nɪ-] *adj.* **leish·man·ic** [liːʃmǽnɪk] *adj.*

leish·man·i·a·sis [lìːʃmənáɪəsɪs, -səs | -sɪs] 〖← NL ~: ⇨↑, -iasis〗 *n.* 〖病理〗 リーシュマニア症《leishmania の感染による疾患》.

leis·ter [líːstə, lís- | líːstə(r] 〖▭ON *ljóstr* ← *ljósta* to strike〗 *n.* (魚, 特に鮭を突く)やす. — *vt.* 〈魚を〉やすで突く.

lei·sur·a·ble [líːʒ(ə)rəbl̩, léʒ-, léɪʒ- | léʒ-] *adj.* ゆっくりした; 急ぐ必要のない.

lei·sure [líːʒə, léʒə, léɪʒə | léʒə(r] 〖《?*a*1300》 *leiser(e)* ▭OF *leisir* (F *loisir*) leisure; to be permitted < L *licēre* to be lawful, be allowed: ⇨ license〗 — *n.* **1 a** 仕事からの解放, 暇, レジャー: a life of ~ 暇のある生活 / a woman [lady] of ~ (決まった仕事をもたない)有閑婦人. **b** 暇な時間, 余暇 (spare time): wait one's ~ 都合ができるまで待つ / have no ~ *for* reading [*to* read] ゆっくり本を読む暇がない. **2** ゆったりしていること, 安逸 (ease): with ~ ゆったりと, 気楽に.
at leisure (1) 暇で, 用がなくて. (2) ゆっくり, 急がずに, 時間を構わずに. (3) 仕事がなく, 失業して. ***at one's leisure*** 暇な時に; 折があれば; 都合のよい折に.
— *attrib. adj.* **1** 暇な, 手すきの, 用事のない, レジャーの: ~ hunting / in one's ~ hours 暇な時間に. **2** 暇の多い, 有閑の: the ~ class 有閑階級. **3** 〈衣服が〉ふだん着(向き)の, 略装の: ⇨ leisure suit.
~·ness *n.*

léi·sured *adj.* 暇のある, 有閑の, 遊んでいられる: the ~ classes 有閑階級.

léisure·less *adj.* 暇のない, 多忙な.

léisure·ly *adj.* ゆったりした; 気の長い, 悠長(ゆうちょう)な, 落ち着き払った: in a ~ manner ゆっくりと. — *adv.* ゆっくり, ゆったりして; 気長に, 悠長に, 落ち着き払って. **léi·sure·li·ness** *n.*

léisure sùit *n.* レジャースーツ《シャツジャケットとスラックスからなるカジュアルなスーツ》.

Leith [líːθ] 〖← ? Welsh *lleithio* to moisten, overflow: cf. Gael. *lighe* flood〗 *n.* スコットランド南東部, Firth of Forth に臨む海港; 現在は Edinburgh の一部.

leit·mo·tiv [láɪtmo(ʊ)tìːf | láɪtmə(ʊ)tìːf, ⸗⸗⸗; *G.* láɪtmotiːf] 〖▭G *Leitmotiv* ← *Leit-* (← *leiten* to lead)+*Motiv* motive〗 — *n.* (*also* **leit·mo·tif** [~]) **1** 〖音楽〗 =leading motive. **2** (行為などに一貫して見られる)主動機, 中心思想.

Lei·trim [líːtrɪm, -trəm | -trɪm] *n.* アイルランド共和国 Connacht 地方の一州; 人口 29,000, 面積 1,526 km²,

首都 Carrick on Shannon [kǽrɪk-].

Leix [léɪʃ, líːʃ | líːʃ] *n.* =Laoighis.

lek¹ [lék] 〖□Alb. ～〗 *n.* **1** レク《アルバニアの通貨単位; =100 qintars; 記号 L》. **2** 1 レクアルミ硬貨.

lek² [lék] 〖? □Swed. ～ 'play, game' < ON *leikr*〗 *n.* 〖動物〗レック《ライチョウなどの雄がディスプレイを行なうために集まる一定のおどり場》.

lek·a·ne [lékəniː] 〖□Gk *lekánē* ← *lékos* dish, pot〗 *n.* (*pl.* **-a·nai** [-nàɪ]) (ギリシャ・ローマ古物の)レカーネ《蓋付きの深鉢の一種》.

lek·y·thos [lékəθɑ̀s | -kɪθɔ̀s] 〖《変形》← LECYTHUS〗 *n.* (*also* **lek·y·thus** [-θəs]) (*pl.* **-y·thoi** [-θɔ̀ɪ]) =lecythus.

Le·land [líːlənd] 〖← OE *leahland* meadow land〗 *n.* 男性名.

Le·loir [leɪlwáː | -lwáː(r ; *Sp.* lelwár], **Luis Federico** *n.* レルワール《1906– ; フランス生れのアルゼンチンの生化学者; Nobel 化学賞 (1970)》.

Le·ly [líːli, léɪli | líːlɪ, lɪ́lɪ ; *Du.* léːli], Sir **Peter** *n.* レーリー《1618–80; 英国に住んだオランダの肖像画家; 旧名 Pieter Van der Faes [vɑn dər fáːs]》.

LEM, Lem [lém] 〖頭字語〗《略》lunar excursion module.

Le·maî·tre [ləmétr(ə), -méɪt- ; *F.* ləmɛtʀ], **(François Élie) Jules** *n.* ルメートル《1853–1914; フランスの批評家・作家; *Les Contemporains*「同時代人」(8 vols., 1886–1918)》.

lem·an [lémən, líːm- | lém-] 〖《?*a*1200》*lemman, lemmon* ← *leofmon* ← OE *lēof* dear+*man, mon* man: ⇨ lief, man¹〗 ── *n.* **1** 《廃》(男女いずれにも用いて)恋人 (sweetheart). **2** 《古》情婦 (mistress).

Le·man [líːmən, lém-, ləmǽn | lémən, líː-, lɪmǽn, lə- ; *F.* lemɑ̃], **Lake** *n.* レマン湖(⇨ Lake GENEVA).

Le Mans [ləmɑ́ː(ŋ), -mɔ́ː(ŋ), -mɑ́ːŋ, -mɔ́(ː)ŋ ; *F.* ləmɑ̃] *n.* ル マン《フランス北西部の都市, Sarthe 県の首都; 毎年行なわれる 24 時間耐久自動車レースで有名; 人口 150,000》.

lem·ma¹ [lémə] 〖《1570》□ L ～ □ Gk *lêmma* something received, premise ← *lambánein* to take〗 ── *n.* (*pl.* **～s, ～·ta** [～tə | ～tə]) **1** (論証・証明に用いる)補助定理, 副命題. **2** (文章・議論などの)主題, 題目, テーマ. **3** (注解・語彙集などの)見出し語.

lem·ma² [lémə] 〖□ Gk *lémma* shell, husk ← *lépein* to peel: ⇨leper〗 *n.* 〖植物〗(イネ科の小穂の)花穎(𝄪).

lemmata *n.* lemma¹ の複数形.

lem·me [lémi | -mɪ] 〖《短縮》← *let me*〗《口語》=let me.

lem·ming [lémɪŋ] 〖《1607》□ Norw. ～ : cf. Lapp. *luomek*〗 ── *n.* 〖動物〗レミング, タビネズミ《極地付近にすむハタネズミ亜科の *Lemmus, Dicrostonyx, Synaptomys, Myopus* 属などの総称; 時に大群で移動する; またその繁殖が極に達した場合, 海に向かって大移動を起こし, 多数が海中で溺死することでも有名, 俗に「レミングの集団自殺」という》.

lemming (*L. lemmus*)

Lem·min·käi·nen [lémɪnkàɪnen] 〖□ Finn. ～〗 ── *n.* 〖フィンランド伝説〗レミンカイネン《*Kalevala* の若く陽気な英雄; ⇨ Sampo》.

Lem·na·ce·ae [lemnéɪsiː] 〖← NL ～ ← *Lemna* (属名: □ Gk *lémna* water plant)+-ACEAE〗 ── *n. pl.* 〖植物〗(サトイモ目)ウキクサ科. **lem·ná·ceous** [-ʃəs] *adj.*

Lem·ni·an [lémniən | -nɪən, -njən] *adj.* レムノス島 (Lemnos) の. ── *n.* レムノス人.

Lémnian smíth *n.* Lemnos 島の火と鍛冶(⸺)仕事の神《Hephaestus, Vulcan のこと》.

lem·nis·cate [lemnískət, -kɪt] 〖← NL *lemniscata* ← L *lemniscātus* with hanging ribbons: ↓〗 *n.* 〖数学〗レムニスケート曲線.

lem·nis·cus [lemnískəs] 〖← NL ～ ← L *lēmniscus* pendent ribbon □ Gk *lēmnískos* ribbon〗 ── *n.* (*pl.* **-nis·ci** [-nís(k)aɪ, -nískiː]) 〖解剖〗毛帯, 絨帯《特に, 中枢神経系の白色の神経線維束; fillet, laqueus ともいう》.

Lem·nos [lémnɑs, -nəs | -nɔs] *n.* レムノス(島)《エーゲ海北東部にあるギリシャ領の島; 人口 22,000, 面積 476 km², 首都 Kastro》.

lem·on [lémən] 〖《*c*1400》*lymon* □ (O)F *limon* □ Turk. *limon* □ Pers. *līmūn*: cf. lime²〗 ── *n.* **1** 〖植物〗 **a** レモン(の実). **b** レモン (*Citrus limon*). **2** レモン色, 淡黄色. **3** 《俗》 **a** 不快なもの[こと]; つまらない物[人], うんざりすること[人]; でき損ない, 欠陥品. **b** 魅力のない女 (cf. peach²).

hand* a person *a lemon 《俗》(取引で)〈人を〉だます, ぺてんにかける. ***The answer's a lemon.*** 《俗》(そんな愚問に)返事は不要.

── *adj.* **1** レモン入りの, レモンでかおりをつけた, レモンの風味の: ～ tea. **2** レモン色[淡黄色]の.

lem·on·ade [lèmənéɪd] 〖← LEMON + -ADE ∽ F *limonade*〗 *n.* レモネード《レモンの果汁に砂糖と水かソーダ水を加えた飲物》.

lemonáde bèrry *n.* 〖植物〗米国 California 州南部原産ウルシ属の常緑低木 (*Rhus integrifolia*)《芳香のある果実を清涼飲料に加える; sourberry ともいう》.

lemonáde búsh [súmac] *n.* =squawbush 2.

lémon bàlm *n.* 〖植物〗セイヨウヤマハッカ, コウスイハッカ, メリッサソウ (*Melissa officinalis*)《ヨーロッパ南部から小アジアに産するシソ科の芳香のある多年草; 料理の香味料とするほか, 湯に浮かべて飲料とする; garden balm, sweet balm ともいう》.

lémon bèe bàlm *n.* 〖植物〗=lemon mint.

lémon bùtter *n.* レモンバター《レモンの香りをつけたバター》.

lémon chróme yéllow *n.* =light chrome yellow.

lémon dáy lìly *n.* 〖植物〗チョウセンキスゲ, ホソバキスゲ (*Hemerocallis flava*)《アジア東部産のユリ科の草本; 花は淡黄色》.

Le Monde [ləmɔ̃ː(n)d, -mɔ́(ː)nd ; *F.* ləmɔ̃ːd] 〖□F ～ 'The World'〗 *n.*「ル モンド」《フランスの中道系の夕刊紙, 1944 年創刊》.

lémon dròp *n.* レモンで味をつけたドロップ, レモンドロップ.

lémon gerànium *n.* 〖植物〗レモンゼラニウム (*Pelargonium limoneum*)《ゼラニウムの一種で, その葉はレモンのような香りがする》.

lémon·gràss *n.* 〖植物〗レモングラス (*Cymbopogon citratus*)《カルカヤの類のイネ科の植物で, アジア南方産; レモンに似た芳香があり, 香料の原料となる; cf. grass oil》.

lémongrass òil *n.* レモングラス油《レモングラスの葉から取る淡黄色[淡褐色]の油で, 香水に使用》.

lémon júice *n.* レモンの果汁, レモンジュース.

lémon káli *n.* 《英》レモンカリ《重炭酸ソーダと酒石酸で作った発泡性の飲物》.

lémon·lìke *adj.* レモン状の, レモンを思わせる.

lémon mínt *n.* 〖植物〗米国中南部産のシソ科ヤグルマハッカ属の一年草 (*Monarda citriodora*).

lémon òil *n.* 〖化学〗レモン油《レモンの果皮から採る精油; 食品香料として用いる》.

lémon pèel *n.* レモンピール《レモン皮の砂糖づけ》.

le·mur-plànt *n.* 〖植物〗=lemon verbena.

lémon sóle *n.* 〖魚類〗 **1** ババガレイ (*Microstomus kitt*)《大西洋産》. **2** 大西洋産カレイの一種 (*Pseudopleuronectes americanus*).

lémon squásh *n.* 《英》レモンスカッシュ《レモンの果汁に砂糖とソーダ水を加えた飲物》.

lémon-squèezer *n.* レモンしぼり器.

lémon súmac *n.* 〖植物〗=fragrant sumac.

lémon verbéna *n.* 〖植物〗ボウシュウボク, コウスイボク (*Lippia citriodora*)《南米産のクマツヅラ科イワダレソウ属の低木; その葉はレモンの香りがする》.

lem·on·y [lémənɪ | -nɪ] *adj.* レモンの味[香り]のする.

lémon yéllow *n.* レモン色, 淡黄色.

lem·pi·ra [lempí(ə)rə | -píərə] 〖□Am.-Sp. ～ ← *Lempira* (スペイン人に抵抗した南米インディアンの酋長(𝄪)の名)〗 ── *n.* **1** レンピーラ《ホンジュラスの通貨単位; =100 centavos; 記号 L》. **2** 1 レンピーラ貨幣[紙幣].

Lem·u·el [lémjuəl | -mjuəl, -mjùel] 〖□ Heb. *lemūʼēl* 《原義》belonging to God〗 *n.* 男性名《愛称形 Lemmy》.

le·mur [líːmə | -mə(r] 〖《1795》← NL ～ ← L *lemurēs* ghosts, spirits of the dead (夜活動するところから): ↓〗 ── *n.* 〖動物〗キツネザル《Madagascar 島特産のキツネザル属 (*Lemur*) の下等な霊長類; 姿はサルに, 鼻はキツネに似ている; ワオキツネザル (*L. catta*), エリアキキツネザル (*L. varius*) など》.

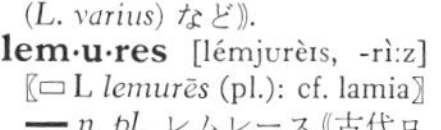

lemur (*L. varius*)

lem·u·res [lémjurèɪs, -rìːz] 〖□ L *lemurēs* (pl.): cf. lamia〗 ── *n. pl.* レムレース《古代ローマの民間で信じられていた死者の霊》.

Le·mu·ri·a [lɪmjú(ə)riə, lə- | lɪmjúəriə] 〖← NL ～ ← LEMUR+-IA²: 英国の動物学者 P. L. Sclater (1829–1913) の命名〗 ── *n.* **1** レムリア《昔存在したと考えられた仮想の大陸; 今のインド洋を占めていたという》. **2** 〖古代ローマ〗死霊祭《5 月の 9, 11, 13 日; 死霊がさまよう日とされ, 神殿は閉ざされ, 家では厄神ばらいの儀式が行なわれた》.

lem·u·rid [lémjurɪd, líːmər-, -rəd | lémjurɪd] 〖↓〗 *adj., n.* 〖動物〗キツネザル科の(動物).

Le·mu·ri·dae [lɪmjú(ə)rədiː, lə- | lɪmjúərɪ-] 〖← NL ～ : ⇨ lemur, -idae〗 *n. pl.* 〖動物〗(霊長目)キツネザル科.

lem·u·rine [lémjuràɪn, líːmər- | lémju-] 〖← LEMUR +-INE¹〗 *adj.* =lemuroid.

lem·u·roid [lémjurɔ̀ɪd] 〖← NL *Lemuroidea*: ⇨ lemur, -oid〗 *adj.* キツネザルに似た. ── *n.* =lemur.

Len [lén] 〖(dim.) ← LEONARD〗 *n.* 男性名.

Le·na¹ [líːnə, léɪ- | léɪ- ; *Russ.* ljénə] *n.* [the ～] レナ(川)《シベリアの Baikal 湖付近から発して Laptev 海に注ぐ川 (4,300 km)》.

Le·na² [líːnə] 〖(dim.) ← HELENA² & MAGDALENE²〗 *n.* 女性名.

Le·na·pe [lənáːpi, -nǽpi, lénəpi, lənǽp, -néɪp | lənáː-pɪ, -nǽpɪ, lénəpɪ] 〖《略》← Am.-Ind. (Delaware) *Leni-lenape* ← *len* real+*lenape* man〗 ── *n.* (*pl.* ～, ～s) =Delaware² 1, 2.

Le·nard [léɪnɑət | -nɑːt ; *G.* léːnart], **Philipp** *n.* レーナルト《1862–1947; ドイツの物理学者; Nobel 物理学賞 (1905)》.

Lénard ràys 〖↑〗 *n. pl.* 〖電子工学〗レナード線《陰極線管から出る電子流の一種》.

Lénard tùbe 〖← *Philipp Lenard*〗 *n.* 〖電子工学〗レナード管《電子流を得る陰極線管の一種》.

lend [lénd] 〖ME *lende(n)* ∽ ME *lene(n)* < OE *lǣnan* ← *lǣn* 'LOAN¹': ME *lende(n)* は元来は *lene(n)* の過去形〗 ── *vt.* (**lent** [lént]) **1** (cf. borrow 1) [しばしば二重目的語を伴って] **a** 〈人に〉〈物を〉貸す, 貸与する, 用立てる: ～ an umbrella / *Lend* me your pen, will you? ★ 受動態では I *was lent* the pen. よりも The pen *was lent* (*to*) me. のほうが普通 / I don't ～ my books *to* anybody. 本はだれにも貸しません / He has *lent* his car *out to* his brother. 彼は車を弟に貸してやっている. **b** 〈人〉に〈金を〉貸し出す, 貸し付ける: ～ (a person) money at interest [on security] 利子[担保]を取って(人に)金を貸す / *Lend* your money and lose your friend. 《諺》金の貸借は友情の破綻(𝄪).

2 a [時に二重目的語を伴って]〈手・耳・助力などを〉貸す, 提供する: ～ a (helping) hand *with*… [*in* doing…] …に手を貸す[…するのを手伝う] / ～ (one's) assistance [aid] *to* …に力を貸す, …を援助する / ～ an ear [one's ears] *to* …に耳を傾ける, …を傾聴する / Friends, Romans, countrymen, ～ me your ears. 友よ, ローマ市民よ, 同胞諸君, 私に耳を貸して頂きたい (Shak., *Caesar* 3. 2. 78). **b** [～ *oneself* で]〈人が〉〔…に〕身を入れる, 力を尽くす〔*to*〕: He never ～s *himself to* anything dishonorable. 彼は決して卑劣なことはしない / They *lent themselves to* the concealment of the facts. 彼らはその事実の隠蔽(𝄪)に奔走した.

3 〔…に〕〈気品・魅力などを〉与える, 添える, 加える (impart)〔*to*〕: The florid red in her cheeks *lent* vividness *to* her face. 両頬が桜色に赤らんでいて彼女の顔がいきいきと見えた / The situation *lent* new weight *to* his optimism. その情勢が彼の楽天的観測に新たな重みを加えた / Distance ～s enchantment *to* the view. 遠くから見ると眺めは魅力を増す,「夜目遠目笠の内」(cf. Thomas Campbell, *Pleasures of Hope* 1. 7).

4 [～ *oneself* で]〈物事が〉〔…の〕役に立つ; 〔…に〕適している; 〔乱用・誤用など〕されやすい, 〔…に〕陥りやすい〔*to*〕: The newspaper *lent itself to* a leisurely perusal. その新聞はゆったりとした気分でじっくりと読むのによかった / Many parks in London ～ *themselves to* rest and recreation. ロンドンにある多くの公園は休息と気晴らしの場にふさわしい / Free enterprise often ～s *itself to* various abuses. 自由企業はしばしばいろいろな目的に悪用される.

── *vi.* (金を)貸す (cf. borrow 1): He neither ～s nor borrows. 金を貸すこともしなければ借りることもしない.

── *n.* 《方言》貸すこと, 貸出, 貸与.

lend·a·ble [léndəbl] *adj.* 貸せる, 用立てられる.

lénd·er 〖OE *lǣner*〗 *n.* **1** 貸す人, 貸主, 貸方: Neither a borrower nor a ～ be. 借り手にも貸し手にもなるな (Shak., *Hamlet* 1. 3. 75). **2** 金貸し, 高利貸し.

lénd·ing 〖ME〗 *n.* **1** 貸出, 貸与. **2** 貸与された物.

lénding lìbrary *n.* **1** 貸出文庫, 貸本屋. **2** 《英》公共図書館の貸出部[係]; 公共図書館.

lénd-léase *n.* 武器貸与; 《武器貸与法 (Lend-Lease Act) に基づく軍需品などの貸与》. ── *vt.* 武器貸与法により〈軍需品などを〉貸与する.

Lénd-Léase Áct *n.* [the ～] 武器貸与法《1941 年 3 月制定の米国の法律; 同盟国に対して軍需品・食料・人的援助などを提供する権限を大統領に与えた; 1945 年廃止》.

Lénd-Léase Administràtion *n.* 武器貸与局《1941 年 10 月米国に設けられた Lend-Lease Act の実施機関》.

lenes *n.* lenis の複数形.

L'En·fant [lɑ́ː(ŋ)fɑ̃ː(ŋ), lɔ̃ː(ŋ)fɔ̃ː(ŋ), lɑ́ːŋfɑːŋ, lɔ́(ː)ŋfɔ́(ː)ŋ | ─́ ─́ ; *F.* lɑ̃fɑ̃], **Pierre Charles** *n.* ランファン《1754–1825; フランス生れの米国の軍人, 技師, 建築家; Washington, D.C. の建設計画者》.

length [léŋ(k)θ] 〖OE *lengþu* < Gmc **laŋgiþō* ← **laŋgaz* 'LONG¹': ⇨ -th²〗 ── *n.* **1 a** (端から端までの)長さ, (縦横の)縦 (cf. breadth, width): the ～ of a line, rod, road, river, etc. / *over* [*through, throughout*] the ～ and breadth of …の全体に渡って, …をあまねく, 津々浦々 / a rope 6 feet *in* ～ 長さ 6 フィートのロープ / a room 6 meters *in* ～ and 4 in breadth [width] 縦 6 メートル横 4 メートルの部屋 / She walked the ～ of the hall to the front door. 彼女はホールの端から端まで歩いて玄関のドアまで行った. **b** (初めから終わりまでの)長さ: the ～ of a sentence, paragraph, chapter, list, etc. / a story of some [sʌ́m] ～ かなり長い物語 / a dictionary 2400 pages *in* ～ 長さ[厚さ] 2400 ページの辞書. **c** [所有格の名詞を伴って](…だけの)長さ, 距離: ships a *cable's* ～ apart (互いに) 1 ケーブル分 (100 尋(𝄪)) の隔たりを置いた船 / She stood only an *arm's* ～ away from me. 彼女はほんの手を延ばせば届く位のところに立っていた / ⇨ *at* ARM'S LENGTH. **d** [one's ～ として] (人の)全身長: He stretched *his* ～ on the lawn. 彼は芝生の上にぐいと体を伸ばした / ⇨ *measure one's* (*own*) LENGTH. **2 a** (時間の)長さ, 期間, 期限: the ～ of a speech, journey, vacation, etc. / the ～ of the primary school 小学校の年限 / one's ～ of days 長命, 長寿 / for a ～ of time (相当)長い期間. **b** 〖音楽・詩学〗(音・音声などの)長さ: the ～ of a vowel [syllable, musical note] 母音[音節, 音符]の長さ / The *a* in *save* has greater ～ than the *a* in *safe*. save の a は safe の a より長い.

3 a 長い距離[広がり]: He drove down a ~ *of* highway. 長い高速道路をドライブして行った / There were large ~*s of* seas between them. 彼らの間を隔てて広い海が横たわっていた. **b** 特定[標準]の長さのもの: a ~ *of* rope 一定の長さの綱 / a ~ *of* cloth 1反の布 / a short ~ *of* chain 1本の短い鎖 / two ~*s of* iron pipe (一定の長さに切った) 2本の鉄パイプ. **4** (時間・距離などの)長いこと: I was sick and tired of the ~ of the meeting. 会議の長いのにはほとほとうんざりした / The ~ of the climb discouraged us. 登りの長いのには一同閉口した. **5** [go に伴って; しばしば *pl.*] (行動・意見などの)極端, 限度, 範囲: *go* (*to*) all ~*s*=*go* to great [any] ~*s* どんなことでもする, どんなにでも骨折る / *go* the whole ~ 存分にやる, 残らず言う / He is willing to *go* (to) any ~ *to* win. 勝つためにはどんな労も惜しまないだろう / I will not *go* (to) the ~ *of* saying such things. まさかそんなことまで言う気はない. **6** 〘競馬〙一馬身; 〘ボートレース〙一艇身: The horse [boat] won *by* three ~*s*. その馬[ボート]は3馬身[艇身]の差で勝った. **7** 〘クリケット〙球程《三柱門と投げた球の落ちた点との距離》; 〘アーチェリー〙射程《射手と標的との間の距離》: a (good) ~ ball 球程を誤らない球 / keep a good ~ 球程を誤らない. **8** 〘トランプ〙長さ《ブリッジなどの手で, あるスーツ (suit) の札が5枚以上に及んでいること》. **9** 〘服飾〙 **a** 丈(たけ), 長さ (cf. -length): the skirt ~ スカート丈 / the sleeve ~ 袖丈 / the dress ~ ドレス丈 / skirts *in* short and long ~*s* 丈の短いのと長いスカート. **b** 布地の長さ. **10** 《古》〘劇場〙42行からなる台詞(せりふ)の一節.

at arm's length ⇨ arm's length 成句. ***at full length*** (1) 体を思いきり伸ばして, 大の字に: lie *at full* ~ on the grass 芝生の上に長々と寝そべる. (2) 長ったらしく, くどくどと. (3) 十分に, 詳しく. ***at great length*** =*at full* LENGTH (2), (3). ***at length*** (1) 遂に, ようやく, やっと (at last): He came *at* ~. (2) 長ったらしく: speak *at* ~ 長々としゃべる. (3) 十分に, 詳細に: He treated his subject *at* ~. 演題を詳細に論じた. ***at some*** [sʌ́m] ***length*** 相当長く; かなり詳しく. ***measure one's*** (***own***) ***length*** 大の字なりに倒れる.

length between perpendiculars 〘海事〙垂線間の長さ《船の長さを示す一つ; 船首垂線部から船尾垂線部までの長さで全長よりは短い; 略 LBP》.

length over all 〘海事〙全長《船の最先端から最後端までの水平距離; 略 LOA》.

-length [-lèŋ(k)θ] 〘↑〙「…の長さの, 丈(たけ)が…の」の意の形容詞連結形: knee-*length* pants ひざまでの長さのズボン / an ankle-*length* greatcoat くるぶしまで届く長さの外套 / a floor-*length* gown 床まで届く長いガウン / a boy with shoulder-*length* hair 肩まで来る長い髪の少年.

length·en [léŋ(k)θən] 〘《*c*1250》← LENGTH + -EN[1]〙 **—** *vt.* **1** 長くする, 延ばす, 延長する (prolong); 〈母音を〉長く延ばす: ~ one's stride 歩幅を大きくする / a ~*ed* stay 長逗(とう)留 / He ~*ed out* his speech. 話を引き延ばした. **2** 〈酒などを〉薄めて増やす. **—** *vi.* 長くなる, 延びる: The shadows ~. 夕闇が迫る; だんだん年老いて来る, 死期が近づく / His face ~*ed*. 彼は浮かぬ顔をした (cf. long face) / Spring ~*ed* (*out*) *into* summer. 春が長(た)けて夏となった. **~·er** *n.*

léngth·màn [-mæ̀n] *n.* (*pl.* **-men** [-mèn]) 《英》軌道係, 保線要員; 道路工夫[補修工].

léngth·wàys *adv.* =lengthwise.

léngth·wìse *adv.* 長く, 縦に (lengthways). **—** *adj.* 縦に[長く]置かれた[動く]; 縦の, 長い (longitudinal).

length·y [léŋ(k)θi | -θi] 〘《1759》← LENGTH+-Y[4]〙 **—** *adj.* (**length·i·er**; **-i·est**) **1 a** 〈演説・書き物・文体など〉長い, 長ったらしい, 冗長な: a ~ sermon, speech, etc. **b** 〈旅行など〉いやになるほど長い: a ~ voyage. **2** 〈人が〉口数の多い, くどくどしい: a ~ person, speaker, etc. **léngth·i·ly** [-θɪli, -θə- | -lɪ] *adv.* **léngth·i·ness** *n.*

le·ni·ence [líːniəns, -njəns | -njəns, -nɪəns] *n.* =leniency.

le·ni·en·cy [líːniənsi, -njən- | -njənsɪ, -nɪən-] 〘《1780》: ⇨↓, -cy〙 *n.* 寛大さ, 寛仁; 哀れみ, 慈悲(深さ).

le·ni·ent [líːniənt, -njənt | -njənt, -nɪənt] 〘《1652》□ L *lēnient-em* (pres.p.) ← *lēnīre* to soothe ← *lēnis* gentle: ⇨ lenis, -ent〙 **—** *adj.* **1** 寛容な, ゆるやかな (tolerant), 情深い, 慈悲深い (merciful); 寛大な, 軽い (mild): a ~ person, disposition, judge, sentence, punishment, etc. / be ~ *toward* [*to*] one's students 学生に対してやさしい. **2** 《古》〈薬など〉(苦痛や緊張を)和らげる, 緩和する, 静める (alleviative). **~·ly** *adv.*

len·i·fy [lénəfàɪ, líːn- | lénɪ-, líːn-] 〘□ F *lénifi-er* // LL *lēnific-āre* ← L *lēnis* (↑): ⇨ -fy〙 *vt.* 《古》楽にする, 和らげる, 緩和する (alleviate).

Len·i-Le·na·pe [lènilənáːpi | -nɪlənáːpɪ] 〘□ Am.-Ind. (Delaware) ~ ← *leni* real+*lenape* person, Indian〙 *n.* =Delaware[2] 1.

Le·nin [lénɪn, -nən | lénɪn, léɪ-; *Russ.* ljénjin], **Nikolai** *n.* レーニン《1870–1924; ロシヤの革命指導者・著述家; 1917年の十月革命の指導者; ソ連人民委員会議長 (1917–24); 本名 Vladimir Ilich Ulyanov》.

Len·in·grad [lénɪŋgræ̀d, -nən- | -nɪŋgræ̀d, -gràːd; *Russ.* ljinjingrát] 〘□ Russ. ~ 《原義》Lenin's city: ↑〙 **—** *n.* レニングラード《ソ連邦ロシヤ共和国北西部の海港; 人口 4,425,000; もと St. Petersburg (1914年まで), その後 Petrograd (1924年まで) といいロシヤ帝国の首都 (1712–1917)》.

Lé·nin·ism [-nɪ̀zm] 〘← *Nikolai Lenin*+-ISM〙 *n.* レーニン主義《プロレタリアの独裁を主張する共産主義理論》.

Lé·nin·ist [-nɪst, -nəst | -nɪst] *n.* レーニン主義者. **—** *adj.* レーニン主義(者)の.

Le·nin·ite [lénɪnàɪt, -nə- | -nɪ-] *n.*, *adj.* =Leninist.

Lénin Péak *n.* レーニン山《ソ連邦南部, Kirghizia 共和国と Tadzhikistan 共和国との国境にある山 (7,134 m)》.

Lénin prìze *n.* レーニン賞《ソ連で学術・技術・文学・芸術の優れた業績に与えられる賞; 1925年制定; 1935年以降授賞が中止され, 1956年 Stalin prize が改称される形で復活》.

le·nis [líːnɪs, léɪ-, -nəs | léɪnɪs, líː-] 〘← NL ~ ← L *lēnis* gentle ← IE **lē(i)-* to let go, slacken: cf. let[1]〙〘音声〙 **—** *n.* (*pl.* **le·nes** [líːniːz, léɪneɪs | léɪneɪz, líːniːz]) 軟音, 弱子音《硬音 (fortis) に比べて閉鎖や, せばめを作る力が弱く, 呼気圧も低いため弱く調音される閉鎖音や摩擦音; 英語の有声の閉鎖音や摩擦音は通例 lenis である》. **—** *adj.* 軟音の.

le·ni·tion [lɪníʃən, lə- | lɪ-] 〘《1913》: ⇨↑, -tion: cf. G *Lenierung*〙 **—** *n.* (ケルト語における)軟音化 (soft mutation) 《破裂音の [t] [k] [p] が摩擦音の [θ] [x] [f] に変化すること》.

len·i·tive [lénəṭɪv | -nɪt-] 〘《?*a*1425》 OF *lenitif* □ ML *lēnitīv-us*: ↑〙 **—** *adj.* 鎮痛性の, 緩和力のある, 和らげる. **—** *n.* **1** 《古》〘医学〙鎮痛剤, 緩和剤; 緩下剤. **2** 《古》和らげるもの, 慰めるもの. **~·ly** *adv.*

len·i·ty [lénəṭi | lénətɪ, líːn-, -nɪ-] 〘《?*a*1425》□ L *lēnitāt-em* mildness ← *lēnis* gentle: ⇨ lenis, -ity〙 *n.* **1** 情深さ, 慈悲深さ. **2** 寛大な[情深い]処置, 慈悲, 哀れみ.

Len·nie [léni | -nɪ] 〘(dim.) ← LEONARD〙 *n.* 男性名.

Len·ni-Le·na·pe [lènilənáːpi | -nɪlənáːpɪ] *n.* = Leni-Lenape.

Len·nox [lénəks] 〘もとスコットランドの地名: ← Gael. *leamhanach* abounding in elms〙 *n.* 男性名.

le·no [líːnou | -nəʊ] 〘《1851》□ F *linon* lawn ← *lin* flax: cf. linen〙 **—** *n.* (*pl.* ~**s**) 絽(ろ), もじり織 (leno weave ともいう); レノ《窓掛け・ベールなどに用いる一種のガーゼ織物》. **—** *adj.* 絽織の.

Le·nore [lənɔ́ə, -nɔ́ə | lənɔ́ː(r), lɪ-] 〘□ G ~: ⇨ Leonora〙 *n.* 女性名.

léno wèave *n.* =leno.

lens [lénz] 〘《1693》□ L *lēns* 'LENTIL': 形の類似から〙 **—** *n.* **1** (*also* **lense** [~]) レンズ; (カメラの)組み合わせレンズ: a burning ~ =burning glass / a concave [convex] ~ 凹(おう)[凸(とつ)]レンズ / a magnifying ~ 拡大レンズ, 虫めがね. **2** レンズ《超短波・電子・音波などを焦点に集める装置》: ⇨electron lens. **3** (*also* **lense** [~]) 〘解剖〙(目の)水晶体 (crystalline lens). ★ ラテン語系形容詞: lenticular. **—** *vt.* 撮影する, …の写真[映画]をとる. **lensed** *adj.*

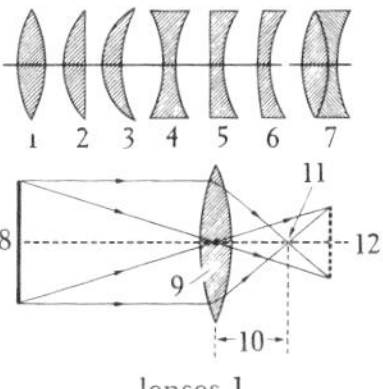

lenses 1

1 convexo-convex; 2 plano-convex; 3 convexo-concave; 4 concavo-concave; 5 plano-concave; 6 concavo-convex; 7 achromatic; 8 object; 9 convex lens; 10 focal length; 11 focus; 12 real image

léns·less *adj.* レンズのない.

léns·lìke *adj.* レンズのような, レンズ状の.

léns·man [-mən] *n.* (*pl.* **-men** [-mən, -mèn]) 《米口語》写真師, 写真家 (photographer).

léns tùrret *n.* 〘写真〙レンズターレット《いくつかのレンズを迅速に切りかえて使えるようにカメラの前方に取りつけた回転式レンズ固定用円板》.

lent *v.* lend の過去形・過去分詞.

Lent [lént] 〘OE *len(c)ten*, *lengten* spring, Lent < (WGmc) **laŋgitīnaz* (Du. *lente* / G *Lenz*) ← **laŋgaz* 'LONG[1]': 春になると日が長くなることから〙 **—** *n.* **1** 〘キリスト教〙四旬節, 大斎(たいさい)節, 受難節, レント《Ash Wednesday から Easter Eve までの日曜日(主日)を除く40日間; 荒野のキリストを記念するために断食や贖(しょく)罪を行なう; cf. *Matt.* 4:2》. **2** [*pl.*] 《英》(Cambridge 大学の)春季ボートレース (Lent-term boat races) (cf. Lent term).

-lent [lənt] 〘□ F ~ □ L *-lentus* // *-lent-*, *-lēns*〙 *suf.* 「…の傾向のある; …に満ちている」の意を表わすラテン語系形容詞語尾: corpu*lent*, opu*lent*.

len·ta·men·te [lèntəméntei | -tə-; *It.* lèntaménte] 〘□ It. ~ ← *lento* slowly+*-mente* (← L *mente*, *mēns* mind): cf. lentando〙 *adv.* 〘音楽〙遅く.

len·tan·do [lentáːndou | -dəʊ; *It.* lentándo] 〘□ It. ~ (ger.) ← *lentare* to slacken ← L *lentus* slow〙 *adv.* 〘音楽〙次第に遅く.

Lent·en, l- [léntṇ, -ṭən | -tən] 〘OE *len(c)ten*: ⇨ Lent, -en[2]〙 *adj.* **1** 四旬節 (Lent) の, 大斎(たいさい)節の, 四旬節に行なわれる: the ~ season / the ~ fast services 四旬節の断食礼拝. **2 a** (四旬節の料理のように)肉抜きの (meatless), 乏しい, 不十分な (meager): ~ fare 精進料理. **b** 〈着物など〉地味な, 質素な (plain): ~ clothing. **c** 〈顔つきなど〉陰気な, 浮かない (dismal): ~ looks.

Lénten píe *n.* レントパイ《四旬節 (Lent) に食べる肉抜きのパイ》.

Lénten róse *n.* 〘植物〙小アジア原産のキンポウゲ科のクリスマスローズの一種 (*Helleborus orientalis*).

Len·tib·u·lar·i·a·ce·ae [lentɪ̀bjulɛ̀(ə)riéɪsiìː | -tɪ̀bjulèərɪ-] 〘← NL ~ ← *Lentibularia* (属名: ← ? L *lent-*, *lēns* 'LENTIL'+*tubulus* small tube)+-ACEAE〙 *n. pl.* 〘植物〙(管状花目)タヌキモ科. **len·tib·u·làr·i·á·ceous** [-ʃəs] *adj.*

len·tic [léntɪk | -tɪk] 〘← L *lentus* slow, motionless+-IC[1]〙 *adj.* 〘生態〙〈湖・池など〉静止した水の; 静水にすむ (cf. lotic).

len·ti·cel [léntəsèl | -tɪ-] 〘← NL *lenticella* (dim.) ← L *lēns* 'LENTIL'〙 *n.* 〘植物〙皮目《樹皮面にあるレンズ状の斑点(はんてん), 気孔のはたらきをする》.

len·ti·cle [léntɪkḷ, -ṭə- | -tɪ-] 〘□ L *lenticula* little lentil (dim.) ← *lēns* (↑)〙 *n.* 〘時計〙振り子の動きが見えるように時計ケースにあけられた窓.

len·tic·u·lar [lentíkjulə | -lə(r)] 〘《1658》□ L *lenticulār-is* lentil-shaped ← *lenticula* (↑)〙 **—** *adj.* **1** レンズ豆 (lentil) 状の; 両凸(とつ)の (convexo-convex): a ~ bed 〘地質〙レンズ状地層や岩塊 / a ~ cloud 〘気象〙レンズ雲. **2** レンズの, レンズに関する. **3** 〘解剖〙 **a** (目の)水晶体の. **b** レンズ核の. **4** 〘写真〙〈フィルム表面が〉微小凸レンズ状の (cf. lenticulated film).

lentícular fìlm *n.* 〘写真〙=lenticulated film.

len·tic·u·lar·is [lentɪ̀kjulɛ́(ə)rɪs, -rəs | -lέərɪs] 〘□ L *lenticulāris* 'LENTICULAR'〙 *adj.* 〘気象〙〈雲が〉レンズ状の.

lentícular núcleus *n.* 〘解剖〙レンズ核《大脳核の一つで尾状核・視床の外側にある両凸レンズ状の灰白質; cf. basal ganglia》.

lentícular pròcess *n.* 〘写真〙 lenticulated film を用いるカラー[立体]写真法.

len·tic·u·late [lentíkjulèɪt] *vt.* 〈フィルム〉の表面に微小凸レンズ (lenticule) を型押しする. **len·tic·u·la·tion** [lentɪ̀kjuléɪʃən] *n.*

len·tíc·u·làt·ed fílm [-ṭɪd-, -ṭəd- | -tɪd-, -təd-] *n.* 〘写真〙微小凸(とつ)レンズ (lenticules) を規則正しく表面に配列したフィルム.

len·ti·cule [léntəkjùːl | -tɪ-] 〘□ L *lenticula* 'LENTIL'〙 *n.* 〘光学〙微小凸レンズ《カラー[立体]写真用にフィルム表面に型押ししたかまぼこ型凸レンズ》.

len·ti·form [léntəfɔ̀əm | -tɪfɔ̀ːm] 〘← L *lent-*, *lēns* 'LENTIL'+-I-+-FORM〙 *adj.* =lenticular.

lentigines *n.* lentigo の複数形.

len·tig·i·nous [lentídʒənəs | -dʒɪ-] 〘□ L *lentīginōs-us* (↓)〙 *adj.* **1** 〘医学〙ほくろの; あざの. **2** 〘生物〙しみ[ぶち]のある, 小さな点がある.

len·ti·go [lentáɪgou, -tíː- | -gəʊ] 〘《*a*1400》□ L *lentīgō* ← *lent-*, *lēns* (↓)〙 *n.* (*pl.* **-tig·i·nes** [-tídʒənìːz | -dʒɪ-]) 〘医学〙(小さい)ほくろ, 黒子; あざ (cf. freckle 1).

len·til [lénṭḷ | -tɪl, -tl] 〘《*c*1250》□ (O)F *lentille* < VL **lenticulam*=L *lenticula* (dim.) ← *lent-*, *lēns* lentil〙 **—** *n.* 〘植物〙ヒラマメ, レンズ豆 (*Ervum lens*) 《地中海地方原産; 薄い両凸(とつ)レンズ状の豆を食用とする》; その種子.

léntil cùt *n.* 〘宝石〙レンチルカット《カボション型 (cabochon) で上下の丸味が同形のもの》.

len·tisc [léntɪsk, ⸗⸗] 〘《*c*1420》□ L *lentisc-us* ← *lentus* flexible〙 *n.* (*also* **len·tisk** [~]) **1** 〘植物〙コショウボク (⇨ peppertree 1). **2** 〘化学〙=mastic 1 a.

len·tis·si·mo [lentísəmòu | -sɪməʊ; *It.* lentíssimo] 〘□ It. ~ (superl.) ← LENTO〙 *adv.* 〘音楽〙きわめて遅く.

len·ti·tude [léntəṭ(j)ùːd | -tɪtjùːd] 〘□ L *lentitūd-ō* slowness, sluggishness ← *lentus* slow〙 *n.* 《古》遅鈍, 不活発.

Lént lìly *n.* 〘植物〙 **1** 《英》=daffodil. **2** =Madonna lily.

len·to [léntou | -təʊ; *It.* lénto] 〘□ It. ~ < L *lentum* slow〙 **—** *adv.* 〘音楽〙レントで, 遅く. **—** *adj.* **1** 〘音楽〙レントの, 遅い. **2** 〘音声〙緩徐調の. **—** *n.* 〘音声〙緩徐調《発音の速度の遅いこと; cf. allegro 2》.

len·toid [léntɔɪd] 〘← L *lent-*, *lēns* 'LENTIL'+-OID〙 *adj.* レンズ形の: a ~ gem. **—** *n.* レンズ状の物体.

Lént tèrm *n.* 《英》春学期《クリスマス休暇後から始まって Easter に終わる; その間に四旬節がある; cf. Lent 2, Hilary term 2》.

len·voi [lénvɔɪ, ⸗⸗; *F.* lɑ̃vwa] 〘《?*a*1439》□ F *l'envoi* the sending: ⇨ envoi〙 *n.* (*also* **l'en·voy** [~]) = envoi.

Lénz's làw [léntsɪz-, lénzɪz-, -əz-; *G.* lénts-] 〘← *H. F. E. Lenz* (1804–65: ドイツの物理学者)〙 **—** *n.* 〘物理〙レンツの法則《電磁誘導は, 電磁気的状態の変化を妨げるように起こるという法則》.

Le·o[1] [líːou | líːəʊ, líaʊ] 〘□ L *leō* 'LION'〙 **—** *n.* **1** 〘天文〙しし(獅子)座《北天の星座; その中に鎌形星群 (Sickle) を含みその柄の端に一等星 Regulus がある; the Lion ともいう》. **2** 〘占星〙 **a** 獅子座, 獅子宮《黄道12宮の第5宮; the Lion ともいう; cf. zodiac》. **b** 獅子座生れの人.

Le·o[2] [líːou | líːəʊ, líaʊ; *F.* leo] 〘↑〙 *n.* 男性名. ★ ユダヤ人に多い.

Le·o I [líːou | líːəʊ, líaʊ; *It.* léːo], Saint *n.* レオ一世《390?–461; イタリアの聖職者; 教皇 (440–61); 西方正統キリスト論を確立; 祝日4月11日; 通称 Leo the Great》.

Leo X *n.* レオ十世《1475–1521; イタリアの聖職者; 教皇 (1513–21); 学問芸術の保護者; Luther を破門した (1521); 本名 Giovanni de' Medici》.

Leo XIII *n.* レオ十三世《1810–1903; イタリアの聖職

者；教皇 (1878-1903)；外交に尽力，多くの有名な回勅を出す；本名 Vincenzo Gioacchino Pecci [vintʃéntso dʒòakkí:no péttʃi]》.

Léo Mínor *n.*〘天文〙こじし(小獅子)座《獅子座と大熊座の間の北天の星座；the Smaller Lion ともいう》.

Le·on [lí:ɑn | lí:ən; *Russ.* lʲión]〘《変形》← LEO² ∥ ▭ Russ. ～ (↓)〙*n.* 男性名. ★ ユダヤ人に多い.

Lé·on [leɪɔ́(ŋ), -ɔ́(:)ŋ | léɪən, léɪən; *F.* leɔ̃]〘▭ F ～ : ⇨ lion〙*n.* 男性名.

Le·ón [leɪóun | -áun; *Sp.* león] *n.* レオン: **1** スペイン北西部の地方；もと王国；人口 549,000, 面積 15,468 km². **2** スペイン北西部の都市；人口 106,000. **3** メキシコ中部, Guanajuato 州の都市；人口 526,000. **4** ニカラグア西部の都市；もと首都；人口 76,000.

Leon·ard [lénəd | -nəd]〘ME ▭ (O)F *Léonard* ▭ OHG **Lewenhart*《原義》strong as a lion ← *lewo* (▭ L *leō* lion)+*hart* strong, hard〙— *n.* 男性名《愛称形 Len, Lennie, Lenny》.

Le·o·nar·desque [lì:ənɑədésk, lèɪ- | lì:ənɑ:-, lìə-] *adj.* Leonardo da Vinci 風の(手法で描いた).

Le·o·nar·do [lì:ənɑ́ədou, lèɪ- | lì:ə(ʊ)nɑ́:dəʊ, lìə(ʊ)-; *It.* lèonárdo]〘▭ It. ～ : ⇨ Leonard〙*n.* 男性名.

Leonardo da Vinci *n.* ⇨ da Vinci.

Le·on·ca·val·lo [lèɪounkəvɑ́:lou | -əunkəvɑ́:ləu; *It.* leònkavállo], **Rug·gie·ro** [ruddʒɛ́:ro] *n.* レオンカバルロ《1858-1919；イタリアのオペラ作曲家；*I Pagliacci*「パリアッチ(道化師)」(1892)》.

le·one [lióun | lɪáun, lɪáunɪ]〘⇨ Sierra Leone〙*n.* **1** レオーネ《シエラ レオーネの通貨単位；=100 cents；記号 Le》. **2** 1 レオーネの白銅貨.

Le·o·nid¹ [lèɪəníd, -ní:t; *Russ.* lʲɪanʲít]〘▭ Russ. ～〙「*n.* 男性名.

Le·o·nid² [lí:ənɪd, -nəd | lí:ə(ʊ)nɪd, líə(ʊ)-]〘← NL *Leōnid-ēs* (pl.) ← L *leōn-*, *leō* 'LION' : ⇨ -id¹〙— *n.* (*pl.* ～**s**, **Le·on·i·des** [liɑ́nədì:z | li:ɔ́nɪ-, lɪ-])〔通例 *pl.*〕〘天文〙獅子座流星群《11 月半ばごろ獅子座から流れ出るように見える流星群》.

Le·on·i·das [liɑ́nədəs | li:ɔ́nɪ-, lɪ-] *n.* レオニダス《?-480 B.C.；スパルタの王 (490?-480 B.C.)；Thermopylae の戦で戦死》.

Leonides *n.* Leonid² の複数形.

Le·o·nie [lí:əni | lí:ənɪ, líə-]〘▭ F ～ (fem.) ← LEON〙*n.* 女性名.

le·o·nine [lí:ənàɪn, -nɪn, -nən | lí:ə(ʊ)nàɪn, líə(ʊ)-]〘《*c*1375》▭ (O)F *léonin* ∥ L *leōnin-us* ← *leōn-*, *leō* 'LION' : ⇨ -ine¹〙— *adj.* **1** ライオンの(ような)：a ～ type of face. **2** ライオンを思わせる，堂々とした，威風ある；たけだけしい，勇猛な.

Le·o·nine [lí:ənàɪn, -nɪn, -nən | lí:ə(ʊ)nàɪn, líə(ʊ)-] *adj.* (教皇) Leo の, Leo の作った[始めた]；(特に)教皇 Leo 四世[十三世]の. — *n.* [*pl.*]〘詩学〙=leonine verse.

Léonine Cíty *n.* [the ～] 教皇 Leo 四世がサラセン人防御のため 850 年ごろ城壁をめぐらした Vatican 宮殿を中心とするローマ市の一部.

léonine vérse〘▭ (O)F *léonin* ← *Léon* (12 世紀のフランスの修道士でこの詩体の創始者：ラテン名は Leoninus)〙— *n.*〘詩学〙レオ詩体《本来 6 詩脚または 5, 6 詩脚からなり，各行の中間と終わりの語[音節]が押韻する；例：Daemon languebat, monachus tunc esse volebat (=The devil was sick, then wished to be a monk.). 英語では一般に 1 行の中間の音節と末尾の音節とが押韻する詩型をいう；cf. internal rhyme》.

Le·o·no·ra [lì:ənɔ́:rə, -nó:rə | lì:ənɔ́:rə, lɪə-]〘▭ It. ～ ? ← ELEANOR〙*n.* 女性名《異形 Lenora, Lenore, Leonore》.

Le·o·nore [lí:ənɔ̀ə, -nòə | lí:ənɔ̀:(r, líənɔ:(r]〘▭ F ～ 'LEONORA'〙*n.* 女性名.

Le·o·nov [leɪóunɔ(:)f | -áunɔf; *Russ.* lʲiónəf], **Leonid Ma·ksi·mo·vich** [maksʲíməvʲitʃ] *n.* レオーノフ《1899- ；ソ連の小説家；*The Thief* (1927)》.

le·on·ti·a·sis [lì:əntáɪəsɪs, -səs | -sɪs]〘← NL ～ ← Gk *leontíasis* early stage of elephantiasis ← *leont-*, *leōn* 'LION'+-IASIS〙*n.*〘病理〙=lionism 2.

Le·on·tief [leɪɑ́ntjef, -tjɪf, -tjəf | -ɔ́n-; *Russ.* lʲiɔ́ntʲjɪf], **Wassily** *n.* レオンチェフ《1906- ；ロシヤ生れの米国の経済学者；Nobel 経済学賞 (1973)》.

leop·ard [lépəd | -pəd]〘《?*a*1300》▭ OF ～, *leupard* (F *léopard*) ▭ LL *leopardus* ▭ lateGk *leópardos* : ⇨ lion, pard¹〙— *n.* **1**〘動物〙ヒョウ (*Panthera pardus*)《ヒョウ属の大型で獰猛(どうもう)な動物》；ヒョウと同類の動物：⇨ American leopard, black leopard, hunting leopard, snow leopard / Can the ～ change his spots? 豹(ひょう)その斑駁(まだら)を変えうるか《性格はなかなか変わらないものだ；cf. *Jer.* 13:23》. **2** ヒョウの毛皮[生皮]. **3**〘紋章〙**a** 紋章図形の豹. **b** ライオン《古い紋章記録ではライオンと豹が混同され，現在ではライオンとされている紋章も 1200 年代には leopard であったものが多い；イングランド王の紋章の 3 頭のライオンも往時は豹であったが，これを正式にライオンとしたのは Henry 七世の時代である》.

léopard càt *n.*〘動物〙=ocelot 1.

leop·ard·ess [lépədɪs, -dəs | lépədɪs, -dès, -dəs, lèpədés]〘← LEOPARD+-ESS¹〙*n.*〘動物〙ヒョウの雌.

léopard flòwer *n.*〘植物〙=blackberry lily.

léopard fròg *n.*〘動物〙ヒョウガエル (*Rana pipiens*)《北米で最も普通に見られるカエルで，背に緑の白い黒斑がある》.

Le·o·par·di [lèɪəpɑ́ədi | -ə(ʊ)pɑ́:dɪ; *It.* leopárdi], Conte **Giacomo** *n.* レオパルディ《1798-1837；イタリアの詩人・批評家》.

leop·ard·ine [lépədì:n | -pə-] *n.* レパディーン《ウサギの毛皮を加工してヒョウの毛皮に似せたもの》.

léopard lìly *n.*〘植物〙**1** 米国 California 州産のユリの一種 (*Lilium pardalinum*)《花は紫斑(しはん)のあるオレンジ色》. **2** 米国南東部産のユリの一種 (*Lilium catesbaei*)《湿地に生じ，花は赤い》.

léopard lìzard *n.*〘動物〙ヒョウモントカゲ (*Crotaphytus* [*Gambelia*] *wislizenii*)《メキシコ・米国西部産のタテガミトカゲ科の大トカゲ》.

léopard mòth *n.*〘昆虫〙ゴマフボクトウ (*Zeuzera pyrina*)《白い羽に多くの黒い斑点があるボクトウガ科の昆虫；その幼虫は立木の材部に食い入る害虫》.

léopard's-bàne *n.*〘植物〙**1** 西ヨーロッパ産の黄色い花をつけるキク科の多年草 (*Doronicum pardalianches*)《根は薬用，サソリの毒に有効という；panther strangler ともいう》. **2** 北米東部産のキク科ウサギギク属の一種 (*Arnica acaulis*)《砂地に生え花は黄色》.

léopard sèal *n.*〘動物〙ヒョウアザラシ (*Hydrurga leptonyx*)《南極産で頭が大きく気が荒いアザラシ；sea leopard ともいう》.

léopard squìrrel *n.*〘動物〙=thirteen-lined ground squirrel.

Le·o·pold [lí:əpòuld | líəpəuld; *G.* lé:opɔlt]〘▭ F *Léopold* ∥ G *Leopold* < OHG *Liutbald* ← *liut* people+*balt* bold〙*n.* 男性名.

Leopold I *n.* レーオポルト一世：**1** (1640-1705) 神聖ローマ帝国皇帝 (1658-1705). **2** (1790-1865) ベルギー国王 (1831-65).

Leopold II *n.* レーオポルト二世：**1** (1747-92) 神聖ローマ帝国皇帝 (1790-92). **2** (1835-1909) ベルギー国王 (1865-1909).

Leopold III *n.* レーオポルト三世《1901- ；ベルギー国王 (1934-51)》.

Lé·o·pold·ville [lí:əpouldvɪl, léɪ- | lí:əpəuld-, líə-, léɪə-; *F.* leɔpɔldvil] *n.* レオポルドビル《Kinshasa の旧名》.

le·o·tard [lí:ətɑ̀əd | lí:ə(ʊ)tɑ̀:d, líə(ʊ)-]〘← *Jules Léotard* (1830-70：フランスの空中曲芸師)〙— *n.* [しばしば *pl.*] レオタード《体操や軽業用またはバレエの練習時に着用する衣類》.

leotard

lep·a·did [lépədɪd, -dəd | -dɪd]〘↓〙*adj.*, *n.*〘動物〙エボシガイ科の(動物).

Le·pad·i·dae [ləpǽdədì: | -dɪ-]〘← NL ～ ← *Lepad-*, *Lepas* (属名：← L *lepas* limpet)+-IDAE〙— *n. pl.*〘動物〙(甲殻類)エボシガイ科.

Le·pan·to [lépæntou, lɪpǽntou, lə- | lɪpǽntəu; *It.* lɛ́:panto] *n.* レパント《ギリシャの西部，Lepanto 海峡に臨む港市》.

Lepanto, the Gulf of *n.* レパント湾 (⇨ Gulf of CORINTH).

Lepanto, the Strait of *n.* レパント海峡《ギリシャ西部の海峡；1571 年ここでの海戦でトルコの海軍は全滅した》.

Lep·cha [léptʃə] *n.* (*pl.* ～, ～**s**) **1 a** [the ～(s)] レプチャ族《Himalayas 山脈の Sikkim に住む Mongoloid 人種の民族》. **b** レプチャ族の人. **2** レプチャ語.

lep·er [lépə | -pə(r]〘《*a*1398》*lepre* ▭ (O)F *lèpre* leprosy ▭ L *leprae*, *lepra* ▭ Gk *lépra* ← *leprós* scaly ← *lepis* scale & *lépein* to peel：cf. lepra〙— *n.* **1** ハンセン病患者. ★ この語は現在好まれない. **2** 忌避[排斥]される人，世間からつまはじきされる人.

léper hòuse *n.* ハンセン病院.

lep·id- [lépəd | -pɪd] (母音の前に来る時の) lepido- の異形.

lep·i·do- [lépədo(ʊ) | -pɪdə(ʊ)]〘← Gk *lepid-*, *lepis* scale：cf. leper〙「うろこ (scale)」の意の連結形：*Lepidoptera*. ★ 母音の前では通例 lepid- になる.

le·pid·o·lite [lɪpídəlàɪt, -dḷ-, lépədo(ʊ)l- | lɪpídəl-, lépɪdə(ʊ)-]〘⇨ ↑, -lite〙*n.*〘鉱物〙リシア雲母(うんも)，うろこ雲母 (lithia mica).

Lep·i·dop·ter·a [lèpədɑ́ptərə | -pɪdɔ́p-]〘《1773》← NL ～ : ⇨ lepido-, -ptera〙— *n. pl.* **1**〘昆虫〙蝶蛾類鱗翅目《翅が鱗粉でおおわれている昆虫》. **2** [l-] lepidopteron の複数形.

lep·i·dop·ter·al [lèpədɑ́ptərəl | -pɪdɔ́p-] *adj.* =lepidopterous.

lep·i·dop·ter·an [lèpədɑ́ptərən | -pɪdɔ́p-]〘← LEPIDOPTERA+-AN¹〙〘昆虫〙*adj.* 鱗翅目の. — *n.* 鱗翅目の昆虫.

lep·i·dop·ter·ist [lèpədɑ́ptərɪst, -rəst | -pɪdɔ́ptərɪst] *n.* 鱗翅(りんし)目研究者.

lep·i·dop·ter·ol·o·gy [lèpədɑ̀ptərɑ́lədʒi | -pɪdɔ̀ptərɔ́lədʒɪ] *n.*〘昆虫〙鱗翅(りんし)学，蝶蛾学 **lep·i·dop·ter·o·log·i·cal** [lèpədɑ̀ptərəlɑ́dʒɪkəl, -dʒə- | -pɪdɔ̀ptərəlɔ́dʒɪ-] *adj.* **lèp·i·dòp·ter·ól·o·gist** [-dʒɪst, -dʒəst | -dʒɪst] *n.*

lep·i·dop·ter·on [lèpədɑ́ptərən, -tərɑ̀n | -pɪdɔ́ptərən, -rɔ̀n] *n.* (*pl.* **-ter·a** [-rə])〘昆虫〙鱗翅(りんし)目の昆虫.

lep·i·dop·ter·ous [lèpədɑ́ptərəs | -pɪdɔ́p-] *adj.*〘昆虫〙鱗翅(りんし)目の.

lep·i·do·si·ren [lèpədo(ʊ)sáɪrən | -pɪdə(ʊ)sáɪər-]〘← NL ～ : ⇨ lepido-, siren〙*n.*〘魚類〙南米 Amazon 川に産する肺魚類の一種 (*Lepidosiren paradoxa*).

lep·i·dote [lépədòut | -pɪdəut]〘▭ Gk *lepidōt-ós* scaly ← *lepid-*, *lepis* scale〙*adj.*〘生物〙鱗(りん)片でおおわれた.

Lep·i·dus [lépədəs | -pɪ-], **Marcus Ae·mil·i·us** [i:míliəs, ɪm- | -lɪəs, -ljəs] *n.* レピドゥス《?-13 B.C.；ローマの政治家；Antony, Octavian とともに第 2 回三頭政治 (triumvirate) の執政となった》.

-le·pis [‒ləpɪs, -pəs | -lɪpɪs]〘← NL ～ ← Gk *lepís* scale：cf. lepido-〙「うろこ (scale)」の意の名詞連結形.

Le Play [ləpléɪ; *F.* ləplɛ], **Fréderic** *n.* ル プレー《1806-82；フランスの社会学者・人口学者》.

lep·o- [lépo(ʊ) | -pə(ʊ)]〘← ? NL ～ ← Gk *lépos* husk〙「殻 (husk), うろこ (scale)」の意の連結形.

Le·pón·tine Álps [lɪpɑ́ntaɪn-, lépəntàɪn- | lɪpɔ́ntaɪn-, le-] *n. pl.* [the ～] レポンティン アルプス《スイス南部・イタリア北部に連なるアルプスの中央山脈；最高峰 Mt. Leone [leɪóuni | -áunɪ; *It.* leó:ne] (3,553 m)》.「サギ科の(哺乳動物).

lep·o·rid [lépərɪd, -rəd | -rɪd]〘↓〙*adj.*, *n.*〘動物〙ウ

Le·por·i·dae [ləpɑ́rədì: | ləpɔ́rɪ-, lɪ-]〘← NL ～ ← L *lepor-*, *lepus* hare+-IDAE〙*n. pl.*〘動物〙ウサギ科.

lep·o·ride [lépəràɪd, -rəd, -ràɪd | -pərɪd, -rəd, -ràɪd]〘▭ F *léporide* ← L *lepor-* (↑)〙*n.*〘動物〙=Belgian hare.

lep·o·rine [lépəràɪn, -rɪn, -rən | -pəràɪn]〘《1656》▭ L *leporin-us* ← *lepor-*, *lepus* hare+-INE¹〙*adj.* うさぎ (hare) の，うさぎのような.

lep·per [lépə | -pə(r]〘《方言・変形》← LEAPER〙*n.* (ジャンプのうまい)障害馬.

lep·ra [léprə]〘《*c*1250》*lepre*, ～ ▭ OF *l(i)epre* ∥ LL ～ ▭ Gk *lépra*：⇨ leper〙*n.*〘病理〙ハンセン病.

lep·re·chaun [léprəkɑ̀n, -kɔ̀:n, -hɑ̀n, -hɔ̀:n | léprəkɔ̀:n, -prɪ-, -hɔ̀:n]〘《1604》▭ Ir. *lupracān*《音位転換》← OIr. *luchorpān* having a small body ← *lu* small+*corpān* ((dim.) ← *corp* body ▭ L *corpus*)〙— *n.*〘アイル伝説〙レプレコン《いつも靴の片方だけを作っており，捕まえると宝のありかを教えてくれるという小さな老人の姿の妖精；cf. fairy 1》.

lep·ról·o·gist [-dʒɪst, -dʒəst | -dʒɪst] *n.* ハンセン病専門家，ハンセン病学者.「病学.

lep·rol·o·gy [leprɑ́lədʒi | -rɔ́lədʒɪ] *n.*〘医学〙ハンセン

lep·ro·min [lepróumɪn, -mən | -ráumɪn]〘← NL *leproma* (← Gk *lépra* leprosy+-OMA)+-IN¹〙— *n.*〘医学〙レプロミン《ハンセン病組織浮遊液から得られる物質で，皮内反応に用いる》.

lepromín tèst *n.*〘医学〙レプロミン[光田]反応《皮内反応によるハンセン病の補助診断法；光田健輔の発見》.

lep·ro·sar·i·um [lèprəsɛ́(ə)riəm | -sɛ́ərɪ-]〘▭ ML *leprosārium* ← LL *leprōsus*+-ARIUM〙*n.* (*pl.* ～**s**, **-i·a** [-riə | -rɪə]) ハンセン病院，ハンセン病療養所.

lep·rose [léprous | -rəus] *adj.*〘生物〙=leprous 3.

lep·ro·ser·y [léprəsèri | -sərɪ]〘▭ F *léproserie* ← L *leprosus* leprous+F *-erie* '-ERY'〙*n.* =leprosarium.

lep·ro·sy [léprəsi | -rəsɪ]〘《1535》← LL *leprōsus* (⇨ leprous)+-Y¹〙— *n.* **1**〘病理〙ハンセン病 (Hansen's disease). **2** 健全な道義を頽(たい)廃させると思われる影響力：moral ～ (他人に感染しやすい)道徳的腐敗，堕落.

lep·rot·ic [leprɑ́tɪk | -rɔ́t-] *adj.* ハンセン病の[による，にかかっている].

lep·rous [léprəs]〘《?*a*1200》▭ LL *leprōsus* ← L *lepra* leprosy：⇨ leper, -ous〙— *adj.* **1** ハンセン病にかかっている，ハンセン病やみの. **2** ハンセン病の，ハンセン病状の. **3**〘生物〙うろこ状の，鱗片でおおわれた，ふけ状の. **～·ly** *adv.* **～·ness** *n.*

-lep·si·a [lépsiə | -sɪə] =-lepsy.

-lep·sy [lépsi | -sɪ]〘← NL *-lepsi-a* seizure ← Gk *-lēpsia* ← *lambánein* to take〙「発作 (seizure)」の意の名詞連結形：cata*lepsy*, epi*lepsy*.

lept- [lept] (母音の前に来る時の) lepto- の異形.

lepta〘▭ Gk *leptá* (pl.)〙*n.* lepton¹ の複数形.

lep·to- [léptə | -tə(ʊ)]〘← Gk *leptós* thin ← *lépein* to peel〙「小さい，細かい，薄い」などの意の連結形. ★ 動物・植物学用語に多く用いる；母音の前では通例 lept- になる.

lep·to·ceph·a·lus [lèptəséfələs | -tə(ʊ)kéf-, -séf-]〘← NL ～ : ⇨ ↑, -cephalous〙— *n.* (*pl.* **-a·li** [-làɪ])〘魚類〙葉型幼生《ウナギ目やカライワシ目の魚類が幼期に経過する一時期；体は側扁して透明》.

Lep·to·dac·tyl·i·dae [lèptədæktílədì: | -tə(ʊ)dæktílɪ-]〘← NL ～ ← *Leptodactylus* (属名：⇨ lepto-, dactylo-)+-IDAE〙— *n. pl.*〘動物〙ユビナガガエル科.

lep·to·dac·tyl·id [lèptədǽktəlɪd, -ləd | -tə(ʊ)dǽktɪlɪd] *adj.*

lep·to·kur·tic [lèpto(ʊ)kə́:tɪk | -tə(ʊ)kə́:t-]〘← LEPTO-+Gk *kurtós* bulging+-IC¹〙— *adj.*〘統計〙急尖である：**a** 〈度数分布が〉対応する正規分布に比べ，平均値の回りにより集中している. **b** 〈度数分布曲線が〉並み数の近くで高く細い峰を作っている.

lep·to·kur·to·sis [lèpto(ʊ)kətóusɪs, -səs | -tə(ʊ)kə:táusɪs]〘⇨ ↑, -osis〙— *n.*〘統計〙急尖度：**a** 度数分布が対応する正規分布に比べ，平均値の回りにより集中していること；その度合. **b** 度数分布曲線が並み数の近くで高く細い峰を作っていること；その度合.

lep·ton¹ [leptɑ́n | -tɔ́n]〘▭ Gk *leptón* (*nómisma*) small (coin) ← *leptós* thin, small〙— *n.* (*pl.* **lep·ta** [-tɑ́:], ～**s**) **1** レプトン《ギリシャの最小通貨単位；=$^1/_{100}$ drachma》；1 レプトン硬貨. **2** レプトン《古代ギリシャの小銅貨》.

lep·ton² [léptɑn | -tɔn]〘← LEPTO-+-ON²〙— *n.*〘物理〙軽粒子《電子，μ 粒子，τ 粒子，3 種類の中性微子 (neutrino) の総称；これらはスピン $^1/_2$ のフェルミ粒子で，強い相互作用をしない；↔ baryon》.

lep·to·ne·ma [lèptəníːmə] 〖← NL ～: ⇨ lepto-, nema-〗 *n.* 〘生物〙 レプトネマ《細糸期 (leptotene) の染色体; cf. pachynema》. 「ton) の.

lep·ton·ic [leptάnɪk | -tɔ́n-] *adj.* 〘物理〙 軽粒子 (lep-

lépton nùmber *n.* 〘物理〙 軽粒子数《素粒子の系に対して軽粒子の数から反軽粒子の数を引いたものに等しく, すべての素粒子反応の時に保存される数》.

lep·to·phyl·lous [lèptə(ʊ)fíləs | -tə(ʊ)-] 〖← LEPTO-＋-PHYLLOUS〗 *adj.* 〘植物〙 細長い葉のある, 狭葉の.

lep·to·pro·so·pic [lèptəprəsóupɪk, -sάp- | -tə(ʊ)prəsóup-, -sɔ́p-] 〖← LEPTO-＋Gk *prósōpon* face＋-IC[1]〗 ― *adj.* 〘人類学〙 狭顔型の《顔示数が生体で 88-93, 骨で 90-95 のものにいう》. **lep·to·pros·o·py** [lèptəprάsəpi, -prəsóu- | -prɔ́səpi, -prəsóu-] *n.*

lep·tor·rhine [léptəràɪn] 〖← LEPTO-＋-RRHINE〗 〘人類学〙 ― *adj.* 狭鼻型の《鼻示数が 55.0-69.9; cf. platyrrhine》. ― *n.* 狭鼻の人. **lep·tor·rhi·ny** [léptəràɪni | -nɪ] *n.*

lep·to·some [léptəsòum | -sə̀um] 〖← LEPTO-＋-SOME[3]〗 *n.* 虚弱者, 細身型[細長型]の人. ― *adj.* 虚弱な, 細身の.

lep·to·spi·ra [lèptəspάɪrə | -tə(ʊ)spáɪərə] 〖← NL ～ ← LEPTO-＋L *spira* coil (⇨ spire[2])〗 *n.* 〘細菌〙 レプトスピラ《好気性レプトスピラ属 (*Leptospira*) ラセン菌》.

lep·to·spi·ral [lèptəspάɪrəl | -tə(ʊ)spáɪər-] *adj.* 〘細菌〙 レプトスピラ(属)の[による].

lep·to·spire [léptəspàɪə | -tə(ʊ)spàɪə(r)] 〖⇨ leptospira〗 *n.* 〘細菌〙 レプトスピラ属の細菌.

lep·to·spi·ro·sis [lèptəspaɪróusɪs, -səs | -tə(ʊ)spaɪ(ə)róusɪs] 〖← NL ～: ⇨ leptospira, -osis〗 ― *n.* 〘病理・獣医〙 レプトスピラ病《レプトスピラの感染による人獣共通伝染病; 発熱・貧血・血色素尿・黄疸・流産などを主徴とする; cf. canine leptospirosis》.

Lep·to·spo·ran·gi·a·tae [lèpto(ʊ)spərændʒiéɪtaɪ, -tiː | -tə(ʊ)spərændʒɪ-] 〖← NL ～ (fem. pl.) ← *leptosporangiatus*: ⇨ lepto-, sporangium, -ata〗 ― *n. pl.* 〘植物〙 薄嚢(ﾉｳ)シダ類[亜綱]《ハナヤスリ目とリュウビンタイ目とを除いた現生シダのすべてを含む》.

Lep·tos·tra·ca [leptάstrəkə | -tɔ́s-] 〖← NL ～ ← LEPTO-＋*ostraca* (⇨ ostraco-)〗 *n. pl.* 〘動物〙 薄甲類.

lep·to·tene [léptətìːn] 〖← LEPTO-＋-TENE〗 ― *n.* 〘生物〙 細糸期, レプトテン期《減数分裂前期の最初の時期で, 染色糸に細長い糸の形をとって現われる; 時期は次のように移行する: leptotene—zygotene—pachytene—diplotene》.

Lep·us [lépəs, líːp-, lép-] 〖⇨ L ～ 'hare'〗 *n.* 〘天文〙 うさぎ(兎)座《オリオン星座の南にある星座の一つ; the Hare ともいう》.

Le Queux [ləkjúː], **William** (**Tuf·nell**) [tʌ́fnl] *n.* (1864-1927) 英国の怪奇・推理小説家.

Ler·mon·tov [lɛ́əməntɔ̀(ː)f, -tɔ̀(ː)v, -təf | lɛ́əməntɔ̀f, -məntəf; *Russ.* ljérməntəf], **Mikhail Yu·ri·e·vich** [júrjiəvjitʃ] *n.* レールモントフ《1814-41; ロシヤの詩人・小説家; *A Hero of Our Time* (1840)》.

Ler·ner [lə́ːnə | lə́ːnə(r)], **Max** *n.* (1902-) ロシヤ生れの米国の編集者・著述家・評論家.

Le·roux [lərúː; *F.* ləru], **Gaston** *n.* ルルー《1868-1927; フランスのジャーナリスト・小説家》.

Leroux, Pierre *n.* ルルー《1797-1871; フランスの哲学者・ジャーナリスト・政治家》.

Le·roy [lərɔ́ɪ, lɪ-, líːrɔɪ] 〖← OF *le roy* the king〗 *n.* 男性名.

Le·sage [ləsάːʒ; *F.* ləsaːʒ], **Alain René** *n.* ルサージュ《1668-1747; フランスの小説家・劇作家; *L'Histoire de Gil Blas de Santillane*「ジル ブラース」(1715-35)》.

Les·bi·a [lézbiə | -bɪə, -bjə] 〖⇨ L ～《原義》'girl of LESBOS'〗 *n.* 女性名. ★ アイルランドに多い.

Les·bi·an, l- [lézbiən | -bɪən, -bjən] 〖《1601》← L *Lesbius* (⇨ Gk *Lésbios* ← *Lésbos* (↑))＋-AN[1]〗 ― *adj.* **1** Lesbos 島の. **2** 〖Lesbos 島に住んでいた女流詩人 Sappho がその弟子たちと同性愛に耽ったという伝説から〗 [l-] (女性の)同性愛の; 官能的な: ～ love [vice] 女性の同性愛, レスビアンラブ. ― *n.* **1** レスボス人. **2** [通例 l-] 同性愛の女, レスビアン.

Lésbian cýma *n.* 〘建築〙 レスビアンシーマ, 反シーマ (⇨ cyma reversa).

lés·bi·an·ism [-nɪ̀zm] *n.* 女子同性愛.

Lésbian léaf *n.* 〘植物〙 ＝waterleaf 1.

Lésbian óde 〖Lesbos 島生れのギリシャ詩人 Sappho などがこの詩型を愛用したことから〗 *n.* 〘詩学〙 ＝Horatian ode.

Les·bos [lézbɑs, -bəs | -bɔs] 〖⇨ Gk *Lésbos*〗 *n.* レスボス(島)《エーゲ海北東部, 小アジア沖にあるギリシャの島; Mytilene の古代および近代名》.

Lésch-Nýhan sýndrome [léʃnάɪhən-] 〖← *Michael Lesch* (1939-) & *William L. Nyhan*: 共に米国の医者〗 ― *n.* [the ～] 〘病理〙 レシュナイハン症候群《酵素欠乏による男児の遺伝病; 精薄・不随意運動・腎障害などを伴う》.

lèse ma·jes·té [líːz-mǽdʒɪsti, -dʒəs- | léɪz-mǽʒestèɪ, -mǽdʒ-, -ʒɪs-, -ʒəs-; *F.* lezmaʒeste] *F. n.* ＝lese majesty.

lése májesty [líːz-] 〖《1536》⇨ F *lèse-majesté* ⇨ L *laesa mājestās* injured majesty〗 ― *n.* **1** 〘法律〙 不敬罪, 大逆罪 (high treason)《国王に対する反逆罪; cf. petit treason》. **2** 不敬行為, 冒瀆(ﾄｸ); 侮辱, 無礼.

le·sion [líːʒən] 〖《?a1425》⇨ (O)F *lésion* ∥ L *laesiō(n-)* injury, attack ← *laesus* (p.p.) ← *laedere* to injure〗 ― *n.* **1** 傷害, 損害 (injury, damage); 精神的傷害[打撃]. **2** 〘病理〙 外傷; (組織・機能の)障害; 病変. **3** 〘ローマ法・スコット法〙 相手方の契約不履行から生じる損害, 損失. ― *vt.* …に傷害を与える.

Les·kien [leskíːn; *G.* leskíːn], **August** *n.* レスキーン《1840-1916; ドイツのスラブ語学者; cf. neogrammarian》.

Les·ley [lésli, léz- | lézlɪ] 〖《異形》↓〗 *n.* **1** 女性名. **2** 《まれ》男性名.

Les·lie [lésli, léz- | lézlɪ] 〖⇨ ? Gael.《原義》garden of hollies: Aberdeenshire の Leslie にちなむ Scotland の家族名から〗 *n.* **1** 男性名. **2** 女性名《愛称形 Les》.

Le·sot·ho [ləsóutou | -súːtuː, -sóu-, -təu] *n.* レソト《アフリカ南部にある英連邦内の王国; もと Basutoland といったが, 1966 年独立; 人口 1,040,000, 面積 30,344 km², 首都 Maseru; 公式名 the Kingdom of Lesotho レソト王国》.

les·pe·de·za [lèspədíːzə | -pɪ-] 〖← NL ～ ← V. M. *de Zespedez* (18 世紀 Florida 州のスペイン総督): Z を L と誤読したことから〗 ― *n.* 〘植物〙 ハギ《ハギ属 (*Lespedeza*) の植物の総称》.

less [lés] 〖ME *les* (adv.) & *lesse, lasse* (adj.) < OE *lǣs* (adv.) less & *lǣssa* (adj.) smaller < Gmc **laisizō* (OFris. *lēs(sa)* less) ← **laisiz* (adv.) (compar.) ← **laisa-* little: cf. Gk *loîsthos* last: 本来の原級を欠く(最上級は least): cf. OE *lȳtel* little〗 ― *adj.* [little の比較級] **1** [Uncountable の名詞を修飾して] (量・程度が)もっと[一層]少ない, …より少ない (↔ more): of ～ duration もっと短期間の / of ～ importance それほど重要でない / eat ～ meat 食べる肉の量を減らす / find ～ difficulty それほど困難を感じない / *Less* noise, please! もう少し静かにして下さい / More haste, ～ speed. 《諺》 急がば回れ / He spends ～ time at work *than* at play. 仕事よりも遊びに多くの時間を費す / There is ～ milk in the bottle *than* I thought. びんにはミルクが思ったより少ししか入っていない / Nearly 20% ～ gas was delivered that winter. その年の冬にはおよそ 20 パーセントガスの産出量が減少した / The height of the tree is ～ *than* that of the tower. あの木の高さはあの塔の高さに及ばない. **2** [集合名詞や Countable の複数名詞を修飾して] 《口語》 (数が)より少ない (fewer): *Less* people go to church *than* to theaters nowadays. 今日では教会へ行く人は劇場へ行く人より少ない / There were ～ road accidents this Christmas *than* last. 今年のクリスマスは去年より交通事故が少なかった / We want more action and ～ words. 我々は議論より行動を望む. **3** (大きさが)もっと小さな, …より小さい (↔ greater). ★ この意味では今日では smaller のほうが普通: to [in] a ～ degree＝to a ～ extent 一層少ない程度に / Scotland has ～ area *than* England. スコットランドの面積はイングランドよりも狭い / May your shadow never grow [be] ～! ⇨ shadow 成句. **4** (身分・重要性が)より劣っている. ★ no ～ a person [thing] than… の構文で用いられる: She was *no* ～ *a person than* the Queen. 外ならぬ女王その人であった.

nothing less than (1) …に外ならない (quite as much as): It is *nothing* ～ *than* fraud [criminal]. それはまさしく詐欺[犯罪]だ. (2) 《まれ》 全然…しない: We expected *nothing* ～ *than* an attack. 攻撃など少しも予期していなかった. ***something less than*** 決して…ない: His remark was *something* ～ *than* polite. 彼の言葉は丁寧どころではなかった.

― *adv.* [little の比較級] **1** [形容詞・副詞などを修飾して] もっと少なく, …より少なく, …ほどでなく: Try to be ～ troublesome. そんなに厄介をかけるものではない / The heat has grown ～ intense. 暑さが前ほどひどくはなくなった / The presence of his friends made him feel ～ isolated. 友人たちがそばにいてくれたのでさほど心細い気持にならずにすんだ / England is ～ mountainous *than* Scotland. イングランドはスコットランドより山が少ない / He is ～ fat *than* he was. 以前ほど太ってはいない. ★《口語》では一般に, less (…than) の構文よりも not (…) so (…as) の構文のほうが好まれる: Try *not* to be *so* troublesome. / England is *not so* mountainous *as* Scotland.

2 [動詞を修飾して] より少なく: Speak ～ and listen more. 口数を少なくして人の言うことにもっと耳を傾けよ / I know ～ about it *than* you. それに関しては君ほどは知らない / He is ～ talked of than before. 以前ほど評判にならない. ★ 次のような構文では前に the (⇨ the *adv.*) を伴って用いられる: *The more* he flatters, *the* ～ I like him. へつらえばへつらうほど彼が嫌いになる / Nobody thought *the* ～ of him *for* his uncouth appearance. 風采が無骨だからといって彼を偉いと思う気持を変えるような者はだれもいなかった / I don't think *any the* ～ of her *because* she is young. 若いからといって彼女を重んじる気持には少しも変わりがない / I was *the* ～ surprised *as* I had been told what he was. 彼の人となりを知らされていたからそれほど驚かなかった.

in less than no time ⇨ *in no* TIME. ***less and less*** (大きさ・程度が)次第に減少して: The speed grew ～ *and* ～. スピードが次第に減少した. ***less than*** (1) …未満, …以下 (cf. MORE[1] *than*): It's ～ *than* a mile. 1 マイルもない / He appeared to be ～ *than* fifty years old. 見たところ 50 歳以下のようだった / *Less than* twenty persons were invited. 20 人足らずの人が招かれていた / He refused to take ～ *than* $10,000. 1 万ドル未満の金は受け取ろうとしなかった / In ～ *than* a week I took everything for granted. 1 週間も経たぬうちに私はすべての事が当たり前と思うようになった. ★ 上の後の 2 例における less は統語上 *pron.* とも解される. (2) 決して…でない: Your work is ～ *than* perfect. 君の仕事は完全どころではない. ***little less than*** …とほとんど同じほど: It is *little* ～ *than* robbery. それは強奪も同然だ. ***more or less*** ⇨ more[1] *adv.* 成句. ***much*** [***still***] ***less*** [否定的語句の後で] まして[なおさら]…でない (cf. *much* [*still*] MORE[1]): I do *not* suspect him of equivocation, *much* [*still*] ～ of lying. 彼が言葉じりを濁しているとは思われない, ましてうそを言っているとは考えられない. ***no less*** (1) 同様に…: It is *no* ～ good. それも同様に立派だ. (2) [強意のため付加的に用いて] それほど多く, 実にそれほども (cf. NO LESS *than* (1)): He won $500, *no* ～, at the races. 競馬で実に 500 ドルももうけた. ***no less than*** (1) …ほども(多く) (cf. *no* MORE[1] *than*, *no* FEWER *than*): He won *no* ～ *than* $600 at the races. 競馬で 600 ドルももうけた / I have *no* ～ *than* three thousand books. 蔵書は 3000 冊ほどもある. (2) …に外ならない, 紛れもなく… (⇨ *adj.* 4). (3) …に劣らず, …と同じほど: You are *no* ～ guilty *than* he is. 彼に劣らず君も同罪だ. ***none the less*** それでもなお, それにもかかわらず (cf. nonetheless): Though poor, he is *none the* ～ happy. 貧しいが, それにもかかわらず幸せだ / A good tale is *none the* ～ worse *for* being twice told. 《諺》 よい話は二度されたからといって悪くはない《何度でもよい》. ***not less than*** (1) …にまさるとも劣らず (as…as, more…than): She is *not* ～ beautiful *than* her elder sister. 器量は姉にまさるとも劣らない (cf. *not* MORE[1] *than*). (2) 少なくとも…: He has *not* ～ *than* 100 dollars. 少なくとも 100 ドルは持っている. ***somewhat less than***＝*something* LESS *than* ⇨ *adj.* 成句. ***still less***＝*much* LESS.

― *pron.* **1** より少ない数[量, 額], もっと少量[少額, 少数]: *Less than* 20 *of* them remain. 彼[それ]らの中で残っているのは 20 人[個]もない / I finished ～ *of* the work *than* I'd hoped. 思うほど仕事がはかどらなかった / He was ～ *of* a fool *than* he looked. 見かけほどのばかではなかった / I had ～ to eat *than* I needed. 食べたいと思うだけ食物がなかった / We cannot take ～. それ以上おまけできません / ⇨ LESS *than* (*adv.* 成句). **2** [～ *of* … の形式の命令形をなして] 《口語》 (…を)控えよ, 慎め: *Less of* your nonsense! ばかも休み休み言いなさい / *Less of* your lip! 口が過ぎるぞ, 口を慎め / *Less of* it [that]! やめろ. **3** より重要でない人[物]: The ～ is blessed of the better. 小なる者は大なる者に祝福せらるる (*Heb.* 7:7).

― [lès] *prep.* …を減じた, を欠いた, …だけ足りない, を差し引いて, を控除して (minus): Five ～ three is two (5−3＝2). / a year ～ three days 1 年に 3 日足りない / five pounds ～ five pence 5 ポンドに 5 ペンス足りない / $15,000 a year ～ taxes 税金を引いて[手取り]年俸 15,000 ドル.

-less [lɪs, ləs, lès] 〖OE *-lēas* ← *lēas* devoid of, free from, vain: cog. ON *lauss* free, loose / OHG *lōs* free from: cf. loose, lose〗 ― *suf.* 次の意味を表わす形容詞を造る: **1** 名詞に付いて「…のない, …を持たない, …を欠く」の意: end*less*, home*less*. **2** 動詞に付いて「…できない, …し難い」の意: count*less*, resist*less*.

les·see [lesíː] 〖《1495》⇨ AF ～＝OF *lessé* (p.p.) ← *lesser* (F *laisser*) to leave: ⇨ lease[2], -ee[1]〗 *n.* 〘法律〙 賃借人; 借地人, 借家人 (tenant) (cf. lessor).

lessée·shìp *n.* 借地[借家]人であること.

less·en [lésn̩] 〖《?c1200》: ⇨ less, -en[1]〗 ― *vt.* **1** 少なくする, 小さくする, 減らす, 軽減する (diminish): ～ the danger, importance, etc. / ～ working hours 就労時間を減らす. **2** 《古》 軽んじる, けなす, くさす (belittle): ～ the services he has rendered 彼のせっかくの尽力を見くびる. ― *vi.* (形・数量・程度などが)小さくなる, 少なくなる, 減る, 弱くなる (decrease): The noise ～*ed*. 騒音は小さくなった.

Les·seps [leɪséps, lésəps | leséps, ←; *F.* lɛsɛps], **Vicomte Ferdinand Marie de** *n.* レセップス《1805-94; フランスの外交官; Suez 運河建設功労者》.

less·er [lésə | -sə(r)] 〖《c1225》: ⇨ less, -er[2]: cf. worser〗 ― *adj.* **1** もっと小さい[少ない], 小さい[少ない]方の, より劣った (↔ greater). ★ less と同意に用いられることもある (例: the ～ of two evils 二つの悪のうちのひどくない方) が, 主に「価値・重要性などがより劣った」という意味で絶対比較級として限定用法にのみ用い, than は伴わない: a ～ nation [power] 弱小国 / ～ poets 二流詩人 / ～ posts より[さほど]重要でない職. **2 a** [動植物名で] (同類のものより)小形の. **b** [L-; 地名で] 小… (cf. Greater). ― *adv.* [通例複合語の第 1 構成素として] より少なく: works of *lesser*-known writers あまり有名でない作家たちの作品.

Lésser Antílles *n. pl.* [the ～] 小アンチル諸島《西インド諸島中 Puerto Rico の南東に連なる列島; Virgin 諸島, Leeward 諸島, Windward 諸島, Tobago, Trinidad, Netherlands Antilles などから成る; Caribees ともいう; cf. Greater Antilles》.

Lésser Bairám *n.* 〘イスラム教〙 小バイラム祭 (⇨ Bairam).

Lésser Béar *n.* [the ~]〖天文〗こぐま(小熊)座 (⇨ Ursa Minor).

lésser celandine *n.*〖植物〗ヨーロッパ産のキンポウゲの一種 (*Ranunculus ficaria*)《花は黄色, 北米では雑草となっている; pile wort ともいう》.

lésser circulátion *n.*〖生理〗小循環, 肺循環 (cf. greater circulation).

lésser córnstalk bòrer *n.*〖昆虫〗北米産メイガの一種 (*Elasmopalpus lignosellus*)《幼虫はイネ科植物, 特にトウモロコシの茎に穿孔する害虫》.

lésser cúrvature *n.*〖解剖〗(胃の)小彎 (cf. greater curvature). ⌈Canis Minor).

Lésser Dóg *n.* [the ~]〖天文〗こいぬ(小犬)座 (⇨

lésser gráin bòrer *n.*〖昆虫〗コナナガシンクイ (*Rhizopertha dominica*)《ナガシンクイムシ科の甲虫; 体長 3 mm 位で貯蔵穀物の害虫》.

Lésser Khingán Móuntains *n. pl.* [the ~] 小シンアンリン山脈 (⇨ Khingan Mountains).

lésser oméntum *n.*〖解剖〗小網《胃の小彎から肝門に至る腹膜の一部; cf. greater omentum》. ⌈1 a).

lésser pánda *n.*〖動物〗レッサーパンダ (⇨ panda

lésser péach trèe bòrer *n.*〖昆虫〗北米産のスカシバガ科に属するガの一種 (*Synanthedon pictipes*)《幼虫はモモ・スモモ・ナシなどの幹に穿孔する害虫》.

lésser púrple émperor *n.*〖昆虫〗コムラサキ (*Apatura ilia*)《ヨーロッパから日本まで分布するチョウ》.

lésser scáup *n.*〖鳥類〗コスズガモ (*Aythya affinis*)《北米産ガンカモ科ハジロ属のカモ; lesser scaup duck ともいう》.

Lésser Súnda Íslands *n. pl.* [the ~] 小スンダ列島《Sunda 諸島中の列島で Bali 島以東 Timor までの島々から成る; 面積 76,822 km², 人口 6,999,000; cf. Greater Sunda Islands》.

lésser wíntergreen *n.*〖植物〗北米産のイチヤクソウ科の常緑多年草 (*Pyrola elliptica*).

lésser yéllowlegs *n.* (*pl.* ~)〖鳥類〗コキアシシギ (*Tringa flavipes*)《北米産のシギの一種で頭・首・胸・背などに茶灰色のすじがあり, 腹が白い; cf. greater yellowlegs》.

Les·sing [lésɪŋ; *G.* lέsɪŋ], **Gotthold Ephraim** *n.* レッシング《1729–81; ドイツの批評家・劇作家; *Laokoon*「ラオコーン」(1766)》.

les·son [lésn]〖《?*a*1200》 lessoun ▭ OF *lecon* (F *leçon*) < L *lectiō(n-)* a reading ← *legere* to read: ⇨ lection, lecture〗 **—** *n.* **1 a** 学課, 教課, 課業: hear a person his ~ 人の学課の復習を聞いてやる. **b** [しばしば *pl.*] 授業, けいこ, レッスン: have music ~*s* 音楽のけいこを受ける / give a ~ [~*s*] *in* music 音楽を教授する / take [have] ~*s in* Latin ラテン語を習う / He is very bright at his ~*s*. 学課がとてもよくできる / The boy hasn't learnt his ~*s* properly today. あの子は今日は授業がよく頭にはいらなかった. **2** (教科書中の)課: *Lesson* Three [The Third *Lesson*] 第3課. **3 a** 教訓 (example): Let her fate be a ~ to you. 彼女の運命を見て教訓としなさい. **b** 訓戒, 譴責(けんせき), 見せしめ (rebuke, reproof): read [give, teach] a person a ~ 人を訓戒する[しかる] / He has had a severe ~. ひどくしかられた. **4**〖英国国教会〗日課《朝夕の祈禱(きとう)の時に読む聖書中の一部分で祈禱書の中に示されている》: the first [second] ~ 第1[2]日課《旧約[新約]聖書の指定日課》.
— *vt.* **1** 訓練する, 訓育する (discipline). **2**《古》訓戒する, 譴責(けんせき)する (admonish, rebuke).

les·sor [lésɔə, ─ ́ | lesɔ́:(r, ─ ́]〖《*c*1384》▭ AF *lessor*: ⇨ lease², -or²〗 *n.*〖法律〗賃貸人, 貸主, 貸地[貸家]人 (landlord) (cf. lessee).

lest [lèst, lést]〖lateOE *þe lǣste* < OE *þȳ lǣs þe* (*þȳ* は定冠詞の助格, *lǣs* ' LESS ', *þe* は関係詞) by the less that, whereby less that: ME で *the leste* の *the* が消失した〗 **—** *conj.* ★ lest は《文語》で, 通例会話には用いない; lest のあとには《米》では仮定法現在形を,《英》では should を用いるのが普通. **1** …しないように (in order that …not), …するといけないから, …しはすまいかと心配して, …するのを恐れて (for fear that…): *Lest* the wall (*should*) collapse, they evacuated the building. 壁がくずれるのを恐れて建物から避難した / She took her umbrella ~ it (*should*) rain. 雨が降るといけないのでかさを持って行った. **2** [危惧(きぐ)・不安を表わす動詞・形容詞・名詞などに続いて] …しはすまいかと(いう) (that): I fear [am anxious] ~ he (*should*) be taken ill. 彼が病気になりはしないか心配だ / There was danger ~ he (*should*) be murdered. 彼が殺されはしないかという危険があった.

Les·ter [léstə | -tə(r]〖(i)《変形》← LEICESTER¹ // (ii) ←《廃》*litster* dyer ← ME *lite(n)* to dye (▭ ON *lit-a*) + -STER: もと家族名〗 *n.* 男性名.

let¹ [lèt, lét]〖OE *lǣtan*, *lǣtan* to leave behind, bequeath, leave, permit, lease (land) < Gmc **lētan* (Du. *laten* / G *lassen*) ← IE **lē(i)-* to let go, slacken (L *lassus* weary / Gk *lēdein* to be weary): cf. late〗 **—** *v.* (~; **let·ting**) **—** *vt.* **1** [使役] …させる (make). ★ この場合目的格補語としての原形不定詞は通例 know, hear に限られる: I'll ~ you *know* [*hear*] what has happened. 起こった事をお知らせします / *Let* it *be known*. それを知らせよ.
2 [容認] …させてやる (allow): We ~ them go. 我々は彼らを放免した / He ~ her continue. 彼女に言葉を続けさせた / I'll ~ you come with me. 一緒に来てもいいよ / He won't ~ anyone enter his study. だれも書斎へ入れようとしない / You must not ~ the fire go out. 火を消してはいけない / Will you ~ me go to the dance, Mum? お母さんダンスパーティーへ行ってもいい. ★(1) Passive では不定詞に to を添えることもある: The grass was ~ (*to*) grow. 草は伸びるに任せてあった. ただしこの言い方は《まれ》で, be allowed to を代用するのが普通. (2) 文脈から自明の場合には原形不定詞はしばしば省略される: He wanted to go, but his wife would not ~ him. 彼は行きたがったが彼の妻が行かせようとしなかった. (3) let go, let fall, let fly などのように, 慣用的で一つの他動詞的意味単位をなすものはしばしば, 動詞＋原形不定詞＋目的語の語順で用いられる (⇨ 成句).
3 [let, lèt] [一人称・三人称の目的語を伴う命令法に用いて, 提案・勧誘・命令・仮定・許可・決意・思案などの意を表わして]: *Let* me help. 手伝わせて下さい / *Let* me have a look. ちょっと見せて下さい / *Let* us eat and drink; for tomorrow we die. 我等いざ飲食(のみくい)せん, 明日死ぬべければなり (*1 Cor.* 15:32) / *Let* me [us] say… 例えば…; そうですね… / *Let* me [us] see. [疑い・思案などを示して] はてな, ええと, そうね, 待てよ / *Let* her go at once. 彼女をすぐに行かせなさい / *Let* each man decide for himself. 各自に自分で決心させよう / *Let* it be done at once. それをすぐするように / Don't ~ your friends get smashed! (車で来訪した友人などに酒を振舞ったりして)あなたの友人に事故を起こさせないように《飲酒運転予防の標語》/ *Let* AB be equal to CD. AB は CD に等しいと仮定せよ / *Let* him do his worst. 奴めどんなひどいことでもやれるならやってみろ / Just ~ him try. まあやれるならやってみるがいい(できるものか) / ⇨ LET *'em all come!* / *Let* there be no more of this. もうこんなことは二度としないように / Don't ~ there be any noise. 音を立てないように. ★(1) 勧誘の意を表わす Let us は《口語》ではしばしば Let's [lets, lèts] となる: *Let's* go. さあ出かけよう (cf. *Let* us [létəs | lét-] go. 我々を行かせて[放して]下さい) / *Let's* have something to eat. 何か食べよう (cf. *Let* us [létəs | lét-] have something to eat. 我々に何か食べるものを下さい) / *Let's* have the light on. さあ電気をつけよう;《婉曲(えんきょく)》だれか電気をつけてくれないかな / *Let's* climb in through the window.—No, we'd better not. 窓から中へはいろう—いや, そんなことはしない方がいい / Do *let's* have a party. ぜひパーティーを開きましょう. (2) let us, let's の否定形は let us not, let's not: *Let us* [*Let's*] *not* waste any more time discussing this. この事を議論して時間を無駄にするのはもうよそう. ただし《口語》では don't let's, また《米口語》では let's don't も用いられる: *Don't let's* start yet! まだ出かけるのはよそう / Let's stay right here and *let's don't* ever go anywhere. ここに留まってもうどこにも行くのはよそう. (3) 勧誘の let us, let's の文の付加疑問は shall we? となる: *Let us* [*Let's*] have a rest, *shall we*? 一休みしましょうか (cf. Shall we sit here?—Yes, *let's*. ここにすわりましょうか—ええ, そうしましょう). (4) くだけた《口語》で let me の代わりに let's が用いられることがある: *Let's* give you a hand. 手伝わせて下さい. (5) *Let's us* go. という言い方は *Let's* go. と *Let us* go. が混交して生じた表現で《米口語》. (6)《アイル》では二人称の命令文でも強調的に let が用いられることがある: *Let you* go along with her. ぜひ彼女と一緒に行ってやりなさい.
4 [目的語＋方向の副詞語句を伴って] (ある場所へ)行か[来さ]せる, 通す, (ある方向へ)動かす: ~ the cat *in* [*out*] ねこを中へ入れて[外へ出して]やる / ~ oneself *in* (ドアの鍵をあけて)中へ入る / ~ *in* air, light, etc. / ~ the blinds *down* [*up*] ブラインドを降ろす[上げる] / ~ a person *through* the gate 人に門を通らせる / He ~ me *into* his study. 彼は私を書斎へ通した / He ~ himself quietly *out* (*of*) the window. ひそかに窓から外へ出た / The nurse ~ him *up out of* bed. 看護婦は彼をベッドから起き上がらせた / *Let* me *up*, please. 起こして[上に上げて]ください / They ~ him *down* on a rope. ロープを伝って彼を下に降ろした.
5 [目的補語を伴って] 〈ある状態に〉させる, しておく: *Let* my things alone. 私の物はほっておいてくれ / *Let* him alone to do it. 彼に任せてそれをさせておきなさい / Don't ~ that dog loose. その犬を放すな.
6 [通例 ~ *off*, ~ *out* として] 〈液体・空気・声などを〉出す, 流す, 漏らす (release): ⇨ *let* BLOOD, LET *off* (*vt.*) (2) (3), LET *out* (*vt.*) (1) (2).
7《英》〈家・部屋・土地などを〉貸す, 賃貸する (lease, rent): ~ one's land [a farm] 土地[農場]を貸す / ~ one's house for the winter 冬の間家を貸す / He ~ me the rooms.＝He ~ the rooms to me. 私に部屋を貸してくれた / House [Room] to ~ [to be ~]. [広告] 貸家[貸間]あり / ⇨ LET *off* (*vt.*) (9), LET *out* (*vt.*) (7).
8 〈仕事を〉出す (give out)〔*to*〕; 〈契約を〉(特に入札後に)請け負わせる: ~ some work *to* a carpenter 大工に仕事を請け負わせる / The contract will be ~. その契約は請け負われるだろう / ⇨ LET *out* (*vt.*) (8).
— *vi.* **1**《英》貸される, 借手がある: The flat ~*s for* 20 pounds a week. そのフラットは週 20 ポンドで貸される / The room ~*s* well. その部屋は借手がすぐつく. **2** 〈仕事などが〉請け負わされる. **3**〖航空〗〈飛行機が〉(着陸などのため)降下する.

let alone (1) [しばしば命令文で] うっちゃっておく, 構わない, 放任する (cf. *vt.* 5): ⇨ LET *well* (*enough*) *alone*. (2) [命令文で] …は言うまでもなく (not to mention); [特に否定文のあとに用いて] まして(…でない) (much less): The project will take too much time, ~ *alone* money. その計画には費用は言うまでもなく, 時間がかかりすぎるだろう / I cannot speak French, ~ *alone* write it. フランス語は話すこともできない, まして書くなどとんでもない / She isn't even pretty, ~ *alone* beautiful. きれいでさえない, 美しいなんてとてもじゃない.

let be (1) うっちゃっておく, 構わない (let alone): *Let* me [it] *be*. 私を[それは]構わないで下さい / You'd better ~ things *be* for a moment. 事態はしばらく放っておいた方がよい. (2)《古》やめる: *Let be* your anger. 怒るのはよしなさい.

let blood ⇨ blood 成句.

let by (1) 〈人を〉通す: ~ a person *by*. (2) 大目に見る; 見過ごす: The chance is too good to ~ *by*. このチャンスは逸するのが惜しい.

let come what will どんなことがあっても.

let down (*vt.*) (1) ⇨ *vt.* 4. (2) (支え切れず)落とす: This chair might ~ you *down*. この椅子は(すわると)壊れるかもしれない. (3)《口語》(必要な時に)助けてくれない, 支えてくれない; 見捨てる, 裏切る (forsake, betray): Don't ~ me *down*. 私を見捨てないでくれ / ~ the side *down* ⇨ side 成句. (4)《口語》…の期待を裏切る, 落胆[がっかり]させる (disappoint): I was ~ *down* a little when I saw it. それを見て少しがっかりした / The end will ~ you *down*. その結末には君も失望するだろう. (5) …の威信を落とす, …の名声を傷つける[辱しめる] (humiliate): ~ *down* one's business 自分の商売の名[信用]を落とす. (6) 〈スカート・裾などを〉長くする: ~ one's dress *down* one foot ドレスの丈(たけ)を1フィート延ばす. (7) 〈髪を〉解く (undo): ~ one's hair *down* ⇨ hair 1. (8) …の空気を抜いて平らにする (flatten): ~ a tire [balloon] *down* タイヤ[風船]の空気を抜く. (*vi.*) (1) 努力[緊張]をゆるめる, たるむ (slacken): Don't ~ *down* in your efforts. 努力をゆるめるな. (2) 〈飛行機が〉降下する; 〈パイロットが〉飛行機を降下させる. (3) 〈売上げなどが〉減少[低下]する: Sales are ~*ting down* instead of increasing. 売上げは伸びないで低下している.

***let a person down gently* [*softly, easily, easy*]**《口語》〈人〉の自尊心を傷つけぬよう配慮を加える: ~ the applicant *down gently* 志願者の自尊心を傷つけないようにする《体よく断る》.

let drive 〔…に〕激しく打ちかかる, 〔…を〕強くねらい打つ〔*at*〕: He ~ *drive* (*at* me) with a club. 彼は棍棒で(私に)激しく打ちかかって来た.

let drop (1) 落とす, こぼす: ~ a ball *drop* (受けた)ボールを落とす. (2) うっかり[わざと]しゃべる: ~ *drop* a hint, remark, etc.

Let 'em* [*them*] *all come!《口語》(相手方の挑戦を受けて)矢でも鉄砲でも持って来い.

let fall (1) 落とす, 倒す, 降ろす, こぼす: ~ *fall* a plate, curtain, etc. / Don't ~ the baby *fall*. 赤ちゃんを落とさないように. (2) うっかりしゃべる[漏らす], 何げなしに言う: ~ *fall* a hint さりげなくヒントを言う / ~ *fall* a significant remark うっかり意味深長な言葉を漏らす. (3)〖数学〗〈直線・垂線などを〉引く, 降ろす (drop): ~ *fall* a perpendicular (*up*)*on* [*to*] a line 直線に垂線を降ろす.

let fly (1) 〈弾丸・石などを〉発射する, ぶっ放す (shoot); 〈悪口などを〉激しく放つ: ~ *fly* (a missile) *at* an enemy plane 敵機に向かって(ミサイルを)発射する / ~ *fly* a torrent of abuse *at* a person 人に向かって悪口雑言を放つ. (2) 〔…を〕ののしる, 〔…に〕食ってかかる; 〔…に〕激しい態度をとる〔*at, against*〕: ~ *fly at* a person 人に食ってかかる / ~ *fly against* a social injustice 社会の不正に対して断固たる態度をとる. (3) 思い切り感情を発散させる: ~ *fly on* a trumpet [*with* one's observations] トランペットを吹きまくって[自分の思うところを述べて]気分を発散させる / She ~ *fly* with tears in her voice. 彼女は涙で声を震わせながら叫んだ.

let go (1) 〈握っていた物を〉手放す (release): Don't ~ *go* (the rope) till I tell you. 私が言うまで(ロープから)手を放さないように. ★ この意味の let go が *vt.* 用法の場合, take [get] hold *of* からの類推によって of を伴うこともある: *Let go of* me [my arm]. 私[私の腕]を放してくれ. (2) 解放[放免]する, 自由にする: ~ a prisoner *go* 囚人を放免する / *Let* me *go*! 私を自由にしてくれ. (3) 思い切る (discard), 忘れる (forget) (cf. LET *it go at that*): Do only what is imperative and ~ the rest *go*. 絶対に必要なことだけをやってあとのことは思い切りなさい. (4) 解雇する, 首にする (dismiss): He ~ his secretary *go*. 秘書を解雇した. (5) ＝LET *oneself go*. (6) 〈叫び声などを〉あげる〔*with*〕: She ~ *go with* a sudden scream. 突然金切声を張り上げた. (7)〖海事〗錨を下ろす, 投錨する.

let a person have it《口語》〈人を〉激しく叱る, 〈人〉に激しい打撃[銃撃]を食らわす: *Let* him *have it*! やっちまえ, やっつけろ《暴徒などが叫ぶ文句》.

let in (*vt.*) (1) ⇨ *vt.* 4. (2) 〈弊害などを〉招く, 生ずる: This will ~ *in* all sorts of evils. あらゆる弊害がこれから生じるだろう. (3) 差し込む, はめ込む (insert): ～ *in* a plaque on the wall 壁に飾り板をはめ込む. (4)《口語》だます, ぺてんにかける (deceive): I was badly ～ *in* over that business. あの取引ではひどい目にあった. (5)《口語》〔損失・困難などに〕陥れる, 巻き込ませる〔*for*〕: If I'd known what you were ～*ting me in for*, I should never have come. 私をどんなことに巻き込もうとしているか知っていたら来はしなかったのに / I ～ myself *in for* a lot of trouble [work]. 大変面倒な目にあった[仕事をどっさりやる羽目になった]. (6)《口語》〔秘密・計画などを〕〈人〉に知らせる〔*on*〕: Do ～ me *in on* your secret [plan]. 君の秘密[計画]をぜひ教えてくれ. (7)〈衣服などを〉短くする, 詰める (shorten) (cf. LET *out* (*vt.*) (6)): This dress needs ～*ting in* at the waist. このドレスはウエストを詰めなければだめだ. (8)〈クラッチを〉つなぐ: ～ *in* the clutch. (*vi.*)〈靴が〉漏れる: My shoes ～ *in* badly. 私の靴はひどく漏る.

let into (*vt.*) (1) ⇨ *vt.* 4. (2) …に〈棚・管などを〉差し込む, はめ込む: have a large window ～ *into* the wall of the study 書斎の壁に大きな窓をはめ込んでもらう. (3)〈秘密などを〉…に告げる, 教える: He was ～ *into* the secret. 彼はその秘密が知らされていた. (*vi.*)《口語》…を撃つ, なぐる; …をののしる: ～ *into* a person.

let it go at that それはそういうことにしておく, もうあとは言わ[考え]ない〔*at*〕: The explanation didn't satisfy me, but I ～ *it go at that*. 説明を聞いても納得がいかなかったが, その事はもう考えないことにした.

let loose ⇨ loose *adj.* 成句.

let off (*vt.*) (1) 撃つ, 放つ, 打ち上げる (fire off): ～ *off* a gun, fireworks, etc. (2)〈蒸気などを〉排出する (release): ⇨ *let off* STEAM. (3) 言い放つ, 言う (utter): ～ *off* a joke 冗談を言う / ～ *off* a dissent 不同意だと言う. (4) 放免する;〔軽い罰で〕免じる (excuse)〔*with*〕: ～ a person *off* lightly [*with* a light penalty] 人を軽い罪で許す. (5) 義務[仕事]から免除する;〔義務などから〕免除する〔*from*〕: ～ a person *off* for half a day 半日仕事を免除する / ～ a person *off from* his engagement 約束から解除してやる. (6) [off は *prep.*]《口語》〈刑罰・仕事など〉から免除する: ～ a person *off* a penalty [his homework, what he owes] 人の刑罰[宿題, 借金]を免除する / ～ *off* the hook ⇨ *off* the HOOK. (7)〈相手を〉負かす機会を失う, …から得点を得る機会を逃がす. (8) 降ろす (cf. LET *on* (4)); [off は *prep.*]〈乗り物〉から降ろす: *Let* me *off* here, please. ここで降ろして下さい / ～ passengers *off* a bus バスから乗客を降ろす. (9)《英》〈家などを〉分割して貸す;〈土地など〉の一部を貸す: ～ *off* a house (*into* flats) 家を(フラットに)分割して貸す. (*vi.*)《卑》屁をひる (fart).

let on (1)《口語》告げ口する, 漏らす, あばく (tell, reveal): ～ *on* a secret 秘密を漏らす / Don't ～ *on* (*to* him) *that* you know me. 君が私の知り合いだということを(彼に)漏らしてはいけない / He knew the fact but he never ～ *on* (*about* it). 彼はその事実を知っていたが決して(その事を)人には言わなかった. (2)《口語》ふりをする (pretend): ～ *on to* be annoyed いらいらしているようなふりをする / He ～ *on that* [*like*] he was sick. 病気のふりをした. (3) 認める (admit): He knew more than he ～ *on*. 自分で認めた以上のことを知っていた. (4) 乗せる (cf. LET *off* (8)): ～ a person *on*.

let out (*vt.*) (1) 外に出す, 流れ出させる, こぼす (cf. *vt.* 4): ～ *out* the water from the bath＝～ the water *out of* the bath ふろから水を出す. (2)〈声などを〉あげる (give out): ～ *out* a scream [a loud groan] 金切声[大きなうめき声]をあげる / The dog ～ *out* a yelp. 犬がほえ立てた. (3) 自由にしてやる, 解放[放免]する (release);《口語》〈人を〉不愉快な義務から解放する, …にいやな事をしないで済むようにさせる: ～ a person *out* (*of* prison) *on* bail 人を(刑務所から)保釈出獄させる / ～ a country *out of* paying reparations 国に賠償の支払いを免除する / That ～ me *out* nicely.《口語》それでうまくいやな仕事をしなくて済んだ. (4) 解雇する, 首にする (fire): Many workers were ～ *out*. 多くの労働者が解雇された. (5)(うっかり)口外する, 漏らす (reveal): ～ *out* a secret (*to* the press) (新聞に)秘密を漏らす / Who ～ that story *out*? 誰がその話をばらしたのか / He ～ (*it*) *out that* his father was retiring. 彼は父が辞任しようとしているということを口外した. (6)〈衣類などを〉広げる, ゆるめる, 伸ばす (loosen, enlarge);〈縫い目・伏せ縫いを〉少なくして衣服を伸ばす (cf. LET *in* (*vt.*) (7)): The trousers must be ～ *out* round the waist. ズボンは腰のあたりを広げなければならない. (7) 貸す, 賃貸しする (hire out): ～ *out* carriages and horses by the day 1日いくらで馬車を貸す / ～ chairs *out* (*on* a person) (公園などで)(人に)椅子を賃貸しする. (8)〈仕事を〉請け負いに出す;〈契約を〉〔入札者に〕請け負わせる (award)〔*to*〕: They ～ work *out* to be done in the homes. 仕事を請け負わせて家庭での内職にさせている. (9)〈車〉の速度をあげる: He ～ his car *out* a bit. 車のスピードを少し出した. (10)〈クラッチを〉切る: ～ *out* the clutch. (*vi.*) (1)〔…を〕激しく狙い打つ, ひどくののしる〔*at*〕: Don't ～ *out at* him. 彼を打つのは[ののしるのは]やめてくれ. (2)《米》〈学校などが〉終わる: The meeting has ～ *out*. 集会が済んだ / School ～ *out* for Christmas. 学校はクリスマス休暇になった.

let pass 見逃す, 容赦する (overlook, forgive): ～ a mistake *pass* 間違いを不問に付す / I'll ～ it *pass*. それはよいとしよう.

let ride《口語》そのままにしておく: The class was noisy but she ～ it *ride*. 教室は騒がしかったが彼女は放っておいた.

let oneself go (1)〔問題などに〕熱中[熱狂]する〔*on*〕; 羽目をはずす: He ～*s himself go* now and then. 彼は時々羽目をはずす. (2) 身なりなどに構わない, 自堕落になる: I don't want to ～ *myself go*. 自堕落になりたくない.

let oneself in for ⇨ LET *in* (5).

let slide うっちゃっておく;〈仕事などを〉いい加減にやる, さぼる: ～ things *slide* 事態を成行きに任せる / ～ one's studies *slide* 勉強をさぼる.

let slip (1) …の綱を解いてやる, 自由にしてやる: *Let slip* the dogs of war. ⇨ dog 成句. (2) 逃がす, 失う, 逸する (miss): ～ an opportunity *slip* 好機を逸する. (3) うっかり口外する[漏らす]: He ～ *slip* the truth. うっかり真相を漏らした / He ～ (*it*) *slip that* he was there. うっかりそこに居たことを漏らしてしまった.

let through (1) 見逃す, 見過ごす: ～ *through* a few misprints in the proofs 校正刷りで二,三のミスプリントを見逃す. (2)(…を)通過させる: *Let* him *through*. 彼を通してやれ / I was ～ *through* the customs without an inspection. 検査なしで税関を通してもらった.

let up (*vt.*) ⇨ *vt.* 4. (*vi.*)《口語》(1) ゆるむ, 静まる (slacken), (次第に)やむ (stop);〈仕事など(の量)が〉減る, 楽になる; 一段落する (cf. letup): The rain is ～*ting up*. 雨がやんで来た / This wind will ～ *up* by tomorrow morning. この風も明朝までにはやむだろう. (2) 努力をゆるめる, くつろぐ (relax): He never ～*s up* for a moment. ひと時も手を休めない. (3) ⇨ LET *up on*.

let up on《口語》…を寛大に扱う, …に対する厳しさをゆるめる, …を和らげる: He never ～ *up on* his son. 息子に対しては決して甘くしなかった / ～ *up on* the instruction 教える手をゆるめる / ～ *up on* current expenditure 経常費の支出制限を緩和する.

let well (《米》 ***enough***) ***alone*** 余計な干渉をしない, そのままにしておく, 現状に満足する: Why can't you ～ *well* (*enough*) *alone*? どうして余計なおせっかいをするのか / *Let well* (*enough*) *alone*.《諺》やぶをつついて蛇を出すな.

To Let《英》[掲示] 貸家[室] (《米》 For Rent).

— [lét] *n.*《英》 **1 a** 貸すこと, 貸付け, 賃貸 (lease): House For *Let* [掲示] 貸家. **b** 貸家, 貸間(など). **2**《口語》借り手.

let[2] [lét]〘OE *lettan* < Gmc **latjan* (ON *letja* / Du. *letten*) ← **lata-* 'slow, LATE': cf. let[1]〙 — *vt.* (**let·ted, ～**)《古》妨害する, 邪魔する: ～ and hinder 妨害する, 邪魔する / I purposed to come unto you, but was ～ hitherto. しばしばなんじらに行かんとしたれど今に至りてなお妨げらる (*Rom.* 1:13). — *n.* **1** 妨害, 邪魔. ★ 主に次の法律用句に用いられる: without ～ or hindrance 何の故障もなく. **2**〘テニス〙レット《サーブした時の球がネットに触れて相手のサービスコート内に入った場合をいい, サーブのやり直しが許される; cf. net[1] 5 b, net ball》.

-let [lɪt, lət]〘ME ～, *-lette* ◻ OF *-elet* ← *-el* (dim. suf.) + -ET〙 — *suf.* **1** 名詞に付ける指小辞: book*let*, ring*let*, stream*let*. **2**「…に付ける物」の意を表わす: arm*let*, wrist*let*.

letch [létʃ]〘《逆成》←《廃》*letcher*《変形》← LECHER〙 *n.*, *vi.* ＝lech.

lét·dòwn〘← *let down* (⇨ let[1] 成句)〙 — *n.* **1** (速度・努力・分量などの)減少, 減退, ゆるみ, たるみ, スランプ (slump): a ～ in sales [circulation] 売上げ[発行部数]の減少. **2** 失望, 落胆 (disappointment). **3**〘航空〙(航空機の着陸に先立つ)高度低下. — *attrib. adj.* **1** 失望した, 元気のない, 意気消沈の (dejected): the ～ feeling. **2**〘航空〙(航空機が)降下する, 降下の: the next ～ point 次の降下点.

le·thal [líːθəl]〘《1583》◻ L *lēt(h)āl-is* ← *lētum* death: *-h-* の混入は Gk *lḗthē* oblivion との連想〙 — *adj.* **1** 死の, 死を招く;〈毒物・遺伝子など〉致命的な, 致死性の: ⇨ lethal chamber / a ～ dose of poison 致死量の毒薬. **2** 破壊的な: a ～ attack. — *n.* **1** 致死剤. **2**〘生物〙＝lethal gene. **～·ly** *adv.*

léthal chámber *n.* **1** (犬・猫などの)無痛屠(と)殺室. **2** (ガスなどによる)処刑室 (cf. gas chamber).

léthal géne [fáctor]〘《なぞり》? ← F *gène* [*facteur*] *létal*〙 — *n.*〘生物〙致死遺伝子, 致死因子《生物の発育のある時期に, その生物に死を引き起こす働きをもつ遺伝子》.

le·thal·i·ty [liːθǽləti | -lətɪ, -lɪ-] *n.* 致死率, 致死性, 致命的なこと.

le·thar·gic [lɪθáːdʒɪk, lə-, le- | leθáː-, lɪ-, lə-]〘《a1398》 *litargik* ◻ L *lēthargic-us* ◻ Gk *lēthargikós*: ⇨ lethargy, -ic[1]〙 — *adj.* **1** 嗜眠(しみん)性の, 眠い; 昏睡(こんすい)の, 昏睡状態の; 不活発な, 生気のない, ぼんやりした. **2** 無感動な, 無神経な, 鈍感な. **3** 昏睡を生ぜしめる, 催眠性の: ～ music. **le·thár·gi·cal** *adj.* **le·thár·gi·cal·ly** *adv.*

lethárgic encephalítis *n.* ＝encephalitis lethargica.

leth·ar·gize [léθədʒàɪz | -θə-] *vt.*《古》 **1** 昏睡(こんすい)病にかからせる, 昏睡状態に陥らせる. **2** 無気力[無感覚]にする (benumb).

leth·ar·gy [léθədʒi | -θədʒɪ]〘《16C》◻ L *lēthargia* ◻ Gk *lēthargia* forgetfulness ← *lḗthargos* forgetful ← *lḗthē* (↓)+*argós* idle ∞《c1380》 *litargie* ◻ ML *litargia*〙 — *n.* **1** 嗜眠(しみん); 昏睡, 昏睡病, 昏睡状態. **2** 無気力, 不活発, 無感覚; 気抜け, 惰気.

Le·the [líːθi, -θiː | -θiː, -θɪ]〘◻ L *Lēthē* ◻ Gk *lḗthē* forgetfulness〙 — *n.* **1**〘ギリシャ・ローマ神話〙忘却の川, レーテ《黄泉(よみ)の国 (Hades) にあり亡霊がその水を飲むと自己の過去を一切忘れるという》. **2** [しばしば l-] 物忘れ, 忘却 (oblivion).

Le·the·an [líːθiən, lɪθíːən, lə- | líːθɪən, lɪθíːən]〘← L *Lēthēus* ◻ Gk *Lēthaîos* 'of LETHE': ⇨ -an[1]〙 *adj.* **1** 忘却の川 (Lethe) の. **2** 過去を忘却させる.

le·thif·er·ous [liːθíf(ə)rəs] *adj.*《古》＝lethal.

Le·ti·tia [lɪtíʃə, lə-, -tíː- | lɪtíʃɪə, lə-, -ʃə]〘◻ L *Laetitia*《原義》gladness ← *laetus* glad〙 *n.* 女性名《愛称形 Letty; 異形 Laetitia, Latitia》.

Le·to [líːtou | -təu]〘◻ Gk *Lētṓ*〙 *n.*〘ギリシャ神話〙レートー《Zeus に愛され Apollo と Artemis の母となった女神; ローマ神話の Latona に当たる》.

lét·òff *n.* **1** (いやなことを)免れること, (当然受けるべき)罰を免れること; 免除, 免罪. **2**〘クリケット〙先方が受けうる球を受けないこと, 敵の失策によってアウトにならないこと.

lét·óut *adj.*〈皮革が〉レットアウトの《毛皮を造るとき色やきめのよさを強く出すために生皮を細長く幾枚にも切り更にこれを継いで長くしたものにいう》. — *n.* 出口, 逃げ道.

let's [lets, lèts]《口語》let us の縮約形 (⇨ let[1] *vt.* 3).

Lett [lét]〘◻ G *Lette* ◻ Lettish *Latvi*〙 — *n.* **1 a** [the ～(s)] レット族《バルト海の東岸地方, 特に Latvia に住んでいる種族》. **b** レット族の人. **2** レット語 (Lettish).

let·ta·ble [létəbl | -tə-] *adj.*《英》貸すことのできる.

lét·ter[1] [-tə | -tə(r)]〘《a1400》: ⇨ let[1]〙 *n.*《英》貸手, 貸主, 賃貸人.

let·ter[2] [létə | -tə(r)]〘《?a1200》◻ (O)F *lettre* < L *litteram*, *litera* letter of the alphabet, handwriting, (pl.) *litterae* epistle, document, literature ← ?〙 — *n.* **1 a** 字, 文字: the ～*s* of the alphabet アルファベットの26文字 / a capital [small] ～ 大[小]文字 / an initial ～ (姓名などの)頭文字. **b** [*pl.*] アルファベット: teach a child his ～*s* 子供に ABC を教える. **2 a** 手紙, 書状, 書簡 (cf. missive 1, epistle): a sealed ～ 封書 / a ～ of introduction 紹介状 / an express ～ 速達の手紙 / *by* ～ 書面で, 手紙で / ⇨ day letter, night letter. **b** [通例 *pl.*] (証書・認可状・免許状・委任状などの) 公式書状, 認可状, 証書: ⇨ LETTER of credit, license, etc.; LETTERS of administration, etc. **3** [*pl.*; 単数または複数扱い] 文学; 学識, 学問; 文筆[著述]業: art and ～*s* 文学芸術 / a man of ～*s* 文学者, 文人, 著述家, 学者 / the profession of ～*s* 著述業, 学問 / the world of ～*s* 文学界 / ⇨ the REPUBLIC of letters / be slow at one's ～*s* 学問ののみ込みが悪い[覚えが悪い]. **4** [the ～] (内容・精神に対して)字句, 字義, 文字通りの意味 (cf. spirit 8): *the* ～ of the law 法律条文 / in ～ and in spirit 形式精神共に / For *the* ～ killeth, but the spirit giveth life. そは儀文は殺し霊は活せばなり (2 *Cor.* 3:6). **5**《米》(通例運動選手が賞として受けシャツに付ける)学校のイニシャルマーク: win one's ～ 選手になる (cf. win one's cap ⇨ cap[1] 2 e). **6 a** 字体, 体 (style, type): a cursive ～ 筆記[草書]体 / Roman ～*s* ローマン体 / italic ～*s* イタリック体 / ⇨ black letter, block letter. **b**〘印刷〙活字; ＝font[2].

to the letter 文字通りに, 遺漏なく: The commands were obeyed *to the* ～. 命令は忠実に実行された.

letter of advice〘商業〙荷送り通知状; 手形振出し通知状.

letter of attorney〘法律〙委任状 (power of attorney).

letter of credence (大公使に与えられる)信任状《letters of credence ともいう; cf. credential 2》.

letter of credit〘商業〙(銀行の発行する)信用状 (略 L/C).

letter of indemnity ⇨ 「債務履行猶予契約(書).」

letter of license〘法律〙支払い期日延期書面(契約); 債務履行猶予契約(書).

letter of marque (1) [しばしば Letters of Marque として] 私掠(しりゃく)免許状[証], 敵船捕獲認可状《敵国船舶の拿捕(だほ)を個人に認許した政府発行の免許状; 本状所有者は海賊とみなされることを免れたが, その発行は1856年 Paris の国際会議で禁止された; letter(s) of marque and reprisal ともいう》. (2) (私掠免許状を与えられた)私掠船 (privateer).

letters of administration〘法律〙遺産管理状.

letters of business〘英国国教会〙(国王の発する)聖職議会[会議]召集状.

letters of horning《スコット》(債務者に対する)逮捕執行令状.

letters of orders〘キリスト教〙(bishop の発する)聖職就任証.

letters of reprisal〘法律〙報復的拿捕(だほ)認可状.

— *vt.* **1** …に文字を印する[入れる]; …に表題を入れる: ～ a book cover. **2** …に文字を付す, 文字を打って分類する. — *vi.* **1**《米口語》〈運動選手が〉(賞として)学校のイニシャルマークをもらう: ～ in football. **2** 印刷字体で書く.

létter-bàlance *n.* (郵便料金を知るために用いる)手紙秤(ばかり).

létter bòmb *n.* (テロリストなどの用いる)手紙爆弾.

létter bòok *n.* 信書控え帳《発送する手紙の控え帳》.

létter-bòund *adj.* (法律などの)字句[字義]にとらわれた.

létter·bòx *n.*《英》 **1** 郵便受け[入れ] (《米》mailbox). **2** 郵便(差出し)箱, ポスト (postbox, 《米》mailbox).

létter·càrd 〘《なぞり》? ← F *carte-lettre*〙 *n.* 《英》 封緘(ふう)はがき, 簡易書簡.

létter càrrier *n.* 郵便集配人 (postman).

létter càse *n.* 懐中書簡入れ.

létter dròp *n.* 郵便差入れ口.

lét·tered 〘ME〙 — *adj.* **1** **a** 学問[教養]のある, 博学な (learned, educated). **b** 文学の素養がある. **2** **a** 文字入りの, 文字の模様のある: a book ~ in gold 金文字入りの本《表題などが金文字になっている》. **b** 文字から成る: ~ cipher 文字の暗号.

léttered díal *n.* 〘電話〙 文字入りダイヤル《数字以外にアルファベットも記入されているダイヤル》.

lét·ter·er [-ṭərə | -tərə(r)] *n.* 文字を印する[入れる]人, レタリングをする人; 碑銘を彫る人.

létter fìle *n.* 書状ばさみ.

létter·fòrm *n.* **1** (図案から見た)アルファベットの字形. **2** 便箋(びん).

létter fòunder *n.* =typefounder.

let·ter·gram [léṭəgræ̀m | -tə-] *n.* 〘郵便〙 レターグラム《通常の電報配達のあい間に配達されるという条件の安い料金の電報; cf. day letter, night letter》.

létter·hèad *n.* **1** レターヘッド《書簡紙頭部の印刷文字; 発信人・会社の宛先(あて)・氏名などを刷り込んだもの》. **2** レターヘッド刷込みの書簡用紙 (cf. notehead, billhead).

lét·ter·ing [-ṭərɪŋ | -tər-] *n.* **1** **a** 文字を書き入れる[刷り込む, 刻む]こと. **b** 書いた[刷り込んだ, 刻んだ]文字; 印刷文字, 刻字, 銘: read the ~ on the grave 墓の銘を読む. **2** (書いたり刻んだりした)文字の配置[体裁], 文字によるデザイン, レタリング; 字体.

léttering pèn *n.* レタリング用ペン先《太字用・細字用などペンの先が特殊な作りになっている》.

létter·less *adj.* **1** 文字の(書いて)ない. **2** 手紙のない. **3** 《古》 文字を知らない, 無学の.

létter·lòck *n.* 文字合わせ錠《combination lock の一種》.

létter·màn [-mæ̀n, -mən] *n.* (*pl.* **-men** [-mèn, -mən]) 《米口語》 学校のイニシャルマークを獲得した運動選手 (cf. letter² 5).

létter míssive *n.* (*pl.* **letters m-**) (高位の者から特定の人または集団に発する)命令書, 勧告書, 推薦書, 許可書.

létter pàd *n.* (はぎ取り式の)便箋(びん).

létter pàper *n.* 書簡用紙, 便箋(びん), レターペーパー.

létter-pérfect *adj.* **1** 自分のせりふ[学科]をよく暗記している, 丸暗記の. **2** 〈文書・校正刷など〉一語一語正確な, 完全な, 逐語的な.

létter·prèss *n.* **1** 〘印刷〙 **a** 凸版[活版]印刷 (relief printing). **b** 凸版[活版]印刷物. **c** 凸版[活版]印刷機. **2** 《英》 (挿絵に対して)本文: The illustrations are worthy of the ~. 挿絵は本文に劣らず立派だ.

létter scàle [**scàles**] *n.* =letter-balance.

létters credéntial 〘《なぞり》 ← ML *litterae crēdentiālēs*〙 *n. pl.* =LETTER² of credence.

létter·sèt 〘← LETTER(PRESS)+(OFF)SET〙 *n.* 〘印刷〙 レターセット《凸版とオフセットを併用した印刷》.

létter shèet *n.* 簡易書簡.

létters óvert *n. pl.* 〘英法〙 =letters patent.

létter·spàce *vt.* 〘印刷〙 〈字間を〉調節する; 〈活字を〉字間をあけて組む《例 L E T T E R》.

létters pát·ent [-pǽtn̩t | -pǽtənt, -péɪt-, -tn̩t] 〘(*a*1387) 《なぞり》 ← AF *lettres patentes* 《なぞり》 ← ML *litterae patentēs*〙 — *n. pl.* 〘英法〙 開封勅許状《国王・政府から種々の権利・特権を与える目的で発せられる公的書面で, 開封のまま交付される; 貴族の叙任の場合にも用いられる; 以前は発明に対する特許権を与えるために用いられたが, 現在は廃止》.

létters rógatory *n. pl.* 〘法律〙 (他裁判所に対する)証人調査依頼状, (外国裁判所に対する)証拠調査依頼状.

létter-stàmp *n.* (手紙の)消し印.

létters testaméntary *n. pl.* 〘法律〙 遺言執行状.

létter stòck *n.* 〘証券〙 登録届出をしていない株式《公衆に売り出すことができない》.

létter télegram *n.* 書信電報《普通語または暗号を用いる国際電報; 通常電報より後回しになるが, 料金は約半分となる; 略 LT》.

létter·wèight *n.* 文鎮.

létter wrìter *n.* **1** 手紙を書く人; (特に, 職業的な)手紙の代書人: I am not much of a ~.=I am a poor ~. 筆不精だ. **2** 手紙の書き方(の本), 書簡文範.

Let·tic [léṭɪk | -tɪk] *adj.* =Lettish.

Let·tice [léṭɪs, -ṭəs | -tɪs] 〘《異形》 ← LETITIA〙 *n.* 女性名.

Let·tish [léṭɪʃ | -tɪʃ] 〘⊏ G *lettisch*: ⇨ Lett, -ish¹〙 *adj.* **1** レット人 (Lett) の, レット族の. **2** レット語の. — *n.* レット語 (⇨ Latvian 2).

let·tre bâ·tarde [létr(ə)-bətɑ́əd | -tɑ́:d; *F.* lɛtʀəbɑtard] 〘⊏ F ~ 《原義》 bastard letter〙 — *n.* (*pl.* **lettres bâ·tardes** [~]) 〘活字〙 **1** 草書風ゴシック体《角のとれたゴシック体》. **2** =bâtarde.

lettre de ca·chet [-də-kæʃéɪ; *F.* -dəkaʃɛ] 〘⊏ F ~ 《原義》 sealed letter〙 — *F. n.* (*pl.* **lettres de c-** [~]) 拘禁令状, 逮捕状《昔フランス王が捕縛するとき出した封印令状》.

lettre de change [-də-ʃɑ́:(n)ʒ, -ʃɔ́:(n)ʒ, -ʃɑ́:nʒ, -ʃɔ́(:)nʒ; *F.* -dʃɑ̃:ʒ] 〘⊏ F ~ 'letter of exchange'〙 *F. n.* (*pl.* **lettres de c-** [~]) 為替手形.

lettre de cré·ance [-də-kreɪɑ́:(n)s, -ɔ́:(n)s, -ɑ́:ns, -ɔ́(:)ns; *F.* -dəkʀeɑ̃:s] 〘⊏ F ~ 'letter of credence' 《なぞり》 ← ML *litterae crēdentiae*〙 — *F. n.* (*pl.* **lettres de c-** [~]) 信用状.

let·tuce [léṭɪs, -ṭəs | let-] 〘(*c*1300) *letuse* ⊏ OF *laitues* (pl.), *laitue* < L *lactūcam* lettuce ← *lact-* milk (ミルク状の液が出ることから): cf. lacteal〙 — *n.* **1** 〘植物〙 **a** チシャ, レタス (*Lactuca sativa*) 《食用; cf. cos lettus》: use ~ in a salad. **b** アキノノゲシ《キク科アキノノゲシ属 (*Lactuca*) の植物の総称; milk weed ともいう》. **2** 《裏が緑色をしていることから》 《米俗》 紙幣, 札.

Let·ty [léṭi | -tɪ] 〘(dim.) ← LETITIA, LETTICE〙 *n.* 女性名《異形 Lettie》.

lét·ùp *n.* 《口語》 終る[やむ]こと, 終止 (stopping); ゆるむこと, 緩慢 (slacking); 減少, 小やみ, 休止 (pause); (仕事などの)一段落 (cf. LET¹ *up* (*vi.*) (1)): It rained without ~. 雨が絶え間もなく降りしきった / There was no ~ *in* the applause. 喝采は休みなく続いた.

le·u [léu; *Rum.* léu] 〘⊏ Rum. ~ ← L *leō* lion: cf. lev〙 *n.* (*pl.* **lei** [léɪ; *Rum.* léi]) **1** レウ《ルーマニアの通貨単位; =100 bani; 記号 L》. **2** 1 レウ硬貨.

leuc- [lu:k | lu:k, lju:k] (母音の前に来る時の) leuco- の異形.

Leu·cas [lú:kəs | lú:-, ljú:-] *n.* ルーカス(島) (⇨ Levkás).

leu·ce·mi·a [lu:sí:miə | lu:sí:mɪə, lju:-, lʊ-, ljʊ-, -mjə] *n.* 〘病理〙 =leukemia.

leu·cine [lú:si:n, -sɪn, -sən, -sn̩ | lú:si:n, ljú:-, -sɪn] 〘← LEUCO- + -INE³〙 *n.* 〘化学〙 ロイシン ($(CH_3)_2$-$CHCH_2CH(NH_2)COOH$) 《アミノ酸の一種》.

leu·cite [lú:saɪt | lú:-, ljú:-] 〘⊏ G 《廃》 *Leucit*: ⇨ ↓, -ite¹〙 *n.* 〘鉱物〙 白榴(りゅう)石 ($KAlSi_2O_6$). **leu·cit·ic** [lu:síṭɪk | lu:sít-, lju:-] *adj.*

leu·co- [lú:ko(ʊ), -kə | lú:kə(ʊ), ljú:-] 〘← Gk *leukós* white, shining〙 「白; 白血球; 脳の白質」の意の連結形. ★ 母音の前では通例 leuc- になる.

léu·co bàse [lú:koʊ- | lú:kəʊ-, ljú:-] 〘↑〙 *n.* 〘化学〙 ロイコ塩基, 無色塩基《染料を還元して得られた無色に近い化合物で, その酸化によって染料を生成できる》.

leu·co·ci·din [lù:kəsáɪdn̩, ←← | lù:kəsáɪdɪn, ljù:-, -dn̩, ←←] *n.* 〘細菌〙 =leukocidin.

leu·co·crat·ic [lù:kəkrǽṭɪk | lù:kəkrǽt-, ljù:-] 〘← G *leukokrat* (⇨ leuco-, -crat)+-IC¹〙 *adj.* 〘地質〙 〈火成岩が〉優白質の (cf. melanocratic).

leu·co·cyte [lú:kəsàɪt | lú:kə(ʊ)-, ljú:-] 〘← LEUCO-+-CYTE〙 *n.* 〘解剖〙 =leukocyte.

leu·co·cy·the·mi·a [lù:ko(ʊ)saɪθí:miə | lù:kə(ʊ)saɪθí:mɪə, ljù:-, -mjə] *n.* 〘病理〙 =leukemia.

leu·co·cy·to·sis [lù:kəsaɪtóʊsɪs, -sɪtóʊ-, -sə-, -səs | lù:kə(ʊ)saɪtə́ʊsɪs, ljù:-] *n.* 〘病理〙 =leukocytosis.

leu·co·der·ma [lù:kədə́:mə | lù:kə(ʊ)də́:-, ljù:-] *n.* 〘病理〙 =leukoderma.

leu·co·line [lú:kəli:n, -lɪn, -lən | lú:kəli:n, ljú:-, -lɪn] *n.* 〘化学〙 ルーカリン (⇨ quinoline).

leu·co·lyt·ic [lù:kəlíṭɪk | lù:kə(ʊ)lít-, ljù:-] *adj.* =leukolytic.

leu·co·ma [lu:kóʊmə | lu:kə́ʊ-, lju:-] 〘⊏ LL *leucōma* ⊏ Gk *leúkōma* anything whitened: ⇨ leuco-, -oma〙 *n.* 〘眼科〙 (角膜)白斑(はん), 目ぼし.

leu·co·maine [lú:kəmèɪn | lú:-, ljú:-] 〘← LEUCO-+(PTO)MAINE〙 *n.* 〘生化学〙 ロイコマイン《動物体において, 蛋白質の分解によって生じる塩基性物質の一種》.

leu·con [lú:kɑn | lú:kɔn, ljú:-] 〘← NL ~ ← Gk *leukón* ← *leukós* white〙 — *n.* 〘動物〙 リューコン型《石灰海綿の一型; 厚い体壁の間を多数の複雑な管が通り, 外界と胃腔を連絡している型; cf. ascon, sycon》.

leu·co·noid [lú:kənɔ̀ɪd | lú:-, ljú:-] *adj.* 〘動物〙 リューコン型 (leucon) の.

leu·co·nos·toc [lù:kənɑ́stɑk | lù:kənɔ́stɔk, ljù:-] 〘← NL ~: ⇨ leuco-, nostoc〙 *n.* 〘細菌〙 乳酸菌《ロイコノストック属 (*Leuconostoc*) の微生物》.

leu·cop·a·thy [lu:kɑ́pəθi | lu:kɔ́pəθɪ, lju:-] 〘← LEUCO-+-PATHY〙 *n.* 〘病理〙 (皮膚の)白皮症 (albinism); 白斑(はん) (leukoderma).

leu·co·pe·ni·a [lù:kəpí:niə | lù:kə(ʊ)pí:nɪə, ljù:-, -njə] *n.* 〘病理〙 =leukopenia.

leu·co·plast [lú:kəplæ̀st | lú:kə(ʊ)-, ljú:-] 〘← LEUCO-+-PLAST〙 *n.* 〘植物〙 白色体 (cf. chromatophore 2).

leu·co·poi·e·sis [lù:kəpɔɪí:sɪs, -səs | lù:kə(ʊ)pɔɪí:sɪs, ljù:-] *n.* 〘生理〙 =leukopoiesis.

leu·cor·rhe·a [lù:kərí:ə | lù:kərí:ə, ljù:-, -ríə] *n.* 〘病理〙 =leukorrhea.

leu·co·sis [lu:kóʊsɪs, -səs | lu:kə́ʊsɪs, lju:-] *n.* 〘病理・獣医〙 =leukosis.

leu·co·stic·te [lù:kəstíkti | lù:kə(ʊ)stíktɪ, ljù:-] 〘← NL ~ ← LEUCO- + Gk *stiktós* pricked〙 *n.* 〘鳥類〙 ハギマシコ属 (*Leucosticte*) の小鳥の総称.

leu·co·tax·ine [lù:kətǽksi:n, -sɪn, -sən | lù:kə(ʊ)tǽksi:n, ljù:-, -sɪn] *n.* 〘生化学〙 =leukotaxine.

Leu·coth·e·a [lu:kɑ́θiə | lu:kɔ́θɪə, lju:-] 〘⊏ Gk *Leukothéa* ← *leukós* white + *theá* goddess〙 — *n.* 〘ギリシャ神話〙 レウコテアー《海の女神; もとテーベ (Thebes) の王 Athamas の妻で, Ino と呼ばれた》.

leu·cot·o·my [lu:kɑ́ṭəmi | lu:kɔ́təmɪ, lju:-] *n.* 〘外科〙 =leukotomy.

Leuc·tra [lú:ktrə | lú:-, ljú:-] *n.* レウクトラ《古代ギリシャの Boeotia の都市; ここでテーベ (Thebes) 軍がスパルタ軍を破り, ギリシャの覇権を握った (371 B.C.)》.

leuk- [lu:k | lu:k, lju:k] (母音の前に来る時の) leuko- の異形 (⇨ leuco-).

Leu·kas [lú:kəs | lú:-, ljú:-] *n.* ルーカス(島) (⇨ Levkás).

leu·ke·mi·a [lu:kí:miə | lu:kí:mɪə, lju:-, lʊ-, ljʊ-, -mjə] 〘← NL ~: ⇨ leuco-, -emia〙 — *n.* (*also* **leu·kae·mi·a** [~]) 〘病理〙 白血病《白血球系細胞の腫瘍性増殖》.

leu·ke·mic [lu:kí:mɪk | lu:-, lju:-, lʊ-, ljʊ-] *adj.* 白血病(性)の; 白血病による. — *n.* 白血病患者.

leu·ke·moid [lu:kí:mɔɪd | lu:-, lju:-] *adj.* 〘病理〙 類白血病(性)の, 白血病様の.

leu·ko- [lú:ko(ʊ), -kə | lú:kə(ʊ), ljú:-] =leuco-.

leu·ko·ci·din [lù:kəsáɪdn̩, ←← | lù:kəsáɪdɪn, ljù:-, -dn̩, ←←] 〘← LEUCO-+-CIDE+-IN¹〙 *n.* 〘細菌〙 ロイコシジン《白血球を破壊する物質》.

leu·ko·cyte [lú:kəsàɪt | lú:kə(ʊ)-, ljú:-] 〘← LEUCO-+-CYTE〙 — *n.* 〘解剖〙 白血球. **leu·ko·cyt·ic** [lù:kəsíṭɪk | lù:kə(ʊ)sít-, ljù:-] *adj.* **leu·ko·cy·toid** [lù:kəsáɪtɔɪd | lù:kə(ʊ)-, ljù:-] *adj.*

leu·ko·cy·to·pe·ni·a [lù:ko(ʊ)sàɪṭəpí:niə | lù:kə(ʊ)sàɪtəpí:nɪə, ljù:-, -njə] *n.* 〘病理〙 =leukopenia.

leu·ko·cy·to·sis [lù:kəsaɪtóʊsɪs, -sɪtóʊ-, -sə-, -səs | lù:kə(ʊ)saɪtə́ʊsɪs, ljù:-] 〘← NL ~: ⇨ leukocyte, -osis〙 — *n.* 〘病理〙 白血球増加[増多](症) (cf. leukopenia). **leu·ko·cy·tot·ic** [lù:kəsaɪtɑ́ṭɪk, -sɪ-, -sə- | ljù:kə(ʊ)saɪtɔ́t-, lù:-] *adj.*

leu·ko·der·ma [lù:kədə́:mə | lù:kə(ʊ)də́:-, ljù:-] 〘← NL ~: ⇨ leuco-, -derma〙 *n.* 〘病理〙 白斑(はん), 白皮, 白なまず (vitiligo).

lèuko·dýstrophy 〘← LEUKO-+DYSTROPHY〙 *n.* 〘病理〙 (脳の)白質萎縮症.

leu·ko·lyt·ic [lù:kəlíṭɪk | lù:kə(ʊ)lít-, ljù:-] 〘← LEUCO-+-LYTIC〙 *adj.* 〘医学〙 〈薬など〉白血球溶解性の.

leu·kon [lú:kɑn | lú:kɔn, ljú:-] 〘← NL ~: ⇨ leucon〙 *n.* 〘解剖〙 ロイコン, 白血球系(細胞).

leu·ko·pe·ni·a [lù:kəpí:niə | lù:kə(ʊ)pí:nɪə, ljù:-, -njə] 〘← NL ~: ⇨ leuco-, -penia〙 — *n.* 〘病理〙 白血球減少(症) (cf. leukocytosis). **leu·ko·pe·nic** [lù:kəpí:nɪk | lù:kə(ʊ)-, ljù:-] *adj.*

leu·ko·pla·ki·a [lù:ko(ʊ)pléɪkiə, -plǽk- | lù:kə(ʊ)pléɪkɪə, ljù:-, -plǽk-, -kjə] 〘← NL ~ ← LEUCO-+Gk *plak-*, *plax* flat surface + -IA¹〙 — *n.* 〘病理〙 白斑症, ロイコプラキー.

leu·ko·poi·e·sis [lù:kəpɔɪí:sɪs, -səs | lù:kə(ʊ)pɔɪí:sɪs, ljù:-] 〘← NL ~ ← LEUCO-+Gk *poíēsis* a making, shaping〙 — *n.* (*also* **leucopoiesis**) 〘生理〙 白血球生成[産生]. **leu·ko·poi·et·ic** [lù:kəpɔɪéṭɪk | lù:kə(ʊ)pɔɪét-, ljù:-] *adj.*

leu·kor·rhe·a [lù:kərí:ə | lù:kərí:ə, ljù:-, -ríə] 〘← NL ~: ⇨ leuco-, -rrhea〙 *n.* 〘病理〙 (白)帯下, こしけ (whites). **lèu·kor·rhé·al** [-rí:əl | -rí:əl, -ríəl] *adj.*

leu·ko·sis [lu:kóʊsɪs, -səs | lu:kə́ʊsɪs, lju:-] 〘← NL ~: ⇨ leuco-, -sis〙 — *n.* (*also* **leucosis**) **1** 〘病理〙 =leukemia. **2** 〘獣医〙 鶏白血病《avian leukosis complex ともいう》. **leu·kot·ic** [lu:kɑ́ṭɪk | lu:kɔ́t-, lju:-] *adj.*

leu·ko·tax·ine [lù:kətǽksi:n, -sɪn, -sən | lù:kə(ʊ)tǽksi:n, ljù:-, -sɪn] 〘← LEUCO-+-TAX(IS)+-INE³〙 — *n.* 〘生化学〙 ロイコタキシン《炎症滲出液に含まれるポリペプチッド; 毛細血管から白血球を出させる》.

Leu·koth·e·a [lu:kɑ́θiə | lu:kɔ́θɪə, lju:-] *n.* 〘ギリシャ神話〙 =Leucothea.

leu·kot·o·my [lu:kɑ́ṭəmi | lu:kɔ́təmɪ, lju:-] 〘← LEUCO-+-TOMY〙 *n.* 〘外科〙 白質切断(術), ロイコトミー, ロボトミー (lobotomy).

Leut·ze [lɔ́ɪtsə], **Emanuel Gottlieb** *n.* ロイツァ《(1816–68; ドイツ生れの米国の歴史画家》.

Leu·ven [*Flem.* lǿ:vən] *n.* ルーベン《Louvain のフラマン語名》.

lev [léf] 〘⊏ Bulg. ~ 'lion': ⇨ leu〙 *n.* (*pl.* **le·va** [lévə]) **1** レフ《ブルガリアの通貨単位; =100 stotinki; 記号 Lv》. **2** 1 レフ硬貨.

Lev [lév; *Russ.* ljéf] 〘⊏ Russ. ~ 《原義》 lion〙 *n.* 男性名.

Lev. 《略》 Levant; Leviticus (旧約聖書の)レビ記.

lev- [li:v] (母音の前に来る時の) levo- の異形.

leva *n.* lev の複数形.

le·vade [ləvɑ́:d] 〘⊏ G *Levade* ← F *lever* to raise: ⇨ -ade〙 — *n.* 〘馬術〙 ルバード《高等馬術の地上運動の一つで, 後軀に低く立ち, 前肢をかかえ込むようにする; 馬体が地面と 45 度の角度に保つ》.

Lev·al·loi·si·an [lèvəlɔ́ɪziən, ləvæ̀lwɑ́:z- | -ziən, -zjən] 〘← *Le Vallois-Perret* (フランス北部, Seine 河畔の都市, ここから出土したことによる)〙 — *adj.* 〘考古〙 **1** ルヴァロワ(ジアン)期の《ヨーロッパを中心とする地域における旧石器時代中期から後期にかけての一時期にいう》. **2** ルヴァロワ文化の; ルヴァロワ技法の《ルヴァロワ期を中心としてアフリカ・ユーラシアに広く行なわれた剝片剝離技法についていう》.

lev·al·lor·phan [lèvəlɔ́əfæn, -fən | -lɔ́:-] 〘← LEVO-+ALL(YL)+(M)ORPH(INE)+-AN²〙 *n.* 〘薬学〙 レバロルファン《モルヒネの拮抗薬》.

le·vant¹ [lɪvǽnt, lə-] 〘(1760) ? Sp. *levantar* (*el campo*) to break up the camp ← L *levāre* to lift up: cf. decamp〙 — *vi.* 《英》 (賭けなどの借金などを払わないで)逃亡する. **~·er** [-ṭə | -tə(r)] *n.*

le·vant² [lɪvǽnt, lə-] *n.* **1** 〘気象〙 =levanter 2. **2** [通例 L-] 〘皮革〙 =Levant morocco.

Le·vant [lɪvǽnt, lə-] 〘(1443) 《廃》 rising ⊏ (O)F ~ ← *lever* < L *levāre* to raise: cf. lever〙 — *n.* [the ~] レバント《ギリシャからエジプトまでの地中海東部沿岸諸国地方》.

Levánt dóllar *n.* レバントドル《昔オーストリアで東方諸国貿易用に造った銀貨; 特に Maria Theresa dollar を指し, 時に Prussia の Frederick William II の造ったもの (1766–67) を指す》.

le·vánt·er [-ṭə | -tə(r)] 〘← LEVANT+-ER¹〙 *n.* **1** [L-] レバント人. **2** 〘気象〙 (地中海特有の)強い東風.

Lev·an·tine [lévəntàɪn, -tì:n, lɪvǽnti:n, -taɪn | lévəntàɪn, -tì:n, lɪvǽntaɪn] 〘← LEVANT+-INE¹: cf. F *levantin*〙 — *adj.* レバント (Levant) の；レバント貿易に従事する, レバント通いの：a ~ ship. — *n.* **1** レバント人. **2** [l-] レバンティン《一種の丈夫なあや織絹布；主に裏地に用いる》.

Levánt morócco *n.* レバントモロッコ《もとレバント地方に産した, 山羊・羊・あざらしなどの革から作った製本用の高級モロッコ革; Levant ともいう》; レバントモロッコに似せて作った革.

Levánt stórax *n.* =storax 2 b.

lev·ar·te·re·nol [lèvɑətérɪ:nɔ(:)l, -nòut | -vɑ:térɪ:nɔl] 〘← LEVO-+ARTERENOL〙 *n.* 〘生化学〙レバルテレノール (⇨ norepinephrine).

le·va·tor [lɪvéɪtə, lə-, -vɑ́:tə | lɪvéɪtə(r, -vɑ́:t-] 〘《1615》← NL ~ ← ML *levātor*《原義》one who lifts ← L *levātus* (p.p.) ← *levāre* to raise: ⇨ -or²〙 — *n.* (*pl.* **lev·a·to·res** [lèvətɔ́:ri:z, -tɔ́:r- | -tɔ́:r-], **~s**) **1** 〘解剖〙挙筋. **2** 〘外科〙起子, 挺子(てこ)《頭蓋(とう)骨の陥没した部分を持ち上げる手術用具》.

Le Vau [ləvóu | -vóu; *F.* ləvo], **Louis** *n.* ルヴォー《1612–70; フランスのバロック建築家; Versailles 建設 (1661–1756) に参画》.

le·vee¹ [lévi, ləví:, -véɪ | lévɪ, -veɪ; *F.* ləve] 〘《1672》□F *levé*《変形》← *lever* a rising: cf. lever, Levant〙 — *n.* **1** (君主またはその代理者が男子だけに行なう昼過ぎの)謁見の儀, 朝見(ちょうけん)の式 (cf. drawing room 2). **2** (大統領や高官などが特定の人に敬意を表するために催す)接見会, レセプション(reception): a presidential ~. **3** (昔の君主の)起床直後の引見; (昔の君主の催した)朝の集会 (cf. couchee).

lev·ee² [lévi | lévɪ, ləví:] 〘□F *levée* (fem. p.p.) ← *lever* to raise: cf. lever〙 — *n.* **1** 〘地理〙沖(ちゅう)積堤, 自然堤防 (natural levee)《平野を流れる河川の両岸に土や砂が堆積して出来る堤防状の高まり》. **2 a** (川の)堤防, 土手. **b** (川の)波止場 (quay). **3** (用水路の)土手; (水田の)あぜ. — *vt.* 〈河川〉に堤防[土手]を築く.

lev·el [lévəl] 〘《1340》~, *livel* □OF *livel, level* (F *niveau*) < VL **libellum*=L *libella* level, plummet line (dim.) ← *libra* level measure of liquids: ⇨ libra¹〙 — *n.* **1** 水平; 水平面, 平面: out of the ~ 平らでない, 起伏のある / bring a surface to a ~ ある面を水平にする / Water tries to find [seek] its ~. 水は低きにつく (⇨ *find one's* LEVEL). **2** 平地, 平原, 起伏のない地方; (川・運河などの)水面: a dead ~ 全く高低のない水平面, 平地. **3** 〘測量〙(水平面の)高さ, 高度; 標高: 500 meters above the ~ of the sea 海抜 500 メートル (⇨ sea level 2) / the ~ of the plateaus 高原の高さ / *at* the ~ of one's eyes 目の高さに / The water rose *to* a ~ of thirty feet. 水は 30 フィートの高さに達した. **4** (地位・階級・品質・程度・能力などの)段階, 水準; 階級, 段階: ~*s* of speech=speech ~*s* スピーチレベル, 談話の位相《言葉づかいの変異の段階》/ a conference *at* foreign minister ~=a conference *on* the ~ of foreign ministers 外相級の会談 / students *at* college ~ 大学程度の学生 / people *on* various ~*s* of culture 文化の水準を異にした人たち / knowledge *on* (the) college ~ 大学程度の知識 / *on* an international ~ 国際的水準[レベル]で / rise *to* a higher ~ (文化などの)水準が高くなる[進む]. **5** 《廃》(目標に正しく合わせた)照準(線): the ~ of a gun / the ~ of vision 視線. **6** 〘鉱山〙水平坑道, レベル坑道 (cf. adit 2). **7 a** 〘機械〙レベル, 水準器 (spirit level); (測量用)レベル, 水準儀 (surveyor's level). **b** レベルを用いての測量: take a ~ 高低測量をする. **8** 〘通信〙レベル《ある基準値に対する信号の大きさ; decibel で表わす》. **9** 〘医学〙ある物質の血液などの体液内での濃度, 血球などの粒子の一定容量中での数.

find* [*seek*] *one's* [*its*] *level (1) ⇨ 1. (2) それ相当の[自然の]地位[場所]に落ち着く; それ相応[同じ水準]の仲間を見つける: He finally *found* his own ~. 彼はやっと落ち着くところに落ち着いた / He'll *find his* own ~ in his class. クラスで彼と同じ水準の仲間を見つけるだろう. ***on a level with*** ... (1) ...と同一水平面上に, と同じ高さで: This window is *on a* ~ *with* that one. この窓はあの窓と同じ高さだ. (2) ...と同格[同等]で: She is *on a* ~ *with* him in social status. 彼女は彼と社会的地位において同等だ. ***on the level*** 《口語》(1) 〈人・情報・取引など〉公平な, 正直な, 本当な: I am *on the* ~. 私はうそは言っていない. (2) 公平に, 正直に, 率直に: *On the* ~, I don't like him. 率直に言って彼が好きじゃない.

level of significance 〘物理・統計〙危険率, 有意水準《統計的仮説検定で仮説が正しいにもかかわらずこれを捨ててしまう確率》.

— *adj.* **1** 平らな; 水平の (↔ rough): a ~ teaspoonful 茶さじですり切り 1 杯分 / make a surface ~ 面を平らにする[ならす] / The table is ~. テーブルは水平になっている[傾いていない]. **2** 同じ高さ[程度]の, 一様の, 同等[同位]の; 互角の: The two brothers were almost ~ *in* intelligence. 二人の兄弟の知能は似たり寄ったりだった / The stream is ~ *with* its banks. 河水は岸と同じ高さである / a ~ race 互角の競走 / He drew ~ *with* the other runners. 彼はほかの走者と五分五分に走った. **3** [複合語の第 2 構成素として] (能力・品質・階級など)(...の)水準の[にふさわしい]: a high-*level* talk 高い水準の話 / a college-*level* institute 大学水準の専門学校 / a top-*level* conference 頂上[首脳]会談 / a Cabinet-*level* committee 閣僚レベルの委員会. **4** 釣合いのよく取れた, 穏健な; 平静な, 穏やかな; 公平な, 正当な: a ~ mind, judgment, etc. / have [keep] a ~ head in a crisis 危機に臨んで冷静でいる / ⇨ level-headed. **5** 〈音・声など〉高低[強弱]の一様な, 平板調の: a ~ pitch, stress, etc. / in a ~ voice [tone] 淡々とした声[調子]で. **6** 《俗》あからさまな, 正直な, 誠実な: speak in a ~ way 率直に言う.

do one's level best ⇨ best *n.* 4. ***get level with*** 《口語》...に復讐する.

— *adv.* 《廃》水平に, 平らに.

— *v.* (**lev·eled, -elled; -el·ing, -el·ling**) — *vt.* **1** 水平にする, 平らにする, 平らにならす: ~ a garden, lawn, etc. **2** 平等にする, 一様にする, 水準化する; 〈差別を〉廃する (equalize) 〈*out*〉: ~ (*out*) all social distinctions あらゆる社会的差別を廃する / Death ~*s* the monarch *with* the clown. 死は帝王を道化役者と平等にする. **3** 一様の高さ[標準]にする 〈*up, down*〉; 〔...の〕高さ[標準]にする 〔*to, with*〕: ~ incomes [standards] *up* [*down*] 所得[標準]を上げて[下げて]均一にする / ~ a discourse *to* the capacity of the audience 講演の調子を聴衆のレベルに合わせる / ~ a picture *with* a bookcase 絵を本箱と同じ高さにする. **4 a** 〈銃・槍などを〉水平に構える. **b** 〈銃などを〉〔...に〕向ける, 狙いをつける; 〈非難・風刺などを〉〔...に〕向ける, 浴びせる (direct) 〔*at, against*〕: ~ one's rifle *at* the target ライフルを的に向けて狙いをつける / ~ a satire *at* [*against*] a person 人に皮肉を浴びせる. **c** 《古》〈目を〉〔...に〕向ける 〔*on*〕: ~ one's eyes *on* a person 人に目を注ぐ. **5** 〈建物などを〉倒す, くつがえす; 〈人を〉打ち倒す, はり倒す: ~ a building *to* [*with*] the ground 建物を倒す / His blow ~*ed* his opponent. 相手を打ちのめした. **6** 〘染色〙〈色などを〉一様[むらのないよう]にする. **7** 〘音声〙単音化する. **8** 〘言語〙単純化する. **9** 〘測量〙...の高低を計る, 水準測量をする 〈*over, up*〉.

— *vi.* **1** 水平になる, 平らになる 〈*up, down*〉. **2** 武器の狙いを定める, 照準する 〔*at, against*〕. **3** 《米俗》率直に振舞う[話す]〔*with*〕: *Level with* me *about* your plan. 君の計画について正直に話してくれ. **4** 〘染色〙〈染料などが〉一様に[むらなく]染まる. **5** 〘音声〙単音化する. **6** 〘言語〙単純化する (⇨ leveling 4). **7** 〘測量〙高低測量をする, 水準儀を用いる.

level off (*vt.*) 平らにならす; 水準化する, 安定させる. (*vi.*) (1) 安定する, 横ばい状態になる: Her popularity is now ~*ing off*. 彼女の人気は今横ばい状態だ. (2) =LEVEL *out* (1). ***level out*** (1) 〈航空機が〉(上昇[降下]の後)水平飛行に移る《★ 上昇に続く場合は off, 降下に続く場合は out を用いる傾向がある》. (2) 〈価格・賃金などが〉(変動の後)安定する.

lével cróssing *n.* 《英》(道路と鉄道または鉄道と鉄道の)平面交差; 踏切り (《米》grade crossing).

lév·el·er [-v(ə)lə | -lə(r] *n.* **1** 水平[平等]にする人; (高低を)ならす物, 地ならし機. **2** 平等主義者, 平等論者. **3** 差別をなくす物.

lével flíght *n.* 〘航空〙水平飛行.

lével-héaded *adj.* 穏健な, 分別のある; 冷静な. **~·ness** *n.*

lév·el·ing [-v(ə)lɪŋ] *n.* (*also* **lev·el·ling** [~]) **1** 平らにすること, ならすこと, 地ならし. **2** 平等化[階級打破]運動. **3** 〘測量〙水準測量, 高低測量. **4** 〘言語〙(語形変化の)単純化, 水平化《例えば ME では sing の過去形は単数では sang, 複数では sungen だったが近代英語ではともに sang となったことなど》. **5** 〘音声〙単音化, 一様化《例えば ME の [e:] (e.g. hē) と [ɛ:] (e.g. tēchen) が近代英語ではともに [i:] となったことや, アメリカ英語で ladder [lǽdə] と latter [lǽtə] がしばしば [lǽɾə] のように同一に発音されたりすることなど》.

léveling ìnstrument *n.* 〘測量〙レベル, 水準儀.

léveling ròd [pòle] *n.* 〘測量〙水準測桿(かん), 準尺, 箱尺, 標尺.

léveling scrèw *n.* 〘測量〙整準ねじ.

léveling stàff *n.* 〘測量〙函尺, 箱尺, 準尺.

lével ìnstrument *n.* 〘測量〙ハンドレベル《簡単な水準測量用器具》.

lév·el·ler [-v(ə)lə | -lə(r] *n.* **1** =leveler. **2** [L-] 〘英史〙レヴェラー, 平等主義派の人《17 世紀中頃, 王権に反対し, 信教の完全な自由と社会的平等を唱えた一派の人; Cromwell によって鎮圧された》.

lév·el·ly [-və(l)li | -lɪ] *adv.* 平らに, 平等に; 一様に, むらなく.

lével méasure *n.* 斗かき (strickle) をかけてならした升目[量] (struck measure).

lév·el·ness *n.* 水平(であること); 同等(であること).

lével-óff *n.* 〘航空〙水平飛行に復帰する操作.

lével-pég *vi.* [be ~ging として] 《英》(競争者など二つの対立要素が)均衡状態[互角の地位]にある; 実力伯仲である: It is nearly ~ging between them.

Le·ven [lí:vən], **Loch** 〘← ? Gael. *léan* meadow〙 *n.* レーベン湖《スコットランド東部の湖; Mary, Queen of Scots が幽閉された (1567–68) 城の廃墟(はいきょ)がある》.

lev·er [lévə, lí:və | lí:və(r] 〘《c1300》*levour* □OF *leveor* (F *levier*) raiser ← *lever* to lift < L *levāre* to raise ← *levis* 'LIGHT²': cf. Levant〙 — *n.* **1** 〘機械〙てこ, レバー: a control ~ 〘航空〙操縦桿(かん) / a foot ~ 〘航空〙フットレバー《方向舵(だ)を動かすため足で踏むてこ》/ ⇨ compound lever / a ~ of the first order 一元てこ《支点が働く力と錘(おもり)との中間にあるもの》/ a ~ of the second order 二元てこ《錘が支点と働く力との中間にあるもの》/ a ~ of the third order 三元てこ《働く力が支点と錘との中間にあるもの》. **2** (目的を達するために用いる)手段, てこ: as a political ~ 政治的てこ入れとして. **3** 〘時計〙レバー, アンクル《レバー脱進機の一部品; cf. lever escapement》. — *vt.* **1** ...にてこを入れる, てこで動かす, こじあける. **2** てこに使う. — *vi.* てこを使う.

Le·ver [lí:və | -və(r], **Charles James** *n.* (1806–72) アイルランドの小説家; *Harry Lorrequer* (1839).

lev·er·age [lév(ə)rɪdʒ, lí:v- | lí:v-] 〘← LEVER+-AGE〙 — *n.* **1 a** てこの作用. **b** てこ装置. **2** (目的遂行の)手段; 力, 勢力, 影響力 (power, influence): lose one's political ~ 政治力を失う. **3** 〘機械〙てこ比. **4** 〘経営・経済〙てこ作用《ある変量(例えば利潤)の動きが, 他の変量(例えば配当)の一層大きな変動に転化することをいう》. — *vt.* 〘経営・経済〙〈会社〉にてこ入れする《利益を見越して資金を借入れ利用する》. — *vi.* 〘経営・経済〙(利益を見越して)資金の借入れ利用を行なう, てこ入れする.

léver àrm *n.* 〘建築〙応力中心距離《断面に生じる引張力の合力と圧縮力の合力との間の距離》.

le·ver de ri·deau [ləvéɪ-də-ri:dóu | -dóu; *F.* ləvedrido] 〘□F ~ 'curtain raising'〙 *F. n.* 〘演劇〙幕あけ芝居, 開幕劇.

léver escàpement *n.* 〘時計〙レバー脱進機《がんぎ車とてんぷとの間にレバー(アンクル)を介在させる一種の分離式脱進機 (detached escapement)》.

lev·er·et [lév(ə)rɪt, -rət] 〘《a1425》□AF ~=OF *levrete* (F *leverette*) (dim.) ← *levre* (F *lièvre*) hare < L *leporem, lepus*〙 *n.* 当歳のうさぎ, 子うさぎ.

léver·man [-mən] *n.* (*pl.* **-men** [-mən, -mèn]) てこ[レバー]を動かす人.

Le·ver·rier [ləvériə | -rɪ-; *F.* ləvɛrje], **Ur·bain** [yrbɛ̃] **Jean Joseph** *n.* ルベリエ《1811–77; フランスの天文学者; 海王星の位置を算出してその存在を予言 (1846)》.

léver shèars *n. pl.* 〘機械〙レバーシヤー, 押切り《上刃をレバーで押下げて切る剪(せん)断機; 形がワニの口に似ているので alligator shears, crocodile shears ともいう》.

Lev·er·tov [lévətɔ(:)f | -vətɔ̀f], **Denise** *n.* (1923–) 英国生れの米国の女流詩人.

Le·vi [lí:vaɪ] 〘□Heb. *Lēwī*《原義》? joining〙 — *n.* **1** [《米》ではまた lí:vi] 男性名《異形 Levy》. **2** 〘聖書〙レビ《Jacob の第 3 子, 母は Leah; レビ人 (Levites) の祖; cf. *Gen.* 29:34》. **3** レビ族《レビを祖とするイスラエル十二支族の一つ; 祭儀を司る》. **4** =Levite.

lev·i·a·ble [léviəbl̩ | -vɪə-] 〘⇨ levy, -able〙 *adj.* **1** 〈税など〉課しうる, 徴収できる. **2** 〈貨物など〉税金を課しうる, 課税すべき.

le·vi·a·than [lɪváɪəθən, lə-] 〘《a1382》□LL ~ □Heb. *liwyāthān*: cf. Arab. *láwá* to twist〙 — *n.* **1** [しばしば L-] 〘聖書〙レビヤタン《水にすむ巨大な怪物で, ワニと考えられる; 時に悪の象徴; cf. *Job* 41:1–34; *Ps.* 104:26》. **2 a** 巨大な海獣; (特に)鯨. **b** 巨大なもの; (特に)巨船. **c** 《古》富裕[有力]な人. **3** [L-] 「リバイアサン」《Thomas Hobbes の政治哲学論 (1651 年出版)》. **4** 政治国家; (特に)全体主義国家《Leviathan State ともいう》. — *adj.* 巨大な, 膨大な.

lév·i·er *n.* 課税者, 徴税者.

lev·i·gate [lévəgèɪt | -vɪ-] 〘《1612》← L *lēvigāt-us* (p.p.) ← *lēvigāre* to make smooth ← *lēvis* smooth〙 — *vt.* **1** (うすなどに入れて)粉にする; 練る, むらのない糊にする. **2** 《古》磨く, する, 滑らかにする. **3** 〘化学〙洗い分ける, 水簸(すいひ)する (cf. levigation 2). — [-gət, -gɪt, -gèɪt] *adj.* 〘植物〙無毛の, 滑らかな.

lev·i·ga·tion [lèvəgéɪʃən | -vɪ-] 〘《1471》□L *lēvigātiō(n-)*: ⇨ ↑, -ation〙 — *n.* **1** 粉にすること, 練ること, むらのない糊にすること. **2** 〘化学〙水簸(すいひ)《粉末になったものを水に入れて比重によって沈澱したものを取り出すこと》. **3** 〘採鉱〙=elutriation 2.

lev·in [lévɪn, -vən | -vɪn] 〘《c1250》*leven(e)* lightning ← ? ON: cf. ON *lyvna* lightning〙 *n.* 《古・詩》電光.

Lev·in [lévɪn, -vən | -vɪn], **Meyer** *n.* (1905–81) 米国の小説家.

lev·i·rate [lévərət, lí:v-, -rɪt, -rèɪt | lí:vɪrət, lév-, -rɪt] 〘《1725》← L *lēvir* husband's brother + -ATE¹〙 — *n.* **1** 逆縁の掟(おきて)[習わし]《夫が死んで子がない時, その寡婦を亡夫の兄弟か最近親者が妻にする義務があるとするユダヤの習慣; cf. *Deut.* 25:5–10》. **2** 〘社会学〙逆縁婚《夫が死亡した際, 妻が夫の兄弟と優先的に結婚すること; cf. sororate》. **lev·i·rat·ic** [lèvərǽtɪk, lì:v- | lì:vɪrǽt-, lèv-] *adj.* **lèv·i·rát·i·cal** *adj.*

Le·vi's [lí:vaɪz] 〘← *Levi Strauss* (米国の製造業者)〙 *n.* 〘商標〙リーバイズ《鋲が打ってあるポケットのついたデニムパンツまたはジーパンの商品名》.

Lé·vi-Strauss [leɪví:strɔ́:s, -stráus; *F.* levistro:s, -straws], **Claude** *n.* レヴィストロース《1908– ; ベルギー生れのフランスの人類学者; 構造主義といわれる独自の思想大系で知られる》.

Levit. 《略》Leviticus.

lev·i·tate [lévətèɪt | -vɪ-] 〘《1673》← LEVIT(Y)+-ATE³: cf. gravitate〙 *vi.* (超能力で)空中浮揚する. — *vt.* (超能力で)空中浮揚させる.

lev·i·ta·tion [lèvətéɪʃən | -vɪ-] 〘《1668》: ⇨ ↑, -ation〙 — *n.* **1** 空中に浮かぶこと, 浮遊. **2** 空中浮揚《空気より重い物体が超能力で空中に浮くこと》. **~·al** [-ʃənl̩, -ʃnəl] *adj.*

Le·vite [lí:vaɪt] 〘《a1325》□L *levita, levites* □Gk *leuítēs* ← *Leuí* Levite □Heb. *Lēwí*: ⇨ -ite¹〙 — *n.*

〖聖書〗レビ (Levi) の子孫, レビ族の人, レビ人《特にユダヤの神殿で祭司を補佐した者》.

Le·vit·ic [lɪvítɪk, lə- | -tɪk] *adj.* =Levitical.

Le·vit·i·cal [lɪvítɪkəl, lə-, -ṭə- | -tɪ-] *adj.* **1** レビ人 (Levite) の, レビ族の. **2** 〖聖書〗レビ記 (Leviticus) の; レビ記中の律法の[に定められた]. 「儀式.

Le·vít·i·cìsm [-ṭəsìzm | -tɪ-] *n.* レビ族の信仰・教義・

Le·vit·i·cus [lɪvíṭəkəs, lə- | -tɪ-] 〖《a1382》□ LL *Lēvīticus* □ Gk *Leuitikós* ← *Leuítēs* 'LEVITE'〗 *n.* (旧約聖書の)レビ記《モーセ五書 (Pentateuch) の第三書; 略 Lev.》.

lev·i·ty [lévəṭi | -vəti, -vɪ-] 〖《1564》□ OF *levité* □ L *levitātem* ← *levis* 'LIGHT[2]'〗 — *n.* **1** 軽率さ, 軽はずみ (thoughtlessness); 軽率な行為, はしゃぎ, 浮かれ気分 (trifling gaiety). **2** 移り気, 気まぐれ; (特に, 女の)はしたなさ, はしたない行為. **3** 《古》軽いこと, 軽さ.

Lev·kás [lefkáːs] *n.* レフカース(島)《ギリシャ西方, Ionian Islands 中の島; 人口 23,000, 面積 300 km²; Leucas, Leukas ともいう》.

le·vo [líːvoʊ | -vəʊ] *adj.* =levorotatory.

le·vo- [líːvo(ʊ) | -və(ʊ)] 〖← L *laevus* left: cf. Gk *laiós* / Russ. *levo*〗 — 次の意味を表わす連結形 (↔ dextro-). **1** 左(側)の; 左方へ(偏する): *levo*version. **2** [通例イタリック体で]〖化学〗左旋回の《記号 (-)-): *levo*-glucose. ★ 母音の前では通例 lev- になる.

lèvo·dópa *n.* 〖薬学〗=L-Dopa.

lèvo·glúcosan *n.* 〖生化学〗レボグルコサン《グルコースより誘導されるアンヒドロ糖の一つ; β-glucosan ともいう; cf. glucosan》. 「cose).

lèvo·glúcose *n.* 〖化学〗左旋性グルコース (⇨ glu-

lèvo·gýrate 〖← LEVO-+GYRATE〗 *adj.* =levorotatory.

lèvo·rótary *adj.* =levorotatory. 「dextrorotation).

lèvo·rotátion *n.* 〖光学・結晶・化学〗左旋(光)性 (↔

lèvo·rótatory *adj.* 〖光学・結晶・化学〗左旋(光)性の (↔ dextrorotatory).

lev·u·lin [lévjʊlɪn, -lən | -lɪn] 〖← LEVO-+-UL(E)+-IN[1]〗 *n.* 〖化学〗レビュリン ($C_6H_{10}O_5$)《ヒマワリの塊茎から採れる澱粉に似た無定形化合物》.

lev·u·lín·ic ácid [lèvjʊlínɪk-] *n.* 〖化学〗レビュリン酸 ($CH_3CO(CH_2)_2COOH$)《吸湿性の酸の一種で, バクテリアの感染から保護するために牛乳かんなどの清掃に使う》.

lev·u·lose [lévjʊlòus, -lòuz | -ləus] 〖← LEVO-+-UL(E)+-OSE[2]〗 *n.* 〖化学〗レヴロース, 左旋糖, 果糖《蜜(みつ)・果実などの中にある左旋性の糖分; cf. dextrose》.

lev·y [lévi | -vɪ] 〖《1227》□ (O)F *levée* (fem. p.p.) ← *lever* to raise < L *levāre* ← *levis* 'LIGHT[2]': cf. levee[2], lever〗 — *n.* **1 a** (税金・罰金などの)徴収, 徴税, (寄付金などの)強制割当て: a capital ~ 資本課税 / a ~ in kind 物品徴税《税金の代りに物品を徴収するもの》/ *levies on* gasoline ガソリン税. **b** (税などの)徴収額, 取立て高. **2** 〖軍事〗**a** 召集, 募集, 徴募; 徴募兵数: the ~ in mass=levy en masse 1. **b** [the levies] 召集軍隊. **c** (下士官兵の)賦課, 賦課下士官兵《必要に応じて, 陸軍の諸部隊から, ある特技・等級・資格を有する下士官兵を徴集するため, 強制的にその所属を変更すること》.
— *vt.* **1** 〈税などを〉課する, 割り当てる (impose), 徴収する, 取り立てる (collect): ~ contributions 寄付金を割り当てる / ~ tolls 通行税を徴収する / ~ taxes *on* goods 商品に税を課する. **2** 〈兵隊を〉召集する, 募集する, 徴募する (enrol): ~ soldiers, an army, etc. **3** 〈戦争を〉始める (wage): ~ war *upon* [*against*] …に対して兵を挙げる, …と戦争をする. **4** 〖法律〗差し押える, 押収する (seize). — *vi.* **1** 徴税する, 課税する, 金銭を取り立てる. **2** 〖法律〗財産を押収する, 差押えをする.

Lé·vy-Bruhl [leɪvíːbrúːl; *F.* levibryl], **Lucien** *n.* レヴィ ブリュール《1857-1939; フランスの社会学者; 未開社会の神話や精神構造を研究した》.

lévy en másse 〖□F *levée en masse* 'LEVY in MASS[1]'〗 — *n.* (*pl.* **levies en m-** [~]) **1** 人民武装隊の蜂起《敵軍の侵入に対し, 正規の軍隊に属さない地域住民が自衛のため武器をとって立つこと; levy in mass ともいう》. **2** 国民軍召集, 充員召集.

Lew [lúː | lúː, ljúː] 〖(dim.) ← LEWIS[2]〗 *n.* 男性名.

lewd [lúːd | lúːd, ljúːd] 〖ME *leud* vile, ignorant, lay < OE *lǣw(e)de* laical (adj.) ← ?〗 — *adj.* **1** 淫(みだ)な, 下卑た, 猥褻(わいせつ)な: ~ persons, songs, conduct, language, etc. **2** 《廃》**a** 下劣な, 卑劣な, 劣等な. **b** 無知な, 無学な. **~·ly** *adv.* **~·ness** *n.*

Lew·es [lúːɪs, lúːəs | lúːɪs, lúɪs, ljúːɪs, ljúɪs] 〖OE *Lǣwe, Lǣwes* (pl.) ← *hlǣw* hill, burial mounds〗 — *n.* イングランド East Sussex 州の首都; 戦跡 (1264); 人口 76,000.

Lew·es [lúːɪs, lúːəs | lúːɪs, lúɪs, ljúːɪs, ljúɪs], **George Henry** *n.* (1817-78) 英国の哲学者・文芸批評家《George Eliot と同棲したことがある》.

lew·is [lúːɪs, lúːəs | lúːɪs, lúɪs, ljúːɪs, ljúɪs] 〖《1740》← LEWIS[2] (発明者の名か)〗 — *n.* 〖石工〗ルイス, くさびボルト, 吊りくさび《蟻枘(ありほぞ)形の断面をもち, 石材に切った枘と組合わせ大きな石を吊り上げる道具》.

lewis
1 pully
2 link
3 bolt
4 tenon
5 mortise
6 stone

Lewis[1] *n.* ⇨ Lewis with Harris.

Lew·is[2] [lúːɪs, lúːəs | lúːɪs, lúɪs, ljúːɪs, ljúɪs] 〖ME ~ □ OF *Loois* 'LOUIS[1]'〗 *n.* 男性名《愛称形 Lew; 異形 Louis》.

Lewis, C(ecil) Day *n.* ⇨ Day Lewis.

Lewis, C(live) S(ta·ples) [stéɪplz] *n.* (1898-1963) 英国の英文学者・キリスト教作家・童話作者; *Allegory of Love* (1936), *The Screwtape Letters* (1942). 「者.

Lewis, Gilbert Newton *n.* (1875-1946) 米国の化学

Lewis, (Harry) Sinclair *n.* (1885-1951) 米国の小説家; Nobel 文学賞(1930); *Main Street* (1920), *Babbitt* (1922).

Lewis, John L(lewellyn) *n.* (1880-1969) 米国の労働運動指導者.

Lewis, Matthew Gregory *n.* (1775-1818) 英国の小説家・劇作家; 通称 Monk Lewis; *The Monk* (1796).

Lewis, Mer·i·weth·er [mérəwèðə | -rɪwèðə(r)] *n.* (1774-1809) 米国の探検家; W. Clark との西部探検 (1804-06) で有名.

Lewis, (Percy) Wyn·dham [wíndəm] *n.* (1884-1957) 米国生れの英国の画家・批評家・小説家; *Tarr* (1918).

Léwis ácid 〖← *G. N. Lewis*〗 *n.* 〖化学〗ルイス酸《ルイスの定義による酸; すなわち結合する相手から電子対を受けて共有結合を作るもの》.

Léwis automátic *n.* =Lewis gun.

Léwis báse *n.* 〖化学〗ルイス塩基 (Lewis acid).

léwis bòlt *n.* 〖建築〗くさびボルト, 鬼ボルト《lewis の形をしたボルト》.

Léwis gùn 〖← *Colonel I. N. Lewis* (1858-1931: その発明者)〗 — *n.* ルイス式軽機関銃《第一次大戦で最初に使われた空冷式, 回転弾倉つき機銃; Lewis automatic, Lewis machine gun ともいう》.

Lew·i·sham [lúːɪʃəm, lúːə- | lúːɪʃəm, lúɪ-, ljúːɪ-, ljúɪ-] 〖OE *Lēofsa's hām* ← **Lēofsa* (《短縮》← *Lēofsige* (人名))+'s[1]+HOME〗 — *n.* London の自治区, 中流住宅地; 人口 265,000.

lew·is·ite [lúːɪsàɪt, lúːə- | lúːɪ-, lúɪ-, ljúːɪ-, ljúɪ-] 〖← *W. Lee Lewis* (1878-1943: 米国の化学者)+-ITE[1]〗 *n.* 〖化学〗ルイサイト ($C_2H_2AsCl_3$)《糜爛(びらん)性毒ガス; 兵器として使われた》.

Léwis-Lángmuir thèory 〖← *G. N. Lewis* & *Irwing Langmuir* (*d.* 1957): 共に米国の化学者〗 — *n.* 〖物理・化学〗ルイス ラングミュアの理論《原子価の電子を立方体の八隅に配置した原子価理論; cf. octet 4》.

Léwis machine gùn *n.* =Lewis gun.

Lew·i·sohn [lúːɪzn, lúːə-, -sn, -sòun | lúːɪzn, lúɪ-, ljúːɪ-, ljúɪ-, -sn, -səʊn], **Ludwig** *n.* (1882-1955) ドイツ生れの米国の小説家・文芸批評家.

lew·is·son [lúːɪsn, lúːə- | lúːɪ-, lúɪ-, ljúːɪ-, ljúɪ-] 〖変形〗 *n.* =lewis.

Léw·is with Hárris [lúːɪs-, lúːəs- | lúːɪs-, ljúːɪs-, ljúɪs-] *n.* スコットランド北西方 Western Isles 州, Outer Hebrides 諸島中最北端の島; 人口 34,000, 面積 2,146 km²; 単に Lewis ともいう.

lex [léks] 〖□L *lēx*〗 *L. n.* (*pl.* **le·ges** [léɪgeɪs, líːdʒiːz]) 法, 法律.

lex. 《略》lexical; lexicon.

lex·eme [léksiːm] 〖← LEX(ICON)+-EME〗 — *n.* 〖言語〗語彙項目《文や句の一部として考えられた単語[形態素]ではなく, これらから抽象され, 語彙目録 (lexicon) の一項目として考えられた単語[形態素]》. **lex·em·ic** [leksíːmɪk] *adj.*

lexes *n.* lexis の複数形.

lexica *n.* lexicon の複数形.

lex·i·cal [léksɪkəl, -sə- | -sɪ-] 〖《1836》← LEXIC(ON)+-AL[1]〗 — *adj.* **1** (特定の著者または国語の)語彙(い)の. **2** 辞書の, 辞典の, 辞書的な; 辞書編集の. **3** 〖文法〗(文法的, 統語的とは区別された意味での)辞書的な (cf. grammatical): a ~ category 語彙範疇 / a ~ item 辞書項目《文法構造の一要素としてではなく語彙目録 (lexicon) の一項目として見た場合の単語》. **~·ly** *adv.* **lex·i·cal·i·ty** [lèksəkǽləṭi | -sɪkǽlɪtɪ, -lɪ-] *n.*

léxical méaning *n.* 〖言語〗辞書的意味《文法的形式や変化にかかわりない語そのものの本質的意味; 例えば go, goes, went, gone, going に共通な基本的意味; cf. grammatical meaning, class meaning, linguistic meaning》.

léxical pronunciátion *n.* 〖音声〗辞書的発音《会話の場合のように数語連続して発音されるのでなく, 一語だけ切り離した発音》.

lex·i·co- [léksɪko(ʊ) | -sɪkə(ʊ)] 〖← LEXICON〗 —「辞書語彙(い) (lexicon)」の意の連結形.

lex·i·cog·ra·pher [lèksəkɑ́grəfə | -sɪkɔ́grəfə(r)] 〖《1658》← LGk *lexikográphos* (⇨ lexicon, -graph)+-ER[1]〗 *n.* 辞書編集者.

lex·i·co·graph·ic [lèksɪko(ʊ)grǽfɪk, -sə-, -kə- | -sɪkə(ʊ)-] *adj.* =lexicographical.

lex·i·co·graph·i·cal [lèksɪko(ʊ)grǽfɪkəl, -sə-, -kə-, -fə- | -sɪkə(ʊ)grǽfɪ-] *adj.* 辞書編集(上)の. **~·ly** *adv.*

lèx·i·cóg·ra·phist [-fɪst, -fəst | -fɪst] *n.* =lexicographer.

lex·i·cog·ra·phy [lèksəkɑ́grəfi | -sɪkɔ́grəfɪ] 〖← LEXICO-+-GRAPHY〗 *n.* **1** 辞書編集. **2** 辞書編纂[集]法; 辞書学. 「語義学者.

lèx·i·cól·o·gist [-dʒɪst, -dʒəst | -dʒɪst] *n.* 語彙研究者,

lex·i·col·o·gy [lèksəkɑ́lədʒi | -sɪkɔ́lədʒɪ] 〖□F *lexicologie*: ⇨ lexico-, -logy〗 — *n.* 語彙目録論, 語彙[語義]論《言語学の一部門; 語形・語義およびその歴史を取り扱う》.

lex·i·con [léksəkɑ̀n, -sɪkən, -sə- | -sɪkən] 〖《1603》← NL ~ ← Gk *lexikón* (neut.) — *lexikós* of or for words ← *léxis* speech, diction ← *légein* to speak: ⇨ lecture〗 — *n.* (*pl.* **-i·ca** [-kə], **~s**) **1** (ギリシャ語・ヘブライ語・ラテン語などの古典語の)辞書, 辞典. **2** (特定の題目・分野の)語彙(い); 語集: a ~ of painting. **3** 目録, 記録. **4** 〖言語〗(一言語の)語彙[形態素]目録.

lèxico·statístics 〖← LEXICO-+STATISTICS〗 *n.* 〖言語〗語彙統計学 (cf. glottochronology).

lex·ig·ra·phy [leksígrəfi | -fɪ] 〖← Gk *léxis* (⇨ lexicon)+-GRAPHY〗 *n.* (漢字のような)一字一語法.

Lex·ing·ton [léksɪŋtən] 〖← *Robert Sutton, 2nd Baron of Lexington* (1661-1723)〗 — *n.* **1** 米国 Massachusetts 州東部, Boston の北西方の都市; 独立戦争の最初の戦闘が Concord とここで行なわれた (1775 年 4 月 19 日); 人口 33,000. **2** 米国 Kentucky 州北部の都市; 人口 186,000.

lex·is [léksɪs, -səs | -sɪs] 〖⇨ lexicon〗 *n.* (*pl.* **lex·es** [-siːz]) 〖言語〗 **1** 《英》(ある言語・分野などの)語彙(い) (cf. lexicon 4). **2** レクシス, 語彙論.

léx lóci [léks-] 〖□L *lēx locī* local law, the law of a place: ⇨ locus〗 *L. n.* その地方の法律; 〖法律〗場所の法; 契約地法.

léx mer·ca·tó·ri·a [-mə̀ːkətɔ́ːriə, -tóːr- | -mɜ̀ːkətɔ́ːrɪə] 〖□L *lēx mercātōria* law of merchants: ⇨ merchant〗 *L. n.* 〖法律〗商法, 商慣習法.

léx non scríp·ta [-nɑn-skríptə, -noun- | -nɔn-] 〖□L *lēx nōn scrīpta* law not written〗 *L. n.* 〖法律〗不文律, 不文法, 慣習法.

léx scríp·ta [-skríptə] 〖□L *lēx scrīpta* written law: ⇨ script〗 *L. n.* 〖法律〗成文律, 成文法.

léx ta·li·ó·nis [-tæ̀lióunɪs, -nəs | -tæ̀liə́unɪs] 〖□L *lēx tāliōnis*: ⇨ lex, talion〗 — *L. n.* 〖法律〗(目には目を, 歯には歯をという)同害復讐(しゅう)法, 同罪刑法 (talion ともいう).

ley[1] [líː, léɪ | léɪ] 〖《変形》← LEA[1]〗 *n.* **1** (耕地で栽培された)牧草の収穫(高). **2** 《詩・古》=lea[1].

ley[2] [léɪ] *n.* =leu 1.

Ley·den [láɪdn] *n.* **1** =Leiden. **2** ライデン(チーズ)《オランダ産の Edam に似たチーズで, しばしば caraway, clove などの香料を入れる》.

Leyden, Lucas van *n.* ⇨ Lucas van Leyden.

Léyden jár *n.* 〖電気〗ライデンびん《1745 年頃オランダの Leiden 大学で発明された蓄電器の一種》.

Léy·dig cèll [láɪdɪg-] 〖← *Franz von Leydig* (1821-1908: ドイツの解剖学者)〗 — *n.* 〖解剖〗ライディヒ細胞《睾丸(こうがん)の間質細胞; 男性ホルモンを分泌》.

Ley·te [léɪti | -tɪ] *n.* レイテ(島)《フィリピン諸島中央部の島; 人口 1,363,000, 面積 7,213 km²》.

Ley·ton [léɪtn] 〖OE *Lygetūn* (《原義》) village on the river *Lea* (《原義》? the river of the god Lugus): ⇨ -ton〗 *n.* イングランド Greater London の一部.

léze májesty [líːz-] *n.* 〖法律〗=lese majesty 1.

lf, l.f. 《略》〖野球〗left field(er); left forward.

l.f. 《略》leaf; leaflet; ledger folio; 〖活字〗lightface.

L.F., LF 《略》〖電気〗low frequency (cf. H.F.).

lg, l.g. 《略》〖アメリカンフットボール〗left guard センター左側位置ラインマンの名称.

LG 《略》Low German.

lg. 《略》large; long.

L.G. 《略》Life Guards.

L. Ger. 《略》Low German; Low Germanic.

LGk., L.Gk., LGk 《略》Late Greek.

l-glùcose [él-] 〖← L(EVOROTATORY)〗 *n.* 〖化学〗=levoglucose.

LGr., L.Gr. 《略》Late Greek.

lh, l.h. 《略》〖アメリカンフットボール〗left halfback レフトハーフバック《FB の左側位置バックの名称》.

LH 《略》Deutsche Lufthansa.

LH, L.H., l.h. 《略》〖音楽〗left hand 左手(使用) (cf. RH).

L.H. 《略》lighthouse; lower half; 〖生化学〗luteinizing hormone.

Lha·sa [lɑ́ːsə, lǽsə] *n.* ラサ(拉薩)《中国チベット自治区中部にある同地方の首都; かつてラマ教の聖都; 人口 50,000, 標高 3,660 m》.

Lhása áp·so, L- A- [-ǽpsou | -səʊ] 〖*apso*: □ Tibetan ~ 'terrier'〗 — *n.* ラサ アプソ《チベット原産のライオンのようなたてがみ状の長毛をもつ小さな犬種のイヌ; 番犬》. 「back.

lhb., l.h.b. 《略》〖アメリカンフットボール〗left half-

L.H.D. 《略》*L.* Litterārum Humāniōrum Doctor *or* In Litterīs Humāniōribus Doctor (=Doctor of Humanities).

L.Heb. 《略》Late Hebrew.

L-hèad èngine *n.* 〖機械〗L 頭機関《L 形シリンダーを有する機関》.

L'Hos·pi·tál's rúle [lòupətǽlz- | lɔ̀upɪ-; *F.* lɔpital, lo-] 〖← *Guillaume F. A. de L'Hospital* (1661-1704: フランスの数学者)〗 — *n.* 〖数学〗ロピタルの法則《$f(x)$ も $g(x)$ も 0 (あるいは ∞) に近づく時, $f(x)/g(x)$ の極限は $f'(x)/g'(x)$ の極限に等しいという法則》.

L.H.T. 《略》《英古》Lord High Treasurer 大蔵大臣.

li [líː] 〖《1588》□ Chin. *li* (里)〗 *n.* (*pl.* ~, **~s**) 里《中国の距離の単位; 約 $^1/_3$ マイル》.

li 《略》〖測量〗link(s); lira, lire.

Li 《記号》〖化学〗lithium.

l.i. 《略》letter of introduction; longitudinal interval.

L.I. 《略》《英》〖軍事〗Light Infantry; Long Island.

li·a·bil·i·ty [làɪəbíləṭi | -lətɪ, -lɪ-] 〖《1794–1809》← LIABLE＋-ITY〗 ― *n.* **1** 責任のあること, 責を負うべきこと; 責任, 責, 負担, 義務: limited [unlimited] ～《英》有[無]限責任 / a limited ～ company《英》＝limited company / ～ for damages 損害賠償の責任 / ～ *to* pay taxes 納税の義務. **2** 支払うべき金額, 責任額, 負担額; [*pl.*] 負債, 借金, 債務 (cf. asset 3): assets and *liabilities* 資産と負債. **3**〔…の〕傾向があること,〔…に〕かかり[陥り]やすいこと〔*to*〕: ～ *to* disease 病気になりやすいこと / one's ～ *to* error 誤りやすいこと. **4** 不利(な点) (cf. asset 2): Poor handwriting is a ～ *in* getting a job. 字が下手なのは就職するのに不利だ.

liability insùrance *n.*〖保険〗責任保険《被保険者が損害賠償責任を負担することによってこうむる損害を塡補(てんぽ)する保険》.

liability lìmit *n.*〖保険〗(保険者が負担する)損害塡補責任の限度.

li·a·ble [láɪəbl] 〖《1450》□ AF **liable* ← (O)F *lier* to bind < L *ligāre* (⇨ ligature): ⇨ -able〗 ― *pred. adj.* **1 a**〔…に対して〕(法律上)責を負うべき, 責任ある〔*for*〕;〈…する〉責任[義務]のある〈*to* do〉: You are ～ *for* his debts [*to* pay his debts]. あなたは彼の借財を払う義務がある / The surety is ～ *for* the debt of his principal. 保証人は本人の負債を返済する義務がある / The Post Office Department is not ～ *for* this damage. 郵政省はこの損害に対しては賠償の義務を負わない. **b** 充当される, 差押えられる: His estate will be ～ *to* pay his debts. 彼の不動産はすべて負債の返済に充当されるだろう. **2 a**〔…に〕(法律上)服すべき, 処せらるべき,〔…を〕受けるべき〔*to*〕: Citizens are ～ *to* jury duty [military service]. 国民は陪審[兵役]の義務に服すべきである / If you disobey this law, you will make yourself ～ *to* arrest [a heavy fine]. この法律を犯すと逮捕される[重い罰金を課される]ことになる. **b**〔病気などを〕免れない,〔批判などを〕受けやすい〔*to*〕: We are all ～ *to* diseases. 我々はだれでも病気を免れない / He is ～ *to* contempt [severe criticism]. 彼は人から軽蔑される[批判を受け]やすい. **3** [《米》ではまた láɪbl] [*to* do を伴って] **a** …しがちで, とかく…しやすい: I am ～ *to* catch cold. 私は風邪(かぜ)をひきやすい / An angry man is ～ *to* say more than he means. だれでも腹を立てると言わなくてもいいことまで言ってしまうものだ / Difficulties are ～ *to* occur. 面倒なことは起こりがちだ. **b**《米口語》…しそうな: At this rate we are ～ *to* win the award. この調子でいくと賞をもらえそうだ / I am ～ *to* go to the ball game tomorrow. あしたは野球の試合に行けそうだ.

li·aise [liéɪz | lɪ-] 〖《逆成》← *liaison* (*officer*)〗 *vi.*《口語》**1**〔…と〕連絡をつける[保つ]〔*with*〕. **2** 連絡将校 (liaison officer) を勤める.

li·ai·son [líːəzɑ̀ːn, -zɔ(ː)n, liéɪzɑn, -zɔ(ː)n, -zṇ | liːéɪzɔ̃ː(ŋ), lɪ-, -zɔ(ː)ŋ, -zɔn, -zən, -zṇ; *F.* ljɛzɔ̃] 〖《*a*1648》□ F ～ ← *lier* (⇨ liable)＋-*aison* '-ATION'〗 ― *n.* **1 a** [《英》では -zən, -zn]〖軍事〗(各部隊・兵種・同盟軍間の)連絡. **b** (各部門・組織間の)連絡. **2** (男女間の)私通, 密通: have a ～ *with* a woman 女と密通する. **3**〖音声〗リエゾン, 連結, 連声(れんじょう)《特に, フランス語で語尾が黙字子音で終わり次の語が母音または無音の h で始まる時に, その子音と母音とを連結して発音すること; 英語で r 音を次の語の語頭の母音と結合すること; cf. sandhi, linking r》. **4**〖料理〗つなぎ《スープ・ソースなどに濃度をつけるもの; 例えば卵黄・小麦粉・コーンスターチ・バターなど》.

liaison officer [＿＿＿＿＿, ＿＿＿＿＿ | ＿＿(―)―] *n.*〖軍事〗連絡将校《他の部隊や機関などに派遣されて連絡の任に当たる》.

Liam [líəm] 〖《アイル》～ 'William'〗 *n.* 男性名.

li·a·na [liɑ́ːnə, -ǽnə | lɪɑ́ːnə] 〖《1833》□ F *liane* ← (i) ? *lier* to bind < L *ligāre* // (ii)《変形》← ? *viorne* < L VIBURNUM〗 ― *n.* (*also* **li·ane** [-ɑ́ːn, -ǽn | -ɑ́ːn])〖植物〗つる植物, 蔓(つる)生植物 (cf. guild 3). **li·a·noid** [liɑ́ːnɔɪd, -ǽn- | lɪ-] *adj.*

liang [liɑ́ːŋ, liǽŋ | lɪǽŋ; *Chin.* liǎŋ] 〖□ Chin. ～〗 *n.* (*pl.* ～, ～s) 両《中国の重量単位; 1/16 斤 (catty); 現在は 1/10 斤 (＝50g)》.

Liao Ho [liáu-hóu | lɪáu-hə́u; *Chin.* liáuxɤ́] *n.* [the ～] 遼河(りょうが)《中国東北部の川; 遼東湾に注ぐ; 1,430 km》.

Liao·ning [liàuníŋ | lɪ-; *Chin.* liáuníŋ] *n.* 遼寧(りょうねい)省《中国東北部の黄海と渤海に臨む省; 人口 37,430,000, 面積 230,000 km²; 首都瀋陽 (Shenyang)》.

Liao·tung [liàudúŋ | lɪ-; *Chin.* liáutʊ̄ŋ] *n.* 遼東(半島)《中国東北部の半島で, 黄海に突き出る; この半島の西側が Gulf of Liaotung (遼東湾)》.

Liao·yang [liàujɑ́ːŋ | lɪ-; *Chin.* liáujáŋ] *n.* 遼陽《中国遼寧省 (Liaoning) 中部の都市》.

li·ar [láɪə | láɪə(r)] 〖ME *lier* < OE *lēogere*: ⇨ lie¹, -ar²〗 ― *n.* うそつき: You're a ～. うそを言え《そんなことがあるか》/ Show me a ～, and I will show you a thief.《諺》うそつきを示せば泥棒が誰だか教えよう (cf.「うそつきは泥棒の始まり」).

Li·as [láɪəs] 〖《1404》□ OF *liois* (F *liais*) hard limestone ← ? Gmc〗 ― *n.* **1**〖地質〗ライアス統, 黒ジュラ統《ジュラ系の最下層》. **2** [l-]〖鉱物〗(英国南西部地方産の)青色石灰岩 (blue limestone). ― *adj.*〖地質〗ライアス[黒ジュラ]統の. **Li·as·sic** [laɪǽsɪk] *adj.*

lib, Lib [líb]〖略〗*n.*《口語》＝liberation 1 b.

lib.《略》*L.* liber (＝book); liberation; liberty; librarian; library; libretto.

Lib.《略》Liberal (Party); Liberia.

li·ba·tion [laɪbéɪʃən | laɪ-, lɪ-] 〖《*c*1384》□ L *lībātiō(n-)* drink-offering ← *lībātus* (p.p.) ← *lībāre* to pour out〗 ― *n.* **1** 献酒《神に捧げる時には器から酒を地面または いけにえに注ぐ》; 神酒. **2**《戯言》おみき, 酒; 飲酒. **～·ar·y** [-ʃənèri | -ʃ(ə)nəri] *adj.*

lib·ber [líbə | -bə(r)] 〖《短縮》← LIBERATIONIST〗 *n.*《口語》男女同権論者: a women's ～ ウーマンリブの人.

Lib·by [líbi | -bɪ] 〖(dim.) ← ELIZABETH²〗 *n.* 女性名.

Lib·by [líbi | -bɪ], **W**(**illard**) **F**(**rank**) *n.* (1908–　) 米国の化学者; Nobel 化学賞 (1960).

lib. cat.《略》library catalogue.

li·bec·cio [lɪbétʃiòu, lə-, -tʃou | lɪbétʃiəu, -tʃəu; *It.* libéttʃo] 〖□ It. ～ ← L *libs* the southwest wind □ Gk *líps*〗 ― *It. n.* (*pl.* ～s) (イタリア, 特に Corsica 北部で吹く)南西風.

li·bel [láɪbəl] 〖《*c*1300》□ OF ～ (F *libelle*) // L *libellus* little book, document, libel (dim.) ← *liber* book: ⇨ library〗 ― *n.* **1**〖法律〗文書名誉毀損《文字・絵画などによる侮辱》; (文書による)名誉毀損罪 (cf. slander 3): sue a magazine for ～ 文書名誉毀損(罪)で雑誌を訴える. **2** 名誉を毀損する文書, 中傷文: publish a ～ *against* …に対する名誉を毀損する文を公にする. **3**〔…の〕侮辱[不名誉]となるもの, 侮辱〔*on*〕: This book [play] is a ～ *on* human nature. この書物[劇]は人間性を侮辱するものだ / This photograph is a ～ *on* her. この写真では彼女が泣く. **4**〖海法・教会法〗(海事裁判所・教会裁判所における)原告の申し立て.
― *vt.* (**li·beled, -belled; -bel·ing, -bel·ling** [-b(ə)lɪŋ]) **1** …の名誉を毀損する, そしる, 中傷する; …の名誉を毀損する文書を公にする. **2**〈人の品性・能力・容貌(ぼう)などを〉十分に表現していない, ひどく不正確に表現する. **3**〖法律〗〈教会裁判所・海事裁判所〉へ訴えを申し立てる. ― *vi.* 中傷する〔*against, on*〕.

li·bel·ant [láɪbələnt] 〖⇨ ↑, -ant〗 *n.*〖法律〗**1** (教会裁判所・海事裁判所における)出訴人, 告訴人, 原告. **2** ＝libeler.

li·bel·ee [làɪbəlíː] 〖← LIBEL＋-EE¹〗 *n.*〖法律〗(教会裁判所・海事裁判所における)被告 (defendant), 被申立人.

lí·bel·er [-b(ə)lə | -lə(r)] *n.*〖法律〗他人の名誉を毀損する者, 中傷者.

lí·bel·ist [-bəlɪst, -ləst | -lɪst] *n.* ＝libeler.

li·bel·lant [láɪbələnt] *n.* ＝libelant.

li·bel·lee [làɪbəlíː] *n.* ＝libelee.

lí·bel·ler [-b(ə)lə | -lə(r)] *n.* ＝libeler.

lí·bel·list [-bəlɪst, -ləst | -lɪst] *n.* ＝libelist.

li·bel·lous [láɪb(ə)ləs] *adj.* ＝libelous.

Li·bel·lu·li·dae [làɪbəlúːlədìː | -lúːlɪ-, -ljúː-] 〖← NL ～ ← *Libellula* (属名: (dim.) ← *libella* dragonfly ← L (dim.) ← *lībra* 'LEVEL' (n.))＋-IDAE: その両翼を水準器に喩えたもの〗 ― *n. pl.*〖昆虫〗(蜻蛉目)トンボ科.

li·bel·ous [láɪb(ə)ləs] 〖《1619》← LIBEL＋-OUS〗 *adj.* **1**〈陳述など〉名誉毀損の, 中傷的な: a ～ pen 毒筆. **2**〈人が〉好んで人を中傷する. **～·ly** *adv.*

li·ber [〖□ L ～: ⇨ library〗 ― *n.* (*pl.* **li·bri** [láɪbri, líb- | láɪbrɪ], ～**s**) **1** [láɪbə | -bə(r)]〖植物〗靭皮(じんぴ)部 (phloem). **2** [láɪbə, líbɛə | láɪbə(r)] 書物; (特に, 証書遺言状などの)公文書.

Li·be·ra [líːbərɑ̀ː, -brə] 〖□ L *līberā* (応答聖歌の冒頭の語) (impr.) ← *līberāre* to set free: ↓〗 *n.*〖カトリック〗リベラ《死者ミサ・埋葬式に唱えられる》.

lib·er·al [líb(ə)rəl] 〖《?*a*1350》□ (O)F *libéral* □ L *līberālis* pertaining to a free man ← *līber* free < IE **leudh-eros* (Gk *eleútheros*) ← **leudh-* to grow; people〗
― *adj.* **1 a** 気前よく与える, 気前のよい, 大まかな;〔…を〕惜しまない, けちけちしない〔*of, with, in*〕: a ～ giver 気前よく人に物をやる人 / be ～ *of* [*with*] one's money 金離れがいい / be ～ *of* praise [tips] よく人をほめる[チップをはずむ] / be ～ *in* one's bestowal of praise [compliments] 賞賛[賛辞]を惜しまない. **b** 気前よく与えられた, たくさんの, たっぷりある, 豊富な: a ～ donation 気前のよい[たくさんの]寄贈 / a ～ table ごちそうの多い食卓 / a ～ flow of water 洋々たる水の流れ. **c** 大きな, ふっくらした: a ～ bosom 豊満な胸. **2** 寛大な, 度量の大きい, 鷹揚(おうよう)な, 偏見にとらわれない, 凝り固まっていない; 慣習に縛られない: a ～ attitude toward religion 宗教に対する寛大な態度 / a man of ～ views 偏見にとらわれない考えの広い人 / be ～ *in* one's outlook 物の見方が偏狭でない. **3 a** 厳格でない, 厳しくない: a ～ attitude toward one's children 子供に対しての甘い態度. **b** 字義に捕われない, 自由な: a ～ translation 自由訳. **4 a**〈教育が〉紳士たるに適当な, 一般教育の (cf. technical 2): liberal arts, liberal education. **b** 自由人の, 自由人にふさわしい. **5 a** 自由主義の《教会や国家などの伝統的権威に対し個人の自由を尊重する主義, 政治上では特に君主制・貴族制に対し民主的代議制を主張する主義にいう; cf. conservative 2 a》. **b** [通例 L-] (英国・カナダの)自由党の (cf. conservative 2 b, labor 2). **6**《廃》身持ちの悪い, 放縦な.
― *n.* **1 a** [通例 L-] (英国・カナダの)自由党員. **b** (政治・宗教上の)自由主義者. **2** 慣習[伝統]に縛られない人, 偏見に捕われない人.
～·ness *n.*

líberal árts 〖《なぞり》← L *artēs līberālēs* arts of freemen: ローマ時代に *līberī*「自由民」だけが習得を許された学芸〗 ― *n. pl.* **1**〖教育〗自由七科, 教養七学科《中世における教育の主要な学科で, 文法・論理・修辞の三科 (trivium) と算術・幾何・音楽・天文の四科 (quadrivium) の総称》. **2 a** ＝humanity 3 b. **b** (近代以降の大学の)一般教育科目《専門科目に対して一般的知識を与え, 広く知的能力を発展させる目的の語学・自然科学・哲学・歴史・芸術・社会科学などを指す》.

Líberal Consérvative *n.*〖政治〗自由主義的保守党員《自由主義に傾いている保守党員》.

líberal educátion *n.* 一般教養教育《職業教育に対して人格教育に重きを置く; cf. general education》.

líb·er·al·ism [-lìzṃ] *n.* **1** (行動・態度など)寛大であること, 鷹揚であること; 厳しくないこと: treat one's children with ～ 子供を甘く扱う. **2 a** (政治思想上の)自由主義《個人の自由権と議会主義の擁護と進展を唱える立場; cf. totalitarianism 1 a》. **b** (経済上の)自由主義《個人の経済活動の自由, 特に政府統制からの自由, 自由貿易を唱える立場》. **c** [しばしば L-] (キリスト教の)自由主義運動《キリスト教の精神的・倫理的内容と知的自由を強調するプロテスタント内の運動》. **3** [L-] (英国・カナダの)自由党の政策.

líb·er·al·ist [-lɪst, -ləst | -lɪst] *n.* (政治・宗教上の)自由主義者 (liberal). ― *adj.* 自由主義的な.

lib·er·al·is·tic [lìb(ə)rəlístɪk] *adj.* 自由主義的な.

lib·er·al·i·ty [lìbərǽləṭi | -lətɪ, -lɪ-] 〖《*a*1387》□ (O)F *libéralité*: ⇨ liberal, -ity〗 ― *n.* **1** 気前のよさ, 物惜しみしないこと, 金離れのよさ (generosity)〔*with, in, to*〕: ～ *with* one's money 金離れのよさ / ～ *to* one's friend 友人に対する気前よさ. **2** 心の大きいこと, 寛大 (broad-mindedness)〔*of*〕: ～ *of* outlook 物を見る目のおおらかさ. **3** 寛大な施し(物), 贈り物 (gift). **4** (体が)大きいこと, 豊満. **5** ＝liberalism.

lib·er·al·ize [líb(ə)rəlàɪz] *vt.* **1** 自由主義化する. **2**〈心を〉大きくさせる, 寛大にならせる: ～ the mind. **3**〈規則・法令などを〉ゆるやかにする, 緩和する; …の統制を解除する, 自由化する (decontrol): ～ divorce and abortion laws 離婚法と堕胎法を緩和する / ～ foreign trade 外国貿易を自由化する. ― *vi.* 自由主義になる; 寛大になる. **lib·er·al·i·za·tion** [lìb(ə)rəlɪzéɪʃən, -lə- | -laɪ-, -lɪ-] *n.* **líb·er·al·ì·zer** *n.*

Líberal Júdaism *n.* 改革派ユダヤ教 (⇨ Reform Judaism).

líb·er·al·ly [-rəli | -lɪ] 〖《*a*1387》〗 *adv.* 気前よく; 寛大に.

líberal-mínded *adj.* 心の大きい, 寛大な.

Líberal Pàrty *n.* [the ～] (英国の)自由党《1832 年の Reform Bill 以後 Whig 党と急進派 (Radicals) が合同して出来た政党; 19 世紀には Gladstone らを輩出し, 保守党 (Conservative Party) と並ぶ二大政党の一つであったが, 第一次大戦後は第三党》.

Líberal Únionist *n.* (英国の)自由統一党員《1886 年 Gladstone のアイルランド自治法案に反対して自由党を脱退した者; 後年保守党に参加した》.

lib·er·ate [líbərèɪt] 〖《1623》← L *līberāt-us* (p.p.) ← *līberāre* ← *līber* free: ⇨ liberal, -ate³〗 ― *vt.* **1 a** 自由にする, 解放する; 釈放する, 放免する; (特に)〈占領国を〉解放する: ～ a slave / ～ a person *from* prison [a task] 人を獄舎から釈放する[仕事から解放する]. **b** (男女差別の偏見や制限から)解放する: ～ all-male bars 女人禁制バーを解放する. **2**《米俗》分捕る; 失敬する, 盗む. **3**〖化学〗〈ガスなどを〉遊離させる.

lib·er·a·tion [lìbəréɪʃən] 〖《?*a*1425》□ (O)F *libération* // L *līberātiō(n-)*: ⇨ ↑, -ation〗 ― *n.* **1 a**〔奴隷・囚人などの〕放免, 釈放, 解放;〔占領国の〕解放〔*of*〕. **b** 社会的慣習からの解放; 男女同権運動 (《口語》lib): the ～ *of* women 女性解放 / ⇨ women's liberation. **2**〖化学〗遊離.

lib·er·á·tion·ism [-ʃənìzṃ] *n.*《英》国教廃止論.

lib·er·á·tion·ist [-ʃ(ə)nɪst, -nəst | -nɪst] *n.* **1** 解放論者; 男女同権論者 (《口語》libber). **2**《英》国教廃止論者. ― *adj.* **1** (女性)解放運動の. **2**《英》国教廃止論者の.

liberátion theólogy *n.* 解放の神学《中南米の貧困の現実を見て起こって来た神学》.

líb·er·à·tor [-ṭə | -tə(r)] *n.* **1** 解放者, 釈放者; (特に)民族解放者《自国を他の支配または圧制から解放しようとする人》. **2** [L-] リベレーター《第二次大戦で使用された B-24 爆撃機の愛称》.

lib·er·a·tress [líbərèɪtrɪs, -trəs] *n.* 女性の liberator.

Li·be·ri·a [laɪbí(ə)riə | -bíəriə] 〖← L *līber* free〗 ― *n.* リベリア《アフリカ西部の黒人共和国; 1847 年アメリカの解放された奴隷たちによって建国; 人口 1,800,000, 面積 111,400 km², 首都 Monrovia; 公式名 the Republic of Liberia リベリア共和国》.

Li·be·ri·an [laɪbí(ə)riən | -bíərɪ-] *adj.* リベリアの. ― *n.* リベリア人.

Li·ber·man [líːbəmɑ̀ːn | -bə-; *Russ.* ljíbjirmən], **Yev·sei Gri·go·rie·vich** [jifsjéj grjigórjivjitʃ] *n.* リーベルマン《1897–　; ソ連の経済学者・統計学者》.

lib·er·tar·i·an [lìbətέ(ə)riən | -bətέərɪ-] 〖← LIBERT(Y)＋-ARIAN〗 ― *adj.* **1**〖哲学〗自由意志の存在を主張する, 自由意志論の (cf. necessitarian). **2** (思想・行動の)自由を主張する, 自由論の. ― *n.* 自由意志論者; 自由論者.

lib·er·tár·i·an·ism [-nìzṃ] *n.* 自由意志論; 自由主義.

li·ber·té, é·ga·li·té, fra·ter·ni·té [*F.* libɛʀte egalite fʀatɛʀnite] 〖□ F ～ 'liberty, equality, fraternity'〗

— F. 自由・平等・友愛《1789年の第一革命以来フランス共和国の標語で，国旗の三色はこれを象徴する》.

li·ber·ti·cid·al [lɪbə̀ːṭəsáɪdḷ, lə- | lɪbə̀ːtɪ-] *adj.* ＝liberticide.

li·ber·ti·cide [lɪbə́ːṭəsàɪd, lə- | lɪbə́ːtɪ-] 〖▭F ～: ⇨ liberty, -cide〗 — *n.* 《文語》自由破壊; 自由破壊者. — *adj.* 自由を破壊する，自由を踏みにじる.

lib·er·tin·age [líbəṭìːnɪdʒ, -ṭɪ-, -ṭə- | -bətɪn-] 〖⇨↓, -age〗 *n.* ＝libertinism.

lib·er·tine [líbəṭìːn | -bətìːn, -tɪn, -tàɪn] 〖《c1384》▭ L *libertīn-us* freedman ← *libertus* manumitted slave (← *liber* free)＋-*īnus* ‘-INE[1]’〗 — *n.* **1** 不身持ちな人，放蕩(ﾄｳ)者，道楽者: a charter'd ～ 天下御免のわがまま者 (cf. Shak., *Henry* V 1. 1. 48). **2** 〖▭F *libertin*〗 [通例軽蔑的に用いて] (宗教上の)自由思想家，懐疑論者，不可知論者. **3** リベルテン《古代ローマの奴隷の身分から解放された人; cf. *Acts* 6:9》. — *adj.* **1** 放蕩な，道楽な (dissolute). **2** [通例軽蔑的に用いて] 自由思想の (freethinking); 道徳律廃棄論の (antinomian). **3** 《古》抑制のない，自由な.

lib·er·tin·ism [líbəṭiːnìzṃ, -ṭɪ-, -ṭə- | -bətɪ-] *n.* **1** 放蕩(ﾄｳ)，道楽，不品行 (licentiousness). **2** (宗教上の，通例非難すべき)自由思想 (freethinking).

lib·er·ty [líbəṭi | -bətɪ] 〖《c1375》*libertie* ▭(O)F *liberté* ▭L *libertātem* civil freedom, condition of freemen ← *liber* free: ⇨ liberal〗 — *n.* **1** (幽閉・束縛・従属・圧制的支配などからの)自由，解放，釈放，放免 (cf. bondage, serfdom, slavery[1]): a land of ～ 自由の国 / Give me ～, or give me death! われに自由を与えよ，しからずんば死を与えよ《米国の愛国者 Patrick Henry の言葉》. **2** (社会的・政治的・経済的に国民が共に持つ，または自分で選べる権利としての)自由: ～ of speech [the press] 言論[出版]の自由 / ～ of conscience＝religious ～ 信教の自由 / ⇨civil liberty, natural liberty, personal liberty, political liberty. **3** (出入りするまたは行動する)自由，随意，権利; 許可: ～ of action [choice] 行動[選択]の自由 / grant him ～ *to* go out 外出する自由を許す / The dog has the ～ of the yard. その犬は庭に放し飼いにされている. **4** 度を越した自由，勝手，気まま，無礼，なれなれしさ〈*of doing, to do*〉: be guilty of a ～ 勝手[無礼]なことをする / take the ～ of *doing* [*to* do] …失礼を顧みず[勝手ながら]…する / I hope you will forgive the ～ I take in writing to you. お手紙を差し上げますことをお許しください《手紙の書出し》/ take *liberties* ⇨成句. **5** [*pl.*] **a** 特権，特典 (privileges)《自治権・選挙権・参政権など》. **b** 《英》特別行政区，特権地区《1850年以前の英国においてある種の行政的特権が許容された地区; palatinate としては Durham, Lancaster, Chester など，都市では London, Dublin など》: within the *liberties* of the City of London. **c** (ある種の行動が特許されている)特別区域: the *liberties* of a prison 刑務所外の特別区域《そこまでは出入その他の自由が許される》. **6** (硬貨などの)自由を擬人化した女神像. **7** 〖海事〗(短期の)上陸許可《長期のものは leave という》; 〖米海軍〗水兵に与えられる48時間以内の上陸許可: ⇨liberty day, libertyman. **8** 〖哲学〗選択の自由，意志の自由 (cf. necessity 1 c).

at liberty (1) 自由で，束縛されずに: set a person *at* ～ 人を自由にしてやる[解放する]. (2) 勝手[随意]に…できる，…しても構わない〈*to do*〉: You are *at* ～ *to* use this room in any way you please. この部屋は君が好きなように使ってよい. (3) 〈人が〉用がなく，暇で; 失業して. (4) 〈物が〉使用されていない，あいて: a desk *at* ～ 使っていない机. ***take liberties with*** (1) …に余りなれなれしくする，…に無礼なことをする (cf. take freedoms with ⇨freedom 4): You must not *take liberties with* older people. 年上の人に失礼なことをしてはいけない. (2) …を勝手に変える，歪曲する: *take liberties with* a text 本文を歪曲する. (3) …を無思慮に扱う，…に無謀なことをする: *take liberties with* one's health 健康を省みずむちゃなことをする.

Líberty Bèll *n.* [the ～]「自由の鐘」《1776年7月，米国独立宣言の際鳴らしたと言い伝えられる有名な鐘; 今は Philadelphia の Independence Hall の近くの建物 (pavilion) にある》.

líberty bòat *n.* 《英》〖海事〗上陸員 (libertymen) を運ぶ船.

Líberty bònd *n.* 《米》自由公債《第一次大戦中募集した戦時公債》.

líberty càp *n.* リバティーキャップ《円錐形でクラウンが垂れ下がる柔らかい帽子; もとローマの奴隷が開放された時にかぶった; フランス革命の時に自由の象徴としてとり入れられた; cf. Phrygian cap》.

liberty cap

líberty dày *n.* 〖海事〗上陸(許可)日 (cf. liberty 7).

Líberty Enlíghtening the Wórld *n.* 自由の女神像 (Statue of Liberty) の正式名称.

líberty hàll *n.* 客が好き勝手に振舞える家，無礼講の家.

Líberty Ísland *n.* リバティー島《米国 New York 州南東部 New York 湾内にある小島; Statue of Liberty があるのでこう呼ばれる; 旧名 Bedloe's Island》.

líberty·màn [-mæ̀n] *n.* (*pl.* **-men** [-mèn]) 《英》〖海事〗上陸を許可された船員，上陸員 (cf. liberty 7).

Líberty pàrty *n.* 《米》自由党《1839年に組織された奴隷制度反対を掲げた米国最初の政党; 1848年に自由土地党 (Free-Soil party) と合併》.

liberty pòle *n.* 〖フランス史〗自由の柱《自由の象徴として立て，liberty cap または共和国旗をつける》.

Líberty shìp *n.* 《米》リバティー船《第二次大戦中に米国が大量に建造した約1万積載重量トン，11ノット程度の規格貨物船》.

li·beth·en·ite [lɪbéθənàɪt, lə- | lɪ-] 〖▭G *Libethenit* ← *Libethen* (Czechoslovakia の地名): ⇨-ite[1]〗 *n.* 〖鉱物〗リベテン石，燐(ﾘﾝ)銅鉱 ($Cu_2(PO_4)(OH)$).

li·bid·i·nal [lɪbídənḷ, -dṇəl | -dɪnḷ] *adj.* 〖精神分析〗リビドー (libido) の. **～·ly** *adv.*

li·bid·i·nous [lɪbídənəs, -dn- | -dɪn-] 〖《1447》▭OF *libidineus* (F *libidineux*) ∥ L *libidinōs-us* lustful ← *libidin-*, *libidō* (↓)＋-OUS〗 — *adj.* **1** 好色な，肉欲的な (lustful); 扇情的な，みだらな (lascivious). **2** 〖↓〗〖精神分析〗リビドー(libido)の. **～·ly** *adv.* **～·ness** *n.*

li·bi·do [lɪbíːdoʊ, lə-, -báɪ-, lɪbɪdòʊ | lɪbíːdəʊ, -báɪ-, líbɪdəʊ] 〖《1913》← NL *libidō* ← L *libīdō* pleasure, longing, lust ← *libet* it pleases: cog. OE *lufu* ‘LOVE’ & *lēof* dear (⇨ lief)〗 — *n.* (*pl.* **～s**) **1** 〖精神分析〗リビドー《Freud の概念では性本能のエネルギー; Jung では心的エネルギーの総体》. **2** 性的衝動，性欲，愛欲.

Lib-Lab [líblæ̀b] 〖← *Lib(eral)-Lab(our)*〗 *n.* **1** (19世紀後半の英国で)労働組合運動を支持した自由党員. **2** 労働組合運動に賛成する自由主義者.

li·bra[1] [láɪbrə, líː-] 〖ME ▭L *libra* pound, balance, level: cf. Gk *lítra*〗 — *n.* (*pl.* **li·brae** [láɪbriː, líːbraɪ | láɪbriː, líːbreɪ, -braɪ]) **1** リーブラ《古代ローマの重量単位; ＝5,053 grains》. **2** 重量ポンド (pound) (略 lb). **3** 通貨ポンド (pound sterling) (略 £).

li·bra[2] [líːbrə; *Sp.* líβra] 〖▭Sp. ～ < L *libram* (↑)〗 — *n.* (*pl.* **～s** [～z; *Sp.* ～s]) **1** リブラ《ペルーの通貨単位 (1898-1930); 今は sol と呼ばれる》; 1リブラ金貨. **2** リブラ《スペイン・ポルトガル・中南米諸国の重量単位; 略 lb.》.

Li·bra [láɪbrə, líːb- | láɪbrə, líːb-, líb-] 〖ME ▭L *libra*: ↑〗 — *n.* **1** 〖天文〗てんびん(天秤)座《南天の星座; the Balance, the Scales ともいう》. **2** 〖占星〗**a** 天秤座，天秤宮《黄道12宮の第7宮; the Balance ともいう; cf. zodiac》. **b** 天秤座生れの人.

librae *n.* libra[1] の複数形.

li·brar·i·an [laɪbréə)riən | -bréərɪ-] 〖《1670》← L *librāri-us* transcriber of a book, copyist, secretary (← *liber* book)＋-AN[1]〗 — *n.* **1 a** 司書，図書館員，図書館専門職員. **b** (図書館の)館長. **2** (楽譜などの)資料管理者.

librárian·shìp *n.* 司書職，図書館員の職[地位]，図書館職.

li·brar·y [láɪbreri, -brəri, -bri, -bəri | -brəri] 〖《c1380》*librarie* ▭(O)F *librairie* < VL **librārīam*＝L *librāria* bookseller's shop ← L *librārius* pertaining to books ← *liber* book,《原義》the inner bark of a tree ← ? IE **leup-* to peel off (⇨ leaf)〗 — *n.* **1 a** 図書館，図書室: a college [school] ～ 大学[学校]図書館 / ⇨free library, lending library, public library, reference library 1, traveling library. **b** (個人の)書庫; (書庫兼用の)書斎，読書室. **c** 図書館を思わせる人[物]; もの知り，知識の泉: a walking ～ 物知り / He is a ～ for neighborhood gossip. 彼は近所のうわさのことは何でも知っている人だ. **2 a** (図書館や個人の)蔵書，文庫，コレクション，蒐書: a private ～ 個人の蔵書. **b** (フィルム・レコードなどの)コレクション: a ～ of Mozart recordings モーツァルトのレコードコレクション. **3** (営利的に経営される)貸本屋 (lending library, 《米》rental library). **4 a** (出版社が同じスタイルで出版する)双書，文庫，シリーズ，ライブラリー (series of books): Everyman's *Library*. **b** 〖文学〗＝canon[1] 3 c. **5** ＝morgue 2. **6** 《英》(劇場などの)入場券取扱所[店]. **7** 〖電算機〗ライブラリー《独立して利用できる形態になった種々のプログラムの集合》.

Library of Congress [the —] (米国)議会図書館《Washington, D. C. にあり，蔵書数では世界最大の図書館の一つ; 略 L.C.》.

Library of Congress classification (米国)議会図書館分類表《ローマ字と自然数とを組合せて作った同館の分類表》.

library bínding *n.* 〖製本〗図書館製本《耐久性のあるクロス材を使って，図書館での利用に耐えられるようにした製本; cf. edition binding》; この製本による造本，堅牢造本.

library càrd *n.* 帯出券《図書館資料の貸出しカード; borrower's card ともいう》.

library edìtion *n.* 〖製本〗**1** 図書館版《図書館での頻繁な利用を考慮して，特に頑丈に製本されたもの; cf. text edition, trade edition》. **2** (通例同一作家の全作品を同じスタイルで出した)全集版.

library pàste *n.* 図書館のり《板紙用の濃い澱粉のり》.

library schòol *n.* 図書館学校《図書館学を専門に教える学校》.

library scìence *n.* 《米》図書館学.

library stèps *n. pl.* (図書館の高い棚用の通例折り畳み式の)脚立(ｷｬﾀﾂ).

li·brate [láɪbreɪt] 〖← L *librāt-us* (p.p.) ← *librāre* to weigh ← *libra* balance, pair of scales: ⇨-ate[3]〗 — *vi.* **1** (天びんのさおのように)震える，震動する (oscillate, quiver). **2** 均衡を保つ，釣り合う (balance). — *vt.* 《古》釣り合わせる，…の重さを測る (weigh).

li·bra·tion [laɪbréɪʃən] 〖《1603》▭L *librātiō(n-)*: ⇨ ↑, -ation〗 — *n.* **1** 均衡，釣合い (poising). **2** 振動 (oscillation). **3** 〖天文〗秤(ﾋｮｳ)動《月の首振り運動など天体が釣合いの位置や姿勢から小さく動くこと; またその動き》: the ～ of the moon / ～ in latitude [longitude] 緯度[経度]秤動. **～·al** [-ʃ(ə)nḷ, -ʃnəl] *adj.*

li·bra·to·ry [láɪbrətɔ̀ːri, -tòːri | -tərɪ] 〖← LIBRATE＋-ORY[1]〗 *adj.* **1** (天びんのさおのように)揺れる，振動する (oscillatory). **2** (天びんのように)釣り合う.

libretti *n.* libretto の複数形.

li·brét·tist [-ṭɪst, -ṭəst | -tɪst] *n.* (歌劇・オラトリオなどの)台本作者.

li·bret·to [lɪbrétoʊ, lə- | lɪbrétəʊ; *It.* librétto] 〖《1742》▭It. ～ (dim.) ← *libro* book < L *librem*: cf. library〗 — *n.* (*pl.* **～s, li·bret·ti** [-ṭiː | -tɪ, -tiː; *It.* -tti]) 〖音楽〗(歌劇やオラトリオなどの)台本，歌詞，リブレット.

Li·bre·ville [líːbrəvìl, -vìːl; *F.* librəvil] *n.* リーブルビル《アフリカ中西部 Gabon 西部の海港で同国の首都; 人口 170,000》.

libri *n.* liber の複数形.

li·bri·form [láɪbrəfɔ̀əm, líb- | láɪbrɪfɔ̀ːm] 〖← LIBER＋-I-＋-FORM〗 *adj.* 〖植物〗靭皮(ｼﾞﾝﾋﾟ)状の.

Lib·ri·um [líbriəm | -rɪ-] 〖← F *libre* free (⇨ liberty)＋-IUM〗 *n.* 〖商標〗リブリウム《鎮静剤 chlordiazepoxide の商品名》.

Lib·y·a [líbiə | -bɪə, -bjə] *n.* **1** リビア《アフリカ北部，地中海に臨む共和国; もとイタリア領であったが，1951年王国として独立，1969年共和制になる; 人口 2,900,000，面積 1,759,540 km²; 首都 Tripoli; 公式名 the Popular Socialist Libyan Arab Jamahiriya 社会主義人民リビアアラブ国》. **2** (古代)リビア《エジプト以西のアフリカ北部の古名》.

Lib·y·an [líbiən | -bɪən, -bjən] *adj.* Libya の; リビア人の. — *n.* **1** リビア人; ベルベル人 (Berber). **2** リビア語; ベルベル語 (Berber).

Líbyan Désert *n.* [the ～] リビア砂漠《Sahara 砂漠の一部分で，リビア東部，エジプトの西部，スーダンの北西部にわたる》.

Lib·y·the·i·dae [lɪbəθíːədìː | -bɪθíːɪ-] 〖← NL ～ ← *Libythea* (属名: ← ? Gk *Libus* Libyan＋*théā* appearance)＋-IDAE〗 *n. pl.* 〖昆虫〗(鱗翅目)テングチョウ科.

lice *n.* louse の複数形.

li·cence [láɪsṇs, -səns] *n., vt.* ＝license.

li·cen·cee [làɪsənsíː, -sṇ-, ⁼⁼⁻|⁼⁻⁼] *n.* ＝licensee.

li·cense [láɪsəns, -sṇs] 〖n.: 《a1376》*licence* ▭(O)F *licence* ▭L *licentia* freedom, leave to do as one pleases ← *licentem* (pres.p.) ← *licēre* to be lawful. — v.: 《?a1400》*lycence(n)* ▭(O)F *licencier* ← (n.): ⇨-ence〗 (*also* **licence**) — *n.* **1 a** (法による公式の)認可，許可，官許，免許; 出版認可[許諾]: a ～ *to* fish, shoot, sell tobacco, etc. / a ～ *to* practice medicine 医師開業免許 / obtain a ～ *for* the sale of alcoholic drinks 酒類販売認可[許可]を得る / under ～ 許可[認可]を受けて. **b** 認可書，許可証，免(許)状，鑑札: a fishing [shooting] ～ 魚釣[銃猟]鑑札 / a dog ～ 犬の鑑札 / a ～ fee 免許交付[鑑札下付]料 / ⇨LETTER of license, driver's license, marriage license, special license. **c** 承諾，許し. **2** 過度の自由; 放縦，放恣(ｼ)，気まま，乱行: The invading troops displayed the most unbridled ～. 侵略軍は勝手気ままな乱暴を働いた. **3** 破格，型破り《詩文・音楽・美術などで表現効果をあげるために伝統的な規則や形式などに拘束されず自由に表現すること》: ⇨poetic license. **4** 〖海事〗船舶免許状《5トン以上20トン未満の米国船で，はしけ以外の漁船・商船・ヨットに対して発行される船舶の資格証書》.

— *vt.* **1** 認可する，…に免許[官許]を与える: ～ the letting of lodgings 下宿業を許可する / ～ a person *to* practice as a doctor 人に医師の開業を認可する / be ～*d to* sell liquor 酒類の販売を認可される. **2** …の出版[興行]を認可[許諾]する: ～ a book, play, etc. **3** 《古》…に〈…することを〉許す，承諾する〈*to do*〉: ～ a person *to* do / ～ a thing *to* be done. **4** 〖海事〗〈船〉に船舶免許状を交付する. ★英国では名詞の場合 licence とつづることもあるが，動詞の場合は区別して license とする方が普通 (cf. practise, prophesy, advise); 米国では名詞・動詞共に licence, license 双方用いる.

lí·cens·a·ble [-səbḷ] *adj.*

lí·censed *adj.* **1** 認可された，免許を受けた，官許された，鑑札を受けている: a ～ house 酒類販売免許の店《飲食店・ホテルなど》/ ～ prostitution 公娼制 / the ～ quarters (公娼制のある国の)遊郭 / a ～ victualler 《英》酒類販売免許所有者《飲食店・旅館・酒場などの主人》. **2** 世間の認める，天下御免の: a ～ jester (主君側近の)直言御免の道化人 / a ～ libertine [satirist] 天下御免の道楽者[皮肉屋].

lícensed prémises *n. pl.* [単数または複数扱い] 《英》酒類[たばこ類]販売免許店.

li·cens·ee [làɪsənsíː, -sṇ-] 〖← LICENSE＋-EE[1]〗 *n.* 免許[官許]された人，特許権使用権者，免許所有者.

lícense plàte *n.* (自動車・飼犬などの通例金属板の)認可番号札，鑑札，ナンバープレート.

li·cens·er *n.* 免許を与える人，許可者，認可者: a ～ of plays [the press] 演劇興行[出版]認可官.

Lí·cens·ing Àcts *n. pl.* 〖英法〗事前許可制法《事前に許可を受けることを要求する法律; 特に出版の検閲や酒類販売の免許を定めるものをいう》.

li·cen·sor [láɪsṇsə, -sən-, làɪsṇsɔ́ə, -sən- | láɪsənsə(r, -sən-, làɪsṇsɔ́ː(r, -sən-] *n.* ＝licenser.

li·cen·sure [láɪsṇʃə, -sən-, -ʃʊə | -ʃə(r, -ʃʊ̀ə(r] 〖← LICENSE (v.)＋-URE〗 — *n.* **1** (専門職業を開業する

ための)認可[免許]を与えること, 開業[営業]許可. **2** (専門職業開業などのための)認可[免許]制度.

li·cen·ti·ate [laɪsénʃiət, -ʃiɪt, -ʃièɪt | laɪsénʃiət, lɪ-, -ʃiɪt, -ʃièɪt, -ʃət] 〖(c1387–95) ← ML *licentiāt-us* (p.p.) ← *licentiāre* to allow ← *licentia*: ⇨ license, -ate¹〗 — *n.* **1** 開業免許所有者, (特に, 大学や学術協会などによって認可された)開業資格所有者, 開業有資格者: a ~ *in* medicine [dental surgery] 医師[歯科医師]開業有資格者 / a ~ of the Society of Apothecaries 薬剤士会公認薬剤士. **2** (ヨーロッパの一部の大学で認可される) bachelor と doctor の中間の学位. **3** (長老教会の)未就任の有資格牧師.

li·cen·tious [laɪsénʃəs] 〖(c1425) ▭ L *licentiōs-us* ← *licentia*: ⇨ license, -ous〗 — *adj.* **1** 不身持な, 放蕩(とう)な (dissolute); 猥褻な (lewd). **2** 放縦な, 放埒(らつ)な, 不道徳な (immoral). **3** 〈文法・文体など〉規則を無視した, 破格の. **~·ly** *adv.* **~·ness** *n.*

li·cet [láɪset, líːket] 〖▭ L ~ 'It is allowed or legal'〗 *L.* 許される; 法的である.

lich [lítʃ] 〖OE *līc* body < Gmc **līkam* (Du. *lijk* / G *Leiche*): ⇨ like¹〗 *n.* 〖通例複合語の第1構成素として〗《スコット・英方言》体; 死体: *lich*-house.

li·chee [láɪtʃiː, líː-] *n.* = litchi.

li·chen [láɪkən, -kɪn | láɪkən, -kɪn, -ken, lítʃɪn] 〖(1657) ▭ L *lichēn* ▭ Gk *leikhḗn* ← *leikhein* to lick〗 — *n.* **1** 〖植物〗地衣類 (Lichenes) の植物, 地衣. **2** 〖病理〗苔癬(せん). — *vt.* 地衣でおおう.

lí·chened *adj.* 地衣の生えた[におおわれた].

Li·che·nes [laɪkíːniːz] 〖← NL ~: ⇨ lichen〗 *n. pl.* 地衣類《藻類とカビとの共同生活体であるが, 固定して独立の植物体とみなされているもの》.

li·chén·ic ácid [laɪkénɪk-] 〖⇨ lichen, -ic¹〗 *n.* 〖化学〗地衣酸《地衣類植物が生産する有機酸の総称》.

li·chen·i·fi·ca·tion [laɪkènəfɪkéɪʃən, làɪkən-, -fə- | -nɪfɪ-] 〖← LICHEN + -I- + -FICATION〗 — *n.* 〖病理〗苔癬(せん)化《湿疹によって苔癬様の外観を呈すること》; 苔癬化によって硬化した皮膚部分.

li·chen·in [láɪkənɪn, -nən | -nɪn] 〖← LICHEN + -IN¹〗 *n.* 〖化学〗リケニン ($C_6H_{10}O_5$)《ある種の地衣類から得られる多糖類の一種》.

li·chen·oid [láɪkənɔ̀ɪd | -kɪ-] 〖← LICHEN + -OID〗 *adj.* **1** 地衣状の. **2** 〖病理〗苔癬(せん)様の.

li·chen·ol·o·gy [làɪkənɑ́lədʒi | -kɪnɔ́lədʒi] *n.* 〖生物〗地衣類学. **li·chen·o·log·ic** [làɪkəno(ʊ)lɑ́dʒɪk | -kɪnə(ʊ)lɔ́dʒ-] *adj.* **lì·chen·ól·o·gist** [-dʒɪst, -dʒəst | -dʒɪst] *n.* **li·chen·o·log·i·cal** [làɪkəno(ʊ)lɑ́dʒɪkəl, -dʒə- | -kɪnə(ʊ)lɔ́dʒɪ-] *adj.*

li·chen·ous [láɪkənəs | láɪkə-, -kɪ-, lítʃɪ-] *adj.* **1** 地衣の(ような), 地衣質の; 地衣の多い, 地衣におおわれた. **2** 〖病理〗苔癬(せん)の; 苔癬にかかった.

Lich·field [lítʃfiːld] 〖OE *Licċidfeld* ← *Licċid* (▭ Celt. *Lētocēton* gray wood) + *feld* 'open land, FIELD'〗 — *n.* イングランド中部 Staffordshire 州南東部の都市; 古い大聖堂がある; Samuel Johnson の誕生地; 人口 23,000.

lích-gàte 〖(1462–63)〗 *n.* 《英》屋根付墓地門《教会や墓地の入口の屋根付きの門; 埋葬の前に柩(ひつぎ)を一時ここに置く》.

lích-hòuse 〖(?a1200)〗 *n.* 死体仮置場.

li·chi [láɪtʃiː, líː- | laɪtʃíː, ⌐ー, líːtʃiː, líː-] *n.* = litchi.

lích stòne *n.* (墓地門 (lich-gate) にある)棺を置く石台.

licht [líçt] *adj., n., v.* 《スコット》= light¹.

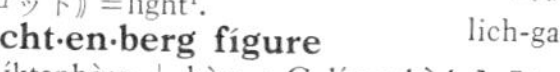

lich-gate

Lícht·en·berg fígure [líktənbə̀ːg- | -bɜ̀ːg-; G. líçtənbɛ̀rk-] 〖← *Christoph Lichtenberg* (1742–99: ドイツの物理学者)〗 — *n.* 〖電気〗リヒテンベルヒ像《絶縁板上に現われる放電図形》.

lic·it [lísɪt, -sət | -sɪt] 〖(1483) ▭ L *licit-us* permitted, lawful ← *licēre* to be permitted: ⇨ license〗 — *adj.* 合法[適法]の, 正当の (lawful) (cf. illicit). **~·ly** *adv.*

lick [lík] 〖OE *liccian* < (WGmc) **likkōjan* (Du. *likken* / G *lecken*) ← IE **leigh-* to lick (L *lingere* / Gk *leikhein*)〗 — *vt.* **1 a** なめる: ~ ice cream / The dog was ~*ing* his master's hand. / ⇨ LICK *one's chops* [*lips*]. **b** [目的補語として副詞・前置詞付きの句・形容詞を伴って] なめて〈ある状態に〉する: The child ~*ed* the jam *off* (his fingers). その子はジャムを(指から)なめて取った / He ~*ed* the plate clean. 皿をきれいになめた / ⇨ LICK *into shape*. **2** 〈波・炎などが〉…の上を軽く動く, かすめる; 〈炎が〉なめ尽くす, なくす 〈*up*〉: The flames ~*ed up* the hotel. 炎はホテルをなめ尽くした. **3** 《口語》 **a** (罰として)打つ, なぐる: The man deserves to be well ~*ed*. その男はうんと打たれるのが当然だ / ~ a fault *out of* a person 人の欠点をたたき直す. **b** 負かす, …に打ち勝つ; …にまさる: ~ creation [everything] どんな物にもまさる, 比類がない. **c** 《英》〈事が〉…に理解できない: This ~*s* me. これには参った《何のことか全くわからない》. — *vi.* **1** なめるように動く; 素早く動く[広がる]: The waves were ~*ing* about my feet. 波が足もとでなめるように寄せていた. **2** 《口語》速力を出す, 急ぐ: He rode away as hard as he could ~. 一目散に馬を飛ばして去った. **3** なめる 〔*at*〕: The dog ~*ed at* my hand. 犬は私の手をぺろぺろなめた.

lick a person's boots [*shoes*, 《古》*spittle*] 人におべっかを使う, 追従する, へつらう (cf. lickspittle, bootlick). *lick one's chops* [*lips*] 《俗》(1) 舌なめずりする, 舌鼓を打つ (relish): ~ *one's lips* over the soup スープに舌鼓を打つ. (2) 喜んで待つ, 期待する, 待ち望む. *lick into shape* 〖熊は生んだ子をなめてその形を作ると言われることから〗《口語》…を相当の物に仕上げる, 見苦しくないものにする, …に目鼻をつける (cf. unlicked 1): A year in the army will ~ him *into shape*. 1年も兵隊に行けば1人前になるさ. *lick the dust* (1) ひれ伏す; 屈服する, はいつくばる (cf. *Mic.* 7:17). (2) 敗北する; 殺される (cf. *Ps.* 72:9). *lick the ground* = LICK *the dust* (1). *lick up* (1) なめ尽くす, すっかりなめる. (2) 〈炎が〉焼き尽くす (cf. *vt.* 2).

— *n.* **1** なめること, 一なめ: have a ~. **2** 一なめ分; 少量 (small quantity): a ~ *of* flour, butter, etc. **3** (ペンキなどの)一塗り, 一塗り分: put on a ~ of paint ペンキを一塗りする. **4** 〖《略》← SALT LICK〗 動物が塩をなめに行く所《乾燥した塩湖など; cf. salina 1 b, deer lick》. **5** 《口語》 **a** 強打, 一打ち: give a ~ on the ear 横つらをぶんなぐる. **b** 速力, 速さ: *at* a great [tremendous] ~ すさまじい速力で / (*at*) full ~ 全速力で. **c** 一骨折り, 一仕事: big ~*s* 骨折り仕事 / do an occasional ~ *of* work 時々仕事をやる. **6** 《俗》〖ジャズ〗(ジャズにはさんだ)装飾楽節.

give a lick and a promise 《口語》ぞんざいに洗う; 〈仕事などを〉いいかげん[ぞんざい]にする: *give* one's job *a* ~ *and a promise* 仕事をお座なりにやる.

lick·er·ish [lík(ə)rɪʃ] 〖(?a1500) ← (古形) *lickerous* (< ME *likerous* ▭ AF **likerous* = OF *lecheros* 'LECHEROUS') + -ISH¹〗 — *adj.* **1** 美食を好む, うまいものを食べたがる. **2** がつがつした (greedy); 欲しがる. **3** 肉欲に耽る, 好色な. **~·ly** *adv.* **~·ness** *n.*

lick·e·ty-brin·dle [líkəṭibríndḷ | -kɪtɪ-, -kə-] 〖⇨ lickety-split〗 *adv.* = lickety-split.

líckety-cút 〖↓〗 *adv.* = lickety-split.

líckety-splít 〖*lickety*: ← ? LICK (n.) 5 b〗 *adv.* 《口語》全速力で (at full speed), 大急ぎで (full lick).

lick·ing 〖ME〗 — *n.* **1** なめること; 一なめ. **2** 《口語》 **a** 打つ[なぐりつける]こと: get a good [sound] ~ さんざん打たれる / give a person a good ~ 人をさんざんに打つ. **b** (さんざんに)負けること, 惨敗: take one's [the] ~ 惨敗する. — *adv.* 《方言》非常に, とびきり: a ~ good pie ほっぺたが落ちそうなほどおいしいパイ.

líck-lòg *n.* 《米》牛がなめる塩を入れた穴をいくつも作った丸太. *stand* (*up*) *to one's lick-log* 《米口語》堂々と勇敢に立ち向かう《不愉快な義務などの時にいう》.

Líck Obsérvatory [lík-] *n.* リック天文台《米国 California 州 Hamilton 山頂の天文台; 実業家 James Lick (1796–1876) が California 大学に寄付したもの》.

líck·pènny 〖(?a1500)〗 *n.* 《古》小銭までなめ尽くしてしまうもの[人], 金のかかるもの[人].

líck·spit *n.* = lickspittle.

líck·spìttle 〖← *lick a person's spittle* (⇨ lick (v.) 成句)〗 — *n.* おべっか使い (toady). — *vt.* …におべっかを使う. — *vi.* おべっかを使う.

lic·o·rice [lík(ə)rɪʃ, -rɪs, -rəs | -rɪs, -rɪʃ] 〖(?a1200) *licoris* ▭ AF *lycorys* = OF *licoresse* ▭ LL *liquiritia* ▭ L *glycyrrhīza* ▭ Gk *glukúrrhiza* ← *glukús* sweet + *rhiza* root: L *liquor* 'LIQUOR' の影響を受けた〗 — *n.* **1** 〖植物〗カンゾウ(甘草) (*Glycyrrhiza glabra*)《中国産のマメ科の薬草》. **2 a** 乾燥したカンゾウの根またはそのエキス《賦形剤などの薬用; また菓子・たばこなどの香味料》. **b** カンゾウ入りの菓子[あめ].

lic·tor [líktə, -tɔə | -tə(r, -tɔː(r] 〖(c1384) *littour* ▭ L *lictor* ← ? *ligāre* to bind〗 — *n.* リクトル《古代ローマで束桿(かん) (fasces) を持って上長官の先駆となることを職務としていた下級官吏》.

lid [líd] 〖OE *hlid* < Gmc **χliđam* (Du. *lid* / G *Lid*) ← **χliđ-* to cover (OE *behlidan* to cover) ← IE **klei-* 'to LEAN²'〗 — *n.* **1** (箱・ピアノ・トランクなどの)ふた: the ~ of a kettle, teapot, chest, trunk, etc. **2** まぶた. **3** 《方言》(書物の)表紙, 裏表紙. **4** 《俗》帽子. **5** 《口語》取締り, 統制; 抑制: put [clamp, clap] a ~ *on* one's feelings 感情を抑える / tighten the ~ *on* drugs 麻薬の取締りを強化する. **6** 《米俗》マリファナ1オンス(の包み). **7** 〖植物・動物〗= operculum. **8** 〖鉱山〗 **a** 楔(くさび). **b** = cap¹ 10.

blow one's lid ⇨ blow¹ 成句. *blow the lid off* 《口語》〈醜聞・内幕など〉を暴露する: *blow the* ~ *off* a corruption 汚職をあばく. *flip one's lid* ⇨ flip¹ 成句. *lift the lid off* = *blow the* LID *off*. *put the* [*a*] *lid on* 《口語》…を取締る, 統制する, 抑える (cf. *n.* 5). *put the* [*a*] (*tin*) *lid on* 《英口語》(1) 〈事が〉〈計画などを〉だめにする, 台なしにする, 終らせる: That will *put the* ~ *on* (their schemes). それで(彼らの企みは)つぶれるだろう. (2) (最後の出来事[原因]となって)ついに(すべてを)我慢できなくする; (破局などの)決め手になる: And, to *put the* ~ *on*, her husband hit her. そして夫は彼女をなぐったのでもう我慢ができなくなった. *sit on the lid* 《米口語》不穏な情勢[動き]を押える[取り締まる]. *take the lid off* (1) = *blow the* LID *off*. (2) …の取締り[統制]をやめる (cf. *n.* 5). *with the lid off* 内幕[欠点, いやな点]をさらけ出して.

— *vt.* …にふたをする.

li·dar [láɪdɑə | -dɑː(r] 〖← LI(GHT) + (RA)DAR〗 *n.* 〖通信〗ライダー《マイクロ波の代わりにレーザー光を用いて, レーダーと同原理で目的物を標定する装置》.

líd·ded 〖OE *ġehlidod*〗 — *adj.* **1** ふたのある[おおいのある]: a heavy ~ mug 重いふたのついたジョッキ. **2** [通例複合語の第2構成素として] (…の)まぶたをした: one's blue-*lidded* eyes まぶたに青いアイシャドーを塗った目.

Lid·die [lídi | -dɪ] 〖(dim.) ← LYDIA²〗 *n.* 女性名.

líd·less 〖← LID + -LESS〗 *adj.* **1** ふたのない: a ~ container. **2** まぶたのない(ような). **3** 《詩・古》まんじりともしない, 警戒している: a ~ watcher.

li·do [líːdoʊ | -dəʊ] 〖↓〗 *n.* (*pl.* **~s**) **1** (上流階級の人の行く)海水浴場, (一流の)海浜保養地. **2** (設備の行き届いた)屋外水泳プール.

Li·do [líːdoʊ | -dəʊ; *It.* líːdo] 〖▭ It. ~ 'shore, beach'〗 — *n.* [the ~] リード《イタリア北東部, ベニス礁湖 (Lagoon of Venice) とアドリア海 (Adriatic Sea) との間にある鎖状の砂地の小島群; 海水浴場》.

li·do·caine [láɪdəkèɪn] 〖← (ACETANI)LID(E) + -O- + -CAINE〗 *n.* 〖薬学〗リドカイン ($(CH_3)_2C_6H_3NHCOCH_2N((C_2H_5)_2)$)《局所麻酔薬》.

lie¹ [láɪ] 〖n.: OE *lyġe* ← (v.): cog. Du. *leugen* / G *Lüge* / ON *lygi*. — v.: OE *lēogan* < Gmc **liuʒan* (Du. *liegen* / G *lügen*) ← IE **leugh-* to tell a lie (O-ChSlav. *lŭgati*)〗 — *n.* **1** うそ, 虚言 (↔ truth): tell a ~ うそをつく / act a ~ (口でなく)行為でうそをつく, 欺く / a black ~ 悪意のあるうそ / a white ~ 罪のないうそ / a pack of ~*s* ⇨ pack¹ *n.* 8 / a tissue of ~*s* ⇨ tissue *n.* 2. **2** 偽り, 詐欺: His promise was a big ~. 彼の約束は大うそだった. **3** [the ~] うそをついたという非難: He would not take *the* ~. うそを言ったという非難をそのまま受け取らなかった / give a person *the* ~ うそをついたと言って人を非難する (cf. *give the* LIE (*direct*) *to* (1)).

give the lie (*direct*) *to* (1) うそを言ったと言って…を責める. (2) 〈事実・行為などが〉…の偽りであることを示す. *give a person the lie in his throat* 〈人〉のうその皮をひんむく. *nail a lie to the counter* [*bar door*] 証拠を突きつけて虚偽を暴く《店主が偽金を帳場に釘付けにして戒めた昔の習慣から; cf. nail *vt.* 3》.

— *v.* (**lied**; **ly·ing**) — *vi.* **1** うそを言う: ~ like the truth まことしやかなうそをつく. **2** 〈物が〉人を欺く, 目をくらます, まちがった印象を与える: Her voice hadn't ~*d about* her age. 声から想像していた通りの年だった. — *vt.* **1** 〈人を〉欺いて〔…を〕させる 〔*into*〕; 〈人を〉偽って〔…を〕奪う 〔*out of*〕: ~ a person *into* signing a paper 人を欺いて書類に署名させる / ~ a person *out of* his money 偽って人から金を巻き上げる / He ~*d* himself *out of* the penalty. うそを言って罰から逃れた. **2** うそをついて〈名声などを〉なくさせる 〈*away*〉: He ~*d* their character [reputation] *away*. 彼はうそを言って彼らの人格[評判]を落とさせた.

lie in one's throat = *lie in* [*through*] *one's teeth* 《古・戯言》白々しい[真っ赤な, ひどい]うそをつく.

lie² [láɪ] 〖OE *liċġan* < Gmc **liʒjan* (Du. *liggen* / G *liegen*) ← IE **legh-* to lie (L *lectus* couch, bed / Gk *lékhos, lókhos* lair): cf. lay¹〗 — *v.* (**lay** [léɪ]; **lain** [léɪn], 《古》 **li·en** [láɪən, láɪn]; **ly·ing**) — *vi.* **1 a** 〈人・動物が〉横たわる, 横になる (cf. lay¹ *vt.* 1 a): Let sleeping dogs ~. ⇨ dog 1 / ~ *on* one's back [side] あお向けに[横向きに]寝る / He *lay on* the grass enjoying the sunshine. 芝生に寝ころがって日光浴を楽しんでいた / She *lay down on* the bed for half an hour. 30分ばかりベッドに横になった / *Lie down*, Rover! ローバー, ふせ. ★ しばしば補語として形容詞を伴う: He *lay* asleep [awake, motionless]. 眠って[目を覚ましたまま, 身動きせず]横になっていた / I found her *lying* ill in bed. 行って見ると彼女は病気で寝ていた. **b** 葬ってある, 地下に眠る: the churchyard where my mother ~*s*. **c** じっとしている: ~ *in* ambush [wait] (for…) じっと(…を)待ち伏せする.

2 [しばしば補語を伴って] 〈物が〉横たわっている, ある: a big dictionary *lying* (open) *on* the desk 机の上に(開いたまま)置いてある大きな辞書 / Smog ~*s over* the town. スモッグが町を覆っている / Leaves ~ thick *on* the lane. 小道には落葉が厚く積っている / The snow *lay* about a foot deep *on* the street. 通りには雪が1フィートほど積っていた / The whole town *lay* spread out before them. 町全体が彼らの眼前に展開していた (cf. 4).

3 a [形容詞・p.p. 形・doing などを補語として] 〈人・物が〉〈ある状態に〉置かれている, ある, いる (remain): ~ helpless 手も足も出ない / ~ waste 〈土地が〉耕されないで[荒れて]いる / The field was *lying* fallow. その畑は休閑中だった / The car has *lain* idle many years. 車は何年も使われないままになっている / The goods *lay* wasting [covered with dust] in the warehouse. 商品は汚損するのにまかせて[ほこりをかぶったまま]倉庫に入れられていた / ~ *in* prison 獄につながれている / ~ *in* ruins 〈建物などが〉廃墟となっている; 〈政策・計画などが〉瓦(が)解している, 無残に砕け散っている / ~ *at the* mercy of …の思うままになっている (cf. *at the* MERCY *of*) / They still ~ *out of* our money. 彼らにはまだ支払いを済ませていない / ⇨ LIE *under*. **b** 〈物が〉眠っている, 遊んでいる; ほったらかしてある: money *lying at* the bank 銀行に蓄えられている金 / unsold goods *lying on* the shelf 店晒しになっている売残りの商品 / Don't leave your toys and books *lying* *about.* おもちゃや本をそこら中にほったらかしておいてはいけない / Let it ～. それはそのままにして[放って]おきなさい.

4 〈地形・前途などが〉展開している, 広がっている, 〈道が〉通じている: the landscape *lying before* us われわれの眼前に展開している景色 / Life [The world] ～*s before* you. 諸君の人生はこれからだ / The path ～*s along* the coast [*through* the woods]. 道は海岸に沿って[森を通って]延びている / The valley ～*s at* our foot. 谷合がわれわれの足もとに広がっている.

5 [位置を表わす副詞的語句を伴って] **a** (ある場所に)位置する, ある (cf. stand *vi.* 2 b): Ireland ～*s* (*to* the) west of England. アイルランドはイングランドの西にある / The town ～*s across* the river. 町は川の向こう側にある / ⇨ how the LAND lies. **b** 〈利益・困難・選択の道などが〉存在する, 見出される: He knows *where* his interest ～*s.* 利益はいずれにあるか彼は知っている《抜け目がない》/ The difficulty ～*s here.* 困難はここにある / Hard weeks of bloody fighting *lay ahead.* 血生臭い激戦の数週間が前途に控えていた / His real motive ～*s deeper.* 彼の本当の動機はもっと深いところにある / The trouble ～*s in* the engine. 故障はエンジンだ / The choice ～*s between* death and dishonor. 死ぬか生きて恥をさらすか二つに一つを選ばなければならない / The matter [She] ～*s at* my heart. そのことが念頭から離れない[彼女を慕い続けている] / O, that way madness ～*s.* そう考えると気が狂いそうだ (Shak., *Lear* 3. 4. 21). **c** 〈物事が〉(…の上に)(軽く[重く])かかる, 〈食物が〉(…の)負担となる〔*on, upon*〕: The problem *lay* heavily *upon* his conscience. その問題は彼の良心を苦しめた / Time ～*s* heavy *on* his hands. 彼は時間をもてあましている (cf. *on one's* HANDS) / This food ～*s* heavy *on* the stomach. この食物は胃にもたれる.

6 **a** 〈軍隊が〉野営する, 宿営する〔*at, in*〕. **b** 《古》(しばらく)滞在する (sojourn); 宿泊する (lodge).

7 《古》〈異性と〉寝る, 同衾(どうきん)する〔*with*〕.

8 〖海事〗〈船が〉停泊する: ～ *at* anchor 停泊している / ships *lying in* the harbor 港に停泊中の船 / ⇨ LIE *to* (2).

9 〖狩猟〗〈猟鳥が〉うずくまっている, すくんでいる (not rise)〔*to*〕: ～ *to* the gun [a point] 銃[銃口]を向けられてすくむ / ～ *to* the dogs 猟犬が近づいて来てもうずくまっている.

10 〖法律〗〈訴権・控訴権などが〉ある, 成立する, 支持できる, 理由が立つ (be sustainable): The appeal does not ～ in this case. この事件では控訴が成立しない.

— *vt.* 《方言》＝lay[1].

lie about (1) そこら中にちらかって[ほったらかしになって, 使われないで]いる (cf. *vi.* 3 b). (2) のらくらしている: ～ *about* all day. ***lie along*** (1) 〖海事〗〈船が〉(横風を受けて)片舷(かたげん)に傾く. (2) 《古》大の字に[長々と]横たわる. ***lie around*** ＝LIE *about.* ***lie back*** (1) 後ろにもたれる: ～ *back* in an armchair 肘掛け椅子にもたれてすわる. (2) くつろぐ, のんびりする: Just ～ *back* and enjoy yourself. まあくつろいでお楽しみ下さい. ***lie by*** (1) (…の手もとに)使われずにある, 片づけてある, のけてある: He has the manuscript *lying by* (him). 彼は原稿を手もとに保管している. (2) 仕事(など)の手を休める, 休む (rest): You'd better ～ *by* during the heat of the day. 日盛りの間は仕事を休んだほうがよい. (3) 〖海事〗＝LIE *to* (2). ***lie down*** (1) 横になる, 横になって休む (cf. *vi.* 1 a); 昼寝をする. (2) 《口語》〔圧制・侮辱などに〕屈服する, 屈従する (submit)〔*under*〕: I won't just ～ *down* and take your insults. 黙って屈服して貴様の侮辱を受けているわけにはいかん / We have no intention of *lying down under* such an injustice. このような不当な処置を甘んじて受けようなどという気はない / take *lying* down ⇨ 成句. (3) 《口語》〔仕事を〕故意に怠ける, いい加減にやる〔*on*〕: ～ *down on* the job. ***lie in*** [in は *prep.*] (1) 〈力・原因・根拠・本質などが〉…にある, に存する (consist in) (cf. *vi.* 5 b): His greatness ～*s in* his character. 彼の偉大なところはその人格にある / The remedy ～*s in* education. それを救済する道は教育にある / I felt that my future *lay in* the theater. 自分の将来が演劇にあると感じた / The case ～*s in a* NUTSHELL. この事件は一言にして尽きる (cf. *lie in a* NUTSHELL) / He'll do as much as ～*s in* his power. 力の及ぶ限りするだろう / as far as *in* me ～*s* 私の力の及ぶ限り. (2) …に集まる, にかかる: All their hopes ～ *in* me. 彼らの望みは全く私にかかっている / The lives of those people *lay in* his hands. それらの人々の生命が彼の手ひとつにかかっていた. [in は *adv.*] (1) お産の床についている, 産褥(さんじょく)にある (cf. lying-in). (2) 《英口語》いつもより遅くまで寝ている, 朝寝する (cf. lie-in 1). ***lie low*** ⇨ low[1] *adj.* 成句. ***lie off*** (1) しばらく仕事を休む, 骨休めする. (2) 〖海事〗〈船が〉(陸地または他船から)少し離れている. (3) (レースの初めに)力をセーブしておく (hold back). ***lie on* [*upon*]** (1) ⇨ *vi.* 5 c. (2) …の義務[責任]である: It ～*s upon* you *to* prove him innocent. 彼の無罪を証明するのは君の責任だ. (3) …による, …次第である (depend on): His life ～*s on* the result. 彼の命はその結果いかんにかかっている. ***lie over*** (1) 延期になる, 保留される: Let the decision ～ *over* until the next meeting. 決定は次の会合まで保留しておこう / There is a job *lying over* from last month. 先月から保留にしている仕事がある. (2) 〈手形などが〉(期限が過ぎても)支払われないでいる. (3) 〖海事〗＝LIE *along* (1). ***lie to*** (1) [to は *prep.*] 〖狩猟〗⇨ *vi.* 9. (2) [to は *adv.*] 〖海事〗漂蹰(ちゅう)する《船首を風上に向けて洋上でほとんど停船する》. ***lie under*** …を受けて[こうむって]いる, …に陥っている: ～ *under* suspicion [*under* the same delusion] 嫌(けん)疑を受けて[同じ思い違いをして]いる. ***lie up*** (1) (病気で)寝ている[引きこもる]; 休養する; 〈動物が〉穴[すみか]に入っている: The doctor told me to ～ *up* for a few days. 医者は私に 2, 3 日寝ている[休養する]ように言った. (2) 〈犯人などが〉隠れている. (3) 〈自動車などが〉使用されないでいる; 〖海事〗〈船が〉係船され(ている), ドックにつながれ(ている). ***lie with*** (1) …の役目[義務]である: It ～*s with* you to decide. 決定するのは君の役目だ. (2) 〈責任・決定権などが〉…にある: The responsibility [decision] ～*s with* you. 責任[決定権]は君にある. (3) ⇨ *vi.* 7. ***take lying down*** 《口語》〈罰・不当な処置などを〉抵抗せずに受け入れる: I won't *take* such an insult *lying down.* そんな侮辱をおめおめと受けはせんぞ (cf. LIE[2] *down* (2)).

— *n.* **1** **a** 位置, 方向, 向き (direction). **b** 《英》地形, 地勢; 事態, 事情, 形勢 (cf. lay[1] *n.* 1): the ～ of the land 地勢; 形勢, 情勢. **2** (鳥・獣・魚類の)すみか, 巣, 穴 (covert): a fine trout ～. **3** 《英》(ベッドで)横になる[休む]こと, 就寝: take a ～. **4** 〖ゴルフ〗 **a** ライ《クラブの頭部と柄との角度》: a flat ～ / an upright ～. **b** ライ《fairway または rough にあるボールの(打ち易いか否かという)位置[状態]》: a favorable [an unfavorable] ～.

Lie [líː], **Jonas** *n.* (1880–1940) ノルウェー生れの米国の画家.

Lie [líː; *Norw.* líː], **Tryg·ve** (**Halv·dan**) [trýgvə hálvdɑn] *n.* リー《1896–1968; ノルウェーの政治家; 初代国連事務総長 (1946–53)》.

líe-abèd *n.* 朝寝坊の人 (late riser).

Líe álgebra [líː-] 〖← *M. S. Lie* (1842–99: ノルウェーの数学者)〗 *n.* 〖数学〗リー代数《加法と特殊な乗法とが定められている代数系》.

Lie·ber·mann [líːbəmən | -bə-; *G.* líːbɐman], **Karl** *n.* リーバーマン《1842–1914; ドイツの化学者》.

lieb·frau·milch [líːpfraumɪlk, líːb-; *G.* líːpfraumɪlç] 〖□ G ～ ← *Liebfrau*(*enstift*) (Worms にある修道院)＋*Milch* milk〗 **—** *n.* リープフラウミルヒ(ワイン)《西ドイツの Rheinhessen 地方産の白ぶどう酒》.

Lie·big [líːbɪg; *G.* líːbɪç], Baron **Justus von** *n.* リービヒ《1803–73; ドイツの化学者》.

Líebig condénser 〖↑〗 *n.* 〖化学〗リービヒコンデンサー, リービヒ冷却器《蒸溜の際に用いる》.

Lieb·knecht [líːp(k)nekt, -knɛçt; *G.* líːpknɛçt], **Karl** *n.* リープクネヒト《1871–1919; W. Liebknecht の子; ドイツの革命家; 第一次大戦中, 反戦運動の先頭に立つ; ドイツ革命の際, Rosa Luxemburg と共に虐殺された》.

Liebknecht, Wilhelm *n.* リープクネヒト《1826–1900; K. Liebknecht の父でドイツのジャーナリスト・政治家・マルクス主義者; ドイツ社会民主労働党の創立者の一人》.

líe-bỳ *n.* 《英》 **1** 〖鉄道〗待避線, 側線. **2** (自動車の緊急修理用に作られた)ハイウェーのわきの舗装部分.

Liech·ten·stein [líktənstàɪn, -ʃtaɪn | líktənstàɪn, líx-, lík-, líx-; *G.* líçtənʃtàɪn] *n.* リヒテンシュタイン《ヨーロッパ中部, オーストリアとスイスにはさまれた, Rhine 川上流沿いの公国; 人口 20,000, 面積 160 km[2], 首都 Vaduz; 公式名 the Principality of Liechtenstein リヒテンシュタイン大公国》.

lied [líːt, líːd; *G.* líːt] 〖□ G ～ 'song' < OHG *liod*: cog. OE *lēoð*〗 **—** *n.* (*pl.* **lie·der** [líːdə | -də(r; *G.* líːdɐ]) 〖音楽〗リート, 歌曲《今日の意味では主として Schubert, Mendelssohn, Schumann, Brahms, Wolf などドイツ・オーストリアの作曲家の作品によって盛んになった芸術歌曲をさす》.

Lie·der·kranz [líːdəkrӕnts, -kràːnts | -də-; *G.* líːdɐkrànts] 〖□ G ～ 'garland of songs': ↑〗 **—** *n.* **1** 〖商標〗リーダクラーンツ《カマンベール (Camembert) チーズに似て強い香味をもっている柔らかいチーズ》. **2** リーダクラーンツ《ドイツの男声合唱団》.

líe detèctor *n.* うそ発見器《応答の真偽を確かめるため血圧・脈拍・呼吸・発汗等の変化を記録する器械》.

líe-dòwn *n.* 《口語》 **1** 横になること; うたた寝, まどろみ (nap). **2** ＝lie-in 2.

lief 〖ME *lef* < OE *lēof* dear < Gmc **leubaz* (Du. *lief* / G *lieb*) ← IE **leubh-* 'to LOVE'〗 《古》 **—** [líːv, líːf, lív, líf | líːf] *adv.* (～·**er**; ～·**est**) 喜んで, 快く, 心から進んで (gladly, willingly). ★ 通例次の成句で: ***would* [*had*] *as lief* … *as* …＝*would* [*had*] *liefer* … *than*…** …よりも[くらいなら]…した方がよい[ました]: I *would as* ～ go there *as* anywhere else. 他のどこよりもそこへ行った方がよい[行きたい] / I *had* ～*er* cut my throat *than* do it. それをするくらいなら喉(のど)をかっ切って死んだ方がよい.

— [líːf, líːv | líːf] *adj.* (～·**er**; ～·**est**) **1** 愛する, いとしい (dear). **2** 喜んで…する (willing) 〈*to do*〉.

liege [líːdʒ] 〖《*c*1300》 *lege, lige* □ OF *l*(*i*)*ege* (F *lige*) free, exempt □ ML *lēticus, *liticus* ← LL *lētus, litus* serf ← ? Gmc: cf. OHG *liut* people / G *ledig* free〗 **—** *adj.* **1** (封建制度での)臣従を受けるべき, 君主たる: a ～ lord 君主, 王侯. **2** (封建制度での)臣従の義務のある, 君主に忠実な; 臣下としての, 臣従の: ～ service 臣下として仕えること, 臣事 / ～ homage 臣従の礼 / a ～ subject 臣下 / ⇨ liegeman. **3** 忠実な, 忠義な: be ～ *to* the leader 指導者に忠実である. **—** *n.* **1** (封建制度の)君主, 王侯 (sovereign): My ～! わが君, 殿(との). **2** (封建制度の)臣下, 家来, 家臣: His Majesty's ～*s* 陛下の臣下.

Li·ège [liéʒ, liéɪʒ | lɪéɪʒ; *F.* ljɛːʒ] *n.* リエージュ《ベルギー東部, Meuse 河畔の都市; 人口 504,000》.

líege màn 〖《*a*1375》〗 *n.* **1** (臣従を誓った)臣下. **2** 忠実な従者[部下].

Líe gròup [líː-] 〖⇨ Lie algebra〗 *n.* 〖数学〗リー群《各要素の近くに座標系が定められているような群》.

líe-ìn *n.* **1** 《英口語》朝寝: have a (nice) ～ (気持ちよく)朝寝をする. **2** 《口語》坐りこみ《抗議またはデモのため, 公共の場に大勢が坐りこむこと》.

lien[1] 〖OE (*ġe*)*leġen*〗 *v.* 《古》 lie[2] の過去分詞.

li·en[2] [líːn, líːən | líən, líːən] 〖《1531》□ F ～ < L *ligāmen* band, tie: ⇨ ligament〗 **—** *n.* 〖法律〗 **1** 留置権, 先取特権: have a prior ～ *on* …に対し優先権[先取特権]を有する. **2** 担保権.

li·en[3] [láɪən, -en] 〖□ L *liēn*〗 *n.* 〖解剖〗脾(ひ)(臟).

li·e·nal [laɪíːnl̩, láɪə-] 〖⇨ ↑, -al[1]〗 *adj.* 脾(臟)の[に関する] (splenic).

lien·ee [lìːəníː, lìː- | lɪə-, lìːə-] 〖← LIEN[2]＋-EE[1]〗 *n.* 〖法律〗債務を支払うまで財産を留置される債務者.

líen·hòlder *n.* 〖法律〗留置権者, 先取特権者.

li·en·i·tis [làɪənáɪtɪs, -ṭəs | -tɪs] 〖⇨ lien[3], -itis〗 *n.* 〖病理〗脾(ひ)(臟)炎.

lien·or [líː(ə)nə, lìːənɔ́ə, lìː- | líənə(r, líːə-, lɪənɔ́ː(r, lìːə-] *n.* ＝lienholder.

li·en·ter·y [láɪəntèri | -təri] 〖□ (O)F *lientérie* // ML *lienteria* □ Gk *leienteria* ← *leîos* smooth＋*éntera* bowels〗 **—** *n.* 〖病理〗完穀下痢《食物が不消化のまま出る下痢》. **li·en·ter·ic** [làɪəntérɪk] *adj.*

lí·er 〖⇨ lie[2] (v.), -er[1]〗 *n.* (待伏せなどして)横になっている人[もの].

li·erne [liə́ːn, liəən | lɪə́ːn] 〖《1466》□ F ～ ← *lier* < L *ligāre* to bind: cf. liana〗 *n.* 〖建築〗(ヴォールト天井の装飾的な)つなぎ骨, 枝肋(ろく).

lieu [lúː | lúː, ljúː] 〖《*c*1300》 *liue* □ (O)F *lieu* < L *locum* place〗 *n.* ★ 次の成句で: ***in lieu*** 代わりに (instead). ***in lieu of*** …の代りに (instead of).

Lieut. 《略》 Lieutenant.

Lieut. Col. 《略》〖米陸空軍・海兵隊・英陸軍〗Lieutenant Colonel.

Lieut. Comdr. 《略》〖海軍〗Lieutenant Commander.

lieu·ten·an·cy [luːténənsi | lefténənsɪ, ləf-] 〖《1437》□ OF *lieutenancie*: ⇨ ↓, -ancy〗 *n.* **1** lieutenant の職[位, 任期]. **2** [集合的] ＝lieutenants. ★ 以前は英海軍では [lətenənsɪ, let-, luːt-] という発音も行なわれていた.

lieu·ten·ant [luːténənt | leftén-, ləf-] 〖《*c*1378》 ～, *luftenand, lutenand* □ (O)F ～ ← LIEU＋*tenant* holder (⇨ tenant)〗 *n.* **1** 上官代理, 代官, 副官 (deputy): ⇨ DEPUTY lieutenant, Lord Lieutenant. **2** 〖米陸空軍・海兵隊・英陸軍〗中尉: ⇨ first lieutenant, second lieutenant. **3** 〖英・米海軍〗大尉: ⇨ sublieutenant, lieutenant junior grade. ★ 以前は英海軍では [lətenənt, let-, luːt-] という発音も行なわれていた. **4** 〖英空軍〗大尉: a flight ～. **5** 《米》 **a** 警部補 (⇨ police 1 ★). **b** (消防署の)隊長補佐.

lieuténant cólonel *n.* 〖米陸空軍・海兵隊・英陸軍〗中佐.

lieuténant commánder *n.* 〖海軍〗少佐《略 LCDR》.

lieuténant géneral *n.* 〖米陸空軍・海兵隊・英陸軍〗中将.

lieuténant góvernor *n.* **1** 《米》(州の)副知事. **2** 《英》(植民地の)副総督, 総督代理. **～·shìp** *n.*

lieuténant júnior gráde *n.* (*pl.* **lieutenants j-g-**) 〖米海軍〗中尉 (cf. sg).

Lieut. Gen. 《略》〖米陸空軍・海兵隊・英陸軍〗Lieutenant General.

Lieut. Gov. 《略》 Lieutenant Governor.

lieve [líːv] *adv., adj.* 《方言》＝lief.

life [láɪf] 〖OE *līf* < Gmc **lībam* 《原義》 continuance (Du. *lijf* body / G *Leib* body) ← IE **leip-* to stick, adhere: cf. live[1]〗 **—** *n.* (*pl.* **lives** [láɪvz]) **1** **a** 命, 生命, 人命; 生存, 存命 (cf. death): the origin of ～ 生命の起源 / a matter [case] of ～ and [or] death 生死[死活]に関する重大問題 (cf. life-and-death) / hover between ～ and death 生死の境をさまよう / the struggle for ～ 生存競争 / at a great sacrifice of ～ 多数の人命を犠牲にして / in ～ 存命中, 生前 (cf. 6) / escape with bare ～ 命からがら逃げる / They had no regard for human ～. 彼らには人命を尊ぶ気持ちがなかった / While there is ～, there is hope. 《諺》命のある間は希望がある. **b** (個人の)生命: attempt [seek] the ～ of …の生命をねらう, …の暗殺を企てる / choke the ～ out of …を窒息させて殺す / pester the ～ out of …をひどく苦しめる[悩ます] / lose one's ～ 命を失う / lay down one's ～ 命を捨てる, 一命を犠牲にする (cf. *John* 15: 13) / save a person's ～ 人の命を救う / sell one's ～ dear(ly) 敵に大きな痛手[損害]を与えて死ぬ / take a person's [one's (own)] ～ 人を殺す[自殺する] / A cat has nine *lives.* ⇨ cat *n.* 1. **c** (命のように)貴重な[いとしい]人, 生きがい. ★ 通例親愛の意を表わす呼掛けに用いて: My (dear) ～!

2 (生命をもった)人 (living person): the *lives* lost in

wars 戦争で失われた人命 / Nowadays many youthful *lives* have the opportunities for study abroad. 今日では多くの若者たちは留学の機会に恵まれている.

3 [集合的] 生き物, 生物 (living things): animal [vegetable] ~ 動[植]物 / forest [marine] ~ 森[海]の動物 / insect [bird, plant] ~ 昆虫[鳥類, 草木] / minute forms of ~ 微生物 / There seems to be very little ~ on the moon. 月には生物がほとんどいないらしい.

4 a (ある時までのまたは死ぬまでの)生涯, 一生, 寿命, 一代: a long [short] ~ 長い[短い]生涯, 長[短]命 / a lease for three *lives* 三代満期借地権 / all one's ~ (through)=throughout the whole course of one's ~ =through ~ 一生涯, 終生 / in early [later] ~ 若いころ[晩年]に / for the rest of ~ 死ぬまで / ⇨ *for* LIFE (1) / insure one's ~ 生命保険をつける / He spent his ~ (in) doing good. 一生涯を善行に費やした / Our little ~ is rounded with a sleep. 我々のささやかな一生は眠りに終わる (Shak., *Tempest* 4. 1. 157-8). **b** (政府・機械・道路などの)寿命, 耐用期間: the present government's ~ 現政府の寿命 / the ~ of a battery [car, road] 電池[自動車, 道路]の耐用年限 / His new novel won't have a long ~. 彼の新作の寿命はそう長くないだろう. **c** (包装食品・法律などの)有効期間. **d** 〘物理〙(素粒子・原子核や原子・分子などの)寿命 (cf. half-life 1).

5 a 生活(状態), 暮し(方); …生活: necessaries [necessities] of ~ 生活必需品 / single [married] ~ 独身[結婚]生活 / high [low] ~ 上流[下層]生活 / city [country] ~ 都会[田園]生活 / child [adult] ~ 子供[大人]の生活 / military ~ 軍隊生活 / one's private [social, spiritual, sex(ual)] ~ 私[社会, 精神, 性]生活 / one's business ~ 実業家としての生活 / the student ~ at Oxford オックスフォードでの学生生活 / the ~ below stairs 召使いの生活 / lead [live] a good [happy, miserable, monotonous, saintly] ~ 幸福な[楽しい, 悲惨な, 単調な, 清らかな]生活を送る / live a simple ~ 質素な生活をする (cf. live *vt.* 1 a) / How's ~? 暮しはどうだい / ⇨ *the* LIFE *of Riley*. **b** 生活費, 生計 (livelihood): The village was drawing its ~ from farming. 村民は農業によって生活をたてていた.

6 人生, 人事, 実生活; 世間, この世: *in* ~ この世で (cf. 1 a) / get on *in* ~ 立身出世する / anything *in* ~ 何でも / nothing *in* ~ 皆無 / with all the pleasure *in* ~ この上なく楽しんで / this ~ この世, 現世 / the ~ of the world to come=the other [future] ~ あの世, 来世 / enter upon ~ 実社会に出る / see [learn] ~ 世間を見る[知る], 人生経験を積む / true to ~ ⇨ true *adj.* 3 a. / He has seen nothing of ~. 全く世間知らずだ / Such is [That's] ~.=*Life*'s like that. これが人生だ, (どうなろうと)仕方がない《軽い諦めを表わす》/ *Life* is but an empty dream. 人生はむなしい夢にすぎない (Longfellow, *A Psalm of Life*).

7 伝記, 一代記, 言行録 (biography): Boswell's '*Life* of Johnson' ボズウェルの「ジョンソン伝」/ The *Lives* of the English Poets「英国詩人伝」《Johnson 著》.

8 実物, 本物; 原形, 実物大(の形): to the ~ 実物のように, 生き写しに / draw [imitate] to the ~ 実物そっくりに描く[まねる] / a portrait drawn to the ~ 生き写しの肖像画 / draw from [after] the ~ 実物をそのまま写す, 写生する / drawn from the ~ 写生した / ⇨ *as large as* LIFE (1) / ⇨ still life.

9 a 元気, 精力, 活気, 生気 (energy, liveliness): full of ~ 活気に満ちた, 元気一杯の; (町など)にぎやかで / give [bring] ~ to …を活気づける, …に生彩を添える / put ~ into one's work 仕事に身を入れる / infuse new ~ into …に新しい生気を注入する / show ~ 活気を呈する / stir the dying fire *into* ~ 消えかかっている火をかき起こす / The capital is stirring back *into* ~. 首都は再び活況を呈しだしている / There was little ~ stirring in the town. 町には活気がほとんど見られなかった / Sing with more ~. もっと元気に歌いなさい / The child is all ~. 子供は元気一杯だ. **b** 活気[生気]を与えるもの[人], 中心になるもの[人]: the ~ of a movement 運動の中心(人物) / She is the ~ (and soul) of the party. 一座の花形だ; 《反語》あれが一座の明星だって(聞いてあきれる). **c** 活力[生命]の源泉: Plenty of sleep is the ~ of children. 十分な睡眠は子供にとって活力の源泉だ / The ~ of democracy depends upon freedom of speech. 民主主義の生命は言論の自由にかかっている.

10 弾力, 弾性; 伸縮性: lose ~ 弾力がなくなる.

11 (ぶどう酒などの)あわ立ち (sparkle).

12 (物の)生きのよさ, 新鮮な香気.

13 終身刑 (life sentence): get [be given] ~ 終身刑に処せられる / do ~ 終身刑に服する.

14 〘野球・クリケット〙命拾い《例えば野球で打者がファウルをとられないでバッティングを続けられる[攻撃のチャンスがある]時など》.

15 〘玉突〙やり直しの機会, やり直しのできる定められた回数の1回: The pool player has three *lives*. プール遊び(かけ玉突き)では3回までやり直しができる.

16 〘キリスト教〙霊的生(命); 死後の救い[生命], 新生, 再生: the eternal [everlasting, immortal] ~ 永遠[不滅]の生(命).

17 [L-] 〘クリスチャンサイエンス〙神 (God).

18 〘保険〙被保険者: a good [bad] ~ 平均余命に達する見込みのある[ない]人.

a life for a life 命には命, 殺しには殺しを《殺人は殺害者またはその一族の者を殺すことによって復讐するということ; cf. *Exod.* 21:23; cf. vendetta 1》. ***as I have life*** 確かに. ***as large as life*** (1) 実物大で[の], 等身大で[の]. (2) 実物そのものが, 当の本人が: There he was *as large as* ~. ところがそのご本人がいたのだ. ***bet one's life***=BET *one's boots* (2). ***bring to life*** (1) 生き返らせる; 正気づかせる. (2) …に生気を帯びさせる, 活気づかせる. ***come to life*** (1) 生き返る; 正気づく. (2) 生気を帯びる, 活気づく: Her face was *coming to* ~ again. 彼女の顔にようやく生気がよみ返って来た. (3) 生きているように[真に迫って]見える. ***for life*** (1) (ある時から死ぬまでの)一生(の), 終身(の): mark a person *for* ~ 人を傷つけて[痛めつけて]一生残るほどの(肉体的・精神的な)傷跡を与える / He was maimed *for* ~ in the accident. その事故で彼は生涯の不具者となった / imprisonment *for* ~ 無期懲役 / an official appointed *for* ~ 終身官. (2) =*for one's* LIFE. ***for one's life***=***for dear* [*very*] *life*** 命がけで, 必死になって: run *for dear* ~ 必死になって逃げる / The soldiers fled *for their lives*. 兵士たちは一目散に逃げ去った. ***for the* (*very*) *life of one*** [否定構文で]《口語》どうしても(…しない): *For the* ~ *of me* I can't recall his name. どうしても彼の名前が思い出せない. ★ 文頭ばかりでなく文中または文尾にも用いる. ***in one's life*** 一生のうちで; [否定文で]生れてから(このかた): *Never in* (all) *my* ~ have I seen such a beautiful scene. 生れてからまだこんな美しい景色を見たことがない. ***life and limb*** 生命と身体, 五体: safe in ~ *and limb* 身体生命に別状なく / escape with ~ *and limb* 大した損害[傷害]を受けずにのがれる. ***not on your life*** 《口語》(1) 決して…しない (by no means): *Not on your* ~ I pay the money. 絶対にそんな金は出さん. (2) [強い拒絶を表わして] とんでもない: Will I agree to such a preposterous suggestion? *Not on your* ~. そんな途方もない提案に賛成するかって, とんでもない. ***on my life***=*upon my* LIFE. ***on your life*** 必ず, ぜひとも (by all means): Finish it *on your* ~. ぜひともそれを終わらせなさい. ***take one's life in one's hands*** (危険と知りながら)命がけでやる, 命がけの冒険をする (cf. *Judges* 12:3). ***the life and soul*** ⇨ *n.* 9 b. ***the life of Riley* [*Reilly*]** 〘鉱脈を掘り当てた成金を歌った1880年代の米国の流行歌 "Is that Mr. Reilly" からか; 異説もある〙《口語》(ぜいたくで)安楽[のん気]な生活: live *the* ~ *of Riley*. ***This is the life.*** これでよし《満足を表わす》. ***to save one's life*** [否定構文で]《口語》どうしても(…しない): He couldn't tell the truth *to save his* ~. どうしても本当のことが言えなかった. ***upon*['*pon*] *my life*** (1) 命にかけて, 誓って; 必ず. (2) [間投詞的に] これは驚いた. ***What a life!*** なんてことだ《不満を表わす》.

— *attrib. adj.* **1** 一生の, 生涯の, 終身の (lifelong): a ~ member 終身会員 / ⇨ life sentence. **2** 生命の: ~ processes 生命の作用. **3** 実物をモデルに使う: a ~ class 実物をモデルに使う美術の授業. **4** 生命保険の: a ~ policy 生命保険証券.

life-and-déath *adj.* 死活にかかわる, のるかそるかの, きわめて重大な (vitally important): a ~ struggle.

life annúity *n.* 〘保険〙生命年金, 終身年金.

life àrrow *n.* 〘海事〙救命矢《難破船に綱を渡すために救命銃から発射する長い綱の付いた矢》.

life assùrance *n.* 《英》〘保険〙生命保険.

life bèlt *n.* **1** 安全ベルト. **2** 〘海事〙救命(浮)帯.

life·blòod *n.* **1** 生命に必要な血液, 生き血: a gaping wound issuing ~ 生き血を流している大きな傷口 (cf. Shak., *Merch V* 3. 2. 269). **2** 活力[元気]のもと, 生命力: the ~ of industry 勤労の活力源. **3** (まぶたなどの)痙攣(けいれん).

life·bòat *n.* 〘海事〙救命艇[ボート].

lifeboat·man [-mən, -mæ̀n] *n.* (*pl.* **-men** [-mən, -mèn]) 〘海事〙救命艇担当員.

life brèath *n.* 生命を支える呼吸; 霊感を与える力, 「精神の糧(かて)」.

life bùoy *n.* 救命浮標[浮輪, 浮環, ブイ].

life càr *n.* 〘海事〙救命水密コンテナ《海が荒れて遭難船へ救命艇が横付けできない時, 綱を渡してそれに下げ, 滑らせて連絡し人命を助けるのに使う; ark, safety car ともいう》.

life càst *n.* =life mask.

life cỳcle *n.* **1 a** (個人・集団・文化などの)生活過程, ライフサイクル《個人の場合, 幼児・児童・青年・成人・老年を経て死に至るまでの一連の発展段階を含む》. **b** (製品などの)ライフサイクル, 寿命《市場導入から廃棄までのサイクル》. **2** 〘生物〙ライフサイクル, 生活環: **a** 発生から死に至るまでの生物の一生を, 次の代と生殖細胞のところで結んで環状にした表現法. **b** =life history 2.

life estàte *n.* 〘法律〙生涯権, 生涯不動産《一代限りで世襲でないもの; cf. life tenant》.

life expèctancy *n.* 平均余命《死亡数統計に基づいて算出したある年齢の人の今後生存すると予想される平均年数》.

life flòat *n.* 〘海事〙救命浮器.

life-fòrce *n.* **1** 生命力. **2** 〘哲学〙=élan vital.

life-fòrm *n.* 〘生態〙生活形, 生活型《生物が自然環境の変化に応じて示す形態》.

life·ful [láɪffəl] 〘《?c1200》〙 *adj.* 《古》活気[生命力]に満ちた, 元気いっぱいの.

life-gìver *n.* 生命[生気, 元気, 活気]を与える人[物].

life-gìving *adj.* 生命[生気]を与える; 元気をつける, 活気づける.

life·guàrd 〘《1648》《なぞり》? ← Du. 《廃》*lijfgarde* ‖ G *Leibgarde*〙 — *n.* **1** 《米》(海水浴場・プールの)見張人[救護人], 水難監視人[救助員] (《英》 lifesaver). **2** 護衛, 親衛兵 (bodyguard). — *vt.* 〈人〉の護衛をする. — *vi.* 見張人[護衛]を勤める.

Life Guàrds *n. pl.* [the ~] (英国の)近衛(このえ)騎兵第一第二連隊 (cf. Household Cavalry).

Life Guàrdsman *n.* (*pl.* **-men**) (英国の)近衛騎兵.

life hístory *n.* **1** (個人や集団の全生涯に影響を与えた環境的要因と内的要因を詳細に究明する)事例史研究. **2** 〘生物〙 **a** 生活史《発生から死に至るまでの生活過程》. **b** 生活史における変化過程.

life ínstinct *n.* 本能.

life insùrance *n.* 〘保険〙生命保険 (cf. insurance): whole [straight] ~ 終身(生命)保険.

Life Insùrance Márketing and Reséarch Associàtion *n.* [the ~] 〘保険〙(米国の)生命保険外務経営協会《略 L.I.M.R.A.; cf. Life Office Management Association》.

life ínterest *n.* 〘法律〙=life estate.

life jàcket *n.* 〘海事〙救命胴衣, ライフジャケット (life vest) (cf. life belt 2, Mae West 1).

life jacket

life·less 〘OE *lifleas*: ⇨ life, less〙 — *adj.* **1** 生命のない (inanimate) (cf. animate 1); 死んだ (dead). **2** 生物の住んでいない. **3** 気絶した: fall ~ 気絶する. **4** 活気[元気]のない, 精彩を欠いた, 気の抜けた (dull): a ~ story, wine, etc. **~·ly** *adv.* **~·ness** *n.*

life·lìke *adj.* 生きている[実物の]ような; 真に迫っている, 生き写しの: a ~ portrait. **~·ness** *n.*

life·lìne *n.* **1 a** 命綱, 救命索《救命浮標[ブイ]や救命艇周囲に付いている索, 荒天の際甲板に張ったつかまり綱, 難破船に渡して連絡を図る綱など》. **b** (消防用の)救難綱. **c** 命綱《潜水夫の揚げ降ろし用, または遊泳者につかまらせる》. **d** 〘ヨット〙甲板より上部に柱を立てて張りめぐらした安全用ワイヤーの手すり. **2** 生命線, 補給路線《遠隔地間を結ぶ経済・軍事的に不可欠の輸送経路》. **3** (破産・損失などを免れるための)頼みの綱. **4** [通例 L-] 〘手相〙生命線 (line of Life).

life·lòng 〘《1757》〙 *adj.* **1** 一生の, 終生の: ~ friends, friendship, love, etc. **2** 長年の. 「を用いる人.

life·man [-mən] *n.* (*pl.* **~·men** [-mən]) lifemanship

lifeman·shìp *n.* 相手より偉い[うわてだ]と思わせる術[腕前], はったり, こけおどし.

life màsk *n.* ライフマスク《石膏(せっこう)などで生きている人の顔からとった面; cf. death mask》.

life nèt *n.* (消防用の)救命網.

life-òffice *n.* 生命保険会社(事務所).

Life Òffice Mánagement Associàtion *n.* [the ~] 〘保険〙(米国の)生命保険内務経営協会《略 L.O.M.A.; cf. Life Insurance Marketing and Research Association》.

life-or-déath *adj.* =life-and-death.

life péer *n.* (英国の)一代貴族[華族]《law lord および1958年の Life Peerages Act により授爵された者(女性も含まれる)》.

life péerage *n.* (英国の)一代貴族[華族]の爵位.

life plànt *n.* 〘植物〙=air plant 2.

life presèrver *n.* **1** 救命具《life belt, life buoy など》. **2** 《英》(護身用)仕込み杖 (blackjack).

lif·er *n.* 《俗》 **1** 終身懲役者; 終身懲役の宣告. **2** 《米軍事》職業軍人.

life ràft *n.* 〘海事〙(甲板上に備えてある)救命いかだ.

life-rèndering *adj.* 《古》命を犠牲にする (cf. Shak., *Hamlet* 4. 5. 146): a ~ pelican.

life ròcket *n.* 〘海事〙(救命索を引いて飛ぶ)救難[救命]ロケット.

life·sàver *n.* **1 a** 人命救助者; 命の恩人, 救い主. **b** (救命用の)浮輪. **2 a** 《米口語》水難救助隊 (Lifesaving Service) 員. **b** 《英・豪》=lifeguard 1. **3** 《口語》(苦境などから)救ってくれる人[物].

life·sàving *adj.* 救命(用)の, 救難(用)の; 《米》水難救助の. — *n.* 人命救助(法); 《米》水難救助(法).

Lifesaving Sèrvice *n.* 水難救助隊《米国の政府機関で沿岸各地に配置されている》.

life scíence *n.* [通例 *pl.*] ライフサイエンス, 生命科学《生物有機体と生命過程を扱う科学で, 生物学・生化学・医学・心理学・人類学・社会学などを含む総合科学》.

life scíentist *n.* 生命科学者.

life scòut *n.* ライフスカウト (⇨ boy scout 1).

life séntence *n.* 〘法律〙終身刑, 無期懲役.

life-size 〘《1841》〙 *adj.* 実物大の, 等身(大)の: a ~ portrait, statue, torso, etc.

life-sized *adj.* =life-size.

life spàn *n.* (生物体の)命の長さ, 寿命; (人間個人の)寿命 (lifetime); (道具・器械などの)寿命.

life-sprìng *n.* 命の泉, 生命の源.

life-strìngs *n. pl.* 玉の緒(お), 命の綱: His ~ were cut [broken]. 命の綱が切れた《死んだ》.

life stýle *n.* (個人の)生き方, 生活様式, ライフスタイル.

life-suppórt sỳstem *n.* 〘宇宙〙生命維持装置《人命や健康を維持するのに必要な酸素・食物・水・温度・気圧などを供給するシステム》.

life tàble *n.* 〘保険〙生命表, 死亡表 (cf. experience table, mortality table).

life ténant *n.* 〘法律〙生涯権者; 生涯不動産権者 (cf. life estate).

life·tìme 〖《*c*1400》 *liftime* ∽ ? OE *lives tima*〗 ― *n.* **1** 一生, 生涯, 終生: during [in] one's ～. **2 a** (物の)寿命, 存続期間, 耐用期間. **b** 〘物理・化学〙(イオン・原子の)寿命.

all in a [*one's*] ***lifetime*** 何事も運命だ, 諦めるだけだ《諦めの言葉》.

― *adj.* 一生の, 終生の, 終身の: a ～ job / ～ employment 終身雇用.

life vèst *n.* 〘海事〙=life jacket.

life·wày *n.* 生活様式.

life·wórk 〖《1871》〗 *n.* ライフワーク, 一生の仕事[事業], 畢生(ひっせい)の仕事.

life zòne *n.* 〘生物地理〙生活帯, 生物分布帯.

LIFO, lifo [láɪfou | -fəu] *n.* 〘会計〙=last-in, first-out.

lift[1] [líft] 〖v.: 《?*c*1200》 *lifte*(*n*), *lyfte*(*n*) ▭ ON *lypt-a* < Gmc **luftjan* (Du. *lichten* / G *lüften*) ← *luftuz* sky. ― n.: 《1470–85》 ← (v.): ↓〗 ― *vt.* **1 a** 持ち上げる 〈*up*〉; (持ち上げてから)下ろす〈*down*〉: ～ (*up*) a table, large stone, heavy trunk, etc. / ～ logs *onto* a truck トラックに丸太を積み込む / ～ a lid *off* the teapot ティーポットのふたを取る / ～ the phone *to* one's ear 受話器をはずして耳に当てる / ～ one's hat *to* …に対して(挨拶するために)帽子をちょっと上げる / ～ books *down from* a shelf 棚から本を下ろす / The elevator ～*s* people twelve floors *up*. エレベーターで12 階昇って行ける. **b** 〈目・顔・手足などを〉上げる 〈*up*〉: ～ (*up*) one's eyes (*to*…) (…を)見上げる / He ～*ed* his face *to* hers. 彼は顔を上げて彼女と視線を合わせた / ～ one's head *from* his book 本から顔を上げる / ～ one's arm to say good-bye 手を上げて別れを告げる / ～ *up* one's heels (*against* …) (…を)ける. **c** 〈旗を〉高く掲げる: ～ a flag. **d** 〈尖塔・山頂などを〉そびえさせる: The church ～*s* its spire. 教会の尖塔がそびえている / The mountains ～ their peaks into the sky. 山々の峰が空高くそびえている.
2 〈人〉の地位[境遇]を高める, 向上させる; 〈元気を〉引き立てる 〈*up*〉; 〈談話など〉の品位を高める: ～ a person *from* obscurity 無名の人を世に出す / ～ a conversation *out of* the commonplace 話を平凡なものから高尚なものへ引き上げる / By hard work he ～*ed* himself *out of* poverty. 懸命に働いて貧困から脱した / The book ～*ed* him *to* world-wide recognition. その書物によって彼は世界的に認められた / The new dress will ～ *up* your spirits. その新調の服を着れば気分も晴れるでしょう. **3** 〈価格・税率などを〉上げる (raise): ～ prices of commodities 物価を上げる / ～ the tariff 税率を上げる. **4** 〈声を〉高める, 〈叫び声を〉上げる 〈*up*〉: ～ *up* a cry [shout] 叫び声を上げる / ～ (*up*) one's voice 声を張り上げる, 叫ぶ / ～ (*up*) one's voice (*against*…) (…に)抗議する, 苦情を言う.
5 a 〈テントなどを〉取りはずす, 取り去る (remove): ～ a tent. **b** 〈封鎖・包囲などを〉解く: ～ the siege of a city 市の包囲を解く. **c** 〈禁止令などを〉解く, 撤回する (revoke): ～ the ban on the book 書物の発禁を解除する / ～ the embargo on (the) shipment of oil 石油の出港停止を解く / The President ～*ed* the moratorium on new sales to the Soviets. 大統領はソ連政府への新規売付け禁止令を解除した. **6** 〈根菜作物を〉掘り上げる; (移植のために)〈苗などを〉掘り出す: ～ potatoes, seedlings, etc. **7** 《米》〈抵当・約束手形などを〉請け出す, 〈負債を〉弁済する (pay off): ～ a mortgage [promissory note] 抵当[約束手形]を請け戻す. **8** 《口語》 **a** 〈人の物を〉取る, 盗む, 万引する (cf. shoplifting): ～ books in a bookstore / She had her purse ～*ed*. ハンドバッグを盗まれた. **b** 〈文章などを〉〈他人から〉盗む, 剽窃(ひょうせつ)する (plagiarize) 〔*from*〕: ～ a passage *from* another author 一節を他の作者から無断で抜く. **c** 〔文脈中などから〕引き抜く, 切り取って引用する 〔*out of, from*〕: The author seems to have ～*ed* this sentence *out of* context. 著者はこの文を文脈から切り離して引用しているようである. **9** (整形手術で)〈顔〉のたるみやしわを取る, 〈顔〉の美顔整形手術をする (face-lift) (cf. face-lifting): have one's face ～*ed* 顔の若返り手術をしてもらう. **10 a** 輸送する. **b** 空輸する. **11** 〈指紋を〉取る: ～ a fingerprint *from* a glass コップから指紋を取る. **12** 《方言》〈金を〉取り立てる, 集める. **13** 〘ゴルフ〙〈球を〉拾い上げる; 〘ゴルフ・クリケット〙〈球を〉打ち上げる. **14** 〘軍事〙 **a** 〈射撃〉(の目標, 方向)を変える, (通例, 射撃方向は変えず目標をさらに遠くへ延ばす意で)射程延伸する. **b** 〈射撃を〉中止する. **15** 〘狩猟〙〈猟犬を〉呼び戻す.

― *vi.* **1 a** (持ち)上がる, あく: The window will not ～. 窓が上がらない. **b** 〈飛行機・ロケットなどが〉離陸する, 〈ロケットなどが〉発射する 〈*off*〉; 〈鳥が〉飛び立つ: The rocket will ～ *off from* Cape Canaveral tomorrow morning. ロケットが明朝ケープカナベラルから打ち上げられる. **2** ぐいと持ち上げる, (力をこめて)上げようとする 〔*at*〕: He tried to ～ *at* the rock. 彼はその石を持ち上げようとしてみた. **3 a** 〈雲・霧・闇などが〉消散する, 晴れる; 〈表情が〉晴れる: The fog soon ～*ed*. 霧は間もなく晴れた / Her worried expression ～*ed* slightly. 心配そうな彼女の表情がちょっと明るくなった. **b** 〈雨が〉一時やむ[上がる]: Let's wait till the rain ～*s*. 雨が上がるまで待ちましょう. **4 a** 〈尖塔・山などが〉そびえる: The church spire ～*s* *above* the field. 教会の尖塔が野原を見下ろすようにそびえている. **b** 〘海事〙(航海して行くうちに)〈陸地が〉水平線上に見えて来る. **5** 〈床が〉ふくれ上がる, そる.

― *n.* **1 a** 持ち上げる[持ち上がる]こと: give a stone a ～ 石を持ち上げる / the proud ～ *of* her head 彼女の高慢な顔の上げよう / with a faint ～ *of* the eyebrows かすかにまゆを上げて / His voice had a striking ～ in it. 彼の声は調子がきわ立って高かった / There was so much ～ *of* sea. 波がとても高かった. **b** (水門の水などの)上昇度, 持ち上がり, 上昇距離: a ～ of ten feet 10 フィートの持ち上がり. **c** (一回に持ち上げる[上がる])重量(物), 荷: a ～ of sheet steel 一回に持ち上げる鉄板(の重量). **2 a** (精神の)高揚, 意気軒昂(けんこう), (感情の)高潮: an ennobling ～ of a person's society 人と同座して感じる精神の高まり / Her new dress gave her a tremendous ～. 新しいドレスを着ると実に晴れやかな気分になった. **b** (身分の)向上, 立身, 出世; 昇進, 昇級: a ～ *in* one's career 身分の向上, 出世. **c** (物価などの)上昇: a ～ *in* prices [fares] 物価[運賃]の上昇 / The resurgence *of* the textile industry gave a ～ to the economy. 繊維産業が復興して景気が上昇した. **3 a** (歩行者を)車などに乗せてやること, 車などに乗せてもらうこと: get a ～ (途中で)車に乗せてもらう / Can you give me a ～ to the station? 駅まで同乗させてもらえませんか. **b** (車などに乗るとき)手を貸してやること; 手助け, 手伝い (help): give a person a ～ into the saddle 人に手を貸して鞍(くら)に乗せてやる / give a person a ～ with his job 人の仕事に手を貸してやる. **4 a** 人・物などを上げ下げする装置. **b** 《英》エレベーター, 昇降機 (《米》 elevator); (小型の)貨物エレベーター (dumbwaiter). **c** 起重機. **d** (自動車を修理または駐車するときに用いる)リフト. **e** (スキー場などの)リフト《ski lift, chair lift ともいう》. **5** (引上げ戸を上げ下げする)取っ手. **6 a** (人員・物資の)輸送: a food ～ 食糧の輸送 / in a single ～ 1 回の輸送で. **b** 空輸 (airlift). **7** 《口語》(通例ちょっとした)盗み, 窃盗. **8** (土地の)隆起, 盛り上がり, 小山 (rise). **9** (靴の)かかと革の一枚. **10** 〘航空〙揚力: a high ～ device 高揚力装置 / running ～ 滑走揚力. **11** 〘鉱山〙 **a** (1 回で掘り出される)鉱物の量. **b** 坑内用揚水ポンプ. **c** (炭坑の坑内の)床の盛り上り, 盤ぶくれ. **12** 〘海事〙(帆桁(ほげた)の)吊り綱, 揚桁索(ようこうさく): ⇨ SQUARE *by the lifts and braces*. **13** 〘建築〙リフト《1 回に打設できるコンクリートの量》. **14** 〘印刷〙 **a** リフト《1 度に取扱える[持上げられる]量の紙》. **b** =fat *n.* 8. **15** 〘時計〙リフト《ガンギ車の回転によるアンクルの角度変位》.

on the lift 《米南部・中部》(病気・飢えなどで)弱って; 支えなしでは立ち上がれない[立っていられない].

～·a·ble [-təbl̩] *adj.*

lift[2] [líft] 〖OE *lyft* < Gmc **luftuz* air, sky (Du. *lucht* / G *Luft* / ON *lopt* (cf. loft)) ← IE **leup-* to peel off: ⇨ leaf〗 ― *n.* [the ～] **1** 《スコット・詩》空, 天空. **2** [*pl.*] (古代・中世における天文観で)七層の天 (the (seven) heavens).

lift bòlt *n.* 〘海事〙リフトボルト《topping lift などを結びつけるため, 桁の先端に取付けたりする eyebolt》.

lift bòy *n.* 《英》エレベーターボーイ (cf. liftman).

lift brìdge *n.* 昇開橋《船舶の通航時水平のまま吊り上げる式のもの; cf. bascule bridge》.

lift-drág ràtio *n.* 〘航空〙揚抗比《飛行機または翼の揚力と抗力との比》.

lift·er *n.* **1** 持ち上げる人[物]. **2** 泥棒, 万引する人 (cf. shoplifter).

lift·ing bòdy *n.* 〘宇宙〙揚力物体《揚力をもつ形状の機体で, 大気圏への再突入機の形状としてよく用いられる; スペースシャトルのオービターなど》.

lifting bòlt *n.* 〘機械〙吊上げボルト.

lifting gèar *n.* 〘機械〙吊上げ装置.

lifting scrèw *n.* 〘機械〙ねじジャッキ (screw jack).

lift·màn [-mæ̀n] *n.* (*pl.* **-men** [-mèn]) 《英》エレベーター係 (《米》 elevator operator).

lift-òff *n.* 〘航空・宇宙〙 **1** 離昇, 発進《ヘリコプター・ロケット・ミサイルなどが発射台などから離れて上昇すること》. **2** 離昇時点.

lift pùmp *n.* 吸上げポンプ (cf. force pump).

lift-slàb *adj.* 〘建築〙リフトスラブ工法の[による]《床や屋根のスラブを地上で作って, ジャッキで上にあげる工法》.

lift trùck *n.* 起重機貨車.

lift vàlve *n.* 〘機械〙リフトバルブ, 持上げ弁.

lig·a·ment [lígəmənt] 〖《1392》 ▭ L *ligāment-um* a tie, band ← *ligāre* to bind〗 ― *n.* **1** 《古》ひも, 帯; 結びつけるもの, きずな: the great ～ of mankind. **2** 〘解剖〙 **a** 靭(じん)帯, 索. **b** 間膜. **c** ひだ. **3** 〘動物〙(二枚貝のちょうつがいの部分にある)靭帯; (下等動物の)靭帯状物. **lig·a·men·tal** [lìgəméntl̩ | -tl] *adj.* **lig·a·men·ta·ry** [lìgəméntəri | -təri] *adj.* **lig·a·men·tous** [lìgəméntəs | -təs] *adj.*

lig·a·men·tum [lìgəméntəm | -təm] 〖↑〗 *n.* (*pl.* **-men·ta** [-tə | -tə]) 〘解剖〙=ligament 2.

li·gan [láɪgən, líg-] *n.* =lagan.

lig·and [lígənd, láɪ-] 〖▭ L *ligand-um* (ger.) ← *ligāre* to bind: cf. ligament〗 *n.* 〘化学〙リガンド, 配位子《錯化合物中で中心金属原子に配位している原子または基》.

li·gase [láɪgeɪs, -geɪz | -geɪs] 〖← L *ligāre* to bind + -ASE〗 ― *n.* 〘生化学〙リガーゼ《ATP からピロ燐酸を解離する反応と共軛して C と C, O, S や N を結合させる酵素; synthetase ともいう》.

li·gate [láɪgeɪt, ―́] 〖← L *ligāt-us* (p.p.) ← *ligāre* to bind: cf. ligament〗 *vt.* 〘外科〙結ぶ, くくる, 結紮(けっさつ)する (bandage, tie up).

li·ga·tion [laɪgéɪʃən] 〖▭ LL *ligātiō(n-)*: ⇨ ↑, -ation〗 *n.* **1** 〘外科〙(血管などの)結紮. **2** =ligature 1 a.

lig·a·ture [lígətʃùə, -tʃə, -t(j)ùə | -tʃùə(r, -tʃə(r, -tjùə(r] 〖《*a*1400》 ▭ LL *ligātūra* (fem.): ⇨ ligate, -ure〗 ― *n.* **1 a** ひも, 帯 (band, cord). **b** 〘外科〙(血管などの)結紮(けっさつ)(法); 結紮糸, ひも, 針金. **2** くくること, 縛ること; きずな. **3** 〘活字〙合字, 抱き字, リガチュア《2 字(以上)の欧文活字を連結して 1 文字[1 活字]に鋳造したもの: œ, fi, ffl など; double letter ともいう; cf. digraph, logotype 2》; 連結符[線]《連結音の指示をした記号: ⁀, ‿》. **4** 〘音楽〙 **a** リガトゥラ《中世記譜法における連結符》. **b** =slur 4. **c** クラリネットのリードを固定する金属のバンド. ― *vt.* 縛る, くくる (bind): ～ the blood vessels 血管を結紮する.

li·geance [láɪdʒəns, líː-] 〖《*c*1380》 ▭ OF *lig(e)ance* ← *lige* 'LIEGE' + -ANCE〗 *n.* **1** 《英》〘法律〙領土, 領地. **2** 《古》忠誠, 忠節 (allegiance).

li·gen [láɪgən, líg-] *n.* =lagan.

li·ger [láɪgə | -gə(r] 〖《混成》 ← LI(ON) + (TI)GER〗 *n.* 〘動物〙ライガー《ライオンの雄とトラの雌との交配による合いの子; cf. tigon》.

light[1] [láɪt] 〖n.: OE *lēoht* < (WGmc) **leuχtam* (Du. *licht* / G *Licht*: cf. ON *ljós* / Goth. *liuhaþ*) ← IE **leuk-* brightness (L *lūcēre* to shine & *lūx* light / Gk *leukós* white, bright). ― v.: OE *lihtan* < Gmc **liuhtjan* ← (n.)〗 ― *n.* **1 a** (視覚を可能にする)光, 明かり (↔darkness): the ～ of the sun, the moon, a candle, etc. / Fire gives ～ and heat. 火は光と熱を発する / God said, "Let there be ～"; and there was ～. 神光あれと言いたまいければ光ありき (*Gen.* 1:3) / be as different as ～ and darkness 夜と昼との(大変な)違いである / in ～ 光を受けて, 照らされて / view a picture invariable ～*s* 光を色々に当てて絵を見る / The ～ is bad. 明かりが不十分だ / *Light!* more ～! 光を, もっと光を《Goethe の臨終の言葉の一部分》/ There was a ～ under the door. ドアの下から光が漏れていた. **b** (視覚がとらえる)光; 光輝; (表情などの)明るさ, 明るい所: in a good [bad] ～ よく見える[見えない]所に / in the ～ 明るい中を / The ～ died out of her face. 彼女の顔から明るさ[いきいきした表情]が消えた. **c** 〘光学〙光, (狭義には)可視光線《電磁波の一種で人に視覚を起こさせるもの; 波長約 4,000–7,700 Å (オングストローム)をいう》; (赤外線・紫外線・X 線等の)不可視光線.
2 a [通例 the ～] 日の光 (daylight); 日中, 昼, 白昼 (day): *the* ～ of day 日中(の光) / Let's leave before *the* ～ fails. 日の暮れないうちに出かけよう / between *the* ～*s* (日の光と夜の光との間の)夕暮れに / between two ～*s* (昼と昼とにはさまれた)夜に, 闇(やみ)にまぎれて. **b** 夜明け (dawn, daybreak): when ～ appears in the east 東の空が白むころ / He left home at first ～. 夜が明け始めたころ家を出た.
3 a 発光体, 光源 (shining body). **b** 天体 (heavenly body): the greater ～ to rule the day, and the lesser ～ to rule the night 昼をつかさどる大いなる光(太陽)と夜をつかさどる小さき光(月) (*Gen.* 1:16). **c** 明かり, 灯火: Bring me a ～. 明かりを持って来て下さい / put on [out] the ～ 明かりをつける[消す] / We see ～*s* all along the shore. 海岸一帯に灯火が見える.
4 a (信号としての)光(源). **b** のろし; 灯台. **c** (船・鉄道などの)明滅光. **d** 交通信号 (traffic light): a red [green] ～.
5 [*pl.*] **a** (舞台の)脚光 (footlights): before the ～*s* 舞台に出て, 脚光を浴びて. **b** (劇場・映画館の入口のイルミネーションのついたひさし (marquee) に)スター名が掲げられること: She dreamt of seeing her name in ～*s*. スターになるのを夢見た.
6 (発火を助ける)火花, 炎; 点火物《マッチ・蠟燭(ろうそく)・付け木など》; (たばこの)火: strike a ～ (マッチなどで)火をつける / ⇨ *Strike a* LIGHT! / put a ～ to the fire [lamp] 火[ランプ]をともす / May I trouble you for a ～? たばこの火をいただきたいのですが / Will you give me a ～? たばこ(など)の火を貸して下さい / get a ～ 火をもらう.
7 (目の)きらめき, 輝き; 目つき: with a fiery ～ burning in one's eyes 目に燃えるような輝きを見せて.
8 a 《詩・古》視覚, 視力 (eyesight). **b** [*pl.*] 《俗》目 (eyes).
9 明るみ, 露顕; 周知, 公知: ⇨ *bring* [*come*] *to* LIGHT.
10 (見方によって生じる事物の)様相; 見方, 観点, 見解: place [put] a matter in a good [favorable] ～ 物事を具合よく[有利に]見えるようにする / see a thing in a bad ～ 物を悪く解釈する, 間違った物の見方をする / throw [shed] a new ～ upon …の体裁を一変する, …に全く違った様相を呈させる / in (the) ～ of these facts [past events] これらの事実[過去の事件]に照らして見れば[かんがみて] / Circumstances put him in a false ～. 色々の事情で彼は誤解された / Do you regard him in that ～? 君には彼がそう見えるか / view a person's conduct in the ～ of a crime 人の行為を犯罪として見る / He appeared in the ～ of a scoundrel. 彼は悪党らしく思われた.
11 精神的または霊的な光; 事物を解明する光, 啓蒙(けいもう)の光 (enlightenment); (問題などを解明する)光明 (elucidation); (心を照らす)霊光 (inner light); 真理:

⇨ Inner Light / a man of ～ and leading (光となって世を指導する)識者, 権威者《Edmund Burke の言葉》/ give ～ on [upon] …を明らかにする, …を明白にする / throw [shed] ～ on [upon] …に解決の光明を投げかける / some new ～s upon a question ある問題を解明する新事実.
12 [pl.] 精神的能力[才能] (mental powers), 知識 (information); 基準: do one's best according to one's ～s 自分の見る所(才能)に応じて全力を尽くす.
13 指導的な人物, 大家, 権威者, 師表 (luminary, model): shining ～s 名声の高い大家[権威者]たち / literary ～s of the day 当代の文豪たち / the ～s of antiquity 古代の偉人たち / the *Light* of the World 世の光《キリストのこと; cf. *John* 8:12》.
14 〘絵画・写真〙(絵などの)光を受けている部分, (陰に対して)光; 光の効果 (↔ shade): ～ and shade 光と陰 (⇨ shade 4) / ⇨ highlight 2.
15 窓, 明かり取り; 天窓 (skylight); (仕切りの付いた窓の)一区切り; (窓にはめた)窓ガラス; (温室の)ガラス壁, ガラス屋根: ⇨fanlight, sidelight 3, skylight 1 / a room with ～s on three sides 三方に窓のある部屋 / a window containing three ～s 三つの仕切りのある窓.
16 〘法律〙日照権, 採光権《窓・戸口などからはいる光線を隣人の建物などでさえぎられることなしに享有する権利》: ⇨ ancient lights 1.
17 〘印刷〙=lightface.
bring to light 明るみに出す, 暴露する. ***by the light of nature*** 直観で, 自然に, 教えないでも. ***come to light*** 明るみに出る, 暴露する. ***get in*** [***out of***] ***a person's light*** 人の明かり先に立つ[立たない]; 邪魔になる[ならないようにする]. ***hide one's light under a bushel*** ⇨ bushel[1] 成句. ***out like a light*** 《口語》すぐに寝ついて, ぐっすり眠っていて; (すっかり)意識を失って, 気絶して: be [go] *out like a* ～. ***see the light*** (***of day***) (1) 生れ出る;〈本などが〉公にされる. (2)〈物が〉日の目を見る. (3)《米》理解する, 悟る, 納得する. ***shine with reflected light*** 他のものの目ざましさ[威勢]のおかげで人目を引く. ***stand in a person's light*** 人の明かり先に立つ; 人の(幸福・好機などの)邪魔になる, 邪魔をする. ***stand in one's own light*** (愚かな行為などによって)自らを陥れる, 自己の向上を妨げる. ***Strike a light!*** 《俗》これはひどい, おや. ***the light of a person's countenance*** [しばしば皮肉的] 人の寵(ちょう)愛, 愛顧, 恩恵, 好意; 好意[支持]のための出席 (cf. *Ps.* 4:6): in *the* ～ *of a person's countenance* 人の恩恵に浴して, 好意を受けて. ***the light of a person's eyes*** [***life***] 最愛の人, 大事な物: The child was *the* ～ *of* its parents' *eyes*. その子は親の目に入れても痛くはない子だった.
— *adj.* (～·er [-tə | -tə(r], ～·est [-tɪst, -təst | -tɪst, -təst]; **more ～, most ～**) **1** 明るい (↔ dark): a ～ room 明るい部屋 / a ～ evening まだ日のある夕方 / a ～ color 明色. **2**〈色が〉白色がかった, 白っぽい (whitish); 淡い, 淡色の, 薄い (pale) (↔ dark): a ～ complexion 色白 / a ～ brown 淡褐(かっ)色 / a *light*-blue [-red] ribbon 淡青[薄赤]色のリボン. **3**〈コーヒーが〉ミルク[クリーム]入りの (↔ black).
— *v.* (～·ed, lit [lít]; *attrib. adj.* としては通例 ～·ed) — *vt.* **1 a** …に火をつける, 点火する, ともす〈*up*〉: ～ a candle, lamp, cigarette, etc. / ～ *up* a cigar 葉巻に火をつける. **b**〈火を〉たき付ける, 燃やす (kindle): ～ a fire. **2** (灯火をつけて)明るくする, 照らす, 照明する (illuminate)〈*up*〉: ～ *up* a room, street, etc. / A glimmer of dawn was beginning to ～ the sky. 夜明けの微光が空を明るくし始めてきた. **3**〈顔・目などを〉輝かす, 元気そうに見せる (brighten)〈*up*〉: ～ *up* one's eyes, face, etc. / A charming smile ～*ed up* his features. にっこり笑って彼の顔が明るくなった. **4** 灯火をつけて道案内する: ～ people *through* the dark streets 明かりをつけて暗い通りを案内する. — *vi.* **1 a** 火がつく: The match does not ～ easily. そのマッチはすぐ火がつかない. **b** (たばこ・パイプの)火をつける〈*up*〉. **c**《俗》マリファナたばこを吸う〈*up*〉(cf. LIT[1] *up*). **2 a** 明るくなる, 輝く, 照る: The room suddenly *lit up*. 部屋に突然明かりがついた. **b**〈顔・目が〉輝く, 生き生きする, 晴れ晴れする〈*up*〉: His face *lit up with* pleasure when he heard the news. その知らせを聞いたとき彼の顔は喜びで輝いた.
light a shuck [***rag***] 《米南部・中部》急いで去る, 走り去る. ***light out*** 《俗》逃げ出す; 急に出かける.
light[2] [láɪt] 〘OE *līht, lēoht* < Gmc **lɪŋχt(j)az* (Du. *licht* / G *leicht*) ← IE **legwh-* (L *levis* light & *levāre* to lighten / Gk *elakhús*)〙 — *adj.* (～·er, ～·est) **1 a** 軽い; 普通の重さ以下の (↔ heavy): a ～ load, overcoat, etc. / (as) ～ as a feather [as air] 羽[空気]のように軽い / *Light* gains make heavy purses [a heavy purse]. 《諺》ちりも積もれば山となる. **b** 軽荷用の, 軽便な: a ～ truck 軽トラック / ⇨ light bomber, light engine. **c**〈船・鉄道など〉積荷の軽い, 積荷のない: the ～ waterline 軽吃(きっ)水線 (cf. waterline 1) / a ～ ship 空(から)荷船. **d** (容積に対して)重さの軽い, 比重の小さい: Aluminum is a ～ metal. アルミニウムは軽金属である. **e**〈貨幣・分銅など〉法定重量に足りない; 量目不足の: a ～ coin (摩滅して規定重量以下になった)軽量貨幣 / give ～ weight 目方をごまかす / use ～ weights in trade (軽い分銅を使って)商売で目方をごまかす. **2 a** (量・程度・強度・力など)普通以下の: The traffic is ～ today. 今日は交通量が少ない. **b**〈眠りが〉浅い; 浅い眠りの: a ～ sleep 浅い眠り, まどろみ / a ～ sleeper 眠りの浅い人. **c** 量の少ない (scanty): a ～ rain 小雨 / a ～ snow 小雪. **d** (程度の)軽い, 軽微な: a ～ attack of measles 軽いはしか / a ～ offense 軽犯罪, 微罪. **e** 力の弱い, 軽い (gentle): give a ～ touch 軽くそっとさわる. **f**〈風が〉弱い, 軽風の: a ～ wind そよ風 / ⇨ light air, light breeze. **g** かすかな, はっきりしない: a ～ stroke of pen かすかな筆使い. **h**〈声・音が〉穏やかではっきりした (↔ dark). **3 a**〈職務・仕事など〉楽にできる; 容易な: ～ work, duties, etc. **b**〈罰・規則など〉楽な, 厳しくない, ゆるやかな, 寛大な: ～ taxes 軽い税 / a ～ sentence, punishment, rule, etc. **4** つまらない, ちょっとした: a ～ mistake / one's ～*est* word 全く何の意味もないような言葉 / be held in ～ esteem 軽視されている / ⇨ *make* LIGHT[2] *of*. **5**〈読み物など〉肩の凝らない, 娯楽的な (↔ ponderous): a ～ novel [writer] 娯楽小説[作家] / ～ literature [music] 娯楽文学[軽音楽] / ～ reading 軽い読み物. **6**〈建物が〉重々しくない, 優美な; すらりとした: ～ spires, arches, etc. **7** (挙動の)軽快な, 軽やかな, 敏活な, すばしこい: ～ movements / be ～ *of* foot 足が軽い / have a ～ hand 手先が器用である, 手際がよい; 手腕がある / with ～ steps 軽い足取りで. **8** (気も軽々と)楽しげな, 屈託のなさそうな; 楽しい, 快活な, 浮き浮きした (buoyant), 心配のない: a ～ jest 軽口 / ～ laughter 屈託のなさそうな笑い / with a ～ heart いそいそと, 快活に / be ～ *of* heart 苦労[心配]がない, 呑気[快活]である. **9** 軽率な, 浮ついている, 落着きのない, 移り気の (fickle, inconstant); 浮気な, 身持ちの悪い: a person of ～ character [conduct] 人柄[行為]が浮薄な人 / a ～ woman. **10 a**〈食物が〉消化のよい, もたれない, あっさりした: a ～ soup あっさりしたスープ / ～ food 軽食. **b**〈パンが〉十分パン種の入った, 十分に発酵した (↔ soggy): ～ bread. **c**〈菓子など〉ふわっとした, ふわふわの (fluffy): a ～ soufflé, omelet, etc. **11 a**〈酒類が〉アルコール分の少ない, 弱い: ～ beer / ⇨ light wine. **b** 風味[味, かおり]の弱い. **12**〈軍人など〉軽装備の: ～ cavalry [infantry] 軽騎兵[歩兵]. **13**〈土壌が〉砕けやすい, ぼろぼろの; 多孔性の (porous): ～ soil. **14** 軽工業の: ⇨ light industry. **15** 頭がふらふらする, 目まいがする (giddy): ～ in the head 気が変な; 目まいがする, ばかな (cf. light-headed). **16** 《口語》人手の足らない, 手不足の. **17** 〘音声〙〈音節が〉アクセントを受けない (unaccented), 強勢の弱い (unstressed) (↔ heavy): a ～ stress 弱強勢 / a ～ syllable 弱音節. **18** 〘音声〙弱音の (unemphatic), 強勢のない (unstressed) (cf. heavy[1] 17). **19** 〘トランプ〙(ポーカーでチップや金を場に)借りている: He is three chips ～. 3 チップ借りている. **20** 〘物理〙〈素粒子・原子核・原子・イオンなど〉質量が小さい.
make light of …を軽視する, 軽んじる.
— *adv.* (～·er, ～·est; **more ～, most ～**) **1** 軽く; 軽快に, 敏活に (nimbly). **2** (眠りの程度が)さめやすく, 浅く: sleep ～. **3** 容易に (easily), やすやすと, 簡単に: get off ～ 大した罰も受けずに済む / *Light* come, ～ go.=Lightly come, lightly go (⇨ lightly 8). **4** 荷物を持たずに, 軽装で: fly ～〈船・航空機が〉空荷で走る / travel ～ (荷物など持たずに)身軽に旅行する / The ship returned ～. 船は空荷で帰って来た.
light[3] [láɪt] 〘OE *līhtan* to alight, 《原義》make light, disburden < Gmc **lɪχtjan*, **lɪŋχtjan* (↑)〙 — *v.* (～·ed, lit [lít]) — *vi.* **1** 《古・方言》〈馬・車・馬車などから〉降りる (dismount)〈*down*〉〔*from*〕: ～ *down from* a horse. **2**〈鳥などが〉〈木などに〉降りる, 止まる (alight)〔*on, upon*〕. **3**〈視線などが〉(…に落ちる, 止まる〔*on, upon*〕: His eyes ～*ed on* her face. 彼の目は彼女の顔に止まった. **4**〈打撃・運命などが〉(…の頭上に)ふりかかる〔*on, upon*〕: Nemesis *lit on* him. 天罰が彼にふってきた. **5** 〔…に〕偶然出くわす〔*on, upon*〕; 〔…を〕偶然手に入れる〔*on, upon*〕: ～ *on* a clue 手がかりを偶然手に入れる. **6** 《英方言》起こる (happen): How does it ～ that you are here? 君がここにいるのはどうしたことだ. — *vt.* 〘海事〙〈綱・帆などを〉引く (haul), 動かす.
light into 《米口語》(1) …をしかる (scold). (2) …を攻撃する. ***light on one's feet*** [***legs***] (1) (落ちた時など倒れないで)両足で立つ. (2) 幸運である, 成功する.
light adaptàtion *n.* 〘生理〙明順応《明るいところに入ると次第に目が馴れて網膜の光感受性が減退すること; cf. dark adaptation》.
light-adàpted *adj.*〈目が〉明順応した.
light áir *n.* 〘気象〙至軽風 (⇨ wind scale).
light áirplane *n.* =lightplane.
light-ármed *adj.* (軽い武器だけを持って)軽装備の.
light artíllery *n.* 〘軍事〙 **1** [集合的] 軽砲《小口径の大砲, 米国では口径 105 mm 以下のカノン砲[榴弾(りゅうだん)砲]; cf. heavy artillery, medium artillery》. **2** [集合的] 軽砲兵(部隊).
light·bòat *n.* 〘海事〙=lightship.
light bómber *n.* 〘軍事〙軽爆撃機《全備重量 10 万ポンド (約 45,360 kg) 未満の高速爆撃機; cf. heavy bomber, medium bomber》.
light bòx *n.* 〘写真〙ライトボックス《強さの一様な光で照らされたガラス面を有し, フィルムなど透明物を当てて検査する箱》.
light bréeze *n.* 〘気象〙軽風 (⇨ wind scale).
light bùlb *n.* 白熱電球 (incandescent lamp).
light bùoy *n.* 〘海事〙ライトブイ, 灯浮標.
light chàin *n.* 〘化学〙短鎖《分子量の少ないペプチッド鎖; 免疫グロブリンなどで使用; cf. heavy chain》.
light chróme yéllow *n.* 明るい鬱金(うこん)色.
light cómedy *n.* 軽喜劇, ライトコメディー.
light créam *n.* ライトクリーム《乳脂肪含有量が 18–30% の薄い生クリーム; cf. heavy cream》.
light crúiser *n.* 〘海軍〙軽巡洋艦《通例主砲として 6 インチ砲を装備; cf. heavy cruiser》.
light displácement *n.* 〘海事〙軽荷排水量.
light dùe [**dùty**] *n.* 灯台税《灯台維持のためにある海域の船に課する税》.
light·en[1] [láɪtn̩] 〘(*a*1338) *lightne*(*n*), *lihtne*(*n*): ⇨ light[1] (adj.), -en[1]: cf. OE *lihtan* 'to LIGHT[1]'〙 — *vt.* **1** 明るくする; 照らす (illuminate). **2**〈顔を〉晴れやかにする,〈目を〉輝かす. **3**〈絵画など〉の色調を明るくする, 影を薄くする. **4** 《古》明白にする, 明らかにする, 分かりやすくする, …に光明を与える. — *vi.* **1** 明るくなる: The day ～s. 日が明るくなる, 夜が明ける. **2** [しばしば it を主語として] 稲妻が光る: *It* thundered and ～*ed*. 雷が鳴り稲妻が光った. **3**〈顔・目などが〉明るく[晴れやかに]なる. **4** 《古》光る, 輝く. ～·**er** [-tnə, -tn̩ə | -tnə(r, -tnə(r] *n.*
light·en[2] [láɪtn̩] 〘(*c*1340) *lightne*(*n*), *lihtne*(*n*): ⇨ light[2] (adj.), -en[1]〙 — *vt.* **1 a**〈船など〉の荷を軽くする: ～ a ship 船荷を軽くする. **b**〈荷を〉軽くする;〈重さを〉軽くする: ～ the burden, load, etc. **c**〈船などから〉〈荷を減らす〔*of*〕: ～ a ship *of* her cargo 船の積荷を減らす. **2**〈税・苦痛・悲しみなどを〉軽減する, 緩和する, 和らげる: ～ penalties [taxes] 罰[税]を軽減する / ～ the cares of life 人生の苦労を軽くする. **3** (心の重荷を軽くして)元気づける, 喜ばせる, 慰める: ～ the heart, mind, etc. — *vi.* **1**〈船・積荷などが〉軽くなる, 軽減する. **2**〈心が〉軽くなる, 安んじる; 楽しくなる, 元気になる. ～·**er** [-tnə, -tn̩ə | -tn̩ə(r, -tnə(r] *n.*
light éngine *n.* (車両を連結しない)単行機関車.
light·en·ing [láɪtnɪŋ, -tn- | -tn-, -tn-] *n.* 〘医学〙下降感, 軽減感《子宮の骨盤腔への下降による腹部伸張感の軽減; 分娩の 2–3 週間前に起こる》.
lightening hòle *n.* 〘建築・造船〙軽目穴(かるめあな), 軽量孔《鉄板を軽くするためにあける穴》.
light·er[1] [-tə | -tə(r] 〘(1553)〙 *n.* **1** 点灯夫. **2** 点灯器, ガス点火器; (たばこに火をつける)ライター.
ligh·ter[2] [láɪtə | -tə(r] 〘(1372–74) ← ME *lighten* to unload (⇨ light[2]) + -ER[1] // ▭ Du. *lichter* ← *lichten* to lighten[2], unload〙 — *n.* はしけ, 運貨船. — *vt.*〈貨物を〉はしけで運搬する.
ligh·ter·age [láɪtərɪdʒ | -tə-] 〘(15C)〙 *n.* **1** はしけ運搬. **2** はしけ賃. **3** [集合的] はしけ運搬用の船.
líghter·man [-mən] *n.* (*pl.* **-men** [-mən]) はしけの船頭.
líghter-than-áir *adj.* 〘航空〙 **1**〈飛行船・気球など〉(機体の排除する)空気よりも軽い (cf. heavier-than-air): a ～ craft 軽航空機《飛行船・気球などのように, 空気より軽い気体の静浮力を利用して空中に浮揚する航空機》. **2** 軽航空機の.
líght·fàce *n.* 〘活字〙 *n.* ライトフェース《肉細の活字書体; cf. weight 11; cf. boldface》. — *adj.* =lightfaced.
líght·fàced *adj.* 〘印刷〙〈活字書体が〉ライトフェースの, 肉細の; ライトフェース組みの (cf. bold-faced).
líght·fàst *adj.* 耐光性の; (特に)耐日光性の, 光[日光]にさらしても変色しない (colorfast). ～·**ness** *n.*
light filter *n.* 〘光学・写真〙光フィルター《入射光の強度・分光分布・偏光面などを変化させる光学素子; 色フィルター・中性フィルター・偏光フィルターなどがある; cf. color filter》.
líght-fingered *adj.* **1** 手先の器用な, 手際のよい. **2**〈すりが〉手の早い; 手癖の悪い (thievish): the ～ gentry 手先の速い御連中, すりたち. ～·**ness** *n.*
light flùx *n.* 〘光学〙光束 (luminous flux), 放射束 (radiant flux).
light flýweight *n.* (ボクシング・レスリングの)ライトフライ級の選手 (⇨ weight 表).
líght-fòot 〘ME: ⇨ light[2], foot〙 *adj.* 《詩》=light-footed.
líght-fóoted 〘(*a*1425) *liht fotyd*〙 *adj.* 足の速い; 敏速な (nimble). ～·**ly** *adv.* ～·**ness** *n.*
líght-hánded 〘(1440)〙 — *adj.* **1** 手先の器用な, 手際のよい (dexterous). **2**〈船・工場など〉手不足な. **3** 《古》手に持物が少ない, 手ぶらの; (特に)獲物がない: come home ～. ～·**ly** *adv.* ～·**ness** *n.*
líght-héaded *adj.* **1** 目まいがする, 頭がくらくらする (giddy). **2** 気の変りやすい (fickle); 軽率な, 考えの足りない (thoughtless). ～·**ly** *adv.* ～·**ness** *n.*
líght·héarted 〘(?*a*1400)〙 — *adj.* **1** 心配[苦労]のない; 気楽な (carefree); 快活な (cheerful) (↔ heavy-hearted): be in a ～ mood. **2** (過度に)楽天的な, 行きあたりばったりの (casual). ～·**ly** *adv.* ～·**ness** *n.*
light héavyweight *n.* (ボクシング・重量挙げ・レスリングの)ライトヘビー級の選手, 軽重量級の選手 (⇨ weight 表). — *adj.* ライトヘビー級の.
líght-héeled *adj.* 《古》 **1** 足の軽い; 敏活な (nimble). **2** 尻の軽い, 不貞な, みだらな (wanton).
light hórse *n.* 軽騎兵(部隊).
líght-hórseman *n.* (*pl.* **-men**) 軽騎兵.
líght·hòuse 〘(1662–63)〙 *n.* **1** 灯台. **2** 〘海事〙(船の)舷灯塔《船, 特に帆船で前甲板の左右に取付ける高さ 1.5 m 位の塔で，その中に航海灯としての舷灯をつける；light tower, sidelight castle [tower] ともいう》.
lighthouse kèeper *n.* 灯台守.
light hóusekeeping *n.* **1** (掃除器による掃除など)手軽にできる家事労働. **2** (アパートなどの)限られた調理設備による家事. **3** 《米俗》同棲(生活).
lighthouse·man [-mən] *n.* (*pl.* **-men** [-mən]) 灯台看手, 灯台守.
lighthouse tùbe *n.* 〘電子工学〙灯台管《外形が灯台に似て，比較的大電力で使える高周波用の真空管；megatron ともいう》.
light índustry *n.* 軽工業《重工業以外の繊維工業およびその他の雑品工業；cf. heavy 12》.
light ínfantry *n.* 《英》軽(装)歩兵隊 (略 L.I., Lt. Inf.).
líght·ing [-tɪŋ | -tɪŋ] 〘OE *līhtinge*〙 — *n.* **1** 点火 (ignition)；点灯, 照明：the ～ *of* the candles 蠟燭(ろうそく)の点火 / the ～ *of* the Christmas tree クリスマスツリーの照明. **2 a** 照明法；〘劇場・テレビ〙舞台照明(技術), 照明効果：⇨direct lighting, indirect lighting. **b** [集合的] ステージライト. **3** (絵画などで顔や物に当たる)光線, 光の配置, 明暗. 「明るい.
líght·ish[1] [-tɪʃ | -tɪʃ] 〘(1656)〙 *adj.* やや明るい, 幾分
líght·ish[2] [-tɪʃ | -tɪʃ] *adj.* やや重量不足の；やや積載貨物の少ない.
líght-légged 〘⇨ light[2]〙 *adj.* 足の速い, 快足の.
líght·less 〘OE *lēohtlēas*：⇨light[1], -less〙 *adj.* **1** 光のない, 暗い. **2** 〈星など〉発光しない. **～·ness** *n.*
light lìne *n.* 〘海事〙軽荷喫水線《貨物を全然積まない状態の船の喫水線》.
líght·ly 〘OE *lēohtlīce*〙 — *adv.* **1** 軽く, そっと, 静かに；軽やかに：press ～ on a bell ベルを軽く押す / float ～ 軽く浮く / dance ～ to the music 音楽に合わせて軽やかに踊る. **2** 少しばかり, ちょっと, あっさり：eat and drink ～ 少しばかり飲んだり食べたりする / ～ cooked あっさり料理した / ～ salted food 塩味の薄い[甘塩の]食物. **3** 敏速に, すばしこく：leap over the fence ～ 垣根を軽く飛び越す. **4** (厳しくなく)柔らかに, 温和に, 軽く：punish ～. **5** 軽率に；軽はずみに：behave ～ 軽率に行動する. **6** 軽んじて, 軽視して；無関心に：speak ～ of …をけなす / think ～ of a person's achievements 人の業績を軽視する / a man not ～ to be treated 軽々しく取り扱えない人. **7** 陽気に, 快活に；平気で：take bad news ～ 悪い知らせを平然と受ける. **8** 《古》たやすく, 大した努力もせずに：*Lightly* come, ～ go. 《諺》得やすければ失いやすし,「悪銭身につかず」(Light come, light go. ともいう). **9** [しばしば否定構文で] 強い理由もなく：a request *not* to be refused ～ わけもなく断れない要求.
light machíne gùn *n.* 〘軍事〙軽機関銃《口径 0.30 インチ (約 0.76 cm) 以下で空冷式》.
light márching òrder *n.* 〘軍事〙軽装, 軽軍装《武器・弾薬のほかは，ナイフ・フォーク・スプーンなどの携帯組食器と背嚢しか持たない》：in ～ 軽軍装で.
light mèat *n.* 白身肉 (white meat)《鶏・七面鳥などのささみや子牛肉のように色の薄い肉；cf. dark meat 2》. 「metal 1》.
light métal *n.* 軽金属《通例比重 4.0 以下；cf. heavy
light mèter *n.* 〘写真〙＝exposure meter.
light míddleweight *n.* (ボクシングの)ライトミドル級の選手 (⇨ weight 表).
líght-mínded *adj.* 軽率な, 無分別な, 軽薄な. **～·ly** *adv.* **～·ness** *n.*
light míneral *n.* 〘鉱物〙軽鉱物《比重が 2.8 より小さい鉱物の総称；↔ heavy mineral》.
líght·ness[1] 〘OE *līhtnes*〙 — *n.* **1** 明るいこと；明るさ. **2** (色などの)薄い[淡い]こと, 薄白さ. **3** 明度《黒色から白色[透明]に至る種々の色の物体が反射する光の相対量》.
líght·ness[2] 〘? lateOE *lihtness(e)*〙 — *n.* **1** 軽いこと；軽さ：a feathery ～ of touch. **2** 敏速, 機敏. **3** 手際のよさ, 手練. **4** 軽率 (levity)；不まじめ；浮気, 不身持ち. **5** (態度・話しぶり・文体などの)陽気さ, 屈託のなさ：a charming ～ of speech. **6** 優雅さ (gracefulness)：the ～ of her figure.
light·ning [láɪtnɪŋ] 〘(*c*1280) *lightning(e)* 《変形》← *lightening*〙 — *n.* **1 a** 電光, 稲妻, 稲光：a flash of ～ 電光 / forked ～ 折電 / globular ～ 球電 / zigzag ～ 折曲電, 折電 / ⇨ball lightning, chain lightning, sheet lightning, summer lightning, heat lightning / like (《口語》greased) ～ 電光石火に, たちまち / The ～ struck a tree. その雷は木に落ちた / The house was struck by ～. その家に落雷した. **b** [形容詞的に] 電光の：a ～ strike 落雷 (cf. *adj.* 2). **2** 《米口語》思いがけない幸運；(特に)政治的要職への指名[選出]. **3** 《米俗》品質の悪い安ウイスキー.
— *adj.* **1** 電光石火の, きわめて急速な：a ～ calculator 暗算の名人 / with ～ speed 電光石火の速さで, またたく間に. **2** 電撃的な：a ～ strike (直前に通告して行なう)抜打ちスト (cf. *n.* 1 b) / ⇨ lightning war.
— *vi.* [しばしば it を主語として] 電光[稲妻]を発する, 稲光りする：Then *it* ～*ed* terribly. その時ものすごい稲光りがした. 「避雷器.
lightning arrèster *n.* 〘電気〙(電気器具に取付ける)
lightning bùg *n.* 《米》〘昆虫〙ホタル (firefly).
lightning condùctor *n.* 避雷針；(避雷針設備の)
lightning pàins *n. pl.* 〘医学〙電撃痛. 「引下導線.
lightning ròd *n.* **1** 《米》避雷針. **2** 代わりに攻撃の矢面に立たされる人[物].
líghtning stòrm *n.* ＝thunderstorm.
líghtning wàr 〘《なぞり》← G *Blitzkrieg*〙 *n.* 〘軍事〙電撃戦 (cf. blitzkrieg 1).
light óil *n.* 〘化学〙軽油《原油蒸溜の際に 200–300°C で溜出する溜分》.
light-o'-love [láɪtəláv, -tə- | -təl-] *n.* **1** 浮気女；売春婦 (prostitute). **2** 恋人, 情人 (paramour).
light ópera *n.* ＝operetta.
light pèn *n.* 〘電算機〙ライトペン《ペンのような形をしており，表示スクリーンの上に特定の点を指定する計算機の入力装置》.
líght·pláne *n.* 軽飛行機《翼面荷重の小さい小型機；light airplane ともいう》.
light plòt *n.* (演劇・オペラなどの)舞台照明用の台本.
light prèssure *n.* 〘物理〙光圧, 光の圧力《輻射が物体面に当たった時, 面に及ぼす圧力》.
líght·próof *adj.* 光線を通さない, 耐光性の.
light quántum *n.* 〘物理〙光量子, 光子 (photon).
light ráilway *n.* 《英》軽便鉄道.
light réd *n.* 薄赤色.
lights [láɪts] 〘(*a*1200) *lightes, liht*：⇨ light[2]：他の内臓より軽いところから (cf. lung)〙 *n. pl.* (羊・豚・牛などの)肺臓《犬・猫などの食物》.
líght·ship *n.* 〘海事〙灯船《灯台を建設できない個所で，航海上の危険な岩礁や洲の上に係留され，マスト上に灯を設備して灯台の代わりをする船》.
light shòw *n.* ライトショー《色光線・スライド・エンドレステープなどを使って幻覚剤と同じ効果を狙ったサイケデリックショー》.
líght-skìrts *n. pl.* [単数扱い] 尻軽女, 浮気女.
líght·some[1] [láɪtsəm] 〘(*a*1382)：⇨ light[1], -some[1]〙 *adj.* **1** 光る, 輝く. **2** 明るく照らされた, 明るい. **3** 《古》明白な. **4** 《古》〈色が〉薄い.
líght·some[2] [láɪtsəm] 〘(?*a*1400)：⇨ light[2], -some[1]〙 — *adj.* **1** 軽快な, 敏活な (nimble). **2** (容姿の)上品な, 優美な (elegant). **3** 快活な, 陽気な (merry). **4** 軽薄な (frivolous). **～·ly** *adv.* **～·ness** *n.*
líghts-óut *n.* (*pl.* ～) **1** 〘軍事〙消灯命令[らっぱ, 信号]. **2** 就寝時間, 消灯時間 (bedtime).
líght-strùck *adj.* 〘写真〙〈フィルムなど〉感光した, 光に当たってだめになった：a ～ film.
light stùff *n.* 《俗》(マリファナなど)軽い麻薬.
líght·tíght *adj.* ＝lightproof.
light tòwer *n.* 〘海事〙＝lighthouse 2.
light tràcer *n.* 〘軍事〙曳(えい)光弾.
light tràp *n.* **1** 誘蛾(が)灯. **2** 〘写真〙遮光装置, (暗室への)遮光通路.
light vàlve *n.* 〘電子工学〙光弁《偏光・吸収などを利用して光の透過・遮断を制御する電子的なシャッターのようなもの》.
light vérse *n.* 戯詩《内容の深さよりも軽妙優雅な表現で人を楽しませることを目的とした詩》. 「actor.
líght-wáter *adj.* 〘化学〙軽水の[を用いる]：a ～ re-
light wáter *n.* 〘化学〙軽水《重水 (heavy water) と区別して普通の水》.
light wàve *n.* 〘光学〙光波.
líght·wèight *n.* **1** 標準重量以下の人[動物]. **2** 《口語》コンマ以下の人間, 足りない[つまらない]人間. **3** (ボクシング・重量挙げ・レスリングの)ライト級の選手 (⇨ weight 表). — *adj.* **1** 標準重量以下の；軽い：a ～ sweater. **2** まじめでない, 深刻でない, つまらぬ. **3** 〈馬, 特に猟馬が〉165 ポンドまで運ぶことができる. **4** ライト級の：a ～ bout.
light wéight *n.* 〘海事〙＝light displacement.
lightweight ággregate *n.* 〘建築〙軽量骨材.
light wélterweight *n.* (ボクシングの)ライトウェルター級の選手 (⇨ weight 表).
light whiskey *n.* ライトウイスキー《従来のウイスキーより味・におい・色・こくともに軽く造られたアメリカ産のウイスキー》.
light wíne *n.* ライトワイン《軽いぶどう酒で，主に食事用；⇨ table wine》.
líght·wòod *n.* 《米南部》たきつけ用の木, 燃えやすい木；(特に)やにの多い松材.
líght-yèar *n.* 〘天文〙光年《光が 1 年間に達する距離；約 9,460,000,000,000 km》. 「niform.
lign- [lɪgn] (母音の前に来る時の) ligno- の異形：*lig-*
lign·al·oe [laɪnǽlou, lɪgnǽl- | -ləu] 〘(*c*1385) *ligne aloes* ⊏ OF *lijnaloe(s)* ‖ LL *lignum aloēs* 'wood of the ALOE'〙 *n.* ＝agalloch.
ligne [líːn; *F.* liɲ] 〘⊏ F ～ ＜ L *lineam*：⇨ line[2]〙 — *n.* **1** 〘時計〙リーニュ《時計のムーブメントの大きさを表わすのに用いられる古いフランス式長さの単位；2.256 mm》. **2** ＝line[2] 20 b.
lig·ne·ous [lígniəs | -niəs, -njəs] 〘(1626) ← L *ligneus* woody, wooden (← *lignum* wood)＋-EOUS〙 *adj.* 〘植物〙〈草が〉木のような, 木質の (woody) (cf. herbaceous 1).
lig·ni- [lígnə | -nɪ] ligno- の異形 (⇨ -i-).
lig·nif·er·ous [lɪgníf(ə)rəs] 〘⇨ ↑, -ferous〙 *adj.* 木性の；木性を生じる.
lig·ni·form [lígnəfɔ̀əm | -nɪfɔ̀ːm] 〘← LIGNO-＋-FORM〙 *adj.* 〈石綿など〉木質に似た, 材木状の.
lig·ni·fy [lígnəfàɪ | -nɪ-] 〘⊏ F *lignifier*：⇨ ligno-, -fy〙 *vt., vi.* 木質化する. **lig·ni·fi·ca·tion** [lɪ̀gnəfɪkéɪʃən, -fə- | -nɪ-] *n.*
lig·nin [lígnɪn, -nən | -nɪn] 〘← LIGNO-＋-IN[1]〙 *n.* 〘化学〙リグニン《木材の中にセルロースに伴って存在するフェニルプロパンを骨格とする網状高分子物質》.
lìgnin·sulfónic ácid *n.* 〘化学〙リグニンスルフォン酸《皮なめし用の分散剤・バニリン (vanillin) 製造に用いる》.
lig·nite [lígnaɪt] 〘⊏ F ～：⇨ ligno-, -ite[1]〙 *n.* 〘地質〙亜炭；褐炭 (brown coal). **lig·nit·ic** [lɪgnítɪk | -tɪk] *adj.*
lig·ni·tif·er·ous [lɪ̀gnətíf(ə)rəs | -nɪ-] 〘⇨ ↑, -ferous〙 *adj.* 褐炭を含む.
lig·no- [lígno(ʊ) | -nə(ʊ)] 〘← L *lignum* wood〙 — 次の意味を表わす連結形：**1** 「木 (wood)」. **2** 〘化学〙「リグニン (lignin)」. ★ 時に ligni-, また母音の前では通例 lign- になる.
lig·no·caine [lígnəkèɪn] 〘⇨ ↑, -caine〙 *n.* 〘化学〙リグノカイン ($(CH_3)_2C_6H_3NH \cdot CO \cdot CH_2 \cdot N(C_2H_5)_2$)《白色結晶, 局部麻酔剤》.
lìgno·céllulose *n.* 〘化学・生物〙リグノセルロース《リグニンを伴うセルロース》. **lìgno·cellulósic** *adj.*
lig·no·cér·ic ácid [lɪ̀gnəsérɪk-] 〘← LIGNO-＋CE-RIC〙 — *n.* 〘化学〙リグノセリン酸 ($CH_3(CH_2)_{22}CO$-OH)《一塩基性脂肪酸で，グリセリドとして落花生油中に存在》.
lig·nose [lígnous, -nouz | -nəus] 〘⊏ L *lignōs-us* woody ← *lignum* wood〙 *n.* 〘化学〙リグノーズ《lignin の一成分》.
lìgno·súlfonate 〘⇨ ligno-〙 *n.* 〘化学〙リグノスルフォン酸塩《パルプ製造の際の廃液から得られる，分散剤などの原料》.
lig·num vi·tae [lígnəm-váɪti | -tɪ] 〘← NL ～ ← L *lignum vītae* wood of life〙 — *n.* **1** 〘植物〙ユソウボク, グアヤックジュ (*Guaiacum sanctum*)《熱帯アメリカ産のハマビシ科の高木》. **2** ユソウボク材《堅いので滑車・定規などに用いられる》.
lig·ro·in [lígrouɪn, -rouən | -rəuɪn] 〘← ?〙 *n.* (*also* **lig·ro·ine** [～]) 〘化学〙リグロイン《石油エーテルの一種》.
lig·ul- [lígjʊl] liguli- の異形.
lig·u·la [lígjʊlə] 〘(1760) ← NL ～ ← L *ligula* spoon, little tongue, strap 《変形》← *lingula* (dim.) ← *lingua* tongue ← *lingere* to lick〙 — *n.* (*pl.* **-u·lae** [-lìː, -làɪ], ～s) **1** 〘植物〙＝ligule. **2** 〘昆虫〙唇舌, 陰茎鞘.
lig·u·late [lígjʊlət, -lɪt, -lèɪt] 〘⇨ ↑, -ate[2]〙 *adj.* 〘植物〙**1** 舌状の：the ～ corolla 舌状花冠. **2** (キク科の頭状花に見られるような)舌状花冠の.
lig·ule [lígjuːl] 〘⊏ L *ligula*：⇨ ligula〙 *n.* 〘植物〙小舌, 舌状片《イネ科植物の葉身の基部になる小片》.
lig·u·li- [lígjʊlə | -lɪ] 〘← L *ligula*：⇨ ligula〙〘植物〙「小舌 (ligule)」の意の連結形：*liguli*form 小舌形.
lig·ure [lígjʊə, -gjə | -gjʊə(r, -gjə(r] 〘(*a*1300) ⊏ LL *ligūr-ius* ⊏ Gk *ligúrion* 《なぞり》← Heb. *léšem*〙 — *n.* 〘聖書〙ユダヤの祭司長の胸当てを飾る十二宝石の一つ《風信子鉱 (hyacinth) と推定されている；cf. *Exod.* 28：19》.
Li·gur·i·a [lɪgjú(ə)riə, lə- | lɪgúəriə] *n.* リグリア《イタリア北西部の州；人口 869,000, 面積 5,413 km², 首都 Genoa》. **Li·gur·i·an** [lɪgjú(ə)riən, lə- | lɪgúəriən] *adj., n.*
Ligúrian béllflower *n.* 〘植物〙イタリア原産のツリガネソウの一種 (*Campanula isophylla*).
Ligúrian Séa *n.* [the ～] リグリア海《Corsica 島とイタリア北西岸との間の地中海海域》.
Li Hung-chang [líː-hʊ̀ŋ-tʃáːŋ | -tʃǽŋ; *Chin.* lǐ húŋtʂáŋ] *n.* 李鴻章(りこうしょう) (1823–1901; 中国清朝末期の政治家・外交家・将軍).
lik·a·ble [láɪkəbl̩] 〘(1730)〙 *adj.* 気に入った, 好ましい, 好きな：a ～ man. **～·ness** *n.* **lìk·a·bíl·i·ty** [-kəbíləti | -lɪtɪ, -lɪ-] *n.*
like[1] [láɪk] 〘ME *lik, lyk* (頭音消失) ← OE *ġelīc* similar, equal ＜ Gmc **ȝalīkaz* (Du. *gelijk* / G *gleich* / ON *(g)líkr* / Goth. *galeiks* like, of the same body) ← **ȝa-* 'Y-'＋**līkam* form, body (⇨ lich)：cf. OE *ġelīce* in the same way ← *ġelīc*：cf. likely〙 — *adj.* (**more ～, most ～；lik·er, -est**) ★ 目的格(古くは与格)の名詞・代名詞を伴い，また(特に比較級の場合には)前置詞 to を伴うことがある；目的(格の)語をとる時は，今では前置詞とも解される (cf. unlike 2).
1 a (外見・性格・量など)同様な (similar), 類似の, 等しい (equal)：a ～ instance 類似の例 / a ～ sum 同額 / in ～ manner 同様に / on this and the ～ subjects この題目および他の類似の題目について / *Like* master, ～ man. 《諺》似た者同士の主人と家僕, この主にしてこの臣あり / *Like* father, ～ son. 《諺》この父にしてこの子, かえるの子はかえる / of ～ minds 同意見で. **b** 〘数学〙等しい：～ quantities 等量 / ～ terms 同類項 / ～ figures 相似形 / ～ charges [signs] 同符号.
2 a 〈二つ(以上)のものが〉似ている (alike)：The two rings are very ～. その二つの指輪はよく似ている / No two things are more ～. この二つの物ほどよく似たものはない / The two sisters are (as) ～ as two peas. その二人の姉妹は実によく似ている, 瓜二つだ. **b** 〈写真など〉(実物に)よく似ている：This picture is not at all ～ (you). この写真はちっとも(君に)似ていない. **3** …のような, …と比較すべき：a critic ～ you 君のような批評家 / eyes ～ stars 星のようにつぶらな目 / a thing ～ that そのような物 / She is ～ a bird. 彼女は鳥のようだ / There is nothing [none] ～ …のように良いものはない / ⇨ NOTHING *like* [*near*] *as* [*so*]…*as* / What is he [it] ～? 彼[それ]はどんな人[物]か / What is it ～ being a celebrity? 有名人になるのはどんな気

分ですか / This is ～ when we were at school. これは私たちが学校に行っていた時みたいだ. **4** …の特徴を表わしている；…らしい：Such behavior is ～ him. こんな振舞はいかにも彼らしい / It was ～ him to think of himself first. 自分のことを第一番に考えたのはいかにも彼らしい / That is ～ your impudence. いかにも君らしい図々しさだ. **5** [Predicative に用いて]《古》多分ありそうな (probable, likely)：For then, 'tis ～ I should forget myself. そうすれば私は自分を忘れることができるでしょう (Shak., *John* 3. 4. 49). **6** [*to* do を伴って]《米口語・英古》ほとんど…しそうで (likely) (cf. *vi.*)：The wall was [had] ～ *to* have fallen upon me. 壁がもう少しで私の上にくずれ落ちて来るところだった / He was ～ *to* break the door down. 彼はもう少しで戸をたたきこわすところだった.

anything like ⇨ anything *pron., adv.* 成句. ***feel like*** ⇨ feel 成句. ***like another*** ⇨ another *pron.* 成句. ***like as we lie*** 〘ゴルフ〙ストロークが同数の (cf. *n.* 3)《ゴルフのメダル プレー (medal play) で両者が同じストローク数で進んでいる場合；cf. lie² *n.* 4 b》. ***like nothing on earth*** ⇨ nothing *pron.* 成句. ***like that*** (1) そんな[あんな]風に：Don't talk to her ～ *that*. 彼女にあんな口のきき方をするものじゃない. (2) [just ～ that として]《口語》わけなく, 容易に (easily)：He did the job *just* ～ *that*. わけなくその仕事をやってのけた. (3) [that に強勢をおいて]〈人・物事が〉そういう性質で：He seldom speaks in company. He is ～ *that* [ðǽt]. 彼はめったに人前ではしゃべらない. そういう人間なのさ. (4)《俗》(通例 2 本の指をぴったりとくっつけて見せて) こんな風に親密で〔*with*〕：We're just ～ *that*—always together. 我々はこんな風に仲良しなのさ—いつも一緒で. ***like…with*** [***to***]《古》…に似た (similar to)：He held a ～ opinion *with* me. 私と似たような意見を持っていた / You are ～*r to* God than man. あなたは人よりもむしろ神に近い. ***look like*** ⇨ look 成句. ***nothing like*** ⇨ nothing *pron., adv.* 成句. ***something like*** ⇨ something *pron., adv.* 成句. ***That's more like it!***《口語》その方がよい[ありがたい, 当たっている]：*That's* a bit *more* ～ *it*! その方が少しましだ.

— *adv.* **1** [今は通例 ～ enough または very ～ として]《口語》多分, 恐らく. **2**《口語》いわば, あたかも, さながら；ある程度, まあ《★ ほとんど意味のない場合もある》：He seemed so friendly ～. いかにも親切らしく見えた / I stumbled ～. 私は転びそうになった / I was all of a tremble ～. まるで総身がぞっとする思いだった / by way of practice, ～ いわば[まあ]練習として / I was ～ hot. ちょっと暑かった / That little lake, ～, there. あそこの, まあ小さな湖みたいな所さ. **3** [形容詞・副詞を修飾して]《古》同様に：a ～ difficult task 同様に難しい仕事. **4** 約…：～ 10 percent.

(as) like as not《口語》恐らくは, 多分：*Like as not*, he'll change his mind. 多分彼も気が変るだろう. ***like anything*** ⇨ anything *pron.* 成句. ***like as (if)***《古・方言》あたかも…のごとく (just as)：～ *as* a father pitieth his children 父がその子を哀れむごとく (*Ps.* 103:13).

— [làɪk] *prep.* **1** …のように, …と同様に：speak ～ a fool ばかみたいな物の言い方をする / I'll do it ～ a bird. (小鳥のように) 喜んでそれをします. **2** (例えば)…のような (such as)：fruit, ～ pears and peaches, for dessert 例えば梨や桃のようなデザート用の果物. ***like so***《口語》こんな風に (in this manner).

— [làɪk] *conj.* **1**《口語》…のように, …するように (as)：I cannot do it ～ you do. 君のするようにはできない / Now swing your bat ～ I do. さあバットを私がするように振りなさい / Tell [Say] it ～ it is.《米》あるがままに話せ, 事実を話せ / Snow is falling ～ in January. 雪が 1 月のように降っている. **2**《米口語》まるで…のように (as if)：He acts ～ I was a worm. 彼は私が虫けらででもあるかのように振舞う. ★ *conj.* としての用法は書き言葉では避けられる.

— [láɪk] *n.* **1 a** [the ～] 似た人[物], 同様な人[物]：and *the* ～ = and such ～ その他同種類のもの《★ and so forth [on] などよりも形式ばった言い方》/ or *the* ～ またはその他同種のもの / Did you ever hear *the* ～*(s) of it*? 君はそのようなことを聞いたことがあるか / I shall never do *the* ～ again. このようなことは二度としません. **b** [主に諺に用いて]《古》似たもの：*Like* cures ～.《諺》毒を以て毒を制す / *Like* draws to ～.《諺》同気相求む / *Like* for ～.《諺》恩には恩, 恨みには恨み / *Like* attracts ～.《諺》類は友を呼ぶ / *Like* begets ～.《諺》瓜のつるになすびはならぬ. **2** [通例 one's ～ として] 対応する人[物] (counterpart), 匹敵する人[物], 同類の人[物] (analogue)：We shall not look upon *his* ～ again. 彼のような人はまたとないだろう (cf. Shak., *Hamlet* 1. 2. 188) / He is more competent than *his* French ～. 彼はフランス人の同職よりも有能だ. **3** [the ～]〘ゴルフ〙お互いのストロークの数を同じにするストローク.

the like(s) of me [***us***]《口語》私[我々]のようにつまらぬ者：Such luxury isn't for *the* ～*s of me*. そんなぜいたくは私風情の手の届くものではありません. ***the like(s) of you***《口語》あなた(方)のような立派な人.

— *vi.* [～(d) to have＋p.p. 形で] もう少しで…するところだった《非標準的な語；cf. *adj.* 6》：She ～ *to* (*have*) fainted. 危うく気を失いそうになった.

like² [láɪk] 〘OE *līcian* to be pleasing to < Gmc **līkǣjan*, **līkōjan* (Du. *lijken* / Goth. *leikan*) ← **likam* appearance, form: ⇨ like¹, lich〙 — *vt.* **1 a** 好む, 好く；[*doing*, *to* do を伴って]〈…することが〉好きである (enjoy) (↔ dislike)：I ～ apples better than pears. 私はなしよりもりんごが好きです / Do you ～ him? / I ～ that.《口語》[反語的に](あきれた時などに) こいつはいいや；よくもそんなこと言えるね；そんなこと真っ平だ / I ～ your impudence.《反語》その生意気な所が気に入ったね / ～ it or not = whether you ～ it or not 好むと好まざるとにかかわらず / I don't ～ troubling others. 他人に迷惑をかけるのは嫌いだ / I don't ～ John's [his] coming here. ジョン[彼]にここに来てもらいたくはない (★ *vt.* 1 b の型で用いる方が口語的：I don't ～ *John* [*him*] *coming* here.) / He ～*s to* see them now and then. 時折り彼らに会うのを楽しみにしている. ★ (1) like の目的語として動名詞を用いるのは, 一般的事態の場合であり, to 不定詞を用いるのは特定な場合における主体の行為を表わす場合である：She ～*s* swimm*ing* and tennis. (一般に) 水泳とテニスが好きだ / She ～*s to* swim and *to* play tennis. (自分で) 泳いだりテニスをするのが好きだ. (2) 次の言い方は《米口語》：I ～ *it that* you didn't tell a lie then. あの時うそを言わなかったのが気に入っている. **b** [目的語＋*to* do, do*ing* を伴って]〈…が〈…である〉ことを〉好む, 〈…が〉〈…することを〉望む：Patients ～ a doctor *to* be cheerful. 患者は医者が陽気であってくれるのを望むものである / I don't ～ the students [～ them] read*ing* comics. 学生[彼ら]に漫画ばかり読んでもらいたくない. ★ 不定詞構造の場合 to do に先立つ(代)名詞の前に for を用いるのは《米口語》：I don't ～ *for* you *to* think so. 君にそう考えてもらいたくない. **c** [目的補語を伴って]〈…が〉〈…であるのを〉好む, 望む, 欲する：How do you ～ your tea?—I ～ it strong. お茶はどう入れましょうか—濃いのがいいですね. **d** [目的語＋p.p. 形を伴って]〈…が〉〈…されることを〉好む, 望む：I don't ～ such subjects discuss*ed*. こうした問題が討論されるのは好きでない.

2 [should, would に伴って] **a** 望む, 欲する (want)；[*to* do を伴って] …したいと思う (wish)：I *would* [《英》*should*] ～ a drink. 一杯やりたいものだ / *Would* you ～ another cup of tea? お茶をもう一杯いかがですか / He *would* ～ *to* live in a city. 都会に住みたがっている / I *would* [*should*] ～ *to* know [see] … [しばしば反語的] (できたら)…を知りたい[見たい]ものだ(がだめだろう) / I *should have* ～*d to* see [*should* ～ *to have seen*, *should have* ～*d to have seen*] her. 彼女に会いたかったのだが(会えなかった). **b** [目的語＋*to* do を伴って] …に〈…して〉ほしいと望む (wish), 〈…が〉〈…であることを〉好む, 欲する (prefer)：I *would* [*should*] ～ you *to* know it. 君にそれを知ってもらいたい. **c** [目的語＋p.p. 形を伴って]〈…が〉〈…されることを〉望む：He *would* ～ his money return*ed* soon. 金を早く返してもらいたがっている.

3 [how に始まる疑問文[節]に用いて] (どう)思う (regard)：*How* would you ～ *to* fail the exam? 君は試験に落ちたらどう思う(いやだろう) / *How* do you ～ your new study?—I like it very much. 新しい書斎はいかがですか—おおいに気に入ってます.

4 [通例否定構文で]〈食物・土地が〉…の健康に適する (suit)；〈色・服装などが〉…に似合う (become)：I like wine [a city, pink] but it doesn't ～ me. ワイン[都会, ピンク]は好きだが私には合わない.

5 [非人称構文で]《古・方言》〈人〉の気に入る (please)：*It* ～*s* me not. それは私の気に入らない / if *it* ～*s* you もしよかったら.

— *vi.* **1** 好む, 望む：You may do as you ～. 随意にして結構です. **2** 好意を抱く, 好感をもつ. **3**《方言》〔…に〕賛成する (approve)〔*of*, *with*〕：He wouldn't ～ *of* [*with*] it. それには賛成しないでしょう.

if you like (1) よろしかったら：Come *if you* ～. よかったら来たまえ. (2) そう言いたければ：I am shy *if you* ～. [shy に強勢を置いて] 内気だと言うのならそれでもいいが《臆病は当たらない, など》；[I に強勢を置いて] 私なら内気だと言われてもよいが《そうでないのがそこらにいる, など》.

— *n.* [通例 *pl.*] 好み, 嗜好(しこう) (liking)；好きなもの：～*s* and dislikes [dɪ́slàɪks] 好きぎらい.

-like [làɪk] 〘← LIKE¹〙 — *suf.* **1** 大部分の名詞に自由に付いて「…のような, …らしい」の意を表わす形容詞を造る：god*like*, lily*like*, snake*like*. ★ 臨時語や -ll で終わる語ではハイフンを付ける：bell-*like*. **2** 同様に副詞を造ることもあるが, 多くは古語的で, 近代の用法では通例形容詞と解される：He, coward*like*, refused.

like·a·ble [láɪkəbl̩] *adj.* = likable.

like·li·hood [láɪklihʊ̀d | -lɪ-] 〘(*c*1390) *liklihod*: ⇨ likely, -hood〙 — *n.* **1** ありそうなこと；見込み, 公算, 可能性 (probability)：in all ～ 多分, 十中八九 / The ～ of a strike is slim. ストライキの可能性は薄い / There is no [little] ～ *of* find*ing* a job. 職の見つかりそうな見込みはない[少ない] / There is a strong ～ *that* the war will soon come to an end. 戦争の早期終結の可能性が強い / The ～ is *that* he is wrong. 恐らく彼は間違っているだろう. **2**《英》有望さ, 将来性 (promise)：a young man of great ～ 前途有望な青年.

like·li·ness 〘(?*c*1370)〙 *n.*《まれ》= likelihood.

like·ly [láɪkli | -lɪ] 〘(*a*1325) ⊏ ON *líklig-r* ← *líkr* 'LIKE¹' (adj.) + *-ligr* '-LY²': cf. OE *ġelīclīċ*〙 — *adj.* (**like·li·er, -li·est; more ～, most ～**) **1 a** ありそうな (probable)；本当らしい, もっともらしい (plausible)；期待できそうな：the *likeliest* reason 最もありそうな理由 / his *most* ～ halting place 彼がきっと止まりそうな場所 / a ～ time *to* find him at home 彼が家に居そうな時間 / That's a ～ story! [しばしば反語] いかにももっともらしい話だ《まさか, そんなことあるものか》/ I called at every ～ house. 心当たりの家は皆訪ねた / Do you think that ～? そんなことがありそうに思うか / It is a very ～ supposition that she is already dead. 彼女がすでに死んでいるということは大いに考えられることだ. **b** [Predicative に用いて] …しそうな, …らしい〈*to* do〉：a scandal ～ *to* lead to the general resignations of the Cabinet 内閣を総辞職に追い込みそうな醜聞 / It is ～ *to* rain. 雨になりそうだ / He is not ～ *to* come. = It is not ～ (*that*) he will come. 彼は来そうもない. **2** 適当な, あつらえ向きの：a ～ man *for* the job その仕事にあつらえ向きの人 / the *likeliest* place *to* picnic ピクニックをするにはもってこいの場所. **3** 見込みのある, 有望な, 頼もしい：a ～ young man 頼もしい青年 / the *most* ～ candidate 一番有望な候補者. **4**《方言》感じのよい, 人を引きつける.

— *adv.* [通例 very, most, quite などに修飾されて] 多分, 恐らく：I shall *very* ～ see you again. またお目にかかるでしょう / The plane was *most* ～ delayed by fog. 飛行機は多分霧で遅れたのだろう.

(as) likely as not あるいは…かも知れない, 恐らく, 多分：He'll resign *as* ～ *as not*. 彼は恐らく辞職するだろう. ***more likely than not*** どちらかと言えば, 恐らく. ***Not likely!***《口語》決してそんなことはない, (そんなこと) とんでもない.

líke-mínded *adj.* 同じ心の, 志を同じくする, 同じ意見を持っている, 同趣味の. **～·ly** *adv.* **～·ness** *n.*

lik·en [láɪkən] 〘(?*c*1425) *liknen*: ⇨ like¹, -en¹〙 — *vt.* 〔…に〕たとえる, 擬する, なぞらえる, 見立てる〔*to*〕：Life is often ～*ed to* a voyage. 人生はよく航海にたとえられる.

líke·ness 〘OE *ġelīcnes*〙 — *n.* **1 a** 似ていること；似寄り, 類似 (resemblance)：catch a ～ 似顔(など)を写し取る / bear a striking ～ *to* …にとてもよく似ている / I see no ～ whatever *between* him and his brother. あの兄弟には全く似た所がない. **b** 似通ったもの；類似点：the ～*es* they have in common 彼らが共有している類似点. **2 a** 画像, 似顔, 肖像, 写真, 複写：a good [bad, flattering] ～ よく似た[似ていない, 実際以上によい] 写真[肖像画] / take a person's ～ 人の写真を撮る[肖像を描く] / have one's ～ taken 写真を撮らせる, 肖像を描かせる. **b** 酷似した人[物] (counterpart)：a living ～ 生写し. **3** 外観, 見せかけ (semblance), 姿 (shape)：an enemy *in the* ～ *of* a friend 味方と見せかけた敵 / take on the ～ *of* a wintry sky 冬の空の様相を呈する.

líke·wìse 〘(*c*1443)《略》← *in like wise*: ⇨ like¹, -wise〙 — *adv.* **1** 同じく, 同様に (cf. in like WISE²)：do ～ 同じようにする. **2** なおまた, なおその上：a professor who is ～ my tutor 私の個別指導教官でもある教授. **3** [相手の陳述に対する同意を表わして]《口語》(私も) 同様です：Glad to see you.—*Likewise*, I'm sure. お目にかかれてうれしいです—本当に私も.

li·kin [lìːkíːn; *Chin.* lìtʃìn] 〘(1876) ⊏ Chin. (釐金)〙 *n.* (もと中国の) 釐(り)金税《省内通過の商品に課した国内関税；1931 年廃止》.

lík·ing 〘OE *licung* ← *līcian* 'to please, LIKE²' + *-ung* '-ING¹'〙 — *n.* **1** 〔…に対する〕好み, 愛好 (fancy)；趣味 (taste)〔*for*, *to*〕：have a ～ *for* …を好む, …に趣味をもつ / take a ～ *for* [*to*] …が気に入る / Is the wine *to* your ～? そのワインは気に入りましたか / Everything is much *to* my ～. 何もかもがとても気に入った. **2**《古》(体の) 状態, 健康：Their young ones are in good ～. その子らは強くなれり (*Job* 39:4).

on liking《古》ためした上で, 気に入れば…するという条件で (on approval)：hold a position *on* ～ 気に入ればとどまるという条件である地位につく / engage a girl *on* ～ 女の子を試みに雇う.

li·ku·ta [lɪkúːtə, lə-, liː- | lɪkúːtə, liː-] 〘← Afr. (土語)〙 *n.* (*pl.* **ma·ku·ta** [mɑːkúːtə | -tə]) リクータ《ザイールの通貨単位；= $^1/_{100}$ zaire》；1 リクータアルミ貨.

Lil [lɪl] 〘(dim.) ← LILLIAN〙 *n.* 女性名.

Li·la [láɪlə] 〘《異形》← LEILA〙 *n.* 女性名.

li·lac [láɪlək, -læk, -lɑk | -lək] 〘(1625) ⊏ F《廃》～ (F *lilas*) ⊏ Sp. ～ ⊏ Arab. *līlak* ⊏ Pers.《変形》← *nīlak* bluish ← *nīl* blue, indigo ⊏ Skt *nīla* dark blue: cf. anil〙 — *n.* **1** 〘植物〙ライラック, リラ, ムラサキハシドイ (*Syringa vulgaris*). ★ 米国 New Hampshire 州の州花. **2** ライラック色《赤みがかった薄紫色》. — *adj.* ライラック色の.

lilac 1

li·la·ceous [laɪléɪʃəs] 〘⇨ ↑, -eous〙 *adj.* ライラック色の [に近い], 藤色の[に近い].

Lil·i [líli | -lɪ] 〘⊏ G ～ 'LILY'〙 *n.* 女性名.

Lil·i·a·ce·ae [lìliéɪsiiː | -lɪ-] 〘← NL ～ ← *Lilium* (属名: ⇨ lily) + -ACEAE〙 *n. pl.* 〘植物〙ユリ科.

lil·i·a·ceous [lìliéɪʃəs | -lɪ-] 〘⇨ ↑, -aceous〙 *adj.* 〘植物〙 **1** ユリの, ユリの類の, ユリのような. **2** ユリ科の.

Lil·i·a·les [lìliéɪli:z | -lɪ-] 〚← NL ~ ← *Lilium* (属名: ⇨ lily)+-ALES〛 *n. pl.* 〘植物〙ユリ目.

Lil·i·an [lílian | -lɪən, -ljən] 〚《異形》← Lillian²〛 *n.* 女性名.

Lil·i·bel [líləbèl | -lɪ-] 〚← LILY+(ISA)BEL〛 *n.* 女性名.

Lil·i·bet [líləbɪt, -bət | -lɪ-] 〚(dim.) ← ELIZABETH²〛 *n.* 女性名《Elizabeth 二世は幼時この愛称で呼ばれた》. ★ Cornwall に多い名.

líl·ied *adj.* **1** ゆりで飾った, ゆりの多い. **2** 《古》〈白さ・清純さが〉ゆりのような. **3** 〈紋章が〉fleur-de-lis のついた: the ~ banner of France.

Lil·ien·thal [líljənθɔ̀:l, -lɪən-, -ljən-, -lɪən-], **David E(li)** *n.* (1899–1981) 米国の政治家・弁護士; TVA 理事長 (1941–46), 米国原子力委員会委員長 (1946–50).

Lil·i·en·thal [lí:ljəntà:l, -lɪən-, -θɔ:l | -ljəntà:l, -lɪən-; G. lí:liəntà:l], **Otto** *n.* リリエンタール《1848–96; ドイツの航空研究家; 弟 Gustav (1849–1933) と共にグライダーを製作》.

Lil·i·i·flo·rae [lìliaɪflɔ́:ri:, -flóːr- | -lɪaɪflɔ́:r-] 〚← NL ~ ← *lilii-* (← L *lilium* 'LILY')+*-florae* (← L *flōr-*, *flōs* 'FLOWER')〛 *n. pl.* 〘植物〙=Liliales.

Lil·ith [lílɪθ, -ləθ | -lɪθ] 〚▭ Heb. *Lilith* ▭ Akkad. *Lilītu* wicked demon〛 — *n.* **1** 女性名. **2** リリス: **a** 〘セム族伝説〙荒野に住み子供を襲う魔女. **b** 〘ユダヤ伝説〙Eve の作られる以前の Adam の最初の妻で, 魔物の母といわれる.

Li·li·u·o·ka·la·ni [lɪlì:uo(ʊ)kəlá:ni | -uə(ʊ)kəlá:ni], **Lydia Ka·me·ke·ha** [kɑ̀:meɪkéɪhɑ:] *n.* リリウォカラニ《1838–1917; ハワイ王国最後の女王 (1891–93)》.

Lille [lí:l; F. lil] *n.* リール《フランス北部の商工業都市, Nord 県の首都; 人口 190,000; 旧名 Lisle》.

Lil·li [líli | -lɪ] 〚《異形》← LILY〛 *n.* 女性名.

Lil·li·an [líliən | -lɪən, -ljən] 〚(dim.) ← LILY〛 *n.* 女性名《愛称形 Lil, Lili, Lilli, Lilly, Lily; 異形 Lilian, スコットランド語形 Lilias, Lilyan》.

Lil·li·put [lílipʌ̀t, -lə-, -pət | -lɪpʌ̀t, -pʊ̀t, -pət] 〚《(1726)》: Swift の造語〛 — *n.* **1** リリパット(島)《Swift 作 *Gulliver's Travels* 第 1 部の小人国の名称; cf. Brobdingnag》. **2** [時に l-] =lilliputian 2, 3.

lil·li·pu·tian [lìləpjú:ʃən, -lə- | -lɪpjú:ʃɪən, -ʃən] *adj.* [しばしば L-] **1** Lilliput の. **2** 非常に小さい. **3** 狭量な, けちな. — *n.* **1** [しばしば L-] リリパット (Lilliput) 人. **2** 小人, ちび. **3** 狭量な[けちな]人.

Lil·ly [líli | -lɪ] 〚《異形》← LILY〛 *n.* 女性名.

li·lo [láɪloʊ | -ləʊ] 〚← *to lie low*〛 *n.* (*pl.* ~s) 《英》空気[エア]マットレス.

Li·long·we [lɪlɔ́(:)ŋweɪ | -lɔ́ŋ-] *n.* リロングウェ《アフリカ東部, Malawi の首都; 人口 75,000》.

lilt [lílt] 〚《(?*c*1380)》 *lilte(n)*, *lulte(n)* to sound (an alarum) ← ?: cf. Du. *lul* pipe / 《スコット・廃》 *liltpipe* bagpipe?〛 — *vt.* **1** (飛びはねるような)軽快なリズムで歌う, 陽気な調子で歌う: a ~*ing* tune 軽快な調子の歌曲. **2** 歌い[演奏し]始める 〈*up*〉: ~ *up* one's pipes. — *vi.* **1** 軽快に歌う[しゃべる]. **2** 軽快に動く. — *n.* **1** (飛びはねるような)陽気で快活な調子: with a ~ in one's voice. **2** 陽気で軽快な調子の歌[曲]. **3** 浮き浮きした軽快な動作.

lílt·ing [-tɪŋ | -tɪŋ] *adj.* 浮き浮きした, 軽快な (buoyant). **~·ly** *adv.* **~·ness** *n.*

lil·y [líli | -lɪ] 〚OE *lilie* ▭ L *lili-um* ▭ ? Egypt. *ḥrr-t* (Coptic *hlēli*): cf. Gk *leírion*〛 — *n.* **1** 〘植物〙ユリ《ユリ科ユリ属 (*Lilium*) の植物の総称》; ユリの花: ⇨ Bermuda lily, Easter lily, Madonna lily, tiger lily / (as) fair [pure] as a ~ ゆりのように白い[純潔な]. **2** 〘植物〙ユリに似たユリ科または他科の各種の植物[花]: **a** =water lily. **b** =calla. **3** ゆりの花のように美しい[白い]人[物]: a most unspotted ~ 最も汚れなき処女 (cf. Shak., *Hen VIII* 5. 5. 62). **4** [通例 *pl.*] =fleur-de-lis 2. **5** 《俗》〘ボウリング〙リリー《5–7–10 番のピンが残るスプリット》.

gild* [*paint*] *the lily すでに完璧なものに余計な手を加える (cf. Shak., *John* 4. 2. 11).

lily of the valley 〚《なぞり》← L *lilium convallium* 《なぞり》← Heb. *šôšánnath hā'ămāqîm*: cf. *Cant.* 2: 1〛 〘植物〙ユリ科スズラン属 (*Convallaria*) の植物の総称; (特に)ドイツスズラン (*C. majalis*), スズラン (*C. keiskei*) (など).

— *attrib. adj.* **1** ユリの. **2 a** (白くて純潔な)ゆりの花のような; 純粋な, 汚れのない (pure): my lady's ~ hand. **b** 青白い (pallid); もろい (fragile), 弱い.

Lil·y [líli | -lɪ; F. lili] 〚(dim.) ← ? ELIZABETH²: のちには花の名 (↑) と連想〛 *n.* 女性名.

Lil·yan [líljən] 〚《異形》← LILLIAN〛 *n.* 女性名.

líly ìron *n.* (めかじき漁で用いる)穂先が取りはずしできる一種のもり (harpoon).

líly lèek *n.* 〘植物〙キバナノギョウジャニンニク (*Allium moly*)《南欧産のユリ科ネギ属の植物; 観賞用》.

líly-lívered 〚中世の医学では, 怒りっぽい気質は体内の黄色の胆汁に原因すると考えられていたこととユリの花が白いことから; cf. Shak., *Macbeth* 5. 3. 15〛 — *adj.* 臆病な.

líly pàd *n.* 《米》水に浮かんだ大きなスイレンの葉.

líly-whíte 〚《(*c*1325)》〛 — *adj.* **1** ゆりのように白い. **2** 純潔な, うぶな; 汚れ[傷]のない. **3** 《米》(政界からの)黒人排斥を主張する. — *n.* 《米》黒人排斥運動党員《特に公職や党大会などから黒人有権者を閉め出そうとする南部の共和党の一派; cf. BLACK and tan (1)》.

Lim. 《略》Limerick.

L.I.M., LIM, lim 《略》〘電気〙linear induction motor.

Li·ma [lí:mə; Sp. líma] *n.* リマ《ペルー中西部にある同国の首都; 人口 2,834,000》.

líma béan [láɪmə-] 〚← LIMA〛 — *n.* **1** 〘植物〙アオイマメ・ゴモンマメの類の植物, (特に)アオイマメ (*Phaseolus lunatus*)《白いんげんに似た豆で北米で栽培される重要食料》. **2** アオイマメの豆.

Li·mac·i·dae [laɪmǽsədì: | -sɪ-] 〚← NL ~ ← *Limāc-*, *Limax* (属名: ⇨ limaçon)+-IDAE〛 *n. pl.* 〘動物〙コウラナメクジ科.

li·mac·i·form [laɪmǽsəfɔ̀əm, -méɪs- | -sɪfɔ̀:m] 〚← ? NL **limaciform-is* ← L *limāc-* (↑)+-I-+-FORM〛 *adj.* 〈昆虫の幼虫が〉なめくじ状の, なめくじに似た.

lim·a·cine [líməsàɪn, láɪ-, -sɪn, -sən | -sàɪn, -sɪn] 〚← NL *limācin-us* ← L *limāc-* (↓)+-INE¹〛 — *adj.* 〘動物〙(コウラ)ナメクジ (*Limax* 属) の[に似た], ナメクジ型をした.

li·ma·çon [lì:məsɔ́:(ŋ), -sɔ́(:)ŋ, líməsɑ̀n | lì:məsɔ́:(ŋ), -sɔ́(:)ŋ, líməsɔ̀n; F. limasɔ̃] 〚▭ F ~ 《原義》snail ← OF (dim.) ← *limaz* < L *limāc-*, *limāx* slug〛 — *n.* 〘数学〙リマソン, 蝸牛形《与えられた点から与えられた円の接線に下ろした垂線の足の軌跡として得られる曲線》.

li·man [lɪmá:n, -mǽn; Russ. ljimán] 〚▭ Russ. ~ ▭ Turk. ~ 'harbor': cf. Gk *limēn* harbor〛 *n.* (河口の)潟, 入江 (lagoon).

limb¹ [lím] 〚OE *lim* ← ?: cog. ON *limr*〛 — *n.* **1 a** (動物の胴体・頭部から)突出している部分《腕・脚・ひれ・翼・側脚など; cf. trunk 2 a》. **b** (人間の)肢(し), 手足 (extremities): tremble in every ~ 手足ががたがた震える / ⇨ LIFE *and limb*. **2** (木の)大枝 (bough): the knotty ~*s* of an enormous oak 巨大なかしの木のふしくれた大枝. **3** (物の)突出した部分: the ~*s* of a cross 十字架の(四本の)手 / a ~ of a river 川の支流 / a ~ *of* the sea 入江. **4** 〔...の〕手先, 子分; 活発なメンバー〔*of*〕: a ~ *of* the devil [*of* Satan] 悪魔の手先; いたずら者, わんぱく小僧 / a ~ *of* the law 法律の手先《警官・法律家など》/ a ~ *of* the bar 弁護士. **5** 〚《略》← limb of the devil〛《口語》がき, わんぱく小僧: a regular ~ 全くのわんぱく小僧. **6** 〘アーチェリー〙(握り手から弓先までの)上[下]半分 (⇨ bow¹ 挿絵).

limb from limb ばらばらに. ***out on a limb*** 《口語》退去の見込みもなく[のっぴきならない]危険にさらされて, 非常に不利益な[不安定な, 危うい]立場で: go *out on a* ~ 危うい橋を渡る.

— *vt.* 《まれ》...の手足を断つ; (特に)〈切り倒した木〉の枝を払う.

limb² [lím] 〚《(*c*1392)》 ▭ (O)F *limbe* // L *limb-us* border, edge: ⇨ limbus, limbo¹〛 — *n.* **1** 〘天文〙(太陽・月などの)へり, 縁辺: the eastern [lower] ~ 東[下]縁. **2** 〘機械〙(分度盤などの)目盛りぶち, 分度弧. **3** 〘植物〙 **a** (花弁の)拡大部. **b** 葉身, 葉片. **c** 縁辺, 葉辺.

lim·ba [límbə] 〚← 《土語》〛 *n.* 〘植物〙アフリカ西部産イクンシ科モモタマナ属の高木 (*Terminalia superba*)《幹は白っぽく木目がまっすぐで美しい》; その材.

lim·bate [límbeɪt] 〚▭ LL *limbāt-us* ← L *limbus* (↑)〛 *adj.* **1** 〘植物〙(別の色のへりを有する花のように)へりのある: a ~ leaf. **2** 〘動物〙〈翅など〉縁取られた.

lim·beck [límbek] 〚《(*c*1385)》《頭音消失》← ALEMBIC〛 *n.* =alembic.

limbed *adj.* [通例複合語の第 2 構成素として] (...の)肢(し)[枝, 翼]のある: long-*limbed* 長い手足[枝]を持つ / short-*limbed* 短い手足[枝]を持つ / strong-*limbed* 丈夫な手足[枝]を持つ.

lim·ber¹ [límbə | -bə(r)] 〚《(1430)》 *limour* ▭ ? F *limonière* shafts and framework of a vehicle ← *limon* shaft // ? ML *limōnāri-us* of a shaft ← *limō* shaft ← ? Celt.〛 〘陸軍〙 — *n.* (砲車の)前車《その後ろに砲や弾薬箱を付けた 2 輪の車》. — *vt.* 〈砲架〉に前車を連結する[つなぐ]. — *vi.* (進発に当たって)砲と前車を連結する[つなぐ] 〈*up*〉.

lim·ber² [límbə | -bə(r)] 〚《(1626)》 ▭ ? (O)F *lumière* light, opening < VL **lūminārium* ← L *lūmināre* light, lamp〛 — *n.* [通例 *pl.*] 〘海事〙リンバー, (船底内部の)汚水路《keelson の両側にある溝で, 淦水(かんすい)[汚水, あか水]がたまる所》.

lim·ber³ [límbə | -bə(r)] 〚《(1565)》← ? LIMBER¹: 前車が前後に動くことから〛 — *adj.* (**more ~, most ~**; **~·er, ~·est**) **1** 〈筋肉など〉しなやかな, 柔軟な. **2** 軽快な, 敏活な. **3** 《方言》弱い, 軟弱な (weak). — *vt.* しなやかにする, 柔軟にする 〈*up*〉. — *vi.* 体をしなやかにする, 準備運動をする 〈*up*〉 (cf. limber-up, WARM *up* (6)). **~·ly** *adv.* **~·ness** *n.*

límber bòard *n.* 〘海事〙リンバーボード, 汚水蓋《船底の汚水溝の上の蓋》.

límber hòle *n.* 〘海事〙淦水(かんすい)孔, 汚水孔, リンバーホール《あか水が流れ通るように肋材の付け根にあけた孔》.

límber·nèck 〚⇨ limber³〛 *n.* 〘獣医〙首の筋肉麻痺によって食物を飲み下せなくなる家禽の病気.

límber pìne *n.* 〘植物〙ロッキーマツ (*Pinus flexilis*)《北米太平洋岸に産するマツの一種; Rocky Mountain white pine ともいう》.

límber-ùp *n.* 準備体操[運動].

limbi *n.* limbus の複数形.

lim·bic [límbɪk] 〚《(1882)》 ▭ F *limbique* ← *limbe* 'LIMB²': ⇨ -ic¹〛 — *adj.* **1** 〘生物〙へり (limbus) の, ふちの, 周辺の. **2** 〘解剖〙(大脳)辺縁系 (limbic system) の.

límbic sýstem *n.* 〘解剖〙(大脳)辺縁系《嗅覚・自律神経機能・情緒・行動などに関与する》.

límb·less *adj.* 肢[手足, 翼, 枝]のない.

lim·bo¹ [límbou | -bəʊ] 〚《(*c*1378)》 ▭ L *limbō* (abl.) ← *limbus* 'LIMB², (in ML) limbo'〛 — *n.* (*pl.* ~s) **1** [しばしば L-] 〘カトリック〙リンボ, 古聖所《地獄と天国との間にありキリスト教に接する機会のなかった人や洗礼を受けない小児・異教徒・白痴などの霊魂の住む所》: the ~ infantum [ɪnfǽntəm, ən- | ɪnfǽnt-] =the ~ of infants 幼児リンボ界, 孩(がい)所《未洗礼の小児が死後行く所》/ the ~ patrum [péɪtrəm]=the ~ of fathers 父祖リンボ界《キリスト降誕前の善人が死後にいる所》. **2** 《古》拘留所, 監獄. **3** 忘却, 無視: sink [pass] into the ~ of oblivion [of forgotten things] 忘却の淵(ふち)に沈む, 世に忘れられる. **4** (二つのものの)中間の位置[状態], 過渡的状態: occupy the ~ between competition and monopoly 競争と独占の中間的地位を占める.

lim·bo² [límbou | -bəʊ] 〚← W-Ind. 《土語》? // 《転訛》? ← LIMBER³〛 — *n.* (*pl.* ~s) リンボー《西インド諸島起源の曲芸ダンスで, 踊りながら体を反らしすり足で 1 回ごとに下がっていく横木の下をくぐる》.

Lim·bourg [F. lɛ̃bu:r] *n.* ランブール (⇨ Limburg 3).

Lim·burg [límbə:g | -bə:g] *n.* リンブルク: **1** 中世ヨーロッパ西部の公国, 現在はオランダとベルギーに分かれる. **2** オランダ南東部の県. **3** ベルギー北東部の県; Limbourg ともいう.

Límburg chèese *n.* =Limburger.

Lim·burg·er [límbə:gə | -bə:gə(r)] 〚▭ Flem. ~ ← *Limburg*: ⇨ -er¹〛 — *n.* リンバーガー(チーズ)《ベルギーの Limbourg 産の香りと味の強い柔らかいチーズ; Limburger cheese ともいう》.

lim·bus [límbəs] 〚▭ L ~〛 — *n.* (*pl.* ~·es, **lim·bi** [-baɪ]) **1** =limbo¹. **2** 〘生物〙(他の部分と色または構造の異なった)へり, ふち, 辺, 周辺, 辺縁 (border, edge). **3** 〘解剖〙縁, 辺縁, 角膜縁.

limb·y [lími | -mɪ] *adj.* (**limb·i·er**; **-i·est**) 枝の多い.

lime¹ [láɪm] 〚OE *lim* ← Gmc **lim-* (Du. *lijm* / G *Leim*) 《変形》← **laim-* 'LOAM' ← IE **lei-* slimy (L *līmus* mud, slime)〛 — *n.* **1** 〘化学〙 **a** 石灰《普通は生石灰 (calcium oxide) (CaO) をいうが, 消石灰 (calcium hydroxide) ($Ca(OH)_2$) を意味することもある》. **b** =calcium. **2** 鳥もち (birdlime). — *vt.* **1 a** ...に石灰を散布する, 石灰で消毒する: ~ the lawn. **b** 〈生皮などを〉石灰水に浸す. **c** ...に石灰水を塗る (whitewash). **2 a** 〈小枝〉に鳥もちを塗る. **b** 〈鳥を〉鳥もちで捕える; わなにかける. **3** 《古》接合する. — *adj.* 石灰の; 石灰岩 (limestone) の[を含んだ].

lime² [láɪm] 〚《(1638)》 ▭ F ~ ▭ Prov. *limo* ▭ Arab. *līm*: LEMON と二重語〛 — *n.* **1** 〘植物〙ライム (*Citrus aurantifolia*)《アジアの熱帯地方に産するミカン科の小木》. **2** ライムの実《レモンに似るが, 小さくて球形, 酸味が強い; 清涼飲料・カクテルなどに利用》.

lime³ [láɪm] 〚《(1625)》《変形》← 《廃》 *line* 《変形》← OE *lind*: cf. linden〛 *n.* 〘植物〙=linden 1.

lime⁴ [láɪm] 〚《略》← LIMELIGHT〛 *n.* 《口語》=limelight.

lime·ade [laɪméɪd] 〚← LIME²+-ADE 3〛 *n.* ライムエード《ライムの果汁に砂糖と水またはソーダ水を加えた飲物》.

líme blúe *n.* =azurite blue.

líme·bùrner 〚《(1311–12)》〛 *n.* 石灰焼き(人); 石灰製造者.

líme glàss *n.* 石灰ガラス.

líme-jùice *n.* ライムジュース.

líme-jùic·er [-dʒù:sə | -sə(r)] 〚英国海軍で壊血病予防のためライムジュースを飲用させたことから〛 — *n.* **1** 《米俗》 **a** 英国水兵. **b** 英国船. **c** 英国人. **2** 《豪》オーストラリアに来たばかりの英国人.

líme·kìln 〚《(1338)》〛 *n.* 石灰(焼き)がま.

líme·less *adj.* 石灰のない, 石灰を含まない.

líme·lìght 〚《(1826)》〛 — *n.* **1 a** 石灰光; ライムライト, 灰光灯《酸水素炎を石灰に吹き付けて出す強い白色光; 昔多く舞台照明, 特に主要人物の集中照射に用いた; cf. calcium light》. **b** 《英》スポットライト (spotlight). **2** [the ~] 衆目を集める立場, 注目の的: be fond of *the* ~ 人前に出るのが好きである.

in the limelight (1) (舞台で)集中照明を受けて. (2) 世間の注目を受けて, 目立って, 人目を引いて, 公然と.

— *vt.* (**-light·ed, -lit**) ...にスポットライトを当てる; ...が脚光[注目]を浴びるようにする.

líme mòrtar *n.* 〘建築〙石灰モルタル《消石灰・砂・水をまぜたモルタル》.

li·men [láɪmən | -men] 〚《(1895)》 ▭ L *līmen* threshold: G *Schwelle* に対する訳語〛 — *n.* (*pl.* ~s, **lim·i·na** [límənə | -mɪ-]) 〘心理・生理〙閾(いき)《意識の限界》, 識閾(しきいき), 刺激閾《感覚を起こすに要する神経刺激の最小限; cf. threshold 4》.

líme nítrogen *n.* 石灰窒素《主に商業用名称》.

líme pìt *n.* **1** 石灰坑. **2** 石灰(焼き)がま. **3** (獣皮を浸して毛を取り去る)石灰漬槽.

lime·quat [láɪmkwɑ̀t | -kwɔ̀t] 〚← LIME²+(KUM)-QUAT〛 — *n.* **1** 〘植物〙ライムクワット《甘橘類の一種で, ライムとキンカンの交配種》. **2** ライムクワットの実.

lim·er·ick [lím(ə)rɪk | -mər-] 〚アイルランドの町の名 Limerick (↓) にちなむとも, 宴席で作られた即興詩の Will you come up to Limerick? という折返し文句によるともいわれるが不詳〛 — *n.* 〘詩学〙リメリック, 五行俗謡《Edward Lear がその詩集 *The Book of Nonsense* (1846) の中で用い一般化した; 通例, 弱弱強調の 5 行からなり, 1, 2, 5 行は 3 詩脚で互に押韻

し，3, 4 行は 2 詩脚で互に押韻する，韻律形式には変形もある；例：There was an old man of Khartoum / Who kept two tame sheep in his room : / "For," he said, "they remind me / Of one left behind me, / But I cannot remember of whom."》.

Lim·er·ick [lím(ə)rɪk | -mər-] *n.* **1** アイルランド共和国の南西部，Munster 地方の一州；人口 84,000，面積 2,686 km². **2** Limerick 州の首都，Shannon 河口の港市；人口 58,000. **3** 〘釣〙釣鉤の一種.

li·mes [láımi:z] 〘□ L *limes* boundary : cf. limit〙 *n.* **1** (*pl.* **lim·i·tes** [límәti:z | -mɪ-]) 境界 (boundary)；(特に，古代ローマが外民族の侵入を防ぐために作ったローマ帝国の)国境の長城. **2** [L-] =Siegfried Line.

líme·stòne *n.* 〘岩石〙石灰岩，石灰石.

límestone cáve [cávern] *n.* 石灰洞；鍾乳洞 (stalactite cave).

líme sùlfur *n.* 〘化学〙石灰硫黄(いおう)合剤《酸化カルシウム・硫黄粉末・水の混合物を加熱して得られる多硫化カルシウムが主成分；除虫・かび止め剤》.

líme trèe *n.* 〘植物〙=linden 1.

líme-twìg 〘(?*a*1410)：⇨ lime¹〙 *n.* **1** 鳥もちを塗りつけた小枝. **2** わな. **—** *vt.* 《古》わなにかける.

líme·wàsh *n.* 〘建築〙のろ《消石灰を水に溶かしたもの；しっくい塗材料》. **—** *vt.* …にのろを塗る.

líme·wàter *n.* 〘化学〙 **1** 石灰水《水酸化カルシウムの水溶液；二酸化炭素を吸収する；cf. MILK of lime》. **2** カルシウム炭酸塩を含む自然水.

líme·wòod 〘⇨ lime³〙 *n.* リンデン (linden) 材.

lim·ey [láımi | -mɪ] 〘← LIME-(JUICER)+-Y²〙《米俗》*n.* [しばしば L-] **1** 英国水兵[水夫]. **2** 英国人 (Englishman). **—** *adj.* 英国(人)の (British).

Lím Fjórd [lí:m-, lím- ; *Dan.* lí:m-] *n.* リームフィヨルド《デンマークのユトランド半島 (Jutland) 北部を横切るフィヨルド》.

Li·mic·o·lae [laımíkәlì:] 〘← NL ～ (pl.) ← LL *limicola* mud-dweller ← L *līmus* mud+-*cola* inhabitant : ⇨ lime¹, -colous〙 *n. pl.* 〘鳥類〙シギ目.

li·mic·o·line [laımíkәlàın, -lɪn, -lәn | -làın, -lɪn] 〘⇨ ↑, -ine¹〙 *adj.* **1** 〈鳥が〉海岸にすむ. **2** シギ目 (Limicolae) の.

li·mic·o·lous [laımíkәlәs] *adj.* 泥中にすむ.

Lim·i·dae [límәdì: | -mɪ-] 〘← NL ～ ← *Lima* (属名 : ← L *līma* file)+-IDAE〙 *n. pl.* 〘貝類〙ミノガイ科.

limina *n.* limen の複数形.

lim·i·nal [límәnḷ, láı- | límɪ-] 〘(1884) ← L *līmin-*, *līmen* threshold+-AL¹〙 **—** *adj.* **1** 〘心理〙識閾(しきいき) (limen) の (cf. subliminal 2 a, supraliminal). **2** 識閾にある；かろうじて意識できる.

lim·it [límɪt, -mәt | -mɪt] 〘*n.* : (?1384) □ (O)F *limite* □ L *līmitem*, *līmes* boundary (cf. *limus* aslant). — *v.* : (*c*1390) *limite(n)* □ (O)F *limit-er* // L *līmit-āre* ← *līmes* : cf. limb²〙 **—** *n.* **1** [しばしば *pl.*] (地理的または政治的)境界；[*pl.*] (境界内の)区域，範囲 (bounds) : outside [within] the city ～*s* 市外[内]に / on school ～*s* 学校の構内で / pass beyond the village ～*s* 村境を越える / ⇨ off limits, on limits, three-mile limit. **2** 極限(点)，限度，限界(線)；制限 : the ～ of vision 視力の限界 / the inferior [superior] ～ (許容・信用などの)最小[大]限，(日限の)下[上]限 / out of all ～*s* 法外に / to the ～ 十分[極端]に，限度まで / to the utmost ～ 極限まで / go to any ～ どんなことでもする / He was at the outer ～*s* of his self-control. 自制心を保ち得るぎりぎりの限界に来ていた《もう少しで怒りが爆発しそうなところだった》/ within the ～*s* of …の範囲内に[で] / within ～*s* 適度[ほどほど]に / without ～ 限り[際限]なく / set a ～ *to* …に制限を置く，…を制限する / There are ～*s to* my patience. 私の辛抱にもほどがある / There seemed no ～ *to* his demands. 彼の要求にはきりがないように思われた / She has reached the ～ of her endurance. 彼女の忍耐も尽き果てた / It has no ～*s* in applicability. それは無限に応用できる / The sky's the ～.《口語》(なんでも注文したまえ)制限なしだ；(人間出世しようと思えば)限度はない；(賭(かけ)で)いくらでもかけるぞ (cf. 4) / ⇨ age limit, speed limit. **3 a** (一定期間内に漁獲[捕獲]できる)最大量 : catch the ～ of a day 1 日分の最大漁獲[捕獲]量を収める. **b** (賭(かけ)で一時にかけうる)最大額. **4** [the ～]《口語》(我慢・容認などの)限界すれすれのもの[人] (the last straw) : That's [He's] *the* ～. これ[やつ]にはもう我慢がならん / He cheated me before, but this is *the* ～. 以前も騙されたことがあったが，今度こそもう我慢できない. **5** [the ～] (野球・ボクシングなどで)最終回までの期間 : go to *the* ～ 〈投手が〉最終回まで投げる；〈ボクサーが〉最後のラウンドまで闘う. **6** 〘数学〙 **a** 極限《独立変数がある値に近づくとき，もしくは無限大[小]になるときに従属変数が近づいて行く値；数列の項が近づいて行く値》. **b** 端(はし)《定積分を考える区間の両端；左のものを下端，右のものを上端という》. **7** 〘商業〙指(さし)値 : buy [sell] at (one's) ～(*s*) 指値で買う[売る].

limit of liability 〘保険〙(保険会社の)最高責任額.

limit of resolution 〘光学〙分解能 (resolving power)《望遠鏡・顕微鏡・分光器・肉眼等の光学系で作られる極めて近接した二点または二線の像が分離して見える極限》.

— *vt.* **1** […に]限る，限定する (restrict) [*to*] : Labor conflict is by no means ～*ed to* Japan. 労働争議は何も日本に限られたことではない / There extreme left-wing activity was largely ～*ed to* students and intellectuals. そこでは極左活動は大体学生や知識人に限られていた / You must ～ yourself *to* three cups of coffee a day. コーヒーは 1 日 3 杯に制限しなければならない. **2** 〈出費などを〉制限する，削減する (curtail) : We must ～ the expenditures. 経費を切り詰めなければならない. **3** 〘法律〙…に限界を設ける，規制する.

lim·it·a·ble [límɪtәbḷ, -mә- | -mɪtә-] *adj.* 限度を設けられる，制限できる.

lim·i·tar·i·an [lìmәtέ(ә)riәn | -mɪtέәrɪ-] 〘← LIMIT+-ARIAN〙 **—** *n.* **1** 制限する人. **2** 〘神学〙制限(説)論者《選ばれた人々のみ救われると説く；cf. universalist 2》. **—** *adj.* 〘神学〙制限説の.

lim·i·tar·y [límәtèri | -mɪtәrɪ] *adj.* **1 a** 制限する，制限的な (restrictive). **b** 境界の. **2** 《古》限られた，有限の，限界のある (limited).

lim·i·ta·tion [lìmәtéıʃәn | -mɪ-] 〘(*c*1395) *limitacioun* □ OF *limitacion* // L *līmitātiō(n-)* ← *līmitāre* 'to LIMIT' : ⇨ -ation〙 **—** *n.* **1** 限ること，限定；制限 (restriction) : without ～ 際限なく，無制限に / a ～ *on* imports [exports] 輸入[出]制限. **2** 制限するもの (qualification)；(活動範囲を限る)不利な条件，弱み，不利なこと : Poor sight is a ～ in this job. 目が悪いことはこの仕事では不利だ. **3** (知能・能力・行動などの)限界，限度，極限 : know one's ～*s* 自分の力の限界[分限]を知っている / We have our ～*s*. 我々の能力には限界がある / Within these ～*s* you are free to do whatever you like. この限度を越えなければ好きなことをしてよい. **4** 〘法律〙(財産権，特に不動産に関する権利の)限定；(出訴権・法律効力などの)期限，上訴期限.

lìm·i·tá·tion·al [-ʃәnḷ, -ʃnәl] *adj.* 制限的な，限定的な : a ～ factor 〘経済〙限定要因《制限的生産要因》.

lim·i·ta·tive [límәtèıtɪv, -tәt- | -mɪtәt-, -tèıt-] 〘□ ML *limitātīv-us* ← L *līmitātus* (p.p.) ← *līmitāre* : ⇨ limit, -ative〙 *adj.* 制限的な，限定的な.

lím·it·ed [-tɪd, -tәd | -tɪd, -tәd] 〘(15C)〙 **—** *adj.* **1** 有限の，限られた，制限のある (restricted) : ～ means [resources] 乏しい資力[資源] / a speech ～ *for* time 時間を限られた演説 / books ～ *in* number 数を限って発行された本 (cf. limited edition) / The accommodation of the theater is very ～. その劇場は収容能力がきわめて小さい. **2** 〈列車・バスなど〉急行の : a ～ train 特別急行列車，特急 / a ～ express train 特別快速列車，特快. **3** 《英》〈会社が〉有限責任の (略 Ltd., Ld.) (cf. incorporated 2) : ⇨ limited company. **4** 〈考えが〉狭い，創意に欠ける : ～ ideas 偏狭な考え / He's a bit ～. ちょっと考えが狭い. **5** 〘政治〙(憲法によって)制限された，立憲制の (cf. absolute 7) : ～ (democratic) government 立憲(民主)政治 / ⇨ limited monarchy. **—** *n.* 急行列車[バス]，特急 : take a ～ 特急に乗る. **～·ly** *adv.* **～·ness** *n.*

límited-áccess hìghway *n.* 高速道路 (expressway).

límited cómpany *n.* 《英》有限(責任)会社《社名の後に Limited または略字 Ltd., Ld. を付記する；limited liability company ともいう；cf. incorporated 2》.

límited divórce *n.* 〘法律〙制限的離婚《食卓とベッドからの離婚；完全な離婚ではなく，再婚は禁止される；cf. judicial separation》.

límited edítion *n.* (本などの)限定版.

límited liabílity *n.* 《英》有限責任.

límited liabílity cómpany *n.* 《英》有限責任会社 (⇨ limited company). 「限がある》.

límited máil *n.* 《英》特別郵便列車《乗客の数に制

límited mónarchy *n.* 立憲君主政体 (cf. absolute monarchy). 「al partner).

límited pártner *n.* 〘法律〙有限責任社員 (cf. gener-

límited pártnership *n.* 〘法律〙合資会社《無限責任社員 (general partner) と有限責任社員 (limited partner) とから構成される partnership；special partnership ともいう；cf. general partnership》.

límited páyment insùrance *n.* 〘保険〙有限払い込み(生命)保険《保険期間の満了前に保険料の払い込みが終了する保険》.

límited pólicy *n.* 〘保険〙限定支払保険証書《ある種の損害に対しては塡補しないことを記載してある；cf. unlimited policy》.

límited wár *n.* **1** 制限戦(争)，限定戦争《二つまたはそれ以上の国家間の公然たる交戦ではあるが，相手国の軍隊の完敗を目的とするまでには至らない武力闘争》. **2** 局地戦.

lím·it·er [-tә | -tә(r] 〘(*c*1378) *limitour*〙 *n.* **1** 制限をする人[物]. **2** 〘電気〙振幅制限器，リミタ.

limites *n.* limes 1 の複数形.

límit gàge *n.* 〘機械〙限界ゲージ《機械部品の寸法が規定の寸法にできているかどうかを検査するための金属製のゲージ；go gage と nogo gage との総称》.

lím·it·ing [-tɪŋ | -tɪŋ] *adj.* **1** 制限する，限定する，限定的な (restrictive). **2** 〘文法〙制限的な (cf. descriptive) : ⇨ limiting adjective.

límiting ádjective *n.* 〘文法〙制限形容詞《描写形容をしないで，名詞の適応範囲を制限するだけの my, this, some, certain のような形容詞；また限定語 (determiner) と区別して，these *few* red apples の few だけをさすこともある；cf. descriptive adjective》.

límiting fáctor *n.* (有機体の成長[活動]や人口の増大を制限する)限定要因，限定因子.

límit·less *adj.* 無限の (boundless)；無制限の；広大な (vast). **～·ly** *adv.* **～·ness** *n.*

límit màn *n.* 〘スポーツ〙最高のハンディキャップを持つ競走者 (cf. scratch *n.* 7 a). 「point.

límit pòint *n.* 〘数学〙 **1** 極限点. **2** =accumulation

lim·i·trophe [límәtròuf, -trɔ̀(:)f | -mɪtrәuf] 〘(1589)《廃》border-land □ F ～ □ LL *līmitrophus* ← L *līmit-* : ⇨ limit, -trophe :「辺境の軍隊に給食するために割り当てた土地の」が原義〙 **—** *adj.* **1** 国境地方の[にある]. **2** 隣接する，近隣の (adjacent).

límit swìtch *n.* (機械などがある限界点を越えて運転しないように自動的に働く)制御スイッチ.

li·miv·o·rous [laımív(ә)rәs] 〘← L *līmus* mud (⇨ lime¹)+-I-+-VOROUS〙 *adj.* 〘動物〙〈ミミズなど〉(泥中の有機物を摂取するために)泥を食う.

lim·mer [límә | -mә(r)] 〘(15C) ← ? LIMB¹ 4〙 *n.* 《スコット》 **1** 悪党. **2** 身持ちの悪い女，売春婦.

limn [lím] 〘(*c*1420) *limne(n)*, *lymne(n)* (変形) ← ME *luminen* to illuminate □ OF *luminer* □ L *lūmināre* ← *lūmen* light〙 **—** *vt.* (～·**ing** [-(n)ɪŋ]) **1** 素描する，(絵に)描く (draw, paint). **2** 《古》(言葉で)描写する，記述する (describe).

limn- [lɪmn] (母音の前に来る時の) limno- の異形.

lim·ner [lím(n)ә | -nә(r)] 〘(*c*1230) *limnour* (変形) ← *luminour* ← *luminen* (↑)〙 *n.* 画工，(特に)肖像画家.

lim·net·ic [lɪmnétɪk | -tɪk] 〘← Gk *limnḗtēs* living in marshes (← *límnē* marsh, lake)+-IC¹〙 *adj.* 〘生態〙淡水の，淡水にすむ，沖帯の[にすむ] : ～ worms.

lim·ni- [límni, -nә | -nɪ] limno- の異形 (⇨ -i-).

lim·nic [límnɪk] *adj.* =limnetic.

lim·no- [límno(u) | -nә(u)] 〘← Gk *límnē* marsh〙「淡水湖，池 (pond)」の意の連結形. ★ 時に limni-，また母音の前では通例 limn- になる.

lim·nol·o·gy [lɪmnálәdʒi | -nɔ́lәdʒɪ] 〘(1895) : ⇨ ↑, -logy〙 **—** *n.* 陸水学《湖沼・河川・地下水など水圏の物理的・化学的・気象学的・生物学的研究をする学問》；(古くは)湖沼学. **lim·no·log·i·cal** [lìmnәládʒɪkәl, -dʒә- | -lɔ́dʒɪ-] *adj.* **lìm·no·lóg·i·cal·ly** *adv.* **lim·nól·o·gist** [-dʒɪst, -dʒәst | -dʒɪst] *n.* 「=limousine.

lim·o [límou | -mәu] 〘(略) ← LIMOUSINE〙 *n.* (*pl.* **～s**)

Li·moges [limóuʒ | lɪmáuʒ ; *F.* limɔ:ʒ] *n.* リモージュ《フランス中部の都市，Haute-Vienne 県の首都；人口 106,000》. **2** =Limoges ware. 「き.

Limóges wàre *n.* Limoges 産陶磁器，リモージュ焼

lim·o·nene [límәni:n, láı-] 〘← NL *limonum* lemon+-ENE〙 *n.* 〘化学〙リモネン ($C_{10}H_{16}$)《種々の精油中に含まれるテルペンの一つ；レモンの芳香がある》.

li·mo·nite [láımәnàıt] 〘□ G *Limonit* ← Gk *leimṓn* moist place, meadow : ⇨ -ite¹〙 **—** *n.* 〘鉱物〙褐(かっ)鉄鉱 ($2Fe_2O_3 \cdot 3H_2O$)《鉄鉱石の一種》. **li·mo·nit·ic** [lὰımәnítɪk | -tɪk] *adj.*

Li·mou·sin [lì:mu:zέ:(ŋ), -mʊ-, -zǽŋ ; *F.* limuzɛ̃] *n.* リムザン《フランス中部の旧州，高原地方；主要都市 Limoges》.

lim·ou·sine [límәzì:n, ―・―́ | límu:zì:n, -mʊ-, -mә-, ―・―́] 〘(1902) □ F ～ (転義) ← *limousine* : Limousin 地方の人々が着たケープつきのマント〙 **—** *n.* リムジン : **a** 3-5 人乗りの箱型自動車；元来運転席は客席の外側にあり，屋根だけでおおわれていた；後に運転席も車室に含まれるようになったが，開閉式ガラス仕切板で客室と隔てられた (cf. sedan 2 a). **b** おかかえ運転手つきの大型の豪華な自動車. **c** 《米》空港・駅などの送迎用小型バス[大型セダン] : an airport ～.

limousine líberal *n.* 《米》富裕な自由主義者.

limp¹ [límp] 〘(1570) ← ?《廃》*limphalt* < OE *lemphealt* lame ← **lamp-* (← IE **leb-* hanging loosely)+*healt* 'HALT²' // ? OE *limpan* to happen〙 **—** *vi.* **1 a** 足を引きずる. **b** 足を引きずって歩く，よたよた進む，よろめき歩く. **2 a** (故障・損傷などで)〈船・飛行機などが〉のろのろ進む，難航する. **b** 〈仕事・景気などが〉進まない，ほとんど進展しない，もたつく : Business is ～*ing* toward a standstill. 仕事は進展を見せず停滞状態に向かっている. **3** 〈詩が〉韻律[抑揚]が乱れる. **—** *n.* **1** 足を引きずること : walk with a ～ 足を引きずって歩く. **2** (詩の)韻律の乱れ. **～·er** *n.*

limp² [límp] 〘(1706) ← ? Scand. : cf. IE **leb-* (↑) / G *lampen* to hang limp / ON *limpa* limpness〙 **—** *adj.* (～·**er**, ～·**est** ; **more** ～, **most** ～) **1** 〈物質・体格など〉しっかりした形のない，ぐにゃぐにゃの (flabby, flaccid)；柔軟な (soft) : a ～ body, curtain, etc. / Her hair hung ～ about her shoulders. 彼女の髪の毛が肩のあたりにだらっと垂れていた. **2** 力のない，弱い (weak)；元気のない，気の抜けた (spiritless)；疲れて : be ～ *with* fatigue 疲れてぐったりする / (as) ～ as a doll [rag] 疲れ果てて，くたくたになって. **3** 〘製本〙 **a** 柔捲表紙の，薄表紙の : a ～ cover. **b** 〈本の表紙が〉薄芯の，薄芯入りの. **～·ly** *adv.* **～·ness** *n.*

limp·en [límpәn] 〘⇨ ↑, -en¹〙 *vi.* だらっとなる，柔軟になる；力がなくなる.

lim·pet [límpɪt, -pәt] 〘OE *lempedu* □ ML *lamprēdam* 'limpet, LAMPREY'〙 **—** *n.* **1** 〘貝類〙 **a** 笠貝《ツタノハガイ科，ユキノカサガイ科の笠形貝類の総称 (true limpet)》. **b** カラマツガイ科の笠形貝類の総称 (false limpet). **2** 地位にかじりついている役人. **3** (船底に密着する)吸着機雷《limpet bomb [mine] ともいう》.

***hold on* [*hang on, cling, stick*] *like a limpet* (*to*)** (岩の上の limpet のように)(…に)固くくっつく.

lim·pid [límpɪd, -pәd | -pɪd] 〘(1613) □ F *limpide* // L *limpid-us* : cf. lymph〙 **—** *adj.* **1** 〈水晶・水・大気な

ど〉澄んだ, 透明な (↔thick): a ~ glance 澄んだまなざし / a ~ stream 清冽な流れ. **2** 〈文体など〉明晰(せき)な, 明快な (lucid): ~ language, style, etc. **3** 平静な, 静穏な, 悩みのない: a ~ childhood. **lim·pid·i·ty** [lɪmpídəṭi | -dəti, -dɪ-] *n.* **~·ly** *adv.* **~·ness** *n.*

limp·ing·ly *adv.* (痛めた)足を引きずりながら[引きずるようにして]; もたもたと, たどたどしく.

limp·kin [lím(p)kɪn, -kən | -kɪn] 〘← LIMP¹+-KIN: その歩き方から〙 ── *n.* 〘鳥類〙米国南東部・中南米にすむツルモドキ科ツルモドキ属の鳥 (*Aramus pictus*) (cf. courlan).

Lim·po·po [lɪmpóupou | -pə́upəu] *n.* [the ~] リンポポ(川)《南アフリカ共和国北部国境から Mozambique 南部を経てインド洋に注ぐ川 (1,700 km); Crocodile River ともいう》.

limp·sy [lím(p)si | -sɪ] 〘← LIMP²+-*sy* (dim. suf.: cf. tipsy)〙 *adj.* (*also* **limp·sey** [~]) 《方言》 **1** 力のない, 弱い. **2** だるそうな, 元気のない, ぐにゃぐにゃの.

límp-wòrt *n.* 《英》〘植物〙 =brooklime.

L.I.M.R.A. 《略》Life Insurance Marketing and Research Association.

lim·sy [límsi | -sɪ] *adj.* =limpsy.

limuli *n.* limulus の複数形.

lim·u·loid [límjʊlɔ̀ɪd] 〘⇨↓, -oid〙〘動物〙 *adj.* カブトガニ属 (*Limulus*) の, カブトガニに似た. ── *n.* カブトガニ (⇨ king crab 1).

lim·u·lus [límjʊləs] 〘← NL ~ 'somewhat askew' (dim.) ← L *limus* aslant, sidelong〙 ── *n.* (*pl.* **-u·li** [-lài, -lìː], ~) 〘動物〙カブトガニ (⇨ king crab 1).

lim·y [láɪmi | -mɪ] *adj.* (**lim·i·er, -i·est; more ~, most ~**) **1** 石灰を含んだ: a ~ soil. **2** 石灰状の, 石灰質の. **3** 鳥もちを塗った; ねばねばする. **lím·i·ness** *n.*

lin [lín] *n.* =linn.

lin. 《略》lineal; linear; line(s); 〘薬剤〙liniment.

Lin [lín] 〘(dim.) ← (i) CAROLINE¹ // (ii) LINDA〙 *n.* 女性名《異形 Lynn, Lynne》.

Li·na [líːnə] 〘(dim.) ← CAROLINE¹〙 *n.* 女性名.

lin·a·ble [láɪnəbl] 〘⇨ line² (v.)〙 *adj.* 一列に並べられる[並んでいる].

lin·ac [línæk, láɪn-] 〘《短縮》〙 *n.* =linear accelerator.

Li·na·ce·ae [laɪnéɪsiìː] 〘← NL ~ ← *Līnum* (属名: ← L *līnum* flax)+-ACEAE〙 ── *n. pl.* 〘植物〙(フウロソウ目)アマ科. **li·ná·ceous** [-ʃəs] *adj.*

Lin·a·cre [línəkə, -nɪ- | -kə(r)], **Thomas** *n.* (1460?–1524) 英国の人文主義学者・医者; Henry 八世の侍医を勤める一方, 王女のためにラテン語文法を著わした.

lin·age [láɪnɪdʒ] 〘← LINE²+-AGE〙 ── *n.* **1** (印刷物・原稿などの)行数. **2** (原稿料の)行数払い, 行数当たりの稿料. **3** 《古》一列整列[整頓(とん)], 一直線にする[なる]こと (alignment).

lin·al·o·ol [lɪnǽlouɔ̀(ː)l, lə-, laɪ-, -òul, lìnəlúːl | lɪnǽləuɔ̀l, lìnəlúːl] 〘← Mex.-Sp. *lináloe* fragrant Mexican wood (← ML *lignum* aloes)+-OL²〙 ── *n.* (*also* **lin·a·lol** [línəlɔ̀(ː)l, -lòul | -lɔ̀l]) 〘化学〙リナロール ($C_{10}H_{17}$-OH)《一種のテルペン; スズランに似た香気を有する無色の液体; 香料として用いる》.

lín·a·lyl ácetate [línəlìl-, -lìːl-] 〘*linalyl*: ⇨↑, -yl〙 *n.* 〘化学〙酢酸リナリル (CH_3COO-$C_{10}H_{17}$)《芳香性の無色の液体; 香料に用いる》.

li·na·rite [láɪnəràɪt, lɪnáːraɪt, lə- | láɪnəràɪt, lɪnáːraɪt] 〘⊏G *Linarit* ← *Linares* (これが発見されたスペインの都市)+-ITE¹〙 *n.* 〘鉱物〙青鉛鉱 ($PbCu(SO_4)(OH)_2$).

Linc [líŋk] 〘(dim.) ← LINCOLN³〙 *n.* 男性名.

Linc. 《略》Lincolnshire.

linch [líntʃ] *n.* =lynch².

linch·pin [líntʃpìn] 〘《1289–90》*lin(s)pin* ← OE *lynis* axletree, linchpin (cog. Du. *luns* / G *Lünse*)+PIN〙 ── *n.* **1** 割りくさび, 輪止めピン. **2** 《物事の》要(かなめ)をなすもの〔*of*〕.

linchpin 1

Lin·coln¹ [líŋkən] 〘← *Abraham Lincoln*〙 ── *n.* 米国 Nebraska 州南東部にある同州の首都; 人口 164,000.

Lincoln² 〘OE *Lindcolne* ← Celt. *lindo-* pool+L *colōnia* 'COLONY'〙 ── *n.* **1** イングランド東部 Lincolnshire 州の首都; 人口 69,000. **2** =Lincolnshire. **3** リンカン《長毛で肉用の品種の羊》.

Lin·coln³ [líŋkən] 〘↑〙 *n.* 男性名.

Lincoln, Abraham *n.* (1809–65) 米国第16代の大統領 (1861–65); 南北戦争で国家の統一を達成し, 奴隷解放宣言を発した (1863); 暗殺された.

Lincoln, Benjamin *n.* (1733–1810) 米国の独立戦争当時の将軍.

Líncoln Cénter *n.* [the ~] リンカーンセンター《米国 New York 市 Manhattan にある総合芸術センター, 1966 年完成; 公式名 the Lincoln Center for the Performing Arts》.

Lin·coln·esque [lìŋkənésk] 〘⇨ -esque〙 *adj.* Abraham Lincoln 風の[のような]: a ~ pose.

Líncoln gréen 〘← LINCOLN² (原産地名)〙 ── *n.* **1** リンカングリーン《昔イングランドの Lincoln で織った鮮緑色のラシャ; Sherwood に住んだ義賊 Robin Hood の一党がこれを着た》. **2** 黄緑色 (olive green).

Lin·coln·i·an [lɪŋkóuniən | -kə́un-, -njən] *adj.* Abraham Lincoln (流)の.

Lin·coln·i·a·na [lɪŋkòuniǽnə, lìŋkə-, -áːnə, -éɪnə | lɪŋkə̀uniáːnə, lìŋkə-] 〘⇨ -iana〙 *n. pl.* Abraham Lincoln 資料《所持物・書きもの・逸話など》.

Líncoln's Bírthday *n.* リンカーン (Abraham Lincoln) 誕生記念日《2 月 12 日; 米国の多くの州はこの日を祝日にしている; 2 月の最初の月曜日を祝日とする州もある》.

Lin·coln·shire [líŋkənʃɪə, -ʃə | -ʃə(r, -ʃɪə(r)] *n.* イングランド東部, 北海に臨む州; 1974 年まで行政的には the Parts of Lindsey, the Parts of Kesteven, the Parts of Holland に分かれていた; また同年に北部は Humberside 州の一部となった; 人口 530,000, 面積 5,884 km²; 単に Lincoln ともいう.

Líncoln's Ínn *n.* [the ~] ⇨ INNS of Court.

Líncoln's spárrow 〘米国の鳥類学者 J. J. Audubon が友人の Thomas Lincoln (1812–83) にちなんで命名したもの〙 *n.* 〘鳥類〙北米産のホオジロ科の小鳥 (*Melospiza lincolnii*).

lin·co·my·cin [lìŋkəmáɪsn̩ | -sɪn] 〘← *linco-* (← *Streptomyces lincolnensis* a streptomyces)+-MYCIN〙 ── *n.* 〘生化学〙リンコマイシン《ペニシリン抵抗菌にも働く抗生物質》.

Lincs, Lincs. [líŋks] 《略》Lincolnshire.

linc·tus [líŋ(k)təs] 〘⊏L ~ 'a licking' ← (p.p.) ← *lingere* to lick〙 *n.* (のどが痛い時の)なめ薬, 舐(し)剤.

Lind [línd; *Swed.* línd], **Jenny** *n.* リンド《1820–87; スウェーデンのソプラノ歌手; 本名 Johanna Maria; Mrs. Otto Goldschmidt [G. gɔ́ltʃmɪt]; the Swedish Nightingale と呼ばれた》.

Lin·da [líndə] 〘← G ~ (原義) smoke // 《略》← BELINDA, MELINDA〙 *n.* 女性名《異形 Lynda; 愛称形 Lindy》.

lin·dane [líndeɪn] 〘← *T. van der Linden* (20 世紀のオランダの化学者)+-ANE²〙 ── *n.* 〘化学〙リンデン ($C_6H_6Cl_6$)《特に農作物につく害虫退治用の殺虫剤; 純度 99% のベンゼンヘキサクロリド (BHC)》.

Lind·bergh [lín(d)bəːg | -bɜːg], **Anne Spencer** *n.* (1906–) 米国の飛行家・著述家; C. A. Lindbergh の妻; 旧姓 Morrow.

Lindbergh, Charles A(ugustus) *n.* (1902–74) 米国の飛行家; 1927 年 Spirit of St. Louis 号でニューヨーク–パリ間の無着陸単独飛行に初めて成功.

Líndbergh Àct 〘← *C. A. Lindbergh*: その息子が 1932 年 3 月誘拐・殺害されたことにちなむ〙 ── *n.* [the ~] 〘米法〙リンドバーグ法, 州外誘拐犯処罰法《誘拐された者が無事に帰って来ない場合は通例死刑》.

lin·den [líndən] 〘《1577》《転用》← OE *linden* of a lime tree ← *lind* lime tree: cog. G *Linde*: ⇨ -en²: cf. lime³〙 ── *n.* **1** 〘植物〙シナノキ《ボダイジュの類のシナノキ属 (*Tilia*) の落葉高木の総称; 花は香気高く, 蜂蜜の原料花; 街路樹にする》. **2** リンデン材; (特に)アメリカシナノキ材《柔らかく軽い白色の木材で, 家具や建築の材料》.

Lind·es·nes [líndɪsnèɪs, -dəs-; *Norw.* lìndəsnéːs] *n.* リンデスネス(岬)《北海に突き出たノルウェー南端の岬; The Naze ともいう》.

Lin·dis·farne [líndɪsfɑ̀ən, -dəs- | -dɪsfɑ̀ːn] *n.* リンディスファーン (⇨ Holy Island).

Lind·ley [lín(d)li | -lɪ] 〘← ? OE *lind-lēah* (← *lind* 'LINDEN'+*lēah* meadow) // ← ? OE *lin-lēah* (← *lin* flax)〙 *n.* 男性名.

Lind·say [líndzi | -zɪ], **Howard** *n.* (1889–1968) 米国の劇作家・俳優.

Lindsay, John V(liet) *n.* (1922–) 米国の政治家; New York 市長 (1965–74).

Lindsay, (Nicholas) Vachel *n.* (1879–1931) 米国の詩人.

Lind·sey [líndzi | -zɪ] 〘← *Lindsey* (英国 Lincolnshire にある地名) ← OE *Lindon* (⇨ Lincoln²)+*ēg* island〙 *n.* **1** 男性名. **2** 女性名.

Lind·sey [líndzi | -zɪ], **Ben(jamin Barr)** [bɑ́ə | bɑ́ː(r)] *n.* (1869–1943) 米国の法学者; 青少年保護法の制定に貢献.

lin·dy [líndi | -dɪ] 〘← *Lindy* (C. A. Lindbergh の仇名)〙 ── *n.* リンディ《1930 年代米国の Halem に発し各地に流行した男女一組で踊る激しいダンス; lindy hop ともいう》. ── *vi.* リンディを踊る.

Lin·dy [líndi | -dɪ] 〘(dim.) ← LINDA〙 *n.* 女性名.

line¹ [láɪn] 〘OE *līn* < Gmc **līnam* ⊏L *līnum* flax, linen: ⇩〙 *n.* **1** 亜麻 (flax); リンネル. **2** 《廃》亜麻糸, リンネル糸 (linen thread).

line² [láɪn] 〘(i) OE *līne* line, row, rule ⊏L *līnea* thread, string ← *līnum* flax, linen (cf. linen) // (ii) ME ~, *ligne* ⊏(O)F *ligne*〙 ── *n.* **1 a** (細くて強い)糸, ひも, 細縄: a hemp ~ 麻ひも. **b** くもの糸. **c** (犬などをつなぐ)革ひも. **d** (曳(えい)航用の)綱, 縄: ⇨ towline. **e** 物干し綱: hang the clothes on the ~ 着物を物干し綱につるす. **f** (捕鯨用のもりについている)もり綱. **g** [通例 *pl.*] 《米》手綱(たづな). **h** (測量手・大工などの)測縄: ⇨ plumb line, sounding line.

2 釣糸: with rod and ~ 釣糸のついた釣ざおを持って / throw a good ~ 釣がうまい / wet one's ~ 釣糸をたれる.

3 (水・ガス・電気・石油などを運ぶ)導管, 管, パイプ, ホース: a steam ~ スチーム管 / an air ~ 通風管.

4 電線, 電信[電話]線: an aerial ~ 架空線 / a telegraph [telephone] ~ 電信[電話]線 / a distribution [transmission] ~ 配電[送電]線 / a local [toll, party] ~ (電話の)市内[長距離, 共同加入]線 / a main [branch] ~ (電話などの)本[支]線 / on the direct ~ 直通電話で / Hold the ~, please. (電話で)少々お待ち下さい / *Line*'s busy. 《米》(電話で)話し中 / The ~ is bad. 電話線の状態が悪い《よく聞きとれない》.

5 a (幾何・製図等で鉛筆で引いた)線, (特に)直線: a curved [straight, undulating] ~ 曲[直, 波]線 / a broken ~ 破線 / parallel ~*s* 平行線 / ruled ~*s* 罫(けい)線 / ⇨ dotted line / (as) straight as a ~ 一直線で[に] / draw [make] a ~ 線を引く. **b** 〘数学〙(点の)軌跡.

6 a (あぜみぞ・色帯・岩の割れ目などの)線, 筋, 縞(しま); 縫い目: ~*s* of color in stratified rock 成層岩の色筋 / gray ~*s* across the clouds 雲を横切る灰色の縞 / the ~ of a ridge 稜線. **b** (顔・手などの)しわ: a face seamed with ~*s* しわだらけの顔 / There were ~*s* of sleeplessness round his eyes. 目の回りに不眠のしわが出ていた. **c** 〘物理〙線: infrared ~*s* 赤外線.

7 a (連続した物の)線, 連続, 列 (row); 《米》(順番を待つ)人の列 (queue): a ~ of trees 並木 / a ~ of houses 一列に並んだ家, 家並 / a ~ of hills 連丘 / ⇨ *in* LINE (1). **b** 一致[同調]の状態: get them into ~ 同調させる.

8 a (進行しているものの)方向, 進路, 道筋, 道順, 道: a ~ of travel 旅行の道筋 / the ~ of flight of a bullet 銃弾の飛ぶ方向. **b** (鉄道の)線, 線路, 軌道: a loop ~ (鉄道の)ループ線 / the up [down] ~ (列車の)上り[下り]線 / an overhead [underground] ~ 架空[地下][電]線路 / the Tokaido *Line* 東海道線.

9 a (定期)路線, 航路, 航空路; その全車両[船舶, 飛行機]: the European ~ ヨーロッパ航路 / a steamship ~ 航路. **b** それを運営する会社, 航空会社, 運輸会社: the Great Northern *Line* (米国の)グレートノーザン鉄道会社 / the Cunard *Line* (英国の)キュナード汽船会社 / the Japan Air *Lines* 日本航空.

10 a (商品の生産・包装・船積みなどを行なうための)流れ作業列. **b** [集合的] 流れ作業に働く人たち.

11 a (文字の)行: a page of twenty ~*s* 20 行からなる 1 ページ / ⇨ *between the* LINES. **b** (詩の)一行, 詩句 (verse); [*pl.*] 詩 (piece of poetry). **c** 一くだり, 一筆, 短信 (short letter): drop [send] a person a ~ [a few ~*s*] 人に一筆書き送る / Just a ~ to tell you that … 一筆お知らせ申し上げます. **d** [通例 *pl.*] (役者の)台詞(せりふ): forget [fluff] one's ~*s* 台詞を忘れる, とちる / ⇨ *blow one's* LINES (2) / blow up in one's ~*s* ⇨ BLOW¹ *up* (vi.) (2) / go up in [on] one's ~*s* ⇨ GO *up* (7). **e** [*pl.*] 《英》罰課《罰として生徒に筆写[暗唱]させるギリシャまたはラテン詩》. **f** 《英口語》結婚認可証 (marriage lines).

12 a 家系, 歴代, 血統, 家柄: a long ~ of kings 歴代の王 / the male [female] ~ 男[女]系 / the direct ~ 直系 / come of a noble ~ 貴族の出である / He perished with all his ~. 一族もろとも滅びた. **b** (動物の)種族, 血統: a fat ~ of cattle 脂肪分の多い牛の種類. **c** 系列, 系統: the ~ of command 命令系統.

13 a (行為・政策などの)方針; 方向, 傾向: a ~ of conduct 行動の方針 / a ~ of policy 政策の方針 / a mistaken ~ 誤った方針 / *on* this ~ この方針で / *on* conservative ~*s* 保守的なやり方で / *on* the same ~*s* 同様の方針[方式]で / *on* these ~*s* この方針で / go *on* wrong ~*s* 誤った方法を取る / take [keep to] one's own ~ 我が道を行く, 自分自身の道を守る / take a strong ~ 断固とした態度[強硬措置]を取る. **b** 《口語》(人を巧みにまるめこむ)口達者な話し方, 弁舌.

14 a (知的・芸術的・仕事上の)個人の活動分野, 好きな道, 専攻, 専門, 好み, 趣味, 得手: in [out of] one's ~ 〈性に合って[合わないで], 好き[きらい]で, 得意[苦手]で / It is not in my ~ to interfere. 干渉するのは私の柄ではない / Cards are not in my ~. 私はトランプは得意でない / Geology is his particular ~. 地質学は彼の専攻です. **b** 商売, 職業: His ~ is stockbroking [medicine, grocery]. 彼の商売は株屋[医者, 食料品商]だ / What's his ~? 彼の職業は何ですか / What ~ (of business) are you *in*? どんな方面の仕事をおやりですか / I am *in* the grocery [banking, oil-and-color] ~. 食料品商[銀行業, 絵描き]をやっています.

15 《口語》〔…についての〕情報, 特別[内部]の消息〔*on*〕: get [give a person] a ~ *on* …に関する情報を得る[人に伝える], …を知る[人に知らせる] / have a ~ *on* … について情報を持っている, …を知っている.

16 a (区画または位置を示す)線, 境界線; [通例 *pl.*] 境界 (border, boundary); 限界, 限度 (limit): go over the ~ 限度を越える / draw a ~ between right and wrong 善悪の間にはっきり一線を画する, 善悪をはっきり区別する / ⇨ *draw the* [*a*] LINE (*at*…). **b** 《米俗》赤線区域, 花柳界 (red-light district): ⇨ *on the* LINE (6).

17 a [しばしば *pl.*] 輪郭, 外形 (contour): have good ~*s* in one's face 顔の輪郭が整っている. **b** [通例 *pl.*] (計画・政策などの)概略: explain the ~*s* of his foreign policy 彼の海外政策の概略を説明する. **c** [*pl.*] (船首から船尾までの)船体形状を示す線図. **d** [しばしば *pl.*] (衣服の)スタイル, 外郭線: a dress cut on the princess ~ プリンセスラインのワンピース.

18 (ペン・鉛筆・毛筆等で描いた)線, 描線, 輪郭線; 描線図: ~ and color (絵画の要素としての)線と色 / transfer life into ~ and color 実物を線と色で描写する.

19 [*pl.*] (置かれた)境遇, 運, 運命 (fortune, lot) (cf. *Ps.* 16:6): ⇨ hard line 2.

20 〘《なぞり》← F *ligne*〙 **a** ライン《長さの単位; = $^1/_{12}$ inch: 現在用いられない》. **b** ライン《ボタンの直径を測る単位; =$^1/_{40}$ inch》. **c** =line 1.

21 〘地理〙 **a** (経線・緯線などの)線: the meridian ~ 子午線. **b** [the ~] 赤道 (equator): cross *the* ~ 赤道を横切る / under *the* ~ 赤道直下に.

22 〘商業〙 **a** 持荷, 在庫商品, 商品種類, 仕入(品); その手のもの: a cheap ~ *in* hats 帽子の安口 / a full ~

of winter wear 冬物一式. **b** =LINE of credit.
23 〘トランプ〙(ブリッジのスコア表で)中央横線《獲得したトリックによる得点とプレミアムの得点とを区別する線で, 前者を下欄に, 後者を上欄に記入する; ゲームの勝敗を決するのは下欄の点だけ》.
24 〘音楽〙(五線譜の)線 (cf. space 8): ⇨ledger line 2.
25 a 《米》〘球技〙=goal line: ⇨ *hit the* LINE (1). **b** 〘《略》← *line of scrimmage*〙〘アメリカンフットボール〙スクリメージライン (cf. secondary 10); (試合開始時に)スクリメージラインに並んだ競技者, ラインマン (linemen). **c** 〘ゴルフ〙ライン《球をホールに向かって打ち進める方向》. **d** 〘野球〙=line drive 1. **e** [複合語の第2構成素として]〘スポーツ〙ライン: ⇨ goal line, sideline 3. 「ともいう」.
26 〘ボウリング〙10 frames から成る1ゲーム《string
27 a 〘海軍〙戦列, 陣形; 横陣; [集合的] 戦列艦 (line of battle): ~ abreast 横陣. **b** 〘陸軍〙横隊 (cf. column 5); (中隊の各小隊を一線に並列した)二横隊陣: form ~ 横隊を作る / *in* ~ 横隊に / draw up *in* ~ 横隊に整列させる / wheel *into* ~ 向きを変えて横隊になる. **c** 〘空軍〙(飛行場に整列した航空機の)列線.
28 〘軍事〙 **a** [通例 *pl.*] 前線, 戦線, 防御線; [*pl.*] (広大な戦線を構成する)布陣: ⇨front line 2 / behind the ~ 銃後の[で] / ⇨ *all along the* LINE (1) / go into the ~ 戦列に加わる. **b** 《廃》塹壕(ざんごう) (trench), 塁壁 (rampart); [*pl.*] 堡塁(ほうるい) (fieldworks); 要塞線: ⇨ Maginot Line, Siegfried Line. **c** [*pl.*]《英》宿営(区域).
29 [the ~]〘軍事〙 **a** 《英》(近衛(このえ)兵・臨時軍と区別して)正規軍 (regular army). **b** 《米》(参謀部・兵站(へいたん)部隊と区別して)戦闘部隊. **c** 〘海軍〙(正規の)海軍力; 〘米陸軍〙(戦闘部隊付きの)兵科将校; 〘米海軍〙(参謀将校と違い, 上官事故あるとき指揮権を継承する)戦列将校.
30 〘テレビ〙走査線 (scanning line). 「額.
31 〘保険〙ライン: **a** 保険の種目. **b** 保険者の引受
32 〘フェンシング〙剣士の身体のライン《攻撃・防御が行なわれる上下左右の四つの部分の一つ》.
33 〘紡織〙ライン: **a** 麻の長い繊維(10インチ以上). **b** 長糸. **c** 細目のロープ.
34 〘狐狩〙狐の残した臭跡.
35 〘活字〙 **a** 並び線《a, c, x のような欧文小文字の下端の仮想線; ↔mean line》. **b** 《英》ライン《ポイント数の大きい活字を言い代えるのに使う; 1ラインは12
36 〘電気〙=maxwell. 「ポイント》.
above* [*below*] *the line (1) 一定の標準以上[以下]の. (2) 〘トランプ〙(ブリッジで)上[下]欄の, ゲームの成立に直結しない[する] (cf. *n.* 23). ***all along the line*** (1) (戦線などの)全体にわたって, 全線で. (2) 至る所で, どこでも. (3) いつでも, しょっちゅう. (4) すべての点で, すっかり, 全く. ***between the lines*** (1) 行間に: read *between the* ~*s* 言外の意味を読みとる, 眼光紙背に徹する. (2) それとなく, ほのめかして: He made it clear, *between the* ~*s*, that he would accept the offer. それとなくその申し出を受けることを明らかにした. ***blow one's lines*** (1) 予定の方針からはずれる; 首尾一貫しなくなる. (2) 台詞(せりふ)を忘れる, とちる (cf. 11 d). ***bring into line*** (1) 整列させる, 一列にそろえる. (2) 〈人を〉一定の方針[基準]に添わせる, 同調させる, 一致させる. ***by line*** =*by* RULE *and line*. ***come* [*get*] *into line*** 一列に並ぶ; 同意[協力]する. ***down the line*** (1) 《米》町の中心地へ (downtown). (2) 完全に, 十分に: go *down the* ~ 全面的に支持する / follow a person's orders (all) *down the* ~ 人の命令を完全に守る. (3) (テニスなどネットゲームで)〈ショットが〉(コートサイドに)ストレートに (cf. crosscourt). ***draw the* [*a*] *line* (*at*...)** (...に)行動の限界をおく, (...まで[以上]は)やらない (cf. 16 a): know when [where] to *draw the* ~ 越えてはならない一線を知っている, 度を越した行いをしない / We *draw the* ~ *at* using violence. 暴力に訴えるということまではしないことにしている / One must *draw the* ~ somewhere. 我慢にもほどがある, どこまでも忍べるものではない. ***fall into line*** (1) [...と]一列に並ぶ〔*with*〕. (2) [...と]歩調を合わせる, 同調する, 行動を共にする〔*with*〕. ***give line*** 〘測量〙測線の方向を測量手に示す. ***give a person line enough*** (釣鉤にかかった魚に糸を繰り出すように)〈人を〉一時勝手にさせておく, 泳がせておく; 〈人を〉しばらく自由にさせ[言わせ]ておく, あめをしゃぶらせておく. ***hit the line*** (1) 〘アメリカンフットボール〙ボールを持ってラインの突破を試みる. (2) しっかりと[勇敢に]事を試みる. ***hold the line*** (1) 戦線[戦列]を維持する. (2) 立場[方針]を守る, あとへ退(ひ)かぬ. (3) ⇨4. (4) 〘アメリカンフットボール〙相手のボールの前進をはばむ. ***in line*** (1) 一直線に, 列をなして〔*with*〕: stand *in* ~ (順番を待って)列を作る, 列に並ぶ / wait *in* ~ for tickets 切符を求めて列を作って待つ. (2) 一致して, 同意して〔*with*〕. (3) 押えて, 制御して, 統制して: keep one's sentiment *in* ~ 感情を抑える. (4) ⇨27. ***in line for*** 〈地位など〉を得るはずで, ...を受ける見込みで: *in* ~ *for* a promotion 昇進の見込みで / He is *in* ~ *for* the next managership. 彼が次の支配人になる順番である. ***in* (*the*) *line of duty*** 職務中, 職務[公用]で. ***lay it on the line*** (1) 金を支払う, 皆済する (pay up). (2) 率直に[口語]衣を着せずに]話す. (3) ⇨ *on the* LINE (3). ***line upon line*** 着々と (cf. *Isa.* 28: 10). ***on a line*** (1) 同等の水準で; 同等の[に]〔*with*〕. (2) 〘野球〙〈当たりが〉ライナー性の[になって]. ***on line*** 〘測量〙測線上に[の]. ***on the line*** (1) 境界線上に; どっちつかずで. (2) 〈絵など〉目の高さに《最も有利な高さ》: pictures hung *on the* ~ (展覧会などで)観覧人の目の高さにかけられた絵. (3) (名誉・将来・仕事などを)危険にさらして, 賭けて (at hazard): put [lay, place] one's future *on the* ~ 自分の将来を賭ける. (4) 即座に (cf. *lay it on the* LINE (1)): pay cash *on the* ~ 現金を即座に支払う. (5) 電話に出て: Mr. Mendel came *on the* ~. メンデル氏が電話に出た / Get his office *on the* ~. 彼の事務所に電話をつないでくれ. (6) 《米俗》売春婦に: go *on the* ~ 売春婦になる. ***on the lines of***... と類似した, ...に似た (like). ***out of line*** (1) 一列にならないで, 列を乱して〔*with*〕. (2) 一致しないで, 調和しないで〔*with*〕: step *out of* ~ 独立した行動をとる / Prices and wages are badly *out of* ~. 物価と賃金がひどく釣合いがとれていない. (3) 押えられないで; 統制を破って; 法外で: His claim is *out of* ~. 彼の要求は法外だ. (4) 礼を失して: He was *out of* ~ at the party. 彼はパーティーで失礼だった. ***own the line*** 《英》〈猟犬が〉狐の遺臭をかぎつける. ***put* [*place*] *it on the line*** =*lay it on the* LINE. ***ride the line*** (迷い牛を駆り集めるために)牛の群れの外側を乗り回る. ***shoot a line*** 《俗》自慢する; ほらを吹く (boast). ***take line*** 〘測量〙(測量手の指示により)測線を表示するためにポール等を置く. ***the line of least resistance*** 最少抵抗線《事をなす最も安易な方法》: take [choose, follow] *the* ~ *of least resistance* 最も安易な方法をとる. ***toe the line*** ⇨toe *v.* 成句.
line of action (1) 行動の方針; 作業系統. (2) 〘物理〙作用線.
line of Affection 〘手相〙愛情線.
line of Apollo 〘手相〙=LINE of (the) Sun.
line of apsides 〘天文〙(天体の軌道の)長軸.
line of battle 〘軍事〙(1) 戦列; [集合的] 戦列艦, 戦列部隊. (2) 戦線, 前線 (battle line).
line of beauty 〘美術〙=Hogarth's line.
line of brilliancy 〘手相〙=LINE of (the) Sun.
line of command =CHAIN of command.
line of communication(s) 〘軍事〙(基地との)後方連絡線, 交通線, 兵站(へいたん)線《作戦部隊と作戦基地を結び, 補給および増援の経路となる陸・水・空の連絡線》.
line of credit 〘商業〙信用限度《客が掛けで買うことを許された額; 単に line ともいう》.
line of defense 防御線: fix [establish] a ~ *of defense* 防御線を設定する.
line of discontinuity 〘気象〙不連続線.
line of Fate 〘手相〙運命線.
line of fire 〘軍事〙(1) 射線方向, 主線(方向)《発射直前の火砲の火身口より火身軸の方向へ水平に伸びる直線》. (2) 砲列線《火砲の布置してある線》.
line of flow (1) 〘数学〙流線. (2) 〘物理〙流線 (flux-line).
line of force 〘物理〙力線, 指力線.
line of fortune 〘手相〙=LINE of (the) Sun.
line of Head 〘手相〙頭脳線.
line of Health 〘手相〙健康線.
line of Heart 〘手相〙感情線.
line of induction 〘物理〙磁力線.
line of Life 〘手相〙生命線 (lifeline).
line of march 〘軍事〙(1) 進路《行進の経路または方向》. (2) 行進隊形《行進のための部隊の規則的配列》.
line of Marriage 〘手相〙(1) 結婚線. (2) =LINE of Affection.
line of Mars 〘手相〙副生命線
line of partition 〘紋章〙=partition line.
line of position (1) 〘陸軍〙=LINE of site. (2) 〘海事・航空〙位置線《ある船[飛行機]がそれに沿って航行しているはずの線; 2本以上の位置線の交点が船[飛行機]の位置になる》.
line of scrimmage 〘アメリカンフットボール〙スクリメージライン[線]《攻撃・守備がニュートラルゾーンをはさんで対峙するライン; それぞれ自己に近い方の仮線を自軍のスクリメージラインとする; scrimmage line ともいう》.
line of sight (1) 〘軍事〙照準線《照準器や眼鏡などの視軸》. (2) 〘眼科〙=LINE of vision. (3) 〘通信〙レーダー視示界線.
line of site 〘陸軍〙高低線《銃口と目標を通じる直線》.
line of success 〘手相〙=LINE of (the) Sun.
line of supply 〘陸軍〙補給線, 兵站(へいたん)線.
line of (the) Sun 〘手相〙成功線.
line of vision 〘眼科〙注視線, 視軸《着目する物体と目の黄斑中心窩とを結ぶ直線》.
— *vt.* 1 ...に線を引く, 罫(けい)を引く〈*out*〉; ...に筋をつける: ~ paper [a book] 紙[帳簿]に罫を引く. **2** 〈顔〉にしわをつける[刻む]〔*with*〕: a face ~*d with* pain 痛みのためにしかめた顔 / Age ~*d* his face. 年をとったので顔にしわが寄った. **3** 線で描く, ...の輪郭を取る: ⇨LINE *off*. **4** 一列にする, 一線に並べる〈*up*〉: ~ *up* troops along a road 道路に沿って兵隊を並べる / We were ~*d up* in a row. 一列に並んだ. **5 a** 〈物・人を〉〈壁・街路など〉に沿って並べる〔*with*〕: ~ a street *with* trees 街路に並木を植える / The main street was ~*d with* police. 大通りは警官隊が並んだ. **b** 〈物・人が〉...に沿って並ぶ: Cars ~*d* the curb. 車が歩道の縁に沿って並んでいた. **6** 《古》 **a** 細綱で〈長さ・距離・深さなどを〉計る. **b** 細綱で縛る. **7** 〘野球〙〈投げられたボールを〉ライナーで打ち返す; 〈ボールを〉まっすぐ[水平]に投げる. **— *vi.* 1** 一列に並ぶ, 整列する〈*up*〉(cf. lineup): ~ *up for* inspection 視察を受けるために整列する / ⇨LINE *up*. **2** 〈場所などが〉[...に]接する〔*on*〕: ~ *on* the street 通りに接している. **3** 〘野球〙ライナーを打つ. **4** 〘釣〙釣糸で魚を釣る.
line off 線で仕切る: ~ *off* streets on a plan 計画に基づいて街路を仕切る. ***line out*** (*vt.*) (1) 〈設計図など〉の大体を写す, 輪郭を描く. (2) (あとをつけて歌わせるために)〈賛美歌などの歌詞を〉行を追って読む. (3) 元気よく歌う, 演奏する: ~ *out* a song. (4) 〈苗木を〉並べて植える. (5) 列に並べる: ~ the cattle *out* along the trail. (6) 《方言》叱る, 罰する. (*vi.*) (1) (ある方向に)急いで行く: ~ *out* for home 家へ急行する. (2) 〘野球〙ライナーを野手の正面に打ってアウトになる. ***line through*** 線を引いて消す. ***line up*** (*vi.*) (1) (順番を待って)一列に並ぶ (cf. *vi.* 1): ~ *up for* a bus 並んでバスを待つ / ~ *up* to buy tickets. (2) 〘アメリカンフットボール・野球〙(試合開始前に)勢揃いする. (*vt.*) (1) ⇨ *vt.* 4. (2) 〈機械を〉調整する. (3) 結集させる: ~ *up* support for a candidate 候補者への支持を結束させる / ~ *up* popular entertainers 人気のある芸能人を勢揃いさせる. (4) 確保する, 手に入れる: ~ *up* a lot of evidence against him 彼に不利な証拠をたくさん手に入れる. ***line up alongside* [*with*]** 《口語》...と提携する. ***line up behind*** 《口語》...の下に結集する[させる]: ~ *up behind* a new leader. ***line up for* [*against*]** 結集して...に賛成[反対]する.
line[3] [láɪn] 〘《*c*1387–95》*lyne*(*n*) ← LINE[1]: 裏打ちの材料に linen を用いたことから〙 **— *vt.* 1 a** 〈衣服など〉に[...の]裏を付ける; [...で]裏打ち[内張り]する〔*with*〕(cf. lining[2] 2 a): ~ a coat *with* fur コートに毛皮の裏をつける / ~ a box [drawer] *with* tin 箱[引出し]にブリキの内張りをする / a library ~*d with* bookcases ずらりと本棚の並んだ書斎 / ⇨lined[2] 1. **b** 〈靴〉に裏を付ける. **2** 〈布などが〉...の裏地[おおい]になる: Tapestries ~*d* the walls. つづれ織りが壁をおおっていた. **3** 〈ポケット・胃など〉に[...を]詰め込む〔*with*〕: ~ one's purse [pockets] *with* questionable profits いかがわしい利得でふところを肥やす / ⇨lined[2] 2. **4** 〘製本〙〈本〉の背固めをする〈*up*〉. **— *n.*** (合板を構成する板を張り合わせている)接着剤の層.
line[4] [láɪn] 〘《*a*1398》*lyne*(*n*) ▭ OF *lign-er*: ⇨align〙 *vt.* 〈イヌ科の動物の雄が〉〈雌〉と交尾する (cover).
line·a·ble [láɪnəbl] *adj.* =linable.
lin·e·age[1] [líniɪdʒ] 〘《?*a*1300》▭(O)F *lignage* ← *ligne* 'LINE[2]': ⇨-age〙 **— *n.* 1** 血統, 血筋, 家柄; 由来, 背景: a man of ancient [lofty, illustrious] ~ 旧家[高い家柄, 名門]の人 / a person of unknown ~ どこの馬の骨だかわからぬ人. **2** (共通の祖先から出た)種族, 部族.
line·age[2] [láɪnɪdʒ] *n.* =linage.
line ahéad *n.* 《英》〘海軍〙縦陣, 縦隊 (column) (cf. line abreast ⇨line[2] 27 a): single ~ 単縦陣.
lin·e·al [líniəl | -nɪəl, -njəl] 〘《*a*1398》▭(O)F *linéal* ▭ LL *lineālis* ← L *linea* 'LINE[2]'〙 **— *adj.* 1** 直系の, 正統の (cf. collateral 3): a ~ ascendant [descendant] 直系尊[卑]属. **2** 先祖伝来の (hereditary): a ~ right, feud, etc. **3** (同一)血統の, 家柄の; 種族の: ~ relatives. **4 a** 線の, 線状の; 線で測った (linear). **b** 線から成る, 線で作られた: a ~ design 線模様. **~·ly** *adv.* **lin·e·al·i·ty** [lìniǽləṭi | -nɪǽlətɪ, -lɪ-] *n.*
lìneal méasure *n.* =linear measure.
lin·e·a·ment [líniəmənt | -nɪə-, -njə-] 〘《?*a*1425》▭ L *lineāment-um* stroke made with a pen, feature ← *linea* 'LINE[2]'〙 **— *n.* 1** [通例 *pl.*] **a** 目鼻立ち, 人相, 容貌; (体の)外形, 輪郭. **b** 特徴: the ~*s* of Christian life キリスト教徒の生活の特徴. **2** (断層など直線状の)地形上の特徴. **3** 《古》少量, わずか. **lin·e·a·men·tal** [lìniəménṭl | -nɪəméntl, -njə-] *adj.*
lin·e·ar [líniə | -nɪə(r, -njə(r] 〘《1642》▭ L *lineār-is* ← *linea* 'LINE[2]': ⇨-ar[1]〙 **— *adj.* 1** 線の, 直線の; 線形の, 線を使った, 線から成る: a ~ design 線模様. **2** 長さだけの, 長さに関する. **3** 〘数学〙一次の, 線型[線形]の: ⇨linear equation, linear function 1. **4 a** 〘生物〙糸状の, 線状の, 細長い: a ~ leaf. **b** 〘心理〙=ectomorphic. **5** 〘音楽〙線的な《多声音楽で和声より各声部の自由な進行に重きを置いていること》: ~ counterpoint 線的対位法《Ernst Kurth (1886–1946) の造語》. **6** 〘美術〙 **a** 線的な: ~ art. **b** 主に単純な線のみで描かれた. **7** 〘電子工学〙直線性の, 線型の. **8** 〘物理〙〈効果が〉(原因に)比例する, 線形の, 〈分子など〉線状の, 細長い. **~·ly** *adv.*
Línear Á *n.* 線文字A《Crete 島及び付近のギリシャの島から出土した粘土板に刻まれた紀元前18–15世紀の音節文字; まだ解読されていない; cf. Linear B》.
línear accélerator *n.* 〘物理〙線形加速器《極超短波電圧を用いて荷電粒子を一直線に走らせて加速する装置》.
línear álgebra *n.* 〘数学〙線形代数(学).
línear álkylate súlfonate *n.* 〘化学〙鎖状アルキルスルホン酸エステル.
Línear B́ *n.* 線文字B《主に Crete 島の Knossos 及びギリシャ本土の Pylos で出土した粘土板の刻文をもとに解読された紀元前15–12世紀の音節文字でミケーネ-ギリシャ語に使われている; cf. Linear A》.
línear combinátion *n.* 〘数学〙一次[線形]結合《与えられた幾つかのベクトルに任意のスカラーを掛けたものの和》.
línear depéndence *n.* 〘数学〙一次従属性《一次独立 (linear independence) でないこと》.
línear differéntial equátion *n.* 〘数学〙線型常微分方程式.
línear equátion 〘《なぞり》? ← F *équation linéa-*

ire〗 *n.* 〖数学〗一次方程式.
lìnear fráctional transformátion *n.* 〖数学〗一次分数変換《一次分数式で与えられる複素数平面上の変換; Möbius transformation ともいう》.
línear fúnction *n.* 〖数学〗 **1** 一次関数. **2** =linear transformation.
línear fúnctional *n.* 〖数学〗線形汎関数.
línear gráph *n.* 〖数学〗リニアグラフ.
línear hypóthesis *n.* 〖統計〗線型仮説《線型(一次)方程式で示されるような null-hypothesis》.
línear indepéndence *n.* 〖数学〗一次独立性《一次独立 (linearly independent) であること》.
línear-indúction mòtor *n.* 〖電気〗リニア誘導機《誘導電動機の原理によるリニアモーター; 略 L.I.M., LIM, lim》: a single-sided [double-sided] ~ 片側[両側]式誘導機.
lin·e·ar·i·ty [lìniǽrəṭi, -ér- | -nɪǽrəti, -rɪ-] *n.* **1** 線状[線形]であること. **2** 〖電子工学〗直線性《出力が入力に正比例する性質》. **3** 〖テレビ〗直線性, 無歪性. **4** 〖物理〗線形性, 一次性《効果が原因に比例すること》.
lin·e·ar·ize [líniəràɪz | -nɪə-, -njə-] *vt.* **1** 線状[形]にする. **2** 線形に投影する. **lín·e·ar·ìz·a·ble** [-zəbl] *adj.* **lin·e·ar·i·za·tion** [lìniərɪzéɪʃən, -rə- | -nɪəraɪ-, -njə-, -rɪ-] *n.*
línearly depéndent *adj.* 〖数学〗一次従属な《一次独立 (linearly independent) でない時にいう》.
línearly indepéndent *adj.* 〖数学〗一次独立な《ベクトルの集合が, その要素のどの一次結合も, 掛けたスカラーが0でない限り0にならないという性質をもつ時にいう; cf. linearly dependent》.
línearly órdered sét *n.* 〖数学〗線形順序集合 (⇨ totally ordered set).
línear mánifold *n.* 〖数学〗線型空間, 線形多様体.
línear méasure *n.* 長さの単位; 尺度法《inch, foot, yard, meter, mile などのような長さの単位; またメートル法, ヤードポンド法などにおける面積の単位系》.
línear moméntum *n.* 〖物理〗線運動量.
línear mótor *n.* 〖電気〗リニアモーター《回転形ではなく直線形の動きをするモーター; 浮上式鉄道などに用いられる; ⇨ linear-induction motor, linear synchronous motor, hovertrain》.
línear perspéctive *n.* 〖数学〗直線遠近図法 (⇨ perspective 1).
línear polarizátion *n.* 〖光学〗直線偏光《光あるいは電磁波の電気ベクトル[磁気ベクトル]の振動が進行方向を含む一つの面内に限られている状態をいう》.
línear prógramming *n.* 〖数学〗線型計画(法)《経済・技術・軍事などの計画について一次式を利用して, ある量の最大または最小の条件を導き出す計算(法)》.
línear spáce *n.* 〖数学〗線型[線形]空間 (⇨ vector space).
línear strúcture *n.* 〖地質〗線構造
línear sýnchronous mótor *n.* 〖電気〗リニア同期機《同期電動機の原理によるリニアモーター; 略 L.S.M., LSM, lsm》.
línear transformátion *n.* 〖数学〗一次変換, 線形変換.
lin·e·ate [líniət, -niɪt, -nièɪt | -nɪət, -niɪt, -nièɪt] 〖□ ML *lineāt-us* (p.p.) ← *lineāre* to make into a straight line ← *līnea* 'LINE²'〗 — *adj.* (多く平行した)線のある, 線条のある.
lin·e·at·ed [líniètɪd, -ṭəd | -nièɪt-] *adj.* =lineate.
lin·e·a·tion [lìniéɪʃən | -nɪ-] 〖(*a*1398) *lineacioun* □ LL *lineātiō(n-)*: ⇨ lineate, -ation〗 — *n.* **1** 直線を引くこと, 線で仕切ること; (線による)仕切り. **2** 輪郭を描くこと; 輪郭(outline). **3 a** 線の配列. **b** [集合的] 線 (lines). **4** (詩などの)行の配列. **5** 〖地質〗リニエーション, 線構造 (cf. planar structure).
líne·bàcker *n.* 〖アメリカンフットボール〗ラインバッカー《ディフェンスのラインのすぐ後を守るプレーヤー》.
líne·bàcking *n.* 〖アメリカンフットボール〗ラインバッカーが守備する動作.
líne blòck *n.* 〖印刷〗=linecut.
líne brèaker *n.* 〖電気〗断流器《電源と負荷との間に入れるスイッチの一種》.
líne·brèed 〖《逆成》↓〗 *vi.* 同種異系繁殖する. — *vt.* 〈動物〉に同種異系繁殖させる.
líne·brèeding *n.* 〖生物〗同種異系繁殖 (cf. inbreeding).
líne·càster *n.* 〖印刷〗ラインキャスター, 行鋳植機.
líne·càsting *n.* 〖印刷〗行鋳植《1 行分を一塊として鋳造すること; その鋳植方法; slugcasting ともいう》.
líne chíef *n.* 〖米空軍〗(下士官の)整備班長.
líne còpy *n.* 〖印刷〗線画原稿《図形などを白黒の2色で仕上げた原稿》.
líne·cùt *n.* 〖印刷〗線画凸版; 線画凸版画《line block, line engraving, line plate ともいう》.
lined¹ *adj.* **1** 線[罫(ｹｲ)]を引いた, 線[罫]のある: ~ paper 罫紙. **2** [しばしば複合語の第2構成素として] **a** (…の)しわのある: one's deep-*lined* brow 深いしわの刻まれた額. **b** (…の)一列に並んだ, (…の)並木のある: an oak-*lined* avenue.
lined² 〖⇨ line³〗 — *adj.* [通例複合語の第2構成素として] **1** (…で)裏打ちした, 裏付きの: fur-*lined* gloves 毛皮の裏のついた手袋. **2** 《ポケットなど》中味がふくれ上がった, 充満した: well-[richly-]*lined* pockets たんまり金のはいっているポケット.
líne dràwing *n.* (ペンまたは鉛筆の)線画.
líne drìve *n.* **1** 〖野球〗ラインドライブ, ライナー《水平に飛ぶ打球; liner ともいう》. **2** 〖ゴルフ〗「ごろ」打ち.
líne dròp *n.* 〖電気〗線路電圧降下.
líne engràving *n.* 〖印刷〗 **1** 直刻凹版, 線彫り; 直刻凹版画. **2** 線画凸版術[法]; 線画凸版. **líne engràver** *n.*
líne ètching *n.* 〖印刷〗=linecut.
líne frèquency *n.* 〖テレビ〗線周波数《1 秒間に描かれる走査線数; cf. frame frequency》.
líne gàuge *n.* 〖印刷〗倍数尺, 倍尺, 倍指し《組版の大きさを測るものさし》.
líne gràph *n.* 〖数学〗線グラフ.
líne-hàul *n.* ターミナル間の貨物[乗客]の輸送.
líne ìntegral *n.* 〖数学〗線積分《関数の曲線に沿う積分》.
Líne Íslands *n. pl.* [the ~] ライン諸島《太平洋中央部にある一群のさんご島; Christmas 島などを含む; 現在は独立国; Gilbert Islands, Kiribati》.
líne jùdge *n.* 〖サッカー〗線審.
líne·lìke *adj.* 線のような.
líne lòss *n.* 〖電気〗線路損.
líne·man [-mən] *n.* (*pl.* **-men** [-mən, -mèn]) **1** (電信・電話の)架線[保線]工夫; 鉄道工夫. **2** 《米》〖測量〗測線手. **3** 〖アメリカンフットボール〗ラインマン《センター, ガード, タックル, エンドの計7名のプレーヤー》.
líne mèasure *n.* 〖印刷〗=line gauge.
línemen's clímber *n.* 《米》昇柱器《架線[保線]工夫が電柱などに登るのを助けるため靴の裏につける, または足に帯で結びつけるスパイク[かぎ]状の器具》.
lin·en [línɪn, -nən | -nɪn] 〖OE *linnen, linen* (adj.) made of flax < (WGmc) **linin* (Du. *linnen* / G *leinen* (adj.)) ← Gmc **līnam* 'LINE¹': ⇨ -en²〗 — *n.* **1 a** 亜麻布, リネン, リンネル. **b** 亜麻糸. **2** [しばしば *pl.*] リネン[リンネル]類 (linen goods); [集合的] リンネル製品, (その代用として)キャラコ製品《特に敷布・シャツ・下着・食卓かけなど》: change one's ~ every day 毎日シャツを取り替える / send dirty ~ to the laundry 汚れたリンネル類を洗濯に出す / ⇨ bed linen, table linen. **3** 〖製紙〗=linen paper.
shoot one's linen ⇨ shoot¹ 成句. ***wash one's dirty linen at home [in public]*** ⇨ dirty linen.
— *attrib. adj.* 亜麻(製)の, リンネルの(ような): ~ cloth, thread, etc.
línen cùpboard [clòset] *n.* リネン類入れの戸棚[納戸]《シーツ・タオル・食卓かけなどを入れる戸棚》.
línen·dràper *n.* 《英》切れ地[生地]商(人)《リンネル, キャラコ, その他婦人服地などを売る》.
lin·en·ette [lìnɪnét, -nə-] 〖⇨ -ette〗 *n.* 綿リンネル.
línen·fòld *n.* 〖建築〗リネンフォールド, リンネルひだ彫り[飾り]《チューダー朝の室内にしばしば用いられるナプキンの折目のようなひだ模様彫りで, 腰羽目などの装飾に用いる》.
línen pàper *n.* 〖製紙〗 **1** リネン紙, リネンペーパー《亜麻を原料とする紙》. **2** リネン表面紙《リネン仕上げの紙》.
línen pàttern [scròll] *n.* =linenfold.
línen wédding *n.* 亜麻婚式《結婚 12 周年の記念式[日]; ⇨ wedding 4》.
líne-of-báttle shìp *n.* =SHIP of the line.
líne òfficer *n.* 〖軍事〗兵科将校, 戦闘兵種将校, 戦列将校《歩兵・砲兵・工兵など, 戦闘を主要任務とする兵種に属する将校; cf. staff officer 1》.
lin·e·o·late [líniəlèɪt | -nɪ-] 〖← NL *lineolat-us* ← L *linela* (dim.) ← *līnea* 'LINE²': ⇨ -ate²〗 *adj.* 〖生物〗細い線のある.
lin·e·o·lat·ed [líniəlèṭɪd, -ṭəd | -nɪəlèɪt-] *adj.* =lineolate.
líne-òut *n.* 〖ラグビー〗ラインアウト《ボールがタッチライン外に出た後, 両チームのフォワーズがそのタッチラインと直角平行に並び, 相手の競技者がその間にボールを投入して競技を続行するプレー》.
líne plàte *n.* 〖印刷〗=linecut.
líne prìnter *n.* 〖電算機〗ラインプリンター, 行印字機, 作表機《文字を1字ごとに印刷するのではなく, 1行ずつまとめて印刷することができる計算機の高速印字装置; cf. chain printer》.
líne prìnting *n.* 〖電算機〗ラインプリンターで計算機の出力を取り出すこと.
lín·er¹ 〖(1819): ⇨ line²〗 — *n.* **1** (大洋航路などの)定期船; 定期航空[旅客]機 (airliner). **2 a** 線を引く人. **b** 1 行いくらで書く作家, 三文文士(penny-a-liner). **3 a** 線を引く道具; 絵筆. **b** アイライン《目の周囲に線を描く鉛筆状の顔料》. **4** 〖野球〗ライナー. **5** 〖園芸〗温室内で列状に植えかえる前の小さな苗(木), 芽接予定の台木苗. **6** 《古》=SHIP of the line.
lín·er² 〖(1611): ⇨ line³〗 — *n.* **1** 裏を付ける人. **2 a** 裏に付ける[当てる]物; 裏地. **b** ライナー《コートなどの裏につける取りはずしのできる暖かい裏地》. **3** (機械・銃砲などの摩滅を防ぐための)きせ金, 敷きがね. **4** (通例録音されている音楽や演奏家の解説が印刷してあるレコードなどの)ジャケット; その説明文, ライナー《liner note ともいう》. **5** 〖製紙〗ライナー《段ボールなどの表裏に使う板紙》. **~·less** *adj.*
líne règister *n.* 〖通信〗加入者度数計.
líne scòre *n.* 〖野球〗ラインスコア《対戦した両チームの獲得点数・ヒット数・失策数のみを記した得点表; cf. box score 1》.
líne-sequéntial sýstem *n.* 〖テレビ〗線順次方式 (⇨ sequential system).
línes·man [-mən] 〖← LINE² + -s² 2 + MAN¹: cf. craftsman, etc.〗 — *n.* (*pl.* **-men** [-mən, -mèn]) **1** =lineman 1. **2** 〖軍事〗兵科の軍人, 戦闘兵種の軍人, 戦列兵士《歩兵・砲兵・工兵など戦闘を主要任務とする連隊に属する軍人》. **3** (テニス・アメリカンフットボール・野球などの)ラインズマン, 線審.
líne spàce *n.* (タイプする場合の)行間(の余白).
líne spàce léver *n.* (タイプライターの)行間レバー《line spacer, carriage return ともいう》.
líne spèctrum *n.* 〖光学〗線スペクトル《原子・分子や原子核などが放出する光の振動数でそれぞれの系に特有のもの; cf. continuous spectrum》.
línes plàn *n.* 〖造船〗船体線図《側面・半幅・正面の各線図に, 寸法や水線位置などが入れてある一組の設計図》.
líne squàll *n.* 〖気象〗線上に並んだスコール[雷雨].
líne stòrm *n.* 《米》〖気象〗=equinoctial storm.
líne synchronizàtion *n.* 〖電気〗線同期, 電源同期.
líne-thròwing gún *n.* =Lyle gun.
Li·net·te [lɪnéṭə, lə- | -néta] 〖□ OF ~ □ Welsh ELUNED: cf. linnet〗 *n.* 女性名《異形 Linetta, Linnet, Lynette》.
líne·ùp *n.* **1** (検査・行動のためなどの)人々の整列(queue), (特に, その中から犯人などを見出そうとするための)面通しの人の列; その人たち: Three suspects were included in the police ~. 警察の面通しの列の中に 3 人の容疑者が入っていた. **2** (ある共同の目的のために結集した人々の)顔ぶれ, 構成, 陣容. **3** (続いて起こる)一連の出来事; (ラジオ・テレビなどの)番組(構成). **4** 〖アメリカンフットボール〗(試合開始の際の)整列. **5** 〖スポーツ〗(持場に対する)選手の配置, ラインナップ; 出場メンバー.
líne vèctor *n.* 〖数学〗=sliding vector.
líne vòltage *n.* 〖電気〗線間電圧.
líne-wòrk *n.* (ペンまたは鉛筆の)線画.
line·y [láɪni | -nɪ] *adj.* (**lin·i·er**; **-i·est**) =liny.
ling¹ [líŋ] 〖(1287) □ ON *lyng*〗 — *n.* 〖植物〗ギョリュウモドキ, ナツザキエリカ (*Calluna vulgaris*)《荒地に生えるツツジ科の低木で, ヨーロッパ産の最も普通のヒース (heather)》.
ling² [líŋ] 〖(1228) *ling, lenge* ← ? LG (cf. Du. *leng*): cf. long¹〗 — *n.* (*pl.* ~, ~**s**) 〖魚類〗 **1** 北大西洋産タラ科の体の長い食用魚《メルルーサ (hake), カワメンタイ (burbot) など》. **2** =lingcod.
ling. 《略》linguistics.
-ling¹ [lɪŋ] 〖OE ~ < Gmc *-*liggs*: ⇨ -le¹, -ing³〗 — *suf.* **1** 名詞に付ける指小辞《しばしば軽蔑的な意味を伴う》: duck*ling*, gos*ling*, prince*ling*. **2** 名詞・形容詞・副詞などに付いて「…に属する[関係のある]人[物]」の意を表わす名詞を造る: hire*ling*, sap*ling*, dar*ling*, under*ling*, shave*ling*.
-ling² [lɪŋ] 〖OE ~, -*lang* < Gmc *-*liŋg*-, **laŋg*-〗 — *suf.* 状態を表わす副詞・形容詞を造る《今は通例古語か方言に限られ, 一般には -long が用いられる》: dark*ling*, flat*ling*, side*ling*.
lin·ga [líŋgə] *n.* =lingam.
Lin·ga·la [lɪŋgɑ́ːlə] *n.* リンガラ語《Zaire で公用語および商用語として用いられる Bantu 語の一種》.
lin·gam [líŋgəm] 〖(1719) □ Skt *liṅga(m)* symbol, penis ← ?〗 — *n.* **1 a** 男根像《インドで Siva 神の表象として礼拝する; cf. phallus 1, yoni》. **b** 男根, リンガ. **2** 〖サンスクリット文法〗性 (gender).
Lin·ga·yat [lɪŋgɑ́ːjət] 〖□ Kanarese *liṅgāyata* ← Skt *liṅga* (↑): 男根像 (lingam) を崇拝し紐で首にかけていたことから〗 — *n.* 〖ヒンズー教〗シヴァ教の一宗派の信者.
líng·còd 〖⇨ ling², cod¹〗 *n.* (*pl.* ~, ~**s**) 〖魚類〗北太平洋産アイナメ科の重要食用魚(*Ophiodon elongatus*)《cultus, cultus cod ともいう》.
lin·ger [líŋgə | -gə(r)] 〖(*a*1325) *lengere(n)* (freq.) ← *lenge(n)* ← ON *lengja* = OE *lengan* to lengthen, delay < Gmc **laŋgjan* (Du. *lengen* / G *längen*) ← **laŋg*- 'LONG¹'〗 — *vi.* **1** 長居する, (去りかねて)ぐずぐずする (stay on, tarry) 〈*on*〉 (cf. lingering 1): He ~*ed (on)* after all had gone. みんなが去った後までぐずぐずしていた. **2** (さっさと行かないで)ぶらぶらする, ぶらつく (loiter): ~ on the way 途中をぶらぶらする / ~ home ぶらぶら家へ帰る. **3 a** 〈病人が〉か細く生きながらえる, 死なずに生きながらえる. **b** 〈音・雪・疑念・習慣などが〉なかなか消え去らない[なくならない]: Her voice still ~s on my ears. 彼女の声は今でも耳から離れない. **c** 〈病気・戦争などが〉だらだら長引く (drag on). **4** (ぐずぐずして)手間どる, だらだらしている: ~ *over* one's work だらだらと仕事をする / ~ *over* [*on, upon*] a problem だらだらと問題を考える. — *vt.* **1** 〈時を〉だらだら過ごす〈*away, out*〉: ~ *out* one's life だらだらと生きて行く[生き延びる]. **2** 《廃》長引かせる. **~·er** [-gərə | -rə(r)] *n.*
lin·ge·rie [lɑ̀ːnʒəréɪ, lǽ:(n)-, lǽn-, -ríː, ⌐⌐⌐ | lǽ:(n)ʒəriː, lǽn-, -rɪ; *F.* lɛ̃ʒri] 〖(1835) □ F ~ ← *linge* linen □ L *lineus* of flax〗 — *n.* **1** [集合的] ランジェリー《レース飾りのある婦人用下着・寝間着類》. **2** 《古》リンネル製品 (linen goods). — *attrib. adj.* (ランジェリーのように)レース飾りのついた: a white ~ blouse.
lín·ger·ing [-g(ə)rɪŋ] *adj.* **1** 長引く (protracted, long), ぐずぐずする: a ~ disease 長わずらい / ~ snow 消えやらぬ雪. **2** ためらう, 名残惜しそうな: cast a ~ look behind 去りかねて振り返って見る. **~·ly** *adv.*
lin·go [líŋgou | -gəu] 〖(1660) □ Prov. *lingo, lengo* language < L *linguam*: ⇨ lingua〗 — *n.* (*pl.* ~**es**) [通例軽蔑または戯言的に用いて] **1** 奇異で耳慣れない言語, ちんぷんかんぷん. **2 a** 外国語. **b** (専門分野の)学術語, 専門語. **c** 個人特有の言葉.
ling·on·ber·ry [líŋənbèri, -b(ə)ri | -b(ə)rɪ] 〖← Swed.

lingon mountain cranberry＋BERRY：cf. ling²〗 *n.* 〘植物〙コケモモの実；コケモモ (mountain cranberry).

-lings [lɪŋz] 〘ME *-linges* ← -LING²＋*-es* (gen. suf.)〙 *suf.* ＝-ling²：dark*lings*, side*lings*.

lin·gu- [líŋgw] (母音の前に来る時の) linguo- の異形.

lin·gua [líŋgwə] 〘□L ～ 'tongue'〙 *n.* (*pl.* **linguae** [-gwiː, -gwaɪ | -gwiː]) 舌 (tongue)；(動物の)舌状器〔官.

lin·gua- [líŋgwə] linguo- の異形.

língua fránca [-frǽŋkə] 〘(17C) □It. ～ 'Frankish language'〙 ── *n.* (*pl.* ～**s**, **linguae fran·cae** [-frǽnkiː]) **1** リングワ フランカ《イタリア語・フランス語・ギリシャ語・スペイン語・アラビア語の混成語で, 地中海沿岸 Levant 地方で用いられた》. **2** (商人などが商用語として用いる)混成国際語《pidgin English など》. **3** 共通語の機能を持つもの, 共通語に類似するもの.

lin·gua ge·ral [líŋgwə-ʒərɑ́ːl；*Port.* líŋgwɐʒərál] 〘□Port. ～ 'general language'〙 ── *n.* リングワジェラール《南米の Amazon 川流域で話される Tupi 語を主体にした混成語》.

lin·gual [líŋgwəl, -gjuəl | -gwəl] 〘(*a*1400) □ML *linguālis* ← L *lingua* tongue, language：⇨ -al¹〙 ── *adj.* **1 a** 舌の；舌に似た. **b** 〘歯科〙舌側の (cf. buccal 2). **2** 言葉の, 言語の, 国語の (linguistic)：～ studies 言語研究. **3** 〘音声〙舌先で出す, 舌音の：～ sounds 舌音. ── *n.* 〘音声〙舌音, 舌音字《t, d, th, s, n, l, r》. **～·ly** [-gwəli, -gjuəli | -gwəli] *adv.*

Lin·gua·tu·li·da [lɪ̀ŋgwət(j)úːlədə | -tjúːlɪ-] 〘← NL ～ ← *Linguatula* (属名：← LL *linguātus* tongued, eloquent ← *lingua* tongue)＋-IDA〙 ── *n. pl.* 〘動物〙舌形動物門 (Pentastomida).

lin·gui- [líŋgwɪ, -gwə | -gwɪ] linguo- の異形 (⇨ -i-).

lin·gui·form [líŋgwəfɔ̀ːm | -gwɪfɔ̀ːm] 〘⇨ linguo-, -form〙 *adj.* 舌状の (tongue-shaped).

lin·gui·ne [lɪŋgwíːni, -neɪ | -nɪ, -neɪ] 〘□It. ～ (pl.) ← *linguina* (dim.) ← LINGUA〙 ── *n.* (*pl.* **lin·gui·ni** [-ni | -nɪ]) リングウィーネ《イタリア料理で用いる, 平たく細長い麵(ﾒﾝ)類 (pasta) の一種》.

lin·guist [líŋgwɪst, -gwəst | -gwɪst] 〘(1593) ← L *lingua* language＋-IST〙 ── *n.* **1** 言語学者；語学者. **2** 諸外国語に通じた人, 外国語通：a good [bad] ～ 語学の達者[不得手]な人.

lin·guis·tic [lɪŋgwístɪk] 〘(1856)〙 *adj.* **1** 言葉の, 言語の[に関する]. **2** 言語学の, 語学上の：～ studies [problems] 言語研究[問題]. 〔**～·ly** *adv.*

lin·guis·ti·cal [-tɪkəl, -tə- | -tɪ-] *adj.* ＝linguistic.

linguístic análysis *n.* 〘哲学〙言語分析 (cf. philosophical analysis).

linguístic átlas *n.* 〘言語〙言語地図《各地の発音・語彙(ｲ)・慣用法などの分布を記録した一組の地図；dialect atlas ともいう》.

linguístic fórm *n.* 〘言語〙言語形式《意味をになった構造上の単位；文・句・語・接尾[頭]辞など》.

linguístic geógrapher *n.* 言語地理学者.

linguístic geógraphy *n.* 〘言語〙言語地理学《dialect geography ともいう》.

lin·guis·ti·cian [lɪ̀ŋgwəstíʃən | -gwɪs-] 〘(1897) ← LINGUISTIC＋-IAN〙 *n.* 《まれ》言語学者 (linguist).

linguístic méaning *n.* 〘言語〙言語的意味《C. C. Fries の用語；lexical meaning, structural meaning とに下位区分される；↔ social-cultural meaning》.

linguístic phonétics *n.* 言語学的音声学《ある言語の音声的資料を基礎とし, 素性 (feature) を設定したり音韻規則を立てるなどして体系的な記述を行なう音声学の部門；systematic phonetics ともいう》.

lin·guis·tics [lɪŋgwístɪks] 〘(1855)：⇨ -ics〙 *n.* 言語学, 語学 (cf. philology 2)：contrastive [descriptive, historical, structural] ～ 対照[記述, 歴史, 構造]言語学.

linguístic stóck *n.* **1** 〘言語〙語系《祖語とそのすべての派生言語・方言を含む》. **2** ある語系の言語を話す民族[部族].

lin·gu·late [líŋgjʊlət, -lɪt, -lèɪt] 〘← L *lingulāt-us* ← *lingula* (dim.) ← *lingua* tongue：⇨ -ate²〙 *adj.* 舌状の (tongue-shaped). 〔late.

lin·gu·lat·ed [líŋgjʊlèɪtɪd, -ṭəd | -lèɪt-] *adj.* ＝lingu-

lin·guo- [líŋgwoʊ | -gwə(ʊ)] 〘← L *lingua*〙 ── 次の意味を表わす連結形：**1** 「言語 (language)」. **2** 「舌 (tongue)」. ★ 時に lingua-, lingui-, また母音の前では通例 lingu- になる.

ling·y [líŋi | -ŋɪ] 〘← LING¹＋-Y⁴〙 *adj.* (**ling·i·er**; **-i·est**) ヒースの生えた[茂った] (heathy).

lin·hay [líni | -nɪ] 〘(1695) ← ? LEAN²＋*hay* 《方言》fence〙 *n.* 《英方言》(通例, 差掛け屋根の前の開いた)農〔場小屋.

linim. 《略》〘薬剤〙liniment.

lin·i·ment [línəmənt | -nɪ-, -nə-] 〘(?*a*1425) □LL *linīment-um* ← L *linire* to smear〙 *n.* 〘薬学〙リニメント剤, (通例油を交じえた)糊膏(ｺｳ) (embrocation).

li·nin [láɪnɪn, -nən | -nɪn] 〘← L *lin(um)* flax＋-IN¹〙 *n.* 〘生物〙核糸《細胞核内で染色粒を結合している》.

lín·ing¹ 〘⇨ line², -ing¹〙 ── *n.* **1** 整列(させること) (alignment). **2** 線を引くこと；線で印[模様]を付けること. **3** 線の模様, 線飾り. **4** [しばしば複合語の第2構成素として] (…で)魚を釣ること：hand-*lining* 手釣り《さおを用いず釣糸を直接手で持って釣ること》. **5** 〘印刷〙並び線そろえ《並び線 (line) が一直線になるように活字を意匠する方法》.

lín·ing² 〘(1378)：⇨ line³, -ing¹〙 ── *n.* **1** 裏を付けること；裏打ち. **2 a** (衣服などの)裏, 裏地：an overcoat with a fur ～ 毛皮裏の外套(ｶﾞｲﾄｳ) / Every cloud has a silver ～. 《諺》すべての雲の裏は銀色に光っている《どんな悪いことにも何かよい所がある；cf.「苦あれば楽あり」》. **b** (箱などの)内張り. **c** (布・革などの)靴の裏地, 靴の甲部につける裏. **3 a** (帆の)当て布《lining cloth ともいう》. **b** (家の外壁の)羽目. **c** (鋼の)裏付け. **d** (トンネルの)覆工. **4** 《古》(財布・ポケット・胃などの)中身. **5** [*pl.*] 《英方言》下着；(特に)ズボン下. **6** 〘製本〙(本の背固めに使う)背貼り材；効き紙 (pastedown). **7** 〘機械〙(シリンダー・軸受け・炉などの)内張り, 裏張り, ライニング；(汽罐(ｶﾏ)の)汽筒.

líning-óut 〘← *line out* (⇨ line² 成句)〙 *n.* (会衆に先立って牧師などが)賛美歌を行を追って音読すること.

link¹ [líŋk] 〘(*a*1415) □ON **hlenkr*- (cf. Icel. *hlekkr*) < Gmc **χlankjaz*：cog. OE *hlenċe* corselet〙 ── *n.* **1 a** (鎖を構成する)輪, 環：a ～ in the chain 鎖の輪 / The chain is no stronger than its weakest ～. 《諺》弱い環があれば全体の鎖が弱い《一つの弱点は議論全体を破壊する》. **b** (編物の)目. **c** ＝cuff link. **2** (連鎖をなすものの)構成要素；きずな, 連結：Johnson was a ～ *between* the age of Pope and that of Cowper. ジョンソンはポープの時代とクーパーの時代とをつなぐ / The song was a ～ *with* [*to*] his past. その歌は彼の過去を思い起こさせるきずなであった / ⇨ missing link. **3 a** (鎖状ソーセージなどの)一節：a ～ of sausage. **b** [*pl.*] 鎖状のソーセージ. **4** [*pl.*] 《方言》(川の)彎曲部 (bend). **5** 〘化学〙連鎖. **6** 〘測量〙リンク《測量上の長さの単位；標準的測鎖の 1 リンクの長さで 7.92 インチ》. **7** 〘電気〙＝fuse link. **8** 〘機械〙リンク, (機構の)節 (cf. linkage 3)；(リンク装置の)連接棒, 滑動棒 (cf. link motion). **9** 〘通信〙リンク《特定局間で音声や画像を無線伝送すること》. **10** 〘印刷〙つなぎ《g の上部と下部の円形をつなぐ線》.

let out the links 馬力[元気]を出してやる, 頑張る.

── *vt.* **1** 連合する, 連接する, つなぐ, 結合する 〈*up*〉：This bridge ～*s* the island *to* the mainland. この橋は島と本土を結んでいる / These events were all subtly ～*ed together*. これらの事件は相互に微妙に関連していた / See how the trade is ～*ed up with* economy. 貿易がいかに経済と結びついているか見たまえ. **2** 《英方言》〈手を〉握る；(付添いとして)〈腕を〉組み合わせる：～ hands, arms, etc. / ～ one's arm *in* [*through*] another's 腕を組み合わせる. ── *vi.* 連結する, つながる, 組み合う；合併する 〈*up*〉. **～·er** *n.*

link² [líŋk] 〘(1526) □? ML *linchin-us* wick □Gk *lúkhnos* lamp〙 *n.* **1** たいまつ. **2** ＝linkboy.

link³ [líŋk] 〘← ?〙 *vi.* 《スコット》軽快に歩く, 軽快にスキップして行く.

Link [líŋk] 〘← OE *hlinc* 'LYNCH²'〙 *n.* 男性名.

link·age [líŋkɪdʒ] *n.* **1** 結合, 連合, 接合. **2** 連鎖. **3** 〘機械〙連動, つながり, リンク仕掛. **4** 〘電気〙鎖交. **5** 〘生物〙連鎖, 連関, リンケージ：⇨ linkage group. **6** 〘化学〙連鎖式.

línkage gròup *n.* 〘生物〙連鎖[連関]群, リンケージ群《同一染色体上にある遺伝子群》.

línk·bòy *n.* (昔, 雇われてたいまつを持ってやみ道を行く人を案内した)たいまつ持ち.

linked *adj.* **1** 鎖でつながれた(ような). **2** 〘生物〙〈遺伝子群が〉連鎖した, 連鎖性の.

línked rhýme *n.* 〘詩学〙連鎖韻《ある行の脚韻音が次行の最初の音と合体して次行の末尾音と押韻する〔こと》.

línked vérse *n.* 〘詩学〙＝renga.

línk·ing ŕ *n.* 〘音声〙つなぎの r《標準イギリス英語のように母音の後の *r* を発音しない方言で, far [fɑ́ː] など綴り字が r で終る語の直後に母音で始まる語が続くときに, far away [fɑ́ːrəwéɪ] のように母音と母音の間に現われる [r] 音；この現象を r-linking という》.

línking vèrb *n.* 〘文法〙＝link verb. 〔boy.

línk·man¹ [-mən] *n.* (*pl.* **-men** [-mən, -mèn]) ＝link-

línk·màn² [-mæ̀n] *n.* (*pl.* **-men** [-mèn]) 《英》 **1** 〘テレビ・ラジオ〙ニュース番組などの司会者 (moderator) (cf. anchorman 2 b). **2** 仲裁者, 調停者 (intermediary). **3** 〘サッカー・ラグビー・ホッケー〙リンクマン《中衛, つまり前衛と後衛のつなぎ役をする選手》.

línk mòtion *n.* 〘機械〙リンク装置, 連動装置.

Lin·kö·ping [línʧəːpɪŋ；*Swed.* líntçøːpiŋ] *n.* リンチェピング《スウェーデン南東部の都市；人口111,000》.

links [líŋks] 〘(15C) < OE *hlincas* (pl.) ← *hlinċ* ridge, slope, hill ← *hlinian* 'to LEAN², recline'〙 ── *n. pl.* **1** 《スコット》(起伏のある海辺の)砂丘. **2** [単数または複数扱い] ゴルフ場 (golf course). 〔golfer.

línks·man [-mən] *n.* (*pl.* **-men** [-mən, -mèn]) ＝

Línk tráiner 〘← *Edward Link* (米国の創案者)〙 *n.* 〘航空〙リンクトレーナー《地上での飛行機の操縦・操作訓練用の初期の訓練装置；cf. flight simulator》.

línk·ùp *n.* **1** 結合, 連合；(会社などの)合併. **2** 接合[連結]するもの. **3** 〘テレビ・ラジオ〙(中継局・系列局などを結んで行なう)多元放送.

línk vèrb *n.* 〘文法〙連結動詞, 繫(ｹｲ)合詞 (copula)《例：be, appear, seem など》. 〔〘機械〙リンク仕掛.

línk·wòrk *n.* **1** (鎖など)環で作った物, 鎖細工. **2**

Lin·lith·gow [lɪnlíθgoʊ | -gəʊ] 〘ME *Lenlithgow*, *Linlidcu* 《原義》dear broad lake ← Welsh *llyn* pool, loch＋*lled* broad＋*cu* dear〙 ── *n.* **1** スコットランドの旧 West Lothian 州の旧名 (⇨ Lothian). **2** スコットランド Lothian 州西部の都市；旧 West Lothian 州の首都.

linn [lín] 〘□Sc.-Gael. *linne*：cf. Welsh *llyn* (↑) / Ir. *linn*〙 *n.* 《スコット》 **1** 滝；滝つぼ. **2** 絶壁.

Linn. 《略》Linnaean, Linnaeus.

Lin·nae·an [lɪníːən, lə-, -néɪ-, líniən | lɪníːən, -níən] 〘(1753)：⇨ Linnaeus, -an¹〙 ── *adj.* リンネ (Linnaeus) の；リンネ式(分類法)の. ── *n.* リンネ式分類法に従う人.

Linnáean spécies *n.* 〘生物〙リンネ種《リンネが創始した, 形態的差異によって分類する種》.

Lin·nae·us [lɪníːəs, lə-, -néɪ- | lɪníːəs, -níəs], **Car·o·lus** [kǽrələs] *n.* リンネ《1707-78；スウェーデンの植物学者；植物分類法の創始者；*Systema Naturae* (1735), *Species Plantarum* (1753)；スウェーデン語名 Carl von Linné のラテン語名》.

Lin·né [*Swed.* liné:], **Carl von** *n.* リンネ《Linnaeus のスウェーデン語名》. 〔*adj.*, *n.* ＝Linnaean.

Lin·ne·an [lɪníːən, lə-, -néɪ-, líniən | lɪníːən, -níən]

lin·net [línɪt, -nət] 〘(*c*1530) □OF *linette* (F *linot(te)*) ← *lin* flax：cf. linen：ムネアカヒワがその種子を食べることから〙 ── *n.* 〘鳥類〙ムネアカヒワ (*Carduelis cannabina*)《ヨーロッパ産》.

li·no [láɪnoʊ | -nəʊ] *n.* (*pl.* ～**s**) **1** 〘《略》〙＝linoleum. **2** 〘《略》〙＝Linotype. 〔*n.* リノリウム版画.

li·no·cut [láɪno(ʊ)kʌ̀t | -nə(ʊ)-] 〘← LINO(LEUM)＋CUT〙

li·no·le·ate [lɪnóʊlièɪt, lə- | lɪnə́ʊlɪ-] 〘← LINOLE(IC ACID)＋-ATE¹〙 *n.* 〘化学〙リノール酸の塩[エステル].

lin·o·lé·ic ácid [lɪ̀nəlíːɪk-, -léɪɪk-] 〘*linoleic*：← L *līnum* flax＋OLEIC〙 ── *n.* 〘化学〙リノール酸 ($C_{17}H_{31}COOH$)《石鹸・食品などに用いられ, 動物の栄養に不可欠なものとされている》.

lin·o·le·nate [lɪ̀nəlíːneɪt, -léɪn-] 〘← LINOLEN(IC ACID)＋-ATE¹〙 *n.* 〘化学〙リノレン酸の塩[エステル].

lin·o·lé·nic ácid [lɪ̀nəlíːnɪk-, -léɪn-] 〘*linolenic*：← LINOL(EIC ACID)＋-ENE＋-IC¹〙 ── *n.* 〘化学〙リノレン酸 ($C_{17}H_{29}COOH$)《グリセリドとして乾性油中に存在する不飽和脂肪酸》.

li·no·le·um [lɪnóʊliəm, lə-, -ljəm | lɪnə́ʊljəm, -lɪəm] 〘(1878) ← L *līnum* flax＋*oleum* oil〙 *n.* リノリウム《床の仕上げ材》.

linóleum blòck *n.* 〘版画〙リノリウムブロック《版材として用いるリノリウムの厚板》.

li·nó·le·umed *adj.* リノリウムを敷いた.

li·nó·lic ácid [lɪnóʊlɪk-, lə- | lɪnə́ʊ-] 〘(変形) ← LINOLEIC ACID〙 *n.* 〘化学〙＝lenoleic acid.

Li·no·type [láɪnətàɪp | -nə(ʊ)-] 〘(1888) ← *line o'* (＝of) *type*〙 *n.* 〘商標〙 **1** ライノタイプ《行単位に活字を鋳植する機械；cf. Monotype》. **2** ライノタイプ[行鋳植]組版；その印刷. ── *vi.* [l-] ライノタイプを動かす[操作する]. ── *vt.* [l-] ライノタイプで組む. **lí·no·tỳp·er** *n.* **lí·no·tỳp·ist** [-pɪst, -pəst | -pɪst] *n.*

Lin Pi·ao [lín-pjáu；*Chin.* lín piāu] *n.* 林彪(ﾘﾝﾋﾟｮｳ)《1907-71；中国の政治家・軍人；毛沢東の後継者となったが, 失脚》.

lin·sang [línsæŋ] 〘← NL ～ ← Malay〙 ── *n.* 〘動物〙リンサン《東南アジア・アフリカ産の尾が長く体に美しい斑紋があるジャコウネコ科アフリカリンサン属 (*Poiana*) の動物の総称》.

lin·seed [línsìːd] 〘OE *līnsǣd* ← *līn* flax＋*sǣd* seed：⇨ line¹, seed〙 *n.* 〘植物〙亜麻の種子, 亜麻仁(ｱﾏﾆ).

línseed càke *n.* 亜麻仁(ｱﾏﾆ)かす《家畜の飼料》.

línseed mèal *n.* 亜麻仁(ｱﾏﾆ)かす粉.

línseed òil *n.* 亜麻仁油(ｱﾏﾆﾕ)《亜麻の種子を絞って造る乾性油；塗料・ワニス・ラック・リノリウム・印刷インキなどに用いる》.

lin·sey [línzi | -zɪ] *n.* ＝linsey-woolsey.

lin·sey-wool·sey [línziwúlzi | -zɪwúlzɪ] 〘(?*c*1475) *lynsy wolsye* ← *lynsy* (← ? *Lindsey*：英国 Suffolk 州の村, この織物の原産地)＋*wolsye* (← OE *wull* 'WOOL'＋ME *-sey* (無意味の suf.))〙 ── *n.* **1** 綿[リンネル]と毛の交織物. **2** 《廃》不調和な混ぜ物, ごたまぜ物 (jumble)；わけのわからぬ言葉 (jargon).

lin·stock [línstɑ̀k | -stɔ̀k] 〘(1575) *lyntstock* (LINT と連想) □Du. *lontstok* ← *lont* match＋*stok* stick (⇨ lunt, stock²)〙 ── *n.* 〘銃砲〙道火桿(ﾄﾞｳｶｶﾝ)《旧式砲の火口に点火する火縄のさお》.

lint [línt] 〘(1392) *lin(e)t* flax □(O)F *linette* ← *lin* flax // L *linte-um* linen cloth ← *līnum* flax：⇨ -ette：cf. linen〙 ── *n.* **1 a** (綿花の)長繊維 (cf. linters). **b** (繰り綿した)綿花, 繰り綿. **2** リント布《リンネルや綿布等を起毛加工した柔らかい切れ地で, もと包帯に用いた》. **3 a** (繰り綿のあとに出る)綿くず. **b** (布等のほつれた)糸くず. ── *vi.* 綿くず[糸くず]が出る.

lin·tel [líntḷ | -tl] 〘(1315) □OF *lintel*, *linter* (F *linteau*) < VL **limitārem* (L *limes* 'LIMIT' と連想) ← L *līminaris* (adj.) ← *līmen* threshold〙 ── *n.* 〘建築〙楣(ﾏｸﾞｻ)《入口・窓・暖炉などの上の横木；⇨ jamb, fireplace 挿絵》；楣石.

lín·teled *adj.* (*also* **lín·telled**) 楣(ﾏｸﾞｻ) (lintel) のある.

lint·er [líntə | -tə(r)] *n.* 《米》 **1** [*pl.*] リンター《繰り綿して長繊維 (lint) を採った後に残る綿くず；人造繊維・セルロイド・綿火薬などの原料》. **2 a** リンター採取機《lint を採った後に種子に付着している linters を除去する機械》. **b** その機械を操作する人.

lin·tol [líntḷ | -tl] *n.* 《英》〘建築〙＝lintel.

Lin·ton [líntən | -tən] 〘OE *Lind-tūn* 《原義》lime-tree village：⇨ linden, -ton：地名に由来〙 *n.* 男性名.

lint·white [lɪ́nt(h)wàɪt] 〘(LINT との連想による変形) ← ME *lynkwhitte* (⇨ links, white) 《通俗語源》∽ OE *linetwīge* linnet ← *lin* flax＋*-twige* plucker〙 ── *n.* 〘鳥類〙＝linnet.

lint·y [línṭi | -tɪ] *adj.* (**lint·i·er**; **-i·est**) **1** 繰り綿 (lint) で一杯の, (繰り)綿でおおわれた; 綿くずの付いた. **2** 繰り綿のような. 「属 (*Linum*) の植物の総称.

li·num [láɪnəm] 〖◻L *līnum*: ⇨line¹〗 *n.* 〘植物〙アマ

lin·u·ron [línjʊrɑ̀n | -rɔ̀n] 〖← *lin-* (← ?)+ᴜʀ(ᴇᴀ)+-ᴏɴ¹〗 *n.* リニュロン《除草剤の一種》.

Li·nus [láɪnəs] 〖◻L ～ ◻Gk *Línos*《原義》flaxen-haired: cf. linum〗 *n.* **1** 男性名. **2** 〘ギリシャ神話〙リノス《Muse の子; Apollo と音楽を競って殺されたとも, Hercules に誤って殺されたとも伝えられる》.

lin·y [láɪni | -nɪ] *adj.* (**lin·i·er**; **-i·est**) **1** 線を引いた. **2** 線の多い, しわのある. **3** 線のような.

li·nyph·i·id [lɪnífiɪd, lə- | lɪ-] 〖↓〗 *adj., n.* 〘動物〙サラグモ科の(クモ).

Lin·y·phi·i·dae [lìnəfáɪədìː | -nɪfáɪɪ-] 〖← NL ～ ← *Linyphia* (属名: ← Gk *línuphos* linen weaver)+-ɪᴅᴀᴇ〗 *n. pl.* 〘動物〙サラグモ科.

Lin Yu·tang [lín-jùːtáːŋ; *Chin.* lín ỳtʻáŋ] *n.* 林語堂《1895–1976; 中国生れの文学者; 1928年以後主として米国に在住; *My Country and My People* (1935)》.

Linz [línts, línz | línts; *G.* línts] *n.* リンツ《オーストリア北部 Danube 河畔の都市; 人口 203,000》.

Línz·er tòrte [líntsə-tɔ̀ət, línzə- | -tsə-, -tɔ̀ːt, -zə-; *G.* líntsɐ-tɔ̀rtə] 〖◻G ～ 'Linz torte'〗 **—** *n.* リンツァートルテ《ナッツ・香辛料などを混ぜ込んだ生地を型に入れ, ジャムを詰めた上に同じ生地を格子模様にのせて焼き上げるオーストリアの菓子》.

Liod [ljɔ́(ː)d, ljɑ́(ː)d | liɔ́d] *n.* 〘北欧伝説〙リョード《*Volsunga Saga* で Volsung の妻, Sigmund と Signy の母》.

li·on [láɪən] 〖(?a1200) *li(o)un, leoun* ◻AF *liun* = (O)F *lion* < L *leōnem, leō* ◻Gk *léōn* ∽ OE *lēa, lēo* ◻L: cf. Leo¹〗 **—** *n.* (*pl.* **～s**, ～) **1 a** 〘動物〙ライオン, 獅子(し) (*Panthera leo*) (cf. lioness): ⇨ lion's provider, lion's share / ⇨ *an* ᴀss¹ *in a ～'s skin.* **b** ネコ属 (*Felis*) の猛獣の総称, (特に)アメリカライオン, ピューマ (puma). **2** ライオンのような(力の強い, 勇猛な)人. **3** 〖もと London 見物人は必ずロンドン塔のライオンを見に連れて行かれた習慣から〗 [*pl.*] 《英》名所, 名物, 呼び物 (cf. lionize *vt., vi.* 2): see the ～*s* 名所見物をする / show a person the ～*s* 名所に人を連れて行く. **4** 流行児, 人気者, 名士: the ～ of the day 現代の花形, 名士 / make a ～ of a person 人を大騒ぎして持てはやす, 人に大騒ぎをする. **5** ライオンの模様のついた貨幣. **6** [L-] Lions Club の会員. **7** [the L-] **a** 〘天文〙しし(獅子)座 (⇨ Leo¹ 1). **b** 〘占星〙獅子宮[座] (⇨ Leo¹ 2 a). **8** 〘紋章〙 **a** [L-] 英国の象徴としての獅子: the *Lions* of England 英国の獅子の紋章 / the (old) British *Lion* 英国の紋章である獅子; 大英国; 英国民. **b** 競い獅子 (lion rampant): ～ and unicorn 獅子と一角獣《英国王家紋章を捧持する動物》.
a lion in the way [***path***] (なまけ者が作り出す想像上の)前途に横たわる危難 (cf. *Prov.* 26:13). ***beard the lion in his den*** (穴の中のライオンのひげをつかむように)捨て身でこわい人に立ち向かう[要求などをぶつける], 相手の得意の領域[土俵]に踏み込んで反抗する. ***place one's hand in the lion's mouth*** ことさら大冒険をやる (⇨ lion's mouth). ***twist the lion's tail*** 〖獅子は英国王室の紋章であるところから〗 英国の気にさわることを言う[書く]; (特に米国の新聞記者などが)反英的記事を書く.

Li·on [láɪən; *G.* líːɔn] 〖◻G ～〗 *n.* 男性名.

li·on·cel [láɪənsèl] 〖◻OF ～ (F *lionceau*) (dim.) ← *lion*: ⇨ lion, -el¹〗 *n.* 〘紋章〙小さく描かれたライオン《3 頭以上が盾に描かれた時のライオンをいう》.

Li·o·nel [láɪənḷ, -nèl | -nḷ] 〖◻OF ～《原義》young lion: ⇨ Leon, -el¹〗 *n.* 男性名.

li·on·esque [làɪənésk] 〖⇨ -esque〗 *adj.* ライオンの特徴を持った, ライオン[獅子(し)]らしい.

li·on·ess [láɪənɪs, -nès | láɪənès, -nɪs, -nəs, làɪənés] 〖(?c1300) ◻OF *lionesse* (F *lionne*): ⇨ lion, -ess¹〗 *n.* **1** ライオンの雌, 雌獅子(し). **2** 女性の有名人.

li·on·et [láɪənɪt, -nət, làɪənét, ⌐–⌐] 〖◻OF ～: ⇨ lion, -et〗 *n.* ライオンの子, 獅子(し)の子.

líon·fish *n.* 〘魚類〙 **1** ミノカサゴ《太平洋熱帯海域に生息するミノカサゴ属 (*Pterois*) の魚類の総称; 猛毒がある》; (特に)ハナミノカサゴ (*P. volitans*). **2** フサカサゴ (*Scorpaena grandicornis*)《大西洋産》.

líon·hèart *n.* **1** 勇猛[豪胆]な人. **2** [L-] 英国王 Richard 一世の異名《Coeur de Lion と呼ばれた》.

líon·héarted *adj.* (ライオンのように)勇猛な, 豪胆な (cf. pigeonhearted). **～·ly** *adv.* **～·ness** *n.*

líon·hòod *n.* 流行児[有名人]であること (lionship).

líon·hùnter *n.* **1** ライオン猟者. **2** 流行児[有名人]を追い回す人《有名人を招待して宴会などを開く人》.

li·on·ism [-nɪzm] *n.* **1** 花形[流行児]を持てはやすこと; 花形[流行児]が持てはやされること. **2** 〘病理〙(ハンセン病や梅毒などによる)獅子(し)顔.

li·on·ize [láɪənàɪz] *vt.* **1** 〈人を〉持てはやす, かつぎ上げる, 名士扱いする. **2** 《古》…の名所を見物[案内]する (cf. lion 3): ～ a place. **—** *vi.* **1** 名士につきまとう, 名士との交際を求める. **2** 《古》名所を見物する.

li·on·iz·a·tion [làɪənɪzéɪʃən, -nə- | -naɪ-, -nɪ-] *n.*

lí·on·ìz·er *n.*

líon·lìke *adj.* ライオンに似た[のような].

li·onne [liɑ́n, -ɔ́(ː)n | liɔ́n] 〖◻F ～ (fem.) ← *lion* 'ʟɪᴏɴ'〗 *adj.* 〘紋章〙〈leopard (豹)が〉rampant の姿勢をとった.

Li·ons [láɪənz], **the Gulf of** *n.* リヨン湾《フランス南岸の広大な湾》.

Líons Clùb *n.* ライオンズクラブ《支部; ⇨ Lions International》.

líon·shìp *n.* = lionhood.

Lions International 〖*Lions*: (頭字語) ← *L(iberty), I(ntelligence and) O(ur) N(ation's) S(afety)*〗 **—** *n.* [the ～] ライオンズクラブ国際協会《実業家および専門職業人から成る国際奉仕団体; 1917 年米国 Dallas 市で創設; 正式名 the International Association of Lions Clubs》.

líon's móuth *n.* [the ～] 非常に危険な所 (cf. *Ps.* 22:21; *2 Tim.* 4:17): run into *the* ～ とても危険な所へ飛びこむ.

líon's províder 〖ライオンが獲物をあさる時, 手伝いをするといわれたことから〗 *n.* 《古》〘動物〙ジャッカル (jackal) の俗称.

líon's shàre 〖イソップ物語から〗 *n.* [the ～] (分け前などの)最上[最大]の部分, うまい汁.

líon tàmer *n.* ライオン使い.

Liou·ville's théorem [ljuvíːlz-; *F.* ljuvil-] 〖← *Joseph Liouville* (1809–82: フランスの数学者)〗 **—** *n.* 〘数学〙リュービルの定理《複素平面上で定義された有界正則関数は定数に等しいという定理》.

lip [líp] 〖OE *lippa* < Gmc **lipjon* (Du. *lip* / G *Lippe*) ← IE **leb-* (L *labium, labrum*)〗 **—** *n.* **1** くちびる, 口唇(こう). ★ 口のまわりの部分をさす: an upper ～ 上くちびる / the hair on the upper ～ 鼻の下の毛, 口ひげ / an under [a lower] ～ 下くちびる / a stiff upper ～ 堅い上くちびる《強気・強情を示す》/ a curl of the ～ (軽蔑を表わす)ゆがめ口 / with a smile on one's ～*s* 口元に笑みを浮かべて / give one's ～*s* 接吻(ぷん)を許す / put a glass to one's ～ 酒を味わう / part with dry ～*s* キスしないで別れる / No food passed his ～*s*. 何も食べなかった. ★ ラテン語系形容詞: labial. **2** [通例 *pl.*] (発音器官としての)くちびる, 口 (cf. jaw¹ 1 b): A word escaped [passed] his ～*s*. うっかり言葉を漏らした / She never opened her ～*s*. 彼女は一言も言わなかった / put [lay] one's finger to one's ～*s* くちびるに指を当てる《沈黙せよという合図》/ My ～*s* are sealed. 口止めされている. **3** 《俗》おしゃべり, 出過ぎた言葉 (saucy talk): None of your ～! 生意気言うな / give a person ～ 人に生意気なことを言う / have a person's ～ 人から生意気なことを言われる. **4 a** くちびる状のもの. **b** (杯・わん・穴・くぼみなどの)ふち, へり: the ～ of a jug, cup, bell, etc. **c** 突出した部分; (水差しなどの)注ぎ口: the ～ of a pitcher. **5** (木工ぎり・ドリルなどの先端の)鋭い刃の部分. **6** 〘外科〙傷口のへり. **7** 〘解剖〙= labium. **8** 〘音楽〙= embouchure 3, 4. **9** 〘生物〙唇(しん)状物[部]; 唇形花片, 唇弁 (labellum); (昆虫の)唇片.
be steeped [***immersed***] ***to the lips*** (***in*** …) (悪徳・罪などが)すっかり身にしみ込んでいる. ***bite one's lip(s)*** (立腹を隠すため, 笑いを殺すため, または感情を押えるために)くちびるをかむ. ***button*** (***up***) ***one's lip*** ⇨ button *vt.* 2. ***carry*** [***keep, have***] ***a stiff upper lip*** 《口語》強情である, 人の意に従わない; 元気を落とさない, しっかりしている. ***curl the*** [***one's***] ***lip(s)*** (軽蔑して)口をゆがめる; 口をへの字にする[曲げる]. ***hang on a person's lips*** 人の言うことを一心に聞く. ***hang the*** [***one's***] ***lip*** (屈辱を受けて, またはむっつりして)下唇を下げる; べそをかく. ***lick one's lips*** ⇨ lick 成句. ***shoot out the*** [***one's***] ***lip*** (軽蔑して)くちびるをとがらす (*Ps.* 22:7); 軽蔑する.
— *v.* (**lipped**; **lip·ping**) **—** *vt.* **1 a** …にくちびるを触れる. **b** 《古》…にキスする. **c** 〈管楽器〉の正しい位置にくちびるを置く. **2 a** ささやく. **b** 《俗》歌う. **3** 〈水・波が〉〈岸を〉洗う (lap). **4** 〘ゴルフ〙(パットで)球を〈カップ〉のふちに当ててしまう《球は中に入らない》. **—** *vi.* **1** (管楽器を奏するとき)くちびるを使う, くちびるを正しく歌口に当てる 〈*up*〉. **2 a** 〈水が〉ざぶざぶ音を立てる. **b** 〈水・波が〉(…を)洗う 〔*over*〕.
— *attrib. adj.* **1** くちびるの, くちびる用の: ～ pomade, rouge, etc. **2** 口先だけの (insincere): a ～ Christian 口先だけのキリスト教信者 / ～ comfort [praise, professions] 口先だけの慰め[賞賛, 告白] / ～ devotion [worship] 口先だけの信心 / ⇨ lip server, lip service. **3** 〘音声〙唇(音)の (labial). **～·lìke** *adj.*

lip- [lɪp, laɪp] (母音の前に来る時の) lipo-¹ の異形.

li·pae·mi·a [lɪpíːmiə, lə- | lɪpíːmɪə, -mjə] *n.* 〘病理〙= lipemia.

Li·par·i·dae [lɪpǽrədìː, lə- | lɪpǽrɪ-] 〖← NL ～ ← *Liparis* (属名: ← Gk *liparos* fatty, shiny)+-ɪᴅᴀᴇ〗 *n. pl.* 〘魚類〙(カサゴ目)クサウオ科.

Líp·a·ri Íslands [lípəri- | -rɪ-; *It.* líːpari-] *n. pl.* [the ～] リパリ諸島《Sicily 島北方にある火山諸島; イタリア領; 人口 11,000, 面積 114 km²》.

lip·a·rite [lípəràɪt] 〖◻G *Liparit* ← *Lipari Islands* (↑)〗 (cf. Gk *liparós* shining): ⇨ -ite¹〗 *n.* = rhyolite.

li·pase [láɪpeɪs, líp-, -peɪz | -peɪs] 〖← ʟɪᴘᴏ-¹+-ᴀsᴇ〗 *n.* 〘生化学〙リパーゼ, 脂肪分解酵素.

líp cèll *n.* 〘植物〙シダ類の胞子嚢の一部の薄膜の細胞《ここで裂開が行なわれる》.

Lip·chitz [lípʃɪts] (*also* **Lip·schitz** [～]), **Jacques** *n.* リプシッツ《1891–1973; リトアニア生れの米国の彫刻家; 旧名 Chaim Jacob Lipchitz》.

líp-déep *adj.* 口先ばかりの, うわべだけの.

lip·ec·to·my [lɪpéktəmi, lə- | lɪpéktəmɪ] 〖← ʟɪᴘᴏ-¹+-ᴇᴄᴛᴏᴍʏ〗 *n.* 〘外科〙(腹壁などの)脂肪除去(術).

li·pe·mi·a [lɪpíːmiə, lə- | lɪpíːmɪə, -mjə] 〖← NL ～: ⇨ lipo-¹, -emia〗 *n.* 〘病理〙脂(肪)血症; 高脂(肪)血症.

Li·petsk [líːpetsk; *Russ.* lʲípʲitsk] *n.* リペツク《ソ連邦ロシヤ共和国西部, Voronezh の北方にある工業都市; 人口 375,000》.

líp fèrn 〖唇状の包膜をしているところから〗 *n.* 〘植物〙エビガラシダ属 (*Cheilanthes*) の植物の総称.

líp-hòmage *n.* (心の伴わない)形ばかりの敬意, から世辞 (cf. lip service; *Isa.* 29:13).

lip·id [lípɪd, -pəd | -pɪd] 〖⇨↓, -id³〗 **—** *n.* 〘生化学〙脂質《生体構成物質の一つで, 脂肪酸・脂肪・ろう・テルペン類などを含めた物質の総称; lipide ともいう》.
li·pid·ic [lɪpídɪk] *adj.*

lip·ide [lípaɪd, -pɪd, -pəd | -paɪd, -pɪd] 〖← ʟɪᴘᴏ-¹+-ɪᴅᴇ²〗 *n.* 〘生化学〙= lipid.

lip·i·do·sis [lìpədóusɪs, -səs | -dóusɪs] 〖← NL ～: ⇨ lipid, -osis〗 *n.* 〘病理〙リピドーシス, 脂質蓄積症.

Lip·iz·zan·er [lìpətsáːnə | -nə(r; *G.* lɪpɪtsáːnɐ] *n.* = Lippizaner.

líp-làbor *n.* 《古》(祈りなどでわけもわからず)口を動かすこと.

líp-lànguage *n.* 視話《聾唖(ろうあ)者などが唇の運動によって行なう通話》.

líp·less *adj.* 唇のない; (器に)注ぎ口[ふち]のない.

Lip·mann [lípmən], **Fritz Albert** *n.* リップマン《1899– ; ドイツ生れの米国の生化学者; Nobel 医学生理学賞 (1953)》.

líp mìcrophone *n.* リップマイクロフォン: **a** 雑音混入防止式の街頭[ロケ]用マイクロフォン; 口先に近づけて話す. **b** 水中録音などの場合に唇に接触させて使用するマイクロフォン.

líp mòlding *n.* 〘家具〙(引出し表面の周囲などにつける)凸状繰形.

Li Po [líː-póu | -pə́u; *Chin.* lǐ pó] *n.* 李白《701?–762; 中国唐代の詩人; 字は Tai Po (太白)》.

li·po-¹ [láɪpo(ʊ), líp- | -pə(ʊ)] 〖← Gk *lípos* fat〗「脂肪 (fat)」の意の連結形. ★ 母音の前では通例 lip- となる.

li·po-² [lípo(ʊ), láɪp- | -pə(ʊ)] 〖◻F ～ ◻LL *lipo-* ◻Gk *lipo-* ← *leípein* to leave〗「欠けた, 不足した (lacking)」の意の連結形: *lipo*graphy.

li·po·ca·ic [làɪpəkéɪɪk, lɪp- | -pə(ʊ)-] 〖← ʟɪᴘᴏ-¹+Gk *kaíen* to burn+-ɪᴄ¹〗 **—** *n.* 〘生化学〙リポカイック《膵(すい)臓に含まれ, 脂肪消費を促し肝臓の脂肪沈着を抑制する作用のある物質》.

li·po·chrome [láɪpəkròum, líp- | -pə(ʊ)krəum] 〖← ʟɪᴘᴏ-¹+ᴄʜʀᴏᴍᴇ〗 *n.* 〘生化学〙リポクローム《動植物に含まれる脂肪様色素; カロチノイドなど》.

lìpo·génesis 〖← NL ～: ⇨ lipo-¹, -genesis〗 *n.* 〘生物〙脂肪形成.

lip·o·gram [lípəgræ̀m, láɪp- | lípə(ʊ)-] 〖← MGk *lipográmmatos* wanting a letter: ⇨ lipo-², -gram〗 **—** *n.* 〘文学〙字忌みの文[詩]《ある文字を含む語を全く用いない文・詩》.

li·pog·ra·phy [lɪpɑ́grəfi, lə-, laɪ- | lɪpɔ́grəfɪ, laɪ-] 〖⇨ lipo-², -graphy〗 *n.* (筆記の時の)不注意な脱字[音節脱落] (cf. haplography).

li·pó·ic ácid [laɪpóuɪk-, lɪ-, lə- | laɪpə́u-, lɪ-] 〖*lipoic*: ← ʟɪᴘᴏ-¹+-ɪᴄ¹〗 **—** *n.* 〘生化学〙リポ酸, リポイン酸 ($C_8H_{16}O_2S_2$)《硫黄を含む脂肪酸, ビタミン B 複合体の一つ; α ケト酸の酸化的脱炭酸反応を触媒する》.

li·poid [lípɔɪd, láɪp-] 〖← ʟɪᴘᴏ-¹+-ᴏɪᴅ〗 〘生化学〙 *adj.* 脂肪性の, 脂肪類似の (fatlike). **—** *n.* リポイド, 類脂質[体]. **li·poi·dal** [laɪpɔ́ɪdḷ, lɪ-, lə- | laɪ-, lɪ-] *adj.*

li·pol·y·sis [laɪpɑ́ləsɪs, lɪ-, lə-, -səs | laɪpɔ́lɪsɪs, lɪ-, -lə-] 〖← NL ～: ⇨ lipo-¹, -lysis〗 *n.* 〘化学〙脂肪分解.
li·po·lyt·ic [làɪpəlíṭɪk, lìp- | -tɪk] *adj.*

li·po·ma [laɪpóumə, lɪ-, lə- | laɪpə́u-, lɪ-] 〖← NL ～: ⇨ lipo-¹, -oma〗 *n.* (～s, ～·ta [～ṭə | ～tə]) 〘病理〙脂肪腫(しゅ). **li·pó·ma·tous** [～ṭəs | ～təs] *adj.*

li·po·pex·i·a [lìpəpéksiə, lìp- | -sɪə] 〖← NL ～: ⇨ lipo-¹, -pexy〗 *n.* 〘生化学〙脂肪固定《組織に脂肪が沈着する》.

lip·o·phil·ic [làɪpəfílɪk, lìp-] 〖← ʟɪᴘᴏ-¹+-ᴘʜɪʟɪᴄ〗 *adj.* 〘物理・化学〙親脂性の, 脂質に対し親和性の強い; 脂質の可溶性・吸収性を強める (cf. oleophilic).

lìpo·polysáccharide 〖⇨ lipo-¹, polysaccharide〗 *n.* 〘生化学〙リポ多糖(類)《脂質と多糖類との複合体; 主として細菌の細胞膜成分として存在する》.

lìpo·prótein 〖← ʟɪᴘᴏ-¹+ᴘʀᴏᴛᴇɪɴ〗 *n.* 〘生化学〙脂蛋白(たんぱく)質《複合蛋白質の一種で, 脂質と蛋白質との結合したもの》.

li·po·trop·ic [làɪpətróupɪk, lɪ̀-, -trɑ́p- | -trɔ́p-, -trə́up-] 〖← ʟɪᴘᴏ-¹+-ᴛʀᴏᴘɪᴄ〗 **—** *adj.* 〘生化学〙脂肪親和性の, 肝臓脂肪の沈着を阻止する(作用のある). **li·pot·ro·pism** [laɪpɑ́trəpɪ̀zm, lɪ-, lə- | laɪpɔ́t-, lɪ-] *n.*

li·po·tro·pin [làɪpətróupɪn, lìp-, -pən | -trə́upɪn] 〖⇨↑, -in¹〗 *n.* 〘生化学〙リポトロピン《脳下垂体前葉ホルモンの一つ; 脂肪の移動に関与する》.

lipped *adj.* **1 a** 唇のある; 注ぎ口[ふち]のある: a ～ jug. **b** [通例複合語の第 2 構成素として] 唇[ふち]が…の: thick- [thin-, red-] *lipped* 唇の厚い[薄い, 赤い]. **2** 〘植物〙唇(しん)状の, 唇形の.

lip·pen [lípən] 〖ME *lipne(n)* < ? OE *lipn(i)e(n)* ← ?〗 《スコット》 *vt.* **1** 信頼する. **2** 〈物を〉〈人〉に託する. **—** *vi.* (…を)信用する, 信頼する 〔*to*〕.

lip·per [lípə | -pə(r] 〖(freq.) ? ← ʟᴀᴘ³: ⇨ -er⁴〗 *n.* 〘海事〙 **1** 海面の小波紋. **2** 小波のしぶき.

Líp·pes lóop [lípəs-, líps-] 〖← *Jack Lippes* (20 世紀の米国の医師)〗 *n.* 〘産科〙リップスリング《X 線写真に

写る物質を混ぜたポリエチレン製の避妊具; cf. IUD》.

Lip·pi [lípi | -pɪ; *It.* líppi], **Filippino** *n.* リッピ《1457?–?1504; イタリア ルネサンスの画家》.

Lippi, Fra **Filippo** *or* **Lip·po** [líppo] *n.* リッピ《1406?–69; イタリアの初期ルネサンスの画家; Filippino Lippi の父》.

Lip·pin·cott [lípɪŋkət, -kὰt | -kət, -kɔ̀t], **Joshua Ballinger** *n.* (1813–86) 米国の出版業者.

líp·ping *n.* **1** 〖病理〗リッピング《軟骨肉腫の X 線像に見られる楔状の陰影, また関節炎の時の舌状の骨性増殖物》. **2** 〖音楽〗=embouchure 3, 4.

Lip·pi·zan·er [lìpətsáːnə | -nə(r; *G.* lɪpitsáːnɐ] 〖▭ G ~ ← *Lippiza* (Yugoslavia の北西部にある馬の飼育場; かつてのオーストリア帝室馬匹院)〗 — *n.* (*also* **Lip·piz·zan·er** [~], **Lip·pi·za·na** [-nə; *G.* -na]) リピッツァ馬《オーストリア帝室馬匹(ひっ)院で育種された形の整った灰色種の馬で, 通例調馬展覧に使う》.

Lipp·mann [liːpmáːn, -mǽn; *F.* lipmɑ̃], **Gabriel** *n.* リップマン《1845–1921; フランスの物理学者; Nobel 物理学賞 (1908)》.

Lipp·mann [lípmən], **Walter** *n.* (1889–1974) 米国の評論家・ジャーナリスト; *A Preface to Morals* (1929), *The Cold War* (1947).

líp prìnt *n.* 唇紋 (cf. fingerprint 1).

lip·py [lípi | -pɪ] *adj.* (**lip·pi·er, -pi·est; more ~, most ~**) **1** 唇の出た. **2** 《俗》 **a** 生意気な, 小しゃくな口をきく (saucy). **b** おしゃべりな (talkative).

líp-rèad [-rìːd] *v.* (**-read** [-rèd]) — *vt.* 読唇(どくしん)術で解する. — *vi.* 読唇する.

líp-rèader *n.* 読唇(どくしん)術の巧みな人.

líp·rèading 〖(1874)〗 *n.* 読唇(どくしん)術, 視話法《聾唖者が唇の動きで話の意味を知ること; cf. oral method 1》.

líp-ròunding *n.* 〖音声〗([o], [u], [w] などの発音において)唇を丸めること, 円唇(えんしん).

líp·sàlve *n.* **1** (リップクリームのように使う)唇用軟膏(なんこう). **2** おべっか (flattery).

Líp·schitz condition [lípʃɪts-] 〖← *Rudolf Lipschitz* (1832–1903: ドイツの数学者)〗 — *n.* 〖数学〗リプシッツの条件《2 点における関数値の差が 2 点間の距離の定数倍を超えないという条件》.

Lips·comb [lípskəm], **William Nunn** [nʌ́n], **Jr.** *n.* (1919–) 米国の化学者; Nobel 化学賞 (1976).

líp sèrver *n.* 口先だけの忠義者[親切者, 信心者].

líp sèrvice *n.* 口先だけの好意[愛情, 忠誠, 忠勤(など)], から世辞; 口先だけの信心 (cf. *Isa.* 29:13, *Matt.* 15:8).

líp·stick *n.* リップスティック, 棒紅《棒型の口紅》. — *vt.* **1** …に棒紅をつける. **2** 棒紅を使って…の形を作る. — *vi.* 棒紅をつける. **~ed** *adj.*

líp-sỳnc 〖映画・テレビ〗 *adj.* 音声同期の. — *vt.* 音声同期にする, …に口を合わせる. — *vi.* 音声同期になる, 口が合う.

líp sỳnc 〖*sync*: ← SYNC(HRONIZATION)〗 *n.* 〖映画・テレビ〗音声同期《画面内の動きと音声が一致して再現される状態》.

líp synchronizàtion *n.* 〖映画・テレビ〗=lip sync.

líp-téeth *adj.* 〖音声〗=labiodental.

Lip·ton [líptən], Sir **Thomas John·stone** [dʒɑ́nstən, -sn̩ | dʒɔ́n-] *n.* (1850–1931) アイルランド系の英国の実業家・紅茶商.

liq. 《略》 liquid; liquor.

li·quate [láɪkweɪt, lík-] 〖← L *liquāt-us* (p.p.) ← *liquāre* to melt: cf. liquid〗 〖冶金〗 — *vt.* 溶出[溶離]させる; 絞り吹きで〈一成分を〉分離[析出]する 〈*out*〉. — *vi.* 溶離する 〈*out*〉.

li·qua·tion [laɪkwéɪʃən, lɪ-, lə-, -ʒən | laɪkwéɪʃən, lɪ-] 〖▭ LL *liquātiō(n-)*: ⇨ ↑, -ation〗 *n.* 〖冶金〗溶出, 溶離, 絞り吹き.

liq·ue·fa·cient [lìkwɪféɪʃənt, -kwə- | -kwɪ-] 〖▭ L *liquefacient-em* (pres. p.) ← *liquefacere* (↓)〗 — *n.* 溶解性物質; 〖医学〗(水銀・ヨードなどの)液化剤, 融解剤. — *adj.* 液化の, 融解させる.

liq·ue·fac·tion [lìkwɪfǽkʃən, -kwə- | -kwɪ-] 〖(*c*1425) ▭ (O)F *liquéfaction* // LL *liquefactiō(n-)* ← L *liquefactus* (p.p.) ← *liquefacere* 'to LIQUEFY': ⇨ -faction〗 — *n.* 液化, 融解: ~ of coal 石炭液化.

liq·ue·fac·tive [lìkwɪfǽktɪv, -kwə- | -kwɪ-] 〖(?*a*1425) ▭ ML *liquefactiv-us* ← L *liquefactus* (↑): ⇨ -ive〗 *adj.* 液化の, 溶解性の, 液化しやすい.

líq·ue·fìed petróleum gàs *n.* 液化石油ガス, LP ガス《プロパン・ブタンなどの成分の炭化水素を液化したもの; 石油系と天然ガス系があって燃料・化学合成原料に使う; bottled gas, LP gas, compressed petroleum gas ともいう; 略 LPG》.

liq·ue·fy [líkwɪfàɪ, -kwə- | -kwɪ-] 〖(?*a*1425) ▭ (O)F *liquéfi-er* ▭ L *liquefacere* to make liquid: ⇨ liquid, -fy〗 — *vt.* 〈固体・気体を〉液体に変える, 液化する. — *vi.* 液化する. **líq·ue·fì·a·ble** [~əbl] *adj.* **lìq·ue·fi·a·bíl·i·ty** [-fàɪəbíləṭi | -lətɪ, -lɪ-] *n.* **líq·ue·fì·er** *n.*

li·ques·cence [lɪkwésns] *n.* 液化性[状態].

li·ques·cent [lɪkwésn̩t] 〖(1727) ▭ L *liquescent-em* (pres. p.) ← *liquescere* 'to become LIQUID': ⇨ -escent〗 *adj.* 液化する, 液化しやすい, 液化性の.

li·queur [lɪkə́ː, -k(j)ʊ́ə | -kjʊ́ə(r, -k(j)ə́ː(r] 〖▭ F ~ 'LIQUOR'〗 — *n.* リキュール《甘味・香料などを加えたアルコール分の強い混成酒; chartreuse, curaçao など; 元来強壮飲料 (cordial) であったが, 今は主に食前酒または食後酒として小さな liqueur glass で飲む》.
— *vt.* …にリキュールで味をつける[を混ぜる].

liquéur brándy *n.* リキュール ブランデー《リキュールとして少量飲む良質のブランデー》.

liquéur glàss *n.* リキュールグラス《リキュール用の小さなグラス》.

liq·uid [líkwɪd, -kwəd | -kwɪd] 〖(*a*1384) ▭ (O)F *liquide* // L *liquid-us* ← *liquēre* to be fluid ← IE **leikw-* to leave (L *lixa* water, lye)〗 — *adj.* **1 a** 液体の (cf. solid 1 a, gaseous 1): ~ mercury. **b** (水のように)流動する, 液状の, 流動体の; 水のような (cf. concrete, dry): ~ mud [cement] どろどろした泥[セメント] / ~ food 流動食 / ~ fuel 液体燃料 / ⇨ liquid diet. **c** 〈目が〉涙であふれた (cf. 2): His eyes grew ~. 彼の目に涙があふれた. **2** 透明な, 清澄な: the ~ air [sky] 澄んだ空気[空] / ~ eyes 澄んだ[涼しい]目 (cf. 1 c). **3** 〈音・詩の調子・身のこなしなど〉流れるような, よどみない, なめらかな, 流麗な: in his ~ Italian 流暢(りゅうちょう)なイタリア語で / the ~ grace of a ballerina バレリーナの流れるような優美さ / the ~ notes of a robin コマドリの流れるような鳴声. **4** 動きやすい, 不安定な, 浮動する: ~ principles [convictions, opinions] (一定しないで)ぐらぐらする主義[信念, 意見]. **5** 〈財産・担保など〉現金になっている, 容易に換金できる: ⇨ liquid assets / ~ capital 流動資本. **6** 〖音声〗流音の: a ~ consonant [sound] 流音. — *n.* **1** 液体 (cf. solid 1 a, gas[1] 1); 流動体 (fluid). **2** 〖音声〗流音《側音の [l] や無摩擦継続音 [ɹ] のように摩擦の音を伴わずに継続できる音》. **~·ly** *adv.* **~·ness** *n.*

líquid áir *n.* 液体空気.

liq·uid·am·bar [lìkwədǽmbə, ⏑⏑⏑ | lìkwɪdǽmbə(r, ⏑⏑⏑] 〖← NL ~ ← L *liquidus* 'LIQUID' + ML *ambar* 'AMBER'〗 — *n.* **1** 〖植物〗フウ《東アジアと北米に見られるマンサク科フウ属 (*Liquidambar*) の植物の総称》; (特に)モミジバフウ (*L. styraciflua*)《北米産; 日本でも街路樹に植える》. **2** フウの樹液《香料・薬用》.

líquid ammónia *n.* 〖化学〗液体アンモニア.

líquid ássets *n. pl.* 〖会計〗流動資産 (cf. fixed assets).

liq·ui·date [líkwɪdèɪt, -kwə- | -kwɪ-] 〖(*c*1575) ← ML *liquidāt-us* (p.p.) ← L *liquidus* 'LIQUID'〗 — *vt.* **1** 〈損害・負債額などを〉清算する, 支払う, 弁済する, 決済する (pay, settle); 〈負債〉の額を決定する. **2** (会社・商会などの解散に際して)清算して解散する (wind up). **3** 〈証券などを〉現金に換える. **4 a** 廃止する, 一掃する (wipe out), 打破する (destroy). **b** (ひそかに)なきものにする, 粛清する; (特に, 組織的に)殺害する, 「消す」. **5** 《古》明瞭にする, はっきりさせる. — *vi.* **1** 清算[決済]する. **2** 〈会社などが〉破産する.

liq·ui·da·tion [lìkwɪdéɪʃən, -kwə- | -kwɪ-] 〖(*c*1575): ⇨ ↑, -ation〗 — *n.* **1** (会社・商会など解散の際の)清算, (破産)整理. **2** (負債の)弁済, 償却. **3** (債券などの)換金. **4** 一掃, 打破; 殺害, 根絶, 粛清.
go into liquidation 〈会社などが〉(解散のため)清算をする, (清算して)解散する; 破産する.

liquidátion vàlue *n.* 〖会計〗清算価値《企業が解散する場合の, 資産の売却処分価額; cf. going concern value》.

líq·ui·dà·tor [-ṭə | -tə(r] *n.* 〖法律〗清算人.

líquid chromatógraphy *n.* 〖化学〗液体クロマトグラフィー.

líquid cómpass *n.* 〖海事・航空〗=wet compass.

líquid crýstal *n.* 〖物理・結晶〗液状結晶, 液晶, 異方性溶液[液体] (anisotropic liquid).

líquid díet *n.* 流動食《カスタード・ゼラチンなどの半固形食物を含めていう場合もある》.

líquid fíre *n.* 〖軍事〗液火, 可燃性液体《火炎放射機で敵陣に放つ燃える液体》.

líquid gláss *n.* 〖化学〗水ガラス (water glass).

líquid góld *n.* 〖窯業〗水金, 光沢金《植物油中に硫黄に溶かした塩化金を加えてつくったもの; 主に陶磁器に金彩飾をするのに用いられる》.

li·quid·i·ty [lɪkwídəṭi | -dətɪ, -dɪ-] 〖▭ F *liquidité* // ML *liquiditāt-em* ← L *liquidus*〗 — *n.* **1** 流動性. **2** (音の)清澄. **3** (資産の)流動性; 現金およびそれに準ずる換金性の高い金融資産: a crushing ~ squeeze.

liquídity prèference *n.* 〖経済〗流動性選好《ケインズ経済学における貨幣需要のこと》.

liq·uid·ize [líkwɪdàɪz, -kwə- | -kwɪ-] *vt.* 液体[流動体]にする, 液化する.

líq·uid·ìz·er *n.* 《英》ミキサー (《米》 blender).

líquid méasure *n.* 液量(単位)《液体の体積の計量単位(系); cf. dry measure》.

líquid óxygen *n.* 〖化学〗液体酸素, 液化酸素, 液酸《酸素を圧縮して得られる淡青色の液体; 液酸爆薬・ロケット燃料の酸化剤などに用いる; lox ともいう》.

líquid-óxygen explósive *n.* 〖化学〗液体酸素爆薬, 液酸爆薬《炭素分に富む吸収剤を使用直前に液体酸素に浸して爆破させる液体爆薬の一種》.

líquid petrolátum [páraffin] *n.* 〖化学〗流動パラフィン《無色透明の油状液体; 化粧品原料・潤滑油・下剤に用いる》.

líquid propéllant *n.* 〖航空・宇宙〗液体推(進)薬 (cf. solid fuel).

líquid stórax *n.* =storax 2 b.

liq·ui·dus [líkwɪdəs, -kwə- | -kwɪ-] 〖▭ L ~: ⇨ liquid〗 *n.* 〖物理化学〗液相線《平衡状態図で液相から固相を晶出し始める温度を示す線; cf. solidus 4》.

liq·ui·fy [líkwɪfàɪ, -kwə- | -kwɪ-] *v.* =liquefy.

li·quor [líkə | -kə(r] 〖(16C) ▭ L ~ 'liquid (state)' ∽ (?*a*1200) *licur, licour* ▭ OF < L *liquōrem*: LIQUEUR と二重語: ⇨ liquid〗 — *n.* **1** アルコール飲料; (特に, 発酵酒に対して, 蒸留によるアルコール分の強い)蒸留酒, 火酒(かしゅ) (brandy, whiskey, rum など): beer, wines, and ~s ビール・ぶどう酒と蒸留酒 / an intoxicating ~ 酒 / spirituous ~s 蒸留酒類 / vinous ~s ぶどう酒類 / in ~ 酒に酔って / the worse for ~ ⇨ worse 成句 / under the influence of ~ (少し)酒に酔って; 酒の勢いで. **2** (食品を煮たあとの)汁, 煮汁, 肉汁. **3 a** 液状のもの, 液; (工業用の)溶液. **b** (醸造用の)水. **c** (貝類の)分泌液. **4** [a ~] 《俗》一杯ひっかけること: have [take, enjoy] *a* ~. **5** 〖薬学〗液; 溶液, (特に)水溶液; 溶剤. ★ 英国の薬物学者の発音は [láɪkwɔː(r, lík-]. **6** 〖解剖〗髄液. — *vt.* **1** 〈麦芽・薬草などを〉溶液に浸す; 〈革・靴などに〉油を塗る. **2** 《口語》〈人〉に(火)酒をしきりに飲ませる 〈*up*〉. — *vi.* 《口語》強い酒をうんと飲む, 大酒を飲む 〈*up*〉.

li·quo·rice[1] [lík(ə)rɪʃ, -rɪs, -rəs | -rɪs, -rɪʃ] *n.* 《英》=licorice.

li·quo·rice[2] [lík(ə)rɪs, -rəs | -kərɪs] *adj.* 《古》=lickerish.

lí·quor·ish [-k(ə)rɪʃ] *adj.* **1** =lickerish. **2** 酒好きな. **3** アルコールの入った: a ~ drink. **~·ly** *adv.* **~·ness** *n.*

Lir [líə | líə(r] *n.* 〖ケルト伝説〗リア《アイルランド・ウェールズの伝説に現われる神話的英雄; King Lear の原型といわれる; ウェールズ伝説では Llyr [líə | líə(r; *Welsh* ɬə̀r]》.

li·ra 〖(1617) ▭ It. ~ 《変形》← *lib(b)ra* < L *libram* pound: ⇨ libra[2]〗 — *n.* **1** [lí(ə)rə | líərə; *It.* líːra] (*pl.* **li·re** [-reɪ; *It.* -re], **~s**) リラ《イタリア・サンマリノ・バチカン市国の通貨単位; =100 centesimi; 記号 L, Lit》; 1 リラアルミ貨[紙幣]. **2** [lí(ə)rə | líərə] (*pl.* **~s, li·re** [-reɪ]) リラ, トルコ ポンド《トルコの通貨単位; =100 kurus [piasters]; 記号 £T, LT, TL》; 1 リラステンレススチール貨[紙幣].

li·rel·la [lɪrélə, lə-, laɪ- | lɪ-, laɪ-] 〖← NL ~ (dim.) ← L *līra* a ridge, furrow〗 *n.* 〖植物〗ある地衣に見られる狭長な裸子器.

lir·i·o·den·dron [lìriədéndrən | -rɪə(ʊ)-] 〖← NL ~ ← Gk *leírion* lily + -DENDRON〗 — *n.* (*pl.* **~s, -den·dra** [-drə]) 〖植物〗ユリノキ《北米東部産のモクレン科ユリノキ属 (*Liriodendron*) の植物; cf. tulip tree》.

lir·i·pipe [lírəpàɪp | -rɪ-] 〖▭ ML *liripip-ium* ← ?〗 — *n.* **1** リリパイプ《中世紀に宗教家や学者などの用いた頭巾(ずきん)に付いた長い布片》. **2** (頭巾に付いている)長い肩掛け (tippet).

lir·i·poop [lírəpùːp | -rɪ-] *n.* =liripipe.

Li·sa [láɪzə, líː-, líːsə | líːzə, láɪ-] 〖(dim.) ← ELIZABETH[2]〗 *n.* 女性名《異形 Liza》.

Lis·beth [lízbəθ, -beθ, -bɪθ] 〖《頭音消失》← ELIZABETH[2]〗 *n.* 女性名《異形 Lisabeth, Lisbet》.

Lis·bon [lízbən] *n.* リスボン《ポルトガルの Tagus 河口の港市で同国の首都; 人口 830,000; ポルトガル語名 Lisboa [liʒbóɐ]》.

Li·se [líːzə, -sə] 〖▭ G ~ 'LISA'〗 *n.* 女性名.

Li·sette [lɪzét, -sét; *F.* lizɛt] 〖(dim.) ← ELIZABETH[2]〗 *n.* 女性名.

lisle [láɪl] 〖← *Lisle* (↓) (その原産地)〗 *n.* **1** ライル糸, レース糸《堅よりの木綿糸; lisle thread ともいう》. **2** レース糸編物類《手袋・靴下など》.

Lisle [liːl, láɪl | láɪl, líːl] *n.* リール《Lille の旧名》.

Lisle, de *n.* ⇨ Leconte de Lisle; Rouget de Lisle.

lísle thrèad *n.* =lisle 1.

lisp [lísp] 〖OE *wlisp* (n.) & **wlispian* (v.): 擬音語 ?〗 — *vi.* **1** もつれ舌で[舌足らずに]発音する《s, sh, z などを [θ], [ð] のように》. **2** 回らない舌で言う, かたことで話す 〈*out*〉. — *vt.* 〈子供などが〉舌足らずに話す, たどたどしい口調で話す. — *n.* **1** 〖音声〗舌もつれ[舌足らず]の発音: speak with a ~. **2** (木の葉・波などの)さらさらいう音. **~·er** *n.*

lis pen·dens [lís-péndenz] 〖▭ L *lis pendens* pending suit〗 — *n.* 〖法律〗 **1** (事件一覧表に記載された)係争中の訴訟. **2** 係争中の財産を譲渡しても訴訟に影響を与えないという法則.

lísp·ing 〖(15C)〗 *n.* **1** 舌もつれ[舌足らず]の発音; (子供の)かたこと: childish ~*s*. **2** =lisp 2. — *adj.* 舌足らずの. **~·ly** *adv.*

liss- [lɪs] (母音の前に来る時の) lisso- の異形.

Lís·sa·jous fìgure [líːsəʒùː-, ⏑⏑⏑; *F.* lisaʒu-] 〖← *J. A. Lissajous* (1822–80: フランスの物理学者)〗 — *n.* 〖電気〗リサジューの図形《ブラウン管オシロスコープの縦軸と横軸とのそれぞれに信号を加えて描かれる図形》.

lis·so- [lɪso(ʊ) | -sə(ʊ)] 〖← NL ~ ← Gk *lissós, líspos* smooth〗「しなやかな (smooth)」の意の連結形. ★ 母音の前では通例 liss- になる.

lis·some [lísəm] 〖《転訛》← LITHESOME〗 — *adj.* (*also* **lis·som** [~]) **1** 〈体が〉しなやかな, 柔軟な (supple, lithe). **2** すばしこい, きびきびした, 敏活な (agile, nimble). **~·ly** *adv.* **~·ness** *n.*

lis·sot·ri·chous [lɪsátrəkəs | -sɔ́trɪ-] 〖← NL *lissotrich-us*: ⇨ lisso-, -trichous〗 *adj.* 〖人類学〗髪の毛がまっすぐな.

list[1] [líst] 〖OE *liste* hem, border < Gmc **listōn* (Du. *lijst* / G *Leiste*) ← IE **leizd-* border〗 — *n.* **1 a** 薄い細長い切れ (strip, band). **b** (物の)ふち, へり. **c** 《英》織りべり, 耳 (selvage); [集合的] へり地 (selvages)《織りべりを切り取ったものでスリッパなどの材料に用いる》: ~ slippers へり地製のスリッパ / line the edges of a door with ~ (すき間風を防ぐために)戸のふちにへり地切れを張る. **d** 〘建築〙＝listel. **e** 《廃》細い切れ地. **2** (動物の体, 特に馬の)色じま. **3** 《米》(綿・ビート・根菜類などを植えるために土を盛り上げた)うね, あぜ. **4** (髪の毛の)分け目. **5** 〘この意味は OF *lisse* (F *lice*) の影響による〙[*pl.*; 単数または複数扱い] **a** (中世騎士の槍試合の試合場の周囲に作った)矢来(やらい) (palisades). **b** 試合場; 競争[論争]場裡(り): enter the ~*s* (against...) (...と)試合[論戦]をする; (...に)挑戦する, (...の)挑戦に応じる. **6** 《廃》境界, 囲い: Confine yourself but in a patient ~. しばらくご辛棒ください (Shak., *Othello* 4. 1. 76). **7** 〘冶金〙溶融スズめっき等の際に鉄板のへりにたまった金属. **—** *vt.* (~·**ed**, ~) **1** 〈板などの〉耳[へり]を切り取る. **2** 《米》...にうねを立ててまき溝を作る (cf. listing[1] 3). **3** 《廃》...にふちを付ける, へり地を付ける. **4** 〘冶金〙〈鉄板〉からへりにたまった金属を取り除く.

list[2] [líst] 〘n.: 《1600》⊏ F *liste* ⊏ OIt. *lista* ← ? Gmc (OHG *līsta* border). — v.: 《1614》← (n.): cf. list[1] / G *Liste*〙 **—** *n.* **1** 一覧表, 表, リスト; 目録 (catalog); 名簿, 名列 (roll); 価格表 (inventory): a ~ of books, applicants, voters, stolen articles, etc. / a price ~ 価格表 / ⇨ active list, blacklist, free list, reserved list, retired list, sick list / close the ~ 募集を締め切る / draw up [out] a ~ 表[目録, 名簿]を作成する / lead [head] the ~ 首位にある / make a ~ of ...を表に作る / His name stands first *on* the ~. 彼は一番だ. **2** 〘商業〙＝list price. **3** 〘経済〙上場株式名簿.
— *vt.* **1** ...の一覧表を作る, 列挙する: ~ all the books necessary for one's study 研究に必要ないっさいの書物をリストにする. **2** 一覧表[目録]に記入する, 名簿[リスト, 価格表]に載せる; (他のものと同列に)記録[記載]する (cf. listing[2] 1 b): names [words, goods] ~*ed* here ここに記載された人々[言葉, 物品] / ~ property for taxation 課税の目的で財産を納税表に載せる / Loismagic was not ~*ed* in the phone book. ロイスマジックという名は電話帳に載っていなかった. **3** 〈証券を〉取引所の公式相場表に載せる, 上場する. **4** [~ oneself で] 自分を〔...であると〕考える, 自ら〔...と〕任ずる〔*as*〕: I ~ *myself as* a liberalist. 自分を自由主義者だと思っている. **5** 《古》兵籍に入れる, 兵隊に取る. **—** *vi.* **1** 売物として価格表に載る: This camera ~*s at* [*for*] $100. このカメラは百ドルの値がついている. **2** 《古》兵籍に入る, 軍人になる.

list[3] [líst] 〘OE *hlystan* ← *hlyst* a hearing < Gmc *χlustiz* ← IE **kleu-* to hear: ⇨ listen〙 **—** *v.* (~·**ed**, ~) 《古》 **—** *vi.* 聞く (listen). **—** *vt.* ...に耳を傾ける, 傾聴する (listen to).

list[4] [líst] 〘OE *lystan* < Gmc **lustjan* (G *lüsten* / ON *lysta*) ← **lust-* 'LUST'〙《古》 **—** *v.* (~·**ed**, ~; 三人称単数現在 ~, ~·**eth**) **—** *vt.* **1** ...の気に入る (please). **2** 望む, 欲する (desire). **—** *vi.* 望む, 欲する (wish): The wind bloweth where it ~*eth.* 風はおのが好むところに吹く (*John* 3 : 8). **—** *n.* 強い欲求, 意向.

list[5] [líst] 〘← ? LIST[4]〙 **—** *vi.* 〈船・建物などが〉傾く, かしぐ. **—** *vt.* 〈船などを〉傾ける, かしげる. **—** *n.* 傾く[かしぐ]こと, 傾き, 傾斜: That ship has a ~ *to* port [a port ~]. 船は左舷(さげん)に傾いている.

líst·ed[1] *adj.* **1** 〈動物が〉色じまのある: a ~ pig. **2** 〈穀物が〉種まき機でまかれた; 〈土地が〉うね立て機で種まき準備された. **3** 〈板が〉(端を切られて)細い.

líst·ed[2] *adj.* **1** 表[名簿]に記載された: ⇨ listed building. **2** 〈証券が〉取引所の公式相場表に載せられた, 上場された: ~ securities 上場有価証券. **3** 電話帳に記載されている: ~ telephone numbers.

lísted búilding *n.* 《英》(重要文化財として登録された)指定建築物.

lis·tel [lístl, lɪstél] 〘⊏ F ~ ⊏ It. *listello* (dim.) ← *lista* 'LIST[2]'〙 *n.* 〘建築〙平縁(ひらぶち), 平条(ひら) (fillet).

lis·ten [lísn] 〘ME *listne(n)* ← OE *hlysnan* ← (WGmc) **χlusinōjan* ← Gmc **χlus-* ← IE **kleu-* to hear (OIr. *cluas* ear / Skt *śroṣati* he hears): ME の *-t-* は LIST[3] の影響〙 **—** *vi.* **1** 聞こうと努める; 〔...を〕傾聴する, 〔...に〕耳を傾ける〔*to*〕: I still ~*ed* but heard nothing. なおも耳を澄ましてみたが何も聞こえなかった / ~ *to* him [a sermon, music, what is said] 彼の言葉[説教, 音楽, 人の言うこと]を傾聴する / ~ *to* the radio [a baseball game] ラジオ[野球の放送]を聞く / ~ *at* a keyhole 鍵穴に耳を寄せて聞く / ~ *with* a stethoscope 聴診器で聞く. ★ (1) listen は相手の注意を促すために間投詞的に用いられることがある (cf. look *vi.* 1 ★ (1)): *Listen*! What do you think he said? まあ聞いてくださいよ, あの人が何と言ったと思いますか. (2) listen to は hear に準じて目的語＋do*ing* または原形不定詞を伴って用いられることがある (cf. look *vi.* 1 ★ (2)): We ~*ed to* the orchestra *playing* [play]. そのオーケストラが演奏している[演奏する]のを聞いた. (3) listen *to* ...の代わりに listen *at* ...を用いるのは《方言》. **2** 言うことを聞く; 〔...に〕耳を貸す, 従う〔*to*〕: You'll never succeed if you don't ~. 言うことを聞かないと成功しませんよ / ~ *to* grievances [a request] 苦情[願い]を聞いてやる / ~ *to* reason [one's parents] 道理[親]に従う / ~ *to* temptation [threats] 誘惑[おどし]に負ける. **3** 〔...を〕予期して聞き耳を立てる〔*for*〕: She ~*ed for* some footsteps at a distance. 遠くに足音でも聞こえて来ないかと耳を澄ました / I stood ~*ing* eagerly *for* the first rumble of the approaching train. 近づいて来る列車の最初のごーという音が聞こえはしまいかと耳をそば立てながら立っていた. **4** [補語を伴って]《米口語》〈...のように〉聞こえる, 〈...と〉思われる: The story ~*s* absurd [reasonable] (*to* me). その話は(私には)ばからしく[もっともらしく]聞こえる / How does it ~ *to* you? (それを聞いて)君はどう思う. **—** *vt.* 《古》心をとめて聞く, ...に耳を傾ける.

listen in (1) ラジオを聞く (cf. listen-in); 〔...を〕ラジオで聞く〔*to*〕: ~ *in* late at night 夜遅くまでラジオを聞く / ~ *in to* a concert [the news, the Prime Minister] コンサート[ニュース, 首相談話]をラジオで聞く. ★ この言い方はやや古風で listen to a concert のように表現した方がよい (cf. *vi.* 1). (2) 波長を合わせる; 傍受する, (電話で)盗聴する〔*to, on*〕: ~ *in to* a foreign (broadcasting) station 外国の放送局に波長を合わせる / ~ *in on* a telephone conversation 電話の話を盗聴する / He suspected that someone was ~*ing in.* だれかが盗聴しているのではないかと思った. (3) (ほかの人たちの話を)そばで[黙って]聞いている; 盗み[立ち]聞きする (eavesdrop).
— *n.* 傾聴(すること), 聞くこと: have a ~ 傾聴する.

lis·ten·a·ble [lísṇəbl, -sn-] *adj.* 聞いて気持ちのよい: ~ music.

lís·ten·er [-snə, -snə | -snə(r, -snə(r)] 〘《1611》〙 **—** *n.* **1** 聞く人, 傾聴者: a good ~ 興味を持って[同情して]聞く人, 聞き上手 / *Listeners* hear no good of themselves. 《諺》立聞きすればしゃくの種. **2 a** (ラジオの)聴取者. **b** 《米》(大学の)聴講生 (auditor).

lístener-ín *n.* (*pl.* **listeners-**) **1** ラジオ聴取者. **2** 盗み[立ち]聞きする人 (eavesdropper); 盗聴者.

lístener resèarch *n.* 〘ラジオ〙聴取者実態調査, 人気番組調査.

lísten-ín *n.* ラジオ聴取 (cf. LISTEN *in* (1)): have a ~ 「ラジオを聞く.

lís·ten·ing [-snɪŋ, -sn- | -sṇ-, -sn-] 〘ME〙 **—** *n.* **1** 傾聴, 聴取; 外国放送の傍受. **2** [形容詞的に] 聴取用の, 聞くための: a ~ booth (レコード店などの)試聴室 / a ~ button (イヤホーン式)補聴器 / a ~ gallery 〘築城〙聴取段《glacis の前方に設けた段で, ここで包囲軍の行動を聴取探察する》.

lístening pòst *n.* **1** 〘軍事〙聴音哨(しょう), 聴取哨《視度不良の時, 防御線の前方に隠れて, 物音によって敵の動静を探る》. **2** 情報聞込み場所, 情報収集源.

líst·er[1] *n.* **1** (名)表[リスト]作成者. **2** (財産・収入などの)査定[評定]者. **3** 材料費・工賃などを査定する木工業の従業員. **4** 洗濯物の品目分けをする人.

líst·er[2] 〘⇨ list[1]〙 *n.* 《米》〘農業〙 **1** うね立て機, あぜ作り機. **2** 種まき装置付き二段すき.

Lis·ter [lístə | -tə(r)], **Joseph** *n.* (1827–1912) 英国の外科医; 消毒殺菌法の完成者; 称号 1st Baron Lister of Lyme Regis [láɪm ríːdʒɪs].

lis·ter·el·lo·sis [lìstərəlóusɪs, -səs | -lóusɪs] 〘← NL ~ ← *Listerella* (⇨ ↓, -ella) ＋ -OSIS〙 *n.* (*pl.* **-lo·ses** [-siːz]) 〘獣医〙＝listeriosis.

lis·te·ri·a [lɪstí(ə)riə | -tíəriə] 〘← NL *Listeria* ← *J. Lister*: ⇨ -ia[2]〙 **—** *n.* 〘細菌〙リステリア菌《リステリア属 (*Listeria*) のグラム陽性の好気性短杆(かん)菌の総称; 気道・リンパ腺・結膜などを侵し, また脳膜炎の病源となる》.

lis·te·ri·a·sis [lìstəráɪəsɪs, -səs] 〘← NL ~: ⇨ ↑, -asis〙 *n.* (*pl.* **-a·ses** [-siːz]) 〘獣医〙＝listeriosis.

lis·ter·ine [lístəriːn] 〘《商標》← *J. Lister* ＋ -INE[3]〙 *n.* リステリン《防腐剤》.

lis·te·ri·o·sis [lɪstì(ə)rióusɪs, -səs | -tìəriə́usɪs] 〘← NL ~: ⇨ listeria, -osis〙 **—** *n.* (*pl.* **-o·ses** [-siːz]) 〘獣医〙リステリア病, 回旋病《リステリア菌による脳の炎症; これにかかった羊はぐるぐるとよろめき回って死に至るので circling disease ともいう》.

Lis·ter·ism [lístərɪzṃ] 〘← *J. Lister* ＋ -ISM〙 *n.* 〘医学〙リスター消毒法《石炭酸による防腐法》.

l'is·tes·so tem·po [liːstésou-témpou | -stésəu-témpəu; *It.* listéssotémpo] 〘⊏ It. 《古》~ (＝It. *lo stesso tempo*) 'in the same tempo'〙 **—** *adv.* 〘音楽〙リステッソ テンポ, 同じテンポで《拍子の交代の際にも 1 拍あるいは 1 小節の時価を変えないで》.

líst·ing[1] 〘《1295》〙 *n.* **1** 《英》(織物の)耳 (list). **2** (板から切りとられる細い)端材, 板切れ. **3** 《米》まき溝を作ること; うね立て種まき法 (cf. list[1] *vt.* 2).

líst·ing[2] *n.* **1 a** 作表《一覧表 (list) を作ること》. **b** 一覧表[リスト, 名簿, 目録など]に載せること (cf. list[2] *vt.* 2). **2** 一覧表, リスト, 名簿 (list), 目録 (catalog): make a ~ of ...の一覧表を作る. **3 a** (取引所への)上場. **b** (不動産業者の)認可; 不動産物件簿(に記載された物件). **4** 《古》兵籍編入 (enlistment).

líst·less 〘《1440》← LIST[4] ＋ -LESS〙 *adj.* 気乗りのしない, 気のない; 物憂げな, 大儀そうな (sluggish, languid). **~·ly** *adv.* **~·ness** *n.*

líst prìce *n.* 〘商業〙表示価格, カタログ記載値段《多くの場合メーカー指定価格をさす》.

Liszt [líst; *Hung.* líst], **Franz** *n.* リスト《1811–86; ハンガリーの作曲家・ピアニスト; 交響詩を確立》.

lit[1] [lít] *v.* light[1] の過去形・過去分詞. **—** *adj.* **1** 〈部屋など〉明りのついた; 〈蠟燭(ろうそく)など〉火がつけられた: a brightly ~ hall 明々と照明を施した会堂 / ~ candles 点火した蠟燭. **2** ＝LIT[1] *up.*

lit up 《俗》(酒[麻薬]に)酔った: get ~ *up* (酒[麻酔]に)酔う.

lit[2] [lít] *v.* light[3] の過去形・過去分詞.

lit[3] [lít] *n.* ＝litas.

Lit 《記号》〘貨幣〙*It.* Lire italiane (＝Italian lire).

lit. 《略》literal; literally; literary; literature; liter(s).

Li·ta [líːtə | -tə] 〘(dim.) ← CARMELITA: cf. Carmel[1]〙 *n.* 女性名.

litai *n.* litas の複数形.

Li Tai Po [líː-táɪ-póu | -páu; *Chin.* lǐ tʻàipó] *n.* 李太白 (⇨ Li Po).

lit·a·ny [lít(ə)ni, -tṇi | lítəni, -tṇi] 〘⊏ LL *litania* ⊏ Gk *litaneia* entreaty, litany ← *litē* prayer ∽ (?*a*1200) *letanie* ⊏ OF (F *litanie*)〙 **—** *n.* **1** 〘キリスト教〙連禱(とう)《司祭の唱える祈願に対して会衆が短い文句で一々唱和する形式のもの》: the *Litany* of the Saints 諸聖人の連禱. **2** [the L-] 〘英国国教会〙(祈禱書中の)嘆願《司式者が一定の短い祈りを唱え, 会衆が「主よ, 救いたまえ」「主よ, ききたまえ」などの言葉で唱和する連禱》. **3** 連禱のための(合唱)音楽, 連禱に似た反復的詠唱. **4** (同じことを何度も繰り返す)単調で長たらしい説明[叙述]: in the long ~ of English history 長くてくだくだしい英国史において.

lítany-dèsk [-stòol] *n.* 〘英国国教会〙嘆願[連禱(とう)]台《牧師が Litany を唱える時に用いる移動性の小机; faldstool ともいう》.

li·tas [líːtɑːs] 〘⊏ Lith. ~〙 *n.* (*pl.* **li·tai** [-teɪ], **li·tu** [-tuː]) リータス《リトアニア (Lithuania) の旧通貨単位 (1925–1940)》; 1 リータス銀貨.

Lit.B. 《略》＝Litt.B.

li·tchi [láɪtʃiː, líː- | laɪtʃíː, ←–, lítʃiː, líː-] 〘⊏ Chin. *lichih* (荔枝(れいし))〙 *n.* **1** 〘植物〙レイシ, ライチー (*Litchi chinensis*)《中国原産のムクロジ科のリュウガンの類の常緑小高木, 果樹》. **2** (乾燥した)レイシの果実《リュウガンの実 (longan) と同じく殻の内側の肉質部を食用または薬用にする; litchi nut ともいう》.

lit-crit [lítkrít] 〘《短縮》〙 *n.* 《口語》文芸批評 (literary criticism).

Lit.D. 《略》＝Litt.D.

lit de jus·tice [líː-də-ʒustíːs; *F.* lidʒystis] 〘⊏ F ~ 《原義》bed of justice〙 **—** *F. n.* **1** (フランス革命以前の)フランスの高等法院王座. **2** (フランス革命以前の, 国王臨席の)フランスの高等法院.

-lite [←-làɪt] 〘⊏ F ~ ← Gk *líthos* stone: cf. G *-lit(h)*〙 **—**「石 (stone), 鉱物 (mineral), 化石 (fossil)」の意の名詞連結形《通例連結辞 -o- を伴う; cf. -lith》: chryso*lite*, dendro*lite*.

li·te pen·den·te [láɪtiː-pendéntiː] 〘⊏ L *lite pendente* pending the suit (ablat. absolute) ← *lis* suit ＋ *pendēre* to be suspended〙 **—** *L. n.* 〘法律〙審理中, 裁判係属中.

li·ter, 《英》**li·tre** [líːtə | -tə(r)] 〘《1810》⊏ F *litre* ← LL *litra* ⊏ Gk *lítrā* pound〙 *n.* リットル《メートル法で容量の単位; ＝1,000cc; 略 l., lit.》.

lit·er·a·cy [lítərəsi, -trə- | -t(ə)rəsi] 〘《1883》← LITERATE ＋ -CY〙 *n.* **1** 学問[教育]のあること. **2** 読み書きの能力(のあること) (↔ illiteracy) (cf. numeracy).

líteracy tèst *n.* (投票・兵役などの資格を調べる)読み書きの能力[学力]の検査.

lit·er·ae hu·ma·ni·o·res [lítəriː-hjuːmæ̀nióːriːz, -óːr- | lítəriː-hjumæ̀nɪóːr-] 〘⊏ L *literae hūmāniōres* humane or polite literature〙 **—** *L. n. pl.* 人文学《Oxford 大学において B.A. の称号を得る古典研究課程の名称; 略 lit. hum.》.

lit·er·al [lítərəl, -trəl | lít(ə)r-] 〘(*a*1398) ⊏ (O)F *literal* ‖ LL *litterālis* ← *littera, litera* 'LETTER[2]'〙 **—** *adj.* **1** 文字の[に関する], 文字上の; 文字で表わされた (cf. numerical 1): a ~ error 文字の誤り / ~ notation (代数のような)文字記数法 / ~ marking ABC の文字による採点. **2 a** 文字通りの; 字義にとらわれた, 字義通りの: a ~ meaning [interpretation] 文字通りの意味[解釈]. **b** 言葉本来の意味の; 語源的な: The ~ meaning of *school* is leisure.「学校」のもともとの意味は「ひま」である. **3** 一語一語の, 逐語的な (cf. free 10): a ~ translation 逐語訳, 直訳. **4** (字句にこだわって)融通のきかない, 想像力の働かない; 平凡な, 味のない: a ~ person, mind, etc. **5** (飾り気も誇張もない)事実に忠実な, 正確な, 厳密な; 《口語》(文字通りに)全くの, 実際の: a ~ account of an event 事件の正確な記事 / the ~ truth 正真正銘の事実, 偽りのない真実 / in the ~ sense of the word 文字通りの意味で, 本当に, 全く / The gale has made a ~ desert of my garden. 大風は庭を文字通りの荒地にした. **—** *n.* 〘印刷〙(フォント (font) 違いなどから起こる)誤字, 誤植. **~·ness** *n.*

lít·er·al·ìsm [-tərəlìzṃ, -trə- | -t(ə)r-] *n.* **1** 文字通りに解すること; 直解主義; 直訳主義; 直訳調. **2** (美術・文学などの)直写主義《表面の文字にこうすぎる傾向》. **lit·er·al·is·tic** [lìtərəlístɪk, -trə- | lɪt(ə)r-] *adj.*

lít·er·al·ist [-lɪst, -ləst | -lɪst] *n.* 直解[直訳]主義者.

lit·er·al·i·ty [lìtərǽləṭi | lɪtərǽlətɪ, -lɪ-] 〘← LITERAL ＋ -ITY〙 *n.* **1** 文字[字義]通りであること; 字句にこだわること. **2** 直解; 文字通りの意味.

lit·er·al·ize [lítərəlàɪz, -trə- | lít(ə)r-] *vt.* 文字通りに解釈する, 直訳する (cf. spiritualize 2).

lít·er·al·ly [-tərəli, -trə-, -ṭəli | -t(ə)rəlɪ] *adv.* **1** 文字[字義]通りに (cf. figuratively); 逐語的に: He interpreted the order ~. 彼は命令を文字通りに解釈した / translate a passage ~ 章節を直訳する. **2** 言葉本来の意味で, 厳密な意味で. **3** 誇張なしに, 正真に (exactly); 実際, 全く (virtually): She is ~ the ugliest woman I know. 彼女は文字通りまたとない醜い女だ / He was ~ worn to a shadow. 全く幽霊のようにやせ衰えてしまった / It ~ rained cats and dogs. 正真正銘車軸を流すような大雨だった / She doesn't know ~ how to cook. 彼女はまるで料理の方法も知らない.

li·te·rar·um doc·tor [lɪ̀tərέ(ə)rəm-dáktə | -tərέər-əm-dɔ́ktə(r)] 〘□L *literārum doctor* 'doctor of literature'〙 ── *L. n.* 文学博士《略 Lit.D., Litt.D., D.Lit, D.Litt.》.

lit·er·ar·y [lítərèri | lít(ə)rəri] 〘《1646》□L *literāri-us* ← *littera, litera* 'LETTER², learning': ⇨ -ary〙 ── *adj.* **1** 文学の, 文学上の, 文筆の, 文芸の: ~ columns 文芸欄 / ~ fame [labors, studies] 文学的名声[労作, 研究] / a ~ history 文学史 / a ~ prize 文学賞 / ~ works [writings] 文学作品[著作物] / ~ pursuits 文筆業 / a man of ~ renown 文学的に名声の高い人, 有名な作家. **2 a** 文学に通じた, 文筆のたしなみの深い: quite a ~ person なかなかの文学通. **b** 著述を業とする: a ~ man 文学者, 学者, 著作家 / the ~ world 文士社会, 文壇. **3** 文学的な, 固苦しい, てらいのある; 〈語法が〉文語的な (cf. colloquial 2, spoken 2): a formal, ~ expression 形式張った固い表現 / ~ language 文語 / ~ style 文語体. **4** 書籍の: ~ agents 書籍外交員[注文取り]. **lit·er·ar·i·ly** [lɪ̀tərérəli, ‐‐‐‐‐ | lít(ə)rərəli, -rɪli] *adv.* **lít·er·àr·i·ness** *n.*

líterary exécutor *n.* 著作権代理人《死亡した著者の書類や未発表の作品の管理を依頼されている人》.

lít·er·àr·y·ism [-riìzm] *n.* 文語主義[趣味]《著しく文語的な語法・文体を用いること》.

literary próperty *n.* 文書財産権, 著作権, 版権.

lit·er·ate [lítərət, -trət, -rɪt | lít(ə)r-] 〘《?a1425》 *litterate* ← L *litterāt-us, literāt-us* lettered ← *littera, litera*: ⇨ literary, -ate²〙 ── *adj.* **1 a** 学問[教育]のある. **b** 読み書きのできる (↔ illiterate) (cf. numerate). **2** 学問(上)の; 文学(上)の. **3 a** 文学に通じた. **b** 文学を扱う. **4** 洗練された, 明晰(めいせき)な. ── *n.* **1 a** 学問[教育]のある人, 学者, 文学者. **b** 読み書きのできる人. **2** 〘英国国教会〙大学卒業の学位なしで牧師になることを許された人. **~·ly** *adv.* **~·ness** *n.*

lit·e·ra·ti [lɪ̀tərá:ti:, -réɪtaɪ | -tərá:ti:, -ter-] 〘□L *litterāti* (pl.) ← *litterātus* (↑)〙 *n. pl.* **1** 文学者たち. **2** 学者社会, 知識人階級.

lit·e·ra·tim [lɪ̀tərá:tɪm, -rá:ṭ-, -ṭəm | lɪtərá:tɪm, -réɪ-] 〘□ML *litterātim* ← L *littera* 'LETTER²'〙 *adv.* 一字一字, 逐字的に, 文字通りに.

lit·er·a·tion [lɪ̀təréɪʃən | -tə-] 〘← L *littera* 'LETTER²' + -ATION〙 *n.* (音声・言葉の)文字化.

lit·er·a·tor [lítərèɪṭə, lɪtərá:tɔə | lítərèɪtə(r)] 〘□L *litterātor* ← *littera* 'LETTER²': ⇨ -or²〙 *n.* 文士, 文学者, 学者, 著作家 (literary man).

lit·er·a·ture [lítərətʃùə, -trə-, -ṭətʃùə, -tə-, -tʃə-, -t(j)ùə | lít(ə)rətʃə(r, -rɪ-, -tjùə(r)] 〘《?a1425》□F *littérature* // L *litterātūra* a writing, learning, grammar ← *litterātus* 'LITERATE': ⇨ -ure〙 ── *n.* **1** 文学, 文芸; 純文学 (belles lettres); 文芸作品: English ~ 英文学 / Elizabethan ~ エリザベス朝文学 / light ~ 軽文学 / polite ~ 純文学 / yellow-covered ~ 黄表紙文学, 俗文学 / be fond of ~ 文学が好きだ / Some of his writings reach the dignity of ~. 彼の書いたものの中には文学と言えるほどの気品の高いものもある / This is very cleverly written, but it is not ~. 非常に気のきいた作品ではあるが文学というほどのものではない. **2** 文学研究; 著述, 文筆業: devote oneself to ~ 文学に身を投じる. **3 a** (ある特定の学術分野における)著作全体, 文献: philological [mathematical] ~ 言語学[数学]文献 / the medical ~ 医学文献 / the ~ of gems 宝石関係文献 / an extensive ~ *on* linguistics 言語学に関する広範な文献. **b** [集合的]〘音楽〙作品: the ~ for two pianos 2台のピアノのための作品(全部). **4** [集合的]〘口語〙(広告・ちらしなどの)印刷物 (printed matter): campaign ~ 選挙用文書[ちらし] / advertising ~ 宣伝用パンフ[ちらし]. **5** 〘古〙学問, 学識: a person of infinite ~ 非常に博識の人.

líterature sèarch *n.* (科学技術の)文献調査.

lit·e·ra·tus [lɪ̀tərá:ṭəs, -réɪ-| -tərá:t-, -ter-, -réɪ-] 〘□L *litterātus* ← *litera* 'LETTER²'〙 *n.* **1** 文学者. **2** 知識人.

lith. 《略》〘印刷〙lithograph(ic); 〘印刷〙lithography.

Lith. 《略》Lithuania; Lithuanian.

lith- [lɪθ] (母音の前に来る時の) litho- の異形.

-lith [‐‐lɪθ] 〘⇨ litho-〙 次の意味を表わす名詞連結形: **1** 「石で作ったもの」: mega*lith*, eo*lith*. **2** 「結石 (calculus)」: gastro*lith*, uro*lith*. **3** = -lite.

li·thae·mi·a [lɪθí:miə, lə-| lɪθí:mɪə, -mjə] *n.* = lithemia.

lith·arge [líθɑədʒ, ‐‐ | líθɑ:dʒ] 〘《c1387-95》 *litarge* □OF (F *litharge*) □L *lithargyrus* □Gk *lithárguros* spume of silver ← *líthos* stone + *árguros* silver〙 ── *n.* 〘化学〙リサージ, 密陀僧(みつだそう)《一酸化鉛 (lead monoxide) のことで顔料・ガラス・塗料乾燥剤・陶器の釉薬(ゆうやく)などに用いる》.

lithe [láɪð, láɪθ | láɪð] 〘OE *līþe* ← (WGmc) **linþja*-(G *lind* mild) ← IE **lento*- flexible (L *lentus*)〙 ── *adj.* (**lith·er; lith·est**) **1** しなやかな, 柔軟な: one's ~ body / a ~ dancer. **2** 曲がりやすい, たわみやすい: ~ steel. **~·ly** *adv.* **~·ness** *n.*

li·the·mi·a [lɪθí:miə, lə- | lɪθí:mɪə, -mjə] 〘← NL ~: ⇨ litho-, -aemia〙 *n.* 〘病理〙尿酸血症《代謝異常による血中尿酸の過剰状態》.

lithe·some [láɪðsəm, láɪθ- | láɪð-] 〘← LITHE + -SOME¹〙 *adj.* = lithe.

lith·i·a [líθiə | líθɪə, -θjə] 〘《1818》 **1**: ← NL ~ 〘変形〙 ← *lithion* ← Gk *litheion* of stone ← *líthos* stone: *soda* や NL *potassa* などからの類推〙 ── *n.* **1** 〘病理〙= lithiasis. **2** 〘化学〙酸化リチウム (Li_2O).

líthia mìca *n.* 〘鉱物〙リシア雲母(うんも), うろこ雲母 (lepidolite).

li·thi·a·sis [lɪθáɪəsɪs, lə-, -səs | lɪθáɪəsɪs] 〘← NL ← Gk *lithiasis* ← *lithos* stone: ⇨ -iasis〙 ── *n.* (*pl.* **-a·ses** [-sì:z]) [通例複合語の第2構成素として] 〘病理〙結石症, (特に)膀胱(ぼうこう)結石症: nephro*lithiasis*.

líthia wáter *n.* 〘化学〙酸化リチウム水《躁鬱(そううつ)病治療薬》.

lith·ic [líθɪk] 〘□Gk *lithik-ós* ← *líthos* stone: ⇨ -ic¹〙 ── *adj.* **1** 石の. **2** 〘病理〙結石の; (特に)膀胱(ぼうこう)結石の. **3** 〘化学〙石質の. ── *n.* 〘化学〙岩片質《岩石の砕片の多いこと》. **líth·i·cal·ly** *adv.*

-lith·ic [‐‐lɪθɪk] 〘↑〙〘考古〙「石の (lithic)」の意の形容詞連結形: Paleo*lithic*.

líthic ácid *n.* 〘生化学〙= uric acid.

lith·i·um [líθiəm | líθɪəm, -θjəm] 〘《1818》 ← NL ~: ⇨ litho-, -ium〙 ── *n.* 〘化学〙リチウム《アルカリ金属元素の一つ, 金属中最も軽い; 記号 Li, 原子番号 3, 原子量 6.941》.

líthium alúminum hýdride *n.* 〘化学〙水素化アルミニウムリチウム ($LiAlH_4$)《白色の粉末; 還元剤として用いる》.

líthium bòmb *n.* 〘軍事〙リチウム爆弾《三重水素を用いず水素・重水素および lithium で周囲を囲んだ水素爆弾》.

líthium cárbonate *n.* 〘化学〙炭酸リチウム (Li_2CO_3)《白色の結晶; ガラス工業に用いる》.

líthium chlóride *n.* 〘化学〙塩化リチウム (LiCl)《白色結晶; 金属リチウムの製造, 空気調節等に使用》.

líthium flúoride *n.* 〘化学〙フッ化リチウム (LiF)《無色の結晶; 光学プリズムに用いる》.

líthium stéarate *n.* 〘化学〙ステアリン酸リチウム ($CH_3(CH_2)_{16}COOLi$)《白色の粉末; 化粧品に用いる》.

li·tho [láɪθoʊ, líθ- | láɪθəʊ] 〘《短縮》 ← LITHOGRAPH〙 〘口語〙〘印刷〙 *n.* (*pl.* **~s**) = lithography; lithograph. ── *adj.* = lithographic. ── *vt.* = lithograph.

lith·o- [líθə, -θoʊ | -θə(ʊ)] 〘← Gk *líthos* stone〙 ── 次の意味を表わす連結形: **1** 「石 (stone)」: *litho*graph. **2** 「結石 (calculus)」: *litho*logy. **3** 〘化学〙「岩石(の)」. ★ 母音の前では通例 lith- になる.

li·thog·e·nous [lɪθádʒənəs, lə- | lɪθɔ́dʒɪ-] 〘← LITHO- (↑) + Gk *-genēs* (⇨ -gen) + -OUS〙 *adj.* 〘医学〙結石生成[形成]性の.

lith·o·graph [líθəgræ̀f | líθə(ʊ)grɑ̀:f, -græ̀f] 〘⇨ litho-, -graph〙 〘印刷〙 ── *n.* **1** リトグラフ, 石版画, 石版刷. **2** 平版刷. ★《英》では印刷業者の間では [láɪθ-]. 以下の3語でも同じ. ── *vt.* **1** 石版[平版]で印刷する, 石版刷にする. **2** 石[陶器]に記す[書く]: ~ a picture.

li·thog·ra·pher [lɪθágrəfə, lə-, líθəgræ̀fə | lɪθɔ́grəfə(r] *n.* 石版[平版]工, 石版師.

lith·o·graph·ic [lɪ̀θəgræ̀fɪk | -θə(ʊ)-] *adj.* 石版術の, 石版刷の; リトグラフの, 石版の: ~ paper 石版用紙 / a ~ pen 石版(用)筆 / a ~ slate [stone] 石版石. **lìth·o·gráph·i·cal·ly** *adv.*

li·thog·ra·phy [lɪθágrəfi, lə- | lɪθɔ́grəfɪ] 〘《1813》□G *Lithographie*: ⇨ litho-, -graphy〙 ── *n.* 〘印刷〙 **1** リトグラフィー, 石版印刷《亜鉛板によるものを含む》. **2** 平版印刷 (planography) (cf. offset 6 a).

lith·oid [líθɔɪd] 〘□Gk *lithoeid-ēs*: ⇨ litho-, -oid〙 *adj.* 石状の, 石質の.

lith·oi·dal [lɪθɔ́ɪdḷ, lə- | lɪ-] *adj.* = lithoid.

lith·ol·a·pax·y [lɪθálәpæ̀ksi, líθə- | lɪθɔ́ləpæ̀ksɪ, líθə-] 〘← LITHO- + Gk *lápaxis* evacuation (← *lapássein* to empty: ⇨ -sis) + -Y¹〙 *n.* 〘外科〙(膀胱)抽石(術).

li·thól·o·gist [-dʒɪst, -dʒəst | -dʒɪst] *n.* **1** 岩石学者. **2** 〘医学〙結石学者.

li·thol·o·gy [lɪθálədʒi, lə- | lɪθɔ́lədʒɪ] 〘← LITHO- + -LOGY〙 ── *n.* **1** 岩石学《通例肉眼ないしは倍率の低い拡大鏡を用いて行なうものをいう; 近頃はあまり用いない; cf. petrography, petrology》. **2** 岩層の構造および成分. **3** 〘医学〙結石学. **lith·o·log·ic** [lɪ̀θəládʒɪk | -lɔ́dʒ-] *adj.* **lìth·o·lóg·i·cal** *adj.* **lìth·o·lóg·i·cal·ly** *adv.*

li·thol·y·sis [lɪθáləsɪs, lə-, -səs | lɪθɔ́ləsɪs, -lɪ-] 〘← LITHO- + -LYSIS〙 *n.* 〘外科〙結石溶解法《膀胱(ぼうこう)結石などを溶かすこと》.

lith·o·marge [líθəmɑ̀ədʒ | -mɑ̀:dʒ] 〘← NL *lithomarga* ← LITHO- + L *marga* marl〙 ── *n.* 〘土壌〙石髄《長石に富む岩石が風化してできた白色または淡色の緻密な土》.

lìtho·méteor *n.* 〘気象〙大気塵象, リソメテオル《大気中に浮遊する乾燥した砂・塵のような固体粒子》.

lith·o·phane [líθəfèɪn] 〘← LITHO- + -PHANE〙 *n.* 透し彫り磁器《光を当てると模様が透けて見える磁器》.

lith·o·phile [líθəfàɪl] *adj.* 〘地質〙 **1** 地球表層部のケイ酸塩殻層に濃集しやすい. **2** 〈地中の化学的成分が〉親石性の《ケイ酸と化合しやすい; cf. chalcophile》.

líthophile èlement *n.* 親石元素.

lith·o·phyte [líθəfàɪt] 〘□F ~: ⇨ litho-, -phyte〙 ── *n.* **1** 〘植物〙岩生植物, 岩石植物. **2** 〘動物〙石灰質生物《サンゴモやサンゴチュウのように, 石灰質から成る骨格を持つ動物》. **lith·o·phyt·ic** [lɪ̀θəfítɪk | -tɪk] *adj.*

lith·o·pone [líθəpòʊn | -pəʊn] 〘← LITHO- + Gk *pónos* a work〙 ── *n.* 〘化学〙リトポン《硫化亜鉛 (ZnS) と硫酸バリウム ($BaSO_4$) との混合物からなる; 白色顔料; ゴムの硬化などに用いる》.

lith·o·print [líθəprɪ̀nt | -θə(ʊ)-] *vt.* (写真オフセットのような)平板で印刷する. ── *n.* 平版画, 平版印刷物.

lítho·prìnting *n.* 写真オフセット印刷.

lith·o·sere [líθəsɪə | -sɪə(r] 〘← LITHO- + SERE³〙 *n.* 〘生態〙岩石遷移系列.

lith·o·sol [líθəsàl, -sɔ̀:l | -sɔ̀l] 〘← LITHO- + L *solum* ground〙 *n.* 〘地質〙岩屑(がんせつ)土.

lith·o·sphere [líθəsfɪə | -θə(ʊ)-] 〘← LITHO- + -SPHERE〙 ── *n.* [the ~] 〘地球物理〙岩石圏, 岩圏 (cf. atmosphere 1 b, barysphere, hydrosphere 2). **lith·o·spher·ic** [lɪ̀θəsférɪk, -sfí(ə)r- | -sfér-] *adj.*

li·thot·o·my [lɪθáṭəmi, lə- | lɪθɔ́təmɪ] 〘《1721》□LL *lithotomia* □Gk *lithotomía*: ⇨ litho-, -tomy〙 *n.* 〘外科〙(膀胱(ぼうこう)結石の)切石術, 砕石術. **lith·o·tom·ic** [lɪ̀θəṭámɪk | -tɔ́m-] *adj.* **lìth·o·tóm·i·cal** *adj.*

lith·o·trite [líθətràɪt] 〘《逆成》↓〙 *n.* 〘外科〙(膀胱(ぼうこう)結石の)切石吸出器, 切石器, 砕石器, 結石摘出器.

li·thot·ri·ty [lɪθátrəṭi, lə- | lɪθɔ́trɪtɪ, -rɪ-] 〘← LITHO- + L *tritus* ((p.p.) ← *terere* to crush, rub) + -Y¹〙 *n.* 〘外科〙(膀胱(ぼうこう)結石の)切石術, 砕石術.

Lith·u·a·ni·a [lɪ̀θ(j)uéɪniə, -njə | lɪ̀θ(j)u:éɪnjə, -θ(j)ʊ-, -nɪə] 〘□Lith. *Lietuvà* 《原義》? shoreland (cf. L *lītus* shore)〙 ── *n.* リトアニア《バルト海に臨むソ連邦構成共和国の一つ, もと独立国家 (1918-40); 人口 3,364,-000, 面積 65,200 km², 首都 Vilnius; 公式名 the Lithuanian Soviet Socialist Republic リトアニアソビエト社会主義共和国》.

Lith·u·a·ni·an [lɪ̀θ(j)uéɪniən, -njən | lɪ̀θ(j)u:éɪnjən, -θ(j)ʊ-, -nɪən] 〘《1607》: ⇨ ↑, -an¹〙 *adj.* **1** リトアニアの. **2** リトアニア人[語]の. ── *n.* **1** リトアニア人. **2** リトアニア語《バルト (Baltic) 語派に属す》.

lit. hum., Lit. Hum. [lít-hʌ́m] 《略》 literae humaniores.

lith·u·re·sis [lɪ̀θərí:sɪs, -səs | -θjʊrí:sɪs] 〘← NL ~ ← LITHO- + Gk *oúrēsis* urination (← *ourein* to urinate) + -ASIS〙 *n.* 〘病理〙尿砂排泄(はいせつ).

lith·y [láɪði, -θi | -ði] *adj.* (**lith·i·er; -i·est**) 〘古・英方言〙 = lithe.

lit·i·ga·ble [líṭɪgəbḷ, -ṭə- | -tɪ-] 〘⇨ litigate, -able〙 *adj.* 訴訟できる.

lit·i·gant [líṭɪgənt, -ṭə- | -tɪ-] 〘《1638》□F ~ □L *litigantem* (pres.p.) ← *lītigāre* (↓)〙 ── *adj.* 訴訟している, 係争中の: the parties ~ 訴訟当事者. ── *n.* 訴訟当事者《原告または被告》.

lit·i·gate [líṭəgèɪt | -tɪ-] 〘《1615》← L *lītigāt-us* (p.p.) ← *lītigāre* to dispute ← *lit-, lis* dispute, strife〙 ── *vi.* 訴訟する, 訴える. ── *vt.* **1** 〈問題を〉法廷に持ち出す, 法廷で争う. **2** 〘古〙論争する (dispute).

lit·i·ga·tion [lɪ̀ṭəgéɪʃən | -tɪ-] 〘《1567》□L *lītigātiō(n-)*: ⇨ ↑, -ation〙 *n.* **1** 訴訟, 訴訟追行: ~ over damages 損害賠償に関する訴訟. **2** 〘古〙論争.

lít·i·gà·tor [-ṭə | -tə(r] *n.* 訴訟当事者 (litigant).

li·ti·gious [lɪtídʒəs, lə- | lɪ-] 〘《c1384》□(O)F *litigieux* // L *lītigiōs-us* quarrelsome, disputatious ← *lītigium* dispute: ⇨ litigate, -ous〙 ── *adj.* **1** 訴訟できる, 訴訟すべき. **2** 訴訟(上)の, 訴訟に関する: ~ right 訴訟権. **3** 訴訟好きな: a ~ person. **4** 論争好きな (quarrelsome). **~·ly** *adv.* **~·ness** *n.*

lit·mus [lítməs] 〘《1502》← NL ~ ← ON *litmose* lichen used for dyeing ← *litr* color, dye + *mosi* moss: cf. Du. *lakmoes* litmus〙 ── *n.* 〘化学〙リトマス《リトマスゴケ (*Roccella tinctoria*) などの地衣類から取る紫色の色素》.

lítmus pàper *n.* 〘化学〙リトマス試験紙《酸性かアルカリ性か中性かを試験するのに用いる》.

lítmus tèst *n.* 〘比喩〙リトマス試験《態度・事実などが一度ではっきりするようなテスト》.

lit·o·ral [líṭərəl, lɪ̀tərǽl, -rá:l | lítərəl] *adj., n.* = littoral.

li·to·tes [láɪṭətì:z, líṭ-, laɪtóʊti:z | láɪtə(ʊ)tì:z] 〘《1657》□Gk *litótēs* plainness ← *litós* plain〙 ── *n.* (*pl.* ~) 〘修辞〙緩叙法《控え目な言い方をしてかえって強い意味を表わす修辞法で, 一般的には understatement と言う; 例えば, little を not の意に, rather を very much indeed の意に使用するなど; 特に, 反対語の否定を用いて肯定を表わす言い方, 例えば, great の代りに no small を, very good の代りに not bad を用いたり, I shall be very glad. の代りに I shan't be sorry. と言うもので, イギリス英語に多い; meiosis ともいう; ↔ hyperbole》.

litre *n.* = liter.

Litt.B. 《略》*L.* Lit(t)erārum Baccalaureus (= Bachelor of Letters [Literature]).

Litt.D. 《略》*L.* Lit(t)erārum Doctor (= Doctor of Letters [Literature]).

lit·ten [lítn] 〘《a1849》 LIT¹ + -EN³〙 ── *adj.* 〘古〙[しばしば複合語の第2構成素として] (…の)明かりのついた (lighted): a dim-*litten* cloud 薄明るく光る雲 / gray-*litten*, red-*litten*, etc.

lit·ter [líṭə | -tə(r] 〘《?a1300》 *litere* □AF *lit(t)ere* = (O)F *litière* < ML *lectāriam* ← L *lectus* bed〙 ── *n.* **1 a** (動物の)寝わら. **b** (植物の)敷きわら. **2** [集合的] (犬・豚などの)一腹の子, 同産児, 同腹子 (cf. brood 1 a): a ~ *of* pigs. **3** 散らかり物, 散らかったごみ[残り物, くず] (leavings): clean up the roadside ~ 道端の散らかったごみをかたづける. **4** 乱雑, 乱脈: *in* a (state of) ~ 〈部屋などが〉散らかって. **5** (病人運搬用の)つり台, 担架 (stretcher). **6** 担(かつ)いかご《通例屋根・カーテン付きで, 1人が寝て運ばれる》. **7** 〘土壌〙リター《森林土壌の腐植の形態区分の一つで, 堆積(たいせき)した落葉・落枝などが分解して黒色状になったもので,

泥炭の最上層に見られる; cf. duff[1] 4). **— vt.** **1 a** 〈うまや・床など〉にわらを敷く: ～ a stall *down* うまやにわらを敷く. **b** 〈動物〉に寝わらを敷く; 〈植物〉に敷きわらをする. **2** 〈犬・豚などが〉〈子を〉生む. **3 a** 〈物を〉散らかす: ～ things *about* a room 部屋中に物を散らかす. **b** 〈部屋などを〉〔物で〕取り乱す〔*with*〕: The study was ～*ed* (*up*) *with* books and magazines. 書斎には書物や雑誌類が散らかっていた. **— vi.** **1** 〈犬・豚などが〉子を生む. **2** 物を散らかす.

lit·te·rae hu·ma·ni·o·res [lítərì:-hju:mæ̀niɔ́:ri:z, -ó:r-|lítərì:-hju:mæ̀niɔ́:r-] *n. pl.* = literae humaniores.

lit·ter·a·teur [lìtərətə́:, -trə-, -tǿ: | -t(ə)rətə́:(r; *F.* literatœ:r] 〘□F ～ □L *litterātor* literary man〙 *n.* (*pl.* ～**s** [～z; *F.* ～]) 文学者, 文士, 職業作家.

lítter·bàg *n.* 《米》(自動車内などで使う)くず物入れ, ごみ袋.

lítter·bàsket *n.* 《英》= litterbin.

lítter·bìn *n.* 《英》(公共の場所に置く)くず物入れ.

lítter·bùg 《米》 *n.* (公園・街路など)所かまわずごみ・廃物・残物などを捨てる人.

lít·ter·er [-ṭərə | -tərə(r] *n.* = litterbug.

lítter-lòut *n.* = litterbug.

lítter·màte *n.* (犬・豚などの)同腹の子.

lit·ter·y [lítəri|-təri] 〘← LITTER + -Y[4]〙 *adj.* **1** 寝わら[敷きわら]だらけの. **2** 散らばった, 乱雑な, むさ苦しい (untidy). **lít·ter·i·ness** *n.*

lit·tle [líṭl | -tl] 〘OE *lȳtel* < (WGmc) **lŭttila* (Du. *luttel* / G《方言》*lützel*) ← IE **leud-* small (MIr. *lūta* little finger / Russ. *ludit'* to deceive): 語源上 *less* とは無関係〙 **— adj.** **A** [Countable の名詞を修飾して] ★(1) 比較は(形状を表わす場合には)通例 smaller, smallest を代用する; littler, littlest は《米口語》で用いられるが,《英》では《俗・方言》. (2) 習慣上反意の対句は great and *little*, big and *little*, great and small, large and small で, large and *little*, big and small とは言わない. (3) 6 以外では, 単独な形容詞としては通例 Attributive に用いる.

1 a (形状の)小さい (↔ big, large); 若い, 年少の, 幼い (young): a ～ bird, boy, box, house, hill, etc. / a ～ drop of brandy ほんの一滴のブランデー / a pompous ～ man もったいぶった小男 / the ～ Browns ブラウン(家)の子供たち / a ～ family 小さい子供たちのいる家庭 / ～ John ジョン少年 / a ～ rabbit うさぎの子 / ⇨ little one, little people / my ～ man [woman] [呼掛け] 坊や[お嬢ちゃん] (cf. little woman 2) / Being too ～, the girl stood on tiptoe to kiss him. とても小さかったのでその子はつま先で立って彼に接吻した. ★(1) little は small と異なりしばしば「愛情」「同情」または「非難」「軽侮」(cf. A 6) などの感情的含みを込めて用いられる. その場合これらの感情を明示する形容詞を伴うことも多い: a ～ rascal かわいいいたずらっ子 / He's enjoying his ～ tricks again. また例の子供じみた策略をたくらんでいる / Bless your ～ heart! まあかわいそうに / my *dear* ～ mother 私の愛する母 / a *nice* ～ thing [しばしば軽蔑的にも] かわいい女の子 / That *poor* ～ boy! あのかわいそうな子 / What a *pretty* ～ garden! なんてきれいな庭だこと. (2) この感情的に用いられる little のアクセントはしばしば [lìṭl | -tl] となる. **b** (同種のものの中で)小さい方の, 小…: ⇨ Little Bear, little finger, little toe, etc.

2 〈団体・村など〉小さい; 〈事業など〉小規模の (↔ big, large): a ～ discussion group (小人数の)討論グループ / a ～ village [town] (住民の少ない)小村[小さい町] / a ～ herd of cattle 家畜の小さな群れ / a ～ farmer 小農 / ～ businesses 小企業.

3 〈声など〉力のない, 弱々しい: a ～ voice か細い声.

4 〈時間・距離など〉短い (↔ long): I'll go a ～ way with you. 少しお供しましょう / That will go but a ～ way to the goal. それだけでは目標まで中々行くまい《とても足りない》/ He'll be back in a ～ while. すぐ戻ってくるでしょう / I have only a ～ week to wait. ほんの1週間待っただけだ《★ 主観的な用法》.

5 a 地位の低い, 偉くない (↔ great): a ～ magistrate 下っぱの治安判事 / the rights of a ～ man 小市民の権利. **b** [the ～; 名詞的に] 重要でない[権力のない]人人 (↔ the great).

6 ささいな, つまらない; ちっぽけな, けちな, 卑劣な (cf. A 1 a ★): a ～ mind [soul] 狭量(な人) / *mean* ～ accusations 卑劣な言いがかり / his *filthy* ～ tricks やつの汚いたくらみ / my *poor* ～ efforts 私の至らぬ努力 / He has his ～ faults. 彼にもささいな欠点はあるさ / We know all about his ～ ways. やつのけちなやり口はみんなわかってる / So that is your ～ game. その手でごまかそうというのだな / *Little* things amuse [please] ～ minds. 《諺》小人はつまらないことに興ずる / *It is* ～ *of* him *to* notice such things. そんなことを気にするなんて彼も料簡(りょうけん)が狭い.

B (↔ much) (**less** [lés], **less·er** [lésə | -sə(r]; **least** [lí:st]) [Uncountable の名詞を修飾して] **1** [否定的] (程度・量の)ほんの少しの (not much), 少しの(…しかない), ほとんどない (cf. few[1] 1): know ～ music [Danish] 音楽[デンマーク語]はほとんどわからない / I gained ～ advantage from it. それからは利益をほとんど得なかった / There is ～ hope [time] left. 望み[時間]はほとんどない / I had ～ sleep last night. 昨夜はほとんど眠れなかった / He had very ～ knowledge of the subject. その問題についてはほとんど知らなかった / He takes very ～ trouble about his work. 仕事にちっとも精を出さない / You'd better drink *less* wine. 酒の量を少し控えた方がいい.

2 [a ～ として; 肯定的] 少しは(ある), 多少の, いくらかの (cf. few[1] 2): know *a* ～ music [Danish] 音楽[デンマーク語]は少しわかる / There is *a* ～ water [money, hope] left. 多少の水[金, 望み]は残っている / *A* ～ care would have prevented it. 少し気をつければそんなことは防げたろう / You must expect *a* ～ trouble. 少しぐらいの困難は覚悟しなくてはならない / It is *a* ～ distance from here. ここからじきです. ★ 儀礼的口語表現として some に代わって用いられることがある: May I have *a* ～ coffee, please? コーヒーを少々いただけませんか / Let me give you *a* ～ beef. (食卓で肉を切り分けながら)牛肉を少し上げましょう / Would you like *a* ～ cake? ケーキを少しいかがですか《cf. Would you like a *small* cake? (大きくない)小さなケーキがいいのですか》.

3 [the ～, what ～ として] なけなしの, あるだけの: I gave him *the* ～ money (that) I had. = I gave him *what* ～ money I had. なけなしの金を彼にやった.

but little 《文語》= *only a* LITTLE: with *but* ～ effort ほんの少しの努力で / Unfortunately I have *but* ～ money. あいにくお金が少ししかない. ***little..., if any*** = ***little if any*** (…が)あったとしてもほんの少しの, ほとんどない: I have ～ hope, *if any*. 見込みはまずない / They get ～ *if any* salary. ほんの僅かの俸給しかもらっていない. ***little or no*** = LITTLE..., *if any*: There is ～ *or no* hope. まずまず望みはない. ***no little*** = *not a* LITTLE: I took *no* ～ pains over it. それには少なからず骨を折った. ***not a little*** 少なからぬ, 実に多くの (cf. *adv.* 成句, *pron.* 成句): It has given me *not a* ～ trouble. それにはだいぶ手こずった. ***only a little*** ほんの少しの, ほんの少ししか(…ない) (little) (cf. *pron.* 成句): I've *only a* ～ money with me. 金はほんの少ししか持ち合わせていない. ***quite a little*** 《口語》かなりの, 相当な (cf. *pron.* 成句): It gives us *quite a* ～ pleasure. それは相当に楽しいです. ***some little*** 少しの, 多少の (a little): It was *some* ～ time before he heard of it. ちょっと時間がたってからそのことを耳にした.

Little Sisters of the Poor [the —] 〘カトリック〙貧民救護婦人会《1840 年 Paris に創立されたカトリックの女子修道会》.

little summer of St. Luke [the —] 《英》小春日和 (⇨ St. Luke's summer).

— adv. (**less** [lés]; **least** [lí:st]) **1** [否定的] **a** ほとんど…しない (cf. *adj.* B 1): ～ known writers 余り世に知られていない作家たち / He is ～ richer than he was. 昔よりちっとも金持ちになってない, 昔同様貧乏だ (cf. *little* MORE[1] *than*) / He likes me ～. 私をあまり好いてない / I slept ～ last night. 昨夜はほとんど眠れなかった / Do you see him?—Very ～. 彼に会いますか—めったに会いません. **b** [know, imagine, dream, think, guess, suspect, realize などに前置して]少しも[全く]…しない: He ～ *knows* or *cares* what awaits him. 何が彼を待ちうけているか少しも知らないし全然気にもかけていない / I ～ *thought* that he would turn up. 彼が現われるなんて考えてもいなかった / *Little did* I *dream* that I should never see him again. 彼に二度と会えなくなるとは夢にも思っていなかった. **2** [a ～ として; 肯定的] **a** 少し, 少しは(…する) (cf. *adj.* B 2): I was *a* ～ flustered. ちょっとあわてました / This coat is *a* ～ too large for me. / He is *a* ～ better today. 今日は少しは具合がよい / *A* ～ more [less] sugar, please. 砂糖をも少し[減らして]ください / His wife was *a* ～ older than himself. / You'd better sleep *a* ～. ちょっと眠ったほうがいい. **b** (時間・距離が)少しの間, しばらく: I waited for her *a* ～. 少し彼女を待った / It's *a* ～ past seven. いま7時ちょっと過ぎです / The house is *a* ～ down the street. その家は通りを少し行ったところにある.

little better than... ⇨ better[1] *adj.* 成句. ***little less than...*** ⇨ less *adv.* 成句. ***little more than...*** ⇨ more[1] *adv.* 成句. ***not a little*** 少なからず, 大いに (cf. *adj.* 成句, *pron.* 成句): He was *not a* ～ surprised. 少なからず驚いた.

— pron.(, *n.*) (**less**; **least**) **1** [否定的] (程度・量が)少し, わずか(しか…ない) (cf. *adj.* B 1): He is happy with ～. 少しのものだけで満足している / *Little* remains to be said. 言うことはもうほとんどない / The uproar did ～ to alter his views. その騒ぎもほとんど彼の見解に影響を与えはしなかった / He gives me ～ *of* his company. ろくにつき合ってくれない[訪ねて来ない] / He has seen ～ *of* life. 世間知らずだ. ★ *adj.* 用法に準じて very, rather, so, as, to, how などの副詞に修飾されることがある: *Very* ～ is known about Nessie. ネッシーについてはほとんど知られていない / I got *so* ～ out of him. 彼からはわずかそれぐらいしか得るところがなかった. **2** [a ～ として; 肯定的] **a** (程度・量が)少し(はある) (cf. *adj.* B 2): make *a* ～ go a long way 少しのものを長持ちさせる, 倹約する / Give me *a* ～, please. 少しください / He knows *a* ～ *of* everything. 彼は何でも少しはかじっている / Every ～ helps. 《諺》ごく少しずつが助けになる, 「ちりも積もれば山となる」. **b** (時間が)少しの間, しばらく. ★ 次のような前置詞付きの句をなして用いられる: *After a* ～ he began to talk. ちょっとしてから話し出した / She was out in the garden *for a* ～. 彼女はしばらく庭に出ていた / I'll finish it *in a* ～. もうじきに終わります. **3** [the ～, what ～ として] なけなしのもの, あるだけのもの (cf. *adj.* B 3): He did *the* ～ (that) he could. 微力ながら全力を尽くした / We must keep *what* ～ we have. わずかでもあるだけのものは大事にしなければならない.

(*by*) *little and little* = ***little by little*** 少しずつ, 段段, 徐々に: *Little by* ～ he spoke with greater ease. 少しずつ落ち着いた調子で話すようになった. ***in little*** 小規模に[の], 縮小して[した]; 細密面で[の] (cf. *in* (*the*) LARGE). ***little or nothing*** = ***little if anything*** ほとんど…(ない) (hardly anything): He ate ～ *or nothing* [～ *if anything*]. 彼はほとんど食べなかった. ***make little of*** (1) …を軽んじる, 軽視する, 侮る. (2) …がほとんど理解[解釈]できない. ***not a little*** 少なからずのもの, かなり多くのもの (cf. *adj.* 成句, *adv.* 成句): I lost *not a* ～ over cards. トランプでだいぶすった. ***only a little*** ほんの少し[わずか] (little) (cf. *adj.* 成句): Won't you have some more sugar?—Well, *only a* ～, please. もう少しお砂糖を入れますか—じゃあ, ほんの少し. ***quite a little*** 《口語》かなりたくさん(のもの), 相当多くのもの (cf. *adj.* 成句): He knows *quite a* ～ about it. そのことについてはかなりいろいろなことを知っている.

Líttle América *n.* リトルアメリカ(基地)《南極の Ross 氷棚(ひょうほう)北東部の, Richard E. Byrd 少将によって設置された米国の南極探検隊基地 (1929–59)》.

Líttle Assémbly *n.* 《口語》国連小委員会《国連総会の休会中も継続して会議を行なう》.

líttle áuk *n.* 〘鳥類〙ヒメウミスズメ (⇨ dovekie).

Líttle Béar *n.* [the ～] 〘天文〙こぐま(小熊)座 (⇨ Ursa Minor).

Líttle Bélt *n.* [the ～] 小ベルト海峡《デンマーク本土と Fyn 島との間の海峡で, 北海の Kattegat 海峡とバルト海を結ぶ海峡の一つ; 長さ 48 km; cf. Great Belt》.

Líttle Béthel *n.* ⇨ bethel 2.

Líttle Bíghorn *n.* (*also* **Líttle Bíg Hòrn**) [the ～] 米国 Wyoming 州北部に源を発し, 北流して Montana 州南部で Bighorn 川に注ぐ川(約 145 km); Montana 州南部流域で, Custer 将軍の率いる騎兵隊が Sitting Bull の率いるスー族 (Sioux) インディアンと戦い全滅した (1876).

líttle bítty *adj.* ちっちゃい (tiny).

líttle bláck ánt *n.* 〘昆虫〙イエヒメアリ (*Monomorium minimum*)《家の中の甘い物にたかる小型のアリ》; その近似種.

líttle bláck bóok *n.* 《口語》女友達の住所録.

líttle blúe héron *n.* 〘鳥類〙ヒメアカクロサギ (*Florida caerulea*).

líttle blúestem *n.* 〘植物〙北米中央部の大草原に生じるイネ科ウシクサ属の多年草 (*Andropogon scoparius*)《牧草に用いる》.

líttle bróther *n.* 〘海事〙副熱帯低気圧, 副旋風《大型ハリケーンに伴って生じる小型のハリケーン》.

líttle casíno *n.* 〘トランプ〙リトル カジノ《カジノでスペードの2; それを取った人に1点加算される》.

Líttle Dáedala *n.* 〘ギリシャ史〙小ダイダラ (⇨ Daedala).

Líttle Díomede *n.* ⇨ Diomede Islands.

Líttle Dípper *n.* [the ～] 《米》〘天文〙小北斗七星 (⇨ dipper 4 b).

Líttle Dóg *n.* [the ～] 〘天文〙こいぬ(小犬)座 (⇨ Canis Minor).

líttle-èase *n.* (監房やさらし台など)狭くて窮屈な場所.

líttle énd *n.* 〘機械〙(連結棒の)小端.

Líttle-énd·i·an [-éndiən | -diən, -djən] *n.* **1** 小端派の人《Swift 作 *Gulliver's Travels* 中の Lilliput 国で卵は大きい方の端から割るべきであると主張する党派 (Big-endians) に対して小さい方の端を主張する一派の人》. **2** [通例軽蔑的に用いて] 小事を争う人.

Líttle Énglander *n.* 小英国主義者《19 世紀に, 英本国 (England) の利益は英帝国 (British Empire) の領土的拡張よりも貿易の促進にあり, 従って植民地は放棄して貿易の維持だけを図ればよいとして, 帝国の膨張に反対した人たち; cf. imperialist 2》.

Líttle Énglandism *n.* 小英国主義 (cf. Little Englander).

Líttle Éntrance *n.* 〘東方正教会〙小聖入, 小入堂《礼拝式の聖書朗読のために福音書を聖壇に携え運ぶ荘厳な入堂行進; cf. Great Entrance》.

líttle fínger *n.* (手の)小指.

lift [***throw, turn up***] ***the little finger*** 〘酒杯を持つとき小指を少し上げる習慣から〙《俗》大酒を飲む. ***twist** a person **round** one's **little finger*** ⇨ finger 成句.

Líttle Fóx *n.* [the ～] 〘天文〙こぎつね(小狐)座 (⇨ Vulpecula).

líttle-gò *n.* (*also* **little go**) [the ～] 《英古》(Cambridge, Oxford 大学で) B.A. 学位取得第一次試験 (cf. great *n.* 3).

líttle gúll *n.* 〘鳥類〙ヒメカモメ (*Larus minutus*)《ヨーロッパ産の頭の黒い最も小さいカモメ》.

Líttle Hóurs, l- h- *n.pl.* 〘カトリック〙日中の聖務日課《7回の聖務日課のうち prime, sext, nones; 時には vespers と compline を含む; cf. canonical hour 1》.

Líttle Khingán Móuntains *n.pl.* [the ～] 小シアンリン山脈 (⇨ Khingan Mountains).

líttle léaf *n.* 〘植物病理〙種々の原因により葉が小型化または萎縮するもの《little-leaf disease ともいう》.

Líttle Lèague *n.* [the ~]《米》リトルリーグ《8-12 歳の少年野球連盟; cf. Boy's Baseball》. **Líttle Léaguer** *n.*

Líttle Lòrd Fáunt·le·roy [-fɔ́:ntlərɔ̀ɪ, -fá:nt- | -fɔ́:nt-] *n.*「小公子」《F. H. Burnett 作の小説 (1886)》.

líttle magazíne *n.* (試作的な作品や, 俗受けのしない純文学作品などを載せる, 版型の小さい)高級文芸雑誌, 同人雑誌, リトルマガジン (little review).

líttle Máry, l- m- 〘《幼児語》: cf. J. M. Barrie, *Little Mary* (1903)〙 *n.* 《英口語》腹, おなか (stomach).

líttle·nèck 〘Long Island の Little Neck で多くとれたことから〙 *n.* 〘貝類〙 ヌノメアサリ類《littleneck clam ともいう》.

lít·tle·ness 〘OE *lȳtelnes*〙 ― *n.* **1** 小さいこと, 短小. **2** 少し, 僅少. **3** 狭量, 浅ましさ: the ~ of human nature 人間性の浅ましさ / It shows ~ to notice such things. そんなことを気にするようでは料簡(ﾘｮｳｹﾝ)が狭い. **4** ささいな行為; けち[狭量]な行為.

líttle óffice *n.* [しばしば L- O-]〘カトリック〙(聖母マリアの)小聖務日課.

líttle one *n.* 子供: How are the ~*s*? 子供たちは元気かい.

líttle ówl *n.* 〘鳥類〙 コキンメフクロウ (*Athene noctua*).

líttle pèople *n. pl.* **1** 〘民間伝承〙 小妖精たち《fairies, elves, pixies, leprechauns など》. **2** (無名の)小市民, 庶民. **3** 子供たち (children). **4** 小人たち (midgets).

líttle revíew *n.* (批評・紹介などを特徴とする, 版型の小さい)文芸雑誌 (little magazine).

Líttle Rhód·y [-róudi | -ráudi] 〘⇨ -y²〙 *n.* 米国 Rhode Island 州の俗称《米国で最小の州であるため》.

Líttle Ròck 〘Arkansas 川の岩の突出部にちなむ〙 *n.* 米国 Arkansas 州の首都, 同州中央部, Arkansas 河畔にある; 人口 142,000.

Líttle Rússia *n.* 小ロシヤ《ソ連邦南西部の一般的呼称; 主に Ukraine 地方またはその隣接諸地方》.

Líttle Rússian *n.* **1** 小ロシヤ人《ソ連邦南部または南西部地方の住民; cf. Ruthenian 1 a, Great Russian 1 a》. **2** ウクライナ人.

líttle slám *n.* 〘トランプ〙 ＝small slam.

líttle spótted cát *n.* 〘動物〙 タイガーキャット (*Felis tigrina*)《熱帯アメリカ産の小型のヤマネコ》.

líttle spótted skúnk *n.* 〘動物〙 マダラスカンク (*Spilogale putorius*)《米国南西部とメキシコに生息するイタチ科の動物》.

Líttle St. Bernárd *n.* [the ~] 小サンベルナール峠《フランス南東部とイタリア北西部との間, Mont Blanc の南の山道; 高さ 2,188 m》.

líttle théater *n.* **1** 小劇場《大劇場のような営利を直接目的としない実験劇場》. **2** 小劇場向きの劇. **3** [集合的] 素人芝居, アマチュア演劇.

líttle tóe *n.* (足の)小指.

Líttle Véhicle *n.* [the ~]〘仏教〙＝Hinayana.

líttle wóman *n.* **1** 女の子; 小娘, 大人になりかかった娘. **2** [the ~]《口語》家内, 女房 (wife) (cf. little *adj.* A 1 a).

lít·tlish [-ṭlɪʃ, -tl- | -tl-, -tl-] *adj.* ちょっと少ない, やや小さい.

lit·to·ral [líṭərəl, lìṭərǽl, -rá:l | lítərəl] 〘adj.: 《1656》 ▭ L *littorāl-is, lītorāl-is* ← *lītus* shore. ― n.: 《1828》 ▭ It. *littorale* & F *littoral* ← (adj.)〙 ― *adj.* **1** 沿岸の; 海岸の, 沿海の: the ~ extent of Italy イタリアの海岸地方. **2** 〘生態〙 海岸[沿岸]にすむ[生える]: ~ fauna 沿岸動物相. ― *n.* **1** 沿岸地方: the Mediterranean ~ 地中海沿岸地方. **2** 〘生態〙 潮間帯.

líttoral cúrrent *n.* 〘海洋〙 沿岸潮流.

Lit·to·rin·i·dae [lìṭərínədì: | -tərínɪ-] 〘← NL ~ ← *Littorina* (属名: ← L *littor-, littus, lītus* seashore＋-INA)＋-IDAE〙 *n. pl.* 〘貝類〙 タマキビガイ科.

Lit·tré [lɪtréɪ; *F.* litre], **Maximilien Paul Émile** *n.* リトレ《1801-81; フランスの言語学者・辞書編集者・哲学者; *Dictionnaire de la langue française* (1863-72)》.

litu *n.* litas の複数形.

litui *n.* lituus の複数形.

li·tur·gic [lɪtə́:dʒɪk, lə- | lɪtə́:-] *adj.* ＝liturgical.

li·tur·gi·cal [lɪtə́:dʒɪkəl, lə-, -dʒə- | lɪtə́:dʒɪ-] 〘《1641》 ← LL *litūrgicus* ▭ Gk *leitourgikós* ministering: ⇨ liturgy, -ical〙 ― *adj.* **1** 礼拝式 (liturgy) の, 典礼の[に関する]. **2** 礼拝式[典礼]に用いられる; 礼拝式[典礼]を行なう[好む]: a ~ church.

litúrgical éast *n.* 〘教会〙 礼拝上[教会]の東(部)《教会内の祭壇が位置する方角で, 実際の方位とは必ずしも一致しない》.

Litúrgical Látin *n.* 典礼用ラテン語.

li·túr·gi·cal·ly [-kəli | -li] *adv.* 礼拝法によって, 祈禱(ｷﾄｳ)書に従って, 典礼法[書]に従って.

litúrgical nórth *n.* 〘教会〙 礼拝上[教会]の北(部)《教会の祭壇に向かって左の方角》.

litúrgical sóuth *n.* 〘教会〙 礼拝上[教会]の南(部)《教会の祭壇に向かって右の方角》.

litúrgical wést *n.* 〘教会〙 礼拝上[教会]の西(部)《祭壇のある方角(東)と反対の方角》.

li·tur·gics [lɪtə́:dʒɪks, lə- | lɪtə́:-] 〘← LITURGY＋-ICS〙 *n.* 〘カトリック〙 礼拝学, 典礼学, 典礼論《教会の礼拝・儀式などの原理や方法に関する学問》.

li·tur·gi·ol·o·gy [lɪtə̀:dʒiáləd͡ʒi, lə- | lɪtə̀:dʒiɔ́ləd͡ʒi] 〘← LITURGY＋-LOGY〙 ― *n.* ＝liturgics. **li·tur·gi·o·log·i·cal** [lɪtə̀:dʒiəlád͡ʒɪkəl, lə-, -d͡ʒək- | lɪtə̀:dʒiəlɔ́d͡ʒɪ-] *adj.* **li·tùr·gi·ól·o·gist** [-d͡ʒɪst, -d͡ʒəst | -d͡ʒɪst] *n.*

lít·ur·gist [-d͡ʒɪst, -d͡ʒəst | -d͡ʒɪst] *n.* **1** 礼拝学者, 典礼学者; 儀式文編集者. **2** 礼拝式形式厳守者, 典礼主義者. **3** 礼拝式司祭[司会牧師].

lit·ur·gy [líṭəd͡ʒi | -təd͡ʒɪ, -tə:-] 〘《1560》 ▭ F *liturgie* // LL *lītūrgia* ▭ Gk *leitourgía* public service, divine service (← *leítos* of the people (← *leṓs* people)＋*érgon* work, business)〙 ― *n.* **1 a** 典礼, 礼拝(式), 教会儀式. **b** [集合的にも用いて] (礼拝式に用いる)典礼文, 礼拝式文. **2** [the L-]〘英国国教会〙 祈禱(ｷﾄｳ)書 (the Book of Common Prayer). **3** [the L-] 聖餐(ｾｲｻﾝ)式 (the Eucharist),〘東方正教会〙 聖体礼儀《Divine Liturgy ともいう; カトリックでは (Holy) Mass ともいう》.

lit·u·us [lítjuəs | -tju-] 〘▭ L ~ 'crooked staff, crosier'〙 ― *n.* (*pl.* **lit·u·i** [-tjuàɪ | -tju-]) **1** 〘数学〙 リチュウス《極座標で表わした時, 動径の平方と偏角との積が一定であるような曲線》. **2** (古代ローマで占官が用いた)曲り杖.

Lit·vi·nov [lɪtví:nɔ(:)f, -nɔ(:)v, -nəf | -nɔf; *Russ.* ljitvjínəf], **Maksim (Ma·ksi·mo·vich** [məksjíməvjitʃ]) *n.* リトヴィーノフ《1876-1951; ソ連の外交官; 外務人民委員 (1930-39)》.

lítz wìre [líts-] 〘《部分訳》← G *Litzendraht* ← *Litze* braid＋*Draht* wire〙 *n.* 〘電気〙 リッツ線《絶縁した細い素線を束にした高周波用の電線》.

Liu Shao-ch'i [liú:-ʃàu-tʃí:, ljú:- | lɪú:-, ljú:-; *Chin.* liú ʂàutɕʰí] *n.* 劉少奇(ﾘｭｳｼｮｳｷ)《1898-?1974; 中国の政治家; 国家主席 (1959-68)》.

Liv. 《略》Liverpool; Livy; pound.

liv·a·bil·i·ty [lìvəbíləṭi | -lətɪ, -lɪ-] *n.* **1** (家畜の)生存能力. **2** (家・環境などの)人間生活の適合性.

liv·a·ble [lívəbl] *adj.* **1** 〈人生が〉生きがいのある; 耐えることのできる: make life ~ 人生を生きがいあるものにする. **2** 〈家・部屋・気候など〉住むに適する, 住みよい, 生活できる (habitable): a ~ house, room, etc. **3** 〈人が〉一緒に住める, つき合いやすい. **4** 〈家畜など〉生存能力のある. **~·ness** *n.*

live¹ [lív] 〘OE *lifian, libban* < Gmc **libēn* to remain, continue (Du. *leven* / G *leben*) ← IE **leip-* to stick, adhere; fat: ⇨ life: cf. leave¹〙 ― *vi.* **1** [場所を表わす副詞または副詞句を伴って] 住む, 居住する; 生息する (dwell, reside): ~ abroad, next door, *at* the seaside, *by* the park, *in* the country, *in* New York, *in* England, etc. / Where does Mr. Holmes ~?—He ~*s at* No. 221 Baker Street. ホームズ氏はどちらにお住いですか—ベイカー街の 221 番地に住んでいます / These animals ~ *in* a forest. この動物たちは森に生息している / They ~ *on* Portland Avenue. 彼らはポートランド通りに住んでいる. ★ 進行形は特に現在を主観的感情を込めて述べる場合や, 継続の意を明示する場合に用いられる: We *are* now *living* in a very pleasant home. 今実に快適な家に住んでいます / They *have been living* in the U.S. since 1960. 彼らは 1960 年以来合衆国に住んでいる.

2 a 〔…と〕同居する, 〔…に〕寄宿する〔*with*〕; 〔…から離れて〕住む〈*away*〉〔*from*〕: He ~*s with* his parents [*with* the Browns]. 両親と一緒に暮して[ブラウン家に寄宿して]いる / In those days we ~*d together* [under the same roof]. 当時われわれは同居していた[同じ屋根の下に住んでいた] / Some girls ~*d away from* their families. 家族から離れて住んでいる少女もいた. **b** 〔…と〕同棲する (cohabit)〔*with*〕: He's *living with* Helen. ヘレンと同棲している / They have been *living together* five years. 二人は 5 年間同棲している.

3 〈動植物が〉(死なずに)生きている, 枯れないでいる: Plants cannot ~ without moisture. 水分がなければ植物は生きられない / Dickens ~*d* in the nineteenth century. ディケンズは 19 世紀の人です / as long as one ~*s* 生きている限り, 死ぬまで / (as sure) as I ~ (私が生きているように)きわめて確かに. ★ 人が主語の場合, 単純現在形で用いるのは, 上の最後の 2 例のような慣用法以外では《まれ》; 従って He still ~*s*. よりも He is still *alive*. または He is still *living*. のように言うほうが普通.

4 a 長生きする, 生き延びる; 〈…するまで〉生き長らえる〈*to do*〉: ~ long [*to* a ripe old age, *to* be old] 長生きする / He ~*d to* see his great-grandson. 彼は長生きしてひまごの顔を見た / His family ~*d on* after that. その家族はその後も生き延びた (cf. 8) / Long ~ the Queen! 女王陛下万歳 / *Live* and learn. 《諺》長生きすれば色々のことを見聞きする,「長生きはするもの」/ *Live* and let ~. 《諺》おのれも生きよ他も生かせ《世の中は持ちつ持たれつ; 他人には寛容に》. **b** 〔…を〕生き抜く, 切り抜ける〔*through*〕; 〈船・飛行機などが〉〔嵐などに〕耐え抜く, 無事で通す〔*through, in*〕: They had ~*d through* the political crisis. 政治的危機を切り抜けた人たちだった / No ship could ~ *through* such a storm. どんな船でもこれほどのしけに耐えられるものはあるまい. **c** 〔…のために〕一生を過ごす, 生涯を生きる〔*for*〕: ~ *for* money [one's work] 金[仕事]のために生きる / ~ *for* one's family [oneself] 家族[自分]のために生きる / He had nothing to ~ *for*. 彼には生きがいがなかった.

5 a 〔…を〕食べて生きている (feed, subsist)〔*on, upon, off*〕: We cannot ~ *on* air. かすみを食っては生きていけない / He ~*d* only *on* tea, bread and butter. お茶とバター付きのパンだけで済ましていた / We sometimes ~*d off* mush and condensed milk. 時にはおかゆと練乳でしのぐこともあった. **b** 〔…をもとにして〕生きて[食べて]行く, 生活していく〔*on, upon, off, by*〕: He ~*s on* his estates in the country. 彼は田舎の地所をもとでに生活している / He ~*d on* his reputation. 過去の名声で生きていた / He is still *living on* [*off*] his father. まだおやじのすねをかじっている / ~ *off* the country [land] 〈旅行者・軍隊などが〉現地の食物に依存する / She had to ~ *by* sewing. 裁縫をして生計を立てなければならなかった.

6 a [副詞(句)または補語を伴って] (ある)生き方をする, (どう)暮らしていく: ~ carefully つましく暮らす; 節制ある生活をする / ~ close つましく暮らす / ~ fast ⇨ fast² *adv.* 5 / ~ hard [rough] つましく暮らす, 苦しい生活をする / ~ high [in luxury] 贅沢(ｾﾞｲﾀｸ)に暮らす / ~ *in* hope (of…) (…を)期待して[(…の)希望に]生きる / ~ *in* a small way 質素に暮らす / ~ *in* the past 昔のことばかり考えて暮らす, 過去の夢を追う / ~ *in* the present 現状を受け入れて暮らす, 現実を直視して生きる / ~ single 独身生活をする / ~ free from care 苦労のない生活をする / He ~*d* a saint [~*d like* a saint]. 聖者として生きた[聖者のような生活をした]. **b** 〘聖書〙 永遠に生きる: He that believeth in me, though he were dead, yet shall he ~. 我を信ずる者は死ぬとも生きん (*John* 11:25).

7 人生を楽しむ, 面白く暮らす; 充実した生き方をする: I have ~*d* today. 今日は本当に愉快だった / Let us ~ while we may. 生きてる間は面白くやろうじゃないか / He really knows how to ~. 本当に人生の楽しみ方を知っている.

8 〈思い出などが〉(もとのまま)残る (survive)〈*on*〉; 〈出来事などが〉〔人(の記憶)に〕残る (remain)〔*in*〕; 〈精神などが〉生きている: His memory ~*s*. 彼の思い出は今なお生きている / This tradition will ~ *on* forever. この伝統はいつまでも続くだろう (cf. 4 a) / The incident still ~*s in* my memory. その事件は今も私の記憶に残っている / Characters ~ in this novel. この小説では人物が息づいている[活写されている].

― *vt.* ★ 一般に *vt.* 用法は文語的. **1** [同族目的語として life を伴って] **a** 〈…の生活を〉する, 送る: He ~*d* a happy *life* [an idle *life*, a *life* of ease, the *life* of a Christian]. 幸福な[怠惰な, 安逸な, クリスチャンとしての]生活を送った / Their family *life* was ~*d* in front of the fireplace. 彼らの家庭の団欒(ﾀﾞﾝﾗﾝ)は炉の前で営まれた. **b** 〈人生を〉(存分に)生きる: Is *life* worth *living*? 人生は生きるに値するか. **2** (自分の生活の中で)示す, 実行する: ~ one's beliefs [faith, philosophy, religion] 自分の信念[信条, 哲学, 宗教]を実践する / ~ a lie 虚偽の生活をする / He ~*s* what he teaches. 彼は自分の教えるところを実践している. **3** (自分のこととして)体験する, 楽しむ: The children ~*d* every second of the film. 子供たちはその映画の一刻一刻をわがことのように楽しんだ. **4** 〈俳優が〉〈役を〉熱演する, 感情をこめて演じる: ~ a role in a play 芝居で役柄を熱演する.

live apart 〈夫婦が〉別居する; 〈夫婦の一方が〉〔他と〕別居する〔*from*〕: Betty has been *living apart from* her husband. ベティは夫と別居中です. ***live down*** (1) 〈不名誉・過失などを〉後の行為で償う: At last he ~*d down* the scandal. 立派な生き方をしてついに汚名をそそいだ. (2) 忘れ去れるようになる: He had quite ~*d down* that earlier fancy. 月日のたつうちにあの若いころの情熱的な思いもすっかり忘れ去っていた. ***live high off the hog*** ⇨ hog 成句. ***live in*** (1) 〈雇人が〉住込みで勤務する, 〈学生などが〉寮に住む (cf. LIVE¹ *out* (1)): Does your housemaid ~ *in* or out? おたくのお手伝いさんは住込みですか通いですか. (2) 〈部屋などに〉ふだん住む, …を平生使う (cf. *vi.* 1). ★ この意味では live in が一つの *vt.* に相当し, しばしば p.p. 形をなして受動構造に用いられる (cf. lived-in): The room does not seem to be ~*d in*. この部屋はふだん人がいないらしい. ***live in*** [***within***] ***oneself*** 孤独に生きる[暮らす]; 自分自身にとじこもる. ***live in one's trunks*** [***boxes***] 《古》＝LIVE *out of a suitcase*. ***live it up*** 《口語》人生を楽しむ, 面白おかしく暮らす; 豪遊する, 放埓(ﾎｳﾗﾂ)に耽る. ***live on one's nerves*** ⇨ nerve *n.* 3. ***live on one's own*** 〈老人・未亡人などが〉一人で暮らす. ***live out*** (1) 〈雇人が〉通いで勤める; 〈学生などが〉寮に住んでいない (cf. LIVE *in* (1)). (2) 〈一生を〉生き延びる; 〈病人が〉〈ある時期を〉持ち越す; 〈暴風などを〉切り抜ける: He ~*d out* his life [days] in the same town. 彼はその同じ町で一生を終えた / We had to ~ *out* the winter in that ugly neighborhood. われわれはその汚ならしい界隈(ｶｲﾜｲ)でその冬をしのぎ通していかなければならなかった. ***live out of a suitcase*** [***trunk, box***] (旅行などをしていて)旅行かばんの中の身の回り品で生活する; 旅装を解かずにいる; (各地を)転々とする: I've been *living out of* a suitcase. いつも転々と動き回ってきている. ***live out of tins*** [***cans***]《口語》缶詰め(食品)ばかり食べている: They are just *living out of cans*. 彼らは缶詰めばかりの食生活を続けている. ***live over again*** 〈人生を〉再び生きる; 〈経験などを〉もう一度思い起こす, 〈過去〉の追想に耽る: I ~*d* the period *over again* in my recollection. 心の中でその時のことをもう一度思い起こしてみた / Hearing them talk he was *living over again* the good old days. 彼らの話を聞きながら彼はなつかしい昔を思い起こしていた. ***live to oneself*** 孤独に暮らす; 利己的な生活をする. ***live under*** …の治下に生きる; …の店(ﾀﾅ)子[小作]である.

live up to (1) 〈主義など〉に従って[に恥じない]行動をする；〈理想など〉を実行する；〈物が〉〈評判など〉に背かない，…通りである：～ *up to* one's ideals 自分の理想を実行する / ～ *up to* one's reputation 評判を落とさないように行動する / He could not ～ *up to* his famous wife. 妻が有名で彼はとても及ばなかった / Floating rates did not ～ *up to* expectations. 変動相場制は期待通りには実施されなかった. (2) 〈財産などを〉限度[ぎりぎり]まで使う：～ *up to* one's fortune 財産を蕩尽(とうじん)する. ***live with*** (1) ⇨ *vi.* 2. (2) …を耐え忍ぶ，我慢して受け入れる：～ *with* one's sorrow 悲しみに耐えて生きる / You must ～ *with* this situation. 君はこの現状に耐えなければならない. ***live with oneself*** 自尊心を保つ[捨てない]. ***where one lives*** 《米俗》急所を[に]：The word goes right *where* I ～. その言葉は私の急所を突いた.

live[2] [láɪv] 〘《1542》《頭音消失》← ALIVE〙 ── *adj.* **1** [Attributive に用いて] **a** 〈動物・植物が〉生きている，生きた；生きたままの，生きているうちの，生体の (↔ dead)：a ～ tree, bird, etc. / a ～ fence 生垣 / a ～ arch 樹門 / ～ bait (魚釣の)生き餌(え) / the ～ weight of an animal 動物の生体の重量 / ⇨ live well. **b** [通例 real ～ として]《戯言》(にせもの・絵・おもちゃなどでなく)本物の，生きた (actual)：a *real* ～ queen [yacht] 本物の女王さま[ヨット].
2 生物(虫など)がたくさんいる，生物の気配のする：the ～ murmur of a summer's day 夏の日の虫の音.
3 a 活気のある，生き生きした (vital, vivid)；〈人が〉活動的な，威勢のよい (energetic)：a ～ person 活動家 / with ～ eyes 生き生きしたまなざしで. **b** 《口語》時勢に遅れない；抜け目のない (wide-awake).
4 [通例 Attributive に用いて]《口語》〈問題など〉当面の，盛んに論議中の；未解決の (unsettled)：a ～ topic 時の話題 / a ～ problem 当面の問題 / make a question a ～ issue ある問題を時の重要論題にする.
5 a 〈燃焼物など〉火のついている，(まだ)燃えている；〈火山など〉活動中の：a ～ cigarette 火のついているたばこ / ～ coal(s) 燃えている石炭 / ～ embers 起こっている熾(おき) / a ～ volcano 活火山. **b** 〈怒りなど〉激しい (ardent)：a ～ hatred 激しい憎しみ. **c** 〈水が〉流れてやまない：a ～ fountain 水の吹き出している噴水.
6 a (録音・録画などでなく)生(なま)の (↔ canned)：a ～ program 生放送番組 / a ～ transmission 生送信 / We watched the ceremony via a ～ satellite telecast. 儀式の模様を生の衛星中継で見た / This is ～ from Los Angeles. これはロサンジェルスからの生放送です. **b** 〘ラジオ・テレビ〙生の；〈視聴者が〉実際にスタジオにいて反応を示す. **c** (映画などでなく)実演の (cf. living *adj.* 6)：a ～ performance 実演.
7 〈空気が〉新鮮な (fresh).
8 〈色彩が〉鮮明な，鮮やかな (bright)：a ～ color.
9 〈ゴムが〉弾力(性)のある (resilient)：a ～ rubber ball 弾力のあるゴムボール.
10 〈部屋など〉反射性で残響が長い，よく反響する，よく響く (cf. dead 6).
11 〈弾丸が〉装塡(てん)された (loaded)；まだ爆発していない (unexploded)：～ ammunition [ammo] 炸薬塡実弾《火薬・爆薬などの入った爆発の危険のある弾薬》/ a ～ bomb 実爆弾 / a ～ cartridge 実包，実弾 / a ～ shell 実砲弾，実弾，榴(りゅう)弾実包，不発榴弾《地面に落ちてもなお爆発しないもの》.
12 a 〈機械など〉動いて[働いて]いる，運動を伝える：a ～ machine 動力のかかっている[運転中の]機械. **b** 〈針金など〉電気が通じている，帯電した：a ～ rail 送電軌条 / ⇨ live wire 1.
13 〘球技〙〈ボールが〉インプレーの (in play)：a ～ ball インプレーの[生きた]ボール (cf. dead 16). ┌rocks.
14 〈岩石など〉天然のままの，まだ切り出さない：～
15 〘会計〙〈勘定・口座が〉出入りの多い；まだ十分市場性のある：～ assets 収益資産 / ⇨ live account.
16 〘印刷〙 **a** まだ印刷されていない，組置きの. **b** 〈原稿など〉活字に組んでない；未校正の.
17 〘トランプ〙＝*in* PLAY (3).
── *adv.* 〘ラジオ・テレビ〙生(なま)で，実況で：broadcast [telecast] an event ～ 事件を生放送[テレビ放映]する / They watched the gunfight ～ and in color on television. その銃撃戦をカラーの生中継で見た.

live·a·bil·i·ty [lɪvəbíləṭi | -lətɪ, -lɪ-] *n.* ＝livability.

live·a·ble [lívəbl] *adj.* ＝livable.

líve accóunt [láɪv-] *n.* 〘会計〙活動勘定《現在記入の行なわれている勘定》.

líve áxle [láɪv-] *n.* 〘自動車〙活軸，回転車軸 (cf. dead axle).

líve-bèarer [láɪv-] *n.* 〘魚類〙カダヤシ科の卵胎生の魚《観賞魚》.

líve-bèaring [láɪv-] *adj.* 胎生の (viviparous).

líve bírth [láɪv-] *n.* 生児出生，生産 (cf. stillbirth 1).

líve-bòrn [láɪv-] *adj.* 〘生物〙生きて生れた (cf. stillborn 1).

líve-bòx [láɪv-] *n.* (魚類を生かしておくため水中につるす)いけす箱.

lived [láɪvd, lívd | lívd] *adj.* [通例複合語の第 2 構成素として] (…の)生命のある：long-[short-]*lived* 長[短]命の / tough-*lived* 強い生命力のある.

líved-ín [lívd-] *attrib. adj.* 人の住んでいる(ような)，人の住みついた(ような) (cf. LIVE[1] *in* (2))：The house had no ～ appearance. その家には人が住んでいるような気配が見えなかった.

líve énd [láɪv-] *n.* 〘ラジオ・テレビ〙スタジオ内で音響反射材が施してある(音の反響がある)部分 (cf. dead end 3).

líve-forèver [lív-] *n.* 〘植物〙 **1** ムラサキベンケイソウ (*Sedum purpureum*)《北米産のベンケイソウ科の植物；観賞用》. **2** ＝pearly everlasting. ┌maid.

líve-ín [lív-] *attrib. adj.* 住み込みの (cf. live-out)：a

live·li·hood[1] [láɪvlihùd | -lɪ-] 〘ME *livelode, liflode* < OE *līf(ġe)lād* life support, course of life (⇨ life, lode, load)：今の形は ↓ の影響による〙 ── *n.* 暮し(の手段)，生計：earn one's ～ ＝make [gain, get] a [one's] ～ 生計を立てる / earn an honest ～ まじめに働いて生活する / pick up a scanty ～ やっと生活をする / deprive a person of his ～ 人から生活の道を奪う.

live·li·hood[2] [láɪvlihùd | -lɪ-] 〘← LIVELY＋-HOOD〙 *n.* 《廃》活気，生気 (liveliness).

live·li·ly [-lɪli, -lə- | -lɪ] 〘《1558》← LIVELY＋-LY[1]〙 *adv.* **1** 元気よく，勢いよく (vigorously). **2** 陽気に，にぎやかに (gaily). **3** 生き生きと；鮮やかに.

live·li·ness 〘《*a*1398》*liflinesse*〙 *n.* **1** 元気，活気 (activity, vigor). **2** 陽気，快活. **3** 生気，生彩；鮮明.

líve lóad [láɪv-] *n.* 〘工学〙活荷重，動荷重，積載荷重《鉄橋を通過する列車の重量のように構造物自体の重量に更に加えられる荷重，または車両の乗客や貨物の荷重；cf. dead load》.

líve·lòng [lív-, láɪv-] 〘《*c*1400》*leve longe* dear long：この *leve* を LIVE[1,2] と混同したもの：⇨ lief, long[1]〙 ── *adj.* (多く倦怠(けんたい)または喜びの意味を含んで)〈時が〉久しい，長い長い；まる…，…中：the ～ night [summer] 夜通し[夏中] / We walked the ～ day.

live·ly [láɪvli | -lɪ] 〘ME < OE *līflīċ*〙 ── *adj.* (**live·li·er, -li·est; more ～, most ～**) **1** 元気のよい，活発な (spirited, brisk)：～ steps 元気な足取り / a ～ youth 元気のよい青年 / a ～ discussion 活発な議論 / look ～ ⇨ look 成句. **2** 〈感情など〉強い，熱烈な；〈知力など〉鋭敏な，鋭い (acute)：～ faith 熱烈な信仰 / a ～ sense of gratitude 強い感謝の念 / a ～ hope 生ける望み，強い希望 (*1 Pet.* 1 : 3) / a ～ imagination 活発な想像力 / ～ intellect 鋭敏な知力 / in ～ curiosity 強い好奇心に駆られて / take a ～ interest in …に強い興味を持つ. **3** 陽気な，にぎやかな，面白い：a ～ tune, dance, tone of voice, etc. / The town is ～ *with* tourists. 町は観光客で活況を呈している. **4** 〈大気など〉爽快な，心地よい (brisk)：a ～ breeze さわやかな微風. **5** 〈色彩・印象など〉鮮明な，鮮やかな：a ～ recollection 生き生きした思い出 / give a ～ description [idea] of … を如実に描写する[伝える]. **6** 《戯言・婉曲》人をはらはらさせる，活劇的な (exciting, striking)；(人をはらはらさせるほど)厄介な，面倒な：have a ～ time of it はらはらする / make things [it] ～ for a person 人を困ら[弱ら]せる. **7** 〈ぶどう酒など〉泡立つ. **8 a** 〈ゴムの球が〉よく弾む (resilient). **b** 〘野球〙〈球が〉打つとよく飛ぶ. **9** 〘海事〙〈船が〉傾いてもすぐ起きる，復元力のある，軽く波の上を躍る《重心がごく低い所にある船の特徴》. **10** 《廃》生きている.
── *adv.* (**live·li·er, -li·est; more ～, most ～**) 元気よく，活発に，威勢よく；生き生きと，はっきりと.

liv·en [láɪvən] 〘← LIVE[2]＋-EN[1]〙 *vt.* 陽気[快活]にする 〈*up*〉. ── *vi.* 陽気[快活]になる，浮き立つ 〈*up*〉.

líve óak [láɪv-] *n.* 〘植物〙 **1** 北米南部から西インド諸島の砂地に生じるカシの一種 (*Quercus virginiana*)《常緑樹；堅固な木材は造船用に使用された》. **2** ＝encina 1.

líve-óut [lív-] *attrib. adj.* 住み込みでない，通いの (cf. live-in).

líve párking [láɪv-] *n.* 運転手が乗ったままの駐車.

liv·er[1] [lívə | -və(r] 〘《*c*1378》〙 ── *n.* **1** [修飾語を伴って] (…の)生活をする人，…生活者：a clean ～ 清廉潔白の人 / a fast [loose, evil] ～ 放蕩(ほうとう)者，道楽者 / a good ～ 有徳者；美食家 / a hearty ～ 大食家. **2** 住人，居住者 (dweller)：a ～ in a town 都会生活者.

liv·er[2] [lívə | -və(r] 〘OE *lifer* < Gmc **librō* (Du. *lever* / G *Leber* / ON *lifr*) ← IE **leip-* to stick：⇨ live[1]〙 ── *n.* **1** 〘解剖〙肝，肝臓. ★ 昔は愛・勇気などの感情の本源と考えられていた：a hot ～ 熱情，多情 / a cold ～ 冷淡，無情 / a white [lily] ～ 臆病(おくびょう). ★ ラテン語系形容詞：hepatic. **2** (子牛・豚・鶏などの)肝臓，レバー《食用》：～ paste レバーペースト. **3** 肝臓病；(人の)胆汁症 (biliousness)：have a ～ 《口語》肝臓が悪い；怒りっぽい，不機嫌だ. **4** 肝臓色，茶褐色 (liver brown, liver maroon, hepar ともいう). **5** (ペンキ・印刷インクなどの)凝結.
liver of sulfur ＝sulfurated potash.
── *attrib. adj.* 〈馬・犬など〉肝臓色の，茶褐色の.
── *vi.* 〈ペンキ・印刷インクなどが〉凝結する.

líver·bèr·ry [-bèri, -b(ə)ri | -b(ə)rɪ] *n.* **1** 〘植物〙レバーベリー (*Streptopus amplexifolius*)《ユリ科タケシマラン属の多年草，北半球温帯に分布；cf. twisted-stalk》. **2** レバーベリーの実.

líver cirrhósis *n.* 〘病理〙肝硬変(症).

líver-còlored *adj.* 肝臓色，茶褐色の.

lív·ered 〘《*c*1300》《廃》clotted：⇨ liver[2], -ed 2〙 *adj.* [通例複合語の第 2 構成素として] (…の)肝臓がある (cf. liver[2] *n.* 1)：white-[lily-]*livered* 臆病な.

líver èxtract *n.* 肝エキス《貧血治療薬》.

líver flùke *n.* 〘動物〙肝蛭(かんてつ) (*Fasciola hepatica*)《牛・羊などやまれに豚・馬・人の胆管に寄生するジストマの一種》.

líver flùke disèase *n.* 〘獣医〙＝liver rot.

lív·er·ied *adj.* 仕着せを着た，そろいの服を着た.

lív·er·ish [-v(ə)rɪʃ | -vər-] *adj.* **1** 〈色が〉肝臓に似た，茶褐色の. **2** 《口語》 **a** 肝臓病の[にかかった]. **b** 気難しい (cross). **～·ness** *n.*

líver·lèaf *n.* 〘植物〙＝hepatica 1.

líver òil *n.* 肝油 (cf. cod-liver oil).

Liv·er·pool [lívəpù:l | -və-] 〘ME *Liverpul* ← ? OE *lifrig* liver-colored, peaty＋*pōl* 'pond, POOL[1]'〙 ── *n.* イングランド Merseyside 州の首都，Mersey 河口にある；イングランドで第 3 位の大都市；人口 537,000.

Líverpool hòuse *n.* 〘海事〙リバプール型船楼《帆船で船橋甲板を持つために，船側から反対の船側まで続くように作られた甲板上構造物》.

líver púdding *n.* ＝liver sausage.

Liv·er·pud·li·an [lɪvəpʌ́dliən | -vəpʌ́dlɪən, -ljən] 〘《1833》← LIVERPOOL：*-pool* を *puddle* に換えて造った戯語：⇨ -ian〙 ── *adj.* Liverpool の. ── *n.* Liverpool の市民.

líver ròt *n.* 〘獣医〙肝蛭(かんてつ)症 (fascioliasis).

líver sáusage *n.* レバーソーセージ《主に肝臓で作ったソーセージ；liver pudding ともいう》.

líver spòts *n. pl.* 〘医学〙しみ，肝斑 (⇨ chloasma).

líver·wòrt 〘OE *lifer-wyrt* 《なぞり》← ML *Hepatica* ← L *hēpaticus* of liver：肝臓の形をした部分があったり，肝臓の病気に用いたことから〙 ── *n.* 〘植物〙苔類全般の総称；(特に)ゼニゴケ (*Marchantia polymorpha*) など葉状苔類 (cf. hepatica, moss 1 a).

liv·er·wurst [lívəwə̀:st, -və-, -wʊ̀əst | -vəwə̀:st] 〘《部分訳》← G *Leberwurst* ← *Leber* liver[2]＋*Wurst* sausage〙 *n.* 《米》＝liver sausage.

liv·er·y[1] [lív(ə)ri | -vərɪ] *adj.* **1** 肝臓に似た，肝臓のような. **2** 肝臓病の.

liv·er·y[2] [lív(ə)ri | -vərɪ] 〘《?*c*1300》*livere, levere* ▭ AF *liveré* ＝(O)F *livrée* (p.p.) ← *livrer* to deliver < L *liberāre* 'to release, LIBERATE'〙 ── *n.* **1 a** (封建時代に領主がその臣下に与えた)揃いの仕着せ，揃い服，制服《特に，中世末期に有力貴族が自らの retainer に着用させ，家臣団とした；戦場などでの目印用に目立つ色のものをつけた；cf. livery color 1》；(領主が臣下に与えた)記章. **b** (従僕・下男に当てがわれる)仕着せ，(揃いの)制服：in [out of] ～ 仕着せ[平服]を着て(いる). **c** (同業組合員・特殊な職業人・慈善学校生徒などの)制服，定服，組合服：take up one's ～ (London 市の)同業組合員になる. **d** 《英》同業組合 (livery company). **2** (特徴ある)装い，外見：the ～ of spring 春の装い / the somber *liveries* of crows からすの黒い装い / the ～ of grief [woe] 喪服 / the ～ of other men's opinion 他人の説の借着. **3** 《米》 **a** (乗り物の)レンタル業，レンタル会社：an automobile ～ レンタカー業[会社] / a bicycle ～ 貸自転車屋. **b** 貸ボート屋. **4** [集合的] 《古》 **a** 仕着せを着た下男，従者，家来. **b** 《英》同業組合員. **5** 《古》(召使いに与えた)扶持，衣食. **6 a** 《廃》(馬に当てがわれる)定食糧：～ and bait 馬の定食糧. **b** 飼料を受けて馬を飼養すること；(馬預り人が)飼養料を取って馬を預ること；(貸馬・貸馬車屋の)馬の飼養：*at* ～ 〈馬が〉飼料を受けて飼養されて / keep a horse *at* ～ 飼料を受けて馬を飼養する；飼料を払って馬を預けて置く；貸馬をする. **c** 《米》＝livery stable. **7** 〘法律〙 **a** (土地の)占有引渡し. **b** 《英》(被後見人が成年に達しない時の)土地占有引渡し(請求令状)：sue (for) one's ～ (成年に達した被後見人として)土地の占有の引渡しを法廷に訴え出る.

lívery còlor *n.* **1** (領主がその臣下に与えた)揃いの仕着せの色 (cf. livery[2] 1 a). **2** [*pl.*] 〘紋章〙ある特定の紋章に使用されている代表的な色《王あるいは国の紋章の採色が数色である時，その中で特に目立つ金属色(金あるいは銀)と原色の 2 色を指し，旗などをこの 2 色でデザインする基準とされる》.

lívery cómpany *n.* 《英》(London 市にたくさんあった)同業組合 (guild)《組合員は業種別に特殊な制服を着た；cf. trade guild》.

lívery·man [-mən] *n.* (*pl.* **-men** [-mən, -mèn]) **1** 《英》同業組合員，London の自由市民[正市民]《自分の所属する livery company の制服を着用し，彼らだけが市政に参加した》. **2** 貸馬車屋；レンタル業者. **3** 《古》＝livery servant. ┌下男.

lívery sèrvant *n.* 仕着せを着た下男，(大家の)従僕，

lívery stàble *n.* 貸馬車[乗物]屋，馬[乗物]預り所.

lives *n.* life の複数形.

líve stéam [láɪv-] *n.* 生(なま)蒸気《ボイラーから発生したばかりの全圧力を持った蒸気；一度何らかの目的で使用した廃気に対比される》.

líve·stòck [láɪv-] *n.* [集合的；単数または複数扱い] 家畜類《馬・牛・羊など；cf. dead stock 2》：～ farming 牧畜.

líve·tràp [láɪv-] *vt.* 〈動物を〉生け捕りにする.

líve tràp [láɪv-] *n.* 動物を生け捕りにするわな.

líve váccine [láɪv-] *n.* 〘医学〙生(なま)ワクチン，生菌ワクチン. ┌す. **2** ＝live-box.

líve wèll [láɪv-] *n.* **1** (漁船で魚を生かしておく)いけ

líve wíre *n.* **1** [láɪv-wáɪə | -wáɪə(r] 電気の通っている電線，活線. **2** [⌐⌐(─)] 《口語》活動家，精力家.

Liv·i·a [líviə | -vɪə, -vjə] 〘(dim.) ← OLIVIA〙 *n.* 女性名.

liv·id [lívɪd, -vəd | -vɪd] 〘《*a*1425》▭ (O)F *livide* // L *lividus* ← *līvēre* to be livid：⇨ -id[4]〙 ── *adj.* **1** (打

撲・傷・怒り・寒さなどのため)〈皮膚・つめなど〉鉛色の, 土色の;(あざのように)青黒い (black-and-blue): ~ bruises 青黒いあざ / His face turned ~ *with* fear. 恐怖で彼の顔が土色になった. **2** 青白い (pallid, pale). **3** 赤みがかった(reddish). **4**《口語》ものすごく怒った, 激怒した: He was ~ *at* his son's disobedience. 親不孝に激怒した. **~·ly** *adv.* **~·ness** *n.*

li·vid·i·ty [lɪvídəṭi, lə- | lɪvídətɪ, -dɪ-] 〘(*a*1425) ▭ (O)F *lividité* // LL *līviditāt-em*: ⇨↑, -ity〙 *n.* 鉛色, 土色; 青黒さ.

liv·ing [lívɪŋ] 〘OE *lifgende*: ⇨ live¹, -ing¹,²〙 **—** *adj.* **1 a** 生きている, 生命のある (↔ dead): all ~ things 生きとし生けるもの / a ~ body 生体 / a ~ soul 生きている人, 人間 (*Gen.* 2:7) / a ~ corpse 生けるしかばね / a ~ hell 生き地獄 / a ~ example 生きた手本 / The forest is a ~ museum of natural history. 森は博物学の生きた博物館である / The suffix *-er* remains ~ in present-day English. 接尾辞 -er は現代英語でも生きている. **b** [the ~; 名詞的に; 複数扱い] 生きている人々, 現存者たち: in the land of *the* ~ ⇨ land¹ 5. **c** 現存の, 当代の, 現代の: the greatest ~ poet 現代最大の詩人 / ~ English 現用英語, 生きた英語 / ⇨ living language / a ~ institution 現行制度 / within [in] ~ memory 現存の人々の記憶にある / No man ~ could do better. それ以上にできる人は当代にはいない. **2** 活発な, 活気のある; 強い: make English a ~ subject 英語を活気のある(面白い)科目にする / a ~ faith 強い信仰. **3 a** 〈肖像など〉生写しの, よく似ている: a ~ likeness 生写し / The child is the ~ image of his father. その子は父に生写しだ. **b** 〈色彩・芸術品など〉生き生きした: televise the program in ~ color 番組を目の醒めるような色彩で放映する. **4 a** 〈水など〉流れてやまない: ~ water 流水 / a ~ stream 淙々(そう)と流れる水. **b** 〈炭・石炭など〉燃えている: ~ coal 赤く燃える石炭. **5** 〈岩など〉自然のままの: carved out of the ~ rock 天然の岩石から刻まれた. **6** (映画・テレビなどでない)実演の (cf. live² *adj.* 6 a): a ~ performance 実演 / the ~ theater 実演劇場《映画館・テレビ劇場などに対していう》. **7** [強意語として] 全くの, 真の: ⇨ *scare the living* DAYLIGHTS *out of*.

— *n.* **1 a** 生存; 生活, 住居: a passion for ~ 生への情熱 / *Living* is dear in Tokyo. 東京では暮らしていくのに金がかかる. **b** [形容詞的に] 生活[住居]の, 住居のための[に適した]: ~ quarters 居所, 宿所, 居住区 / the ~ area (家の中の)くつろぎの場所, 居間 / ~ conditions 生活状態[条件] / ~ expenses 生活費 / ⇨ living room, living space, living standard. **2** 生計, 生活の資(し): work for one's [a] ~ 生計を得るために働く / earn one's own ~ 自分で生活費をかせぐ, 自活する / make a ~ out of gambling 賭博で生計を立てる / She made her ~ by taking in lodgers. 下宿人を置いて生計を立てていた. **3** 暮らし方, 暮らし向き: the art [cost] of ~ 生活術[費] / high [holy, loose] ~ 贅沢な[聖者のような, だらしのない]生活 / the standard of ~ in Japan 日本の生活水準 / plain ~ and high thinking 質素にして哲学的な生活, 暮らしは低く思いは高く (Wordsworth, *Poems dedicated to National Independence* Pt. 1, No. 13). **4** 《英》《キリスト教》聖職禄(ろく), 寺禄: a poor [good, rich] ~ 乏しい[豊かな]聖職禄. **~·ness** *n.*

living accóunt *n.* 《会計》=live account.

Líving Búddha *n.* (ラマ教の)活仏(かつぶつ).

líving déath *n.* 生けるしかばね(living corpse)のような生活, 死も同然の生活, 悲惨な生活.

líving fóssil *n.* 生きた化石, 生きている化石《カブトガニ (king crab) やラチメリア (latimeria) など》.

líving lánguage *n.* 現用語 (↔ dead language).

lív·ing·ly 〘(15C)〙 *adv.* 生き生きと, 写実的に.

líving métaphor *n.* 《修辞》生きている隠喩《比喩としての機能・暗示力をもっている隠喩; cf. dead metaphor》.

líving pícture *n.* =tableau vivant.

líving ròom *n.* **1** 居間 (cf. parlor 1). **2** =living space.

líving spàce *n.* **1** 生活空間, (住宅の中の)居住部分. **2** 生活圏.

líving stàndard *n.* 生活水準.

Liv·ing·ston [lívɪŋstən], **Robert R.** *n.* (1746–1813) 米国の政治家; 独立宣言の起草者の一人.

Liv·ing·stone [lívɪŋstən] 〘↓〙 *n.* アフリカ Zambia 南西部の Victoria Falls に近い Zambezi 河畔の小市; もと Northern Rhodesia の首都; 人口 50,000.

Liv·ing·stone [lívɪŋstən], **David** *n.* (1813–73) スコットランドの宣教師・医師・アフリカ探検家 (⇨ H. M. Stanley).

líving ùnit *n.* 生活単位《一家族が使用する家または部屋》.

Li·vo·ni·a [lɪvóuniə, lə-, -njə | lɪvə́unjə, -niə] *n.* **1** リボニア《バルト海に面した地方; もとロシヤの一州, 今はソ連邦 Latvia 共和国と Estonia 共和国の一部》. **2** 米国 Michigan 州南東部, Detroit 市の近郊の都市; 人口 111,000.

Li·vo·ni·an [lɪvóuniən, lə-, -njən | lɪvə́unjən, -niən] *n.* **1** リボニア (Livonia) 人[住民]. **2** リボニア語《リボニア人が話す Finno-Ugric 語のバルチック地方方言》. **—** *adj.* **1** リボニア(人)の. **2** リボニア語の.

li·vor mor·tis [láɪvɔə-mɔ́əṭɪs, -vɔə-, -ṭəs | -vɔːmɔ́ː-tɪs, -və-] 〘▭ L *livor mortis*〙 *n.* 《法医学》死斑.

Li·vor·no [*It.* livórno] *n.* リボルノ《Leghorn のイタリア語名》.

li·vrai·son [lìːvreɪzɔ́ː(ŋ), -zɔ́(ː)ŋ; *F.* livʀɛzɔ̃] 〘▭ F ~ delivery < L *līberātiō(n-)* setting free: ⇨ liberation〙 *n.* 分冊.

li·vre [líːvr(ə); *F.* liːvʀ] 〘(1553) ▭ F ~ < L *libram* pound: ⇨ libra¹〙 **—** *n.* (*pl.* **~s** [~z; *F.* ~]) **1** リーブル《昔のフランスの通貨単位; 1803 年廃止; =20 sous》. **2** 1 リーブル銀貨.

Liv·y [lívi | -vɪ] *n.* リビウス《59 B.C.–A.D. 17; ローマの歴史家; Augustus 帝の愛顧を得た; ラテン語名 Titus Livius [líviəs | -vɪ-]; その著といわれる建国以来紀元前 9 年までの *History of Rome*「ローマ史」全 142 巻のうち 35 巻が現存》.

lixivia *n.* lixivium の複数形.

lix·iv·i·ate [lɪksíviètt | -vɪ-] 〘← L *lixivius* (⇨ lixivium) + -ATE³〙 *vt.* 《化学》(水洗い・浸出によって)〈固体混合物〉から可溶物質を抽出する; こす, 浸出する.

lix·iv·i·a·tion [lɪksìviéɪʃən | -vɪ-] *n.* 《化学》浸出.

lix·iv·i·um [lɪksíviəm | -vɪ-] 〘(1612) ▭ LL *lixivi-um* (neut.) ← L *lixīvius* made into lye ← *lix* ashes, lye〙 **—** *n.* (*pl.* **lix·iv·i·a** [-viə | -vɪə], **~s** [~z]) 《古》 **1** 灰汁, あく. **2** 浸出液. **lix·iv·i·al** [-viəl | -vɪ-] *adj.*

Liz [líz] 〘(dim.) ← ELIZABETH²〙 *n.* 女性名.

Li·za [láɪzə, líː- | láɪ-] 〘(dim.) ← ELIZABETH²〙 *n.* 女性名.

liz·ard [lízəd | -zəd] 〘(*c*1378) *lesard(e)* ▭ OF *lesard* (F *lézard*) ▭ L *lacertus* ← ?〙 *n.* **1** 《動物》**a** トカゲ《トカゲ亜目に属するトカゲ・ヤモリ・カナヘビなど各種の動物の総称》. **b** トカゲに似た動物《ワニ・恐竜などの爬虫(はちゅう)類やイモリ・サンショウウオなどの両生類》. **2** トカゲの皮[皮革]. **3** =lounge lizard. **4** 《印刷》やもり (⇨ river¹ 4). **5** [the L-] 《天文》とかげ(蜥蜴)座 (⇨ Lacerta 1). **6** 《海事》リザード《端にはめ輪や滑車を付けたロープで動索の先導になる》.

Liz·ard [lízəd | -zəd], **The** 〘lateOE *Lisart, Lusart* 《原義》high court ← Cornish *lis* court, hall + *ard* high〙 **—** *n.* イングランド南西部, Cornwall 州南部の半島 (cf. Lizard Point).

lízard físh *n.* 《魚類》 **1** トカゲのような頭をした細長いエソ科の魚の総称. **2** オキエソ (snakefish).

Lízard Póint [Héad] 〘トカゲの形をしているところから〙 *n.* イングランド Cornwall 州の Lizard 半島南端の岬; Great Britain 島最南端の地点.

lízard's-tàil *n.* 《植物》アメリカハンゲショウ (*Saururus cernuus*)《北米原産のドクダミ科の白色の花をつける多年草; breastweed ともいう》.

Liz·beth [lízbəθ, -beθ, -bɪθ] 〘(dim.) ← ELIZABETH²〙 *n.* 女性名《異形 Lizabeth》.

Li·ze [líːzə; *G.* líːzə] 〘《変形》← LIZA〙 *n.* 女性名.

liz·zie [lízi | -zɪ] 〘《略》← *tin lizzie*〙 *n.* 《俗》安自動車, おんぼろ自動車.

Liz·zie [lízi | -zɪ] 〘(dim.) ← ELIZABETH²〙 *n.* 女性名.

Liz·zy [lízi | -zɪ] 〘(dim.) ← ELIZABETH²〙 *n.* 女性名.

L.J. 《略》Lord Justice.

L.JJ. 《略》Lord Justices.

Ljod [ljɔ́(ː)d | ljɔ́d] *n.* =Liod.

Lju·blja·na [liùːbliáːnə | -blɪ-; *Serbo-Croat.* ljubljáːna] *n.* リュブリャナ《ユーゴスラビア北西部の都市; Slovenia の首都; 人口 174,000》.

Lk 《略》Luke (新約聖書の)ルカ伝.

lkg. & bkg. 《略》《商業》leakage and breakage 漏損および破損.

£L, LL 《記号》《貨幣》Lebanese pound(s).

ll. 《略》leaves; lines.

l.l. 《略》《工学》live load; *L.* locō laudātō (=in the place quoted); loose-leaf; lower left; lower limit.

L.L. 《略》Late Latin; Law List; lending library; Lend-Lease; limited liability; Lord Lieutenant; lower limb; Low Latin.

'll¹ [l, l̩] *auxil. v.* 《口語》will の縮約形: I'*ll* / he'*ll* / that'*ll*.

'll² [l̩] *conj.* 《口語》till¹ の略: Wait'*ll* he comes.

lla·ma [láːmə, jáː- | láː-] 〘(1600) ▭ Sp. ~ ▭ S-Am.-Ind. (Kechua) ~〙 **—** *n.* (*pl.* **~s, ~**) **1** 《動物》ラマ, アメリカラクダ《南米産の役用に飼われるラクダ科の家畜》. **2** ラマの毛; ラマの毛で織ったラシャ.

Llan·drin·dod Wells [lædríndəd-wélz, θlæn- | -dɔd; *Welsh* landríndodwéls] *n.* ウェールズ Powys 州中部にある同州の首都; 人口 3,500.

Lla·ne·lly [(θ)læné(θ)li, (θ)lə- | -(θ)lɪ] *n.* ウェールズ南部 Dyfed 州の港市; 人口 27,000.

lla·ne·ro [lɑːné(ə)rou, jáː- | lɑːnéərəu; *Am. Sp.* janéro] 〘▭ Sp.: ⇩〙 *n.* 南米のカウボーイ[牧夫].

lla·no [láːnou, lǽn-, jáːn- | láːnəu; *Am. Sp.* ʎáno] 〘(1613) ▭ Sp. ~ '(n.) plain, (adj.) flat, level' < L *plānum* plain: ⇨ plain¹〙 **—** *n.* (*pl.* **~s** [~z; *Am. Sp.* ~s]) リャノ(ス)《南米 Orinoco 川流域低地の乾燥した大草原》; (米国南西部の樹木のまばらな)大草原.

Lla·no Es·ta·ca·do [lǽnou-èstəkáːdou, láːnou- | láːnəu-èstəkáːdəu] *n.* [the ~] ラーノ エスタカード《米国の Great Plains の南部地帯で, Texas 州西部および New Mexico 州南東部にわたる牧畜地帯; 英訳して Staked Plain ともいう》.

L.Lat. 《略》Late Latin; Low Latin.

LL.B. 《略》*NL.* Lēgum Baccalaureus (=Bachelor of Laws).

LL.D. 《略》*NL.* Lēgum Doctor (=Doctor of Laws).

Llew [lúː] 〘(dim.) ↓〙 *n.* 男性名.

Llew·el·lyn [luːélɪn, -lən | luːélɪn, lʊ-, (ウェールズではまた) θlu-, θlʊ-] 〘▭ Welsh ~ ← *llew* 'LION' + *eilum* likeness: cf. *llyw* leader〙 **—** *n.* 男性名《愛称形 Llew, Lyn [lín]; 異形 Llywellyn [ləwélɪn, -lən | -lɪn]》. ★ ウェールズで一般的.

L-line *n.* 《物理》L 線《原子の発するスペクトル線のうち電子が L 殻 (L-shell) に遷移した時に放射されるもの》.

L.L.L. 《略》loose leaf ledger; Love's Labor's Lost (Shakespeare).

LL.M. 《略》*NL.* Lēgum Magister (=Master of Laws).

Lloyd [lɔ́ɪd] 〘▭ Welsh *Llwyd* 《原義》brown or grey〙 *n.* 男性名.

Lloyd, Harold *n.* (1893–1971) 無声映画時代の米国の喜劇俳優.

Lloyd George [lɔ́ɪddʒɔ́ədʒ | -dʒɔ́ːdʒ], **David** *n.* (1863–1945) 英国の政治家; 自由党首領; 首相 (1916–22); 1st Earl of Dwyfor [dúːvɔə | -vɔː(r)].

Lloyd's [lɔ́ɪdz] 〘← *Lloyd's Coffee House* (17 世紀末ごろ海上保険業者達のたまり場だった London のコーヒー店の名; その最初の主人が *Edward Lloyd*)〙 **—** *n.* **1** 《保険》ロイズ《London にある世界最大の保険市場》. **2** =Lloyd's Register.

Llóyd's Líst *n.* 「ロイズリスト」《ロイズ (⇨ Lloyd's 1) の発行する船舶の発着・事故その他海事に関する報道をのせた日刊新聞》.

Llóyd's Régister *n.* **1** (英国の)ロイズ船級協会《船舶の検査・登録その他を営む; 正式には Lloyd's Register of Shipping》. **2** (ロイズ船級協会の発行する)ロイズ船名録 (Register of Ships): A 1 at ~ ロイズ船級協会 A 第 1 級(船) (cf. veritas 2); 最上, 極上.

Llóyd's únderwriter *n.* 《保険》ロイズ保険者《ロイズ (⇨ Lloyd's 1) の会員である保険引受人》.

lm 《略》《光学》lumen(s).

L.M. 《略》《米軍》Legion of Merit; Licentiate in Medicine; Licentiate in Midwifery; Licentiate in Music; London Museum; 《詩学》long meter [measure]; Lord Mayor; 《宇宙》lunar module.

lm/ft² 《略》《光学》lumens per square foot ルーメン毎平方フィート《英米における照度の単位; 1 lm/ft² = 1 foot candle = 10.76 lux》.

L.M.G. 《略》light machine gun.

lm/m² 《略》《光学》lumens per square meter ルーメン毎平方メートル《照度の国際単位系における単位; 単位名 lux》.

L.M.R.A. 《略》Labor Management Relations Act 1947 労使関係法《通例 Taft-Hartley Act とよばれる》.

L.M.S. 《略》London Missionary Society.

LMT 《略》local mean time 地方平(均)時.

ln 《記号》《数学》natural logarithm.

£N 《記号》Nigerian pound(s).

Ln. 《略》Lane.

lndg 《略》landing.

LNG 《略》liquefied natural gas 液化天然ガス.

Lnrk. 《略》Lanark.

lo [lóu | lə́u] 〘ME *lo* < OE *lā* (int.) // ME *lo* 《短縮》← *loke* (imper.) 'LOOK'〙 *int.* 《古》見よ, そら. ★ 主に次の成句で用いる: ***lo and behold!*** こりゃどうしたことだ《驚いた時のおどけた表現》.

Lo [lóu | lə́u] 〘Pope の詩句 "Lo, the poor Indian!" (*An Essay on Man* I. 99) から〙 *n.* (*pl.* **~s**) 《米・戯言》アメリカインディアン: Mr. [Mrs.] Lo.

LOA 《略》《海事》length over all.

loach [lóutʃ | lə́utʃ] 〘(1357) *loch* ▭ (O)F *loche* ← ? Celt〙 *n.* 《魚類》ドジョウ《ドジョウ科の魚の総称》.

load [lóud | lə́ud] 〘OE *lād* way, journey, act of carrying goods < Gmc **laiðō* (G *Leite*) ← IE **leit(h)-* to go forth; 現在の意味は LADE to load の影響を受けたもの: cf. lead², lode〙 **—** *n.* **1** [集合的にも用いて] (人間・動物・船・車・航空機などで)運搬[輸送]されるもの, 荷, 積荷 (pack, cargo)《貨物・乗客ともいう》: a heavy [light] ~ 重い[軽い]荷 / bear a ~ on one's shoulders 荷をになう / deliver one's ~ 荷物を配達する.
2 a (荷の)積載量, 積み高; 一荷, 一車, 一かつぎ: a ~ *of* hay 干し草の一荷 / I must make three ~*s of* it. それを三つ[三台]の荷にしなければならない. **b** [通例複合語の第 2 構成素として] …分の量: a boat*load of* tourists 船いっぱいの旅行客 / ⇨ carload 1, cartload 1, shipload 1, truckload.
3 (ある物にかかる[支えられた])重み, 重さ: branches bent low by their ~ of fruit 果実の重みでたわわな枝 / The roof gave way under a heavy ~ of snow. 雪の重さで屋根が落ちた.
4 負担; (精神上の)重荷, 苦労, 心配; 重い責任: a ~ of care [grief, anxiety] 苦労[悲しみ, 心配]の重荷 / a ~ of debt [responsibility] 借金[責任]の重荷 / a teaching ~ of twenty hours a week 1 週 20 時間の授業負担 / take a ~ off a person's mind 心の重荷を除く, ほっと安心させる.
5 a (個人・団体・工場などに割り当てられる)仕事量; (機械などの)一度に入れる量: a washer that takes a 10 pound ~ 10 ポンドの量の洗濯物を入れる洗濯機 / assign a worker his daily work ~ 労働者に 1 日の仕事量を割り当てる. **b** 弾薬, (火薬の)装填(てん), 装薬, 装弾.
6 [通例 *pl.*; ~*s of*… として] 《口語》 **a** たくさん, どっさり (plenty, lots) (cf. dead load 3): ~*s of* money, care, fun, people, etc. **b** [副詞的に] 大いに, ずいぶん: Thanks ~*s*. ほんとにありがとう.
7 《米俗》 **a** 十分に酔う程度の酒[麻薬]の量; 酔い: have a ~ on 酔っている / He came with a ~ on. 酔ってやって来た. **b** 麻薬.
8 《工学》荷重, 負荷; 積み荷: ⇨ dead load 1, live load.
9 《電気》 **a** 負荷. **b** 負荷装置.
10 《商業》付加料.

11 〘生物〙荷重：genetic ～ 遺伝的荷重 / mutational ～ 突然変異荷重.
get a load of 《俗》(1) …を見る, …に注視する. (2) 「…を(関心をもって)聞く.

— *vt.* **1 a** 〈運搬物・輸送物などを〉積む, 載せる；〈運搬物・乗客などを〉〔車などに〕積む, 載せる〔*into, onto*〕: ～ cargoes, goods, etc. / ～ freight *into* [*onto*, 《英》*on to*] a truck 積み荷をトラックに積み込む / ～ one's family *into* the car 車に家族を乗せる. **b** 〈車・船・人などに〉に運搬物[荷物]を積む；〔運搬物・乗客などを〕〈車などに〉積む 〈*down*〉/〔*with*〕: ～ a cart, ship, etc. / a truck fully ～*ed up* 荷物を山のように積んだトラック / ～ a plane *with* cargo and passengers 飛行機に貨物と乗客を載せる / ～ a person (*down*) *with* parcels and packages 人に(どっさり)荷物を持たせる.
2 a 〔…を〕〈テーブル〉にどっさり載せる；〈本など〉にどっさり掲載する[入れる]；〈木など〉にたわわにならせる；〈胃など〉に詰め込む〈*down*〉/〔*with*〕: a table ～*ed with* food 食物を一杯に載せた食卓 / a book ～*ed with* pictures 画のたくさんはいった本 / vines ～*ed down with* grapes 実がたわわになったぶどうの木 / ～ one's stomach *with* food 腹にたらふく食物を詰め込む. **b** 〈空気などを〉〔…で〕飽和させる〔*with*〕: air ～*ed with* carbon 炭素で飽和した空気 / His speech is ～*ed with* Yid dishisms. 彼の言葉にはイディッシュ語法がふんだんに用いられている.
3 a 〔賛辞・侮辱などを〕…にむやみに与える〔*with*〕; 〔悲しみ・苦悩・責任などで〕悩ます, 苦しませる〈*down*〉/〔*with*〕: ～ a person *with* compliments [honors] 人に賛辞[名誉]をふんだんに与える / ～ a person *with* reproaches [insults] 人をうんと叱責(しっせき)[侮辱]する / ～ a person *with* responsibilities 人に責任を負わせる / a heart ～*ed down with* sorrow 悲しみでいっぱいの心. **b** (義務として)〈仕事などを〉〈人に〉背負(しょ)わせる〔*on*〕: ～ more work *on* [《英》*on to*] him 彼にもっと仕事を課する.
4 a …に重みをかける：～ the springs to the limit ぎりぎりまでばねに重量をかける. **b** 〈質問・陳述・制限などを〉一方に偏らせる, 偏向させる (cf. loaded 3 a): ～ a question, statement, system, etc. **c** 〈語・表現など〉に感情的な意味合いを持たせる (cf. loaded 3 b): the romantic emotion that ～*s* such words as nature 自然などという言葉に特別な意味合いを持たせてしまうロマンチックな感情.
5 a 〈パイプ〉に煙草を詰める：～ a pipe. **b** 〈銃など〉に弾丸を込める, 装填(そうてん)する：～ a gun, firearm, etc. / I am ～*ed.* 弾丸を込めた銃を持っている, 持っている銃に弾丸が込めてある / The gun was ～*ed with* four bullets. その銃には弾丸が4発込められてあった. **c** 〈カメラ〉にフィルムを入れる；〈フィルムを〉〈カメラに〉入れる〔*in*〕: ～ a camera / ～ film *in* a camera. **d** (武器用に)〈杖〉に重い詰物をする：～ a cane. **e** (特定の目が出るように)〈さいころ〉に鉛を詰める (cf. loaded 1 c): ～ dice / ⇨ *load the* DICE.
6 〈酒など〉に混ぜ物をする：This wine has been ～*ed.* このワインは混ぜ物が入っている.
7 〘野球〙〈塁を〉満塁にする：This ～*s* the bases. これで満塁だ / a bases-*loaded* homer 満塁ホーマー.
8 a 〘保険〙〈純保険料〉に付加する (cf. loading 7). **b** 〘商業〙…に付加料を加える.
9 〘電気〙電気回路に〈負荷となるものを〉加える.
10 〘美術〙〈画策〉に一度に多量の顔料をつける；〈キャンバス〉に絵具を厚塗りにする.
— *vi.* **1 a** 〈車・船などが〉運搬物を積む, 乗客を乗せる；〈人が〉荷物を積み込む：The bus is ～*ing.* バスが客を乗せている. **b** 〈車・船などが〉〔運搬物を〕積む, 〔乗客を〕乗せる〔*with*〕: The train is ～*ing with* coal. 列車は石炭を積んでいる / The bus ～*ed with* all people kept waiting. バスは待たされていた人をみんな乗せた. **2** 〈人が〉〔…に〕乗り込む〔*into*〕: We ～*ed into* the bus. バスに乗り込んだ. **3 a** 弾丸を込める, 銃に装填する. **b** カメラにフィルムを入れる. **c** 〈銃・かみそりの刃などが〉装填される：a gun that ～*s* at the breech [muzzle] 銃尾[銃口]から装填する銃.

lóad dispàtcher *n.* (電気・ガス・水道など公益事業の)供給指令員.
lóad displàcement *n.* 〘海事〙満載排水量[トン数].
lóad dràft *n.* 〘海事〙満載喫水.
lóad·ed *adj.* **1 a** 荷を(いっぱい)積んだ；いっぱいに詰め込んだ (full): a ～ trunk ぎっしり詰め込まれたトランク / a ～ bus 満員のバス / a ～ stomach たらふく食べた腹, 満腹. **b** (弾薬・フィルムなどを)装填(そうてん)した (charged): a ～ rifle 弾丸を込めたライフル銃 / a ～ camera フィルムを装填したカメラ. **c** (鉛などを)詰めた：a ～ cane (武器として使えるように先頭に鉛を詰めて重くした)仕込み杖 / ～ dice (鉛を詰めて, ある特定の目が出るようにした)いかさまさいころ. **2** 〈酒など〉混ぜ物をし(てこくのあるように見せかけ)た：～ wine. **3 a** 〈質問・陳述など〉偏った, 底意のある：a ～ question (言質(げんち)を取る)含みのある質問, (だまそうとする)誘導的な質問. **b** 〈語・表現など〉感情的含みの多い. **4** 《俗》酔った (drunk): get ～ *on* wine ぶどう酒で酔う. **5** 《米俗》金がたんまりある.
loaded for bear 《米俗》(非難・攻撃などのため)十分用意ができて, 準備万端整って, てぐすねを引いて.
lóad·er 〘ME〙 **—** *n.* **1 a** 荷を積む人, 積載者. **b** (荷の)積込機, 荷積機, ローダー《石炭・砂利などの大量のばら積材料を積込む機械装置》. **2 a** (銃の)装填手[者], (特に, 狩猟者に従う)装填係. **b** 装弾器. **3** [通例複合語の第2構成素として] …装填式の銃[砲]: a breech-*loader* 後装銃[砲], 元込め銃 / a muzzle-*loader* 前装銃[砲] / a single-*loader* 単発手動装填火器, 単発銃[砲]《一発ごとに手で装填する火器》.
lóad fàctor *n.* **1** 〘電気〙負荷率《ある期間中における平均需要電力と最大需要電力との比；cf. capacity factor》. **2** 〘航空〙荷重倍数《機体に加わる荷重と飛行重量との比》; 座席利用率《座席数に対する乗客数の比》.
lóad·ing 〘(15C)〙 **—** *n.* **1** 荷積み, 積込み, 船積み；荷役. **2 a** 荷物, 載貨, 船荷. **b** [通例 *pl.*] 積載量, 船積量. **3** (荷積みの際に用いる)装薬. **4** 装薬；装填(そうてん). **5** 〘電気〙装荷. **6** 〘航空〙荷量：⇨ wing loading, span loading. **7** 〘保険〙(純保険料に対して)付加保険料《loading charge ともいう》.
lóading brìdge *n.* ローディングブリッジ《空港ビルから航空機までをつなぐ蛇腹状のブリッジ》.
lóading chàrge *n.* 〘保険〙＝loading 7.
lóading còil *n.* 〘電気〙装荷線輪, 装荷コイル.
lóad lìmit *n.* (車の)重量制限. 「(⇨ Plimsoll mark).
lóad lìne *n.* 〘海事〙**1** 満載喫水線. **2** 満載喫水線標
lóad-line dìsk *n.* 〘海事〙満載喫水線円標.
lóad-line màrk *n.* 〘海事〙＝load line 2.
lóad·màster *n.* (輸送機の)荷物の責任をもつ搭乗員.
lóad shèdding *n.* 〘電気〙電力平均分配(法)《各工場の電力使用時間を規制して負荷を平均化すること》.
lóad·stàr [lóʊd- | lə́ʊd-] *n.* ＝lodestar.
lóad·stòne [lóʊd- | lə́ʊd-] *n.* ＝lodestone.
lóad wàterline *n.* 〘海事〙＝load line 1.
loaf[1] [lóʊf | lə́ʊf] 〘ME *lof* < OE *hlāf* loaf, bread < Gmc **χlaibaz* (G *Laib*)〙 **—** *n.* (*pl.* **loaves** [lóʊvz | lə́ʊvz]) **1** (型に入れるか一まとめにして焼いた)パンの一塊 (cf. roll B 11 a): three *loaves of* bread / a brown [white] ～ 黒[白]パンの一塊 / ⇨ cottage loaf / The ～ has risen in price. パンの値段が上がった / Half a ～ is better than no bread. 《諺》半分でもないよりはましだ. **2** (通例)長方形の塊：**a** 円錐形に固めた砂糖 (cf. loaf sugar): ⇨ sugarloaf 1. **b** 《英》(キャベツ・レタスなどの)玉. **3** 《英俗》頭；頭脳《loaf of bread ともいう》. **4** 〘料理〙ローフ：**a** パン皮の中にカキなどを詰めた料理：(an) oyster ～. **b** ミンチ状にした肉や魚・野菜などを調味して長方体の型に入れて蒸し焼きした料理：(a) meat [salmon] ～.
loaves and fishes 〘cf. *John* 6: 9–27〙ご利益(りやく), 一身の利益, 私利, (金銭・官職のような)現世的利得.
loaf[2] [lóʊf | lə́ʊf] 〘(1838)《逆成》? ← LOAFER: cf. G *laufen* to run〙 **—** *vi.* **1** のらくらして暮らす, 遊んで日を送る；ぶらつく (saunter) 〈*about, around*〉: ～ *through* one's life のらくらして一生を過ごす. **2** のらくら[のろのろ]働く：He ～*s on* the job. だらだらと仕事をやる. **—** *vt.* **1** 〈時を〉遊んで過ごす, 〈人生を〉ぶらぶらして暮らす〈*away*〉: Don't ～ your time [life] *away.* のらくらと時[人生]を過ごすな. **2** [～ one's way として] ぶらぶら[のらくら]進む. **—** *n.* 遊び暮らすこと；ぶらつき；ぶらついている時間：*on the* ～ ぶらついて / have a ～ ちょっとぶらつく.
lóaf càke *n.* 《米》直方体の型に入れて焼いたケーキ.
lóaf·er 〘(1840)《略》← *landloafer* 《変形》← G *Landläufer* vagabond, tramp ← *Land* 'LAND' + *Läufer* walker (← *laufen* to run)〙 **—** *n.* なまけ者 (idler), のらくら者 (lounger)；浮浪人 (vagrant, tramp).
Loa·fer [lóʊfə | lə́ʊfə(r)] 〘↑〙 *n.* 〘商標〙ローファー《つっかけタイプの浅い靴》.
lóaf sùgar *n.* 角砂糖《直[立]方体に固めた精製糖で cube 状や loaf 状のものも含む；cf. sugarloaf 1》.
lo·a·i·a·sis [lòʊəáɪəsɪs, -səs | lə̀ʊəáɪəsɪs] 〘← NL ～ ← *Loa* (← Afr.: cf. Kongo *lowa, loba* eye worm) + -IASIS〙 *n.* 〘病理〙ロア糸状虫症.
loam [lóʊm, lúːm | lə́ʊm] 〘OE *lām* clay < (WGmc) **laima* (Du. *leem* / G *Lehm* loam, clay) ← **lai-*, **li-* to be sticky ← IE **lei-* slimy: ⇨ lime[1]〙 **—** *n.* **1** 〘土壌〙ローム, 壌土《粒子の大きさによる土壌の分類名の一つ；砂と粘土が適度に混り合った柔らかく砕けやすい土で植物の成長に適する》. **2** ローム, へな土, 真土(まつち)《砂・泥・おがくず・わらなどの混合物；鋳型・壁土・しっくいなどを作る》. **3** 《古》土, 土壌. **—** *vt.* ロームでおおう, …にロームを塗りつける.
lóam bòard *n.* 〘機械〙引型板《断面形状が一定の鋳型を作る時, 引回して砂をかき取って砂型に必要断面を与えるその断面と同一形状の板》.
lóam mòld *n.* 〘金属加工〙真土型(まねがた)《真土 (loam) を用いて作った鋳型；鋳肌を美しくするのに用いる》.
loam·y [lóʊmi, lúːmi | lə́ʊmi] 〘(?c1200): ⇨ loam, -y[4]〙 **—** *adj.* (**loam·i·er, -i·est; more ～, most ～**) 〈土が〉ローム状[質]の, ロームのような. **lóam·i·ness** *n.*
loan[1] [lóʊn | lə́ʊn] 〘?OE *lon(e)* ⊏ ON *lān* < Gmc **laiχwniz* (Du. *leen* / G *Leh(e)n* fief) ← IE **leikw-* to leave (L *linquere*)〙 **—** *n.* **1** 貸付け, 貸出し：ask for the ～ of …を貸してくれと頼む / give a person the ～ of… 人に…を貸し付ける / I have these books out *on* ～ from the library. 図書館からこれらの本を借り出している / May I have the ～ of this book? この本お借りできませんでしょうか. **2 a** (利子のついた)貸付け金；公債, 借款；融資：a domestic [foreign] ～ 内国[外国]債 / a public ～ 公債 / a war ～ 軍事公債 / raise a ～ 公債を募集する. **b** 貸借物. **3** (他の職場での一定期間内の)臨時任務, 出向. **4** 〘言語〙＝loanword.
on loan (1) 借りて[た]; 貸して[た]: I have his typewriter *on* ～. 彼のタイプライターを借りている. (2) 〈社員など〉〔…へ〕出向して〔*to*〕: be *on* ～ *to* an affiliated company 系列会社に出向している.
— *vt.* [しばしば二重目的語を伴って] ★ lend よりも形式ばった語. **1** 貸す (lend): She ～*ed* me her dress. 私にドレスを貸してくれた. **2** (利子をとって)〈金を〉貸し付ける, 融資する：～ a person $100 *at* 6% 人に6%の利息で100ドル貸し付ける. **—** *vi.* (利子をとって)金を貸し付ける, 融資する.
loan[2] [lóʊn | lə́ʊn] 〘ME *lone*: ⇨ lane[1]〙 *n.* 《スコット・英方言》**1** 小道 (lane). **2** (牛の)乳しぼり場.
loan·a·ble [lóʊnəbl̩ | lə́ʊn-] *adj.* (特に, 利子をつけて一定期間)貸し付けうる, 貸される：～ funds.
lóan·blènd *n.* 〘言語〙混種語《本来語の要素と外国語の要素が混じり合ってできた語；hybrid の一種》.
lóan collèction *n.* (展覧会などのために)貸出されるコレクション.
Lo·an·da [loʊǽndə | ləʊ-] *n.* ＝Luanda.
loan·ee [loʊníː | ləʊ-] *n.* 借受人, 債務者.
lóan·er *n.* **1** 貸付け人, 債権者. **2** (修理の品の代わりなどに顧客に)貸される品, 代替貸与品.
lóan-hòlder *n.* 債権者, 抵当権者 (mortgagee).
lóan·ing 〘ME: ⇨ loan[2], -ing[1]〙 *n.* ＝loan[2].
lóan òffice *n.* **1** 貸金[金融]事務所. **2** 質屋. **3** 《米古》公債応募取扱所.
lóan-shàrk *vi.* 《米口語》高利で金を貸す.
lóan shàrk *n.* 《米口語》高利貸し.
lóan·shàrking *n.* 《米口語》高利貸し業.
lóan·shìft *n.* **1** 〘言語〙借用代用《外国語の影響による語義変化；元は「足」の意しかもたなかったイタリア語 *piede* が, 英語の *foot* の影響で「12インチ」という長さの単位の意にも用いられるようになったことなど》. **2** 外国語によって語義変化を受けた単語.
lóan translàtion *n.* 〘言語〙翻訳借用(語句), なぞり《外国語を翻訳して自国語にしたもので, 特に借用語句の統語構造はそのままで, 形態素が自国語のそれに取替えられているもの；例えばドイツ語 Übermensch を訳した superman, 英語 put a period to を訳した日本語「…に終止符を打つ」など；calque ともいう》.
lóan vàlue *n.* 〘保険〙貸付け価額《生命保険の契約者が保険会社から受けることのできる契約者貸付の最高限度》.
lóan·wòrd 〘(1874)《なぞり》← G *Lehnwort*〙 **—** *n.* 〘言語〙外来語, 借用語《例えばラテン語から OE にはいった wine, ドイツ語から近代英語にはいった blitz など；単に loan ともいう》.
loath [lóʊθ, lóʊð | lə́ʊθ] 〘ME *loth* < OE *lāþ* hateful, hostile (cf. *mē is lāþ* it is hateful to me＝I am reluctant) < Gmc **laiþaz* (Du. *leed* / G *Leid* sorrow) ← IE **leit-* to detest〙 **—** *pred. adj.* 《文語》いやで, きらいで〈*to do*〉: They were ～ *to* part. 彼らは別れるのをいやがった / She was ～ *for* him *to* go. 彼女は彼が行くのをきらった.
nothing loath いやどころか, むしろ喜んで：When he proposed a change of plan, I was *nothing* ～. 彼が計画変更を提案したとき, 私はいやどころでなく喜んだ.
～·ness *n.*
loathe[1] [lóʊð | lə́ʊð] 〘OE *lāþian* to be hateful < Gmc **laiþōjan* ← **laiþ-* (↑)〙 **—** *vt.* **1** ひどくきらう, いやでならない〈*doing, to do*〉; …がいやで胸が悪くなる：He ～*s* watching [*to* watch] television. テレビを見るのが大きらいだ / ～ the sight of food 食べ物を見ただけで胸が悪くなる. **2** 好かない, いやだ：I ～ fish for breakfast. 朝飯に魚はご免だ. **lóath·er** *n.*
loathe[2] [lóʊθ, lóʊð | lə́ʊθ] *pred. adj.* ＝loath.
loath·ful [lóʊðfəl | lə́ʊð-] 〘(?a1425): ⇨ loath, -ful[1]〙 *adj.* **1** 《スコット》きらいで, いやで (reluctant). **2** 《まれ》いまいましい, いやな：a ～ sight.
lóath·ing 〘(c1390): ⇨ loathe[1], -ing[1]〙 *n.* 強い嫌悪(感), 大きらい：be filled with ～ いやでたまらない.
lóath·ing·ly *adv.* 憎しみを込めて, いやいやで.
loath·ly[1] [lóʊθli, lóʊð- | lə́ʊðli] 〘OE *lāþlīce*: ⇨ loath, -ly[1]〙 *adv.* 《古》いやいやながら (unwillingly).
loath·ly[2] [lóʊðli, lóʊθ- | lə́ʊðli] 〘OE *lāþlic*: ⇨ loath, -ly[2]〙 *adj.* 《古》＝loathsome. **lóath·li·ness** *n.*
loath·some [lóʊθsəm, lóʊð- | lə́ʊðsəm, lə́ʊθ-] 〘(a1400): ⇨ loath, -some[1]〙 **—** *adj.* いやらしい, 忌まわしい, いやでたまらない (detestable), 胸の悪くなるような (nauseating): a ～ sight / It was ～ *to* him. 彼にとっていやでたまらぬものだった. **～·ly** *adv.* **～·ness** *n.*
lóath-to-depàrt *n.* 《古》別れの曲.
loaves *n.* loaf[1] の複数形.
lob[1] [lɑ́(ː)b | lɔ́b] 〘(1533) ← ? LG (cf. LG *lubbe* awkward person / Flem. *lobbe* fool): cf. lubber〙 **—** *n.* **1** 《英方言》不器用者, 鈍重な人 (lout). **2** 〘テニス〙ロブ, ロビングボール《相手の頭上高く弧状に打ち上げられた緩球》; ロブ, ロビング《そのように打つこと》. **3** 〘クリケット〙下手投げの緩球：a ～ merchant 《俗》(下手投げの)緩球投手.
— *v.* (**lobbed; lob·bing**) **—** *vt.* **1** 《古》重々しく垂らす, うなだれる (droop): ～ one's head. **2** 〘テニス〙**a** 〈ボールを〉ロブ[ロビング]する. **b** 〈相手〉にロブを送る, ロビングで攻める. **3** 〘クリケット〙低く下から投げる, ゆるく投げる. **4** 〘軍事〙〈ミサイルを〉(地上高く放物線状の軌道を描いて標的に落下するように)高角発射する, 曲射する. **—** *vi.* **1 a** のろのろ[のそのそ]歩く[走る, 動く]〈*along*〉. **b** 弧を描いて進む. **2** 〘テニス〙ロブをする[打つ], ロビングする, ロブを上げる. **3** 《豪》到着する (arrive)〔*in*〕: ～ *in* town.

lob² [lɑ́(ː)b | lɔ́b] 〘《略》← *lobworm* ← *lob*《廃》lump (↑)＋WORM〙 *n.* 〘動物〙 ＝lugworm.

LOB 《略》〘野球〙 left on base 残塁.

lob- [loʊb | ləʊb] (母音の前に来る時の) lobo- の異形.

Lo·ba·chev·ski [lòʊbətʃéfski, lɑ̀b-, -tʃév- | lɔ̀ubətʃéfskɪ, lɔ̀b-; *Russ.* ləbatʃéfskʲij], **Nikolai Ivanovich** *n.* ロバチェフスキー《1792-1856; ロシヤの数学者; ロバチェフスキーの幾何学 (Lobachevski's geometry) の発見者の一人; ⇨ hyperbolic geometry》.

lo·bar [lóʊbə, -bɑə | ləʊbə(r, -bɑː(r)] 〘← NL *lobār-is* ← LL *lobus* 'LOBE'〙 *adj.* **1** 〘植物〙(葉の)裂片の. **2** 〘医学〙(肺)葉性の, 大葉(性)の.

lóbar pneumónia *n.* 〘病理〙大葉(性)肺炎, (やや古くは)クループ性肺炎 (cf. lobular pneumonia).

lo·bate [lóʊbeɪt | ləʊ-] 〘← NL *lobāt-us* ← LL *lobus* lobe: ⇨ lobe, -ate²〙 **—** *adj.* **1** 〘植物〙裂片のある, 裂片状の: a ～ leaf 浅裂葉. **2** 〘鳥類〙指に葉状の膜のある: a ～ foot (クイナなどの)弁足. **～·ly** *adv.*

lo·bat·ed [lóʊbeɪtɪd, -ṭəd | -tɪd, -təd] *adj.* ＝lobate.

lo·ba·tion [lo(ʊ)béɪʃən | lə(ʊ)-] *n.* **1** 裂片があること). **2** 〘植物〙(葉の)裂刻, 切れ込み. **3** 〘解剖〙 **a** ＝lobe 4. **b** ＝lobule 1.

lob·by [lɑ́bi | lɔ́bi] 〘《1553》□ ML *lobi-um, lobia, laubia* portico, covered way □ Frank. **laubja* (⇨ lodge): 修道院の用語から〙 **—** *n.* **1 a** ロビー《公共建築物の入口ホールや廊下などで休憩室・応接間などに用いられる》. **b** (ホテル・劇場などの)休憩室 (foyer): a hotel ～. **2 a** (特に, 英米議院での)ロビー《議員が院外者との会見に用いる; cf. cloakroom 2》. **b** (英国下院で議案裁決の時に賛否に分れる)投票者控廊下 (division lobby ともいう). **3 a** (常に議会の lobby に出入りして議員に陳情・嘆願などをする)院外団, 圧力団体. **b** [集合的] 院外団の人たち, ロビーイストたち. **4** 《古》小部屋; 小囲い.
— *vi.* **1** 議会のロビーに出入りする. **2** (ロビーイストとして)議員に運動する: ～ *for* [*against*] the proposal. **—** *vt.* **1** (ロビーイストとして)〈議員〉に圧力をかける[運動する]. **2** 〈議案〉の通過運動をする: ～ a bill *through* Congress 運動して議会で議案を通過させる.

lób·by·er *n.* ＝lobbyist.

lóbby·gòw [-gàʊ] 〘← ?〙 *n.* 《俗》使い走り(の少年).

lób·by·ing *n.* ＝lobbyism.

lób·by·ism [-biìzm] *n.* 院外運動, 議案通過[陳情]運動, ロビーイング.

lób·by·ist [-bɪst, -əst | -bɪst] *n.* 議案通過運動者, 陳情者, ロビーイスト.

lobe [lóʊb | ləʊb] 〘《?*a*1425》□ F ～ // ML *lob-us* □ Gk *lobós* lobe of the ear, seed pod〙 **—** *n.* **1 a** 丸い突出部; 耳たぶ: the ～ of the ear 耳たぶ. **b** 建物の丸い突出部, 丸屋根. **2** (カムなどの)突出, 出っ張り部 (⇨ cam 挿絵). **3** (繋留(けいりゅう)気球の尾部にあって尾翼の働きをする)出っ張った袋. **4** 〘解剖〙 葉(よう): a ～ of the liver 肝葉 / ～*s* of the lungs 肺葉 / a frontal ～ (大脳の)前頭葉. **5** 〘植物〙(主に葉の)裂片: a ～ of a leaf. **6** 〘電気〙 ローブ《空中線(アンテナ)の指向性の突出部》. **lóbe·less** *adj.*

lo·bec·to·my [loʊbéktəmi | ləʊbéktəmɪ] 〘⇨↑, -ectomy〙 *n.* 〘外科〙 ロベクトミー, 葉摘(出術), 肺葉切除(術), 肺切.

lobed *adj.* **1** 裂片のある, 分裂した. **2** 〘植物〙 ＝lobate 1.

lóbe-fìn *n.* 〘魚類〙 ＝crossopterygian. **lóbe-fínned** *adj.*

lóbe-fìnned físh *n.* 〘魚類〙 ＝lobe-fin.

lobe·let [lóʊblɪt, -lət | ləʊb-] 〘⇨ -let〙 *n.* 〘植物〙 小裂片; 〘解剖〙 小葉.

lo·be·lia [lo(ʊ)bíːljə, -liə | lə(ʊ)bíːljə, -lɪə] 〘《1739》← NL ～ ← *Matthias de Lobel* (1538-1616: 英国王 James 一世付きのフランダースの植物学者兼侍医): ⇨ -ia¹〙 **—** *n.* **1** 〘植物〙 **a** [L-] ロベリア属《キキョウ科の一属》. **b** ロベリア属の植物の総称《ロベリア・ミゾカクシ・サワギキョウなど》. **2** 〘薬学〙 ロベリアソウ (*Lobelia inflata*) の葉の頂芽《米国の民間薬, 喘息(ぜんそく)・百日咳(ぜき)に用いた; cf. Indian tobacco 1》.

Lo·be·lia [lo(ʊ)bíːljə, -liə | lə(ʊ)bíːljə, -lɪə] 〘↑〙 *n.* 女性名.

Lo·be·li·a·ce·ae [lo(ʊ)bìːliéɪsiìː | lə(ʊ)bìːlɪ-] 〘← NL ～: ⇨↑, -aceae〙 *n. pl.* 〘植物〙(キキョウ目)ミゾカクシ科. **lo·bè·li·á·ceous** [-ʃəs] *adj.*

lo·be·line [lóʊbəliːn, -lɪn, -lən | ləʊbəlìːn, -lɪn] 〘⇨ lobelia, -ine³〙 **—** *n.* 〘薬学〙 ロベリン ($C_{22}H_{27}NO_2$)《ロベリアアルカロイドの一つで, サワギキョウ (lobelia) から抽出される有毒結晶体; 呼吸興奮剤》.

lobi *n.* lobus の複数形.

lob·lol·ly [lɑ́blɑ̀li | lɔ́blɔ̀lɪ] 〘《1597》← ?《方言》*lob* to bubble in boiling＋《方言》*lolly* broth, soup〙 **—** *n.* **1** 《方言》 **a** 濃いかゆ (porridge). **b** ぬかるみ, どろ穴. **2** 《方言》田舎者. **3** 〘植物〙 ＝loblolly pine.

lóblolly báy *n.* 〘植物〙米国南部産のツバキ科の常緑低木または小高木 (*Gordonia lasianthus*)《樹皮からタンニンを採る》.

lóblolly bòy *n.* 《古》〘海事〙 船医の助手[看護手].

lóblolly píne *n.* **1** 〘植物〙 タエダマツ (*Pinus taeda*)《米国南部地方に産する巨大なマツの一種; slash pine ともいう》. **2** タエダマツ材.

lo·bo [lóʊboʊ | ləʊbəʊ] 〘□ Sp. ～ < L *lupum* wolf〙 *n.* (*pl.* ～**s**) 〘動物〙 ＝timber wolf.

lo·bo- [lóʊbo(ʊ) | ləʊbə(ʊ)] 〘← Gk *lobós*: ⇨ lobe〙「葉 (lobe)」の意の連結形. ★ 母音の前では通例 lob- になる: *lobo*tomy.

lo·bose [lóʊbous | ləʊbəus] 〘← LOB(E)＋-OSE¹〙 *adj.* 〘動物〙〈ある原生動物の仮足が〉葉状の.

lo·bot·o·mize [lo(ʊ)bɑ́təmàɪz | lə(ʊ)bɔ́t-] 〘← LOBOTOM(Y)＋-IZE〙 *vt.* 〈人〉にロボトミーを施す.

lo·bót·o·mìzed *adj.* **1** ロボトミーを受けた. **2** 鈍重な, 不活発な, のろい (sluggish).

lo·bot·o·my [lo(ʊ)bɑ́ṭəmi | lə(ʊ)bɔ́təmɪ] 〘← LOBO-＋-TOMY〙 *n.* 〘外科〙(大脳の)ロボトミー, 葉切断術.

lob·scourse [lɑ́bskɔəs, -skɔ̀əs | lɔ́bskɔ̀ːs] *n.* 〘海事〙 ＝lobscouse.

lob·scouse [lɑ́bskàus | lɔ́b-] 〘← ? *lob* (⇨ loblolly)＋《方言》*scouse* stew: cf Du. *lapskous* / G *Lapskaus*〙 **—** *n.* 〘海事〙船員用料理の一つで, たまねぎや肉を混ぜたシチューの一種.

lob·ster [lɑ́bstə | lɔ́bstə(r] 〘OE *loppestre, lopustre*《変形》← L *locusta* 'LOCUST': OE *loppe* spider の影響による変形: ⇨ lop¹, -ster〙 **—** *n.* (*pl.* ～**s**, ～) **1** 〘動物〙 **a** ロブスター, ウミザリガニ《ウミザリガニ科のザリガニに似た大型の海産甲殻類の総称; アメリカ西海岸には *Homarus americanus*, ヨーロッパには *H. vulgaris*, アフリカ南部には *H. capensis* が生息する》: (as) red as a ～ えびのように真赤な《酔った顔など》. **b** イセエビ (spiny lobster). **c** 《豪》淡水に生息するザリガニ (crayfish) 類の甲殻類. **2** ロブスター[イセエビ]の身. **3** 《米俗》間抜け. **4** 〘17 世紀に身につけた *lobster-tail* という鎧および赤い上着にちなむ〙《古》英国兵士. **—** *vi.* ロブスターをとる.

lobster 1 a
(*H. americanus*)

lóbster-éyed *adj.* 目の突き出た, 出目の.

lób·ster·ing [-stərɪŋ] *n.* ロブスター[イセエビ]捕獲(法).

lóbster jòint *n.* (パイプなどの)自在接合部.

lóbster·man [-mən] *n.* (*pl.* **-men** [-mən, -mèn]) えび捕り(専門の)漁師.

lóbster Néwburg, l- n- *n.* ニューバーグ風えび料理《筒切りにした lobster を炒めてから卵黄・シェリーなどの入ったクリームソースで煮込んだもの》.

lóbster pòt *n.* 筌(うえ), 筌(うけ)《えび捕りかご》.

lóbster shìft *n.* 《米口語》(新聞記者の)夜勤《夜半から早朝まで》.

lóbster-tàil hèlmet *n.* 〘甲冑〙17 世紀の騎兵用兜(かぶと)《その錣(しころ)がえびの尾に似ている》.

lobster-tail helmet

lóbster thérmidor 〘Napoleon の命名, 最初にこの料理の出された月にちなむという: ⇨ Thermidor〙 **—** *n.* (*pl.* **lobsters t-**) テルミドール風えび料理《火を通し, さいのめ切りにした lobster を濃いクリームソースであえて殻にもどし, 焼き目をつけたもの》.

lóbster tràp *n.* ＝lobster pot.

lóbster trìck *n.* ＝lobster shift.

lob·u·lar [lɑ́bjʊlə | lɔ́bjʊlə(r] 〘← LOBULE＋-AR¹〙 *adj.* lobule の[に似た]. **～·ly** *adv.*

lóbular pneumónia *n.* 〘病理〙小葉性肺炎, 気管支肺炎 (bronchopneumonia) (cf. lobar pneumonia).

lob·u·late [lɑ́bjʊlèɪt, -lət, -lɪt | lɔ́b-] 〘⇨↓, -ate²〙 **—** *adj.* 小裂片[小葉, 耳たぶ] (lobule) で出来た[を備えた]; 細分状の. **lob·u·la·tion** [lɑ̀bjʊléɪʃən | lɔ̀b-] *n.* **lob·u·lat·ed** [lɑ́bjʊlèɪṭɪd, -ṭəd | lɔ́bjʊlèɪt-] *adj.* ＝lobulate.

lob·ule [lɑ́bjuːl | lɔ́b-] 〘← NL *lobul-us* (dim.) ← LL *lobus* 'LOBE': ⇨ -ule〙 *n.* **1** 〘解剖〙小葉. **2** 耳たぶ.

lob·u·lose [lɑ́bjʊlòʊs | lɔ́bjʊlòus] *adj.*

lob·u·lus [lɑ́bjʊləs | lɔ́b-] *n.* (*pl.* **-u·li** [-làɪ]) 〘解剖〙 **1** ＝lobe 4. **2** ＝lobule 1.

lo·bus [lóʊbəs | ləʊ-] 〘□ LL ～〙 *n.* (*pl.* **lo·bi** [-baɪ]) 〘解剖〙 ＝lobe 4.

-lo·bus [ˊ lə̀bəs] 〘← LL *lobus* 'LOBE'〙「lobe を持つもの」の意の名詞連結形.

lób·wòrm 〘⇨ lob²〙 *n.* 〘動物〙 ＝lugworm.

LOC, l.o.c. 《略》〘軍事〙 line of communication(s).

loc. 《略》 local; location; 〘文法〙 locative.

loca *n.* locus の複数形.

lo·cal¹ [lóʊkəl | ləʊ-] 〘《1392》□ (O)F ～ // LL *locāl-is* ← L *locus* place: ⇨ locus〙 **—** *adj.* **1** 場所の[に関する], 土地の; 場所を占める: a ～ name 地名 / a ～ adverb 〘文法〙場所の副詞《here, there, where など》/ a ～ situation 位置/give to airy nothing a ～ habitation 空虚なものにもその場所を与える (Shak., *Mids N D* 5. 1. 17). **2 a** 特定の場所の[に限られた], その地方の, その地方特有の, 地方的な, 地元の (↔ imperial, national): a ～ custom 地元の慣習 / ⇨ local Derby / a ～ dialect 地方なまり, お国言葉 / one's ～ police 地元の警察 / a ～ station (テレビ・ラジオの)地方支局 / a ～ lawyer 地元の弁護士 / a ～ name of ...の地方的呼び名 / ～ news (新聞の)地方記事, それぞれの地域に関するニュース / The bird is quite ～. この鳥は全く特定の場所にだけいる. **b** 特定の地方にのみ適用する: ～ taxes 地方税. **c** 特定の地方向けの (cf. 6): a ～ line 地方鉄道, ローカル線. ★ local は general に対する語で,「全国の」に対して「特定の地方の」の意になる. 首都に対する「地方の」意は provincial である. **3** 〈物の考え方・見解など〉狭い, 偏狭な: a ～ point of view 狭い見方. **4** 〘生理・病理〙〈病気など〉局部の, 局部[局所]的な (cf. systemic 2): a ～ disease [affection] 局所性疾患 / ～ remedy [treatment] 局所療法 / a ～ pain 局所的な痛み. **5 a** (郵便物の封筒の表示として)区内[市内]配達の. **b** 〈電話が〉特定地域内の, 市内の: a ～ call 市内通話. **6** 〈交通機関が〉各駅停車の, 鈍行の (cf. 2 c) (↔ express): ～ service 区間運転 / a ～ train 各駅停車列車, 鈍行列車. **7** 〘数学〙 軌跡 (locus) の, 局所的な《点の十分小さな近傍における; cf. global 4》. **8** 〘物理〙局所的な.
— *n.* **1 a** 特定の地方の人[もの], 地元の人[もの]. **b** [しばしば *pl.*] 地方住民; 地方説教者 (local preacher), 地元開業医, 地元弁護士. **c** (新聞の)地方記事, 地方種, 市内雑報. **d** (ラジオ・テレビなどの)地方[ローカル]番組. **e** 区間[ローカル]列車, 区間[ローカル]バス(など). **2 a** 《米》(労働組合・友愛組合などの)支部. **b** [通例 *pl.*] 地方野球チーム. **3** [the ～]《英口語》近くの居酒屋, 地元の飲み屋: He sips his pint of bitter in *the* ～. 飲み屋で一杯やる. **4** [*pl.*]《英》 ＝local examination. **5** 〘郵趣〙(一地方だけに通用する)地方郵便切手《local stamp ともいう》. **6** 〘医学〙 ＝local anesthesia.

lo·cal² [lo(ʊ)kǽl | lə(ʊ)kɑ́ːl] *n.* ＝locale.

local. 《略》 localism.

lócal anesthésia *n.* 〘医学〙局所麻酔(法), 局麻 (cf. general anesthesia).

lócal authórity *n.* 《英》地方自治体, 市町村当局.

lócal cólor *n.* **1** (文学などに描かれる)地方色, 郷土色. **2** 〘美術〙固有色《反射・影などに影響されない物本来の色》.

lócal defénse *n.* 局地防御; 局地防空 (cf. general defense).

lócal Dérby *n.* **1** 同じ地区を代表する二つのチームによるコンテスト. **2** ローカルダービー《ダービー以外のそれに類似の競馬》.

lo·cale [lo(ʊ)kǽl | lə(ʊ)kɑ́ːl] 〘《1816》□ F *local* locality ← (adj.): ⇨ local¹ (adj.)〙 **—** *n.* **1** (行動(作戦)・出来事などの)現場, 場所 (place). **2** (劇・小説・映画などの)場面, 舞台 (scene, setting).

lócal examinátion *n.* 《英》地方試験《大学監督の下に地方中等学校生徒について行ない及第者には証書を与える》.

lócal góvernment *n.* **1 a** 地方政治《中央政府に対して, city, county, town などの地方自治》. **b** 地方自治体《local self-government ともいう》. **2** [集合的] 地方自治体職員. **3** 地方自治論.

ló·cal·ism [-lɪzm] *n.* **1** 地方愛着, 地方主義, 郷党主義, 地方第一主義. **2** 地方的偏狭. **3** 地方風, 地方なまり, 国言葉. **4** 地方的慣習.

lo·cal·ite [lóʊkəlàɪt | ləʊ-] 〘← LOCAL¹＋-ITE¹〙 *n.* ＝local¹ 1 a.

lo·cal·i·ty [lo(ʊ)kǽləṭi | lə(ʊ)kǽlətɪ, -lɪ-] 〘《1628》□ F *localité* □ LL *locālitātem*: ⇨ local¹, -ity〙 **—** *n.* **1 a** (鉱物・植物などの)産地: a ～ rich in hot springs 温泉の豊富な場所. **b** (ある特徴のある)場所, 地方: a ～ of heavy snowfall 豪雪地帯. **c** (ある人や物事に関係のある)土地, 地方, 所, 現場, 付近: the ～ of a crime 犯罪の現場 / the delicacies of a ～ 土地[地方]の名物. **2** (一般の)場所に対する感覚, 方向観念. **3** (空間的または時間的に)位置すること, 存在. **4** 《古》局所限定.
a sense of locality 土地勘: have *a* good *sense of* ～ 土地勘がいい (cf. bump¹ *n.* 3 b).

lo·cal·iz·a·ble [lóʊkəlàɪzəbl | ləʊ-] *adj.* 地方化できる; 一局部に限られる.

lo·cal·i·za·tion [lòʊkəlɪzéɪʃən, -lə- | lə̀ukəlaɪ-, -lɪ-] *n.* 局所限定, 局限; 地方化, 局部化.

lo·cal·ize [lóʊkəlàɪz | ləʊ-] 〘← LOCAL¹＋-IZE〙 **—** *vt.* **1** 特定の地方に局限[限定]する; 〈病気などを〉局所にとどめる: ～ infection [a disturbance] 伝染[動乱]を局部的に食い止める. **2** 〈伝説・伝統など〉の起源を突き止める, の場所を決める: ～ the legend. **3** …に地方的特色を与える, 地方化する: ～ the story その物語に地方色をつける. **—** *vi.* 一つの場所[一局部]に集まる[集積する]: Anger ～*d on* the scandal. その不正事件に怒りが集中した.

ló·cal·ìz·er *n.* 〘航空〙ローカライザー《計器着陸援助方式 (ILS) の一部で, 滑走路の中心線を含む鉛直面を示す電波信号; またはその発信機; cf. glide path 1》.

ló·cal·ly [-kəli | -lɪ] 〘《*c*1450》〙 **—** *adv.* **1** 場所[土地]の上から, 位置上. **2** 特定の場所で, ある地方では, 地元では; 地方的に; 局地[部]的に: It is common ～. ある地方では普通のことである. **3** このあたりで, 近くで(nearby): Much tea is grown ～. この[その]あたりでは茶が多く作られる. **4** 原産地で: a spice used ～ to flavor vermouth ベルモット酒の味つけに原産地で使われる香辛料.

lócally cómpact spáce *n.* 〘数学〙局所コンパクト空間《各点がコンパクトな近傍をもつ様な位相空間》.

lócally Euclídean spáce *n.* 〘数学〙局所ユークリッド空間《各点が一定の次元のユークリッド空間と同相な近傍をもつ位相空間》.

lócally fínite sét *n.* 〘数学〙局所有限集合《位相空間の部分集合の集合で, 空間のどの点も有限個の要素としか交わらないような近傍をもつもの》.

lócal máximum *n.* 〘数学〙 ＝relative maximum a.

lócal mínimum *n.* 〘数学〙 ＝relative minimum a.

lócal óption *n.* 地方選択権《酒類販売など問題になっている法の適用についてそれを認めるか否かを住民の投票によって決する選択権》.

lócal préacher *n.*《英》《メソジスト教会》地方説教師《メソジスト教会で特定の地方に限り説教することを許された平信者》.
lócal sélf-góvernment *n.* ＝local government 1 b.
lócal tìme *n.* 地方時, 現地時間 (cf. standard time 1).
lócal válue *n.*《数学》位価《たとえば 1530 における 5 の local value は 100 である》.
lócal véto *n.* 地方拒否権《酒類販売に地方住民の持つ拒否権》.
lócal wìnd [-wɪnd] *n.*《気象》局地風.
Lo·car·no [lo(ʊ)kɑ́ːnoʊ | lə(ʊ)kɑ́ːnəʊ, lɔk-; *It.* lokárno] *n.* **1** ロカルノ《スイス南東部, Maggiore 湖畔の小市; ロカルノ条約 (Locarno Pact) 締結地; 人口 16,000》. **2 a** ＝Locarno Pact. **b** (ロカルノ条約的)安全保障条約: the spirit of ～ ロカルノ精神《特に, 独仏間における宿怨(しゅくえん)の放棄にいう》/ an Eastern ～ 東欧諸国間の安全保障条約.
Locárno Pàct [Trèaty] *n.* [the ～] ロカルノ条約《1925 年 Locarno で英国・フランス・ドイツ・ベルギー・ポーランド・チェコスロバキアの七か国が仮調印した安全保障条約; 正式調印は London でなされた》.
lo·cate [lóʊkeɪt, lo(ʊ)kéɪt | lə(ʊ)kéɪt]《(1652) ← L *locātus* (p.p.) ← *locāre* to place, put ← *locus* place: ⇨ locus》 ── *vt.* **1** 〈建物などを〉〔特定の場所に〕置く〔*on, in*〕: ～ one's office downtown [*in* Paris] 事務所を商業地区[パリ]に設ける / ～ the vase *in* the center of the mantel 花瓶を炉棚の中央に置く / His office *is* ～*d on* the third floor of this building. 彼の事務所はこの建物の 3 階[《英》4 階]にある. **2** [～ *oneself* または Passive で]〔…に〕住居を定める, 落着く; 位置する〔*in*〕: ～ *oneself* [*be* ～*d*] in …に居を構える / He ～*d himself near* the door [*behind* the screen]. ドアのそばに立った[つい立ての後ろに隠れた]. **3** 〈物〉(の出所・場所・原因など)を突き止める, 捜し出す: ～ the source of a pain [a leak in a tank] 痛みの原因[タンクの漏り場所]を突き止める / ～ Hawaii *on* the map 地図でハワイを指摘する / ～ the enemy's camp 敵の陣地を捜し出す / ～ a lost object 遺失物を捜し出す / The beam of the flashlight ～*d* a bell button. 懐中電灯を向けると呼鈴の場所がわかった. **4** 〈土地・鉱区など〉の場所[境界]を定める: ～ (the lines of) the property 地所の境界線を定める. **5**《米》〈土地〉の権利を主張する, 〈土地を〉占拠する. **6**《まれ》《法律》〈家屋・車・労務などを〉賃貸しする. ── *vi.* **1**《米》居住する, 落ち着く: My parents ～ *in* California. 両親はカリフォルニアに住んでいる. **2**《メソジスト教会》〈牧師が〉聖職から引退する. **lo·cat·a·ble** [-təbl | -tə-] *adj.* **ló·cat·er** [-tə | -tə(r)] *n.*
lo·ca·tion [lo(ʊ)kéɪʃən | lə(ʊ)-]《(1592) ▭ L *locātiō(n-)*: ⇨ ↑, -ation》 ── *n.* **1 a** (ある場所に)置くこと; 位置選定; 定住. **b** 捜し出すこと, 探索〔*of*〕: the ～ *of* the missing wallet 紛失した財布を捜し出すこと. **c** (土地の)区画, 測量; (道路の)測量設計. **2** (建物などの占めている)位置, 所在, 立地; (特定の)場所: on that ～ その場所で / a good [desirable] ～ for …に好適の場所 / a house in a fine ～ すばらしい場所にある家 / find out the ～ of the hiding house 隠れ家の所在を見つけ出す. **3 a** (鉱区などの)指定地区: a mining ～. **b**《豪》農場, 牧場. **4**《アフリカ南部》(都市の中にある)原住民の住む隔離[被差別]地域. **5**《映画》野外撮影場, ロケ地. ★ 主に次の句で用いる: *on* ～ 野外撮影[ロケ]中で. **6**《まれ》《法律》(家屋・車・労務などの)賃貸し. **7**《電算機》記憶場所[位置], ロケーション. **～·al** [-ʃənl, -ʃnəl] *adj.* **～·al·ly** *adv.*
loc·a·tive [lɑ́kəṭɪv | lɔ́kət-]《(1804) ← L *locātus* (⇨ locate)＋-IVE: VOCATIVE にならった造語》《文法》 ── *adj.* 位置を示す: the ～ case 位置格, 所格. ── *n.* 位置格, 所格 (locative case)《印欧語にあった位置を示す格で, その名残りは OE *hām* (＝at home) に見られる》; 位置格語, 所格語.
lo·ca·tor [lóʊkeɪṭə, lo(ʊ)kéɪ- | lə(ʊ)kéɪtə(r)]《▭ L *locātor*: ⇨ locate, -or²》 ── *n.* **1**《米》土地[鉱区]境界設定者. **2** 音などの位置を探知する装置, 探知機. **3**《まれ》《法律》賃貸人.
loc. cit. [lɑ́k-sít, lóʊk- | lɔ́k-]《略》loco citato.
lo·cel·lus [lo(ʊ)séləs | lə(ʊ)-]《← NL ～ ← LL ～ 'compartment' (dim.) ← L *locus* place》 *n.* (*pl.* **-cel·li** [-laɪ])《植物》亜室《隔壁の不完全な室》.
loch [lɑ́k, lɑ́x | lɔ́k, lɔ́x; *Sc.* lɔ́x]《(?a1300) *lough* ▭ Gael. *loch* 'LAKE¹'》 *n.*《スコット》**1** 湖 (lake): Loch Katrine, Lomond, Ness, etc. **2** 細長い入江.
Loch·á·ber áx [lɑkɑ́ːbə-, -kǽb-, -xɑ́ːb-, -xǽb- | lɔkɑ́ːbə(r)-, -kǽb-, -xɑ́ːb-, -xǽb-]《スコットランドの地方名 Lochaber にちなむ》 ── *n.* (16 世紀スコットランドの)鉤斧.
lo·chi·a [lóʊkiə, lɑ́k- | lóʊkɪə, lɔ́k-]《(1685) ← NL ← Gk *lókhia* (neut. pl.) ← *lókhios* pertaining to childbirth ← *lókhos* a lying-in》 ── *n.* (*pl.* ～)《医学》悪露(おろ), 産褥(さんじょく)排泄(はいせつ)物. **ló·chi·al** [-kiəl | -kɪəl] *adj.*
Lóch Néss mónster *n.* [the ～] ＝Nessie².
loci *n.* locus の複数形.
lo·ci·a·tion [lòʊsiéɪʃən | lòʊsɪ-]《← LOC(AL)＋(FAC)IATION》 ── *n.*《生態》ロシエーション《ファシエーションの下の単位で, 優占種の多少により他の lociation と区別する; cf. faciation》.

Lochaber ax

lock¹ [lɑ́k | lɔ́k]《OE *loc(c)* < Gmc *lokkaz, *lukkaz (Du. *lok* / G *Locke*) ← IE *leug- to bend, turn, wind (Gk *lúgos* pliant twig)》 ── *n.* **1 a** (生えている, または切り取った)髪の房, (一房の)巻毛, たれ髪: ⇨ lovelock. **b** [*pl.*]《詩》(頭に生えている)髪の毛, 頭髪. **2 a** (羊毛・綿花などの)一房, 一塊. **b** [*pl.*] ロックス《脚などから取った品質の悪い毛足の短い羊毛》. **3** (干し草・わらなどの)小量: a ～ of hay, straw, etc.
lock² [lɑ́k | lɔ́k]《n.: OE *loc* lock, bolt, enclosure, prison < Gmc *lokam, *lukam (G *Loch* opening) ← *lūk- (OE *lūcan* to shut / ON *lūka* / Goth. *(ga)lūkan*) ← IE *leug- (↑). ── v.:《c1300》*lokke(n)* ← (n.)》 ── *n.* **1** (戸・箱・引出しなどの)錠, 錠前 (cf. key¹ 1 a): *on* [*off*] *the* ～ 錠を掛けて[掛けないで] / ⇨ combination lock, electric lock. **2** (車の)輪止め, ロック. **3 a** [通例複合語の第 2 構成素として] (銃の)発射装置, 銃機: ⇨ flintlock 1, gunlock, matchlock / ⇨ LOCK, *stock, and barrel*. **b** 安全装置《safety lock ともいう》. **4 a** 固定させるもの, 締めつけるもの, 身動きできなくさせるもの. **b** (交通の)身動きもできない状態; (車などの)雑踏 (jam): a ～ of carriages 車の混雑. **c**《レスリング》固め, ロック: an arm ～ 腕固め, アームロック / ⇨ hammerlock, headlock. **5 a** (運河の)閘門(こうもん)《水位を調節するために作られた門扉などの装置》. **b**《機械》(管内の流体を空気を入れて閉じる)空気封じ, 気閘(きこう) (air lock). **6**《略》＝oarlock, rowlock. **7** ＝lock hospital. **8**《ラグビー》＝lock forward. **9**《時計》停止, ロック《脱進機でがんぎ車の回転がアンクルのつめによって止められている状態》. **10**《金属加工》鍛造型のダル面用の小さいみぞ[突起].
lock, stock, and barrel《銃の各部全部から》《口語》全部, どれもこれも. ***under lock and key*** 錠をおろし(鍵を掛けて), 厳重に保管[保存]されて; 投獄されて.
── *vt.* **1 a** 〈戸・箱などに〉錠をおろす[掛ける]〈*up*〉: ～ (*up*) a door, drawer, box, etc. / ～ *up* the house double 家に二重に錠をおろす / ～ the stable door after the horse has been stolen 馬が盗まれたあとに馬屋の戸締りをする,「盗人捕えてなわをなう」/ *Lock* the stable door before the steed is stolen.《諺》盗難の前に戸締まりをせよ,「転ばぬ先の杖(つえ)」. **b** 〈家などを〉(錠をおろして)締める, 閉じる〈*up*〉: ～ the house *up* 家の戸締りをする. **2** 〈物を〉しまい込む; 〈人を〉閉じ込める, 押し込める, 監禁する, 拘留する〈*up*〉: ～ *up* [*away*] one's papers 書類を錠をおろしてしまい込む / ～ *up* [*away*] the prisoners 囚人を監禁する / ～ a person *in* [*into*] a room (外から錠をおろして)人を部屋に押し込める / ～ oneself *up in* one's room 部屋に閉じこもる. **3** 〈秘密などを〉〔…に〕固く秘める〈*up*〉〔*in*〕: knowledge [secrets] safely ～*ed up in* one's mind 心に秘めた知識[秘密] / facts ～*ed up in* hieroglyphics 象形文字の中に秘められた事実. **4** (錠をかけて)動けなくする; …に輪止めをつける; 固定する (fix): jaws tightly ～*ed* 固く閉じたあご / ～ a wheel 車を輪止めする[動かなくする] / a ship ～*ed in* ice 氷に閉じこめられて動けなくなった船. **5 a** 〈腕などを〉しっかりと組み合わせる: ～ fingers [arms] *together* 指[腕]を組み合わせる / sit with one's ankles ～*ed* 足首を組み合わせてすわる. **b** (部分を組み合わせて)動かなくする: A half turn ～*s* it *in* the socket. 半分回せばソケットにはまる. **6 a** (腕などで)抱き締める: ～ a child *in* one's arms 子供を腕に抱き締める / He was ～*ed in* a hostile embrace. 敵にぐっとかかえこまれた. **b** …に組み付く; つかむ, 捕える. **7** [通例 Passive で] 〈陸・丘などが〉囲む (cf. landlocked): The land *is* ～*ed with* hills. その土地は四方を丘に囲まれている. **8 a** 閘門(こうもん)を操作して〈船を〉通過させる: ～ a boat *up* [*down*] 閘門を開いてボートを川上[川下]へ通す. **b** 〈川・運河など〉に閘門を設ける. **c** 〈水路・運河などの部分を〉閘門で区画する〈*off*〉. **9** 〔市場性の少ない証券などに〕〈資金を〉固定させる〈*up*〉〔*in*〕: ～ *up* one's money / capital ～*ed up in* land 土地に固定させた資本. **10**《印刷》〈組版面を〉締め付ける〈*up*〉; 〈丸版を〉版胴に巻きつける, 固定する.
── *vi.* **1** 〈戸などが〉錠がおりる; 閉ざされる: The door ～*s* automatically [*on* the inside]. このドアは自動的に[内側で]錠がおりる / The door won't ～. このドアはなかなか錠がおりない. **2** 〈ギアなどが〉固着する, 締まる, はまり込む, からまる, 組み合う, 動かなくなる: The parts ～ *into* each other. 各部分が互いに組み合うようになっている. **3** (車輪の)回転が止まる, 固着する. **4 a** (運河・水路などに)閘門を作る. **b** 〈船が〉閘門を通過する; 〈運河が〉閘門で通じる. **5** (前後の)列間を縮めて進む (cf. lockstep n. 1).
lock on《航空》(レーダーなどで)〈目標を〉自動的に追尾する, ロックオンする (cf. lock-on). ***lock out*** (1) 締め出す. (2) 〈資本家が〉(ストライキの対策として工場から)〈労働者を〉締め出す, 〈工場を〉閉鎖する, ロックアウトする (cf. lockout 1).
～·a·ble [-kəbl] *adj.*
lock·age [lɑ́kɪdʒ | lɔ́k-] *n.* **1** ロッケージ, 閘程(こうてい)《川・運河などで閘門の操作による上下両水面の水位差》. **2 a** 閘門の通過. **b** 閘門を通過するもの[量]. **3** 閘門通過税[料金]. **4** 閘門構築(用資材).
lóck·bòx *n.* 錠つきの箱《金庫・郵便局の私書箱など》.
lóck-chàin *n.* (車輪に付けた)輪止め鎖.
Locke [lɑ́k | lɔ́k]《← OE *loc(c)* 'LOCK¹' ∥ OE *loc(a)* (dweller by the) enclosure》 *n.* **1** 男性名. **2** 女性名.
Locke, David Ross *n.* ＝Petroleum V. NASBY.
Locke, John *n.* (1632–1704) 英国の哲学者; *An Essay Concerning Human Understanding* (1690).
Lock·e·an [lɑ́kiən | lɔ́kɪ-] *adj.* John Locke (哲学)の. ── *n.* ロック派の哲学者.
locked¹ *adj.* [通例複合語の第 2 構成素として] (…の)房[頭髪]のある: curly-*locked* (髪が)カールした.
locked² *adj.* 錠がおりた; はめ込みの, 組み合わせた: a ～ bookcase 鍵のかかった本箱.
lócked-ín *adj.* **1** 固定した. **2** 〈証券が〉売れないでいる《買い値より値上りしたので税金回避のため, または買い値より値下りしたので売買損失を出したくないため》.
lócked-róom *attrib. adj.* 〈事件・小説など〉密室に関係のある: a ～ murder 密室殺人(事件).
Locke·i·an [lɑ́kiən | lɔ́kɪ-] *adj., n.* ＝Lockean.
lóck·er《(1313)》 ── *n.* **1** (倉庫などの)錠をおろす人[物]. **2** 錠前付きの仕切り小戸棚, ロッカー: gym ～*s* 体育館のロッカー. **3**《海事》(衣服・食料・弾薬などを入れる)箱, 室, 倉庫, 格納所: a shot ～ 弾薬庫 / ⇨ chain locker, Davy Jones's locker. **4** 急速冷凍食物貯蔵庫《絶縁され温度は常にカ氏零度 (セ氏－32 度) またはそれ以下, 湿度は 80%; cf. locker plant》.
a shot in the locker ⇨ shot¹ 成句.
lócker pàper *n.* ロッカーペーパー《急速冷凍にする食物の包み紙》.
lócker plànt *n.* 急速冷凍貯蔵所《急速冷凍装置と冷凍食物貯蔵庫を装備し, その設備は一般家庭にも賃貸する; cf. quick-freeze, locker 4》.
lócker ròom *n.* (体育館・クラブなどの)ロッカールーム, 更衣室.
lócker-room lánguage *n.* (更衣室で用いるような)卑猥な言葉.
lock·et [lɑ́kɪt, -kət | lɔ́k-]《(1354–55) ▭ (O)F *loquet* latch, catch (dim.) ← *loc* 'LOCK², latch' ← Gmc: ⇨ -et》 ── *n.* **1** ロケット《小型写真・毛髪・形見の品などを入れる金銀製の小箱で, 通例首飾りの鎖に下げる》. **2** (刀剣の)さやのベルト留めの部分.
Lock·ett [lɑ́kɪt, -kət | lɔ́k-]《(dim.) ← LOCKE》 *n.* 女性名.
lóck·fàst《(15C): ⇨ lock² (n., v.), fast²》 *adj.*《スコット》厳重に錠をおろした, 堅く締めた, 堅く閉ざした.
lóck fórward *n.*《ラグビー》ロックフォワード《スクラムを組む時の第 2 列目の選手》.
lóck gàte *n.* 水門, 閘(こう).
Lock·hart [lɑ́kə(h)ɑət | lɔ́kət, lɔ́khɑːt], **John Gibson** *n.* (1794–1854) スコットランドの著述家; *Memoirs of the Life of Sir Walter Scott* (1837–38).
lóck hóspital《← LOCK² (患者を隔離したことから): はじめ癩病院でのち性病院となった London の古い病院の名から》 *n.*《英》性病病院.
Lock·i·an [lɑ́kiən | lɔ́kɪ-] *adj., n.* ＝Lockean.
Lock·ie [lɑ́ki | lɔ́kɪ]《(dim.) ← LOCKE》 *n.* **1** 男性名. **2** 女性名《異形 Locky》.
lóck-ìn *n.*《米》ロックイン《デモ隊が建物・事務所などの中に閉じこもって抗議するデモ》.
lóck·ing pìece *n.*《時計》数取カマ《時打装置で数取歯車と係合し時打の働きを制御する部品》.
lócking plàte *n.*《時計》**1** 数取歯車《数取式時打装置に使われている歯車》. **2** 数取カム《ラック式時打装置に使われているカム》.
lóck·jàw *n.*《病理》**1** 破傷風 (tetanus). **2** (破傷風などによる)開口障害, 牙(が)関緊急 (trismus).
lóck·kèeper *n.* 閘門管理人.
lóck·less *adj.* **1** 錠のない; 閉鎖しない. **2** 閘門のない.
lóck·man [-mən] *n.* (*pl.* **-men** [-mən, -mèn]) 閘門番.
lóck·màster *n.* 閘門管理人.
lóck·nùt *n.*《機械》ロックナット, 止めナット.
lóck-òn *n.*《航空》レーダーによる目標の自動追尾 (⇨ LOCK² *on*).
lóck·òut《(1860) ← *lock out* (⇨ lock² 成句)》 ── *n.* **1** (労働争議における)労働者締出し, 工場閉鎖, ロックアウト (cf. LOCK² *out* (2)). **2** (教師[生徒]の)授業[受講]拒否, 締出し.
lóck ràil *n.*《建築》横桟, 腰桟《錠穴と同じ高さに渡された扉の横木》.
lock·ram [lɑ́krəm | lɔ́k-]《ME *lokerham* ▭ F *locrenam* ← *Locronan* (それが初めて織られた Brittany の町)》 *n.* 英国で昔用いられた粗い手織の麻布.
lóck·smith《(1226)》 *n.* 錠前屋, 錠前かじ.
lóck·smìthing *n.* 錠前製造[業].
lóck sprìng *n.* (懐中時計のふたに付いているような)止めばね, ばね止め.
lóck·stèp *n.* **1** (前の人との距離を縮めて進む)密集行進法. **2** 堅苦しい[融通のきかない]型[配置]. ── *attrib. adj.* 堅苦しい, 融通のきかない (rigid).
lóck stìle *n.*《建築》錠縦框(じょうたてがまち)《扉の縦方向の枠のうち蝶番(ちょうつがい)から離れた錠穴のある側の枠》.
lóck·stìtch *n.* **1** ロックステッチ《上糸と下糸をからませて裁ち目をかがるミシンステッチ》. **2**《製靴》出縫(だしぬい)《上下二本の麻糸で靴の底を縫うこと》. ── *vt.* …にロックステッチをかける. ── *vi.* ロックステッチをする.
lóck·ùp *n.* **1** (学校などの)門限. **2** 監禁; 留置場, 刑務所. **3**《英》**a** 貸ロッカー[ガレージ]. **b** 住いとは別の所にある店. **4**《印刷》**a** (版面の)締付け; 締付け作業. **b** チェース (chase) で締付けた版面. ── *adj.* **1** 錠のかかる; 錠がおりている, 戸締りされた, 閉じている: a ～ stable. **2**《英》**a** (錠のかかる)賃貸しの: a ～ locker [garage]. **b** 住いとは別の所にある: a ～ shop.
lóck wàsher *n.*《機械》止め座金, ロックワッシャー《ナットのゆるみ止めに用いる座金》.
Lock·y [lɑ́ki | lɔ́kɪ]《(dim.) ← LOCKE》 *n.* **1** 男性名. **2** 女性名.

Lock·yer [lákjə | lɔ́kjə(r], Sir **Joseph Norman** *n.* (1836–1920) 英国の天文学者・著述家.

lo·co¹ [lóukou | láukau] 〘▭ Sp. ～ 'insane, crazy' < L *glaucum* sparking〙《米》 **—** *n.* (*pl.* ～**es**, ～**s**) **1** 《俗》狂人, 気違い. **2** 〘植物〙＝locoweed. **3** 〘獣医〙＝locoism. **—** *vt.* **1** locoweed で中毒させる. **2** [通例 p.p. 形で]《俗》…の気を狂わせる: be ～*ed* 気が狂っている. **—** *adj.*《俗》気違いの, 狂気の (crazy).

lo·co² [lóukou | láukau] 〘《略》← LOCOMOTIVE〙 *n.* (*pl.* ～**s**)《口語》機関車 (locomotive engine).

lo·co³ [lóukou | láukau] 〘▭ L *locō* 'at the place': ⇨ loco-〙 *adj.* 〘商業〙現場渡しの.

lo·co⁴ [lóukou | láukau] 〘▭ It. (*al*) *loco* at the passage〙 *adv.* 〘音楽〙元の位置で記譜されたとおりに (cf. ottava).

lo·co- [lóuko(u) | láukə(u)] 〘← L *locō* (abl.) ← *locus* place〙「所々に」の意の連結形: *loco*motion.

lo·co ci·ta·to [lóukou-saitéitou, lóukou-sitá:ṭ-, -sə- | láukəu-sitá:təu, láukəu-saitéit-] 〘▭ L *locō citātō* in the place cited〙 *L.* 上記引用文中に(略 l.c., loc. cit.).

lóco disèase *n.*《米》〘獣医〙＝locoism.

Lo·co·fo·co [lòukəfóukou, -ko(u)- | làukə(u)fáukau] 〘←《廃》*locofoco* friction match ← *locofoco cigar* (1834 年に発明されたマッチつき葉巻): ← ? *loco*- self-moving (LOCOMOTIVE の連想から)＋It. *f(u)oco* fire (< L *focum* hearth): 1835 年の民主党急進派のある会合が保守派の干渉でガス燈を消され燭蠟(ろう)とマッチ (locofoco) を使って続けられたのにちなむ〙 **—** *n.* (*pl.* ～**s**) **1 a** 《米》ロコフォコ派の人《1835 年ごろの New York の民主党急進派の人》. **b** (米国)民主党員 (Democrat). **2** [l-] **a** (19 世紀に発明された, 粗い表面でこすると点火する)摩擦マッチ (friction match). **b** 摩擦マッチつき葉巻.

lo·co·ism [lóukouizm | láukau-] 〘⇨ loco¹〙 *n.* 〘獣医〙ロコ病, ロコソウ中毒《家畜がロコソウ (locoweed) を食ってかかる神経の病気; loco, loco disease ともいう》.

lo·co·mo·bile [lòukəmóubi:l, ⌐—⌐— | làukəmáu-, ⌐—⌐—] 〘▭ F ～: ⇨ locomotion, mobile〙《まれ》 *adj.* 自動推進の (self-propelling): a ～ crane. **—** *n.* 自動推進車[機関]; (昔の)蒸気自動車, ロコモビル.

lo·co·mote [lóukəmòut, ⌐—⌐ | láukəmàut, ⌐—⌐] 〘《逆成》↓〙 *vi.* 移動する.

lo·co·mo·tion [lòukəmóuʃən | làukəmáu-] 〘(1646) ← LOCO-＋MOTION〙 **—** *n.* **1** 移行, 移動, 転位: capacity for [power of] ～ 歩行[運動]能力. **2** 移行力, 移動力, 運転力. **3** 旅行 (travel).

lo·co·mo·tive [lòukəmóutɪv, ⌐—⌐— | láukəmàu-tɪv, ⌐—⌐—] 〘(1612) ← NL *locōmōtīv-us*: ⇨ loco-, motive (adj.)〙 **—** *adj.* **1 a** 移動[移行]する, 動いて行く (traveling): ～ movement 移行[全体]運動 / ～ faculty [power] 移動力, 移行力. **b** 運動[運転]力のある, 静止していない: ～ animals. **c** 運動を起こす: the ～ organs 移動器官《脚など》. **2** 《戯言》**a** 旅行の: a ～ mania 旅行狂. **b** よく旅行する, しょっちゅう旅をしている: a ～ existence 旅行の多い生活. **—** *n.* **1** 機関車 (cf. electromotive). **2 a** ロコモーティブ《学校のスポーツ試合に用いられる応援で, 最初ゆっくりであと速度を増していく機関車式声援法》. **b** 《米俗》声援 (cheer). **3** 《英古》＝locomobile. **～·ness** *n.*

locomótive èngine *n.* 機関車.

locomótive engineèr *n.* (機関車の)機関士.

locomótive wòrks *n.* (*pl.* ～) 機関車工場.

lo·co·mo·tiv·i·ty [lòukəmo(u)tívəṭi | làukəmə(u)tív-əti, -vɪ-] *n.* 移行力, 移動力.

lo·co·mo·tor 〘(1822): ⇨ loco-, motor〙 **—** [lòukə-móuṭə | làukəmáutə(r] *n.*《古》移行力のあるもの; 移動物. **—** [⌐—⌐—, ⌐—⌐—] *adj.* 移行する, 移動の, 転位の.

locomótor atáxia *n.* 〘病理〙歩行性運動失調症, 脊髄癆(ろう) (⇨ tabes dorsalis).

lo·co·mo·to·ry [lòukəmóuṭəri | làukəmáutəri] *adj.* ＝locomotor.

lo·co pri·mo ci·ta·to [lóukou-práimou-saitéitou, lóukou-prí:mou-, -sitá:-, -sə- | láukəu-prí:məu-sitá:təu, láukəu-práiməu-saitéɪ-] 〘▭ L *locō primō citātō* 'in the place first cited': cf. loco citato〙 **—** *L. adv.* 第一引用文中に(略 loc. primo cit.).

lóco·wèed 〘⇨ loco¹, weed¹〙 **—** *n.* 〘植物〙ロコソウ《米国南西部に多い家畜に有毒なマメ科レンゲソウ属 (*Astragalus*)・オヤマノエンドウ属 (*Oxytropis*) などの植物の総称; 特に, *O. lambertii*; ロコ病 (locoism) の原因となるため crazyweed ともいう》.

loc. primo cit. 《略》loco primo citato.

Lo·cris [lóukrɪs, lák-, -rəs | láukrɪs] *n.* ロクリス《古代ギリシャ中央部の地方; 東西に分かれていた》.

loc·u·lar [lákjulə | lɔ́kjulə(r] 〘← LOCUL(US)＋-AR¹〙 *adj.* **1** 〘生物〙房室 (loculus) の, 房室のある. **2** 〘解剖〙小房の, 小胞の.

loc·u·late [lákjulət, -lɪt, -lèɪt | lɔ́k-] 〘⇨ loculus, -ate²〙 *adj.* 〘植物〙(一つまたは多数の)房室 (loculus or loculi) のある.

loc·u·lat·ed [lákjulèɪṭɪd, -ṭəd | lɔ́kjulèɪt-] *adj.* 〘植物〙＝loculate.

loc·u·la·tion [làkjuléɪʃən | lɔ̀k-] *n.* 〘植物〙房形成.

loc·ule [lákju:l | lɔ́k-] 〘▭ F ～ ▭ L *loculus*〙 *n.* 〘植物〙房室 (loculus); (特に)植物の葯または子房の中の空所. **lóc·uled** *adj.*

loculi 〘▭ L *loculī*〙 *n.* loculus の複数形.

loc·u·li·ci·dal [làkjuləsáɪdl | lɔ̀kjulɪ-] 〘⇨ loculus, -cidal〙 *adj.* 〘植物〙胞背裂開の. **～·ly** *adv.*

loc·u·lus [lákjuləs | lɔ́k-] 〘← NL ～ ← L ～ 'little place, box' (dim.) ← *locus* place〙 **—** *n.* (*pl.* **-u·li** [-lài]) **1** 〘生物〙房室, 子室, 胞室, 小室. **2** 〘解剖〙房, 小房, 小胞, 小腔. **3** 〘考古〙(カタコンベ (catacomb) や墓の中の)死体を置く凹壁; 壁龕(がん).

lo·cum [lóukəm | láu-] 〘略〙 *n.*《英口語》**1** ＝locum tenens. **2** ＝locum-tenency.

lócum-té·nen·cy [-tí:nənsi, -tén- | -sɪ] 〘⇨↓, -cy〙 *n.*《英》(主に牧師・医者の)代理であること, 代理資格.

lócum té·nens [-tí:nenz, -tén-, -nɪnz, -nənz | -nenz, nənz] 〘(1641) ▭ ML ～《原義》one holding an office ← L *locum* ((acc.) ← *locus* place)＋*tenēns* holding (← *tenēre* to hold)〙 **—** *n.* (*pl.* **l- te·nen·tes** [-tɪnénti:z, -tə- | -te-, -tɪ-])《英》(主に牧師または医者の)臨時代理人; 代理牧師, 代診 (cf. warming pan 2).

lo·cus [lóukəs | láukəs, lɔ́k-] 〘(1715) ▭ L ～ 'place' < OL *stlocus*《原義》where something is placed ← IE **stel-* to put, stand (⇨ stall¹): cf. lieu, local¹〙 **—** *n.* (*pl.* **lo·ci** [lóusaɪ, -kaɪ, -ki: | láusaɪ, láukaɪ, lɔ́ki:], **lo·ca** [lóukə | láu-]) **1 a** 所, 場所, 位置. **b** 活動の中心: In democracy the ～ of power is in the people. 民主主義では力の中心は人民にある. **2** 〘数学〙軌跡. **3** 〘生物〙遺伝子座, (染色体の)因子座.

lo·cus ci·tat·us [lóukəs-saɪtéɪṭəs, -sɪtá:ṭ-, -sə- | lɔ́kəs-saɪtá:t-, láukəs-sɪtéɪt-] 〘▭ L *locus citātus* passage quoted〙 *L. n.* 引用句.

locus clas·si·cus [-klǽsɪkəs, -sə- | -sɪ-] 〘▭ L ～ 'standard passage'〙 **—** *L. n.* (*pl.* **lo·ci clas·si·ci** [lóusaɪ-klǽsəsàɪ, lóukaɪ-klǽsəkàɪ, lóuki:-klǽsəkì: | láusaɪklǽsɪsàɪ, lɔ́ki:-klǽsɪkì:]) 標準句, 典拠のある句.

lócus in quó [-ɪn-kwóu | -kwáu] 〘▭ L *locus in quō* place in which〙 *L. n.* 現場.

lócus poe·ni·tén·ti·ae [-pènəténʃii: | -nɪ-] 〘▭ L ～ 'place for repentance'〙 **—** *n.* (*pl.* **loci p-**) 〘法律〙翻意の機会《契約を撤回したり, 犯罪の実行を中止する機会; cf. *Heb.* 12: 17》.

lócus si·gíl·li [-sədʒílaɪ | -sɪ-] 〘▭ L *locus sigilli* place for seal〙 *L. n.* (*pl.* **loci s-**) (文書の)捺印場所, 「印」の場所 (略 L.S.).

lócus stán·di [-stǽndi:, -daɪ] 〘▭ L *locus standi* place of standing〙 **—** *n.* (*pl.* **loci s-**) 〘法律〙提訴権, 告訴権《特定の問題につき法廷または議会に出頭して手続きを行ないうる地位・権利》.

lo·cust [lóukəst | láu-] 〘(*a*1325) ▭ (O)F *locuste* ∥ L *locusta* 'grasshopper, locust, LOBSTER' ← IE **lek-* to leap, fly〙 **—** *n.* **1** 〘昆虫〙イナゴ, バッタ《広くバッタ科の昆虫をいうが, 特に群集して農作物に大害をなす「ダイミョウバッタ (migratory locust)」の類をさす; 地方によっては食用にされる; cf. grasshopper 1》. **2** 《米》〘昆虫〙セミ (cicada)《ジュウシチネンゼミ (seventeen-year locust) など》. **3** 〘植物〙**a** マメ科ニセアカシア属 (*Robinia*) の樹木の総称《ニセアカシア (black locust)・モモイロニセアカシア (clammy locust) など》. **b** イナゴマメ (*Ceratonia siliqua*)《carob ともいう》.

Lo·cus·ta [loukástə | ləu-] 〘← NL ～《特殊用法》← L ～ (↑)〙 *n.* 〘昆虫〙ローカスタ属《バッタ科の一属; トノサマバッタ (*L. migratoria*) などを含む》.

lócust bèan *n.* イナゴマメ (carob) のさや[豆].

lo·cus·tid [loukástɪd, -təd | ləukástɪd] *n.* 〘昆虫〙バッタ《バッタ科の昆虫の総称》.

Lo·cus·ti·dae [loukástədì: | ləukástɪ-] 〘← NL ～ ← *Locusta* (属名: ⇨ locust)＋-IDAE〙 *n. pl.* 〘昆虫〙(直翅目)バッタ科.

lócust trèe *n.* 〘植物〙＝locust 3 a.

lo·cu·tion [lo(u)kjú:ʃən | lə(u)-, lə-] 〘(?*a*1425) ▭ (O)F ～ ∥ L *locūtiō(n-)* ← *loquī* to speak ← ?〙 **—** *n.* **1** 話し方, 話し振り, 言い方; 言葉づかい, 言い回し (phraseology). **2** (ある特定の地方・集団・宗教などの)特有な語法, 慣用語法 (idiom).

lo·cu·tio·nar·y [ləkjú:ʃənèri | -ʃ(ə)nəri] 〘(1955): ⇨ ↑, -ary〙 **—** *adj.* 〘哲学・言語〙発語に関する, 発語的な (cf. illocutionary, perlocutionary): a ～ act 発話行為, 発語行為《J. L. Austin の用語; 何かを言う発語行為を指す; 例: He said to me, "Shoot her!"》.

loc·u·to·ry [lákjutɔ̀:ri, -tòːri | lɔ́kjut(ə)ri] 〘(15C) ▭ ML *locūtōri-um*: ⇨ ↑, -ory²〙 **—** *n.* **1** (観想修道院などの)談話室. **2** (観想修道院で外来人と面会する)格子窓 (grille).

Lod [lóud | láud] *n.* ロド《イスラエル中部の古都; cf. *1 Chron.* 8: 12》.

lode [lóud | láud] 〘ME *lod(e)*《変形》← OE *lād* way, course, carrying (⇨ load): cf. lead²〙 **—** *n.* **1** 〘鉱山〙鉱脈《岩石の割れ目を満たすもの; cf. placer² 1》. **2** 鉱脈を思わせるもの, 豊庫, 源泉: a rich ～ of knowledge. **3** 《英方言》**a** 道 (road). **b** 水路; 排水溝.

lo·den [lóudn | láu-] 〘▭ G *Loden* < OHG *lodo* coarse cloth: cog. OE *loþa* cloak〙 *n.* (防寒・防水のための)厚手の縮充ラシャ地 (Tyrol 原産).

lode·star [lóudstàː | láudstà:(r] 〘(*c*1385) *lode-sterre*〙 **—** *n.* **1** 道しるべとなる星; (特に)北極星 (Polaris). **2** 人の心を引き付けるもの, 希望の的; 指導原理.

lóde·stòne 〘(1515)《原義》way-stone: 舟乗りが航行に磁石を用いたことから〙 **—** *n.* **1** 〘鉱物〙天然磁石《強い磁性のある天然鉱物; 磁鉄鉱・ニッケル鉱など; natural magnet ともいう》. **2** 吸引力のある物; 人を引き付けるもの.

lodge [lá(:)dʒ | lɔ́dʒ] 〘(1290) *lo(g)ge* ▭ (O)F *loge* hut, 《原義》leafy shelter ▭ Frank. **laubja* (cf. G *Laube* arbor): LOBBY と二重語〙 **—** *n.* **1 a** (狩猟期その他の特別のシーズンに一時的に使用する)小屋, 狩猟小屋: a fishing ～ 釣り小屋 / a hunting ～ 狩猟小屋. **b** 《米》夏季用の別荘, ロッジ (summer cottage). **c** (行楽地の)旅館, (観光)ホテル, モーテル. **d** (キャンプ・行楽地などの)中心の保養施設. **e** 《方言》(木の枝・荒板・獣皮などで作った粗末な)小屋. **2** (大邸宅・猟園などの)番小屋, 門衛[園丁]住宅. **3** 《英》(Cambridge 大学の)学寮長公舎 (cf. lodging 3 c). **4 a** (共済組合・友愛組合・秘密結社などの)支部(集会所); 支部集会 (cf. Masonic 1 a): the master of a ～ 支部長 / ⇨ grand lodge. **b** [集合的] 支部会員たち. **5** 《米》**a** (アメリカインディアンの)テント小屋 (wigwam) (cf. hogan, tepee, wickiup 1). **b** [集合的] lodge に住むインディアン; その家族. **6** (ビーバーなど群居動物の)巣 (den). **7** 《古》一時的滞在の場所: Earth is our ～ and heaven our home. この世は仮りの宿, 天国こそわが住い.
at lodge 〘紋章〙＝lodged.
— *vi.* **1 a** (一時的に)泊まる, 宿泊する; 一晩泊まる, 寝る: ～ *at* a hotel ホテルに泊まる / ～ *on* the cot 簡易寝台で寝る. **b** 下宿[寄宿]する (cf. lodger 1): ～ *at* Mrs. Murray [*with* an American family] マレー夫人の所に[アメリカ人の家庭に]下宿する. **c** 住む. **2** 止まる, 〈弾丸などが〉はいる, 〈矢などが〉突き立つ〔*in*〕: The bullet ～*d in* his brain. 弾丸が頭の中で止まった / ～ *in* one's memory 記憶にとどまる / A fishbone ～*d in* my throat. 魚の骨が喉にささった. **3** 〈干草・作物などが〉(風で)倒れる (go down). **4** 〈獲物が〉逃げ込む. **—** *vt.* **1 a** (一時的に)泊まらせる, 宿泊させる: We can ～ you for the night. 今晩お泊めできます. **b** 〈人を〉寄宿[下宿]させる: ～ him for the winter 冬の間下宿させる. **c** 〈人〉の宿舎[避難所]となる[として役立つ]: His house will ～ the guest. 彼の家がその客の宿舎になる. **d** [well, ill などの副詞を伴い p.p. 形で]〈ホテル・下宿などが〉設備がよい[悪い]: The hotel is *well* [*ill*] ～*d*. あのホテルは設備がよい[悪い]. **2** [通例 ～ one*self* で]〔…に〕位置を占める〔*in*〕: The troops ～*d themselves in* the village. 部隊はその村に陣取った. **3** …の入れ物として役立つ, 含む, 内蔵する: a sinus which ～*s* the nerve 神経を内蔵している洞. **4** 〈弾丸などを〉打ち込む, 〈矢を〉突き立てる, 〈魚の骨などを〉ひっかける〔*in*〕: ～ a bullet *in* a person's head 人の頭に弾丸を打ちこむ / ～ an arrow *in* the bull's-eye 矢を的の真中に射込む. **5 a** 〈金などを〉〔銀行などに〕預ける〔*in*〕; 〔人に〕預ける〔*with*〕: ～ money *in* the bank / ～ valuables *with* him 貴重品を彼に預ける. **b** 〈人を〉監禁する. **6** 〈権能などを〉〔…に〕ゆだねる, 付託する〔*with, in*〕: ～ powers *in* [*with*] a committee 権能を委員会に付託する. **7** 〈告訴・報告などを〉提出する, 差し出す; 〈反対・苦情などを〉申し出る (lay): ～ an accusation 告訴を提起する / ～ a protest *with* the government 政府に抗議を申し出る / ～ a complaint *against* a person *with* the police 人のことで警察に訴える. **8** 〈風が〉〈作物などを〉倒す: though the bladed corn be ～*d* 葉の出た穀物がなぎ倒されても (Shak., *Macbeth* 4.1.55). **9** 〈獲物を〉(巣まで)跡をつける, 追い込む: ～ a stag.

Lodge [lá(:)dʒ | lɔ́dʒ], Sir **Oliver Jo·seph** *n.* (1851–1940) 英国の物理学者・著述家・心霊学者・予言者.

Lodge, Thomas *n.* (1558?–1625) 英国の劇作家・詩人・著述家; *Rosalynde* (1590).

lodged *adj.* 〘紋章〙〈鹿など〉腹ばいになった《at lodge ともいう》.

lodge·ment [lá(:)dʒmənt | lɔ́dʒ-] *n.* ＝lodgment.

lódge·pòle píne *n.* 〘植物〙ロッジポールマツ (*Pinus contorta*)《北米西岸に生えるマツで, 海岸に生える低木と, やや内陸性の高木の 2 変種がある》.

lódg·er 〘ME〙 **—** *n.* **1** 宿泊人, 止宿人; 下宿人, 同居者, 間借人: take in ～*s* 下宿人を置く. **2** (ある場所に)打ち込まれたもの《弾丸や矢など》. **3** 《古》**a** 居住者, 住人 (inhabitant). **b** (宿屋などの)泊まり客.

lódger frànchise *n.* 《英》〘法律〙(1918 年選挙権拡張前の)下宿人投票権.

lódg·ing 〘(*a*1325)〙 **—** *n.* **1** 宿泊(設備), 止宿: board and ～ 賄(まかな)い付きの下宿 / ⇨ dry lodging. **2** (一時的な)宿泊所, 宿: ask for a night's ～ 一夜の宿を頼む. **3** [*pl.*] **a** 貸間, 下宿: let (furnished) ～*s* (家具付きの)部屋を貸す / live in ～*s* 間借りしている; 下宿している / take up (one's) ～*s* 下宿する. **b** 《英》(大学のキャンパス外にある)学生宿舎. **c** 《英》(Oxford 大学の)学寮長公舎 (cf. lodge *n.* 3).

lódging hòuse *n.* 下宿屋, 素人下宿 (cf. inn 1, hotel 1): a common ～《英》(食事なしの)簡易宿泊所.

lódging knèe *n.* 〘造船〙横ニー《木船で梁(beam)の両脚に水平に取付ける湾曲肘(ちゅう)材》.

lódging tùrn *n.* 〘鉄道〙(乗務員が到着駅で泊まる)外泊勤務期間.

lodg·ment [lá(:)dʒmənt | lɔ́dʒ-] 〘(1598) ▭ F *logement*: ⇨ lodge, -ment〙 **—** *n.* **1 a** 宿泊. **b** 預けること, 位置すること, ひっかかること: the ～ of the balloon in the tree 風船が木にひっかかること. **2** 宿所, 下宿屋; 宿泊設備. **3** 堆(たい)積(物), 沈殿(物) (deposit). **4** 〘軍事〙占領, 占拠; (占領地点に応急的に設けた)拠点, 足場; (その拠点に設けた)壕(ごう), 陣地: effect [make] a ～ on the enemy's coast 敵海岸に拠点を構築する. **5** 〘法律〙(金・担保などの)供託; 預金.

lod·i·cule [ládəkjù:l | lɔ́dɪ-] 〘▭ L *lōdicula* (dim.) ← *lōdic-, lōdix* coverlet: ⇨ -cule〙 *n.* 〘植物〙鱗被(りんぴ)《イネなどの子房の基部にある鱗苞(りんぽう)》.

Lod·o·wick [ládəwɪk | lɔ́d-, -dəuɪk] 〘cf. Ludovic〙 *n.* 男性名. ★ スコットランドに多い.

Łódź [lú:dʒ, lá(:)dz | lú:dʒ; *Pol.* wútɕ] *n.* (*also* **Lodz** [～]) ウージ《ポーランド中部の都市; 人口 805,000》.

loe [lúː] 〚《スコット》← LOVE〛《スコット》*n.* 愛 (love). *vt., vi.* 愛する (love).

Loeb [lóʊb | lɜ́ːb, lóʊb; *G.* lǿːp], **Jacques** *n.* ローブ《1859–1924; ドイツ生れの米国の生理学者・生物学者》.

Loeb [lɜ́ːb, lóʊb | lɜ́ːb, lə́ʊb], **James** *n.* (1867–1933) 米国の銀行家; 1912 年からギリシャ・ラテンの古典対訳文庫 (Loeb Classical Library) の出版を計画・援助.

loel·ling·ite [lélɪŋàɪt] 〚□G *Löllinglit* ← *Lölling* (発見地の近くのオーストリアの町): ⇨ -ite^1〛 *n.* 〘鉱物〙 レーリンジャイト, ヒ鉄鉱, ヒ毒砂 ($FeAs_2$).

loess [lés, lʌ́s, lóːs, lóʊəs, lóʊes | lóʊɪs, -es, lɜ́ːs; *G.* lœ́s] 〚□G *Löss*《変形》←《方言》*lösch loose*〛 — *n.* 〘地質〙 レス, 黄土(こうど)《細砂・粘土などからなる淡黄色・灰黄色の風成層; 中国北部・Rhine 川・Mississippi 川流域などによく発達している》. **～·i·al** [-siəl | -sɪəl] *adj.* **～·al** [-səl, -sl̩] *adj.*

Loe·wi [lóʊi | lɜ́ːɪ; *G.* lǿːvi], **Otto** *n.* レーウィ《1873–1961; ドイツ生れの米国の薬学者; Nobel 医学生理学賞 (1936)》.

Loe·wy [lóʊi | lɜ́ːɪ; *F.* lɔevi], **Raymond** (**Fernand**) *n.* ロエヴィ《1893–　; フランス生れの米国の工業デザイナー》.

L. of C. 《略》 Library of Congress; 〘軍事〙 Lines of Communication.

Löff·ler [léflə | -lə(r; *G.* lœ́flɐ], **Friedrich August Johannes** *n.* レフラー《1852–1915; ドイツの細菌学者》.

lo-fi [lóʊfáɪ | lə́ʊ-] 〚《短縮》← *low-fidelity*〛 *adj.* 〈録音再生が〉ハイファイ (hi-fi) でない, 忠実度の低い. — *n.* (録音再生の)低忠実度, ローファイ.

Lo·fo·ten Íslands [lóʊfoʊtn̩- | lə(ʊ)fə́ʊtən-, -tn̩-, lə́ʊfəʊ-] *n. pl.* [the ～] ロフォーテン諸島《ノルウェー北西方にある同国領諸島; たら漁場; 人口 63,000, 面積 1,425 km^2》.

loft [lɔ́(ː)ft, lɑ́(ː)ft | lɔ́ft] 〚lateOE ～ □ON *lopt* sky, air, upper room: cf. lift^{1,2}〛 — *n.* **1** (通例仕切りのない)屋根裏(部屋): move into a student ～ 学生用の屋根裏部屋に引越す. **2 a** (納屋・馬屋などの)二階《わら・干し草などを蓄えておく》. **b** (教会・会館・講堂などの)上階, 高間, さじき (gallery): ⇨ choir loft, rood loft. **c** (倉庫・工場などの)上階. **3 a** はと小屋. **b** [集合的] はとの群. **4** (羊毛の)弾性. **5** 〘ゴルフ〙 **a** ロフト《高打ちのためのクラブの頭部の後方傾斜》; 高打ち, ロフト. **b** ロフトをして打ち上げた球の高さ. **6 a** 《古》 空, 上空: in the ～ of the morning 朝の空に. **b** 《廃》(部屋の)天井.

— *vt.* **1** 屋根裏[納屋の二階]に蓄える. **2** 〈はとを〉はと小屋に入れる[飼う]. **3** 宇宙に打ち上げる: ～ communications satellites *into* space 宇宙に通信衛星を打ち上げる. **4** 《廃》 …に屋根裏部屋をつける. **5** 〘ゴルフ〙 **a** 〈クラブ〉に傾斜をつける. **b** 〈球を〉高く打ち上げる; 〈障害物を〉飛び越えさせて球を打つ. **6** 〘造船〙 現図を描く, 現図場床上に船体各部の図を原寸大に描く. — *vi.* **1** 高くそびえる: a skyscraper ～*ing* into the sky 空に向かって高くそびえる摩天楼. **2** 〘ゴルフ〙 球を高く打ち上げる.

lóft·er *n.* 〘ゴルフ〙 ロフター《球を打ち上げるのに用いるアイアン; lofting iron ともいう》.

Loft·ing [lɔ́(ː)ftɪŋ, lɑ́f- | lɔ́f-], **Hugh** (**John**) *n.* (1886–1947) 英国生れの米国の児童文学者; Dr. Dolittle 物で有名.

lóft·ing ìron *n.* 〘ゴルフ〙 ＝lofter.

lófts·man [-mən] *n.* (*pl.* **-men** [-mən, -mèn]) 〘造船〙 現図工《現図場で現図を描く担当者》.

loft·y [lɔ́(ː)fti, lɑ́f- | lɔ́fti] 〚(*c*1426): ⇨ loft, -y^4〛 — *adj.* (**loft·i·er**; **-i·est**) **1** 非常に高い, そびえ立つ: a ～ mountain, spire, tree, etc. **2** 高位の, 高貴な; 高尚な, 高潔な, 高遠な: ～ principles [aims] 高尚な主義[目的] / a ～ style [diction] 高雅な文体[言葉づかい] / a ～ station 高位 / the high and ～ One いと高くいと上なるもの《神; *Isa.* 57:15》. **3** 高慢な, 傲慢(ごうまん)な: ～ contempt [disdain] 人をしり目にかける傲慢さ / ～ good humor 見えを切っての上機嫌 / in a ～ manner 高慢な態度で. **4** 現実離れした, 実用価値のない: a ～ abstraction 現実離れした抽象論. **5** 〘海事〙 〈帆船が〉特に高いマストをもった. **lóft·i·ly** [-tɪli, -tə-, -tl̩i | -tɪlɪ, -tə-] *adv.* **lóft·i·ness** *n.*

log^1 [lɔ́(ː)g, lɑ́(ː)g | lɔ́g] 〚(*a*1398) *log(ge)* □? ON *lāg* (Dan. *laag*) felled tree ← *liggia* 'to LIE^2'〛 — *n.* **1 a** 素材《製材前の生木材, 通例長さ 6 フィート以上のものをいう》; 丸太, 丸木: ⇨ King Log / in the ～ 丸太のままで / float [lie, fall] like a ～ (動けないで[無力で])丸太のように浮いている[横たわる, 倒れる] / be as easy as rolling [falling] off a ～ (丸太を転がす[切り倒す]ように)きわめて容易である, 造作ない. **b** (暖炉にくべるための通例 2–3 フィート長さの)薪(まき). **c** 重くて活動力のない物; (のっそりした)鈍重な人: sleep like a ～ ぐっすり(前後不覚に)眠る. **d** [*pl.*] 《豪俗》(粗雑な作りの)監獄. **2** 〚《略》← LOGBOOK〛 **a** 航海[航空]日誌 (logbook): a rough [smooth] ～ 航海[航空]下書き[浄書]日誌. **b** 旅行日誌. **c** (エンジン・ボイラー・井戸掘りなどの)工程日誌, 労働時間表. **d** (機械の)運転記録. **e** 〘英教育〙 (公立小学校の校長が管理する)教育日誌 (logbook). **f** 〘映画〙 撮影記録, 撮影日誌. **g** 〘ラジオ・テレビ〙 放送実施記録. **3** 〘海事〙 測程器《航海中の船の速力を計る》: heave [throw, stream] the ～ 測程器の扇形板を投入する, 船の速力を計る / sail by the ～ 測程器をたよりに航海する / ⇨ log chip, log line, chip log, taffrail log. **4** 〘電算機〙 ログ《電子計算機の入出力情報などを記録したデータ》.

roll logs for (仲間)のために骨折る, …を仲間ぼめする (cf. logrolling 3). ***Roll my log and I'll roll yours.*** 君が力になってくれればこちらも手を貸そう. ★ 特に作家たちが仲間をほめ合ったり, 政治家が結託して助け合う場合にいう (cf. logrolling 3).

— *attrib. adj.* 丸太で作った: a ～ fence 丸太を組んで作った柵 / ⇨ log cabin.

— *v.* (**logged**; **log·ging**) — *vt.* **1 a** (丸太にするため)〈立木を〉切り倒す; 〈木を〉切って丸太にする. **b** 〈土地〉の木材を伐採する: ～ *off* most of the area その地域の大部分の木を伐採する. **2** 〘海事〙 航海日誌に〈船の航程・行動・日課・その他を〉記入する. **3 a** 〘海事・航空〙 〈船が〉〈幾ノットを〉出す; 〈船・飛行機が〉〈ある距離・時間を〉航行[飛行]する: Our ship ～*ged* 30 knots [110 miles] that day. われわれの船はその日 30 ノット出した[110 マイル航行した]. **b** (車などで)〈ある距離・時間を〉走る: I've ～*ged* (*up*) a thousand miles in my car since the last service. この前整備してもらってからこの車で 1000 マイルも走った. **c** …の記録を出す[達成する]: He ～*ged* record speed in the race. 彼はレースで記録的なスピードを出した. — *vi.* 木材を伐採する.

log off 〘電算機〙 ログオフする《電算機の使用を終了する》. *log on* 〘電算機〙 ログオンする《電算機の使用を開始する》.

log^2 [lɔ́(ː)g, lɑ́(ː)g | lɔ́g] 〚《略》〛 *n.* ＝logarithm.

log. 《略》〘数学〙 logarithm; logic; logical; logistic(s).

log- [lɔ(ː)g, lɑg | lɔg] (母音の前に来る時の)logo- の異形.

-log [ˌ-lɔ̀(ː)g, -lɑ̀g | -lɔ̀g] ＝-logue.

lo·gan [lóʊgən | lə́ʊ-] *n.* 〘植物〙 ＝loganberry.

Lo·gan [lóʊgən | lə́ʊ-] 〚← Gael. *lagan* little hollow〛 *n.* 男性名.

Lo·gan [lóʊgən | lə́ʊ-], **Mount** *n.* ローガン(山)《カナダ西部, Yukon Territory 南西部の山; カナダの最高峰 (6,050 m)》.

lo·gan·ber·ry [lóʊgənbèri, -b(ə)ri | lə́ʊgənb(ə)rɪ, -bèrɪ] 〚(1900) ← *J. H. Logan* (1841–1928: 1881 年にこれを栽培した米国 California 州の裁判官)〛 — *n.* **1** 〘植物〙 ローガンベリー (*Rubus loganobaccus*)《キイチゴの一種で, raspberry と blackberry の雑種》. **2** ローガンベリーの甘酸っぱい果実.

Lo·ga·ni·a·ce·ae [lo(ʊ)gèɪniéɪsiiː | lə(ʊ)gèɪnɪ-] 〚← NL ← *Logania* (属名: ← *James Logan* (18 世紀のアイルランドの植物学者)) + -ACEAE〛 *n. pl.* 〘植物〙 (フジウツギ目)フジウツギ科. **lo·gà·ni·á·ceous** [-ʃəs] *adj.*

lóg·an stòne [lɑ́gən- | lɔ́g-] 〚*logan*: 《変形》← ? *logging* ← 《方言》*log* to rock〛 *n.* 〘地質〙 ゆるぎ岩 (⇨ rocking stone).

Lógan tènt 〚← *Sir William Edmond Logan* (1798–1875: カナダの地質学者)〛 — *n.* ローガンテント《幅・高さ 7 フィートほどのピラミッド形のテントで, 背部に 2 フィートほどの垂直壁がある》.

log·a·oe·dic [lɑ̀gəíːdɪk | lɔ̀g-] 〚(1844) □ LL *logaoedicus* □ Gk *logaoidikós* combining prose and poetry ← *lógos* discourse, speech + *aoidḗ* song〛 〘古典詩学〙 — *adj.* 散文詩体の《dactyl (—⏑⏑) と trochee (—⏑), または anapaest (⏑⏑—) と iambus (⏑—) とからなる散文的な韻律をもつ》. — *n.* 散文詩体の詩.

log·a·rithm [lɔ́(ː)gərɪ̀ðm, lɑ́g- | lɔ́gərɪ̀ðm, -θm] 〚(1615–16) ← NL *logarithmus* ← Gk *lógos* word, ratio + *arithmós* number〛 — *n.* 〘数学〙 対数, ロガリズム, ログ (略 log): common ～*s* 常用対数《10 を底(てい)とする対数》/ general ～*s* 一般対数 / the table of ～*s* 対数表 / The ～ of 100 to the base 10 is 2. 10 を底とする 100 の対数は 2.

log·a·rith·mic [lɔ̀(ː)gəríðmɪk, lɑ̀g- | lɔ̀gəríð-, -ríθ-] *adj.* 〘数学〙 対数の, 対数関数的な: the ～ table 対数表.

lòg·a·ríth·mi·cal [-mɪkəl, -mə- | -mɪ-] *adj.* 〘数学〙 ＝logarithmic. **～·ly** *adv.*

logaríthmic décrement *n.* 〘数学〙 対数減衰率《量の大きさの対数の減小率》.

logaríthmic fúnction *n.* 〘数学〙 対数関数《独立変数の対数を値としてとる関数》.

logaríthmic scále *n.* 〘数学〙 対数目盛.

logaríthmic séries *n.* 〘数学〙 対数級数《対数関数を展開して得られる冪(べき)級数》.

logaríthmic spíral *n.* 〘数学〙 対数螺線(らせん) (⇨ equiangular spiral).

lóg·bòok *n.* ＝log^1 2 a, e.

lóg cábin *n.* 丸太小屋, 掘っ建て小屋.

lóg chìp *n.* 〘海事〙 扇形板《手用測程器 (chip log) において測程器の先端に取付け, 水に対する抵抗を得るための扇形板; log ship ともいう; ⇨ chip log 挿絵》.

loge [lóʊʒ, lóʊdʒ | lə́ʊʒ; *F.* lɔːʒ] 〚□F ～: ⇨ lodge〛 — *n.* **1 a** 小さい仕切り[区画], 小間 (booth). **b** (部屋などで柵などによって広い部分から仕切られている)狭い部分. **2 a** (劇場の)二階さじき (balcony) または中二階 (mezzanine) の(通路などで他と区別された)前の部分. **b** (劇場の)仕切席, 特別席 (box).

lóg·gan stòne [lɑ́gən- | lɔ́g-] *n.* 〘地質〙 ＝logan stone.

logged *adj.* **1 a** 〈材木・船など〉水に浸って重くなった (cf. waterlogged 1, 2). **b** 〈足が〉重くてだるい: My feet feel ～. 足が重くてだるい. **2** 〈土地が〉木が伐採されて切り開かれた: the ～ area. **3** 《米》丸太で作られた: a large ～ cabin.

lóg·ger *n.* **1** 《米》伐木者, きこり. **2** (山で使う)丸太積み込み機械; (山で使う)丸太運搬トラクター. **3** 自動記録装置, (特に, 気温・気圧・湿度を計る)自記計.

lóg·ger·hèad [lɔ́(ː)gə-, lɑ́gə- | lɔ́gə-] 〚(1594) ← (方言) *logger* heavy block of wood (← LOG^1) + HEAD〛 — *n.* **1** 《方言・古》 **a** 間抜け, とんま, ばか. **b** 頭 (head), (特に)大頭. **2** 鉄球棒《熱してタールなどを溶かしたり, 液を暖めるのに使用する》. **3** (捕鯨船の船尾の)もりなわ柱《もりなわの走出を制するために一巻きして置く》. **4** 〘動物〙 **a** ＝loggerhead turtle. **b** ＝alligator snapper 1. **5** 〘鳥類〙 ＝loggerhead shrike.

at loggerheads (*with*…) (…と)仲たがいして, けんかして: She's always *at* ～ *with* her neighbors. 近所の人といつもけんかばかりしている. ***fall* [*get, go*] *to loggerheads*** 《古》殴り合いを始める.

lóggerhead shrìke *n.* 〘鳥類〙 北米産のモズの一種 (*Lanius ludovicianus*).

lóggerhead tùrtle *n.* 〘動物〙 アカウミガメ (*Caretta caretta*) (cf. sea turtle).

log·gi·a [lóʊdʒiə, lɔ́(ː)dʒɑː | lə́ʊdʒə, lɔ́-, -dʒɪə; *It.* lɔ́ddʒa] 〚□ It. ～ □ F *loge* 'LODGE'〛 — *n.* (*pl.* ～**s**, **log·gie** [lɔ́(ː)dʒeɪ | lɔ́dʒ-; *It.* lɔ́ddʒe]) 〘建築〙 ロッジア《イタリア建築に特有な片側に壁のない柱廊で, 二階が上にのる場合もある; veranda に比べると, もっと家の本質的一部をなしている》.

loggia

lóg·ging *n.* **1** 木材の切出し[伐採搬出]; 木材伐採搬出業; 木材伐採量. **2** 船の航海日誌に記載され, 船員の給料から引かれる処罰金など.

lóg glàss *n.* 〘海事〙 (手用測程器用)砂時計《手用測程器を用いて船の速力を計る時に使用する小型の砂時計》.

log·gy [lɔ́(ː)gi, lɑ́gi | lɔ́gɪ] *adj.* ＝logy.

lóg-hòuse *n.* 丸太小屋.

logia *n.* logion の複数形.

log·ic [lɑ́dʒɪk | lɔ́dʒ-] 〚? OE *logik* □ (O)F *logique* □ L *logica* □ Gk *logikḗ* (*tékhnē*) logic art, the art of speaking reason (fem.) ← *logikós* of reason ← *lógos* reason: ⇨ logos〛 — *n.* **1 a** 論理(学); 論理学書: Bradley's *Logic* ブラッドレーの論理学(書) / deductive [inductive] ～ 演繹(えんえき)[帰納]論理(学) / formal [pure] ～ 形式[純粋]論理(学) / ⇨ material logic, mathematical logic, symbolic logic. **b** 記号論 (semiotics); (特に)構文論 (syntactics). **2** (言論・行動などの)論理, 条理, 正しい判断: That is not ～. それでは論理が通らない / argue with great learning and ～ 博識と論理の両押しで論じる / He is not governed by ～. 彼の言うことは筋が通っていない. **3** (正・不正を問わず)理論, 論法, 推理[推論]法, 論証: His ～ is unsound [shaky]. 彼の論法は不正確だ[ぐらぐらだ]. **4** 威力, 理詰め, 否応(いやおう)なしの圧迫[強制(力)]: the irresistible ～ of facts 否応なしの事実の威力[論理] / the ～ of events [necessity, war] 事件[必要, 戦争]という否応言わせぬ力 / The ～ of the situation makes surrender inevitable. 形勢から推して降伏もやむを得ない. **5** 〘電算機〙 論理《計算機の演算を実行するための論理回路の相互接続》.

chop logic 理屈をこねる, 詭弁を弄する.

log·i·cal [lɑ́dʒɪkəl, -dʒə- | lɔ́dʒɪ-] 〚(?*a*1425) □ ML *logicālis*: ⇨ ↑, -al^1〛 — *adj.* **1** 論理学(上)の, 論理(上)の (cf. aesthetic, ethical 1): ～ terms 論理学上の術語 / ～ actuality 論理的現実[実在]. **2** 論理にかなった, 論理的な, 筋道の通った, 矛盾のない: a ～ argument [inference] 論理的な議論[推理] / ～ conduct 筋道の通った行為 / a ～ conclusion 正しい論法による結論 / His answer was very ～. 彼の答えは実に理路整然としていた. **3** (事実・経験に基づかず)形式的な, 分析的な: a ～ expression. **4** (論理上)必然の: the ～ result of an act 行為の必然的結果. **5** (頭など)論理的な: a ～ thinker, mind, etc. **～·ness** *n.*

lógical empíricism *n.* 〘哲学〙 ＝logical positivism.

log·i·cal·i·ty [lɑ̀dʒəkǽləti | lɔ̀dʒɪkǽlɪti, -lɪ-] *n.* 論理にかなっていること, 論理性; 論法[推理]の正確さ.

lóg·i·cal·ly 〚(1620)〛 *adv.* 論理上; 論理的に; 論理[論法]にかなって.

lógical pósitivism *n.* 〘哲学〙 論理実証主義《M. Schlick, R. Carnap らを指導者として 1930 年代の Vienna に興り, 先天的・分析的な形式科学(論理・数学など)と後天的・総合的な経験科学の命題だけを有意味と考え, 形而上学を否定する立場・運動; logical empiricism ともいう; cf. scientific empiricism》. **lógical pósitivist** *n.*

lógical súbject *n.* 〘言語〙 論理(的)主語《例えば Mutton does not keep in this weather. における論理上の主語は「人間」である; psychological subject とも; cf. grammatical subject》.

lógical sýntax *n.* 〘論理〙 ＝syntax 2.

lo·gi·cian [lo(ʊ)dʒíʃən, lə- | lə(ʊ)-, lɔ-] 〚(*a*1382) *logicien* □ (O)F ← *logique* 'LOGIC': ⇨ -ian〛 *n.* 論理学者, 論法家.

lóg·i·cism [-dʒəsɪzm | -dʒɪ-] *n.* **1** 〘論理〙 論理主義《G. Frege, B. Russell のように, 数学の論理への還元を主張する数学基礎論, 論理の立場》. **2** 〘哲学・論理〙 論理主義《論理(学)の心理的解釈を拒否して, その独

自性を主張する立場 (cf. psychologism); 哲学的方法・活動として論理を重視する立場》. **lóg·i·cist** [-sɪst, -səst | -sɪst] *n.*

log·i·cize [lάdʒəsàɪz | lɔ́dʒɪ-] *vt.* 論理的にする, 筋道の通ったものにする: ~ the argument 議論の筋を通す. **—** *vi.* 論理の筋を通す, 論理的に考える (reason).

log·i·co- [lάdʒɪko(ʊ), -dʒə- | lɔ́dʒɪkə(ʊ)]「論理学(上)の; 論理学と…との」の意の連結形.

lo·gie [lóugi | lə́ʊgɪ] 〖← *David Logie* (19 世紀の英国の発明家)〗 *n.* (芝居で使う)にせ宝石.

lo·gi·on [lóugiὰn, lάg- | lɔ́gɪɔn, -gɪən] 〖⇨Gk *lógion* oracle ← *lógos* word: ⇨ logos〗 **—** *n.* (*pl.* **lo·gi·a** [lóugiə, lάg- | lɔ́gɪə], **~s**) (大宗教家の)訓言, 言説; (特に)福音書外のイエスの語録 (agrapha) の一つ.

-lo·gist [ˊ-lədʒɪst, -dʒəst | -dʒɪst] 〖← -LOG(Y)+-IST〗「…学 (-logy) に通暁した人」または「…の研究者」の意の名詞連結形: bio*logist*, geo*logist*, philo*logist*.

lo·gis·tic[1] [lo(ʊ)dʒístɪk, lə- | lə(ʊ)-, lɔ-] 〖⇨F *logistique* ⇨ML *logisticus* ⇨Gk *logistikós* skilled in calculation ← *logizesthai* to calculate ← *lógos*: ⇨ logos〗 **—** *n.* **1** 数学的[記号]論理学; 論理計算. **2** 《まれ》算術. **3** 〖統計〗=logistic curve. **—** *adj.* **1** 論理学の, 論理主義の. **2** 数学的[記号]論理学の. **3** 〖統計〗算定曲線の.

lo·gis·tic[2] [lo(ʊ)dʒístɪk, lə- | lə(ʊ)-, lɔ-] 〖《逆成》← LOGISTICS〗 *adj.* 兵站(へいたん)学の, 後方業務の. **~·ly** *adv.*

lo·gis·ti·cal [-tɪkəl, -tə- | -tɪ-] *adj.* =logistic[1,2]. **~·ly** *adv.*

logístic cúrve *n.* 〖統計〗算定曲線, ロジスティック曲線《人口増加の理論値を表わす曲線》.

lo·gis·ti·cian [lo(ʊ)dʒɪstíʃən, lòudʒɪs-, -dʒəs- | lɔ̀u-dʒɪs-] *n.* **1** 記号論理学者. **2** 兵站(へいたん)学者.

lo·gis·tics [lo(ʊ)dʒístɪks, lə- | lə(ʊ)-, lɔ-] 〖(1879) ← F *logistique* (← *loger* to quarter, lodge)+-s[1] (pl. suf.): ⇨ lodge, -ics〗 **—** *n.* 〖軍事〗 **1** 兵站(へいたん)学《平時・戦時を通じて, 軍事力を建設・増強・維持するために必要な人員・資材・施設の準備と提供に関する軍事学の一部門; cf. strategy 2, tactics 1》. **2** 兵站(業務), 後方(業務), 後方補給.

lóg·jàm 〖← LOG[1]+JAM[1]〗 *n.* 《米》 **1** (川に流されて一個所に集まった)丸太の渋滞. **2** 渋滞, 停滞.

lóg lìne *n.* 〖海事〗測程線[索] (⇨ taffrail log 挿絵).

lóg-lóg *n.* 〖数学〗対数の対数.

lóg·nórmal 〖← LOG(ARITHM)+NORMAL〗 *adj.* 〖数学・統計〗対数正規の《対数が正規分布をする》. **lóg·normálity** *n.* **~·ly** *adv.*

log·o [lɔ́(ː)go(ʊ), lάg- | lɔ́gəʊ] 〖《略》〗 *n.* (*pl.* **~s**) 《口語》 **1** =logogram. **2** 〖活字〗=logotype.

log·o- [lɔ́(ː)go(ʊ), lάg- | lɔ́gə(ʊ)] 〖← Gk *lógos* word, speech〗「言葉 (word); 言語 (speech)」の意の連結形: *logo*graph. ★ 母音の前では通例 log- になる.

log·o·gram [lɔ́(ː)gəgræ̀m, lάg- | lɔ́gə(ʊ)-] 〖⇨↑, -gram〗 **—** *n.* ロゴグラム, 語標, 略符《1字[記号]で示す略字, 符号; 例えば dollar を $ で示すなど; cf. grammalog》. **log·o·gram·mat·ic** [lɔ̀(ː)gəgrəmǽtɪk, lὰg- | lɔ̀gə(ʊ)grəmǽt-] *adj.* 「=logogram.

log·o·graph [lɔ́(ː)gəgræ̀f, lάg- | lɔ́gə(ʊ)grὰːf, -græ̀f] *n.*

lo·gog·ra·pher [lo(ʊ)gάgrəfə | lɔgɔ́grəfə(r)] *n.* ヘロドトス (Herodotus) 以前の古代ギリシャの散文史家.

log·o·graph·ic [lɔ̀(ː)gəgrǽfɪk, lὰg- | lɔ̀g-] *adj.* **1** 語標[略符]の[を用いた]: ~ writing. **2** ロゴタイプ使用の. **3** 分担連続筆記の. **lòg·o·gráph·i·cal·ly** *adv.*

lo·gog·ra·phy [lo(ʊ)gάgrəfi | lə(ʊ)gɔ́grəfɪ] 〖(1783) ⇨Gk *logographia* a writing of speeches: ⇨ logo-, -graphy〗 **—** *n.* **1** 分担連続筆記《演説や談話を筆記するのに数人の筆記者が数語ずつ分担する方法》. **2** 〖印刷〗ロゴタイプ[連字]印刷《ロゴタイプを使った印刷》.

log·o·griph [lɔ́(ː)gəgrɪ̀f, lάg- | lɔ́g-] 〖(1597) ⇨F *logogriphe* ← LOGO-+Gk *grîphos* fishing net, riddle〗 **—** *n.* (一種の)文字なぞ; 語句のつづり換え (anagram). **log·o·griph·ic** [lɔ̀(ː)gəgrífɪk, lὰg- | lɔ̀g-] *adj.*

logoi *n.* logos の複数形.

lo·gom·a·chy [lo(ʊ)gάməki | lɔgɔ́məkɪ] 〖(1569) ⇨Gk *logomakhía*: ⇨ logo-, -machy〗 **—** *n.* **1** 《文語》言葉についての論争, 言葉じりをとらえ合うつまらぬ言い争い. **2** 《米》文字の組合わせ遊戯.

log·o·ma·ni·a [lɔ̀(ː)gəméɪniə, lὰg- | lɔ̀gə(ʊ)méɪnjə, -nɪə] 〖← NL ~: ⇨ logo-, -mania〗 *n.* 〖精神医学〗=logorrhea.

log·o·pe·di·a [lɔ̀(ː)gəpíːdiə, lὰg-, lòug- | lɔ̀gə(ʊ)píːdɪə, -djə] 〖← NL ~: ⇨ logo-, orthopedic, -ia[1]〗 *n.* =logopedics.

log·o·pe·dics [lɔ̀(ː)gəpíːdɪks, lὰg-, lòug- | lɔ̀gə(ʊ)-] 〖⇨↑, -ics〗 *n.* 言語障害研究[治療(法)].

log·or·rhe·a [lɔ̀(ː)gəríːə, lὰg- | lɔ̀gə(ʊ)ríːə, -ríə] 〖← NL ~: ⇨ logo-, -rrhea〗 **—** *n.* 〖精神医学〗《過度でしばしば支離滅裂な》饒舌(じょうぜつ), 言語漏れ, 病的多弁症, 冗漫. **log·or·rhe·ic** [lɔ̀(ː)gəríːɪk, lὰg- | lɔ̀g-] *adj.*

lo·gos [lóugɑs, lάg-, lóugous, lɔ́(ː)gɔ(ː)s | lɔ́gɔs] 〖(1587) ⇨Gk *lógos* word, proportion ← IE **leĝ-* to collect, speak (Gk *légein* to pick out, say / L *legere* to gather): 日本語の「理(ことわり)」および「ことば」における「こと」を参照〗 **—** *n.* (*pl.* **lo·goi** [-gɔɪ]) **1** [通例 L-] 〖神学〗 **a** ロゴス (⇨ word 8 a). **b** =word 8 c. **2** [しばしば L-] 〖哲学〗ロゴス《宇宙構成または宇宙秩序の根本原理としての理法・理性・法則等; cf. pathos 2 b》.

log·o·type [lɔ́(ː)gətàɪp, lάg- | lɔ́gə(ʊ)-] 〖← LOGO-+-TYPE〗 **—** *n.* **1** ロゴタイプ《社名・商品名などの標識図案》. **2** 〖活字〗ロゴタイプ, 連字, 連続活字《in, an, the, and のような一語を一まとめに鋳造した活字; logo ともいう; cf. ligature 3》.

lóg pèrch *n.* 〖魚類〗米国およびカナダの東部に広く分布するスズキ目パーチ科の淡水魚の一種 (*Percina caprodes*)《吻(ふん)が豚の鼻に似ている》.

lóg rèel *n.* 〖海事〗手用測程線の糸巻車.

lóg·ròll 〖《逆成》← LOGROLLING〗 **—** *vt.* **1** 助け合って〈議案などを〉通過させる, なれ合いで通過させる: ~ a bill *through*. **2** 〈作家たちが〉〈仲間(の作品)を〉ほめ合う. **—** *vi.* **1** 〈議員が〉相互援助をやる. **2** 〈作家たちが〉仲間ぼめをする.

lóg·ròller *n.* **1** (議案通過のために)助け合う人. **2** (互いの作品を)仲間ぼめをする人.

lóg·ròlling 〖← LOG[1]+ROLLING〗 **—** *n.* **1 a** 丸太転がし《土地を切り開くために伐採した木を燃やす場所まで転がしていくこと》. **b** (隣人や友人たちの)丸太転がしの集い. **2** 丸太乗り(競争) (《米》birling). **3** 《米》(議員などが互いに助けて自分たちの議案の通過を図ろうとする)相互援助, なれ合い, 結託; (作家仲間などが有利な立場を得ようとする)仲間ぼめ.

lóg shìp *n.* 〖海事〗=log chip.

-logue [ˊ-lɔ̀(ː)g, -lὰg | -lɔ̀g] 〖⇨F ~ ⇨L *-logus* ⇨Gk *-logos* ← *lógos* word: ⇨ logos〗 **—** 次の意味を表わす名詞連結形: **1**「談話, 論話」: mono*logue*. **2**「学者, 研究者」: Sino*logue*.

lóg·wày *n.* 木材の切出しに用いられる通路.

lóg·wòod 〖丸太のままで輸入されるのにちなむ〗 **—** *n.* **1 a** 〖植物〗ログウッド (*Haematoxylon campechianum*)《中米・西インド諸島に産するマメ科の小高木; 枝にはとげがあり, 小さな黄色の花が咲く》. **b** ログウッドの心材《重要な染料 hematoxylin の原料》. **2** ログウッド《同上の心材から造られた植物染料; 主成分は hematoxylin》.

lo·gy [lóugi | lə́ʊgɪ] 〖← ? Du. *log* heavy, dull+-Y[4]〗 **—** *adj.* (**lo·gi·er, -gi·est; more ~, most ~**) 《米口語》 **1** 〈挙動や頭が〉鈍い, のろい, 鈍重な. **2** 弾力性のない.

-lo·gy [ˊ-lədʒi | -dʒɪ] 〖ME ⇨(O)F *-logie* ⇨L *-logia* // Gk *-logia* ← *lógos* discourse, word (⇨ logic, -y[1]): cf. G *-logie*〗 **—** 次の意味を表わす名詞連結形 (cf. -ology): **1**「言うこと, 言葉, 談話」: brachy*logy*, eu*logy*, tauto*logy*, tri*logy*. **2**「学問, 学科; …論, …学」: astro*logy*, philo*logy*, theo*logy*.

Lo·hen·grin [lóuəngrɪn, -grìːn | lə́ʊɪngrɪn, lə́ʊən-, -ŋg-; G. lóːəngriːn] *n.* 〖ドイツ伝説〗ローエングリーン《ドイツ聖杯伝説の騎士; Wagner 作の楽劇(初演 1850) で有名》. 「を月軌道に乗せること.

loi, LOI 《略》 lunar orbit insertion 人工衛星や宇宙船

loin [lɔ́ɪn] 〖(*a*1325) *loyne* ⇨《方言》OF *lo(i)gne* (F *longe*) < VL **lumbia* (fem.) ← **lumbeus* 'LUMBAR' ← L *lumbus* loin〗 **—** *n.* **1** [通例 *pl.*] 腰, 腰部. ★ ラテン語系形容詞: lumbar. **2** (食用動物の)腰肉 (⇨ beef, veal, mutton[1], lamb 挿絵): ~ of mutton. **3** [*pl.*] 《文語》(体力や生殖力の生じる場として衣類をまとう)腰の部分; 生殖器官, 陰部: a fruit [child] of one's ~*s* 自分の子供 / be sprung from a person's ~*s* ある人の子として生まれる (cf. *Gen.* 35:11).

gird* (*up*) *one's loins 《古・戯言》(腰を締めて)身構える, (気を引き締めて)待ち構える (cf. *1 Kings* 18:46, *2 Kings* 4:29; cf. *pull up one's* SOCKS): Stand therefore, having your ~*s girt* about with truth. されば誠を帯として腰に結びて立て (*Eph.* 6:14).

lóin·clòth *n.* 腰布《原始的な衣類で腰のまわりに巻きつける布》.

loir [lɔ́ɪə, lwάə | lɔ́ɪə(r, lwάː(r; *F.* lwaːr] 〖⇨F ~ < L *glīrem*, *glis* dormouse〗 **—** *n.* 〖動物〗オオヤマネ (*Glis glis*)《ヨーロッパ産ネズミ亜目ヤマネ科の動物; 夜行性で動作が敏捷; 完全冬眠をする》.

Loire [lwάə | lwάː(r; *F.* lwaːr] *n.* **1** ロワール(県)《フランス中東部の県; 人口 734,000, 面積 4,799 km², 首都 St.-Étienne》. **2** [the ~] ロワール(川)《フランス南部に発して Biscay 湾に注ぐフランス最長の川 (1,020 km)》.

Loire-At·lan·tique [lwάːrɑːtlɑ̃ː(n)tíːk, -ræt-, -lɔ̃ː(n)-, -lάːn-, -lɔ̃(ː)n-; *F.* lwaratlɑ̃tik] *n.* ロワールアトランティーク(県)《フランス西部の Biscay 湾に臨む県; 人口 897,000, 面積 6,980 km², 首都 Nantes》.

Loi·ret [lwɑːréɪ; *F.* lwarɛ] *n.* ロワレ(県)《フランス中西部の県; 人口 459,000, 面積 6,812 km², 首都 Orléans》.

Loir-et-Cher [lwὰːreɪʃέə | -ʃέə(r; *F.* lwareʃɛːr] *n.* ロワールエシェール(県)《フランス中北部の県; 人口 280,000, 面積 6,422 km², 首都 Blois》.

Lo·is [lóuɪs, -əs | lə́ʊɪs] 〖⇨Gk *Lōís* (Timothy の祖母の名: cf. 2 *Tim.* 1:5): cf. Heloïse〗 *n.* 女性名《異形 Loïs》.

Loi·sy [lwɑːzíː; *F.* lwazi], **Alfred Fir·min** [firmɛ̃] *n.* ロワジ《1857-1940; フランスのカトリック聖職者; 現代主義者 (modernist) として破門された》.

loi·ter [lɔ́ɪṭə | -tə(r] 〖(*c*1425) *lotere(n)* ⇨MDu. *loteren* to wag about (Du. *leuteren* to shake, dawdle)〗 **—** *vi.* **1** ぶらつく, 寄り道をする (linger, loaf): ~ *about* [*around*] その辺をぶらぶらする / ~ on the way home 帰り道に道草を食う. **2** 手間取る, ぐずぐずする (delay, dally): ~ *on* the job 仕事を怠ける. **3** 当てもなく過ごす, 遊んで暮らす. **—** *vt.* 遊んで過ごす〈*away*, *out*〉: He ~*ed away* the whole day. 1 日中をぶらぶらと当てもなく過ごした.

lói·ter·er [-ṭərə | -tərə(r] 〖⇨Du. *leuterer*: ⇨↑, -er[1]〗 **—** *n.* ぶらぶらする人; 遊んで暮らす人.

lói·ter·ing·ly [-ṭərɪŋli, -trɪŋ- | -t(ə)rɪŋlɪ] *adv.* ぶらぶら[ぐずぐず]して.

Lo·ki [lóuki | lə́ʊkɪ] 〖⇨ON ~〗 *n.* 〖北欧神話〗ロキ《アスガルド (Asgard) に所属するが, 時には裏切って最も悪辣な敵対者となる; cf. Angerboda》.

lok·shen [lɔ́(ː)kʃən | lɔ́k-] 〖⇨Yid. ~ (pl.) ← *loksh* noodle〗 *n. pl.* [単数または複数扱い] (ユダヤ人の食べる)ヌードル (noodles).

Lo·la [lóulə | lə́ʊ-] 〖⇨Sp. ~ (dim.) ← DOLORES & *Carlota* 'CHARLOTTE[2]'〗 *n.* 女性名.

Lo·li·ta [lo(ʊ)líːṭə | lə(ʊ)líːtə] 〖(dim.) ↑〗 *n.* 女性名.

loll [lά(ː)l | lɔ́l] 〖(*a*1376) *lolle(n)*, *lulle(n)* 《擬音語》: cf. MDu. *lollen* to sleep / ON *lolla* to act lazily〗 **—** *vi.* **1** だらりと垂れる (droop): the ~*ing* stalk of a flower だらりと垂れた花の茎. **2** だらりと寄りかかる, だらしなく横になる (recline, lounge); のらくらする: ~ (*back*) *in* a chair / ~ *against* a wall / ~ *on* a sofa / ~ *about* doing nothing 何もしないでぶらぶらする. **3** 〈動物が〉(暑さなどのために)舌をだらりと垂らす. **—** *vt.* 〈舌などを〉だらりと垂らす〈*out*〉. **—** *n.* 《古》 **1** だらりと寄りかかること; (動物が)舌をだらりと垂らすこと; のらくらすること. **2** のらくらする人. **~·er** [-lə | -lə(r] *n.*

Lol·land [lάlənd | lɔ́l-] *n.* ロラン(島)《デンマーク南東部, Sjælland 島南方の島; 人口 82,000, 面積 1,240 km²》.

lol·la·pa·loo·sa [lὰləpəlúːzə | lɔ̀l-] *n.* =lalapalooza.

Lol·lard [lάləd, lɔ́(ː)l- | lɔ́ləd, -lɑːd] 〖(1395) ⇨MDu. *lollaerd* mumbler ← *lollen* to mumble (cf. loll): 街頭で詩篇や祈りの文句を口ごもるように述べたところからつけられたあだ名; また一説には L *lolium* tares から〗 **—** *n.* 14-15 世紀に英国とスコットランドで John Wycliffe の教説を信奉し諸方を遊説(ゆうぜい)した一派の人《異端として迫害を受けた; cf. Wycliffite》.

Lól·lard·ism [-dìzm] *n.* =Lollardy.

Lol·lard·y [lάlədi, lɔ́(ː)l- | lɔ́lədɪ, -lɑː-] *n.* ロラード主義者《Wycliffe の説いた教会に対する革新的批判的思想またはその信奉者たち》.

löl·ling·ite [lélɪŋàɪt] *n.* =loellingite.

lóll·ing·ly [-lɪŋli | -lɪ] *adv.* のらりくらりと, だらりと; くつろいで.

lol·li·pop [lάlipὰp | lɔ́lɪpɔ̀p] 〖(1796) ← ? 《方言》*lolly* the tongue (← ? LOLL)+POP[1]: 《原義》pop it in your mouth〗 **—** *n.* **1** ロリポップ, 棒つきキャンデー. **2** 《英口語》「止まれ」の交通標識《通学児童が横断歩道を渡る時, 交通係 (lollipop man [woman]) がロリポップ型の「止まれ」の標識を見せて車を一時停止させる》.

lol·lop [lάləp | lɔ́l-] 〖(1745) ← LOLL: GALLOP などからの連想〗 **—** *vi.* **1** 《英》だらしのない姿勢をする; よたよた歩く. **2** はねながら行く, はずみながら進む.

lol·ly [lάli | lɔ́lɪ] 〖《略》〗 *n.* **1** 《口語》 **a** =lollipop 1. **b** 固いキャンデー. **2** 《俗》金銭 (money).

Lol·ly [lάli | lɔ́lɪ] 〖(dim.) ← LAURA〗 *n.* 女性名.

lol·ly·gag [lάligæ̀g | lɔ́lɪ-] *vi.* 《口語》=lallygag.

lol·ly·pop [lάlipὰp | lɔ́lɪpɔ̀p] *n.* =lollipop.

L.O.M.A. 《略》 Life Office Management Association.

Lo·max [lóumæks | lə́ʊmæks, -məks], **Alan** *n.* (1915-) 米国の民俗学者; 父 John A(very) (1867-1948) とともにアメリカ民謡を収集.

Lom·bard [lάmbɑəd, -bəd | lɔ́mbəd, -bɑːd] 〖(?*c*1300) ⇨(O)F *lombard* ⇨It. *lombardo* < LL *Longobardum* = L *Langobardus* (← *longus* long+*Bardi* 'ゲルマンの部族名') ← Gmc **Langobarðaz* (OE *Langbeardas* (pl.) / ON *Langbarðar*): 通俗語源では LONG[1]+BEARD〗 **—** *n.* **1** ランゴバルド人 (Langobard)《イタリア北部に紀元 568 年定着した古代ゲルマン民族》. **2** (イタリア北部の)ロンバルディア (Lombardy) 人. **3** 〖Lombardy 地方には金融業者が多かったことから〗 **a** 金貸し (moneylender); 銀行家. **b** 銀行; 質屋. **—** *adj.* =Lombardic. **Lom·bar·di·an** [lɑmbάədiən | lɔmbάːdɪən, -djən] *adj.*

Lom·bard [lάmbɑəd, -bəd | lɔ́mbəd, -bɑːd], **Peter** *n.* ロンバルドゥス《1100?-60 (または 64); イタリアのスコラ哲学者; パリの司教; ラテン語名 Petrus Lombardus [pétrəs lɑmbάədəs | lɔmbάː-]》.

Lom·bard·esque [lὰmbɑədésk, -bə- | lɔ̀mbə-, -bɑː-] 〖⇨ Lombard, -esque〗 **—** *adj.* **1** (ルネサンス期イタリア北部の Milan を中心とする)ロンバルディア派の. **2** 〈中世建築など〉ロンバルディア風の.

Lom·bar·dic [lɑmbάədɪk | lɔmbάː-] *adj.* **1** ロンバルディア (Lombardy) の, ロンバルディア人の. **2** = Lombardesque 2. **3** 〈文字が〉ロンバルド書体の.

Lómbard Strèet *n.* **1** ロンバード街《London の街名; 金融の中心地として有名》. **2 a** London の金融界 (cf. Throgmorton Street, Wall Street). **b** 金融市場 (money market); 金融界 (financial world).

(all) Lombard Street to a China orange [an egg-shell] 〖みかん[卵の殻]ほどのつまらないものに対して Lombard Street の富をかけてもよいほど, の意から〗確実な事, 十中八九間違いない事.

Lom·bar·dy [lάmbɑədi, -bə- | lɔ́mbədɪ] *n.* ロンバルディア《イタリア北部の州; 昔は王国; 人口 8,505,000, 面積 23,830 km², 首都 Milan; イタリア語名 Lombardia [lòmbardíːa]》.

Lómbardy póplar *n.* 〖植物〗ポプラ, セイヨウハコ

ヤナギ (*Populus nigra* var. *italica*)《black poplar の変種で最も普通に栽培されるポプラ》.

Lom·bok [lámbɑk | lɔ́mbɔk] *n.* ロンボク(島)《インドネシア, Bali 島東方にある島; 人口 1,301,000, 面積 4,730 km²》.

Lom·bro·si·an [lambróuʒən | lɔmbrɔ́uziən, -zjən] *adj.* ロンブローソ (Lombroso) の, ロンブローソの理論・方法を支持する: the ~ School ロンブローソ派《犯罪学者の一派》.

Lom·bro·so [lɔ(ː)mbróusou, lam- | lɔmbrɔ́usəu; *It.* lombróːso], **Ce·sa·re** [tʃéːzare] *n.* ロンブローソ《1836-1909; イタリアの医師で精神病理学・法医学・犯罪学者》.

Lo·mé [louméɪ | ləu-] *n.* ロメ《アフリカ西部 Togo 南部にある海港で同国の首都; 人口 149,000》.

lo·ment [lóument, -mənt | lə́u-] 〖《?1440》▭ L *lōment-um* bean meal,《原義》wash made of bean-meal ← *lavāre* to wash〗 ― *n.* 〖植物〗節鞘(せっ), 節鞘果, 節莢(きょう)果《マメ科の果実で, 種と種との間に関節のあるもの》.

lomenta *n.* lomentum の複数形.

lo·men·ta·ceous [lòuməntéɪʃəs | lə̀umen-] 〖⇨ loment, -aceous〗 *adj.* 〖植物〗節莢(きょう)果(状)の.

lo·men·tum [louméntəm | ləumént-] 〖▭ L *lōmentum*: ⇨ loment〗 *n.* (*pl.* **-men·ta** [-ṭə | -tə]) 〖植物〗 =loment.

Lo·mond [lóumənd | lə́u-], **Loch** 〖← Gael. *loman* shield, banner: *-d* は非語源的添加〗 ― *n.* ローモンド湖《スコットランド中西部の湖; 長さ 39 km, 面積 70 km² でスコットランド最大》.

lo·mo·nite [lóumənaɪt | lə́umən-] *n.* 〖鉱物〗 =laumontite.

Lo·mo·no·sov [lɑ̀mənɔ́ːsɔ(ː)f, -sɑf | lə̀umənɔ́usɔf; *Russ.* ləmanósəf], **Mikhail Vasilievich** *n.* ロモノソフ《1711-65; ロシヤの自然科学者・文学者》.

Lon [lɑ́(ː)n | lɔ́n] 〖(dim.) ← ALONZO〗 *n.* 男性名.

lon. 《略》 longitude.

Lo·na [lóunə | lə́u-] 〖← ?: cf. lone〗 *n.* 女性名.

Lon·chop·ter·i·dae [lɑ̀ŋkɑptérədiː | lɔ̀ŋkɔptérɪ-] 〖← NL ~ ← *Lonchoptera* (属名: ← Gk *lónkhē* spearhead + PTERA-) + -IDAE〗 *n. pl.* 〖昆虫〗(双翅目)ヤリバエ科.

Lond. 《略》 London; Londonderry.

Londin. 《略》 *L.* Londinium (=of London) (cf. London.).

Lon·don [lʌ́ndən] 〖OE *Lundenne, Lundenburg* ▭ L *Londinium* ← ?Celt. *Londinos* (人名),《原義》the bold one ← **londos* wild, bold (cf. OIr. *londo*)〗 ― *n.* **1** イングランド南東部, Thames 河畔の大都市でイングランドおよび英国の首都; 1965 年の行政改革で Greater London となり, the City of London と 12 の Inner London の自治区 (boroughs) (Camden, Greenwich, Hackney, Hammersmith, Islington, Kensington and Chelsea, Lambeth, Lewisham, Southwark, Tower Hamlets, Wandsworth, the City of Westminster) と 20 の Outer London の自治区 (Barnet, Bexley, Brent, Ealing, Enfield, Haringey, Harrow, Hillington, Hounslow, Croydon, Kingston-upon-Thames, Merton, Richmond-upon-Thames, Sutton, Bexley, Bromley, Newham, Barking, Havering, Redbridge, Waltham Forest) から成る; 人口 7,028,000 (cf. Greater London). **2** カナダ南東部, Ontario 州南部の都市; 人口 224,000.

Lon·don [lʌ́ndən], **Jack** *n.* (1876-1916) 米国の小説家; *The Call of the Wild* (1903); 本名 John Griffith London.

London, the City of *n.* ⇨ city 2 a.

London, the Port of *n.* ロンドン港《河口から 111 km にわたる Thames 川の流域; Port of London Authority によって経営される世界最大港の一つ》.

London. 《略》 *ML.* Londoniēnsis (=of London) 《Bishop of London が署名に用いる; cf. Londin.; ⇨ Cantuar. 2》.

Lóndon Brídge *n.* **1** ロンドンブリッジ《London の実業の中心地である the City と Thames 川南岸の Southwark とを結ぶ重要な橋; 中世以来 18 世紀まで London の唯一の橋であった; 1973 年に再建され, 1831 年に造られたそれ以前の橋は米国 Arizona 州 Lake Havasu City に移された》. **2**「ロンドン橋」《日本の「通りゃんせ」に似た遊びを伴う英国の伝承童謡》.

Lóndon bróil *n.* 《米》牛の脇腹肉のステーキ《斜め薄切りにする》.

Lóndon cláy *n.* 〖地質〗ロンドン粘土《イングランド南東部に見られる第三紀始新統下部の地層》.

Lon·don·der·ry [lʌ̀ndəndéri, ⌐–⌐– | -rɪ] *n.* **1** 北アイルランド北西部の州; 人口 131,000, 面積 2,082 km². **2** 同州の首都で港市; 人口 52,000; Derry ともいう.

Lóndon Económic Cónference *n.* [the ~] ロンドン経済会議《各国通貨を安定させて世界的経済危機を改善するため 1933 年 6 月 London で開かれた》.

Lón·don·er 〖《c1460》〗 *n.* ロンドン人, ロンドン市民, ロンドン子《まり (Cockney)》.

Lon·don·ese [lʌ̀ndəníːz, -níːs | -níːs] *n.* ロンドンなまり (Cockney).

Lon·don·esque [lʌ̀ndənésk] *adj.* **1** ロンドン風の[的な]. **2** Jack London 風の[的な].

Lóndon fórces 〖← *F. W. London* (1900-54: ドイツ生れの米国の物理学者)〗 *n. pl.* 〖物理・化学〗ロンドンの力[分散力]《分子と分子の間に働く引力》.

Lón·don·ish [-nɪʃ] *adj.* ロンドンの, ロンドン的な.

Lóndon ívy *n.* 《古》ロンドンの濃霧[煙].

lon·don·ize, L- [lʌ́ndənàɪz] *vt.* **1** ロンドン化する, ロンドン風にする, ロンドン市民[子]のようにする. **2** ロンドンの流行に合わせる[をまねさせる].

Lóndon Nával Cónference *n.* [the ~] ロンドン軍縮会議《軍艦の建造を制限するため日・米・英・仏・伊の代表により 1930 年 London で開かれた》.

Lóndon partícular *n.* 《古》ロンドン特有の濃霧 (cf. pea soup).

Lóndon príde *n.* 〖植物〗ヒカゲユキノシタ (⇨ nancy-pretty).

lóndon smóke, L- s- *n.* 赤黄色 (reddish yellow).

Lon·don·y [lʌ́ndəni | -nɪ] *adj.* ロンドン風の, ロンドンを思わせる.

lone [lóun | lə́un] 〖《c1378》《頭音消失》← ALONE〗 ― *attrib. adj.* 《文語》 **1 a** ひとりの, 連れのない, 孤独な (solitary): a ~ traveler / a ~ flight 単独飛行 / play a ~ game 単独で行動する, 一人でやる. **b** 孤独を好む: ⇨ lone wolf. **c** 〈女が〉独身の (unmarried), 夫に死なれた a ~ woman. **2** ただ一つの, 唯一の: the ~ school of the town その町の唯一の学校 / ⇨ Lone Star State. **3** 孤立した, 離れて立っている (isolated): a ~ tree on the hill 丘にぽつんと一本立っている木. **4** 寂しい, 心細い. **5** 《詩》人の住まない, 人跡まれな: a ~ land, waste, isle, etc.

― *n.* ★ 次の成句で: (**by** [**on**]) **one's lone** その人[物]だけで, 単独に; ただ一人: I cannot live here *my* ~. ここに一人暮らしはできない. **~·ness** *n.*

lóne hánd *n.* **1** 一人でこと[仕事]をする人. **2** (友人・仲間などのそれとは異なった)独自の(行動)方針, 単独行動: play a ~ 一人でやる, 孤軍奮闘する. **3** 〖トランプ〗 **a** パートナーの持札の助けを借りず単独でプレーできるほど強力な手. **b** その手の持主.

lóne·li·ness *n.* 孤独; 寂しさ: live in ~ 孤独な生活を送る, 一人寂しく住む / suffer from ~ 寂しくてたまらない.

lóne·ly 〖《1607》〗 ― *adj.* (**lone·li·er, -li·est; more ~, most ~**) **1** 連れのない, 孤独の, 孤立の, ひとりぼっちの (solitary, isolated): a ~ fisherman / a ~ heart 孤独な人, 一人者 (cf. lonely hearts). **2** 孤独感を生む, 寂しさをそそる, 寂しい, 心細い (lonesome): a ~ life 寂しい生活 / feel ~ 心細い / I was ~ *for* my family. 家族を恋しく思った. **3** 人里離れた, 人のあまり訪れない, 人跡まれな(unfrequented): a ~ house, wood, etc. **lóne·li·ly** [-lɪli, -lə- | -lɪlɪ] *adv.*

lónely énd *n.* 〖アメリカンフットボール〗ロンリーエンド《一人サイドライン側に離れた位置にいるエンドに意表を突いたパスをする選手》.

lónely héarts *adj.* (仲間・配偶者を求めている)一人者の: a ~ column (新聞の)一人者のための欄.

lon·er [lóunə | lə́unə(r] *n.* 《口語》 **1** (他人と交わらないで)一人で行動[生活]する人, 孤独な人, 一匹狼: a ~ with no friends. **2** 一匹だけで行動する動物.

lone·some [lóunsəm | lə́un-] 〖《1647》← LONE + -SOME¹〗 ― *adj.* **1** 〈場所が〉人里離れた, 人跡まれな: a ~ road, valley, etc. **2 a** 《米》〈人が〉ひとりぼっちで心細い, (寂しくて)〔…が〕恋しい〔*for*〕: feel ~ 寂しい, 心細い / I was ~ *for* you. 君がいなくて心細かった. **b** 寂しさをそそる: a ~ trip 寂しい旅. ― *n.* 《口語》自分一人, 孤独.

by [*on*] *one's lonesome* 孤独で, ただ一人で: He lived by *his* ~ in the cottage. 小屋で彼一人だけで暮らした.

~·ly *adv.* **~·ness** *n.*

Lóne Stár Státe 〖州旗の一つ星にちなむ〗 *n.* [the ~] 米国 Texas 州の俗称.

lóne wólf *n.* **1** 一匹で行動する狼. **2** 《口語》(仲間を避けて)一人で生活[仕事]する人, 孤立者, 一匹狼.

long¹ [lɔ́(ː)ŋ, lɑ́ŋ | lɔ́ŋ] 〖adj.: OE *long, lang* < Gmc **laŋgaz* (Du. & G *lang*) ← IE **dlongho-* ← **del-* long (L *longus* / Gk *dolikhós*). ― adv.: OE *longe, lange* ← (adj.)〗 ― *adj.* (**long·er** [lɔ́(ː)ŋgə, lɑ́ŋgə- | lɔ́ŋgə(r], **long·est** [lɔ́(ː)ŋgɪst, lɑ́ŋ-, -gəst | lɔ́ŋg-]) **1 a** 〈物・距離など〉長い, 細長い (elongated) (↔ short): a ~ leg, tail, train, etc. / a ~ road, river, distance, journey, etc. / have ~ ears 長い耳 (cf. long-eared) / a ~ skull (前部から後部までが)長い頭蓋 (cf. long head) / a ~ rectangle 長方形 / a ~ boat 細長いボート (cf. longboat) / a ~ car 車体の長い自動車 / ⇨ long-clothes, long face, long robe / at ~ range 遠距離から《発砲するなど》/ have a ~ tongue よくしゃべる (cf. long-tongued) / make a ~ neck 首をぐっと伸ばす / ⇨ *make a* LONG ARM, *make a long* NOSE *at* / to make [cut] a ~ story short ⇨ story¹ *n.* 2 / We have a ~ way to go. 長い道程(みち)を行かねばならない / He wears his hair ~. 髪を長くしている. **b** 丈(たけ)の高い (tall): a ~ tree, man, French window, etc. / *Long* John 《戯言》のっぽのジョン.

2 a (時間・過程・行為など)長い, 長期にわたる: a ~ life, visit, war, winter, etc. / a ~ liver 長寿者 (cf. long-lived) / ⇨ long run / a ~ friendship [acquaintance] 長年の友情[知己] / a ~ farewell 長(なが)の別れ / a ~ memory (いつまでも覚えている)よい記憶 / ~ years of suffering 多年の苦悩 / a teacher of ~ experience 長年の経験ある教師 / an institution [a custom] of ~ standing 長い間続いている制度[慣習] (cf. long-standing) / have a ~ look at …をしげしげとながめる / have a ~ wind (長く走り続けても)息切れがしない; だらだらといつまでもものを言う[書く] (cf. long-winded) / I had a ~ wait for the bus. バスに乗るのに長い間待った / It is a ~ time since I saw you last. この前会ってからずいぶんたちましたね, 久し振りですね / He [Spring] was a ~ time (*in*) coming. 彼[春]はなかなか来なかった (cf. 2 c) / It will not be ~ before we know the truth. 真相は間もなくわかるだろう. **b** (時間・過程・行為など)長く感じる, 長たらしい; 退屈な: a ~ explanation, lecture, speech, talk, etc. / ~ hours of waiting 待つ身の長い時間 / The days never seemed ~. 毎日が長いと[退屈だと]感じたことはちっともなかった. **c** [Predicative に用い, しばしば (in) doing を伴って] 〈人・物事が〉長いことかかって, ぐずぐずして〔*about, over*〕: He is too ~ *about* his work. 仕事に時間がかかりすぎる / Don't be ~! ぐずぐずするな, さっさとやりなさい; 早く帰ってきてね / Now we shan't be ~! さあもうすぐだ; さあもうすぐ終わる / I won't be ~ getting over it. すぐ終わります / I am not ~ for this world. 私も先が長くない, 余命いくばくもない / The chance was ~ (*in*) coming. 機会はなかなか来なかった. ★ (1) この用法の long はまた *adv.* とも解される. (2) この構造で *doing* の前に *in* を用いるのは形式ばった表現法.

3 [通例数量を示す名詞語群に伴って] (長さ・距離・時間など)(…の)長さの, 長さが(…の) (in length); …の厚さの, 厚さが(…の) (cf. wide 2): a table five feet ~ 5 フィートの長さのテーブル / a dictionary 2000 pages ~ 厚さ 2000 ページの辞書 / This is ten feet ~*er* [~-*er* by ten feet] than that. / Our vacation is two months ~. 休暇は 2 か月だ / The drama is five acts ~. その劇は五幕(物)だ / How ~ is the Mississippi? ミシシッピー川はどれくらいの長さか.

4 a 〈数量の単位が〉標準より長い[大きい]: ⇨ long dozen, long hundred, long hundredweight, long ton. **b** 〈長さ・距離・時間など〉(長く感じて)たっぷりの, …以上: a ~ mile たっぷり 1 マイル, 1 マイル以上 / a ~ fifteen minutes たっぷり 15 分間, 長々と 15 分間 / We had to walk ten ~ miles. たっぷり[はるばる] 10 マイルも歩かなければならなかった. **c** 〈物・事が〉長すぎる: This coat is ~ *on* me. この上衣は私には長すぎる / Her second serve was ~. (テニスなどで) 2 度目のサーブは長すぎた.

5 a 〈視力・声・見識・投球など〉遠くまで届く: ~ ears 早耳 (cf. pitcher² 1; cf. 1 a) / a ~ fly 〖野球〗大飛球 / a ~ hit [drive] 〖野球〗長打, ロングヒット / a ~ right jab 〖ボクシング〗リーチの効く右からのジャブ / the ~ voice of the wolves 狼の遠吠え / ~ thought 未来を見通す考え / take a [the] ~ view 遠い将来のことを考慮する, 長い目で見る / ⇨ long bowls, long hop, long sight, long tom. **b** 〈推測など〉現実離れした, 当てずっぽうの: a ~ guess 当てずっぽう, 憶測 / make a ~ inference おおまかな推測をする.

6 〈リスト・勘定書など〉(記載事項が多くて)長い; 〈家族・価格など〉(含まれる人数・額などが多くて)大きい; 〈供給が〉(需要に合うだけ)たっぷりな: a ~ list 長いリスト / a ~ family (子供の多い)大家族 / a ~ figure [price] 多額の費用, 高価 / ⇨ long bill 1, long purse / in ~ supply 〈品が〉十分で.

7 [Predicative に用いて] 《口語》〔…を〕十分に備えている〔*on*〕: She is ~ *on* brains [looks]. なかなか才能がある[美貌である] / He is ~ *on* excuses. くどくど言い訳を言う / He is ~ *on* physical strength, but short on mental ability. 体力は十分あるが頭の働きが欠けている.

8 長期の: a ~ date ずっと先の日付, 長期 / a ~ note 長期手形 / ⇨ long bill 2.

9 a 〈賭け率が〉圧倒的に差のある: the ~ odds of 50 to 1 50 対 1 という一方的な賭け率 / by ~ odds ⇨ odds 成句. **b** (賭の)歩のよい方の: take the ~ end of a bet 賭の歩のよい方で勝つ. **c** 〈成算が〉歩が悪い, 見込みの薄い, おぼつかない (unlikely): take a ~ chance for …に対して成算はないがやってみる.

10 a 〈ジュース・ビールなど〉深いコップについで出される, 一杯に入った: a ~ (cold) drink コップ一杯の(冷たい)飲み物 / have a ~ drink [pull] of …をぐっと飲む. **b** 〈アルコール飲料が〉ソーダ水などで割った (cf. short *adj.* 6): a ~ drink.

11 〖音声〗〈音が〉長い, 長音の《普通は [ː] で表わす》(↔ short): ~ vowels 長母音《[iː], [ɑː], [ɔː], [uː] など》.

12 〈英語の母音字が〉長母音を示す《cake, equal, bite, hope, cute の a, e, i, o, u; しばしば ā, ē, ī, ō, ū のように表わす; cf. macron》(↔ short).

13 〖古典詩学〗〈音節が〉長音の (↔ short).

14 〖証券・商業〗(値上がりを予想して)〔証券・商品を〕買いに出ている, 買って持っている, 強気の〔*on, of*〕(cf. *adv.* 4): be [go] on the ~ side of the market 強気である[強気買いに出る] / The market is ~. 市場は強気だ / They are ~ *on* steel. 彼らは鋼鉄の強気買いをしている.

15 〖窯業〗〈粘土が〉質のよい, 可塑性に富む (fat).

as broad as* (*it is*) *long* = *as long as* (*it is*) *broad ⇨ broad *adj.* 成句. ***at long last*** ⇨ last *n.* 成句. ***at* (*the*) *longest*** いくら長くかかっても, おそくとも, せいぜい. ***by a long way*** ⇨ way¹ 成句. ***in the long run*** ⇨ long run 成句. ***long in the tooth*** ⇨ tooth 成句.

― *n.* **1 a** 長い間, 長期間: It will not take ~. 長くはかかるまい / before [《古》ere] ~ 間もなく / for ~ 長い間, 長らく. ★ この用法の long は形容詞に由来するものであるため, very, so, how などの副詞に修飾されることもある: He won't be away *for so* ~. そんなに長くは行ってないでしょう. **b** [the ~] 《英口語》 =long vacation. **2** (モールス信号の)長い方の信号, 長符号. **3 a** [*pl.*] 長ズボン (long pants). **b** (紳士コート・ズボンなど長身者用の)ロングサイズ《regular, short に対する》. **4** [*pl.*] 長期公債[債券] (long-term bonds). **5**〘音声・古典詩学〙長音 (long sound), 長音節 (long syllable) (↔short). **6**〘音楽〙=longa. **7 a**《米》〘証券・商業〙強気筋, 買方 (cf. bull[1] *n.* 7). **b**〘財政〙長期債券 (long-term bonds).
the long and* (*the*) *short* (*of it*)**=《古》the short and the long* (*of it*)** 全体, 要点: *The* ~ *and the short of it* is that... かいつまんで言えば[結局, つまり]...だ.
longs and shorts (1)〘古典詩学〙音量詩形《長音節と短音節との配合を韻律の基礎とするもの; quantitative verse ともいう》. (2)〘建築・石工〙=long-and-short work.
— *adv.* (**long·er**; **long·est**) **1 a** 長く, 久しく, 長い間, 長らく: How ~ will you be away? いつまでご不在ですか《いつお帰りですか》/ He has been ~ dead. 彼が死んでから久しい / I have ~ thought that it is so. 以前からそうじゃないかなと思っていた. ★ ⇨ *adj.* 2 c. **b** [時を表わす副詞または接続詞に先立って](ある時点より)ずっと(前または後に): ~ *ago* ずっと昔 / ~ *since* ずっと前に[から] / I came ~ *before* you did. 君よりずっと前に来た / His will was found ~ *after* his death. 彼の遺言は彼が亡くなってからだいぶたって発見された. **c** [比較級で](ある時点・期間より)以上長く: I could not wait much ~*er*. それ以上あまり長く待てなかった / She stayed ~*er than* 9 o'clock. 9 時過ぎまでいた / The conference lasted ~*er than* a week. 会議は 1 週間以上続いた / ⇨ no LONGER=not...any LONGER. **2** [期間を表わす名詞に伴って]...中ずっと: all day [night] ~ 終日[夜], 一日[一晩]中 / all one's life ~ 一生涯 / I have been in Switzerland all summer ~. 夏中ずっとスイスに行っていました. **3** 遠くへ, 遠くまで: *long*-traveled 遠くまで旅行をした(ことのある) / throw a ball ~ ボールを遠くまで投げる. **4**〘証券・商業〙強気に (cf. *adj.* 14).
as long as ...する間は[限りは] (while); ...しさえすれば (if only); ...であるからには (since) (cf. *so* LONG *as*): I'll remember it *as* ~ *as* I live. 生きている間は忘れません / Stay *as* ~ *as* you like. いつまでも好きなだけいて下さい / *As* ~ *as* you're going, I'll go too. 君が行く以上はぼくも行く. ***no longer*=*not*...*any longer*** もはや...ない[しない]: A visit to the moon is *no* ~*er* impossible. 月への旅行ももはや不可能ではない / I can*not* wait *any* ~*er*. もうこれ以上待てない. ***So long!*** ⇨ so long. ***so long as***=*as* LONG *as*. ★ 特に「...する限りは」「...しさえすれば」という条件を示す意味の場合に多く用いられる: You may stay here *so* ~ *as* you keep quiet. 静かにしていさえすればここにいてもよろしい. **~·ness** *n.*

long[2] [lɔ́(ː)ŋ, lɑ́ŋ | lɔ́ŋ]〘OE *langian* to lengthen (cf. *me longeth* to me it seems long), yearn < Gmc **laŋgōjan*, **laŋgǣjan* ← **laŋgaz* (↑)〙 — *vi.* 〔...を〕思いこがれる, 〔...に〕あこがれる 〔*for*〕; 〈...したいと〉熱望[切望]する (desire earnestly) 〈*to do*〉: He ~*ed for* her [peace, a sight of the fields] with all his heart. 彼は心から彼女を思いこがれた[平和を待ちこがれた, その田園を一目見たいと思った] / I ~*ed to* go home as soon as possible. 一刻でも早く家に帰りたくてたまらなかった / He ~*ed for* her *to* dance with him. 彼女が一緒に踊ってくれることを切に願った. **~·er** [lɔ́(ː)ŋə, lɑ́ŋə | lɔ́ŋə(r)] *n.*

long[3] [lɔ́(ː)ŋ, lɑ́ŋ | lɔ́ŋ]〘(?*c*1225) *longe*(*n*) ← *long* attributable to《頭音消失》← OE *gelang*: cf. along〙 — *vi.* **1**《古・詩》〔...に〕適当[適切]である, 適する 〔*to*〕. **2**《廃》〔...の〕ものである, ...の所有である 〔*to, unto*〕.

long.《略》longitude.

Long.《略》Longford.

-long [lɔ̀(ː)ŋ, lɑ̀ŋ | lɔ̀ŋ]〘ME ▭ ON *-langr*: cf. -ling[2]〙 *suf.*「...の方の[に]」の意の副詞を造る: end*long*, head*long*, side*long*.

lon·ga [lɑ́ŋgə | lɔ́ŋ-]〘▭ ML ~ (fem.) ← L *longus* 'LONG[1]'〙 — *n.*〘音楽〙ロンガ《中世・ルネサンス期の定量記譜法による音符[休符]; 本来「長い価の音符」の意をもっていた; brevis 2 個または 3 個の長さに相当する; long ともいう》.

lóng accòunt *n.*〘財政〙(証券や商品の受託売買業者の)帳簿上における各顧客の買い持ちの残高.

lóng-agó〘← *long ago* (⇨long[1] (adv. 1 b))〙 *attrib. adj.* 昔の, 往時の: a ~ dress 昔の服.

lóng agó *n.* [the ~] 往時, 昔: the event of *the* ~ 昔の出来事.

lon·gan [lɔ́(ː)ŋ(g)ən, lɑ́ŋ- | lɔ́ŋ-]〘← NL *longan-um* ← Chin. *lung-yen* ← *lung* (竜)+*yen* (眼)〙 — *n.* **1**〘植物〙リュウガン (*Euphoria longana*)《中国産ムクロジ科の高木, 果樹として栽培》. **2** 竜眼肉《リュウガンの果実; 乾いた殻の内側の軟肉を食用とする; cf. litchi 2》.

lóng-and-shórt wòrk *n.*〘建築・石工〙長短積み《粗石積みの外壁の隅石を縦, 横交互に積む手法》.

long-and-short work

lon·ga·nim·i·ty [lɔ̀ŋgənímət̬i, lɑ̀ŋ- | lɔ̀ŋgənímətɪ, -mɪ-]〘(*a*1400) ▭ LL *longanimitāt-em* (L *longus* 'LONG[1]' + *animus* spirit) + -ITY〙 — *n.*《古》我慢強さ, 忍耐 (forbearance).

lóng àrm *n.* **1** (腕の届かない高所に物を運んだり木の枝を切ったりするための)かぎやはさみの付いた長い棒. **2** 遠い所まで及ぶ腕[力]: the ~ of the law 法[警察]の遠くまで及ぶ力 (cf. law 4 b) / have a ~ 勢力を遠くまで及ぼす.
meke a long arm《口語》〔物を取ろうとして〕腕をぐっと伸ばす〔*for*〕. ***the long arm of coincidence*** 事件の意外な巡り合わせ, 奇妙な暗合.

long arms 1

Lóng Bèach *n.* **1** 米国 California 州南西部, Los Angeles 南方の都市; 海水浴場; 人口 336,000. **2** 米国 New York 州南東部, Long Island 島南西部の都市; 海浜保養地; 人口 34,000.

lóng·bèard *n.* =bellarmine.

lóng·bìll *n.* くちばしの長い鳥の総称, (特に)シギ (snipe).

lóng bíll *n.* **1** 長いつけ, たくさんたまった勘定. **2**〘商業〙長期為替手形《30 日以上, 時に 60 日以上有効であるもの; cf. short bill》.

lóng·bòat〘(15C)〙 *n.*〘海事〙長艇《帆船が積んでいた「長いボート」》.

lóng bóne *n.*〘解剖〙長骨《細長い骨のこと》.

lóng·bòw [-bòu | -bə̀u]〘(15C)〙 — *n.* **1** (木製の)弓 (cf. crossbow, flight arrow). **2** 長弓《14 世紀に英国で用いられた 6 フィート以上の長い弓》.
draw* [*pull*] *the* [*a*] *longbow 大ぼらを吹く.

lóng bówls *n. pl.* [単数扱い]〘遊戯〙九柱戯 (ninepins) の一種.
at long bowls〘海事〙〈砲撃中の軍艦が〉遠距離で.

lóng·bów·man [-mən] *n.* (*pl.* **-men** [-mən, -mèn]) 大弓[長弓]を張る人.

lóng-bréathed [-bréθt] *adj.* 息の長い (long-winded).

lóng-càse clóck *n.* 長枠時計《6 フィート以上もある背の高い振り子時計で, 床の上に立てて使用する; 後に grandfather clock と呼ばれるようになった》.

lóng clám *n.*〘貝類〙 **1** =soft-shell clam. **2** =razor clam.

lóng·clòth *n.* 薄くて軽い上質綿布《下着や子供服地》.

lóng-clòthes *n. pl.* (もと赤ん坊に着せた長い)産着(うぶぎ).

lóng còats *n. pl.* =long-clothes.

lóng cólumn *n.*〘建築〙長柱(ちょうちゅう)《長さが直径の 20–30 倍ある材で, 軸方向に座屈する恐れのある柱》.

lóng cróss *n.* =Latin cross.

lóng-dày *attrib. adj.*〘植物〙〈植物が〉長日性の《長い日照時間で開花する; cf. day neutral, short-day》.

lóng-dístance *attrib. adj.* **1 a** 遠く離れたところにいる[ある]: a ~ friend. **b** 長距離の: a ~ cruise 遠洋航海 / a ~ race 長距離競走 / a ~ flight 長距離飛行. **c** 遠隔地でも聞こえる: ~ listening devices. **2** 〈電話が〉長距離の (cf. local 5 b): a ~ call 長距離(電話)呼出し[通話] / a ~ telephone 長距離電話. **3**《英》〈天気予報が〉数日先の, 長期の: a ~ weather forecast 長期天気予報. — *adv.* 長距離電話で: call him (up) ~. — *vt.* ...に長距離電話をかける; 長距離電話で〔...に〕連絡する〔*to*〕.

lóng dístance *n.* **1** 長距離電話: by [on] ~. **2** 長距離電話の交換手; 長距離電話局.

lóng divísion *n.*〘数学〙長除法 (cf. short division).

lóng dózen *n.* 13 (thirteen).

lóng-dráwn *adj.* =long-drawn-out.

lóng-dràwn-óut *adj.* 長く引いた, 長く引き延ばした (protracted): a ~ speech 長たらしい演説.

longe [lʌ́ndʒ, lɔ̀ː(n)ʒ, lɔ́(ː)nʒ, lɔ́(ː)ndʒ; *F.* lɔ̃ːʒ]〘(1607) ▭ F *longe*《変形》← OF *loigne* strap for leading a horse, halter: ⇨ lune[2]〙 — *n.* **1 a** (馬を円形に駆けさせるための)調馬索. **b** 調馬索の使用. **2** (円形の)調馬場. — *vt.* (**longed**; ~·**ing**, **long·ing**) (調馬索[場]で)〈馬を〉調教する.

lóng-éared *adj.* **1** 耳の長い; 長い房のついた. **2** ろばの(ような); ばかな, 愚鈍な (stupid).

lóng-èared ówl *n.*〘鳥類〙トラフズク (*Asio otus*).

lon·ge·ron [lɑ́ndʒərɑ̀n, -rən | lɔ́ndʒərən]〘▭ F ~ ← *allonge* extension ← *allonger* < LL *ēlongāre*: ⇨ elongate〙 *n.*〘航空〙(飛行機の胴体の)縦通(じゅう)材, 縦梁(りょう).

lóng éss *n.* =long s.

lóng-estáblished *adj.* 長い伝統のある, 根をおろした, 古い.

lon·ge·val [lɑndʒíːvəl | lɔn-] *adj.*《古》長く続く; 長命の.

lon·gev·i·ty [lɑndʒévət̬i, lɔ(ː)n- | lɔndʒévətɪ, -vɪ-]〘(1615) ▭ LL *longaevitātem* ← *longaevus* (↓): ⇨ -ity〙 — *n.* **1** 長命, 長寿, 長生き. **2** 寿命, 生命: the average ~ of human beings 人間の平均寿命. **3** (在職期間・保有期間などの)長いこと, 長続き; 年上, 古参 (seniority).

lon·ge·vous [lɑndʒíːvəs, lɔ(ː)n- | lɔn-]〘▭ L *longaevus* aged (← *longus* 'LONG[1]'+*aevum* age)+-OUS〙 *adj.*《まれ》長命の, 長寿の (long-lived).

lóng fáce *n.* **1** 長い顔 (cf. horseface). **2** (通例気どったまたは大げさな)悲しそうな[陰気な]顔(つき): with a ~ 浮かぬ顔をして / pull [make, wear] a ~ 浮かぬ[陰気な]顔をする.

lóng-fáced *adj.* **1** 顔の長い. **2** 悲しそうな, 陰気な, 浮かぬ顔の.

lóng fáke *n.*〘海事〙ロングフェイク《ロープがからまらずに楽に走り出せるように甲板上に並べる方法の一つ; cf. French fake》.

Long·fel·low [lɔ́(ː)ŋfelou, lɑ́ŋ- | lɔ́ŋfeləu], **Henry Wads·worth** [wɑ́dzwə(ː)θ | wɔ́dzwə(ː)θ] *n.* (1807–82) 米国の詩人; *Evangeline* (1847), *The Song of Hiawatha* (1855).

lóng fíeld *n.*〘クリケット〙投手の左または右後方の野手(の位置)《deep field ともいう; cf. long off, long on》.

lóng-fìrm *n.*《英》詐欺会社《品物をどしどし掛買いして金を払わずに逃げるいんちき会社》.

Long·ford [lɔ́(ː)ŋfəd, lɑ́ŋ- | lɔ́ŋfəd] *n.* **1** アイルランド共和国 Leinster 地方の一州; 人口 29,000, 面積 1,044 km². **2** 同州の首都; 人口 3,900.

lóng gáme *n.* **1**〘ゴルフ〙ロングゲーム《飛距離で争う部分[場面]; cf. short game 1》. **2**〘トランプ〙全部の札を配ってから始めるゲーム (cf. short game 2).

lóng gréen *n.*《米俗》紙幣, 札 (cf. greenback 1 a).

lóng·hàir〘《逆成》↓〙《口語》 — *n.* **1** 髪を長くした人; (特に)ヒッピー (hippie). **2 a** 髪を長くした芸術家; (特に)古典音楽の作曲家[演奏家, 愛好家]. **b** (世事にうとい俗離れした)知識人, インテリ; 学者. — *adj.* =long-haired.

lóng-háired *adj.*《口語》 **1** 長髪の. **2** (実社会から離れて)抽象的思索に没頭している, 俗離れした, 空論的な: ~ thinkers and socialists. **3** 知識階級の[に属する], インテリ特有の, インテリ向きの: ~ scepticism, fiction, etc. **4** 古典音楽を愛好する: She is definitely ~ *in* the choice of music. 音楽の好みは断然クラシックだ.

lóng·hànd *n.* (速記法と違って文字通りに書く)普通筆記法 (↔ shorthand): write in ~. — *adj.* 普通筆記法 (longhand) を用いた[で書いた]: write ~.

lóng hàndle *n.*〘クリケット〙左右に楽々と打球することさ.

lóng-hándled *adj.* 柄の長い, 長柄の.

lóng-hául *adj.* **1** 長距離の; 長距離輸送の: a ~ call (電話の)長距離通話. **2** 長時間の.

lóng hául *n.* **1** 長距離; (特に, 長距離の)貨物輸送. **2** [the ~] 長時間: for *the* ~.
over* [*in*] *the long haul =*in* [*over*] *the* LONG RUN.

lóng·hèad *n.*〘人類学〙 **1** 長頭の人 (dolichocephalic person). **2** 長頭《頭骨示数が 75 以下の頭》.

lóng héad *n.* **1** =longhead. **2** 先見の明; 利発.

lóng-héaded *adj.* **1**〘人類学〙長頭の (dolichocephalic) (cf. longhead; ↔ short-headed). **2** 知力のすぐれた, 先見の明のある, 利発な, 賢い (shrewd, sensible). **~·ly** *adv.* **~·ness** *n.*

lóng hòp *n.*〘クリケット〙はね返って遠く飛ぶ球.

lóng·hòrn *n.* **1** 角の長い動物. **2 a** [L-] ロングホーン《英国産の長い角をした肉用品種の牛; 今はほとんど飼育されない》. **b** 米国南西部にいたがほとんど絶滅した長い角をした牛《Texas longhorn ともいう》. **3**〘昆虫〙=long-horned beetle. **4** 円筒状をしたチェダーチーズ (Cheddar)《重さ約 12 ポンド; longhorn cheese ともいう》.

lóng-hòrned béetle *n.*〘昆虫〙カミキリムシ《カミキリムシ科の各種の昆虫の総称》.

lóng-hòrned grásshopper *n.*〘昆虫〙キリギリス《キリギリス科の各種の昆虫の総称; 長い糸状の触角をもつ; cf. short-horned grasshopper》.

long-horned grasshopper (*Pterophylla comellifolia*)

lóng hórse *n.*〘体操〙 **1** 跳馬 (cf. side horse). **2** 跳馬競技.

lóng hóurs *n. pl.* [the ~] 夜中の 11 時・12 時(など)《時計が長く打つ時間; cf. small hours》.

lóng·hòuse *n.* **1** (太平洋諸島や北米のイロクォイ族 (Iroquois) などの)共同長屋. **2** [the L-]〘米史〙=Five Nations.

lóng húndred *n.* 120 (great hundred).

lóng húndredweight *n.*《英》=hundredweight b.

lon·gi- [lɑ́ndʒɪ, -dʒə | lɔ́ndʒɪ]〘▭ L ~ ← *longus* long〙「長い」の意の連結形: *longi*pennate 長い翼のある / *longi*rostral 長いくちばしのある.

lon·gi·corn [lɑ́ndʒəkɔ̀ən | lɔ́ndʒɪkɔ̀ːn]〘← NL *longicorn-is*: ⇨ ↑, -corn〙〘昆虫〙 — *adj.* **1** 触角の長い, 長角の. **2** カミキリムシの. — *n.* =long-horned beetle.

long·ies [lɔ́(ː)ŋiz, lɑ́ŋ- | lɔ́ŋɪz]〘← LONG[1]+-IE+-S[1]〙 *n. pl.*《米口語》 **1** 長い下着. **2** 男児用長ズボン.

lóng·ing [lɔ́(ː)ŋɪŋ, lɑ́ŋ- | lɔ́ŋ-]〘OE *langung*: ⇨ long[2], -ing[1,2]〙 — *n.* 切望, 熱望, あこがれ〔*for*〕; 〈...したい〉強い願望 (yearning)〈*to do*〉: our ~ *for* peace 我々の平和を願う強い気持 / (a) ~ *for* ancient Rome 古代ローマに対するあこがれ / have a strong ~ *for* beefsteak ビフテキが食べたくてたまらない / His ~ *to* see his dear old mother became stronger. なつかしい年老いた母に会いたいという彼の願いはますます強まった. — *adj.* 切望する, あこがれる, 慕う: with ~ eyes あこがれの眼差しで. **~·ly** *adv.* **~·ness** *n.*

Lon·gi·nus [lɑndʒáɪnəs | lɔndʒáɪ-, lɔŋgíː-], **Dionysius Cassius** *n.* ロンギヌス (213?–73; ギリシャの新プラトン派の哲学者・修辞学者).

lóng ìron *n.*〘ゴルフ〙 **1** ロングアイアン《アイアンのクラブのうち長く距離を出せるもので, 通例 1, 2, 3 番アイアン; cf. short iron 1》. **2** ロングアイアンのショット.

lon·gi·sec·tion [lɑ̀ndʒəsékʃən | lɔ̀ndʒɪ-]〘← LONGI-

+SECTION》 *n.* 〘生物〙縦断面 (cf. transection).

lóng·ish [lɔ́(ː)ŋɪʃ] 〘《1611》〙 *adj.* やや長い.

Lòng Ísland *n.* 米国 New York 州南東部の島; 西端に New York 市の Brooklyn, Queens の二区がある; 長さ 190 km, 幅 19–37 km, 面積 4,463 km².

Lóng Ìsland Sóund *n.* ロングアイランド海峡《米国 Connecticut 州と Long Island とにはさまれた大西洋の海峡部; 長さ約 145 km》.

lon·gi·tude [lɑ́ndʒət(j)ùːd | lɔ́ndʒɪtjùːd, lɔ́ŋgɪ-] 〘《1391》◻L *longitūd-ō* length ← *longus* 'LONG¹': ⇨ -tude〙 ── *n.* **1** 〘地理〙経度, 経線 (略 long.; cf. latitude 1a): forty degrees five minutes of east ～ 東経 40 度 5 分 / The ～ of New York is 74 degrees 56 minutes west of Greenwich. ニューヨークの経度はグリニッジ西[西経]74 度 56 分である. **2** 〘天文〙経度《天球座標系で, 地球の経度のような横方向の座標; 略 lon.; cf. latitude 1c》: ⇨ celestial longitude, galactic longitude. **3** 〘測量〙横距. **4 a** 《戯言》長さ. **b** 《古》長期間.

longitude by account [dead reckoning] 〘海事〙推測経度.

lon·gi·tu·di·nal [lɑ̀ndʒət(j)úːdənḷ, -dnḷ | lɔ̀ndʒɪtjúːdɪnḷ, lɔ̀ŋgɪ-] 〘《15C》← L *longitūdin-* (← *longitūdō* (↑))+-AL¹〙 ── *adj.* **1** 経度の, 経線の. **2** 長さの. **3** 縦の, 縦に沿った (↔ transverse): yellow ～ stripes 黄色の縦じま. **4** ある期間にわたる; (特に)ある期間にわたって個人[集団]の発達や変化を扱った: a ～ study of juvenile delinquents over a five-year period 5 年間にわたる非行少年たちの長期研究. **5** 〘航空〙縦の, 対称面内の (cf. lateral 6): ～ stability 縦安定 / ～ axis ⇨ axis¹ 7. ── *n.* **1** 〘海事〙縦通(じゅうつう)材, 縦(じゅう)材, (俗に)ロンジ. **2** 〘鉄道〙縦まくら木《ドイツの鉄道で多く用いる; longitudinal sleeper ともいう》. **3** 〘航空〙=longeron.

longitúdinal búlkhead *n.* 〘海事〙縦隔壁《船体縦方向に配置された隔壁》.

longitúdinal coefficient *n.* 〘造船〙柱形係数, 柱形肥瘠(ひせき)係数《排水容積を V, 中央断面積を A, 垂線間長(船の長さ)を L とした時 V/A·L; prismatic coefficient ともいう》.

longitúdinal fráming *n.* 〘造船〙縦フレーム式 (⇨ Isherwood system).

lòn·gi·tú·di·nal·ly [-d(ə)nəli, -dṇ- | -dɪnəli, -nḷi] *adv.* 縦に; 長さにおいて; 経度は.

longitúdinal magnificátion *n.* 〘光学〙縦倍率《光軸上においた小線分の大きさに対する共役な像の大きさの比》.

longitúdinal métacenter *n.* 〘造船〙縦メタセンター《船をわずか縦傾斜させた時の浮心からの浮力作用線と, 水平時の浮心からの浮力作用線との交点; 船の縦方向の安定を考える時必要》.

longitúdinal sýstem *n.* 〘造船〙縦式《船体構造において縦方向の強力に主眼をおいた方式》.

longitúdinal wáve *n.* 〘物理〙縦波(たてなみ)《音波のように振動方向と進行方向とが一致するような波; cf. transverse wave》.

lóng jóhns *n. pl.* 《口語》長い(毛の)ズボン下《スキーなど冬のスポーツに用いる防寒用下着》.

lóng jùmp *n.* 《英》〘陸上競技〙幅跳び(競技) (《米》broad jump). **～·er** *n.*

lóng·lèaf píne *n.* **1** 〘植物〙ダイオウマツ, ダイオウショウ (*Pinus palustris*)《米国南部産のマツの一種で, テレピン油が採れ, 木材としても重要; 単に longleaf とも, また Georgia pine ともいう》. **2** その木材.

lóng-lèaved píne *n.* 〘植物〙= longleaf pine.

lóng lèg *n.* 〘クリケット〙ロングレグ《捕手の斜め後方の on 側の深い守備位置(の野手); cf. short leg》.

lóng-légged *adj.* **1** 脚[足]の長い. **2** 足の速い.

lóng·lègs *n.* (*pl.* ～) **1** 〘鳥類〙=stilt 5. **2** 〘動物〙=daddy longlegs 1. **3** 〘昆虫〙=daddy longlegs 2.

lóng létter *n.* 〘印刷〙長音符文字《長音符付きの文字》; ロングレター《アセンダー (ascender) やデセンダー (descender) のある欧文文字》.

lóng-límbed *adj.* 手足が長くてほっそりした: a ～ girl.

lóng·lìne *n.* 〘漁業〙延縄(はえなわ): fish with a ～ 延縄で魚をとる.

lóng·lìner *n.* 延縄(はえなわ)漁船.

lóng·lìning *n.* 延縄(はえなわ)漁業.

lóng-lived [-láɪvd, -lívd | -lívd, -láɪvd] 〘《15C》〙 *adj.* **1** 長命の, 長寿の, 生き長の: a ～ family. **2** 永続する (lasting): ～ happiness. **～·ness** *n.*

long measure *n.* **1** [ᅮᅳᅳ] 尺度 (linear measure). **2** [ᅮᅳᅳ] 〘詩学〙=long meter.

lóng méter *n.* 〘詩学〙通例弱強格 8 音節 4 行からなる賛美歌調 (略 L.M.).

lóng móss *n.* 〘植物〙=Spanish moss.

lóng·nose gár *n.* 〘魚類〙ロングノーズガー (*Lepisosteus osseus*)《北米・中央アメリカの湖に生息するガーパイク属の吻が長くカワカマスに近似の淡水魚》.

Lon·go·bard [lɔ́(ː)ŋgəbὰːd, lɑ́ŋ- | lɔ́ŋgə(ʊ)bὰːd] *n.* (*pl.* **～s, -go·bar·di** [lɔ̀(ː)ŋgəbɑ́ədi, lɑ̀ŋ- | lɔ̀ŋgəbɑ́ːdɪ]) =Lombard 1. **Lon·go·bar·dic** [lɔ̀(ː)ŋgəbɑ́ədɪk | lɔ̀ŋgəbɑ́ː-] *adj.*

lóng óff *n.* 〘クリケット〙ロングオフ《投手側の後方の off 側の深い守備位置(の野手); cf. long on, long field》.

lóng ón *n.* 〘クリケット〙ロングオン《投手側の後方の on 側の深い守備位置(の野手); cf. long off, long field》.

Lóng Párliament *n.* [the ～] 《英》長期議会《1640 年秋 Charles 一世の召集した議会; そのまま清教徒革命にはいり, 1653 年一旦解散され, 1660 年完全に解散; cf. Short Parliament》.

lóng píg *n.* (マオリおよびポリネシア食人種の)人間の犠牲者, 人肉.

lóng pláy *n.* LP レコード(盤) (long-playing record).

lóng-pláying *adj.* 〈レコードが〉長時間演奏の, エルピー(盤)の (cf. LP): an ～ record.

lóng póoper *n.* 〘海事〙長船尾楼甲板船《船尾楼甲板が船橋まで伸びていて露天甲板となっている船》.

lóng prím·er [-prímə | -mə(r)] *n.* 〘活字〙ロングプライマー《活字の大きさの古い呼称, 10 アメリカンポイント相当; ⇨ type 10 ★》.

lóng púll *n.* =long run 1.

lóng-ránge *attrib. adj.* **1 a** 長距離の: ～ travel. **b** 長距離用の: a ～ gun [missile] 長距離砲[ミサイル]. **2** 遠大な, 長期の[にわたる]: a ～ study, plan, etc.

lóng réam *n.* 〘製紙〙長連《500 枚の用紙; cf. ream¹ 1》.

lóng róbe *n.* (法律家の着る)長衣; 法律家の職業: gentlemen of the ～ 法律家.

lóng-rún *attrib. adj.* **1** 長期間の[にわたる]; 長期的に[長い目で]見た. **2** 長期興行の: a ～ film.

lóng rùn *n.* **1** 長期間. **2** 長期興行; 長期興行の劇[映画](など): The play had a ～. その劇はロングランを続けた.

in [《米》*over*] *the long run* 長期的には, 長い目で見れば, 結局は: *In the* ～ it will come to the same thing. 長い目で見れば同じことになろう.

lóng ś *n.* (中世写本以来 18 世紀ごろまでの印刷や筆記で広く用いられた)長形の s《印刷では ſ, 筆記では *ƒ*; 通例語頭・語中で用いる》.

lóng·shànks *n.* (*pl.* ～) 〘鳥類〙=stilt 5.

lóng·shìp *n.* 中世にノルマン人が使用した galley に似た細長い船《通称バイキング船》.

lóng·shòre [lɔ́(ː)ŋ-, lɑ́ŋ- | lɔ́ŋ-] 〘《1822》(頭音消失) ← *along shore*〙 ── *attrib. adj.* 海岸の, 沿岸の; 海岸で働く: ～ fishery 沿岸漁業. ── *adv.* 沿岸で.

longshore cúrrent *n.* 沿岸潮流 (littoral current).

lóngshore·man [-mən] *n.* (*pl.* **-men** [-mən, -mèn]) **1** 港湾労働者, 荷揚げ人足 (cf. stevedore). **2** 《英》(貝類などを採る)浜辺の漁師.

lóng·shòr·ing [-ʃɔ̀ːrɪŋ, -ʃɔ̀ːr- | -ʃɔ̀ːr-] *n.* 港湾労働をすること; 港湾労働業.

lóng-shórt stòry *n.* (short story と short novel の中間の)長い短編(小説).

long shot *n.* **1** [ᅳᅳ] 〘写真・映画・テレビ〙遠景, ロングショット (cf. close shot, medium shot). **2** [ᅳᅳ] **a** 勝目のなさそうな賭け: not (…) by a ～ ⇨ shot¹ 成句. **b** (競馬で)勝目のなさそうな馬《勝てば大穴》; (競技で)勝目のなさそうな選手. **c** 一か八かの冒険; 見込みのなさそうな企て[計画]. **d** 当てずっぽう.

lóng síght *n.* **1** 遠見のきくこと; 遠視 (hyperopia). **2** 先見の明, 卓識, 洞察力 (penetration).

lóng-síght·ed *adj.* **1** 遠見のきく; 遠視(眼)の. **2** 先見の明のある, 卓見のある. **～·ness** *n.*

long·some [lɔ́(ː)ŋsəm, lɑ́ŋ- | lɔ́ŋ-] 〘OE *langsum*: cog. G *langsam*: ⇨ long¹, -some¹〙 *adj.* 《古・方言》長ったらしい. **～·ly** *adv.* **～·ness** *n.*

Lóngs Péak [lɔ́(ː)ŋz-, lɑ́ŋz- | lɔ́ŋz-] *n.* 米国 Colorado 州北部 Rocky Mountain 国立公園の最高峰 (4,345 m).

lóng splíce *n.* ロングスプライス, よりつなぎ《綱が滑車の溝を通れるように, 外回りを太くしない組み継ぎ法; cf. short splice》.

lóng-spún *adj.* **1** 長く引いた. **2** 長々しい, 退屈な (tedious).

lóng·spùr *n.* 〘鳥類〙ツメナガホオジロ《ツンドラ地帯や草原地帯に生息するツメナガホオジロ属 (*Calcarius*) の小鳥の総称; 足に長い後爪がある》.

lóng-stánding *attrib. adj.* **1** 積年の, 長年の: a ～ conflict, debt, etc. **2** 長期間存続できる.

lóng-stémmed *adj.* **1** 茎[幹]の長い: a ～ tree 幹の長い木. **2** ほっそりと背の高い: a ～ girl.

lóng stòp *n.* 〘クリケット〙ロング ストップ《捕手の後方の深い守備位置(の野手)》.

Long·street [lɔ́(ː)ŋstriːt, lɑ́ŋ- | lɔ́ŋ-], **Augustus Baldwin** *n.* (1790–1870) 米国の牧師・作家; *Georgia Scenes* (1835).

Longstreet, James *n.* (1821–1904) 米国南北戦争当時の南軍の将軍.

lóng-súffering 〘《1526》: Tyndale および Coverdale の用語〙 ── *n.* 辛抱強さ, 我慢強さ; 長い忍耐. ── *adj.* 辛抱強い, 我慢強い (cf. *Rom.* 2:4; *Gal.* 5:22). **～·ly** *adv.*

lóng súit *n.* **1** 得手, 長所: Cooking is her ～. 料理は彼女の得意とするところ. **2** 〘トランプ〙(ブリッジなどで) 4 枚以上の同種札から成るスーツ.

lóng swéetening *n.* 《米南部・中部》液状の甘味料《maple syrup や molasses など; cf. short sweetening》.

lóng-térm *attrib. adj.* **1** 長期の (↔ short-term): a ～ credit [loan] 長期貸付け. **2** 長期満期の: a ～ bond 長期債[債券].

lóng·time *attrib. adj.* 長い間の, 長年の: a ～ resident of Moscow 長い間モスクワに住んでいる人.

lóng·tímer *n.* **1** 古参者. **2** 長期刑の囚人.

lóng tóm, L- T- *n.* **1** (昔軍艦に用いた旋回式の)長身砲. **2** 〘陸軍俗〙長距離砲, ロングトム《通例 155 ミリ砲》. **3** 〘鉱山〙金を含む土砂を洗い流して砂金をとるための樋(とい).

lóng tón *n.* 英トン, 大トン (⇨ ton¹ 1a).

Long·ton [lɔ́(ː)ŋtən | lɔ́ŋ-] *n.* ⇨ Five Towns.

lóng-tóngued *adj.* **1** 舌の長い. **2** おしゃべりな.

lòng topgállant màst *n.* 〘海事〙長ゲルンマスト《トップ マストの上につながる 1 本の長い円材で出来ているマスト; トゲルンマストやロイヤルマストの帆などが掛けられる; pole topgallant mast ともいう》.

longue ha·leine [lɔ̃ː(ŋ)gæléɪn, lɔ(ː)ŋg-; *F.* lɔ̃galɛn] 〘◻F ～ 《原義》long breath〙 *F. n.* 長い時日: a work of ～ 久しい苦心の作品, 労作.

lon·guette [lɔ̃ː(ŋ)gét, lɔ(ː)ŋ-; *F.* lɔ̃gɛt] 〘◻F ～ 'longish': ⇨ long¹, -ette〙 *n.* 〘服飾〙=midi.

lon·gueur [lɔ̃ː(ŋ)gə́ː, lɔ(ː)ŋ- | -gɜ́ː(r; *F.* lɔ̃gœːr] 〘◻F ～ 《原義》length, slowness〙 ── *F. n.* (*pl.* **～s** [～(z); *F.* ～]) [通例 *pl.*] (書物・映画・脚本などの)退屈な個所, だれ場: the ～*s* of a novel 小説の冗慢な個所.

Lon·gus [lɑ́ŋgəs | lɔ́ŋ-] *n.* ロンゴス《3 世紀ごろのギリシャの作家; ⇨ Daphnis and Chloë》.

lóng vacátion *n.* 《英》(法廷・大学などの)夏期休暇 (cf. Easter vacation).

lóng-wáisted *adj.* **1** 胴の長い. **2** (衣服の)ウエストラインを自然の位置より低くつけた (cf. short-waisted).

lóng·wàll *adj.* 〘鉱山〙長壁法の《採掘面長を大きくとって連続的に採掘する採掘法》.

lóng wáve *n.* **1** 〘通信〙長波《周波数範囲 10–30 kHz, 波長 30,000 m 以上の電波; cf. shortwave 1, medium wave》. **2** 〘地震〙長波 (⇨ L wave).

lóng·wàys *adv.* **1** 縦に, 長く (lengthwise). **2** 〘ダンス〙長く 2 列になって. ── *adj.* 縦の, 長い.

lóng-wínded [-wíndɪd, -dəd] *adj.* **1** 息の長い, 息が長く続く. **2** 長ったらしい, 長広舌の, くどい; 退屈な, 冗漫な. **～·ly** *adv.* **～·ness** *n.*

lóng·wìse 〘⇨ -wise〙 *adv.* =longways 1.

lóng·wòol *n.* 長毛の羊.

lóng-wóol *adj.* 〈羊が〉長毛の: a ～ sheep.

lóng-wóoled *adj.* =long-wool.

Lonk [lɑ́ŋk | lɔ́ŋk] 〘《短縮》← LANCASHIRE〙 *n.* ロンク《顔面が黒く毛の粗い英国の肉用品種の羊》.

Lönn·rot [lɔ́ːnrɔt, lɑ́n- | -rɔt; *Finn.* lœnruːt], **Elias** *n.* リョンルート《1802–84; フィンランドの言語学者; 国民的叙事詩 *Kalevara* を採録出版した》.

loo¹ [lúː] 〘《1675》《略》← 《廃》*lanterloo* ◻F *lanturelu*: 17 世紀の流行歌の無意味な折返し文句〙 ── *n.* (*pl.* **～s**) **1** 〘トランプ〙ルー《5–9 人が 3–5 枚の手札をもって競技する古い賭博ゲーム; 負けた者が罰として次の回の賭金 (pot) を積む》. **2** ルー遊びの賭け金. ── *vt.* (ルー遊びで)…に罰金を積ませる.

loo² [lúː] 〘← ? F *l'eau* the water // *lieux (d'aisance)* toilet, 《原義》places of conveniences〙 *n.* (*pl.* **～s**) 《英口語》便所, トイレ: a public ～ 公衆便所.

loo·by [lúːbi | -bɪ] 〘《*a*1376》: cf. lob¹, lubber / Flem. *lobbe* simpleton〙 *n.* 《方言》とんま, 間抜け.

Loo·choo·an [luːtʃúːən] 〘⇨ ↓, -an¹〙 ── *adj.* 琉球(りゅうきゅう)の. ── *n.* 琉球人. ★ 19 世紀末まではこの語が使われていたが, 現在は Ryukyuan が一般的.

Lóo·choo Íslands [lúːtʃuː-] *n. pl.* [the ～] 琉球(りゅうきゅう)諸島《Ryukyu Islands の別称》.

loo·ey [lúːi | lúːɪ] *n.* 《米軍俗》=looie.

loof [lúːf] 〘《? *a*1300》 *lofe* ◻ ON *lōfi*〙 *n.* (*pl.* **～s**) 《スコット》手のひら (palm).

loo·fah [lúːfə | -fə, -fɑː] *n.* (*also* **loo·fa** [～]) 〘植物〙=luffa.

loo·ie [lúːi | lúːɪ] 〘← LIEU(TENANT)+-IE〙 *n.* 《米軍俗》中[少]尉.

look [lʊ́k] 〘v.: OE *lōcian* < (WGmc) **lōkōjan* = **loʒæjan* (G 《方言》*lugen* to look out, spy (OHG *luogen* to spy out)) ← ?. ── n.: ? OE *loke* ← (v.)〙 ── *vi.* **1** (注意して)見る, 眺める, 注視する (gaze) 〔*at*〕; (驚いて)目を見張る (stare); 捜す (cf. LOOK *for* (1)): ～ *about* [*away, back, up, down, in, out, behind*] あたり[向こう, うしろ, 上, 下, 中, 外, 後ろ]を見る / ～ this way and that あっちこっちと見る, 左右に気をつける / What are you ～*ing at*? 何を見ているのですか / The museum is not much to ～ *at*. その博物館は余り見栄えがしない / ～ *off* one's book 本から目を離す / She ～*ed away* from me in embarrassment. 彼女はきまり悪そうに私から目をそらした / ～ *through* the telescope 望遠鏡で見る / ～ *out* (*of*) the window 窓から外を見る《★ of を省くのは《米》》/ You must ～ *beyond* your present hardships *to* future happiness. 現在の苦難を乗り越え未来の幸福に目をやらなければならない / I ～*ed* to see what it was. それが何であるか見てみた / They just stood there ～*ing*. ただそこに立ってぽかんと見ていた[目を見張るばかりだった] / I ～*ed* everywhere, but couldn't find it. あちこち捜してみたが見つからなかった / *Look* before you leap. ⇨ leap *vi.* 1 a. ★ (1) look は相手の注意を促すために間投詞的に用いられることがある (cf. listen *vi.* 1 ★ (1)): *Look*, there he is! ほら, あそこにいるよ / *Look* here! おい, これ, ねえ, いいかね / *Look* you! いいかい, 気をつけなさい. (2) look at が see に準じて, 目的語+doing または原形不定詞を伴って用いられることがある (cf. listen *vi.* 1 ★ (2)): We ～*ed at* the train steaming past. 汽車が蒸気を吐いて走って行くのを眺めた / *Look at* my dog run. ぼくの犬が走るのをご覧.

2 注意する, 気をつける〔*at, to*〕: When you ～ deeper, you will notice the difference between the two. もっと注意すれば両者の違いに気がつくはずだ / Let's ～ *at* this point more carefully. この点をもっと注意してみよう.

3 a [補語を伴って] 目つき[顔つき, 様子]が…だ; く…

に〉見える，〈…と〉思われる，…のようだ (appear): He ~s happy [angry, cross, blank]. 幸福そうな[怒ったような，意地の悪そうな，ぼんやりした]顔をしている / He ~ed pleased [dissapointed, puzzled]. 満足げな[失望したような，とまどった]様子をしていた / Everything ~s promising. 万事見込みがありそうだ / He ~s every inch a gentleman. どこからどこまで紳士らしい人だ / He ~s his usual self. いつもとちっとも変った様子がない / You are not ~ing quite yourself. どうもいつもの君のようじゃないね《具合でも悪いのか，心配事でもあるのかなどの意をこめて》/ She ~s herself again. 彼女はまた元気になったようだ / She ~s her best in that dress. あのドレスを着ると最高に見える / He was amazed, and he ~ed it. 彼はびっくり仰天したが傍目(はた)にもそう見えた / He does not ~ his age. 年ほどに見えない / The actor ~s his part to perfection. その俳優は彼の役柄にぴったりのようだ《★ 前の 2 例の look は *vt.* とも解される》/ He ~s *as if* he had seen a ghost. まるで幽霊でも見たような顔をしている. ★ seem や appear と同様に，to 不定詞を伴うこともある: She ~s *to* be in her twenties. 20 代らしい. **b** [It を主語とし like, as if, as though を伴って] …になるらしい，…のように見える，…と思われる (seem): ⇨ LOOK *like* (2) / *It* ~*s as though* we should have a storm. あらしでも来そうな様子だ / *It* doesn't ~ *to* me *as if* we shall be in time for the train. 列車に間に合いそうには思えない.

4 a 〈家などが〉…に面している，向いている (face): My house ~s (*to* [*toward*] the) south. 私の家は南向きだ / The window ~s *on* [*upon*, *on to*] the sea. 窓は海に面している. **b** 〈事実・情勢・政策などが〉〔…に〕傾く，〔…を〕指す，目ざす (tend, point)〔*toward*, *to*〕: This policy ~s *toward* the reduction of taxes. この政策は減税を目的としている / a project ~*ing to* interplanetary travel 惑星間の旅行を目ざす計画.

— *vt.* **1** (注意して)見る，熟視する: ~ a person straight *in the eye*(*s*) 人の顔[目]をまともにじっと見つめる / ~ a person *through* and *through* ⇨ THROUGH *and through* / ~ a person [a thing] in the face ⇨ *in the* FACE / ~ a gift horse in the mouth ⇨ gift horse. **2 a** [*wh*-clause を伴って] (目で)確かめる，調べてみる: *Look where* you are. どこにいるのか見てご覧 / Please ~ *when* [*what* time] the airplane arrives. 飛行機は何時に着くか調べてみて下さい / I will ~ *if* [*whether*] the mailman has come yet. 郵便屋さんがもう来たかどうか見てみよう. **b** [*that*-clause を伴って] 〈…であるように〉確かめる，注意する (make sure) (cf. LOOK *to* (3)): *Look that* the work is done properly. 仕事がきちんとされるように気をつけて下さい. **3** …の目つき[顔つき]をする，…を目つき[態度]で表わす: ~ unutterable things [one's thanks] 口では尽くせない気持[感謝の気持]を目で表わす / ~ death 殺すぞと(顔つきで)おどす / He ~*ed* a query at me. いぶかしげな様子を目に浮べて私を見た / ~ daggers at ⇨ dagger 成句. **4** [*to* do を伴って] 〈…することを〉予期する，期待する (expect): I am not ~*ing to* be promoted. 昇進なんか期待していない. ★ 今日ではこの意味では LOOK *forward to* を用いるほうが好まれる. **5** [結果を表わす前置詞付きの句を伴って]《古》見つめて[にらんで]…させる: ~ a person *to* shame 人をにらみつけて恥じ入らせる / ~ a person *into* silence 人をにらんで黙らせる / ~ a person *out of* countenance 人をじろじろ見てきまり悪がらせる.

look about (1) (…のまわりを)見回す (cf. *vi.* 1);〔…を〕見回して捜す〔*for*〕: ~ *about for* a job あちこちと仕事を捜して回る. (2) (…のまわりを)見張る，警戒する. (3) …の周囲に気を配る，…の事を慎重に考慮する: I am too busy to ~ *about* me. 忙しすぎて身の回りをゆっくり顧みる[身辺の事をあれこれ考える]暇もない.

look after (1) …を振り返って見る；…のあとを見送る: We ~*ed after* the plane as it took off. 離陸する飛行機を見送った. (2) …に気をつける，注意する，…の世話をする；…を監督[監視]する: ~ *after* oneself 自分で自分の面倒をみる / ~ *after* number one ⇨ number one 2 / ~ *after* children 子供たちの世話をする / ~ *after* one's interests 自分の利益を守る / ~ *after* the shop 店番をする / ~ *after* a car properly 車をきちんと管理する / I'll ~ *after* the bill. 勘定は私がする.

look ahead (1) 前方を見る. (2) [特に命令法で] (ボートのこぎ手に対して)前方を振り返って見よ. (3) 未来を考える，将来に備える: ~ *ahead* ten years 10 年先のことを考える / ~ far *ahead* into the future ずっと先を見越す.

look alive [***lively***]《口語》急ぐ，てきぱきする: *Look alive* (there)! ぐずぐずするな.

look around (1) (…の)あたりを見回す；(…を)あちこち見て回る (tour): May I help you, sir?—No, I'm just ~*ing around*. 何をさしあげましょうか—いや，ただ見ているだけです / ~ *around* (the city) before lunch 昼食前に(町を)あちこち見物する. (2) …を視察する (inspect): ~ *around* the factory 工場を査察する. (3) (…を)あちこちと捜す (seek): ~ *around for* a book [job] 本[職]をあちこち捜す / He ~*ed around* the crowded theater to find an empty seat. 込んだ劇場を見回して空席を捜した. (4) (事に当たる前に)あれこれ考える，よく調べる: You'd better ~ *around* before making a decision. 決心する前によく考えたほうがいい.

look at (1) ⇨ *vi.* 1: ⇨ *to* LOOK *at*. (2) ⇨ *vi.* 2. (3) …を検査する，調べる；…を考察する (consider): The dentist ~*ed at* his teeth. 歯医者は彼の歯を調べた / We'll get an expert to ~ *at* this picture. 専門家にこの絵を鑑定してもらおう / ~ *at* the problem from all sides あらゆる面から問題を考察する / one's way of ~*ing at* things 物の見方. (4) …を〔…と〕考える，みなす (regard)〔*as*〕: They are ~*d at as* competitors. 彼らは競走相手とみなされている. (5) [won't, wouldn't に伴って] …を顧みない，相手にしない: I *won't* ~ *at* it at that price. その値段ではお話しにもならない / He *wouldn't* ~ *at* my suggestion. 私の提案には一顧も与えてくれなかった.

look back (1) ⇨ *vi.* 1. (2)〔…を〕回顧する，追想する〔*on*, *upon*, *over*, *to*〕: *Looking back*, I can see that.... 今にして思えば…だったことがわかる / He ~*ed back on* [*upon*, *over*, *to*] his school days. 学生時代を追想した. (3) [否定構文で]《口語》〈人・商売などが〉うまくいかなくなる，後退の気配を見せる: The actress *never* ~*ed back* after her first appearance. その女優はデビュー以来人気が下がったことは一度もなかった / Since that time his business has *never* ~*ed back*. その時以来彼の商売は決して後退したことがない. (4) [否定構文で] しりごみする: We *can't* ~ *back* at this stage. ここまできてあとに引くわけにはいかない. (5)《英》引き返して来る[訪ねる]: I'll ~ *back* later. あとでまた寄ります.

look down (*vi.*) (1) ⇨ *vi.* 1. (2) 見降ろす: ~ *down* the well. (3) 〈物価などが〉下向きになる. (*vt.*) にらみ伏せる: ~ a person *down* 人をにらみ伏せる.

look down one's nose (*at*) ⇨ nose *n.* 成句.

look down on [***upon***] (1) 〈人が〉…を眼下に見る；〈窓・高地などが〉…を見降ろす位置にある (cf. *vi.* 4 a): He ~*ed down on* me. 彼は見降ろすように私を見た / The Heights ~ *down on* Syria's Damascus plain. 高原はシリアのダマスカス平野を見降ろしている. (2)《口語》…を見下げる，軽蔑する (despise): ~ *down on* women [one's father, the work] 女性[父親，その仕事]を軽蔑する / Everyone ~*ed down upon* him *as* a snob. 皆は彼を俗物だとさげすんだ.

look for (1) …を捜す，尋ねる，求める: ~ *for* a job, a house, an assistant, help, etc. / ~ *for* trouble 災難を招くようなことをする. ★ この意味では about, around などの副詞を伴うことが多い (cf. LOOK *about* (1), LOOK *around* (3)). (2) …を期待する，待ち受ける: ~ *for* rain [a decent profit] 雨[かなりの利益]を期待する / *Look for* me about three o'clock. 3 時ごろ来ると思っていて下さい / The principal ~*s for* politeness *from* all the students. 校長は全学生に礼儀正しく振舞ってほしいと期待している.

look forth 見渡す，眺める (look out).

look forward to …を予期する，楽しみにして待つ: Mother ~*s forward to* your letters. 母はあなたからのお便りを楽しみにしています / We are all ~*ing forward to* meeting you. みんなお目にかかれる日を楽しみにしています.

look in (1) (…を)ちょっとのぞいて見る (cf. *vi.* 1): ~ *in at* the door [gate] 戸[門]からちょっとのぞく / ~ *in a* mirror [shop window] 鏡[ショーウィンドー]をちょっとのぞいて見る / She ~*ed in on* her sleeping baby. 眠っている赤ん坊をちょっとのぞいて見た. (2)〔場所に〕ちょっと立ち寄る〔*at*〕，〔人を〕ちょっと訪ねる〔*on*, *upon*〕: Please ~ *in* (*on* me *at* my office) tomorrow. 明日(事務所に私を)訪ねて下さい / I ~*ed in* there the other day. 先日そこを訪ねてみた / He ~*ed in* for a chat [cup of tea]. ちょっと寄ってしゃべって[一杯お茶を飲んで]いった. (3)《口語》テレビを見る.

look into (1) …の中を見る，のぞく: He would wander around town, ~*ing* vacantly *into* shop windows. ショーウィンドーをぼんやりのぞき込みながら町をうろつき回ったものだった / He ~*ed into* my face. 私の顔をのぞきこんだ. (2) …を調査[吟味]する，調べる (inspect, examine): ~ deep *into* the cause of …の原因を深く調べる / The matter must be ~*ed into*. その問題は調査する必要がある. (3) 〈本など〉をざっと調べてみる (dip into): ~ *into* one's notebook ノートにざっと目を通す / ~ *into* a dictionary 辞書を(引いて)みる. (4)《口語》…にちょっと立ち寄る (look in): ~ *into* a bookstore on one's way home 帰りにちょっと本屋に寄る.

look like (1) …に似ている (resemble)；…らしく見える: He ~*s like* his father. 父親に似た顔をしている / She ~*s like* a boy. (まるで)男の子みたいだ. (2)《英》…と思われる，…のようだ；…になるらしい；[do*ing* を伴って] 〈…する〉見込みがある，〈…し〉そうだ: It ~*s like* rain [raining]. 雨になりそうだ / He ~*s like* failing his exam. 彼は試験に落ちそうだ / The next year ~*s like* being harder than this. 来年は今年よりきびしくなりそうだ. (3)《俗》=look as if (⇨ *vi.* 3 a, b).

look lively =LOOK *alive*.

look on (1) 前を見る: ~ *on* ahead 先を見る，前途に目を注ぐ. (2) 傍観する，見物する (cf. looker-on, onlooker): He merely ~*ed on* and did nothing. ただ傍観[見物]するだけで何もしなかった. (3)〔…と〕一緒に(一冊の本などを)見る〔*with*〕: You can ~ *on with* me. 一緒に見てもいいですよ.

look on [***upon***] (1) [特にある感情をこめてまたは比喩的に] …を見る，ながめる: ~ *upon* a person *with* disfavor [distrust, suspicion] 人を冷たい[不信の，疑いの]目で見る / ~ *on* the bright [dark] side of things 物事の明るい[暗い]面を見る；物の見方が楽観[悲観]的である. (2) …を〔…と〕みなす，考える (regard)〔*as*〕: We have always ~*ed on* you *as* one of ourselves. 私たちはいつもお前を家族の一人とみなしてきた / Some people ~ *upon* books *as* furniture. 書物を家具だと思っている人がいる / He was thrilled to be ~*ed upon as* a child of the rich. 彼は金持ちの子とみなされて胸をわくわくさせた. (3) ⇨ *vi.* 4 a.

look one way and row another ある事を狙うと見せて実は他の物を狙う (cf.「敵は本能寺にあり」).

look out (*vi.*) (1) 外を見る (cf. *vi.* 1)；外を見渡す: ~ *out at* the window 窓から外を見る / ~ *out at* the view 外の景色を見る / ~ *out on* a garden 外の庭を見る / ~ *out over* the desert 砂漠を見渡す. (2) [通例命令法で] 注意する，用心する，警戒する: *Look out!* 気をつけよ / ⇨ LOOK *out for* (1). (3) 〈窓・部屋・建物などが〉〔…の方に〕向く〔*on*, *upon*, *over*, *to*〕: The windows ~ *out on* a cluster of old lilac bushes. その窓からは古いライラックの茂みが望まれる / The dining room ~*ed out over* the garden. 食堂は庭に面していた. (*vt.*) (1)《英》調べて選ぶ，捜し出す (search for)，〈語を〉〔…で〕調べる (look up): She ~*ed out* some old books *for* the school bazaar. 学校のバザーのために古い本を何冊か選んだ / I ~*ed out* the word in this dictionary. その単語をこの辞書で調べてみた. (2) [*that*-clause を伴って] 〈…するように〉気をつける，注意する (take care): *Look out* (*that*) you won't be run over. 車に轢(ひ)かれないように注意しなさい.

look out for (1) …に気をつける，用心する，…を見張る，警戒する: *Look out for* falling rocks. 落石に注意. (2) …を捜す: We must ~ *out for* a new house. 新しい家を見付けなければならない / She ~*ed out for* Tom at the station. 駅でトムを捜した. (3) …の世話をする，めんどうを見る: I ~*ed out for* my brother while mother went abroad. 母が海外に行っている間弟のめんどうを見ていた.

look over (*vi.*) (1) …越しに見る: ~ *over* the wall / ~ *over* one's shoulder 振り返って見る / ~ *over* a person's shoulder 人の肩越しに見る / I don't like you to ~ *over* me [my shoulder]. 君にうしろから肩越しに見られたくない. (2) …に(ざっと)目を通す，…を(ざっと)調べる: ~ *over* the headlines [contract] 見出し[契約書]に(ざっと)目を通す. (3) 〈場所〉を視察[査察]する (inspect): ~ *over* a factory 工場を査察する / ~ *over* a school 学校を視察する. (*vt.*) (1) (詳しく)調べる，点検する: Will you ~ *over* it [it *over*] with me? 一緒に調べてみてくれませんか. (2) (ざっと)見物する: ~ the town *over* 町を一わたり見物する. (3)《古》見のがす，大目に見る (ignore): ~ *over* a fault. ★ この意味では今は overlook を用いる.

look round (1)《英》=LOOK *around*. (2) (見ようと思って)振り向く: I ~*ed round for* her. 振り返って彼女を見た.

look the other way ⇨ way[1] 成句.

look through (*vi.*) (1) …を通して見る (*vi.* 1): ~ *through* the window *at* the garden 窓から庭を見る. (2) …を一通り調べる，調べ直す: ~ *through* a book 本を初めから終わりまでざっと調べる / ~ *through* several newspapers 幾つかの新聞に一通り目を通す. (3) …を見抜く，見破る: ~ *through* a person's tricks 人の計略を見破る / ~ *through* a person 人(の思惑)を見抜く. (4) 〈人を〉見て見ない振りをする，傲然と無視する: When we meet outside he always ~*s through* me. 外で会うといつも見て見ない振りをする. (5)《廃》…を通して見える: ...that our drift ~ *through* our bad performance, ... 手筈を間違え事露見に及ぶようなら… (Shak., *Hamlet* 4. 7. 151). (*vt.*) 十分に調べる，次々に点検する: ~ the bills *through* before paying them 支払う前に請求書をよく調べる.

look to (1) 〈人が〉…に視線を向ける，…の方へ向く；〈家などが〉…に面する (cf. *vi.* 4 a): ~ *to* the east *for* the rising sun 東へ向いて日の出を見る. (2) …の世話をする，めんどうを見る (take care of): ~ *to* children [a baby]. (3) …に気をつける，注意する；…の見張りをする: *Look to* your manners. 行儀に気をつけなさい / *Look to* it *that* this doesn't happen again. こんなことが二度と起こらぬように注意しなさい (cf. *vi.* 2) / ~ *to* one's laurels ⇨ laurel *n.* 3. (4) …を当てにする，頼りにする，…に頼る: ~ *to* a person *for* help 人の援助を当てにする / He ~*s to* me *to* make the arrangement. 彼は私がその取決めをすることを当てにしている / The mayors were told to ~ *to* their own municipal resources. 市長たちは自分たちの都市財源を頼りにするようにと言われた《援助を断わられた》. (5) …を期待して待つ (look forward to): ~ *to* a happy life / ~ *to* the day when …する日を楽しみに待つ. (6) ⇨ *vi.* 4 b.

look toward(***s***) (1) 〈人が〉…の方を見る. (2) ⇨ *vi.* 4 a. (3) ⇨ *vi.* 4 b. (4)《口語》…のために乾杯する.

look up (*vi.*) (1) ⇨ *vi.* 1. (2)《口語》〈事態・景気・天気などが〉上向きになる，よくなる；〈物価が〉上がる，騰貴する: Business is already ~*ing up*. 商売はすでに好転している / Things must be ~*ing up for* [*with*] him. 彼のところはきっと景気がいいに違いない. (*vt.*) (1) 捜す (search for): ~ *up* a person [book] 人[本]を

捜す. (2)〈辞書・参考書などを〉調べる;〔辞書・参考書などで〕〈語句などを〉調べる〔in〕: ~ *up* a dictionary [directory, timetable] 辞書[人名録, 時間表]を調べる / ~ *up* a word *in* a dictionary 辞書で単語を調べる / ~ a name *up in* a directory 人名録で人の名前を捜す / Please ~ *up* an express train to London. ロンドン行きの急行列車を調べて下さい. (3)《口語》訪問する (call on): *Look* me *up* when you are in town. ご上京の折はお寄り下さい.

look a person up and down 《口語》〈人を〉仔細に[じろじろ, 意味ありげに]見る, 軽蔑[感嘆]するように見る: The girl ~*ed* him *up and down*. 少女は彼をじろじろと見やった.

look upon ⇨ LOOK *on*.

look up to (1) …を仰いで見る, 見上げる: ~ *up to* the sky. (2) …を尊敬[賞賛]する (respect): Boys didn't ~ *up to* their parents any more. 男の子はもう親を尊敬しなくなった / We all ~ *up to* him *as* a great scientist. 皆彼を偉大な科学者として尊敬している.

look well (1) 健康そうに見える;〈事が〉うまく行きそうだ. (2)〈身につけている物などが〉〔…に〕よく似合う, 魅力的に見える〔on〕;〈人が〉〔…を身につけていると〕魅力的に見える〔in〕: The hat ~*s well on* him. その帽子は彼によく似合う / Navy blue will ~ *well on* you with your hair. あなたのような髪のお方には濃紺がお似合いになりますよ / You ~ *well in* that dress. その服を着ていると君は魅力的だ.

to look at …の様子から(判断)すると: *To* ~ *at* her you wouldn't guess she was an actress. 彼女を見ただけでは女優とは思えないだろう. ★ この構文では通例述語動詞に仮想を示す過去形の助動詞を用いる.

― *n.* **1 a** 見ること〔at〕; 一目, 一見 (glance): cast a ~ (*at*…) (…を)ちらりと見る / steal a ~ *at* a person 人を盗み見る / give a person a quick ~ 人を素早くちらりと見る / have a ~ *at* the paper 新聞に目を通す / Yesterday I took a ~ *at* him at the station. 昨日駅で彼をちょっと見掛けた. **b** 調べる[捜す]こと〔at, for〕: take a brief ~ *at* American history アメリカの歴史をざっと調べてみる / Let's have a ~ *for* it, shall we? ひとつ一緒に捜しましょう. **2 a** [限定詞を伴って] 目つき, 目色; 表情, 顔つき: an ugly ~ in the eye(s) [on the face] 怒った目つき[顔つき] / She gave a queer ~. 妙な顔をした / He shot me an angry ~. 彼は怒った目で私をにらんだ / A ~ of disappointment [recognition] passed over his face. 失望の色[相手がだれだかわかったといった気配]が顔に浮んだ / Her face wore a ~ of disapprobation. 彼女の顔には不満の色が見えた. **b** [通例 *pl.*] 顔つき, 容貌(ぼう), (特に)美貌: have (good) ~*s* and intelligence 美貌と知性を備えている / lose one's ~*s* 容色が衰える / Do not judge a man by his ~*s*. 顔つき[見かけ]で人を判断してはならない / He has his father's ~*s*. 顔は父親似だ / She was a pretty girl with the ~ of her mother. 彼女は母親に似たかわいらしい少女であった / I don't like the ~ of him. 彼の顔つきが気に食わない. **3** (人・物事の)様子, 外観, 見かけ: a ~ of age 古色, (時代の)さび / from the ~ of the sky 空模様からすると / have a ~ of … に外観が似ている, 様子が…だ / give a thing a new ~ 装いを新たにする / His long coat gave him the ~ of a clergyman. 長い上衣を着ているので牧師に見えた / His life took on a brighter ~. 彼の人生はこれまでよりも明るいものとなった / They are rich by the ~ of them. 見かけからすると金持ちらしい / We are going to have rain, by the ~ of it. どうも雨になりそうな気配がする / I don't like the ~ of this. どうも形勢がよくない. **4** (流行などの)型, 装い, 意匠, デザイン: a military ~ / a new ~ in women's fashions 女性ファッションの先端を行く型.

lóok-alìke *n.* (他に)よく似た人[物], うり二つ.

lóok-dòwn *n.* 〘製紙〙(紙の)外見《光を反射させて見た場合の紙の外観; cf. look-through》.

lóok·down fish 〘← *look down* (⇨ look 成句)〙 ― *n.* 〘魚類〙アジ科イトヒキアジに類する截形(せっ)の頭部の上の方に目がついている魚 (*Selene vomer*)《米国沿海産で, 体は側扁(へん); 単に lookdown ともいう》.

looked *adj.* [通例複合語の第 2 構成素として]《廃》= looking: a lean-*looked* person 顔形の痩せた人.

look·ee [lúki | -kɪ] 〘《変形》← *look ye* (imp.)〙 *int.* ほら, おい, これ (look here)《注意を引くのに用いる》.

lóok·er 〘ME〙 ― *n.* **1 a** 見る人, 見る者: a ~ on TV テレビの視聴者. **b** [通例複合語の第 2 構成素として]《英》検査官 (inspector): a cloth ~ 服地検査官. **2 a** [限定詞を伴って] (…の)風采(さい)の人: a good ~ 美男[女]. **b**《口語》美人, 器量のよい女 (beauty).

lóoker-ón 〘← *look on* (⇨ look 成句): -er¹〙 ― *n.* (*pl.* **lookers-**) 傍観者, 見物人 (spectator): *Lookers-on* see most of the game.《諺》傍観者にゲームはよく見える,「岡[傍]目八目」.

lóok-ìn 〘← *look in* (⇨ look 成句)〙 ― *n.* **1** ひとのぞき. **2** 短い訪問. **3** 成功の見込み: have a ~ うまく行きそうだ. **4** 〘アメリカンフットボール〙フィールドのセンターに向かって対角線的に走って来るレシーバーにボールをパスすること.

lóok·ing 〘ME〙 ― *adj.* [しばしば複合語の第 2 構成素として] …の顔をした, …に見える: good-[ill-]*looking* 器量のよい[悪い] / old-[young-]*looking* 年寄りめいた[若そうな] / angry-*looking* 怒ったような顔つきの / French-*looking* フランス人らしい / a disagreeable ~ character つきあいにくそうな顔をした人.

lóoking glàss *n.* **1** 鏡, 姿見 (mirror). **2** 鏡ガラス. **3** 鏡状のもの《よく磨かれた金属板・水面など》.

lóok·it 〘← LOOK: *it* は恣意的添加〙 *vt.* [命令形で]《米口語》見る: *Lookit* that bird swimming in the lake! あの鳥が湖を泳いでいるのを見ろよ.

lóok·òut 〘← *look out* (⇨ look 成句)〙 ― *n.* **1** 見張り, 用心, 警戒, 注意 (watch)〔for〕: keep a sharp [keen] ~ *for* traffic 交通によく気をつける / ⇨ *on the* LOOKOUT. **2** 眺望, 見晴らし (prospect): a house with a fine ~ 見晴らしのいい家. **3 a** 見張所, 檣上(しょう)見張座 (crow's nest). **b** 山火事見張り所 (primary lookout ともいう). **c** 眺望所, 見晴らし台 (belvedere). **d** 見張人, 見張番. **4**《英口語》前途: It's a bad [poor] ~ for him. 彼の前途が心配だ, 先が案じられる. **5** [one's ~]《口語》(自分の)仕事 (business, concern): That is *my* ~. それは私が自分で始末する, お世話は無用だ / That's not *your* ~. お前の知ったことではない. **6** 〘建築〙(建物の側面に突出して屋根の突出した部分を支える)腕木, 腫(さ)(など).

on the lookout 〔…を〕見張りして, 注目して, 警戒して〔for〕;〔…を手に入れようと〕気をつけて, 心がけて (watching)〔for〕: be *on the* ~ *for* traffic 交通に注意する / I'm *on the* ~ *for* a good used car. いい中古車がないかと心がけている.

lóok-òver *n.* さっと目を通すこと: give a thing a ~ さっと目を通す[調べる].

lóok-sèe 〘pidgin English:「監視」のなぞり〙 *n.*《俗》(簡単な)検分, 調査; 視察: have [take] a ~ 点検する, 視察する.

lóok-thròugh *n.* 〘製紙〙透かし地合い《光にかざした時に透けて見える紙の組織[構成]の様子; cf. look-down》.

lóok·ùp *n.* **1** 上向き, 好転. **2** 〘電算機〙ルックアップ《あるデータと計算機中に記憶された表の内容とを順次に比較して一致するものを探索すること》.

look·y [lúki | -kɪ] *int.* = lookee.

loom¹ [lú:m] 〘ME *lome* < OE (*ġe*)*lōma* tool, utensil ← *ġe-* 'Y-' + **loma* (← ?): cf. heirloom〙 ― *n.* **1** 織機, はた: a hand ~ 手ばた / a power ~ 力織機 / weave at the ~ 織機で織る. **2** 織機法, 機業. **3**《スコット》道具 (tool); 容器 (receptacle). **4** 〘← Scand.: cf. ON *hlummr* handle of an oar〙 オールの柄《水かきと握りの中間部》. ― *vt.* (織機で)織る, 織機にかける (weave): ~ the web 織機に経糸(たて)をかける.

loom² [lú:m] 〘《1591》← ? LG: cf. East Fris. *lōmen* / Swed.《方言》*loma* to move slowly〙 ― *vi.* [しばしば補語として形容詞を伴って] **1 a** 〈船・陸地などが〉ぼんやり現われる, (薄気味悪く)ぼうっと見える: A ship [The land] ~*ed* (*up*) through the fog. 船[目指す陸地]が霧の中からぼうっと現われた. **b** (突然おびやかすように)姿を現わす〈*up*〉: The gaunt shape of a windmill ~*ed up* upon the farther bank of the drain. 無気味な風車の姿がかなたの排水渠(きょ)の土手の上にぼうっと立ち現われた / The skyscrapers below Fifty-ninth Street ~*ed* black. 59 番街の行く手に摩天楼が黒々と立ちはだかっていた / Ahead of us the great bulk of the church ~*ed* dark and gigantic. 我々の行く手に教会堂の大きな建物がその黒ずんだ巨体を表わしていた. **2** [しばしば補語として large を伴って]〈物事が〉誇張されて不気味に思われる;〈危険・心配などが〉気味悪く(目前に)迫る: Trifles ~ *large* to an anxious mind. 取るに足らぬことでも心配する人の心には大事(だいじ)のように思われる / There were anxieties ~*ing* ahead. 前途に不安が迫っていた / The shadow of inflation ~*s* heavily over the entire nation. インフレの影が国民全体の頭上に色濃くさしている. **3**《廃》〈海が〉うねる;〈船が〉ゆっくりと上下に揺れる. ― *n.* (霧や闇の中あるいは水平[地平]線上に)ぼんやり現われ出ること; (そうして現われた)ぼんやりした物の姿[影]: make out the ~ of the island through fog [in the darkness] 霧[闇]を通して目指す島影を認める.

loom³ [lú:m] 〘◻ ON *lōm-r*: ⇨ loon¹〙 *n.*《英方言》〘鳥類〙 **1** = loon¹. **2** = guillemot. **3** = auk.

L.O.O.M. 《略》Loyal Order of Moose (cf. moose 4).

lóom·ing 〘⇨ loom² (v.)〙 ― *adj.* ぼんやり現われる, ぼうっと見える; 不気味に迫り来る, 空恐ろしい (menacing): a ~ shortage of natural gas さし迫る天然ガス不足. ― *n.* (地平線下の物の像がゆがんで見える)蜃(しん)気楼.

loon¹ [lú:n] 〘《1634》《変形》← LOOM³〙 *n.* 〘鳥類〙アビ《水にもぐるアビ属 (*Gavia*) のアビ, オオハム, ハシグロアビ (common loon) などの鳥類の総称; cf. diver 4 b》.

loon² [lú:n] 〘《?*c*1450》《スコット》*lown, lowen, loun* ◻ ? MDu. (cf. Du. *loen* stupid person)〙 ― *n.* **1**《スコット・古》なまけ者 (idler); ろくでなし, やくざ者. **2 a** 間抜け, ばか (fool). **b** 狂人, 気違い. **3**《古》身分の低い人. **4 a**《スコット》若者 (lad). **b** 売春婦.

loo·ny [lú:ni | -nɪ] 〘《1872》← LUN(ACTIC) + -Y²〙 (*also* **lóo·ney** [~]) 《俗》 ― *n.* 気違い (lunatic). ― *adj.* (**loo·ni·er; -ni·est**) **1** 狂気の (crazy). **2** 間抜けの, ばかな (silly). **lóo·ni·ness** *n.*

lóony bìn *n.*《俗》精神病院; 精神病棟.

loop¹ [lú:p] 〘《?*c*1390》*loupe*: ← ? Celt. (Ir. & Gael. *lūb* to bend, loop)〙 ― *n.* **1 a** ループ《ひも・リボン・ブレードなどで作った輪》. **b** 輪, 輪穴; 輪なわ, 引き結び (noose). **c** (制服などの飾りに用いる)輪飾り, ループ: ~*s* for a belt / ⇨ shoulder loop. **d** 環状の留め具, 取っ手, ループ. **e** 〘海事〙= loop knot. **2 a** 輪状のもの. **b** (くるくると紙に書いた, 筆記体の ℓ, ℓ の字のような, 渦巻き運動などの)輪: the ~ of the letter "ℓ" (筆記体の) ℓ 文字の輪 / in a ~ 輪になって / make a ~ 一周する. **c** (川などの)著しい彎曲部: the ~ of a river. **d** (路線・電線などの)環状線; (鉄道の終点で車両の方向転換をするための)ループ線 (loop line). **e** 迂回路の道; クローバー形立体交差路の環状部[曲線道路]. **f** (水たまりを取り囲むような形になった)曲線状の砂州. **g** 流れ型の指紋 (⇨ fingerprint 1 挿絵). **3**《米》**a** [the L-] ループ《米国 Chicago の環状線に囲まれた商業中心地区》. **b** (都市の)商業中心地区. **4** (競技の)連盟, リーグ (league). **5** 〘スケート〙ループ《片方のスケートのエッジで作った曲線》. **6** 〘物理〙 **a** 波腹 (antinode). **b** 腹の中心点. **7** 〘電気〙閉回路. **8** 〘数学〙自閉線 (⇨ looped curve). **9** 〘解剖〙係蹄《環状・紐状のものが急カーブした部分》. **10** 〘航空〙宙返り《inside loop ともいう; cf. outside loop》: ⇨ LOOP *the loop* (1). **11** 〘医学〙白金耳《細菌培養基に植える時などに使う白金[ニクロム]線の小さな輪》. **12** [the ~] 〘医学〙避妊リング (cf. Lippes loop). **13** 〘電算機〙ループ《一連の命令を繰返して実行するプログラムの中の一部》. **14** 〘通信〙= loop antenna.

knock* [*throw*] *for a loop 《米俗》(1) 打ちのめす, ノックアウトする. (2) ひどく驚かす, 唖然(あぜん)とさせる; 混乱させる. (3)〈人・物事を〉(突然に)窮地に追い込む, だめにする. (4) …に強烈な印象を与える, 圧倒する.

loop the loop (1) (飛行機で)宙返りをする. (2) ループザループ (loop-the-loop) で宙返りをする. ***on the loop*** 〘電気〙並列運転された.

loop of Hen·le [-hénli, -lə | -lɪ, -lə; G. -hέnlə] 〘← F. G. J. Henle (1809–85: ドイツの病理学者)〙 〘解剖〙尿細管係蹄, ヘンレ係蹄《腎臓の細尿管の一部で U 字形に曲った部分》.

― *vt.* **1 a** 〈糸・ひも・リボンなどを〉輪にする; 輪で囲む; …で輪を作る. **b** 輪のように囲む: The road ~*s* the lake. 道は湖をぐるっと一周している. **2 a** (輪で)締める, くくる〈*up, back*〉; 輪で結ぶ〈*together*〉: ~ the curtains *up* [*back*] カーテンを引き絞って輪留めで留める / ~ letters *together* 手紙を輪で束ねる. **b** 〔…を〕…に巻く〔with〕;〔…に〕巻きつける〔around〕: ~ one's finger *with* string ひもを指に巻く / ~ a rope *around* the tree 木にロープを巻きつける. **3**〈飛行機を〉宙返りさせる (cf. *loop the* LOOP¹ (1)). **4**〈ミサイル・ロケットなどを〉環状の軌道を描いて飛ばせる: ~ the grenade into the enemy camp 敵陣に手榴弾を弧を描いて投げる. **5** 〘電気〙ループ化する. ― *vi.* **1** 輪を作る, 環状になる: The road ~*s around* the lake. 道路は湖のまわりをめぐっている. **2** (尺取虫のように)体で輪を作りながら進む. **3** (空中を)輪を描いて飛ぶ. **4** (飛行機で)宙返りをする.

loop in 〘電気〙〈ケーブルなどを〉回路に接続する.

loop² [lú:p] 〘《1292》*loupe* ◻ ML *lōbia, lūpa* ← ? MDu. *lūpen* to peer〙 *n.* = loophole.

loop³ [lú:p] 〘◻ (O)F *loupe* wen, knob ← Gmc (cf. loupe)〙 *n.* 〘金属加工〙熱間圧延や熱間鍛造されている軟らかい鋼片.

lóop anténna *n.* 〘通信〙ループアンテナ, 枠形空中線 (cf. coil antenna).

looped *adj.* **1** 輪になった, 輪状の. **2**《米俗》酒に「酔った.

lóoped cúrve *n.* 〘数学〙自閉線《その一部が環状になっている曲線》.

lóop·er *n.* **1 a** 輪を作る人, 輪をつける人. **b** (ミシンなどで)糸の輪を作る仕掛け, ルーパー; (じゅうたん製造用)編み継ぎ機. **2** 〘昆虫〙シャクトリムシ《シャクトリガ (geometrid) の幼虫の総称; measuring worm, inchworm, spanworm ともいう》. **3** 〘野球〙= blooper 3 a.

lóop·hòle 〘← LOOP² + HOLE (n.)〙 ― *n.* **1** 〘築城〙狭間(ざま), 銃眼, 小窓《城の石壁などに設けた明り取り・通風または弓や鉄砲を放つための穴; ⇨ bartizan 挿絵》. **2** 開き口, すきま (opening). **3** 逃げ道, 抜け穴: a ~ in the law 法の抜け穴. ― *vt.* 〈壁など〉に狭間[銃眼]を作る.

lóop·ing mìll *n.* 〘金属加工〙線材圧延機.

lóop knòt *n.* 〘海事〙ロープの輪ができる形の各種結索法《bowline など》.

lóop lìne *n.* = loop¹ *n.* 2 d.

lóop stìtch *n.* 〘服飾〙ループステッチ《刺繍ステッチの一種で, 輪状に刺してゆく; cf. chain stitch 1 a》.

lóop-the-lóop *n.* **1** (飛行機の)宙返り. **2** ループザループ《軌道が途中で宙に縦の環を描いている遊園地の宙返り電車》.

loop·y [lú:pi | -pɪ] *adj.* (**loop·i·er; -i·est**) **1** 輪の多い, 輪になった. **2**《俗》**a** 気がふれている, 気が変な (crazy). **b** (軽く酩酊して)ぼうっとしている, ふらふらする. **3**《スコット》ずるい, こすい (sly).

loose [lú:s] 〘《?*a*1200》*lous, los* ◻ ON *lauss* loose < Gmc **lausaz* (Du. & G *los* loose, free): ⇨ lose, -less〙 ― *adj.* (**loos·er; -est**) **1 a**〈束縛・拘束から〉解き放たれた, 解放された〔of, from〕; 自由な (free, unbound): a ~ convict 逃げた囚人 / a horse ~ *of* his tether つなぎなわを離れた馬 / be ~ *of* public affairs 公務を離れる / The pigs are ~ in the garden. 豚が庭に放されている / get ~ (*from*…) (…から)逃げる, 逃亡する / go ~ やたらに動き回る / set a horse ~ 馬を放す. **b** 特別の用事[用途]のない, 自由に使える: ~

hours ひまな時間 / ～ funds 遊休資金.
2 a 結びつけてない, 結んでない, 解けた, 離れている (↔ tight): *Loose* ribbons were fluttering from her hat. 結んでいないリボンが帽子からひらひらしていた / ～ in covers＝binding ～ (書物の)表紙が離れそうな / come [get, work] ～ 〈ねじなどが〉ゆるむ, 〈結びなどが〉解ける, 抜けて来る / ⇨ loose end. **b** 〈髪・書類・花など〉束ねてない, 綴じてない: ～ leaves of a book 本のばらばらのページ / ～ flowers 束ねてない花 / a ～ leaf ルーズリーフ《綴じてないばらの紙》/ a ～ index 別刷の索引. **c** 入れ物にはいっていない, 包装してない, ばらの: ～ coins [cash] 小銭, ばら銭 / keep money ～ in one's pocket ポケットに金をばらで入れている / ～ coffee ばら(売り)[計り売り]のコーヒー / ⇨ loose milk, loose change. **d** 《古》とりとめのない, 脈絡のない (disconnected): ～ information.
3 a 〈窓・戸・歯・釘・機械の部分など〉堅くはまっていない, がたがたの, ぐらぐらの, ゆるい (↔ fast): a ～ tooth ぐらぐらの歯 / a ～ wheel しっかりはまっていない車輪 / a ～ knot がたがたする(板の)ふし, 死にぶし / ⇨ a SCREW *loose*. **b** 〈詰め方が悪くて〉〈中味が〉ごろつく, 動く: eggs ～ in a box 箱の中でごろごろする卵. **c** 〈衣服など〉だぶだぶの, ゆったりした: a ～ boot, coat, etc.
4 a 〈ひも・手綱など〉ぴんと張っていない, 締まりのない, ゆるんだ, 〈結び目など〉ゆるい (slack) (↔ tense, tight): a ～ belt ゆるいベルト / a ～ package [knot] ゆるい小包[しばり目] / with a ～ rein 手綱をゆるめて; 自由に任せて, 甘やかして. **b** 〈動きが〉ゆったりした (relaxed): with a ～ stride ゆったりした足取りで.
5 (構造・配置など)密でない (↔ dense): **a** 〈織物など〉目のあらい: a cloth of ～ texture 目のあらい布. **b** 〈隊形など〉すきまのある, 散開した (unserried): in ～ order 〖軍事〗散[疎]開隊形で / in ～ array 散開隊列で. **c** 〈筆跡が〉締まりのない: ～ handwriting. **d** 〈土など〉ぼろぼろの: ～ sand, soil.
6 a (肉体的に)締まりのない, 〈骨格など〉がっちりしていない; 〈筋肉など〉ぐにゃぐにゃの, たるんだ (flabby): a man of ～ build 体の作りのがっしりしていない人 / a ～ frame 締まりのない体格 / ～ cheeks たるんだ頬(ほ) / ～ lips 締まりのない唇. **b** 抑制力を欠いた, 控え目[節度]のない: a ～ tongue 締まりのない舌; おしゃべり / He is like a mad man when his temper gets ～. かっとなると気違いのようになる. **c** 〈腸が〉ゆるんだ (lax), 下痢の: ～ bowels 下痢.
7 (精神的に)締まりのない, 〈性質・行為(者)など〉厳密でない, 注意力の散漫な; 〈言葉・考えなど〉不精確な, 〈文体など〉散漫な, ずさんな (↔ strict): a ～ style 締まりのない[散漫な]文体 / a ～ translation 不精確な[ぞんざいな]翻訳 / a ～ mind [thinker] 散漫な思考[思考の散漫な人] / ～ reasoning ずさんな推論 / in a ～ sense 厳密でない[漠然(ばく)とした]意味で / ～ play だらけた[緩慢な]プレー (cf. 13 b).
8 (道徳的に)締まりのない, 〈人・行動など〉だらしのない; ふしだらな, 不身持ちな (wanton): a ～ woman 身持ちの悪い女 / a ～ fish 《口語》だらしのないやつ, 道楽者 / a ～ chick 《米俗》性的にだらしない娘 / ～ morals 不品行 / lead a ～ life 不品行な生活をする.
9 a 〈協約など〉解釈の自由が許されている, 厳しくない (↔ rigid). **b** 〈同盟など〉行動の自由が許されている, 堅くない: a ～ federation.
10 〈色が〉変色しやすい, すぐはげる (↔ fast): a ～ color, dye, etc.
11 〈畜舎が〉家畜が自由に動ける: ⇨ loose box.
12 〖文法〗〈統語要素が〉意味[構造]上不可欠でない, 遊離した: a ～ adjunct 遊離付加詞.
13 a 〖アメリカンフットボール〗〈フォーメーションが〉すき間の多い (cf. tight 16). **b** 〖フットボール〗〈ゲーム・プレーが〉プレーヤーがスクラムを組まない: the ～ play スクラムを組まないプレー (cf. 7). **c** 〖ラグビー〗〈スクラムが〉レフリーの指示によらない.
14 〖スポーツ〗〈ボールなど〉選手の手から離れている.
15 〖クリケット〗すき[欠点]のある: ～ fielding だらけた外野守備 / ～ pitching 不正確な投球.
16 〖化学〗遊離した (uncombined).
17 〖医学〗**a** 疎性の; 動揺性の. **b** 痰(たん)が楽に出る: a ～ cough 痰の切れるせき.
break loose 束縛から脱する, 自由の身になる; 脱走する, 逃げ出す〔*from*〕: The dog *broke* ～. 犬が逃げ出した / He *broke* ～ *from* prison. 脱獄した. ***cast loose*** (1) 解き放つ, ほおり出す〔*from*〕: I was *cast* ～ to make my own way in the world. 世間にほおり出されて一人立ちして行くことになった. (2) 〈船などを〉解き放す, はずす. ***cut loose*** (1) 〈船などを〉切り放す: *cut* a boat ～ *from* a ship. (2) (束縛などから)解放する, 自由の身にする; 逃れる, 自由の身になる, 関係を絶つ〔*from*〕: *cut* (oneself) ～ *from* one's family 家庭と縁を切る. (3) 《口語》思う存分にやり始める; 頑張り始める: I *cut* ～ and let him have it. 思い切って彼をとっちめてやった. (4) 《口語》破目をはずす, 浮かれ騒ぐ. (5) 《口語》攻撃を始める, 襲いかかる. ***hang loose*** 緊張がゆるむ; 落ち着いている. ***hold loose*** 冷淡に構える. ***let loose*** (1) (束縛などから)解き放つ, 自由にする. (2) 〈事を〉引き起こす. (3) 〈怒り・笑いなどを〉爆発させる (release): *let* ～ one's anger かんしゃく玉を破裂させる. (4) 〈人・銃砲が〉発砲する, 火ぶたを切る〔*at*〕. (5) 〈空などが〉大雨を降らせる. (6) 《口語》思い切ってしたいことをする, 破目をはずす. (7) 《口語》(思うことを)存分に言う, 〔人に〕ずけずけ言う〔*at*〕. (8) 《口語》〔人に〕襲いかかる, なぐりつける〔*on*〕. (9) 《口語》〈物が〉つぶれる, 壊れる. ***sit loose*** (1) 無頓着(むとんちゃく)である; 〔…に〕とらわれない〔*to*〕: He *sits* ～ *to* his responsibilities. 自分の責任などどうでもよいと思っている. (2) 〈物事が〉〔…に〕こたえない〔*on, upon*〕: It *sits* ～ *on* his conscience. いっこう彼の良心にこたえない. ***turn loose*** (1) (束縛などから)解き放つ, 放してやる, 解放する: He *turned* his pupils ～ to play by themselves. 生徒たちを自由にして勝手に遊ばせてやった. (2) (銃・弾丸を)発射[発砲]する, 火ぶたを切る (open fire)〔*on*〕. (3) 〔人に〕攻撃[非難]を浴びせる, まくし立てる〔*on*〕.
— *adv.* ゆるく, 遊んで: work ～ 〈ねじなどが〉ゆるむ, がたがたする, 遊んでくる (cf. come LOOSE ⇨ *adj.* 2 a).
play fast and loose ⇨ fast² 成句.
— *vt.* **1** 〈結び目などを〉解く, ほどく (unfasten, untie): ～ a knot, the fastening of a window, etc. **2** 放す, 解く (free, release): ～ one's hold (of...) (...から)手をゆるめる / Wine ～*d* his tongue. 酒が回ってしゃべり出した. **3** 〈矢・鉄砲などを〉放つ, 撃つ (open fire) 〈*off*〉: He ～*d off* his gun *at* the bear. 熊に向かって銃を発射した. **4** (ほどいて)放つ (detach, loosen): ～ a boat *from* its moorings ボートを係留から解き放す. **5** ...の罪を許す; 赦免する. **6** 〖海事〗〈帆を〉(ほどいて)広げる: ～ sail. — *vi.* **1** 矢を放つ, 鉄砲を撃つ 〈*off*〉: ～ *off at* a lion ライオンに発砲する. **2** 《英方言》〈仕事などが〉終わる. **3** 〖海事〗錨を揚げる, 抜錨(ばつびょう)する (weigh anchor); 出帆する.
— *n.* **1** 放任, 放縦. ★ 次の成句における以外は《廃》: ⇨ *on the* LOOSE, *give* (*a*) LOOSE *to*. **2** [しばしば the ～] 《英》〖ラグビー〗フォワードの展開するオープンプレー (cf. tight 2): in *the* ～ オープンプレーで. **3** 〖アーチェリー〗発射, 矢離れ.
give (*a*) ***loose to*** 〈感情・空想〉の走るままに任せる: *give* ～ *to* one's imagination 想像をたくましくする / *give* ～ *to* gaiety 陽気に騒ぐ. ***on the loose*** (1) 束縛[拘束]されないで, 自由で; 放免[放任]されて. (2) ふしだらな生活をして, 放蕩(ほうとう)して (dissolute): a woman *on the* ～ 身持ちの悪い女.

lóose-bódied *adj.* 〈衣服など〉ゆるい; (特に, コルセットのない)だぶだぶした (cf. strait-bodied).
lóose bòx *n.* 《英》放し飼いうまや (box stall)《馬をつながずに自由にしておくうまや》.
lóose chánge *n.* (ポケットの中などの)小銭, ばら銭.
lóose constrúctionist *n.* 《米》法の自由な解釈を主張する者《とりわけ合衆国憲法の自由な解釈を主張することによって連邦政府の権限の拡大を意図する者; cf. strict constructionist》.
lóose cóupling *n.* 〖電気〗疎結合《2つのコイル間の電磁誘導による結合が少ないこと》.
lóose cóver *n.* 《英》＝slipcover 1.
lóose énd *n.* [通例 *pl.*] **1** (ひも・なわの)くくり付けてない端: cut the ～*s* of a rope 綱の余りのところを切る. **2** (仕事などの)未解決のままになっているもの, 懸案: tie up ～*s* (争議・論争などの)解決をつける; すっかり仕上げる.
at a loose end＝《米》***at loose ends*** (1) (仕事がなくて)ぶらぶらして: Being *at a* ～ he went to the movies. 何もすることがなくて映画を見に行った. (2) 途方に暮れて, 混乱して (at a loss); 無秩序で (in disorder). (3) 未解決で (unsettled): leave a matter *at* ～*s* 問題を未解決のままにしておく.
lóose fít *n.* 〖機械〗すきまばめ, 遊びばめ, 動きばめ《軸の寸法が穴の寸法より小さくて, 軸が穴の中で動けるはめあい; cf. tight fit》.
lóose-fítting *adj.* 〈服が〉ゆったりした, 体形にぴったり合っていない.
lóose fít-up *n.* 〖機械〗＝loose fit.
lóose-fóoted *adj.* 〖海事〗〈縦帆の下端が〉ブームに取り付けてない.
lóose-jòint bùtt *n.* 〖建築〗上げはずし蝶番(ちょうつがい).
lóose-jóinted *adj.* **1** 関節[継ぎ目]のゆるい. **2** 自由に動く, しなやかな (limber): the ～ grace of an athlete 運動家の動きのしなやかな優雅さ. **3 a** 体に締まりのない, ぶざまな. **b** 〈文章など〉構成に締まりがない. **～·ness** *n.*
lóose-jòinted hínge *n.* 〖建築〗＝loose-joint butt.

loose-joint butts

lóose-léaf *adj.* (帳簿などの用紙が自由にはめはずしできる)ルーズリーフ式[綴じ]の: a ～ notebook.
lóose-límbed *adj.* 手足の柔軟な[しなやかな]: a ～ acrobat.
lóose·ly 〚《c1378》〛 — *adv.* **1** ゆるく, だらりと: Her long hair hung ～ about her shoulders. 彼女の長い髪の毛が肩のあたりにだらりと垂れていた. **2** ばらばらに, 離れて; あらく. **3** 締まりなく, だらしなく; 放縦に. **4** 散漫に, 漠然(ばく)と.
lóose mílk *n.* (びん詰めでない)計り売りの牛乳.
loos·en [lúːsn] 〚《?a1200》 *lose*(*n*), *losne*(*n*): ⇨ loose, -en¹〛 — *vt.* **1** 〈束縛・結び目などを〉解く, 離す, 放つ (undo, unfasten). **2** ゆるめる: ～ one's collar, necktie, etc. / ～ one's grasp of...＝～ one's hold on ... をつかんだ手をゆるめる. **3** ...の抑制[束縛, 厳しさ]をゆるめる, ゆるやかにする, 緩和する: ～ discipline [the tension] 規律[緊張]を緩和する / By degrees her tongue was ～*ed*. だんだん彼女はしゃべり始めた. **4** 〈固定したものを〉はずす, 離す (detach): ～ a yacht from its mooring ヨットを係留から離す. **5** 〈土などを〉ほぐす: ～ hard-packed earth 固い土をほぐす. **6 a** (通じをつけて)〈腹を〉ゆるめる, ...に通じをつける: ～ the bowels 通じをつける. **b** 〈せきを〉緩和する: ～ a cough (湿布などして)せきを鎮める. **7** (構造・配置などの)密度をあらくする, まばらにする: ～ the weave 織り目をあらくする. — *vi.* ゆるくなる, ゆるむ, たるむ, だぶだぶになる; ばらばらになる.
loosen up 《口語》(*vi.*) (1) 財布のひもをゆるめる, けちけちしないで金を出す, はり込む. (2) 打ち解けて話す (talk freely). (3) くつろぐ (relax); 体をほぐす. (*vt.*) (1) 緩和する: ～ *up* the economy. (2) [～ oneself *up* で] 体をほぐす.
～·er *n.*
lóose·ness 〚《a1400》〛 — *n.* **1** ゆるいこと, ゆるみ, ぐらぐら(すること); たるみ; (機械の部分などの)遊び, がた. **2** 散漫, 不正確; 不身持ち, 不行跡; 手ぬるさ; ずぼら. **3** 下痢.
lóose-príncipled *adj.* 無節操な, だらしない.
lóose séntence *n.* 〖修辞〗散列文《文尾に至る前に一応文意が完成し, あとは打ち切っても文意に妨げのない語句が次々に付け足される文; 日常の話し言葉や物語・日記・手紙などの談話体に多い; cf. periodic sentence》.
lóose smút *n.* 〖植物病理〗裸(ら)黒穂病《穀草類の病気で穂が胞子の粉塊に変化する; cf. covered smut》.
lóose·strìfe 〚《1548》: L *lysimachia* (← Gk *Lusímakhos* (固有名)) を Gk *lúein* to loose＋*mákhē* battle, strife (⇨ -machy) と誤解したもの〛 — *n.* 〖植物〗**1** サクラソウ科オカトラノオ属 (*Lysimachia*) の草本の総称; (特に)ヒロハクサレダマ (*L. vulgaris*). **2** ミソハギ科ミソハギ属 (*Lythrum*) の草本の総称; (特に)エゾミソハギ (purple loosestrife).
lóose-tóngued *adj.* 口の軽い, おしゃべりな.
loot [lúːt] 〚《1839》□ Hindi *lūṭ* < ? Skt *lōt*(*r*)*am* booty: cf. Skt *luṇṭ*- to rob〛 — *n.* **1** [集合的] 戦利品, 分捕り品, 略奪品. **2 a** 盗品. **b** (公務員などの)不正取得, 横領. **c** 《米俗》金 (money). **d** 《俗》高価な品物[もらい物]. **3** 略奪〔*of*〕: the ～ *of* a village, bank, etc. — *vt.* **1 a** (戦争で)〈物品を〉分捕る: ～ a person's treasures 人の財宝を戦利品に持ち去る. **b** 〈都市・家など〉から略奪する: ～ a bank 銀行から略奪する. **2** 盗む (rob); 不正取得する, 横領する. — *vi.* 略奪を行なう; 盗む; 不正取得をする, 横領する.
lóot·er [-tə | -tə(r] *n.* 略奪者, 強奪者 (plunderer); 盗賊; 不正取得者, 横領者.
lop¹ [lɑ́p | lɔ́p] 〚《1355–56》 *loppe* twigs ← *loppe*(*n*) to cut off < ? OE *loppian: または《廃》*lop* spider (< OE *loppe*) と同一語? (どちらも突出部が多いことから)〛 — *v.* (**lopped**; **lop·ping**) — *vt.* **1 a** 〈枝を〉切り取る, おろす (chop, hew) 〈*off*〉: ～ the branches *off* 小枝を払う. **b** 〈木を〉刈り込む, 剪(せん)定する (trim): ～ a tree. **2 a** 〈首・腕・足などを〉切り取る, 切る 〈*off*〉. **b** 〈あるものの部分を〉切る 〈*off*〉: ～ the dog's tail 犬のしっぽを切る. **c** 削減する: ～ $90 billion off the budget 予算から900億ドルを削減する. **d** 《古》〈人〉の首[手足]を切り取る. **3** ...の余分な部分を除去する; 不要なものとして除去する 〈*off*〉. — *vi.* 枝を刈り込む, 剪定する; 切り捨てる.
— *n.* **1** 刈込みの部分. **2** [集合的] 切枝, 小枝.
lop² [lɑ́p | lɔ́p] 〚《1578》《擬音語》?: cf. lob¹〛 — *v.* (**lopped**; **lop·ping**) — *vi.* **1** (だらりと)垂れる, ぶら下がる (hang limply). **2** ぶらぶらする, ぶらつく 〈*about, around*〉. **3** 〈うさぎなどが〉ぴょんぴょん跳ぶ[走る]. — *vt.* 垂らす, ぶら下げる: ～ one's arms.
lop down 《米口語》腰かける; 横たわる.
— *adj.* (だらりと)垂れ下がった: ～ ears 垂れ耳.
— *n.* ロップイアー《耳が垂れさがった一品種の飼いウサギ》.
lop³ [lɑ́p | lɔ́p] 〚擬音語〛 *vi.* (**lopped**; **lop·ping**) 〈海が〉さざ波が立つ. — *n.* さざ波.
lope [lóup | lə́up] 〚《c1300》 *lo*(*u*)*pe*(*n*) □ ON *hlaup-a*: cf. leap〛 — *vi.* **1** 〈うさぎなどが〉ぴょんぴょん走る, 走り去る 〈*away*〉. **2** 〈馬などが〉ゆるく駆ける; 〈人が〉大股で走る. — *vt.* 〈馬などを〉ゆるく駆けさせる. — *n.* **1** (馬などの)ゆる駆け (cf. canter²). **2** ゆったりした大股の駆足.
lóp-éared *adj.* 〈うさぎなど〉耳の垂れている, 垂れ耳の.
lóp·er [-pə | -pə(r] *n.* **1** 自然でゆるやかに駆ける馬. **2** 〖家具〗ローパー《引き出し[前蓋]を支持するための引き出し腕木; draw runner, draw slip ともいう》.
loph- [lɑf, louf | lɔf, ləuf] (母音の前に来る時の) lopho- の異形.
lo·phi·id [lóufiɪd, -əd, -ɪd | ləufiɪd] 〚↓〛 *n.* 〖魚類〗アンコウ科の魚.
Lo·phi·i·dae [ləfáɪədìː | -fáɪɪ-] 〚← NL ～ ← *Lophius* (属名: ← Gk *lóphos* (↓)) ＋ -IDAE〛 *n. pl.* 〖魚類〗アンコウ科.
loph·o- [lɑ́fo(ʊ), lóuf- | lɔ́fə(ʊ), lə́uf-] 〚← NL ～ ← Gk *lóphos* crest〛「冠 (crest), 櫛 (comb), ふさ (tuft)」の意の連結形. ★ 母音の前では通例 loph- になる.
loph·o·branch [lɑ́fəbræ̀ŋk, lóuf- | lɔ́fə(ʊ)-, lə́uf-] 〚← NL *Lophobranch-ii* ← Gk *lóphos* (↑)＋*brágkhia* gills〛 *n., adj.* 〖魚類〗＝lophobranchiate.
lòpho·bránchiate *adj., n.* 〖魚類〗総鰓類の(魚).
Loph·o·bran·chi·i [lɑ̀fəbræ̀ŋkiàɪ, lòuf- | lɔ̀fə(ʊ)-bræ̀ŋkɪ-, lə̀uf-] 〚⇨ lophobranch〛 — *n. pl.* 〖魚類〗総

鰓類《タツノオトシゴ (sea horse)・ヨウジウオ (pipefish) などを含む》.

loph·o·dont [lάfədὰnt, lóuf- | lɔ́fə(u)dɔ̀nt, lə́uf-] 〘← LOPHO-＋-ODONT〙 ── *adj.* 皺襞歯(しゅうへき)の《ウシ・ゾウなどの臼歯の咬合面に皺(しわ)のある状態にいう; cf. bunodont》.

loph·o·phore [lάfəfɔ̀ə, lóuf-, -fɔ̀ə | lɔ́fəfɔ̀:(r, lə́uf-] 〘← LOPHO-＋-PHORE〙 ── *n.* 〘動物〙 ふさかつぎ, 総担(そうたん)《コケムシ類・腕足類などの口を取囲む触手の一環の支持部》.

Lo·phot·i·dae [ləfάṭədì: | lə(u)fɔ́tɪ-] 〘← NL ～ ← *Lophotes* (属名: ⇨ lopho-)＋-IDAE〙 *n. pl.* 〘魚類〙 (アカマンボウ目)アカナマダ科.

lop·o·lith [lάpəlìθ | lɔ́p-] 〘← Gk *lopós* shell＋-LITH〙 *n.* 〘地質〙 ロポリス, 盆状岩体《地層の間に調和的に貫入した盆状の大形火成岩体; cf. laccolith》.

lóp·per *n.* **1** (木の)刈込みをする人, 枝おろし人. **2** 刈込み器具, 刈込みばさみ.

lóp·ping *n.* [通例 *pl.*] 切り取ったもの; (特に)切り枝.

lópping shèars *n. pl.* 刈込みばさみ.

lop·py [lάpi | lɔ́pɪ] 〘← LOP²＋-Y⁴〙 *adj.* (**lop·pi·er; -pi·est**) 垂れている (limp).

lóp·sèed 〘⇨ lop² (adj.)〙 *n.* 〘植物〙 ハエドクソウ (*Phryma leptostachya*)《アジアと北米に産するハエドクソウ科の多年草; 根をハエ殺しに使う》.

lóp·síded 〘⇨ lop² (adj.)〙 ── *adj.* **1** 〈船・建物など〉一方に傾いた. **2** 左右の釣合いの取れていない; 不均斉の: ～ trade 片貿易 / a ～ vote of 400 to 10 400 票対 10 票の一方的な投票. **～·ly** *adv.* **～·ness** *n.*

loq. 《略》〘演劇〙 loquitur.

lo·qua·cious [lo(u)kwéɪʃəs | lə(u)-, lɔ-] 〘(1667) ← L *loquāci-*, *loquāx* talkative (← *loquī* to talk ← ?)＋-OUS〙 ── *adj.* **1 a** おしゃべりな, 大いに弁じ立てる, 多弁な (talkative, garrulous): a ～ lady. **b** 言葉の多い, くどい, 冗漫な: the long and ～ scene 長くて冗漫な場. **2** 〈鳥など〉やかましい, 騒々しい; 〈水が〉さらさら音を立てる. **～·ly** *adv.* **～·ness** *n.*

lo·quac·i·ty [lo(u)kwǽsəṭi | lə(u)kwǽsətɪ, lɔ-, -sɪ-] 〘(1603) □ F *loquacité* □ L *loquācitātem*: ⇨ ↑, -ity〙 *n.* おしゃべり, 多弁, 饒舌(じょうぜつ).

lo·quat [lóukwɑt, -kwæt | lə́ukwɔt] 〘(1829) □ Chin. (広東音) *lo kwat* (櫨橘)〙 *n.* **1** 〘植物〙 ビワ (*Eriobotrya japonica*). **2** ビワの実.

lo·qui·tur [lάkwəṭə | lɔ́kwɪtə(r)] 〘□ L ‘he or she speaks’ ← *loquī* to speak〙 *L. vi.* 〘演劇〙 〈…が〉話す, 言う《loq. と略し話者の名を添えてト書きとする》.

lor [lɔ́ə | lɔ́:(r)] 〘《略》← LORD〙 *int.* (*also* **lor'**) おや, これは《非標準的な語》: O *Lor!*

Lo·ra [lɔ́:rə, lóːrə | lɔ́:rə] 〘□ Prov. ～: ⇨ LAURA〙 *n.* 「女性名.

Lo·raine [lərém, lɔ:r-, lo:r- | lɔr-, lər-] 〘⇨ LORRAINE²〙 *n.* 女性名.

lo·ral [lɔ́:rəl, lóːr- | lɔ́:r-] 〘← LORE²＋-AL¹〙 *adj.* 〘動物〙 目先 (lore) の.

lo·ran [lɔ́:ræn, lóːr-, ―́― | lɔ́:ræn] 〘← *lo(ng) ra(nge) n(avigation)*〙 ── *n.* 〘海事・航空〙 **1** ロラン, 自位置測定装置《大洋上など地上局から遠く離れた船や航空機が, 電波の到着時刻差から局までの距離を求め, 二つの局からの距離により自分の位置を知る装置; cf. shoran》. **2** (この装置を用いる)ロラン航法.

Lo·ran·tha·ce·ae [lɔ̀:rænθéɪsiì:, lɔ̀:r- | lɔ̀:r-] 〘← NL ～ ← *Loranthus* (属名: ← L *lōrum* (↓)＋-ANTHUS)＋-ACEAE〙 *n. pl.* 〘植物〙 (ビャクダン目)ヤドリギ科.

lo·rate [lɔ́:reɪt, lóːr-, -rət, -rɪt | lɔ́:r-] 〘□ L *lōrāt-us* ← *lōrum* strap〙 *adj.* 〘植物〙 ひも形の, 舌状の, 細長い.

Lorca, Federico García *n.* ⇨ García Lorca.

lor·cha [lɔ́ətʃə | lɔ́:-] 〘(1653) □ Port. ～ ← ?〙 *n.* 〘海事〙 ロルシャ《船体は西洋式, 帆装は中国式の快速帆船; 極東水域に多い》.

lord [lɔ́əd | lɔ́:d] 〘ME *loverd, lord* < OE *hlāford* ← *hlāf* ‘LOAF, bread’＋*weard* guardian, keeper (⇨ ward): cf. lady〙 ── *n.* **1 a** 他者に権力と権威を持つ人. **b** (世襲権または高位による)首長, 支配者, 主人: ～*s* of (the) creation 万物の霊長, 人間; 《戯言》男ども / the *Lord* of all (things) 万物の主, 神. **c** 《詩・文語》(土地・家の)所有者 (cf. landlord): the ～ of a mansion 大邸宅の所有主[主人] / a ～ of few acres 小地主. **d** 《詩・戯言》夫 (husband) (cf. lady 4a). **e** 領主: the ～ of the manor 荘園領主. **f** (職業・業界での)大立物, 大家, 巨頭, …王: a cotton ～ 綿花王 / the ～ of surgery 外科の大家. **g** 《廃》召使いの頭, 主人. **2** [L-; しばしば神への呼掛け・誓言に用いて] 主(しゅ) (God); キリスト (Christ): Our *Lord* わが主《救世主, キリスト》/ *Lord*, have mercy upon us. 主よわれらをあわれみたまえ / We beseech Thee to hear us, good *Lord*. 主よわれらの願いを聞きたまえ / in the year of our *Lord* 1980 西暦 1980 年に (cf. YEAR of grace, anno Domini) / *Lord* knows who [how, where, when, why, etc.] …だれが[いかに, どこに, いつ, なぜ, …]《口語》…かは神のみぞ知る《だれにもわからない》/ *Lord* bless me [us, you, my soul]! ＝*Lord* have mercy (on us)! おやおや, これはこれは《驚きを表わす》. **3 a** (Lord の敬称を持つ)英国の貴族, 華族 (peer). **b** 男爵 (baron). **c** 侯爵 (marquis)・伯爵 (earl)・子爵 (viscount) の世襲貴族. **d** 公爵 (duke)・侯爵の子息または伯爵の長子. **4** [L-; 称号として (cf. lady 2)] 《英》卿(きょう): **a** 侯・伯・子爵に対するやや略式の称号, または上級の貴族の長子に対する敬称 (courtesy title)《洗礼名には冠さない》: *Lord* Hartington (正式には The Marquis of Hartington) / *Lord* Derby (The Earl of Derby) / *Lord* Palmerston (Viscount Palmerston). **b** 男爵に対する通常の称号: *Lord* Tennyson《洗礼名を加える時は最初に入れる: Alfred, *Lord* Tennyson》. **c** 公・侯爵の次男以下の子息に対する敬称《洗礼名と姓に冠するが, 姓を略すこともある》: *Lord* Randolph (Churchill). **d** 上院議員である archbishop, bishop に対する敬称: *Lord* Bishop 主教《正式の呼び方》. **5** [my Lord [mɪ-lɔ́əd, mə- | mɪ-lɔ́:d, (弁護士の発音で時として) mɪ-lʌ́d, mə- | mɪ-lɔ́əd]; 呼掛けとして] 閣下《侯爵以下の貴族, bishop, Lord Mayor, 高等法院判事に対する敬称; 今は bishop および法廷において高等法院判事に対する以外は儀式ばった場合にだけ用いる; cf. justice 2 b》. **6** [the Lords] 《英》上院議員 (cf. senator 1); 上院: ⇨ HOUSE of Lords, lord spiritual, lord temporal. **7** 祝宴の司会者: ⇨ LORD of Misrule. **8** 《英》せむしの人. **9** 〘占星〙 優勢な星, 司星 (dominant planet).

(as) drunk as a lord ひどく酔って. ***live like a lord*** ぜいたくに暮らす. ***swear like a lord*** むやみにののしる. ***thanks to the Lord*** ありがたいことには. ***treat** a person **like a lord*** 〈人を〉歓待する, 〈人〉に大尽振舞いをする.

「Lord Chamberlain.

Lord Chamberlain of the Household [the ―] ＝

Lord Chief Justice of England [the ―] 英国首席裁判官《高等法院の王座部 (King's [Queen's] Bench Division) の長官》.

Lord (Commissioner) of Admiralty [the ―] (英国の)海軍本部委員《the First Lord of the Admiralty (海軍大臣)と武官である the First Sea Lord (軍令部長)を含めた 4 人の Sea Lords (武官委員)と Civil Lord (文官委員)で構成された海軍本部委員会 (Board of Admiralty) の委員の 1 人》.

Lord (Commissioner) of the Treasury [the ―] (英国の)国家財政委員 (⇨ Treasury Board).

Lord Great Chamberlain of England [the ―] (英国の)侍従長官, 宮内大臣《現在は戴冠式の式部官を勤めるのが主な職務》.

Lord High Almoner of England [the ―] (英国の)施物官, 御下賜金係《御下賜金の配分を司る王室役人で聖職関係者》.

「＝Lord Chancellor.

Lord High Chancellor of Great Britain [the ―]

Lord Keeper of the Great Seal [the ―] ＝Lord Keeper.

「Privy Seal.

Lord Keeper of the Privy Seal [the ―] ＝Lord

Lord of Appeal in Ordinary [the ―] 〘法律〙 ⇨ law lord.

「(Jehova) の呼称; cf. *Ps.* 24: 10》.

Lord of hosts [the ―] 万軍の主《旧約聖書でエホバ

Lord of Lords [the ―] 諸主の主, 万王の王, キリスト (King of Kings) (cf. *Rev.* 19: 16).

Lord of Misrule 〘(15-16C)〙 (中世後期および Tudor 王朝英国の宮廷・貴族の邸宅・大学などで選ばれた)クリスマスの饗宴・余興の司会者 (King [Abbot, Master] of Misrule ともいう).

lord of the bedchamber ＝lord-in-waiting.

Lord President of the Council [the ―] (英国の)枢密院議長《Privy Council の長》.

Lord Protector of the Commonwealth [the ―] 《英》護国卿, 護民官《共和政時代の Oliver Cromwell とその子 Richard Cromwell の称号; 単に Lord Protector ともいう》.

Lord Steward of the Household [the ―] (英国の)王室家政長官《privy councillor で, Green Cloth 王室会計局を監督し王室の厨房や食品倉庫等を管理する》.

── *vt.* **1 a** …に授爵する, 貴族にする. **b** Lord の敬称で呼びかける. **2** …に殿様のように振舞う, 圧制する (cf. master¹ *vt.* 3). **3** [～ it として] 〔…に対して〕威張る 〔*over*〕 (cf. KING [QUEEN] it): He ～*s it over* his fellows. 仲間に大きな顔をする[威張りちらす].

lord over [通例 p.p. 形で] …に対して威張る[殿様顔をする]: I will not be ～*ed over*. お前さんにふんぞり返られるのはごめんだ.

── *int.* [通例 L-] おお, おやおや, いやはや《驚き・感嘆・いらだちなどを表わす》: Good *Lord!* おお / *Lord*, how we laughed! まあどんなに笑ったことか.

Lòrd Ádvocate *n.* (スコットランドの)検事総長, 法務長官《イングランドの Attorney General に当たる》.

Lòrd Báltimore càke 〘← *George Calvert, Lord Baltimore* (*d*.1632: 17 世紀の英国貴族・アメリカの大地主)〙 ── *n.* ロードバルティモアケーキ《卵黄を使ったバターケーキの間にマコロン・ナッツ・さくらんぼなどをはさんで層にし, 全体に白い糖衣をかぶせたもの; cf. Lady Baltimore cake》.

Lòrd Chámberlain *n.* [the ～] (英国の)宮内[式部]長官《閣僚で, 宮廷関係の人事権と共に劇場や戯曲の監督権も持つ; Lord Chamberlain of the Household ともいう》.

Lòrd Cháncellor *n.* (*pl.* **Lords C-**) [the ～] (英国の)大法官《上院議長で国璽(こくじ)を保管し, 裁判官としてもいわば最高裁判所長官に当たる英国最高の官職; Lord High Chancellor (of Great Britain), Chancellor of England ともいう》.

「England.

Lòrd Chíef Jústice *n.* ＝LORD Chief Justice of

Lòrd Clérk Régister *n.* [the ～] 《古》〘スコット法〙 公文書保管人.

Lòrd Hígh Ádmiral *n.* **1** 《英》(昔の)海事大臣《海軍および海事司法権を掌握した高官の称号; cf. admiral 2 a》. **2** 海軍総司令官《1964 年より英国(女)王の称号の一つ; 正式には Lord High Admiral of the United Kingdom》.

Lòrd Hígh Cháncellor *n.* ＝Lord Chancellor.

Lòrd Hígh Commíssioner *n.* (Church of Scotland の総会における)英国(女)王代理.

lórd·ing *n.* 《廃》＝lordling.

「侍従.

lórd-in-wáiting *n.* (*pl.* **lords-**) (英国王・皇太子の)

Lòrd Jústice *n.* (*pl.* **Lords Justices**) 英国控訴院 (Court of Appeal) の裁判官《正式名 Lord Justice of Appeal; 略 L.J.》.

Lòrd Jústice Clérk *n.* (スコットランドの)最高法院 (Court of Justiciary) 次長《Outer House の首席法官を兼ねる》.

Lòrd Jústice Géneral *n.* (*pl.* **L- Justices G-**) (スコットランドの)最高法院 (Court of Justiciary) 長《民事控訴院の長官 (Lord President) が兼任》.

Lòrd Kéeper *n.* (英国の)国璽(こくじ)尚書《16 世紀以来大法官 (Lord Chancellor) がこの地位に就く; 正式には Lord Keeper of the Great Seal》.

lórd·less 〘OE *hlāfordlēas*: ⇨ -less〙 *adj.* 主君[主人, 首長]のない.

「[任期].

Lòrd Lieuténancy *n.* 《英》 Lord Lieutenant の職

Lòrd Lieuténant *n.* (*pl.* **Lords L-, ～s**) **1** (英国の)州統監《16 世紀に州の軍事力統轄を主任務として任命されたが, 現在は名誉職で実際の政治に関与しない; cf. DEPUTY lieutenant》. **2** アイルランド総督《正式には Lord Lieutenant of Ireland; 1922 年まで》.

lórd·li·ly [-lɪli, -lə- | -lɪ] *adv.* 君主らしく, 堂々と.

lord·ling [lɔ́ədlɪŋ | lɔ́:d-] 〘(?*a*1200): ⇨ -ling¹〙 *n.* 小君主; 小貴族.

lord·ly [lɔ́ədli | lɔ́:dlɪ] 〘OE *hlāfordlīć*〙 ── *adj.* (**lord·li·er, -li·est; more ～, most ～**) **1 a** 君主[貴族]の[によって支配された]: ～ monarchy 君主政体. **b** 君主[貴族]にふさわしい; 威厳のある, 立派な, 堂々たる: a ～ mansion, gift, banquet, etc. **2** 横柄な, 偉ぶった, 尊大な: a ～ nation. ── *adv.* 君主[貴族]らしく, 堂々と, 横柄に, 尊大に. **lórd·li·ness** *n.*

Lòrd Lýon *n.* ⇨ Lyon².

Lòrd Máyor *n.* [the ～] (London, York, Liverpool, Manchester, Belfast など英国の大都市の)市長; (特に)ロンドン市長《シティー (City of London) の市長 (the Lord Mayor of London) であって, 大ロンドン (Greater London) の行政首長 (Lord Lieutenant) ではない》: ～*'s* Day ロンドン市長就任式日《11 月の第 2 土曜日》/ the ～*'s* Show ロンドン市長就任披露(ひろう)行列《市長就任式日に行なわれるロンドンの年中行事の一つ》.

「ATRY〙 *n.* 貴族崇拝.

lord·ol·a·try [lɔədάlətri | lɔ:dɔ́lətrɪ] 〘← LORD＋-OL-

Lòrd Órdinary *n.* (*pl.* **Lords O-**) (スコットランドの)常任裁判官《民事控訴院 (Court of Session) の Outer House を構成する 11 人の裁判官の 1 人》.

lor·do·sis [lɔədóusɪs, -səs | lɔ:də́usɪs] 〘← NL ～ ← Gk *lórdōsis* ← *lordós* bent backward＋-OSIS〙 ── *n.* 〘病理〙 (脊柱)前彎(症) (cf. kyphosis, scoliosis). **lor·dot·ic** [lɔədάṭɪk | lɔ:dɔ́t-] *adj.*

Lòrd Présidenť *n.* **1** ＝LORD President of the Council. **2** (スコットランドの)民事控訴院 (Court of Session) の長官 (cf. Lord Justice General).

Lòrd Prívy Séal *n.* [the ～] (英国の)王璽(おうじ)尚書《正式には Lord Keeper of the Privy Seal》.

Lòrd Protéctor *n.* ＝LORD Protector of the Commonwealth.

Lòrd Próvost *n.* (Edinburgh, Glasgow などスコットランドの大都市の)市長《主席行政官》.

Lòrd Réctor *n.* (スコットランドの)大学名誉総長《3 年ごとに選挙される; cf. chancellor 4a》.

「称.

Lord's [lɔ́ədz | lɔ́:dz] *n.* Lord's Cricket Ground の略

lórds-and-ládies *n.* (*pl.* ～) 〘植物〙 ＝cuckoopint.

Lórd's Anóinted *n.* [the ～] **1** キリスト, メシア. **2** 主が油を注がれた者《神授の権利をもった(ユダヤの)王; cf. *1 Sam.* 26: 9》.

Lórd's Crícket Gròund 〘← *Thomas Lord* (?-1832: その経営者)〙 *n.* ロードクリケット競技場《London の Marylebone にあるクリケット競技場; Marylebone Cricket Club の本部; 単に Lord's ともいう》.

Lórd's dày 〘?OE *lauerdes dei* (なぞり) ← L *dominica diēs* (なぞり) ← Gk *kuriakè hēméra*〙 *n.* [the ～] 主日, 日曜日 (Sunday).

lórd·ship 〘OE *hlāfordscipe*: ⇨ -ship〙 ── *n.* **1 a** 封建貴族[領主, 君主]の身分[地位]. **b** (領主の)統治権, 主権 (sovereignty); 支配力, 抑制力: have the ～ *over* land and sea 陸海を支配する. **c** (封建貴族の)領地, 領分. **2** [しばしば L-] 《英》公爵を除いた貴族および裁判官に対して用いる敬称: his [your] *Lordship* 閣下《lord に言及しまたは呼び掛ける時の敬称; ふざけて普通人にも用いる》.

lórds ordáiners *n. pl.* 〘英史〙 国政改革委員会《Edward 二世が 1310 年に任命した 21 人の貴族と高位の聖職者とからなる委員会》.

lòrd spíritual 〘(1399)〙 *n.* (*pl.* **lords s-**) (英国の)聖職貴族, 聖職上院議員《上院に籍を置く bishop または archbishop; cf. lord temporal》.

Lórd's Práyer 〘(1548-49) (なぞり) ← L *dominica ōrātiō*〙 ── *n.* [the ～] 〘キリスト教〙 主の祈り, 主禱(しゅとう)文《Our Father who art in heaven, …で始まる祈り; cf. *Matt.* 6: 9-13, *Luke* 11: 2-4》.

Lórd's Súpper 〘(*c*1384) *lordis sopere* (なぞり) ← L *dominica cēna* (なぞり) ← Gk *kūriakòn deîpnon*〙 *n.* [the ～] 〘キリスト教〙 聖餐(せいさん)(式) (Eucharist, Holy Communion); 〘聖書〙 主の晩餐 (cf. *1 Cor.* 11: 20).

Lórd's táble *n.* [the ~]〘教会〙祭壇 (altar), 聖餐(せいさん)台, 聖卓 (Communion table) (cf. *1 Cor.* 10 : 21).

lòrd témporal 〘(1399)〙*n.* (*pl.* **lords t-**) (英国の)世俗貴族, 世俗[聖職以外の]上院議員 (cf. lord spiritual).

lore¹ [lɔ́ə, lóə | lɔ́:(r] 〘OE *lār* doctrine, teaching < (WGmc) **laiza*=Gmc **laizō* (Du. *leer* / G *Lehre*) ← **lais-* 'to LEARN'〙 ── *n.* **1** [集合的] (特定の人々・ある職業または特定の題目や分野の)知識, 学問; (特に, 特定の人・集団・土地に関する民間伝承的で非科学的な)伝承, 伝説, 言い伝え: the ~ of the Egyptians 古代エジプト人の知識 / doctors' ~ 伝承医学 / philological ~ 伝承言語学 / herbal ~ 本草の知識, 本草学 / bird [animal] ~ 鳥[動物]の知識 / fairy [ghost] ~ 妖精[幽霊]に関する伝承的知識 / a master of Oriental [classical] ~ 東洋学[古典学]の大家 / ⇨ folklore. **2** 《古》(学問・経験による)知識, 博学. **3** 《古》 **a** 教授 (teaching, instruction). **b** 教課 (lesson), 教義.

lore² [lɔ́ə, lóə | lɔ́:(r] 〘(1826)□ L *lōr-um* thong, strap〙 ── *n.*〘動物〙目先《鳥の目とくちばしとの間の面; また蛇の目と鼻孔との間の面》. **lo·re·al** [lɔ́:riəl, lóːr- | lɔ́:rɪ-] *adj.*

Lo·re·lei [lɔ́:rəlàɪ, lóːr-, lɑ́r- | lɔ́:r-, lɔ́r- ; G. lóːrəlàɪ] 〘□ G ~ 《変形》(C. Brentano による) ← *Lurlei* (Rhine 川の崖の名)《原義》ambush cliff ← MHG *luren* to watch (⇨ lower²)+*lei* cliff, rock〙 ── *n.* **1** 女性名. **2**〘ドイツ伝説〙ローレライ《Rhine 川右岸の岩頭に出没してその美しさと歌によって船人を誘惑して破船させたという水の精 (nixie); Heine の詩で広く知られる》. 「男性名.

Lo·ren [lɔ́:rən, lóːr- | lɔ́:r-] 〘《変形》← LAURENCE²〙 *n.*

Lo·re·na [lɔːríːnə, loːr- | lɔːr-] 〘《変形》← LORNA〙 *n.* 女性名. 「性名.

Lo·rence [lɔ́:rəns, lóːr- | lɔ́r-] 〘⇨ LAURENCE²〙 *n.* 男

Lo·rentz [lɔ́:rents, lóːr- | lɔ́r- ; *Du.* lóːrənts], **Hendrik An·toon** [ɑ́ntoːn] *n.* ローレンツ《1853-1928; オランダの物理学者; Nobel 物理学賞 (1902)》.

Lórentz fòrce 〘↑〙 *n.*〘物理〙ローレンツ力《磁界中を運動する電荷に作用する力》.

Lórentz transformàtion 〘← *H. A. Lorentz*〙 ── *n.*〘物理〙ローレンツ変換《特殊相対性理論で慣性運動をする二つの座標系の間の座標変換; cf. Galilean transformation》.

Lo·renz [lɔ́:rents, lóːr- | lɔ́:r- ; G. lóːrɛnts], **Konrad (Zacharias)** *n.* ローレンツ《1903- ; オーストリアの動物行動学者; Nobel 医学生理学賞 (1973)》.

Lo·ren·zet·ti [lɔ̀:rəntséti, lɔ̀ːr- | lɔ̀rəntséti ; *It.* lòrentsétti], **Ambrogio** *n.* ロレンツェッティ《1300?-?48; イタリアの壁画家》.

Lorenzetti, Pietro *n.* ロレンツェッティ《1280?-?1348; イタリアの壁画家, Ambrogio の兄で師》.

Lo·ren·zi·ni [*It.* lòrentsíːni], **Carlo** *n.* ロレンツィーニ《Carlo Collodi の本名》.

Lo·ren·zo [lərénzou, lɔːr- | lərénzəu, lər- ; *It.* lorénʦo] 〘□ It. ~ 'LAURENCE²'〙 *n.* 男性名.

Lorénzo Mó·na·co [-móunəkòu | -mɔ́unəkəu ; *It.* -mɔ́nako] *n.* ロレンツォモナコ《1370?-1425; イタリアの修道僧で, シエナ派の壁画・祭壇画家》.

Lo·ret·ta [lərétə, lɔːr- | lərétə, lɔr-] 〘← (*Our Lady of*) *Loreto* 'ロレトの聖母マリア' (*Loreto* はイタリアの有名な巡礼地): cf. Lauretta〙 *n.* 女性名.

lor·gnette [lɔənjét | lɔː- ; *F.* lɔrɲɛt] 〘(1820)□ F ~ ← *lorgner* to look sidelong at, eye ← OF *lorgne* a squinting: ⇨ -ette〙 ── *n.* (*pl.* **~s** [~s; *F.* ~]) 柄(え)付きめがね; 柄付きのオペラグラス (opera glass).

lorgnette

lor·gnon [lɔənjɔ́:(ŋ), -njɔ́(:)ŋ | lɔː- ; *F.* lɔrɲɔ̃] 〘(1846)□ F ~ ← *lorgner* (↑)〙 ── *n.* (*pl.* **~s** [~z; *F.* ~]) **1** 単眼鏡 (monocle); 鼻めがね (pince-nez). **2** =lorgnette.

lo·ri·ca [lərάɪkə | lɔr-, lɔr-] 〘□ L *lōrica* 'leather breastplate, corselet' ← *lōrum* thong, strap: cf. lore²〙 ── *n.* (*pl.* **lo·ri·cae** [-rάɪsiː, -rάɪkiː]) **1** (古代ローマで用いられた皮または金属製の)胴甲(どうこう). **2**〘動物〙(ワムシ類 (rotifer) などの)堅い殻, 鎧(よろい). **3**〘植物〙(珪藻の殻など)細胞を包む硬い膜.

lorica 1
1 lorica; 2 pallium

Lor·i·ca·ta [lɔ̀(:)rəkάːtə, lɑ̀r-, -kéɪ- | lɔ̀rɪkάːtə, -kéɪ-] 〘← NL ~ ← L *lōricātus* (p.p.) (↓)〙 ── *n. pl.*〘動物〙ワニ目.

lor·i·cate [lɔ́(:)rɪkət, lάr-, -rə-, -kɪt, -kèɪt | lɔ́rɪ-] 〘(1826)□ L *lōricāt-us* (p.p.) ← *lōricāre* to clothe in mail: ⇨ lorica〙 ── *adj.*〘動物〙堅い殻[鎧]をもった[でおおわれた]. ── *n.*〘動物〙堅い殻[鎧]をもった[でおおわれた]ワニ目の動物の総称《alligator, crocodile など》. ── [-kèɪt] *vt.* 堅い物質でおおう.

Lo·rient [lɔ̀:riά:(ŋ), lɔ̀:-, -ɔ̃:(ŋ), -ά:ŋ, -ɔ́(:)ŋ | lɔ̀:rɪ- ; *F.* lɔrjɑ̃] *n.* ロリアン《Biscay 湾に臨むフランス西部の港市; 人口 69,000》.

lor·i·keet [lɔ́(:)rɪkìːt, lάr-, -rə- | lɔ́rɪ-] 〘(1772-84) ← LORY+(PARA)KEET〙 ── *n.*〘鳥類〙小型のインコ類の総称《セイガイインコ属 (*Trichoglossus*)・サトウチョウ属 (*Loriculus*) など》.

lor·i·mer [lɔ́(:)rəmə, lάr- | lɔ́rɪmə(r] 〘(?a1200)□ OF *loremier* ← *lorain* bridle ← L *lōrum* strap〙 ── *n.* 《古》馬具金物師. ★ 現在 London の同業者組合の名称にのみ用いる.

lor·i·ner [lɔ́(:)rənə, lάr- | lɔ́rɪnə(r] *n.* 《古》=lorimer.

lor·i·ot [lɔ́(:)riət, lάr-, -riòu | lɔ́rɪət, -rɪəu] 〘(1601)□ F ~ ← *l'* the+*oriot* 《変形》← ORIOLE〙 *n.*〘鳥類〙=golden oriole.

lo·ris [lɔ́:rɪs, lóːr-, -rəs | lɔ́:rɪs] 〘(1774)□ F ~□?《廃》Du. *loeris* booby〙 ── *n.* (*pl.* ~)〘動物〙ノロマザル, ケッカイ獣, ロリス《アジア南部産ロリス科に属する動作がのろい下等な霊長類; 夜行性で樹上生活をする》: **a** ホソロリス (*Loris tardigradus*) 《slender loris ともいう》. **b** スローロリス (*Nycticebus coucang*) 《slow loris ともいう》. **lo·ris·i·form** [lɔːrísəfɔ̀əm, lər- | -sɪfɔ̀ːm] *adj.*

Lo·ris·i·dae [lɔːrísədiː, lə- | -sɪ-] 〘← NL ~: ⇨ ↑, -idae〙 *n. pl.*〘動物〙(霊長目)ロリス科.

lorn [lɔ́ən | lɔ́:n] 〘OE *loren* (p.p.) ← *-lēosan* 'to LOSE'〙 ── *adj.* **1** 《古・戯言》見捨てられた, 寄るべのない; 孤独の, わびしい: a lone, ~ widow 寄るべのない寡婦. **2** 《廃》破滅した, 滅びた. **~·ness** *n.*

Lor·na [lɔ́ənə | lɔ́:-] 〘← ? (*Marquesses of*) *Lorne* (LORN とも連想): R. D. Blackmore の造語; 彼の特に有名な小説 *Lorna Doone* (1869) の女主人公名〙 *n.* 女性名.

Lorrain, Claude *n.* ⇨ Claude Lorrain.

Lor·raine¹ [ləréɪn, lɔ(ː)r-, lɑr- | lɔr-, lər- ; *F.* lɔrɛn] *n.* ロレーヌ《フランスの北東境, Meuse, Moselle, Saar Rhine の流域の中世の王国; 後に同地域南部地方は公国; ドイツ語名 Lothringen; ⇨ Alsace-Lorraine》.

Lor·raine² [ləréɪn, lɔ(ː)r-, lɑr- | lɔr-, lər-] 〘□ F ~ □ OHG *Lothar-ingen* place of Lothar (神聖ローマ帝国皇帝 Lothair 一世の子): cf. Lorraine¹〙 *n.* 女性名《異形 Loraine》.

Lorráine cróss 〘← *le duc de Lorraine* (フランスの公爵家, その紋章から)〙 *n.* ロレーヌ十字架《横木が 2 本で上下に離れている十字架; ⇨ cross 挿絵; cf. patriarchal cross》.

Lor·rie [lɔ́(ː)ri, lάri | lɔ́rɪ] 〘(dim.) ← LAURA〙 *n.* 女性名.

lor·ry [lɔ́(ː)ri, lάri | lɔ́rɪ] 〘(1838) ← ?: cf. 《方言》*lurry* to pull, drag, lug〙 ── *n.* **1 a** (重い荷を運ぶために用いる)車体の低い長形四輪の荷馬車. **b** 《英》トラック, 貨物自動車 (《米》truck, motortruck) (cf. van² 1): a long-distance ~ 長距離トラック. **2** (鉱山・工場などで軌道に用いる)トロッコ.

lórry-hòp 《英》*vi.* (トラック (lorry) などを利用して)ヒッチハイクをする (hitchhike). ── *vt.* [~ it として] ヒッチハイクをする.

lo·ry [lɔ́:ri, lóːri | lɔ́:rɪ] 〘(1692)□ Malay *lūri*〙 ── *n.*〘鳥類〙ヒインコ《オーストラリア・ニューギニア地方などに産するヒインコ科の羽毛の美しい各種の小型インコの総称; 花蜜や果汁が吸える先端がブラシ状の舌をもっている》.

LOS, L.O.S. 《略》〘アメリカンフットボール〙line of scrimmage; line of sight; loss of signal.

los·a·ble [lúːzəbl] *adj.* 失われる, 失われやすい, 失いやすい. **~·ness** *n.*

Los Al·a·mos [lɔ(ː)sǽləmòus, lous- | lɔsǽləmɔ̀us] 〘□ Sp. ~《原義》the poplars〙 *n.* 米国 New Mexico 州北部の町; 原子力研究の中心地; 人口 12,000.

Los An·ge·les [lɔ(ː)sǽndʒələs, lous-, lɔs-, -ǽŋg(ə)ləs | lɔsǽndʒɪliːz, -dʒə-, -ǽŋgɪ-, -lɪz, -lɪs] 〘□ Sp. ~ 《原義》the angels 《略》← *Nuestra Señora de los Angeles de la Porciúncula* Our Lady of the Angels of the Little Portion〙 ── *n.* 米国 California 州南西部の港市, 工業都市; Hollywood を含む; 人口 2,728,000 (郊外を含めば 10,351,000); 略称 L.A.

Lósch·midt nùmber [lɔ́(ː)ʃmɪt-, lάʃ- | lɔ́ʃ- ; G. lɔ́ʃmɪt-] 〘← *Joseph Loschmidt* (19 世紀のオーストリアの物理学者)〙 ── *n.*〘物理・化学〙ローシュミット数 (0°C 1 気圧の気体 1 cm^3 に含まれる分子数 2.6870×10^{19} をいう).

lose [lúːz] 〘ME *lose(n)*, *lese(n)* < OE *lōsian* to be lost, escape (← *los* 'LOSS') & OE *-leosan*, *-lēosan* to lose, destroy < Gmc **liusan* (Du. *(ver)liezen* / G *(ver)lieren*) ← IE **leu* to loosen, cut apart (Gk *lúein* to loosen / Skt *lunāti* he cuts off)〙 ── *v.* (**lost** [lɔ́(ː)st, lά(ː)st | lɔ́st]) ── *vt.* **1 a** (うっかりして一時的に)失う, なくす, 見つけ出せない; 紛失する, 置き忘れる (mislay): ~ a purse, key, watch, book, etc. **b** (不慮の事故などで回復不可能な状態で)なくす, 失う; (勝負事・取引などで)失う, 損する (↔ gain): ~ a leg in an accident 事故で片脚を失う / ~ one's life 命を失う; 殺される / ~ one's job 失職する / ~ one's shirt ⇨ shirt 成句 / Grasp all, ~ all. ⇨ grasp *vt.* 1 / ~ a fortune at the races [on the deal] 競馬[その取引]で大金を失う / Thus I *lost* a friend in A. Smith. こうして私は A. Smith という友人を失った / You will ~ nothing *by* asking. 聞いた[ねだった]からといって損をすることはあるまい《何事も聞いて[ねだって]みるものだ; cf. *vi.* 2 b》.
2 (維持できなくてまたは衰えて)失う: ~ one's balance 平衡を失う / ~ color 青ざめる, (顔)色を失う / ~ consciousness 意識を失う / ~ one's health 健康を損なう, 病気になる / ~ heart 落胆する / ~ one's good looks 容色が衰える / ~ one's grasp of ...を握った手を離す; ...が理解できなくなる / ~ ground ⇨ ground *n.* 成句 / ~ one's original intention 当初の意図を忘れる / ~ patience 我慢し切れなくなる / ~ one's reason [senses] 理性を失う, 発狂する / ~ one's sense of direction 方向感覚を失う / ~ one's sight 視力を失う, 盲目になる / ~ speed スピードを落とす / ~ one's temper かんしゃくを起こす / ~ one's tongue (恥ずかしさなどで)口がきけなくなる / ~ the use of one's hands (寒さなどで)手がきかなくなる / ~ interest [trust, confidence] in ...に対する興味[信用, 自信]を失う / The lecturer *lost* his voice because of a sore throat. 講師はのどを痛めて声が出なくなった.
3 a ...に死なれる, 死別する, 失う: ~ one's eldest daugher *to* cancer 長女に癌(がん)で死なれる / ~ a son in the war 戦争で子供を失う / ~ one's husband (by death) 夫を失う, 夫に死なれる / ~ many sheep from disease 病気で多くの羊を失う / Many soldiers were *lost* in the battle. その戦いで多くの兵士が戦死した. **b** (別離・不人気・移民などで)失う: ~ one's wife by divorce 離婚して妻と別れる / The politician *lost* popular support [most of his supporters in the election]. その政治家は民衆の支持を[選挙で支持者を大部分]失った / These days villages are *losing* their young men. 近頃は若者が村から離れる傾向にある. **c** 〈医者が〉〈患者を〉助けられない, 死なせる: The doctor *lost* his patient. 医者はその患者を死なせた. **d** 〈妊婦が〉〈赤ん坊を〉流産[死産]する.
4 a 〈時間・努力などを〉浪費する, むだにする (waste): There is not a moment *to* ~ [*to* be *lost*]. 一刻もぐずぐずしてはいられない / No time should be *lost* in looking into the problem. 今すぐその問題の調査にとりかかるべきである; その問題を調査して時間をむだにすべきではない / I *lost* my time waiting for a bus. バスを待っていて時間をむだにした / There is no love *lost* between them. 互いに何の愛情ももたない, 互いに憎み合っている; 《原義》互いに愛し合っている. **b** [Passive で] 〈忠告・親切・しゃれなどが〉〔人に〕ききめがない, 通じない, むだである〔*on, upon*〕: All my kindness [argument] was *lost on* him. 私の親切[議論]は彼には全くむだだった《効果がなかった》/ Hints [Jokes] are *lost upon* her. 彼女には謎を掛けても[しゃれを言っても](わからないから)むだだ.
5 a 〈道を〉見失う, 迷う; 〈方向・位置・脈絡など〉がわからなくなる: ~ one's [the] way 道を見失う, 道に迷う / ~ one's bearings 方角[自分の立場]がわからなくなる / ~ one's footing 足を踏み外す / ~ one's place in a book 本のどの辺を読んでいたかわからなくなる / ~ the thread of a narrative [an argument] 物語[議論]の筋道がわからなくなる. **b** [Passive または ~ *oneself* で] 道に迷う, 迷子になる (cf. lost 5 a): I *got lost* [*lost myself*] *in* the maze of narrow alleys. 迷路のような路地にはいり込んで道がわからなくなった.
6 [Passive または ~ *oneself* で] **a** 自分を見失う, 途方に暮れる (cf. lost 5 b): I *was lost* without my glasses. めがねがなくて当惑した / With so many eyes turned to her, she *lost herself*. 多くの人々の目が自分に注がれて彼女はとまどってしまった. **b** 〔...に〕没頭する, 夢中になる〔*in*〕(cf. lost 5 c): I *was lost in* memory [admiration]. 我を忘れて回想に耽った[感嘆した] / They followed the path, each *lost in* his thoughts. 彼らはそれぞれ思い思いの考えに耽りながら小道をたどって行った / The boy immediately *lost himself in* the comic book. 少年はすぐその漫画本に夢中になってしまった.
7 a 見失う; 聞き損なう, 聞き落とす (miss): The detective *lost* the pickpocket in the crowd. 刑事はそのすりを人込みの中で見失った / The last words of his speech was *lost* in the applause. 演説の最後の言葉は拍手の音にかき消されて聞きとれなかった / I tried not to ~ a word of the lecture. その講義の一語も聞き落とすまいと努めた. **b** [Passive または ~ *oneself* で] 見えなくなる, (...の存在が)気づかれなくなる: The plain was soon *lost to* sight [view]. 飛行機はじき視界から消えた / The child *was lost in* the crowd. 子供は人込みに紛れて見えなくなった / Its origin *is lost* in antiquity. その起源は太古の時の霞に埋もれてしまっている. **c** [~ *itself* で] 《米》〈川が〉伏流(ふくりゅう)する (cf. lost river): The river ~*s itself* in the swamp. その流れは沼地に姿を没している.
8 (競走で)〈相手を〉引き離す, 振り切る (outstrip); 〈追跡者を〉まく: The runner *lost* all his competitors. そのランナーは競争者を全部大きく引き離した / The thief *lost* his pursuers. 泥棒は追手たちをまいた.
9 a 〈機会を〉逃がす, 逸する: ~ the chance of going abroad 海外旅行の機会を逃がす. **b** 〈列車など〉に乗り遅れる, 間に合わない (miss) (cf. catch *vt.* 13 a): ~ one's train [bus] 列車[バス]に乗り遅れる / ~ the post [a sale] 郵便[大売り出し]に間に合わない.
10 a 〈戦争・勝負事など〉に負ける, 敗れる (↔ win): ~ a battle [lawsuit] 戦(いくさ)[訴訟]に負ける / ~ a game *to* a person 人に勝負で負ける / The motion was *lost* by a majority of two. その動議は 2 票の差で敗れた[否決された]. **b** 〈賞品などを〉逃がす, 取り損なう (↔ get); (狩りで)〈獲物を〉捕え損なう (↔ catch): ~ a prize 賞をもらい損ねる / ~ a fox きつねを逃がす.
11 a 〈病気・恐怖などを〉脱する, 免れる, 逃れる: I

have *lost* my cold. かぜが直った / She has *lost* the frightened look. 彼女の顔から恐怖の色が去った / He had never *lost* his northern accent. 彼は一生北国なまりから抜け出ることがなかった. **b** 〈体重を〉減らす: She has *lost* weight on a diet. 食餌(じ)療法で体重を減らした[が減った].
12 [通例 Passive に用いて] **a** 滅ぼす, 破壊する (ruin, destroy): 75% of the country's crops *was lost to* insects. 国の農作物の75パーセントが害虫の被害にあった / The ship *was lost* with all hands in the storm. その船は乗組員もろとも嵐で沈没した. **b** 破滅させる (damn): We *are lost!* もうだめだ, 万事休す.
13 [しばしば間接目的語を伴って] 〈事態が〉…に失わせる (cost): The impatience *lost* the match for us. あせったために我々は試合に負けた / Illness *lost* him his job. 彼は病気で失職した / His insolence *lost* him his situation. 傲慢(ごう)のために彼は地位を失った.
14 〈時計が〉〈何分〉遅れる (↔ gain) (cf. *vi.* 4): My watch ~*s* three minutes a week.
— *vi.* **1** 負ける, 敗れる (↔ win): At last our team *lost*. / I always ~ at cards [in an argument]. トランプ[議論]をするといつも負ける / He didn't want to ~ *to* me. 彼は私に負けたがらなかった.
2 a 損害を受ける, 損をする: Both armies *lost* heavily. 両軍共に大損害を受けた / He didn't ~ on the deal. その取引で損をしなかった / He *lost* heavily in dabbling with stocks. 株に手を出して大金をすった. **b** [通例否定・疑問構文で] 〔…のために〕損害を受ける 〔*by*〕: I do*n't* want you to ~ *by* it. そのことで君に損をさせたくない / Will the company ~ *by* (signing) this contract? この契約(を結ぶこと)によって会社は損をするだろうか.
3 (真価・効果などが)減じる, 失われる: Most literary works ~ in translation. 大抵の文学作品は翻訳されると原作の味が損なわれる / A story does not ~ in the telling. 話にはとかく尾ひれがつくものだ.
4 〈時計が〉遅れる (↔ gain) (cf. *vt.* 14): This clock is *losing*. この時計は遅れている.
lose a* [*one's*] *meal* [*dinner*]** 《米・豪俗》食べたばかりのものを吐く, もどす. ***lose face ⇨ face *n.* 成句. ***lose out*** (1)《口語》〔…に〕負ける, 失敗する (fail)〔*to*〕: ~ *out* in the finals 決勝戦で負ける / ~ *out to* competitors 競走相手に負ける (cf. WIN[1] *out*). (2)《米口語》〔利益などを〕失う; 損をする〔*on*〕(cf. MISS *out*): ~ *out on* a medical benefit 医療給付を受けられなくなる / ~ *out on* defective goods 欠陥商品で損をする. (3)《英口語》〔…に〕負けて取って代わられる〔*to*〕: Cinema is *losing out to* television. 映画はテレビに浸食されている.
lose·a·ble [lúːzəbl] *adj.* =losable.
lo·sel [lóuzəl, -zl | lóu-] 〖《*a*1376》《原義》one who is lost ← *losen* (p.p.) ← *lesen* 'to LOSE': ⇨ -el[1]〗《古・方言》— *n.* ろくでなし, 放蕩(とう)者 (profligate, rake). — *adj.* 価値のない (worthless), 無益な (useless).
lós·er 〖《*c*1340》*losere*《廃》destroyer〗— *n.* **1** 失う人, 損をする人, 失敗者, 損失者, 遺失者: You shall not be a ~ by it. そのために君に損はさせない. **2** (競技で)負けとなる人[側], (競馬で)負け馬; 敗(北)者; 《口語》(勝負に)決まったように負ける人, 負けぐせのついた人, 「出ると負け」: a good [bad] ~ 負けて悪びれない[悪びれる]人 / A ~ takes all. 負けた者が全部とる, 「負けるが勝ち」/ *Losers* are always in the wrong. 《諺》勝てば官軍負ければ賊軍. **3** 《俗》前科者: a three-time ~ 前科3犯の者. **4** 《俗》全くつまらないもの[人], 粗悪品, 全くへたな人: That film is a real ~. あの映画は全くひどいしろものだ. **5** 〖玉突〗=losing hazard.
lós·ing 〖《*a*1387》〗— *adj.* 負けそうな, 損をしそうな; 敗北をもたらす: a ~ battle 負け戦 / a ~ pitcher 負け投手 / I cannot play a ~ game. 負けるのを承知でやり続ける気力はない. — *n.* **1** 失敗, 敗北. **2** [*pl.*] (ばくちなどでの)損失 (losses). **~·ly** *adv.*
lósing házard *n.* 〖玉突〗=hazard 5.
loss [lɔ́(ː)s, lɑ́(ː)s | lɔ́s] 〖《?*a*1200》*losse*, *l(e)ose* ▭ ON *los*: cf. OE *los* destruction: ⇨ lose〗— *n.* **1** 失うこと; 喪失, 紛失, 遺失: the ~ *of* a hand, a vessel, one's sight, the money, etc. / ~ *of* memory 記憶喪失 / the ~ *of* one's health 健康を害すること / discover the ~ *of* a book 本の紛失に気づく / suffer the ~ *of* a child 子供を失う[に死なれる]. **2** 損失, 損, 損害 (↔ gain); 損失物; 損失額[高] (↔ profit): considerable ~*es* かなりの損失 / ⇨ dead loss 1 / profit and ~ 収益と損失 / a ~ of fifty pounds 50ポンドの損 / suffer heavy ~*es* in business 商売で大損をする / His absence from the party was not a great ~. 彼が一行に加わらなかったことは大した痛手ではなかった / That is my ~. 損害を被るのは私だ / His death is a serious ~ *to* his country. 彼の死は国家に取って重大な損失である. **3** (量・程度などの)低下; 減損, 減り (↔ gain): ~ of water through a leak 水の漏り減り / ~ in weight 目方の減り. **4** (機会などを)逸すること; (列車などに)乗り遅れること: the ~ *of* opportunities 機会を逸すること / the ~ *of* a train. **5** 敗北, 失敗, 取り損ない: the ~ *of* a race, prize, etc. **6** (時間・労力などの)浪費, むだ使い: the ~ *of* time, one's labor, etc. / without ~ *of* time 時を移さずに, すぐに. **7** 〖軍事〗 **a** (死傷・捕虜などによる兵員の)損害, 損耗. **b** [*pl.*] 損害数, 死傷者数 (casualties); (艦船・飛行機などの)損害数: Our ~*es* were heavy. 我が方の損害は甚大だった. **8** 〖電気〗損失 (器械または回路において無効に消失される電力): ⇨ copper loss, core loss, iron loss. **9** 〖保険〗 **a** 死亡 (death), 損害: ⇨ partial loss, total loss 1. **b** 損失額.
at a loss (1) 〖《1592》*at loss*《原義》〈猟犬が〉臭跡を失って〗〈人が〉当惑して, 困って, 途方に暮れて (puzzled): He is never *at a* ~ *for* an answer. 返答に窮するようなことはない / She is *at a* ~ (*to* know) *what* to do. どうしてよいのか途方に暮れている. (2) 損をして: sell *at a* ~ 損をして売る. ***cut one's losses*** [***a loss***] (投機や破産しかけた会社などから)損失の少ないうちに手を引く (cf. *throw* GOOD MONEY *after bad*). ***for a loss*** 困った状態に, 疲れ果てて, 意気消沈して: This threw me *for a* ~. このために私はがっかり[げんなり]した.
löss [lés, lʌ́s, lɜ́ːs; G. lœs] *n.* 〖地質〗=loess.
lóss fàctor *n.* 〖電気〗損率 (配電線の損失計算用の数値で, ある期間の平均損失と最大損失との比).
lóss lèader *n.* 〖商業〗おとり商品, 目玉(商品)《客を引くために損をして販売する廉価品; cf. leader 2 d》.
lóss·màker *n.* 《英》損失[赤字]続きの店[産業].
lóss·màking *adj.* 《英》損失[赤字]続きの.
lóss ràtio *n.* 〖保険〗損害率《ある期間内における支払保険金の収入保険料に対する割合》.
loss·y [lɔ́(ː)si, lɑ́si | lɔ́sɪ] *adj.* 〖電気〗〈伝送線路など〉損失のある, 減衰のある.
lost [lɔ́(ː)st, lɑ́(ː)st | lɔ́st] 〖ME *(y)-lost* (p.p.) ← *lose(n)* 'to LOSE'〗— *v.* lose の過去形・過去分詞.
— *adj.* **1 a** 失った, 遺失した; 行方(ゆくえ)不明の (missing): a ~ dog 行方不明の犬 / ~ memory 喪失した記憶 / ~ reputation 失墜した名声 / a ~ article 紛失品, 遺失物 / a ~ advertisement 遺失物広告 / We gave her up for ~. 彼女が死んだもの[行方不明]とあきらめた. **b** [Predicative に用いて] 〈物事が〉〔…に〕再び来ない, 〔…から〕消え去った〔*to*〕: Hope was never ~ *to* him. 彼は失望したことがなかった / Pompey is ~ *to* the world after A.D. 73. ポンペイは紀元73年を境にこの世から消えてしまった. **2** 負けた; 取り損なった, 逸した: a ~ battle 負け軍(いくさ) / a ~ race 負けた競走 / a ~ prize 取り損なった賞 / a ~ opportunity 取り逃がした好機. **3 a** 浪費された: a ~ day / ~ labor むだ骨折り / make up ~ time 無駄にした時間を取り返す. **b** [Predicative に用いて] 〔人に〕ききめがない, きかない〔*on*, *upon*〕(cf. lose *vt.* 4 b). **4 a** 死滅[破滅]した, 滅びた: a ~ art [city] 滅びた芸術[都市] / a ~ ship 難破船 / a man ~ *of* wits たわいもなくなった[もうろくした]人. **b** 《文語》精神的に荒れすさんだ, 堕落した, 地獄に落ちた: ~ souls (救われないで)永遠に地獄に落ちた霊魂 / a ~ woman 身を持ちくずした女 / a ~ child 非行児 (cf. 5 a). **c** 《文語》〈態度・言葉など〉取り乱した, 捨てばちの (desperate): She cried out some terrible, ~ words. 彼女は何やら恐しい捨てばちの言葉を口走った. **5 a** 道に迷った (cf. lose *vt.* 5 b): a ~ child 迷子 (cf. 4 a) / ~ sheep 失せたる羊, 迷える羊《正道を踏みはずした人; *Matt.* 10: 6》. **b** 当惑した, 途方に暮れた, どうしようもない (cf. lose *vt.* 6 a): I would feel ~ *without* whisky. ウイスキーがないとなると困るだろうな《人生が楽しくないだろう》/ He felt ~ during his first days in New York. ニューヨークに着いた当座は当惑し通しだった / wear a ~ look 途方に暮れた顔つきをしている. **c** [Predicative に用いて] 〔…に〕夢中になった (absorbed) 〔*in*〕(cf. lose *vt.* 6 b): a man ~ *in* thought 深く物思いに耽っている人 / He seemed completely ~ *in* a comic book. 漫画本に夢中になってしまっているようだった. **6** [Predicative に用いて] 《文語》〈人が〉〔…の〕影響を受けない, 〔…を〕感じない〔*to*〕: a person ~ *to* pity 情知らずの人 / He is ~ *to* all sense of decency [shame]. 彼には上品さというものは全然ない[全くの恥知らずだ].
get lost (1) 道に迷う, 迷子になる, 行方不明になる (cf. 5 a, lose *vt.* 5 b); 途方に暮れる (cf. 5 b). (2) [命令形で用いて] 《俗》消えうせろ, 行ってしまえ (Go away!).
lost and found [the —] 遺失物取扱所.
losts and founds (新聞などの)遺失物と拾得物(欄).
~·ness *n.*
lóst cáuse *n.* 失敗に終った主義[大目的], 成功の見込みのない運動.
lóst generátion 〖《1926》〗— *n.* [the ~] **1** 失われた世代《第一次大戦の「戦争の世代」; この時代に成年に達し, 戦争体験や社会混乱ゆえに幻滅し, 人生の方向を見失った世代; 最初 Gertrude Stein がこの句を用い, Hemingway, Fitzgerald, Dos Passos などがその作品中にこの世代の特質を扱った; cf. beat generation》. **2** [集合的] 失われた世代の米国の作家たち.
lóst mótion *n.* (機械の)から動き.
Lóst Pléiad *n.* [the ~] 〖ギリシャ神話〗⇨ Pleiades 1.
lóst próperty *n.* [集合的] 遺失物: a ~ office 遺失物取扱所.
lóst ríver *n.* 《米》〖地質〗末無(すえなし)川《流れの途中で一時地下に没して表面に現われるなど伏流(ふくりゅう)する川; cf. lose *vt.* 7 c》.
lóst tríbes *n. pl.* [the ~] 〖聖書〗Assyria のとりことなったまま遂に帰らなかったと信じられる Israel の10支族 (cf. 2 *Kings* 17: 6).
lóst-wàx pròcess 〖*lost-wax*: 《なぞり》← F *cire perdue*〗*n.* [the ~] 〖金属加工〗ロストワックス法 (⇨ cire perdue).
lot [lɑ́t | lɔ́t] 〖OE *hlot* allotment, share (cf. OE *hlēotan* to cast lots) ← Gmc **χlut-* (G *Los* / Goth. *hlaut*) ← IE **klēu-* hook: ⇨ close[1]〗— *n.* **1** くじ; 当たりくじ; くじ引き, 抽選: by ~ くじで / cast ~*s* (事を決するために)さい(など)を投げる / draw ~*s* for turns 順番を決めるためにくじを引く / The ~ fell upon [came to] me. くじが私に当たった / The ~ is cast. さいは既に投げられた (cf. die[1] 成句). **2** 分け前, 割り当て: one's ~ of an inheritance 遺産の分け前 / ⇨ *have neither* [*no*] PART *nor lot in*. **3** 運命, 巡り合わせ: submit to one's ~ 自己の運命に従う / His ~ has been a hard one. 彼の運命は辛かった / It is the common ~ of women. それは全ての女性の共通の宿命である / It fell to (him as) his ~ [The ~ fell to him] to deliver an address of welcome. たまたま彼が歓迎の辞を述べる巡り合わせになった. **4 a** (土地の)一区画; 《米》[通例修飾語を伴って] (建築用などの)用地, 敷地, 画地: one's house and ~ 家屋敷 / award a ~ to each settler 開拓者のおのおのに土地を与える / an empty [a vacant] ~ 空地 / a pasture [circus] ~ 牧畜[サーカス]用地 / a house [burial] ~ 宅[埋葬]地 / a refuse ~ ごみ捨て場 / ⇨ building lot, parking lot. **b** 映画撮影所, スタジオ《周辺の土地を含む》. **c** 《米北部》小さな(放)牧場. **d** 《米南部・中部》牛の囲い. **5 a** (商品・競売品などの)一組, 一山, 一口: receive a new ~ *of* shoes [stationery] 新しい靴[文房具]が一口入荷する / sell goods *by* [*in*] ~*s* 商品を幾口かに分けて売る / *Lot* 31 fetched £1000. 31番目の口は1000ポンドで落札された. **b** [the ~] 全部, なにもかも (cf. 6 a): That's *the* ~. 《口語》それで全部だ / Take *the* whole ~ [all *the* ~]; I don't want any. 洗いざらい持っていってくれ, なにもいらないから. **6** [通例修飾語を伴って] **a** (人の)群, 仲間 (crew, set): a heartless ~ 薄情な連中 / that ~ *of* recruits あの新入りの連中 / I hate the ~ *of* them. 《口語》あの連中はみんな嫌いだ (cf. 5 b) / There's not a brave man in the ~. その仲間には勇敢な人間は1人もいない. **b** [a ~; 集合的にも用いて] 《口語》やつ, しろもの (fellow, sort): a bad ~ 悪党, やくざ; 身持ちの悪い人 / You're *a* nice ~, you are. おまえさんは本当にいいやつだ / Collectors are *a* queer ~. 収集家というのはおかしなしろものだ. **7** 《英》課税 (tax, duty): ⇨ SCOT and lot. **8** [a ~; しばしば ~*s*] 《口語》たくさん, 多数, 多量 (↔ a few, a little): a ~ *of* [~*s of*] people, houses, food, money, etc. / There is *a* ~ [There's ~*s*] here. ここにたくさんある / I want *a* ~ [want ~*s*]. / She has quite *a* ~ *of* friends. 彼女にはたくさん友だちがある / There is *a* ~ *of* milk in the fridge. 冷蔵庫にはミルクがたくさんある / He has had ~*s and* ~*s of* trouble. 彼はさんざん苦労した / What *a* ~ *of* time you waste! 随分時間を無駄にしているね. ★ (1) lots (of …) は a lot (of…) よりもいっそう口語的. (2) a lot (または lots) は副詞的にも用いられる (↔ a little): *a* ~ better [worse, more] はるかに上等[下等, 多い] / I like him quite *a* ~. あの人が大好きです / He used to make me laugh a ~. 彼には随分笑わせられたものだ / She cares ~*s* about it. その事ではとても心配している / *A* ~ you care! 《皮肉》随分ご心配なさいますね《何も気にかけないくせに》.
(a)cross lots 《米口語》近道をして (⇨ cross-lots). ***a fat lot*** ⇨ fat *adj.* 成句. ***cast*** [***throw***] ***in one's lot with*** …と連合[縁組み]する; …と運命を共にする (cf. *Prov.* 1: 14).
— *v.* (**lot·ted; lot·ting**) — *vt.* **1** 〈土地を〉区分する (divide); 〈物を〉品分けする, 区分する 〈*out*〉: ~ (*out*) land 土地を区分する / ~ *out* goods *in* parcels for sale 商品を販売用に幾口かに分ける. **2** 割り当てる (allot). **3** 《廃》…のくじを引く, くじで決める; くじ引きで分ける. — *vi.* **1** くじ引きをする. **2** 《方言》〔…を〕当てにする (count), 待ち設ける〔*on*, *upon*〕.
Lot[1] [lɑ́t | lɔ́t] 〖▭ Heb. *Lōṭ* ← ?〗— *n.* 〖聖書〗ロト《Haran の子で Abraham の甥(おい); その妻は Sodom から逃げ出す途中うしろを振り返ったため塩の柱 (pillar of salt) にされた; cf. *Gen.* 13: 1–12; 19: 1–26》.
Lot[2] [lɑ́t, lɔ́(ː)t | lɔ́t; *F.* lɔt] *n.* **1** ロット(県)《フランス南部の県; 人口 151,000, 面積 5,226 km², 首都 Cahors [kaɔːr]》. **2** [the ~] ロット(川)《フランス南部の川; Garonne 川に注ぐ支流 (483 km)》.
lo·ta [lóutə | lə́utə] 〖▭ Hindi *loṭā*〗*n.* (*also* **lo·tah** [~]) ロータ《インドで用いられる真鍮(しんちゅう)の球形水つぼ》.
Lot-et-Ga·ronne [lɑ́teɪgærɔ́(ː)n, lɔ́(ː)t- | lɔ̀teɪgærɔ́n; *F.* lɔtegarɔn] *n.* ロットエガロンヌ(県)《フランス南西部の県; 人口 293,000, 面積 5,385 km², 首都Agen [aʒɛ̃]》.
loth [lóuθ, lóuð | lə́uθ] *adj.* =loath.
Lo·thair [lo(u)θέə, -téə, ⌒ー | lə(u)θέə(r)] 〖⇨ Luther〗*n.* 男性名.
Lothair I *n.* ロタール一世 (795?–855; フランク王 (840–43), 神聖ローマ帝国皇帝 (840–55)).
Lothair II *n.* ロタール二世 (1075?–1137; ザクセン公, 神聖ローマ帝国皇帝 (1133–37); Lothair III または the Saxon とも呼ばれた).
Lo·thar·i·o [lo(u)θέ(ə)riòu, -θɑ́ːr- | lə(u)θɑ́ːrɪə̀u, -θέər-] 〖英国の劇作家 Nicholas Rowe の劇 *The Fair Penitent* (1703) に現われる女たらしの若者にちなむ〗— *n.* (*pl.* ~*s*) [しばしば l-] 女たらし, 色魔; 道楽者, 放蕩(とう)者 (libertine, rake): a gay ~.
Lo·thi·an [lóuðiən | lə́uðjən, -ðɪən] 〖OE *Loðene* ← ? *leōd* prince // ? *leōde* people: cf. Gael. *làb(h)an*, *làthach* mire, clay〗— *n. pl.* スコットランド東部の州, Firth of Forth の南に位置する; 1975 年に新設; ほぼ旧

East Lothian, Midlothian, West Lothian の三州から成る; 人口 759,000, 面積 1,813 km², 首都 Edinburgh.

Lothians, The *n. pl.* スコットランド南西部の地方; 現在の Lothian 州に相当する.

Lo·thring·en [G. ló:trɪŋən] *n.* ロートリンゲン《Lorraine[1] のドイツ語名》.

Lo·ti [lóuti, lɔ(:)-|lə́u-, lɔ-; F. lɔti], **Pierre** *n.* ロティ《1850-1923; フランスの小説家・海軍士官; *Madame Chrysanthème*「お菊さん」(1888); 本名 Julien Viaud [vjo]》.

lo·tic [lóuṭɪk | lə́ut-] 〖← L *lōtus* (↓)＋-IC[1]〗 *adj.* 〘生態〙〈川・潮流・波など〉流水の[にすむ] (cf. lentic).

lo·tion [lóuʃən | lə́u-] 〖《*a*1400》□ (O)F ～ ∥ L *lōtiō(n-)* a washing ← L *lōtus* (p.p.) ← *lavāre* to wash: ⇨ lave[1], -tion〗 — *n.* **1** (皮膚病・眼病用の水性の)ローション剤, 外用水薬, 洗い薬 (wash): eye ～ 目薬. **2** (顔・手につける)化粧水, ローション: after-shave ～ ひげそり後用ローション. **3** 《俗》酒.

lót lìne *n.* 〘建築〙境界線《土地の一区画の境界》.

lot·o [lɑ́ṭou | lɔ́təu] *n.* ＝lotto.

lo·toph·a·gi [lətɑ́fədʒàɪ, lo(u)- | lə(u)tɔ́f-] 〖□ L ～ □ Gk *Lōtophágoi* ← *lōtós* 'LOTUS'＋*phageîn* to eat〗 — *n. pl.* [時に L-] 〘ギリシャ伝説〙ロートパゴイ《lotus の実を食べて浮世の憂さを忘れ逸楽に耽った人人; ⇨ lotus-eater; cf. Homer, *Odyssey* ix. 82-104; Tennyson, *The Lotos-Eaters*》.

lo·tos [lóuṭəs | lə́ut-] 〖□ Gk *lōtós* (↑)〗 *n.* ＝lotus.

lótos-èater *n.* ＝lotus-eater.

lot·ter·y [lɑ́ṭəri, -tri | lɔ́təri] 〖《1567》□ (O)F *loterie* ∥ MDu. *loterije*: ⇨ lot, -ery〗 — *n.* **1** 富くじ, 宝くじ (cf. raffle[1] 1): a ～ ticket 富くじ札. **2** (物の分配などに行なう)くじ引き, 抽選. **3** 運(次第のもの), 巡り合わせ: Marriage is a ～. 《諺》結婚は富くじ.

lóttery whèel *n.* 輪形抽選器《富くじ番号を入れた太鼓形の箱で, これを回転させてくじを混ぜる》.

Lot·tie [lɑ́ṭi | lɔ́ti] 〖(dim.) ← CHARLOTTE[2]〗 *n.* 女性名.

lot·to [lɑ́ṭou | lɔ́təu] 〖《1778》□ It. ～ 'LOT'〗 — *n.* (*pl.* ～s) ロット《各列 9 区画に 1 から 90 までの数字が 5 区画だけ記されている数字板を各自が持ち, 親が袋または箱から数字を記した小円盤を取り出して読み上げ, その数字を消し, 1 列の 5 区画を早く消した者が勝つ賭博(とばく)遊戯; cf. bingo, keno》.

Lot·to [lɑ́ṭou, lɔ́(:)t- | lɔ́təu; *It.* lɔ́tto], **Lorenzo** *n.* ロット《1480?-?1556; イタリアのベネチア派の宗教画・肖像画家》.

lo·tus [lóuṭəs | lə́ut-] 〖《1540-41》□ L *lōtus* □ Gk *lōtós* □ Heb. *lōṭ* myrrh〗 — *n.* **1** 〘ギリシャ伝説〙ロートス, ロートスの実《その実を食べると夢心地になって一切の浮世の苦しみを忘れることができたという想像の植物; 北アフリカ産ナツメの一種 (*Zizyphus lotus*) をさすともいわれる; cf. lotophagi, lotus-eater 1》. **2** 〘植物〙(アジア・アフリカ産の)ハス, スイレン《スイレン科ハス属 (*Nelumbo*) またはヒツジグサ属 (*Nymphaea*) の総称で, 宗教的象徴としてまた古代エジプト・ヒンズー芸術の中に用いられた; cf. Indian lotus, Egyptian lotus 1》. **3** 〘考古・建築〙蓮華(れんげ)[ロータス]模様《エジプトの柱頭の装飾に用いられたスイレンの模様》. **4** 〘植物〙ミヤコグサ《マメ科ミヤコグサ属 (*Lotus*) の植物の総称》.

lotus 3

lótus-èater 〖《なぞり》← Gk *Lōtophágoi*: cf. lotophagi〗 — *n.* **1** 〘ギリシャ伝説〙ロートス (lotus) の実を食べてすべての憂さを忘れ安逸に世を送ったという人《lotophagi の 1 人; cf. lotus land》. **2** (実際生活から遊離した)安逸に耽る人, 快楽主義者.

lótus-èating *n.* 逸楽 (cf. lotus-eater). — *adj.* 逸楽に耽る.

lótus lànd *n.* 逸楽の国 (cf. lotus-eater).

lótus posìtion *n.* 〘ヒンズー教〙蓮華座《ヒンズー教の行者の坐法の一種》.

Lot·ze [lɑ́tsə | lɔ́t-; G. lɔ́tsə], **Rudolf Hermann** *n.* ロッツェ《1817-81; ドイツの哲学者》.

Lou [lú:] 〖1: (dim.) ← LOUIS[1]. 2: (dim.) ← LOUISE〗 *n.* **1** 男性名. **2** 女性名.

Lou. 《略》Louth.

Lou·bet [lu:béɪ; F. lubɛ], **Émile** *n.* ルベ《1838-1929; フランスの政治家; 大統領 (1899-1906)》.

louche [lú:ʃ] 〖□ F ～ 'cross-eyed' ← L *luscus* one-eyed〗 *F. adj.* 正道をはずれた (devious), 斜めの (oblique); いかがわしい (disreputable), 疑わしい.

loud [láud] 〖OE *hlūd* loud & *hlūde* loudly < (WGmc) **χluđaz* 《原義》heard (Du. *luid* / G *laut*) ← IE **kleu-* to hear (Gk *klutós* heard of, celebrate / L *inclutus* famous)〗 — *adj.* (～·er; ～·est) **1 a** 〈声・音が〉大きい (↔ soft): a ～ sound, noise, voice, laugh, etc. / Their noises were ～ enough to waken the dead. 連中の騒々しさときたら死んでいる人間も生き返るほどだった / Outside the wind grew ～*er*. 外では風の音が益々高くなった. **b** 大きな声[音]を出す: a ～ speaker 高声で話す人 (cf. loudspeaker) / a ～ bell [trumpet] 大きな音を出すベル[トランペット]. **2** 騒騒しい, やかましい: a ～ party 騒々しいパーティー / a street ～ *with* traffic 人や車の往来で騒々しい街路. **3** 熱心な, うるさい: ～ applause [cheers] 盛んな拍手[声援] / ～ praises 口をきわめた賞賛 / be ～ *in* demands [objections, denouncing it] うるさく要求[反対, それを非難]する. **4 a** 〈衣類・模様・色など〉派手な, けばけばしい: a ～ dress, necktie, etc. / ～ colors / a ～ dresser 好んで派手な服装をする人 / a woman ～ *with* cheap jewelry 安物の宝石類でけばけばしく飾り立てた女. **b** 〈行儀など〉下卑た, 無遠慮な: ～ manners. **5** 〈臭気など〉ひどい, いやな: a ～ fish smell.
— *adv.* (～·er; ～·est) **1** 大声[大きな音]を出して, 大声で, 声高に (cf. aloud): roar [say, shout, sing, etc.] ～ / laugh ～ and long 大いに笑う / Speak ～*er*! ＝*Louder*! 《米》もっと大きな声で言え / Don't talk [laugh] so ～. そんなに大声でしゃべるな[笑うな] / You play that note too ～. その音を大きく出し過ぎる《★ 形式張った用法ではしばしば loudly のほうが用いられる》. **2** 派手に, けばけばしく; 無遠慮に. **3** ひどく: smell ～.
out loud ⇨ out loud.

loud·en [láudn] 〖← LOUD (adj.)＋-EN[1]〗 *vi.* 声高くなる, 騒々しくなる. — *vt.* 声高くする, 騒々しくする.

lóud-hàiler *n.* 《英》(相当の距離の所でも聞こえるようにした手で持てる)強力拡声器[メガホン] (《米》bullhorn).

lóud·ish [-dɪʃ] *adj.* やや声高い; やや騒々しい; ややかましい.

lóud·ly 〖《1500》〗 — *adv.* **1 a** 声高に, 大声で (cf. loud *adv.*). **b** やかましく, 騒々しく (noisily); 熱心に, うるさく: knock ～ at the door やかましくドアをたたく / boast [brag] ～ うるさく自慢する / claim ～ for ...をやかましく請求する / demand [insist, proclaim] ～ that ...と強く要求[主張, 宣言]する. **2** 派手に, けばけばしく: be ～ dressed 派手な服装をしている.

lóud·mòuth *n.* 大声のおしゃべり屋; ほら吹き; 言わなくてもいいようなことを平気でしゃべる人.

lóud-móuthed [-máuðd, -máuθt] *adj.* 大声の; 騒々しい, やかましい, うるさい (blatant).

lóud·ness *n.* **1** 声の大きいこと; 騒々しさ; けばけばしさ. **2** 〘音声〙(音の)大きさ. **3** 音量: ～ control 音量調節.

lóud pèdal *n.* (ピアノの)ラウドペダル (⇨ damper pedal).
get one's foot on the loud pedal 大声でがなり立てる. ***step on the loud pedal*** 《口語》調子を高める, 語気を強める; いきり立つ, 騒ぎ立てる (cf. *step on the* SOFT PEDAL).

lóud·spèaker *n.* 〘電気〙(拡声装置・ラジオ・テレビ受像機・蓄音機などの)拡声器《単に speaker ともいう》.

lóud-spòken *adj.* 声の大きい.

Lou·el·la [lu:élə] 〖《異形》← LUELLA〗 *n.* 女性名. ★ 米国に多い.

lough [lɑ́k, lɑ́x | lɔ́k, lɔ́x] 〖《?*a*1300》*lowe, loughe* □ Ir. *loch*: cf. loch〗 *n.* 《アイル》**1** 湖 (lake). **2** 入江.

Lou·hi [lóuhi | -hɪ] *n.* 〘フィンランド伝説〙ロウヒ《*Kalevala* に出る Pohyola の女支配者, Finns の敵; Väinämöinen と対立し, 結局負ける》.

lou·ie [lú:i | lú:ɪ] *n.* ＝looie.

Lou·ie [lú:i | lú:ɪ, lúɪ] *n.* Louis, Louisa, Louise の通称.

Lou·is[1] [lú:ɪs, lú:əs, lú:i | lú:ɪ, lúɪ, lú:ɪs, lúɪs; F. lwi, G. lú:i, Du. lú:ɪs] 〖□ F ～ < OF *Loeis* □ OHG *Hluodowig* 《原義》famous in war ← (WGmc) **χluđaz* 'heard, famed, LOUD'＋**wīʒa-* war: cf. G *Ludwig*〗 — *n.* 男性名《愛称形 Lew, Lou, Louie》.

Lou·is[2] [lú:i | lú:ɪ, lúɪ; F. lwi] 〖□ F ～ ← *Louis XIII*〗 *n.* (*pl.* ～ [～z; F. ～]) [時に l-] ＝louis d'or.

Lou·is I [lú:i, lú:ɪs, lú:əs | lú:ɪ, lúɪ, lú:ɪs, lúɪs; F. lwi] *n.* ルイ一世《778-840; Charlemagne の子; フランク王・西ローマ皇帝 (814-40); 通称 le Débonnaire または the Pious (敬虔王)》.

Louis II *n.* ルートヴィヒ二世《804?-76; Verdun 条約 (843) により東フランク王; 通称 Louis the German; ドイツ語名 Ludwig II》.

Louis II de Bourbon *n.* ブルボン家のルイ二世 (⇨ Condé).

Louis IV *n.* ルートヴィヒ四世《1287?-1347; ドイツ王・神聖ローマ帝国皇帝 (1314-47); 通称 the Bavarian》.

Louis V *n.* ルイ五世《967?-87; 西フランク王 (986-87); カロリング家最後の王; 通称 le Fainéant》.

Louis IX *n.* ルイ九世《1214-70; フランス王 (1226-70); 第6回・第7回十字軍を起こす; 聖人に列せられた (1297); Saint Louis として知られる》.

Louis XI *n.* ルイ十一世《1423-83; フランス王 (1461-83)》.

Louis XII *n.* ルイ十二世《1462-1515; フランス王 (1498-1515); 通称 the Father of the People》.

Louis XIII *n.* ルイ十三世《1601-43; フランス王 (1610-43)》.

Louis XIV *n.* ルイ十四世《1638-1715; フランス王 (1643-1715); ブルボン王朝の全盛時代を現出した;「朕(ちん)は国家なり」("L'état, c'est moi.") と豪語したとされるが, 事実ではない; 通称 le Grand Monarque, le Roi Soleil (太陽王), the Great》.

Louis XV *n.* ルイ十五世《1710-74; フランス王 (1715-74); カナダを英国に譲与した》.

Louis XVI *n.* ルイ十六世《1754-93; フランス革命当時のフランス王 (1774-93); Marie Antoinette の夫; 断頭台にかけられた》.

Louis XVII *n.* ルイ十七世《1785-95; Louis 十六世の子; 王位についたことはないが, 君主制主義者たちは王と呼んでいた (1793-95)》.

Louis XVIII *n.* ルイ十八世《1755-1824; フランス王 (1814-24); Napoleon 一世没落後即位した》.

Lou·i·sa [luízə | lu:í:zə, lu-] 〖《異形》← LOUISE〗 *n.* 女性名.

Lou·is·burg [lú:ɪsbə̀:g, lú:əs- | lú:ɪsbə̀:g, lúɪs-] *n.* カナダ南東部 Nova Scotia 半島北方の Cape Breton 島の小港市; ここのフランスの要塞(ようさい)は英軍に占拠された (1745, 1758).

lou·is d'or [lù:i·dɔ́ə | lú:ɪ·dɔ́:(r, lúɪ-; F. lwidɔ:r] 〖□ F ～ 'gold louis': ⇨ Louis[2]〗 — *n.* (*pl.* ～ [～]) ルイ金貨《1640年から大革命まで通用していたフランスの金貨》.

Lou·ise [luí:z | lu:í:z, lu-; F. lwi:z] 〖□ F ～ (fem.) ← LOUIS[1]〗 *n.* 女性名《愛称形 Lou, Louie, Louisette; 異形 Louisa》.

Lou·ise [luí:z | lu:í:z, lu-], **Lake** *n.* ルイーズ湖《カナダの Banff 国立公園にある氷河湖; 海抜 1,731 m》.

Lou·i·sette [lù:əzét | lù:ɪ-, luɪ-] 〖《異形》← LOUISE: ⇨ -ette〗 *n.* 女性名.

Lóuis héel [lú:i- | lú:ɪ-, lúɪ-] 〖← *Louis XV*〗 *n.* まくりヒール《つけ根が太く先端が細いヒール; Louis 十五世時代に流行した》.

Lou·i·si·an·a [luì:ziǽnə, lù:əzi-, lù:ɪzi-, lù:zi- | lu:ì:zɪǽnə, luì:-, -ɑ́:nə] 〖□ F *Louisianne*: フランス王 Louis 十四世にちなむ〗 — *n.* 米国南部の州 (⇨ United States of America 表).

Louisiána Frénch *n.* ルイジアナフレンチ《米国 Louisiana 州で話されるフランス語》.

Louisiána héron *n.* 〘鳥類〙サンショクサギ (*Hydranassa tricolor*)《米国産》.

Lou·i·si·an·an [luì:ziǽnən, lù:əzi-, lù:ɪzi-, lù:zi- | lu:ì:zɪǽn-, luì:-, -ɑ́:n-] *adj., n.* ＝Louisianian.

Louisiána Púrchase *n.* [the ～] ルイジアナ購入地《米国が 1803 年フランスから 1,500万ドルで買収した; 東西は Mississippi 川から Rocky 山脈まで, 南北は Mexico 湾からカナダに至る地域》.

Lou·i·si·an·i·an [luì:ziǽniən, lù:əzi-, lù:ɪzi-, lù:zi- | lu:ì:zɪǽnjən, luì:-, -ɑ́:n-, -nɪən] *adj.* (米国) Louisiana 州(人)の. — *n.* Louisiana 州人.

Lóuis Napóleon *n.* ⇨ Napoleon III.

Lóuis Philíppe *n.* ルイフィリップ《1773-1850; フランス王 (1830-48)》.

Lóuis Qua·tórze [-kətɔ́əz | -tɔ́:z; F. -katɔrz] 〖□ F ～ 'Louis Fourteenth'〗 — *adj.* **1** (フランスの) Louis 十四世時代 (1643-1715) の. **2** 〈建築・装飾様式など〉Louis 十四世時代風の《建築は前時代よりも一層古典的で豪華であることを特色とする; 装飾芸術では曲線や象眼を用い華麗な傾向が著しい》.

Lóuis Qúinze [-kǽ(n)z, -kǽnz; F. -kɛ̃:z] 〖□ F ～ 'Louis Fifteenth'〗 — *adj.* **1** Louis 十五世(時代) (1715-74) の. **2** 〈建築・装飾様式など〉Louis 十五世時代風の《ロココ (rococo) 様式を特色とする》.

Lóuis Séize [-séɪz, -séz; F. -sɛ:z] 〖□ F ～ 'Louis Sixteenth'〗 — *adj.* **1** Louis 十六世時代 (1774-93) の. **2** 〈建築・装飾様式など〉Louis 十六世時代風の《ロココ (rococo) 様式の反動として直線的な古典主義への過渡期を示す》.

Lóuis Tréize [-tréɪz, -tréz; F. -trɛ:z] 〖□ F ～ 'Louis Thirteenth'〗 — *adj.* **1** Louis 十三世時代 (1610-43) の. **2** 〈建築・装飾様式など〉Louis 十三世時代風の《建築はルネサンス初期のものより重厚で気品があり, 家具・室内装飾にはしばしば幾何学的意匠を用いた》.

Lou·is·ville [lú:ɪvɪl, -vɪl, -vəl | lú:ɪvɪl, lúɪ-] 〖□ F ～: フランス王 Louis 十六世にちなむ〗 *n.* 米国 Kentucky 州北部の都市; Ohio 川に臨む港市; Kentucky Derby で有名; 巻きたばこの製造地; 人口 336,000.

lounge [láundʒ] 〖《1508》← ? 《廃》*lungis* laggard □ OF *longis* < L *Longinum* (十字架のイエスの脇腹を槍で突いたと伝えられる兵士の名)〗 — *vi.* **1** ぶらぶら歩く, ぶらつく (saunter): ～ *about* the streets 街(まち)をぶらつく / ～ *around* at home 家の中でぶらぶらする. **2** もたれかかる, ぐったり横になる (recline, loll): ～ *over* a table [*on* a sofa] テーブルにもたれかかる[ソファーに横になる]. **3** のらくらして暮す, ぶらぶら時を過ごす: ～ *through* a day ぶらぶらして1日を過ごす. — *vt.* [通例 ～ *away* として] のらくらして過ごす (idle): ～ *away* one's time, life, etc. — *n.* **1 a** 《英》社交や談合に適した場所, 居間. **b** (ホテル・クラブなどで安楽いすなどを備え付けた)社交室, 休憩室, ラウンジ. **c** (汽車・船・飛行機内の)社交[休憩, 談話]室. **d** (劇場などにある化粧室が隣りに付いた)休憩[談話]室. **e** ＝cocktail lounge. **2** 寝いす, 長いす, 安楽いす. **3** ＝lounge bar. **4** ＝lounge suit. **5** 《古》ぶらぶら歩き, 散歩 (stroll). **lóung·er** *n.*

lóunge bàr *n.* 《英》(パブ (pub) の中の)高級バー.

lóunge càr *n.* 《米》ラウンジカー《乗客が安楽いすにすわってくつろぎ, 軽い飲食物をとることができる車輌; cf. day coach, parlor car》.

lóunge lìzard *n.* 《俗》**1** (ホテルやクラブの社交室などにぶらぶらしていて婦人のダンスの相手などをする)のらくら紳士; 女を食い物にする男, ジゴロ. **2** しゃれ男, めかし男. **3** やくざ者, ろくでなし.

lóunge sùit *n.* 《英》ラウンジスーツ (⇨ business suit).

lóunge·wèar *n.* ラウンジウェア (⇨ pallazzo pajamas).

lóung·ing *n.* **1** ぶらぶら歩き, ぶらつき; のらりくらり, のらくら. **2** [形容詞的に] 〈衣服が〉ふだん用[着]の: ～ pajamas. — *adj.* ぶらぶらした, のらりくらりした; くつろいだ (relaxed). **～·ly** *adv.*

loup[1] [láup, lóup, lú:p | láup, lə́up, lú:p] 〖*v.*: 《*c*1300》*lo(u)pe(n)* □ ON *hloup-a*. — *n.*: 《*a*1393》□ ON *hlaup*: cf. leap〗 《スコット》 — *vi.* 跳(と)ぶ (leap); 走る, 逃げる (run, flee). — *n.* 跳ぶこと, 跳躍 (leap).

loup[2] [lú:; F. lu] 〖□ F ～ 《原義》wolf < L *lupum*〗 *n.* 半仮面 (half mask)《婦人の顔の鼻先までをおおう絹などの仮面; 仮面舞踏会などで用いられる》.

loupe [lú:p] 〖□ F ～ < OF 'imperfect gem' ← Gmc:

cf. lob¹〛 *n.* ルーペ《宝石商や時計屋が使う小型の拡大鏡》.

loup-ga·rou [lu:gərú:; *F.* lugaru] 〚□F ～ < OF *leu garoul* ← *leu* wolf (< L *lupum*: ⇨ loup²)+*garulf* 'WEREWOLF' (← Gmc)〛 — *F. n.* (*pl.* **loups-ga·rous** [～z; *F.* ～]) =werewolf.

lóup·ing íll [láupɪŋ-, lóup-, lú:p- | láup-, lə́up-, lú:p-] 〚←《スコット》*loup* 'to leap, LOUP¹'〛 — *n.* 〘獣医〙(英国北部・アイルランドに発生する羊の)ウイルス性脳炎, 跳躍病, 伝染性脳脊髄炎.

lour [láuə | láuə(r] *vi., n.* =lower³.

Lourdes [lúəd(z) | lúəd; *F.* lurd] *n.* ルルド《フランス南西部 Pyrenees 山脈のふもとにある町; 1858 年に少女 Bernadette に Virgin Mary が現われたことから有名になった; ほら穴の中に有名なマリアの聖堂がある; 人口 17,000》.

Lou·ren·ço Mar·ques [lərénsou-mɑ́əkés, lɔ:r-, -mɑ́ək(s) | lərénsəu-mɑ́:k; *Port.* lorẽsumárkiʃ] *n.* ロレンソ マルケス《Maputo の旧名》.

lour·ing [láu(ə)rɪŋ | láuər-] *adj.* =lowering². **～·ly** *adv.*

lour·y [láu(ə)ri | láuəri] *adj.* =lowery.

louse [láus] 〚OE *lūs* (pl. *lȳs*) ← Gmc **lus-* (Du. *luis* / G *Laus*) ← IE **lus-* louse〛 — *n.* (*pl.* **lice** [láɪs]) **1** 〘昆虫〙 **a** シラミ《シラミ目の昆虫の総称; キモノジラミ (body louse), ケジラミ (crab louse), アタマジラミ (head louse) など》. **b** ハジラミ (bird louse). **2** [通例複合語の第 2 構成素として] **a** (魚・植物などの)寄生虫: ⇨ fish louse, plant louse. **b** 寄生性のない数種の節足動物の総称: ⇨ book louse. **3** (*pl.* **lous·es**) 《俗》下劣な奴, いやな奴, 鼻つまみ者. — [láus, láuz | láuz, láus] *vt.* 《まれ》…からしらみを駆除する. *louse up* 《俗》(*vt.*) やり損なう, 台無しにする, 駄目にする. (*vi.*) 駄目になる, 混乱に陥る, めちゃくちゃになる.

lóuse flỳ *n.* 〘昆虫〙シラミバエ (ked).

lóuse·wòrt 〚← LOUSE+WORT²: 昔英国で羊に「シラミ」をわかすと信じられた〛 — *n.* 〘植物〙シオガマギク《ゴマノハグサ科シオガマギク属 (*Pedicularis*) の草の総称; wood betony ともいう》.

lous·y [láuzi | -zi] 〚《?c1350》: ⇨ louse, -y⁴〛 — *adj.* (**lous·i·er; -i·est**) **1** しらみだらけの, しらみのたかっている. **2** 《俗》 **a** 汚い; 卑劣な, さもしい (mean). **b** 鼻持ちならない; とてもいやな[ひどい]; みじめな; 気分が悪い: a ～ book 下劣な本 / a ～ day みじめな 1 日. **3** 《俗》〔…が〕たくさんある〔*with*〕: be ～ *with* money 金がうじゃうじゃある. **4** 〈絹布が〉(糸がほぐれて)あちこち斑点(はん)のついた. **lóus·i·ly** [-zɪli, -zə- | -lɪ] *adv.* **lóus·i·ness** *n.*

lout¹ [láut] 〚《*a*1548》← ? ON *lūt-r* bent down ← *lūta* to bend down, 《原義》make small: cf. lout²〛 — *n.* 無骨な男, 粗野な男, 田舎者 (bumpkin). — *vt.* 《廃》侮辱する, あざける (flout).

lout² [láut] 〚OE *lūtan* ← Gmc **lūt-* (ON *lūta* (↑)) ← IE **lend-* small〛 *vi.* 《古・方言》お辞儀をする, 腰をかがめる (bow); 屈服する (yield).

Louth [láuð] *n.* アイルランド共和国北東部 Leinster 地方の一州, 英国の北アイルランドに接する; 人口 75,000, 面積 821 km², 首都 Dundalk [dʌndɔ́:(ː)k].

lóut·ish [-ṭɪʃ | -tɪʃ] *adj.* 無骨な, 粗野な. **～·ly** *adv.* **～·ness** *n.*

lou·troph·o·ros [lu:trɑ́fərɑ̀s | -trɔ́fərɔ̀s] 〚□ Gk *loutrophóros* 《原義》bringing water for a bath ← *loutrón* bath+*-phoros* '-PHOROUS'〛 — *n.* (*pl.* **-o·roi** [-rɔ̀ɪ]) 〘美術〙ルートロフォロス《古代アテネで婚礼・葬儀に使われた首の長い瓶》.

Lou·vain [lu:vɛ̃́:(ŋ), -vǽŋ | lú:vɛ̃:(ŋ), -veɪn, -væŋ; *F.* luvɛ̃] *n.* ルーヴァン《ベルギー中部, Brussels 付近の都市; 人口 33,000; フラマン語名 Leuven》.

lou·var [lú:vɑə | -vɑ:(r] 〚□ It. 《方言》*lùvaru* ← ? L *ruber* red〛 *n.* 〘魚類〙アマシイラ (*Luvarus imperialis*) 《暖海産のアマシイラ科の大魚》.

lou·ver [lú:və | -və(r] 〚《1325》*lover* □ OF *lovier* ← Gmc (MDu. *love* gallery / G *Laube*): cf. lobby, lodge〛 — *n.* **1** 〘建築〙(中世の建物に多い)越し屋根, 頂塔 (lantern). **2** 〘建築〙 **a** (採光・通風のための)がらり(板), 羽板(はた), ルーバー. **b** [*pl.*] =louver boards. **c** =louver-window. **3** 〘自動車〙(自動車前部の)放熱孔.

lóuver bòards *n. pl.* 〘建築〙(よろい窓などに張った)羽板(はた), ルーバー.

lóuver-dòor *n.* よろい[がらり]戸.

lóu·vered *adj.* 〘建築〙よろい張りした.

L'Ouverture, Toussaint *n.* ⇨ Toussaint L'Ouverture.

lóuver-wíndow *n.* 〘建築〙よろい窓, 鎧(よろい)窓.

lou·vre [lú:və | -və(r] *n.* =louver.

Lou·vre [lú:vr(ə) | lú:vr(ə), -və(r; *F.* lu:vr] 〚□ F ～ □ ? ML *lupara* hut for wolf hunter: もと地名?〛 — *n.* [the ～] ルーブル《Paris にある旧王宮; 1793 年より国立美術館》.

louver boards

Louÿs [luí:, lwi:; *F.* lwi], **Pierre** *n.* ルイ《1870–1925; フランスの詩人・作家; 本名 Pierre Louis》.

lov·a·ble [lʌ́vəbl̩] 〚《*a*1400》〛 — *adj.* 愛らしい, 愛嬌(あい)のある, 人好きのする (amiable): a ～ smile, child, etc. **～·ness** *n.* **lóv·a·bly** *adv.* **lòv·a·bíl·i·ty** [-vəbíləṭi | -lətɪ, -lɪ-] *n.*

lov·age [lʌ́vɪdʒ] 〚《1373》*loveache* □ OF *levesche* (F *livèche*) < LL *levisticum, ligusticum* 'of LIGURIA (原産地名?)'〛 — *n.* 〘植物〙 **1** セリ科レビスチカム属の薬草 (*Levisticum officinale*). **2** セリ科のトウキの類の薬草 (*Ligusticum scoticum*).

lov·at [lʌ́vət] 〚← *Lovat* (スコットランドの地名) (□ (Gael. *luibh-àite* herb-place)〛 — *n.* (ツイードなどの織物の特色をなす)緑色を主体としてそれに青色や灰色などの種々の色合を混じた雑色.

love [lʌ́v] 〚n.: OE *lufu* ← (WGmc) **leub-*, **laub-*, **lub-* (OHG *luba* (G *Liebe*)) ← IE **leubh-* to care for, desire, love (L *lubēre* to please, *libīdō* pleasure, desire (⇨ libido) / Skt *lubhyati* he desires). — v.: OE *lufian* ← *lufu* love (n.): cog. G *lieben*〛 — *n.* **1 a** (家族・友人・祖国などに対する)愛, 愛情; (隣人などに対する)好意: ～ and hate 愛と憎しみ, 愛憎 / the ～ between husband and wife 夫婦の愛情 / a mother's ～ *for* her children 子供たちに対する母の愛 / ～ *of* (one's) country 祖国愛, 愛国心 / show ～ *to* [*toward*] one's neighbors 近所の人たちに親しみを示す. **b** (親愛な人に対する)よろしくというあいさつ: Give my ～ to Ann. アンによろしく言って下さい / Mother sends her ～ to you. 母もよろしくと申しております. **2 a** 〔物・事に対する〕好み, 愛好(心), 愛着〔*of, for*〕: a labor of ～ ⇨ labor 2 / one's ～ *of* learning [truth] 好学心[真理愛] / The Japanese have a deep ～ *of* [*for*] nature. 日本人は自然に対して深い愛情を持っている. **b** 好きな物[事]: Steam locomotives are his great ～. SL が彼の一番好きな物だ. **3** (神の)愛, 慈悲; (人の神に対する)愛, 敬愛, 崇敬. **4 a** (異性に対する)愛, 恋, 恋愛, 恋慕: one's first ～ 初恋 / ～ in a cottage 貧しいながらも楽しい結婚生活 / ～ at first sight 一目ぼれ / out of ～ 愛の心から, 好きで / ⇨ free love, *fall in* LOVE (*with*), *for* LOVE (1), *in* LOVE, Platonic love / There is no ～ lost between them. ⇨ lose *vt.* 4 a / *Love* is blind. 《諺》恋は盲目 / *Love* needs no teaching. 《諺》恋に指南はいらぬ,「恋に師匠なし」/ All's fair in ～ and war. 《諺》恋と戦争は手段を選ばない / *Love* is stronger than death. 愛は死よりも強し (cf. *Song of Sol.* 8:6). **b** 恋愛事件, 情事. **c** 色情, 性欲. **d** 情交, 性交: ⇨ *make* LOVE (3). **5** [L-] 恋の神, 愛の神, キューピッド (Cupid, Eros). **6 a** 恋人, 愛人《通例女性; cf. flame 4, lover 1 a》: She was an old ～ of mine. ぼくの昔の恋人だ. **b** [恋人同士や夫婦間, または子供に対する呼掛けに用いて] 愛する者, いとしい者: Would you like some coffee, (my) ～? あなた コーヒー召し上がる. **c** [一般に呼掛けに用いて] 《英口語》ねえ, あなた: Hello ～! やあ 今日は. **7** 《口語》愉快な人; きれいな物[人], かわいい物[人]; すばらしいこと: He is an old ～. 愉快な老人だ / Isn't she a ～? とてもかわいいじゃないか / What a ～ of a dog [child]! なんてかわいい犬[子]だろう. **8** 〘テニス〙ラブ《零点, 得点なし; cf. fifteen 6》: ～ all 0 対 0.

at love 〘テニス〙ラブゲームで《相手プレーヤーに得点を与えずに》. ***fall in love*** (*with* …) (…を)恋する, (…が)好きになる (cf. *in* LOVE (1)): He *fell in* ～ *with* the girl. ***for love*** (1) 好きで: marry *for* ～. (2) (勝負事など)賭けをしないで, ただ楽しみで (cf. *for* MONEY (1)): play (cards) *for* ～. (3) 無報酬で: head a campaign for funds *for* ～ 無報酬で資金調達運動の先頭に立つ. ***for love or money*** [否定構文で] 義理ずくでも金ずくでも, どうしても (by any means): It *can't* be had *for* ～ *or money.* それはどうしても手に入らない / I *wouldn't* do it *for* ～ *or money.* 絶対にそんなことはしない. ***for the love of*** …のために, のゆえに: learn English *for the* ～ *of* it 英語が好きだから英語を学ぶ / volunteer the dangerous task *for the* ～ *of* adventure 冒険が好きで危険な任務を買って出る. ***for the love of Heaven*** [*God, Mike, mercy, etc.*] 後生だから, お願いだから. ***in love*** (1) 〔…を〕恋して, 〔…に〕ほれて〔*with*〕: They are *in* ～. 恋し合っている / I'm *in* ～ *with* you. 君を恋している / ⇨ *fall in* LOVE *with.* (2) 〔…が〕大好きで〔*with*〕: She's *in* ～ *with* beefsteak. ビフテキが大好きだ / They fell *in* ～ *with* the apartment at once. すぐにそのアパートが気に入ってしまった. ***make love*** (*to* …) (1) (…に)求愛する, 言い寄る, (…を)口説く (cf. love-making 1). (2) (…を)抱擁する, (…に)接吻する. (3) (…と)情交する, (…と)性行為を行なう. ***of all love(s)*** 《廃》後生だからぜひとも. ***out of love with*** 《口語》…が大嫌いで, …に愛想が尽きて: I'm *out of* ～ *with* fish these days. この頃魚が口に合わなくなった / He seems *out of* ～ *with* life. 人生がいやになったみたいだ.

— *vt.* **1 a** 愛する, かわいがる, 大事にする: ～ one's mother, children, family, neighbors, country, etc. / Lord ～ you! おやまあ《他人の間違いなどに対する驚きを表わす》. **b** 敬愛[崇敬]する: ～ God 神を愛する. **2 a** 恋する, 愛する, ほれ(ている): Hero and Leander ～*d* each other. ヘーローとレアンドロスは互いに愛し合った / *Love* me(,) ～ my dog. 《諺》坊主憎けりゃ袈裟(けさ)まで憎い / He ～*d* his love with all the letters of the alphabet. 〚I love my love with an A because she is amiable, with a B because she is beautiful, …と唱える一種の罰金遊戯の文句から〛彼は徹底的に恋人を愛した. **b** …に愛の行為をする; …と性交する. **3 a** 好む, 愛好する, 愛する: ～ one's work, music, reading, life, the country, baseball, ice cream, etc. **b** [*to do* または *doing* を伴って] 〈…するのが〉大好きである / He dearly ～*s to* play jokes upon people. 人をからかうのが本当に大好きだ / Will you join us for a cup of coffee?—I would [should] ～ *to.* 一緒にコーヒーでもいかがですか—喜んでいただきます / She ～*s* going to the theater. 芝居見物が大好きです. **c** [目的語+*to do* を伴って] 〈…が〉〈…するのを〉好む[賛美する]: I ～ the children *to* play outside in the sunshine. 子供たちが表の日向(ひなた)で遊ぶのは実によい. ★ for を用いるのは主に《米口語》: She'll ～ *for* me *to* go along with you. 彼女は私があなたと一緒に行けば喜ぶでしょう. **4** 《小児語》かわいがる, なでなでする. **5** 〈動植物が〉好む, 必要とする: The rose ～*s* sunlight. バラは日向を好む. **6** 《米中部》(むしろ)選ぶ, 好む 〈*to do*〉: I'd ～ *to* have some brandy. — *vi.* 愛する, (特に)恋する.

Love [lʌ́v] 〚↑〛 *n.* 女性名.

love·a·ble [lʌ́vəbl̩] *adj.* =lovable.

lóve affàir 〚《1594》〛 *n.* **1** 恋愛事件, 情事, ロマンス. **2** 熱中, 熱望, 執心〔*with*〕: have a ～ *with* golf [mountaineering] ゴルフ[登山]に熱中する.

lóve àpple 〚《なぞり》← ? F *pomme d'amour* □ It. *pomo d'amore* 《変形》← *pomo de' Mori* apple of the Moors (⇨ pome): cf. G *Liebesapfel*〛 — *n.* 〘植物〙 **1** サンゴナス, トゲハリナスビ (*Solanum aculeatissimum*) 《熱帯産のナス科の一年草; 葉にとげがあり花は白; 橙黄色の実が美しいので観賞用》. **2** 《古》トマト.

lóve àrrow *n.* 〘動物〙恋矢 (⇨ dart 2 b).

lóve àrrows *n. pl.* 〘鉱物〙石英中に含まれ網目状をなす針状金紅石 (TiO_2) (cf. sagenite).

lóve bèads *n. pl.* (愛と平和の象徴としてつける)ビーズのネックレス.

lóve-begótten *adj.* 私生の.

lóve·bìrd *n.* **1** 〘鳥類〙ボタンインコ《アフリカ産ボタンインコ属 (*Agapornis*) の小鳥の総称; 雌雄ほとんど離れることがない》. **2** [*pl.*]《口語》恋人同士, 相思相愛の夫婦, おしどり夫婦.

lóve chìld *n.* 私生児 (bastard).

Love·day [lʌ́vdeɪ] 〚← *love day* 《なぞり》← L *dies amōris*: もとは争いなどの和解に定められた日に生れた男・女児につけられた〛 — *n.* 女性名. ★ 中世に一般的で, 現在も Cornwall に見られる名.

lóved one *n.* **1** 最愛の人, 恋人; [*pl.*] 家族, 親類: with best wishes to all your ～*s* 御家族の皆様によろしく. **2** [しばしば L- O-] 亡くなった家族[親類]の者, 「仏(ほとけ)」.

lóve-entàngle *n.* 〘植物〙 **1** =love-in-a-mist 1. **2** =stonecrop.

lóve fèast *n.* 〘キリスト教〙 **1** 愛餐(さん) (agape) 《初期キリスト教徒間で友愛を表わすために行なった共食》. **2** (これを模倣してメソジスト教徒などが行なう)愛餐会. **3** 懇親会.

lóve gàme *n.* 〘テニス〙ラブゲーム《相手に 1 ポイントも与えないゲーム; cf. love set》.

lóve gràss *n.* 〘植物〙スズメガヤ《イネ科スズメガヤ属 (*Eragrostis*) の草本の総称; 家畜の飼料になる weeping love grass など》.

lóve-háte *attrib. adj.* 愛憎の: a ～ complex, relationship, etc.

lóve-ìn *n.* ラブイン《集団恋愛のための若者, 特にヒッピーたちの集まり》.

lóve-in-a-míst *n.* 〘植物〙 **1** クロタネソウ, ニゲラ (*Nigella damascena*) 《キンポウゲ科の植物, 観賞用に栽培; devil-in-a-bush ともいう》. **2** 南米熱帯地方産トケイソウ科の多年性つる草 (*Passiflora foetida*).

lóve-in-ídleness *n.* 〘植物〙 =wild pansy.

lóve-ìnterest *n.* (小説・映画などで)恋愛(中心)のテーマ.

Love·joy [lʌ́vdʒɔɪ], **A(rthur) O(ncken)** [ɑ́ŋkən | ɔ́ŋ-] *n.* (1873–1962) 米国の哲学者・思想史家; 「概念の歴史」(History of Ideas) の創始者; *The Great Chain of Being* (1936).

lóve knòt 〚《15C》〛 *n.* 恋結び《リボンなどの飾り結びで, 昔は恋人達が愛のあかしとして身につけた; lover's knot ともいう》.

love knots

Love·lace [lʌ́vleɪs, -lɪs, -ləs | -leɪs] 〚Samuel Richardson の小説 *Clarissa Harlowe* (1747–48) 中の人物から〛 — *n.* 道楽者, 色魔 (libertine, rake).

Love·lace [lʌ́vleɪs, -lɪs, -ləs | -leɪs], **Richard** *n.* (1618–58) 英国の詩人.

lóve·less 〚《*c*1330》〛 — *adj.* **1** 愛のない: a ～ union, marriage, etc. **2** 愛情のない, つれない (unloving). **3** 愛されない, 人好きのしない, かわいげのない (unloved). **～·ly** *adv.* **～·ness** *n.*

lóve lètter 〚《*a*1400》〛 *n.* 愛の手紙, 恋文, ラブレター.

lóve-lies-bléeding *n.* 〘植物〙ヒモゲイトウ (*Amaranthus caudatus*).

lóve lìfe *n.* 愛の生活, (特に)性生活.

Lov·ell [lʌ́vəl] 〚□ AF *lovel* (dim.) ← *love* wolf (⇨ loup²) // (dim.) ← LOVE: ⇨ -el²〛 *n.* 男性名《異形 Lovel (犬に用いられる), Lowell》.

Lovell, Sir **(Alfred Charles) Bernard** *n.* (1913–) 英国の天文学者.

lóve·lòck 〚《1592》〛 *n.* **1** (婦人の)愛嬌(きょう)毛《額やほおに作った巻き毛》. **2** (英国で 17–18 世紀に上流の男子が顔の両側に垂らしてリボンで結んだ)垂れ髪.

lóve·lòrn 〚《1634》〛 *adj.* 恋人に捨てられた, 失恋した; 恋に泣く. **～·ness** *n.*

love·ly [lʌ́vli | -lɪ] 〚OE *luflīc* amiable〛 — *adj.* (**love·li·er, -li·est; more ～, most ～**) **1** (美・調和・優雅さがあって)心の引かれる, 美しい, うるわしい, かわい

らしい, 魅力的な: a ～ flower, woman, melody, etc. **2**《口語》すばらしい, 愉快な, 楽しい: a ～ taste すばらしくいい味 / ～ weather すばらしい天気 / have a perfectly ～ time とても楽しい時を過ごす / It's been just ～ being with you! あなたと一緒に居られるなんて本当にすてきです. **3**《米》(道徳的・精神的に)立派な, 高潔な: a ～ character 立派な人格.
lovely and…《口語》すばらしく, 気持ちよく (delightfully): It was ～ *and* warm. ぽかぽかと温かかった.
— *adv.*《口語》非常によく (very well), すばらしく.
— *n.* **1** (ショーなどに出演する)美しい魅力的な女, 美人, 美女. **2** 美しい物. **3** 美 (beauty).
lóve·li·ly [-lɪli, -lə- | -lɪ] *adv.* **lóve·li·ness** *n.*

lóve·màking〘《?*c*1450》〙 *n.* **1** 言寄り, 口説き, 求婚 (courtship). **2** 性的行為, 性交.

lóve màtch *n.* 恋愛結婚.

lóve-phìlter *n.* ほれ薬, 媚薬(びやく) (philter).

lóve-pòtion *n.* ＝love-philter.

lóv·er〘《*c*1250》〙 **—** *n.* **1 a** (しばしば, 肉体関係にある)恋人, 愛人. ★ 今は通例男の恋人に用いる (cf. love 6 a, sweetheart 1): She has a ～ [has had many ～*s*]. **b** [*pl.*] 恋人同士: two [a pair of] happy ～*s* 二人の幸福な恋人たち / guilty ～*s* 不義の恋人たち. **c** 求愛者《男》. **2** 愛する人; 賛美者, 愛好者: a cat [dog] ～ 愛猫[犬]家 / a ～ of books, music, art, etc.

Lov·er [lʌ́vɚ | -və(r)], **Samuel** *n.* (1797–1868) アイルランドの歌謡作者・小説家・肖像画家.

lóv·er·ly *adj.* 恋人のような[にふさわしい]. **—** *adv.* 恋人のように.

lóver's knòt *n.* ＝love knot.

lóvers' làne *n.* (公園などの)恋人たちが二人だけになれる道, 恋の散歩道.

lóver's lèap *n.* **1** 恋人たちが飛び込み自殺の場所に選ぶ断崖[高所]. **2**〘遊戯〙(バックギャモンで) 6–5 のさいの目が出て, 最初のポイントから 12 番目のポイントまで一挙にこまが進むこと.

lóve scène *n.* (芝居や小説の)愛の場面, 濡(ぬ)れ場, ラブシーン.

lóve sèat *n.* 二人掛けの椅子, ロマンスシート.

lóve sèt *n.*〘テニス〙ラブセット《相手に 1 ゲームも与えないセット; cf. love game》.

love seat

lóve·sìck〘《15C》〙 *adj.* **1** 恋わずらいの, 恋に悩む. **2** 恋の悩みを表わす: a ～ song.

lóve·sìckness *n.* 恋わずらい.

Lóve's Lábour's Lóst *n.*「恋の骨折り損」《Shakespeare 作の喜劇 (1594–95)》.

love·some [lʌ́vsəm]〘OE *lufsum*: ⇨ love, -some[1]〙 *adj.*《文語・方言》 **1** 美しい, かわいらしい (lovely, charming). **2** 情愛の深い; 恋している, ほれこんでいる.

lóve sòng〘ME〙 *n.* 恋歌, 愛の歌.

lóve spòon *n.* 愛のスプーン《ウェールズ地方で婚約した男がフィアンセに贈る木製の二股スプーン》.

lóve stòry *n.* 恋物語, 恋愛小説.

lóve-tòken〘OE〙 *n.* 愛のしるし(の贈物).

Lóve wàve [lʌ́v-]〘← *A. E. H. Love* (1863–1940: 英国の地球物理学者)〙 **—** *n.*〘物理〙ラブ波《表面の平らな半無限媒質上に性質の異なる表面層がある時の横波の表面波》.

lóve wèed *n.*《米俗》マリファナ (marijuana).

lóve·wòrthy〘《*c*1225》〙 *adj.* 愛するに足る.

lov·ey [lʌ́vi | -vɪ]〘← LOVE＋-Y[2]〙 *n.*《英口語》＝love 6 b, c.

lov·ey-dov·ey [lʌ́vidʌ́vi | -vɪdʌ́vɪ]〘← LOVE＋-Y[4]＋DOVE[1]＋-Y[4]〙 *n.*《英口語》＝lovey. **—** *adj.*《俗》情にもろい, 感傷的な; 甘ったるい, 女々しい.

Lov·ie [lʌ́vi | -vɪ]〘(dim.) ← LOVE〙 *n.* 女性名.

lóv·ing〘OE *lufiende*〙 **—** *adj.* **1 a** 愛情のある, 慈愛に満ちた, 優しい: ～ hearts, words, glances, etc. / Your ～ mother 愛する母より《手紙の結句》. **b** [しばしば複合語の第 2 構成素として] 愛する: money-[pleasure-]*loving* 金[遊び]の好きな / home-[peace-]*loving* 家庭[平和]を愛する. **2** 忠実な, 忠誠な: our ～ subjects わが忠愛なる臣民《詔勅の形式語》. **3** 細部にまで注意の行き届いた, 労を惜しまない: ～ attention 細心の注意 / the ～ protection of freedom of speech 言論の自由の不休の擁護. **～·ness** *n.*

lóving cùp *n.* **1** 親愛の杯《2 個以上の取っ手の付いた銀製の大杯で, 通例宴会の最後などに客の間を順次回して飲む》. **2** (優勝・親愛・名誉などのしるしに与えられる)トロフィー (trophy).

lóving-kìndness〘《1535》: Coverdale の用語〙 *n.* **1** (神の)慈悲, 哀れみ (cf. *Ps.* 89: 33). **2** 親愛, 情.

lóv·ing·ly *adv.* **1** 愛情を込めて, 優しく: look ～ at …を優しいまなざしで見る / Yours ～ 愛を込めて《子供から親への手紙の結句》. **2** 丹精に, 入念に.

low[1] [lóu | lə́u]〘《*c*1175》 *low(e), louch, lah* ▭ ON *lāgr* < Gmc **lǣʒjaz* (Du. *laag* / G《方言》*läg*) ← **lǣʒ-*: cf. lie[2], lay[1]〙 **—** *adj.* (**～·er**; **～·est**) **1 a** (高さが)低い (↔ high, tall): a ～ house, wall, shelf, roof, etc. / a ～ boy 背の低い少年 / a man of ～ stature 背の低い人 / a ～ brow [forehead] 狭い額 (⇨ lowbrow). **b** (地上・床から)遠く離れていない, 高くない所にある, 低い: a ～ sky 雲の低く垂れた空 / ～ clouds 低く垂れこめた雲 / birds of ～ flight 低く飛ぶ鳥. **2 a** 〈土地など〉低い所にある: ⇨ low ground. **b** 低地の; 海岸に近い: ⇨ Low Countries. **3 a** (緯度の)低い, 赤道に近い: ～ latitudes 低緯度(地方) / in the ～ northern latitudes 赤道近くの北半球に. **b** 〈太陽など〉地平線に近く: The sun is ～ at 4 o'clock in winter. 冬 4 時には太陽は西に傾く. **4** 〈水位・液量が減じて, 浅い (shallow); 〈潮が〉引いて, 低潮の, 干潮の: ⇨ low tide, low water / The water is ～. 減水している / The glass is ～. 水銀柱[晴雨計]が下がっている / The well is ～. 井戸の水が減った. **5 a** えりぐりの大きい[深い] (décolleté): a ～ dress えりぐりの深い服 / ⇨ low-neck, low-necked. **b** 〈靴が〉ローカットの《靴の上皮が足首以下のもの》: ⇨ low shoe. **6 a** 〈お辞儀など〉低くかがむ, 腰の低い: a ～ bow [obeisance] 腰の低いお辞儀. **b** 下方に向かう, ぐっと下に曲がる: a ～ swoop 急降下. **7** 最低の, どん底の (lowest): the ～ point of his career 生涯のどん底時代. **8** 〈音・声が〉鋭くない, 低い調子の, 低い: a ～ whisper, murmur, etc. / in a ～ voice 低い声で. **9** 社会的地位の低い, 下層の, 卑しい: be ～ *in* one's class 社会的階層が低い / a man of ～ birth [origin] 生れ[素性]の卑しい人 / ～ life 下層社会生活. **10** 〈生物が〉未発達の, 単純な, 下等な, 未開の: ～*er* tribes [races] 未開種族[人種] / ～*er* animals [creation] (人間以外の)下等動物 / ～ organisms [forms of life] (構造の単純な)下等生物. **11 a** 活力のない, 虚弱な, 弱い: a ～ pulse 弱い脈搏(みゃくはく) / a ～ state of health 弱い健康状態. **b** 沈んだ, 元気のない, ふさぎ込んだ (depressed, despondent): ～ spirits 無気力, 意気消沈 / be ～ *in* spirits 元気がない, 沈んでいる / be feeling ～ 元気がない, 憂鬱(ゆううつ)だ / a man made ～ by sickness 病気で元気のなくなった人. **12** 栄養価の低い, 粗末な: a ～ diet 栄養価の低い食事 / ～ nutrition 栄養不良 / ⇨ low tea. **13 a** (価値・数量・程度など)標準以下の, 低い, 少ない, 〈価格が〉安い: a ～ mark 悪い点 / ～ prices 低物価 / ～ wages 低賃金, 薄給 / ～ tension〘電気〙低圧 / ～ temperature 低温 / a ～ fever 微熱 / ～ pressure 低圧 / ～ rates 低率 / a ～ number 若い数 / a man of ～ intelligence 知性の低い人. **b** (評価が)低い, 見くびった, さげすんだ (disparaging): have a ～ opinion of … を低く評価する, …をばかにする, …に重きを置かない. **14 a** ほとんど尽きた, 乏しい: The stock of coal is ～. 石炭の貯蔵が少なくなった / be ～ *on* ammunition 弾薬が底をつきそうだ / ⇨ *run* LOW. **b**《口語》金がない, 現金が不足して: a ～ purse さびしいふところ / be ～ *in* (one's) pocket ふところが乏しい. **15 a** 育ちのよくない, 粗野な, 下等な; 文化程度の低い: a man of ～ manners ふるまいの粗野な男 / a ～ fellow 不作法な男. **b** 低級な, 劣等な; 下品な, 猥褻(わいせつ)な: ～ tastes [ideals] 低級な趣味[理想] / ～ conduct 下等な行為 / a ～ talk 下品な話 / ～ passions 劣情 / ⇨ low comedy. **16** もっと近年の: relics of ～ antiquity 近古代の遺物 / an event of a ～*er* date それよりもっと近年の出来事. **17** [Predicative に用いて] 倒れて; 死んで, 埋葬されて: The great man is ～. その偉人は死んだ. ★ 通例 *bring* LOW, *lay* LOW, *lie* LOW という成句で用いる. **18** [通例 L-]《英》低教会派 (Low Church) の, 低教会風の: ⇨ Low Church. **19**〘音楽〙〈音が〉低い, 低音の. **20**〘音声〙〈母音が〉舌の位置が低い, 低母音の (cf. high 14, mid[1] 2): ～ vowels 低母音《[a], [ɑ], [ɒ] など》. **21**〘気象〙低気圧の: ⇨ low area. **22**〘自動車〙低速力を出す: ⇨ low gear. **23**〘ボクシング〙相手の選手のベルトより下を打つ: ⇨ low blow. **24**〘野球〙〈投手の投球が〉低めの《打者のひざより下を通る》. **25**〘トランプ〙低い, 低位の, 小さな番号の. **26**〘化学〙低級の: ～ hydrocarbon 低級炭化水素. **27**〘冶金〙含有量の少ない: ～ carbon steel 低炭素鋼 / ～ grade ore 低品位鉱.
at the lowest 最も低くても, 少なくとも. ***blow high, blow low*** ⇨ blow[1] *v.* 成句. ***bring low*** (1) 衰えさせる, 減じる, 落ちぶれさす. (2) 恥ずかしめる (humble). (3) 倒す. ***fall low*** 落ちぶれる, 堕落する. ***high and low*** ⇨ high *adj.* 成句. ***lay low*** (1) 打ち倒す, 切り倒す: He has been *laid* ～ by influenza. インフルエンザにかかって床に就いている / The tree was *laid* ～ at a single blow. 木は一撃で倒された. (2) 殺す; 埋める; 滅ぼす. (3) 恥ずかしめる (humble). (4)《俗》＝*lie* LOW. ***lie low*** (1) ひれ伏す, うずくまる (crouch). (2) 敗残の淵にある; 屈伏させられて[屈辱を受けて]いる; 参って[死んで]いる. (3) 隠れている, 人目につかないようにしている. (4) じっとして時機を待つ[窺(うかが)う]. ***run low*** 〈資力などが〉尽きる: The sands are *running* ～. (砂時計の)砂が尽きそうだ, もうすぐ時間が切れる; 余命幾ばくもない.
— *adv.* (**～·er**; **～·est**) **1** 低く, 低い所へ[に]; 地面[床]に近く: hang, bow, shoot, aim, ～ / The candles are burning ～. 蠟燭(ろうそく)が燃え尽きるところだ. **2** 低い声[調子]で, 声をひそめて: talk [sing] ～ 小声で話す[歌う] / I cannot get (down) so ～. そんなに低い声は出ない. **3** 安く: buy [sell] things ～ 物を安く買う[売る]. **4** 質素に; 粗食をして: live ～. **5** 卑しく, さもしく, 卑劣に. **6** 少額の賭金(かけきん)で: ⇨ *play* LOW. **7**《古》〈年代が〉現代に近く (late): I find it as ～ as the 18th century. 近くは 18 世紀においてもそれを見る.
fly low ⇨ fly[1] 成句. ***high and low*** ⇨ high *adv.* 成句. ***low down*** (1) ずっと低く[下に]. (2) 卑劣に (cf. low-down 2). ***play it low down on*** [***upon***] *a person* 〈人〉にひどい仕打ちをする, …を冷遇する. ***play low*** 少しの金で賭(か)けをする (↔ play high).
— *n.* **1 a** 低いもの. **b** 低地. **c** 最下点, 最低の得点. **d** 最低水準[記録, 数字]: drop to [reach] a new [an all-time] ～ 記録的な低水準に落ちる. **e** (株・物価の)最低価格 (cf. high *n.* 2): hit a new ～ 新安値[最低記録]に達する. **2**〘気象〙低圧部 (low area). **3**《米》〘自動車〙＝low gear, low speed: put it in ～ ギヤをローに入れる. **4**〘トランプ〙 **a** 最低位の切札. **b** (1 ゲーム中の)最低得点. **c** (1 ゲーム中の)最低得点者.
～·ness *n.*

low[2] [lóu | lə́u]〘OE *hlōwan* ← Gmc **χlō-* (Du. *loeien*) ← IE **kel-* to shout (L *clāmāre* to shout)〙 **—** *vi.* **1** 〈牛が〉もーと鳴く (moo). **2** 牛の鳴き声のような声を出す. **—** *vt.* うなるように言う (bellow). **—** *n.* もー《牛の鳴声》.

low[3] [lóu | lə́u]〘《?*c*1200》 *lou(e)* ▭ ON *logi* < Gmc **loʒon, *luʒon*: cf. light[1]〙《スコット・英方言》 **—** *n.* 炎, 強い輝き. **—** *vi.* 燃え立つ, 赤々と輝く.

Low [lóu | lə́u], Sir **David** (**Alexander Cecil**) *n.* (1891–1963) ニュージーランド生れの英国の政治漫画家.

Low, Juliette *n.* (1860–1927) 米国の Girl Scouts の創始者; 旧姓 Gordon.

Lów Archipélago [lóu- | lə́u-] *n.* [the ～] ロウ諸島 (⇨ Tuamotu Archipelago).

lów àrea *n.*〘気象〙低圧域.

lów·bàll *n.*〘トランプ〙あべこべポーカー《低い手ほど勝ちになる方式のポーカー》. **—** *vt.*《米》〈顧客〉にいんちきの安値の見積りを出す.

lów béam *n.*〘自動車〙ロービーム《低く照らす下向きのヘッドライト光線; cf. high beam》.

lów bìrch *n.*〘植物〙＝swamp birch.

lów blóod prèssure *n.*〘病理〙低血圧(症) (cf. high blood pressure).

lów blów *n.*〘ボクシング〙ローブロー《相手選手のベルトより下を打つことで, 反則とされる》.

lów·bórn〘《?*a*1200》〙 *adj.* 素性[生れ]の卑しい.

lów·bòy *n.*《米》脚付きの低いたんす[引き出し付きテーブル] (cf. highboy).

lów·bréd *adj.* 育ち[しつけ]の悪い, 粗野な (ill-bred, rude).

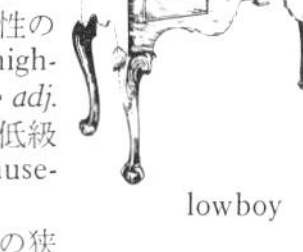
lowboy

lów·bròw《口語》 *n.* 知性の低い人, 低級な人 (cf. highbrow, middlebrow). **—** *adj.* 教養の低い人(向き)の, 低級な, 非知性的な: ～ amusements, tastes, etc.

lów-bròwed *adj.* **1** 額の狭い. **2** 〈岩が〉突き出た (beetling). **3** 〈建物が〉入口の低い; 暗い (dark), 陰鬱(いんうつ)な (gloomy). **4** ＝lowbrow.

lów bùnt *n.*〘海事〙ローバント《畳んでヤードに結び付けた帆の中央部のややふくらんだ所; rolling bunt ともいう; ↔ high bunt》.

lów·bùsh blúeberry *n.*〘植物〙北米産ツツジ科コケモモ属の低木 (*Vaccinium angustifolium*)《青味がかった黒い実をつける; 食用》.

lów càmp *n.* (芸術的に)陳腐[不調和]な素材(など)の無意識な使用 (cf. camp[2] *n.* 3 a) (↔ high camp).

lów celebrátion *n.*〘カトリック〙＝Low Mass.

Lów Chúrch *n.* 低教会派, ローチャーチ《英国国教会内の一傾向に対する 18 世紀以降の俗称で, 聖職の権威や聖餐(せいさん)などをあまり重視しない福音主義的な一派; cf. High Church》. **—** *adj.* 低教会派の.

Lów Chúrchman *n.* 低教会派の人.

lów-cláss *adj.* ＝lower-class.

lów comédian *n.* どたばた[低俗]喜劇役者.

lów cómedy *n.* どたばた喜劇, 茶番劇 (cf. high comedy).

lów-cóst *adj.* 安価な, 値の安い.

Lów Còuntries *n. pl.* [the ～] 北海沿岸の低地帯《今のオランダ・ベルギー・ルクセンブルグ地方に相当》.

lów-cút *adj.* **1** 〈衣服が〉えりぐりの深い. **2** 〈靴が〉ローカットの (⇨ low[1] *adj.* 5 b).

lów-dòwn *adj.*《口語》 **1** 非常に低い. **2** 〈身分など〉卑しい (humble); 卑劣な, 下等な (mean): ～ people. **3** (特に, 道徳的・社会的に)堕落した (degraded). **4**〘ジャズ〙〈ブルースなどが〉非常に情緒的な: ～ blues.
— *n.* (*also* **lów·dòwn**) [the ～]《俗》実情, 内幕: give (a person) *the* ～ on …の内幕を(人に)語る.

Lów Dútch *n.* ＝Low German.

lowe [lóu | lə́u] *n., vi.* ＝low[3].

Low·ell[1] [lóuəl | lə́uəl, lə́uɛl]〘← *Francis C. Lowell* (1775–1817: 米国の綿花栽培の創始者)〙 **—** *n.* 米国 Massachusetts 州北東部, Merrimack 河畔の都市; 人口 95,000.

Low·ell[2] [lóuəl | lə́uəl, lə́uɛl]〘《変形》← LOVELL〙 *n.* 男性名.

Lowell, Abbott Lawrence *n.* (1856–1943) 米国の政治学者; Harvard 大学総長 (1909–33).

Lowell, Amy (**Lawrence**) *n.* (1874–1925) 米国の女流詩人・批評家; Abbott L. Lowell の妹.

Lowell, James Russell *n.* (1819–91) 米国の詩人・文

芸批評家·外交官; *Biglow Papers* (1848, 1862–67).
Lowell, Percival *n.* (1855–1916) 米国の天文学者; Abbott L. Lowell の兄.
Lowell, Robert (Trail Spence) *n.* (1917–77) 米国の詩人; *Life Studies* (1959).
low·er¹ [lóʊə | lə́ʊə(r] 〘(1606)《転用》↓〙 ── *vt.* **1 a** 〈高さを〉低くする, 下げる; 〈ボートなどを〉降ろす (let down): ~ a boat, sail, etc. / ~ the blood pressure 血圧を下げる / ~ one's eyes 目を伏せる / ⇨ *lower one's* COLORS / He ~*ed* himself into a chair. 椅子に腰を降ろした. **b** …の高さを低くする: ~ a wall. **2** 〈狙い·希望などを〉一段と下げる: ~ the aim 狙いを下げる / ~ one's ambition 野心を一段低い所へおく. **3 a** (価値·単位·程度などを)落とす: That remark ~*ed* him *in* my opinion. あんなことを言うので私の目には彼の評価が下がった. **b** 〈物価を〉下げる, 安くする: ~ the price. **c** 〈体力·抵抗力などを〉減じる, 消耗する: ~ the system 体力を減じる, 弱らす. **4** 押える, くじく, へこます (humble): ~ a person's pride 人の誇りを傷つける / ~ oneself 身を屈する, 品格を落とす. **5** 〈音·声などを〉下げる: ~ one's voice 声をひそめる / ~ one's voice to a murmur 声を低くしてささやき声になる. **6** 〘音声〙〈舌を〉下げる (↔ raise). ── *vi.* **1** 下がる, 下る, 低くなる (sink, descend). **2** 減る (decrease); 〈価格などが〉下落する. **3** 〘海事〙ボート[帆, 帆桁(ほげた)]を降ろす 〈*away*〉.
low·er² [lóʊə | lə́ʊə(r] 〘(?c1200) *lahre, louer* (compar.): ⇨ low¹, -er²〙 ── *adj.* [low¹ の比較級; cf. upper] **1 a** (場所·位置など)比較的下にある, 下部の, 低い方の: a ~ berth 下の方の寝棚. **b** (対または組になっているものの中で)下の方の: the ~ lip 下唇. **c** (地上に対して)地表下の: the ~ world 地下世界. **2 a** 下手の, 下流の, より海岸[河口]に近い: the ~ Mississippi. **b** 《米》より南方の, 南部の: ~ Manhattan. **3 a** (官位·地位·身分など)下位の, 下級の, 下層の. **b** 〈生物が〉下等の: the ~ animals 下等動物. **c** (二院制の)下院の (↔ upper): ⇨ lower house. **d** 《英》(教育制度で)低学年の: a ~ boy 下級生, 低学年生《lower school の生徒》/ a ~ form 下級《lower school の学級》/ ⇨ lower school 1. **4** [通例 L-] 〘地質〙初期の (↔ Upper): ⇨ Lower Cretaceous. **5** 〘歯科〙下方の, 下顎(かがく)の. ── *n.* 《米口語》**1** (Pullman car などの)下段の寝台. **2** 下顎, 下顎義歯.
low·er³ [láʊə | láʊə(r] 〘(?a1300) *loure(n)* to frown, lurk: cf. G *lauern* to lurk / Du. *loeren* to frown〙 ── *vi.* **1** 〔…に〕顔をしかめる (frown, scowl) 〔*at, on, upon*〕: ~ *at* [*on*] him. **2** 〈空模様が〉険悪になる; 〈雷·雲などが〉来そうである (menace). ── *n.* **1** しかめつら (scowl). **2** (空などの)険悪(な模様).
lówer bóund *n.* 〘数学〙(順序集合の)下界(かかい) (cf. upper bound, bound¹ 4).
lówer brídge *n.* 〘海事〙下部船橋 (cf. upper bridge).
Lówer Búrma *n.* 下(しも)ビルマ《ビルマ南西部, Bengal 湾の沿岸地方》.
Lówer Califórnia *n.* **1** (バハ)カリフォルニア(半島)《California 湾と太平洋とにはさまれたメキシコ北西部の細長い半島; 人口 857,000, 面積 72,466 km^2; スペイン語名 Baja California》. **2** (バハ)カリフォルニア(州)《メキシコ北西部の州》.
Lówer Cánada *n.* カナダ Quebec 州の旧名 (1791–1841).
lówer·cáse 〘活字〙 *adj.* **1** ロアーケースの, 小文字の (略 l.c.; cf. capital¹ 3). **2** ロアーケース組み[印刷, 書き]の. ── *n.* ロアーケース; 小文字 (略 l.c.; cf. uppercase). ── *vt.* ロアーケース[小文字]で印刷する[組む]; ロアーケース[小文字]に直す (略 l.c.).
lówer cáse *n.* 〘印刷〙ロアーケース《小文字を入れてある下段のケース》.
lówer·càse álphabet *n.* 〘活字〙ロアーケース文字《所定の長さのベタ組み小文字; 自動植字に際し, 組版の長さを調節するものさしとして使う》.
lówer chámber *n.* =lower house.
lówer-cláss *adj.* **1** 下層階級の. **2** 低級の, 下級の.
lówer cláss *n.* **1** 下層階級, 労働(者)階級, プロレタリアート (cf. middle class, upper class). **2** [the ~es] 下層階級(の人々).
lówer·cláss·man [-mən | -mæ̀n, -mən] 〘← *lower class* freshman class+MAN〙 ── *n.* (*pl.* **-men** [-mən, -mèn | -mèn, -mən]) =underclassman.
Lówer Cretáceous *n.* 〘地質〙初期白亜紀[系]《今は Comanchean という》.
lówer críticism 〘higher criticism に対して基礎的な批評であることから〙 ── *n.* 〘聖書〙下部批評, 本文批評 (textual criticism)《聖書の原典を復元し, 字句の解釈などを行なう本文研究; cf. higher criticism》.
lówer déck *n.* **1** 〘海事〙下甲板 (⇨ forecastle 1 挿絵). **2** 《英》**a** 水兵部屋. **b** [the ~; 集合的] 水兵 (crew) (cf. quarterdeck 2). **3** 〘新聞〙《トップ見出しの次の》副見出し.
Lówer Égypt *n.* 下(しも)エジプト《エジプト北部, Nile 川河口のデルタ地域; cf. Upper Egypt》.
lówer fúngus *n.* 〘植物〙下等菌類《キノコなど高等菌類に対し, 単細胞の菌や子実体を欠くカビ類を指す俗称; cf. higher fungus》.
lówer hóld *n.* 〘海事〙最下船倉.
lówer hóuse *n.* [the ~; 通例 L- H-] (二院制の)下院 (cf. upper house).
low·er·ing¹ [lóʊərɪŋ | lə́ʊər-] *adj.* **1** 低くする; 卑しくする, 堕落させる, 下劣な: ~ influences. **2** 体力を弱める: a ~ diet. ── *n.* 低下, 低減: the ~ of currency restrictions 通貨(持ち出し)制限の緩和.
low·er·ing² [láʊ(ə)rɪŋ | láʊər-] 〘(?a1300) ← ME *lourend, louring*: ⇨ lower³〙 ── *adj.* **1** (空模様が)暗く曇った, 険悪な, 〈嵐など〉今にも来そうな (threatening): the ~ sky, clouds, etc. **2** 不機嫌な: ~ looks 不機嫌な顔つき.
low·er·ing·ly [láʊ(ə)rɪŋli | láʊərɪŋli] *adv.* **1** 不機嫌な[いやな]顔をして. **2** 険悪な空になって, 険悪になって.
lówer mánagement *n.* 〘経営〙(企業の)下級管理[職能]; 下級管理者, 下級管理層《中間管理層の次に位する; 係長·工長など; cf. top management, middle management》.
lówer mást *n.* 〘海事〙ロワーマスト, 下檣(かしょう)《継ぎ足しマストにおいて最下のもの》.
lówer mórdent *n.* 〘音楽〙=mordent.
lówer·mòst *adj.* 最低の, 最下の, どん底の (lowest).
lówer órders *n. pl.* =lower class 2.
lówer régions *n. pl.* =lower world 1.
Lówer Sáxony *n.* ニーダーザクセン(州)《西ドイツ北部の州; 面積 47,407 km^2, 人口 7,082,000, 首都 Hanover; ドイツ語名 Niedersachsen [níːdərzàksən]》.
lówer schòol *n.* **1** 《英》public school の五年級 (fifth form) 以下の学級. **2** 《米》(上級学校への)予備学校.
lówer semicontínuous fúnction *n.* 〘数学〙下半連続関数 (cf. upper semicontinuous function).
lówer síde bànd *n.* 〘通信〙下側波帯.
Lówer Silúrian *n.* 〘地質〙初期シルリア紀[系].
lówer wórld *n.* **1** [the ~] あの世, 黄泉(よみ)の国 (Hades); 地獄 (hell). **2** [the ~, this ~] (天界に対して)下界, この世 (the earth).
low·er·y [láʊ(ə)ri | láʊəri] 〘← LOWER³+-Y⁴〙 *adj.* 《米》〈空が〉荒れ模様の, 陰気な.
lówer yárd *n.* 〘海事〙下檣(かしょう)の大帆を取り付ける帆桁(ほげた).
Lowes [lóʊz | lə́ʊz], **John Livingston** *n.* (1867–1945) 米国の英文学者; *The Road to Xanadu* (1927).
lówest cómmon denóminator *n.* [the ~] **1** 〘数学〙最小公分母 (略 L.C.D., l.c.d.). **2** 最大多数の人々に受け入れられ[理解され, 価値を認められ]ているもの, 「最小共通項」.
lówest cómmon múltiple *n.* [the ~] 〘数学〙最小公倍数 (略 L.C.M., l.c.m.).
Lowes·toft [lóʊstɔft, -tɔ(ː)ft, -tɑft | lə́ʊstɔft, lə́ʊɪs-, -təft, (現地では) lə́ʊstəf] 〘OE *Lothu Wistoft* 'TOFT of *Hloðvér* (ON の人名)'〙 ── *n.* イングランド Suffolk 州北東部の港市; 18 世紀には陶磁器で有名; 人口 53,000.
lówest térms *n. pl.* 〘数学〙互いに素な項[数]: reduce a fraction to ~ 約分して既約分数にする.
lów explósive *n.* (弱)火薬《黒色火薬など》.
lów-flýing *adj.* 低空飛行の.
lów fréquency *n.* 〘電気〙低周波; 〘通信〙長波 (30–300 キロヘルツ)《1947 年の国際電気条約による分類; 略 L.F., LF》.
lów gállonage spráyer *n.* 低ガロン噴霧機 (concentrate sprayer).
lów géar *n.* (自動車などの)ローギヤ, ファーストギヤ, 最低速ギヤ[伝動装置], 第一速かみ合い (《英》bottom gear) (cf. high gear 1).
Lów-Gérman *adj.* 低地ドイツ語の.
Lów Gérman 〘《なぞり》← G *Niederdeutsch*〙 *n.* 低地ドイツ語 (⇨ German² 2).
lów-gráde *adj.* **1** 低級[下級]な: ~ materials. **2** 程度の低い: a ~ fever 微熱.
lów gróund *n.* [しばしば *pl.*] 《米南部》=bottom 8.
lów-hèat cemént *n.* 〘土木〙低熱セメント《水和熱のきわめて低いセメント》.
lów húrdles *n. pl.* [the ~; 単数または複数扱い] 〘陸上競技〙ローハードル, 低障害物競走《2 フィート 6 インチ (76.2 cm) の高さのハードル 10 個を飛び越える 220 ヤード (200 m) の競走; cf. high hurdles》.
low·ing [lóʊɪŋ | lə́ʊ-] 〘← LOW²〙 *adj.* もーと鳴く. ── *n.* (もーという)牛の鳴き声.
low·ish [lóʊɪʃ | lə́ʊ-] *adj.* やや低い; ちょっと安い; 小声の.
lów-kéy *adj.* **1** 調子の低い; 抑制された, 控え目な (restrained): a ~ speech. **2** 〘写真〙ローキーの《写真画面の大部分が暗部と中間調部からなる調子にいう; cf. high-key》.
lów-kéyed *adj.* =low-key.
low·land [lóʊlənd, -lænd | lə́ʊlənd] *n.* **1** [しばしば *pl.*] 低地 (cf. highland 1). **2** [the Lowlands] スコットランド低地地方《スコットランドの南東部; ⇨ highland 2》. ── *adj.* **1** 低地の. **2** [L-] スコットランド低地地方の.
lów·land·er *n.* **1** 低地人. **2** [L-] スコットランド低地人 (cf. highlander 2).
lówland fír *n.* 〘植物〙北米西部産のモミの一種 (*Abies grandis*)《lowland white fir, grand fir ともいう》.
lówland gorílla *n.* 〘動物〙ローランドゴリラ (*Gorilla gorilla gorilla*)《低地生のゴリラ; cf. gorilla》.
Lówland Scóts *n.* スコットランド低地方言.
Lów Látin *n.* 低ラテン語 (⇨ Latin 1).
lów-lével *adj.* **1** 下級の, 下級の職にある: ~ officials 下級官吏. **2** 下級職員の[による]. **3** 低い高さで起こる[なされる], 低空の: ~ bombing 低空爆撃.
lów·life *n.* (*pl.* ~**s**, **-lives**) **1** (社会的·経済的·文化的に)低い層の人. **2** 《俗》卑劣な人 (mean person). ── *adj.* 社会的に下層の.
low·li·head [lóʊlihèd | lə́ʊlɪ-] 〘(?1420): ⇨ lowly, -head〙 *n.* 《古》低い地位[身分].
lów-líved [-láɪvd | -lívd] *adj.* **1** 卑しい生活をする, 下層生活の. **2** 卑しい, さもしい: ~ dishonesty.
low·ly [lóʊli | lə́ʊlɪ] 〘(a1382)〙 ── *adj.* (**low·li·er**; **-li·est**) **1 a** 身分の卑しい, 社会的地位の低い: a man of ~ birth 生れの卑しい人. **b** 地位の低い, 下級の: a ~ priest. **2** (生物的·文化的に)進化[発達]の遅い: a ~ society 文化程度の低い社会. **3** 並みの, 平凡な (commonplace). **4** 腰の低い, 謙遜(けんそん)な (humble, modest). ── *adv.* **1** 卑しく; みすぼらしく. **2** 低く; 謙遜して, へり下って. **3** 低い声で. **lów·li·ly** [-lɪli, -lə- | -lɪ] *adv.* **lów·li·ness** *n.*
lów-lýing *adj.* 低い, 低地の; 低くたなびく: ~ hills 低い丘陵 / ~ clouds 低くたなびく雲.
Lów Máss, l- m- *n.* 〘カトリック〙読誦[唱]ミサ《聖歌隊の合唱や音楽の伴わない最も普通のミサ聖祭; cf. High Mass》.
lów-mínded *adj.* 心の汚い, けちな, さもしい, 浅ましい (mean, base). **~·ly** *adv.* **~·ness** *n.*
lów móor *n.* 低層湿原《カルシウムやカリウムの多いヨシ·スゲなどの茂った湿原》.
lown [láʊn, lúːn] 〘ME 《スコット》*lowne* ← Scand. (OSwed. *lughn* calm / Norw. *logn*)〙 *adj., n., vt., vi.* 《方言》=calm.
lów-nèck *n.* ローネックのドレス. ── *adj.* =low-necked.
lów-nécked *adj.* 〈婦人服が〉えりぐりの大きい[深い], ローネックの (décolleté) (cf. high-necked).
lów-pàss fílter *n.* 〘電気〙低域濾波器[フィルター]《低周波数成分を通過させる濾波器》.
lów pítch *n.* 〘音楽〙=diapason normal.
lów-pítched *adj.* **1** 調子の低い, 音の低い: a ~ voice. **2** 〈屋根など〉傾斜のゆるい: a ~ roof. **3** 抑制された, 控え目な (subdued, restrained).
lów-préssure *adj.* **1 a** 低圧の, 低気圧の: a ~ storm 低気圧による暴風. **b** 低圧を用いる: a ~ burner 低圧バーナー. **2** 活力のない, 力のない; のんきな.
lów-príced *adj.* 廉価の.
lów-próof *adj.* アルコール含有量が少ない.
lów-ràte *vt.* 《米南部·中部》低く評価する, 見くびる: Don't ~ me too much. 俺をあまり見くびるな.
lów relíef 〘《なぞり》← F *bas-relief*〙 *n.* 〘美術〙低浮彫り, 低肉彫り, 浅[薄]浮き彫り《high relief に対するもので, bas-relief, basso-relievo ともいう》.
lów ríder *n.* ロウライダー《オートバイのハンドルバーを高くして低く乗っているように見せるオートバイ乗り》.
lów-ríse *adj.* 《米》〈建物, 特にアパートなど〉低層の, 1·2 階しかない (↔ high-rise).
Low·ry [láʊri | láʊ(ə)rɪ] 〘(dim.) ← LAURENCE〙 *n.* 男性名.
lów-sált díet *n.* 〘医学〙=low-sodium diet.
lów shóe *n.* [通例 *pl.*] 《米》短靴; (特に) =Oxford 5.
lów-slúng *adj.* 〈建物など〉比較的低めの, (特に)〈車など〉車台の低い: a ~ car.
lów-sódium díet *n.* 〘医学〙低塩食.
lów spéed *n.* (自動車などの)低速; (多段変速機付自動車の)最低速.
lów-spírited *adj.* 元気のない, 憂鬱(ゆううつ)な, 意気消沈した (dejected). **~·ly** *adv.* **~·ness** *n.*
Lów Súnday 〘(1431)〙 *n.* 低日曜日《復活祭 (Easter) 後の第 1 日曜日; 荘厳な復活祭と比較しての呼称; またこの日は「白衣の主日」ともいう》.
lów swéet blúeberry *n.* =lowbush blueberry.
lów téa *n.* 《米》=plain tea (cf. high tea).
lów-témperature *adj.* 低温の: ~ refrigeration 低温冷蔵.
lów-ténsion *adj.* 〘電気〙**1** 低電圧の, 低圧の. **2** 低圧用の.
lów-tést *adj.* 〈ガソリンが〉沸点の高い.
lów tíde *n.* **1** 干潮, 低潮; 干潮時 (↔ high tide). **2** (衰退·低下の)最低(点), どん底(状態).
lów vóltage *n.* 〘電気〙低電圧《国によって異なるが一般家庭で使用する電圧》. **lów-vóltage** *adj.*
lów wáter *n.* **1 a** (川·湖などの)低水位. **b** =low tide 1. **2** [通例 in ~ として] 不振[窮迫]状態; 意気消沈: He was *in* ~ financially. 金に困っていた.
lów-wáter màrk 〘(c1437)〙 *n.* **1** (川·湖などの)低水位界. **2** 低潮界; 干潮標, 低潮水位標. **3** (不振·窮迫などの)どん底: They were *at* ~.
Lów Wéek *n.* 復活祭週間 (Easter-week) の次の週《Low Sunday に始まる一週間》.
lów wíne *n.* [しばしば *pl.*] 〘醸造〙ローワイン《ウイスキーなどの蒸留で最初に得られるアルコール分の弱い蒸留液[酒]; cf. high wine, feints》.
lox¹ [lɑ́ks | lɔ́ks] 〘⊏ Yid. *laks* ⊏ G *Lachs*: cog. OE *leax* 'LAX¹'〙 *n.* (*pl.* ~, ~·**es**) 《米》サケの燻製 (smoked salmon).
lox² [lɑ́ks | lɔ́ks] 〘← *l(iquid) ox(ygen)*〙 *n.* 〘化学〙液体酸素 (⇨ liquid oxygen). ── *vt.* 〈ロケット〉に液体酸素を補給する.
lox- [lɑks | lɔks] (母音の前に来る時の) loxo- の異形.
lox·o- [lɑ́ksoʊ | lɔ́ksə(ʊ)] 〘← NL ~ ← Gk *loxós* oblique〙「斜めの (oblique)」の意の連結形. ★母音の前では通例 lox- になる.
lox·o·drome [lɑ́ksədròʊm | lɔ́ksədrə̀ʊm] 〘⇨ ↑, -drome〙 *n.* 〘海事〙=rhumb line.
lox·o·drom·ic [lɑ̀ksədrɑ́mɪk | lɔ̀ksədrɔ́m-] 〘(a1679) ⊏ F *loxodromique*: ⇨ ↑, -ic¹〙 ── *adj.* **1** 〘海事〙航程線の. **2** 〘地図〙(メルカトル図法のような)等角航路が直線で示される投影図法の. **lòx·o·dróm·i·cal·ly** *adv.*

lox·o·drom·ics [lɑ̀ksədrɑ́mɪks | lɔ̀ksədrɔ́m-] 〖⇨↑, -ics〗 *n.* 〖海事〗航程線航法.

lox·y·gen [lɑ́ksɪdʒɪn, -dʒən, -dʒèn | lɔ́ksɪ-, -sə-] 〖← *l(iquid) oxygen*〗 *n.* 〖化学〗=lox^2.

loy·al [lɔ́ɪ(ə)l, lɔ́:jəl | lɔ́ɪ(ə)l] 〖《1531》▭ F ～ < L *lēgālem* 'LEGAL (と二重語)'〗 ── *adj.* **1 a** 〔政府·帝王·主君·国家などに〕忠義な, 忠節な 〔*to*〕: a ～ subject, citizen, etc. / be ～ *to* Queen 女王に忠節である. **b** 〔夫·妻·友人·雇主などに〕誠実な, 義理堅い 〔*to*〕: a ～ husband, friend, etc. / be ～ *to* his master 主人に誠実である. **c** 〔主義·理想·習慣などに〕忠実な 〔*to*〕: a ～ supporter of liberty 忠実な自由の支持者 / be ～ *to* a cause 主義に忠実である. **2** 誠実さの表われた; 正直な, 実直な, 高潔な: ～ conduct. **3** 《廃》合法的な. ── *n.* [通例 *pl.*] 忠臣, 愛国者. **～·ness** *n.*

loy·al·ism [lɔ́ɪəlìzm, lɔ́:jəl- | lɔ́ɪəl-] *n.* 忠義心, 忠節, 忠君, (特に, 内乱時の)勤王主義.

lóy·al·ist [-lɪst, -ləst | -lɪst] *n.* **1** 忠臣, 忠君愛国者, 勤王家. **2 a** (内乱時などの)国王支持者, 王党員, 体制支持者. **b** (米国独立戦争当時の)英国党員, 反独立派, 王党派. **c** [L-] (スペイン内乱時の)共和制支持者 (1936-39).

loy·al·ly [lɔ́ɪəli, lɔ́:jəli | lɔ́ɪəli] 〖《1572》〗 *adv.* 忠義を尽くして, 忠誠に; 誠実に.

loy·al·ty [lɔ́ɪ(ə)lṭi, lɔ́:jəl- | lɔ́ɪ(ə)ltɪ] 〖《?*a*1400》▭ OF *loialté* (F *loyauté*): ⇨ loyal, -ty^2〗 ── *n.* **1** 忠義, 忠誠, 忠節; 勤王; 愛国心 〔*to, for*〕: one's ～ *to* [*for*] the Queen 女王に対する忠誠(心). **2** 〔義務などへの〕誠実, 忠実 (fidelity) 〔*to*〕: one's ～ *to* the cause その主義に対する忠実さ. **3** 忠義な行為, 忠誠的行為.

Lo·yang [lòʊjɑ́:ŋ | lóʊ-; *Chin.* luòiáŋ] *n.* 洛陽 《中国北部, 黄河に近い河南省北部の都市; 人口 600,000》.

Loy·o·la [lɔɪóʊlə | lɔɪə́ʊ-, lɔ́ɪə(ʊ)-], Saint **Ig·na·ti·us** [ɪgnéɪʃiəs, -ʃəs | -ʃɪəs, -ʃəs] (**of**) *n.* ロヨラの聖イグナチオ 《1491-1556; スペインの軍人·カトリックの聖職者; イエズス会 (Society of Jesus) の創設者; 聖人に列せられた (1622); 本名 Iñigo López de Recalde [iɲigo lópeθ de rrekálde]》.

loz·enge [lɑ́zṇdʒ, -zɪndʒ, -zəndʒ | lɔ́zɪndʒ, -zəndʒ] 〖《1320》*losenge* ▭ OF (F *losange*) ← ? Frank. **lausinc* ← **lausa* stone slab〗 ── *n.* **1** 菱形 (diamond). **2 a** 菱形のもの. **b** 薬用ドロップ《もとは菱形であった》, 甘味入り錠剤. **c** (宝石の)菱形面. **d** 菱形窓ガラス. **3** 〖紋章〗菱形紋章図形 (⇨ heraldry 挿絵 D); (婦人用の)菱形の盾. ── *adj.* =lozenged.

lozenge 3

lóz·enged *adj.* 菱形の.

lózenge-shàped *adj.* =lozenged.

loz·eng·y [lɑ́zṇdʒi, -zɪn-, -zən- | lɔ́zɪndʒɪ, -zən-] *adj.* 〖紋章〗〈盾が〉菱形に等分割された (⇨ heraldry 挿絵 E): ～ argent and gules 銀と赤の菱模様.

Lo·zère [loʊzéə | ləʊzéə(r; *F.* lɔzɛ:r] *n.* ロゼール(県) 《フランス南部の県; 人口 72,000, 面積 5,170 km^2, 首都 Mende [mɑ̃:d]》.

LP [élpí:] 〖《頭字語》← *l(ong) p(laying)*〗 *n.* 〖商標〗エルピー(盤) 《1 分間 33$^1/_3$ 回転のレコード; cf. EP》.

LP 《記号》〖貨幣〗Palestine pound(s).

l.p. 《略》large paper; 〖数学〗linear programming; 〖電算機〗lineprinter; 〖活字〗long primer; low pressure.

L.P. 《略》Labor Party; 〖化学〗liquid petroleum; Lord Provost.

LPG 《略》liquefied petroleum gas.

LṔ gás *n.* =liquefied petroleum gas.

LPN, L.P.N. 《略》Licensed Practical Nurse.

L'pool 《略》Liverpool.

L.P.S. 《略》Lord Privy Seal.

lpw. 《略》〖光学〗lumens per watt ルーメン毎ワット.

Lr 《記号》〖化学〗lawrencium.

L.R. 《略》Law Reports 判例集; living room; 〖保険〗Lloyd's Register; long run; lower right.

Ĺ-radiàtion *n.* 〖物理〗=L-line.

LRBM 《略》long-range ballistic missile.

LRL 《略》Lunar Receiving Laboratory 月面上の電波受信所.

LRVL 《略》〖宇宙〗lunar roving vehicle.

LS 《略》〖米海軍〗Landing Ship.

l.s. 《略》land-service; left side; 〖天文〗local sunset; long sight; lump sum.

L.s. 《略》Letter signed.

L.S. 《略》Law Society; leading seaman; library science; licensed surveyor; Licentiate in Surgery; Linnaean Society; locus sigilli; long shot; loudspeaker.

£S, LS 《記号》〖貨幣〗Syrian pound(s).

£S, LSd 《記号》〖貨幣〗Sudan pound(s).

LSA 《略》Linguistic Society of America.

LSAT 《略》Law School Admissions Test.

LSB 《略》〖電算機〗least significant bit.

l.s.c. 《略》*L.* locō suprā citātō 上記引用文中に (in the place cited above).

LSD 〖《略》← *l(y)s(ergic acid) d(iethylamide)*〗 *n.* 〖薬学〗エルエスディー (⇨ lysergic acid diethylamide).

LSD 《略》〖米海軍〗Landing Ship, Dock 上陸用舟艇母艦, ドック型揚陸艦 《揚陸艦の最大のもの; 浮きドックを備え, これで揚陸艇 (LC) を輸送し, 修理もする; 目的地でドックに水を張って揚陸艇を発進させる》; 〖電算機〗least significant digit.

LSD 25 *n.* 〖薬学〗=lysergic acid diethylamide.

L.S.D. 《略》Lightermen, Stevedores and Dockers.

£.s.d., l.s.d., L.S.D. 〖← L *l(ibrae), s(olidi), d(enārii)* pounds, shillings, pence〗 ── *n.* **1** (旧貨幣制度の)ポンド·シリング·ペンス. **2** 《英口語》金銭 (money); 富 (riches): a worshipper of *£. s. d.* 拝金家 / It is only a matter of *£. s. d.* ただ金の問題だ.

Ĺ-sèries *n.* 〖物理〗=L-line.

Ĺ-shèll *n.* 〖物理〗L 殻 《原子核を取巻く電子殻のうち主量子数 2 をもつもの; cf. K-shell》.

LSI 《略》〖電子工学〗large-scale integration (cf. MSI).

Ĺ sìll *n.* 〖木工〗L 字形の土台.

LSM 《略》〖米海軍〗Landing Ship, Medium 中型揚陸艦 《全長 200 フィート (約 61 m) より少し大で, 戦闘部隊を上陸させる》.

L.S.M, LSM, lsm 《略》〖電気〗linear synchronous motor.

L.S.O. 《略》London Symphony Orchestra.

Ĺ squàre *n.* (大工の使う) L 型定規.

LSS, L.S.S. 《略》Lifesaving Service; Lifesaving Station; 〖宇宙〗life support system.

LST 《略》〖米海軍〗Landing Ship, Tank 戦車揚陸艦.

l.s.t., LST 《略》local standard time 地方標準時.

LSV 《略》〖米海軍〗Landing Ship, Vehicle 車両揚陸艦; 〖宇宙〗lunar surface vehicle 月面車.

L.S.W.R. 《略》London and South-Western Railway.

£SY 《記号》〖貨幣〗Southern Yemen dinar(s).

LT 《略》letter telegram.

£T, LT 《記号》〖貨幣〗Turkish pound(s).

lt. 《略》light.

Lt. 《略》Lieutenant.

l.t. 《略》〖海事〗landed terms 陸揚費込値段; 〖軍事〗landing team 上陸戦闘団; local time; 〖電気〗low-tension.

l.t., l.tn. 《略》long ton.

'lt [lt] wilt の縮約形.

L.T.A. 《略》Lawn Tennis Association; lighter than air; London Teachers' Association.

LTC 《略》〖軍事〗Lieutenant Colonel.

Lt. Col. 《略》〖軍事〗Lieutenant Colonel.

Lt. Comdr. 《略》〖海軍〗Lieutenant Commander.

Ltd., ltd. [lɪ́mɪtɪd] 《略》limited 有限責任の, 株式組織の.

LTG 《略》〖軍事〗Lieutenant General.

ltge. 《略》lighterage.

Lt Gen. 《略》〖軍事〗Lieutenant General.

Lt Gov. 《略》Lieutenant Governor.

L.Th. 《略》Licentiate in Theology 補教師, 聖職見習者[生].

Lt. Inf. 《略》〖軍事〗light infantry.

LTL 《略》less-than-truckload (lot).

ltr. 《略》letter; lighter.

LTS 《略》launch telemetry station; launch tracking system.

lt-yr 《略》〖天文〗light-year(s).

Lu 《記号》〖化学〗lutetium.

Lu·a·la·ba [lù:əlɑ́:bə] *n.* [the ～] ルアラバ(川) 《アフリカ中部 Zaire 南東部の川; Congo 川の源流の一つ》.

Lu·an·da [luǽndə | lʊ-] *n.* ルアンダ 《アフリカ南西部 Angola の海港で同国の首都; 人口 476,000; São Paul de Loanda ともいう》.

Lu·ang Pra·bang [luɑ́:ŋ-prəbɑ́:ŋ | lʊ-] *n.* ルアンプラバン 《Mekong 川に臨むラオスの旧王宮所在の都市; 人口 45,000》.

lu·au [lú:aʊ, ─ ́] 〖▭ Hawaiian *lu'au*〗 ── *n.* 《米》 **1** (通例余興を伴った)ハワイ料理の宴会. **2** ルアウ 《タロイモの葉, 鶏肉, 魚などにココナツミルクを加えたハワイ料理》.

lub. 《略》lubricant; lubricate; lubrication.

Lu·ba [lú:bə] *n.* (*pl.* ～, ～**s**) **1 a** [the ～(s)] ルーバ族 《アフリカ中部 Zaire 南部の農耕民族》. **b** ルーバ族の人. **2** ルーバ語 《Bantu 語族に属する》.

Lu·báng Íslands [lu:bɑ́:ŋ-] *n. pl.* [the ～] ルバング諸島 《Philippine 諸島の Mindoro 島北西方の諸島; 人口 17,000, 面積 246 km^2》.

lub·bard [lʌ́bəd | -bəd] *n.* =lubber 1.

lub·ber [lʌ́bə | -bə(r] 〖《*c*1390》*lobre* ▭ ? OF *lobeor* swindler ← *lober* to deceive: cf. lob^1〗 ── *n.* **1** (図体(ずうたい)の大きい)無骨者, うすのろ, 不器用者 (lout); (特に)役立たずのなまけ者. **2** 〖海事〗未熟水夫, おかっぽう(陸人) (cf. landlubber, landsman^1 3). ── *adj.* **1** 無骨な, へまな, 不器用な (clumsy). **2** 〈くちびるが〉厚ぼったい. ── *vi.* (特に, ボートを扱う際に)へまをやる, 不器用に扱う.

lúbber grásshopper *n.* 〖昆虫〗北米産の翅の短い大型のバッタの類で次の二種をさす: **a** 米国南東部産の *Romalea microptera*. **b** 米国南西部からメキシコにかけて生息する *Brachystola magna*.

lúbber lìne *n.* 〖海事〗方位基線[点] 《羅針(らしん)盤の内側に付けた黒線で, 船首の方向を示す》.

lúb·ber·ly *adj.* **1** 無骨な, へまな, 不器用な (awkward). **2** 〖海事〗未熟水夫向きの, おかっぽう向きな. **3** 〈船が〉下手に扱われた. **4** 不整頓な. ── *adv.* 無骨に, へまに, 不器用に. **lúb·ber·li·ness** *n.*

lúbber màrk *n.* 〖海事〗=lubber line.

lúbber's hòle *n.* 〖海事〗檣楼(しょうろう)の口 《マストの中途にある檣楼 (top) にある小開口》. ★ 昇降口ではないのにおかっぽう (陸人) がマストへ登ると, こわさのためにこの口から檣楼へ登ろうとするため「臆病口」ともいう.

lúbber's knòt *n.* 〖海事〗縦結び.

lúbber's lìne [pòint] *n.* 〖海事〗=lubber line.

Lub·bock [lʌ́bək], Sir **John** *n.* (1834-1913) 英国の銀行家·政治家·通俗科学書などの著述家; 称号 1st Baron Avebury; *The Use of Life* (1894).

Lubbock, Percy *n.* (1879-1965) 英国の批評家·随筆家·伝記作家; *The Craft of Fiction* (1921).

lube [lú:b | lú:b, ljú:b] 〖《略》← *lubricating oil*〗 **1** 潤滑油 《lube oil ともいう》. **2** 《口語》潤滑油注入.

Lü·beck [lú:bek | lú:-, ljú:-; *G.* lý:bɛk] *n.* リューベック 《西ドイツ北部 Schleswig-Holstein 州の港市; 中世のハンザ同盟の盟主; 人口 231,000》.

Lu·bitsch [lú:bɪtʃ; *G.* lú:bɪtʃ], **Ernst** *n.* ルービッチ 《1892-1947; ドイツの映画監督》.

Lüb·ke [lúpkə, líp-; *G.* lýpkə], **Heinrich** *n.* リュプケ 《1894-1972; 西ドイツの政治家; 大統領 (1959-69)》.

Lu·blin [lú:blɪn, -blən, -bli:n | -blɪn; *Pol.* lúblin] *n.* ルブリン 《ポーランド東部の都市; 人口 278,000》.

lu·bra [lú:brə] 〖▭ Tasmanian *loubra* ← ? *loo, lowa* woman + *proi* big〗 *n.* 《豪》(オーストラリアの)原住民の女[娘].

lu·bric [lú:brɪk | lú:-, ljú:-] 〖《1490》▭ (O)F *lubrique* ∥ L *lūbric-us*: ⇨ lubricate〗 *adj.* 《古》=lubricous.

lubric. 《略》lubricate; lubrication.

lú·bri·cal [-brɪkəl, -brə- | -brɪ-] *adj.* 《古》=lubric.

lu·bri·cant [lú:brɪkənt, -brə- | lú:brɪ-, ljú:-] 〖▭ L *lūbricant-em* (pres.p.) (↓)〗 ── *adj.* 滑らかにする, すべっこくする. ── *n.* **1** 滑らかにする物. **2** 潤滑剤, 滑剤, 潤滑油. **3** 摩擦[困難]を減らす[防ぐ]もの, 円滑にするもの.

lu·bri·cate [lú:brəkèɪt | lú:brɪ-, ljú:-] 〖《1623》← L *lūbricāt-us* (p.p.) ← *lūbricāre* to make slippery ← *lūbricus* slippery ← IE **sleub(h)-* to slide: cf. sleeve〗 ── *vt.* **1** 〈機械など〉に油を差す[塗る]: ～ a machine, wheel, etc. **2** 〔クリームなどで〕滑らかにする; すべすべさせる 〔*with*〕: ～ one's hands *with* hand cream ハンドクリームを塗って手(の皮膚)を滑らかにする. **3** 〈物事を〉円滑に運ぶように仕向ける. **4** 《俗》 **a** 〔酒を〕〈人〉に勧める 〔*with*〕: ～ a person *with* whiskey 人にウイスキーを勧める. **b** 〈人〉に賄賂(わいろ)を使う, 買収する: ～ a high official 高官を買収する. **5 a** 〖写真〗〈印画〉につや出しを塗る. **b** 〖映画〗(ワックス類を塗布して)〈映画フィルム〉の滑りをよくする. ── *vi.* **1** 潤滑剤の用をする. **2** 《俗》酒を飲む; 酔っ払う. ***lubricate** a person's **palm*** 人を買収する, 金をつかませる. ***lubricate** a person's **tongue*** 酒を飲ませたり金をつかませたりして人に秘密をしゃべらせる.

lú·bri·càt·ing òil [-ṭɪŋ- | -tɪŋ-] *n.* 潤滑油.

lu·bri·ca·tion [lù:brəkéɪʃən | lù:brɪ-, ljù:-] *n.* **1** 滑らかにすること; 潤滑; 減擦, 注油(法). **2** 滑らかなこと, すべすべすること. 「滑らかにする, 潤滑性の.

lu·bri·ca·tive [lú:brəkèɪṭɪv | lú:brɪkèɪt-, ljú:-] *adj.*

lú·bri·cà·tor [-ṭə | -tə(r] *n.* **1** 滑らかにする人[物]; 潤滑剤 (lubricant). **2** 潤滑装置, 油差し(器), 注油器. **3 a** 〖写真〗つや出し(器). **b** 〖映画〗映写の時フィルムのすべりをよくするためワックス類を塗る装置.

lu·bri·cious [lu:brɪ́ʃəs | lu:-, lju:-] 〖← L *lūbricus* slippery + -IOUS〗 *adj.* =lubricous. **～·ly** *adv.*

lu·bric·i·ty [lu:brɪ́səṭi | lu:brɪ́sətɪ, lju:-, -sɪ-] 〖《1491》▭ L *lūbricitāt-em* slipperiness ← *lūbricus* slippery: ⇨ lubric, -ity〗 ── *n.* **1** 滑らかさ, 平滑; 滑らかにする性質[働き]. **2** (精神的)不安定, 動揺; 捕え難いこと. **3** 淫(いん)ら; 猥褻(わいせつ)物, (特に)ポルノグラフィー.

lu·bri·cous [lú:brɪkəs, -brə- | lú:brɪ-, ljú:-] 〖← L *lūbricus* (⇨ lubricate) + -OUS〗 ── *adj.* **1** すべすべした, 平滑な (slippery, smooth). **2** 不確かな, 不安定な; 捕まえ所のない. **3** 淫(いん)らな; 好色な, 猥褻(わいせつ)な.

lu·bri·to·ri·um [lù:brətɔ́:riəm, -tóʊr- | lù:brɪtɔ́:rɪ-, ljù:-] 〖← LUBRI(CATE) + *-torium* (⇨ sanatorium)〗 *n.* 《米》(ガソリンスタンド等で)車の潤滑油を交換する所.

Lu·bum·ba·shi [lù:bu:mbɑ́:ʃi | -ʃɪ] *n.* ルブンバシ 《アフリカ中部 Zaire 南東部, Zambia との国境近くの都市; 人口 404,000; 旧名 Elisabethville》.

Lu·can^1 [lú:kən | lú:-, ljú:-] 〖← L *Lūcās* + -AN^1〗 *adj.* ルカ (St. Luke) の; ルカ伝の.

Lu·can^2 [lú:kən | lú:-, ljú:-] *n.* ルカーヌス 《39-65; スペイン生れのローマの詩人; 叙事詩 *Pharsalia* 「ファルサリア」; ラテン語名 Marcus Annaeus Lucanus》.

Lu·ca·ni·a [lu:kéɪnjə, -kɑ́:-, -nɪə | lu:kéɪnjə, lju:-, -nɪə] *n.* ルカニア 《イタリア南部, Taranto 湾北西部の古代の地方; 現在の Basilicata》.

lu·ca·nid [lu:kéɪnɪd, -nəd | lu:kéɪnɪd, lju:-] 〖↓〗〖昆虫〗 *adj.* クワガタムシ(科)の. ── *n.* クワガタムシ 《クワガタムシ科の昆虫の総称》.

Lu·can·i·dae [lu:kǽnədi: | lu:kǽnɪ-, lju:-] 〖← NL ～ ← NL *Lūcanus* (属名: ← ? LL *lūcanus* daylight (← L *lūx* light^1)) + -IDAE〗 ── *n. pl.* 〖昆虫〗(鞘翅目)クワガタムシ科.

lu·carne [lu:kɑ́ən | lu:kɑ́:n, lju:-] 〖▭ F ～ 《変形》← OF *lucanne* ▭ Prov. *lucana* ← Gmc: 意味の上で OF *luiserne* lamp (< L *lucerna* lamp) の影響を受けた〗 ── *n.* =dormer.

Lu·cas [lú:kəs | lú:-, ljú:-; *G.* lú:kas] 〖▭ L *Lūcās* 「⇨ Luke」〗 *n.* 男性名.

Lu·cas, Edward Ver·rall [vérəl, -rɔ:l] *n.* (1868-1938) 英国の随筆家で, Lamb の校訂研究者.

Lu·cas·ta [lu:kǽstə | lu:-, lju:-] 〖Richard Lovelace の造語: 詩の題 "To Lucasta" より〗 *n.* 女性名.

Lu·cas van Ley·den [lú:kɑ:s-vɑ:n-láɪdən; *Du.* lý:kɑs-vɑn-léidə] *n.* ルーカス バン ライデン 《1494?-1533; オランダの画家·版画家; 本名 Lucas Hugensz [hý:ɣəns]》.

Lu·ca·yo [lu:káɪoʊ | -káɪəʊ; *Am. Sp.* lukájo] 〖← Am.-Sp. ～ ← Arawak〗 ── *n.* (*pl.* ～, ～**s**) **1 a** [the

～(s)] ルカヨ族《Bahamas 諸島にかつて住んでいた, 現在は絶滅している》. **b** ルカヨ族の人. **2** ルカヨ語.

Luc·ca [lúːkə; *It.* lúkka] *n.* ルッカ《イタリア北西部; Florence の西にある古都; オリーブ油の産地·音楽祭で有名; 人口 91,000》.

luce [lúːs | lúːs, ljúːs] 〖《1381》⇦ OF *lu(i)s* ⇦ LL *lūcium* pike〗 — *n.* **1** 〖魚類〗(成魚の)カワカマス (*Esox lucius*)《ヨーロッパ·北米に分布するカワカマス科の淡水魚》. **2** 〖紋章〗カワカマスの図形《Lucy 家が姓と同綴·同音であるところから, これを同家の紋章の charge としたことで有名; cf. canting arms》.

Luce [lúːs | lúːs, ljúːs], **Henry Robinson** *n.* (1898–1967) 米国の出版業者; *Time, Life* などの雑誌を創始した.

lu·cen·cy [lúːsṇsi | lúːsṇsɪ, ljúː-] *n.* 光輝 (luminosity); 透明.

lu·cent [lúːsṇt | lúː-, ljúː-] 〖⇦ L *lūcent-em* (pres.p.) ← *lūcēre* to shine ← *lūx* 'LIGHT[1]'〗 — *adj.* **1** 光る, 輝く (luminous, bright). **2** 透明の (transparent); 半透明の (translucent). **～·ly** *adv.*

lu·cerne [luːsə́ːn | luːsə́ːn, ljuː-, lʊ-, lúːsəːn] 〖《1626》⇦ F *luzerne* ⇦ Prov. *luzerno* lucerne, 《原義》glowworm (その種子が光ることから) ← L *lucerna* lamp〗 — *n.* (*also* **lu·cern** [～]) 《英》〖植物〗=alfalfa.

Lu·cerne [luːsə́ːn | luːsə́ːn, ljuː-, lʊ-; *F.* lysɛrn] *n.* ルツェルン, リュセルヌ〖ドイツ語名 Luzern〗: **1** スイス中部の州; 人口 290,000, 面積 1,494 km². **2** Lucerne 湖畔の同州の首都; 人口 70,000.

Lucerne, the Lake of *n.* ルツェルン[リュセルヌ]湖《スイス中部の湖; 長さ 39 km, 面積 114 km²》.

luces *n.* lux の複数形.

Lu·chou [lùːtʃóu | -tʃáu; *Chin.* lúʈʂōu] *n.* (*also* **Luchow** [～]) 瀘州(ﾛｼｭｳ)《中国中南部, 揚子江に臨む四川省 (Szechwan) の都市》.

lu·ci- [lúːsə | lúːsɪ, ljúː-] 〖⇦ L *lūc-, lūx* 'LIGHT[1]'〗「光 (light)」の意の連結形.

Lu·cia [lúːʃə, -ʃiə, -siə | -sjə, -sɪə] 〖⇦ L *Lūcia* (fem.): ⇨ Lucius〗 *n.* 女性名.

Lu·cian[1] [lúːʃən | -sjən, -sɪən, -ʃɪən] 〖⇦ L *Lūciān-us* ⇦ Gk *Loukianós*: 東洋起源?〗 *n.* 男性名.

Lu·cian[2] [lúːʃən | -sjən, -sɪən, -ʃɪən] *n.* ルキアノス《120?–?80; Syria 生れのギリシャの風刺散文作家》.

Lu·ci·an·ic [lùːʃiǽnɪk | -sɪ-] *adj.* ルキアノス(Lucian) 風の.

Lu·ci·anne [lùːsiǽn, -ʃi- | -sɪ-] 〖(dim.) ← LUCIA, LUCY〗 *n.* 女性名.

lu·cid [lúːsɪd, -səd | lúːsɪd, ljúː-] 〖《1591》⇦ F *lucide* & It. *lucido* < L *lūcidus* clear, bright ← *lūcēre* to shine: ⇨ light[1]〗 — *adj.* **1** 澄んでいる, 透明な (clear, transparent): a ～ streams. **2** 〈頭脳など〉澄んだ, 明晰(ﾒｲｾｷ)な; 理性的な (rational): a ～ mind, thinker, etc. **3** 明快な, 鮮明な, わかりやすい (clear): a ～ style, explanation, argument, speaker, etc. **4** 〈病人が〉知覚の正常な, 正気の: a ～ patient (狂人でない)知覚の正常な[正気な]患者 / ⇨ lucid interval. **5** 《詩》輝く, 明るい. **～·ly** *adv.* **～·ness** *n.*

lu·ci·da [lúːsədə | lúːsɪ-, ljúː-] 〖⇦ L *lūcida* (*stella*) bright (star) (fem.) ← *lūcidus* (↑)〗 *n.* (*pl.* **lu·ci·dae** [-dìː]) 〖天文〗(一星座中の)最も明るい星.

lúcid ínterval 〖《なぞり》← ML *lucida intervalla* (pl.)〗 *n.* 〖精神医学〗 **1** 平静期《精神病症状寛解期; cf. lucidity 3》. **2** (硬膜外血腫の)意識清明期.

lu·cid·i·ty [luːsídəṭi | luːsídətɪ, ljuː-, -dɪ-] 〖⇦ F *lucidité* // L *lūciditāt-em*: ⇨ lucid, -ity〗 *n.* **1** 清澄, 透明. **2** 明晰(ﾒｲｾｷ), 明快, 鮮明. **3** (精神病者の)平静, 正気 (cf. lucid interval 1). **4** 《詩》光輝, 明るさ, 光明.

Lu·cien [lúːʃən | -sjən, -sɪən, -ʃɪən; *F.* lysjɛ̃] 〖⇦ F ～: ⇨ Lucian〗 *n.* 男性名.

Lu·ci·fer [lúːsəfə | lúːsɪfə(r, ljúː-] 〖OE ～ ⇦ L *Lūcifer* 'light-bearing' (*lūx* 'LIGHT[1]' + *ferre* to bring) 《なぞり》? ← Gk *phōsphóros*〗 — *n.* **1** 明けの明星 (⇨ Venus 2) (cf. Phosphor 2). **2** 〖*Isa.* 14: 12 の誤解から〗反逆天使, 魔王, サタン (Satan): (as) proud as ～ 魔王のように傲慢な. **3** [l-] =lucifer match.

lu·cif·er·ase [luːsífərèɪs, -rèɪz | luːsífərèɪs, ljuː-] 〖← L *lūcifer* light-bringing (↑) + -ASE〗 — *n.* 〖生化学〗ルシフェラーゼ《ホタルなどの発光体内にあるルシフェリン (luciferin) を酸化し発光させるもの》.

lu·cif·er·in [luːsíf(ə)rɪn, -rən | luːsífərɪn, ljuː-] 〖⇨ Lucifer, -in[1]〗 *n.* 〖生化学〗ルシフェリン《ホタルなどの体内にある発光物質》.

lúcifer màtch 〖⇨ Lucifer〗 *n.* 初期の黄燐マッチの一種.

lu·cif·er·ous [luːsíf(ə)rəs | luː-, ljuː-] 〖⇨ Lucifer, -ous〗 *adj.* 《古》 **1** 光を発する, 光る. **2** 啓発する, 明らかにする (illuminating).

lu·cif·u·gous [luːsífjugəs | luː-, ljuː-] 〖⇦ L *lūcifugus* ← *lūx* light[1] + *fugere* to flee: ⇨ -ous〗 *adj.* 〖生物〗日光を避ける, 背日性の.

lu·ci·gen [lúːsədʒɪn, -dʒən | lúːsɪ-, ljúː-] 〖← LUCI- + -GEN〗 *n.* 光の強い油灯[ランプ].

Lu·cil·la [luːsílə | luː-, ljuː-] 〖⇦ L ～ (dim.): ⇨ Lucius〗 *n.* 女性名.

Lu·cille [luːsíːl | luː-, ljuː-] 〖⇦ F ～ 'LUCILLA (↑)'〗 *n.* 女性名《異形 Lucilla, Lucile》.

Lu·ci·na [luːsáɪnə | luːsáɪ-, ljuːsáɪ-, luːkíː-] 〖⇦ L *Lūcīna* 《原義》she who brings to the light (fem.) ← *lūcīnus* ← *lūx* 'LIGHT[1]'〗 — *n.* **1** 〖ローマ神話〗ルーキーナ《出産をつかさどる女神; Juno の分身の一つ》. **2** 《古》産婆 (midwife).

Lu·cin·da [luːsíndə] 〖⇨ Lucia, Lucy〗 *n.* 女性名《愛称形 Cindy》.

Lu·cite [lúːsaɪt | lúː-, ljúː-] 〖← L *lūc-, lūx* 'LIGHT[1]' + -ITE[3]〗 *n.* 〖商標〗ルーサイト《polymethyl methacrylate の商品名》.

Lu·cius [lúːʃəs | lúːsjəs, -sɪəs, -ʃɪəs] 〖⇦ L *Lūcius* ← *lūx* (↑)〗 *n.* 男性名. ★ 特に, 暁方生れの子につけられる名.

luck [lʌ́k] 〖《?a1475》⇦ MDu. *luc* // LG *luh* 《頭音消失》← *geluk* fate, happiness (cog. G *Glück* happiness) ← ? IE *leug- to bend (cf. leek, lock[1]): 賭博用語から〗 — *n.* **1** 運, 運勢, めぐり合わせ: good ～ 幸運 / bad [ill] ～ 不運 / Bad ～ to you [him]! この[あの]ばち当たりめ / by (good) ～ 幸運にも / have hard ～ 運が悪い / have the ～ of the devil = have the devil's own ～ やることなすことがうまく行く / The ～ is in my favor [on my side]. 私に運が向いて来た / The ～ turns against me. 運が悪くなって来た / My ～'s in [out]. ついているぞ[ついてないな] / Just [It's just] my ～. 《口語》えい, 全くついていないなぁ《事がうまく行かない時の皮肉な嘆声》/ It was hard ～ that you met an accident. 事故に遭ったとは運が悪かったですね. **2** 幸運 (good fortune); 成功 (success): a piece of ～ / a run [streak] of ～ 幸運続き / for ～ 縁起を祈って / have no ～ 運が悪い / with ～ 運がよければ, うまくいけば / He *had the* ～ *to* find [*of* finding] a good job. 幸いにいい仕事が見つかった. **3** 幸運をもたらす物, 縁起物, お守り (charm).

as luck would have it 〖cf. Shak., *Merry W* 3. 5. 84–85〗(1) 運よく. (2) 運悪く. ★ (1) では good を, (2) では ill を添え, as good [ill] luck would have it とすることもある. ***down on one's luck*** (1) 運が悪くなって; 金に困って. (2) 不運にがっかりして. ***Good luck (to you)!*** (1) 幸運をお祈りします, 頑張って. (2) お元気で《旅立つ人や別れる人などへの言葉》. ***in luck*** 運が向いて (cf. *out of* LUCK). ***in luck's way*** 運が向いてきて. ***No such (good) luck!*** 《口語》あいにくだめだ(った); そうは問屋がおろさない. ***out of luck*** 運が悪く (cf. *in* LUCK). ***push [press, crowd] one's luck*** 《口語》さらに運を当て込む, 図にのる: Don't *push your* ～ (too far). (あまり)図に乗るのはよしなさい, ほどほどにしなさい. ***try one's luck*** 運をためす, のるかそるかやって見る. ***worse luck*** [挿入句に用いて] あいにく, 運悪く, 困ったことには.

— *vi.* 《口語》 **1** [しばしば ～ *out* として] 運よく〔…に〕成功する, 幸運にも〔…を〕捜し当てる 〔*on, onto, into*〕: ～ *out* on the exam 運よく試験に成功する / ～ *onto* a vein of gold 運よく金脈にぶつかる. **2** 運に任せて行動する 〈*through, out*〉. — *vt.* [しばしば ～ it で]《口語》運に任せてやる 〈*out, through*〉: He ～*ed it out.* 運を天に任せてやった.

lúck·i·ly [-kɪli, -kə- | -lɪ] 〖《1482》〗 — *adv.* 幸せにも, 幸い, 運よく: *Luckily* I was at home when he came. いいあんばいに彼が来た時に私はうちにいた / *Luckily* for him(,) the gun was not loaded. 彼にとって幸いなことには銃には弾が入っていなかった.

lúck·i·ness *n.* 運のよいこと, 好運.

lúck·less *adj.* 不幸な, 不運な, 運の悪い. **～·ly** *adv.* **～·ness** *n.*

lúck mòney *n.* =luckpenny.

Luck·now [lʌ́knau | ⌐ー, ーー] *n.* ラックナウ《インド北部の都市; Sepoy の反乱の時, 英軍が包囲された所 (1857); 人口 75,000》.

lúck·pènny *n.* 《英》縁起銭《縁起のため所持している金銭, または家畜などの売買の際, 売手が縁起のために買手に返す金》.

luck·y [lʌ́ki | lʌ́kɪ] 〖《c1450》: ⇨ luck, -y[4]〗 — *adj.* (**more ～, most ～; luck·i·er, -i·est**) **1** 運のよい, 幸運な (fortunate): a ～ man, event, etc. / a ～ guess [hit, shot] まぐれ当たり / by a ～ chance 幸運にも, 運よく / a ～ beggar [bargee] 運のいいやつ / You're a ～ dog. 君は果報者だ《特に, 婚約のできた男に対する祝いの文句》/ How ～ you are! 君はなんて運がいいんだろう. **2** 幸運をもたらす, 幸運の; 縁起のよい, めでたい: a ～ penny [sixpence] 幸運のペニー[6ペンス]《穴をあけて時計の鎖などに付けてお守りにする》/ the ～ seventh 〖野球〗ラッキーセブン《7回目ごろに得点チャンスが訪れることが多いから》/ be born under a ～ star ⇨ star *n.* 2 b / That [It] was my ～ day. その日はついていた. — *n.* **1 a** 幸運なもの. **b** 幸運をもたらすもの. **2** 《英俗》逃亡 (escape): cut [make] one's ～ 逃げ出す.

Luck·y [lʌ́ki | -kɪ] 〖(dim.) ← LUCIA, LUCY〗 *n.* 女性名. ★ 米国で一般的.

lúcky bág *n.* **1** =grab bag 1. **2** 〖海事〗(軍艦などの)遺失物入れ.

lúcky díp *n.* 《英》=grab bag.

Lucr. 《略》Lucretius.

lu·cra·tive [lúːkrəṭɪv | lúːkrət-, ljúː-] 〖《c1412》⇦ L *lucrātīv-us* ← *lucrātus* (p.p.) ← *lucrārī* to gain ← *lucrum* (↓): ⇨ -ative〗 — *adj.* **1** 有利な, もうかる, 金になる (profitable): a ～ job. **2** 軍事目標として価値のある: a ～ target for bombing 爆撃に絶好の目標. **3** 《古》利欲のある, 強欲の. **～·ly** *adv.* **～·ness** *n.*

lu·cre [lúːkə | lúːkə(r, ljúː-] 〖《c1390》⇦ (O)F ～ // L *lucr-um* gain, profit〗 *n.* [通例, 軽蔑的に]利益, もうけ (profit); 金銭, 富 (cf. filthy lucre).

Lu·crece [luːkríːs | luː-, ljuː-] 〖⇦ F *Lucrèce* ⇦ L *Lucrētia* (↓)〗 *n.* **1** 女性名. **2** 〖ローマ伝説〗⇨ Lucretia.

Lu·cre·tia [luːkríːʃə, lʊ-, -ʃiə | luːkríːʃɪə, ljuː-, lʊ-, ljʊ-, -ʃə] 〖⇦ L *Lucrētia* (fem.) ← *Lucretius*〗 — *n.* **1** 女性名. **2** 〖ローマ伝説〗ルクレチア《ローマの賢婦人; Tarquinius Superbus (Tarquin the Proud) の子 Tarquinius Sextus に暴行され, 夫と父にその報復を願った後, 自殺した (510 B.C.); そのため Tarquin 家はローマを追われ王政が廃止され, 共和制が樹立された; cf. Tarquin; 英語名 Lucrece》. **3** 貞操の鑑(ｶｶﾞﾐ).

Lu·cre·ti·us [luːkríːʃiəs, lʊ-, -ʃəs | luːkríːʃɪəs, ljuː-, lʊ-, ljʊ-, -ʃəs] 〖⇦ L *Lucrētius* (ローマの家族名) ← ? *lucrum* (⇨ lucre)〗 — *n.* ルクレチウス (99?–?55 B.C.; ローマの哲学者·詩人; *De Rerum Natura*「事物の本性について」; 本名 Titus Lucretius Carus). **Lu·cré·tian** [-ʃən | -ʃɪən, -ʃən] *adj.*

lu·cu·brate [lúːkjubrèɪt, -kə- | lúːkju-, ljúː-, -kjʊ-] 〖《1623》← L *lūcubrāt-us* (p.p.) ← *lūcubrāre* to work by lamplight ← *lūc-, lūx* 'LIGHT[1]'〗 — *vi.* **1** (燈下で[夜間に])勉強する, 著作する. **2** 刻苦して著作する.

lu·cu·bra·tion [lùːkjubréɪʃən, -kə- | lùːkju-, ljùː-, -kjʊ-] 〖《1595》⇦ L *lūcubrātiō(n-)*: ⇨ ↑, -ation〗 — *n.* **1** 燈下[夜間]の勉強, 夜間の黙想, 燈下の著作. **2** 学究的作品, 苦心の作品, 労作. **3** [しばしば *pl.*] 《戯言》(衒学(ｹﾞﾝｶﾞｸ)的な)文学作品, 論文.

lú·cu·brà·tor [-ṭə | -tə(r] *n.* 燈下で勉学[著作]する人; 刻苦して著作する人.

lu·cu·lent [lúːkjulənt | lúː-, ljúː-] 〖⇦ L *lūculent-us* full of light ← *lūc-, lūx* 'LIGHT[1]'〗 — *adj.* **1** 〈説明·解釈など〉明快な, 鮮明な (clear, lucid). **2** 《古》輝く (shining); きらびやかな (brilliant). **～·ly** *adv.*

Lu·cul·lan [luːkʌ́lən | luː-, ljuː-, lʊ-, ljʊ-] 〖⇦ L *lucull(i)ān-us*: ⇨ Lucullus〗 — *adj.* **1** ルクルス (Lucullus) の(ような). **2** 〈食事など〉贅沢(ｾﾞｲﾀｸ)な: a ～ treat 豪華なごちそう.

Lu·cul·li·an [luːkʌ́liən | luːkʌ́lɪən, ljuː-, lʊ-, ljʊ-, -ljən] *adj.* (*also* **Lu·cul·le·an** [～]) =Lucullan.

Lu·cul·lus [luːkʌ́ləs | luː-, ljuː-, lʊ-, ljʊ-], **Lucius Li·cin·i·us** [lɪsíniəs, lə- | laɪsínɪəs, lɪ-, -njəs] *n.* ルクルス《110?–?57 B.C.; ローマの執政官·将軍; 大富豪で贅沢(ｾﾞｲﾀｸ)な生活をした》.

lu·cus a non lu·cen·do [lúːkəs-eɪ-nɑn-luːséndou | -nɒn-luːséndəʊ, -ljuː-] 〖⇦ L *lūcus ā nōn lūcendō*: '森' (*lūcus*) は '明るくない' (*ā nōn lūcendō*) ことから, つまり日光の 'もらぬ' 所だから 'もり' という, の類; 実は *lūcus* は「光の射さない所」でなくて「光の射しこむ所, 森の中の切り開いた地」の意〗 — *L. n.* 矛盾している語源説 (absurd derivation); 途方もない臆説(ｵｸｾﾂ), 逆説的な説明, 筋の通らない話.

lu·cy [lúːsi | -sɪ] *n.* 〖紋章〗=luce 2.

Lu·cy [lúːsi | -sɪ] 〖⇦ F *Lucie* ⇦ L *Lūcia*: ⇨ Lucia〗 *n.* 女性名《愛称形 Lou, Luce, Luciana, Lucilla, Lucille》.

Lúcy Stón·er [-stóunə | -stə́unə(r)] 〖← *Lucy Stone* (1818–93: 米国の婦選論者) + -ER[1]〗 — *n.* 女性の女権擁護者, (特に)女性は結婚後も結婚前の姓を用いるべきだと主張する人.

lud [lʌ́d] 〖《1830》〗 *n.* 《英》lord の変形: my *Lud* [mɪlʌ́d] =my Lord (⇨ lord 5).

Lud [lúd, lʌ́d; *Welsh* l̥ɪ́d] 〖⇦ Welsh *Llūd*〗 — *n.* 〖ウェールズ伝説〗ルッド《古代ブリトンの神話的な王; London を取り巻く城壁を作り, そのため London の名が生れたという》.

Ludd·ism [lʌ́dɪzm] *n.* =Ludditism.

Ludd·ite [lʌ́daɪt] 〖← ? *Ned Ludd* (ラダイト運動の指導者とされる伝説的人物): ⇨ -ite[1]〗 — *n.* **1** ラダイト《産業革命期の 1811–17 年頃, 機械が失業の原因だと誤信して機械破壊の暴動を起こした労働者》. **2** [l-] 機械化·自動化·進歩に強く反対する人. **Lúdd·it·ish, l-** [-ṭɪʃ | -tɪʃ] *adj.*

Ludd·it·ism [lʌ́daɪtɪzm] 〖↑〗 *n.* ラダイト主義; 反機械化自動化主義.

Lu·den·dorff [lúːdṇdɔ̀əf | -dɔ̀ːf; *G.* lúːdṇdɔrf], **Erich (Friedrich Wilhelm)** *n.* ルーデンドルフ《1865–1937; 第一次大戦のドイツの将軍, 軍事独裁者》.

Lü·ders' line [lúːdəz-, ljúː-, líː- | -dəz-; *G.* lýːdɐ-] 〖← *W. Lüders* (ドイツの工学者, 1854 年発見)〗 — *n.* 〖機械〗リューダース線《表面をよく磨いた低炭素鋼の試験片を引張る時, 降伏点に達すると試験片表面に現われる線》.

lu·di·crous [lúːdəkrəs | lúːdɪ-, ljúː-] 〖《1619》⇦ L *lūdicrus* sportive ← *lūdus* game (cf. L *lūdere* to play / Gk *lizein*): ⇨ -ous〗 — *adj.* **1** (ばかげているため)笑いをさそう; ばかばかしい, 滑稽な, おかしい (absurd, laughable). **2** 《古》娯楽向きの, ふまじめな. **～·ly** *adv.* **～·ness** *n.*

lu·do [lúːdou | -dəu] 〖⇦ L *lūdō* I play (↑)〗 *n.* (*pl.* ～**s**) 《英》さいと数取りと盤面を用いてする一種のさいころ遊び (cf. pachisi).

Lu·do·vic [lúːdəvɪk; *F.* lydɔvik] 〖⇦ F ～ < L *Ludovicus*: ⇨ Lewis[2]〗 *n.* 男性名.

Lud·wig [lʌ́dwɪg; *G.* lúːtvɪç, *Dan.* lúð'vi, *Norw.* lúːdvɪg] 〖⇦ G ～: ⇨ Ludovic〗 *n.* 男性名.

Lud·wig II [lʌ́dwɪg; *G.* lúːtvɪç] *n.* ルートヴィヒ二世《Louis II のドイツ語名》.

Lud·wigs·ha·fen [lùːdvɪgzháːfən, lùːt- ; *G.* lúːtvɪçshaːfən] *n.* ルートヴィヒスハーフェン《西ドイツ中西部, Rhineland-Palatinate 州の Rhine 河畔の都市; Mannheim の対岸; 人口 167,000》.

Lu·el·la [luːélə | luː-, ljuː-] 〖? OE *Hlūdælf* 《原義》famous elf // ← LOU + ELLA〗 *n.* 女性名《異形 Louella》. ★ 米国に多い.

lu·es [lúːiːz | lúː-, ljúː-] 〖《1634》⇦ L *luēs* plague, pestilence〗 *n.* (*pl.* ～) 疫病 (pestilence), (特に)梅毒.

lu·et·ic [luːétɪk | luːét-, ljuː-] 〖← LUES : HERPETIC, etc. からの類推〗 *adj.* 梅毒の[にかかった] (syphilitic). **lu·ét·i·cal·ly** *adv.*

luf·ber·y [lʌ́fberi, -bəri | -bəri] 〖↓〗 *vi.* 〘米空軍〙ラフベリー隊形 (Lufbery circle) を編む; ラフベリー隊形になる[で飛ぶ].

Lúf·bery círcle [lʌ́fberi-, -bəri- | -bəri-] 〖← *Raoul G. V. Lufbery* (1885–1918 : 第一次大戦で活躍したフランス生まれの飛行家・空軍将校)〗 — *n.* 〘米空軍〙 (Lufbery 式)円形飛行編隊, ラフベリー隊形《空中戦において 2 機以上の飛行機が円形または上昇螺旋形を描いて飛び, 各機がそれぞれ直前の味方機を援護する守勢の戦術行動》: go into [fly in] a ～ ラフベリー隊形になる[で飛ぶ].

luff [lʌ́f] 〖《?a1200》 lo(o)f ⇐ (O)F *lof* contrivance for altering a ship's course : cf. Du. *loef* (n.) & *loeven* (v.)〗 — *n.* 〘海事〙 **1** ラフ《縦帆の前ぶち》. **2** 更に風上に詰めて走らせること. **3** 《英》船首の湾曲部. — *vi.* **1** 船の船首を更に風上に向ける; 〈船が〉更に風上に詰めて走る 〈*up*〉. **2** 起重機のジブ (jib) を上げる[下げる]. — *vt.* **1** (ヨット競走で)〈相手〉の風上に出る. **2** 〈起重機のジブを〉上げる[下げる].

Luff alee! 〘海事〙リーヘルム[下手舵柄]一杯《船首を急いで風上に向ける時の旧号令》.

Luff her! = *Luff the* HELM[1]!

luff upon luff 〘海事〙一つのラフテークルの (luff tackle) の引き手を引くのに, もう一つのラフテークルを付けた滑車装置.

luf·fa [lʌ́fə | -fɑː, -fə] 〖← NL ～ ← Arab. *lúfa*[h]〗 — *n.* **1** 〘植物〙ヘチマ (⇨ dishcloth gourd). **2** ヘチマの果実. **3** ヘチマの果実の繊維, (俗に)ヘチマの皮《入浴時の垢すり・皿洗いに用いる; vegetable sponge ともいう》.

lúff tàckle *n.* 〘海事〙ラフテークル《単滑車と複滑車 1 個ずつの組合わせによる滑車装置で, 通索の固定部が単滑車に結ばれている》.

luft·mensch [lúftmènʃ; *G.* lúftmɛnʃ] 〖⇐ Yid. *luftmentsh* ← G *Luft* (↓)+*Mensch* 'person, MAN'〗 — *n. G.* (*pl.* **-mensch·en** [～ən; *G.* ～ən]) (現実の生活に身を入れることができない)非実際的な人間, 夢想家 (dreamer).

Luft·waf·fe [lúftvɑ̀ːfə; *G.* lúftvàfə] 〖⇐ G ～ ← *Luft* air + *Waffe* arms〗 *G. n.* (特に, ナチ時代の)ルフトヴァッフェ, ドイツ空軍.

lug[1] [lʌ́g] 〖《1602》← ? Celt.〗 *n.* 〘動物〙 = lugworm.

lug[2] [lʌ́g] 〖《1495》← ? ME *lugge(n)* (↓) : cf. Swed. *lugg* forelock〗 — *n.* **1 a** 《スコット・方言》耳 (ear). **b** 《スコット》帽子の耳おおい (earflap). **2 a** 耳のような突起, 突出部, 突端 (projection). **b** 取っ手, 柄, つまみ, つる耳. **c** (馬具の)ながえ通し. **d** 〘電気〙(電線を接続するための)耳状端子. **3** 《米俗》 **a** 不器用なのろま, でくのぼう, ばか者. **b** 並の人間, 凡人. **4** 〘機械〙ラグナット, 耳付きナット《ボルトの端にかぶさる大型ナット; 自動車の車輪の取り付けに使う; lug nut ともいう》. **5** 〘石工〙(窓幅より外に出た)窓台の両端. **6** 〘木工〙(上げ下げ窓の上窓の)竪枠が下に突出した部分. **7** 〘造船〙 = clip[1] 5.

lug[3] [lʌ́g] 〖《?c1380》 *lugge(n)* ← ? ON : cf. Swed. *lugga* to pull by the hair ← *lugg* (↑)〗 — *v.* (**lugged**; **lug·ging**) — *vt.* **1** 力まかせに引く, 力を入れて引く, 無理に連れて行く (drag, pull): ～ a heavy handcart *along* 重い手車をぐいっと引っぱる / ～ a person *in* [*out of*] the room 人を無理やり部屋へ入れる[から出す]. **2** 苦労して運ぶ, やっとの思いで運ぶ: ～ a trunk *in* [*out, upstairs, to* the station] トランクをやっとこさと中へ[外へ, 2 階へ, 駅まで]運ぶ. **3** 〈話などを〉(…に)無理に持ち込む, 持ち出す 〔*into*〕: ～ business matters *into* conversation 談話の中に商売上の事を取ってつけたように持ち出す. **4** 《方言》〈耳・毛を〉引っぱる; 耳や毛をつかんで引っぱる. — *vi.* **1 a** 引っぱる, ひどく引く (pull) 〔*at*〕: ～ *at* the rope 綱を引っぱる. **b** 〈馬が〉はみを〉重々しく圧しつける 〔*on*〕: ～ *on* the bit. **2** 重そうに動く: The car ～*ged* on the hill. 車は坂を重そうに走った. **3** 《古》刀を抜く; 財布[金]を取り出す. **4** 〘競馬〙〈馬が〉進路からそれて内埒(ﾗﾁ)側[外側]へよれる. — *n.* **1** [*pl.*] 《米》気取り, もったいぶり (affectations): put on ～*s* 気取る, もったいぶる. **2** 《米》(果物・野菜の運搬用の)底の浅い木箱. **3** 《米俗》政治献金の強要[強制的取立て]: put the ～ on …から政治献金[寄付金]を強要する. **4** 《古》(力をこめた)引きずり, 引っぱり (haul). **5** 〘海事〙 = lugsail.

Lu·gansk [luːgǽnsk, -gɑ́ːnsk; *Russ.* lugánsk] *n.* ルガンスク《Voroshilovgrad の旧名》.

lúg bòlt *n.* 〘機械〙耳付きボルト.

luge [lúːʒ; *F.* lyːʒ] 〖《1905》⇐ F ～ ← Swiss 《方言》⇐ ML *sludia* : cf. slide〗 — *n.* リュージュ《スイス起源の一人または二人乗りの競技用そり; cf. toboggan 1》. — *vi.* リュージュで滑る.

Lu·ger [lúːgə | -gə(r; *G.* lúːgɐ] *n.* 〘商標〙ルガー《ドイツ製の自動拳銃; 口径 9 mm》.

lúg fóresail 〖← ? LUG[2,3]〗 *n.* 〘海事〙ラグ式前帆《帆桁を付けない縦帆式のフォースル》.

lug·gage [lʌ́gɪdʒ] 〖《1596》← LUG[3]+-AGE〗 *n.* [集合的] 《英》旅行荷物, 旅客手荷物. ★ 米国・カナダでは通例 baggage を用いる.

lúggage ràck *n.* (列車・バスの)網棚.

lúggage vàn *n.* 《英》手荷物車 (《米》 baggage car).

lug·ger [lʌ́gə | -gə(r)] 〖← LUGSAIL : cf. Du. *logger* : ⇨ -er[1]〗 — *n.* 〘海事〙ラガー《何枚かの lugsail を有する小帆船で, 2 本マストか 3 本マストの漁船[商船]》.

lugger

lúgger tópsail *n.* 〘海事〙ラガートップスル《小帆船のラガーに付けたトップスル》.

lug·gie [lʌ́gi | -gɪ] 〖← LUG[2] + -IE〗 *n.* 《スコット》(柄付きの)木製手おけ[木皿].

lúg nùt *n.* 〘機械〙 = lug[2] 4.

Lú·gol's solùtion [lúːgɑlz- | -gɔlz-] 〖← *J. G. S. Lugol* (1786–1851 : フランスの医師)〗 — *n.* 〘薬学〙ルゴール液《ヨード 1%, ヨウ化カリウム 2% を 27% の水に溶解した液; 喉頭(ｺｳﾄｳ)カタル塗布用》.

lúg-rígged [-rígd] *adj.* 〘海事〙ラガー式帆装の, ラグスル (lugsail) 艤装(ｷﾞｿｳ)の.

lug·sail [lʌ́gsèɪl, (海) -səl, -sl] 〖← LUG[2] ∥ LUG[3]+SAIL〗 — *n.* 〘海事〙ラグスル《前ぶちよりも後ぶちの長い四角な縦帆で, 1 枚帆の小型ボートに多く使われる; 単に lug ともいう》.

lúg sìll *n.* 〘石工〙(窓幅より外に出て)両側の抱きまで幅のある窓台 (cf. slip sill).

lu·gu·bri·ous [lʊgúːbriəs, luː-, -gjúː- | luːgúːbrɪ-, ljuː-, lʊ-, lə-, -gjúː-] 〖《1601》← L *lūgubris* mournful (← *lūgēre* to mourn)+-IOUS〗 — *adj.* 悲しげな, 哀れな, いたましい (doleful, mournful); 陰気な, 憂鬱な: a ～ look, voice, etc. **～·ly** *adv.* **～·ness** *n.*

lúg·wòrm 〖← LUG[1]〗 *n.* 〘動物〙タマシキゴカイ, クロムシ《環形動物タマシキゴカイ属 (*Arenicola*) の虫の総称; 魚釣りのえさにする》.

lúg wrènch *n.* 〘機械〙ラグレンチ《lug nut 用のレンチ》.

Lui·chów Península [lèɪtʃóu- | -tʃə́u-; *Cant.* lœytʃau-] *n.* [the ～] 雷州半島《中国南部, 海南 (Hainan) 島の対岸にある広東省 (Kwantung) の半島; 長さ約 145 km》.

Lu·i·gi [luːíːdʒi | -dʒɪ; *It.* luíːdʒi] 〖⇐ It. ～ : ⇨ Lewis[2]〗 *n.* 男性名.

Luis [luíːs, luːíːs, lwíːs | luíːs, lwíːs; *Sp.* lwís] 〖⇐ Sp. ～ : ⇨ Lewis[2]〗 *n.* 男性名.

Lu·kan [lúːkən | lúː-, ljúː-] *adj.* = Lucan[1].

Luke [lúːk | lúːk, ljúːk] 〖⇐ L *Lūcas* ⇐ Gk *Loukās* 《原義》 man of Lucania〗 — *n.* **1** 男性名. **2** 〘聖書〙 **a** [Saint ～] ルカ《第 3 福音書(ルカ伝福音書)および使徒行伝の著者といわれる; 医師でパウロ (St. Paul) の同労者, 弟子》. **b** (新約聖書の)ルカ伝福音書, ルカによる福音書 (The Gospel according to St. Luke).

luke·warm [lùːkwɔ́əm, ⌐⌐ | lúːkwɔ̀ːm, ljúːk-, ⌐⌐] 〖《1373》 *l(e)ukewarme* ← *luke, leuk* tepid (← *lew* tepid ＜ OE *-hlēow*)+*warme* 'WARM'〗 — *adj.* **1** 微温の, なまぬるい: ～ water. **2** 微温的な, 気のない, 不熱心な, いい加減な: ～ support [agreement, friendship] 熱のない支持[同意, 友情] / with ～ interest 大して興味なさそうに. **～·ly** *adv.* **～·ness** *n.*

lull [lʌ́l] 〖《a1325》 *lulle(n)* 《擬音語》: cf. Swed. *lulla* / G *lullen* / L *lallāre* to sing a lullaby〗 — *vt.* **1** 〈小児を〉なだめる, あやす, すかす (soothe); 寝かしつける: ～ a baby *to* sleep 赤ん坊をあやして寝かしつける. **2** 〈人・心を〉だます; 〈人を〉だまして〔ある状態に〕させる (cajole) 〔*into*〕: ～ a person *with* false hopes 間違った希望を与えて人をだます / ～ a person *into* a false sense of security 人をだまして安心させる. **3** [通例 p.p. 形で] 〈波・暴風雨などを〉静める, 和らげる (mitigate): The storm was ～*ed*. あらしが静まった. **4** 〈疑いなどを〉もみ消す, 〈痛みなどを〉静める, 和らげる: ～ a person's fears [suspicion] 人の不安[疑い]を消す. — *vi.* 〈騒ぎ・暴風雨などが〉静まる, 和らぐ, なぐ. — *n.* **1** (暴風雨などの)小やみ, なぎ; (病気・苦痛などの)小康, 小休み: a ～ in the storm あらしの小やみ / a ～ in the traffic [conversation] 交通[対話]のとだえ[とぎれ]. **2** 落ち着いた状態: put a person in a ～ 人を落ち着かせる. **3** 《古》 = lullaby.

lul·la·by [lʌ́ləbàɪ] 〖《c1560》← 《廃》 *lulla* (幼児を寝かしつける時のあやし言葉) (＜ ME *lullai* ← *lullen* 'to LULL')+*by* (cf. bye-bye[1])〗 — *n.* **1** 子守歌 (cradlesong). **2** 《廃》おやすみ, さよなら. — *vt.* 子守歌を歌って〈子供を〉寝かしつける[落ち着かせる].

lúll·ing [-lɪŋ] *adj.* なだめるような, すかすような. **～·ly** *adv.*

Lul·ly [luːlíː; *F.* lyli], **Jean Baptiste** *n.* リュリ《1632–87; イタリア生れのフランスの作曲家》.

lu·lu[1] [lúːluː] 〖← ? LULU〗 *n.* 《米俗》目立つ人[もの] (standout); 美人; すぐれた[立派な]人.

lu·lu[2] [lúːluː] 〖《転用》? ↑〗 — *n.* 《米俗》 **1** 一部の州が立法府議員の年功や役職に対して贈る無税の手当. **2** 州知事が政治的支援を寄せた議員にお返しに贈る無税の手当.

Lu·lu [lúːluː] 〖(dim.) ← LOUISE〗 *n.* 女性名.

Lu·lua·bourg [lùːlúːəbùə | -bùə(r; *F.* lulwabuːr] *n.* ルルアブール《Kananga の旧名》.

lum [lʌ́m] 〖← ?〗 *n.* 《スコット・北英》煙突 (chimney).

lumb- [lʌmb] (母音の前に来る時の) lumbo- の異形.

lum·ba·go [lʌmbéɪgou | -gəu] 〖《1693》⇐ LL ～ ← L *lumbus* loin〗 *n.* (*pl.* **～s**) 〘病理〙腰痛. **lum·bá·gi·nous** [-béɪdʒənəs | -dʒɪ-] *adj.*

lum·bar [lʌ́mbə, -bɑə | -bə(r)] 〖← NL *lumbār-is* ← L *lumbus* (↑)〗 〘解剖〙 — *adj.* 腰の, 腰部の; 腰椎(ﾖｳﾂｲ)の; 腰髄の: ～ anesthesia 腰椎麻酔 / the ～ region 腰部. — *n.* 腰動脈[静脈]; 腰神経; 腰椎.

lúmbar ártery *n.* 〘解剖〙腰動脈.

lúmbar nérve *n.* 〘解剖〙腰神経.

lúmbar púncture *n.* 〘医学〙腰椎穿刺.

lúmbar vértebra *n.* (*pl.* **l- vertebrae**) 〘解剖〙腰椎.

lum·ber[1] [lʌ́mbə | -bə(r)] 〖《?c1380》 *lomere(n)* : cf. Swed. 《方言》 *lomra* to resound & *loma* to walk heavily : cf. lame[1]〗 — *vi.* どしんどしんと歩く, 重々しく動く; がたがたと音を立てる: The tanks ～*ed along* [*by, past*]. 戦車がごうごうと通り過ぎて行った.

lum·ber[2] [lʌ́mbə | -bə(r)] 〖《1552》《変形》← ? LOMBARD : pawnbroker's shop が原義(質屋はよくロンバルディア人が経営し, がらくた物を集めていることから)〗 — *n.* **1** 《米・カナダ》製材, 用材, 挽材(ﾋｷｻﾞｲ)《特に, 角材 (beam), 板材 (plank, board) にしたものをいう》. ★ 英国では timber を用いる. **2** 《英》 **a** (家具などの場所をとる)がらくた(物); (一般に)無用のもの, くず. **b** 《口語》(責任などを押しつける)いやな人, 厄介物. **3** (特に, 犬の)ぜい肉.
— *attrib. adj.* 材木の; 製材の; 製材を商う.
— *vt.* **1 a** 〈部屋・場所などを〉ふさぐ (cumber, obstruct). **b** 〔がらくた物を〕…に詰め込む 〈*up*〉 / 〔*with*〕: The room was ～*ed* (*up*) *with* useless things. 部屋はがらくたで一杯だった / ～ one's mind (*up*) *with* useless facts くだらない事実を頭に(一杯)詰め込む. **2** 《英口語》〔いやな人・仕事などを〕…に押しつける 〔*with*〕: Why do you ～ me *with* all this work? どうして私のところへ仕事をみんな押しつけるのか. **3** 乱雑に積み上げる. **4 a** 〈材木を〉切り出す. **b** 〈森林などの〉の木を木材にする: ～ a million acres. — *vi.* **1** 山の木を切り出す; (市場向けに)製材する. **2** 役に立たなくなる, がらくたとしてしまい込まれる.

lúmber·càrrier *n.* 木材運搬船.

lúm·ber·er [-bərə | -rə(r)] *n.* 材木切出し人, 木材伐採人.

lúm·ber·ing[1] [-b(ə)rɪŋ] *adj.* **1** がたがた音がする, がたぴし進む; 重そうに動く: a ～ cart. **2 a** 重々しくて見苦しい, ぶざまな (clumsy, awkward): a ～ table, building, etc. **b** 〈文章など〉雅致のない, ぎくしゃくした: ～ sentences. **3** 〈頭が〉鈍い (dull): a ～ brain. **～·ly** *adv.*

lúm·ber·ing[2] [-b(ə)rɪŋ] *n.* 《米・カナダ》材木伐採業, 製材業.

lúmber·jàck *n.* **1** 《米・カナダ》木材切出し人夫. **2** = lumber jacket. **3** 《カナダ》 = Canada jay.

lúmber jàcket *n.* ランバージャケット《木こりの仕事着を真似たもので, 腰丈のシングルジャケット》.

lúmber·man [-mən] *n.* (*pl.* **-men** [-mən, -mèn]) 《米・カナダ》木材切出し人監督; 製材業者.

lúmber·mìll *n.* = sawmill 1.

lúmber ròom *n.* 《英》がらくた物置場, 物置部屋.

lumber·some [lʌ́mbəsəm | -bə-] 〖← LUMBER[1] + -SOME[1]〗 *adj.* 始末の悪い, 厄介な (clumsy).

lúmber·yàrd *n.* 《米・カナダ》木材置場, 木場 (cf. yard[2] 2).

lum·bo- [lʌ́mbo(ʊ) | -bə(ʊ)] 〖← L *lumb-us* loin : cf. lumbar〗「腰 (loin); 腰椎と…との」の意の連結形: *lumbosacral*. ★ 母音の前では通例 lumb- になる.

lùmbo·sácral 〖⇨ ↑, sacral[1]〗 *adj.* 〘解剖〙腰仙(骨)の.

lum·bri·cal [lʌ́mbrɪkəl, -brə- | -brɪ-] 〖《1694》← NL *lumbricāl-is* ← L *lumbricus* earthworm : ⇨ -al[1]〗 〘解剖〙 — *adj.* 虫様筋の: ～ muscles 虫様筋. — *n.* = lumbricalis.

lum·bri·ca·lis [lʌ̀mbrəkéɪlɪs, -ləs | -brɪkéɪlɪs] 〖← NL ～ (↑)〗 *n.* (*pl.* **-ca·les** -liːz]) 〘解剖〙虫様筋《手のひらや足裏に四つある》.

lum·bri·coid [lʌ́mbrəkɔ̀ɪd | -brɪ-] 〖← NL *lumbricoid-es* ← L *lumbricus* earthworm + -OID〗 〘動物〙 — *adj.* ミミズ状の. — *n.* ミミズに似た動物《回虫 (ascarid) など》.

lu·men [lúːmɪn, -mən | lúː-, ljúː-] 〖⇐ L *lūmen* light, window ← IE **leuk-* 'LIGHT[1]'〗 — *n.* (*pl.* **lu·mi·na** [-mənə | -mɪ-], **～s**) **1** (注射針・導尿管などの)穴. **2** 〘解剖〙(管状器官の)内腔(ﾅｲｸｳ). **3** 〘植物〙(細胞壁で囲まれた)内腔. **4** 〘光学〙ルーメン《光束 (luminous flux) の単位; 1 カンデラ (candela) の一様な光度の点光源が 1 ステラジアン (steradian) 内に発する光束; 略 lm》. **～·al** [-nl] *adj.*

lúmen-hòur *n.* 〘光学〙ルーメン時《光量の単位; 1 ルーメンの光源が 1 時間に出す光量》.

Lu·mière [luːmjɛ́ə | luːmjɛ́ə(r, ljuː-; *F.* lymjɛːr], **Auguste Marie Louis Nicolas** *n.* リュミエール《1862–1954; フランスの化学者, 現在の映画形式の発明者; L. J. Lumière の兄》.

Lumière, Louis Jean *n.* リュミエール《1864–1948; フランスの化学者, 現在の映画形式の発明者; A. M. L. N. Lumière の弟》.

lu·min- [lúːmən | lúːmɪn, ljúː-] (母音の前に来る時の) lumino- の異形.

lumina *n.* lumen の複数形.

lu·mi·naire [lùːmənɛ́ə | lùːmɪnɛ́ə(r, ljuː-] 〖⇐ F ～ : ⇨ luminary〗 *n.* (ランプ・反射鏡などがついた)投光照明設備一式.

lu·mi·nal [lúːmənl | lúːmɪ-, ljúː-] *adj.* lumen の[に関する].

Lu·mi·nal [lúːmənæ̀t, -nɔ̀(ː)t, -nl̩ | lúːmɪnæ̀t, ljúː-, -nɔ̀t, -nl̩] *n.* 〖商標〗ルミナル《phenobarbital phenobarbiton の商品名；鎮静・催眠剤》.

lúminal árt *n.* 光線芸術, ルミナールアート《色光の変化を表現効果に利用した構成作品；cf. kinetic art》.

lu·mi·nance [lúːmənəns | lúːmɪ-, ljúː-] 〘⇨↓, -ance〙 ── *n.* **1** 光, 輝き. **2** 〖光学〗輝度《広がりをもつ光源のある方向への光度 (luminous intensity) をその方向への正射影面積で割った値；すなわちその方向からみた見かけの単位面積当たりの光度；cf. nit[4]》.

lu·mi·nant [lúːmənənt | lúːmɪ-, ljúː-] 〘□ L *lūminant-em* (pres.p.) ← *lūmināre* to shine：⇨ -ant〙 ── *adj.* 光る, 輝く, 光を発する. ── *n.* 発光体 (illuminant).

lu·mi·nar·y [lúːmənèri | lúːmɪnəri, ljúː-] 〘《*a*1449》□ OF *luminarie* (F *luminaire*) □ LL *lūminārium* light[1], candle, torch ← *lūmen* 'LIGHT[1]'：⇨ -ary〙 ── *n.* **1** 発光体；(特に)太陽, 月. **2 a** (知的・道徳的・精神的な)指導者, 先覚者 (leading light). **b** 有名人, 名士. ── *adj.* 光の, 光に関する.

lu·mi·nesce [lùːmənés | lùːmɪ-, ljùː-] 〘《逆成》↓〙 *vi.* 冷光を発する.

lu·mi·nes·cence [lùːmənésns | lùːmɪ-, ljùː-] 〘⇨↓, -ence〙 ── *n.* 〖物理・化学〗ルミネッセンス, 冷光《物質が光・X 線・陰極線・熱・摩擦・化学変化などの刺激を受けて高熱を伴わずに発光する現象, またはその光；cf. fluorescence 2, phosphorescence 2》.

lu·mi·nes·cent [lùːmənésn̩t | lùːmɪ-, ljùː-] 〘← LUMINO- ＋-ESCENT〙 *adj.* 冷光を発する. 「形 (⇨ -i-).

lu·mi·ni- [lúːməni, -nə | lúːmɪni, ljúː-] lumino- の異

lu·mi·nif·er·ous [lùːmənɪ́f(ə)rəs | lùːmɪ-, ljùː-] 〘← LUMINO- ＋-(I)FEROUS〙 *adj.* 光を発する, 発光性の.

lu·mi·nist [lúːmənɪst, -nəst | lúːmɪnɪst, ljúː-] 〘□ F *luministe*：⇨↓, -ist〙 *n.* 〖美術〗光の効果に重点を置いて描く画家.

lu·mi·no- [lúːmənoʊ | lúːmɪnəʊ, ljúː-] 〘← L *lūmen* 'LIGHT[1]'〙「光」の意の連結形. ★ 時に lumini-, また母音の前では通例 lumin- になる.

lu·mi·no·phor [lúːmənəfɔ̀ə, -fɔ̀ə | lúːmɪnəfɔ̀ː(r), ljúː-] 〘⇨↑, -phor〙 *n.* (*also* **lu·mi·no·phore** [～]) 〖物理・化学〗発光団.

lu·mi·nos·i·ty [lùːmənɑ́səṭi | lùːmɪnɔ́sɪti, ljùː-, -sɪ-] 〘⇨ luminous, -ity〙 ── *n.* **1** 光輝；光度. **2** 発光物[体]. **3** 知的にすぐれていること, 聡明 (brightness). **4** 〖天文〗光度《見かけの明るさでない真の発光量を指す》.

luminósity cùrve *n.* 〖化学〗視感度曲線《視感度を波長の関数として表わした曲線》.

lu·mi·nous [lúːmənəs | lúːmɪ-, ljúː-] 〘《?*a*1425》*luminose* □ (O)F *lumineux* // L *lūminōs-us*：⇨ lumino-, -ous〙 ── *adj.* **1 a** 光を発する；光る, 輝く (bright, shining)：a ～ body 発光体 / a ～ organ 発光器官. **b** 〈塗料など〉夜光(性)の：a ～ dial (時計の)夜光文字板 / a ～ watch 夜光時計 / ～ paint 発光塗料, 夜光塗料《リン光体を含む塗料》. **2** 明るい, 照明のよい, 照明された (well-lighted)：a park ～ *with* sunlight 陽光の明るい公園. **3** 理知的な, 聡明(ꜱᴏ̄ᴜᴍᴇɪ)な (intelligent). **4** 鮮明な, 明白な, はっきりした (clear, intelligible)：a ～ remark, discourse, exposition, etc. **～·ly** *adv.* **～·ness** *n.*

lúminous effíciency *n.* 〖光学〗視感度《ある波長の放射束 (radiant flux) が肉眼に生じる明るさの感覚を放射束の値で除したもの》.

lúminous emíttance *n.* 〖光学〗光束発散度《面から出る光束 (luminous flux) をその面の面積で除した値；単位はルーメン毎平方メートル》.

lúminous énergy *n.* 〖物理〗視感エネルギー.

lúminous flúx *n.* 〖光学〗光束《単位時間に通過する放射エネルギー, すなわち放射束 (radiant flux) を国際的に定められた標準比視感度をもつ観測者に生じる明るさの感覚で評価したもの；単位はルーメン (lumen)；以前は光線束 (pencil of rays, bundle of rays) の意にも用いた》.

lúminous-flùx dénsity *n.* 〖光学〗光束密度《単位面積を通過する光束》.

lúminous inténsity *n.* 〖光学〗光度《点光源からある方向の単位立体角内に放射される光束 (luminous flux) をその光源のその方向の光度という；単位はカンデラ (candela)》.

lúminous ránge *n.* 〖海事〗光学的光達距離《眼高に関係なく光力のみによって見える最大距離》.

lu·mis·ter·ol [luːmɪ́stərɔ̀(ː)t, -ròʊt | luːmɪ́stərɔ̀t, ljuː-] 〘← LUMI(NO)- ＋STEROL〙 ── *n.* 〖生化学〗ルミステロール, ルミステリン ($C_{28}H_{44}O$)《エルゴステロール (ergosterol) の紫外線照射によって生じる非水溶性の結晶》.

lum·me [lʌ́mi | -mɪ] 〘《短縮・転訛》← (*Lord*) *love me!*〙 *int.* 《英口語》おや, ああ, おお《語勢を強めたり, または驚きを表わす》.

lum·mox [lʌ́məks, -mɪks] 〘← ?〙 *n.* 《米口語》間抜け, のろま, でくのぼう (lump).

lum·my [lʌ́mi | -mɪ] *int.* ＝lumme.

lump[1] [lʌ́mp] 〘《*a*1325》*lumpe, lomp(e)* □ ? LG：cf. LG *lump* coarse / Dan. *lump* lump / Du. *lomp* rag〙 ── *n.* **1 a** (不定形の)かたまり, (粘土・練り粉などの)塊 (hunk)：a ～ *of* coal 石炭のかたまり / a ～ *of* clay [earth] ひとかたまりの粘土[土] / He is a ～ *of* selfishness. 利己心のかたまりだ. **b** 角砂糖 1 個：a ～ *of* sugar 角砂糖(1 個). **2** 《口語》たくさん, どっさり (lot, heap)：a ～ *of* money たくさんの金 / a great ～ *of* applicants 大勢の応募者. **3** こぶ, 腫(ʜᴀ)れ物 (protuberance, swelling)：a ～ on the forehead 額のこぶ. **4** 《口語》ずんぐりと太った人；頭の鈍い人：Go to hell, you big fat ～ *of a* man! くたばっちめえ, この太っちょのうすのろ野郎め. **5** [*pl.*] 《米口語》激しい殴打；当然の報い, 罰, 叱責：get [take] one's ～*s* ひどくなぐられる, ひどい罰[叱責]を受ける / give a person his ～*s* ひどく罰する[叱る]. **6** 《廃》ひとまとめ, ひとかたまり (aggregate).

all of a lump (1) ひっくるめて, ひとかたまりになって (in a heap). (2) 一面に腫れ上がって(いる). ***a lump in the*** [*one's*] ***throat*** (感動して)のどが詰まるような感じ, 胸が一杯：She felt *a* ～ *in her throat.* 彼女は胸に熱いものがこみあげてきた. ***in a*** [***one***] ***lump*** ひとまとめに, 一括して, 一度に. ***in*** [***by***] ***the lump*** ひっくるめて, 総括して, 全体で.

── *attrib. adj.* **1** かたまりになった, 固形の：⇨ lump sugar. **2** ひとまとめの：a ～ sum 総計金額, (分割払いに対して)一括払い金額 / a ～ check 一括払いの小切手 / ～ work ひとまとめにした請負仕事.

── *vt.* **1** ひとかたまりにする, ひとまとめにする, 総括する 〈*together*〉：～ the expenses (*together*) 経費をひとまとめにする. **2** かたまりに盛り上げる (hill). **3** (相互の差異を無視して)一様に取り扱う, 総括的に評する, 全体として考える. **4** 重たげに動かす；〈荷を〉積む (load). ── *vi.* **1** ひとかたまりになる, 一団になる, ふくれて[腫れて]かたまりになる. **2** 重たげに[ずしんずしん]行く 〈*along*〉；どしんと腰をおろす 〈*down*〉.

lump[2] [lʌ́mp] 〘《1577》↑？：cf. grump, dump[3]〙 ── *vt.* [通例 ～ it として] 《口語》いやいやながら[気に入らないが]我慢する, あきらめる (endure). ★ 通例 like と対にして用いる：If you don't *like* it, you can [may, must] ～ *it.* いやでも我慢するのさ；好きでも嫌いでも構わんさ / *like* it or ～ *it* いやおうなしに.

lúmp cóal *n.* 塊炭.

lum·pen [lʌ́mpən, lʊ́m-] 〘□ G *Lumpen*(*-proletarier*) ← *Lump* scamp & *Lumpen* rag：cf. lump[1]〙 *adj.* (何の意欲も持たぬ)最下層民の. ── *n.* (*pl.* ～, ～s) 最下層民.

lúmp·er 〘⇨ lump[1]〙 *n.* **1** 港湾労働者 (stevedore). **2** 〖生物〗併合派学者《分類群を大きくまとめようとする分類学者；cf. splitter 3》.

lúmp·fish 〘*lump*：□ MLG *lumpen* & MDu. *lumpe*：cf. lump[1], lumpen〙 ── *n.* 〖魚類〗ランプサッカー (*Cyclopterus lumpus*)《ダンゴウオ科の不活発な魚, 北大西洋の海底にすむ》.

lúmp·ing 〘← LUMP[1]〙 ── *adj.* 《口語》たくさんの, かさばった, 重い (bulky, heavy)：～ weight たっぷりした目方の量 / a ～ great helping of pudding プディングの大盛り.

lúmp·ing·ly *adv.* 重たげに, ぎごちなく (clumsily).

lúmp·ish [-pɪʃ] *adj.* **1** 〈言葉・行動が〉のろまの, 重苦しい；うすのろの, 気のきかない (inert, stupid). **2** ずんぐりした, ぶざまな (awkward). **3** かたまりのような, ごろごろして重い. **4 a** 重々しい不愉快な音の出る. **b** 〈文体など〉退屈で衒学的な. **5** 《廃》元気のない, 悄然とした (spiritless). **～·ly** *adv.* **～·ness** *n.*

lúmp·sùck·er [lʌ́mp-] 〘← LUMP(FISH)＋SUCKER〙 *n.* 〖魚類〗**1** ダンゴウオ科の魚の総称. **2** ＝lumpfish.

lúmp sùgar *n.* 固形砂糖, 角砂糖.

lump·y [lʌ́mpi | -pɪ] 〘← LUMP[1]＋-Y[4]〙 ── *adj.* (**lump·i·er**; **-i·est**) **1** かたまりの, かたまりだらけの：～ bread / a ～ surface ごろごろした表面. **2** 〈宝石など〉厚肉の, 厚く切った. **3** 〈波が〉荒立っている, 波の多い (choppy)：a ～ sea. **4** ずんぐりしてのろのろした. **5** 〈文体など〉ぎごちない, ふぞろいでごつごつした. **lúmp·i·ly** [-pɪli, -pə- | -lɪ] *adv.* **lúmp·i·ness** *n.*

lúmpy jáw *n.* 〖病理・獣医〗顎放線菌症 (actinomycosis)；(特に)牛の放線菌病.

Lu·na [lúːnə | lúː-, ljúː-] 〘□ L *Lūna*：*lūna* moon (⇨ lune[1]) の擬人化〙 ── *n.* **1** 〖ローマ神話〗ルーナ《月の女神；ローマ人が月を擬人化したもの；cf. Selene 1, Diana 2, Artemis 2》. **2** 《廃》〖錬金術〗銀 (silver) (cf. lunar *adj.* 4). **3** [l-] 〖教会〗三日月形聖体納器《顕示台のなかに聖体が正面から仰ぎ見えるようにするため；lunette ともいう》. **4** [l-] 〖昆虫〗＝luna moth.

lu·na·base [lúːnəbèɪs | lúː-, ljúː-] 〘← L *lūna* moon＋BASE[2]〙 ── *n.* **1** 月の低地《地球から見ると暗く見える海の部分》. **2** 月の海の岩石. ── *adj.* 月の海[低地]に関する[を示す] (cf. lunarite).

lu·na·cy [lúːnəsi | lúːnəsɪ, ljúː-] 〘《1541》← L *lūna* moon＋-ACY：精神異常は月から霊気が流入することによるものとみなされたことから (cf. influence)〙 ── *n.* **1 a** (昔, 月の影響によって生じると信じられた)間欠性精神病 (intermittent insanity). **b** 精神異常 (insanity). **2** 大ばか, 愚かさ；大ばか行為, 愚行：It is sheer ～ to try to do it. それをやろうなんて全く気違い沙汰だ. **3** 〖法律〗心神喪失, 心神喪失決定手続《申立を受けて大法官または裁判所が審問命令を出し, 特別陪審(6 名)を付して審問を行なって決定される》.

lú·na móth, L- m- [lúːnə- | lúː-, ljúː-] *n.* 〖昆虫〗アメリカオオミズアオ (*Tropaea luna*)《ヤママユガの一種；日本のオオミズアオに似る；単に luna ともいう》.

luna moth

lu·na·naut [lúːnənɔ̀ːt, -nɑ̀ːt | lúːnənɔ̀ːt, ljúː-] 〘← LUNA＋(ASTRO)NAUT〙 ── *n.* 〖宇宙〗＝lunarnaut.

lu·nar [lúːnə, -nɑə | lúːnə(r), ljúː-] 〘□ L *lūnār-is* of the moon, crescent ← *lūna* moon：⇨ lune[1]〙 ── *adj.* **1** 月の, 月に関する；月の表面に似た：the ～ orbit 月の軌道. **2** 月の運行で測った, 太陰の：a ～ calendar 太陰暦 / ⇨ lunar day, lunar month. **3 a** 月に似た. **b** 円形の (orbed)；三日月形の, 半月状の (lunate). **c** 〈光など〉青ざめた, 微弱な (pale, feeble). **4** 〘⇨ Luna 2〙 銀の, 銀を含む. ── *n.* 〖海事〗＝lunar observation.

lúnar cáustic *n.* 〖化学〗＝silver nitrate.

lúnar cýcle *n.* 〖天文〗太陰周期, メトン周期 (⇨ Metonic cycle；cf. solar cycle).

lúnar dáy *n.* 〖天文〗太陰日(ᴊɪᴛꜱᴜ)《月が子午線を通過して次に再び同じ子午線を通過する時間；約 24 時間 50 分；cf. solar day 1》.

lúnar dístance *n.* 〖海事〗月距《太陽または惑星などから月までの角距離；これを測定して経度を算出する》.

lúnar eclípse *n.* 〖天文〗月食 (cf. solar eclipse).

lúnar excúrsion módule *n.* 〖宇宙〗(米国のアポロ計画での)月着陸船《lunar module ともいう；略 LEM》.

lúnar híghlands *n. pl.* 月の陸地.

lu·nar·i·an [luːné(ə)riən | luːnέəri-, ljuː-] *n.* **1** 月世界に住む(と想像されていた)人. **2** 月の研究家, 太陰学者 (selenographer).

lu·na·rite [lúːnəràɪt | lúː-, ljúː-] 〘← L *lūna* moon＋(LIPA)RITE〙 ── *n.* **1** 月の高地《地球から見ると明るく見える陸地の部分》. **2** 月の陸地の岩石. ── *adj.* 月の陸地[高地]に関する[を示す] (cf. lunabase).

lúnar mária *n.* 月の海.

lúnar módule *n.* 〖宇宙〗＝lunar excursion module.

lúnar mónth *n.* 〖天文〗**1** ＝sidereal month. **2** ＝synodic month.

lu·nar·naut [lúːnənɔ̀ːt, -nɑ̀ːt | lúːnənɔ̀ːt, ljúː-] 〘← LUNAR＋(ASTRO)NAUT〙 *n.* 〖宇宙〗月への宇宙飛行士.

lúnar nódes *n. pl.* 〖天文〗月の交点《黄道と白道との交点》.

lúnar observátion *n.* 〖海事〗太陰観測《lunar distance による経度の測定》.

lúnar ráinbow *n.* 月夜の虹 (moonbow).

lúnar róver [**róving vèhicle**] *n.* 〖宇宙〗月面車.

lu·nar·scape [lúːnəskèɪp | lúːnə-, ljúː-] 〘← LUNAR＋(LAND)SCAPE〙 *n.* 月の(表面の)景色.

lúnar yéar *n.* 太陰年《12 太陰月で太陽年より約 11 日短い；cf. solar year》.

lu·nate [lúːneɪt, -nət, -nɪt | lúː-, ljúː-] 〘□ L *lūnāt-us* ← (p.p.) ← *lūnāre* to bend in a crescent：⇨ lune[1], -ate[2]〙 ── *adj.* 三日月状の (crescent-shaped). ── *n.* 〖考古〗リュネート, 三日月状石器. **～·ly** *adv.*

lu·nat·ed [lúːneɪṭɪd, -ṭəd | lúːneɪt-, ljúː-] *adj.* ＝lunate.

lu·na·tic [lúːnətɪ̀k] 〘《*c*1300》*lunatik* □ (O)F *lunatique* □ LL *lūnāticus* affected by the moon, temporarily insane ← L *lūna* moon：⇨ lune[1], -atic〙 ── *adj.* **1** 精神に異常のある, 発狂した, 狂気の (insane) (cf. moonstruck 1 a). **2** 〈行動など〉気違い沙汰の, 狂暴な (frantic). **3** 気違いじみた, ばからしい (eccentric, foolish)：a ～ policy, person, etc. **4** 精神病患者を治療するための：a ～ asylum 《古》精神病院 (⇨ asylum 1). **5** 〈馬が〉月盲症にかかった (moon-blind). ── *n.* **1** 精神異常者, 発狂者. **2** 途方もなく気違いじみた人 (crackpot). **3** 〖法律〗心神喪失者. ★ 誇張した表現以外には今日ではあまり用いられない.

lu·nat·i·cal [luːnǽṭɪkəl, -ṭə- | -tɪ-] *adj.* **1** 発狂した, 狂気の. **2** 狂暴な. **3** 気違いじみた, ばからしい. **～·ly** *adv.*

lúnatic frínge *n.* (政治・社会・宗教運動などの)熱狂的[狂信的]少数分子, 過激派.

lu·na·tion [luːnéɪʃən | luː-, ljuː-, lʊ-, ljʊ-] 〘《*a*1398》□ ML *lūnātiō(n-)*：⇨ lune[1], -ation〙 ── *n.* 〖天文〗**1** 通月《1923 年 1 月 16 日を第 1 月の初日として数えた朔望月の数》. **2** ＝synodic month.

lunch [lʌ́ntʃ] 〘《1591》《略》← LUNCHEON：cf Sp. *lonja* slice of ham〙 ── *n.* **1** (夕食を dinner とする場合の)昼食, ランチ (midday meal, luncheon)：have [take] ～ 昼食をとる. **2** 軽食 (light meal, snack)《時刻を問わずすべて軽い簡単な食事》：midnight ～. **3** 弁当：a box ～ 弁当 / a picnic ～. **4** 軽食堂, 簡易食堂 (lunchroom). **5** 《古》食物の一片.

── *vi.* 昼食[軽食, ランチ]を食べる：～ *in* 家[職場, 滞在中のホテル(など)]で昼食をとる / ～ *out* 外[よそ]で昼食をとる. ── *vt.* …に昼食[軽食]を供する：～ a friend at one's club.

～·er *n.*

lúnch còunter *n.* **1** (料理店の)ランチ用のカウンター. **2** ＝luncheonette.

lun·cheon [lʌ́ntʃən] 〖《1580》《変形》? ← NUNCHEON〗 — *n.* **1** 昼食, ランチ (lunch): a ~ party 午餐(ごさん)会. ★本来 lunch と同義であるが, 今では luncheon の方が形式的で, 特に接待などの場合に用いる. **2** 《古》食物の一片 (chunk). — *vi.* 昼食を食べる.

lúncheon bàr *n.* 《英》軽食堂, スナックバー (snack bar).

lúncheon bàsket *n.* 弁当を入れるかご《ナイフ・フォークなどを一緒に入れることもできる》.

lun·cheon·ette [lʌ̀ntʃənét] *n.* 軽食堂, ランチ食堂.

lúncheon mèat *n.* ランチョンミート《包装した軽食用加工肉; ハム・ソーセージなど》.

lúncheon vòucher *n.* 《英》昼食(補助)券《雇主が従業員に支給する》.

lúnch·hòur *n.* 昼食時間, 昼休み時間.

lúnch·ròom *n.* **1** (学校などの)食堂《買った昼食や弁当などを食べる》. **2** =luncheonette.

lúnch·tìme *n.* 昼食時, ランチタイム.

lúnch vòucher *n.* =luncheon voucher.

lúnch wàgon *n.* =diner 3.

Lún·dy's Láne [lʌ́ndiz- | -dɪz-] *n.* カナダ Ontario 州, Niagara 瀑布付近の道路; 英軍と米軍の古戦場 (1814).

lune[1] [lúːn | lúːn, ljúːn] 〖□ F ~ < L *lūnam* moon < IE **leuk-sna-* ← **leuk-* ‘LIGHT[1]’〗 *n.* **1** 〖数学〗弓形, 弓月形. **2** 半[新]月形の物.

lune[2] [lúːn | lúːn, ljúːn] 〖《?*a*1400》 *lune* 《変形》 ← *loine* □ OF *loigne* < LL *longiam* ← L *longus* ‘LONG[1]’〗 *n.* 〖鷹狩〗鷹をつなぐひも.

lunes [lúːnz | lúːnz, ljúːnz] 〖《1610》□ F ~ (pl.) ← *lune* caprice □ ML *lūna* fit of lunacy, (L) moon: ⇨ lune[1]〗 *n. pl.* 《まれ》狂気の発作 (fits of lunacy).

Lu·net·ta [luːnétə | luːnétə, ljuː-, lʊ-, ljʊ-] 〖□ It ~ 《原義》 little moon (↓)〗 *n.* 女性名.

lu·nette [luːnét | luː-, ljuː-, lʊ-, ljʊ-] 〖《1580》□ F ~ (dim.) ← *lune* moon: ⇨ lune[1], -ette〗 — *n.* **1 a** 三日月形の物; 半円形の物. **b** ギロチンの首穴 (⇨ guillotine 挿絵). **c** リュネット《ウォッチ用ガラスの一形式》. **d** [*pl.*] めがね. **e** 三日月形の飾り. **2 a** 〖建築〗円[半円]形明かり取り. **b** 〖建築〗(アーチやヴォールト天井が壁に接触する所にできる)半円形の壁《多くは窓を設けたり絵画などで飾る》. **c** (半円壁間を飾る)半円壁画. **3** 〖馬具〗半蹄鉄(ていてつ). **4** 〖教会〗=Luna 3. **5** 〖軍事〗ルーネット, 尾環《前車 (limber) につなぐための砲車などの車尾の環》. **6** 〖築城〗眼鏡堡《城壁の外側に築かれる V [U] 字形の防備堡》.

Lu·né·ville [lúːnəvɪl | -nɪ-, -nə-; *F.* lynevil] *n.* リュネビル《フランス北東部の都市; フランス・オーストリア間の平和条約締結地 (1801); 人口 26,000》.

lung [lʌ́ŋ] 〖OE *lungen* lungs, 《原義》 light (organ) ← Gmc **luŋʒ-* (G *Lunge*) ← IE **le(n)gʷh-* having little weight: cf. light[2] / lights〗 — *n.* **1** 肺, 肺臓: the ~s 両肺 / the right [left] ~ 右[左]肺. ★ラテン語系形容詞: pulmonary. **2** 肺嚢《無脊椎動物の呼吸器官; lung sac ともいう》. **3** 《英》(都市内外の)あき地, 息抜き場《市内または付近の公園や広場》: the ~s of London. **4** 人工呼吸装置 (respirator): ⇨ iron lung. **5** 〖海事〗潜水艦脱出装置《潜水中の潜水艦に事故があった時, その中から人だけが脱出できるようにした装置》.

at the top of one's lungs 声を張り上げて, 声を限りに. ***have good lungs*** 強い声をもっている, 声が大きい. ***try one's lungs*** 声をためす, 声を限りに叫ぶ.

lun·gan [lʌ́ŋgən, lʊ́ŋ-] *n.* 〖植物〗=longan.

lunge[1] [lʌ́ndʒ] 〖《1735》《頭音消失》← 《廃》 *allonge* □ F *allonger* to lengthen, extend ← *à* AD- + *long* long[1] (< L *longum*)〗 — *n.* **1 a** (刀などの)急な突き刺し. **b** 〖フェンシング〗ファーント《前足を踏み出して行なう突きの基本的動作》. **2** 突き込み, 突進 (rush, plunge): make a ~ *at* …に向かって突進する. **3** 〖体操〗片足を伸ばして前へ出し, 立足[軸足]の膝を沈むように深く曲げていく動作《体操の技の一つ》.

— *vi.* **1** 突く ⟨*at*⟩. **2** […に向かって]突出する, 突進する ⟨*out*⟩ / ⟨*at*⟩: ~ *at* one's adversary 敵に向かって突っ込む / ~ *against* the door ドアに体当たりする. **3** 〖ボクシング〗ストレートで撃つ ⟨*at, on*⟩.

— *vt.* **1** ⟨刀などを⟩突き出す, 押し出す. **2** 《古》⟨押し・蹴りなどを⟩急にする ⟨*out*⟩: ~ *out* a kick 急に蹴る.

lunge[2] [lʌ́ndʒ] *n., vt.* =longe.

lunged [lʌ́ŋd] *adj.* **1** 肺がある. **2** [通例複合語の第2構成素として] (…の)肺がある, 肺が…の: weak-*lunged* 肺が弱い.

lung·er[1] [lʌ́ndʒə | -dʒə(r)] 〖⇨ lunge[1]〗 *n.* 突く人[もの], 突進する人[もの].

lung·er[2] [lʌ́ŋə | -ŋə(r)] *n.* 《俗》肺病患者.

lúng·fish *n.* 〖魚類〗肺魚 (dipnoan) 《鰾(うきぶくろ)が変形して肺となり空気呼吸を行なう, 現生種はオーストラリア(一種), 南米(一種), アフリカ(数種)に分布》.

lúng flùke *n.* 〖獣医〗肺吸虫《人および他の哺乳類の肺臓に寄生する吸虫; *Paragonimus westermanii, P. kellicotti* など》.

lung·ful [lʌ́ŋfʊ̀l] *n.* (*pl.* ~, ~s) 胸一杯: draw in a ~ of the night air of Paris パリの夜風を胸一杯吸い込む.

lun·gi [lʊ́ŋgi, lʊ́ndʒi | -gɪ, -dʒɪ] 〖《1634》□ Hindi & Pers. *luṅgī*〗 — *n.* **1** ルンギー《インド・パキスタン・ビルマなどでサロン (sarong) やターバン (turban) にする綿布》. **2** ルンギー《南インドで男が腰布として用いる通例長さ約 2.25 m の綿布》.

Lung·ki [lʊ̀ŋkíː; *Chin.* lúŋtɕʰí] *n.* 竜渓《漳(しょう)州 (Changchow) の属す行政区名》.

Lung·kiang [lʊ̀ŋkjáːŋ; *Chin.* lúŋtɕjáŋ] *n.* 竜江《中国東北部, 黒竜江省 (Heilungkiang) 斉斉哈爾(チチハル) (Chichihaerh) 西部の県名》.

lúng·pòwer *n.* 発声力, 肺力.

lúng sàc *n.* 〖動物〗=lung 2.

lúng·wòrm *n.* 〖獣医〗肺虫《哺乳類の肺臓に寄生する線虫類 (Nematoda) の寄生虫》.

lúng·wòrt *n.* 〖植物〗 **1** 肺結核に効能があるといわれる地衣の一種 (*Sticta pulmonacea*). **2** ムラサキ科の若干の植物《ヨーロッパではチシマルリソウの類 (*Pulmonaria officinalis*), アメリカでは *Mertensia virginica, M. maritima* などハマベンケイの類》.

lun·gyi [lʊ́ŋgi, lʊ́ŋdʒi | -gɪ, -dʒɪ] *n.* =lungi.

lu·ni- [lúːnɪ, -nə | lúːnɪ, ljúː-] 〖← L *lūna* moon: ⇨ lune[1]〗「月 (moon); 月と…との (of the moon and…)」の意の連結形.

lu·ni·form [lúːnəfɔ̀ːm | lúːnɪfɔ̀ːm, ljúː-] 〖⇨ ↑, -form〗 *adj.* 月状の, 半月状の.

Lu·nik, l- [lúːnɪk | lúː-, ljúː-; *Russ.* lúnjik] 〖□ Russ. *lunnik* ← *luna* moon + *-ik* (dim. suf.)〗 — *n.* ルーニック《ソ連が打ち上げた一連の月観測用ロケットの一つ; cf. Sputnik 1》.

lùni·sólar 〖← LUNI- + SOLAR[2]〗 *adj.* 月と太陽との, 太陰太陽の.

lunisólar périod *n.* 〖天文〗太陰太陽周期《太陽暦と太陰暦が全く一致する周期で 532 年間》.

lunisólar precéssion *n.* 〖天文〗日月歳差.

lunisólar yéar *n.* 〖天文〗太陰太陽年《太陰太陽暦で用いる年; 例えば日本の旧暦》.

lùni·tídal *adj.* 太陰潮の.

lunitídal ínterval *n.* 〖天文〗月潮間隙(かんげき), 太陰潮間隙《ある地点において月が子午線を通過した時から次の高潮までの時間》.

lunk [lʌ́ŋk] *n.* =lunkhead.

lun·ker [lʌ́ŋkə | -kə(r)] 〖← ?〗 *n.* 《口語》同一種のうち大型の生き物; (特に)〖釣〗大もの.

lúnk·hèad 〖*lunk*: 《変形》? ← LUMP[1]〗 *n.* 《口語》ばか, 鈍物 (blockhead). **lúnk-héaded** *adj.*

Lu·no·khod, l- [lùːnəkɔ́(ː)t, -xɔ́(ː)t | -kɔ́t, -xɔ́t; *Russ.* lunaxót] 〖□ Russ. *lunokhod* ← *luna* moon + *khod* going〗 — *n.* ルノホート《ソ連の自動式月面探査車; cf. Marsokhod, Planetokhod》.

lunt [lʌ́nt] 〖□ Du. *lont* match〗《スコット》 — *n.* **1** 燃えの遅いマッチ; たいまつ (torch). **2** 煙. — *vt.* **1** ⟨パイプ⟩に火をつける, くゆらす. **2** 燃やす, 点火する (kindle). — *vi.* **1** 煙る; 喫煙する (smoke). **2** 燃える.

lu·nu·la [lúːnjʊlə | lúː-, ljúː-] 〖□ L *lūnula* (dim.) ← *lūna* moon〗 — *n.* (*pl.* **lu·nu·lae** [-liː]) **1** 新月状の遺物[模様]《青銅器時代初期の遺跡で発見される》. **2** 〖数学〗弓形. **3** 〖解剖〗(爪の)半月《爪の根の白色部; lunule ともいう》.

lu·nu·lar [lúːnjʊlə | lúːnjʊlə(r, ljúː-] *adj.* 新月形の (crescent-shaped).

lu·nu·late [lúːnjʊlèɪt, -lət, -lɪt | lúː-, ljúː-] 〖← NL *lūnulāt-us*: ⇨ lunula, -ate[2]〗 *adj.* 新月状の斑紋(はんもん)のある; 新月形の (crescent-shaped).

lu·nu·lat·ed [lúːnjʊlèɪtɪd, -təd | lúːnjʊlèɪt-, ljúː-] *adj.* =lunulate.

lu·nule [lúːnjuːl | lúː-, ljúː-] 〖□ F ~: ⇨ lunula〗 *n.* 〖解剖〗=lunula 3.

lu·ny [lúːni | -nɪ] *n., adj.* (**lu·ni·er**; **lu·ni·est**) =loony.

lu·pa·nar [luːpéɪnə, -páː- | luːpéɪnə(r, ljuː-, -páː-] 〖□ L ~ ← *lupa* prostitute, she-wolf (fem.) ← *lupus* wolf〗 *n.* 売春宿 (brothel).

Lupe [lúːp | lúːp, ljúːp] 〖《略》← Sp.-Mex. *Santa María de Guadelupe* ‘St. Mary of Guadalupe (California 州南西部の町)’〗 *n.* 女性名.

Lu·per·ca·li·a [lùːpəkéɪliə, -ljə | lùːpə(ː)kéɪljə, ljùː-, -lɪə] 〖□ L *Lupercālia* (pl.) ← *Lupercāl* ← *lupercālis* of Lupercus ← LUPERCUS〗 — *n.* (*pl.* ~, ~s) 《古代ローマ》ルーパーカス祭《牧神 Lupercus のために毎年 2 月 15 日に行なわれた祭典; この日神官 (Luperci) は山羊の皮衣を着て市街を回り, 出会う婦女を多産と安産のまじないに山羊の皮ひもで打った》. **Lù·per·cá·li·an** [-liən, -ljən | -ljən, -lɪən] *adj.*

Lu·per·ci [luːpə́ːsaɪ | luːpə́ː-, ljuː-] 〖□ L *Lupercī* ← ? *lupus* (↓)〗 *n.* (古代ローマの)ファウヌス (Faunus) の祭式の神官 (cf. Lupercalia).

Lu·per·cus [luːpə́ːkəs | luːpə́ː-, ljuː-] 〖□ L ~ ← ? *lupus* wolf〗 — *n.* (古代ローマの)ルーパーカス《豊穣(ほうじょう)の神で, しばしば Faunus または Pan と同一視される; cf. Lupercalia》.

lu·pin [lúːpɪn, -pən | lúːpɪn, ljúː-] *n.* =lupine[1].

Lu·pin [luːpɛ̃ː(ŋ), -pǽŋ; *F.* lypɛ̃], **Arsène** *n.* ルパン《フランスの小説家 Maurice Leblanc の推理小説の主人公で犯人兼探偵》.

lu·pine[1] [lúːpɪn, -pən | lúːpɪn, ljúː-] 〖《1373》□ L *lūpīn-um* (↓): 昔, この植物が土壌を損なうと信じられたことから〗 — *n.* 〖植物〗 **1** ハウチワマメ, ノボリフジ, ルピナス《マメ科ウチワマメ属 (*Lupinus*) の植物の総称; 南北アメリカ産で観賞用》. **2** ヨーロッパ産シロバナルピナス (*L. albus*) (white lupine) の種子《食用豆》.

lu·pine[2] [lúːpaɪn, -pɪn, -pən | lúːpaɪn, ljúː-] 〖《1660》□ L *lupīn-us* of a wolf ← *lupus* ‘WOLF’〗 — *adj.* **1** 狼の[に関する, に似た]. **2** (狼のように)獰猛な, 野蛮な, がつがつした (savage, ravenous).

lu·po·ma [luːpóʊmə | luːpə́ʊ-, ljuː-] 〖← NL ~: ⇨ lupus, -oma〗 *n.* 〖病理〗狼瘡(ろうそう)結節《主に顔面の皮膚結核》.

lu·pous [lúːpəs | lúː-, ljúː-] 〖← LUP(US) + -OUS〗 *adj.* 〖病理〗狼瘡(ろうそう)様[性]の.

lu·pu·lin [lúːpjʊlɪn, -lən | lúːpjʊlɪn, ljúː-] 〖← NL (*Humulus*) *lupul-us* hop plant ((dim.) ← L *lupus* hop, wolf) + -IN[1]〗 *n.* 〖植物〗ルプリン《ホップ (hop) の苞(ほう)に生じる腺体で薬用》.

lu·pus [lúːpəs | lúː-, ljúː-] 〖□ L *lupus* ‘WOLF’〗 *n.* 〖病理〗狼瘡(ろうそう); (特に) =lupus vulgaris.

Lu·pus [lúːpəs | lúː-, ljúː-] 〖↑〗 *n.* 〖天文〗おおかみ(狼)座《天の川の近くにある南天の星座; the Wolf ともいう》.

lúpus er·y·the·ma·tó·sus [-èrəθìːmətóʊsəs, -θèm- | -èrɪθìːmətə́ʊ-, -θèm-] 〖← NL ~ ‘erythematous lupus’〗 — *n.* 〖病理〗紅斑性狼瘡(ろうそう)《膠原(こうげん)病の一種》.

lúpus vul·gá·ris [-vʌlgɛ́(ə)rɪs, -rəs | -gɛ́ərɪs] 〖← NL ~ ‘vulgar (i.e., common) lupus’〗 *n.* 〖病理〗尋常性狼瘡(ろうそう)《代表的な皮膚結核症》.

lurch[1] [lə́ːtʃ | lə́ːtʃ] 〖《1533》□ F 《廃》 *lourche* (n.) game like backgammon, (adj.) discomfited ← ? Gmc: cf. MHG *lurz* left (hand), wrong / G 《方言》 *lurz werden* to fail in a game〗 — *n.* **1** (勝負の)大敗, 大負け. **2** 《廃》不利な立場 (disadvantage), 当惑 (embarrassment). **3** 〖トランプ〗ラーチ《cribbage などで, 規定点の半分にも達しないで負けること; cf. Rubicon *n.* 3》.

leave a person in the lurch 人を窮地に置き去りにする, 困っている人を見捨てる, 人を見殺しにする.

— *vt.* **1** (勝負で)大敗させる. **2** 《古》⟨人を⟩窮地に置き去りにする. **3** 〖トランプ〗⟨相手を⟩ラーチに抑えて勝つ.

lurch[2] [lə́ːtʃ | lə́ːtʃ] 〖《1819》← *lee-lurch* 《変形》← ? *lee-latch* drifting to leeward ← LEE[1] + 《廃》 *latch* ? leeway (← F *lâch-er* to let go): もと海事用語〗 — *n.* **1** (船やよろめく人の)不意の傾斜, 傾き; よろめき (stagger). **2** 傾向, 性向, 癖 (inclination, tendency).

— *vi.* **1** 不意に傾く, 急にかしぐ. **2** よろめく (stagger); よろめきながら進む: ~ *against* a post よろめいて柱に寄り掛かる / ~ to one's feet よろめきながら立ち上がる.

lurch[3] [lə́ːtʃ | lə́ːtʃ] 〖《*a*1450》《変形》← ? LURK〗 — *vi.* **1** 《英方言》こそこそうろつく, 潜む (prowl, lurk). **2** 《廃》盗む (steal); だます (cheat). — *vt.* **1** 《古》だまし取る, かたる (defraud, cheat). **2** 《廃》不正な手段で手に入れる, 盗む (filch, steal). — *n.* 《古》(盗みの機会を狙って)うろつくこと, 潜伏.

lie at* [*on*] (*the*) *lurch 《古》待ち伏せする.

lúrch·er *n.* **1** 《古》うろうろするうさんくさいやつ; 待伏せする悪漢, スパイ (spy). **2** 《古》小盗人 (petty thief); 詐欺師 (swindler); 密猟者 (poacher). **3** 《英》(密猟者がうさぎ捕りに用いる)雑種の猟犬. **4** 《豪》街のやくざ, ごろつき (hoodlum).

lur·dane [lə́ːdn | lə́ː-] 〖《*a*1325》□ OF *lordin* dullard ← (O)F *lourd* heavy (cf. *lort* foolish) < L *lūridum* ‘LURID’〗 (*also* **lur·dan** [~]) 《古》 — *n.* なまけ者; うすのろ. — *adj.* のらくらしている, なまけ者の; ばかな (idle, dull).

lure [lʊ́ə | ljʊ́ə(r, lʊ́ə(r] 〖《*c*1300》□ OF *loire, luere* (F *leurre*) ← Gmc: cf. G *Luder* bait〗 — *n.* **1** 人を引き付ける物, 誘惑物; 魅惑, 魅力 (allurement, charm): the ~ of Paris パリの魅力 / a ~ *to* sightseeing 魅力のある観光の呼び物. **2** (鳥や動物をおびき寄せて捕えるための)おとり (decoy); (特に, 魚釣り用の)擬似餌, ルアー (artificial bait). **3** 〖魚類〗(アンコウなどの頭上の)ふさ《背鰭(せびれ)の第一棘が触手状に突出したもので, 発光するものもあり, これで小魚を誘い寄せて食べたりする》. **4** 〖鷹狩〗呼び返しおとり《鷹を呼び戻すために用いる》. **5** 〖紋章〗呼び返しおとりの図形.

in lure 〖← LURE (n.) 3: 形の類似から〗〖紋章〗紋章図形の翼が一対になり先端が下を向いた.

— *vt.* **1** 誘惑する, つり込む, おびき寄せる (entice): He was ~*d on to* bankruptcy. 誘惑に乗って遂に破産した / ~ a person *away from* his study 人を誘惑して勉強させない. **2** ⟨産業・工場などを⟩誘致する: ~ a nuclear power station *to* …に原子力発電所を誘致する. **3** (おとりで)⟨鷹を⟩呼び戻す.

lur·er [lʊ́(ə)rə | ljʊ́ərə(r, lʊ́ər-] *n.*

lúre·ment *n.* =allurement.

Lu·rex [lʊ́(ə)reks | ljʊ́ər-, lʊ́ər-] *n.* 〖商標〗ルレックス《プラスチックを着せたアルミニウムの細線, ラメ用金属糸の商品名》.

Lu·ria [lʊ́(ə)riə | lʊ́ərɪə; *It.* lúːrja], **Salvador Edward** *n.* ルリア (1912– ; イタリア生まれの米国の生物学者; Nobel 医学生理学賞 (1969)).

lu·rid [lʊ́(ə)rɪd, -rəd | ljʊ́ərɪd, lʊ́ər-] 〖《1656》□ L *lūrid-us* pale yellow, wan ← *lūron* wan: ⇨ -id[4]〗

— *adj.* **1** (煙・雲などを通して見た)赤い炎で輝いた, ぎらぎら[赤く]輝く: the ~ sunset [sky] 火の燃えるような赤い夕焼け[空] / the ~ reflection of a great fire 大火のぎらぎら輝く照返し. **2** ⟨色など⟩あくどくけばけばしい, 毒々しい (garish, extravagant). **3** ⟨事件・場面など〉恐怖を催すような, 恐ろしい, ものすごい (hideous, gruesome); 悲劇的な: the ~ glance of an angry eye 怒りに燃える恐ろしい目つき / The event casts a ~ light on the case. その出来事で事件は一段とものすごくなって来る / a ~ career 数奇な生涯 / a ~ scene 悲劇的な場面. **4** 《まれ》〈顔色など〉青ざめた (wan, sallow). **~·ly** *adv.* **~·ness** *n.*

lurk [lə́ːk | lə́ːk] 〚《*c*1300》 *lurke(n), lorke(n)* (freq.) ← *louren* 'to LOWER[2]': cf. Norw. *lurka* to sneak away / LG *lurken* to shuffle along〛 ― *vi.* **1** 潜在する, 潜む, 人目につかない: A strange beauty *~s in* the autumn woodland. 秋の森には不思議な美しさが潜んでいる / the motives *~ing below* consciousness 意識下に潜在する動機. **2** 隠れる, 人目を忍ぶ: The thief was *~ing in* the cellar. 泥棒は地下室に隠れていた. **3** (特に, 悪事を働くために)待ち伏せする: Thieves were *~ing in* the forest. 盗賊は森の中で待ち伏せていた. **4** こそこそ歩く (prowl, sneak) 〈*about, around, along, away*〉. ― *n.* **1** 密行: on the ~ こそこそかぎ回って. **2** 潜伏所. **3** 《英俗》詐欺, ぺてん (fraud). **~·er** *n.*

lúrk·ing *adj.* **1** 隠れている, 潜んでいる, 人目につかない (concealed, latent): ~ danger 見えない危険 / a ~ suspicion ひそかな疑念 / a ~ camera 隠しカメラ. **2** なかなかなくならない[消えない] (persistent, lingering): ~ regrets なかなか消えない悔恨の情. **~·ly** *adv.*

lúrking plàce *n.* 隠れ場所, 潜伏所.

Lur·line [lə́ːliːn, -laɪn | lə́ː-] 〚⊏ G *Lurlei* (原義)〛 siren: cf. Lorelei〛 *n.* 女性名.

Lu·sa·ka [luːsɑ́ːkə | luː-, lʊ-] *n.* ルサカ《Zambia 中部にある同国の首都; 人口 483,000》.

Lu·sa·ti·a [luːséɪʃiə, -ʃə | -ʃɪə, -ʃə] *n.* ラウジッツ《Oder 川と Elbe 川の間の地方; 東ドイツ東部とポーランド南西部を含む; ドイツ語名 Lausitz [láuzɪts]》.

Lu·sa·tian [luːséɪʃən | -ʃɪən, -ʃən] *n.* **1** ラウジッツ人[の住民]. **2** ラウジッツ語《西スラブ語系に属し Lusatia を中心に用いられる; Sorbian, Wendish ともいう》. ― *adj.* ラウジッツの, ラウジッツ人[語]の.

lus·cious [lʌ́ʃəs] 〚《*a*1400》 *lucius, licius* (頭音消失による変形)? ← DELICIOUS: cf. lush[1]〛 ― *adj.* **1** うまい, おいしい, 香り[味]がよい, 甘美な (delicious, aromatic). **2 a** 〈味・香り・音楽・文体・色彩など〉快適な, うっとりさせる. **b** しつこい, あくどい, けばけばしい (florid). **3** 肉欲をそそる, 官能的な, 魅惑的な (voluptuous, seductive). **4** 《古》甘ったるい (cloying). **~·ly** *adv.* **~·ness** *n.*

lush[1] [lʌ́ʃ] 〚《1440》 *lusch* loose (変形) ← ? 《廃》 *lache, lashe* slow, loose ⊏ OF *lasche*: cf. 《方言》 *lash* soft and watery〛 ― *adj.* (**~·er**; **~·est**) **1 a** 〈草など〉青青とした, 水々しく[青々と]茂った (succulent, luxuriant): ~ grass. **b** 青草の多い[茂った]: ~ pastures / mountains ~ *with* fresh verdure 新緑がしたたるばかりの山. **2 a** 繁盛する (thriving). **b** もうかる, 利益のでる (profitable). **c** 豊富な (abundant, plentiful). **d** 豪華な, 豪勢な (luxurious). **3** 香り[味]のよい, おいしい (luscious). **4** 〈文章など〉凝り過ぎた (excessively ornate). **~·ly** *adv.* **~·ness** *n.*

lush[2] [lʌ́ʃ] 〚《1790》 ← ?: cf. lush[1] 3〛 《俗》 ― *n.* **1** 酒 (liquor). **2** 《米》酔っ払い, 酔漢; アルコール中毒患者, アル中 (alcoholic). ― *vt.* **1** 〈酒を〉飲む 〈*up*〉. **2** 〈人〉に飲ませる 〈*up*〉. ― *vi.* 酒を飲む 〈*up*〉.

Lü·shun [lùːʃún; *Chin.* lỳʃùn] *n.* 旅順《中国東北部, 遼寧省 (Liaoning) の港市; 旧英語名 Port Arthur; cf. Lüta》.

lúsh wòrker *n.* 《俗》酔っ払いから盗む泥棒.

lush·y[1] [lʌ́ʃi | -ʃɪ] *adj.* (**lush·i·er**; **-i·est**) = lush[1].

lush·y[2] [lʌ́ʃi | -ʃɪ] *adj.* (**lush·i·er**; **-i·est**) 《俗》酔っ払った (drunk).

Lu·si·ta·ni·a [lùːsətéɪniə, -njə | lùːsɪtéɪnjə, ljùː-, -nɪə] *n.* **1** ルシタニア《イベリア半島の地方で古代のローマ領; 今日のポルトガルの大部分とスペイン西部の一部に当たる》. **2** [the ~] ルシタニア号《1915 年 5 月 7 日北大西洋でドイツ潜水艦に撃沈された英国汽船; 1,198 名の死者のうち米人 198 名が含まれていたことからこの事件は米国の第一次大戦参加を促した》.

Lu·so- [lúːsoʊ | lúːsəʊ] 〚← Port. ~ ← *lusitano* Portuguese ⊏ L *lusitanus* Lusitanian〛 ―「ポルトガルの (of Portugal); ポルトガルと…との (Portuguese and …)」の意の連結形.

lust [lʌ́st] 〚OE ~ ← Gmc **lust-* (Du. *lust* / G *Lust* pleasure, desire) ← IE **las-* to be eager, wanton (L *lascīvus* 'LASCIVIOUS')〛 ― *n.* **1** 性欲, 肉欲, 色欲, 色情 (carnal desire). **2 a** 押え難い欲望, 切望, 渇望 (craving): a ~ *of* accumulation 蓄積欲 / a ~ *of* battle [conquest] 戦争[征服]欲 / a ~ *for* power [gold] 権勢[黄金]欲 / a ~ *to* dominate 支配欲. **b** 熱中, 熱狂 (eagerness, enthusiasm) 〔*for*〕: a ~ *for* iconoclasm 偶像破壊熱. **3** 《聖書》欲, 煩悩(ぼんのう): the ~ of the flesh and the ~ of the eyes 肉の欲と目(まなこ)の欲; 肉体的欲望 (*1 John* 2:16). **4** 《廃》 **a** 楽しみ, 喜び (pleasure, delight). **b** 好み (inclination). **c** 活力, 生産力 (fertility). ― *vi.* 切望する, 渇望する; (特に) 〔…に〕色情を起こす, 煩悩に身を焦がす 〔*after, for*〕: ~ *after* [*for*] fame, gold, power, women, etc.

lúst·er[1] *n.* 渇望者; 好色者.

lus·ter[2], 《英》 **lus·tre** [lʌ́stə | -tə(r] 〚《*c*1522》 ⊏ F *lustre* ⊏ It. *lustro* ← *lustrare* to shine < L *lūstrāre* to illumine ← *lūx* 'LIGHT[1]'〛 ― *n.* **1 a** (鉱物などの)表面光沢, つや (gloss, sheen): a metallic [pearly] ~ 金属[真珠]光沢. **b** つや出し材料, 光沢剤, 光沢絵具. **2** (内から輝き出る)光, 輝き (luminosity); 光彩, 光輝 (radiance). **3** 光栄, 栄光, 栄誉 (glory, distinction): add ~ to …に光彩を加える[添える] / throw [shed] ~ on …に光輝を与える. **4 a** (燭台(しょくだい)・シャンデリアの装飾用)ガラス製たれ飾り, カットグラス. **b** (カットグラスで飾った)シャンデリア, 燭台, 花びん. **5 a** 《英》光沢のある織物. **b** 一種のつやつき羊毛. **6** 《窯業》 **a** 陶磁器・ガラスに施された金属性の光彩をもつ装飾の一形式. **b** = lusterware.
― *vt.* **1** 〈布・陶器など〉に光沢をつける. **2** …に栄光[栄誉]を加える[添える]: novelists that have *~ed* English literature 英文学に光彩を添えた小説家たち.
― *vi.* つやがある[出る], 輝く.

lus·ter[3] [lʌ́stə | -tə(r] *n.* = lustrum 2.

lús·tered *adj.* 光沢のある.

lúster glàss *n.* ラスターガラス《ガラスの表面に一種の光彩の構造を与えたガラス》.

lúster·less *adj.* 光沢[つや, 光輝]のない; 〈目など〉どんよりした; 活気のない (dull).

lúster·wàre *n.* 《窯業》ラスターウェア《一種の金属性の光彩を有する施釉(せゆう)陶磁器》.

lust·ful [lʌ́stfəl] 〚OE *lustfull*〛 ― *adj.* **1** 欲望の強い, 貪欲な: with ~ eyes 貪欲な目で / be ~ *of* power 権力を欲する. **2** 煩悩(ぼんのう)に身を焦がす; 肉欲的な, 好色の (sensual, lascivious). **3** 《古》強壮な, 元気な (lusty). **~·ly** *adv.* **~·ness** *n.*

lust·i·hood [lʌ́stihʊ̀d | -tɪ-] 〚← LUSTY + -HOOD〛 *n.* 《古》 **1** 強健, 丈夫 (robustness). **2** 性的能力[傾向].

lustra *n.* lustrum の複数形.

lus·tral [lʌ́strəl] 〚⊏ L *lūstrāl-is* expiatory: ⇨ lustrum, -al[1]〛 ― *adj.* **1** 清めの, 清めに用いる, 不浄払いの: a ~ day / ~ water. **2** 《古》lustrum の; 5 年ごとの, 5 年に 1 度の (quinquennial).

lus·trate [lʌ́streɪt] 〚← L *lūstrāt-us* (p.p.) ← *lūstrāre* to purify〛 *vt.* (清め式などで)清める, 清浄にする.

lus·tra·tion [lʌstréɪʃən] 〚⊏ L *lūstrātiō(n-)*: ⇨ ↑, -ation〛 *n.* 清め(式), 大祓(おおはらえ); 禊(みそぎ), 祓(はらい), 垢離(こり).

lus·tra·tive [lʌ́strətɪv | -tɪv] 〚← LUSTRA + -IVE〛 *adj.* 清める, 清浄にする (purifying); 《戯言》洗う (washing): a ~ rite 清めの式.

lus·tre[1] [lʌ́stə | -tə(r] *n., v.* = luster[2].

lus·tre[2] [lʌ́stə | -tə(r] *n.* = lustrum 2.

lús·tred *adj.* = lustered.

lus·tring[1] [lʌ́strɪŋ] 〚⊏ F *lustrine* ∥ It. *lustrino* ← *lustro* 'LUSTER[2]': cf. lutestring[2]〛 *n.* = lutestring[2].

lus·tring[2] [lʌ́st(ə)rɪŋ] *n.* ラストリング《糸や織物にカレンダー (calender) 等を使い光沢を出す仕上げ法》.

lus·trous [lʌ́strəs] 〚← LUSTER[2] + -OUS〛 ― *adj.* **1** 〈絹・宝石など〉光沢[つや]のある; 〈目など〉輝いた. **2** 輝かしい, すばらしい (brilliant); 著名な (illustrious). **~·ly** *adv.* **~·ness** *n.*

lus·trum [lʌ́strəm] 〚《1590》 ⊏ L *lūstrum* ← ? IE **leuk-* to shine〛 ― *n.* (*pl.* **~s, lus·tra** [-trə]) **1** (古代ローマで 5 年ごとに行なわれた)清め(式), 大祓(おおはらえ). **2** 5 年間 (quinquennium).

lust·y [lʌ́sti | -tɪ] 〚《?*c*1200》 *lusti*: ⇨ lust, -y[4]〛 ― *adj.* (**lust·i·er**; **-i·est**) **1** 丈夫な, 頑丈(がんじょう)な, 強壮な (robust); 元気な, 活発な, 活力に満ちた (vigorous, lively). **2** 〈人が〉大柄の, 太った (stout, fat). **3** 〈食事が〉たっぷりの, 腹一杯の (hearty). **4** 強い, 強力な (powerful): a ~ shock. **5** 好色の, みだらな (lustful): ~ passion 欲情. **6** 《古》楽しい, 陽気な (merry). **lúst·i·ly** [-tɪli, -tə- | -lɪ] *adv.* **lúst·i·ness** *n.*

lu·sus na·tu·rae [lúːsəs-nət(j)ʊ́(ə)riː, -tʊ́(ə)raɪ | lúːsəs-nətjʊ́əriː, ljúː-, -tʊ́əraɪ] 〚⊏ L *lūsus nātūrae* freak of nature〛 ― *L. n.* 造化の戯れ; 異形, 奇形物 (monstrosity).

Lü·ta [lùːtɑ́ː; *Chin.* lỳtà] *n.* 旅大《中国東北部, 遼寧省 (Liaoning), 遼東半島先端にある複合都市; 1981 年 大連 (Dairen) と改称》.

lu·ta·nist [lúːtənɪst, -tṇ-, -tn-, -nəst | lúːtənɪst, ljúː-, -tṇ-] 〚⊏ ML *lūtānista* ← *lūtāna* (↓)〛 *n.* リュート奏者 (lute player).

lute[1] [lúːt | lúːt, ljúːt] 〚《1295》 ⊏ OF *leut, lut* (F *luth*) ⊏ Prov. *laüt* ⊏ Arab. *al 'ūd* ← *al* the + *'ūd* wood, lute[1]〛 ― *n.* リュート《16 世紀にとりわけ愛好されたギター (guitar) に似た楽器; 普通 11 弦 6 コースをもつ》.
a (*little*) *rift* (*with*)*in the lute* ⇨ rift[1] 成句.
― *vi.* リュートを弾(ひ)く.
― *vt.* 〈曲を〉リュートで演奏する, 〈感情・気分などを〉リュートで表現する.

lute[1]

lute[2] [lúːt | lúːt, ljúːt] 〚《*a*1400》 ⊏ (O)F *lut* ⊏ L *lutum* mud, clay〛 ― *n.* **1** 《建築》 **a** 封泥(ふうでい)《粘土または粘性物質で, 空気や液体の漏れるのを防ぐため管の継目などに塗る》. **b** ルート《コンクリートの面を平らにそろえるためのかきならし板》. **2** (びん詰めなどの)ゴムのパッキング. ― *vt.* 《建築》封泥で封じる, …に封泥を塗る. 「の異形.

lu·te- [lúːti | lúːtɪ, ljúː-] (母音の前に来る時の) luteo-

lu·te·al [lúːtiəl | lúːtɪ-, ljúː-] 〚⇨ luteo-, -al[1]〛 *adj.* 《解剖》黄体 (corpus luteum) の: the ~ hormone 黄体ホルモン.

lu·te·ci·um [luːtíːʃiəm, -ʃəm | luːtíːʃɪəm, ljuː-] *n.* 《化学》= lutetium.

lu·te·in [lúːtiɪn, -tiən, -tiːn | lúːtiɪn, ljúː-] 〚← LUTEO- + -IN[1]〛 ― *n.* 《生化学》 **1** ルテイン ($C_{40}H_{54}(OH)_2$) 《カロチノイドの一種で, 緑葉・卵黄などに含まれる黄色素; xanthophyll ともいう》. **2** ルテイン《黄体 (corpus luteum) から採るホルモン》.

lu·te·in·i·za·tion [lùːtiənɪzéɪʃən, -tiːn-, -nə- | lùːtɪənaɪ-, ljùː-, -nɪ-] *n.* 《生化学》黄体形成.

lu·te·in·ize [lúːtiənàɪz, -tiːn- | lúːtɪən-, ljúː-] 《生化学》 *vt.* …の中に黄体を形成する. ― *vi.* 黄体に変化する.

lú·te·in·ìz·ing hórmone *n.* 《生化学》間質細胞刺激ホルモン, 黄体形成ホルモン《interstitial-cell-stimulating hormone, ICSH, ともいう; 略 L.H.》.

lu·te·nist [lúːtənɪst, -tṇ-, -tn-, -nəst | lúːtənɪst, ljúː-, -tṇ-] *n.* = lutanist.

lu·te·o- [lúːtioʊ | lúːtɪə(ʊ), ljúː-] 〚← L *lūte-us*: ⇨ luteous〛 ― 次の意味を表わす連結形: **1** 「黄色の (yellowish)」. **2** 《化学》「ヘキサアンミンコバルト (III) ハロゲン化物 ($[Co(NH_3)_6]X_3$) 型の錯塩」. ★ 母音の前では通例 lute- になる.

lu·te·o·lin [lúːtiəlɪn, -lən | lúːtɪəlɪn, ljúː-] 〚← NL *luteola* ((fem.) ← L *lūteolus* yellowish ← *lūteus* (⇨ luteous)) + -IN[1]〛 ― *n.* 《化学》ルテオリン ($C_{15}H_{10}O_6$) 《モクセイソウの類の雑草 (*Reseda luteola*) から採る黄色色素》.

lùteo·lýsin 〚← LUTEO- + LYSIN〛 *n.* 《生化学》ルテオリシン《黄体を分解破壊する化学物質; 通称ピルとして知られる経口避妊薬》.

lu·te·o·tro·phic [lùːtiətróʊfɪk, -trɑ́f- | lùːtɪə(ʊ)trɔ́uf-, ljùː-, -trɔ́f-] 〚← LUTEO- + -TROPHIC〛 *adj.* 《生化学》黄体刺激性の.

luteotróphic hórmone *n.* 《生化学》催乳ホルモン (⇨ prolactin).

lu·te·o·tro·phin [lùːtiətróʊfɪn, -trɑ́f-, -fən | lùːtɪətróʊfɪn, -trɔ́f-] 〚← LUTEO- + -TROPHIC + -IN[1]〛 ― *n.* (*also* **lu·te·o·tro·pin** [-pɪn, -pən | -pɪn]) 《生化学》ルテオトロピン (⇨ lactogenic hormone).

lu·te·ous [lúːtiəs | lúːtɪ-, ljúː-] 〚⊏ L *lūteus* golden-yellow: ⇨ -ous〛 *adj.* 橙(だいだい)黄色の.

lúte stérn *n.* 《海事》角型船尾《追波を防ぐように作った小型船の角型の船尾》.

lúte·strìng[1] 〚← LUTE[1] + STRING〛 *n.* lute[1] の弦.

lute·string[2] [lúːtstrɪŋ] 〚《変形》 ← LUSTRING[1]〛 *n.* ルートストリング《昔, 婦人服やリボンに用いられた光沢のある絹》.

Lu·te·ti·an [luːtíːʃiən, -ʃən | luːtíːʃɪən, ljuː-, -ʃən] 〚← L *Lūtētia* (*Parisiōrum*) (今の Paris の位置にあった古都の名) + -AN[1]〛 ― *adj.* 《地質》ルテシア階の 《Paris 盆地始新世中部層にいう》.

lu·te·ti·um [luːtíːʃiəm, -ʃəm | luːtíːʃɪəm, ljuː-] 〚← NL ~ ← L *Lūtētia* (↑) + -IUM: その発見者 Georges Urbains (1872–1938: フランスの化学者)が Paris 出身であるのにちなむ〛 ― *n.* 《化学》ルテチウム《金属元素の一つ; 記号 Lu, 原子番号 71, 原子量 174.967》.

Luth. 《略》 Lutheran.

Lu·ther [lúːθə | lúːθə(r, ljúː-] 〚⊏ G ~ < OHG *Chlothar, Hludher* ← **hluda-* famous (⇨ loud) + *hari* army ∥ 《変形》 ← LUTHIER〛 *n.* 男性名《異形 Lothair》.

Lu·ther [lúːθə | lúːθə(r, ljúː-; *G.* lútɐ], **Martin** *n.* ルター, ルーテル《1483–1546; ドイツの宗教改革者; プロテスタント派の祖; 聖書のドイツ語訳者》.

Lu·ther·an [lúːθ(ə)rən | lúː-, ljúː-] 〚⇨ ↑, -an[1]〛 ― *adj.* ルターの, ルター派の: the ~ Church ルター教会《スウェーデン・ドイツ・米国などに多いプロテスタントの一派》. ― *n.* ルター派の信者.

Lú·ther·an·ìsm [-nìzṃ] *n.* ルター主義《Luther の説いたまたはルター教会の唱える教義》.

lu·thern [lúːθən | lúːθən, ljúː-] 〚《変形》 ← ? LUCARNE〛 *n.* = dormer.

lu·thi·er [lúːtiə | lúːtɪə(r, ljúː-] 〚⊏ F ~ ← *luth* 'LUTE[1]' + *-ier* '-ER[1]'〛 *n.* **1** リュート製作者. **2** (バイオリンなどの)弦楽器製作者.

Lu·thu·li [luːt(j)úːli | -lɪ], **Albert John** *n.* ルツリ《1898–1967; 南アフリカ共和国の黒人の民族運動家・Zulu 族の酋長(しゅうちょう), アフリカ国民会議総裁 (1952–60); Nobel 平和賞 (1960)》.

lu·ti·dine [lúːtədìːn, -dɪn, -dən | -tɪdìːn, -dɪn] 〚《綴り変え》 ← TOLUIDINE〛 ― *n.* 《化学》ルチジン ($C_5H_3(CH_3)_2N$) 《コールタール中に存在するピリジン同族体》.

lut·ing [lúːtɪŋ | lúːt-, ljúːt-] 〚← LUTE[2]〛 *n.* **1** 封泥(ふうでい) (lute) を塗ること. **2** 封泥, 封塗料 (lute).

lút·ist [-tɪst, -təst | -tɪst] *n.* **1** = lutanist. **2** リュート製作者.

lu·tja·nid [luːtʃǽnɪd, -nəd, -tʃǽn- | luːtjǽnɪd, -tjǽn-, ljuː-] 〚↓〛 *adj., n.* 《魚類》フエダイ科の(魚).

Lu·tjan·i·dae [luːtʃǽnədiː | luːtjǽnɪ-, ljuː-] 〚← NL ~ ← *Lutjanus* (属名: ← ? Malay 《方言》 *lutjang* fish) + -IDAE〛 *n. pl.* 《魚類》(スズキ目)フエダイ科.

Lu·ton [lúːtṇ] 〚OE *Lygetun* (原義) village on the river *Lea* (< OE *Lyge* ← Gael. **lug-* 'LIGHT[1]': cf. Welsh *goleu* light & *lleuad* moon): ⇨ -ton〛 ― *n.* イングランド Bedfordshire 州の工業都市; 人口 165,000.

Lu·tu·am·i·an [lùːtuǽmiən | -tuǽmɪ-] *n.* (*pl.* ~,

~s) **1 a** [the ~(s)] ルツアミ族《Oregon 州および北 California 州のアメリカインディアンの一部族; cf. Modoc》. **b** ルツアミ族の人. **2** ルツアミ語《Klamath および Modoc を含む Oregon 土語》.

Lut·yens [lʌ́tʃənz, -tjənz], Sir **Edwin** (**Landseer**) *n.* (1869–1944) 英国の建築家; New Delhi 計画 (1913–30) などを担当.

Lu·wi [lúːwi | -wɪ] *n.* (*pl.* ~, ~**s**) **1** [the ~(s)] ルーウィ族《小アジア南海岸に住んだ古代人》. **2** ルーウィ族の人.

Lu·wi·an [lúːwiən | -wɪ-] 〖⇨↑, -an¹〗 *n.* 古代ルーウィ語《アナトリア語派に属する; Hittite 語に近い関係にある》. — *adj.* ルーウィ人[語]の.

lux [lʌ́ks] 〖▭L *lūx* 'LIGHT¹'〗 — *n.* (*pl.* ~, ~·**es**, **lu·ces** [lúːsiːz | lúː-, ljúː-]) 〘光学〙ルクス《照度 (illumination) の国際単位; 1 ルーメン (lumen) の光束 (luminous flux) が 1m² の面に一様に入射した時の照度; 略 lx》.

lux·ate [lʌ́kseɪt] 〖《1623》← L *luxāt-us* (p.p.) ← *luxāre* to dislocate ← IE **leug-* to bend: cf. luxury〗 *vt.* …の関節をはずす, 脱臼(だっきゅう)させる (dislocate).

lux·a·tion [lʌkséɪʃən] 〖▭LL *luxātiō(n-)*: ⇨↑, -ation〗 *n.* 脱臼(だっきゅう).

luxe [lúks, lʌ́ks, lúːks | lúks, lúːks, lʌ́ks; *F.* lyks] 〖▭F ~ ▭L *luxus*: ⇨ luxury〗 *n.* 上等, 華美, ぜいたく (luxury, sumptuousness): ⇨ deluxe.

Lux·em·bourg [lʌ́ksəmbɜ̀ːg, lúksəmbʊ̀əg | lʌ́ksəmbɜ̀ːg; *F.* lyksɑ̃buːr] 〖▭F ~ & G *Luxemburg* ← (廃) *Lützelburg* 《原義》little castle〗 — *n.* **1** ルクセンブルク《西ドイツ・フランス・ベルギーにはさまれた大公国; 人口 360,000, 面積 2,586 km²; 公式名 the Grand Duchy of Luxembourg ルクセンブルク大公国》. **2** ルクセンブルク《同国の首都; 人口 79,000》. **3** ルクセンブルク(州)《ベルギー南東部の州; もとルクセンブルク(大公国)の一部; 人口 209,000, 面積 4,418 km², 首都 Arlon [arlɔ̃]》.

Lúx·em·bòurg·er *n.* ルクセンブルク(大公国)人[の住民].

Lux·em·bourg·i·an [lʌ̀ksəmbɜ́ːgiən, lʊ̀ksəmbʊ́əg- | lʌ̀ksəmbɜ́ːgjən, -gɪən] *adj.* ルクセンブルク(大公国)の; ルクセンブルク人の. — *n.* =Luxemburgisch.

Lúxembourg Pálace *n.* [the ~] リュクサンブール宮《Paris のもと宮殿; 現在はフランス上院の議場》.

Lux·em·burg [lʌ́ksəmbɜ̀ːg, lúksəmbʊ̀əg | lʌ́ksəmbɜ̀ːg; *G.* lʊ́ksəmbʊ̀rk] *n.* =Luxembourg.

Lux·em·burg [lʌ́ksəmbɜ̀ːg, lúksəmbʊ̀əg | lʌ́ksəmbɜ̀ːg; *G.* lʊ́ksəmbʊ̀rk], **Rosa** *n.* ルクセンブルク《1870–1919; ポーランド生れのドイツの女性革命家; ドイツ共産党の創立者の一人; スパルタクス団 (Spartacus League) を組織し革命運動を推進したが, Karl Liebknecht と共に虐殺された》.

Lúx·em·bùrg·er *n.* =Luxembourger.

Lux·em·burg·i·an [lʌ̀ksəmbɜ́ːgiən, lʊ̀ksəmbʊ́əg- | lʌ̀ksəmbɜ́ːgjən, -gɪən] *adj., n.* =Luxembourgian.

Lux·em·burg·isch [lʌ́ksəmbɜ̀ːgɪʃ, lúksəmbʊ̀əg- | lʌ́ksəmbɜ̀ːg-] 〖▭G ~: cf. Luxemburgisch *Letzeburges(c)h*〗 — *n.* ルクセンブルク語《もとドイツ語の方言; フランス語などのロマンス語の影響を受けている》.

lúx·mèter *n.* ルクス計, 照度計.

lux mun·di [lʌ́ks-mʌ́ndaɪ] 〖▭L *lūx mundi* light of the world〗 — *L. n.* **1** 世の光《キリストのこと》. **2** [L- M-]「ルクス ムンディ」《1889 年に出版された受肉の信仰に関する論文集; オックスフォードの神学者たちによる編纂》.

Lux·or [lʌ́ksɔə, lúk- | lʌ́ksɔː(r)] *n.* ルクソル《エジプト南部, Nile 河畔の町; 付近に古代テーベ (Thebes) の遺跡・王家の谷 (Valley of the Tombs of the Kings) などがある; 人口 85,000》.

lux·u·ri·ance [lʌgʒʊ́(ə)riəns, ləg-, lʌkʃʊ́(ə)r-, lək- | lʌgʒʊ́ərɪ-, ləg-, -zjʊ́ər-, lʌksjʊ́ər-, lək-] 〖⇨ luxuriant, -ance〗 — *n.* **1** 繁茂 (exuberance); 豊富 (abundance). **2** (文体などの)華麗 (floridity).

lux·u·ri·an·cy [lʌgʒʊ́(ə)riənsi, ləg-, lʌkʃʊ́(ə)r-, lək- | lʌgʒʊ́ərɪənsɪ, ləg-, -zjʊ́ər-, lʌksjʊ́ər-, lək-] *n.* 《古》 = luxuriance.

lux·u·ri·ant [lʌgʒʊ́(ə)riənt, ləg-, lʌkʃʊ́(ə)r-, lək- | lʌgʒʊ́ərɪ-, ləg-, -zjʊ́ər-, lʌksjʊ́ər-, lək-] 〖《c1540》▭L *luxuriant-em* (pres.p.) ← *luxuriāre* to grow rank ← *luxuria* 'LUXURY'〗 — *adj.* **1** 〈樹木など〉繁茂した, こんもりとした (exuberant, rank): the ~ growth of trees 樹木の繁茂 / ~ foliage 茂った木の葉 / a ~ hair [beard] ふさふさした髪の毛[あごひげ]. **2** 〈土地など〉肥えた, 肥沃な, 豊饒(ほうじょう)な (fertile): ~ soil. **3** 豊かな, 豊富な, あふれるばかりの (copious, profuse): a ~ imagination 豊かな想像力. **4** 〈文体・美術品など〉華麗な, はなやかな (florid, flowery): a ~ expression, prose, style, etc. **5** 贅沢(ぜいたく)な, 豪華な (luxurious). ~·**ness** *n.* ~·**ly** *adv.*

lux·u·ri·ate [lʌgʒʊ́(ə)rièɪt, ləg-, lʌkʃʊ́(ə)r-, lək- | lʌgʒʊ́ərɪ-, ləg-, -zjʊ́ər-, lʌksjʊ́ər-, lək-] 〖《1621》← L *luxuriāt-us* (p.p.) ← *luxuriāre* (↑)〗 — *vi.* **1** 茂る, はびこる (grow exuberantly). **2** はなはだしく拡大する, 急増する (proliferate). **3** 贅沢(ぜいたく)に暮らす, おごる (live luxuriously): ~ in opulence 豪華な生活をする, 大尽振舞をする. **4** 耽る, 楽しむ (revel) 〔*in*〕: ~ *in* sunshine [dreams] 日光浴[夢]を楽しむ / ~ *in* a good cigar [a hot bath] 上等な葉巻[熱い風呂]を楽しむ. ★ 時に on も用いられる: ~ *on* choice wines より抜きのワインを楽しむ. **lux·u·ri·a·tion** [lʌgʒʊ̀(ə)riéɪʃən, ləg-, lʌkʃʊ̀(ə)r-, lək- | lʌgʒʊ̀ərɪ-, ləg-, -zjʊ̀ər-, lʌksjʊ̀ər-, lək-] *n.*

lux·u·ri·ous [lʌgʒʊ́(ə)riəs, ləg-, lʌkʃʊ́(ə)r-, lək- | lʌgʒʊ́ərɪ-, ləg-, -zjʊ́ər-, lʌksjʊ́ər-, lək-] 〖《?a1300》▭OF *luxurius* ▭L *luxuriōs-us* ← *luxuria* (↓): ⇨ -ous〗 — *adj.* **1** 贅沢(ぜいたく)好みの, おごりに耽る; 贅沢な, 豪華な, 一流の (splendid): ~ people / a ~ life 贅沢な[おごった]生活 / a ~ table [hotel] 贅沢な食事[ホテル]. **2** 官能[肉欲]に耽る, 淫乱(いんらん)な (voluptuous, lecherous). **3** 〈文体など〉華麗な, 凝りに凝った (florid). **4** 繁茂した, 豊富な (luxuriant). ~·**ly** *adv.* ~·**ness** *n.*

lux·u·ry [lʌ́kʃ(ə)ri, lʌ́gʒ(ə)- | lʌ́kʃ(ə)rɪ, -ʃʊ-] 〖《1340》 *luxurie* lust ▭OF (F *luxure*) ▭L *luxuria* ← *luxus* abundance ← IE **leug-* to bend〗 — *n.* **1** 贅沢(ぜいたく), 豪華, おごり: a life of ~ / live in ~ 贅沢な[おごった]生活をする. **2** 贅沢品[物], 奢侈(しゃし)品: necessaries before *luxuries* 贅沢品よりまず必要品 / I can afford a few small *luxuries.* わずかばかりの小さな贅沢ができる. **3** 愉快, 快楽, 満足 (pleasure, enjoyment); わがまま (self-indulgence): the ~ of a good book 面白い本を読み耽る楽しみ / indulge in the ~ *of being* alone ひとりでいることのありがたさをしみじみ味わう / A hot bath after a tiring work is his only ~. 骨の折れる仕事の後で一風呂浴びるのが彼の唯一の贅沢[楽しみ]だ. **4** 《古》淫(みだ)ら, 好色, 淫乱(いんらん) (lechery, lasciviousness).

— *attrib. adj.* 贅沢な, 豪華な, おごった (sumptuous): ~ goods 贅沢品 / a ~ hotel 豪華なホテル.

lúxury tàx [dùty] *n.* 奢侈(しゃし)税.

Lu·zern [*G.* lutsɛ́rn] *n.* ルツェルン《Lucerne のドイツ語名》.

Lu·zon [luːzɑ́n | -zɔ́n; *Sp.* luθón, -són] *n.* ルソン(島)《フィリピン北部, Philippine 諸島中最大の島; 人口 16,670,000, 面積 104,688 km²》.

Lv 《記号》〘貨幣〙lev, leva.

lv. 《略》leave(s); livre(s).

l.v. 《略》〘電気〙low voltage.

L.V. 《略》largest vessel; licensed victualler; low velocity; luncheon voucher.

Lvov [lvɔ́(ː)f, lvɔ́(ː)v | lvɔ́f; *Russ.* ljvóf] *n.* リボフ《ソ連邦 Ukraine 共和国西部の都市; 人口 642,000》.

LVT 《略》〘軍事〙Landing Vehicle, Tracked 水陸両用装軌車《水中ではかい (paddle) の役目をするキャタピラ付きの水陸両用車》.

LVTA 《略》〘軍事〙Landing Vehicle, Tracked Armored 水陸両用装甲装軌車.

L.W. 《略》left wing; lightweight; long wave; low water.

L wàve *n.* 〘地震〙L 波《地球の表面を伝わる地震波; 周期が長いので long wave ともいう; cf. P wave, S wave》.

L.W.M., l.w.m. 《略》low-water mark.

Lwoff [lwɔ́(ː)f | lwɔ́f; *F.* lwɔf], **André Michel** *n.* ルウォフ《1902–　; フランスの微生物学者; Nobel 医学生理学賞 (1965)》.

LWR 《略》〘原子力〙light water reactor 軽水炉.

L.W.V. 《略》League of Women Voters.

lx 《略》〘光学〙lux.

LXX 《記号》Septuagint.

-ly¹ [li | lɪ] 〖ME *-lie, -liche* < OE *-liċe* ← *-liċ* (↓)〗 — *suf.* 形容詞・分詞に付いて副詞を造る: bold*ly*, smiling*ly*. ★ (1) -le に終わるものは -lely とせず -ly とする; その際には [l̩] → [li | lɪ] または [l̩i | l̩ɪ] のように変化する: gent*ly* [dʒéntli | -tlɪ], feeb*ly* [fíːbli, -bl̩i | -blɪ]: cf. whol*ly* [hóuli, hóulli | háʊlɪ, háʊllɪ]. (2) -tal, -dal, -nal で終わる形容詞に -ly が付いて副詞になると [-təli, -tl̩i | -təlɪ, -tl̩ɪ], [-dəli, -dl̩i | -dəlɪ, -dl̩ɪ], [-nəli, -nl̩i | -nəlɪ, -nl̩ɪ] となる. (3) -y [i | ɪ] で終わる形容詞に -ly が付いたときには y が i に変わり, 母音も [ɪ, ə] に変わる: happy [hǽpi | pɪ] → happi*ly* [hǽpɪli, -pəli | -lɪ]. (4) まれに名詞に付くことがある: name*ly*, part*ly*. (5) 比較変化はもとは屈折変化 (-lier, -liest) が用いられたが, 今では通例 more, most による.

-ly² [li | lɪ] 〖ME *-li, -lich, -lik* < OE *-liċ* ← Gmc **lika* body: cf. like¹, lich〗 — *suf.* **1**「…に似ている, …の性質を有する」の意の形容詞を造る: king*ly*, man*ly*, rascal*ly*, scholar*ly*, soldier*ly*, woman*ly*. **2** 時間的繰返しを表わす形容詞を造る: hour*ly*, dai*ly*, month*ly*, year*ly*. ★ (1) これらは副詞としても用いられる (cf. -ly¹ ★ (2)). (2) 発音については ⇨ -ly¹ ★ (1).

Ly·all·pur [láɪəlpʊ̀ə, ─ ─ ⌐ | làɪəlpʊ́ə(r)] *n.* ライアルプル《パキスタン北東部, Lahore 近郊の都市; 人口 820,000》.

lý·am-hòund [láɪəm-] 〖*lyam*: ▭OF *liem* < L *ligamen*: cf. lien²〗 *n.* 《古》=bloodhound 1.

ly·art [láɪət | -ət] 〖《1265》▭OF *liart* ← ?〗 *adj.* (*also* **ly·ard** [-əd | -əd]) 《英方言・スコット》灰色の (gray): 灰色のしまのある.

ly·ase [láɪeɪs, -eɪz | -eɪs] 〖← Gk *lúein* to loosen + -ASE〗 *n.* 〘生化学〙リアーゼ《脱水素して二重結合を作る反応に関与する酵素》.

lyc- [laɪk] (母音の前に来る時の) lyco- の異形.

ly·cae·nid [laɪsíːnɪd, -nəd | -nɪd] 〖↓〗 *adj.* 〘昆虫〙シジミチョウ(科)の. — *n.* シジミチョウ《シジミチョウ科のチョウの総称》.

Ly·cae·ni·dae [laɪsíːnədìː | -nɪ-] 〖← NL ~ ← *Lycaena* (属名: ← Gk *lúkaina* (fem.) ← *lúkos* 'WOLF') + -IDAE〗 *n. pl.* 〘昆虫〙(鱗翅目)シジミチョウ科.

ly·can·thrope [láɪkənθròup, laɪkǽnθroup, -θrəp | láɪkənθrə̀up, laɪkǽnθrəup, -θrəp] 〖← NL *lycanthropus* ← Gk *lukánthrōpos* wolf-man (↓)〗 — *n.* **1** 〘精神医学〙狼つき, 狼になったと信じている精神異常者. **2** 狼男 (werewolf).

ly·can·thro·py [laɪkǽnθrəpi | -pɪ] 〖《1584》← NL *lycanthropia* ← Gk *lukanthrōpía* ← *lúkos* 'WOLF' + *ánthrōpos* man: ⇨ -y¹〗 — *n.* **1** 〘民間伝承〙(魔術によってなると信じられていた)狼への変身; 狼に変形する魔術 (cf. werewolf 1). **2** 〘精神医学〙狼狂(おおかみ)《自分は狼などの獣であると信じてその動作をする精神病》. **ly·can·throp·ic** [làɪkənθrɑ́pɪk | -θrɔ́p-] *adj.*

Ly·ca·on [laɪkéɪɑn, -ən | -ən, -ən] 〖▭L ~ ▭Gk *Lukáōn* 《原義》werewolf ← *lúkos* 'WOLF'〗 — *n.* **1** 〘ギリシャ神話〙リュカーオーン《Zeus の神性をためすため人肉をすすめて Zeus の怒りにふれ, 罰として狼に変えられたアルカディアの王》. **2** 〘動物〙リカオン属《イヌ科シモキオン亜科の一属; アフリカに生息するリカオン (African hunting dog) を含む》.

Lyc·a·o·ni·a [lɪkeɪóuniə, làɪ-, -njə | -áunjə, -nɪə] *n.* リカオニア《小アジア南部の古代の一地方; のちローマ領》.

ly·cée [liːséɪ, ─ ⌐ | ⌐ ─; *F.* lise] 〖▭F ~ ▭L *Lycēum* (↓)〗 *n.* (*pl.* ~**s** [~z; *F.* ~]) リセ《フランスの国立中等学校; 大学進学校》.

Ly·ce·um [laɪsíːəm, láɪsi- | laɪsíəm, -síːəm] 〖《1579–80》▭L *Lycēum* ▭Gk *Lúkeion* the Lyceum at Athens (neut.) ← *Lúkeios* wolf-slaying (epithet of Apollo) ← *lúkos* 'WOLF': この学園の近くにアポロ神殿があったのにちなむ〗 — *n.* **1** [the ~] リュケイオン《Aristotle が設立した (*c.*336 B.C.) アテネ郊外の学園; 彼はその庭園の中をそぞろ歩きしながら門下に哲学を説いた; cf. Peripatetic 1》. **2** アリストテレス派の哲学 (cf. academy 3 a, garden 6, porch 3). **3** [l-] 《米》(講演・読書指導・討論・娯楽などによって一般文化の向上を図る)文化運動[団体]. **4** [l-] (文化講演・討論会・研究指導の会合などを催しました図書館を経営する)文化会館. **5** [l-] =lycée.

lych [lítʃ] *n.* =lich.

ly·chee [láɪtʃi, líː- | laɪtʃíː, ─ ─, lítʃiː, lɪ́-] *n.* 〘植物〙[=litchi.

lých-gàte 〖《1482》: ⇨ lich〗 *n.* 《英》=lich-gate.

lych·nis [líknɪs, -nəs | -nɪs] 〖《1601》← NL ~ ← Gk *lukhnís* red flower ← *lúkhnos* lamp〗 — *n.* 〘植物〙センノウ《ナデシコ科センノウ属 (*Lychnis*) の植物の総称; アメリカセンノウ (scarlet lychnis) など》.

Ly·ci·a [líʃiə, -ʃə | lísɪə, -sjə, -ʃɪə] 〖▭L ~ ▭Gk *Lukía*〗 *n.* リュキア《小アジア南西部の古代の一地方; のちローマ領》.

Ly·ci·an [líʃiən, -ʃən | lísɪən, -sjən, -ʃɪən] 〖← L *Lycius* (▭Gk *Lúkios*) + -AN¹〗 — *adj.* リュキア (Lycia) の; リュキア人[語]の. — *n.* **1** リュキア人. **2** 古代リュキア語《アナトリア語派に属する; Hittite 語と近い関係にある》.

ly·cid [láɪsɪd, lís-, -səd | -sɪd] 〖↓〗 〘昆虫〙*adj.* ベニボタル(科)の. — *n.* ベニボタル《ベニボタル科の甲虫の総称》.

Lyc·i·dae [lísədìː | -sɪ-] 〖← NL ~ ← *Lycus* (属名: ← Gk *lúkos* 'WOLF') + -IDAE〗 *n. pl.* 〘昆虫〙(鞘翅目)ベニボタル科.

ly·cine [láɪsiːn] 〖← Gk *lúkion* boxthorn + -INE³〗 *n.* 〘化学〙リシン (⇨ betaine).

ly·co- [láɪko(ʊ) | -kə(ʊ)] 〖← NL ~ ← Gk *luko-, lúkos* 'WOLF'〗「狼 (wolf)」の意の連結形: *lyco*podium. ★ 母音の前では通例 lyc- になる.

Ly·cod·i·dae [laɪkɑ́dədìː | -kɔ́dɪ-] 〖← NL ~ ← *Lycodes* (属名 ← Gk *lukṓdēs* wolflike ← *lúkos* 'WOLF': ⇨ -ode¹) + -IDAE〗 *n. pl.* 〘魚類〙=Zoarcidae.

ly·co·pene [láɪkəpìːn] 〖← *lycop-* (← NL *Lycopersicon* ← Gk *lukopérsion* an Egyptian plant) + -ENE〗 — *n.* 〘化学〙リコピン ($C_{40}H_{56}$)《トマトに含まれる赤色のカロチノイド色素の一種》. 「物」=lycopodium.

ly·co·pod [láɪkəpɑ̀d | -pɔ̀d] 〖⇨ lycopodium〗 *n.* 〘植

Ly·co·po·di·a·ce·ae [làɪkəpòudiéɪsiìː | -pə̀udɪ-] 〖← NL ~: ⇨ lycopodium, -aceae〗 *n. pl.* 〘植物〙ヒカゲノカズラ科.

Ly·co·po·di·a·les [làɪkəpòudiéɪliːz | -pə̀udɪ-] 〖← NL ~: ⇨ ↓, -ales〗 *n. pl.* 〘植物〙ヒカゲノカズラ目《シダ植物》.

ly·co·po·di·um [làɪkəpóudiəm | -páudjəm, -dɪəm] 〖《1706》← NL ~: ⇨ lyco-, podium〗 — *n.* **1** 〘植物〙シダ植物のヒカゲノカズラ属 (*Lycopodium*) の植物の総称《特に, ヒカゲノカズラ (*L. clavatum*) (buck grass), マンネンスギ (*L. obscurum*) (bunch evergreen), アラスカスギ (*L. complanatum*) など; club moss, ground pine [cedar] などと呼び, ひも状の植物全体を干してモール状のクリスマスの飾りに用いる; 胞子は薬用》. **2** 〘薬学〙=lycopodium powder.

lycopódium pòwder *n.* 〘薬学〙石松子, ヒカゲノカズラ (lycopodium) 類の胞子《非常に燃えやすいので花火の製造に用いる; 昔は舞台でこれを燃やして稲妻の効果を出した》.

Ly·cop·si·da [laɪkɑ́psədə | -kɔ́psɪ-] 〖← NL ~ ← L *lycopsis* bugloss (⇨ luco-, -opsis) + -IDA〗 *n. pl.* 〘植物〙ヒカゲノカズラ綱《シダ植物の一群》.

ly·co·sid [laɪkóusɪd, -səd | -káusɪd] 〖↓〗 *adj., n.* 〘動物〙ドクグモ科の(クモ).

Ly·co·si·dae [laɪkóusədìː, -kɑ́s- | -káusɪ-, -kɔ́s-] 〖←

NL ～ ← *Lycosa* (属名: ← L *lycos* spider ← Gk *lúkos* wolf)＋-IDAE〗 *n. pl.* 〘動物〙ドクグモ科.

lyc·tid [líktɪd, -təd | -tɪd] 〘↓〙〘昆虫〙 *adj.* ヒラタキクイムシ(科)の. ― *n.* ヒラタキクイムシ《ヒラタキクイムシ科の甲虫の総称》.

Lyc·ti·dae [líktədìː | -tɪ-] 〘← NL ～ ← *Lyctus* (属名: ← L ⊏ Gk *Lúktos* (Crete 島の古都))＋-IDAE〙 *n. pl.* 〘昆虫〙(鞘翅目)ヒラタキクイムシ科.

Ly·cur·gus [laɪkə́ːgəs | -kə́ː-] *n.* リュクルゴス: **1** 紀元前9世紀ごろのスパルタの政治家でスパルタ憲法の制定者. **2** 〘ギリシャ伝説〙Dryas の父; Dionysus の祭祀を迫害したために, 神から罰せられ盲となって死んだという.

Ly·cus [láɪkəs] 〘⊏ L ～ ⊏ Gk *Lúkos*〙 *n.* 〘ギリシャ神話〙リュコス《テーベの王; 初めに Antiope を, 後には Dirce を妻とした》.

Lyd·da [lídə] *n.* ＝Lod.

lydd·ite [lídaɪt] 〘《1888》← *Lydd* (イングランド Kent 州の最初の実験地名): ⇨ -ite[1]〙 *n.* 〘化学〙リダイト《ピクリン酸を主成分とする高性能爆薬》.

Lyd·gate [lídgeɪt, -gət, -gɪt], **John** *n.* (1370?–?1451) 英国の詩人・聖職者; *Troy Book* (1412–20).

Lyd·i·a[1] [lídiə | -dɪə, -djə] *n.* リュディア《小アジア西部の古王国; Croesus 王時代には小アジアの大部分を占めたがやがてペルシャに亡ぼされた; 首都 Sardis》.

Lyd·i·a[2] [lídiə | -dɪə, -djə] 〘⊏ Gk *Lūdía* (原義) woman of Lydia〙 *n.* 女性名《愛称形 Liddie, Lidie》.

Lyd·i·an [lídiən | -dɪən, -djən] 〘《1545》← L *Lydius* Lydia (⊏ Gk *Lū́dios*)＋-AN[1]〙 ― *adj.* **1** リュディア (Lydia) の; リュディア人[語]の. **2** 〈音楽・旋律が〉リュディア旋法の特徴をもつ; 柔和で甘美な; 肉感的な, なまめかしい (voluptuous, sensuous): ～ airs 哀調を帯びた曲. ― *n.* **1** リュディア人. **2** リュディア語.

Lýdian móde 〘《なぞり》← Gk *Harmonía Lūdía*〙 *n.* 〘音楽〙リュディア旋法《中世・ルネサンス期には第5旋法とも呼ばれた; ⇨ mode[1] 6 a》.

Lýdian stóne 〘《なぞり》← L *Lapis Lydius* (なぞり) ← Gk *Ludia líthos*〙 *n.* 〘鉱物〙＝touchstone 1.

lye [láɪ] 〘OE *lēah, lēaġ* hot bath < Gmc **lauʒo* (Du. *loog* / G *Lauge*) ← IE **lou-* to wash (L *lavere* to wash)〙 ― *n.* 〘化学〙 **1** (木灰をこして作った)アルカリ液, 灰汁(ｱｸ)《洗濯(ｾﾝﾀｸ)用》. **2** 固形カセイアルカリ.

Ly·ell [láɪ(ə)l], Sir **Charles** *n.* (1797–1875) 英国の地質学者; *The Principles of Geology* (1830–33).

ly·gae·id [laɪdʒíːɪd, -dʒíːəd | -dʒíːɪd] 〘↓〙〘昆虫〙 *adj.* ナガカメムシ(科)の(昆虫). ― *n.* ナガカメムシ《ナガカメムシ科の昆虫の総称》.

Ly·gae·i·dae [laɪdʒíːədìː | -dʒíːɪ-] 〘← NL ～ ← *Lygaeus* (属名: ← Gk *lūgaîos* shadowy)＋-IDAE〙 *n. pl.* 〘昆虫〙(半翅目)ナガカメムシ科.

lygáeid bùg *n.* 〘昆虫〙ナガカメムシ《ナガカメムシ科の昆虫の総称; 幼虫・成虫とも植物の汁を吸う害虫》.

lý·gus bùg [láɪgəs-] 〘← NL *lygus*〙 ― *n.* 〘昆虫〙メクラカメムシ《メクラカメムシ科 *Lygus* 属の昆虫の総称; ミドリメクラガメ (tarnished plant bug) など; 栽培植物の害虫》.

lý·ing[1] 〘ME *leghynge*〙 ― *n.* うそをつくこと; 虚偽, 偽り (untruthfulness). ― *adj.* **1** うそをつく, うそつきの: a ～ witness 虚偽の申し立てをする証人. **2** 偽りの, うその (deceitful, false): a ～ rumor [story] 根も葉もないうわさ[うその話] / ～ advertisements 虚偽の広告. **～·ly** *adv.*

lý·ing[2] 〘ME *lyynge*〙 ― *n.* **1** 横たわること. **2** [修飾語を伴って] 横たわる場所, 寝所: a dry [soft, warm] ～ 乾燥した[やんわりした, 暖かい]寝所. ― *adj.* 横たわっている, 伏している: low-*lying* land 低地.

lýing-ín 〘《1440》← *lie in* (⇨ lie[2] 成句)〙 ― *n.* (*pl.* **lyings-,** ～**s**) お産の床につくこと; お産, 分娩(ﾌﾞﾝﾍﾞﾝ) (confinement, childbirth). ― *attrib. adj.* お産の, 産科の: a ～ hospital 産科病院.

lýke·wàke [láɪk-] 〘《c1385》⊏ ? ON **likavoka*: ⇨ lich, wake[1]〙 *n.* 《英》お通夜.

Ly·ko·me·des [làɪkəmíːdiːz] *n.* 〘ギリシャ神話〙リュコメーデース《Skyros 島の王, Deidamia の父》.

Lyle [láɪl] 〘← AF *del isle* (dweller) in the isle: もと家族名〙 *n.* 男性名《異形 Lisle》.

Lýle gùn [láɪl-] 〘← *David A. Lyle* (*d.* 1937: 米国の軍人でその発明者)〙 ― *n.* ライルガン《海上の救難作業で, 遭難船に救命索を発射する砲; 海上または陸上の救難作業で, 分銅つきの綱を発射する砲; line-throwing gun ともいう》.

Lyl·y [líli | -lɪ], **John** *n.* (1554?–1606) 英国の小説家・劇作家; *Euphues* (1578–80) (cf. euphuism 1).

Ly·man [láɪmən], **Theodore** *n.* (1874–1954) 米国の物理学者.

ly·man·tri·id [laɪmǽntriɪd, -triəd | -triɪd] 〘↓〙 *adj.* 〘昆虫〙ドクガ(科)の. ― *n.* ドクガ《ドクガ科の蛾の総称》.

Ly·man·tri·i·dae [làɪmæntráɪədìː | -tráɪɪ-] 〘← NL ～ ← *Lymantria* (属名: ← Gk *lūmantḗr* destroyer＋-IA[2])＋-IDAE〙 *n. pl.* 〘昆虫〙(鱗翅目)ドクガ科.

lýme gràss [láɪm-] 〘? ← (廃) *lyme* birdlime (< ME *lim* birdlime)〙 ― *n.* 〘植物〙ハマムギ・エゾムギの類《イネ科エゾムギ属 (*Elymus*) の植物; 砂地に植えて砂の移動を防ぐ; wild rye ともいう》.

lýme-hòund [láɪm-] *n.* 《古》＝lyam-hound.

lym·nae·id [lɪmníːɪd, -əd | -ɪd] 〘↓〙 *adj., n.* 〘貝類〙モノアラガイ科の(貝).

Lym·nae·i·dae [lɪmníːədìː | -níːɪ-] 〘← NL ～ ← *Lymnaea* (属名: ← Gk *limnaîos* of the marsh ← *límnē* marsh)＋-IDAE〙 *n. pl.* 〘貝類〙モノアラガイ科.

lymph [límf] 〘《a1630》⊏ L *lympha* pure spring water (変形) ← *limpa, lumpa* (異化)? ← Gk *númphē* 'NYMPH'〙 ― *n.* **1** 〘解剖・生理〙リンパ, リンパ液. **2** 《古・詩》 **a** 清水 (pure water). **b** (植物の)樹液 (sap).

lymph- [lɪmf] (母音の前に来る時の) lympho- の異形.

lym·phad [límfæd] 〘⊏ Gael. *longfhada* ← *long* ship ＋*fhada* long〙 *n.* **1** 《古》一本マストのガレー船. **2** 〘紋章〙オールで漕いだ図形の一本マストの古代船.

lymph·ad·e·ni·tis [lɪmfædənáɪtɪs, -dṇ-, lìmfædənáɪ-, -təs | lɪmfædɪnáɪtɪs] 〘← NL ～: ⇨ lympho-, adeno-, -itis〙 *n.* 〘病理〙リンパ腺[節]炎.

lymph·ad·e·no·ma [lɪmfædənóumə, -dṇ-, lìmfæde- | lɪmfædɪnə́u-] 〘← NL ～: ⇨ lympho-, adeno-, -oma〙 ― *n.* (*pl.* ～**·ta** [～ṭə | ～tə], ～**s**) 〘病理〙 **1** ＝ lymphoma. **2** ＝Hodgkin's disease.

lym·phan·gi- [lɪmfǽndʒɪ, -dʒə | -dʒɪ] 〘← NL ～ ← *lymphangion*: ⇨ lympho-, angio-〙「リンパ管 (lymphatic vessels)」の意の連結形.

lym·phan·gi·o·gram [lɪmfǽndʒiəgræ̀m | -dʒɪə-] 〘⇨ ↑, -o-, -gram〙 *n.* 〘医学〙リンパ管造影図.

lym·phan·gi·og·ra·phy [lɪmfæ̀ndʒiɑ́grəfi | -dʒiɔ́grəfɪ] 〘⇨ lympangi-, -o-, -graphy〙 *n.* 〘医学〙 ＝lymphography.

lymph·an·gi·o·ma [lɪmfæ̀ndʒióumə | -dʒɪə́u-] 〘← NL ～: ⇨ lymphangi-, -oma〙 *n.* (*pl.* ～**s**, ～**·ta** [～ṭə | ～tə]) 〘病理〙リンパ管腫 (cf. angioma).

lym·phan·gi·tis [lìmfændʒáɪṭɪs, -ṭəs | -tɪs] 〘← NL ～: ⇨ lymphangi-, -itis〙 *n.* (*pl.* **-phan·git·i·des** [-dʒíṭədìːz | -tɪ-]) 〘病理〙リンパ管炎.

lym·phat·ic [lɪmfǽṭɪk | -tɪk] 〘⊏ *lymphāticus* frantic ← L *lympha* 'LYMPH': cf. Gk *numpholēptós* frenzied, caught by nymphs〙 ― *adj.* **1** リンパの, リンパ性の, リンパ系の, リンパを含む, リンパを通じる, リンパを分泌する: a ～ gland＝lymph gland / ～ leukemia リンパ性白血病 / ～ vessels リンパ管. **2** 〈人が〉リンパ体質の《筋肉は薄弱, 顔色は青白く, 活動不活発で精神遅鈍であることが特色; 昔リンパ液過剰のためと想像された》; 〈性質が〉遅鈍な (sluggish): a ～ temperament リンパ質. **3** 《古》狂気の (frenzied). ― *n.* **1** 〘解剖〙リンパ管. **2** 《古》狂人 (lunatic).

lym·phát·i·cal [-ṭɪkəl, -ṭə- | -tɪ-] 《古》 *adj.* ＝lymphatic 3. ― *n.* ＝lymphatic 2.

lym·phát·i·cal·ly *adv.* **1** リンパとして; リンパを含んで. **2** 不活発に.

lýmph cèll *n.* 〘解剖〙リンパ球 (lymphocyte).

lýmph fòllicle *n.* 〘解剖〙 **1** ＝lymph node. **2** ＝ lymph nodule.

lýmph glànd *n.* 〘解剖〙リンパ腺 (⇨ lymph node).

lýmph hèart *n.* 〘動物〙リンパ心臓《魚類・両生類・爬虫類などでポンプ作用でリンパ液を循環させる器官》.

lýmph nòde *n.* 〘解剖〙リンパ節[腺]. ★ lymph gland はやや古い呼び方.

lýmph nòdule *n.* 〘解剖〙リンパ小節.

lym·pho- [límfoʊ | -fə(ʊ)] 〘← L *lympha* 'LYMPH'〙 ―「リンパ (lymph); リンパ組織; リンパ球 (lymphocytes)」の意の連結形. ★ 母音の前では通例 lymph- になる.

lym·pho·blast [límfəblæ̀st] 〘⇨ ↑, -blast〙 ― *n.* 〘解剖〙リンパ芽球《リンパ球に発育する母細胞; cf. myeloblast》. **lym·pho·blas·tic** [lìmfəblǽstɪk] *adj.*

lym·pho·cyte [límfəsàɪt] 〘← LYMPHO-＋-CYTE〙 *n.* 〘解剖〙リンパ球. **lym·pho·cyt·ic** [lìmfəsíṭɪk | -tɪk] *adj.*

lym·pho·cy·to·sis [lìmfəsaɪtóusɪs, -sɪt-, -sət-, -səs | -fə(ʊ)saɪtə́usɪs] 〘← NL ～: ⇨ ↑, -osis〙 ― *n.* 〘病理〙リンパ球増加(症) (cf. lymphopenia). **lym·pho·cy·tot·ic** [lìmfəsaɪtɑ́ṭɪk, -sɪt-, -sət- | -saɪtɔ́t-] *adj.*

lỳmpho·granulóma 〘← NL ～: ⇨ lympho-, granuloma〙 ― *n.* 〘病理〙 **1** リンパ肉芽腫(ｼｭ) (Hodgkin's disease). **2** 鼠径[性病性]リンパ肉芽腫, 第四性病. **～·tous** [～ṭəs | ～təs] *adj.*

lymphogranulóma in·gui·ná·le [-ìŋgwənǽli, -nǽli, -néɪ- | -gwɪnɑ́ːlɪ, -néɪ-] 〘← NL ～ 'inguinal lymphogranuloma'〙 *n.* 〘病理〙＝lymphogranuloma 2.

lỳmpho·granulomatósis 〘← NL ～ ← *lymphogranulomat-* (↑)＋-OSIS〙 *n.* 〘病理〙リンパ肉芽腫.

lymphogranulóma ve·né·re·um [-vɪní(ə)riəm, -və- | -vəníərɪ-, -vɪ-, -viː-] 〘← NL ～ 'venereal lymphogranuloma'〙 *n.* 〘病理〙＝lymphogranuloma 2.

lym·phog·ra·phy [lɪmfɑ́grəfi | -fɔ́grəfɪ] 〘← LYMPHO-＋-GRAPHY〙 *n.* 〘医学〙リンパ管撮影(法). **lym·pho·graph·ic** [lìmfəgrǽfɪk] *adj.*

lymph·oid [límfɔɪd] 〘← LYMPHO-＋-OID〙 *adj.* 〘解剖〙リンパの, リンパ球様の, リンパ性の, リンパ系の; リンパ節状組織の: ～ tissue リンパ組織.

lýmphoid cèll *n.* 〘解剖〙リンパ球様細胞.

lym·pho·ma [lɪmfóumə | -fə́u-] 〘← NL ～: ⇨ lympho-, -oma〙 ― *n.* (*pl.* ～**s**, ～**·ta** [～ṭə | ～tə]) 〘病理〙リンパ腫(ｼｭ). **～·toid** [lɪmfóumətɔ̀ɪd | -fə́u-] *adj.* **～·tous** [～ṭəs | ～təs] *adj.*

lym·pho·ma·to·sis [lɪmfòumətóusɪs, -səs | -fə̀umətə́usɪs] 〘← NL ～: ⇨ ↑, -osis〙 *n.* 〘獣医〙(鶏の)リンパ腫(ｼｭ)症 (cf. fowl paralysis).

lym·pho·pe·ni·a [lìmfəpíːniə | -fə(ʊ)píːnjə, -nɪə] 〘← NL ～: ⇨ lympho-, -penia〙 *n.* 〘病理〙(血液中の)リンパ球減少(症) (cf. lymphocytosis).

lỳmpho·sarcóma 〘← NL ～: ⇨ lympho-, sarcoma〙 *n.* 〘病理〙リンパ肉腫. **～·tous** [～ṭəs | ～təs] *adj.*

lymph·ous [límfəs] *adj.* リンパの, リンパを含む.

lyn·ce·an [lɪnsíːən, línsi- | lɪnsíːən, línsɪən] 〘← L *lynceus* (⊏ Gk *lúgkeios* ← *lúgx* 'LYNX')＋-AN[1]〙 *adj.* **1** オオヤマネコ (lynx) の, オオヤマネコのような. **2** (オオヤマネコのように)目の鋭い.

lynch[1] [líntʃ] 〘《1836》: ⇨ lynch law〙 *vt.* **1 a** 私刑[リンチ]によって殺す[絞首刑にする]. **b** 《古》(集団で)…に制裁[リンチ]を加える. **2** 激しく中傷する. **～·er** *n.*

lynch[2] [líntʃ] 〘OE *hlinċ* ridge: ⇨ links〙 *n.* 《英》2つの畠の境界をなす耕していない細長い土地[うね].

Lynch·burg [líntʃbəːg | -bəːg] 〘← *John Lynch* (この町の建設者といわれる人物)〙 *n.* 米国 Virginia 州中部の都市; 人口 63,000.

lýnch·ing *n.* リンチ, 私刑.

lýnch làw 〘《1782》*Lynch's law* ← *Captain William Lynch* (1742–1820: 米国 Virginia 州の治安判事)〙 ― *n.* 私刑, リンチ《犯人または被疑者に対して正式の法的手続きをせずに民衆が勝手に行なう刑罰で, 通例は死刑》. ★ 擬人化して Judge Lynch ともいう.

Lynd [línd], **Robert Staugh·ton** [stɔ́ːtn] *n.* (1892–1970) 米国の社会学者; Helen 夫人と共著で *Middletown* (1929).

Lyn·da [líndə] 〘《異形》← LINDA〙 *n.* 女性名.

Lyn·don [líndən] 〘ME *Lindon(e)* (原義) linden hill: ⇨ down[1]: もと地名・家名〙 *n.* 男性名《異形 Lindon》.

Ly·nen [lúːnən, líː-, ljúː-; G. lýːnən], **Feodor** *n.* リューネン《1911–79; 西ドイツの生化学者; Nobel 医学生理学賞 (1964)》.

Lynn[1] [lín] 〘← Celt. (原義) lake (cf. Welsh *llyn* lake): cf. linn〙 *n.* 米国 Massachusetts 州東部, Massachusetts 湾に臨む港市, Boston の郊外; 人口 91,000.

Lynn[2] [lín] 〘1: (dim.) ← LINCOLN[3], LINTON. 2: (dim.) ← CAROLINE[1]〙 *n.* **1** 男性名《異形 Lin》. **2** 女性名《異形 Lin, Lynne》.

lynx [líŋks] 〘《1340》⊏ L ～ ⊏ Gk *lúgx* ← ? IE **leuk-* 'LIGHT[1]' (その目の鋭さから)〙 ― *n.* **1** (*pl.* ～, ～**·es**) 〘動物〙 **a** オオヤマネコ《アフリカ・ユーラシア・北米産のオオヤマネコ属 (*Lynx*) の動物の総称; 肢が長くて, 尾が短い; オオヤマネコ (*L. lynx*), ボブキャット (bay lynx), カナダオオヤマネコ (Canada lynx) など》. **b** オオヤマネコの毛皮. **2** [(the) L-] 〘天文〙やまねこ(山猫)座《北天の星座》.

lynx 1a
(*L. lynx*)

lýnx-éyed *adj.* (lynx のように)目の鋭い.

ly·o- [láɪo(ʊ) | láɪə(ʊ)] 〘← Gk *lúein* to loosen, dissolve〙「欠けた (lacking); 分散 (dispersion)」の意の連結形.

ly·o·crat·ic [làɪəkrǽṭɪk | -tɪk] 〘⇨ ↑, -cratic〙 *adj.* 〘物理化学〙〈コロイドが〉親液性の, 親溶媒性の (cf. electrocratic).

Lyon[1] [*F.* ljɔ̃] *n.* リヨン《Lyons[1] のフランス語名》.

Ly·on[2] [láɪən] 〘《変形》← LION〙 ― *n.* ★ 次の句で: **Lyon King of Arms** [the ―] スコットランド紋章院 (Court of the Lord Lyon) 長《イングランドの King of Arms 同等官とする説が多いが, その権限は College of Arms の総裁である Earl Marshal に匹敵する; Lord Lyon ともいう》.

Ly·on [láɪən], **Mary** *n.* (1797–1849) 米国の女子教育家, Mount Holyoke College の創立者.

Lý·on bèan [láɪən-] 〘← *William S. Lyon* (*d.* 1916: 米国の植物学者)〙 ― *n.* 〘植物〙ライオンビーン (*Stizolobium niveum*)《熱帯アジア原産のマメ科の一年生つる草; 緑化用に植え, インドでは豆は食用》.

Ly·o·ne·ti·i·dae [làɪənətáɪədìː | -táɪɪ-] 〘← NL ～ ← *Lyonetia* (属名: ← *Pierre Lyon(n)et* (1707–89: オランダの昆虫学者)＋-IA[2])＋-IDAE〙 ― *n. pl.* 〘昆虫〙(鱗翅目)ツマオレガ科, モグリガ科.

lyon·naise [làɪənéɪz; *F.* ljɔnɛːz] 〘⊏ F (*à la*) *lyonnaise* (in the manner) of Lyons[1] (fem.) ← *lyonnais* of Lyons[1]〙 ― *adj.* (細く)切って炒めた玉ねぎと一緒に料理した (cf. à la lyonnaise): ～ potatoes.

Ly·on·nesse [làɪənés | làɪə-, làɪɔ-] 〘⊏ OF *Leonois* ← ? LOTHIAN＋-S[1]〙 ― *n.* 〘アーサー王伝説〙Sir Tristram の生まれた伝説的な地方; イングランド南西部 Cornwall の Land's End の沖にあったが, 海底に没したと言われる.

Lý·on Òffice [láɪən-] *n.* スコットランド紋章院 (cf. LYON[2] King of Arms).

Ly·ons[1] [liɔ̃ː(ŋ), -ɔ́(ː)ŋ, láɪənz | líɔ̃ː(ŋ), -ɔ(ː)ŋ, láɪənz; *F.* ljɔ̃] 〘⊏ F *Lyon* < L *Lugdūnum* (原義) hill of Lug (鎮守の神の名)〙 ― *n.* リヨン《フランス東部, Rhone 川と Saône 川の合流点にある都市, Rhône 県の首都; 絹織物の産地; 人口 524,000; フランス語名 Lyon》.

Ly·ons[2] [láɪənz] 〘← *J. Lyon* (その経営者)〙 *n.* London の簡易食堂チェーンの名.

ly·o·phile [láɪəfàɪl] *adj.* **1** 〘化学〙＝lyophilic. **2** 〘医学〙凍結乾燥 (lyophilization) の[に関する]; 凍結乾燥によって得られた.

ly·o·phil·ic [làɪəfílɪk] 〖← LYO-＋-PHILIC〗 *adj.* 〘化学〙 親液の《膠質(こう)と液体との親和性の強い; cf. lyophobic》: ～ colloid 親液コロイド.

ly·oph·i·li·za·tion [laɪɑ̀fəlɪzéɪʃən, -lə-|-ɔ̀fɪlaɪ-, -lɪ-] *n.* 〘医学〙 凍結乾燥 (freeze-drying).

ly·oph·i·lize [laɪɑ́fəlàɪz|-ɔ́fɪ-] *vt.* 〘医学〙〈血液・血清・細菌・酵素などを〉(貯蔵するために)凍結乾燥する (freeze-dry). **ly·óph·i·lìz·er** *n.*

ly·o·pho·bic [làɪəfóubɪk, -fɑ́b-|-fə́ub-, -fɔ́b-] 〖← LYO-＋-PHOBIC〗 ── *adj.* 〘化学〙 疎液の《膠質(こう)と液体との親和性を欠いた; cf. lyophilic》: ～ colloid 疎液コロイド.

ly·o·trop·ic [làɪətrɑ́pɪk|-trɔ́p-] 〖← LYO-＋-TROPIC〗 *adj.* 〘物理化学〙 離液性の.

lyotrópic séries *n.* 〘化学〙 離液系列, 離液順列 (⇨ Hofmeister series).

lyr. 《略》 lyric; lyrical.

Ly·ra [láɪrə|láɪərə] 〖□ L ～ '*LYRE*'〗 *n.* **1** 女性名. **2** 〘天文〙 こと(琴)座《北天の星座で一等星 Vega を含む; the Lyre ともいう》.

Ly·ra·id [láɪreɪɪd, -əd|láɪəreɪɪd] 〖⇨↑, -id¹〗 *n.* 〘通例 *pl.*〙〘天文〙 琴座流星群《4月下旬に現われる》.

ly·rate [láɪreɪt, -rət, -rɪt|láɪər-] 〖← LYRE＋-ATE²〗 ── *adj.* **1** 〘植物〙 (タネツケバナの葉のように末端が大きく下片の小さい)羽状の葉のある. **2** 〘動物〙〈鳥の尾が〉リラ状の (lyre-shaped). **～·ly** *adv.*

ly·rat·ed [láɪreɪtɪd, -t̬əd|láɪəreɪt-] *adj.* ＝lyrate.

lýra víol *n.* ＝viola bastarda.

lyre [láɪə|láɪə(r] 〖《?*a*1200》 *lire* □ OF (F *lyre*) □ L *lyra* □ Gk *lúra* ← ?〗 ── *n.* **1** リラ《古代ギリシャの七弦の竪琴》. **2** [the L-]〘天文〙 こと(琴)座 (⇨ Lyra). **3** 〘音楽〙 譜架《奏楽行進の吹奏楽隊が楽器に付けるリラ形の楽譜支え》.

lyre 1

lýre·bird *n.* 〘鳥類〙 コトドリ《オーストラリア産コトドリ属 (*Menura*) の鳥類の総称; コトドリ (*M. superba*) など; 雄の尾は立てると lyre の形に似る》.

lýre snàke 〖頭部にリラ (lyre) 状の印があるのにちなむ〗 ── *n.* 〘動物〙 北米南西部の砂漠地方に生息する毒蛇 (*Trimorphodon lambda*).

lyrebird (*M. superba*)

lyr·ic [lírɪk] 〖《1581》 □ (O)F *lyrique* // L *lyric-us* □ Gk *lurikós* of a lyre, singing to the lyre, lyric poet ← *lúra* lyre〗 ── *adj.* **1** リラ (lyre) の. **2** リラに合わせて歌うのに適した; 歌うのに適した, メロディーの美しい (melodic). **3** 叙情の, 叙情詩の, 叙情詩的な (cf. epic 1): a ～ poet 叙情詩人 / ～ poetry 叙情詩. **4** 〈態度・文体など〉熱狂的な, 感情がほとばしり出る (rhapsodic, effusive) (cf. lyrical 1). **5** 〘音楽〙 音域は広くないが軽快な柔らかい声をもった (cf. dramatic 3): a ～ soprano [tenor] リリックソプラノ[テナー]. ── *n.* **1** 叙情詩, リリック (lyric poem). **2** [通例 *pl.*] (流行歌などの)歌詞. **3** 《古》叙情詩人.

lýr·i·cal [-rɪkəl, -rə-|-rɪ-] 〖《1581》: ⇨↑, -al¹〗 *adj.* **1** 〔…に〕熱中して, 〔…を〕熱心に賞賛[賛美]して 〔*about, over*〕: She became [got, grew, waxed] quite ～ *about* my salad. 私が作ったサラダをとてもほめてくれた. **2** ＝lyric. **～·ly** *adv.* **～·ness** *n.*

lýric dráma *n.* 歌劇 (opera).

lyr·i·cism [lírəsìzm|-rɪ-] *n.* **1** 叙情味, 叙情詩調, 叙情詩風, リリシズム (cf. epicism). **2** 情緒の発露, 熱情, 感傷.

lýr·i·cist [-sɪst, -səst|-sɪst] *n.* **1** 叙情詩人 (lyrist). **2** (流行歌などの)作詞家: the ～*s* of a song.

lyr·i·cize [lírəsàɪz|-rɪ-] *vi.* **1** 叙情詩を書く. **2** 歌詞を歌にする[歌う]. **3** 叙情詩風[的]に書く. ── *vt.* 叙情詩化する.

lýric théater *n.* **1** オペラ劇場. **2** [the ～] オペラ.

Lyr·id [lírɪd, -rəd|-rɪd] *n.* 〘天文〙 ＝Lyraid.

lyr·ism 〖□ F *lyrisme* // Gk *lurism-ós*: ⇨ lyre, -ism〗 *n.* **1** [lírɪzm] ＝lyricism. **2** [láɪ(ə)rɪzm|láɪər-, lír-] リラ (lyre) の演奏, リラに合わせて歌を歌うこと.

lyr·ist 〖□ L *lyrista* □ Gk *luristḗs*: ⇨ lyre, -ist〗 ── *n.* **1** [láɪ(ə)rɪst, -rəst|láɪərɪst, lír-] リラ (lyre) の奏者. **2** [lírɪst, -rəst|-rɪst] 〖← LYRIC＋-IST〗 叙情詩人 (lyric poet).

Lys [li:s] *n.* [the ～] リース(川)《フランス北部から流れベルギーの Ghent で Scheldt 川に注ぐ川 (220 km)》.

lys- [laɪs] (母音の前に来る時の) lyso- 1 の異形.

Ly·san·der [laɪsǽndə|-də(r] *n.* リサンドロス《?-395 B.C.; スパルタの海将で政治家; cf. Aegospotami》.

Ly·san·dra [laɪsǽndrə] 〖《fem.》← Gk *Lúsandros* 《原義》 liberator of men ← *lúein* to loose, release〗 *n.* 女性名.

ly·sate [láɪseɪt] 〖← LYS(IS)＋-ATE¹〗 *n.* 〘免疫・生化学〙 (細菌や細胞の)溶解物.

lyse [láɪs, láɪz] 〖《逆成》← LYSIS〗 〘免疫・生化学〙 *vt.* 溶解させる. ── *vi.* 溶解する.

-lyse ＝-lyze.

Ly·sen·ko [lɪséŋkou, lə-|lɪséŋkəu; *Russ.* lisjénkə], **Tro·fim De·ni·so·vich** [trafím djinjísəvjitʃ] *n.* ルイセンコ《1898-1976; ソ連の生物学者・農業学者; Lysenkoism の提唱者》.

Ly·sén·ko·ìsm [-kouìzm|-kəu-] *n.* 〘生物〙 ルイセンコ学説《T. D. Lysenko が提唱し, 一時期学界の国際的対立を惹起した新遺伝学説; 従来の Mendel や T. H. Morgan の唱える染色体上の遺伝子 (gene) により遺伝が決定されるという説に反対して, 環境の影響などにより体細胞に生じた変化が次代に遺伝するという説; 現在ではソ連でも支持されていない; cf. Mendelism, Lamarckism, Neo-Lamarckism》.

ly·sér·gic ácid [lɪsə́:dʒɪk-, lə-, laɪ-|lɪsə́:-, laɪ-] 〖← LYSO-＋ERG(OT)＋-IC¹〗 ── *n.* 〘化学〙 リゼルグ酸 ($C_{15}H_{15}N_2COOH$)《麦角アルカロイドの構成成分; これから合成したものが lysergic acid diethylamide》.

lysérgic ácid diéthylamide *n.* 〘薬学〙 リゼルグ酸ジエチルアミド ($C_{20}H_{25}N_3O$)《幻覚または精神分裂症状を起こす結晶体化合物; LSD, LSD 25, また《俗》で単に acid ともいう》.

lyses *n.* lysis の複数形.

-lyses -lysis の複数形.

ly·si- [láɪsɪ, -sə|-sɪ] liso- 1 の異形 (⇨ -i-).

Lys·i·as [lísiəs|-siæs] *n.* リシアス《450?-?380 B.C.; アテネの雄弁家》.

ly·sig·e·nous [laɪsídʒənəs|-dʒɪ-] 〖← LYSO-＋-GENOUS〗 *adj.* 〘植物〙 破生の《細胞の破壊・消失によって生じたすきまにいう; cf. schizogenous 2》. **～·ly** *adv.*

Ly·sim·a·chus [laɪsíməkəs] *n.* リシマコス《360?-281 B.C.; Alexander 大王部下の将軍で, その死後 Thrace の王 (306-281 B.C.)》.

ly·sim·e·ter [laɪsímət̬ə|-mɪtə(r, -mə-] 〖← LYSO-＋-METER¹〗 *n.* 浸漏計《土壌中の水溶性物質の量を測定する計器》. **ly·si·met·ric** [làɪsəmétrɪk|-sɪ-] *adj.*

ly·sin [láɪsn|-sɪn, -sn̩] 〖← LYSO-＋-IN¹〗 *n.* **1** 〘免疫・生化学〙 リシン, 溶解素《細胞や繊維素を溶解させるもの》. **2** 〘生化学〙 ＝lysine.

ly·sine [láɪsi:n] 〖⇨↑, -ine³〗 *n.* 〘生化学〙 リジン ($C_6H_{14}N_2O_2$)《アミノ酸の一種》.

Ly·sip·pus [laɪsípəs] *n.* リュシッポス《360?-?316 B.C.; ギリシャの彫刻家》.

ly·sis [láɪsɪs, -səs|-sɪs] 〖← NL ～ ← Gk *lúsis* dissolution ← *lúein* to loose〗 ── *n.* (*pl.* **ly·ses** [-si:z]) **1** 〘医学〙 (熱や疾患の)消散, 渙散(かん) (cf. crisis 3 a). **2** 〘免疫・生化学〙 (リシン (lysin) による) (細胞)溶解, リーシス.

-ly·sis [⌐-ləsɪs, -səs|-ləsɪs, -lɪ-] 〖↑〗 (*pl.* **-ly·ses** [-si:z]) 「分解 (decomposition), 溶解 (dissolution), 分離 (detachment), 破壊 (destruction)」の意の名詞連結形: bio*lysis*, cata*lysis*, electro*lysis*, neuro*lysis*.

ly·so- [láɪso(u)|-sə(u)] 〖← NL ～ ← Gk *lúsis*: ⇨ lysis〗 ── 次の意味を表わす連結形: **1** 「溶解 (dissolution)」. ★ 時に lysi-, また母音の前では通例 lys- になる. **2** 「リシン (lysin)」.

ly·so·cline [láɪsəklì:n, -klɪn, -klən|-sə(u)klì:n, -klɪn] 〖← LYSO-＋-CLINE〗 *n.* 化学物質が溶解する海の水層.

ly·so·gen [láɪsədʒɪn, -dʒən] 〖← LYSO-＋-GEN〗 *n.* 〘生物〙 溶原菌.

ly·so·gen·ic [làɪsədʒénɪk] 〖⇨↑, -ic¹〗 *adj.* 〘生物〙〈細菌など〉溶原性の. **ly·so·ge·nic·i·ty** [làɪsədʒənísət̬i|-dʒɪnísətɪ, -sɪ-] *n.*

ly·sog·e·nize [laɪsɑ́dʒənàɪz|-sɔ́dʒɪ-] *vt.* 〘生物〙 溶原化する. **ly·sog·e·ni·za·tion** [laɪsɑ̀dʒənɪzéɪʃən, -nə-|-sɔ̀dʒɪnaɪ-, -dʒə-, -nɪ-] *n.*

ly·sog·e·ny [laɪsɑ́dʒəni|-sɔ́dʒɪni] 〖← LYSO-＋-GENY〗 *n.* 溶原性《プロファージをもつ細菌である条件下で溶菌してファージ (phage) を出す性質》.

Ly·sol [láɪsɔ(:)l, -soul|-sɔl] 〖← LYSO-＋-OL²〗 *n.* 〘商標〙 リゾール《クレゾール石鹸液の商品名; 消毒薬》.

lỳso·lécithin 〖← LYSO-＋LECITHIN〗 *n.* 〘生化学〙 リゾレシチン《レシチン (lecithin) の加水分解物》.

lỳso·lécithinase 〖⇨↑, -ase〗 *n.* 〘生化学〙 リゾレシチナーゼ《燐脂肪の脂肪酸エステルを双方共に分解する酵素》.

ly·so·some [láɪsəsòum|-səum] 〖← LYSO-＋-SOME²〗 *n.* 〘生化学〙 リゾゾーム《細胞器官の一つ; 種々の加水分解酵素をもち, 消化をするところ》. **ly·so·som·al** [làɪsəsóuməl|-sə́u-] *adj.* **lỳ·so·só·mal·ly** *adv.*

ly·so·staph·in [làɪsəstǽfɪn, -fən|-fɪn] 〖← LYSO-＋STAPH(YLO-)＋-IN¹〗 *n.* 〘化学〙 リソスタフィン《ぶどう状球菌の細胞膜を分解する酵素》.

ly·so·zyme [láɪsəzàɪm] 〖← LYSO-＋-ZYME〗 *n.* 〘生化学〙 リゾチーム《卵白その他の粘液質や植物に含まれる酵素の一種で, 生きたバクテリアを溶かす》.

lys·sa [lísə] 〖← NL ～: ⇨ lytta〗 *n.* 〘病理〙 狂犬病, 恐水病 (rabies, hydrophobia).

lys·so·pho·bi·a [lìsəfóubiə|-sə(u)fə́ubjə, -bɪə] 〖← Gk *lússa* rage, rabies＋-O-＋-PHOBIA〗 *n.* 〘精神医学〙 狂犬病恐怖(症).

lys·tro·sau·rus [lìstrəsɔ́:rəs] 〖← *lystro-* (← ?)＋-SAURUS〗 ── *n.* 〘古生物〙 リストロサウラス《約2億年前にいた *Lystrosaurus* 属の小さな草食爬虫類の総称; アジアとアフリカのほか, 最近南極大陸でも化石が発見された》.

Lyte [láɪt], **Henry Francis** *n.* (1793-1847) 英国の牧師で賛美歌作詞者.

-lyte¹ [⌐-làɪt] 〖← Gk *lut-ós* that may be or is loosed: ⇨ -lysis〗 「分解物」の意の名詞連結形: electro*lyte*, hydro*lyte*.

-lyte² [⌐-làɪt] ＝-lite.

Ly·thra·ce·ae [laɪθréɪsiì:] 〖← NL ～ ← *Lythrum* (属名: ← Gk *lúthron* gore)＋-ACEAE〗 *n. pl.* 〘植物〙 (フトモモ目)ミソハギ科. **ly·thrá·ceous** [-ʃəs] *adj.*

lyt·ic [lítɪk|-tɪk] 〖《転用》↓〗 *adj.* (細胞)溶解 (lysis) の; リシン (lysin) の. **lý·ti·cal·ly** *adv.*

-lyt·ic [lítɪk|-tɪk] 〖□ Gk *-lutik-ós* loosing ← *lúein* to loose〗「分解する」の意の形容詞連結形: ana*lytic*, hydro*lytic*, para*lytic*.

lyt·ta [lít̬ə|-tə] 〖□ L ～ □ Gk *lútta*, *lússa* canine madness (この狂犬病の病原である一種の虫が犬の舌の下に生じると考えられていた)〗 ── *n.* (*pl.* **lyt·tae** [-ti:], ～**s**) 〘動物〙 (肉食獣の舌にある虫のような)筋線維[軟骨].

Lyt·tel·ton [lít̬ltən, -tn̩|-tl̩-], **George** *n.* (1709-73) 英国の政治家・文人; 称号 1st Baron Lyttelton; *Dialogues of the Dead* (1760).

Lyt·ton [lítn̩], **Edward George Earle Lytton Bulwer-** [búlwə|-wə-] *n.* (1803-73) 英国の小説家・劇作家・政治家; *The Last Days of Pompeii* (1834); 称号 1st Baron Lytton of Knebworth [nébwə(:)θ|-wə(:)θ].

Lytton, Edward Robert Bulwer *n.* (1831-91) 英国の詩人・外交官; 称号 1st Earl of Lytton; Baron Lytton の息子; 筆名 Owen Meredith.

Lytton, Victor Alexander George Robert *n.* (1876-1947) 英国の政治家; 1932 年国際連盟の満州事変調査団委員長; 称号 2nd Earl of Lytton.

lyx·ose [líksous, -souz|-səus] 〖《綴り変え》← XYLOSE〗 *n.* 〘化学〙 リキソース ($C_5H_{10}O_5$)《アルドペントースの一つ; 強い甘味がある》.

-lyze, 《英》**-lyse** [làɪz] 〖□ F *-lyser*: ⇨ -lysis〗 -lysis に終わる名詞に対応する動詞連結形: ana*lyze*, electro*lyze*, hydro*lyze*.

L.Z. 《略》〘軍事〙 landing zone 降着場, 着陸地帯.

M

M, m [ém] 〘OE *M, m* ⊏ L (Etruscan を経由) ⊏ Gk *M, μ* (mû) ⊏ Phoenician ᛘ : cf. Heb. מ (mēm)《原義》water〙 **—** *n.* (*pl.* **M's, Ms, m's, ms** [~z]) **1** 英語アルファベットの第13字. **2** (活字・スタンプなどの) M または m 字. **3** [M] M 字形(のもの). **4** 文字 m が表わす音《meet, dam などの [m]》. **5** (連続したものの)第13番目(のもの); (J を数に入れない時は)第12番目(のもの). **6** 〘← L *mille* thousand〙(ローマ数字の) 1,000 : MCMLXXVI=1976. **7** 〘印刷〙 **a** =em[1] 2. **b** =em pica.

m, m., M, M. 《略》male ; meter(s) ; month.

m 《記号》〘気象〙mist ; milli- (10^{-3}). 「day.

M 《略》〘天文〙Messier Catalogue; 〘歯科〙molar; Mon-

M 《記号》 **1** 〘化学〙gram molecule. **2** 〘物理〙Mach number. **3** 〘貨幣〙mark, ostmark ; markka(a), markka(s). **4** 〘数学〙mean ; mega- (10^6). **5** 〘化学〙metal. **6** 〘論理〙middle term (三段論法の)中名辞. **7** 〘電気〙mutual inductance.

m. 《略》maiden ; 〘クリケット〙maiden over ; mare ; mark(s) ; mass ; mate ; measure ; memorandom ; midday ; mile(s) ; *F.* mille (=thousand) ; million(s) ; minimum ; minor ; minute(s) ; missing ; mist ; mix ; mixture ; morning ; mort (=dead).

m., M. 《略》*L.* manipulus (=handful) ; manual ; married ; masculine ; medical ; medicine ; medium ; meridian ; *L.* meridies (=noon) ; middle ; mill(s) ; minim ; 〘処方〙*L.* misce (=mix) ; moderate ; modulus ; 〘化学〙molal ; 〘化学〙molality ; 〘物理・化学〙molar ; 〘化学〙molarity ; 〘化学〙mole ; moon ; mountain ; mouth.

M. 《略》*L.* magister (=master) ; magistrate ; magnetic direction ; *F.* main (=hand) ; main color ; Majesty ; Manitoba ; *It.* mano (=hand) ; Marquess ; Marquis ; Marshall ; martyr ; Master ; Mate ; medal ; *L.* medicinae (=of medicine) ; medieval ; Member ; Methodist ; metronome ; metropolitan ; 〘音楽〙*It.* mezzo, mezza (=half) ; militia ; mine-sweeper ; *L.* mitte (=send) ; Monsieur (=Mr.) ; *It.* Monte (=mount, Mt.) ; mother ; 《英》motorway.

'm [m] 《口語》 **1** =am. **2** =Ma'am : Yes'*m*. [əm] はい奥様 / No'*m*. [m] いいえ奥様. **3** [ɪm, əm | ɪm] =him : Show'*m* the way.

m- [èm, ém] 《略》〘化学〙meta-.

M'-, Mᶜ- [mək, mɪk, mæk ; [k, g] の前では mə, mɪ, mæ] *pref.* =Mac-.

M-1 [émwʌ́n] *n.* (*pl.* **M-1's**) 〘米軍事〙M-1 (型)ライフル(銃)《第二次大戦および朝鮮戦争で米軍が用いたガス利用, 半自動 0.30 口径の小銃 ; M-1 rifle, Garand rifle ともいう》.

M-16 *n.* (*pl.* **M-16's**) 〘米軍事〙M-16 (型)ライフル(銃)《1967 年以降米軍が用いたガス利用, 半自動 0.22 口径の小銃 ; M-16 rifle ともいう》.

ma [mɑ́:, mɔ́: | mɑ́:] 〘《1823》《短縮》← *mama* 'MAMMA[1]'〙 *n.* 〘口語・小児語〙かあちゃん (mamma) (cf. pa[1]).

ma, mA 《略》milliampere(s).

mÅ 《略》milliangstrom(s).

Ma 《略》〘地質〙million years《mega- の略 ; cf. my》: five *Ma* ago 500 万年前.

Ma 《記号》〘化学〙masurium.

MA 《略》〘米郵便〙Massachusetts (州).

MA, M.A. 《略》*L.* Magister Artium (=Master of Arts) (cf. A.M.) ; 〘心理・教育〙mental age ; Middle Ages ; Military Academy ; Mountain Artillery.

M.A.A. 《略》Master of Applied Arts.

ma'am 〘《1668》《中音消失》← MADAM〙 **—** *n.* **1** [mɑ́:m, mǽm]《英》奥方様《女王・王妃・王女に対する呼掛け》. **2** [mǽ(:)m, mɑ́:m ; məm, m̩]《口語》奥様, 奥さん (cf. sir) : Yes [No], ~ / Thank you, ~.

M.A. and A. 《略》Master of Aeronautics and Astronautics.

M.A.Arch. 《略》Master of Arts in Architecture.

Maar·ten [mɑ́ːətn̩ | mɑ́:-] 〘⊏ Du. ~ : ⇨ Martin〙 *n.* 男性名.

Maas [mɑ́:s ; *Du.* mɑ́:s] *n.* [the ~] マース(川)《Meuse 川のオランダ語名》.

Maas·tricht [mɑ́:strɪkt, ─ ⌐ ; *Du.* mɑ:strɪ́çt] *n.* マーストリヒト《オランダ南東部, Meuse 河畔の都市 ; ガラス・ビールの産地 ; 人口 111,000》.

Mab[1] [mǽ(:)b] 〘(dim.) ← AMABEL, MABEL〙 *n.* 女性名.

Mab[2] [mǽ(:)b] *n.* ⇨ Queen Mab.

M.A.B.E. 《略》Master of Agricultural Business and Economics.

Ma·bel [méɪbəl] 〘《頭音消失》← AMABEL〙 *n.* 女性名《愛称形 Mab ; 異形 Mabella, Mable ; アイルランド語形 Meave》. ★ ヴィクトリア朝時代に特に好まれた.

Mab·i·no·gi·on [mæ̀bənóugiən | -bɪnɔ́ugɪən, -gjən], **The** 〘⊏ Welsh ~ (pl.) ← *mabinogi* juvenile instruction, material taught to student bards〙 **—** *n.*「マビノーギオン」《ウェールズの中世騎士物語集 ; 1838–49 年に Lady Charlotte Guest が英訳》.

Ma·buse [mɑ:bjú:z ; *F.* maby:z], **Jan** *n.* マビューズ《1478?–?1533 ; フランス生れのフランドルの画家 ; 本名 Jan Gossaert または Jenni Gossart》.

mac [mǽk] *n.* **1** 《米口語》=mackinaw. **2** 《英口語》=mackintosh.

Mac [mǽk] 〘⇨ Mac-〙 *n.* **1** 男性名. **2** 《口語・戯言》スコットランド人, アイルランド人. **3** [知らない男に対して呼掛けに用いて]《米俗》ねえ, 君.

MAC 《略》〘米空軍〙Military Airlift Command 軍航空輸送本部《旧称 MATS》.

mac. 《略》macadam.

Mac. 《略》= Macc.

M.Ac. 《略》Master of Accounting.

M.A.C. 《略》Master of Arts in Communications.

Mac- [mək, mæk ; [k, g] の前では mə, mæ] 〘⊏ Ir. & Gael. ~ ← *mac* son : cog. Welsh *mab*〙 **—** *pref.* スコットランドまたはアイルランド系の人名(姓)の前に付いて son of の意を表わす《Mc-, Mᶜ- または M'-, Mᶜ- と略す ; cf. O', Fitz-, Ibn-》: *Mac*donald, *Mc*-Donald, *M'*Donald, *M'*Donald ; *Mac*kenzie, *Mc*-Kenzie, *M'*Kenzie, *M'*Kenzie.

ma·ca·bre [məkɑ́:br(ə), -bə, -kɑ́:b | məkɑ́:br(ə), mæ-, -bə(r ; *F.* makɑ:br, -kabr] 〘《c1430》⊏ F ~ ← OF (*danse*) *Macabré* (dance) of death《変形》← *Maccabé* ← ML *chorea Machabaeōrum* dance of the Maccabees (マカベ族の殺戮をテーマとした中世奇蹟劇の一場面にちなむ : ⇨ Maccabaeus) : cf. Heb. *mᵉqabbᵉrê* (dance of the) gravediggers // Arab. *mâqbaraʰ* graveyard〙 **—** *adj.* (*also* **ma·ca·ber** [~]) **1** 死に関する, 死をテーマとする ; 死を連想させる(ような). **2** ものすごい, 気味の悪い, 不気味な. **3**「死の舞踏 (danse macabre)」の(ような),「死の舞踏」を思わせるような.

ma·ca·co [məkɑ́:kou | -kəu] 〘《1693》⊏ Port. ~ 'monkey' ← Afr. (Congo) : cf. macaque〙 **—** *n.* (*pl.* **~s**) 〘動物〙 **1** キツネザル (lemur) ; (特に)クロキツネザル (*Lemur macaco*)《black lemur ともいう》. **2** 《廃》=macaque.

mac·ad·am [məkǽdəm] 〘《1824》← *John Loudon McAdam* (1756–1836 : スコットランドの技師)〙 **—** *n.* 〘土木〙 **1** =macadam road. **2** (マカダム道路用の)(細かい)砕石.

mac·a·da·mi·a [mæ̀kədéɪmiə, -dǽm- | -mɪə, -mjə] 〘← NL ← *John Macadam* (1827–65 : スコットランド生れのオーストラリアの化学者) : ⇨ -ia[2]〙 **—** *n.* 〘植物〙 **1** マカダミア《オーストラリア・ハワイ産のヤマモガシ科マカダミア属 (*Macadamia*) の常緑樹の総称》; (特に)クイーンズランドナッツノキ (*M. ternifolia*) (Queensland nut). **2** =macadamia nut.

macadámia nùt *n.* マカダミアナッツ《クイーンズランドナッツノキ (Queensland nut) の実 ; 食用》.

macadámia trèe *n.* 〘植物〙=macadamia 1.

mac·ad·am·i·za·tion [məkæ̀dəmɪzéɪʃən, -mə- | -maɪ-, -mɪ-] *n.* 〘土木〙マカダム工法, マカダム舗装.

mac·ad·am·ize [məkǽdəmàɪz] 〘《1826》← MACADAM+-IZE〙 *vt.* 〘土木〙〈道路を〉マカダム工法によって舗装[修理]する : a ~*d* road=a macadam road.

macádam ròad *n.* 〘土木〙マカダム道路《非常に細かい砕石を幾層にも敷き, コールタール・アスファルトなどで固めて路面としたもの》.

Ma·cao [məkáu] *n.* マカオ, 澳門 : **1** 中国南東岸のポルトガル領植民地, 珠江 (Chu-Kiang) 河口の澳門半島および近接する 2 小島から成る ; 人口 240,000, 面積 16 km² ; ポルトガル語名 Macáu [mɐkáu]. **2** 同植民地の首都・自由貿易港 ; 人口 160,000.

ma·caque [məkǽk, -kɑ́:k] 〘《1840》⊏ F ~ ⊏ Port. *macaco* : ⇨ macaco〙 **—** *n.* 〘動物〙アジア・アフリカ産のオナガザル科マカック属 (*Macaca*) のサルの総称《ニホンザル (*M. fuscata*), アカゲザル (*M. mulatta*), カニクイザル (crab-eating macaque) など》.

mac·a·ro·ni [mæ̀kəróuni | -rə́unɪ] 〘《1599》⊏ It.《古》*maccaroni* (=*maccheroni*) (pl.) ← *maccarone* (=*maccherone*) paste with cheese ⊏ ? LGk *makariā* barley broth,《原義》blessed (cake) ← Gk happiness, bliss ← *mákar* blessed, happy〙 **—** *n.* **1** マカロニ《イタリアの麵(めん)類の一種 ; 硬質小麦を主材料とする ; 形状はさまざま ; cf. pasta, spaghetti, vermicelli》. **2** (*pl.* **~s, ~es**) **a** (18 世紀の英国で)大陸帰りのしゃれ者. **b** だて男, しゃれ者.

mac·a·ron·ic [mæ̀kərɑ́nɪk | -rɔ́n-] 〘《1611》← NL *macarōnic-us* ← It.《方言》*macarone* dumpling, macaroni : ⇨ ↑, -ic[1]〙 **—** *adj.* **1** 雅俗混交体の《ラテン語と現代俗語またはそのラテン化したものとを混用した戯詩にいう》; 二言語混交体の. **2** 各種言語の混じった ; 2 言語の混じった. **3** 混同した, ごたまぜの. **—** *n.* [通例 *pl.*] **1** 混交語 ; (特に) 2 言語の混交した言語. **2** 雅俗混交体の滑稽詩 ; 二言語混交詩. **3** 寄せ集め, ごたまぜ. **màc·a·rón·i·cal·ly** *adv.*

macaróni chéese *n.* マカロニチーズ《マカロニにチーズ入りのソースをかけて焼いたもの》.

macaróni whéat *n.* =durum wheat.

mac·a·roon [mæ̀kərú:n] 〘《1611》⊏ F *macaron* ⊏ It.《方言》*macarone* : ⇨ macaroni〙 **—** *n.* マカロン《卵白・砂糖にすりつぶしたアーモンド (almond) またはココナッツの実などを入れて焼いたクッキーの類》.

Mac·Ar·thur [məkɑ́əθə | -kɑ́:θə(r], **Douglas** *n.* (1880–1964) 米国の陸軍元帥 ; 第二次大戦の連合国軍南西太平洋方面司令官, 日本占領連合国最高司令官 (1945–51), 在朝鮮国連軍最高司令官 (1950–51).

Ma·cart·ney [məkɑ́ətni | -kɑ́:tnɪ] 〘《1834》← Earl *Macartney* (1737–1806 : 英国の外交官)〙 *n.* **1** 〘鳥類〙=fireback 2. **2** 〘植物〙=Macartney rose.

Macártney róse *n.* 〘植物〙カカヤンバラ (*Rosa bracteata*)《中国原産の白色, 一輪咲きのバラ科のツルバラ ; 今は欧米の暖地でも栽培される》.

ma·cas·sar [məkǽsə | -sə(r] *n.* =macassar ebony.

Ma·cas·sar [məkǽsə | -sə(r] *n.* =Makassar.

macássar ébony *n.* 〘植物〙東インド産コクタンの類の植物 (*Diospyros macassar*)《材は高級家具用》.

macássar òil, M- o- 〘《1666》〙 *n.* **1** マカッサル油《もとは Makassar 産の原料から作ったという植物性髪油》. **2** マカッサル油に類似の髪油 (cf. antimacassar).

Ma·cau·lay [məkɔ́:li | -lɪ], Dame **Rose** *n.* (1881–1958) 英国の女流小説家・詩人; *Dangerous Ages* (1921), *The Towers of Trebizond* (1956).

Macaulay, Thomas Bab·ing·ton [bǽbɪŋtən] *n.* (1800–59) 英国の歴史家・評論家・政治家 ; インド最高会議法律顧問 (1834–38), のち Glasgow 大学総長 (1849) ; *Lays of Ancient Rome* (1842), *Essays, Critical and Historical* (1843), *The History of England* (1848–61) ; 称号 1st Baron Macaulay.

Ma·cau·lay·an [məkɔ́:liən | -lɪən, -ljən] *adj.* **1** マコーレー (T. B. Macaulay) の. **2** 〈文体が〉マコーレー風[調]の, 流暢な, 明晰(めいせき)な.

ma·caw [məkɔ́:] 〘《1668》⊏ Port. *macaú* ← ? *macaúba* a kind of palm ⊏ Tupi *macahuba, macahiba* ← *maca-* thorn+-*yba* tree〙 **—** *n.* **1** 〘鳥類〙マコー, コンゴウインコ (*Ara macao*)《熱帯アメリカ産の色が美しく尾の長いインコ》. **2** 〘植物〙=macaw palm.

macáw pàlm 〘⊏ Port. *macaúba* (↑)〙 **—** *n.* 〘植物〙熱帯アメリカ産オニトゲココヤシ属 (*Acrocomia*) のヤシの総称《実から香料を採る ; グルグルヤシ (*A. armentalis*) など ; 単に macaw ともいう》.

Mac·beth [məkbéθ, mæk-] 〘⊏ Gael. ~ 'son of life' : cf. Mac-〙 **—** *n.* **1** (?–1057) スコットランド王 (1040–57) (⇨ Duncan I). **2** **a**「マクベス」《Shakespeare 作四大悲劇の一つ (1606)》. **b** マクベス《*Macbeth* の主人公である将軍; 魔女の予言を信じ野心的なマクベス夫人 (Lady Macbeth) にそそのかされてスコットランド王 Duncan を殺して王位につくが, 王党軍の報復を受けて倒れる》.

Macc. 《略》Maccabees (聖書外典の)マッカビー書.

Mac·ca·bae·us [mæ̀kəbí:əs | -bí:əs, -bíəs], **Judas** 〘⊏ L *Maccabaeus* ⊏ Gk *Makkabaîos* Maccabees ← Heb. *maqqābh* hammer : cf. *maṣbî'* commander of army〙 **—** *n.* マッカバイオス, マカベウス《?–161 B.C. ; ユダヤの愛国者で独立運動の指導者》.

mac·ca·baw [mǽkəbɔ̀:] *n.* =maccaboy.

Mac·ca·be·an [mæ̀kəbí:ən | -bí:ən, -bíən] *adj.* **1** マカビー族(Maccabees)の. **2** マッカバイオス (Judas Maccabaeus) の.

Mac·ca·bees [mǽkəbi:z] 〘⊏ F *Macchabées* ⊏ LL *Machabaei* ← L *Machabaeus* : ⇨ Maccabaeus〙 **—** *n. pl.* **1** マッカビー, マカバイ《紀元前 2 世紀のユダヤの愛国者, ハスモン家の Judas Maccabaeus の一族, シリア王 Antiochus 四世の支配 (175–163 B.C.) からユダヤ教団の政治的・宗教的自立を勝ちとった》. **2** [the ~] 〘聖書〙マッカビー書 (The Books of the Maccabees)《第一・二の二書から成る, 外典 (Apocrypha) 最後の書で Maccabees 族の闘争を記録したもの ; カトリックでは「マカバイ記」, 東方正教会では「マッカウェイの書」という ; 略 Macc.》.

mac·ca·boy [mǽkəbɔ̀ɪ] 〘《1740》⊏ F *macouba* ← *Macouba* (西インド諸島 Martinique 島の原産地名)〙

— *n.* マクーバかぎたばこ《ばら精でかおりをつけた薄黒色のかぎたばこ》. 「=macaroni.

mac·ca·ro·ni [mæ̀kəróuni | -ráuni] *n.* (*pl.* ~s, ~es)

mac·chi·net·ta [mɑ̀ːkənéṭə | -kinétə ; *It.* màkkinétta] 〖□ It. ~ (*da caffè*) (coffee) machine (dim.) ← *macchina* 'MACHINE' □ L *māchina*〗 — *n.* マキネッタ《イタリア風のパーコレーター》.

mac·co·boy [mǽkəbɔ̀ɪ] *n.* =maccaboy.

Mac·Diar·mid [məkdə́ːmɪd, -məd | -dáːmɪd], **Hugh** *n.* (1892–1978) スコットランドの詩人・評論家; 本名 Christopher Murray Grieve ; *Collected Poems* (1962).

Mac·don·ald [məkdɑ́nḷd, -nəld | məkdɔ́n-, mæk-], **Flora** *n.* (1722–90) スコットランドの James 二世派の女性勤王家, 英雄的女性 Jacobite ; Young Pretender が 1745 年の反乱に敗れ, 政府軍に追われて逃げたときこれを助けたことからスコットランド人の敬愛の的となった.

Macdonald, George *n.* (1824–1905) スコットランドの小説家・詩人 ; *David Elginbrod* (1863).

Mac·Don·ald [məkdɑ́nḷd, -nəld | məkdɔ́n-, mæk-], **(James) Ramsay** *n.* (1866–1937) 英国の政治家; 首相 (1924, '29–31, '31–35); 初めて労働党内閣を組織.

Macdonald, Sir **John Alexander** *n.* (1815–91) スコットランド生れのカナダの政治家; 初代首相 (1867–73, '78–91).

Mac·Dow·ell [məkdáuəl | -dáuəl, -el], **Edward Alexander** *n.* (1861–1908) 米国の作曲家・ピアニスト.

mace[1] [méɪs] 〖《*c*1300》□ OF ~ (F *masse*) < VL *matteam* 《逆成》← L *mateola* digging tool, mallet〗 — *n.* **1** 〖歴史〗(先端に鉤(ｶｷﾞ)くぎのある) 一種のほこ《中世の武士がよろいを着た相手に対して用いた》. **2** (武器としての) 棍棒. **3** (市長・大学総長などの前に立てて職権のしるしとする) 権標. **4** [the M-] 《英》下院議長の職杖(ｼﾞｮｳ) 《王権の象徴で開会中は卓上に置く》. **5** =mace-bearer. **6** 〖玉突〗(cue の代りに用いた) 頭の平らな棒 ; bagatelle の玉突き棒.

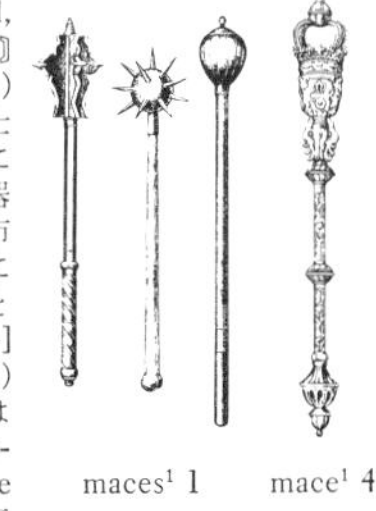
maces[1] 1 mace[1] 4

mace[2] [méɪs] 〖《*a*1377》ME *macis* □ (O)F *macis* □ LL (誤字による変形?) ← L *macir* red bark of an Indian root □ Gk *makír*〗 — *n.* メース《ニクズク (nutmeg) の仮種被を乾燥したもので香味料》.

Mace [méɪs] 〖商標名〗 — *n.* 《米》メース《催涙ガスを主成分とする刺激剤; しばしばめまい・吐き気を起こさせる; 暴徒鎮圧用; Chemical Mace ともいう》. — *vt.* [m-] メースで攻撃する; …にメースを放射する.

máce-bèarer *n.* **1** 権標 (mace) 奉持者《行列などのときに奉持して高官の露払いを勤める》. **2** (英国の) 下院守衛長 (sergeant-at-arms).

ma·cé·doine [mæ̀sədwɑ́ːn, -seɪ- | -sɪ-, -seɪ- ; *F.* masedwan] 〖《1820》□ F ~ □ L *Macedonia* ← *Macedonēs* the Macedonians □ Gk *Makedónes* Macedonian : ⇨ Macedonia : マケドニア住民がさまざまな人種の寄せ集めであることにちなむ〗 — *n.* **1** (*pl.* ~s [~z ; *F.* ~]) マセドワン《種々の果物または野菜を賽(ｻｲ)の目に刻んで混ぜ合わせたもの; サラダやデザートに用いる》. **2** 寄せ集め. 「Macedonia 1.

Mac·e·don [mǽsədɑ̀n, -dən | mǽsɪdən, -dṇ] *n.* =

Mac·e·do·nia [mæ̀sədóunjə, -niə | -sɪdə́unjə, -nɪə] 〖□ L *Macedonius* □ Gk *Makedónios* ← *Makedṓn* a Macedonian, 《原義》 highlander : cf. Gk *makednós* long, tall : ⇨ -ia[1]〗 — *n.* マケドニア: **1** ギリシャの北方地方でもと王国, Alexander 大王の時代に隆盛を極めた後, ローマ領 (167 B.C.); 現在は Balkan 半島中部ユーゴスラビア・ギリシャ・ブルガリアなどのそれぞれ一部を含む地域. **2** Yugoslavia 連邦を構成する六つの共和国の一つ; 人口 1,648,000, 面積 25,713 km², 首都 Skopje.

Mac·e·do·nian [mæ̀sədóuniən, -nɪən | -sɪdə́unjən, -nɪən] *adj.* Macedonia の; Macedonia 人の, マケドニア語の. — *n.* **1** マケドニア人. **2** 現代マケドニア人の話すスラブ語. **3** 古代マケドニア語《ギリシャ語に近い言語で固有名詞と少数の語彙によって知られる》.

Macedónian cáll [crý] *n.* 救助を求める叫び声《「マケドニアの民を救いたまえ」と聖パウロに幻の中で呼び掛けたという男の故事から ; cf. *Acts* 16 : 9》.

Ma·cei·ó [mæ̀seɪóu | -seɪáu ; *Braz.* masejɔ́] *n.* マセイオ《ブラジル中東部の港市; 砂糖・コーヒー・綿などの積み出し港; 人口 324,000》.

mac·er [méɪsə | -sə(r] 〖ME *maser*(*e*) □ OF *maissier* ← *masse* : ⇨ mace[1], -er[1]〗 — *n.* **1** =mace-bearer. **2** 《スコット》高等民事裁判所 (Court of Session) の公吏; 治安官.

mac·er·ate [mǽsərèɪt] 〖《1563》← L *mācerāt-us* (p.p.) ← *mācerāre* to make soft or tender : cf. Gk *magis* kneaded mass〗 — *vt.* **1 a** 水[湯]に浸して柔らかにする, ふやかす. **b** (溶剤で)〈食物を〉柔らかにする, 溶かす; つぶす, もみくだく. **2** (断食で)やせ衰えさせる; (心配などで)やつれさせる, 苦しめる : be ~*d* with cares 苦労でやせる. **3** 〖産科〗〈胎児を〉浸軟させる : a ~*d* child 浸軟児. **4** 〖薬学〗〈水や薬液など〉に冷浸する. — *vi.* **1** 浸されて柔らかになる, ふやける. **2** やせ衰える. **3** 〖産科〗浸軟する. **mac·er·a·tion** [mæ̀səréɪʃən] *n.*

mác·er·à·tor [-ṭə | -tə(r] *n.* (*also* **mac·er·at·er** [~]) macerate する人; (特に) パルプ製造機.

mac·far·lane [məkfɑ́ələn, -lən | -fɑ́ː-] 〖《特別用法》? ← *MacFarlane* (姓)〗 — *n.* (*also* **Mac·Far·lane**) マクファーレン《中に着ている服のポケットに手が入れられるよう脇にポケットのような開口があるケープ付オーバーコート》.

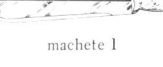

macfarlane

Mach [mɑ́ːk, mǽk | mɑ́ːk, mǽk, mɔ́k ; *G.* máx] 〖← *Ernst Mach* (1838–1916 : オーストリアの物理学者・哲学者)〗 — *n.* 〖物理・航空〗= Mach number.

mach. 《略》machine ; machinery ; machining ; machinist.

ma·chaan [mətʃɑ́ːn] *n.* 《インド》=machan.

Ma·cha·do [mɑːtʃɑ́ːdou | -dəu ; *Am. Sp.* matʃádo], **Ge·rar·do** [herárdo] *n.* マチャード (1871–1939 ; キューバの大統領 (1925–33) ; Gerardo Machado y Morales).

Ma·cha·do y Ru·iz [mɑːtʃɑ́ːdou-iː-ruːíːθ | -dəu- ; *Sp.* matʃádoiruíθ], **Antonio** *n.* マチャード イルイス (1875–1939 ; スペインの詩人).

Mach·ae·rid·i·a [mæ̀kərídiə | -dɪə] 〖← NL ~ ← L *machaera* dagger □ Gk *mákhaira* : ⇨ -idia〗 *n. pl.* 〖動物〗(棘皮動物門) 小刀綱.

ma·chan [mətʃɑ́ːn] 〖□ Hindi *macān* platform, scaffold ← Skt *mañca*〗 *n.* 《インド》(樹上などに設けた虎狩り用の) 展望[監視]台.

Mách àngle 〖⇨ Mach〗 *n.* 〖物理〗マッハ角《超音速流体中に物体を置くと衝撃波が生じ, このとき物体から十分遠方における衝撃波面と流速とのなす角》.

Ma·chaut [mæʃóu, mɑː- | -ʃə́u ; *F.* maʃo], **Guillaume de** *n.* マショー (1300 または 1305–1377 ; フランスの聖職者・詩人・音楽家).

Mách còne 〖⇨ Mach〗 *n.* 〖物理〗マッハ円錐《超音速流の一点に攪乱を与えると, その点を頂点とし流速を軸とする円錐面状に音波が伝搬する時の円錐》.

mache [mɑʃéɪ, mæ- | mɑ́ːʃeɪ, mǽʃ-] 〖《短縮・変形》← PAPIER-MÂCHÉ〗 *n.* =papier-mâché.

Mach·en [mǽkən | -kɪn], **Arthur** *n.* (1863–1947) 英国の小説家・随筆家; *The Hill of Dreams* (1907).

ma chère [mɑː-ʃéə | -ʃéə(r ; *F.* maʃɛːr] 〖□ F ~ (fem.) ← MON CHER〗 *F.* [女性に対する呼掛け] ねえ, あなた; ねえ, 君 (my dear).

ma·che·te [məʃéṭi, -tʃéṭi, -ʃet | mətʃéti, -tʃéɪ- ; *Sp.* matʃéte] 〖《1598》□ Am.-Sp. ~ (dim.) ← *macho* ax, club 《変形》← *maza* 'MACE[1]' : cf. L *mactāre* to slaughter〗 — *n.* (*pl.* ~s [~z ; *Sp.* ~s]) **1** (*also* **ma·chette** [məʃét]) (南米・西インド諸島で砂糖きびを刈ったり道を切り開くのに原住民の用いる) 長刃のなた, マチェーテ. **2** マチェーテ《ポルトガルの 4 弦の小型ギター ; ウクレレの前身》. **3** 〖魚類〗ターポン (tarpon) の類の魚 (*Elops affinis*). 「avellian.

machete 1

Mach·i·a·vel [mǽkiəvèl | -kɪə-, -kjə-] *n.* =Machi-

Mach·i·a·vel·i·an [mæ̀kiəvéliən, -ljən | -kɪəvélɪən, -kjə-, -ljən] *adj.*, *n.* =Machiavellian.

Ma·chia·vel·li [mæ̀kiəvéli | -kɪəvélɪ, -kjə- ; *It.* makjavɛ́lli], **Niccolò (di Ber·nar·do)** [di bernárdo] *n.* マキアベリ (1469–1527 ; イタリア Florence の外交家・政治家・政治学者 ; その著書 *Il Principe* (*The Prince*, 「君主論」) (1513) において, 国家の利益と統治者の権威維持は個人的道徳に拘束されないと説き, 近代政治論の一源流となった).

Mach·i·a·vel·li·an [mæ̀kiəvéliən, -ljən | -kɪəvélɪən, -kjə-, -ljən] *adj.* **1** (目的のためには手段を選ばない) マキアベリ主義[流]の, 権謀術数的な, 権謀術数を事とする. **2** ずるい, 抜け目のない. — *n.* マキアベリ主義者, 権謀術数家.

Màch·i·a·vél·li·an·ìsm [-nìzṃ] *n.* **1** マキアベリ主義《政治的目的のためには時に応じて非倫理的な手段を用いるのもやむを得ないという思想》. **2** 目的のためには手段を選ばないという思想, 権謀術数.

Màch·i·a·vél·lism [mæ̀kiəvélɪzṃ] *n.* =Machiavellianism.

Màch·i·a·vél·list [mæ̀kiəvélɪst, -ləst | -kɪəvélɪst, -kjə-] *n.* =Machiavellian.

ma·chic·o·late [mətʃíkəlèɪt, mæ- | mətʃíkə(u)-, mə-] 〖□ ML *machicolāt-us* (p.p.) ← *machicolāre* □ MF *machicouler* to provide with machicolations ← *mackecolis* ← *macher* to crush＋*col* neck (< L *collum*)〗 — *vt.* …にはね出し狭間 (machicolation) を付ける.

ma·chic·o·làt·ed [-ṭɪd, -ṭəd | -tɪd, -təd] *adj.* 〖築城〗はね出し狭間を設けた.

ma·chic·o·la·tion [mətʃìkəléɪʃən, mæ- | mæ-, mə-] 〖《1788》: ⇨ machicolate, -ation〗 — *n.* **1** 〖築城〗**a** はね出し狭間(ｻﾞﾏ), マチコレーション《中世の築城で入口通路などの頭上に突き出た部分で, この床(ﾕｶ)の穴から, 下に見える敵の頭上に矢を射, 石を投げつけ, あるいは溶かした鉛や熱湯などを浴びせかけた; ⇨ bartizan, battlement 挿絵》. **b** はね出し狭間のある突出部. **2** 《まれ》はね出し狭間の中から燃え火・木石・熱湯などを浴びせかけること.

ma·chi·cou·lis [mɑ̀ːʃəkuːlíː, mæ̀ʃ-, -kúːli | -ʃɪkuːlíː, -kúːlɪ ; *F.* maʃikuli, ma-] 〖□ F *mâchicoulis* : ⇨ machicolate〗 *n.* (*pl.* ~, ~·es) =machicolation 1.

Ma·chil·i·dae [məkílədìː | -lɪ-] 〖← NL ~ ← *Machilis* (属名) : ⇨ -idae〗 *n. pl.* 〖昆虫〗(総尾目) イシノミ科.

ma·chin [mətʃíːn] 〖□ Tagalog *matsing*〗 *n.* 〖動物〗フィリピンカニクイザル (*Macaca irus philippinensis*) 《フィリピン産の灰褐色の尾長猿; cf. cynomolgus》.

ma·chin·a·ble [məʃíːnəbḷ] *adj.* 〈材料が〉機械で切断 [かんなかけ, 穿(ｾﾝ)孔など] しうる, 工具で細工できる. **ma·chìn·a·bíl·i·ty** [-nəbíləṭi | -lɪtɪ, -lɪ-] *n.*

mach·i·nate [mǽkənèɪt, -ʃə- | -kɪ-, -ʃɪ-] 〖← L *māchināt-us* (p.p.) ← *māchinārī* to devise ← *māchina* 'MACHINE' : ⇨ -ate[3]〗 — *vi.* 策謀する. — *vt.* 〈陰謀などを〉めぐらす, 〈謀反などを〉たくらむ.

mach·i·na·tion [mæ̀kənéɪʃən, -ʃə- | -kɪ-, -ʃɪ-] 〖《*a*1475》□ (O)F ~ ‖ L *māchinātiō(n-)* machination, device, trick : ⇨ ↑, -ation〗 — *n.* **1** 陰謀をたくらむこと, 策謀. **2** [通例 *pl.*] たくらみ, 陰謀.

mách·i·nà·tor [-ṭə | -tə(r] 〖□ L *māchinātor* : ⇨ machinate, -or[2]〗 *n.* 陰謀家, 策士 (plotter).

ma·chine [məʃíːn] 〖《1549》□ (O)F ~ □ L *māchina* □ Gk *mākhinḗ* (Attic *mēkhanḗ*) means, machine ← *mākhos* contrivance ← IE **magh-*, **mᵉgh-* to be able : cf. may[1]〗 — *n.* **1 a** 機械 : ⇨ calculating machine, flying machine, printing machine, sewing machine. **b** 自動販売機 : a cigarette ~ たばこ販売機 / ⇨ slot machine. **2 a** 運動伝達機構, (複合) 機械《単一機械 (simple machines) の組合わせによるもの》. **b** 機械装置, 機械仕掛け. **3** 機械的に働く人 : He is a mere ~. 彼は機械に過ぎない. **4** (部員を持っていて一定の職能を遂行する) 機関, 機構, からくり : the ~ of government 政府機関 / the social ~ 社会機構. **5** (首領または少数の実力者を中心に政党などを操る) 派閥 (組織), 「機関」: a party [political] ~. **6 a** (古典劇で) 効果を増すために舞台の模様を変える仕掛け. **b** (文学作品の効果を増すために取り入れられる) 超自然力 [人物, 事件など] (cf. deus ex machina 1). **7** 乗物; 自転車, 自動車, 飛行機; 《古》船. **8** 《古》(弩(ﾄﾞ)砲などの) 兵器, 軍器. **9** 《俗》=penis.
— *attrib. adj.* **1** 機械の, 機械用の, 機械による : ~ parts 機械部品 / ~ products 機械製品 / ~ knitting 機械編み / ~ printing 機械捺染(ﾅｯｾﾝ) / ~ cotton (ミシン用) カタン糸. **2** 機械的な, 紋切り型の. **3** ボス連の : ~ politics 黒幕政治.
— *vt.* **1** 機械で造る [仕上げる], 機械 (特に, 製材機械・旋盤・裁縫ミシン・印刷機械など) にかける. **2** 機械化する. — *vi.* 機械で切断 [細工] できる : Iron ~*s* easily. 鉄は簡単に機械で切れる.

ma·chine·a·ble [məʃíːnəbḷ] *adj.* =machinable.

machíne áge *n.* [the ~] 機械 (文明) 時代《1914 年ごろから以後》.

machíne àrt *n.* 〖美術〗機械美術《機械・電子・磁気などによる装置を用いた美術的オブジェ; cf. machine sculpture, auto-destruction art》.

machíne bòlt *n.* 〖機械〗マシンボルト《頭部は正方形または六角形で軸の頭部に近い部分にはねじやま (threads) がないボルト ; ⇨ bolt[1] 挿絵》.

machíne fìnish *n.* 〖製紙〗マシン仕上げ《抄紙機に取り付けたカレンダー (calender) で艶(ﾂﾔ)つけする仕上げ法; 普通の印刷用紙は大部分この方法で行なわれる ; 略 M.F.》.

machíne-gùn *v.* (-gunned ; -gun·ning) — *vi.* 機関銃を打つ. — *vt.* 機関銃で撃つ[殺す].

machíne gùn *n.* 機関銃, 機銃.

machíne gùnner *n.* 機関銃射手. 「作業量》.

machíne-hóur *n.* 機械時《機械の 1 時間当たりの

machíne lànguage *n.* 〖電算機〗機械 (言) 語《情報処理のために電算機が用いるコード化言語で, 普通 10 進または 2 進表示の数字が用いられる; 翻訳なしに, そのままで電算機が処理できる形にした情報・命令・指示(など); cf. assembly language, compiler language, computer language, natural language》.

machíne·lìke *adj.* 機械のような, 機械じみた.

machíne-máde *adj.* **1** 機械製の (cf. hand-made 1). **2** 決まり切った, 紋切り型の : a ~ short story.

machíne·man [-mən, -mæ̀n] *n.* (*pl.* **-men** [-mən, -mèn]) 機械工 : **a** 《英》印刷工 (pressman). **b** 鑿(ｻｸ)岩機使用者.

machíne pístol *n.* **1** 自動式拳銃. **2** 短機関銃《軽量の空冷式自動または半自動の銃》.

machíne-rèadable *adj.* 〖電算機〗機械読取り可能な : Punched cards are a ~ medium. パンチカードは電算機がじかに読み取る (ことができる) 媒体である.

machíne rífle *n.* 自動小銃.

machíne-ròom *n.* 《英》印刷室 (《米》pressroom).

ma·chin·er·y [məʃíːn(ə)ri | -rɪ] 〖《1687》← MACHINE ＋-ERY : cf. F *machinerie*〗 — *n.* **1** [集合的] 機械類 (machines). **2** [集合的] (一つの機械の中で) 仕事をする部分, 運転部; 機械仕掛け, からくり, 仕掛け : the ~ of a watch 時計の仕掛け. **3** 機械使用; 機械製. **4** (各種の力の総合によって動く) 機構, 機関, 組織 : the ~ of government＝government ~ 政治機構 / the ~

of administration 行政機構 / the ~ of law 司法機関. **5** [集合的]《古典劇で筋の発展や結末に用いられた》超自然力 (cf. deus ex machina). **6** [集合的]《筋の展開のため文学作品に取り入れられる》人物や事件.

machíne scrèw *n.* 小ねじ.

machíne scùlpture *n.* 〘美術〙機械彫刻《機械・電子装置などを用いた自壊性の彫刻で, 展示は1回しかできない; cf. auto-destruction art, machine art》.

machíne-sèwed *adj.* ミシン縫いの, 機械縫いの (↔ handsewn).

machíne shòp *n.* 機械工場; 機械組立工場.

machíne tàp *n.* マシンタップ, 機械タップ.

machíne tìme *n.* 総作動時(間), 作動延(ﾉﾍﾞ)時間《電算機などが作動している時間の総計》.

machíne tòol *n.* 工作機械《切削・研削などにより機械の部品を作る動力機械; 旋盤・フライス盤など》.

machíne translàtion *n.* (電算機による)機械翻訳, 自動翻訳.

machíne wòrd *n.* 〘電算機〙機械語《電算機の記憶装置と演算または制御装置との間で交換される情報の単位; 通常一つの命令または数値が1語に当たる》.

machíne·wòrk *n.* 機械仕事, 機械仕上げ (cf. handwork).

ma·chín·ist [-nɪst, -nəst | -nɪst] 〘← MACHINE+-IST: cf. F *machiniste*〙 — *n.* **1** 機械工, (特に)工作機械工; 機械製作工, 機械修理工; 《英》ミシン工. **2** 機械運転者. **3** 《米》(政党の)幹部制支持者, 幹部員, 「黒幕」の一人. **4** 《古》(劇場の)機械係, 道具方. **5** 《米海軍》機関兵曹長《機関士官の補佐》.

machínist's mâte *n.* 〘米海軍〙機関兵曹.

ma·chis·mo [mɑːtʃíːzmou, -tʃíz- | -məu; *Sp.* matʃízmo] 〘□ Mex.-Sp. ~ ← Sp. *macho* male (□ L *masculus* 'MASCULINE')+-*ismo* '-ISM'〙 — *n.* 男性としての自信; 男性としての自己顕示欲.

Mách·mèter 〘⇨ Mach, -meter〙 *n.* 〘航空〙マッハ計《飛行機の速度をマッハ数で表示する計器》.

Mách nùmber 〘⇨ Mach〙 *n.* 〘物理・航空〙マッハ数《気体の中を飛ぶ物体の速度または気流の速度をその温度における音速で割った値; 単に Mach ともいう》.

ma·cho [máːtʃou | -tʃəu; *Sp.* mátʃo] 〘□ Sp. ~ □ Port. ~ □ L *masculus* 'MASCULINE'〙 — *n.* (*pl.* ~**s** [~z; *Sp.* ~s]) 男性的な[力強い]男. — *adj.* 男らしい (manly), たくましい (virile): a ~ football player.

ma·chree [məkríː, məx-] 〘□ Ir. *mo chroidhe* ← *mo* my+*chroidhe* heart (< OIr. *cride*)〙 — *n.* [親愛の情をこめた呼掛け]《アイル》いとしい人: Mother ~ 親愛なるお母さん.

macht·po·li·tik [máːktpoulitìːk, máːxt- | -pəu-; *G.* máxtpoːlitiːk] 〘□ G *Machtpolitik* ← *Macht* power (< OHG *maht*)+*Politik* (□ F *politique*): ⇨ might², politics〙 — *G. n.* 武力[権力]政治; (特に)国家目的達成のため, 権力, 特に武力行使を主張する政治理論 (cf. realpolitik).

Ma·chu Pic·chu [máːtʃuː-píːktʃuː; *Sp.* mátʃupíktʃu] *n.* マチュピクチュ《ペルー中央部, アンデス山脈の海抜 2,100 m のところにある古代インカの城塞都市跡》.

Mách wàve 〘⇨ Mach〙 *n.* 〘物理〙マッハ波《マッハ円錐状に伝搬する音波》.

-machy [-məki | -kɪ] 〘□ Gk -*makhia* ← -*makhos* a fighting ← *mákhē* battle〙 —「戦い; …間の[による]戦い」の意の名詞連結形: logo*machy*, Giganto*machy*, Titano*machy*.

mach·zor [mɑːxzóə, máːxzə | mɑːxzɔ́ː(r), máːxzə(r)] *n.* (*pl.* **mach·zo·rim** [mɑ̀ːxzɔːríːm], ~**s**) =mahzor.

mac·in·tosh [mǽkɪntɑ̀ʃ, -kən- | -kɪntɔ̀ʃ] *n.* =mackintosh.

「*n.* Fernando Po の現在名.

Ma·cí·as Ngue·ma [məsíːəs-əŋgwéɪmə, -ŋgwéɪ-]

mack¹ [mǽk] *n.* 《口語》=mac.

mack² [mǽk] 〘← ? F *maquereau* ← OF *makerel*: ⇨ mackerel〙 *n.* 《俗》ぽん引き (pimp).

Mack [mǽk] 〘⇨ Mac-〙 *n.* 男性名.

Mac·ken·zie [məkénzi | -zɪ] 〘← *Sir Alexander Mackenzie* (発見者の名)〙 — *n.* **1** [the ~] カナダ北西部の川; Great Slave 湖に源を発し北西に流れ北氷洋に注ぐ; 長さ 1,820 km (支流を合わせて 4,400 km). **2** 同川の流れる Northwest Territories の南西部の地区; 面積 1,366,199 km².

Mac·ken·zie [məkénzi | -zɪ], Sir **Alexander** *n.* (1755?–1820) スコットランド人のカナダ・北米探検家.

Mackenzie, Sir **Compton** *n.* (1883–1972) 英国の小説家; *Sinister Street* (1913–14).

Mackenzie, Henry *n.* (1745–1831) スコットランドの小説家; *The Man of Feeling* (1771).

「学者.

Mackenzie, John Stuart *n.* (1860–1935) 英国の哲

Mackenzie, William Lyon *n.* (1795–1861) スコットランド生れのカナダの政治家; 1837 年反乱を起こして失敗し投獄されたが, 英本国がカナダ植民地行政を改めるきっかけを作った.

mack·er·el [mǽk(ə)rəl | -krəl] 〘(*c*1300) *makerel* □ AN=OF *maquerel* (F *maquereau*) ← ?: 一説によれば《廃》*mackerel* pimp, pander (□ OF *makerel* □ MDu. *makelaer* (Du. *makelaar*) broker ← *makelen* to act as a broker ← *maken* 'to MAKE 1') の転用〙 — *n.* (*pl.* ~, ~**s**) **1** 〘魚類〙 **a** タイセイヨウサバ (*Scomber scombrus*)《北米大西洋産のサバの一種; cf. Japanese mackerel》. **b** =Spanish mackerel¹. **2** 〘魚類〙[限定詞を伴って] タイセイヨウサバに類似のサバ科の魚類の総称《キタノホッケ (Atka mackerel), クロタチカマス (snake mackerel) など》. **3** 《廃》(売春婦の)客引き, ぽん引き.

「によいやや強い風》.

máckerel brèeze [**gàle**] *n.* さば風《さば釣り漁

máckerel gùll *n.* 《米》〘鳥類〙アジサシ (tern).

máckerel shàrk *n.* 〘魚類〙ネズミザメ科のサメの総称; (特に) =porbeagle.

máckerel ský *n.* さば空《巻積雲または高積雲の列がさばの背を思わせるような, いわゆる「さば雲」が一面に広がった空模様》.

Mack·i·nac [mǽkənæ̀k, -nɔ̀ː | -kɪ-] 〘□ Canad.-F ~ □ N-Am.-Ind. (Ojibwa) *Michilimakinak* 《原義》big-turtle-at ← *makina* turtle〙 — *n.* 米国 Michigan 州 Mackinac 海水路の入口にある Huron 湖の島 (長さ 4.8 km), 同州の州立公園で夏季遊覧地.

Mack·i·nac [mǽkənɔ̀ː | -kɪ-], **the Straits of** *n.* マッキノー水路[海峡]《米国の Michigan, Huron 両湖の連結部 (最狭部 6 km)》.

mack·i·naw [mǽkənɔ̀ː | -kɪ-] 〘← MACKINAC〙 *n.* 《米》 **1** =Mackinaw blanket. **2** =Mackinaw boat. **3** =Mackinaw coat.

Máckinaw blànket *n.* マッキノーブランケット《もと米国北西部でインディアンや伐材労働者などが多く用いた, 色格子縞の厚手の毛布》. — *adj.* (マッキノーブランケットのような)厚手の毛布でできた.

Máckinaw bòat *n.* マッキノーボート《もと北米五大湖地方で使われた平底の小舟》.

Máckinaw còat *n.* ブランケットコート《けば立てた厚手格子柄ウール製のショートコート; 普通ダブルでベルトつき》.

Máckinaw tròut *n.* 〘魚類〙=lake trout 1.

mack·in·tosh [mǽkɪntɑ̀ʃ, -kən- | -kɪntɔ̀ʃ] 〘(1836) *macintosh* ← *Charles Macintosh* (1766–1843: その考案者であるスコットランドの化学者)〙 — *n.* **1** ゴム引き防水布. **2** 《英》防水外套, レーンコート.

mack·le [mǽkl̩] 〘□ F *macule* □ L *macula* 'spot, MACULA': MACLE と二重語〙〘印刷〙 — *n.* ブレ (blur)《刷り損なって, 文字などが二重になる》. — *vt.* ブレさせる; よごす. — *vi.* よごれる.

「名.

Mac·lar·en [məklǽrən], **Ian** *n.* John WATSON の筆

Mac·láu·rin sèries [məklɔ́ːrɪn-, -rən- | -rɪn-] 〘← *Colin Maclaurin* (1698–1746: スコットランドの数学者)〙 — *n.* 〘数学〙マクローリン級数《0を中心としたテーラー展開; Maclaurin's series ともいう》.

ma·cle [mǽkl̩] 〘(1727–41) □ F ~ □ L *macula* 'spot, MACULA'〙 — *n.* 〘鉱物〙 **1** (ダイヤモンドの)双晶. **2** (鉱物の)斑点. **3** 空晶石《紅柱石の一種; 規則正しく配列された炭質不純物のために十字・市松またはモザイク模様のあるもの; chiastolite ともいう》.

má·cled *adj.* **1** 〘鉱物〙空晶石のような斑紋のある; 〈結晶が〉双晶している; 斑点のある. **2** 〈鎧が〉菱形(ﾋｼｶﾞﾀ)札(ｻﾈ)作りの.

Mac·Leish [məklíːʃ], **Archibald** *n.* (1892–) 米国の詩人・詩劇作家; *Conquistador* (1932), *J.B.* (1958).

Mac·leod [məkláud], **Fi·o·na** [fióunə | fiə́u-] *n.* William SHARP の筆名《男性作家としては W. Sharp の名を用い, 女流作家としては Fiona Macleod の名を用いて書き, この二人が同一人物であることは死ぬまでわからなかった》.

Macleod, John James Richard *n.* (1876–1935) スコットランド生れのカナダの生理学者; インシュリン発見者の一人; Nobel 医学生理学賞 (1923).

Mac-Ma·hon [mɑ̀ːkmɑːɔ́ː(ŋ), -ɔ́(ː)ŋ, məkmǽn, -máːn | məkmáː(ə)n; *F.* makmaɔ̃], Comte **Marie Ed·mé Pa·trice** [ɛdme patris] **Maurice de** *n.* マクマオン《(1808–93; フランスの元帥・政治家, 大統領 (1873–79); Duke of Magenta》.

Mac·mil·lan [məkmílən | mək-, mæk-], **Daniel** *n.* (1813–57) スコットランドの書籍商・出版業者; Macmillan 商会の創立者.

Mac·Mil·lan [məkmílən | mək-, mæk-], **Donald Baxter** *n.* (1874–1970) 米国の北極探検家.

Mac·mil·lan [məkmílən | mək-, mæk-], **(Maurice) Harold** *n.* (1894–) 英国の政治家, 首相 (1957–63).

mac·náb [**Mac·Náb**] **cýpress** [məknǽb-] 〘← *James MacNab* (1810–1878: スコットランドの園芸家)〙 — *n.* 〘植物〙マクナブイトスギ (*Cupressus macnabiana*)《北米西岸に産するヒノキ科の常緑小高木; macnab's cypress, white cedar ともいう》.

Mac·Neice [məkníːs], **Louis** *n.* (1907–63) アイルランド生れの英国の詩人・批評家; *Autumn Journal* (1939).

Ma·con [méɪkən] 〘← *Nathaniel Macon* (1758–1837: 独立戦争当時の愛国者・政治家)〙 *n.* 米国 Georgia 州中部の都市; 人口 122,000.

Mâ·con [mɑːkɔ̃ː(ŋ), -kɔ́(ː)ŋ | máːkɔ̃ː(ŋ), mǽk-, -kɔ(ː)ŋ, -kən, -kən; *F.* mɑkɔ̃] 〘← F *Mâcon* (フランスの産地名)〙 — *n.* マコン(ワイン)《フランス Saône-et-Loire 県産の赤・白のブルゴーニュワイン》.

ma·cou·ba [məkúːbə] *n.* =maccaboy.

Mac·pher·son [məkfə́ːsn̩ | məkfɜ́ː-, mæk-], **James** *n.* (1736–96) スコットランドの文筆家; *Ossian* の翻訳者 (1760–63).

Mac·quar·ie [məkwɑ́ri, -kwɔ́(ː)ri | -wɔ́rɪ] *n.* [the ~] オーストラリア New South Wales 州の川; 北西方に流れ Darling 川に合する (949 km).

macr- [mækr] (母音の前にくる時の) macro- の異形.

mac·ra·can·tho·rhyn·chi·a·sis [mæ̀krəkæ̀nθəːrɪŋkáɪəsɪs, -səs | -θə(u)rɪŋkáɪəsɪs] 〘← NL ~ ← MACRO-+Gk *ákantha* thorn+*rhúgkhos* snout+-IASIS〙 — *n.* 〘獣医〙鉤(ｺｳ)頭虫症《肉食獣および豚の消化管に寄生する鉤頭虫による病気》.

mac·ra·me [mǽkrəmèɪ, ─ ─ ─, məkráːmi | məkráː-mɪ, mækrəméɪ, ─ ─ ─] 〘(1869) □ F *macramé* □ It. *macramè* □ Turk. *makrama* handkerchief □ Arab. *miqramaʰ* embroidered veil〙 — *n.* マクラメ《糸や紐を結びながらつくるレース・ふさ飾り; 家具装飾やスカーフ・ショール用》.

「用》.

macramé knòt *n.* マクラメ結び《マクラメレース

Mac·rea·dy [məkríːdi | -dɪ], **William Charles** *n.* (1793–1873) 英国の悲劇俳優.

mac·ro [mǽkrou | -rəu] 〘↓〙 *n.* (*pl.* ~**s**) 〘電算機〙=macroinstruction. — *adj.* **1** 大型の; 大量の, 大がかりな. **2** 肉眼で見える.

mac·ro- [mǽkro(u), -rə | -rə(u)] 〘□ Gk *makro-* ← *makrós* long, large ← IE **māk-* long, thin (L *macer* lean, thin)〙 —「長い, 大きい, 異常な」の意の連結形 (↔ micro-). ★ 母音の前では通例 macr- になる.

màcro·ággregate 〘⇨ ↑, aggregate〙 *n.* 〘生化学〙(血清アルブミンなどの)比較的大型の粒子. **màcro-ággregated** *adj.*

màcro·análysis 〘⇨ macro-, analysis〙 *n.* 〘化学〙常量分析, 常量法《常量成分の試料で行なわれる分析法で, およそ 100 mg 以上程度の試料 (1 g 位まで)を扱う; ↔ microanalysis》.

ma·cro·bi·an [mækróubiən | -krə́ubɪən, -bjən] 〘⇨ ↓, -an¹〙 *adj.* 長命の. — *n.* 長命者, 長寿者.

màcro·biósis 〘← NL ~ ← Gk *makrobiōsis*: ⇨ macro-, bio-, -osis〙 *n.* 長命, 長寿.

màcro·biótic 〘← Gk *macrobiotos* long-lived: ⇨ ↑, -ic¹〙 — *adj.* **1** 〈種子など〉長期保存の. **2** (禅式)正食法の[に関する]: ~ food. — *n.* (禅式)正食法実践者[信奉者]. **màcro·biótical·ly** *adv.*

màcro·biótics [-tɪks | -tɪks] *n.* (禅式)正食[食養]法《「陰」の食品(玄米・野菜など)を中心に「陽」の食品(魚貝類・卵など)を組合わせた禅式食餌による長寿法》.

macrocephali *n.* macrocephalus の複数.

mac·ro·ce·phal·ic [mæ̀kro(u)sɪfǽlɪk, -sə- | -rə(u)-ke-, -kɪ-, -se-, -sɪ-] 〘⇨ macro-, -cephalic〙 *adj.* =macrocephalous.

mac·ro·ceph·a·lous [mæ̀kro(u)séfələs, | -rə(u)kéf-, -séf-] 〘⇨ macro-, -cephalous: ↓〙 *adj.* **1** 〘人類学〙大頭の, 長頭の. **2** 〘病理〙長い頭蓋を有する.

mac·ro·ceph·a·lus [mæ̀kro(u)séfələs | -rə(u)kéf-, -séf-] 〘← NL ~ ← Gk *makroképhalos* having a long head: ⇨ macro-, -cephalous〙 — *n.* (*pl.* **-a·li** [-làɪ]) **1** 大頭の人. **2** 大頭.

mac·ro·ceph·a·ly [mæ̀kro(u)séfəli | -rə(u)kéfəlɪ, -séf-] 〘← NL *macrocephalia* ← Gk *makroképhalos*: ⇨ ↑, -y¹〙 — *n.* **1** 〘人類学〙大頭 (↔ microcephaly). **2** 〘病理〙大頭(蓋)症.

mac·ro·chae·ta [mæ̀kro(u)kíːtə | -rə(u)kíːtə] 〘← NL ~: ⇨ macro-, -chaeta〙 — *n.* (*pl.* **-chae·tae** [-tiː | -tɪː]) 〘昆虫〙長刺毛, 長剛毛《双翅目の昆虫の体上に生じている長い刺毛; cf. microchaeta》.

Mac·ro·chi·res [mæ̀krəkáɪriːz | -rə(u)káɪ(ə)r-] 〘← NL ~ ← Gk *makrókheir* long-armed: ⇨ macro-, chiro-〙 *n. pl.* 〘鳥類〙アマツバメ目.

mácro·clìmate *n.* 〘気象〙大気候《国・大陸など広大な地域の気候, またそれを論じる気候学の部門; ↔ microclimate》. **màcro·climátic** *adj.*

màcro·climatólogy *n.* 広域気候学《広大な地域, 時には地球全域の気候学; cf. microclimatology》.

mac·ro·cosm [mǽkrəkɑ̀zm | -krə(u)kɔ̀zm] 〘(*c*1420) □ F *macrocosme* □ ML *macrocosmus*: ⇨ macro-, cosmos〙 — *n.* **1** 大宇宙 (↔ microcosm); 大宇宙像; 全体像. **2** 拡大モデル[模型]: Society is a ~ of the family. 社会は家庭の拡大模型である. **mac·ro·cos·mic** [mæ̀krəkɑ́zmɪk | -rə(u)kɔ́z-] *adj.* **màc·ro·cós·mi·cal·ly** *adv.*

màcro·cýclic *adj.* **1** 〘化学〙大環式の《通例 15 個以上の原子から成る大型の環式 (ring structure) を含む》. **2** 〘生物〙〈さび菌類が〉冬胞子や小生子と共に 1 個以上の 2 核の胞子をもつ.

mac·ro·cyst [mǽkro(u)sɪst, -rə- | -rə(u)-] 〘← MACRO-+CYST〙 — *n.* 〘生物〙 **1** 大胞嚢(ﾉｳ)《特に, 菌類の生殖細胞》. **2** マクロシスト《変形菌類が不良な環境になった時につくる被膜した多核の原形質塊》.

mac·ro·cyte [mǽkrəsàɪt, -ro(u)- | -rə(u)-] 〘← MACRO-+-CYTE〙 *n.* 〘病理〙大赤血球. **mac·ro·cyt·ic** [mæ̀krəsítɪk, -ro(u)- | -rə(u)sít-] *adj.*

mac·ro·cy·to·sis [mæ̀kro(u)saɪtóusɪs, -sɪtóu-, -sə-, -səs | -rə(u)saɪtə́usɪs, -sɪtə́u-] 〘← NL ~: ⇨ macrocyte, -osis〙 *n.* (*pl.* **-to·ses** [-siːz]) 〘病理〙大赤血球症.

mac·ro·dome [mǽkrədòum | -rə(u)dəum] 〘⇨ macro-, dome〙 *n.* 〘結晶〙長軸庇面(ﾋｻｼﾒﾝ)《長い方の横軸に平行な庇面; cf. brachydome》.

mac·ro·dont [mǽkrədɑ̀nt | -rə(u)dɔ̀nt] 〘← MACRO-+-ODONT〙 *adj.* 〘病理〙大きい歯牙を有する, 歯の異常に大きな.

mac·ro·don·ti·a [mæ̀krədɑ́nʃiə, -ʃə | -rə(u)dɔ́nʃɪə, -ʃə] 〘← NL ~: ⇨ ↑, -ia¹〙 *n.* 〘病理〙巨歯, 巨大歯型, 巨大歯症.

mác·ro·dòn·tism [-tɪzm̩] *n.* 〘病理〙=macrodontia.

màcro·económics *n.* 巨視的経済学, マクロ経済学《一国全体の収支関係など経済の総合的局面を扱う; ↔ microeconomics》. **màcro·económic** *adj.*

màcro·élement *n.* 〖植物〗=macronutrient.
mácro·ètch *vt.* 〖彫刻〗〈金属版を〉深彫りする, 深く食刻する.
mácro·evolútion 〖← MACRO-+EVOLUTION〗 — *n.* 〖生物〗大進化《進化過程において科・目のような大きな群の特徴が生じること; megaevolution ともいう; cf. microevolution, saltatory evolution》. **mácro·evolútion·ary** *adj.*
mácro·fluídics *n.* 〖物理〗巨流体力学.
mácro·fòssil *n.* 〖古生物〗巨大化石《肉眼で観察しうるようなもの; cf. microfossil》.
mácro·fóuling *adj.* 〖海事〗(船底に)大被害を与える《フジツボ・貝類・ヒドロ・藻類・ホヤ・コケムシなどについていう》.
màcro·gametángium 〖← MACRO-+GAMETANGIUM〗 *n.* 〖生物〗大配偶子嚢(のう). 「macrogamete).
màcro·gaméte *n.* 〖生物〗大配偶子, 雌性配偶子 (cf.
màcro·glóbulin *n.* 〖生化学〗マクログロブリン《分子量が約 40 万以上のグロブリン分子, また免疫グロブリン IgM 分子をさす》.
mac·ro·glob·u·li·ne·mi·a [mækrəglɑ̀bjulɪníːmiə, -lə- | -rə(ʊ)glɔ̀bjulɪníːmɪə, -mjə] 〖⇨ ↑, -emia〗 — *n.* 〖病理〗マクログロブリン. **màc·ro·glòb·u·lin·é·mic** [-níːmɪk] *adj.*
màcro·glóssia *n.* 〖歯科〗大舌症.
mac·ro·gnath·i·a [mækrə(ʊ)næθiə | -rə(ʊ)næθɪə] 〖← MACRO-+Gk *gnáthos* jaw+-IA[1]〗 *n.* 〖歯科〗大顎症.
màcro·gnáthism *n.* 〖歯科〗=macrognathia.
mac·ro·graph [mǽkrəgræ̀f | -rə(ʊ)grɑ̀ːf, -græ̀f] 〖⇨ macro-, -graph〗 *n.* 肉眼図《実物大またはそれを多少拡大した写真その他の画像; ↔ micrograph》.
mac·rog·ra·phy [mækrɑ́grəfi | -krɔ́grəfɪ] 〖⇨ macro-, -graphy〗 *n.* **1** 肉眼検査 (cf. micrography). **2** 〖病理〗巨書症, 異常大書症.
màcro·instrúction *n.* 〖電算機〗マクロ命令《1回の命令で通常の機械語で複数命令になる動作を行なわせるような命令》.
màcro·lécithal 〖← MACRO-+*lecithal* (← Gk *lékithos*+-AL[1])〗 *adj.* 〖生物〗=megalecithal.
Mac·ro·lep·i·dop·ter·a [mækro(ʊ)lèpədɑ́ptərə | -rə(ʊ)lèpɪdɔ́p-] 〖← NL ~ ← MACRO-+*Lepidoptera* (⇨ lepido-, -ptera)〗 — *n. pl.* 〖昆虫〗大型鱗翅(りんし)類《蝶蛾類の観念的分類法で, 通常メイガ上科以下の小型の蛾類を除く全鱗翅類を指す; cf. Microlepidoptera》.
mac·ro·lide [mǽkrəlàɪd] 〖← MACRO(CYCLIC)+L(ACLONE)+-IDE[2]〗 — *n.* 〖生化学・薬学〗マクロライド《放射菌の一種ストレプトマイセス (streptomyces) から造られる抗生物質》.
màcro·linguístics *n.* 〖言語〗マクロ言語学, 大言語学《言語研究の総称; prelinguistics, microlinguistics, metalinguistics を含む》.
mac·ro·lith [mǽkrəlɪθ] 〖← MACRO-+-LITH〗 *n.* 〖考古〗石棒《30-40 cm の棒状石器》.
mac·ro·mere [mǽkrəmɪə, -ro(ʊ)- | -rə(ʊ)mɪə(r)] 〖← MACRO-+-MERE〗 — *n.* 〖生物〗大割(かつ)球《受精卵が不等卵割(らんかつ)をした場合の大型の割球をいう; cf. mesomere, micromere》.
màcro·meteorólogy 〖← MACRO-+METEOROLOGY〗 *n.* 巨視的気象学《高層気象学・大気大循環などのような大規模の気象学; cf. micrometeorology》.
màcro·mólecule 〖← MACRO-+MOLECULE〗 *n.* 〖化学〗高分子《ゴム・蛋白質など, 分子量のきわめて大きい分子》. **màcro·molécular** *adj.*
ma·cron [méɪkrɑn, mǽk-, -krən | mǽkrɔn] 〖(1851) ▭ Gk *makrón* (neut.) ← *makrós* long〗 — *n.* 〖音声〗長音記号 (¯)《英語では ā, ē, ī, ō, ū のように母音字の上においてそれぞれ長母音ないし二重母音の [eɪ], [iː], [aɪ], [oʊ | əʊ], [juː] を示す; cf. breve 2, long *adj.* 11, diacritical mark》. 「ある.
màcro·núcleate 〖⇨ ↓, -ate[2]〗 *adj.* 〖動物〗大核の
màcro·núcleus 〖← NL ~: ⇨ macro-, nucleus〗 *n.* 〖動物〗大核《繊毛虫類の大型の核で栄養核; cf. micronucleus》.
màcro·nútrient 〖← MACRO-+NUTRIENT〗 〖植物〗 — *n.* 多量元素《植物の生長などに欠くことのできない元素; macroelement, major element ともいう; cf. micronutrient 2》. — *adj.* 多量元素の.
màcro·órganism 〖← MACRO-+ORGANISM〗 *n.* 〖生物〗(肉眼で見分けられる程度の)生物 (cf. microorganism).
mac·ro·phage [mǽkrəfèɪdʒ, -fɑːʒ] 〖← MACRO-+-PHAGE〗 — *n.* 〖解剖〗大(型)食細胞, 大食球, マクロファージ; (特に) =histiocyte. **mac·ro·phag·ic** [mækrəfǽdʒɪk] *adj.* 「つ.
màcro·phállic 〖⇨ phallic〗 *adj.* 巨根の, 巨根を持
màcro·phótograph *n.* =photomacrograph.
mac·ro·phyl·lous [mækro(ʊ)fɪ́ləs | -rə(ʊ)-] 〖← MACRO-+-PHYLLOUS〗 *adj.* 〖植物〗大葉の《多数の葉脈をもった葉にいう; cf. microphyllous 2》.
màcro·phýsics 〖← MACRO-+PHYSICS〗 *n.* (物質の原子的構造を考えない)巨視的物理学 (cf. microphysics).
mac·ro·phyte [mǽkrəfàɪt | -rə(ʊ)-] 〖← MACRO-+-PHYTE〗 — *n.* 〖植物〗(肉眼で見える大きさの)植物, (特に)水生植物. **mac·ro·phyt·ic** [mækrəfɪ́tɪk, -ro(ʊ)- | -tɪk] *adj.*
ma·crop·o·did [məkrɑ́pədɪd, -dəd | -rɔ́pədɪd] 〖↓〗 *adj., n.* 〖動物〗カンガルー科の(動物).
Mac·ro·pod·i·dae [mækrəpɑ́dədìː | -rə(ʊ)pɔ́dɪ-] 〖← NL ~ ← *Macropod-*, *Macropus* (属名: ⇨ macro-, -pod)+-IDAE〗 *n. pl.* 〖動物〗カンガルー科.
ma·crop·o·dous [mækrɑ́pədəs | -rɔ́p-] 〖← MACRO-+-PODOUS〗 *adj.* 〖植物〗 **1** 葉柄の大きい. **2** 胚(はい)軸の大きい.
ma·crop·si·a [mækrɑ́psiə | -krɔ́psɪə] 〖← NL ~: ⇨ macro-, -opsis, -ia[1]〗 *n.* 〖病理〗巨視(症)《物が実物より大きく見える症状; cf. micropsia》.
ma·crop·ter·ous [mækrɑ́ptərəs | -krɔ́p-] 〖← MACRO-+-PTEROUS〗 *adj.* **1** 〈鳥・昆虫など〉羽[翅]の大きい, 大型翼の. **2** 〈魚が〉ひれの大きい.
mac·rop·tic [mækrɑ́ptɪk | -krɔ́p-] 〖← MACRO-+OPTIC〗 *adj.* 〖病理〗巨視(症) (macropsia) の.
Mac·ro·rham·pho·si·dae [mækro(ʊ)ræmfóusədìː, -zə- | -rə(ʊ)ræmfə́ʊsɪ-, -zɪ-] 〖← NL ~ ← *Macroramphosus* (属名: ← MACRO-+Gk *rhámphos* beak: -ous)+-IDAE〗 — *n. pl.* 〖魚類〗サギフエ科.
mácro·scàle *n.* 巨視的規模; 大規模: on a ~ 巨視的なスケールで(の).
Mac·ro·sce·lid·i·dae [mækro(ʊ)səlɪ́dədìː | -rə(ʊ)sɪlɪ́dɪ-] 〖← NL ~ ← *Macroscelides* (属名: ← MACRO-+Gk *skélos* leg: ⇨ -id[2])+-IDAE〗 — *n. pl.* 〖動物〗ハネジネズミ科.
mac·ro·scop·ic [mækrəskɑ́pɪk | -skɔ́p-] 〖← MACRO-+-SCOPIC〗 — *adj.* **1** 〖医学〗肉眼で見える, 肉眼的な (cf. microscopic 2): ~ anatomy 肉眼での解剖. **2** 〖物理化学・数学〗巨視的な (cf. microscopic 4).
màc·ro·scóp·i·cal·ly *adv.* **1** 肉眼で見えるように[ほどに]. **2** 〖物理・数学〗巨視的に.
màcro·ségment 〖← MACRO-+SEGMENT〗 *n.* 〖言語〗大分節《1個の音調によって区切られている発話部分; cf. microsegment》.
màcro·spécies *n.* 〖生物〗多型種《類似形態をもった多数の生物を包含させた大きな種; cf. microspecies, morphospecies》.
màcro·sporángium 〖← NL ~: ⇨ macro-, sporangium〗 *n.* 〖植物〗=megasporangium.
mac·ro·spore [mǽkrəspɔ̀ə, -spɔ̀ə | -rə(ʊ)spɔ̀ː(r)] *n.* 〖植物〗=megaspore.
màcro·spórophyll 〖← MACRO-+SPOROPHYLL〗 *n.* 〖植物〗=megasporophyll.
màcro·stómatous *adj.* 〖病理〗大口(症)の.
màcro·stómia 〖← NL ~ ← MACRO-+-*stomia* (⇨ -stomy[2])〗 *n.* 〖病理〗大口(症) (cf. microstomia).
mácro·strùcture *n.* マクロ組織《肉眼あるいは低倍率で観察できる金属・岩石土壌・生体などの組織》. **màcro·strúctural** *adj.*
màcro·stýlous 〖← MACRO-+-STYLOUS〗 *adj.* 〖植物〗〈花が〉花柱の長い; (特に)花柱が長く雄蕊が短い (cf. mesostylous, microstylous).
Ma·cru·ra [məkrú(ə)rə | -krúərə] 〖← NL ~ ← MACRO-+-*ura* (← Gk *ourá* tail): ⇨ uro-[2]〗 *n. pl.* 〖動物〗(甲殻綱十脚目)長尾亜目. 「cruran.
ma·cru·ral [məkrú(ə)rəl | -krúər-] *adj.* 〖動物〗=ma-
ma·cru·ran [məkrú(ə)rən | -krúər-] 〖← NL *macrūra* (⇨ Macrura)+-AN[1]〗 〖動物〗 *adj.* 長尾類の. — *n.* (長尾類の)甲殻動物《エビの類》.
ma·cru·rous [məkrú(ə)rəs | -krúər-] 〖← NL *macrur(a)* (↑)+-OUS〗 *adj.* 〖動物〗(エビのように)長尾の (cf. brachyurous).
M.A.C.T. 《略》Master of Arts in College Teaching.
Mac·tri·dae [mǽktrədìː | -trɪ-] 〖← NL ~ ← *Mactra* (属名) ▭ Gk *máktra* kneading trough ← *mássein* to knead: ⇨ -idae〗 *n. pl.* 〖貝類〗バカガイ科. 「異形.
mac·ul- [mǽkjul] (母音の前に来る時の) maculo- の
mac·u·la [mǽkjulə] 〖▭ L ~ 'spot, mark, stain'〗 *n.* (*pl.* **-u·lae** [-lìː, -làɪ], **~s**) **1 a** (皮膚の)あざ, しみ, 斑点. **b** 〖天文〗(太陽の)黒点 (sunspot) (cf. facula). **2 a** 〖医学〗斑, 斑紋. **b** 〖解剖〗=macula lutea.
mácula lú·te·a [-lúːtiə | -lúːtɪə, -ljúː-] 〖← NL ~ 'yellow spot': ⇨ ↑, luteous〗 — *n.* (*pl.* **maculae lu·te·ae** [-tìiː, -tiàɪ | -ti-]) 〖解剖〗(網膜の)黄斑(おうはん)《yellow spot ともいう; ⇨ eye 挿絵》.
mac·u·lar [mǽkjulə | -lə(r)] *adj.* **1** 斑点のある. **2** 〖医学〗斑の; 黄斑(おうはん)の[によって起こる]: a ~ vision 黄斑視像.
mac·u·late 〖(?*a*1425) ▭ L *maculāt-us* (p.p.) ← *maculāre* to make spotted, speckle ← *macula*: ⇨ macula, -ate[2,3]〗 — [mǽkjulèɪt] *vt.* 《古》 **1** …に斑点[汚点]をつける. **2** 汚す, 不潔にする. — [-lət, -lɪt] *adj.* **1** 斑点[汚点]のある. **2** 汚れた, 不潔な. 「late.
mác·u·làt·ed [-lèɪtɪd, -təd | -tɪd, -təd] *adj.* =macu-
mac·u·la·tion [mækjuléɪʃən] 〖(*a*1450) *maculacion* ▭ L *maculātiō(n-)* a spotting ← *maculātus* (p.p.) ← *maculāre*: ⇨ maculate, -ation〗 — *n.* **1 a** 斑点, 汚点. **b** (動植物の)斑点の排列. **2** 汚辱. **3** 《古》斑点をつける[のある]こと.
mac·ule [mǽkjuːl] 〖▭ F ~, *maculer* // L ~: ⇨ mackle, macula〗 *n.* **1** 〖印刷〗=mackle. **2** =macula 2. — *v.* =mackle.
mac·u·li- [mǽkjulɪ, -lə] maculo- の異形 (⇨ -i-).
mac·u·lo- [mǽkjulo(ʊ) | -lə(ʊ)] 〖← L *macula*: ⇨ macula〗「点, 斑点 (spot)」の意の連結形. ★ 時に maculi-, また母音の前では通例 macul- になる.
ma·cum·ba [məkúːmbə] 〖▭ Port. ~〗 *n.* **1** マクンバ《ブラジルで行なわれるヴードゥー (voodoo) とキリスト教の混交した呪術》. **2** マクンバの音楽[踊り].
mad [mǽ(ː)d] 〖*adj.*: OE *ġemǣd(d)*, *gemǣded* (p.p.) ← *ġemǣdan* to drive mad ← *ġemād* insane < Gmc *ʒamaiðaz* 《原義》changed (for the worse) (OHG *gameit* foolish) ← *ʒa-* 'Y-'+*maiða-* (← ?IE *moitó-* (p.p.) ← *moi-*, *mei-* to change). — v.: (*a*1325) ← (adj.)〗 — *adj.* (**mad·der**; **mad·dest**) **1** 気の狂った, 気違いの; 精神錯乱の: a ~ fit 精神錯乱の発作 / go [run] ~ 気が狂う / drive [send] a person ~ 人の気を狂わせる; 人を狂気のようにする. **2 a** 気が狂うほど興奮した, 血迷った: ~ *with* pain [rage, joy, jealousy] 痛くて[腹が立って, うれしくて, 嫉妬で]気が狂うほどで / ~ *with* drink 酒で理性を失って. **b** 〔…に〕のぼせ上がって, 熱中して, 夢中になって〔*about, after, for, on*〕: be ~ *for* water 気違いのように水を欲しがる / go [run] ~ *after* [*over*] …に夢中になる / He is ~ *on* gambling. ばくちに夢中になっている / He is quite ~ *about* her. 彼女にのぼせ上がっている. **3** 《口語》〔…に〕怒って, 激怒して〔*at, about*〕: He was very ~ *at* her. 彼女にひどく腹を立てていた / I was rather ~ *at* missing my train. 列車に乗り遅れて実にいまいましかった. **4** 気違いじみた, ばかげた, 突飛な; 向こう見ずな; 非論理的な, 不合理な: a ~ enterprise, project, etc. / The plan is absolutely ~. その計画は全く無茶だ. **5** 激しい, もの狂おしい, 猛烈な: ~ ravings [laughter] 気違いじみたうわごと[げらげら笑い] / a ~ wind 烈風 / a ~ torrent 奔流 / in ~ haste めちゃくちゃに急いで. **6** はしゃいで, 大浮かれの: be in ~ spirits ばかに浮かれている / have a ~ time 浮かれてはしゃぐ. **7 a** 〈動物, 特に雄牛が〉狂暴な: a ~ bull. **b** 〈犬・馬など〉恐水病 (rabies) にかかった, 狂犬病の: a ~ dog 狂犬. **8** [しばしば複合語の第2構成素として] …に夢中の, …気違いの: money-*mad*, music-*mad*, sex-*mad*, tennis-*mad*, etc.
(as) mad as a hatter ⇨ hatter 成句. ***(as) mad as a (March) hare*** ⇨ hare 成句. ***like mad*** 《口語》(気違いのように)激しく, 猛烈に, 夢中になって (furiously): run *like* ~ / He was snoring *like* ~. ぐーぐーいびきをかいていた.
— *vt.* (**mad·ded**; **mad·ding**) **1** 《古》気違いにする, 発狂させる. **2** 《米俗》ひどく怒らせる. — *vi.* 《古》気が狂う, 気違いのようになる, 狂乱する (cf. madding).
— *n.* 怒り, 立腹.
have a mad on 《米口語》〔…に〕腹を立てている〔*at*〕.
Mad. 《略》Madam.
Mad·a·gas·can [mædəgǽskən] *n.* マダガスカル人. — *adj.* マダガスカルの; マダガスカル人(特有)の.
Mad·a·gas·car [mædəgǽskə | -kə(r)] *n.* マダガスカル《アフリカ南東岸沖 380 km にあるインド洋上の大島で, フランス共同体 (French Community) 内の共和国, もとフランスの植民地であったが 1960 年独立; 人口 8,520,000, 面積 586,486 km², 首都 Antananarivo; 公式名 the Democratic Republic of Madagascar マダガスカル民主共和国》. — *adj.* **1** マダガスカルの[からの, 風の]. **2** 〖生物地理〗=Malagasy 3.
Madagáscar jásmine *n.* 〖植物〗マダガスカルシタキソウ (*Stephanotis floribunda*)《マダガスカル産のガガイモ科の常緑蔓(つる)性の植物で芳香のある白い花をつける; 温室栽培; cf. jasmine 1》.
mad·am [mǽdəm] 〖(*c*1300) *madame* ▭ OF *madame* (F *madame*) my lady ▭ L *mea domina*: ⇨ dame〗 — *n.* (*pl.* **~s**, (称号または呼掛けとしては) **mes·dames** [meɪdɑ́ːm, -dǽm, ⁀⁀ | méɪdæm; *F.* medam]) **1** 奥様, 夫人. ★ 以前は Mrs. の代りに姓の前につけて, 目上または高貴の既婚婦人への呼掛けまたは敬称として用いたが, 今は既婚未婚の区別なく一般に婦人に対する丁重な呼掛け, あるいは Madam または Dear Madam として未知の婦人あての手紙の書出しに用いる (cf. ma'am). **2** (一家の)主婦, おかみさん. **3** 命令好きな女, 生意気な若い女. **4 a** (売春宿の)おかみ. **b** 《廃》売春婦 (prostitute).
ma·dame [mədǽm, mədǽm; (姓の前では) mǽdəm, ⁀⁀ | mǽdəm, -dɑːm, ⁀⁀, ⁀⁀, ⁀⁀; *F.* madam] 〖(1598-99) ▭ F ~: ↑〗 — *n.* (*pl.* **mes·dames** [meɪdɑ́ːm, -dǽm | méɪdæm; *F.* medam], **~s**) 夫人, 奥様. ★ フランスでもと高貴の婦人に対する敬称として用いたが, 今は一般に既婚婦人に対する呼掛けとして単独に, またはその姓や称号の前につけて用いる; 英国では外国婦人に適用する (略 Mme, *pl.* Mmes): *Madame* Dubois デュボア夫人 / *Madame* Curie キューリー夫人 / *Madame* la Barone 男爵夫人.
Mädame Tus·sáud's [-təsóuz, -tu- | -sɔ́ːdz, -sáuz] *n.* (London の)タッソー蠟人形館 (⇨ Marie TUSSAUD).
Mád Ánthony *n.* Anthony WAYNE のあだ名.
mad·a·pol·lam [mǽdəpɑ́ləm | -pɔ́l-] 〖(1832) ← *Madapollam* (インドの原産地名)〗 *n.* (*also* **mad·a·pol·am** [~]) マダポラム綿布《キャラコよりも厚地》.
mád ápple 〖(なぞり) ← NL *mālum insānum*〗 *n.* 〖植物〗 **1** ナス (eggplant). **2** =thorn apple 1.
ma·dar [mədɑ́ə | -dɑ́ː(r)] *n.* 〖植物〗=mudar.
Ma·da·ri·a·ga y Ro·jo [mɑ̀ːdəriɑ́ːgə-iː-róuhou | -riɑ́ːgə-iː-rə́ʊhəʊ; *Sp.* madarjáɣairóxo], **Salvador de** *n.* マダリアガイロホ《1886-1978; スペインの著述家・外交官; *Portrait of Europe* (1952)》. 「見ずの.
mád-bráined *adj.* 激しやすい (hotheaded), 向こう
mád·càp 〖← MAD+*cap* (《廃》head)〗 *n.* 向こう見ず; (特に)無鉄砲な娘. — *adj.* 向こう見ずの, 無鉄砲な (reckless): a ~ girl.

mad·den [mǽdn̩] 〚《1735》← MAD＋-EN¹〛 ― *vt.* **1** 気違いにする, 狂わせる. **2** (気違いのように)怒らせる, 逆上させる, 荒れ狂わせる. ― *vi.* **1** 気違いになる. **2** 気違いのように振舞う, たけり狂う (rage).

mád·den·ing [-dn-, -dn̩- | -dn̩-, -dn-] *adj.* **1** 気を狂わせるような, 激させる, 腹立たしい. **2** 荒れ狂う, 狂暴な (furious). **~·ly** *adv.* **~·ness** *n.*

mad·der [mǽdə | -də(r] 〚OE *mæd(e)re* < Gmc **madraz* (OHG *matara* / ON *maðra*) ← IE **modhro-*〛 ― *n.* **1** 〘植物〙アカネ科アカネ属 (*Rubia*) の植物の総称; (特に) セイヨウアカネ (*R. tinctorum*) (cf. munjeet). **2** アカネの根《アルミニウム媒染で赤色を染める天然染料用, 主成分はアリザリン (alizarin), 古くは薬用》. **3** あかね(染料). **4** あかね色《赤黄色》. ― *vt.* あかね染料で染める.

mádder láke *n.* **1** 濃い赤紫. **2** 〘化学〙マダーレーキ《もと, あかねの根からとった染料から造った赤色系顔料の総称; cf. rose madder》.

Mad·die [mǽdi | -dɪ] 〚(dim.) ← MADELEINE〛 *n.* 女性名.

mád·ding 〚← MAD (v.)＋-ING²〛 ― *adj.* 《詩・文語》 **1** 気が狂った(mad); 気が狂ったような, 狂乱の (raving): Far from the ~ crowd's ignoble strife 醜い争いに狂う俗世間を遠く離れて (Gray, *Elegy*). **2** 気を狂わせる: a ~ anger 気も狂いそうな怒り. 「みた.

mad·dish [mǽdɪʃ] *adj.* 気の触れたような, 気違いじ

mad·dle [mǽdl̩] 〚← MAD＋-LE³〛《英方言》 ― *vi.* 発狂する, 気が触れる. ― *vt.* 発狂させる, 気違いのようにさせる: He was ~*d* by anxiety. 不安のあまり気違いのようになってしまった.

mád-dòctor *n.* 《古》精神病専門医 (psychiatrist).

mád-dòg skúllcap [**wéed**] *n.* 〘植物〙北米産シソ科タツナミソウ属の植物 (*Scutellaria lateriflora*) 《これから採れる樹脂状物質はもと鎮痙(ﾁﾝｹｲ)剤に用いられた》.

made [méɪd] 〚《中音消失》← ME *makede* < OE *macode* (pret.) & *ġemacod* (p.p.) ← *macian* 'to MAKE': cf. G *machte*〛 ― *v.* make の過去形・過去分詞.

― *adj.* **1 a** 人工的に製作した, 人工の, 人造の: ~ fur 人造毛皮 / a ~ road 舗装道路. **b** 〈土地など〉造成した: ~ ground [earth, land] 造成地. **c** いろんな材料を煮込んで調理した: ~ gravy (肉汁だけでなく)特に調理したグレービー / a ~ dish (肉・野菜・香料植物などで調理した)取合せ料理. **2** でっち上げた, 架空の, 虚構の: a ~ story 作り話. **3** [複合語の第 2 構成素として] **a** 体つきが…の: a well-*made* person 恰好の良い人 / a slightly-*made* person やせ形の人. **b** …製の, …の作りの: a Swiss-*made* watch スイス製の時計 / a hand-*made* article 手製品 / home-*made* goods 国産品 / ready-*made* clothes [articles] 既製服[品]. **4** 成功確実の: a ~ man 成功確実の人 / a self-*made* man 独力で叩き上げた人.

Ma·dei·ra¹ [mədí(ə)rə, -dé(ə)rə | -díərə; *Port.* mɐðéirɐ] 〚□ Port. ~ 'wood, timber' < L *māteriam*: cf. matter: 同島が以前森林であったことにちなむ (cf. Holland)〛 ― *n.* マデイラ: **1** アフリカ北西岸沖にある 5 島から成るポルトガル領群島; 行政上は Funchal と呼ばれる; 人口 269,000, 面積 797 km², 首都 Funchal. **2** 同群島中の主島; マデイラワインおよび果物を輸出する.

Ma·dei·ra², **m-** [mədí(ə)rə, -dé(ə)rə | -díərə] 〚《1591-92》: ↑〛 ― *n.* マデイラ(ワイン)《Madeira 島産で sherry に似た芳香とこくのある強い白ぶどう酒で, 食後酒に用いる》.

Ma·dei·ra³ [mədí(ə)rə, -dé(ə)rə | -díərə; *Braz.* madéira] *n.* [the ~] マデイラ(川)《ブラジル西部から北東方に流れ Amazon 川に合流する大支流 (3,239 km)》.

Madéira càke 〚マデイラ酒と共に出すことから〛 *n.* マデイラケーキ《レモンで風味をつけた英国の伝統的なケーキ》.

Madéira vìne *n.* 〘植物〙アカザカズラ (*Boussingaultia baselloides*) 《熱帯アメリカ産の蔓(ﾂﾙ)植物; 芳香のある白い小花をつける》.

mad·e·leine [mǽdəlɪn, -lən, -lèɪn, -dl̩- | -dəlɪn, -lèɪn, -dl̩-] 〚□ F ~ ← *Madeleine Paulmier* (19 世紀のフランスの菓子職人)〛 ― *n.* マドレーヌ《小さな貝殻型で焼いたスポンジケーキの一種》.

Mad·e·leine [mǽdəlɪn, -lən, -lèɪn, -dl̩- | -dəlɪn, -lèɪn, -dl̩-] 〚《フランス語形》← MAGDALENE¹〛 ― *n.* 女性名. ★ Madeline とともに Magdalene に取って代わりつつある.

Ma·de·le·ni·an [mæ̀dəlíːniən, -dl̩-, -njən | -nɪən, -njən] *adj.* 〘考古〙＝Magdalenian.

Mad·e·line [mǽdəlɪn, -lən, -dl̩- | -dəlɪn, -dl̩-] 〚《変形》← MAGDALENE¹〛 *n.* 女性名.

máde màst *n.* 〘海事〙寄木マスト, 組立てマスト, 合わせ材帆柱《いくつかの木材を組み合わせて作るマスト; built-up mast ともいう》.

ma·de·moi·selle [mæ̀dəm(w)əzél, -dm(w)ə-, mæ̀məzél | mæ̀dəm(w)əzél, mæ̀m(w)ə-; *F.* madmwazɛl] 〚《c1450》□ F ~ ← (O)F *ma demoiselle* < VL *mea *dominicella* my young mistress: ⇨ madam, damsel〛 ― *n.* (*pl.* **~s**, **mes·de·moi·selles** [mèɪd(ə)m(w)əzél, -m(w)ɑː-; *F.* medmwazɛl]) **1** …嬢, 令嬢. ★ 少女または未婚の婦人に対するフランス風の敬称で姓に冠しまたは呼掛けとして用いる, 英語の Miss に当たる (略 Mlle, (*pl.*) Mlles; 英国ではフランス以外の外国の未婚婦人にも用いるが, 特にフランス婦人の家庭教師に対して用いる (cf. Fräulein): *Mlle* Luce リュース嬢. **2** 〘魚類〙＝silver perch 1.

máde-óver 〚(p.p.) ← *make over* (⇨ make (v.) 成句)〛 *adj.* 作り直した[変えた], 改造した: a ~ barn 改造した納屋 / a ~ man 生れ変わった(ような)人.

Ma·der·no [mɑːdéənou | -déənəu; *It.* madérno], **Carlo** [kárlo] *n.* マデルノ《1556-1629; イタリアの建築家》.

Ma·de·ro [mədé(ə)rou | -déərəu; *Sp.* maðéro], **Francisco In·da·le·cio** [ìndalésjo] *n.* マデロ《1873-1913; メキシコの革命家・政治家; メキシコ革命の口火を切ったが, 暗殺された; 大統領 (1911-13)》.

máde-to-méasure *adj.* 〈服・ワイシャツ・靴など〉体に合わせて作った, あつらえの.

máde-to-órder *adj.* **1** あつらえで作った, あつらえの, オーダー(メイド)の (custom-made) (cf. ready-made). **2** ぴったりの, 快適な.

máde-úp 〚(p.p.) ← *make up* (⇨ make (v.) 成句)〛 ― *adj.* **1** 作った, こしらえた, でっち上げた (fabricated): a ~ story 作り話 / a ~ name 偽名. **2 a** 人工的な, 見事に作った. **b** メーキャップした, 化粧した: a ~ complexion (おしろいなど塗って)こしらえた顔(色) / ~ lips 口紅をつけた唇. **3** 心が決まった, 決心した (resolved): a ~ mind 決心, 決意. **4 a** まとめ上げた, 仕上がった; 既製品の: ~ clothes 既製服. **b** 〈ネクタイが〉(結ばなくてもすむように)結んである: a ~ tie 結びネクタイ. **c** 〈印刷物が〉ページ組みをした. **d** 〈古書など〉(落丁をさしはさんで)補修してある. **e** 舗装した (paved): a good ~ road. **5** 《廃》完全な, 全くの (consummate): a ~ villain.

Madge [mǽ(ː)dʒ] 〚(dim.) ← MARGARET〛 *n.* 女性名.

Mád Hátter's disèase 〚← *mad as a hatter*: ⇨ hatter's shakes〛 *n.* 〘病理〙水俣(ﾐﾅﾏﾀ)病 (Minamata disease) (cf. hatter's shakes). 「態[場面].

mád·hòuse *n.* **1** 精神病院. **2** てんやわんや(の状

Mad·hya Pra·desh [mɑ́ːdjə-prədéɪʃ, -déʃ] *n.* マドヤプラデシ《インド中央部の一州; 人口 41,651,000, 面積 443,460 km², 首都 Bhopal》.

má·di·a óil [mɑ́ːdiə- | -dɪə-] *n.* 〘化学〙ひまわり油《melosa の実から採る油で, オリーブ油の代用品》.

Mad·i·son [mǽdəsn̩ | -dɪ-] 〚← *James Madison*〛 *n.* 米国 Wisconsin 州南部にある同州の首都; 人口 169,000.

Mad·i·son [mǽdəsn̩ | -dɪ-], **Dol·ley** [dɑ́li | dɔ́lɪ] *n.* (1768-1849) James MADISON の妻; 旧名 Dorothea Payne.

Madison, James *n.* (1751-1836) 米国の政治家; 第 4 代大統領 (1809-17).

Mádison Ávenue *n.* **1** マディソン街《New York 市の通り; Fifth Avenue の東隣り; 米国の広告宣伝業の中心地》. **2** 米国の広告宣伝業.

Mádison Squáre Gárden *n.* マディソンスクウエアーガーデン《New York 市の Eighth Avenue にある屋内総合スポーツ競技場》.

mád·ly 〚《?c1200》*medliche*〛 *adv.* **1 a** 気が狂って. **b** 気違いのように (insanely). **c** 猛烈に. **d** 熱狂して. **e** 大急ぎで, 死にもの狂いで. **2** おろかに(も); 向こう見ずに.

Madm. 《略》Madam.

mád·màn [-mæ̀n, -mən | -mən] 〚《c1330》*madmen*: ⇨ mad, man¹〛 ― *n.* (*pl.* **-men** [-mèn, -mən | -mən, -mèn]) **1** 気違い, 狂人 (lunatic); 気違いじみた人. **2** ばか者; 向こう見ずな人.

mád mòney *n.* 《口語》 **1** (女性が万一デートの相手から変なことをされそうになった時のために用意してゆく)電車賃, 車賃(など). **2** (女性の衝動買いなどのための)「へそくり」.

mád·ness *n.* **1** 狂気, 気違い, 精神錯乱. **2** 熱狂, 狂喜, 夢中 (ecstasy): I love her to ~. 気が狂うほど彼女を愛している. **3** 気違いじみたふるまい, 狂気の沙汰, 愚の骨頂: It approaches ~ to attempt such a thing. そんなことをしようとするとはまるで気違い沙汰だ / ⇨ midsummer madness. **4** 狂暴, 激怒 (frenzy). **5** 狂犬病, 恐水病 (rabies).

Mad·oc [mǽdək] 〚□ Welsh *Madog*: cf. *mad* fortunate〛 *n.* 男性名《異形 Maddock, Madox》.

Ma·don·na [mədɑ́nə | -dɔ́nə] 〚《1584》□ It. ~ < OIt. *ma donna* ← *ma* (*mia* my の弱形)＋*donna* lady: ⇨ madam, donna〛 ― *n.* **1** [the ~] 聖母マリア (Virgin Mary), マドンナ. **2** (通例, 幼児キリストを抱いた)聖母マリアの画像[彫像]. **3** 《古》女性に対する敬称 (Lady). **4** 《廃》[m-] **a** 昔イタリアで用いた madame に当たる敬称《今は signora という》. **b** イタリアの婦人. 「母像, 聖母子.

Madonna and Child 〘美術〙幼いキリストを抱く聖

Madónna lìly *n.* 〘植物〙マドンナリリー, ニワシロユリ, トキワユリ (*Lilium candidum*) 《初夏に咲く芳香のある白花のユリ; 処女の象徴とされる》. ★「お告げ」の絵では天使がこの花を聖母に捧げているところから Annunciation lily, Lent lily ともいう.

mad·ras [mǽdrəs, mədrǽs, -drɑ́ːs | mədrɑ́ːs, -drǽs] 〚← *Madras* (原産地名)〛 ― *n.* **1** マドラス木綿《縞または模様付きの薄い織物でシャツ・カーテンなどに用いる》. **2** 色染めの絹または綿製のターバン用布. ― *adj.* マドラス木綿(製)の.

Ma·dras [mədrǽs, -drɑ́ːs | -drɑ́ːs, -drǽs] *n.* マドラス《インド Tamil Nadu 州の首都, Bengal 湾に臨む海港; 人口 2,471,000》.

ma·dra·sah [mədrǽsə] 〚《1662》□ Arab. *mádrasa^h* a place of study ← *ma-* (場所を表わす pref.)＋*dárasa* to study〛 ― *n.* (*also* **ma·dra·sa** [~]) イスラム教寺院学校; イスラム教大学.

Ma·dras·i [mədrǽsi, -drɑ́ː-, mǽdrə- | mədrɑ́ːsɪ, -drǽsɪ] 〚□ Hindi *madrasī* of Mardras〛 *n.* (*pl.* ~, **~s**) マドラス (Madras) 人.

ma·dre [mɑ́ːdreɪ; *Sp.* máðre] 〚□ Sp. & It. ~ < L *mātrem* 'MOTHER¹'〛 *Sp.*, *n.* (*pl.* **~s** [~z; *Sp.* ~s]) ＝mother.

Mad·re·po·rar·i·a [mæ̀drəpəré(ə)riə, mədrèp- | mæ̀d-rɪpəréəriə, mədrèp-] 〚← NL ~ ← *Madrepora* (↓)＋-ARIA¹〛 *n. pl.* 〘動物〙(腔腸動物門花虫綱)イシサンゴ目.

mad·re·pore [mǽdrəpɔ̀ə, -pɔ̀ə | mǽdrɪpɔ̀ː(r] 〚《1751》□ F *madrépore* □ It. *madrepora* ← MADRE＋*poro* (□ L *porus* 'PORE¹')〛 ― *n.* 〘動物〙ビワガライシ属 (*Madrepora*) のイシサンゴの総称《深海にいる》.

mad·re·por·ic [mæ̀drəpɔ́ːrɪk, -pɔ́r- | -rɪpɔ́ːr-] *adj.* **màd·re·pór·i·cal** *adj.* **mad·re·po·ri·an** [mæ̀drəpɔ́ːriən, -pɔ́ːr- | -rɪpɔ́ːrɪ-] *adj.*, *n.* **mad·re·po·rit·ic** [mæ̀drəpərítɪk, mədrèp- | mæ̀drɪpərít-, mədrèp-] *adj.* 「＝madreporite.

madrepóric bódy [**pláte, túbercle**] *n.* 〘動物〙

mad·re·por·ite [mǽdrəpɔ̀ːraɪt, -pɔ̀ːr- | -drɪpɔ̀ːr-] 〚⇨ madrepore, -ite¹〛 *n.* 〘動物〙多孔体, 多孔板, 穿孔体《棘皮動物の水管系中へ水を出入させる石灰性の小板》.

Ma·drid [mədríd; *Sp.* maðrí(ð)] *n.* マドリード《スペイン中部にある同国の首都; 人口 4,242,000》.

mad·ri·gal [mǽdrɪgəl, -rə- | -rɪ-] 〚《1588》□ It. *madrigale* < ML *mātricālis* of the womb, simple ← *mātrix* 'womb, MATRIX'〛 ― *n.* **1** (16 世紀ごろからイタリア・フランス・英国などで流行した)叙情短歌, 小恋歌. **2** 〘音楽〙 **a** マドリガル《14, 16-17 世紀の世俗的な歌詞による多声重唱曲》. **b** 歌 (song); (特に)パートソング (part-song). **mad·ri·gal·i·an** [mæ̀drəgǽliən, -géɪl-, -ljən | -gǽlɪən, -géɪl-, -ljən] *adj.*

mád·ri·gal·ist [-lɪst, -ləst | -lɪst] *n.* マドリガル作者[歌手].

Ma·dri·le·ña [mæ̀drəléɪnjə | -rɪ-; *Sp.* màðriléɲa] 〚□ Sp. ~ (fem.) ← MADRILEÑO〛 *Sp. n.* (*pl.* **~s**) マドリード (Madrid) の女(住民).

ma·dri·lene [mæ̀drəlén, -léɪn; *F.* madrilɛn] 〚□ F (*consommé*) *madrilène* 《原義》Madrid consommé〛 ― *n.* マドリレーヌ《トマトで味付けしたマドリード風のコンソメ; 冷やして出すことが多い》.

Ma·dri·le·ño [mæ̀drəléɪnjou | -rɪléɪnjəu; *Sp.* màðriléɲo] 〚□ Sp. ~ ← MADRID〛 *n.* (*pl.* **~s**) マドリード (Madrid) 人, マドリードの住民.

ma·dro·ña [mədróunjə | -drə́u-; *Sp.* maðróɲa] 〚□ Sp. & Mex.-Sp. *madroño* strawberry tree □ L *mātūrus* ripe: cf. mature, maduro〛 ― *n.* 〘植物〙マドローニャ (*Arbutus menziesii*) 《米国太平洋岸に産するツツジ科イチゴノキ属の常緑樹; 材質が堅くて樹皮は滑らか; その赤い実 (madroña apples) はアメリカインディアンが食用にする》.

ma·dro·ne [mədróunə | -drə́u-] *n.* 〘植物〙＝madroña.

ma·dro·ño [mədróunə | -drə́u-] *n.* (*pl.* **~s**) 〘植物〙＝madroña.

mád scíentist *n.* 気違い科学者《怪奇・SF 映画などで類型的に悪役として描かれる, 科学を悪用する科学者》. 「＝stagger 4 a.

mád stággers *n. pl.* [単数または複数扱い] 〘獣医〙

mád·tóm 〚← MAD＋TOM¹ 2〛 *n.* 〘魚類〙北米産のナマズ目イクタルルス科のうちの *Noturus* 属の魚類の総称.

Ma·du·ra [mədú(ə)rə | -dúər-] *n.* マドラ(島)《インドネシア Java 島北東岸沖にある島; 香料・砂糖・たばこを産する; 人口 1,859,000, 面積 5,300 km²》.

Ma·du·rai [mɑ̀duráɪ] *n.* マズライ《インド南部 Tamil Nadu 州の都市; 人口 549,000; 旧名 Madura [mǽdʒurə | -dju-]》.

ma·du·ro [mədú(ə)rou | -dúərəu; *Sp.* maðúro] 〚□ Sp. ~ 'ripe, mellow' < L *mātūrum* 'MATURE'〛 ― *adj.* 〈葉巻が〉濃褐色で味の強い (cf. claro, colorado). ― *n.* (*pl.* **~s**) 濃褐色で味の強い葉巻.

màd·u·ro·mycósis [mæ̀dʒuro(u)- | -djurə(u)-] 〚← NL ~ ← *Madura* 'Madurai'＋-o-＋MYCOSIS〛 *n.* 〘病理〙マズラ足, 足菌腫, マズラミコーシス.

mád·wòman *n.* (*pl.* **-women**) 気違い女, 狂女; 気違いじみた女.

mád·wòrt 〚《1597》《なぞり》← L *alyssum* □ Gk *álusson*: ⇨ mad, wort²: 狂気に効き目があると信じられていたことから〛 ― *n.* 〘植物〙 **1** ニワナズナ (sweet alyssum). **2** アブラナ科 *Alyssum* 属および *Lobularia* 属のニワナズナの類の雑草の総称. **3** ＝GOLD of pleasure.

mae¹ [méɪ] *adj.*, *adv.*, *n.* 《スコット》＝more¹.

mae² [méɪ(ː), méɪ] *n.*, *vi.* (**maed**, **mae·ing**) 《スコット》＝baa.

Mae [méɪ] 〚《変形》← MAY²〛 *n.* 女性名.

M.A.E. 《略》Master of Aeronautical Engineering; Master of Aerospace Engineering; Master of Art Education; Master of Arts in Education; Master of Arts in Elocution. 「古称.

Mae·an·der [miǽndə | miǽndə(r] *n.* Menderes 1 の

Mae·ce·nas¹ [mɪsíːnəs, mə-, miː-, maɪ- | miːsíːnæs, mɪ-, maɪs-, -nəs] 〚↓〛 *n.* 芸術・文学・音楽等の保護者.

Mae·ce·nas² [mɪsíːnəs, mə-, miː-, maɪ- | -síːnæs, mɪ-, maɪ-, -nəs], **Gaius Cil·ni·us** [sílniəs | -nɪ-] 〚□ L *Maecēnās*〛 ― *n.* マイケナス《73 または 63-8 B.C.;

古代ローマの政治家; Horace および Virgil の後援者》.

M.A.Ed. 《略》Master of Arts in Education.

Mael·strom [méɪlstrəm, -strɑm | -strɔm, -strəm, -strəʊm] 〖□ Du. *maalstroom*, 《古形》 *maelstrom* grinding stream ← *malen* to grind, whirl (cf. meal[2]) + *stroom* ' STREAM '〗 ― *n.* **1** [the ～] モスケンの大渦巻《ノルウェー北西方, 北氷洋の Lofoten 諸島中の 2 島 (Mosken, Mosken-esøy) の間に実在する大渦巻; 船がその中に入ると吸い込まれると信じられており, E. A. Poe がこれを材料にして *A Descent into the Maelstrom* を書いた》. **2** [m-] 大渦巻. **3** [m-] 動乱, 大混乱, 大動揺 (turmoil).

Mael·zel [méltsəl; *G.* méltsəl], **Johann Ne·po·muk** [né:pomʊk] *n.* メルツェル《1772–1838; ドイツの音楽器械発明家; metronome を考案 (1816)》.

mae·nad [mí:næd] 〖《1579》□ L *maenad-*, *maenas* □ Gk *mainás* madwoman ← *maínesthai* to rage: ⇨ mania: cf. mind〗 ― *n.* **1** [しばしば M-] 酒神 Bacchus の巫女(ミコ). **2** 熱狂した[狂乱した, 取乱した]女.

mae·nad·ic [mi:nǽdɪk] *adj.*

M.Aero.E. 《略》Master of Aeronautical Engineering.

mae·sto·so [maɪstóʊsoʊ, mɑ̀:əs-, -zoʊ | maɪstɔ́ʊzəʊ, mɑ̀:eś-, -səʊ; *It.* mà:estó:so] 〖□ It. ～ ' majestic ' ← *maestà* □ L *mājestās* ' MAJESTY '〗 〖音楽〗 ― *adj., adv.* 荘厳な[に]. ― *n.* 荘厳な曲[楽章].

maestri *n.* maestro の複数形.

Maes·tricht [mɑ́:strɪkt, ―⌐; *Du.* mɑ:stríçt] *n.* = Maastricht.

mae·stro [máɪstroʊ | máɪstrəʊ; *It.* maéstro] 〖□ It. ～ < L *magister* ' MASTER[1] '〗 ― *n.* (*pl.* ～**s**, **mae·stri** [-stri: | -strɪ; *It.* -tri]) **1 a** (音楽の)名家, 名作曲家, 名指揮者, 名教師. **b** (芸術の)名人, 巨匠. **2** [M-] 芸術上の巨匠に対する尊称.

Mae·ter·linck [méɪtəlɪŋk, mét-, mǽt-, mɑ́:t- | méɪtə-, mɑ́:t-; *F.* mɛtɛrlɛ̃:k; *Flemish.* má:tərlɪŋk], **Count Maurice** *n.* メーテルリンク《1862–1949; ベルギーの劇作家・随筆家・詩人; Nobel 文学賞 (1911); *L'Oiseau bleu* (*The Blue Bird*) (1909)》.

Maeve [méɪv] 〖□ MIr. *Medb* (Ir. *Meadhbh*)〗 *n.* 〖アイル伝説〗 Connacht の女王, 勇武をもって知られる《Medb [méɪv] ともいう》.

Mae West [méɪ wést] 〖← *Mae West* (1892–1980): この米国女優の豊満な乳房の形にたとえたもの〗 ― *n.* **1** 《俗》(第二次大戦当時, 海上に不時着水した飛行士が使った)救命チョッキ[胴衣]《炭酸ガスを発生する小薬包 2 個によって膨らまされたチョッキ; cf. life jacket》. **2** 〖ヨット〗 = parachute spinnaker.

Maf·e·king [mǽfɪkɪŋ, -fə-] *n.* マフェキング《南アフリカ共和国北部の町, 旧 Bechuanaland (現在 Botswana) の政庁所在地 (–1965); 人口 6,500; cf. maffick》.

Maf·fé·i gálaxy [mɑféɪ(:)-| -féɪi-; *It.* maffɛ́:i] 〖← *Paolo Maffei* (イタリアの天文学者)〗 ― *n.* 〖天文〗 マッフェイー銀河《ペルセウス座とカシオペイア座の間の二つの小銀河 (Maffei 1 と Maffei 2) の一つ; 赤外線でしか見えない》.

Maf·fi·a [mɑ́:fiə, mǽf- | mǽfɪə, mɑ́:-, -fjə] *n.* = Mafia.

maf·fick [mǽfɪk] 〖《異分析・逆成》← MAFEKING: 1900 年 5 月 17 日 Mafeking が Boer 軍の包囲から救われた時, 英国民が熱狂的に喜び祝ったのを一新聞記者がこう表現したことから〗 ― *vi.* 《英》(国家的祝賀の際に)お祭り騒ぎをして喜び祝う. ～**·er** *n.*

Ma·fi·a [mɑ́:fiə, mǽf- | mǽfɪə, mɑ́:-, -fjə] 〖《1875》□ It. *maf(f)ia* ← Sicilian 《方言》 *mafia* boldness, bravery □ ? Arab. *máḥyaʰ* boasting〗 ― *n.* **1** [the ～] マフィア: **a** 政治的テロリストの秘密結社. **b** 特に, 麻薬の密売・ゆすり・賭場の支配などを行なう世界的な暴力組織. **2** (犯罪とは関係のない)秘密[閉鎖的]集団: a homosexual ～. **3 a** [m-] (もとイタリアの Sicily 島での)法律と秩序に対する組織的反抗. **b** (19 世紀に Sicily 島にあった)反政府的秘密結社 (cf. Camorra).

maf·ic [mǽfɪk] 〖← MA(GNESIUM) + L *f(errum)* iron + -IC[1]〗 *adj.* 〖地質〗 苦鉄質の《火成岩中にマグネシウム・鉄分を多く含んでいる場合に用いる》.

Ma·fio·so [mɑ̀:fióʊsoʊ, mæ̀f-, -zoʊ | -fiɔ́ʊsəʊ, -zəʊ; *It.* mafjó:so] 〖□ It. ～: ⇨ Mafia〗 *n.* (*pl.* **-fio·si** [-si:, -zi:; *It.* -si]) マフィア (Mafia) の一員.

ma foi [mɑ:fwɑ́:; *F.* mafwa] 〖□ F ～ 《原義》 my faith〗 *F. int.* **1** 誓って, ほんとに. **2** いや驚いた.

mag[1] [mǽ(:)g] 〖← ?〗 *n.* 《英俗》半ペニー(貨).

mag[2] [mǽ(:)g] 〖《略》← MAGPIE〗 《英方言》 *n.* **1** 〖鳥類〗 = magpie 1. **2** おしゃべり. ― *vi.* しゃべる.

mag[3] [mǽ(:)g] 〖略〗 *n.* 《口語》〖電気〗 = magneto: *mag*-generator = magnetogenerator.

mag[4] [mǽ(:)g] 〖《略》← MAGAZINE〗 *n.* 《口語》雑誌.

Mag [mǽ(:)g] 〖(dim.) ← MARGARET〗 *n.* 女性名.

mag. 《略》magazine; magnesia; magnesium; magnet; magnetic; magnetism; magneto; magnitude (of a star).

Ma·ga·lla·nes [mɑ̀:gɑjɑ́:nəs; *Am. Sp.* màɣajánes] マガヤネス《Punta Arenas の旧名》.

mag·a·zine [mǽgəzì:n, ⌐―⌐ | ⌐―⌐] 〖《1583》□ OF *magazin* (F *magasin*) storehouse □ It. *magazzino* □ Arab. *makhāzin* (pl.) ← *mákhzan* storehouse ← *kházana* to store up〗 ― *n.* **1 a** (軍需品・食糧などの)倉庫. **b** 《古》資源地, (天産物の)宝庫. **2 a** (要塞・軍艦の)火薬庫, 弾薬庫. **b** 《古》火薬庫にもたとえられる場所《悪意・敵意を秘めた胸, 嫉妬に燃える心など》: his ～ of malice 彼の悪意の火薬庫. **3** (連発銃などの)弾倉. **4** (燃料自給ストーブの)燃料室, 貯炭室. **5** [集合的] 軍需品; 武器弾薬. **6** 〖《1731》「知識の庫」の意から〗 **a** 雑誌, マガジン. **b** 〖ジャーナリズム〗 通例, 日曜版の新聞の文芸作品や評論などを載せてある欄[ページ]. **7** 〖写真〗 マガジン《フィルム巻取り枠》.

mágazine gùn *n.* 連発銃.

mágazine stòve *n.* 燃料自給[貯炭式]ストーブ.

mág·a·zin·ist [-nɪst, -nəst | -nɪst] *n.* 雑誌編集者; 雑誌寄稿家.

Mag·da [mǽgdə, mɑ́:g-] 〖□ G ～ (dim.) ← *Magdalena* ' MAGDALEN[2] '〗 *n.* 女性名.

Mag·da·la [mǽgdələ] 〖□ Aram. *Maghdᵉlā* 《原義》 tower ← *gᵉdhāl* to become great〗 ― *n.* マグダラ《パレスチナ (Palestine) 北部 Galilee 湖西岸にあった町; Mary Magdalene の生地; cf. *Luke* 8: 2》.

Mag·da·len[1] [mǽgdəlɪn, -lən | -lɪn] *n.* = Magdalene[1].

Mag·da·len[2] [mǽgdəlɪn, -lən | -lɪn] *n.* 〖《変形》← MAGDALENE[2]〗 *n.* 女性名.

Mag·da·le·na [mæ̀gdəléɪnə, -lí:-; *Sp.* màɣðaléna] *n.* [the ～] マグダレナ(川)《南米コロンビア南西部から北流してカリブ海に注ぐ川; 1,600 km》.

Mágda·len Cóllege [mɔ́:dlɪn-, -lən- | -lɪn-] *n.* モードレン学寮《英国 Oxford 大学の学寮の一つ; 1458 年創立, 正式には St. Mary Magdalen College; cf. Magdalene College》.

Mag·da·lene[1] [mǽgdəlì:n, mæ̀gdəlí:ni | mæ̀gdəlí:nɪ, mǽgdəlì:n, -lɪn] 〖《*c*1390》□ LL (*Maria*) *Magdalēnē* □ Gk (*María*) *Magdalēnḗ* ' (Mary) of MAGDALA '〗 ― *n.* **1** [the ～] = Mary Magdalene. **2** [m-] **a** 更生した売春婦. **b** 売春婦感化院.

Mag·da·lene[2] [mǽgdəlɪn, -lən, -lì:n | mǽgdəlɪn] 〖↑〗 *n.* 女性名《愛称形 Maddie, Magda; 異形 Madeleine, Madelene, Magdalen》.

Mágda·lene Cóllege [mɔ́:dlɪn-, -lən- | -lɪn-] *n.* モードレン学寮《英国 Cambridge 大学の学寮の一つ; 1542 年創立; cf. Magdalen College》.

Mag·da·le·ni·an [mæ̀gdəlí:niən, -njən | -njən, -nɪən] 〖□ F *Magdalénien* ← *La Magdeleine* (その文化を物語る石器類が最初に発掘されたフランス中西部の地名): ⇨ -ian〗 ― *adj.* 〖考古〗 マドレーヌ期(文化)の (cf. Paleolithic): the ～ period マドレーヌ期《ヨーロッパ西部およびアジア北部における旧石器時代の最後期》.

Mag·de·burg [mɑ́:gdəbʊ̀əg, mǽgdəbə̀:g | mǽgdəbə̀:g, -dɪ-; *G.* mákdəbʊ̀rk] *n.* マグデブルク《東ドイツ中部 Elbe 川に臨む商工業都市; 人口 281,000》.

Mágdeburg hémisphere *n.* 〖物理〗 マクデブルク半球《金属製の半球; これを 2 個向かい合わせに密着させて中の空気を抜き, 大気圧の実験に用いる; 1650 年ドイツ Magdeburg の物理学者で市長の Otto von Guericke が初めてこれを作り, 両方に 8 頭ずつの馬をつけて引き離そうとしたが離れなかったという》.

mage [méɪdʒ] 〖《*c*1400》□ L *mag-us* magician: ⇨ Magus: cf. F *mage*〗 *n.* 《古》 **1** 魔法使い; 魔術師. **2** 知恵者, 学者.

Ma·gel·lan [mədʒélən | -gél-], **Ferdinand** *n.* マゼラン《1480?–1521; ポルトガルの航海家, Magellan 海峡および Philippine 諸島の発見者 (1520), Pacific Ocean の横断に初めて成功し, その命名者》.

Ma·gel·lan [mədʒélən | -gél-], **the Strait of** *n.* マゼラン海峡《南米大陸南端と Tierra del Fuego との間にある大西洋と太平洋を結ぶ海峡; 長さ 600 km, 幅 3–32 km》.

Mag·el·lán·ic clóud [mæ̀dʒəlǽnɪk- | mæ̀gə-] 〖⇨ Magellan, -ic[1]〗 ― *n.* [通例 *pl.*] 〖天文〗 マゼラン雲《天の南極から約 20° の点に見える明るい雲状の天体; 我々の銀河系のすぐ近くにある銀河系外星雲; 大マゼラン雲 (large Magellanic cloud) と小マゼラン雲 (small Magellanic cloud) との二つからなる》.

Ma·gen Da·vid [mɔ́:gən-dɔ́:vɪd, -vəd | -vɪd] 〖□ Heb. *māghēn Dāwīdh* shield of David〗 ― *n.* 〖ユダヤ教〗 ダビデの星《6 光芒(コウボウ)の星 (hexagram) でユダヤの諸王の王章; Star of David, Shield of David ともいう; cf. Solomon's seal 1》.

Magen David

ma·gen·ta [mədʒéntə | -tə] 〖《1860》: 1859 年 *Magenta* (イタリア北部 Milan 西方の町) の戦いの後間もなくこの染料が発見されたことにちなむ: cf. solferino〗 ― *n.* **1** マゼンタ, フクシン (fuchsine)《塩基性染料》. **2** マゼンタ色《深紅色》: a girl with a ～ nose (寒さで)鼻の赤くなった少女.

Ma·ger·øy [mɑ̀:gəráɪ, -rɔ́ɪ; *Norw.* mɑ̀:gərœ́y] *n.* マーゲロイ(島)《ノルウェー北端沖の島; その北端が North Cape》.

Mag·gie [mǽgi | -gɪ] 〖(dim.) ← MARGARET〗 *n.* 女性名《異形 Maggy》.

Mag·gio·re [mɑ̀:dʒɔ́:ri, -dʒɔ́:reɪ | mæ̀dʒɪɔ́:ri, mæ̀dʒɔ́:-, mə-; *It.* maddʒó:re], **Lake** *n.* マジョーレ湖《イタリアとスイスにまたがる湖; 面積 212 km[2]》.

mag·got [mǽgət] 〖《*a*1398》 *magot* 《変形》← *maddo(c)k*, *maðek* □ ON *maðk-r* < Gmc **maþon*, **maþō* (OHG *mado* / Goth. *maþa*) ← IE **math-* worm: cf. moth〗 ― *n.* **1** ウジ(虫)《特に, 腐敗物中に生じる各種のハエの幼虫; cf. larva 1》. **2** 気まぐれ, 空想, 奇想: He's got some ～ in his head [brain]. 気まぐれな考え[空想]を抱いている / when the ～ bites 気が向いた時に, 気まぐれに.

mag·got·y [mǽgəṭi | -tɪ] *adj.* **1** うじだらけの. **2** 気まぐれな.

Mag·gy [mǽgi | -gɪ] 〖(dim.) ← MARGARET〗 *n.* 女性名.

Magh [mɑ́:g] 〖□ Skt *māgha*〗 *n.* マーグ(の月)《ヒンズー暦の月名の一つで, 太陽暦の 1–2 月に当たる; cf. Hindu calendar》.

Ma·ghreb [mʌ́grəb, -greb | -greb] *n.* マグレブ《アフリカ北西部地中海沿岸の一地方, モロッコ・アルジェリア・チュニジア三国にまたがる》.

Ma·gi [méɪdʒaɪ | -dʒaɪ, -gaɪ] 〖(pl.) ← MAGUS〗 ― *n. pl.* (*sing.* **Ma·gus** [méɪgəs]) **1** [the ～] 〖聖書〗 東方の三博士 (Wise Men of the East) (⇨ wise man). **2** マギ族《ゾロアスター教の系統を引く古代メディア (Media) およびペルシャの拝火教の僧侶階級》. **3** 魔術師; 占星家.

Ma·gi·an 〖⇨ ↑, -an[1]〗 [méɪdʒiən, -dʒaɪən | -dʒɪən] *adj.* **1** マギ族 (Magi) の. **2** [m-] 魔術の. ― *n.* [-dʒiən | -dʒɪ-] 魔術師.

Ma·gi·an·ism [méɪdʒiənɪzm, -dʒaɪən- | -dʒɪən-] *n.* (古代ペルシャの)マギ教《ゾロアスター教系の拝火教》.

mag·ic [mǽdʒɪk] [*n.*: 《*c*1380》 *magike* □ (M)F *magique* □ LL *magicē* □ Gk *magikḗ* (*tékhnē*) magic (art) (fem.) ← *magikós* Magian, magician ← *mágos* ' MAGUS '. — adj.: 《*a*1393》 □ (O)F *magique* □ L *magicus* □ Gk *magikós*: cf. main[1], may[1], might[2]〗 ― *n.* **1 a** 魔法, 魔術, 呪術(ジュジュツ)《降雨・生死・病気治癒などを左右する力があるという神秘な術》: ⇨ black magic, natural magic, white magic / as (if) by ～ 魔法のように, 不思議に. **b** [*pl.*] 魔法[魔術]信仰(の慣習); 魔術的祈禱; 幻術. **2** 奇術, 手品: use ～ 手品を使う. **3** 不思議な力, 魔力: the ～ of music [poetry, scenery] 音楽[詩歌, 風景]の不思議な魅力 / the ～ of words 言葉の魔力 / the ～ of numbers 数字の魔力《Sir Thomas Browne の文句より》.

like magic たちどころに, あっという間に: act *like* ～ 〈薬・まじない・忠告などが〉不思議によく効く.

― *attrib. adj.* (cf. magical) **1** 魔法[魔術]の[に関する]; 奇術の; 魔法[奇術]による: ～ arts 魔術 / ～ rites 魔法の儀式 / ～ words 魔法の呪文(ジュモン) / a ～ wand (魔法使い・妖精・手品師が使う)魔法の杖 / be bound by a ～ spell 魔法にかかる. **2** 魔法のような, 不思議な; (不思議なほど)魅力のある, 妖(アヤ)しいまでに美しい: ～ beauty 心を奪うような美しさ / a ～ land [scene] (夢のように美しい)魔法の国[場面] / the ～ influence of the past 過去の魅力.

― *vt.* (**mag·icked** [～t]; **-ick·ing**) …に魔法をかける.

mág·i·cal [-dʒɪkəl, -dʒə- | -dʒɪ-] 〖《1555》: ⇨ ↑, -al[1]〗 ― *adj.* 魔術的な; 不思議な: The effect was ～. 効果はてきめんだった. ★ magical は Predicative にも Attributive にも用いるが, magic は通例 Predicative には用いない.

mág·i·cal·ly 〖《1605》〗 *adv.* 魔法で, 魔術(にかかったか)のように, 不思議に(も).

mágic cárpet *n.* (アラビア夜話などに出る)魔法のじゅうたん.

mágic círcle *n.* 魔法の円《魔法使いが地面に描いた円で, その中では悪魔も魔力を失う: cf. pentacle 1, hexagram 1》.

Mágic Éye *n.* 〖商標〗 マジックアイ《真空管の一種で, ラジオの受信機が受信電波に同調しているかどうかを示す同調指示管》.

ma·gi·cian [mədʒíʃən] 〖《*c*1375》□ (O)F *magicien*: ⇨ magic, -ian〗 ― *n.* **1** 魔法使い (wizard). **2** 奇術師, 手品師 (conjurer). **3** (技術などが)魔法使いのような人: a word ～ 言葉の魔術師.

Magician of the North [the ―] 「北方の魔術師」《Sir Walter SCOTT のあだ名》.

mágic lántern *n.* (初期のスライド用)幻灯 (cf. projector 3).

mágic mírror *n.* 魔法の鏡《未来のことや遠隔の地のことが映るという》.

mágic númber *n.* **1** 〖物理〗 魔法数《比較的安定性の高い原子核の中の陽子と中性子の数を表わす数字; 2, 8, 20, 28, 50, 82, 126, …》. **2** 〖野球〗 マジックナンバー《プロ野球のペナントレース終盤中, 第 2 位のチームが残り試合全勝しても第 1 位のチームが優勝できるという勝数の数字》.

mágic réalism 〖《なぞり》← G *magischer Realismus*〗 ― *n.* 〖美術〗 幻想的写実主義《微細な点まで写実に徹した幻想的な表現法; Bosch, Dali などの作品に見られる》. **mágic réalist** *n.*

mágic squáre *n.* 魔法の方形, 魔方陣《碁盤の目に数字を入れたもので, 横・縦・斜その和が相等しいもの》.

mágic T *n.* 〖電子工学〗 マジック T《マイクロ波回路の方向性結合器》.

mag·i·cube [mǽdʒɪkjù:b, -dʒə- | -dʒɪ-] 〖《混成》← MAGIC + CUBE[1]〗 *n.* 〖写真〗 立方体状の写真用閃光電球の一種.

ma·gilp [məgílp] *n.* = megilp.

Má·gi·not Líne [mǽʒənòʊ-, mǽdʒ- | mǽʒɪnəʊ-, mǽdʒ-; *F.* maʒino] 〖《なぞり》← F *ligne Maginot* ← *André Maginot* (1877–1932: フランスの陸相)〗 ― *n.* [the ～] マジノ線《フランスが 1920–30 年代に築造した独仏国境の要塞線; cf. Siegfried Line》.

mag·is·te·ri·al [mæ̀dʒəstí(ə)riəl | -dʒɪstíərɪ-] 〖《1632》← NL *magisteriāl-is* ← LL *magisterius* ← L *magister* ' MASTER[1] ': ⇨ -ial〗 ― *adj.* **1** 主人の; 主人にふさわしい. **2** 行政長官 (magistrate) の: the ～ rank. **3** 修士号の[に関する, に必要な]: a ～ thesis 修士論文. **4 a** 〈言葉・意見など〉厳然とした, 権威のある (authoritative). **b** 高圧的な, 高飛車な, 横暴な (dictatorial).

～**·ly** [-riəli | -rɪəli] *adv.*

mag·is·te·ri·um [mæ̀dʒəstí(ə)riəm | -dʒɪstíəri-] 〖□ L ～ 'control, mastery': ↓〗 *n.* 〘カトリック〙教権《教会が宗教道徳上の真理を説く権威》.

mag·is·ter·y [mǽdʒəstèri | -dʒɪstəri] 〖□ L *magisterium* ← *magister* 'MASTER¹': ⇨ -y¹〗 ― *n.* 〘錬金術・古医術〙自然変成力《自然に卑金属を金に変成したり, 万病を治癒する力[もの]; cf. elixir, philosopher's stone》.

mag·is·tra·cy [mǽdʒəstrəsi | -dʒɪstrəsi] 〖⇨ magistrate, -cy〗 *n.* **1** magistrate の職[地位, 権力]. **2** [集合的] magistrate の職にある人々.

mag·is·tral [mǽdʒəstrəl, mədʒís- | mədʒís-, mæ-] 〖《1605》□ L *magistrālis* of a master ← *magistr-, magister* 'MASTER¹': ⇨ -al¹〗 ― *adj.* **1** 《まれ》主人の[にふさわしい]; 厳然とした, 権威のある. **2** 教師の: the ～ staff 教職員. **3 a** 〘薬学〙(ある症状のために開業医が施す)特別処方[調合]の, 薬局方によらない (cf. officinal 2): a ～ prescription, medicine, etc. **b** 〈薬が〉特効のある. **4** 〘築城〙主要の: ⇨ magistral line. ― *n.* 〘築城〙=magistral line.

mágistral lìne *n.* 〘築城〙主線《要塞設計図作製上規準となる線; 城塁の斜面頂部を結んだ線》.

mag·is·trate [mǽdʒəstrèɪt, -trət, -trɪt | -dʒɪs-] 〖《c1380》*magistrat* □ L *magistrātus* high civil official, magistrate ← *magister* 'MASTER¹': ⇨ -ate¹〗 ― *n.* **1** (行政・司法を兼ねる)行政長官: a civil [judicial] ～ 文政[司法]長官 / the chief [first] ～ (君主国の)君主; (共和国の)大統領; (自治州の)知事. **2** 〘法律〙治安判事, 微罪担当判事, 微罪裁判官. ★ justice of the peace よりもやや広義に用いられ, 他の下級の裁判官をも含む: a police ～ 警察判事《警察裁判所 (police court) で微罪の即決裁判をする》/ ⇨ stipendiary magistrate. **mag·is·trat·i·cal** [mæ̀dʒəstrǽtɪkəl, -tə- | -dʒɪstrǽtɪ-] *adj.* **màg·is·trát·i·cal·ly** *adv.*

mágistrates' cóurt *n.* **1** =police court《この名称は英国では 1949 年廃止》. **2** 〘法律〙治安判事裁判所《民事および刑事の軽裁判所》.

mágistrate·shìp *n.* =magistracy 1.

mag·is·tra·ture [mǽdʒəstrèɪtʃə, -strətʃʊ̀ə | -dʒɪstrətjʊ̀ə(r, -tʃʊ̀ə(r, -tʃə(r] 〖《1672》□ F ～: ⇨ magistrate, -ure〗 *n.* =magistracy.

Mag·le·mo·se [mǽgləmòʊsə, máʊlə-, má:glə- | -lɪməʊ-, -lə-] 〖↓〗 *adj.* =Maglemosian.

Mag·le·mo·si·an [mæ̀gləmóʊsiən, màʊlə-, mà:glə-, -ʃən, -ʒən | -lɪməʊsiən, -lə-, -sjən] 〖← *Maglemose* (当時の石器が発掘されたデンマークの地名): ⇨ -ian〗 ― *n., adj.* (*also* **Mag·le·mo·se·an** [～]) 〘考古〙(中石器時代中期のヨーロッパ北部における)マグレモーゼ文化(の).

mag·ma [mǽgmə] 〖《?1440》□ L ～ □ Gk *mágma* dough, salve ← *mássein* to knead〗 ― *n.* (*pl.* **～s**, **～·ta** [～tə | ～tə]) **1** (鉱物または有機物質の)軟塊. **2** 〘地質〙マグマ, 岩漿(がんしょう)《高温度の岩石溶融体; ⇨ volcano 挿絵; cf. lava 1》. **3** 〘薬学〙泥膏(でいこう)《少量の液体中に生じるのり状の沈殿物》. **mag·mat·ic** [mægmǽtɪk | -tɪk] *adj.*

magn. 《略》magnetic; magnetism; magneto; *L.* magnus (=great).

magn- [mægn] (母音の前に来る時の) magni- の異形.

Mag·na Char·ta [mǽgnəká:rtə | -ká:tə] 〖□ ML *Māgna C(h)arta* great charter: ⇨ magnum, chart〗 ― *n.* (*also* **Magna Car·ta** [～]) **1** マグナカルタ, 大憲章《1215 年 6 月 15 日 Runnymede で英国王 John が貴族に迫られて承認を余儀なくされた特権認可; 英国憲法の基本文書の一つ》. **2** 権利保障の基本的法令[法則]: Wagner Act as the ～ of labor 労働基準法としてのワグナー法. **3** 英国 Thames 川の中の小島; 俗に上記 1 の調印の地と言われている; ⇨ Runnymede.

mág·na cum láude [má:gnə-, mǽg-] 〖□ L *māgna cum laude* with great praise〗 *L. adv., adj.* (優等)第二位で(の) (cf. cum laude, summa cum laude).

Mag·na Grae·ci·a [mǽgnəgrí:ʃiə, -ʃə | -ʃɪə] 〖□ L *Māgna Graecia* 'Great GREECE'〗 *n.* マグナ グラエキア《イタリア南部にあった古代ギリシャ植民都市群》.

mag·na·li·um [mægnéɪliəm | -lɪəm, -ljəm] 〖← MAG-N(ESIUM)+AL(UMIN)IUM〗 *n.* 〘化学〙マグナリウム《アルミニウムとマグネシウムの合金》.

mag·na·nim·i·ty [mæ̀gnənímәti | -mɪti, -mɪ-] 〖《1340》□ (O)F *magnanimité* □ L *magnanimitātem* greatness of soul ← *magnanimus*: ⇨ ↓, -ity〗 ― *n.* **1** 度量の大きいこと, 寛大, 雅量. **2** 寛大な行為.

mag·nan·i·mous [mægnǽnəməs | mægnǽnɪ-, məg-] 〖《1584》□ L *magnanimus* high-minded ← *magnus* great + *animus* soul: ⇨ magnum, animate, -ous〗 ― *adj.* **1** 度量の大きい, 寛大な (generous); 高潔な, 気高い心を持った (noble): a ～ judge 寛大な裁判官. **2** 高潔な心を表わした[思わせる]: ～ candor 公正無私. **～·ly** *adv.* **～·ness** *n.*

mag·nate [mǽgneɪt, -nət, -nɪt] 〖《?a1439》《逆成》← *magnates* (pl.) □ LL *magnātes* (pl.) ← *magnās* = L *magnus* great: ⇨ magnum〗 ― *n.* **1** (ある階級・職業などの)大立て者, …王; 高官, 富豪, 権力者 (cf. king 4 a): an industrial [a financial] ～ 産業界[財界]の大立て者 / a coal [railway] ～ 石炭[鉄道]王 / a territorial ～ 大地主 / the ～s of the land その国の権力者たち. **2** (ハンガリー・ポーランドなどの昔の)上院議員. **～·ship** *n.*

mag·ne·sia [mægní:ʃə, -ʒə | mægní:ʃə, məg-, -ʒə, -ʃɪə, -zjə, -zɪə, -ʒə] 〖《c1395》□ ML *magnēsia* □ Gk *magnēsía (líthos)* Magnesian (stone) (ギリシャ北部 Thessaly の「Magnesia 産の石」の意)〗 ― *n.* 〘化学〙マグネシア, 苦土, 酸化マグネシウム (MgO)《制酸剤・下剤および耐火煉瓦材料》: calcined ～ 煆(か)性マグネシア / carbonate of ～ =magnesia alba / sulphate of ～ =magnesium sulfate. **mag·né·sian** [～n] *adj.*

mag·ne·sic [mægní:sɪk | mæg-, məg-] *adj.*

Mag·ne·sia [mægní:ʃə, -ʒə | mægní:zɪə, -zjə, -ʒɪə, -ʃɪə] 〖□ Gk *Magnēsía* (↑)〗 *n.* マグネーシア《Manisa の古名》.

magnésia álba *n.* 〘化学〙炭酸マグネシア.

magnésia cemént *n.* 〘化学〙マグネシアセメント (magnesium oxychloride cement).

mag·ne·si·o- [mægní:zio(ʊ), -ʒo(ʊ) | mægní:zɪə(ʊ), məg-, -zjə(ʊ), -sɪə(ʊ), -sjə(ʊ), -ʃɪə(ʊ)] 〖← NL *magnesium*〗「マグネシウム (magnesium)」の意の連結形.

magnèsio·férrite 〖⇨ ↑, ferrite〗 *n.* 〘鉱物〙苦土磁鉄鉱 ($MgFe_2O_4$) (cf. magnetite).

mag·ne·site [mǽgnəsàɪt | -nɪ-] 〖□ F *magnésite* ← NL *magnes-ium* (↓)+-ITE¹〗 *n.* マグネサイト, 菱(りょう)苦土石[鉱] ($MgCO_3$).

mag·ne·si·um [mægní:ziəm, -ʒəm | mæní:zjəm, məg-, -zɪəm, -sjəm, -sɪəm, -ʃɪəm] 〖《1808》← NL ～: ⇨ magnesia, -ium〗 ― *n.* 〘化学〙マグネシウム《金属元素の一つ; 記号 Mg, 原子番号 12, 原子量 24.305; cf. alkaline-earth metal》.

magnésium ársenate *n.* 〘化学〙ヒ酸マグネシウム ($Mg_3(AsO_4)_2 \cdot xH_2O$)《殺虫剤用白色粉末》.

magnésium cárbonate *n.* 〘化学〙炭酸マグネシウム ($MgCO_3$).

magnésium chlóride *n.* 〘化学〙塩化マグネシウム ($MgCl_2$).

magnésium dióxide *n.* 〘化学〙=magnesium peroxide.

magnésium hydróxide *n.* 〘化学〙水酸化マグネシウム ($Mg(OH)_2$)《主に制酸剤・下剤として用いる》.

magnésium lìght *n.* マグネシウム光《マグネシウムを燃やす時に発する強い白光; 夜間撮影・信号・花火などに用いる》.

magnésium óxide *n.* 〘化学〙酸化マグネシウム (magnesia).

magnésium oxychlóride cemént *n.* 〘化学〙マグネシウムオキシクロライドセメント《マグネシウムのオキシ塩化物を主成分とするセメントで, 床張り・壁などインテリア関係に用いる》.

magnésium pémoline *n.* 〘薬学〙マグネシウムペモリン《水酸化マグネシウムと興奮剤を混合した神経刺激剤》.

magnésium peróxide *n.* 〘化学〙過酸化マグネシウム (MgO_2)《防腐剤・酸化剤・漂白剤として用いる; magnesium dioxide ともいう》.

magnésium sílicate *n.* 〘化学〙ケイ酸マグネシウム《オルトケイ酸マグネシウム (Mg_2SiO_4), メタケイ酸マグネシウム ($MgSiO_3$), 三ケイ酸マグネシウム (magnesium trisilicate), 四ケイ酸マグネシウム ($Mg_3Si_4O_{11} \cdot H_2O$) の総称》.

magnésium súlfate *n.* 〘化学〙硫酸マグネシウム, 瀉利(しゃり)塩 ($MgSO_4$) (Epsom salts).

magnésium trisílicate *n.* 〘化学〙三ケイ酸マグネシウム ($2MgO \cdot 3SiO_2 \cdot nH_2O$)《脱臭・脱色剤, または制酸剤用粉末》.

mag·net [mǽgnɪt, -nət] 〖《a1398》*magnes* □ OF *magnete* < L *magnēta* loadstone, magnet □ Gk *magnētis (líthos)* (stone) from Magnesia, loadstone: cf. magnesia〗 ― *n.* **1 a** 磁鉄鉱, 天然磁石《natural magnet, lodestone ともいう》. **b** 磁石: a horseshoe ～ 馬蹄(てい)形磁石 / ⇨ bar magnet, permanent magnet. **2** 人を引きつける人[もの].

mag·net- [mægní:t, -nét | mægní:t, məg-] (母音の前に来る時の) magneto- の異形.

mag·net·ic [mægnétɪk | mægnét-, məg-] 〖《1632》□ F *magnétique* □ LL *magnēticus*: ⇨ magnet, -ic¹〗 ― *adj.* **1 a** 磁石の: ～ attraction 磁気引力. **b** 磁気の, 磁性の, 磁気を帯びた: a ～ body [substance] 磁性体. **c** 磁化される, 磁石に引かれる. **2** 地磁気の: ⇨ magnetic meridian. **3** 〈人・人格など〉人を引きつける力のある, 魅力のある: a ～ personality 人好きのする人柄. **4** 《古》催眠術の, 催眠力のある: ～ eyes (じっと見つめると)相手を眠らせてしまう目 / a ～ sleep 催眠術による睡眠. ― *n.* 磁性物質. **mag·nét·i·cal·ly** *adv.*

mag·nét·i·cal [-tɪkəl, -tə- | -tɪ-] *adj.* 《古》=magnetic.

magnétic ámplifier *n.* 〘電気〙磁気増幅器《角形磁気特性材料を用いた主として制御用の増幅器; transductor ともいう》.

magnétic anómaly *n.* 〘地質〙磁気異常《地球磁場の実測値が双極子説による理論値と食い違うこと》.

magnétic áxis *n.* 〘物理〙磁軸《両磁極を結ぶ直線》.

magnétic béaring *n.* 〘海事〙磁針方位《磁北を基準として測った方位; 針方位とは偏差の分だけ違う》.

magnétic blówout *n.* 〘電気〙磁気吹消し《接点間に発生したアークを磁気力で吹き飛ばして消弧させる遮断器の消弧法の一種》.

magnétic bóttle *n.* 〘物理〙磁気びん《プラズマ(高度にイオン化した気体)を, 閉じ込めるために磁束が漏斗状にしぼられているような磁場配位をもつ領域》.

magnétic búbble *n.* 〘電子工学〙泡磁区.

magnétic cárd *n.* 〘電算機〙磁気カード: ～ file 磁気カードファイル.

magnétic chárge *n.* 〘物理〙磁荷.

magnétic chárt *n.* 磁気図《地磁気の地理的分布を表わした地図》.

magnétic chúck *n.* 〘機械〙電磁チャック《電磁石の吸引力を応用したチャック》.

magnétic círcuit *n.* 磁気回路《磁束の通路を電気回路に対応させたもの》.

magnétic clútch *n.* 〘機械〙磁気クラッチ《電磁力を利用したクラッチ》.

magnétic coeffícient *n.* 〘海事〙磁気係数, 自差係数《船体や積荷などによって生じる磁気コンパスの誤差を理論的に分析して得られる係数》.

magnétic cómpass *n.* 磁気コンパス, 磁気羅(ら)針儀.

magnétic concentrátion *n.* 〘鉱山〙磁力選鉱《磁力を利用して有用鉱物と不用岩石とを分離する方法》.

magnétic córe *n.* **1** 〘電算機〙磁気コア, 磁心記憶装置. **2** 〘電気〙磁極鉄心, 磁心《磁界コイルを巻いた磁路となる鉄心》.

magnétic cóupling *n.* 〘電気〙 **1** 電磁結合《二つの回路間の電磁的な相互作用》. **2** 電磁継手《電磁力により回転力を伝達する継手》.

magnétic cóurse *n.* 〘航空〙磁針路《磁北から計った飛行機のコース》.

magnétic dámping *n.* 〘電気〙磁気制動.

magnétic declinátion [deviátion] *n.* 〘測量〙磁気偏角, 偏差.

magnétic díp *n.* 〘磁気・測量〙=dip 8.

magnétic dísk *n.* 〘電算機〙磁気ディスク.

magnétic domáin *n.* 磁区《強磁性体の表面に現われる磁化方向のそろった微小磁化領域》.

magnétic drúm *n.* 〘電算機〙磁気ドラム《情報を回転円筒の磁性面に記録する記憶装置》.

magnétic equátor *n.* (地磁気の)磁気赤道 (⇨ aclinic line).

magnétic escápement *n.* 〘時計〙磁気脱進機.

magnétic fíeld *n.* 〘物理・電気〙磁場, 磁界.

magnétic flúx *n.* 〘電気〙磁束.

magnétic flúx dènsity *n.* 〘電気〙=magnetic induction 2.

magnétic fócusing *n.* 〘電気〙磁界集束.

magnétic fórce *n.* 〘物理〙磁力.

magnétic héad *n.* 〘電気〙磁気ヘッド《磁気録音装置などのテープへの記録やテープからの再生をするための電気信号との変換部分》.

magnétic héading *n.* 〘航空〙機首磁方位《磁北から時計回りに測った機首の方向; 角度で表わす; cf. true heading》.

magnétic hysterésis *n.* 〘磁気〙=hysteresis.

magnétic indúction *n.* **1** 〘物理〙磁気誘導, 磁気感応. **2** 〘電気〙磁束密度《magnetic flux density ともいう》.

magnétic léns *n.* 〘電気〙磁気レンズ.

magnétic lóading *n.* 〘電気〙磁気装荷《電磁機械における磁気的役割の大きさ》.

magnétic merídian *n.* 〘地理〙磁気子午線.

magnétic míne *n.* 磁気機雷《電磁力の作用で通行する鋼鉄船の船体による磁気効果で爆発する機雷》.

magnétic móment *n.* 〘物理〙磁気[磁力]モーメント《磁石の磁荷と磁極間の距離との相乗積》.

magnétic néedle *n.* (羅針盤の)磁針.

magnétic nórth *n.* 磁気北極, 磁北.

magnétic permeabílity *n.* 〘物理〙電磁性透磁率 (⇨ permeability 2 a).

magnétic píckup *n.* 〘電気〙磁気[マグネティック]ピックアップ《磁気作用によってレコードから音を電気信号に変えて取り出す装置》.

magnétic póle *n.* **1** (磁石の)磁極. **2** [M- P-] (磁針の両端が向かう地表上の)磁極: the North [South] *Magnetic Pole* 磁北[南]極.

magnétic poténtial *n.* 〘電気〙磁位《magnetic scalar potential ともいう》.

magnétic púlley *n.* 磁力調車(しらべぐるま), 磁力プーリー《砂・廃物などから金属を選別する磁力装置》.

magnétic quántum nùmber *n.* 〘物理〙磁気量子数 (cf. azimuthal quantum number).

magnétic recórder *n.* 〘電気〙磁気記録装置《磁気を用いた録音・録画・データ記憶装置などの総称》.

magnétic recórding *n.* 磁気録音.

magnétic relúctance *n.* 〘電気〙磁気抵抗.

magnétic résonance *n.* 〘物理〙磁気共鳴.

magnétic róasting *n.* 〘鉱物〙磁化焙焼《磁性のない鉱物を焙焼して磁化すること》.

magnétic rotátion *n.* 〘物理〙=Faraday effect.

mag·net·ics [mægnétɪks | mægnét-, məg-] 〖⇨ magnetic, -ics〗 *n.* 磁気学.

magnétic saturátion *n.* 〘電気〙磁気飽和《起磁力の増加の割には磁束が増さなくなる現象》.

magnétic scálar poténtial *n.* 〘電気〙=magnetic potential.

magnétic scréen *n.* 〘電気〙=magnetic shield.

magnétic scréening *n.* 〘電気〙=magnetic shielding.

magnétic shéll *n.* 〘電気〙板磁石.

magnétic shíeld *n.* 〘電気〙磁気遮蔽物.

magnétic shíelding *n.* 〘電気〙磁気遮蔽(しゃへい)《磁気的に遮蔽すること》.

magnétic shúnt *n.* 〘磁気〙磁気分路《磁束の一部をバイパスするもの[こと]》.

magnétic stórm *n.* 〘地球物理〙磁気あらし《太陽の活動による地球磁気の異変》.

magnétic susceptibílity *n.* 〘電気〙磁化率 (⇨ susceptibility 3).

magnétic tápe *n.* 〘電気〙磁気テープ《磁性材料で被膜された磁気録音用のテープ; 一方向だけのものを single tape, 往復使用するものを double tape という》.
magnétic tápe recòrder *n.* (磁気)テープ録音機, テープレコーダー.
magnétic variátion *n.* 〘測量〙磁気偏差 (declination).
magnétic wíre *n.* 磁気録音線《テープの代りに用いる録音用の針金》.
magnétic wíre recòrder *n.* 磁気針金録音機, ワイヤレコーダー.
mag·ne·tism [mǽgnətìzm | -nɪ-, -nə-] 〘《1616》▭ LL *magnetism-us*: ⇨ magnet, -ism〙 ── *n.* **1** 磁気, 磁性; 磁気作用: induced ～ 誘導磁気, 感応磁気 / ⇨ terrestrial magnetism. **2** 磁気学. **3** 人を引きつける力, 魅力: He was gifted with strong personal ～. 強く人を引きつける力をもっていた. **4** 〘▭ F *magnétisme* ▭ G *Magnetismus*〙 催眠現象, 催眠術: ⇨ animal magnetism.
mág·ne·tist [-tɪst, -təst | -tɪst, -nə-] *n.* **1** 磁気学者. **2** 《古》催眠術者 (mesmerist).
mag·ne·tite [mǽgnətàɪt | -nɪ-, -nə-] 〘▭ G *Magnetit*: ⇨ magnet, -ite[1]〙 *n.* 〘鉱物〙磁鉄鉱 (Fe_3O_4).
mag·ne·tit·ic [mæ̀gnətítɪk | -nɪtít-, -nə-] *adj.*
mag·ne·tiz·a·ble [mǽgnətàɪzəbḷ, ⌐-⌐--- | mæ̀gnɪtáɪzəbḷ, -nə-, ⌐-⌐---] *adj.* 〘物理〙磁化できる.
màg·ne·tìz·a·bíl·i·ty [-zəbíləṭi | -lətɪ, -lɪ-] *n.*
mag·ne·ti·za·tion [mæ̀gnəṭɪzéɪʃən, -ṭə- | -nɪtaɪ-, -nə-, -tɪ-] *n.* **1** 〘物理〙磁化. **2** 魅了(すること).
magnetizátion cùrve *n.* 〘電気〙磁化曲線.
mag·ne·tize [mǽgnətàɪz | -nɪ-, -nə-] 〘《1787》← MAGNET＋-IZE: cf. F *magnétiser*〙 ── *vt.* **1** …に磁気を帯びさせる, 磁化する: ～ a steel bar. **2** 〈人を〉引き付ける, 〈人〉の心を動かす, 魅する. **3** 《古》＝mesmerize 1. ── *vi.* 磁気を帯びる. **mág·ne·tìz·er** *n.*
mág·ne·tiz·ing cùrrent *n.* 〘電気〙磁化電流, 励磁電流.
mágnetizing fòrce *n.* 〘電気〙磁化力.
mag·ne·to [mægníːṭoʊ | mægníːtəʊ, məg-] 〘《略》← *magnetoelectric machine*〙 *n.* (*pl.* ～**s**) 〘電気〙マグネト発電機; 高圧磁石発電機.
mag·ne·to- [mægníːṭo(ʊ), -néṭ- | mægníːtə(ʊ), məg-] 〘《1823》← L *magnēt-* (← *magnēs* 'MAGNET')＋-O-〙 ──「磁力; 磁気; 磁電気」の意の連結形. ★ 母音の前では通例 magnet- になる.
magnéto bèll *n.* 〘電気〙磁石電鈴, 磁石式ベル.
magnèto·calóric effèct *n.* 〘物理〙磁気熱量効果《熱環境から遮断された磁性体の温度が磁場力の増減にともなって変化すること》.
magnèto·chémistry *n.* 磁気化学.
magnèto·dýnamo *n.* (*pl.* ～**s**) 磁石発電機.
magnèto·eléctric *adj.* 磁電気の.
magnèto·eléctrical *adj.* ＝magnetoelectric.
magnèto·electrícity *n.* 磁電気.
magnéto·flùid·dynámic 〘⇨ fluid, dynamic〙 *adj.* 〘物理〙＝magnetohydrodynamic.
magnéto·flùid·dynámics *n.* 〘物理〙＝magnetohydrodynamics.
magnéto·flùid·mechánic 〘⇨ fluid, mechanic〙 *adj.* 〘物理〙＝magnetohydrodynamic.
magnéto·flùid·mechánics *n.* 〘物理〙＝magnetohydrodynamics.
magnéto·gàs·dynámics 〘⇨ gas[1], dynamics〙 *n.* 〘物理〙＝magnetohydrodynamics.
magnèto·génerator *n.* 磁石発電機, マグネト発電機.
mag·ne·to·gram [mægníːṭo(ʊ)græ̀m | -tə(ʊ)-] 〘← MAGNETO-＋-GRAM〙 *n.* 磁力記録.
mag·ne·to·graph [mægníːṭo(ʊ)græ̀f | -tə(ʊ)grɑ̀ːf, -græ̀f] 〘← MAGNETO-＋-GRAPH〙 *n.* **1** 磁力記録機, 記録磁力計. **2** ＝magnetogram.
magnéto·hydrodynámic 〘← MAGNETO-＋HYDRODYNAMIC〙 *adj.* 〘物理〙電磁流体力学の.
magnéto·hydrodynámics 〘⇨ ↑, -ics〙 ── *n.* 〘物理〙電磁流体力学《磁場とプラズマ(高度にイオン化した気体)との相互作用に関する研究分野; magnetofluiddynamics ともいう; 略 MHD》.
magnèto·mechánical rátio *n.* 〘磁気〙＝gyromagnetic ratio.
mag·ne·tom·e·ter [mæ̀gnətɑ́məṭə | -nɪtɔ́mɪtə(r, -mə-] 〘← MAGNETO-＋-METER〙 *n.* 〘磁気〙磁気計, 磁力計.
mag·ne·to·met·ric [mægnìːṭo(ʊ)métrɪk, -nèṭ-, -ṭə- | mægnìːtə(ʊ)-, məg-] *adj.* 磁気計の; 磁気測定の.
mag·ne·tom·e·try [mæ̀gnətɑ́mətri | -nɪtɔ́mɪtrɪ, -mə-] 〘← MAGNETO-＋-METRY〙 *n.* 〘磁気〙磁気測定.
magnèto·mótive *adj.* 〘磁気〙磁気作用を起こす, 動磁力の.
magnetomótive fórce *n.* 〘電気〙起磁力, 動磁力.
mag·ne·ton [mǽgnətɑ̀n | -nɪtɔ̀n] 〘← MAGNETO-＋(ELECTR)ON〙 *n.* 〘物理〙磁子.
magnèto·óptic *adj.* 磁気光学の.
magnèto·óptical *adj.* ＝magneto-optic.
magnèto·óptics *n.* 磁気光学《磁場(界)の加わった物質に起こる光学現象; 例えばゼーマン効果 (Zeeman effect), ファラデー効果 (Faraday effect) など》.
magnéto·pàuse 〘← MAGNETO-＋PAUSE〙 *n.* 〘地球物理〙磁気圏境界線《磁気圏の外側の境界線; cf. magnetosphere》.
magnéto·plàsma·dynámic 〘⇨ plasma, dynamic〙 *adj.* 〘物理〙＝magnetohydrodynamic.
magnéto·plàsma·dynámics *n.* 〘物理〙＝magnetohyrodynamics.
magnèto·resístance *n.* 〘電気〙磁気抵抗.
mag·ne·to·scope [mægníːṭəskòʊp | -tə(ʊ)skəʊp] *n.* 磁力[磁気]検出機《今は用いられていない》.
magnéto·sphère 〘← MAGNETO-＋-SPHERE〙 ── *n.* 〘地球物理〙磁気圏《地球磁場によって作られた放射能帯で, 地球から 40,000 マイルの所まで広がり, 地球を危険な粒子から保護している; また他の天体の周囲にある上記類似の放射能帯》. **magnèto·sphéric** *adj.*
magnèto·státic *adj.* 〘物理〙静磁場の[に関する].
magnèto·státics *n.* 静磁気学《時間とともに変動することのない磁場を対象とする分野》.
mag·ne·to·stric·tion [mægnìːṭo(ʊ)stríkʃən, -nèṭ-, -ṭə- | mægnìːtə(ʊ)-, məg-] 〘← MAGNETO-＋(CON)STRICTION〙 ── *n.* 〘電気〙磁気ひずみ, 磁歪(じわい)《強磁性体を磁化する時にわずかな変形を生じる現象またはその変形; cf. electrostriction》. **mag·nè·to·stríc·tive** [-stríktɪv] *adj.* **mag·nè·to·stríc·tive·ly** *adv.*
magnetostríction óscillator *n.* 〘電気〙磁気ひずみ発振器.
magnéto sỳstem *n.* 〘通信〙磁石式(電話).
magnèto·télephone *n.* 磁石式電話.
magnéto télephone sèt *n.* 〘通信〙磁石式電話機.
magnèto·tellúric 〘← MAGNETO-＋TELLURIC〙 *adj.* 〘地球〙地球磁場の[に関する].
magnéto·thèrmo·electrícity *n.* 〘電気〙磁気熱電気.
mag·ne·tron [mǽgnətrɑ̀n | -nɪtrɔ̀n] 〘← MAGNET＋-TRON〙 ── *n.* 〘電子工学〙マグネトロン, 磁電管《電子の流動を外部の磁界をもって制御し, 非常に短波長の電波を発生する陰陽両極を含む真空管》.
mag·ni- [mǽgnə | -nɪ] 〘▭ L ～ ← *magnus* great〙「大きい (large); 偉大な (great)」の意の連結形 (↔ micro-). ★ 母音の前では通例 magn- になる.
mag·ni·fi·a·ble [mǽgnəfàɪəbḷ, ⌐-⌐--- | -nɪ-] *adj.* **1** 拡大できる. **2** 誇張できる.
mag·nif·ic [mægnífɪk] 〘《1490》▭ (O)F *magnifique* ▭ L *magnificus* distinguished, lofty, splendid ← *magnus* great: ⇨ magni-, -fic〙 ── *adj.* 《古》 **1 a** 壮麗な (magnificent), 堂々たる. **b** 崇高な. **2** 大言壮語する (grandiloquent); 大げさな, 仰々しい. **3** 美辞麗句で賛美する. **-ly** *adv.*
mag·nif·i·cal [-fɪkəl, -fə- | -fɪ-] *adj.* ＝magnific. **～·ly** *adv.*
Mag·nif·i·cat [mægnífɪkæ̀t, -fə-, mɑːnjífɪkɑ̀ːt, -fə- | mægnífɪkæ̀t, məg-] 〘(*c*1200) ▭ L ～ (3rd pers. sing. pres.) ← *magnificāre* 'to MAGNIFY, praise highly'〙 ── *n.* **1** 〘キリスト教〙マグニフィカト, 聖なるおとめマリアの頌(しょう), マリア賛歌《*Luke* 1:46-55; My soul doth magnify the Lord (L. *Magnificat anima mea Dominum*)「わが心主をあがめ」で始まる聖母頌歌で, 夕べの祈り[晩課] (Vespers) に唱える》: sing ～ at matins 朝の祈りに(夕べの祈りの)マリアの頌を歌う; 時機はずれのことをする, お門違いのことをする, 場所柄をわきまえない. **2** [m-] 頌歌, 賛歌.
mag·ni·fi·ca·tion [mæ̀gnəfɪkéɪʃən, -fə- | -nɪfɪ-] 〘▭ LL *magnificātiō(n-)*: ⇨ magnify, -fication〙 *n.* **1** 拡大. **2** 称賛, 賛美. **3** 拡大複写[複製]. **4** 〘光学〙倍率.
mag·nif·i·cence [mægnífəsəns, məg- | -fɪ-] 〘《1340》▭ (O)F ～ ▭ L *magnificentia* ← *magnificus* lofty, splendid: ⇨ magnific, -ence〙 ── *n.* **1** 壮大, 荘厳, 雄大, 壮麗 (grandeur, splendor). **2** 表現の崇高さ, 気高さ; (文章・絵画・彫刻・美術品の)気品. **3** [M-] (皇帝・王・王族・高官などへの敬称として)陛下, 殿下, 閣下 (cf. Majesty, Highness 2, grace 9). **4** 《廃》華麗な儀式[式典]. **5** 《廃》高い評価.
mag·nif·i·cent [mægnífəsṇt, məg- | -fɪ-] 〘(*a*1460) ▭ OF ～ ∥ L *magnificent-ior* (compar.) ← *magnificus* 'MAGNIFIC'〙 ── *adj.* **1** 壮大な, 壮麗な, 立派な, 堂々とした: a ～ temple 壮麗な寺院 / a ～ view 壮大な光景 / a ～ display of paintings 目もあやな絵画の展覧. **2** 《口語》すばらしい, 最高の, 上等の: a ～ plan, opportunity, etc. / The day was ～. その日はすばらしい上天気だった. **3** 〈思想・表現など〉気高い, 崇高な: a ～ song / ～ language 格調の高い表現[言葉遣(づか)い]. **4** [古代の著名な統治者の称号に用いて] 功績の高い, 偉業のある: Lorenzo the *Magnificent* 偉大なるロレンツォ. **5** 物惜しみしない, 気前のよい (lavish); 途方もない (extravagant): a ～ disposition / ～ generosity. **～·ly** *adv.*
mag·nif·i·co [mægnífɪkòʊ, -fə- | -fɪkəʊ] 〘《1573》▭ It. ～ 《原義》magnific ▭ L *magnificus*: ⇨ magnific〙 ── *n.* (*pl.* ～**es**, ～**s**) **1** (昔の)ヴェネツィア共和国の貴族. **2** 貴人, 貴族, 大立物. **3** (同種のものの中で)一段とすぐれたもの, 白眉(はくび), 逸品, 圧巻.
mág·ni·fi·er 〘⇨ ↓, -er[1]〙 *n.* 拡大する人[もの]; (特に)拡大鏡[レンズ], 虫めがね, ルーペ.
mag·ni·fy [mǽgnəfàɪ | -nɪ-] 〘(*a*1382) *magnifie(n)* ▭ (O)F *magnifier* ∥ L *magnificāre*: ⇨ magni-, -fy〙 ── *vt.* **1 a** 〈レンズなどが〉〈物を〉大きく見せる, 拡大する: This telescope *magnifies* an object twenty diameters. この望遠鏡は物体を 20 倍に拡大する. **b** 増大する, 大きくする; 強くする. **2** 大げさに言う, 誇張する; 〈さほどでないものを〉高める, 大きそう[偉そう]に見せる: ～ losses 損失を誇張して言う / ～ one's office (低い)自分の地位を偉そうに見せる. **3** [～ one*self* で] **a** 尊大に構える, 威張る, お高くとまる. **b** […に向かって]誇る, […に対して]尊大に構える 〔*against*〕 (cf. *Job* 19:5; *Jer.* 48:42). **4** 《古》賛美する, あがめる: My soul doth ～ the Lord. わが心主をあがむ (*Luke* 1:46). ── *vi.* **1** 〈レンズなどが〉物を大きく見せる, 拡大力がある. **2** 《英方言》意義がある, 重要[重大]である.
mágnifying glàss *n.* 拡大鏡, 虫めがね.
mágnifying pòwer *n.* 〘光学〙倍率 (magnification).
mag·nil·o·quence [mægníləkwəns | -lə(ʊ)-] 〘《1623》▭ L *magniloquentia* ← *magniloquus* pompous in talk ← MAGNI-＋*loqui* to speak (⇨ loquacious): ⇨ ↓, -ence〙 ── *n.* **1** 大言壮語, ほら. **2** 誇張した言葉[文体].
mag·nil·o·quent [mægníləkwənt | -lə(ʊ)-] 〘《1656》《逆成》? ← MAGNILOQUENCE: ⇨ -ent〙 *adj.* 大言壮語的な, 大げさな表現の, 誇大な. **～·ly** *adv.*
Mag·ni·to·gorsk [mægníːṭəgɔ̀ːsk | -nìːtə(ʊ)gɔ́ːsk; *Russ.* magnjitagórsk] *n.* マグニトゴルスク《ソ連邦ロシヤ共和国 Ural 河畔の工業都市; 人口 398,000》.
mag·ni·tude [mǽgnət(j)ùːd | -nɪtjùːd] 〘(?*a*1425) ▭ L *magnitūdō* greatness, size, bulk: ⇨ magni-, -tude〙 ── *n.* **1** 大きなこと, 膨大, 多量: the ～ of the enterprise その企ての雄大さ. **2 a** 大きさ, 大小, 規模: measure the ～ of a lake 湖の大きさを計る. **b** 音量. **3** 重大, 重要さ: a matter of immense [no small] ～ きわめて[中々]重大な事柄 / a question of national ～ 国家的重要性をもつ問題. **4** 《廃》偉大さ, 高潔: the ～ of mind. **5** 〘天文〙(天体の明るさの) 等級: a star of the first [second, third, …] ～ 一[二, 三…]等星《六等星までは肉眼で見られる》/ ⇨ absolute magnitude, apparent magnitude. **6** 〘地震〙マグニチュード《地震の規模を表わす単位》. **7** 〘数学〙量, 大きさ (cf. quantity 4).
of the first magnitude きわめて偉大な[重要な]: (a matter) *of the first* ～ 最も重要な(問題) / She is a star *of the first* ～. 一流のスターだ.
mag·ni·tud·i·nous [mæ̀gnət(j)úːdənəs, -dṇ- | -nɪtjúːdɪn-, -dṇ-] 〘⇨ ↑, -ous〙 *adj.* 膨大[広大]な; 規模の大きな.
mag·no- [mǽgno(ʊ) | -nə(ʊ)] 〘← MAGNESIA & MAGNESIUM〙「マグネシア (magnesia), マグネシウム (magnesium)」の意の連結形: *magno*ferrite.
màgno·férrite 〘▭ G *Magnoferrit*: ⇨ ↑, ferrite〙 *n.* 〘鉱物〙苦土磁鉄鉱 ($MgFe_2O_4$) (magnesioferrite).
mag·no·lia [mægnóʊljə, -liə | mægnə́ʊljə, məg-, -lɪə] 〘《1748》← NL *magnolia* ← *Pierre Magnol* (1638-1715: フランスの植物学者): ⇨ -ia[1]〙 ── *n.* 〘植物〙 **1** モクレン《アジア及び北米に分布するモクレン科モクレン属 (*Magnolia*) の高木または低木の総称; タイサンボク (evergreen magnolia) 等》. **2** ユリノキ (tulip tree). **3** ヒメタイサンボク (*M. virginiana*) の乾燥した樹皮《薬用として用いた》. 〘↑〙 *n.* 女性名.
Mag·no·lia [mægnóʊljə, -liə | mægnə́ʊljə, məg-, -lɪə]
Mag·no·li·a·ce·ae [mægnòʊliéɪsiːː | -nə̀ʊlɪ-] 〘← NL ← *Magnolia* (属名: ⇨ magnolia): ⇨ -aceae〙 ── *n. pl.* 〘植物〙モクレン科. **mag·nò·li·á·ceous** [-ʃəs] *adj.*
Magnólia Státe 〘MAGNOLIA を州花とするため〙 *n.* [the ～] 米国 Mississippi 州の俗称.
magnólia wárbler *n.* 〘鳥類〙北米に生息するアメリカムシクイ科の鳥の一種 (*Dendroica magnolia*).
mag·nox [mǽgnɑks | -nɔks] 〘商標名: (頭字語) ← *M(agnesium) N(o) O(xidation)*〙 ── *n.* マグノックス《英国型の炭酸ガス冷却原子炉の燃料被覆材として使われるマグネシウム合金》.
mágnox reáctor *n.* 〘原子力〙マグノックス原子炉《マグノックスで被覆された天然ウランを燃料とする黒鉛減速, 英国型の炭酸ガス冷却原子炉》.
mag·num [mǽgnəm] 〘《1788》▭ L ～ (neut. sing.) ← *magnus* great, large, much〙 ── *n.* **1** (ワイン・酒用の)マグナムびん《約 2 quarts 入り; 普通のびんの 2 本分; cf. bottle 2, double magnum》. **2** 〘解剖〙有頭骨《手根骨の中で最大であるための命名》. **3** マグナム弾薬筒[火器] (cf. *adj.*). ── *adj.* 〈薬莢(やっきょう)・火器が〉高性能の《ほぼ同一口径の他の弾薬筒と比べて薬莢と装薬の量が多い》.
mág·num ópus [mǽgnəm-] 〘▭ L ～ 'great work'〙 *n.* **1** ＝opus 1 b. **2** 畢生の大事業.
Mag·nus [mǽgnəs] 〘▭ L ～ 'great'〙 *n.* 男性名《アイルランド形 Manus》.
Mág·nus effèct [mǽgnəs-] 〘← *Heinrich Gustav Magnus* (1802-70: ドイツの物理学者)〙 ── *n.* 〘物理〙マグナス効果《気流中に置かれた回転円筒に作用する側方推進力; 無燃料船の推進に応用される; cf. rotor ship》.
mág·nus hìtch [mǽgnəs-] 〘← L *magnus* great〙 ── *n.* 〘海事〙三重結び, マグナスヒッチ《円材などに綱を結び付ける時に巻結び (clove hitch) より一巻きだけ多くする結び方》.
Ma·gog [méɪgɑg | -gɔg] 〘▭ Heb. *Māghōgh*〙 ── *n.* 〘聖書〙マゴグ, マゴーグ《Palestine の北に位置したと思われる地方およびその住民; cf. *Ezek.* 39:6; ⇨ Gog and Magog 1》.
ma·got [məgóʊ, mæ-, mɑː-; *F.* mago] 〘▭ F ～ ← *Magot* 《転訛》← MAGOG (*Rev.* 20:8)〙 ── *n.* **1** 〘動物〙＝Barbary ape. **2** (中国・日本製の陶器や象牙・木などで作った製品などに見られる)異形の小像《大黒・布袋(ほてい)など》.
mag·pie [mǽgpaɪ] 〘《1605》← *Mag* (《変形》← MARGARET)＋PIE[1] ← 《1573》《方言》*maggotpie* ← *maggot* magpie (▭ F *Margot* ← *Marguerite* 'MARGARET')＋PIE[1]: cf. F *margot* magpie〙 ── *n.* **1** 〘鳥類〙カササギ《羽の色が白と黒で鳴声がやかましく, 人家の物

を盗む癖があるカササギ属 (*Pica*) の鳥の総称》: **a** = black-billed magpie. **b** =yellow-billed magpie. **2** 家バトの一種. **3 a** (カササギのような)おしゃべり(屋) (chatterbox). **b** がらくた蒐集癖のある人. **c** こそ泥. **4** 〘その合図にカササギの羽のような白と黒から成る旗を掲げることから〙《ライフル射撃で》標的の外から 2 番目の圏(への命中弾). **5** 〘通常, 主教は白色の rochet の上に黒色の chimere を着用することから〙《戯言》(英国国教会の)主教; 主教の式服.

mágpie gòose *n.* 〘鳥類〙カササギガン (*Anseranas semipalmata*)《オーストラリア産のガチョウに似た鳥で, 最も原始的なガン》.

mágpie làrk *n.* 〘鳥類〙ツチスドリ (*Grallina cyanoleuca*)《泥で巣をつくるオーストラリア産の鳥; mudlark ともいう》.

mágpie mòth *n.* 〘昆虫〙スグリシロエダシャク (*Abraxas grossulariata*)《シャクガ科の昆虫; ヨーロッパから日本にかけて分布し, 幼虫はスグリを食害するというが, 日本ではガマズミ, トネリコなど種々の植物を食べる》.

M. Agr. 《略》Master of Agriculture.

Mag·say·say [mɑːgsáɪsaɪ], **Ra·món** [rɑːmóʊn | -mə́ʊn] *n.* マグサイサイ《1907–57; フィリピンの政治家, 大統領 (1953–57)》.

mags·man [mǽgzmən] 〘← *mag* chatter〙 *n.* (*pl.* **-men** [-mən, -mèn]) **1** 《英俗》詐欺師 (swindler). **2** 《豪》話上手な人.

ma·guey [məgéɪ, mǽgweɪ; *Sp.* magéi] 〘《1555》▭ Sp. ～ ← Taino〙 *n.* **1** 〘植物〙リュウゼツラン (agave); (特に)マゲイ (*Agave cantala*). **2** その繊維.

Ma·gus [méɪgəs] 〘《c1378》▭ L ～ ▭ Gk *mágos* ▭ OPers. *magush* magician: cf. magic〙 ── *n.* (*pl.* **Ma·gi** [méɪdʒaɪ | -dʒaɪ, -gaɪ]) **1 a** マギ族の人 (⇨ Magi). **b** 東方の三博士の一人 (⇨ Magi). **2** [m-] (古代の)占星学者 (astrologer), 魔術師: ⇨ Simon Magus.

Mag·yar [mǽgjɑə, máːg-, -gjə, máːdʒɑə | mǽgjɑː(r, -gɪɑː(r] 〘▭ Hung. ～ ← ?〙 ── *n.* **1 a** [the ～(s)] マジャール族《ハンガリーに住む Finno-Ugric 語系の主要種族》. **b** マジャール族の人. **2** マジャール語, ハンガリー語 (Hungarian). ── *adj.* **1** マジャール族の. **2** マジャール語の, ハンガリー語の; マジャール[ハンガリー]文化の. **3** 〘服飾〙マジャール風の《マジャール[ハンガリー]の婦人の衣装のように色が鮮かで身頃はぴったりし, スカートは長くてフラウンスがついているものにいう》: ～ sleeves マジャール袖 / a ～ blouse マジャールブラウス.

Mag·yar·ize [mǽgjəràɪz, máːg-, -gjər-, máːdʒɑːr- | mǽgjɑːr-, -gɪɑːr-] 〘⇨ ↑, -ize〙 ── *vt.* **1** マジャール化する. **2** マジャール領とする. **3** マジャール[ハンガリー]語化する. **Mag·yar·i·za·tion** [mæ̀gjɑːrɪzéɪʃən, màːg-, -gjər-, màːdʒɑːr-, -rə- | mæ̀gjɑːraɪ-, -gɪɑːr-, -rɪ-] *n.*

Ma·gyar·or·szág [*Hung.* mɔ́djɔrorsaːg] *n.* モジョロルサーグ《Hungary のハンガリー語名》.

Ma·ha·bha·ra·ta [məhɑ́ːbɑ́ːrətə | -tə] 〘▭ Skt *Mahābhārata*《原義》the great (story of the) Bharatas ← *mahā-* great＋*Bhārata* descendant of a king or tribe named Bharata (← *bhārata* story): cf. maharaja〙 ── *n.* (*also* **Ma·ha·bha·ra·tum** [-təm | -təm]) [the ～]「マハーバーラタ」《Ramayana と共に古代インドの二大叙事詩の一つ; 紀元前 5 世紀ごろのインド北部における二王家の争いを歌ったもの》.

ma·ha·gua [məhɑ́ːgwə] *n.* 〘植物〙=majagua.

Ma·ha·la [məhéɪlə] 〘▭ Heb. *mahlā*[h]《原義》? barren〙 *n.* 女性名《異形 Mahalia, Mahalie》.

Ma·hal·la el Ku·bra [məhǽlə-el-kúːbrə] *n.* マハラエルクブラ《エジプト北部, Cairo 北方の都市; 人口 296,000》.

ma·hál·a mát [məhǽlə-] 〘▭ Am.-Ind. *mahala* woman; インディアンの女たちがこれを材料にむしろを編むところから〙 ── *n.* 〘植物〙アメリカ太平洋沿岸産クロウメモドキ科ソリチャ属の常緑・匍匐(ほふく)性の低木 (*Ceanothus prostratus*).

ma·ha·leb [máː(h)əlèb] 〘《1558》▭ Arab. *máhlab* ← *ḥálaba* to milk〙 ── *n.* 〘園芸〙マハレブ (*Prunus mahaleb*)《ヨーロッパ南部・アジア南西部原産で, オウトウ(桜桃)の継ぎ木の台木として利用される; mahaleb cherry, St. Lucie cherry ともいう》.

Ma·hal·ia [məhéɪljə] 〘《異形》← MAHALA〙 *n.* 女性名.

Ma·ha·lie [məhéɪli | -lɪ] 〘《異形》← MAHALA〙 *n.* 女性名.

ma·ha·ra·ja [mɑ̀ː(h)ərɑ́ːdʒə, -ʒə; *Hindi* məharaɟa] 〘《1698》▭ Hindi *mahārājā* ← Skt ← *mahā-* great＋*rāja(n)* king〙 ── *n.* (*also* **ma·ha·ra·jah** [～]) 〘インド史〙マハラジャ《君主 raja よりも高位の君主》.

ma·ha·ra·ni [mɑ̀ː(h)ərɑ́ːni | -niː; *Hindi* məharani] 〘《1862》▭ Hindi *mahārānī* ← Skt ← *mahā-* great＋*rājñī* 'queen, RANI': ↑〙 ── *n.* (*also* **ma·ha·ra·nee** [～]) 〘インド史〙 **1** maharaja の妻[未亡人]. **2** (rani より高位の)女君主.

Ma·ha·rash·tra [mɑːhərɑ́ːʃtrə] *n.* マハラシュトラ《インド中西部の州, 旧 Bombay 州の一部; 人口 50,336,000, 面積 307,269 km², 首都 Bombay》.

Ma·ha·ri·shi [məhɑ́ːrəʃi | -rɪʃɪ] 〘▭ Skt *mahārṣi* ← *mahā-* great＋*ṛṣi* sage, seer〙 ── *n.* **1** マハルシ《ヒンズー教の精神的指導者の称号》. **2** [しばしば m-] 精神的指導者.

ma·ha·sir [məhɑ́ːsɪə | -sɪə(r] *n.* 〘魚類〙=mahseer.

ma·hat·ma [məhɑ́ːtmə, -hǽt-; *Hindi* məhatma] 〘《1884》▭ Skt *mahātman* ← *mahā-* great＋*ātman* 'soul, ATMAN'〙 ── *n.* **1 a** (バラモン教の)大知, 大聖. **b** [M-] インドで高貴な人の名 (特に Gandhi) に添える敬称: *Mahatma* Gandhi. **2** 権威(者): a ～ of mathematics 大数学者 / a ～ of chess チェスの名人. **3** 〘神学〙(超自然力をもつといわれる)大賢者.

ma·hát·ma·ism [-məɪzm̩] *n.* (インドの)大知信仰; 超自然力崇拝.

Ma·ha·ya·na [mɑ̀ː(h)əjɑ́ːnə; *Hindi* məhajana] 〘▭ Skt *mahāyāna* the great vehicle ← *mahā-* great＋*yāna* vehicle〙 ── *n.* 〘仏教〙大乗(仏教)《紀元前後に従来の伝統主義仏教(小乗仏教)を批判して興起した仏教運動; Great Vehicle ともいう; cf. Hinayana》.

Ma·ha·ya·nist [mɑ̀ː(h)əjɑ́ːnɪst, -nəst | -nɪst] *n.* 大乗仏教信者.

Ma·ha·ya·nis·tic [mɑ̀ːhəjɑːnístɪk] *adj.* 大乗(仏教)的な.

Má·ha Yú·ga [məhɑ́ː-] 〘▭ Skt *mahā-yuga* great age: ⇨ maharaja, Yuga〙 *n.* 〘ヒンズー教〙大世, 大ユガ (⇨ Yuga).

Mah·di [mɑ́ːdi | -diː, -dɪ] 〘《1800》▭ Arab. *mahdī* one guided aright (p.p.) ← *hádā* to lead aright〙 ── *n.* **1** マーディ《この世の終末の前に現われるというイスラム教の救世主》. **2** 自ら Mahdi と称した人; (特に) Mohammed Ahmed.

Máh·dism [-dɪzm̩] *n.* Mahdi 降臨の信仰; Mahdi の支持. **Máh·dist** [-dɪst, -dəst | -dɪst] *n.*

Ma·hé [mæhéɪ] *n.* マヘ(島)《インド洋上英領セイシェル諸島 (the Seychelles) の主島》.

Ma·hi·can [məhíːkən] 〘▭ N-Am.-Ind. (Algonquian) *maingan*《原義》wolf〙 ── *n.* (*pl.* ～, ～**s**) **1 a** [the ～(s)] マヒカン族《もと Hudson 川から Champlain 湖に及ぶ地域に集中した Algonquian 族に属するアメリカインディアンの一族》. **b** マヒカン族の人. **2** マヒカン語. **3** (もと Connecticut 州にいた)モヒーガン族 (Mohegan) の原住民.

mah-jongg [mɑ̀ːʒɑ́ŋ, -dʒɑ́ŋ, -ʒɔ́(ː)ŋ, -dʒɔ́(ː)ŋ, ━ ━ | mɑ̀ːdʒɔ́ŋ; *Chin.* mátɕiàŋ] 〘▭ Chin. *ma chiang* =《広東方言》*ma chiung* (麻雀) hemp-bird, sparrow (雀子(すずめ)) の一番目の牌(パイ)に雀の絵が描かれていることにちなむ〙 ── *n.* (*also* **mah-jong** [～]) 麻雀(マージャン). ── *vi.* 麻雀で勝つ.

Mah·ler [mɑ́ːlə | -lə(r; *G.* máːlɐ], **Gustav** *n.* マーラー《1860–1911; Bohemia 生れのオーストリアの作曲家・指揮者》.

mahl·stick [mɔ́ːlstɪk, máːl- | mɔ́ːl-] 〘《1658》《異形》← MAULSTICK〙 *n.* =maulstick.

Mah·mud II [mɑːmúːd-] *n.* マフムト二世《1785–1839; オスマン帝国のスルタン (1809–39)》.

ma·hoe [məhóʊ, máːhoʊ | məháʊ] 〘▭ F *maho(t)* ▭ Taino *maho*〙 ── *n.* (*also* **ma·ho** [～]) 〘植物〙 **1** = majagua. **2** トウユウナ (portia tree). **3** ジンチョウゲ (*Daphnopsis caribaea*)《西インド諸島のジンチョウゲ科の木》. **4** 南米産アオギリ科アオギリ属の植物 (*Sterculia pruriens*)《材質は目(もく)がまっすぐで光沢がある》. **5** ニュージーランド産スミレ科の低木 (*Melicytus ramiflorus*).

ma·hog·a·ny [məhɑ́gəni | -hɔ́gənɪ] 〘《1671》*mohogeney* ← ? Honduras《土語》: cf. Sp.《廃》*mahogani*〙 ── *n.* **1 a** 〘植物〙マホガニー (*Swietenia mahagoni*)《熱帯アメリカ産のセンダン科の常緑高木; 赤褐色の堅い木材は高級家具用材となる》. **b** マホガニー材. **2 a** 〘植物〙アフリカマホガニー《アフリカマホガニー属 (*Khaya*) のマホガニーと同類の常緑樹木の総称》. **b** アフリカマホガニー材. **3** マホガニー色《赤褐色》. **4** 《古》(マホガニー材の)テーブル; (特に)食卓: with one's knees under the ～ 食卓について / be under the ～ (食卓の下に)酔って倒れている, 酔いつぶれる / put [stretch] one's legs [feet] under a person's ～ 人の歓待を受ける, 人と一緒に食事する. ── *attrib. adj.* マホガニー材の; マホガニー色の: a ～ desk.

mahógany ácid *n.* 〘化学〙マホガニー酸《石油スルホン酸の油溶性の成分; 防錆剤として用いる》.

Ma·ho·met [məhɑ́mɪt, méɪəm-, -mət | məhɔ́mɪt, -mət, méɪəmet, méə-, -mɪt, -mət] *n.* =Muhammad.

Ma·hón [mə(h)óʊn | -(h)ə́ʊn; *Sp.* maón] *n.* マオン《地中海のスペイン領 Minorca 島東部の首都; 人口 20,000》.

ma·ho·ni·a [məhóʊniə | -hə́ʊnɪə, -njə] 〘← NL ～ ← *Bernard McMahon* (1775–1816: 米国の植物学者): ⇨ -ia[1]〙 ── *n.* 〘植物〙アジア東部および東南部・北米・中米原産メギ科ヒイラギナンテン属 (*Mahonia*) の植物の総称《ヒイラギナンテン (*M. japonica*) など; 庭園に植えられる》.

Ma·hound [məhúːnd, -háʊnd] 〘《?a1200》*Mahun, Mahum* ▭ OF *Mahom, Mahon*《転訛》← *Mahomet* 'MUHAMMAD'〙 ── *n.* **1** 《古》=Muhammad. **2** 《スコット》悪魔.

ma·hout [məháʊt, -húːt] 〘《1662》▭ Hindi *mahāut, mahāwat* ← Skt *mahāmātra*《原義》great in measure ← *mahā-* great＋*mātra* measure〙 ── *n.* (東インド諸島で)象使い.

Mah·rat·ta [mərɑ́ːtə, -rǽtə | -rǽtə] *n.* =Maratha.

Mah·rat·ti [mərɑ́ːti, -rǽti | -rǽtɪ] *n.* =Marathi.

mah·seer [mɑ́ːsɪə | -sɪə(r] 〘▭ Hindi *mahāsir* ← ? Skt *mahā-* great＋*śiras* head〙 ── *n.* (*also* **mah·sir** [～]) 〘魚類〙マハシア (*Barbus mosal*)《インド産コイ科の大型淡水食用魚》.

ma·hua [mɑ́ː(h)wə] 〘▭ Hindi *mahūā* ← Skt *madhūka* ← *madhu* 'sweet, MEAD[1]'〙 ── *n.* 〘植物〙インド・マレー半島・東南アジア産アカテツ科 *Madhuca* 属の樹木の総称; (特に)イリッペ (*M. latifolia* または *M. indica*)《花は糖分が多く食用・醸造用》.

mah·zor [mɑːxzɔ́ə, mɑ́ːxzə | mɑːxzɔ́ː(r, mɑ́ːxzə(r] 〘▭ Mish.Heb. *maḥᵃzōr* cycle, MHeb. prayer book ← Heb. *ḥāzár* to turn, regret〙 ── *n.* (*pl.* **mah·zo·rim** [mɑ̀ːxzɔːríːm], ～**s**) 〘ユダヤ教〙(祝祭日用)祈禱書 (cf. siddur).

Ma·ia [méɪjə, máɪə | máɪə] 〘▭ L *Māia* ▭ Gk *Maîa*《原義》good mother, nurse ← IE **mā-* mother〙 ── *n.* 〘ギリシャ神話〙マイア《Pleiades 七姉妹中の最年長者; Zeus との間に Hermes を生んだ》.

maid [méɪd] 〘《a1200》*maide*《短縮》← MAIDEN: cf. OE *mægd*: ME では「未婚の男子」を指すこともあった〙 ── *n.* **1** 《詩・古》 **a** 娘, 少女, 未婚の娘: ～'s garments お嬢さん用衣類《仕立屋・洋裁業者の用語; cf. women's garments ⇨ woman 1》. **b** 処女, 未婚の女, 独身女. ★次の句に用いる以外は《まれ》: an old ～ 老嬢, オールドミス. **2** 女中: ⇨ barmaid, housemaid, kitchenmaid, nursemaid, parlormaid, lady's maid. **3** [the M-] =the MAID of Orléans.

a maid of all work (1) 雑働きの女中, 雑役婦. (2) いろんな仕事をする人,「なんでも屋」.

maid of honor (1) (女王・王女にかしずく)女官, 侍女《通例高貴の生れの未婚婦人》. (2) 《米》花嫁に付添う未婚婦人 (bridesmaid) (cf. MATRON of honor).

Maid of Orléans [the ―] オルレアンの少女《Joan of Arc のこと》.

Mai·da [méɪdə] 〘▭ OE *Mæġð* maiden〙 *n.* 女性名《異形 Maidie》.

mai·dan [maɪdɑ́ːn] 〘《1625》▭ Hindi *maidān* ▭ Pers. *maydān* ▭ Arab. *maydān*〙 *n.* 広場, マイダーン《ペルシャ・インド・アフリカなどの都市で市場・遊歩場・練兵場などに用いられる場所》.

Mái·da Vále [méɪdə-] *n.* London の北西部の大道路 Edgware Road の北部の名称; 1806 年イタリア南西部, Calabria の Maida で英国軍がフランス軍を破った記念につけられた名.

maid·en [méɪdn̩] 〘OE *mæġden* < Gmc **maʒadīnam* (dim.) ← **maʒaðiz* maid, virgin (OE *mæġ(e)þ* / OS *magath* / OHG *magad* (G *Mädchen*)) < IE **maghos* young person of either sex: ⇨ -en[5]: ME では「未婚の男子」の意に用いられた〙 ── *n.* **1** 《詩・古》=maid 1. **2** 《古》(16–17 世紀のころスコットランドで用いた guillotine に似た)断頭台. **3** 〘クリケット〙=maiden over. **4** =maiden horse; maiden race (⇨ *adj.* 4). **5** 《廃》=maidservant. **6** 《スコット》=harvest doll.

── *attrib. adj.* **1 a** 処女の; 未婚の, 独身の: one's ～ sister / a ～ lady (年輩の)独身婦人. **b** 処女らしい: ～ innocence 娘らしい無邪気さ / a ～ blush. **2** 初めての, 初舞台の: a ～ speech (議会における議員の)処女演説 / a ～ trip 初旅 / a ～ voyage [flight] 初航海[飛行], 処女航海[飛行]. **3 a** まだ使った[試した]ことのない: a ～ battle 初陣(ういじん) / a ～ knight [soldier] 初陣の騎士[兵士] / ～ soil 未墾地 / a ～ sword まだ切れ味を試さない刀, 新刀(あらみ). **b** 〈町・城・砦など〉征服されたことのない: a ～ castle [fortress, city] 一度も敵の手に落ちたことのない城[要塞, 都市]. **4 a** 〈競走馬など〉一度も勝った[賞を得た]ことのない, 未勝利の: a ～ horse 一度も勝ったことのない馬, 未勝利の馬. **b** 〈賞・レースなど〉未勝利馬の: a ～ race / ～ stakes 未勝利の馬に賭けた金. **5** 〈雌の動物が〉交尾の経験のない; 子を産んだことのない. **6** 〘英法〙 **a** 〈巡回裁判が〉裁判すべき(刑事)事件のない, 審理すべき被告人のいない: a ～ assize, circuit, session. **b** 《廃》〈裁判が〉死刑に処すべき者のいない.

máiden·hàir *n.* 〘植物〙ウラボシ科クジャクシダ属 (*Adiantum*) の植物の総称《ホウライシダ (Venushair) や北米産でクジャクが羽を広げたような葉の型をした優美な栽培種のクジャクシダ (*A. pedatum*) など; maidenhair fern ともいう》.

máidenhair spléenwort *n.* 〘植物〙チャセンシダ (*Asplenium trichomanes*)《温帯北部の岩上に生えるウラボシ科の常緑のシダ; English maidenhair ともいう》.

máidenhair trèe *n.* 〘植物〙=ginkgo.

máiden·hèad 〘← MAIDEN (n.)＋-HEAD〙 *n.* **1** 《古》処女であること (maidenhood). **2** 処女膜 (hymen).

Maid·en·head [méɪdn̩hèd] 〘ME *Maydehuth*《原義》the maidens' landing-place ← MAIDEN＋OE *hȳð* landing-place: cf. Lambeth: 現在の語形は MAIDENHEAD との連想による〙 *n.* イングランド Berkshire 州の都市; Thames 河畔のボート遊びの中心地; 人口 46,000.

máiden·hòod 〘OE *mæġdenhād*: ⇨ maiden, -hood〙 *n.* **1** 処女であること, 処女性. **2** 処女時代.

máid·en·ish [-dn̩ɪʃ] *adj.* 《軽蔑》娘らしい, 処女みたいな; オールドミスらしい[風の].

máid·en·ly 〘⇨ maiden, -ly[2]〙 ── *adj.* **1** 少女の, 処女の: one's ～ years 少女期. **2** 〈性質・行動など〉処女[娘]らしい; 優しい, 慎ましい, 内気な (gentle, modest): ～ modesty. ── *adv.* 《古》乙女(おとめ)らしく; 慎ましく. **máid·en·li·ness** *n.*

máiden nàme *n.* (女性の)結婚前の姓, 旧姓 (⇨ née 1).

máiden óver *n.* 〘クリケット〙無得点のオーバー《6 回の投球のうち 1 点も取られないもの》.

máiden pìnk *n.* 〘植物〙ヒメナデシコ (*Dianthus

deltoides)《ヨーロッパ西部からアジア東部に分布するナデシコ科の群生植物》.

máiden's-wrèath *n.* 〘植物〙フランコア (*Francoa ramosa*)《チリ原産ユキノシタ科の多年草; ピンクの花が咲く; bridal wreath ともいう》.

máid·hòod 〘OE *mæġðhād*: ⇨ maiden, -hood〙 *n.* **1** =maidenhood. **2** 女中の仕事[身分].

máid-in-wáiting *n.* (*pl.* **maids-in-**) 女王[王女]に侍する未婚貴婦人, 侍女.

máid·ish [-dɪʃ] *adj.* =maidenish.

Máid Már·i·an [-mɛ́(ə)riən | -mɛ́ərɪ-] *n.* **1** (昔の morris dance の)五月姫 (May queen). **2** =morris dance. **3** 〘英国伝説〙メリアン《Robin Hood の恋人》.

máid·sèrvant *n.* お手伝い, 女中 (cf. manservant).

Maid·stone [méɪdstən, -stoun | -stən, -stəun] 〘OE *Mæidesstana*《原義》? the maidens' stone〙 *n.* イングランド Kent 州の首都; 人口 127,000.

Mai·er[1] [máɪə | máɪə(r; *G.* máɪɐ] 〘□G ~《原義》 bailiff, farmer〙 *n.* 男性名.

Mai·er[2] [máɪə | máɪə(r] 〘その方法を考案したドイツ人の名にちなんで〙 ━ *adj.* 〘造船〙マイアー式の《船体が受ける水の抵抗を最も少くするようにした造船形式にいう》.

ma·ieu·tic [meɪjúːtɪk, maɪ-|-tɪk] 〘《1655》□Gk *maieutik-ós* obstetric ← *maieúesthai* to act as midwife ← *maîa* good mother, nurse, midwife: ⇨ Maia〙 ━ *adj.* (知的)産婆術の《相手の考えを引き出し, それを明確に意識させる Socrates の問答法を産婆術にたとえて言ったもの》.

mai·gre[1] [méɪgr(ə), -gə|-gr(ə), -gə(r; *F.* mɛgr] 〘《1835》□F ~《原義》'lean, MEAGER'〙 ━ *adj.* 〘カトリック〙肉も肉汁も用いない, 精進(しょうじん)料理の; 精進日にふさわしい: a ~ soup.

mai·gre[2] [méɪgr(ə), -gə | -gr(ə), -gə(r] 〘□F ~《原義》'MEAGER'〙 ━ *n.* 〘魚類〙コルビナ (*Argyrosomus regium*)《ヨーロッパ産のニベ科の大型海魚; うなるような音を出し群れをなして生息する; 食用》.

mai·hem [méɪhem, méɪəm] *n.* =mayhem.

mail[1] [méɪl] 〘《?a1300》 *maylle* □(O)F *maille* mesh < L *maculam* 'spot, mesh of a net, MACULA': cf. macle, mackle〙 ━ *n.* **1 a** (鎧(よろい)に使う)鎖, 鎖帷子(かたびら)(hauberk ともいう; cf. COAT of mail). **b** (鎖帷子式の)鎧. **2** (カメ・センザンコウ・アルマジロ・イセエビなどの)鎖帷子状の覆(おお)い[うろこ]. **3** メール《織物のたて糸の通る, 金属製またはガラス製の綜絖(そうこう)の目》. ━ *vt.* …に鎖帷子を着せる; 武装させる (arm with mail): be ~*ed* in armor 鎖帷子で身を固めている.

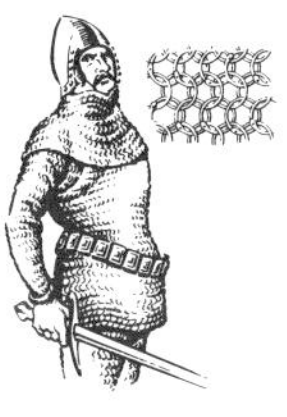
mail[1] 1

mail[2] [méɪl] 〘《?a1200》□OF *male* (F *malle* bag, trunk) □Frankish **malha* ← Gmc **malhō-* (OHG *mal(a)ha* wallet) ← IE **molko-* skin bag〙 ━ *n.* **1** [集合的] 郵便物; (1 回の便で配達される)郵便物: the Indian ~ インド向け郵便物 / the ~*s* for England 英国行きの郵便物 / Has the ~ come this morning? 今朝は郵便が来ましたか / Is there any ~ for me? 私に何か手紙が来ていますか / I had a lot of ~ this morning. 今朝郵便がたくさん来た / The ~*s* are lost. 郵便物が紛失した. **2** [*pl.* にも用いて] 郵便制度; 郵便: domestic [foreign] ~ 国内[外国]郵便 / ⇨ airmail / by ~ = through the ~ 郵便で / by next ~ 次便で / by return of ~ =by return of ~ 折り返して / first-[third-] class ~ 第一[第三]種郵便. **3** 《英》郵便物運送機関《郵便列車・郵便船・郵便配達人など》: a night ~ 夜行郵便列車 / an outgoing ~ 外国向け郵船. **4 a** 郵便袋 (mailbag), 郵袋(ゆうたい). **b** 《スコット》袋, 旅行袋. **5** [M-; 新聞紙名に用いて] …紙: The Daily *Mail*.
━ *adj.* 郵便の, 郵便物を扱う, 郵便物運送用の: ~ matter 郵便物 / a ~ boat [steamer] 郵便船 (《英》 post-boat) / a ~ train 郵便列車.
━ *vt.* 〈手紙などを〉郵便で出す, 郵送する.

mail[3] [méɪl] 〘OE *māl* □ON *mál* speech, agreement〙 *n.* 《スコット》(家賃・借地料・税金などの)納付金, 金納.

mail·a·ble [méɪləbl] *adj.* 《米》(法的に)郵送できる, 郵便として出せる. **màil·a·bíl·i·ty** [-ləbíləṭi | -lətɪ, -lɪ-] *n.*

máil·bàg *n.* **1** (郵便配達人が肩にかける)郵便かばん. **2** (運送用)郵便袋, 郵袋(ゆうたい).

máil·bòx *n.* 《米》 **1** 郵便(差出し)箱, ポスト (postbox) (cf. pillar-box): mail a letter at a ~ 手紙をポストに入れる. **2** (個々の家などの)郵便受け (《英》 letterbox).

mailbox 1

máil càr *n.* 郵便列車《車内に種分けなどの設備がある》.

máil càrrier *n.* 《米》 **1** 郵便配達人, 集配人 (《英》 mailman). **2** (郵便局相互間の)郵便物[郵袋]配送人.

máil-càrt *n.* 《英》 **1** 郵便車. **2** (手押しの)乳母車.

máil·càtcher *n.* 《米》郵便積込み装置《列車の進行中に郵便袋を受け止めできるようになっている装置》.

máil·clàd *adj.* 鎖帷子(かたびら)[鎧(よろい)]を着た.

máil clèrk *n.* **1** 《米》郵便局(事務)員. **2** (会社などの)郵便係. **3** 〘鉄道〙(郵便車の)郵便選別係.

máil-cóach *n.* 《英》 **1** 郵便馬車 (stagecoach)《昔, 郵便物を運んだ乗合馬車》. **2** (列車の)郵便車.

máil còver *n.* 《米》国家・政府に対する反逆犯罪があるとみなされる個人・団体・企業宛ての郵便物の差出人の氏名・住所・発信地・日付けなどを完全に記録する制度; 現在はほとんど行なわれていない.

máil dày *n.* 郵便郵配日.

máil dròp *n.* 《米》 **1** 郵便差入れ口; 郵便受取り箱. **2** 秘密の郵便物[情報]の取次所.

mai·le [máɪli | -lɪ] 〘□ Hawai.〙 ━ *n.* 〘植物〙太平洋諸島に産するキョウチクトウ科のカズラの類の植物 (*Alyxia olivaeformis*)《葉や樹皮は香りがよく, Hawaii ではレイに用いられる》.

mailed 〘《p.p.》 ← MAIL[1] (v.)〙 ━ *adj.* **1** 鎖帷子(かたびら)[鎧(よろい)]を着けた. **2** 〘動物〙〈動物が〉鎖帷子状のうろこなどでおおわれた; 〈鳥の胸が〉鎖状の紋様になっている.

máiled físt *n.* **1** 鉄甲をはめた拳固(げんこ). **2** [the ~] 腕力, 武力; (特に)軍隊による圧迫[脅威].

máil·er [-lə | -lə(r] *n.* **1 a** 郵送者, 郵送係員. **b** 郵便利用者. **2** 郵便物宛名印刷機. **3** 物を郵送するための入れ物《ボール紙の筒など》. **4** 《古》郵(便)船 (mail-boat). **5** 〘広告〙(宣伝文つきの)郵送リーフレット.

Mai·ler [méɪlə | -lə(r], **Norman** (**Kingsley**) *n.* (1923–) 米国の小説家; *The Naked and the Dead* (1948).

máil flàg *n.* 〘海事〙郵便旗《郵便物を搭載している船舶であることを示す旗・信号・標識》.

máil·ing[1] [-lɪŋ] 〘← MAIL[2]+-ING[1]〙 *n.* **1** 郵送: a ~ list 郵送先名簿 / a ~ table 郵便物区分台. **2** 1 回分の発送郵便物.

máil·ing[2] [-lɪŋ] 〘← MAIL[3]+-ING[1]〙 *n.* 《スコット》 **1** (農耕用の)借地, 小作農地. **2** (小作農地の)借地代, 小作料.

máiling machíne *n.* =mailer 2.

máiling tùbe *n.* 《米》(雑誌・カレンダーなどの)郵送用円筒《厚紙の筒》.

maill [méɪl] *n.* =mail[3].

Mail·lol [mɑːjɔ́(ː)l, -jóʊl | -jɔ́l; *F.* majɔl], **A·ris·tide** [aristid] (**Joseph Bo·na·ven·ture** [bɔnavɑ̃tyːr]) *n.* マイヨール《1861–1944; フランスの彫刻家》.

mail·lot [maɪóʊ, mɑːjóʊ | maɪə́ʊ, mɑːjə́ʊ; *F.* majo] 〘□F ~ (dim.) ← *maille* band of cloth: ⇨ mail[1]〙 ━ *n.* (*pl.* **~s** [~z; *F.* ~]) 〘服飾〙マイヨ: **a** 舞踏家・軽業師・体操選手などが用いる体にぴったりしたタイツ. **b** ワンピース式の婦人用水着. **c** 体にぴったりしたプルオーバースタイルのセーター.

máil·màn [-mæ̀n] *n.* (*pl.* **-men** [-mèn]) 《米》郵便集配人[配達人] (《英》 postman).

máil mèssenger *n.* 郵便請負い配達人《郵便局と鉄道駅・飛行場間などの郵便物を配達する》.

máil-òrder *adj.* 通信販売制の: ~ business 通信販売業 / a ~ firm 通信販売会社.

máil òrder *n.* 郵便注文, 通信販売.

máil-order hòuse *n.* 通信販売店.

máil-plàne *n.* 郵便飛行機.

máil sàck *n.* 郵便袋.

máil-tràin *n.* 郵便列車.

máil·vàn *n.* 郵便運搬用トラック.

maim [méɪm] 〘v.: 《c1300》 *maime(n)*, *maine(n)* to wound □OF *mahaignier* to cripple < VL **mahagnāre* ← Gmc. ━ n.: 《1340》 □OF *mayhem*, *mahaing* ← *mahaignier*: cf. mayhem〙 ━ *vt.* **1** (手足などを切って)〈人を〉不具[かたわ]にする: be ~*ed* in an accident 事故で大怪我をする / He was ~*ed* for life. 一生かたわになった. **2** 傷つける, だいなしにする, 使用に耐えなくする. **3** 〘法律〙身体に傷害を加え(て不具にす)る. ━ *n.* 《廃》 **1** 不具; 大怪我. **2** 欠陥.
~·er *n.*

Mai·mon·i·des [maɪmɑ́nədiːz | -mɔ́nɪ-] *n.* マイモニデス《1135–1204; スペイン生れのユダヤ人の律法学者・神学者・哲学者; 別名 Rambam》.

main[1] [méɪn] 〘n.: OE *mæġen* strength, power ← Gmc **maʒ-* (ON *meg(i)n* strength, main part / OHG *magan*, *megin*) ← IE **magh-* to be able, have power. ━ adj.: ← OE *mæġen-* ← *mæġen* □ ON *megenn*, *megn* strong, powerful: cf. may[1]〙 ━ *n.* **1** 力, 勢力, 努力. ★ 次の句だけに用いて: ⇨ *with* MIGHT[2] *and main*. **2** 主要部. ★ 通例次の成句に用いて: in the ~ 大部分は, 概して. **3 a** [通例 *pl.*] (水道・下水・ガス・電気などの)主管, 本管, メーン: water straight from the ~(*s*) 本管からじかに引いた水 / a supply ~ 給水本管 / turn off the gas at the ~ ガスの本管を止める. **b** (鉄道の)幹線, 本線. **4 a** 《古・詩》本土 (mainland). **b** 《詩》大海; [the M-] =Spanish Main 2. **5** 〘略〙〘海事〙大檣(たいしょう) (mainmast).
━ *attrib. adj.* **1** 主要部を成す, 大部分の; 主要な, 主な: one's ~ business 本職, 本務 / the ~ body of troops 本隊, 主力部隊 / the ~ force 〘軍事〙主力, 本隊 / the ~ points of an argument 議論の要点 / a ~ event [《俗》 go] 主要試合, メーンエベント / the ~ building 本館 / the ~ office 本店 / the ~ plot (劇などの)本筋 (cf. subplot) / the ~ road 本道, 本街道 / the ~ street 本町通り (cf. Main Street) / for the ~ part 大部分は, 大概は. **2** 十分な, 精一杯の. ★ 特に次の句に用いて: by ~ force [strength] 力いっぱい, 全力を振るって. **3** 《廃》 **a** 〈土地・海・空間など〉広大な: the ~ sea 大海. **b** 力のある, 強力な. **c** 重大な, 大きな. **4** 〘文法〙主要な: the ~ clause (複文の)主節《例えば I will go if it is fine. における I will go》. **5** 〘海事〙大檣(たいしょう)の, 大檣帆の, 大檣(帆)に付いた.
━ *adv.* 《古・方言》ひどく, 非常に (very, extremely): ~ angry, heavy, etc.

main[2] [méɪn] 〘《1567》《特殊用法》← ? MAIN[1] (adj.): cf. main chance〙 ━ *n.* **1** 闘鶏試合. **2** 弓術の試合. **3** ハザード (hazard) でさいを振る前に予言する 5 から 9 までの任意数.

main[3] [méɪn] 〘《略》← MAINLINE〙 *vt.* 《俗》〈ヘロインなどを〉静脈に注射する.

Main [máɪn, méɪn; *G.* máɪn] *n.* [the ~] マイン(川)《西ドイツ Bavaria 州北部に発して西方 Mainz で Rhein 川に合する川 (523 km)》.

máin bódy *n.* 〘海事〙船体主要部.

máin·bòom *n.* 〘海事〙縦帆船の大檣(たいしょう)帆円材《mainmast に掛けた縦帆の帆すそを張る円材》.

máin bràce 〘← MAIN[1] (adj.)+BRACE〙 ━ *n.* 〘海事〙メーンブレース, 大檣(たいしょう)転桁(てんこう)索《大檣下桁 (main yard) を回す索》.
splice the main brace 〘メーンブレースの端を解いて main yard により継ぎする困難な作業の後で, 酒を特配した習慣にちなむ〙《俗》 (1) 〘海事〙(乗組員全員に)ラム酒を特配する; (全員で)特別の酒盛りをする. (2) 酒を飲む, 一杯ひっかける; 酔っ払う. 「に酔って.
(with) main brace well spliced 〘↑〙《俗》べろべろ

máin chánce *n.* 最も有利な機会, 最も成功しそうな機会, 絶好のチャンス: have an eye to the ~ 利益に抜け目がない.

máin cóurse *n.* **1** (食事の)メーンコース, 主料理. **2** 〘海事〙(横帆船の)主帆 (mainsail).

máin déck *n.* 〘海事〙正甲板, 主甲板《二甲板船では上甲板を, 三つ以上の甲板を有する船では上から二つ目の甲板をいう; ⇨ forecastle 挿絵》.

main-de-fer [mæ̃ndəfɛ́ə | -fɛ́ə(r] *n.* 〘甲冑〙=manifer.

máin drág *n.* 《米俗》目抜き通り.

Maine[1] [méɪn] 〘← '*Mayne Lande* (=main land) *of New England*' (Charles 一世の勅許状中の言葉)〙 ━ *n.* 米国北東部 New England の一州 (⇨ United States of America 表).
from Maine to California 全米を通じて (cf. *from* COAST *to coast*; *from* LAND'S END *to John-o'Groat's*).

Maine[2] [méɪn] *n.* [the ~] メイン(号)《米国の戦艦; 1898 年 2 月キューバの Havana 港で爆沈され米西戦争の原因となった》.

Maine-et-Loire [ménetfwɑ́ə | -twɑ́ː(r; *F.* mɛne-lwaːr] *n.* メーヌエロワール(県)《フランス西部の県; 人口 604,000, 面積 7,218 km², 首都 Angers》.

máin·fràme *n.* (電算機の)本体, 電算機の本体.

máin gáff *n.* 〘海事〙縦帆船でメンマスト(主檣)にある斜桁 (gaff).

máin géar *n.* 〘航空〙主脚.

máin hátch *n.* 〘海事〙(mainmast の近くにある)主艙(そう)口; (潜水艦などの)中部昇降口.

máin·lànd [-lænd, -lənd | -lənd, -lænd] 〘《?a1400》: ⇨ main[1] (adj.), land[1]: cf. ON *meginland*〙 *n.* (近くの島や半島と区別して)大陸, 本土.

Main·land [méɪnlænd, -lənd] 〘↑〙 *n.* **1** スコットランド北方, Shetland 諸島中の最大島; 人口 6,600, 面積 583 km². **2** =Pomona[2] 2.

máin·lànd·er *n.* 本土人.

máin lánding gèar *n.* 〘航空〙主脚.

máin·lìne 〘《動詞用法》↓〙《俗》 *vi.* (ヘロインなどの)麻薬を静脈注射する. ━ *vt.* 〈ヘロインなどを〉静脈に注射する. **máin·lìn·er** *n.*

máin líne *n.* **1** (鉄道の)本線, 幹線 (cf. branch line): the ~ of a railway [railroad] 鉄道本線. **2** 《米》幹線道路[ルート]. **3** 《俗》 **a** (ヘロインなどを注射できる)太い静脈. **b** (ヘロインなどの)静脈注射.

máin lówer tópmast stáysail *n.* 〘海事〙大檣(たいしょう)の下段トップマストステースル (⇨ sail 挿絵).

máin lówer tópsail *n.* 〘海事〙大檣(たいしょう)の下段トプスル.

máin·ly 〘《c1300》 *mainli*: ⇨ main[1] (adj.), -ly[1]〙 ━ *adj.* **1 a** 主に, もっぱら (chiefly): You are ~ to blame. 君が一番悪いのだ. **b** 大部分は, 大概は: The audience were ~ women. 聴衆は大部分女性だった. **2** 《英方言》大いに (greatly), 非常に.

main·mast [méɪnmæ̀st | -mɑ̀ːst; (海) -məst] *n.* 〘海事〙大檣(たいしょう), メインマスト《sloop, cutter など 1 本マストの場合の大檣; yawl, ketch, dandy の 2 本マストの帆船では前檣, それ以外の 2 本マストの船では後檣, 3 本以上のマストを有する船では前から第 2 檣》.

main·our [méɪnə | -nə(r] 〘《?1472》 *manor* □AF *mainoure*=OF *maneuvre* hand labor: ⇨ maneuver〙 ━ *n.* 〘古英法〙窃盗犯人の現に所持している盗品.
in [***with***] ***the mainour*** 現行犯で (flagrante delicto).

main·per·nor [méɪnpənə | -pənə(r] 〘《a1325》□AN *mainpernor*=OF **mainprenor* ← *mainprendre* (↓): ⇨-or[2]〙 *n.* 〘古法〙出獄引受人.

main·prize [méɪnpràɪz] 〘《c1350》□AN & OF *mainprise* ← *mainprendre* to take in the hand ← *main* hand (< L *manum*: ⇨ manual)+*prendre* to take (⇨ prize[1])〙 ━ *n.* 〘法律〙条件付釈放令状《出獄引受人の保証をもってする被拘禁者の釈放命令》.

máin rígging *n.* 〘海事〙大檣(たいしょう)リギン[横静索].

máin róyal *n.* 〘海事〙大檣(たいしょう)のローヤル(帆) (⇨ sail 挿絵).

máin-róyal stáysail *n.* 〘海事〙大檣(たいしょう)のローヤルステースル (⇨ sail 挿絵).

máin-róyal stúdding sail *n.* 〖海事〗大檣(たいしょう)のローヤル補助袖帆 (⇨ sail 挿絵).

mains[1] [méɪnz] 〚1: 《略》← *domains* (pl.) ← DOMAIN. 2: (pl.) ← ME *maine* 《略》← *demeine* 'DEMESNE'〛 — *n. pl.* [単数扱い] 《英方言》 **1** (荘園 (manor) の)主要農地. **2** =manse.

mains[2] [méɪnz] 〚← *mains* (pl.): ⇨ main[1] (n. 3 a)〛 *attrib. adj.* 本管の, 本管から引いた: ~ electricity, voltage, etc.

main·sail [méɪnsèɪl, (海) -səl] *n.* 〖海事〗大檣(たいしょう)の大帆, 主帆, メーンスル《横帆船では main yard に, 縦帆船では main gaff に張る大帆; ⇨ sail 挿絵》.

máin shàft *n.* 〖機械〗主軸 (cf. countershaft).

máin·shèet *n.* 〖海事〗メーンシート《mainsail の帆脚索(ほあし)》. 「sail 挿絵).

máin skýsail *n.* 〖海事〗大檣(たいしょう)のスカイスル (⇨

máin·sprìng *n.* **1** 〖時計〗(動力源として使われる)ぜんまい. **2** 主要動機, 主因: the ~ of the success その成功の主因.

máin squéeze *n.* 《米俗》(組織・地域の)第一人者; (犯罪組織の)親玉, 首領.

máin·stày 〚← MAIN[1] (adj.)＋STAY[2]〛 — *n.* **1** 〖海事〗大檣(たいしょう)支索《maintop から前檣の根元に至る支え綱》. **2** 主な支え, 頼みの綱, 大黒柱: Agriculture is the ~ of a country. 農業は国の本である.

máin stém *n.* **1** 本流. **2** 《米俗》(鉄道の)本線. **3** 《米俗》大通り.

máin·strèam *n.* **1** (川の)主流, 本流. **2** (思想・運動などの)主流, 主潮, 大勢(たいせい): the ~ of modern linguistics 近代言語学の主流. — *attrib. adj.* **1** 主流の, 本流の. **2** 〖ジャズ〗(トラディショナルジャズからモダンジャズに至る) 1920–30 年代のジャズの; (特に)スイングの (cf. traditional 3).

máin·strèet 〚《動詞用法》← *main street*〛 *vi.* 《米・カナダ》(地方都市などの)大通りで選挙活動をする.

Máin Strèet 〚← *Main Street* (Sinclair Lewis 作の小説 (1920))〛 — 《米》 *n.* **1** (田舎町にある)大通り. **2** (S. Lewis の小説に描かれている米国の平均的な田舎町に見られるような)因襲的で実利主義的な社会[場所]. — *attrib. adj.* 因襲的で実利的な: ~ ideals.

Máin Strèet·er *n.* 因襲的・実利的・独善的な社会の典型的な人物. 「との開閉器).

máin swìtch *n.* 〖電気〗主開閉器《受電端にあるも

main·tain [meɪntéɪn, mən- | meɪn-, mən-, men-] 〚(*c*1250) *maintene(n)* ⊂ (O)F *mainten-ir* < VL **manūtenēre* to hold in the hand ← L *manū* ((abl.) ← *manus* hand)＋*tenēre* to hold: cf. manual, tenant〛 — *vt.* **1 a** 〈ある状態を〉持続する, 保つ, 持ちこたえる: ~ peace and order 安寧秩序を保つ / ~ economic stability 経済の安定を維持する. **b** しかるべき状態にしておく, 維持する, 手入れを怠らない, 整備する: ~ a road, garden, etc. **2** 〈物事を〉継続する, 続行する, 持続する: ~ a war [correspondence] 戦争[通信]を続ける / ~ one's income 収入を維持する / ~ good [diplomatic] relations with ...と親交[外交関係]を続ける. **3 a** 〈生命を〉支える (preserve): ~ life 命を支える. **b** 〈家族などを〉扶養する, 養う (support): ~ oneself 自活する / ~ a [one's] wife and family 妻子を養ってゆく / ~ a large establishment 大世帯を張る. **c** 〈施設などの〉費用を負担する, 維持する. **4 a** 支持[後援, 擁護]する: ~ an argument, a person, etc. **b** 〔相手に対して〕〈立場を〉守る (defend) 〔*against*〕: ~ one's ground *against* the enemy 敵に対して自分の地歩を守る. **5** 主張[固執]する (assert) 〈*that*〉 / 〈*to* be〉: He ~*ed that* the theory was wrong. 彼はその理論が誤っていると主張した / He ~*ed it to* be true. それは真実だと主張した. **6** 〖法律〗訴訟帮助(ほうじょ)をする (cf. maintenance 5). **~·er** *n.*

main·tain·a·ble [meɪntéɪnəbl̩, mən- | meɪn-, mən-, men-] *adj.* **1** 保持[持続]できる; 継続[続行]できる. **2** 維持[保存]できる. **3** 扶養できる. **4** 支持[主張]できる. **main·tàin·a·bíl·i·ty** [-nəbílətɪ | -lɪtɪ, -lɪ-] *n.*

maintáined schóol *n.* 《英》公立学校: a *maintained* primary [secondary] *school* 公立小[中等]学校.

maintáining pòwer *n.* 〖時計〗保力器《ぜんまいを巻き上げている間でも輪列に加えられる駆動力が保持されるように工夫された装置》.

main·tain·or [meɪntéɪnə | meɪntéɪnə(r, mən-, men-] 〚ME *maintenour*: ⇨ maintain, -or[2]〛 *n.* 〖法律〗訴訟不法援助者.

main·te·nance [méɪntənəns, -tn̩- | méɪntənəns, -tɪn-, -tn̩-] 〚(*a*1333) *maintenaunce* ⊂ (O)F *maintenance* ← *maintenir* 'to MAINTAIN': ⇨ -ance〛 — *n.* **1** 持続; 続行. **2** 整備, 維持, 保存, (ビルなどの)管理: the ~ of peace 平和維持 / the ~ of a building ビルの管理. **3 a** 扶養, 保護; 生計. **b** 扶養料, 扶助料: ⇨ separate maintenance. **4** 主張, 固執. **5** 〖法律〗訴訟帮助《民事訴訟の原告または被告に対し無関係の第三者が正当な理由なしに金銭の提供その他の援助をすること; cf. champerty》.

maintenance of membership [the —] 組合員継続協定《労働組合員が解雇または本協定消滅の時まで組合を脱退できないことを規定した組合と雇用者間の協定》.

maintenance of way (鉄道の)保線.

máintenance màn *n.* 整備員[工], 補修係, 保守係.

Main·te·non [mɛ̃ːt(ə)nɔ̃(ː)ŋ, mæntnɔ́(ː)ŋ, -tn̩-; *F.* mɛ̃tnɔ̃], Marquise **de** *n.* マンテノン《1635–1719; Louis 十四世の 2 度目の妻; 旧名 Françoise d'Aubigné》.

máin·tòp *n.* 〖海事〗大檣(たいしょう)楼 (cf. top[1] *n.* 16 a).

main-topgállant 〚⇨ main[1], topgallant〛 — *n.* 〖海事〗大檣(たいしょう)の上檣. ★ 常に複合語の一部として形容詞的に用いる: the ~ sail 大檣のゲルンスル (⇨ sail 挿絵) / the ~ staysail [studdingsail] 大檣のゲルンステースル[補助袖帆] (⇨ sail 挿絵).

máin-topgàllantmast *n.* 〖海事〗大檣(たいしょう)の上檣.

màin-tópmast *n.* 〖海事〗メーントップマスト, 大檣(たいしょう)の中檣.

main-tópmast stúdding sail *n.* 〖海事〗大檣(たいしょう)のトップマスト補助袖帆[スタンスル] (⇨ sail 挿絵).

máin-tópsail *n.* 〖海事〗大檣(たいしょう)の中檣帆

máin tópsail schòoner *n.* 〖海事〗メーントップスルスクーナー《横帆のトップスルとゲルンスルを前檣(ぜんしょう)と大檣の両方に持ち, その他は縦帆のスクーナー船》.

máin tráck *n.* 〖鉄道〗本線路.

máin úpper tópmast stáysail *n.* 〖海事〗大檣(たいしょう)の上段トップマストステースル (⇨ sail 挿絵).

máin úpper tópsail *n.* 〖海事〗大檣(たいしょう)の上段トップスル (⇨ sail 挿絵).

máin vérb *n.* 〖文法〗 **1** 本動詞 (cf. auxiliary verb). **2** 主動詞 (principal verb)《複文において, 従節の述語動詞に対し主節の述語動詞》.

máin yàrd *n.* 〖海事〗大檣(たいしょう)下桁(か).

Mainz [máɪnts; *G.* máɪnts] *n.* マインツ《西ドイツ Rhine land-Palatinate 州の商工業都市, Rhine 川と Main 川との合流点に当たる港市, Rhineland-Palatinate 州の首都; 人口 184,000》.

ma·iol·i·ca [məjɑ́lɪkə, -lə- | -jɔ́l-] *n.* =majolica.

mair [mέə | mέə(r] *adj., adv., n., pron.* 《スコット》=more[1]. 「女性名.

Maire [mέə | mέə(r] 〚《アイルランド形》← MARY〛 *n.*

mair·ie [merí:, meɪ-; *F.* mɛri, me-] 〚⊂ (O)F ~ ← *maire* magistrate ⊂ L *mājor* 'MAJOR[2]'〛 *F. n.* (フランスの)市[区]役所, 町[村]役場.

Mai·sie [méɪzi | -zɪ] 〚《スコットランド形》(dim.) ← MARGARET〛 *n.* 女性名.

mai·son de san·té [meɪzɔ̃:n-də-sɑ̃:(n)téɪ, -zɔ̃(:)n-də-sɔ̃:n-, -sɑ:n-, -sɔ(:)n-; *F.* mɛzɔ̃dsɑ̃te] 〚⊂ F ~ 'house of health'〛 — *F. n.* (*pl.* **mai·sons d-** [~]) 私立(精神)病院, 療養所.

mai·son·ette [mèɪzənét, -zn̩-, -sən-, -sn̩- | -zən-] 〚(1818) ⊂ F *maisonnette* small house (dim.) ← *maison* house: ⇨ mansion, -ette〛 — *n.* (*also* **mai·sonnette** [~]) **1** 小さい家. **2** 《英》 **a** (通例, 二階から成る)アパート (cf. flat[2] 1 a). **b** (独立生活ができるように家の一部を貸す)貸間, 貸室.

maist [méɪst] *adj., adv., n., pron.* 《スコット》=most.

mais·ter [méɪstə | -stə(r] *n.* 《廃・方言》=master[1].

Mait·land [méɪtlənd], **Frederic William** *n.* (1850–1906) 英国の法律史家・法律家.

maî·tre [méɪtr(ə), méɪtə | -tr(ə), -tə(r; *F.* mɛtr] 〚⊂ F ~ < OF *maistre*: ⇨ master[1]〛 *F. n.* =master[1].

maî·tre d' [mèɪtrədí:, mèt-, -tə- | -trə-, -tə-] 〚略〛 *n.* (*pl.* **~s**) 《口語》=maître d'hôtel.

maître d'hô·tel [⁻⁻-doutél, |-dəu-; *F.* -dotɛl] 〚⊂ F ~ 'master of house'〛 — *n.* (*pl.* **maîtres d-** [~]) **1** ホテルの主人[支配人]. **2** (大家の)家令; 給仕人頭. **3** メートルドオテル(バター)《バターに刻みパセリやレモン汁を加えて練り合わせたソースの一種; 冷やしてビフテキなどの上にのせる》.

maize [méɪz] 〚(1555) *mais, mahiz* ⊂ F *mais*, **mahiz* // Sp. *maíz*, **mahiz* ⊂ W-Ind. (Taino) *mahiz, mahis*〛 — *n.* **1** 《英》〖植物〗トウモロコシ (*Zea mays*) (⇨ Indian corn 1); その実. ★ 米国・カナダ・オーストラリアでは corn という; 専門語では maize を用いる. **2** とうもろこし色 (pale yellow). — *adj.* とうもろこし色の.

máize·bìrd *n.* 〖鳥類〗=redwing blackbird.

máize òil *n.* =corn oil.

máize yéllow *n.* =maize 2.

maj. 《略》majority.

Maj. 《略》Major.

ma·ja·gua [məhɑ́:gwə] 〚⊂ Am.-Sp. ~ ← W-Ind. (Taino)〛 — *n.* 〖植物〗 **a** オオハマボウ (*Hibiscus tiliaceus*)《熱帯産のアオイ科フヨウ属の材質の堅い低木》. **b** 西インド諸島産の木目の美しい, 幹のまっすぐな高木 (*H. elatus*)《戸棚・たんすなどの用材》.

ma·jes·tic [mədʒéstɪk] 〚(1599–1600): ⇨ ↓, -ic[1]〛 *adj.* 威厳のある, 荘重な, 堂々とした, 王者らしい (august, stately). 「**~·ly** *adv.*

ma·jés·ti·cal [-tɪkəl, -tə- | -tɪ-] *adj.* =majestic.

maj·es·ty [mǽdʒɪsti, -dʒəs- | -tɪ] 〚(*c*1300) *maieste* ⊂ (O)F *majesté* < L *mājestātem* greatness, dignity, honor ← **majes-* ← *mājor* (comp.) ← *magnus* great: ⇨ magni-, -ty[2]〛 — *n.* **1 a** 王者としての威厳, 王威. **b** 威厳, 尊厳: the ~ of Truth 真理の尊厳. **2** 主権, 統治権. **3** [集合的にも用いて] 王族, 皇族. **4** [M-; 通例 His, Her, Your, etc. に続けて] 王族[皇族]に対する敬称: *His* Britannic *Majesty* 英国王陛下 (略 H.B.M.) / *His* (Imperial) *Majesty* the Emperor 天皇陛下 (略 H.I.M., H.M.) / *Her* (Imperial) *Majesty* the Empress 皇后陛下 / *Their* (Imperial) *Majesties* the Emperor and Empress 天皇皇后両陛下 / *Your Majesty* [*Majesties*] [呼掛け] 陛下 / *Your Majesty* forgets. 陛下は御失念なさいました / *His Majesty's* ships 帝国軍艦 / *His Majesty's* guests 《俗》囚人 / *His* Satanic *Majesty* 《戯言》大魔王, サタン. **5** 〖美術〗光輪に囲まれた王座についている神[キリスト, 聖母]の画像: Christ in *Majesty* 宇宙の支配者たるキリストの画像. ***in his* [*her*] *majesty*** 〖紋章〗鷲が宝珠 (orb) や笏杖(しゃくじょう) (scepter) を持ち, 冠をかぶった《神聖ローマ皇帝・オーストリア帝国・ロシヤ帝国・ドイツ帝国の紋章の鷲はいずれもこの図形》.

Maj. Gen. 《略》Major General.

ma·jid [méɪdʒɪd, mǽdʒ-, -dʒəd | -dʒɪd] 〚↓〛 *adj., n.* 〖動物〗クモガニ科の(カニ).

Ma·ji·dae [méɪdʒədiː, mǽdʒ- | -dʒɪ-] 〚← NL ~ ← *Maja* (属名)＋-IDAE〛 *n. pl.* 〖動物〗クモガニ科.

maj·lis [mǽdʒlɪs] 〚⊂ Pers. ~ 'assembly, council' ⊂ Arab. *májlis* assembly ← *jálasa* to sit〛 — *n.* (*also* **maj·les** [-lés]) (北アフリカ・西南アジアの)協議会, 法廷; (特に, イラン・イラクなどの)議会.

ma·jol·i·ca [mədʒɑ́lɪkə, -lə- | məjɔ́lɪ-, -dʒɔ́l-] 〚(1555) ⊂ It. *maiolica* ← *Majolica* (Majorca 島の中世期の呼び名)〛 — *n.* 〖窯業〗 **1** マジョリカ, マヨリカ《16 世紀ごろイタリアで造られた酸化スズで不透明にした釉をかけた多孔性の陶器; cf. faïence》. **2** (近代の)不透明釉で彩色し低火度で焼成した石灰質陶器.

ma·jor[1] [méɪdʒə | -dʒə(r] 〚(1579) ⊂ F ~ 《略》← SERGEANT-MAJOR // *major* (=senior) *captain* ∽ (*c*1300) *mair(e)* chief civil officer〛 — *n.* **1** 〖陸軍・海兵隊・米国空軍〗少佐 (cf. lieutenant commander). **2** 〖軍事〗(特殊部門の)長: a trumpet [drum] ~ らっぱ手[鼓手]長 / a sergeant ~ 上級[特務]曹長.

ma·jor[2] [méɪdʒə | -dʒə(r] 〚(adj.: ?*a*1300; n.: 1530) *majour* ⊂ L *mājor* greater (comp.) ← *magnus* (⇨ maxim): MAYOR と二重語〛 — *adj.* (↔ minor) **1 a** (二つのうちで数量・程度などが)大きい方の, より多い: the ~ part of the town [assembly, revenue] 町[会衆, 収入]の大部分. **b** 過半(数)の, 多数(者)の: the ~ vote 多数票. **2** (地位・階級・重要性などが)よりすぐれた; 主要な, すぐれた, 一流の: a ~ question 主問題 / the ~ industries 主要産業 / ~ poets 一流詩人 / ~ airports 主要な空港. **3 a** (効果・範囲が)目立った, きわだった: a ~ improvement. **b** 〈病気が〉重い; 〈手術など〉危険が伴う, 危険な: a ~ illness 重病 / a ~ operation 大手術. **4** 〖法律〗成年に達した, 成人した: become ~. **5** 《米大学》〈科目・課程が〉主要の, 専攻の (⇨ *n.* 3): a ~ field of study 専攻分野. **6** 《英》(男子の public school で同姓の生徒中)年長の, 兄の (cf. primus[1]). ★ 姓のあとに付ける; 例えば 3 人兄弟では年齢順に Jones major, Jones minor, Jones minimus という. **7** 〖音楽〗 **a** 長音程の《短音程 (minor interval) より半音広い》: a ~ interval 長音程 / a ~ third [sixth, seventh] 長 3 [6, 7]度. **b** 長調の: Mozart's piano sonata in A ~ モーツァルトのピアノ奏鳴曲イ長調. **8** 〖論理〗〈名辞・前提が〉大…: ⇨ major term, major premise.

— *n.* (↔ minor) **1** 〖法律〗成人, 成年者. **2** 能力・地位などの高い者, お偉方. **3** 《米大学》 **a** (学位を得るために選択する)(主)専攻科目. **b** (主)専攻学生: an English ~ 英文専攻の学生. **4** [the ~s] 《米》=major leagues. **5** 〖論理〗大名辞 (major term); 大前提. **6** 〖音楽〗長調 (major key), 長音階 (major scale), 長旋法 (major mode), 長和音, 長音程. **7** (同姓の生徒中)年齢[背丈]の上の[高い]方(の生徒).

— *vi.* 専攻する 〔*in*〕 (cf. minor): ~ *in* economics 経済(学)を専攻する.

májor ángle *n.* 〖数学〗優角《180° より大きく 360° より小さい角; superior angle, reflex angle ともいう》.

májor áxis *n.* 〖数学〗(楕(だ)円の)長軸.

Ma·jor·ca [mədʒɔ́ːəkə, -jɔ́ə- | maɪjɔ́:kə, məjɔ́:-, mədʒɔ́:-] 〚⊂ It. ~ 《原義》(the) larger (island) ← L *mājor* larger: ⇨ major[2]〛 — *n.* マリョルカ(島)《地中海西部のスペイン領 Balearic 諸島中の最大島; 人口 461,000, 面積 3,640 km², 首都 Palma; スペイン語名 Mallorca》.

májor cánon *n.* 〖キリスト教〗大キャノン《cathedral や collegiate church に定住する有給の(大)聖堂参事会員 (canon); cf. minor canon》.

ma·jor·do·mo [mèɪdʒədóumou | -dʒədə́uməu] 〚(1589) ⊂ F *majordome* // Sp. *majordomo* // It. *maggiordomo* ⊂ ML *mājor domūs* chief officer of the house: ⇨ major[2], dome〛 — *n.* (*pl.* **~s**) **1** (王家・宮家・貴族の家などの)家老, 家令. **2** 《戯言》(私人宅の)召使い頭, 執事, 支配人. **3** 《米南西部》=mayordomo.

májor élement *n.* **1** 〖植物〗多量元素 (⇨ macronutrient). **2** 〖地質〗主成分, 主要元素 (cf. minor element 1).

ma·jor·ette [mèɪdʒərét, ⁻⁻⁻ | ⁻⁻⁻] 〚《略》← DRUM MAJORETTE〛 *n.* =drum majorette.

májor fórm clàss *n.* 〖言語〗大形式類《伝統文法における品詞; 名詞・動詞・形容詞・副詞; cf. form class》.

májor géneral 〚⊂ F *major-général*: ⇨ major[1], general〛 *n.* **1** 〖陸軍・海兵隊〗少将. **2** 〖米空軍〗少将.

májor-géneralcy *n.* 少将の地位[職].

májor-géneralship *n.* =major-generalcy.

ma·jor·i·tar·i·an [mədʒɔ̀(ː)rətέ(ə)riən, -dʒɑ̀r- | -dʒɔ̀rɪtέərɪ-] 〚(1918) ← MAJORITY＋-ARIAN〛 — *n.* 多数決主義者. — *adj.* 多数決主義の; 多数党支持の: ~ democracy.

ma·jòr·i·tár·i·an·ìsm [-nɪzm̩] *n.* 多数決主義.

ma·jor·i·ty [mədʒɔ́(ː)rəti, -dʒɑ́r- | -dʒɔ́rətɪ, -rɪ-] 〚(1552) ⊂ F *majorité* ⊂ ML *mājōritātem* ← L *mājor*: ⇨ major[2], -ity〛 — *n.* **1** 大多数, 過半(数), 大半, 大部分 (↔ minority): the ~ *of* people, mankind, etc. /

in the ~ *of* cases 大多数の場合において, たいてい. **2** (投票・投票者・評決した陪審員などの)大多数, 過半数 (↔ minority) : ⇨ absolute majority, simple majority / the great [vast] ~ 大多数 / gain a ~ 過半数を獲得する / be in the ~ by 6 6 票だけ多数である / have a ~ in the Diet 国会で多数を占める / The ~ is for [against] him. 大多数は彼に賛成[反対]だ. **3** 多数党, 多数派 (↔ minority) : the leaders of the ~ 多数党の幹部連. **4** (過半数の票と残りの全得票との)票差 (cf. plurality) : one's ~ over one's competitors 競争者に勝った得票[得点]差 / win an election by a ~ of 150 150 票の差で当選する / He was returned by a large [small] ~. 彼は大差[わずかの差]で議員に選出された. **5** 成年, 丁年 (↔ minority) : attain [reach] one's ~ 成年に達する. **6** [the ~] 死者. ★ 主に次の句に用いる : join [go over to, pass over to] *the* (great [silent]) ~ 亡(な)き(人の)数に入る, 死ぬ. **7** 〖陸軍・海兵隊・米空軍〗少佐の階級[職].

majórity lèader *n.* 〖米議会〗多数党の幹部によって選任された議会活動の責任者.

majórity rùle *n.* 〖政治〗過半数の原則《過半数の票決の原則》. 「性 ; cf. minor key).

májor kéy *n.* 〖音楽〗長調《長音階を基礎とする調

májor léague *n.* **1** (各種)プロスポーツの中心的連盟 (cf. minor league). **2** [M- L-] 《米》メジャーリーグ《アメリカの二大プロ野球団連盟の一つ ; American League または National League》. 「一つ選手.

májor-léaguer *n.* 《米》major league に属するスポ

májor-médical 〖← *major medical* (*expense insurance*)〗《米》〖保険〗 ── *n.* 高額医療費保険《米国の平均的な家庭で負担の困難な治療または入院費, 例えば $250 または $500 を超えるものを填補(てんぽ)する保険》. ── *adj.* 高額医療費保険の[に関する].

májor móde *n.* 〖音楽〗 **1** 長旋法《主音と第 3 度の音が長 3 度となる旋法》. **2** 長音階 (major scale).

májor órder *n.* [通例 *pl.*] 〖カトリック〗上級聖職階《上から司祭 (priest)・助祭 (deacon)・副助祭 (subdeacon) の職階がある ; cf. minor order》.

májor párty *n.* 多数党 (cf. opposition 3 a).

májor pénalty *n.* 〖アイスホッケー〗メージャー ペナルティ《選手を 5 分間退場させ, その間補充を許さない罰則 ; cf. minor penalty》.

májor pìece *n.* 〖チェス〗クイーン (queen) またはルーク (rook) (cf. minor piece). 「一つ》.

májor plánet *n.* 〖天文〗大惑星《太陽系の 9 惑星の

májor prémise *n.* 〖論理〗(三段論法 (syllogism) の)大前提.

Májor Próphets *n. pl.* **1** [the ~] (旧約聖書の)大預言書《Isaiah, Jeremiah, Ezekiel, Daniel の分量的に大きな預言書 ; cf. prophet 4》. **2** [the ~, the m- p-] 大預言書の作者.

májor scále *n.* 〖音楽〗長音階《上行・下行とも半音は主音から数えて第 3-4, 第 7-8 音の間にある ; cf. scale[3] 7, minor scale》.

májor séminary *n.* 〖カトリック〗大神学校《司祭養成のための神学教育を行なう所 ; cf. minor seminary》.

májor shéll *n.* 〖物理〗主殻 (⇨ closed shell).

májor·shìp *n.* 《古》少佐の職[地位] (majority).

májor súit *n.* 〖トランプ〗(bridge で)メイジャースーツ《スペードまたはハートのそろい ; bidding および得点上 minor suits より優位に立つ》.

májor ténace *n.* 〖トランプ〗(bridge, whist で)同じスーツ (suit) のエースとクイーンの組合せ (cf. minor tenace, tenace).

májor térm *n.* 〖論理〗大名辞, 大概念《三段論法の結論の述語となる名辞[概念]》.

májor tríad *n.* 〖音楽〗長三和音《根音とその上の長 3 度音, 完全 5 度音の三つの音によって作られた和音》.

ma·jus·cu·lar [mədʒʌ́skjulə | -lə(r) 〖⇨ ↓, -ar[1]〗 *adj.* 文字が大きい《頭文字か uncial 文字のような ; cf. minuscular》.

maj·us·cule [mǽdʒəskjùːl, mədʒʌ́skjuːl | mǽdʒəskjùːl] 〖(1724-41) □ F ~ □ L *mājuscula* (*littera*) larger (letter) (fem.) ← *mājusculas* somewhat greater or larger (dim.) ← *mājor* 'greater, MAJOR[2]' : ⇨ -cule〗 ── *n.* 大文字《特に, 古写本に用いられた頭文字またはアンシャル (uncial) 字体 ; cf. minuscule 1 a》. ── *adj.* (頭文字またはアンシャル文字のような)大文字(の大きさ, 書体)で書いた.

mak·a·ble [méɪkəbl] *adj.* make[1] できる[されうる].

mak·ar [mɑ́ːkə, méɪ- | -kə(r)] 〖ME *makare* : ⇨ maker〗 *n.* 《スコット》詩人.

Ma·ka·ri·os III [məkéəriəs, -kɑ́ːr-, -òus | -rɪəs, -ɔ̀s ; *Mod.Gk.* makárjɔs] *n.* マカリオス三世《1913-77 ; キプロスの政治家・ギリシャ正教の大司教 ; 大統領 (1960-77)》.

Ma·kas·sar [məkǽsə | -sə(r)] *n.* マカッサル《インドネシア Celebes 島南西部の港市 ; 人口 435,000》.

Makássar Stráit *n.* [the ~] マカッサル海峡《Borneo 島と Celebes 島の間にある海峡 ; 第二次大戦で日本軍対連合軍の海戦場 (1942)》.

make[1] [méɪk] 〖v. : OE *macian* < (WGmc) **makōjan* (Du. *maken* / G *machen*) ← Gmc **mak-* ← IE **mag-* to knead, fashion (Gk *mássein* to knead). ── n. : (?*c*1300) ← ME *make*(*n*) (v.)〗 ── *v.* (**made** [méɪd]) ── *vt.* **1 a** 作る, 製造する, 仕立てる ; 〈道路などを〉敷設する, 建設する, 造営する ; 〈詩歌・文章などを〉書く, つづる ; 〔材料・原料で〕作る, 構成する 〔*out of, of, from, with*〕 : ~ a machine, boat, cake, coat, etc. / ~ a road, garden, etc. / ~ verses [a play] 詩[劇]を作る / Mother *made* me a new suit [*made* a new suit *for* me]. 母は私に服を新調してくれた / We ~ a great many things *out of* leather. 革で色々な物を作る / Formerly all ships were *made of* wood. 昔は船はみな木造だった《★ of を用いるのは通例, 材料の形が製作物に残る場合》 / Wine is *made from* grapes. ぶどう酒はぶどうから造る《★ from を用いるのは通例, 材料・原料が変形する場合》 / He *made* a ladder *from* scrap lumber. くず材を使ってはしごを作った / What do you ~ *with* flour? 粉で何をこしらえるのか. **b** (加工して)〔…に〕作る 〔*into*〕 : Barley is *made into* beer. 大麦からビールが造られる.

2 創造する ; 〔…に適するように〕創造する, 運命づける 〔*for*〕 / 〈*to* do〉 : God *made* the country, and man *made* the town. 神田舎を作り給い, 人都会を作れり (Cowper, *The Task*, "The Sofa") / They were *made for* each other [one another]. 二人は恰好の取り合わせだった《一緒になるために生まれて来たような者同士だった》 / Man is *made* to suffer. 人は苦しむように運命づけられている《所詮苦しみから逃れられない》.

3 a 〈文書などを〉作成する (draw up) ; 〈法律などを〉制定する, 設ける (establish, enact) : ~ a will [a contract] 遺言書[契約書]を作成する / ~ a rule [ordinance] 規則[条例]を設ける / ~ a law 法律を制定する. **b** 〖商業〗〈価格を〉決める (set) : ~ a price for the security 抵当物の値を決める.

4 a 形づくる, 作り[築き]上げる, 発達させる : food that ~*s* bones and blood 骨や血となる食物 / ~ a person's character 人の性格を築き上げる / ~ oneself (知的・精神的に)自分を築き上げる / ~ one's own life 生活方針[暮し向き]を定める, 一生の運を決める / ~ a name [reputation] 名声を博する, 名を成す / He has *made* the new Republic. 新共和国を築き上げた / ⇨ *make one's* WAY. **b** 〈人を〉成功させる, 出世させる (cf. made *adj.* 4) : This performance will ~ you. これが成功すれば君の功績となる《昇進の有力な条件ができる》. **c** 《英》〈動物を〉慣らす (train) : ~ a hawk.

5 a 〈構成分子が〉構成する, …と等しくなる ; 〈複合語などを〉形成する (form) : Two and two ~ four. 2 と 2 で 4 になる / 100 pence ~ a pound. 100 ペンスで 1 ポンド / These two words ~ a compound adjective. これらの 2 語で複合形容詞ができている / The park road and the big hotels *made* a wonderful show on the rainy night. 公園通りと立ち並ぶ大ホテルとが雨の夜にすばらしい景観をなしていた. **b** 〈…番目(の物[人])〉となる, 〈…のうちの一つ[一人]〉となる (count as) : This ~*s* the fifth time I've been here. ここへ来たのはこれで 5 度目だ / He came in and *made* the tenth. 彼が加わって十番目になった / Will you ~ one of the party? 一緒においでになりませんか. **c** …として役立つ, …となる : Wool ~*s* warm clothing. 羊毛は暖かい衣服となる / This book ~*s* pleasant reading. この本はおもしろい読み物だ / Cold tea ~*s* an excellent drink in summer. 冷やし紅茶は夏の絶好の飲み物である. **d** …の本質をなす : The clothes don't ~ the gentleman. 《諺》衣装だけでは紳士はできない (cf.「馬子にも衣装」) / That will ~ my day [evening]. それでようやく今日[今晩]も楽しい一日[夕べ]となる. **e** [しばしば間接目的語を伴って] (発達[修養]して, 訓練されて)…になる : You'll ~ a wonderful wife *for* Tom. トムにとってすばらしい奥さんになりますよ / He would have *made* her a good husband. 彼女と結婚したらさぞよい夫になったろう / He would ~ a good teacher. いい先生になるだろう.

6 a 整える, 用意する, 整備する (prepare) : ~ the bed for a guest 客のためにベッドの用意をする / ~ dinner 正餐の用意をする / ~ tea [coffee] 紅茶[コーヒー]を入れる. **b** 〈火を〉起こす : ~ a fire. **c** (草を刈り日に当てて)〈干し草を〉作る (cf. *make* HAY[1]) ; (米・カナダ方言)〈魚を〉薫製にして[干して]貯蔵する.

7 a 工夫する, 考え出す, 案出する (devise) ; (心に)決める : ~ an invention 発明する / ~ plans for the holiday 休日の計画を立てる / ~ a plan for a house 家の設計をする / ~ a judgment [an estimate] 判定[評価]する / ~ a choice [conclusion, decision] 選択[推定, 決定]する. **b** 〈疑いなどを〉心に抱く, 感じる (feel) : I ~ no doubt of his succeeding [that he will succeed]. 彼の成功は疑わない / He ~*s* no scruple of lying. うそをつくことを何とも思わない.

8 a 生じる, 生じさせる, 引き起こす (bring about) ; [しばしば二重目的語を伴って] 〈人〉の身に引き起こす : ~ a noise [sound] 音を立てる / ~ a stir 大騒ぎになる / ~ a sensation センセーションを巻き起こす / ~ a fuss 騒ぎ立てる / He's always *making* trouble *for* her. いつも彼女に迷惑をかけている / That *made* us excellent sport. それで大変私たちは楽しめた. **b** 〈意味・重要性などを〉もつようになる, 〈影響などを〉もたらす : That ~*s* no difference to me. それは私には何の影響もない / It ~*s* no matter what happens. 何が起ころうと構わない / It ~*s* no sense at all. それでは全く意味をなさない. **c** (結果として)もたらす, …の原因となる : Careful tillage ~*s* good crops. 丁寧に耕作をすれば作物はよく取れる.

9 a 〈金を〉もうける (earn), 〈利益などを〉得る (gain), 〈財産などを〉貯える ; 〈値を〉呼ぶ (fetch) : ~ money 金をもうける[貯める] / ~ a profit [fortune] on the transaction 取引でひともうけする[ひと財産を作る] / ~ a loss on the deal その取引で損をする / ~ a living 生活の資を得る / He has *made* a very handsome income out of the business. その事業で相当よい収入をあげた / She ~*s* £40 a week. 彼女は 1 週に 40 ポンドもらっている / This picture will ~ a good price. この絵はよい値で売れるだろう. **b** (競技で)〈点を〉取る (score) ; 〈評点を〉もらう (obtain) : ~ a good score 優勢な得点を挙げる / ~ five points in a game 競技で 5 点取る / ~ a run [home run] in baseball 野球で 1 点[ホームランを打って得点]をあげる / She *made* good marks at school. 学校の成績はよかった. **c** 《俗・方言》せしめる, 盗む (steal).

10 (…としての関係を)作る, 結ぶ (enter into) : ~ an ally 同盟する / I *made* friends [enemies] *with* him. 彼と親しく[彼を敵に回すように]なった.

11 [目的語+補語を伴って] **a** 〈…を〉…にする ; 〈…を〉…に見せ(ている) : He *made* her his wife. 彼は彼女を妻にした / I added one and *made* it a round dozen. もう 1 個加えてちょうど 1 ダースにした / What ~*s* life so difficult? 人生をこれほど困難にしているのは何だろうか / Reading does not ~ a man wise ; it only ~*s* him learned. 読書で人は賢くはならない, ただ物知りになるだけである / Three years in the country have *made* her duller than ever. 田舎に 3 年いて彼女は益々鈍感な女となった / This portrait ~*s* him too old. この写真では彼はふけ過ぎて見える. ★ 時に再帰的に用いられる : He decided to ~ *himself* a martyr. 殉教者になろうと決心した / I *made myself* understood in English. 私は英語で意志を伝えた. **b** 〈…を〉…と決める (set down as) : Shall we ~ it Wednesday then? それでは水曜としましょうか / He *made* it a rule [his business] to visit her once a day. 毎日 1 度彼女を見舞うことにした[ことを務めとした]. **c** 〈人を〉…に任命する (appoint), 任じる : The king *made* him a duke. 王は彼を侯爵に任じた / That year he was *made* a knight. その年彼は勲爵士に列せられた. **d** 《古》…に翻訳する (translate into) : ~ English.

12 〔人を〕…に仕立てる, …にする 〔*of*〕 ; 〔物事を〕変えて…にする 〔*of*〕 : ~ a fool [an ass] *of* oneself ばかみたいに振舞う / ~ an example *of* a person 人を見せしめにする / Overwork is *making* an old woman *of* the girl. その少女は過労のためひどく老けてきた《★ *vt.* 11 a の表現法に比べ, 比喩的な意味を含む場合に適する ; cf. He *made* the girl his wife.》 / He *made* a practice *of taking* the dog for a walk before breakfast. ★ この表現法で慣用的に of の目的語として it を用いることがある : ~ a good job *of it* うまく[手際よく]やってのける / ⇨ *make a* NIGHT *of it*.

13 a 〔…を〕…と推定する, …と理解する, …と考える 〔*of*〕 : Can you ~ anything *of* it? 何かおわかりになりますか / I don't know what to ~ *of* him. 彼のことをどう考えたらよいのかわからない / ⇨ *make a* VIRTUE *of necessity*. **b** [目的語+補語を伴って] 〈…を〉…と思う (think to be) : She is not the fool some ~ her. 彼女は人が考えるようなばかではない. **c** [目的語+補語を伴って] 〈距離・時刻などを〉…と計算[測定]する, …と見積もる (estimate at) : We ~ the distance 25 miles. 距離は 25 マイルとみる / What time do you ~ it? いま何時ですか / What do you ~ the total? 総計どのくらいになりますか.

14 [目的語+原形不定詞を伴って] …に…させる : **a** [強制的] : I can't ~ you come if you refuse to. いやだと言うのなら無理に来させるわけにいかない / I can ~ her believe anything I choose. 彼女には何でも信じさせることができる. ★ (1) 受動態のあとでは to 不定詞が用いられる : I *was made to* drink. 無理に飲まされた (cf. They *made* me *drink*.) (2) 古文体では能動態のあとで to 不定詞が用いられることがある : Money ~*s* the mare *to* go. 《諺》地獄のさたも金次第. **b** [非強制的] : Heat ~*s* a gas expand. 加熱をすると気体は膨張する / You ~ me forget my misfortunes. お話を聞いていると[お会いすると]身の不幸を忘れます / What on earth ~*s* you say that? 一体何でそういうことを言うのか. **c** …に…させている, …したことにしている : Most of the Chronicles ~ Richard die in 1206. たいていの年代記ではリチャードが 1206 年に死んだことになっている.

15 [動作名詞を目的語として] 行なう, 遂行する, する (perform) : ~ (an) answer [a reply] 返事をする (answer, reply) / ~ a bargain 取引[契約]をする / ~ a blunder へまをやる / ~ a courtesy お辞儀をする / ~ a denial 否定する (deny) / ~ (an) effort 努力する / ~ an excuse 言い訳をする / ~ haste 急ぐ (hasten) / ~ a joke 冗談を言う / ~ a journey [an excursion] 旅行[遠足]をする / ~ a mistake 誤る / ~ oath 誓いを立てる (take an oath) / ~ a pause 止まる / ~ a phone call 電話をかける / ~ progress 進歩する / ~ a speech [an address] 演説する / ~ a start 出発する (start) / ~ a statement 声明する / ~ a gesture of despair 絶望したような身振りをする / ~ a light stroke 軽くこぐ[なでる] / ~ a quick turn 素速く回転する.

16 〈ある距離を〉進んで行く, 踏破する (traverse) ; …の速さで行く : ~ a circuit 一周する / ~ a detour 回り道をする / ~ one's rounds 巡回する / We *made* 500 miles the first day. 我々は一日目に 500 マイル進

んだ / The car was *making* 80 miles an hour. 車は時速80マイルで走っていた.

17 食べる (eat): He *made* his simple morning meal. 質素な朝食をした / I *made* my lunch on bread and milk. パンと牛乳で昼食を済ました.

18 a …に到着する: I'll ~ London by the weekend. 週末までにはロンドンに着くだろう / It was eleven thirty when he *made* the office. 彼が事務所に着いたのは11時30分だった. **b** (旅行中)…に立ち寄る, 旅程に含める: I *made* Chicago on the way to New York. ニューヨークへ向かう途中シカゴに立ち寄った. **c** 〘海事〙〈他船・陸地などを〉認める, …が見え始める: They *made* the land at sunrise. 日の出時に陸を認めた. **d** 《口語》〈乗物など〉に間に合う (catch): I *made* the train just in time. 列車にちょうど間に合った / He hurried so as to ~ the first show. ショーの始まりに間に合うように急いだ. **e** 《米俗》〈人・物〉の正体を見抜く, 認める (identify): I *made* him the minute I saw him. 彼の顔を見たとたんに彼だとわかった.

19 《口語》 **a** …の地位を得る, …という官職になる: He soon *made* a corporal. やがて伍長になった. **b** 〈チームなど〉の一員となる, …に地位を得る: ~ the team そのチームの一員となる **c** 〈新聞・リストなど〉に載る, …の紙面を飾る: The news *made* the front page of the evening paper. そのニュースは夕刊の第一面に載った / The book will ~ the list of the ten best ones of this year. その本は今年の十大良書の1冊にあげられよう.

20 a 〘電気〙〈回路を〉閉じる (close) (↔ break): ~ a circuit. **b** 〘電気〙〈接触を〉起こす: ~ a contact. **c** 《古・方言》〈戸を〉閉じる, 閉ざす (bar).

21 〘トランプ〙 **a** (bridge で)作る, 取る: (1) 切りまぜ (shuffle) などして〈カードを〉準備する (cf. MAKE *up* 17). (2) 〈contract を〉達成する: ~ four hearts フォー ハートを作る. (3) 〈あるカードで〉そのラウンドに勝つ: ~ an ace of hearts ハートのエースを出して1組取る. **b** 〈切札〉の名を言う (name): ~ the trump.

22 〘ボウリング〙〈スプリット (split) を〉スペア (spare) にする: ~ a split.

23 《俗》〈異性, 特に女性を〉誘惑する, ものにする.

— *vi.* **1 a** [*to* do を伴って] …し始める, …しかける, 〈…しようと〉する: He *made to* answer, and then stopped. 返事をしかけたが止めた. **b** [~ *as if* [*though*] …として] 《口語》〈…のように〉振舞う, 装う (pretend); (今にも)〈…しそうな〉身振りをする, …しかける: She *made as if* she were mad. 気違いのような振りをした / Those boys ~ *as if* they are girls. あの男の子たちはまるで女の子みたいな振りをする / He *made as though to* strike me. 私に打ちかかりそうな身振りをした. **c** [~ *like* …として] 《俗》〈…の〉ように〉真似をする, …気取りである: He was *making like* a Democrat. 民主党員気取りでいた. **2** [補語として形容詞を伴って] **a** 〈特定の様態に〉振舞う, …する: ~ merry 浮かれ騒ぐ (cf. merrymaking) / ~ free to do 大胆にも…する / ~ (so) bold (as) to do… 大胆にも…する, あえて…する. **b** 〈特定の状態に〉する: ~ fast 固着させる / ~ ready 用意する / ~ sure of …を確かめる, 保証する. ★ この用法は *vt.* 11 a の構造における目的語を省いた独立用法に起因する: They *made* ready to fight. 彼らは戦闘の用意を整えた (< They *made themselves* ready to fight.). **3 a** 〔…に向かって〕行く, 進む, 行こうとする〔*for, toward*〕: He *made for* home. 帰路についた / She *made for* [*toward*] the door. ドアの方へ歩いて行った. **b** [方向の副詞語句を伴って] 延びる, 通じる, 向かう: The road ~*s toward* the sea [*through* the wood]. 道は海に通じる[森の中を通る] / The cape ~*s out to* the sea. 岬は海に突き出ている. **4** 〔…にとって有利・不利に〕影響する, 作用する (tell); 〔幸福などに〕寄与する〔*for*〕: These facts will ~ *for* [*against*] your argument. これらの事実は君の議論を強める[弱める]ことになるだろう / The alliance *made for* peace. その同盟は平和に寄与した. **5 a** 〈潮が〉差してくる; 引き始める: The ebb is now *making*. 今潮が引き始めている. **b** 〈船中の水・雪・光などが〉増す, 積もる: Water was *making* in the hold. 船艙(そう)の浸水は刻々増してきた / Winter is *making* in earnest. いよいよ冬の気配が深まってきた. **c** 《米》〈氷が〉できる (form): Ice is *making* in the pond. 池に氷が張り始めている. **6** できる, 作られる; 〈干し草などが〉熟する (mature): This toy car ~*s* easily. このおもちゃの自動車はすぐ組み立てられる / The hay ought to ~ well in this drying breeze. この乾燥した風なら干し草がよくできるはずだ. **7** 《古》詩を作る[書く] (versify).

as good* [*clever, etc.*] *as they make 'em* [*them*]** 《口語》この上もなくよい[利口な] (as good [clever, etc.] as possible). ***have* [*have got*] *it made 《口語》成功は間違いない, 大丈夫うまくゆく (cf. MAKE *it* (2)): If you graduate from that school, you've *got it made*. あの学校を卒業すれば後は太鼓判だ. ***make after*** 《古》…を追う, 追跡する (pursue): The hound *made after* the fox. 猟犬はキツネを追った. ***make at*** …に向かって進む; …に襲いかかる, 攻撃する (attack). ***make away*** = MAKE *off* (1). ***make away with*** (1) …を持ち去る, 盗む. (2) …を駆逐する (get rid of); …を滅ぼす, 破棄する; …を殺す: ~ *away with* oneself 自殺する. (3) 〈金〉を使い果す, 浪費する; …を食い尽くす, 平らげる: He *made away with* his wife's money. 妻の金を使い果してしまった. ***make believe*** 振りをする, 見せかける (pretend) 〈*to do, that*〉: I did so just to ~ *believe*. ただ見せかけにそうしただけだった / I shut my eyes and *made believe to* sleep. 目を閉じて眠っている振りをした / Let's ~ *believe* we have a million dollars. 百万長者ごっこをしよう. ***make do*** (不満足なものなどで)間に合わせる, どうにか済ます (manage): ~ *do* on a small income わずかな収入で何とかやってゆく / We'll have to ~ *do with* something else. 何か外のもので間に合わせなければなるまい / You must ~ *do without* any help. 人手を借りずにすますべきだ. ***make do and mend*** (修理しながら)長持ちさせてゆく; 細々と何とかやってゆく. ***make for*** (1) …の方向へ進む, …に近づく (cf. *vi.* 3 a). (2) …を襲う: The bull *made for* him. 雄牛が彼を襲った. (3) ⇨ *vi.* 4. (4) [Passive で用いて] …にとってあつらえ向きだ. ***make it*** (1) 《口語》(首尾よく, または遅れずに)〔目的地に〕到達する〔*to*〕, 間に合う; (ある距離を)踏破する; (最後まで)やって行く: You can ~ *it* if you hurry. 急げば間に合うだろう / I wonder if he will ~ *it to* the hut in this weather. この天気では小屋まで辿り着けるか怪しいものだ / She will never ~ *it through* college. とても大学を卒業できまい. (2) 《口語》うまくやってのける, 成功する: He tried to ~ *it* as an amateur writer. しろうと作家として名をあげようとした. (3) 《米口語》急いで立ち去る: We have to ~ *it* out of here. さっさとここを引き上げなくちゃいけない. ***make it out*** = MAKE *out* (*vi.*) (1). ***make it so*** 〘海事〙定刻(普通午前8時・正午・午後8時・午前零時)の時鐘を打つ. ***make it up*** (1) 〔…と〕仲直りする〔*with*〕 (cf. MAKE *up* (*vi.*) (2)): Tom and Mary have *made it up*. = Tom has *made it up with* Mary. トムとメリーは仲直りした. (2) ⇨ MAKE *up to* (3). ***make it with*** (1) 《米口語》…の仲間に受け入れられる, …に好かれる, …とうまが合う. (2) 《俗》〈異性〉と関係する. ***make off*** (1) 急いで去る, 逃げる: The burglar *made off* through the window. 賊は窓から逃げて行った. (2) 〘海事〙〈船が〉(離岸する時に風下側の)海岸線から距離を離す. ***make off with*** …を持って逃げる, さらって行く: While I was phoning, somebody *made off with* my suitcase. 電話をかけているうちにだれかがスーツケースを持って行ってしまった. ***make or break*** [***mar***] 〈計画などを〉立派に成功させるか完全に失敗させるかする; 一か八か, のるかそるか (kill or cure) (cf. make-or-break). ***make out*** (*vt.*) (1) 〈表・書類・小切手などを〉作製する, 書く, (書式に記入して)書き上げる: Please ~ *out* a list for me. リストを作製して下さい. (2) (苦心して)整える, まとめ上げる; 補充する, 完全にする: He tried to ~ *out* the money. その金を工面しようとした. (3) 証拠立てる, 立証する; …と結論する: ~ *out* a case (自分の)主張の正しさを立証する / ~ *out* a strong case for [against] …賛成[反対]を強く主張する / How do you ~ that *out*? 君はどうしてそういう結論が出せるのか, どうしてそういうことになるのか. (4) [目的語+補語または *to* do を伴って] 〈人を〉…だと言う; (劇などで)〈人物を〉…だとする; [*that*-clause を伴って] …ともっともらしく言う, うそぶく (pretend); …と主張する (assert): He ~*s* me *out to be* a fool. 彼は私をまるでばかのように言う / He is always trying to ~ himself *out* more important than he is. 彼はいつも自分が実際よりも偉い人間であるように見せかけようとしている / In the play the hero of the novel is *made out to be* a country doctor. その劇では小説の主人公は田舎の医師ということになっている / He *made out that* he knew several languages. 外国語を幾つも知っていると称した / It is *made out that* she is having an affair with him. 彼と浮気をしていると言われている. (5) 理解する, わかる (understand); 解釈する, 判読する: I cannot ~ *out* what he wants. 彼が何を望んでいるか見当がつかない / I can't ~ her *out*. 彼女の気持がつかめない / The handwriting cannot be *made out*. その筆跡は判読できない. (6) 認める, 見てとる, 読みとる (discern): I could just ~ *out* a dim figure through the mist. 霧の中にぼうっとした人影をかすかに認めることができた / In the half-darkness she could hardly ~ *out* the details of his face. その薄暗がりの中で彼女はほとんど彼の顔の細部を見てとることができなかった. (7) (絵などで, 詳細に)描き出す: Every detail of the figure was faithfully *made out*. その人物は一つ一つ細部に至るまで克明に描き出されていた. (8) 《方言》仕上げる, 成就する. (*vi.*) (1) 《口語》やって行く, やりくり算段をする; うまくやって行く, 成功する; 何とか…しおおせる〈*to* do〉: I *made out* very well on the small wage. わずかな賃金で結構うまくやって行った / He *made out to* keep out of debt. 何とか借金をしないでやって行けた. (2) 《俗》〈男女が〉抱き合う, 愛撫し合う; 〔異性と〕関係する〔*with*〕. ***make over*** (1) 〈財産などを〉譲る, 移管する (transfer) 〔*to*〕: When we married, my wife *made over* all her property *to* me. 結婚したとき妻は全財産を私の名義に変更した / The land has been *made over* in trust. その土地は信託に出されている. (2) 作り変える, 〈衣服を〉仕立て直す; 〈家を〉改造する, 〈印刷されたページを〉組み変える; 〈人〉の性格を変える, 更生させる: She *made over* the old dress. 古い服を仕立て直した / They *made over* the basement *into* a garage. 地下室を車庫に改造した / One cannot ~ oneself *over*. 人は自分を作り直すことはできない. (3) [over is *prep.*] 《口語》…で騒ぎ立てる, 色めく. ***make up*** (*vt.*) (1) 〔材料・部分品から〕製作する, 組み立てる〔*from*〕; 〈材料を〉〈製品に〉作り上げる〔*into*〕: He *made up* a model *from* a kit. 材料一式から模型を組み立てた / These pieces of old gold can be *made up into* a brooch. これらの古い金片からブローチが組み立てられる. (2) 〔…に〕束ねる, 包む (wrap) 〔*into*〕: ~ *up* hay *into* bundles 干し草をいくつかに束ねる / ~ *up* a consignment of ten parcels 積送品を10包ずつにまとめる. (3) 〈衣服を〉仕立てる〔*from*〕; 〔衣服に〕仕立てる〔*into*〕: ~ *up* cloth *into* a suit 生地を使って服を仕立てる / Customers' own materials *made up*. お持ち込みの材料でお仕立て致します《仕立屋の店頭の掲示》/ I'm having a suit *made up from* the worsted. そのウーステッドを使って服を仕立ててもらっているところです. (4) 調合する: ~ *up* a prescription 処方剤を調合する. (5) 〘印刷〙〈欄・ページなど〉にまとめる (cf. makeup 7); 〈活字などを〉ページに組む. (6) 〈車両を〉連結する: ~ *up* a train of cars 列車を仕立てる. (7) 作製する, 編集する: ~ *up* a montage picture of the suspect 容疑者のモンタージュ写真を作る. (8) 〈話などを〉でっち上げる (invent); 即興的にこしらえる (improvise): ~ *up* a story [a plot, an excuse] 話[筋, 言い訳]をでっち上げる. (9) 〈道路を〉舗装する (pave); 《廃》建設する. (10) 〈ベッドなどを〉用意する (prepare); 〈弁当などを〉こしらえる; 〈火・ストーブ・ボイラー〉に燃料を注ぎ足す, …の火力をよくする: ~ a bed *up* for the guest 客用のベッドを用意する / ~ *up* a room 部屋を片付ける / The hotel will ~ you *up* a packet of sandwiches for the outing. 遠足用の弁当としてホテルがサンドイッチを用意してくれる. (11) 〈部分が〉〈総数・全体・割合を〉構成する; (補って)〈全体・必要数を〉満たす, 完全にする; 〔構成素から〕成り立たせる〔*of*〕: ~ *up* a four at bridge ブリッジに4人目として参加する《4人一組のゲームができるようにする》/ A thousand yen is wanted to ~ *up* the sum. その全額を整えるのに千円足りない / We have *made* the collection *up to* the total required. 募金が必要額まで集められた / All bodies are *made up of* atoms. 物体はすべて原子から成る. (12) 〈不足分を〉つぐなう, 補う: ~ *up* sleep 睡眠不足を取り戻す / ~ *up* lost ground 失地を回復する / The city decided to ~ *up* part of the deficit by tax increases. 市は赤字の一部を増税で埋めることとした. (13) 《米》〈不良の成績を〉取り返す; 〈成績不良の学科を〉再履習する; (成績不良の学科のために)〈試験を〉受け直す: ~ *up* a deficiency in record 成績の不良を取り返す / ~ *up* an examination 再試験[追試験]を受ける. (14) 決算する, 精算する (settle); 調製する: ~ *up* accounts 決算する / ~ *up* monthly statements 月々の報告書を調製する. (15) 取り決める, 締結する (arrange); 〈紛議を〉落着させる, 〈喧嘩を〉仲裁する (settle): ~ *up* a marriage 結婚を取り決める / ~ *up* a dispute [an argument] 紛争[議論]を落着させる / ~ *up* a quarrel [differences] 喧嘩[不和]の仲裁をする; 仲直りをする (cf. MAKE *it up* (1)) / ⇨ *make up one's* MIND. (16) 〈俳優を〉扮装させる, メーキャップする (cf. makeup 1); 〈女が〉〈顔などを〉化粧する: She came on *made up* as an old lady. 彼女は老婦人に扮装して登場した / She was well [heavily] *made up*. 彼女は上手に化粧して[厚化粧して]いた. (17) 〘トランプ〙〈カードを〉切りまぜ (shuffle) て積み上げる《次の人がそれを配れるように準備する》. (*vi.*) (1) 仕上げられる, 組み立てられる: The silk ~*s up* beautifully. その絹はきれいに仕上げられる. (2) 仲直りする: We *made up* after the quarrel. 我々は喧嘩のあとで仲直りをした. (3) 〈俳優が〉扮装する, メーキャップする; 化粧する: ~ *up for* the part of a Roman general ローマの将軍の役に扮装する / The girl is busily *making up*. 少女はお化粧に余念がない. ***make up for*** …を埋め合わせる, 取り返す, …の償いをする: ~ *up for* lost time 遅れた分の時間の取り返しをする / What he lacked in formal education he *made up for* in sheer diligence. 正規の教育の点で欠けていたところを人一倍の勤勉で補った. ***make up to*** (1) …に近づく, 接近する. (2) 《口語》〈目上の人など〉に取り入る, へつらう; 〈女〉に言い寄る: He *made up to* his father for a car. 自動車を買ってもらおうと父の機嫌取りをした / He began *making up to* his secretary. 秘書に言い寄り始めた. (3) 〈人〉に〔…の〕埋め合わせをする (compensate) 〔*for*〕; [it などを目的語として] …に〈その事〉の償いをする: We must ~ *up to* him *for* his loss. 彼の損失に対して償いをしなければならない / I'll ~ *it up to* you later. あとで償いをさせてもらいます. ***make with*** 〘cf. Yid. *mach mit*〙 [通例 "the + 名詞" を目的語として] 《俗》 (1) 〈身体の一部〉を使う, 動かす: Let's ~ *with the* feet. さあ歩こう / She *made with the* eyes. 色目を使った. (2) …を取り出す, 作り出す, 言い[考え]出す (produce); …を行なう (do): *Make with the* beer! ビールを出しなさい[持って来なさい] / We started *making with the* hard work. その難しい仕事に取りかかった.

— *n.* **1 a** 作り方, こしらえ, 製作法; 形, 型: the ~ of a suit スーツの作り[仕立て] **b** (研磨したダイヤの)出来ばえ, 見事さ. **2 a** (体の)作り, 体格: a man *of* slender ~ 作りのきゃしゃな人. **b** 性格, 性質, 気質: a man *of* quite another ~ [*of* his ~] 全く違った

[彼のような]性格の人 / one's mental ～ 心立て, 気質. **3 a** 製作, 製造, 生産: things *of* Japanese [American] ～ 日本[米国]製品 / a small pistol *of* foreign ～ 外国製の小型ピストル / a new ～ *of* motor 新式のモーター / our own ～ (商人用語として)自家製. **b** (油田・炭坑などの)製作高, 生産高, 出来高. **4** 〘電気〙回路の接続(↔break): at ～ 接点閉の状態で / ⇨ make-and-break. **5** 〘トランプ〙 **a** (bridge などで)切りまぜること, またその順番: It's your ～. 君が切りまぜる番だ. **b** 達成した contract《通常 play 後の検討の時にいう》: Three no-trumps would have been a ～. スリー ノートランプならできただろう. **c** 切札の宣言; それによって決定した切札のスーツ (cf. declaration 4 c). **6** 《俗》(容疑者などについての)鑑定の決め手, (指紋などからの)情報: We haven't got a ～ *on* him. 彼を捕らえる決め手をつかんでいない. **7** 《俗》不身持ちな女: an easy ～ 誘惑されやすい女.

on the make (1)《口語》形成中で, 増大して, 改善して. (2)《口語》出世[昇進]に躍起になって, 金もうけに熱心で. (3)《俗》〈男が〉〔女に〕言い寄って, 性交渉を求めて〔*for*〕.

make and mend 〘水夫が衣服のつくろいをする時の意から〙《英》〘海事〙(午後の)半日休暇, 半休日.

make² [méɪk] 〘OE *ġemaca* (cf. G *gemach* fitting, suitable) ← *macian* (↑): cf. match²〙 *n.* 《英方言》 **1** 釣合う人; 同輩, 同僚. **2 a** 友人, 朋友. **b** 連れ合い, 配偶者.

make·a·ble [méɪkəbl] *adj.* =makable.

máke-and-bréak *adj.* 〘電気〙(回路・接点の)開閉の, (呼び鈴などの)回路自動断続装置の. 「けしかける人.

máke·bàte 〘← MAKE¹ (v.)+BATE²〙 *n.* 《古》喧嘩を

máke-believe 〘← *make believe* (⇨ make¹ (v.) 成句)〙 — *n.* **1** かこつけ, 偽り, 振り (pretence). **2** 偽る人, 振りをする人. — *attrib. adj.* 偽りの, 振りをした (pretended): ～ sleep たぬき寝入り.

máke-dò 〘← *make do with* (⇨ make¹ (v.) 成句)〙 — *n.* (*pl.* ～**s**) 間に合わせ物, 一時の便法. — *attrib. adj.* 間に合わせの, 即製の (improvised), 臨時の: a ～ policy 間に合わせ政策. 「Makeyevka.

Ma·ke·ev·ka [məkéɪ(j)əfkə; *Russ.* makjéjifkə] *n.* =

máke·fàst 〘← *make fast*〙 *n.* 〘海事〙繋船柱[鐶(かん)]《ボートをつなぐ柱・ブイ・環など》.

máke·gàme *n.* 笑いの種. 「ない.

máke·less 〘⇨ make²〙 *adj.* 《方言》友人[連れ合い]の

máke-or-bréak 〘← *make or break* (⇨ make¹ (v.) 成句)〙 *adj.* のるかそるかの, 一か八かの: a ～ attempt [effort] 一か八かの試み[努力]. 「=peacemaker 1, 2.

máke-pèace 〘《名詞用法》← *make peace*〙 *n.* 《古》

Make·peace [méɪkpiːs] 〘↑〙 *n.* 男性名.

mák·er 〘(*a*1325) *maker(e)*: ⇨ make¹, -er¹〙 — *n.* **1** 作る人, 製作者, 製造人, メーカー. **2** [M-] 造物主, 神 (God): our [the] *Maker* われらの造り主 / go to [meet] one's *Maker* 死ぬ. **3** 《古》詩人 (poet). **4** 〘法律〙証書作成者. **5** 〘金融〙約束手形振出し人. **6** 〘トランプ〙=declarer 2.

máke·rèady *n.* 〘印刷〙むらとり《版に等圧を与える作業》; メークレディ《印刷直前の組版(くみはん)調整》.

máker's màrk *n.* (金銀細工師が製品に彫る)製作者銘の刻印.

máker-úp 〘← MAKEUP 7〙 *n.* (*pl.* **makers-up**) **1** 〘印刷〙まとめ工. **2** 《英》 **a** (製品の)組立て工, 包装工. **b** 仕立て屋; 衣服生産業者.

máke·shift 〘← *make shift* (⇨ shift 成句)〙 — *n.* 間に合わせ物, 当座しのぎ, 一時の便法. — *attrib. adj.* 間に合わせの, 当座しのぎの, やりくりの: a ～ dinner / a ～ lecture hall 臨時の講演会場.

máke·ùp 〘← *make up* (⇨ make¹ (v.) 成句)〙 *n.* **1 a** (俳優などの)顔ごしらえ, 化粧, 扮装, メーキャップ: put on one's ～ 扮装する, メーキャップする / have little ～ on ほとんど化粧していない / wear no ～ おしろい気なし. **b** [無冠詞で]《口語》扮装室[部]: She is in ～. **2** [集合的] **a** 扮装具《衣装・かつらなど》. **b** (各種の)化粧品. **3** 作り話, うそ (fiction, lie). **4** (部分・成分からの)構成; 組立て, 構造, 組織: the country's ethnic ～ その国の人種構成. **5** 体質; 気質, 性質: elements in one's ～ 性格上の素質 / a national ～ 国民性. **6** 《口語》(不合格者のための)再試験; (欠席者のための)追試験. **7** 〘印刷〙 **a** (欄・ページの)まとめ(組み), メークアップ; (新聞での)大組み. **b** 割付, レイアウト; 体裁. **8** 決算, 清算. **9 a** (ボイラーなどの水の)補給. **b** =makeup water.

mákeup wàter *n.* (ボイラーなどへの)補給水.

máke·wèight *n.* **1 a** 不足な目方を満たすために加えられた物, 目方のたし. **b** 不足を補うもの; 補欠(にされる二流の人物), 埋草(用の無価値な物). **2** 釣合いをとるもの, 調節するもの. 「急のあつらえ仕事.

máke-wòrk *n.* (労働者を遊ばせないための)不要不

Ma·ke·yev·ka [məkéɪ(j)əfkə; *Russ.* makjéjifkə] *n.* マケエフカ《ソ連邦 Ukraine 共和国南東部の金属工業都市; 人口 437,000》.

Ma·khach·ka·la [məkɑːtʃkəlɑ́ː; *Russ.* maxətʃkalá] *n.* マハチカラ《ソ連邦ロシヤ共和国西部, Dagestan 自治共和国の首都, カスピ海西岸の港湾都市; 人口 248,000》.

mák·ing 〘OE *macung*: ⇨ make¹, -ing¹〙 — *n.* **1** 作ること, 製造, 形成〔*of*〕; 製造[形成]過程: The marriage was not of her (own) ～. その結婚は彼女がまとめたものではなかった / the ～ *of* English 英語の成立(過程). **2** 構造, 構成. **3** 作り出されるもの, 製作物: **a** 一回の製造高: a ～ *of* bread. **b** [*pl.*] 利益, 所得, もうけ. **4** 成功・発展などの原因[手段]: A wife is the ～ *of* a man. 妻が男性の成功のもととなる. **5** [しばしば the ～] 将来性, 素質: He has *the* ～*s* of a politician in him. 彼は政治家の素質をもっている / There is *the* ～ *of* a race horse in this colt. この子馬には競走馬の素質がある / She has *the* ～ of a writer. 彼女には作家の素質がある. **6** [*pl.*] **a** 材料, 原料, 成分; 服地. **b** [méɪkɪn, -kən | -kɪn] 《豪口語》巻きたばこの材料《紙とたばこ》: a package of ～*s*.

in the making 製作中の, 形成中の; 発達過程にある, 未完成状態の: mankind *in the* ～ 発達途上の人類 / a doctor *in the* ～ 医者の卵 / Some deals are *in the* ～. いくつかの取引が進行中である.

— *adj.* [形容詞と共に複合語をなして]《口語》…にするような: sick-*making* / shy-*making* 恥ずかしくなるような.

máking cúrrent *n.* 〘電気〙投入電流.

máking-úp dày *n.* 〘証券〙=contango day.

Mak·kah [mǽkə] *n.* マッカ《Mecca のアラビア語名》.

ma·ko [mɑ́ːkoʊ | -kəʊ] 〘⇨ Maori ～〙 *n.* (*pl.* ～**s**) 〘魚類〙大西洋産アオザメ属の魚の一種 (*Isurus oxyrinchus*)《mako shark ともいう》.

Mak·sim [mǽksɪm, -səm | -sɪm; *Russ.* maksjím] 〘⇨ Russ. ～ 'MAXIM'〙 *n.* 男性名.

Ma·ku·a [məkwɑ́ː] *n.* (*pl.* ～, ～**s**) **1 a** [the ～(s)] マクア族《モザンビーク (Mozambique) 北部・タンザニア (Tanzania) に住む部族》. **b** マクア族の人. **2** マクア語《バンツー語 (Bantu) の一つ》.

makuta *n.* likuta の複数形.

Mal. 《略》Malachi (旧約聖書の)マラキ書; Malay; Malayan; Malaysia; Malaysian; Malta.

mal-¹ [mæl, mǽl, (母音の前では) mæl, mǽl] 〘ME ⇨ (O)F ～ ← *mal* (adv.) // L *mal-* ← *male* badly, ill ← *malus* bad〙 —「悪い, 悪く; 不完全な[に], 不…」の意の連結形: *mal*nutrition, *mal*treat, *mal*adroit.

mal-² [mæl] (母音の前に来る時の) malo- の異形.

Mál·a·bar Cóast [mǽləbɑ̀ə-, ⌐⌐⌐- | mǽləbɑ́ː(r-, ⌐⌐⌐] *n.* [the ～] マラバル海岸《インド南西端地方; Western Ghats 山脈以西のアラビア海沿岸地方で, 主に現在の Kerala 州に属す》.

Málabar gòurd *n.* 〘植物〙東アジア産ウリ科の鑑賞用ヒョウタンの一種 (*Cucurbita ficifolia*).

Málabar níghtshade [spínach] *n.* 〘植物〙熱帯アジア産ツルムラサキ属の肉質の一年生または二年生回旋性蔓(つる)草 (*Basella rubra* var. *alba*). 「良.

màl·absórption 〘⇨ absorption〙 *n.* 〘病理〙吸収不

malac. 《略》malacology. 「異形.

mal·a·c- [mǽlək] (母音の前に来る時の) malaco- の

Ma·lac·ca [məlǽkə, -lɑ́ːkə | -lǽkə] *n.* マラッカ《Melaka の旧名》.

Malacca, the Strait of *n.* マラッカ海峡《Sumatra と Malay 半島との間の海峡; 長さ 800 km, 幅 50-320 km》.

Malácca cáne *n.* マラッカ杖[ステッキ]《東インド産トウの一種ロタントウ (*Calamus rotang*) の茎で作ったステッキ; 栗色で斑紋のあるものが多い》.

Mal·a·chi [mǽləkàɪ] 〘⇨ Heb. *Mal'ākhī* 《原義》 my messenger ← *mal'ākh* messenger〙 — *n.* 〘聖書〙 **1** マラキ《紀元前 5 世紀のユダヤの預言者》. **2** (旧約聖書の)マラキ書《小預言書中最後の書; 略 Mal.》.

Mal·a·chi·as [mæləkáɪəs] 〘⇨ LL ～ (↑)〙 *n.* (Douay Bible での) Malachi のラテン語式語形.

mal·a·chite [mǽləkàɪt] 〘(*a*1398) ⇨ OF *melochite* (F *malachite*) ⇨ L *molochītes* ⇨ Gk *molokhîtis* ← *molókhē* 《異形》← *malákhē* 'MALLOW' (その色がゼニアオイの葉に似た緑色をしていることから): ⇨ -ite¹〙 — *n.* **1** 〘鉱物〙マラカイト, くじゃく石 ($Cu_2CO_3(OH)_2$)《塩基性炭酸銅, 緑色の柱状結晶》. **2** 岩緑青(いわろくしょう)《緑色の無機顔料》. **3** くじゃく石に似せた陶器.

málachite gréen *n.* **1** マラカイトグリーン, 青竹(あおたけ)《鮮緑色の塩基性染料》. **2** 青竹色, 黄緑色.

ma·la·ci·a [məléɪʃiə, -ʃə | -ʃiə, -ʃə] 〘← NL ～ ← Gk *malakía* softness, tenderness: ⇨ ↓, -ia¹〙 — *n.* 〘病理〙 **1** (骨・脳などの)軟化(症). **2** 異嗜症《スパイスのきいた食品に対する異常嗜好》.

mal·a·co- [mǽləko(ʊ) | -kə(ʊ)] 〘(18C) ⇨ Gk *malako-*, *malak-* ← *malakós* soft ← IE **mel-* soft〙 —「柔, 軟(soft)」の意の連結形. ★ 母音の前では通例 malac- になる.

mal·a·coid [mǽləkɔ̀ɪd] 〘← MALACO-+-OID〙 *adj.* **1** 〘動物〙柔軟組織の. **2** 〘病理〙〈骨など〉軟化症の[に似た].

màl·a·cól·o·gist [-dʒɪst, -dʒəst | -dʒɪst] *n.* 軟体動物学者.

mal·a·col·o·gy [mæləkɑ́lədʒi | -kɔ́lədʒi] 〘← MALACO-+-LOGY〙 — *n.* 〘動物〙軟体動物学. **mal·a·co·log·ic** [mæləkəlɑ́dʒɪk | -lɔ́dʒ-] *adj.* **màl·a·co·lóg·i·cal** *adj.*

mal·a·cop·te·ryg·i·an [mæləkɑ̀ptərídʒiən, -dʒən | -kɔ̀ptərídʒɪən] *adj., n.* 〘魚類〙軟鰭(き)類の(魚).

Mal·a·cop·te·ryg·i·i [mæləkɑ̀ptərídʒiàɪ | -kɔ̀ptərídʒɪ-] 〘← NL ～ ← MALACO-+-*pterygii* (← Gk *pterug-*, *ptérux* wing, fing+-*ii* (masc. pl. ending))〙 — *n. pl.* 〘魚類〙軟鰭(き)類《サケ・ニシンなど》.

Mal·a·cos·tra·ca [mæləkɑ́strəkə | -kɔ́s-] 〘← NL ～ ← Gk *malakóstraka* soft-shelled (neut.pl.) ← *malakóstrakos* ← MALACO-+-*ostrakos* (← *óstrakon* shell): cf. oyster〙 — *n. pl.* 〘動物〙軟甲亜綱.

mal·a·cos·tra·can [mæləkɑ́strəkən | -kɔ́s-] 〘⇨ ↑, -an¹〙 〘動物〙 — *adj.* (甲殻類の中の)軟甲亜綱の. — *n.* 軟甲亜綱の動物《エビ・カニなど, 一般に大型で進化した特徴をもつ; cf. entomostracan》.

mal·a·cos·tra·cous [mæləkɑ́strəkəs | -kɔ́s-] 〘⇨ Malacostraca, -ous〙 *adj.* 〘動物〙=malacostracan.

mal·a·cot·ic [mæləkɑ́tɪk | -kɔ́t-] 〘← MALAC(IA)+-OTIC¹〙 *adj.* 〈歯牙が〉軟化(傾向)の.

màl·adaptátion *n.* 順応不良, 不適応: ～ *to* one's circumstances 自己の環境に対する不適応.

màl·adápted *adj.* 順応[適応]しない, 不適応の.

màl·adáptive *adj.* **1** 順応不良の, 順応性のない[悪い]. **2** 適応を促さない.

màl·adjústed *adj.* **1** 調整の悪い, 調節不十分の. **2** 〘心理〙環境に適応し得ない, 不適応の.

màl·adjústive *adj.* 不適応の, うまく適応しない, 適応[順応]の悪い. 「不良.

màl·adjústment *n.* 不調整, 不調節; 不適応, 適応

màl·admínister *vt.* …の処理[施行, 運用]を誤る, 〈政治・経営を〉やり損なう, 下手に行なう.

màl·administrátion *n.* 失政, 悪政; 取締りの不行届き, 不手際.

mal·a·droit [mæ̀lədrɔ́ɪt, ⌐⌐⌐] 〘⇨ F ～: ⇨ mal-¹, adroit〙 *adj.* **1** 不器用な, 不手際な, 下手な. **2** 気のきかない (tactless). **～·ly** *adv.* **～·ness** *n.*

mal·a·dy [mǽlədi | -dɪ] 〘(*c*1275) *maladie* ⇨ (O)F ← *malade* sick < VL **male habitus* ill-conditioned ← LL *male*+*habitus*: ⇨ mal-¹, habit¹, -y¹〙 — *n.* **1** 疾病, 病気; (特に)慢性病 (chronic disease). **2** (道徳的)病弊, 腐敗, 堕落: social *maladies* 社会的弊害.

ma·la fi·de [mǽlə-fáɪdi, -də, mɑ́ːlə-fíːdeɪ | méɪlə-fáɪdɪ, mǽlə-fíːdɪ, -deɪ] 〘⇨ L *malā fidē* in bad faith (abl.) ← *mala fidēs* (↓)〙 — *L. adv., adj.* 不誠実に[な], 悪意で[による, から, で] (cf. bona fide).

ma·la fi·des [mǽlə-fáɪdiz, -dəz, mɑ́ːlə-fíːdez | méɪlə-fáɪdɪz, mǽlə-fíːdɪz, -deɪz] 〘⇨ L *mala fidēs* bad faith: ⇨ malo-, faith〙 — *L. n.* 不誠実, 人をだまそうという意図, 悪意 (cf. bona fides).

Ma·la·ga [mǽləgə] 〘(1608): ↓〙 — *n.* **1** マラガ(ワイン)《スペイン Málaga 産の甘口で独特の芳香のある白ぶどう酒; 食後酒に用いる》. **2** Málaga 原産のマスカット種の白ぶどう. **3** 暗赤色から赤褐色に至る各種の色.

Má·la·ga [mǽləgə; *Sp.* málaga] 〘⇨ Phoenician *mal-ḥa* salt〙 *n.* マラガ《スペイン南部, 地中海沿岸の都市: ぶどう酒の輸出港・避寒地; 人口 375,000》.

málaga réd *n.* 暗紅色 (ox-blood).

Mal·a·gas·y [mæləgǽsi, ⌐⌐⌐⌐ | mæləgǽsɪ] 〘← 《土語》: ⇨ Madagascar〙 — *adj.* **1 a** マダガスカル (Madagascar) の[に関する]. **b** マダガスカル共和国の[に関する]. **2** マダガスカル語の. **3** 〘生物地理〙マダガスカル[マラガシー]亜区の. — *n.* (*pl.* ～, **-gas·ies**) **1** マダガスカル(島)人; マダガスカル共和国の人. **2** マダガスカル語《オーストロネシア (Austronesia) 語族の言語》. 「名.

Malagásy Repúblic *n.* [the ～] Madagascar の旧

ma·la·gue·na [mæləgéɪnjə, mɑ̀ː-; *Sp.* màlaɣéɲa] 〘⇨ Sp. *malagueña* (fem.) ← *malagueño* 'of MALAGA'〙 — *n.* (*pl.* ～**s** [～z; *Sp.* ～s]) マラゲーニャ: **1** 〘音楽〙スペインの Málaga のシャンソン. **2** その舞踊; fandango の一種.

mal·aise [mæléɪz, mæ-; *F.* malɛ́ːz] 〘(1768) ⇨ F ～ 'discomfort' ← OF *mal* bad, ill+*aise* 'EASE'〙 — *n.* **1** 倦怠(けんたい); 異和感: general ～ 全身倦怠(感). **2** 何となく落ち着かない気持 (uneasiness), 不安.

Mal·a·mud [mǽləmʌ̀d, -məd], **Bernard** *n.* (1914–) 米国の小説家; *The Assistant* (1957).

mal·a·mute [mǽləmjùːt] 〘⇨ Innuit Eskimo *Malemiut* (この種の犬を飼育していた Alaska の Eskimo 族の名)〙 *n.* =Alaskan malamute.

mal·an·ders [mǽləndəz | -dəz] 〘(1601) ⇨ (O)F *malandres* ⇨ L *malandria* blisters on a horse's neck〙 — *n. pl.* [単数扱い]〘獣医〙膝皺(しつしゅう)《馬の前足のくるぶしの関節または膝の湾曲部(第一足関節)に生じる湿疹; cf. sallenders》.

ma·lan·ga [məlɑ́ːŋgə] 〘⇨ Am.-Sp. ～ ⇨ ? Congo ～ (pl.) ← *elanga* water lily〙 *n.* 〘植物〙 **1** =taro. **2** =yautia 1.

mal·a·pert [mæ̀ləpɑ́ːt, ⌐⌐⌐ | mǽləpɑ̀ːt] 〘(*c*1385) ⇨ OF *mal apert* unskilful, ill-taught, ill-bred ← MAL-¹ +*appert* (《異形》← *espert* experienced, skillful ⇨ L *expertus* 'EXPERT')〙 《古》 — *adj.* ずうずうしい (impudent, saucy). — *n.* ずうずうしい人. **～·ly** *adv.* **～·ness** *n.*

màl·appórtioned *adj.* (立法府への代議員選出で)定数が不平等[不適切]な配分の, 配分が不均等な: a ～ legislature.

màl·appórtionment *n.* (立法府への代議員選出の)定数不平等[不均衡]配分.

mal·a·prop [mǽləprɑ̀p | -prɔ̀p] 〘↓〙 *n.* =malapropism. — *adj.* 言葉のはき違いをする; 言葉を誤用する; はき違いの言葉の《malapropian ともいう》.

Mal·a·prop [mǽləprɑ̀p | -prɔ̀p], Mrs. 〘← MALAPROPOS〙 — *n.* マラプロップ夫人《R. B. Sheridan 作の劇 *The Rivals* (1775) 中の頑固な気取り屋の老婦人; 言葉の誤用で有名; cf. Dogberry, malapropism》.

mal·a·prop·i·an [mæləprɑ́piən, -próup- | -prɔ́pɪ-, -prə́up-] 〖⇨↑, -ian: cf. malapropos〗 *adj.* =malaprop.

mál·a·pròp·ism [-pɪzm] 〖(1849) ← MALAPROP+-ISM〗 ― *n.* **1** 言葉のはき違い[誤用]《loquacity を locality, instinctive を insensitive, emotion を commotion と誤る類; cf. Goldwynism, bull³》. **2** はき違えた[誤用された]言葉.

mal·ap·ro·pos [mæ̀læprəpóu, ←←← | mæ̀læprəpə̀u, ←←←] 〖(1668) □F *mal à propos* not to the point, inopportune: ⇨mal-¹, apropos〗 ― *adv.* 時宜を得ないで, 折悪しく, 不適切に. ― *adj.* [主に Predicative に用いて]時宜を得ない, 不適切な. ― *n.* 適切でないこと[言行], お門違い(の事柄).

ma·lar [méɪlə, -lɑə | -lə(r)] 〖← NL *mālār-is* ← L *māla* cheekbone, jawbone: ⇨-ar¹〗〖解剖〗*adj.* 頰の; 頰骨の: a ~ bone 頰骨. ― *n.* 頰骨.

Mä·lar·en [méɪlɑ:rən; *Swed.* mɛ́larən] *n.* メーラレン(湖)《スウェーデン南部 Stockholm の西方約 130 km の所にある湖, 1,200 余の島を含む; 面積 1,140 km²; 英語では Mälar [méɪlɑə | -lɑ:(r)] ともいう》.

ma·lar·i·a [məlɛ́(ə)riə | -lɛ́ərɪə] 〖(1740) □It. *mal' aria*《短縮》← *mala aria* bad air: ⇨mal-¹, aria〗 ― *n.* **1**〖病理〗マラリア. **2**《古》(昔, マラリア熱の原因と考えられた沼沢地に起こる)毒気, 瘴気(しょうき).

ma·lar·i·al [məlɛ́(ə)riəl | -lɛ́ərɪ-] 〖⇨↑, -al¹〗*adj.* **1** マラリア(性)の; マラリアにかかった. **2**《古》毒気の.

malárial féver *n.*〖病理〗マラリア熱.

ma·lar·i·an [məlɛ́(ə)riən | -lɛ́ərɪ-] *adj.* =malarial.

ma·lar·i·ous [məlɛ́(ə)riəs | -lɛ́ərɪ-] *adj.* =malarial.

ma·lar·key [məlɑ́əki | -lɑ́:kɪ] 〖アイルランドの人名から?: cf. NGk *maláka* softening of the brain〗 ― *n.* (*also* **ma·lar·ky** [~])《俗》(相手を煙にまいたりごまかすための)調子のいい話[でたらめ]: Don't give me the old ~! また例のでたらめはよしてくれ.

màl·assimilátion *n.*〖病理〗(栄養物の)同化不良.

mal·ate [mǽleɪt, méɪl-] 〖← MAL(IC ACID)+-ATE¹: cf. malic〗 *n.*〖化学〗りんご酸塩[エステル].

mal·a·thi·on [mæ̀ləθáɪən, -ɑn | -ɔn] 〖← *Malathion*《商標》← MAL(IC) A(CID)+THION(IC)〗 ― *n.*〖薬学〗マラチオン ($C_{10}H_{19}O_6PS_2$)《有機リンを主成分とするダニ・ウンカ・ツマグロヨコバイなどの駆除[殺虫]用黄色液剤, 毒性は低い; cf. parathion》.

Mal·a·thon [mǽləθɑ̀n | -θɔ̀n] *n.*〖商標〗マラソン《malathion の商品名》.

Ma·la·wi [məlɑ́:wi, -láui | -lɑ́:wɪ] *n.* **1** マラウィ《アフリカ東部にある英連邦内の共和国; もと英国保護領で Nyasaland といい, Federation of Rhodesia and Nyasaland の一部となったが, 1964 年独立; 人口 5,530,000, 面積 117,050 km², 首都 Lilongwe [lɪlɔ́(:)ŋweɪ | -lɔ́ŋ-]; 公式名 the Republic of Malawi マラウィ共和国》. **2** マラウィ人.

Malawi, Lake *n.* マラウィ湖《アフリカ南東部 Malawi の大淡水湖; 1859 年 Livingstone が発見; 南北の長さ 584 km, 面積 29,604 km²; 旧名 Lake Nyasa》.

Ma·la·wi·an [məlɑ́:wiən, -láui- | -lɑ́:wɪ-] 〖⇨Malawi, -an¹〗 *n.* マラウィ人, マラウィの住民. ― *adj.* マラウィの.

Ma·lay [məléɪ, méɪleɪ | məléɪ] 〖□Du.《廃》*Malayo* (Du. *Maleier*) □Malay *Melāyu*《原義》emigrants〗 ― *adj.* **1** マライ半島[諸島]の. **2** マライ人の. **3** マライ語の. ― *n.* **1** マライ人《マライ半島および付近の諸島に住む》. **2** マライ語, マレー語《東インド諸島一帯に商業用語として用いられるオーストロネシア語》. **3** =Malay fowl.

Ma·lay·a [məléɪə, meɪ- | mə-] *n.* **1** マラヤ《アジア南東部 Malay 半島南部を占めるマレーシア (Malaysia) の一地方, もとは英国の植民地であったが, 1957 年マラヤ連邦 (the Federation of Malaya) として独立の共和国となり, 1963 年マレーシアの発足と共にその一部となり, 1966 年以降 west Malaysia と呼ばれる; 人口 8,792,000, 面積 132,659 km², 首都 Kuala Lumpur》. **2** =Malay Peninsula.

Mal·a·ya·lam [mæ̀ləjɑ́:ləm | -lɪ-, -leɪ-, -lə-] 〖□Malayalam *malayālam*〗 *n.* マラヤーラム語《インド南西端 Malabar 地方のドラビダ語族 (Dravidian) の一つ》.

Ma·lay·an [məléɪən, meɪ-, méɪleɪ- | məléɪ-] 〖⇨Malaya, -an¹〗 ― *adj.* **1** マライ人[語, 諸島]の. **2**〖生物地理〗マライ区の. ― *n.* **1** マライ人 (Malay). **2** =Malay 2.

Maláy Archipélago *n.* [the ~] マライ諸島《インド洋と太平洋の間の東インド諸島; インドネシア・フィリピンを含む》.

Maláy cámphor *n.*〖化学〗マライ樟脳 (⇨Borneo camphor).

Maláy fówl *n.* マライ半島原産の大鶏.

Ma·lay·o- [məléɪou, meɪ-, məléɪə(u)] 〖← MALAY+-O-〗「マライ人[語]と…との」の意の連結形.

Maláyo-Polynésian *adj.* **1** マライポリネシア人の. **2** =Austronesian. ― *n.* **1** ポリネシアのマライ人. **2**〖言語〗マライポリネシア語族 (Austronesian).

Maláy Península *n.* [the ~] マライ半島《マレーシア・シンガポール・タイの一部とから成る; 面積 182,654 km²》.

Ma·lay·si·a [məléɪʒiə, -ʒə, -ʃiə, -ʃə | -zɪə, -zjə, -ʒɪə, -ʒə] 〖土語〗 ― *n.* **1** マレーシア《アジア南東部にある英連邦内の独立国; 1963 年 the Federation of Malaya, Singapore, Sabah, Sarawak で発足したが, 1965 年 Singapore が分離して単独の共和国となった; 1966 年以降 Malaya 11 州を West Malaysia, Sabah と Sarawak とを合わせて East Malaysia と呼ぶ; 人口 12,600,000, 面積 333,401 km², 首都 Kuala Lumpur; 公式名 the Federation of Malaysia マレーシア連邦》. **2** =Malay Archipelago.

Ma·lay·si·an [məléɪʒiən, -ʒən, -ʃiən, -ʃən | -zɪən, -zjən, -ʒɪən, -ʒən] 〖⇨↑, -an¹〗 ― *adj.* **1** マレーシアの; マライ諸島の. **2** マレーシア[マライ]人の. ― *n.* **1** マレーシア人. **2** マライ諸島人《インドネシア人, マライ人などを含む》; マライ人 (Malay).

mal·brouck [mǽlbrʊk] 〖□F *malbrouc* ← ?*Marlborough*(イングランド Wiltshire 州の自治市)〗 ― *n.*〖動物〗コンゴミドリザル (*Cercopithecus aethiops cynosurus*)《西部アフリカ産のオナガザル属のサル》.

Mal·colm [mǽlkəm] 〖□Gael. *Maelcolm* < OGael. *máel Coluim* servant of (St.) Columba ← *máel* bald+*Coluim* 'of (St.) COLUMBA': Celtic servants は頭をそっていた〗 ― *n.* 男性名.

Mál·colm X [mǽlkəm-] *n.* (1925–65) 米国の黒人でブラックモスレム (Black Muslims) の一員; 変節者として殺害された.

màl·conformátion *n.* 不恰好, 不体裁.

mal·content [←←← | ←←←] 〖□(O)F ~: ⇨mal-¹, content²〗 ― *adj.* 不平の, 不満の; (体制や時の政府に)盾つく, 反抗的な. ― *n.* **1** 不平家; (時の政府に対する)反抗者, 政治扇動家. **2**《古》不平, 不満.

màl·conténted *adj.* =malcontent. **~·ly** *adv.* **~·ness** *n.*

mal·dan·id [mæ̀ldǽnɪd, -nəd | -nɪd] 〖↓〗 *adj.*, *n.*〖動物〗タケフシゴカイ科の(動物).

Mal·dan·i·dae [mæ̀ldǽnədi: | -nɪ-] 〖← NL ~ ← *Maldane* (属名)+-IDAE〗 *n. pl.*〖動物〗(環形動物門多毛綱定在目)タケフシゴカイ科.

mal de mer [mǽl-də-méə | -méə(r; *F.* maldəmɛ:r] 〖□F ~ 'sickness of the sea'〗 *F. n.* 船酔い.

Mal·den [mɔ́:ldən, -dn | mɔ́:l-, mɔ́l-] 〖← *Maldon* (英国 Essex 州の町) < OE *Mǣldun*《原義》hill with a *mǣl* (=mark or cross)〗 ― *n.* 米国 Massachusetts 州東部, Boston 近在の都市; 人口 55,000.

mal de siè·cle [mǽl-də-sjékl, -sjékl; *F.* maldəsjɛkl] 〖□F *mal du siècle* sickness of the age〗 *n.* (*also* **mal du siècle** [~]) 生への倦怠(感), 厭世(気分).

màl·distribútion *n.* 悪分布; 悪[不平等]配分.

Mal·di·van [mɔ́:ldivən, -daɪv-, -dɪv-, mǽl-, -dəv- | mɔ́:ldɪv-, mɔ́l-] 〖⇨↑, -an¹〗 *adj.*, *n.* モルディブ (Maldives) の(人).

Mál·dive Íslands [mɔ́:ldi:v-, mǽl-, -daɪv, -dɪv | mɔ́:ldɪv-, mɔ́l-] *n. pl.* [the ~] モルディブ諸島 (⇨Maldives).

Mal·dives [mɔ́:ldi:vz, mǽl-, -daɪvz, -dɪvz | mɔ́:ldɪvz, mɔ́l-] *n.* モルディブ《インドの南西方インド洋中にある環状さんご島群からなる共和国; もと Maldive Islands といい, Ceylon (現名 Sri Lanka) の属領, 1965 年完全独立, 1968 年共和国となった; 人口 140,000, 面積 298 km², 首都 Malé; 公式名 the Republic of Maldives モルディブ共和国》.

Mal·div·i·an [mɔ:ldíviən, mæl- | mɔ:ldívɪən, mɔl-, -vjən] *adj.*, *n.* =Maldivan.

mal du pa·ys [mǽl-du:-peɪí:; *F.* maldypei] 〖□F ~ 'sickness of the country'〗 *F. n.* 懐郷病 (nostalgia), ホームシック (homesickness).

male [méɪl] 〖(1375) □OF ~, *masle* (F *mâle*) < L *masculum* ← *mās* male: cf. masculine: 法律用語では AN spelling の *masle* が 17C まで用いられた〗 (↔ female) ― *adj.* **1** 男の, 雄の, 男性の: a ~ bird / the ~ members of the club クラブの男の会員. **2** 男から成る, 男ばかりの: a ~ choir 男子聖歌隊. **3** 男にふさわしい, 男らしい, 男性的な: ~ courage [vigor] 男らしい勇気[元気]. **4**〖植物〗雄性の; 雄しべだけある: a ~ flower 雄花 / a ~ gamete 雄性配偶子. **5**〖機械〗雄型の: a ~ plug 雄栓(おせん) / a ~ screw 雄(お)ねじ. ― *n.* **1** 男, 男子, 男性. **2** (動物の)雄. **3**〖植物〗雄性植物, 雄株.

Ma·lé [mɑ́:li | mɑ́léɪ] *n.* マーレ《モルディブ (Maldives) の首都; 人口 14,000》.

mal·e- [mǽlə | -lɪ] 〖(17C) ← L *male*: cf. mal-¹〗「悪の (ill)」の意の連結形.

mále álto *n.*〖音楽〗男性アルト《countertenor ともいう》.

mal·ease [mæ̀lí:z] *n.* =malaise.

ma·le·ate [méɪlièɪt, -liət, -liɪt | -lɪèɪt, -lɪət, -lɪɪt] 〖← MALE(IC ACID)+-ATE¹〗 *n.*〖化学〗マレイン酸塩[エステル].

Male·branche [mæ̀lbrɑ́:(n)ʃ, mɑ:l-, mæ̀lə-, mɑ̀:lə-, -brɔ̃:(n)ʃ, -brɑ́:nʃ, -brɔ́(:)nʃ; *F.* malbrɑ̃:ʃ], **Nicolas de** *n.* マルブランシュ《1638–1715; フランスのデカルト派の哲学者》.

mále cháuvinism *n.* 男性優越思想 (cf. sexism).

mále cháuvinist *n.* 男性優越主義者.

mal·e·dict [mǽlədìkt, ←←← | -lɪ-] 〖□LL *maledictus* (p.p.) ← *maledicere* (↓)〗《古》*adj.* 呪(のろ)われた (accursed). ― *vt.* 呪う (curse).

mal·e·dic·tion [mæ̀lədíkʃən | -lɪ-] 〖(1447) □LL *maledictiō(n-)* reviling ← *maledicere* ← MALE-+*dicere* to say: ⇨diction〗 ― *n.* **1** 呪(のろ)い (curse) (↔ benediction). **2** 悪口 (slander).

mal·e·dic·tive [mæ̀lədíktɪv | -lɪ-] *adj.* **1** 呪(のろ)いの, 悪を呼び出す. **2** 呪われた.

mal·e·dic·to·ry [mæ̀lədíkt(ə)ri | -lɪdíkt(ə)rɪ] 〖← MALEDICT+-ORY¹〗 *adj.* 呪(のろ)いの; 悪口の.

mal·e·fac·tion [mæ̀ləfǽkʃən, ←←← | mæ̀lɪfǽkʃən] 〖← MALE-+-FACTION〗 *n.* 悪事, 罪悪, 犯罪 (crime) (↔ benefaction).

mal·e·fac·tor [mǽləfæ̀ktə, ←←← | mǽlɪfæ̀ktə(r)] 〖(*a*1438) *malfactour* □OF *malfacteur* // L *malefactor*: ⇨male-, factor〗 ― *n.* **1** 悪事を行なう者, 悪人 (evildoer). **2** 犯罪人 (criminal).

mal·e·fac·tress [mǽləfæ̀ktrɪs, -trəs, ←←←← | mǽlɪfæ̀ktrɪs, -tres] 〖⇨↑, -ess¹〗 *n.* 悪事を行なう女, 悪女; 女犯罪人.

mále férn *n.*〖植物〗**1** ヨーロッパ・北米産のオシダに似たシダ植物 (*Dryopteris filix-mas*)《その根茎(綿馬根)はサナダムシ駆除剤; deadman's hand ともいう》. **2** オシダ属 (*Dryopteris*) の植物の総称.

ma·lef·ic [məléfɪk] 〖(1652) □L *malefic-us*: ⇨male-, -fic〗 *adj.* **1** 〈魔法・星など〉害をなす, 有害な. **2** 悪意のある, 意地悪い. ― *n.*〖占星〗凶星.

ma·lef·i·cence [məléfəsəns, -səns | məléfɪ-, mæ-] 〖□L *maleficentia* ← *maleficus*: ⇨↑, -ence〗 *n.* 有害; 悪事, 悪行 (↔ beneficence).

ma·lef·i·cent [məléfəsənt, -sənt | məléfɪ-, mæ-] 〖(1678) □L *maleficent-ior* (comp.) ← *maleficus*: ⇨malefic, -ent〗 ― *adj.* (↔ beneficent) **1** 害をなす, 有害な. **2** 悪事を行なう, 罪を犯す (criminal).

ma·lé·ic ácid [məlí:ɪk-, -léɪɪk-] 〖*maleic*: □F *maléique* 'MALIC'〗 *n.*〖化学〗マレイン酸 ($(CHCOOH)_2$)《フマル酸の異性体で合成樹脂原料・染色仕上剤》.

maléic anhýdride *n.*〖化学〗無水マレイン酸 ($C_4H_2O_3$)《無色針状晶; アルキド樹脂類の製造に用いる》.

maléic hýdrazide *n.*〖薬学〗マレイン酸ヒドラジド ($C_4H_4N_2O_2$)《植物生長抑制ホルモン; 雑草駆除剤》.

mal·e·mute [mǽləmjù:t] =Alaskan malamute.

mále·ness *n.* 男性的なこと (↔ femaleness).

Mal·en·kov [mæ̀lənkɔ(:)f, -kɔ(:)v, -léŋkəf | -mæléŋkɔf, -kɔv; *Russ.* məljɪnkóf], **Ge·or·gi Ma·ksi·mi·lia·no·vich** [gjiórgij maksimjiljánəvjitʃ] *n.* マレンコフ《1902– ソ連の政治家; 首相 (1953–55)》.

mal·en·ten·du [mæ̀lɑ̃:(n)tɑ̃:(n)d(j)ú:, -ɔ̃:(n)tɔ̃:(n)-, -ɑ̀:ntɑ:n-, -ɔ̀(:)ntɔ(:)n- | -djú:; *F.* malɑ̃tɑ̃dy] 〖□F ~ 'ill -understood'〗 ― *F. adj.* 誤解された (misunderstood). ― *n.* 誤解, あやまち.

mal·e·o [mǽliòu | -lɪə̀u] 〖□Galelarese (Halmahera の土語) *mĕleo*〗 ― *n.* (*pl.* ~, **~s**) セレベスツカツクリ (*Macrocephalon maleo*)《Celebes 島産ツカツクリ (megapode) の類の鳥; 砂浜に穴を掘って卵を産む》.

mále órchis *n.*〖植物〗ランギ科ハクサンチドリ属の植物 (*Orchis mascula*)《deadman's hand ともいう》.

mále pronúcleus *n.*〖生物〗雄性前核《多細胞動物卵の受精の際, 卵細胞内に進入した精子の核が雌性前核と合一するまでの間をいう; cf. female pronucleus》.

mále rhýme *n.*〖詩学〗=masculine rhyme.

mále-stérile *adj.*〖生物〗〈配偶子が〉雄性機能の欠損した.

Ma·le·vich [məléɪvɪtʃ; *Russ.* maljévjitʃ], **Ka·zi·mir Se·ve·ri·no·vich** [kəzjimjír sjivjirjínəvjitʃ] *n.* マレーヴィッチ《1878–1935; ロシヤの画家; ⇨suprematism》.

ma·lev·o·lence [məlévələns | mə-, mæ-] 〖(*c*1454) □MF *malivolence* □L *malevolentia* ill will, ill disposition: ⇨↓, -ence〗 ― *n.* 悪意 (malice), 敵意, 憎悪 (↔ benevolence); 悪意のある行為.

ma·lev·o·lent [məlévələnt | mə-, mæ-] 〖(1509) □OF *malivolent* // L *malevolent-em* ← MALE-+*volēns* ((pres.p.) ← *velle* to wish): ⇨will³〗 ― *adj.* **1** 他人の不幸を喜ぶ, 悪意のある, 意地の悪い (malicious) (↔ benevolent): a ~ face. **2**〖占星〗〈星が〉悪い影響を及ぼす, 有害な. **~·ly** *adv.*

mal·fea·sance [mæ̀lfí:zns, -zəns] 〖(1696) □AN *malfaisance*=F ← *malfaisant* (↓)〗 ― *n.* (*also* **mal·fai·sance** [mæ̀lfəzɑ́:(n)s, -zɔ̃:(n)s, -zɑ́:ns, -zɔ́(:)ns; *F.* malfəzɑ̃:s]) **1**〖法律〗(公務員の)不法[不正]行為, 背任行為 (cf. misfeasance, nonfeasance). **2** 悪行, 悪事.

mal·fea·sant [mæ̀lfí:znt, -zənt] 〖□F *malfaisant* doing evil ← MALE-+*faisant* (pres.p.) (← *faire* to do < L *facere* to make, do): cf. fact〗 ― *adj.* **1** 不法の, 犯罪の (illegal, criminal). **2** 悪事をなす, 邪悪な. ― *n.* 不法行為者, 犯罪者 (criminal).

mal·for·ma·tion [mæ̀lfɔəméɪʃən, -fə- | -fɔ:-, -fə-] 〖← MALE-+FORMATION〗 *n.* **1** 不恰好, 不体裁, できそこない. **2** 不具, 奇形, かたわ.

màl·fórmed *adj.* 不恰好な, できそこないの; 不具の, かたわの.

màl·fúnction *n.* (機械・臓器などの)機能不全[障害], 不調, 故障: a ~ of the heart 心不全. ― *vi.* 機能不全に陥っている, うまく働かない[作動しない].

Mal·gache [*F.* malgaʃ] *n.* Malagasy のフランス語名.

mal·gré [mæ̀lgréɪ, ←←; *F.* malgre] 〖(1608) □F ~: ⇨maugre〗 *F. prep.* …にもかかわらず (in spite of).

malgré lui [mæ̀lgréɪ-lwí:, ←←←; *F.* malgrelɥi] 〖□F ~ 'in spite of himself or herself'〗 *F. adv.* 不本意ながら; 思わず(知らず).

Mal·herbe [mælɛ́əb, mɑ:- | -lɛ́əb; *F.* malɛrb], **François de** *n.* マレルブ《1555–1628; フランスの宮廷詩人》.

ma·li [mɑ́:li | -lɪ] 〖□Hindi *mālī* ← Skt *mālika* gardener〗 *n.*《インド》インド人の植木屋.

Ma·li [mɑ́:li, mǽli | mɑ́:lɪ; *F.* mali] *n.* マリ《アフリカ西部の共和国; もと French West Africa の一部で French Sudan といったが, フランス共同体 (French

Cmmunity) 内の共和国を経て, 1960 年 6 月 Sudanese Republic と名を変え, Senegal と共に Federation of Mali を結成して独立したが, 間もなく Senegal が分離したため, 同年 9 月現在名で独立; 人口 5,990,000, 面積 1,240,000 km^2, 首都 Bamako [bǽməkòu | -kàu]; 公式名 the Republic of Mali マリ共和国》.

Ma·li·an [mɑ́:liən, mǽl- | -lɪ-] 〖⇨ ↑, -an[1]〗 *n.* マリ (Mail) の人, マリの(原)住民. ―― *adj.* マリ(人)の.

Mál·i·bu bòard [mǽləbù:-|-lɪ-] 〖← *Malibu Beach* (California)〗 *n.* マリブーボード《プラスチック製の流線形の波乗り板[サーフボード]; 長さ約 3 m》.

mal·ic [mǽlɪk, méɪl-] 〖□ F *malique* ← L *mālum* apple □ Gk (Doric) *malon*=*mēlon*: ⇨ melon, -ic[1]〗 *adj.* **1** りんごの. **2** 〘化学〙リンゴ酸の.

mál·ic ácid *n.* 〘化学〙リンゴ酸 ($HOOCCH_2CH(OH)COOH$)《果実に存在, 清涼飲料に用いる》.

mal·ice [mǽlɪs, -ləs | -lɪs] 〖《c1300》□(O)F ～ < L *malitiam* badness, spite, malice ← *malus* bad: ⇨ male-, -ice〗 ―― *n.* **1** 悪意, 敵意, 恨み (enmity): He bears ～ to [toward, against] them. 彼は彼らに悪意[敵意, 恨み]を抱いている. **2** 〘法律〙犯意: ⇨ malice aforethought [prepense].

málice afórethought [prepénse] *n.* 〘法律〙(予謀の)殺意《謀殺罪 (murder) の成立には必要な要件, なければ故殺罪 (manslaughter) とされる》: with ～ 予謀の殺意をもって《謀殺にいう》/ of ～ 予謀の悪意をもって, 故意に.

mal·i·cho [mǽləkòu | -lɪkàu] *n.* =mallecho.

ma·li·cious [məlíʃəs] 〖《?a1200》□ OF *malicius* (F *malicieux*) □ L *malitiōsus* wicked, malicious ← *malitia*: ⇨ malice, -ious〗 ―― *adj.* **1** 悪意[敵意]の(ある), 意地悪の (spiteful): a ～ rumor [smile]. **2** 〘法律〙悪意の動機から出た, 犯意があってした. **～·ly** *adv.* **～·ness** *n.*

malícious míschief *n.* 〘法律〙故意による器物損壊.

malícious prosecútion *n.* 〘法律〙悪意訴追, 誣告(ぶこく).

ma·lign [məláɪn] 〖adj.: 《a1333》*maligne* □ OF □ L *malignus* ill-disposed, 《原義》of a bad nature ← *male* badly, ill+**gnos* born, of a certain nature. ―v.: 《a1420》□ OF *malign-ier* □ L *malignāre* to contrive maliciously: ⇨ male-, -gen〗 ―― *adj.* **1** 有害な, 不吉な (injurious, sinister): ～ influence (星などの)有害な影響力, 不吉な力. **2** 悪意のある, 他人の不幸を喜ぶ. **3** 〈病気が〉悪性の, 悪質の (malignant). ―― *vt.* そしる, けなす, 中傷する (slander): His face ～*s* him. 彼は顔に似合わない善人だ. **～·ly** *adv.*

ma·lig·nance [-nəns] *n.* =malignancy.

ma·lig·nan·cy [məlígnənsi | -sɪ] 〖⇨ ↓, -ancy〗 ―― *n.* **1** (極度の)悪意, 敵意; 激しい憎しみ. **2** 悪意[敵意]のある行為. **3** 〘病理〙**a** (腫瘍(しゅよう)の)悪性(度). **b** 悪性腫瘍 (malignant tumor).

ma·lig·nant [məlígnənt] 〖《1568》□ L *malignānt-em* (pres.p.) ← *malignāre* ← *malignus* ill-disposed: ⇨ malign, -ant〗 ―― *adj.* **1** 悪意[敵意]のある, 恨みを懐く. **2** 〈腫瘍(しゅよう)が〉悪性の (↔ benign). **3** 不吉な, 有害な. **4** [M-] 〘英史〙(Charles 一世を支持する)王党の. ―― *n.* **1** 《古》(政治に対する)不平家, 反抗者. **2** [M-] 〘英史〙(ピューリタン革命時代に Charles 一世を支持した)王党員, 国王派 (Royalist). **～·ly** *adv.*

malígnant hypertension *n.* 〘病理〙悪性高血圧症.

malígnant túmor *n.* 〘病理〙悪性腫瘍, 癌.

ma·lign·er [-láɪnə | -nə(r)] 〖← MALIGN (v.)+-ER[1]〗 *n.* 悪口を言う人, 悪口屋, 中傷者 (slanderer).

ma·lig·ni·ty [məlígnəṭi | -nətɪ, -nɪ-] 〖《c1390》*malignitee* □(O)F *malignité* □ L *malignitātem*: ⇨ malign, -ity〗 ―― *n.* **1** 悪意, 害心, 敵意 (malevolence). **2** 悪意のある感情[行為], 災禍, 不祥事件.

ma·li·hi·ni [mɑ̀:lɪhí:ni | -nɪ] 〖← Hawaiian〗 *n.* 《ハワイ》(ハワイへの)新参者, 新顔, 新来(しんらい).

ma·line [məlí:n] *n.* =malines 1.

ma·lines [məlí:n | mæ-; *F.* malin] 〖□ F ～ ← *Malines* (=MECHLIN)〗 ―― *n.* **1** マリーヌ《もとベルギーの Malines で作られた tulle に似たやや堅い薄絹製の網地; ベールまたは服地用》. **2** =Mechlin lace.

ma·lin·ger [məlíŋgə | -gə(r)] 〖《1820》□(O)F *malingre* sickly, ailing ← MALE-+*heingre* thin, lean (← ? Gmc (cf. MHG *hager* thin))〗 ―― *vi.* 〈兵士・水夫などが〉(勤務を逃がれるために)仮病(けびょう)を使う. **～·er** [-gərə | -rə(r)] *n.* **ma·lin·ger·y** [məlíŋgəri | -rɪ] *n.*

ma·lín·ger·ing [-g(ə)rɪŋ] *n.* 〘医学〙仮病, 詐病.

Ma·lin·ke [məlíŋki, -keɪ | -kɪ, -keɪ] *n.* (*pl.* ～, ～s) **1 a** [the ～(s)] マリンケ族《アフリカ西部の Mandingo 系部族》. **b** マリンケ族の人. **2** =Mande 2.

Ma·li·nois [mæ̀lənwɑ́: | -lɪ-; *F.* malinwa] 〖← F ～ 'of or from Malines' (adj.) ← *Malines*〗 *n.* =Belgian Malinois.

Ma·li·nov·ski [mæ̀lənɔ́(:)fski, mɑ̀:l-, -nɔ́(:)v- | -lɪnɔ́fskɪ; *Russ.* məljinófskjij], **Ro·di·on Ya·kov·le·vich** [rədjiɔ́n jákəvljivjitʲ] *n.* マリノフスキー《1898–1967; ソ連の元帥; 国防相 (1957–1967)》.

Ma·li·now·ski [mæ̀lənɔ́(:)fski, mɑ̀:l-, -nɔ́(:)v- | -lɪnɔ́fskɪ; *Pol.* malinɔ́fski], **Bro·nis·law** (**Kas·per**) [brɔ:nɪ́slɑ:f kɑ́:spɛə | -pɛə(r; *Pol.* brɔnísɫaf kásper] *n.* マリノフスキー《1884–1942; ポーランド生れの英国の人類学者》.

ma·lism [méɪlɪzm] 〖← L *malus* bad+-ISM: cf. pessimism〗 *n.* 現世邪悪説, 悪世説 (cf. bonism).

mal·i·son [mǽləsn̩, -zn̩ | -lɪ-] 〖《c1300》*malisoun* □ OF *maleison* curse □ L *maledictiō(n-)* 'MALEDICTION, abuse'〗 *n.* 《古》呪(のろ)い (curse) (↔ benison).

mal·kin [mɔ́:(l)kɪn, mǽl-, -kən | mɔ́:(l)kɪn] 〖《c1207》ME *Malkyn* (女性名) (dim.) ← *Malde* Maud (dim.) ← *Matilda*: ⇨ -kin: cf. grimalkin〗 ―― *n.* 《英方言》**1** だらしない女; みだらな女. **2** 女中, はした女. **3** (パン屋のオーブン清掃用)モップ. **4** (ぼろを着せた)かかし (scarecrow). **5** ウサギ (hare). **6** ネコ (cat).

mall [mɔ́:l, mɑ́:l | mɔ́:l, mǽ(:)l] 〖《1644》← PALL-MALL〗 ―― *n.* **1** [《英》mǽ(:)l] ペルメル球技(pall-mall); ペルメル球技場; ペルメル用の木づち. **2 a** [《英》mǽ(:)l] [The M-] モール街《London の St. James 公園北側の広い樹陰路; もと pall-mall 球技場があった》. **b** (樹陰のある)遊歩道: a pedestrians' ～ (遊歩道式の)歩行者専用道路. **3** 《米・カナダ》**a** (遊歩道式の)商店街. **b** (エアコン付きの)屋内ショッピングセンター. **4** =median strip. ―― *vt.* =maul.

mal·lan·ders [mǽləndəz | -dəz] *n. pl.* 〘獣医〙= malanders.

mal·lard [mǽləd | -lɑ:d, -ləd] 〖《?a1300》□ OF *mallart* (F *malart*) < ? **maslart* ← *masle* 'MALE': cf. OHG *Madhalhart* 《原義》strong in the council (叙事詩中で動物につけた固有名)〗 ―― *n.* (*pl.* ～, ～s) **1** 〘鳥類〙マガモ (*Anas platyrhynchos*) 《wild duck ともいう》. **2** 《古》マガモの雄.

Mal·lar·mé [mæ̀lɑəméɪ | -lɑ:-; *F.* malarme], **Sté·phane** *n.* マラルメ《1842–98; フランスの象徴派詩人; *L'Après-midi d'un faune*「牧神の午後」(1876), *Un Coup de dés*「骰子(さい)の一擲(いってき)」(1897)》.

mal·le·a·bil·i·ty [mæ̀liəbíləṭi, -ljə-, -lə- | -lɪəbílətɪ, -ljə-, -lə-, -lɪtɪ] 〖□ F *malléabilité*: ⇨ ↓, -ity〗 *n.* **1** (金属の)可鍛性, 展性. **2** 柔順性, 順応性.

mal·le·a·ble [mǽliəbl̩, -ljə-, -lə- | -lɪə-, -ljə-, -lə-] 〖《c1395》□(O)F *malléable* □ ML *malleābilis* ← L *malleāre* to hammer ← *malleus* hammer: ⇨ malleus, -able〗 ―― *adj.* **1** 〈金属が〉鍛えられる, 打ち伸べられる, 可鍛性の, 展性のある. **2** 順応性のある, 導きやすい, 柔順な (docile). **～·ness** *n.* **mál·le·a·bly** *adv.*

málleable cást íron *n.* 〘冶金〙=malleable iron.

málleable íron *n.* 〘冶金〙**1** 鍛鉄, 可鍛鋳鉄《高熱を加えて硬度と展性を生じさせた白色の鋳鉄》. **2** (溶接・製錬用)純鉄.

mal·le·a·blize [mǽliəblàɪz, -ljə-, -lə- | -lɪə-, -ljə-, -lə-] *vt.* 〘冶金〙〈鋳鉄を〉(焼き戻しして)可鍛性にする.

mal·le·ate [mǽlièɪt | -lɪ-] 〖□ LL *malleāt-us* ← L *malleus* hammer+-ATE[3]〗 *vt.* 〈金属などを〉ハンマーでたたく; たたいて形造る.

mal·le·cho [mǽləkòu | -lɪkàu] 〖□ ? Sp. *malhecho* ← *mal* bad (⇨ male-)+*hecho* (< L *factum* deed)〗 *n.* 悪事, 悪だくみ (mischief) (cf. miche).

mal·lee[1] [mǽli | -lɪ] 〖← Austral. (土語)〗 *n.* 〘植物〙オーストラリア産フトモモ科ユーカリ属の植物 (*Eucalyptus dumosa* または *E. oleosa*); その叢林(そうりん).

mal·lee[2] [mɑ́:li | -lɪ] *n.* 《インド》=mali.

mallei *n.* malleus の複数形.

mal·le·in [mǽliɪn, -liən | -lɪɪn] 〖← L *malleus* glanders+-IN[1]〗 *n.* 〘獣医〙馬鼻疽(そ)診断液, マレイン《結核のツベルクリンに相当するもの》.

mal·le·muck [mǽlɪmʌ̀k, -lə-] 〖□ Du. *mallemok* ← *mal* foolish+*mok* gull, seamew〗 *n.* 〘鳥類〙=mollymawk.

mal·len·ders [mǽləndəz | -dəz] *n. pl.* 〘獣医〙= malanders.

mal·le·o·lus [məlí:ələs] 〖□ L ～ (dim.) ← *malleus* hammer: ⇨ malleus〗 ―― *n.* (*pl.* **-o·li** [-làɪ]) 〘解剖〙果(か), くるぶし (cf. ankle). **mal·le·o·lar** [məlí:ələ | -lə(r] *adj.*

mal·let [mǽlɪt, -lət] 〖《c1400》*maylet, mailet* □(O)F *maillet* (dim.) ← *mail* 'MALL, hammer': ⇨ maul, -et〗 ―― *n.* **1** 木槌(きづち). **2 a** (クロッケーの)木槌. **b** polo のステック, マレット《先端が槌(つち)のようになっている; ⇨ croquet, polo 挿絵》. **3** (ビブラフォン・シロフォンなどの演奏に用いる)槌.

mal·le·us [mǽliəs | -lɪ-] 〖□ L ～ 'hammer': その形から〗 ―― *n.* (*pl.* **-le·i** [-lìaɪ, -lìi: | -lɪaɪ, -lɪi:]) 〘解剖〙つち骨(こつ), 槌骨(ついこつ)《中耳内の三聴小骨のうち一番外側のもの; hammer ともいう》.

mal·lie [mɑ́:li | -lɪ] *n.* 《インド》=mali.

Mal·ling [mɔ́:lɪŋ] 〖← *East Malling*: イングランド Kent 州にある農事研究所の名, ここで初めてこの果樹が栽培された〗 ―― *n.* 〘園芸〙モーリング《矮(わい)性のリンゴの根株 (rootstock) の一品種》.

Mal·loph·a·ga [məlɑ́fəgə | -lɔ́f-] 〖← NL ～ ← Gk *mallos* lock of wool+NL *-phaga* (← Gk *phagein* to eat)〗 ―― *n. pl.* 〘昆虫〙食毛目《ハジラミを含む》.

mal·lóph·a·gous [-gəs] *adj.*

Ma·llor·ca [məljɔ́əkə, məjɔ́ə- | -ljɔ́:-, -lɔ́:-; *Sp.* maʎórka] *n.* マヨルカ(島)《Majorca のスペイン語名》.

mal·low [mǽlou, -lə | -ləu] 〖OE *mealu, mealuwe* □ L *malva* (=Gk *malákhē*) □ Heb. *mallūaḥ* mallow ← *mélaḥ* salt〗 ―― *n.* 〘植物〙**1** アオイ科ゼニアオイ属 (*Malva*) の植物の総称; (特に)ゼニアオイ (*M. sylvestris*): ⇨ musk mallow, curled mallow. **2** アオイ科の植物の総称《タチアオイ, フヨウなど》.

mállow róse *n.* 〘植物〙=rose mallow 1.

malm [mɑ:m, mɑ́:lm | mɑ́:m] 〖OE *mealm-*, **mealm* sand ← **malmel-* to grind ← Gmc **mal-* (ON *malmr* ore: cf. Dan. *malm*) ← IE **mel-* to crush, grind〗 ―― *n.* **1 a** 《英方言》泥灰土《石灰質粘土; 粘土質成分と炭酸塩成分との混合した堆積物》. **b** 泥灰土で造ったれんが《ロンドンストックれんがの最高品質のもの》. **c** (イングランド南東部の)マール, 泥灰土, 泥炭岩. **2** [M-] 〘地質〙白ジュラ《中生代ジュラ紀を前・中・後期に分けた場合の後期》.

Mal·mai·son [mæ̀lmməzɔ̃:(ŋ), -zɔ́(:)ŋ | mæ̀lméɪzɔ̃:(ŋ), -zɔ(:)ŋ, -zɔn; *F.* malmɛzɔ̃] 〖《1892》□ F ～ ← *Souvenirs de Malmaison* recollections of Malmaison (フランス Versailles の近くにある Josephine 皇后の宮殿の名)〗 ―― *n.* 〘園芸〙マルメーゾン《ピンク色で大輪のカーネーションの品種名》.

malmaisón róse *n.* マルメーゾンローズ《鮮明な「紫紅色」》.

Malmédy *n.* ⇨ Eupen-et-Malmédy.

Malmesbury, William of *n.* ⇨ William of Malmesbury.

mal·mi·gnatte [mæ̀lminjǽt, -mə-, ∸-∸ | -mɪ-] 〖□ It. *malmignatta* ← *malo, mal* (⇨ male-)+*mignatta* leech〗 ―― *n.* 〘動物〙ジュウサンボシゴケグモ (*Latrodectus tridecimguttatus*) 《南ヨーロッパ産の小型の毒グモ; 体が黒く, 腹部に 13 個の赤点がある》.

Mal·mö [mǽlmə:; *Swed.* málmø] *n.* マルメ《Øresund 海峡を隔ててデンマークの Copenhagen に対するスウェーデン南西部の港市; 人口 239,000》.

malm·sey [mɑ́:mzi, mɑ́:lm- | mɑ́:mzɪ] 〖《1361》*malmesey* □ MDu. & MLG *malmesie, malmeseye* // ML *malmasia* □ Gk *Monembasiā* (ギリシャ南部の港市名) 《原義》only one entrance=*mon-embasiā* ← *mónos* alone, only+*'émbasis* entering into〗 ―― *n.* マルムジー(ワイン)《malvasia 種のぶどうで造る Madeira 産の芳香のある甘口の赤ぶどう酒; 食後酒に用いる》.

màl·nóurished *adj.* 栄養失調[不良]の, 発育不良の.

màl·nutrítion *n.* 栄養不良, 栄養不足, 栄養失調.

mal·o- [mǽlo(u) | -lə(u)] 〖← MALIC〗「リンゴ酸 (malic acid)」の意の連結形. ★ 母音の前では通例 mal- になる.

màl·occlúsion *n.* 〘歯科〙(上下の歯の)かみ違い, 不正咬(こう)合 (cf. occlusion 3, CENTRIC occlusion).

mal·o·dor [mæ̀lóudə | -lə́udə(r] *n.* 悪臭. 「ある(物).

mal·o·dor·ant [mæ̀lóudərənt | -lə́u-] *adj., n.* 悪臭の

mal·o·dor·ous [mæ̀lóudərəs | -lə́u-] *adj.* **1** 悪臭のある (ill-smelling), 悪臭ふんぷんたる. **2** 悪趣味な (scandalous). **～·ly** *adv.* **～·ness** *n.*

màlo·láctic 〖⇨ malo-, lactic〗 *adj.* 〘醸造〙(リンゴ酸の)酪酸変化[移行]の: ～ fermentation.

mal·o·nate [mǽlənèɪt, -nət, -nɪt] 〖⇨ malonic, -ate[1]〗 *n.* 〘化学〙マロン酸塩[エステル].

Ma·lone [məlóun | -lə́un], **Edmond** [**Edmund**] *n.* (1741–1812) アイルランド生れの英国の Shakespeare 学者・文芸批評家; Shakespeare 全集を刊行した(1790).

ma·lo·nic [məlóunɪk, -lɑ́n- | -lə́un-, -lɔ́n-] 〖□ F *malonique* 《変形》← *malique* 'MALIC'〗 *adj.* 〘化学〙マロン酸の.

malónic ácid *n.* 〘化学〙マロン酸 ($CH_2(COOH)_2$).

malónic éster *n.* 〘化学〙マロン酸エステル ($CH_2(COOC_2H_5)_2$).

mal·o·nyl [mǽlənìl, -nìːl] 〖← MALON(IC)+-YL〗 *n.* 〘化学〙マロニル ($CH_2(CO)_2$)《マロン酸から誘導される 2 価の酸基》.

málonyl gròup *n.* 〘化学〙マロニル基 ($-OCCH_2CO-$)《マロン酸から得られた二価の基》.

màlonyl·úrea 〖⇨ malonyl, urea〗 *n.* 〘化学〙マロニル尿素, バルビツル酸 (barbituric acid).

Mal·o·ry [mǽləri, mǽtri | -lərɪ], Sir **Thomas** *n.* (*c.* 1408–1471) 英国の騎士で文筆家; *Le Morte d'Arthur* [*Darthur*] (1469–70) を翻訳・編集.

mal·pa·is [mɑ̀:lpɑ:í:s; *Sp.* malpaís] 〖□ Sp. *mal país* bad country〗 *n.* (米国南西部の)玄武岩質溶岩におおわれた地帯; 不毛岩石地帯 (badlands).

Mal·pi·ghi [mæ̀lpí:gi, -pígi | -gɪ; *It.* malpí:gi], **Marcello** *n.* マルピーギ《1628–94; イタリアの解剖学者; 顕微鏡による生物構造研究の先駆者》.

Mal·pigh·i·a·ce·ae [mæ̀lpɪgiéɪsiì: | -gɪ-] 〖← NL ～ ← *Malpighia* (属名: ⇨ ↑, -aceae)〗 ―― *n. pl.* 〘植物〙キントラノオ科《熱帯産植物》. **mal·pìgh·i·á·ceous** [-ʃəs] *adj.*

Mal·pigh·i·an [mæ̀lpígiən, -pí:- | -gɪən, -gjən] 〖⇨ Malpighi, -an[1]〗 *adj.* マルピーギの[の発見した, に関する].

Malpíghian bódy *n.* 〘解剖〙=Malpighian corpuscle.

Malpíghian cápsule *n.* 〘解剖〙マルピーギ嚢(のう).

Malpíghian córpuscle *n.* 〘解剖〙マルピーギ小体, 腎小体.

Malpíghian láyer *n.* 〘解剖〙(皮膚の)マルピーギ層, 「胚芽層.

Malpíghian túbe [túbule, véssel] *n.* 〘動物〙マルピーギ管《昆虫の腸管に付属した糸状の排出器官》.

màl·posítion *n.* 〘病理〙変位, 位置異常.

màl·práctice *n.* **1** (医師の未熟・怠慢または犯意による)不良処置, 医療過誤. **2** 違法行為, 不正[不徳]行為, 非行 (wrongdoing): political ～.

màl·practítioner *n.* **1** (不正療法を行なう)不良医師. **2** 不法行為をする人[公務員].

Mal·raux [mæ̀lróu | -rə́u; *F.* malro], **André** *n.* マルロー《1901–76; フランスの小説家・政治家; De Gaulle 政府の文化担当国務大臣 (1959–69); *La Condition humaine*「人間の条件」(1933), *L'Espoir*「希望」(1937)》.

Mal $ 《記号》〘貨幣〙Malaysian dollar(s).

malt [mɔ́:lt | mɔ́:lt, mɔ́lt] 〖OE *m(e)alt* < Gmc **maltaz* (n.) (G *Malz*) ← IE **meld-* ← **mel-* soft: cf.

melt¹〗 ── *n.* **1** モルト, マルツ《大麦・ライ麦などを水に漬け発芽させた後, ピートか石炭の炉で乾燥させたもの; 醸造・蒸留酒用に, または滋養や消化剤に用いられる; cf. green malt》. **2** 《口語》 **a** =malt liquor. **b** =malt whiskey. **3** 《口語》=malted milk. ── *vt.* **1** 〈大麦などを〉モルトにする. **2** モルトで処理する. **3** 〈酒を〉モルトで造る. ── *vi.* **1** モルトになる. **2** (大麦などから)モルトを造る. ── *attrib. adj.* モルトの, モルトを含んだ, モルトで造った: ～ vinegar 麦芽酢 / ⇨ malt sugar. ⌐ing.

M.A.L.T. 《略》Master of Arts in Language Teach-

Mal·ta [mɔ́ːltə | mɔ́ːltə-, mɔ́l-] 〖▭L *Melita, Melitē* ▭Gk *Melítē* ← Phoenician *mᵉlīṭā* place of refuge〗 ── *n.* **1** マルタ(島)《Sicily 島とアフリカの間にある島; 面積 246 km²》. **2** マルタ《Malta 島およびその付近の 2 小島から成る英連邦内の独立国; もと英国の植民地であったが, 1964 年独立; 人口 330,000, 面積 316 km², 首都 Valletta; 公式名 the Sovereign State of Malta マルタ共和国》.

Málta féver 〖↑〗 *n.* 〘病理〙マルタ熱, 波状熱, 地中海熱《Malta 島および地中海沿岸地方に流行する熱病; Mediterranean fever, brucellosis ともいう》.

malt·ase [mɔ́ːlteɪs, -teɪz | mɔ́ːlteɪs, mɔ́l-] 〖← MALT＋-ASE〗 *n.* 〘生化学〙マルターゼ, 麦芽糖分解酵素.

málted mílk [-tɪd, -təd | -tɪd, -təd] *n.* **1** 麦芽乳《脱水ミルクと麦芽で製した溶解性の粉末; 通例, ミルクに溶かして飲む》. **2** (ミルクに溶かした)麦芽乳.

Mal·tese [mɔːltíːz, -tíːs | mɔːltíːz, mɔ̀l-] 〖← MALT(A)＋-ESE〗 ── *adj.* マルタ (Malta)(島) の, マルタ人[語]の. ── *n.* (*pl.* ～) **1** マルタ人. **2** マルタ語《イタリア語の混入したアラビア語の一方言》. **3** マルタ種(の動物): **a** =Maltese cat. **b** マルチーズ《白い絹糸状の長い被毛をもった, Malta 島の古い犬種のイヌ; Maltese dog ともいう》. ⌐飼い猫》.

Máltese cát *n.* マルタネコ《Malta 島産の灰青色の

Máltese cróss *n.* **1** マルタ十字《マルタ騎士団(Military Order of Malta) の象徴であることからの呼び名; cross of eight points ともいう; ⇨ cross 挿絵》. **2** 〘植物〙アメリカセンノウ, ヤグルマセンノウ (*Lychnis chalcedonica*)《真紅色の花がつき, 花弁の形はマルタ十字に似ているナデシコ科の植物; scarlet lychnis ともいう》. **3** 〘機械〙マルタクロス《フィルム映写機の間欠的送り装置》. **4** 〘時計〙=Geneva stop 1.

Máltese dóg *n.* =Maltese 3 b.

mált èxtract *n.* 麦芽[マルツ]エキス《小児や病人の栄養剤》.

mal·tha [mǽlθə] 〖《*c*1420》▭L ～ ▭Gk *máltha, málthā* mixture of wax and pitch〗 ── *n.* 〘化学〙 **1** マルサ《アスファルトの一種》. **2** 鉱物タール. **3** (地蠟などの)炭化水素の自然化合物.

málthòuse *n.* 麦芽製造所.

Mal·thus [mǽlθəs], **Thomas Robert** *n.* (1766–1834) 英国の経済学者; *An Essay on the Principle of Population* (1798).

Mal·thu·sian [mælθ(j)úːʒən, mɔːl-, -ziən | mælθjúːziən, -θúː-ziən] 〖《1812》: ⇨ ↑, -ian〗 ── *adj.* マルサス (Malthus) の[に関する]; マルサス学派[主義]の[に関する]. ── *n.* マルサス学派の人, マルサス主義者.

Mal·thú·sian·ìsm [-nìzm] *n.* 〘経済〙マルサス主義[学説]《人口の増加は食糧の増加よりも急速だから, 道徳的抑制で人口増加を阻止すべきだとの説; cf. Neo-Malthusianism》.

mált·ing [-tɪŋ | -tɪŋ] 〖《1440》: ⇨ malt, -ing¹〗 *n.* **1** 麦芽[モルト]製造(法). **2** 麦芽製造所.

mált lìquor *n.* モルトを発酵させて造った酒《ビールなど》. ⌐製造人.

máltman [-mən] *n.* (*pl.* **-men** [-mən, -mèn]) 麦芽

malt·ose [mɔ́ːltous, -touz | mɔ́ːltəus, mɔ́l-] 〖▭F ～: ⇨ malt, -ose²〗 *n.* 〘化学〙マルトース, 麦芽糖 ($C_{12}H_{22}O_{11}·H_2O$).

màl·tréat 〖▭F *maltrait-er*: ⇨ mal-¹, treat〗 *vt.* 酷使する, 冷遇する, 虐待する (abuse).

màl·tréatment *n.* 酷使, 冷遇, 虐待.

malt·ster [mɔ́ːltstə | mɔ́ːltstə(r, mɔ́l-] 〖← MALT＋-STER〗 *n.* 麦芽(酒)製造家[人], 麦芽(酒)販売人.

mált sùgar *n.* 麦芽糖 (maltose).

mált whiskey *n.* モルトウィスキー《モルトを原料に発酵させポットスチル (pot still) で蒸留して造るウィスキー; cf. grain whiskey》.

máltwòrm *n.* 《古》大酒家 (toper).

malt·y [mɔ́ːlti | mɔ́ːlti, mɔ́l-] 〖← MALT＋-Y⁴〗 ── *adj.* (**malt·i·er**; **-i·est**) **1** 麦芽の(ような); 麦芽の入った: a ～ taste, smell, etc. **2 a** 《戯言》ビールを飲みふける, 酒好きの. **b** 《俗》酔った. **málti·ness** *n.*

Ma·lús' láw [məlúːs- ; *F.* malys-] 〖← *E. L. Malus* (1775–1812: フランスの物理学者)〗 ── *n.* 〘光学〙マリュスの法則: **1** 光線束中のすべての光線に垂直な面(直交面)をもつ光線束は, 反射屈折を繰り返した後も直交面をもつという定理. **2** 偏光子と検光子のなす角度と透過光強度の関係を与える法則.

Mal·va [mǽlvə] 〖▭L ～ 'MALLOW'〗 *n.* 女性名《異形 Melba》.

Mal·va·ce·ae [mælvéɪsiìː] 〖← NL ～ ← *Malva* (属名: ⇨ mallow): ⇨ -aceae〗 *n. pl.* 〘植物〙アオイ科.

mal·vá·ceous [-ʃəs] *adj.*

Mal·va·les [mælvéɪliːz] 〖← NL ～ ← *Malva* (⇨ Malvaceae)＋-ALES〗 *n. pl.* 〘植物〙アオイ目.

mal·va·si·a [mæ̀lvəzíːə, -síːə] 〖▭It. ～: ⇨ malmsey〗 ── *n.* **1** 〘植物〙マルバシア《malmsey, Chianti など赤ぶどう酒の原料になる一品種のブドウ》. **2** =malmsey. **mal·va·si·an** [mæ̀lvəzíːən, -síː-] *adj.*

Mal·vern [mɔ́ː(l)vən | mɔ́ːlvən, mɔ́l-, -vəːn; (現地ではまた) mɔ́ːvən] 〖← MALVERN HILLS〗 ── *n.* イングランド Hereford and Worcester 州 Malvern Hills の東斜面にある小町村を含む地域; 鉱泉のある保養地; 人口 29,000.

Málvern Híll [mǽlvən- | -vən-, -vəːn-] 〖↓〗 *n.* マルヴァーン高原《米国 Virginia 州東部, Richmond の南東にある高原; 南北戦争戦跡 (1862)》.

Malvern Hills [mɔ́ː(l)vən- | mɔ́lvən-, mɔ́l-, -vəːn-; (現地ではまた) mɔ́ːvən-] 〖▭Welsh *Moel-fryn* ← *moel* bare, bald (< OWelsh *mēl* ← Celt. **mailo-* ← IE **mai-* to cut)＋*bryn* hill: cf. Malcolm, muley〗 ── *n. pl.* [the ～] モールヴァーン丘陵《イングランド Hereford and Worcester 州の丘陵; 最高 425 m》.

mal·ver·sa·tion [mæ̀lvəséɪʃən | -və(ː)-] 〖《1549》▭F ～ ← *malverser* ← MAL-¹＋L *versārī* to behave (← *versus* (p.p.) ← *vertere* to turn): ⇨ verse¹, -ation〗 ── *n.* **1** 〘法律・ローマ法・スコット法〙(公務員の)不正行為; 汚職, 背任, 贈収賄. **2** 悪政, 腐敗した政治.

Mal·vi·na [mælváɪnə, -víː-] 〖▭? Gael. *maol-mhin* smooth brow〗 *n.* 女性名. ★ スコットランドに多い.

mal·voi·sie [mæ̀lvwəzíː; *F.* malvwazi] 〖《1361》*malvesie, malvesin* ▭OF *mal(e)vesie* (F *malvoisie*) ← It. *Malvasia*: cf. malmsey〗 ── *n.* **1** =malmsey. **2** 〘植物〙=malvasia 1.

mam [mǽ(ː)m] 〖《?*a*1500》《略》← MAMMA¹〗 *n.* 《口語・小児語》かあちゃん (cf. dad¹).

ma·ma [máːmə | məmáː] *n.* 《小児語》=mamma¹.

máma's bóy *n.* =mamma's boy.

mam·ba [máːmbə, mǽm- | mǽm-] 〖▭S-Afr. (Zulu) *im-amba*〗 *n.* 〘動物〙マンバ (*Dendroaspis angusticeps*)《アフリカ南部の樹上にすむコブラ科マンバ属の 4 m ぐらいの大型の毒ヘビ》.

mam·bo [máːmbou | mǽmbəu] 〖▭Am.-Sp. ～ ▭? Haitian Creole ～《原義》voodoo priestess〗 ── *n.* (*pl.* ～**s**) **1** マンボ《Cuba 系のルンバ (rumba) に似たリズムの Haiti 起源のダンス音楽》. **2** 〘ダンス〙マンボ. ── *vi.* マンボを踊る.

mam·e·lon [mǽmələn | -mɪ-] 〖▭F ～ 'nipple' ← *mamelle* breast < L *mamillam* (dim.) ← *mamma* breast: ⇨ mamma²〗 ── *n.* 〘地理〙 **1** 乳房山, (小型の)溶岩円頂丘. **2** 丘の上に造った要塞.

Mam·e·luke, m- [mǽməlùːk | -mɪlùːk, -ljùːk] 〖▭F *mameluk* ▭Arab. *mamlūk* (⇨ Mamluk)〗 ── *n.* **1** (イスラム教国での白人また黄色人種の)奴隷. **2** 奴隷兵部隊の一員 (cf. Mamluk).

ma·mey [mæméɪ] *n.* 〘植物〙=mammee.

ma·mie [mæmíː] *n.* 〘植物〙=mammee.

Ma·mie [méɪmi | -mɪ] 〖(dim.) ← MARY, MARGARET〗 *n.* 女性名. ★ 米国に多い.

ma·mil·la [məmílə, mæ- | mæ-, mə-] *n.* (*pl.* **-mil·lae** [-lìː]) 〘解剖〙=mammilla. ⌐mammillary.

mam·il·lar·y [mǽməlèri | mæmílərɪ, mə-] *adj.* =

mam·il·late [mǽməlèɪt | -mɪ-] *adj.* =mammillate.

Mam·luk [mǽmluːk | -luːk, -ljuːk] 〖▭F *mamel(o)uk* ▭Arab. *mamlūk* purchased slave, 《原義》possessed (p.p.) ← *málaka* to possess〗 ── *n.* **1** 〘歴史〙昔, エジプトで勢力を持っていた武士階級の一員《もとはイスラム教に改宗した白人奴隷階級であったのが, 1250 年以後はその隊長を王として政治的支配階級となっていたが, 1811 年 Mehemet Ali に絶滅または潰走(かいそう)させられた》. **2** =Mameluke 1, 2.

mam·ma¹ [máːmə | məmáː] 〖《1555》(加重) ← *ma* (乳幼児の無意味な発声): cf. F *maman* / L *mamma* / Gk *mámmē* / Russ. *mama* / Lith. *mamá*〗 ── *n.* **1** 《小児語》ママ, かあちゃん (cf. papa¹). ★ 通例, 呼掛けに使うが, 時には無冠詞で固有名詞的に使うこともある: Tell it *Mamma*. **2** 《米俗》 **a** 性的魅力のある女. **b** 妻, ワイフ.

mam·ma² [mǽmə] 〖OE *mamme* ▭L *mamma* breast, pap〗 ── *n.* **1** (*pl.* **mam·mae** [-miː, -maɪ | -miː]) 〘解剖〙乳房 (udder). **2** [複数扱い]〘気象〙乳房雲, (雲の)乳垂.

mam·mal [mǽməl] 〖《1826》↓〗 *n.* 〘動物〙哺乳動物.

Mam·ma·li·a [məméɪliə, mæ-, -ljə | mæméɪljə, mə-, -lɪə] 〖《1773》← NL ～ (neut.pl.) ← LL *mammālis* mammalian ← L *mamma* 'MAMMA²': Linnaeus の造語 (1758)〗 *n. pl.* 〘動物〙(脊椎動物門有羊膜亜門)哺乳綱.

mam·ma·li·an [məméɪliən, mæ-, -ljən | mæméɪljən, mə-, -lɪən] 〖⇨ ↑, -ian〗 〘動物〙 *adj.* 哺乳綱の; 哺乳動物の. ── *n.* 哺乳綱の動物の総称.

mam·ma·lif·er·ous [mæ̀məlíf(ə)rəs] 〖← NL *mammalia* 'MAMMALIA'＋-FEROUS〗 *adj.* 〘地質〙〈地層が〉哺乳動物の遺骨化石を含む. ⌐学者.

mam·mál·o·gist [-dʒɪst, -dʒəst | -dʒɪst] *n.* 哺乳類

mam·mal·o·gy [məmǽlədʒi, mæ-, -mál- | mæmǽlədʒɪ, mə-] 〖← MAMMAL＋-O-＋-LOGY〗 *n.* 哺乳類学.

mam·ma·ry [mǽməri | -rɪ] 〖← MAMMA²＋-ARY〗 *adj.* **1** 乳房の; 乳腺の: ～ cancer 乳癌(がん). **2** 乳房状の.

mámmary glànd *n.* 〘解剖〙乳腺.

mámma's bòy *n.* 《口語》ひどくおとなしい[臆病な]少年[男]; 依頼心の強い少年[男] (cf. mother's boy).

mam·mate [mǽmeɪt] 〖⇨ mamma², -ate²〗 *adj.* 〘解剖〙哺乳器官の, 乳房の.

mam·ma·to·cu·mu·lus [məmèɪto(u)kjúːmjələs, mæ- | mæmèɪtə(u)-, mə-] 〖← NL ～ ← L *mammatus* of the breast (⇨ mamma²)＋-O-＋CUMULUS〗 ── *n.* (*pl.* ～) 〘気象〙乳房雲《乳房状の突起を垂れて雨気をはらんだ積雲; festoon cloud ともいう》.

mam·ma·tus [məméɪtəs, mæ- | -təs] 〖← NL ～ ← L *mammātus* of the breast〗 *adj.* 〘気象〙〈雲が〉下の方が乳房状になった.

mam·mee [mæmíː] 〖《1572》▭Sp. *mamey* ← Taino〗 ── *n.* 〘植物〙 **1** 熱帯アメリカ産のオトギリソウ科マンメア属の大木 (*Mammea americana*)《果肉が黄色くて味のいい実を結び, ジャムなどにする; mammee apple ともいう》; その果実. **2** =sapodilla. **3 a** =marmalade tree. **b** =mammee sapota.

mammée sapóta [colorádo] *n.* marmalade tree の実《マーマレードやジャムに用いる》.

mam·mer [mǽmə | -mə(r)] 〖《*a*1400》*mamere* 《擬音語》?: ⇨ mumble, -er⁴〗 ── *vi.* 《英方言》 **1** 口ごもる, どもる (stammer). **2** ためらう, ぐずぐずする (hesitate).

mam·met [mǽmɪt | -mət] *n.* =maumet.

mam·mey [mæméɪ] *n.* 〘植物〙=mammee.

mam·mif·er·ous [məmíf(ə)rəs, mæ- | mæ-, mə-] 〖← MAMMA²＋-I-＋-FEROUS〗 *adj.* 乳房のある; 哺乳動物の (mammalian).

mam·mi·form [mǽməfɔ̀ːm | -mɪfɔ̀ːm] 〖← MAMMA²＋-I-＋-FORM〗 *adj.* 乳房[乳首]状の.

mam·mil·la [məmílə, mæ- | mæ-, mə-] 〖▭L ～ (dim.) ← *mamma* 'breast, MAMMA²'〗 ── *n.* (*pl.* **-mil·lae** [-liː, -laɪ | -liː]) 〘解剖〙 **1** 乳頭, 乳首 (nipple). **2** 乳頭状器官, 乳頭突起 (papilla).

mam·mil·lar·y [mǽməlèri, mæmíləri | mæmílərɪ, mə-] 〖《1615》: ⇨ ↑, -ary〗 *adj.* 乳頭[乳首](状)の.

mam·mil·late [mǽməlèɪt | -mɪ-] 〖▭LL *mammillāt-us* ← *mammilla*: ⇨ mammilla, -ate²〗 *adj.* 乳頭(突起)のある; 乳房状の突起のある. ⌐milate.

mám·mil·làt·ed [-tɪd, -təd | -tɪd, -təd] *adj.* =mam-

mam·mil·la·tion [mæ̀məléɪʃən | -mɪ-] 〖⇨ mammillate, -ation〗 *n.* 乳頭[乳房]状突起.

mam·mo- [mǽmo(u) | -mə(u)] 〖← L *mamma*: ⇨ mamma²〗「乳房 (mamma)」の意の連結形.

mam·mock [mǽmək] 〖← ?〗《方言》 *n.* **1** 切れっ端, かけら, 断片. **2** 混乱, てんやわんや, めちゃくちゃ (mess). ── *vt.* **1** ずたずた[ばらばら]に切る, 寸断する; 粉砕する. **2** ごたごたにする, 乱雑にする.

mam·mo·gen [mǽmədʒɪn, -dʒən, -dʒèn] 〖← MAMMA²＋-O-＋-GEN〗 ── *n.* 〘生化学〙マンモゲン, 乳腺発育ホルモン《脳下垂体前葉から分泌される黄体刺激ホルモン》. **mam·mo·gen·ic** [mæ̀mədʒénɪk] *adj.* **màm·mo·gén·i·cal·ly** *adv.*

mam·mo·gram [mǽməgræ̀m] *n.* (レントゲンによる)乳房撮影(写真), マンモグラム.

mam·mo·graph [mǽməgræ̀f | -grɑ̀ːf, -græ̀f] *n.* = mammogram.

mam·mo·gra·phy [mæmɑ́grəfi | -mɔ́grəfɪ] *n.* (レントゲンによる)乳房撮影(法), マンモグラフィー. **mam·mo·graph·ic** [mæ̀məgrǽfɪk] *adj.*

mam·mon [mǽmən] 〖《*a*1376》*mammona* ▭LL *mammōna* ▭Gk *mammōnās* ▭Aram. *māmōnā* riches ← *māmōn* property ← *mānāʰ* to divide〗 ── *n.* **1** 〘聖書〙(悪徳としての)富, 財, 金: Ye cannot serve God and ～. なんじら神と金に兼ね仕うることあたわず (cf. *Matt.* 6:24, *Luke* 16:13). **2** [M-] 富の神, マモン神《物欲の擬人的偶像》. ⌐拝金主義の.

mám·mon·ish [-nɪʃ] *adj.* マモン神 (Mammon) の;

mám·mon·ìsm [-nìzm] *n.* 拝金主義, 黄金万能主義.

mám·mon·ist [-nɪst, -nəst | -nɪst] *n.* 拝金(黄金万能)主義者. **mam·mon·is·tic** [mæ̀mənístɪk] *adj.*

mam·mon·ite [mǽmənàɪt] *n.* =mammonist.

mam·mo·plas·ty [mǽməplæ̀sti | -tɪ] *n.* 乳房整形.

mam·moth [mǽməθ] 〖《1698》▭Russ. *mam(m)ot, mam(m)ont, mam(m)ut, mam(m)ant* ← ? Yakut *mamma* earth: モグラのように地中に住むと信じられたことから〗 ── *n.* **1** 〘動物〙マンモス (*Mammuthus primigenius*)《洪積世の巨象》. **2** 巨大なもの: a ～ among books マンモスのように大きな本. ── *adj.* マンモスのような; 巨大な (huge, enormous): a ～ enterprise 途方もない大企画.

Mámmoth Cáve Nátional Párk *n.* マンモスケーブ国立公園《米国 Kentucky 州南西部にある国立公園; 石灰岩の大洞窟で有名, 1941 年指定; 面積 208 km²》.

mam·mo·tro·pin [mæ̀mo(u)tróupɪn, -pən | -mə(u)-tráupɪn] 〖← MAMMA²＋-O-＋-TROPE＋-IN¹〗 *n.* 〘生化学〙マンモトロピン (⇨ prolactin).

mam·mu·la [mǽmjulə] 〖▭L ～ 'little breast': ⇨ mamma², -ule〗 *n.* (*pl.* **-mu·lae** [-lìː, -làɪ | -lìː]) 〘動物〙(クモ類の紡績突起などのような)乳様突起.

mam·my [mǽmi | -mɪ] 〖← MAMMA¹＋-Y²〗 ── *n.* **1** 《小児語》おかあちゃん (mamma). **2** (もと米国南部で)黒人のばあや[子守], 黒人の召使. **3** [しばしば軽蔑的に] 黒人女.

mámmy chàir *n.* 《俗》〘海事〙(荒天の際, 船客をボートに上げ降ろしするのに用いる椅子状の)吊り上げ機, リフト. ⌐いバス[トラック].

mámmy lòrry [wàgon] *n.* (西アフリカの)乗合

ma·mon·cil·lo [mɑ̀ːmənsíːjou | -jəu; *Am. Sp.* màmonsíjo] 〖▭Am.-Sp. ～ (dim.) ← *mamón* ← ? Venezuelan《土語》── n. (pl. ~s [~z; Am. Sp. ~s])〘植物〙=genip 2.

Ma·mo·ré [mɑ̀:mɔréɪ; Sp. màmoré] n. [the ~] マモレ(川)《ボリビアを北方に流れる川, Beni 川に合流して Madeira 川となる (1,500 km)》.

mam·zer [mɑ́:mzɚ | -zə(r] 〘□ Yid.《俗》~ □ Heb. *mamzēr*〙── n. 1 ユダヤ教で認められていない結婚によって生まれた子《momser ともいう》. 2《俗》悪党, 嫌われ者, 鼻つまみ (bastard).

man[1] [mǽ(:)n] 〘n.: OE *man(n), mon(n)* (pl. *men, menn*) ← Gmc **mann-, *mannon-* (Du. *man* / G *Mann* (OHG *man*) / ON *maðr* / Goth. *manna*) ← IE **manu-* man (Skt *manu*). ── v.: lateOE *(ge)mannian* ← *man(n)*: cf. IE **men-* to think (cf. mind)〙── n. (pl. **men** [mén]) 1 a 人, 人間: primitive *men* 原始人 / All *men* must die.《諺》人は死を免れない / A ~ may be known by the company he keeps.《諺》人は交わる友によってわかる. b [無冠詞単数形で総称的に] 人, 人間, 人類 (mankind): primitive ~ 原始人(類) / a modern ~ 現代人 / God [nature] and ~ 神[自然]と人間 / ~ and beast 人間とけだもの / ⇨*neither man nor* MOUSE / *Man* is mortal. 人は死ぬものだ. 2 [不定代名詞的に] 人 (one): What can a ~ do under such circumstances? こんな場合どうすればよいだろうか / You don't give a ~ a chance. 君は人に機会を与えない. 3 (ある個々の)人: some ~ ある人 / a few *men* 二, 三人(の人) / a ~ of ability 才能ある人, 手腕家 / a ~ of action 活動家 / a ~ of affairs 事務的な男, 実務家 / a ~ of blood 冷血漢; 人殺し / a ~ of honor 信義を重んじる人 / a ~ of science 科学者 / a ~ of one's word 約束を守る人, 信頼できる人. 4 [the (very) ~, one's ~] あつらえ向きの人; 必要とする人, 相手(の人): mistake *one's* ~ 相手(の人物)を見損なう / He is *the* (*very*) ~ to do such a thing. 彼はそのようなことをするにはもってこいの男だ / He is *the* ~ *for me* [《口語》 my money]. 彼は私に願ったりかなったりの人だ / If you want to sell, I'm *your* ~. 売りたいと言うのなら私が買おう / Let any ~ come, I am *his* ~. だれでも来い, おれが相手になってやる. 5 a 男, 男子, 男性; [無冠詞単数形で総称的に] 男, 男性: *Men* are [*Man* is] stronger than women [woman]. b (男子の)大人, (成年の)男子 (cf. boy 1 a): a ~'s world 男性の(ための)世界 / *men* and women 男女 / an American [a Japanese] ~ アメリカ[日本]の男子 / You are now a ~. 君はもう大人だ / The child is father of [to] the ~. ⇨ father 5 b. 6 a 男らしい男, 一人前の男, 男一匹, 丈夫; 一かどの人物, 重要な人物, 著名な人: a ~ among [of] men 男の中の男, 抜群の人物 / like a ~ 男らしく / be a ~ 男らしくする / play the ~ 男らしく振舞う / make a person a ~ 人を男にする[成功させる] / make a ~ of ... を男らしくさせる, 一人前の(立派な)男に仕立てる / He is only half a ~. 彼は半人前の[男らしくない]男だ. b [the ~] 男性的な要素, 男らしさ, 雄々しさ [*in*]: *the* ~ *in* him / *the* ~ in woman 女性の中にある男性的な要素. 7 a 召使, 下男, 従者; [*pl.*] 労働者, 雇い人, 従業員 (↔ master): an odd ~ 臨時雇い人 / The *men* are on (a) strike. 従業員はストライキ中だ / The masters locked out the *men*. 資本家が職工に対して工場閉鎖を行なった / Like master, like ~.《諺》主人が主人なら召使も召使,「弱将の下に強卒なし」. b [*pl.*] (将校に対して)兵士, 水兵; 下士官兵: 100 officers and *men* 将兵ともに 100 名. c《古》家臣, 家来. 8 夫, 亭主: My ~ is not at home. 主人は留守です. ★今は次の句に用いる以外は主に《方言》: ~ and wife 夫婦. 9《英》a (大学の)在校生, 学生; 出身者: an Oxford ~. b (英国の public school で)学友. 10 [the ~, the M-; 集合的にも用いて]《米俗》a お偉方; 親方. b 警官; 刑事. c (黒人から見て)白人; 白人社会. 11 (チェス・チェッカー・ドミノなどの)駒. 12 [親愛・軽蔑・じれったさなどの意を表わす呼掛けとして] 君, おい (sir, fellow) (cf. *int.*): my ~ (目下の者に対して)おい / my little ~ おい, お若いの / Here, read it, ~. さあ, おい, それを読んでみろ.

a man and a brother 〘奴隷反対運動の標語 Am I not a ~ and a brother? から〙同胞兄弟. ***as a man*** (1) 一個の男子として, 一個人として; 人間として. (2) =*as one* MAN. ***as one man*** 一斉に, 一緒に: rise *as one* ~ 一斉に立ち上がる (cf. *Judges* 20:8). ***be one's own man*** (1) 独立している, 他人の支配を受けない, 自由に行動ができる. (2) 気力が確かである; 自制できる. ***between man and man*** 男同士として(の). ***a man about town*** =man-about-town. ***man and boy*** [副詞的に] 少年時代以来: He has lived with us, ~ *and boy*, for twenty years. ***man for man*** (1) 一人に一人では, 個々を比較すると. (2) 一人対一人(の方式)で. ***a man in the moon*** (1) 人の顔に似た月面の斑点《満月の斑点は角杖に柴を持ち犬を連れた男に見えるという; 我国のうさぎのもちつきに当たる》. (2) 架空の人物: I know no more about it than the ~ *in the moon*. その事については全然知らない. (3) (選挙費用などを払う)陰の人. ***a man of all work*** =man-of-all-work. ***a man of God*** 〘cf. OE & earlyME *godes man(n)*〙(1) 聖人. (2) 聖職者. ***a man of his hands*** 手先の器用な人. ***a man of mold*** (死んで土となる)人間 (cf. Shak., *Henry V* 3. 2. 23). ***a man of motley*** 《古》(雑色の衣服を着た)道化者. ***a man of straw*** (1) わら人形; かかし (scarecrow). (2) (議論などの相手に立てる)仮想の人物, 薄弱な仮説. (3) 表看板の人物, ダミー (dummy). (4) 無資産者; 無能者. ***a man of the cloth*** 牧師, 聖職者. ***a man of the town*** 町の道楽者, 浮かれ男. ***a man of the world*** 世慣れた人; 俗人, 俗物 (cf. *Ps.* 17:14). ***a man on horseback*** (政府を圧倒するほどの力のある)軍の統率者, 軍閥の首領. ***man to man*** 率直に, 腹蔵なく (cf. man-to-man 1). ***the man in*** [《米》 ***on***] ***the street*** (1) 一般人, 普通の人; しろうと. (2) 世論の代表者. ***the man of the house*** 一家の主人, 家長, 世帯主. ***to a man*** (1) 一人残らず, 最後の一人まで (every one): They were killed *to a* ~. (2) 満場一致で (unanimously): They all answered "Yes" *to a* ~. 全員諾と答えた.

Man in the Iron Mask [the ─] 鉄仮面《Louis 十四世時代に黒ビロードの覆面をかぶせられて Bastille 監獄に入れられた姓名不明の国事犯人; イタリアの外交官 Ercole Antonio Mattioli 伯爵 (1640–1703) とする説など諸説ある》.

「のこと」.

Man of Blood and Iron [the ─] 鉄血宰相《Bismarck

Man of December [the ─] 12月の人《Napoleon 三世のこと; その大統領就任・クーデターの断行・即位などすべて 12 月であったことから》.

Man of Destiny [the ─] 運命の人《Napoleon 一世のこと》.

「こと」.

Man of Galilee [the ─] ガリラヤの人《キリストのこと》.

Man of Peace [the ─] 平和の人《キリストのこと》.

man of sin (1) [the M- of S-] キリストの敵 (Antichrist), 悪魔 (devil) (cf. *2 Thess.* 2:3). (2) 罪びと, 罪人.

Man of Sorrows [the ─] 悲哀(ひあい)の人《キリストのこと; cf. *Isa.* 53:3》.

── *attrib. adj.* 男の: a ~ cook 男のコック / ⇨ man midwife, man milliner. ★この用法における man は本来名詞として同格的な複合語を成す要素であり, 複数の場合は man も変化して men cooks のようになる (cf. woman *adj.*).

── *vt.* (**manned; man·ning**) 1 a (勤務・防御のため)〈要塞・船・人工衛星など〉に人(員)を備える[置く], …に人を配置する, 乗り組ませる: ~ a fort [a ship, the pumps] 要塞[船, ポンプ]に人を配置する / a boat ~*ned* by three men 3人が乗り組んだボート. b 〈地位・官職など〉に人をつける, 補充する. 2 [通例 ~ *oneself* で] 元気[勇気]づける, 励ます, 鼓舞する (encourage): ~ *oneself* 奮起する, 頑張る. 3〘鷹狩〙〈鷹などを〉人に慣らす.

── *int.*《俗》これは, これは何とまあ《驚き・熱狂など強い感情を表わす; cf. n. 12》: ⇨ *Man* ALIVE!

man[2] [mɑ́:n, mǽn, mən] *aux. v.*《スコット》=maun.

Man [mǽ(:)n], **the Isle of** 〘□ OIr. *Man-u* < Celt. (the) small (island): cf. Welsh *mān* small〙── n. マン島《Irish 海にある英国の島, 政治的には自治区域; 人口 57,000, 面積 588 km^2, 首都 Douglas; cf. Manx》.

man. 《略》 management; manual; manufacture; manufacturer.

Man. 《略》 Manager; Manchester; Manila (paper); Manitoba; manufactured.

-man [-mən, mæ̀n] 〘⇨man[1]〙── man の意味を表わす名詞連結形: 1「…国人, …の住人」の意: English*man*, Irish*man*, country*man*, towns*man*. 2 職業を表わす: clergy*man*, dust*man*, post*man*, gas*man*, camera*man*, police*man*. 3〘船 (ship)〙の意: India*man*, merchant*man*. ★(1) この形の複合語の複数形は -men であるが, 発音は単数形の [mən] に対応するものが [mən], 時として [mèn], [mæ̀n] に対応するものが [mèn]. (2) 差別語として避ける人もいる (cf. person. n. 1 b): fire*man* → fire fighter / chair*man* → chair person.

ma·na [mɑ́:nə] 〘□ Polynesian ~ 'divine power': cf. Hawaiian *mana*〙── n. 1 マナ, 自然霊力《Polynesia, Melanesia の住民の間で信じられてきた, 大自然の地・水・火・風の力; 人または物に宿るが, 人に宿ったときは威光となり魔力となる》. 2 威光, 権威.

mán-about-tówn n. (pl. men-) 1 (劇場・クラブ・ダンスホールなどに絶えず出入りする)社交家, 遊び人, 通人, プレイボーイ. 2 (London 社交界の)粋人, 社交家.

Man·a·bo·zho [mæ̀nəbóuʒou | -bə́uʒəu] 〘土語〙── n. 文化英雄《北米 Ottawa, Chippewa, Potawatomi その他中部 Algonquian 部族の間で各種の器具の製作法・農耕法・医術などを教えたという; Great Hare ともいう》.

man·a·cle [mǽnɪkl̩, -nə- | -nə-] 〘n.: 《c1340》 *manicle* □ OF handcuff,《原義》 a little hand □ L *manicula* (dim.) ← *manus* hand. ── v.: 《c1300》 ← (n.): ⇨ manual, -cle〙── n. 1 手錠 (shackle), 手かせ. 2 [通例 *pl.*] 拘束[束縛]するもの. ── *vt.* 1 〈人〉に手錠をはめる, 手かせを掛ける. 2 拘束[束縛]する.

man·age[1] [mǽnɪdʒ] 〘《1561》 □ It. *maneggiare* to handle, train (horses) < VL **manidiāre* ← L *manus* hand: ⇨ manual, -age: 意味上 F *manège* a managing (← *ménage* household) の影響を受けたもの〙── *vt.* 1 (手で)〈道具などを〉使う, 扱う, 動かす, 操縦する: ~ a weapon, a tool, an oar, a boat, a motorcar, etc. 2 a 〈人を〉巧みに扱う[あしらう], 服従させる, 操縦する: ~ a spoilt child だだっ子を上手にあしらう / ~ one's husband 夫を操縦する. b 〈馬を〉調教する; うまく御する: ~ a horse. 3 経営する, 管理する, 支配する, 世話する: ~ a business [firm, theater] 事業[会社, 劇場]を経営する / ~ cattle 家畜の世話をする / ~ an estate 土地を管理する / ~ a household 一家を切り盛りする / ~ the affairs of a nation 国政を司(つかさど)る / The hotel is badly ~*d*. そのホテルの経営はまずい[不行届だ]. 4 [can, could, be able to を伴って]《口語》処理する, 片付ける; 食べる: I *can*not ~ it alone. 一人ではやれない / I *can* ~ my affairs. 自分のことは自分で処理できる, おせっかいはよしてくれ / *Can* you ~ another bun? パンをもう一個どうだね. 5 a [~ *to do* として] どうにかして…する (contrive); 首尾よく…する: ~ *to* get along どうかこうかやってゆく / I ~*d to* be in time. どうにか間に合った / He ~*d to* get what he wanted. 欲しいものをうまく手に入れた. b [~ *to do* として]《反語》愚かにも…する: He ~*d to* muddle the plan. 彼は見事その計画をめちゃめちゃにしてしまった. c 〈困難なことを〉なんとかやり遂げる: Somehow he ~*d* it. なんとかやり遂げた. 6《古》大切に扱う, 節約する (husband): ~ one's health 体を大事にする. ── *vi.* 1 事を処理する; 経営する, 管理する. 2 どうにかうまくやってゆく, 間に合わせる: ~ on one's income 所得で暮しを立てる / I cannot ~ with these poor tools. こんな道具じゃやり切れない / You'll have to ~ without help. 独力でやっていかねばなるまい.

man·age[2] [mǽnɪdʒ] n. =manege.

man·age·a·ble [mǽnɪdʒəbl̩] *adj.* 扱いやすい; 御しやすい; 操縦[支配, 処理]しやすい. **mán·age·a·bly** *adv.* **~·ness** n. **màn·age·a·bíl·i·ty** [-dʒəbíləṭi | -lɪti, -lɪ-] n.

mánaged cúrrency n.〘経済〙統制貨幣, 管理通貨.

mán·age·ment 〘《1598》← MANAGE[1]+-MENT〙── n. 1 a 取扱い, 処理; 統御, 操縦; 経営, 管理, 支配, 取締まり: the care and ~ of the insane 精神病者の保護と取扱い(方) / direct the ~ of a company 会社の経営を指図する / a store under American ~ 米人の経営している店. b 経営[管理]力; 経営の手腕[腕前]. 2 やり繰り; 掛引き, 術策: It took a good deal of ~ to get him to do it. 彼にそれをやらせるにはあの手この手を用いなければならなかった. 3 a [集合的] 経営[管理]者(たち). b [通例 the ~] 経営幹部, 重役会; 経営者側, 会社 (cf. labor 4 a): conflicts between labor and ~ 労使間の紛争. 4〘医学〙(疾病・健康などの)管理. **man·age·men·tal** [mæ̀nɪdʒméntl̩ | -tl] *adj.*

mánagement accóunting n.〘会計〙=managerial accounting.

mánagement consùltant n. 経営コンサルタント《会社などの経営相談に応じる専門家》. 「理工学.

mánagement science n. 経営科学, 管理科学, 管

mán·ag·er 〘《1588》← MANAGE[1]+-ER[1]〙── n. 1 支配人, 管理人, マネージャー; 経営者, 興行人, 座元, 座がしら; 幹事, 理事; 部長, 局長; 監督: a general ~ 総支配人 / a sales ~ 販売部長 / a professional [specialist] ~ 専門(的)経営者 / ⇨stage manager. 2 a (野球などの)監督. b (大学などの各種スポーツチームの)マネージャー, 世話係. 3 (家計などの)処理者, やり手, 手腕家: a good [bad, poor] ~ やりくりの上手[下手]な人. 4〘英法〙管財人 (receiver)《債権者の利益のため事務を処理する人; 破産・組合の解散・遺産の管理の場合など》. 5〘英議会〙両院協議会委員.

man·ag·er·ess [mǽnɪdʒ(ə)rɪs, -rəs | mæ̀nɪdʒərés, -nədʒ-, mǽnɪdʒərès] 〘《1797》(fem.) ← MANAGER: ⇨ -ess[1]〙── n. 女支配人; 女マネージャー; (劇場の)女座元.

man·a·ge·ri·al [mæ̀nədʒí(ə)riəl | -dʒíərɪ-] *adj.* 1 支配人の; 管理者の, 経営者の, (特に)劇場経営者の. 2 経営[管理](上)の. **~·ly** *adv.*

managérial accóunting n.〘会計〙管理会計《企業内部の経営管理者に役立つ会計情報を収集し, 提供する会計; management accounting ともいう; cf. financial accounting》.

màn·a·gé·ri·al·ism [-lɪzm̩] n. 管理(体制)主義《専門的な管理者[官僚]が組織[政治]集団または国民を指揮監督する機能主義的思想[体制]》.

màn·a·gé·ri·al·ist [-lɪst, -ləst | -lɪst] n. (事業・政治などでの)管理(体制)主義者. ── *adj.* 管理体制主義(者)の.

mánager·shìp n. manager の職[地位, 任期, 腕前].

mán·ag·ing *adj.* 1 支配[管理]する, 経営する, 主脳の: a ~ partner 業務執行社員. 2 経営の上手な: a first-rate ~ man 一流の経営手腕家. 3 他人を牛耳(ぎゅうじ)り[統御し]たがる, 自分で切り盛りしたがる: a ~ woman 自分ですべての事を切り回したがる女. 4《古》倹約する.

mánaging diréctor n. 専務取締役.

mánaging éditor n. (新聞・雑誌などの編集・監督をする)編集局長, 編集長.

Ma·na·gua [mənɑ́:gwə; Sp. manáɣwa] n. マナグア《中米 Nicaragua 西部にある同国の首都; Managua 湖畔にある; 1931 年大震災; 人口 400,000》.

Managua, Lake n. マナグア湖《中米 Nicaragua 西部の湖; 面積 1,049 km^2》.

man·a·kin [mǽnɪkɪn, -nə-, -kən | -kɪn] 〘《1743》《変形》← MANIKIN〙── n. 1〘鳥類〙マイコドリ《中・南米産のマイコドリ科のスズメほどの大きさの羽の美しい小鳥の総称; 雄は雌の近くで羽を開閉し独特の求愛ダンスをするが鳴かないのが特徴》. 2 =manikin.

Ma·na·ma [mənǽmə | -nɑ́:mə] n. マナマ《バーレーン (Bahrain) の首都・海港; 人口 89,000》.

ma·ña·na [mənjáːnə; *Sp.* maɲána] 〖□ Sp. ～ 'morning, morrow' ← L *māne* in the morning,《原義》in a good time : cf. manes〗 ── *Sp. adv.* **1** 明日, あす. **2** いつかそのうち. ── *n.* **1** 明日. **2** (将来の)ある時.

mán ápe *n.* **1** 大型類人猿 (great ape). **2** 猿人《かつて猿人を一部の研究者がこう呼んだ》.

Ma·nas·seh [mənǽsə | -sɪ, -sə] 〖□ Heb. *Mᵉnaššéʰ*《原義》one who causes to forget ← *nāšâʰ* to forget〗 ── *n.* **1** 男性名. **2**〖聖書〗**a** マナセ《Joseph の長男; cf. *Gen.* 41 : 51》. **b** [the ～] マナセ族《マナセを祖とするイスラエル十二支族の一つ》. **c** マナセの祈り (The Prayer of Manasseh [Manasses])《外典 (Apocrypha) の一書》. **3** マナセ《697?-?642 B.C.; ユダ (Judah) の王, 多神教の擁護者, 偶像礼拝の復興者; cf. *2 Kings* 21》.

Ma·nas·ses [mənǽsɪz, -səz | -sɪz, -siːz] *n.* (Douay Bible での) Manasseh のラテン語式語形.

mán-at-árms 〖ME *man of arms*《なぞり》← OF *homme d'armes, homme à armes* : ⇨ man¹, arm²〗 *n.* (*pl.* **men-**)《古》兵士, (特に)重騎兵.

man·a·tee [mǽnətiː | ⏤⏤́] 〖《1555》□ Sp. *manatí* □? Cariban *manattoui* : cf. Galibi *manati, manaté* breast, teats〗 ── *n.* 〖動物〗マナティー《西インド諸島・フロリダ・メキシコ湾沿海またはアフリカに群生するカイギュウ属 (*Trichechus*) の目の小さい藻食性の哺乳動物の総称; アメリカマナティー (*T. manatus*), アマゾンマナティー (*T. inunguis*), セネガルマナティー (*T. senegelensis*) の 3 種がいる》.

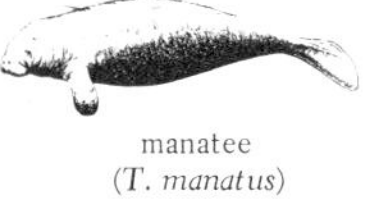
manatee
(*T. manatus*)

Ma·naus [mənáus; *Braz.* mɐnáus] *n.* マナウス《ブラジルの北部 Rio Negro 河畔にある海港, 商業中心地; 大西洋から 1,448 km にある; 人口 389,000》.

ma·nav·el·ins [mənǽvəlɪnz, -lənz | -lɪnz] 〖← ?〗 ── *n. pl.* (*also* **ma·nav·il·ins** [～])《俗》〖海事〗**1** (食物などの)残り物, 余り, 半端(はんぱ)物. **2** (船具の)がらくた, 雑多な船具.

manc. 《略》〖音楽〗*It.* mancando (=gradually softer).

manche [mɑ́ːntʃ] 〖□ OF ～ □ L *manicae* (pl.) long sleeves ← *manus* hand : cf. manacle〗 *n.* 〖紋章〗= maunch.

Manche [mɑ́ː(n)ʃ, mɔ́ː(n)ʃ, mɑ́ːnʃ, mɔ́(ː)nʃ; *F.* mɑ̃ːʃ] *n.* マンシュ(県)《フランス北西部のイギリス海峡に臨む県; 人口 455,000, 面積 6,412 km², 首都 St.-Lô [sɛ̃lo]》.

Man·ches·ter [mǽntʃestə, -tʃɪs-, -tʃəs- | -tʃɪstə(r, -tʃes-, -tʃəs-] 〖OE *Mameceaster* : ⇨ Mancunian, -chester〗 ── *n.* **1** イングランド Greater Manchester 州の都市; 運河で Irish 海に連絡する, 紡績業の大中心地; 19 世紀における自由貿易の本拠; 大聖堂がある; 人口 490,000 : ～ man and Liverpool gentlemen.《諺》マンチェスターは庶民の町, リバプールは紳士の町. ★ 形容詞は Mancunian. **2** 米国 Connecticut 州中部の都市; Hartford の郊外; 人口 48,000. **3** 米国 New Hampshire 州南部の工業都市; 人口 88,000. **4** =Manchester goods. **5** =Manchester terrier.

Mánchester gòods *n. pl.*《英》マンチェスター物《各種の綿布類》.

Mánchester Guárdian, The *n.*「マンチェスターガーディアン」(⇨ Guardian).

Mán·ches·ter·ism [-tərɪzm̩] *n.* マンチェスター学派 (Manchester School) の主張する自由貿易主義.

Mánchester schòol *n.* 〖経済史〗マンチェスター学派《1845-75 年ごろ Richard Cobden や John Bright などの主唱のもとに商業上の自由放任主義や自由貿易を主張した政治家・実業家の一派》.

Mánchester térrier *n.* マンチェスターテリア《英国の Manchester で, ホイペットとテリアとの異種交配を基礎に作出された大種のイヌ》.

man·chet [mǽntʃɪt, -tʃət] 〖《*c*1417》*manchete* ← ? *maine*《頭部省略》← OF *paindemaine*《原義》lord's bread〗 ── *n.* **1**《古》最上等の(小麦)パン. **2**《方言》紡錘(ぼうすい)形のパン, 白パン(1 個).

mán·child *n.* (*pl.* **men·children**)《古》男の子, 男「児, 息子.

man·chi·neel [mæ̀ntʃəníːl | -tʃɪ-] 〖《1630》□ F *mancenille* □ Sp. *manzanilla* (dim.) ← *manzana* apple < L (*māla*) *Mat(t)iāna* (apples) of Mat(t)ius ← *Matius* (料理法便覧の著者) ← *Matia* (ローマの氏族名)〗 ── *n.* 〖植物〗熱帯アメリカ産トウダイグサ科の樹木 (*Hippomane mancinella*)《その乳状液と果実は有毒; 家具材》.

Man·chou·kuo [mǽntʃùːkwóu, ⏤⏤́ | mǽntʃuː-kwáu, ⏤⏤́; *Chin.* mǎntʂōukuó] *n.* =Manchukuo.

Man·chu [mǽntʃuː, ⏤́; *Chin.* mǎntʂōu] 〖□ Manchu ～ (部族名)《原義》pure ← ? Tatar *Niu-chi*〗 ── *n.* (*pl.* ～, ～**s**) **1 a** [the ～(s)] 満州族《ツングース族の一つ; 17 世紀に中国に侵入して清朝 (Ch'ing dynasty) を建て (1644-1911) 漢族化された》. **b** 満州族の人, 満(州)人. **2** 満州語《ツングース語 (Tungusic) 族の一つ》. ── *adj.* **1** 満州の; 満州人の. **2** 満州語の.

Man·chu·kuo [mǽntʃùːkwóu, ⏤⏤́ | mæ̀ntʃùːkwáu, ⏤⏤́; *Chin.* mǎntʂōukuó] *n.* 満州国《日本の勢力下にあった旧帝国 (1934-45); 中国東北部および内モンゴルの一部を含む; 首都新京 (Hsinking) は今の長春 (Changchun)》.

Man·chu·ri·a [mæntʃú(ə)riə | -tʃúəriə] *n.* 満州《中国東北部の旧称; 現在は遼寧 (Liaoning)・吉林 (Kirin)・黒竜江 (Honan) の三省に分れる》.

Man·chur·i·an [mæntʃú(ə)riən | -tʃúəri-] *adj.* **1** 満州の. **2** 満州人の, 満人の. ── *n.* 満州人, 満人.

man·ci·ple [mǽnsəpl̩ | -sɪ-] 〖《?*a*1200》□ AN ～ = OF ～《変形》← *mancipe* < L *mancipium* office of buyer, purchase, possession, slave,《原義》one obtained by legal purchase ← *manus* hand + **cip-*, *capere* to take : ⇨ manual, capture〗 ── *n.* (大学・法学院・僧院などの)食料係, 賄い方.

Mancun. 《略》*ML.* Mancuniēnsis (=of Manchester)《Bishop of Manchester が署名に用いる; ⇨ Cantuar. 2》.

Man·cu·ni·an [mæŋkjúːniən, -njən | mæŋkjúːnjən, -niən] 〖← ML *Mancuni-um* Manchester (← OBrit. *Mamucion*) + -AN¹〗 ── *adj., n.* (イングランドの) Manchester の(住民).

-man·cy [⏤mæ̀nsi | -sɪ] 〖《15C》*-manci(e)* □ (O)F *-mancie* □ LL *mantia* □ Gk *manteía* oracle, divination ← *mántis* prophet, diviner : ⇨ mantis〗 ──「(...の[による])占い」の意の名詞連結形 : chiro*mancy*, geo*mancy*, hydro*mancy*, litha*mancy*, necro*mancy*, ornitho*mancy*, pyro*mancy*.

Man·dae·an [mændíːən] 〖□ Mandaean *mandayyā* having knowledge ← *mandā'* knowledge《略》← *mandā' dᵉhayyē* knowledge of life《なぞり》← Gk *gnōsis zoēs* : ⇨ -an¹〗 ── *n.* **1** マンダ教徒 (Mesopotamia 南部に現存する古代グノーシス派 (Gnostics) の一派》. **2** マンダ語《マンダ教の経典に用いられたアラム語 (Aramaic)》. ── *adj.* **1** マンダ教(徒)の. **2** マンダ語の.

man·da·la [mʌ́ndələ] 〖□ Skt *maṇḍala* circle, group □? Tamil *muṭalai*〗 ── *n.* **1**〖ヒンズー教・仏教〗曼陀羅(まんだら)《衆生(しゅじょう)本具の徳を表象して輪形の図式に描かれた群神像》. **2**〖心理〗マンダラ《Jung 心理学で, 夢の中で心像化され自我の統一と完成への努力を象徴する同様の図式》. **man·dal·ic** [mʌndǽlɪk] *adj.*

Man·da·lay [mæ̀ndəléɪ] *n.* マンダレー《ビルマ中部 Irrawaddy 河畔の都市, 旧ビルマ王国 (1860-85) の首都; 人口 453,000》.

man·da·mus [mændéɪməs] 〖《1378》□ L *mandāmus* we command ← *mandāre* to command : ⇨ mandate〗 ── *n.* 〖英法〗**1** (昔, 業務の執行を命じるために発した)勅書. **2** (上級裁判所から発する国王の大権令状で下級裁判所, 公務員, 個人, 法人などに対する)職務執行令状, 令達. ── *vt.*《口語》...に職務執行令状を送る; 命令書で脅す.

Man·dan [mǽndæn, -dən] 〖← Siouan〗 ── *n.* (*pl.* ～, ～**s**) **1 a** [the ～(s)] マンダン族《アメリカインディアン Sioux 語族に属する》. **b** マンダン族の人. **2** マンダン語.

man·da·rin¹ [mǽnd(ə)rɪn, -rən | -dərɪn] 〖《1589》□ Port. *mandarim* ← *mandar* to command □ Malay *mĕntĕri* □ Hindi *mantrī* ← Skt *mantrin* counselor ← *mantra* counsel : cf. mind〗 ── *n.* **1 a** (中国の清朝時代の)官吏, 公務員. **b** (横柄な)有力者, 党首[高官]; (指導的な立場にある)評論家[作家(など)]《特に, 保守的な, または反動的な高齢者にいう》. **2** [M-] 中国の標準語, 標準的中国語; (かつて中国の官吏が使った) 北京官話《旧時, 欧米人が北京方言を指していう》. **3** 中国服を着た磁器製の首振り人形. **4** =mandarin porcelain. ── *adj.* **1** 〈衣服の立衿(たちえり)が〉中国風の : ⇨ mandarin collar. **2** 〈文体が〉凝り過ぎた. **man·da·rin·ic** [mæ̀ndərínɪk] *adj.* **mán·da·rin·ìsm** [-nɪzm] *n.*

man·da·rin² [mǽnd(ə)rɪn, -rən | -dərɪn] 〖《1816-20》□ F *mandarine* □ Sp. *mandarina* □ Port. *mandarim* (↑): 中国の官吏の服がこの果物の色をしていたことから〗 ── *n.* **1**〖植物〗**a** マンダリン (*Citrus nobilis*)《柑橘(かんきつ)類中ミカンのように扁平で果皮のむけやすい実のなる植物》. **b** =mandarin orange 1. **2** =mandarine.

man·da·rin·ate [mǽnd(ə)rɪnèɪt, -rə- | -dərɪ-] 〖□? F *mandarinat* ← *mandarin* □ Port. *mandarin* (↑): ⇨ -ate¹〗 ── *n.* [集合的] (中国清朝の)官吏たち, 官僚; 官僚政治.

mándarin cóllar *n.* マンダリンカラー《幅の狭いスタンドカラー》.

mándarin dúck *n.* 〖鳥類〗オシドリ (*Aix galericulata*).

man·da·rine [mǽnd(ə)rɪn, -rən | -dərɪn] 〖⇨ mandarin²〗 *n.* マンダリン(リキュール)《マンダリンの乾燥皮で味付けした甘口のリキュール酒》.

mándarine trèe *n.* 〖植物〗=mandarin² 1 a.

mándarin óil *n.* マンダリン油《マンダリンの果皮から得られる黄色精油; 香料に用いる》.

mándarin órange *n.* **1** マンダリンの果実 (cf. mandarin² 1). **2** みかん色, 橙(だいだい)黄色.

mándarin pórcelain *n.* マンダリン磁器《昔の中国官吏の服装をした人物を配した絵のある中国磁器》.

man·da·tar·y [mǽndətèri | -t(ə)ri] 〖《1611》□ L *mandātāri-us* ← L *mandātus* (p.p.) ← *mandāre* (↓): ⇨ -ary : cf. mandatory〗 ── *n.* **1**〖法律〗受任者[国], 代理人[国], 受寄者, 無償受任者 (cf. mandator). **2** (国際連盟から指定された)委任統治国. **3**〖カトリック〗(ローマ教皇から)聖職受任を命じられた人[国].

man·date 〖《1552》□ F *mandat* ∥ L *mandāt-um* (neut. p.p.) ← *mandāre* to commit, command ← *manus* hand + *dāre* to give : ⇨ manual, date²〗 ── [mǽndeɪt | -deɪt, -dət, -dɪt] *n.* **1 a** 命令, 指令. **b** (上級裁判所[公務員]から下級裁判所[公務員]への)指令(書). **c** 選挙者から議会または議員に発する指図[要求]. **2** (国際連盟で規定されていた)委任統治; 委任統治領. **3**〖カトリック〗(神からの)命令, 委託; (ローマ教皇の)聖職叙階命令. **4**〖ローマ法〗**a** (各領土の長官に発する)勅令. **b** (行為の)委任(契約). **5**〖ローマ法〗委任契約. ── [mǽndeɪt, ⏤́] *vt.* **1** 〈領土・植民地など〉の統治を委任する : a ～*d* territory 委任統治領. **2** 〈代表・機関など〉に権限を委託する. **3**《スコット》〈説教などを〉記憶する. **mán·da·tor** [-tə | -tə(r] *n.*

man·da·tive [mǽndətɪv | -tɪv] 〖□ LL *mandātīv-us* : ⇨ ↑, -ive〗 *adj.* **1** 命令の[に関する]. **2**〖文法〗命令用法の, 命令を表わす.

man·da·to·ry [mǽndətɔ̀ːri, -tòːri | mǽndət(ə)rɪ, mændéɪ-] 〖《1576》□ LL *mandātōri-us* ← L *mandātus* (↑): ⇨ -ory¹〗 ── *adj.* **1** 命令の, 訓令の. **2** 委任の, 委託の; (特に, 国際連盟から)委任された, 委任統治の : the ～ rule [administration] 委任統治 / a ～ power 委任統治国. **3** 強制の, 義務的な (obligatory); 〖法律〗必須の, 強制の, 命令的な (cf. directory) : a ～ clause 必須条項 / ～ retirement《米》(65 歳の法定)定年退職. ── *n.* 受任者; (特に)委任統治国 (mandatary). **man·da·to·ri·ly** [mæ̀ndətɔ́ːrəli, -tóːr-, ⏤⏤ | mǽndət(ə)rəlɪ, mændéɪ-, -rɪlɪ] *adv.*

mán-dáy *n.* 〖労働〗人日(にんにち)《一人当たり 1 日の仕事量単位; cf. man-minute, man-hour, man-year》.

Man·de [mɑ́ːndeɪ, ⏤́] *n.* **1** =Mandingo 2. **2** マンデ語《フランス領西アフリカ・シエラレオネ・リベリアなどで使われているニジェール コンゴ語族の言語》.

Man·de·an [mændíːən] *n., adj.* =Mandaean.

man·dél·ic ácid [mændélɪk-, -díːl-] 〖← G *Mandel* almond + -IC¹〗 *n.* 〖化学〗マンデル酸 ($C_6H_5CH(OH)COOH$)《尿路防腐剤; amygdalic acid ともいう》.

Man·de·ville [mǽndəvɪl | -də-, -dɪ-], **Bernard** *n.* (1670?-1733) オランダ生れの英国の医師・思想家; *The Fable of the Bees* (1714)《この逆説的比喩譚は多くのイギリス道徳思想家に影響を与えた》.

Mandeville, Sir **John** *n.* マンデヴィル《14 世紀の中ごろに刊行された(ノルマン)フランス語の想像旅行記 *Travels of Sir John Mandeville* (15 世紀の初めに英訳)の著者; 実名は Jean de Bourgogne (*or* Burgoyne) あるいは Jean d'Outremeuse だといわれたが, 最近は筆者の本名と考える説が有力》.

man·di·ble [mǽndəbl̩ | -də-, -dɪ-] 〖《1392》□ OF ～ (F *mandibule*) ∥ L *mandibula* ← *mandibulum* jaw ← *mandere* to chew, masticate ← IE **menth-* to chew : ⇨ mouth〗 ── *n.* 〖解剖・動物〗**1** (哺乳動物・魚類などの)あご, 下あご; (特に)下顎骨(かがくこつ) (⇨ skull¹ 挿絵). **2** (鳥類などの)下嘴(かし); [*pl.*] 両嘴. **3** (節足動物の)大顎(おおあご)《口器の上方の部分》.

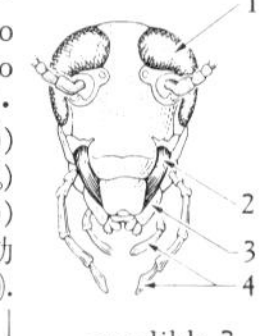

mandible 3
1 eye; 2 mandible; 3 maxilla; 4 palpi

man·dib·u·lar [mændíbjulə | -lə(r] *adj.*

mandíbular árch *n.* 〖生物〗顎弓(がくきゅう)《内臓弓のうち最前部のもの》.

Man·dib·u·la·ta [mændìbjuléɪtə, -léɪtə | -tə] 〖← NL ～ (↓)〗 *n. pl.* 〖動物〗大顎動物亜目.

man·dib·u·late [mændíbjulət, -lɪt, -lèɪt] 〖← L *mandibula* 'MANDIBLE' + -ATE²〗〖動物〗── *adj.* **1** 下あご[大顎(おおあご)] (mandible) のある. **2** 〈脊椎動物が〉下あごのある. **3** [← NL *Mandibulata*] 大顎動物の. ── *n.* 大顎のある昆虫《甲虫など》.

Man·din·go [mændíŋgou | -gəu] 〖□ Mandingo ～ ← *ma-* mother + *-ndi*, *-nde* (dim. suf.) + *-ngo* (《変形》← *-ko* (suf. of nationality or tribe))〗 ── *n.* (*pl.* ～, ～**es**, ～**s**) **1 a** [the ～((e)s)] マンディンゴ族《アフリカ西部で広大な言語群を形成する黒人部族》. **b** マンディンゴ族の人. **2** マンディンゴ語《混合語としてアフリカ西部で広く使われている; Mande ともいう》. ── *adj.* **1** マンディンゴ人の. **2** マンディンゴ語の.

man·di·oc [mǽndiɑ̀k | -diɔ̀k] *n.* =manioc.

man·di·o·ca [mæ̀ndióukə | -diə́u-] *n.* =manioc.

man·dir [mɑ́ndɪə | -dɪə(r] 〖□ Hindi ～ ← Skt *mandira* palace, temple〗 *n.* ヒンズー教寺院.

man·do·la [mændóulə | -dəu-] 〖□ It. ～ 'lute'《変形》← LL *pandūra* 'PANDORA'〗 *n.* マンドーラ《16-17 世紀に流行した大型のマンドリン》.

man·do·lin [mæ̀ndəlín, ⏤⏤́, mǽndəlɪn, -lən, -dl̩- | mǽndəlɪn, ⏤⏤́, -dl̩-] 〖《1707》□ F *mandoline* □ It. *mandolino* (dim.) ← *mandola* (↑): cf. bandore〗 ── *n.* (*also* **man·do·line** [mæ̀ndəlíːn, mǽndəlɪn, -lən, -dl̩- | mæ̀ndəlíːn, ⏤⏤́, mǽndəlɪn, -dl̩-]) マンドリン《撥弦(はつげん)楽器》.

màn·do·lín·ist [-nɪst, -nəst | -nɪst] *n.* マンドリン奏者[演奏家], マンドリン弾き.

man·do·ra [mændɔ́ːrə, -dóːrə | -dɔ́ːrə] *n.* =mandola.

man·dor·la [mɑ́ːndɔːlɑ̀ː | -dɔː-; *It.* mándorla] 〖□ It. ～《原義》'ALMOND'〗 *n.* (*pl.* ～**s**, **-dor·le** [-leɪ; *It.* -le]) 〖美術〗マンドルラ《キリストや聖者たちの身体を取囲むように描かれたアーモンド形の光背》.

man·drag·o·ra [mændrǽgərə, mæ̀ndrəgɔ́ːrə, -góːrə | mændrǽgərə, mæn-] 〖OE ～ □ (O)F *mandragore* □ ML *mandragora* = L *mandragoras* □ Gk *mandragóras* : ギリシャの医者の名か〗 *n.* 〖植物〗**1** = mandrake 1. **2** (催眠剤としての)マンドレーク (mandrake) の根 (cf. Shak., *Othello* 3. 3. 330).

man·drake [mǽndreɪk] 〘(*a*1250)《変形》← ME *mandrag(g)e* ▭ ? MDu. *mandrage, mandragre* ▭ LL *mandragora* (↑): 今の形はその根の形から MAN[1]+DRAKE[1] (=dragon) と解した民間語源による〙 ― *n.* 〘植物〙 **1** マンドレーク, コイナス (*Mandragora officinarum*)《地中海地方産のナス科の有毒植物; その多肉の根はしばしば二叉になって人体を思わせ, 引き抜く時は声を出して叫ぶといわれた; この根は mandragora といい, 催眠剤などに用いられたほか迷信的に恋の妙薬とされた; cf. *Gen.* 30:14》. **2**《米》= mayapple 1.

mandrake 1

man·drel [mǽndrɪl, -drəl] 〘(1516) *manderil*《転訛》← F *mandrin* lathe ▭ Prov. *mandre* axle, crank ▭ L *mamphur* bow-drill ← IE* *menth-* to twirl〙 ― *n.* (*also* **man·dril** [-drɪl, -drəl | -drɪl]) **1** 〘機械〙心棒, 心軸, 静軸. **2** (鋳造・鍛造で中空品を作る時に用いる)心金(しんがね), マンドレル. **3**《英》(鉱夫の用いる)つるはし.

man·drill [mǽndrɪl, -drəl | -drɪl] 〘(1744) ← MAN[1]+DRILL[4]〙 *n.* 〘動物〙マンドリル (*Mandrillus sphinx*)《西アフリカ産で鼻口部が明るい空色のヒヒ》.

man·du·cate [mǽndʒukèɪt | -dju-] 〘← L *mandūcāt-us* (p.p.) ← *mandūcāre* ← L *mandere* to chew: ⇨ mandible〙 *vt.*《古》かむ, 食う (chew, eat).

man·du·ca·tion [mæ̀ndʒukéɪʃən | -dju-] 〘▭ LL *mandūcātiō(n)*: ⇨ ↑, -ation〙 ― *n.* **1 a**《古》(食物の)摂取. **b** 〘動物〙(無脊椎動物の)咀嚼(そしゃく). **2** 〘キリスト教〙聖餐拝受.

man·du·ca·to·ry [mǽndʒukətɔ̀ːri, -tɔ̀ri | -djukéɪtəri] *adj.* 〘医学〙咀嚼(そしゃく)の[に適する].

man·dy·as [mændíːəs, mǽndiəs | mændíːəs, mǽndɪəs; *Mod. Gk.* manðías] 〘▭ LL *mandya* ▭ Gk *mandúa(s)* woolen cloak〙 ― *n.* (*pl.* **-dy·ai** [-díːeɪ], **~·es**) 〘東方正教会〙 **1** (修道士のまとう)短い黒マント, マンテイヤ. **2** (主教 (bishop) のまとう)紫マント, マンテイヤ.

mane [méɪn] 〘OE *manu* ← Gmc **mano-* ((M)Du. *mane* / G *Mähne*) ← IE **mono-* neck, nape of the neck (L *monīle* necklace) ← **men-* to stand out, project (L *ēminēre* to stand out)〙 ― *n.* **1** (馬・ライオンなどの)たてがみ. **2** たてがみのような頭髪.
***can make neither mane nor tail of** it* =*can make neither* HEAD *nor tail of it.*

mán·èater *n.* **1** 食人者, 人食い人種. **2 a** 人食いトラ[ライオン, ワニ]. **b** 〘魚類〙大型の人食いザメ; (特に)ホオジロザメ (⇨ great white shark) (man-eater shark, man-eating shark ともいう). **3**《口語》かみつく馬. **mán·èating** *adj.*

man·eb [mǽneb] 〘← MAN(GANESE)+E(THYLENE)+B(I-)[1]〙 *n.* 〘農薬〙マネブ ($C_4H_6MnN_2S_4$)《カルバミン酸を成分とする殺菌剤》.

maned *adj.* たてがみのある.

máned wólf [dóg] *n.* 〘動物〙タテガミオオカミ (*Chrysocyon jubatus*)《南米産の頸部・下顎(あご)・足先が黒いオオカミ》.

ma·nege [mænéʒ, mə-, -néɪʒ | mænéɪʒ, ⏤⏤; *F.* manɛːʒ] 〘(1644) ▭ F *manège* ▭ It. *maneggio* ← *maneggiare* 'to MANAGE[1]'〙 ― *n.* **1** (馬の)調教(術); 馬術. **2** 調教された馬の動作と歩調. **3** 馬術練習所, 乗馬学校.

máne·less *adj.* たてがみのない.

mán èngine *n.*《古》〘鉱山〙人員運搬機.

ma·nent [mάːnent] 〘▭ L ~ 'they remain' (3rd pl. pres. indic.) ← *manēre* to remain〙 *vi.* 〘演劇〙〈(複数の)俳優が〉舞台に残る《脚本のト書き; cf. exeunt, manet》.

ma·nes [mάːneɪs, -neɪz, méɪniːz | mάːneɪz, méɪniːz] 〘(*a*1393) ▭ L *mānēs* the (good) gods of the Lower World ← ? *mānus* good ← IE **mā-* good: cf. mature〙 ― *n. pl.* **1** [しばしば M-] (古代ローマの)(神格化した)死者の霊魂. **2 a** (神に祭られた)死者の霊. **b** [単数扱い] (個人の)亡霊: appease a person's ~ 遺志を果して死者の霊を慰める.

Ma·nes [mάːneɪs, -neɪz, méɪniːz | mάːneɪz, méɪniːz] *n.* マニ(摩尼)《216?–?276; ペルシャの予言者; マニ教 (Manichaeism) の教祖; Mani または Manichaeus ともいう》.

ma·net [mάːnet | mǽn-] 〘▭ L ~ 'he or she remains' (3rd sing. pres. indic.) ← *manēre* to remain〙 ― *vi.* 〘演劇〙〈(一人の)俳優が〉舞台に残る《脚本のト書き; 人物が残ったまま, 次の場面に移行する際に用いる; cf. exit[2], manent》.

Ma·net [mænéɪ, mɑ-; *F.* manɛ], **Édouard** *n.* マネ《1832–83; フランスの画家; 印象派の成立に貢献》.

ma·neu·ver,《英》**ma·noeu·vre** [mən(j)úːvə | -núːvə(r)] 〘n.: (1479) ▭ F *manœuvre* < OF *manuevere, maneuvre* < VL **manūoperam* ← **manūoperāre* ▭ L *manū operārī* to work by hand. ― v.: (1777) ← (n.): ⇨ manual, operate〙 ― *n.* **1 a** 機動, 戦術的運動[展開], 戦術的作戦《敵に対して有利な態勢につくため部隊・艦船・航空機・火力・資材などを動かすこと》. **b** [しばしば *pl.*] 演習, 機動演習《図上演習を含む》: anti-air-raid ~*s* 防空演習 / carry out grand ~*s* 大演習を行なう. **2** 操縦《空機・車両・艦船などの演練された操作をいう》. **3** 巧妙な手, 如才ない[巧みな]処置, 妙計, 策略. **4** 〘医学〙用手分娩; (特に)その操作.
― *vi.* **1 a** 機動する, 運動[展開]する. **b** 演習する. **2 a** 巧みに事を運ぶ, 策略を施す. **b** たくらむ.
― *vt.* **1 a** (戦術的作戦で)〈軍隊・艦隊などを〉機動[移動]させる; 操縦する: ~ troops, vessels, etc. **b** 演習させる. **2** 策略で動かす, 計略で…させる; 巧みに操縦する[移動させる] 〔*into*〕/〈*out, away*〉: ~ the enemy *into* [*out of*] position 策略で敵を陣地内へ誘い入れる[外へ誘い出す] / ~ a car *into* a small parking place 狭い駐車場に巧みに車を乗り入れる / He ~*d* himself *into* a good billet. 策を用いてよい職にありついた. **3** 〘海事〙操縦する, 運航する, 操船する. **4** 〈飛行機を〉曲芸飛行させる.

ma·neu·ver·a·bil·i·ty [mən(j)ùːv(ə)rəbílәṭi | -nùːv(ə)rəbílәti, -lɪ-] *n.* 操縦[運用]できること, 操縦性.

ma·neu·ver·a·ble [mən(j)úːv(ə)rəbl | -núː-] *adj.* 操縦しやすい, 運用できる, 機動性のある.

ma·néu·ver·er [-v(ə)rə | -rə(r)] *n.* 操縦者, 運動家; 策略家, 術策家.

manéuvering ènvelope *n.* 〘航空〙運動包囲線図.

manéuvering lóad fàctor *n.* 〘航空〙運動荷重倍数.

mán-for-mán defénse *n.* 〘球技〙=man-to-man defense (cf. MAN *for man* (2)).

Man·fred [mǽnfred, -frɪd; *G.* mánfreːt] 〘▭ OHG *Manifred* ← *mana* man+*friðu* peace〙 ― *n.* **1** 男性名. **2**「マンフレッド」《Byron の劇詩 (1817), またその主人公》.

mán Fríday 〘⇨ Friday[2]〙 ― *n.* (*pl.* **men F-, men Fridays**) [時に M- F-] **1** 服従する人, 忠実なしもべ, 忠僕, 何でも用を足す雇い人, (人に使われる)よろず屋. **2** 右腕(となる人), 腹心の人物.

man·ful [mǽnfəl] *adj.* **1** 男らしい. **2** 果断な, 腹のすわった. **~·ly** *adv.* **~·ness** *n.*

mán fùngus *n.* 〘植物〙=earthstar.

man·ga·bey [mǽŋgəbèɪ] 〘← *Mangabey* (Madagascar 島の一地方名)〙 *n.* 〘動物〙マンガベー《西アフリカ産 *Cercocebus* 属の尾長ザルの総称》.

man·gan- [mǽŋgən] (母音の前に来る時の) mangano- の異形.

man·ga·nate [mǽŋgənèɪt] 〘← MANGANO-+-ATE[1]〙 *n.* 〘化学〙マンガン酸塩 [エステル]: potassium ~ マンガン酸カリウム (K_2MnO_4).

man·ga·nese [mǽŋgənìːz, -nìːs | mǽŋgənìːz, ⏤⏤⏤] 〘(1676) ▭ F *manganèse* ▭ It. *manganese*《転訛》← ML *magnēsia* 'MAGNESIA'〙 ― *n.* 〘化学〙マンガン《金属元素の一つ; 記号 Mn, 原子番号 25, 原子量 54.9380》.

mánganese brónze *n.* 〘冶金〙マンガン青銅.

mánganese chlóride *n.* 〘化学〙塩化マンガン《$MnCl_2$ または $MnCl_3$》.

mánganese dióxide *n.* 〘化学〙二酸化マンガン (MnO_2)《黒色粉末; 酸化剤として, またガラス製造などに用いる》.

mánganese gárnet *n.* 〘鉱物〙=spessartite 1.

mánganese óxide *n.* 〘化学〙酸化マンガン《MnO, Mn_2O_3, Mn_3O_4, MnO_2, Mn_2O_7 の総称; MnO をさすこともある》.

mánganese spár *n.* 〘鉱物〙 **1** ばら輝石 (⇨ rhodonite). **2** =rhodochrosite.

mánganese stéel *n.* 〘冶金〙マンガン鋼《12–14% のマンガンを含む鋳鋼》.

mánganese súlfate *n.* 〘化学〙 **1** 硫酸マンガン (⇨ manganous sulfate). **2** =manganic sulfate.

mánganese víolet *n.* **1** 暗赤色, 深紅色, 紫. **2** 紫色の絵の具.

man·ga·ni- [mǽŋgənɪ, -nə | -nɪ] mangano- の異形 (⇨ -i-).

man·gan·ic [mæŋgǽnɪk, mæŋ- | mæŋ-] 〘← MANGANO-+-IC[1]〙 *adj.* 〘化学〙マンガンの[を含んだ]; (特に)三価のマンガン (Mn^{III}) の (cf. manganous).

mangánic ácid *n.* 〘化学〙マンガン酸 (H_2MnO_4).

mangánic súlfate *n.* 〘化学〙硫酸マンガン (III) ($Mn_2(SO_4)_3$).

man·ga·nif·er·ous [mæ̀ŋgənɪ́f(ə)rəs] 〘← MANGANO-+-I-+-FEROUS〙 *adj.* 〘鉱物〙マンガンを含有する.

Man·ga·nin [mǽŋgənɪn, -nən | -nɪn] 〘← MANGANO-+-IN[1]〙 *n.* 〘商標〙マンガニン《銅・マンガン・ニッケルの合金; 加減抵抗器などに使う》.

man·ga·nite [mǽŋgənàɪt] 〘← MANGANO-+-ITE[1]〙 *n.* **1** 〘鉱物〙水マンガン鉱 (MnO(OH)). **2** 〘化学〙亜マンガン酸塩.

man·ga·no- [mǽŋgəno(ʊ) | -nə(ʊ)] 〘← G *Mangan*+-o-: ⇨ manganese〙 ―〘化学〙「マンガン (manganese)」の意の連結形. ★ 時に mangani-, また母音の前では通例 mangan- になる.

man·ga·no·phyl·lite [mæ̀ŋgəno(ʊ)fílaɪt | -nə(ʊ)-] 〘← G *Manganophyll* (⇨ manganese, -phyll)+-ITE[1]〙 ― *n.* 〘鉱物〙マンガノフィライト, マンガン金雲母《Mn に富む金雲母 (phlogopite) の一種》.

man·ga·nous [mǽŋgənəs, mæŋgǽnəs] 〘← MANGANO-+-OUS〙 *adj.* 〘化学〙二価のマンガン (Mn^{II}) の[を含んだ] (cf. manganic).

mánganous súlfate *n.* 〘化学〙硫酸マンガン (II), 硫酸第一マンガン ($MnSO_4$)《肥料・顔料などに用いる; manganese sulfate ともいう》.

mange [méɪndʒ] 〘(*c*1400) *mangie, manjewe* ▭ OF *manjue, mangeue* itch ← *manjuer* to eat < LL *mandūcāre* ← L *mandere* to chew: ⇨ manger〙 ― *n.* 〘獣医〙(犬・牛などの)皮癬(ひぜん), 疥癬(かいせん), 皮膚病.

man·gel [mǽŋgəl] 〘《短縮》↓〙 *n.* =mangel-wurzel.

man·gel-wur·zel [mǽŋgəlwə̀ːzl | mǽŋgəl-wə́ːzl, ⏤⏤⏤⏤] 〘(*a*1779) ▭ G *Mangelwurzel*《変形》← *Mangoldwurzel* ← *Mangold* beet (< OHG **mānegold* ← ?)+*Wurzel* root (< OHG *wurzala* ← IE **w(e)rād-* branch, root)〙 ― *n.* 〘植物〙アカザ科の家畜飼料として栽培されるフダンソウの一変種の植物 (*Beta vulgaris* var. *macrorhiza*)《根の大きい砂糖大根; mangel ともいう》.

man·ger [méɪndʒə | -dʒə(r)] 〘(*c*1330) *manyour, manior* ▭ OF *maingeur* (F *mangeoire*) ← *mangier* to eat ← LL *mandū cāre* ← *mandere* to chew ← IE **menth-* to chew: ⇨ mange, mouth〙 ― *n.* **1** 飼葉おけ, まぐさおけ, 馬ぶね: a dog in the ~ ⇨ dog 成句. **2** 〘海事〙マンガー, 水除け《錨鎖孔 (hawse pipe) と船首水除板の間の小区域》.

mánger bòard *n.* 〘海事〙波除け, 船首水除板.

mang·ey [méɪndʒi | -dʒɪ] *adj.* (**mang·i·er, -i·est; more ~, most ~**) =mangy.

man·gle[1] [mǽŋgl] 〘(?*a*1400) *mangele(n)* ▭ AF *mangle-r*《短縮》← **mahangler* (freq.) ← OF *mahaignier* 'to MAIM': ⇨ -le[3]: cf. mangonel〙 ― *vt.* **1** ずたずたに切る, めった切りにする, 切りさいなむ: He was attacked by hooligans and badly ~*d.* 与太者に襲われて体中をめった切りにされた. **2**〈言葉の意味などを〉わからなくする, 〈文章などを〉台なしにする, ぶちこわす: ~ a text by interpolation 余計な語句を書き入れて原文を台なしにする / ~ a piece of music (下手な演奏で)曲をぶちこわしにする.

man·gle[2] [mǽŋgl] 〘(1774) ▭ Du. *mangel* < MDu. *mange* ▭ L *manganum* ▭ Gk *mágganon* engine for defending fortifications: ⇨ mangonel〙 ― *n.* 〘機械〙 **1** (布などの)しわ伸ばし機, 圧搾ローラー. **2** (洗濯の)仕上機, つや出し機. ― *vt.* **1** しわ伸ばし機で…のしわを伸ばす. **2** 〘冶金〙圧延する.

mán·gler [-glə, -glə | -glə(r, -glə(r)] 〘← MANGLE[1]+-ER[1]〙 *n.* **1** ずたずたに切る人, 切りさいなむ人, 台なしにする人, めちゃくちゃにする人. **2** 肉刻み器.

man·go [mǽŋgoʊ | -gəʊ] 〘(1582) ▭ Port. *manga* ▭ Malay *mangā* ▭ Tamil *mān-kāy* ← *mān* mango tree+*kāy* fruit: 現在の語形は Du. *mango* による〙 ― *n.* (*pl.* **~es, ~s**) **1** 〘植物〙 **a** マンゴー (*Mangifera indica*)《南アジア原産のウルシ科の常緑高木; 果実は長円形黄色・赤色・緑色などで美味》. **b** マンゴーの果実. **2** =sweet pepper. **3**《米中部》マンゴー《刻んだキャベツなどの詰めものをしたピーマンの漬けもの》.

mán·gòd *n.* **1** 神人 (cf. demigod)《人間でも神でもある人》. **2 a** 神とされる人. **b** 人間の姿をした神.

mángo·fìsh *n.* 〘魚類〙=threadfin.

man·gold-wur·zel [mǽŋgəldwə́ːzl, -goʊld- | -gəld-] *n.* 〘植物〙=mangel-wurzel《単に mangold ともいう》.

mángo mèlon *n.* 〘植物〙オレンジメロン, キートメロン (*Cucumis melo* var. *chito*)《多数の小果をつけるメロン》.

man·go·nel [mǽŋgənèl] 〘(*c*1300) ▭ OF ~, *mangonelle* (F *mangonneau*) ▭ ML *manganellus* (dim.) ← LL *mangonum* ▭ Gk *mágganon* engine for hurling stones,《原義》deceptive device ← IE **meng-* to furbish, embellish deceptively〙 ― *n.* (古代の軍用)投石機, 大石弓《矢・投げ槍・石などを射るのに用いた》.

man·go·steen [mǽŋgəstìːn | -gə(ʊ)-] 〘(1598) ▭ Malay *mang(g)ustan*〙 ― *n.* 〘植物〙 **1** マンゴスチン (*Garcinia mangostana*)《熱帯アジア産オトギリソウ科の常緑高木》. **2** マンゴスチンの果実《リンゴ大で厚い皮の中に多汁・美味な果肉がある》.

man·grove [mǽŋgroʊv, mǽn- | mǽŋgrəʊv] 〘(1613) *mangrowl, mangrave* ? ← Port. *mangue* (▭ Sp. *mangle* ▭ Taino) + GROVE〙 ― *n.* マングローブ《熱帯地方の泥深い海辺や河口に生じるヒルギ科ヤエヤマヒルギ属の常緑高木または低木の総称; (特に) *Rhizophora mangle*》.

mangrove

mángrove cùckoo *n.* 〘鳥類〙マングローブカッコウ (*Coccyzus minor*)《米国 Florida Keys などにいるカッコウの一種; 自己営巣性をもつ》.

mang·y [méɪndʒi | -dʒɪ] 〘(*a*1529) ← MANGE+-Y[4]〙 ― *adj.* (**mang·i·er, -i·est; more ~, most ~**) **1** 皮癬(ひぜん)[疥癬(かいせん)], 皮膚病]にかかった, 皮癬だらけの (cf. mange). **2 a** 毛の抜けた; みすぼらしい. **b** きたない, 不潔な, むさ苦しい. **3** 卑劣な, 見下げ果てた. **máng·i·ly** [-dʒɪli, -dʒə- | -lɪ] *adv.* **máng·i·ness** *n.*

man·handle [⏤⏤⏤ | ⏤⏤⏤, ⏤⏤⏤] 〘(1865) ← MAN[1]+HANDLE〙 *vt.* **1** (機械を使わず)人力で動かす[処理する]. **2** 手荒く[乱暴に]扱う, 虐待する.

mán·hàter *n.* **1** 人間嫌い. **2** 男嫌い.

Man·hat·tan [mænhǽtn, mən- | mæn-] 〘▭ Du. ~ ▭ N-Am.-Ind. (Algonquian?)《原義》island-mountain? ← *manah* island+*atin* hill〙 ― *n.* **1** New York 市内の島で同市の主要な一区; Hudson, East River, Harlem の三河の間にある; 人口 1,540,000, 長さ 21.7 km, 幅最大 3.6 km, 面積 57.4 km². **2** (*pl.* **~, ~s**) **a** [the ~(s)] マンハッタン族《Algonquian 語族のアメリ

カインディアン; 以前現在の New York 市に住んでいた》. **b** マンハッタン族の人. **3** [しばしば m-] マンハッタン《バーボンウイスキーをベースに甘口のベルモットとビターズ少量を加えてシェイクしたカクテル; さくらんぼ (maraschino cherry) を添える; Manhattan cocktail ともいう》.

Manháttan clám chòwder *n.* マンハッタンクラムチャウダー《はまぐり・塩づけ豚肉・トマトなどで作る濃厚なスープ; cf. New England clam chowder》.

Manháttan Dístrict *n.* [the ~] マンハッタン(技術)管区《原子力研究の米国陸軍の統合機関 (1942–47) の暗号名; 原子爆弾を完成するために学界と実業界が協力して当たった; cf. Manhattan Project》.

Man·hat·tan·ese [mænhæ̀tṇíːz, mən-, -níːs, -tṇ- | mænhæ̀tṇíːz, -tṇ-] 〖⇨ Manhattan¹, -ese〗 — *adj.* マンハッタンの; ニューヨーク市の. — *n.* (*pl.* ~) **1** [通例 *pl.*] ニューヨーク市民. **2** マンハッタンの英語, ニューヨークの英語.

Man·hat·tan·ite [mænhǽtṇàɪt, mən-, -tṇ- | mænhǽtən-, -tṇ-] 〖← MANHATTAN¹ + -ITE¹〗 *n.* ニューヨークっ子.

Manháttan Próject *n.* [the ~] マンハッタン計画《第二次大戦中に米国が行なった原子力研究の秘密計画(の暗号名); この研究の結果, 原子爆弾が実用化された; cf. Manhattan District》.

mán·hèlper *n.* (手の届かない所を塗るために用いる, はけをつける)長い棒《long arm ともいう》.

mán·hòle 〖《1793》← MAN¹ + HOLE〗 — *n.* **1** マンホール《掃除・修理などのため電線の埋設管・床下・下水暗渠(きょ)・ボイラーなどに人がはいれるように作った穴》: descend a ~. **2** (甲板のふた付きの)小昇降口.

mán·hòod 〖ME *manhode*: ⇨ man¹, -hood〗 — *n.* **1** 人であること, 人性, 人格: a perfect ~ 立派な人間, 君子. **2** 男[大人]であること (cf. womanhood 1, boyhood 1); (男子の)丁年, 成年 (cf. youth): arrive at [attain, reach, come to] ~ 丁年に達する / He is in the prime of ~. 男盛りである / He could not live to ~. 彼は大人にならないうちに死んだ. **3** 男らしさ, 勇気: virile ~ 男らしさ. **4** [集合的] 男子 (men): the whole ~ of Greece ギリシャの男子全部.

mánhood súffrage *n.* 成年男子選挙[参政]権 (cf. universal suffrage, woman suffrage).

mán-hòur *n.* 〖労働〗 マンアワー, 人時(にんじ), 延べ時間《特に賃金・経費算定の単位としての一人 1 時間の仕事の量; cf. man-day》: supermarket sales per ~ 売り子一人 1 時間に対するスーパーの売上額.

mán·hùnt *n.* (組織的で集中的な)人狩り; (特に)犯人追跡[捜査], 指名手配.

Ma·ni [máːni | -nɪ] *n.* = Manes.

ma·ni·a [méɪniə, -njə | -njə, -nɪə] 〖《*c*1400》□ L ~ □ Gk *maníā* madness, frenzy: ⇨ mind, -ia¹: cf. Gk *maínesthai* to be mad〗 — *n.* **1** 熱狂, 熱中, …狂, …熱, マニア: a ~ for [the ~ of] speculation 投機熱 / He has a perfect ~ for rare books. 彼は全くの珍本狂だ / His interest in stamp collecting has become a ~. 彼の切手収集は気違いじみてきた. **2** 〖精神医学〗 躁(そう)病.

-ma·ni·a [méɪniə | -njə, -nɪə] 〖← MANIA (↑)〗 —「…狂 (mania)」の意味を表わす名詞連結形 (cf. -phobia): **1** 特殊な狂気の型: klepto*mania*, megalo*mania*. **2** 熱狂的性癖: biblio*mania*, mono*mania*. **3** 礼賛, 心酔: Anglo*mania*, Gallo*mania*.

ma·ni·ac [méɪniæ̀k | -nɪ-] 〖《1604》□ ML *maniac-us*: ⇨ mania, -ac〗 — *adj.* **1** 狂乱の, 狂気の. **2** 熱狂する, 激しい. — *n.* **1** 狂人. **2** 熱狂的ファン, 偏執的愛好家, マニア: a car ~ / a homicidal ~ 殺人狂.

ma·ni·a·cal [mənáɪəkəl] 〖《1678》: ⇨ ↑, -al¹〗 *adj.* = maniac. **~·ly** *adv.*

man·ic [mǽnɪk] 〖□ Gk *manik-ós* insane: ⇨ mania, -ic¹〗 〖精神医学〗 *adj.* 躁(そう)病の. — *n.* 躁病患者.

mánic-depréssive 〖精神医学〗 *adj.* 躁鬱(うつ)病の: ~ insanity [psychosis] 躁鬱病, 循環精神病. — *n.* 躁鬱病患者.

Man·i·chae·an [mæ̀nəkíːən | -nɪkíːən, -kíən] 〖□ LL *Manichae(us)* 'MANICHEE' + -AN¹〗 — *adj.* マニ教 (Manichaeism) の; マニ教徒の; マニ教的な. — *n.* **1** マニ教徒. **2** 二元教[論]信(奉)者.

Màn·i·cháe·an·ìsm [-nìzm] *n.* = Manichaeism.

Man·i·chae·ism [mǽnəkìːɪzm | -nɪ-] *n.* マニ教《マニ (Manes) が唱えた宗教で, グノーシス派キリスト教・仏教・ゾロアスター教などの要素を一緒にしたもの; 3–7 世紀に栄えた; 光明[善, 神, 精神]と暗黒[悪, 悪魔, 肉体]の対立を説く二元教》.

Man·i·chae·us [mæ̀nəkíːəs | -nɪkíːəs, -kíəs] 〖□ L ~: ↑〗 *n.* = Manes. 「= Manichaean.

Man·i·che·an [mæ̀nəkíːən | -nɪkíːən, -kíən] *adj., n.*

Màn·i·ché·an·ism [-nìzm] *n.* = Manichaeanism.

Man·i·chee [mǽnəkìː | -nɪ-] 〖《*a*1380》□ L *Manichae-us* □ Gk *Manikhaîos* Manes〗 *n.* = Manichaean.

Man·i·che·ism [mǽnəkìːɪzm | -nɪ-] *n.* = Manichaeism.

man·i·chord [mǽnəkɔ̀əd | -nɪkɔ̀ːd] 〖□ F *manicorde* □ ML *monocordum* □ Gk *monókhordon* monochord: おそらく L *manus* hand と連想された〗 — *n.* = clavichord.

ma·ni·cot·ti [mæ̀nəkɑ́ṭi | -nɪkɔ́tɪ; *It.* mànikɔ́tti] 〖□ It. ~ (pl.) ← *manicotto* muff〗 — *n.* (*pl.* ~) マニコッティ《リコッタチーズや細かく刻んだ肉を四角いパスタ (pasta) の生地で包んでトマトソースを加えて焼いたもの》.

man·i·cure [mǽnəkjʊ̀ə | -nɪkjʊ̀ə(r)] 〖《1880》□ F ~ 《原義》 the care of the hands ← L *manus* hand + *cūra* care: ⇨ manual, cure〗 — *n.* **1** マニキュア, 美爪(そう)術 (cf. pedicure 3): a ~ parlor 美爪院 / ~ scissors マニキュアばさみ / have a ~ マニキュアをしてもらう. **2** = manicurist. — *vt.* **1** …にマニキュアを施す. **2** 《口語》〈芝生などを〉丹念に短く刈り込む: ~ a lawn.

manicure scissors

mán·i·cùr·ist [-kjʊ̀(ə)rɪst, -rəst | -kjʊ̀ərɪst] *n.* マニキュア師, 美爪(そう)術師.

Man·i·dae [mǽnədìː | -nɪ-] 〖← NL ~ ← *Manis* (属名: ⇨ manes) + -IDAE〗 *n. pl.* 〖動物〗 センザンコウ科.

ma·nière cri·blée [mənjέə-kriːbléɪ | -njέə-; *F.* manjɛrkrible] 〖□ F ~ 《原義》 dotted manner〗 — *n.* 〖木版〗 突彫り法《15 世紀から行なわれている方法で, 版に小さな丸い穴をあける; dotted manner ともいう》.

man·i·fer [mǽnəfə̀ə, -fə | -nɪfə̀ə(r, -fə(r)] 〖《変形》← MF *main-de-fer* hand of iron〗 — *n.* 〖甲冑〗 (手綱手(たづなて)用の)手甲(こう)《トーナメントで左手につける補強用の手甲; main-de-fer ともいう》.

man·i·fest [mǽnəfèst | -nɪ-] 〖adj.: 《*c*1380》□ (O)F *manifeste* // L *manifest-us* palpable, evident ← *manus* hand + *-fēstus* capable of being seized (← *-fendere* to strike). — v.: 《*c*1380》□ (O)F *manifest-er* // L *manifēst-āre* to show clearly ← *manifēstus*: ⇨ manus, infect〗 — *n.* **1 a** (税関に提出する)積荷目録, 積荷明細書. **b** (飛行機の)積荷目録, 乗客名簿. **c** 貨物運送状 (waybill). **2** 《まれ》 = manifestation. **3** 《廃》 = manifesto. **4** 〖鉄道〗 (食品・家畜などの)急行貨物列車. — *adj.* **1** 明らかな, はっきりとした: a ~ truth [error] 明らかな真実[誤り] / It is ~ at a glance. それは一目瞭然(りょうぜん)だ. **2** 〖心理〗 顕在的な (cf. latent 3). — *vt.* **1 a** 明らかにする[示す], 明示する. **b** 証拠立てる, 証明する: It ~*s* the truth of the adage. それはその格言の真実なことを証明する. **2** (言語・行動によって)〈感情などを〉表現する, 外に表わす, 素振りに見せる: ~ impatience, displeasure, contentment, etc. / She did not ~ much desire to marry him. 彼との結婚を希望している様子は余り見せなかった. **3** [~ *oneself* として] **a** 〈徴候などが〉表われる. **b** 〖心霊〗 〈幽霊などが〉現われる: The ghost ~*ed itself.* 幽霊が現われた. **4** 〖商業〗 積荷目録に載せる; …の積荷目録を示す. — *vi.* 〈幽霊などが〉現われる. **~·ly** *adv.*

man·i·fest·a·ble [mǽnəfèstəbl̩ | -nɪ-] *adj.* 明示できる, 表わせる.

man·i·fes·tant [mæ̀nəféstənt | -nɪ-] 〖□ F ~ (pres.p.) ← *manifester* 'to MANIFEST'〗 *n.* 示威運動の参加者.

man·i·fes·ta·tion [mæ̀nəfɪstéɪʃən, -fəs-, -fes- | -nɪfes-, -fəs-] 〖《1432–50》 *manifestacion* □ LL *manifestātiō(n-)* ← *manifēstātus* (p.p.) ← *manifēstāre* 'to MANIFEST': ⇨ -ation〗 — *n.* **1** 明示, 表明, 現われ; 顕示 (revelation): a stormy ~ of patriotism 猛烈な愛国心の発露 / the ~ of God's power in creation 創造における神の力の顕示 / Her smile was a ~ of happiness. 彼女のほほえみは幸せの表示だった. **2** (政府・政党が行なう)政見発表; (政治的)示威行動. **3** 〖心霊〗 = materialization 2.

man·i·fes·ta·tive [mæ̀nəféstəṭɪv | -nɪféstət-] 〖□ ML *manifestātīv-us*: ⇨ manifest, -ative〗 *adj.* 明示[表明]する. **~·ly** *adv.* **~·ness** *n.*

mánifest cóntent *n.* 〖精神分析〗 (夢の)顕在内容《夢に見られる内容で, 無意識の願望が仮装して現われて来るもの; cf. latent content》.

Mánifest Déstiny *n.* **1** 〖米史〗 運命顕示(説)《米国が北米全体にわたって政治的・社会的・経済的支配を行なうのは明白な運命だという帝国主義的思想; 19 世紀の中頃から後半にかけて受け入れられた》. **2** [m- d-] 領土拡張政策.

man·i·fes·to [mæ̀nəféstoʊ | -nɪféstəʊ] 〖《1674》□ It. ~ ← *manifestare* □ L *manifēstāre*: ⇨ manifest〗 — *n.* (*pl.* ~**s**, ~**es**) (君主・政府・政党・団体などの発する)宣言, 声明; 宣言[声明]書, 布告文: issue a ~ 声明を発表する. — *vi.* 宣言[声明]を発表する.

man·i·fold [mǽnəfòʊld | -nɪfəʊld] 〖OE *manigfeald*: ⇨ many, -fold〗 — *adj.* **1 a** 種々の, 多種の, 雑多[いろいろ]な, 多方面の: ~ vexations 種々の心痛 / ~ functions 各種の機能 / ~ wisdom 多方面に働く知恵 / The errors are ~. 誤りは多様[複雑]である / He is a ~ traitor. 彼はいろんな意味で反逆者だ. **b** 多数の, 多くの: our ~ blessings. **2 a** 多くの部分から成る, 複合の. **b** 〈器具・機械など〉同時に多種の仕事をする. **3** (カーボンをはさんで)複写用紙を重ねた (cf. *n.* 2). — *adv.* 数倍も; いろいろと; 大いに. — *n.* **1** 多様であること[なもの], 多様性: the ~ of life 人生の多様[複雑]性. **2** (カーボン紙・複写機で取った)写し, コピー. **3** (通例 *pl.*) 《英方言》 重弁胃《反芻(すう)動物の第三胃》. **4** 〖哲学〗 (カント哲学における経験的所与の)多様性. **5** 〖数学〗 多様体《曲線や曲面の多次元への拡張; 局所ユークリッド的な空間; cf. locally Euclidean space》. **6** 〖機械〗 マニホールド, 多岐管《気化器とエンジンなどの間にあるような管取付けで, 数個の吸込み口または吐出し口と一つの口とをつなぐ》.

manifold 6

— *vt.* **1** 〈手紙・書類などを〉複写機[複写紙]で多数の写しに取る, 数通に作る: ~ a letter, document, etc. **2** 〈液体を〉分岐管で集配する. **3** 《まれ》 多種にする, 倍加する. — *vi.* 幾通りにも写しを取る. **~·ly** *adv.* **~·ness** *n.*

mánifold áir prèssure *n.* 〖機械〗 吸気圧力《manifold pressure ともいう》.

mán·i·fòld·er *n.* (書類の)複写機, 謄写器.

mánifold pàper *n.* 複写用紙.

mánifold wrìter *n.* = manifolder.

man·i·hot [mǽnəhɑ̀t | -nɪhɔ̀t] 〖← NL ~ ← F ~ 'cassava' ← S-Am.-Ind. (Tupi): ⇨ manioc〗 — *n.* 〖植物〗 熱帯アメリカ(主にブラジル)産トウダイグサ科イモノキ属 (*Manihot*) の低木または高木の総称 (⇨ cassava).

man·i·kin [mǽnɪkɪn, -nə-, -kən | -nɪkɪn] 〖《1599–1600》□ Du. *manneken, mannekijn* < MDu. *mannekijn* (dim.) ← *man* 'MAN¹': cf. mannequin〗 — *n.* **1** こびと, 一寸法師. **2 a** 人体解剖模型. **b** (美術家や衣装店が使う)人体模型, 人形. **3** = mannequin. — *attrib. adj.* 小さい, 小型の.

Ma·nil·a [mənílə] *n.* **1** マニラ《フィリピン Luzon 島西部にある港市, 実質的にはフィリピン共和国の首都; cf. Quezon City; 人口 1,439,000》. **2** = Manila copal. **3** = Manila rope. **4** = Manila paper. **5** = Manila cigar. **6** = Manila hemp. — *attrib. adj.* マニラの, マニラからの; マニラ紙の, マニラ麻の[で出来た].

Manila Báy *n.* マニラ湾《フィリピン Luzon 島西部の大湾》.

Manila cigár *n.* マニラたばこ《両切り葉巻たばこ》.

Manila cópal *n.* 〖化学〗 マニラコーパル《フィリピン・インドネシアに産するインドダマル (*Agathis alba*) などから採る樹脂で, ワニスの原料》.

Manila fíber *n.* = Manila hemp.

Manila gràss *n.* 〖植物〗 ハリシバ (*Zoysia matrella*) 《日本・台湾産の庭園・ゴルフ場などに使われる芝草》.

Manila hémp *n.* マニラ麻《マニライトバショウ (abaca) の葉から採る丈夫な繊維; なわなどの材料にする; Manila fiber, abaca ともいう》.

Manila páper *n.* マニラ紙: **a** マニラ麻を原料にした薄い紙《複写紙・謄写版原紙などに使う》. **b** マニラ色の強力紙.

Manila rópe *n.* マニラロープ《マニラ麻で作った強い綱; 耐水性が強いので船具用に多く使う》.

Manila támarind *n.* 食用になるキンキジュ (camachile) の実.

ma·nil·la [mənílə] 〖《1556》□ Port. *manihla* // Sp. *manilla* < ? L *monilia* (pl.) ← *monīle* collar, necklace: ⇨ moniliform〗 — *n.* (アフリカ西部原住民の)金属製の指輪[腕輪, 脚輪]《貨幣として用いていた》.

Ma·nil·la [mənílə] *n., adj.* = Manila.

ma·nille [mənɪ́l] 〖《1674》□ F ~ 《変形》 ← Sp. *malilla* (dim.) ← *mala* (fem.) ← *malo* bad □ L *malus* bad (cf. small): cf. mal-¹〗 — *n.* 〖トランプ〗 マニラ《ある種のカードゲームで 2 番目に強い切り札; ombre では切札の 7 または 2, quadrille では切札の 9》.

man·i·oc [mǽniɑ̀k, méɪn- | mǽnɪɔ̀k] 〖《1660》 *madioc* □ F *manioc, manihot* □ S-Am.-Ind. (Tupi) *manioch, manioca* cassava □ Guarani *mandióg*〗 — *n.* 〖植物〗 = cassava 1 《mandioc, mandioca ともいう》.

man·i·o·ca [mæ̀nióʊkə | -nɪə́ʊ-] *n.* 〖植物〗 = manioc.

man·i·ple [mǽnəpl̩ | -nɪ-] 〖《1346》□ OF ~ (F *manipule*) // L *manipul-us* handful, division of Roman army, 《原義》 that which fills the hand ← *manus* hand + *plēre* to fill or *plēnus* full: ⇨ manual, full¹, plenum〗 — *n.* **1** (古代ローマの)歩兵中隊《60 人または 120 人から成る》. **2** 《古》 手一杯(の量). **3** 〖カトリック・英国国教会〗 マニプル, 腕帛(わんぱく)《ミサ聖祭のとき司祭の左腕に垂らす布; ⇨ vestment 挿絵》. 「table.

ma·nip·u·la·ble [mənípjʊləbl̩] *adj.* = manipula-

ma·nip·u·lar [mənípjʊlə, mæ- | -lə(r)] 〖□ L *manipulār-is*: ⇨ ↑, -ar¹·²〗 — *adj.* **1** (古代ローマの)歩兵中隊の. **2** = manipulative. — *n.* (古代ローマの)歩兵中隊の一員.

ma·nip·u·lat·a·ble [mənípjʊlèɪṭəbl̩ | -tə-] *adj.* **1** 扱うことのできる, 操作[操縦]できる. **2** 〖数学〗 操作可能な: ~ variables 操作可能な変数.

ma·nip·u·late [mənípjʊlèɪt] 〖《1827》《逆成》 ← MANIPULATION: cf. maniple〗 — *vt.* **1** (手際よく)使う, 扱う, 動かす: ~ scientific apparatus. **2 a** 〈問題・事件などを〉巧みに扱う[処理する, 計らう]. **b** 〈世論などを〉操作する, 操る: ~ public opinion [the press] 世論[新聞]を操作する / ~ a convention 会議を操る / ~ voters 有権者を操る[買収する]. **3** 〈計算・帳簿などを〉ごまかす, 手加減する: ~ accounts [figures, books] 帳尻をごまかす. **4** (証券や商品の)相場を操作[操縦]する: ~ prices / ~ the market 市場を操作する. **5** 〖外科〗 (骨折などの有無を調べるために)〈体の部位を〉触診する. **6** 〈性器を〉刺激する.

ma·nip·u·la·tion [mənɪ̀pjʊléɪʃən] 〖《1796》□ F ~ ← *manipule* apothecary's handful □ L *manipulus* handful: ⇨ maniple, -ation〗 — *n.* **1** (仕事・製作な

どに)手を使うこと, 手の使い方, 手さばき; (特に器具の)取扱い(法). **2** 巧みな扱い, 巧妙な操作. **3** (帳簿・数字などの)ごまかし, 改竄(ざん). **4** (証券や商品の)相場の操作[操縦]: adroit ～ of stocks 株価の巧みな操作. **5**〘医学〙操作, 手技; 処置.

ma·nip·u·la·tive [mənípjulèɪtɪv, -lət- | -lət-] *adj.* 手先の; 巧みに扱う; ごまかしの. **～·ly** *adv.* **～·ness** *n.*

ma·níp·u·là·tor [-ṭə | -tə(r] 〘⇨ manipulate, -or¹〙 ― *n.* **1** 手で扱う人, 手で作る人; (器具などの)取扱い人. **2** 操作者, あやつり人: a Wall Street ～ 米国証券市場の操作者. **3** (帳簿・数字などの)ごまかし手, 改竄(ざん)者. **4** (人の手の代りに物をつかんだり, 動かしたりする)操縦機[桿], マジックハンド, マニピュレーター. **5**〘写真〙板架, 保板器.

ma·nip·u·la·to·ry [mənípjulətɔ̀ːri, -tòːri | -tərɪ] *adj.* ＝manipulative.

Ma·ni·pur [mæ̀nəpúə, mʌ̀n-, ⁻⁻⁻ | mæ̀nɪpúə(r, mʌ̀n-, ⁻⁻⁻] *n.* マニプル《インド北東部, ビルマに接する政府の直轄地; 人口 1,070,000, 面積 22,346 km², 首都 Imphal》.

Ma·ni·sa [mɑ̀ːnəsáː | -nɪ-] *n.* マニサ《トルコ西部, エーゲ海に近い都市; ローマ軍が Antiochus 大王を破った地 (190 B.C.); 人口 298,000》.

ma·nism [mɑ́ːnɪzm, méɪ-] 〘← MAN(ES)＋-ISM〙 *n.* (祖先の)霊魂崇拝, 祖霊[祖先]崇拝. **ma·nis·tic** [mɑːnístɪk, meɪ-] *adj.*

man·it [mǽnɪt, -nət | -nɪt]〘短縮〙 *n.* ＝man-minute.

man·i·to [mǽnətòu | -nɪtəu] *n.* (*pl.* ～**s**) ＝manitou.

Man·i·to·ba [mæ̀nətóubə | -nɪtə́u-] 〘⊏ N-Am.-Ind. (Ojibway) *manito bau* spirit strait: ⇨ manitou〙 ― *n.* カナダ中部の州; 森林が 40% を占める; 人口 989,000, 面積 650,090 km², 首都 Winnipeg.

Manitoba, Lake *n.* マニトバ湖《カナダ Manitoba 州南部の湖; 面積 4,706 km², 長さ 201 km》.

Man·i·to·ban [mæ̀nətóubən | -nɪtə́u-] 〘⇨ ↑, -an¹〙 *adj., n.* マニトバ州の(人).

man·i·tou [mǽnətùː | -nɪ-] 〘⊏ F ～ ⊏ N-Am.-Ind. (Algonquian) *manitto* spirit, god〙 ― *n.* **1** (アメリカインディアン Algonquian 族の)霊, 魔 (cf. orenda). **2** 超自然力.

Man·i·tou·lin [mæ̀nətúːlɪn, -lən | -nɪtúːlɪn] *n.* Huron 湖の北部にあるカナダ領の島; 長さ 129 km.

Man·i·to·woc [mǽnəṭəwɑ̀k | -nɪtəwɔ̀k] 〘⊏ N-Am.-Ind. ～ ← *manito* spirit＋? *woc* spawn: ⇨ manitou〙 *n.* 米国 Wisconsin 州東部 Michigan 湖岸の港市; 人口 34,000.

man·i·tu [mǽnətùː | -nɪ-] *n.* ＝manitou.

Ma·ni·za·les [mæ̀nəzɑ́ːləs, -zǽl- | -nɪzɑ́ːlɪs; *Am. Sp.* mànisáles] *n.* マニサレス《南米コロンビア西部の都市; 人口 206,000》.

mán jàck *n.* 個人, 一人, 男 (cf. *every man* JACK).

man·kind 〘《*a*1325》← MAN¹＋KIND¹ ∽ OE *mancynn*: ⇨ kin〙 ― *n.* [単数または複数扱い] **1** [⁻⁻, ⁻⁻ | ⁻⁻] 人類; [集合的] 人間: *Mankind* owes benefits to scientists. 人類は科学者に恩恵をこうむっている / Are ～ to be saved? 人間は救われるか. **2** [⁻⁻] 男性; [集合的] 男, 男子 (men): ～ and womankind at large 一般男女.

mán·less 〘OE *monleas*: ⇨ man¹, -less〙 *adj.* 人のいない; 男のいない. 「*n.* 男性名.

Man·ley [mǽnli | -lɪ] 〘OE *mannleah* man's meadow〙

mán·like 〘《古形》*manlyke*: ⇨ man¹, -like〙 ― *adj.* **1** 人のような, 人に似た: a ～ ape. **2** 〈女が〉男のような: the ～ Amazons. **3** 男らしい, 男性的な (manly); 男にふさわしい, 男に適した: a ～ reticence 男らしい無口 / ～ sports 男向きのスポーツ. ― *adv.* 男らしく, 雄々しく. **～·ly** *adv.* **～·ness** *n.*

mán·li·ly [-lɪli, -lə- | -lɪ] 〘《1375》〙 *adv.* 男らしく, 勇ましく.

mán lòck *n.*〘機械〙中間圧力室《ケーソン工事の際に高圧の作業室と大気との中間の圧力の室に作業者を一定時間収容して慣れさせるための室》.

mán·ly 〘ME *monlich*: ⇨ man¹, -ly²〙 ― *adj.* (**man·li·er; -li·est**) **1** 男らしい, 雄々しい, 勇ましい, 男性的な, 毅然とした: a ～ person, act, etc. **2** 男に適する, 男にふさわしい, 男の: ～ virtues and a feminine tenderness 男性的美点と女性的優しさ. **3** 〈女が〉男のような, 男まさりの. ― *adv.*《古》＝manlily. **mán·li·ness** *n.*

mán-máde 〘← MAN¹＋MADE〙 ― *adj.* **1** 人の造った: a ～ lake 人造湖 / a ～ moon 人工衛星 / natural and ～ disasters 天災と人災. **2** 〈繊維が〉人造の: ～ fibers 人造繊維, 化学繊維.

mán mídwife *n.* (*pl.* **mén mídwives**)《古》助産夫.

mán-mílliner *n.* (*pl.* ～**s**, **mén-mílliners**) **1** 男子の婦人装身具製造販売人. **2** つまらない仕事にあくせくする男.

mán-mìnute *n.*〘労働〙マンミニット, 人分(ぷん)《人間一人が 1 分間にする仕事量; cf. man-day》.

Mann [mɑ́(ː)n, mɑ́n | mǽn; *G.* mán], **Heinrich** *n.* マン《1871–1950; 米国に在住したドイツの作家, Thomas Mann の兄》.

Mann [mǽ(ː)n], **Horace** *n.* (1796–1859) 米国の教育改革者, 弁護士; 無償義務の公教育の成立に寄与した.

Mann [mɑ́ːn, mɑ́(ː)n | mǽn; *G.* mán], **Thomas** *n.* マン《1875–1955; ドイツの小説家; Nobel 文学賞 (1929); *Die Buddenbrooks*「ブッデンブローク家の人びと」(1901), *Der Zauberberg*「魔の山」(1924)》.

mann- [mæn] (母音の前に来る時の) manno- の異形.

man·na [mǽnə] 〘OE ～ ⊏ LL ～ ⊏ Gk *mánna* ⊏ Aram. *mannā* ⊏ Heb. *mān* (? 古代シナイの荒野で一般に用いられた *Tamarix* 属の木の樹液の呼称): 通俗語源では Aram. *mān hū* what is it? に由来するものといわれる〙 ― *n.* **1**〘聖書〙マナ《昔, イスラエル人がエジプト脱出に際して荒野で神から恵まれた食物; cf. *Exod.* 16: 14–36》. **2 a** 神与の食物, 心霊のかて. **b** 思いがけない恩恵[言葉, 利得, 拾得物など], 天の恵み. **3** マンナ《南欧産の manna ash その他の木から採れる甘い粘液で緩下剤に使う》; それに似た樹液: ～ in sorts [tears] 下[上]等のマンナ. **4**〘植物〙**a** ＝manna ash. **b** ＝manna grass. **c** ＝manna lichen.

mánna àsh *n.*〘植物〙マンナトネリコ (*Fraxinus ornus*)《南欧・小アジア産ヒイラギ科トネリコ属の木; 甘い液を分泌する》.

mánna-cróup [-krúːp] 〘← MANNA＋Russ. *krupa* groats〙 *n.* (ロシヤ産小麦などの)粗粉《プディング用》.

Mánn Àct [mǽ(ː)n-] 〘← *James Robert Mann* (1856–1922: 米国の下院議員)〙 ― *n.* [the ～]〘法律〙マン法《1910 年に制定された米国の売春婦州間および国際移送禁止法; White-Slave Act ともいう》.

mánna gràss *n.*〘植物〙ドジョウツナギ《北米産の湿地に生えるイネ科ドジョウツナギ属 (*Glyceria*) の多年草の総称》.

mánna lìchen *n.*〘植物〙**1** マナゴケ《旧世界の *Lecanora* 属の食用ゴケ; (特に) *L. esculenta* など》. **2** イワタケ (*Umbilicaria esculenta*)《日本産の食用地衣》.

man·nan [mǽnæn, -nən] 〘← MANNO-＋-AN²〙 *n.*〘生化学〙マンナン《マンノース (mannose) を主成分とする多糖類の総称》.

manned *adj.* 人間を乗せた, 有人の: a ～ aircraft 有人機 (↔ unmanned aircraft) / a ～ satellite 有人人工衛星.

man·ne·quin [mǽnɪkɪn, -nə-, -kən | -kɪn] 〘《1570》⊏ F ～ ⊏ Du. *manneken, mannekijn*: MANIKIN のフランス語形〙 ― *n.* **1** (美術家・仕立屋などの用いる)モデル人形. **2** (婦人服などの陳列に使う飾窓用の)マネキン人形. **3** (婦人服屋に雇われて客に衣装を着て見せる)マネキン.

man·ner¹ [mǽnə | -nə(r] 〘《*c*1275》 *manere* ⊏ AN ∥ (O)F *manière* < VL **manuāriam* (fem.) ← *manuārius* of or for the hand ← *manus* hand: ⇨ manual〙 ― *n.* **1** 方法, 仕方, やり方: adverbs of ～〘文法〙様態の副詞 (carefully, fast, so, how など) / one's ～ of walking 歩き方 / in this ～ こういう風に, このように / in like ～ 同様に(また) / in what ～ どうして, どういう風に / houses built in the Japanese ～ 日本風の家屋 / after the ～ of ... をまねて, ...にならって / after this ～ こういう風に. **2 a** (人の)態度, 様子, 挙動; (人に対する)身構え, 身振り: a gracious ～ いんぎんな[優雅な]物腰 / ⇨ grand manner / He has an awkward ～. 態度がぎごちない. **b** きわ立った[独得の]態度, 特徴: He had quite a ～. 彼には一風独特なところがある. **3 a** [*pl.*] 行儀, 作法; (特に)よい作法: good ～*s* よい身だしなみ, (よい)作法 / bad ～*s* 無作法 / have no ～*s* 行儀作法を知らない / I must teach him ～*s*. あの男の行儀を直させなければならない / Where are your ～*s*? [子供に向かって] お行儀どうしたの; お行儀が悪いですよ (cf. Where is your cap? ⇨ cap¹ 1) / *Manners* and money make a gentleman.《諺》作法とお金で紳士ができる / *Manners* make (the) man.《諺》礼節は人を作る. **b** 礼儀, 身だしなみ: He has a great deal of ～. なかなか礼儀をわきまえている / She has fair ～*s*, but no ～. (見かけの)作法は良いが(真の)礼儀には欠けている. ★ 後の文例での manners は 3 a の意味. **c** [*pl.*]《古》儀礼, 挨拶. ★ 通例次の句に用いる: make one's ～*s* おじぎをする, 挨拶する, 脱帽する. **4** [*pl.*] (社会・階級・時代などの)風習, 慣習, 習わし, 生活様式: the ～*s* of our ancestors 我々の祖先の風習 / ⇨ COMEDY of manners. **5 a** (文学・美術などの)流儀, 風体 (style): verses in the ～ of Herrick ヘリック風の詩 / This picture is in the ～ of Raphael. この絵はラファエロ風だ. **b** 気取った文体; (文章上の)癖, 筆(ひつ)癖 (mannerism). **6** 種類 (kind, sort). ★ 今は通例 all manner of の句に単複同形で用いる: *all* ～ *of* people [things] あらゆる種類の人々[もの] / What ～ *of* man is he?《古》いったいどんな人ですか / He has no ～ *of* right.《古》彼には権利など少しもない / The story is beyond any ～ *of* doubt. その話は何ら疑いを入れる余地がない. **7** [通例 the ～ of として]《廃》性質, 性格, 型 (nature, character).

by all* [*any, no*] *manner of means ⇨ mean¹ 成句.
in a manner ある意味では; まずどうやら, 幾分か (somewhat): It is *in a* ～ worthy of the highest praise. それはある意味で最高の賛辞に値する / The solution is *in a* ～ satisfactory. その解決法はまず満足と言ってよい. ***in a manner of speaking*** 言わば, まあ (so to speak). ***to the manner born*** (1) 生れながらその慣例に従うように定められた (cf. Shak., *Hamlet* 1. 4. 15). (2)《口語》生来慣れている, 生れた時からやっている, 生え抜きの: He is a scientist *to the* ～ *born.* 彼は科学者に生れついている, 生れながらの科学者だ.

man·ner² [mǽnə | -nə(r] *n.*〘古英法〙＝mainour.

mán·nered 〘《*c*1378》: ⇨ manner¹, -ed 2〙 ― *adj.* **1** [複合語の第 2 構成素として] 行儀が...な: ill-[well-, rough-]*mannered* 行儀が悪い[よい, 粗野な]. **2** 〈文体など〉気取った, 癖のある, いや味のある. **3**《古》風俗を描いた: a ～ picture.

Man·ner·heim [mɑ́ːnəhèɪm, mǽn-, -hàɪm | -nə-; *Finn.* mánərhɛim], Baron **Carl Gustaf Emil von** *n.* マネルヘイム《1867–1951; フィンランドの軍人・政治家; 元帥, 大統領 (1944–46)》.

man·ner·ism [mǽnərìzṃ] 〘《1803》← MANNER¹＋-ISM: cf. F *maniérisme*〙 ― *n.* **1** (文学・芸術上の表現手段などの)型にはまっていること, 過度な技巧性, マンネリズム. **2** (言行・身振りなどの)独得の[きざな]癖. **3** [通例 M-] マニエリスム: **a**〘美術〙西欧美術史上ルネッサンス様式からバロック様式に至る過渡期にみられた一手法; さまざまな対象を強烈な色彩や風変りなフォルムで表わす; しばしば人体を引き伸ばして表現するのが特色. **b**〘文学〙古典的整斉に対立するもので, 異端・奇矯・幻想などを強調する.

mán·ner·ist [-nərɪst, -rəst | -rɪst] 〘《1695》← MANNER¹＋-IST〙 ― *n.* **1** 独得の[きざな]癖のある人. **2** マンネリズム的作家, 独特の作風の作家[芸術家]. **3** [通例 M-]〘美術〙マニエリスムの作家《16 世紀後半のイタリアで特定の型にはまった作風で制作した一派の画家; cf. mannerism 3》.

man·ner·is·tic [mæ̀nərístɪk] *adj.* 固定した癖のある.

mánner·less *adj.* 無作法な.

mán·ner·ly 〘《adj.: ?*c*1390; adv.: 1375》: ⇨ manner¹, -ly¹·²〙 *adj.* 行儀のよい, 礼儀正しい. ― *adv.* 行儀よく, 礼儀正しく. **mán·ner·li·ness** *n.*

Mann·heim [mǽnhaɪm, mɑ́ːn- | mǽn-; *G.* mánhaɪm] *n.* マンハイム《西ドイツ南西部 Baden-Württemberg 州の Rhine 河畔の商工業都市; 人口 310,000》.

Mannheim, Karl *n.* マンハイム《1893–1947; ハンガリー生れで, ドイツ, イギリスで活躍した知識社会学者 *Ideologie und Utopie*「イデオロギーとユートピア」(1929)》.

Mánnheim schòol *n.* マンハイム楽派《前古典派 (preclassics) のうちで 18 世紀中期 Mannheim を中心に活躍した音楽家のグループ》.

Man·nie [mǽni | -nɪ] 〘⇨ Manny〙 *n.* 男性名.

man·ni·kin [mǽnɪkɪn, -nə-, -kən | -nɪkɪn] 〘⇨ manikin〙 ― *n.* **1** ＝manikin. **2** キンパラ《アジア・アフリカ・オーストラリアなどにすむキンパラ属 (*Lonchura*) の小鳥の総称; キンパラ (*L. atricapilla*), ヘキチョウ (*L. maja*) など》.

Man·ning [mǽnɪŋ], **Henry Edward** *n.* (1808–92) 英国の神学者, Westminster の大司教, 枢機卿.

mán·nish [-nɪʃ] 〘《13C》← MAN¹＋-ISH¹ ∽ OE *mennisc* ← Gmc **mannisko-* ← **mann-* 'MAN¹'〙 ― *adj.* **1** [通例軽蔑的に] 〈女が〉男のような, 男みたいな (masculine): a deep ～ voice / a ～ stride 男みたいな大また歩き. **2 a** 男性的な, 男くさい, 男っぽい. **b** 〈服装・帽子など〉男性風の. **3** 〈子供が〉大人ぶる, 大人じみた. **～·ly** *adv.* **～·ness** *n.*

man·nite [mǽnaɪt] 〘⊏ F ～: ⇨ manna, -ite¹〙 *n.*〘化学〙＝mannitol. **man·nit·ic** [mænítɪk | -tɪk] *adj.*

man·ni·tol [mǽnətɔ̀(ː)l, -tòul | -nɪtɔ̀l] 〘⇨ ↑, -ol¹〙 *n.*〘化学〙マンニット, マニトール ($HOCH_2(CHOH)_4CH_2OH$)《広く自然界に存在する糖アルコール》.

mánnitol hexanítrate *n.*〘化学〙ニトロマンニット, 六硝酸マンニット ($C_6H_8N_6O_{18}$)《水に不溶な爆薬; 化学的安定性が悪く保存性に乏しい》.

man·no- [mǽno(u) | -nə(u)] 〘← MANNA〙〘化学〙「マンノース (mannose)」の意の連結形. ★ 母音の前では通例 mann- になる.

man·nose [mǽnous, -nouz | -nəus] 〘← MANNO-＋-OSE²〙 *n.*〘生化学〙マンノース ($C_6H_{12}O_6$)《六炭糖の一つ, グルコースのエピマー (epimer) に相当する》.

Man·ny [mǽni | -nɪ] 〘《異形》← EMANUEL〙 *n.* 男性名《異形 Mannie》.

ma·no [mɑ́ːnou | -nəu; *Sp.* máno] 〘Sp. ～《原義》hand ⊏ L *manus*〙 *n* (*pl.* ～**s** [～z; *Sp.* ～s]) (手挽き臼の)上臼(うす) (cf. metate).

man·o- [mǽno(u) | -nə(u)] 〘⊏ F ～ ⊏ Gk ～ ← *manós* thin, rare〙「気体 (gas); 蒸気 (vapor)」の意の連結形: *monometer.*

manoeuvre 〘《1479》〙 *n., v.* ＝maneuver.

màn-of-áll-wòrk *n.* (*pl.* **men-**) (雇われて家庭内の仕事を何でもする)雑務係.

mán-of-the-éarth *n.* (*pl.* **men-, mén-of-the-éarths**)〘植物〙北米東部産のサツマイモ属の一種 (*Ipomoea pandurata*)《アサガオの仲間で地下に大きな塊根がある; wild (sweet) potato, manroot ともいう》.

mán-of-wár 〘cf. -man 3〙 *n.* (*pl.* **men-**) **1** 軍艦. ★ 今は普通 warship という. **2** ＝man-o'-war bird.

mán-of-wár fish *n.*〘魚類〙エボシダイ (*Nomeus albula*)《エボシダイ科の小型の魚; 通例カツオノエボシ(俗に, 電気くらげ) (Portuguese man-of-war) の触手にひそむ》.

ma·nom·e·ter [mənɑ́məṭə | -nɔ́mɪtə(r, -mə-] 〘《1706》⊏ F *manomètre*《原義》instrument for measuring that which is thin ← MANO-＋F *-mètre* '-METER': cf. mono-: Varignon (1654–1722: フランスの数学者)による造語〙 ― *n.* **1**〘機械〙マノメーター, 液圧計《気体の圧力を測る計器》. **2**〘医学〙血圧計 (sphygmomanometer). **man·o·met·ric** [mæ̀nəmétrɪk | -nə(u)-] *adj.* **màn·o·mét·ri·cal** *adj.* **màn·o·mét·ri·cal·ly** *adv.*

manométric fláme *n.*〘音響〙躍り炎《音波によっ

て躍動するように装置されたガスの炎で，音の分析に用いられた》.

ma non trop·po [mɑ́ːnɑ̀ntrɑ́pou, -nòun-, -trɔ́(ː)p-, -tróup- | -nɔ̀ntrɔ́pəu; *It.* mánontrɔ̀ppo] 〖◻It. ～ 'but not too much'〗 ― *It. adv.* 〖音楽〗しかし過度にならないように.

man·or [mǽnə | -nə(r)] 〖(c1290) maner(e) ◻ AN *maner* ∥ OF *manoir* dwelling, habitation ← *manier* to dwell < L *manēre* to remain ← IE **men-* to remain: ⇨ mansion〗 ― *n.* **1** 《英》 **a** (封建時代に貴族の裁判管轄下にあった農地の単位としての)領地, 荘園: the lord of the ～ 荘園領主. **b** 《廃》(貴族の地所つきの)大邸宅, 館(やかた). **2** 〖米史〗永代借地. **3** 《英俗》警察の管轄区.

to the manor born 〖《もじり》← *to the manner born* (⇨ manner[1] 成句)〗高貴の生れで《Shak., *Hamlet* 1. 4. 15 の to the manner born をもじったもの》.

mánor hòuse *n.* 荘園領主の邸宅.

ma·no·ri·al [mənɔ́ːriəl, -nóːr- | mənɔ́ːriəl, mæ-] 〖(1785) ← MANOR＋-IAL〗 *adj.* 領地の, 荘園の: the ～ system 荘園制.

manórial cóurt *n.* 〖古英法〗荘園(領主)裁判所 (court baron).

ma·nó·ri·al·ìsm [-lìzm] *n.* 〖歴史〗(中世の)荘園制.

ma·nó·ri·al·ize [mənɔ́ːriəlàiz, -nóːr- | mənɔ́ːriəl-, mæ-] *vt.* 荘園制のもとにおく.

mánor-sèat *n.* ＝manor house.

man·o·stat [mǽnəstæ̀t | -nə(u)-] *n.* 〖物理〗(圧力差を利用した)ガス定流量装置. **man·o·stat·ic** [mæ̀nəstǽtɪk | -tɪk] *adj.*

mán-o'-wár bìrd [hàwk] [-nə-] *n.* 〖鳥類〗グンカンドリ (⇨ frigate bird).

mán·pàck *adj.* 単独で持ち運びできる, 携帯用の: a 「～ radio.

mán·pòwer *n.* (一国の兵役または民間防衛のために動員し得る)人数, (有効[所要])総人員, 人員, 人的資源: ～ planning.

mán pòwer *n.* **1** (肉体労働による)人力. **2 a** (工率の単位として)人力《普通 $^1/_{10}$ 馬力; cf. horsepower》. **b** 人力による仕事量. **3** ＝manpower.

man·qué [mɑ̃ː(ŋ)kéɪ, mɔ̃ː(ŋ)-, mɑːŋ-, mɔ(ː)ŋ- | ⌐⌐; *F.* mɑ̃ke] 〖◻F ～ (p.p.) ← *manquer* ◻ It. *mancare* to lack ← *manco* lacking, left-handed ◻ L *mancus* maimed〗 ― *adj.* [名詞の後につけて] 惜しくも成りそこなった, できそこないの: a poem ～ できそこないの詩 / a revolutionist ～ できそこないの革命家.

mán-ràte 〖⇨ man[1], rate[1]〗 *vt.* 〈ロケット・宇宙船などを〉有人飛行しても安全であると認定する, 乗用認定する. **mán-ràted** *adj.*

mán·ròot *n.* 〖植物〗＝man-of-the-earth.

mán·ròpe 〖← MAN[1]＋ROPE〗 *n.* 〖海事〗マンロープ, 手すり索《舷梯(げんてい)などの側に張った索》.

man·sard [mǽnsɑəd | -sɑːd] 〖(1734) ◻F *mansarde* ← *François Mansard* (1598-1666: フランスの建築家)〗 ― *n.* **1** 〖建築〗＝mansard roof. **2** (mansard roof の真下の)屋根裏部屋. **～·ed** *adj.*

mánsard ròof *n.* 〖建築〗マンサード屋根, マンサール屋根, (四方)腰折れ屋根.

manse [mǽns] 〖(1490) ◻ ML *mansa* house (fem.) ← L *mansus* (p.p.) ← *manēre* to remain: cf. manor, remain〗 ― *n.* **1** 牧師館 (parsonage); (特に, スコットランド長老派教会の)牧師の住宅. **2** 《古》地主の屋敷《土地と邸宅》.

mán·sèrvant *n.* (*pl.* **mén·sèrvants**) 下男, 従僕 (cf. maidservant).

Mans·field [mǽnsfiːld, mǽnz- | mǽns-] *n.* **1** 〖late OE *Mamesfeld* 《原義》'field by the hill *Mam* (◻ Celt 《原義》mother, breast)'〗イングランド Nottinghamshire 州の工業都市; 人口 97,000. **2** 〖← *Col. Jared Mansfield* (1759-1830: 米国の測量技師)〗米国 Ohio 州中北部の都市; 人口 57,000.

Mans·field [mǽnsfiːld, mǽnz- | mǽns-], **Katherine** *n.* (1888-1923) ニュージーランド生れの英国の女流短編作家; *The Garden Party* (1922); 旧名 Kathleen Beauchamp, John Middleton Murry の夫人.

mán·shìft *n.* **1** (集団的な)勤務交代. **2** 一人 1 交代の仕事量《労働量の単位》.

Man·ship [mǽnʃɪp], **Paul** *n.* (1855-1966) 米国の彫刻家; New York 市, Rockefeller Center 前の金色の *Prometheus* 像の作者.

-man·ship [mənʃɪp] 〖← (SPORTS)MANSHIP: cf. OE *manscipe* humanity, courtesy〗「…の才[術]」の意の名詞連結形: games*manship*, one-up*manship*, etc.

man·sion [mǽnʃən] 〖(c1340) *mansioun* ◻ (O)F *mansion* < L *mansiō(n-)* sojourn, halting place ← *mansus* (p.p.) ← *manēre* to stay, remain: ⇨ manor, -sion〗 ― *n.* **1 a** (豪壮な)大邸宅. **b** 《古》＝manor house. **2** [*pl.*] 《英》アパート (《米》apartment house). ★ しばしば …Mansions としてアパートの名に用いる. **3** 《古》住処(すみか) (cf. *John* 14: 2). **4** 〖占星〗(東洋の近代以前の天文学での 28 宿の)宿(しゅく) (cf. house 14).

mánsion hòuse *n.* **1** ＝manor house. **2** [the M-H-] London 市長公邸.

mán-sìze *adj.* 《口語》 **1** (大きさが)大人用の. **2** 大型の, 大きい: a ～ meal (分量の多い)大盛り食事. **3** 〈仕事など〉一人前の, 男向きの; 骨の折れる, 大変な: a ～ job, task, etc.

mán-sìzed *adj.* ＝man-size.

mán·slàughter 〖(a1325)〗 ― *n.* **1** 殺人. **2** 〖法律〗故殺罪《殺意なくして不法に人を殺害すること, 不法の害を加える意思のある場合と過失致死の場合とがある; cf. murder, homicide, malice aforethought》.

mán·slàyer 〖ME *manslaer*〗 *n.* 殺人者, 人殺し, 殺し屋.

mán·slàying *n.* 人殺し(行為). ― *adj.* 人殺しの.

Man·son [mǽnsn̩], Sir **Patrick** *n.* (1844-1922) 英国の寄生虫病学者, 熱帯病学者; 蚊のマラリア媒介説の提唱者.

Mánson's disèase 〖↑〗 *n.* 〖病理〗マンソン病《住血吸虫病》.

mán·stèaling *n.* 人さらい, 誘拐.

mán·stòpper *n.* 《俗》〖軍事〗足どめ弾(だん)《突撃する兵士を立往生させるか打ち倒す威力のある銃弾》.

man·sue·tude [mǽnswɪt(j)ùːd, -swə-, mænsúːə- | mǽnswɪtjùːd] 〖(c1390) ◻ (O)F ～ ∥ L *mānsuētūdō* ← *mānsuētus* (p.p.) ← *mansuēscere* to tame ← *manus* hand＋*suēscere* to accustom: ⇨ manual, custom, -tude〗 ― *n.* 《古》柔和, 温順.

Mansur *n.* ⇨ al-Mansur.

man·ta [mǽntə, mɑ́ːn- | -tə; *Sp.* mánta] 〖◻ Sp. ～ < VL **mantam* blanket, cloak ◻ LL *mantum* cloak 《逆成》← *mantellum* cloak: cf. mantle〗 ― *n.* (*pl.* **～s** [～z; *Sp.* ～s]) **1** マンタ: **a** (主に米国南西部で衣服に用いる)粗綿布. **b** (その布地で作った)外衣. **c** (米国南西部・中南米などで用いられる)四角い布やショール. **2** (Rocky 山脈地帯で馬の荷に掛ける)粗い毛布, キャンバス地の布. **3** 〖◻ Am.-Sp. ～ ◻ Sp. ～ 'blanket': 大きな毛布状の仕掛けを用いてこの魚を捕るところから〗〖魚類〗イトマキエイ科マンタ属 (*Manta*) の魚類の総称; (特に)イトマキエイ (*M. birostris*) 《devilfish, manta ray ともいう》.

mán-táilored *adj.* 〖服飾〗〈婦人服が〉紳士服式に仕立てられた, テーラードの.

man·ta·pa [mʌ́ntəpə | -tə-] 〖◻ Hindi *mandapa* ← Skt *maṇḍapa*〗 *n.* (*also* **man·tap·pa** [～]) (バラモン教寺院の)玄関, 歩廊《chaori ともいう》.

mánta rày *n.* 〖魚類〗＝manta 3.

man·teau [mæntóu, ⌐⌐ | mæntə́u; *F.* mɑ̃to] 〖(1671) *manto, mantou* ◻ OF *mantel* (F *manteau*) < L *mantellum* cloak: ⇨ mantle〗 ― *n.* (*pl.* **～s, manteaux** [～z; *F.* ～]) (昔, 主に婦人が着用した)ゆるい外衣; 外套, マント.

Man·te·gna [mɑːntéɪnjə; *It.* mantéɲɲa], **Andrea** *n.* マンテーニャ《1431-1506; イタリア ルネッサンスのフレスコ画家・銅版画家》.

Man·te·i·dae [mæntíːədiː | -tíːɪ-] 〖← NL ← *Mante-, Mantis* (属名: ⇨ mantis)＋-IDAE〗 *n. pl.* 〖昆虫〗＝Mantidae.

man·tel [mǽntl̩ | -tl] 〖(1532) 《変形》← MANTLE〗 ― *n.* **1** マントル, 炉作り (mantelpiece) 《暖炉の上部および側面を囲む木材または大理石などの飾り構造で, 炉棚がついている; ⇨ fireplace 挿絵》. **2** 炉棚.

mántel-bòard *n.* 炉棚板《mantelshelf の上に載せる板で, 通例周囲に飾り布を垂れる》.

man·tel·et [mǽntlɪt, -lət, -tl̩-, mæ̀ntl̩ét | mǽnt(ə)lɪt, -lət, -tl̩-] 〖(c1385) ◻ OF ～ (dim.) ← *mantel* 'MANTLE': ⇨ -et〗 ― *n.* **1** 短いマント[ケープ]. **2** 〖軍事〗(もと包囲軍が用いた携帯用の)防弾用の盾, 防弾用遮蔽物, 弾(たま)除け.

man·tel·let·ta [mæ̀ntəlétə, -tl̩- | -təl-, -tl̩-] 〖(1853) ◻ It. ～ (dim.) ← *mantello* < L *mantellum* 'MANTLE, cloak'〗 ― *n.* 〖カトリック〗マンテレッタ《枢機卿・司教・大修道院長などの着る絹またはラシャ製の袖なしの短い上衣》.

man·tel·lo·ne [mæ̀ntəlóuni, -tl̩- | -tələ́uni, -tl̩-; *It.* mantelló:ne] 〖◻ It. ～ (aug.) ← *mantello* (↑)〗 ― *n.* 〖カトリック〗マンテローネ《教皇宮廷で聖職者がカソックの上に着る紫の長マント》.

mántel·pìece 〖(1686): ⇨ mantel, piece〗 *n.* **1** マントルピース (mantel). **2** 炉棚 (mantelshelf).

mántel·shèlf 〖⇨ mantel, shelf〗 *n.* (*pl.* **-shèlves**) 炉棚《暖炉の上部の棚; ⇨ fireplace 挿絵》.

mántel·trèe *n.* 炉楣(ろび)《暖炉のマントルピースを支える横木 (lintel)》.

Man·te·o·de·a [mæ̀ntióudiə | -tiə́udɪə] 〖← NL ～ ← *Mante-, Mantis* (属名: ⇨ mantis)＋*-odea* (cf. -ode[1])〗 *n. pl.* 〖昆虫〗＝Mantodea.

mantes *n.* mantis の複数形.

man·tic [mǽntɪk | -tɪk] 〖◻ Gk *mantikḗ* (fem.) ← *mantikós* ← *mántis* soothsayer: ⇨ mantis, -ic[1]〗 ― *adj.* 占いの; 予言的な, 予言力のある: ～ art 占い. ― *n.* ト占(ぼくせん)術. **mán·ti·cal·ly** *adv.*

man·ti·core [mǽntɪkɔə, -tə-, -kɔ̀ə | -tɪkɔ̀ː(r)] 〖(c1300) ◻ L *mantichora* ◻ Gk *mantikhṓras* 《誤読》← *martikhṓrās* ← ? OIr.: 《原義》man-eater〗 ― *n.* 〖ギリシャ伝説〗マンチコア《人面・獅身・竜尾(または, さそりの尾)の怪物》.

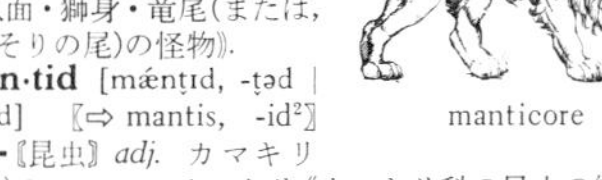
manticore

man·tid [mǽntɪd, -təd | -tɪd] 〖⇨ mantis, -id[2]〗 ― 〖昆虫〗 *adj.* カマキリ(科)の. ― *n.* カマキリ《カマキリ科の昆虫の総称》.

Man·ti·dae [mǽntədiː | -tɪ-] 〖← NL ～ ← *Mantis* (属名: ⇨ mantis)＋-IDAE〗 *n. pl.* 〖昆虫〗(網翅目カマキリ亜目) カマキリ科.

man·til·la [mæntíː(j)ə, -tílə | -tílə] 〖(1717) ◻ Sp. ～ (dim.) ← *manta* cloak: ⇨ manta〗 ― *n.* **1** マンティラ, マンティーヤ《スペイン・メキシコ・イタリアなどで婦人が頭にかぶって肩をおおう絹またはレースのベールまたはスカーフ》. **2** (婦人用)小型マント; 軽いケープ.

mantilla 1

man·tis [mǽntɪs, -təs | -tɪs] 〖(1658) ← NL ～ ← Gk *mántis* prophet, kind of insect ← IE **men-* to think: ⇨ -mancy〗 ― *n.* (*pl.* **～·es, mantes** [-tiːz]) 〖昆虫〗カマキリ《カマキリ科の肉食昆虫の総称; mantid, または praying mantis [mantid] ともいう》.

man·tis·pid [mæntíspɪd, -pəd | -pɪd] 〖← NL *Mantispid-ae* (↓)〗〖昆虫〗 ― *adj.* カマキリモドキ(科)の. ― *n.* カマキリモドキ《カマキリモドキ科の昆虫の総称》.

Man·tis·pi·dae [mæntíspədiː | -pɪ-] 〖← NL ～ ← *Mantispa* (属名: ← *Mantis* (⇨ mantis)＋*pagana* (← L (fem.) ← *paganus* of the country (⇨ pagan)): ⇨ -idae〗 ― *n. pl.* 〖昆虫〗(脈翅目) カマキリモドキ科.

mántis pràwn *n.* 〖動物〗シャコ (⇨ squilla).

man·tis·sa [mæntísə] 〖(c1865) ◻ L *mantisa*, ～ 'addition, makeweight' ← ? Etruscan〗 *n.* 〖数学〗仮数《常用対数の小数部分; cf. index 8 b》.

mántis shrìmp *n.* 〖動物〗シャコ (⇨ squilla).

man·tle [mǽntl̩ | -tl] 〖*n.*: (12C) ◻ OF *mantel* (F *manteau*) < L *mantellum, mantēlum* towel, napkin, cloak ← ? Celt. ∽ OE *mentel* ◻ L *mantellum*. ― v.: (c1400) ← (n.)〗 ― *n.* **1** (衣服の上に着る, 緩やかな)袖なし外套, マント. **2 a** 後継のしるし, 衣鉢(いはつ) (cf. *1 Kings* 19: 19; *2 Kings* 2: 13): wear the ～ of …の衣鉢を継ぐ / A large portion of Goethe's ～ fell on Heine. ゲーテの衣鉢の大部分はハイネに伝わった. **b** 卓越・権威などの象徴としてのマント, 権威のしるし. **3** 包み隠すもの, おおい, 幕: a ～ of darkness 夜のとばり / spring's ～ of green 春の緑の衣. **4 a** マントル《ガス灯などの炎をおおって白熱光を発させる網状の薄いフード》: ⇨ Welsbach mantle. **b** (溶鉱炉の炉床の外まわりの)囲い, 外壁. **c** (高熱の物を覆(おお)う)被覆物; カバー. **5** (水車の)樋(とい), 水路. **6** ＝mantel. **7** 〖生物〗 **a** (軟体動物などの)外套膜. **b** (ホヤ類の)外被, 外膜. **8** 〖解剖〗大脳皮質 (cerebral cortex). **9** 〖鳥類〗マント《色で区別されるカモメなどの》肩羽. **10** 〖地質〗マントル《地殻 (crust) と中心核 (core) との中間部; 地下約 35-2,900 km の部分》. **11** 〖紋章〗 **a** ＝mantling. **b** (ヨーロッパ大陸の大紋章 (achievement) の盾 (escutcheon) の背後にある)マント.

take the mantle and the ring 《廃》〈未亡人が〉一生再婚しないことを誓う.

― *vt.* **1** 外套[マント]で包む (cloak). **2** (マントで包むように)おおう, 包む; 隠す (conceal): peaks heavily ～*d* with snow 白雪に深く包まれた山. **3** 〈顔を〉赤くさせる, 〈人〉に赤い顔をさせる. ― *vi.* **1 a** (一面に)広がる: waterweeds *mantling* on a pool 水面一体に広がる水草. **b** 上皮を生じる, 泡立つ: a goblet *mantling* with foam 泡立っている杯 / The liquid ～*d* with scum. 液体に浮きかすができた. **2** 〈血が〉頬にみなぎる, 顔を赤らめる; 〈顔が〉赤くなる (flush): Blushes ～*d on* her cheeks.＝Her cheeks ～*d with* blushes. 頬がさっと赤らんだ. **3 a** 〖鷹狩〗〈鷹が〉片足を伸ばしてその上に片翼を広げ, 次いで他方の足を伸ばして他の翼を広げる. **b** 《廃》〈翼が〉広がる.

mántle cávity *n.* 〖動物〗外套腔《軟体動物の外套と内臓嚢との間の空所》.

mántle plùme *n.* 〖地質〗＝plume 9.

mántle·ròck *n.* 〖地質〗地表の被覆岩層; 表土 (regolith).

mant·let [mǽntlɪt, -lət] *n.* 〖軍事〗＝mantelet 2.

man·tling [mǽntlɪŋ, -tl̩- | -tl-, -tl̩-] 〖← MANTLE＋-ING[1]〗 ― *n.* **1** 〖紋章〗(大紋章 (achievement) のヘルメットの背後からリボン状に出ている)マント《lambrequine ともいう; ⇨ heraldry 挿絵 A》. **2** 〖鳥類〗＝mantle 9.

Man·to [mǽnto(ʊ) | -təu] *n.* 〖ローマ伝説〗マントー《予言者 Tiresias の娘で, 父同様に予言力を有した》.

Man·to·de·a [mæntóudiə | -tə́udɪə] 〖← NL ～ ← *Mantis* (⇨ mantis)＋-ODEA〗 *n. pl.* 〖昆虫〗(網翅目)カマキリ亜目.

mán-to-mán *adj.* **1** 率直な, 包み隠しのない: a ～ talk 腹を割った[腹蔵のない]話し合い. **2** 〖球技〗マンツーマン(ディフェンス)の.

mán-to-mán defénse *n.* 〖球技〗マンツーマンディフェンス, 対人防御法《バスケットやフットボールで選手がそれぞれ自分の相手を定め, 一人対一人となってこれを防御する守備戦術; cf. zone defense》.

Man·tóux tést [mæntúː-, ⌐⌐-; *F.* mɑ̃tu-] 〖← *Charles Mantoux* (1877-1947: フランスの医師)〗 ― *n.* 〖医学〗マンツー試験《結核検査の一種; 稀釈したツベルクリンを皮内注射して発赤・硬結の状態を見る; いわゆるツベルクリン反応のこと》.

Man·to·va [*It.* mántova] *n.* マントバ《Mantua のイタリア語名》.

man·tra [mǽntrə, mʌ́n- | mǽn-] 〖◻ Skt ～ 《原義》speech, hymn ← *manyate* he thinks ← IE **men-* to think: ⇨ mind〗 ― *n.* 〖ヒンズー教・仏教〗マントラ,

祈禱(きとう), 神呪(じんじゅ), 真言《特に, Veda から引いた詠歌や経文の一句》.

man·tram [mǽntrəm, mʌ́n- | mǽn-] *n.* 〖ヒンズー教・仏教〗=mantra.

mán·tràp *n.* **1** 〖英史〗人捕りわな《昔, 領内侵入者を捕えるために使ったもの; 二つの鉄輪がばね仕掛けで閉じるようになっている》. **2 a** 人命に危険な場所; 誘惑の場所. **b** (潜在的な)危険(性), 将来身に及ぶかも知れない危険(性). **3** 《口語》(男を誘惑する)魅惑的な女, 妖婦.

man·tu·a [mǽntʃuə, -tuə | mǽntjuə, -tuə] 〖《1678》《転訛》← F *manteau*: ⇨ mantle: MANTUA (↓) に付会された〗 — *n.* **1** 〖織物〗初めイタリアで作られた絹服地用織物. **2** マンチュア《17–18 世紀ごろに流行した緩やかなガウン; 通例前が開いたスタイルで中のドレスが見える》.

Man·tu·a [mǽntʃuə, -tuə | mǽntjuə, -tuə] *n.* マントバ《イタリア語名 Mantova》: **1** イタリア北部, Lombardy の州; 人口 376,000, 面積 2,356 km². **2** 同州の首都, 詩人 Virgil の出生地; 人口 68,000.

Man·tu·an [mǽntʃuən, -tuən | -tjuən, -tuən] 〖▭ L *Mantuān-us* ← *Mantua*: ⇨ -an¹〗 — *adj.* マントバ (Mantua) の: the ~ Poet マントバの詩人《Virgil のこと》. — *n.* マントバの住民.

Man·u [mǽnu:] 〖▭ Skt *manu* 'MAN¹'〗 *n.* 〖ヒンズー神話〗マヌ《人類の始祖》.

man·u- [mǽnju] 〖← L *manū* (abl. sing.) ← *manus* hand: ⇨ manual〗「手で, 手による」の意の連結形.

Ma·nú·a Íslands [mənúːə-] *n. pl.* [the ~] マヌア諸島《南西太平洋の米領 Samoa 東部の三小島からなる諸島; 人口 3,000》.

man·u·al [mǽnjuəl, -njul | -njuəl, -njul] 〖adj.: L *manuāl-is* relating to the hand ← *manus* hand ∽ 《1406》 *manuel* ▭ (O)F. — n.: 《1431》 ▭ ML *manuāl-e* ← L *manuālis*〗 — *adj.* **1 a** 手の, 手先の: ~ dexterity 手先の器用さ. **b** 手でする, 手動の; 手工の, 手細工の: ~ labor [employments] 手仕事 / ~ crafts [arts] 手工業[工芸] / ~ computation (計算機・電卓などを用いない)手による計算, 筆算 / a ~ fire engine 手押し消火ポンプ / a ~ worker 筋肉労働者 / ⇨ sign manual. **2** 〈本が〉小型の, 便覧風の. **3** 〖法律〗現有の, 手中にある. — *n.* **1 a** 小冊子; 便覧, 手引き, 必携: a pocket reference ~ 小型参考書 / a teacher's ~ 教師用参考書 / a guitar ~ ギター教則本. **b** (中世に教会で使った)祈禱(きとう)書, 礼拝式書. **2** 〖軍事〗 **a** 教範, 操典. **b** 操作(法): the ~ of arms 武器操作(法). **3** (オルガンの)手鍵盤 (cf. pedal 2). **~·ly** *adv.*

mánual álphabet *n.* (聾唖(ろうあ)者の)指文字《指で示す符号でこれを組み合わせて言葉とする; cf. dactylology》.

man·u·al·i·ter [mæ̀njuǽlətə | -njuǽlɪtə(r] 〖← NL ~ 'by hand' ← L *manuālis* 'MANUAL'〗 — *adv.* 〖音楽〗両手(弾奏)で, (オルガンの)鍵盤だけで, ペダルを使用しないで.

mánual tráining *n.* (学校の)手工(科)《小・中学校の木工・金工・裁縫など》.

ma·nu·bri·um [mən(j)úːbriəm | -njúːbrɪ-] 〖▭ L *manūbrium* handle ← *manus* hand: ⇨ manual〗 — *n.* (*pl.* **-bri·a** [-briə | -brɪə], **~s**) **1** 〖解剖・動物〗柄(へい)状部. **2** 〖解剖〗 **a** 胸骨柄(へい) (episternum). **b** 槌(つい)骨柄. **3** 〖生物・動物〗(ヒドロ虫類の)口部 (hypostome). **ma·nú·bri·al** [-briəl | -brɪ-] *adj.*

man·u·code [mǽnjukòud | -kəʊd] 〖《1835》 ▭ F ← NL *manucodiata* ← Malay *mānuq dēwāta* bird of the gods〗 — *n.* 〖鳥類〗New Guinea とオーストラリア北東部の Queensland にすむカラスフウチョウ属 (*Manucodia*) のフウチョウ (bird of paradise) の類の鳥類の総称《テリカラスフウチョウ (*M. ater*) など 5–6 種いる》.

man·u·duc·tion [mæ̀njudʌ́kʃən] 〖▭ ML *manūductiō(n-)*: ⇨ manus, reduction〗 *n.* **1** 指針, 手引き. **2** 手引きするもの; 手引き書, 案内書.

Man·u·el [mǽnjuəl, -njul | -njuèl, -njuəl; *Sp.* manwél] 〖《変形》← EMMANUEL〗 *n.* 男性名《愛称形 Manny》.

manuf. 《略》 manufactory; manufacture; manufactured; manufacturer; manufacturing.

man·u·fac·to·ry [mæ̀n(j)ufǽktəri | -njufǽkt(ə)ri] 〖《1692》: ⇨ manufacture, -ory²〗 *n.* **1** 製造所, 工場. **2** 《古》製造[加工]品.

man·u·fac·tur·al [mæ̀n(j)ufǽktʃərəl | -nju-] *adj.* 製造の, 製作の; 製造業の.

man·u·fac·ture [mæ̀n(j)ufǽktʃə | -njufǽktʃə(r] 〖《1622》 ▭ F ~ 《原義》 something made with the hand ▭ ML *manūfactūra* ← L *manū* by hand ((abl.) ← *manus* hand) + *factūra* a making (← *factus* (p.p.) ← *facere* to make, do): ⇨ manual, fact, -ure〗 — *n.* **1** (大規模に行なう)製造, 製作; (特殊な)製造業, 工業: a thing of home [foreign, English] ~ 国内[外国, 英国]製品 / the steel ~ 製鉄[製鋼]業 / the cloth ~ 織物業 / the hardware ~ 金物製造業. **2** 製品: silk ~s 絹製品 / Lacquer ware is a well-known Japanese ~. 漆器は有名な日本の製品である. **3** 《軽蔑》(文芸・美術作品などの)機械的製作, 濫作. — *vt.* **1** (大規模に)製作する, 製造する, 生産する: ~ rubber goods. **2** 製品に造り上げる: ~ paper *from* rags ぼろから紙をつくる / ~ wool *into* cloth 羊毛を生地に織り上げる. **3** 〈文芸・美術作品などを〉機械的に作る, 濫作する: ~ plays for television テレビドラマを書きまくる. **4** 〈話・言い訳などを〉こしらえる, 捏造(ねつぞう)する, でっち上げる (fabricate): ~ an excuse 口実を造り出す. — *vi.* 製造に従事する.

man·u·fác·tured gás *n.* (石炭・石油などから製する)人造ガス《燃料用》.

màn·u·fác·tur·er [-tʃ(ə)rə | -rə(r] 〖⇨ manufacture, -er¹〗 *n.* 製造人, 製造業者; (特に)工場主.

manufácturer's ágent *n.* メーカー代理店《一社もしくは数社の非競合製品をある地区で歩合制で売りさばく代理店》.

màn·u·fác·tur·ing [-tʃ(ə)rɪŋ] *adj.* 製造(業)の; 製造する, 製造業に従事する: a ~ industry 製造工業 / a ~ town [district] 工業都市[地区].

manufácturing búrden *n.* 〖会計〗製造間接費 (⇨ indirect costs 1).

manufácturing óverhead cósts *n. pl.* 〖会計〗=manufacturing burden.

ma·nu·ka [máːnəkə] 〖← Maori〗 — *n.* 〖植物〗ニュージーランド・オーストラリア産フトモモ科ネズモドキ属の樹木 (*Leptospermum scoparium*)《昔, その葉を茶の代用にした》.

ma·nul [máːnəl] 〖← Mongol〗 *n.* 〖動物〗マヌルネコ (*Otocolobus manul*)《チベット・モンゴルなどに生息する小型のヤマネコ》.

man·u·mis·sion [mæ̀njumíʃən] 〖《1432–50》 ▭ (O)F ~ ▭ L *manūmissiō(n-)* ← *manūmissus* (p.p.) ← *manūmittere* (↓): ⇨ -ion〗 *n.* (奴隷・農奴の)解放.

man·u·mit [mæ̀njumít] 〖▭ OF *manumitt-er* ▭ L *manūmittere* to release, 《原義》 to let out of one's hand ← *manū* by hand + *mittere* to send (off), dismiss: ⇨ manual, mission〗 — *vt.* (**man·u·mit·ted; -mit·ting**) 〈奴隷・農奴を〉解放[釈放]する. **~·ter** *n.*

man·u·mo·tive [mæ̀njumóutɪv | -məʊt-] 〖← MANU- + MOTIVE〗 *adj.* 〈乗り物が〉手動式の, 手で運転する.

ma·nur·a·ble [mən(j)ú(ə)rəbl | -njúər-] *adj.* こやしのやれる, 施肥できる.

ma·nure [mən(j)úə | -njúə(r] 〖v.: 《?a1400》 *maynoure(n)* ▭ AF *maynoverer* = OF *man(o)uvrer* 《原義》 to work with the hands: ⇨ maneuver. — n.: 《1549》 ← (v.)〗 — *n.* 肥料, こやし, 厩(きゅう)肥, 下肥(しもごえ): artificial ~ 人造肥料 / barnyard [farmyard] ~ 厩[堆]肥 / complete [general, normal] ~ 完全肥料 / liquid ~ 液肥 / nitrogenous [organic] ~ 窒素[有機]肥料 / ⇨ green manure. — *vt.* **1** 〈土地〉に肥料をやる, に肥料を与えて肥やす: ~ the land, field, etc. **2** 《廃》〈土地を〉所有する, 管理する. **3** 《古》 **a** 〈土地を〉耕す (till). **b** 〈人の精神・頭脳を〉鍛える, 伸ばす, 訓練する (train). **ma·núr·er** [-n(j)úərə | -njúərə(r] *n.*

ma·nu·ri·al [mən(j)ú(ə)riəl | -njúərɪ-] 〖⇨ ↑, -ial〗 *adj.* 肥料の, 肥料性の.

ma·nus [méɪnəs, máː-] 〖▭ L ~ 'hand': ⇨ manual〗 — *n.* (*pl.* ~ [-nəs, -nuːs]) **1** 〖動物〗(脊椎動物の)前肢末梢環節《腕関節・前足・手など》. **2** 〖ローマ法〗 **a** 夫権《夫が売買婚による妻に対して持つ絶対支配権など; cf. coemptio, confarreation, usus》. **b** 財産所有権.

Ma·nus [méɪnəs] 〖《アイルランド形》← MAGNUS〗 *n.* 男性名.

man·u·script [mǽnjuskrɪ̀pt] 〖《*adj.*: 1597; n.: 1600》 ▭ ML *manūscript-us* handwritten ← L *manū* by hand + *scriptus* ((p.p.) ← *scrībere* to write): cf. manual, script〗 — *adj.* 手書きのまたはタイプで打った, (複写・印刷などでなく)原稿[写本]の(ままの) (cf. printed 1): a ~ letter [will] 手書き[肉筆]書翰[遺書]. — *n.* **1** 写本, 稿本. **2** (著者の)原稿 (略 MS.; *pl.* MSS.): the ~ of a poem / a sheet [page] of ~ 原稿 1 枚[ページ]. **3** (印刷に対して)手書き. **4** 手書き書体: a book in ~ / The work is still in ~. その著作はまだ原稿のままだ, その著作はまだ印刷されていない. **man·u·script·al** [mæ̀njuskrɪ́ptl] *adj.*

mánuscript cátalog *n.* 〖図書館〗手書き目録; 写本目録.

Ma·nu·ti·us [mən(j)úːʃiəs, -ʃəs | -njúːʃɪəs, -ʃəs], **Aldus** *n.* マヌティウス《1450–1515; イタリアの出版者・古典学者 (⇨ Aldine); イタリア語名 Aldo Manuzio [áldo manúttsjo]》.

man·ward [mǽnwəd | -wəd] 〖ME (*to*)*manward*: ⇨ man¹, -ward〗 — *adv.* 人間の方向に向かって; 人間に関係して (cf. Godward). — *adj.* 《古》人間に向けての, 人間に向かっての.

mán·wards [-wədz | -wədz] *adv.* =manward.

mán·wày *n.* 〖鉱山〗人員専用路.

mán·wise 〖⇨ -wise〗 *adv.* 男がするように, 男性的に.

Manx [mǽŋ(k)s] 〖《1572》 *Mansk, Maniske* ▭ ON *mansk-r of the Isle of Man ← *Man-* (← OIr. *Manu* the Isle of Man) + -*skr* '-ISH¹': 今の形は音位転換による変形 (cf. task)〗 — *adj.* マン島 (the Isle of Man) の; マン島生れの; マン島語の. — *n.* **1** [the ~; 複数扱い] マン島人 (Manxmen). **2** マン島語《Gaelic 語で, 今は廃滅》. **3** (*pl.* ~**es**) 〖動物〗=Manx cat.

Mánx cát *n.* 〖動物〗マン島ネコ《飼いネコで, 尾の退化が著しくほとんど見えない》.

Mánx·man [-mən, -mæ̀n] *n.* (*pl.* **-men** [-mən, -mèn]) マン島 (the Isle of Man) の住民, マン島人.

man·y [méni | -nɪ] 〖OE *manig, monig* < Gmc *manaȝaz, *maniȝaz (Du. menig / OHG manag (G manch) / Goth. manags) ← IE *men(e)gh- copious (Skt *magha* gift)〗 — *adj.* (**more** [mɔ́ə, mɔ́ə | mɔ́ː(r]; **most** [móust | mə́ust]) **1** [複数名詞を伴って] 多くの, 多数の, たくさんの (↔ few; cf. much): ~ times 幾度も / How ~ times did you try? 何回やってみたか / You may try as ~ times as you like. 何回でも好きなだけやってよい / There are too ~ good things. よいことが多過ぎる. ★ (1) 《口語》では肯定文の主語に用いるか, または too, so, as, how に続く場合以外には否定・疑問に用い, 肯定には多く 'a lot of', 'a (large) number of', 'a great [good] many' などを代りに用いる: *Many* people think so. そう思う人はたくさんいる / Did you see ~ people?—No, I didn't see ~. たくさんの人に会いましたか—たいして会わなかった / ⇨ *a good* MANY, *a great* MANY. (2) 単数構文の倒置形で Predicative に用いることがある: *Many's* the tale he has told me. ずいぶんいろんな話をしてくれた / *Many's* the time (=Often) I've seen him do it. 彼がそれをするのを幾度も見た (cf. His virtues were many, his faults few). **2** [many a [an, another] に単数名詞を伴って; 単数扱い] 《文語》幾多の, 数々の: ~ *a* day 幾日も幾日も / for ~ *a* long day 実に長い間 / ~ (and ~) *a* time = 《文語》 ~ *a* time and oft 幾度も幾度も / ~ *a* [《古》 *an*] one 多くの人々 / *Many a* little makes a mickle. 《諺》ちりも積もれば山となる.

a good many かなり多くの, だいぶたくさんの (cf. a good DEAL³): I have been there *a good* ~ times. そこへは何度も行ったことがある. ***a great many*** おびただしい数の, 非常にたくさんの (cf. a great DEAL³): There were *a great* ~ people present there. そこにはたくさんの人が出席していた. ***as many*** 同数の, それだけの数の: I found six mistakes in *as* ~ lines. 6 行に 6 個誤りが見つかった. ***not many*** 《口語》少数の, 少しの. ***one too many*** ⇨ too 成句. ***so many*** (1) 同数の, それだけの数の: We worked like *so* ~ bees [ants]. 蜜蜂[蟻]のようにせっせと働いた / say in *so* ~ words 露骨に言う / *So* ~ men, *so* ~ minds. 《諺》「十人十色」. (2) いくついくつの: pack *so* ~ apples in *so* ~ boxes いくらいくらの箱にいくらのりんごを詰める / work *so* ~ hours for so much money いくらもらって幾時間働く.

— *pron.* (↔ few; cf. much) [複数扱い] 多数; 多数の人[もの]: There are ~ who think so. そのように考える人は多い / *Many* of them are unripe. その中には熟してないのがたくさんある / I have a few, but not ~. 少しはあるが多くはない / *Many* are called, but few are chosen. 呼ばるる人は多けれど選ばるるは少なし (*Matt.* 22:14).

a good many かなりたくさん; 大勢の人: There are *a good* ~ of them. そういうのはかなりある. ***a great many*** おびただしい数, 非常にたくさん; 大勢の人: *A great* ~ stayed away. 来ない人が大勢あった. ***as many again*** 2 倍だけ(の数) (twice as many); またそれと同数 (the same number again): I have a dozen, but I shall need *as* ~ *again*. 今 1 ダースあるのだがまたそれと同じだけ要るだろう.

— *n.* [the ~; 複数扱い] (↔ the few) **1** (「少数」に対して)多数, 大多数 (the majority): *The* ~ have to labor for the few. 多数の者が少数の者のために働かなければならない. **2** 一般の人々 (masses).

man·y- [méni | -nɪ] 〖↑〗 —「多くの, たくさんの」の意の連結形 (cf. multi-, poly-): *many*-handed たくさん手のある / *many*-minded 気の多い, 移り気の / ⇨ many-headed, many-sided.

mán·yèar *n.* 〖労働〗人年(にんねん)《一人の人間が 1 年間になしうる仕事量(の単位); cf. man-day》.

mány·fòld 〖← MANY + -FOLD: cf. manifold〗 *adv.* 何倍も, 何倍にもなって.

mány-héaded *adj.* 多くの頭のある, 多頭の: the ~ beast [monster] 《軽蔑》民衆, 大衆.

mány-óne *adj.* 〖論理・数学〗〈対応など〉多対一の (cf. one-one). ★ many-to-one のようにも読む.

mány·plìes 〖《1774》← MANY- + *plies* ((pl.) ← PLY¹)〗 *n.* (*pl.* ~) 〖動物〗重弁胃《反芻類の第三胃; omasum ともいう》.

mány-síded *adj.* **1** 〖数学〗多辺の (multilateral): a ~ figure 多辺形. **2 a** 多方面の, 多面的な: a ~ question. **b** 多芸多才な: a ~ man. **~·ness** *n.*

mány-válued *adj.* **1** 〖数学〗〈関数が〉多価の《定義域の少なくとも一つの要素に対応する値が二つ以上あるような関数についていう; cf. single-valued》: a ~ function 多価関数. **2** 〖論理〗多値の《multiple-valued ともいう; cf. two-valued 2》.

man·za·nil·la [mæ̀nzəníː(j)ə, -nílə | -nílə, -ljə; *Sp.* manθaníʎa, *Am. Sp.* mànsaníja] 〖▭ Sp. ~: ⇨ manchineel〗 — *n.* マンサニーリャ(酒)《スペイン産の芳香のある辛口のシェリー酒》.

man·za·ni·ta [mæ̀nzəníːtə | -tə] 〖▭ Am.-Sp. ~ ▭ Sp. (dim.) ← *manzana* apple: cf. manchineel〗 — *n.* 〖植物〗 **1** 米国 California 州産ツツジ科の低木の総称; (特に) *Arctostaphylos pungens, A. tomentosa.* **2** =madroña.

Man·zo·ni [mɑːn(d)zóuni | -(d)zə́unɪ; *It.* mandzɔ́ːni], **Alessandro** [àlessándro] *n.* マンゾーニ《1785–1873; イタリアの小説家・詩人; *I Promessi Sposi*「婚約者」(1825–26)》.

Mao [máu] 〖← *Mao Tse-tung*〗 *attrib. adj.* 〈上着・帽子などが〉毛(沢東)式の, マオ風(ふう)の《上着は立ち襟で, 脇よりの前あきが特徴》.

MAO 《略》 monoamine oxidase.

Máo flú *n.* =Hong Kong flu.

Mao·ism [máuɪzm] 〖← *Mao Tse-tung* (毛沢東) +

-ISM〗 *n.* 毛沢東主義, 毛主義《毛沢東の解釈によるマルクス レーニン主義 (Marxism-Leninism)》.

Máo·ist [-ɪst, -əst|-ɪst] 〖← *Mao Tse-tung*＋-IST〗 *n.* 毛沢東主義[信奉]者, 毛主義者. ― *adj.* 毛(沢東)主義の.

Mao·ize [máʊaɪz] *vt.* 毛沢東主義教育で思想改造する, 毛沢東主義にする. **Mao·i·za·tion** [màʊɪzéɪʃən, màʊə- | màʊaɪ-, màʊɪ-] *n.*

Mao·ri [máʊ(ə)ri|máʊrɪ, mɑ́:ərɪ] 〖《1813》▭ Maori ～《原義》of the usual kind〗 ― *n.* (*pl.* ～, ～**s**) **1 a** [the ～(s)] マオリ族《Polynesia の New Zealand に住む民族》. **b** マオリ族の人. **2** マオリ語《オーストロネシア (Austronesian) 語族に属する一言語》. **3** [m-]〖魚類〗オーストラリア産のスズキの類の魚 (*Ophthalmolepis lineolatus*)《色の鮮やかな食用海魚》. ― *adj.* **1** マオリ人の. **2** マオリ語の.

Máori·lànd 〖⇨↑, land¹〗 *n.* ニュージーランド(New Zealand).

Máo·ri·lànd·er 〖⇨↑, -er¹〗 *n.* ニュージーランド人.

Mao Tse-tung [máʊ-tsètʊ́ŋ, -dzèdʊ́ŋ; *Chin.* máʊ tsɤ́tūŋ] *n.* 毛沢東《1893-1976; 中国革命の指導者; 中華人民共和国主席 (1949-59); 共産党中央委員会主席 (1945-1976)》.

map [mǽp] 〖《n.: 1527; v.: 1586》▭ ML *mappa* (*mundi*) map (of the world) ← L *mappa* napkin, cloth ▭ ? Heb.-Punic *mappāʰ* napkin, cloth, flag《短縮》← Mish.Heb. *mᵉnāphāʰ* fan,《原義》that which is moved to and fro: cf. napkin, mop¹〗 ― *n.* **1 a** 地図 (cf. chart 2, atlas 1): *on* a ～. **b** 天体図. **2** (地図のような)正確な図解, 地図のように描かれたもの: (as) clear as a ～ きわめて明白で. **3**《俗》顔, つら (face). **4**〖生物〗遺伝子(配列)地図. **5**〖数学〗写像 (mapping), 関数 (function).

off the map《口語》(1) 遥か遠くの, 最果ての (absolute). (2) 消滅した, 存在しない; 重要でない; すたれた: wipe someone [something] *off the* ～ すっかり忘れる, 抹殺する. ***on the map***《口語》(1) 物の数にはいる, 重要な. (2)〈場所が〉著名な: put a person *on the* ～ 人の地位[人気]を確実に築き上げる / The event has put the town *on the* ～. その事件のおかげで町が有名になった.

― *vt.* (**mapped**; **map·ping**) **1** 地図[天体図]に描く, …の地図[天体図]を作る: ～ the surface of the moon 月の地図を描く. **2** (地図作成の目的で)調査する, 測量する. **3** 精密にしるす; 詳細に…の計画を立てる〈*out*〉: ～ *out* one's time 時間の計画を立てる; 割当てをする / ～ *out* a new career [a piece of work] 新しい生活[仕事]の計画を立てる. **4 a**〖数学〗写像や一対一の写像で〈集合を〉写す[移す]〔*into, to, onto*〕. **b**〖言語〗(変型文法で)〈ある表示のレベルを〉〔他のレベルに〕写像する〔*into, onto*〕《別のレベルに対応する形式を求める》. ― *vi.*〖生物〗〈遺伝子 (gene) が〉認められる, あるのがわかる.

M.Ap.L. 《略》Master of Applied Linguistics.

ma·ple [méɪpl] 〖OE *mapel*(*trēow*) maple (tree): cf. OS *mapulder* / G *Massholder, Masseller*〗 ― *n.* **1 a**〖植物〗カエデ, モミジ《カエデ属 (*Acer*) の植物の総称; イロハカエデ (Japanese maple) など》. **b** カエデ[モミジ]の木材. **2**《俗》〖ボウリング〗ピン (pin). **～·like** *adj.*

máple lèaf *n.* カエデの葉《カナダの標章》.

máple-lèaved *adj.* カエデの葉のような葉をした.

máple súgar *n.* かえで糖《maple syrup を精製したもの》.

máple sýrup *n.* メープルシロップ《サトウカエデ (sugar maple) の樹液で作る糖蜜》.

máp·màker *n.* 地図作成[製作]者 (cartographer).

máp·màking *n.* 地図作成[製作].

Map·pah [mɑpɑ́:] *n.*〖ユダヤ教〗マーパー《ポーランドのタルムード (Talmud) 学者 Moses Isserles (1520?-72) の著わした *Shulhan Aruk* 注釈書; cf. Shulhan Aruk》.

máp·per *n.* 地図作成[製作]者.

máp·ping *n.* **1** 地図作成. **2**〖数学〗写像 (map), 関数 (function). **3**〖言語〗写像.

máp·pist [-pɪst, -pəst|-pɪst] *n.* ＝mapper.

máp projèction *n.*〖地図〗＝projection 7.

máp tùrtle [tèrrapin] *n.*〖動物〗チズガメ (*Graptemys geographica*)《米国中部・東部産カメ科の淡水ガメ; 頭部から首にかけて薄緑に黄色の縞模様がある》.

Ma·pu·to [mɑpú:toʊ | -taʊ] *n.* マプート《Mozambique の首都; 人口 384,000; 旧名 Lourenço Marques》.

ma·quette [mækét, mə-] 〖▭F ～ ▭It. *macchietta* (dim.) ← *macchia* sketch ← *macchiare* to sketch, blot ▭ L *maculare* to spot, stain ← *macula* spot: ⇨ -ette〗 *n.*〖美術・建築〗(粘土や蠟(ろう)で造った)模型, ひな型.

ma·qui [mɑ́:ki | -ki] 〖▭Sp. ～ ← Chili《土語》〗 *n.*〖植物〗チリ産ホルトノキ科の低木 (*Aristotelia maqui*)《紫色の果実は食用》.

ma·quil·lage [mæki(j)ɑ́:ʒ, mɑ̀:k- | mækiɑ́:ʒ, -kɪ-; *F.* makijaːʒ] 〖▭F ～ ← *maquiller* to make up, paint one's face＋-AGE〗 ― *n.* 変容術《髪型などを変えて顔の感じを変える美容術》; メーキャップ (makeup).

ma·quis [mæki:, mɑ:- | mǽki:, -ki:, ―́; *F.* maki] 〖▭F ～ 'scrub' ▭ It. *macchia* spot, thicket ＜ L *macula* spot: ⇨ macula〗 ― *n.* (*pl.* ～ [～(z); *F.* ～]) **1** [les M-, the M-] マキ団《第二次大戦中, 特に東フランス中南部の叢(そう)林地でドイツ軍に抵抗したフランス遊撃隊》; マキ団の隠れた地域. **2** 地下運動員; [集合的] 地下運動団[班]. **3** (Corsica 島などの地中海沿岸地帯に繁茂する)常緑の雑木林《逃亡者などの隠れ場となる》.

Ma·qui·sard [mækizɑ́ə(d) | mækizɑ́:(r, -zɑ́:d; *F.* makizaːr] 〖▭F ～ ← *maquis*＋*-ard*: ⇨ maquis, -ard〗 *F. n.* ＝maquis 1.

mar [mɑ́ə | mɑ́:(r] 〖OE *m(i)erran* to hinder, waste ＜ Gmc **marzjan* (Du. *marren* / OHG *merrien* to hinder) ← IE **mer-* to trouble (Gk *marainein* to put out)〗 ― *vt.* (**marred**; **mar·ring**) **1** 傷物にする; 傷つける, いためる, 台なしにする (damage); 醜くする (disfigure): ～ the beauty [harmony, happiness] of …の美観[調和, 幸福]を損なう. **2**《古》妨げる (hamper). **3**《廃》当惑させる (perplex).

make or mar ⇨ make¹ *v.* 成句.

― *n.*《まれ》故障, 障害, マイナス(になるもの) (injury)〔*to*〕.

MAR, M.A.R. 《略》Master of Arts in Religion.

mar. 《略》marine; maritime; married.

Mar., Mar 《略》March; Maria.

Ma·ra¹ [mɑ́:rə] 〖▭Skt *Māra* ← *mr̥* to die〗 *n.*〖ヒンズー神話〗マーラ(魔羅)《死を象徴する悪魔》; 悪魔, 魔王.

Ma·ra² [mɑ́:rə] 〖《変形》← MARY〗 *n.* 女性名.

mar·a·bou [mǽrəbù:] 〖《1823》▭ F *marabou(t)* ▭ Port. *marabuto* (↓): その独居性から〗 ― *n.* (*also* **mar·a·bout** [～]) **1**〖鳥類〗**a** アフリカハゲコウ (*Leptoptilos crumeniferus*)《アフリカ産》; ハゲコウ属 (*L.*) の鳥類の総称. **b** オオハゲコウ (⇨ adjutant bird). **2** ハゲコウの羽毛; ハゲコウの羽毛製装飾品.

mar·a·bout [mǽrəbù:, -bù:t] 〖《a1623》▭ F ～ ▭ Port. *marabuto* ▭ Arab. *murābiṭ* hermit〗 ― *n.* **1** [時に M-] (アフリカ北部の)イスラム教の道士[隠者]. **2** イスラム教の道士の墓[社]. **～·ism** [-tɪzm] *n.*

ma·ra·ca [mərɑ́:kə, -rǽkə] 〖▭ Port. *maracá* ← ? Tupi《土語》〗 ― *n.* **1** [通例 *pl.*] マラカス《ひょうたんなどをくり抜いて, 豆粒・小石などを入れたキューバ起源のリズム楽器; 通例両手に一つずつ持って使う》. **2** [*pl.*]《米卑》(女の)乳房 (breasts).

Mar·a·cai·bo [mæ̀rəkáɪboʊ, mèr-|mæ̀rəkáɪbəʊ; *Sp.* màrakáiβo] *n.* マラカイボ《南米北部ベネズエラ北西部の港市; 人口 792,000》.

Maracaibo, Lake *n.* マラカイボ湖《ベネズエラ北西部の湖; 油田がある Venezuela 湾に連なる; 面積 13,000 km²》.

már·ag·ing stéel [mɑ́:reɪdʒɪŋ-] 〖*maraging*: ← MAR(TENSITE)＋AGING〗 ― *n.*〖冶金〗マレージング鋼, 超硬度鋼《炭素をほとんど, あるいは全く含まず, 約 25% のニッケルと, それより少量の他金属を含む鋼》.

Ma·ra·jó [mæ̀rəʒóʊ | -ʒəʊ; *Braz.* màraʒɔ́] *n.* マラジョ(島)《ブラジル北東部, Amazon 河口の島; 面積 40,000 km²》.

mar·a·nath·a [mæ̀rənǽθə] 〖《c1395》▭ Gk *maranathá* ← *maránа thā* ▭ Aram. *māránā thā* (our) Lord, come!: 一説では Heb. *moḥŏrām attāʰ* thou art put under the ban (← *ḥārām* to banish) の誤写から〗 ― *int.* マラナタ《「われらの主よ, きたりませ」の意の神への祈願の言葉; *1 Cor.* 16: 22》.

Mar·a·ñón [mɑ̀:rənjóʊn | -njɔ́n; *Sp.* màraɲón] *n.* [the ～] マラニョン(川)《ペルー北西部 Andes 山脈から東に流れる川; Amazon 川の支流; 長さ 1,600 km》.

Mar·an·ta·ce·ae [mæ̀rəntéɪsiì:] 〖← NL ～ ← *Maranta* (属名) ← *Bartolomeo Maranta* (1500-71: イタリアの植物学者): ⇨ -aceae〗 ― *n. pl.*〖植物〗(ショウガ目)クズウコン科. **màr·an·tá·ceous** [-ʃəs] *adj.*

ma·ras·ca [mərǽskə] 〖▭ It. ～: ↓〗 ― *n.*〖植物〗マラスカ (*Prunus cerasus* var. *marasca*)《オーストリア産の野性サクランボ; にがくて酸味があり maraschino の原料となる; marasca cherry ともいう》.

mar·a·schi·no [mæ̀rəskí:noʊ, -ʃí:-| -nəʊ] 〖《1791-93》▭ It. ～ ← (*a*)*marasca* a kind of cherry ← *amaro* bitter ▭ L *amārus* bitter ← IE **om-* raw〗 ― *n.* **1** マラスキノ(酒)《marasca の果汁を発酵し蒸留して造った無色で甘口のリキュール》. **2 a** マラスキノチェリー《着色した糖蜜につけて(合成)マラスキノで味付けしたもの》. **b**〖植物〗＝marasca.

maraschíno chérry *n.* ＝maraschino 2.

ma·ras·mus [mərǽzməs] 〖《1656》← NL ～ ← Gk *marasmós* a wasting, consumption ← *marainein* to consume, waste away: cf. mar〗 ― *n.*〖病理〗消耗症, 衰弱 (emaciation). **ma·ras·mic** [mərǽzmɪk] *adj.*

Ma·rat [mərɑ́:; *F.* mara], **Jean Paul** *n.* マラー《1743-93; スイス生れのフランスの革命指導者, Gironde 党追放の論陣を張り, 入浴中に Corday d'Armont に刺殺された》.

Ma·ra·tha [mərɑ́:tə, -rǽtə | -rɑ́:tə] 〖▭ Marathi *Marāṭhā* ▭ Skt *Mahārāṣṭra* ← *mahā-* great＋*rāṣṭra* kingdom: ⇨ much, raja〗 ― *n.* (*pl.* ～, ～**s**) **1** [the ～(s)] マラータ族《インドの中部から西部に住む Hindu 族の一支族》. **2** マラータ族の人.

Marátha Conféderacy *n.* [the ～] マラータ同盟《18-19 世紀にインド中西部に結成された封建諸侯の連合体; 1818 年英国に屈して解散》.

Ma·ra·thi [mərɑ́:ti, -rǽti | -rɑ́:tɪ] 〖▭ Marathi *Marāṭhī* ▭ Skt *Mahārāṣṭī* ← *Mahārāṣṭra*: ⇨ Maratha〗 *n.* マラータ語《Maratha 族の話す近代インドイラン語》.

mar·a·thon [mǽrəθɑ̀n, mér- | mǽrəθən] 〖《1896》《略》← *Marathon race*〗 ― *n.* **1** マラソン(レース)《Marathon の戦役でアテネの兵士 Pheidippides が味方の勝利を伝えるために Marathon から Athens まで走り続けた故事を記念するために 1896 年 4 月 Athens で最初に行なわれた; 競技距離はその時の例にならって 42.195 km (26 マイル 385 ヤード) を正式とする》. **2 a** 長距離競走[レース]: a swimming ～. **b** 耐久競争[競技]: dancing ～ ダンスマラソン《長時間ダンス》. ― *attrib. adj.* 長時間(継続)の: a ～ nine-hour session 9 時間にも及ぶ長い会議,「マラソン会議」.

Mar·a·thon [mǽrəθɑ̀n, mér-, -θən | mǽrəθən] *n.* **1** マラトン《ギリシャの Attica にある Athens の北東約 40 km の平原; 490 B.C. にギリシャ軍がペルシャ軍を破った古戦場; the Plain of Marathon ともいう》. **2** マラトン《それに近い古代の村落》. **3**〖ギリシャ神話〗マラトーン《Epopeus の子, Corinthus の父》.

már·a·thòn·er *n.* マラソンランナー, 長距離走者.

Mar·a·tho·ni·an [mæ̀rəθóʊniən, mèr- | mæ̀rəθəʊnjən, -nɪən] *adj.* マラトンの. ― *n.* マラトンの住民[生れの人].

Márathon ràce *n.* ＝marathon 1.

Ma·rat·ti·a·ce·ae [mərætiéɪsiì: | -tɪ-] 〖← NL ～ ← *Marattia* (属名) ← *Giovanni Francesco Maratti* (*d.*1777; イタリアの植物学者): ⇨ -aceae〗 ― *n. pl.*〖植物〗リュウビンタイ科. **ma·ràt·ti·á·ceous** [-ʃəs] *adj.*

Ma·rat·ti·a·les [mərætiéɪli:z | -tɪ-] 〖← NL ～ ← *Marattia* (⇨ Marattiaceae)＋-ALES〗 *n. pl.*〖植物〗(シダ綱)リュウビンタイ目.

ma·raud [mərɔ́:d] 〖《1770》▭ F *maraud-er* to pilfer ← *maraud* rogue ← ? F《方言》*maraud* vagabond,《原義》tomcat《擬音語》?〗 ― *vi.* 略奪して回る; (略奪のため)襲撃する (plunder)〔*on, upon*〕: ～ *on* the coast 沿岸を略奪して回る. ― *vt.* [通例 Passive で] 略奪する: The coast was ～*ed* by the pirates. 沿岸は海賊どもに荒された. ― *n.*《古》略奪. **～·er** *n.*

ma·ráud·ing *adj.* 略奪[襲撃]を事とする: ～ hordes 略奪隊, 匪賊(ひぞく).

mar·a·ve·di [mæ̀rəvədí:, -véɪdi | -vedí:, -véɪdɪ] 〖《?1430》▭ Sp. *maravedí* ▭ Arab. *murābiṭī* (adj.) ← *Murābiṭīn* (pl.) Moorish dynasty in Spain (1086-1147) ← *murābiṭ* member of a religious order: ⇨ marabout〗 ― *n.* マラヴェディ **1** 昔, スペインでムーア人が造った金貨. **2** スペインの古銅貨 (＝1/34 real).

mar·ble [mɑ́əbl | mɑ́:-] 〖《c1200》*marbel, marbre* ▭ (O)F *marbre* ＜ L *marmor* marble ▭ Gk *mármaros* white glistening stone (*marmaírein* to shine との連想から)《原義》stone, rock: 第一の形は r—r ＞ r—l の異化による〗 ― *n.* **1 a** 大理石: a bust in ～ 大理石胸像. ★ラテン語系形容詞: marmoreal. **b** (堅さ・冷たさ・滑らかさなどが)大理石に似た物: a heart of ～ 石のように冷たい心 / (as) hard [cold] as ～ (大理石のように堅い[冷たい, 冷酷無情で]. **2 a** 大理石彫刻物[記念碑, 墓石]. **b** [*pl.*] 古大理石彫刻収集: ⇨ Elgin marbles. **3 a** (子供がビー玉遊び (marbles) に用いる)ビー玉《もとは大理石製, 今は通例, 石・粘土・ガラス製》. **b** [*pl.*; 単数扱い] (子供の)ビー玉遊び. **4** 大理石模様, 墨流し模様, マーブル (marbling). **5** [*pl.*]《米俗》知力; 分別 (wits), 常識: He has no ～*s* at all. 分別の「ふ」の字もない.

― *attrib. adj.* **1 a** 大理石(製)の; 大理石まがいの: a ～ bust [mantelpiece] 大理石の胸像[マントルピース] / ～ floors 大理石の床(ゆか). **b** 大理石[墨流し]模様のある: ～ paper マーブル紙《墨流し模様を染めた紙》. **2 a** (大理石のように)堅い, 冷たい, 無情な, 不動の: a ～ breast [heart] 冷酷な心. **b** (大理石のように)滑らかな; 純白の (cf. alabaster): her ～ brow 彼女の白皙(はくせき)の額(ひたい). ― *vt.* 〈紙・書物の小口(こぐち)・タイルなど〉に大理石[墨流し]模様をつける, マーブル付け[取り]をする: ～ paper, edges of books, soap, etc.

Márble Árch *n.* [the ～] マーブル アーチ《London の Hide Park 北東入口の門》.

márble càke *n.* マーブルケーキ《生地にチョコレートなどで濃淡をつけて焼いた大理石模様のケーキ》.

már·bled 〖← MARBLE＋-ED 2〗 ― *adj.* **1** 大理石で作った[を多く用いた]: a ～ mausoleum 大理石造りの廟(びょう). **2** 大理石[墨流し]模様の: ～ paper＝marble-paper / ～ edges of a book. **3** 〈肉が〉赤身(肉)とあぶら身がほどよくまじった: well-*marbled* beef ころ合いの霜ふり肉.

márble-édged *adj.*〖製本〗小口(こぐち)マーブルの.

Mar·ble·head [mɑ́əblhèd, ―́―́ | mɑ́:blhèd, ―́―́] 〖大花崗岩群があることから: cf. head (5 b)〗 ― *n.* 米国 Massachusetts 州北東部の保養地; ヨット港がある; 人口 22,000.

márble·héarted *adj.* (大理石のように)無情な, 冷酷な (hard-hearted).

mar·ble·ize [mɑ́əblaɪz | mɑ́:-] *vt.* ＝marble.

márble·pàper *n.*〖製紙〗マーブル紙《墨流しや印刷で大理石模様を付けた紙; 図書の見返し・壁紙などに用いる; cf. domino paper》.

már·bling [-blɪŋ, -bl̩-] *n.* **1** マーブリング, 墨流し; (図書の見返しなどの)マーブル付け[染め, 取り]. **2** 大理石模様. **3**〖製本〗(書物の小口・見返しなどの)マーブル (marble), 大理石模様, 墨流し装飾.

már·bly [-bl̩i, -bli | -bl̩ɪ, -blɪ] 〖⇨ marble, -y⁴〗 *adj.* **1** (大理石のように)冷たい, 固い (stiff), 落ち着いた (calm). **2** 大理石を多く用いた: ～ terraces.

Mar·burg [mɑ́əbʊəg, -bəːg | mɑ́:bʊəg, -bəːg; *G.* márburk] *n.* マルブルク《西ドイツ Hessen 州の都市; 人口 47,000》.

marc [mɑ́ək | mɑ́:k; *F.* maːr] 〖《1601》▭ F《原義》something trodden or beaten ← *marcher* to walk, tread, press: ⇨ march¹〗 ― *n.* **1** (ぶどうなどの)絞りかす. **2** マール《ぶどう・りんごなどの絞りかすから蒸留して造ったブランデー》.

Marc [máək | má:k; G. márk], **Franz** n. マルク《1880–1916; ドイツの画家; 1911 年「青騎士」派 (Blaue Reiter) に参加》.

Mar·can [máəkən | má:-] 〖← LL *Marcus* 'MARK' + -AN[1]〗 adj. 聖マルコ (St. Mark) の.

mar·can·do [maəká:ndou | ma:ká:ndəu; It. markándo] 〖□ It. ~ (pres.p.) ← *marcare* to mark: cf. mark[1]〗 — It. adv. 〘音楽〙(アクセントをつけて)明瞭に, はっきりと (marcato).

mar·ca·site [máəkəsàɪt, -zàɪt, mɑ̀əkəzí:t | má:kəsàɪt] 〖《1471》□ F *marcassite* // ML *marcasita* □ Sp. *marcaxita* □ Arab. *marqašītā* □ Pers. *marqashīshā*〗 — n. 〘鉱物〙 **1** 白鉄鉱 (FeS_2)《white iron pyrites ともいう》. **2** 《古》鉄鉱結晶体《18 世紀に多く装飾用にされた》; 鉄鉱結晶体の標本; それで作った装飾品.

mar·ca·to [maəká:tou | ma:ká:təu; It. markáːto] 〖□ It. ~ (p.p.) ← *marcare* 'to MARK[1]'〗 It. adv. 〘音楽〙(音符を)明瞭に, アクセントをつけて.

mar·cel [maəsél | ma:-] 〖← *Marcel Grateau* (1852–1936: フランスの理髪師で, その創始者)〗 — vt. (**mar·celled; -cel·ling**) 〈頭髪を〉マルセル式にウェーブさせる. — n. **1** マルセル式美容. **2** = marcel wave.

Mar·cel [maəsél | ma:-; F. marsɛl] 〖□ L *Marcellus* (dim.) ← MARCUS〗 n. 男性名.

Marcel, Gabriel n. マルセル《1887–1973; フランスのキリスト教的実存主義哲学者・劇作家・批評家》.

mar·cel·la [maəsélə | ma:-] 〖《1812》← *Marseilles* (その最初の製造地)〗 n. マルセラ《チョッキなどを作るピケの類の木綿または麻のあや織物》.

Mar·cel·la [maəsélə | ma:-] 〖□ L ~ (fem.) ← MARCELLUS〗 n. 女性名.

Mar·celle [maəsél | ma:-] 〖↑〗 n. 女性名.

Mar·cel·li·na [mɑ̀əsəlí:nə | mɑ̀:-] 〖(dim.) ← MARCELLA〗 n. 女性名《異形 Marcelline》.

Mar·cel·lo [maətʃélou | ma:tʃéləu; It. martʃélo, Port. mɐrsélu] 〖□ It. ~〗 n. 男性名.

Mar·cel·lo [maətʃélou | ma:tʃeləu; It. martʃéllo], **Be·ne·det·to** [bènedétto] n. マルチェルロ《1686–1739; イタリアの作曲家・詩人》.

Mar·cel·lus [maəséləs | ma:-] 〖□ L ~ (dim.) ← MARCUS〗 n. 男性名.

Marcellus, Marcus Claudius n. マルケルス《268?–208 B.C.; 第二ポエニ戦役 (2nd Punic War) に活躍したローマの将軍》.

marcél wàve n. マルセルウェーブ《特殊のアイロンを用いて, 頭髪を深い波形に縮らせたもの》.

mar·ces·cence [maəsésṇs | ma:-] 〖⇨ ↓, -ence〗 n. 〘植物〙枯凋(こちょう).

mar·ces·cent [maəsésṇt | ma:-] 〖□ L *marcēscentem* (pres.p.) ← *marcēscere* to wither, droop (freq.) ← *marcēre* to wither, droop〗 — adj. 〘植物〙〈植物のある部分が〉落ちないで枯れる[しおれる], 枯凋(こちょう)する, 枯凋性の.

march[1] [máətʃ | má:tʃ] 〖v.: 《?1515》□ (O)F *marcher* to walk, march, go, 《原義》trample (i) < VL **marcāre* ← LL *marcus* a hammer // (ii) □ Frank. **markôn* to mark out with footprints < Gmc **markōn* ← IE **mereg-* border, boundary: cf. mark[1]. — n.: 《1590》□ (M)F *marche* ← *marcher*〗 — vi. **1 a** 〈軍隊などが〉行進する, 行軍する: ~ *away* [*off*] 行進[行軍]して去る[行ってしまう] / ~ *into* the town [*through* the street] 行進して町へ入る[街路を通る] / ~ *against* the enemy [*on* a fortress] 敵軍目指して進軍する[要塞に向かって進撃する] / ~ *past* 分列行進する / ~ *to* [*toward*] York ヨークへ[へ向かって]進む / a ~*ing* song 進軍歌, 行進歌 / Forward, ~! [号令] 前へ進め. **b** 行進を開始する. **2** 粛々と[ゆうゆうと]歩く; 行く, おもむく: We ~*ed into* a larger room. 大きい部屋へ入って行った / She ~*ed* straight *to* her own room. まっすぐ自分の部屋へ歩いて行った. **3** 〈事件・調査・仕事・時間などが〉(着々と)進む, 進展する (advance): Time ~*es* on. 時は進行する. **4** 〔…と〕合う, 一致する (agree) 〔*with*〕: His conjectures completely ~*ed with* the facts. 彼の推測は事実とぴったり合っていた. **5** 《廃》位置する, (ある)地位を占める (rank): ~ in the first rank of magnificence 壮大さの点で首位を占め(ている). — vt. **1** 行進させる; 進軍[行軍]させる; 繰り込む, 繰り出す 〈*in, out*〉. **2** 追い立てるようにして連れて行く, 引っ立てる, 引っ張って行く (hustle, hurry) 〈*off, on*〉: ~ a culprit *off* to jail 罪人を刑務所へ引っ張って行く. **3** 〈ある距離を〉(行進で)進む: They ~*ed* 25 miles every day. 毎日 25 マイル行進した.
— n. **1 a** 行進, 行軍, 進軍: a hunger ~ (失業者の)飢餓行進 / a long ~ 長途の行軍 / ⇨ LINE[2] of march, forced march. **b** (徒歩による)長くて(特に)苦しい旅, 単調でいやな行進: He pursued his ~ upon London. ロンドンを指して旅を続けた. **2 a** 進み, 進展, 発達 (progress, advance): the ~ of science, events, intellect, etc. / in [with] the ~ of time 時がたつにつれて / keep abreast with the ~ of the times 時代の進歩に遅れないようにする. **b** 進行, 展開: the ~ of a drama toward the climax ドラマの佳境への進行. **3** (ある期間内の)進軍行程, 行進距離: an hour's ~ 一時間の行程 / It will make a full day's ~. それはたっぷり一日の里程になる. **4** (兵隊の)行進歩調: the quick [slow] ~ 速歩[徐]行進 / the double ~ 駆け足 / a ~ at ease みち足. **5** 〘音楽〙マーチ, 行進曲《通例 2 拍子または 4 拍子》: ⇨ dead march, wedding march.
on the march 進行[行進]中で: The regiment was *on the* ~. ***steal* [*get*] *a march on* [*upon*]** …に抜足さし足で近づく, …の不意を襲う; (こっそり, ずるく)…を出し抜く, …の先を越す: He *stole a* ~ *on* me.

March of Dimes [the —] 《米》《1938 年以来行なわれている》小児麻痺救済募金運動.

march[2] [máətʃ | má:tʃ] 〖n.: 《c1290》 *marche* □ (O)F boundary, frontier □ Frankish **marka* < Gmc **markō* 'MARK[1]' (OHG *marcha*). — v.: 《c1330》□ OF *march-ir* ← *marche*〗 — n. **1 a** [通例 *pl.*] 国境, 境界; 国境地方, 辺境 (frontier) (cf. mark[1] n. 9): ride the ~*es* 乗馬して辺境を検分する. **b** [the Marches] 〘英史〙(イングランドとウェールズまたはスコットランドとの)辺境地方 (cf. border 2 b): Lords of *the Marches* 辺境領主. **2** (国境・境界によって囲まれた)領地, 領土 (territory), 監督管区, 所領; (公務員の)管轄区域.
March King of Arms 〘英史〙(中世後期の)紋章院部長《のち, Clarenceux King of Arms と Norroy King of Arms に分離; cf. KING of Arms》.
— vi. 〈国・地所などが〉〔…と〕境を接する (border) 〔*on, upon, with*〕.

March [máətʃ | má:tʃ] 〖《?c1200》 *Marche* □ ONF *march(e)* = OF *marz* (F *mars*) < L *Mārtium* (*mēnsem*) '(month) of MARS'〗 — n. 3 月 (略 Mar.).
(*as*) *mad as a March hare* ⇨ hare 成句.

Mar·chan·ti·a·ce·ae [maəʃæ̀nṭiéɪsiì: | ma:ʃæ̀ntɪ-] 〖← NL ~ ← *Marchantia* (属名: ← *Nicolas Marchant* (d. 1678: フランスの植物学者) + -IA[2]): ⇨ -aceae〗 — n. pl. 〘植物〙ゼニゴケ科. **mar·chàn·ti·á·ceous** [-ʃəs] adj.

Márch brówn n. **1** 〘昆虫〙茶色の体に黄色の縞のあるヒラタカゲロウ科のカゲロウ (mayfly) の一種 (*Ecdyurus venosus*). **2** 〘釣〙それに似せて作った毛鉤 (fly).

Mär·chen [méəkən, méəx- | méə-; G. mɛ́:ɐçən] 〖□ G ~ 'story' < MHG *merechyn* short verse narrative ← *mære* narrative + *-chyn* '-KIN'〗 — G. n. (pl. ~) おとぎばなし, メルヘン, 童話, 物語 (tale); (特に)伝説物語, 民話 (folktale).

márch·er[1] 〖← MARCH[1] + -ER[1]〗 n. (徒歩)行進者; (ある主義・主張を掲げて)行進する人: peace ~*s* 平和行進者たち; 平和運動を推進する人々.

márch·er[2] 〖← MARCH[2] + -ER[1]〗 n. **1** 国境居住者, 辺境の住民. **2** (昔の)国境管轄官, 辺境地の領主.

March·es [máətʃɪz, -tʃəz | má:-] n. [(the) ~] (レ)マルケ(県)《イタリア中東部アドリア海沿岸の県; 人口 1,351,000, 面積 9,692 km[2], 首都 Ancona; イタリア語名 Le Marche [lemárke]》.

mar·che·sa [maəkéɪzə | ma:-; It. markéːza] 〖□ It. ~ (fem.) ← *marchese* (↓)〗 n. (pl. **-che·se** [-zeɪ; It. -ze]) (イタリアの)女侯爵, 侯爵夫人 (marchioness).

mar·che·se [maəkéɪzeɪ | ma:-; It. markéːze] 〖□ It. ~ 'marquis' □ LL *marcēnsis* ruler of a march ← *marca* boundary: ⇨ march[2], marquis〗 — It. n. (pl. **-che·si** [It. -zi]) (イタリアの)侯爵 (marquis).

Márch flỳ n. 〘昆虫〙 **1** ケバエ《春から初夏にかけて発生するケバエ科のハエの総称》. **2** 《豪》= horsefly.

márching òrder n. **1** 《英》〘軍事〙行軍装備, 軍装, 行軍軍装: the (light) ~ (軽)行軍装備. **2** [*pl.*] 〘軍事〙行軍[進軍]命令, (部隊)移動命令: They are under ~*s*. 彼らは進発令を受けている. **3** [*pl.*] 解雇(命令): get one's ~*s* 解雇される.

mar·chio·ness [máəʃ(ə)nɪs, -nəs | má:ʃ(ə)nɪs, mɑ̀:ʃənés] 〖《1533》□ ML *marchiōnissa* (fem.) ← *marchiō* marquis, 《原義》marcher: ⇨ march[2], -ess: cf. marquis〗 — n. 侯爵夫人[未亡人]; 女侯爵 (cf. marquis).

márch·lànd n. 国境地方, 境界地 (borderland).

márch-òrder vt. 〘軍事〙〈人員・武器弾薬・装備品などを〉行軍[進軍]できるように準備する: ~ the infantry 歩兵隊に行軍の用意をさせる.

march·pane [máətʃpeɪn | má:tʃ-] 〖《1494》《変形》← F *massepain, marcepain* □ It. *marzapane* 《原義》sugar-candy box □ ML *matapanus* □ Arab. *mauthabān* a sitting king (十字軍時代に東方で流通した硬貨の名): cf. G *Marzipan*〗 — n. 《古》= marzipan.

márch-pàst 〖cf. march[1] (vi.) 1〗 n. パレード, 行進, 行列; (特に軍隊の)分列行進, 閲兵分列式, 観閲行進 (cf. flyover).

Mar·cia [máəʃə | má:sjə, -sɪə] 〖□ L *Mārcia* (fem.) ← *Mārcius*: ⇨ Marcus〗 n. 女性名《異形 Marcie, Marsha》.

Mar·cie [máəsi | má:sɪ] 〖⇨ Marcia〗 n. 女性名.

Mar·cion [máəʃən, -ʃiən, -siən | má:ʃən, -ʃɪən, -sɪən] n. マルキオン《100?–?160; パウロ (St. Paul) の影響を受けたグノーシス主義的な異端的神学者》.

Már·cion·ìsm [-nìzm] n. 〘キリスト教〙マルキオン主義 (cf. Marcionite). 「= Marcionite.

Már·cion·ist [-ʃ(ə)nɪst, -nəst | -nɪst] n. 〘キリスト教〙

Mar·cion·ite [máəʃənàɪt | má:-] 〖□ LL *Marciōnita*: ⇨ Marcion, -ite[1]〗 — n. 〘キリスト教〙マルキオン信奉者, マルキオン教徒《2–7 世紀に活動した教派で, 旧約を退けてパウロ (St. Paul) の 10 書簡とルカ (St. Luke) による福音書だけを信じ, 苦行を重視して結婚を否定, キリストは天地創造の神と同一でないとして否定した》.

Mar·co [máəkou | má:kəu; It. márko] 〖□ It. ~ □ L *Mārcus* 'MARCUS'〗 n. 男性名.

Mar·co·ni [maəkóuni | ma:kə́unɪ; It. markóːni], Marchese **Gu·gliel·mo** [guʎʎέlmo] n. マルコーニ《1874–1937; イタリアの電気工学者, 無線通信を完成; Nobel 物理学賞 (1909)》.

mar·co·ni·gram [maəkóunigræ̀m | ma:kə́unɪ-] 〖《1902》: ⇨ ↑, -gram〗 n. 《古》(マルコーニ式)無線電報 (radiogram).

mar·co·ni·graph [maəkóunigræ̀f | -kə́unɪgrɑ̀:f, -græ̀f] 〖← MARCONI + -GRAPH〗 n. 《古》(マルコーニ式)無線電信機.

Marcóni rig 〖高いマストが無線電信の柱を思わせるところから〗 — n. 〘海事〙マルコーニリグ[帆装]《特別高いマストに(下に短い boom[1] がある)細長い三角帆を張ったヨット用の帆装; Bermuda rig ともいう》.

Marco Polo n. ⇨ Polo.

Mar·cus [máəkəs | má:-] 〖□ L *Mārcus* ← ? MARS: cf. Mark〗 n. 男性名.

Márcus Au·ré·lius [-ɔ:rí:ljəs, -liəs | -ɔ:rí:ljəs, -lɪəs] n. マルクスアウレリウス《121–180; ローマ皇帝 (161–180), ストア哲学者; *The Meditations*; Marcus Aurelius Antoninus》.

Mar·cu·se [maəkú:zə | ma:-; G. markú:zə], **Herbert** n. マルクーゼ《1898–1979; ドイツ生れの米国の哲学者 (1940 年帰化); マルクス主義とフロイトの理論の融合を企て, 現代管理社会を批判して反体制的立場をとった》.

Mar·cy [máəsi | má:sɪ] 〖⇨ Marcia〗 n. 女性名.

Mar·cy [máəsi | má:sɪ], **Mount** 〖← *William L. Marcy* (New York 州の知事をつとめていた 1837 年に彼が最初の踏査を行なったところから)〗 — n. 米国 New York 州北東部の山, Adirondack 山脈中の最高峰 (1,629 m).

Mar·di Gras, m- g- [máədi-grɑ̀: | má:dɪ-grá:; F. mardigrɑ] 〖□ F ~ 'fat or meat-eating Tuesday'〗 — n. 懺悔(ざんげ)火曜日《謝肉祭 (carnival) の最終日で Paris, New Orleans などでは特別な祝いを催す; Shrove Tuesday ともいう》. ★ New Orleans では一般に [-grɔ̀:] と発音される.

Mar·duk [máəduk | má:-] 〖← Babylonian〗 n. マルデュック《バビロニアの主神; もと郷土の日の神》.

mare[1] [méə | méə(r)] 〖OE *m(i)ere*, (fem.) ← *mearh* horse < Gmc **marχjōn* (Du. *merrie* / G *Mähre* jade) ← **marχaz* (OHG *marah* / ON *marr*) < **markos* ← IE **marko-* horse: cf. marshal〗 — n. 完全に成長した馬・ロバ・ラバ (mule)・バロー (burro) などの雌 (cf. filly); (特に)雌馬 (female horse): Money makes the ~ to go. 《諺》地獄のさたも金次第, 人間万事金の世の中《★ go とあるべきなのが to go となっているのは, 古くは to が許されていたこととリズム (×́×́×́××́) の関係から》/ Whose ~'s dead? どうしたんだ, 何が悪いのだ (cf. Shak., *2 Henry IV* 2. 1. 47) / The gray ~ is the better horse. 《諺》「かかあ天下」(cf. gray mare).
go* [*ride*] *on shank's* [*shanks'*] *mare ⇨ shank n. 成句. ***win the mare or lose the halter*** 一か八かやってみる.

mare[2] [méə | méə(r)] 〖OE *mære* goblin < Gmc **maron*, **marōn* (OHG *mara* (G *Mahr*) / ON *mara* incubus) ← IE **mer-* to rub away, harm: cf. nightmare〗 — n. 《廃》(悪夢をもたらすと考えられた)妖魔, 夜魔 (cf. nightmare).

ma·re[3] [má:reɪ] 〖← NL ~ ← L ~ 'sea' < IE **mori*: cf. mere[1]〗 — n. (pl. **ma·ri·a** [-riə | -rɪə]) 〘天文〙月[火星]面の黒い平原, 「海」《Galileo Galilei は初めて望遠鏡で眺めたときこれを海と考えた; sea ともいう》.

ma·re clau·sum [má:reɪ-kláusəm, -klɔ́:-, -kláusum] 〖← NL ~ 'closed sea'〗 L. n. (狭義の)領海 (↔ mare liberum; cf. mare nostrum).

Máre Ísland [méə- | méə(r)-] 〖転覆した船から MARE[1] がこの地に泳ぎついたという伝説から〗 — n. メア島《米国 California 州の San Francisco 湾北部の島; 米国海軍工廠がある》.

Már·ek's disèase [mǽrɪks-, mέ(ə)r- | mǽr-, méər-] 〖← *Josef Marek* (d.1952: ハンガリーの獣医学者)〗 — n. 〘獣医〙マレック病《ヘルペスウイルスが原因となって起こるニワトリなどの癌(がん)》.

ma·re li·be·rum [má:reɪ-lí:bərum, mέ(ə)ri-líbərəm | méərɪ-líbərəm] 〖← NL ~ 'free sea'〗 — L. n. **1** 公海 (↔ mare clausum). **2** (戦時の中立国船舶の)自由航行権.

ma·rem·ma [mərémə; It. marémma] 〖《1832》□ It. ~ < L *maritimam* (fem.) ← *maritimus* 'MARITIME'〗 — n. (pl. **ma·rem·me** [-mi:; It. -me], ~**s**) **1** (イタリア西部などの)湿地の海岸地帯. **2** (沼沢地の)悪気, 毒気 (miasma).

Ma·ren·go [məréŋgou | -gəu; It. maréŋgo] n. マレンゴ《イタリア北西部の村; Napoleon がオーストリア軍に大勝した戦跡 (1800)》. — adj. [時に m-] 〘料理〙マレンゴの《トマト・きのこ・玉ねぎ・ニンニク・オリーブ・ぶどう酒などで作った一種のソースにいう》: chicken ~ チキンマレンゴ.

ma·re nos·trum [má:reɪ-nóustrəm, -nás-, -nástrum | má:reɪ-nɔ́strum] 〖□ L ~ 'our sea': ローマ帝国が地中海沿岸をその勢力下においていた事実に基づく〗 — L. n. **1** 我らの海, 我が海. **2** (広義の)領海. **3** (古代ローマ人・イタリア人にとっての)地中海.

Ma·ren·zio [ma:réntsiòu | -tsɪəu; It. marέntsjo], **Lu·ca** [lú:ka] n. マレンツィオ《1553 (または 54)–99; イタリアの作曲家》.

mar·e·o·graph [mǽriəgræ̀f | -rɪəgrɑ̀ːf, -græ̀f] *n.* 〖海洋〗=marigraph.

máre's nèst 〖← MARE¹: cf. 《廃》horse-nest〗 ― *n.* (*pl.* ～s, **máres' nèsts**) **1** 大発見にみえて実はつまらない[見かけ倒しの, いんちきな]もの[こと]: have found a ～. **2** 取り散らした場所, 混乱状態, てんやわんや(の状態), ごった返し.

máre's tàil 〖← MARE¹: cf. horsetail〗 ― *n.* (*pl.* ～s, **máres' tàils**) **1** 〖植物〗 **a** スギナモ (*Hippuris vulgaris*)《スギナ(field horsetail)に似た水草》. **b** トクサ (horsetail). **c** ヒメムカシヨモギ (horseweed). **2** [*pl.*] 〖気象〗馬尾雲《長く真直ぐに引く巻雲で降雨の前兆》.

Már·fan's sýndrome [mɑ́ːəfænz- | mɑ́ː-] 〖← *A. B.J. Marfan* (1858–1942: フランスの小児科医)〗 ― *n.* 〖病理〗マルファン症候群《四肢や指が異常に長く目の水晶体や循環器の異常などを伴う遺伝病》.

mar·ga [mɑ́ːəgə | mɑ́ː-] 〖▭ Skt *mārga* path ← *mṛga* deer, gazelle〗 ― *n.* 〖ヒンズー教〗(救済に至る)道《信愛の道 (bhakti-marga), 智の道 (jnana-marga), 行の道 (karma-marga) の三道がある》.

Mar·ga·ret [mɑ́ːəg(ə)rɪt, -rət | mɑ́ː-] 〖▭ OF *Margarete* < L *Margarīta* ← Gk *margarítēs* pearl: ⇨ margarite〗 ― *n.* 女性名《愛称形 Madge, Maggie, Maisie, Mamie, Margot, May, Meg, Peg, Peggy, Greta》.

Márgaret of Ánjou *n.* (1430–82) 英国王 Henry 六世の王妃《Anjou 家の出身でばら戦争初期における Lancaster 家側の指導者》.

Márgaret of Navárre *n.* マルグリットドナバール《1492–1549; Navarre 国の王妃; 文筆の才があり, 宗教改革にも尽力した; Margaret of Angoulême [ɑ̃gulɛm] ともいう》.

Márgaret of Valóis *n.* マルグリットドバロア《1553–1615; フランス王 Henry 四世の初めの王妃 (1572–89); 広く 'Queen Margot' (マルゴ王妃)の名で知られ, また Margaret of France ともいう》.

Márgaret Róse *n.* (1930–) 英国王 George 六世の第 2 王女で Elizabeth 二世の妹.

mar·gár·ic ácid [mɑːəgǽrɪk-, -gɑ́ːr-, mɑ́ːəgər- | mɑːgɑ́ːr-, -gǽr-, mɑ́ːgər-] 〖*margaric*: 《1819》▭ F *margarique* ▭ Gk *márgaron* pearl: ⇨ margarite, -ic¹〗 ― *n.* 〖化学〗マルガリン酸 ($CH_3(CH_2)_{15}COOH$)《脂肪性の白色結晶体の酸; こけ類や合成により得られる》.

mar·ga·rin [mɑ́ːədʒ(ə)rɪn, -rən | mɑ́ːdʒ(ə)rɪn, mɑ́ːg(ə)r-] 〖《1836》▭ F *margarine* ← *margarique* 《原義》 of a pearl-like color: ⇨ ↑, -in¹: フランスの化学者 Marie-Eugène Chevreul (1786–1889) の造語〗 ― *n.* **1** 〖化学〗 **a** マルガリン酸のグリセリド (glyceride). **b** マルガリン《ステアリンとパルミチンとから成る脂肪性化合物》. **2** =margarine.

mar·ga·rine [mɑ́ːədʒ(ə)rɪn, -rən -dʒərìːn | mɑ̀ːdʒəríːn, mɑ̀ːgə-, ⸗⸗⸗] 〖《1873》▭ F ～ 《原義》'MARGARIN': ⇨ ↑, -ine¹: もと化学用語 MARGARIN の誤用〗 ― *n.* マーガリン, 人造バター: nut ～ ナッツマーガリン《ピーナッツやヤシの油などから作る》.

Mar·ga·ri·ta¹ [mɑ̀ːəgəríːtə | mɑ̀ːgəríːtə; *Sp.* màrgaríta] *n.* マルガリータ(島)《ベネズエラ北部沖の島; 近隣の島々とともに Nueva Esparta 州をなす》.

Mar·ga·ri·ta² [mɑ̀ːəgəríːtə | mɑ̀ːgəríːtə; *Sp.* màrgaríta] 〖▭ Mex.-Sp. ～: 女性名から (⇨ Margaret)〗 ― *n.* マルガリータ: **1** スペイン産のワイン. **2** テキーラ (tequila) とライムジュースまたはレモンジュースで作ったカクテル.

mar·ga·ri·ta·ceous [mɑ̀ːəgərətéɪʃəs | mɑ̀ːgərɪ-] 〖⇨ ↓, -aceous〗 *adj.* 真珠雲母に似た; 真珠のような.

mar·ga·rite [mɑ́ːəgəràɪt | mɑ́ː-] 〖《1310》▭ OF ～ (F *marguerite*) < L *margaritam* pearl ← Gk *margarítēs* pearl ▭ ? Skt *mañjara* bud, pearl: ⇨ -ite¹〗 ― *n.* 〖鉱物〗 **1** 真珠雲母. **2** 真珠形結晶. **3** 《廃》真珠 (pearl).

mar·gate [mɑ́ːəgət, -gɪt | mɑ́ː-] 〖← ? MARGATE (↓)〗 *n.* 〖魚類〗大西洋西部の熱帯海域に生息するイサキ科の食用魚 (*Haemulon album*).

Mar·gate [mɑ́ːəgeɪt, -gət, -gɪt | mɑ́ːgɪt, -gət, (現地では) -geɪt] 〖ME *Meregate* 《原義》gate leading to the sea: ⇨ mere¹, gate²〗 ― *n.* イングランド Kent 州東部の海岸保養地; 人口 51,000.

mar·gay [mɑ́ːəgeɪ, ⸗⸗ | mɑ́ːgeɪ, ⸗⸗] 〖《1781》▭ F ～ 《変形》← *margaia* ▭ S-Am.-Ind. (Tupi) *maracajá*〗 ― *n.* 〖動物〗マーゲー (*Felis wiedii*)《中・南米にすむヤマネコの一種》.

marge¹ [mɑ́ːədʒ | mɑ́ːdʒ] 〖《1551》▭ F ～ ▭ L *margō* edge: ⇨ margin〗 *n.* 《詩・古》=margin 1.

marge² [mɑ́ːədʒ | mɑ́ːdʒ] 〖《略》← MARGARINE〗 *n.* 《英口語》=margarine.

Marge [mɑ́ːədʒ | mɑ́ːdʒ] 〖(dim.) ← MARGERY〗 *n.* 女性名.

mar·gent [mɑ́ːədʒənt | mɑ́ː-] 〖《*c*1485》← MARGIN: -t は添え字〗 *n.* 《詩・古》=margin 1.

Mar·ger·y [mɑ́ːədʒ(ə)ri | mɑ́ːdʒ(ə)ri] 〖▭ OF *Margerie* ▭ L *Margarita* 《原義》pearl: ⇨ Margaret〗 *n.* 女性名《愛称形 Marge, Margie; 異形 Marjorie, Marjory》.

Mar·gie [mɑ́ːədʒi | mɑ́ːdʒi] 〖(dim.) ← MARGERY〗 *n.* 女性名.

mar·gin [mɑ́ːədʒɪn, -dʒən | mɑ́ːdʒɪn] 〖《*c*1395》 *margine* ▭ L *margin-, margō* border, edge: cf. mark¹〗 ― *n.* **1** へり, ふち, 端, 周辺 (edge): the ～ of the lake, river, road, woods, etc. **2** (ページの)欄外, 余白, マージン: the inner [outer] ～ のどあき[小口] / a note on the ～ of the page 欄外の注 (cf. marginalia, footnote 1) / a book of verse with ample [large] ～s たっぷり余白のとってある詩の本 / copious notes on the ～ おびただしい欄外の注 / write [jot] down in the ～ 欄外に書き込む[ちょっと書き込む] / an entry in the ～ 欄外記載事項. **3 a** (可能・存在の)限界, 極限 (limit): the ～ of cultivation (経済的な)耕作の限界 / He is on the ～ of bare subsistence. 食うや食わずの生活をしている. **b** (ある事の許される)限界(点), ぎりぎりの線: go near the ～ (道徳上)きわどいことをする, 危きに近寄る / His hat was just on the ～ of being disreputable. 彼の帽子はもうちょっとで不体裁といっていいくらい古びていた. **4 a** (時間の)余裕, 余暇; (経費などの)余裕, 余剰; (活動などの)余地: afford a wide ～ of free activity 大いに自由活動の余地を与える / allow a ～ of five minutes 5 分のゆとりをみておく / Twenty pounds will leave a fair ～ for enjoyment. 20 ポンドあれば結構おもしろく遊べる. **b** (誤りなどの発生する)余地: No ～ of error is allowed in the task. その仕事には少しのミスも許されない. **5 a** (時間の)差: win a race by a narrow ～ 僅差[きわどい差]でレースに勝つ. **b** (投票などの)票差: The measure passed by the overwhelming ～ of 50 votes to 5. その法案は 50 対 5 の圧倒的得票差で可決された. **6** 〖経済〗委託保証金. **7** 〖商業〗粗(あら)利益《仕入れ原価と売価との差》, 値開き, 利ざや, 剰余, もうけ分, マージン: buy with a good ～ 十分売値との開きをつけて買う / A large ～ of profit is looked for. 大きな利ざやが期待される / Your limit leaves me no～. あなたの指値(さしね)では当方のもうけなしになります. **8** 〖証券〗(客が証券業者に預ける)頭金, 証拠金, 証拠金取引の口座における客の正味所有額. **9** 〖心理〗意識の周辺, 亜意識, 識閾(しきい).

buy on margin 〖証券〗証拠金を差し入れて買う, 信用取引で買う.

― *vt.* **1** …にふち[へり]をつける: the bank ～*ed with* verdure 緑にふちどられた土手. **2** 〈注・摘要などを〉余白[欄外]に書き込む[刷る]; …に傍注をつける: ～ a page with N.B.'s ページの余白に要注意の文字を書き込む. **3** 〖証券〗…の証拠金を払う, 頭金を払って[増額して]確保する 〈*up*〉. **4** 〖金融〗〈取引〉に利益(の余地)をつける, もうけのあるようにする.

― *vi.* 〖証券〗証拠金[頭金]を増額する 〈*up*〉.

mar·gin·al [mɑ́ːədʒɪnḷ, -dʒə- | mɑ́ːdʒɪ-] 〖《1576》← NL *marginālis* ← L *margō* edge, brink, border: ⇨ ↑ (n.), -al¹〗 ― *adj.* **1 a** へり[ふち]の, 端の. **b** (中心でなく)周辺的な, 非本質的な: a ～ problem 中心をはずれた問題. **c** ささいな, 取るに足らぬ: a character ～ *to* the drama 劇では重要でない人物. **2** 欄外に書いた[印刷した]; 傍注の: ～ notes 傍注 (cf. headnote 1). **3** 境界の, 限界の; 境界地方に住む, 辺境の: ～ tribes 辺境の部族. **4** 〈資格・能力・受容性など〉限界に近い, ぎりぎりの: ～ ability [capacity] 限界能力. **5** 〖心理〗識閾(しきい)(上)の (cf. subliminal 2): ～ subconsciousness. **6** 〖社会学〗限界的な, 境界的な《同時に複数の文化や集団に属し, いずれに対しても十分に適応あるいは同調できない状態についていう》: a ～ group / ⇨ marginal man. **7** 〖経済〗かろうじて収支の償う: ～ business 限界企業 / ～ sales 収支とんとんの販売 / ～ profits 限界利潤《損をしない程度のもうけ》/ ～ production 限界生産 / ⇨ marginal land, marginal utility. **8** 〖数学〗限界の, 周辺の.

― *n.* **1** (図書の)欄外注. **2** 〖製本〗飾り縁.

～·ly *adv.* **màr·gin·ál·i·ty** [-dʒənǽləti | -dʒɪnǽlɪti, -lɪ-] *n.*

márginal cósts *n. pl.* 〖会計〗限界原価 (⇨ differential costs).

márginal héad *n.* 脇見出し, 横見出し (sidehead).

mar·gi·na·li·a [mɑ̀ːədʒənéɪliə, -ljə | mɑ̀ːdʒɪnéɪljə, -lɪə] 〖《1832》← NL ～ (neut.pl.) ← *marginālis* 'MARGINAL'〗 ― *n. pl.* **1** 傍注, 標注, 欄外注. **2** 非本質的な事柄; 雑纂(ざっさん), 雑録: E. A. Poe's ～ エドガーポオの雑録集.

mar·gin·al·ize [mɑ́ːədʒɪnəlàɪz, -dʒə-, -nḷ- | mɑ́ːdʒɪ-] *vi.* (社会の進歩から取り残したり, つんぼさじきに置いたりして)社会から疎外する, アウトサイダー化する, のけ者にする (exclude), 無視する (ignore).

márginal lánd *n.* 〖経済〗(耕作の)限界地《収益がかろうじて費用を償うような生産力の低い土地》.

márginal mán *n.* 周辺人, 境界人 (cf. marginal 6).

márginal révenue *n.* 〖商業・経済〗限界収入《産出物を 1 単位追加供給するときの総収入の増加額; cf. average revenue》.

márginal séa *n.* 〖国際法〗沿岸海《ある国家の海岸線に沿い, その主権下にある海域; 干潮時の海岸から 3½ 法定マイル (5.6 km) の範囲をいい, 湾・内海とともに領海をなす; mare clausum, marine belt ともいう》.

márginal séat *n.* 《英》僅少の得票差で得た国会の議席.

márginal utílity *n.* 〖経済〗限界効用《ある財・サービスの消費を 1 単位増す時に得られる満足の増加量》.

mar·gin·ate 〖▭ L *margināt-us* (p.p.) ← *margināre* to provide with a border ← *margō*: ⇨ margin, -ate²·³〗 ― [mɑ́ːədʒənət, -nɪt, -nèɪt | mɑ́ːdʒɪ-] *adj.* **1** ふち[へり]のある. **2** 〖昆虫〗有縁の《はっきりした色でふちどられた》. ― [-nèɪt] *vt.* …にふち[へり]をつける (border). **mar·gin·a·tion** [mɑ̀ːədʒənéɪʃən | mɑ̀ːdʒɪ-] *n.*

már·gin·àt·ed [-tɪd, -tәd | -tɪd, -təd] *adj.* =marginate.

márgin búying *n.* 〖証券〗カラ買い, 信用買い (cf. short *n.* 9 b).

Mar·gi·nel·li·dae [mɑ̀ːədʒənélədìː | mɑ̀ːdʒɪnélɪ-] 〖← NL ～ ← *Marginella* (属名: ⇨ margin, -ella) + -IDAE〗 *n. pl.* 〖貝類〗コゴメガイ科.

márgin lìne *n.* **1** 〖造船〗限界線《船内にいくつかの水密区画がある時, その上面をなす隔壁甲板の上面から 76 mm だけ下部に引いた仮想の線; 船に浸水した場合の安全性を考える要素の一つ》. **2** 〖海事〗船尾の横材の尽きる線.

márgin plànk *n.* 〖海事〗梁圧材, ビーム押え縁板(ぶち)《板張り甲板のへりをなす厚板張り; waterway plank ともいう》.

márgin relèase *n.* (タイプライターの)マージンリリース.

mar·go·sa [mɑːəgóʊsə | mɑːgə́ʊ-] 〖《頭音消失》← Port. *amargosa* (fem.) ← *amargoso* bitter < VL **amāricōsum* ← L *amārus* bitter〗 ― *n.* 〖植物〗インドセンダン (*Melia azadirachta*)《センダン科の常緑高木; その苦い樹皮は強壮剤として用いられ, 果実からは薬剤用の芳香油が採れる; neem ともいう》.

Mar·got [mɑ́ːəgoʊ, -gət | mɑ́ːgəʊ; *F.* margo] 〖▭ F ～ (dim.) ← *Marguerite* 'MARGARET'〗 *n.* 女性名.

mar·grave [mɑ́ːəgreɪv | mɑ́ː-] 〖《1551》▭ MDu. *markgrave* (Du. *markgraaf*) ← *mark* border + *grave* count: ⇨ march², landgrave: cf. OHG *marcgrāvo* (G *Markgraf*)〗 ― *n.* (神聖ローマ帝国の)侯爵, 辺境伯《英国の marquis に相当するドイツ貴族の世襲的称号; もとは辺境地の太守》. **mar·gra·vi·al** [mɑːəgréɪviəl | mɑːgréɪvjəl, -vɪəl] *adj.*

mar·gra·vi·ate [mɑːəgréɪviɪt, -viɪt, -vièɪt | mɑːgréɪvɪət, -vɪɪt, -vɪèɪt] 〖⇨ ↑, -ate¹〗 *n.* margrave の領地.

mar·gra·vine [mɑ́ːəgrəvìːn, ⸗⸗⸗ | mɑ́ːgrəvìːn] 〖▭ G *Markgrafin*: ⇨ margave, -ine⁴〗 *n.* margrave の夫人[未亡人].

mar·gue·rite [mɑ̀ːəgəríːt, -gju-, ⸗⸗⸗ | mɑ̀ːgəríːt] 〖《1866》▭ F ～ < OF *margarite* daisy, pearl: ⇨ margarite〗 ― *n.* 〖植物〗 **1** マーガレット, モクシュンギク (*Chrysanthemum frutescens*). **2** ヒナギク (daisy).

Mar·gue·rite [mɑ̀ːəgəríːt | mɑ̀ː-; *F.* margərit] 〖▭ F ～ 'MARGARET'〗 *n.* 女性名.

már·hàwk 〖⇨ mar〗 *n.* 〖鷹狩〗調教の下手な鷹匠.

mar·i- [mǽrɪ, mérɪ, -rə | mǽrɪ] 〖▭ L ～ ← *mare*: ⇨ marine〗「海 (sea)」の意の連結形: *mari*graph.

maria *n.* mare³ の複数形.

Ma·ri·a¹ [məríːə, -ráɪə | məráɪə, -ríə; *G., It.* maríːa] 〖▭ LL ～ 'MARY'〗 *n.* 女性名.

Ma·ri·a² [məríːə, -ráɪə | məríːə, -ríə] *n.* =Mary 2.

ma·ri·a·chi [mɑ̀ːriɑ́ːtʃi | -riɑ́ːtʃɪ] 〖▭ Mex.-Sp. ～ 《変形》? ← F *mariage* 'MARRIAGE'〗 ― *n.* **1** メキシコの旅回り楽団[員],「流し」, マリアッチ. **2** マリアッチの音楽.

ma·ri·age de con·ve·nance [mɑ̀ːriɑ́ːʒ-də-kɔ̃ː(n)vənɑ̃ː(n)s, mɑːrjɑ́ːʒ-, -kɔ̃ː(ː)n-, -nɔ̃ː(n)s, -nɑ́ːns, -nɔ̃ː(ː)ns; *F.* marja:ʒdəkɔ̃vnɑ̃:s] ― *F. n.* =MARRIAGE of convenience.

ma·ri·a·lite [məríːəlàɪt, mǽriə- | məríːə-, mǽrɪə-] 〖▭ G *Marialith* ← *Maria* (← *Marie vom Rath* (19C のドイツの鉱物学者 Gerhard vom Rath の妻): ⇨ -lite〗 ― *n.* 〖鉱物〗マリアライト ($Na_4Al_3Si_9O_{24}Cl$)《柱石の一種でナトリウム含有率が多く, カルシウム分の少ないもの》.

Mar·i·an¹ [mé(ə)riən, mǽr-, mér- | méərɪ-, mǽr-] 〖《変形》← MARION〗 *n.* 女性名.

Mar·i·an² [mé(ə)riən, mǽr-, mér- | méərɪ-, mǽr-] 〖← MARI(A) + -AN¹〗 ― *adj.* **1** 聖母マリア (Saint Mary) の. **2** (英国女王またはスコットランド女王) Mary 一世の, Mary 一世女王時代の. ― *n.* **1** 聖母マリア信仰者. **2** 英国またはスコットランド女王 Mary 一世の支持者.

Mar·i·an³ [mé(ə)riən, mǽr-, mér- | méərɪ-, mǽr-] 〖▭ L *Mariān-us* ← *Marius*: ⇨ Marius〗 〖ローマ史〗 *adj.* マリウス (Marius) (党)の. ― *n.* マリウス党員.

Ma·ri·án·a Íslands [mè(ə)riǽnə-, mæ̀r-, mèr- | mèərɪǽnə-, mæ̀r-, -ɑ́ːnə-] *n. pl.* [the ～] マリアナ諸島《フィリピン諸島の東方にある 15 の小島から成る火山列島; Guam 以外は旧日本委任統治領 (1920–44), 1947 年米国の信託統治領, 1976 年自治領となり米国との連邦を結成; 人口 14,000, 面積 477 km²; Marianas ともいう; 旧名 Ladrone Islands, Ladrones》.

Már·i·an·ist [-nɪst, -nəst | -nɪst] *n.* 〖カトリック〗マリア会員《William Joseph Chaminade が 1817 年に創始したローマカトリック教会の Mary of Paris 会の会員》.

Mar·i·anne¹ [mæ̀riǽn, mɛ̀(ə)r- | mæ̀rɪ-, mɛ̀ərɪ-] 〖▭ F ～: ⇨ Marion: Mary と Anne の結合と一般に誤って考えられている〗 ― *n.* 女性名《異形 Marianna, Maryann》.

Mar·i·anne² [mæ̀riǽn, mɛ̀(ə)r- | mæ̀rɪ-, mɛ̀ərɪ-] 〖↑〗 *n.* マリアンヌ《フランス共和国の俗称; 擬人化して貨幣面に描かれる》.

Ma·ri·a The·re·sa [məríːə-təréɪsə, -tərɪ́ː-, -zə] *n.* マリア テレサ, マリア テレジア《1717–80; 神聖ローマ皇帝, オーストリア大公妃, Francis 一世の后(きさき), Marie Antoinette の母; ドイツ語名 Maria Theresia》.

María Therésa dóllar [**tháler**] *n.* マリア テレサドル[ターレル]《1780 年東方諸国貿易用に使ったオーストリアのドル[ターレル]銀貨; cf. Levant dollar》.

Mári Autónomous Sóviet Socialist Repúblic [mɑ́ːri- | -rɪ-; *Russ.* márji] *n.* [the ～] マリ自治ソビエト社会主義共和国《ソ連邦ロシヤ共和国西部の自治共和国; 人口 691,000, 面積 23,200 km²; 首都 Yoshkar-Ola》.

Mar·i·belle [mé(ə)ribèl | méərɪ-] 〖← MARY + BELLE〗 *n.* 女性名.

Ma·ri·ca [mərάɪkə] *n.* 〖ローマ神話〗マリカ《古代ローマの祭祀神; 沼沢地の女神ともいわれている; Dea Marica ともいう》.

mar·i·cul·ture [mǽrəkʌ̀ltʃə | -rɪkʌ̀ltʃə(r] 〖← MARI-+CULTURE〗 ― *n.* 〖生物〗海中植物栽培, 海中動物養殖 (cf. aquiculture). **mar·i·cul·tur·ist** [mæ̀rəkʌ́ltʃərɪst, mèr-, -rəst | mæ̀rɪkʌ́ltʃərɪst] *n.*

Ma·rie [mərí: | mά:rɪ, -ri:, mərí: ; *F.* mari] 〖⊏F ～ 'MARY'〗 *n.* **1** 女性名. **2** 男性名.

Ma·rie An·toi·nette [mərí:-æ̀ntwənét | -æ̀ntwα:-nét, -ɑ̃:n-, -twə- ; *F.* mariɑ̃twanɛt], (**Joséphine Jeanne**) *n.* マリー アントワネット《1755–93; フランス王 Louis 十六世の王妃, Maria Theresa の娘; フランス革命の際処刑された》.

Ma·rie Býrd Lànd [mərí:-bə́:d-|-bə́:d-] *n.* マリーバードランド《Byrd Land の旧名》.

Ma·rie Ce·leste [mərí:-sɪlést, -sə- ; *F.* mariselɛst] *n.* [the ～] =Mary Celeste.

Ma·rie de France [mərí:-də-frǽ:(n)s, -frɔ́:(n)s, -frά:ns, -frɔ́(:)ns ; *F.* maridəfrɑ̃:s] *n.* マリー ド フランス《英国に住んだ 12 世紀後半のフランスの女流詩人》.

Ma·rie de Mé·di·cis [mərí:-də-médɪtʃì:, -médə-, -mèɪdɪsí:(s), -mèɪdə- ; *F.* maridmedisi(s)] *n.* マリー ド メディシス《1573–1642; フランス王 Henry 四世の皇后, Louis 十三世の摂政 (1610–17); イタリア語名 Maria de' Medici》.

Ma·rie Ga·lante [mərí:-gəlά:(n)t, -lɔ́:(n)t, -lά:nt, -lɔ́(:)nt ; *F.* marigalɑ̃:t] *n.* マリー ギャラント(島)《西インド諸島中の島; 仏領 Guadeloupe 島の属領》.

Ma·rie Louise [mərí:-luí:z | -lu:í:z, -lu- ; *F.* mari-lwi:z] *n.* マリー ルイーズ《1791–1847; Napoleon 一世の二度目の妃》.

Ma·ri·en·bad [mέ(ə)riənbæ̀d, mǽr- | mərí:ənbù:d, -ríən-, mɑ:r- ; *G.* marí:ənbà:t] *n.* マリエンバート《チェコスロバキア西部, Bohemia の温泉町; 人口 14,000; チェコ語名 Mariánské Lázně [márjanskε: lá:znjε]》.

Mar·i·et·ta [mὲ(ə)riétə, mæ̀r- | mὲərɪétə, mæ̀r-] 〖(dim.) ← MARIA[1]〗 *n.* 女性名.

Mar·i·fran·ces [mὲ(ə)rɪfrǽnsɪs, -səs | mὲərɪfrά:nsɪs] 〖← MARY+FRANCES〗 *n.* 女性名.

mar·i·gold [mǽrəgòʊld, mér- | mǽrɪgəʊld] 〖(*a*1400) ME *marygould*(*e*): ⇨Mary, gold: cf. G *Goldblume*〗 ― *n.* 〖植物〗 **1 a** キンセンカ (pot marigold). **b** センジュギク属 (*Tagetes*) の草花の総称《センジュギク (African marigold), マンジュギク (French marigold), リュウキンカ (marsh marigold), アラゲシュンギク (corn marigold), タウコギ (bur marigold) など》. **2** marigold の花.

Mar·i·gold [mǽrəgòʊld, mér- | mǽrɪgəʊld] 〖↑〗 *n.* 「女性名.

ma·r·i·gram [mǽrəgræ̀m, mér- | mǽrɪ-] 〖← MARI-+-GRAM〗 *n.* 〖海洋〗潮候曲線《検潮器によって自記紙上に書かれた観測記録》.

mar·i·graph [mǽrəgræ̀f, mér- | mǽrɪgrὰ:f, -græ̀f] 〖⇨↑, -graph〗 *n.* 〖海洋〗自動検潮器.

mar·i·hua·na [mæ̀rə(h)wά:nə, mèr- | mæ̀rɪhwά:nə, -rɪjuά:-, -rɪdʒʊ-] 〖(1894) ⊏Am.-Sp. ～, *mariguana*: 土語と人名 *Maria Juana* (=Mary Jane) との混成か〗 ― *n.* (*also* **mar·i·jua·na** [～]) **1** 〖植物〗キダチタバコ (*Nicotiana glauca*)《アルゼンチン・ボリビア産ナス科の高木; しばしば観葉植物として栽培される》. **2 a** 〖植物〗(インド産の)アサ(麻), タイマ(大麻) (*Cannabis sativa*)《hemp ともいう; cf. opium poppy》. **b** マリファナ《麻[大麻]の乾燥した葉と花; 麻薬: cf. bhang, cannabis, hashish, hash[2] 2》: smoke ～.

Mar·i·lyn [mǽrəlɪn, mér-, -lən | mǽrɪlɪn, -rə-] 〖(dim.) ← MARY〗 *n.* 女性名.

ma·rim·ba [mərímbə] 〖⊏Bantu *malimba*, ～ (pl.) ← *limba* (楽器名)〗 ― *n.* マリンバ《木琴の一種; cf. xylophone 1》.

marimba

Mar·in [mǽrɪn, -rən | -rɪn], **John** *n.* (1870–1953) 米国の水彩・エッチング画家; 海洋風景を得意とした; *London Omnibus* (1908).

ma·ri·na [mərí:nə] 〖⊏It. & Sp. ～ (fem.) ← *marino* ⊏ L *marinus* 'MARINE'〗 ― *n.* **1** 海岸散歩道, 海辺のプロムナード. **2** マリーナ《モーターボート・ヨットなどのドック, 繋船池》.

Ma·ri·na [mərí:nə] 〖⊏ML *Marīna* ← ? *marīnus* of the sea: 東方正教会で崇敬されている処女殉教者 St. Marina of Alexandria にちなむ〗 *n.* 女性名.

mar·i·nade [mæ̀rənéɪd, mèr-, ⸗⸗́ | mæ̀rɪnéɪd] 〖(n.: 1704; v.: *c*1682) ⊏F ～ ⊏Sp. *marinada* ← *marinar* to pickle in brine < L *marinus* of the sea: ⇨ marine, -ade〗 ― *n.* マリネード《酢・ぶどう酒・油・香辛料などを合わせた漬け汁; 風味をつけるために調理前の魚・肉・野菜などをこれに漬ける》. ― [《英》では mǽrɪnèɪd] *vt.* =marinate.

ma·ri·na·ra [mæ̀rənά:rə | mὰ:rɪ- ; *It.* màriná:ra] 〖⊏It. ～: ↓〗 ― *n.* マリナラ《トマト・玉ねぎ・にんにく・香辛料で作った味の濃厚なイタリア風ソース; cf. marinade》. ― *adj.* 〈ソース・料理など〉マリナラ風にした, マリナラソースをかけた.

mar·i·nate [mǽrənèɪt, mér- | mǽrɪ-] 〖⊏? It. *marinat-o* (p.p.) ← *marinare* ← *marino* < L *marinus* of the sea: ⇨ marine, -ate[3]〗 ― *vt.* 〈肉・魚を〉マリネード (marinade) につける. **mar·i·na·tion** [mæ̀rənéɪʃən, mèr- | mæ̀rɪ-] *n.*

Ma·rin·du·que [mæ̀rəndú:keɪ, mὰ:r- | -rɪn-] *n.* マリンドゥーケ(島)《フィリピン諸島中の一島; Luzon, Mindoro 両島間にある; 人口 160,000, 面積 960 km²》.

ma·rine [mərí:n] 〖(*c*1420) *maryne* ⊏(O)F *marin*, *marine* (fem.) < L *marinus* of the sea ← *mare* sea < IE **mori* body of water: ⇨ mere[1], -ine[1]〗 ― *adj.* **1** 海の, 海洋の (oceanic); 海にすむ, 海産の (↔ freshwater): a ～ chart 海図 / ～ currents 海流 / ～ painting 海洋画 / a ～ painter 海洋画家《海景色・船などを好んで描く画家》/ a ～ view 海の景色 / a ～ cable 海底電線 / a ～ animal [plant] 海生動物[植物] / ～ life 海洋生物 / ～ fauna and flora (ある海域に分布する)海生動植物(区系) / ～ products 海産物. **2** 船舶の, 船舶用の; 航海上の, 海事の (nautical); 海運業の, 海上貿易の (maritime): ～ affairs 海事 / a ～ association 海事協会 / a ～ almanac 航海暦 / ～ law 海法 / ～ transport(ation) 海運, 海上輸送. **3 a** 軍艦勤務の. **b** 海兵の, 海兵隊の[に所属する]: ～ officers 海兵隊士官 / ⇨ Marine Corps. **4** 海員の: the ～ court 海員審判所. ― *n.* **1** [集合的] (一国の)艦船 (vessels), 航洋船; 海洋支配力, 海上勢力: the mercantile [commercial] ～ (一国の)商船, 海運力 **2 a** [しばしば M-] 海兵隊員. **b** [the Marines] 海兵隊 (《米》Marine Corps, 《英》Royal Marines). **c** 《廃》海員, 水夫, 水兵 (mariner, sailor). **3** (フランスその他の大陸諸国の)海軍省 (cf. admiralty 1 a). **4** 海の絵.

Tell that to the marines! = ***That will do for the marines!*** 《口語》うそ言え, そんなことをだれが信じるものか (cf. horse marine 2).

maríne árchitect *n.* =naval architect.

maríne árchitecture *n.* =naval architecture.

maríne baròmeter *n.* 〖海事〗船舶用気圧[晴雨]計.

maríne bèlt *n.* 〖国際法〗=marginal sea.

maríne biólogy *n.* 海洋生物学.

maríne chronómeter *n.* 〖時計〗経線儀, 航海用のクロノメーター (⇨ chronometer 1 a).

Maríne Còrps *n.* [the ～] (米国の)海兵隊 (《英》Royal Marines)《海軍で陸戦・砲術・警備などを専門とする一部門; 編成・装備・階級名などほぼ陸軍式》. ★ 米国海兵隊の階級は上から順に次の通り: General (大将), Lieutenant General (中将), Major General (少将), Brigadier General (准将), Colonel (大佐), Lieutenant Colonel (中佐), Major (少佐), Captain (大尉), First Lieutenant (中尉), Second Lieutenant (少尉), Chief Warrant Officer (上級准尉), Warrant Officer (准尉), Sergeant Major *or* Master Gunnery Sergeant (上級曹長), First Sergeant *or* Master Sergeant (曹長), Gunnery Sergeant (一等軍曹), Staff Sergeant (二等軍曹), Sergeant (三等軍曹), Corporal (伍長), Lance Corporal (上等兵), Private First Class (一等兵), Private (二等兵).

ma·rined [mərí:nd] *adj.* 〖紋章〗動物の下半身が魚の形をした《sea lion など》.

maríne èngine *n.* 〖海事〗船舶用エンジン, 舶用機関.

maríne engineér *n.* **1** 〖海事〗船舶機関士. **2** 造船技師.

maríne engineéring *n.* 〖海事〗舶用機関学; 造船工業.

maríne glúe *n.* 〖海事〗マリングルー, 耐水接着剤《甲板のすき間をふさぐのに用いるゴム・シェラック・やになどで造った一種のにかわ》.

maríne insùrance *n.* 〖保険〗海上保険 (cf. inland marine insurance, ocean marine insurance).

maríne·lànd *n.* マリーンランド, 海生動物園, 大水族館.

mar·i·ner [mǽrənə, mér- | mǽrɪnə(r, -rə-] 〖(*c*1300) *marinere* ⊏AN *mariner*=(O)F *marinier* < ML *marīnārius* ← L *marinus* of the sea: ⇨ marine, -er[1]〗 ― *n.* **1** 《詩・文語》海員, 船員, 水夫 (seaman, sailor). ★ 法文書用語としても使われる: ⇨ master mariner. **2** [M-] 《米》マリナー《米国の惑星探査用無人宇宙船の名》.

maríne ráilway *n.* 〖海事〗=slipway 1 b.

máriner's cómpass *n.* **1** 羅針儀. **2** [the M- C-] 〖天文〗らしんばん(羅針盤)座 (⇨ Pyxis).

máriner's nèedle *n.* 羅針《羅針盤の指針》.

maríne scíence *n.* 海洋科学《海とその環境を扱う科学の総称; cf. oceanography, marine biology》.

maríne sóap *n.* 船用石鹸《原料はやし油とソーダなどで海水に溶解する》.

maríne stóre *n.* **1** [*pl.*] 船具, 艤(ぎ)装品. **2** (商品としての)中古の船具類. **3** 中古船具店 (junk shop).

maríne superinténdent *n.* 海務監督《商船の維持・船積み・人員調達などに携わる; port captain, port superintendent ともいう》.

Ma·ri·net·ti [mæ̀rənéti, mὰ:r- | mæ̀rɪnéti ; *It.* màrinétti], **E·mi·lio Fi·lip·po Tom·ma·so** [emí:ljo filíppo tommá:zo] *n.* マリネッティ《1876–1944; イタリアの詩人; 未来派 (futurism) の中心的存在》.

Ma·ri·ni [mərí:ni | -nɪ ; *It.* marí:ni] (*also* **Marino**), **Giam·bat·tis·ta** [dʒàmbattísta] *n.* マリーニ《1569–1625; イタリアの詩人; 奇抜で誇張した構想による極めて技巧的な詩風により全ヨーロッパに影響を与えた; *Adone*「アドーヌ」(1623)》.

Ma·ri·ni [mərí:ni | -nɪ ; *It.* marí:ni], **Ma·ri·no** [marí:no] *n.* マリーニ《1901–　; イタリアの彫刻家》.

Ma·rí·nism [-nɪzm] 〖⊏It. *marinismo* ← *Giambattista Marini* or *Marino* (↑): ⇨ -ism〗 *n.* (Marini の作品のように)極端に技巧的な文体.

Ma·rí·nist [-nɪst, -nəst | -nɪst] 〖⊏It. *marinista*: ⇨ ↑, -ist〗 *n.* (Marini の作品のように)技巧的な文章家.

Ma·ri·no [mərí:noʊ | -nəʊ ; *It.* marí:no] 〖⊏It. ～: cf. Marina〗 *n.* 男性名.

Ma·ri·no [mərí:noʊ | -nəʊ ; *It.* marí:no], **Giambattista** *n.* ⇨ Marini.

Ma·ri·o [mά:riòʊ, mǽr- | mά:rɪəʊ, mǽr- ; *It.* má:rjo] 〖⊏It. ～ ← L *Marius*: ⇨ Marius〗 *n.* 男性名.

mar·i·o·la [mæ̀rióʊlə, mèr- | mæ̀rɪə́ʊ-] 〖⊏Mex.-Sp. ～〗 *n.* 〖植物〗マリオラ (*Parthenium incanum*)《グアユールゴムノキ (guayule) に似たキク科のゴム植物》.

Mar·i·ol·a·ter [mὲ(ə)riάlətə, mæ̀r- | mὲərɪɔ́lətə(r, mæ̀r-] 〖⇨↓, -er[1]: idolatry—idolater の類推から〗 *n.* (極端な)聖母崇拝者.

Mar·i·ol·a·try [mὲ(ə)riάlətri, mæ̀r- | mὲərɪɔ́lətri, mæ̀r-] 〖← MARY+-O-+-LATRY〗 ― *n.* **1** (極端な)聖母崇拝《カトリック教会攻撃者が用いた語》. **2** 女性崇拝. **Màr·i·ól·a·trous** [-trəs] *adj.*

Mar·i·ol·o·gy [mὲ(ə)riάlədʒi, mæ̀r- | mὲərɪɔ́lədʒi, mæ̀r-] 〖← MARY+-O-+-LOGY〗 ― *n.* 聖母神学, 聖母マリア論, マリア論[学]. **Mar·i·o·log·i·cal** [mὲ(ə)riəlάdʒɪkəl, mæ̀r-, -dʒə- | mὲərɪəlɔ́dʒɪ-, mæ̀r-] *adj.* **Màr·i·ól·o·gist** [-dʒɪst, -dʒəst | -dʒɪst] *n.*

Mar·i·on [mǽriən, mέ(ə)r- | mǽrɪ-, mέər-] 〖⊏F ～ (dim.) ← *Marie*: ⇨ Mary〗 *n.* 女性名《異形 Marian》.

Mar·i·on [mέ(ə)rien, mǽr- | mέərɪ-, mǽr-], **Francis** *n.* (1732?–95) 米国の独立戦争当時の民兵指揮官; あだ名は the Swamp Fox.

mar·i·o·nette [mæ̀riənét, mèr-, ⸗⸗⸗́ | mæ̀rɪənét] 〖(*c*1620) ⊏F *marionnette* ← MARION ((dim.) ← *Marie*)+-ETTE〗 ― *n.* (糸で頭・四肢を吊ってその糸を動かして操る)あやつり人形 (puppet) (cf. guignol).

Mar·i·o·nette [mæ̀riənét, mèr-, ⸗⸗⸗́ | mæ̀rɪənét] 〖↑〗 *n.* 女性名.

mar·i·pó·sa lìly [**tùlip**] [mæ̀rəpóʊzə-, -sə- | -rɪpə́ʊ-] 〖*mariposa*: ⊏Sp. *mariposa* butterfly ← ? *Marie*+Sp. *posar* to rest (< LL *pausāre* to stop, rest): ⇨Mary, pause: その花の形から〗 ― *n.* 〖植物〗マリポーサチューリップ, チョウユリ《米国西部およびメキシコ産ユリ科 *Calochortus* 属の植物の総称; 種々の色のチューリップ形の花を開く; butterfly tulip, sego lily ともいう》.

mar·ish [mǽrɪʃ] 〖(*c*1330) *mar*(*r*)*es*, *mar*(*r*)*eis* ⊏OF *marais*, **mareis* (F *marais*) < ML *mariscum* ← (WGmc) **marisk-*: ⇨marsh, morass〗《古・詩》 ― *n.* 沼地, 沢地, 沼沢 (marsh). ― *adj.* 沼地の, 沼沢性の (marshy).

Mar·ist [mέ(ə)rɪst, -rəst | mέərɪst] 〖⊏F *Mariste* ← *Marie*: ⇨ Mary, -ist〗 ― *n.* 〖カトリック〗マリスト会会員《フランス人 Jean Claude Colin が 1816 年創始したマリア会の修道士》.

Ma·ri·tain [mὰrɪtέ:(ŋ), -rə-, -tǽŋ | -rɪ- ; *F.* maritɛ̃], **Jacques** *n.* マリタン《1882–1973; フランスの哲学者》.

mar·i·tal [mǽrətl̩, mér- | mǽrɪtl̩, mərάɪ-] 〖(1603) ⊏L *marītāl-is* of marriage or married people ← *marītus* married: ⇨ marry[1], -al[1]〗 ― *adj.* **1** 結婚の, 婚姻の (conjugal); 夫婦の (matrimonial): ～ trouble [discord] 夫婦喧嘩. **2** 《古》夫の[としての, に関する]: a ～ duty 夫(として)の義務.

már·i·tal·ly [-təli, -tli | -təli, -tli] 〖(1869): ⇨↑, -ly[1]〗 *adv.* 婚姻上, 夫婦として.

mar·i·time [mǽrətàɪm, mér- | mǽrɪ-] 〖(1608) ⊏F ～ ∥ L *maritim-us* of or near the sea ← MARI-+-*timus* (superl. suf.): cf. marine, mere[1]〗 ― *adj.* **1** (航海・海運に関しての)海事の, 海運の (marine): ～ affairs 海事 / a ～ association 海事協会 / ～ trade 海運業 / ～ transport 海上運送 / ⇨maritime insurance, maritime law. **2 a** 海の, 海上の: a ～ climate. **b** 沿海の, 海岸の, 海辺の: a ～ region 沿海地方 / ⇨ maritime belt, Maritime Provinces. **c** 海岸にすむ[生息する] (littoral): ～ plants [animals] 沿岸植物[動物] / a ～ people 海洋民族 / a ～ nation 海洋国民. **3 a** 艦隊・商船隊を有する, 海上貿易の, 海に関係のある: a ～ power 海洋国家, 海国, 海運国. **b** 《古》海軍勤務の. **4** 船乗り独特の, 船乗り気質(かたぎ)の: a ～ appearance.

Máritime Alps *n. pl.* [the ～] マリチーム アルプス《Alps 山脈の一部でフランス・イタリアの国境の南部を走る》.

máritime bèlt *n.* 〖国際法〗沿海帯《一国を取巻く近接の国々の領海; cf. marine belt》.

máritime insùrance *n.* 〖保険〗海上保険.

máritime láw *n.* 〖法律〗海法, 海商法, 海事法.

Máritime Próvinces *n. pl.* [the ～] (カナダの)沿海州《Nova Scotia, New Brunswick, Prince Edward Island の 3 州; the Maritimes ともいう》.

Ma·ri·tsa [mərí:tsə ; *Bulg.* marítsa] *n.* [the ～] マリツァ(川)《ブルガリア南部を東流しギリシア・トルコ国境を南下してエーゲ海に注ぐ川 (483 km)》.

Mar·i·us [mέ(ə)riəs, mǽr- | mέərɪ-, mǽr-] 〖⊏L ～: ↓〗 *n.* 男性名《異形 Marco, Mark》.

Marius, Gaius *n.* マリウス《155?–86 B.C.; ローマの将軍・執政官》.

Ma·ri·vaux [mæ̀rəvóʊ | -rɪvə́ʊ ; *F.* marivo], **Pierre Car·let de Cham·blain de** [karlɛ d ʃɑ̃blɛ̃ d] *n.* マリボー《1688–1763; フランスの劇作家・小説家; *Le Jeu de l'amour et du hasard*「愛と偶然の戯れ」(1730)》.

mar·jo·ram [máədʒ(ə)rəm | mɑ́ː-] 〘(a1393) *majorane, mageram* ▭ OF *majorane* (F *marjolaine*) ▭ ML *majorāna* ← ? L *amāracus* ▭ Gk *amárakos* : ML *majorāna* は L *mājor* (cf. major²) との混同から〙 ── *n.* 〘植物〙マヨラナ (*Marjorana hortensis*)《ヨーロッパおよび西アジアに産するシソ科の植物; 薬用および料理用; sweet marjoram ともいう》.

Mar·jo·rie [máədʒ(ə)ri | mɑ́ːdʒ(ə)rɪ] 〘(変形) ← MARGERY〙 *n.* 女性名. ★ スコットランドで多く用いられる.

Mar·jo·ry [máədʒ(ə)ri | mɑ́ːdʒ(ə)ri] 〘(変形) ← MARGERY〙 *n.* 女性名.

mark¹ [máək | mɑ́ːk] 〘n.: OE *me(a)rc* mark, boundary, landmark, end, district < Gmc **markō* (Du. *mark* / G *Mark*) ← IE **mereg-* boundary (L *margō* border). — v.: OE *mearcian* < Gmc **markōjan* (Du. *marken*) ← **markō* : cf. march¹·²〙 ── *n.* **1 a** (表面にはっきりとついた)印, 跡, 痕跡 (trace); 斑点, 汚点, 汚染 (spot); かき傷, 傷跡 (scratch): put [rub off] pencil ~*s* 鉛筆の跡を付ける[消す] / the ~ of a wound 傷跡 / a horse with a white ~ on its nose 鼻に白い斑点のある馬 / His hands bear ~*s* of toil. 彼の手には労働した跡が見える / ⇨ birthmark, pockmark. **b** 所有·所属を示すために家畜·木材などにつける傷跡 (cf. brand 3). **c** 徴候, 証拠 (symptom); 特色, 特徴 (characteristic): the ~ of age [a petty character] 年[人物の卑小さ]の現われ / as a ~ of one's appreciation [esteem] 感謝[敬意]の印として / Politeness is a ~ of good breeding. 礼儀は育ちのよさの特徴である. **2 a** 記号, 符号 (sign); 銘, 印, 札 (inscription): a punctuation ~ 句読点 / an interrogation ~ =question mark / a secret ~ 符牒 / ⇨ private mark / a manufacturer's ~ on his wares 製品に付けた製造者のマーク / ⇨ hallmark. **b** 商標 (trademark); [M-] [通例採用順序を示す数字を伴って形容詞的に] (特定様式の武器·機械または装備品を表示する)型式記号: a *Mark* 4 tank M4 型戦車 / a *Mark* 12 sight M12 型照準具 / a *Mark* 1 rifle M1 型ライフル. **c** =postmark. **d** (字の書けない人が署名の代りに書く) × 印: ⇨ *make one's* MARK (3). **e** (官職·地位を表わす)記号, 標章 (badge). **3** (位置·境界などを示す)目印, 目標: a boundary ~ 境界標 / a ~ for pilots 航路標識 / a high-[low-]water ~ 高[低]潮水準標 / ⇨ bookmark, landmark, seamark. **4 a** 目標, 標的 (target), ねらい (aim): take one's ~ amiss ねらいを誤る, 失策する. **b** 《俗》(軽蔑·もの笑いなどの)的, だまされやすい人, かつがれやすい人: an easy [a soft] ~ いいかも, のろま (gullible person). **5** [the ~] 標準 (standard): below [beneath] *the* ~ 標準以下で, コンマ以下で / ⇨ *up to the* MARK. **6 a** (教師が生徒の評価につける)点, 点数; 評価 (rating): a good [bad] ~ 善[悪]行点[評] / get 80 [high, full] ~*s* for English 英語で 80 点[高い点, 満点]を取る / give a ~ of C in chemistry 化学に「可」の点を与える / He is getting high ~*s* from his countrymen. 彼は同国人から高く評価されている. **b** 到達の水準: touch the million dollar ~ 100 万ドル台に到達する / The world's population passed the four billion ~. 世界の人口は 40 億を越えた. **7** (社会的)重要性, 偉さ, 名声 (distinction): a man of ~ 重要人物, 知名の士 / a man of no ~ 名もない男, 平凡な人 / ⇨ *make one's* MARK (1). **8** (思想·習慣·生活などに及ぼす多大な)影響, 感化, 印象 (impression): ⇨ *leave a* [*one's*] MARK. **9** 《古》境界 (boundary), 辺境地 (frontier) (cf. march² 1 a). **10** 〘経済〙マルク《中世のゲルマン族自由民の村落共産体》. **11** 〘海事〙測標《測鉛線に所定の間隔(普通 5 m)を置いて付けた目盛り用の革切れ·結節など; cf. deep *n.* 3》. **12** 〘競技〙スタートライン (starting line): On your ~(*s*)! 位置について. **13** [the ~] 〘ボクシング〙みずおち, みぞおち. **14 a** 〘オーストラリアンフットボール〙マーク《10 ヤードからのキックボールの捕球; フリーキックが得られる》. **b** 〘ラグビー〙マーク《フリーキックまたはペナルティキックの与えられる地点》; 選手によるその権利の宣言. **15** 〘ボウリング〙ストライク, スペア. **16 a** 〘獣医〙馬の門歯の歯冠上面にある深い溝《年をとるにつれて摩滅して下歯からは 6 歳ごろになくなる》: the ~ of mouth (馬の年齢を表わす)門歯のくぼみ; =b / ⇨ mark tooth. **b** 弱年の[年の若い]しるし.

beside the mark 的を外れて; 見当違いで, 要領を得ない (irrelevant): Your guess is entirely *beside the* ~. 君の推測は全く見当違いだ. ***beyond the mark*** 度を越えて[た], 極度に[の]; 目的外に[で]. ***Bless the mark!*** =*God bless the* MARK! ***crack a mark*** ⇨ crack 成句. ***cut the mark*** 〈矢が〉的に向かいながら届かないで落ちる. ***get off the mark*** (1) (競走などで)スタートを切る[切らせる]. (2) (物事を)始める, 着手する (start). ***God*** [***Heaven***] ***bless*** [***save***] ***the mark!*** (1) これは失礼《ひどいことを言った時に謝罪の意味でいう》. (2) とんでもない, これはしたり, おやまあ《驚き·嘲笑·皮肉などを表わす》. ***hit the mark*** (1) 的中する. (2) 目的を達する, 成功する. ***leave a*** [*one's*] ***mark*** (多大な)影響[感化]を残す: *leave a* ~ *on* history / Great men *leave their* ~ *on* the thought and life of their age. 偉人は大きな影響を時代の思想と生活の上に残す. ***make one's mark*** (1) 名を挙げる, 有名になる, 成功する: *make one's* ~ *as* a writer / He *made his* ~ *in* business. 実業(界)で名を成した[成功した]. (2) =*leave a* [*one's*] MARK. (3) 〈字の書けない人が〉(署名の代りに) × 印を書く (cf. 2 d): *make one's* ~ on a document 文書に × の署名をする. ***a mark of the beast*** 〘cf. *Rev.* 16:2〙 (1) 悪の極印. (2) 正統でない[異端的な]ものとしての印. ***miss the mark*** (1) 的を外れる. (2) 目的を逸する, 失敗する. ***off the mark*** (1) =*beside the* MARK. (2) 〈走者など〉スタートを切って; 発足[着手]して. ***overshoot the mark*** (1) 度を過ごす, 誇張する. (2) 事実と食い違う. ***over*** [***under***] ***the mark*** 高く[低く]見積り過ぎて. ***quick off the mark*** (1) (競走などで)いち速くスタートを切って. (2) (仕事などで)先鞭(せん)をつけて, (他人に)差をつけて. (3) のみ込み[頭の回転]が早い. ***Save the mark!*** =*God save the* MARK! ***short of the mark*** 的[標準]に達しない(で). ***slow off the mark*** (1) (競走などで)スタートの仕方が遅く[のろく]て. (2) (仕事などを)始めるのに手間取って, ぐずぐずして. (3) のみ込み[頭の回転]が遅い. ***toe the mark*** ⇨ toe v. 成句. ***under the mark*** ⇨ *over the* MARK. ***up to the mark*** [しばしば否定構文で] (1) (結果·質などが)標準に達して, 満足で: come *up to the* ~ 標準に達する, 満足と言える / The result is *not up to the* ~. 結果は標準以下だ[あまり良くない]. (2) (健康が)上々で, 申し分なく: I am *not* feeling *up to the* ~. 気分がすぐれない. ***wide of the mark*** =*beside the* MARK. ***within the mark*** 見当違いでない, 過言でない: We shall be well *within the* ~ if we estimate …と見積もればまず誤りはなかろう.

mark of exclamation =exclamation mark.

mark of interrogation =question mark 1.

mark of reference =reference mark.

── *vt.* **1 a** …に印をつける, 記号をつける, マークを打つ: ~ a box 箱にマークをつける / ~ the word *with* an asterisk 語に星印 (*) をつける. **b** [しばしば p.p. 形で] …に(自然の)マークをつける, 傷跡(など)を残す (stain): a face ~*ed with* wounds [smallpox] 傷跡[あばた]のある顔 / ~ a person for life ⇨ *for* LIFE (1). **c** (価格·品質などを表示するために)〈品物〉に商標[極印, 番号など]を押す[書く, 刻む, 付ける]: ~ the articles *with* price tags 品物に価格札をつける / Every article is sold at a fixed price ~*ed* in plain figures. 商品はすべてはっきりした数字で記した正札値段で販売される. **2** (符号·点·線などで)示す, 指示する (indicate), …に注意をひく; 〈晴雨計などが〉表示する (register): ~ a town [river] on the map 地図に町[川]をしるす / ~ the accent アクセントを示す, アクセント符号をつける / The stone ~*s* the site of the old castle. その石碑は古城趾を示す. **3 a** 〈意向·感情などを〉表わす, 表明する (manifest): ~ one's approval [displeasure] 賛成の意[不快の情]を示す. **b** 書きしるす, 書き留める (jot) 〈*down*〉: ~ it *down* in one's notebook 手帳にそれを書き留める. **4 a** 〈ゲームの点などを〉記録する: ~ the score [the points made] in a game 競技の得点を記録する. **b** 〈答案など〉に点をつける, 採点する: ~ a paper [an exercise] 答案[課題]に点をつける, 採点する. **5** 特色づける, 目立たせる (characterize): a day ~*ed* by wind 特に風の激しかった日 / No events ~*ed* his life. 彼の生涯には目立ったできごとは何もなかった / His rough hands ~ him as a laborer. 荒くれた手で労働者だとわかる / His manner was ~*ed* by great quietness. 彼の態度の特徴は非常に落着いていたことであった. **6** 選び出す; 運命づける (destine) 〈*out*〉〔*for*〕: ⇨ MARK *out for* / His personality ~*ed* him *for* a leader. 彼の人柄が彼をリーダーにした. **7** 《古·詩》…に注意する, 注目する (observe): ~ well what is said 言われたことによく注意する / *Mark* me [my words]. よいかよく聞け / *Mark* the perfect man. 全き人に目を注げ (*Ps.* 37:37). **8** 〘軍事〙…に(教練などで部隊方向変換の軸となる)嚮導(きょう)[旋回軸]を示す (indicate). **9** 〘狩猟〙〈獲物の逃げ場所を〉見定める 〈*down*〉. **10** 《英》〘サッカー〙〈ボールが渡されようとする敵〉に接近して防御する, 〈相手の選手を〉マークする.

── *vi.* **1** 印をつける; 採点する; 得点を記録する. **2** 注意する, (批判的に)観察する (observe). **3** 〘獣医〙〈馬が〉門歯のくぼみで年齢を示す (cf. *n.* 16 a). **4** 《英》〘サッカー〙相手の選手をマークする.

mark down (1) ⇨ *vt.* 3 b. (2) …に値下げの札を付ける, 値下げする (↔ mark up; cf. markdown): The book is ~*ed down* to 48 cents. その本は 48 セントに値下げされている. (3) 〘狩猟〙⇨ *vt.* 9. (4) 特に目をつける[選ぶ]: I had ~*ed* the room *down* for my office. その部屋を私の事務所として特に目をつけていた. (5) 〈生徒·学級など〉の点数を下げる. ***mark off*** (線·符号などで)仕切る, 区画する, 区切る〔*from*〕: ~ *off* a lot *from* another 地所の区画をつける / ~ *off* six-inch lengths on a four-foot pole 4 フィートの棒を 6 インチずつの長さに区切る / This type is clearly ~*ed off from* the others. この型は他の型とははっきり区別される. ***mark out*** (1) …の限界を定める; 〈土地を〉区画する: ~ *out* a lawn for tennis テニスのコートを区画する. (2) 設計する; 計画する: ~ *out* a course *for* a race トラックのコースを設計する / ~ *out* a plan 計画を立てる. (3) 線[印]で消す. ***mark out for*** (1) [主に Passive に用いて] …の運命と定める: The ringleaders *were* ~*ed out for* punishment. 首謀者たちは処罰されることに決まった. (2) …として目をつける, …に選抜する: He has *been* ~*ed out for* promotion. 彼は昇進の候補者になっている. ***mark time*** ⇨ time 成句. ***mark up*** (1) …に値上げ札を付ける, 値上げする (↔ mark down; cf. markup). (2) …に記号[標識]をつける. (3) 〘商業〙仕入れ値から売り値を算出する. (4) 〈生徒·答案など〉の点数を上げる.

mark² [máək | mɑ́ːk] 〘OE *m(e)arc* ▭ ? ML *marc-us, marca* : ↑ : cf. G *Mark*〙 ── *n.* **1** マルク: **a** ドイツの旧通貨単位 (=100 pfennigs; 記号 M). **b** =Deutsche mark. **c** 昔スコットランドと英国で使用された通貨単位 (=13*s.* 4*d.*). **d** =markka. **2** マルク《中世紀にヨーロッパ大陸で行なわれた金銀の重量; 通常 8 オンス》.

Mark [máək | mɑ́ːk] 〘(変形) ← MARCUS〙 ── *n.* **1** 男性名. **2** 〘聖書〙 **a** [(Saint) ~] マルコ《一世紀の福音伝道者; 別名を John または John Mark ともいい, Paul の伝道旅行の同行者, Peter の通訳者であったといわれる; マルコ伝福音書の著者といわれる; 祝日 4 月 25 日》. **b** (新約聖書の)マルコ伝福音書, マルコによる福音書 (The Gospel according to St. Mark).

Mark, King *n.* 〘アーサー王伝説〙⇨ King Mark.

Mar·kab [máəkæb, -kɑːb] 〘▭ Arab. *márkab* saddle, ship ← *rákaba* to ride〙 *n.* 〘天文〙マルカブ《ペガスス座 (Pegasus) の α 星, 2.6 等》.

Márk Ántony *n.* ⇨ Antony.

márk·dòwn 〘← *mark down* (⇨ mark¹ (v.) 成句)〙 *n.* 〘商業〙(正札の)値下げ (↔ markup); 値下げ幅.

marked [máəkt | mɑ́ːkt] 〘← MARK¹+-ED〙 ── *adj.* **1 a** 印のある, 記号のある; マークつきの: ~ money (脅迫犯などに渡す)印をつけた金. **b** [複合語の第 2 構成素として] (…の)印のある: a scar-*marked* face 傷のある顔. **2** 著しい, 目立った, 顕著な (distinct): a ~ difference [improvement, change] 目立った相違[改善, 変化] / with ~ success 著しい成功を収めて / a characteristic which is strongly ~ 非常に著しい特徴. **3** 目星をつけられた, にらまれている: a ~ man 要注意人物, 札つき; 将来を嘱目(しょく)される人. **4** 〘言語〙有標の (↔ unmarked). **márk·ed·ness** [-kɪdnɪs, -kəd-, -nəs] *n.*

márk·ed·ly [-kɪdli, -kəd- | -lɪ] 〘(1811): ⇨ ↑, -ly¹〙 *adv.* 著しく, 目立って, 明らかに.

mar·kee [mɑəkíː | mɑː-] *n.* =marquee 2.

márk·er 〘(1486): ⇨ mark¹ (v.), -er¹〙 ── *n.* **1** 印をつける人, 符号[マーク]をつける人: **a** (クリーニング店で)顧客の名[符号]を洗濯物につける係. **b** 品物に番号·符号をつける係. **c** 伐採予定の樹木などに印をつける係. **d** 仕立て物の服地にはさみを入れる線を引く係. **e** 記録係. **2 a** (各種の)印をつけるもの[道具, チョーク], マーカー: a felt-tipped ~ サインペン. **b** (玉突きの)ゲーム取り (scorer); (トランプの)数取り (counter). **3** 目印, 目標(となるもの): **a** しおり (bookmarker). **b** 里程標 (milestone). **c** 墓石. **d** 《米》記念票. **4** よく注意する人, 綿密な観察家. **5 a** (学校の)出席調査係, 点呼係. **b** 採点の手伝い《特に大学院生》. **6** 〘英空軍〙(空爆の目標を定めるための)照明弾 (flare): a ground [sky] ~ 地上[空中]照明弾. **7** 〘軍事〙(位置)標示物[員]《標識·標識員[兵]·標旗·標柱などの総称》. **8** 〘言語〙標識《言語形式の付されてそれを形式の範疇(ちゅう)を表示する標識; 例えば *the* boy の the, play*ed* の -ed, book*s* の -s, *to* go の to など》. **9** 〘電気〙マーカー《通話路を形成する共通制御用機器》. **10** 〘生物〙=genetic marker.

not a marker to [***on***] 《俗》…と比較にならない.

márker-óff *n.* (*pl.* **markers-**) 〘造船〙リベット (rivet) を打つ穴の位置に印を付ける人.

mar·ket [máəkɪt, -kət | mɑ́ː-] 〘lateOE ~ ▭ ONF ~ =OF *merchiet* (F *marché*) < L *mercātum* trade, traffic, market (p.p.) ← *mercārī* to carry on trade ← *merx* merchandise ← IE **merk-* to seize: ⇨ mart¹, merchant〙 ── *n.* **1 a** (一定の場所と日時に家畜·食料品などの売買に人々が集まる)市(いち), マーケット. **b** [集合的] (売買のための)人の集まり; 市場(いちば)に集まった人々. **2** 市場(いちば) (marketplace) 《市の立つ広場》. **3** 市日(いちび) (market day): The next ~ is on the 20th. **4 a** [通例 the ~] (特定の物品の)売買市場(しじょう): the cotton [staple] ~ 綿花[主要物産]市場 / the stock [money] ~ 株式[金融]市場. **b** [the M-] 《英》=European Common Market. **5 a** (通例特定の)食料品店, 小売店: open a meat ~ 肉屋を開く. **b** =supermarket. **6** (はけ口·売れ口の意味で)市場(しじょう), 販路; 需要 (demand): build up a ~ for a manufactures 製品の市場を築く / There is no ~ for that class of goods here. ここにはその種の品の需要がない / The product will find a ~ in America. その製品は米国に市場[販路]を見出すだろう / the foreign ~ (輸出品の)外国市場, 海外販路 / glut the ~ (商品を過剰供給して)市場を飽満させる / engross the ~ 買占めをする (cf. corner *vt.* 5) / hold the ~ 買占めて市場を左右する / bring something to ~ 市場へ売りに出す / feed the cattle to ~ 家畜を市場に出すために太らせる / come [put] into the ~ 市場に出る[出す], 市販される[する]. **7** 売買の機会, 商機: a good ~ for steel 鋼鉄の売りの好機 / lose one's ~ 商機を逸する. **8** 売買, (有利な)取引 (bargain, trade). ★ 次のような句に用いる以外は《廃》: make one's ~ 取引を済ます / ⇨ *make a* [*one's*] MARKET *of* / mar a person's [one's] ~ 人[自分]の商売[利益]を台なしにする / mend one's ~ 商売の景気を立て直す. **9** 商況, 市況: a slack [sick] ~ 沈滞市場, 不況 / a brisk ~ 活発な市況 / ~ feeling 市場の人気[気配] / The ~ is active [dull, inactive]. 市場は活気づいて[沈滞して]いる. **10** 市価, 相場: raise the ~ 市価を上げる, 高値をつける / rig

the ~《俗》人為的に市価を騰貴[下落]させる, 市価を操作する / The ~ rose [fell]. 相場が上昇[下落]した. **11**〘英法〙(国王によって領主または自治体に与えられる)公設市場設置権.
at the market 時価で, 成り行きで《顧客が証券業者に株式の売買を委託する[注文する]場合にいう; cf. market order》. ***away from the market***〘証券〙(顧客が証券業者に株式売買を委託する場合の指定値段が)時価から離れた値段で. ***bring one's eggs [hogs, goods] to a bad [the wrong] market*** 見込み違いをする, 計画に失敗する. ***go badly to market*** 売り[買い]損する. ***go to market*** (1)(市場へ)買物に行く. (2)《口語》事を企てる, やってみる. (3)《豪》怒る, 腹を立てる. ***in [on] the market*** 〈物が〉売物に出て: put [place] goods *on the* ~ 商品を売物に出す / His house is *in* [*on*] *the* ~. 彼の家は売りに出ている / This is the best article *in* [*on*] *the* ~. これは市場での最上等品です. ***in the market for***…の買方で, …を買うつもりで: He is *in the* ~ *for* a house. 家を求めている. ***make a market***〘証券〙〈業者が〉(いつでも自己の計算で取引に応じることによって)証券の売買を成立させる;《英》ある株式について人気をあおる方策をとる. ***make a [one's] market of***…を売物にする, …で利益を得る. ***milk the market*** ⇨ milk v. 成句. ***play the market*** (株式の)投機をする, 相場をする. ***price oneself out of the market*** ⇨ price v. 成句.
— *vi.* **1** 市場で売買する. **2**《米》(食料品などの)買物をする: go ~*ing* 買物に行く. — *vt.* **1** 市場に出す. **2** 市場で売りさばく; 販売する.

mar·ket·a·bil·i·ty [mɑ̀əkɪṭəbíləṭi, -kəṭ- | mɑ̀ːkɪtəbíləti, -kət-, -lɪ-] *n.* 売物になること, 市場性.
mar·ket·a·ble [mɑ́əkɪṭəbl, -kəṭ- | mɑ́ːkɪt-, -kət-] *adj.* **1** 市場向きの, 市場性のある, 売れる (salable). **2** 市場で現在行なわれている: ~ value 市価. **már·ket·a·bly** *adv.* **~·ness** *n.*
márket análysis *n.*〘経済〙市場分析.
márket bàsket *n.* **1** 買物かご. **2**〘経済・統計〙マーケットバスケット(方式)《消費財・サービスの一定物量を定め, その購入に要する支出高をもって生活費変動の度合いを査定する方式》.
márket blèach *n.*〘染色〙マーケットブリーチ《綿織物の簡単な漂白法》.
márket bòat *n.* **1** (魚を漁船から河岸(かし)に運ぶ)はしけ, 舟; (停泊中の船舶に必需品を運ぶ)はしけ. **2** (産物を市場に運ぶ)運搬船.
márket cràb *n.*〘動物〙米国太平洋岸に生息するイチョウガニ科の食用ガニ (*Cancer magister*).
márket cròss *n.* 市場十字《中世期に市場に立てた十字架または十字架状の建物; 一般の告示用》.
márket dày *n.* 定期市の立つ日, 市日(いちび).
mar·ke·teer [mɑ̀əkɪtíə, -kə- | mɑ̀ːkɪtíə(r, -kə-] 〘← MARKET+-EER〙 *n.* 市場で物を売る人, 市場商人: ⇨ black marketeer.
már·ket·er [-ṭə | -tə(r] *n.* 市場へ出かける人, 市場で売買する人: ⇨ black marketer.
márket gárden *n.*《英》(市場向けの野菜を栽培する)菜園(《米》truck farm).
márket gárdener *n.*《英》市場向け菜園経営者.
márket gárdening *n.*《英》(広い農地を利用しての)市場向け菜園経営.
már·ket·ing [-ṭɪŋ | -tɪŋ] 〘⇨market, -ing¹〙 — *n.* **1** 市場で売買すること, 市場取引; 販売: do one's ~ 市(場)で買物をする. **2**〘経済〙マーケティング《消費者ニーズに創造的に適応するための市場活動; 市場調査・製品計画・流通経路・物的流通・広告・セールスマン販売などを含む》. **3** [集合的] 市場でする買物[売物]; 市場向け商品.
márketing resèarch *n.*〘商業・経済〙市場調査《market research を含み, 更に価格政策・流通広告戦略等マーケティング全般に渡る情報を収集する調査》.
márket lètter *n.*〘商業〙(証券業者が顧客に配布する)株式の市況観測や売買勧告を含む通信文.
márket-màker *n.* (ある証券について)いつでも自己の計算で売買に応じる証券業者.
márket òrder *n.*〘証券〙成り行き注文《値段を指定せず, 市況に応じた値段で売る(または買う)ことを委託する》.
márket óvert *n.* 公開市場.
márket perfòrmance *n.* 市場成果《産業が実際に有効的競争を行なっているか否かを判定する》.
márket·plàce *n.* **1 a** 市場(いちば)《特に, 市が立つ広場・建物》. **b** =market 1 a. **2** 商業界, 経済界. **3** (思想・文芸活動などの競争場としての)売込み市場.
márket price *n.*〘経済〙市場価格, 市価, 相場.
márket resèarch *n.*〘商業・経済〙市場[販路]調査, 市場分析, マーケットリサーチ《製品発売の前に行なう; cf. marketing research》.
márket-rìpe *adj.* 未熟の, (市場で熟するように)早目に収穫された.
márket segmentàtion *n.*〘商業〙市場細分化《市場を一つとして見ず, いくつものセグメントより成るものとしてとらえ, 各セグメントにそれぞれ適した商品を売ること》.
márket tòwn *n.* 市場設置市, 市場を開く町.
márket vàlue *n.*〘経済〙=market price.
Mark·ham [mɑ́əkəm | mɑ́ː-], **(Charles) Edwin** *n.* (1852–1940) 米国の詩人; *The Man with the Hoe* (1899).
Mark·ham [mɑ́əkəm | mɑ́ː-], **Mount** *n.* マーカム山《南極大陸 Ross 氷棚南西方の山 (4,351 m)》.
mar·khor [mɑ́əkɔə | mɑ́ːkɔː(r] 〘(1867) ▭ Pers. *mārkhōr* snake-eater ← *mār* snake+*-khōr* eating (← *khurdan* to eat, consume)〙 — *n.* (*also* **mar·khoor** [mɑ́əkuə | mɑ́ːkuə(r)]) (*pl.* ~, ~**s**)〘動物〙マーコール (*Capra falconeri*)《Himalaya 地方の野生のヤギ; 毛深く角がねじれている》.
márk·ing 〘(c1315) ← MARK¹+-ING¹〙 — *n.* **1** 印[点など]をつけること; 採点(法): plain ~ 正札 / code ~ 符牒. **2 a** [しばしば集合的] 印, 点; (郵便の)消印. **b** (鳥獣の皮・毛・羽などの)斑点, 斑紋, 縞, 色模様.
márking gàuge *n.* (大工が使う)罫(け)引き.
márking-ìnk *n.* (洗濯物などに印を付けるための)不変色インク.
márking ìron *n.* 焼きごて, 焼印.
mark·ka [mɑ́əkɑː | mɑ́ː-] 〘▭ Finn. ~ ▭ Swed. *mark* < ON *mark-, mörk*: ⇨ mark²〙 — *n.* (*pl.* **mark·kaa** [~], ~**s**) **1** マルッカー《フィンランドの通貨単位; =100 pennia; 記号 M, Mk》. **2** 1 マルッカー白銅貨.
Már·koff cháin [mɑ́əkɔ(ː)f-, -kɔ(ː)v | mɑ́ːkɔf-, -kɔv-] *n.*〘統計〙=Markov chain.
Márkoff prócess *n.*〘統計〙=Markov process.
Mar·kov [mɑ́əkɔ(ː)f, -kɔ(ː)v | mɑ́ːkɔf, -kɔv; *Russ.* márkəf], **Andrei Andreevich** *n.* マルコフ《1856–1922; ロシヤの数学者》.
Márkov cháin 〘↑〙 *n.*〘統計〙マルコフ連鎖《時間も確率分布も離散的な場合のマルコフ過程 (Markov process)》.
Mar·ko·vi·an [mɑəkóuviən | mɑːkə́uviən, -vjən] 〘⇨ Markov, -ian〙 *adj.* マルコフ (Markov) 式の.
Márkov prócess 〘⇨ Markov〙 — *n.*〘統計〙マルコフ過程《現在の状態が分かった時, 未来の挙動が過去の挙動と統計的に独立であるような確率過程; cf. Markov chain》.
márk sènsing *n.*〘電算機〙マークセンシング《紙シートの所定の位置に鉛筆などで記入されたマークを自動的に読取ること》.
márk·shèet *n.*〘電算機〙マークシート《電子計算機の入力として用いる用紙; この上に鉛筆などで印を付けて情報とする》.
márks·man [-mən] 〘← MARK¹+-S²+MAN¹: cf. craftsman, etc.〙 — *n.* (*pl.* **-men** [-mən, -mèn]) **1** 射撃の名手, 小銃[弓]の名人; 狙撃(そ)兵 (sharpshooter). **2**〘米陸軍〙下級の狙撃兵《「中級」は sharpshooter;「上級」は expert という》.
márksman·shìp *n.* 射撃の正確さ, 射撃の技両[腕前]; 射撃術, 弓術.
márks·wòman *n.* 射撃のうまい女性, 女流射手.
Márk Táp·ley [mɑ́ək-tǽpli | mɑ́ːk-tǽpli] 〘Dickens の小説 *Martin Chuzzlewit* (1843–44) 中の人物の名から〙 *n.* 非常に快活な人.
márk tòoth *n.*〘獣医〙馬の門歯《年齢を示すへこみがある; cf. mark¹ n. 16 a》.
Mark Twain [mɑ́ək-twéɪn | mɑ́ːk-] 〘← *marktwain* (Mississippi 川の水先案内人が船の通行可能な水深を表わす時に用いた句で, two fathoms の意): ⇨ mark¹ (n.) 11, twain〙 — *n.* (1835–1910) 米国の小説家・短編小説家; 本名 Samuel Langhorne Clemens; *The Adventures of Tom Sawyer* (1876), *The Adventures of Huckleberry Finn* (1884).
márk·ùp 〘← *mark up* (⇨ mark¹ (v.) 成句)〙 — *n.* **1** 値上げ (↔ markdown; cf. MARK *up*). **2**〘商業〙値増し率《卸値にどれだけの率を掛けて売値とするかの率》. **3**〘印刷〙(原稿に書き込まれた活字書体・割付けなどの)指示.
marl¹ [mɑ́əl | mɑ́ːl] 〘(1372) ← OF *marle* (F *marne*) < LL *margilam* (dim.) ← L *marga* marl ← ? Gaulish〙 — *n.* **1**〘土壌〙泥灰土《炭酸塩類を含む粘土; 肥料にする》. **2** 泥灰煉瓦. **3**《詩・古》土 (earth): the burning ~ 焦熱地獄の責め苦 (cf. Milton, *Paradise Lost*). — *vt.* …に泥灰土をおく; 泥灰土を入れて〈石灰分不足の土を〉肥やす.
marl² [mɑ́əl | mɑ́ːl] 〘▭ Du. & LG *marl-en* (freq.) ← MDu. *marren* to bind: cf. marline¹, marlinespike〙 — *vt.*〘海事〙(一巻きごとに引掛け結びで留めながら)〈ロープなどを〉マーリン (marline) で巻く: ~ a rope (擦り切れるのを防ぐため)ロープをマーリンで巻く.
mar·la·ceous [mɑəléɪʃəs | mɑː-] 〘← MARL¹+-ACEOUS〙 *adj.* 泥灰質の.
marl·ber·ry [mɑ́əlbèri, -b(ə)ri | mɑ́ːlb(ə)rɪ] 〘←《方言》*marl* (《短縮》← MARBLE)+BERRY〙 — *n.*〘植物〙南 Florida 原産ヤブコウジ科の低木 (*Ardisia paniculata*)《白い花と黒い実をつける》.
Marl·bor·ough [mɑ́əlbə̀ːrə, mɔ́ːl-, -bə̀ː(r)ou, -b(ə)rə | mɔ́ːlb(ə)rə], **1st Duke of** *n.* (1650–1722) 英国の将軍, スペイン継承戦争中 Blenheim の会戦でフランスの Louis 十四世の軍に大勝した (1704); 本名 John Churchill.
Márlborough Hóuse 〘*Marlborough*: lateOE *Merleberge*《原義》? gentian or marsh-marigold hill: cf. OE *mēargealla* gentian & *beorg* hill〙 — *n.* モールバラハウス《London の St. James's Palace の向い側にある英国王室の別邸; 現在は公開され, 会議場として使用されている; もと Wren が Marlborough 公爵夫人のために建てた邸宅》.
Márlborough lég 〘← *George Spencer, 4th Duke of Marlborough*〙 — *n.* モールバラ型の脚《18 世紀中期の英米の家具に用いられた断面が四角で直線の先細り形の脚; 後期 Chippendale 様式の椅子の脚》.
Mar·lene [mɑəlíːn, -léɪnə | mɑ́ːliːn, ⸗⸗, mɑːléɪnə; G. marléːnə] 〘《異形》← MADELEINE〙 *n.* 女性名.
mar·lin¹ [mɑ́əlɪn, -lən | mɑ́ːlɪn] 〘《略》← MARLINESPIKE: その口先が似ているところから〙 — *n.* (*pl.* ~, ~**s**)〘魚類〙**1** マカジキ《マカジキ科マカジキ属 (*Makaira*) の大西洋の暖海にすむ魚類の総称; クロカジキ (black marlin), ニシクロカジキ (blue marlin), バショウカジキ (sailfish) など; cf. swordfish 1》. **2** = spearfish.
mar·lin² [mɑ́əlɪn, -lən | mɑ́ːlɪn] *n.*〘海事〙=marline.
mar·line [mɑ́əlɪn, -lən | mɑ́ːlɪn] 〘(1485)《なぞり》← Du. *marlijn* ← *marren* to bind (⇨ marl²)+*lijn* 'LINE²'〙 *n.*〘海事〙マーリン, (よりのあまい)こより 2 本の細綱.
márline·spìke 〘(1626) ← *marling spike*: cf. marl², spike¹〙 — *n.* **1**〘海事〙マーリン スパイク, 綱通し針《綱をさばいたり, 細綱を他に通す時に用いる鉄製または木製の太いきり形の器具》. **2**〘鳥類〙=jaeger 3.
mar·ling [mɑ́əlɪŋ | mɑ́ː-] *n.*〘海事〙=marline.

marlinespikes 1

márlin·sùcker 〘← MARLIN¹+SUCKER〙 — *n.*〘魚類〙ヒシコバン (*Rhombochirus osteochir*)《カジキなどにつくコバンザメの一種》.
marl·ite [mɑ́əlaɪt | mɑ́ː-] 〘← MARL¹+-ITE¹〙 *n.*〘岩石〙マーライト, 泥灰岩《marlstone ともいう》.
mar·lit·ic [mɑəlíṭɪk | mɑːlít-] *adj.*
Mar·lon [mɑ́ələn | mɑ́ː-] 〘? ← OF *esmerillon* little falcon〙 *n.* 男性名.
Mar·lo·vi·an [mɑəlóuviən, -vjən | mɑːlə́uvjən, -vɪən] 〘⇨↓, -ian〙 *adj.* マーロー (Marlowe) の, マーロー風の, マーローに特有の.
Mar·lowe [mɑ́əlou | mɑ́ːləu], **Christopher** *n.* (1564–93) 英国の劇作家; *Tamburlaine* (上演 1587?), *Dr. Faustus* (上演 1588?), *Edward II* (1592?).
márl·pìt 〘⇨ marl¹〙 *n.* 泥灰土採取場.
márl·stòne *n.*〘岩石〙泥灰岩 (marlite).
marl·y [mɑ́əli | mɑ́ːli] 〘⇨ marl¹, -y⁴〙 — *adj.* (**marl·i·er**; **-i·est**; **more** ~, **most** ~) **1** 泥灰土状の, 泥灰質の. **2** 泥灰岩でできた, 泥灰土の多い[に富んだ].
márl·i·ness *n.*
marm [mɑ́əm | mɑ́ːm] 〘← MA'AM〙 *n.*《方言》=ma'am.
Mar·ma·duke [mɑ́əməd(j)ùːk | mɑ́ːmədjùːk] 〘late OE *Melmidoc* ← Celt.:《原義》'servant of MADOC'〙 — *n.* 男性名《愛称形 Duke》. ★イングランドの Yorkshire に多い.
mar·ma·lade [mɑ́əməlèɪd | mɑ́ː-] 〘(1524) ▭ F *marmelade* ▭ Port. *marmelada* ← *marmelo* quince < L *melimēlum* ▭ Gk *melímēlon* ← *méli* honey+*mēlon* apple: ⇨ -ade〙 — *n.* **1** マーマレード《柑橘(かんきつ)類(主にオレンジ)の実と皮から作るゼリー状のジャム》. **2**〘植物〙=marmalade tree.
mármalade trèe [plùm] *n.*〘植物〙熱帯アメリカ産アカテツ科の高木 (*Calocarpum mammosum*)《材は堅く, 果実 (mammee sapota) はジャムの材料》.
Mar·ma·ra [mɑ́əmərə | mɑ́ːm(ə)rə], **the Sea of** *n.* マルマラ海《トルコ北西部, アジアとヨーロッパの境にある海; Bosporus, Dardanelles 両海峡によってそれぞれ黒海とエーゲ海に通じる; 面積 11,472 km²; 別名 the Sea of Marmora; 古名 Proponent》.
mar·ma·tite [mɑ́əmətàɪt | mɑ́ː-] 〘▭ G *Marmatit* ← *Marmato* (南米 Columbia の地名): ⇨ -ite¹〙 — *n.*〘鉱物〙マーマタイト, 鉄閃(せん)亜鉛鉱《鉄分を 10 % 以上含む閃亜鉛鉱》.
Már·mes mán [mɑ́əmɪs-, -məs- | mɑ́ːmɪs-] 〘← *R.J. Marmes* (化石が発見された牧場の経営者)〙 — *n.*〘人類学〙マーメス人《有史以前の人類; その骨の化石の断片が 1965 年, Washington 州で発見され, 11,000 年以上も前のものであることが認められた》.
mar·mite [mɑ́əmaɪt, mɑəmíːt | mɑ́ːmaɪt, -miːt] 〘▭ F ~ 'kettle, pot' < OF ~ 'hypocritical' ← *marmouser* to murmur: ⇨ -ite¹〙 — *n.* **1 a** マルミット《金属製や土(陶)製のふた付きの大きな料理鍋; cf. stockpot》. **b** マルミット《小型のふた付き焼物のスープ用なべ; petite marmite ともいう》. **2** マルミットに入れて出されるスープ. **3** [M-]〘商標〙マルミット《麹(こうじ)のエキス[精剤]の一種; 肉・スープの調味料》.
Mar·mo·la·da [mɑ̀əmoulɑ́ːdə | mɑ̀ː-; *It.* marmoláːda] *n.* マルモラーダ(山)《イタリア北部の山, Dolomites Alps 中の最高峰 (3,342 m)》.
mar·mo·lite [mɑ́əməlàɪt | mɑ́ː-] 〘← Gk *marmaírein* to shine+-o-+-ITE¹〙 *n.*〘鉱物〙マーモライト, 白温石《蛇(じゃ)紋石 (serpentine) の一種》.
Mar·mo·ra [mɑ́əmərə, mɑəmɔ́ːrə, -mɔ́ːrə | mɑ́ːm(ə)rə], **the Sea of** *n.* =the Sea of MARMARA.
mar·mo·re·al [mɑəmɔ́ːriəl, -mɔ́ːr- | mɑːmɔ́ːrɪ-] 〘← L *marmoreus* of marble (← *marmor* marble)+-AL¹〙 — *adj.*《詩》**1** 大理石の, 大理石のような. **2** 滑らかな; 白い; 冷たい. **~·ly** *adv.*
mar·mo·re·an [mɑəmɔ́ːriən, -mɔ́ːr- | mɑːmɔ́ːrɪ-] *adj.* =marmoreal.
mar·mo·set [mɑ́əməsèt, -zèt, ⸗⸗⸗ | mɑ́ːmə(ʊ)zèt] 〘(*a*1398) *marmusette* ▭ (O)F *marmouset* grotesque carved figure《混成》? ← *marmot* little monkey, puppet《擬音語》+*marmouser* to grumble, mumble《擬音語》〙 — *n.*〘動物〙**1** キヌザル, マーモセット《中南米産キヌザル科キヌザル属 (*Callithris*) の各種の小型

のサルの総称；コモンマーモセット (*C. jacchus*) など》. **2** ＝pygmy marmoset.

mar·mot [máəmət | má:-] 〘《1607》□F *marmotte* the mumbling (animal)《逆成》← *marmottaine* < L *mūsmontānus* ← *mūs* mouse＋*montānus* of the mountains (← *mons* mountain): cf. Romanish *murmont*〙 ― *n.* 〘動物〙 **1** マーモット《アルプスやピレネー山脈にすむ *Marmota* 属の齧歯(げっし)類の動物の総称；アルプスマーモット (*M. marmota*), 米国産の woodchuck など》. ★ わが国で俗にいう「モルモット」(guinea pig) とは別. **2** マーモットと同類の動物の総称《prairie marmot など》.

marmot
(*M. bobak*)

Marne [máən | má:n; *F.* marn] *n.* **1** マルヌ(県)《フランス北部の県；人口 520,000, 面積 8,205 km², 首都 Chalons-sur-Marne》. **2** [the ～] マルヌ(川)《フランス北東部の川 (525 km)；戦跡 (1914, 1918, 1944)》.

Ma·ro [méɪ(ə)rou | méərəu] *n.* マロ《Virgil の家名 (family name)》. 「語名」.

Ma·roc [*F.* marɔk] *n.* マロク《Morocco のフランス

mar·o·cain [mǽrəkèɪn, ←―] 〘□F (*crêpe*) *marocain* Moroccan (crepe) ← *Maroc* 'MOROCCO'〙 ― *n.* **1** モロケイン《経糸(たて)に絹・レーヨン・毛などを用いた広東ちりめん (Canton crepe) より重いクレープ服地；crepe marocain ともいう》. **2** モロッコ赤 (Morocco red)《Sierra より赤く, 明るい感じの煉瓦色》.

Mar·o·nite [mǽrənàɪt] 〘□LL *Marōnita* ← *Marōn* (5世紀にシリアにいたというその開祖)：⇨ -ite¹〙 ― *n.* 〘カトリック〙 マロン教徒《レバノンに多いローマカトリック教会の一派の人》.

ma·roon¹ [mərú:n] 〘《1749》□F *marron* chestnut □It. *marrone*〙 *n.* **1** 栗色, えび茶色. **2** (警報用の)爆竹, 花火. ― *adj.* 栗色の, えび茶色の.

ma·roon² [mərú:n] 〘《1626》□F *marron* □Am.-Sp. *cimarrón* wild, untamed,《原義》living on mountain-tops ← *cima* top, summit < L *cȳma* young sprout of cabbage：⇨ cyme〙 ― *n.* **1** [通例 M-] マルーン《17-18 世紀に西インド諸島や Guiana の山中に逃げ込んだ黒人の脱走奴隷, またはその子孫》. **2** 《米南部》＝marooning party. **3** 孤島に置き去りにされた人. ― *vt.* **1** 〈海賊などが〉〈人を〉(刑罰として)孤島に捨てる：be ～*ed* on a desert island 孤島に置き去りにされる. **2** (孤島に捨てられたように)孤立させる：be ～*ed* by the flood 大水のために孤立する. ― *vi.* **1** 奴隷状態から逃れる. **2** のらくらする：～ about the island. **3** 《米南部》(数日間)ピクニック[キャンプ旅行]をする.

ma·róon·er 〘← MAROON²＋-ER¹〙 *n.* 海賊 (pirate).

ma·róon·ing pàrty *n.* 《米南部》 **1** 旅行, ピクニック (picnic). **2** キャンプ旅行.

ma·rou·flage [má:rəflà:ʒ, ←―; *F.* marufla:ʒ] 〘□F ← *maroufler* to glue canvas to a wall ← *maroufle* strong glue：⇨ -age〙 ― *n.* **1** (鉛白と油を用いて壁布を張る)布張り仕上げ(法). **2** (透かし細工の)裏布.

már·plòt 〘← *Marplot* (Susanna Centlivre (1667?-1723：英国の作家) の喜劇 *The Busy Body* (1709) の登場人物)：⇨ mar, plot〙 ― *n.* いらぬ干渉をして計画をぶちこわす人, ぶちこわし屋.

Marq. 《略》Marquess; Marquis.

Mar·quand [maəkwánd | má:kwənd], **J(ohn) P(hillips)** *n.* (1893-1960) 米国の小説家；*The Late George Apley* (1937).

marque¹ [máək | má:k] 〘《1447》□F ～ □Prov. *marca* ← *marcar* to seize in reprisal ← *marc* token of pledge ← Gmc **mark-* 'sign, MARK¹'〙 ― *n.* **1** ＝LETTER of marque. **2** 《廃》復讐(ふくしゅう), 仕返し (reprisal). **letter of marque** ⇨ letter.

marque² [máək | má:k] 〘□F ～ 'sign' ← *marquer* to mark □OIt. *marcare* ← *marca* (↑)〙 *n.* (スポーツカーなどの)型, 機種, 製品名.

mar·quee [maəkí: | ma:-] 〘《1690》《逆成》← MARQUISE：MARQUISE を pl. と誤解してできた語：cf. pea¹, cherry〙 ― *n.* **1** 《米》マーキー：**a** ホテルなどの玄関入口の上に突き出たガラスなどのひさし. **b** 映画館・劇場の入口の上に突き出た, 上演作品名や俳優の名が掲げられる照明のついたひさし. **2** 《英》大テント《特に祝祭・花市・園遊会などで使う》.

marquee 1 a

Mar·que·san [maəkéɪzn, -sn | ma:-] 〘← *Marques(as Islands)*＋-AN¹〙 ― *n.* **1** Marquesas Islands の(原)住民. **2** マルケサス語《Marquesas 諸島の住民の用いるオーストロネシア (Austronesia) 語族の言語》.

Mar·qué·sas Íslands [maəkéɪzəz-, -zəs-, -səz-, -səs- | ma:kéɪsæs-, -zæs-, -səs-, -zəs-] *n. pl.* [the ～] マルケサス諸島《太平洋南部にある 11 の火山島から成るフランス領の諸島；人口 6,000, 面積 1,252 km²》.

mar·quess [máəkwɪs, -kwəs | má:-] 〘《17C》□F ～《変形》← OF *marchis* ← *marche* 'MARCH²' ∽《?c1300》*markis* □OF: cf. marchioness〙 ― *n.* 《英》侯爵, …侯《duke と earl [count] の中間の爵位; cf. marchioness》.

mar·quess·ate [máəkwəsət, -sɪt | má:kwɪ-] 〘□F *marquisat*：⇨ marquess, -ate¹〙 *n.* 侯爵[女侯爵, 侯爵夫人]の領地[身分, 爵位].

mar·que·try [máəkətri | má:kɪtrɪ, -kə-] 〘《1563》□F *marqueterie* ← *marqueter* to mark, checker, vary, inlay ← *marque* 'MARK¹ (n.)'：⇨ -ry〙 ― *n.* (*also* **mar·que·te·rie** [～; *F.* markətri, -kɛ-]) (家具装飾用としての)象眼細工, 寄木細工, はめ木細工.

Mar·quette [maəkét | ma:-; *F.* markɛt], **Jacques** *n.* マルケット《1637-75；フランスのイエズス会の宣教師・カナダ探検家；通称 Père Marquette》.

Mar·qué·zas Íslands [maəkéɪzəz-, -zəs- | ma:-] *n. pl.* [the ～] ＝Marquesas Islands.

mar·quis [máəkwɪs, -kwəs, maəkí: | má:kwɪs; *F.* marki] 〘⇨ marquess〙 *n.* (*pl.* ～**·es**, ～ [～(z); *F.* ～]) ＝marquess.

Mar·quis [máəkwɪs, -kwəs | má:kwɪs], **Don(ald Robert Perry)** *n.* (1878-1937) 米国のユーモア作家・ジャーナリスト.

mar·quis·ate [máəkwəzət, -zɪt, -sət, -sɪt | má:kwɪz-] 〘← MARQUIS＋-ATE¹：cf. F *marquisat*〙 *n.* ＝marquessate.

mar·quise [maəkí:z | ma:-; *F.* marki:z] 〘《1783》□F ～ 'marchioness, marquee' (fem.) ← MARQUIS〙 ― *n.* (*pl.* **-quis·es** [～ɪz, ～əz, ～; *F.* ～]) **1** 侯爵夫人[未亡人]；女侯爵 (cf. marquess). ★ 英国以外の人に用いる (cf. marchioness). **2** 〘宝石〙 **a** マーキーズ形《先のとがった長円形に仕上げる宝石のカットの一つ；俗に水雷形という》. **b** マーキーズ形に仕上げた宝石《特にダイヤモンド》. **3** ＝marquee 2. **4** (18 世紀フランスで流行した全面布張りの)ひじ付き椅子, 安楽椅子 (marquise chair ともいう).

mar·qui·sette [mɑ̀əkí(w)ɪzét | mɑ̀:k(w)ɪ-; *F.* markizɛt] 〘□F ～ (dim.) ← *marquise* (↑)：⇨ -ette〙 ― *n.* 〘紡織〙 マーキゼット《綿・絹・人絹・ナイロンなどの光沢のある細かいメッシュの織物；カーテンや婦人・子供用服地》.

Márquis of Quéensberry rùles 〘← *8th Marquis of Queensberry* (1844-1900：この規則を定めたスポーツ好きの貴族)〙 ― *n. pl.* 〘ボクシング〙 クインズベリー侯爵ルール, クインズベリー規約《グラブの使用, ラウンド制などを定めた近代ボクシングの基本的規約；1867 年発表》.

már·quois scàle [máəkwɔɪz- | má:-] 〘← F *marquoir* marking instrument (used by tailors)：発明者の名と誤解された〙 ― *n.* 〘測量〙 マーコイズ計器《測量で, 平行線を引くのに用いる》.

Marr [máə | má:(r; *Russ.* már], **Nikolai Ya·kov·le·vich** [jákəvljivjitʃ] *n.* マール《1865-1934；ソ連の唯物論的言語学者；Stalin に批判された》.

Mar·ra·kech [mərá:kɪʃ, mæ̀rəkéʃ, mèr- | mæ̀rəkéʃ, mərǽkeʃ] *n.* (*also* **Mar·ra·kesh** [～]) マラケシュ《アフリカ北部 Morocco 西部の都市；もと南サルタン領の首都；人口 331,000》.

már·ram gràss [mǽrəm-] 〘□ON *marālm-r* ← *marr* sea＋*hālmr* haulm〙 *n.* 〘植物〙 ＝beach grass 1《単に marram ともいう》.

mar·riage [mǽrɪdʒ, mér- | mǽr-] 〘《c1300》*mariage* □(O)F ← *marier* 'to MARRY¹'：⇨ -age〙 ― *n.* **1 a** 結婚, 婚姻, 縁組：(an) early [(a) late] ～ 早[晩]婚 / a ～ *for* love [money] 恋愛結婚[金目当ての結婚] / a child by a previous ～ 前夫[先妻]の子 / contract [make] a ～ with …と婚姻を結ぶ / propose ～ to a young lady 若い女性に結婚を申し込む / one's uncle by ～ 妻[夫]のおじ；おばの夫, 義理のおじ / give [take] a person in ～ 人を嫁[婿]にやる[とる] / He made a good ～. 彼は良妻を迎えた / ⇨ civil marriage, common-law marriage, companionate marriage, left-handed marriage. **b** 夫婦関係, 結婚生活 (wedlock)：in [out of] ～ 結婚[未婚]生活で. **2** 結婚式, 婚儀, 婚礼 (wedding)：perform [celebrate] a ～ 結婚式を行なう. **3** 密接な結合, 合体, 一致, 融合：a new genre of art through the ～ of sculpture and architecture 彫刻と建築の結合による新しい芸術. **4** 〘トランプ〙 マリッジ：**a** sixty-six の変種. **b** ピノクル (pinochle) などの手段の一つで同じスーツのキングとクイーンの組合せ.

ask in marriage 〈女〉に結婚を申し込む (propose)：She was *asked in* ～ by a rich man.

marriage of convenience 〘《なぞり》← F *mariage de convenance*〙 (愛情によらない)便宜上の[打算的な]結婚, 政略結婚.

marriage of the Adriatic [the ―] アドリア海との結婚の儀式《昔, Venice で昇天祭の日総督 (doge) が海に指輪を投じて行なった儀式; cf. bucentaur²》.

― *attrib. adj.* 結婚の；夫婦生活の：the ～ tie 夫婦の縁 / the ～ market 結婚市場《結婚相手の需要供給》.

mar·riage·a·ble [mǽrɪdʒəbḷ, mér- | mǽr-] *adj.* 婚期に達した, 年ごろの：～ age 婚期 / a ～ daughter. **～·ness** *n.* **màr·riage·a·bíl·i·ty** [-dʒəbíləṭi | -lə-tɪ, -lɪ-] *n.*

márriage àrticles *n. pl.* 〘法律〙 (結婚前あらかじめ婚姻による継承的不動産処分 (settlement) に必要な基礎的事項について定める)結婚約定書.

márriage bèd *n.* 枕を共にするベッド；新婚夫婦のちぎり：defile [violate] the ～ 姦通する.

márriage bròker *n.* 仲人業者.

márriage còntract *n.* 〘法律〙 **1** ＝marriage settlement. **2** 夫婦間の(財産)契約.

márriage lìcense *n.* (資格のある役人か聖職者が発行する)婚姻許可証.

márriage lìnes *n. pl.* 《英》結婚証明書.

márriage pòrtion *n.* 持参金. 「式.

márriage sèrvices *n. pl.* (教会での)結婚式, 聖婚

márriage sèttlement *n.* 〘法律〙 婚姻継承的不動産処分《不動産譲渡の性質をもった継承的不動産処分；婚姻することを条件として婚姻の前に婚姻当事者の双方または一方あるいは両親や親族が設定する》.

már·ried 〘《a1376》(p.p.) ← MARRY¹〙 ― *adj.* **1** 配偶者のある, 既婚の (↔ single, celibate)：a ～ man [woman]. **2 a** 結婚で結ばれた (wedded)：a newly ～ couple 新婚夫婦. **b** 結婚して生じる, 夫婦の, 結婚の (connubial)：～ happiness, misery, etc. / ～ love 夫婦愛 / (a) ～ life 結婚生活. **3** 《英》〘映画〙〈プリントが〉画像とサウンドトラックが共に記録された：a ～ print. ― *n.* (*pl.* ～**s**, ～) 既婚者 (married person)：young ～*s* 新婚夫婦.

már·ri·er 〘⇨ marry¹, -er¹〙 *n.* **1** 結婚する人. **2** 結婚式を司る役人[牧師].

mar·ron [mæ̀rɔ́:(ŋ), -rɔ́(:)ŋ; *F.* marɔ̃] 〘□F ～ 'chestnut'：cf. maroon¹〙 ― *n.* **1** 〘植物〙 ヨーロッパグリの実 (spanish chestnut). **2** [*pl.*] ＝marrons glacés. **3** ＝maroon¹ 1. **4** ＝maroon¹ 2.

mar·rons gla·cés [―←glæséɪ; *F.* -glase] 〘□F ～ 'glazed chestnuts'〙 *n. pl.* マロングラッセ《バニラ風味のシロップで煮つめてから乾かし表面に薄く砂糖衣を被せた栗；単に marrons ともいう》.

mar·row¹ [mǽrou, mér-, -rə | mǽrəu] 〘OE *mærg, mærh* < Gmc **mazgam, *mazgaz* (Du. *merg* / G *Mark*) ← IE **moz-g-o-* marrow〙 ― *n.* **1** 〘解剖〙 髄 (pith)；骨髄 (bone marrow)：⇨ spinal marrow. **2 a** 真髄, 精髄：the pith and ～ of religion 宗教の精髄. **b** 力, 活力, 精気 (strength, vitality)：It takes the ～ out of a man. それは男の精力を奪ってしまう. **c** 濃厚な滋味のある食物：～ and fatness 髄と脂 (cf. *Ps.* 63:5). **3** 《英》〘園芸〙 ＝vegetable marrow.

to the marrow (***of one's bones***) 骨の髄まで；徹底的に：be frozen [chilled] *to the* ～ 骨の髄まで凍る, 体のしんまで冷える / He is a communist *to the* very ～ *of his bones.* 彼は骨の髄まで共産主義者だ.

mar·row² [mǽrou, -rə | -rəu] 〘《c1440》*marwe, maroo* □? ON *margr* friendly, communicative,《原義》many〙 ― *n.* 《スコット・北英》 **1** 相棒, 連れ (companion, partner). **2** 連れ合い, 配偶者 (consort)；恋人 (lover). **3** 対の一つ (match). 「つける」インゲンマメ.

márrow bèan *n.* 〘園芸〙 (白くやや大きめの種子を

márrow·bòne 〘ME *marybon*：⇨ marrow¹, bone¹〙 ― *n.* **1** 髄のはいっている骨《料理に使う》. **2** [*pl.*] 《戯言》ひざ (knee)：get [go] down on one's ～*s* ひざまずく / Down on your ～*s*! ひざまずけ / I want to bring him to his ～*s*. 彼をひざまずかせてやりたい.

márrow·fàt 〘← MARROW¹＋FAT (n.)〙 ― *n.* 〘園芸〙 マローファット《一品種の青実用エンドウ；米国では大粒で白または黄色の種子をつけ種皮は乾いても平滑；英国では白または緑色種子をつけ種皮は乾くとしわになる品種も含む；marrowfat pea ともいう》.

márrow·less *adj.* 髄のない, ぐにゃりとした.

márrow-spòon *n.* 骨から髄をすくい出すための細長いさじ. 「vegetable marrow.

márrow squàsh 〘cf. marrow¹〙 《米》〘園芸〙 ＝

mar·row·y [mǽroui, mér- | mǽrəuɪ] 〘⇨ marrow¹, -y⁴〙 *adj.* **1** 髄のある. **2 a** 強い, 精力的な. **b** 〈文章など〉簡潔で力のある (pithy).

mar·ry¹ [mǽri, méri | mǽrɪ] 〘《c1300》*marie(n)* □(O)F *mari-er* < L *marītāre* to marry ← *marītus* married, husband < ? **marī-tos*《原義》provided with a bride ← IE **meryo-* young woman (Skt *marya* young man)〙 ― *vt.* **1 a** …と結婚する (wed)：He *married* my sister. 彼は私の妹と結婚した. **b** [通例 p.p. 形で] 結婚させる：be *married to*…を妻[夫]にもつ, …と結婚している / be well *married* 相当の所に縁づいている / get *married* 結婚する / He was *married to* his friend's sister. 彼は友人の妹と結婚した / He is *married*(,) with (＝and has) two children. 彼は結婚して子供が二人いる. **c** 〈親・保護者が〉〈子を〉結婚[嫁入り]させる〈*off*〉：He *married* his daughter (*off*) *to* a teacher. 彼は娘を教師に嫁がせた. **d** 〈牧師が〉(結婚式を行なって)夫婦にする：The clergyman *married* Mary *to* John. 教師はメアリとジョンとを夫婦にした / The happy pair were *married* by the bishop of the diocese. 二人はめでたくも教区の主教のもとで結婚式を挙げた. **e** 結婚して〈物・金などを〉手に入れる,〈物・金〉と結婚する：～ money. **2** 密着させる, 密接に結合させる：～ intellect with sensibility 知性を感性に融合させる / a ditty *married to* a beautiful air 美しい節の付いた小歌. **3** 〘海事〙〈2 本の綱〉の端と端とを(太さを増さないように)接合する (splice).

― *vi.* **1** 結婚する, 嫁ぐ, 婿[嫁]をもらう：～ for love [money] 恋愛結婚する[金目当ての結婚をする] / He *married with* her.《古》彼女と結婚した / He *married* late in life. 彼は晩婚であった / ～ below [beneath] one 自分より身分の低い人と結婚する / ～ above one 自分より身分の高い人と結婚する / a ～*ing* man《口語》結婚しそうな[したがっている]男 / a ～*ing* income 結婚するに足る収入 / *Marry* in haste, and repent at leisure.《諺》あわてて結婚ゆっくり後悔 / She *married* out of school [college]. 学校[大学]を出ると(すぐ)結

婚した. **2** 〔…と〕調和する, 合う〔*with*〕: Coffee and milk ~ well. / Coffee *marries with* milk. コーヒーは牛乳と合う.
marry into …と姻戚になる: ~ *into* a class above one 自分より階級の上の人と結婚する / A woman of no birth may ~ *into* the purple. ⇨ purple 3 b.
marry over the broomstick ⇨ broomstick 成句.
marry up 《口語》夫婦にする, いいなずけにする: I *married* her *up to* my son. 彼女を息子と結婚させた.
marry with the left hand ⇨ hand 成句.
mar·ry² [mǽri, méri | mǽri] 〘《*a*1375》: 《婉曲語法による変形》← (*the Virgin*) MARY〙 ── *int.* 《古》おや, よしきた, いいとも, もちろん(さ), たまげた, へーえ《驚き・断言・怒り・疑いなどを表わし, また come up を伴って疑念・軽蔑などを表わす》: *Marry* come up! まさか, 何だって.
Mar·ry·at [mǽriət, mér- | mǽriət], **Frederick** *n.* (1792–1848) 英国の小説家・海軍大佐; *Mr. Midshipman Easy* (1836); 通称 Captain Marryat.
már·ry·er *n.* =marrier.
Mars [máəz | má:z] 〘《*c*1385》□ L *Mārs* ← ?: cf. Gk *márnamai* I fight〙 ── *n.* **1 a** 〘ローマ神話〙マールス《軍(いくさ)の神, ギリシャ神話の Ares に当たる; cf. Bellona》. **b** 戦争; 武勇, 武運. **2** 〘天文〙火星《衛星 Phobos, Deimos》.

Mars 1 a

MARS 《略》manned astronautical research station.
mar·sa [má:sə, máə- | má:-] *n.* 《米南部》=massa.
Mar·sa·la [maəsá:lə | ma:-; *It.* marsá:la] 〘□ Arab. *Mirsā-llāhi* 《原義》the Port of God〙 ── *n.* **1** マルサーラ《イタリア Sicily 島西部の港市・要塞; マルサーラぶどう酒の積出し港; 人口 80,000》. **2** マルサーラ(ワイン)《イタリア Marsala 産の sherry に似た甘口の強化ぶどう酒; 主に食後酒に用いる》.
Márs brówn *n.* **1** 薄茶色. **2** 〘顔料〙マルスブラウン《酸化鉄から成るマルス系顔料の一つ》.
marse [má:s, máəs | má:s] *n.* 《米南部》=massa.
Mar·seil·laise [màəsəléɪz, -seɪéɪz | mà:seɪ(j)éɪz, -səléɪz; *F.* marsɛjɛ:z] 〘《1826》□ F ~ (fem.) ← *Marseillais* of Marseilles〙 ── *n.* [通例 La ~, 時に the ~] ラ マルセイエーズ《フランス国歌; 1792 年 Rouget de Lisle が作詞・作曲; 同年 8 月 Marseilles の義勇兵が Paris 進軍の際に初めて歌ったためこの名がある》.
mar·seilles [maəséɪlz | ma:séɪ, -séɪlz] 〘□ F ~ (↓)〙 *n.* (*pl.* ~) マルセーユ織《浮上げ模様の厚地のあぜ織り木綿》.
Mar·seilles [maəséɪ, -séɪlz | ma:séɪ, -séɪlz] *n.* マルセーユ《フランス南東部にある同国最大の商港で同国第二の大都市; Bouches-du-Rhône 県の首都; 人口 915,000; フランス語名 Marseille [marsɛj]》.
Marséilles sòap *n.* マルセル[マルセーユ]石鹸《元来はオリーブ油を原料として Marseilles 地方で製造された石鹸; 絹の製練・羊毛の洗浄などに用いる; cf. Castile soap》.
mar·sel·la [maəsélə | ma:-] *n.* 〘紡織〙=marcella.
marsh [máəʃ | má:ʃ] 〘OE *mersc*, *merisc* ← (WGmc) **mariska-* water-logged land (Du. *mars* / G *Marsch*): cf. mere¹〙 ── *n.* 沼地, 沼沢, 湿地 (bog, swamp). ★ ラテン語系形容詞: paludal.
Marsh [máəʃ | má:ʃ], **Dame Ngai·o (Edith)** [náɪou | -əu] *n.* (1899–1982) ニュージーランドの女流推理小説家.
Marsh, Reginald *n.* (1898–1954) 米国の画家.
Mar·sha [máəʃə | má:-] 〘《異形》← MARCIA〙 *n.* 女性名.
mar·shal [máəʃəl | má:-] 〘《1258》*mareschal* □ OF (F *maréchal*) < LL *mariscalcum* □ Gmc **marχaskalkaz* (G *Marschall*) ← **marχaz* horse+**skalkaz* servant (cf. OE *scealc*): ⇨ mare¹, seneschal〙 ── *n.* **1** 〘軍事〙軍の高官, 元帥: the ~ of France フランス陸軍元帥 / *Marshal* Foch (フランスの)フォッシュ元帥 / ⇨ air chief marshal, air marshal, air vicemarshal, field marshal. **2 a** 《米》(連邦裁判所の)執行官《各裁判管轄区に任命され, sheriff に相当する職務をする》. **b** 《米》(ある州で)警察官, 警察署長, 消防署長: ⇨ fire marshal. **c** 《英》(巡回裁判所で)判事付き事務官《judge's marshal ともいう》; 司法秘書官. **d** 《英》(大学の学生監 (proctor) 付きの)巡視 (bulldog). **e** =provost marshal. **3 a** (王室・宮廷などの)高官: ⇨ knight marshal 1. **b** 《英》(イングランド, ウェールズおよび北アイルランドを統轄する)紋章院総裁 (Earl Marshal). **c** 儀式係, 会場整理係, 進行係, (宴会などの)接待係. **4** 《廃》馬丁 (groom).
marshal at arms 《米》(議院の)守衛官 (《英》sergeant at arms).
Marshal of the Royal Air Force 英国空軍元帥.
── *v.* (**mar·shaled, -shalled; -shal·ing, -shal·ling**) ── *vt.* **1** 〈人を〉整列させる, 所定の位置に着かせる; (礼儀正しく)案内する (usher), 案内して連れて行く: ~ persons in a procession [at a banquet] 人々を行列[宴会]の位置に着かせる / ~ a person into his place 人を座席に案内する. **2** (戦闘などのため)〈軍隊を〉配列する, 結集する; 整列させる: ~ the soldiers, troops, etc. **3** 整備[整理]する: ~ facts [papers] 事実[書類]を整備する / ~ arguments 議論を組み立てる. **4** 〘紋章〙〈紋を〉紋地に配列する. **5** 〘商業〙〈資産・有価証券など〉の配当順位を決める. ── *vi.* 整列[集合]する.
Mar·shal [máəʃəl | má:-] 〘氏族名から: ↑〙 *n.* 男性名.
mar·shal·cy [máəʃəlsi | má:ʃəlsi] 〘《*c*1330》□ AF *maerschalcie*=OF *mareschaucie* < Frankish L *mariscalcie* ← *mariscalcus*: ⇨ marshal, -cy〙 ── *n.* marshal の職[地位].
márshaling yàrd [-lɪŋ-] 〘⇨ marshal, -ing¹〙 *n.* (鉄道の)操車場 (railway-yard).
Mar·shall [máəʃəl | má:-] 〘⇨ Marshal〙 *n.* 男性名.
Marshall, Alfred *n.* (1842–1924) 英国の経済学者.
Marshall, George C(at·lett) [kǽtlɪt, -lət] *n.* (1880–1959) 米国の将軍・政治家; 国務長官 (1947–49); Nobel 平和賞 (1953); ⇨ Marshall Plan.
Marshall, Thur·good [θɔ́:gʊd | θɔ́:-] *n.* (1908–　) 米国の法律家, 黒人最初の最高裁判事 (1967–　).
Mar·shall·ese [màəʃəlí:z, -lí:s | mà:ʃəlí:z] 〘⇨ ↓, -ese〙 ── *n.* (*pl.* ~) **1** マーシャル諸島 (Marshall Island) の住民; (特に)その原住民. **2** マーシャル諸島の言語《マライポリネシア語族に属する》. ── *adj.* **1** マーシャル諸島の: マーシャル諸島(原)住民の. **2** マーシャル諸島の言語の.
Mar·shal·li·an k [maəʃǽliən- | ma:ʃǽlɪ-] *n.* 〘経済〙マーシャルの k《貨幣総供給量と名目国民総生産との比率》.
már·shal·ling [-lɪŋ] *n.* 〘紋章〙紋章の組み合わせ《結婚・領土の併合など, 個人・国家の別なく, 西洋の紋章は複数の紋章を組み合わせる場合が多く, 一つの盾に二つ以上の紋章を組み込むことをいう; その方法には dimidiation, impalement, quartering などがある》.
Márshall Íslands [máəʃəl- | má:-] 〘← *John Marshall* (英国の探検家, 1788 年に命名)〙 ── *n. pl.* [the ~] マーシャル諸島《西太平洋 Micronesia 東部 34 の島からなる諸島; Bikini 環礁, Eniwetok 環礁などを含む; 旧日本委任統治領 (1920–44), 現在は米国の信託統治領; 人口 24,000, 面積 181 km²》.
Márshall Plàn *n.* [the ~] マーシャル プラン《米国務長官 G. C. Marshall の提案による第二次大戦後のヨーロッパ復興計画; cf. European Recovery Program》.
Mar·shal·sea [máəʃəlsi:, -si | má:ʃəlsi:, -sɪ] 〘《16C》《通俗語源》← MARSHAL+SEE¹ ∽ 《*a*1338》*marchalsye*: ⇨ marshalcy〙 ── *n.* [the ~] 〘英史〙 **1** 王室裁判所《London にあった knight marshal の法廷; 王宮から 12 マイル以内で起こった王室とかかわりのある事件を扱ったが 1849 年廃止》. **2** 王座部監獄《London の Southwark にあった王座部管轄の監獄; 初めは王室裁判所での有罪者や海事関係有罪者を収容したが, 17 世紀以後は主として債務者監獄 (debtors' prison) として使用され, 1842 年廃止》.
márshal·shìp *n.* =marshalcy.
mársh cìnquefoil *n.* 〘植物〙バラ科キジムシロ属の植物 (*Potentilla palustris*)《bog strawberry ともいう》.
mársh crèss *n.* 〘植物〙スカシタゴボウ (*Rorippa islandica*)《北米・ユーラシア大陸産アブラナ科イヌガラシ属のオランダガラシに類する湿地性植物》.
mársh dèer *n.* 〘動物〙ヌマジカ (*Blastocerus dichotomus*)《川・沼地にすむ南米産の大型のシカ》.
mársh èlder *n.* 〘植物〙 **1** テマリカンボク (guelder rose). **2** 米国南東岸の塩性地に生えるキク科 *Iva* 属の低木の総称 (*I. frutescens* など).
mársh gàs *n.* 〘化学〙沼気, メタン (methane).
mársh gràss *n.* 〘植物〙=cordgrass.
mársh hàrrier *n.* 〘鳥類〙チュウヒ (*Circus aeruginosus*)《タカの一種》.
mársh hàwk *n.* 〘鳥類〙 **1** ハイイロチュウヒ (*Circus cyaneus*)《羽色が雄は灰色, 雌は褐色のタカの一種》. **2** チュウヒ (marsh harrier).
mársh hèn *n.* 〘鳥類〙 **1** 沼地に生息するクイナ科の鳥類の総称《king rail, イリエクイナ (clapper rail), アメリカオオバン (American coot) など》. **2** サンカノゴイ (bittern). **3** バン (moorhen).
mársh·i·ness *n.* 沼地性.
mársh·lànd *n.* 湿地地帯, 沼沢地.
marsh·mal·low [máəʃmèlou, -mæ̀l-, -lə | mà:ʃmǽləu, ⌐–⌐] 〘OE *merscmealwe*: ⇨ marsh, mallow〙 ── *n.* **1** 〘植物〙ウスベニタチアオイ (*Althaea officinalis*)《タチアオイの類の多年性植物; 湿地に生える; 根は粘滑剤》. **2** 〘植物〙=rose mallow 1. **3** マシュマロ《もとは marshmallow の根を原料にしてつくった菓子; 今は卵白・ゼラチン・砂糖などでつくる》.
marsh·mal·low·y [máəʃmèloui, -mæ̀l- | má:ʃmæ̀ləui] *adj.*
mársh màrigold *n.* 〘植物〙リュウキンカ (*Caltha palustris*)《北半球の温帯および寒帯の湿地に生じるキンポウゲ科の植物; cowslip, goldcup ともいう》.
mársh pùrslane *n.* 〘植物〙アカバナ科ミズユキノシタ属の草本 (*Ludwigia palustris*)《water purslane ともいう》.
mársh spòt 〘初め低地栽培のエンドウ (pea) に多く発生したことから〙 *n.* 〘植物病理〙マンガン欠乏による豆の病気.
mársh tèa *n.* 〘植物〙イソツツジ, ニクケイソウ (*Ledum palustre*)《ツツジ科イソツツジ属の北半球の寒帯の湿地に生じる常緑低木; 葉には特異な香りがある》.
Mársh tèst [máəʃ- | má:ʃ-] 〘← *James Marsh* (1794–1846: 英国の化学者)〙 *n.* 〘化学〙マーシュ試験《ヒ素鏡によるヒ素検出法》.
mársh tìt *n.* 〘鳥類〙ハシブトガラ (*Parus palustris*)《ヨーロッパに生息するシジュウカラ属のコガラに近似の小鳥》.
mársh trèfoil *n.* 〘植物〙ミツガシワ (⇨ buckbean).
mársh wrèn *n.* 〘鳥類〙ミソサザイ《米国の沼地にすむミソサザイの類の鳥類の総称; ヌマミソサザイ (*Cistothorus platensis*), ハシナガヌマミソサザイ (*Telmatodytes palustris*) など》.
marsh·y [máəʃi | má:ʃɪ] 〘《*c*1395》: ⇨ marsh, -y⁴〙 ── *adj.* (**marsh·i·er; -i·est**) **1** 〈土地が〉沼地の(ような), 沼地の多い; 湿地の (boggy, swampy): a ~ ground 沼沢地, 湿地. **2** 沼地に生じる: ~ weeds 沼地の雑草 / ~ vegetation 湿地性植物.
Mar·sil·e·a·ce·ae [maəsìliéɪsiì: | ma:sìlɪ-] 〘← NL ~ ← *Marsilea* (属名) ← *Luigi Ferdinando Marsigli* (1658–1730: イタリアの博物学者): ⇨ -aceae〙 *n. pl.* 〘植物〙デンジソウ科. **mar·sìl·e·á·ceous** [-ʃəs] *adj.*
mar·si·po·branch [máəsəpo(ʊ)brǽŋk | má:sɪpə(ʊ)-] 〘↓〙 *adj., n.* 〘魚類〙=cyclostome.
Mar·si·po·bran·chi·a·ta [màəsəpo(ʊ)brǽŋkiá:tə, -kiéɪ- | mà:sɪpə(ʊ)brǽŋkɪá:tə, -kɪéɪ-] 〘← NL ~ ← Gk *mársipos* bag, purse+NL *Branchiata* (← Gk *bránkhia* gills): ⇨ marsupial, branchia〙 ── *n. pl.* 〘魚類〙=Cyclostomi.
Mar·so·khod, m- [màəsəkɔ́:t, -xɔ́:t | mà:-; *Russ.* marsaxót] 〘□ Russ. ~ ← MARS+(LUN)OKHOD〙 ── *n.* マルソホート《ソ連の火星探査車; cf. Lunokhod, Planetokhod》.
Márs réd *n.* **1** 濃い黄赤色. **2** マルスレッド《酸化鉄から成るマルス系顔料》.
Mar·ston [máəstən, -stn̩ | má:-], **John** *n.* (1575?–1634) 英国の劇作家・風刺詩人; *History of Antonio and Mellida* (1602).
Márston Móor 〘OE *Mersć-tūn* 《原義》homestead by a marsh: ⇨ marsh, -ton〙 ── *n.* マーストンの荒野《イングランド North Yorkshire 州西部にある荒野; Cromwell の議会軍が国王軍を破った古戦場 (1644)》.
marsupia *n.* marsupium の複数形.
mar·su·pi·al [maəsú:piəl | ma:s(j)ú:pjəl, -pɪəl] 〘《1696》← NL *marsūpiāl-is*: ⇨ marsupium, -al¹〙 〘動物〙 ── *adj.* **1** 袋の, 袋状の: the ~ muscle 袋筋. **2** 育児嚢(のう) (marsupium) の(ある); 有袋目の. ── *n.* 有袋目の哺乳類《コモリネズミ (murine opossum), カンガルー (kangaroo) など》.
marsúpial bóne *n.* 〘動物〙袋骨《カンガルーなどの袋の皮を支えている 2 個の骨の一つ》.
Mar·su·pi·a·li·a [maəsù:piéɪliə | ma:s(j)ù:piéɪljə, -lɪə] 〘← NL ~ ← L *marsūpium* (⇨ marsupium)+-ALIA〙 ── *n. pl.* 〘動物〙有袋目. **màr·su·pi·á·li·an** [-liən | -ljən, -lɪən] *adj.*
mar·su·pi·al·i·za·tion [maəsù:piəlɪzéɪʃən, -lə- | ma:s(j)ù:piəlaɪ-, -lɪ-] *n.* 〘外科〙造袋術.
mar·su·pi·al·ize [maəsú:piəlàɪz | ma:s(j)ú:pɪə-] 〘⇨ marsupial, -ize〙 *vt.* 〘外科〙…に造袋術を行なう.
marsúpial móle *n.* 〘動物〙フクロモグラ (*Notoryctes typhlops*)《オーストラリア産のモグラ; 外形は食虫類のキンモグラ (golden mole) に似ているが, 雌に育児嚢(のう)がある; pouched mole ともいう》.
marsúpial wólf [tíger] *n.* =Tasmanian wolf.
mar·su·pi·um [maəsú:piəm | ma:s(j)ú:pɪ-] 〘← NL ~ ← L *marsūpium* purse, pouch □ Gk *marsúpion*, *marsípion* (dim.) ← *mársipos* bag, purse □ ? Avest. *marshū* belly〙 ── *n.* (*pl.* **-pi·a** [-piə | -pɪə]) 〘動物〙(有袋目の動物の)育児嚢(のう).
Márs víolet *n.* **1** 濃い灰色がかった紫色. **2** 〘顔料〙マルスバイオレット《酸化鉄から成るマルス系顔料》.
Mar·sy·as [máəsiəs | má:sɪəs, -sjəs] 〘□ L ~ □ Gk *Marsúas*〙 *n.* 〘ギリシャ神話〙マルシュアース《Phrygia の Marsyas 河畔に住んでいた森の神; 笛の名手; Apollo との演奏競べに敗れ生き皮をはがれた》.
Márs yéllow *n.* **1** 橙色. **2** マルスイエロー《水酸化鉄から成る黄色顔料; 各種マルス系顔料の原料》.
mart¹ [máət | má:t] 〘《1437》□ Du. 《廃》~ 《変形》← *markt* market □ L *mercātus*: ⇨ market〙 ── *n.* **1** 市場; 商業中心地. **2** 《古》定期市 (fair). **3** 《廃》売買 (bargain).
mart² [máət | má:t] 〘□ Gael. ~ =Irish ~ 'cow, ox'〙 *n.* 《スコット・北英》 **1** 屠殺用に太らせた牛. **2** 冬季用に塩漬け貯蔵された肉.
Mart [máət | má:t] 〘1: (dim.) ← MARTHA. 2: (dim.) ← MARTIN〙 *n.* **1** 女性名. **2** 男性名.
Mar·ta [máəṭə | má:tə; *It.* márta] 〘《変形》← MARTHA: イタリア・スペイン・スウェーデン語形〙 *n.* 女性名.
mar·ta·gon [máəṭɪgən, -ṭə- | má:tə-] 〘《1477》□ F ~ □ Turk. *martagân* 《原義》turban〙 *n.* 〘植物〙=Turk's-cap lily a.
mar·tel [máəṭel, ⌐–⌐ | ma:tél] 〘□ OF ~ (F *marteau*) < VL **martellum*=L *martulus* (dim.) ← *marcus* hammer〙 ── *n.* 鉄槌(てっつい) (hammer); (特に)=martel-de-fer.
Martel, Charles *n.* ⇨ Charles Martel.
martel-de-fer [máəṭel-də-féə | má:tel-də-féə(r)] 〘□ F ~ 《原義》hammer of iron〙 ── *n.* 戦槌《中世で騎馬隊がよろいを破るのに用いた尖った一端をもつハンマー状の武器》.

mar·te·lé [mɑ̀ətəléɪ, -ṭḷ- | mɑ̀ːtəl-, -ṭḷ-; *F.* martəle] 〘⊏F ～ 'hammered': ⇨ martel〙 *adj., adv.* 〘音楽〙マルトレ (⇨ martellato).

mar·tel·la·to [mɑ̀əṭəlɑ́ːṭoʊ | mɑ̀ːtəlɑ́ːtəʊ; *It.* màrtellá:to] 〘⊏It. ～ (p.p.) ← *martellare* to hammer ← *martello* hammer: ⇨ martel〙 ― *adj., adv.* 〘音楽〙マルテラート奏法の[で]《用弓擦弦楽器の一奏法; 弓に弾力をつけ弦を押えるようにして短く・鋭く・続けて奏する; martelé ともいう》. 「tower.

mar·tel·lo, M- [mɑəṭéloʊ | mɑːtéləʊ] *n.* ＝Martello

Martéllo tòwer, m- t- 〘← *Mortella* (フランス南東部 Corsica 島内の岬, そこに築かれた仏軍の砲台を模したことから)〙 ― *n.* 石造の円形砲塔《Napoleon 戦争当時, フランス軍の侵入に備えて英国の東部・南部海岸に築かれた》.

mar·tem·per [mɑ́ətèmpə | mɑ́ːtèmpə(r)] 〘← MAR(TENSITE)＋TEMPER〙 *vt.* 〘金属加工〙マルテンパーする (⇨ martempering).

már·tèm·per·ing [-p(ə)rɪŋ] *n.* 〘金属加工〙マルテンパー, マルテンサイト時効《オーステナイト化温度から熱浴に焼入れした後マルテンサイト温度域で恒温保持し, 室温に空冷する熱処理》.

mar·ten [mɑ́ətn̩, -tɪn, -tən | mɑ́ːtɪn, -tn̩] 〘《15C》 *martren* ⊏OF *martrine* 《原義》 fur of marten 《名詞的用法》 ← *martrin* (adj.) ← *martre* marten ⊏Frank. **martar* (cf. G *Marder*)〙 ― *n.* (*pl.* ～, ～s) **1** 〘動物〙 **a** テン《テン属 (*Martes*) の動物の総称》. **b** ＝yellow-throated marten. **2** テンの毛皮 (cf. sable).

mar·tens·ite [mɑ́ətn̩zàɪt | mɑ́ː-] 〘← *A. Martens* (*d.*1914: ドイツの冶金学者): ⇨ -ite[1]〙 *n.* 〘冶金〙マルテンサイト《焼入れ鋼の組織》.

Mar·tha [mɑ́əθə | mɑ́ː-] 〘⊏LL ～ ⊏Aram. *Mārᵉthā* 《原義》 lady, mistress (fem.) ← *mār, mārā* lord〙 ― *n.* **1** 女性名《愛称形 Mart, Martie, Mattie, Matty, Patty; 異形 Marta》. **2** 〘聖書〙マルタ《ラザロ (Lazarus) とマリヤ (Mary) の姉; そのベタニヤ (Bethany) にある家をイエスがしばしば訪れた; ベタニヤのマルタ (Martha of Bethany) ともいう; cf. *Luke* 10: 38-42, *John* 11: 1-44》.

Már·tha's Víneyard [mɑ́əθəz- | mɑ́ː-] 〘← ? *Martha* (英国の航海家で米国 Jamestown を開拓した Bartholomew Gosnold (*d.* 1607) の娘の名)〙 ― *n.* 米国 Massachusetts 州南東岸沖の島, Cape Cod の南西沖にある; 避暑地; 人口 6,100, 面積 282 km².

Mártha Wáshington chàir 〘← *Martha Washington* (1731-1802: G. Washington の妻)〙 ― *n.* マーサワシントン椅子《18 世紀末に用いられた, 高い背と座が全面布張され開放のひじ掛けと先細りの脚を備えた (Hepplewhite, Sheraton 様式の)椅子》.

Mártha Wáshington gerànium 〘↑〙 ― *n.* 〘植物〙アフリカ南部産フウロソウ科の白から深紅色に至る花をつけるゼラニウム[ペラルゴニウム]の類の小低木 (*Pelargonium domesticum*)《観賞用; Lady Washington geranium ともいう》.

Mar·tí [mɑətíː | mɑː-; *Sp.* martí], **José** *n.* マルティ《1853-95; キューバの詩人・評論家・愛国的革命家; *Nuestra América*「われらのアメリカ」(評論集 1891)》.

mar·tial [mɑ́əʃəl | mɑ́ː-] 〘《*c*1385》 *marcial* ⊏(O)F *martial* ∥ L *martiāl-is* of Mars: ⇨ Mars, -ial〙 ― *adj.* **1** 戦争の[に適する, に関する]: ～ music 軍楽. **2 a** 武勇の, 勇壮な, 好戦的な (militant): a ～ nation 尚武的国民; 好戦的国民 / ～ spirit 武勇の精神, 軍人精神, 士気. **b** 軍人らしい, 軍人にふさわしい: a ～ stride 軍人らしい濶歩(かっぽ). **3** 軍の, 軍隊(生活)の[に関する] (↔ civil): ～ rule 軍政 / ⇨ court-martial, martial law 3. **4** [M-] 軍神マールス (Mars) の(ような). **5** [M-] **a** 〘天文〙火星の (Martian). **b** 〘占星術〙火星の有害な影響を受けて(いる). **6** 〘錬金術〙鉄の[に似た]; 鉄(分)を含む. **～·ly** *adv.* **～·ness** *n.*

Mar·tial [mɑ́əʃəl | mɑ́ː-] *n.* マルティアーリス《40?-?104; スペイン生まれのローマの風刺詩人; 本名 Marcus Valerius Martialis》. 「など》.

mártial árt *n.* (スポーツとしての)武道《空手・柔道

már·tial·ìsm [-lɪzm̩] *n.* 尚武, 武勇.

mar·tial·ize [mɑ́əʃəlàɪz | mɑ́ː-] *vt.* 好戦的にさせる (make martial). **mar·tial·i·za·tion** [mɑ̀əʃəlɪzéɪʃən, -lə- | mɑ̀ːʃəlaɪ-, -lɪ-] *n.*

mártial láw *n.* **1** 戒厳令《戦争など国内的動乱の時に立法権・行政権・司法権の全部または一部が軍の機関に移る制度; cf. military law》: The area was placed under ～. その地域に戒厳令が敷かれた. **2** 〘国際法〙交戦法規. **3** 軍法《軍隊を規律する法規》.

Mar·tian [mɑ́əʃən | mɑ́ːʃɪən, -ʃən] 〘《*c*1395》 ⊏OF *Marcien* ∥ L *Mārtiān-us* of Mars: ⇨ Mars, -ian〙 ― *adj.* **1** マールス神 (Mars) の, 軍神の. **2** 火星の, 火星人の. ― *n.* (火星に住むと想像された)火星人.

Mar·tian·ol·o·gist [mɑ̀əʃənɑ́lədʒɪst, -dʒəst | mɑ̀ːʃənɔ́lədʒɪst] 〘⇨ Martian, -logy, -ist〙 ― *n.* 火星研究者[家].

Mar·tie [mɑ́əṭi | mɑ́ːtɪ] 〘1: (dim.) ← MARTHA. 2: (dim.) ← MARTIN〙 *n.* **1** 女性名. **2** 男性名.

mar·tin [mɑ́ətn̩, -tɪn, -tən | mɑ́ːtɪn] 〘《*c*1450》 ⊏(O)F ～ ← MARTIN〙 ― *n.* 〘鳥類〙ツバメ科の鳥類の総称《ショウドウツバメ (sand martin), イワツバメ (house martin など)》.

Mar·tin [mɑ́ətn̩, -tɪn, -tən | mɑ́ːtɪn; *F.* martɛ̃, *G.*, *Dan.* mɑ́rtiːn] 〘⊏F ～ ⊏L *Mārtinus* (dim.) ← *Martius* ← MARS〙 ― *n.* 男性名《愛称形 Mart, Martie, Marty; ウェールズ形 Martyn》.

Martin, Archer John Porter *n.* (1910-) 英国の化学者; Nobel 化学賞 (1952).

Mar·tin [mɑətɛ̃́ː(ŋ), -tǽŋ | mɑː-; *F.* martɛ̃], **Frank** [frɑ̃ːk] *n.* マルタン《1890-1974; スイスの作曲家》.

Mar·tin [mɑ́ətn̩, -tɪn, -tən | mɑ́ːtɪn], **Glenn L(uther)** *n.* (1886-1955) 米国の航空機製造家.

Mar·tin [mɑ́ətn̩, -tɪn, -tən | mɑ́ːtɪn; *F.* martɛ̃], **Saint** *n.* マルティヌス, マルタン《316?-397; フランス Tours の司教, フランスの守護聖人; St. Martin of Tours ともいう; cf. Martinmas》. 「女性名.

Mar·ti·na [mɑətíːnə | mɑː-] 〘(fem.) ← MARTIN〙 *n.*

Mar·tin du Gard [mɑətɛ̃́ː(n)-d(j)uːgɑ́ə, -tǽn- | mɑːtɛ̃́ː(n)-djuːgɑ́ː(r), -tǽn-; *F.* martɛ̃dygaːr], **Roger** *n.* マルタン デュ ガール《1881-1958; フランスの小説家・劇作家; Nobel 文学賞 (1937); *Les Thibaults*「チボー家の人々」(1922-40)》. 「TIN〙 *n.* 女性名.

Mar·tine [mɑətíːn | mɑː-; *F.* martin] 〘(fem.) ← MAR-

Mar·ti·neau [mɑ́ətənòʊ, -tn̩- | mɑ́ːtɪnəʊ], **Harriet** *n.* (1802-76) 英国の女流小説家・経済学者; *Deerbrook* (1839).

mar·ti·net [mɑ̀ətənét, -tɪn-, -tn̩-, ーー́ | mɑ̀ːtɪnét] 〘《1779》 ← *General Jean Martinet* (Louis 十四世時代のフランスの練兵官)〙 ― *n.* **1** 訓練の厳しい軍人. **2** (規律・規定・形式・方法などについての)やかまし屋.

Mar·ti·net [mɑ̀ətənéɪ | mɑ̀ːtɪ-; *F.* martinɛ], **André** *n.* マルチネ《1908- ; フランスの言語学者》.

màr·ti·nét·ish [-tɪʃ | -tɪʃ] *adj.* 軍律主義の, 訓練の厳格な; 厳格な (strict): ～ discipline.

màr·ti·nét·ism [-tɪzm̩] *n.* 厳格な訓練; 厳格.

mar·tin·gale [mɑ́ətn̩gèɪl, -tɪn-, -tən- | mɑ́ːtɪn-] 〘《1589》 ⊏F ～ ⊏Sp. *almártaga* rein ⊏ *almártak*: F の形は次の語との連想による変形: Prov. *marte(n)galo* (fem.) ← *marte(n)gal* inhabitant of Martigue (Provençe の小村, その住民はズボンのベルトをうしろで締めていたという)〙 ― *n.* **1** 〘馬具〙マーチンゲール, また綱《馬の頭を下げさせておくための二叉の皮ひも; 腹帯から前肢の間を通って手綱または鼻革に続く; ⇨ harness 挿絵》. **2** 〘海事〙 **a** ＝martingale guy. **b** たれ木 (⇨ dolphin striker). **3** 〘← F *à la martingale* in a ridiculous manner: Martigue の住民の風習が近隣の人々とあまりにも違いすぎたことから〙倍がけ《賭事で負けるたびに賭金を倍にする方法》.

mártingale báckrope *n.* 〘海事〙垂れ木張り綱《たれ木を介して張られる円材固定用の綱》.

mártingale bòom *n.* 〘海事〙＝martingale 2 b.

mártingale gùy [**stày**] *n.* 〘海事〙マーチンゲールガイ[ステー]《たれ木を横方向に固定するため左右斜後方に張られる支索》.

mar·ti·ni, M- [mɑətíːni | mɑːtíːnɪ] 〘《1899》 ← *Martini* (このカクテルの考案者)〙 ― *n.* マティーニ《ジンまたはウォッカをベースに辛口ベルモットを加えてシェイクしたカクテル; martini cocktail ともいう》: dry ～ ドライマティーニ《ベルモットよりジンを多く用いた辛口のマティーニ》.

Mar·ti·nique [mɑ̀ətəníːk, -tn̩- | mɑ̀ːtɪn-; *F.* martinik] *n.* マルチニーク(島)《西インド諸島中の Windward 諸島の一島; フランスの海外県; 人口 315,000, 面積 1,090 km², 首都 Fort-de-France》.

Mar·tin·mas [mɑ́ətn̩məs, -tɪn-, -tən-, -mæ̀s | mɑ́ːtɪn-] 〘《*c*1300》 *Martinmasse*: ⇨ St. Martin, mass[2]: cf. Christmas[1]〙 ― *n.* マルティヌス祭, 聖マルタン祭《11 月 11 日; スコットランドでは四季支払日の一つ; St. Martin's Day ともいう; cf. quarter day》.

Mártinmas súmmer *n.* ＝St. Martin's summer.

mart·let [mɑ́ətlɪt, -lət | mɑ́ːt-] 〘《1538》 ⊏F *martelet* 《変形》 ← *martinet* (dim.) ← MARTIN〙 ― *n.* **1** 〘鳥類〙＝martin. **2** 〘紋章〙マートレット《燕に似た足のない架空の鳥; 四男を示す血統マーク (cadency mark); ⇨ heraldry 挿絵 G》. 「＝martinet.

mart·net [mɑ́ətnet | mɑ́ːt-] 〘《変形》 ← MARTINET〙 *n.*

Mar·ty [mɑ́əṭi | mɑ́ːtɪ] 〘1: (dim.) ← MARTHA. 2: (dim.) ← MARTIN〙 *n.* **1** 女性名. **2** 男性名.

Mar·ty [mɑ́əṭi | mɑ́ːtɪ; *G.* mɑ́rti], **Anton Mau·rus** [máʊrʊs] *n.* マルティ《1847-1914; スイスの哲学者・言語学者》.

Mar·tyn·i·a·ce·ae [mɑətɪ̀niéɪsiiː | mɑːtɪ̀nɪ-] 〘← NL ～ ← *Martynia* ← *John Martyn* (1699-1768: 英国の植物学者)＋-IA[1]: ⇨ -aceae〙 ― *n. pl.* 〘植物〙ツノゴマ科. **mar·tỳn·i·á·ceous** [-ʃəs] *adj.*

mar·tyr [mɑ́əṭə | mɑ́ːtə(r)] 〘*n.*: OE ～ ⊏LL ～ ⊏Gk *mártur* ← *mártus* 《原義》 witness ← IE **(s)mer-* to remember. ― v.: OE *mortyrian, martrian* ← (n.)〙 ― *n.* **1 a** (宗教, 特にキリスト教の)殉教者: a Christian ～ / a ～ *for* one's faith 信仰に殉じる人. **b** 〔信念・主義・主張などのために〕殉じる人, 犠牲者 (victim) 〔*to*〕: a ～ *to* a cause 大義のために身命を捧げる人, 義士 / a ～ *to* science 科学に殉じた人 / He became the ～ *of* liberty. 自由の殉教者となった / He died a ～ *to* his principle. 主義に殉じた. **2** 〔病気などに〕絶えず悩み苦しむ人〔*to*〕: He was a lifelong ～ *to* neuralgia. 一生神経痛で苦しんだ. **3** (他人の同情や注意を引くために)苦しんでいる振りをする人.

make a martyr of …を犠牲にする, 苦しめる.

make a martyr of oneself (信用を得るために自分の好きなことを犠牲にして)殉教者のようなことをする, 自分の犠牲を見せびらかす.

― *vt.* **1** (主義・信仰, 特にキリスト教を奉じている という理由で)〈人を〉殺す: Cranmer was ～*ed* under Queen Mary. クランマーはメアリー女王の治世下に殉教した. **2** 迫害する, 苦しめる (persecute, torture).

már·tyr·dom [-dəm] 〘OE *martyrdōm*: ⇨ ↑, -dom〙 ― *n.* **1** 殉教者であること, 殉教者の運命: He suffered ～ *for* the cause. その主義の殉教者となった. **2** 殉教, 殉死, 献身. **3** 苦悩, 苦痛, 苦難 (pain, torment).

mar·tyr·i·um [mɑətíriəm | mɑːtírɪ-] 〘⊏LL ～ ⊏Gk *mártúrion* ← *mártur* 'MARTYR'〙 ― *n.* (*pl.* **-i·a** [-riə | -rɪə]) **1 a** 殉教者の遺品が納めてある場所, 殉教者の遺跡. **b** 殉教者記念教会[聖堂]《殉教者にちなんで[殉教の地に]建てた教会》. **2** (初期キリスト教徒が埋葬所として用いた)納骨堂.

mar·tyr·ize [mɑ́əṭəràɪz | mɑ́ːtə-, -tɪ-] 〘《*c*1450》 ⊏L *martyrizāre*: ⇨ martyr, -ize〙 ― *vt.* **1** 殉教者として殺す[犠牲にする]. **2** 苦しめる (torment). **3** …に殉教者の様相を与える. ― *vi.* 殉教者となる; 殉教者のようにふるまう. **mar·tyr·i·za·tion** [mɑ̀əṭərɪzéɪʃən, -rə- | mɑ̀ːtəraɪ-, -tɪ-, -rɪ-] *n.*

mar·tyr·ol·a·try [mɑ̀əṭərɑ́lətri | mɑ̀ːtərɔ́lətrɪ, -tɪ-] 〘← MARTYR＋-O-＋-LATRY〙 *n.* 殉教者崇拝.

mar·tyr·ól·o·gist [-dʒɪst, -dʒəst | -dʒɪst] *n.* 殉教史学者; 殉教列伝記者.

mar·tyr·ol·o·gy [mɑ̀əṭərɑ́lədʒi | mɑ̀ːtərɔ́lədʒɪ, -tɪ-] 〘《1599》 ⊏ML *martyrologi-um* ⊏Gk *marturológion*: ⇨ martyr, -logy〙 ― *n.* **1** 殉教録《殉教者および他の聖徒の名簿; 年間を通じ祝日または記念日の順に配列され, また各人の略伝が付されている》. **2** 殉教史, 殉教者列伝. **mar·tyr·o·log·ic** [mɑ̀əṭərəlɑ́dʒɪk | mɑ̀ːtərəlɔ́dʒ-, -tɪr-] *adj.* **màr·tyr·o·lóg·i·cal** *adj.*

mar·tyr·y [mɑ́əṭəri | mɑ́ːtərɪ] 〘《*c*1325》 ⊏LL *martyri-um* ⊏LGk *martúrion*: ⇨ martyr, -y[1]〙 *n.* 殉教者(を祀る)礼拝堂.

Marv [mɑ́əv | mɑ́ːv] 〘(dim.) ← MARVIN〙 *n.* 男性名.

mar·vel [mɑ́əvəl | mɑ́ː-] 〘n.: 《?*a*1300》 *mervaile* ⊏(O)F *merveille* < L *mīrābilia* wonders (neut. pl.) ← *mīrābilis* wonderful ← *mīrārī* to wonder at (cf. mirror). ― v.: 《14C》 *merveille(n), mervaille(n)* ⊏OF *merveillier* ← *merveille* (n.)〙 ― *n.* **1 a** 驚くべきこと, 不思議(なこと): the latest ～*s* of science 最近の科学の驚異 / do [perform] ～*s* いろいろ不思議なことをする / Use lessens ～, it is said. 慣れると不思議さが減ると俗にいう / The ～ is that… 不思議なのは…ということである / The less ～ if …なら不思議はない. **b** 非凡な人, 驚嘆すべき人物 (prodigy): a ～ of patience [beauty] すばらしく忍耐強い人[絶世の美人] / His house is a ～ of neatness. 彼の家は驚くほど小ぎれいだ / He is a perfect ～. 彼は驚嘆すべき男だ. **2** 《古》驚き, 驚嘆 (astonishment). **3** 《廃》奇跡 (miracle). ― *v.* (**mar·veled, -velled; -vel·ing, -vel·ling**) 《文語》 ― *vi.* 驚く, 驚嘆する〔*at*〕: ～ *at* a person's courage [eloquence] 人の勇気[雄弁]に舌を巻く. ― *vt.* 不思議に思う (wonder) 〈*that, what, why*, etc.〉: I ～ (*that*) you should say so. 君がそう言うとは不思議だ / I ～*ed what* he meant. 彼の言う意味がどういうのか不思議でならなかった.

Mar·vell [mɑ́əvəl | mɑ́ː-], **Andrew** *n.* (1621-78) 英国の詩人・政治家.

marvellous *adj.* ＝marvelous.

márvel-of-Perú 〘ペルーで発見されたことにちなむ〙 *n.* 〘植物〙オシロイバナ (⇨ four-o'clock 1).

mar·vel·ous, 《英》 **mar·vel·lous** [mɑ́əv(ə)ləs | mɑ́ː-] 〘《?*a*1300》 *merveillous* ⊏OF *merveillos* (F *merveilleux*): ⇨ marvel, -ous〙 ― *adj.* **1** 驚くべき, 不思議な, 奇異[奇怪]な (astonishing). **2** 信じられない, 本当とも思われない; 超自然的な (supernatural). **3** 《口語》すばらしい, 実にすぐれた (wonderful): She is a ～ hostess. お客のもてなしが実にうまい. **4** [the ～; 名詞的に; 単数扱い] 全く信じられないような奇異なこと, 奇怪, 超経験的現象. **～·ly** *adv.* **～·ness** *n.*

mar·ver [mɑ́əvə | mɑ́ːvə(r)] 〘《1832》 ⊏F *marbre* 'MARBLE'〙 *n.* (石・木・金属などを用いた)ガラス研磨台. ― *vt.* 〈ガラス塊を〉研磨台にかける.

Mar·vin [mɑ́əvɪn, -vən | mɑ́ːvɪn] 〘《変形》? ← MERVIN〙 *n.* 男性名《愛称形 Marv》. 「pur 1).

Mar·war [mɑ́əwɑə | mɑ́ːwɑː(r)] *n.* マルワル (⇨ Jodh-

Marx [mɑ́əks | mɑ́ːks; *G.* márks], **Karl** *n.* マルクス《1818-83; ドイツの経済学者・哲学者, 科学的社会主義の提唱者, 階級闘争による無産階級運動に大きな影響を与えた; *Das Kapital*「資本論」(1867)》.

Márx Bróthers [mɑ́əks- | mɑ́ːks-] *n. pl.* [the ～] マルクス兄弟《米国のボードビル・喜劇映画俳優の兄弟; Chico (1891-1961), Harpo (1893-1964), Groucho (1895-1977) など》.

Marx·i·an [mɑ́əksiən, -ʃən | mɑ́ːksjən, -sɪən] 〘⇨ ↑, -ian〙 *adj.* マルクス (Karl Marx) の; マルクス主義の. ― *n.* マルクス主義者.

Márx·i·an·ism [-nìzm̩] *n.* ＝Marxism.

Márx·ism [-sɪzm̩] 〘《1908》〙 *n.* マルキシズム, マルクス主義《Marx と Engels およびその信奉者の提唱する政治・経済・社会学説》.

Márxism-Léninism *n.* マルクスレーニン主義《独占資本主義下の社会主義化は労農同盟を中心としたプロレタリア革命によって達成されるという主張; cf. Bolshevism》.

Márx·ist [-sɪst, -səst | -sɪst] 〘《1886》〙 *n.* マルクス主義者. ― *adj.* マルクス主義(者)の.

Márxist-Léninist *n.* マルクスレーニン主義者. ― *adj.* マルクスレーニン主義(者)の.

Mar·y [mέ(ə)ri|mέərɪ] 〘OE *Maria, Marie* ▭ L *Maria* ▭ Gk *Mariám* ▭ Heb. *Miryām*《原義》? stubborn or beloved one, gift (of God) : cf. Miriam〙 ── *n.* **1** 女性名《愛称形 Mamie, Moll, Molly, Polly; 異形 Maria, Marie, Marietta, Marylin》. **2**〘聖書〙聖母マリヤ《イエスの母; the (Blessed) Virgin Mary, Saint Mary ともいう》. **3**〘聖書〙マリヤ《ラザロ (Lazarus) とマルタ (Martha) の妹; ベタニヤのマリア (Mary of Bethany) ともいう; cf. *Luke* 10 : 38–42, *John* 11 : 1–2》.

Mar·y I [mέ(ə)ri|mέərɪ] *n.* (1516–58) 英国女王 (1553–58), Henry 八世と Catherine of Aragon の子; スペインの Philip 二世と結婚 (1554); 新教徒を迫害したので Bloody Mary と仇名された; Mary Tudor ともいう.

Mary II *n.* (1662–94) 英国女王 (1689–94); James 二世の長女で名誉革命によって夫 William 三世と共同で即位.

Mary, Queen of Scots *n.* ⇨ Mary Stuart.

Máry Ce·léste [-sɪlést, -sə-] *n.* [the ~] メアリー セレスト号《米国の中型帆船の名; 1872 年 11 月 New York から Genoa に向け出港したが, 4 週間後にボートが無くなっているほかは船体・艤装(ぎ)とも異常のないまま乗り捨てられているのを北大西洋で発見されて謎の事件となった》.

Máry Grégory 〘19 世紀後期の米国のガラス絵付工の名から?〙 *n.*〘ガラス製造〙白で上絵装飾し, 通例子供の姿が描いてある 19 世紀の一般的な着色ガラス器.

Máry Jáne *n.* **1**〘商標〙メリージェン《爪先が円くかかとの低い一本止め革の人造皮革製サンダル》. **2** 〘cf. Sp. *Juana* Jane〙 (*also* **máry·jáne**)《俗》マリファナ (marihuana).

Mar·y·knoll·er [mέ(ə)rinòulə | mέərɪnəulə(r] *n.* メーノル会員《T. F. Price と J. A. Walsh が 1911 年に New York 州 Maryknoll で創始したメーノル会 (Catholic Foreign Mission Society of America「アメリカカトリック外地伝道会」) の会員》.

Mar·y·land [mérələnd|mέərɪlænd, -lənd, mérɪlənd] 〘《なぞり》← NL *Terra Mariae* : 英国王 Charles 一世の妃 *Henrietta Maria* にちなむ〙 ── *n.* **1** 米国東部大西洋岸の州 (⇨ United States of America 表). **2** メリーランドたばこ《Maryland tobacco ともいう》.

Már·y·land·er *adj.* (米国) Maryland 州(人)の. ── *n.* Maryland 州人.

Máryland tobácco *n.* = Maryland 2.

Mar·y·le·bone [mǽrələbən, mǽrəbən, -rɪ- | mǽrələbən, -bəun, mǽrəbən, mǽrɪbən, mɑ́:lɪbən] 〘← *St. Mary-le-Bourne* St. Mary on the Brook〙 ── *n.* ⇨ St. Marylebone.

Márylebone Crícket Clùb *n.* [the ~] メアリーレボーン クリケット クラブ《英国のクリケット連盟本部; London の Marylebone の Lord's Cricket Ground にある; 略 M.C.C.》.

Mar·y·lou [mὲ(ə)rilú: | mὲərɪ-] 〘← MARY+LOUISE〙 *n.* 女性名.

Mar·y·lyn [mέ(ə)rəlɪn, mǽr-, -lən | mέərɪlɪn, mǽr-] 〘《異形》← MARY〙 *n.* 女性名.

Máry Mág·da·lene [-mǽgdəlì:n, -mæ̀gdəlí:ni | -mǽgdəlí:nɪ, -mǽgdəlì:n, -lɪn] *n.*〘聖書〙マグダラのマリヤ (Mary of Magdala)《一般には *Luke* 7 : 36–50 に述べられている罪を悔いて行ないを改めた女と同一視される; cf. *Luke* 8 : 2》.

Máry Stúart *n.* (1542–87) スコットランド女王 (1542–67), James 五世の王女; Bothwell 伯との結婚がきっかけで貴族の反乱を招いて廃位され, 翌年英国に逃れて幽閉の身となり, のち英国女王 Elizabeth 一世に対する陰謀に加担したとして処刑された; (Mary) Queen of Scots ともよばれる.

Máry Túdor *n.* = Mary I.

mar·zi·pan [mɑ́ətsəpɑ̀:n, -pæ̀n, -zəpæ̀n | mɑ̀:zɪpǽn, ─ ─ ⌐] 〘《19C》▭ G *Marzipan*《変形》← *Marczapan* ▭ It. *marzapane* 'MARCHPANE'〙 ── *n.* マジパン《挽いたアーモンドと砂糖を練り合わせて作った砂糖菓子; marchpane ともいう》.

MAS《略》Malaysian Airline System マレーシア航空 (記号 MH).

mas.《略》masculine.

-mas [məs] 〘← MASS²〙「祭, 祭日」の意の名詞連結形: Christ*mas*, Lam*mas*, Michael*mas*.

Ma·sac·cio [mɑzɑ́:tʃiòu, -tʃou | -tʃɪəu, -tʃəu; *It.* mazáttʃo] *n.* マザッチョ《1401–?28; イタリアのフィレンツェ派の画家; ルネサンス絵画を確立した; 本名 Tommaso Guidi》.

Ma·sai [mɑːsáɪ, ─ ⌐ | ⌐ ─] *n.* (*pl.* ~, ~**s**) **1 a** [the ~(s)] マサイ族《アフリカのケニア (Kenya), タンザニア (Tanzania) に住む牧畜民》. **b** マサイ族の人. **2** マサイ語《ナイル系言語の一つ》.

Ma·sa·ryk [mɑ́:sərɪk, mǽs-, mǽsərɪk, -zə-; *Czech.* másarik], **Jan** *n.* マサリク《1886–1948; チェコスロバキアの政治家・外相 (1940–48); Tomáš の息子》.

Masaryk, To·máš Gar·rigue [tɔ́ma:ʃ gárig] *n.* マサリク《1850–1937; チェコスロバキアの政治家・哲学者; 初代大統領 (1918–35)》.

Mas·ba·te [mɑːzbɑ́:ti | -tɪ] *n.* マスバテ(島)《フィリピン中部, Luzon 島の南東方の島; 人口 375,000, 面積 3,269 km²》.

masc.《略》masculine.

Ma·sca·gni [mɑːskɑ́:nji, mæ- | mæskɑ́:nji:, -njɪ; *It.* maskáɲɲi], **Pietro** *n.* マスカーニ《1863–1945; イタリアのオペラ作曲家; *Cavalleria rusticana*「カバレリア ルスチカーナ」(1890)》.

mas·car·a [mæskǽrə, məs-, -kérə | mæskɑ́:rə] 〘▭ Sp. *máscara* mask ▭ It. *maschera* : ⇨ mask〙 ── *n.* マスカラ《まつげや眉を染める化粧品; cf. kohl》. ── *vt.* …にマスカラをつける.

mas·ca·réne gràss [mæ̀skərí:n-] 〘↓〙 *n.*〘植物〙= Korean lawn grass.

Mas·ca·réne Íslands [mæ̀skərí:n-] *n. pl.* [the ~] マスカリーン諸島《Mauritius, Réunion 両島を含むインド洋西部の諸島》.

mas·cle [mǽskḷ] 〘《1486》▭ AF ~ (F *macle*) 'MACLE' : cf. mail¹〙 ── *n.* **1**〘紋章〙マスクル《中抜きの菱形; 9 個の mascle を並べた図形は網を表現するものとされている》. **2**〘甲冑〙(異説では, 13 世紀のよろいに用いた)菱形の小ざね; (通説では) = mail¹ 1.

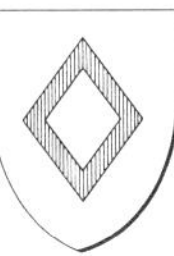
mascle 1

mas·con [mǽskɑn | -kɔn] 〘← MASS¹ + CON(CENTRATION)〙 ── *n.*〘天文〙マスコン: **1** 月面の海の表面下における質量の局所的集中; 月の重力異常を生じ月のまわりを周行する宇宙船の航路に影響を与えると考えられている. **2** 惑星やその衛星に存在する同様の物質の集積.

mas·cot [mǽskɑt, -kət | -kət, -kɔt] 〘《1884》▭ F *mascotte* (dim.) ← Prov. *masco* witch ▭ It.《方言》*masca* witch ▭ ML ← ?〙 ── *n.* マスコット《幸運をもたらすと考えられる人・動物・物; cf. hoodoo 2》.

mas·cu·line [mǽskjulɪn, -lən | mǽskjulɪn, mɑ́:s-] 〘《c1380》▭ (O)F *masculin* ▭ L *masculinus* of the male sex ← *masculus* 'MALE' : ⇨ -cule, -ine¹〙 (↔ feminine) ── *adj.* **1** 男の, 男子の (male) : ~ attire 男装. **2** 男らしい, 雄々しい, 勇ましい, 活気に満ちた (virile, manly) : a ~ voice 男らしい声. **3**〈女が〉男まさりの, 男のような (mannish). **4**〘文法〙男性の (cf. feminine, neuter) : the ~ gender 男性. **5**〘音楽〙男性終止の: ⇨ masculine cadence. **6**〘詩学〙男性押韻の, 男性行末[休止]の: ⇨ masculine caesura, masculine ending, masculine rhyme. ── *n.* **1** 男, 男性. **2**〘文法〙男性 (masculine gender); 男性名詞[代名詞, 形容詞, 冠詞]. **~·ly** *adv.* **~·ness** *n.*

másculine cádence *n.*〘音楽〙男性終止《曲の最後の和音が小節の第 1 強拍で終る終止法; cf. feminine cadence》.

másculine caesúra *n.*〘詩学〙男性休止《強音節の直後にくる中間休止; cf. feminine caesura》.

másculine énding *n.* **1**〘詩学〙男性行末《詩の行末が強音節で終っていること; cf. feminine ending》. **2**〘音楽〙= masculine cadence.

másculine rhýme *n.*〘詩学〙男性韻《行末強勢のある音節だけ押韻するもの; cf. feminine rhyme》.

más·cu·lin·ist [-nɪst, -nəst|-nɪst] 〘← MASCULINE : cf. feminist〙 *n.* 男性特権主張[賛成]者, 男性上位主義者.

mas·cu·lin·i·ty [mæ̀skjulínəṭi | mæ̀skjulínəti, mɑ̀:s-, -nɪ-] 〘▭ F *masculinité* : ⇨ masculine, -ity〙 *n.* 男らしさ, 雄々しさ, 剛勇 (virility).

mas·cu·lin·ize [mǽskjulənàɪz | mǽskjulɪ-, mɑ́:s-] 〘▭ F *masculinis-er* : ⇨ masculine, -ize〙 *vt.*〘生物・医学〙〈雌を〉雄性化する; 男性化する (↔ feminize).

mas·cu·lin·i·za·tion [mæ̀skjulənɪzéɪʃən, -nə- | mæ̀skjulɪnaɪ-, mɑ̀:s-, -nɪ-] *n.*

mas·cu·ly [mǽskjuli | -lɪ] *adj.*〘紋章〙〈盾の表面が〉マスクル (mascle) 模様でおおわれた.

mase [méɪz] 〘《逆成》← MASER〙 *vi.*〘光学〙超短波を発生させ増幅する《誘導放出によりマイクロ波を増幅[発生]する; cf. lase》.

Mase·field [méɪsfi:ld, méɪz-], **John** *n.* (1878–1967) 英国の詩人・劇作家・小説家; 桂冠詩人 (1930–67); *Salt-Water Ballads* (1902), *The Everlasting Mercy* (1911), *Dauber* (1913).

ma·ser [méɪzə | -zə(r] 〘《頭字語》← *m(icrowave) a(mplification by) s(timulated) e(mission of) r(adiation)*〙 ── *n.*〘電子工学〙メーザー《原子・分子・イオンなどの誘導放出によりマイクロ波を増幅あるいは発振する装置; cf. laser》.

Mas·e·ru [mǽzərù:] *n.* マゼル《アフリカ南部 Lesotho 北西部にある同国の首都; 人口 30,000》.

mash¹ [mǽ(ː)ʃ] 〘*n.* : OE *māsc* < (WGmc) **maisk-* (G *Maisch* pulp, crushed grapes) ← IE **meik-* to mix (L *miscēre* to mix : ⇨ mixed). ── *v.* : 《c1250》*mash-e(n)* ← (n.)〙 ── *n.* **1** マッシュ《すりつぶした麦芽またはひき割り粉を湯に浸してかき混ぜたもので, ビール・ウイスキーなどの原料》. **2** ふすま・ひき割りなどを湯で溶かして混ぜ合わした牛馬の飼料, 雑糠(ぬか). **3 a** どろどろしたもの《じゃがいもなどをすりつぶしたものなど》; どろどろの状態: all to (a) ~ すっかりどろどろ[ぐたぐた]になるまで. **b** ごた混ぜ, 寄せ集め (mess). **4**《英俗》= mashed potatoes. ── *vt.* **1** 〈すりつぶした麦芽〉に(湯を混ぜて)マッシュにする. **2** (どろどろに)つぶす (crush). **3** つぶす, つぶしていためる, 損う (crush) : ~ one's little finger (ドアなどで)小指をつぶす / ~ *out* a cigarette たばこを押しつぶして消す. **4**《英方言》〈お茶を〉(熱湯などに)浸す (steep) 〔*in*〕.

mash² [mǽ(ː)ʃ] 〘《1879》← ? MASH¹〙《古俗》 ── *vt.* …に求愛する, 言い寄る (accost). ── *vi.* いちゃつく. ***be mashed on*** …にほれる[ほれている].
── *n.* **1** 求愛, 言い寄り, いちゃつき: make [have] a ~ on a girl 女の子に言い寄る. **2** いちゃつく者; 求愛される人, 恋人 (sweetheart).

MASH《略》mobile army surgical hospital 陸軍移動外科病院.

Ma·shar·brum [mʌ́ʃəbrùm | -ʃə-] *n.* マシャブルム(山)《Karakoram 山脈の高山 (7,821 m)》.

máshed potátoes *n. pl.* マッシュポテト《料理用のゆでてすりつぶしたじゃがいも》.

másh·er¹ 〘← MASH¹ + -ER¹〙 *n.* **1** マッシュ製造人. **2** マッシャー, つぶし器《食物をつぶす台所道具》: a potato ~ じゃがいもつぶし器.

másh·er² 〘《1875》← MASH² + -ER¹〙 *n.* **1**《古俗》女の尻を追うしゃれ者, 女たらし. **2**《米俗》(電車の中などの)痴漢.

Ma·sher·brum [mʌ́ʃəbrùm | -ʃə-] *n.* = Masharbrum.

Mash·had [məʃǽd] *n.* マシュハド《イラン北東部の都市; イスラム教シーア派 (Shi'a sect) の聖地; 人口 312,000; Meshed ともいう》.

mash·ie [mǽʃi | -ʃɪ] 〘《1881》▭ F *massue* club < VL **matteuca* ← **mattea* : ⇨ mace¹, -ie〙 ── *n.*〘ゴルフ〙マシー《短い鉄製のヘッドのあるアイアンクラブの一つ; number five iron ともいう》.

máshie ìron *n.*〘ゴルフ〙マシー アイアン《アイアンクラブの一つ; グリーンへ 150–160 ヤードのアプローチに使われる; number four iron, driving mashie ともいう》.

máshie nìblick *n.*〘ゴルフ〙マシー ニブリック《アイアン クラブの一つ; グリーンへ 120–130 ヤードのアプローチに使われる; number seven iron ともいう; ⇨ golf club 挿絵》.

másh nòte *n.* 恋文, つけ文 (love letter).

másh tùn [tùb] *n.* (醸造用の)マッシュ槽.

mash·y [mǽʃi | -ʃɪ] *n.*〘ゴルフ〙= mashie.

Mas·i·nis·sa [mæ̀sənísə, -sṇ- | -sən-] *n.* マシニッサ《238?–149 B.C.; Numidia の王; Scipio を助けて Hannibal を討った》.

mas·jid [mǽsdʒɪd, -dʒəd | -dʒɪd] 〘▭ Arab. *másjid* : ⇨ mosque〙 *n.* = mosque.

mask [mǽ(ː)sk | mɑ́:sk] 〘*n.* : 《1534》▭ F *masque* ▭ It. *máschera*, 《古形》*mascara* ▭ Arab. *máskharaʰ* buffoon ← *sákhira* to mock. ── *v.* : 《1560》← (n.) : cf. masque〙 ── *n.* **1 a** (絹・ビロードなどで作った顔の全面または一部をおおう変装用の)覆面, 仮面: a stocking ~ ストッキングの覆面 / ⇨ MAN in the Iron Mask. **b** (ギリシャ・ローマ喜劇などで用いる)仮面. **c** (原始人が儀式や踊りにつける超自然力を表わす)面. **d** 顔などを石膏などで作ったもの: ⇨ death mask. **2** 顔を保護するもの: **a** (フェンシングなどの)マスク, 面; (野球などで捕手がつける)マスク (cf. helmet 1 c) : a fencing [baseball] ~. **b** 防毒面, 防毒マスク (gas mask). **c** 酸素吸入用マスク: an oxygen ~. **d** (口と鼻をおおうガーゼ様の布で作った)マスク. **3**《古》**a** 仮面をかぶった人, 仮面の人. **b** (仮装[仮面]舞踏会の)仮装者 (masker). **4** 能面のような[無表情な]顔. **5** かこつけ, 虚構, 口実, 見せかけ, 仮面をかぶること (pretence) : under the ~ of …の仮面をかぶって, …にかこつけて / put on [wear, assume] a ~ 仮面をかぶる, 正体を隠す / throw off [put off, drop] one's ~ 仮面を脱ぐ, 正体を表わす / Behind her ~ of reserve, she was madly jealous of her husband. 表面つつましさを装ってはいたが, 夫に嫉妬の炎を燃やしていた. **6 a** 仮装[仮面]舞踏会 (masquerade); 酒宴 (revel). **b** = masque 1. **7**〘狩猟〙(狐狩りの記念として飾る)狐の頭, (犬・狐などの)顔, 頭部. **8**〘建築〙(怪奇な顔に作った)仮面飾り. **9**〘築城〙(砲台の)遮蔽(ぺい)物, 遮蔽角面堡(ほ). **10**〘写真〙マスク《写真のふちをおおったりぼかしたり, 不要部分をおおうために用いる不透明体の枠様》. **11**〘造船〙覆面《進水の時の勢いを柔らげるよう船尾部に臨時に取り付けた抵抗板; braker, shield ともいう》. **12**〘電気〙マスク《集積回路の構成要素の配列を決めるために製造工程で用いる写真原板》. **13**〘印刷〙= frisket 1. **14** (美顔のための)パック (pack).
── *vt.* **1** …に仮面をかぶせる, 仮面でおおう. **2** 隠す, おおう, いつわる (disguise) : ~ one's anger with a smile. **3**〘軍事〙**a**〈兵力・砲列などを〉遮蔽する, 掩蔽(えんぺい)する (conceal) : ~ the batteries, guns, etc. **b**〈敵を〉監視してその行動を妨げる[攻撃に出させない]. **c**〈味方〉の射撃の邪魔になる: We could not fire, as we were ~*ed* by our first line. 味方の最前線に妨げられて発砲できなかった. **4**〘物理〙〈音を〉(別の音で)掩蔽する (⇨ masking 3). **5**〘化学〙遮蔽する, マスクする (⇨ masking 4). **6**〘写真〙マスクする. ── *vi.* **1** 仮面を着ける. **2** 仮装する. **3** 本性[正体]を隠す.

mas·ka·longe [mǽskəlɑ̀ndʒ | -lɔ̀ndʒ] *n.* (*pl.* ~, **-ka·long·es**)〘魚類〙= muskellunge.

mas·ka·nonge [mǽskənɑ̀ndʒ | -nɔ̀ndʒ] *n.* (*pl.* ~, **-ka·nong·es**)〘魚類〙= muskellunge.

másk bàll *n.* 仮面舞踏会 (masked ball).

masked 〘《1585》← MASK + -ED 2〙 ── *adj.* **1 a** 仮面をかぶった; 覆面の, 変装した: ~ actors 仮面を着けた俳優たち. **b** 仮面の使用を必要とする: a ~ ball 仮面[仮装]舞踏会. **2** 真意[真相]を隠した; 隠れた: ~ words 真意を隠した言葉. **3**〘軍事〙掩蔽(えんぺい)した, 遮蔽(ぺい)した: a ~ battery 掩蔽砲台 / ~ guns 遮蔽した砲列. **4**〘病理〙**a** 不明の: a ~ fever. **b** 仮面の: ~ depression 仮面鬱病 / ~ face (脳炎のあとなどの)仮面(状)顔貌. **5**〘植物〙〈花冠が〉仮面状の (personate). **6**〘植物病理〙(ウイルスまたはウイルスに侵された植物などが)適した環境条件の下にだけ兆候の現われる.

Mas·ke·lyne [mǽskəlàɪn | -kɪlɪn, -kə-], **Nevil** *n.* (1732–1811) 英国の天文学者, 地球の質量を測定, また航海暦の発明者 (1767).

másk·er 〖⇨ mask, -er¹〗 *n.* **1** 仮面をかぶった人, 覆面者. **2** 仮装舞踏者, 仮面劇役者.

másk·ing 〖⇨ mask, -ing¹〗 ― *n.* **1** 仮装. **2** 掩蔽(えんぺい)(すること). **3** 〘物理〙 マスキング, (音の)掩蔽, 隠蔽. **4** 〘化学〙 マスキング, 遮蔽《分析の妨害となる物質を別の試薬を加えて安定な錯体に変えたりして遮蔽すること》. **5** 〘劇場〙 (客席から見えぬように, 舞台の一部を隠すための)大道具, マスキング《masking piece ともいう》.

másking efféct *n.* 〘電気〙 マスク効果《雑音により信号の弁別がしにくくなる現象》.

másking tàpe *n.* 保護テープ《セリグラフ (serigraph) や写真製版の不要部分をおおうテープ》.

mas·ki·nonge [mǽskənɑ̀ndʒ | -kɪnɔ̀ndʒ] *n.* (*pl.* ~, **-ki·nong·es**) 〘魚類〙 =muskellunge.

mas·lin [mǽzlɪn, -lən | -lɪn] 〖《*c*1303》 *mestlyon* ◻ OF *mesteillon* < VL **mestilliō(n-)* ← L *mixtus* MIXED〗 ― *n.* 《英方言》 **1 a** (小麦とライ麦とを混ぜた)雑穀. **b** 雑穀パン. **2** 混ぜもの, 寄せ集め (medley).

mas·och·ism [mǽsəkɪzm, mǽz- | mǽsə(ʊ)-] 〖← *Leopold von Sacher-Masoch* (1836–95: 被虐愛を描写したオーストリアの小説家): ⇨ -ist〗 ― *n.* **1** 〘精神医学〙 マゾヒズム, 被虐嗜愛, 被虐性愛《異性から虐待や屈辱を受けて性的に喜ぶ性癖; cf. sadism》. **2** 《口語》 自己虐待, 被虐的傾向.

mas·och·ist [mǽsəkɪst, -zə-, -kəst | -sə(ʊ)kɪst] 〖《1895》: ⇨ ↑, -ist〗 *n.* 〘精神医学〙 被虐性愛者, マゾヒスト.

mas·och·is·tic [mæ̀səkístɪk, -zə- | -sə(ʊ)-] 〖《1904》: ⇨ ↑, -ic¹〗 *adj.* 〘精神医学〙 マゾヒズムの. **màs·och·ís·ti·cal·ly** *adv.*

ma·son [méɪsn̩] 〖《?*a*1200》 ◻ ONF *machun* = OF *masson* (F *maçon*) < VL **maciō(n-)* ◻ Gmc **mattjon*〗 ― *n.* **1 a** 石工, 石屋. **b** 《米》 煉瓦職. **2** セメント[コンクリート]細工人. **3** [通例 M-] =freemason 2. **4** 〘昆虫〙 **a** =mason bee. **b** =mason wasp. ― *vt.* **1** 石[煉瓦]で建てる[固める]: ~ a wall. **2** 石[煉瓦]工事で補修する.

máson bèe *n.* 〘昆虫〙 カベヌリハナバチ (*Chalicodoma muraria*)《粘土・砂などで巣を作る南ヨーロッパ産ハキリバチ科のハナバチの一種》.

Má·son-Díx·on lìne [méɪsn̩díksn̩-] *n.* [the ~] メーソンディクソン線《米国 Pennsylvania 州と Maryland 州との間の境界線; 1763–67 年に部分的に英国人 Charles Mason と Jeremiah Dixon によって測量され, 奴隷制度廃止前は自由州と奴隷州との分界線とみなされた; Mason and Dixon's line ともいう》.

má·soned *adj.* **1** 石[煉瓦]造りの, 石[煉瓦]で補強した. **2** 〘紋章〙 (しっくいが)石や煉瓦の色と異なる.

Ma·son·ic [məsɑ́nɪk | -sɔ́n-] 〖← MASON+-IC¹〗 ― *adj.* **1 a** フリーメーソン (Freemason) の[に属する, に関する]: a ~ lodge フリーメーソンの支部集会所. **b** フリーメーソン制度の[を思わせる, に似た]. **2** [m-] 石屋[石工, セメント工夫, 煉瓦職人](風)の; 石細工[セメント業, など]の[に関する].

Ma·son·ite [méɪsənàɪt, -sn̩-] 〖← *W. H. Mason* (1877–?1947: 米国の工学者): ⇨ -ite¹〗 *n.* 〘商標〙 メゾナイト《建材・断熱材に用いる硬質繊維板》.

Máson jàr 〖1858 年 New York の *John L. Mason* (1832–1902) が専売特許権を得たことから〗 *n.* メーソンジャー《食品貯蔵用の密閉ガラスびん》.

ma·son·ry [méɪsn̩ri | -rɪ] 〖《*c*1380》 ◻ (O)F *maçonnerie*: ⇨ mason, -ery〗 ― *n.* **1** 石工職, 煉瓦職; 石工[石道]術, 煉瓦積み. **2** 石[煉瓦]細工, 石造り, 石[煉瓦]工事, (特に)石造建築. **3** [通例 M-] =freemasonry 1.

másonry cemént *n.* 〘建築〙 メーソンリーセメント《煉瓦・コンクリートブロック工事などの下地に使用するセメント》.

Má·son's íronstone chìna [méɪsn̩z-] *n.* メーソン アイアンストーン チャイナ《英国人 C. J. Mason が 1813 年に特許をとった熔化質の陶器; 黄鉄鉱 (ironstone) が一成分になっているといわれているが, 実際には黄鉄鉱は使用されていない》.

máson wàsp *n.* 〘昆虫〙 トックリバチ, ドロバチ《スズメバチ科トックリバチ属 (*Eumenes*) とジガバチ科キゴシジガバチ属 (*Sceliphron*) のハチの総称; 独居性のハチで泥で巣を作り, チョウ・ガの幼虫を狩り幼虫の餌として貯える; モリトックリバチ (*E. arbustorum*) など; cf. potter wasp》.

máson·wòrk *n.* =masonry 1, 2.

Ma·so·rah [məsɔ́ːrə, -sóːrə | -sɔ́ːrə] 〖《1613》 ◻ Mish. Heb. *massōrāʰ* tradition: cf. Heb. *māsōreth* bond (of the covenant)〗 ― *n.* (*also* **Ma·so·ra** [~]) 〘聖書〙 マソラ《ユダヤ教の伝承に基づき, 6–10 世紀のころヘブライ語「旧約聖書」の原文に母音記号, 句読点, 欄外注を書き加えた校訂本; 以後このマソラ本文が旧約のテキストとして一般に用いられる》.

Mas·o·rete [mǽsəriːt] 〖《1587》 ← Heb. *massōrāʰ* (↑): cf. F *Massoret*; *-ete* はギリシャ語起源の EXEGETE, ATHLETE などからの類推〗 ― *n.* (ユダヤの)マソラ学者; マソラ編纂者(の一人).

Mas·o·ret·ic [mæ̀sərétɪk | -tɪk] *adj.* マソラ (Masorah) の, マソラ学者[編纂者]の.

Màs·o·rét·i·cal [-tɪkəl, -tə- | -tɪ-] *adj.* =Masoretic.

Mas·pe·ro [mæ̀spəróu | -róu; *F.* maspro], **Sir Gaston Camille Charles** *n.* マスペロ《1846–1916; フランスのエジプト学者; Giza のスフィンクスを調査; Cairo に考古学研究所を設立》.

Mas·qat [mʌ́skæt, -kət | -kət] *n.* =Muscat.

masque [mǽ(ː)sk | mɑ́ːsk, mǽ(ː)sk] 〖《1514》 ◻ F ~: ⇨ mask〗 ― *n.* **1 a** 宮廷仮面劇《16–17 世紀の英国宮廷や貴族間に流行した舞踊を頂点とする劇; 初めは一種の無言劇だったが後には対話に歌が伴う複雑な形になった》. **b** 仮面劇の脚本. **2** =masquerade 1.

masqu·er [mǽskə | mɑ́ːskə(r, mǽs-] *n.* =masker.

mas·quer·ade [mæ̀skəréɪd, ˌ―ˌ―ˊ― | mæ̀skəréɪd, mɑ̀ːs-] 〖《1587》 ◻ F *mascarade* ◻ It. 《方言》 *mascarata* ← *mascherata* ← *maschera* mask: ⇨ mask, -ade〗 ― *n.* **1 a** 仮装[仮面]会; 仮装[仮面]舞踏会. **b** (仮面舞踏会に用いる)仮装. **2 a** みせかけ, かこつけ, 虚構 (disguise). **b** 他人になりすますこと. ― *vi.* **1** 仮装[仮面](舞踏)会に参加する; 仮装舞踏をする; 仮装する, 変装する. **2** 装う; (…の)振りをする, 他人になりすます (as): a fair woman *masquerading as* a man 男装の麗人 / a professional *masquerading as* an amateur 素人と触れ込む玄人 / ~ *under* the good name of friendship 友情という美名をかたる.

màs·quer·ád·er 〖⇨ ↑, -er¹〗 *n.* 仮装舞踏者; 仮装者, 仮面をかぶった者.

mass¹ [mǽ(ː)s] 〖n.: 《*c*1400》 *masse* ◻ (O)F ◻ L *massa* mass, lump ◻ Gk *mâza* barley cake ← IE **mag-* to knead (Gk *mássein* to knead): cf. make¹. ― v.: 《*c*1380》 ◻ (O)F *mass-er* ← (n.)〗 ― *n.* **1** (一定の形はないが一つになった比較的大きい)かたまり (lump): a ~ of cloud, clay, metal, dough, etc. **2** 密集体, 集団, 集まり (aggregation): a ~ of troops 兵士の集団. **3** 多数, 多量: a ~ of letters 手紙の山 / a huge ~ of treasure 莫大な財宝. **4** [the ~] 大部分, 大体, 主要部 (majority): *the* (great) ~ of people [American products] 人民[米国製品]の大部分. **5** [the masses] (エリートに対して)一般大衆, 庶民 (populace); 労働者階級, 下層民 (cf. class 2 b): *the* laboring ~*es* 労働者大衆. **6** 大きさ, 量, かさ (size): gather ~ かさが増す. **7** 〘美術〙 (色・光・影などの)広がり; 質量感を与える形[立方体], マッス: a ~ of red. **8** 〘物理〙 質量: the ~ of the earth 地球の質量 / the ~*es* of different bodies 異なった物体の質量. **9** 〘薬学〙 練薬, 丸剤塊, 賦形剤.

be a mass of …だらけだ: He *is a* ~ *of* prejudices. 偏見のかたまりだ / It *is a* ~ of faults. 欠点だらけ.
in a mass ひとまとめにして: receive the sum *in a* ~ 金額をひとまとめに受け取る. ***in the mass*** 大体のところ, 全体で.

mass of mercury 〘薬学〙 =blue mass 1.

― *attrib. adj.* **1 a** 庶民[民衆]の[に関する]: ⇨ mass psychology. **b** 大衆参加の, 民衆を巻込む: a ~ demonstration 民衆デモ / ~ hysteria 集団ヒステリー / ~ folly 大衆的愚行. **c** 民衆に影響を与える, 民衆を対象とする: ~ education 民衆教育, 国民教育. **2** 大がかりな, 大量の (wholesale): ~ destruction 大量殺傷 / ~ executions 大量[集団]処刑 / ⇨ mass production. **3** 全体としてみた (total): the ~ effect of coeducation (男女)共学の全体的影響[成果]. **4** 普通の, 平均的な (average), 平凡な: ⇨ mass man.

― *vt.* **1** 一かたまり[一団]にする, 集合させる: Toys are ~*ed* in a corner. おもちゃが部屋の隅に積んである. **2** (兵力などを)(特定の場所に)集中する: ~ troops on the border 国境に軍隊を集中する. ― *vi.* 一かたまり[一団]になる, 集合する. 「する.
mass in 〘美術〙 (形・色彩などを)大まかに描く, 素描

Mass, m-² [mǽ(ː)s | mǽs, mɑ́ːs] 〖OE *mæsse* ◻ L *missa* (fem.p.p.) ← *mittere* to send: 聖餐式の終りに述べる司祭の言葉 *Ite, missa est* (*ecclesia*) Go, (the congregation) is dismissed にちなむ: ⇨ mission〗 ― *n.* **1** 〘教会〙 ミサ《今は主にカトリック教会の聖餐式にいう》; ミサ聖祭, ミサ典礼: a *mass* for the dead 死者のための[鎮魂]ミサ (Requiem mass) / a pontifical *mass* 司教(歌)ミサ, 司教高座ミサ / a votive *mass* 特志ミサ, 随意ミサ / ⇨ Conventual Mass, High Mass, Low Mass, Solemn Mass / attend [go to] *mass* ミサにあずかる, ミサを拝聴する / have *masses* said for a person's soul 死者の霊にミサを捧げてもらう / read [say] *Mass* (聖職者が)ミサ式を行なう, ミサを捧げる. **2** ミサ曲 (Kyrie Eleison, Gloria, Credo, Sanctus and Benedictus, Agnus Dei など).

by the mass 神かけて, 確かに, 全く (by God).

Mass of the Presanctified 既聖ミサ《受難日[聖金曜日]に行なわれた聖別[聖変化]の部分のない特殊なミサ; 今日ほとんど行なわれない》.

Mass of the Resurrection 死者のためのミサ《白衣の司式者が行なうミサ》.

Mass. 《略》 Massachusetts.

mas·sa [mǽsə, mɑ́sə] 〖《転訛》 ← MASTER¹〗 *n.* 《米南部》 =master¹.

máss absórption coefficient *n.* 〘物理〙 質量吸収係数.

Mas·sa·chu·set [mæ̀s(ə)tʃúːsɪt, -sət, -zɪt, -zət | mæ̀sətʃúːsɪt, -sət] 〖◻ N-Am.-Ind. (Algonquian) *Massa-adchu-es-et* 《原義》 (those living) about the big hill (=the Blue Hills near Boston) ← *massa* big+*wadchu* hill+*-es* (dim. suf.)+*-et* (locat. suf.)〗 ― *n.* (*pl.* ~, ~**s**) **1 a** [the ~(s)] マサチューセット族《Massachusetts Bay の周辺に住んでいたアルゴンキアン族 (Algonquians)》. **b** マサチューセット族の人. **2** マサチューセット族の言語.

Mas·sa·chu·setts [mæ̀s(ə)tʃúːsɪts, -səts, -zɪts, -zəts | mæ̀sətʃúːsɪts, -səts] 〖↑〗 ― *n.* **1** 米国北東部 New England の一州 (⇨ United States of America 表). **2** =Massachuset.

Massachúsetts bállot *n.* 《米》 マサチューセッツ式投票用紙《役職名の下に候補者名が所属政党ともアルファベット順に縦に列記してある投票用紙; cf. Indiana ballot, office-block ballot》.

Massachúsetts Báy *n.* マサチューセッツ湾《米国 Massachusetts 州東海岸の広大な湾》.

Massachúsetts Ínstitute of Technólogy *n.* [the ~] マサチューセッツ工科大学《米国 Massachusetts 州 Cambridge にある私立の専門大学; 略 M.I.T.》.

mas·sa·cre [mǽsəkə, -sɪ- | -kə(r)] 〖n.: 《1586》 ◻ F ~ < OF *maçacre* shambles, slaughter ← *macecler* to massacre < ? VL **matteucculāre* ← **matteūca* club ← L *mateola* a kind of mallet. ― v.: 《1581》 ◻ (O)F *massacre-r* ← (n.)〗 ― *n.* **1 a** (戦争・迫害などによる)大虐殺. **b** 動物[畜類]の大屠殺, 皆殺し. **2** 残虐な殺人. **3** 完全な破壊(行為); (法律・慣習・文法などの)完全無視. **4** 《口語》 (競技などで)完敗.

Massacre of St. Bartholomew('s Day) [the ―] サンバルテルミーの虐殺, 聖バルトロマイ祭日の虐殺, 聖バーソロミュー祭の大虐殺《1572 年 8 月 24 日 Paris のカトリック教徒がユグノー派 (Huguenots) 約 2,000 人を虐殺した事件; cf. St. Bartholomew's Day》.

Massacre of the Innocents [the ―] 〘聖書〙 無辜(むこ)児の虐殺《Bethlehem で行なわれた Herod 王の幼児大虐殺; cf. Holy Innocents' Day; *Matt.* 2: 16》.

― *vt.* **1** 虐殺する. **2** (規則・規約・法律・文法などを)無視する, 踏みにじる (mangle). **3** 《口語》 完敗させる.

más·sa·crer [-k(ə)rə | -rə(r)] *n.*

máss àction *n.* **1** 大衆行動. **2** 〘化学〙 質量作用.

mas·sage [məsɑ́ːʒ, -sɑ́ːdʒ | mǽsɑːʒ, -sɑːdʒ] 〖《1876》 ◻ F ~ ← *masser* to knead, massage ◻ Port. *amassar* to knead ← *massa* dough ◻ L 'lump, barley cake, MASS¹'〗 ― *n.* マッサージ, あんま, もみ療治. ― *vt.* …にマッサージを施す. **mas·ság·er** *n.*

mas·ság·ist [-ʒɪst, -ʒəst, -dʒɪst, -dʒəst | -ʒɪst, -dʒɪst] *n.* マッサージ師, あんま.

mas·sa·sau·ga [mæ̀səsɔ́ːgə] 〖← N-Am.-Ind. (Algonquian) *Missisauga* (カナダ Ontario 州にある川の名): そこでこのヘビが初めて発見されたことから〗 ― *n.* 〘動物〙 マサソーガ, ヒメガラガラヘビ (*Sistrurus catenatus*)《米国南部産の小さいガラガラヘビ; 体長 1 m 以下で毒性が強いが致命的ではない; massasauga rattler ともいう》.

Mas·sa·soit [mæ̀səsɔ́ɪt, ˌ―ˌ―ˊ―] *n.* マサソイト《1580?–1661; Plymouth 移民と平和条約を結んだワンパノーアグ族 (Wampanoag) の酋長; King Philip の父》.

Mas·sa·ua [məsɑ́ːwə, -sáuə; *It.* masáːwa] *n.* (*also* **Mas·sa·wa** [~]) マッサワ《エチオピアの Eritrea の紅海沿岸にある港市; 人口 19,000》.

máss bálance *n.* 〘航空〙 マスバランス《舵面フラッターを防止するため舵面の前縁に錘りを付けて, 舵面の重心をおおむねヒンジ線上に置くこと》.

máss behávior *n.* 〘心理〙 大衆行動.

máss-bèll *n.* ミサの鐘 (Sanctus bell).

máss bòok 〖OE *mæssebōc*: ⇨ mass², book〗 *n.* (カトリック教会の)ミサ典書 (missal).

máss communicátion *n.* (新聞・ラジオ・テレビジョンなどによる)大量[大衆]伝達. ★ 日本語の「マスコミ(ュニケーション)」は英語の 'mass communication' の媒体である 'mass media' (テレビ・ラジオ・新聞など)を指す.

mass·cult [mǽskʌ̀lt] 〖略〗 《口語》 *n.* =mass culture. ― *adj.* マスコミ文化の《マスコミ, 特にテレビによって普及した演劇・音楽・美術などにいう; cf. midcult》.

máss cúlture *n.* マスコミ文化.

máss deféct *n.* 〘物理〙 質量欠損《原子核の質量と, それを構成している核子の質量の総和との差; cf. packing effect》.

mas·sé [mæséɪ | mǽseɪ; *F.* mase] 〖◻ F ~ (p.p.) ← *masser* to make a massé ← *masse* 'kind of cue, MACE¹'〗 ― *n.* 〘玉突〙 たてキュー, マッセ《キュー (cue) を垂直に近く立てて突くこと》.

Mas·sé·na [mæ̀seɪnɑ́ː, mǽseɪnə; *F.* masena], **André** *n.* マセナ《1758–1817; Napoleon 一世摩下のフランスの元帥; 後に王政復古を支持した; 別名 Prince d'Essling [prɛ̃sdɛsliŋ]》.

máss-énergy equàtion *n.* 〘物理〙 質量とエネルギーとの関係式 (E=mc² (E=エネルギー, m=質量, c=光速度); Einstein equation のひとつ).

Mas·se·net [mæ̀sənéɪ, -sn̩-, mæsnéɪ | mǽsənèɪ, -sn̩-, mǽsneɪ; *F.* masnɛ], **Jules Émile Frédéric** *n.* マスネ《1842–1912; フランスの作曲家; *Manon*「マノン」(1884)》.

mas·se·ter [məsíːtə, mæ- | -tə(r)] 〖← NL ~ ← Gk *masētḗr* chewer ← *masâsthai* to chew: cf. mouth〗 *n.* 〘解剖〙 咬(こう)筋. **mas·se·ter·ic** [mæ̀sətérɪk | -sɪ-] *adj.*

mas·seur [mæsə́ː, mə- | -sə́ː(r; *F.* masœːr] 〖《1876》 ◻ F ~ ← *masser* 'to MASSAGE'〗 *n.* (*pl.* ~**s** [~z; *F.* ~]) マッサージ師, あんま.

mas·seuse [mæsə́ːz, mə-, -súːz | -sə́ːz; *F.* masøːz] 〖◻ F ~ (fem.) ← *masseur* (↑)〗 *n.* (*pl.* **mas·seus·es** [~ɪz, ~əz; *F.* ~]) 女マッサージ師, 女あんま.

máss examinátion *n.* 〘医学〙 集団検診, 集検.

mas·si·cot [mǽsəkɑ̀t, -kòu(t) | -sɪkɔ̀t] 〖《1472》 ◻ (O)F ~ ◻ It. *marzacotto* ◻ Sp. *mezacote* soda ◻ Arab. *šabb* *qubṭī* Egyptian alum』 ― *n.*〘化学〙一酸化鉛, 密陀僧(みつだそう), 金密陀(きんみつだ)(PbO).

mas·sif [mǽsiːf | ‒́‒, ‒‒́; *F.* masif] 〚(1524)▭F ～《名詞的用法》: ⇨ massive〛 ― *n.*〘地質〙**1** 中央山塊《アルプスの Mont Blanc など》. **2** (地殻の隆起または陥没によって生じた)断層地塊《fault block ともいう》. **3** 塊状岩.

Mas·sine [mɑːsíːn, mæ-], **Lé·o·nide** [lèɪo(ʊ)níːd | -ə(ʊ)-] *n.* マシーン《(1896-) ロシヤ生れの米国の舞踊家・振付師; 後年米国・英国で活躍》.

Mas·sin·ger [mǽsəndʒə, -sŋ- | -sɪndʒə(r)], **Philip** *n.* (1583-1640) 英国の劇作家; *A New Way to Pay Old Debts* (1633).

Mas·sing·ham [mǽsɪŋəm], **Henry William** *n.* (1860-1924) リベラルな論評で知られた英国のジャーナリスト; *Nation* 誌編集人 (1907-1923).

mas·sive [mǽsɪv] 〚(*c*1410) *massiffe* ▭(O)F *massif* ← *masse* 'MASS¹': ⇨ -ive〛 ― *adj.* **1** 大きい, 重い, どっしりした, 量のある (substantial): a ～ oak tree. **2** (目鼻立ち・体格など)大柄な, がっちりした; 〈頭・額が〉大きい: his ～ hairy chest / ～ hips. **3** 〈精神など〉強い, しっかりした, 堂々とした (imposing). **4 a** 〘心理〙〈感覚・意識状態など〉容積感のある, 大きい. **b** 程度の高い, スケールの大きい: a ～ earthquake / starvation on a ～ scale 大規模な飢餓(きが). **5** 〘地質〙**a** 塊状の: ～ mountains 塊状山彙(い) / a ～ deposit 塊状鉱床 / a ～ volcano 塊状火山. **b** (岩石の構造が)等質の (homogeneous): ～ rock (層理のない)塊状岩. **6** 〘鉱物・岩石〙塊状の. **7** 〘病理〙大きい; 塊状の; 充実性の: ～ hemorrhage 大量出血. **8** 〘医学〙〈投薬量などが〉(定量に比べて)多量な, 多めの: a ～ dose of stilbestrol. **～·ness** *n.*

más·sive·ly 〚(1550): ⇨ ↑, -ly¹〛 *adv.* 塊状で; かさ張って, 重く大きく, どっしりと, 重苦しく (ponderously). 「ness *n.*

máss·less *adj.* 〘物理〙質量のない, 質量ゼロの. **～-**

máss màn *n.* 〘社会学〙大衆社会の一員としての人間, 普通人《画一的平均的で個性的特徴も責任感もなく, マスメディアに操られやすい人間》.

máss média *n. pl.* マス メディア, 大衆媒体《mass communication の媒体; ラジオ・テレビ・新聞・雑誌など》. 「療.

máss medicátion *n.* (水道などによる)集団薬物治

máss méeting *n.* (政治問題を論議するための)大会, 人民大会.

máss móvement *n.* **1** 大量移動. **2** 大衆運動.

máss nòun *n.* 〘文法〙質量名詞《material noun と abstract noun との総称; cf. countable 1》.

máss númber *n.* 〘物理・化学〙質量数《原子核を構成している核子の数; 記号 A》.

máss observátion *n.* 《英》(個人的記録・書簡・個人面接などによる)世情調査, 世論調査 (略 M.O.).

Más·son dìsk [mǽsn-] *n.* 〘心理〙マソンの円盤《回転させると同心円模様が断続的に現われるよう工夫された白色の円盤; 注意力・識閾(しきいき)のテストに用いる》. 「sorah.

Mas·so·ra [məsɔ́ːrə, -sóːrə | -sɔ́ːrə] *n.* 〘聖書〙＝Ma-

Mas·so·rah [məsɔ́ːrə, -sóːrə | -sɔ́ːrə] *n.* 〘聖書〙＝Ma-

Mas·so·rete [mǽsəriːt] *n.* ＝Masorete. 」sorah.

Mas·so·ret·ic [mæ̀sərétɪk | -tɪk] *adj.* ＝Masoretic.

Màs·so·rét·i·cal [-tɪkəl, -tə- | -tɪ-] *adj.* ＝Masoretic.

mas·so·ther·a·py [mæ̀so(ʊ)θérəpi | -sə(ʊ)θérəpɪ] 〚← MASS(AGE)＋-O-＋THERAPY〛 *n.* マッサージ療法.

máss príest 〚OE *mæssepreōst*: ⇨ mass², priest〛 *n.* **1** 《古》ミサ司式司祭. **2** 《軽蔑》カトリックの司祭.

máss-prodúce *vt.* 大量生産[量産]する (↔ tailor-make). **máss-prodúcer** *n.*

máss-prodúced *adj.* 大量生産[量産]された.

máss prodúction *n.* (機械による)大量生産, 量産.

máss psychólogy *n.* 群集心理. 「マスプロ.

máss radiógraphy *n.* 集団レントゲン撮影(法).

máss socíety *n.* 〘社会学〙大衆社会《産業化・都市化・官僚制化などの進展によって生れた社会形態; 非人格性・匿名性・移動性などが支配的になる》.

máss spéctrograph *n.* 〘物理〙質量分析器.

máss spectrómeter *n.* 〘物理〙質量分析計.

máss spectrométric *adj.* **máss spectrómetry** *n.*

máss spéctroscope *n.* 〘化学〙質量分光器.

máss spéctrum *n.* 〘化学〙質量スペクトル《質量分光器または質量分析計で得られるスペクトル》.

máss tránsport *n.* (バス・電車などによる)集団輸送.

máss únit *n.* 〘物理〙＝atomic mass unit.

máss-wásting *n.* 〘地質〙マスウェースティング《重力による土塊・岩塊の斜面移動; cf. solifluction》.

mass·y [mǽsi | -sɪ] 〚(*c*1390): ⇨ mass¹, -y⁴〛 *adj.* (**mass·i·er; -i·est**) 《まれ》重く大きい, どっしりした, かさのある, 実質ある (solid). **máss·i·ness** *n.*

mast¹ [mǽ(ː)st | mɑ́ːst; (合成語では) -mæst, (海) -məst | -mɑ̀ːst, (海) -məst] 〚OE *mæst* < (WGmc) **masta* (G *Mast*) < IE **mazdo-s* pole, rod, mast (L *mālus*)〛 ― *n.* **1** 〘海事〙マスト, 帆柱. ★ 三本マストの船では舳先(へさき)から順に foremast (前檣(ぜんしょう)), mainmast (大檣), mizzen mast (後檣), また継ぎ足しマストでは下から上に lower mast (下檣), topmast (中檣), topgallant mast (上檣), royal mast (最上檣)とよぶ: spend a ～ マストを折られる[吹き飛ばされる]. **2** (装飾用に立てる)高い柱; (アンテナ支持用の)鉄塔; (飛行船の)繋留塔 (mooring mast); (起重機などの)柱 (⇨ derrick 挿絵). **3** 〘米海軍〙＝captain's mast.

at* (*the*) *mast 〘海事〙(訓示・評定・判決申し渡しなどのため水夫たちが集合させられる)上甲板大檣の下で.

before* [*afore*] *the mast 〘水夫は前檣の前の forecastle に居住することから〙〘海事〙平(ひら)水夫として: serve [sail] *before the* ～ 平水夫として勤める / a man *before the* ～ 水兵, 水夫.

― *vt.* 〈船〉にマストを立てる: ～ a ship.

mast² [mǽ(ː)st | mɑ́ːst] 〚OE *mæst* < (WGmc) **masta* (G *Mast*) ← IE **mad-* moist, wet: cf. meat〛 *n.* [集合的] カシワ・ブナ・クリなどの実《豚の飼料》.

mast- [mæst] (母音の前に来る時の) masto- の異形: *mast*itis.

mas·ta·ba [mǽstəbə] 〚▭ Arab. *mástaba*ʰ《原義》stone bench〛 *n.* (*also* **mas·ta·bah** [～]) **1** 〘考古〙マスタバ《エジプト初期王朝時代の支配階級の墓; 側面が傾斜して頂上が平らで平面は長方形, 石や日干煉瓦で造った; 死者はその地下墓室に葬られた》. **2** (イスラム教国の石造の)固定ベンチ.

mas·tax [mǽstæks] 〚← NL ～ ← Gk *mástax* mouth, jaws (cf. Gk *masâsthai* to chew)〛 *n.* 〘動物〙咀嚼嚢(そしゃくのう)《輪虫類の筋肉質の咽頭》.

mást bàll *n.* 〘海事〙マストボール, 檣頂(しょうちょう)球《マストの頂上に取り付けた球; 飾りの意味をもつ》.

mást bànd *n.* 〘海事〙檣帯《マストの補強と諸索具の止点とするためマストにはめた金属輪》.

mást bèd *n.* 〘海事〙木船の檣座板《マストの根本を受ける凹部のある厚板》.

mást cèll 〚《部分訳》← G *Mastzelle* ← *Mast* food (⇨ mast²)＋*Zelle* 'CELL'〛 *n.* 〘解剖〙肥満[マスト]細胞.

mást clàmp *n.* 〘海事〙マストクランプ《カッターなどでマストを立てる時, その下部を艇座 (thwart) へ留める輪金; mast hasp ともいう》.

mást clòth *n.* 〘海事〙**1** (横帆の)マスト当て《帆がマストに触れる部分に当てる補強布; mast lining ともいう》. **2** マストカバー《マストを保護したい場所を覆う布のカバー》.

mas·tec·to·my [mæstéktəmi | -mɪ] 〚← MASTO-＋-ECTOMY〛 *n.* 〘外科〙乳房切除(術), 乳房切断(術).

mást·ed 〚← MAST¹ (n.)＋-ED 2〛 *adj.* [通例複合語の第 2 構成素として] マストを備えた, (...本)マストの: a three-*masted* schooner 三本マストのスクーナー.

mas·ter¹ [mǽstə | mɑ́ːstə(r)] 〚OE *mæġester*, *maġister* ▭ L *magister*《原義》he who is greater ← *magis* more (compar.) ← *magnus* great ← IE **meg(h)-* (Gk *mégas*): cf. magistral〛 ― *n.* **1 a** 雇い主 (employer), マスター, 親方: ～ and man 主人と召使 / the young ～ 雇い主の息子, 若だんな / serve two ～*s* 二人の主人(二君)に仕える (*Matt.* 6:24); 二つの相反する主義を信ずる / Like ～, like man. 《諺》主人が主人なら下男も下男,「弱将の下に強卒なし」. **b** (一家の)家長, あるじ: the ～ of the house 戸主. **c** (奴隷・動物などの)所有主, 飼主(owner): A dog knows his own ～. 犬には飼主がわかる. **d** (商船の)船長: a ship's ～ (商船の)船長. **e** 支配者 (ruler); 君主. **f** 勝利者 (victor): If they quarreled, John was ～. 二人がけんかをすればジョンが勝った. **2** [しばしば無冠詞] 自由に支配[駆使]できる人; 熟練者, 精通者: a ～ of several languages 数か国語を使いこなせる人 / a thorough ～ of a subject ある問題に精通している人 / be ～ in one's own house 一家のあるじである, 他人の干渉を受けない / be ～ of a fortune (自由にできる)財産の所有主である / be ～ of one's fate [time] 自分の運命[時間]を支配できる; 意志通りになる, 思うように時間が使える / be ～ of oneself よく自制する / be ～ of the situation (勝負の)勝利者になる; 巧みにその場を切り抜ける / be ～ of one's trade 一本立ちしている / be one's own ～ 思う通りにできる, 自由に行動することができる / He made himself ～ of an art. 一芸をきわめた / Jack of all trades, and ～ of none. 《諺》「多芸は無芸」. **3 a** 《英》(男の)教師, (特に, 学校の)先生 (teacher, schoolmaster) (cf. mistress 3 a); 個人指導教師 (tutor): a French ～ フランス語の教師. **b** (特殊な技芸の)教師, 師匠 (cf. mistress 3 b): a music [dancing] ～ 音楽[ダンス]教師 / ⇨ riding master / I studied painting under a strict ～. 厳格な教師について絵を習った. **c** (職人の)親方, マイスター《中世の craft guild の組合員で, 大工房を持ち徒弟 (apprentices) を養っていた師匠》. **d** (宗教的・精神的な)指導者, 師 (leader). **e** [the M-, our M-] 主なるキリスト (Christ). **4 a** (芸術上の)名匠, 名工; (特に)名画家, 名彫刻家: ⇨ old master 1, past master 2 / the greatest ～ of poetry 最大の詩人. **b** 《古》名匠の作品《絵画・彫刻など; cf. old master 2》. **c** 名人, 達人, 大家; 権威者: a ～ of oratory 名演説家 / a ～ of satire [cajolery] 風刺[口車]の名人. **5** [しばしば M-] 修士; 修士号《doctor と bachelor との中間に位する学位; 通例 bachelor 号取得後 1 年以上の修学によって授与される; もとは大学での教授資格》: *Master* of Arts 文学修士(号) (略 M.A., A.M.) / *Master* of Science 理学修士(号) (略 M.S., M.Sc.) / *Master* of Engineering 工学修士(号) (略 M. Eng.) / a *Master* in the Schools 文学士 (Bachelor of Arts) 第一次試験官. **6** [主に公職名として] **a** (Oxford, Cambridge など大学の)学寮長; (各種の)会長, 団長, 組合長, 院長: the *Master* of Balliol (Oxford 大学の) Balliol 学寮長 / the *Master* of the Temple 〘英史〙Knights Templars の団長 (Grand Master). **b** 管理官, 監督官, 保護官: the *Master* of the Horse (英国の)主馬頭(しゅめのかみ)《王室第三位の高官》/ the *Master* of the Household (英国)王室家政官《Lord Steward の下で王室の事務を総覧する宮内高官》/ the *Master* of (the) Revels (英国王室や法学院などの)宴会係, 祝宴係 / the *Master* of the Rolls (英国の)記録長官《高位の法官で今は控訴院判事》. **c** 〘法律〙裁判所主事《法廷で判事を補佐し, 証言の聴取・報告をする》: a *Master* of the High Court 高等法院主事. **d** (フリーメーソンの)役員 (cf. grand master 2). **7 a** [召使などが用いる少年に対する敬称として] 坊ちゃん, 若だんな, ...君, ...さん (cf. Mister, Mr.): *Master* David / young ～ Charles. **b** 《スコット》子爵または男爵の長男[世継ぎ]に対する称号: the *Master* of Ballantrae バラントレー家の世継ぎ. **8** [one's ～] 《方言》夫, 主人 (husband). **9** 機械的に再生されるもの《matrix ともいう》: **a** 主自動制御装置, 親装置《同じような仕組の機械(部分)を稼動させる機械(部分); cf. slave 8》. **b** (レコードの)マスター盤, 原盤, マスタープレス (master matrix). **c** 〘印刷〙種(たね)鉛版 (⇨ caster 4 b). **10** 〘写真〙原板《映画で上映用のプリントを作るための通例ネガのフィルム; 事務用複写などで多数の複写を作る原板となるフィルム; master film ともいう》. **11** 〘トランプ〙**a** ブリッジの公式戦での勝点 (master point) が 50 を越えた人に与えられる称号: life [grand] ～ 同上の勝点が 300 [1,200] を越えた場合の称号. **b** その称号の保持者. **12** [通例 M-] 〘狩猟〙猟犬係長(かかりちょう)《一組の猟犬を飼育・訓練する; master of hounds ともいう》: the ～ of foxhounds フォックスハウンドの責任者 (《略》M.F.H.).

master of ceremonies (1) (宮中の宴会などを司る)式部官. (2) (社交会・晩餐会・ラジオ放送などの)司会者, 進行係 (略 M.C.). (3) 〘カトリック〙儀式係長.

Master of Misrule [the ―] ＝LORD of Misrule.

― *attrib. adj.* **1** 支配者の, 主人の; 主人らしい. **2** 支配的な, 主な, 最上の (chief): one's ～ passion 主情 / the ～ fear 主たる恐怖. **3** すぐれた, きわ立った (supreme); 名人の, 名人の腕を示す, 熟練した (skilled): a ～ touch 名人の一筆[筆致] / ⇨ masterstroke. **4** (雇われ職人でない)親方の, 自営の; 立派な腕のある (skilled): a ～ potter 陶工の親方 / a ～ carpenter (大工の)棟梁(とうりょう). **5** (機械などの)原..., 親...: a ～ screw 親ねじ / ⇨ master clock, master key.

― *vt.* **1 a** 服従させる, 征服する, 打ち勝つ (overcome, defeat); 〈情欲などを〉制する (control): ～ one's sorrow [anger] 悲しみ[怒り]をこらえる / ～ oneself 自己を抑える, 自制する. **b** 〈動物などを〉馴(な)らす (tame): ～ a naughty boy [a horse] 暴れっ子[暴れ馬]を制する. **2** ...に熟練する, 修得する, 精通する, マスターする: ～ a language, a subject, science, etc. **3** 《まれ》自由にする, 支配する, 圧制する (cf. lord *vt.* 2).

mast·er² [mǽstə | mɑ́ːstə(r)] 〚← MAST¹＋-ER¹〛 *n.* [通例複合語の第 2 構成素として] (...本)マストの船: a two-*master*.

máster álloy *n.* 〘冶金〙母合金 (mother alloy).

máster-at-árms *n.* (*pl.* **masters-**) 〘海軍〙先任警衛兵曹[海曹]《軍艦上で警備任務に当たる下士官》.

máster·bátch *n.* 〘化学〙親練り《生ゴムに加硫剤・着色剤を一定の割合に配合したもの》. 「室.

máster báth *n.* (master bedroom 付属の)最上の浴

máster bédroom *n.* (一家の主人が使う)最上の寝室, 夫婦寝室. 「(architect).

máster búilder *n.* **1** 建築請負師. **2** 《古》建築家

máster chíef pétty ófficer *n.* 〘米海軍〙上級上等兵曹(そう)《兵曹長 (warrant officer) の下で海軍先任下士官の最上位》.

master chief petty officer of the coast guard (米国沿岸警備隊の)上級上等兵曹《兵曹長 (warrant officer) の下で先任下士官の最上位》.

máster clóck *n.* 親時計《離れた所にある多数の子時計の針の動きを制御する; cf. slave clock》.

máster contróller *n.* 〘電気〙主幹制御器《列車の速度制御用の運転台にある制御器》.

más·ter·dom [-dəm] 〚OE *mæġsterdōm*: ⇨ master¹, -dom〛 *n.* 《まれ》**1** 学校教師の身分[職]. **2** 支配(力) (dominion, rule).

máster fílm *n.* 〘写真〙＝master 10.

mas·ter·ful [mǽstəfəl | mɑ́ːstə-] 〚(?*c*1380) *mayster-ful*〛 ― *adj.* **1 a** 主人然とした, 主人顔の. **b** 横柄な, 専横な, 傲慢な (imperious). **2** すぐれた腕前の, 堂に入った, 名人の (masterly). **～·ly** *adv.* **～·ness** *n.*

máster gáge *n.* 〘機械〙親ゲージ《実際に使うゲージの正確度を測るための基本となるゲージ; reference gage ともいう》.

máster gúnner *n.* **1** 〘米陸軍〙砲術係下士官《高射砲・海岸砲部隊で射撃諸元の整備, 測量・射撃図の作製などを担当する》. **2** 〘英陸軍〙砲台監守《砲台の装備品をあずかる英国砲兵隊の準士官》.

máster gúnnery sérgeant *n.* (米国海兵隊の)上級曹(そう)長《曹長 (master sergeant) の上の下士官》.

máster-hánd *n.* **1** 敏腕家, 専門家, 名人: He was a ～ at diplomacy. 彼は外交の専門家だった. **2** 専門家[名人]の手腕[技術].

máster·hòod *n.* ＝mastership.

máster kéy *n.* **1** 親鍵, マスターキー《鍵の違う多くの種々の錠に合うように作られたもの; passkey ともいう; cf. skeleton key》. **2** 難問の解決法.

máster léaf *n.* 〘機械〙(板ばねの)親板.

más·ter·less *adj.* 主人のない.

más·ter·ly *adj.* 大家の, 名人の, 名手の; 見事な, あっぱれな: a ～ speech 見事な演説. ── *adv.* 堂に入って, 巧妙に. **más·ter·li·ness** *n.*

máster máriner *n.* (商船や漁船の)船長.

máster máson *n.* **1** 熟練した[一人前の]石屋, 石屋の親方. **2** [M- M-] 第三級 (third degree) の Freemason.

máster mátrix *n.* ＝master 9 b.

máster mechánic *n.* **1** 職工長. **2** 熟練工.

máster·mìnd *vt.* 立案し指揮する, …の主謀者となる: ～ a project [crime]. ── *n.* すぐれた知性(の持主), すぐれた指導者; (ある計画の)立案者, 指導者, 首謀者.

máster óscillator *n.* 〘電気〙主発振器.

máster·pìece 〘(1579)《なぞり》← Du. *meesterstuk* ∥ G *Meisterstück*〙 ── *n.* **1** 傑作, 大作, 名作, 代表作 (chef-d'oeuvre): a ～ in painting [English literature] 絵画[英文学]の傑作 / a ～ of learned research 学問的研究の一大業績. **2** (中世の guild などで)親方 (master) 昇進に値するすぐれた工作物.

máster plán *n.* (総合的な指針となる)基本計画; (特に, 都市計画における)総合計画, マスタープラン.

máster pòint *n.* 〘トランプ〙マスター ポイント《ブリッジの公式戦で上位を占めた選手に与えられる勝点; その累積によって master, national master, life master, grand master などの称号が与えられる》.

máster pólicy *n.* 〘保険〙基本証券, 一括証券, 親証券《多数の被保険者を単一の契約で保険する証券》.

máster ráce *n.* 支配者民族《ナチス時代のドイツ民族のように自己民族の優秀性を信じ, 他民族を征服し支配することも許されると考える民族》.

Mas·ters [mǽstəz | mɑ́ːstəz], **Edgar Lee** *n.* (1869–1950) 米国の詩人・小説家; *Spoon River Anthology* (1915).

máster's degrée *n.* 修士号《《口語》では単に masters ともいう》.

máster sérgeant *n.* 〘米陸軍・海兵隊〙曹(ⓢ)長 (⇨ sergeant 1); 〘米空軍〙一等軍曹.

máster·ship 〘(*c*1385) *maistershipe*: ⇨ -ship〙 ── *n.* **1** master であること, master の職[地位, 権威]; (特に)学校教師の職[地位, 権威]. **2** 支配(力), 統御 (dominion, control). **3** 巧妙, 熟練, 練達 (mastery).

máster·sìnger *n.* ＝Meistersinger.

máster-sláve manipulator *n.* 〘物理〙マスタースレーブ, マジックハンド《放射性物質など危険なものを扱うのに手の代りに用いる》.

máster státion *n.* 〘通信〙(航路標識局などの)親局, 主局 (cf. slave station).

máster·stròke 〘cf. G *Meisterstreich*〙 ── *n.* **1** (政治・外交などで示す)すばらしい腕前, 神技: a ～ of policy 見事な外交的手腕. **2** (絵画などで)主線; 入神の筆致.

máster swítch *n.* 〘電気〙親スイッチ.

máster táp *n.* 〘機械〙種タップ, 親タップ《雄ねじ切削用ダイスを製作するためのねじ切りタップ》.

máster·wòrk 〘cf. G *Meisterwerk*〙 *n.* ＝masterpiece.

máster wórkman *n.* **1** 職工長 (foreman). **2** 名工, 巨匠.

máster·wòrt 〘← MASTER¹＋WORT²〙 *n.* 〘植物〙ヨーロッパ産セリ科の多年生草本 (*Astrantia major*).

mas·ter·y [mǽst(ə)ri | mɑ́ːst(ə)ri] 〘(15C) ← MASTER¹ (n.)＋-Y¹ ∞ (?*a*1200) *maistrie* ⊏ OF ← *maistre* 'MASTER¹': ⇨ -y¹〙 ── *n.* **1** 支配; 統御力, 支配力 (rule): the ～ *of* the air [seas] 制空[制海]力[権] / have complete ～ *over* one's employees 使用人を完全に統御している / exercise ～ *over* …を支配する. **2** 優越, 卓越, 優位, 優勢, 勝利 (supremacy, victory): man's ～ *over* nature 人間の自然征服 / gain [get, obtain] the ～ *of* …を支配する, …に勝つ / strive for ～ 雌雄を争う. **3** 精通, 熟練 (command); 専門的技能[知識]: acquire [get] the ～ *of* a foreign language 外国語に熟達する / an artist's ～ *of* color 画家の色彩の巧妙な使い方 / gain a thorough ～ *over* the details 詳細な事項に十分精通する / Her ～ *over* English is wonderful. 彼女の英語の使いこなしのうまさは驚くばかりだ.

mást fùnnel *n.* 〘海事〙マストファンネル《煙突を兼用したマスト; jack ともいう》.

mást hàsp *n.* 〘海事〙＝mast clamp.

mást·hèad *n.* **1** 〘海事〙マストの先, (特に)下檣 (lower mast) の先端; マストの先の見張人. **2** 〘ジャーナリズム〙**a** 題字, 額《第一面の新聞名》. **b** マストヘッド, 奥付(欄)《新聞・雑誌で, 誌名・発行日・編集者・購読料などが示されている欄》. ── *vt.* **1** 〈水夫を〉罰としてマストの先に登らせておく. **2** 〘海事〙〈帆桁・帆・旗などを〉マスト(の先)に引き上げる[揚げる].

mást hòop *n.* 〘海事〙 **1** (縦帆の前縁を止める)帆環, マストフープ《mast ring ともいう》. **2** (合材マストを締める)檣環帯.

mást hóunds *n. pl.* 〘海事〙＝hound² 2.

mást hòuse *n.* **1** マスト製作所. **2** 〘海事〙 **a** (マスト近くにあって荷物の積降ろしなどの操作をする)甲板室. **b** (昔, マストの立てはずしに用いた)クレーンの一種《masting house ともいう》.

-mas·ti·a [mǽstiə | -tɪə] 〘← NL ～: ⇨ masto-, -ia¹〙「(…の)乳房[乳腺]をもった状態」の意の名詞連結形.

mas·tic [mǽstɪk] 〘(1398) *mastyk* ⊏ (O)F *mastic* ⊏ L *mastichum* ⊏ Gk *mastikhē* chewing gum: cf. meat〙 ── *n.* **1 a** 〘化学〙マスチック, 乳香《コショウボク (mastic tree) から採る樹脂; 薫香またはワニス用》. **b** 〘植物〙＝mastic tree. **2** しっくいの一種. **3** マスチック酒, 乳香酒《トルコ・ギリシャで用いるマスチックとアニスの実 (aniseed) で味付けたアルコール飲料》. **4** 淡黄茶色 (pale fawn).

mas·ti·cate [mǽstəkèɪt | -tɪ-] 〘(1649) ← LL *masticātus* (p.p.) ← *masticāre* to chew ⊏ Gk *mastikhān* to grind the teeth, gnash ← *mástax* mouth: cf. mouth〙 ── *vt.* **1** かむ, かみこなす (chew). **2** 〈ゴムなどを〉砕いて[練って]どろどろにする. ── *vi.* かむ (chew). **más·ti·cà·tor** [-tə | -tə(r] *n.*

mas·ti·ca·tion [mæ̀stəkéɪʃən | -tɪ-] 〘(1565) ⊏ (O)F ～ ∥ LL *masticātiō(n-)*: ⇨ ↑, -ation〙 *n.* 咀嚼(ⓢ), かみくだき.

mas·ti·ca·to·ry [mǽstəkətɔ̀ːri, -tòːri | -tɪkèɪt(ə)ri] 〘(1611) ← MASTICATE＋-ORY¹〙 ── *adj.* **1** 咀嚼(ⓢ)の. **2** 咀嚼に適した[に用いられる]. ── *n.* (唾(ⓢ)液を増すための)かみ物《チューインガム・たばこなど》.

mas·tic·ic [mæstísɪk] 〘⇨ mastic, -ic¹〙 *adj.* マスチック (mastic) の[に関する].

mástic trèe *n.* 〘植物〙コショウボク (⇨ pepper tree).

mas·tiff [mǽstɪf, -təf | mǽstɪf, mɑ́ːs-] 〘(*a*1338) *mastif* ⊏ OF *mastin* (F *mâtin*) mastiff < VL **ma(n)suētīnus* tamed ← L *mansuētus* tame, quiet (p.p.) ← *mānsuēscere* to tame: ME の語形は OF *mestif* mongrel (⊏ L *mixtus* MIXED) の影響による〙 ── *n.* マスティフ《大型で短毛な番犬用大種のイヌ; old English mastiff ともいう》.

mas·tig·i·um [mæstídʒiəm | -dʒɪ-] 〘← NL ～ ← Gk *mástigion* (dim.) ← *mástix* whip〙 ── *n.* (*pl.* **-i·a** [-dʒiə | -dʒɪə]) 〘昆虫〙鞭状突起《ある種の鱗翅目の幼虫の後部に見られる伸縮性の突起》.

Mas·ti·goph·o·ra [mæ̀stɪgɑ́f(ə)rə, -tə- | -tɪgɔ́f-] 〘← NL ～ ← Gk *mastig-*, *mástix* whip＋-PHORA〙 *n. pl.* 〘動物〙鞭毛(ⓢ)虫綱.

mas·ti·goph·o·ran [mæ̀stɪgɑ́fərən, -tə- | -tɪgɔ́f-] 〘⇨ ↑, -an¹〙 *adj.*, *n.* 〘動物〙鞭毛(ⓢ)虫綱の(原生動物).

mas·ti·goph·o·rous [mæ̀stɪgɑ́f(ə)rəs, -tə- | -tɪgɔ́f-] 〘⇨ ↑, -ous〙 *adj.* 〘動物〙＝mastigophoran.

mást·ing 〘⇨ mast¹, -ing¹〙 *n.* 〘海事〙 **1** (船の形・大きさ・用途などに見合った)マストの配置法. **2** マストの取り付け. **3** [集合的] (船の)マスト (masts).

másting hòuse *n.* 〘海事〙＝mast house 2 b.

mas·ti·tis [mæstáɪtɪs, -təs | -tɪs] 〘← NL ～: ⇨ masto-, -itis〙 ── *n.* (*pl.* **mas·tit·i·des** [-títədiːz | -tɪ-]) **1** 〘病理〙乳腺炎. **2** 〘獣医〙＝garget 1 a. **mas·tit·ic** [mæstítɪk | -tɪk] *adj.*

-mas·tix [mǽstɪks] 〘← Gk *mástix* whip〙〘動物〙「…の(数の)鞭毛のある動物」の意の名詞連結形. ★ 分類の属名に用いる: Chilo*mastix*.

mást·less 〘⇨ mast¹〙 *adj.* マスト[帆柱]のない: a ～ ship [boat].

mást lìning *n.* 〘海事〙＝mast cloth 1.

mas·to- [mǽstə, -to(ʊ) | -tə(ʊ)] 〘← Gk *mastós* breast, nipple: cf. mast²〙「乳房 (breast); 乳頭 (nipple); 乳様突起と…との」の意の連結形. ★ 母音の前では通例 mast- になる: *mast*odon.

mas·to·don [mǽstədɑ̀n, -dən | -dɔ̀n, -dən] 〘(1813) ← NL ～ ← MASTO-＋Gk *odón-*, *odoús* tooth〙 ── *n.* **1** 〘古生物〙マストドン《ゾウに似た漸新世から更新世に生息していたマンムト科マンムト属 (*Mammut*) の大型哺乳動物; 臼歯に乳首形の突起があるマストドンアメリカヌス (*M. americanus*) など》. **2** 巨人 (giant), 巨大なもの.

mastodon 1 (*M. americanus*)

mas·to·dont [mǽstədɑ̀nt | -dɔ̀nt] *adj.* **1** マストドン (mastodon) の[に関する]. **2** マストドンのような歯をした. ── *n.* ＝mastodon. **mas·to·don·tic** [mæ̀stədɑ́ntɪk | -dɔ́nt-] *adj.*

mas·toid [mǽstɔɪd] 〘(1732) ← NL ～ ← Gk *mastoeidēs*: ⇨ masto-, -oid〙 ── *adj.* 〘解剖・動物〙 **1** 乳頭状の, 乳嘴(ⓢ)状の, 乳房状の. **2** (側頭骨の)乳様突起の, 乳突の; 乳頭突起部の: the ～ process 乳様突起 (⇨ skull¹ 挿絵) / a ～ operation 乳様突起削開. ── *n.* **1** 〘解剖・動物〙乳様突起乳突. **2 a** 〘病理〙＝mastoiditis. **b** 〘外科〙乳突削開術 (mastoidectomy).

mástoid céll *n.* 〘解剖〙乳突蜂巣.

mas·toid·ec·to·my [mæ̀stɔɪdéktəmi | -mɪ] 〘⇨ ↑, -ectomy〙 *n.* 〘外科〙乳様突起削開(術), 乳突開放(術).

mas·toid·i·tis [mæ̀stɔɪdáɪtɪs, -təs | -tɪs] 〘← MASTOID＋-ITIS〙 *n.* 〘病理〙乳様突起炎, 乳突炎.

mas·to·mys [mǽstəmɪs] 〘← NL ～ ← MASTO-＋-MYS〙 *n.* (*pl.* ～) 〘動物〙＝multimammate mouse.

mas·top·a·thy [mæstɑ́pəθi | -tɔ́pəθɪ] 〘← MASTO-＋-PATHY〙 *n.* 〘病理〙乳腺症.

mas·to·pex·y [mǽstəpèksi | -sɪ] 〘← MASTO-＋-PEXY〙 *n.* 〘外科〙乳房固定(術).

mást pártner *n.* 〘海事〙檣孔板(ⓢ), マストパートナー《甲板部でマストを通す穴をもつ厚板》.

mást rìng *n.* 〘海事〙＝mast hoop 1.

mást stèp *n.* 〘海事〙マストステップ《マストの下端を受ける部分》.

mást tàble *n.* 〘海事〙マストテーブル《マストの根元の補強のため作られたテーブル型の構造物》.

mást tràck *n.* 〘海事〙マストトラック《帆桁(ⓢ)や帆がマストを円滑に上下するようにマストに付けた金属レール》.

mas·tur·bate [mǽstəbèɪt | -tə-] 〘(1855) ← L *masturbātus* (p.p.) ← *masturbārī* to masturbate ← ? *manū* ((abl.) ← *manus* hand)＋*stuprāre* to defile oneself (← *stuprum* defilement, illicit sexual intercourse ← IE *(*s*)*teu-* to push; a stick)〙 ── *vi.* 自慰を行なう. ── *vt.* …に自慰を行なう. **más·tur·bà·tor** [-tə | -tə(r] *n.* **mas·tur·ba·to·ry** [mǽstəbətɔ̀ːri, -tòːri | mæ̀stəbéɪt(ə)rɪ, -bət-, ⸗⸗⸗(⸗)⸗] *adj.*

mas·tur·ba·tion [mæ̀stəbéɪʃən | -tə-] 〘⊏ L *masturbātiō(n-)*: ⇨ ↑, -ation〙 *n.* 自慰, マスターベーション (onanism, self-abuse).

Ma·su·ri·a [məzú(ə)riə, -sú(ə)r- | -sjúərɪə] *n.* マズレン《ポーランド北東部の森林と湖水の多い地方, もと東プロイセンの一部; この地方でドイツ軍がロシヤ軍を破った (1914–15); ドイツ語名 Masuren [mazúːrən]》. **Ma·sú·ri·an** [-riən | -rɪ-] *adj.*

ma·su·ri·um [məzú(ə)riəm, -sú(ə)r- | -sjúərɪ-] 〘↑ (その発見地): ⇨ -ium〙 *n.* 〘化学〙マスリウム《記号 Ma; technetium のことで現在では使われない》.

mat¹ [mǽt] 〘OE *matt(e)*, *meatte* ⊏ LL *matta* mat, rough covering ⊏ ? Phoenician *maṭṭa* (cf. Heb. *miṭṭāh* bed)〙 ── *n.* **1 a** (麦わら・灯心草・しゅろなどで作った床の上に敷く)むしろ, ござ, マット. **b** (玄関前の)靴ぬぐい, ドアマット (door mat); (風呂の)バスマット (bathmat): ⇨ welcome mat. **c** (ネル・レース・編物・革・ラシャなどで作った置物などの)下敷き, 花びん[ランプ, 皿]敷き; (車の)床敷き. **d** (レスリング・体操用の)マット. **2** (敷地全体に敷く)コンクリートマット. **3** (コーヒー・砂糖などを入れる)しゅろ[むしろ]袋; 一袋の量. **4** (毛・雑草などの)もつれ, 塊: a ～ of hair, weeds, etc. **5** 〘海事〙当てむしろ《静索と他の綱との摩損防止用》. **6** 〘印刷〙(ステロ版の)紙型.

go to the mat with (1) (レスリングなどで)…と取っ組み合う. (2) …と激しく論争する, 激論する. ***leave a person on the mat*** 〈人〉に玄関払いを食わせる. ***on the mat*** 〘罪に問われた兵士が中隊事務室のマットの中央に立たされたことから〙《俗》召喚されて, 審問されて, 譴責(ⓢ)されて (on the carpet).

── *v.* (**mat·ted**; **mat·ting**) ── *vt.* **1 a** …にむしろ[マット]を敷く. **b** (寒さから守るために)〈植物などを〉マット(状のもの)でおおう 〈*up*〉. **2** むしろに編む. **3 a** [主に p.p. 形で] もつれさす (entangle) (cf. matted¹ 2): fibers ～*ted* together からみ合った繊維 / The path was ～*ted with* grass. 小道には草が生い茂っていた. **b** 押し固める 〈*down*〉: The fern was ～*ted down*. シダは踏みしだかれていた. ── *vi.* もつれる, こんがらかる, 組み合う.

mat² [mǽt] 〘adj.: (*a*1648) ⊏ (O)F ～ 'defeated, exhausted' ⊏ L *mattus* drunk ← *madēre* to be drenched ← IE **mad-* wet: cf. meat. ── v.: (1602) ⊏ F *mat-e* to make dull or weak〙 ── *adj.* 色[つや]の鈍い, 光らない (dull); つや消しの, いぶした (unburnished): ～ gold いぶし金. ── *n.* **1** (ガラス・金属などの)つや消し(面). **2** つや消し器. **3** (額縁の中の写真や絵などの)台紙 (mount); (金などを塗った)細い飾り縁. **4** 〘写真〙無光沢[つや消し]印画 (cf. glossy 2). ── *vt.* (**mat·ted**; **mat·ting**) **1** 〈金属面・画面などを〉曇らす. **2** 〈ガラスなどを〉つや消しにする, …のつやを消す (frost). **3** 〈写真・絵〉に台紙を敷く.

mat³ [mǽt] 〘《略》← MATRIX〙 *n.* 《口語》〘印刷〙母型, 字母; 紙型.

Mat [mǽt] 〘(dim.) ← MATTHEW〙 *n.* 男性名.

mat. 《略》maternity; matinee; matins; maturity.

M.A.T. 《略》Master of Arts in Teaching.

Mat·a·be·le [mæ̀ṭəbíːli | -təbíːlɪ] *n.* (*pl.* ～, ～**s**) **1 a** [the ～(s)] マタベレ族《1837 年ボーア人 (Boers) により Transvaal から追われたズールー族 (Zulu); 今は Matabeleland に住み農牧を営む》. **b** マタベレ族の人. **2** マタベレ語《バンツー語族》.

Mat·a·be·le·land [mæ̀ṭəbíːlilæ̀nd | -təbíːlɪ-] *n.* マタベレランド《Zimbabwe の一地方, 旧州; マタベレ族が住む》.

Ma·ta·di [mətɑ́ːdi | -dɪ] *n.* マタディ《Zaire 西部, Congo 川に臨む港市; 人口 144,000》.

mat·a·dor [mǽṭədɔ̀ə | -tədɔ̀ː(r] 〘(1674) ⊏ Sp. ～ ⊏ L *mactātor* ← *mactāre* to kill, sacrifice ← *mactus* sacred〙 ── *n.* (*also* **mat·a·dore** [～]) **1** (スター役の)闘牛士, マタドール《闘牛の最後に刀で牛を殺す主役: cf. banderillero, picador, toreador》. **2** 〘トランプ〙 **a** (skat で)マタドー《クラブのジャックおよびそれに連続する切札; 1 枚増えるごとに得点が倍になる》. **b** (ombre で)マタドー, 殺し屋《3 枚の最高切札である spadille, manille, basta の総称》.

Ma·ta Ha·ri [mɑ́ːṭəhɑ́ːri, mǽṭəhǽri | mɑ́ːtəhɑ́ːrɪ, mǽtəhǽrɪ; *G.* máta-háːri] *n.* マタ ハリ (1876–1917; オランダ系の踊り子; ドイツの女スパイとしてフランスで処刑された; 本名 Margaretha Geertruida Zelle [*Du.* marxaːréːta xéːrtrœit tsélə]).

mat·a·mo·ro [mæ̀ṭəmɔ́ːroʊ, -mɔ́ːr- | -təmɔ́ːrəʊ] *n.* ＝mattamore.

Mat·a·mo·ros [mæ̀ṭəmɔ́ːrəs, -mɔ́ːr- | -mɔ́ːr-; *Sp.* matamóros] *n.* マタモロス《メキシコ北東部 Rio Grande 河口の港市, 人口 180,000》.

Mat·a·nus·ka [mæ̀ṭənúːskə | -tə-] 〘⊏《土語》《原義》copper (river)〙 ── *n.* **1** マタヌスカ《米国 Alaska 州南部 Anchorage の北東部に当たる自作農地としての政府の実験開拓地; 渓谷で有名》. **2** [the ～] マタヌスカ(川)《米国 Alaska 州の川; 145 km》.

Ma·tan·zas [mətǽnzəs; *Am. Sp.* matánsas] *n.* マタ

ンサス《キューバ北西岸の港市；人口 86,000》.
mát bèan *n.* 〚植物〛＝moth bean. 「紙》.
mát bòard *n.* マット《額縁に入れて絵の台にする厚
match[1] [mǽtʃ] 〚《c1378》 matche ▭ OF *meiche* (F *mèche* wick) < VL **miccam*《混成》? ← L *myxa* wick of a candle (▭ Gk *múxa*)＋*mūcus* slime from nose〛 ― *n.* **1** マッチ(一本)：a box of ～*es* マッチ一箱 / a lucifer ～ (昔の)黄燐マッチ / a safety ～ 安全マッチ / light [strike] a ～ マッチをつける[する]. **2** (昔の鉄砲や大砲の発火に用いた)火縄 (cf. matchlock).
match[2] [mǽtʃ] 〚*n.*: OE *(ġe)mæċċa* one of a pair, mate < **ġamakjon* < Gmc **ʒamakon* he who is filled with (another) ← **ʒa-* 'Y-'＋**mak-* fitting (⇨make[1]). ― *v.*: 《14C》← (*n.*)〛 ― *n.* **1** 競争相手, 好敵手：be a [no] ～ *for* ...と匹敵できる[できない] / He is a good ～ *for* me. 相手に不足はない / He is more than a ～ *for* me. 彼にはとてもかなわない / meet [find] one's ～ 好敵手に会う / He never met his ～. 負けたことがない. **2** (性質・能力などで)対等な人 (equal), 好一対の人：I never found his ～ for goodness. 彼のような善良な人は見たことがない / They are right ～*es*. まさに好一対. **3** 似合いの一対, よく釣り合う物, 好一対：The tie and shirt are a perfect ～. ネクタイとワイシャツがぴったりと合っている / Have you a ～ *for* this ribbon? これと同じような[釣り合う]リボンがありますか / The hat is a ～ *for* the coat. その帽子は上衣によく似合う. **4 a** (通例 2 人[組]程度でやる)試合, 競技 (contest)：play a ～ 試合をする / a cricket [wrestling] ～ クリケット[レスリング]試合 / a consolation ～ ⇨consolation 3 a / ⇨title match. **b** 〚テニス〛マッチ《シングルス, ダブルスとも数セットからなる試合で, 所定のセット数を勝てば終了する》. **5 a** 縁組, 結婚 (marriage)：make a ～ 仲人をする；縁組[結婚]する / She has made a good ～. 彼女は良縁を得た / ⇨love match. **b** (適当[不適当]な)結婚相手：He [She] is a good [poor] ～. 婿[嫁]として立派だ[思わしくない].
― *vt.* **1** 取り組ませる, 競争させる, 対抗させる (oppose)；〔互角な相手と〕取り組ませる〔*against, with*〕：～ one person *against* [*with*] another ある人を別の人と対抗させる / a well-*matched* combat 好取組み, よい勝負 / They are equally ～*ed* in their knowledge of English. 彼らは英語の学力では互角だ. **2** ...に匹敵する, ...と対等である：No one can ～ him. だれも彼にかなう者はない. **3** ...の相手になる, の好敵手となる：I will ～ you in a race. 私が競走の相手になろう. **4 a** ...と調和する, 釣り合う：His hat ～*es* (the color of) his suit. 彼の帽子はスーツ(の色)にぴったり合っている. **b** 調和させる, 釣り合わせる, 適合させる (fit)〔*to, with*〕：make outgo ～ income 収支を合わせる / ～ action *to* one's words 今言ったことをすぐ実行に移す. **5** ...に調和するものを作る[見つける]：～ a vase そろいの花びんを手に入れる / Can you ～ this color for me? この色に釣り合うものを見つけて下さいませんか. **6** 《古》結婚させる, 添わせる (marry)〔*with*〕：～ one person *with* another / a well-[ill-] *matched* pair 似合いの[不似合いの]夫婦. **7** 〈板などを〉はぎ合わせる, さねはぎする. **8** 《米》**a** (裏か表かで決めるために)〈コインを〉投げる：～ coins. **b** 〈人〉とコイン投げをする. **9** 〚電気〛整合させる《インピーダンスを合わせて電力が有効に伝わるようにする》.
― *vi.* **1** (大きさ・形・色・模様などの点で)調和する, 釣り合う, 映る (agree, suit)〔*with, to*〕：This ribbon does not ～ *with* your hat. このリボンはあなたの帽子に調和しない / a dress trimmed with braid to ～ よく釣り合うモールで飾った衣装. **2** 《古》夫婦になる (couple)〔*with*〕：Let beggars ～ *with* beggars. 《諺》「割れ鍋に綴蓋(とじぶた)」.
～·er *n.*
match·a·ble [mǽtʃəbl] *adj.* 匹敵できる, 釣り合った, 対等の, 似合う, 映りのよい (correspondent, suitable)：be ～ *to* none 比べものがない, 無比だ.
mátch·bòard *n.* 〚木工〛さねはぎ板《matched board ともいう》.
mátch·bòarding *n.* さねはぎ作業; さねはぎ板(張り).

matchboard

mátch·bòok *n.* ブックマッチ《二つ折りのポケット用もぎ取り式紙軸マッチ；cf. book match》.
mátch·bòx *n.* マッチ箱.
mátch·còat 〚《通俗語源》? ← N-Am.-Ind. (Powhatan) *matshcore* (cf. Odjibwa *matchigode* woman's dress)〛 ― *n.* (毛皮・皮革・毛糸などで作った)インディアンのマント.
mátched bóard *n.* 〚木工〛＝matchboard.
mátched órders *n. pl.* 〚証券〛仮装売買 (wash sale) のための同じ証券の売り注文と買い注文.
mátched síding *n.* 〚建築〛＝drop siding.
mátch·er *n.* **1** match[2]する人. **2** 同じ大きさ[色, 質など]をそろえる人 (assorter). **3** 〚木工〛(2 枚の板の)さねはぎ機[かんな]. 「machete.
mat·chet [mǽtʃɪt, -tʃət | mǽtʃɪt, -tʃət, mætʃét] *n.* ＝
mátch·ing *n.* **1** 〚木工〛マッチング《木目模様の繰返しを強調するような化粧板の木目配列; cf. book-match》. **2** 〚電気〛整合《結合部でのエネルギー伝達の良さ》：a ～ circuit 整合回路 / a ～ transformer 整合変成器《整合をとるためのインピーダンス変換器》.

mátching fúnds *n. pl.* 〚経済〛見合い基金《一般寄付募集による金額に見合った一定比率の個人または団体寄付金》.
mátch-jòint *n.* 〚木工〛さねはぎ.
mátch·less *adj.* 無比の, 無双の, 無類の (incomparable, peerless)：a girl of ～ beauty 類いまれな美少女.
～·ly *adv.* **～·ness** *n.*
mátch·lòck *n.* (火縄銃の)点火装置；火縄銃.
mátch·màker[1] 〚⇨ match[1]〛 *n.* マッチ製造人.
mátch·màker[2] 〚⇨ match[2] (*n.*)〛 *n.* **1** 好んで結婚仲介をする人, 仲人. **2** 競技の組み合わせをする人.
mátch·màking[1] 〚⇨ match[1]〛 *n.* マッチ製造. 「酌.
mátch·màking[2] 〚⇨ match[2] (*n.*)〛 *n.* 縁結び, 結婚媒
mátch·màrk *n.* (組立てに便利なように機械の部品につける)合い印. ― *vt.* ...に合い印をつける.
mátch plàte *n.* 〚金属加工〛マッチプレート, 見切り板《小さい多量生産用鋳型で見切り線に沿って分割された型と湯口とを表裏面に取り付けるための板》.
mátch plày *n.* 〚ゴルフ〛マッチプレー, 得点競技《双方の勝ち得たホール数により得点を計算する；cf. medal play》.
match point [ˌ-ˈ-|ˈ-ˌ-] *n.* **1** 〚球技〛マッチポイント《テニス・バレーボールなどで試合の勝敗を決する最後の[決勝の]1 点》. **2** 〚トランプ〛勝点法《duplicate bridge における優劣判定法の一つで, あるペアーが他の 1 ペアーに勝つごとに勝点 1 を, 引分けるごとに $^1/_2$ を与えられる方式》.
mátch·wòod *n.* マッチの軸木(材料)；こっぱ (splinters)：make ～ of ...をこっぱみじんにする / reduce to [break into] ～ 粉みじんにする / tumble into ～ 倒れてこっぱみじんになる.
mate[1] [méɪt] 〚《c1380》 ▭ MLG ～ 《頭音消失》← *gemate* < (WGmc) **ʒamaton* ← **ʒa-* 'Y-'＋**mat-* (⇨ meat)：cf. OE *ġemetta* sharer of food, guest：cf. companion[1]〛 ― *n.* **1 a** [しばしば複合語の第 2 構成素として] 仲間 (companion, comrade)：⇨ classmate, roommate. **b** 仕事仲間, 相棒. **c** (熟練工の)助手 (helper). **d** [水夫などの間で親しみある呼掛けとして] 兄弟, 兄貴 (pal, thum). **2 a** 配偶者《夫または妻》, 連れ合い. **b** (動物の)つがいの一方. **c** (手袋・靴などの)片方. **3** 〚海事・海軍〛**a** (商船の)航海士：the chief [first] ～ 一等航海士《副船長格》/ the second [third] ～ 二[三]等航海士. **b** 助手, ...補佐 (assistant)；《米》(兵曹(へいそう)長を補佐する)兵曹：a boatswain's ～ 掌帆兵曹 / a cook's ～ (船艦乗込みの)コック助手 / a gunner's ～ 掌砲兵曹. **4** 《古》対等の人, 好敵手 (equal, match). **5** 〚機械〛(他のギアやウォームなどと組合わされる)ギア, ウォーム (worm).
go mates with ...と仲間[相棒]になる：I will be willing to go ～*s with* him. 喜んで彼と仲間になろう.
― *vt.* **1 a** 連れ添わせる, 縁組させる, 結婚させる〔*with*〕：She was ～*d with* him. 彼女は彼と結婚をした. **b** 〈動物を〉つがわせる (pair)〈*up*〉. **2 a** 〈二つの物を〉適当に合わせる, 釣り合わせる〔*with*〕：～ one's faith *with* acts 信仰と行ないを一致させる. **b** 〈機械の部品などを〉かみ合わせる〔*to*〕. **3** 《古》(力・知性などの点で)対抗させる (match). ― *vi.* **1 a** 結婚する, 連れ添う (marry)〔*with*〕. **b** 〈動物が〉交尾する, つがう (pair)〔*with*〕. **c** 〈人が〉動物を交尾させる (pair)〈*up*〉. **2** 〚機械〛〈ギア・ウォームなどが〉〔他のギア・ウォームと〕かみ合う〔*with*〕. **3** 《古》仲間になる, 交わる〔*with*〕.
mate[2] [méɪt] 〚《?a1200》 *mate(n)* ▭ OF *mater* ← (O)F *mat* checkmated, overcome《略》← *eschec mat* 'CHECKMATE'：cf. mat[2]〛 *int., n., v.* 〚チェス〛＝checkmate 1.
ma·té [mɑ́ːteɪ, mǽt-; *Sp.* maté] 〚《1717》 ▭ Sp. *mate* 《原義》vessel ▭ Quechua *mati* calabash〛 (*also* **ma·te** [～]) ― *n.* **1 a** マテ茶, パラグアイ茶《南米パラグアイおよびブラジルで主に用いられる茶；Paraguay tea ともいう》. **b** 〚植物〛パラグアイチャ, マテ (*Ilex paraguariensis*)《南米産のモチノキ科の常緑低木または小高木》. **2** マテ茶器《ひょうたんの一種で, その中から管で吸って飲む》.
ma·te·las·sé [mɑ̀ːtəlɑːséɪ, -tl̩-, -tel-, ˌ-(-)-ˈ- | -təl-, -tl̩-, -tel-; *F.* matlase] 〚▭ F ～ (p.p.) ← *matelasser* to cushion ← *matelas* 'MATTRESS'〛 ― *n.* マトラッセ織《刺し子風の浮模様のある絹織りまたは絹毛交織ドレス用の布》. ― *adj.* 〈絹布など〉マトラッセ織の, 刺し子風の浮模様のある.
máte·less *adj.* 仲間[相手]のない；連れ合いのない.
ma·tel·las·se [mɑ̀ːtəlɑːséɪ, -tl̩-, -tel-, ˌ-(-)-ˈ- | -təl-, -tl̩-, -tel-] *n., adj.* ＝matelassé.
mate·lot [mǽtloʊ, -tl̩òʊ | -tləʊ, -tl̩əʊ; *F.* matlo] 〚▭ F ～ < OF *matenot* ▭ MDu. *mattenoot* ← *matte* (▭ L *matta* 'MAT[1], bed')＋*noot* companion：cf. mate[1]〛 ― *n.* 《英俗》船乗り, 水夫, マドロス (cf. matlow).
ma·te·lote [mǽtəlòʊt, -tl̩òʊt | mǽtələʊt, -tl̩-, mætlə́ʊt; *F.* matlɔt] 〚▭ F ～ ← *matelot* (↑)〛 ― *n.* マトロート《魚のぶどう酒煮；玉ねぎ・マッシュルームなどを加えることが多い》.
ma·ter [méɪtə | -tə(r)] 〚▭ L *māter* 'MOTHER[1]'〛 ― *n.* **1** [しばしば the ～]《英俗》おふくろ, 母 (cf. pater 1)：*The Mater* will do anything for me. おふくろは僕のためなら何でもしてくれる. **2** 〚解剖〛脳膜：⇨dura mater, pia mater 1. **3** (天文観測儀の可動部を支える)支え台.
ma·ter do·lo·ro·sa [méɪtə-dòʊlərόʊsə, mɑ́ːtə- | -tə-dɒ̀lərə́ʊ-] 〚▭ L *māter dolorosa* sorrowful mother〛 ― *L. n.* **1** 悲しみの御母. **2** [M- D-] (絵画・彫刻などで)悲しんでいる聖母マリアの像.

ma·ter·fa·mil·i·as [mèɪtəfəmíliəs, mɑ̀ːtə- | -təfə-míliəs] 〚▭ L ～ 'mother of a family'〛 *n.* 主婦 (matron) (cf. paterfamilias).
ma·te·ri·al [mətí(ə)riəl | -tíərɪ-] 〚《c1340》 *materiel* ▭ (O)F *matériel* ∥ LL *māteriāl-is* of matter ← *māteria* 'MATTER'：⇨ -al[1]〛 ― *adj.* **1** 物質の, 物質上の, 物質的な (physical) (↔ spiritual)；有形の (tangible), 具体的な (substantial)：a ～ being 有形物 / ～ forces 物質力 / ～ property 有形財産 / ～ civilization 物質文明 / in ～ form 具体的形式で. **2 a** (精神的に対して)身体の, 肉体上の (corporeal) (↔spiritual)：～ pleasure [comforts] 肉体的快楽. **b** 官能的な, 感覚的な (sensuous)；物欲的な, 野卑な；世俗的な (earthly)：a ～ love of money 卑俗な金銭欲 / ～ success 世俗的成功. **3** 〔...に(とって)〕重大な, 肝要な, 必須の (important)〔*to*〕：a ～ correction 重要な訂正 / matters ～ *to* one's happiness 幸福に密接な関係のある事柄 / It makes no ～ difference. たいした差はない / It is ～ to distinguish them with accuracy. それらを正確に区別することが肝要だ. **4** 〚論理・哲学〛(形相的に対して)物質的な, 質料的な, 実質的な, 実体上の (substantial). **5** 〚法律〛判決に決定的な影響のある, 実質的な, 重大な：～ evidence [fact] 重大な証拠[事実].
― *n.* **1 a** 原料, 材料；素材：⇨raw material / a house built of good ～*s* 良い材料を使って建てた家. **b** (羊毛製の)服地, 織物(cloth)：a dress made of good [inferior] ～ 良質[下等]の生地(きじ)で作ったドレス. **2** (調査・小説などの)題材, 資料, データ：draw ～ from ... から材料を採る / collect [gather] ～*s for* stories 物語の材料を集める. **3** 人格的要素；人材, 人物：turn out splendid ～ for the making of public servants 公僕となるすばらしい人材を生み出す. **4 a** [通例 *pl.*] 用具, 器具：writing ～*s* 筆記具《筆・墨・紙など》. **b** ＝matériel.
～·ness *n.*
matérial cáuse *n.* 〚哲学〛質料因 (⇨ cause 6 b).
matérial cúlture *n.* 〚社会学〛物質文化 (cf. nonmaterial culture).
matérial fállacy *n.* 〚論理〛実質的誤謬《推論の形式でなく, それを満たす命題の実質的内容における誤謬; cf. formal fallacy》.
ma·té·ri·al·ism [-lìzm] 〚《1748》← NL *materialismus*：⇨ material, -ism〛 ― *n.* **1** (精神・知性より物質を尊重する)物質偏重, 物質[実利]主義. **2** 〚哲学〛唯物論, 唯物主義 (↔spiritualism, idealism)：⇨dialectical materialism / historical ～ 史的唯物論. **3** 〚論理〛物質[物欲]中心主義. **4** 〚美術〛実物主義, 実質描写(主義).
ma·té·ri·al·ist [-lɪst, -ləst | -lɪst] 〚《1668》← NL *materiarista*〛 *n.* **1** 物質主義者, 実利主義者. **2** 唯物論者, 唯物主義者. ― *adj.* 物質[唯物]主義(者)の.
ma·te·ri·al·is·tic [mətì(ə)riəlístɪk | -tɪərɪə-] *adj.* **1** 物質主義の, 実利主義の. **2** 唯物論の, 唯物主義の.
ma·tè·ri·al·ís·ti·cal·ly *adv.*
ma·te·ri·al·i·ty [mətì(ə)riǽləti | -tɪəriǽlɪti, -lɪ-] 〚▭ ML *māteriālitās*：⇨ material, -ity〛 ― *n.* **1 a** 物質性, 有形, 具体性 (↔ spirituality). **b** 有形物, 実体：visions and *materialities* 幻想と実体. **2** 〚法律〛重要性, 重大さ：the ～ of the documents その文書の重要性. **3** 《廃》物質 (matter).
ma·te·ri·al·i·za·tion [mətì(ə)riəlɪzéɪʃən, -lə- | -tɪərɪəlaɪ-, -lɪ-] *n.* **1** 物質[物体]化, 具体化. **2** 〚心霊〛(霊魂が)形体を表わすこと；形体化した霊魂.
ma·te·ri·al·ize [mətí(ə)riəlàɪz | -tíərɪ-] 〚《1710》← MATERIAL＋-IZE〛 ― *vt.* **1** ...に形体を与える, 物質化する；具体的に示す, 具体化する, 実現する. **2** 〈霊的なものを〉肉体的[具体的]に表わす：a spirit 霊を具体的な姿に表わす. **3** 物質的にする, 実利的にする. ― *vi.* **1** 〈計画・希望などが〉事実となる, 実現する. **2** 出し抜けに[不意に]現われる：A black car ～*d* out of the mist. 一台の黒い車が霧の中から不意に現われた. **3** 〈霊が〉形体を表わす, 肉体を具えて現われる. **ma·té·ri·al·iz·er** *n.*
matérial lógic *n.* 〚論理〛実質(的)論理(学) (cf. formal logic).
ma·té·ri·al·ly [-li | -lɪ] 〚《1502》〛 ― *adv.* **1** 物質的に, 有形的に. **2** 実質的に (substantially), 大いに, 著しく (considerably)：It ～ concerns me. それは私にとってきわめて重大なことである. **3** 実利的に. **4** 〚哲学・論理〛実質に関して, 実質的に, 質料的に (↔ formally).
matérial nóun *n.* 〚文法〛物質名詞《water, butter, gas など》.
matérials hándling *n.* 物品取扱い.
matérials scíence *n.* 材料科学《無機材料・金属材料・有機材料など材料一般の構造・性質と用法を研究対象とする学問分野》.
ma·te·ri·a med·i·ca [mətí(ə)riə-médɪkə, -də- | -tíərɪə-médɪ-] 〚▭ L *māteria medica* medical material 《なぞり》← Gk *húlē iatrikḗ* healing material〛 ― *n.* **1** [集合的] 薬物, 医薬品 (drugs). **2** 生薬学, 薬用植物学；薬(物)学論文.
ma·té·riel [mətì(ə)riél, mæ- | -tìərɪ-; *F.* materjɛl] 〚《1814》 ▭ F ～ ← *matériel* 'MATERIAL'〛 ― *n.* (*also* **ma·te·ri·el** [～]) **1** (事業・団体などで人員 (personnel) と区別して)設備. **2** 〚軍事〛軍需品, (軍用)資材《兵員 (personnel) と区別して, 武器・弾薬・車両・被服など需品・器材の総称》.
ma·ter lec·ti·o·nis [mɑ́ːtə-lèktióʊnɪs, -nəs | -tə-lèktiə́ʊnɪs] 〚▭ L *māter lectiōnis* mother of reading〛 ― *L. n.* (*pl.* **ma·tres l-** [mɑ́ːtreɪs-]) 〚言語〛区別的

発音符代用文字《ドイツ語の ö を oe, ü を ue と書き表わす場合の e など; cf. diacritical mark》.

ma·ter·nal [mətə́ːnl̩|-tə́ː-] 〖《1481》□(O)F *maternel* ← L *māternus* of a mother: ⇨ mater, -al¹〗 — *adj.* **1** 母の; 母としての, 母らしい (motherly) (cf. paternal 1): ～ love 母性愛 / a ～ association 母の会. **2 a** 〈血縁関係が〉母方の; 母から受継いだ: one's ～ uncle, grandfather, etc. / on the ～ side 母方の. **b** 〖文化人類学·社会学〗母親中心の, 母権の (cf. paternal 2 b): a ～ family 母親中心家族, 母権家族《家族内の権威が母親あるいは女性の長によって保持されている家族の型》. **3** 〖言語〗母国語の, 母国語である: his ～ language 彼の母国語. **～·ly** *adv.*

matérnal inhéritance *n.* 〖生物〗母性遺伝《遺伝的形質が雌性配偶子を通じてのみ遺伝する現象》.

ma·tér·nal·ism [-nəlɪzm, -nl̩-] *n.* 母性, 母性愛.

ma·ter·nal·ize [mətə́ːnəlàɪz, -nl̩-|-tə́ː-] *vt.* 母とする, 母らしくする, 母性化する.

ma·ter·ni·ty [mətə́ːnəṭi|-tə́ːnətɪ, -nɪ-] 〖《1611》□F *maternité* □L *māternitātem* ← *māternus*: ⇨ maternal, -ity〗 — *n.* **1 a** 母であること, 母性 (motherhood). **b** 母らしさ (motherliness). **2** 母系: successive *maternities.* **3** 産科病院, 産院. **4** 妊婦服, マタニティードレス. — *attrib. adj.* 産婦[妊婦]の(ための); 出産(用)の: a ～ dress 妊婦服, マタニティードレス / a ～ wear 妊婦服 / a ～ bag (慈善の)出産用品袋 / a ～ robe [gown, smock] 産婦用服 / a ～ benefit 出産給付, 出産手当 / a ～ center 妊婦相談所 / a ～ hospital [home] 産科病院, 産院 / a ～ leave 出産休暇 / a ～ nurse 助産婦, 産婆 / a ～ ward (病院の)産科病棟.

mat·ey [méɪṭi|-tɪ] 〖⇨mate¹, -y²·⁴〗《英口語》 — *adj.* 友達の, 親しい (friendly); 人づきのよい, 愛想のよい (sociable) 〔*with*〕. — *n.* **1** [呼掛けに用いて] 友達, 仲間 (comrade, chum). **2** 造船所の工員.

math¹ [mǽ(ː)θ] 〖略〗 *n.* 《米口語》=mathematics 1.

math² [mǽ(ː)θ] 〖OE *mǣþ* ← Gmc **mǣ-* (G *Mahd*) 'to MOW²': ⇨ -th²〗 *n.* 《英方言》 **1** 麦刈り. **2** 刈り入れた穀物.

math³ [mʌ́θ] 〖□ Hindi *maṭh* ← Skt *maṭha* 《原義》hut〗 *n.* ヒンズー教の僧院.

math. 《略》 mathematical; mathematically; mathematician; mathematics.

math·e·mat·ic [mæ̀θəmǽṭɪk|-θ(ə)mǽt-, -θɪ-] *adj.* =mathematical.

math·e·mat·i·cal [mæ̀θəmǽṭɪkəl, -ṭə-|-θ(ə)mǽtɪ-, -θɪ-] 〖《1522》← L *mathēmaticus* (□ Gk *mathēmatikós* disposed to learn ← *máthēma* learning ← *manthánein* to learn ← IE **mendh-* to pay attention to): ⇨ -al¹〗 — *adj.* **1 a** 数学(上)の, 数理的な: a ～ problem. **b** 数学用の: ～ instruments 製図器械, 用器画道具. **2** 非常に正確な (exact): with ～ precision 数学的正確さで, 非常に正確に. **3** 数字の上で可能な: a ～ chance 不可能ではないが, まず難しい見込み. **～·ly** *adv.*

mathemátical biólogist *n.* 数理生物学者.

mathemátical biólogy *n.* 数理生物学.

mathemátical expectátion *n.* 〖統計〗(数学的)期待[希望]値, 平均値《確率変数, すなわち偶然に支配されていろいろの値をとる変数の値の平均値; expected value ともいう》.

mathemátical indúction *n.* 〖数学〗数学的帰納法《自然数がすべてある性質をもつことを証明するための論法; 自然数を変数とする関数を定義するための方法; 単に induction ともいう》.

mathemátical linguístics *n.* 数理言語学《数学モデルによる自然言語および形式言語の研究》.

mathemátical lógic *n.* 数学的論理学, 記号論理学 (⇨ symbolic logic).

mathemátical módel *n.* 数学(的)モデル《現象の数学的な構造のこと; 例えば天体の運動の数学モデルはその運動方程式である》.

mathemátical phýsics *n.* 数理物理学《解析力学のように物理学上の式の数学的解析を主とする》.

mathemátical reséves *n. pl.* 〖保険〗数理的責任準備金《一定の生命表と利率に基づいて長期の生命保険契約のために積み立てられる準備金》.

math·e·ma·ti·cian [mæ̀θ(ə)mətíʃən|-θ(ə)m-, -θɪm-] 〖《1432-50》□ MF *mathématicien*〗 *n.* 数学者.

math·e·mat·ics [mæ̀θəmǽṭɪks|-θ(ə)mǽt-, -θɪm-] 〖《1581》□? F (*les*) *mathématiques* (pl.) □ L *mathēmatica*: ⇨ mathematical, -ics〗 — *n.* **1** [単数扱い] 数学: applied [mixed] ～ 応用数学 / higher ～ 高等数学. **2** [複数扱い] 数学的手続き, 演算, 計算: His ～ are wrong. 彼の計算には誤りがある.

math·e·ma·ti·za·tion [mæ̀θəməṭɪzéɪʃən, -ṭə-|-θ(ə)mətaɪ-, -θɪm-, -tɪ-] *n.* 数学化, 数式化.

Math·er [mǽðə, méɪθ-|méɪðə(r, mǽðə-], **Cotton** *n.* (1663-1728) 米国の清教徒牧師·著述家.

Mather, In·crease [ínkriːs] *n.* (1639-1723) 米国の清教徒牧師·著述家; Cotton Mather の父.

Math·ew [mǽθjuː, -θuː|mǽθjuː, méɪθ-] 〖《変形》← MATTHEW〗 *n.* 男性名.

Math·ews [mǽθjuːz, -θuːz|mǽθjuːz, méɪθ-], **Mitford Mc·Leod** [mítfəd|-fəd məklάud] *n.* (1891-　) 米国の辞書編纂者: *A Dictionary of Americanisms* (1951).

maths [mǽ(ː)θs] 〖《20C》《略》← MATHEMATICS〗 *n.* 《英口語》=mathematics 1.

Ma·thu·ra [mʌ́ṭərə|-tə-] *n.* マトゥラ《インド北部 Uttar Pradesh 州の都市; Krishna の生地とされる; 人口 132,000》.

ma·ti·co [mətíːkou|-kəʊ; *Sp.* matíko] 〖《1838》□ Sp. ～ (dim.) ← *Mateo* Matthew (その薬性の発見者であるスペインの兵士)〗 — *n.* (*pl.* ～**s**) 〖植物〗マチコ (*Piper angustifolium*)《南米ペルー産コショウ科の植物; 葉は血止め薬·性病薬に用いられる》.

ma·ti·ère [mæ̀ṭiέə, mὰːṭ-, mætjέə, mɑːt-|mætɪέə(r, mὰːt-, mætjέə(r, mɑːt-; *F.* matjɛːr] 〖□ F ～: ⇨ matter〗 — *F. n.* **1** 材料; 素材, 材質. **2** 〖美術〗マチエール, 絵はだ《絵の具の材質的効果: cf. métier 3》.

ma·til·da, M- [mətíldə] 〖《転用》← MATILDA〗 — *n.* 《豪俗》マチルダ《山地旅行者·放浪者らが身回り品を入れて持ち歩く細長い包み》: walk [waltz] ～ マチルダを持ち運ぶ.

Ma·til·da [mətíldə] 〖ME □ (O)F *Mathilde* // ML *Matilda, Mathildis* □ OHG *Mahthilda* 《原義》mighty in battle ← *maht* might＋*hiltia* battle: ⇨ might², Hilda: cf. OHG *Mahthildis* (← *mahti* might＋*hildi* battle)〗 — *n.* 女性名《愛称形 Mattie, Matty, Tilly》.

Ma·til·de [mətíldə] 〖《変形》↑〗 *n.* 女性名.

Ma·tíl·i·ja pòppy [mətíləhὰː-|-lɪ-] 〖← *Matilija Canyon* (米国 California 州 Ventura 郡の原産地)〗 — *n.* 〖植物〗米国 California 州およびメキシコ産の白い花をつけるケシ科の植物 (*Romneya coulteri*).

mat·in [mǽtn̩|-tɪn] 〖《*c*1300》 *matines* □ (O)F < ML *mātūtinās* (fem. pl. acc.) ← *mātūtīnus* of or in the morning ← *Mātūta* goddess of morning ← IE **mā-* good, in good time〗 — *n.* **1** [*pl.*; しばしば Matins; 単数または複数扱い] **a** 〖英国国教会〗早禱, (毎)朝の祈り (Morning Prayer). **b** 〖カトリック〗(聖務日課の)朝課《もとは夜半, 後には午前 2 時の祈り; 通例賛歌と共に捧げられる; cf. canonical hour 1》. **2** 《詩》(鳥の)朝のさえずり: sing ～*s*.

— *attrib. adj.* **1** [しばしば M-] 朝の祈りの: the ～ bell / the ～ time. **2** =matinal.

mat·in·al [mǽtn̩əl|-tɪnl̩] 〖⇨↑, -al¹〗 *adj.* 朝の; (特に)早朝の.

mat·i·nee [mæ̀tənéɪ, -tn̩-, ←́←̀|mǽtɪnèɪ; *F.* matine] 〖□ F *matinée* ← *matin* morning: ⇨ matin〗 — *n.* (*pl.* ～**s** [～z; *F.* ～]) (*also* **mat·i·née** [～]) **1** (演劇·音楽会などの)昼興行, マチネー (cf. soiree): go to a ～. **2** (婦人が朝のうちに羽織る)部屋着 (negligée).

matinée còat *n.* マチネーコート《乳児用コート》.

matinée ìdol *n.* (美貌などのため)婦人観客層に人気のある役者, 二枚目役者.

mát·ing [-tɪŋ|-tɪŋ] 〖⇨ mate¹, -ing¹〗 *n.* **1** 交配, 交接 (cf. hybridization 1). **2** 交配期.

Ma·tisse [mætíːs, mə-; *F.* matis], **Henri** *n.* マチス《1869-1954; フランスの画家·彫刻家; Fauvism を推進, 都会的な感覚の色彩画で著名》.

mat·low [mǽtlou|-ləʊ] 〖□ F *matelot* sailor: ⇨ matelot〗 *n.* (*also* **mat·lo** [～]) 《英俗》水夫 (sailor).

Mat·o Gros·so [mæ̀ṭəgróusou|-təgrə́usəʊ; *Braz.* mátugrósu] *n.* マトグロッソ(州)《ブラジル西部の州; 面積 1,231,549km², 人口 2,489,000, 首都 Cuiabá [kùjabá]》.

matr- [mǽtr, méɪtr|méɪtr-, mǽt-] (母音の前に来る時の) matri- の異形.

ma·trass [mǽtrəs] 〖《1605》□ F *matras* □? Arab. *mátaraʰ* leather bottle〗 *n.* 〖化学〗(もと吹管分析に用いられた)フラスコ形ガラス器, 閉管.

matres lectionis *n.* mater lectionis の複数形.

ma·tri- [mǽtrə, méɪt-|méɪtrɪ, mǽt-] 〖□ L *matri-* ← *māter* 'MOTHER¹'〗「母」の意の連結形 (cf. patri-). ★ 時に matro-, また母音の前では通例 matr- になる.

ma·tri·arch [méɪtriὰək|-triὰːk] 〖《1606》: ⇨↑, -arch¹: PATRIARCH からの類推〗 — *n.* (cf. patriarch) **1 a** 女家長, 母族長. **b** 家長[族長]の妻. **2 a** 母権制社会の長. **b** (団体などの)女性創設者; 女長老; (物事を)取り仕切る(年配の)女. **3** 気品のある老婦人.

ma·tri·ar·chic [mèɪtriάəkɪk|-triά:-] *adj.*

ma·tri·ar·chal [mèɪtriάəkəl|-triά:-] *adj.* **1 a** 女家長[族長]の; 女家長[族長]制の. **b** 母権制[社会](的)の. **2** 女家長[族長]のような, 女長老らしい; 〈老婦人が〉品位のある.

mà·tri·ár·chal·ìsm [-lìzm̩] *n.* 女家長[族長]制政治; 母権制社会組織.

ma·tri·ar·chate [méɪtriὰəkət, -kɪt, -keɪt|-triὰːk-] 〖← MATRIARCH＋-ATE¹〗 — *n.* 〖文化人類学·社会学〗母権制社会《家族内において母が権力をもち, 社会·政治において女性が権力をもつ社会; 実際は古来どこにも見出されていない》.

ma·tri·ar·chy [méɪtriὰəki|-triὰːkɪ] 〖← MATRIARCH＋-Y¹〗 *n.* 〖文化人類学·社会学〗母権制《家族内において母が権力をもち, 社会·政治において女性が権力をもつ制度》.

ma·tric¹ [méɪtrɪk, mǽt-] *adj.* マトリックス (matrix) の.

ma·tric² [mətrík] 〖《略》← MATRICULATION〗 *n.* 《英口語》=matriculation.

matric. 《略》 matriculate; matriculated; matriculation.

ma·tri·cal [meɪtrɪkəl, mǽt-, -trə-|-trɪ-] *adj.* =matric¹. **～·ly** *adv.*

màtri·céntric 〖← MATRI-＋-CENTRIC〗 *adj.* 母親中心の, 母方の, 妻方の: a ～ family.

matrices *n.* matrix の複数形.

mat·ri·cide [mǽtrəsàɪd, méɪ-|méɪtrɪ-, mǽt-] 〖1:《1594》□ L *mātricīd-ium*: ⇨ matri-, -cide. 2:《1632》□ L *mātricīda*〗 — *n.* **1** 母殺し《行為》. **2** 母殺し《人》(cf. patricide). **mat·ri·cid·al** [mæ̀trəsáɪdl̩, mèɪ-|mèɪtrɪ-, mæ̀t-] *adj.*

ma·tric·u·la·ble [mətríkjuləbl̩] *adj.* 入学に適格の.

ma·trìc·u·la·bíl·i·ty [-ləbíləṭi|-lətɪ, -lɪtɪ] *n.*

ma·tric·u·lant [mətríkjulənt] 〖← MATRICUL(ATE)＋-ANT〗 *n.* (大学の)入学志願者; 入学(予定)者.

ma·tric·u·late 〖《1579》← ML *mātriculāt-us* (p.p.) ← *mātriculāre* to enroll ← *mātricula* public register, roll (dim.) ← *mātrix* 'MATRIX': ⇨ -ate³〗 — [mətríkjulèɪt] *v.* — *vt.* 〈人〉に(大学)入学を許す: He was ～*d* in the university in 1978. 1978 年に大学に入学した. — *vi.* 大学入学を許可される, 入学する: ～ *at* a university 大学に入学する / ～ *in* Brown University ブラウン大学に入学する. — [-lət, -lɪt, -lèɪt] *n.* (大学の)入学を許可された人, (大学)入学者[生].

ma·tric·u·la·tion [mətrìkjuléɪʃən] 〖《1588》: ⇨↑, -ation〗 *n.* **1** (大学)入学許可: a ～ examination (大学の)入学試験. **2** (大学)入学試験.

ma·tric·u·la·to·ry [mətríkjulətɔ̀ːri, -tɔ̀ːri|-tərɪ] *adj.* (大学)入学の(ための); 入学試験の.

màtri·fócal *adj.* =matricentric.

màtri·láteral *adj.* 母方の (↔ patrilateral). **～·ly** *adv.*

màtri·lineage 〖⇨ matri-, lineage¹〗 *n.* 母系 (↔ patrilineage).

màtri·líneal 〖← MATRI-＋LINEAL〗 *adj.* 母系の, 母系制の, 母方の (↔ patrilineal): ～ descent 母系. **～·ly** *adv.*

mat·ri·lin·y [mǽtrəlìni, -làɪni|-rɪlìnɪ, -làɪnɪ] 〖⇨ matrilineal, -y¹〗 *n.* 母系制《系譜関係や地位の継承, 財産相続などが母からなされる制度; ↔ patriliny》.

màtri·lócal 〖← MATRI-＋LOCAL¹〗 *adj.* 〖文化人類学·社会学〗妻方居住の《夫婦が妻の両親と住む婚姻様式にいう; uxorilocal ともいう; cf. patrilocal》.

mat·ri·mo·ni·al [mæ̀trəmóuniəl, -njəl|-rɪmə́ʊnjəl, -niəl] 〖《*c*1532》□ (O)F ～ // L *mātrimōniāl-is*: ⇨ matrimony, -al¹〗 — *adj.* 結婚の, 婚姻の (nuptial, connubial): a ～ advertisement 求婚広告 / a ～ agency 結婚相談所 / the ～ bond 結婚のきずな.

màt·ri·mó·ni·al·ly [-li|-lɪ] 〖《1606》〗 *adv.* 結婚によって, 結婚の慣例によって.

mat·ri·mo·ny [mǽtrəmòuni|-trɪm(ə)nɪ] 〖《*c*1303》 ME *matrimonye* □ AF *matrimonie*＝OF *matremoi(g)ne* □ L *mātrimōnium* marriage: ⇨ matri-, -mony〗 — *n.* **1 a** 結婚, 婚姻(の秘跡). **b** 夫婦関係, 結婚生活: enter into ～ 結婚する. **c** 結婚式. **2** 〖トランプ〗マトリモニー: **a** faro に似た賭博ゲームの一種. **b** そのゲームでキングとクイーンの組合わせ.

mátrimony vìne *n.* 〖植物〗ナス科クコ属 (*Lycium*) の植物の総称; (特に)アジア産の *L. halimifolium* 《boxthorn ともいう》.

màtri·potéstal 〖← MATRI-＋POTESTAL〗 *adj.* 〖文化人類学·社会学〗母権(制)の (↔ patripotestal).

ma·trix [méɪtrɪks, mǽt-] 〖《1526》□ L *mātrix* womb, source, breeding animal ← *māter-*, *māter* 'MOTHER¹'〗 — *n.* (*pl.* **ma·tri·ces** [méɪtrəsìːz, mǽt-|-trɪ-], ～·**es**) **1** (物が形成·成長する)母体, 母組織; 基盤. **2** (レコード複製のための)母盤. **3** 《古》子宮 (womb). **4 a** 〖印刷〗(活字鋳造の)母型, 字母; (ステロ版の)紙型; 型; (電鋳版の)電型. **b** 〖活字〗=strike 16. ★ 英国の印刷業者は [mǽtrɪks] と発音する. **5** 〖生物·解剖〗マトリックス, 基質, 母質, 礎質, 細胞間質, 間充質: the ～ of a nail 爪母(そう). ★ 英国では医師は一般に [méɪtrɪks] と発音する. **6** 〖植物〗(地衣または菌類の生じる)母体. **7** 〖地質〗**a** 堆積岩中の礫(れき)や砂粒などの間を埋めている基質. **b** 宝石などをとり囲んでいる岩石の部分. **c** =groundmass. **8** 〖土木〗(セメントのような)固着剤. **9** 〖数学〗行列, マトリックス《いくつかの数を長方形に並べたもの》. **10** 〖電算機·テレビ〗マトリックス《導線の間に同じ部品を横に配列し連結した網状のもの》. **11** 〖冶金〗マトリックス, 生地, 母体《金属の組織の中の素地の部分》. **12** 〖機械〗機械的に再生されるもの《master ともいう》.

mátrix álgebra *n.* 〖数学〗行列代数: **a** 行列 (matrix) に関する代数. **b** 同じ次数の正方行列のつくる多元環 (algebra).

mátrix isolàtion *n.* 〖化学〗マトリックス分離法.

mátrix séntence *n.* 〖言語〗母型文《I know (that) he speaks English. という文の内 'he speaks English' の部分を構成素文 (constituent sentence) または埋め込み文 (embedded sentence) とよぶのに対して, 'I know' を母型文という》.

ma·tro- [mǽtro(ʊ), méɪt-|méɪtrə(ʊ), mǽt-] matri- の異形.

ma·tron [méɪtrən] 〖《*c*1375》□ (O)F *matrone* □ L *mātrōna* married woman ← *māter* 'MOTHER¹': cf. patron〗 — *n.* **1** (通例, 品のある年配の)既婚婦人. **2** (公共施設などで)婦人部門の監督者; 家政婦長, 看護婦長, 寮母, 婦人看守(など): ⇨ police matron. **3** 育種(繁殖)用の牝馬[犬].

matron of honor 花嫁介添役の既婚婦人 (cf. MAID of honor (2)).

～·al [-nl̩] *adj.*

ma·tron·age [méɪtrənɪdʒ] 〖← MATRON＋-AGE〗 *n.* **1** =matronhood. **2** matron による世話[監督]. **3** [集合的] =MATRONS.

mátron·hòod 〖⇨ -hood〗 *n.* matron であること; matron の職[任務].

ma·tron·ize [méɪtrənàɪz] *vt.* **1** 年配の婦人らしくする. **2** (年配の婦人らしく)世話をする, 監督する. — *vi.* **1** matron になる. **2** matron (として)の務めを果たす.

mátron·lìke *adj.* =matronly.

má·tron·ly 〖《1656》〗 *adj.* 品のある年配の婦人の[らしい]; 落着いた, 円熟した: ～ duties, virtues, etc. / a ～ figure, manner, etc. **má·tron·li·ness** *n.*

mátron·shìp *n.* ＝matronhood.

mat·ro·nym·ic [mæ̀trənímɪk] 〖□Gk *metrōnum-ikós* ← *mḗtēr* 'MOTHER[1]'＋*ónoma* named (⇨ name): ⇨ matri-, -ic[1]〗 ── *adj.* 母親[母系祖先]の名を採った[に由来する，にちなむ]，母系の (cf. patronymic). ── *n.* 母の名を採った名前，母系祖先の名から出た[に由来した]名，母称.

MATS [mæts] 《略》〔米空軍〕 Military Air Transport Service 軍航空輸送部《MAC の旧称; cf. NATS》.

Ma·tsu [mɑ̀ːtsúː, mæ̀t-, ━━; *Chin.* mǎtsǔ] *n.* 馬祖(ﾏｿ)(島)《台湾海峡の中国本土沖にある島; 台湾領》.

matt [mæt] *adj., n., vt.* ＝mat[2].

Matt [mæt] 〖(dim.) ← MATTHEW〗 *n.* 男性名.

Matt. 《略》 Matthew (新約聖書の)マタイ伝福音書; 〔聖書〕 Matthias.

mat·ta·more [mæ̀təmɔ́ə, -mɔ́ə, ━━━ | mæ̀təmɔ́ː(r, ━━━] 〖(1695) □ F *matamore* □ Arab. *maṭmūraʰ* underground granary ← *ṭámara* to bury〗 ── *n.* 地下倉庫，穴倉.

mátt·bòard *n.* ＝matboard.

matte[1] [mæt] 〖□F ～: cf. mat[1]〗 *n.* 〔冶金〕 マット，鈹(ﾋ)《銅鉱石を製錬する途中にできる銅・鉄・硫黄を主成分とする硫化物》.

matte[2] [mæt] 〖(変形) ← MAT[2]〗 *adj., n., vt.* ＝mat[2].

mát·ted[1] [-tɪd, -təd | -tɪd, -təd] 〖← MAT[1]＋-ED 2〗 ── *adj.* **1 a** マット[むしろ，ござ]を敷いた: a ～ passage. **b** マット[むしろ，ござ]でできた，マット状のものでできた: a ～ chair 座部がござでできた椅子. **2 a** 〈植物・髪など〉からみ合った，もつれた (cf. mat[1] *vt.* 3): ～ grass, hair, etc. **b** 〈地面など〉植物で一面におおわれた: a thickly ～ heath ヒースの密生した荒野.

mát·ted[2] [-tɪd, -təd | -tɪd, -təd] 〖(p.p.) ← MAT[2] (v.)〗 *adj.* つや消しの (dulled).

Mat·te·o [mɑːtéɪou | -téɪəu; *It.* matté:o] 〖□It. ～ 'MATTHEW'〗 *n.* 男性名.

Mat·te·ot·ti [mæ̀tióuti, mɑ̀ːt-, -ɔ́(ː)ti | -tɪɔ́tɪ; *It.* mat-teɔ́tti], **Giacomo** *n.* マッテオッティ《1885–1924; イタリアの社会党党首; ファシスト党員に暗殺された》.

mat·ter [mǽtə | -tə(r] 〖n.: (?*a*1200) *matere* □ AF *mater(i)e*＝(O)F *matière* □ L *māteria* stuff, timber, 《原義》 the trunk of a tree regarded as producing shoots ← *māter* 'MOTHER[1]'. ── v.: (1530) ← (n.)〗 ── *n.* **1 a** (物体(object)を構成する)物質(substance) (↔ spirit, soul, mind). **b** (特定の形をもたない)ある状態[種類]の物質，…体，…質: solid [liquid, gaseous] ～ 固[液，気]体 / animal [vegetable, mineral] ～ 動[植，鉱]物質. **c** 特定の用途の物質，材料，…素: (a) coloring ～ 色素. **d** 〔物理〕 物質 (material). **2** 生体からの排泄物; (特に，はれ物・傷などの)膿(ｳﾐ) (pus): purulent ～ 膿. **3 a** (形式・様式と区別して，論文・書物・演説などの)内容: the ～ of one's speech 演説の内容 / His book contained very little ～. 彼の本には内容がほとんどなかった. **b** (討議などの)問題(subject); 事，事柄，事件 (business): a money ～＝a ～ of money 金銭上の問題 / a ～ in dispute [question] 係争中の問題 / a ～ in hand 当面の問題 / a ～ of grave [no small] concern 重大な[容易でない]事件 / an important ～＝a ～ of importance 重要な事 / a ～ of life and [or] death 死活問題 / a ～ of (personal) taste (個人の)趣味の問題 / let the ～ drop [rest]＝leave the ～ as it is 事件から手を引く，事を成行きに任せる / discuss various ～*s* いろいろな事を論じる / a ～ of opinion 意見の[異議の起こり得る]問題 / It is but a ～ of time when that will be done. いつなされるかは時間の問題に過ぎない. **c** 〔ある行為などの〕原因となる事，〔…の〕種(cause) 〔*of*, *for*〕: a ～ *for* [*of*] congratulation [regret] 祝うべき[残念な]こと / It is no laughing ～. 笑いごとではない. **4** [*pl.*] (漠然と)事情，事態 (things): carry ～*s* with a high hand 高圧的に事を処理する / as ～*s* stand ＝as the ～ stands 現状では / to make ～*s* worse その上悪いことには / mince ～*s* 遠回しに言う / simplify [complicate] ～*s* 事を簡単[複雑]にする / take ～*s* easy [seriously] 物事をのんきに[真剣に]考える / That will not mend or mar ～*s*. そんな事は毒にも薬にもならない / So ～*s* went with him from bad to worse. そういうわけで彼にとって事情は段々悪化した / That is how ～*s* stand. 実情はそうなのだ. **5** 大事，重大(なこと) (importance): What ～? それでどうだと言うのか《何でもない》/ It is (of) no ～ what happens. 何事が起ころうとかまわない / It makes no ～. たいしたことではない / No ～. なんでもない，どうでもよい. **6** [the ～] 難儀，故障 (difficulty): What's *the* ～ *with* you? どうしたのか《不平・苦痛・不幸などを尋ねる場合》/ Nothing is *the* ～ *with* me.＝There is nothing *the* ～ *with* me. どうもしない / He must have something *the* ～ *with* his foot. 足をどうかしたに違いない. **7** [集合的] (筆記・印刷・出版・郵送などされた)物 (stuff); 郵便物: printed [written] ～ 印刷[筆記]物 / published ～ 出版物 / postal ～ 郵便物 / first-class ～ 第一種郵便物. **8** [通例 a ～ of として] 大体の量[数，額]: for *a* ～ *of* five years およそ5年間 / in *a* ～ *of* hours ものの数時間もすると / I walked the whole distance, *a* ～ *of* ten miles. 10マイルほどの所を全部歩いた / It sold for *a* ～ *of* a hundred pounds. それは100ポンドほどに売れた. **9 a** 〔哲学〕 物質，質料 (↔ mind); (アリストテレス哲学の)質料 (↔form). **b** 〔論理〕 論理的形式を満たす具体的な命題や名辞の内容 (↔form). **10** 〔美術〕 質料，マチエール (matière) (cf. form 17). **11** 〔法律〕 **a** 陳述，弁証 (statement). **b** (訴訟または答弁の)基礎事実. **c** 非訟事件《対立当事者のない事件》. **12** 〔印刷〕 原稿 (copy); 組版 (type set up).

a matter of course もちろんの事; 日常の事柄: as a ～ *of course* 当然のこととして，もちろん. ***a matter of fact*** 〖《なぞり》 ← L *rēs factī*〗 (1) 事実問題; 間違いのない事実: ⇨ *as a* MATTER *of fact*. (2) 〔法律〕 証明によって立証できる陳述[事実] (cf. MATTER of law). ***as a matter of fact*** [通例，陳述の強調的な前置きとして] 事実上，実際，実のところ; (それどころか)実に，(ところが)実際は (actually). ***for that matter***＝《まれ》 ***for the matter of that*** その事では，それについては (so far as that goes); 実際[そう言えば]また (indeed also): Few students — or adults, *for that* ～ — have ever thought of it. それに考えを向けた学生は—その点では大人も—ほとんどいなかった. ***in matters of*** ＝***in the matter of*** …の件について(は)，…に関して(は) (as regards): He is strict *in the* ～ *of* discipline. 躾(ｼﾂｹ)に関しては厳しい. ***matter of fact*** 《口語》 ＝*as a* MATTER *of fact*. ***no matter*** (1) ⇨ 5. (2) [疑問詞を伴って] たとえ…でも: *no* ～ what it may be それが何であろうとも / *no* ～ how rich he is 彼がどんなに金持ちでも / It is not true, *no* ～ who may say so. たとえだれがそう言おうと本当ではない / You should go to the country for a change, *no* ～ where. どこでもよいから田舎へ転地なさい.

matter in deed 〔法律〕 証書事項《捺印証書によって立証できる事実[陳述]; cf. MATTER of law》.

matter of a proposition 〔論理〕 命題の内容[実質] 《命題の形式に対して，それを満たす内容としての具体的命題や名辞》.

matter of a syllogism 〔論理〕 三段論法の内容[実質] 《三段論法の形式に対して実質をなす命題や名辞》.

matter of law 〔法律〕 法律問題 (cf. *a* MATTER *of fact* (2)).

matter of record 〔法律〕 (裁判所の)記録事項《法廷記録に残されておりその提出によって立証しうる事実[陳述]》.

── *vi.* **1** [主に疑問・否定構文で] 重要である，重大な関係[意義]がある 〔*to*〕: It does*n't* ～ if we are late. 遅くなってもかまわない / It does*n't* ～ to me how you do it. どうやろうと構わない / He does*n't* ～. 彼なんかどうでもいい / *Not* that it ～*s*. と言っても大したことではないのだが (cf. not 2 a) / It ～*s nothing* [*little*] *to* me. 私には何でも[大したことは]ない / What does it ～? そんな事どうでもよいではないか[構うもんか]. **2** 〈傷などが〉膿(ｳ)む，膿(ｳﾐ)が出る (cf. *n.* 2).

Mat·ter·horn [mǽtəhɔ̀ən, mɑ́ː-t- | mǽtəhɔ̀ːn; *G.* mátɐhɔrn] 〖□G ～ *Zermatter Horn* ← *Zermatt* (麓の村の名)〗 *n.* [the ～] マッターホーン《アルプス山中の高峰 (4,478 m); フランス語名 Mont Cervin》.

mátter-of-cóurse *adj.* [主に Attributive に用いて] **1** 自然の成り行きの，当然の，もちろんの; 決まりきった (cf. *a* MATTER *of course*). **2** 〈人・行動が〉物事を自然の成り行きと考える[考えた上での]; 落ち着いた: in a ～ manner [way] 当然のこととして，落ち着いて.

mátter-of-fáct *adj.* **1** 事実の，実際の，事務的な (cf. *a* MATTER *of fact*). **2** 無味乾燥な，平凡な. **～·ly** *adv.* **～·ness** *n.*

mátter wàve *n.* 〔物理〕 物質波.

mat·ter·y [mǽtəri | -təri] 〖(*a*1398): ⇨ matter, -y[4]〗 *adj.* 膿(ｳﾐ)でいっぱいの.

Mat·thew [mǽθjuː, -θuː | -θjuː] 〖ME □ OF *Matheu* (F *Mathieu*) □ LL *Matthaeus* □ Gk *Matthaîos*, *Matthîas* 《短縮》 ← *Mattathîās* □ Heb. *Mattithyāʰ* 《原義》 'gift of YAHWEH' ← *mattáth* gift＋*Yāh* Yahweh〗 ── *n.* **1** 男性名《愛称形 Mat, Mattie, Matty; 異形 Mathew, Matthias》. **2** 〔聖書〕 **a** [(Saint) ～] マタイ《十二使徒の一人; 別名を Levi ともいい，使徒に選ばれる前は取税人であったといわれる; 伝承的には第一福音書(マタイによる福音書)の著者とされるが，それを否定する見解が多い; (カトリックでは) Matteo ともいう; 祝日9月21日》. **b** (新約聖書の)マタイ伝福音書，マタイによる福音書 (The Gospel according to St. Matthew) (略 Matt.).

Mátthew of Páris *n.* (1200?–59) 英国の修道士・年代記作者; Matthew Paris ともいう.

Mat·thews [mǽθjuːz], **(James) Bran·der** [brǽndə | -də(r] *n.* (1852–1929) 米国の演劇批評家・随筆家.

Mátthew Wálker 〖考案者の名から〗 *n.* 〔海事〕 マシュウォカー，取手結び《索の結び方 (knot) の一種; 止め索 (stopper) などに用いる》.

Mat·thi·as [məθáɪəs; *G.* matíːas] 〖□LL ～ □Gk *Matthîās*: ⇨ Matthew〗 ── *n.* **1** 男性名. **2** [(Saint) ～] 〔聖書〕 マッテヤ《Judas Iscariot の代りに選ばれて十二使徒の一人となった; 祝日2月24日; cf. *Acts* 1: 23–26》.

Mat·thies·sen [mǽθɪsn̩, -θə- | -θɪ-], **F(rancis) O(tto)** *n.* (1902–50) 米国の大学教授・批評家; *American Renaissance* (1941).

Mat·tie [mǽti | -tɪ] 〖1: (dim.) ← MATTHEW. 2: (dim.) ← MATILDA〗 *n.* **1** 男性名. **2** 女性名.

mát·ting[1] [-tɪŋ | -tɪŋ] 〖← MAT[1]＋-ING[1]〗 ── *n.* **1** むしろ・ござ・畳などを編むこと. **2 a** [集合的] むしろ，ござ，こも，畳，敷物，マット. **b** マットの材料. **3** 〔海事〕 当てむしろ (mat).

mát·ting[2] [-tɪŋ | -tɪŋ] 〖← MAT[2]＋-ING[1]〗 *n.* つや消し，つや消し面; (額縁の中の)細い飾り縁 (mat).

mat·tins [mǽtn̩z | -tɪnz] *n. pl.* [しばしば M-; 通例単数扱い] ⇨ matin 1.

mat·tock [mǽtək | mǽt-] 〖OE *mattuc* □ ? VL **mattiuca* ← **mattea* club 《逆成》 ← L *mateola* mallet (dim.) ← **matea* ← IE **mat-* a kind of tool〗 ── *n.* (つるはしに似た)根掘りぐわ.

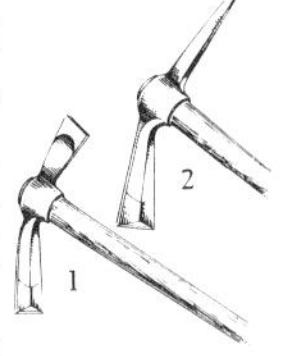

mattocks
1 mattock
2 pick-mattock

mat·toid [mǽtɔɪd] 〖□It. *mattoide* ← *matto* mad ＜ L *mattum* intoxicated: ⇨ mat[2], -oid〗 *n.* 《まれ》 (狂人に近い)精神異常者.

mat·tress [mǽtrɪs, -trəs] 〖(*c*1300) *materas* □ OF (F *matelas*) □ It. *materasso* □ Arab. *máṭrah* place where something is thrown down *ṭáraḥa* to throw〗 ── *n.* **1** (寝台の)敷きぶとん，マットレス: a chain [hair, spring, straw] ～ 鎖[毛，ばね，わら]ぶとん. **2** 〔土木〕 (護岸工事に用いる)沈床，そだ束，編みそだ.

Mat·ty [mǽti | -tɪ] 〖1: (dim.) ← MATTHEW. 2: (dim.) ← MATILDA〗 *n.* **1** 男性名. **2** 女性名.

má·tu·ra dìamond [mɑ́ːtərə- | -tə-] 〖← *Matura* (スリランカ南部の町)〗 *n.* 〔鉱物〕 マチュラダイアモンド《ジルコン (zircon) に熱加工して脱色した模造ダイヤ》.

mat·u·rate [mǽtʃurèɪt | -tju-, -tʃu-] 〖(1541) ← L *mātūrāt-us* (p.p.) ← *mātūrāre* to ripen ← *mātūrus* ripe: ⇨ mature, -ate[3]〗 *vi.* **1** 熟する. **2** 《古》 化膿する，うむ. ── *vt.* **1** 熟させる. **2** 《古》 化膿させる.

mat·u·ra·tion [mæ̀tʃuréɪʃən | -tju-, -tʃu-] 〖(1541) □ F ～ ∥ L *mātūrātiō(n-)* a ripening: ⇨ mature, -ation〗 ── *n.* **1** 成熟，円熟. **2** 《古》 化膿 (suppuration). **3** 〔生物〕 生殖細胞の成熟.

maturátion divìsion *n.* 〔生物〕 成熟分裂《動物の生殖細胞が造られる時に起こる分裂; 減数分裂と同じ》.

ma·tu·ra·tive [mət(j)ú(ə)rətɪv, mǽtʃu(ə)rèɪt- | mə-tjúərət-, -tʃúə-] 〖(*a*1398) □ L *mātūrātīv-us*: ⇨ maturate, -ative〗 ── *adj.* **1** 成熟させる. **2** 《古》 化膿を促す. ── *n.* 《古》 化膿剤.

ma·ture [mət(j)úə, -tʃúə | -tjúə(r, -tʃúə(r] 〖adj.: (1454) □ L *mātūr-us* ripe, timely, early ← IE **mā-* good, in good time. ── v.: (1541) □ MF *matur-er* to make ripe □ L *mātūrāre* ← *mātūrus*: cf. matin〗 ── *adj.* (**ma·tur·er**; **-est**) **1 a** 〈果実など〉熟した，成熟した: ～ fruit. **b** 〈ぶどう酒・チーズなど〉熟成した: ～ cheese, wine, etc. **2** 〈動植物など〉成長しきった (full-grown): ～ plants. **3** 〈人・精神・知力が〉完全に発達した，円熟した: the ～ age [years] 分別盛りの[円熟した]年齢 / a ～ thinker 円熟した思想家 / grow ～ *in* wisdom 次第に賢くなる. **4** 〈考え・計画・判断など〉熟慮した; 慎重な (careful); 賢明な (prudent): after ～ consideration [reflection] 熟慮の上 / a ～ plan 慎重に考えた計画 / a ～ conclusion 慎重な結論. **5** 〔金融〕 〈債務・手形などが〉満期の，支払い期日のきた (due). **6** 〔地質〕 **a** 〈地表の侵食など〉壮年期の; 〈川の流れが〉地勢的環境に順応した. **b** 〈岩石の風化が〉充分に進んだ. **7** 〔医学〕 完全に化膿した.

── *vt.* **1** 〈果実などを〉熟させる; 〈人・精神・判断などを〉成熟させる，十分発達させる (ripen, develop): Suffering ～*d* his understanding. 苦しみによって彼の分別が円熟した. **2** 完成する，仕上げる (perfect, complete): Plans are well ～*d*. 計画ができあがった. **3** 《廃》 化膿させる (maturate). ── *vi.* **1 a** 〈果物が〉熟する; 〈ぶどう酒が〉熟成する: Wine ～*s* with age. ぶどう酒は年と共に熟成する. **b** 円熟する，十分発達する: The Portuguese blood ～*s* young. ポルトガル人は早熟だ / His genius ～*d* slowly. 彼の天性は晩成した. **2** 〔金融〕 〈手形などが〉満期[支払い期日]になる.

～·ly *adv.* **～·ness** *n.*

ma·tu·ri·ty [mət(j)ú(ə)rəti, -tʃú(ə)r- | -tjúərətɪ, -tʃúər-, -rɪ-] 〖(1426) □ (O)F *maturité* ∥ L *mātūritās* ripeness: ⇨ mature, -ity〗 ── *n.* **1** 熟成; 成熟，円熟，完成 (ripeness): ～ of age 成年 / sexual ～ 性的成熟 / come to [attain, reach] ～ 熟する，成熟する. **2** 〔生理〕 (生殖機能の十分発達した)成熟期. **3** 〔商業〕 支払い期日，満期: the date of ～ (手形の)満期日 / pay at [on] ～ 満期に支払う / reach ～ 満期になる. **4** 〔地質〕 岩石が風化作用によって砕屑物に変化してゆく程度. **5** 〔地理〕 壮年期《侵食による地形変化を幼・壮・老の3段階に分けたときの第2段階で起伏が最も大きい時期》.

mat·u·ti·nal [mæ̀tʃutáɪnl̩, mət(j)úːtənəl, -tn-, -tn̩- | mæ̀tjuːtáɪnl̩, -tju-, mətjúːtɪnl̩] 〖(1656) □ LL *mātūtīnāl-is* ← L *mātūtīnus* of the morning: ⇨ matin, -al[1]〗 ── *adj.* 朝の，早朝の，(朝の)早い. **～·ly** *adv.*

ma·ty [méɪti | -tɪ] 〖← ?: cf. Skt *metha* elephant-keeper〗 *n.* 《インドで》原地人の小使，下男 (servant).

Mätz·ner [métsnə | -nə(r; *G.* métsnɐ], **Eduard (Adolf Ferdinand)** *n.* メッツナー《1805–92; ドイツの英語学者; *Englische Grammatik* (1859–65)》.

mat·zo [mɑ́ːtsə, -sou | mɔ́tsə, mǽt-, -səu] 〖□ Heb. *maṣṣāʰ* unleavened bread〗 ── *n.* (*pl.* **mat·zoth** [-sout, -souθ, -sous | -səut, -səuθ], **～s** [～z, ～s]) [しばしば *pl.*; 単数または複数扱い] マッツォー《種を入れぬパン; 小麦粉に水を加えて練り，焼き上げる; ユダヤ教徒は過ぎ越しの祝いには，パン種入りのパンを避け，これを食べる》.

mátzo bàll *n.* ＝knaidel.

mat·zoh [mɑ́ːtsə, -sou | mɔ́tsə, mǽt-, -səu] *n.* ＝matzo.

mátzo mèal *n.* マッツォミール《ユダヤ料理に用い

る小麦の粗挽きの粉).
matzoth *n.* matzo の複数形.
Mau·beuge [moʊbə́:ʒ | məʊ-; *F.* mobœ:ʒ] *n.* モブージュ《フランス北東部ベルギーの国境に近い鉱業都市; 戦跡 (1914, '18); 人口 32,000》.
maud [mɔ́:d] 〘《変形》? ← 《スコット》《廃》 *maldy* coarse gray woolen cloth〙 — *n.* **1** モード《スコットランド南部の羊飼いなどの着るねずみ色の縞の肩掛け》. **2** モードに似た旅行用毛布[ショール].
Maud [mɔ́:d] 〘ME ⊏ OF ～ ← *Mahhild* ⊏ OHG *Mahthildis* 'MATILDA'〙 *n.* 女性名《愛称形 Maudie; 異形 Maude》.
Maude [mɔ́:d], **Aylmer** *n.* (1858-1938) 英国の著述家; Tolstoy の翻訳家・研究家.
Maud·ie [mɔ́:di | -dɪ] 〘(dim.) ← MAUD〙 *n.* 女性名.
maud·lin [mɔ́:dlɪn, -lən | -lɪn] 〘《1607》 ← *Maudlin* 《変形》 ← *Magdalen* Mary Magdalene: しばしば泣いている姿で描かれる〙 — *adj.* **1** 涙もろい, いやに感傷的な: ～ tenderness いやに感傷的な優しさ / Suddenly he became ～. 突然彼は涙もろくなった. **2** 泣き上戸の: the ～ state of drunkenness. **3** 《古》涙をためた (tearful): ～ eyes.
mau·ger [mɔ́:gə | -gə(r] *prep.* 《古》 = maugre.
Maugham [mɔ́:m], **W(illiam) Somerset** *n.* (1874-1965) 英国の小説家・劇作家; *Of Human Bondage* (1915), *The Moon and Sixpence* (1919), *The Summing Up* (1938).
mau·gre [mɔ́:gə | -gə(r] 〘《c1264》 ⊏ OF ～ (F *malgré*) ill will, spite ← *mau-* bad (⇨ mal-¹) + *gre* pleasure, will: cf. gree², grateful〙 — *prep.* 《古》 …にもかかわらず (in spite of): ～ all faults あらゆる欠点にもかかわらず.
maugre a person's teeth [head] 《古》人の抵抗にもかかわらず.
— *n.* 《廃》 悪意 (ill will).
Mau·i [máui | máʊi] *n.* マウイ(島)《米国 Hawaii 諸島中の島; 人口 37,000, 面積 1,886 km²》.
mau·kin [mɔ́:kɪn] *n.* 《英方言》 = malkin.
maul [mɔ́:l] 〘《a1240》 ⊏ (O)F *mail* < L *malleum* hammer: cf. mall〙 — *n.* **1** 大木槌, 掛矢(ｶｹﾔ). **2** = brawl¹. **3** 〘ラグビー〙モール《ボール保持者の回りに両チームのプレーヤーが密集して押し合った状態; cf. ruck¹ 4》. **4** 《古》 杵棒《鉄などを埋め込んだ棒状の武器》. — *vt.* **1** 打って傷つける, かき裂く, 切り裂く (bruise, lacerate): be badly ～*ed* in a fight 喧嘩でひどく引っかかれる. **2** 乱暴[ぞんざい]に扱う; 杜撰(ｽﾞｻﾝ)に用いる[引用する]: ～ a language, quotation, etc. **3** 酷評する, さんざんにやっつける: get ～*ed* by friends. **4** 《米》(掛矢とくさびで)〈木を〉打ち割る (split).
mául·er [-lə | -lə(r] 〘⇨ ↑, -er¹〙 *n.* 《俗》 手, 拳(ｺﾌﾞｼ): Don't get your ～*s* on to that woman. あの女に手を出すな.
maul·ey [mɔ́:li | -lɪ] 〘⇨ maul (v.), -y²〙 *n.* (*also* **maul·ie** [～]) 《俗》 拳骨(ｹﾞﾝｺﾂ) (fist), 手 (hand).
maul·kin [mɔ́:łkɪn, -kən | -kɪn] *n.* 《英方言》 = malkin.
Maul·main [mɔːłméɪn, moʊł-, -máɪn | maʊłméɪn] *n.* = Moulmein.
maul·stick [mɔ́:łstɪk, mɑ́:ł- | mɔ́:ł-] 〘《1658》 ⊏ Du. *maalstok* ← 《廃》 *malen* to paint + *stok* stick〙 — *n.* (画家の)腕づえ《垂直の画面に細い線を描く時に右手を支えるため左手に持つ細長い棒》.
maul·vi [máułvi | -vɪ] 〘⊏ Hindi *maulvī* ⊏ Arab. *mawlawī*: cf. mullah〙 — *n.* (*pl.* ～**es**, ～**s**) イスラム法律学者《★ インドでは学識あるイスラム教徒への敬称として用いる》.
mau-mau [máumàu] 〘↓〙 *vt.* 《米俗》 脅す, 怖がらせる (terrorize).
Mau Mau [máu-màu | ⌐⌐, ⌐⌐] 〘アフリカ原住民 Kikuyu 族の土語〙 — *n.* (*pl.* ～, ～**s**) マウマウ団《1950 年代以降, ヨーロッパの植民者をケニヤから放逐することを目的とした Kikuyu 族の秘密結社》.
mau·met [mɔ́:mɪt, -mət] 〘《?a1200》 ⊏ OF *mahomet* idol ← MUHAMMAD〙 — *n.* **1** 《英方言》 **a** 人形 (doll). **b** 《軽蔑》 奇妙な風体の人; へんてこなやつ. **c** かかし (scarecrow). **2** 《廃》(異教などの)偶像; 邪神の像.
maun [mɔ:n, mɑ:n; mən] 〘⊏ ON *man* (1st & 3rd pers. sing. pres. indic.) ← *munu* to intend〙 *auxil. v.* 《スコット》 = must¹.
Mau·na Ke·a [máunə-kéɪə, mɔ́:nə-kí:ə] 〘← Hawaii 《原義》? white mountain〙 *n.* マウナケア(山)《Hawaii 島北部の死火山; 太平洋上の最高峰 (4,205 m)》.
Máuna Ló·a [-lóuə | -ləuə] 〘← Hawaii 《原義》 long mountain〙 *n.* Hawaii 島南部の活火山 (4,171 m).
maunch [mɑ́:ntʃ] *n.* (*also* **maunche** [～]) 〘紋章〙(衣服の)袖《11-12 世紀頃の婦人の衣服に由来するものとされている》.

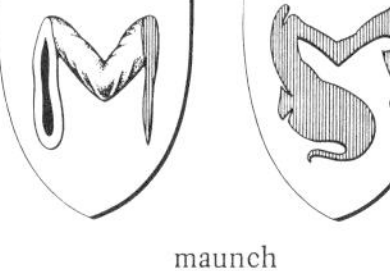
maunch

maund [mɔ́:nd] 〘《1584》 ⊏ Hindi & Pers. *man* ← Skt *manā*〙 — *n.* マウンド《インド・イラン・トルコなどの衡量単位; 地方により異なるが, インド政府公認の標準単位は 82. 286 lb.》.
maun·der [mɔ́:ndə, mɑ́:n- | mɔ́:ndə(r] 〘《c1746》 ⊏ ? (O)F *mendier* < L *mendīcāre*: ⇨ mendicant, -er⁴〙 — *vi.* **1** (ばかみたいに)だらだら話す, とりとめもなくしゃべる. **2** ぶらぶらさまよう, ぼんやり歩き回る 〈*along, about*〉. ～**·er** [-d(ə)rə | -rə(r] *n.*
maun·dy [mɔ́:ndi, mɑ́:n- | mɔ́:ndɪ] 〘《c1290》 *maunde* ⊏ OF *mandé* ⊏ L *mandātum* 'MANDATE, command': cf. *John* 13:5, 14, 34〙 — *n.* **1** 〘キリスト教〙洗足式《キリストの故事にちなんで Maundy Thursday に貧民の足を洗う式; 今では王家の施物分配吏 (almoner) による maundy money の分配だけを行なう》. **2 a** (洗足式における)施し(物). **b** = maundy money.
máundy mòney *n.* 《英》 洗足日救済金《Maundy Thursday に王室から貧民に分け与えられる施し金; 特に鋳造した 1, 2, 3, 4 ペニー銀貨》.
Máundy Thúrsday *n.* 〘キリスト教〙聖木曜日, 主の晩餐の木曜日, 洗足木曜日, 復活前木曜日《聖金曜日 (Good Friday) の前日, 聖餐(主の晩餐)が制定された日として記念され, またイエスが使徒の足を洗ったことを記念する日; cf. *John* 13:5, 14》.
Mau·pas·sant [mòʊpəsɑ́:(ŋ), -sɔ́:(ŋ), -sɑ́:ŋ, -sɔ́(:)ŋ | mə̀ʊ-; *F.* mopasɑ̃], **(Henri René Albert) Guy de** *n.* モーパッサン《1850-93; フランスの短編作家・小説家; *La Maison Tellier*「テリエ館」(1881), *Pierre et Jean*「ピエールとジャン」(1888)》.
Mau·per·tuis [mòʊpətwí: | -pə-; *F.* mopɛrtɥi], **Pierre Louis Mo·reau de** [mɔro d] *n.* モーペルテュイ《1698-1759; フランスの数学者・天文学者》.
Maur·a [mɔ́:rə] 〘(Ir.) ← MARY〙 *n.* 女性名.
Maur·een [mɔ:rí:n | ⌐⌐, ⌐⌐] 〘⊏ Ir. *Màirín* (dim.) ← *Màire* ⊏ L *Maria* 'MARY'〙 *n.* 女性名.
Mau·re·ta·ni·a [mɔ̀:rətéɪniə, mɑ̀r-, -njə | mɔ̀rɪtéɪnjə, mɔ̀:r-, -niə] *n.* マウレタニア《アフリカ北西部の古王国; 現モロッコおよびアルジェリアの一部》.
Mau·riac [mɔ:rjɑ́:k, mɔ̀:riɑ́:k | mɔ:rjɑ́:k, mɔ̀:rɪɑ́:k; *F.* mɔrjak, mo-], **François** *n.* モーリヤック《1885-1970; フランスの小説家; Nobel 文学賞 (1952); *Le Désert de l'amour*「愛の砂漠」(1925), *Thérèse Desqueyroux*「テレーズ デケルー」(1927)》.
Mau·rice¹ [mɔ́(:)rɪs, mɑ́r-, -rəs, mɔ:rí:s | mɔ́rɪs; *F.* mɔris, mo-] 〘⊏ F ～ ⊏ L *Mauricius* ← *Maurus* 'MOOR'〙 *n.* 男性名.
Mau·rice² [mɔ́(:)rɪs, mɑ́r-, -rəs, mɔ:rí:s | mɔ́rɪs] *n.* モーリッツ《1521-53; ドイツ Saxony の選帝侯; ドイツにおける信仰自由の獲得に尽くした; ドイツ語名 Moritz [mó:rɪts]》.
Maurice³ *n.* マウリッツ《1567-1625; オランダの政治家・軍人; オランダ共和国の総督 (1587-1625); 通称 Maurice of Nassau; William the Silent の子; オランダ語名 Maurits [mɔ́urɪts]》.
Maurice, (John) Frederick Denison *n.* (1805-72) 英国国教会の司祭・神学者; キリスト教社会主義運動の代表者.
Mau·ri·ta·ni·a [mɔ̀:rətéɪniə, mɑ̀r-, -njə | mɔ̀rɪtéɪnjə, mɔ̀:r-, -niə] *n.* モーリタニア《アフリカ北西部の共和国; もとフランス領西アフリカ (French West Africa) の一部であったが, フランス共同体 (French Community) 内の共和国を経て 1960 年独立; 人口 1,481,000, 面積 1,030,700 km², 首都 Nouakchott; 公式名 the Islamic Republic of Mauritania モーリタニアイスラム共和国》.
Mau·ri·ti·us [mɔ:ríʃiəs, -ʃəs | mərɪ́ʃəs, mɔ:r-, mɔr-] *n.* **1** モーリシャス(島)《Madagascar 島の東方インド洋にある火山島; 人口 760,000, 面積 1,865 km²; 古名 Île de France》. **2** モーリシャス《同島および属島からなる英連邦内の独立国; もと英国植民地であったが 1968 年独立; 人口 895,000, 面積 2,100 km², 首都 Port Louis》. **3** モーリシャス《モーリシャス島でオオマンネンラン (giant cabuya) の葉からとれる繊維; 綱・麻の袋地に用いられる; Mauritius hemp ともいう》.
Mau·rois [mɔ:rwɑ́:; *F.* morwa], **André** *n.* モーロワ《1885-1967; フランスの伝記作家・小説家; *Ariel*「エアリアル(シェリー伝)」(1923), *Climats*「愛の風土」(1928); 本名 Émile Salomon Wilhelm Herzog》.
Mau·ry [mɔ́:ri, mɑ́:- | mɔ́:rɪ], **Matthew Fon·taine** [fɑntéɪn | fɒn-] *n.* (1806-73) 米国の海軍士官・海洋学者・水路学者.
Mau·ry·a [máuri(j)ə | -rɪ(j)ə] *n.* **1** マウリア族《古代インドの部族》. **2 a** [the ～s] マウリヤ王朝[王家]《古代インド北部に興り北部を中心にほぼ全土を支配した王朝 (321?-184 B.C.)》. **b** マウリヤ王朝[王家]の人.
Mau·ser [máuzə | -zə(r; *G.* máuzɐ] 〘《1880》 ← *Peter Paul Mauser* (1838-1914: その発明者であるドイツ人)〙 *n.* モーゼル小銃[拳銃]《射程が長い連発銃》.
mausolea *n.* mausoleum の複数形.
mau·so·le·an [mɔ̀:səlí:ən, -zə- | -səlíən, -lí:ən] 〘⇨ ↓, -an¹〙 *adj.* 霊廟の, 陵(ﾘｮｳ)の.
mau·so·le·um [mɔ̀:səlí:əm, -zə- | -səlíəm, -lí:əm] 〘《1546》 ⊏ L *mausōlēum* ⊏ Gk *mausōleîon* ← *Mausōlos* Mausolus (*d.* ? 353 B.C.: Caria の王)〙 — *n.* (*pl.* ～**s**, **-le·a** [-lí:ə | -líə, -lí:ə]) **1 a** 広大壮麗な墓, 霊廟, おたまや, 陵(ﾘｮｳ). **b** [the M-] マウソレウム《ギリシャの Halicarnassus にあった Caria の王 Mausolus [mɔ:sóuləs | -sə́u-] の壮麗な墓廟; 紀元前 350 年ごろ王妃 Artemisia が王のために建てたもので, 古代の世界七不思議の一つ; cf. SEVEN Wonders of the World》. **2** 《戯言》 大きい陰気な建物[部屋].
mauvaise honte [móuveɪzɔ́:(n)t, -zɔ́(:)nt | máu-; *F.* mɔvɛzɔ̃:t] 〘⊏ F ～ 'bad shame'〙 *F. n.* 偽りの謙虚; はにかみ.
mauvais quart d'heure [móuveɪ-kɑ́ə-də́: | máu-veɪ-kɑ́:-də́:(r; *F.* mɔvɛkardœ:r] 〘⊏ F ～ 'bad quarter of an hour'〙 — *F. n.* しばらくの間の不快な経験, つらい気持のひととき.
mauve [móuv, mɔ́:v | mə́uv] 〘《1859》 ⊏ F ～ < L *malvam* 'MALLOW': その色から〙 — *n.* **1** 藤色, モーヴ色《薄い青みがかった紫》. **2** 〘染色〙モーブ, モーベイン (mauvein)《藤色の塩基性染料; 最初の合成染料として有名》. — *adj.* 藤色の.
mauve·ine [móuvi:n, mɔ́:-, -vɪn, -vən | mə́uvi:n, -vɪn] *n.* 〘染色〙 = mauve 2.
ma·ven [méɪvən] 〘⊏ Yid. ～ ⊏ Heb. *mēbhīn*〙 *n.* 《米口語》 くろうと (expert); 鑑定家 (connoisseur).
mav·er·ick [mǽv(ə)rɪk] 〘← *Samuel A. Maverick* (1803-70: 自分の子牛に焼印を押さなかった米国 Texas 州の牧場主)〙 — *n.* 《米》 **1** (牧畜地で)所有者の焼印のない牛; (特に)母牛から離れた子牛; (群からの)離れ牛. **2** 《口語》(政治家・知識人・芸術家などの)無所属の人; (集団・組織の規制に従わない)異端者, 反対者, 反体制派の人 (dissenter).
ma·vin [méɪvɪn, -vən | -vɪn] *n.* 《米口語》 = maven.
ma·vis [méɪvɪs, -vəs | -vɪs] 〘《?a1366》 ⊏ (O)F *mauvis* ⊏ MBreton *milhuyt* thrush〙 *n.* 《詩・方言》〘鳥類〙 **1** = song thrush. **2** = mistle thrush.
Ma·vis [méɪvɪs, -vəs | -vɪs] 〘↑〙 *n.* 女性名. ★ 20 世紀に一般化した.
ma·vour·neen [məvúəni:n | -vúə-] 〘《1800》 ⊏ Ir. *mo mhuirnīn* ← *mo* my + *muirnīn* ((dim.) ← *muirn* affection)〙 — *n.* (*also* **ma·vour·nin** [～]) 《アイル》 [呼掛けとして] わが愛する者, いとしい人 (my darling).
maw¹ [mɔ́:] 〘OE *maga* stomach < Gmc **maʒōn* (Du. *maag* / G *Magen*) ← IE **mak-* (leather) bag〙 — *n.* **1 a** (哺乳動物の)胃 (stomach), 反芻類の第四胃; 《戯言》(人間の)胃. **b** (鳥の)素嚢(ｿﾉｳ) (craw). **2** (肉食動物の)口 (mouth), のど (throat), 食道 (gullet), 顎(ｱｺﾞ) (jaws). **3** 淵, 奈落 (gulf, abyss): death's ～.
maw² [mɔ́:] *n.* 《米南部・中部》 = mamma¹ 1.
maw·kin [mɔ́:kɪn, -kən | -kɪn] *n.* 《方言》 = malkin.
mawk·ish [mɔ́:kɪʃ] 〘《1668》 ← 《廃》 *mawk* maggot (⊏ ON *maðk-r* earthworm) + -ISH¹: ⇨ maggot〙 — *adj.* **1** 風味がなくいやな味の; 甘くて鼻につく (cloying): ～ wine. **2** いやに涙もろい, いやに感傷的な. **3** 《古》胸の悪くなる, 吐気を催すような (sickening). ～**·ly** *adv.* ～**·ness** *n.*
mawl [mɔ́:l] *n.* = maul.
máw séed 〘《部分訳》 ← G 《方言》 *Mahsaat, Mohsamen* ← *Mah Mohn* poppy + *Saat, Samen* seed〙 *n.* けし粒.
Maw·son [mɔ́:sn], Sir **Douglas** *n.* (1882-1958) 英国生れのオーストラリアの南極探検家, 地質・鉱物学者.
máw·wòrm *n.* **1** 〘動物〙回虫《人やその他の哺乳類の胃や腸に寄生する虫》; (特に)寄生性の線虫 (parasitic nematode). **2** 〘Bickerstaffe の喜劇 *The Hypocrite* (1769) 中の人物の名から〙 [M-] 偽善者, 偽君子 (hypocrite).
Max [mǽks; *F.* maks, *G.* máks] 〘(dim.) ← MAXIMILIAN〙 *n.* 男性名.
max. 《略》 maxim; maxima; maximum.
Max·ene [mæksí:n, ⌐⌐] 〘(fem. dim.) ← MAXIMILIAN〙 *n.* 女性名《異形 Maxine》.
max·i [mǽksi | -sɪ] 〘《略》 ← MAXI(MUM)〙 — *n.* 《口語》 マキシ《1960 年代後半から 1970 年代にかけて流行したくるぶし丈のスカート (maxiskirt), コート (maxicoat), またはドレス (maxidress); cf. micro, mini, midi》. — *adj.* 〈スカート・コートなど〉普通より長い[大きい], マキシの.
max·i- [mǽksi, -sə | -sɪ] 〘↑〙「特別に長い (extra long); 特大の (extra large)」の意の連結形 (↔mini-): a *maxi*dress, *maxi*sculpture, *maxi*park, *maxi*problem.
máxi·còat 〘⇨ ↑, coat〙 *n.* マキシコート (cf. maxi).
máxi·drèss 〘⇨ maxi-, dress〙 *n.* マキシドレス (cf. maxi).
Max·ie [mǽksi | -sɪ] 〘(dim.) ← MAXIMILIAN〙 *n.* 男性名.
max·ill- [mæksíl, mǽksɪl | mæksíl, mǽksɪl] (母音の前に来る時の) maxillo- の異形.
max·il·la [mæksílə] 〘《1676》 ⊏ L ～ (dim.) ← *māla* jaw〙 — *n.* (*pl.* **-il·lae** [-li:, -laɪ | -li:]) **1** 〘解剖・動物〙顎(ｱｺﾞ), 顎骨 (jawbone); (脊椎動物の)上顎骨 (⇨ skull¹ 挿絵). **2** 〘動物〙(節足動物の)下顎肢(ｶｶﾞｸｼ), 下あご, 小あぎと《mandible の下にある; ⇨ mandible 挿絵》.
max·il·lar·y [mǽksəlèri | mæksílərɪ] 〘《1626》 ⊏ L *maxillāri-us* of the jaw: ⇨ ↑, -ary〙 — *adj.* **1** 〘解剖〙顎の, 顎骨の, 上顎骨の. **2** 〘動物〙下顎肢の, 小あぎとの. — *n.* 〘解剖〙上顎骨.
máxillary ártery *n.* 〘解剖〙 **1** 顎動脈《顔の内部組織を流れる動脈; internal maxillary artery ともいう》. **2** 顔面動脈, 外顎動脈《external maxillary artery, facial artery ともいう》.
máxillary glánd *n.* 〘動物〙小顎(ｼｮｳｶﾞｸ)腺《節足動物の下顎肢(ｶｶﾞｸｼ)に開口する排出器官》.
max·il·li- [mæksíli, mǽksəli, -lə | mæksílɪ, mǽksɪlɪ] maxillo- の異形 (⇨ -i-).
max·il·li·ped [mæksíləpèd | -lɪ-] 〘← MAXILLO- + -PED〙 — *n.* (*also* **max·il·li·pede** [-pì:d]) 〘動物〙顎脚(ｶﾞｯｷｬｸ), 顎脚(ｱｺﾞｱｼ)《甲殻(ｺｳｶｸ)類の maxilla のすぐあとにある 3 対の付属肢の一つ; 食物摂取の用をする》.
max·il·lo- [mæksílou, mǽksəl- | mæksílə(ʊ), mǽksɪl-] 〘← L *maxilla*: ⇨ maxilla〙 〘動物〙「顎(ｱｺﾞ), 顎骨, 上顎骨 (maxilla) との」の連結形. ★ 時に maxilli-, また母音の前では通例 maxill- になる.
maxillo·fácial 〘⇨ ↑, facial〙 *adj.* 〘歯科〙 顎顔面の.

max·im [mǽksɪm, -səm|-sɪm] 〖(1426) ▭ F *maxime* ▭ L *māxima (prōpositiō)* greatest (proposition) (fem.) ← *māximus* (superl.) ← *magnus* great ← IE **meg(h)-* great: cf. much〗 ― *n.* **1** 格言, 金言, 訓言, 処世訓 (adage, aphorism): a golden ～ 金言. **2** 処世法. **3** 〖哲学・倫理〗(実践的原則としての)格率, (哲学などの)根本前提, (数学などの)公理. **4** 〖音楽〗＝maxima².

Max·im [mǽksɪm, -səm|-sɪm] 〖(dim.) ← MAXIMILIAN〗 *n.* 男性名.

Maxim, Sir **Hiram Stevens** (1840–1916) 米国生れの英国の技師; Maxim gun の発明者.

Maxim, Hudson *n.* (1853–1927) 米国の機械技師, maximite の発明者; Hiram の弟.

maxima¹ *n.* maximum の複数形.

max·i·ma² [mǽksəmə, -mɑ̀ː|-sɪ-; *It.* máksima] 〖▭ L ～ (fem.) greatest: ⇨ maxim〗 ― *n.* 〖音楽〗マクシマ《中世・ルネサンス期の定量記譜法の音[休]符; 最も長い音価をもつ; 記号 ⊓; larga, large, double long, maxim ともいう》.

max·i·mal [mǽks(ə)məl|-sɪ-] 〖← L *māximum* great-est＋-AL¹〗 *adj.* 極点の, 最大限度の, 最高の; 〖数学〗極大の: a ～ value 極大値. **～·ly** *adv.*

máximal idéal *n.* 〖数学〗極大イデアル《イデアルの中でそれよりも大きなものが存在しないもの》.

máx·i·mal·ist [-lɪst, -ləst|-lɪst] *n.* **1** [M-] (旧ロシア社会民主労働党および社会革命党の)一部極左派(↔ Minimalist). **2** 最大限の要求をして妥協しない人.

Max·ime [mɑːksíːm, mæk-; *F.* maksim] 〖▭ F ～ 'MAXIM'〗 *n.* 女性名. 「シム砲《速射機関銃》.

Máxim gùn 〖(1885) ← *Hiram S. Maxim*〗 *n.* マキ

Max·i·mil·ian [mæ̀ksəmíljən|-sɪmíljən, -liən; *G.* màksimíːliaːn] 〖(混成) ← *Maximus*＋*Aemilianus* (二人のローマの偉人にあやかろうとした命名)〗 ― *n.* 男性名《愛称形 Max, Maxie, Maxim, Maxy》.

Max·i·mil·ian [mæ̀ksəmíljən|-sɪmíljən, -liən; *G.* maksimíːliaːn], **Ferdinand** *n.* マクシミリアン《1832–67; オーストリア大公, メキシコ皇帝 (1864–67); 革命党員に処刑された》.

Maximilian I *n.* マクシミリアン一世《1459–1519; 神聖ローマ帝国皇帝 (1493–1519)》.

Maximilian II *n.* マクシミリアン二世《1527–76; 神聖ローマ帝国皇帝 (1564–76)》.

Máximílian ármor 〖← MAXIMILIAN I: この皇帝の名にちなむ〗 ― *n.* マクシミリアン甲冑《16世紀初頭の細い筋を何本も打ち出した甲冑; flûted armor ともいう》.

Max·i·mil·ien [mæksɪmiːljɛ̃ː(ŋ), mɑ̀ːk-, -miːliɛ́ː(ŋ), -jǽŋ; *F.* maksimiljɛ̃] 〖▭ F ～ 'MAXIMILIAN'〗 *n.* 男性名.

max·i·min [mǽksəmɪ̀n|-sɪ-] 〖← MAXI(MUM)＋MIN(IMUM)〗 *n.* 〖数学・経済〗マクシミンの原理《予想される最低限の利益をできるだけ大きくする戦略; cf. minimax》.

max·i·mite [mǽksəmàɪt|-sɪ-] 〖← *Hudson Maxim*: ⇨ -ite¹〗 *n.* 〖化学〗マクシマイト《ピクリン酸 (picric acid) を主とする強力爆薬》.

max·i·mize [mǽksəmàɪz|-sɪ-] 〖← L *māximus* (↓)＋-IZE〗 ― *vt.* (↔ minimize) **1** 最大[最高]限度に到達させる; 極限まで増加[拡大, 強化]する. **2** 最大限に活用[重要視]する. **3** 〖数学〗最大化する《関数の値を最大値にもっていく》. ― *vi.* 〖神学〗教義[責務]をできるだけ広義に解釈する. **max·i·mi·za·tion** [mæ̀ksəmɪzéɪʃən, -mə-|-sɪmaɪ-, -mɪ-] *n.* **máx·i·mìz·er** *n.*

max·i·mum [mǽks(ə)məm|-sɪ-] 〖(1743) ▭ L ～ (neut.) ← *māximus* greatest: ⇨ maxim〗 ― *n.* (*pl.* **～s, -i·ma** [-səmə|-sɪ-]) **1** 最高点, 最大限, 最大量, 極限 (↔ minimum): mark examination papers on a ～ of 100 points 百点満点で答案を採点する / The excitement was at its ～. 興奮はその極に達した. **2** 〖数学〗**a** 最大: ～ and minimum 最大と最小. **b** 最大値. ― *attrib. adj.* **1** 最大の (greatest), 最高の: the ～ penalty for tax evasion 脱税に対する最高の量刑. **2** 最高点[極限]の[に関する, を示す]: ⇨ maximum thermometer.

máximum dóse *n.* 〖医学〗極量.

máximum líkelihood estimàtion *n.* 〖数学・統計〗最尤(ゆう)(推定)法《標本から母集団のある値を推定したい時, 最尤推定量を用いる方法》.

máximum líkelihood estimàtor *n.* 〖数学・統計〗最尤推定量《尤度関数を最大にするような統計量》.

máximum prìnciple *n.* 〖数学〗**1** 最大値の原理《ある領域で正則で境界をも含めて連続な複素関数の絶対値は境界でしか最大値をとらないという原理》. **2** 極大の原理《ゲーム理論で, プレーヤーが自己の利益を最大にするような戦略をとり得るとする原理》.

máximum rámp wèight *n.* 最大ランプ重量《駐機場で荷物や燃料を満載した重量》.

máximum thermómeter *n.* 最高温度計 (cf. minimum thermometer).

máximum válue *n.* 〖数学〗最大値.

Max·ine [mæksíːn, ←] 〖(fem. dim.) ← MAXIMILIAN〗 *n.* 女性名. 「maxi miniskirt).

máxi·skìrt 〖⇨ maxi-, skirt〗 *n.* マキシスカート (cf.

ma·xi·xe [məʃíːʃ(ə); *Braz.* maʃíʃi] 〖▭ Braz. ～〗 *n.* マシーシュ《two-step に似たブラジル起源の一種の円舞》. 「LER.

Max Müller, Friedrich *n.* ⇨ Friedrich Max MÜL-

max·well [mǽkswel, -wəl] 〖← *J. C. Maxwell*〗 *n.* 〖物理〗マックスウェル《強度 1 gauss の磁場 1 cm² を通過する磁束の単位; ＝10^{-8} weber》.

Max·well [mǽkswel, -wəl] 〖OE *Maccusw(i)elle* ← *Maccus* (▭ L *Magnus* great)＋*welle* 'WELL¹'〗 *n.* 男性名. 「ドの物理学者.

Max·well, James Clerk *n.* (1831–79) スコットラン

Máxwell-Bóltzmann stàtistics [-bóʊltsmən-, -mɑ̀ːn-|bóʊlts-; *G.* -bɔ́ltsman-] 〖← *J. C. Maxwell*＋*Ludwig Boltzmann*〗 ― *n.* 〖物理化学〗マックスウェル ボルツマンの統計力学《古典力学の法則に従う多数の粒子からなる系の統計》.

Máxwell's dèmon 〖← *J. C. Maxwell*〗 ― *n.* 〖物理〗マックスウェルの魔物《Maxwell が仮定した, 一様の温度の系中にある隔壁の扉を, 気体分子の速度の大小によって開閉することのできる扉の番人; その結果隔壁の両側に熱力学第2法則に反して温度差が生じるとされるが, この番人を勤める方法は知られていない; Maxwell demon ともいう》. 「性名.

Max·y [mǽksi|-sɪ] 〖(異形) ← MAXIMILIAN〗 *n.* 男

may¹ [méɪ, mèɪ; meɪ, mɪ, mə] 〖OE *mæg* (1st & 3rd pers. sing. pres. ind.) ← *magan* to be strong, be able ← Gmc **maʒ-* (G *mögen*) ← IE **magh-* to be able (Gk (Attic) *mēkhos* means / Skt *magha* gift, power): cf. main¹, might²〗 ― *auxil. v.* (否定 **may not,** 《口語》 **mayn't** [méɪnt, méɪənt|méɪnt, mɛ́ənt, méɪənt]; 過去形 **might** [máɪt, màɪt, maɪt], 否定 **might not,** 《口語》 **mightn't** [máɪtn̩t]) ★ Infinitive, Participle, Gerund の形がなく, 古形の直説法二人称単数形 **mayest** [méɪɪst, -əst, meɪ-], **mayst** [méɪst, mèɪst; meɪst] 以外には語尾変化をせず, 三人称単数形にも -s をつけない; 常に to なしの Infinitive と結合する; ⇨ might.

1 [推量] …かも知れない, あるいは[恐らく]…であろう. ★ 疑い・不確実の気持が含まれる: It ～ [～ not] be so. 多分そうであろう[なかろう] / It ～ rain tomorrow. 明日は雨かも知れない / I ～ be late. 遅れるかも知れない / as the case ～ be 場合次第で / It is possible that he ～ come tomorrow. あるいは明日来るかも知れない / It ～ be true for aught I know. ことによったら本当かも知れない / He ～ or ～ not come. 来るかも知れないし来ないかも知れない. ★(1) この意味では完了形・進行形の不定詞を伴うことができる: He ～ (possibly) have said so. あるいはそう言ったかも知れない / He ～ be travelling now. 今旅行中かも知れない. (2) この意味では疑問文には用いず can を用いる: *Can* they have missed the bus? (3) 否定は may not であるが, 特に強い否定の意味(「はずがない」)を含む場合には cannot を用いる: It ～ be false; it *cannot* be true. 多分誤りだろう, 本当であるはずがない.

2 [不確実] (一体だれ, 何, どうして)…だろう, …かしら: Who ～ you be? どなたでしたかしら / How old ～ he be? あの人はいくつでしょうか / I wonder what ～ be the cause. その原因は一体何でしょう. ★ 疑問の文脈に用いて文意を和らげるが, 時に皮肉にもなる.

3 [許可] …してもよろしい, …してさしつかえない: *May* I smoke?—Yes, you ～ [No, you ～ not]. たばこを吸ってもよろしいでしょうか—はい, 結構です[いや, いけません] / *May* I have the salt, please? 塩を取っていただけないでしょうか / If I ～ say so, your article needs revision. こう言っては何だが君の記事は修正する必要がある / You ～ go, John. ジョン, 君は行ってもよろしい《教師口調で命令文に等しい》/ Who are you, ～ I ask? お尋ねしますがね, あなたはどなたです《皮肉》/ I'll have another biscuit, if I ～. よかったらもう一枚ビスケットをいただきます / Borrowers ～ not take out more than three books at a time. 借用者は一度に3冊までしか本を借り出すことはできない. ★(1) この意味では you を主語とした疑問文は許されない. (2)《口語》では can を用いることが多い: *Can* I go out and play? 外へ出て遊んでもいいかい. (3) 否定の場合, はっきりした「禁止」を表わすには must not を用いる: *May* I not go?—No, you *must not*. 行ってはいけないでしょうか—そりゃいけない / I ～ leave now, ～*n't* I? もうおいとましてもよろしいでしょうね. (4) この意味の過去・未来としては, しばしば was [were, shall be, will be] permitted [allowed] to が用いられる.

4 [しばしば well を伴って; 認容・妥当性] (…と言っても)差し支えない, もっともだ (cf. *may* WELL² *do*): With this spell of fine weather, we ～ expect a good harvest. こんなに天気続きなので豊作を期待してよかろう / You ～ *well* say so. そうおっしゃるのももっともです / He ～ *well* [*Well* ～ he] ask that. 彼がそう尋ねるのももっともだ / ⇨ *may as* WELL²…(*as*…), *might as* WELL²…(*as*…). ★この意味での否定は cannot: You ～ call him a genius, but you *cannot* call him a man of character. 天才だと言えても人格者とは言えない.

5 [祈願・願望・のろい] 願わくは…ならんことを. ★常に may を主語の前に置く; この用法はきわめて形式張っていて現在ではめったに用いられない: Long ～ he live! 彼の長寿を祈る / *May* you live to repent it! 今に後悔すればよい / *May* you succeed! 御成功を祈る / *May* he rest in peace! 彼の霊の安らかに眠らんことを / *May* his evil designs perish! 彼の邪悪な計画がくじかれますように / Much good ～ it do you! それがせいぜいためになりますように / *May* it please your honor! 恐れながら申し上げます.

6 [可能] …できる (can): as best one ～ できるだけ, どうにかこうにか / These books ～ be obtained anywhere. これらの本はどこでも買えます / He who runs ～ read. 走りながらでも読める(ほど明白である). ★ この意味では現在 can を用いることが多い.

7 [目的を表わす副詞節の中で] …するために: Eat that you ～ live. 生きるために食べなさい / I work hard (so) that [in order that] I ～ succeed. 成功するために精勤する.

8 [譲歩を表わす副詞節の中で] (たとえ)…であろうとも: be that as it ～ それがどうであろうとも, それはとにかく, いずれにもせよ (however that may be) / come what ～ どんなことがあろうと (whatever may come) / Whoever [No matter who] ～ say so, you need not believe him. だれがそう言ったって信じるには及ばない.

9 [希望・不安などを表わす主節に伴う名詞節の中で]: I hope I ～ live to see the day. その日が来るまで生きていたいものだ / I am afraid it ～ be true. ひょっとすると本当なのではないか.

10 〖法律〗(契約書・制定法に用いられて) …しなければならない, …するものとする (shall, must).

11 [能力]《古》…する能力がある, …できる (have the ability): No man ～ separate me from thee. 何人(なんぴと)も私をあなたから引き離すことはできない.

That is as may be. それは事情によりけりだ, それはどっちとも言えない.

― *n.* may という言葉; 可能性 (possibility).

may² [méɪ] 〖OE *mǣg* kinswoman: cf. ON *mær* maiden〗 *n.* 《古・詩》少女, 乙女 (maiden).

May¹ [méɪ] 〖(*c*1290) *Mai* ▭ (O)F < L *Māium* (*mēnsem*) the month of May ← ? *Māia* (「増加・成長をもたらす女」を意味する女神の名) ← *magnus* great (⇨ maxim) ∽ OE *Maius* ▭ L〗 ― *n.* **1** 5月. **2** 《詩》盛り, 青春 (bloom, prime). **3 a** [*pl.*]《英》(Cambridge 大学の)五月試験. **b** [the ～s]《英》五月ボートレース《各学寮間のレースで, 今は6月に行なわれる》. **4** 五月祭 (May Day) の祝い: the Queen of (the) ～＝May queen. **5** [m-] 〖植物〗**a** サンザシ (hawthorn). **b** サンザシの花 (cf. Mayflower). ― *vi.* 五月祭を祝う; サンザシを摘む: go *Maying*. 「性名《異形 Mae》.

May² [méɪ] 〖(dim.) ← MARY ∥ MARGARET ∥ ↑〗 *n.* 女

May, Cape 〖← *Cornelius J. Mey* (オランダの船長, 17 世紀に初めてこの地についた)〗 *n.* メイ岬《米国 New Jersey 州の最南端, Delaware 湾口の岬》.

ma·ya [mɑ́ːjə, -jɑː, máɪə, máɪɑː] 〖▭ Skt *māyā*〗 *n.* 〖ヒンズー教〗**1** 現象の世界を動かす原動力, マーヤー; 魔力. **2** (真の実在に対する)現象界, 虚妄(きょもう), 幻影.

Ma·ya¹ [mɑ́ːjə, -jɑː, máɪə, máɪɑː] 〖↑〗 *n.* マーヤー, 摩耶(まや)夫人《釈尊の生母》.

Ma·ya² [máɪ(j)ə] 〖▭ Sp. ～ ← (土語): *Zamnā* (初期マヤ族の神の名)の音位転換による変形?〗 ― *n.* (*pl.* ～, ～s) **1 a** [the ～(s)] マヤ族《現在 Yucatán, Guatemala 北部および英領 Honduras に住む中米インディアンの一種族; 米大陸発見以前に既に独特の文字や暦法をもち, かなり高度の文明を有していた》. **b** マヤ族の人, マヤ人. **2** マヤ語. ― *adj.* **1** マヤ人の. **2** マヤ語の.

Ma·ya·güez [mɑ̀ːjəgwéz, -gwés; *Am. Sp.* màjagwés] *n.* マヤグウェス《Puerto Rico 島西部の港市; 人口 69,000》.

Ma·ya·kov·ski [mɑ̀ːjəkɔ́(ː)fski|-kɔ́fskɪ; *Russ.* məjakófskij], **Vladimir** (**Vla·di·mi·ro·vich**) [vladjímjirəvjitʲ] *n.* (*also* **Ma·ya·kov·sky** [～]) マヤコーフスキー《1893–1930; ソ連の詩人, 未来派 (futurism) の代表者》.

Ma·yan [máɪ(j)ən] 〖← MAYA²＋-AN¹〗 ― *adj.* **1** マヤ人[族]の. **2** マヤ語(族)の. ― *n.* **1** マヤ語(族)《メキシコ南部, Guatemala および英領 Honduras で用いられるアメリカインディアンの一語系で, Maya および Quiche を含む》. **2 a** [the ～s] マヤ族《マヤ語系の言語を話す民族》. **b** マヤ族の人.

máy·àpple *n.* (*also* **Máy àpple**) 〖植物〗**1** メギ科ポドヒルム属 (*Podophyllum*) の植物の総称; (特に)北米産のポドヒルム, アメリカミヤオソウ (*P. peltatum*)《根は下剤となる; American mandrake ともいう; cf. podophyllin》. **2** ポドヒルム[アメリカミヤオソウ]の実《黄色を帯びた卵形で食用になる》.

may·be [méɪbi, mébi|-biː, -bɪ] 〖(*a*1325)《略》← *it may be*〗 ― *adv.* 多分, 事によると: *Maybe* it's better to go. 恐らく行くほうがよかろう / And I don't mean ～ (either).《口語》しかも事によるとじゃないんだぞ《しばしば脅し文句》.

as soon as maybe 《口語》できるだけ早く (as soon as possible). 「の建築家.

May·beck [méɪbek], **Bernard** *n.* (1862–1937) 米国

Máy bèetle *n.* 〖昆虫〗コガネムシ: **a** 《米》コフキコガネ (June beetle). **b** 《英》ヨーロッパコフキコガネ (cockchafer). 「性名.

May·belle [meɪbél, ←] 〖← MAY¹＋BELLE〗 *n.* 女

Máy bùg *n.* 〖昆虫〗＝May beetle.

máy·bùsh *n.* 〖植物〗＝hawthorn.

May·day [méɪdeɪ, ←|←] 〖(変形) ← F *m'aider* help me〗 *n.* 〖通信〗メーデー《国際無線通信において船や航空機の発する無線電話遭難救助信号》.

Máy Dày 〖(15C)〗 ― *n.* **1** 五月祭《古くから5月1日に行なう春の祭; 花輪の冠をかぶらせて May queen を仕立て, Maypole の周囲を踊り, その他種々の遊戯や競技を催して春の一日を楽しむ》. **2** 労働祭, メーデー (cf. Labor Day).

Máy·dèw 〖(c1430)〗 *n.* 五月の朝露《美顔および医薬的効果があると信じられた》.

Máy·dùke *n.* 〘園芸〙メイデューク, 珊瑚(さんご)《オウトウの品種名; 古くから広く栽培された赤紫色の果実を産する優秀な品種; cf. duke 3》.

May·enne [mɑːjén; *F.* majɛn] *n.* マイエンヌ(県)《フランス北西部の県; 人口 256,000, 面積 5,212 km², 首都 Laval [laval]》.

May·er [méɪə | méɪə(r), méə(r)], **Louis Burt** *n.* (1885–1957) ロシヤ生れの米国の映画製作者; Metro 映画会社を創設し, のち Goldwyn 映画会社と合併して Metro-Goldwyn-Mayer 映画会社を設立した.

May·er [máɪə | máɪə(r); *G.* máɪɐ], **Maria Goep·pert** [gə́pɐt] *n.* マイヤー《1906–72; ドイツ生れの米国の女流物理学者; Nobel 物理学賞 (1963)》.

may·est [méɪɪst, mèɪ-, -əst] *auxil. v.* 《古》may の直説法現在二人称単数形: thou ～=you may.

May·fair [méɪfɛə | -fɛə(r)] 〖Edward 三世が五月にこの辺で定期市を開催したことから〗 ── *n.* London 中央部の Picadilly 通りの北側, Hyde Park の東方に当たる区域; 以前は貴顕富豪の住宅地区として有名; 今日は事務所やマンションが多い.

Máy·flòwer 〖← MAY¹+FLOWER: cf. G *Maiblume*〗 ── *n.* **1** 〘植物〙五月[春]に咲く種々の花の総称《おもに英国ではサンザシ (hawthorn), キバナノクリンザクラ (cowslip), リュウキンカ (marsh marigold), cuckooflower など, 米国では trailing arbutus, スハマソウ (hepatica), anemone, ポドヒルム (mayapple) など》. **2** [the ～] メイフラワー号《1620 年 Pilgrim Fathers を英国から米国の Plymouth に運んだ船》.

Máyflower Còmpact *n.* [the ～] メイフラワー契約《1620 年 11 月 11 日 Pilgrims が Mayflower 号内で行なった新大陸における植民地建設に関する誓約》.

máy·flỳ *n.* **1** 〘昆虫〙カゲロウ (ephemerid)《春 5 月ごろに現われる蜉蝣(かげろう)目の昆虫の総称; 成虫は体の柔らかい昆虫できわめて短命, 幼虫は完全に水生; 釣の餌に用いられる》. **2** 《英》〘昆虫〙トビケラ (caddis fly). **3** 〘釣〙(カゲロウに似せた)毛鉤.

may·hap [méɪhæ̀p, ─́─̀ | ─̀─́] 〖《略》← *it may hap(-pen)*〗 *adv.* 《古・方言》多分, 恐らく (perhaps, maybe).

may·hap·pen [─́─̀─, ─̀─́─] *adv.* 《方言》=mayhap.

may·hem [méɪhem, méɪəm | méɪhem] 〖(1472–73) *maheym* ◻ AF *ma(i)hem*=OF *mahaing* injury: ⇨ maim〗 ── *n.* **1** 〘法律〙身体傷害《防衛に必要な身体の部分(手・足・目・歯など)を使用不能にする傷害; 昔は特別の不法行為とされたが今は一般の傷害罪とされる》. **2** 故意の傷害[暴力]. **3** (書評・評論・論説などでの)必要以上の非難, 酷評, 作為的な名誉毀損.

May·hew [méɪhjuː], **Henry** *n.* (1812–87) 英国のジャーナリスト・著述家, Punch 誌の主たる創設者.

Máy·ing, m- 〖← MAY¹ (v.)+-ING¹〗 *n.* 五月祭 (May Day) の祝い; 五月祭の花摘み. ★ 主に次の句に用いる: go a-*maying* 五月祭の花を摘みに行く.

Mayme [méɪm] [⇨ Mary] *n.* 女性名.

Máy mèetings *n. pl.* 五月集会《19 世紀に英国福音派の人々が London の Strand 街にあった Exeter Hall で毎年五月に催した宗教集会》.

May·nard [méɪnəd | -nəd, -nɑ̀ːd] 〖ME ◻ AF *Mainard* ◻ OHG *Maganhard* 《原義》strong power ← *magan* power+*hart* hard〗 *n.* 男性名.

mayn't [méɪnt, méɪənt | méɪnt, méənt, méɪənt] may not の縮約形.

ma·yo [méɪoʊ | méɪəʊ] 〖略〗 *n.* 《口語》=mayonnaise.

May·o [méɪoʊ | méɪəʊ] *n.* アイルランド共和国北西部 Connacht 地方の沿海州; 人口 110,000, 面積 5,398 km², 首都 Castlebar [kɑ̀ːsḷbáːr | -bɑː(r)].

May·o [méɪoʊ | méɪəʊ], **Charles Horace** *n.* (1865–1939) 米国の外科医. 〖医; C. H. Mayo の兄.〗

Mayo, William James *n.* (1861–1939) 米国の外科

may·on·naise [mèɪənéɪz, ─́──̀, ──́─ | ─́──, ──́─] 〖(1841) ◻ F ～, 《古形》*magnonaise* ← *Mahón* (Minorca の町の名)〗 ── *n.* **1** マヨネーズ《サラダや魚肉に用いる一種のソース》. **2** マヨネーズをかけた料理: chicken [salmon, lobster] ～.

may·or [méɪə, méə | méə(r)] 〖(c1300) *mair* ◻ (O)F *maire* < L *mājōrem* greater: MAJOR と二重語〗 ── *n.* 市長, 町長《米国では地方自治体 (municipality) の行政長官; 英国では city または borough の長で名誉職, 市議会の議長が兼ねる》: ⇨ Lord Mayor.

mayor of the palace 〖《なぞり》← ML *māyor palātii*〗 [the ─] 〘フランス史〙(フランク王国の)大宰相.

may·or·al [méɪərəl, méə(r)- | méər-] *adj.*

may·or·al·ty [méɪərəlṭi, méə(r)- | méərəlti] 〖(1386) *mairalte* ◻ OF *mairalté*: ⇨ ↑, -ty〗 *n.* 市長[町長] (mayor) の職[任期]. 〖[身分, 在任期間].〗

may·or·do·mo [mèɪədóʊmoʊ, mèə- | mèədáʊməʊ] 〖◻ Am.-Sp. ～ ◻ Sp. *majordomo*: ⇨ majordomo〗 ── *n.* 《米南西部》 **1** (農場・牧場の)管理人, 監督者 (manager). **2** 灌漑水路監督.

may·or·ess [méɪərɪs, méə(r)-, -rəs | méərɪs, -res, -rəs, mèərés] [⇨ mayor, -ess] *n.* **1** 女性の市長. **2** 市長夫人: ⇨ Lady Mayoress.

máyor's cóurt *n.* 市長法廷《幾つかの都市で市条例違反者などに対して市長が裁判を行なう法廷; Mayor's Court of London は有名》.

máyor·shìp 〖⇨ -ship〗 *n.* 市長[町長] (mayor) の職

Ma·yotte [maɪjɔ́ːt | -jɔ̀t; *F.* majɔt] *n.* マヨット(島)《Madagascar 島の北西方にある Comoro 諸島中の島; 仏領; 人口 48,000, 面積 376 km²》.

Máy·pòle, m- 〖(1554)〗 *n.* 五月柱, メイポール《広場に立てて花やリボンで飾った高い柱; May Day にその周囲で踊る》.

may·pop [méɪpɑp | -pɔp] 〖《変形》← N-Am.-Ind. (Algonquian) *maracock*〗 ── *n.* **1** 〘植物〙チャボトケイソウ (*Passiflora incarnata*)《米国南部産のトケイソウ科の多年生蔓草; wild passionflower ともいう》. ★ 米国 Tennessee 州の州花. **2** チャボトケイソウの実《黄色のりんご大で食用となる》.

Máy quèen *n.* 五月姫, メイクイーン《May Day の遊戯で女王に選ばれる少女; 花の冠をかぶり馬に乗って練り歩く; Queen of (the) May ともいう》.

mayst [méɪst, mèɪst, meɪst] *auxil. v.* 《古》may¹ の直説法二人称単数形: thou ～=you may.

Máy·thòrn 〖← MAY¹+(HAW)THORN〗 *n.* 〘植物〙=hawthorn.

Máy·tìde *n.* 五月(の季節).

Máy·tìme *n.* =Maytide.

máy trèe *n.* 《英》〘植物〙=hawthorn.

may·vin [méɪvɪn, -vən | -vɪn] *n.* 《米口語》=maven.

may·weed [méɪwiːd] 〖(1551) ← 《廃》*may(the)* (< OE *mæġþa*) mayweed+WEED¹〗 ── *n.* 〘植物〙カミツレモドキ (*Anthemis cotula*)《葉に悪臭がある; dog fennel, stinking chamomile ともいう》.

Máy Wèek *n.* 《英》(Cambridge 大学で)五月ボートレースの行なわれる週《五月下旬または六月上旬》.

Máy wìne 〖《なぞり》← G *Maiwein*〗 *n.* メイワイン《モーゼルまたはラインワイン・シャンペン・クラレットにクルマバソウ (woodruff) 風味を付けたパンチ》.

maz-¹ [mæz] (母音の前に来る時の) mazo-¹ の異形.

maz-² [mæz] (母音の前に来る時の) mazo-² の異形.

ma·zae·di·um [məzíːdiəm, mæ-, mæ̀zəíːd- | -dɪ-] 〖← NL ～ ← Gk *māza* lump+L *aedēs* temple+-IUM〗 ── *n.* (*pl.* **-di·a** [-diə | -dɪə]) 〘植物〙(ある種の地衣類の)子実体《側糸と粉状に固まった子嚢胞子から成る》.

ma·zal tov [máːzəltɔ̀(ː)v, -tɔ̀(ː)f | -tɔ̀v, -tɔ̀f] *int.* =mazel tov.

maz·ard [mǽzəd | -zəd] 〖(1578) 《変形》← MAZER: ⇨ -ard〗 *n.* **1** 《古・方言》頭 (head); 顔 (face). **2** 〘園芸〙=mazzard 2.

maz·a·rin [mæ̀zəríːn, mǽzərɪ̀ːn, -rɪn, -rən | mæ̀zəríːn] 〖? ← *Jules Mazarin* (↓)〗 *n.* 金属製の深皿.

Maz·a·rin [mæ̀zəréː(ŋ), -rǽŋ, mǽzərɪn, -rən, mæ̀zəríːn | mæzərɛ́ː(ŋ), -rǽŋ, mǽzərɪn; *F.* mazarɛ̃], **Jules** *n.* マザラン《1602–61; イタリア生れのフランスの枢機卿・政治家, Louis 十四世の宰相 (1642–61); 通称 Cardinal Mazarin; イタリア語名 Giulio Mazarini [dʒúːljo màdzaríːni]》.

Máz·a·rin Bíble [mǽzərɪn-, -rən- | -rɪn-; *F.* mazarɛ̃] 〖1760 年ごろ Paris の Mazarin Library でこの聖書が発見されたことにちなむ〗 ── *n.* [the ～] =Gutenberg Bible.

maz·a·rine [mæ̀zəríːn, mǽzərɪ̀ːn, -rɪn, -rən | mæ̀zəríːn] 〖(1684)? ← *Jules Mazarin*〗 ── *n.* **1** =mazarin. **2** 桔梗色(青紫色) (mazarine blue): the ～ robe もとロンドンの市参事会員の制服. **3** (17 世紀後半に流行した)レース飾りのついた婦人用フード[頭飾り]《mazarine hood ともいう》.

Ma·za·tlán [mɑ̀ːzɑːtlɑ́ːn, mɑ̀ːsə-; *Am. Sp.* màsatlán] *n.* マサトラン《メキシコ中西部, 太平洋岸の港市; 人口 161,000》.

Maz·da [mǽzdə] 〖← OPers. (*Aura*)*mazda* ◻ Avest. *Ahuramazda* 《原義》wise lord ← *ahura-* god+*ma(n)-dzhā-* wise: ⇨ Ormazd〗 ── *n.* **1** 〘ゾロアスター教〙=Ahura Mazda. **2** (暗黒に対する)光明 (light).

Máz·da·ìsm [-ɪzm] 〖⇨ ↑, -ism〗 *n.* (*also* **Maz·de·ism** [～]) =Zoroastrianism.

maze [méɪz] 〖(c1300) *mase(n)* to confuse, puzzle《頭音消失》← OE *āmasian* 'to AMAZE'〗 ── *n.* **1 a** 迷路, 迷宮 (labyrinth). **b** 複雑で判りにくいもの《規則・構造など》: a ～ of streets [wires]. **2** 紛糾, 当惑, 困惑 (perplexity). **3** 〘心理〙(学習・知能のテストに用いる)迷路. ── *vt.* [通例 p.p. 形で] **1** まごつかせる, 当惑させる (confuse): be ～*d* 当惑する. **2** 《古・方言》目を回させる, ぼーっとさせる (daze).

ma·zel tov [máːzəltɔ̀(ː)v, -tɔ̀(ː)f | -tɔ̀v, -tɔ̀f] 〖← Mod. Heb. *mazāl* luck+*ṭōbh* good〗 ── *int.* (主としてユダヤ人同士が用いて)おめでとう, よかったですね (Congratulations !).

maze·ment [méɪzmənt] *n.* 《まれ》幻惑, 困惑(状態).

ma·zer [méɪzə | -zə(r)] 〖(1200) *maser* ◻ OF *masere* maple wood ← Gmc **mas-* spot (cf. G *Maser* excrescence on a tree, 《廃》maple tree) ← IE **smē-* to smear: ⇨ measles〗 ── *n.* (もと木製で脚付きの)大杯.

ma·zo-¹ [méɪzo(ʊ), mǽz- | -zə(ʊ)] 〖← NL ～ ← Gk *mazós* breast〗 〘病理〙「乳房 (breast)」の意の連結形. ★ 母音の前では通例 maz- になる.

ma·zo-² [méɪzo(ʊ), mǽz- | -zə(ʊ)] 〖← NL ～ ← *māza* placenta ◻ Gk *māza* barley-cake〗 ── 〘病理〙「胎盤 (placenta)」の意の連結形. ★ 母音の前では通例 maz- になる.

ma·zo·path·i·a [mèɪzo(ʊ)pǽθiə, mæ̀z- | -zə(ʊ)pǽθiə] 〖← MAZO-²+-PATHIA〗 *n.* 〘病理〙胎盤病.

ma·zop·a·thy¹ [meɪzɑ́pəθi, mæ- | -zɔ́pəθɪ] 〖← MAZO-²+-PATHY〗 *n.* 〘病理〙=mazopathia.

ma·zop·a·thy² [meɪzɑ́pəθi, mæ- | -zɔ́pəθɪ] 〖← MAZO-¹+-PATHY〗 *n.* 〘病理〙乳房疾患 (mastopathy).

ma·zour·ka [məzúəkə | -zɔ́ː-] *n.* =mazurka.

ma·zout [məzúːt] *n.* =mazut.

ma·zu·ma [məzúːmə] 〖◻ Yid. *mezumen* ready (cash) ◻ Mish. Heb. *mᵉzummān* fixed, designated〗 *n.* 《米俗》金 (money).

ma·zur·ka [məzə́ːkə, -zúə- | -zə́ː-] 〖(1818) ◻ Pol. ～ 'woman of Mazovia' (ポーランドの一地方の名): cf. polka〗 ── *n.* マズルカ: **1** 4 組または 8 組でする快活なポーランド舞踏. **2** 〘音楽〙やや速い 3/4 または 3/8 拍子の曲.

ma·zut [məzúːt; *Russ.* mazút] 〖◻ Russ. ～ (cf. *mazat'* to grease)〗 *n.* (ロシヤ産石油から採る)燃料重油.

maz·y [méɪzi | -zɪ] 〖← MAZE (n.)+-Y⁴〗 *adj.* (**maz·i·er; -i·est**) **1** 迷路のような; 込み入った, 複雑な (intricate). **2** 《英方言》(頭が)くらくらする (giddy).

máz·i·ly [-zɪli, -zə- | -lɪ] *adv.* **máz·i·ness** *n.*

maz·zard [mǽzəd | -zəd] 〖《古形》*mazer*: cf. 《廃》*mazers* spots, measles: ⇨ -ard〗 ── *n.* **1** =mazard 1. **2** 〘園芸〙マザード (*Prunus avium*)《野生または実生のセイヨウミザクラ[甘果オウトウ] (sweet cherry); オウトウの台木として用いる》.

Maz·zi·ni [mɑːtsíːni, mæt-, mɑːdzíː-, mæd- | -nɪ; *It.* mattsíːni], **Giuseppe** *n.* マッツィーニ《1805–72; イタリアの革命家; Garibaldi とならんで祖国の統一と独立を図った》.

mb. 《略》millibar(s); 〘物理〙millibarn(s).

m.b. 《略》magnetic bearing; main battery; medium bomber; 〘処方〙*L.* misce bene (=mix well); motor barge [boat].

M.B. 《略》maritime board; marketing board; medical board; *L.* Medicinae Baccalaureus (=Bachelor of Medicine); Militia Bureau 国民義勇軍事務局; municipal borough; *L.* Musicae Baccalaureus (=Bachelor of Music).

M.B.A. 《略》Master of Business Administration.

Mba·bane [èmbəbɑ́ːn | -bɑ́ːnɪ; *F.* mbaban] *n.* ムババーン《アフリカ南部 Swaziland 北西部にある同国の首都; 人口 22,000》.

mbar 《略》megabar(s).

M.B.E. 《略》Master of Business Economics; Master of Business Education; Member of (the Order of) the British Empire.

mbi·ra [embíːrə] 〖← Bantu《土語》〗 ── *n.* エンビーラ, アンビラ, ムビラ《アフリカの民俗音楽演奏用の 20 cm ほどの長さの木管楽器; 手の平を上に向けて両手で持ち, 中の金属片を親指ではじいて鳴らす; thumb piano ともいう》.

Mbo·mu [əmbóʊmuː | -bə́ʊ-] *n.* [the ～] ⇨ Bomu.

MBS 《略》Mutual Broadcasting System《米国の放送会社の一つ》.

Mbun·du [embúːnduː] *n.* (*pl.* ～, ～**s**) **1** ブンドゥ族《アンゴラ (Angola) 西部のバンツー (Bantu) 系部族》. **2** 〘言語〙=kimbundu.

mc, mc., m.c. 《略》megacycle(s); 〘物理〙millicurie(s); millicycle.

Mc 《略》megacycle(s).

MC [émsíː] *v.* (～**'d**; ～**'ing**; ～**'s**) =emcee.

MC, M.C., m.c. 《略》Master of Ceremonies.

M.C. 《略》machinery certificate; *L.* Magister Chīrūrgiae (=Master of Surgery); Magistrate's Court; magnetic course; marginal credit; Marine Corpse; Maritime Commission; marked capacity; marriage certificate; master commandant; medical certificate; Medical Corpse; Member of Congress; Member of Council; Mennonite Church; mess committee; Methodist Church; Military Cross; morse code; motor contract; motor-cycle.

Mc- [mək, mɪk, mæk; [k, g] の前では mə, mɪ, mæ] *pref.* (*also* **Mᶜ-** [～]) =Mac-.

MCAT 《略》Medical College Admissions Test.

M.C.C. 《略》Marylebone Cricket Club.

McCar·thy [məkɑ́əθi, mɪ-, -ṭi | məkɑ́ːθɪ], **Justin** *n.* (1830–1912) アイルランドの政治家・歴史家・小説家; 初め Parnell の自治党 (Home Rule Party) に入ったが, のち彼と訣別し (1890), 独自にアイルランド独立運動を進めた; *History of Our Own Times* (1879–97).

Mc·Car·thy [məkɑ́əθi, mɪ-, -ṭi | məkɑ́ːθɪ], **Mary (Therese)** *n.* (1912–) 米国の女流小説家; *The Group* (1963).

Mc·Cár·thy·ìsm [-θiɪzm] 〖← *Joseph R. McCarthy* (1908–57: この種の告発を行なった米国の上院議員 (1946–57))〗 ── *n.* マッカーシズム: **1** (証拠の裏付けのない, または疑わしげな証拠を基にして行なわれる)反国家的行為(特に容共運動)の告発. **2** (官庁などでの)反国家的行為の執拗(しつよう)な摘発[不公正な調査].

Mc·Car·thy·ite [məkɑ́əθiàɪt, mɪ-, -ṭi- | məkɑ́ːθɪ-] 〖⇨ ↑, -ite¹〗 *n., adj.* マッカーシー主義者(の) (⇨ McCarthyism).

Mc·Clel·lan [məklélən], **George Brin·ton** [brínṭən | -tən] *n.* (1826–85) 米国の南北戦争の北軍の将軍.

Mc·Cor·mick [məkɔ́əmɪk, mɪ- | məkɔ́ː-], **Cyrus Hall** *n.* (1809–84) 米国の自動刈取り機の発明者.

Mc·Coy [məkɔ́ɪ, mɪ- | mə-] 〖← *Kid McCoy* (ボクシング選手(選手権 1898–1900) の名, 同名の無名選手達から区別するためにいわれる)〗 ── *n.* [the (real) ～] 《口語》確かな人[もの], 本物; 逸品 (cf. Simon Pure).

Mc·Cul·lers [məkʌ́ləz, mɪ- | məkʌ́ləz], **Carson (Smith)** *n.* (1917–67) 米国の女流小説家; *The Heart Is a Lonely Hunter* (1940).

Mc·Diar·mid [məkdə́ːmɪd, -məd, -mɪt, -mət | -də́ː-mɪd], **Hugh** *n.* (1892–) スコットランドの詩人.

スコットランド愛国党の創立者; 本名 Christopher Murray Grieve.

Mc·Dow·ell [məkdáu(ə)l, mɪk- | məkdáuəl, -el], **Irvin** *n.* (1818–85) 米国の南北戦争当時の北軍の将軍.

Mc·El·roy [mǽkəlrɔɪ], **Neil H.** *n.* (1904–) 米国の実業家; 国防長官 (1957–59).

mcf, Mcf 《略》 thousand cubic feet.

Mc·Fee [məkfíː], **William** (**Morley Pun·shon** [pʌ́nʃən]) *n.* (1881–1966) 英国生れの米国の海洋小説家·随筆家.

mcg 《略》 microgram(s).

Mc·Guf·fey [məgʌ́fi | -fɪ], **William Holmes** *n.* (1800–73) 米国の教育家; 小学校の教科書 *McGuffey's Readers* の編著者として 19 世紀初期の初等教育に大きな影響を与えた.

M.Ch. 《略》 *L.* Magister Chīrūrgiae (=Master of Surgery).

McHenry *n.* ⇨ Fort McHenry.

Mc·In·tosh [mǽkɪntɑ̀ʃ, -kən- | -kɪntɔ̀ʃ] 〘← *John McIntosh* (カナダ Ontario 州の人でその栽培者)〙 — *n.* 〘園芸〙 旭(ₐₛₐₕᵢ)《カナダのリンゴの品種名》.

Mc·Kin·ley [məkínli, mɪ- | məkínlɪ], **Mount** 〘↓〙 *n.* マッキンレー山《米国 Alaska 州中部の山; 北米大陸の最高峰 (6,194 m)》.

Mc·Kin·ley [məkínli, mɪ- | məkínlɪ], **William** *n.* (1843–1901) 米国第 25 代大統領 (1897–1901); 無政府主義者に暗殺された.

M.C.L. 《略》 Marine Corps League; Master of Civil Law; Master of Comparative Law.

Mc·Léod gàuge [məkláud-, mɪ- | mək-] 〘← *Herbert McLeod* (1841–1932: 英国の化学者)〙 *n.* 〘物理化学〙 マクラウド ゲージ《真空計の一種》.

Mc·Lu·han [məklúːən, mɪk- | mək-], (**Herbert**) **Marshall** *n.* (1911–80) カナダの著述家·文化史学者; *Understanding Media* (1964).

Mc·Lú·han·ìsm [-nìzm] 〘⇨↑, -ism〙 *n.* **1** マクルーハン理論[学説]《マスメディアと社会変化との関係についての学説》. **2** マクルーハン独特の用語[表現].

Mc·Mil·lan [məkmílən, mɪk-| mək-], **Edwin Mat·ti·son** [mǽtəsn̩ | -tɪ-] *n.* (1907–) 米国の物理化学者; G. T. Seaborg と共同で Nobel 化学賞 (1951).

Mc·Múr·do Sóund [məkmə́ːdou-, mɪk- | mək-mə́ːdəu-] *n.* マクマード湾《南極 Ross 海の入江; 米国の観測基地がある》.

Mc·Na·mar·a [mæ̀knəmǽrə, ⸗⸗⸗⸗ | mæ̀knəmáːrə], **Robert Strange** [streɪndʒ] *n.* (1916–) 米国の実業家, 国防長官 (1961–68), 世界銀行総裁 (1967–).

mc.p.s. 《略》 megacycles per second.

mc/s 《略》 megacycles per second.

M.C.S. 《略》 Master of Commercial Science; Master of Computer Science; missile control system.

mCur 《記号》 millicurie(s).

Md, Md. 《略》 Maryland.

Md 《記号》〘化学〙 mendelevium.

MD 《略》〘米郵便〙 Maryland (州).

MD, MD., M.D. 《略》 Middle Dutch.

M/D m/d 《略》 memorandum of deposit 預金証; 〘手形〙 month's [months after] date 日付後…か月.

m.d. 《略》〘音楽〙 *It.* mano destra (=right hand).

M.D. 《略》 Managing Director; map distance; market day; Medical Department; *L.* Medicīnae Doctor (=Doctor of Medicine); mentally deficient; message-dropping; mess deck; Meteorology Department; military district; Monroe Doctrine; musical director.

M-dày [ém-] 〘《略》← MOBILIZATION〙 — *n.* 《米》 動員開始日, M 日 (Mobilization day)《兵員·資材を実戦のために召集·編成する業務を開始する最初の日; cf. D day, V-Day》.

Mdlle, Mdlle. 《略》 (*pl.* **Mdlles, Mdlles.**) Mademoiselle.

Mdm, Mdm. 《略》 (*pl.* **Mdms, Mdms.**) Madam.

Mdme, Mdme. 《略》 (*pl.* **Mdmes, Mdmes.**) Madame.

mdnt. 《略》 midnight.

M.D.S. 《略》 Master of Dental Surgery.

mdse. 《略》 merchandise.

MDT 《略》《米》 Mountain Daylight Time.

MDu. 《略》 Middle Dutch.

me [mi; mɪ; mí:, mí; mi:; mì:] 〘OE *mē* (dat.) & *mec* (acc.) ← Gmc **mē-* (Du. *mij* / G *mir* (dat.) & *mich* (acc.)) ← IE **me-* (obl.) (L *mē* (acc.) & *mihi* (dat.))〙 — *pron.* (I の目的格) **1** 私を, 私に, 私へ: She loves *me.* / Tell *me* the story. / He went there with *me.* / It's *me* he's speaking to. 私に話しているのです. **2** [míː] =I. **a** 《口語》[be 動詞の補語に用いて]: It's *me.* 私です. ★ It is *I.* は形式張った言い方. **b** 《口語》[than, as のあとに用いて]: He is older *than me.* / She is as tall *as me.* **c** 《俗》[独立文の主語として]: Play snooker together every Saturday, *me* and John. 私とジョンは毎土曜一緒にスヌーカーをやるんです. **3** = myself: **a** 《米口語》[間接目的語として]: I'm going to buy *me* a new car. 新しい車を買おうと思っている. **b** 《古·詩》[直接目的語として]: I will lay *me* down and sleep. 横になって眠ろう. **4** [míː] [感動の語句に用いて]: Ah *me*! ああ / Dear *me*! おやおや, おやまあ / Woe is *me*! 悲しいかな. **5** 《古》[単に語勢を強めるために動詞に添加して; cf. ethical dative]: Knock *me* at this gate. この門を叩いてくれ (Shak., *Shrew* 1. 2. 11).

by me 〘トランプ〙 (1) (ブリッジなどで)パス《'I pass.' という代り》. (2) (ポーカーで)チェック《'I check.' という代り》.

Me 《略》 *F.* Maître (=Master) 弁護士の敬称.

Me 《記号》〘化学〙 methyl.

ME 《略》〘米郵便〙 Maine (州).

ME, ME., M.E. 《略》 Middle English.

Me. 《略》 Maine《非公式》.

M.E. 《略》 managing editor; marine engineer; Master of Education; Master of Engineering; Mechanical Engineer; Medical Electronics; Medical Engineering; Medical Examiner; Methodist Episcopal; Middle East; Middle Eastern; Military Engineer; milled edge; Mining Engineer; Most Excellent; 〘製本〙 mottled edges 小口モットル, 斑点小口.

M.E., m.e. 《略》〘製本〙 marbled edges 小口マーブル.

Mea. 《略》 Meath.

mea·con [míːkən] 〘← M(ISLEAD)+(B)EACON〙 *vt.* 〈電子航法装置〉に誤った信号を送る.

me·a cul·pa [méɪə-kúlpɑː, méɪɑː- | míːə-kʌ́lpə] 〘▭ L ~ '(by) my fault'〙 *L.* **1** 私の過失によって. **2** [名詞的] (*pl.* **~s**) 過失の自認《形式的な決まり文句》.

mead[1] [míːd] 〘OE *medu, meodu* < Gmc **meduz* (G *Met*) < IE **medhu* honey (Gk *méthu* wine)〙 *n.* ミード, 蜂蜜酒《蜂蜜と水を混ぜて発酵させた酒》.

mead[2] [míːd] 〘OE *mēd, mǣd* < Gmc **mǣdwō* ← IE **mē-* 'to MOW[2]'〙 *n.* 《古·詩》 =meadow.

Mead [míːd], **George Herbert** *n.* (1863–1931) 米国の哲学者.

Mead [míːd], **Lake** 〘← *Elwood Mead* (1858–1936: 米国の技師)〙 — *n.* ミード湖《米国 Nevada, Arizona 両州にまたがる湖; Hoover Dam の建設によって Colorado 川にできた世界最大の人造湖; 面積 593 km²》.

Mead, Margaret (1901–78) *n.* 米国の文化人類学者; *Male and Female: A Study of the Sexes in a Changing World* (1949).

Meade [míːd], **George Gordon** *n.* (1815–72) 米国の南北戦争当時の北軍の将軍.

mead·ow [médou, -də | -dəu] 〘ME *medwe* (obl.) ← OE *mǣdw-, mǣd* 'MEAD[2]': cf. G *Matte*〙 — *n.* **1** 草地, 草原 (grassland); (特に)草刈り[放牧]用の草地, 牧草地 (cf. pasture). **2** 草の生えている川辺の低地. **3** 高地の樹木限界線に近い緑草地帯.

méadow bèauty *n.* 〘植物〙 北米産ノボタン科のピンクまたは薄紫色の花をつける多年草の総称《*Rhexia virginica* など》.

méadow bìrd *n.* 〘鳥類〙 =bobolink.

méadow brðwn *n.* 〘昆虫〙 ジャノメチョウ科のチョウの一種 (*Maniola jurtina*)《ヨーロッパを中心に北アフリカ·中央アジアまで分布する》.

méadow chìckweed *n.* 〘植物〙 =grasswort.

méadow clòver *n.* 〘植物〙 =red clover.

méadow fèscue *n.* 〘植物〙 ヒロハノウシノケグサ (*Festuca elatior*)《北米では牧草として栽培するイネ科の多年草; English bluegrass ともいう》.

méadow fòxtail *n.* 〘植物〙 オオスズメノテッポウ (*Alopecurus pratensis*)《イネ科の牧草》.

méadow gràss *n.* 〘植物〙 =Kentucky bluegrass.

méadow gràsshopper *n.* 〘昆虫〙 =katydid.

méadow·lànd *n.* 牧草地, 草刈場.

méadow·làrk *n.* 〘鳥類〙 マキバドリ《北米産ムクドリモドキ科マキバドリ属 (*Sturnella*) の鳴鳥の総称》.

méadow lìly *n.* 〘植物〙 カナダユリ (*Lilium canadense*)《米国東部産の, 橙色または赤色に褐色の斑点のある花をつけるユリ; Canada lily ともいう》.

méadow mòuse *n.* 〘動物〙 ハタネズミ《ハタネズミ属 (*Microtus*) のネズミの総称》; (特に)ペンシルバニアハタネズミ (*M. pennsylvanicus*)《北米産》.

méadow mùshroom *n.* 〘植物〙 ハラタケ (*Agaricus campestris*)《食用》.

méadow nèmatode *n.* 〘動物〙 ネグサレセンチュウ《土壌中にすんで植物の根にくされ病を起こさせるネグサレセンチュウ属 (*Pratylenchus*) の線虫の総称》.

méadow pàrsnip *n.* 〘植物〙 **1** ハナウド (cow parsnip). **2** 北米産の黄または紫色の花をつけるセリ科 *Thaspium* 属の多年草の総称.

méadow pìpit *n.* 〘鳥類〙 マキバタヒバリ (*Anthus pratensis*)《ヨーロッパ産》.

méadow rùe *n.* 〘植物〙 キンポウゲ科カラマツソウ属 (*Thalictrum*) の草本の総称; (特に)北米産の *T. dioicum*《silverweed ともいう》.

méadow sàffron *n.* 〘植物〙 イヌサフラン, コルチクム (*Colchicum autumnale*)《ヨーロッパ·北米原産ユリ科植物; 庭園用·薬用; autumn crocus ともいう》.

méadow sálsify *n.* 〘植物〙 =yellow goatsbeard.

méadow sàxifrage *n.* 〘植物〙 タマユキノシタ (*Saxifraga granulata*)《ヨーロッパ産ユキノシタ属の牧草地に生える植物》.

méadow spittlebug *n.* 〘昆虫〙 ホソアワフキ (*Philaenus spumarius*)《牧草地にすむアワフキムシの一種; 幼虫は白い泡をつくり植物の茎·芽などをおおう》.

méadow·swèet *n.* 〘植物〙 バラ科シモツケ属 (*Spiraea*), シモツケソウ属 (*Filipendula*) の植物の総称; (特に) セイヨウナツユキソウ (*F. ulmaria*).

mead·ow·y [médouɪ | -dəuɪ] 〘⇨ meadow, -y[4]〙 *adj.* 牧草地の(ような); 牧草地から成る[の特徴をもった].

mea·ger, 《英》 **mea·gre** [míːgə | -gə(r)] 〘《? *a* 1300》 *megre* ▭ AF=(O)F *maigre* < L *macrum, macer* thin ← IE **māk-* thin, long (Gk *makrós*): ⇨ macro-〙 — *adj.* **1** 〈人·動物など〉やせた, やせこけた, 肉の落ちた (lean, gaunt): a ~ old man. **2 a** 貧弱な, 乏しい, わずかな, 不十分な (scanty): a ~ meal 粗末な食事 / a ~ income 乏しい収入 / a ~ allowance of money わずかな給与 / a ~ fire わずかな火 / ~ soil やせ地. **b** 〈作品など〉内容が貧弱な, 力の弱い, 無味乾燥な (dry): a ~ style 力の弱い文体. **3** =maigre[1]. **~·ly** *adv.* **~·ness** *n.*

meal[1] [míːl] 〘OE *mǣl* measure, mark, sign, fixed time, occasion, meal < Gmc **mǣlaz* (G *Mahl* meal & *Mal* time) ← IE **mē-* to measure: cf. Jap. 「とき(斎)」〙 — *n.* **1** (定時の)食事 (repast); 一度の食物, 一食(分): at ~s 食事(時)に / eat between ~s 間食をする / during the ~ 食事中に / a square [light] ~ 十分な[軽い]食事 / have [take] a ~ 食事する / with a good ~ under one's belt たくさん食べて / make a good [hearty] ~ 十分に食べる / make a hasty ~ 急いで食べる / mend one's ~ 食べ直す / We have our ~s regularly. 我々は規則的に食事をする. ★ ラテン語系形容詞: prandial. **2** 《英方言》(定時の)乳搾り, 乳搾りの時間; 搾り量.

lose a [*one's*] ***meal*** ⇨ lose *v.* 成句.

make a meal of (1) …を食事として食べる: Though honey is sweet, one can't *make a ~ of* it. 蜜は甘いけれども常食にはならない. (2) 〈仕事など〉を不当に骨の折れるものに見せる, ひどく大層なことのように言う: Don't *make a ~ of* it. そんなことをあまり大層なことのように言うんじゃない.

meals on wheels 《英》 食事搬入(制度)《老人·病人·身障者などの自宅に毎日 1 回温かい食事を運ぶ仕事; 通例政府の助成金を受けて婦人奉仕団体が行なう》.

— *vi.* 食事をする.

meal[2] [míːl] 〘OE *melu* < Gmc **melwam* (Du. *meel* / G *Mehl*) ← IE **mel-* to grind: cf. mill[1]〙 — *n.* **1 a** (麦·豆などのふるいに掛けない)あら粉 (cf. flour 1). **b** 《米》 =Indian meal. **c** 《スコット·アイル》 =oatmeal 1. **2** (堅果や種子の)ひき割り; (油かすなどの)粉末: alum ~ みょうばん末(ₘₐₜₛᵤ) / sulfur ~ 硫黄末 / ⇨ fish meal 1, oil meal, linseed meal. — *vt.* **1** …に粉を振り掛ける. **2** あら粉にする. — *vi.* あら粉になる.

-meal [mìːl, míːl] 〘OE *-mǣlum* ← *mǣlum* (dat. pl.) ← *mǣl* appointed time: ⇨ meal[1]「一度に…ずつ」の意の副詞連結形: inch*meal*, piece*meal*.

mea·lie [míːli | -lɪ] 〘《1853》▭ Afrik. *milje* ▭ Port. *milho*: cf. L *milium*: cf. millet〙 *n.* 《アフリカ》 **1** トウモロコシの穂. **2** [*pl.*] トウモロコシ (maize).

méalie mèal *n.* 《アフリカ》 ひき割りトウモロコシ (corn meal).

méal òffering *n.* 〘聖書〙 (古代イスラエル人の)穀物の供物(ₖᵤ)《小麦粉·塩に油や香料を加えた供え物; cf. meat offering》.

méal tìcket *n.* **1** 食券. **2** 《俗》 生計のよりどころ(となる人, 仕事など), 生活費の提供者; 収入源.

méal·tìme *n.* 食事時間.

méal·wòrm *n.* 〘昆虫〙 コメノゴミムシダマシ (*Tenebrio obscurus*) およびチャイロコメノゴミムシダマシ (*T. molitor*) の幼虫《穀類を食い荒す害虫; 鳥や小型哺乳類の餌として養殖されることもある》.

meal·y [míːli | -lɪ] 〘《1533》← MEAL[2]+-Y[4]〙 — *adj.* (**meal·i·er; -i·est**) **1** あら粉の, 小粒状の, 粉のような (floury): ~ potatoes (煮た時に)ぱさぱさして粉状のじゃがいも《上質とされる》. **2** あら粉を含んだ (farinaceous). **3** 白粉(状の物)でおおわれた (farinose): a ~ face. **4** 〈馬が〉白っぽい, 斑点のある (spotty): a ~ horse. **5** 〈顔色が〉青白い: *mealy*-faced 青白い顔をした (pale). **6** 《口語》 =mealy-mouthed. **méal·i·ness** *n.*

méaly béllwort *n.* 〘植物〙 =mohawk weed.

méaly·bùg *n.* 〘昆虫〙 コナカイガラムシ《半翅目コナカイガラムシ科の昆虫数種の総称; 白色粉状の蠟質分泌物によって体がおおわれている》.

méaly·móuthed [-máuðd, -máuθt | -máuðd] 〘《1572》《変形》← 《廃》 *meal-mouthed*: ⇨ meal[2], -mouthed: cf. G *Mehl im Maule behalten* to carry meal in the mouth, i.e., lack straightforwardness in speech〙 — *adj.* 遠回しに言う, 当たりさわりのないように話す; 口のうまい, (口先だけで)誠意のない (insincere): a ~ hypocrite. **~·ly** *adv.* **~·ness** *n.*

mean[1] [míːn] 〘《*a*1338》 *mene* ▭ AF *me(e)n*=OF *meien* (F *moyen*) < LL *mediānum* middle: ⇨ median〙 — *adj.* **1 a** (位置·順序などで)中間の (intermediate): take a ~ course (極端を避けて)中道を選ぶ / the ~ term 〘論理〙 中名辞, 中概念, 媒辞[語], 媒概念 (cf. *n.* 4 a). **b** (二つの時の)中間の (intervening): the ~ time [while]=the meantime [meanwhile]. **2** (種類·品質·程度·価値などが)中庸の, 平均の (average): the ~ error 平均誤差 / the ~ motion 平均運動 / the ~ temperature 平均温度. **3** 〘数学〙 平均の: a ~ proportional 比例中項.

— *n.* **1** (両端の)中央; 中等; 中庸 (moderation): take the ~ 中を取る / There is a ~ in all things. 何事にも程というものがある. **2** 〘数学〙 平均, 中数; 平均値 (mean value): ⇨ arithmetic mean, geometric mean, harmonic mean. **3** 〘統計〙 平均《expected value ともいう》. **4 a** 〘論理〙 中名辞, 媒辞 (mean term) (cf. *adj.* 1 a). **b** (中国の儒教での)中庸; (仏教での)中道; (Aristotle 以来の)中庸(の徳): happy ~ 中庸 / ⇨ golden mean. **5** 〘音楽〙 中声[音]部, 内声部. **6** [*pl.*; 単数または複数扱い] 方法, 手段, 機関 (method, way): a ~*s* to an end 目的を達する手段 / the ~*s* of grace 〘神学〙 神の恩寵の与えられる方法, 恩恵の手段《聖餐式·礼拝など》/ ~*s* of communication 交通[通信]機関 / use [employ] every [all] ~*s* あらゆる手段を

講じる / by this [these] ~*s* この[これらの]手段により / by some ~*s* or other 何とかして / by fair ~*s* or foul 手段を選ばずに / The end justifies the ~*s*.《諺》目的は手段を正当化する,「うそも方便」/ There are [is] no ~*s* of learning what is happening. 何んなことが起こっているか知るすべがない. **7** [*pl.*] 資力, 資産 (resources); 富, 財産 (wealth): ~*s* of living [subsistence] 生活の糧, 生計のもとで / a man of ~*s* 資産家 / a man of no ~*s* 無産者 / live on one's own ~*s* / live above [beyond] one's ~*s* 収入以上[身分不相応]の暮しをする / live within one's ~*s* 収入内で暮す / Her ~*s* of supportare limited. 暮しは豊かでない.

by all* (*manner of*) *means (1) どうしても, ぜひとも (at any cost): Do it *by all* ~*s*. (2) [承諾の意を強めて] 確かに, よろしいとも, ぜひどうぞ (certainly). ***by any* (*manner of*) *means*** どうにかして, どうかしても (in any way): He does not look fifty *by any manner of* ~*s*. とても 50 には見えない. ***by means of*** ...によって (through): Thoughts are expressed *by* ~*s of* words. 思想は言葉で表現される / They lifted the stone *by* ~*s of* lever. その石をてこを使って持ち上げた. ***by no* (*manner of*) *means*** 決して…でない[しない] (not at all): He is *by no* ~*s* a pleasant fellow to deal with. 付き合って決して気持ちのいい男ではない.

mean[2] [míːn]〘OE (*ġe*)*mǣne* common, mean < Gmc **ʒamainiz* (G *gemein* common) ← **ʒa-* 'Y-'＋**mainiz* (← IE **mei-* to change)〙 **—** *adj.* (~**·er**; ~**·est**) **1 a** (品質・程度・天分・才能などの)見劣りのする, 平凡な (inferior): a man of ~ understanding 頭の悪い人 / have a ~ opinion of oneself 卑下している. **b** [no ~ として] なかなかの, 大した: a man of *no* ~ ability 相当能力のある人 / He is *no* ~ scholar. 彼は大した学者だ. **2** むさ苦しい, みすぼらしい (squalid): a ~ cottage 陋屋 / ⇨ mean white. **3 a** 卑劣な, 下品な, さもしい (base): a ~ man / a ~ motive さもしい動機 / a ~ trick さもしいたくらみ. **b** 意地の悪い (nasty): turn ~. **c** 〈文体など〉高尚でない: a ~ style. **4** けちな (stingy): He is ~ about [over] money matters. 金銭のことにけちけちする. **5**《米口語》恥ずかしい, 肩身の狭い (small): I never felt so ~ in all my life. 生れてこの方そんなに気が引けたことはなかった. **6**《米口語》気分が悪い (poorly). **7**《米俗》〈馬など〉癖の悪い (vicious): a monstrous ~ horse ひどく癖の悪い馬. **8**《米俗》すごく巧(うま)い, 達者な (expert): He plays a ~ game of chess. 彼のチェスの腕前は大したものだ. **9**《廃》(身分・地位などの)低い, 素性の知れない (humble): of ~ birth [parentage] 生れの卑しい / persons of the ~*er* sort 低い身分の人たち, 底辺の人々.

mean[3] [míːn]〘OE *mǣnan* < (WGmc) **mainjan* (G *meinen*) ← IE **mei-no-* opinion, intent〙 **—** *v.* (**meant** [ment]) **—** *vt.* **1** [~ *to* do として] ...するつもりである (intend): I ~ *to* go. 行くつもりです / What do you ~ *to* say? 君は何を言うつもりか / You don't ~ *to* say so! まさかそういうつもりではないでしょうね《ご冗談でしょう》/ I'm very sorry I hurt you—I never *meant to*. お気にさわってすみませんでしたが, 別にそういうつもりではありませんでした. **2 a** 〔ある目的・運命に〕予定する, 計画する, 当てる, 決める (destine)〔*for*〕〈*to be*〉: I ~ you *to be* mine. あなたに妻になってもらうつもりだ / He was *meant for* [*to be*] a pianist. ピアニストに生れついた[として育てられた]. **b** 〔特定の人に〕向ける, あげるつもりである; 当てつける〔*for*〕: I ~ this house *for* my son. この家は息子にやるつもりです / This parcel is *meant for* her. この小包は彼女にやる[来た]のだ / This portrait is *meant for* you. この肖像画はあなたを描いたつもりのものです / The letter was *meant for* my eyes alone. その手紙は私だけに読ませるつもりのもの[親展]だ. **3 a** 意味する, ...のつもりで言う: I *meant* it *for* [*as*] a joke. 冗談のつもりで言ったのです / I did not ~ you. 君のことを言ったのではない / He is often rude without ~*ing* it. 彼はそんな気でなくてよく不作法をしでかす / I wonder whether it is *meant* seriously. それは本気で言ったのかしら / I ~ business [what I say]. (冗談でなく)本気で言うのです / I ~ that you are a liar. 君はうそつきだと言っているのだ / What did you ~ by "passion"? "passion" と言ったのはどういう意味だったのか / What do you ~ (by that)? (そんなまねをするとは)どういうつもりかね / What [《俗》How] do you ~, a pack of lies? うそ八百って, どういう意味なのか / You don't ~ it! まさか, ご冗談でしょう. **b** 〈言葉・絵画などが〉...の意味を含む[表わす] (imply): The red light ~*s* "Stop." 赤信号は「止まれ」という意味を表わす / What does this sentence ~? この文はどういう意味ですか / This letter may ~ anything. この手紙の意味は何とでもとれる. **c** もたらす, 生じさせる, (結果)...ということになる: This ~*s* the ruin of me. これで私の運命が尽きたということになる / That ~*s* getting up early. それでは早起きすることになる. **4** [しばしば二重目的語を伴って] (人に対してある意図などを)もくろむ, 抱く: ~ mischief 悪意を抱く, 胸に一物がある / He ~*s* you no harm. 何も君に害を加えようとしているのではない / I ~ you nothing but good. 君にただ良かれかしと思っているだけだ. **5** 〈ある程度〉の意味[重要性]がある〔*to*〕: Your friendship ~*s* a great deal *to* me. あなたの友情は私にとって非常に尊いものです / Early training ~*s* more than late learning. 若い時の修練は年とってからの学問より大切である / Money ~*s* nothing *to* me. お金なんか私にとってなんでもない.

be meant to do《英》...しなければならない, ...することになっている: You *are meant to* take off your shoes here. ここでは靴を脱ぐことになっている.

— *vi.* [well, ill などを伴って]〔...に〕(善意[悪意]を)抱いている〔*to, toward, by*〕: He ~*s* kindly *by* you. 彼は君に好意をもってくれている.

méan aerodynámic chórd *n.* 空力[空気力学的]平均翼弦.

méan anómaly *n.*〘天文〙平均近点(離)角《惑星運動を記述し, 惑星位置の計算に用いる補助的角》.

méan cálorie *n.*〘物理〙平均カロリー.

méan cámber *n.*〘航空〙ミーン キャンバー《翼の断面形状について厚さの中央を連ねる線, または反りの大きさ; mean camber line ともいう》.

méan cámber lìne *n.*〘航空〙＝mean camber.

me·an·der [miǽndə | mɪǽndə(r)]〘《1576》⊏ L *maeander* ⊏ Gk *maíandros* a winding《特別用法》← *Maíandros* (小アジアの古代 Phrygia を流れる曲折の多い川, 現名 Menderes)〙 **—** *n.* **1** [*pl.*] **a** (川の)曲りくねり, 曲折 (turn): the ~*s* of a river. **b** うねり路; 迷路 (maze): intricate ~*s* of a maze 迷路のこみ入ったうねり路. **2** [通例 *pl.*] ぶらぶら歩き; 回り道の旅: make ~*s*. **3**〘建築〙メアンダー紋, 雷文(らいもん), さや形 (fret), 卍(まんじ)続き(模様). **—** *vi.* **1** 〈川などが〉うねる, 曲りくねって流れる. **2** 〈人が〉当てもなくぶらつく (ramble). **—** *vt.* **1** 〈野・山・雪原など〉にジグザグ状の路をつくる, ...をジグザグ状に進む; 〈川・流れなど〉のうねりに沿って行く[進む]. **2** くねらせる, 曲折させる. **3**〘測量〙...の曲折した土地(など)を測量する.

me·án·der·ing·ly [-d(ə)rɪŋli | -lɪ]〘⇨ ↑, -ing[1,2]〙 *adv.* 曲りくねって; ふらついて, 当てもなく.

meánder lìne *n.*〘測量〙(川・湖・沼などに沿った)曲線.

méan deviátion *n.*〘統計〙平均偏差《偏差の絶対値の平均値》.

méan dístance *n.*〘天文〙**1** 平均距離《近日点距離と遠日点距離との平均距離; 軌道の長軸の半分》. **2** (連星の)平均距離.

me·an·drous [miǽndrəs | mɪ-, miː-] *adj.* 蛇行する; うねうねと進む; 曲りくねった.

meane [míːn] *n.*〘音楽〙＝mean[1] *n.* 5.

méan érror *n.*〘統計〙平均誤差《誤差の絶対値の平均》.

méan frée páth *n.*〘物理〙平均自由行程《気体分子などが相続く衝突の間に進む距離の平均》.

mean·ie [míːni | -nɪ]〘← MEAN[2]＋-IE〙 *n.*《口語》**1** 意地悪, けちんぼ, 狭量な人. **2** (公正さを欠く)毒舌批評家, けなし屋. **3** (芝居・文学作品の)悪役.

méan·ing〘《c1303》*mening*: ⇨ mean[3], -ing[1,2]〙 **—** *n.* **1** (言語・行動によって伝えようとする[伝えられる])意味, 意義; わけ, 真意, 趣意 (purport): a literal [figurative] ~ 文字通りの[比喩的な]意味, 字義[転義] / catch [grasp] the ~ of a word 語の意味をつかむ / a passage not clear in ~ 意味の不明な一節 / mistake a person's ~ 人のいう意味を誤解する / Seasickness has no personal ~ for me. 船酔い(なるもの)は私にはぴんとこない《船酔いを知らない》. **2** 考え, 意図, 目的, 底意 (intent): What was his ~? 彼の意図は何であったか / full of ~ 意味深長な / with ~ 意味ありげに. **3**〘言語〙**a** (ある言語形式の)指示対象, 指示機能, 外延. **b** 意味, 言語的内容 (↔ expression). **—** *adj.* **1** 意味ありげな (significant): a ~ look [wink] 意味ありげな顔つき[ウインク]. **2** [通例複合語の第 2 構成素として] ...する考え[つもり]の (intending): well-[ill-]*meaning* 善[悪]意の. **~·ness** *n.*

mean·ing·ful [míːnɪŋfəl] *adj.* **1** 意味のある, 有意義な, 重要な; 意味深長な. **2**〘言語・論理〙有意味な《体系の中の一項として機能する》: The phoneme is the smallest ~ unit of sound. 音素は最小の有意味な音の単位である. **~·ly** *adv.* **~·ness** *n.*

méaning·less *adj.* 無意味な, つまらない (senseless); 目当てのない (purposeless). **~·ly** *adv.* **~·ness** *n.*

méan·ing·ly *adv.* 意味ありげに.

méan látitude *n.*〘地理〙中間緯度 (middle latitude);〘天文〙平均緯度.

méan life *n.*〘化学〙平均寿命 (⇨ average life).

méan line *n.* **1**〘結晶・数学〙＝bisectrix. **2**〘活字〙ミーンライン《欧文活字で小文字の a, c, x などの上端を通る仮想線; x-line ともいう》.

méan·ly〘《1587》〙 **—** *adv.* **1** つつましく (humbly): live ~ つつましい[質素な]生活をする. **2** みすぼらしく, むさ苦しく (shabbily, sordidly); 身分低く: be ~born 下賤に生れる. **3** 卑劣に, きたないやり方で; けちけちして. **4** 貧弱に (poorly, badly): The town was ~ fortified. その町の守りは貧弱だった.

think meanly of ...を軽んじる.

méan·ness *n.* **1** 卑しさ, 身分の低さ (humbleness). **2** 卑劣, さもしさ (littleness): He is above such ~. そんな卑劣なことをする男ではない. **3** けち (niggardliness). **4** つまらなさ, くだらなさ. **5** 貧弱さ, 粗悪さ. **6** 卑しい行為: be guilty of a ~ 卑しい行為をする.

méan nóon *n.*〘天文〙平均正午《平均太陽 (mean sun) の中心が子午線を横切る時刻》.

méan propórtional *n.*〘数学〙比例中項《数 *a*, *b* に対して $a : x = x : b$ となるような数 x; *a*, *b* の幾何平均 (geometric mean) に等しい》.

méan séa lèvel *n.*〘測量〙＝sea level 2.

méan sólar dáy *n.*〘天文〙平均太陽日.

méan sólar tìme *n.*〘天文〙平均太陽時, 平均時.

méan-spírited *adj.* 卑劣な, さもしい, 浅ましい (base). **~·ly** *adv.* **~·ness** *n.*

méans-tèst *vt.*《英》**1** (福利給付受給資格を決定するために)〈失業者・身障者など〉の収入調査をする: The grant is ~*ed*. この補助金受給者には家計調査が行なわれる. **2** (このような調査に基づいて)〈給付を〉与える.

méans tèst *n.* (失業救済・退職年金などを受ける者の)収入調査, 資力調査, 家計調査: a family [household] ~ 親族扶養調査.

méan sún〘cf. mean[1] (adj.)〙 *n.*〘天文〙平均太陽《天球赤道上を等速度で運行するものと考えた仮想的太陽》.

meant *v.* mean の過去形・過去分詞.

mean·time [⌐⌐ | ⌐⌐, ⌐⌐]〘《1340》← MEAN[1]＋TIME〙 *n.* 中間時間, 合間: in the ~ とかくするうちに, さて話変って. **—** *adv.* ＝meanwhile.

méan tìme *n.*〘天文〙＝mean solar time.

méantime scréw *n.*〘時計〙＝quarter screw.

méan·tone sỳstem *n.*〘音楽〙中全音律, 平均全音律《すべての長 3 度音程が純正になるように調律した音律; 近世の鍵盤楽器によく用いられた》.

méan válue *n.*〘数学〙平均値.

méan válue thèorem *n.*〘数学〙平均値定理《閉区間 [*a*, *b*] で連続, 開区間 (*a*, *b*) で微分可能な関数 $f(x)$ は, (*a*, *b*) のどこかで, [*a*, *b*] における平均変化率に等しい微分係数をもつという定理》.

mean·while [⌐⌐ | ⌐⌐, ⌐⌐]〘(n.: *c*1350; adv.: *c*1440)〙 *n.* ＝meantime. **—** *adv.* そうしている間に, とかくするうちに; (話変って)一方では.

méan whíte *n.* ＝poor white.

mean·y [míːni | -nɪ] *n.* ＝meanie.

Mea·ny [míːni | -nɪ], **George** *n.* (1894–) 米国の労働運動指導者; AFL-CIO 会長 (1955–).

meas.《略》measurable; measure; measurement.

mea·sle [míːzl]〘(sing.) ← MEASLES〙 *n.*〘動物〙嚢(のう)虫 (テニア (*Taenia*) 属条虫の幼虫).

méa·sled〘《1398》*meseled*: ⇨ ↓, -ed[2]〙 *adj.* **1** はしかの, はしかにかかった. **2** 〈豚など〉嚢(のう)虫症にかかった. **~·ness** *n.*

mea·sles [míːzlz]〘《*c*1325》*maseles* (pl.) ← *masel* ⊏ MLG *masele* // MDu. *masel* blemish ← Gmc **masspot*, excrescence (⇨ mazer) (G *Masern* measles) ← IE **smē-* to smear (cf. L *misellus* wretch)〙 **—** *n. pl.* **1** [単数扱い]〘病理〙はしか, 麻疹(ましん): false [French, hybrid] ~ 風疹, 紅疹 / German ~ ＝rubella / catch (the) ~ はしかにかかる / The child has (the) ~. その子ははしかにかかっている / *Measles* is infectious. はしかは伝染する. **2** [複数扱い] はしかの赤い発疹. **3** [単数扱い]〘獣医〙嚢(のう)虫症《嚢虫 (measle) が豚や牛の筋肉に寄生して起こる疾病》.

mea·sly [míːzli, -zlɪ | -zlɪ]〘⇨ ↑, -ly[2]〙 **—** *adj.* (**mea·sli·er**; **-sli·est**) **1** はしかの, はしかに似た[にかかった]. **2** 〈豚・牛が〉嚢(のう)虫症にかかった. **3** 〈肉が〉嚢虫の寄生している. **4**《口語》**a** 貧弱な (poor), 情けない, つまらない. **b** ちっぽけな, ほんのわずかの.

mea·sur·a·ble [méʒ(ə)rəbl, méɪʒ- | méʒ-]〘《?*a*1300》⊏ (O)F *mesurable*: ⇨ measure, -able〙 **—** *adj.* **1 a** 計られる, 測定のできる, 可測の: come within (a) ~ distance of death 死に近づく. **b** 無限に遠くはない, 見通しのきく, 予見できる (foreseeable): His success is within the ~ future. 彼の成功は遠いことではない. **2** 重要な, 無視できない (significant): a ~ figure on that problem その問題では重要な人物. **~·ness** *n.*

mèa·sur·a·bíl·i·ty [-rəbíləti | -lɪtɪ, -lɪ-] *n.*

méa·sur·a·bly [-bli | -blɪ]〘《*c*1380》〙 *adv.* **1** 測れるように. **2** ある程度まで, 多少.

mea·sure [méʒə, méɪʒ- | méʒə(r)]〘n.: 《*c*1200》*mesure*《廃》satisfaction ⊏ (O)F ⊏ L *mēnsūram* ← *mēnsus* (p.p.) ← *mētīrī* to measure ← IE **mē-* to measure. — v.: 《*a*1325》*mesure(n)* ⊏ (O)F *mesur-er* ⊏ L *mensūrāre* to measure ← *mēnsus*〙 **—** *n.* **1 a** 測定, 測量, 計量, 計測: make a ~ of ...を測定する. **b** (測定による)大きさ, 広さ, 寸法, 量, 升目: give full [good] ~ 升目をたっぷりやる, 盛りだくさんにする / get short ~ 計りが不足する / ⇨ heaped measure / by ~ 寸法を取って / clothes made to ~《英》寸法に合わせて仕立てた服. **2 a** (メートル・エーカーなどの)度量の単位; 度量法《量を測る単位の体系》: angular ~ 角の度量法 / circular ~ 弧度法 / cubic [solid] ~ 体積[容積]の度量法 / linear [lineal] ~ 長さの度量法 / long [broad] ~ 長さ[広さ]の度量法 / square ~ 面積の度量法 / ⇨ dry measure, liquid measure / ~ of capacity 容量の度量法 / weights and ~*s* 度量衡 / metric ~ メートル度量法. **b** (慣習・場合などでそれとわかる度量単位として)一杯, 一山, 一袋(など): a ~ of wheat 小麦一杯 / three ~*s* of sand 砂三袋. **c** 度量測定器具; 物指し, 巻尺, 升: a yard ~ ヤードさし / a tape ~ テープ尺 / a pint ~ 1 パイント升. **3 a** 程度, 度合 (degree): in (a) great [large] ~ 大いに, 大分 / in a [some] ~ 多少, 幾分 / a ~ of truth ある程度の[多少の]真実 / give a certain ~ of indulgence to children 子供をある程度気ままにさせる. **b** (精神・感情などの)程度, 度合: Words do not always give the ~ of one's feelings. 言

葉はかならずしも人の感情の度を表わさない / This book shows the ～ of the author's intelligence. この本を読むと著者の知力の程度がわかる. **4** 適量, 適度 (moderation); (適当な)限界, 限度: in ～ 適度に / beyond [above, out of] ～ 法外に, 非常に / within [without] ～ 適度[過度]に / know no ～ 限度を知らない, 際限がない / keep [observe] ～(s) 中庸を守る / set ～s to …を制限する. **5 a** (技量・知識・判断などの)規準, 尺度 (criterion): Man is the ～ of all things. 人間は万物の尺度. **b** (評価の対象としての)技量, 大きさ, 性格: A horse takes a new rider's ～ by the firmness of his seat. 馬は初めての乗り手の腕前[馬術](のほど)を腰のすわり加減で見抜く / have a person's ～ to an inch 人物をすっかり見抜く. **6 a** [通例 *pl.*] 処置, 手段, 行動 (step): take [adopt] ～s 手段[処置]を取る[講じる] / use [have] hard ～s 虐待する[される], ひどい目にあわせる[あう]. **b** 条令案, 法案, 議案. **7** 〘数学〙 **a** 測度. **b** 約数: ⇨ common measure, greatest common measure. **8** 〘詩学〙 韻律, 格調 (meter); 韻律の単位. **9** 《詩》 曲, 旋律 (melody). **10** 《古》 舞踏の調子; (特に, ゆるやかで荘重な)舞踏: tread [foot] a ～ (曲に合わせて)踊る. **11** 〘音楽〙 小節; 拍子: keep ～ 拍子を取る. **12** [*pl.*] 《まれ》〘地質〙 地層, 層: coal ～s 石炭層. **13** 〘印刷〙 倍取り幅, 行[欄]幅《行や欄を em [pica] の倍数で測った幅》.

fill up the measure of 〈不正など〉をぎりぎりまでやり尽くす, 〈不幸など〉をなめ尽くす (cf. *Matt.* 23: 32). ***for good measure*** (たっぷり)おまけとしてさらにおまけに: Throw that in *for good* ～. ついでにそれもおまけに入れとけ. ***get the measure of*** *a person* ＝*take a person's* MEASURE (2). ***take a person's measure*** (1) 人の服の寸法を取る: The tailor *took my* ～ for a new suit. 洋服屋が私の新しい服の寸法を取った. (2) 人の人物[素質, 才能]を見定める: I soon *took his* ～. ***take the measure of*** *a person's* ***foot*** 人の人物[器量, 力量]を見抜く.

measure for measure (1) しっぺ返し (tit for tat). (2) [M- for M-] 「以尺報尺」, 「尺には尺を」《Shakespeare 作の喜劇 (1604)》.

— *vt.* **1 a** 〈大きさ・広さ・量・寸法などを〉計る, 測定する, 寸法を取る: ～ a piece of cloth 布地を計る / ～ a person *for* clothes 服の寸法を取る. **b** 〈一定量を〉計る, 計り取る 〈*off*〉; 〈一定量を〉計り分ける 〈*out*〉: ～ (*off*) a yard of silk 絹を1ヤール計り(取)る / ～ *out* a quart of milk to each めいめいにミルクを1クォートずつ分けてやる. **c** 〈計器が〉〈度を〉測定する: The quake ～*d* 5.2 magnitude. その地震は震度 5.2 だった. **2 a** 〈人物・価値などを〉評価する, 判断する: ～ a person's character. **b** 他人と比べて…の優劣を試す 〔*with, against*〕: ～ one's strength [skill] *with* …と力[腕]を比べる / ～ oneself *with* [*against*] …と勝負する, …と取り組む. **c** 〈言葉・とるべき行動などを〉慎重に考える: ～ one's words. **3** 〔…に〕釣合いを取らせる, 適応させる (adjust) 〔*to*〕: ～ one's desires *to* one's income 欲望を収入に合わせ(て抑え)る. **4** 〈人を〉じろじろ見る: He ～*d* me *with* his eyes. 私を頭から足の先までじろじろ見た. **5** 《古・詩》 行く, 旅する (travel): ～ twenty miles 20 マイルの距離を旅する.

— *vi.* **1** 測量[測定]する, 寸法をとる. **2** 計られる. **3** 測定すると…の長さ[幅, 高さなど]がある: The road ～*s* 30 feet across. その道は幅 30 フィートだ.

measure up to (1) 〈希望・理想・標準・レベルなど〉にかなう, …に達する: He ～*s up to* his job in every way. あらゆる点で適任だ. (2) 〔能力などで〕…に劣らない, 負けない 〔*in*〕.

méa·sured 〘(c1400) ← MEASURE＋-ED 2〙 — *adj.* **1** 正確に計られた. **2** きちんと調整された, 正しく釣合いの取れた. **3 a** 加減した, 適度の (moderated). **b** 〈言葉など〉慎重な, 控え目の (moderate): ～ judgments / speak in ～ terms 考えて[控え目に]言う. **4 a** (詩のように)韻律的な (rhythmical). **b** 〈動作など〉調子の整った, 一様な: I heard a ～ tread. 歩調を整えて歩く音が聞こえた. **～·ly** *adv.* **～·ness** *n.*

méasured dráwing *n.* 〘建築〙 実測図.

méasured míle *n.* 実測マイル《実測し始点と終点にそれぞれ標識をおいた1マイルの距離》.

méasure·less 〘(*a*1376)〙 *adj.* **1** 測り知れない(ほどの), 無限の: His mercy is ～. 彼の慈悲は無限だ. **2** 非常な, 大変な: a ～ liar. **～·ly** *adv.* **～·ness** *n.*

méa·sure·ment 〘(1751)〙 — *n.* **1** 寸法を計ること, 測量, 測定. **2** 測定値《寸法・大きさ・広さ・厚さ・深さなど》: What is its ～? / take ～ 寸法をとる / inside [outside] ～ 内[外]のり. **3** 度量法, 測定法.

méasurement càrgo [frèight] *n.* 容積貨物《重量でなく容積で運賃が決められるもの》.

méasurement gòods *n. pl.* ＝measurement cargo.

méasurement tòn *n.* (船貨の)容積トン (⇨ ton[1] 2).

méa·sur·er [-ʒ(ə)rə | -rə(r)] 〘⇨ measure, -er[1]〙 *n.* **1** 計る人, 寸法[升目]をとる人. **2** 計量[度量]器. **3** 〘昆虫〙 シャクトリムシ (measuring worm).

méasure-zéro *adj.* 〘数学〙 測度ゼロの《測度の総和がどれだけでも小さい可算個の区間で掩(おお)うことができる集合にいう》.

méa·sur·ing cùp [-ʒ(ə)rɪŋ | -ʒər-] *n.* (目盛りつきの)計量カップ.

méasuring glàss *n.* 〘薬局〙 計量グラス.

méasuring machine *n.* 〘機械〙 測長機.

méasuring wòrm *n.* 〘昆虫〙 シャクトリムシ (⇨ looper 2).

meat [míːt] 〘OE *mete* food < Gmc *matiz (OHG *maz*) ← IE *mad- wet, moist (Gk *madarós* wet / Skt *madati* it bubbles): cf. Jap. 「な(魚, 菜)」〙 — *n.* **1 a** 食用獣肉 (cf. fish[1] 2, poultry): butcher's ～ 家畜の肉 / fat [lean] ～ 脂[赤]身 / carve ～ 肉を切る / steam ～ 肉を蒸す / trim ～ 肉を調理する / ⇨ dark meat, light meat, red meat, white meat. **b** [通例限定詞を伴って]《米》(殻のある果物や, 貝・かに・えびなどの)食用部分, 肉身(み): the ～ of a lobster いせえびの身 / crab ～ かにの身. **2** (知的な)内容, 実質, 含蓄 (substance) (cf. meaty 2): the ～ of an essay / a book [lecture] full of ～ 内容豊かな本[講義]. **3** 心の糧(かて), 楽しみ; 好き[楽しみ]なもの; 得意なもの[こと]: Music is ～ for the spirit. 音楽は心の糧である / Cooking [Tennis] is her ～. 料理[テニス]は彼女の得意だ. **4** 《古》 食事 (meal), (特に)晩餐 (dinner). ★ 主に次の句に用いる: at [before, after] ～ 食事中[食前, 食後]に / sit at [down to] ～ 食卓につく. **5** 《古》 食物 (food), 滋養物: green ～ (家畜飼育用の)新鮮な緑草 / be full of ～ as an egg 栄養[教訓]を一杯含んでいる / strong ～ ⇨ strong *adj.* 12 b / One man's ～ is another man's poison. 《諺》 甲の薬は乙の毒, 人によって好みは違う / Sweet ～ will have sour sauce. 《諺》「楽あれば苦あり」/ This book is as full of errors as an egg is of ～. この本はまるで間違いだらけだ. **6** 《卑》 **a** ＝vagina 1 c. **b** ＝penis. **c** 性交. **d** 売春婦.

meat and drink 何よりの楽しみ, 大好きなもの (cf. *n.* 5): This is ～ *and drink to* me.

méat-and-potátoes *adj.* 基本的に重要な, 基本的な (basic): a ～ problem.

méat·àx *n.* **1** (肉切り用の)大なた. **2** (問題に対する)激しい攻撃; (予算などの)大削減. — *vt.* …に大なたを振るう, ずたずたにしてしまう (destroy).

méat·bàll *n.* **1** ミートボール《肉だんご》. **2** 《俗》 まぬけ, のろま. **3** 〘米海軍〙 (武勲をたたえる)表彰ペナント; (運動競技の)優勝ペナント. **4** 〘米海軍〙 ミートボール《反射鏡式着艦装置の光源が発する橙(だいだい)色の光点; パイロットはこれを目印にして降下する》.

méat flỳ *n.* 〘昆虫〙 ニクバエ (flesh fly).

méat grìnder *n.* **1** 肉挽き機《肉をミンチ状に挽く手動または電動の器具》. **2** (敵軍に対する)潰滅的作戦. **3** (個性・人間性などを失わせる)非情な組織[制度].

Meath [míːð, míːθ] *n.* アイルランド共和国 Leinster 地方北東部の州; 面積 2,339 km^2, 人口 72,000, 首都 Trim [trím].

méat·hèad *n.* 《俗》 とんま, まぬけ.

méat·less 〘OE *metelēas*: ⇨ meat, -less〙 *adj.* 肉のない, 肉なしの; 〈食事が〉肉の付かない.

méat lòaf *n.* ミートローフ (⇨ loaf[1] 4 b).

méat·màn [-mæ̀n] *n.* (*pl.* **-men** [-mèn]) 肉屋; 屠殺(とさつ)業者 (butcher).

méat-màrket *n.* **1** 肉市場. **2** 《俗・卑》 売春婦[同性愛者]のたまり場.

méat òffering *n.* 〘聖書〙 (小麦粉に油をまぜた)供物 《R.V. では meal offering, N.E.B. では grain offering という; cf. *Num.* 7:13》.

méat-pàcker *n.* 《米》 精肉業者.

méat-pàcking *n.* 《米》 精肉業《屠殺・加工・冷凍車による消費地への輸送など一切の業務》.

méat-píe *n.* 肉入りパイ, ミートパイ.

méat sàfe *n.* (肉類などをしまって置く)蠅帳(はいちょう), ねずみ入らず.

méat téa *n.* 《英》 ＝high tea.

méat tỳpe *n.* 肉用豚《摂取した飼料で主として赤肉となり, 脂肪になることが少い豚; cf. lard type》.

me·a·tus [miéɪṭəs | miéɪtəs, mi:-] 〘(1665) □ LL ～ 'avenue of sensation in the body' ← L *meātus* passage (p.p.) ← *meāre* to go, pass〙 — *n.* (*pl.* ～·**es**, ～) 〘解剖〙 管, 道; 口《開口部》: the auditory [urethral] ～ 耳[尿]道.

méat wàgon *n.* 《俗》 **1** 救急車. **2** 霊柩(れいきゅう)車.

méat·wòrks *n. pl.* [単数または複数扱い] 《米・豪》 **1** 精肉包装出荷工場. **2** 屠殺場.

meat·y [míːṭi | -ti] 〘⇨ meat, -y[4]〙 *adj.* (**meat·i·er**; **-i·est**) **1** 肉の(ような), 肉の多い (fleshy). **2** 内容の充実した (substantial); 要領を得た, 簡潔な (pithy): a ～ theme for study and debate. **méat·i·ness** *n.*

Meave [míːv] 〘《アイルランド形》 ← MAB[1]〙 *n.* 女性名.

mec [mék] 〘《略》 ← MECHANIC〙 *n.* 《口語》 機械工兵.

mec- [miːk] (母音の前に来る時の) meco- の異形.

mec·a·myl·a·mine [mèkəmíləmìːn] 〘← ME(TH)YL＋*cam*(*phane*) a crystalline terpene＋AMINE〙 *n.* 〘薬学〙 メカミラミン《高血圧抑制剤》.

Mec·ca [mékə] 〘(1850) □ Arab. *Makka*[h]: 原義不明〙 — *n.* **1** メッカ《サウジアラビア西部の商業都市; 同国 Hejaz 地方の宗教上の首都; Muhammad の誕生地, イスラム教徒の聖都; 人口 367,000; cf. Medina, Riyadh》. **2** [しばしば m-] 聖地; メッカ《多くの人の憧れの地》: Leningrad, the ～ of ballet dancers バレリーナのメッカであるレニングラード / Hawaii is a ～ *for* tourists. ハワイは観光客のメッカである.

Mécca bàlsam *n.* メッカバルサム (⇨BALM of Gilead (2)).

Mec·can [mékən] *adj.* メッカの, メッカ人の. — *n.* メッカ人.

Mec·ca·no [məkǽnou, me-, -kɑ́ː- | mɪkɑ́ːnəu, me-, mə-] 〘MECHANIC からの造語〙 *n.* 〘商標〙 メカーノ《建物・機械などの組立て式おもちゃの鋼鉄部品セット》.

mech [mék] *n.* 《口語》 ＝mec.

mech. 《略》 mechanic; mechanical; mechanically; mechanics; mechanism; mechanize.

mech·an- [mékən] (母音の前に来る時の) mechano- の異形.

me·chan·ic [mɪkǽnɪk, mə-] 〘(*a*1393) □ L *mēchanicus* □ Gk *mēkhanikós* inventive, ingenious ← *mēkhanḗ* 'means, MACHINE'〙 — *adj.* **1** 手仕事の, 手による腕前の. **2 a** 機械的な. **b** 単調な, 自動的な (automatic). **3** (熟練工のように)機敏な (agile), 利発な (inventive). **4** 機械論的な. **5** 《古》 **a** 労働者の, 職工の. **b** 下品な, 下賤な (base). — *n.* **1 a** 機械工; 機械修理工. **b** 《古》 職工, 職人 (artisan). **2** 《俗》 (トランプ・ダイス等の賭事での)いかさま師, ぺてん師.

me·chán·i·cal [-nɪkəl, -nə- | -nɪ-] 〘(c1400) ← F *mécanique*＋-AL[1]〙 — *adj.* **1 a** 機械の; 工具の; 機械製の: ～ energy 機械エネルギー / ～ action 機械作用 / ～ products 機械製品. **b** 機械で動く, 機械による: a ～ saw 自動[電気]のこぎり / a ～ refrigerator 電気冷凍庫. **2 a** 機械学の法則に従う. **b** 物理学的な, 機械的な (↔ chemical): Air is a ～ mixture, not a chemical compound. 空気は物理的混合物で化合物ではない. **3 a** 機械的な, 機械のような (machine-like); 〈演技・歌い方など〉単調な, 一本調子の (monotonous); 習慣的な (habitual): ～ work 機械的な仕事 / a ～ way of singing (感情を込めない)機械的な歌い方 / ～ movements (型にはまった)機械的な動作. **b** 自発的でない, 消極的な: a man of ～ courage 消極的な勇気の持主. **4** 機械を動かす, 機械仕事をする; 機械を作る: ～ employment 機械職 / ～ skill 機械を操作する熟練 / ⇨ mechanical aptitude. **5** (化学的原因によらず)物理的な原因による, 摩擦や摩滅によって生じる: a ～ change 物理的変化. **6** 《古》 **a** 手仕事の, 手職の: ～ labor 筋肉労働. **b** (手仕事)職人の; 職人らしい. **7** 〘哲学〙 機械観的な, 唯物主義的な (materialistic): the ～ view of the world 機械的世界観 / a ～ physiologist 機械観的生理学者.

mechanical equivalent of heat 〘物理化学〙 熱の仕事当量《同一のエネルギー変化をもたらすのに必要な仕事の量と熱量との比; Joule's equivalent ともいう》.

— *n.* **1** ＝mechanical bank. **2** 〘印刷〙 貼込み台紙《校了紙・さし絵・デザイン・写真などを張りつけた厚紙; これを写真に撮り原版を作る》.

～·ly *adv.* **～·ness** *n.*

mechánical advántage *n.* 〘機械〙 機械による力の拡大率《てこ, 水圧器などによる力の拡大率》.

mechánical análysis *n.* 〘土木〙 (土の)粒度試験.

mechánical áptitude *n.* 機械仕事への[技術者としての](個人の)適性.

mechánical árt *n.* 機械製作技術.

mechánical bánk *n.* 自動貯金箱《コインを入れると大きさに応じて一定の分類ケースに送り込まれたり, 機械が働いて一定の作業を行なったりする, おもちゃを兼ねた大型貯金箱》.

mechánical bínding *n.* 〘製本〙 メカニカルバインディング《綴じひもが糸でなくて, 針金やプラスチック類を用いたものの総称》.

mechánical bráin *n.* 人工頭脳.

mechánical búmper jàck *n.* 〘機械〙 バンパージャッキ (⇨ jack[1] 挿絵).

mechánical dráwing *n.* **1** 機械製図 (cf. freehand). **2** 用器画.

mechánical enginéer *n.* 機械工学士[専門家] (略 M.E.).

mechánical enginéering *n.* 機械工学.

mechánical héart *n.* (手術中の代用)人工心臓.

mechánical impédance *n.* 〘物理〙 力学的インピーダンス《電気回路におけるインピーダンスの概念を力学的振動現象に拡張したもの》.

mechánical métallurgy *n.* 機械冶金《金属の機械的性質を研究する》.

mechánical péncil *n.* シャープペンシル.

mechánical próperty *n.* 〘化学・物理〙 (材料の, 力の作用に対する)機械的性質.

mechánical réctifier *n.* 〘電気〙 機械的整流器.

mechánical refrigerátion *n.* 〘物理〙 機械冷凍.

mechánical scánning *n.* 〘電子工学〙 **1** 機械的走査《アンテナを回転させることにより方向の走査を行なう方式》. **2** 機械的走査《テレビの走査にレンズ板・プリズム板・ニポー円板 (Nipkow disc) などを使用した初期の方式; cf. electrical scanning》.

mechánical stáge *n.* (顕微鏡の)移動載物台.

mechánical théory *n.* 〘哲学・生物〙 機械説[観].

mechánical tíssue *n.* 〘植物〙 機械組織《植物体を強め保護する組織》.

mechánical tránsport *n.* 《英》 輜重(しちょう)隊の自動車班 (略 M.T.).

mechánical twín *n.* 〘冶金・結晶〙 機械的双晶.

mech·a·ni·cian [mèkəníʃən] *n.* 機械技師, 機械工.

me·chan·ics [mɪkǽnɪks, mə-] 〘(1648) (pl.) ← MECHANIC: ⇨ -ics〙 — *n.* **1** 力学 (cf. dynamics, statics, kinetics, kinematics): applied ～ 応用力学. **2** 応用力学, 機械学: practical ～ 機械工学. **3** [通例複数扱い] **a** (機械的な)手続き; (芸術作品等の)製作技術, テクニック: the ～ *of* playwriting 劇作の技術. **b** 機能的構造, 仕組み: the ～ of politics 政治の仕組み.

mechánics' ínstitute *n.* (1840 年ごろの英国および米国の)職工学校.

mechánic's líen *n.* 〘法律〙 建物工事の先取特権《資材を供給した工事人がその代金について土地・建物に対してもつ制定法上の権利》.

mech·a·nism [mékənìzm] 〘(1662) □ LL *mēchanisma* ← Gk *mēkhanḗ* 'MACHINE'＋*-isma* '-ISM'〙 — *n.* **1 a** 機械装置[仕組み]: the ～ of a clock / a clockwork ～ ぜんまい仕掛け / a highly complex ～

きわめて複雑な機械装置. **b** 機械作用. **2 a** (ある結果を生じるための)機構, からくり (machinery): the political ～ of administration 行政の政治機構. **b** (芸術作品の)技巧, 手法, テクニック. **c** 決まりきった方式[手続き] (mechanics). **3** (絵画・作曲などにおける)機械的な処理[制作, 演奏]. **4** 〘哲学〙機械観[論], 機械的宇宙観[論] (↔ vitalism). **5** 〘心理〙機構, 機制《ある行為を成就せしめる意識的または無意識的な心理過程》: the ～ of invention 発明に至る機構 / ⇨ defense mechanism. **6** 〘言語〙メカニズム (↔ mentalism).

mechanism of defense ＝defense mechanism 2.

méch·a·nist [-nɪst, -nəst | -nɪst] 〘⇨ mechano-, -ist〙 *n.* **1** 機械論者. **2** 《まれ》＝mechanician.

mech·a·nis·tic [mèkənístɪk] *adj.* **1** 機械論(者)の: a ～ view of language 機械論的な言語観. **2** 機械学の. **3** 機械的に決定された, 機械的決定論の: a ～ universe. **4** ＝mechanical. **5** (心的)機構[機制]の. **mèch·a·nís·ti·cal·ly** *adv.*

mech·a·ni·za·tion [mèkənɪzéɪʃən, -nə- | -naɪ-, -nɪ-] *n.* 機械化; (特に, 陸軍部隊の)機械化, 機動化.

mech·a·nize [mékənàɪz] 〘《1678》: ⇨ mechanic, -ize〙 ── *vt.* **1 a** 機械的にする, 機械仕掛けにする. **b** 単調にする: ～ one's life. **2** 〈産業など〉に機械を採り入れる, 機械化する. **3** 機械[技巧]にたよって製作[構成]する. **4** 〘軍事〙機械化する《戦車・装甲車・自走砲などにより機動性のみならず, その車輛上からの戦闘能力を備えること; cf. motorize》: the ～*d* troops 機械化部隊. **méch·a·nìz·er** *n.*

mech·a·no- [mékəno(ʊ) | -nə(ʊ)] 〘□ L *mēchano-* □ Gk *mēkhano-* ← *mēkhanḗ* 'MACHINE'〙 ──「機械; 機械的な (mechanical); 機械的で…」の意の連結形: *mechano*logy. ★ 母音の前では通例 mechan- になる.

mèchano·chémistry *n.* 機械化学《筋肉の収縮などにおける化学的なエネルギーの機械力への変化過程を扱う化学》. **mèchano·chémical** *adj.*

mèchano·mórphism *n.* 〘哲学〙万有機械論《生物も含めて万象が物理的法則の必然性に従い機械的に構成され動いているとする見解》.

mèchano·recéptor *n.* 〘生理〙動き受容器, 圧受容器, 機械的刺激受容器. **mèchano·recéptive** *adj.*

mèchano·thérapy *n.* 〘医学〙機械(的)療法. **mèchano·thérapist** *n.*

Mech·lin [méklɪn, -lən | -lɪn] *n.* **1** メヘレン《ベルギー北部, Antwerp 地方の都市; 人口 66,000; ベルギー語名 Mechelen [mékələ(n); *Du.* méxələ]》. **2** ＝Mechlin lace.

Méchlin láce 〘《1699》: ↑〙 *n.* メクリンレース《Mechlin の六角形のメッシュ地に花柄を織ったボビンレース; 単に Mechlin ともいう; cf. malines 2》.

mech·lor·eth·a·mine [mèklɔːréθəmìːn, -klɔːr-, -mɪn, -mən | -lɔːréθəmìːn, -mɪn] 〘← ME(THYL)＋CHLOR(O)-＋ETH(YL)＋AMINE〙 ── *n.* 〘化学〙メクロレタミン《昆虫用不妊薬・毒ガスなどに用いられる nitrogen mustard》. 「体部分の病的延長.

me·cism [míːsɪzm] 〘← MECO-＋-ISM〙 *n.* 〘病理〙身

Meck·é·li·an bár [cártilage, ród] [mekíːliən- | -lɪən-] *n.* 〘解剖〙＝Meckel's cartilage.

Méck·el's cártilage [mékəlz-] 〘← *Johann F. Meckel* (1781–1833: ドイツの解剖学者)＋-IAN〙 *n.* 〘解剖〙メッケル軟骨《胎児の第一鰓弓の軟骨》.

Meck·len·burg [méklənbə̀ːg | -lɪnbə̀ːg, -lən-; *G.* méːklənbùrk, mék-] *n.* メクレンブルク《東ドイツ北部の旧州; 1952 年から Schwerin 県などの三県に分かれている; もと公国; 面積 15,833 km², 首都 Schwerin》.

mec·li·zine [mékləzìːn | -lɪ-] 〘← ME(THYLBENZENE)＋C(H)L(OROFORM)＋-I-＋(PIPERA)ZINE〙 ── *n.* 〘薬学〙メクリジン ($C_{25}H_{27}ClN_2$)《乗物酔い・妊娠中の吐気などを抑えるのに用いられる》.

me·co- [míːko(ʊ), -kə | -kə(ʊ)] 〘□ Gk *mēko-* ← *mē̂kos* length〙「長い (long); 長さ (length)」の意の連結形. ★ 母音の前では通例 mec- になる.

me·cón·ic ácid [mɪkánɪk-, mə-, -kóʊn- | mɪkɔ́n-] 〘《1819》: ← Gk *mḗkōn* poppy＋-IC¹〙 ── *n.* 〘化学〙メコン酸 ($C_7H_4O_7·3H_2O$)《アヘン中にモルヒネと化合して存在する》.

me·co·ni·um [mɪkóʊniəm, mə- | mɪkə́ʊnɪ-] 〘《1601》□ L ～ □ Gk *mēkṓneion* ← *mḗkōn* (↑)〙 ── *n.* **1** 〘生理〙胎便, かにばば《新生児が初めてする便》. **2** 〘昆虫〙さなぎ便《ある種の昆虫の幼虫が蛹(さなぎ)になるとき排出する液体》.

Me·cop·ter·a [mɪkáptərə, mə- | mɪkɔ́p-] 〘← NL ～ ← Gk *mēkos* length＋-PTERA〙 *n. pl.* 〘昆虫〙長翅目, シリアゲムシ目.

me·cop·ter·an [mɪkáptərən, mə- | mɪkɔ́p-] 〘⇨ ↑, -an¹〙 *n.* 〘昆虫〙長翅目の昆虫の総称. **me·cóp·ter·ous** [-rəs] *adj.* 「medieval; medium.

med. 《略》medalist; median; medical; medicine;

M.Ed. 《略》Master of Education.

me·dail·lon [mèɪdaɪjɔ̃ː(ŋ), -jɔ́(ː)ŋ; *F.* medajɔ̃] 〘□ F *médaillon* 'MEDALLION'〙 *n.* (仔牛肉・イセエビなど) 丸または楕円形に切ったもの.

med·al [médḷ] 〘《a1586》□ F *médaille* □ It. *medaglia* ← L *metallum* 'METAL'〙 ── *n.* メダル, 勲章, 記章: a prize ～ 賞牌 / both sides [the reverse] of the ～ 問題の両面[裏面].

Medal for Merit [the ―] (米国の)功労章《一般市民に授与される; 1942 年制定》.

Medal of Freedom [the ―] (米国の)自由勲章《種々の勲功に対して民間人または軍人に授与される勲章》.

Medal of Honor [the ―] 《米》＝CONGRESSIONAL Medal of Honor. 「メダルを授与する.

── *vt.* (**med·aled, -alled; -al·ing, -al·ling**) …に

med·al·et [mèdəlét, ━━━, médəlɪt | médəlèt, -lɪt, -lət, -dḷ-] 〘← MEDAL＋-ET〙 *n.* 小メダル.

med·al·ist [-dəlɪst, -ləst, -dḷ- | -dəlɪst, -dḷ-] 〘□ F *médailliste*: ⇨ medal, -ist〙 ── *n.* **1** メダル製作[意匠]家. **2 a** メダル[勲章]受領者, 被叙勲者, メダリスト: ⇨ gold medalist. **b** 〘ゴルフ〙メダルを受賞できるほどの少ないストロークでラウンドをプレーしたプレーヤー. **3** メダル収集家[鑑定家].

me·dal·lic [mɪdǽlɪk, mə-] 〘⇨ medal, -ic¹〙 *adj.* メダル[勲章]の[に関する]; メダル(上)に表現した: ～ art メダル製作技術.

me·dal·lion [mɪdǽljən, mə-, me- | mɪ-, me-, mə-] 〘《1658》□ F *médaillon* □ It. *medaglione* (aug.) ← *medaglia* 'MEDAL': cf. -oon〙 ── *n.* **1** 大メダル. **2 a** (肖像画などの)円形浮彫り; 円額肖像画[彫刻]. **b** (織物・じゅうたん・レースなどの)円形飾り模様. **c** (建築物の)円形装飾. **d** (切手・紙幣などの肖像画や金額の数字を囲む)円形[楕円形]模様. **3** (靴の甲の)穴模様.

medallion 2 a

méd·al·list [-dəlɪst, -ləst, -dḷ- | -dəlɪst, -dḷ-] *n.* 《英》＝medalist.

médal plày *n.* 〘ゴルフ〙メダルプレー《コースを一巡する間の打数の少ないものから順位を決める打数競技; stroke play ともいう; cf. match play》.

Me·dan [meɪdɑ́ːn] *n.* メダン《インドネシア Sumatra 島北東部の港市; 人口 636,000》.

Med·a·war [médəwə | -wə(r), **Peter Brian** *n.* (1915–) ブラジル生れの英国の生物学者; Nobel 医学生理学賞 (1960).

med·dle [médḷ] 〘《c1290》 *medle(n)* □ AF *medler* ＝ OF *mesler* (F *mêler*) < VL **misculāre* ← L *miscēre* to mix: ⇨ mixed〙 ── *vi.* **1** 〔自分の関係のないことに〕干渉する, 手出しをする (interfere); 余計な世話を焼く, おせっかいを焼く〔*in, with*〕: She ～*s in* matters which do not belong to her. 彼女は自分に係わりのない事柄におせっかいを焼く / Don't ～ *with* other people's business. 他人のことに余計なおせっかいを焼くな. **2** 《古》いじくる, ひねくり回す (tamper) 〔*with*〕. ── *vt.* **1** 《方言》干渉する, 邪魔する. **2** 《廃》混ぜる (mingle). 「いを焼く.

meddle and [or] make 《古・方言》干渉する, おせっか

med·dler [-dlə, -dḷə | -dlə(r, -dlə(r] 〘《c1395》〙 *n.* 干渉者; 余計な世話を焼く人, おせっかい屋 (busybody).

med·dle·some [médḷsəm] 〘⇨ -some¹〙 *adj.* 余計な世話を焼きたがる, おせっかいな, 干渉好きな (interfering). **～·ly** *adv.* **～·ness** *n.*

méd·dling [-dlɪŋ, -dḷ- | -dḷ-, -dl-] *adj.* 干渉する, おせっかいな. **～·ly** *adv.*

Mede [míːd] 〘《1382》□ L *Mēdus* □ Gk *Mêdos* □ Avest. *Māda*〙 *n.* メディア (Media) の住民, メディア人: the Law of the ～*s* and Persians ⇨ law¹.

Me·de·a [mɪdíːə, mə- | -díə, -díːə] 〘□ L *Mēdēa* □ Gk *Mḗdeia* (原義) cunning〙 ── *n.* 〘ギリシャ伝説〙メーデイア《Colchis 王 Aeëtes の娘で Jason の妻, 女魔法使い; Jason を助けて「金の羊毛 (Golden Fleece)」を獲得させた》.

Me·del·lín [mèdəlíːn, -dḷ- | -deɪíːn; *Am. Sp.* mèdejín] *n.* メデイン《コロンビア共和国西部の都市; 人口 1,113,000》.

med·e·vac [médəvæ̀k] 〘← MED(ICAL)＋EVAC(UATION)〙《米》── *n.* 救急ヘリ(コプター)《傷病兵を戦線から病院へ運ぶ軍用ヘリコプター》. ── *vt.* (**-vacked; -vack·ing**) 救急ヘリで運ぶ.

Med·ford [médfəd | -fəd] 〘← ? MEAD²＋FORD〙 *n.* 米国 Massachusetts 州東部, Boston の郊外都市; 人口 65,000.

MedGr. 《略》Medieval Greek. 「異形.

me·di- [míːdi | -dɪ] (母音の前に来る時の) medio- の

me·di·a¹ [míːdiə | míːdɪə] 〘□ L *media* (*vox*) (fem.) ← *medius* 'middle, MID¹'〙 *n.* (*pl.* **me·di·ae** [-dìiː | -dìiː, -dɪàɪ]) **1** 〘解剖〙(血管の)中膜. **2** 〘昆虫〙(昆虫の翅(はね)の)中脈.

media² *n.* medium の複数形.

Me·di·a [míːdiə | -djə, -dɪə] *n.* メディア《アジア西部, カスピ海の南西部にあった古王国; 紀元前 7–6 世紀に栄えたが同 550 年ペルシャに併合された; ほぼ今の Iran 北西部に当たる; 首府 Ecbatana》.

me·di·a·cy [míːdiəsi | -djəsɪ, -dɪə-] 〘← MEDIA(TE)＋-CY〙 *n.* 〘論理・哲学〙介在; 媒介(性); 霊媒.

me·di·ad [míːdiæ̀d | -dɪ-] 〘← L *medi(us)* middle＋-AD³〙 *adv.* **1** 中央の線[平面]に向かって. **2** 〘解剖・動物〙正中方向へ, 正中線の方へ.

mediae *n.* media¹ の複数形.

me·di·ae·val [miːdiíːvəl, mèd-, mɪd-, miːdíː-, mɪ-, mə-, me- | mèdiíː-, miːd-, medíː-] *adj.* ＝medieval.

mèdia·génic 〘← MEDIA²＋-GENIC〙 *adj.* マスメディア (mass media) に向く; (特に)テレビ向きの (cf. photogenic): a ～ star.

me·di·al [míːdiəl | -djəl, -dɪəl] 〘《1570》□ LL *mediālis* ← L *medius* 'middle, MID¹': ⇨ -al¹〙 ── *adj.* **1** 中間にある, 中央の (median): a ～ line. **2** 〈文字や音が〉(語[音節]の)中間にある (cf. initial 2, final 5 a): The ～ sound in 'letter' is [t]. **3** 平均の, 並の (average, ordinary). **4** 〘昆虫〙中脈の[に関係した]. ── *n.* **1** 〘言語〙語中音; 中間字 (medial letter). **2** 〘言語・音声〙語中音. **3** 〘昆虫〙＝media¹ 2. **～·ly** *adv.*

médial moráine *n.* 〘地質〙中堆石(ちゅうたいせき).

médial stríp *n.* ＝median strip. 「どによる)上演.

média míx *n.* 〘劇場〙(フィルム・テープ・スライドな

me·di·an [míːdiən | -djən, -dɪən] 〘□ L *mediān-us* in the middle: ⇨ media¹, -an¹〙 ── *adj.* **1 a** 中央の, 中間の, 中位の, 正中の (medial, middle): the ～ artery 〘解剖〙正中動脈 / the ～ line 〘数学〙中線 / the ～ coverts (鳥の翼の)中雨おおい. **b** 正中面の[にある]. **2** 〘統計〙中位数の. ── *n.* **1** 〘解剖〙正中動脈, 正中静脈, 正中神経(など). **2** 〘数学〙中線. **3** 〘統計〙中位数, メジアン《大きさの順に並んでいる一連の数のうちで中央にある値; cf. quartile 2, quintile 2》. **4** ＝median strip. **～·ly** *adv.*

Me·di·an [míːdiən | -djən, -dɪən] *adj.* **1** メディア (Media) の; メディア人の. **2** メディア語の. ── *n.* **1** メディア人 (Mede). **2** メディア語.

médian nérve *n.* 〘解剖〙正中神経.

médian pláne *n.* ＝mesial plane.

médian póint *n.* 〘数学〙＝middle point.

médian stríp *n.* 《米》中央分離帯 (mall)《広い車道の車線を分ける細長い地帯; 通例, 舗装や植樹してある》.

me·di·ant [míːdiənt | -djənt, -dɪənt] 〘□ It. *mediante* □ LL *mediantem* (pres.p.) ← *mediāre*: ⇨ mediate, -ant〙 *n.* 〘音楽〙中音《長・短音階の第三度音》.

médian véin *n.* **1** 〘解剖〙正中静脈. **2** 〘昆虫〙(翅(はね)の)中央脈.

me·di·as·ti·num [mìːdiəstáɪnəm, -diæs- | -dɪ-] 〘《1541》□ ML ～ (neut.) ← *mediastīnus* in the middle ← L *medius* 'middle, MID¹': cf. media¹〙 ── *n.* (*pl.* **-ti·na** [-nə]) 〘解剖〙**1** 隔壁, 隔膜. **2** (両肺間の)縦隔. **mè·di·as·tí·nal** [-nḷ] *adj.*

me·di·ate 〘《1432–50》□ LL *mediāt-us* (p.p.) ← *mediāre* to divide, put in the middle: ⇨ medium〙 ── [míːdièɪt | -dɪ-] *v.* ── *vt.* **1 a** 調停する, 仲裁する: ～ a dispute 紛争の仲裁をする. **b** 仲介して…を成就させる: ～ a peace between …の間を取り持って和平を成立させる. **2** 〈贈物などを〉取り次ぐ, 〈情報などを〉伝達する. ── *vi.* **1** 仲裁する, とりなす (intercede); 斡旋する, 調停する: ～ *between* two warring nations 両交戦国間の調停をする. **2** 《古》介在する, 中間にある, 連結役をする〔*between*〕. ── [míːdiət, -dɪɪt | -dɪət, -djət, -djɪt, -dɪɪt] *adj.* **1** 仲介の, 媒介の, 仲介による; 間接の (indirect) (cf. immediate). **2** 《古》中間の (intermediate). **～·ly** *adv.*

mé·di·àt·ed generalizátion [-tɪd-, -ṭəd- | -tɪd-, -təd-] *n.* 〘心理〙媒介般化《ある刺激の意味に対して起きる反応般化; 刺激そのものではなく, 刺激の記号が媒介となる; cf. generalization 4 a》.

médiate ínference *n.* 〘論理〙間接推理 (↔ immediate inference).

me·di·a·tion [mìːdiéɪʃən | -dɪ-] 〘《c1390》□ LL *mediātiō(n-)*: ⇨ mediate, -ation〙 ── *n.* **1** 仲裁, とりなし; 斡旋, 調停 (cf. arbitration, conciliation): through the ～ of …の調停で. **2** 〘国際法〙(第三国による)居中調停, 仲介. 「ət-] *adj.* ＝mediatory.

me·di·a·tive [míːdièɪṭɪv, -diəṭ- | -dɪèɪt-, -dɪət-, -dj-

me·di·a·tize [míːdiətàɪz | -dɪə-, -djə-] 〘□ F *médiatiser* ∥ G *mediatisieren* ← LL *mediātus* (p.p.) divided: ⇨ mediate, -ize〙 ── *vt.* 〈大国が〉〈小国を〉併合する; (旧君主の名義的主権だけを残して)〈公国を〉併合する. **me·di·a·ti·za·tion** [mìːdiəṭɪzéɪʃən, -ṭə- | -dɪətaɪ-, -djə-, -tɪ-] *n.*

mé·di·à·tor [-ṭə | -tə(r)] 〘《a1325》□ (O)F *médiateur* □ L *mediātor* ← *medius* 'MID¹'〙 ── *n.* **1** 仲介人, 媒介者. **2** 仲裁人; 斡旋者, 調停者. **3** [the M-] (神と人間との仲立ちである)仲保者, キリスト (Jesus Christ) (cf. *1 Tim.* 2: 5). **4** 〘化学・生物〙媒介物質《化学または生物作用を媒介する物質》.

me·di·a·to·ri·al [mìːdiəṭɔ́ːriəl, -tóːr- | -dɪətɔ́ːrɪ-, -djə-] 〘⇨ ↑, -ial〙 *adj.* ＝mediatory.

me·di·a·to·ry [míːdiətɔ̀ːri, -tòːri | -dɪətəri, -djə-] 〘□ LL *mediātōri-us*: ⇨ mediate, -ory¹〙 *adj.* 仲裁の, 調停の, とりなしの.

me·di·a·tress [míːdièɪtrɪs, -trəs | -dɪèɪtrɪs, -tres] *n.* ＝mediatrix. 「diatrix.

me·di·a·trice [mìːdiéɪtrɪs, -trəs | -dréɪtrɪs] *n.* ＝me-

me·di·a·trix [mìːdiéɪtrɪks | -dɪ-] 〘《1462–63》□ LL *mediātrix* (fem.) ← *mediātor*: ⇨ mediator, -trix〙 *n.* (*pl.* **-a·tri·ces** [-diətráɪsiːz, -diéɪtrəsiːz | -dɪətráɪsiːz, -djə-, -dɪéɪtrɪsiːz], **～·es**) 女の仲介者; 婦人調停者.

med·ic¹ [médɪk] 〘□ L *mēdica* □ Gk (*póa*) *Mēdikḗ* (原義) Median (grass)〙 *n.* 〘植物〙ウマゴヤシ《ウマゴヤシ属 (*Medicago*) の植物の総称; ムラサキウマゴヤシ (alfalfa), コメツブウマゴヤシ (black medic) など》.

med·ic² [médɪk] 〘□ L *medic-us* (↓)〙 *n.* 《口語》**1** 医者 (doctor). **2** 医学生, 病院助手 (intern). **3** 衛生兵: an army ～ 衛生兵.

med·i·ca·ble [médɪkəbḷ, -də- | -dɪ-] 〘□ L *medicābil-is* curable ← *medicāri* to heal ← *medicus* doctor: ⇨ medical, -able〙 ── *adj.* **1** 治療できる (curable). **2** 薬効のある, 効き目がある (curative).

Med·ic·aid, m- [médɪkèɪd, -də- | -dɪ-] 〘← MEDIC(AL)＋AID〙 *n.* 《米》(65 歳未満の低所得者・身障者を

対象とする)国民医療保障(制度) (cf. Medicare).

med·i·cal [médɪkəl, -də- | -dɪ-] 〘《1646》□ F *médical* ∥ ML *medicāl-is* of a doctor ← L *medicus* doctor of healing ← *medērī* to heal ← IE **med-* take appropriate measures : ⇨ -al[1] : cf. mode[1]〙 ── *adj.* **1** 医術の, 医療の, 医学の, 医用の : the ~ art 医術 / ~ books 医学書 / a ~ college 医科大学 / a ~ student 医学生 / under ~ treatment 治療中 / ~ attendance 医師の手当 / ~ attention [care] 医療 / a ~ certificate 診断書 / a ~ examination [checkup] 健康診断 / ~ inspection 検疫 / a ~ man 医学者, 医師 / a ~ practitioner 開業医 / ~ science 医学 / ~ practice [profession] 医業 / ~ ethics 医学倫理. **2** 内科の (↔ surgical) : a ~ case [ward] 内科の患者[病室]. **3** 《古》薬の, 薬になる, 治療力のある (medicinal) : the ~ properties of a plant (ある)植物の薬効. ── *n.* 《口語》**1** 開業医. **2** 身体検査, 健康診断. **~·ly** *adv.*

Médical Còrps *n.* 〘米軍〙軍医科[部], 医務科[班], 衛生科[隊].

Médical Depàrtment *n.* (米軍の)軍医部, 医務部, 衛生部.

médical electrónics *n.* 医用電子工学 (略 ME).

médical engineéring *n.* 医用工学.

médical exáminer *n.* **1** (保険会社・工場などの)専属医師 ; 軍医. **2** 医師免許資格審査官. **3** 《米》〘法律〙監察医, 検視官 (cf. coroner 1).

médical geógraphy *n.* 疾病地理学《ある病気と地理的条件の関係の研究》.

médical jurisprúdence *n.* 医事法制.

médical technólogist *n.* 臨床検査士[技師].

médical technólogy *n.* 臨床検査(学).

me·dic·a·ment 〘《1541》□ L *medicāment-um* remedy ← *medicārī* to heal : ⇨ medical, -ment〙 ── [mɪdíkəmənt, mə-, médɪk- | medík-, mɪ-, mə-, médɪk-] *n.* 薬物, 薬剤, 医薬. ── [-mènt] *vt.* 薬物[薬剤]で治療[処理]する. **me·dic·a·men·tal** [mɪdìkəméntḷ, mə-, mèdɪ-, -də- | medìkəméntḷ, mɪ-, mə-, mèdɪ-] *adj.* **me·dic·a·men·ta·ry** [mɪdìkəméntəri, mə-, mèdɪk- | medìkəméntəri] *adj.*

Med·i·care, m- [médɪkɛ̀ə, -də- | -dɪkɛ̀ə(r] 〘← MED-I(CAL)+CARE〙 ── *n.* 《米・カナダ》老齢者医療保障(制度)《1965 年以来実施されている 65 歳以上を対象とする老人医療保健制度 ; cf. Medicaid》.

med·i·cas·ter [médəkæ̀stə | -dɪkæ̀stə(r] 〘← L *medic(us)* doctor (⇨ medical)+-ASTER[1]〙 *n.* にせ医者, やぶ医者 (quack).

med·i·cate [médəkèɪt | -dɪ-] 〘《1623》□ L *medicātus* (p.p.) ← *medicārī* to heal ← *medicus* doctor : ⇨ medic[2], -ate[3]〙 ── *vt.* **1** 〈病人を〉薬で治療する, 〈病人〉に医療を施す : ~ the patient. **2** …に薬を含ませる : ~ seeds / a ~*d* bath 薬湯 / a ~*d* candle=disinfecting candle / ~*d* soap 薬用石鹸. **3** 《古》…に毒物を混ぜる.

med·i·ca·tion [mèdəkéɪʃən | -dɪ-] 〘《1603》□ L *medicātiō(n-)* : ⇨ ↑, -ation〙 *n.* **1** 薬物治療 ; 薬物処理. **2** 薬物 (medicament).

med·i·ca·tive [médəkèɪtɪv, -kət- | -dɪkət-, -kèɪt-] 〘□ ML *medicātīv-us* : ⇨ medicate, -ative〙 *adj.* 薬効のある (medicinal).

méd·i·cà·tor [-tə | -tə(r] 〘⇨ medicate, -or[1]〙 *n.* **1** (薬剤の)投薬器具. **2** 《廃》薬剤師.

Med·i·ce·an [mèdətʃíːən, -síːən | -dɪtʃíːən, -tʃíən, -síːən, -síən] 〘← ML *Medice(us)* (Medici のラテン語化した形)+-AN[1]〙 *adj.* メディチ家 (the Medici) の.

med·i·chair [médɪtʃɛ̀ə, -də- | -dɪtʃɛ̀ə(r] 〘← MEDI(CAL)+CHAIR〙 *n.* 〘医学〙診察椅子《人の生理機能の状態を検査するための電子診察器つきの椅子》.

Med·i·ci [médətʃiː, -tʃi | -dɪtʃiː, -tʃɪ, medíːtʃiː ; *It.* mɛ́ːditʃi] *n.* [the ~] メディチ家《15–16 世紀に栄えたイタリア Florence 市の名家で同市の支配者 ; 一門から教皇三人を出した》.

Medici, Cosimo *or* **Cos·mo** [kɔ́zmo] **de'** *n.* メディチ : **1** (1389–1464) イタリアの銀行家・政治家で美術・文学の保護者 ; 通称 Medici the Elder. **2** (1519–74) Florence 公, Tuscany 初代の大公 ; 通称 Medici the Great.

Medici, Giovanni de' *n.* メディチ《Leo X の本名》.

Medici, Giulio de' *n.* メディチ《Clement VII の本名》.

Medici, Lorenzo de' *n.* メディチ《1449–92 ; Florence の支配者, 政治家・教育家・詩人で美術・文学・印刷術の保護者 ; 通称 Medici the Magnificent》.

Medici, Maria de' *n.* ⇨ Marie de Médicis.

me·dic·i·na·ble [mɪdísnəbḷ, mə-, me-, -sn- | medísɪn-, mɪ-, mə-, -sn̩-] 〘□ OF *medecinable* ← *medeciner* : ⇨ medicine, -able〙 ── *adj.* 《古》薬効のある, 治癒力のある.

me·dic·i·nal [mɪdísnəl, mə-, me-, -snəl, -snḷ | medísɪnḷ, mɪ-, mə-, -sn̩ḷ] 〘《c1340》□ (O)F *médicinal* : ⇨ ↓, -al[1]〙 ── *adj.* (医)薬の, 薬効のある, 治療力のある : a ~ herb 薬草 / ~ virtues 薬効 / ~ substances 薬物 / of ~ value 薬効のある / ~ *against* [*for*] the illness その病気に薬効がある. ── *n.* 薬物. **~·ly** *adv.*

med·i·cine [médəsn, -sən, -sṇ | -dsṇ, -dɪsṇ, -sɪn, -sən] 〘《?a1200》□ (O)F *médecine* □ L *medicīna* art of healing ← *medicus* : ⇨ medical, -ine[3]〙 ── *n.* **1** 医学, 医術 ; (特に)内科(医学), 内科的治療 (cf. surgery 1) : clinical ~ 臨床医学 / practice ~ 医業を営む, 開業医をしている / study ~ and surgery 内外科を研究する. **2** 医師の職業. **3** 内服薬 (cf. drug) ; 薬, 医薬, 薬剤 (medicament) : take ~ for one's cold 風邪の薬を飲む / administer [furnish] ~ to the patient 病人に薬を与える / prescribe ~ 処方を書く / the virtue of a ~ 薬の効能 / a dose of ~ 薬一服 / a patent ~ 売薬 / a ~ *for* fever [indigestion, the cold] 解熱[消化, 風邪]薬. **4** 《比喩》ためになる経験,「薬」. **5** (アメリカインディアン間で厄払い・治癒に効があると信じられた)超自然力, まじない, 魔法 (magic) ; まじないの文句[儀式] : a ~ song まじない歌 / ⇨ medicine man.

give a person a dose [***taste***] ***of his own medicine*** (同じ手段で)相手に仕返しをする[報復する].

take one's medicine (1) 苦い薬を飲む ; つらくても必要なことをする, いやなことを忍ぶ. (2) 愚行に対する罰を受ける.

── *vt.* …に薬を飲ませる, 投薬する, 薬で治療する.

médicine bàll *n.* **1** メディスンボール《大きな皮ボールを投げ合う運動》: play ~. **2** メディスンボールのボール.

médicine chèst *n.* 薬箱, 薬入れ.

médicine dànce *n.* (アメリカインディアンの, 病魔を払う)まじない踊り.

médicine glàss *n.* 薬量グラス《度盛りがしてある小さなグラス》.

médicine lòdge *n.* (アメリカインディアンの)宗教的集会所.

médicine màn *n.* 《米》**1** 未開社会における祈禱師, まじない師. **2** (medicine show での)売薬宣伝員.

médicine shòw *n.* 《米》医薬品宣伝ショー(の一団)《売薬・特効薬を宣伝・販売するために, 客寄せの芸人を使ってショーを行ないながら旅回りをした ; 1900 年以前に流行したもの》.

med·ick [médɪk] *n.* 〘植物〙=medic[1].

med·i·co [médɪkòʊ, -də- | -dɪkəʊ] 〘《1689》□ It. ~ & Sp. *médico* □ L *medicus* : ⇨ medical〙 *n.* (*pl.* ~s) 《口語》=medic[2].

med·i·co- [médɪko(ʊ), -də- | -dɪkə(ʊ)] 〘← L *medicus* : ⇨ medical〙「医学の ; 医療と…」の意の連結形.

mèdico·botánical *adj.* 薬用植物学の.

mèdico·légal *adj.* 法学と医学とに関係のある, 法・医双方に関わる ; 法医学(上)の.

me·di·e·val [mìːdiíːvəl, mèd-, mìd-, miːdíː-, mɪ-, mə-, me- | mèdiíː-, mìːd-, medíː-] 〘《1827》← NL *medi(um) aev(um)* middle age (⇨ mid[1], age)+-AL[1]〙 ── *adj.* **1** 中世 (Middle Ages) の, 中世的な, 中世風の : ~ literature 中世文学. **2** 古めかしい, 古臭い (antiquated) : Don't be ~ ! 古臭いことを言うな. ── *n.* 中世の人. **~·ly** *adv.*

Medieval Gréek *n.* 中世ギリシャ語 (略 MedGr., MGk ; ⇨ Greek 3).

mediéval hístory *n.* 中世史《ヨーロッパ史ではほぼ民族大移動からルネサンスまで ; cf. history 1 a》.

mè·di·é·val·ism [-lɪzm] *n.* **1** 中世趣味. **2** 中世的精神, 中世的信念, 中世的慣習[遺風].

mè·di·é·val·ist [-lɪst, -ləst | -lɪst] 〘《1784》: ⇨ medieval, -ist : cf. F *médiévaliste*〙 ── *n.* **1** 中世研究家, 中世史学者. **2** (芸術・宗教家などで中世的精神[趣味]を重んじる)中世主義者 ; 中世賛美者.

Mediéval Látin *n.* 中世ラテン語 (略 MedL, ML ; ⇨ Latin 1).

mediéval móde *n.* 〘音楽〙中世施法 (⇨ ecclesiastical mode).

medii *n.* medius の複数形.

me·di·na [mɪdíːnə, mə- | me-, mɪ-] 〘← Afr. 《土語》《原義》city □ Arab. *madīna*[h] city〙 *n.* 北アフリカ諸都市の原地人居住地区 (cf. mellah).

Me·di·na [mɪdíːnə, mə- | me-, mɪ-] *n.* メジナ《サウジアラビア西部, Hejaz 地方の都市 ; Mohammed の墓があり イスラム教第二の聖地 ; 人口 199,000 ; cf. Mecca》.

me·di·o- [míːdio(ʊ) | -diə(ʊ)] 〘← L *medius* 'MID[1]'〙「中間の[に] ; 正中面」の意の連結形. ★ 母音の前では通例 medi- になる.

me·di·o·cre [mìːdióʊkə, ⸗⸗⸗⸗ | mìːdɪə́ʊkə(r, mèd-, ⸗⸗⸗⸗] 〘《1586》□ F *médiocre* □ L *mediocris* middling, indifferent, 《原義》halfway up a height ← *medius* middle (⇨ mid[1])+*ocris* peak (← IE **ak-* sharp (L *ācer*))〙 ── *adj.* 良くもなく悪くもない, 並の, 普通の ; 二流の, 劣等な : a man of ~ abilities 凡才.

me·di·o·cris [mìːdióʊkrɪs, -krəs | -dɪə́ʊkrɪs] 〘□ L ~ (↑)〙 *adj.* 〘気象〙並積雲の.

me·di·oc·ri·ty [mìːdiɑ́krəṭi | mìːdiɔ́krəti, mèd-, -rɪ-] 〘《c1510》□ (O)F *médiocrité* □ L *mediocritātem* moderation : ⇨ mediocre, -ity〙 ── *n.* **1 a** 平凡, 並(̤), 普通, 凡庸 : His talent is below ~. 彼の才能は普通以下だ. **b** 並の才能, 凡才. **2** 平凡な人, 凡人.

me·di·og·ra·phy [mìːdiɑ́grəfi | mìːdiɔ́grəfɪ, mèd-] 〘← MEDI(UM)+-O-+-GRAPHY : BIBLIOGRAPHY からの連想〙 ── *n.* (ある特定の問題についての)さまざまな資料(新聞・ラジオ・テレビ映画など)のリスト.

mèdio·vélar *adj., n.* 〘音声〙中部軟口蓋音(の).

med·i·tate [médətèɪt | -dɪ-] 〘《1560》← L *meditāt-us* (p.p.) ← *meditārī* to think over, reflect ← IE **med-* (⇨ medical) : ⇨ -ate[3]〙 ── *vt.* **1** もくろむ, 企てる (intend) : ~ the next step 次の手を考える. **2** 《まれ》…に心を留める, 熟考する, 学ぶ : ~ the Muse 詩作に励む (Milton, *Lycidas*). ── *vi.* 沈思黙考する (ponder), (特に, 宗教的)黙想にふける (*on, upon*) : ~ *on* one's past life これまでの生涯[来し方]を反省する.

med·i·ta·tion [mèdətéɪʃən | -dɪ-] 〘《?a1200》□ (O)F *méditation* □ L *meditātiō(n-)* : ⇨ meditate, -ation〙 ── *n.* **1** 熟慮, 熟考 ; (特に, 宗教的)黙想, 沈思 : be lost in ~ 深い物思いに耽る. **2** [しばしば *pl.*] 黙想[瞑想, 黙思]録.

med·i·ta·tive [médətèɪtɪv, -ṭət- | -dɪtət-, -tèɪt-] 〘《1656》□ LL *meditātīv-us* : ⇨ meditate, -ative〙 *adj.* **1** 黙想的な. **2** 黙想にふける. **~·ly** *adv.* **~·ness** *n.*

méd·i·tà·tor [-ṭə | -tə(r] *n.* 黙想にふける人 ; 黙想家.

med·i·ter·ra·ne·an [mèdəṭəréɪniən, -njən | mèdɪtəréɪnjən, -niən] 〘《1594》← L *mediterrāneus* midland, island ← *medius* middle+*terra* land : ⇨ medio-, terra, -an[1]〙 ── *adj.* **1 a** 〈海が〉陸で包まれた (inland). **b** 〈土地が〉海岸から遠い, 内陸の. **2** [M-] **a** 地中海の, 地中海沿岸の. **b** 地中海民族の ; 地中海民族特有の, 浅黒く中背の. ── *n.* **1** [the M-] =Mediterranean Sea. **2** [M-] 地中海民族の特徴をもった人.

Mediterránean clímate *n.* 〘気象〙地中海性気候《雨が冬期に多く夏期に極めて少ない温帯冬雨気候》.

Mediterránean cýpress *n.* 〘植物〙セイヨウヒノキ (⇨ Italian cypress).

Mediterránean féver *n.* 〘病理〙地中海熱 (⇨ Malta fever).

Mediterránean frúit flỳ *n.* 〘昆虫〙チチュウカイミバエ (*Ceratitis capitata*)《幼虫が栽培果樹に大害を与えるミバエ科のハエ》.

Mediterránean ráce *n.* [the ~] 〘人類学〙地中海民族《昔, 地中海沿岸に住んだコーカサス人種で古代イベリア人 (Iberians)・リグリア人 (Ligurians)・ミノス人 (Minoans)・ハム人 (Hamites) の一部など ; 身長は中等ないし短, 体形が細く長頭で皮膚色はやや濃い》; (その子孫である)現代地中海沿岸諸民族.

Mediterránean Séa *n.* [the ~] 地中海《単に the Mediterranean ともいう》.

me·di·um [míːdiəm | míːdjəm, -diəm] 〘《1584》□ L ~ (neut.) ← *medius* middle, intermediate : ⇨ mid[1]〙 ── *n.* (*pl.* **~s, -di·a** [-diə | -djə, -diə]) **1 a** 中間, 中位, 中庸 (mean). **b** 中間にあるもの, 中間物. **2 a** (力・効果の伝達の手段となる)媒介物, 媒質, 媒体 : Air is a ~ *for* radio transmission. 空気は無線通信の媒体である. **b** 媒介, 手段, 機関 (means) ; (文学や音楽の)表現様式, テクニック : by [through] the ~ of …の媒介で, …の手を経て, …によって / the circulating ~ =the ~ of circulation 通貨, 流通貨幣 / a ~ of communication 報道機関 / a ~ of advertisement 広告機関. **c** [media ; 時に単数扱い] (広告に用いられる)マスメディア (mass media)《新聞・雑誌・ポスター・テレビなど》. **d** =MEDIUM of exchange. **e** (ある目的達成のための)仲介者 (go between). **3** (生物の生息のための)生活環境 (environment) ; 生活条件 : the ~ in which the poet lived その詩人が生きた環境. **4** (*pl.* ~s) 〘心霊〙巫女(̤), 霊媒 : a mental ~ テレパシーの霊媒 / a physical ~ 遠くの物体を動かすことのできる霊媒. **5** 〘美術〙**a** (絵具を溶く)展色剤 (vehicle). **b** (美術表現のための)材料, 媒体物《絵具・カンバス・彫刻用の石など》. **6** 〘論理〙媒辞《三段論法の小概念と大概念を前提で媒介し, 結論を導く働きをする仲介の概念[名辞] ; cf. middle term 1》. **7** 〘生物〙**a** (細菌の)培地, 培養基 (culture medium). **b** (顕微鏡用プレパラート製作用の)封入剤 (mounting medium). **8** 〘劇場〙(舞台に色光を投射するための)ライト用カラーフィルター, カラースクリーン. **9** 〘製紙〙メディアム(判)《紙の大きさ ; 通例 23×18 インチ [584.2×457.2 mm] または 22×17$^1/_2$ インチ [558.8×444.5 mm]》.

medium of exchange 交換媒介物《通貨・小切手など》.

── *adj.* **1** 中間の, 中位の, 中等の, 並の (moderate) : ~ goods 中等品 / ~ quality (品質の)中等 / ~ size 中型, 中判. **2** 〘料理〙〈ステーキなどの焼き方が〉中位の, ミーディアムの (cf. rare[2], well-done). **3** 〈ぶどう酒など〉辛口と甘口の中間の : a ~ dry sherry.

médium artíllery *n.* 〘軍事〙**1** [集合的] 中砲《米国では口径 105 mm より大, 155 mm 未満のカノン砲, 口径 105 mm より大, 155 mm 以下の榴弾砲 ; cf. heavy artillery, light artillery》. **2** [集合的] 中砲兵(部隊).

médium bómber *n.* 中型爆撃機《全備重量 10 万ポンド (約 45,360 kg) 以上, 25 万ポンド (約 113,400 kg) 未満の中距離戦略爆撃機 ; cf. heavy bomber》.

médium fáce *n.* 〘印刷〙メディアムフェース《lightface と boldface の中間の太さの活字書体 ; ⇨ weight》.

médium fréquency *n.* 〘通信〙中間周波数, 中波《300 kHz–3 MHz の電磁波 ; 1947 年の国際電気条約に基づく分類による ; 略 M.F., MF》.

me·di·um·is·tic [mìːdiəmístɪk | -djə-, -diə-] 〘⇨ medium, -istic〙 *adj.* 霊(媒)的な, 降神術の.

me·di·um·ize [míːdiəmàɪz | -djə-, -diə-] *vt.* 降神の霊媒にする, 霊媒状態に導く. **me·di·um·i·za·tion** [mìːdiəmɪzéɪʃən, -mə- | -djəmaɪ-, -diə-, -mɪ-] *n.*

médium láy *n.* =regular lay.

médium octávo *n.* 〘製本〙メディアムオクタボ(判) [八折判]《図書の大きさ ; 6×9$^1/_2$ インチ [152.4×241.3 mm] ; 略 medium 8vo》.

médium quárto *n.* 《英》〘製本〙メディアムクォート(判)[四折判]《図書の大きさ ; 12×9$^1/_2$ インチ [304.8×241.3 mm] ; 略 medium 4to》.

médium-scàle integrátion *n.* 〘電子工学〙中規模集積(回路)《large-scale integration に対して普通の規模の集積回路, 集積化のこと ; 略 MSI》.

médium shót *n.* 〘写真・映画・テレビ〙中距離ショット, ミディアムショット《人物を半身から 7 分身ぐらいの大きさに写すこと, またはその場面 ; cf. long shot》.

médium-sízed *adj.* 中型の, 中判の.

médium wáve *n.* 〘通信〙中波《周波数範囲 100-

1500 kHz, 波長 3,000–200 m の電波；cf. long wave 1, shortwave 1》.

me·di·us [míːdiəs | -djəs, -dɪəs] 〖□ L ～ 'middle' : cf. medium〗 *n.* (*pl.* **-di·i** [-diàɪ | -dɪ-]) 〖解剖〗中指 (middle finger).

MedL 《略》 Medieval Latin.

med·lar [médlə | -lə(r] 〖《?*a*1366》□ OF *medler* medlar tree ← *mesle* (F *nèfle*) medlar fruit < L *mespilum* □ Gk *méspilon*〗 **—** *n.* 〖植物〗 **1 a** セイヨウカリン (*Mespilus germanica*). **b** セイヨウカリンの果実. **2** ビワ(の実) (loquat).

med·ley [médli | -lɪ] 〖《?*a*1300》 *medlee* □ OF 《変形》 ← *meslee* a mixing (fem. p.p.) ← *mesler* to mix up : MELEE[1] と二重語：cf. meddle〗 **—** *n.* **1** 寄せ集め, ごった混ぜ, 混和物. **2** 《古》雑録. **3** 《古》乱闘. **4** 〖音楽〗(種々の曲を取り混ぜた)メドレー, 接続曲, 混成曲. **—** *adj.* 《古》ごった混ぜの, 寄せ集めの, 雑多の. **—** *vt.* 《古》混ぜる, ごった混ぜにする.

médley rèlay *n.* **1** 〖陸上競技〗メドレーリレー, 混合競走《それぞれの走者が不等距離を走る；cf. distance medley, sprint medley》. **2** 〖水泳〗メドレーリレー, 混合競泳《それぞれの泳者が異なる泳法を用いる競泳；cf. individual medley》.

Mé·doc [meɪdɑ́k | méɪdɔk, méd-, medɔ́k ; *F.* medɔk] *n.* **1** メドック《フランス Gironde 県北西部, Bordeaux の北西に当たる地方で, ぶどう酒の産地》. **2** 〖《1824》〗メドック(ワイン)《Médoc 地方産の赤ぶどう酒》.

me·dul·la [mɪdʌ́lə, mə-, me- | me-, mɪ-] 〖《1651》□ L ～ 'marrow (of bones)' ← *medius* middle〗 **—** *n.* (*pl.* **～s, -dul·lae** [-liː, -laɪ | -liː]) **1** 〖解剖〗 **a** 骨髄. **b** 脊髄. **c** 延髄. **d** (腎臓・副腎などの)中心部. **2** 〖動物〗毛髄. **3** 〖植物〗木髄 (pith).

medúlla ob·lon·gá·ta [-ɑ̀blɔ(ː)ŋgɑ́ːtə | -ɔ̀blɔŋgɑ́ːtə] 〖← NL ～ 'prolonged medulla'〗 **—** *L. n.* (*pl.* **～s, me·dullae ob·lon·ga·tae** [-tiː, -taɪ | -tiː]) 〖解剖〗延髄 (⇨ brain 挿絵).

med·ul·lar·y [médəlèri, -dl̩-, -dʒʊ-, mɪdʌ́ləri, mə- | medʌ́lərɪ, mɪ-] 〖《1620》□ L *medullāri-s* situated in the marrow : ⇨ medulla, -ary〗 **—** *adj.* **1** 〖解剖〗骨髄の, 髄でできた, 髄質の, 髄性の；延髄の. **2** 〖動物〗毛髄の. **3** 〖植物〗木髄の.

médullary búndle *n.* 〖植物〗髄内維管束.

médullary canál [cávity] *n.* **1** 〖生物〗＝medullary groove. **2** 〖解剖〗髄管.

médullary gróove [fúrrow] *n.* 〖生物〗髄溝(ずいこう).

médullary láyer *n.* 〖植物〗(地衣などの)髄層.

médullary pláte *n.* 〖生物〗髄板《脊椎動物の発生過程で, 外胚葉の一部が陥没してできる溝の壁》.

médullary ráy *n.* 〖植物〗 **1** 髄線, 射出髄, 放射組織《外長茎植物の木髄と樹皮との間に生じる組織》. **2** ＝vascular ray.

médullary shéath *n.* **1** 〖植物〗髄鞘(ずいしょう)《木髄を包む最下部の髄層から成る狭い輪状帯》. **2** 〖解剖〗髄鞘(ずいしょう)《神経細胞の軸索を包む；cf. myelin》.

med·ul·lat·ed [médəlèɪtɪd, -dl̩-, -dʒʊl-, mɪdʌ́leɪt-, -təd | médəlèɪt-, medʌ́leɪt-, mɪ-] 〖⇨ medulla, -ate[2], -ed〗 **—** *adj.* **1** 〖解剖〗骨髄[脊髄]のある. **2** 〖植物〗木髄[髄鞘(ずいしょう)]のある.

med·ul·la·tion [mèdəléɪʃən, -dl̩-, -dʒʊl- | -dəl-] 〖⇨ medulla, -ation〗 *n.* 〖生理・解剖〗骨髄形成, 髄質化, 髄鞘(ずいしょう)形成.

me·dul·lin [mɪdʌ́lɪn, mə-, me-, médəl-, -dl̩-, -dʒʊ- | médəlɪn, medʌ́l-, mɪ-] 〖← MEDULLA＋-IN[1]〗 **—** *n.* 〖薬学・生化学〗メダリン《腎臓の中心部から採るプロスタグランジン (prostaglandin)；高血圧治療用》.

med·ul·li·za·tion [mèdəlɪzéɪʃən, -dl̩-, -dʒʊl-, mɪdʌ́l-, mə-, me-, -lə- | mèdəlaɪ-, medʌ́l-, mɪ-, -lɪ-] 〖← MEDULLA＋-IZATION〗 **—** *n.* 〖病理〗(骨髄炎における骨組織の)骨髄化.

me·du·sa [mɪd(j)úːsə, mə-, -zə | mɪdjúːzə, me-, mə-, -sə] 〖《*a*1393》: ↓〗 **—** *n.* (*pl.* **-du·sae** [-siː, -ziː, -saɪ, -zaɪ | -ziː, -siː], **～s**) 〖動物〗クラゲ (jellyfish)《腔腸動物 (ヒドロゾア綱と鉢水母綱)と有櫛動物で水中に浮遊して生活する動物》.

Me·du·sa [mɪd(j)úːsə, mə-, -zə | mɪdjúːzə, me-, mə-, -sə] 〖《*a*1393》□ L *Medūsa* □ Gk *Médousa* 《原義》guardian (fem. pres.p.) ← *médein* to protect, rule over〗 **—** *n.* 〖ギリシャ神話〗メドゥサ《三人姉妹の怪物 Gorgons の一人；頭髪は多数の蛇から成り, その醜怪な姿をまともに見た人は石に化したという；Perseus は鏡を向けて近づき, Medusa 自身を石に化し, その頭を Athena の盾に取りつけた》.

Medusa

medusae *n.* medusa の複数形.

medúsa·fish *n.* 〖魚類〗メドゥサフィッシュ (*Icichthys lockingtoni*)《米国 California 州沖の深海に生息し, クラゲと共生するクロメダイ科の魚》.

me·du·sal [mɪd(j)úːsəl, mə-, -zəl, -sl̩, -zl̩ | mɪdjúː-] *adj.* 〖動物〗＝medusan.

me·du·san [mɪd(j)úːsn̩, mə-, -zn̩ | mɪdjúː-, me-, mə-] 〖← MEDUSA＋-AN[1]〗 〖動物〗 *adj.* クラゲの[に関する]. **—** *n.* クラゲ (medusa).

medúsa's héad *n.* 〖植物〗 **1** ヤマブシタケ, シシガシラ (*Hydnum caput-medusae*)《側面と下面から 1–5 cm ほどの針を無数に垂らすキノコ；食用になる》. **2** テンコウリュウ (*Euphorbia caput-medusae*)《Capetown 付近の山の岩山の頁岩(けつがん)の間に自生するトウダイグサ科の植物》.

me·du·soid [mɪd(j)úːsɔɪd, mə-, -zɔɪd | mɪdjúːzɔɪd, me-, mə-, -sɔɪd] 〖← MEDUSA＋-OID〗 〖動物〗 **—** *adj.* くらげ状の, くらげに似た. **—** *n.* **1** ヒドロ虫のくらげ形の芽体. **2** クラゲ (medusa).

Med·way [médweɪ] 〖OE *Medwæg* 《原義》the river with sweet water ← ? Celt. *medu* mead＋OE *Wæġe* (⇨ wye)〗 **—** *n.* [the ～] イングランド南東部の川 (110 km)；Weald 山地北西部に発して Kent 州の Sheerness で Thames 河口に注ぐ.

meed [míːd] 〖OE *mēd* < (WGmc) **mēda* (G *Miete* hire) ← IE **mizdho-* reward, pay (Gk *misthós* reward / Skt *mīḍha* prize, reward)〗 **—** *n.* **1** 《古》報い, 報酬 (reward)：one's ～ of praise [blame, honor] 当然の[正当な]賞賛[非難, 名誉]. **2** 《古》賄賂(わいろ)；不正利得. **3** 《廃》功 (merit)；値打ち, 価値 (worth).

meek [míːk] 〖《?*c*1200》 *mēke, mēoc* □ ON *mjūk-r* soft, mild, meek < Gmc **meuk-* ← IE **meug-, *meuk-* to slip；slippery (L *mūcus*)：cf. muck〗 **—** *adj.* (**～·er**；**～·est**) **1** 腹を立てないでじっとがまんする；温和な, 柔和な (mild)：(as) ～ as a lamb [a maid, Moses] きわめておとなしい, 従順な. **2** (無礼や不正に対し)屈従的な, 勇気のない, ふがいのない (spiritless). **3** 《廃》優しい, 親切な. **～·ly** *adv.* **～·ness** *n.*

mee·mies [míːmiz | -mɪz] 〖略〗 *n. pl.* [通例 the ～；単数扱い] ＝screaming meemies.

Meer [méə, míə | méə(r, míə(r；*Du.* méːr], **Jan van der** [van dər] *n.* ⇨ Jan VERMEER.

meer·kat [míəkæt | míə-] 〖《1481》□ Du. ～ 'monkey' : cf. G *Meerkatze* 《原義》sea-cat / Skt *markaṭa*〗 **—** *n.* 〖動物〗 **1** ミーアキャット (*Cynictis penicillata*)《アフリカ南部産のマングースの類の肉食動物》. **2** ＝suricate.

meer·schaum [míəʃəm, -ʃɔːm | míəʃəm, -ʃaʊm] 〖《1784》□ G *Meerschaum* ← *Meer* sea＋*Schaum* foam〗 **—** *n.* **1** 〖鉱物〗海泡石, メヤシャム ($H_4Mg_2Si_3O_{10}$)《主に小アジアに産する白色多孔性の軽い粘土状の鉱物；主にたばこのパイプの材料；sepiolite ともいう》. **2** 海泡石[メヤシャム]のパイプ.

Mee·rut [méɪrət, mí(ə)r- | míər-] *n.* メーラト《インド Uttar Pradesh 州北西部の都市；Sepoy の乱の発端の地 (1857)；人口 271,000》.

meet[1] [míːt] 〖*v.*: OE *mētan, ġemētan* < Gmc **ʒamōtjan* ← **mōtam* 'MOOT'. **—** *n.*：《1831》← (*v.*)〗 **—** *vt.* (**met** [mét]) **1 a** 〈別方向から来た人・もの〉と出会う；出くわす, すれ違う：～ a person in [on] the street / ～ a person in the face 人と顔を突き合わせる[はち合わせをする] / Well *met*! よい所で会った. **b** (偶然・通りすがりに)見かける：～ foreigners on the street. **2** 〈道・川・線などが〉〈別のもの〉と合する, 合う, 交わる：One river ～*s* another there. 二つの川がそこで合流する. **3** (物理的に)…に接触する, 触れる；衝突する：His hand *met* hers. 彼の手が彼女の手に触れた / the place where the sea ～*s* the sky 海が空に接する所. **4** (正式な紹介によって)〈人〉と近づきとなる, 知り合いになる；(紹介されて)〈人〉に会う：Come to dinner to ～ my sister. 晩餐にお出で下さい, 妹をご紹介しましょう / *Meet* Mr. Brown. ブラウンさんをご紹介します / I'm glad to ～ you. 初めまして, よろしく《主に米国での初対面の挨拶》. **5** (討論・折衝などのため)会見する, 面談する：The owners are ready to ～ the miners. 会社側ではいつでも鉱夫たちと会って話合うつもりでいる. **6 a** 〈人・乗物を〉出迎える：～ one's uncle at the station おじを駅に出迎える / ～ one's guests at the door 玄関で来客の応待をする. **b** 〈乗物が〉…に連絡する：A bus from the hotel ～*s* all trains. ホテルのバスがすべての到着列車に連絡している. **7** 〈物が〉〈目・耳・鼻など〉に入ってくる：～ a person's eye [gaze] 人の視線に気付く；人に見られても顔をそむけない / There's more in most things than ～*s* the eye. 大抵のものには目に触れる以上のものがある. **8 a** …と会戦[交戦]する；競争[対抗]する. **b** …に直面する (face, confront)；対処する：～ one's fate calmly 平然として運命に従う[従って死ぬ] / ～ a calamity with a smile 笑顔で災難に対処する. **c** 〈反対・非難などを〉論駁(ろんばく)する (refute), 弁明する：～ a person's objections 人の反対を論駁する. **9** 経験する：～ misfortune. **10 a** 〈要求などを〉満足させる, かなえる, …に応じる：～ a person's wishes [demands] 人の望み[要求]をかなえる / ～ the requirements of a situation その場の必要を満たす / ～ the case その場合にかなう[間に合う]. **b** 〈負債・勘定を〉支払う, 弁償する (discharge)：～ one's liabilities [a bill] 負債[手形]の支払いをする / ～ a bill 手形を決済する.

— *vi.* **1** 出会う, (社交的に)会う；(紹介などを受けて正式に)会う：We correspond regularly but seldom ～. 文通はきまってするが会うことはめったにない / He and I know each other by sight but have never *met*. 顔見知りではあるがまだ(正式に)会ったことはない. **2** 〈線・面・道路などが〉合する, 接する, 交わる, 合流する；〈両端が〉相接する, 触れ合う：Extremes ～. 《諺》両極端は相通じる[相似る] / This string won't ～ round the parcel. この紐は小包に回らない《長さが足りなくて両端が合わない》/ The two trains ～ there. 両列車はその地点ですれ違う / Her wrist was so slender that my fingers went round it and *met*. 彼女の手首はほっそりしていたので指を回すと両端が触れた. **3 a** 会合する 〈*together*〉. **b** 〈会などが〉開かれる：Congress ～*s* tomorrow. 議会は明日開かれる. **4** 〈諸性質が〉〔同一の人・物の中に〕結合する (unite) 〔*in*〕：Beauty and intelligence seldom ～ in the same person. 同一人物が才色を兼備していることはまれだ.

make* (*both* [*two*]) *ends meet ⇨ end 成句. ***meet a person halfway*** ⇨ halfway *adv.* 成句. ***meet in with*** 〈人〉と出会う. ***meet up with*** 《口語》〈人・事件〉に(偶然)出くわす：We *met up with* a flat tire. 思いがけず車がパンクした. ***meet with*** (1) …を経験する, 味わう：～ *with* adventures, ill-treatment, kindness, a loss, success, etc. (2) …に出会う, 出くわす, …を偶然見出す：～ *with* a rare book 珍本を見出す / ～ *with* an old acquaintance in a bus バスの中で旧友に出くわす. (3) 《米》…と面会[会見]する：～ *with* the mayor to put a new streetlight 街灯を新設してもらうため市長と会見する.

— *n.* **1** 会, 大会, 競技会. ★《英》では通例 meeting：an air ～ 飛行大会 / an athletic ～ 陸上競技会, 運動会 / a track ～ 陸上競技会 / a swim ～ 水泳大会. **2 a** (狩を前にしての猟師や猟犬の)勢ぞろい, 集合. **b** (自転車遠乗り隊などの)集合. **3 a** [集合的] 集合者, 会衆. **b** 集合所, 会場. **c** 《俗》会合(の約束). **4** 〖数学〗交わり (intersection).

meet[2] [míːt] 〖OE (*ġe*)*mǣte* suitable, 《原義》commensurate ← Gmc **ʒa-* 'Y-'＋**mæt-, *met-* 'to METE[2]' (G *gemäss* comfortable) ← IE **med-* : ⇨ medical〗 **—** *adj.* 《古》適当で, ふさわしい (suitable)：It was ～ that we should make merry. われらの楽しみ喜ぶは当然なり(*Luke* 15 : 32). **～·ly** *adv.* **～·ness** *n.*

méet·ing [-tɪŋ | -tɪŋ] 〖《*a*1325》 *meting* : ⇨ meet[1], -ing[1] : cf. OE *ġemēting* 《なぞり》← L *conventiō, concilium*〗 **—** *n.* **1** 会合, 集合, ミーティング；出会い；面会. **2 a** 会戦, 対戦. **b** 《古》決闘. **3** 接合[連結, 交差, 合流]点：the ～ of two roads, rivers, etc. **4 a** (特殊な目的の)会, 大会, 集会 (cf. meet[1] *n.* 1)：a farewell [welcome] ～ 送別[歓迎]会 / a general [an ordinary] ～ 総[例]会 / ⇨ basket meeting, camp meeting, experience meeting, indignation meeting, mass meeting, race meeting / break up [dissolve] a ～ 会を解散する, 閉会する / call a ～ 会を招集する / hold [have] a ～ 会を催す / open a ～ 開会する. **b** (宗教的)集会 (congregation). ★英国ではもと非国教派の礼拝集会をいったが, 今は主としてクエーカー派の集会だけをいう (cf. meetinghouse). **c** [the ～；集合的] 会衆：address *the* ～ 会衆に挨拶する.

meeting of* (*the*) *minds 意見の一致, 同意 (agreement). ***speak out in meeting*** 《米口語》(周囲の事情を構わず)はっきりと[率直に]意見を述べる.

méeting·hòuse *n.* 《米》会堂, 教会堂, 礼拝堂. ★英国ではもと非国教派の会堂をいったが, 今はクエーカー派の礼拝堂をいう以外は多く軽蔑的に用いる.

méeting plàce *n.* **1** 会場；集合所. **2** 合流点.

méeting pòst *n.* 〖土木〗＝miter post.

méeting ràil *n.* 〖木工〗重ね框(かまち), 重ね桟(さん)《上げ下げ窓の閉じたときに中央で重なり合う框》.

mef·e·nám·ic ácid [mèfənǽmɪk- | -fɪ-] 〖*mefenamic* : ← (DI)ME(THYL)＋*fen-* (《変形》← PHENYL)＋AM(INOBENZO)IC〗 **—** *n.* 〖薬学〗メフェナミン酸《鎮痛・消炎剤》.

Me·fi·tis [mɪfáɪtɪs, mə-, -təs | mefáɪtɪs] *n.* 〖ローマ神話〗＝Mephitis 2.

meg, M- [még] 〖商標名〗 *n.* 〖電気〗小型絶縁試験器 (cf. megger).

Meg [még] 〖(dim.) ← MARGARET〗 *n.* 女性名.

meg. 《略》megacycle；megaton；megawatt；megohm.

meg- [meg] (母音の前に来る時の) mega- の異形：*meg*ohm.

mega- [mégə] 〖← Gk *mégas* large : cog. L *magnus* great / OE *miċel* 'MUCH'〗 **—** 「大きい, 大型の；〖物理〗100 万(倍)の, 10^6, メガ」の意の連結形 (cf. kilo-, giga-, tera-)：*mega*phone, *mega*type. ★母音の前では通例 meg- になる.

méga-associàtion *n.* 巨大協会[連合], 超大企業, 大会社.

méga·bàr *n.* 〖物理・気象〗メガバール《気圧の単位；＝100 万 bars；略 mbar》.

méga·bìt *n.* 〖電算機〗メガビット《記憶容量の単位；＝100 万 bits》.

méga·bùck 〖← MEGA-＋BUCK[1] (n.) 4〗 *n.* 《米俗》100 万ドル.

méga·bỳte *n.* 〖電算機〗メガバイト《記憶容量の単位；＝100 万 bytes》.

mèga·cephálic *adj.* 〖人類学〗大頭の《特に, 頭蓋(とうがい)容積が男子では 1,450 cc., 女子では 1,300 cc. 以上のものにいう；cf. microcephalic》.

mèga·céphalous *adj.* 〖人類学〗＝megacephalic.

meg·a·chi·lid [mègəkáɪlɪd, -ləd | -lɪd] 〖↓〗〖昆虫〗 *adj.* ハキリバチ(科)の. **—** *n.* ハキリバチ《ハキリバチ科のハチの総称》.

Mega·chil·i·dae [mègəkíləd̀iː | -lɪ-] 〖← NL～ ← *Megachile* (属名 : ← MEGA-＋Gk *kheîlos* lip)＋-IDAE〗 *n. pl.* 〖昆虫〗(膜翅目)ハキリバチ科.

méga·cìty *n.* 100 万都市, 巨大都市.

méga·cùrie 〖← MEGA-＋CURIE〗 *n.* 〖物理〗メガキュリー《放射性物質の量の単位；＝100 万 Cur；記号 MCur》.

méga·cỳcle *n.* 〖通信〗メガサイクル《1 秒につき 100 万サイクル；megahertz の旧名；略 mc, Mc.》.

méga·dèath *n.* 100 万人の死《核戦争での被害単位》.

Meg·a·der·mat·i·dae [mègədəːmǽtədìː | -dəː-mǽtɪ-] 〖← NL ～ ← *Megadermat-, Megaderma* (属名: ⇨ mega-, -derma)＋-IDAE〗 ── *n. pl.* 〖動物〗アラコウモリ科.

meg·a·dont [mégədɑ̀nt | -dɔ̀nt] 〖← MEGA-＋-(O)-DONT〗 *adj.* 〖病理〗＝macrodont.

méga·dỳne *n.* 〖物理〗メガダイン《cgs 単位系の力の単位; ＝100 万 dynes》.

méga·elèctron vólt *n.* 〖物理〗メガ電子ボルト《100 万電子ボルト; 略 MeV》.

Me·gae·ra [mɪdʒí(ə)rə, mə- | mɪdʒíərə, me-, mə-] 〖▭ L ～ ▭ Gk *Mégaira* ← *megaírein* to grudge〗 *n.* 〖ギリシャ・ローマ神話〗メガイラ《Furies の一人》.

méga·evolútion *n.* 〖生物〗＝macroevolution.

méga·fòg *n.* (いくつかの方向に向いた拡声器による)濃霧警報装置.

Meg·a·gae·a [mègədʒíːə] 〖← NL ～ ← MEGA-＋Gk *gaîa* earth〗 ── *n.* 〖動物〗北界《三大動物地理区分の一つで, 北米・メキシコ北部・ヨーロッパ・アフリカ・アジアを含む広大な地域》. **Mèg·a·gáe·an** [-ən] *adj.*

méga·gaméte 〖⇨ mega-, gamete〗 *n.* 〖生物〗＝macrogamete.

mèga·gamétophyte 〖← MEGA-＋GAMETOPHYTE〗 *n.* 〖植物〗大配偶子体 (cf. microgametophyte).

mèga·hallúcinogen 〖← MEGA-＋HALLUCINOGEN〗 *n.* 強力幻覚誘発性物質《LSD 以降に開発された幻覚誘発性物質の通称》.

méga·hèrtz *n.* (*pl.* ～) 〖電気〗メガヘルツ《振動数・周波数の単位; ＝100 万 Hz; 記号 MHz; cf. kilohertz》.

méga·jòule *n.* 〖物理〗メガジュール《エネルギーの単位; ＝100 万 joules》.

mèga·káryoblast *n.* 〖解剖〗巨核芽球《骨髄中にあって巨核球に成熟する細胞》.

mèga·káryocyte *n.* 〖解剖〗巨核球《骨髄中にあって, その破片が血小板となると考えられている大型細胞》.

meg·al- [mégəl] (母音の前に来る時の) megalo- の異形.

mèga·lécithal *adj.* 〖生物〗〈卵が〉卵黄の多い, 多黄卵の.

-me·ga·lia [mɪgéɪljə, mə-] -megaly の異形.

meg·a·lith [mégəlɪθ] 〖← MEGA-＋-LITH〗 ── *n.* 〖考古〗(主に新石器時代から青銅器時代にかけての建造物, 多くは墓や記念物としての)巨石《menhir, dolmen, stone circle, cromlech など》.

meg·a·lith·ic [mègəlíθɪk] *adj.* **1** 大石[巨石]を集めて造った, 大石の (↔ microlithic). **2** 巨石遺構[巨石記念物]を造った社会集団の, 巨石文化の.

megalíthic mónument *n.* 〖考古〗あまり加工しない巨大な石による建造物《menhir, alignment, stone circle, dolmen などの総称; 主に新石器時代後半から金属器時代初期の世界各地に見られる》.

meg·a·lo- [mégəlo(ʊ) | -lə(ʊ)] 〖▭ Gk *megalo-* ← *mégas*, large: cf. mega-, -o-〗「大きい, 巨大な, 雄大な」の意の連結形. ★ 母音の前では通例 megal- になる.

meg·a·lo·blast [mégəlo(ʊ)blæ̀st | -lə(ʊ)-] 〖⇨↑, -blast〗 *n.* 〖病理〗巨赤芽球.

meg·a·lo·car·di·a [mègəlo(ʊ)kɑ́ədiə | -lə(ʊ)kɑ́ːdɪə, -djə] 〖← MEGALO-＋Gk *kardía* heart (⇨ cardio-)〗 *n.* 〖病理〗巨大心臓症, 心臓肥大(症).

mègalo·cephálic 〖⇨ megalo-, -cephalic〗 *adj.* 〖人類学〗＝megacephalic.

mègalo·céphalous *adj.* 〖人類学〗＝megalocephalic.

meg·a·lo·ceph·a·ly [mègəlo(ʊ)séfəli | -lə(ʊ)kéfəlɪ, -séf-] 〖← MEGALO-＋Gk *kephalḗ* head〗 *n.* 〖病理〗巨頭症.

meg·a·lo·ma·ni·a [mègəlo(ʊ)méɪniə, -lə- | -lə(ʊ)méɪnjə, -nɪə] 〖← NL ～ : ⇨ megalo-, -mania〗 *n.* **1** 〖精神医学〗誇大妄想. **2** 誇大癖.

meg·a·lo·ma·ni·ac [mègəlo(ʊ)méɪniæ̀k, -lə- | -lə(ʊ)-méɪnɪæ̀k] 〖← NL ～ : ⇨ megalo-, maniac〗 *n.* 〖精神医学〗誇大妄想者. ── *adj.* ＝megalomaniacal.

meg·a·lo·ma·ni·a·cal [mègəlo(ʊ)mənáɪəkəl, -lə- | -lə(ʊ)-] *adj.* 誇大妄想の. **～·ly** *adv.*

mèg·a·lo·mán·ic [-mǽnɪk] *adj.* ＝megalomaniacal.

meg·a·lo·pa [mègəlóupə | -ləú-] 〖← NL ～ ← Gk *megalṓpē* (fem.) ← *megalṓpós* having large eyes: ⇨ megalo-, -ops〗 *n.* 〖動物〗＝megalops.

meg·a·lo·pi·a [mègəlóupiə | -ləúpɪə, -pjə] *n.* 〖眼科〗＝megalopsia.

meg·a·lop·o·lis [mègəlɑ́pəlɪs, -ləs | -lɔ́pəlɪs] 〖← MEGALO-＋POLIS〗 *n.* **1** 巨大都市. **2** メガロポリス《幾つかの大都市とその周辺とが帯状に連なってできた都市地帯; Boston-Washington 地帯など》.

meg·a·lop·o·lis·tic [mègəlɑ̀pəlístɪk | -lɔ̀p-] *adj.*

meg·a·lo·pol·i·tan [mègəlo(ʊ)pɑ́lətn̩, -tən | -lə(ʊ)-pɔ́lɪtən] *adj., n.* 巨大都市[メガロポリス]の(住民).

mèg·a·lo·pól·i·tan·ism [-tn̩ìzm, -tən- | -tən-] *n.* 巨大都市[メガロポリス]性[的性格].

meg·a·lops [mégəlɑ̀ps | -lɔ̀ps] 〖← NL ～ : ⇨ megalo-, -ops〗 ── *n.* (*pl.* ～, ～·es) 〖動物〗メガローパ《カニ類のゾエア (zoea) に次ぐ幼生》. **meg·a·lop·ic** [mègəlɑ́pɪk | -lɔ́p-] *adj.*

meg·a·lop·si·a [mègəlɑ́psiə | -lɑ́psɪə] 〖← NL ～ ← MEGALO-＋Gk *ópsis* sight (⇨ optic)＋-IA[1]〗 *n.* 〖眼科〗巨視(症).

Meg·a·lop·ter·a [mègəlɑ́ptərə | -lɔ́p-] 〖← NL ～ ← MEGALO-＋-*ptera* ((neut. pl.) ← Gk -*pteros* '-PTEROUS')〗 *n. pl.* 〖昆虫〗広翅目.

meg·a·lop·ter·an [mègəlɑ́ptərən | -lɔ́p-] *n.* 〖昆虫〗広翅目の昆虫. **mèg·a·lóp·ter·ous** [-tərəs] *adj.*

meg·a·lo·saur [mégəlo(ʊ)sɔ̀ə | -lə(ʊ)sɔ̀ː(r)] 〖⇨ Megalosaurus〗 ── *n.* 〖古生物〗メガロサウルス《ジュラ紀後期から白亜紀初期にいた竜盤類獣脚亜目メガロサウルス属 (*Megalosaurus*) の肉食性恐竜》.

meg·a·lo·sau·ri·an [mègəlo(ʊ)sɔ́ːriən | -lə(ʊ)sɔ́ːrɪ-] *adj., n.* 〖古生物〗メガロサウルス(の).

meg·a·lo·sau·rus [mègəlo(ʊ)sɔ́ːrəs | -lə(ʊ)-] 〖← NL ～ : ⇨ megalo-, -saurus〗 *n.* 〖古生物〗 **1** [M-] メガロサウルス属. **2** ＝megalosaur.

-meg·a·ly [mégəli | -lɪ] 〖← NL *-megalia* : ⇨ mega-lo-, -ia[1]〗 〖病理〗「(…の部分の)巨大(症)」の意の名詞連結形: acro*megaly*. ★ 異形は -megalia.

méga·machìne 〖⇨ mega-, machine〗 *n.* 超科学技術《科学技術の支配する人間疎外の社会組織》.

mèga·millionáire *n.* 億万長者, 大富豪.

méga·nèwton 〖⇨ mega-, newton〗 *n.* 〖物理〗メガニュートン《mks 単位系の力の単位; ＝100 万 newtons》.

Me·gan·thro·pus [məgǽnθrəpəs, mègænθróu-| mɪ-gǽnθrə-, me-, mə-, mègænθrə́ʊ-] 〖← NL ～ : ⇨ mega-, -anthropus〗 ── *n.* 〖人類学〗メガントロプス属《ジャワで発見された前期ないし中期洪積世の人類を含む属名; 大きな下顎(がく)骨と歯の一部が発見されているが, その帰属は不明》.

mèga·pársec 〖⇨ mega-, parsec〗 *n.* 〖天文〗メガパーセク《天体の距離を表わす単位; ＝10^6 パーセク; 3.26×10^6 光年》.

meg·a·phone [mégəfòun | -fə̀un] 〖(1878) ← MEGA-＋-PHONE〗 ── *n.* メガホン, 拡声器; 拡声らっぱ. ── *vt.* メガホンで呼びかける[伝える]. ── *vi.* メガホンで話す. **meg·a·phon·ic** [mègəfɑ́nɪk | -fɔ́n-] *adj.*

meg·a·pod [mégəpɑ̀d | -pɔ̀d] 〖↓〗 *adj.* 大脚の. ── *n.* 〖鳥類〗＝megapode.

meg·a·pode [mégəpòud | -pə̀ud] 〖← NL ～ : ⇨ mega-, -pode〗 *n.* 〖鳥類〗ツカツクリ《南洋・オーストラリア産ツカツクリ科の鳥類の総称; 大脚をもち土と枯葉の山を造りその中に卵を産む; mound bird, incubator bird ともいう; cf. brush turkey》.

Meg·a·po·di·i·dae [mègəpədáɪədìː | -dáɪɪ-] 〖← NL ～ ← *Megapodius* (属名: ← MEGA-＋-*podius* (← Gk *pod-, poús* foot))＋-IDAE〗 *n. pl.* 〖鳥類〗ツカツクリ科.

me·gap·o·lis [mɪgǽpəlɪs, mə-, me-, -ləs | megǽpəlɪs, mɪ-, mə-] 〖← MEGA-＋-POLIS〗 *n.* ＝megalopolis.

Meg·a·ra[1] [mégərə] 〖▭ Gk *Mégara*〗 *n.* メガラ《ギリシャ南部, Athens 西方の港市; 古代の Megaris 地方の中心都市》.

Meg·a·ra[2] [mégərə] *n.* 〖ギリシャ神話〗メガラ《Creon の娘; 息子の Deicoön と共に, 一時気の狂った夫 Hercules に殺される》.

méga·ràd 〖← MEGA-＋RAD〗 *n.* 〖物理〗メガラド《放射線量の単位; ＝100 万 rads》.

Me·gar·i·an [mɪgé(ə)riən, mə-, me- | megéərɪ-] 〖⇨ Megara[1], -ian〗 ── *adj.* 〖哲学〗(古代ギリシャの都市 Megara の Euclid が, Socrates と Eleatic の影響を受けて創始した)メガラ派の[に属する]. ── *n.* メガラ派の哲学者.

Me·gar·ic [mɪgǽrɪk, mə-, me- | me-] 〖▭ L *Megaricus* ▭ Gk *Megarikós* belonging to Megara〗 *adj., n.* ＝Megarian.

Meg·a·ris [mégərɪs, -rəs | -rɪs] *n.* メガリス《古代ギリシャ Corinth 地峡の丘陵地帯》.

meg·a·ron [mégərɑ̀n | -rɔ̀n] 〖▭ Gk *mégaron* ← MEGA-＋-*ron* (n. suf. of place)〗 ── *n.* 〖建築〗メガロン《古代ギリシャのミケナイ時代の王宮の居室; 中央に炉のある四角な部屋と, 二柱構成のポーティコ (portico) から成る; ギリシャ神殿の原型といわれる; cf. hairpin megaron》.

méga·sclère 〖← MEGA-＋SCLERE〗 *n.* 〖動物〗主大骨片《同一種の海綿の骨片が大小 2 種から成る場合の大きい方の骨片; cf. microsclere》.

meg·a·scop·ic [mègəskɑ́pɪk | -skɔ́p-] *adj.* **1** 拡大された. **2** 肉眼で見える, 肉眼的な (cf. microscopic). **mèg·a·scóp·i·cal·ly** *adv.*

mèga·sporángium 〖← NL ～ : ⇨ mega-, sporangium〗 *n.* (*pl.* **-gia**) 〖植物〗胞囊(ほう), 大胞子囊 (cf. microsporangium).

meg·a·spore [mégəspɔ̀ə, -spòə | -spɔ̀ː(r)] 〖← MEGA-＋SPORE〗 ── *n.* 〖植物〗 **1** 大芽胞, 大胞子. **2** (種子植物の)胚囊(はい). **meg·a·spor·ic** [mègəspɔ́ːrɪk, -spɔ́r- | -spɔ́ːr-] *adj.*

mèga·spòro·génesis 〖← NL ～ : ⇨ megaspore, genesis〗 *n.* 〖植物〗大胞子生殖, 大芽胞繁殖 (cf. sporogenesis).

mèga·spórophyll *n.* 〖植物〗大芽胞葉, 大胞子葉.

me·gass [mɪgǽs, mə- | mɪ-] 〖(変形) ? ← BAGASSE〗 *n.* (*also* **me·gasse** [～]) ＝bagasse.

méga·strùcture *n.* 巨大な建物, 超大型ビル.

méga·tànker *n.* 大型タンカー (cf. tanker 1).

méga·tèchnics *n.* (高度技術社会の)超大機械化.

meg·a·there [mégəθìə | -θìə(r)] 〖← NL *megathērium* ← MEGA-＋Gk *thēríon* beast (⇨ -therium)〗 ── *n.* 〖古生物〗メガテリウム, オオナマケモノ《北米中部鮮新世から更新世に生息していたオオナマケモノ属 (*Megatherium*) の哺乳類》. **meg·a·the·ri·an** [mègəθí(ə)riən | -θíərɪ-] *adj.*

Meg·a·the·ri·um [mègəθí(ə)riəm | -θíərɪ-] 〖↑〗 *n.* 〖古生物〗 **1** [M-] オオナマケモノ属. **2** ＝megathere.

meg·a·therm [mégəθə̀ːm | -θə̀ːm] 〖⇨ mega-, -therm〗 ── *n.* 〖植物〗高温多湿性植物《生長に非常な高温と湿気を必要とする植物; cf. mesotherm, microtherm》. **mèga·thérmal** *adj.* **mèga·thérmic** *adj.*

méga·tòn *n.* **1** メガトン, 100 万トン. **2** メガトン《TNT (高性能爆薬) 100 万トンに相当する爆発力, 特に, 水爆について使う単位》. **meg·a·ton·ic** [mègətɑ́nɪk | -tɔ́n-] *adj.*

meg·a·tron [mégətrɑ̀n | -trɔ̀n] 〖← MEGA-＋(ELEC)-TRON〗 *n.* 〖電子工学〗メガトロン (⇨ lighthouse tube).

méga·ùnit *n.* 〖薬学〗100 万単位《抗生物質, ホルモン等標準品の薬理作用を基に薬物量を示す場合, 単位と呼ぶ》.

méga·vàr *n.* 〖電気〗メガバール《無効電力の単位; ＝100 万 vars》.

méga·vòlt *n.* 〖電気〗メガボルト, 100 万ボルト (略 MV).

mégavolt-ámpere *n.* 〖電気〗100 万ボルトアンペア (略 MVA, Mva).

méga·wàtt *n.* 〖電気〗メガワット, 100 万ワット, 1,000 キロワット (略 MW, Mw).

mégawatt-hóur *n.* 〖電気〗メガワット時《電力量の単位で 1000 kWh (キロワット時)に等しい; 略 MWh, Mwhr》.

méga·wòrd *n.* 〖電算機〗メガワード《記憶容量の単位; ＝100 万 words》.

meg·ger [mégə | -gə(r)] 〖商標名〗 *n.* 《英》〖電気〗メガー《絶縁試験器の一種; cf. meg》.

Me·gid·do [mɪgídou, mə- | -dəu] *n.* メギド《Palestine 北部イスラエル, Hifa の南東 30 km にある古代都市遺跡; 戦略・交通の要衝としてしばしば戦場となった; 聖書の Armageddon と考えられている》.

me·gil·lah [mɪgílə, mə-] 〖▭ Heb. *m^e ghillā^h* ← *gālál* to roll〗 ── *n.* (*also* **me·gil·la** [～]) **1** (*pl.* **me·gil·loth** [-lout, -louθ | -laut, -ləuθ]) 〖聖書〗(ユダヤの祭日にそれぞれ読まれた)巻物《Esther, Ecclesiastes, The Song of Solomon, Ruth, Lamentations の五書のうちの一書にいう》: the five *Megilloth* 巻物五書. **2** 〖▭ Yid. ～ ▭ Heb.〗 (*pl.* ～**s**) 《俗》 **a** 長たらしい説明[話]. **b** 複雑な問題[事件].

me·gilp [mɪgílp, mə-] 〖(1768) ← ?〗 *n.* メギルプ《油絵用の揮発性溶(と)き油; マスチック・ワニスに亜麻仁油を混ぜて製する》.

meg·ohm [mégòum | -ə̀um] 〖← MEGA-＋OHM〗 *n.* 〖電気〗メグオーム《抵抗の単位; ＝100 万 ohms; 記号 MΩ》.

mégohm·mèter 〖⇨↑, -meter[1]〗 *n.* 〖電気〗メグオーム計測器, 絶縁抵抗計.

Me·grez [míːgrez, még-] 〖▭ Arab. *mághriz* place of growth〗 *n.* 〖天文〗メグレズ《おおぐま(大熊)座 (Ursa Major) の δ 星で 3.5 等星》.

me·grim[1] [míːgrɪm, méɪ-, -grəm | míːgrɪm] 〖(1398) *migrene* ▭ (O)F *migraine* ▭ LL *hēmicrānia* 'HEMICRANIA'〗 ── *n.* **1** 〖病理〗片頭痛. **2** [*pl.*] 憂鬱, 気のふさぎ: a woman with the ～*s* 気ふさぎ屋の女性. **3** 《古》空想, 気まぐれ. **4** [*pl.*] 〖獣医〗暈倒(うん)病.

me·grim[2] [míːgrɪm, -grəm | -grɪm] 〖← ?〗 *n.* 〖魚類〗ヨーロッパ産の小型のヒラメの一種 (*Lepidorhombus whiffiagonis*).

Me·hem·et A·li [meɪhémet-ɑːlíː, méɪmet-, -ɑ́ːli] *n.* メヘメット アリ《1769–1849; エジプトの大守 (1805–48); Mohammed Ali ともいう》.

Me·het·a·bel [məhétəbəl, mɪ- | -tə-] 〖▭ Heb. *M^e hēṭabh'ēl* 《原義》the one whom God makes happy〗 *n.* 女性名《異形 Mehitabel》. ★ 米国の黒人に多い.

Mehmet II *n.* メフメト二世《1430–81; オスマン帝国のスルタン (1451–81)》.

Mé·hul [meɪjúːl; *F.* meyl], **Étienne** (**Nicolas**) *n.* メユル《1763–1817; フランスの作曲家》.

mei·dan [maɪdɑ́ːn] *n.* ＝maidan.

Meil·let [meɪjéɪ; *F.* mɛjɛ], **Antoine** *n.* メイエ《1866–1936; フランスの言語学者; *Introduction à l'étude comparative des langues indo-européennes*「印欧語比較言語学序説」(1903)》.

Mei·ne·cke [máɪnəkə; *G.* máɪnəkə], **Friedrich** *n.* マイネッケ《1862–1954; ドイツの歴史家》.

Mein Kampf [maɪn-kɑ́ːmpf; *G.* maɪn-kámpf] 〖▭ G ～ 'my struggle'〗 ── *n.*「わが闘争」《Adolf Hitler の主著で全体主義的政治哲学とドイツのヨーロッパ征服を唱えたもの; 1925–27 年刊, ナチスの教典》.

mei·ny 〖▭ ME *meynee* household ▭ OF *meyne, meisniee* : ⇨ menial〗 ── *n.* **1** [méɪni | -nɪ] [集合的]《古》従者, 随行員(たち), 同僚(たち). **2** [ménji | -njɪ] 《スコット》多数, 大勢.

mei·o- [máɪo(ʊ), máɪə | máɪə(ʊ)] 〖← NL ～ ← Gk *meíōn* less: ⇨ minor〗「より小さい, より少ない; わずかに」などの意の連結形.

mei·o·nite [máɪənàɪt] 〖▭ F *méionite* : ⇨↑, -ite[1]〗 *n.* 〖鉱物〗灰柱石 ($Ca_4Al_6Si_6O_{24}(SO_4, CO_3, Cl_2)$).

mei·o·sis [maɪóusɪs, -səs | -ə́usɪs] 〖(1586) ← NL ～ ← Gk *meíōsis* lessening ← *meióein* to lessen ← *meíōn* less (⇨ minor) : ⇨ -osis〗 ── *n.* (*pl.* **-o·ses** [-siːz]) **1** 〖生物〗(細胞核の)減数分裂, 還元分裂 (cf. haplosis 1). **2** 〖修辞〗＝litotes《皮肉な感じを伴うことが多い》.

mei·ot·ic [maɪɑ́tɪk | -ɔ́t-] *adj.* **mei·ót·i·cal·ly** *adv.*

Me·ir, [meɪə | -ɪə(r)], **Golda** *n.* メイヤー《1898–1978; イスラエルの政治家; 首相 (1969–74)》.

Meis·sen [máɪsn̩; *G.* máɪsn̩] *n.* **1** マイセン《東ドイツ Dresden 州 Elbe 河畔の都市; 有名な磁器の産地; 人口 46,000; cf. Dresden》. **2** マイセン磁器《1709 年

ごろ Saxony の王の庇護のもとに John Böttger [bœ́tgɐ] (1682-1719) が初めてつくったヨーロッパで最初の硬磁器; 装飾用および食卓用磁器として発達〕.

Meis·so·nier [mèɪsənjéɪ, -sŋ-, meɪsánjeɪ; *F.* mɛsɔnje], **Jean Louis Ernest** *n.* メソニエ《1815-91; フランスの画家・版画家・彫刻家; 歴史画に秀れ, Napoleon を主題とした戦争画を多く描いた》.

Meis·ter·sing·er [máɪstəsɪŋə, -zɪŋə- | -təsɪŋə(r; *G.* máɪstɐzɪŋɐ] 〘▭G ~ 'mastersinger': cf. G *Minnesinger*〙 ― *n.* (*pl.* **~, ~s**) 職匠歌人, マイスタージンガー《14-16 世紀にドイツの主要都市に興った主に職人から成る詩歌の組合の一員; 英訳して mastersinger ともいう》.

Meit·ner [máɪtnə | -nə(r; *G.* máɪtnɐ], **Li·se** [líːzə] *n.* マイトナー《1878-1968; オーストリア生れのスウェーデンの女性原子核物理学者》.

méi·wa kúmquat [méɪwɑː-] 〘*meiwa*: ▭Jap. (明和): ⇨ kumquat〙 ― *n.* 〘植物〙ニンポウキンカン, メイワキンカン (*Fortunella crassifolia*)《中国原産ミカン科の植物》.

Mé·ji·co [*Sp.* méxiko; *Am. Sp.* méhiko] *n.* メヒコ《Mexico のスペイン語名》.

mej·lis [medʒlíːs] *n.* =majlis.

Mék·er búrner [mékə- | -kə-] 〘←*George Meker*: 20 世紀の化学者でその発明者〙 ― *n.* 〘化学〙メケルバーナー《空気の混じり過ぎを防ぐため燃焼口に金属スクリーンを備えてあり, ブンゼン灯より火力の強いガスバーナー》.

Mekh·i·tar·ist [mèkətáːrɪst, -rəst | -kɪtáːrɪst] 〘← *Peter M. Mekhitar* (1676-1749: アルメニアの宗教改革者): ⇨ -ist〙 ― *n.* 〘カトリック〙メヒタル会士《18 世紀に設立され, ローマ教会に帰属するアルメニア系の修道会員; Venice と Vienna に修道院をもつ》.

Mek·kah [mékə] *n.* (*also* **Mek·ka** [~]) =Mecca 1.

me·kom·e·ter [miːkámətə | -kɔ́mɪtə(r, -mə-] 〘← Gk *mēkos* length (← IE *māk-*: ⇨macro-)+-METER[1]〙 *n.* メコメーター《銃砲用の測距儀の一種》.

Me·kong [mèɪkɔ́(ː)ŋ, -káŋ | -kɔ́ŋ] *n.* [the ~] メコン(川)《中国西部から発し, タイ・ラオスの境界を流れ, ベトナム南部で南シナ海に注ぐ (4,285 km); 中国領内の名は瀾滄 (Lan-tsang) 江》.

mel[1] [mél] 〘▭L ~ 'honey'〙 *n.* (薬用の)蜂蜜(はちみつ).

mel[2] [mél] 〘← M (1000)+(B)EL // 《略》← MELODY〙 *n.* 〘物理〙メル《音の高さの主観的判断の単位》.

Mel [mél] 〘1: (dim.) ← MELVIN. 2: (dim.) ← MELANIE〙 *n.* **1** 男性名. **2** 女性名.

mel- [mel] (母音の前に来る時の) mela- の異形.

me·la [méɪlɑː] 〘▭Hindi *melā* ← Skt *melaka, melā* meeting, assembly〙 *n.* 《インド》 **1** 縁日. **2** 雑踏.

mel·a- [mélə] 〘← Gk *mélās* black: ⇨melano-〙「黒い」の意の連結形. ★ 時に melo-, 母音の前では通例 mel- になる.

me·lae·na [mɪlíːnə, mə-] *n.* 〘病理〙=melena.

Me·la·ka [məlάːkə] *n.* **1** メラカ(州)《マレーシア南西部の州; 人口 404,000, 面積 1,658 km²》. **2** メラカ《同州の首都, 港; 人口 87,000》. (旧名 Malacca)

me·la·med [məlάːmɪd, me-, -məd, mèləméd | meláːmɪd, mèləméd] 〘▭Heb. *m^e lammēdh* (ptc.) ← *limmēdh* to teach〙 ― *n.* (*pl.* **me·lam·dim** [məláːmdɪm, me-, -dəm | meláːmdɪm]) (ヨーロッパにあるユダヤ人学校の)教師《主として児童にヘブライ語・聖書・ユダヤ教の祈禱式文を教える》.

mel·a·mine [méləmiːn, -mɪn, -mən | -mìːn, -mɪn] 〘▭G *Melamin* ← *Melam* ammonium thiocyanate distillate ← *mel* (← ?)+AM(MONIUM): ⇨-ine[3]〙 ― *n.* **1** 〘化学〙メラミン ($C_3N_3(NH_2)_3$)《石灰窒素から作るジシアンジアミド (dicyandiamide) とアンモニアの反応で作られる物質; 融点が高く, 水に溶解しにくい; メラミン樹脂として用いる》. **2** =melamine resin.

mélamine résin *n.* 〘化学〙メラミン樹脂《メラミンとフォルムアルデヒドから作る; 接着剤または織維・紙・プラスチックへの加工剤に用いる》.

me·lam·med [məláːmɪd, me-, -məd, mèləméd | meláːmɪd, mèləméd] *n.* =melamed.

me·lan- [mɪlǽn, mə-, me-, mélən] (母音の前に来る時の) melano- の異形.

mel·an·cho·li·a [mèlənkóuliə, -ljə | -lənkóuljə, -ləŋ-, -lɪə] 〘▭LL ~ ▭Gk *melagkholía* choleric humor ← MELANO-+*kholḗ* bile (⇨choler)〙 ― *n.* 〘精神医学〙メランコリー, 鬱病 (cf. depression 10, hypochondria[1] 1)

mel·an·cho·li·ac [mèlənkóuliæ̀k | -lənkóulɪæk, -ləŋ-] 〘⇨↑, -ac: MANIAC との類推〙 *adj.* メランコリーの, 鬱病にかかった. ― *n.* 鬱病患者.

mel·an·chol·ic [mèlənkálɪk | -lənkɔ́l-, -ləŋ-] 〘(*c*1385) ▭L *melancholic-us* ▭Gk *melagkholikós* atrabilious: ⇨melancholia, -ic[1]〙 ― *adj.* **1** 憂鬱な, ふさぎ込んだ: a ~ temperament 憂鬱質, ふさぎ込むたち. **2** 鬱病にかかった. **3** (人を)憂鬱にさせる, 陰鬱な. ― *n.* 鬱病患者 (melancholiac). **mèl·an·chól·i·cal·ly** *adv.*

mel·an·chol·y [mélənkàli | -lənkəli, -ləŋ-, -kɔ̀lɪ] 〘(*c*1303) ▭(O)F *mélancolie* ▭LL *melancholia*: ⇨ melancholia〙 ― *n.* **1 a** 憂鬱, ふさぎ込み, メランコリー (gloom). **b** 深い物思い. **2** 〘古生理〙 **a** =black bile. **b** 黒胆質. ― *adj.* **1** 憂鬱な, 陰気な, ふさぎ込んだ (gloomy, depressed), メランコリーの: a ~ mind, voice, etc. **2** (人を)憂鬱にさせる, 物悲しい, 心を痛ませる (depressing, saddening): a ~ song, scene, etc. **3** 物思いに沈んだ (pensive).

Me·lanch·thon [məlǽŋ(k)θən, -tən | melǽŋkθən, mɪ-, -θən; *G.* meláŋçtɔn], **Philipp** *n.* メランヒトン《1497-1560; ドイツの宗教改革者, Luther の友; Philipp Schwarzerd のギリシャ語名》.

Mel·an·co·ni·a·ce·ae [mèlənkòuniéɪsiiː | -kəunɪ-] 〘← NL ~ ← *Melanconium* (属名: ← MELANO-+-*conium* (← Gk *kónis* dust)): ⇨ -aceae〙 ― *n. pl.* 〘植物〙(不完全菌類) メランコニア科. **mèl·an·cò·ni·á·ceous** [-ʃəs] *adj.*

Mel·a·ne·sia [mèləníːʒə, -ʃə | -zjə, -zɪə, -ʒɪə, -ʒə, -sjə, -sɪə, -ʃɪə, -ʃə] 〘← Gk *mélās* black+Gk *nésos* island +-IA[1]: 原住民の膚色にちなむ?〙 ― *n.* メラネシア《Oceania の一区分; オーストラリアの北東方, 東西は New Guinea と Fiji 島間, 南北は赤道と南回帰線間の地域; cf. Micronesia, Polynesia》.

Mel·a·ne·sian [mèləníːʒən, -ʃən | -zjən, -zɪən, -ʒɪən, -ʒən, -sjən, -sɪən, -ʃɪən, -ʃən] 〘⇨↑, -an[1]〙 ― *adj.* **1** メラネシア(人)の. **2** メラネシア語(派)の. ― *n.* **1** メラネシア人. **2** メラネシア語(派)《オーストロネシア語族 (Austronesian) の一派》.

mé·lange [meɪlɑ́ː(n)ʒ, -lɔ̃ː(n)ʒ, -lάːnʒ, -lɔ́(ː)nʒ, -lάːndʒ; *F.* melɑ̃ːʒ] 〘▭F ~ ← *mêler* to mix: ⇨ meddle〙 ― *n.* (*pl.* **mé·lang·es** [~ɪz, ~əz, ~; *F.* ~]) **1** 混合物, ごたまぜ. **2** 雑集, 雑録 (miscellany).

me·la·ni·an [mɪléɪniən, mə-, -njən | -léɪnjən, -nɪən] 〘▭F *mélanien* ▭Gk *melan-, mélās* black: ⇨ -ian〙 ― *adj.* **1** 黒色の. **2** [通例 M-] 〘人類学〙髪や皮膚の黒い, 黒色人種の.

me·lan·ic [mɪlǽnɪk, mə-] 〘← MELANO-+-IC[1]〙 *adj.* **1** =melanian. **2** 〘病理〙黒色[黒変]症の. ― *n.* **1** 〘人類学〙黒色人種の人. **2** 〘病理〙黒色[黒変]症患者.

Mel·a·nie [méləni | -nɪ] 〘▭Gk *mélaina* (fem.) ← *mélās* black〙 *n.* 女性名. ★ Cornwall に見られる.

mel·a·nif·er·ous [mèlənɪ́f(ə)rəs] 〘← MELANO-+-FEROUS〙 *adj.* 〈頭髪・皮膚など〉メラニン色素を含んだ, 黒い.

mel·a·nin [mélənɪn, -nən | -nɪn] 〘← MELANO-+-IN[1]〙 *n.* 〘生化学〙メラニン, 黒色素《皮膚・毛髪・メラニン腫瘍・眼などにある黒褐色の色素》.

mel·a·nism [mélənɪzm] 〘← MELANIN+-ISM〙 ― *n.* **1** 〘人類学〙黒性, 黒化《皮膚・毛髪・目に黒い色素の多いこと》. **2** 〘病理〙メラニン沈着, 黒化; 黒皮症 (↔ albinism). **mel·a·nis·tic** [mèlənɪ́stɪk] *adj.*

mel·a·nite [mélənàɪt] 〘← MELANO-+-ITE[1]〙 *n.* 〘鉱物〙黒ざくろ石 ($Ca_3(Fe, Ti)_2Si_3O_{12}$)《灰鉄ざくろ石 (andradite) の一種》.

mel·a·ni·za·tion [mèlənɪzéɪʃən, -nə- | -naɪ-, -nɪ-] *n.* 黒色化.

mel·a·nize [mélənàɪz] *vt.* **1** (メラニンを組織内に異常にたまらせて)…の色を黒くする. **2** 黒くする.

me·lan·o- [mɪlǽno(u), mə-, me-, mélən- | -nə(u)] 〘← Gk *melan-, mélās* black ← IE **mel-* dark: cf. mullet[1]〙 ―「黒い; 黒色素, メラニン」の意の連結形. ★ 母音の前では通例 melan- になる.

me·lan·o·blast [mɪlǽno(u)blæ̀st, mə-, me-, mélə- | -nə(u)-] 〘⇨ melano-, blast〙 ― *n.* 〘植物〙黒色素胞原体, 黒芽細胞, 色素形成細胞 (cf. melanocyte, melanophore).

me·lan·o·blas·to·ma [mɪlæ̀no(u)blæstóumə, mə-, me-, mèlə- | -nə(u)blæstə́u-] 〘⇨↑, -oma〙 ― *n.* (*pl.* **~s, -ma·ta** [~tə | ~tə]) 〘病理〙メラニン芽(細胞)腫, 黒色芽(細胞)腫.

mel·a·noch·ro·i, M- [mèlənάkrouàɪ, -rɔɪ | -nɔ́krəuàɪ] 〘← NL ~ ← Gk *melánōkhroi* (pl.) ← *mélās* black+*ōkhroi* ((pl.) ← *okhrós* pale)〙 ― *n. pl.* 〘人類学〙薄黒白色人種《コーカサス[カフカズ]人種のうち白顔黒髪の種族; cf. xanthochroi》. **mel·a·noch·roid** [mèlənάkrɔɪd | -nɔ́k-] *adj.*

me·lan·o·crat·ic [mɪlæ̀nəkrǽṭɪk, mə-, me-, mèləno(u)- | -nə(u)krǽt-] 〘← MELANO-+-CRATIC〙 *adj.* 〘地質〙〈火成岩が〉優黒質の (cf. mesocratic, leucocratic).

me·lan·o·cyte [mɪlǽnəsàɪt, mə-, me-, méləno(u)- | mɪlǽnə(u)-, mə-, me-, mélən-] 〘← MELANO-+-CYTE〙 ― *n.* 〘解剖・生化学〙メラノサイト, メラニン(形成)細胞《哺乳類および鳥類の皮膚系に見られる; cf. melanophore》.

mélanocyte-stìmulating hòrmone *n.* 〘生化学〙メラノサイト刺激ホルモン (略 MSH).

mel·a·noid [mélənɔ̀ɪd] 〘← MELANO-+-OID〙 ― *adj.* **1** 〘病理〙黒皮症 (melanosis) の[に関する]. **2** 黒色素による; 黒ずんだ. ― *n.* メラノイド, メラニン様物質《皮膚の黒色化の原因の一つ》.

mel·a·no·ma [mèlənóumə | -nə́u-] 〘← NL ~: ⇨ melano-, -oma〙 *n.* (*pl.* **~s, ~·ta** [~tə | ~tə]) 〘病理〙黒色腫(しゅ).

me·lan·o·phore [mɪlǽnəfɔ̀ə, mə-, me-, -fɔ̀ə | mɪlǽnəfɔː(r, mə-, me-] 〘← MELANO-+-PHORE〙 ― *n.* 〘動物〙(魚類・両生類・爬(は)虫類の)メラニン色素細胞, 黒色素胞, メラノフォア.

mel·a·no·sis [mèlənóusɪs, -səs | -nə́usɪs] 〘← NL ~ ▭Gk *melánōsis* a blackening: ⇨ melano-, -osis〙 ― *n.* 〘病理〙黒皮症, メラニン沈着(症), メラノーシス. **mel·a·not·ic** [mèlənάṭɪk | -nɔ́t-] *adj., n.*

melàno·spérmous 〘⇨ melano-, -sperm, -ous〙 *adj.* 〘植物〙〈海藻など〉黒色の胞子をもつ.

mel·a·nous [mélənəs] 〘⇨ melano-, -ous〙 *adj.* 〘人類学〙毛髪や皮膚の色が黒い《通例 melanochroi 人種についていう》.

Me·lan·tha [mɪlǽnθə, mə-] 〘← Gk *mélās* dark+*ánthos* flower〙 *n.* 女性名.

mel·a·phyre [méləfàɪə | -fàɪə(r] 〘▭F ~ ← Gk *mélās* black+F (*por*)*phyre* porphyry〙 *n.* 〘岩石〙黒玢(ひん)岩.

Me·las·to·ma·ce·ae [mɪlæ̀stəméɪsiiː, mə-] 〘← NL ~ ← *Melastoma* (属名): ⇨ mela-, stoma, -aceae〙 *n. pl.* 〘植物〙ノボタン科.

Me·las·to·ma·ta·ce·ae [mɪlæ̀stəmətéɪsiiː, mə-] 〘← NL ~ ← *Melastomat-, Melastoma* (↑)+-ACEAE〙 *n. pl.* 〘植物〙=Melastomaceae.

mel·a·stome [méləstòum | -stə̀um] 〘← NL *Melastoma* (↑)〙 *n.* ノボタン科の植物の総称.

mel·a·to·nin [mèlətóunɪn, -nən | -tə́unɪn] 〘? ← MELA(NOCYTE)+(SERO)TONIN〙 ― *n.* 〘生化学〙メラトニン ($C_{13}H_{16}O_2N_2$)《脊椎動物の松果腺で生成されたホルモン; メラニン色素細胞を凝集させる働きがあり, その結果皮膚面の色を薄くさせる効果がある》.

mel·a·xu·ma [mèlək(s)úːmə, -gzúː- | -kúː-, -ks(j)úː-, -gz(j)úː-] 〘← NL ~ ← Gk *mélās* black+*khúma* fluid: *kh-* が *x-* に交替したもの〙 ― *n.* 〘植物病理〙*Dothiorella gregaria* 菌によって起こるクルミの木の病気.

Mel·ba[1] [mélbə] 〘《異形》← MALVA〙 *n.* 女性名.

Mel·ba[2] [mélbə], Dame **Nellie Helen Mitchell** 〘← MELBOURNE〙 ― *n.* (1861-1931) オーストラリア Melbourne 生れのソプラノ歌手; 本名 Mrs. Charles Porter Armstrong.

Mélba sàuce 〘← *Dame Nellie Melba*〙 *n.* メルバソース《きいちごのピューレ[裏ごし]を砂糖で煮たデザート用のソース》.

Mélba tóast 〘↑〙 *n.* メルバトースト《かりかりに焼いた薄切りのトースト》.

Mel·bourne [mélbən, -bɔən, -boən | -bən, -bɔːn] 〘↓〙 *n.* オーストラリア南東部 Victoria 州の首都・海港; 人口 76,000, (郊外を含め) 2,121,000.

Mel·bourne [mélbən, -bɔən, -boən | -bən, -bɔːn], 2nd Viscount *n.* (1779-1848) 英国 Whig 党の政治家; 首相 (1834, '35-41); 本名 William Lamb.

Mel·chers [méltʃəz | -tʃəz], **Gar·i** [géə(ə)ri | géərɪ] *n.* (1860-1932) 米国の画家.

Mel·chi·or [mélkiɔ̀ə | -kɪɔ̀ː(r] 〘← Heb. *mélekh* king +*ōr* light〙 *n.* 〘中世キリスト教伝説〙メルキオール《東方の三博士 (Wise Men of the East) の一人》.

Mel·chite [mélkaɪt] 〘(1619) ← L *Melchita* ← MGk *Melkhîtēs* (原義) royalist ← Heb. *mélekh* king (← Sem.)+Gk -*itēs* '-ITE[1]'〙 ― *n.* 〘キリスト教〙メルキト教徒《シリア・エジプトのキリスト教徒の一派; 祈禱式にはアラビア語を用い, キリスト単性論を排し, カルケドン会議 (Council of Chalcedon) の信条 (451) を受け入れて皇帝派と呼ばれた》.

Mel·chiz·e·dek [melkɪ́zədèk] 〘▭Heb. *Malkī-ṣédeq* (原義) my king is righteous〙 *n.* 〘聖書〙メルキゼデク《Salem の王で祭司; cf. *Gen.* 14 : 18》.

Melchízedek Príesthood *n.* 〘モルモン教〙メルキゼデク神権《大管長・使徒・祝福師・大祭司・七十人・長老の職がある》.

meld[1] [méld] 〘(1897) ▭G *meld-en* to announce < OHG *meldōn* ← Gmc **meld-* ← IE **meldh-* to speak words to a deity〙 〘トランプ〙 ― *vt.* (rummy 系, pinochle 系のゲームで)〈札や札の組合せを〉meld する《場に示し得点を表明する; declare ともいう》. ― *vi.* さらす, 下ろす. ― *n.* メルド《手の中にある役札のさらし出し; そのさらし札》.

meld[2] [méld] 〘《混成》← MELT[1]+WELD[2]〙 《米》 *vt.* 融合[結合]させる. ― *vi.* 融合[結合]する.

Mel·e·a·ger [mèliéɪdʒə | -lɪéɪgə(r] 〘▭L ~ ▭Gk *Meléagros*〙 ― *n.* **1** メレアグロス《紀元前 1 世紀ごろのシリア出身の詩人・哲学者》. **2** 〘ギリシャ伝説〙メレアグロス《Oeneus と Althaea の子; Argonauts の一人で Calydonian boar を殺した英雄; 母 Althaea の呪いをうけて生命を失った》.

Mel·e·a·grid·i·dae [mèliəgrɪ́dədìː | -lɪəgrɪ́dɪ-] 〘← NL ~ ← *Meleagrid-, Meleagris* (属名: ▭Gk *meleagrís* guinea hen)+-IDAE〙 ― *n. pl.* 〘鳥類〙シチメンチョウ科.

me·lee[1] [méɪleɪ, ―́ | méleɪ, méɪl-; *F.* mɛle] 〘(*a*1648) ▭F *mêlée* < OF *medlée*: MEDLEY と二重語〙 ― *n.* (*pl.* **~s** [~z; *F.* ~]) (*also* **mê·lée** [~]) **1** (数人による)乱闘, 混戦. **2** 激しい論戦. **3** 押し合いへし合い; 混雑, 混乱, てんやわんや(の騒ぎ).

me·lee[2] [méɪleɪ, ―́ | méleɪ, méɪl-; *F.* mɛle] 〘← ?〙 *n.* 〘宝石〙メレー《小型のダイヤモンドで 1 個当たり 1/8 (時に 1/4) カラット未満のもの》.

me·le·na [mɪlíːnə, mə-] 〘← NL ~ ← Gk *mélaina* (fem.) ← *mélās* black〙 *n.* 〘病理〙メレナ, 下血(げけつ); 黒吐症.

me·lez·i·tose [mɪlézətòus, mə-, -tòuz | melézɪtə̀us] 〘▭F *mélézitose* ← *mélèze* larch+(*mél*)*itose* (← Gk *méli* honey+-*t*- (連結辞)+-OSE[2])〙 ― *n.* 〘生化学〙メレジトース ($C_{18}H_{32}O_{16}\cdot 2H_2O$)《松柏類に見出される三糖類》.

-me·li·a [míːliə, -ljə | -lɪə, -ljə] 〘← NL ~ ← Gk *mélos* limb: ⇨ -ia[1]〙「四肢 (limbs) の状態」の意の名詞連結形: anisomelia, electromelia.

Me·li·a·ce·ae [mìːliéɪsiː | -lɪ-] 〘← NL ~ ← Gk *melía* ash tree+-ACEAE: その葉の類似から〙 *n. pl.* 〘植物〙センダン科. **mè·li·á·ceous** [-ʃəs] *adj.*

Me·li·ad [míːliəd | -lɪ-] *n.* 〘ギリシャ神話〙メリアド《果樹または羊の精》.

Me·li·ae [míːliː] 〖⇐ Gk *meliai* ← *melia* manna, ash〗 ― *n. pl.* 〖ギリシャ神話〗 **1** メリアイ《Uranus が仮眠中にその子 Cronus によって男根を切断された時, その血から生まれたといわれる妖精たち》. **2** トネリコ (ash) の木に住む妖精たち.

Me·li·an [míːliən, -ljən | -liən, -ljən] *adj.* ミーロス (Melos) (島)の. ― *n.* ミーロス島の住民.

mel·ic[1] [mélɪk] 〖《1699》⇐ L *melic-us* ⇐ Gk *melikós* of a song ← *mélos* limb, part of musical phrase, song: ⇨ melody, -ic[1]〗 ― *adj.* 歌唱用の, 歌舞の《特に, 紀元前7-5 世紀に発達した楽器伴奏を伴う精巧なギリシャの叙情詩にいう》: ~ poetry.

mel·ic[2] [mélɪk] 〖《1787》← NL *melica* ← ? It. *melica*, *meliga* sorghum: ⇨ millet〗 *n.* 〖植物〗コメガヤ《イネ科コメガヤ属 (*Melica*) の草本の総称》.

Mel·i·cent [méləsn̩t | -lɪ-] 〖(変形) ← MILLICENT〗 *n.* 女性名.

Mélic Nýmphs [mélɪk-] *n. pl.* 〖ギリシャ神話〗 = Meliae.

Mé·liés [meɪljés; *F.* meljɛs], **Georges** *n.* メリエス《1861-1938; フランスの無声映画初期の製作者・監督》.

mel·i·lite [méləlàɪt | -lɪ-] 〖⇐ F *mélilite* ⇐ Gk *méli* honey: ⇨ -lite〗 *n.* 〖鉱物〗メリライト, 黄長石 ((Ca, Na_2)(Mg, Fe, Al)(Si, $Al)_2O_7$).

Me·lil·la [mɪlíː(j)ə, mə-; *Sp.* melíja] *n.* メリヤ《アフリカ北西部 Morocco 内にあるスペイン領の海港; 人口 65,000》.

mel·i·lot [méləlɑ̀t | -lɪlɔ̀t] 〖《*c*1410》⇐ (O)F *mélilot* ⇐ L *melilōtos* ⇐ Gk *melílōtos* a kind of clover ← *méli* honey + *lōtós* 'LOTUS'〗 ― *n.* 〖植物〗シナガワハギ《マメ科シナガワハギ属 (*Melilotus*) の植物の総称; 温帯から亜熱帯に産し観賞用・家畜の飼料にする; sweet clover ともいう; cf. blue melilot》.

Me·li·na [mɪlíːnə, mə-] 〖← L *mēlinus* canary-yellow〗 *n.* 女性名.

Me·lin·da [mɪlíndə, mə-] 〖← Gk *meilikhos* mild, gentle (one)〗 *n.* 女性名.

me·line [míːlaɪn, mél- | míːl-] 〖⇐ L *melin-us* ← *mēlēs* marten: ⇨ -ine[1]〗 *adj.* 〖動物〗アナグマ (badger) の[に似た]: the ~ mammals.

mel·i·nite [mélənàɪt | -lɪ-] 〖⇐ F *mélinite* ⇐ Gk *mélinos* quince-yellow: ⇨ melon, -ite[1]〗 ― *n.* 〖化学〗メリナイト, メリニット《ピクリン酸アンモニウムを含む強力爆薬》.

me·lio·rate [míːljərèɪt, -liə- | -liə-, -ljə-, -lɪɔː-] 〖《*a*1552》← LL *meliōrāt-us* (p.p.) ← *meliōrāre* to improve ← *melior* better: ⇨ -ate[3]〗 ― *vt.* 良くする, 改善する, 改良する (ameliorate) (↔ deteriorate). ― *vi.* 良くなる. **mé·lio·rà·tor** [-tə | -tə(r] *n.*

me·lio·ra·tion [mìːljəréɪʃən, -liər- | -lɪə-, -ljə-, -lɪɔː-] 〖⇐ LL *meliōrātiō(n-)*: ⇨ ↑, -ation〗 ― *n.* **1** 改良, 改善. **2** 〖言語〗(語形の変化などによって)語の意味内容が向上すること《例えば sty-ward → steward; cf. pejoration》.

me·lio·ra·tive [míːljərèɪtɪv, -liər-, -rət- | -lɪərət-, -ljə-, -lɪɔː-, -rèɪt-] 〖⇨ meliorate, -ative〗 *adj.* 改善的な, 改良に役立つ, 改善する (↔ pejorative).

me·lio·rism [míːljərìzm, -liər- | -lɪə-, -ljə-] 〖← L *melior* better + -ISM〗 ― *n.* 〖哲学・倫理〗社会改良論, (世界)改善論《世界は人間の努力によって改善できるとする説; optimism と pessimism との折衷説》.

mé·lio·rist [-rɪst, -rəst | -rɪst] *n.* 社会改良論者, 世界改善論者. ― *adj.* 社会改良[世界改善]論(者)の.

me·lio·ris·tic [mìːljərístɪk, -liər- | -lɪər-, -ljər-] *adj.* = meliorist.

me·li·or·i·ty [mìːliɔ́(ː)rəti, -ɑ́r- | -lɪɔ́rətɪ, -rɪ-] 〖← L *melior* better + -ITY〗 *n.* 優越, 卓越.

Mel·i·phag·i·dae [mèləfǽdʒədìː | -lɪfǽdʒɪ-] 〖← NL ~ ← *Meliphaga* (属名: ← Gk *meli* honey + *-phaga* (← Gk *phagein* to eat)) + -IDAE〗 ― *n. pl.* 〖鳥類〗ミツスイ科.

mel·i·phag·i·dan [mèləfǽdʒədn̩ | -lɪfǽdʒɪ-] *adj., n.* ミツスイ科の(鳥).

me·lis·ma [mɪlízmə, mə-] 〖← NL ~ ← Gk *mélisma* song〗 ― *n.* (*pl.* ~·**ta** [~tə | ~tə]) 〖音楽〗 **1** メリスマ《単旋聖歌 (plainsong) などの一音節上に置かれる音群; 同様の旋律類型は日本歌謡にも見られる》. **2** (近代音楽の)装飾風の短い楽句 (cf. grace note). **3** = cadenza. **mel·is·mat·ic** [mèlɪzmǽtɪk, -ləz- | -lɪz-mǽt-] *adj.*

Me·lis·sa [mɪlísə, mə-] 〖⇐ Gk *Mélissa* 《原義》 bee〗 ― *n.* **1** 〖ギリシャ神話〗メリッサ《Amalthaea の妹で, Zeus を蜂蜜によって養育した》. **2** 女性名. ★ 18 世紀に流行した.

me·lís·sic ácid [mɪlísɪk-, mə-] 〖← Gk *mélissa* bee + -IC[1]〗 ― *n.* 〖化学〗メリシン酸($CH_3(CH_2)_{28}COOH$)《無色板状晶の一塩基性脂肪酸; triacontanoic acid ともいう》.

me·lís·syl álcohol [mɪlísəl-, mə- | -sɪl-] 〖← MELISS(IC) + -YL〗 *n.* 〖化学〗= myricyl alcohol.

mel·i·tri·ose [mèlətráɪous | -lɪtráɪəus] 〖← MEL[1] + -I- + TRI- + -OSE[2]〗 *n.* 〖化学〗= raffinose.

Me·lit·ta [mɪlítə, mə- | -tə] 〖(変形) ← MELISSA〗 *n.* 女性名.

me·lit·tin [məlítn̩, -tn̩ | -tɪn] 〖← Gk *mélitta* bee + -IN[1]〗 *n.* 〖生化学〗メリチン《ミツバチの毒の主成分のペプチッド; 赤血球を冒すが, 抗生物質的特性をもつ》.

Mel·kite [mélkaɪt] *n.* = Melchite.

mell[1] [mél] 〖《*c*1340》⇐ OF *melle-r* (F *mêler*) 《変形》 ← *mesler*: cf. meddle〗 《英方言・古》 ― *vt.* 混ぜる, 混合する (mingle). ― *vi.* **1** 干渉する (meddle) 〔*with, on*〕. **2** 加わる; 仲間になる〔*with*〕.

mell[2] [mél] *n.* = mel[1].

mell- [mel] (母音の前に来る時の) melli- の異形.

mel·lah [mélə] 〖← ?〗 *n.* 北アフリカ諸都市のユダヤ人居住地区 (cf. medina).

mel·ler [mélə | -lə(r] *n.* 《米俗》 = melodrama 2.

Mel·lers [méləz | -ləz], **Wilfrid** (**Howard**) *n.* (1914–) 英国の音楽学者・作曲家.

mel·li- [méli, -lə | -lɪ] 〖⇐ L ~ ← *mell-* ← *mel* honey〗「蜂蜜; 蜜のような」の意の連結形. ★ 母音の前では通例 mell- になる.

mel·lif·er·ous [məlíf(ə)rəs] 〖← L *mellifer* honey-bearing (← MELLI- + *-fer* '-FEROUS') + -OUS〗 *adj.* 蜜のできる, 蜜を生じる.

mel·lif·lu·ence [məlífluːəns, -fluəns | -fluəns] 〖⇨ ↓, -ence〗 *n.* 蜜のような甘さ[なめらかさ]; 流暢; 甘美さ (sweetness).

mel·lif·lu·ent [məlífluːənt, -fluənt | -fluənt] 〖⇐ LL *mellifluent-em* flowing with honey ← L *mel* honey + *fluere* to flow〗 *adj.* 《古》 = mellifluous.

mel·lif·lu·ous [məlífluəs | -flʊ-] 〖《1432-50》⇐ LL *mellifluus* flowing with honey: ⇨ ↑, -ous〗 ― *adj.* **1** 〈言葉・声・音楽など〉蜜のように甘い, 甘美に流れる (smooth). **2** 蜜で甘くした. **~·ly** *adv.* **~·ness** *n.*

mellita *n.* mellitum の複数形.

mel·lite [mélaɪt] 〖← NL *mellite-s*: ⇨ melli-, -ite[1]: 《なぞり》← G *Honigstein*〗 ― *n.* **1** 〖鉱物〗蜜蠟石 ($Al_2C_{12}O_{12} \cdot 18H_2O$)《褐炭中に含まれる蜂蜜色の鉱物》. **2** 〖薬学〗蜜剤《蜂蜜入りの薬品》.

mel·li·tum [məláɪtəm | -təm] 〖← NL ~〗 *n.* (*pl.* **-li·ta** [-tə | -tə]) 〖薬学〗= mellite 2.

Mel·lon [mélən], **Andrew William** *n.* (1855-1937) 米国の実業家・財政家; 財務長官 (1921-32).

mel·lo·phone [méləfòun | -fəun] 〖← MELLO(W) + -PHONE〗 ― *n.* メロフォン《(フレンチ)ホルンに似た形のアルトホルン, 右手で弁操作する; ホルンの代りに用いることもある》.

mel·lo·tron [mélətrɑ̀n | -trɔ̀n] 〖← MELLO(W) + (ELEC)TRON(IC)〗 ― *n.* メロトロン《あらかじめ様々な楽器の音を録音または合成し, 演奏時に選択・再生する鍵盤楽器》.

mel·low [mélou, -lə | -ləu] 〖《*a*1440》 *melwe, melowe* ← OE *melu* 'MEAL[2]': cf. OE *me(a)ru* tender, soft〗 ― *adj.* (~·er; ~·est) **1 a** 〈果物が〉熟した, 柔らかで甘い. **b** 〈ぶどう酒が〉なれた, 芳醇(ほうじゅん)な. **c** 〈声・音・色・光・文体など〉柔らかで美しい, 豊かで柔らかい: ~ tones, tints, sunshine, etc. **d** 〈人格など〉円熟した; 練れた, 穏健な: ~ age, character, judgment, etc. **2** 〈地味が〉柔らかくて肥えた, ローム質の (loamy). **3** 《口語》 **a** 一杯機嫌の, ほろ酔い機嫌の (tipsy). **b** 愛想のよい, にこやかな, 陽気な. ― *vt.* 熟させる (ripen); 柔らかにする; 豊かに美しくする; 円熟させる. ― *vi.* 熟する, 柔らかくなる; 練れてくる, 円熟する. **~·ly** *adv.* **~·ness** *n.*

mel·low·y [méloui | -ləuɪ] 〖⇨ ↑, -y[4]〗 *adj.* 《古》 = mellow.

mel·o-[1] [mélo(u) | -lə(u)] 〖⇐ F *mélo-* ⇐ Gk *melo-* ← *mélos* limb, melody, song〗「歌 (song)」の意の連結形.

mel·o-[2] [mélo(u) | -lə(u)] mela- の異形.

me·lo·de·on [mɪlóudiən, mə- | -ləudjən, -dɪən] 〖《1858》《変形》← MELODION〗 ― *n.* **1** メロディオン《足踏みオルガン (cabinet organ) の一種; American organ ともいう》. **2** 〖← MELOD(Y) + (ACCORD)ION〗 アコーディオンの一種. **3** 《古》 = music hall.

me·lo·di·a [mɪlóudiə, mə- | -ləudjə, -dɪə] 〖《特殊用法》← LL *melōdia* 'MELODY'〗 *n.* (clarabella に似た) オルガンの音栓.

me·lod·ic [məlɑ́dɪk, mə-, me- | mɪlɔ́d-, me-, mə-] 〖《1823》⇐ L *melōdic-us* ⇐ Gk *melōdikós*: ⇨ melody, -ic[1]〗 ― *adj.* **1** 旋律の. **2** 調子の美しい (melodious). **me·lód·i·cal·ly** *adv.*

melódic ínterval *n.* 〖音楽〗旋律的音程《順次的に響く 2 音の隔たり; cf. harmonic interval》.

melódic mínor scále *n.* 〖音楽〗旋律的短音階《上行の場合は主音からの第 2-3 音と第 7-8 音との間にそれぞれ半音があるが, 下中音および導音 (第 6 音および第 7 音) をそれぞれ半音ずつ高める; 下行の場合は上記の半音高めたのをもとに戻すので, 自然的短音階と同様になる; cf. scale[3] 7》.

me·lod·ics [mɪlɑ́dɪks, mə-, me- | mɪlɔ́d-, me-, mə-] 〖⇨ -ics〗 *n.* 〖音楽〗旋律学[法].

Mel·o·die [mélədi | -dɪ] 〖《変形》← MELODY〗 *n.* 女性名.

me·lo·di·on [mɪlóudiən, mə-, me- | mɪləudjən, me-, mə-, -dɪən] 〖⇐ G *Melodion* (J.C. Dietz (1778-1845: これを発明したドイツ人) の造語) ← *Melodie* 'MELODY'〗 ― *n.* **1** メロディオン《1806 年 Dietz が発明した小型の鍵盤楽器》. **2** = melodeon 1.

me·lo·di·ous [mɪlóudiəs, mə-, me- | mɪləudjəs, me-, mə-, -dɪəs] 〖《*c*1385》⇐ OF *melodieus*: ⇨ melody, -ous〗 ― *adj.* **1** 旋律的な; 旋律に満ちた. **2** 旋律の美しい, 調子のよい, 音楽的な. **~·ly** *adv.* **~·ness** *n.*

mél·o·dist [-dɪst, -dəst | -dɪst] *n.* 旋律の美しい作曲家[声楽家].

mel·o·dize [mélədàɪz] *vt.* 旋律的にする, …の旋律を美しくする. ― *vi.* 旋律を作る. **mél·o·dìz·er** *n.*

mel·o·dra·ma [mélədrɑ̀ːmə, -drǽmə | -lə(u)drɑ̀ː-mə, ⌣–⌣–] 〖《1809》⇐ F *mélodrame* 《原義》 musical drama: ⇨ melo-[1], drama〗 ― *n.* **1** (19 世紀初期に流行した)音楽入りのロマンチックな通俗劇. **2** メロドラマ《勧善懲悪主義でめでたしめでたしで終わるのを定石とする感傷的通俗劇》. **3** メロドラマ的事件[言動].

mel·o·dra·mat·ic [mèlədrəmǽtɪk | -lə(u)drəmǽt-] 〖⇨ melo-[1], dramatic〗 ― *adj.* **1** メロドラマ的な; 芝居がかった; 感傷的な. **2** メロドラマに向いた.

mèl·o·dra·mát·i·cal·ly *adv.*

mèl·o·dra·mát·i·cal [-tɪkəl, -tə- | -tɪ-] *adj.* = melodramatic.

mel·o·dra·mat·ics [mèlədrəmǽtɪks | -lə(u)drəmǽt-] *n. pl.* [単数または複数扱い] メロドラマ的行為[作品].

mel·o·dram·a·tist [mèlədrǽmətɪst, -drɑ́ːm-, -təst | -lə(u)drǽmətɪst] *n.* メロドラマ作者.

mel·o·dram·a·tize [mèlədrǽmətàɪz, -drɑ́ːm- | mèl-ə(u)drǽm-] *vt.* **1** メロドラマ風にする. **2** 〈小説などを〉メロドラマに仕組む. **mel·o·dram·a·ti·za·tion** [mèlədræ̀mətɪzéɪʃən, -drɑ̀ːm-, -tə- | -drǽmətaɪ-, -tɪ-] *n.*

mel·o·dy [mélədi | -dɪ] 〖《*c*1290》⇐ (O)F *mélodie* ⇐ LL *melōdia* ⇐ Gk *melōidía* chant, song ← *melōdós* musical ← *mélos* song, music + *ōdḗ* song: ⇨ melic[1], ode〗 ― *n.* **1** 美しい調べ; 楽句; 諧調: make doleful ~ 悲しげな美しい音を出す. **2** 歌うのに適した詩, うた. **3** (ことばの)音調. **4** 〖音楽〗メロディー, 旋律 (cf. harmony 5, rhythm 3 a).

Mel·o·dy [mélədi | -dɪ] 〖↑〗 *n.* 女性名.

mel·oid [mélɔɪd] 〖← NL *Meloid-ae*: ⇨ ↓, -oid〗 〖昆虫〗 *adj.* ツチハンミョウ(科)の. ― *n.* ツチハンミョウ《ツチハンミョウ科の昆虫数種の総称》.

Me·lo·i·dae [mɪlóuədìː, mə-, me-, -lɔ́ɪdiː | mɪləuɪdìː, me-, mə-, -lɔ́ɪdiː] 〖← NL ~ ← *Meloe* (属名: ← *meloē* oil beetle) + -IDAE〗 ― *n. pl.* 〖昆虫〗(鞘翅目) ツチハンミョウ科.

mel·o·lon·thid [mèləlɑ́nθɪd, -θəd | -lɔ́nθɪd] 〖← NL *Melolonthid-ae* (↓)〗 〖昆虫〗 ― *adj.* コフキコガネ(亜科)の. ― *n.* コフキコガネ《コフキコガネ亜科のコガネムシの総称》.

mel·o·mane [méləmèɪn] 〖⇐ F *mélomane*: ↓〗 *adj.* 音楽狂の.

mel·o·ma·ni·a [mèləméɪniə | -lə(u)méɪnjə, -nɪə] 〖← NL ~: ⇨ melo-[1], -mania〗 *n.* 異常な音楽愛好, 音楽狂.

mel·o·ma·ni·ac [mèləméɪniæ̀k | -lə(u)méɪnɪæ̀k] 〖⇨ melo-[1], maniac〗 *n.* 音楽狂(の人), 熱狂的な音楽ファン, 音楽マニア.

mel·on [mélən] 〖《*a*1387》⇐ (O)F ~ < LL *mēlōnem* 《短縮》← L *mēlopepō* ⇐ Gk *mēlopépōn* apple-shaped melon ← *mēlon* apple + *pépōn* 'PEPO, 《原義》 ripe'〗 ― *n.* **1** 〖植物〗 **a** マスクメロン (muskmelon). **b** スイカ (watermelon). **2** 濃い石竹色, 赤黄色. **3** 《俗》 (株主に分配できる)異常に大きな利益: cut [split] a ~ 株主へ多額の特別配当金を分配する (cf. melon-cutting). **4** 《米俗》 (太って, または妊娠して)突き出た腹, 太鼓腹.

cut the melon 問題を解決する.

mélon-bùlb *n.* 〖家具〗 (Elizabeth 一世および James 一世時代のテーブルの脚・寝台・飾り棚の柱に見られる縦に溝のついた)球形の挽物(ひきもの)装飾.

mélon-cùtting *n.* 《俗》多額の特別配当金の分配 (cf. melon 3).

mélon foòt *n.* メロンフット《家具の球形の脚・丸脚; cf. bun foot, ball foot》.

mélon frùit *n.* = papaya.

mel·os [méləs, míːl-, -lous | -lɔs] 〖⇐ Gk *mélos* song〗 *n.* 調べ, 旋律.

Me·los [míːlɑs, mél-, -lous | míːlɔs] *n.* ミーロス(島)《ギリシャの南方エーゲ海の Cyclades 諸島中の火山島; ミロのヴィーナス (VENUS of Melos) 像の発見地 (1820); 人口 4,600, 面積 151 km²; ギリシャ語名 Mílos, イタリア語名 Milo》.

me·lo·sa [məlóusə | -ləu-; *Am. Sp.* melósa] 〖⇐ Am.-Sp. ~ ⇐ Sp. ~ (fem.) ← *meloso* of honey ⇐ LL *mellosus*: ⇨ melli-, -ous〗 ― *n.* 〖植物〗南米産キク科の草本 (*Madia sativa*) (cf. madia oil).

Mel·pom·e·ne [melpɑ́mənìː, -ni | -pɔ́mɪnìː, -mə-, -nɪ] 〖⇐ L ~ ⇐ Gk *Melpoménē* (fem. pres.p.) ← *mélpesthai* to sing〗 ― *n.* 〖ギリシャ神話〗メルポメネ《悲劇を司る女神; cf. Muse 1》.

Mel·rose [mélrouz | -rəuz] 〖⇐ Celt. *maol ros* bare moor ← Gael. & Ir. *maol* bare + Corn. *ros* moor〗 ― *n.* スコットランド南東部 Borders 州中部, Tweed 川に臨む村; 有名なシトー (Cistercian) 会修道院の廃墟がある.

melt[1] [mélt] 〖OE *meltan* (vi.), *m(i)eltan* (vt.) to melt < Gmc **meltan* (ON *melta* to digest) ← IE **mel-* soft (Gk *méldein* to melt / L *mollis* soft)〗 ― *v.* (~·**ed**; **mol·ten** [móultn̩, -tn̩ | móultn̩, -tən]) ― *vi.* **1 a** 〈氷・雪・バター・蠟(ろう)・岩・金属などの固体が〉(通例, 熱で液状に)溶ける, 融解する: ~ *in* the fire, *by* [*with*] heat, *at* a given temperature, etc. **b** 溶ける, 溶解する (dissolve): Lead ~*s in* the fire. 鉛は火中で溶ける / This cake ~*s in* the mouth. この菓子は口の中で溶ける[大変おいしい]. **2** 次第に溶ける[消える], 消えうせる, 薄らぐ; 《口語》〈人が〉次第に[人知れず]立去る〈*away*〉: The snow [vision] has ~*ed away*. 雪[幻]は消え去ってしまった / His resources are gradually ~*ing away*. 彼の資力は段々尽きてきた / The crowd ~*ed away*. 群衆が次第に立去った. **3** 〈感情などが〉和らぐ, 優しい気持が起きる: His heart ~*ed with* sympathy. 同情して心が和らいだ / His heart ~*ed at* sight of the poor child. その哀れな子供を見たとき(かたくなな)彼の心も和んだ. **4** 次第に移り変る, 溶け込む〈*into*〉: One color ~*s into* another. 色が次第に別の色に溶け込む / The sea ~*s into* the sky on the horizon. 海と空が水平線上で一つに溶け込んでい

る. **5** 《口語》うだるほど暑い; 暑くて汗をかく: I was almost ~*ing* before the fire. 火の前で暑くてうだりそうだった. **6** 《廃》〈決心・勇気などが〉弱まる, おじけづく, 打ちひしがれる.

— *vt.* **1** (通例, 熱で)〈固体を〉(液状に)溶かす, 溶解させる 〈*down*〉: ~ wax in a candle flame 蠟燭(ろうそく)の炎でワックスを溶かす. **2** 散らす: The sun ~*ed* the morning mist. 日光を受けて朝霧が消えた. **3** 和らげる; 心を動かして…させる 〔*to, into*〕: ~ a person's heart *to* pity 人の心を動かして哀れみの情を起こさせる / Her entreaties would ~ the hardest heart. 彼女に頼まれればどんな無情な者も心を動かされよう. **4** 次第に混ぜる, 融合させる (blend)〔*with, into*〕: The distance ~*s* the varied colors *into* one. 離れているとさまざまな色が混ざって一つに見える. **5** 《英俗》 **a** 〈金を〉使う, 浪費する (squander). **b** 〈小切手などを〉現金に換える (cash): ~ the notes.

— *n.* **1** 溶解. **2 a** 溶解物, 融成物; 溶解した金属. **b** (金属の)一回の溶解量.

melt[2] [mélt] 〚《変形》← MILT〛 *n.* 脾臓; (特に, 食料用に屠殺した牛・豚の)脾臓 (milt ともいう).

melt·a·ble [méltəbl̩ | -tə-] *adj.* 溶ける, 溶解[融解]しうる. **mèlt·a·bíl·i·ty** [-təbíləṭi | -təbíləti, -lɪ-] *n.*

melt·age [méltɪdʒ | -tɪdʒ] 〚← MELT[1] + -AGE〛 *n.* 溶解; 溶解量; 溶解物.

mélt·dòwn *n.* **1** (アイスクリーム・くず鉄などが)溶けること; 溶けた塊. **2** (原子炉の)炉心溶融《冷却装置の故障による炉内温度の異常上昇で, ウラン(燃料)や炉の底部が溶けること》.

mélt·er [-ṭə | -tə(r] *n.* **1** 溶かすもの; 溶解装置 [器具]. **2** (金属などの)溶解業者, 溶解係.

mélt·ing [-ṭɪŋ | -tɪŋ] 〚《1398》: ⇨ melt[1], -ing[2]〛 **—** *adj.* **1** 優しい気持が起こる, ほろりとする; 和らいだ: a ~ mood ほろりとした気持, 感傷的な気分 (cf. Shak., *Othello* 5. 2. 349). **2** 〈顔つき・目つきなど〉哀れな, 感傷的な. **—** *n.* 溶解, 融解. **~·ly** *adv.*

mélting pòint *n.* 〚化学〛融(解)点 (cf. freezing point).

mélting pòt *n.* **1 a** 〚冶金〛るつぼ (crucible). **b** (あらゆる物を焼き尽くし)融解させる場所. **2 a** るつぼ《各種の人種や文化の融合・同化が行なわれる場所[状況]》: The United States is a great ~. 米国は巨大なるつぼだ. **b** [集合的] そうした土地の住民たち. **3** 放棄, 忘却.

go into the melting pot 〈制度などが〉全く改造される. ***put* [*cast, throw*] *into the melting pot*** 〈制度などを〉全く改造する.

mel·ton [méltn̩, -ṭən | -tn̩, -tən] 〚← *Melton Mowbray* (イングランド Leicestershire 州の町名) ← OE *Mǣl-tūn* (← *mǣl* mark, cross: ⇨ -ton) // *Mylen-tūn* (⇨ mill[1])〛 **—** *n.* 〚紡織〛メルトン《外套などを作る厚地の紡毛織物》.

Mél·ton Mów·bray [méltn̩-móʊbri, -ṭən-, -breɪ | -tn̩mə́ʊbreɪ, -tən-, -brɪ] 〚← *Melton Mowbray* (↑)〛 **—** *n.* 《英》メルトンモーブレー《肉入りパイの一種; Melton Mowbray pie ともいう》.

mélt·wàter *n.* 雪解け水, 雪消(ゆき)水; 氷の解けた水.

-me·lus [⌐məls | -mɪ-, -mə-] 〚← NL ~ ← Gk *mélos* limb〛 〚病理〛「四肢の…異常の人」の意の名詞連結形.

Mel·va [mélvə] 〚《変形》← MALVA〛 *n.* 女性名.

Mel·ville [mélvɪl] 〚← OF *amaville* industrious one's estate〛 *n.* 男性名.

Melville, Herman *n.* (1819–91) 米国の小説家; *Typee* (1846), *Moby-Dick* (1851).

Mélville Ísland *n.* メルヴィル島《カナダの北方, 北極海にあるカナダ領の島; 42,363 km²》.

Mélville Península *n.* [the ~] メルヴィル半島《カナダ北部 Boothia 湾の南東にある半島》.

Mel·vin [mélvɪn, -vən | -vɪn] 〚← Ir. Gael. *maolwin* polished chief〛 *n.* 男性名《愛称形 Mel; 異形 Melvyn》.

Mel·vi·na [melvíːnə] 〚(fem.): ↑〛 *n.* 女性名.

mem[1] [mém] 〚□ Heb. *mēm* 《短縮》← *máyim* water〛 *n.* メーム《ヘブライ語アルファベット 22 字中の第 13 字: מ (ローマ字の M に当たる); ⇨ alphabet 表》.

mem[2] [mèm, mém] 〚《変形》← MA'AM〛 *n.* = madam.

mem. 《略》member; memento; memoir; memoranda, memorandum; memorial.

mem·ber [mémbə | -bə(r] 〚《c1300》 *membre* □ (O)F < L *membrum* limb, member, part ← IE **mēmso-* flesh, meat (Gk *mērós* thigh)〛 **—** *n.* **1 a** (人・動物の)身体の一部, 身体の一器官, (特に)手足 (limb): the unruly ~ 《古》御しにくい器官《すなわち舌; cf. *James* 3: 5–8》. **b** 陰茎 (penis): one's virile ~ 男根. **c** 《比喩》手足となる人: a ~ of Christ キリストの手足, キリスト教徒. **2** 組織体の一部分, 構成要素: **a** (団体を構成する)成員, 一員, メンバー; 会員, 社員, 団員: a ~ of a family 家庭の一員[一人] / the female ~*s* of a party 一行[会合]の婦人たち. **b** (英国・米国下院の)議員; 立法府の一員: a *Member* of Parliament [Congress] (英国・米国の)下院議員 (略 M.P. [M.C.]). **3** (英国の, 大英帝国勲位などの)最下級勲爵士, 第 5[4] 級勲功章受勲者: a *Member* of (the Order of) the British Empire. **4** 〚文法〛成員, 分節, 節. **5** 〚数学〛 **a** 項, 辺: a ~ of an equation 方程式の一項. **b** (集合の)要素 (element). **6** 〚建築〛部材, 構成材.

mémber bànk *n.* (米国の連邦準備制度)加盟銀行 (cf. nonmember bank); (手形交換の)組合銀行.

mém·bered 〚← MEMBER + -ED 2〛 **—** *adj.* **1** 部分から成る[に分けられた]. **2** [通例複合語の第 2 構成素として] (…人の)会員[メンバー]の. **3** 〚紋章〛〈白鳥・さぎなど〉脚が体の色と異なる (cf. armed 3): a swan argent ~ or 脚が金色の銀の白鳥.

mémber·shìp *n.* **1** 一員であること, 会員[社員, 議員]であること, その地位[資格, 職]: a ~ card 会員証 / a ~ fee 会費 / gain full ~ 正式の会員の資格を得る. **2** 会員[社員, 議員]数: The ~ is limited to 200. 会員数は 200 人に制限してある / The ~ of the society numbers nearly five hundred. その会の会員は約 500 名を数える. **3** 〚論理・数学〛所属関係《集合の元と集合の間における, 前者の後者への帰属関係; cf. inclusion 6》.

membra *n.* membrum の複数形.

mem·bra·cid [mémbrəsɪd, -səd | -sɪd] 〚↓〛〚昆虫〛 *adj.* ツノゼミ(科)の. **—** *n.* ツノゼミ《ツノゼミ科のセミの総称》.

Mem·brac·i·dae [membrǽsədìː | -brǽsɪ-] 〚← NL ~ ← *Membracis* (属名: ← Gk *mémbrax* cicada) + -IDAE〛 *n. pl.* 〚昆虫〛(半翅目同翅亜目)ツノゼミ科.

mem·bran- [membréɪn] (母音の前に来る時の) membrano- の異形: *membran*aceous.

mem·bra·na·ceous [mèmbrənéɪʃəs] 〚← MEMBRANO- + -ACEOUS〛 *adj.* = membranous. **~·ly** *adv.*

mem·bran·al [membréɪnl̩] 〚⇨ ↓, -al[1]〛 *adj.* 膜の, 膜状の.

mem·brane [mémbreɪn] 〚《1519》□ L *membrāna* ← *membrum* 'MEMBER'〛 **—** *n.* **1** (巻物の一部を成す)羊皮紙(一葉). **2** 〚解剖〛膜, 薄膜, 皮膜: the mucous ~ 粘膜 / ⇨ virginal membrane. **mém·braned** *adj.*

mémbrane cùring *n.* 〚土木〛膜養生(ようじょう), 被膜養生《コンクリート舗装で仕上げ後, 湿らしたむしろなどで覆って養生をすること》.

mem·bra·ne·ous [membréɪniəs | -njəs, -nɪəs] *adj.* = membranous.

mem·bra·ni- [membréɪni, -nə | -nɪ] membrano- の異形 (⇨ -i-).

mem·bra·no- [membréɪnoʊ | -nə(ʊ)] 〚← NL ~ ← L *membrāna* 'MEMBRANE'〛 〚解剖〛次の意味を表わす連結形: **1** 「膜, 薄膜」の意. **2** 「膜と…」の意: *membrano*nervous. ★ 時に membrani-, また母音の前では通例 membran- になる.

mem·bra·no·phone [membréɪnəfòʊn | -fəʊn] 〚← MEMBRANO- + -PHONE〛 *n.* (太鼓・ドラムなどの)膜鳴楽器.

mem·bra·nous [mémbrənəs, membréɪ- | membréɪ-, mémbrə-] 〚⇨ membrane, -ous: cf. F *membraneux*〛 **—** *adj.* 膜の, 膜状の, 膜質の; 膜から成る: a ~ leaf (薄い)膜状の葉. **~·ly** *adv.*

mémbranous lábyrinth *n.* 〚解剖・動物〛膜(性)迷路《内耳中にある膜性の管; cf. bony labyrinth》.

mem·brum [mémbrəm] 〚□ L ~ 《原義》member〛 *n.* (*pl.* **mem·bra** [-brə]) 〚解剖〛男根, 陰茎 (penis).

mémbrum vi·rí·le [-vɪráɪli, -və- | -vɪráɪlɪ] 〚□ L ~ 'male member'〛 *n.* 〚解剖〛= membrum.

Me·mel [G. méːməl] *n.* **1** メーメル《Klaipeda のドイツ語名》. **2** [the ~] メーメル(川)《Neman 川下流のドイツ語名》.

me·men·to [mɪméntoʊ, mə- | mɪméntəʊ, me-, mə-] 〚《1401》□ L *mementō* remember thou (imper.) ← *meminisse* to remember〛 **—** *n.* (*pl.* **~s, ~es**) **1** 思い出の種(となるもの), 記念品, 形見 (keepsake). **2 a** 警告となるもの. **b** 《古》警告 (warning). **3** 記憶 (memory). **4** [M-] 〚カトリック〛ミサにおける記憶《ミサ典文中 Memento (= remember) で始まる「生ける[死せる]者の記憶」という祈り》.

meménto mó·ri [-mɔ́ːri, -mɔ́ːr-, -raɪ | -mɔ́ːraɪ, -rɪ] 〚《1596》□ L *mementō mori* remember that you have to die: ↑〛 **—** *n.* (*pl.* ~) 死の警告; 死の表徴《頭蓋骨その他の装飾または装身具》.

Mem·ling [mémlɪŋ; *Du.* mɛ́mlɪŋ] (*also* **Mem·linc** [mémlɪŋk]), **Hans** *n.* メムリンク《1430?–?94; フランドルの画家》.

Mem·non [mémnɑn | -nɒn] 〚□ L *Memnōn* □ Gk *Mémnōn*〛 **—** *n.* メムノーン: **1** 〚ギリシャ伝説〛エチオピア人の王で Tithonus と Eos の子, トロイ戦争 (Trojan War) で Achilles に殺された. **2** エジプト Thebes 西岸の Qurna にある Amenhotep 三世の一対の巨像, 高さ約 18 m; 朝日の最初の光に触れると音楽が生じると言われた. **Mem·no·ni·an** [memnóʊniən | -nə́ʊniən, -njən] *adj.*

mem·o [mémoʊ | méməʊ, míːm-] 〚略〛 *n.* (*pl.* **~s**) 《口語》メモ (memorandum). **—** *vt.* 《米口語》 **1** …のメモをとる. **2** …に覚え書を送る.

mem·oir [mémwɑə, -wɔə | -wɑː(r, -wɔː(r] 〚《1567》□ F *mémoire* 'MEMORY'〛 **—** *n.* **1** [*pl.*] **a** (ある事件・問題などに関する)思い出の記, 回顧録, 回想録. **b** (筆者の個人的観察・知識をもとにした)言行録, 実録. **2** (本人の身近な人が書いた)伝記 (biography). **3 a** 研究論文 (monograph). **b** [*pl.*] (学会などで発行する)論文集, 紀要. **~·ist** [-wɑːrɪst, -wɔːr-, -rəst | -rɪst] *n.*

mem·o·ra·bil·i·a [mèmərəbíliə, -bíːl-, -ljə | -bílɪə, -ljə] 〚□ L ~ (neut. pl.) ← *memorābilis* memorable〛 **—** *n. pl.* (*sing.* **-o·rab·i·le** [-rǽbəli | -bɪlɪ]) **1** 記憶すべき事件. **2** (大事件の)記録; (大人物の)言行録.

mem·o·ra·bil·i·ty [mèm(ə)rəbíləṭi | -lətɪ, -lɪ-] *n.* 忘れられないこと, 印象[感銘]的なこと; 忘れ難い人[物].

mem·o·ra·ble [mém(ə)rəbl̩, -məbl̩ | -m(ə)rəbl̩] 〚《1483》□ L *memorābil-is*: ⇨ memory, -able〛 **—** *adj.* **1** 記憶[注意]すべき, 顕著な, 忘れ難い (unforgettable): a ~ event, speech, etc. / The day is ~ *to* me. その日は私にとって忘れ難い日だ. **2** 記憶しやすい, 覚えやすい. **mém·o·ra·bly** *adv.* **~·ness** *n.*

mem·o·ran·dum [mèmərǽndəm] 〚《1433》□ L ~ 'something to be remembered' (neut. gerundive) ← *memorāre* to call to mind: ⇨ memory〛 **—** *n.* (*pl.* **~s, -ran·da** [-də]) **1** 覚え書, 手控え, (事件などの)簡単な記録, メモ. **2** 《口語》(命令・注意・報告事項などを記した, 社内・庁内)連絡通信: an interoffice ~ 社内[庁内, 事務所間]回状. **3** 〚外交〛覚え書《問題の現状, ある行動に対する理由・反対などの記録》. **4** 〚商業〛委託販売品の送り状: send a thing on ~ 商品を試売品として送る. **5** 〚法律〛(取引などの)覚え書, 摘要, (組合の)規約, (会社の)定款, (海上保険証書中の)免責約款.

memorandum of association 〚英法〛(会社の)基本定款 (cf. ARTICLES of association).

me·mo·ri·al [mɪmɔ́ːriəl, mə-, -mɔ́ːr- | mɪmɔ́ːrɪ-, me-, mə-] 〚《c1375》□ L *memoriāl-is*: ⇨ memory, -al[1]〛 **—** *adj.* **1** 記念の, 形見の (commemorative); 追悼の, 追憶の: a ~ festival [service] 記念祭[追悼会]. **2** 記憶の[による] (cf. immemorial): the ~ power 記憶力. **—** *n.* **1 a** (人・事件の記憶をとどめるための)記念物; 記念館, 記念碑: as a ~ to Milton ミルトンの記念として / erect a ~ to a person 人の記念碑を建てる. **b** 記念式[祭]. **2 a** 覚え書, 記録. **b** 年代記. **3** (国王・議会などに提出する)請願書, 建白書: address a ~ to the King 国王に上表[建白]する. **4** 〚外交〛覚え書《交渉中の一国の大使が他国の代表に提示するもの, または政府が出先代表部に送るもの》. **~·ly** *adv.*

memórial árch *n.* = triumphal arch.

Memórial Dày *n.* **1** 《米》戦没将兵記念日, メモリアルデー《もと, 大部分の州では 5 月 30 日を記念日としたが, 1971 年以後 5 月の最終月曜日とし, いずれも一般に公休日; もとは南北戦争戦没者の記念日であった; Decoration Day ともいう; cf. Confederate Memorial Day》. **2** (公式の)英霊追悼日.

me·mó·ri·al·ist [-lɪst, -ləst | -lɪst] *n.* **1** 請願書起草者[署名者], 陳情者. **2** 言行[回顧]録作者.

me·mo·ri·al·ize [mɪmɔ́ːriəlàɪz, mə-, -mɔ́ːr- | mɪmɔ́ːrɪ-, me-, mə-] *vt.* **1** 記念式を行なう, 記念する. **2** …に請願書を提出する. **me·mò·ri·al·i·za·tion** [mɪmɔ̀ːriəlɪzéɪʃən, mə-, -mɔ̀ːr-, -lə- | mɪmɔ̀ːrɪəlaɪ-, me-, mə-, -lɪ-] *n.* **me·mó·ri·al·ìz·er** *n.*

memórial párk *n.* 共同墓地.

memórial róse *n.* 〚植物〛テリハノイバラ (*Rosa wichuraiana*)《白い花をつける東南アジア産バラ科ツルバラの一種》.

me·mo·ri·a tech·ni·ca [mɪmɔ́ːriə-téknɪkə, mə-, -mɔ́ːr-, -nə- | mɪmɔ́ːrɪə-téknɪ-, me-, mə-] 〚《1730》□ L ~ 'artificial memory': ⇨ memory, technic〛 **—** *L. n.* 記憶術 (mnemonics).

mém·o·ried 〚← MEMORY + -ED 2〛 *adj.* **1** [通例複合語の第 2 構成素として] 覚えている, 記憶に残る: well-*memoried*. **2** 思い出多い[深い].

me·mor·i·ter [mɪmɔ́ːrəṭə̀ː, mə-, -mɔ́ːr-, -ṭə | mɪmɔ́rɪtə(r, me-, mə-] 〚□ L ~ ← *memori-* (← *memor* mindful) + *-ter* (adv. suf.): ⇨ memory〛 **—** *adv.* 暗記して, そらで (from memory). **—** *adj.* 暗記の必要な, 暗記による: a ~ course 暗記科目.

mem·o·riz·a·ble [méməràɪzəbl̩] *adj.* 記憶[暗記]できる.

mem·o·ri·za·tion [mèmərɪzéɪʃən, -rə- | -raɪ-, -rɪ-] *n.* 記憶, 暗記 (mnemonics).

mem·o·rize [méməràɪz] 〚《1591》← MEMORY + -IZE〛 *vt.* **1** 記憶する, 暗記する: ~ a poem. **2** 《古》記録する. **—** *vi.* 暗記する. **mém·o·rìz·er** *n.*

mem·o·ry [mém(ə)ri | -rɪ] 〚《a1338》 *memorie* □ (O)F *mémoire* □ L *memoria* memory ← *memor* mindful: ⇨ -y[1]〛 **—** *n.* **1** 記憶; (人の)記憶力: artificial ~ 記憶術 / retentive ~ 強記 / bear [have, keep] something in ~ あることを覚えている / come to one's ~ 胸に浮ぶ, 思い出される; 正気に帰る / commit to ~ 記憶する / escape one's ~ 忘れる / have a convenient [an accommodating] ~ 都合のよいことだけを覚えている / have a good [bad, poor] ~ for faces 顔をよく覚える[覚えるのが苦手] / have a short ~ 忘れっぽい / keep one's ~ alive 物忘れしないようにする / a man of sound [quick, short] ~ 記憶の確かな[物覚えの早い, 物忘れの早い]人 / to the best of one's ~ 記憶している限り / if my ~ serves me aright 私の記憶に間違いがないとすれば / from ~ 記憶を頼りに, そらで. **2 a** 記憶内容; 思い出, 追憶 (recollection): be absorbed in ~ of childhood 幼年時代の思い出にふけっている / bring back the ~ of old days 昔の事を思い出させる / I have a few *memories* of him from when I was a child. 私が子供のころの, あの人の思い出が二, 三ある. **b** 記憶の範囲: beyond [within] the ~ of man [men] 人間の記憶にない[に残っている], 有史以前[以後]の / within living ~ 現在世人に記憶されている. **c** 形見 (keepsake), 思い出の品(物) (memento). **3 a** 記念[歴史, 伝説などに残る人[事件, 経験, 事柄など]; (故人の)霊, 死後の名声: It's but a ~. それは過去の夢に過ぎない, そんな事もあった / defame the ~ of the deceased 故人の遺名を汚す / honor [revere] the ~ of Nelson ネルソンを追慕する / The ~ of the just is blessed. 正しき者の名はほめらるべし (*Prov.* 10: 7) / ⇨ *of blessed* [*famous, glorious, happy*] MEMORY, *to the* MEMORY *of*. **b** 記念: in ~ of …の記念に, …を記念して / a school founded in ~ of a scholar

ある学者を記念して設立した学校. **4**〘トランプ〙神経衰弱 (⇨ concentration). **5**〘電算機〙 **a** 記憶装置, 記憶, メモリー (storage): ⇨ virtual memory. **b** 記憶容量: This computer has 128 K words of ～. この電算機は 128 K 語の記憶容量をもつ (K=1024). **6**〘化学・物理〙復原力《針金・鉄棒・鉄板・プラスチック製品などがある力を加えられた後, もとの姿に戻る能力》.
of blessed [***famous, glorious, happy***] ***memory*** 誉れの高い. ★王侯・偉人などの死後その名に添えて用いる: King Charles *of blessed* ～ 故チャールズ王.
to the memory of …の霊に捧げて: a shrine sacred *to the* ～ *of* …の霊に捧げた[を祭った]宮 / *To the* ～ *of* my wife. 亡き妻に捧ぐ《著者の献辞》.

mémory bànk *n.*〘電算機〙メモリーバンク《ひとまとまりに組み込まれた記憶装置》.
mémory bòok *n.*《米》 **1** =scrapbook. **2** (小さな)サイン帳. 「memory ともいう」.
mémory capàcity *n.*〘電算機〙記憶容量《単に
mémory drùm *n.*〘電算機〙記憶用ドラム《ドラム形の電子計算機の記憶装置》.
mémory spàn *n.*〘心理〙記憶範囲.
mémory swìtch *n.*〘電子工学〙記憶スイッチ, 自己保持スイッチ《オンにするための信号を取除いてオン状態を保つスイッチ》.
mémory tràce *n.*〘心理〙記憶痕跡《新しい情報が記憶されるときに脳の中に起こると考えられている化学変化; engram ともいう》.
mémory tùbe *n.*〘電気〙記憶管, 蓄積管《画像情報を記憶するブラウン管の一種》.
mémory vèrse *n.* (日曜学校 (Sunday school) の) 暗記聖句 (cf. golden text).
Mem·phi·an [mémfiən | -fɪən] 〘⇨↓, -an¹〙 *adj.* **1** (古代エジプトの) メンフィス (Memphis) の. **2** エジプトの (Egyptian).
Mem·phis [mémfɪs, -fəs | -fɪs] *n.* **1** メンフィス《エジプト Cairo の南にある古都, 古代エジプト古王国時代の首都, 今は廃墟》. **2** 米国 Tennessee 州南西部 Mississippi 河畔の港市; 工業都市; 人口 662,000.
Mem·phre·ma·gog [mèmfrɪméɪgɑg | -gɔg], **Lake** 〘← N-Am.-Ind.《原義》beautiful water〙 ― *n.* メンフレメイゴグ湖《米国 Vermont 州北部からカナダ Quebec 州南部にわたる湖; 長さ約 43 km》.
mem·sa·hib [mémsɑ̀ː(h)ɪb, -sɑːb] 〘《1857》← MEM² + SAHIB〙 *n.*《インド》夫人, 奥様《もと, 原住民の召使が西洋婦人を呼んだ敬称》.
men *n.* man の複数形. 「menacme.
men- [men] (母音の前に来る時の) meno-¹ の異形:
-men [mən, mèn] -man の複数形. ★発音については ⇨ -man.
men·ace [ménəs, -nɪs] 〘《*a*1325》⇨(O)F ～ < L *mināciam* threat ← *mināc-*, *minax* overhanging, threatening ← *minārī* to threaten ← *minae* threats ← IE *men- to project〙 ― *n.* **1** 脅迫, 脅威, 脅し (threat): a ～ *to* world peace [public welfare] 世界平和[公安]に対する脅威 / He was forced, under ～, to this act. 彼は脅迫されて余儀なくそうした. **2** **a** 危険 (danger). **b**《口語》やっかい者, 困り者. ― *vt.* **1** 脅やかす, 威嚇する (threaten) 〔*with*〕: ～ a person *with* a knife ナイフで人を脅す / My plan is ～*d with* failure. 私の計画は失敗の恐れがある. **2** …の脅威を与える: ～ a horrid death 恐ろしい死を与えるぞと脅す. ― *vi.* 脅す, 威嚇する. **mén·ac·er** *n.*
mén·ac·ing 〘(pres.p.) ↑〙 *adj.* 脅やかすような, 恐ろしい見幕の: take a ～ attitude 威嚇的態度をとる. **～·ly** *adv.*
men·ac·me [mɪnǽkmi, mən-, miːn- | mɪnǽkmɪ, miːn-] 〘← MENO-¹ + ACME〙 *n.*〘生理〙月経年齢《月経のある年齢の期間》.
me·nad [míːnæd] *n.* =maenad.
men·a·di·one [mènədáɪoun, ⌐ ― ― ⌐ | mènədáɪəʊn, ⌐ ― ― ⌐] 〘← ME(THYL) + NA(PHTHA) + DI-¹ + -ONE〙 ― *n.*〘生化学〙メナディオン ($C_{11}H_8O_2$)《ビタミン K_3 の異称で, 天然のビタミン K 類似作用を有する黄色の結晶》.
mé·nage [meɪnɑ́ːʒ | meɪ-, me-; *F.* menaːʒ] 〘《*c*1300》⇨F *ménage* < OF *maisnage*, *mesnage* < VL *mansiōnāticum* domain ← *mansiō(n-)* 'MANSION'〙 ― *n.* (*pl.* **mé·nag·es** [～ɪz, ～əz; *F.* ～]) (*also* **men·age** [～]) **1** 家庭, 世帯 (household). **2** 家政, 家事.
ménage à trois [meɪnɑ́ːʒ-ɑː-trwɑ́ː | meɪnɑ́ːʒ, mén-; *F.* menaːʒatrwɑ] 〘⇨F ～ 'household of three'〙 *F. n.* 一組の夫妻とその一方の恋人の三人が同居する関係.
me·nag·e·rie [mɪnǽdʒ(ə)ri, mə-, -nǽʒ- | mɪnǽdʒərɪ, me-, mə-, -nɑ́ːdʒ(ə)rɪ; *F.* menaʒri] 〘《1712》⇨F *ménagerie* housekeeping, menagerie ← *ménage* (↑): ⇨ -ery〙 ― *n.* **1** **a** 見せ物の動物園. **b** [集合的] (動物園やサーカスなどの) 動物たち. **2** [集合的] 風変りな人々 [連中].
Mén·ai Stráit [ménaɪ-] *n.* [the ～] メナイ海峡《ウェールズ北西部と Anglesey 島との間の海峡 (24 km)》.
Me·nam [meɪnɑ́ːm] *n.* [the ～] メナム(川) (⇨ Chao Phraya).
Me·nan·der [mɪnǽndə, mə- | mɪnǽndə(r, mə-, me-] *n.* メナンドロス《342?-?293 B.C.; ギリシャの新喜劇の作家》.
men·ar·che [ménɑːki, mɪnɑ́ə-, mə-, me- | ménɑːkɪ, mɪnɑ́ː-, me-, mə-] 〘← MENO-¹ + Gk *arkhḗ* beginning (⇨ archi-²)〙 ― *n.*〘生理〙初経, 初潮, 月経開始 (cf. menopause). **men·ar·che·al** [mɪnɑ́əkiəl, mə-, me- | -nɑ́ːkɪ-] *adj.* **men·ar·chi·al** [mɪnɑ́əkiəl, mə-, me- | -nɑ́ːkɪ-] *adj.*
men·a·zon [ménəzɑn | -zɔn] 〘? ← (DI)ME(THYL) + (*diami*)*n*(*o*-) (⇨ diamine) + (TRI)AZ(INE) + (THI)ON(-ATE)〙 *n.*〘薬学〙メナゾン《温血動物用の寄生虫殺虫剤》.
Men·ci·us [ménʃiəs, -ʃəs | -ʃɪəs] *n.* 孟子(もうし)《372?-?289 B.C.; 中国の戦国時代の思想家, 儒家の一人; 中国語名 Meng-tse》.
Menck·en [méŋkən, mén-], **H**(**enry**) **L**(**ouis**) *n.* (1880-1956) 米国の評論家・語学者; *Prejudices* (1919-27), *The American Language* (1919, '36; *Supplement I* '45, *Supplement II* '48).
mend [ménd] 〘《?*a*1200》⇨AF *mend-er*《頭音消失》← *amender* 'to AMEND'〙 ― *vt.* **1** **a** 〈壊れたもの・破れたもの・使い古したものを〉元通りにする, 直す, 繕う, 修理する, 修繕する (repair): ～ a garment, broken cup, hole, tear, etc. / ～ a road 道路を修理する / ～ the fire 火に燃料を足す / ～ a quill pen 鵞(が)ペンを切り直す / The shoes need ～*ing*. その靴は修繕が必要だ. **b**《古》〈病人を〉快方に向かわせる, 直す (heal). **2** **a** 〈過誤などを〉直す, 訂正する: ～ a fault 欠点を直す. **b** 〈(道徳的な)行状などを〉改める (amend): ～ one's ways [manners] 行状[態度]を改める. **c** 〈事態を〉改善する, 改良する: ～ matters [the matter] 事態を改める / Crying will not ～ matters. 泣いたって始まらない. **3** [～ one's pace として] 〈歩みを〉早める. **4** …に償う. ★次の諺にのみ用いる: Least said soonest ～*ed*.《諺》口を慎しめば災いは少ない,「口は災いのもと」.
― *vi.* **1** 〈事態が〉よくなっていく (improve): The human spirit ～*s* quickly. 人の心はすぐ立ち直るものだ. **2** **a** 〈病人が〉快方に向かう, 直る (recover). **b**《方言》〈傷口が〉癒着(ゆちゃく)する; 〈病気が〉治る: on the ～*ing* hand 快方に向かって. **3** 行いを改める. ★次の諺にのみ用いる: It is never too late to ～. 過ちを改むるにはばかることなかれ.
mend one's fences ⇨ fence 成句. ***mend or end*** (1) 〈計画などを〉改善するか廃止するか. (2)《古》殺すか癒(いや)すか (kill or cure).
― *n.* **1** 修繕 (repair); 改良 (improvement). **2** 直した[繕った]部分, つくろい穴: a ～ in the sole of a stocking 靴下の底のつくろい穴.
on the mend (1) 〈病気が〉快方に向かって. (2) 〈事態が〉好転して: Conditions are now *on the* ～. 事態が今や好転している.
make and mend ⇨ make¹ *n.*
mend·a·ble [méndəbl] *adj.* 修繕がきく, 改良できる.
men·da·cious [mendéɪʃəs] 〘《1616》← L *mendāc-*, *mendāx* lying, untrue (← *mendum* fault: ⇨ amend) + -ACIOUS〙 ― *adj.* **1** (よく)うそをつく (lying): a ～ witness. **2** 虚偽の (false) (↔ veracious): ～ tales ほら話 / a ～ report, statement, etc. **～·ness** *n.*
men·dá·cious·ly *adv.* 偽って, 虚偽に.
men·dac·i·ty [mendǽsəti | -sɪti, -sɪ-] 〘《1646》⇨LL *mendācitāt-em* ← *mendāx*: ⇨ mendacious, -ity〙 *n.* **1** うそをつくこと, うそをつく癖. **2** うそ, 虚偽.
Men·de [méndi | -dɪ] *n.* (*pl.* ～, ～**s**) **1** **a** [the ～(s)] メンデ族《シエラ レオネ (Sierra Leone)・リベリア (Liberia) に居住する部族》. **b** メンデ族の人. **2** メンデ語《ニジェール コンゴ語族に属する言語》.
Men·del [méndl; *G.* méndl], **Gregor Johann** *n.* メンデル《1822-84; オーストリアの修道士・生物学者・遺伝学者; ⇨ Mendel's law》.
Men·de·le·ev [mèndəléɪəf, -dl- | -dəl-; *Russ.* mjɪndjɪljéjɪf] (*also* **Men·de·le·eff** [～]), **Dmitri Ivanovich** *n.* メンデレーエフ《1834-1907; ロシヤの化学者, 元素の周期律を発見; *The Principles of Chemistry* (1869-71)》.
Mendeléev's láw *n.*〘化学〙メンデレーエフの法則 (⇨ periodic law).
men·de·le·vi·um [mèndəlíːviəm, -léɪ- | -vɪəm, -vjəm] 〘← NL ～ ← *D. I. Mendeleev*: ⇨ -ium〙 ― *n.*〘化学〙メンデレビウム《超ウラン元素の一つ; 記号 Md; 原子番号 101》.
Men·de·li·an [mendíːliən, -ljən | -ljən, -lɪən] 〘《1901》← *G. J. Mendel* + -IAN〙 ― *adj.* **1** メンデル (Mendel) の. **2** メンデル説[の法則]の. ― *n.* メンデル学派の人, メンデル学説支持者.
Mendélian fáctor *n.*〘生物〙=gene. 「伝.
Mendélian inhéritance *n.*〘生物〙メンデル性遺
Men·dé·li·an·ism [-nɪzm] *n.* =Mendelism. 「ist.
Men·dé·li·an·ist [-nɪst, -nəst | -nɪst] *n.* =Mendel-
Mendélian rátio *n.*〘生物〙メンデル比《メンデルの法則に基づいて推定される比と一致した値を示す分離比》.
Mendélian únit *n.*〘生物〙=gene.
Mén·del·ism [-dəlɪzm, -dl-] 〘← *G. J. Mendel*: ⇨ -ism〙 *n.*〘生物〙メンデル説 (cf. Lysenkoism).
Mén·del·ist [-dəlɪst, -ləst, -dl- | -dəlɪst, -dl-] *adj., n.* =Mendelian.
Méndel's láw *n.*〘生物〙メンデルの法則《G. J. Mendel が 1865 年に発表し, 1900 年に再発見された遺伝の基本原理で, 次の三つに分けられる》: **a** 分離の法則《対をなす遺伝子が配偶子を形成する時に分離し, 一つずつ配偶子に分配されること; law of segregation ともいう》. **b** 独立の法則《二つ以上の対立遺伝子が互いに無関係に, 独立して配偶子に分配されること; law of independent assortment ともいう》. **c** 優性[優劣]の法則《雑種第 1 代で, 優生の形質のみが現われること; law of dominance ともいう》.
Men·dels·sohn [méndlsn, -sən | -sn, -səʊn; *G.* méndəlszoːn], **Felix** *n.* メンデルスゾーン《1809-47; ドイツのユダヤ系の作曲家; *Italian Symphony* (1833), *Scotch Symphony* (1842), *Elijah* (1846); 本名 Jakob Ludwig Felix Mendelssohn-Bartholdy [-bartɔ́ldi]》.
Mendelssohn, Moses *n.* メンデルスゾーン《1729-86; ユダヤ系ドイツの哲学者; ユダヤ民族の解放に尽くした; Felix Mendelssohn の祖父》.
ménd·er *n.* 修繕[修理]者; 改善[改良]者.
Men·de·res [mèndərés] *n.* [the ～] メンデレス(川): **1** 小アジア西部を流れて Samos 島近くでエーゲ海に注ぐ川 (386 km); 流路に曲折が多いので有名 (cf. meander 1 a); 古名 Maeander. **2** 小アジア北西部, Troy 平野を流れて Dardanelles 海峡に注ぐ川 (104 km); 古名 Scamander.
Men·de·res [mèndərés], **Adnan** *n.* メンデレス《1899-1961; トルコの政治家, 首相 (1950-60)》.
Men·dès [mɑːndés; *F.* mɑ̃dɛs], (**Abraham**) **Ca·tulle** [katyl] *n.* マンデス《1841-1909; フランスの詩人・作家; ⇨ Parnassian school》.
Men·dès-France [mɑ̃ː(n)désfrɑ́ː(n)s, mɔ̃ː(n)désfrɔ̃ː(n)s, mɑndésfrɑ́ːns, mɔ(ː)ndésfrɔ́ː(n)s; *F.* mɑ̃dɛs frɑ̃ːs], **Pierre** *n.* マンデス フランス《1907- ; フランスの政治家, 首相 (1954-55)》.
men·di·can·cy [méndɪkənsi, -də- | -dɪkənsɪ] 〘⇨↓, -ancy〙 *n.* **1** 乞食(こじき)(生活). **2** 托鉢(たくはつ).
men·di·cant [méndɪkənt, -də- | -dɪ-] 〘《1474》⇨L *mendicant-em* (pres.p.) ← *mendicāre* to beg ← *mendicus* beggar: ⇨ mendacious, -ant〙 ― *adj.* **1** 乞食(こじき)の, 物もらいの; 乞食らしい: be reduced to a ～ state 落ちぶれて乞食になる. **2** 托鉢(たくはつ)をする: a ～ friar (カトリックの)托鉢修道会士 / ～ orders 托鉢修道会 (Franciscans, Dominicans, Carmelites, Augustinians など). ― *n.* **1** 乞食, 物もらい. **2** 托鉢修道会士 (cf. fakir 1).
men·dic·i·ty [mendísəti | -sɪti, -sɪ-] 〘《*c*1380》*mendicite* ⇨L *mendicitāt-em* beggary: ⇨↑, -ity〙 *n.* = mendicancy. 「合的」つくろいもの.
ménd·ing 〘《*a*1325》〙 *n.* **1** 修繕, 修正, 改良. **2** [集
Men·do·ci·no [mèndəsíːnou | -nəʊ], **Cape** 〘⇨Sp. ～ ← *Antonio de Mendoza* (New Spain の総督 (1535-49))〙 *n.* メンドシノ岬《米国 California 州最西端の岬》.
Men·do·ta [mendóuṭə | -dəʊtə], **Lake** *n.* メンドータ湖《米国 Wisconsin 州南部, Madison の北にある湖; 面積約 39 km²》.
Men·do·za [mendóuzə | -dəʊ-; *Am. Sp.* mendósa] *n.* **1** メンドサ(州)《アルゼンチン中西部の州; 面積 150,839 km²》. **2** メンドサ《Mendoza 州の首都; 人口 119,000》.
Men·do·za [mendóuzə | -dəʊ-; *Sp.* mendóθa], **Pedro de** *n.* メンドサ《1487?-1537; スペインの軍人・探検家, Buenos Aires の創立者 (1536)》.
Men·e·la·us [mènəléɪəs, -nl- | -nɪl-] 〘⇨L ～ ⇨Gk *Menélāos*《原義》resisting the people ← *ménein* to stay, abide + *lāós* people〙 *n.*〘ギリシャ神話〙メネラーオス《スパルタの王, Agamemnon の弟で Helen の夫》.
Men·e·lik II [ménəlɪk, -lɪk, -nl- | -nəl-] *n.* メネリク二世《1844-1913; エチオピアの皇帝 (1889-1913)》.
me·ne, me·ne, tek·el, u·phar·sin [míːni míːni tékəl juːfɑ́əsɪn, -sən | míːnɪ míːnɪ tékəl juːfɑ́ːsɪn] 〘⇨Aram. ～ 'numbered, numbered, weighed, (and) divided'〙 ―〘聖書〙メネ メネ テケル ウパルシン,「数えたり, 数えたり, 量れり, 分かたれたり」《Babylon の王宮の壁に書かれた文字; Daniel がそれを Belshazzar 王に解いて示し, 王国の滅亡を預言した; cf. *Dan.* 5:25-28》.
Me·nén·dez de A·vi·lés [mənéndəs-deɪ-ɑ̀ːvəléɪs | me-; *Sp.* menéndeθ de aβilés], **Pedro** *n.* メネンデス デ アビレス《1519-74; スペインの提督・開拓者; 米国 Florida 州 St. Augustine の創立者》.
Me·nes [míːniːz] *n.* メネス《紀元前 3,000 年ごろのエジプトの国王; 第一王朝の開祖; Memphis を都とする. 実在の王 Narmer と同一人物ともいわれる》.
mén·fòlk *n. pl.* **1**《口語》男たち. **2** [通例 the ～] (一家・一社会の)男連中, 男(の人)たち (↔ womenfolk).
mén·fòlks *n. pl.* =menfolk.
Meng·el·berg [méŋəlbɜ̀ːg, -bɛ̀ːg | -bɜ̀ːg, -bɛ̀ːg; *Du.* méŋəlbɛ̀rx], **Josef Willem** *n.* メンゲルベルク《1871-1951; ドイツ系のオランダの指揮者》.
Meng·er [méŋə | -ŋə(r; *G.* méŋɐ], **Karl** *n.* メンガー《1840-1921; オーストリアの経済学者》.
Meng-tse [mʌ̀ŋ-tsə́ː; *Chin.* mə̀ŋtsɨ] *n.* 孟子(もうし)《Mencius の中国語名》.
Meng·tze [mʌ̀ŋtsə́ː; *Chin.* mə̌ŋtsɨ] *n.* 蒙自(もうじ)《中国雲南省 (Yunnan) 南東部の県》.
men·ha·den [menhéɪdn, mən-] 〘《1792》⇨N-Am.-Ind. (Narraganset) *munnawhatteaûg* ← ? *munnohquohteau* he fertilizes: この魚を肥料に用いたことから〙 ― *n.* (*pl.* ～, ～**s**)〘魚類〙メンハーデン (*Brevoortia tyrannus*)《米国東海岸に多いニシン科の魚; 釣餌, 肥料または採油用; mossbunker ともいう》.
menháden bòat *n.* 米国中部大西洋沿岸州・南部諸州の原動機付にしん船.
menháden òil *n.*〘化学〙メンハーデン油《menhaden から得られる魚油; ペンキ・ワニスなど塗料の原料または製革に用いる》.

men·hir [ménhɪə, ─ ́ | ménhɪə(r)] 〖(1840) ◻ Bret. *men hir* long stone〗 ── *n.* 〘考古〙メンヒル, 立石《巨石記念物の一つで, 巨石を単独に建てたもの; 世界各地にあり, 新石器時代から初期金属器時代のものが多い; 墓標または祭祀的記念物と考えられている; cf. megalith, megalithic monument》.

me·ni·al [míːniəl, -njəl | míːnjəl, -nɪəl] 〖(*a*1387) *meynyal* ◻ AF *me(i)nial* ← *meinie* = OF *meisniee* < VL **mansiōnātam* ← L *mansiō(n-)* 'household, MANSION': ⇨ -al[1]〗 ── *adj.* **1 a** 卑しい仕事をする. **b** 《軽蔑》召使いの, 奉公人の: a ～ servant 召使い / ～ labor 奉公人[召使い]のする仕事. **2** 〈仕事・性質など〉卑しい (servile). ── *n.* **1** 《軽蔑》召使い, 奉公人, 下男, 下女. **2** 卑屈な人. 「しく.

mé·ni·al·ly [-li | -lɪ] 〖(1837)〗 *adv.* 召使いとして, 卑

Mé·nière's disèase [sỳndrome] [meɪnjéəz- | -njéəz-; *F.* menjɛːr-] 〖(1861) ← *Prosper Ménière* (1799–1862: フランスの耳科医)〗 ── *n.* 〘病理〙メニエール症候群, メニエール病, アレルギー性迷路水症《自律神経失調・ホルモン変調・アレルギー (allergy) などの原因から難聴・耳鳴り・めまい・むかつきなどを起こす疾患》.

me·ning- [mɪníŋ, mə-, me-, -níndʒ | -níŋ] (母音の前に来る時の) meningo- の異形.

me·nin·ge·al [mènɪndʒíːəl, -nən-, mɪníndʒiəl, mə- | mɪníndʒɪəl, mə-, mènɪndʒíːəl, -dʒíəl] 〖← NL *mēningeus* (⇨ meninx) + -AL[1]〗 ── *adj.* 〘解剖〙髄膜の, 脳膜の, 脳脊髄膜の.

meninges *n.* meninx の複数形.

me·nin·gi- [mɪníndʒi, mə-, me-, -dʒə | -dʒɪ] meningo- の異形 (⇨ -i-).

me·nin·gi·o·ma [mɪnɪndʒióʊmə, mə-, me- | -dʒɪóʊ-] 〖← NL ～: meningo-, -oma〗 *n.* (*pl.* **～s, ～·ta** [～tə | ～tə]) 〘病理〙髄膜腫.

men·in·gi·tis [mènɪndʒáɪtɪs, -nən-, -təs | -nɪndʒáɪtɪs] 〖(1828) ← NL ～ ← Gk *mēnigg-, mēnigx* membrane + -ITIS〗 ── *n.* (*pl.* **-in·git·i·des** [-dʒítədìːz | -tɪ-]) 〘病理〙髄膜炎, 脳膜炎. **men·in·git·ic** [mènɪndʒítɪk, -nən- | -nɪndʒít-] *adj.*

me·nin·go- [mɪníŋgoʊ, mə-, me-, -níndʒoʊ | -níŋgə(ʊ)] 〖← NL ～ ← MENINGES〗 ──〘解剖〙「髄膜, 脳膜」の意の連結形. ★ 時に meningi-, 母音の前では通例 mening- になる.

meningo·cóccus 〖← NL ～: ⇨ ↑, -coccus〗 *n.* (*pl.* **-coc·ci**) 〘細菌〙髄膜炎菌. **menìngo·cóccal** *adj.* **menìngo·cóccic** *adj.*

menìngo·encephalítis 〖← NL ～: ⇨ meningo-, encephalitis〗 *n.* 〘病理〙髄膜脳炎. **menìngo·encephalític** *adj.*

me·ninx [míːnɪŋks, mén-] 〖◻ Gk *mēnigx* membrane ← IE **mēmso-* flesh, meat〗 ── *n.* (*pl.* **me·nin·ges** [mɪníndʒiːz, mə-]) 〘解剖〙脳膜, 髄膜《脳膜と脊髄膜との総称; arachnoid (くも膜), dura mater (硬脳膜), pia mater (軟脳膜) の三つがある》.

me·nis·cus [mɪnískəs, mə-] 〖← NL ～ ← Gk *mēnískos* crescent (dim.) ← *mḗnē* 'MOON'〗 ── *n.* (*pl.* **me·nis·ci** [-nískaɪ, -nísaɪ, -níski], **～·es**) **1** 新月形(の物). **2** 〘解剖〙(関節内などにある)半月, 関節間軟骨. **3 a** 〘光学〙凹凸(ᵒᵘᵗᵗᵒᵘ)レンズ. **b** 〘物理〙メニスカス《円筒内の液体の表面が毛管現象によって示す凹[凸]面; 水は凹状, 水銀は凸状を呈する》. **me·nis·coid** [mɪnískɔɪd, mə-] *adj.*

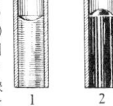

menisci 3 b
1 concave meniscus; 2 convex meniscus

Men·i·sper·ma·ce·ae [mènəspəːméɪsiiː | -nɪspəː-] 〖← NL ～ ← *Mēnispermum* (属名: ← Gk *mḗnē* 'MOON' + Gk *spérma* 'seed, SPERM') + -ACEAE〗 ── *n. pl.* 〘植物〙ツヅラフジ科. **mèn·i·sper·má·ceous** [-ʃəs] *adj.*

Men·kar [ménkɑə | -kɑː(r)] 〖◻ Arab. *minkhār* nose〗 *n.* 〘天文〙メンカル《くじら(鯨)座 (Cetus) の α 星で 2.8 等星》.

Mén·lo Párk [ménloʊ- | -ləʊ-] 〖← *Menlough* (アイルランドの Galway にある町)〗 ── *n.* 米国 New Jersey 州北東部にある村, Thomas Edison の実験所があった (1876–87).

Men·ning·er [ménɪŋə | -ŋə(r)], **Karl Augustus** *n.* (1893–) 米国の精神医学者.

Menninger, William Claire *n.* (1899–1966) 米国の精神医学者; K. A. Menninger の弟.

Men·no·nite [ménənàɪt] 〖◻ G *Mennonit* ← *Menno Simons* (1496–1561: オランダの宗教家, この教派の主唱者): ⇨ -ite[1]〗 ── *n.* メノー派教徒; [*pl.*] メノー派《1523 年スイスの Zürich に起こったキリスト教プロテスタントの一派で, 幼児洗礼・誓言・公職就任・兵役などに反対する; cf. hooker[2] 5》. **Mén·no·nit·ism** [-tɪzm] *n.*

me·no [méɪnoʊ | -nəʊ; *It.* méːno] 〖◻ It. ～ < L *minus* less〗 *adv.* 〘音楽〙より少なく.

men·o-[1] [ménoʊ | ménə(ʊ), míːn-] 〖← NL ～ ← Gk *mḗn* 'MOON, month'〗 〘生理〙「月経」の意の連結形: *menopause.* ★ 母音の前では通例 men- になる.

men·o-[2] [ménoʊ | -nə(ʊ)] 〖← NL ～ ← Gk *ménein* to remain ← IE **men-*: ⇨ manor, mansion〗「残る (remaining)」の意の連結形.

men·ol·o·gy [mɪnálədʒi, mə- | -nɔ́lədʒɪ] 〖(1610) ← NL *mēnologi-um* ← LGk *mēnológion*: ⇨ meno-[1], -logy〗 ── *n.* **1** (日々の行事を記録した)カレンダー, 暦. **2** 〘東方正教会〙メノロギオン, 聖人目録, 月別聖人伝, 聖人祭日暦《聖人伝を含む礼拝式文書で, 教会暦年を月別にしたもの》.

Me·nom·i·ni [mɪnámənì, mə- | -nɔ́mɪnɪ] 〖← N-Am.-Ind. (Chippewa)《原義》men of the wild rice〗 ── *n.* (*pl.* **～, ～s**) (*also* **Me·nom·i·nee** [～]) **1 a** [the ～(s)] メノミニ族《アメリカインディアンの一部族; かつては Michigan 州 Upper Peninsula に, 今は Wisconsin 州に住む》. **b** メノミニ族の人. **2** メノミニ族の言語.

me·no mos·so [méɪnoʊ-mɔ́(ː)soʊ | -nəʊ-mɔ́səʊ; *It.* méːnomósso] 〖◻ It. ～〗 *adj., adv.* 〘音楽〙それほど速くなく (less fast), もっとゆっくり (slower).

Men·on [ménɑn | -nɔn], **V. K. Krish·na** [kríʃnə] *n.* メノン (1897– ; インドの政治家・外交官).

men·o·paus·al [mènəpɔ́ːzəl, -zl | mènə(ʊ)-, mìːn-] 〖⇨ ↓, -al[1]〗 *adj.* 〘生理〙経閉期の: a ～ woman.

men·o·pause [ménəpɔ̀ːz | ménə(ʊ)-, míːn-] 〖(1872) ◻ F *ménopause*: ⇨ meno-[1], pause〗 ── *n.* 〘生理〙閉経(期), 月経閉止(期), 更年期 (change of life ともいう; cf. menarche).

men·o·pau·sic [mènəpɔ́ːzɪk | mènə(ʊ)-, mìːn-] *adj.* 〘生理〙= menopausal.

me·no·rah [mɪnɔ́ːrə, mə-, -nóʊrə | -nɔ́ːrə] 〖◻ Heb. *mᵉnōrāʰ* candlestick〗 ── *n.* **1 a** (ユダヤ教のハヌカー祭 (Hanukkah) に用いる)九本枝の飾り燭台. **b** (Jerusalem の神殿などで用いる)七本枝の飾り燭台. **2** 燭台.

menorah 1 b

men·or·rha·gi·a [mènəréɪdʒiə, -dʒə, -ʒə, -rɑ́ːdʒə, -ʒə | -nə(ʊ)réɪdʒɪə] 〖(1776–84) ← NL ～: ⇨ meno-[1], -rrhagia〗 ── *n.* 〘病理〙月経過多.

men·or·rhe·a [mènəríːə | -nə(ʊ)ríə, -ríːə] 〖(1856) ← NL ～: ⇨ meno-[1], -rrhea〗 ── *n.* (*also* **men·or·rhoe·a** [～]) **1** 〘生理〙(正常な)月経. **2** 〘病理〙月経過多.

me·nos·che·sis [mɪnɑ́skəsɪs, mə-, mìːnəskíː-, -səs | mɪnɔ́skɪsɪs, mə-, mìːnəskíː-] 〖← MENO-[1] + Gk *skhésis* condition〗 *n.* 〘病理〙月経閉止.

men·o·stax·is [mènəstǽksɪs, -səs | -sɪs] 〖← MENO-[1] + Gk *stáxis* dropping (of blood)〗 *n.* 〘病理〙 **1** 月経周期異常延長. **2** 閉経.

men·o·tax·is [mènətǽksɪs, -səs | -sɪs] 〖← NL ～: ⇨ meno-[2], taxis〗 *n.* 〘生物〙保留走性, 対刺激性《ある刺激に対して, ある一定の位置を保つ反応》.

Me·not·ti [mɪnɑ́ti, mə-, -nɔ́(ː)ti | -nɔ́tɪ; *It.* menɔ́tti], **Gian** [dʒɑ́ːn; *It.* dʒán] **Carlo** *n.* メノッティ (1911– ; イタリア生まれの米国の作曲家).

men·sa [ménsə] 〖◻ L ～ 'table' ← ? *mensus*: ⇨ measure〗 ── *n.* (*pl.* **～s, men·sae** [-seɪ]) **1** 〘カトリック〙祭台《祭壇の最高部の平たい石板; altar stone ともいう》. **2** [M-] 〘天文〙テーブル山座, メンサ座《南天の星座; the Table, the Table Mountain ともいう》.

men·sal[1] [ménsəl, -sl] 〖(*c*1440) ◻ LL *mensālis* ← L *mensa* table: ⇨ ↑, -al[1]〗 ── *adj.* **1** 食卓の, 食卓用の. **2** 〘カトリック〙(聖職者生活補助のために)とっておく, 備蓄(用)の: ～ fund 聖職補助資金.

men·sal[2] [ménsəl, -sl] 〖← L *mēnsis* month + -AL[1]〗 *adj.* 《まれ》月一回の, 毎月の (monthly).

mensch [ménʃ] 〖◻ Yid. *mens(c)h* ◻ G *Mensch* person〗 *n.* (*pl.* **mensch·en** [～ən]) 高潔[公正]な人.

mens con·sci·a rec·ti [ménz-kɑ́nʃiə-réktaɪ | -kɔ́nʃɪə-] 〖◻ L *mēns cōnscia rēctī* a mind conscious of the right〗 *L. n.* 曇りのない良心 (cf. Virgil, *Aeneid*).

mense [méns] 〖《変形》← ME *mensk(e)* ◻ ON *mennsk-a* humanity ← *mennskr* human〗 《スコット・英方言》 ── *n.* 礼儀正しさ; 清潔さ. ── *vt.* …に名誉を与える, …に光栄を与える. **～·less** *adj.*

mense·ful [ménsfəl] *adj.* 《スコット・英方言》 **1** 礼儀正しい (decorous), 丁重な; 慎重な (discreet); 思慮深い, 思いやりのある. **2** きちんとした, 端正な.

men·ses [ménsiːz] 〖(1597) ◻ L *mēnsēs* (pl.) ← *mēnsis* month〗 *n. pl.* [単数または複数扱い] 〘生理〙月経 (期間).

Men·she·vik [ménʃəvìk, -ʃɪ-, -vìːk | -vɪk; *Russ.* mjinjʃivjík] 〖(1917) ◻ Russ. *men'shevik* one of those in a minority ← *men'she* smaller, less ((compar.) ← *malo* little, few) + *-vik* (nominal suf.)〗 ── *n.* (*pl.* **～s, -she·vi·ki** [mènʃəvíki, -víː- | -víkɪ; *Russ.* mjinjʃivjikʲí]) **1** メンシェビキ《ロシヤ社会民主労働党中の少数派の人; ↔ Bolshevik》. **2** [the Mensheviki] メンシェビキ《少数派; ロシヤ社会民主労働党の穏健派; 1917 年 Lenin 一派のボルシェビキ (Bolsheviki) に圧倒された》.

Men·she·vism [ménʃəvìzm, -ʃɪ-] *n.* メンシェビズム《メンシェビキ (Mensheviki) の主義; cf. Bolshevism》.

Mén·she·vist [-vɪst, -vəst | -vɪst] *adj., n.* メンシェビキ(の人).

Mén's Lib [-líb] *n.* 男性解放運動(同盟)《男性を社会における伝統的なイメージや役割から解放することを目的とする男性たちの組織; Men's Liberation ともいう; cf. Women's Lib》.

mén's lóunge *n.* = men's room.

mens re·a [ménz-ríːə] 〖← NL *mēns rea* guilty mind〗 *n.* 〘法律〙犯意.

mén's ròom *n.* (ホテル・劇場・会社などの)男子用便所 (cf. ladies' room).

mens sa·na in cor·po·re sa·no [méns-sáːnaː-ɪn-kɔ́əpo(ʊ)rèɪ-sáːnoʊ, ménz-séɪnə-ɪn-kɔ́əpərìː-séɪnoʊ | méns-sáːnaː-ɪn-kɔ́ːpo(ʊ)rèɪ-sáːnəʊ, ménz-séɪnə-ɪn-kɔ́ːpəriː-séɪnəʊ] 〖◻ L *mēns sāna in corpore sānō* a sound mind in a sound body〗 ── *L.* 健全な精神が健全な身体に(宿らんことを)《教育の理想》(Juvenal, *Satires*).

menstrua *n.* menstruum の複数形.

men·stru·al [ménstruəl, -strəl | -struəl] 〖(1594) ◻ L *mēnstrual-is* monthly ← *mēnstruus* monthly ← *mēnsis* month: ⇨ menses, -al[1]〗 ── *adj.* **1** 月経(時)の, 月経による: ～ discharge 月経. **2** 《古》 **a** 毎月の, 月一回の. **b** 一か月(間)続く: a ～ trip.

men·stru·ate [ménstruèɪt, -streɪt | -struèɪt] 〖← L *mēnstruātus* (p.p.) ← *menstruāre*: ⇨ -ATE[3]〗 *vi.* 〘生理〙月経がある, 月経になる.

men·stru·a·tion [mènstruéɪʃən, menstréɪ- | mènstruéɪ-] 〖(1799): ⇨ ↑, -ation〗 *n.* 〘生理〙 **1** 月経, 月経があること. **2** 月経日[期間].

men·stru·ous [ménstruəs, -strəs | -struəs] 〖(1535) ← L *mēnstruus* (⇨ menstrual) + -ous〗 *adj.* 〘生理〙月経の(ある).

men·stru·um [ménstruəm, -strəm | -struəm] 〖(1398) 'menses' ◻ ML *mēnstruum* (neut.) (⇨ menstrual): 錬金術師が卑金属を金に変える溶媒を, 精子を胎児にすると考えられた子宮内の月経血に喩えたもの〗 ── *n.* (*pl.* **～s, -stru·a** [-struə, -strə | -struə]) 溶媒, 溶剤.

men·sur·a·bil·i·ty [mèns(ə)rəbíləti, -ʃərə- | -ʃʊrəbílətɪ, -ʃ(ə)r-, -sjʊr-, -lɪ-] *n.* 計れること, 測定できること, 可測性.

men·sur·a·ble [méns(ə)rəbl̩, -ʃ(ə)rə- | -ʃʊr-, -ʃ(ə)r-] 〖(1604) ◻ F ～ // L *mēnsūrābil-is* ← *mēnsūrāre* to measure ← *mēnsūra* (n.): ⇨ measure (v.), -able〗 ── *adj.* **1** 計られる, 測定できる. **2** 〘音楽〙= mensural 2. **～·ness** *n.*

men·su·ral [méns(ə)rəl, -ʃ(ə)r- | -ʃʊr-, -ʃ(ə)r-] 〖← L *mēnsūra* (↑) + -AL[1]〗 *adj.* **1** 度量 (measure) に関する. **2** 〘音楽〙定量の.

ménsural músic *n.* 〘音楽〙定量音楽《定量記譜法によって書かれた多声音楽》.

ménsural notátion *n.* 〘音楽〙定量記譜法《13 世紀後半から 17 世紀初めにかけて polyphony 様式の声楽作品の記譜に用いられた, 音の長さを各種の音符と記号によって相対的に関係づけることを可能にした記譜法》.

men·su·ra·tion [mènsəréɪʃən, -ʃər- | -sjʊ(ə)r-] 〖(1571) ◻ LL *mēnsūrātiō(n-)* a measuring ← *mēnsūrāre* 'to MEASURE': ⇨ -ation〗 ── *n.* **1** 計ること, 測定. **2** 〘数学〙測定法, 測量法, 求積法.

men·su·ra·tive [ménsərèɪtɪv, -ʃər-, -rət- | -sjʊ(ə)rət-, -rèɪt-] 〖⇨ ↑, -ative〗 *adj.* 計るのに適した.

méns·wèar *n.* (*also* **men's wear**) 男子服, 紳士服, メンズウェア.

-ment [mənt] 〖ME ◻ (O)F ～ ◻ L *-mentum* ← *-men* (n. suf.) + *-tum* (cf. -ed)〗 ── *suf.* 通例動詞から名詞を造り, 次の意味を表わす: **1** 結果: achieve*ment*, frag*ment*. **2** 手段: nutri*ment*, escape*ment*. **3** 動作, 過程: move*ment*, develop*ment*. **4** 状態, 性質: bewilder*ment*, senti*ment*. **5** 場所: encamp*ment*. ★ (1) まれに名詞・形容詞に付くことがある: base*ment*, devil*ment* / merri*ment*, odd*ment*. (2) -ment に終わるフランス借入語の名詞が動詞に転用される時, 発音は [mènt, mənt] となる: compli*ment*, imple*ment*.

menta *n.* mentum の複数形.

men·tal[1] [méntl̩ | -tl] 〖(*c*1425) ◻ (O)F ～ // LL *mentāl-is* of the mind ← L *ment-, mēns* mind, understanding ← IE **men-* to think: ⇨ -al[1]: cf. mind〗 ── *adj.* **1** 心の, 心的な, 精神の; 内的な (↔ corporeal, bodily, physical): ～ derangement [disorder] 精神障害 / ～ effort [excitement] 精神的努力[興奮] / ～ illness = mental disease. **2 a** 知的の, 知力の, 知能の; 頭脳を使う: ～ culture 精神的教養, 知的修養 / ～ faculties 知力, 知能 / ～ weakness 精神薄弱, 低能 / ～ work 精神[頭脳]労働, 頭仕事 / ⇨ mental worker. **b** 観念的な. **c** 頭の中で行なう, 暗算の: make a ～ note of …を頭に入れて[覚えて]おく / ～ arithmetic [calculation, computation] 暗算. **3 a** 精神病の: a ～ case [patient] 精神病患者. **b** 精神病患者を治療する[のための]: a ～ home [hospital, institution, asylum] 精神病院 / a ～ specialist 精神病専門医. **c** [Predicative に用いて] 《英》気違いの, 気が変で: He is a bit ～. 少々気がふれている / Owing to his failure, he went ～. 失敗したため精神に異常をきたした. **4** 読心術の, テレパシーの: ⇨ mental medium.
── *n.* 《口語》精神病患者.

men·tal[2] [méntl̩ | -tl] 〖(1727) ◻ F ～ ← L *mentum* chin + -AL[1]〗 *adj.* 〘解剖〙顎(ᵃᵍᵒ)の, おとがいの (genial): the ～ point 顎先 (chin).

méntal áge *n.* 〘心理・教育〙精神年齢, 知能年齢《各暦年齢 (chronological age) について正常とされる者の平均知能と比較した場合の知能発達の尺度; 略 MA》.

méntal crúelty *n.* 〘法律〙精神的虐待《夫婦の一方が相手に精神的苦痛を与えること; しばしば離婚または別居の根拠として認められる》.

méntal deficiency *n.* 〘心理〙精神薄弱, 精神的[知的]欠陥《その程度により moronity (軽愚), imbecility (痴愚), idiocy (白痴) の 3 段階に分けられる; 以前

用いられた名称で今は mental retardation という》.
méntal diséase *n.* 精神障害, 精神病.
méntal héaling *n.* 精神治療 (cf. psychotherapy).
méntal hygíene *n.* 精神衛生(学).
méntal íllness *n.* =mental disease.
mén·tal·ism [-təlìzm, -tl̩- | -təl-, -tl̩-] 〘《1874》: ⇨ mental¹, -ism〙 ── *n.* **1** 〘心理〙メンタリズム《心理現象を扱うのに内観によって捕えられる意識体験を重視する立場; cf. behaviorism 1, introspectionism》. **2** 〘言語〙(言語研究の)精神主義, 心理主義, メンタリズム《言語現象の解釈・分類に心的要因を重視する態度; ↔ mechanism》. **3** 〘哲学〙唯心論 (cf. idealism 1, spiritualism 3). **men·ta·lis·tic** [mèntəlístɪk, -tl̩- | -təl-, -tl̩-] *adj.*
mén·tal·ist [-təlɪst, -ləst, -tl̩- | -təlɪst, -tl̩-] *n.* **1** メンタリズム信奉者. **2** 読心術師; 占い師.
men·tal·i·ty [mentǽləti | -lɪti, -lɪ-] *n.* **1** 知能, 知力; 知性: a child of average ~ 普通の知力[知性]のある児童. **2** 心的状態, 心理; 心的傾向, 物の見方: abnormal ~ 異常心理 / the female ~ 女性の心理.
mén·tal·ly [-təli, -tl̩i | -təli, -tl̩i] 〘《1661》〙 *adv.* **1** 精神的に; 知的に (intellectually). **2** 心の中で; 心は.
méntal médium *n.* (テレパシーの)仲介者, 霊媒 (⇨ mental¹ *adj.* 4).
méntal rátio *n.* 〘心理・教育〙=intelligence quotient.
méntal reservátion *n.* **1** 〘法律・倫理〙心裡留保《陳述・約束などに著しい影響をおよぼす類の事を黙秘すること, また黙秘された事柄》. **2** 〘カトリック〙意中留保《第 4 戒(偽証してはならない)と正しい守秘義務との間に対立が起こる場合, その dilemma から当人を救うための理論; あるいは黙秘が肯定と受け取られる場合, あいまいな言葉を用いること》.
méntal retardátion *n.* 〘心理〙精神遅滞《その程度により borderline, mild, moderate, severe, profound の 5 段階に分けられる; cf. mental deficiency》.
méntal telépathist *n.* 読心術者 (mind reader).
méntal telépathy *n.* 読心術 (mind reading).
méntal tèst *n.* メンタルテスト, 知能検査[測定].
méntal wórker *n.* 精神労働者, 知能[頭脳]労働者.
men·ta·tion [mentéɪʃən] 〘← L *ment-* (⇨ mental¹) + -ATION〙 *n.* 精神作用; 思考.
menth- [menθ] (母音の前に来る時の) mentho- の異形.
Men·tha·ce·ae [menθéɪsiìː] 〘← NL ← *Mentha* (属名: ← L *mentha* mint) + -ACEAE〙 ── *n. pl.* 〘植物〙ハッカ科 (シソ科 (Labiatae) の別名). **men·thá·ceous** [-ʃəs] *adj.*
men·tha·di·ene [mènθədáɪiːn] 〘← *mentha(ne)* (← MENTHO- + -ANE²) + -DIENE〙 *n.* 〘化学〙メンタジエン (⇨ terpinene).
men·thene [ménθiːn] 〘← MENTH(OL) + -ENE: cf. G *Menthen*〙 *n.* 〘化学〙メンテン ($C_{10}H_{18}$)《種々の異性体がある, テルペン類》.
men·tho- [ménθo(ʊ) | -θə(ʊ)] 〘↓〙〘化学〙「メントール (menthol)」の意の連結形. ★ 母音の前では通例 menth- になる.
men·thol [ménθɔ(ː)l, -θoʊl | -θɔl, -θəl] 〘《1876》□ G *Menthol* ← L *mentha* mint¹ + -OL¹〙 ── *n.* 〘化学〙メントール, ハッカ脳 ($C_{10}H_{19}OH$)《hexahydrothymol, mint camphor, peppermint camphor ともいう》.
men·tho·lat·ed [ménθəlèɪtɪd, -təd | -tɪd, -təd] *adj.* **1** メントールで処理した. **2** メントールを含んだ[のしみ込んだ].
men·ti·cide [méntəsàɪd | -tɪ-] 〘← *menti-* (← L *mēns* mind) + -CIDE〙 ── *n.* 〘心理・社会学〙頭脳殺害《種々の精神的・肉体的苦悶を与えて人の意識的感覚を麻痺させ, 正常な精神活動を組織的に破壊しようと図ること; cf. brainwashing 1》.
men·tion [ménʃən] 〘*n.*: 《*c*1300》 *mencioun* □ (O)F *mention* □ L *mentiō(n-)* a calling to mind, speaking of ← *mēns* (⇨ mental¹). ── *v.*: 《1530》□ F *mentionner*〙 ── *vt.* (ことの序(ついで)に簡単に, または偶然)…のことを言う[書く], …に言及する; (特に, 功績などをたたえて)…の名を挙げる: be ~*ed* for the office その職の候補者に挙げられる / Did he ~ my name? 私の名を挙げ[言い]ましたか / She never ~*ed* marriage, though she wanted it badly. 彼女はとても結婚したかったけれどそれを口にしなかった / He ~*ed* (*to* me) *that* he knew you. 彼は君を知っていると(私に)言った / He didn't ~ *having* written it. 彼はそれを書いたことを言わなかった / ⇨ *be mentioned in* DISPATCHES.
Don't mention it. [感謝・言い訳などに対する答として]どう致しまして (cf. You are welcome.) ***not to mention*** = ***without mentioning*** …は言うまでもなく (to say nothing of).
── *n.* (簡単な)言及, 陳述; 名を挙げて示すこと: a brief ~ (書物などの)寸評 / ⇨ honorable mention / at the ~ of …の話が出ると / find ~ 記されてある / make ~ of …のことを話す, …に言及する, 挙げる / The book does not *make* any ~ *of* the fact. その本はこの事実には全然言及していない / There is only a bare ~ of it in the book. その本の中にただちょっと触れてあるだけだ.
~·er *n.*
men·tion·a·ble [ménʃ(ə)nəbl] 〘⇨ ↑, -able〙 *adj.* 言及するだけの価値のある.
mén·tioned 〘(p.p.) ← MENTION〙 *adj.* [通例複合語の第二構成素として] 述べた, 言及した: above-*mentioned* 前述の, 上述の.
Men·ton [mɑ̃ːntɔ̃ː(ŋ), mɔ̃ː(n)-, mɑːn-, mɔ(ː)n-, -tɔ́(ː)ŋ; *F.* mɑ̃tɔ̃] *n.* マントン《フランス南東部, Nice の北東約 28 km にある地中海沿岸の都市・避寒地; 人口 24,000》.
men·ton·nière [mèntənjέə | -tɔnjέə(r; *F.* mɑ̃tɔnjɛːr] 〘□ F ~ ← *menton* chin + -*ière* (⇨ -ary)〙 ── *n.* (*pl.* ~**s** [~z; *F.* ~]) 〘甲冑〙 **1** (兜(かぶと)の)顎(あご)当て (beaver). **2** (トーナメント用の)補強顎当て.
Men·tor [méntɔə, -tə | -tɔː(r, -tə(r] 〘《1750》□ L ~ □ Gk *Méntōr* (原義) one who thinks ← IE **men-* to think; adviser, wise man (Skt *man-tar-* one who thinks): cf. mental¹〙 ── *n.* **1** 〘ギリシャ伝説〙メントール《Odysseus の友人; 彼が Troy 出陣の際その子 Telemachus の教育を託した優れた指導者》. **2** [m-] **a** 賢明な顧問. **b** 立派な指導者, 教師 (teacher). **~·ship** *n.*

mentonnière 2

men·tum [méntəm | -təm] 〘□ L ~ 'chin'〙 *n.* (*pl.* **men·ta** [-tə | -tə]) **1** 〘解剖・動物〙頤先 (chin). **2** 〘植物〙(ラン科植物の)芯柱の下部にある突起.
men·u [ménjuː, méɪn- | mén-] 〘《1658》□ F ~ 'detailed list, (原義) small' < L *minūtum* 'MINUTE²'〙 ── *n.* **1** 献立表, メニュー. **2** 料理: a light ~ 軽い料理 / an admirable ~ すばらしい料理. **3** (音楽会・演劇などの)プログラム.
men·u·et [mènjuét | -nju-] *n.* 〘音楽〙=minuet.
Men·u·hin [ménjuɪn, -ən | -njuɪn, -nuhɪn, -nuɪn], **Ye·hu·di** [jəhúːdi | jehúːdɪ, jɪ-, jə-] *n.* (1916–) 米国のユダヤ系のバイオリン奏者.
me·nus plai·sirs [mən(j)úː-pleɪzíə | -njúː-pleɪzíə(r; *F.* mənyplɛziːr] 〘□ F ~ 'small pleasures'〙 *n. pl.* ささやかな楽しみ.
Men·zies [ménziːz, -ziz | -zɪz], Sir **Robert Gordon** *n.* (1894–1978) オーストラリアの政治家; 首相 (1939–41; 1949–66).
me·ow [miáʊ, mjáʊ | miːáʊ, mɪ-, mjáʊ] 〘擬音語〙 ── *n.* **1** にゃーお, にゃーにゃー《猫の鳴声》. **2** 悪意に満ちた発言, 酷評. ── *vi.* **1** 〈猫が〉にゃーお[にゃーにゃー]と鳴く. **2** 意地悪な発言をする.
m.e.p. 《略》mean effective pressure 平均有効圧力.
me·per·i·dine [məpérədiːn, -dɪn, -dən | mepérɪdiːn, -dɪn] 〘← ME(THYL) + (PI)PERIDINE〙 *n.* 〘薬学〙メペリジン ($C_{15}H_{21}NO_2$)《合成鎮痛剤・鎮静剤》.
Me·phis·to [mɪfístoʊ, mə- | -təʊ] *n.* =Mephistopheles.
Meph·is·to·phe·lean [mèfɪstəfíːljən, -fəs-, mɪfɪs-, mə-, me-, -liən, mèfɪstɑfəlíːən, -fəs- | mèfɪstəfíːljən, -tɔf-, -liən] *adj.* =Mephistophelian.
Meph·is·toph·e·les [mèfɪstɑ́fəliːz, -fəs- | -fɪstɔ́fɪl-, -fəl-] 〘□ G ~ ← ? Heb. *mēphīṣ* scatterer + *tōphēl* smearer〙 ── *n.* **1** メフィストフェレス《ドイツ伝説の悪魔; 一般には Goethe の *Faust* の中で Faust が自分の魂を売り渡した悪魔として知られている》. **2** (メフィストフェレスのような)悪魔的人物, (知的な)誘惑者.
Meph·is·to·phe·lian [mèfɪstəfíːljən, -fəs-, mɪfɪs-, mə-, me-, -liən | mèfɪstəfíːljən, -tɔf-, -liən] 〘《1853》: ⇨ ↑, -an¹〙 ── *adj.* メフィストフェレスの(ような); 悪魔的な, 陰険な, 冷笑的な.
me·phit·ic [mɪfítɪk, mə- | me-] 〘《1623》□ LL *mephiticus*: ⇨ mephitis, -ic¹〙 *adj.* 悪臭のある, 悪臭性の; 毒気の, 有毒な (noxious), 有毒性の.
me·phit·i·cal [-tɪkəl, -tə- | -tɪ-] *adj.* =mephitic.
me·phi·tis [mɪfáɪtɪs, mə-, -təs | mefáɪtɪs] 〘□ L *mephītis, mefitis* ← Oscan〙 ── *adj.* **1** (地中から発散する)毒気, 悪気; 悪臭. **2** [M-] 〘ローマ神話〙メフィーティス《人を疫病・悪風から護る女神》.
mep·ro·bam·ate [mèpro(ʊ)bǽmeɪt, məpróʊbəmèɪt | mèprə(ʊ)bǽmeɪt, məprə́ʊbəmèɪt] 〘← ME(THYL) + PRO(PYL) + (CAR)BAMATE〙 ── *n.* 〘薬学〙メプロバメート ($C_9H_{18}N_2O_4$)《白色粉末状の精神安定剤》.
meq. 《略》milliequivalent.
mer. 《略》mercantile; merchandise; meridian; meridional.
mer-¹ [mə́ː | mɔ́ː(r] 〘ME ~ ← *mere* sea, lake < OE: ⇨ mere¹〙「海」の意の連結形: *mer*maid, *mer*woman.
mer-² [mer] (母音の前に来る時の) mero-¹ の異形: *mer*algia.
mer-³ [mer] (母音の前に来る時の) mero-² の異形: *mer*apsis.
-mer [mə, məː | mə(r, məː(r] 〘← Gk *méros* part〙〘化学〙「特定の群に属する化合物」の意の名詞連結形: iso*mer*, meta*mer*, mono*mer*, poly*mer*.
Me·rak [míːræk] 〘□ Arab. *marâqq(al-dubb)* the loin of the bear〙 *n.* 〘天文〙ミラク《おおぐま(大熊)座 (Ursa Major) の β 星で 2.4 等星; 北斗七星の第二星》.
mer·bro·min [məːbróʊmɪn, -mən | məːbrə́ʊmɪn] 〘← MER(CURIC) + BROMO- + -IN¹〙 ── *n.* 〘薬学〙メルブロミン ($C_{20}H_8Br_2HgNa_2O_6$)《水に溶かすと赤い液体となる粉末; 防腐剤・殺菌剤; 一般には Mercurochrome の商品名で知られている》.
merc. 《略》mercantile; mercurial; mercury.
mer·can·tile [mə́ːkəntìːl, -tàɪl | mə́ːkəntàɪl] 〘《1642》□ F ~ □ It. ~ ← *mercante* merchant < L *mercantem* (pres.p.) ← *mercārī* to trade: ⇨ merchant, -ile¹: cf. market, mercenary〙 ── *adj.* **1** 商業の, 商人の: the ~ field 商業界. **2** 重商主義 (mercantilism) の. **3** 《まれ》金もうけに熱心な, 欲得の.
mercántile ágency *n.* **1** 代理店. **2** 商業興信所 (commercial agency).
mércantile làw *n.* 〘法律〙商法, 商慣習法 (cf. commercial law, law merchant).
mércantile maríne *n.* 〘海事〙=merchant marine.
mércantile páper *n.* 〘金融〙商業手形《為替手形・約束手形など》.
mércantile sỳstem *n.* 〘経済〙重商主義, 重金主義《農工業を奨励してできる限り輸出を増し, 輸入を減じて外貨の獲得を図り, それによって政治的優勢を得ようとする経済政策および思想; 17 世紀の初めから 18 世紀の半ばごろまで西欧諸国が採用した》.
mér·can·tìl·ism [-tiːlìzm, -taɪl- | -tɪlìzm, -tàɪlɪzm] *n.* **1** 〘経済〙重商主義. **2** 商業主義, 商業術, 商人気質(かたぎ); 商人根性.
mér·can·tìl·ist [-tiːlɪst, -tàɪl-, -ləst | -tɪlɪst, -tàɪl-] *n.* 重商主義者. ── *adj.* 重商主義の.
mer·can·til·is·tic [mə̀ːkəntiːlístɪk, -taɪl- | mə̀ːkən-tɪl-, -taɪl-] *adj.* =mercantilist.
mer·capt- [mə(ː)kǽpt | mə(ː)-] (母音の前に来る時の) mercapto- の異形.
mer·cap·tan [mə(ː)kǽptæn | mə(ː)-] 〘□ G *Mercaptan* ← L (*corpus*) *mer*(*curium*) *captān*(*s*) (body) catching mercury〙 *n.* 〘化学〙メルカプタン (⇨ thiol 1); (特に) =ethyl mercaptan (cf. thioalcohol).
mer·cap·tide [mə(ː)kǽptaɪd | mə(ː)-] 〘⇨ ↑, -ide²〙 *n.* 〘化学〙メルカプチド《メルカプタンの水素原子を金属原子で置換したもの》.
mer·cap·to [mə(ː)kǽptoʊ | mə(ː)kǽptəʊ] 〘↓〙 *adj.* 〘化学〙メルカプトの《メルカプタンの基 SH を価の置換基として接頭辞で命名するとき用いる》.
mer·cap·to- [mə(ː)kǽpto(ʊ) | mə(ː)kǽptə(ʊ)] 〘← MERCAPT(AN) + -O-〙〘化学〙「メルカプトの (mercapto)」の意の連結形: *mercapto*wine.
mercápto gròup *n.* 〘化学〙メルカプト基《—SH の 1 価の基; mercapto radical ともいう》.
mercàpto·púrine 〘⇨ ↑, purine〙 *n.* 〘薬学〙メルカプトプリン ($C_5H_4N_4S$)《プリン誘導体の一種の黄色柱状晶; 急性白血病に効果がある》.
mercápto ràdical *n.* 〘化学〙=mercapto group.
Mer·cast [mə́ːkæst | mə́ːkɑːst] 〘? ← *Merc*(*hant Marine broad*)*cast*〙 *n.* マーカスト《米国の政府機関が国有の船舶に対して用いる放送またはその施設》.
Mer·ca·tor [məːkéɪtə | məːkéɪtɔː(r, -tə(r], **Ger·har·dus** [dʒəhɑ́ːədəs | dʒəhɑ́ː-] *n.* メルカトル《1512–94; フランドルの地理学者・地図製作者; 本名 Gerhard Kremer》.
Mercátor chárt *n.* メルカトル式海図[地図]《Mercator projection の原理による》.
Mercátor projéction *n.* 〘地図〙メルカトル式投影図法《緯線と経線がともに直交する直線で表わされる円筒図法の一種; Mercator's projection ともいう; cf. projection 7》.
Mercátor sáiling *n.* 〘海事〙メルカトル航法, 漸長緯度航法《地文航法の一つで, 漸長図で直線に描かれる針路上を船が走る場合の航法》.
Mercátor tràck *n.* 〘海事〙航程線《メルカトル式投影図上で直線に表わされる同一針路の線; 実際の地球上では極点に収斂(しゅうれん)する渦巻き線である; rhumb line ともいう》.
Mer·ce·des [məséɪdiːz, -síː-, mə́ːsədìːz | mə́ːsɪdìːz] 〘《短縮》← Sp. *Maria de las Mercedes* Mary of mercies〙 *n.* 女性名.
mer·ce·nar·y [mə́ːsənèri, -sn̩- | mə́ːsɪn(ə)ri, -sn̩-, -sn-] 〘《*c*1387》□ L *mercēnāri-us* hired, paid ← *mercēs* hire, wages〙 ── *adj.* **1** 欲得ずくの, 金で働く, 報酬目当ての, 欲張った (venal, greedy): a ~ woman. **2** 〈兵士が〉(外国の軍隊に)雇われた: a ~ soldier 雇い兵, 傭兵(ようへい). ── *n.* **1** 金銭でのみ働く人. **2** 雇われ人 (hireling); (特に)傭兵. **mer·ce·nar·i·ly** [mə̀ːsənérəli, -sn̩-, ← ─ ─ ─ | mə́ːsɪn(ə)rəli, -sn̩-, -sn-, -rɪli] *adv.* **mér·ce·nàr·i·ness** *n.*
mer·cer [mə́ːsə | mə́ːsə(r] 〘《?*a*1200》□ AF ~ = (O)F *mercier* ← LL *merci-, merx* merchandise: ⇨ merchant, -er¹〙 *n.* 《英》服地商, 織物商人; (特に)絹織物商.
mer·cer·i·za·tion [mə̀ːs(ə)rɪzéɪʃən, -rə- | mə̀ːsəraɪ-, -rɪ-] *n.* 〘紡織〙マーセリゼーション, マーセル法[加工], シルケット加工《木綿類を苛性ソーダで処理してつや出しする加工》.
mer·cer·ize [mə́ːsəràɪz | mə́ː-] 〘← *John Mercer* (1791–1866: この方法を発明した英国人): ⇨ -ize〙 ── *vt.* 〘紡織〙…にマーセル法を施す, マーセル加工する: ~*d* cotton つや出し木綿, シルケット.
mer·cer·y [mə́ːs(ə)ri | mə́ːsəri] 〘《*c*1300》□ (O)F *mercerie* ← *mercier*: ⇨ mercer, -ery〙 ── *n.* 《英》 **1** 服地店, 反物店 (mercer's shop). **2** (服地店で取り扱う)服地; (特に)絹織物.
mer·chan·dise 〘《*c*1390》□ (O)F *marchandise* ← *marcheant*: ⇨ merchant, -ise¹〙 ── [mə́ːtʃəndàɪz, -dàɪs | mə́ː-] *n.* **1** [集合的] 商品, (特に)製造品: general ~ 雑貨. **2** 在庫品, 手持ち商品. **3** 《古》取引. ── [-dàɪz] *v.* ── *vi.* 商売をやる. ── *vt.* **1** 取り引きする, 売買する. **2** …の販売増進を図る; 〈商品・サービス〉の広告宣伝をする. **mér·chan·dìs·er** *n.*
mér·chan·dìs·ing *n.* 〘商業・経済〙マーチャンダイジング《適正な商品またはサービスを適正な場所・時期・数量・価格で提供するための計画》.
mer·chan·dize [mə́ːtʃəndàɪz | mə́ː-] *v.* =merchandise.

mer·chant [mə́:tʃənt | mɔ́:-] 〖《*c*1300》▭OF *marcheant* (F *marchand*) < VL **mercātantem* (pres.p.) ← **mercātāre* ← L *mercārī* to trade ← *merx* merchandise〗 ― *n.* **1 a** 《英》卸売商人；(特に)貿易商. **b** 《米・スコット》小売商人. ★《英》では限定詞を伴う時にだけ b の意味に用いる：a coal [wine] ～ 石炭[ぶどう酒]商人. **2** [通例限定語に伴って]《俗》人間, やつ；…狂, …屋：a speed ～ (自動車の)スピード狂.
a merchant of death 「死の商人」《交戦中の国々に兵器・弾薬などを売り, 莫大な利益をあげる軍需産業資本家》；(戦争を食い物にする)戦争屋.
― *attrib. adj.* **1 a** 商人の, 商人の素質のある, 商人的な. **b** 商業の：a ～ vessel 商船, 貿易船. **c** 商船の. **2 a** 〈棒鋼・インゴットなど〉(特注でなく)標準規格の. **b** 〈工場が〉標準規格の地金(じがね)を製作する.

mer·chant·a·ble [mə́:tʃəntəbl | mɔ́:tʃənt-] 〖← (廃) *merchant* to trade + -ABLE〗 ― *adj.* 商い向きの, 売れる；市場向きの：～ goods. **mèr·chant·a·bíl·i·ty** [-təbíləti | -təbíləti, -lɪ-] *n.* **～·ness** *n.*

mérchant advénturer *n.* (*pl.* **～s, mérchants advénturers**) **1** (昔, 在外商館などを作った)貿易商人；貿易商組合員. **2** [*pl.*; M- A-]〖英史〗毛織物輸出商組合, 冒険商人組合《14-16 世紀にわたって勅許を得て毛織物輸出貿易を独占したが, 17 世紀以降衰えた》.

mérchant bànk *n.* 《英》〖金融〗マーチャントバンク《外国貿易用為替手形引受けと証券発行を主要業務とする金融会社》.

mérchant flàg *n.* 商船旗《時に国旗 (national flag) と同じものを用いる》.

mérchant guìld *n.* (中世の)商人ギルド (⇨ guild merchant).

mérchant·man [-mən] *n.* (*pl.* **-men** [-mən, -mèn]) **1** 商船 (merchant ship). **2** 《古》商人.

mérchant maríne *n.* [集合的]《米》〖海事〗(一国の)商船, 商船隊；(これに勤務する)海員, 船員《mercantile marine, merchant service ともいう》.

mérchant nàvy *n.* 《英》〖海事〗= merchant marine.

Mérchant of Vénice, The *n.* 「ベニスの商人」《Shakespeare 作の喜劇 (1596–97)》.

mérchant prínce *n.* 豪商 (wealthy merchant).

mérchant séaman *n.* 商船船員, 海員.

mérchant sèrvice *n.* 〖海事〗= merchant marine.

mérchant shìp *n.* = merchantman 1.

mérchant táilor *n.* 生地も商う仕立て屋.

mer·ci [mɛəsí: | mɛə-; *F.* mɛʀsi] 〖▭F ～ 'thanks,《原義》mercy' < L *mercēdem* hire, reward〗 ― *F. int.* ありがとう：*Merci* beaucoup [*F.* boku]. どうもありがとう (Thank you very much).

Mer·ci·a¹ [mə́:ʃiə, -ʃə | mɔ́:siə, -sɪə, -ʃɪə] 〖▭ML ～ ← OE *Merċe, Mierċe* (pl.)《原義》people of march, marchers, borderers ← *mearc* 'MARK¹'〗 ― *n.* マーシア《イングランド中部, Humber 川と Thames 川の間にあったアングル族の古王国, 七王国の一つ；829 年に Wessex に併合；cf. heptarchy 2 b》.

Mer·ci·a² [mə́:ʃiə, -ʃə | mɔ́:sjə, -sɪə, -ʃɪə] 〖↑〗 *n.* 女性名.

Mer·ci·an [mə́:ʃiən, -ʃən | mɔ́:sjən, -sɪən, -ʃɪən] 〖《1513》: ⇨ Mercia¹, -ian〗 ― *adj.* **1** マーシア (Mercia) の. **2** マーシア方言の. ― *n.* **1** マーシア人. **2** (古英語の)マーシア方言.

mer·ci·ful [mə́:sɪfəl, -sə- | mɔ́:sɪ-] 〖《*a*1300》〗 *adj.* **1** 慈悲[情け]深い 〔*to*〕. **2** 有難い, 幸いな. **～·ness** *n.*

mér·ci·ful·ly [-fəli | -lɪ] *adv.* 情け深く, 寛大に；有難いことに, 幸いにも).

mer·ci·less [mə́:sɪlɪs, -sə-, -ləs | mɔ́:sɪ-] 〖《?*c*1380》〗 *adj.* 無慈悲な, 無情な, 残酷な. **～·ly** *adv.* **～·ness** *n.*

mer·cur- [mə(:)kjú(ə)r, mə́:kjʊr | mɜ:kjúər, mɔ́:kjʊr] (母音の前に来る時の) mercuro- の異形.

mer·cu·rate [mə́:kjʊrèɪt | mɔ́:-] 〖⇨ mercuro-, -ate³〗〖化学〗 ― *vt.* 水銀と化合させる, 水銀(塩)で処理する. ― [-rət, -rɪt, -rèɪt] *n.* 第二水銀塩類. **mer·cu·ra·tion** [mə̀:kjʊréɪʃən | mɔ̀:-] *n.*

mer·cu·ri·al [mə(:)kjú(ə)riəl | mɜ:kjúərɪ-] 〖《*a*1393》▭L *mercuriāl-is* of Mercury: ⇨ Mercury, -al¹〗 ― *adj.* **1** 水銀の, 水銀を含んだ, 水銀の作用による：a ～ barometer = mercury barometer / a ～ gauge 水銀圧力計 / a ～ column 水銀柱 / a ～ level 水銀水準器 / ～ poisoning 水銀中毒 / a ～ preparation 水銀剤 / ～ treatment 水銀療法. **2** [M-] マーキュリー神 (Mercury) の. **3** [M-] 水星 (Mercury) の. **4** 快活な, 敏活な, 機知に富む (witty)；気軽な, 陽気な, 快活な (lively)；興奮しやすい；気の変りやすい (changeable) (cf. jovial 1, saturnine 1)：a ～ temperament. ― *n.* 〖薬学〗水銀剤. **～·ly** *adv.* **～·ness** *n.*

mer·cú·ri·al·ìsm [-lìzm] *n.* 〖病理〗水銀中毒症.

mer·cu·ri·al·i·ty [mə(:)kjù(ə)riǽləti | mɜ:kjùəriǽlətɪ, -lɪ-] *n.* **1** 快活, 陽気, 敏活. **2** 移り気.

mer·cu·ri·al·ize [mə(:)kjú(ə)riəlàɪz | mɜ:kjúərɪ-] *vt.* **1** 活発[敏活, 快活, 陽気]にする. **2** 〖写真〗水銀で処理する, 水銀の蒸気に当てる. **3** 〖医学〗水銀剤を用いて治療する, …に水銀療法を行なう. **mer·cu·ri·al·i·za·tion** [mə(:)kjù(ə)riəlɪzéɪʃən, -lə- | mɜ:kjùərɪəlaɪ-, -lɪ-] *n.*

mercúrial óintment *n.* 水銀軟膏《毛じらみの駆除に使用された》.

Mer·cu·ri·an [mə(:)kjú(ə)riən | mɜ:kjúərɪ-] *adj.* 《古》 = mercurial 2, 3. ― *n.* **1** 〖占星〗水星を「守り星」として生れた人. **2** 〖手相〗小指の相のよい人, 水星運のよい人《活動的, 機敏で抜け目がなく, 実業家・政治家向きの性格》.

mer·cu·ri·ate [mə(:)kjú(ə)riət, -rìɪt, -rièɪt | mɜ:kjúərɪət, -rɪɪt, -rɪèɪt] 〖《異形》← MERCURATE〗 *n.* 〖化学〗 = mercurate.

mer·cu·ric [mə(:)kjú(ə)rɪk | mɜ:kjúər-] 〖⇨ mercuro-, -ic¹〗 *adj.* 〖化学〗水銀の；(特に)二価の水銀 (Hg^{II}) を含む (cf. mercurous)：～ salt 第二水銀塩.

mercúric chlóride *n.* 〖化学〗 = mercury chloride 2.

mercúric óxide *n.* 〖化学〗酸化第二水銀, 酸化水銀 (II), 赤色酸化水銀, 黄色酸化水銀 (HgO)《赤色または黄色の粉末で有毒；顔料などの製造に用いられる》.

mercúric subsúlfate *n.* 〖化学〗オキシ硫酸水銀, 塩基性硫酸第二水銀($Hg(HgO)_2SO_4$)《明黄色の有毒粉末；turpeth, turpeth mineral ともいう》.

mercúric súlfide *n.* 〖化学〗硫化(第二)水銀 (HgS)《医薬・顔料に用いる》.

mer·cu·rize [mə́:kjʊràɪz | mɔ́:-] *vt.* 〖化学〗 = mercurate.

mer·cu·ro- [mə(:)kjú(ə)ro(ʊ), mə́:kjʊr- | mɜ:kjúərə(ʊ), mɔ́:kjʊr-] 〖← MERCURY〗「水銀 (mercury)」の意の連結形. ★ 母音の前では通例 mercur- になる.

Mer·cu·ro·chrome [mə(:)kjú(ə)rəkròʊm | mɜ:kjúərəkrəʊm] 〖⇨ ↑, chrome〗 ― *n.* 〖商標〗マーキュロクローム ($C_{20}H_8O_6Br_2Na_2Hg$)《防腐・殺菌剤用の merbromin の商品名》.

mer·cu·rous [mə(:)kjú(ə)rəs, mə́:kjʊr- | mɔ́:kjʊr-] 〖⇨ mercuro-, -ous〗 ― *adj.* 〖化学〗水銀の[を含む]；(特に)一価の水銀 (Hg^I, Hg_2^{II}) の[を含む] (cf. mercuric)：～ salt 第一水銀塩.

mercúrous chlóride *n.* 〖化学〗塩化第一水銀 (⇨ calomel).

mer·cu·ry [mə́:kjʊri, -k(ə)ri | mɔ́:kjʊrɪ] 〖《*c*1395》《転用》← MERCURY (錬金術士の命名)：cf. quicksilver〗 ― *n.* **1** 〖化学〗水銀《金属元素の一つ；記号 Hg, 原子番号 80, 原子量 200.59；quicksilver ともいう》. **2** (温度計・気圧計などの)水銀柱：The ～ stood at nearly 90°. 温度計は(カ氏で) 90 度近かった / The ～ is rising. 温度が上がっている；機嫌がよくなっている；いよいよ興奮してくる. **3** 〖薬学〗水銀剤. **4** 《廃》陽気. **5** 〖植物〗ヤマアイ《トウダイグサ科ヤマアイ属 (*Mercurialis*) の植物の総称》；(特に) = dog's mercury.

Mer·cu·ry [mə́:kjʊri, k(ə)ri | mɔ́:kjʊrɪ] 〖《*c*1350》▭L *Mercuri-us* god of merchandise ← ? *merx* merchandise〗 ― *n.* **1** 〖ローマ神話〗メルクリウス, マーキュリー《神々の使いの神で, 雄弁・職人・商人・盗賊の守護神；ギリシャ神話の Hermes に当たる》. **2** [m-]《古》使者；(恋愛などの)提灯(ちょうちん)持ち；報道者. ★ 新聞・雑誌の名称に用いる以外は《古》：The Leeds [London] ～. **3** 〖天文〗水星《太陽に最も近い惑星》. **4** マーキュリー《米国の一人乗り宇宙船の名称》.

mércury àrc *n.* 〖電気〗水銀電弧, 水銀アーク.

mércury-árc làmp *n.* = mercury-vapor lamp.

mércury-árc rèctifier *n.* 〖電気〗水銀整流器.

mércury barómeter *n.* 水銀気圧計.

mércury chlóride *n.* 〖化学〗 **1** = calomel. **2** 塩化第二水銀, 塩化水銀 (II), 昇汞(しょうこう) ($HgCl_2$)《corrosive sublimate, mercuric chloride ともいう》.

mércury cýanide *n.* 〖化学〗シアン化水銀 ($Hg(CN)_2$)《無色劇毒の結晶；医薬品に用いる》.

mércury dichlóride *n.* 〖化学〗 = mercury chloride 2.

mércury fúlminate *n.* 〖化学〗雷酸水銀, 雷汞(らいこう) ($Hg(ONC)_2$).

mércury màss *n.* 〖薬学〗 **1** = blue mass 1. **2** = blue pill 1 a.

mércury súlfide *n.* 〖化学〗 = mercuric sulfide.

mércury swìtch *n.* 〖電気〗水銀スイッチ.

mércury-vápor làmp *n.* (紫外線に富む)水銀(蒸気)灯, 人工太陽灯.

mer·cy [mə́:si | mɔ́:sɪ] 〖《?*c*1200》▭(O)F *merci* (fem.) favor, mercy, (masc.) thanks < L *mercēdem, mercēs* reward, (ML) price, favor, mercy〗 ― *n.* **1 a** (罪人・敵などに対する)情け, 容赦, 慈悲, 哀れみ；哀れみの情, 慈悲深さ：beg for ～ 情けを請う (cf. THROW *oneself on* (1)) / have ～ on [upon]… = show ～ on [to] …に慈悲をたれる / take ～ on …を哀れむ / in ～ (to…) (…が)かわいそうだと思って / without ～ 無慈悲な / I spared him out of ～. かわいそうだと思って彼を許してやった. **b** 苦悩を救うこと, 安楽：⇨ mercy killing. **c** 情けある処置；死一等の減刑. **2** [間投詞的に] おや, まあ《驚き・恐怖を表わす》：*Mercy* (on [upon] us)! こりゃ驚いた, おや, まあ. **3 a** (神の)恵み, 恩恵 (blessing). **b** 幸運：That's a ～! そいつはありがたい / What a ～ [It is a ～] (that) you did not go! 君が行かないでよかった.
at the mercy of …のなすがままに, …に左右されて：*at the* ～ *of* the waves 波に翻弄されて / They were *at the* ～ *of* the conquerors. 彼ら(の運命)は征服者たちの掌中にあった. ***for mercy*** = ***for mercy's sake*** = ***in mercy's name*** お願いですから, どうぞ, 後生だから. ***leave* [*trust*] *to the tender mercies* [*mercy*] *of*** 《反語》…の意のままに任せる (cf. *Prov.* 10 : 12)：He was *left to the tender mercies of* his master. 彼は主人の自由に任され(て痛い目にあっ)た. ***of one's mercy*** 慈悲心から. ***sin one's mercies*** 幸運を感謝しない. ***thankful for small mercies*** わずかなものに甘んじて, 不足でも我慢して.

Mer·cy [mə́:si | mɔ́:sɪ] 〖↑: ⇨ Mercedes〗 *n.* 女性名. ★ クエーカー教徒に多い.

mércy kìlling *n.* 安楽死 (euthanasia).

mércy sèat 〖《1530》《なぞり》← G *Gnadenstuhl* (なぞり) ← Gk *hilastḗrion* (なぞり) ← Heb. *kappōreth* 《原義》propitiatory: Tyndale の訳語〗 ― *n.* 〖ユダヤ教〗神の座《契約の箱 (ark of the covenant) の金のふた；cf. *Exod.* 25 : 17–22》.

mércy stròke *n.* **1** 情けの一刀《死刑執行者が処刑者の苦痛を早く終わらせるために与える一撃》. **2** 止(とど)めの一撃.

mere¹ [míə | míə(r] 〖OE *mere* < Gmc **mari* (G *Meer*) < IE **mori* body of water (L *mare*: ⇨ mare³)〗 *n.* **1** 《詩・古》湖, 池 (cf. Windermere). **2** 《廃》海.

mere² [míə | míə(r] 〖OE *(ġe)mǣre* < Gmc **(ʒa)mairjam* ← IE **mei-* to fix (L *mūrus* wall)〗 *n.* 《英方言》境界, 境界線.

mere³ [míə | míə(r] 〖《*c*1390》▭AF *meer* (= OF *mier*) // L *mer-us* pure, mere ← IE **mer-* to flicker〗 ― *adj.* (**-est**) ★ 強意で最上級を用いるが, 比較級は通例用いない. [Attributive にのみ用いて] **1** ほんの, 単なる, 全く…にすぎない, 全くの：a ～ child ほんの子供 / a ～ livelihood どうにか食っていけるだけの生計 / I shudder at the ～(*st*) thought of him. 彼のことを思っただけでも身震いがする / That is the ～*st* folly. それこそ愚の骨頂だ / There was ～ miles of sands until it met the sky. ただもう何マイルも砂原ばかりが続き, その果ては空と接していた. **2** 《廃》〈人種・言語・酒・天分など〉純粋の, 混ぜ物のない：～ Irish 生粋のアイルランド語 / ～ genius 真の天才. **3** 《廃》完全な, 全くの：a ～ stranger 全く見知らぬ人. **4** 〖法律〗一個人[団体]の, 単独の (sole)；占有を伴わない：of ～ motion 自発性の.

-mere [mɪə | mɪə(r] 〖▭F *-mère* ▭Gk *méros* part: cf. merit〗 ― 次の意味を表わす名詞連結形 (cf. mero-²)：**1** 〖生物〗「部分, 分節 (segment)」：blasto*mere*, cyto*mere*. **2** 〖化学〗 = -mer.

Mer·e·dith [mérədɪθ, -dəθ | -rədɪθ, -rɪ-; Wales では merédɪθ] 〖▭Welsh *Maredudd* ← ? *mor* sea + *iudd* lord〗 *n.* **1** 男性名. **2** 女性名.

Mer·e·dith [mérədɪθ, -dəθ | -rədɪθ, -rɪ-], **George** *n.* (1828–1909) 英国の小説家・詩人；*The Ordeal of Richard Feverel* (1859), *The Egoist* (1879).

Meredith, Owen *n.* Edward Robert Bulwer LYTTON の筆名.

mére·ly 〖《1548》〗 *adv.* **1** ただ, 単に：He is *not* ～ learned, but (also) wise. 学問があるばかりではなくて知恵もある. **2** 《廃》純粋に. **3** 《廃》全く.

me·ren·gue [mərέŋgeɪ; *Sp.* meɾéŋge] 〖▭Am.-Sp. ～ ▭Haitian-Creole *méringue* 《原義》meringue ▭F *meringue*〗 ― *n.* メレンゲ《西インド諸島ドミニカ・ハイチ起源の社交ダンス》. ― *vi.* メレンゲを踊る.

me·rese [merɪ́:s, -rí:s | merí:z] 〖← ?〗 *n.* メリーズ《台付きグラスの脚についている玉；collar ともいう》.

mer·e·tri·cious [mèrətrɪ́ʃəs | -rɪ-, -rə-] 〖《*a*1626》▭L *meretrīci-us* ← *meretrīc-, meretrix* harlot ← *merērī* to earn: ⇨ -ous: cf. merit, -trix〗 ― *adj.* **1 a** 〈文体など〉けばけばしい. **b** 見せかけだけの, 誠実さのない (insincere)：～ praise. **2** 売春婦の；売春婦のような, みだらな. **～·ly** *adv.* **～·ness** *n.*

Me·rezh·kov·ski [mèrəʃkɔ́(ː)fski | -ʃkɔ́fskɪ; *Russ.* mʲɪrʲɪʃkófskʲɪj], **Dmitri Sergeevich** *n.* メレジュコフスキー《1866–1941；ロシヤの作家・文芸評論家；革命後は Paris に在住》.

mer·gan·ser [mə:gǽnsə | mɜ:gǽnsə(r, -zə(r] 〖《1752》← NL ～ ← L *mergus* diver, gull (← *mergere* to dip) + *anser* goose〗 ― *n.* (*pl.* ～, **～s**) 〖鳥類〗アイサ《アイサ属 (*Mergus*) の海ガモの総称；カワアイサ (goosander) など》.

merge [mə́:dʒ | mɔ́:dʒ] 〖《1636》▭L *merg-ere* to dip, plunge, immerse, sink ← IE **mezg-* to dip, plunge〗 ― *vt.* **1** 〔…の中に〕没入させる, 没して消えさせる 〔*in, into*〕：～ one's identity *in* another's 自己の特性を他の中に没する, 他のものと合体して自己の特性を失う / All fear was ～*d in* curiosity. 好奇心に駆られて全く怖さを忘れた. **2** 〈会社などを〉併合する, 合同する. ― *vi.* **1** 没入する；没して〔…と〕なる 〔*in, into*〕：Dawn ～*d into* day. 次第に夜が明けていった / Anglo-Saxon and Norman French ～*d in* Early Modern English. アングロサクソン語とノルマンフランス語が融合して初期近代英語となった. **2** 〔…と〕併合する, 合同する 〔*with*〕.

merg·ee [mə:dʒí: | mɜ:-] 〖⇨ ↑, -ee¹〗 *n.* 合併の当事者.

mer·gence [mə́:dʒəns | mɔ́:-] 〖⇨ merge, -ence〗 *n.* 没入, 消失.

Mer·gen·tha·ler [mə́:gənθɑ̀:lə, mέəgəntɑ̀:- | mɔ́:gənθɔ̀:lə(r, mέəgəntɑ̀:-; *G.* mέrgəntà:lɐ], **Ottmar** [ɑ́tmɑə | ɔ́tmɑ:(r; *G.* ɔ́tmar] *n.* メルゲンターラー《1854–99；ドイツ生れの米国人で, ライノタイプ (Linotype) の発明者》.

merg·er [mə́:dʒə | mɔ́:dʒə(r] 〖《1728》▭AF ～: ⇨ merge, -er¹〗 ― *n.* **1** (土地・契約・利益・債務などの)合併, 合同；(事業・会社などの)併合, 合同 (combine). **2** = mergence. **3** 〖法律〗混同《大きい権利を持つ者が同一物について小さい権利を持つようになったとき, この後者が消滅すること》. **4** 〖言語〗吸収《二つの異なる音素・形態素の融合》.

mer·i- [mérɪ, -rə | -rɪ] 〖▭F *méri-* ← Gk *meris* part: cf. merit〗「部分；部分の」の意の連結形.

-mer·ic [mérɪk] 〖1: ← MERO-² + -IC¹. 2: -MER + -IC¹〗〖化学〗「ある化合物が他の化合物と…の関係にある」の意の形容詞連結形：poly*meric* / tauto*meric*.

mer·i·carp [mérəkɑ̀:p | -rɪkɑ̀:p] 〖《1832》▭F *méricarpe*: ⇨ meri-, -carp〗 *n.* 〖植物〗分果《分離果を構成する小果実》.

Mé·ri·da [mérədə | -rɪ-; *Sp.* mérida] *n.* メリダ《メキシコ南東部, Yucatán 州の首都; 人口 245,000》.

me·rid·i·an [mərídiən, mɪ- | -dɪən, -djən] 〘(*a*1380) ▭ (O)F *méredien* // L *meridiān-us* of midday, southern ← *merīdiēs* midday ← *medius* middle＋*diēs* day: cf. media¹, day, -an¹〙 **—** *n.* **1** 〘地理・天文〙子午線, 経線: the first ～＝prime meridian / the magnetic ～ 磁気子午線, 磁北線 / ⇨ celestial meridian. **2** (成功・幸福などの)絶頂, 頂点; (健康・気力の)全盛期, 盛り: the ～ of life 働き盛り, 男[女]盛り, 壮年 / He is now at the ～ of his power. 彼は権勢の絶頂期にある. **3 a** 《古》最高点. **b** 《廃》正午, 日中. **—** *adj.* **1** 子午線の. **2** (天体が一日の運行で達し得る)最高点の: the ～ sun 正午の太陽. **3** 極点の, 頂上の, 全盛の: ～ fame 名声の絶頂.

merídian áltitude *n.* 子午線高度.

merídian círcle *n.* 〘天文〙子午環《天体観測用の器械; transit circle ともいう》.

merídian màrk *n.* 子午線標.

me·rid·ic [mərídɪk] 〘← Gk *merid-, meris* part＋-IC¹〙 *adj.* 〘生化学〙〈食餌などが〉化学的に明らかな成分をある程度含む (cf. holidic, oligidic).

mé·ri·dienne [mɪrìdién, mə- | -dɪ-; *F.* meridjɛn] 〘▭ F ～《原義》midday nap (fem.) ← *méridien* 'MERIDIAN'〙 **—** *n.* (*pl.* **～s** [～z; *F.* ～]) (19 世紀初期フランスで流行した)メリディアンソファー《普通のソファーより短く, 左右のひじかけの高さが異なる》.

me·rid·i·o·nal [mərídiənl, mɪ- | -dɪə-, -djə-] 〘(*a*1395) ▭ OF ～ ▭ LL *meridionālis* of noon, of the south: ⇨ meridian, -al¹〙 **—** *adj.* **1** 南欧の; 南欧人の, (特に)南部フランス人の. **2** 南方の, 南の. **3** 子午線の. **—** *n.* 南国の住民; 南欧人, (特に)南部フランス人. **～·ly** *adv.*

Mé·ri·mée [mérəmèɪ, mèɪrəméɪ | mérɪmèɪ, ＝＝´; *F.* merime], **Prosper** *n.* メリメ《1803–70; フランスの小説家; *Colomba* (1840), *Carmen* (1845)》.

me·ringue [məræ̃ŋ; *F.* mərɛ̃:g] 〘(1706) ▭ F ～〙 **—** *n.* **1** メレンゲ《砂糖を加えて泡立てた卵白; クッキーのように焼いたり, パイやプディングの上に載せて焼いて用いる》. **2** メレンゲ(菓子)《ケースになるように焼いて, アイスクリームや果物を詰めたもの》.

mé·ringue [meɪræ̃ŋ; *F.* merɛ̃:g] *n., vi.* ＝merengue.

me·ri·no [mərí:nou | -nəu] 〘(1781) ▭ Sp. ～ 'royal inspector of sheepwalks' ← ? *Benī Merīn* (この羊を育てた Berber 族の部族名)〙 **—** *n.* (*pl.* **～s**) **1** [M-] メリノ《スペイン原産で絹のような細い毛をもっている一品種の羊; Merino sheep ともいう》. **2** メリノ羊毛. **3** メリノ毛織物《もとメリノ羊毛製のカシミヤに似た織物》. **—** *adj.* メリノの; メリノ羊毛製の.

Merion. 《略》Merionethshire.

Mer·i·on·eth·shire [mèriáːnɪθʃɪə, -nəθ-, -ʃə | mèrɪɔ́nɪθʃə(r, -neθ-, -nəθ-, -ʃɪə(r] *n.* ウェールズ西部の沿海の旧州, 1974 年に Gwynedd, Clwyd 両州となる; 面積 1,709 km², 首都 Dolgellau (略 Merion.)

mer·i·sis [mérəsɪs, -səs | -rɪsɪs] 〘← NL ～ ← MERI-＋-*sis* (fem. n. suf.)〙 *n.* (*pl.* **-i·ses** [-sì:z]) 〘生物〙(細胞分裂による)成長, 増大 (cf. auxesis).

mer·ism [mérɪzm] 〘▭ Gk *merism-ós* 《原義》division ← *merízein* to divide: ⇨ meri-, -ize〙 **—** *n.* 〘修辞〙対照提喩《対照的な 2 語を提示して全体を表す技巧; 例: rich and poor, old and young (＝everybody), here and there (＝everywhere); cf. synecdoche》.

-mer·ism [～ mərɪzm] 〘← -MER＋-ISM〙〘化学〙「化合物が…に関係あること, …から成ること」の意の名詞連結形: iso*merism*, poly*merism*, tauto*merism*.

mer·i·stele [mérəsti:l | -rɪ-] 〘← MERI-＋STELE〙 *n.* 〘植物〙分柱《維管束を形成する個々の維管束》.

mer·i·stem [mérəstèm | -rɪ-] 〘← Gk *meristós* divided (← *méros* part: ⇨ meri-)＋-*ēma* (n. suf.) (⇨ -eme)〙 **—** *n.* 〘植物〙分裂組織 (cf. permanent tissue).

mer·i·ste·mat·ic [mèrəstəmǽtɪk | -rɪstəmǽt-] *adj.*

mèr·i·ste·mát·i·cal·ly *adv.*

me·ris·tic [mərístɪk] 〘← Gk *meristós* division (↑)＋-IC¹〙 **—** *adj.* 〘生物〙 **1** (身体構造の各部位の関係が)数的[幾何学的]な. **2** (各部位が)切断的な, 成節的な: Insects are ～ in structure. 昆虫の体構造は成節的である.

mer·it [mérɪt, -rət | -rɪt] 〘n.: (?*a*1200) ▭ (O)F *mérite* < L *meritum* desert, reward (neut. p.p.) ← *merēre* to earn, obtain, deserve ← IE *(*s*)*mer-* to get a share of something (Gk *méros* part) — v.: (1484) ▭ F *mériter* ← *mérite*〙 **—** *n.* **1** (賞賛に値する)価値, 長所, 取り柄 (↔ demerit): the ～*s* of the writer, horse, book, etc. / ～*s* and demerits 得失, 長短 / There isn't much ～ in giving away things that you don't want. いらない物を人にくれてやるのは大してほめたことではない. **2 a** 手柄, 勲功, 功績: a man of ～ 勲功のある人 / a matter of ～ 手柄とすべき事, 名誉, 実力の問題 / ⇨ ORDER of Merit. **b** (学校などでの罰点に対して)賞点. **3** [しばしば *pl.*]《古・詩》相当する賞罰, 功罪; 真価: treat [reward] a person according to his ～*s* その人の真価に応じて待遇[報酬]をする. **4** 〘神学〙功徳. **5** [*pl.*]〘法律〙理非, (訴訟の)本案: judge a matter on its ～*s* of a case 事件の本案について裁判する.

make a merit of 〈自分の行為〉を誇る, …を手柄顔する.

— *vt.* 〈賞・罰・感謝・非難など〉に値する (deserve): ～ attention, reward, punishment, etc. / receive praises that one does not ～ 受けるに値しない賞賛を受ける. **—** *vi.* **1** (良い[悪い])報いを受ける価値がある. **2** 〘神学〙功徳を得る.

mér·it·ed [-tɪd, -təd | -tɪd, -təd] *adj.* 値する, 当然の, 相応の: a ～ popularity 当然の人気. **～·ly** *adv.*

mer·i·toc·ra·cy [mèrɪtάkrəsi, -rə- | -rɪtɔ́krəsɪ] 〘← MERIT＋-O-＋-CRACY〙 **—** *n.* **1** (成績次第で進級させる)英才教育制度. **2** (学歴・学業成績・能力を基盤とする)エリート階級[社会]; エリート階級による支配; 能力主義社会, 実力社会. **mer·it·o·crat·ic** [mèrɪtəkrǽtɪk, -rə- | -rɪtəkrǽt-] *adj.*

mer·it·o·crat [mérɪtəkræ̀t, -rə- | -rɪtə-] 〘⇨ ↑, -crat〙 *n.* エリート階級に属する人, エリート; 秀才; 実力者.

mer·i·to·ri·ous [mèrətɔ́:riəs, -tó:r- | -rɪtɔ́:rɪ-] 〘(1432–50) ▭ ML *meritōri-us* that for which hire is paid ← L *merērī* to earn: ⇨ merit, -ory¹, -ous〙 **—** *adj.* 功績のある, 称賛に値する (praiseworthy): for ～ services 勲功により. **～·ly** *adv.* **～·ness** *n.*

mérit ràting *n.* **1** 〘保険〙報奨料率制, 実績料率法《個々の被保険物件の危険率と同一種類に属する物件の平均的または標準的危険率との差を考慮し, 当該物件上の保険料率を決定する方法》. **2** 〘経営〙人事考課.

mérit sỳstem *n.* 《米》(任官・昇進における)実績[成績]制, 能力任用制 (cf. spoils system).

merk [mə́:k | méək] *n.* 《スコット》＝mark² 1 c.

mer·kin [mə́:kɪn, -kən | mə́:kɪn] 〘《変形》← ? MALKIN〙 *n.* **1** (女性用の)擬似陰毛, 張り毛, 下かつら. **2** 人工膣. **3** 《廃》女性の陰毛; 女陰.

merle¹ [mə́:l | mə́:l] 〘(1483) ▭ (O)F *merle* < L *merulam, merulus* blackbird ← IE *ames (cf. OE *ōsle* blackbird)〙 **—** *n.* (*also* **merl** [～]) 《古・スコット》〘鳥類〙クロウタドリ (blackbird).

merle² [mə́:l | mə́:l] 〘← ?〙 *n.* (犬の毛並みの)鉛色.

Merle [mə́:l | mə́:l] 〘▭ F ～ ← ?〙 *n.* **1** 女性名. **2** 男性名.

mer·lin [mə́:lɪn, -lən | mə́:lɪn] 〘(*c*1325) *merlioun* ▭ AF *merilun*＝OF *esmerillon* (dim.) ← *esmeril* ← Gmc (cf. OHG *smirl*)〙 *n.* 〘鳥類〙＝pigeon hawk 1.

Mer·lin [mə́:lɪn, -lən | mə́:lɪn] 〘▭ ML *Merlin-us* ▭ Welsh *Myrddin* < Brythonic *Mori-dūnon* ← **mori* sea＋**dunom* hill, fort: ⇨ mere¹, dun³〙 **—** *n.* **1** 〘アーサー王伝説〙マーリン《Arthur 王を助けた有徳の魔法使い・予言者》. **2** 男性名.

mer·lon [mə́:lən | mə́:-] 〘▭ F ～ ▭ It. *merlone* (aug.) ← *merlo* battlement ← L *mergae* fork, 《原義》that which is used for plucking off: cf. ML *merulus* blackbird〙 **—** *n.* 〘築城〙(銃眼と銃眼の間の)凸(とつ)壁 (⇨ bartizan, battlement 挿絵).

mer·maid [mə́:mèɪd | mə́:-] 〘(*c*1390) *meremaid, mermayde* (⇨ mere¹, maid) ∽ OE *meremenen*: cf. G *Meerjungfrau*〙 **—** *n.* **1** 女の人魚《しばしば手に櫛と鏡を持った姿で描かれる; cf. merman》. **2** 《米》女子水泳選手 (cf. naiad 2).

mérmaid's púrse *n.* 〘魚類〙サメの掛け守(ﾏﾓﾘ)《サメ・エイなどの角質または革質の卵嚢(ﾗﾝﾉｳ)》.

Mérmaid Távern *n.* [the ～]「人魚亭」《17 世紀に London の Cheapside にあった料理屋; Ben Jonson, Raleigh, Beaumont, Fletcher, Shakespeare その他の文人が一種の Club としてここで会合した》.

mérmaid wèed *n.* 〘植物〙北米産アリノトウグサ科 *Proserpinaca* 属の多年性の水草の総称.

mer·man [mə́:mæ̀n, mən | mə́:-] 〘(1610): ⇨ mer-¹, man¹: cf. mermaid〙 *n.* (*pl.* **-men** [-mèn, -mən]) **1** 男の人魚 (cf. mermaid). **2** 《米》男子水泳選手.

mer·mi·thid [mə́:məθɪd, -θəd | mə́:mɪθɪd] 〘↓〙 *adj., n.* 〘動物〙糸片虫科の(動物).

Mer·mith·i·dae [mə:míθədì: | mə:míθɪ-] 〘← NL ～ ← *Mermith-, Mermis* (属名: ← Gk *mérmis* cord, string)＋-IDAE〙 *n. pl.* 〘動物〙糸片虫科.

mer·o-¹ [mérə, -rou | -rə(u)] 〘▭ Gk *mēr(o)-* ← *mērós* thigh, ham: ⇨ member〙「腿」の意の連結形. ★ 母音の前では通例 mer- になる.

mer·o-² [mérə, -rou | -rə(u)] 〘← Gk *méros* part〙「一部分, 部分的」の意の連結形 (cf. -mere): *mero*crine. ★ 母音の前では通例 mer- になる.

mer·o·blast [mérəblæ̀st | -rə(u)-] 〘⇨ ↑, -blast: cf. blastomere〙 *n.* 〘生物〙部分割, 部分割卵《卵割 (cleavage) を完全に行なわないもの》.

mer·o·blas·tic [mèrəblǽstɪk | -rə(u)-] *adj.* 〘生物〙〈卵が〉部分割(ﾌﾞﾝｶﾂ)の (↔ holoblastic): a ～ egg 部分割卵.

mèr·o·blás·ti·cal·ly *adv.*

mer·o·crine [mérəkrɪn, -krən, -kràɪn, -krì:n | -rəkrɪn, -kràɪn, -krì:n] 〘← MERO-²＋Gk *krín(ein)* to separate〙 **—** *adj.* 〘生理〙 **1** 部分分泌(性)の, メロクリンの《唾(ﾀﾞ)液腺や膵(ｽｲ)のように分泌中腺細胞に変化を起こさないものをいう; cf. holocrine 1》: a ～ gland 部分分泌腺. **2** 部分分泌[メロクリン]腺で造り出される.

Mer·o·dach [mérədɑ̀:k] *n.* ＝Marduk.

Mer·o·ë [mérouì: | -rəuɪ] *n.* メロエ《Sudan の Khartoum の 250 km 下流にある Nile 河畔の古都, 古代エチオピアの首都》.

me·rog·o·ny [mərάgəni | -rɔ́gənɪ] 〘← MERO²-＋-GONY〙 **—** *n.* 〘生物〙卵片生殖[発生]《卵細胞を核を含む部分と含まない部分とに二分し, 無核片中に精子を入れて発生させること》.

mer·o·he·dral [mèrəhí:drəl | -rə(u)héd-, -hí:d-] 〘← MERO-²＋-HEDRAL〙 *adj.* 〘鉱物・結晶〙欠面の《対称性から は現われてよい結晶の面が一部欠けた》.

mer·o·is·tic [mèrouístɪk | -rəu-] 〘← MERO-²＋Gk *ōión* egg＋-ISTIC〙 *adj.* 〘昆虫〙部分栄養卵巣の《卵巣に栄養細胞と卵細胞がある; cf. panoistic》.

mer·o·mor·phic [mèrəmɔ́əfɪk | -rə(u)mɔ́:-] 〘← MERO-²＋-MORPHIC〙 *adj.* 〘数学〙有理型の.

meromórphic fúnction *n.* 〘数学〙有理型関数《極以外の特異点をもたない複素解析関数》.

mèro·mýosin 〘⇨ mero-², myosin〙 **—** *n.* 〘生化学〙メロミオシン《トリプシン処理でミオシンを生じる二つの構成単位; 分子量 15 万と 36 万のものとが 1 分子ずつ結合してミオシンを作る》.

Mer·o·pe [mérəpi: | -pɪ, -pì:] 〘▭ L *Meropē* ▭ Gk *Merópē*〙 **—** *n.* 〘ギリシャ神話〙メロペー《Atlas の娘で Sisyphus の妻; Pleiades 姉妹の一人で, 七人(七つ星)の中で最も光が弱いのは人間と結婚したことを恥じてわが身の光を隠そうとしているからだという》.

me·ro·pi·a [məróupiə | -rə́upɪə, -pjə] 〘← MERO-²＋-OPIA〙 *n.* 〘眼科〙部分盲.

Me·rop·i·dae [mərάpədì: | -rɔ́pɪ-] 〘← NL ～ ← *Merop-, Merops* (属名: ← Gk *mérops* bee-eater)＋-IDAE〙 *n. pl.* 〘鳥類〙ハチクイ科.

mèro·plánkton 〘← MERO-²＋PLANKTON〙 *n.* 〘生物〙一時性プランクトン.

me·rop·o·dite [mərάpədàɪt | -rɔ́p-] 〘← MERO-²＋PODITE〙 *n.* 〘動物〙長節, 腿節《節足動物の関節肢の第 4 節》.

me·ros [mí:rɑs | -rɔs] 〘← NL ～ ← Gk *mērós* thigh〙 *n.* 〘建築〙ドリス式建築の縦みぞ飾り (triglyph) の間の平面.

Mer·o·sto·ma·ta [mèrəstóumətə | -stə́umətə] 〘← NL ～: ⇨ mero-¹, stomata〙 **—** *n. pl.* 〘動物〙節口綱《Xiphosura の別名》. **mer·o·stom·a·tous** [mèrəstάmətəs, -stóum- | -stɔ́mət-, -stə́um-] *adj.*

mer·o·stome [mérəstòum | -stə̀um] 〘⇨ Merostomata〙 *n.* 〘動物〙節口綱の動物, カブトガニ《現生は 4 種のみで, 生きている化石といわれる》.

-mer·ous [～ mərəs] 〘← MERO-²＋-OUS〙 **—**「…に分かれた, …の部分からなる」の意の形容詞連結形: homo*merous*, di*merous*, tri*merous*, 5-*merous*＝penta*merous*, 6-*merous*＝hexa*merous*.

Mer·o·vin·gi·an [mèrəvíndʒiən, -dʒən | -rə(u)víndʒɪən, -dʒən] 〘(1694) ▭ F *Mérovingien* ← LL *Merovingī* descendants of *Merovaeus* (神話上の初期フランク王朝の王の名): ⇨ -an¹〙 **—** *adj.* (フランク王国の)メロビンガ王朝の. **—** *n.* **1** [the ～s] メロビンガ王朝[王家]《486 年 Clovis 一世から 751 年カロリンガ朝 (Carolingians) に変わるまでの王朝》. **2** メロビンガ王朝[王家]の人.

mer·o·zo·ite [mèrəzóuaɪt | -rə(u)zə́u-] 〘← MERO-²＋-ZOA＋-ITE¹〙 *n.* 〘生物〙メロゾイト《マラリア原虫など原生動物の無性生殖によって生じる娘体(ｼﾞｮｳﾀｲ)》.

Mer·rill [mérəl] 〘▭ OF *mer-el* little〙 *n.* 男性名.

Mérrill's Maráuders [Ráiders] [mérəlz-] 〘← Frank D. Merrill (1903–55: 米国の陸軍軍人)〙 **—** *n. pl.* メリル襲撃隊《第二次大戦中, ビルマ・インド・中国を舞台に対日戦に活躍した Merrill 代将に率いられた部隊》.

Mer·ri·mack [mérəmæ̀k | -rɪ-] 〘← N-Am.-Ind. 《原義》a place of rapid current〙 **—** *n.* [the ～] 米国 New Hampshire, Massachusetts 両州を流れて大西洋に注ぐ川 (177 km).

mer·ri·ment [mérɪmənt] 〘(1576)〙 *n.* **1 a** 笑い楽しむこと, 陽気な騒ぎ, にぎやかな歓楽. **b** 陽気な集まり, お祭り騒ぎの会. **2** 《廃》歓楽のたね, 道化芝居.

mer·ry [méri | -rɪ] 〘OE *myr(i)ge* pleasant, delightful, 《原義》lasting a short time < Gmc **murȝjaz* short (OHG *murgi*) ← IE **mreghu-* short (L *brevis* / Gk *brakhús*)〙 **—** *adj.* (**mer·ri·er; -ri·est**) **1 a** 陽気な, 愉快な, おもしろい, 快活な; 浮かれる, 笑いさざめく, お祭り気分の: a ～ voice, laugh, dance, etc. / (as) ～ as a cricket [grig, king, lark] 非常に陽気で / ⇨ merryman / I wish you a ～ Christmas.＝A *Merry* Christmas (to you)! クリスマスおめでとう / The more the *merrier*. 《諺》(客など)多ければ多いほど楽しい. **b** ほろ酔い機嫌の: get ～. **2 a** はきはきした, 活発な. **b** [しばしば強意語として]《俗》とても, 非常な: ⇨ merry hell. **3** 《古》人を楽しくさせる, 楽しい: the ～ month of May 楽しい 5 月 / ⇨ Merry England.

make merry 浮かれ騒ぐ, 陽気に遊ぶ (cf. merrymaking). ***make merry over*** …を冷やかす, をからかう.

mér·ri·ly [-rəli | -rəlɪ, -rɪlɪ] *adv.* **mér·ri·ness** *n.*

Mer·ry [méri | -rɪ] 〘↑〙 *n.* 女性名.

mérry-ándrew 〘(1673) ← ? *Andrew Borde* (Henry 七世時代の地口本の作者)〙 *n.* 道化役者, 道化師, おどけ者.

mérry dáncers *n. pl.* [the ～] 《英方言》＝dancer 3.

Mérry Éngland *n.* 楽しい英国《古代からある呼び名》. ★ この場合の merry には深い意味はない.

mérry-go-ròund 〘(1729)〙 *n.* **1** 回転木馬, メリーゴーラウンド. **2** 旋回, 急回転; めまぐるしい回転[変化].

mérry héll *n.* 《俗》大騒ぎ; 大変な迷惑; 激痛: raise ～ 大騒ぎする / He gave me ～. 大変な迷惑をかけた.

mérry·màker *n.* 浮かれ騒いでいる人, 浮かれ屋.

mérry·màking *n.* **1** 大浮かれ, 陽気な遊び, 酒盛り, お祭騒ぎ. **2** お祭り(パーティー). **—** *adj.* 陽気な, お祭騒ぎの.

mérry·man [-mən] *n.* (*pl.* **-men** [-mən, -mèn]) 「《古》道化師.

mérry mén *n. pl.* **1** (昔, 騎士や山賊の首領などに付き添った)従者, 家来たち: Robin Hood and his ~. **2** 《口語》従者, 部下. 「の俗称.

Mérry Mónarch *n.* [the ~] 英国王 Charles 二世

mérry·thòught 〘(1607)〙 *n.* 《英》 =wishbone 1.

Mérry Wíves of Wíndsor, The *n.* 「ウィンザーの陽気な女房達」《Shakespeare 作の喜劇 (1597)》.

Mer·sénne nùmber [mɛəsén- | mɛə-; *F.* mɛrsɛn] 〘← *Marin Mersenne* (1588–1648: フランスの数学者・物理学者)〙 ── *n.* 〘数学〙メルセンヌ数 ($p=2^e-1$ の形の素数).

Mer·sey [mə́ːzi | mə́ːzi] 〘OE *Mǣresēa* boundary river (between Mercia and Northumbria) ← *mǣre* 'boundary, MERE²'+*ēa* river〙 ── *n.* [the ~] イングランド Derbyshire 州に発し西流して Irish 海に流れる川 (110 km); 河口に Liverpool がある.

Mer·sey·side [mə́ːzisàɪd | mə́ːzɪ-] *n.* イングランド北西部の州, 1974 年に新設, 旧 Cheshire 州北西部と旧 Lancashire 州の南西部とから成る; 人口 1,562,000, 面積 647 km², 首都 Liverpool.

Mer·thi·o·late [mə(ː)θáɪəlèɪt, -lət, -lɪt | mə(ː)-] 〘← *(sodium ethyl-)mer(curi-)thio(salicy)late*〙 *n.* 〘商標〙メルチオレイト《thimerosal の商品名》.

Mer·thyr Tyd·fil [mə́ːθə-tídvɪl | mə́ːθə-] *n.* ウェールズ南東部 Mid Glamorgan 州北部の都市; 人口 54,000.

Mer·ton [mə́ːtn | mə́ː-] 〘OE *Meretun* (原義) village by a lake: ⇨ mere¹, -ton〙 ── *n.* London 南西部の自治区; 旧 Merton and Morden [mɔ́ədn | mɔ́ː-], Mitcham, Wimbledon から成る; 人口 175,000.

Merv [mə́ːv | mə́ːv] 〘(dim.) ↓〙 *n.* 男性名.

Mer·vin [mə́ːvɪn, -vən | mə́ːvɪn] 〘OE *mærwine* famous friend ∥ OWelsh *Myrddin*: ⇨ Merlin〙 *n.* 男性名《愛称形 Merv; 異形 Marvin》.

-mer·y [-məri | -rɪ] 〘← MERO-²+-Y¹〙「…の部分を備えた状態」の意を表わす名詞連結形: gonomery, pleiomery.

Mer·yl [mérəl] 〘(変形) ← MERLE〙 *n.* 女性名.

mes- [mez, miːz, mes, miːs | mes] (母音の前に来る時の) meso- の異形.

me·sa [méɪsə; *Sp.* mésa] 〘▭ Sp. ~ < L *mēnsam* table〙 ── *n.* 《米》〘地質〙メサ, 地卓《周囲の地域から一段と高くなった, 頂部が水平なテーブル形の巨大な岩山; 米国南西部の乾燥地帯に多い》.

Me·sá·bi Ránge [mɪsɑ́ːbi-, mə- | -bɪ-] 〘← N-Am.-Ind. (Ojibway) *missabe wudjiu* giant mountain〙 ── *n.* [the ~] メサビ山脈《米国 Minnesota 州北東部の山脈; 鉄鉱石の埋蔵量が豊富》.

mes·ail [méseɪl] 〘▭ F *mésail* < OF *muçaille* concealment ← *mucier* to hide〙 *n.* 〘甲冑〙(bascinet の)面頬(めんぼお) (visor).

mé·sal·li·ance [mèɪzæljɑ́ː(n)s, -ljɔ́ː(n)s, -ljɑ́ːns, -ljɔ́(ː)ns, ⸗⸗⸗, mèɪzəláɪəns, mèzə-, mèsə- | mezǽlɪəns, meɪz-, -ljəns, -lɪɑ̀ː(n)s, -lɪɔ̀ː(n)s, -lɪɑ̀ːns, -lɪɔ̀(ː)ns; *F.* mezaljɑ̃ːs] 〘(1782) ▭ F ~ ← *més-* 'MIS-¹'+ALLIANCE〙 ── *n.* (*pl.* **-al·li·anc·es** [~, ~ɪz, ~əz; *F.* ~]) 身分の低い者との結婚, 身分違いの結婚.

mes·arch [mézɑək, míːz-, més-, míːs- | mésɑːk] 〘← MESO-+-ARCH²〙 ── *adj.* **1** 〘植物〙中原型の《ソテツ・シダなどの葉柄のように後生木部が内外の両方面へ発達する; cf. endarch, exarch²》. **2** 〘生態〙適潤遷移系列の《遷移がやや湿気の多い地域から始まる》; 準好湿性の.

me·sat·i- [mɪzǽti, mə-, -sǽtɪ, -tə | -tɪ] 〘← Gk *mésatos* midmost (irreg. superl.) ← *mésos* mid, in the middle〙「中位 (medium) の」の意の連結形.

Mé·sa Vér·de Ná·tion·al Párk [méɪsə-və́ːd-, -vɛ́ədi- | -və́ːd, -vɛ́ədɪ-; *Sp.* mésavérde-] 〘←Sp. *mesa verde* green plateau〙 ── *n.* メサバード国立公園《米国 Colorado 州南西部, 有史前の穴居の跡がある, 1906 年指定; 面積 211 km²》.

mes·cal [meskǽl, mɪs-, məs- | mes-] 〘▭ Sp. *mezcal* ▭ Nahuatl *mexcalli* ← *me(tl)* maguey+*(i)xcalli* stew〙 ── *n.* **1** メスカル(酒)《リュウゼツランの発酵汁を蒸留して造ったメキシコ産の酒》. **2** 〘植物〙メスカル酒の原料となる樹液を生じるリュウゼツラン (agave); (特に)マゲイ (maguey). **3** 〘植物〙ウバタマ(烏羽玉) (*Lophophora williamsii*)《米国 Texas 州およびメキシコ北部産のサボテン; 食べると幻覚症状を起こす; cf. mescal button》.

mescál bèan *n.* **1** =mescal button. **2** 〘植物〙米国南西部産のマメ科クララ属の常緑低木または小高木 (*Sophora secundiflora*).

mescál bùtton *n.* ウバタマ(烏羽玉)の頭《mescal のこぶの上にできるボタン状の物; 麻酔性物質を含み, メキシコ原住民は宗教的儀式の執行中にこれをかむ》.

Mes·ca·le·ro [mèskəlɛ́(ə)rou | -lɛ́ərəu] 〘▭ Am.-Sp. ~ ▭ Sp. *mescal*, *mezcal* 'MESCAL'〙 ── *n.* (*pl.* ~, ~**s**) **1 a** [the ~s] メスカレロ族《米国 Texas 州と New Mexico 州のアパッチ (Apache) 族のインディアン》. **b** メスカレロ族の人. **2** メスカレロ語.

mes·ca·line [méskəlɪn, -lən, -liːn | -kəliːn, -lɪn] 〘← MESCAL+-INE³〙 ── *n.* (*also* **mes·ca·lin** [-lɪn, -lən | -lɪn]) 〘薬学〙メスカリン ($C_{11}H_{17}NO_3$)《mescal からとった苦味アルカロイド; 興奮剤》.

mesdames *n.* **1** madam または madame の複数形. **2** [M-] Mrs. の複数形.

mesdemoiselles *n.* mademoiselle の複数形.

me·seems [mɪsíːmz, mə- | mɪ-] 〘(*c*1400) ← ME (dat.)+*seems* ((3rd pers. sing.) ← SEEM): cf. methinks〙 ── *vi.* (三単現 ~; 過去 **me·seemed**) 《古》思うに…である, …と(私には)思われる.

me·sem·bry·an·the·mum [mɪzèmbriǽnθɪməm, mə-, -θə- | -brɪ-] 〘(1825) ← NL ~ (原義) noon flower ← Gk *mesēmbriā* noon (← *mésos* middle+*hēméra* day)+-ANTHEMUM〙 ── *n.* 〘植物〙ツルナ科マツバギク属 (*Mesembryanthemum*) の植物の総称.

mesencephala *n.* mesencephalon の複数形.

mes·en·ce·phal·ic [mèzensɪfǽlɪk, -sə- | -sɪ-] 〘⇨ ↓, -ic¹〙 *adj.* 〘解剖〙中脳の.

mes·en·ceph·a·lon [mèzenséfəlɑ̀n, mìːz-, mìːs-, mès- | mèsenséfələn] 〘← NL ~: ⇨ meso-, encephalon〙 *n.* (*pl.* **-a·la** [-lə], ~**s**) 〘解剖〙中脳 (midbrain).

me·sen·chy·ma [mɪzéŋkəmə, mə-, me-, -séŋ- | meséŋkɪ-] 〘← NL ~: ⇨ meso-, -enchyma〙 ── *n.* 〘生物〙=mesenchyme. **mes·én·chy·mal** [mɪzéŋkəməl, mə-, me-, -séŋ- | meséŋkɪ-] *adj.*

mes·en·chym·a·tous [mèzŋkímətəs, mìːzŋ-, mìːsŋ-, mèsŋ-, -káɪm- | mèseŋkímət-] 〘← NL *mesenchymat-* *mesenchyma* (↑)+-OUS〙 ── *adj.* 〘生物〙中胚葉 (mesoderm) に似た[から成る].

mes·en·chyme [méznkàɪm, míːzŋ-, -sŋ- | mézeŋ-] 〘←NL ~: ⇨meso-, -enchyme〙 *n.* 〘生物〙間充組織.

mes·en·do·derm [mezéndədə̀ːm, mes-, míːz-, míːs- | meséndədə̀ːm] 〘← MES(ODERM)+ENDODERM〙 *n.* 〘生物〙内中胚葉.

mes·en·ter·on·ic [mezèntərɑ́nɪk, mes-, miːz-, miːs- | mesèntərɔ́n-] 〘← MESO-+ENTERON+-IC¹〙 *adj.* 〘生物〙中部栄養管 (midgut) の.

mes·en·ter·y [méznteri, mésn- | mésntəri, mézn-] 〘(1547) ← NL *mesenteri-um* ← Gk *mesentérion* ← *mésos* middle+*énteron* intestine: ⇨meso-, enteron〙 ── *n.* 〘解剖〙腸間膜. **mes·en·ter·ic** [mèzntérɪk, mèsn-] *adj.*

mesh [méʃ] 〘(1540–41) ▭ ? MDu. *maesche* (Du. *maas*) ← Gmc **mæsk-*, **mask-* (OE *max* / G *Masche*) ← IE **mezg-* to knit〙 ── *n.* **1** 網の目; (篩(ふるい)など の)目: a net of two-inch ~*es* 2 インチの目の網. **2 a** [*pl.*] 網の目をかがった糸. **b** 網細工, 網. **3 a** (大都会・大会社などの)複雑な機構. **b** [通例 *pl.*] (人を陥れる)網, わな: be caught in the ~*es* of an enchantress 女の誘惑に引っかかる. **4** 〘機械〙(歯車の)かみ合い. ★ 主に次の句に用いる: in [out of] ~ 〈歯車がかみ合って[かみ合わないで]. **5** 〘電気〙メッシュ《網状の電極, 配線》. **6** [数詞に伴って] 〘冶金〙メッシュ《冶金用粉末の大きさを表わす単位で, 篩 1 インチの間に含まれる網の目の数で表わす》: a 16-*mesh* screen 16 メッシュの篩 / 400-*mesh* powder 400 メッシュの粉末. ── *vt.* **1** 網で捕える. **2** わなにかける; からませる, ぬきさしならなくする. **3** うまくかみ合わせる, 抱き合せる; つり合わせる; 調和[整合]させる. **4** 〘機械〙〈歯車を〉かみ合わせる. ── *vi.* **1** 網[わな]にかかる. **2** うまく適合する, 調和[整合]する. **3** 〘機械〙〈歯車が〉かみ合う 〔*with*〕.

Me·shach [míːʃæk] 〘▭ Heb. *mēšákh*〙 *n.* 〘聖書〙メシャク (⇨ Shadrach).

Me·shed [məʃéd | méʃed] *n.* メシェッド《Mashhad 「の別名」.

mésh knòt *n.* 〘海事〙メッシュノット (⇨ sheet bend).

mesh·ra·bi·yeh [mèʃrəbíː(j)ə] 〘異形〙 *n.* 〘建築〙= 「moucharaby.

me·shu·ga [mɪʃúgə, mə-] *adj.* =meshugga.

me·shu·gaas [mɪʃugáːs, mə-] *n.* =meshuggaas.

me·shu·ga·na [mɪʃúgənə, mə-] 〘← MESHUGGA〙 *n.* 《俗》気違い, 狂人.

me·shug·ga [mɪʃúgə, mə-] 〘▭ Heb. *mešuggāʰ* ← *šāgāʰ* to go astray〙 *adj.* 《俗》精神異常の, 気違いの.

me·shug·gaas [mɪʃugáːs, mə-] 〘▭ Yid. *meshugás*: ↑〙 *n.* 《俗》馬鹿[愚か]なこと, ナンセンス.

me·shug·ga·na [mɪʃúgənə, mə-] *n.* =meshugana.

mésh·wòrk *n.* 網細工.

mesh·y [méʃi | -ʃɪ] *adj.* (**mesh·i·er**; **-i·est**) 網の目をなす, 網細工の.

me·si·al [míːziəl, méz-, -siəl, míːʒəl, -ʃəl | míːzjəl, -zɪəl] 〘← Gk *mésos* middle+-IAL〙 ── *adj.* **1** 〘動物〙中央の, 中間の, (動物の体を左右に分つ)縦行の: The heart is ~ *to* the lungs. 心臓は両肺の中間にある / ⇨ mesial plane. **2** 〘歯科〙(歯列弓に沿って)正中面寄りの, 近心の (cf. distal 3). **~·ly** *adv.* 「正中面.

mésial pláne *n.* (動物体を左右に分割した)縦行面,

mes·ic [mézɪk, míː-, -sɪk] 〘← Gk *mésos* middle+-IC¹〙 *adj.* 〘生態〙〈生息地が〉中湿性の《好湿性と好乾性との中間の; cf. xeric》. **més·i·cal·ly** *adv.*

me·si·o- [míːzio(u), méz-, -si- | -zɪə(u)] 〘← MESI(AL)+-O-〙「中間と…の」の意の連結形: *mesio*buccal, *mesio*distal.

me·si·o·dens [míːzio(u)dènz, mé-, -si- | -zɪə(u)-] 〘← NL ~ ← MESIO-+L *dens* tooth〙 *n.* 〘歯科〙正中歯《上顎両中切歯の間に生える過剰歯》.

Mes·it·or·nith·i·dae [mèzətəəníθədiː, mès- | mèzɪtɔːníθɪ-, mès-] 〘← NL ~ ← *Mesitornis* (属名: ← Gk *mesítēs* mediator)+-IDAE〙 ── *n. pl.* 〘鳥類〙= Mesoenatidae.

me·sit·y·lene [mɪsítəliːn, mə-, -tl- | -tɪl-, -təl-] 〘← *mesityl* (← Gk *mesítēs* mediator+-YL)+-ENE〙 *n.* 〘化学〙メシチレン ($C_6H_3(CH_3)_3$)《溶剤などに用いる》.

més·i·tyl óxide [mésətɪl-, méz-, -tl- | mésɪ-, méz-] 〘↑〙 ── *n.* 〘化学〙メシチルオキシド, 酸化メシチレン ($CH_3COCH=C(CH_3)_2$)《溶剤として, また有機合成原料として用いる》.

Mes·mer [mézmə, més- | mézmə(r; *G.* mésmɐ], **Franz** or **Friedrich Anton** *n.* メスマー (1734–1815; オーストリアの医師).

mes·mer·ic [mezmérɪk, mes- | mez-] 〘⇨ ↑, -ic¹〙 *adj.* **1** 催眠術の, 催眠の. **2** 人をうっとりさせるような, 魅惑的な. **mes·mér·i·cal·ly** *adv.*

mes·mer·ism [mézmərìzm, més- | méz-] 〘(1802): ⇨ ↑, -ism〙 ── *n.* **1** 〘心理〙**a** 動物磁気《動物の体内にあるとされる磁気》; 動物磁気説. **b** 催眠術; 催眠(状態). **2** (人をうっとりさせる)魅惑, 魅力.

més·mer·ist [-rɪst, -rəst | -rɪst] *n.* 催眠術師.

mes·mer·ize [mézməràɪz, més- | méz-] 〘(1829): ⇨ Mesmer, -ize〙 ── *vt.* **1** …に催眠術をかける. **2** [通例 p.p. 形で] 〈人を〉うっとりさせる, 魅了する: Her beauty ~*d* him. 彼女の美しさが彼を魅了した. **mes·mer·i·za·tion** [mèzmərɪzéɪʃən, mès-, -rə- | mèzmərаɪ-, -rɪ-] *n.* **més·mer·iz·er** *n.*

mes·nal·ty [míːnlti | -tɪ] 〘(1542–43) ▭ F *mesnalte* ← OF *mesne* (↓): ⇨-ty²〙 *n.* 〘法律〙中間領主 (mesne lord) の領地.

mesne [míːn] 〘(1548) ▭ F ~ (変形) ← AF *meen* 'MEAN¹'〙 *adj.* 〘法律〙中間の. ── *n.* 〘歴史〙=mesne lord.

mésne lórd *n.* 〘歴史〙中間領主《封建時代に上級領主から封土を受けこれを自身の臣下に保有させた》.

mésne prócess *n.* 〘法律〙(訴訟の)中間令状《訴訟の中間に発せられる令状の総称; 例えば差押え令状 (attachment); cf. original process》.

mésne prófits *n. pl.* 〘法律〙中間利得《土地の不法占有中に得た利得》.

mes·o- [mézo(u), míː-, -zə, -so(u), -sə | mésə(u)] 〘(19C) ▭ L ~ ← Gk *mésos* middle: ⇨ mid〙 ──「中央, 中間, 中位」の意の連結形. ★ 母音の前では通例 mes- になる.

Mèso·américa *n.* 〘考古〙メソアメリカ《考古学・民族学・文化人類学上の文化領域名で, メキシコ・グアテマラ・エル サルバドル・ホンデュラス・ニカラグア・コスタリカなどにわたる地域; cf. Middle America 1 a, Central America》. 「の, 住民の].

Mèso·américan *adj.* 〘考古〙メソアメリカの[文化

mèso·bénthos 〘← NL ~: ⇨ meso-, benthos〙 ── *n.* 〘生物〙中形底生動物《水深 200–1,000 m の海底に生息する動植物; 例えば, 線虫類, ソコミジンコ類, 有孔虫類など》.

mes·o·blast [mézo(u)blæ̀st, míː-, -so(u)- | mésə(u)-] 〘← MESO-+-BLAST〙 ── *n.* 〘生物〙**1** 原中胚葉細胞《mesoderm の前身; cf. hypoblast 1》. **2** =mesoderm. **mes·o·blas·tic** [mèzo(u)blǽstɪk, mìː-, -so(u)- | mèsə(u)-] *adj.*

mes·o·car·di·um [mèzo(u)kɑ́ədiəm, mìː-, -so(u)- | mèsə(u)kɑ́ːdɪəm, -djəm] 〘← MESO-+-CARDIUM〙 *n.* (*pl.* **-di·a** [-diə | -dɪə, -djə]) 〘生物〙心間膜.

mes·o·carp [mézəkɑ̀əp, míː-, -sə- | mésə(u)kɑ̀ːp] 〘← MESO-+-CARP〙 *n.* 〘植物〙中果皮. **mes·o·carp·ic** [mèzəkɑ́əpɪk, mìː-, -sə- | mèsə(u)kɑ́ː-] *adj.*

mèso·cephálic 〘⇨ meso-, cephalic〙 *adj.* **1** 〘人類学〙中頭の《頭示数が 76 から 80.9 の; cf. brachycephalic》. **2** 〘解剖〙=mesencephalic.

mes·o·ceph·a·lon [mèzo(u)séfəlɑ̀n, mìː-, -so(u)- | mèsə(u)kéfələn, -séf-, -lən] 〘← NL ~ ← MESO-+Gk *kephalḗ* head〙 *n.* 〘解剖〙**1** 中脳. **2** 脳橋 (pons Varolii).

mèso·cólon 〘← NL ~ ← Gk *meskōlon* ← MESO-+*kōlon* 'COLON²'〙 *n.* (*pl.* ~**s**, **-cola**) 〘解剖〙結腸間膜.

mes·o·cot·yl [mèzo(u)kɑ́tl, mìː-, -so(u)- | mèso(u)kɔ́tɪl] 〘← MESO-+-COTYL〙 *n.* 〘植物〙中胚軸《ムギなどの発芽種子において子葉の下の部分》.

mèso·cránial 〘← ? G *Mesokran* mesocranial ← MESO-+Gk *krānion* 'CRANIUM': ⇨ -ial〙 *adj.* = mesocranic.

mes·o·cra·nic [mèzo(u)kréɪnɪk, mìː-, -so(u)- | mèsə(u)-] 〘⇨ ↑, -ic¹〙 ── *adj.* **1** 〘人類学〙=mesocephalic 1. **2** 〘解剖〙=mesencephalic. **mes·o·cra·ny** [mézo(u)krèɪni, míː-, -so(u)- | mésə(u)krèɪnɪ] *n.*

mes·o·crat·ic [mèzo(u)krǽtɪk, mìː-, -so(u)- | mèsə(u)-] 〘← MESO-+Gk *krátos* rule+-IC¹〙 *adj.* 〘地質〙〈火成岩が〉亜優黒質の[から成る].

mes·o·derm [mézədə̀ːm, míːz-, -sə- | mésə(u)də̀ːm] 〘← MESO-+-DERM〙 *n.* 〘生物〙中胚葉《mesoblast ともいう; cf. ectoderm, endoderm 1》. **mes·o·der·mal** [mèzədə́ːməl, mìː-, -sə- | mèsə(u)dɜ́ː-] *adj.* **mès·o·dér·mic** [-mɪk] *adj.*

mes·o·dont [mézo(u)dɑ̀nt, míː-, -so(u)- | mésə(u)dɔ̀nt] 〘← MESO-+-ODONT〙 *adj.* 〘歯科〙中歯型の. **mes·o·don·ty** [mézo(u)dɑ̀nti, míː-, -so(u)- | mésə(u)dɔ̀ntɪ] *n.*

Mes·oe·nat·i·dae [mèzənǽtədiː, mès- | mèsənǽtɪ-] 〘← NL ~ ← *Mesoenas* (属名: ← MESO-+Gk *oinás* wild pigeon)+-IDAE〙 *n. pl.* 〘鳥類〙クイナモドキ科.

mes·o·gas·tri·um [mèzo(u)gǽstriəm, mìː-, -so(u)- | mèsə(u)gǽstrɪəm] 〘← NL ~ ← MESO-+Gk *gastḗr* belly: ⇨ -ium〙 ── *n.* (*pl.* **-tri·a** [-triə | -trɪə]) 〘解剖〙中腹部; 胃間膜. **mes·o·gas·tric** [mèzo(u)gǽstrɪk, mìː-, -so(u)- | mèsə(u)-] *adj.*

Mèso·gastrópoda 〘← NL ~ ← MESO-+GASTROPODA〙 *n. pl.* 〘貝類〙中腹足目《Taenioglossa ともいう》.

mes·o·gloe·a [mèzo(u)glíːə, mìːz-, mìːs-, mès- |

mèsə(ʊ)-] 〘← NL ~ ← MESO- + GLOEA〙 ― *n.* (*also* **mes·o·gle·a** [~])〘動物〙間充ゲル, 中膠(ちゅう)《海綿類・腔腸動物などのゼラチン質の物質》. **mes·o·gloe·al** [mèzo(ʊ)glíːəl, mìːs-, mès- | mèsə(ʊ)-] *adj.*

me·sog·na·thous [mɪzɑ́gnəθəs, mə-, me-, -sɑ́g- | mɪsɔ́g-] 〘← MESO- + Gk *gnáthos* jaw + -OUS〙 ― *adj.* 〘人類学〙中顎(ちゅうがく)の: **a** 口辺部中位突出の. **b** 顎示数が中位(98–103)の. **me·sog·na·thism** [mɪzɑ́gnəθìzm, mə-, me-, -sɑ́g- | mɪsɔ́g-] *n.* **me·sóg·na·thy** [-θi | -θɪ] *n.*

mèso·híppus 〘← NL ~ : ⇨ meso-, -hippus〙 *n.* 〘古生物〙メソヒップス《漸新世に北米にすんでいた *Mesohippus* 属の体高 60 cm ぐらいの原始的な馬の総称》.

mèso·lécithal 〘← MESO- + (CENTRO)LECITHAL〙 *adj.* 〘生物〙＝centrolecithal.

mes·o·lite [mézo(ʊ)làɪt, míː-, -so(ʊ)- | mésə(ʊ)-] 〘▭ G *Mesolith* : ⇨ meso-, -lith, -lite〙 *n.* 〘鉱物〙中沸石 ($Na_2Ca_2Al_6Si_9O_{30}·8H_2O$).

Mes·o·lith·ic [mèzo(ʊ)líθɪk, mìː-, -so(ʊ)- | mèsə(ʊ)-] 〘← MESO- + -LITHIC〙 ― *adj.* 〘考古〙中石器時代の《Transitional ともいう》: the ~ era 中石器時代《旧石器時代 (Paleolithic era) と新石器時代 (Neolithic era) との中間の時代》.

Mes·o·lon·ghi [mèsəlɔ́(ː)ŋgi | -lɔ́ŋgɪ] *n.* ＝Missolonghi.

mes·o·mere [mézəmɪ̀ə, míː-, -sə- | mésə(ʊ)mɪ̀ə(r] 〘← MESO- + -MERE〙 *n.* 〘生物〙中割球《受精卵が不等卵割をした場合の中形の割球をいう; cf. macromere》.

me·som·er·ism [mɪsɑ́mərɪzm, mə-, -zɑ́m- | -sɔ́m-] 〘← MESO- + -MERISM〙 ― *n.* 〘物理・化学〙メソメリズム, (量子化学的)共鳴現象[状態]《電子対の移動によって生じる分子の中間的な結合様式[状態]》. **mes·o·mer·ic** [mèso(ʊ)mérɪk, mìː-, -zo(ʊ)- | mèsə(ʊ)-] *adj.*

mèso·meteorólogy 〘⇨ meso-, meteorology〙 *n.* 中域気象学《雷雨・旋風など比較的に狭い領域の気象を対象とする; cf. micrometeorology》.

mes·o·morph [mézo(ʊ)mɔ̀əf, míː-, -so(ʊ)- | mésə(ʊ)mɔ̀ːf] 〘← MESO- + -MORPH〙 ― *n.* **1**〘植物〙中生植物 (mesophyte) の形態をもつ植物. **2**〘心理〙(人体測定学で)中胚葉型の体格[体型]の人《W. H. Sheldon の体型分類の一つ; 筋肉の発達を特徴とする; cf. ectomorph, endomorph 2》.

mes·o·mor·phic [mèzo(ʊ)mɔ́əfɪk, mìː-, -so(ʊ)- | mèsə(ʊ)mɔ́ː-] 〘← MESO- + -MORPHIC〙 ― *adj.* **1**〘植物〙中生植物の形態を有する. **2**〘生物〙中胚葉起源の器官(骨・筋肉・結合組織)の発達した体型の. **3**〘心理〙(人体測定学で)中胚葉型の, 運動家型体格の. **mès·o·mór·phism** [-fɪzm] *n.*

mes·o·mor·phy [mézo(ʊ)mɔ̀əfi, míː-, -so(ʊ)- | mésə(ʊ)mɔ̀ːfɪ] 〘← MESO- + -MORPHY〙 ― *n.* **1**〘心理〙(人体測定学で)中胚葉型の体格[体型]. **2**〘生態〙中等大. **3**〘植物〙中生植物的形態.

mes·on[1] [mésɑn, míːs- | -sɔn] 〘▭ Gk *méson* (neut.) ← *mésos* middle〙 *n.* 〘動物〙縦行面, 正中面.

mes·on[2] [mézɑn, míː-, méɪ-, -zn̩, -sɑn, -sn̩ | míːzɔn, mésɔn, míː-] 〘← MESO- + -ON[2]〙 ― *n.* 〘物理〙中間子《不安定な正・負または中性の素粒子で, 整数のスピンをもち, 互いに強く相互作用をするもの; cf. baryon, hadron》. **me·son·ic** [mezɑ́nɪk, mìː-, meɪ-, mɪ-, mə-, -sɑ́n- | miːzɔ́n-, me-, miːsɔ́n-] *adj.*

mes·o·neph·ric [mèzənéfrɪk, mìː-, -sə- | mèsə(ʊ)-] *adj.* 〘生物〙中腎の.

mesonéphric dúct *n.* 〘解剖・動物〙中腎管《中腎の排出管; Wolffian duct ともいう》.

mes·o·neph·ros [mèzənéfrəs, mìː-, -sə-, -rɑs | mèsə(ʊ)néfrɔs] 〘← NL ~ ← MESO- + Gk *nephrós* kidney〙 ― *n.* (*pl.* **-neph·roi** [-rɔɪ])〘生物〙中腎《Wolffian body ともいう; cf. pronephros》.

méson fàctory *n.* 《口語》〘物理〙中間子発生装置, 中間子工場《強力な中間子線を発生させるための粒子加速装置》.

Mes·o·nych·i·dae [mèzo(ʊ)níkədìː, mìː-, -so(ʊ)- | mèsə(ʊ)-] 〘← NL ~ ← *Mesonych-*, *Mesonyx* (属名: ⇨ meso-, onycho-) + -IDAE〙 ― *n. pl.* 〘動物〙(食肉目肉歯亜目)メソニクス科《化石哺乳類; 北米・欧亜に暁新世から始新世まで生息した》.

mes·o·pause [mézo(ʊ)pɔ̀ːz, míː-, -so(ʊ)- | mézə(ʊ)-] 〘⇨ meso-, pause〙 *n.* 〘気象〙メソポーズ《中間圏 (mesosphere) と電離圏 (ionosphere) との間の境界面》.

méso·pèak *n.* 〘気象〙中間圏最高気温点《地上から約 50 km》.

「中深海洋の.

mèso·pelágic *adj.* 〘海洋〙(180 m–900 m の深さの)

mes·o·phile [mézo(ʊ)fàɪl, míː-, -so(ʊ)- | mésə(ʊ)-] 〘← MESO- + -PHILE〙〘生物〙 *n.* 中温菌《25 °C–40 °C の間で最もよく繁殖する》. ― *adj.* ＝mesophilic.

mes·o·phil·ic [mèzo(ʊ)fílɪk, mìː-, -so(ʊ)- | mèsə(ʊ)-] 〘⇨ ↑, -ic[1]〙 *adj.* 〘生物〙〈細菌が〉中等温度好性の, 中温性の《25 °C–40 °C の間で最も良く発育する; cf. psychrophilic》.

mes·o·phyll [mézo(ʊ)fìl, míː-, -so(ʊ)- | mésə(ʊ)-] 〘← NL *mesophyll-um* : ⇨ meso-, -phyll〙 ― *n.* 〘植物〙葉肉. **mes·o·phyl·lic** [mèzo(ʊ)fílɪk, mìː-, -so(ʊ)- | mèsə(ʊ)-] *adj.* **mes·o·phyl·lous** [mèzo(ʊ)fíləs, mìː-, -so(ʊ)- | mèsə(ʊ)-] *adj.*

mes·o·phyte [mézo(ʊ)fàɪt, míː-, -so(ʊ)- | mésə(ʊ)-] 〘← MESO- + -PHYTE〙 ― *n.* 〘植物〙中生植物《適度な湿度で生長する種類; cf. hydrophyte, xerophyte》.

mes·o·phyt·ic [mèzo(ʊ)fítɪk, mìː-, -so(ʊ)- | mèsə(ʊ)fít-] *adj.*

Mes·o·po·ta·mi·a [mès(ə)pətéɪmiə, -mjə | -mjə, -mɪə] 〘▭ Gk *Mesopotamiā* (fem.) ← *mesopotámios* situated between two rivers ← MESO- + *potamós* river : ⇨ potamo-, -ia[1]〙 ― *n.* **1** メソポタミア《西アジア Tigris, Euphrates 両河間の地域の総称; 世界最古の都市文明の発祥地, 今のイラクはこの地方の大部分を含む》. **2** [m-] 二つの川にはさまれた地域. **3**《昔, 英国のある老女が説教のあと牧師に 'that blessed word Mesopotamia' と言った, ということから》(長い綴りで調子のよい)何となくありがたい[神秘的な]言葉 (blessed word) の典型.

Mes·o·po·ta·mi·an [mès(ə)pətéɪmiən, -mjən | -mjən, -mɪən] 〘⇨ ↑, -an[1]〙 ― *adj.* **1** メソポタミアの. **2** [m-] 川と川にはさまれた地域の. ― *n.* メソポタミアの(原)住民.

mes·or·rhine [mézo(ʊ)ràɪn, míː-, -so(ʊ)- | mésə(ʊ)-] 〘← MESO- + -RRHINE〙 ― *adj.* 〘人類学〙広鼻と狭鼻の中間の, 中鼻の《鼻の幅の高さに対する百分比が 70–85, 頭骨では 45–51》.

méso·scàle 〘⇨ meso-, scale〙 *adj.* 〘気象〙〈雲・風・台風など〉中規模の: a ~ cloud pattern (直径 1–100 km 程度の)中規模雲団.

mes·o·scaphe [mézəskæ̀f, míː-, -sə- | mésə(ʊ)-; *F* mezɔskaf] 〘▭ F *mésoscaphe* : ⇨ meso-, scapho- : フランスの海底探険家 Jacques Piccard (1922–　) の造語〙 ― *n.* (*also* **me·so·scaph** [~])〘海洋〙メゾスカーフ, 中深度海中[底]探険艇《150 m–600 m の深さの海中[海底]を探険するために設計された特殊潜水艇; cf. bathyscaphe》.

mes·o·some [mézo(ʊ)sòʊm, míː-, -so(ʊ)- | mésə(ʊ)sə̀ʊm] 〘← MESO- + -SOME[3]〙 ― *n.* 〘生化学〙メソゾーム《細菌類の細胞膜が細胞内に入り込んで複雑に畳み込まれた構造; この部分に呼吸酵素が存在する》.

mes·o·sphere [mézo(ʊ)sfɪ̀ə, míː-, -so(ʊ)- | mésə(ʊ)sfɪ̀ə(r] 〘← MESO- + SPHERE〙 ― *n.* [the ~]〘気象〙中間圏《成層圏界面 (stratosphere) と熱圏 (thermosphere) との間の大気圏で高さ約 20–80 km》. **mes·o·spher·ic** [mèzo(ʊ)sférɪk, mìː-, -so(ʊ)-, -sfɪ́(ə)r- | mèsə(ʊ)sfér-] *adj.*

me·sos·to·ma [mɪzɑ́stəmə, mə-, -sɑ́s- | -zɔ́s-, -sɔ́s-] 〘← NL ~ ← MESO + -STOMA〙 ― *n.* 〘動物〙メソストーマ《扁形動物門渦虫綱棒腸目 *Mesostoma* 属のドロタヒメウズムシ類の動物の総称; 体は 1 cm 以下で細長く, 腹面の中央に口がある; 水田などにすみ, 肉食性で毒性物質を出してボウフラを食うドロタヒメウズムシ (*M. productum*), タンボヒメウズムシ (*M. lingua*) などがある》.

mes·o·sty·lous [mèzo(ʊ)stáɪləs, mìː-, -so(ʊ)- | mèsə(ʊ)-] 〘← MESO- + -STYLOUS〙 ― *adj.* 〘植物〙〈花が〉中位の長さの花柱をもった (cf. macrostylous, microstylous).

Mes·o·tae·ni·a·ce·ae [mèzo(ʊ)tìːniéɪsiìː, mìː-, -so(ʊ)- | mèsə(ʊ)tìːnɪ-] 〘← NL ~ ← *Mesotaenium* (属名: ← MESO- + L *taenia* ribbon) + -ACEAE〙 ― *n. pl.* 〘植物〙(接合藻類)メソタエニウム科.

mesothelia *n.* mesothelium の複数形.

mes·o·the·li·o·ma [mèzo(ʊ)θìːlióʊmə, mìː-, -so(ʊ)- | mèsə(ʊ)θìːlɪə́ʊ-] 〘← NL ~ : ⇨ ↓, -oma〙 *n.* (*pl.* **~s**, **~·ta** [~tə | ~tə])〘病理〙中皮腫.

mes·o·the·li·um [mèzo(ʊ)θíːliəm, mìː-, -so(ʊ)- | mèsə(ʊ)θíːljəm, -lɪəm] 〘← MESO- + Gk *thēlḗ* teat + -IUM : cf. epithelium〙 ― *n.* (*pl.* **-li·a** [-liə | -lɪə, -ljə])〘解剖・生物〙中皮《体腔の内面をおおう中胚葉起源の上皮》. **mès·o·thé·li·al** [-liəl | -ljəl, -lɪəl] *adj.*

mes·o·therm [mézo(ʊ)θə̀ːm, míː-, -so(ʊ)- | mésə(ʊ)θə̀ːm] 〘← MESO- + -THERM : cf. F *mésotherme*〙 ― *n.* 〘植物〙中温植物《生長に中程度の温度を必要とする植物; cf. megatherm, microtherm》.

mèso·thórax 〘← MESO- + THORAX〙 *n.* 〘昆虫〙中胸 (⇨ insect 挿絵) **mèso·thorácic** *adj.*

mèso·thórium 〘← NL ~ : ⇨ meso-, thorium〙 ― *n.* 〘化学〙メソトリウム《mesothorium I (メソトリウム I) (記号 MsThI) と mesothorium II (メソトリウム II) (記号 MsThII) の 2 種があり, MsTh I はラジウム (^{228}Ra), MsTh II はアクチニウム (^{228}Ac) の同位体で古典的な名称》.

mes·o·tron [mézətrɑ̀n, míː-, -sə- | mésə(ʊ)trɔ̀n] 〘← MESO- + (ELEC)TRON〙 ― *n.* 〘物理〙中間子 (meson). **mes·o·tron·ic** [mèzətrɑ́nɪk, mìː-, -sə- | mèsə(ʊ)trɔ́n-] *adj.*

mes·o·tro·phic [mèzo(ʊ)tróʊfɪk, mìː-, -so(ʊ)-, -trɑ́f- | mèsə(ʊ)trɔ́f-] 〘← MESO- + -TROPHIC〙 ― *adj.* 〘生態〙〈湖が〉中栄養型の《各種の溶解した栄養素の含有量が富栄養型と貧栄養型の中間の; cf. dystrophic 2, eutrophic 2, oligotrophic》.

mes·o·ve·li·id [mèzo(ʊ)víːliɪd, mìː-, -so(ʊ)-, -liəd | mèsə(ʊ)víːlɪɪd] 〘↓〙〘昆虫〙 *adj.* ミズカメムシ(科)の. ― *n.* ミズカメムシ《ミズカメムシ科の昆虫の総称》.

Mes·o·ve·li·i·dae [mèzo(ʊ)vɪláɪədìː, mìː-, -so(ʊ)-, -və- | mèsə(ʊ)vɪláɪɪ-] 〘← NL ~ ← *Mesovelia* (属名: ← MESO- + L *velum* veil + -IA[2]) + -IDAE〙 ― *n. pl.* 〘昆虫〙(半翅目)ミズカメムシ科.

Mes·o·zo·a [mèzəzóʊə, mìː-, -sə- | mèsə(ʊ)zə́ʊə] 〘← NL ~ : ⇨ ↓, -zoa〙 ― *n. pl.* 〘動物〙中生動物門, 中間動物門《原生動物門 (Protozoa) と後生動物 (Metazoa) との中間的存在とみなされる動物群》. **mès·o·zó·an** [-zóʊən | -zə́ʊən] *adj.*

Mes·o·zo·ic [mèzəzóʊɪk, mìː-, -sə- | mèsə(ʊ)zə́ʊ-] 〘(1840) ← MESO- + -ZOIC[2]〙〘地質〙 ― *adj.* 中生代の: the ~ era 中生代. ― *n.* [the ~] **1** 中生代《Paleozoic (古生代)と Cenozoic (新生代)との中間; Triassic period (三畳紀), Jurassic period (ジュラ紀) および Cretaceous period (白亜紀)を含む》. **2** 中生代の地層.

mes·quite [məskíːt, mes- | mes-] 〘(1851) ▭ Sp. *mezquite* ▭ Nahuatl *mizquitl*〙 ― *n.* (*also* **mes·quit** [~])〘植物〙 **1** メキシコ・米国南西部に産するマメ科の低木 (*Prosopis juliflora*) 《algarroba ともいう》. **2** ＝screw bean 2.

mesquíte gràss *n.* 〘植物〙米国南西部に多いイネ科の牧草 (*Bouteloua oligostachya*).

mess [més] 〘(*a*1325) ▭ OF (F *mets*)《原義》put (on the table) < LL *missum* (neut. p.p.) ← *mittere* to send, put. ― v. : (?*c*1390) ← (n.) : ⇨ mission〙 ― *n.* **1 a** 一皿[一回]分の食物; (特に, 流動性の)食物: a ~ of porridge. **b** 水っぽくまずい食物. **c**《方言》一搾り分の牛乳. **2 a** (主に陸海軍で, 常に食事を共にする)会食グループ, 食事仲間, 同じ釜の飯を食う仲間; その会食: officers' [sergeants'] ~ 将校[軍曹]会食グループ / be at ~ 会食中 / go to ~ 会食する / be absent from ~ 会食に欠席する. **b** 食堂;〘海事〙(船上・基地の)食堂. **3** 混合物, ごた混ぜ, 寄せ集め. **4 a** 混乱, めちゃくちゃ; よごれた[きたない]状態, 取り散らかし: a ~ of clothes 取り散らかした衣類 / The room is in a ~. 部屋はごった返しになっている / It's quite a ~ on the table. テーブルの上はめちゃくちゃだ. **b** 窮境, とんでもない状態[立場], 困難: get into a ~ 困ったことになる, へまをやる / Their business is in a (fine, pretty) ~. 彼らの商売はひどい状態にある. **5 a**《口語》きたならしい人; だらしない人; 意気地なし. **b**《俗》いやなやつ; 間抜け. **6**《米・カナダ》量, 数, 数量; たくさん, 仰山(ぎょうさん): a ~ of eggs.

lose the number of one's mess ⇨ number 成句.
make a mess《口語》〈動物が〉糞をする, よごす.
make a mess of《口語》…を台なしにする: ~ *an* awful [*a* fine, *a* pretty,《俗》*a* right] ~ *of* it ひどい不手際をやる, すっかり台なしにする. ***a mess of pottage*** 〘Esau が一杯の羹(あつもの)と引きかえに家督相続権を弟 Jacob に譲った故事から: cf. *Gen.* 25:29–34〙 (1) 一わんの羹 (cf. birthright 2). (2) 高価な物を犠牲にして得る物質的な利益, 目先の小利.

― *vt.* **1 a** きたならしくする, 乱雑にする, 取り散らかす 〈*up*〉: ~ *up* one's hair 髪の毛をかき乱す. **b** 下手にやる, やりそこなう 〈*up*〉. **c** 混乱させる, 台なしにする 〈*up*〉: ~ (*up*) affairs 事態を紛糾させる. **d** ひどい目に会わせる, やっつける 〈*up*〉. **2** 〈兵士など〉に給食する. ― *vi.* **1** ごっちゃにする, 取り散らかす. **2** へまをやる, 台なしにする. **3** 会食する〔*with*〕/〈*together*〉. **4** おせっかいする; 立入って邪魔をする〔*in*, *with*〕: You'd better not ~ *in* the affairs of others. 他人のことにおせっかいしないほうがいい. **5 a** いたずらをする, いじる〔*with*〕. **b** 水いたずら[泥いじり]をする. **6** へま[まちがい]をやる.

mess around [《英》***about***] (*vi.*) (1) 〔仕事などを〕だらだらと[ぼんやり]やる; いたずらにやってみる〔*with*, *in*〕: ~ *about in* [*with*] politics 政治に手を出してみる. (2) のらくらと暮す. (3)《口語》〔いかがわしい物[人]などに〕かかわる, 交際する, 関係する〔*with*〕: He has ~*ed around with* gamblers. 彼はばくち打ちの仲間にはいった. (4)《口語》なれなれしくする, いちゃつく〔*with*〕. (*vt.*) 手荒く[ぞんざいに]扱う.

mes·sage [mésɪdʒ] 〘(*c*1300) ▭ (O)F ~ < VL **missāticum* ← L *missus* : ⇨ mess, -age〙 ― *n.* **1** (人を通じて送る)メッセージ, 言伝(ことづて), 伝言; (手紙・電信などを通じて送る)通信, 電報; (商業放送などの)お知らせ: a congratulatory ~ 祝電, 祝辞 / an oral [a verbal] ~ 口頭伝言, 口上 / a telegraphic ~ 電報, 電信 / a telephone ~ 電話(の伝言) / a written ~ 通知書 / an Imperial [a Royal] ~ 勅諭 / communicate a ~ メッセージを送る; 通信する / deliver a ~ 伝言する / dispatch a ~ 電命を発する / leave a ~ with a person 人に伝言を頼んでおく / Give him my kindly ~. 彼によろしく伝えて下さい / He received the ~ *that* his father wanted to see him. 父が会いたいという伝言を受け取った. **2**《米》(大統領・州知事などが議会に送る)教書: address a ~ to Congress 教書を議会に出す. **3** (予言者が伝える)神託, 託宣, 御告げ. **4** (芸術作品・人の生涯などのもつ)主旨, 意図, 教訓, 訴え: a film with a ~ for modern youth 現代の青年に訴えるところのある映画. **5**《古》(使いの者が託された)用向き, 使命: go on a ~ 使いに行く / run a ~ for a person 人のために使いをする. **6**〘電算機〙メッセージ《情報データ処理の単位となる語群》. **7**〘生化学・生物〙伝達暗号《アミノ酸が蛋白質合成を行なう順序を指定する(3 文字から成る)遺伝情報; 例: AAA[AAG] (lysin), AUG (methionine), UUU (phenylalanine) など; cf. messenger 5》.

「趣意をのみこむ.

get the message《口語》(ヒント・ほのめかしなどの)
― *vt.* 〈通信を〉送る; (暗号・信号などで)伝える, 信号する, 指令する. ― *vi.* メッセージを送る.

méssage cènter *n.* 〘軍事〙信務班《師団より下位の部隊本部の通信機関の一部で, 公用通信文の受領と発送にあたる; 師団以上では communication center (通信センター)という》.

Mes·sa·li·na [mèsəláɪnə, -líː-], **Valeria** *n.* メッサリーナ《?–48; ローマ皇帝 Claudius 一世の第三の妻で, 乱行で有名; Claudius に殺された》.

mes·sa·line [mèsəlíːn, ⌐ー⌐] 〖□F ～ ← ～?〗 *n.* 〖紡織〗メサリン《柔らかいしゅす織り絹地》.

mes·san [mésn] 〖□Sc.-Gael. *measan* □MIr. *mes(s)án* (dim.) ← *mes(s)* fosterling〗 *n.* 《スコット》＝lapdog.

Mes·sa·pi·an [mɪséɪpiən, mə- | meséɪpiən, -pjən] 〖← L *Messapii*＋-AN[1]〗 ── *n.* **1** メッサピア人《イタリア南東部にあったメッサピア国の国民》. **2** メッサピア語. ── *adj.* メッサピア人[語]の.

Mes·sa·pic [mɪséɪpɪk, mə-, -sǽp- | me-, mɪ-] *n., adj.* ＝Messapian.

méss·bòy *n.* (船の)食堂給仕.

méss càll *n.* 〖軍事〗食事ラッパ[号音].

méss·dèck *n.* 《英》〖海軍〗下甲板, メスデッキ《下級乗組員の居室兼食堂のある甲板》.

Messeigneurs *n.* Monseigneur の複数形.

Mes·se·ne [mɪsíːni, mə- | mesíːnɪ, mə-, mɪ-] *n.* メッセーネ, メッシーニ《古代ギリシャ Messenia の首都》.

mes·sen·ger [mésn̩dʒə | -sɪndʒə(r, -sn̩-] 〖《?*a*1200》 *messanger, messager* □OF *messagier*: ⇨ message, -er[1]: 添加音 -n- については ⇨ passenger〗 ── *n.* **1 a** 使者, 使いの者; (会社などの)使い走り, メッセンジャー: send a letter by a ～ 使者に手紙を持たせてやる / ⇨ corbie messenger. **b** (官庁などの)電報[文書, 小包]送達吏: a King's [Queen's] *Messenger* 《英》勅書送達吏. **c** (速達などの)特別郵便配達人; ＝mail messenger. **d** 《古》特使: an Imperial ～ 勅使. **e** 《古》先駆者, 先触れ. **2** 凧(たこ)の糸に付ける紙片. **3** 〖海事〗(錨索(びょうさく)や大索または網などを引き寄せる時に用いる)補助索. **4** 〖海洋〗メッセンジャー, 使錘《海中に下ろした海洋測器類を作動させるため, ワイヤーを伝って落とすおもり》. **5** 〖生化学〗伝達子《遺伝情報を運ぶ化学的物質; cf. messenger RNA》.

méssenger càble *n.* 〖電気〗メッセンジャー《架空ケーブルを支持する鋼線》.

méssenger RNA *n.* 〖生化学・生物〗メッセンジャー RNA, 伝令 RNA《遺伝情報を細胞の核の中の DNA (デオキシリボ核酸) から細胞質の中のリボソーム (ribosome) に運び, 合成されるべき蛋白質を指定するリボ核酸; 略 mRNA; cf. ribosomal RNA, transfer RNA》.

méssenger wìre *n.* 〖電気〗＝messenger cable.

Mes·se·ni·a [mɪsíːniə, mə-, -njə | mesíːnɪə, mə-, mɪ-, -njə] *n.* メッセニア《ギリシャの Peloponnesus 半島南西部にあった古代の地方; Arcadia の南; 首都 Messene》.

Mes·ser·schmitt [mésəʃmɪt | -sə-; *G.* mésɐʃmɪt] 〖← *Wilhelm Messerschmitt* (1898–1978) ドイツの航空機設計者・製作者〗 ── *n.* メッサーシュミット《特に第二次大戦のドイツ主力戦闘機 Me-109 [Bf-109] をいう; cf. BATTLE[1] of Britain》.

méss hàll *n.* (軍隊・工場などの)食堂.

Mes·siaen [meɪsjɑ́ː(ŋ), me-, sjɔ́ː(ŋ), -sjɑ́ːŋ, -sjɔ́(ː)ŋ; *F.* mesjɑ̃], **O·li·vier** [ɔlivje] **Eugène Prosper Charles** *n.* メシアン《1908–　; フランスの作曲家》.

Mes·si·ah [mɪsáɪə, mə- | mɪ-, me-, mə-] 〖ME *Messie, Messias* □LL (Vulgate) *Messias* □Gk *Messías* □Heb. *māšīaḥ* anointed ← *māšaḥ* to anoint: 現在の語形は 1560 年の Geneva Bible から〗 ── *n.* **1** [the ～] **a** 〖ユダヤ教〗救世主, メシア《ユダヤ人が待望している救済者》. **b** 〖キリスト教〗イエス キリスト, キリスト《メシアとキリストとは同義, つまりキリスト教ではイエスをメシア(キリスト)と信じる; cf. *John* 4: 25–26》. **2** [しばしば m-] (待望されている被圧迫民(族)・国家の)救済者, 救世主, 解放者. **3** [通例 m-] (ある運動・計画の)熱心な推進者[指導者].

Messíah·ship *n.* メシアであること, メシアたる状態[地位, 身分]; (特に)キリストの救世主としての使命.

Mes·si·an·ic [mèsiǽnɪk | -sɪ-] 〖《*a*1834》← NL *Messianic-us* ← LL *Messias*: ⇨ Messiah, -ic[1]〗 ── *adj.* **1** メシアの[に関する]. **2** (ある主義・信条・信仰などのために)神秘的な使命感を帯びた, メシア的な, メシアのような.

Mes·si·a·nism [mésiənɪzm̩, mɪsáɪə-, mə-, me- | mésɪə-, mɪsáɪə-, me-, mə-] *n.* **1** メシア信仰 (cf. Messiah); メシアの天職. **2** (ある主義・信条への)絶対的傾倒[信仰].

Mes·si·as [mɪsáɪəz, mə- | mə-, me-] *n.* ＝Messiah 1.

Mes·si·dor [mèsɪdɔ́ə | -dɔ́ː(r; *F.* mesidɔːr] 〖□F ～ ← L *messis* harvest＋Gk *dôron* gift〗 ── *n.* 収穫月《フランス革命暦の第 10 月で, 太陽暦の 6 月 19 日から 7 月 18 日までに当たる; ⇨ Revolutionary calendar》.

Mes·sier [meɪsjéɪ, me-, mésièɪ | meɪsjéɪ; *F.* mesje, mɛ-], **Charles** *n.* メシエ《1730–1817; フランスの天文学者; ⇨ Messier Catalogue》.

Messiér Càtalogue 〖↑〗 *n.* [the ～] 〖天文〗メシエカタログ《C. Messier が著した星団・星雲のカタログ; 1771–80 刊行; 略 M; cf. New General Catalogue》.

messieurs *n.* monsieur の複数形.

mes·sin [mésn] *n.* 《スコット》＝messan.

Mes·si·na [məsíːnə, mɪ- | me-, mə-, mɪ-; *It.* messíːna] *n.* **1** メッシーナ(州)《イタリア Sicily 島北東部の州; 人口 688,000, 面積 3,270 km²》. **2** メッシーナ《イタリア Sicily 島北東部の港市, Messina 州の首都; 1908 年の地震で大破壊を受けた; 人口 266,000》.

Messina, the Strait of *n.* メッシーナ海峡《イタリア本土と Sicily 島との間の海峡; 幅 3.2 km》.

méss jàcket *n.* メスジャケット, 晩餐用上着《米軍将校が晩餐会その他半公式の場で着用する前開きの短い上衣; monkey jacket, shell jacket ともいう》.

méss kìt *n.* **1** (容器にまとめて入れた)炊事食事用器具セット. **2** (兵士が戦場に携帯する)食器セット.

méss·man [-mən] *n.* (*pl.* **-men** [mən, -mèn]) 〖海軍〗食卓当番兵, 食事番.

méss·màte 〖《1746》〗 *n.* (主に船の)会食仲間, 同じ釜の飯を食った仲間.

méss·ròom *n.* メスルーム《船などの食堂》.

Messrs. [mésəz | -səz] 《略》messieurs: ～ A and B AB 両氏 / ～ A & Co. A 商会御中. ★ Mr. の複数形として 2 名以上の男性名, 特に社名の前に用いる.

méss·tìn *n.* 携帯食器, 飯盒(はんごう).

mes·suage [méswɪdʒ | -swɪdʒ, -sjuɪdʒ] 〖《*c*1390》□AF *me(s)suage* tenure of land ←? *mesnage*: ⇨ ménage〗 ── *n.* 〖法律〗(建物やそれに付随する周辺の畑地なども全部含めた)家屋敷.

méss-ùp *n.* 《口語》混乱, 紛糾, てんやわんや.

mess·y [mési | -sɪ] 〖《1843》← MESS (n.)＋-Y[4]〗 ── *adj.* (**mess·i·er; -i·est**) **1** 取り散らした, きたない, だらしない: a ～ room. **2** 〈仕事・情況など〉厄介な, 面倒な, 始末に負えぬ: a ～ job. **3** とりとめのない, 締まりのない, いい加減な: ～ thinking 隙(すき)だらけの思考. **4** 《口語》ふしだらな. **5** いやに感傷的な. **méss·i·ly** [-sɪli, -sə- | -lɪ] *adv.* **méss·i·ness** *n.*

mes·tee [mestíː, ⌐⌐] *n.* ＝mustee.

mes·ti·za [mestíːzə, mɪs-, məs- | mes-, məs-, mɪs-] *n.* 女性の mestizo.

mes·ti·zo [mestíːzou, mɪs-, məs- | mestíːzəu, məs-, mɪs-] 〖《*c*1588》□Sp. ～ < LL *mixticium* of mixed race ← L *mixtus* 'MIXED'〗 ── *n.* (*pl.* **～s, ～es**) 混血人: **a** (特に, 中南米の)アメリカインディアンとの混血スペイン人. **b** 東インド・マレーなどの黒人との混血ヨーロッパ人. **c** 中国人と混血のフィリピン人.

mes·tra·nol [méstrənɔ̀(ː)l, -nòul | -nɔ̀l] 〖← METHO-＋ESTR(OGEN)＋(PREGN)ANE＋-OL[1]〗 ── *n.* メストラノール ($C_{21}H_{26}O_2$) 《経口避妊薬として用いる合成エストロゲン》.

Meš·tro·vić [méʃtrəvɪtʃ, més-; *Serbo Croat.* mɛ́ʃtrɔvitɕ], **Ivan** *n.* メシュトロビッチ《1883–1962; ユーゴースラビアの彫刻家; 1946 年以後米国に在住》.

met[1] *v.* meet[1] の過去形・過去分詞.

met[2] [mét] 〖略〗《口語》 ── *adj.* **1** ＝meteorological. **2** ＝metropolitan. ── *n.* [the M-] **1** 《英口語》英国気象台 (Meteorological Office)《空軍に所属》. **2** [集合的]気象部員. **3** 《米》＝Metropolitan Opera House.

met. 《略》metallurgical; metaphor; metaphysical; metaphysics; meteorological; meteorology; metronome; metropolitan.

met- [met] *pref.* (母音および h の前に来る時の) meta- の異形: *met*estrus, *met*hod.

met·a [métə | -tə] 〖《独立用法》← META-〗 *adj.* 〖化学〗メタの《ベンゼン環 (benzene ring) を有する化合物の置換異性体で, 置換基が 1 と 3 の位置にある》.

Me·ta [míːtə | -tə] 〖□L ～ 'measure' ∥ (dim.) ← MARGARET〗 *n.* 女性名.

met·a- [métə | -tə] 〖← NL ～ ← LL ～ □Gk *metá* between, among, with, after〗 ── *pref.* **1** 主に科学用語で次の意味を表わす: **a** 「…の後; …を越えた」: *meta*nephros, *meta*galaxy, *meta*physics. **b** (位置・状態の)変化: *meta*bolism, *meta*morphosis. **c** 「二次的…」: *meta*language. **2** 「…より包括的な; 超…」の意で, 既存の学問を批判的に扱う新しい関連学科名を表わす: *meta*linguistics, *meta*mathematics, *meta*psychology. **3** 〖化学〗メタ: **a** 「…の重合体[誘導体]」; 加水度の少ない酸を示す (cf. ortho- 2 a): *meta*protein / *meta*phosphoric acid. **b** ベンゼン環 (benzene ring) を有する化合物で 1, 3- 位置換体を示す (cf. ortho- 2 b, para-[1] 2 b). ★ 母音および h の前では met- となる.

mèta-amínobenzóic ácid *n.* 〖生化学〗メタアミノ安息香酸《アゾ染料の原料; aminobenzoic acid の一つ》.

me·tab·a·sis [mɪtǽbəsɪs, mə-, -səs | metǽbəsɪs] 〖← NL ～ ← Gk *metábasis* passing over ← META-＋Gk *baínein* to go〗 ── *n.* (*pl.* **-a·ses** [-sìːz]) **1** 〖医学〗病状変化. **2** 〖□OSp. *medabasis*〗〖修辞〗主題転移《前後の論旨の要点を述べる》.

mèta·biósis 〖← NL ～: ⇨ meta-, -biosis〗 *n.* 〖生物〗変態共生.

mèta·bisúlfite *n.* 〖化学〗メタ重亜硫酸塩 (⇨ pyrosulfite).

Me·tab·o·la [mɪtǽbələ, mə-] 〖← NL ～ (neut. pl.) ← Gk *metabólos* changeable: ⇨ metabolism〗 ── *n. pl.* 〖昆虫〗変態類《無変態類を除く完全変態, 不完全変態をする昆虫全部を指す》.

met·a·bol·ic [mètəbɑ́lɪk | -təbɔ́l-] 〖⇨ metabolism, -ic[1]〗 ── *adj.* **1** 変態 (metamorphosis) する, 変形する. **2** 〖生物〗物質交代[新陳代謝]の[を伴う, によって生じる]. **3** 〖動物〗変態の. 「**～·ly** *adv.*

mèt·a·ból·i·cal [-lɪkəl, -lə- | -lɪ-] *adj.* ＝metabolic.

metabólic wáter *n.* 〖生物〗同化水《同化作用によって生物体内に生じた水》.

me·tab·o·lism [mɪtǽbəlɪzm̩, mə- | me-, mɪ-, mə-] 〖《1878》← Gk *metabolḗ* change ← *metabállein* to change ← META-＋*bállein* to throw: ⇨ -ism〗 ── *n.* **1 a** 〖生物・生理〗物質交代, 物質代謝, 新陳代謝, 代謝(作用) (cf. anabolism, catabolism): constructive [destructive] ～ 同化[異化]作用 / ⇨ basal metabolism. **b** 〖生態〗(ある環境内で行なわれる)代謝作用: the ～ of a lake ある湖の中で進行する代謝作用. **2** 〖動物〗(昆虫などの)変態 (metamorphosis).

me·tab·o·lite [mɪtǽbəlàɪt, mə- | me-, mɪ-, mə-] 〖⇨ ↑, -ite[1]〗 *n.* 〖生物〗代謝物質《物質交代[新陳代謝]で生じた物質》.

me·tab·o·lize [mɪtǽbəlàɪz, mə- | me-, mɪ-, mə-] 〖⇨ metabolism, -ize〗 ── *vt.* 〖生物〗物質交代で変化させる, 新陳代謝させる; 変形させる. **me·táb·o·lìz·a·ble** [-zəbl̩] *adj.*

me·tab·o·lous [mɪtǽbələs, mə- | me-, mɪ-, mə-] 〖□Gk *metabólos*: ⇨ Metabola, -ous〗 *adj.* 〖動物〗＝metabolic 3.

me·tab·o·ly [mɪtǽbəli, mə- | metǽbəlɪ, mɪ-, mə-] 〖□Gk *metabolḗ* ∥ *metabolía*: ⇨ metabolism〗 *n.* 〖動物〗＝metamorphosis.

met·a·car·pal [mètəkɑ́əpəl, | -təkɑ́ː-] 〖⇨ ↓, -al[1]〗 〖解剖〗 *adj.* 掌(しょう)部の; 中手骨の: a ～ bone 中手骨. ── *n.* 中手骨, 掌骨.

met·a·car·pus [mètəkɑ́əpəs | -təkɑ́ː-] 〖← NL ～ (⇨ meta-, carpus) ∽ *metacarpium* □Gk *metakárpion*〗 ── *n.* (*pl.* **-car·pi** [-paɪ]) 〖解剖・動物〗掌(しょう)部, 中手; (特に)中手骨 (cf. metatarsus 1).

méta·cènter 〖□F *métacentre*: ⇨ meta-, center〗 *n.* 〖造船〗メタセンター, (浮力の)傾心.

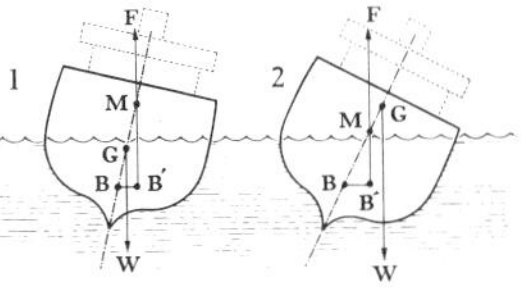

metacenter of a boat

1 stable; 2 unstable; B′ center of buoyancy when boat is displaced; B center of buoyancy; G center of gravity; M metacenter of boat; F buoyant force; W weight

mèta·céntric *adj.* **1** メタセンターの[に関する]. **2** 〖生物〗中部動原体の《染色体の中央部に動原体 (centromere) がある》.

metacéntric héight *n.* 〖造船〗メタセンター高さ, 傾心高《船体中心線面上における重心とメタセンター間の距離; 普通は GM という; 船の安定度の目安となる》.

metacéntric stabílity *n.* 〖造船〗初期復元力 (⇨ initial stability).

met·a·cer·car·i·a [mètəsəːkɛ́(ə)riə | -təsəːkɛ́ərɪə] 〖← NL ～: ⇨ meta-, cercaria〗 ── *n.* 〖動物〗メタケルカリア《吸虫類のカンテツなどの幼虫の一時期で, 尾を失い水辺の草の上で被嚢 (cyst) を形成したもの》. **mèt·a·cer·cár·i·al** [-riəl | -rɪəl] *adj.*

Met·a·chla·myd·e·ae [mètəklәmídiiː | -tə-] 〖← NL ～ ← META-＋-*chlamydeae* (← Gk *khlamud-*, *khlamús* cloak)〗 ── *n. pl.* 〖植物〗後生花被類, 合弁花類[亜綱] (⇨ Sympetalae). **mèt·a·chla·mýd·e·ous** [-diəs | -dɪəs] *adj.*

met·a·chro·ma·si·a [mètəkro(ʊ)méɪʒiə, -ʒə | -təkrə(ʊ)méɪzɪə, -ʒə] 〖← META-＋-CHROMASIA〗 *n.* 〖生理〗異染性, メタクロマジー.

mèta·chrómatism 〖⇨ meta-, chromatism〗 ── *n.* 〖化学〗メタクロマジー《細胞化学で標本切片のある部分が色素溶液と異なる色に染色される現象》. **mèta·chromátic** *adj.*

me·tach·ro·nal [mɪtǽkrənl̩, mə- | me-] 〖← META-＋-CHRONO＋-AL[1]〗 ── *adj.* 〖動物〗継時性の《繊毛や多毛類の疣脚(いぼあし)・多足類の歩脚などの運動で隣り合った器管が一定の位相差で運動する性質にいう》.

mèta·cínnabar 〖⇨ meta-, cinnabar〗 *n.* 〖鉱物〗黒辰砂(しんしゃ) (HgS).

met·a·cryst [métəkrɪst | -tə-] 〖← META-＋(PHENO)CRYST〗 *n.* 〖地質〗斑状変晶, 変斑晶《変成岩中に点在する大型結晶; porphyroblast ともいう》.

mèta·éthics 〖⇨ meta-, ethics〗 ── *n.* 〖倫理〗メタ倫理学《いわゆる normative ethics に対して, 倫理学用語の意味, 倫理的判断の性質や正当化などに関する広義の論理的研究》. **mèta·éthical** *adj.*

meta·galaxy [⌐ー⌐ーー | ⌐ー⌐ーー] *n.* 〖天文〗(銀河系の外側にある)認識しうる全宇宙《宇宙と同義語》. **mèta·galáctic** *adj.*

met·age [míːtɪdʒ | -tɪdʒ] 〖← METE[2]＋-AGE〗 *n.* **1** (公の機関で行なう石炭・穀物などの積荷の)検量, 計量. **2** 検量[計量]費.

mèta·génesis 〖← NL ～: ⇨ meta-, genesis〗 ── *n.* 〖生物〗真正[純正]世代交代《有性生殖と無性生殖を交互に行なうこと》. **mèta·genétic** *adj.* **mèta·genét·ically** *adv.*

me·tag·na·thous [mɪtǽgnəθəs, mə- | me-] 〖← META-＋Gk *gnáthos* jaw＋-OUS〗 ── *adj.* **1** 〖鳥類〗(イスカのように)嘴(くちばし)の先が食い違った. **2** 〖昆虫〗〈ガ・チョウなど〉二様式口器類の《幼虫期には嚙んで栄養をとり, 成虫期には口吻(こうふん)で吸って栄養をとる》.

me·tág·na·thism [-nəθɪzm̩] *n.*

mèta·hístory *n.* 形而上史学《対象を一時代に限定せず, 多様な時代を比較しながら共通の歴史法則を追求しようとする歴史的認識の立場》. **mèta·his·tórian** *n.*

mèta·inféctive *adj.* 〘医学〙感染後に起こる, 後感染性の.

mèta·inósitol *n.* 〘生化学〙メタイノシトール (⇨ myoinositol).

mèta·kinésis 〘← NL ～: ⇨ meta-, -kinesis〙 *n.* 〘生物〙 **a** =metaphase. **b** =prometaphase.

met·al [métḷ|-tḷ] 〘(*a*1325) ▭ (O)F *métal* // L *metallum* mine, mineral, metal ▭ Gk *métallon* mine〙 ── *n.* **1** 金属, 金(きん): a piece [sheet] of ～ 一片[一枚]の金属 / corrugated ～ 波形板金 / fusible ～*s* 易融合金《鉛・すず・蒼鉛(そうえん)などの合金》/ ⇨ Britannia metal, Dutch metal, gunmetal, pig metal. **2** 金属製品: **a** 刀剣. **b** 銃身. **c** [*pl.*]《英》レール, 軌条: The train ran off [left] the ～*s.* 列車は脱線した. **3 a** (溶解中の)鋳鉄. **b** 融解ガラス素地; 熔融ガラス. **4 a** 材料. **b** (人などの)本質, 気性,「地金」(mettle): show the ～ one is made of 地金を表わす / prove [show] one's ～ 意気を示す. **5**《英》**a** (道路舗装・鉄道路床用の)割石, 砕石 (road metal). **b** 道路. **6**〘化学〙金属元素, 純金属 (cf. alloy 1). **7**〘紋章〙金色 (or), 銀色 (argent). **8**〘海軍〙(一艦の)備砲の総威力, 総砲数, 斉発弾量: ⇨ heavy metal 2 / a ship with more ～ in its main battery 他艦よりも主砲の総威力の大きい軍艦. **9**〘活字〙**a** 地金, 活字合金 (type metal). **b** 組版.
metal more attractive もっと心を引くもの, いっそう美しい[よい]もの (cf. Shak., *Hamlet* 3. 2. 116).
── *vt.* (**met·aled, -alled; -al·ing, -al·ling**) **1** …に金属をかぶせる. **2** [しばしば p.p. 形で]《英》〈道路〉に割石[砕石]を敷く: a ～*ed* road 割石[砕石]を敷いた道路, マカダム道路.

metal. (略) metallurgical; metallurgy.

méta·lànguage *n.* 〘言語〙メタ言語《ある記号[言語]体系を分析・記述する際に用いられる一段と高次の記号[言語]体系; cf. object language》.

met·al·de·hyde [mɪtǽldəhàɪd, mə-, me-|metǽldɪ-] 〘← META-+ALDEHYDE〙 ── *n.* 〘化学〙メタアルデヒド ($(CH_3CHO)_n$)《アセトアルデヒドの重合体; 針状晶・板状晶で携帯燃料となる》.

met·a·lep·sis [mètəlépsɪs, -tḷ-, -səs|-təlépsɪs] 〘▭ L ～ ▭ Gk *metalēpsis*《原義》alteration ← *metalambánein* to exchange ← META-+*lambánein* to take〙 ── *n.* (*pl.* **-lep·ses** [-siːz]) 〘修辞〙メタレプシス《すでに比喩的に用いられた語をさらに換喩によって言い換えること》.

met·a·lim·ni·on [mètəlímniɑ̀n, -niən|-təlímniɔ̀n, -nɪən] 〘← NL ～ ← META-+Gk *limníon* ((dim.) ← *límnē* marshy lake)〙 ── *n.* (*pl.* **-ni·a** [-niə|-nɪə]) 〘地質〙変水層 (⇨ thermocline).

mèta·linguístic *adj.* 〘言語〙メタ言語学の.

mèta·linguístics *n.* 〘言語〙**1** メタ言語学[論]《メタ言語 (metalanguage) を研究する分野》. **2** 後段[メタ]言語学《言語と文化との関連を体系的に研究する分野》.

mét·al·ist [-təlɪst, -ləst, -tḷ-|-təlɪst, -tḷ-] *n.* **1** 金属細工師, 金属職人. **2**〘経済〙(貨幣論における)金属主義者 (cf. nominalist).

métalized gráphite *n.* 〘電気〙金属黒鉛.

métalized páper *n.* 〘電気〙金属化紙《紙に金属をメッキしたもの》.

metall. (略) metallurgical; metallurgy.

me·tall- [mɪtǽl, mə-|me-, mɪ-] (母音の前に来る時の) metallo- の異形.

métal láth *n.* **1** (漆喰(しっくい)の下地にする)金網. **2** (照明具・つり天井などを取り付ける)金枠.

me·tal·li- [mɪtǽli, mə-, -lə|mɪtǽlɪ, mə-, me-] metallo- の異形 (⇨ -i-).

me·tal·lic [mɪtǽlɪk, mə-|mɪtǽl-, me-, mə-] 〘(1567) ▭ F *métallique* // L *metallic-us*: ⇨ metal, -ic¹〙 ── *adj.* **1 a** 金属の, 金属質の: a ～ element 金属元素. **b** 金属製の: ～ currency 硬貨 (cf. PAPER currency). **c** 金属を含む[産する]: ～ salts 金属塩. **d**〘化学〙〈金属元素が〉未化合の; 遊離した: ～ iron. **2** 金属性の, 金属のような: **a** 〈色が〉金属に似た, (特に)金属的光沢の, 虹色に輝く: ～ green / ⇨ metallic luster. **b** 〈声・音が〉金属的な, きんきん響く (grating): a ～ voice. **c** 〈茶の味が〉金気(かなけ)の(ある): a ～ taste.
me·tál·li·cal·ly *adv.*

metállic cárbon *n.* 〘電気〙=metalized graphite.

me·tal·lic·ize [mɪtǽləsàɪz, mə-|mɪtǽlɪ-, mə-, me-] *vt.* 〘電気〙(アースに針金を付けて)〈電話線などを〉金属化する.

metállic lúster *n.* 金属光沢.

metállic móney *n.* 〘経済〙金属貨幣.

metállic óxide *n.* 〘化学〙金属酸化物.

metállic sóap *n.* 〘化学〙金属石鹸《ナトリウムなどアルカリ金属以外の金属と脂肪酸塩とから成り, 塗料・防水布などを製するのに用いる》.

metállic wóod-bòring bèetle *n.* 〘昆虫〙タマムシ《青・緑・黒などの金属光沢を出すタマムシ科の甲虫の総称; 幼虫は木に食い入って穴をあける》.

met·al·lide [métəlàɪd, -tḷ-|-təl-, -tḷ-] 〘《変形》← METALLOID〙 *vt.* 〈金属を〉表層硬化する (cf. metalliding).

mét·al·lìd·ing 〘← METALLO-+-IDE²+-ING¹〙 ── *n.* 〘冶金〙表層硬化(法)《高温によって, ある金属の原子を他の金属の表面に浸透させ, 金属の表層を硬化する法; こうして出来た表層の合金は物理的に処理されたメッキよりも硬度が高い》.

met·al·lif·er·ous [mètəlɪ́f(ə)rəs, -tḷ-|-təl-, -tḷ-] 〘← L *metallifer* yielding metals+-ous: ⇨ metal, -ferous〙 ── *adj.* 金属を産する, 金属を含む: a ～ mine 金属鉱山.

mét·al·line [métəlàɪn, -lɪn, -lən, -tḷ-|-təlàɪn, -tḷ-] 〘(1471) ▭ F *metaline*: ⇨ metal, -ine¹〙 ── *adj.* **1** 金属の, 金属性の, 金属のような; 金属を産する. **2** 金属(塩・イオン)を含む.

mét·al·list [-təlɪst, -ləst, -tḷ-|-təlɪst, -tḷ-] *n.* =metalist.

met·al·lize [métəlàɪz, -tḷ-|-təl-, -tḷ-] 〘(1594) ← METAL+-IZE〙 ── *vt.* **1** 金属でおおう, 金属で処理する. **2** 金属的にする. **met·al·li·za·tion** [mètəlɪzéɪʃən, -lə-, -tḷ-|-təlaɪ-, -lɪ-, -tḷ-] *n.*

me·tal·lo- [mɪtǽlou, mə-|metǽlə(u), mɪ-] 〘← Gk *métallon*: ⇨ metal〙「金属」の意の連結形. ★ 時に metalli-, また母音の前では通例 metall- になる.

metàllo·énzyme *n.* 〘化学〙金属酵素《特定の金属をもつ酵素の総称》.

me·tal·lo·graph [mɪtǽləgræ̀f, mə-|metǽlə(u)grɑ̀ːf, mɪ-, -græ̀f] *n.* **1** 金属面拡大図《金属の表面の顕微鏡写真》. **2**〘冶金〙金属顕微鏡《検査用のカメラ付き顕微鏡》.

met·al·log·ra·pher [mètəlɑ́grəfə, -tḷ-|-təlɔ́grəfə(r, -tḷ-] *n.* **1** 金相学者, 金属組織学者. **2** 金属版技術工.

met·al·log·ra·phy [mètəlɑ́grəfi, -tḷ-|-təlɔ́grəfɪ, -tḷ-] 〘▭ F *métallographie*: ⇨ metallo-, -graphy〙 ── *n.* **1** 金相学, 金属組織学. **2**〘印刷〙金属版術 (cf. lithography). **me·tal·lo·graph·ic** [mɪtæ̀ləgrǽfɪk, mə-|metæ̀lə(u)-, mɪ-] *adj.* **met·àl·lo·gráph·i·cal·ly** *adv.*

mét·al·loid [métəlɔ̀ɪd, -tḷ-|-təl-, -tḷ-] 〘← METALLO-+-OID〙 ── *adj.* **1** 金属に似た, 金属質の, 金属状の. **2**〘化学〙半金属の, 準金属の. ── *n.* 〘化学〙メタロイド, 半金属《金属と非金属との中間的な性質をもった元素; ヒ素・ケイ素・アンチモン・テルルなど》.

me·tal·lo·phone [mɪtǽləfòun, mə-|metǽləfəun, mɪ-] *n.* メタロフォン《金属板打楽器, 各種鉄琴の包括的呼称》.

me·tal·lo·scope [mɪtǽləskòup, mə-|metǽləskəup, mɪ-] *n.* 〘冶金〙金属顕微鏡《金属を調べる顕微鏡》.

Métal Lúmber *n.* 〘商標〙メタルランバー《板金製の梁・間柱材の商品名》.

met·al·lur·gic [mètələ́ːdʒɪk, -tḷ-|-tələ́ː-, -tḷ-] *adj.* =metallurgical.

met·al·lur·gi·cal [mètələ́ːdʒɪkəl, -tḷ-, -dʒə-|mètələ́ːdʒɪ-, -tḷ-] *adj.* 冶金の, 冶金術の, 冶金学の. **～·ly** *adv.*

mét·al·lùr·gist [-dʒɪst, -dʒəst|-dʒɪst] *n.* 冶金家, 冶金学者.

met·al·lur·gy [métələ̀ːdʒi, -tḷ-|metǽlədʒɪ, mɪ-, mə-, métələ̀ːdʒɪ, -tḷ-] 〘← NL *metallurgia* ← Gk *metallourgós* metalworker ← *métallon* 'METAL'+*érgon* work: ⇨ -urgy〙 ── *n.* 冶金, 冶金術; 冶金学.

métal·màrk 〘翅(はね)に金属光沢の斑点や筋があるところから〙 *n.* 〘昆虫〙シジミタテハ《翅が虹色に光るシジミタテハ科のチョウの総称》.

métal óxide semicondúctor *n.* 〘電子工学〙金属酸化物半導体《特に, 大規模集積回路に用いる; 略 MOS》.

métal páste-ùp *n.* 〘印刷〙(網凸版などの)メタルベース付け.

métal·smith *n.* 金属細工師.

métal·wàre *n.* [集合的] 金属製品《特に, 家庭用品・食器類》.

métal wóod *n.* (ベニヤ単板と金属板との)合板建材.

métal·wòrk *n.* 金属細工, 金属加工.

métal·wòrker *n.* 金属細工人[職工].

métal·wòrking *n.* 金属加工(業).

mèta·mathemátical *adj.* 〘数学〙超数学上の, 超数学的な.

mèta·mathematícian *n.* 〘数学〙超数学者.

mèta·mathemátics *n.* 〘数学〙超数学, 証明論《数学自身を対象とする数学の一部門》.

met·a·mer [métəmə|-təmə(r] 〘《逆成》← METAMERIC〙 *n.* 〘化学〙メタマー《異性体の一種》.

me·tam·er·al [mɪtǽmərəl, mə-|me-] *adj.* 〘動物〙=metameric 2.

met·a·mere [métəmɪ̀ə|-təmɪ̀ə(r] 〘← META-+-MERE〙 *n.* 〘動物〙(ミミズ・昆虫などの)体節 (somite).

met·a·mer·ic [mètəmérɪk|-tə-] 〘⇨ ↑, -ic¹〙 *adj.* **1**〘化学〙異性[変性] (metamerism) の. **2**〘動物〙体節 (metamere) の. **mèt·a·mér·i·cal·ly** *adv.*

me·tam·er·ism [mɪtǽmərɪ̀zm, mə-|me-] 〘⇨ metamere, -ism〙 ── *n.* **1**〘化学〙メタメリズム, 異性, 変性《分子式が同じある種の構造》. **2**〘動物〙体節制《ミミズ・昆虫などの体が体節に分かれていること》.

met·a·mor·phic [mètəmɔ́əfɪk|-təmɔ́ː-] 〘← META-+-MORPHIC〙 ── *adj.* **1** 変化の, 変性の, 変態の, 変化する. **2**〘地質〙変成した: ～ rocks 変成岩 (⇨ volcano 挿絵). **mèt·a·mór·phi·cal·ly** *adv.*

met·a·mor·phism [mètəmɔ́əfɪzm|-təmɔ́ː-] 〘⇨ meta-, -morphism〙 ── *n.* **1** =metamorphosis. **2**〘地質〙(岩石の)変成(作用), メタモルフィズム《特に, 地下の深部で起こる変成作用; cf. metasomatism》.

met·a·mor·phose [mètəmɔ́əfouz, -fous|-təmɔ́ːfəuz] 〘(1576) ▭ F *métamorphos-er*: ⇨ metamorphosis〙 ── *vt.* **1 a** 変態させる, 変形させる (transform) 〔*to, into*〕. **b** 〈人の顔・姿・性格を〉一変させる: I can't identify him since he is so ～*d.* すっかり変わってしまっていて彼だとはわからない. **2**〘地質〙変成させる. ── *vi.* 変形[変質, 変態]する〔*into*〕.

metamorphoses *n.* metamorphosis の複数形.

Met·a·mor·pho·ses [mètəmɔ́əfəsìːz|-təmɔ́ː-] *n.* 「変身譚」《ギリシャ・ローマなどの神話伝説にみられる変身の話を軸とした Ovid による物語詩; 15 巻》.

met·a·mor·pho·sis [mètəmɔ́əfəsɪs, -səs|-təmɔ́ːfəsɪs, -mɔːfóus-] 〘(1533) ▭ L ～ ▭ Gk *metamórphōsis* ← *metamorphoûn* to transform: ⇨ meta-, -morphosis〙 ── *n.* (*pl.* **-pho·ses** [-fəsìːz|-fəsìːz, -fóusiːz]) **1 a** (魔力や超自然力による)変形, 変態: the ～ of a lady *into* a fox. **b** 変質, 変形, 変貌; 変形した状態: His demeanor underwent an instant ～. 彼の態度がたちまち一変した. **2**〘動物〙(胚子発生以後の段階における)変態 (cf. imago 1): the ～ of larvae [tadpoles] into pupae [frogs] 幼虫[おたまじゃくし]のさなぎ[かえる]への変態. **3**〘病理〙変態, 変形. **4**〘植物〙(生育中の組織・機能の)変態.

met·a·mor·phous [mètəmɔ́əfəs|-təmɔ́ː-] 〘⇨ meta-, -morphous〙 *adj.* =metamorphic.

met·a·nal·y·sis [mètənǽləsɪs, -səs|-tənǽləsɪs, -lɪ-] 〘← META-+ANALYSIS: O. Jespersen の造語〙 ── *n.* (*pl.* **-y·ses** [-sìːz]) 〘言語〙異分析《語または語群が前代とは異なった分析が行なわれる現象; 例: ME an ekename > Mod.E a nickname / a nadder > an adder / (for) then ones > (for) the nonce など》.

mèta·náuplius 〘← NL ～: ⇨ meta-, nauplius〙 *n.* 〘動物〙メタナウプリウス, メタノープリウス《甲殻類の発生中第 2 期に現われる幼生; cf. nauplius》.

met·a·neph·ros [mètənéfrəs, -rɑs|-tənéfrɔs] 〘← NL ～ ← META-+Gk *nephrós* kidney (⇨ nephro-)〙 ── *n.* (*pl.* **-neph·roi** [-rɔɪ]) 〘生物〙後腎 (cf. pronephros). **met·a·neph·ric** [mètənéfrɪk|-tə-] *adj.*

met·a·nil·ic ácid [mètənílɪk-|-tə-] 〘← META-+(SULF)ANILLIC ACID〙 ── *n.* 〘化学〙メタニル酸, *m*-アミノベンゼンスルホン酸 ($H_2NC_6H_4SO_3H$)《ニトロベンゼンをスルホン化して合成する; アゾ染料の中間体として用いる》.

mét·a·nil yéllow, M- Y- [métənɪ̀l-|-tə-] 〘← METANIL(IC ACID)〙 *n.* 〘化学〙メタニルエロー《黄色アゾ染料》.

metaph. (略) metaphor; metaphorical; metaphysical; metaphysics.

méta·phàse 〘← META-+PHASE〙 *n.* 〘生物〙(細胞の核分裂の)中期 (cf. prophase).

métaphase plàte *n.* 〘生物〙中期板 (⇨ equatorial plate 1).

Met·a·phen [métəfɪn, -fən|-tə-] *n.* 〘商標〙メタフェン《消毒剤 nitromersol の商品名》.

mèta·phlóem 〘⇨ meta-, phloem〙 *n.* 〘植物〙後生篩(し)部 (cf. protophloem).

met·a·phor [métəfɔ̀ə, -fə|-təfə(r, -fɔ̀ː(r] 〘(1533) ▭ F *métaphore* // L *metaphora* ▭ Gk *metaphorá* ← META-+*phérein* to carry (⇨ -phor)〙 ── *n.* **1 a**〘修辞〙隠喩《比喩の一種; simile のように 'A is as … as [like] B' の形式によらず, 'A is B' のように直接 B の属性を A に移して叙述するもの; 例: All flesh is grass. 人はみな草なり (*Isa.* 40:6) / All nature smiled. 自然界はほほえんだ / the curtain of night 夜のとばり; cf. simile》: ⇨ mixed metaphor. **b** 比喩: talk by ～ 比喩で話す. **2** 隠喩[比喩]的表現〔*for*〕: a well-worn ～ 使い古されたたとえ / 'The ship of the desert' is a ～ *for* the camel.「砂漠の船」とはらくだの[に対する]比喩(的表現)だ.

met·a·phor·ic [mètəfɔ́(ː)rɪk, -fɑ́r-|-təfɔ́r-] *adj.* =metaphorical.

met·a·phor·i·cal [mètəfɔ́(ː)rɪkəl, -fɑ́r-, -rə-|-təfɔ́rɪ-] 〘(*a*1555): ⇨ metaphor, -ical〙 ── *adj.* 隠喩の, 隠喩的な; 言葉通りの意味でない, 転義的な, 比喩的な: a ～ expression *for* …の[に対する]比喩的表現. **～·ness** *n.*

mèt·a·phór·i·cal·ly 〘(1571)〙 *adv.* 比喩的に, 隠喩で: ～ speaking たとえて言えば.

mèta·phósphate 〘← META-+PHOSPHATE〙 *n.* 〘化学〙メタリン酸塩[エステル].

mèta·phosphóric ácid 〘← META-+PHOSPHORIC ACID〙 *n.* 〘化学〙メタ燐酸, 無水燐酸 (HPO_3).

met·a·phrase [métəfrèɪz|-tə-] 〘← NL *metaphrasis* ← Gk *metáphrasis* paraphrase ← *metaphrázein* to paraphrase, translate ← META-+*phrázein* to show (⇨ phrase)〙 ── *n.* 翻訳; (特に)直訳, 逐語訳 (↔ paraphrase). ── *vt.* **1** 翻訳する; 直訳する. **2** …の文体を換える, 言い換えをする.

met·a·phrast [métəfræ̀st|-tə-] 〘▭ Gk *metaphrástēs* ← *metaphrázein* (↑)〙 *n.* 翻訳者, (特に, 散文を韻文に換えたりする)転訳[反訳]者.

met·a·phras·tic [mètəfrǽstɪk|-tə-] *adj.* 直訳[逐語訳]の, 直訳[逐語訳]的な. **mèt·a·phrás·ti·cal·ly** *adv.*

met·a·phys·ic [mètəfízɪk|-tə-] 〘(*a*1387) ▭ ML *metaphysica*: ⇨ metaphysics〙 *n.* **1** =metaphysics. **2** (学問・研究の)原理体系. ── *adj.* =metaphysical.

mèt·a·phýs·i·cal [-zɪkəl, -zə-|-zɪ-] 〘(1432–50) ▭ ML *metaphysical-is* ← *metaphysica*: ⇨ metaphysics, -ical〙 ── *adj.* **1**〘哲学〙形而上学の: ～ aesthetics [materialism, logic] 形而上学的美学[唯物論, 論理学]. **2 a** 形而上的に考える, 抽象的傾向の: his ～ talent. **b** 〈推理・理論など〉きわめて抽象的な; 難解な. **3**《古》**a** 超自然の. **b** 空想的な. **4** 非物質的の, 無形の. **5**〘文学〙形而上派の《17 世紀の初期に英国詩壇に興った主知派の詩・詩人についていう; 技巧的で知的な比喩や豊富な機知を特徴とした》: the ～ school 形而上詩派 / the ～ poets 形而上詩人《Donne, G. Herbert, Crashaw, Cowley など》. ── *n.* [M-] 形而上派の詩人 (cf. *adj.* 5). **～·ly** *adv.*

met·a·phy·si·cian [mètəfɪzíʃən, -fə-|-təfɪ-] *n.* **1** 形而上学者. **2** 形而上学的理論家.

mèt·a·phýs·i·cist [-zəsɪst, -səst | -zɪsɪst] *n.* ＝metaphysician.

met·a·phys·i·cize [mèṭəfízəsàɪz | -təfízɪ-] *vi.* **1** 形而上学を研究する. **2** 形而上学的に考える[表現する], 形而上学的思弁にふける.

met·a·phys·ics [mèṭəfízɪks | mètəfízɪks, ⌐―⌐―] 〘(1569) ▭ ML *metaphysica* ▭ Gk (*tà*) *metaphusiká* (neut. pl.) ← *tà metà tà phusiká* those after the "Physics", i.e. the works (of Aristotle) which followed the "Physics": ⇨ meta-, physics〙 ― *n.* **1** 〘哲学〙 **a** 形而上学《時間・存在・物質・本質・原因などの最も根本的な原理を扱う哲学の分野》. **b** (広義の)思弁哲学. **2** 抽象的論議; 机上の空論. **3** ＝metaphysic 2.

met·a·pla·si·a [mèṭəpléɪʒiə, -ʒə | -təpléɪzɪə, -zjə] 〘← META-＋-PLASIA〙 *n.* 〘病理〙 化成, 異形成.

met·a·plasm [méṭəplæ̀zm | -tə-] 〘▭ L *metaplasmus* 《原義》 transformation ▭ Gk *metaplasmós* ← META-＋*plasmós* something moulded (⇨ -plasma)〙 ― *n.* **1** 〘生物〙 後形質《細胞原形質によって作られた無生の成形部分, 例えば, 植物の細胞膜など; cf. protoplasm, alloplasm》. **2** 〘文法〙 語形変異: **a** 音(節)の添加・消失・位置転換などによる語形変化. **b** 主格外の語幹からの斜格形成. **met·a·plas·mic** [mèṭəplǽzmɪk | -tə-] *adj.*

met·a·plast [méṭəplæ̀st | -tə-] 〘⇨↑, -plast〙 *n.* 〘生物〙 後形体.

mèta·pléuron 〘← NL ～: ⇨ meta-, pleuron〙 *n.* 〘昆虫〙 後側板 (cf. episternum 2).

met·ap·neus·tic [mètæpn(j)úːstɪk | -njúː-] 〘← META-＋Gk *pneustikós* of breathing (← *pneîn* to breathe)〙 ― *adj.* 〘昆虫〙 〈幼虫が〉後気門式の《第 10 気門だけが存在してあとは閉鎖している》.

met·a·po·di·um [mèṭəpóudiəm | -təpə́udɪəm, -djəm] 〘← NL ～: ⇨ meta-, -podium〙 *n.* (*pl.* **-po·di·a** [-diə | -dɪə, -djə]) 〘動物〙 後足《腹足類の足の後方に伸びた部分》.

mèta·polítician *n.* 政治哲学者.

mèta·pólitics 〘← META-＋POLITICS: METAPHYSICS からの類推〙 *n.* [しばしば軽蔑的] 哲学的[理論的]政治学. **mèta·polítical** *adj.*

mèta·prótein 〘⇨ meta-, protein〙 *n.* 〘化学〙 メタプロテイン《変形蛋白質の一種》.

mèta·psýchic *adj.* 心霊研究の.

mèta·psýchical *adj.* ＝metapsychic.

mèta·psýchics *n.* 心霊研究.

mèta·psychólogy 〘← META-＋PSYCHOLOGY〙 *n.* 〘心理〙 メタサイコロジー, 超心理学; 純正心理学; (Freud の)超意識心理学. **mèta·psychológical** *adj.*

mèta·ráminol 〘← ? META-＋(HYD)R(OXYL)AMINE＋-OL[1]〙 *n.* 〘薬剤〙 メタラミノール ($C_9H_{13}NO_2$)《交感神経興奮薬・血管収縮薬として用いる》.

mèta·rhódopsin 〘← META-＋*rhodopsin* (← RHODO-＋*ops-* (← Gk *ópsis* sight appearance)＋-IN[1])〙 ― *n.* [通例 *pl.*] 〘化学〙 メタロドプシン《ロドプシンの感光褪色の際に生成する中間体の一つ, 視覚と関係する》.

mèta·sequóia 〘← NL ～: ⇨ meta-, sequoia〙 ― *n.* 〘植物〙 メタセコイア《化石植物と考えられていた中国で生存種が発見されたメタセコイア属 (*Metasequoia*) の落葉性の針葉高木の総称》; (特に) ＝dawn redwood.

mèta·sílicate 〘← META-＋SILICATE〙 *n.* **1** 〘化学〙 メタ珪酸塩 (SiO_3^{2-} または$(SiO_3)_n^{2n-}$ の珪酸根をもつもの). **2** 〘鉱物〙 ＝inosilicate.

met·a·so·ma·tism [mèṭəsóumətɪ̀zm | -təsə́u-] 〘← META-＋SOMATO-＋-ISM〙 ― *n.* 〘地質〙 (岩石や鉱床の)交代変成作用《化学成分の出入りを伴う変成作用の一種; cf. metamorphism》. **met·a·so·mat·ic** [mèṭəso(u)mǽṭɪk | -təsə(u)mǽt-] *adj.* **mè·ta·so·mát·i·cal·ly** *adv.*

met·a·so·ma·to·sis [mèṭəsòumətóusɪs, -səs | -təsə̀umətə́usɪs] 〘⇨↑, -osis〙 *n.* **1** ＝metensomatosis. **2** 〘地質〙 ＝metasomatism.

mèta·stabílity *n.* 〘冶金・物理・化学〙 準安定(状態).

mèta·stáble *adj.* 〘冶金・物理・化学〙 準安定の. **mèta·stábly** *adv.*

metastáble státe *n.* 〘冶金・物理・化学〙 準安定状態.

metastases *n.* metastasis の複数形.

Me·ta·sta·sio [mèṭɑːstáːzjou | -zjəu; *It.* mètastáːzjo] *n.* メタスタジオ《1698–1782; イタリアの詩人・劇作家; *Gli Orti Esperidi*「ヘスペリデスの園」(1722), *Attilio Regolo*「アッティリオ レゴロ」(1740); 本名 Pietro Antonio Domenico Bonaventura Trapassi》.

me·tas·ta·sis [mɪtǽstəsɪs, mə-, -səs | metǽstəsɪs] 〘← NL ～ ← LL ～ 'a passing over' ▭ Gk *metástasis* removal, change: ⇨ meta-, stasis〙 ― *n.* (*pl.* **-ta·ses** [-sìːz]) **1** 〘動物〙 変形, 変態. **2** 〘病理〙 (癌(がん)・肉腫などの他の部位への)転移 (cf. implantation 4). **3** 〘生物〙 物質交代 (metabolism). **4** 〘修辞〙 (話題の)急変転; 逆手返し《相手の非難の言葉じりを捉えて逆襲すること》. **met·a·stat·ic** [mèṭəstǽṭɪk | -təstǽt-] *adj.* **mèt·a·stát·i·cal·ly** *adv.*

me·tas·ta·size [mɪtǽstəsàɪz, mə- | me-] 〘⇨↑, -ize〙 *vi.* 〘病理〙 転移する (cf. metastasis 2).

met·a·stron·gy·lid [mèṭəstrɑ́ndʒəlɪd, -strɔ́(ː)n- , -ləd | -təstrɔ́ndʒəlɪd] 〘↓〙 *adj.*, *n.* 〘動物〙 肺虫科の(動物).

Met·a·stron·gyl·i·dae [mèṭəstrɑndʒɪ́lədìː, -strɔ(ː)n- | -təstrɔndʒɪ́lɪ-] 〘← NL ～ ← *Metastrongylus* (属名: ← META-＋*Strongylus* (⇨ strongyle))＋-IDAE〙 ― *n. pl.* 〘動物〙 肺虫科.

mèta·társal 〘⇨↓, -al[1]〙 〘解剖〙 *adj.* 中足の; 中足骨の. ― *n.* 中足骨. **～·ly** *adv.*

mèta·társus 〘(1676) ← NL ～ ← META-＋Gk *tarsós* flat of the foot〙 ― *n.* **1** 〘解剖・動物〙 中足; 中足骨 (cf. metacarpus). **2** 〘昆虫〙 跗節, 後跗節. **3** 〘鳥類〙 脛骨(けい)から趾骨(しこつ)におよぶ部分.

me·ta·te [mətáːṭi | -tɪ] 〘▭ Sp. ～ ▭ Nahuatl *metlatl*〙 *n.* (挽き臼の)下臼《上部が凹形の臼; 穀物, 特にとうもろこしを挽くのに用いられる; cf. mano》.

mèta·théory 〘⇨ meta-, theory〙 *n.* 超理論, メタ理論《ある理論を一段と高い立場から解明するのに用いられる別の理論》.

Met·a·the·ri·a [mèṭəθí(ə)riə | -təθíərɪə] 〘← NL ～: ⇨ meta-, -theria〙 *n. pl.* 〘動物〙 後獣亜綱.

met·a·the·ri·an [mèṭəθí(ə)riən | -təθíərɪ-] 〘⇨↑, -an[1]〙 *adj.*, *n.* 〘動物〙 後獣亜綱の(哺乳動物).

me·tath·e·sis [mɪtǽθəsɪs, mə-, -səs | metǽθəsɪs, mɪ-, mə-, -θɪ-] 〘(1608) ▭ LL ～ ▭ Gk *metáthesis* transposition: ⇨ meta-, thesis〙 ― *n.* (*pl.* **-e·ses** [-sìːz]) **1** 〘音声〙 音位[字位]転換《例: ME clapse ＞ ModE clasp / ME thridde ＞ ModE third / 茶がま ＞ 茶まが; cf. spoonerism》. **2** 〘化学〙 メタセシス (⇨ double decomposition). **3** 〘医学〙 (人工的)患部移動.

me·tath·e·size [mɪtǽθəsàɪz, mə- | metǽθə-, mɪ-, mə-, -θɪ-] 〘← METATHES(IS)＋-IZE〙 *vi.* 転換[置換え]が起こる. ― *vt.* …に転換[置換え]を起こす.

met·a·thet·ic [mèṭəθéṭɪk | -təθét-] 〘(1855) ▭ LGk *metathetik-ós* able to change〙 *adj.* ＝metathetical.

met·a·thet·i·cal [mèṭəθéṭɪkəl, -ṭə- | -təθétɪ-] 〘⇨↑, -ical〙 ― *adj.* **1** 〘音声〙 音位[字位]転換の. **2** 〘化学〙 複分解 (double decomposition) の. **3** 〘医学〙 (人工的)患部移動の[による, に関する]. **～·ly** *adv.*

mèta·thorácic 〘⇨↓, -ic[1]〙 *adj.* 〘昆虫〙 後胸の.

mèta·thórax 〘← NL ～: ⇨ meta-, thorax〙 *n.* 〘昆虫〙 後胸 (⇨ insect 挿絵).

met·a·troph [méṭətrɑ̀f, -trɔ̀(ː)f | -tətrɔ̀f] 〘(逆成) ↓〙 ― *n.* 〘生物〙 複合有機栄養生物《窒素や硫黄を有機化合物の形で与えないと生活できない栄養形式をもつ生物》.

met·a·troph·ic [mèṭətrɑ́fɪk, -tróuf- | -tətrɔ́f-, -trə́uf-] 〘← META-＋-TROPHIC〙 *adj.* 〘生物〙 複合有機栄養形式をもつ.

Me·tax·a [mɪtǽksə, me- | me-, mɪ-, mə-] *n.* 〘商標〙 メタクサ《ギリシャ産の色の濃い強いブランデー》.

mèta·xénia 〘← NL ～: ⇨ meta-, xenia〙 ― *n.* 〘植物〙 メタキセニア《対の形質をもつ二つの植物を交雑したとき雄植物の形質が雌植物の胚乳組織以外のところに現われる現象》.

mèta·xýlem 〘← META-＋XYLEM〙 *n.* 〘植物〙 後生木質部 (cf. protoxylem).

mèta·xýlene *n.* 〘化学〙 メタキシレン (⇨ xylene c).

mé·ta·yage [mèṭəjáːʒ, mèɪṭ- | -tə-; *F.* meteja:ʒ] 〘▭ F ～ ← *métayer* (↓): ⇨ -age〙 ― *n.* 分益小作制《耕地・農具を提供する地主と提供される農夫とが収穫を等分する制度》.

mé·ta·yer [mèṭəjéɪ, mèɪṭ- | -tə-; *F.* meteje] 〘▭ F ～ ＜ ML *mediētārius* ← L *medietātem* 'middle, medium, MOIETY': ⇨ -ary〙 *n.* 分益農夫.

Met·a·zo·a [mèṭəzóuə | -təzə́uə] 〘← NL ～ (pl.) ← *metazōon*: ⇨ meta-, -zoa〙 *n. pl.* 〘動物〙 後生動物門《原生動物以外のすべての動物を含む; cf. Protozoa》.

met·a·zo·al [mèṭəzóuəl | -təzə́u-] 〘⇨↑, -al[1]〙 *adj.* 〘動物〙 ＝metazoan.

met·a·zo·an [mèṭəzóuən | -təzə́u-] 〘⇨ Metazoa, -an[1]〙 *adj.*, *n.* 〘動物〙 後生動物門に属する(動物).

met·a·zo·e·a [mèṭəzouíːə | -təzəu-] 〘← META-＋ZOEA〙 ― *n.* 〘動物〙 メタゾエア《節足動物・甲殻類のうち主として十脚類の発生で, ゾエアの次の時期の幼生; cf. mysis, protozoea, zoea》.

met·a·zo·ic [mèṭəzóuɪk | -təzə́u-] *adj.* 〘動物〙 ＝metazoan.

Mét·calfe bèan [métkæf-, -kəf- | -kɑːf-, -kəf] 〘← *J. K. Metcalfe* (19 世紀後半に米国南西部にこれを持ち込んだ人)〙 ― *n.* 米国南西部産のマメ科ソラマメ属の多年草 (*Phaseolus metcalfei*).

Metch·ni·koff [métʃnɪkɔ̀(ː)f, -nə-, -kɑ̀f | -nɪkɔ̀f; *F.* metʃnikɔf], **Élie** *n.* メチニコフ《1845–1916; ロシヤ生れのフランスの生理学者・細菌学者; Nobel 医学生理学賞 (1908); ロシヤ語名 Ilya Ilich Mechnikov [mjétʃnjikəf]》.

mete[1] [míːt] 〘(1402) ▭ OF ～ ▭ L *mēta* pyramidal figure, goal mark, boundary, turning post ← IE **mei-* to fix: cf. mere[2]〙 ― *n.* 境界標, 境界石; 境界.
metes and bounds (1) 〘法律〙 土地境界《二画の土地の境界標と境界線》. (2) 確立された限界.

mete[2] [míːt] 〘OE *metan* to measure ＜ Gmc **metan* (Du. *meten* / G *messen*) ← IE **med-* to take appropriate measures (L *medītārī* 'to MEDITATE'): cf. meter[2]〙 ― *vt.* **1** 〘文語〙 〈賞罰などを〉割り当てる 〈*out*〉: ～ *out* punishment [reward] to …に罰[賞]を与える. **2** 〘詩・古〙 計る, 測定する. ― *n.* 計測, 計量.

met·em·pir·ic [mèṭɪmpírɪk, -ṭəm-, -tem- | -tem-, -tɪm-] 〘← META-＋EMPIRIC〙 《まれ》〘哲学〙 ― *n.* **1** 超経験論者. **2** ＝metempirics. ― *adj.* ＝metempirical.

mèt·em·pír·i·cal [mèṭɪmpírɪkəl, -ṭəm-, -tem-, -rə- | -tempírɪ-, -tɪm-] 〘⇨↑, -ical〙 ― *adj.* 〘哲学〙 経験(的世界)を超越した, 超経験的な, 超越論的な, 先験的な (transcendental) (cf. empirical 1).

mèt·em·pír·i·cism [-rəsɪzm | -rɪ-] *n.* 〘哲学〙 ＝metempirics.

mèt·em·pír·i·cist [-rəsɪst, -səst | -rɪsɪst] *n.* 〘哲学〙 ＝metempiric 1.

met·em·pir·ics [mèṭɪmpírɪks, -ṭəm-, -tem- | -tem-, -tɪm-] 〘⇨ metempiric, -ics〙 ― *n.* 超経験論, 先験哲学 (transcendental philosophy)《経験的知識と無関係ではないが, それを超越した概念・原則等の存在を主張し, それらと経験との関係を究明する立場》.

me·tem·psy·cho·sis [məṭèm(p)sɪkóusɪs, mètemsaɪ-, -ṭɪm-, -ṭəm-, -səs | mètempsɪkə́usɪs, -psaɪ-, ⌐―⌐―⌐―] 〘(*c*1590) ▭ LL ～ ▭ Gk *metempsúkhōsis*: ⇨ meta-, en-[2], psycho-, -osis〙 ― *n.* (*pl.* **-cho·ses** [-siːz]) 霊魂の再生, 輪廻(りんね) (cf. metensomatosis).

met·en·ceph·a·lon [mètenséfəlɑ̀n, -ṭɪn-, -ṭən-, -lən | -tenséfəlɔ̀n, -tɪn-, -kéf-, -lən] 〘← NL ～: ⇨ meta-, encephalon〙 ― *n.* (*pl.* **～s**, **-a·la** [-lə]) 〘解剖〙 後脳 (hindbrain). **met·en·ce·phal·ic** [mètensɪfǽlɪk, -sə- | -kef-, -kɪf-, -səf-, -sɪf-] *adj.*

met·en·so·ma·to·sis [mètensòumətóusɪs, -səs | -səumətə́usɪs] 〘▭ LL ～ ▭ LGk *metensōmátōsis* ← META-＋*ensōmátōsis*: ⇨ en-[2], somato-, -osis〙 ― *n.* (*pl.* **-to·ses** [-siːz]) 霊魂移入《一つの肉体に複数の霊魂が入り込むこと; cf. metempsychosis》.

me·te·or [míːṭiə, -ṭiɔə | -tjə(r, -tɪə(r, -tɪɔ:(r] 〘(1471) ▭ ML *meteōr-um* ▭ Gk *metéōron* raised, high in the air (neut. adj.) ← *metéōrus* ← META-＋*aeirein* to raise〙 ― *n.* **1** 〘天文〙 **a** 流星. **b** 流星体, 隕石(いんせき). **2** 〘気象〙 大気現象《旋風・あられ・虹・雨・雪・雲など》.

meteor. 《略》 meteorological; meteorology.

me·te·or- [míːṭiər | -tjər, -tɪər] (母音の前に来る時の) meteoro- の異形.

me·te·or·ic [mìːṭiɔ́(ː)rɪk, -ɑ́r- | -tɪɔ́r-] 〘(*a*1631) ▭ ML *meteōric-us*: ⇨ meteor, -ic[1]〙 ― *adj.* **1** 大気の, 気象上の. **2** 流星の: a ～ stone 流れ星, 隕石(いんせき) / ⇨ meteoric shower. **3** 流星のような, ぱっと現われてすぐ消える; 急速な (swift): The Beatles had a ～ rise to fame. ビートルズは彗星のように出現して一躍有名になった. **mè·te·ór·i·cal·ly** *adv.*

meteóric íron *n.* 〘天文・地質〙 隕鉄(いんてつ).

meteóric shówer *n.* 〘天文〙 ＝meteor shower.

meteóric swárm *n.* 〘天文〙 ＝meteor swarm.

me·te·or·ite [míːṭiəràɪt | -tjər-, -tɪər-] 〘(1812) ← METEOR＋-ITE[1]〙 ― *n.* **1** 〘地質〙 隕石(いんせき). **2** 〘天文〙 流星. **me·te·or·it·ic** [mìːṭiəríṭɪk | -tjə-, -tɪə-] *adj.* **mè·te·or·ít·i·cal** *adj.*

me·te·or·it·ics [mìːṭiəríṭɪks | -tjərít-, -tɪə-] 〘⇨↑, -ics〙 *n.* 〘天文〙 流星学.

me·te·o·ro- [míːṭiəro(u) | -tjərə(u), -tɪə-] 〘▭ MF ～ ← Gk *metéōron*: ⇨ meteor〙「流星 (meteor); 気象」の意の連結形. ★ 母音の前では通例 meteor- になる.

me·te·or·o·gram [mìːṭiɔ́(ː)rəgræ̀m, -ɑ́r- | -tɪɔ́r-] *n.* 〘気象〙 **1** 自記気象計の記録. **2** 気象要素(気温・気圧など)の時間変化図.

me·te·or·o·graph [mìːṭiɔ́(ː)rəgræ̀f, -ɑ́r- | -tɪɔ́rəgrɑ̀ːf, -græ̀f] 〘← METEORO-＋-GRAPH〙 ― *n.* 自記気象計. **me·te·or·o·graph·ic** [mìːṭiɔ̀(ː)rəgrǽfɪk, -ɑ̀r- | -tɪɔ̀r-] *adj.*

me·te·or·oid [míːṭiərɔ̀ɪd | -tjər-, -tɪər-] 〘← METEOR＋-OID〙 ― *n.* 〘天文〙 流星体, 隕(いん)星体《太陽系中の小天体で, 地球の大気圏に突入するとき発光して流星となる》. **me·te·or·oid·al** [mìːṭiərɔ́ɪdḷ | -tjər-, -tɪər-] *adj.*

meteorol. 《略》 meteorological; meteorology.

me·te·or·o·lite [mìːṭiɔ́(ː)rəlàɪt, -ɑ́r- | -tɪɔ́r-] 〘(1821) ← METEORO-＋-LITE〙 *n.* ＝meteorite.

me·te·or·o·log·ic [mìːṭiərəlɑ́dʒɪk, -ṭiɔ(ː)r-, -ṭiər- | -tjərəlɔ́dʒ-, -tɪər-, -trəlɔ́dʒ-] *adj.* ＝meteorological.

me·te·or·o·log·i·cal [mìːṭiərəlɑ́dʒɪkəl, -ṭiɔ(ː)r-, -ṭiɑr-, -dʒə- | -tjərəlɔ́dʒɪ-, -tɪər-] 〘(1570) ← METEOROLOGY＋-ICAL〙 ― *adj.* 気象の; 気象学上の: a ～ observatory 気象台 / ～ phenomena / a ～ report 天気予報, 気象通報 / a ～ station 測候所. **～·ly** *adv.*

meteorológical élement *n.* 気象要素《気象観測の対象となる気温・気圧・風向・風力など》.

meteorológical mínima *n. pl.* 〘航空〙 最低気象条件 (⇨ weather minima).

Meteorológical Óffice *n.* [the ～] 英国気象局《英国国防省内の一局で, 各気象台の報告を集め, 天気予報・暴風警報などを行なう; cf. National Weather Service》.

meteorológical tíde *n.* 気象潮《気象の変化に伴って起こる海面の昇降》.

mè·te·o·ról·o·gist [-dʒɪst, -dʒəst | -dʒɪst] *n.* 気象学者.

me·te·o·rol·o·gy [mìːṭiərɑ́lədʒi | -tjərɔ́lədʒɪ, -tɪər-] 〘(1620) ▭ Gk *meteōrología*: ⇨ meteor, -logy〙 *n.* **1** 気象学. **2** (特定の地方の)気象, 天候状態.

mèteoro·pathológic *adj.* 〘病理〙 気象病理学の.

méteor shòwer *n.* 〘天文〙 流星雨《多数の流星が一時的に見られるもの; 流星群の出現の時に著しい; meteoric shower ともいう; cf. meteor swarm》.

méteor swàrm *n.* [通例 *pl.*] 〘天文〙 流星群《meteoric swarm ともいう; cf. meteor shower》.

me·te·pa [mɪtíːpə, mə-, me-] 〘← ME(THYL)＋TEPA〙 *n.* 〘農業〙 メテパ《化学不妊剤》.

me·ter[1], 《英》 **me·tre**[1] [míːṭə | -tə(r] 〘(1797) ▭ F *mètre* ▭ Gk *métron* (↓)〙 *n.* メートル《メートル法尺度の単位; 略 m, M》.

me·ter[2], 《英》 **me·tre**[2] [míːṭə | -tə(r] 〘(*a*1338) *metir*, *metre* ▭ (O)F *mètre* ∽ OE *mēter* ▭ L *metrum* poetic meter, verse ▭ Gk *métron* measure ← IE **mē-* to mark off》 **——** *n.* **1** 〖詩学〗 **a** 格調, 韻律《音の強弱または長短によるリズムの規則的な配置; iamb, anapest, trochee, dactyl, amphibrach などの種類がある》. **b** 歩格《詩の1行の格調をその中に含まれている詩脚(foot)の数で呼ぶ呼称; monometer, dimeter, trimeter, tetrameter, pentameter, hexameter, heptameter, octameter などの種類がある; 古典詩学では複詩脚(dipody)を韻律の単位としたので monometer, dimeter, trimeter はそれぞれ二,四,六歩格となる》: ⇨ common meter. **2** 〖音楽〗 拍子.

me·ter³ [míːtə | -tə(r] 〘《1815》: ⇨ mete², -er¹〙 **——** *n.* **1** **a** (通例, 自動式の)計量器, 計度器, 計器, メーター: an electric [a water] ~ 電気[水道]メーター / turn on [turn off] the gas at the ~ メーターの栓をひねってガスを出す[止める]. **b** =parking meter. **c** 郵便料金メーター (postage meter). **2** 測る人; 計量官. **——** *vt.* **1** メーターで計る. **2** 〈液体・気体を〉計量して提供する. **3** 《米》〈郵便物を〉(郵便料金メーターで)処理する. **——** *vi.* 液体[気体]計量を行なう.

-me·ter¹ [← mətə | -mɪtə(r, -mə-; (-o- が前行する語以外ではまた) miːtə | -tə(r] 〘← NL *-metrum* ← Gk *métron* measure (⇨ meter²): cf. meter³〙 **——** 「…計, 計器」の意の名詞連結形 (cf. -metry): bar*ometer*, gas*meter*, ped*ometer*, speed*ometer*, therm*ometer*.

-me·ter², 《英》 **-me·tre** [← mətə | -mɪtə(r, -mə-] 〘▭ (O)F *-mètre* ▭ L *-metrus* ▭ Gk *-metros*: ⇨ meter²〙 **——** 〖詩学〗「…歩格(の)」の意の形容詞・名詞連結形: penta*meter*, tetra*meter*.

me·ter·age [míːtərɪdʒ | -tə-] 〘← METER³+-AGE〙 *n.* **1** 計量, メーターで計ること; メーターで計った量. **2** 計量料, メーター使用料.

méter-càndle *n.* 〖光学〗 メートル燭《1カンデラの光源で垂直に照らされる 1 m の距離の平面の照度》.

métered máil *n.* 料金計器による印字で切手の代用をさせ, 切手を貼らない郵便《万国郵便連合で 1920 年に承認; cf. indicia》.

méter-kílogram-sécond-ámpere sỳstem *n.* 〖物理〗 (長さ・質量・時間・電流の)メートル・キログラム・秒・アンペアを基本単位とする単位系 (略 MKSA).

méter-kílogram-sécond sỳstem *n.* 〖物理〗 メートル・キログラム・秒単位系, mks 単位系《長さ・質量・時間の単位としてメートル・キログラム・秒を用い, これらを基本単位として構成される単位系; 略 mks》.

méter màid *n.* (パーキングメーターのある所を巡回して違反車を取り締る)駐車違反取締婦人警官, (パーキング)メーター係婦警.

méter ràte *n.* (電気・ガスなどの)従量料金制.

méter transfòrmer *n.* 〖電気〗 計器用変成器.

met·es·trus [metéstrəs | -tíːs-] 〘← NL ~ ← META-+ESTRUS〙 *n.* 〖動物〗 (哺乳類の)発情後期《発情が止まり生殖器系が発情期の様相を失い始める期間》.

méte·wànd *n.* 計量[評価]の基準.

méte·yàrd *n.* =metewand.

meth [méθ] 〖略〗 *n.* 《口語》 メス (⇨ methamphetamine).

meth. 《略》 method; methylated.

Meth. 《略》 Methodist.

meth- [meθ] (母音の前に来る時の) metho- の異形.

meth·ac·ry·late [meθǽkrəlèɪt, -lət, -lɪt] 〘← METHACRYL(IC ACID)+-ATE¹〙 *n.* 〖化学〗 メタクリル酸塩[エステル].

methácrylate résin *n.* 〖化学〗 メタクリル樹脂《メタクリル酸エステルの重合物: 特に, メチルエステルの重合物は有機ガラスなど良質のプラスチックとして用途が広い》.

meth·a·crýl·ic ácid [mèθəkrílɪk-, -θæ-] 〘← METHO-+ACRYLIC〙 *n.* 〖化学〗 メタクリル酸 (CH_2=$C(CH_3)COOH$)《acetone cyanohydrin の硫酸による加水分解で得られる無色針状晶; 水溶性高分子, イオン交換樹脂, 有機ガラスの原料となる》.

meth·a·done [méθədòun | -dəun] 〘← (*di*)*meth*(*yl*)*a*(*mino*) (← DI-¹+METHYL+AMINO-)+D(IPHENYL)+(*heptan*)*one* (← HEPTANE+-ONE)〙 **——** *n.* (*also* **meth·a·don** [-dɑ̀n | -dɔ̀n]) 〖薬学〗 メタドン ($C_{21}H_{27}NO$)《モルヒネ(morphine)より効能が大きいという合成鎮痛剤; amidone ともいう》.

meth·am·phet·a·mine [mèθæmfétəmìːn, -θəm-, -mɪn, -mən | -təmìːn, -mɪn] 〘← METHO-+AMPHETAMINE〙 **——** *n.* 〖薬学〗 メタンフェタミン ($C_6H_5CH_2CH(CH_3)NHCH_3$)《覚醒剤・肥満抑制剤; 覚醒剤としてはしばしば meth ともいう》.

meth·a·nal [méθənæ̀l] 〘← METHANE+-AL³〙 *n.* 〖化学〗 =formaldehyde.

meth·a·na·tion [mèθənéɪʃən] 〘⇨ ↓, -ation〙 *n.* 〖化学〗 メタン化法《水性ガス (H_2+CO) からメタンを合成する方法》.

meth·ane [méθeɪn | míːθ-, méθ-] 〘← METHO-+-ANE²〙 *n.* 〖化学〗 メタン (CH_4)《最も簡単な炭化水素; 天然ガスの主成分》.

méthane sèries *n.* [the ~] 〖化学〗 メタン列 (⇨ paraffin series).

meth·a·nol [méθənɔ̀(ː)l, -nòul | -nɔ̀l] 〘← METHANE+-OL¹〙 *n.* 〖化学〗 メタノール (⇨ methyl alcohol).

meth·a·nol·y·sis [mèθənɑ́ləsɪs, -səs | -nɔ́lɪsɪs, -lə-] 〘← NL ~: ⇨ ↑, -lysis〙 **——** *n.* (*pl.* **-y·ses** [-sìːz]) 〖化学〗 メタノリシス《メチルアルコールを用いてメチルエステルをつくる反応; cf. ethanolysis》.

meth·an·the·line [meθǽnθəlìːn, -lɪn, -lən | -θɪlìːn, -lɪn] 〘← METHO-+(*x*)*anthe*(*ne*) (← XANTHO-+-ENE)+(*carboxy*)*l*(*ate*) (← CARBO-+OXY(GEN)+-YL+-ATE¹)+-INE³〙 **——** *n.* 〖薬学〗 メサンテリン, 臭化メタンセン ($C_{21}H_{26}BrNO_3$)《胃潰瘍の治療薬》.

methántheline brómide *n.* 〖薬学〗 臭化メサンテリン ($C_{21}H_{26}BrNO_3$)《迷走神経遮断剤》.

Meth·e·drine [méθədrìːn, -drɪn, -drən | -θədrìːn, -θɪ-, -drɪn] 〘← METH(AMPHETAMINE)+(EPH)EDRINE〙 *n.* 〖商標〗 メテドリン《methamphetamine の商品名》.

me·theg·lin [məθéglɪn, -lən | meθéglɪn, mɪ-, mə-] 〘《1533》 ▭ Welsh *meddyglyn* ← *meddyg* physician (▭ L *medicus* doctor: ⇨ medical)+*llyn* juice〙 **——** *n.* メセグリン《ウェールズ原産の発酵蜂蜜酒 (mead)》.

met·he·mo·glo·bin [methíːməglòubɪn | methìː-mə(u)glə́ubɪn] 〘← META-+HEMOGLOBIN〙 **——** *n.* 〖生化学〗 メトヘモグロビン《赤血球の酸化でできる結晶性化合物; ferrihemoglobin, hemiglobin ともいう》.

me·the·na·mine [mɪθíːnəmìːn, mə-, -θén-, -mɪn, -mən | meθíːnəmìːn, -θén-, -mɪn] 〘← METH(YL)+-ENE+AMINE〙 **——** *n.* 〖化学〗 メテナミン (⇨ hexamethylenetetramine).

meth·e·nyl [méθənɪl | -θɪ-] 〘← METHO-+-ENE+-YL〙 *n.* 〖化学〗 =methylidyne.

meth·i·cil·lin [mèθəsílɪn, -lən | -θɪsílɪn] 〘← METHO-+(PEN)ICILLIN〙 *n.* 〖薬学〗 メチシリン《抗ペニシリンぶどう状球菌に効果のある合成ペニシリン》.

me·thinks [mɪθíŋks, mə- | mɪ-] 〘ME *methinketh* < OE *mē þync(e)þ* it seems to me (← *þyncan* to seem: cog. G *dünken*: ⇨ think): cf. meseems〙 **——** *vi.* (三単現 ~; 過去形 **me·thought** [-θɔ́ːt]) 《古》 …と(私には)思われる, 思うに…である.

me·thi·o·nine [mɪθáɪənìːn, mə-, -nɪn, -nən | meθáɪənìːn, -nɪn] 〘← ME(THYL)+THIO-+-INE³〙 **——** *n.* 〖生化学〗 メチオニン ($C_5H_{11}NO_2S$)《一種の含硫のアミノ酸; オバルブミンやカゼインなどに多く含まれる》.

meth·o- [méθo(u), -θə | -θə(u)] 〘← METH(YL)+-O-〙 〖化学〗「メチル (methyl)」の意の連結形. ★ 母音の前では通例 meth- になる.

meth·od [méθəd] 〘《1541》 ▭ F *méthode* ‖ L *methodus* mode of procedure, method ▭ Gk *méthodos* following after, pursuit (of knowledge), method ← *metá* (⇨ meta-)+*hodós* way (← IE **sed-* to go (L *cedere*))〙 **——** *n.* **1** (学問研究または教授法などの論理[組織]立った)方法, 方式, やり方 (cf. approach 4): by a new ~ 新しい方法で / after the English ~ 英国流に / without ~ でたらめに / the inductive ~ ⇨ inductive 2 / a time-worn ~ 古臭い方法 / ⇨ deductive method, direct method, oral method / ~s of teaching [instruction] 教授法. **2** (思想・話の内容などの)整然とした[組織立った]順序, (理路)整然; (仕事・方法などの)秩序, 規律正しさ: a man of ~ 几帳面な人 / work with ~ 順序立てて仕事をする / There's ~ in his madness. 彼は気違いの割に筋道が立っている; 見かけほどに気が狂っていない[無謀ではない] (cf. Shak., *Hamlet* 2. 2. 208). **3** 〖生物〗 分類法. **4** [the M-] 〖演劇〗 スタニスラフスキー方式《俳優の思想・感情および動作が完全に配役の人物になり切ることを理想とする方式; Stanislavski Method [System] ともいう》.

method of agreement [the —] 〖論理〗 一致法, 類同法《J. S. Mill の帰納法の用語》.

method of compensation [the —] 〖数学〗 補整法.

method of difference [the —] 〖論理〗 差異法, 差法《J. S. Mill の帰納法の用語》.

method of exclusion [the —] 〖論理〗 排他[排除]法.

method of least squares [the —] 〖統計〗 =least squares.

method of residues [the —] 〖数学〗 剰余法.

method of successive elimination [the —] 〖数学〗 逐次消去法.

method of undetermined multiplier [the —] 〖数学〗 未定乗数法.

Method. 《略》 Methodist.

me·thod·ic [mɪθɑ́dɪk, mə-, me- | -θɔ́d-] 〘《1541》 ▭ L *methodic-us*: ⇨ method, -ic¹〙 *adj.* =methodical.

me·thód·i·cal [mɪθɑ́dɪkəl, mə-, me-, -də- | -θɔ́dɪ-] 〘《1570》: ⇨ ↑, -al¹〙 **——** *adj.* **1** 順序のある, 秩序立った, 組織的な (systematic): a ~ discourse. **2** 〈人・行動が〉きちんとした, 規律正しい, 几帳面な (regular, orderly): a ~ man. **~·ly** *adv.* **~·ness** *n.*

meth·od·ism [méθədɪzm] 〘《1739》 ← METHOD+-ISM〙 **——** *n.* **1** **a** 規律正しいやり方. **b** 形式[方法]の偏重. **2** [M-] 〖キリスト教〗 メソジスト派, メソジスト主義, メソジスト教会 (Methodist Church), メソジスト派の教義[信仰, 礼拝, 組織]《1729 年, 英国 Oxford で Wesley 兄弟たちによって始められた信仰覚醒運動で, 1795 年に一教派として正式に国教会から分かれる; 彼らが方法的に信仰生活を努力したことからこの名称が生れた》.

méth·od·ist [-dɪst, -dəst | -dɪst] 〘《1593》 ← METHOD+-IST: 「宗教上 'new method' を奉ずる人」の意〙 **——** *n.* **1** **a** 方法[形式]を重んじる人, 方法論者. **b** 《軽蔑》 宗教的に堅苦しい人. **c** 〖生物〗 系統的分類家. **2** [M-] 〖キリスト教〗 メソジスト教徒, メソジスト派の人. **——** *adj.* [M-] メソジスト派の, メソジスト教徒の.

Méthodist Chúrch *n.* [the ~] メソジスト教会《John Wesley にその起源を発するプロテスタント教会の一派; cf. Methodism》.

meth·o·dis·tic [mèθədístɪk] *adj.* **1** [M-] メソジスト派の, メソジスト教徒の. **2** 規律[形式]を重んじる, 厳格な. **mèth·o·dís·ti·cal·ly** *adv.*

mèth·o·dís·ti·cal [-tɪkəl, -tə- | -tɪ-] *adj.* =methodistic.

meth·od·ize [méθədàɪz] *vt.* **1** 方式化する. **2** 方式[方法]に従って整理する, 組織[秩序, 順序]立てる. **3** [しばしば M-] メソジスト教徒にする. **——** *vi.* [しばしば M-] メソジスト教徒らしい言動をする; メソジスト教(派)に傾く. **méth·od·ìz·er** *n.*

meth·od·o·log·i·cal [mèθədəlɑ́dʒɪkəl, -dʒə-, -dl- | -lɔ́dʒɪ-] *adj.* 方法論的な. **mèth·od·o·lóg·i·cal·ly** *adv.*

mèth·od·ól·o·gist [-dʒɪst, -dʒəst | -dʒɪst] *n.* 方法論者.

meth·od·ol·o·gy [mèθədɑ́lədʒi | -dɔ́lədʒi] 〘← NL *methodologia* // ▭ F *méthodologie*: ⇨ method, -logy〙 **——** *n.* **1** **a** (特定の学術などで, 研究や作業の一連のまたは特定の)方法, 手順. **b** (一般に)方法, 手順. **2** 〖論理〗 方法論《哲学・科学・技術などで駆使される基本概念・原理・規則などの一群の方法およびこれらの方法の妥当性の研究》. **3** 〖教育〗 方法論《教材と教授法の研究》. **4** 〖生物〗 系統的分類法.

meth·o·trex·ate [mèθətrékseɪt, -sət, -sɪt] 〘← METHO-+*trex-* (← ? (P)TER(OYLGLULAMI)C (A)C(ID))+-ATE¹〙 **——** *n.* 〖薬学〗 メトトレキセート ($C_{20}H_{22}N_8O_5$)《葉酸 (folic acid) の代謝拮抗薬で, 制癌(剤)剤, 白血病治療薬》.

methought 〘OE *mē þūhte*〙 *v.* methinks の過去形.

meth·ox·ide [meθɑ́ksaɪd | -θɔ́k-] 〘← METHO-+OXIDE〙 **——** *n.* 〖化学〗 メトキシド《メチルアルコールの水酸基の水素を金属原子で置換した化合物; methylate ともいう》.

me·thox·y [meθɑ́ksi | -θɔ́ksi] 〘← METHO-+OXY-¹〙 *adj.* 〖化学〗 メトキシ基 (methoxy group) を含む.

me·thox·y·chlor [meθɑ́ksɪklɔ̀ə, -klɔ̀ə | -θɔ́ksɪklɔ̀ː(r] 〘← METHO-+OXY-¹+CHLORO-〙 **——** *n.* 〖化学〗 メトキシクロル ($(CH_3OC_6H_4)_2CHCCl_3$)《DDT より一層有効な家畜害虫用殺虫剤; methoxy DDT ともいう》.

methóxy DDT *n.* 〖化学〗 メトキシ DDT (⇨ methoxychlor).

me·thox·y·flu·rane [meθɑ̀ksɪflúː(ə)reɪn | -θɔ̀ksɪflúər-] 〘← METHO-+OXY-¹+FLU(O)R+(ETH)ANE〙 **——** *n.* メトキシフルレーン ($C_3H_4Cl_2F_2O$)《クロロフォルムに似た気体状の麻酔剤》.

methóxy gròup *n.* 〖化学〗 メトキシ基 (CH_3O-).

meths [méθs] 〖略〗 *n.pl.* 《英口語》 =methylated spirits.

Me·thu·se·lah [mɪθ(j)úːz(ə)lə, mə-, -s(ə)lə | -θjúː-, -θúː-] 〘▭ Heb. *M^e thūšélah* (原義) ? man of the dart〙 **——** *n.* **1** 〖聖書〗 メトセラ《ノア時代以前のユダヤの族長で 969 年間生きたといわれる典型的長命者; cf. *Gen.* 5: 27》: (as) long [old] as ~ 長命な. **2** (メトセラのような)長命者. **3** (ワイン・シャンペン用の)ミシューゼラーびん(6½ quarts (9 リットル余り)入り; 普通のびんの 8 本分).

meth·yl [méθɪl, -θəl | méθɪl; (英国の化学者の間では) míːθaɪl] 〘《1844》 ▭ G *Methyl* // F *méthyle* 《逆成》 ← *méthylène* 'METHYLENE'〙 *n.* 〖化学〗 メチル (CH_3).

méthyl ácetate *n.* 〖化学〗 酢酸メチル (CH_3COOCH_3)《溶剤に用いられる》.

meth·yl·al [méθəlæ̀l, ← ← | -θɪ-] 〘← METHYL+AL(COHOL)〙 **——** *n.* 〖化学〗 メチラル ($CH_3OCH_2OCH_3$)《無色の液体, 溶剤に用いられる; dimethoxymethane, formal ともいう》.

méthyl álcohol *n.* 〖化学〗 メチルアルコール, 木精 (CH_3OH)《methanol, wood alcohol ともいう》.

meth·yl·a·mine [mèθɪləmíːn, -θə-, -lǽmɪn, -mən, məθíləmìːn, me- | mèθɪləmíːn, -θə-, -lǽmɪn, meθíləmìːn] 〘← METHYL+AMINE〙 **——** *n.* 〖化学〗 メチルアミン (CH_3NH_2)《強いアンモニア臭のある可燃性ガス; monomethylamine ともいう》.

meth·yl·ase [méθəlèɪs, -lèɪz | -θɪ-, -θə-] 〘← METHYL+-ASE〙 *n.* 〖化学〗 メチラーゼ《メチル化促進酵素》.

meth·yl·ate 〘《1835》 ← METHYL+-ATE¹·³〙 〖化学〗 **——** [méθəlèɪt, -lət, -lɪt | -θɪ-, -θə-] *n.* メチラート (⇨ methoxide). **——** [-lèɪt] *vt.* **1** (飲用にするのを防ぐため)…にメチルアルコールを混ぜる. **2** メチル化する. **méth·yl·à·tor** [-tə | -tə(r] *n.*

méth·yl·àt·ed spírit [-tɪd-, -təd- | -tɪd-, -təd-] *n.* 〖化学〗 変性アルコール《エチルアルコールに 10% のメチルアルコールを混ぜたもの》.

méthylated spírits *n.pl.* 〖化学〗 =methylated spirit.

meth·yl·a·tion [mèθəléɪʃən | -θɪ-] *n.* 〖化学〗 メチル化.

méthyl átropine *n.* 〖化学〗 メチルアトロピン《神経衝動の伝達を抑制する化合物; 鎮静剤》.

mèthyl·bénzene 〘← METHYL+BENZENE〙 *n.* 〖化学〗 メチルベンゼン (⇨ toluene).

méthyl blúe *n.* メチル青《濃青色のトリフェニルメタン系酸性染料; 筆記用インキや生体染色に用いる》.

méthyl brómide *n.* 〖化学〗 臭化メチル (CH_3Br)《無色有毒の引火しやすい気体; 溶媒・冷媒・燻蒸(くんじょう)剤などに用いる》.

mèthyl·cátechol *n.* 〖化学〗 メチルカテコール (⇨ guaiacol).

méthyl céllulose *n.* メチルセルロース, メチル繊維素《繊維素をメチル化してできる中性無色ゴム状の物質》.

méthyl chlóride *n.* 〖化学〗 塩化メチル (CH_3Cl)《芳香のある無色有毒の気体; 冷媒・局部麻酔剤などに用いる; chloromethane ともいう》.

méthyl chlorofórmate *n.* 〖化学〗 クロロ蟻酸メ

チル ($ClCO_2CH_3$)《無色の液体, 沸点 72°, 窒息催涙性毒ガス》.

mèthyl·cholánthrene 〘← METHYL＋CHOL(IC)＋ANTHR(AC)ENE〙 ── *n.* 〖化学〗メチルコラントレン ($C_{21}H_{16}$)《胆汁酸から黄色の結晶として得られ, または合成される強力な発癌(がん)性物質》.

méthyl cýanide *n.* 〖化学〗シアン化メチル (⇨ acetonitrile).

mèthyl·cyclohéxanol 〘← METHYL＋CYCLOHEXANE＋-OL[1]〙 ── *n.* 〖化学〗メチルシクロヘキサノール ($CH_3C_6H_{10}OH$)《6 種の異性体があり, 溶剤に用いられる》.

meth·yl·do·pa [mèθɪldóupə, -θəl- | -θɪldə́u-] 〘← METHYL＋DOPA〙 *n.* 〖薬学〗メチルドーパ ($C_{10}H_{13}NO_4$)《血圧降下剤》.

meth·yl·ene [méθəlìːn, -lɪn, -lən | -θɪlìːn, -lɪn] 〘《1835》□ F *méthylène* ← Gk *méthu* wine＋*hū́lē* wood: cf. methyl, -ene〙 *n.* 〖化学〗メチレン (CH_2).

méthylene blúe *n.* 〖化学〗メチレンブルー ($C_{16}H_{18}ClN_3S·3H_2O$)《青色塩基性染料の一つ; methylthionine chloride ともいう》.

méthylene blúe redúction tèst *n.* 〖化学〗メチレンブルー還元試験 (⇨ reductase test).

méthylene chlóride [dichlóride] *n.* 〖化学〗塩化メチレン (CH_2Cl_2)《無色の液体, 溶剤・染み抜き・冷媒などに用いる; dichloromethane ともいう》.

méthylene gròup *n.* 〖化学〗メチレン基 (CH_2=).

méthyl éthyl kétone *n.* 〖化学〗メチルエチルケトン ($CH_3COCH_2CH_3$)《溶媒・塗料落し・プラスチック製造に用いる》.

méthyl fórmate *n.* 〖化学〗蟻酸メチル ($HCOOCH_3$)《無色可燃性の液体》.

mèthyl·glyóxal *n.* 〖化学〗メチルグリオキサル (CH_3COCHO)《黄色の液体; pyruvic aldehyde, pyruvaldehyde ともいう》.

méthyl gròup *n.* 〖化学〗メチル基 (CH_3-).

meth·yl·hep·te·none [mèθɪlhéptənòun, -θəl- | -θɪhéptɪnə̀un] 〘← METHYL＋HEPTENE＋-ONE〙 ── *n.* 〖化学〗メチルヘプテノン ($(CH_3)_2C=CH(CH_2)_2COCH_3$)《無色の液体, 香料に用いる》.

me·thyl·ic [meθílɪk] 〘← METHYL＋-IC[1]〙 *adj.* 〖化学〗メチルの, メチルからとった.

me·thyl·i·dyne [meθílədàɪn | -lɪ-] 〘← METHO-＋-YLIDYNE〙 *n.* 〖化学〗メチリジン《メチン基 CH≡ が 1 個の炭素原子と結合して三重結合をつくる基; methenyl ともいう》.

methýlidyne gròup [ràdical] *n.* 〖化学〗メチリジン基 (≡CH).

méthyl íodide *n.* 〖化学〗ヨー化メチル (CH_3I)《第三アミンと作用してメチオジドを生成; メチル化試薬用》.

méthyl isobútyl kétone *n.* 〖化学〗メチルイソブチルケトン (⇨ hexone).

méthyl láctate *n.* 〖化学〗乳酸メチル《酢酸セルロースの溶剤として用いられる無色の液体》.

mèthyl·mércury 〘⇨ methyl, mercury〙 *n.* 〖薬学〗メチル水銀《水俣病 (Minamata disease) の原因となった有毒水銀化合物; 殺虫剤》.

méthyl methácrylate *n.* 〖化学〗**1** メタクリル酸メチル ($CH_2=C(CH_3)COOCH_3$)《polymethyl methacrylate の単量体》. **2** ＝polymethyl methacrylate.

méthyl methácrylate résin *n.* 〖化学〗＝methyl methacrylate 2.

mèthyl·náphthalene 〘⇨ methyl, naphthalene〙 *n.* 〖化学〗メチルナフタリン ($C_{11}H_{10}$)《異性体がある》.

meth·yl·ol [méθəlɔ̀(ː)l, -lòul | -θɪlɔ̀l] 〘← METHYL＋-OL[1]〙 *n.* 〖化学〗メチロール ($-CH_2OH$)《有機化学における一価の基》.

méthyl óleate *n.* 〖化学〗オレイン酸メチル ($CH_3(CH_2)_7CH=CH(CH_2)_7CO_2CH_3$)《界面活性剤に使用》.

mèthylol·úrea 〘⇨ ↑, urea〙 ── *n.* 〖化学〗メチロールユレア, メチロール尿素 ($H_2NCONHCH_2OH$)《木材強化に用いる熱可塑性合成樹脂; monomethylolurea ともいう》.

méthyl órange *n.* 〖化学〗メチルオレンジ ($(CH_3)_2NC_6H_4N=NC_6H_4SO_3Na$)《代表的アゾ色素の一つ; 酸塩基指示薬に用いる; tropeolin D ともいう》.

meth·yl·par·a·ben [mèθɪlpǽrəbèn, -θəl- | -θɪl-] 〘← METHYL＋PARA-[1]＋BEN(ZOIC ACID)〙 ── *n.* 〖化学〗メチルパラベン ($HOC_6H_4COOCH_3$)《p-ヒドロキシ安息香酸 (hydroxybenzoic acid) メチルの米国薬局方名; 主に食品・調合薬の防腐剤に用いる》.

mèthyl·parathíon *n.* 〖薬学〗メチルパラチオン ($C_8H_{10}NO_5PS$)《有機リン系強力殺虫剤》.

meth·yl·phen·i·date [mèθɪlfénədèɪt, -θəl-, -fíːn- | -θɪlfénɪ-, -fíːn-] 〘← METHYL＋PHENYL＋(PIPER)ID(INE)＋-ATE[1]〙 ── *n.* 〖薬学〗メチルフェニデート ($C_{14}H_{19}NO_2$)《癲癇(てんかん)・小児精神障害などの治療に用いられる軽い興奮剤》.

méthyl phénol *n.* 〖化学〗メチルフェノール (⇨ cresol).

méthyl·phènyl·cárbinyl ácetate 〘← METHYL＋PHENYL＋CARBO-＋-IN[1]＋-YL〙 ── *n.* 〖化学〗メチルフェニルカービニルアセテート ($CH_3C_6H_5CHO(OCH_3)$)《ユリに似た香りのする香料; phenylmethylcarbinyl acetate ともいう》.

méthyl phényl éther *n.* 〖化学〗メチルフェニルエーテル (⇨ anisole).

mèthyl·pýridine *n.* 〖化学〗メチルピリジン (⇨ picoline).

méthyl·prednísolone *n.* 〖生化学〗メチルプレドニゾロン《抗炎症剤として用いられる副腎皮質ホルモン様物質》.

méthyl própyl kétone *n.* 〖化学〗メチルプロピルケトン (⇨ pentanone).

méthyl réd *n.* 〖化学〗メチルレッド ($(CH_3)_2NC_6H_4N=NC_6H_4COOH$)《指示薬に用いる》.

méthyl rúbber *n.* 〖化学〗メチルゴム《第一次大戦当時ドイツで造られたジメチルブタジエンの重合による合成ゴム》.

méthyl salícylate *n.* 〖化学〗サリチル酸メチル ($HOC_6H_4COOCH_3$)《主としてチューインガム・歯磨き用・香料・消炎剤に用いる冬緑油の生成分》.

méthyl stýryl kétone *n.* 〖化学〗メチルスチリルケトン (⇨ benzylidene acetone).

méthyl súlfate *n.* 〖化学〗硫酸メチル ($(CH_3)_2SO_4$)《有毒の液体, メチル化剤; dimethyl sulfate ともいう》.

mèthyl·theobrómine *n.* 〖化学〗メチルテオブロミン (⇨ caffeine).

mèthyl·thíonine chlóride 〘⇨ methyl, thionine〙 *n.* 〖化学〗メチルチオニン塩化物 (⇨ methylene blue).

mèthyl·trinitrobénzene *n.* 〖化学〗メチルトリニトロベンゼン (⇨ trinitrotoluene).

méthyl víolet *n.* 〖化学〗メチルバイオレット ($C_{24}H_{28}ClN_3$)《紫色塩基性染料; 指示薬に用いる》.

méthyl yéllow *n.* 〖染色〗メチルエロー (⇨ oil yellow 2).

meth·y·pry·lon [mèθɪpráɪlɑn, -θə- | -θɪpráɪlɔn] 〘← METHY(L)＋P(IPE)R(IDINE＋DIETH)YL＋-ON[1]〙 *n.* 〖薬学〗メチプリロン ($C_{10}H_{17}NO_2$)《鎮静剤・催眠剤用》.

meth·y·ser·gide [mèθɪsə́ːdʒaɪd, -θə- | -θɪsə́ː-] 〘← METHY(L)＋S(EROTONIN)＋ERG(OT)＋-IDE[2]〙 ── *n.* 〖薬学〗メチセルギド ($C_{21}H_{27}N_3O_2$)《セロトニン拮抗薬で偏頭痛治療薬として用いられる》.

met·ic [méṭɪk | -tɪk] 〘□ LL *metyc-us* □ Gk *métoikos* emigrant ← META-＋*oikos* house〙 *n.* (税金を納めて定住を許可された)古代ギリシャ都市の在留外人.

me·tic·u·los·i·ty [mɪtìkjʊlɑ́səṭi, mə- | mɪtìkjʊlɔ́sɪti, me-, mə-, -sɪ-] *n.* 小心翼々; こせつき, 細心.

me·tic·u·lous [mɪtíkjʊləs, mə- | mɪ-, me-, mə-] 〘《1535》□ F *méticuleux* // L *meticulōs-us* full of fear ← *metus* fear: ⇨ -cule, -ous〙 ── *adj.* **1 a** 細かいことにこせこせする, 小心翼々とした. **b** 細心な, 凝り性の: with ～ care 細心の注意を払って. **2** 《廃》臆病な (timid). **～·ly** *adv.* **～·ness** *n.*

mé·tier [métjeɪ, meɪt-, ―́― | méɪtieɪ, mét-, -tjeɪ; *F.* metje] 〘《1792》□ F ～ 'trade, business' < OF *mestier* < L *ministerium* ministry: MINISTRY と二重語〙 ── *n.* **1** 商売, 職業, 仕事 (trade, occupation). **2** 専門(分野), 得手: Speech is not my ～. スピーチは私の得意ではない. **3** 〖芸術〗メチエ《作家・画家・彫刻家などの職業的な技術・技巧》.

mé·tif [meɪtíːf; *F.* metif] 〘□ F ～ 《変形》← *métis* (↓)〙 *n.* (*pl.* **～s** [～(s); *F.* ～]) ＝métis.

mé·tis [meɪtíː(s); *F.* metis] 〘□ F ～ < LL *mixtīcius* of mixed race ← L *mixtus* mixed 'MIXED': cf. mestizo〙 ── *n.* (*pl.* ～ [-tíː(s), -tíːz; *F.* ～]) **1** 混血児 (half-breed); (特に)フランス人とアメリカインディアンとの混血児. **2** (馬などの)雑種の動物.

Me·tis [míːṭɪs, -ṭəs | -tɪs] 〘□ Gk *Mē̂tis* 《原義》wisdom, skill ← IE* *mē-*: ⇨ meter[2]〙 ── *n.* 〖ギリシャ神話〗メティス《Titan 族の女性で, Oceanus とその妻 Tethys との娘; Zeus によって娘 Athena をもうけた》.

mé·tisse [meɪtíːs] 〘□ F ～ (fem.) ← MÉTIS〙 *n.* (*pl.* **mé·tiss·es** [～ɪz, ～əz; *F.* ～]) 混血女性; (特に)フランス人とアメリカインディアンとの混血女性.

M.E.T.O. 《略》Middle East Treaty Organization 中東機構《現在は CENTO》.

Me·tol [míːtɔ(ː)l, -toul | -tɔl] 〘← *Met(hyl-aminocres)ol(-sulphate)*〙 *n.* 〖商標〗メトール ($C_7H_9NO·{}^1/_2H_2SO_4$)《写真現像主薬の商品名; cf. MQ》.

Me·tón·ic cýcle [metɑ́nɪk- | -tɔ́n-] 〘← *Meton* (紀元前 5 世紀の Athens の天文学者): ⇨ -ic[1]〙 ── *n.* [the ～] メトン周期《新月[満月]が再び同じ日に現われる(太陽年) 19 年の周期; ギリシャ暦の基礎となったもの; 復活祭 (Easter) の算出に用いられる golden number はこれに基づく; lunar cycle ともいう》.

met·o·nym [méṭənɪ̀m | -tə-] 〘《逆成》← METONYMY: cf. paronym〙 *n.* 〖修辞〗換喩(かんゆ)語, 転喩語.

met·o·nym·ic [mèṭəníṃɪk | -tə-] 〘⇨ ↑, -ic[1]〙 *adj.* 〖修辞〗換喩(かんゆ)の, 換喩的な. **mèt·o·ným·i·cal·ly** *adv.*

mèt·o·ným·i·cal [-mɪkəl, -mə- | -mɪ-] *adj.* 〖修辞〗＝metonymic.

me·ton·y·my [mɪtɑ́nəmi, mə- | mɪtɔ́nɪmi, me-, mə-, -nə-] 〘《1562》□ L *metōnymia* □ Gk *metōnumía* change of name ← META-＋*ónoma* 'NAME'〙 ── *n.* 〖修辞〗換喩(かんゆ), 転喩《あるものを表わすのにその属性またはそれと密接な関係のあるもので表現する技巧; 原因で結果を, 容器で内容を表わすなど; 例: the crown＝king / the bottle＝drink[2], wine / fur and feather＝beasts and birds; cf. synecdoche》.

mé-tóo 〘←《俗》*me too*〙 ── *adj.* (対立者の政策などへの)模倣主義の: a ～ procedure 模倣主義的なやり方. ── *vt.* 〈政策上の対立者・競争相手などを〉まねる, 模倣する (imitate).

mé-tóo·er [-túːə | -túːə(r)] *n.* 模倣主義者; 大勢順応主義者.

mé-tóo·ism [-túːɪzm] *n.* 模倣主義; 大勢順応主義.

mé-tóo·ist [-túːɪst, -əst | -ɪst] *n.* 模倣主義者. ── *adj.* 模倣主義(者)の.

met·o·pe [méṭəpìː, -pi, métoup | -təup] 〘《1563》□ L *metopa* □ Gk *metópē* ← META-＋*opḗ* hole (cf. *ṓps* eye)〙 ── *n.* 〖建築〗メトープ, 小間壁《ドリス式建築で 2 個のトリグリフ (triglyph) の間にはさまれた四角な壁面; ⇨ entablature 挿絵》.

Met·o·pe [méṭəpì: | -tə-] 〘□ Gk *Metṓpē*〙 *n.* 〖ギリシャ神話〗メトーペー《川の神 Asopus の妻として Aegina, Salamis など多くの女神らを生んだという》.

me·top·ic [metɑ́pɪk | -tɔ́p-] 〘□ Gk *metōpik-ós* ← *métōpon* forehead (← META-＋*ṓps* eye): ⇨ -ic[1]〙 *adj.* 〖解剖〗前頭の, 前額の (frontal).

me·to·pi·on [mətóupiən | mɪtə́upɪən, me-, -pjən] 〘← NL ～ (↑)〙 *n.* 〖解剖・人類学〗メトピオン(点), 前額点.

met·o·pon [méṭəpɑ̀n | -təpɔ̀n] 〘← MET(HYL＋DIHYDR)O-＋(MOR)P(HINE)＋-ON[1]〙 *n.* 〖薬学〗メトポン塩酸塩《モルフィン誘導体で鎮痛剤に用いる》.

metr- [metr] (母音の前に来る時の) metro-[2] の異形.

me·tral·gi·a [mətrǽldʒiə, -dʒə | metrǽldʒɪə, -dʒə] 〘← NL ～ ← METRO-[2]＋Gk *álgos* pain: ⇨ -ia[1]〙 *n.* 〖病理〗子宮痛.

Met·ra·zol [métrəzɔ̀(ː)l, -zòul | -zɔ̀l] 〘← G (*Penta*)*met*(*hylenetet*)*razol*〙 *n.* 〖商標〗メトラゾール《pentylenetetrazol の商品名》.

metre[1] *n.* ＝meter[1].

metre[2] *n.* ＝meter[2].

met·ric[1] [métrɪk] 〘《1864》□ F *métrique*: ⇨ meter[1], -ic[1]〙 ── *adj.* **1** メートルの; メートル法の. **2** 〈国・人が〉メートル(法)を採用している[に慣れている]: go ～《口語》メートル法を採用する; 〈物品が〉メートル法で扱われる. ── *n.* **1 a** 測定の基準. **b** メートル法: in ～. **2** 〖数学〗距離(関数), 計量《ユークリッド空間の距離の概念を一般化したもの》.

met·ric[2] [métrɪk] *adj.* ＝metrical. ── *n.* [*pl.*] ⇨ metrics.

-met·ric[1] [métrɪk] 〘□ F *-métrique* ← *métrique*: ⇨ metric[1]〙 -meter[1], -metry で終る名詞に対応する形容詞連結形: baro*metric*, geo*metric*, thermo*metric*.

-met·ric[2] [métrɪk] 〘← -METER[2]＋-IC[1]〙 ──「…歩格の」の意の形容詞連結形: hexa*metric*, tri*metric*. ★ 通例 -meter を形容詞として用い, -metric, -metrical はあまり用いない.

met·ri·cal [métrɪkəl, -trə- | -trɪ-] 〘《1432–50》□ L *metricus* □ Gk *metrikós* metrical ← *métron* measure: ⇨ meter[2], -ical〙 ── *adj.* **1** 韻律[詩格]の; 韻文の: a ～ unit 韻律の単位 / a ～ romance 韻文のロマンス. **2** 測度の, 測量の, 測度用の: ～ geometry 測量幾何法. **3** 〖数学〗計量的な. **～·ly** *adv.*

-met·ri·cal [métrɪkəl, -trə- | -trɪ-] ＝-metric[2].

met·ri·cate [métrɪkèɪt, -trə- | -trɪ-] *vi.* メートル法を採用する. ── *vt.* ＝metricize. **met·ri·ca·tion** [mètrɪkéɪʃən, -trə- | -trɪ-] *n.*

métric céntner *n.* (ドイツの重量単位で) 100 kg.

métric hórsepower *n.* 〖力学〗(mks 単位系で定義された)馬力《仕事率の単位で 75 kgw-m/s に等しい》.

métric húndredweight *n.* 50 kg または 110.23 ポンドに相当する重量単位.

me·tri·cian [metríʃən, mɪ-, mə-] 〘□ F *métricien*: ⇨ meter[2], -ian〙 *n.* ＝metrist.

mét·ri·cist [-trəsɪst, -səst | -trɪsɪst] *n.* ＝metrist.

met·ri·cize [métrəsàɪz | -trɪ-] *vt.* メートル法に変える, メートル法で表わす. 〔prosody〕.

met·rics [métrɪks] 〘← METER[2]＋-ICS〙 *n.* 韻律学 (prosody).

métric spàce *n.* 〖数学〗距離空間《距離 (metric) が定義されている空間》.

métric sỳstem *n.* [the ～] メートル法《meter, gram, liter などを基準とし, それに次の接頭辞をつけて上下の位を表わす: kilo (1,000), hecto (100), deka (10), deci (0.1), centi (0.01), milli (0.001) など》.

métric tón *n.* メートルトン, 仏トン (⇨ ton[1] 1).

métric topólogy *n.* 〖数学〗距離位相《距離関数によって定められる位相 (topology)》.

me·trid·i·um [mətrídiəm | metrídɪ-] 〘← NL ～ ← Gk *mētrídios* having a womb ← *mḗtra* womb〙 ── *n.* 〖動物〗ヒダベリイソギンチャク《六放サンゴ亜綱の, ヒダベリイソギンチャク科とヒダベリイソギンチャク属 (*Metridium*) の動物の総称; *M. senile* など》.

mét·ri·fì·er *n.* 韻文作者, 作詩家.

met·ri·fy [métrəfàɪ | -trɪ-] 〘□ (M)F *métrifi-er* □ ML *metrificāre* ← L *metrum* 'METER[2]'＋*-ificāre* '-IFY'〙 *vt.* 韻文につづる[訳す]; 作詩する, …に韻律を施す.

met·ri·fi·ca·tion [mètrəfɪkéɪʃən, -fə- | -trɪfɪ-] *n.*

met·rist [métrɪst, míː-, -rəst | métrɪst] 〘《1535》□ ML *metrista* ← L *metrum*: ⇨ meter[2], -ist〙 *n.* 作詩家; 韻律学者.

me·tri·tis [mətráɪṭɪs, -ṭəs | metráɪtɪs] 〘← NL ～ ← Gk *mḗtra* uterus＋-ITIS: ⇨ metro-[2]〙 *n.* 〖病理〗子宮(筋層)炎.

met·rize [mɪtráɪz, mə-, métraɪz | metráɪz, ―́―] *vt.* 〖数学〗距離づけする[化する]《与えられた位相が距離位相 (metric topology) になるような距離を見出す》.

met·ro[1], **M-** [métrou, meɪtróu | métrəu, méɪ-; *F.* metro] 〘□ F *métro* 《略》← (*chemin de fer*) *métropolitain* metropolitan (railway)〙 ── *n.* (*pl.* **～s**) (*also* **mét·ro** [～]) 《口語》(パリなどの)地下鉄.

met·ro[2] [métrou | -rəu] 〘《略》← METROPOLITAN〙 *n.* **1** 都市. **2** (各地方の)都市政庁(当局), 市庁《市・町・村・郊外を管轄する》. ── *attrib. adj.* 都市の; 首都圏の.

met·ro-[1] [métro(u) | -rə(u)] 〘← Gk *métron* measure〙「度量衡 (measure)」の意の連結形: *metrology*.

met·ro-[2] [míːtro(u), mét- | -rə(u)] 〘← Gk *mḗtra* uterus

← *mḗtēr* mother〗 ━ 〖解剖〗「子宮 (uterus); 髄, 核心 (pith)」の意の連結形: *metro*rrhagia. ★ 母音の前では通例 metr- になる. 「鉄道の)高速列車.
Métro·lìner 〖← METRO²+LINER¹〗 *n.* 《米》(Amtrak
met·ro·log·i·cal [mètrəlάdʒɪkəl, -dʒə- | -lɔ́dʒɪ-] *adj.* 度量衡学の. **~·ly** *adv.*
me·tról·o·gist [-dʒɪst, -dʒəst | -dʒɪst] *n.* 度量衡学者.
me·trol·o·gy [mətrάlədʒi | mɪtrɔ́lədʒɪ, me-, mə-] 〖← METRO-¹+-LOGY〗 *n.* 度量衡学, 度量衡.
met·ro·ma·ni·a [mètro(ʊ)méɪniə | -rə(ʊ)méɪnjə, -niə] 〖← NL ～ ← Gk *métron* 'METER²'+MANIA〗 *n.* 作詩狂.
met·ro·ma·ni·ac [mètro(ʊ)méɪniæ̀k | -rə(ʊ)méɪni-æ̀k] *n., adj.* 作詩狂の(人). **mèt·ro·ma·ní·a·cal** [-mənάɪəkəl] *adj.*
met·ro·ni·da·zole [mètrənάɪdəzòʊl | -zə̀ʊl] 〖← ME(THYL)+-*tron*- (← ? NITRO)+(IM)IDE+AZOLE〗 *n.* 〖薬学〗メトロニダゾール ($C_6H_9N_3O_3$)《膣炎治療薬》.
met·ro·nome [métrənòʊm | -nə̀ʊm] 〖《1816》← METRO-¹+Gk *nómos* law (⇨ nomo-)〗 ━ *n.* **1** 〖音楽〗メトロノーム: a Maelzel's ～ メルツェル式メトロノーム《1816 年ドイツの J. N. Maelzel が考案した拍節器; メトロノームと言えば普通これをさす; 略 M.M.》. **2** 発信音[光]を出す電動メトロノーム.
met·ro·nom·ic [mètrənάmɪk | -nɔ́m-] *adj.* **1** メトロノームの. **2** 〈テンポなど〉機械的に規則正しい.
mèt·ro·nóm·i·cal [-mɪkəl, -mə- | -mɪ-] *adj.* = metronomic. **~·ly** *adv.*
me·tro·nym·ic [mì:trənímɪk, mèt-] 〖← Gk *mētrōnumikós* (⇨matronymic)+-IC¹〗 *adj., n.* = matronymic.
me·trop·o·lis [mɪtrάp(ə)lɪs, mə-, me-, -ləs | mɪtrɔ́p(ə)-lɪs, me-, mə-] 〖《1535》□ LL *mētropolis* □ Gk *mētrópolis* mother state ← *mḗtēr* 'MOTHER'+*pólis* city (⇨ police)〗 ━ *n.* **1 a** 主要都市, 母都市. **b** 首都 (capital); [しばしば the M-]《英》ロンドン (London). **2** (活動の)中心地, 主要点: a ～ of religion [commerce] 宗教[商業]の中心地. **3 a** 〖キリスト教〗大司教[大主教, 大監督]管区. **b** 〖カトリック〗首都大司教区. **c** 〖東方正教会〗府主教区. **4** 〖ギリシャ史〗(植民地の)母都, 本国 (cf. colony 2 c). **5** 〖生物〗種属中心地.
met·ro·pol·i·tan [mètrəpάlətn, -tṇ | -pɔ́lɪtn, -lə-, -tən] 〖《1548》□ LL *metropolitānus*: ⇨↑, -ite¹, -an¹〗 ━ *adj.* **1 a** 主要都市(住民)の; 大都会的な. **b** 首都圏の: a ～ city [town] = metropolis 1 / the ～ police 首都警察, 警視庁. **2** 〖キリスト教〗大司教[大主教, 大監督]管区の: a ～ bishop = metropolitan *n.* 3. **3** (植民地でなく)母国の, 母国である; 母国産の (home). ━ *n.* **1** 首都居住者; 都会人. **2** 〖ギリシャ史〗(植民地の)母都民, 本国人. **3 a** 〖キリスト教〗大司教, 大主教, 管長, 大教正. **b** 〖カトリック〗首都大司教. **c** 〖東方正教会〗府主教. ★ カトリックでは archbishop とほぼ同義; 東方正教会では archbishop の上で patriarch の下の位; 英国国教会では Canterbury と York の archbishop のこと.
metropólitan bórough *n.* 首都自治区《the City とともに County of London を構成する 28 の自治区を指す; 1965 年の改革で County of London は廃止され大ロンドン (Greater London Council) の一部 (inner London) となった; 自治区は London borough とよばれる; cf. London》.
metropólitan cóunty *n.*《英》特別都市《イングランドの六つの集合都市 (conurbation) の一つで, 一般の county と同格; 1974 年の地方行政制度改革により発足》.
metropólitan dístrict *n.*《英》特別都市自治区《metropolitan county の行政区で独自の議会をもつ; 1974 年の地方行政制度改革により発足》.
mèt·ro·pól·i·tan·ìsm [-tənìzm, -tṇ- | -tən-, -tṇ-] *n.* 首都[大都会](的)であること, 首都[大都会]的性格.
met·ro·pol·i·tan·ize [mètrəpάlətənàɪz | -pɔ́lɪt-, -lə-] *vt.* 首都[大都会](的)にする. **met·ro·pol·i·tan·i·za·tion** [mètrəpὰlətənɪzéɪʃən, -nə- | mètrəpɔ̀lɪtənaɪ-, -lə-, -nɪ-] *n.*
Metropólitan Muséum of Árt *n.* [the ～] メトロポリタン美術館《New York 市にある米国最大の美術館; 1870 年創設, 1880 年 Central Park に移転》.
Metropólitan Ópera Hòuse *n.* [the ～] メトロポリタン歌劇場《1883 年に設立された New York 市の歌劇場; 1966 年 Lincoln Center に移転》.
Metropólitan Políce Fòrce *n.* [the ～] (英国の)ロンドン警視庁, 首都警察《the City を除いた London を管轄する英国最大の警察; cf. Scotland Yard》.
Metropólitan Ráilway *n.* [the ～] ロンドン地下鉄道 (略 Met. R.).
me·tror·rha·gi·a [mì:trəréɪdʒiə, mèt-, -dʒə, -rά:dʒə, -rά:ʒə | -dʒɪə, -dʒə] 〖← NL ～: ⇨ metro-², -rrhagia〗 *n.* 〖病理〗(月経時以外の)子宮出血, 不正出血. **mè·tror·rhág·ic** [-rǽdʒɪk] *adj.*
me·tro·scope [mì:trəskòʊp, mét- | -skə̀ʊp] 〖← METRO-²+-SCOPE〗 *n.* 〖医学〗子宮鏡.
-me·try [⌐mətri | -mɪtrɪ, -mə-] 〖□ Gk *-metria* measurement ← *métron* measure: ⇨ -meter¹, -y¹〗 *n.*「測定法[学, 術]」の意の名詞連結形 (cf. -meter¹): geo*metry*, galvano*metry*.
Met·ter·nich [métənɪk, -nɪç | -tə-; *G.* métɐnɪç], Prince (**Klemens Wen·zel Ne·po·muk Lo·thar**) **von** [vέntsl né:pomu:k ló:tar fɔn] *n.* メッテルニヒ《1773-1859; オーストリアの政治家・外交官; 外相 (1809-48), Vienna 会議議長 (1814-15)》.
met·tle [métḷ | -tl] 〖《1581》《変形》← METAL: もと刀の焼刃の湯加減を示したところから〗 ━ *n.* **1** 気性, 気質 (dispositon) (cf. metal 4 b): the ～ that women are made of 女性本来の気性. **2 a** 元気, 勇気, 気概 (spirit); 熱情 (ardor): a man of ～ 気概のある人 / show [display] one's ～ 気概を示す. **b** (馬などの)癇(かん). **3** 《古》金属 (metal).
on* [*upon*] *one's mettle 発奮して. ***put* [*set*] *a person on* [*upon*] *his mettle*** = ***try** a person's* METTLE. ***try a person's mettle*** 人の忍耐[抵抗]力を試す.
mét·tled *adj.* **1** [通例複合語の第 2 構成素として] (…の)気質の, (…の)元気の: high-*mettled* 元気旺盛な. **2** 《廃》= mettlesome.
met·tle·some [métḷsəm | -tḷ-] 〖← METTLE+-SOME¹〗 *adj.* **1** 元気のある, 勇み立った, 血気盛んな (spirited). **2** 〈馬などが〉癇(かん)の強い.
me·tyr·a·pone [mətírəpòʊn | -pə̀ʊn] 〖? ← MET(H)-Y(L)+-*rapone* (⇨ propane, -one)〗 ━ *n.* 〖生化学〗メチラポン ($C_{14}H_{14}N_2O$)《コルチゾール生合成を抑制するホルモン》.
Metz [méts; *F.* mɛs] *n.* メス《フランス北東部の要塞都市, Moselle 県の首都; 人口 110,000》.
Meu·mann [mɔ́ɪmɑ:n; *G.* mɔ́yman], **Ernst** *n.* モイマン《1862-1915; ドイツの心理学者》.
me·um et tu·um [mí:əm-et-t(j)ú:əm, méɪʊm-et-tú:ʊm | -tjú:əm, -tú:əm] 〖□ L 'mine and thine'〗 ━ *L.* 私のものと君のもの, 自他の所有(権): confound ～ 自他の権利を混同する.
meu·nière [mə:njέə | -njέə(r; *F.* mønjɛ:r] 〖□ F (*à la*) *meunière*《原義》(in the style of) miller's wife (fem.) ← *meunier* < LL molinārrium 'MILLER'〗 ━ *adj., adv.* ムニエルの[で], ムニエルにした[して]《魚などに小麦粉をまぶしてバター焼きにした》: sole (à la) ～ シタビラメのムニエル.
Meurthe-et-Mo·selle [mə́:t-eɪ-mo(ʊ)zél | mə́:t-eɪ-mə(ʊ)-; *F.* mœrtemozɛl] *n.* ムルトエモーゼル(県)《フランス東北部のベルギーに接する県; 人口 729,000, 面積 5,280 km², 首都 Nancy》.
Meuse [mjú:z, mə́:z; *F.* mø:z] *n.* **1** ムーズ(県)《フランス東北部のベルギーに接する県; 人口 206,000, 面積 6,219 km², 首都 Bar-le Duc [barlədyk]》. **2** [the ～] ムーズ(川)《フランス北東部からベルギー・オランダを通り北海に注ぐ川 (950 km); オランダ語名 Maas》.
MEV, MeV, mev [mév] 《略》〖電気〗mega electron volt(s); million electron volt(s) (cf. eV.).
mew¹ [mjú:] 〖OE *mǣw* < Gmc **mai(ʒ)wiz* (Du. *meeuw* / G *Möwe*): その鳴き声から〗 *n.* 〖鳥類〗カモメ (*Larus canus*)《mew gull ともいう》.
mew² [mjú:] 〖《?*c*1300》*mue*□(O)F ← *muer* to moult: ↓〗 ━ *n.* **1** 隠れ場. **2** [通例 *pl.*; 単数扱い]《英》**a** (一般に路地の両側に並べて建てた)(私設)うまや, 貸馬のうまや. **b** うまやの中の住居; うまやを改造した住居; そのような住居のある路地. **c** [the (Royal) Mews] (London の Buckingham 宮殿の近くにある) 王室うまや《もとは Charing Cross の王の鷹かごのあった跡に設けてあったことから》. **3** 《古》(羽換え時に入れる)鷹かご. ━ *vt.* **1** 閉じ込める (confine) 〈*up*〉: ～ oneself *up* from the world 世を逃れる. **2** 《古》(換(か)羽の時に)〈鷹を〉かごに入れる.
mew³ [mjú:] 〖《*c*1380》*mewe(n)*□F *muer* to shed, molt < L *mūtāre* to change: ⇨mutate〗《古》━ *vt.* **1** 〈鷹などが〉〈羽毛を〉抜け変える (molt). **2** 〈鹿が〉〈角を〉落とす. ━ *vi.* **1** 〈鷹などが〉羽毛を落とす (shed). **2** 〈鹿が〉角を落とす.
mew⁴ [mjú:] 〖《*c*1325》《擬音語》: cf. miaow〗 ━ *vi.* 〈ねこ・かもめ・うみねこなどが〉鳴く, にゃーにゃー鳴く (meow). ━ *vt.* ねこやうみねこなどが鳴くような声で言う: She ～*ed* her complaints. ねこが鳴くような鼻声で泣きごとを言った. ━ *n.* にゃーにゃー《ねこ・うみねこなどの鳴声》.
mewl [mjú:l] 〖《1599-1600》《擬音語》: ↑ の反復形?〗 ━ *vi.* **1** 〈赤ん坊が〉弱々しく泣く (whimper). **2** 〈ねこが〉にゃーにゃー鳴く. ━ *vt.* 〈赤ん坊が〉弱い声で泣いて言う[訴える]〈*out*〉. ━ *n.* (赤ん坊の)弱い泣き声. **~·er** [-lə | -lə(r] *n.*
Mex [méks] 《略》《米口語》 *n.* (*pl.* **～, ～·es**) **1** = Mexican. **2** = Mexican dollar. ━ *adj.* = Mexican.
Mex. 《略》Mexican; Mexico.
Mex·i·cal·i [mèksɪkǽli | -lɪ; *Am. Sp.* mèhikáli] *n.* メヒカリ《メキシコ北西部, 米国との国境近くの都市; Baja California 州の首都; 人口 346,000》.
Mex·i·can [méksɪkən, -sə- | -sɪ-] 〖《1696》□ Earlier Sp. *mexicano* (Sp. *mejicano*) ← MEXICO: ⇨ -an¹〗 ━ *adj.* メキシコ(人)の. ━ *n.* **1** メキシコ人. **2 a** = Nahuatl 2. **b** メキシコで話されるスペイン語. **3** = Mexican dollar.
Méxican ápple *n.* 〖植物〗= white sapota.
Méxican bambóo *n.* 〖植物〗= Japanese knotweed.
Méxican béan bèetle *n.* 〖昆虫〗豆の葉を食うテントウムシ科マダラテントウムシ属の昆虫 (*Epilachna varivestis*)《メキシコから米国に移入された》.
Méxican blúe pálm *n.* 〖植物〗トゲバハクセンヤシ (*Erythea armata*)《メキシコ原産のヤシ; 掌状葉は緑色で葉柄にはとげがあり花は白色》.
Méxican búsh sàge *n.* 〖植物〗メキシコ原産の白色の花が咲くシソ科の草本 (*Salvia leucantha*).
Méxican chícken bùg *n.* 〖昆虫〗= adobe bug.
Méxican dóllar *n.* メキシコドル《18 世紀の初めメキシコで造られ, 東方で広く用いられた 8 real 銀貨の通称》.
Méxican fíre plànt *n.* 〖植物〗**1** ショウジョウソウ (*Euphorbia heterophylla*)《北米から熱帯アメリカ原産のトウダイグサ科の一年草; 観葉植物》. **2** = summer cypress.
Méxican fíre-vìne *n.* 〖植物〗フィリピン原産のオレンジ赤色の花をつけるキク科サワギク属の蔓植物 (*Senecio confusus*).
Méxican frúit flỳ *n.* 〖昆虫〗メキシコミバエ (*Anastrepha ludens*)《双翅目ミバエ科のハエ; 幼虫が柑橘(かんきつ)類・マンゴーなどを食い荒らす》.
Méxican gréase wòod *n.* 〖植物〗= grease wood 1.
Méxican háirless *n.* メキシカンヘアレス《メキシコ産の, 頭上と尾の下部以外に毛のない小型のイヌ》.
Méxican jáde *n.* メキシコ翡翠(ひすい)《縞瑪瑙(しまめのう) (onyx) に着色したもの》. 「baster 2).
Méxican ónyx *n.* 〖鉱物〗メキシコ瑪瑙(めのう) (⇨ ala-
Méxican órange *n.* 〖植物〗メキシコ産の白い花をつけるミカン科の常緑低木 (*Choisya ternata*).
Méxican Spánish *n.* メキシコ スペイン語.
Méxican téa *n.* 〖植物〗アリタソウ (*Chenopodium ambrosioides*)《北米および熱帯アメリカ産で激臭を放つアカザ科の一年草または多年草; 駆虫剤の原料; American wormseed ともいう; cf. chenopodium oil》.
Méxican Wár *n.* [the ～] メキシコ戦争《米国とメキシコとの戦争 (1846-48); 米国が Texas 州を併合した (1845) ことが主な原因》.
Méxican wéed *n.* 〖植物〗= birdeye.
Mex·i·co [méksɪkòʊ, -sə- | -sɪkə̀ʊ] 〖□ Sp. *Méjico* □ Aztec *Mexitli* (軍神の名)〗 ━ *n.* メキシコ, メヒコ: **1** 北米南部の共和国; 人口 61,000,000, 面積 1,972,546 km², 首都 Mexico City; 公式名 the United Mexican States メキシコ合衆国; メキシコ スペイン語名 México [méhiko], スペイン語名 Méjico. **2** メキシコ南中部の州; 人口 3,834,000, 面積 21,460 km², 首都 Toluca. **3** = Mexico City.
México, the Gulf of *n.* メキシコ湾《米国南部とメキシコ南東部との間の湾》.
México Cíty *n.* メキシコ シティー《メキシコの首都; 同国中部にあり標高 2,239 m; 人口 8,942,000; 公式名 (Ciudad de) México, D.F.》.
Mey·er [máɪə | máɪə(r; *G.* máɪɐ] 〖□ G *Meier* steward, farmer〗 *n.* 男性名.
Mey·er [máɪə | máɪə(r; *G.* máɪɐ], **Adolph** *n.* マイヤー《1866-1950; スイス生れの米国の精神分析学者》.
Meyer, Conrad Ferdinand *n.* マイヤー《1825-98; スイスの詩人・歴史小説家》.
Meyer, Joseph *n.* マイヤー《1796-1856; ドイツの出版業者;「マイヤー百科辞典」の出版で知られている》.
Mey·er·beer [máɪəbìə, -bèə | máɪəbɪə(r; *G.* máɪɐbe:ɐ], **Giacomo** マイアベーア《1791-1864; ドイツのオペラ作曲家; *Les Huguenots*「ユグノー」(1836), *L'Africaine*「アフリカの女」(1860); 本名 Jakob Liebmann [lí:pman] Meyer Beer》.
Mey·er·hof [máɪəhòʊf | máɪəhə̀f; *G.* máɪɐho:f], **Otto** (**Fritz**) *n.* マイアーホフ《1884-1951; ドイツの生理学者; Nobel 医学生理学賞 (1922)》.
Meyn·ell [ménl, méɪ-], **Alice** (**Christiana Gertrude**) *n.* (1847-1922) 英国の女流詩人・随筆家; *The Rhythm of Life* (1893); 旧姓 Thompson, ジャーナリスト Wilfrid Meynell の夫人.
Mey·rick [méɪrɪk, mér-] 〖← AMERY〗 *n.* 男性名.
mez·ail [mézeɪl] *n.* 〖甲冑〗= mesail.
mé·zair [meɪzέə | -zέə(r; *F.* mezɛ:r] 〖□ F ～ □ It. *mezzaria*《原義》middle gait〗 ━ *n.* 〖馬術〗メゼール《高等馬術の地上運動の一つで, ルバード (levade) を連続して行ない, 一回毎に前肢を着地させながら歩幅を狭くして一歩ずつ前進する》.
mez·ca·line [mézkəlì:n, -lɪn, -lən | -lì:n, -lɪn] *n.* 〖薬学〗= mescaline.
me·ze·re·on [mɪzí(ə)riən, mə-, -zé(ə)r- | -zíərɪ-] 〖《1477》□ ML *mezereon* □ Arab. *māzaryūn* camellia〗 ━ *n.* 〖植物〗ヨウシュジンチョウゲ, セイヨウオニシバリ (*Daphne mezereum*)《ヨーロッパ原産のジンチョウゲ科の低木; 樹皮は薬用》.
me·ze·re·um [mɪzí(ə)riəm, mə-, -zé(ə)r- | -zíərɪ-] 〖← NL ～: ↑〗 *n.* 〖植物〗= mezereon.
me·zu·zah [məzúzə] 〖□ Heb. *mᵉzūzāʰ*《原義》doorpost: cf. *Deut.* 6: 9, 11: 20〗 ━ *n.* (*pl.* **me·zu·zoth** [-zoʊθ | -zəʊθ], **me·zu·zot** [-zoʊt | zə̀ʊt], **～s**) (*also* **me·zu·za** [～]) 〖ユダヤ教〗メーズザー《一面には旧約聖書の「申命記」(Deuteronomy) の 2 個所の聖句 (6: 4-9, 11: 13-21) を記し, 他の面には Shaddai (神の名)と記した羊皮紙; これを神の名の方を外側に向けてガラス筒などに入れ, その聖句の教えが実現するように家の入口に取り付ける》.
mez·za·nine [mézənì:n, -zṇ-, ⌐⌐⌐ | métsənì:n, mézə-] 〖《1715》□ F ～ □ It. *mezzanino* (dim.) ← *mezzano* middle < L *mediānus* middle ← *medius*: ⇨ media¹〗 ━ *n.* **1** 〖建築〗(階高の低いバルコニー風の)中二階 (entresol). **2** 〖劇場〗**a** 《米》中二階のさじき席. **b** 《米》中二階席前面数列の席. **c** 《英》舞台下, 奈落.
mez·za vo·ce [métsɑ:-vóʊtʃeɪ, médzɑ:-, -tsə-, -dzə- | -vóʊtʃeɪ; *It.* méddzavó:tʃe] 〖□ It. ～ 'with middle voice'〗 ━ *It. adj., adv.* 〖音楽〗メッザ ボー

チェ, 半分の声で《音量を抑制して, ごく柔らかい弱音で歌う場合の指示; 略 m.v.》.

mezzi-rilievi *n.* mezzo-rilievo の複数形.

mez·zo [métsou, médzou | métsəu, médzəu] 〚◻It. ～ 'middle' < L *medius* middle: ⇨ mid[1]〛 ── *adj., adv.* 〘音楽〙なかば(の), 適度の[に], やや (half, moderately). ── *n.* (*pl.* ～s) **1** ＝mezzo-soprano. **2** 〘版画〙＝mezzotint.

mézzo fórte *adj., adv.* 〘音楽〙メゾフォルテ, やや強く, ほどよく強く (moderately loud) (略 mf).

mézzo piáno *adj., adv.* 〘音楽〙メゾピアノ, やや弱く, ほどよく弱く (moderately soft) (略 mp).

mézzo-relíevo 〚《変形》↓〛 *n.* (*pl.* ～s) 〘美術〙中浮彫り (⇨ demirelief).

mézzo-rilíevo 〚◻It. *mezzo rilievo* half relief: ⇨ rilievo〛 *n.* (*pl.* **mez·zi-ri·lie·vi** [métsi:-, mé(d)zi:- | métsi-, médzi:-; *It.* méddzi-]) 〘美術〙＝mezzo-relievo.

mézzo-sopráno 〚◻It. ～: ⇨ mezzo, soprano〛 ── *n.* **1** 〘音楽〙メゾソプラノ《女性[児童]の中間音(域); soprano と alto の中間》. **2** メゾソプラノ歌手. ── *attrib. adj.* メゾソプラノの[に適した]; メゾソプラノ歌手の.

mézzo-sopráno clèf *n.* 〘音楽〙メゾソプラノ記号《五線譜表の第 2 線上に書かれたハ音記号》.

mez·zo·tint [métso(u)tɪnt, médzo(u)- | médzə(u)-, métsə(u)-] 〚《1738》◻It. *mezzotinto* half tint: ⇨ mezzo, tint〛 〘版画〙 ── *n.* **1** メゾチント彫版法《明暗の調子を主とし特殊な濃淡を表わす一種の銅凹版》. **2** メゾチント版. ── *vt.* メゾチント版に彫る.

mf 《略》〘音楽〙mezzo forte.

mF, mf. 《略》〘電気〙millifarad(s).

MF, MF., M.F. 《略》Middle French.

MF 《記号》〘電気〙microfarad(s).

m.f. 《略》〘製紙〙machine finish.

m.f., M.F., MF 《略》〘通信〙medium frequency; microfiche.

M.F.A. 《略》Master of Fine Arts.

mfd 《略》manufactured; 《俗》〘電気〙microfarad(s).

mfg. 《略》manufacturing.

M.F.H. 《略》Master of Foxhounds; mobile field hospital.

M.Flem. 《略》Middle Flemish.

M.F.N. 《略》〘国際法・貿易〙Most Favored Nation 最恵国.

mfr. 《略》manufacture; manufacturer.

M.Fr. 《略》Middle French.

M.F.S. 《略》Master of Food Science; Master of Foreign Service; Master of Foreign Study.

Mg 《記号》〘化学〙magnesium.

mg., mg 《略》milligram(s).

m.g. 《略》mixed grain; motor generator.

M.G. 《略》machine glazed; machine gun; Major General; medical gymnast; military government.

mgal. 《略》milligal.

MGB, M.G.B. 《略》*Russ.* Ministerstvo Gosudarstvennoi Bezopasnosti (＝Ministry of State Security) (ソ連)国家保安省《1953 年 MVD に統合》; motor gunboat.

MGk. 《略》Medieval Greek.

MGM 《略》Metro-Goldwyn-Mayer [métroʊgóʊldwɪnméɪə, -wən-, -méə | -rəʊgə́ʊldwɪnméɪ(r)ə(r), -méə(r)] (米国の)エムジーエム[メトロゴールドウィンメーヤー]映画会社.

Mgr. 《略》Manager; Monseigneur; 〘カトリック〙Monsignor; Monsignore.

MGr. 《略》Medieval Greek.

Mgri. 《略》Monsignori.

mgt. 《略》management.

MH 《記号》〘航空〙⇨ MAS.

mh. 《略》millihenry(s), millihenries.

M.H. 《略》magnetic heading; main hatch; Master of Horse; Master of Horticulture; Master of Humanities; Master of Hygiene; Medal of Honor; mental health; military hospital; Ministry of Health; mobile home.

MHD 《略》〘物理〙magnetohydrodynamics.

mhg 《略》mahogany.

MHG, MHG., M.H.G. 《略》Middle High German.

M.H.L. 《略》Master of Hebrew Literature.

mho [móu | mə́u] 〚《1883》《逆つづり》← OHM: Lord Kelvin の造語〛 ── *n.* (*pl.* ～s) 〘電気〙モー《オーム (ohm) の逆数を表わすコンダクタンス (conductance) の単位の旧称; 現在ではジーメンス (siemens) とよぶ》.

M.H.R. 《略》Member of the House of Representatives.

M.H.W., m.h.w. 《略》mean high water 平均高水位.

MHz, Mhz 《記号》megahertz.

mi [mí:] 〚《*a*1529》◻ML ～ ← L *mira* wonder: ⇨ gamut〛 ── *n.* 〘音楽〙 **1** (階名唱法の)「ミ」《全音階的長音階の第 3 音; ⇨ do[3]》. **2** (固定ド唱法の)「ミ」, ホ(E) 音《ハ調長音階の第 3 音》.

MI 《略》〘米郵便〙Michigan (州).

mi. 《略》mile(s); mileage; mill(s).

Mi. 《略》minor; Mississippi.

mi- [maɪ] (母音の前に来る時の) mio- の異形.

M.I. 《略》malleable iron; metal industries; Military Intelligence; Minister of Information; Mounted Infantry.

M.I.5 [ém-àɪ-fáɪv] 〚《略》← *M*(*ilitary*) *I*(*ntelligence*)〛 *n.* (英国の)情報局保安部《国内のスパイ・破壊活動分子などを取締る》.

M.I.6 [ém-àɪ-síks] 〚《略》← *M*(*ilitary*) *I*(*ntelligence*)〛 *n.* (英国の)情報局秘密情報部《外国でのスパイ活動に従事する; 米国の CIA に相当》.

MIA, M.I.A. 《略》〘軍事〙missing in action (戦闘中)行方不明(者).

Mi·am·i[1] [maɪǽmi, -ǽmə | -ǽmɪ] 〚↓〛 ── *n.* (*pl.* ～, ～s) **1 a** [the ～(s)] マイアミ族《もと米国 Wisconsin 州, Illinois 州北部, Indiana 州などに住んでいた Algonquian 族に属する種族》. **b** マイアミ族の人. **2** マイアミ族の言語, マイアミ語.

Mi·am·i[2] [maɪǽmi, -ǽmə | -ǽmɪ] 〚◻F ～《変形》? ← N-Am.-Ind. (Chippewa) *omaumeg* peninsula people〛 ── *n.* 米国 Florida 州南東部の海岸都市で避寒地; 人口 365,000.

mi·a·mi·a [máɪəmàɪə] 〚《土語》〛 *n.* (オーストラリア原住民の)仮小屋.

Miámi Béach *n.* 米国 Florida 州南東部, Biscayne 湾をはさんで Miami 対岸の島にある都市, 避寒地; 人口 87,000.

mi·aow [miáu, mjáu | mi:áu, mɪ-, mjáu] 〚《1634》《擬音語》: cf. mew[4]〛 *n., vi.* (*also* **mi·aou** [～]) ＝meow.

Mi·ao-Yao [miáujáu | mɪ-] *n.* 苗搖諸語《インドシナ, タイに分布する言語》.

mi·as·ma [maɪǽzmə, mi- | mɪ-, maɪ-] 〚《1665》← NL ～ ← Gk *míasma* stain, defilement ← *miaínein* to stain, defile〛 ── *n.* (*pl.* ～·**ta** [～tə | ～tə], ～s) **1** (沼沢地などから発散し, マラリアの原因をなすと考えられた)毒気, 瘴気(しょうき). **2** 頽廃[堕落, 腐敗]をもたらす影響力[雰囲気], 悪気: the ～ of vice.

mi·as·mal [maɪǽzməl, mi- | mɪ-, maɪ-] 〚⇨ ↑, -al[1]〛 *adj.* ＝miasmic.

mi·as·mat·ic [màɪəzmǽtɪk, mì:- | mɪəzmǽt-, màɪæz-, -əz-] *adj.* ＝miasmic.

mi·as·mic [maɪǽzmɪk, mi- | mɪ-, maɪ-] 〚⇨ miasma, -ic[1]〛 *adj.* **1** 瘴気(しょうき)の, 毒気の[のような, による, を生じる]. **2** 有害な, 有毒な (noxious).

mi·aul [miáʊl, miɔ́:l | mɪ-] *vi.* ＝meow.

mib [míb] 〚《変形》← MARBLE〛 *n.* 《米方言》 **1** (marbles 戯に用いる)おはじき(玉) (marble). **2** [*pl.*; 単数扱い]《方言》おはじき玉遊戯.

Mic, Mic. 《略》Micah (旧約聖書の)ミカ書.

mi·ca [máɪkə] 〚《1706》← NL ～《特別用法》← L *mīca* crumb, tiny morsel ← IE **smīkā* ← **smē-* to smear, rub over (Gk *mikrós* small)〛 ── *n.* 〘鉱物〙雲母(うんも)《単斜晶系六角板状の結晶をなすケイ酸塩鉱物》.

mi·ca·ceous [maɪkéɪʃəs] 〚《1774》: ↑, -aceous〛 *adj.* **1 a** 雲母の. **b** 雲母を含む. **2** 雲母のような; 薄板状の (laminated); きらきらする (sparkling).

Mi·cah [máɪkə] 〚◻Heb. *Mīkhā*[h] 《短縮》← *Mīkhāyāh* 《原義》who is like Yahweh?: cf. Michael[1]〛 ── *n.* **1** 男性名. **2** 〘聖書〙 **a** ミカ《紀元前 8 世紀のユダヤの預言者》. **b** (旧約聖書の)ミカ書 (略 Mic.).

míca-schìst[-slàte] *n.* 〘岩石〙雲母片岩[粘板岩].

Mi·caw·ber [mɪkɔ́:bə, mə- | mɪkɔ́:bə(r)] 〚← *Wilkins Micawber* (Dickens の小説 *David Copperfield* 中の人物; 無思慮で絶えず不運にさらされながらいつも幸運を空頼みして日を送る楽天家)〛 ── *n.* たなぼた主義の人, 空想的楽天家, のんき屋.

Mi·cáw·ber·ish [-b(ə)rɪʃ] 〚⇨ ↑, -ish[1]〛 *adj.* 空想的楽天主義の, たなぼた主義の.

Mi·cáw·ber·ìsm [-bərìzm] 〚⇨ Micawber, -ism〛 *n.* (根拠もなしに幸運を期待する)空想的楽天主義, たなぼた主義.

mice 〚OE *mӯs*〛 *n.* mouse の複数形.

mi·cell [maɪsél, mɪ-, mə- | maɪ-, mɪ-] *n.* 〘物理化学〙＝micelle.

mi·cel·la [maɪsélə, mɪ-, mə- | maɪ-, mɪ-] *n.* (*pl.* **mi·cel·lae** [-li:]) 〘物理化学〙＝micelle.

mi·cel·lar [maɪsélə, mɪ-, mə- | maɪsélə(r, mɪ-] 〚⇨ ↓, -ar[1]〛 *adj.* ミセルの, 膠(こう)質粒子の. **mi·cél·lar·ly** *adv.*

mi·celle [maɪsél, mɪ-, mə- | maɪsél, mɪ-] 〚← NL *micella* (dim.) ← L *mica* crumb ＋ -ELLA: ⇨ mica〛 *n.* 〘物理化学〙ミセル, 膠(こう)質粒子.

Mich. 《略》Michael; Michaelmas; Michigan.

Mi·chael[1] [máɪkəl] 〚OE ～ ◻LL ～ ◻Gk *Mikhaḗl* ◻Heb. *Mīkhā'ēl* 《原義》who is like God?: ⇨ Micah, El〛 ── *n.* 男性名《愛称形 Mick, Mickey, Mike; 異形 Mitchell》.

Michael[2], Saint *n.* 大天使ミカエル《Milton の *Paradise Lost* では Adam と Eve を楽園から追放した大天使; ヘブライ伝説では信仰を擁護した四大天使の一人; cf. *Dan.* 10:13, *Rev.* 12:7》: ⇨ ORDER of St. Michael and St. George.

Mi·chael[3] [máɪkəl] *n.* ミハエル《1596–1645; ロシヤ皇帝 (1613–45); Romanov 王朝の祖; ロシヤ語名 Mikhail Feodorovich》.

Mi·chael I [máɪkəl] *n.* ミハイ一世《1921– ; ルーマニア最後の王 (1927–30, '40–47); ルーマニア語名 Mihai [mihái]》.

Mi·cháe·lis cónstant [maɪkéɪlɪs-, mi-, mə-, -ləs- | maɪkéɪlɪs-, mɪ-] 〚← *Leonor Michaelis* (1875–1949: ドイツ生れの米国の生化学者)〛 ── *n.* 〘生化学〙ミハエリス定数《酵素反応の速度と基質濃度との関係式における定数 km のこと》.

Mich·ael·mas [míkəlməs] 〚OE (*Sanct*) *Michaeles mæsse* (St.) Michael's mass: ⇨ Michael[2], -mas〛 ── *n.* ミカエル祭(日)《大天使ミカエルの祝日, 9 月 29 日; 英国では四季支払日 (quarter days) の一つ; その日にがちょう (Michaelmas goose) を食べる習慣がある; Michaelmas Day ともいう》.

Míchaelmas dáisy *n.* 〘植物〙ミカエル祭ごろに咲く植物の総称《ウラギク, ハマシオン (*Aster tripolium*), ユウゼンギク (*Aster novibelgii*) など》.

Míchaelmas tèrm *n.* 《英》 **1** 〘法律〙ミケルマス開廷期《昔の上級裁判所の 11 月 2 日から 25 日までの開廷期》. **2** (Oxford, Cambridge その他の大学における) 10 月からクリスマスまでの第一学期, 秋学期 (cf. Hilary term 2, Easter term 2, Trinity term 1).

miche [míʧ] 〚ME *mychen* ◻OF *muchier* (F *musser*) to hide, lurk ◻Gaul. **mukyare* to hide: cf. mooch〛 ── *vi.* 《英方言》隠れ忍ぶ, こそこそ逃げる, ずるける (skulk): *miching mallecho* こそこそやるいたずら[悪だくみ] (cf. Shak., *Hamlet* 3. 2. 147). **mích·er** *n.*

Mi·che·as [máɪkiəs, maɪkí:əs | máɪkɪəs, maɪkí:əs] *n.* (Douay Bible での) Micah 2 のラテン語式語形.

Mi·chel [mi:ʃél, mɪ-; *F.* miʃɛl, *Du.* míxəl] 〚◻F ～ (fem.) ← MICHAEL[1]〛 *n.* 女性名.

Mi·chel·an·ge·lo [màɪkəlǽndʒəlòu, mìk-, mì:kəlá:n- | màɪkəlǽndʒələu, -dʒɪ-; *It.* mikeländʒelo] *n.* ミケランジェロ《1475–1564; イタリア盛期ルネサンスの代表的彫刻家・画家・建築家・詩人; *Last Judgment*「最後の審判」(絵画, 1535–41), *Moses*「モーセ」(彫刻, 1513–16); Michelangelo Buonarroti》.

Mi·chele [mɪʃél, mə- | mi:-, mɪ-] 〚◻F ～ (fem.) ← MICHAEL[1]〛 *n.* 女性名.

Mi·che·let [mi:ʃléɪ, mì:ʃə-; *F.* miʃlɛ], **Jules** *n.* ミシュレ《1798–1874; フランスの歴史家》.

Miche·lin [mi:ʃlɛ̃:(ŋ), -lǽŋ; *F.* miʃlɛ̃] 〚*André Michelin* (1853–1931) & *Édouard Michelin* (1859–1940): フランスの自動車製造業者, その会社で旅行案内書を発行した〛 ── *n.* ミシュラン(旅行案内書)《フランスの Michelin 社発行の旅行案内書; cf. Baedeker》.

Mi·chelle [mi:ʃél; *F.* miʃɛl] 〚◻F ～ (fem.) ← MICHAEL[1]〛 *n.* 女性名.

Mi·chel·son [máɪkəlsn̩ | máɪkəl-, míʧəl-], **Albert Abraham** *n.* (1852–1931) ドイツ生れの米国の物理学者; 干渉計を発明し, 特殊相対性理論の根拠となった地球とエーテルとの相対運動を否定する実験, 光速度の測定などを行なった; Nobel 物理学賞 (1907).

Míchelson-Mór·ley expèriment [-mɔ́əli- | -mɔ́:lɪ-] 〚← *A. A. Michelson* (↑) & *Edward Morley* (1838–1923: 米国の化学・物理学者)〛 ── *n.* [the ～] 〘物理〙マイケルソン モーリーの実験《エーテルに対する地球の相対運動を二つの光線の速度の差から求めようとした実験; 結果は否定的で特殊相対性理論 (special theory of relativity) の根拠となった》.

Mich·en·er [míʧ(ə)nə | -nə(r)], **James A**(**lbert**) *n.* (1907–) 米国の小説家; *Tales of the South Pacific* (1947).

Mich·i·gan [míʃɪgən, -ʃə- | -ʃɪ-] 〚《1855》◻F ～ ◻N-Am.-Ind. (Algonquian)《原義》great water〛 ── *n.* **1** 米国北中部の州 (⇨ United States of America 表). **2** 《米》〘トランプ〙ミシガン《3 人から 8 人で遊ぶ stop 系のゲーム; boodle cards を使うもの》.

Michigan, Lake *n.* ミシガン湖《北米五大湖 (Great Lakes) の一つ, Michigan 州と Wisconsin 州の間にある; 面積 58,188 km²》.

Míchigan bánkroll 〚← *Michigan* 《米俗》deceptive[1]〛 *n.* 《米俗》(高額紙幣で小額紙幣や贋札(がんさつ)をくるむなどした)にせ札束, 「あんこ」.

Mich·i·gan·der [mìʃɪgǽndə, -ʃə- | -ʃɪgǽndə(r)] 〚《混成》← MICHIGAN ＋ (GAN)DER: Lewis Cass (1782–1866: 米国の弁護士・政治家)のあだ名から〛 ── *adj.* (米国) Michigan 州(人)の. ── *n.* Michigan 州人.

Mich·i·ga·ni·an [mìʃəgéɪniən, -gǽn- | -ʃɪgéɪnɪən, -ʃɪ-, -gǽn-, -njən] 〚⇨ -ian〛 *adj.* 米国 Michigan 州の, Michigan 風の. ── *n.* ＝Michigander.

Mich·i·gan·ite [míʃɪgənàɪt, -ʃə- | -ʃɪ-, -ʃɪ-] 〚⇨ -ite[1]〛 *n.* ＝Michigander.

Mích·ler's kéton [míklə z- | -ləz-] 〚← *W. T. Michler* (1846–89: ドイツの化学者)〛 *n.* 〘化学〙ミヒラーのケトン $([(CH_3)_2N \cdot C_6H_4]_2CO)$《光沢のある板状晶; オーラミン (auramine) などの染料製造原料》.

Mi·cho·a·cán [mì:ʧouəká:n | -ʧəu-; *Sp.* miʧoakán] *n.* ミチョアカン《メキシコ中西部の州; 人口 2,325,000, 面積 59,000 km²; 首都 Morelia》.

Mi·chu·rin [mɪʧú(ə)rɪn, mə-, -rən | mɪʧúərɪn; *Russ.* mjiʧúrjin], **Ivan Vla·di·mi·ro·vich** [vladjímjirəvjiʧ] *n.* ミチューリン《1855–1935; ソ連の園芸家・遺伝学者; 環境遺伝説を唱えた》.

Mick[1] [mík] 〚《dim.》← MICHAEL[1]〛 *n.* 男性名.

Mick[2], **m-** [mík] 〚← MICHAEL[1] (アイルランド人の代表的名として)〛 *n.* 《俗・軽蔑》 **1** アイルランド人 (Irishman). **2** カトリック教徒 (Roman Catholic).

mick·ey [míki | -kɪ] 〚← ? MICKEY[1]: ⇨ Michael[1]〛 ── *n.* 《俗》 **1** [しばしば M-] **a** アイルランド人. **b** カトリック教徒. **2** じゃがいも (potato). **3** 《カナダ》(12–13 オンス入りの)ウイスキーびん.

take the mickey (***out of*** *a person*) 《英俗》(人を)からかう, ばかにする (make a fool (of)).

Mick·ey[1] [míki | -kɪ] 〚(dim.) ← MICHAEL[1]〛 *n.* 男性名.

Mick·ey[2] [míki | -kɪ] 《俗》 *n.* **1** ミッキーマウスの漫画(映画). **2** [しばしば m-] ＝Mickey Finn. **3 a** 〘空軍〙＝Mickey Mouse 3. **b** 〘米空軍〙レーダー利用爆撃照準器. ── *adj.* 《米》＝Mickey Mouse 2.

Míckey Fínn, m- f- [-fín] 〚← ?〛 *n.* 《俗》麻薬・下剤などを混ぜた酒; その混入物《Mickey Flynn また

は単に Mickey, mickey ともいう》.

Mickey Flýnn [-flín] *n.* 《俗》=Mickey Finn.

mickey-mouse [mìkimáus | -kɪ-] *vi.* (漫画映画などで)動作と音楽を一致させる. ── *vt.* 〈フィルム〉に画面の動作に合う音楽を入れる.

Mickey Móuse 〚← *Mickey Mouse* (Walt Disney 製作の漫画映画の主人公のネズミの名)〛 ── *n.* **1** ミッキーマウスの漫画(映画). **2** 《米俗》 **a** つまらない[不必要な]もの. **b** 《学生俗》楽な[下らない]科目(など). **3** 《空軍俗》電気式爆弾投下器. ── *adj.* **1** ミッキーマウスの漫画のような. **2** [しばしば m- m-] **a** 《俗》〈音楽・楽団など〉(漫画映画の音楽のように)つまらない, 平凡な, 古くさい (trite). **b** 《米俗》つまらない, 役に立たない; 子供だましの. **c** 《学生俗》〈大学で〉〈科目など〉楽な, くだらない.

Mic·kie·wicz [mɪtskjévɪtʃ; *Pol.* mitskjévitʃ], **Adam** [ádam] *n.* ミツキエビッチ《1798–1855; ポーランドの詩人; *Pan Tadeusz*「パン タデウス」(1834)》.

mick·le [míkḷ] 〚ME (Northern) *mikel* < OE *micul* (変形) ← *mycel, micel* (cog. ON *mykill*) ← IE **meg(h)-* great (L *magnus* / Gk *mégas* / Skt *mahā-*): ⇨ much〛 《古・スコット》 ── *adj.* (**mick·ler; -lest**) 大きい (great); たくさんの (much). ── *adv.* 大いに, 非常に. ── *n.* たくさん, 多量 (muckle): Many a little [pickle] makes a ~. =Every little makes a ~. 《諺》「ちりも積もれば山となる」.

mick·y [míki | -kɪ] *n.* =mickey.

Mick·y [míki | -kɪ] 〚(dim.) ← MICHAEL[1]〛 *n.* 男性名.

Mic·mac [míkmæk] 〚▭ N-Am.-Ind. (Algonquian) *Migmac* (原義) allies〛 ── *n.* (*pl.* ~, ~**s**) **1 a** [the ~(s)] ミクマク族《北米 St. Lawrence 湾の南岸地方に住む Algonquian 族に属するアメリカインディアンの一族》. **b** ミクマク族の人. **2** ミクマク語.

MICR 《略》《電算機》magnetic ink character recognition 磁気インク文字読取り; 《電算機》magnetic ink character reader 磁気インク文字読取り機[装置].

micr- [maɪkr] (母音の前に来る時の) micro- の異形: microhm.

micra *n.* micron の複数形.

mi·cri·fy [máɪkrəfàɪ | -krɪ-] 〚⇨ micro-, -ify: MAGNIFY の類推〛 *vt.* 小さくする, 微小化する; つまらないものにする.

mi·cro [máɪkrou | -krəu] 〚↓〛 *adj.* **1** 極小の. **2** 〈スカートが〉ミニより短い, 超ミニの. ── *n.* 超ミニスカート (cf. maxi, midi, mini).

mi·cro- [máɪkrou, -krə | -krə(u)] 〚▭ Gk *mikro-* ← *mikrós* small ← IE **(s)meik-*: ⇨ mica〛 ── 次の意味を表わす連結形: **1**「小, 微小」の意 (↔ macro-, magni-): *micro*cosm. **2**「拡大する」の意: *micro*phone. **3** 《物理》「100 万分の 1」の意 (記号 μ): *micro*gram. **4**「顕微鏡を用いる」: *micro*dissection. **5**「マイクロフィルム[写真]で用いる[と関係した]」: *micro*copy. ★ 母音の前では通例 micr- になる.

mìcro·áerophile 〚← MICRO- + AERO- + -PHILE〛 《生物》 ── *n.* 微好気性生物《発育にわずかの酸素しか要求しない生物で好気性と嫌気性の中間にあるもの》. ── *adj.* =microaerophilic.

mìcro·aerophílic 〚⇨ ↑, -ic[1]〛 *adj.* 《生物》微好気性の.

mìcro·aeróphilous *adj.* 《生物》=microaerophilic.

mìcro·ámmeter *n.* 《電気》マイクロアンペア計.

mìcro·ámpere *n.* 《電気》マイクロアンペア《電流の単位; 100 万分の 1 アンペア; 記号 μA》.

mìcro·análysis *n.* 《化学》微量分析, 微量法《微量成分の試料で行なわれる分析法で, 1—10 mg 程度の微量試料を扱う; ↔ macroanalysis》.

mìcro·analýtic *adj.* **mìcro·analýtical** *adj.* **mìcro·ánalyst** *n.*

mìcro·ánalyzer *n.* 《化学》微量分析器.

mìcro·anátomy *n.* =histology 1. **mìcro·anatómical** *adj.*

mìcro·ángstrom *n.* 《物理》マイクロオングストローム《長さの単位; 100 万分の 1 オングストローム; 記号 μÅ》.

mìcro·bactérium 〚← NL ~〛 *n.* 《細菌》マイクロバクテリア《*Microbacterium* 属の抗熱性の桿(かん)菌; 酪農製品に多くみられる》.

mìcro·bàlance *n.* 《化学》微量天秤(びん).

mícro·bàr 〚← MICRO- + BAR[1]〛 *n.* 《音響・気象》マイクロバール《1 cm² につき 1 ダインに当たる圧力の単位; 100 万分の 1 バール》.

mìcro·bárogram *n.* 《気象》(自記微圧計 (microbarograph) による)微圧記録.

mìcro·bárograph *n.* 《気象》自記微圧計.

mi·crobe [máɪkroub | -krəub] 〚(1881) ▭ F ~ ← MICRO- + Gk *bios* life (⇨ bio-): 1878 年フランスの外科医 Sédillot による造語〛 ── *n.* 微生物 (microorganism); (特に, 病原菌の)細菌 (germ), ばい菌 (bacterium): ~ bombs [warfare] 細菌弾[戦]. **mi·cro·bic** [maɪkróubɪk | -kráu-] *adj.* **mi·cro·bi·an** [maɪkróubiən | -kráubiən, -bjən] *adj.*

mícro·bèam *n.* 《電子工学》ミクロ電子放射線《微細な物の加工などに用いられる》.

mi·cro·bi·al [maɪkróubiəl | -kráubiəl, -bjəl] *adj.* 微生物の; 細菌の[による].

micróbial desulfurizátion *n.* 《化学》微生物脱硫《微生物利用による原油中の硫黄除去法》.

mi·cro·bi·cide [maɪkróubəsàɪd | -kráubɪ-] 〚⇨ microbe, -cide〛 *n.* 殺菌剤 (germicide). **mi·cro·bi·cid·al** [maɪkròubəsáɪdḷ | -kràubɪ-] *adj.*

mìcro·biológic *adj.* =microbiological.

mìcro·biológical *adj.* 微生物学(的)の; 細菌学(的)の. **~·ly** *adv.*

mìcro·biólogist *n.* 微生物学者, 細菌学者.

mìcro·biólogy 〚← MICRO- + BIOLOGY〛 *n.* 微生物学; 細菌学 (bacteriology). 「理」細菌感染(症).

mí·crob·ism [-bɪzm] 〚← MICROBE + -ISM〛 *n.* 《病

mícro·blàde *n.* 《考古》マイクロブレード, 細石刃《旧石器—中石器時代の, 小形の石刃》.

mícro·bòdy 〚← MICRO- + BODY〛 *n.* 《生物》ミクロボディー《細胞質内にあり, 各種の分解酵素を含む微小顆粒; 電子顕微鏡で観察できる》.

mícro bòok *n.* 極小本, 豆本《虫めがねを使って読む非常に小さい本》. 「月表面の角礫状岩石.

mìcro·bréccia 〚← MICRO- + BRECCIA〛 *n.* 《地質》

mícro·bùs *n.* マイクロバス.

mícro·càlorie *n.* 《物理・生化学》マイクロカロリー《熱量の単位; 100 万分の 1 カロリー》. 「メラ》.

mícro·càmera *n.* マイクロカメラ《顕微鏡写真用カ

mícro·càpsule 〚← MICRO- + CAPSULE〛 *n.* 《化学製品や薬品の》極小カプセル, マイクロカプセル.

Mícro·càrd 〚← MICRO- + CARD[2]〛 ── *n.* 《商標》マイクロカード《約 3×5 インチ大のカードに書籍・雑誌・新聞などの 20-300 ページ分を縮写して焼き込んだもの; これをマイクロリーダーで拡大して読む》.

mi·cro·ce·phal·ic [màɪkro(u)sɪfǽlɪk, -sə- | -krə(u)ke-, -kɪ-, -se-, -sɪ-] 〚← MICRO- + -CEPHALIC〛 ── *adj.* **1** 《人類学》小頭の《頭蓋(がい)容量が男では 1,350 cc., 女では 1,150 cc. 以下のものにいう; ↔ megacephalic》. **2** 《病理》小頭(性)の, 小頭症の. ── *n.* **1** 《人類学》小頭の人. **2** 《病理》小頭症の人, 小頭奇形者.

mi·cro·ceph·a·lous [màɪkro(u)séfələs | -krə(u)kéf-, -séf-] *adj.* =microcephalic.

mi·cro·ceph·a·lus [màɪkro(u)séfələs | -rə(u)kéf-, -séf-] 〚← NL ~ ← Gk *mikroképhalos* small-headed: ⇨ micro-, -cephalous〛 ── *n.* (*pl.* **-a·li** [-làɪ]) **1** 小頭の人. **2** 小頭.

mi·cro·ceph·a·ly [màɪkro(u)séfəli | -krə(u)kéfəlɪ, -séf-] 〚← NL *microcephalia* ← Gk *mikroképhalos*: ⇨ ↑, -y[1]〛 ── *n.* **1** 《人類学》小頭 (↔ macrocephaly). **2** 《病理》小頭(症).

mi·cro·chae·ta [màɪkro(u)kíːtə | -rə(u)kíːtə] 〚← NL ~: ⇨ micro-, -chaeta〛 *n.* (*pl.* **-chae·tae** [-tiː]) 《昆虫》微剛毛《主として双翅目の体上に生じる微小刺毛; cf. macrochaeta》.

mìcro·chémistry *n.* 顕微化学, 微量化学.

mìcro·chémical *adj.*

mícro·chìp *n.* 《電子工学》極微薄片, マイクロチップ《電子回路構成要素となる微小な機能回路》.

mìcro·chronómeter *n.* **1** 秒時計. **2** =chronoscope. 「路.

mícro·cìrcuit *n.* 《電子工学》(電算機用の)超小型回

mícro·cìrcuitry *n.* 《電子工学》 **1** =integrated circuitry. **2** [集合的] ミクロ回路.

mìcro·circulátion *n.* 《生理》微小循環《毛細血管・小血管の血液循環》. **mìcro·círculatory** *adj.*

mícro·clìmate *n.* 《気象》微気候《小規模の地形や地物の影響による気候; cf. macroclimate》. **mìcro·climátic** *adj.*

mìcro·climatólogy *n.* 微気候学《微気候 (microclimate) を研究対象とする学問》. **mìcro·climatológical** *adj.* **mìcro·climatólogist** *n.*

mi·cro·cline [máɪkro(u)klàɪn | -krə(u)-] 〚▭ G *Mikroklin* ← MICRO- + *-klin* (← Gk *klínein* to incline): ⇨ lean[2]〛 *n.* 《鉱物》マイクロクリン, 微斜長石 ($KAlSi_3O_8$).

mi·cro·coc·cus [màɪkro(u)kákəs | -krə(u)kɔ́k-] 〚← NL ~: ⇨ micro-, -coccus〛 ── *n.* (*pl.* **-coc·ci** [-kák(s)aɪ | -kɔ́k-]) 《細菌》ミクロコックス, 小球菌《*Micrococcus* 属の微生物》. **mi·cro·cóc·cal** [-kəl] *adj.*

mícro·còde *n.* 《電算機》マイクロコード《マイクロプログラミング (microprogramming) に用いるコード》.

mìcro·compúter *n.* マイクロコンピューター, マイコン《1 個ないし数個の集積回路で構成されているような超小型の電子計算機》.

mìcro·constítuent *n.* (金属・合金の)微視的成分.

mícro·còpy 〚← MICRO- + COPY〛 ── *n.* マイクロコピー, 縮小複写《新聞・書物などのページを microfilm できわめて小さくした縮小複写》. ── *vt.* …の縮小複写をする. ── *vi.* マイクロコピー[縮小複写]を作る.

micro·córneal léns *n.* 《眼科》(角膜だけを覆う)小型コンタクトレンズ (cf. haptic lens).

mi·cro·cosm [máɪkrəkàzm | -krə(u)kɔ̀zm] 〚(?c1200) ▭ F *microcosme* // ML *micro(s)cosm-us* ▭ LGk *mikròskósmos* little world: ⇨ micro-, cosmos: cf. macrocosm〛 ── *n.* **1** 小宇宙 (↔ macrocosm). **2 a** 縮図. **b** 宇宙の縮図としての人間. **3** 小世界《世界を縮小代表する社会・階級・町村など》.

in microcosm 小規模に: A school is society *in* ~. 学校は社会の縮図のようなものだ.

mi·cro·cos·mic [màɪkrəkázmɪk | -krə(u)kɔ́z-] 〚← NL *microcosmicus*: ⇨ micro-, cosmic〛 ── *adj.* 小宇宙の; 小世界の; 縮図のような. **mi·cro·cós·mi·cal·ly** *adv.*

microcósmic sált 〚(なぞり) ← NL *sal microcosmicus*〛 *n.* 《化学》燐(りん)塩 ($NaNH_4HPO_4 \cdot 4H_2O$)《溶球反応に用いられる》.

mícro·còulomb 〚← MICRO- + COULOMB〛 *n.* 《電気》マイクロクーロン《電気量の単位; 100 万分の 1 クーロン; 記号 μC》.

mícro·cràter *n.* (月面などの)極微噴火口.

mícro·crỳstal 〚← MICRO- + CRYSTAL〛 *n.* 《鉱物》微小結晶《顕微鏡を使ってようやく見分けられる程度の結晶》.

mìcro·crýstalline *adj.* 《岩石》〈火山岩など〉微晶質の《肉眼では見分けられないが, 顕微鏡下では識別できる大きさの結晶についていう; cf. cryptocrystalline, phanerocrystalline》.

microcrýstalline wáx *n.* 《化学》ミクロ(クリスタリン)ワックス, 微晶蠟《石油から精製される微結晶状のパラフィン蠟; たばこ・石鹸などの包装紙・接着剤などに用いる; cf. petroleum wax》.

mìcro·crystallínity *n.* 《鉱物》微小結晶度.

mícro·cùlture *n.* **1** 《文化人類学》 **a** 狭域文化圏《住民が独自の文化・生活様式をもっていると考えられる一国内の狭い地域》. **b** 狭域文化. **2** 《生物》極微有機体培養. **mìcro·cúltural** *adj.*

mícro·cùrie 〚← MICRO- + CURIE〛 *n.* 《物理》マイクロキュリー《放射性をもつ物質の量を表わす単位; 100 万分の 1 キュリー; 記号 μCur》.

mi·cro·cyte [máɪkrəsàɪt | -krə(u)-] 〚← MICRO- + -CYTE〛 *n.* **1** 《生物》微小細胞, 微小体. **2** 《病理》小赤血球.

mìcro·densitómeter *n.* 《写真》微小濃度計《現像したフィルム・乾板などの微小な部分の濃度を計る》.

mìcro·densitométric *adj.* **mìcro·densitómetry** *n.*

mìcro·detéction *n.* 《化学》微量測定.

mìcro·detéctor *n.* 微量[動]測定器.

mìcro·disséction *n.* 顕微解剖.

mìcro·distillátion *n.* 《化学》微量分留《10 ml 以下の液体の分留》.

mìcro·distribútion *n.* 《生態》狭域内定率分布《微小な生息区域内における一種(以上)の微生物の正確な分布(状態); cf. microhabitat》.

mi·cro·dont [máɪkrədɑ̀nt | -krə(u)dɔ̀nt] 〚← MICRO- + -ODONT〛 *adj.* 《病理》矮小歯のある. ── *n.* 矮小歯.

mi·cro·don·ti·a [màɪkrədɑ́nʃiə, -ʃə | -krə(u)dɔ́nʃiə, -ʃə] 〚← NL ~: ⇨ microdont, -ia[1]〛 *n.* 《病理》矮小歯, 歯牙矮小.

mi·cro·dònt·ism [-tɪzm] *n.* 《病理》=microdontia.

mi·cro·dont·ous [màɪkrədɑ́ntəs | -krə(u)dɔ́nt-] *adj.* 《病理》=microdont.

mícro·dòt 〚← MICRO- + DOT[1]〛 *n.* **1** (手紙・本・文書などの)極小マイクロ写真. **2** 《薬学》(濃縮された LSD のカプセル入り)超小型丸薬[錠剤].

mícro·dỳne 〚← MICRO- + DYNE〛 *n.* 《物理》マイクロダイン《力の単位; 100 万分の 1 ダイン; 記号 μdyn》.

mícro·èarthquake *n.* 《地震》微小地震《リヒタースケール (Richter scale) 2.5 未満の地震》.

mìcro·ecólogy *n.* 《生物・生態》ミクロ[狭域]生態学.

mìcro·ecológical *adj.*

mìcro·económics *n.* ミクロ[微視的]経済学《個々の経済主体(企業や家計)の経済行動の分析をもとに, 資源と所得の配分の仕組を説明する; ↔ macroeconomics》. **mìcro·económic** *adj.*

mìcro·eléctrode *n.* **1** 《物理・化学》微小電極《アマルガム滴下電極・回転白金電極・水銀滴下電極など各種ある》. **2** 《生物》ミクロ電極, 微小電極《生物の細胞・組織内にさし込んだ超小型の電極》.

mìcro·electrónic *adj.* ミクロ電子工学の.

mìcro·electrónically *adv.*

mi·cro·electrónics 〚← MICRO- + ELECTRONICS〛 *n.* マイクロエレクトロニクス, マイクロ電子工学《電子回路の集積技術などを取り扱う電子工学の一分野》.

mìcro·electrophorésis *n.* 《化学》微量電気泳動.

mìcro·electrophorétic *adj.* **mìcro·electrophorétical** *adj.* **mìcro·electrophorétically** *adv.*

mìcro·élement 〚← MICRO- + ELEMENT〛 *n.* 《生化学》微量元素 (⇨ trace element).

mìcro·encápsulate *vt.* 《薬学》極小[マイクロ]カプセルに包みこむ. 「カプセルに詰めること.

mìcro·encapsulátion *n.* 《薬学》薬物をマイクロ

mìcro·envíronment *n.* 《生態》=microhabitat.

mìcro·environméntal *adj.*

mìcro·evolútion 〚← MICRO- + EVOLUTION〛 *n.* 《生物》小進化《種や種内の進化で, 遺伝子の突然変異や組みかえなどで起こる進化; cf. macroevolution》.

mícro·fàrad 〚← MICRO- + FARAD〛 *n.* 《電気》マイクロファラッド《静電容量の単位; 100 万分の 1 ファラッド; 記号 μF》.

mícro·fáuna *n.* [集合的] 《生態・動物》(cf. microflora) **1** (小地域または時代の)動物(群); 小地域動物(分布)相, 小地域動物区系; (ある小区系の)動物誌. **2** (肉眼では見えない)微小動物(類). **mìcro·fáunal** *adj.*

mícro·fíbril *n.* 《植物》超微小繊維《植物細胞壁セルロースの超顕微鏡的な微小繊維束中の一つ; cf. fibril》.

mìcro·fíbrillar *adj.*

mi·cro·fiche [máɪkro(u)fìːʃ, -fɪʃ | -krə(u)-] 〚← MICRO- + F *fiche* small card〛 ── *n.* (*pl.* ~, ~**s**) 《写真》マイクロフィッシュ《書籍などのページの多数のマイクロ複写を一シートに収め保存に適する形にしたシート状フィルム》.

mìcro·filária *n.* 《動物》ミクロフィラリア《フィラリアの幼虫》. **mìcro·filárial** *adj.*

mi·cro·film [máɪkrəfɪlm | -krə(ʊ)-] *n.* マイクロフィルム, 縮小写真フィルム《書籍·新聞などの縮小複写用フィルムで普通の映画フィルム大かまたはそれより幅の狭いもの; cf. bibliofilm》. ── *vt., vi.* マイクロフィルムに写す. **~·a·ble** [-məbl] *adj.* **~·er** *n.*

mìcro·flóra *n.* [集合的]〘生態·植物〙(cf. microfauna) **1** (一小区域または時代の)植物(群); 小地域植物(分布)相, 小地域植物区系; (ある小区系の)植物誌. **2** 微小植物(類). **mìcro·flóral** *adj.*

mícro·fòrm *n.* **1** ＝microcopy. **2** マイクロ複写印刷物. ── *vt.* マイクロフィルムに複写する.

mìcro·fóssil *n.* 〘古生物〙(顕微鏡でしか観察されないような)微小化石《有孔虫, 放散虫, コッコリス, 花粉など微小動植物の化石; cf. macrofossil》.

mìcro·fúngus *n.* 〘植物〙極微菌, ミクロ菌. **mìcro·fúngal** *adj.*

mìcro·gaméte *n.* 〘生物〙小配偶子, 雄性配偶子 (male gamete) (↔ macrogamete).

mìcro·gamétocyte *n.* 〘生物〙小[雄性]配偶子母細胞.

mìcro·gamétophyte 〘← MICRO-＋GAMETOPHYTE〙 *n.* 〘植物〙小配偶子体 (cf. megagametophyte).

mi·crog·a·my [maɪkrɑ́gəmi | -krɔ́gəmɪ] 〘← MICRO-＋-GAMY〙 *n.* 〘生物〙微小接合《原生動物や藻類に見られる小さな配偶子の接合》.

mícro·gàuss *n.* 〘電気〙マイクロガウス《磁場の強さの電磁単位; 100 万分の 1 ガウス》.

mi·crog·li·a [maɪkrɑ́gliə | -krɔ́glɪə] 〘← MICRO-＋Gk *glía* glue〙 *n.* 〘解剖〙小グリア細胞, 小(神経)膠(こう)細胞.

mícro·gràm *n.* **1** ミクログラム, マイクログラム《100 万分の 1 グラム; 記号 μg》. **2** 顕微鏡写真 (micrograph).

mi·cro·graph [máɪkrəgræ̀f | -krə(ʊ)grɑ̀ːf, -græ̀f] 〘← MICRO-＋-GRAPH〙 ── *n.* **1** 細書[毛彫り]用具《パントグラフなど》. **2** 顕微鏡写真, 顕微鏡図 (↔ macrograph). **3** 微動拡大測定器. ── *vt.* …の顕微鏡写真を作る. **mi·cro·graph·ic** [màɪkrəgrǽfɪk | -krə(ʊ)-] *adj.* **mì·cro·gráph·i·cal·ly** *adv.*

mi·crog·ra·phy [maɪkrɑ́grəfi | -krɔ́grəfɪ] *n.* **1** 顕微鏡による記述, 顕微鏡製図. **2** 顕微鏡検査, 顕微鏡による研究 (cf. macrography). **3** 細書術.

mícro·gròove *n.* **1** LP 用の微細溝《幅は往時の 78 回転レコードの溝の 1/3; 33 1/3-45 回転》. **2** 微細溝の長時間用レコード. ── *adj.* 〈レコードが〉微細溝の.

mìcro·hábitat *n.* 〘生態〙(ある小動物の繁殖·生息するための, 一定の)小生息区, 小繁殖圏《腐朽した(木の)切株·(植物の)根圏 (rhizosphere)·糞塊など; cf. microdistribution》.

mìcro·hárdness *n.* 〘冶金〙微小硬度.

mícro·hènry *n.* 〘電気〙マイクロヘンリー《インダクタンスの単位; 100 万分の 1 ヘンリー; 記号 μH》.

mi·cro·hm [máɪkròʊm | -krəʊm] 〘← MICRO-＋OHM〙 *n.* 〘電気〙マイクロオーム《抵抗の単位; 100 万分の 1 オーム; 記号 $\mu\Omega$》.

mi·cro·hy·lid [màɪkro(ʊ)háɪlɪd, -ləd | -krə(ʊ)háɪlɪd] 〘← NL *Microhylidae* (↓)〙 *adj., n.* 〘動物〙ヒメアマガエル科の(カエル).

Mi·cro·hy·li·dae [màɪkro(ʊ)háɪlədìː | -krə(ʊ)háɪlɪ-] 〘← NL ～ ← *Microhyla* (属名: ← MICRO-＋*Hyla* (⇨ hyla))＋-IDAE〙 *n. pl.* 〘動物〙ヒメアマガエル科.

mìcro·ímage *n.* (マイクロフィルムなどで写した)極小図[写真].

mícro·ìnch *n.* マイクロインチ《長さの単位; 100 万分の 1 インチ; 記号 μin》.

mìcro·injéction *n.* 顕微注射.

mìcro·instrúction *n.* 〘電算機〙マイクロ命令《マイクロプログラミング (microprogramming) の命令》.

mícro·làmbert *n.* 〘光学〙マイクロランベルト《輝度の単位; 100 万分の 1 ランベルト》.

mìcro·lécithal *adj.* 〘発生〙微卵黄の.

mícro·lèns *n.* 〘写真〙マイクロレンズ《微小画像を記録するための高解像力のレンズ》.

Micro·lepidóptera *n. pl.* 〘昆虫〙小蛾類《メイガ上科, ハマキガ上科, キバガ上科など小型の蛾類の総称; 多分に概念的で, 分類学的根拠に乏しい; cf. Macrolepidoptera》. **mìcro·lepidópterous** *adj.*

mìcro·linguístics *n.* 〘言語〙小言語学《狭義の言語学で, 言語学本来の分野をいう; cf. macrolinguistics》.

mi·cro·lite [máɪkrəlàɪt | -krə(ʊ)-] 〘← MICRO-＋-LITE〙 *n.* 〘鉱物〙 **1** 微晶. **2** マイクロライト, 微晶石 ((Na, Ca)$_2$Ta$_2$O$_6$(O, OH, F)).

mícro·lìter *n.* ミクロリットル《容量の単位; 100 万分の 1 リットル; 記号 μl》.

mi·cro·lith [máɪkrəlɪθ | -krə(ʊ)-] 〘← MICRO-＋-LITH〙 ── *n.* **1** 〘鉱物〙＝microlite 1. **2** 〘考古〙マイクロリス, 細石器《中石器時代から新石器時代初頭に多く見られる小形の石器》.

mi·cro·lith·ic [màɪkrəlíθɪk | -krə(ʊ)-] 〘⇨↑, -ic¹〙 *adj.* **1** 小石を集めて造った (↔ megalithic). **2** 〘考古〙細石器(様)の; 細石器(時代)人の.

mi·crol·o·gy [maɪkrɑ́lədʒi | -krɔ́lədʒɪ] 〘□ Gk *mikrología* pettiness: ⇨ micro-, -logy〙 ── *n.* **1** 微細な点や差異にこだわりすぎること (hairsplitting). **2** 〘← MICRO-＋-LOGY〙微物研究.

mícro·lùx 〘← MICRO-＋LUX〙 *n.* 〘光学〙マイクロルックス《照度の単位; 100 万分の 1 ルックス》.

mìcro·machíning *n.* ミクロ機械加工《集積回路の部品など極小部品の機械加工》.

mìcro·manipulátion *n.* 〘生物〙顕微操作, 顕微手術《顕微鏡下で観察しながら解剖·注射などを行なう操作》.

mi·cro·mere [máɪkro(ʊ)mɪ̀ə | -krə(ʊ)mɪ̀ə(r)] 〘← MICRO-＋-MERE〙 ── *n.* 〘生物〙小割球《受精卵が不等卵割をした場合の小形の割球をいう; cf. macromere, blastomere》.

mi·cro·me·rit·ics [màɪkro(ʊ)mərítɪks | -krə(ʊ)mɪrít-, -mə-] 〘← MICRO-＋? MERO-²＋? -ITE¹＋-ICS〙 *n.* 粉体工学.

mícro·mèsh *adj.* 〈ストッキングなど〉網目の非常に細かい, 極微メッシュの.

mìcro·méteorite *n.* 〘天文〙 **1** 微小隕石(いんせき)《大気圏通過中摩擦熱の少ないもの》. **2** ＝micrometeoroid. **mìcro·meteorític** *adj.*

mìcro·meteórogram *n.* 小型気象自記器による記録.

mìcro·meteórograph *n.* (飛行機に搭載できる)小型気象自記器.

mìcro·méteoroid *n.* 〘天文〙(砂粒ほどの)ミクロ流星体, 流星塵《micrometeorite ともいう》.

mìcro·meteorológical *adj.* 微気象学の.

mìcro·meteorólogy *n.* 微気象学《大気の最下層の小規模気象を研究する学問; cf. macrometeorology, mesometeorology, macroclimatology, microclimatology》. **mìcro·meteorólogist** *n.*

mi·crom·e·ter¹ [maɪkrɑ́mətə | -krɔ́mɪtə(r), -mə-] 〘《1670》□ F *micromètre* ← MICRO-＋-*mètre* '-METER¹'〙 ── *n.* **1** (顕微鏡や望遠鏡に取り付けた)測微計, 測微尺, マイクロメーター. **2** 〘機械〙＝micrometer caliper.

mícro·mèter² 〘← MICRO-＋METER¹〙 *n.* マイクロメートル, ミクロン《100 万分の 1 m; 記号 μm; micron ともいう》.

micrómeter cáliper *n.* 〘機械〙測微カリパス《micrometer screw により針金·金属板などの厚さを精密に計る器具》.

1 2 3 4 5 6 7 8

micrometer caliper

1 anvil; 2 spindle; 3 graduations; 4 rachet; 5 thimble; 6 sleeve; 7 spindle lock; 8 frame

micrómeter drùm *n.* (六分儀についている)ドラム型副尺《角度を 1/4 分まで読み取るためのもの》.

micrómeter éyepiece *n.* 〘光学〙測微接眼レンズ《視野内に目盛細線が置かれ, 物体の大きさを精密に測定できるようにした顕微鏡·望遠鏡の接眼レンズ》.

micrómeter mícroscope *n.* 測微顕微鏡《測微接眼レンズ (micrometer eyepiece) を備えた顕微鏡》.

micrómeter scréw *n.* 〘機械〙測微ねじ.

mícro·mèthod *n.* 〘物理·化学〙測微法《顕微鏡を用いる, または極めて少量のものを対象とする計測法》.

mic·ro·met·ri·cal [màɪkrəmétrɪkəl, -trə- | -krə(ʊ)métrɪ-] *adj.* 測微計[マイクロメーター]の.

mi·crom·e·try [maɪkrɑ́mətri | -krɔ́mɪtrɪ, -mə-] *n.* 測微法[術]《micrometer を用いて行なう計測法》.

mícro·mhò 〘← MICRO-＋MHO〙 ── *n.* 〘電気〙マイクロモー《コンダクタンスの単位の旧称; 100 万分の 1 モー; 記号 μ℧, 現在は microsiemens (μS) という》.

mìcro·mìcrocurie *n.* 〘物理〙マイクロマイクロキューリー《放射性物質の量の単位; 100 万分の 1 マイクロキューリー; 記号 $\mu\mu$ Cur または *p* Cur》.

mìcro·mícrofarad *n.* 〘電気〙マイクロマイクロファラッド《静電容量の単位; 1 兆分の 1 ファラッド; 記号 $\mu\mu$F; picofarad の俗称》.

mìcro·mícron *n.* ミクロミクロン《100 万分の 1 ミクロン; 記号 $\mu\mu$》.

mìcro·míllimeter *n.* 100 万分の 1 mm (millimicron) (記号 μmm).

mìcro·míniature *adj.* **1** 超小型化した. **2** ＝microminiaturized.

mìcro·miniaturizátion *n.* 超小型化.

mìcro·míniaturize *vt.* 〈電子回路などを〉超小型化する (subminiaturize).

mìcro·míniaturized *adj.* 超小型化した.

mícro·mòdule *n.* マイクロモジュール《超小型の電子回路の単位》.

mícro·mòle *n.* 〘化学〙ミクロモル《100 万分の 1 モル; cf. mole⁴》. **mìcro·mólar** *adj.*

mìcro·morphólogy *n.* **1** ＝microstructure. **2** 〘生物〙微量形態学《特に電子顕微鏡を用いるもの》. **mìcro·morphológic** *adj.* **mìcro·morphológical** *adj.* **mìcro·morphológically** *adv.*

mícro·mòtion *n.* 微細動作(分析)《唯一最善の作業方法を目的に案出された時間·動作研究の一方法; 高速度映画撮影機と測時装置とを用いて作業動作をその最小単位で分析するもの; cf. therblig 1》.

mi·cron [máɪkrɑn | -krɔn, -krən] 〘← NL ～ ← Gk *mikrón* (neut.) ← *mikrós*: ⇨ micro-〙 ── *n.* (*pl.* **~s**, **mi·cra** [-krə]) **1** ミクロン《100 万分の 1 m; 記号 μ; 現在の SI 単位系では 1 μm》. **2** 〘物理化学〙(直径 0.2–10 μ 間の)膠(こう)状微粒子.

mícro·nèedle *n.* 〘生物〙顕微針.

mi·cro·ne·mous [màɪkrəníːməs | -krə(ʊ)-] 〘← MICRO-＋Gk *nêma* thread＋-OUS〙 *adj.* 〘生物〙短糸のある小繊維をもった.

Mi·cro·ne·sia [màɪkrəníːʒə, -ʃə | -zjə, -zɪə, -ʒɪə, -ʒə, -sjə, -sɪə, -ʃɪə, -ʃə] 〘← MICRO-＋Gk *nêsos* island＋-IA¹〙 ── *n.* ミクロネシア《Oceania の一区分; 赤道の北方, 東径 130°–180° の太平洋上にある小島群; Mariana, Caroline, Marshall 諸群島を含む》.

Mi·cro·ne·sian [màɪkrəníːʒən, -ʃən | -zjən, -zɪən, -ʒɪən, -ʒən, -sjən, -sɪən, -ʃɪən, -ʃən] 〘⇨↑, -an¹〙 ── *adj.* **1** ミクロネシア(人)の. **2** ミクロネシア語(派)の. ── *n.* **1** ミクロネシア人《ポリネシア人·メラネシア人·マライ人の混合人種》. **2** ミクロネシア語(派)《オーストロネシア語族(Austronesian)の一派》.

mi·cron·ize [máɪkrənàɪz] *vt.* (直径数ミクロン程度の)微粉[微小体]にする. **mi·cro·ni·za·tion** [màɪkrənɪzéɪʃən, -nə- | -naɪ-, -nɪ-] *n.*

mìcro·núclear *adj.* 〘動物〙微小核[副核]の (cf. micronucleus).

mìcro·núcleate *adj.* 〘動物〙微小核[副核]のある.

mìcro·núcleus 〘← MICRO-＋NUCLEUS〙 *n.* 〘動物〙微小核, 副核《繊毛虫類の細胞中にあって生殖に関係する核; cf. macronucleus》.

mìcro·nútrient 〘← MICRO-＋NUTRIENT〙 ── *n.* **1** 〘生化学〙微量養素 (⇨ trace element). **2** 〘生物〙微量栄養《ビタミンのように重要でしかも少量で足りる栄養; cf. macronutrient》. ── *adj.* 〘生物〙微量栄養(含有)の.

mìcro·órganism *n.* 〘生物〙微生物, 微小動植物《バクテリア·原生動物など; cf. macroorganism》.

mìcro·paleontólogist *n.* 微古生物学者.

mìcro·paleontólogy *n.* 微古生物学. **mìcro·paleontológic** *adj.* **mìcro·paleontológical** *adj.*

mìcro·párasite *n.* 寄生微生物. **mìcro·parasític** *adj.*

mìcro·párticle *n.* 極微粒子.

mìcro·pathólogy 〘← MICRO-＋PATHOLOGY〙 *n.* 顕微病理学《罹病した組織·細胞の変化を研究する》.

mi·cro·phage [máɪkrəfèɪdʒ, -fɑ̀ːʒ | -krə(ʊ)-] 〘← MICRO-＋-PHAGE〙 *n.* 〘解剖〙(血液·リンパ液中の)小食球, 小食細胞, (特に)多核白血球.

mi·cro·phone [máɪkrəfòʊn | -fəʊn] 〘《1683》← MICRO-＋-PHONE〙 ── *n.* マイクロホン, 微音拡大器, (放送·拡声装置·電話の)送話器 (transmitter) (cf. mike¹): a crystal ～ クリスタルマイクロホン / ⇨ velocity microphone, condenser microphone. **mi·cro·phon·ic** [màɪkrəfɑ́nɪk | -fɔ́n-] *adj.*

mícrophone bòom *n.* 〘テレビ〙マイクブーム《マイクロホンをつり下げる腕木》.

mícrophonic nòise *n.* 〘電子工学〙＝microphonics.

mi·cro·phon·ics [màɪkrəfɑ́nɪks | -fɔ́n-] 〘← MICROPHONE＋-ICS〙 ── *n.* 〘電子工学〙マイクロホニック雑音《真空管などの原因によるスピーカーの雑音》.

mi·cro·phon·ism [màɪkrəfóʊnɪzm̩ | -krə(ʊ)fə́ʊn-] *n.* 〘電子工学〙＝microphonics.

mícro·phòt 〘← MICRO-＋PHOT〙 *n.* 〘光学〙マイクロフォト《照度の単位; 100 万分の 1 フォト》.

mìcro·phótograph *n.* **1** マイクロ写真, 微小写真, (書籍·新聞などの)縮小複写《保存場所のスペースの節約を目的に文書の複写などに用いる》. **2** 〘俗用〙顕微鏡写真 (photomicrograph). ── *vt.* …のマイクロ写真をとる. **mìcro·photógrapher** *n.* **mìcro·photográphic** *adj.* **mìcro·photógraphy** *n.* マイクロ写真術.

mìcro·photómeter *n.* 〘写真〙微小物測光器, マイクロフォトメーター《写真原板の微小部分の透過率を求める装置》. **mìcro·photométric** *adj.* **mìcro·photométrically** *adv.*

mìcro·photómetry *n.* 微小物測光《マイクロフォトメーターによる測定》.

mi·cro·phyll [máɪkrəfɪ̀l] 〘← MICRO-＋-PHYLL〙 ── *n.* 〘植物〙 **1** 小葉. **2** 小成葉《ヒカゲノカズラ (clubmoss) の葉のように分枝のない単葉脈をもち葉隙の見えぬ葉; cf. microphyllous》.

mi·cro·phyl·lous [màɪkrəfíləs | -krə(ʊ)-] 〘← MICRO-＋-PHYLLOUS〙 ── *adj.* 〘植物〙 **1** 小葉の, 葉の小さい. **2** 小成葉 (microphyll) の (cf. macrophyllous).

mìcro·phýsical *adj.* ミクロ物理学(上)の. **mìcro·phýsically** *adv.*

mìcro·phýsics 〘← MICRO-＋PHYSICS〙 *n.* 微視的物理学, ミクロ物理学《素粒子·原子·分子などを扱う物理学の一分野》.

mi·cro·phyte [máɪkrəfàɪt | -krə(ʊ)-] 〘← MICRO-＋-PHYTE〙 ── *n.* 〘植物〙(通例寄生性の)微小植物; (特に)バクテリア (bacterium). **mi·cro·phyt·ic** [màɪkrəfítɪk | -krə(ʊ)fít-] *adj.*

mi·cro·pi·a [maɪkróʊpiə | -krə́ʊpjə, -pɪə] *n.* 〘眼科〙＝micropsia.

mìcro·pipétte *n.* (*also* **mìcro·pipét**) **1** 〘化学〙ミクロピペット《微量物(質)を測定するための小型ピペット》. **2** (顕微注射(microinjection)用の)小型ピペット.

mìcro·plánkton *n.* (顕微鏡的)微小プランクトン, 小形プランクトン; (特に)微細プランクトン (nannoplankton).

mìcro·populátion *n.* 〘生態〙 **1** (ある特定の生息環境にすむ)微生物集団. **2** 狭域生物集団.

mícro·pòre *n.* 微小孔.

mìcro·porósity *n.* 〘冶金〙微小孔構造《金属鋳造の際ガス等の放出により生じる微妙な孔を伴う構造》.

mìcro·pórous 〘← MICRO-＋POROUS〙 *adj.* 微小孔のある: chlorinated rubber of ～ structure 微小孔構造の塩化ゴム.

mícro·prìnt *n.* マイクロプリント, 縮小写真印画《書籍·新聞などを縮写したもの; これを読むには特殊な拡大装置を用いる》. ── *vt.* …のマイクロプリントを作製する.

mícro·pròbe *n.* 〘物理〙ミクロ分析器《通例光学器械を組合わせたミクロ電子線利用の岩石・鉱物・ガラス・合金などの化学成分分析器》.

mícro·procèssor *n.* 〘電算機〙マイクロプロセッサー, マイクロ処理装置《1 個ないし数個の集積回路で構成されるような超小型コンピューターの処理装置》.

mìcro·prógram *n.* 〘電算機〙マイクロプログラム《microprogramming に用いられるルーチン (routine)》. — *vt.* 〈電算機〉にマイクロプログラムを組込む.

mìcro·prógramming *n.* 〘電算機〙マイクロプログラミング《計算機における基本命令をさらに基本的な動作に分解することによって, 基本命令をプログラムすること》.

mìcro·projéctor *n.* 〘光学〙微小物拡大映写機《顕微鏡像を映写して見られるようにした装置》.

mi·crop·si·a [maɪkrápsiə | -krɔ́psiə] 〘← NL ～: ⇨ micro-, -opsia〙 — *n.* (*also* **mi·crop·sy** [máɪkrɑpsi | -krɔpsi]) 〘病理〙小視症, 微視《物体が実際より小さく見える症状; micropia ともいう; cf. macropsia》.

mi·crop·ter·y·gid [màɪkrɑptérədʒɪd, -dʒəd | -krɔp-térɪdʒɪd] 〘← NL *Micropterygidae* (↓)〙〘昆虫〙 — *adj.* コバネガ(科)の. — *n.* コバネガ《コバネガ科のガの総称》.

Mi·crop·te·ryg·i·dae [maɪkrɑ̀ptərídʒədìː | -krɔ̀ptə-rídʒɪ-] 〘← NL ～ ← *Micropteryg-*, *Micropteryx* (属名: ⇨ micro-, ptero-): ⇨ -idae〙 — *n. pl.* 〘昆虫〙(鱗翅目)コバネガ科.

mìcro·publicátion *n.* **1** マイクロフォーム (micro-form) 出版. **2** マイクロフォーム出版物.

mìcro·públish *vt.* マイクロフォームで出版する. **mìcro·públishing** *n.* **mìcro·públisher** *n.*

mìcro·pulsátion *n.* 〘地球物理〙(地球の磁場の)超短脈動《5 分の 1 秒ないし数百秒の脈動》.

mìcro·púncture *n.* **1** 〘医学〙微小穿刺(ㅤ). **2** 〘病理〙(血管などの)微小破裂.

mi·cro·pyle [máɪkrəpàɪl | -krə(ʊ)-] 〘□ F ～ ← MICRO- + Gk *púlē* gate, orifice: ⇨ pylon〙 — *n.* **1** 〘動物〙卵門, 受精孔. **2** 〘植物〙(胚珠(ㅤ)の)珠孔. **mi·cro·py·lar** [màɪkrəpáɪlə | -krə(ʊ)páɪlə(r] *adj.*

mìcro·pyrómeter *n.* 〘物理〙微温計《微小発光[発熱]体の検温器》.

mìcro·rádiograph *n.* 微細 X 線写真. **mìcro·radiográphic** *adj.* **mìcro·radiógraphy** *n.*

mícro·rèader *n.* マイクロリーダー, マイクロフィルム拡大読取り器. ⌈microcopy.

micro·reprodúction *n.* **1** マイクロ複製. **2** =

micros. 《略》microscopist; microscopy.

mícro·scàle *n.* 微小な規模[スケール]; (特に)〘化学〙微量分析 (microanalysis) のスケール. ⌈ケールで. ***on a microscale*** 微小な規模で; 〘化学〙微量分析のス

mi·cro·sclere [máɪkrəsklɪə | -sklɪə(r] 〘← MICRO- + *sclere* (⇨ sclero-)〙 — *n.* 〘動物〙微小骨片《同一種の海綿の骨片が大小 2 種から成る場合の小さい方の骨片; cf megasclere》.

mi·cro·scope [máɪkrəskòʊp | -skɔ̀ʊp] 〘(1656) ← NL *mīcroscopium* 《原義》an instrument for examining small objects: ⇨ micro-, -scope〙 — *n.* **1** 顕微鏡: a binocular ～ 双眼顕微鏡 / ⇨ compound microscope / a reading ～ 読取顕微鏡. **2** [the M-] 〘天文〙けんびきょう(顕微鏡)座 (⇨ Microscopium).

mi·cro·scop·ic [màɪkrəskápɪk | -skɔ́p-] 〘← NL *mi-croscopicus*: ⇨ ↑, -ic¹〙 — *adj.* **1** 顕微鏡の, 顕微鏡の使用による; 顕微鏡の作用をする; 顕微鏡的な: a ～ examination 顕微鏡検査, 検鏡 / the ～ eye 顕微鏡的な目 / make a ～ study of ...を顕微鏡で研究する. **2** 顕微鏡でしか見えない; 極微の, 微細な (cf. macroscopic 1): a ～ organism 顕微鏡的有機体, 微生物. **3** ごく小さい, 超小型の: a ～ pocket-book. **4** 〘物理〙微視的な《原子・分子ないし素粒子の世界に関していう; cf. macroscopic 2》. **mi·cro·scóp·i·cal·ly** *adv.*

mi·cro·scóp·i·cal [-pɪkəl, -pə- | -pɪ-] *adj.* =microscopic.

mi·cros·co·pist [maɪkrɑ́skəpɪst, màɪkrəskóʊp-, -pəst | maɪkrɔ́skəpɪst] *n.* 顕微鏡の(熟練)使用者.

Mi·cro·sco·pi·um [màɪkrəskóʊpiəm | -krə(ʊ)skə́ʊ-pjəm, -pɪəm] 〘← NL *microscopium*: ⇨ microscope〙 — *n.* 〘天文〙けんびきょう(顕微鏡)座《南天の小星座で Capricorn の南にある; the Microscope ともいう》.

mi·cros·co·py [maɪkrɑ́skəpi, máɪkrəskòʊpi | maɪ-krɔ́skəpɪ] *n.* 〘医学・生物〙顕微鏡検査(法), 検鏡.

mìcro·sécond 〘← MICRO- + SECOND²〙 *n.* マイクロセカンド《時間の単位; 100 万分の 1 秒; 記号 μsec》.

mìcro·séction *n.* 検鏡用薄切片.

mícro·sègment *n.* 〘言語〙小分節《大分節 (macrosegment) をプラス連接 (plus juncture) のあるところで区切った時に得られる部分; cf. macrosegment》.

mi·cro·seism [máɪkrəsàɪzm, -sm | -krə(ʊ)sàɪzm] 〘← MICRO- + SEISM〙 *n.* 〘地球物理〙(地震その他の原因による)微弱な地殻脈動.

mi·cro·seis·mic [màɪkrəsáɪzmɪk, -sáɪs- | -sáɪz-] *adj.* 微弱な地殻脈動の. **mi·cro·séis·mi·cal** *adj.*

mìcro·séismograph 〘← MICROSEISM + -GRAPH〙 *n.* 微震記録器, 微震計.

mìcro·seismómeter *n.* 微震計. ⌈微震測定法.

mìcro·seismómetry 〘⇨ microseism, -metry〙 *n.*

mícro·shèet *n.* 〘写真〙=microfiche.

mícro·siemens 〘← MICRO- + SIEMENS〙 *n.* 〘電気〙マイクロジーメンス《コンダクタンスの単位; 100 万分の 1 ジーメンス; 記号 μS》.

mícro·skìrt *n.* 超ミニスカート《ヒップが隠れる程度の短いスカート; cf. miniskirt》.

mícro·slìde *n.* マイクロスライド, 極微スライド《顕微鏡で観察するため微小な被検体を載せるガラス板[プレパラート]》.

mi·cro·some [máɪkrəsòʊm | -krə(ʊ)sə̀ʊm] 〘← NL *microsōma*: ⇨ micro-, -some³〙 — *n.* 〘生物〙 **1** (細胞内の)微粒体. **2** ミクロゾーム《細胞を破壊して遠心機で分離した時に得られる小結粒; リボゾーム, 小胞体の破片などより成る》. **mi·cro·som·al** [màɪ-krəsóʊməl | -krə(ʊ)sə́ʊ-] *adj.* **mì·cro·só·mi·al** [-miəl | -mɪ-] *adj.* **mì·cro·só·mic** [-mɪk] *adj.*

mìcro·spécies *n.* 〘生物〙微細種, 小種《小さな差異によって区別される種; cf. macrospecies》.

mìcro·spectrophotómeter *n.* 〘光学〙微小分光光度計《一個の微結晶・細胞などの微小物体の分光特性を測定する光度計》. **mícro·spectrophotomé-tric** *adj.* **mícro·spectrophotométrical** *adj.* **mícro·spectrophotométrically** *adv.* **mí-cro·spectrophotómetry** *n.*

mìcro·spéctroscope *n.* 顕微分光器《顕微鏡と分光器を組合せ, 微小物体の分光特性を測定する装置》.

mícro·sphère *n.* **1** 〘生物〙ミクロスフェア《有孔虫類の最初の非常に小さい殻》. **2** 極小球(体). **mìcro·sphérical** *adj.*

mìcro·sporángium 〘← NL ～: ⇨ micro-, sporangium〙 *n.* 〘植物〙小胞子嚢(ㅤ) (cf. megasporangium).
mi·cro·spo·ran·gi·ate [màɪkro(ʊ)spərǽndʒiət, -ɪt | -krə(ʊ)spərǽndʒɪət, -dʒɪɪt] *adj.*

mi·cro·spore [máɪkrəspɔ̀ə, -spɔ̀ə | -krə(ʊ)spɔ̀ː(r] 〘← MICRO- + SPORE〙 — *n.* 〘植物〙小胞子; (顕花植物の)花粒粉. **mi·cro·spor·ic** [màɪkrəspɔ́ːrɪk, -spɔ́ːr- | -krə(ʊ)spɔ́ːr-] *adj.* **mì·cro·spo·rous** [màɪkrəspɔ́ː-rəs, -spɔ́ːr-, maɪkrɑ́spər- | màɪkrə(ʊ)spɔ́ːr-, maɪkrɔ́s-pər-] *adj.*

Mi·cro·spo·rid·i·a [màɪkrəspɔːrídiə, -spɔːr- | -krə(ʊ)-spɔːrídɪə] 〘← NL ～ ← MICRO- + *-sporidia* (⇨ sporo-, -idia)〙 *n. pl.* 〘動物〙微胞子虫目.

mi·cro·spo·rid·i·an [màɪkro(ʊ)spərídiən | -krə(ʊ)-spərídɪ-] 〘⇨ ↑, -an¹〙 *adj., n.* 〘動物〙微胞子虫目の(動物).

mi·cro·spo·ro·cyte [màɪkro(ʊ)spɔ́ːrəsàɪt, -spɔ́ːr- | -krə(ʊ)spɔ́ːr-] 〘⇨ microspore, -cyte〙 — *n.* 〘植物〙小胞子母細胞.

mi·cro·spò·ro·génesis [màɪkrəspɔ̀ːro(ʊ)-, -spɔ̀ːr- | -krə(ʊ)spɔ̀ːrə(ʊ)-] 〘← NL ～: ⇨ microspore, -genesis〙 *n.* 〘植物〙小胞子生殖.

mìcro·spórophyll *n.* 〘植物〙小胞子葉.

mi·cro·stat [máɪkrəstæ̀t | -krə(ʊ)-] 〘← MICRO- + -STAT〙 *n.* 〘写真〙マイクロスタット《複写ネガから直接に作られるネガのマイクロ写真》.

mícro·stàte *n.* 〘政治〙ミクロ国家《国土が狭く人口も少なく資源に乏しい新興独立国; cf. ministate》.

mìcro·stéthoscope *n.* 〘医学〙増幅聴診器.

mìcro·stómatous *adj.* 〘病理〙小口(症)の.

mi·cro·sto·mi·a [màɪkrəstóʊmiə | -krə(ʊ)stə́ʊmɪə, -mjə] *n.* 〘病理〙小口(症) (cf. macrostomia).

mi·cros·to·mous [maɪkrɑ́stəməs | -krɔ́s-] *adj.* 〘病理〙=microstomatous.

mícro·strèss *n.* 〘物理〙微小応力.

mícro·strùcture *n.* **1** 〘生物・解剖〙微小[微細]構造, ミクロ構造. **2** 〘冶金〙ミクロ組織, 顕微鏡組織《顕微鏡によって観察し得るような金属合金の結晶などの微細組織》. **mìcro·strúctural** *adj.*

mi·cro·sty·lous [màɪkrəstáɪləs | -krə(ʊ)-] 〘← MICRO- + -STYLOUS〙 — *adj.* 〘植物〙〈花が〉花柱の短い; (特に)花柱が短く花糸が長い (cf. macrostylous).

mìcro·súrgery *n.* 〘医学〙顕微外科, マイクロサージャリー(処理)《顕微鏡下でレーザー光線・顕微操作器などを用いて行なう手術: cf. micromanipulation, nanosurgery》. **mìcro·súrgical** *adj.*

mícro·switch *n.* (自動制御装置の)高感度スイッチ, マイクロスイッチ.

mícro·sỳstem *n.* 〘生物〙微生物(系).

mìcro·tèaching *n.* 〘教育〙マイクロティーチング《教育実習生が数名の生徒を対象に 5-20 分の授業を実施するのをビデオテープに録画し, それをもとに実習生の批評・評価が行なわれる訓練方法; 1963 年に Stanford 大学で開発》. ⌈(操作)技術.

mícro·tèchnic *n.* (*also* **mìcro·techníque**) ミクロ

mìcro·téktite 〘⇨ micro-, tektite〙 *n.* 〘海洋〙極微テクタイト《海底沈澱物中にある微細な宇宙塵 (cosmic dust) の一種; cf. tektite》.

mícro·tèxt *n.* マイクロテキスト《マイクロフォーム (microform) によるテキスト》.

mi·cro·therm [máɪkrəθə̀ːm | -krə(ʊ)θə̀ːm] *n.* 〘植物〙低温植物《生長に年間平均気温 0°-14°C を必要とする植物; cf. megatherm, mesotherm》.

mi·cro·tome [máɪkrətòʊm | -tə̀ʊm] 〘← MICRO- + -TOME〙 *n.* ミクロトーム《顕微鏡用薄片切断器》.

mi·crot·o·my [maɪkrɑ́təmi | -krɔ́təmɪ] 〘⇨ ↑, -y¹〙 *n.* 〘医学〙顕微鏡用薄片切断術. **mi·cro·tom·ic** [màɪ-krətɑ́mɪk | -tɔ́m-] *adj.* **mì·cro·tóm·i·cal** *adj.*

mícro·tòne *n.* 〘音楽〙微分音《半音よりも狭い音程; またその音; 4 分音, 6 分音など》. **mìcro·tonáli-ty** *n.* **mìcro·tónal** *adj.* **mìcro·tónally** *adv.*

mìcro·túbule *n.* 〘生物〙微小管《細胞で見られる直径 250 オングストロームの微小な管; 細胞の運動や形態の保持などに関係し繊毛・鞭毛(ㅤ)・紡錘糸の構成成分でもある》. **mìcro·túbular** *adj.*

mìcro·váscular *adj.* 〘解剖〙(毛細管などのような)微小血管の[に関する]. **mìcro·vásculature** *n.*

mìcro·villi 〘← NL ～: ⇨ micro-, villus〙 — *n. pl.* 〘解剖〙微小絨毛. **mi·cro·vil·lar** [màɪkro(ʊ)vílə | -krə(ʊ)vílə(r] *adj.* **mi·cro·vil·lous** [màɪkro(ʊ)víləs | -krə(ʊ)-] *adj.*

mícro·vòlt *n.* 〘電気〙マイクロボルト《電圧の単位; 100 万分の 1 ボルト; 記号 μV, μv》.

mícro·wàtt *n.* 〘電気〙マイクロワット《電力の単位; 100 万分の 1 ワット; 記号 μW, μw》.

mícro·wàve *n.* 〘電気〙マイクロ波《1 m-1 cm の電波; 以前は波長 10 m 以下のものをいった》. — *adj.* マイクロ波の, マイクロウェーブの: ～ ther-⌊apy.

mícrowave óven *n.* (調理用)電子レンジ.

mícrowave spéctroscope *n.* 〘物理〙マイクロ波分光測定器.

mícrowave spectróscopy *n.* 〘物理〙マイクロ波分光学《マイクロ波によって, 気体・液体・固体の吸収スペクトルを研究する科学》.

mícro·wòrld *n.* 極微世界 (↔ macroworld).

mi·cro·zo·on [màɪkrəzóʊɑn | -krə(ʊ)zə́ʊən] 〘← MICRO- + -ZOON〙 *n.* (*pl.* **-zo·a** [-zóʊə | -zə́ʊə]) 微小動物; (特に)原生動物 (protozoan).

mi·cro·zyme [máɪkrəzàɪm | -krə(ʊ)-] 〘□ F ～: ⇨ micro-, zyme〙 *n.* 発酵微生物.

mí·crur·gist [-dʒɪst, -dʒəst | -dʒɪst] *n.* 顕微操作者.

mi·crur·gy [máɪkrəːdʒi | -krəːdʒɪ] 〘← MICRO- + -URGY〙 — *n.* 〘生物〙顕微操作法《顕微鏡で見ながら解剖・注射などを行なう》. **mi·crur·gi·cal** [maɪ-krə́ːdʒɪkəl, -dʒə- | -krə́ːdʒɪ-] *adj.* **mi·crúr·gic** *adj.*

mic·tion [míkʃən] 〘□ LL *mictiō(n-)* ← L *mictus* (p.p.) ← *meiere* to urinate: ⇨ -tion〙 *n.* 〘生理〙= micturition.

mic·tu·rate [míktʃurèɪt, -tər- | -tju(ə)r-] 〘← L *mictu-rīre* (↓) + -ATE³〙 *vi.* 排尿する (urinate).

mic·tu·ri·tion [mìktʃuríʃən, -tər- | -tju(ə)r-] 〘(1725) □ L *micturītiō(n-)* ← *micturītus* (p.p.) ← *micturīre* to desire to make water ← *mictus* (p.p.) ← *meigere* to make water: ⇨ -tion〙 — *n.* 〘生理〙排尿, 放尿 (urination): ～ desire 尿意.

mid¹ [míd] 〘OE *midd* ← Gmc **miðja-*, **meðja-* (G *mitte* / ON *miðr* / Goth. *midjis* middle) ← IE **medhi-* middle (L *medius* / Gk *mésos* / Skt *madhya*)〙 — *adj.* **1** 中部の, 中間の, 真中の, 中... (middle): the ～ finger 中指 / in ～ April 四月中旬に / in ～ ocean 大洋の真中で / in ～ career [course] 中途で / ⇨ midair, midmorning. ★ 今は通例複合語の構成素として用い, それ以外は middle を用いる (⇨ mid-). **2** 〘音声〙〈母音が〉舌の位置が中位の, 中母音の (cf. high 14, low¹ 20): ～ vowels 中母音 ([e] [ə], [o] など). **3** 〈色が〉中間の: ～ brown [gray, etc.]. — *n.* 《古》中央, 中間 (middle).

mid² [mɪd] 〘(頭音消失) ← AMID〙 *prep.* (*also* **'mid** [～]) 《詩》=amid¹.

mid. 《略》middle; midnight.

Mid. 《略》Midlands; Midshipman.

mid- [mɪd] 〘← MID¹〙「中間 (middle); 中間部分の」の意の連結形: *mid*-Atlantic / in *mid*-Channel イギリス海峡の真中で[に] / in the *mid*-nineties of the 19th century 19 世紀 90 年代の中頃に / from *mid*-June to *mid*-August 六月中旬から八月中旬まで.

mìd·afternóon *n.* 午後の中頃《午後 3 時前後》: in ～. — *adj., adv.* 午後の中頃の[に].

mìd·áir *n.* 空中, 中空, 虚空(ㅤ): The parachute was floating in ～. パラシュートが空に浮かんでいた / He gazed at ～, lost in thought. ぼんやり物思いに沈んで宙を見つめていた.

Mi·das¹ [máɪdəs | -dæs, -dəs] 〘□ L ～ □ Gk *Mídas*〙 — *n.* **1** 〘ギリシャ神話〙ミダス《Phrygia の王; 手を触れる一切のものを金に変える力を Dionysus から与えられたが, 食物も飲料も金になってしまう苦しみから免れることを願って Pactolus 川に水浴したため, その川の砂が金色に変ったという》. **2** 富豪, 大金持ち (cf. Croesus); 金もうけの名人.

(the) Midas touch 大金をもうけるこつ.

Mi·das² [máɪdəs | -dæs, -dəs] 〘《略》← *mi(ssile) d(e-fense) a(larm) s(ystem)*〙 *n.* 〘軍事〙ミダス衛星《米国の弾道ミサイル探知用の人工衛星》.

míd-Atlántic *n., adj.* 中部大西洋(の).

míd·bràin *n.* 〘解剖〙中脳 (mesencephalon).

míd·chànnel *n.* 水路 (channel) の中程.

mid·clavícular line *n.* 〘医学〙鎖骨中央線《垂直に引いた線で, 記載の規準に用いる》.

mid·cóntinent *n.* 大陸の中程.

mid·cóurse 〘航空・宇宙〙 *n.* **1** (航空機・宇宙船の)コースの中間点. **2** (ロケットの)中間軌道《動力飛行終了から大気圏再突入までの弾道部分》. — *adj.* **1** (航空機・宇宙船の)コースの中間点の. **2** 中間軌道の.

mid·cult [mídkʌ̀lt] 〘← MID¹ + CULT(URE)〙 《口語》 *n.* (マスメディア (mass media) によって平均化された)中間文化. — *adj.* 中間文化の (cf. masscult).

mid·day [⌐⌐, ⌐⌐] 〘OE *middæg*: ⇨ mid¹, day〙 — *n.* **1** 正午, 真昼 (noon): at ～ 正午に. **2** 〘カトリック〙=sext 1. — *attrib. adj.* 正午の, 真昼の (cf.

midnight): a ~ meal 昼食 / a ~ nap 昼寝.

mid·den [mídn̩] 〘(1340) myd(d)yng ▭ Scand. (Dan. *mødding* ← *møg* dung+*dynge* heap): cf. muck〙 — *n.* **1** 《英》くそ山, こやし山 (dunghill): A cock is bold on his own ~. ⇨cock¹ *n.* 1. **2** 〘考古〙貝塚 (kitchen midden).

mid·dle [mídl̩] 〘OE *middel* < (WGmc) **middila* ← **middi* < Gmc **miðja* (OHG *mittil* / ON *medhal* (prep.) amid): ⇨ mid¹, -le²〙 — *adj.* **1 a** (空間・数・時間などの)真中の, 中央の (central): the ~ point of a line 線の中点 / in one's ~ fifties 五十代半ばで. **b** 中間の, 中程の, 両極端のどちらでもない (intermediate) (cf. medial, median): a box of ~ size 中位の大きさの箱 / a ~ opinion 中間的な意見 / take the ~ course (両極端を避けて)穏健な中道をとる / take a ~ point of view 中間の見解をとる. **2** 中位の (medium): a man of ~ height [size] 中背(ちゅうぜい)[中肉]の人. **3** [M-] (言語史で)中期の (cf. early 4 b): ⇨ Middle English, Middle French. **4** 〘文法〙中間態の《ギリシャ語・サンスクリット語などの動詞で, Active と Passive の間にあって主語に対して Reflexive または Intransitive の意味を示す Voice についていう; 例えばギリシャ語の gráphō (I write) に対する gráphomai (I write for myself)》: the ~ voice 中間態. **5** 〘海事〙 **a** 〈予備帆や索具類が〉中檣(ちゅうしょう)の. **b** 〈支索類の上端が〉中檣に留めてある. **6** [M-] 〘地質〙中期の: the *Middle* Jurassic period 中期ジュラ紀. **7** 〘経営〙(top に次いで)中間の: ⇨ middle management.
— *n.* **1** [the ~] **a** (位置・時間の)中央, 真中, 中央部, 中点: in *the* ~ of the road, stage, night, etc. / in [at, about] *the* ~ of next month [year] 来月[年]の中頃 / *the* ~ of war 戦争の最中(さなか) / part the hair in *the* ~ 髪を真中で分ける. **b** (ある行為の)中途, 間, 最中: in *the* ~ of a meal [a race, one's work] 食事[競走, 仕事]の最中に[途中で]. **2 a** [the ~, one's ~] (人体の)胴中(どうなか), 胴, 腰 (waist) (cf. bottom): a belt round one's ~. **b** (食肉用の家畜の, 頭と四肢を切離した)胴, 胴肉. **c** (ボローニャソーセージ用の)牛の大腸. **3 a** (両極端のいずれにも属さない)中間, 中道(的意見). **b** [集合的] 中間派, 中道派(の人々). **c** 《口語》中流階級の人. **4** 《英》=middle article. **5** 《米南部》(農作物の畝(うね)と畝の間の)溝. **6** 〘文法〙(ギリシャ語などの)中間態 (middle voice) (cf. *adj.* 4). **7** 〘論理〙=middle term 1. **8 a** 〘クリケット〙 middle stump を防ぐバットの構え. **b** 〘サッカー〙右[左]翼前衛から前衛線の中央に球を蹴り送ること. **c** 〘カナディアンフットボール〙=tackle 5. **d** 〘野球〙二遊間《二塁手と遊撃手との間の部分》.
in the middle 《俗》困って. ***knock*** [***send***] ***a person into the middle of next week*** 《俗》〈人を〉追っ払う; やっつける, 気絶させる. ***play both ends against the middle*** ⇨ end 成句.
— *vt.* **1** 真中[中央]に置く. **2** 〘海事〙〈綱・帆などを〉真中から二つに折る (double).

míddle áge *n.* 中年, 初老《通例 40–60 歳; cf. old age》: a man of ~. 「ふさわしい].

míddle-áged [-éɪdʒd] *adj.* 中年の; 中年者らしい[に

míddle-áger *n.* 中年の人 (cf. teenager).

Míddle Áges *n. pl.* [the ~] 〘歴史〙中世《ヨーロッパ史で通例西ローマ帝国の滅亡からルネサンスまで, すなわち 5 世紀末から 14 世紀半ばごろまで; 時には 1500 年ごろまでをもいう; cf. Dark Ages, medieval history》.

Míddle América *n.* **1 a** 中部アメリカ《メキシコ・中央アメリカ, および通例西インド諸島を含む地域》. **b** 米国中西部. **2** 米国の中産階級《政治的には中道で, 地理的には主に中西部諸州に住む人々》.

Míddle Américan *n.* **1 a** 中部アメリカ人. **b** (米国)中西部の人. **2** (米国)中産階級の人. — *adj.* **1 a** 中部アメリカ(人)の. **b** (米国)中西部(人)の. **2** (米国)中産階級(の人)の.

míddle árticle *n.* 《英》(新聞・週刊紙などの)随筆記事《社説などより時局性の少ない, 中間読み物風の文学的随筆類; 単に middle ともいう》.

Míddle Atlántic Státes *n. pl.* [the ~] (米国の)大西洋沿岸中部諸州《New York, New Jersey, Pennsylvania の 3 州, または Delaware, Maryland を加えて 5 州; Middle States ともいう》.

míddle báse *n.* 〘紋章〙盾の下部中央 (⇨ heraldry B 挿絵). 「forebody).

míddle bòdy *n.* 〘海事〙中部船体 (cf. afterbody,

míddle-bràcket *adj.* (分類表などで)中間に位する, 中間層の (cf. upper-bracket).

míddle·brèaker *n.* 〘農業〙=middlebuster.

míddle·bròw *n.* **1** 教養[学問, 知識など]の中位の人, 知能が人並の人 (cf. highbrow). **2** 因襲[俗物]的な人. — *attrib. adj.* 教養が中位の, 知識が人並の.

míddle·bùster *n.* 〘農業〙あぜ作り機 (lister).

míddle Ć [-síː] *n.* 〘音楽〙中央のハ音《低音部譜線上(じょう)第一線ないし高音部譜線下(か)第一線によって示される》. 「挿絵 B).

míddle chíef *n.* 〘紋章〙盾の上部中央 (⇨ heraldry

míddle-cláss *adj.* **1** 中流の, 中流階級[社会]の. **2** 中流階級的な, ブルジョアの: a ~ creed / ~ morality / It's ~ to submit. 黙従するのは中流階級的だ.

míddle cláss *n.* **1 a** [the ~] 中間層, 中流階級 (cf. lower class, upper class). **b** [the ~es] 中間層(の人人), 中流階級(の人々). **2** [the ~] (英国で貴族階級と労働階級との中間にある)中流階級: the upper [lower] ~ 中流の上[下]層階級 / the workaday ~ 中産勤労階級. **3** 中級, 中等. 「の旧名; ⇨ Congo 2).

Míddle Cóngo *n.* 中部コンゴ《Congo (Brazzaville)

míddle dístance *n.* **1** [the ~] 〘美術〙(景色・絵画などの)中景《近景と遠景の中間の位置にある景観; cf. background 1, foreground》. **2** 〘陸上競技〙中距離《400–1500 m まで, または 440 ヤードから 1 マイルまで》.

Míddle Dútch *n.* 中期オランダ語《1100–1500 年ご

míddle éar *n.* 〘解剖〙中耳 (tympanum). ⌊ろ》.

míddle-éarth 〘ME *middelerthe*〙 *n.* 《古・詩》(天国と地獄との間にあるとされる)地, 地球 (earth).

Míddle Éast *n.* [the ~] 中東《Libya から Afghanistan (または Pakistan) におよぶ地域; もと英国では Constantinople から中国国境までの地域を指した; cf. Far East, Near East》.

Míddle Éastern *adj.* 中東の.

Míddle Émpire *n.* [the ~] =Middle Kingdom 1.

Míddle Énglish *n.* 中(期)英語《1100–1500; 略 ME; cf. English *n.* 1》. ★ Middle English の年代は Middle Ages とは一致しないので「中世英語」の訳語は用いないようになった.

Míddle-Européan *adj.* 中部ヨーロッパの, 中欧の《ほぼフランスの東部, ソ連の西部にある地域につい

míddle fínger *n.* 中指. ⌊ていう》.

Míddle Frénch *n.* 中期フランス語《14–16 世紀; ⇨ French 1 a》. 「end game).

míddle gáme *n.* 〘チェス〙中盤戦 (cf. opening 8,

Míddle Gréek *n.* =Medieval Greek.

míddle gróund *n.* 〘美術〙=middle distance 1.

míddle·hànd 〘《なぞり》← G *Mittelhand*〙 *n.* 〘トランプ〙(skat など 3 人遊びのゲームで)二番手, なか《配り手の右隣りで二番目に札を配られる人》.

míddle héavyweight *n.* (重量挙げ・レスリングの)ミドルヘビー級の選手 (⇨ weight 表).

Míddle Hígh Gérman *n.* 中期高地ドイツ語, 中高ドイツ語《1100–1500 年ごろ; ⇨ German² 2》.

Míddle Írish *n.* 中期アイルランド語《11–15 世紀》.

Míddle Kíngdom *n.* [the ~] **1** (古代エジプトの)中王国時代《2133?–1778 B.C. の第 11–12 王朝の時代; Middle Empire ともいう; cf. New Kingdom, Old Kingdom》. **2** 〘《なぞり》← Chin. (Mandarin) *chung kuo* (中国)〙(昔の)中国, 中華.

míddle lamélla *n.* 〘植物〙中層《組織をなしている植物細胞膜の間にはさまれたペクチン質の層》.

Míddle Látin *n.* 《まれ》=Medieval Latin 1.

míddle látitude *n.* 〘地理・天文〙中間緯度, 中緯度地帯 (mean latitude). 「dle class 1).

míddle lífe *n.* **1** 中年. **2** 《英》中流生活 (cf. mid-

Míddle Lów Gérman *n.* 中期低地ドイツ語, 中低ドイツ語《1100–1500 年ごろ; ⇨ German² 2》.

míddle·màn [-mæ̀n] *n.* (*pl.* **-men** [-mèn]) **1** (生産者と小売商または消費者との中間に立って自己の責任で取引きの仲介をする)問屋, 仲立人, 仲買人, 中間商人, 周旋屋. **2** 仲人, 仲介者, 媒介者 (intermediary): act as ~ 仲人[仲介]をする. **3** =interlocutor 2. **4** 中庸を採る[守る]人.

míddle mánagement *n.* 〘経営〙**1** (企業の)中間管理[職能]. **2** 中間管理者, 中間管理層《最高管理層の次に位する; 次長・課長など; cf. top management》.

míddle márker *n.* 〘航空〙中間マーカー《計器着陸方式において滑走路端から距離を知らせる内側のマーカービーコン》.

míddle màst *n.* 〘海事〙(奇数本のマストにおける中檣(ちゅうしょう), (五檣船の場合の)第三檣 (mizzenmast).

míddle·mòst 〘《a1325》 *middelmast*: ⇨ middle (adj.), -most〙 *adj.* (一番)真中の (midmost).

míddle name [ˊ-ˋ | ˋ-ˊ] *n.* **1** 中間名, ミドルネーム (⇨ name 1). **2** 《比喩》個人の著しい特徴[性質]: Honesty is his ~.

míddle-of-the-róad *adj.* (両極端の)中間の, 中道の, 中庸の, 極端に走らない: ~ politics 中道政治.

míddle-of-the-róad·er *n.* 中道を歩む人, 穏健派[主義]の人.

míddle-of-the-róad·ism [-róudɪzm | -rə́ud-] *n.* 中道主義, 穏健主義.

míddle óil *n.* 〘化学〙中油 (⇨ carbolic oil).

míddle pássage *n.* [the ~] 〘海事〙(アフリカ西岸と西インド諸島との間の)航海の中間部《大西洋の真中で航海日数が長く, 昔, 奴隷輸送中に多くの死亡者を出した所》.

Míddle Páth *n.* [the ~] 〘ヒンズー教・仏教〙中道《放縦と苦行との中間をいく修業の道》.

míddle píece *n.* 〘動物〙中片《精子の頭部と尾部の

míddle póint *n.* 〘数学〙中点. ⌊中間部》.

mid·dler [mídlə, -dl̩ə | -dlə(r, -dl̩ə(r] 〘← MIDDLE+-ER¹〙 — *n.* **1 a** (三年制神学校の)二年生. **b** (四年制中(等)学校の)二年生または三年生. **c** (私立学校の)中等科 (junior high school) に相当する課程に属する生徒. **2** 《廃》調停者, 仲裁人. 「桟, 横桟, 腰桟.

míddle ráil *n.* 〘建築〙(ドアの縦框を中間で結ぶ)帯

míddle-róad·er *n.* =middle-of-the-roader.

míddle·sàil *n.* 〘海事〙中檣の最下部の帆.

Mid·dles·brough [mídl̩zbrə, -bʌ̀ːrə | -brə] 〘ME *Mid(e)lesburc* 《原義》 Middlemost burg: cf. OE *midleste burg*〙 — *n.* イングランド北部 Cleveland 州 Tees 河口の港市・首都; 人口 154,000.

míddle schòol *n.* (欧米諸国での)中間学校《米国では elementary school の高学年と junior high school を含んだものに相当し, 教育制度の 5–8 学年に相当する; 英国では primary school と secondary school の両方にまたがって 8–12 歳, 9–13 歳あるいは 10–14 歳の生徒を収容する公立学校で 1960 年代から徐々に増えている; middle school を設けている所ではその下の学校を第一段学校 (first school) とよんでいる》.

Míddle Scóts *n.* 中期スコットランド語《15 世紀後半から 17 世紀の初期ごろまで》.

Mid·dle·sex [mídl̩sèks] 〘OE *Middelseaxe* 《原義》 the Middle Saxons〙 — *n.* イングランド南東部, 旧 London の西部および北部に接する旧州; 1965 年その大部分が Greater London の一部となる. 「背の.

míddle-sízed *adj.* 中位の大きさの; 中型の; 中肉中

Míddle Státes *n. pl.* [the ~] =Middle Atlantic States.

míddle stúmp *n.* 〘クリケット〙ミドルスタンプ《三柱門の中央の柱; cf. leg stump, off stump》.

Míddle Témple *n.* [the~] ⇨ INNS of Court.

míddle térm *n.* **1** 〘論理〙中名辞, 中概念, 媒語, 媒辞, 媒概念《三段論法 (syllogism) で, 二つの前提中の小概念 (minor term), 大概念 (major term) を媒介して結論を導き出す役割を果すが結論の中には現われない名辞》. **2** 〘数学〙中項.

Mid·dle·ton [mídl̩tən], **Thomas** *n.* (1580?–1627) 英国の劇作家; *Women Beware Women* (1621 上演).

míddle·tòne *n.* =halftone 1.

míddle wátch *n.* 〘海事〙=midwatch.

míddle·wèight *n.* **1** 平均体重の人. **2** (ボクシング・重量挙げ・レスリングの)ミドル級の選手 (⇨ weight 表). — *attrib. adj.* ミドル級の. 「ごろ》.

Míddle Wélsh *n.* 中期ウェールズ語《1150–1500 年

Míddle Wést *n.* [the ~] (米国の)中西部《東は Allegheny 山脈, 西は Rocky 山脈に境し, 南は Ohio 川と Missouri および Kansas 両州の南端にまでおよぶ地域; the Midwest ともいう》.

Míddle Wéstern *adj.* =Midwestern.

Míddle Wésterner *n.* =Midwesterner.

mid·dling [mídlɪŋ, -lɪn, -lən | -dl̩ɪŋ, -dl-] 〘《1456》 ← MIDDLE+-ING³ // MID (adj.) or MIDDLE (adj.)+-LING¹: cf. OE *mydlinga* moderately〙 — *adj.* **1** (大きさ・品質・程度・等級など)中位の, 中等の, 並の, 二流の (mediocre): The dinner was ~. 食事はまあまあだった / The place is of ~ size. そこは中位の広さの所だ. **2** [主に Predicative に用いて] 《口語》まあまあ丈夫で, どうやら元気で: feel only ~ 気分は中位[まあまあ]だ. — *adv.* 《口語》まあまあ, かなり, 相当に (fairly): ~ tall, hungry, etc. — *n.* **1 a** [通例 *pl.*] 中等品, 二級品《大きさ・品質が中等の商品》. **b** [*pl.*; 単数または複数扱い] ふすまの混じった粗挽き小麦粉. **2** [しばしば *pl.*] 《米南部・中部》塩漬け豚肉.
fair to middling ⇨ fair² *adj.* 成句. 「やらこうやら.

míd·dling·ly *adv.* 中位[中程度]に; まあまあ, どう

míddling mèat *n.* 《米南部・中部》=middling *n.* 2.

Middlx. 《略》Middlesex.

mìd·dórsal 〘← MID¹+DORSAL¹〙 *adj.* 〘生物〙背中部の[にある]: a ~ line 背中線.

Middx. 《略》Middlesex.

mid·dy [mídi | -dɪ] 〘1: 《1830》; 2: 《1919》 ← MID¹ (n.) +-Y²〙 *n.* **1** 《口語》=midshipman 1. **2** =middy blouse.

míddy blòuse *n.* ミディブラウス《婦人・子供のセーラーカラーのゆったりしたオーバーブラウス》.

Míd·éastern *adj.* =Middle Eastern.

Míd-Européan *adj.* =Middle-European.

mìd·évening *n.* 夜の中頃《普通 9 時か 10 時ごろ》: in ~. — *adj., adv.* 夜の中頃の[に].

míd·field *n.* **1** 〘球技〙競技場の中央部《50 ヤードラインを中心に両サイド 40 ヤードラインまで》. **2** (ラクロス (lacrosse) の)ミッドフィールド《中央部に位置し攻撃・防御を行なう三選手》. **~·er** *n.*

Mid·gard [mídgɑːrd | -gɑːd] 〘ON *midhgardh-r* ← *midhr* 'MID¹'+*gardhr* 'YARD': cf. OE *middanġeard*〙 — *n.* 〘北欧神話〙ミドガルド《人間の住む世界; 四方の国々の中央にある; cf. Thor》. 「=Midgard.

Mid·gar·dhr [mídgɑəðə | -gɑːðə(r)] *n.* 〘北欧神話〙

Mídgard sérpent *n.* [the ~] 〘北欧神話〙ミドガルドの蛇《大地を囲む大洋の底に横たわり人間の住む世界 (Midgard) を取り巻いていて, 尾を口にくわえるほど長い大蛇; 神々の最期の際, Thor と相打ちになる; cf. Angerboda》. 「gard.

Mid·garth [mídgɑəθ | -gɑːθ] *n.* 〘北欧神話〙=Mid-

midge [mídʒ] 〘OE *myċġ(e)* < Gmc **muʒjoz, *muʒjōn* (Du. *mug* gnat / G *Mücke*) ← IE **mū-* gnat, fly (L *musca* fly / Gk *muîa*)〙 — *n.* **1** 〘昆虫〙ユスリカ《ヌカカ科, タマバエ科, ユスリカ科の昆虫の総称; ヌカカ (biting midge), ユスリカ, ブユ (black fly) など》; (特に)オオユスリカ (*Chironomidae plumosus*)《その幼虫はアカボウフラ (bloodworm) で釣や魚類の餌になる; cf. gnat 1》. **2** 小魚. **3** こびと, ちび.

midg·et [mídʒɪt, -dʒət] 〘《1865》: ⇨ midge, -et〙 — *n.* **1** 〘昆虫〙ユスリカ (midge); 小虫《小さい昆虫》. **2** 一寸法師, ちび. **3 a** 小型の乗物[飛行機など]. **b** =midget submarine. — *adj.* 普通[標準]より小さい; 極小型の: a ~ lamp 豆電灯, 豆ランプ.

mídget súbmarine *n.* 〘海軍〙ミゼット[小型]潜水艦《乗員通例 2 名, 魚雷 1 個を装備し艦船を奇襲する》.

Míd Glamórgan *n.* ウェールズ南部の州；1974 年新設，旧 Glamorganshire 州の中部・北部，旧 Breconshire 州の南部および旧 Monmouthshire 州の西部よりなる；人口 536,000，面積 1,019 km²，首都 Cardiff（ただし South Glamorgan 州にある）.

míd·gùt 〘← MID¹+GUT〙 *n.*〘生物〙 **1**（胎児の）中腸《小腸になる部分；cf. foregut, hindgut 1》. **2**（幼虫の）中部栄養管，中腸. 「線.

mid·héaven *n.* **1** 中空，中天. **2**〘古〙〘天文〙子午

mid·i [mídi | -dɪ] 〘← MID¹+-*i*（MINI にならって）〙《口語》 ── *n.* ミディ《1970 年代初期に流行したふくらはぎ半ばまでのスカート (midiskirt)，コート (midicoat)，またはドレス (mididress)；cf. maxi, micro, mini》. ── *adj.* 〈スカート・コートなど〉ミディの，ふくらはぎ丈(の長さ)の.

Mi·di [miːdíː; *F.* midi] 〘□F ～ 'midday, the south' ← OF *mi* half (< L *medium*)+*di* day (< L *diem*)〙 *n.* [the ～] **1** フランス南部，南仏 (southern France). **2**（一般に)南部.

mi·di- [mídɪ] 〘⇨ midi〙「ふくらはぎ (calf) の中程までの長さの」の意の連結形 (cf. mini-)：*midi*skirt.

Mid·i·an¹ [mídiən | -dɪən, -djən] 〘□ Heb. *Midhyān*《原義》contention〙 ── *n.*〘聖書〙ミデアン《Keturah を母とする Abraham の第 4 子；cf. *Gen.* 25：2》.

Mid·i·an² [mídiən | -dɪən, -djən] *n.* ミデアン《アラビア半島の北西，Aqaba 湾の東にあった古代の地方》.

Mid·i·an·ite [mídiənàɪt | -dɪə-, -djə-] 〘⇨↑, -ite¹〙 ── *n.*〘聖書〙ミデアン人《Midian の子孫で，北西アラビアの遊牧民族の人；cf. *Exod.* 2：15–22, *Judges* 6–8》. ── *adj.* ミデアン人の.

mid·i·nette [mìdənét, -dn̩- | -dɪn-, -dn̩-; *F.* midinɛt] 〘□F ～《短縮》← *midi-dinette*《原義》(one who) dines at noon ← *midi* midday+*dinette* child's dinner：⇨ mid-, dinner：昼食時に大勢で街上に姿を現わすことから〙 ── *n.* (*pl.* ～**s** [～s; *F.* ～]) (パリの)女売子，小間物店の女店員；(特に)針子，裁縫女 (seamstress).

míd·iron 〘← MID-+IRON〙 ── *n.*〘ゴルフ〙ミッドアイアン《アイアンクラブの一つ；ロフト (loft) が少しあり，180–190 ヤードを飛ばすショットに使う；2 番アイアン (number two iron) ともいう》.

MidL, Midl.《略》Midlothian.

mid·land [mídlənd, -lænd | -lənd] 〘《1555》← MID-+LAND〙 ── *adj.* **1 a**（海岸から離れた）中部地方の，内陸の (inland). **b** [M-]（イングランド）中部地方の：the *Midland* Counties of England ＝Midlands (⇨ *n.* 1 b). **2** [M-]（米国・英国の）中部方言の. **3** 陸地で囲まれた：the ～ sea《詩》地中海 (the Mediterranean). ── *n.* **1 a** [通例 the ～] 中部地方，内陸. **b** [the Midlands] イングランド中部地方《Bedfordshire, Buckinghamshire, Cambridgeshire, Derbyshire, Leicestershire, Lincolnshire, Northamptonshire, Nottinghamshire, Oxfordshire, Staffordshire, Warwickshire, West Midlands および Hereford and Worcester 州の一部を含む》. **2** [M-] ＝Midland dialect 1, 2.

Mid·land [mídlənd] 〘Fort Worth と El Paso の中間に位置するところから〙 *n.* 米国 Texas 州中西部の都市；人口 60,000.

Mídland díalect *n.* **1** 米国中部方言《Illinois, Indiana, Ohio, Pennsylvania, New Jersey の諸州の南部，West Virginia 州，Kentucky 州，Tennessee 州東部およびアパラチア山脈南部地方で話される米語》. **2** ミッドランド方言《イングランド中部地方方言；Northern dialect と Southern dialect とにはさまれたイギリス中部地方で話される英語の方言；そのうち London を含む東中部地方 (East Midland) 方言が近代英語の標準語となった》.

míd·lèg *n.* **1** 足の中央部. **2**〘昆虫〙中脚《3 対の脚の中央の一対の片方》. ── *adv.* **1** 足の中程で[に]. **2** 足の中程まで.

Míd-Lènt Súnday *n.*〘教会〙＝Laetare Sunday.

míd·lìne *n.*〘動物〙(動物の体の)正中線.

Mid·lo·thi·an [mɪdlóuðiən | -lə́uðiən, -ðɪən] 〘← MID-+*Lothian* (Northumbria 王国に属した地方名)〙 ── *n.* スコットランド南東部の旧州，現在は Lothian 州の一部；面積 948 km²，首都 Edinburgh.

míd-màshie *n.*〘ゴルフ〙ミッドマシー《アイアンクラブの一つ；160–175 ヤードを飛ばすショットに使う；3 番アイアン (number three iron) ともいう》.

míd·mórning *n.* 午前の中頃《午前 9 時ごろ》：in ～. ── *adj., adv.* 午前の中頃の[に].

míd·mòst 〘OE *midmest*：⇨ mid-, -most：cf. middlemost〙 ── *adj.* **1** 真(ま)真中の，(一番)真中の (middlemost)：in ～ night 真夜中に. **2** 内奥の，最奥の (inmost). **3** 極秘の. ── *adv.* 中心部に，真中に：～ in the battle 戦いの最中に. ── *prep.* …の真(ま)真中に：It stands ～ a large plain. 大平原の真中に立っている. ── *n.* 中心部.

midn.《略》midshipman.

míd·nìght 〘OE *midniht*：⇨ mid-, night〙 ── *n.* **1** 夜半，真夜中；(真夜中の) 12 時：at ～ 真夜中に / (as) dark [black] as ～ 真暗な. **2 a** 暗黒，真暗闇. **b** 暗黒の時期. ── *adj.* **1** 夜半[真夜中]の：the ～ hours, revel, etc. **2** 真暗闇(の時間)の，暗い；深夜のような；深夜にふさわしい.

burn the midnight oil ⇨ oil 成句.

mídnight blúe *n.* 暗青色.

míd·night·ly *adj.* 真夜中に[毎夜]起こる. ── *adv.* 毎晩深夜に.

mídnight sún *n.*〘気象〙(南北両極地圏内で真夏に見られる)真夜中の太陽.

mid·nóon *n.*《まれ》真昼，正午.

mid óff *n.*〘クリケット〙ミッドオフ《投手側の三柱門に近い off 側の守備位置(の野手)；⇨ cricket² 挿絵》.

mid ón *n.*〘クリケット〙ミッドオン《投手側の三柱門に近い on 側の守備位置(の野手)；⇨ cricket² 挿絵》.

míd-Pacífic *n., adj.* 中部太平洋(の).

míd·pòint *n.* **1**（線・空間の）中央，中心；中央[中間]地点；(時間の)中間，中程：The satellite reached the ～ of its voyage. 人工衛星はその行程の半ばに達した. **2**〘数学〙＝middle point.

mid·rash [mídrɑːʃ | -ræʃ] 〘《1613》□ Heb. *midhrāš* examination, exposition, commentary ← *dārāš* to seek, inquire〙 ── *n.* (*pl.* **mid·rash·im** [mɪdrɑ́ːʃɪm, -ʃəm, mìdrɑːʃíːm | mìdrǽʃiːm], **mid·rash·oth** [mɪdrɑːʃóuθ | -rǽʃə́uθ])〘ユダヤ教〙**1** ミドラシ《旧約聖書に対する古代ユダヤ人の注釈；その内容は Haggadah と Halakah で，Talmud などに採録された》. **2** [the M-] ミドラシ《旧約聖書に対するミドラシをまとめて編集した文書；紀元 4–12 世紀に成立した》. **mid·rash·ic, M-** [mɪdrǽʃɪk | -rǽʃ-] *adj.*

míd·rìb *n.*〘植物〙**1**（葉の）中肋(ちゅうろく)，主脈，中央脈. **2**（葉の中肋に似た）分割線.

mid·riff [mídrɪf] 〘OE *midhrif* ← MID¹+*hrif* belly (< Gmc **hrifiz* (OHG *href* body) ← IE **krep-* body (L *corpus*))〙 ── *n.* **1**〘解剖〙横隔膜 (diaphragm). **2** 上腹部，鳩尾(みぞおち)(の周辺部). **3**〘服飾〙**a**（婦人服の）上腹部. **b** ミドリフ《鳩尾のあたりまでしかない短い婦人子供服用外衣で主としてリゾート用》. ── *attrib. adj.* 〈服が〉胴部の真中が開いた，ミドリフの.

míd-ságittal pláne *n.*〘人類学〙(頭蓋(とうがい)をフランクフルト水平 (Frankfurt horizontal) に置いた時の)中央矢状面. 「辺部) (midriff).

míd·sèction *n.* **1** 中央部. **2**《口語》鳩尾(みぞおち)(の周

míd·shìp *n., adj.*〘海事〙船の中央部(の).

mídship fráme *n.*〘海事〙(船の)中央部で最も船幅の広い部分のフレーム(肋材).

mid·ship·man [mídʃɪpmən, ⌐⌐⌐ | ⌐⌐⌐] 〘《1685》《廃》*midshipsman*：《帆船時代には戦闘中船の中央部に配置され伝令として服務したことから》：⇨ midships, man¹〙 *n.* (*pl.* **-men** [-mən]) **1**《英》(兵学校卒業直後から海軍少尉に任官するまでの)海軍少尉候補生《俗に middy という；cf. naval cadet》. **2**《米》海軍兵学校学生 (cf. cadet 1). **3**〘魚類〙バトラコイデス科 *Porichthys* 属の魚類の総称；(特に) (*P. notatus*)《北米太平洋岸 Lower California から Puget Sound にかけて生息する；浮袋を動かして音を発するので singing fish ともいう》.

mid·ship·mite [mídʃɪpmàɪt] 〘《1833》《混成》← MIDSHIPMAN (↑)+MITE²〙 *n.* ＝midshipman《非標準語》.

midship oar *n.*〘海事〙**1** [⌐⌐⌐] 中央オール《ホエールボート[手漕ぎ捕鯨船]の 5 本のオールの中一番長いもの；左舷中央にある》. **2** [⌐⌐⌐] 中央オールの漕ぎ手. 「ships.

míd·shìps 〘《頭音消失》← AMIDSHIPS〙 *adv.* ＝amid-

midst 〘《*a*1400–50》*mid(d)est* ← *in middes, on middes*《変形》← *in middan, on middan*：-t は添え字：⇨ mid¹, -est¹：cf. whilst, amongst〙 ── [mídst, mítst] *n.* [通例 the ～，時に one's ～]（取り囲まれたもの・仲間などの)真中，中；(時間・進行の)ただ中，最中：from [out of] *the* ～ *of* …の中から / in [into] *the* ～ of …の中に[へ]，…のただ中に[へ] / in [from] *our* [*your, their*] ～ 我々[君たち，彼ら]の中に[から] / In *the* ～ of life we are in death. 生のただ中にありて我ら死せり (*Common Prayer*). ★ これらの句のうち in the midst of 以外は《まれ》. ── [mɪdst, mɪtst] *prep.*《詩》＝amidst. ── [mídst, mítst] *adv.*《詩・古》中央に，中に.

míd·stréam *n.* **1**（両岸から離れて）流れの中程；中流. **2**（時間・期間の）中程：in the ～ of one's life 人生の半ばで[にさしかかって].

mid·summer [⌐⌐⌐, ⌐⌐⌐] 〘OE *mid(de)sumor* (cf. G *Mittsommer*)：⇨ mid¹, summer〙 ── *n.* **1** 真夏，盛夏. **2** 中夏《夏至(げし)の頃》. ── *attrib. adj.* 真夏の(ような).

Mídsummer Dáy *n.*〘教会暦〙洗礼者ヨハネ (St. John the Baptist's) の(誕生の)祝日《6 月 24 日；英国では四季支払い日の一つ；St. John's Day ともいう》.

Mídsummer Éve *n.* Midsummer Day の前夜《昔は魔女たち (witches) が活躍する時と考えられていた》.

mídsummer mádness *n.* 底抜けの狂乱，(真夏の暑さ当たりの)大たわけ (cf. Shak., *Twelfth Night* 3. 4. 61).

Mídsummer Níght *n.* ＝Midsummer Eve.

Mídsummer Níght's Dréam, A *n.*「夏の夜の夢」《Shakespeare 作の喜劇 (1595–96)》.

míd·tèrm *n.* **1**（学期・任期などの）中間(期)，学期半ば. **2** [しばしば *pl.*]《口語》(大学などの)中間試験. ── *attrib. adj.* (学期・任期などの)中間(期)の.

mídterm eléction *n.*《米》中間選挙《4 年ごとの大統領選挙の中間に行なわれる上・下両院の議員および州知事の選挙》.

mid·town [⌐⌐] *adv.* (市・町の)山手(やまのて)と下町の中間に[へ，で]，中山手に[へ，で]；(住宅地区と商業地区の)中間地区に[へ，で]. ── [⌐⌐] *attrib. adj.* 中山手の；(住宅地区と商業地区の)中間地区の：a ～ hotel. ── [⌐⌐] *n.* (山手 (uptown) と下町 (downtown) との中間の)中山手地域；(住宅地区と商業地区の)中間地区.

míd-Victórian *adj.* **1** ビクトリア朝中期の《およそ 1850–90 年をさす》. **2 a** [しばしば軽蔑的に] ビクトリア朝中期的な. **b** 旧式な (old-fashioned)，堅い，謹厳な：～ writers, ideas, fashions, etc. ── *n.* **1** ビクトリア朝中期の人[作家]. **2** ビクトリア朝中期の思想[趣味]の人；厳格[旧式]な人. 「風].

míd-Victórianism *n.* ビクトリア朝中期的風潮[気

mid-wáll còlumn [shàft] *n.*〘建築〙壁内柱，中壁柱. 「4 時までの当直(員)；⇨ watch *n.* 5》.

míd·wàtch *n.*〘海事〙夜半直，深夜直《午前 0 時から

mid·way 〘OE *midweġ*：⇨ mid¹, way〙 ── [⌐⌐, ⌐⌐] *adv.* 中途に，(道の)中程に (halfway)：It is situated ～ between A and B. A と B との中間にある / He stopped ～ *of* his speech. 話の中途でやめた. ── [⌐⌐] *attrib. adj.* 中途の，中程の；中道の. ── [⌐⌐] *n.* **1** 〘← *Midway Plaisance* (1893 年の博覧会の娯楽物として用いられた Chicago の公園の一部)〙《米》(縁日・博覧会などで娯楽場や見世物などが並んでいてにぎやかな)中道(なかみち). **2**《古》中間の道；(両極端の)中道.

Míd·way Íslands [mídwèɪ-] *n. pl.* [the ～] ミッドウェイ諸島《北太平洋 Hawaii の北西方 2,100 km にある米領の小群島，空軍および潜水艦の基地；太平洋戦争中この近海で日本海軍が敗れた (1942 年 6 月)》.

mid·wèek *n.* **1** 週の中頃：a day in ～. **2** [M-]（クエーカー教徒間で)水曜日 (Wednesday). ── *attrib. adj.* 週の中頃の.

mid·weekly [⌐⌐⌐, ⌐⌐⌐] *adv.* 週の中頃に. ── *adj.* ＝midweek.

Mid·wést 〘← MID¹+WEST〙《米》 *n.* [the ～] ＝Middle West. ── *adj.* ＝Midwestern.

Mid·wéstern *adj.* 米国中西部の：a ～ accent.

Mid·wésterner *n.* 米国中西部の人.

mid·wife 〘《*c*1303》*midwif* ← OE *mid* with (adv.) (cog. G *mit*)+*wīf* 'WIFE, woman'〙 ── *n.* **1** 産婆，助産婦. **2**（事の成立・発起に骨折る）産婆役の人[もの]. ── *vt.* (～**d**, **-wived** [-wàɪvd]; **-wif·ing, -wiv·ing** [-wàɪvɪŋ]; 三単現 ～**s, -wives**) **1** 〈胎児〉の出産を助ける，〈子供を〉取り上げる. **2** 〈仕事・事業・計画・物事〉の遂行[実現，成功]を助ける：The Government *midwived* the film. 政府はその映画の製作を援助した.

mídwife fróg [tóad] *n.*〘動物〙サンバガエル (⇨ obstetrical toad).

mid·wife·ry [mídwàɪf(ə)ri | mídwɪf(ə)rɪ, ⌐⌐(⌐)⌐] 〘《1483》：⇨ midwife, -ery〙 ── *n.* **1** 産婆術，助産術，助産婦学；《古》産科学 (obstetrics). **2**（計画などを実現させるための)有効な助力[推進力，進め方].

míd·wìng *adj.*〘航空〙中翼の《主翼が胴体を貫通する形で取付けられている》.

mid·wínter 〘OE *mid(de)winter*：⇨ mid¹, winter：cf. midsummer〙 *n.* **1** 中冬，真冬. **2** 冬至のころ. ── *attrib. adj.* 真冬の(ような).

mid·yèar *n.* **1** 一年の中頃；一学年の中頃. **2** [*pl.*]《米口語》(一学年の中間に行なわれる) 中間試験. ── *attrib. adj.* **1** 一年の中頃の. **2** 一学年の中間に行なわれる：the ～ examinations 中間試験.

mien [míːn] 〘《1513》《短縮》← DEMEAN (v.)：F *mine* (＝aspect) に影響された〙 ── *n.* **1**《文語》(性格・感情などの現われとしての)物腰，様子，態度 (manner)：a man of pleasing [haughty, noble] ～ 気持のいい[高慢な，上品な]態度の人. **2**《文語》様相，外観 (appearance). **3**《古》見せかけ (pretense)：make ～ 見せかける.

mier·kat [míəkæt | míə-] *n.*〘動物〙＝meerkat.

Mies van der Ro·he [míːs-vɑːn-də-róuə, miːz-, -væn-, -fæn-, -róu | -də-rə́uə, -rə́u], **Ludwig** *n.* ミースファンデルローエ《1886–1969；ドイツ生れの米国の建築家》.

miff [míf] 〘《擬音語》?：cf. G *muffen* to sulk〙《口語》 ── *n.* 下らない喧嘩(けんか)；むかっ腹 (huff)：in a ～ むっとして，しゃくにさわって. ── *vt.* むっとさせる，怒らせる (offend)：be ～*ed at* …にむっとする，…にむかっ腹を立てる / I'm ～*ed* to think of it. それを思うと腹が立つ. ── *vi.* むっとする，むかっ腹を立てる；下らない喧嘩をする.

miff·y [mífi | -fɪ] 〘⇨↑, -y⁴〙 *adj.* (**miff·i·er**; **-i·est**) **1**《口語》怒りっぽい，短気な (touchy). **2**〘植物〙生長するのによい条件を必要とする.

mig [míg] 《変形》← ? MIB〙 *n.*《方言》**1**（おはじき遊びの的となる)玉. **2** [*pl.*; 単数扱い] おはじき遊び.

MiG, Mig [míg; *Russ.* mjík] 〘← *Mi*(*koyan*) & *G*(*urevich*)：ソ連の二人の設計者の名〙 *n.* ミグ《Mikoyan と Gurevich の共同設計になるソ連製戦闘機の総称》：MiG-25.

migg [míg] *n.*《方言》＝mig.

mig·gle [mígl] 〘←《方言》*mig* playing marble+-LE¹〙 *n.*《方言》＝mig.

might¹ [maɪt, màɪt, máɪt] 〘OE *mihte, meahte* (p.p.) ← *magan* to be able：⇨ may¹〙 ── *auxil. v.* (may¹ の過去形) (⇨ may¹) ★ 用法は may¹ と多く共通するが，1–6 は may¹ が時制の一致で might となったもの；8 の現在用法では総じて may¹ よりも婉曲で控え目な意味を表わす. **1** [推量]：I thought it ～ be true. 本当かもしれないと思った / It was possible that he ～ miss the train. 列車に乗り遅れるかもしれなかった. **2** [不確実]：I wondered what he ～ be thinking. 彼が何を考えているのかしらと思った / She inquired what ～ be the price. その価は一体どの位かしらと尋ねた. **3** [許可]：She said I ～ smoke if I liked. たばこをのみたければのみなさいと彼女は言った / I asked him if I ～ leave. もう帰ってもいいですかと私は彼に尋ねた. **4** [しばしば well を伴って；妥当性・認容]：He

was mad with anger, and *well* he ～. 彼は狂気のように腹を立てていたが無理もなかった / ⇨ might as WELL ... (*as* ...). **5** [目的または譲歩を表わす副詞節の中で]: I worked hard (so) that [in order that] I ～ succeed. 成功するために精勤した / He died that others ～ live. 彼は他の人々を救うために死んだ / Whatever ～ happen, he was determined to do it. どんな事があろうともそれをする決心だった / Run as I ～, I could not overtake him. どんなに走っても彼に追いつけなかった. **6** [希望・不安などを表わす主節に伴う名詞節の中で]: I hoped it ～ come true. それが実現すればいいと思った / I was afraid he ～ have done it. 彼がそれをしたのではないかと心配だった / I feared that he ～ have fallen ill. 病気にでもなったのではないかと思った. **7** [仮定文に用いて] **a** [許可]: I would go if I ～. 行っていいのなら行くのだが. **b** [推量]: You ～ believe me if you read it. それを読んだら私を信じて下さるでしょうに / If you had tried a little harder, you ～ have succeeded. もう少し努力したら成功したかもしれないのに. **c** [認容]: I wouldn't do it even if I ～. たとえできても私はそうしない. **d** [希望の名詞節で]: I wish I ～ tell you. 言ってあげられるといいのだが《残念ながら言えない》. **e** [可能]: *Might* I (=If I ～) but tell you! 言ってあげられさえすればなあ. **8** [7 から生じた用法] **a** [may より弱い現在の可能性]: It ～ be true. ひょっとしたら本当かもしれない / It's so quiet (that) one ～ hear a pin drop. ピン一本落ちても聞えそうなほど静かだ / I ～ have been a rich man. (なろうと思えば)金持になれたものを (cf. might-have-been). ★《米》ではこの用法の might を may よりも好む傾向がある. **b** [may よりも控え目な許可]: *Might* I ask your name? 失礼ですがどなた様でしょうか / Who are you, ～ I ask? お伺いしますがね, あなたは何様ですか《皮肉》. ★ You ～ go. のように肯定文に用いることはない. **c** [穏やかな非難]: You ～ see [～ have seen] the difference. その違いぐらいわかりそうなものだ[だった]のに / You ～ offer to go. せめて私が行きましょうと言ってもいいのに. **d** [依頼]: You ～ post this letter for me. この手紙を出してくれない (=Post this letter for me, will you?). **e** [不確定]: How old ～ she be? 彼女はいくつかしら.
── *n.* ひょっとするとあるかもしれないこと, 可能性.

might[2] [máɪt] 〖OE *miht, meaht* < Gmc **maχtiz* (G *Macht*) ← IE **magh-* to be able, have power: ⇨ may[1], main[1]〗 ── *n.* **1** 力, 勢力, 権力, 実力 (power, strength); 腕力; 優勢: military ～ 軍事力 / by ～ 力ずくで, 腕ずくで / *Might* is [makes] right. 《諺》力は正義,「勝てば官軍」. **2** 《方言》多量, たくさん: It took *a* ～ *of* time. それにはかなりの時間がかかった.
with all one's might*＝*with might and main 力の限り, 精一杯, 全力を尽くして.

míght-have-bèen *n.* 《口語》あるいはそうなったかも知れないこと; (もっと)偉く[有名に]なったかも知れない人 (cf. might[1] *auxil. v.* 8 a, has-been).

might·i·ly [-ṭɪli, -ṭə-, -ṭḷi | -tɪlɪ, -tə-] 〖OE *mihtiglīce*: ⇨ mighty, -ly[1]〗 ── *adv.* **1** 強く, 力をこめて, 勢いよく, 激しく. **2** 《口語》はなはだ, 非常に, 大いに, ひどく: He was ～ bored. えらく退屈した / It pleased him ～. ひどく彼を喜ばせた.

míght·i·ness 〖ME *mihtinesse*: ⇨ mighty, -ness〗 ── *n.* **1** 力があること, 強力, 偉大. **2** [M-] [高位の称号として] 閣下, 殿下 (Highness): His *Mightiness* (三人称として)閣下, 殿下 / Good morning, Your *Mightiness*. お早うございます, 閣下[殿下] / Their High *Mightinesses* / his high (and) ～《皮肉》閣下《高慢な人; cf. HIGH and mighty》.

might·n't [máɪtṇt] 《口語》might not の縮約形.

might·y [máɪṭi | -tɪ] 〖OE *mihtiġ*: ⇨ might[2], -y[4]〗 ── *adj.* (**might·i·er; -i·est**) **1 a** 力のある, 強い, 強大な (strong): a ～ man of valor 豪勇の人 / a ～ ruler 大統治者 / a ～ nation 強国 / ～ works《聖書》力あるわざ, 奇跡 (cf. *Matt.* 11:20, 21, etc.) / high and ～ ⇨ high *adv.* 成句. **b** 偉大な (great): a ～ poet. **2** 巨大な, がっしりした (huge): a ～ hill, oak, etc. **3** 《口語》並はずれた, 大した, 非常な (extraordinary): a ～ hit 大当り / a ～ delight 大変な喜び. ── *adv.* 《口語》非常に, 大層, ひどく, とても (mightily): a ～ good thing すばらしい事 / He was ～ pleased. ひどく喜んだ / It is ～ easy. とてもやさしい / It is ～ kind of you. これはまことに御親切さま.

mi·gnon[1] [mi:njɔ́:(ŋ), -njɔ́(:)ŋ, ─́─; *F.* miɲɔ̃] 〖⊏F ～ 'delicate, sweet, charming' < OF *mignot* 《原義》caressing, fondling ← *minet* pussy, kitten: cf. Celt. *min* tender, soft〗 ── *adj.* 小さくて優美な, きゃしゃできれいな, かわいらしい (dainty) (cf. mignonne).

mi·gnon[2] 〖↑〗 *n.* **1** [mínjən | -njɔn] ミニョン《暗紫色の一種》. **2** [mi:njɔ́:(ŋ), -njɔ́(:)ŋ, ─́─; *F.* miɲɔ̃] ＝filet mignon.

Mi·gnon [mi:njɔ́:(ŋ), -njɔ́(:)ŋ, ─́─; *F.* miɲɔ̃] 〖⊏F ～: cf. mignon[1]〗 *n.* 女性名.

mi·gnon·ette [mìnjənét, ─́─́] 〖《1757》⊏F *mignonnette* (dim.) ← MIGNON[1]: ⇨ -ette〗 ── *n.* **1** 《植物》モクセイソウ, ニオイレセダ (*Reseda odorata*) 《モクセイソウ科の草》. **2** 灰緑色. **3** ボビンレースの一種《チュールに似た薄くて巾の狭いレース》.

Mi·gnon·ette [mìnjənét, ─́─́] 〖(dim.) ← MIGNON: ⇨ -ette〗 *n.* 女性名.

mi·gnonne [mi:njɔ́(:)n | -njɔ́n; *F.* miɲɔn] 〖(fem.) ← MIGNON[1]〗 *adj.* 〈女性が〉かわいらしい, 愛くるしい.

mi·graine [máɪgreɪn | mí:g-, míg-, máɪg-; *F.* migrɛn] 〖《1777》⊏F ～ ⊏LL *hēmicrania* ⊏Gk *hēmikrānía* a pain on one side of the head ← *hēmi-* half＋*krānía* head, skull: ⇨hemi-[1], cranium〗 ── *n.* 《病理》(通例むかつきを伴う定期発作的な)片頭痛 (megrim, hemicrania). **mí·grain·ous** [-nəs] *adj.*

mi·grant [máɪgrənt] 〖⊏L *migrant-em* (pres.p.) ← *migrāre* (↓)〗 ── *adj.* 移住する; (特に)〈鳥が〉移住性の (migratory): a ～ bird 渡り鳥. ── *n.* **1** 移住者 (cf. emigrant, immigrant); (取入れ期の)移動労働者, 季節労働者. **2** 移動動物; (特に)渡り鳥, 候鳥 (migrator) (↔ resident).

mi·grate [máɪgreɪt, ─́─ | ─́─, ─́─] 〖《1697》⊏L *migrāt-us* (p.p.) ← *migrāre* to change place ← IE **meigw-* to change, go, move (Gk *ameíbein*): -ate[3]〗 ── *vi.* **1** 〈人が〉他の所へ移る, 移住する: **a** (農繁期に)〈出稼ぎ人が〉渡り歩く. **b** 海外に移住する (cf. emigrate, immigrate): the Moors who ～*d from* Africa *into* Spain アフリカからスペインへ移住したムーア人. **c** (英国の大学で)他の学寮 (college) に移る. **2** 〈鳥・魚・動物などが〉(周期的に)移動する, 渡る: These birds ～ northward in spring and southward in fall. これらの鳥は春は北方に秋は南方に移動する. **3** (体内で, またはある物質の内部で)〈患部・寄生虫などが〉転位する, 移動する.

mí·grat·ing [-ṭɪŋ | -tɪŋ] *adj.* 移住する; 移動する: a ～ balloon 自由気球.

mi·gra·tion [maɪgréɪʃən] 〖《1611》⊏L *migrātiō(n-)*: ⇨ migrate, -ation〗 ── *n.* **1** 移住, 転住 (cf. emigration, immigration 1 a): the right of ～ 移住権. **2** (鳥・魚などの)移動, 渡り. **3** [集合的] 移住者群, 移住団. **4** 《化学》(分子や基の)移動; 泳動《電気分解中に電極に向かうイオンの移動》; 移染《色素の移動》; 移行《織物の樹脂加工の際の樹脂の移動》: ～ of ions. **～·al** [-ʃənḷ, -ʃnəl] *adj.*

mí·gra·tor [-ṭə | -tə(r)] *n.* 渡り鳥, 候鳥.

mi·gra·to·ry [máɪgrətɔ̀:ri, -tòːri | máɪgrət(ə)rɪ, maɪgréɪtərɪ] 〖← MIGRATE＋-ORY[1]〗 ── *adj.* **1** 移住の; 移住性の (↔ resident, stationary): the ～ movements of birds 鳥の渡り / a ～ animal 移住動物 / a ～ bird 渡り鳥 / a ～ fish 回遊魚. **2** 漂浪[放浪]性の (nomadic): ～ habits 放浪性.

mígratory lócust *n.* 《昆虫》ダイミョウバッタ (*Locusta migratoria*) 《ヨーロッパ・アフリカ・アジアなどの大陸で大集団をつくって長距離を移動し, 農作物を食い荒す; cf. desert locust》.

Mi·guel [mi:gél; *Sp.* migél] 〖⊏Sp. ～ 'MICHAEL[1]'〗 *n.* 男性名.

mig·ue·let [mígəlèt] *n.* ＝miquelet.

mih·rab [mí(ə)rəb | míər-] 〖⊏Arab. *miḥrāb*〗 ── *n.* 《イスラム教》ミヒラブ, ミーラブ, ミフラブ《イスラム教寺院 (mosque) の Mecca の方角に向いているコーランを納めた壁龕(へきがん)》.

mi·ka·do, M- [məkɑ́:dou | mɪkɑ́:dəu] 〖《1727》⊏Jap.〗 *n.* **1** (*pl.* **～s**) (日本の)天皇, 帝(みかど). **2** [The M-]「ミカド」《Gilbert および Sullivan 合作の喜歌劇の名 (1885)》.

mike[1] [máɪk] 〖《1929》《略》← MICROPHONE〗 *n.* 《口語》マイク: a *mike*-side account 実況放送.

mike[2] [máɪk] *n.* ＝micrometer caliper.

mike[3] [máɪk] 〖cf. 《方言》*miche* ? ← OF *muchier* to skulk〗 《英俗》 ── *vi.* **1** なまける, ぶらぶら遊ぶ (loiter, idle). **2** 去る, 逃げる 〈*off*〉. ── *n.* 休息, 休養; なまけ, ぶらぶら遊び: do [have] a ～ なまける / be on the ～ ぶらぶら遊んでいる.

mike[4] [máɪk] 〖⊏MD *micke* forked stick〗 *n.* (艦載した軽機砲のフォーク状の)砲座.

mike[5] [máɪk] 〖《変形》← MICK[2]〗 *n.* 《英俗》＝Mick[2] 1.

Mike [máɪk] 〖(dim.) ← MICHAEL[1]〗 *n.* 男性名.

Míke Fínk [-fíŋk] *n.* 《米国伝説》マイクフィンク《超人的な大業を次々に成し遂げたはしけの船頭》.

míke frìght *n.* 《口語》マイクおじけ, マイク恐怖症 (cf. stage fright): have ～.

Mi·kha·il [mì:hɑ:í:l; *Russ.* mjixaíl] 〖⊏Russ. ～ 'MICHAEL[1]'〗 *n.* 男性名.

Mi·khai·lo·vich [mɪháɪləvɪtʃ; *Russ.* mjixaílǝvjitʃ] 〖⊏Russ. ～ 《原義》'son of MIKHAIL'〗 *n.* 男性名.

Mi·ko·yan [mì:ko(ʊ)jɑ́:n | -kə(ʊ)-; *Russ.* mjikajján], **A·nas·tas** [ɑ̀nəstɑ́s] **Ivanovich** *n.* ミコヤン《1895–1978; ソ連の政治家; 最高会議幹部会議長 (1964–65)》.

mi·kron [máɪkrɑn | -krɔn, -krən] *n.* (*pl.* **～s, mi·kra** [-krə]) ＝micron.

mik·vah [míkvə] 〖⊏Heb. *miqwāʰ* reservoir〗 ── *Heb. n.* (*also* **mik·veh** [～]) (*pl.* **～s**; *Heb.* **mik·voth** [mɪkvó(:)t | -vɔ́t]) 《ユダヤ教》ミクバ《正統のユダヤ教信者が宗教的儀礼として赴かねばならない沐浴場》.

mil [míl] 〖⊏L *mille* thousand: ⇨ mile〗 ── *n.* **1** 《電気》ミル《電線の直径測定の単位; 1,000 分の 1 インチ》. **2** 《軍事》ミル, (旧兵語の)密位(みつい)《角度の単位で砲術・ミサイル射撃などの用語; 通例 artillery mil と同じ》: artillery ～ 砲兵ミル《円周の 6,400 分の 1 の弧に対する中心角》/ infantry ～ 歩兵ミル《砲兵ミルの 1,018 倍に当たる角》. **3** 《薬学》ミル (milliliter). **4** ミル (＝$^{1}/_{1000}$ pound): **a** キプロス・マルタの通貨単位. **b** パレスチナの旧通貨単位. **c** 1 ミル青銅貨. **5** 千, 1,000: 15 per ～ 1,000 につき 15.

Mil [míl] 〖(dim.) ← MILDRED〗 *n.* 女性名.

mil. 《略》mileage; military; militia; milliliter(s); million.

mi·la·dy [mɪléɪdi, mə-, maɪ- | mɪléɪdɪ; *F.* milɛdi] 〖⊏F ～ ⊏E *my lady*: cf. milord〗 ── *n.* (*also* **mi·la·di** [～]) **1** [ヨーロッパ大陸人の英国貴婦人に対する呼掛けまたは敬称として]奥様, 夫人, 貴婦人 (cf. milord). **2** 上流婦人.

mil·age [máɪlɪdʒ] *n.* ＝mileage.

Mi·lan [mɪlǽn, mə-, -lɑ́:n | mɪlǽn] **1** ミラノ(州)《イタリア北部 Lombardy の一州; 人口 3,685,000, 面積 2,784 km²; イタリア語名 Milano》. **2** ミラノ《Milan 州の首都; イタリアの金融・商工業の中心地で著名な建築物に富む; 人口 1,706,000; イタリア語名 Milano》. **3** ミラノ産の麦わら; それから作った麦わら帽.

mil·a·naise [mìlənéɪs; *F.* milanɛ:z] 〖⊏F ～ (fem.) ← *milanais* of Milan〗 ── *adj.* 《料理》ミラノ風の《肉にパン粉とパルメザンチーズの衣をつけた; マカロニやスパゲッティなどのパスタをトマトソースとパルメザンチーズなどであえた》: veal cutlets ～ ミラノ風の小牛肉のカツレツ / à la ～ ミラノ風の[に].

Mil·a·nese [mìləní:z, -ní:s | -ní:z] 〖⊏It. ～: ⇨ Milan, -ese〗 ── *adj.* **1** ミラノ (Milan) の. **2** ミラノ人の. **3** 《料理》＝milanaise. ── *n.* (*pl.* ～) **1** ミラノ人. **2** (イタリア語の)ミラノ方言. **3** [m-] 《紡織》ミラニーズ《絹・レーヨン・ナイロンなどの軽いたてメリヤス; 肌着・セーターなどを造る》.

Mi·la·no [*It.* milá:no] *n.* ミラノ《Milan のイタリア語名》.

milch [mɪ́ltʃ, mɪ́lk, mɪ́lks | mɪ́ltʃ, mɪ́lʃ] 〖《c1300》*milche* (OE -*milće*): cf. milk〗 *adj.* **1** 〈牛・山羊など〉乳を出す, 搾乳用の. **2** 《廃》涙で濡れた, 泣いている.

mílchców *n.* **1** 乳牛. **2** 《口語》たやすく利益をもたらすもの,「ドル箱」.

mil·chig [mɪ́lkɪk, mɪ́lçɪk] 〖⊏Yid. ～ ← *milch* 'MILK'＋*-ig* '-Y[4]': cf. G *milchig*〗 *adj.* 牛乳で造った; 乳酪製の.

mild [máɪld] 〖OE *milde* < Gmc **mildjaz, *mildiz* (Du. & G *mild*) ← IE **mel-* soft (Gk *malthakós* soft / L *mollis* soft): cf. melt[1]〗 ── *adj.* (**～·er; ～·est**) **1** (気持や態度の)温和な, 温厚な, おとなしい, 優しい, 柔和な (gentle): (as) ～ as a lamb [a dove, May, milk] 非常に柔和で / be ～ in disposition 気質が優しい / be ～ of manner 態度がおとなしい. **2** 厳しくない, 寛大な (generous), 寛容な; 緩い, 軽い (moderate): a ～ ruler 寛大な統治者 / a ～ attempt 無理のない企て / ～ penalties 軽い刑罰 / a ～ regret 淡い悔恨の情 / ～ curiosity 軽い興味. **3 a** 〈気候・天候など〉暖かい, 温暖な (temperate): ～ weather 温暖な天候. **b** 寒くない, 心地よい暖かさの: a ～ winter day. **4 a** 〈味が〉刺激性の弱い, 強くない, 口当たりのいい (bland): a ～ flavor 柔らかい[甘い]味 / ～ cheese. **b** 〈たばこなど〉軽い: a ～ cigar. **c** 〈ビール・エールが〉苦味の少ない, ホップの味の薄い (↔ bitter): ～ ale. **5** 〈薬が〉効目の緩やかな, 刺激性の少ない: a ～ medicine / a ～ laxative 緩下剤. **6** 〈病気が〉軽い: a ～ case [form] 軽症. **7 a** 〈木・石など〉柔らかい (soft), 加工しやすい. **b** 〈金属が〉鍛冶(たんや)性に富む (malleable): ⇨ mild steel. **8** 《古》親切な, 情深い.
draw it mild ⇨ draw *v.* 成句.
── *n.* **1** 《英》ホップの香りが強くないビール: a pint of ～. **2** [通例 Milds] 上質のコーヒー; ブラジル以外のコーヒー. **～·ness** *n.*

míld-and-bítter *n.* 《英》甘辛(あまから)ビール《甘口と辛口を半々に混ぜたビール》.

mild·en [máɪldən, -dn] 〖⇨ mild, -en[1]〗 *vt.* 温和にする, 穏やかにする. ── *vi.* 温和になる, 穏やかになる.

mil·dew [míld(j)u: | míldju:] 〖OE *mildēaw, meledēaw* honeydew, nectar (cog. G *Mehltau*) ← Gmc **meliþ* honey 《混成》← IE **melit-* honey＋**mel* to grind)＋**dawwaz* 'DEW'〗 ── *n.* **1** べと病, うどん粉病《病菌が葉など植物体の表面に繁殖し, 白粉を敷いたり組織がくずれたりして一見してその存在が分る病気の総称; cf. blight 1》; べと[うどん粉]病の病菌. **2** (紙・革・衣類・食物などに生じる)白かび. ── *vt.* べと[うどん粉]病にかからせる, …に白かびを生やす: be ～*ed* べと病にかかる, 白かびが生える. ── *vi.* べと病にかかる, 白かびが生える.

míldew·próof *adj.* べと[うどん粉]病にかからない, 白かびが生えない. ── *vt.* 〈紙・衣類などを〉白かびが生えにくくする.

mil·dew·y [míld(j)u:i | -dju:ɪ] 〖⇨ mildew, -y[4]〗 *adj.* **1** べと病にかかった, 白かびの生えた. **2** かび臭い.

míld·ly 〖OE *mildlīce*: ⇨ mild, -ly[1]〗 *adv.* 温和に, 優しく; 穏やかに; 軽く: put it ～ 控え目に言う.

Mil·dred [míldrɪd, -drəd | -drɪd, -dred, -drəd] 〖OE *Mildðrȳð* ← *milde* 'MILD'＋*ðrȳð* power〗 *n.* 女性名《愛称形 Millie, Milly; 異形 Mildrid》.

míld sìlver prótein *n.* 《薬学》マイルドシルバープロテイン, 弱力型プロテイン銀, 緩和銀蛋白《19–25%の銀を含む蛋白化合物; 防腐・殺菌剤として粘膜性疾患に用いる》.

míld stéel *n.* 軟鋼《炭素を 0.05–0.25% 含む鋼; 低炭素鋼 (low carbon steel) ともいい, 構造用材料として広く用いられる》.

mile [máɪl] 〖OE *mīl*, (pl.) *mīle, mīla* < (WGmc) **mīlja* ⊏L *mīl(l)ia* a thousand (things), mile (pl.) ← *mille* (*passus* or *passuum*) one thousand (of paces): cf. F *mille*〗 ── *n.* **1 a** マイル《陸上距離の単位; 時と所により種々であるが, 英米現用の法定マイル (statute mile) では 5,280 フィート, 1,760 ヤード, 1,609.3 m; 略 mi., m.》: the Roman ～ ローマママイル《1,000 歩の距離, 約 1,620 ヤード》/ the Swedish ～ スウェーデンマイル《スウェーデンで現用; ＝10 km》/ ⇨ geographical mile, nautical mile, international

nautical mile / a long [short] ~ distant 1 マイルとちょっと[小 1 マイル]離れた / cover [do, make] four ~*s* in an hour 1 時間に 4 マイル行く[歩く]. **b** 海里 (nautical mile): the three ~ limit [belt, zone] 3 マイル境界[帯]《昔の国際公法上の領海 3 海里》. **2** [通例 *pl.*; 副詞的に用いて]《口語》かなりの距離[間隔, 程度]: It's ~*s* easier [superior]. その方がはるかにたやすい[すぐれている]. **3**〖競技〗1 マイルレース[競走].
mile upon mile 何マイルも: The prairie spread out ~ *upon* ~. 草原が何マイルも続いていた.
not a hundred* [*million*] *miles from … 《戯言》…からあまり遠くない所に, すぐ近くに (very near).
not a hundred miles off 《戯言》ここからあまり遠くない所に, この近くに, ここに.

mile·age [máɪlɪdʒ] *n.* **1** 総マイル数; (一定時間内の進行)マイル数, 進行[旅行]里程: the total single track ~ 単線総マイル数. **2 a** 一定の燃料量による自動車の走行距離; (特に)ガソリン 1 ガロン当たりの走行距離. **b** (タイヤなどの)耐用マイル数. **3 a** (公務員などの)マイル当たり旅費[赴任手当]. **b** (鉄道などの)マイル当たり運賃. **4 a** =mileage book. **b** =mileage ticket. **5** (衣服・靴・道具・車・家屋などの)持ち(具合), 効率 (advantage); 利益 (profit): There is good ~ in me yet. まだ私のは十分長持ちする.

míleage bòok *n.* マイル制乗車クーポン帳.

míleage tìcket *n.* **1** =mileage book. **2** (その)クーポン《1 枚で一定マイル数乗車できる》.

míle·pòst *n.* (路傍に立てる)マイル標, 里程標, 距離標.

mil·er [máɪlə | -lə(r] *n.*《口語》**1 a** 1 マイル競走選手. **b**〖競馬〗中距離馬, マイラー《1 マイル前後の距離を得意とする馬; cf. sprinter 2, stayer¹ 4》. **2** [複合語の第 2 構成素として] **a** …マイルを走る人[馬]: a 12-*miler* 12 マイル走者. **b** …マイルの長さのもの[距離, コース]: The marathon was a twenty-*miler*. マラソンは 20 マイル(のコース)だった.

Miles [máɪlz]〖□ OF ~, *Milon* □ OHG *Milo*《原義》merciful // (dim.) ← MICHAEL¹〗*n.* 男性名《異形 Myles》.

mi·les glo·ri·o·sus [míːleɪs-glɔ̀ːrióusus, máɪliːz-glɔ̀ːrióusəs, -glɔ̀ːr- | -glɔ̀ːrɪə́u-]〖← L *Miles Glōriōsus* glorious soldier (Plautus (*c*254–184 B.C.) の喜劇の題名)〗 **—** *L. n.* (*pl.* **mi·li·tes glo·ri·o·si** [míːlətèɪs-glɔ̀ːrióusiː, mílətiːz-glɔ̀ːrióusaɪ, -glɔ̀ːr- | mílɪtèɪs-glɔ̀ːrɪə́u-, -míliti:z-]) ほら吹き兵士.

Mi·le·sian¹ [mɪlíːʒən, mə-, maɪ-, -ʃən | maɪlíːzjən, mɪ-, -zɪən, -ʒɪən, -ʒən]〖← *miles* soldier: ⇨ Milesius, -an¹〗 **—** *n.* **1** (アイルランド人の神話的祖先である)ミレシウス (Milesius) の子孫. **2** アイルランド人 (Irishman). **—** *adj.* **1** ミレシウスの. **2** アイルランドの (Irish).

Mi·le·sian² [mɪlíːʒən, mə-, maɪ-, -ʃən | maɪlíːzjən, mɪ-, -zɪən, -ʒɪən, -ʒən]〖← L *Milēsius* (□ Gk *Milḗsios* 'of MILETUS') + -AN¹〗 **—** *adj., n.* **1** ミレトス (Miletus) の(人). **2**〖哲学〗ミレトス学派の(人)《Thales, Anaximander, Anaximenes of Miletus 等を含むギリシャ最古の哲学学派》.

mi·le·si·mo [mɪlésəmòu, -léɪs- | -sɪməu; *Sp.* milésimo]〖□ Sp. ~ ← *milésimo* $^1/_{100}$〗*n.* (*pl.* ~**s**) ミレシモ《チリの通貨単位; =$^1/_{1000}$ escudo, $^1/_{10}$ centesimo》.

Mi·le·si·us [mɪlíːʒiəs, mə-, maɪ-, -ʃiəs | maɪlíːzjəs, mɪ-, -zɪəs, -ʒɪəs] *n.* ミレシウス《紀元前 14 世紀にスペインから来てアイルランドを征服したという伝説的人物》.

Miles Standish *n.* ⇨ Miles STANDISH.

míle·stòne *n.* **1** (路傍に立てて道程を示す)マイル標石, 里程標, 一里塚. **2** (歴史・人生などの道標となる)画期的な出来事: This marked another ~ in his life. これがまた彼の生涯の新しい時期を画するものであった.

milestone 1

Mi·le·tus [maɪlíːtəs, mɪ-, mə- | mɪlíːt-, maɪ-] *n.* ミレトス《古代に隆盛を極めた小アジア西岸 Ionia の古都; 紀元前 6 世紀頃ミレトス学派を生んだ; 紀元前 494 年ペルシャに破壊された》.

mil·foil [mílfɔɪl]〖(*c*1265) □ OF ~ (F *millefeuille*) < L *milifolium, millefolium* ← *mille* thousand (⇨ mile) + *folium* leaf (⇨ foliate)〗 **—** *n.*〖植物〗**1** =yarrow. **2** =water milfoil.

Mílford Háven *n.* **1** ウェールズ南西部 Dyfed 州の湾. **2** 同湾の北岸にある港市; 人口 14,000.

Mi·lhaud [miː(j)óu | míːjəu; *F.* mijo], **Darius** *n.* ミヨー《1892–1974; フランスの作曲家》.

milia *n.* milium の複数形.

mil·ia·ren·sis [mìljərénsɪs, -səs, | -sɪs]〖□ LL ~ ← L *mille* thousand〗 **—** *n.* (*pl.* **-ren·ses** [-siːz]) ミリアレンシス《古代ローマの銀貨; 初め Constantine 大帝のもとでは $^1/_{14}$ solidus であったが, Justinian 一世のもとで $^1/_{12}$ solidus となった》.

mil·i·ar·i·a [mìliέ(ə)riə | -lɪέərɪə]〖← NL ~ (fem.) ← L *mil(l)iārius* (↓)〗*n.*〖病理〗(汗腺の)汗疹(かん), あせも; 粟(ぞく)粒疹; 粟粒疹熱. **mil·i·ár·i·al** [-riəl | -rɪ-] *adj.*

mil·i·ar·y [mílièri, -ljəri | -lɪərɪ, -ljə-]〖(1685) □ L *mil(l)iāri-us* ← *milium* 'MILLET': ⇨ -y¹〗 **—** *adj.* **1** あわ粒状の: the ~ gland 粟粒腺. **2**〖病理〗粟(ぞく)粒状の, 粟粒疹を伴う: ⇨ miliary fever.

míliary féver *n.*〖病理〗粟粒疹熱 (miliaria).

míliary tuberculósis *n.*〖病理〗粟(ぞく)粒結核(症).

Mil·i·cent [míləsṇt | -lɪ-]〖《変形》← MILLICENT〗*n.* 女性名.

mi·lieu [miːljə́ː, -ljúː | míːljəː; *F.* miljø]〖(1877) □ F ~ 'middle, medium, mean,《原義》middle place' ← *mi* middle (< L *medium*) + *lieu* place (< L *locum*)〗 **—** *n.* (*pl.* ~**s, mi·lieux** [~(z); *F.* ~]) 環境 (environment); 社会的環境.

mil·i·tan·cy [mílətənsi, -tṇ- | -lɪtənsɪ, -lə-, -tṇ-] [⇨ ↓, -cy] *n.* **1** 好戦性, 攻撃[戦闘]精神, 闘志, 闘争本能. **2** 交戦[戦闘]状態.

mil·i·tant [mílətənt, -tṇt | -lɪtənt, -lə-, -tṇt]〖(1413) □ (M)F ~ □ L *mīlitantem* (pres.p.) ← *mīlitāre* to serve as a soldier ← *mīlit-, mīles* soldier: ⇨ militia, -ant〗 **—** *adj.* **1** 戦闘的な, 闘争的な (warlike): a ~ reformer [suffragette] 闘争的改革者[婦選論者] / ~ nationalism 戦闘的民族主義 / ⇨ church militant. **2** 交戦中の, 戦闘中の. **—** *n.* 戦闘的[好戦的]な人, 闘士; 交戦者, 闘争者. **~·ly** *adv.* **~·ness** *n.*

mil·i·tar·i·a [mìlətέ(ə)riə | -lɪtέərɪə, -lə-]〖□ L *mīlitāria* (neut. pl.) ← *mīlitāris* 'MILITARY'〗*n. pl.* [集合的] 軍用品, 武装用品《銃・軍服・勲章など》.

mil·i·tar·i·ly [mìlətérəli, ⌐⌐⌐⌐⌐ | mílɪt(ə)rəlɪ, -lə-, -rɪlɪ] *adv.* **1** 軍事上(の立場から). **2** 軍隊調[式]に, 軍事的に: interfere ~.

mil·i·ta·rism [-rɪzṃ | -tə-, -lə-]〖(1864) □ F *militarisme*: ⇨ military, -ism〗 **—** *n.* **1** 軍国主義, ミリタリズム; 軍事中心政策; 軍国主義的国家体制. **2** 軍国的精神, 戦闘精神 (cf. pacifism).

mil·i·ta·rist [-rɪst, -rəst | -rɪst]〖(1602–03): ⇨ military, -ist〗*n.* **1** 軍国主義者 (cf. pacifist 1). **2**《古》軍事専門家[研究家], 戦技練達者. **—** *adj.* 軍国主義(者)の.

mil·i·ta·ris·tic [mìlətərístɪk | -lɪtə-, -lə-] *adj.* 軍国主義(者)の, 軍国的な, 戦闘精神の: ~ governments.
mìl·i·ta·rís·ti·cal·ly *adv.*

mil·i·ta·ri·za·tion [mìlətərɪzéɪʃən, -rə- | -lɪtəraɪ-, -lə-, -rɪ-] [⇨ ↓, -ation] *n.* 軍国化; 軍国主義化, 軍国主義[軍事熱]鼓吹.

mil·i·ta·rize [mílətəràɪz | -lɪtə-, -lə-] [⇨ ↓, -ize] **—** *vt.* **1 a** 軍国化する, 好戦的にする; …に軍国主義[戦闘精神]を鼓吹する. **b**〈国・国民・団体など〉に軍隊的性格を与える, 軍隊化する: ~ the police. **2** 軍用化する; …の軍備を整える.

mil·i·tar·y [mílətèri | -lɪt(ə)rɪ, -lə-]〖(1585) □ (M)F *militaire* □ L *mīlitāris* of a soldier ← *mīlit-, mīles* soldier: ⇨ militia, -ary〗 **—** *adj.* **1 a** 武の; 軍の, 軍隊の: ~ arts 武術 / ~ prestige 武威. **b** 軍事(上)の, 軍用の, 戦争の (martial): ~ might [strength] 軍事力 / ~ actions 軍事行動 / a ~ railway [《米》railroad] 軍用鉄道 / ~ stores 軍需[軍用]品 / ~ training 軍事訓練. **2** (海軍に対して)陸軍の: ~ authorities 軍当局 / a ~ cadet 士官候補生 / ~ forces 軍勢 / a ~ hospital 陸軍病院 / a ~ officer 陸軍将校[士官] / a ~ review 観兵式 / ⇨ military band. **3 a** 軍人の, 軍人に適する, 軍人の行なう, 軍隊生活の: ~ age 徴兵適齢 / the ~ caste [clique] 軍閥 / ~ circles 軍人社会 / ~ discipline 軍紀, 軍律 / ⇨ military government, military governor. **b** 軍人らしい (soldierly): a ~ moustache 軍人ひげ.

Military Knights of Windsor [the —] (英国の)ウインザー騎士団《貧困で体面を保つだけの生活のできない殊勲退役軍人の小団体; 特別手当を支給され Windsor Castle の一部に居住させられる; 旧名 Knights of Windsor》.

— *n.* [通例 the ~; 複数扱い] **a** [集合的] 軍人 (soldiers), (特に)陸軍将校たち. **b** 軍, 軍部, 軍隊: *The* ~ were opposed to the plan. 軍部はその案に反対だった / He was in *the* ~. 軍隊にいた.

mílitary acàdemy *n.* **1** 陸軍士官学校: the Royal *Military Academy* 英国陸軍士官学校《Berkshire の Sandhurst にある》/ the U.S. *Military Academy* 米国陸軍士官学校《New York 州 West Point にある》. **2**《米》軍隊式高等学校《生徒は常に制服を着用し, 軍隊的訓練を受ける男子の私立予備学校》.

mílitary attaché [⌐⌐⌐, ⌐⌐⌐⌐ | ⌐⌐⌐] *n.* (外国の首都にある)大[公]使館付陸軍武官.

mílitary bánd *n.* 陸軍軍楽隊.

mílitary brúsh *n.* 男子[紳士]用ブラシ《2 本で一組になった柄のないヘアブラシの一方》.

Mílitary Cróss *n.* (英国の)戦功十字勲章《1915 年制定》.

mílitary engineéring *n.*〖軍事〗工兵学, 軍事工学.

mílitary féver *n.*《廃》〖病理〗=typhoid fever.

mílitary fórk *n.* (14 世紀以降に使用された)二叉槍.

mílitary góvernment *n.* (占領軍の司令官による)軍政府.

mílitary góvernor *n.* (軍政府下の占領地域の)軍政府長官.

mílitary láw *n.* 軍法《軍隊の組織・統治・規律などに関する法の体系; cf. martial law》.

mílitary márch *n.* 軍隊行進曲.

mílitary mást *n.* (艦船の)檣楼(しょうろう)マスト《小兵器や観測器・信号その他作戦機器などがある塔》.

military forks

mílitary políce *n.* [(the) ~; 集合的] 憲兵隊, 憲兵《米国では憲兵司令官 (provost marshal) の下にある; 略 MP, M.P.》.

mílitary polícemàn *n.* 憲兵(略 MP, M.P.).

mílitary scíence *n.* 軍事学, 軍事科学; (大学などの)軍事科学科[課程].

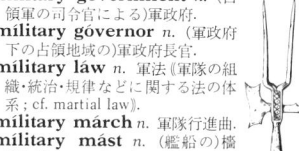

mílitary sérvice *n.* **1** 兵役. **2** (封建制度下における借地人の)軍役 (cf. knight service). **3** [*pl.*] 軍功, 武功.

mílitary téstament *n.* (戦場における軍人の)口頭遺言 (cf. nuncupative will).

mílitary tóp *n.*〖海軍〗戦闘檣楼(しょうろう)《軍艦のマストの中程にある円形の座; 射撃管制所・高射砲操作台などを備えた》.

mílitary tríbune *n.* =tribune¹ 1 b.

mílitary wíll *n.* =military testament.

mil·i·tate [mílətèɪt | -lɪ-, -lə-]〖(1625) □ L *mīlitātus* (p.p.) ← *mīlitāre* to serve as a soldier, fight ← *mīles* soldier: ⇨ militia〗 **—** *vi.* **1** 作用する, 影響する: ~ *against* …を妨げる, …を邪魔する, …の妨害となる / His nimbleness in action ~*d for* [*in favor of*] his early promotion. 行動の機敏さが彼の昇進を早めた. **2 a**《廃》参戦する; 戦う (fight)〔*against, with*〕. **b** (ある主義・主張のために)戦う. **mil·i·ta·tion** [mìlətéɪʃən | -lɪ-, -lə-] *n.*

mílites gloriósi *n.* miles gloriosus の複数形.

mi·li·tia [mɪlíʃə, mə-]〖(1590) □ L *militia* military service, warfare ← *mīlit-, mīles* soldier: ⇨ -ia¹〗 **—** *n.* [通例 the ~; 集合的] **1** 市民軍, 在郷軍《軍籍にあり定期的に訓練を受けるが, 非常時だけ兵役に服するもの》. **2 a**《英》国民軍《古くは各州で徴募した一種の義勇兵軍; 1908 年に一時特別予備軍 (Special Reserve) に合体されたが, 第一次大戦後旧組織に復活した; 1939 年に徴兵制となり, 後 Territorial Army に改組された》. **b**《米》国民軍《18 歳以上 45 歳までの強壮な男子市民から成る》: the organized ~ (各州の兵籍に入れられた)国防軍《現在は National Guard (州兵軍)という》/ the unorganized [reserve] ~ 予備国民軍《州兵軍または海軍予備軍に属さない一般男子市民》.

milítia·man [-mən] *n.* (*pl.* **-men** [-mən, -mèn]) 民兵; 国民兵.

mil·i·um [míliəm | -lɪəm]〖← NL ~ ← L ~ 'MILLET'〗*n.* (*pl.* **-i·a** [-liə | -lɪə]) **1**〖植物〗イブキヌカボ (*Millium effusum*)《イネ科》. **2**〖病理〗稗粒腫.

milk [mílk]〖OE *milc, meolc* < Gmc **meluks* (Du. *melk* / G *Milch*) ← **melk-* ← IE **melg-* to rub off, milk (L *mulgēre* / Gk *amélgein*)〗 **—** *n.* **1** (人・動物の)乳, 乳汁; (特に)牛乳, ミルク (cow's milk): Cows give (us) ~. 雌牛から乳が採れる / mother's [human] ~ 母乳 / ⇨ condensed milk, dry milk, skim milk, separated milk, whole milk / spilt ~ こぼれた牛乳; 取り返しのつかない損害[過ち] / It's no use [good] crying over spilt [《米》spilled] ~.《諺》過ぎ去ったことをくよくよしても仕方がない,「覆水盆に返らず」/ (as) white as ~ (乳のように)真白で. ★ ラテン語系形容詞: lacteal; ギリシャ語系形容詞: galactic. **2** 乳に似た液[汁]: **a** (やしの実やゴムの木などの)乳液. **b** (薬用の)乳剤 (emulsion).
(***as***) ***like as milk to milk*** 《文語》そっくりその通りで. ***bring a person to his milk*** 《米》〈人〉に義務[身のほど, 分際]を思い知らせる; 〈人を〉無理に服従[承服]させる. ***come* [*go*] *home with the milk*** 《英・戯言》(パーティーなどで徹夜して)朝帰りする. ***in milk*** 〈人・牛が〉乳を出せる状態の[で]: a cow *in* ~ 乳の出る牛. ***in the milk*** 〈穀物が〉熟していない. ***milk and honey*** 〖聖書〗ミルクと蜜(みつ); 豊かな生活の糧(かて): a land of [flowing with] ~ *and honey* 実りの豊かな土地 (cf. *Exod.* 3:8, *Num.* 16:13). ***milk and water*** (1) 水で割った牛乳. (2) 気の抜けた談義, ふやけた感傷 (cf. milk-and-water). ***milk for babies* [*babes*]** (書物・説教・意見などが)子供向きのもの, 初歩のもの (cf. *1 Cor.* 3:2). ***milk of human kindness*** 自然の人情, 優しい思いやり(の心) (cf. Shak., *Macbeth* 1.5.18). ***out of the milk*** 〈穀物が〉熟し始めて. ***the milk in the coconut*** 《口語》難しい問題[事実]; (問題の)要点, 事件の核心: That fully accounts for *the* ~ *in the coconut*. なるほどそれで十分にわかった.

milk of almonds〖薬学〗=almond milk.

milk of lime〖化学〗石灰乳《消石灰 (calcium hydroxide) の懸濁液》.

milk of magnesia〖薬学〗マグネシウム乳剤《下剤・制酸剤》.

milk of sulfur〖薬学・化学〗=precipitated sulfur.

— *vt.* **1 a** 〈牛・山羊など〉の乳を搾る, 搾乳する: ~ a cow. **b** 〈ミルクを〉〔牛などから〕搾る, 取る〔*from*〕: ~ pure milk *from* cows. **2 a** 〈樹液などを〉搾り出す, 抜き取る, 流し出す (draw, drain)〈*out*〉. **b** 〈蛇〉から毒液を搾り出す: ~ a snake 蛇の毒を抜く. **3 a**《俗》(不当にまたは無理に)…から利益[うまい汁]を搾り取る, 搾取する (exploit): ~ payoffs from firms 会社から賄賂を搾り取る. **b** 〈情報を〉〔…から〕聞き出す (elicit)〔*from*〕: ~ information *from* him 彼から情報を引き出す. **c**《俗》〈電話線・電信〉から通信[通話]を盗む: ~ a telegram, the wires, etc. **4 a** 〈動物が〉〈子〉に乳を飲ませる (suckle). **b**《廃》…の母乳を与える. **5** …にミルクを入れる: ~ one's tea. **6**〖トランプ〗つまみ切りする《一重ねのトランプを人差指と親指でつまみ, 上下から一枚ずつ同時に抜き取っては卓上に伏せて積み重ねる切り方》.

— *vi.* **1** 乳を出す, 乳が搾れる: Cows are ~*ing* well this season. この季節には牛の乳がよく出る. **2** 乳を搾る, 搾乳する. **3** 〈天気が〉曇る; 霧がかかる〈*up*〉.
***milk the bull* [*ram*]** 望みのない事業をやっている, 木に縁(よ)りて魚を求める. ***milk the market* [*street*]** 《米口語》株式市場をうまく操って甘い汁を吸う.

mílk àdder *n.*〖動物〗=milk snake.

mílk-and-wáter *adj.* **1** 味のない, 気の抜けた, 気力[生気]のない (insipid). **2** めそめそした, 感傷的な.
mílk bàr *n.* ミルクバー《ミルク飲料・アイスクリーム・サンドイッチなどの売店》.
mílk chócolate *n.* ミルクチョコレート.
mílk crùst *n.* 〘病理〙乳痂(にゅうか)《乳児の顔や頭にできる湿疹》.
mílk·er *n.* **1** 搾乳者. **2** 搾乳器 (milking machine). **3** 乳牛; (その他)乳を出す家畜. **4** 乳状液を出す樹木.
mílk fèver *n.* **1** 〘病理〙授乳熱, 乳熱《産婦の最初の授乳に伴う微熱》. **2** 〘獣医〙 **a** 乳熱《出産直後の乳牛・羊・山羊などが, 授乳によるミネラル不足によってかかる熱病; 嗜(し)眠と麻痺を起こす》. **b** (家畜の)ケトン病 (ketosis).
mílk·fish *n.* 〘魚類〙サバヒー (*Chanos chanos*)《東南アジアや太平洋の暖海に多産する食用魚; 広く養殖される》.
mílk-flòat *n.* 《英》ミルクフロート《牛乳配達用の低い台車の電動の車》.
mílk glàss *n.* 〘ガラス製造〙ミルクガラス, 乳色[乳白]ガラス《装飾用》.
mílk gràvy *n.* ヘット・ミルク・小麦粉などから作る肉ソースの一種.
mílk·i·ness *n.* **1** (液体の)乳状性; 乳白色; 白濁, 不透明. **2** 柔和, 柔弱, 無気力: ~ of temper 気弱(きよわ).
mílk·ing 〘← MILK+-ING¹〙 *n.* 搾乳; 一回分の搾乳量.
mílking machìne *n.* 搾乳器.
mílking pàrlor *n.* 搾乳室.
mílking stòol *n.* (搾乳用の)低い半円形の三脚椅子(す).
mílk lèg *n.* **1** 〘病理〙(産褥有痛性)白股腫(しゅ). **2** 〘獣医〙リンパ管炎にかかった馬の慢性, 広範囲に膨れ上がった脚.
mílk-lívered *adj.* 臆病な, 気の小さい (cowardly): a ~ man.
mílk·màid *n.* **1** 乳しぼり女, 搾乳婦 (dairymaid). **2** 〘植物〙タネツケバナ (⇨ lady's-smock).
mílk·màn [-mæ̀n, -mən | -mən] *n.* (*pl.* **-men** [-mèn, -mən | -mən, -mèn]) **1** 牛乳屋, 牛乳配達人. **2** 乳搾り人, 搾乳者.
mílk pòwder *n.* =dry milk.
mílk púdding *n.* ミルクプディング《米・サゴ (sago)・タピオカ (tapioka) などを牛乳で解き, 砂糖・香料を加えて焼いたプディング》.
mílk pùnch *n.* ミルクパンチ《牛乳・砂糖・香辛料にラム・ウイスキーなどのアルコール飲料を加えた飲物》.
mílk-rànch *n.* 《米》酪農場.
mílk ròund *n.* **1** 牛乳配達人の配達区域. **2** **a** 定期的に数か所を訪れること. **b** =milk run.
mílk ròute *n.* =milk round 1.
mílk rùn *n.* 《俗》〘航空〙「牛乳配達」《安全を期して特に早朝などに定期的に繰返す爆撃[偵察]飛行》.
mílk shàke *n.* ミルクセーキ《牛乳に香り付けしたシロップと, 時にはアイスクリームを加えてかき混ぜ, 泡立たせた冷たい飲料; cf. frosted》.
mílk·shèd 〘← MILK+SHED¹: cf. watershed〙 *n.* 《米》(一都市の牛乳供給の源となる)酪農地域.
mílk sìckness *n.* 《米》〘病理〙戦慄症《毒草の一種マルフジバカマ (*Eupatorium urticaefolium*) を食べた牛の乳や乳製品を飲食した人に起きる病気》.
mílk snàke 〘ミルクを好むと誤解されていることから, 実はミルク貯蔵所に出るハツカネズミを食う〙 — *n.* 〘動物〙米国東部地方に生息するキングヘビ属の無害のヘビ (*Lampropeltis triangulum*).
mílk·sòp 〘《c1375》← MILK+SOP: 《原義》sop dipped in milk; (hence) one who is bred on such food〙 — *n.* **1** ミルクに浸したパン切れ. **2** 腰抜け, 弱虫 (mollycoddle). **mílk·sòp·py** *adj.*
mílk·sòp·ism [-sɑ̀pɪzm | -sɔ̀p-] *n.* 意気地なしの行為, 女々しさ.
mílk·stòne *n.* **1** 〘鉱物〙乳石《触れるとその人の乳の出がよくなると信じられたソーダ沸石に似た鉱物》. **2** 〘岩石〙乳白色の岩石.
mílk sùgar *n.* 乳糖, ラクトース (lactose).
mílk thìstle *n.* 〘植物〙オオアザミ (⇨lady's-thistle).
mílk-tòast 《米》 *adj.* 活気のない, おとなしすぎる, ぐずの; 弱々しい, 無力な, なまぬるい (ineffectual). — *n.* 引っ込み思案の人, 気の弱い人 (milquetoast).
mílk tòast *n.* 《米》ミルクトースト《砂糖や塩, こしょう入りの熱いミルクに浸したバターつきトースト》.
mílk tòoth *n.* 乳歯《哺乳類の最初の生歯期に生じる歯; cf. permanent tooth》.
mílk tràin *n.* **1** 牛乳列車《近隣の牛乳輸送のための早朝運転の各駅停車の列車》. **2** 鈍行列車. **3** 《英空軍俗》早朝の偵察 (dawn patrol).
mílk vètch *n.* 〘植物〙ヨーロッパ産マメ科レンゲソウ属の草本 (*Astragalus glycyphyllos*)《山羊の乳の分泌を増進させるものと考えられていた》.
mílk-wàlk *n.* 牛乳配達区域.
mílk·wèed *n.* 〘植物〙白い乳液を出す植物の総称《タカトウダイ科タカトウダイ属 (*Euphorbia*), ガガイモ科トウワタ属 (*Asclepias*), キク科アキノノゲシ属 (*Lactuca*) などの植物》.
milkweed bùg *n.* 〘昆虫〙ナガカメムシ《milkweed の乳液を食用とするナガカメムシ科の昆虫の総称》; (特に)体が黒く赤い斑点のある大型の昆虫 (*Oncopeltus fasciatus*)《実験用に培養される》.
milkweed butterfly *n.* 〘昆虫〙=monarch¹ 4.
mílk-whíte *adj.* 乳白色[乳色]の, 青白色の: ~ pearls.
mílk whíte *n.* 乳白色, 乳色, 青白色.
mílk wíllow hèrb *n.* 〘植物〙北米産の紫色の花が咲くミソハギ科ミソハギ属の多年草《次の二種をさす; *Lythrum salicaria* または *L. alatum*》.
mílk·wòod *n.* 乳汁を分泌する種々の熱帯植物の総称《熱帯アメリカ産の *Pseudobmedia spuria* など》.
mílk·wòrt 〘乳量を増すと昔思われていたところから〙 — *n.* 〘植物〙 **1** **a** ヒメハギ科ヒメハギ属 (*Polygala*) の牧草の総称. **b** タカトウダイ科タカトウダイ属 (*Euphorbia*) の植物の総称. **2** =sea milkwort.
milk·y [mílki | -kɪ] 〘《c1380》 *melky, mylky, milkie*: ⇨ milk (n.), -y⁴〙 — *adj.* (**milk·i·er; -i·est**) **1** (色・質が)乳のような, 乳状の, 乳白色の (milk-white); 〈液体が〉白濁した (cloudy). **2** 乳を含んだ, 乳を混ぜた: a ~ food. **3** 乳を多く出す; 〈植物が〉乳液を出す. **4** 柔和な, 柔弱な, 意気地のない (meek): a faint and ~ heart 意気地なし, 弱虫. **5** 〈カキが〉産卵する.
mílky disèase *n.* 〘動物〙乳化病《日本から米国に侵入した害虫マメコガネ (Japanese beetle) の幼虫にバクテリアが寄生して起きる病気; マメコガネの幼虫の体が乳白色となって死ぬ》.
Mílky Wáy 〘《c1380》《なぞり》← L *via lactea*〙 *n.* [the ~] 〘天文〙 **1** 銀河, 天(あま)の川 (the Galaxy). **2** =Milky Way galaxy. **3** [m- w-] =galaxy 1 b.
Mílky Wáy gálaxy *n.* [the ~] 〘天文〙銀河系 (the Galaxy).
mill¹ [míl] 〘n.: OE *myl(e)n* < **mulino, -ina* ⊏ LL *mulīna*=L *molina* mill ← *mola* millstone ← *molere* to grind ← IE **mel-* to grind: cf. molar¹. — v.: 《1552》 ← (n.)〙 — *n.* **1** 粉ひき場, 製粉所, 水車場: Much water runs by the ~ that the miller knows not of. 《諺》人の知らぬ間にいろいろな変化が起こるもの / ⇨ windmill 1, water mill. **2** **a** (風力・水力・蒸気などによる)ひき臼, 粉ひき機械, 製粉機, 粉砕機: No ~, no meal. 《諺》まかぬ種は生えぬ (cf. No pains, no gains. ⇨ pain 3) / The ~*s* of God grind slowly. ⇨ grind *vi.* 3. **b** (コーヒー・こしょうなどをひく)粉ひき器, ミル: a coffee [pepper] ~ コーヒー[こしょう]ひき(器). **3** **a** (単純な動作の反復を伴う)製作機: a planing ~ 平削り機 / ⇨ rolling mill 2, treadmill. **b** (昔使われた)貨幣打出機. **c** (果実・サトウキビなどの汁を搾り出す)圧搾機: a cider [cane] ~ りんご[サトウキビ]圧搾機. **d** (宝石などの)研摩機: a lapidary's ~ 宝石研摩機. **e** 機械的な仕事. **4** **a** 製造所, 製作所, 工場: a cotton [paper, powder, steel, woolen] ~ 紡績[製紙, 火薬, 製鋼, 織維]工場 / ⇨ sawmill. **b** 機械的に人や物を仕上げる場所, 「工場」: That college is a mere diploma ~. あの大学は単なる免状濫発所だ. **5** (硬貨などの縁の)ぎざぎざ. **6** **a** 《俗》(自動車・モーターボート・飛行機の)エンジン. **b** 《米俗》タイプライター. **7** 《俗》ボクシング試合; なぐり合い. **8** **a** 〘機械〙(捺(なっ)染版・紙幣印刷版などを製する)型押しロール機. **b** (フライス盤 (milling machine) の)カッター (cutter). **9** 〘ダンス〙ミル《フォークダンスで 4 人が片手を中央に集めて水車のように回ること; wagon wheel ともいう》.
through the mill 《口語》苦しい経験を経て, 辛酸をなめて: put a person *through the* ~ 人に苦しい経験を積ませる / go [pass] *through the* ~ 辛酸をなめる.
— *vt.* **1** **a** 碾臼(ひきうす)でひく, 粉ひき機[製粉機, 水車]にかける: ~ grain 穀物を製粉する / ~ flour 小麦粉を作る. **b** 粉砕機[縮充機, 製材機, フライス盤など]にかける: ~ cloth ラシャを縮充する / ~ paper 製紙する / ~ ore 鉱石を破砕する / ~ steel 鋼鉄を切断して鉄棒を作る / ~ timber 製材する. **2** **a** 〈硬貨〉に浮き縁を付ける (⇨ milled 2). **b** 〈硬貨〉の縁にぎざぎざを付ける. **3** 〈チョコレートを〉かき混ぜて泡立たせる: ~ chocolate. **4** 《俗》拳骨を食らわせる; 戦う. — *vi.* **1** 碾臼[製粉機など]を使う[で粉になる]. **2** 〈人・家畜などが〉(群を成して)ぐるぐる[うろうろ]回る. **3** 〈鯨が〉急にぐるっと方向を変える. **4** 《俗》拳骨でなぐり合いをする, 戦う, 拳闘する.
mill² [míl] 〘← L *mille* thousand (CENT との類推): cf. L *millēsimus* thousandth〙 *n.* 《米》ミル《通貨の計算単位; =$^1/_{1000}$ dollar; =$^1/_{10}$ cent》.
Mill [míl], **James** *n.* (1773–1836) スコットランドの哲学者・歴史家・経済学者, J. S. Mill の父親; *Analysis of the Phenomena of the Human Mind* (1829).
Mill, John Stuart *n.* (1806–73) 功利主義を代表する英国の哲学者・論理学者・経済学者; James Mill の子; *A System of Logic* (1843), *On Liberty* (1859), *Utilitarianism* (1861), *Autobiography* (1873).
míll addìtion *n.* 〘窯業〙ミル添加《ほうろう泥漿を調製する時にボールミル (ball mill) に加えるフリット (frit) 以外の添加物質; 粘土・乳白剤・着色酸化物およびとめ薬が含まれる》.
mill·age [mílɪdʒ] 〘← MILL²+-AGE〙 *n.* 〘税法〙ドル当たり 1,000 分の 1 の課税.
Mil·lais [mɪléɪ, ─ ─ | ─ ─], Sir **John Everett** *n.* (1829–96) 英国のラファエル前派の画家; Royal Academy 院長 (1896).
Mil·lard [mílərd | -ləd, -lɑːd] 〘⊏ OF *Emille-hard* flattering and strong〙 *n.* 男性名.
Mil·lay [mɪléɪ], **Edna St. Vincent** *n.* (1892–1950) 米国の女流詩人; *The Ballad of the Harp-Weaver* (1922).
míll blànk *n.* 〘製紙〙ミルブランク《円網抄(しょう)紙機ですき合わせた板紙》.
míll·bòard 〘《変形》← *milled board*〙 *n.* 〘製紙〙ミルボード《書籍の表紙などに使うボール紙》.
míll chìsel *n.* 〘木工〙向う待ちのみ《穂の長さ 20cm 以上の木工用のみ》.
míll·dàm 〘ME *mulnedam*: ⇨ mill¹, dam¹〙 *n.* **1** 水車堰(せき). **2** 水車用池 (millpond).
mille [míl] 〘⊏ L *mīlle*: ⇨ mile〙 *n.* 千 (thousand) (cf. mil 5). ★ 主に次の句で: per ~ 千につき.
mil·le- [mílə | -lɪ] 〘← L *mīlle* thousand: ⇨ mile〙 「千…」の意の連結形: *millepede*.
milled *adj.* **1** 碾臼(ひきうす)[製粉機]にかけた, 粉砕機でひいた. **2** **a** (硬貨などの縁に)ぎざぎざを付けた: a silver dollar with a ~ edge. **b** 貨幣打出機で造った.
mille-feuille [mí:lfɑ́:i | -fɔ́:ɪ; *F.* milfœj] 〘⊏ F ~: ⇨ mille, foliage〙 — *n.* ミルフィユ《薄い層を幾重にも重ね, 間にジャム・クリームなどをはさんだパイ菓子; 《米》では napoleon という》.
mil·le·fio·ri [mìləfiɔ́:ri, -ó:ri | -lɪfɪɔ́:rɪ; *It.* millefjó:ri] 〘⊏ It. ~: ⇨ mill², flower〙 — *n.* (*also* **mil·le·fio·re** [-reɪ; *It.* -re]) 〘ガラス製造〙着色ガラス管の束の輪切りにしたものを基調とした装飾ガラス《mosaic glass ともいう》.
mille·fleur [mí:lflɜ́:, -flúə | -flɜ́:(r, -flúə(r; *F.* milflœ:r] 〘↑〙 *adj.* (*also* **mille·fleurs** [~(z); *F.* ~]) 〈つづれ織り・ガラス製品など〉万華模様の.
mil·le·nar·i·an [mìlənɛ́(ə)riən | -lɪnɛ́ərɪ-] 〘《1631》: ⇨ millenary, -an¹〙 — *adj.* **1** 千(年)の. **2** 〘キリスト教〙千年王国の, 千年期[至福千年] (millenium) の: ~ prophecies 千年期予言説. — *n.* 〘キリスト教〙千年王国説を信じる人 (millennialist).
mìl·le·nár·i·an·ism [-nɪzm] *n.* **1** 〘キリスト教〙 **a** 千年王国説, 至福千年説 (cf. millennium 2 a). **b** 至福千年説信奉[信仰]. **2** (革命・クーデターなどによる)理想社会実現の確信.
mil·le·nar·y [mílənèri, mɪlénəri, mə- | mɪlénərɪ, mílɪnərɪ] 〘《1550》⊏ LL *millēnāri-us* containing a thousand ← *millēnī* a thousand each ← *mīlle* thousand: ⇨ mile, -ary〙 — *adj.* **1** **a** 千の, 千から成る. **b** 千年(間)の. **2** 〘キリスト教〙千年王国の, 千年期[至福千年]の (millennial). — *n.* **1** **a** 千から成る集団[集合体]. **b** 千年(間); 千年期. **2** 〘キリスト教〙 **a** 千年王国, 至福千年 (millennium). **b** 千年王国(説)を信じる人 (millenarian). **3** 千年祭(祝賀).
millennia *n.* millennium の複数形.
mil·len·ni·al [mɪléniəl, mə- | mɪléniəl, -njəl] 〘⇨ millennium, -al¹〙 — *adj.* **1** 千年(間)の; 〘キリスト教〙千年王国の, 千年期[至福千年]の. **2** 至福千年期にふさわしい, 至福千年を思わせるような. **~·ly** *adv.*
mil·lén·ni·al·ìsm [-lìzm] *n.* =millenarianism.
mil·lén·ni·al·ist [-lɪst, -ləst | -lɪst] *n.* =millenarian.
mil·len·ni·um [mɪléniəm, mə- | mɪléniəm, -njəm] 〘《a1638》← NL ~ ← L *mīlle* thousand+*-ennium* (← *annus* years): ⇨ mile, annual: L *biennium* からの類推〙 — *n.* (*pl.* **~s, -ni·a** [-niə | -nɪə, -njə]) **1** **a** 千年(間). **b** 千年祭 (cf. chiliad). **2** **a** [the ~] 〘キリスト教〙千年王国, 千年期, 至福千年期《世界の終末の審判が来る前に, キリストが再臨してこの地を統治するという神聖な千年間; cf. *Rev.* 20: 1–7》. **b** (未来に予期される)正義と幸福の行き渡る理想的時代.
mil·le·pede [míləpì:d | -lɪ-] *n.* 〘動物〙=millipede.
mil·le·pore [míləpɔ̀ə, -pɔ̀ə | -lɪpɔ̀:(r] 〘← NL *millepora*《原義》that which has a thousand passages ← L *mīlle* thousand: ⇨ mille-, pore¹〙 — *n.* 〘動物〙アナサンゴモドキ《アナサンゴモドキ属 (*Millepore*) のサンゴの総称; アナサンゴモドキ (*M. alcicornis*) など; 掌状の石灰質の骨格に個虫のための無数の小穴がある》.
mill·er [mílə | -lə(r] 〘《a1376》 *millere, mulner* ⊏ MLG & MDu. *molner, mulner* (cog. G *Müller*) ⊏ LL *molīnārius* ← *milīna* 'MILL¹': ⇨ -er¹〙 — *n.* **1** 粉屋, 製粉業者, 水車屋: Every ~ draws water to his own mill. 《諺》「我田引水」/ Too much water drowned the ~. 《諺》「過ぎたるはなお及ばざるがごとし」. **2** 〘機械〙=milling machine 1. **3** 〘昆虫〙〘翅が粉屋の衣服のように粉末におおわれていることから〙翅に粉をもった各種のガの総称.
Mil·ler [mílə | -lə(r] 〘↑〙 *n.* 男性名.
Mil·ler [mílə | -lə(r], **Arthur** *n.* (1915–) 米国の劇作家; *Death of a Salesman* (1949).
Miller, Henry (Valentine) *n.* (1891–1980) 米国の小説家; *Tropic of Cancer* (1934).
Miller, Hugh *n.* (1802–56) スコットランドの地質学者・著述家; *The Old Red Sandstone* (1841).
Miller, Joa·quin [wɑːkíːn, wɔː-] *n.* (1839?–1913) 米国の詩人; *Pacific Poems* (1870); Cincinnatus Hiner [sìnsənéɪtəs háɪnə | -sɪnéɪt- -nə(r] (*or* Heine) Miller の筆名.
Miller, Joe *n.* (1684–1738) 英国の喜劇俳優; *Joe Miller's Jestbook* (1739)《彼の言葉とされる笑話集》.
Miller, William *n.* (1782–1849) 米国の説教家; キリスト再臨派 (Adventist) 教会の創立者.
Mille·rand [mi:lrɑ̃:(ŋ), -rɔ̃:(ŋ), -rɑ́:ŋ, -rɔ́(:)ŋ; *F.* milʀɑ̃], **Alexandre** *n.* ミルラン《1859–1943; フランスの社会主義者・政治家; 大統領 (1920–24)》.
Míller ìndex 〘← *W. H. Miller* (1801–80: 英国の鉱物学者・結晶学者)〙 *n.* 〘鉱物〙ミラー指数《結晶面の表示記号の一種》.
mil·ler·ite [mílərɑ̀ɪt] 〘⊏ G *Millerit* ← *W. H. Miller* (↑): ⇨ -ite¹〙 *n.* 〘鉱物〙針(しん)ニッケル鉱 (NiS).
Mil·ler·ite [mílərɑ̀ɪt] 〘← *William Miller*: ⇨ -ite¹〙 *n.* W. Miller の追随者, ミラー派の信徒, キリスト再臨派の信徒 (Adventist); [*pl.*] ミラー派.
míller's-thúmb 〘《15C》 *myllarys thowmbe*: ⇨ miller, thumb: 魚の頭が親指に似ていることから〙 — *n.* **1** 〘魚類〙カジカ《カジカ属 (*Cottus*) の小型淡

水魚の総称；ヨーロッパカジカ (*C. gobio*) や日本にいるカジカ (*C. kajika*) など；sculpin ともいう》. **2**《英方言》(英国産の)キクイタダキ (goldcrest), キタヤナギムシクイ (willow warbler) などの類の小鳥の総称.

Mil·les [míləs; *Swed.* míləs], **Carl** *n.* ミレス《1875–1955；スウェーデン生まれの米国の彫刻家；人の躍動する姿を好んで彫刻した》.

mil·les·i·mal [mılésəməl, mə- | mılési-] 〘《1719》← L *millēsimus* thousandth ← *mīlle* thousand：⇨ mille-, -al[1]〙 ― *adj.* 1,000 分の 1 の, 1,000 分の 1 から成る. ― *n.* 1,000 分の 1. **～·ly** *adv.*

mil·let [mílıt, -lət] 〘《c1400》□ (M)F ～ (dim.) ← *mil* < L *milium* millet：⇨ mill[1], -et〙 ― *n.*〘植物〙**1 a** キビ (*Panicum miliaceum*)《イネ科の植物；広く東洋および南ヨーロッパでは食料, 米国では主に家畜の飼料として栽培される》. **b** キビに類するイネ科の植物の総称《African millet, German millet, pearl millet など》. **2** キビ・アワ・ヒエなどの穀粒.

Mil·let [mi:jéı, mıléı; *F.* mijɛ, milɛ], **Jean François** *n.* ミレー《1814–75；フランスの画家；素朴な農民の生活を描く；cf. Barbizon school》.

míllet gràss *n.*〘植物〙イブキヌカボ (*Milium effusum*)《イネ科の植物》.

míll fèver *n.*〘病理〙＝byssinosis.

míll·hànd *n.* 製粉所の職人；工場労働者, 職工.

Míll Hìll Fáther 〘← *Mill Hill* (英国 Barnet 市にある伝道会の所在地)〙 ― *n.* ミルヒル伝道会師《Herbert Vaughan が 1866 年に創始したカトリック教会の伝道会の司祭》.

míll hòle *n.*〘鉱山〙＝glory hole 4.

míll-hòrse *n.* 碾臼(ひきうす)馬.

míll·hòuse *n.* (工場の)フライス盤 (milling machine) 「置き場.

mil·li- [(母音の前では) míli | -lı; (子音の前では) -lə | -lı] 〘□ F ～ □ L *milli-* thousand：⇨ mile〙 ― **1**「$^1/_{1000}$」の意の連結形：*milli*gram, *milli*roentgen. **2** mille- の異形：*milli*pede.

mìlli·ámmeter *n.*〘電気〙ミリアンペア計《ミリアンペアの単位で小さな電流が計測できる電流計》.

mìlli·ámpere *n.*〘電気〙ミリアンペア《電流の単位；$^1/_{1000}$ アンペア；略 ma》.

mìlli·ángstrom *n.*〘物理〙ミリオングストローム《長さの単位；$^1/_{1000}$ オングストローム；記号 mÅ》.

mil·liard [míljaəd, -liàəd | -lja:d, -liɑ:d] 〘《1793》□ F ～ ← L *mīlle* thousand：⇨ milli-, -ard〙 ― *n.*《英》10 億, 10^9 (a thousand millions)《米国では billion という》. ― *adj.* 10 億の.

mìlli·àre 〘□ F ～：⇨ milli-, are[2]〙 *n.* ミリアール《面積の単位；$^1/_{1000}$ アール》.

mil·li·ar·y [mílièri | -liəri] 〘《1601》□ L *milliāri-us* containing a thousand ← *mīlle* thousand：⇨ milli-, -ary〙 ― *adj.* **1** 古代ローマの 1 マイル (1,000 歩)の. **2** 1 マイルを表示する.

mílli·bàr 〘□ G ～：⇨ milli-, bar[3]〙 *n.*〘気象〙ミリバール《気圧の(常用)単位；$^1/_{1000}$ バール；$=10^3$ dynes/cm^2》.

mílli·bàrn 〘← MILLI-＋BARN[2]〙 *n.*〘物理〙ミリバーン《反応や散乱断面積の単位；$^1/_{1000}$ バーン；$=10^{-27}$ cm^2；記号 mb》.

Mil·li·cent [mílәsnt | -lı-] 〘□ OF *Melisent*《頭音消失》← OHG *Amalasuintha* ← *amal* work＋*suintha* strong：⇨ Emery, sound[2]〙 ― *n.* 女性名《愛称形 Millie, Milly；異形 Milicent, Millecent, Melicent》.

mìlli·cóulomb 〘← MILLI-＋COULOMB〙 *n.*〘電気〙ミリクーロン《電気量の実用単位；$^1/_{1000}$ クーロン；略 mC》.

mìlli·cúrie 〘← MILLI-＋CURIE〙 *n.*〘物理〙ミリキューリー《放射性物質の量の単位；$^1/_{1000}$ キューリー；記号 mCur》.

milli·degrée *n.*〘物理〙1,000 分の 1 度《温度の単位》.

Mil·lie [míli | -lı] 〘《異形》← MILLICENT, MILDRED〙 *n.* 女性名.

mil·lieme [mi:(l)jém; *F.* miljɛm] 〘□ F *millième* □ L *millēsimus* a thousandth ← *mīlle* thousand：⇨ mile〙 ― *n.* ミリエム：**a** エジプト・スーダンの通貨単位 (＝$^1/_{1000}$ pound, または $^1/_{10}$ piaster). **b** チュニジアの通貨単位 (＝$^1/_{1000}$ dinar). **c** 1 ミリエム貨《エジプトではアルミ, スーダンでは青銅》. 「略 meq.》.

mìlli·equívalent *n.*〘化学・薬学〙ミリグラム当量

mil·lier [mi:ljéı; *F.* milje] 〘□ F ～ ← L *mīlle*：⇨ milli-〙 *n.* ミリエー (＝1,000 kg), 仏トン (metric ton).

mìlli·fárad 〘← MILLI-＋FARAD〙 *n.*〘電気〙ミリファラッド《静電容量の単位；$^1/_{1000}$ ファラッド, 1000 マイクロファラッド；記号 mF》.

mílli·gàl 〘← MILLI-＋GAL[1]〙 *n.*〘物理〙ミリガル《加速度の単位；$^1/_{1000}$ ガル》.

mílli·gràm 〘□ F *milligramme*：⇨ milli-, gram〙 *n.* ミリグラム《重量の単位；$^1/_{1000}$ グラム；略 mg.》. 「時.

mílligram-hóur *n.*〘医学〙(ラジウムで)ミリグラム

mílli·hènry 〘← MILLI-＋HENRY〙 *n.* (*pl.* **-hen·ries, ～s**)〘電気〙ミリヘンリー《伝導係数の実用単位；$^1/_{1000}$ ヘンリー；略 mH, mh》.

Mil·li·kan [mílıkən, -lə- | -lı-], **Robert Andrews** *n.* (1868–1953) 米国の物理学者；Nobel 物理学賞 (1923).

mílli·làmbert *n.*〘光学〙ミリランベル《輝度の単位；$^1/_{1000}$ ランベルト；略 mL》.

mílli·lìter 〘□ F *millilitre*：⇨ milli-, liter〙 *n.* ミリリットル《容積の単位；$^1/_{1000}$ リットル；略 ml.》.

mílli·lùx *n.*〘光学〙ミリルックス《照度の単位；$^1/_{1000}$ ルクス；略 mlx》.

mil·lime [mılí:m, mə- | mı-] 〘□ F ～ ← *millième*：⇨ millieme〙 *n.* ミリム《チュニジアの通貨単位；＝$^1/_{1000}$ dinar》；1 ミリムアルミ貨.

mílli·mèter 〘□ F *millimètre*：⇨ milli-, -meter〙 *n.* ミリメートル《長さの単位；$^1/_{1000}$ メートル；略 mm.》.

míllimeter wáve *n.*〘電気〙＝millimetric wave.

mìllimétric wáve *n.*〘電気〙ミリメートル波.

mílli·mhò *n.*〘電気〙ミリモー《コンダクタンス (conductance) の単位；$^1/_{1000}$ モー；記号 m℧；現在は millisiemens という》.

mil·li·mi·cro- [mìləmáıkrə, -kro(ʊ) | -lımáıkrə(ʊ)] 〘⇨ milli-, micro-〙「ミリミクロン, 10 億分の 1」の意の連結形：*millimicro*second 10 億分の 1 秒.

mílli·mícron *n.* ミリミクロン《長さの単位；$^1/_{1000}$ ミクロン；記号 mμ》.

mílli·mòle *n.*〘化学〙ミリモル《$^1/_{1000}$ モル；略 mM》.

mil·line [mílàın] 〘← MIL(LION)＋LINE[1]〙 *n.*〘広告〙**1** ミル行《新聞の発行部数 100 万部当たりの広告面 1 行のスペース単位；cf. agate line》. **2** ＝milline rate.

mil·li·ner [mílənə | -lınə(r] 〘《1530》← *Milaner* dealer in articles from Milan：⇨ Milan, -er[1]〙 ― *n.* 婦人帽子屋《帽子を仕立てたり売ったりする人, 通例女性》.

milline ràte *n.*〘広告〙ミラインレート《1 ミル行 (milline) 当たりの広告料[費]》.

mil·li·ner·y [mílənèri | -lın(ə)ri] 〘⇨ milliner, -y[1]〙 *n.* **1** [集合的] 婦人帽子屋の商う商品類《帽子・レース・リボンなど》. **2** 婦人帽子[装身具]業[店].

míll·ing [-lıŋ] *n.* **1** 碾臼(ひきうす)でひくこと, 粉ひき, 製粉. **2** (金属面の)平削り, フライス削り；(ラシャの)縮充 (fulling)：a ～ plant フライス工場；(ラシャの)縮充工場. **3**〘造幣〙(硬貨の縁に)ぎざぎざをつけること；ぎざぎざ, 刻縁(きざみ).

mílling cùtter *n.*〘機械〙フライス《回転切削工具》.

mílling machìne *n.* **1**〘機械〙**a** フライス盤. **b** (ラシャ)縮充機. **2**〘造幣〙(硬貨の)ぎざぎざ縁刻印機.

mílli·òhm *n.*〘電気〙ミリオーム《電気抵抗の単位；$^1/_{1000}$ オーム；略 mΩ》.

mil·lion [míljən] 〘《1370–80》 *millioun* □ (O)F *million* □ It.《廃》 *millione* □ LL *milliōnem* ← L *mīlle* thousand：⇨ mile〙 ― *n.* (*pl.* **～, ～s**) **1** 100 万, 百万, 10^6；100 万個, 100 万人, 100 万ドル[ポンドなど]：two ～(*s*) of those women それらの女性たちの 200 万人 / a population of five ～(*s*) 500 万の人口 / two ～ and a half＝two and a half ～*s* / many ～*s* of dollars / spend ～*s* 数百万の金を費す / He is worth twenty ～*s*. 2 千万の財産家だ. **2** 100 万[M] の記号[数字]. **3** [*pl.*] 多数, 無数：～*s* of books 無数の本. **4** [the ～] 一般民衆, 大衆：mathematics for *the* ～ 100 万人の(ための)数学.

in a million (1) ごくまれな：a [one] chance *in a* ～ ごくまれなチャンス[可能性]. (2)〈人・物が〉類のない, すばらしい, 最高の：a man [book] *in a* ～. ***like a million*** ＝*like a* MILLION *dollars*.

― *adj.* **1** 100 [百]万の：a ～ years 100 万年 / three ～ people 300 万人. **2** 多数の：a ～ problems.

like a million dollars《米口語》(1) とても快調[元気]で, 気分が最高で：feel *like a* ～ *dollars*. (2)〈人・物が〉ぱりっとして, きちんとして, すてきで：look *like a* ～ *dollars*.

米		英
million	10^6	million
billion	10^9	milliard
trillion	10^{12}	billion
quadrillion	10^{15}	
quintillion	10^{18}	trillion
sextillion	10^{21}	
septillion	10^{24}	quadrillion
octillion	10^{27}	
nonillion	10^{30}	quintillion
decillion	10^{33}	
undecillion	10^{36}	sextillion
duodecillion	10^{39}	
tredecillion	10^{42}	septillion
quattuordecillion	10^{45}	
quindecillion	10^{48}	octillion
sexdecillion	10^{51}	
septendecillion	10^{54}	nonillion
octodecillion	10^{57}	
novemdecillion	10^{60}	decillion
vigintillion	10^{63}	
	10^{66}	undecillion
	10^{72}	duodecillion
	10^{78}	tredecillion
	10^{84}	quattuordecillion
	10^{90}	quindecillion
	10^{96}	sexdecillion
	10^{102}	septendecillion
	10^{108}	octodecillion
	10^{114}	novemdecillion
	10^{120}	vigintillion
centillion	10^{303}	
	10^{600}	centillion

mil·lion·aire [mìljənéə, ⌐‿⌐ | mìljənéə(r] 〘《1826》□ F *millionnaire*：⇨ million, -ary：cf. billionaire〙 *n.* 百万長者 (cf. billionaire)；大金持, 大富豪.

mil·lion·air·ess [mìljəné(ə)rıs, -rəs, ⌐‿⌐‿ | mìljənέərıs, -res, miljənεərés] *n.* **1** 女性の大金持. **2** 大金持の妻.

míllion eléctron vólts *n. pl.*〘電気〙100 万電子ボルト (略 MeV, mev, m.e.v.；cf. electron volt).

míllion·fòld *adj., adv.* 100 万倍の[に].

mil·lion·naire [mìljənéə, ⌐‿⌐ | mìljənéə(r] *n.* ＝millionaire.

mil·lionth [míljənθ] 〘⇨ million, -th[1]〙 ― *adj.* **1** 第 100 [百]万の, 100 万番目の. **2** 100 万分の 1 の：a ～ part 100 万分の 1. ― *n.* **1** [the ～] 第 100 万, 100 万番目. **2** 100 万分の 1：a [one] ～.

mil·li·pede [míləpì:d | -lı-] 〘□ L *millepeda* wood louse ← *mīlle* thousand＋*ped-*, *pēs* 'FOOT'〙 *n.*〘動物〙ヤスデ《節足動物門倍脚綱の動物の総称；cf. centipede》.

mílli·phòt *n.*〘光学〙ミリフォト《照度の単位；$^1/_{1000}$ フォト》.

mílli·pòise *n.*〘物理〙ミリポアズ《粘性率の単位；$^1/_{1000}$ ポアズ》. 「ド》.

mílli·ràd *n.*〘物理〙ミリラド《放射線の単位；$^1/_{1000}$ ラ

mìlli·rádian *n.*〘数学〙ミリラジアン《理論的取扱いにおける角度の単位；$^1/_{1000}$ ラジアン》.

mílli·rèm *n.*〘医学〙ミリレム《放射線の作用を表わす単位；$^1/_{1000}$ レム；略 mrem》.

mìlli·róentgen *n.*〘物理〙ミリレントゲン《X 線とガンマ線の空中放射線量の単位；$^1/_{1000}$ レントゲン；略 mR, mr》.

mílli·sècond 〘← MILLI-＋SECOND[2]〙 *n.*〘物理〙ミリセカンド《$^1/_{1000}$ 秒；略 msec》.

mìlli·síemens *n.* ミリジーメンス《コンダクタンスの単位；$^1/_{1000}$ ジーメンス；略 mS》.

mílli·vòlt *n.*〘電気〙ミリボルト《$^1/_{1000}$ ボルト；略 mV》.

mílli·vòltmeter *n.*〘電気〙ミリボルト計.

mílli·wàtt *n.*〘電気〙ミリワット《$^1/_{1000}$ ワット；略 mW, mw》.

míll matèrial *n.*〘窯業〙＝mill addition.

míll mòtor *n.*〘電気〙圧延電動機《製鉄所などの圧延用モーター》.

Mil·lón's [Mil·lón] reàgent [mi:ljɔ́:(n)(z)-, -ljɔ́(:)n(z)-; *F.* milɔ̃-] 〘← *Eugene Millon* (*d.*1865：フランスの化学者)〙 ― *n.*〘化学〙ミロン試薬《水銀を硝酸に溶かした溶液；チロシン(を含む蛋白質)の検出に用いる》.

míll òutlet *n.* 製造元直轄の小売店《mill store ともいう》.

míll·pònd *n.* 水車用貯水池；水車池：(as) calm [smooth] as a ～＝like a ～〈海面など〉池のように静か[なだらか]な[で].

míll·pòol *n.* ＝millpond.

míll·ràce *n.* (水車用の)用水路《導水路 (headrace) または放水路 (tailrace) を指す》；水車を回す水流.

míll-rùn *adj.* **1**〘鉱山〙工場から出たままの；未選別の, 等級づけしていない：～ steel 未選鋼. **2** 並の, 普通の, 平凡な (ordinary, mediocre) (cf. run-of-the-mill). ― [⌐‿] *vt.*〘鉱山〙〈原鉱 1 トンにつき…だけの量[価格]の精錬鉱を〉生産する.

míll rùn *n.* **1** ＝millrace. **2** (製材所で作られた)木材. **3 a** (工場を出てくる)普通品, 並等(なみとう)品. **b** 並の物；並の人. **4**〘鉱山〙**a** 選鉱の操業試験《実際の選鉱操業によって岩石あるいは鉱石から有用成分を採取する試験》. **b** 選鉱によって得られる鉱物.

Mílls bòmb *n.* ＝Mills grenade.

míll scàle *n.*〘冶金〙圧延皮膜, ミルスケール《圧延鋼材の表面に付着する黒色の酸化皮膜》.

Mílls grenàde [mílz-] 〘← *Sir William Mills* (1856–1932：英国の発明家)〙 *n.* ミルズ手榴弾《重さ約 0.68 kg の強力爆弾；Mills bomb ともいう》.

míll·stòne 〘lateOE *mylenstān*：⇨ mill[1], stone〙 ― *n.* **1** 臼石《runner と bed stone 上下 2 個から成るうちの 1 個》；石臼用の石材. **2 a** ひき[押し]つぶすもの. **b** 重荷 (cf. *Matt.* 18：6)：a ～ around one's neck 首っかせ《やっかいなもの》.

(as) hard as the nether millstone きわめて冷酷無情で (cf. *Job* 41：24). ***between the upper and the nether millstone(s)*** どうしようもない羽目になって. ***see [look] through [into, far into] a millstone***＝***dive into a millstone***《皮肉》感覚[視力, 透察力]が恐ろしく鋭い, 目から鼻へ抜ける.

míllstone grìt *n.*〘岩石〙英国の Pennine 地方などにある上部石炭紀の珪岩礫を多く含む陸成砂岩.

míll stòre *n.* ＝mill outlet.

míll·strèam 〘OE *milestrēam*〙 *n.* ＝millrace.

míll·tàil *n.* (水車を回した後の)放水溝. 「車.

míll whèel 〘OE *mylenhwēol*〙 *n.* 製粉機を回す水

míll·wòrk *n.* **1** 水車機械, 製造所の機械装置；水車機械作業, 製造所の機械作業. **2** 製造工場の製品；工場[機械]製木工品《ドア・窓枠など；cf. cabinetwork》.

míll wràpper *n.*〘製紙〙ワンプ《製紙工場で製品を包む紙》.

míll·wrìght *n.* **1** 水車大工, 水車設計人. **2** (工場の)機械据え付け工；(通例工場の軸系の据え付けや調帯(ちょうたい)の整備などをする)機械工. 「*n.* 女性名.

Mil·ly [míli | -lı] 〘(dim.) ← MILDRED, MILLICENT〙

Milne [mıl(n)], **A(lan) A(lexander)** *n.* (1882–1956) 英国の随筆家・劇作家・童謡作家・小説家；*If I May* (1920), *Winnie-the-Pooh* (1926).

Milne mèthod 〘← *E. A. Milne* (1896–1950：英国の数学者・天文学者)〙 *n.*〘数学〙ミルン法《常微分方程式を数値的に解く方法の一つ》.

Mil·ner [mílnə | -nə(r], **Alfred** *n.* (1854–1925) 英国の政治家；南アフリカやエジプトの問題で活躍；称号 1st Viscount Milner.

mi·lo [máɪloʊ | -ləʊ] 〘□ Bantu *maili*〙 *n.* (*pl.* ~**s**) 〘植物〙キビ (millet) に似たモロコシ (sorghum) の類の植物《milo maize ともいう》.

Mi·lo¹ [mí:loʊ | máɪləʊ, mí:-; *It.* mí:lo] *n.* ミーロ《Melos のイタリア語名》.
Venus de Milo =Venus of Melos.

Mi·lo² [mí:loʊ | máɪləʊ, mí:-; *It.* mí:lo] 〘《1086》□ OHG ~ ← ? OSlav. *milu* merciful: cf. Miles〙 *n.* 男性名.

mílo disèase *n.* 〘植物病理〙ミロ病《絲状菌類の *Periconia circinata* によって起こるミロ (milo) の腐敗病; milo root rot ともいう》.

mi·lord [mɪlɔ́ə(d), mə- | mɪlɔ́:d, -lɔ́:(r; *F.* milɔ:r] 〘□ F ~ □ E *my lord*: cf. milady〙 ── *n.* 〘ヨーロッパ大陸で英国紳士に対する呼掛けまたは敬称として〙御前, 閣下 (lord, gentleman).

Mi·ló·ri blúe [mɪlɔ́:ri-, mə-, -lóːri- | mɪlɔ́:rɪ-] 〘← *A. Milori* (19 世紀のフランスの絵の具製造業者)〙 *n.* =Prussian blue 2.

mílo róot ròt *n.* =milo disease.

Mí·los [*Mod. Gk.* míləs] *n.* ミロス《Melos のギリシャ語名》.

mil·pa [mílpə] 〘□ Mex.-Sp. ~ □ Nahuatl *milpan* in the fields ← *milli* field, cultivated plot+*pan* in, on〙 ── *n.* **1** (中米・メキシコおよびアジアの熱帯地方の)小畑地, ミルパ《ジャングルを焼くなどして切り開いて作物を栽培し数期の後放棄される》: the ~ system ミルパ農耕方式. **2** (中米・メキシコの)トウモロコシ畑; トウモロコシ (maize).

milque·toast [mílktoʊst | -təʊst] 〘← *Caspar Milquetoast* (米国の漫画家 H. T. Webster (1885–1952) の描いた人物の名): ⇨ milk toast〙 ── *n.* (自分の意志・意見をもたない)臆病者, 気の弱い人 (milksop).

mil·reis [mílrèɪs; *Port.* milʁɛ́iʃ, *Braz.* milʁéis] 〘□ Port. ~ ← *mil* thousand (< L *mille*)+*réis* (⇨ reis)〙 ── *n.* (*pl.* ~ [-rèɪs, -rèɪz; *Port., Sp.* ~]) **1** ミルレース: **a** ポルトガルの旧通貨単位《=1,000 reis; 1911 年 escudo に変わった》. **b** ブラジルの旧通貨単位《=1,000 reis; 1942 年 cruzeiro に変わった》. **2** 1 ミルレース金貨[銀貨].

Mil·stein [mílstaɪn], **Nathan** *n.* ミルシュタイン《1904– ; ロシヤ生れの米国在住のバイオリン奏者》.

milt [mílt] 〘OE *milte* < Gmc **miltjaz*, **miltjōn* (G *Milz*) ← IE **mel-* soft: cf. melt¹·²〙 ── *n.* **1** =melt². **2** 〘魚類〙(雄魚の)魚精, 白子. ── *adj.* 〈雄魚が〉産卵期の: a ~ herring 産卵期の雄のニシン. ── *vt.* 〈雄魚が〉〈卵〉に魚精をかける.

mílt·er [-tə | -tə(r] *n.* 〘魚類〙産卵期の雄魚.

Mil·ti·a·des [mɪltáɪədi:z] *n.* ミルチアディス《550?–489 B.C.; Athens の将軍・政治家; Marathon の戦いでペルシャ軍を破った (490 B.C.)》.

Mil·ton [míltn̩, -tən | -tn̩, -tən], **John** *n.* (1608–74) 英国の詩人; *Areopagitica* (1644), *Paradise Lost* (1667).

Mil·to·ni·an [mɪltóʊniən, -njən | -táʊnjən, -niən] *adj.* =Miltonic.

Mil·ton·ic [mɪltɑ́nɪk | -tɔ́n-] 〘⇨ Milton, -ic¹〙 *adj.* ミルトン (Milton) の; 〈文体・心象などが〉ミルトン風の.

Mil·town [míltaʊn] 〘恣意的造語〙 *n.* 〘商標〙ミルタウン《meprobamate の商品名》.

Mil·wau·kee [mɪlwɔ́:ki | -ki:, -kɪ] 〘□ F ~ ← N-Am.-Ind. (Algonquian)《原義》good land〙 ── *n.* 米国 Wisconsin 州南東部にある同州最大の都市, Michigan 湖畔の港; 穀物・石炭の集散地, 製鉄業; 人口 666,000.

Mi·lyu·kov [mìljʊkɔ́(:)f, -kɔ́(:)v | -kɔ́f, kɔ́v; *Russ.* mjiljʊkóf], **Pa·vel** [pávjɪl] **Nikolaevich** *n.* ミリューコーフ《1859–1943; ロシヤの政治家・歴史家》.

mim [mím] 〘擬音語〙 *adj.* 《英方言》控え目な, 内気な (shy), とりすました (prim).

mim. 《略》mimeograph(ed).

mim- [mɪm] (母音の前に来る時の) mimo- の異形.

Mi·mas [máɪmæs] 〘□ Gk *Mimas*〙 ── *n.* **1** 〘ギリシャ神話〙ミマス《オリンポスの神々と戦い Zeus に雷で殺された巨人》. **2** 〘ローマ神話〙ミマス《Aeneas の部下の一人; イタリアに到着後 Mezentius に殺された》. **3** 〘天文〙ミマス《土星 (Saturn) の第 1 衛星》.

mim·bar [mímbɑə | -bɑ:(r] *n.* =minbar.

mime [máɪm, mí:m | máɪm] 〘《1616》□ L *mīm-us* □ Gk *mîmos* imitator, actor〙 ── *n.* **1 a** (古代ギリシャ・ローマの)マイム《実生活に取材し, 主に物まねと舞踏から成る一種の滑稽劇》; マイム用の対話体の作品. **b** マイムの役者. **2** 道化役者; 物まね師 (buffoon, jester). **3 a** =pantomime 1. **b** パントマイムの役者. **4** 物まね. ── *vt.* **1** マイム風に演じる. **2** …の物まねをする, まねる (mimic). ── *vi.* **1** マイムをやる; (無言で)道化[物まね]芝居をする. **2** 〘テレビ〙〈歌手が〉〔録音に合わせて〕歌うまねをする〔*to*〕.

mim·e·o [mímiòʊ | -mɪəʊ] 〘《略》← *mimeographed* (⇨↓, -ed)〙 *n.* (*pl.* ~**s**) 謄写版[ガリ版]出版物《公報・会報・社内報・ニュースレター・覚え書きなど》.

mim·e·o·graph [mímiəgræ̀f | -mɪə(ʊ)grɑ̀:f, -græ̀f] 〘《1889》《商標名》← *mimeo-* (← Gk *mimeîsthai* to imitate ← *mîmos* imitator)+-GRAPH〙 ── *n.* **1** 謄写版(器), ガリ版《孔版による印刷器の一種》. **2** 謄写(版)印刷物. ── *vt.* 謄写版[ガリ版]で刷る. ── *vi.* 謄写版[ガリ版]刷りにする.

mím·er 〘⇨ mime, -er¹〙 *n.* 物まね師; 身振り狂言役者, パントマイム[無言劇]役者 (pantomimist).

mi·me·sis [mɪmí:sɪs, mə-, maɪ-, -səs | mɪmí:sɪs, maɪ-] 〘《1650》□ Gk *mímēsis* imitation ← *mîmos*: ⇨ mime〙 ── *n.* **1** 〘芸術・修辞〙ミメーシス, 模倣《人・物の言葉・動作・形態の特徴を模倣することによってその対象を如実に表現しようとする修辞法》. **2** 〘生物〙擬態; (特に)隠蔽的擬態《動物が他の動植物に似た目立たない色彩や姿勢をもつこと; cf. mimicry》. **3 a** 〘精神医学〙(ヒステリーなどに起因する)偽狂. **b** 詐病 (simulation)《病人が他の病気の徴候のまねをすること》. **4** 〘社会学〙模倣《ある集団の行動を他の集団が意図的にまねること; 社会変化の一要因》.

mi·met·ic [mɪmétɪk, mə-, maɪ- | mɪmét-, maɪ-] 〘《1637》□ Gk *mīmētik-ós* imitative ← *mîmos*: ⇨ mime〙 ── *adj.* **1** まねの, 模倣の (imitative): the ~ tendency of infancy 大人のまねをしようとする幼年期の傾向 / the ~ theory (文学は自然の模写だという Aristotle の)模写文学論. **2** 偽りの, まがいの (mimic, make-believe): a ~ crystal 擬晶. **3** 〘生物〙擬態の.
mi·mét·i·cal·ly *adv.*

mim·e·tism [mímətɪ̀zm, máɪ-] 〘⇨↑, -ism〙 *n.* 〘生物〙擬態 (mimicry).

mim·e·tite [mímətàɪt, máɪm- | -mɪ-] 〘□ G *Mimetit* ← Gk *mimētḗs* imitator: ⇨ mime, mimetic, -ite¹〙 *n.* 〘鉱物〙ミメタイト ($Pb_5Cl(AsO_4)_3$)《鉛の鉱石の一種》.

Mim·i [mími | -mɪ] 〘(dim.) ← MIRIAM〙 *n.* 女性名.

mim·ic [mímɪk] 〘《1590》□ L *mimic-us* □ Gk *mimikós* belonging to mimes: ⇨ mime, -ic¹〙 ── *adj.* **1** まねする, 物まねする, 模倣の (imitative, mimetic): a ~ gesture 手[足]まね / the ~ habit 模倣の習癖. **2** 模造の, にせの (feigned, sham): ~ coloration 〘動物〙擬態色 / ~ tears そら涙. **3** 模擬の (imitated, mock): ~ warfare 模擬戦. ── *n.* **1** 人まねする人. **2** 模倣者[品]. **3** 物まね師, 道化役者 (mime). ── *vt.* (**mim·icked; -ick·ing**) **1** (相手を軽蔑して)まねる, まねをしてばかにする. **2** (気取って)〈人や人の言動〉のまねをする, 猿まねする: ~ a person's voice [walk] 人の声[歩き方]をまねる / Monkeys ~ man. 猿は人のまねをする. **3** …によく似る: The clouds ~ islands in the sea. その雲は海中の島のように見える. **4** 〘動物〙(身を護るため)…に似せて擬態する, …のまねをする.

mim·i·cal [-mɪkəl, -mə- | -mɪ-] 〘⇨↑, -al¹〙 *adj.* =mimic. **~·ly** *adv.*

mím·ick·er *n.* 人まねする人, 物まね屋.

mim·ic·ry [mímɪkri | -rɪ] 〘《1687》← MIMIC (n.)+-RY〙 ── *n.* **1** まね, 物まね, 人まね (imitation). **2** 〘動物〙擬態; (特に)標識的擬態《動物が他の動物に似た目立つ色彩をもつこと》: protective ~ 保身擬態.

Mim·i·dae [mímədì: | -mɪ-] 〘← NL ~ ← *Mimus* (属名) ← L *mīmus* (⇨ mime): ⇨ -idae〙 *n. pl.* 〘鳥類〙マネシツグミ科.

mim·i·ny-pim·i·ny [mímənipíməni | -mɪnɪpímɪnɪ] 〘《変形》? ← NIMINY-PIMINY〙 *adj.* いやに凝る, (好みなどが)ばかにやかましい.

Mi·mir [mí:mɪə | -mɪə(r] 〘□ ON *Mīmir*〙 ── *n.* 〘北欧神話〙ミーミル《知恵の神, 無類の知恵をもつ巨人; 宇宙樹の根元にある知恵の泉に住居をもつ; Odin はその泉に片方の目を担保に入れて知恵を授かった》.

mim·mem [mímmém] 〘← MIM(ICRY)+MEM(ORIZATION)〙 *adj.* 〈外国語学習が〉模倣記憶反復練習の[に関する, による].

mim·o- [mímoʊ | -mə(ʊ)] 〘□ L ~ □ Gk *mimo-* ← *mîmos*: ⇨ mime〙「模倣(の)」の意の連結形. ★ 母音の前では通例 mim- になる.

mi·mo·sa [mɪmóʊsə, mə-, maɪ-, -zə | mɪmə́ʊzə, -sə] 〘《1751》← NL ~ ← L *mīmus* 'MIME'+-*osa* (cf. -ose¹): 外観上動物の生態に似ていることから〙 ── *n.* 〘植物〙マメ科ネムリグサ属 (*Mimosa*) またはアカシア属 (*Acacia*) の植物の総称《温帯地方原産の植物; オジギソウ, ネムリグサ (*M. pudica*) など》.

Mim·o·sa·ce·ae [mìməséɪsiì:, màɪm- | mìməzéɪ-, -séɪ-] 〘← NL ~ ← *Mimosa* (属名: ⇨ mimosa): ⇨ -aceae〙 *n. pl.* 〘植物〙ネムノキ科《通常はマメ科の亜科として扱われる》. **mìm·o·sá·ceous** [-ʃəs] *adj.*

min. 《略》mineralogical; mineralogy; minim(s); minimum; minima; mining; ministry; minor; minute(s).

Min. 《略》Minister; Ministerial; Ministry.

mi·na¹ [máɪnə] 〘《1579–80》□ L ~ □ Gk *mnâ* □ Heb. *mānéʰ* □ Akkad. *manū*〙 ── *n.* (*pl.* ~**s**, **mi·nae** [-ni:]) ムナー, ミナ: **1 a** 古代バビロニアの通貨単位; =100 sigloi. **b** 古代ギリシャの通貨単位; =$^1/_{60}$ talent. **c** ムナー[ミナ]貨. **2** 古代バビロニア・ギリシャなどでの量目の単位; 約 $^1/_{60}$ talent.

mi·na² [máɪnə] *n.* 〘鳥類〙=myna; (特に) =hill myna.

Mi·na [mí:nə, máɪnə] 〘(dim.) ← WILHELMINA〙 *n.* 女性名.

min·a·ble [máɪnəbl̩] *adj.* 採掘しうる.

mi·na·cious [mɪnéɪʃəs, mə- | mɪ-] 〘← L *mināci-, minax* threatening (← *mināri* to threaten: ⇨ menace)+-OUS: cf. minatory〙 ── *adj.* 脅迫[威嚇]的な, 脅しの (threatening, menacing). **~·ly** *adv.* **~·ness** *n.*

mi·nac·i·ty [mɪnǽsəti, mə- | mɪnǽsɪti, -sɪ-] *n.*

minae *n.* mina¹ の複数形.

mi·nah [máɪnə] *n.* 〘鳥類〙=mina².

Mi·na·má·ta disèase [mì:nəmɑ́:tə- | -tə-] 〘《1957》□ Jap.〙 *n.* 〘病理〙水俣(みなまた)病《Mad Hatter's disease ともいう》.

mi·nar [mɪnɑ́ə, mə- | mɪnɑ́:(r] 〘□ Arab. *manār* lighthouse ← *nur* light〙 *n.* (インド建築の)ミナール, 小塔.

min·a·ret [mìnərét, ←–– | ←––, ––←] 〘《1682》□ F ~ // Sp. *minarete* □ Turk. *manārat* □ Arab. *manāraʰ* (fem.) ← *manār* 'MINAR'〙 ── *n.* (イスラム寺院の)ミナレット, 光塔《周囲に露台があってその上から勤行時報係 (muezzin) が祈りの時間を告げる; 通例 4–6 基から成り, 寺院本体を囲んで立つ》.

minaret

Mí·nas Básin [máɪnəs-] *n.* [the ~] マイナス湾《カナダ Nova Scotia 州の Fundy 湾北東部の入江; 満干潮の差の激しいことで有名》.

Mi·nas Ge·rais [mí:nəs-ʒəráɪs; *Braz.* minaʒeráis] *n.* ミナスジェライス(州)《ブラジル東部の州; 首都 Belo Horizonte》.

min·a·to·ri·al [mìnətɔ́:riəl, màɪn-, -tó:r- | -tɔ́:rɪ-] *adj.* =minatory.

min·a·to·ry [mínətɔ̀:ri, máɪn-, -tò:ri | mínət(ə)ri, máɪn-] 〘《1532》□ LL *minātōri-us* ← L *mināri* to threaten ← *minae* projecting points of walls, (fig.) threats: ⇨ minacious〙 ── *adj.* 脅迫(的)の, 脅しの.
mìn·a·to·ri·ly [mìnətɔ́:rəli, màɪn-, -tó:r- | mínət(ə)rəli, máɪn-, -rɪlɪ] *adv.*

mi·nau·de·rie [mi:nóʊdri: | -nə́ʊ-; *F.* minodri] 〘□ (M)F ~ ← *minauder* to simper+-*erie* '-ERY'〙 *F. n.* 〘通例 *pl.*〙なまめかしい風情, 色っぽい様子.

mi·nau·dière [mì:no(ʊ)djɛ́ə | -nə(ʊ)djɛ́ə(r; *F.* minodjɛ:r] 〘□ F ~《原義》coquettish〙 ── *F. n.* ミノーディエール《しばしば宝石などをちりばめた金属製の携帯用化粧品・宝石入れ》.

min·bar [mínbɑə | -bɑ:(r] 〘□ Arab. *minbar* pulpit ← *nabara* to raise (a voice)〙 *n.* ミンバール《イスラム寺院の説教壇》.

mince [míns] 〘《a1399》*mynce(n)* □ OF *mincier* (F *mincer*) to make small ← LL *minūtia* small piece: ⇨ minutia〙 ── *vt.* **1 a** 〈肉などを〉細かく切る, 切り刻む (hash). **b** 細かく分割する, 細分して台無しにする. **2** 控え目に言う, 加減して言う (tone down); 遠回し[婉曲]に言う: a ~*d* oath 弱い[穏やかな]口調ののしり / not ~ matters [the matter, one's words] 飾らないで本当のことを言う, 遠慮なくはっきり言う / He ~*d* no words in his accusation. 少しの仮借もなく責め立てた. **3** 上品ぶって[気取って]する[言う]. ── *vi.* **1** (小股に)気取って歩く. **2** 気取って振舞う[話す]. **3** 食物を細かく刻む. ── *n.* =mincemeat 1.

mínced méat *n.* こまぎれ肉, ひき肉.

mínced píe *n.* =mince pie.

mínce·mèat 〘← *minced meat*〙 ── *n.* **1** ミンスミート《細かく刻んだ乾燥果物(干しぶどうなど)と果皮・りんご・スーエット (suet)・香辛料・砂糖などを混ぜ, ブランデーやラムを注ぎかけてねかせたもの; パイなどの詰め物として用いる》. **2 a** =minced meat. **b** 細かに刻んだもの.
make mincemeat of (1) …を切り刻む. (2) (議論などで)…をめちゃめちゃ[こてんぱん]にやっつける; 論破する (refute).

mínce píe *n.* ミンスパイ《こまぎれ肉 (mincemeat) 入りのパイ》.

mínc·er *n.* 細かく切り刻む人[もの, 機械]; 肉ひき機.

mínc·ing *adj.* **1** 〈言葉遣い・歩調・態度などが〉気取った, もったい振った, きざな; 小粋(こいき)な. **2** 〈道具などが〉細かく切り刻むのに用いる. **~·ly** *adv.*

míncing machìne *n.* **1** 肉ひき機. **2** 鯨脂肪切断機.

mind [máɪnd] 〘*n.*: ME *minde* < OE *(ġe)mynd* memory, thought < Gmc **ʒamundiz* (OHG *gimunt* / Goth. *gamunds* memory) ← **ʒa-* 'Y-'+IE **men-* to think (L *mēns* mind / Gk *ménos* desire, spirit). ── *v.*: 《1340》*mynde(n)*, *minde(n)* ← (n.)〙 ── *n.* **1** (身体と区別して, 思考・感覚・感情・意志などの働きをする)心, 精神 (cf. heart, soul): a strong [weak, profound, shallow] ~ 強い[弱い, 深遠な, 浅薄な]心 / a frame [state] of ~ 気分, 気持 / a turn [cast] of ~ 気立て / apply [bend] the ~ to …に苦心する, 心を傾ける / give one's (whole) ~ to …に心[精根]を傾ける / turn [put, set] one's ~ to …に心[注意]を向ける / keep [have] one's ~ on …に心[注意]を集中する, 専念する, …のことを思い続ける / open [close] one's ~ to …を進んで考慮に入れる[考えようとしない] / cast one's ~ back 過去を思い出す / have in ~ 意図する / set one's ~ on …に一心になる, …を熱望する / take one's ~ off …から心をそらす, …のことを忘れる / A sound ~ in a sound body. 《諺》健全な身体に健全な精神(が宿らんことを) (cf. mens sana in corpore sano).
2 (感情・意志と区別して, 理性を働かせる)知性; 知力, 頭 (↔ will, emotion): have a quick ~ 頭の回転が速い / a man of ~ 知性のある人 / be beyond one's ~ 理解できない / His ~ was not capable of grasping the significance of the problem. 彼の頭では問題の重要性が理解できなかった.
3 記憶(力), 回想 (memory): bear [keep, have] in ~ 心[記憶]に留めている, 記憶している, 覚えている / with possible danger in ~ 起こるかもしれない危険を考慮して / bring [call] to ~ 思い出す, 思い浮かべる / come into [to] one's ~ =cross [enter] one's ~ 思いつく, 心に浮かぶ / flash across [rush upon] one's ~ 急に胸に浮かぶ, さっと心にひらめく / put a person in ~ of 人に…を思い出させる / put out of one's ~ わざと忘れる / time out of ~ 人の記憶にない時代[大昔], 太古の時代; 大昔から / It had gone [passed] out of my ~. そのことは私の記憶から消えてしまった (cf. 4) /

Out of sight, out of ~.《諺》「去る者は日々に疎(うと)し」. **4** 精神の正常な状態, 理性 (reason), 正気 (sanity): ⇨ PRESENCE *of mind*, ABSENCE *of mind* / a man of sound ~ 正気の[気のしっかりした]人 / be in sound [one's right] ~ 正気である / out of one's ~ 発狂して, 気が狂って (cf. 3) / go out of one's ~＝lose one's ~ 気がふれる, 発狂する / I awoke to my full ~. 目が覚めて気がはっきりした, 正気に帰った.
5 a [しばしば集合的] (心の持ち主としての)人間, 人: the greatest ~*s* of today 今日の最大の偉人たち / a great [little] ~ 偉人[小人] / the artistic [scientific] ~ 芸術的[科学的]精神の持主 / Such things hardly appeal to the modern [popular] ~. こういうことは現代人[一般の人々]には余り訴えるものがない / No two ~*s* think alike. 同じ考え方をする人はないものだ《おのおの考えが違う》. **b** 精神的特質, 精神型: a man of strange ~ 妙な考え方をする人 / So many men, so many ~*s*.《諺》「十人十色」.
6 a 意見, 考え, 意向, 心, 好み (opinion, inclination): the public ~ 世論 / be of [in] one [a] ~ with ...と同じ心である, 考えが一致している / after one's ~ 心にかなった / in my ~ 私の心[考え]では / I am of your ~. 私は君と同意見だ / change [alter] one's ~ 心[考え]を変える / read a person's ~ 人の心を読む / speak [say, tell, disclose, open] one's ~ 考えを打明ける, 思うことをずけずけ言う / let a person know one's ~ 人に心中を語る[打ち明ける] / have a ~ of one's own 独自の考えをもっている. **b** 〈...したい〉気(持) (intention) 〈*to* do〉: have a (good, great) ~ *to* do ...したい気が(大いに)ある / have half a ~ *to* do ...したいような気がする, しようかなと思う / have no [little] ~ *to* do ...する気がない[ほとんどない].
7 [通例否定構文で]《米口語・方言》注意 (attention): pay *no* ~＝*not* pay any ~ 注意しない.
8〚哲学〛精神, 心 (spirit) (↔ matter).
9〚心理〛精神, 心《意識, 無意識を含む心理過程の総称》: the processes of the ~ 心的過程.
10《まれ》〚カトリック〛(死者のために行なう)記念祭; 鎮魂[追悼]ミサ(式): ⇨ month's mind, year's mind.
11 [M-]〚クリスチャンサイエンス〛神 (God, Divine Mind) (cf. mortal mind).
blow a person's mind《俗》人を(幻覚剤で)幻覚状態に陥れる; 人を極度に興奮させる, 人にショックを与える, 人を恍惚とさせる (cf. mind-blower). ***come across** one's **mind*** 〈事が〉ふと胸に浮かぶ. ***give** a person **a bit** [**piece**] **of** one's **mind*** 〈人〉に直言する; 〈人を〉しかる[とがめる]: I *gave* him *a piece of my* ~ on the matter. その事について彼に率直な意見を述べた. ***in two*** [***several***] ***minds*** 心が定まらないで, 迷って, ためらって〔*about, as to, whether, how*〕: I am *in two* ~*s whether* to go or not. 行くか行かぬか決めかねている / He was *in two* ~*s* at first *how* to treat her. 最初彼女をどう扱ってよいのか迷ってしまった. ***know** one's **own mind*** はっきりした自分の意見をもっている, 考えがぐらつかない: He doesn't *know his own* ~. 彼には定見がない. ***make up** one's **mind*** 決心する, きっぱり決める〈*to* do, *that*〉; 〔不可避の事実を〕覚悟する〔*to*〕: He *made up his* ~ *to* resign his office [*that* it should be done]. 辞職しようと[それをしようと]決心した / We must *make up our* ~*s to* the situation. 我々は覚悟して事態に処さねばならない. ***off** one's **mind*** 心を離れて, 忘れられて: That is *off my* ~. それは今私の気にかかってはいない, そのことは忘れている / He has the matter *off his* ~. 彼はその事を忘れている. ***on*** [***upon***] ***one's mind*** 心[気]にかかって, 念頭を去らないで: have something *on one's* ~ ある事を心配[懸念]している, ある事を気にかけている / It is [weighs] *on my* ~. それが気懸かりだ[心配の種だ] / What's *on your* ~? 何が気にかかっているのか, 言いたい事は何か. ***run across** one's **mind*** ＝*come across one's* MIND. ***to** one's **mind*** (1) 自分の考え[意見]では (in one's opinion): *To my* ~ the action was premature. 私に言わせればその行動は早計だった. (2) 心にかなって, 好みに合って, 希望通りに: He found life in the country very much *to his* ~. 田舎の生活は非常に彼の気に入った.
— *vt.* **1 a** ...に注意[留意]する, 気を付ける, 心にかける, 顧慮する; ...の言うことを聞く: ~ the signs of the times 時勢を顧慮する / *Mind* what I tell you. 私の言うことをよく聞け[忘れるな] / *Mind* what you are about [doing]. めったなことをするな / *Mind* our appointment next week. 来週の約束はいい[忘れない]だろうね / Don't ~ what other people say. 他人の言うことを聞くな[構うな] / Don't ~ me.《しばしば反語》私のことは構わないで[ほうっておいて]下さい / ~ one's P's and Q's ⇨ P 成句. **b** 気を付けてみる, ...に用心[注意]する, 警戒する (watch): *Mind* the dog [step, motor car]. 犬[足もと, 自動車]に御用心 / *Mind* your head. [低い所などで] 頭に御用心 / *Mind* that man there. あの男に用心しろ. **2**《米》**a** 〈指令・規則などを〉守る, ...に従う (obey): ~ the rules [regulations] 規則を守る. **b** ...の命令に従う: ~ one's father 父の言う通りにする.
3 a ...のことに気を付ける, ...の世話をする (look after), ...の番をする (tend): ~ the house [door, children] 家[玄関, 子供]の番をする / The wife ~*s* the household accounts. 妻は家計をあずかる / He was set to ~ the sheep. 彼は羊の番をさせられた / *Mind* your eye!《英口語》気を付けろ. **b** 〈仕事など〉に身を入れる, 専心する, 励む: ~ one's task / *Mind* your own business [affairs]. いらぬお世話だ《人の干渉を退ける時の決まり文句》.
4 〈...するように〉心掛ける, きっと...する〈*that*〉: *Mind* you go. きっと行くんだよ / *Mind that* you post this letter. 忘れずにこの手紙を投函するように.
5 [否定・疑問文で] 気にかける, 心配する; ...に構う, 反感をもつ, いやがる (dislike) (cf. *vi.* 4): *Never* ~ the expense! 費用なんか心配するな (cf. *vi.* 3) / *Never* ~ him. 彼に構うな / I *don't* ~ the cold. 寒さなんか平気だ / I should *not* ~ [I *don't* ~ if I have] a glass of beer. ビール一杯飲んでも悪くはない《I should like a glass of beer. の婉曲な言い方》/ Do you ~ my cigar [smoking]?—*No*, I *don't* ~ it a bit. たばこをのんではいけないでしょうか—いいえ, 少しも構いません / Do [Would] you ~ holding your tongue? どうか黙っていて下さいませんか / I *don't* ~ telling you that ... と言ってはばからない. ★ 応答および否定との対照には肯定文にも用いる: Do you ~ going without dinner?—Yes, I ~ it very much. 夕食抜きでは困りますか—そりゃ大いに困ります / I *don't* ~ hard work, but I do ~ insufficient pay. 仕事はつらくても平気だが給料が少なくては平気でおれない.
6 a《古》記憶している, 覚えている (remember): I ~ the time when ...の時のことを覚えている. **b**《古・方言》〈人〉に〔...のことを〕思い出させる (remind)〔*of*〕〈*to* do〉: ~ him *of* it 彼にそのことを思い出させる / ~ him *to* do it 彼にそれをやらせるように言う.
7《古》...に気が付く, 認める (perceive): I passed him without ~*ing* him. 彼に気付かずに通り過ぎた.
8《方言》〈...しようと〉思う (intend) 〈*to* do〉.
— *vi.* **1** 気を付ける, 注意する, 用心する (attend): *Mind!* You'll slip. そら, 滑るぞ / If you don't ~, you'll get run over. 気を付けないと車にひかれるよ / He was often warned of his danger but he never ~*ed*. 彼は度々危険を注意されたがいっこう気を付けなかった / Now ~ and do (《口語》＝Be careful to do) what you're told. さあ, 言いつけられたことを気を付けてするんだよ / But I have no objection, ~ (you). だからと言って何も異存があるわけではないんだよ, いいね. **2**《米》言うことを聞く, 服従する (obey): The children don't ~ well. 子供はあまり言うことを聞かない. **3** 心に掛ける, 気にする, 心配する, 構う, 心が動く (care, worry)〔*about*〕: Never ~ *about* the expence! 費用のことなど心配するな (cf. *vt.* 5) / Never ~! 心配するな, 構うな, 何でもないよ; 君の知ったことではない / He appears happy about leaving home, but he really ~*s* a great deal. 故郷を後にするのを嬉しそうな顔をしているが, 内心大いに動揺しているのだ. **4** [否定・疑問構文で] いやに思う, 反対する (object) (cf. *vt.* 5): *Mind* [Do you ~] if I smoke?—No, I *don't* ~ a bit. たばこを吸っては悪いでしょうか—いいえ, 少しも構いません / I *don't* ~ if I do.《口語》('Will you have some?', 'Some more?' などと聞かれた場合の生返事として) そうしてもいいですね, まあ悪くはないね / If you *don't* ~ ...おいやでなかったら, なんなら... / Do you ~?《皮肉》(いやでなかったら)どうかやめてほしい. **5**《方言》思い出す (remember)〔*of, on, upon*〕.
Mind away out!＝***Mind your back!***《英口語》道をあけて下さい. ***mind out*** [しばしば命令形で]《英口語》気を付ける, 注意する (look out)〔*for*〕. ***mind the shop*** [《米》***store***] 事をとりしきる.
Min·da·na·o [mìndənáːoʊ, -náʊ | -náːəʊ, -náʊ] *n.* ミンダナオ(島)《フィリピン諸島中第二の大島; 人口 7,216,000, 面積 94,631 km^2》.
Mindanáo Déep *n.* [the ~] ミンダナオ海溝《Mindanao 島東方沖にある海淵》.
Mindanáo Séa *n.* [the ~] ミンダナオ海《フィリピン南部, Negros, Cebu, Bohol, Leyte, Mindanao などの島に囲まれた内海》.
mínd-bènder *n.*《俗》**1** 幻覚剤,「薬(やく)」. **2** 幻覚剤常用者.
mínd-bènding *adj.*《俗》**1** 幻覚を起こさせる. **2** 精神を錯乱させる, 心[頭]を乱す.
mínd-blòw *vt.*《俗》**1** 興奮させる, 〈人〉にショックを与える. **2** うっとりさせる.
mínd-blòwer *n.*《俗》**1** 幻覚剤. **2** 幻覚剤常用者. **3** ショッキングな経験[体験]; 恍惚[うっとり]とさせる人[もの].
mínd-blòwing *adj.*《俗》**1 a** 〈LSD など〉幻覚(症状)を起こさせる (hallucinogenic): a ~ drug. **b** 幻覚(症状)の[による] (psychedelic). **2** 〈事・物が〉とても愉快な[おもしろい], スリリングな; ショッキングな.
mínd-bódy pròblem *n.*〚哲学〛心身[身心]問題《精神と肉体(の関係)の問題》.
mínd-bòggling *adj.*《口語》肝をつぶすような (astounding): a ~ chasm.
mínd cùre *n.* (特に, 正統的な医学の領域外で行なわれる)精神療法.
mínd dèafness *n.*〚病理〛＝word deafness.
mínd·ed〚← MIND＋-ED 2〛— *adj.* **1** [Predicative に用いて] 〈...したい〉気[意向]がある, ...したく思って (disposed, inclined) 〈*to* do〉: He was not ~ *to* do so. 彼にそれをする気[意向]はなかった. **2** [通例複合語の第 2 構成素として] **a**《口語》(特に...に)関心をもっている, ...に熱心な: war-*minded* 好戦的な / mechanical-*minded* 機械いじりの好きな / ⇨ air-minded. **b** 心[頭]が...の, ...気質の: high-[low-]*minded* 心の高潔[卑劣]な / feeble-*minded* 意志薄弱な; 精神薄弱の, 低能の / evil-*minded* 邪心のある / politically-*minded* 政治家肌の. **c**《俗》...を買いたがる, ...道楽の: telephone-*minded* 電話道楽の. **~·ness** *n.*
Min·del [míndl]〚西ドイツ Bavaria 州にある Mindel 川にちなむ〛— *n.*〚地質〛ミンデル氷期《アルプス北部のミンデル渓谷で推定された更新世氷河期の第二期; cf. Kansan》.
mínd·er *n.*《英》**1 a** (子供・機械・家畜などの)世話人, 番人: the ~ of the house / a baby-*minder* 子守り / a machine ~ 機械の番人. **b** 印刷工. **2**《古》(貧民救済法 (poor law) のもとで養い親や孤児院に託された)里子; 委託児《両親の留守中個人・託児所に預けられた子供》.
mínd-expànder *n.* 幻覚剤.
mínd-expànding *adj.* **1** 〈薬剤など〉意識を拡大する, 幻覚促進的な. **2** 幻覚(症状)の[による].
mínd·ful [máɪn(d)fəl]〚《c1340》〛— *adj.* **1** [Predicative に用いて]〔...を〕心に留めて, 念頭に置いて, 忘れない, 注意して (attentive, observant)〔*of*〕: be ~ *of* one's duties [health] 職務[健康]を忘れない. **2** (周囲の出来事などを)意識する(性向の): ~ American people. **~·ly** *adv.* **~·ness** *n.*
mínd·less〚OE *myndlēas*〛— *adj.* **1 a** 心のない, 精神をもたない: ~ machinery. **b** 無心の, 無知な, 考えのない, 愚鈍な (stupid): pass ~ hours in idleness 何するともなくぼんやり(数)時間を過ごす / a ~ act [person] 愚かな行為[人]. **2** [Predicative に用いて]〔...を〕心に留めない, 気を付けない, 不注意な (careless)〔*of*〕: He is ~ *of* what is to happen. 何が起ころうと先の事には気を留めない. **~·ly** *adv.* **~·ness** *n.*
Min·do·ro [mɪndɔ́ːroʊ, -dóː- | -dɔ́ːrəʊ] *n.* ミンドロ(島)《フィリピン諸島中部の島; 人口 473,000, 面積 9,736 km^2》.
mínd rèader *n.* 読心術者.
mínd rèading *n.* 読心術.
mínd-sèt *n.* 思考態度, 考え方.
mínd's éye *n.* 心の目, 心眼, 想像力: in my ~ 私の思うところでは (cf. Shak., *Hamlet* 1. 2. 185).
mine[1] [máɪn]〚OE *mīn* (poss. adj. & pron.) < Gmc **mīnaz* (G *mein*) ← IE **me-* (oblique case): ⇨ me〛
— *pron.* **1** [I に対する所有代名詞] **a** 私のもの: That umbrella is ~. / The game is ~. 勝負は私の勝ちだ / *Mine* is a large family. 私のところは大家族です《★ *My* family is a large *one*. よりも文語的》/ He was kind to me and ~ (＝my family). 私と私の家族の者たちに親切だった. **b** [...of ~ として] 私のあの...: *that* [*the, a*] friend *of* ~ 私のあの[その, 一]友人 / That is *no* business *of* ~. それは私の知ったことではない. ★ この表現法は「所有格＋指示詞[冠詞, no]＋名詞」という結合を避けるために用いられる一種の迂言形式: *a* friend of my father's (cf. my father's friend)/ *that* red nose of Tom's (cf. Tom's red nose). **2**《古・詩》[母音または h- で始まる名詞の前に, または名詞の後に用いて] ＝my: ~ eyes, heart, etc. / lady ~. ★ この場合強勢のない mine は舞台では [mɪn, mən | mɪn] と発音されることがある (cf. my lord).
mine[2] [máɪn]〚n.: 《c1303》 ▭ (O)F. — v.: 《?a1300》 *mine(n)* ▭ (O)F *miner* ← Celt. (cf. Ir. & Gael. *mein* ore, vein (of metal))〛— *n.* **1 a** 鉱坑; 鉱業場, 鉱山 (cf. quarry[3]): a coal ~ 炭鉱 / a silver ~ 銀山 / a diamond ~ ダイヤモンド坑 / ⇨ gold mine / work a ~ 鉱山を採掘[経営]する. **b** (地下または地表の)鉱床. **c**《英》鉱石; (時に)鉄鉱. **2** (宝の)山, 富源, 宝庫: a ~ of wealth 山ほどの富 / His book is a ~ of valuable information. 彼の本は貴重な情報の宝庫である / The site is a rich ~ of historical data. その遺跡には史料が無尽蔵にある. **3 a**〚軍事〛(敵の陣地の下まで掘り地雷を仕掛けるための)坑道, 雷坑. **b** 地雷 (land mine); 機雷, 水雷 (naval mine); (飛行機から落とす)空雷 (aerial mine): an antenna ~ 触角機雷 / a floating [surface] ~ 浮遊機雷 / a magnetic ~ 磁気機雷 / a moored ~ 繋留(けいりゅう)機雷 / a submarine ~ 敷設機雷 / charge a ~ 地[水]雷を装塡する / lay [place] a ~ 地[水]雷を仕掛ける[敷設する] / place [plant] a field of ~*s* 地雷原を敷設する / strike a ~ 水雷に触れる. **c** 空中で爆発する花火の一種. **4**〚昆虫〛潜孔《木の葉の柔組織に潜孔虫 (miner) の幼虫があけた坑道》.
***spring a mine on** a person* 〈人〉に不意打ちを食らわせる, ...を奇襲する.
— *vt.* **1 a** (鉱石・石炭などを採掘するために)...に坑道を掘る: ~ the ground for coal [gold] 石炭[金]を得るために地面を掘る. **b** 〈鉱石などを〉掘り取る, 採掘する: ~ gold, coal, copper, etc. **2** 〈劇の素材などを〉ひき出す. **3 a** ...に地下道を掘る (burrow). **b** 〈通路などを〉掘る: ~ a passage. **c** 〈昆虫が〉〈葉〉に穴をあける: A larva ~*s* leaves. 幼虫は葉に穴をあける. **4 a** 〈陣地・建造物など〉の下に爆発坑を掘る (undermine, sap). **b** 〈橋・建物・船・鉄道・道路・港湾など〉に地雷[水雷]を仕掛ける; 地雷[機雷]で爆破する: ~ a bridge 橋に地雷を仕掛ける / The ship was ~*d*. 船は機雷で爆破された / The navy ~*d* the Channel. 海軍はイギリス海峡に機雷を敷設した. **5** (秘密の手段・計略などで)ひそかに[徐々に]くつがえす[破壊する], 陰謀をもって失脚させる: His political career was ~*d*. (政府の陰謀で)彼の政治生命が絶たれた. — *vi.* **1** 坑道を掘る. **2** 採鉱[採炭]する. **3** 地雷[機雷]を敷設する.
mine·a·ble [máɪnəbl] *adj.* ＝minable.
míne detèctor *n.* (電磁式)地雷探知機.
míne·field *n.*〚軍事〛地雷[機雷]原, 地雷[機雷]敷設区域.

míne·làyer *n.* 〘海軍〙機雷敷設艦.

min·er 〚(*c*1275) *minour* ▭ OF *mineor* (F *mineur*): ⇨mine² -er¹〛 ― *n.* **1** 採鉱[鉱山]業者, 鉱夫, 坑夫 (cf. mineworker). **2** 〘軍事〙(地雷を敷設する)地雷工兵 (cf. sapper). **3** 〘鉱山〙採鉱機. **4** 〘昆虫〙潜孔虫 (⇨mine² 4).

min·er·al [mín(ə)rəl] 〚(*a*1393) ▭ OF ～ // ML *minerāle* ← *minera* mine: ⇨ mine², -al¹〛 ― *n.* **1** 鉱物《石炭・石油・天然ガスを含む》: metallic ～s 金属鉱物. **2** 鉱石, 原鉱 (ore). **3** 無機物 (cf. inorganic matter). **4** [通例 *pl.*]《英口語》=mineral water. ― *attrib. adj.* **1** 鉱物の, 鉱物性の; 鉱物を含んだ: a ～ bath 鉱泉 / a ～ vein 鉱脈 / ⇨ mineral water 1, mineral kingdom. **2** 〘化学〙無機性の (inorganic).

míneral ácid *n.* 鉱酸, 無機酸.

míneral blúe *n.* =azurite blue.

míneral chárcoal *n.* 〘地質〙天然木炭《瀝青炭に随伴して産する繊維状の木炭様の物質; mother of coal ともいう》.

míneral dréssing *n.* 〘鉱山〙選鉱.

míneral gréen *n.* =malachite green 2.

min·er·al·ize [mín(ə)rəlàɪz] 〚← MINERAL + -IZE〛 ― *vt.* **1 a** 鉱化する: ～*d* nitrogen (土中の)鉱化窒素 / Coal is ～*d* vegetation. 石炭は植物が鉱化したものだ. **b** 〈金属を〉鉱石化する. **2** …に鉱物[無機物]を含ませる: ～*d* water 炭酸水. **3** 石化する, 化石にする (petrify): ～*d* leaves 化石になった葉, 葉の化石. ― *vi.* **1** 鉱物採集をする; 鉱物の研究をする. **2** 鉱(物)化する. **min·er·al·iz·a·ble** [-zəbl] *adj.* **min·er·al·i·za·tion** [mìn(ə)rəlɪzéɪʃən, -lə- | -laɪ-, -lɪ-] *n.*

mín·er·al·ìz·er *n.* **1** 〘化学〙造鉱素《金属と化合して鉱石を形成する物質; 方鉛鉱における硫黄など》. **2** 〘地質〙鉱化剤《岩漿の気成時代において, 鉱床形成の原因となる揮発性物質》.

míneral jèlly *n.* 〘化学〙石油から採るゼリー状の蠟(ろう)《火薬の安定剤に用いる; cf. petrolatum》.

míneral kìngdom *n.* [the ～] (自然界の古い分類法による博物学上の)鉱物界 (cf. animal kingdom, plant kingdom).

míneral lànds *n. pl.* 《米》(通例, 連邦政府が保有する)富鉱地区.

min·er·a·log·i·cal [mìn(ə)rəlάdʒɪkəl, -dʒə- | -lɔ́dʒɪ-] *adj.* 鉱物学(上)の, 鉱物学的な: a ～ collection [examination] 鉱物収集[試験]. **～·ly** *adv.*

mìn·er·ál·o·gist [-dʒɪst, -dʒəst | -dʒɪst] 〚(1646): ⇨ ↓, -ist〛 *n.* 鉱物学者.

min·er·al·o·gy [mìnərάlədʒi, -rǽl- | -rǽlədʒɪ, -rɔ́l-] 〚(1690) ← MINERA(L)+-LOGY〛 ― *n.* **1** 鉱物学. **2** (鉱物学の研究対象となる)鉱物: the ～ of South Dakota. **3** 鉱物学の論文.

min·er·al·oid [mín(ə)rəlɔ̀ɪd] 〚⇨ mineral, -oid〛 *n.* 〘鉱物〙ミネラロイド《結晶が小さく硬状ゲル状をなす一種の鉱物》.

míneral òil *n.* 〘化学〙鉱油, 石油.

míneral pìgment *n.* 〘化学〙鉱物質顔料, 無機顔料 (cf. organic pigment).

míneral pìtch *n.* アスファルト (asphalt).

míneral rèsin *n.* 〘化学〙鉱物性樹脂.

míneral rìght *n.* 〘法律〙(一地区内における)採鉱権.

míneral séal òil *n.* 〘化学〙シール油《鉄道・船舶の信号灯などに用いる灯油とガス油の中間の溜分》.

míneral spìrit *n.* 〘化学〙=petroleum spirit.

míneral sprìng *n.* 鉱泉.

míneral tàr *n.* 〘化学〙鉱物タール《石油とアスファルトの中間物; maltha ともいう》.

míneral téeth *n. pl.* 義歯.

míneral wàter *n.* **1** ミネラルウォーター, 鉱(泉)水《鉱物塩またはガスを含む天然水またはそれをまねて作ったもの; 多くは薬用》. **2** [しばしば *pl.*]《英》(炭酸入り)清涼飲料水 (soda water, ginger-beer など).

míneral wàx *n.* 〘化学〙鉱蠟《天然固形アスファルト中, 主としてパラフィン系の炭化水素およびその変化物からなる》.

míneral wòol *n.* 〘化学〙鉱質綿, 鉱物綿《スラグ (slag) から作られる羊毛状の繊維質; 断熱材・吸音材として用いられる; 石綿・岩綿・グラスウールなど》.

míner's díal *n.* 〘鉱山〙=dial 4.

míner's disèase *n.* 〘病理〙鉱夫病《十二指腸虫による貧血症》.

míne-rùn *n.* 並の品[もの], 普通のもの, 二流品.

Mi·ner·va [mɪnə́ːvə, mə- | mɪnə́ː-] 〚▭ L ～ ← IE **men-* to think: cf. L *mēns* 'MIND'〛 ― *n.* **1** 〘ローマ神話〙ミネルヴァ《工芸・芸術・戦術・知恵の女神; ギリシャ神話の Athene に当たる》. **2** 並外れて賢い[学識のある]女性. **3** 女性名.

Minérva prèss 〚↑〛 *n.* **1** [the ～] (18世紀末 London にあった)ミネルヴァ印刷所. **2** (同所出版の)ミネルヴァ文庫《極端に感傷的な小説類》.

min·e·stro·ne [mìnəstróuni, -stróun | -nɪstróuni, -nə-; *It.* mìnestróːne] 〚▭ It. ～ (aug.) ← *minestra* soup ← *minestrare* < L *ministrāre* 'to MINISTER'〛 ― *n.* ミネストローネ《バーミセリ (vermicelli)・マカロニなどのパスタを入れたイタリアの濃い野菜スープ; パルメザンチーズを振りかけて出す》.

míne·swèeper *n.* **1** 〘海軍〙掃海艇[艦]《敵の機雷を探知し除去する》. **2** 〘陸軍〙地雷清掃ローラー《戦車で押して地雷を爆発させる装置》.

míne·swèeping *n.* 〘海軍〙機雷掃海, 掃海(作業).

míne thròwer 〚《なぞり》← G *Minenwerfer*〛 *n.* 〘軍事〙迫撃砲 (trench mortar).

mi·nette [mɪnét, mə- | mɪ-] 〚▭ G ～ ▭ F ～ 'oolitic iron ore': ⇨ mine², -ette〛 *n.* 〘岩石〙ミネット《正長石と黒雲母を主成分とする煌(こう)斑岩の一種》.

min·e·ver [mínəvə | -nɪvə(r] *n.* =miniver.

míne wàter *n.* 〘鉱山〙坑内水.

míne wòrker *n.* 鉱山従業員, 鉱夫 (cf. miner 1).

Ming [míŋ; *Chin.* míŋ] *n.* **1** (中国の)明(朝) (1368–1644). **2** 明朝の陶磁器. ― *adj.* **1** 明朝の, 明代の; 明朝美術の. **2** 〈陶磁器など〉明朝風の: ～ porcelain 明朝陶磁(器).

min·gle [míŋgl] 〚(*c*1450) *myngle(n), mengle(n)* (freq.) ← ME *mengen* < OE *mengan* < Gmc **maŋgjan* to knead together ← IE **mag-* to knead, fit〛 ― *vt.* **1** 混ぜる, 混合する (mix): ～ whiskey and water / They ～*d* their tears. 彼らは共に泣いた / ～*d* feelings 悲喜こもごもの感情, 万感 / with ～*d* pride and sorrow 得意と悲しみが交錯して. **2** 調合する (concoct). ― *vi.* **1** 混ざる, 混じる (mix, blend) 〔*with*〕: The colors don't ～ well. 色がうまく調合しない. **2** 〈人が〉つき合う, 交際する〔*with, among, in*〕: She seldom ～*d with* the townsfolk. 彼女はめったに町の人と交際しなかった / They ～ very little *in* society. 彼らは余り社交界に出ない. **3** 加わる, 参加する (join, participate)〔*in*〕: ～ *in* the game [the crowd] ゲーム[群衆]に加わる. **mín·gler** [-glə, -glə | -glə(r, -glə(r] *n.*

min·gle-man·gle [míŋglmǽŋgl] 〚(1549)《加重》← MINGLE〛 *n.* 混合, ごたまぜ (medley, hodge-podge): ～ of ideas 雑然と入り交じった諸観念.

Ming T'ai Tsu [míŋ-tàɪ-tsúː, -dzúː; *Chin.* míŋ t'àɪ-tsǔ] *n.* 明の太祖 (1328–98; 朱元璋 (Chu Yüan-chang) の称号; 明朝の創建者, 皇帝 (1368–98)).

míng trèe [míŋ-] 〚← ? MING〛 *n.* 〘園芸〙盆栽 (bonsai) (の様式に従って整えた樹形).

min·gy [míndʒi | -dʒɪ] 〚《混成》? ← MEAN² + STINGY〛 *adj.* (**min·gi·er**; **-gi·est**)《口語》けちな, けち臭い.

Mi·nho [míːnjou | -njəu; *Port.* míɲu] *n.* [the ～] ミーニョ(川)《スペイン北西部の川; ポルトガルとの国境に沿って大西洋に注ぐ (275 km)》.

Min·how [mìnhóu | -háu; *Chin.* mɪŋxəu] *n.* 閩侯(びん)《Foochow の旧名》.

min·i [míni | -nɪ] 〚《略》← MINICAR, MINISKIRT: cf. mini-〛 ― *n.* **1** =minicar. **2** 〘服飾〙ミニ《1960 年代初期より世界的に流行したひざ上 3 インチ以上の短いスカート (miniskirt), コート (minicoat), ドレス (minidress), またはスーツ (minisuit); cf. maxi, micro, midi》. **3** 小さい物. ― *adj.* 非常に小さい; 小型の: a ～ war / the *miniest* skirt.

min·i- [mínə | -nɪ] 〚← MINI(ATURE)〛「極小の, 小型の, 極めて短い, 小規模の」の意の連結形 (cf. midi-): *mini*crisis, *mini*movie.

min·i·a·scape [míniəskèɪp | -nɪə-] 〚← MINIA(TURE) + -SCAPE〛 *n.* (日本の)盆景 (cf. bonsai); 箱庭.

min·i·ate [mínièɪt | -nɪ-] 〚▭ L *miniāt-us* (↓)〛 *vt.* **1** 朱で彩る; 朱で描く. **2** 〈写本などを〉彩飾する.

min·i·a·ture [míniətʃùə, -nɪtʃ-, -nə-, -njə-, -tʃə, -t(j)ùə | mínətʃə(r, -njə-, -nɪə-, -nɪ-] 〚(*a*1586) ▭ It. *miniatura* ▭ ML *miniātūra* ← L *miniātus* (p.p.) ← *miniāre* to paint in red lead or vermilion: ⇨ minium, -ure〛 ― *n.* **1 a** 縮小画[図]. **b** (物の)縮小形, 極小短縮形, ミニチュア. **c** (テレビ・映画などの)小型舞台装置, 小型のセット. **2** (通例象牙板・羊皮紙などに細密に描かれた)小画像, 豆画, 細密画; 微細画法: a ～ painter 微細[細密]画家[画工]. **3** (写本の)彩飾 (illumination). **4** =miniature camera.

in miniature 細密画に描いた; 小規模の[に]: a portrait *in* ～ 微細画の肖像 / America *in* ～ アメリカの縮図 / He is a Hercules *in* ～. 彼は小型のヘラクレスだ.

― *attrib. adj.* **1** 縮小した; 小規模の, 小型の: a ～ park 小公園 / a ～ decoration 略綬(じゅ), 略章. **2** 〈カメラ・フィルムなど〉35 ミリの: ⇨ miniature camera.

― *vt.* 縮小して描く, 縮写する.

míniature cámera *n.* 35 ミリ判カメラ《35 ミリ幅フィルムを用いるカメラ》; 小型カメラ.

míniature gólf *n.* ミニゴルフ《putter だけを使って小型のコースで行なうゴルフ》.

míniature photógraphy *n.* (35 ミリ判カメラによる)スナップ写真(術), 小型カメラ写真術.

míniature pínscher *n.* ミニチュアピンシャー《ドイツ原産の犬種のイヌ; ミニピンとも呼ばれドーベルマンを小型にしたものに似ている》.

míniature radiógraphy *n.* 〘医学〙(X 線の)間接撮影.

míniature schnáuzer *n.* ミニチュアシュナウザー《ドイツ原産の犬種のイヌ; 体高が 11 インチから $11^{1}/_{2}$ インチまでの小型のシュナウザー》.

míniature túbe *n.* 〘電子工学〙ミニチュア管, mT 管《電子管の外形寸法による分類の一つ; 特に小型のもの》.

mín·i·a·tùr·ist [-tʃùː(ə)rɪst, -tʃər-, -t(j)ùər-, -rəst | -tjùərɪst, -tʃər-] *n.* 細密画家, 豆画師.

min·i·a·tur·is·tic [mìniətʃərístɪk, -nɪ-, -nə-, -tjur- | -nɪtjʊ(ə)r-, -nɪə-, -njə-, -tʃər-] *adj.*

min·i·a·tur·ize [míniətʃʊ(ə)ràɪz, -nɪ-, -nə-, -tʃər-, -tjur- | -nɪtjʊ(ə)ràɪz, -nɪə-, -njə-, -tʃər-] *vt.* 小型化する, …の小型を製作する: ～ cameras. **mín·i·a·tur·ized** *adj.* **min·i·a·tur·i·za·tion** [mìniətʃʊ(ə)rɪzéɪʃən, -nɪ-, -nə-, -tʃər-, -tjur-, -rə- | -nɪtjʊ(ə)r-, -nɪə-, -njə-, -tʃər-] *n.*

míni·bìke *n.* 小型[ミニ]バイク.

míni·bùs *n.* ミニバス《比較的短距離用の小型乗合自動車; cf. omnibus 1》.

míni·càb *n.* 小型タクシー.

min·i·cam [mínəkæ̀m | -nɪ-] 〘略〙 *n.* =miniature camera.

míni·càmera 〘略〙 *n.* =miniature camera.

míni·càr *n.* **1** 小型自動車, ミニカー. **2** 小型自動車の模型, ミニカー《子供のおもちゃ》.

míni·cèll *n.* 〘生物〙ミニ細胞《異常分裂で生じる細菌の非常に小さい細胞; 染色体を含まず, 分裂はしない》.

míni·còat *n.* ミニコート《丈がひざ上までの短いコート》.

míni·compúter *n.* 小型電算機, ミニコン.

míni·drèss *n.* ミニドレス: a bridal ～ (丈がひざ上までの)ミニウエディングドレス.

Min·i·é ball [míni-bɔ̀ːl, -nièɪ-bɔ́ːl | mɪ́nɪ-bɔ̀ːl, -nɪèɪ-bɔ́ːl; *F.* minje-] 〚← *C. E. Minié* (1814–79: 発明者であるフランスの軍人)〛 ― *n.* ミニー式銃弾《19 世紀の中頃に多く用いられ, 発射すると中空の基部が膨張する円錐形の銃弾》.

min·i·fy [mínəfàɪ | -nɪ-] 〚← L *mini-*, *minor* less (⇨ minimum) + -FY: MAGNIFY の類推から〛 ― *vt.* **1** 小さくする, 少なくする, 縮小する, 削減する (lessen). **2** (実際より)小さく[少なく]する; 低く評価する, 見くびる (underestimate, belittle); あまり重要でなくする. **min·i·fi·ca·tion** [mìnəfɪkéɪʃən, -fə- | -nɪfɪ-] *n.*

min·i·kin [mínɪkɪn, -nə-, -kən | -nɪkɪn] 〚(1541) ▭ Du.《古》*minneken* (MDu. *minnekijn*) darling, fondling ← *minne* love + *-ken* (⇨ -kin)〛 ― *n.* **1** 《古》小さな物, 小人. **2** 《廃》いとしい人, かわいい子. **3** 〘活字〙ミニキン《3 ポイントの最小活字; 米国の excelsior に当たる; ⇨ type 10 ★》. ― *adj.* **1** 《古》小さい, ちびの, きゃしゃな (dainty). **2** 《古》気取った (affected). **3** 《廃》〈声が〉かん高い (shrill).

min·im [mínɪm, -nəm | -nɪm] 〚(1440) ▭ L *minimus* smallest, least (superl.) ← MINOR: もとは最小音符であった〛 ― *n.* **1** ミニム《液量の最小単位; $=^{1}/_{60}$ fluidram, 約 1 滴量; 略 min.》: **a** 《米》0.003759 立方インチ, 0.061610 cm³. **b** 《英》0.003612 立方インチ, 0.05914 cm³. **2 a** 最小物, 微小(物) (particle, jot): ～s of nature 微小動物. **b** つまらない人[物]: a ～ of a historian 些些たる歴史家. **3** 文字の上から下へ書き下す一画《m, n などの一画》. **4** [M-] ミニム会修道士《15 世紀に St. Francis of Paula が創設した托鉢修道会 (Ordo Minimorum Eremitarum) の一員》. **5** 〘音楽〙 **a** 二分音符 (half note). **b** 二分休止符 (half rest). ― *adj.* 最小の, 微小の.

minima¹ *n.* minimum の複数形.

min·i·ma² [mínəmə | -nɪ-] 〚▭ ML ～: ⇨ minim〛 ― *n.* 〘音楽〙ミニマ《中世・ルネサンス期の定量記譜法の音符[休符], semibrevis の $^{1}/_{2}$ または $^{1}/_{3}$ の音価をもつ; 記号 ♩》.

min·i·mal [mínəməl | -nɪ-] 〚(1666) ← L *minimus* (⇨ minim) + -AL¹〛 ― *adj.* **1** 最小量[数]の (minimum); 最小の, 最低の, 極小の (smallest): ～ distinctions (それ以上小さければ識別できない)最小限の差異. **2** [しばしば M-] 〘美術〙ミニマル芸術の[に関する]. **3** 〘数学〙極小の: a ～ value 極小値. ― *n.* 〘美術〙 **1** =minimal art. **2** ミニマル芸術の作品. **～·ly** *adv.*

mínimal árt *n.* 〘美術〙ミニマル芸術《形態・色彩をできる限り簡素・無飾にした造形芸術; 特に単純な幾何学的形象を無機的なスタイルで造形した抽象絵画・彫刻; minimalism, reductivism, rejective art ともいう》.

mínimal ártist *n.* ミニマル芸術家.

mín·i·mal·ìsm [-lìzm] *n.* 〘美術〙=minimal art.

mín·i·mal·ist [-lɪst, -ləst | -lɪst] 〚▭ F *minimaliste*: ⇨ minimal, -ist〛 ― *n.* **1** 〚cf. Russ. *men'shevik*〛 **a** [M-] (旧ロシヤ社会民主労働党および社会革命党の)一部穏健派. **b** (一般に)穏健な改革主義者. **2** =minimal artist. ― *adj.* ミニマル芸術(家)の[に関する].

mínimal páir *n.* 〘言語〙最小対立語《pin, bin のように同じ位置を占めるただ一つの音素によって意味の区別が生じる一対の語》.

min·i·max [mínɪmæ̀ks, -nə- | -nɪ-] 〚← MINI(MUM) + MAX(IMUM)〛〘数学・経済〙 *n.* ミニマックス《条件をいろいろに変えて得られる最大値の中の最小値; cf. minimax theorem, maximin》. ― *adj.* ミニマックス原理の[に関する, に基づく]. ― *vi.* 最大の損失を最小限に食いとめる.

mínimax príncìple *n.* 〘数学・経済〙ミニマックス原理《予想される損失額を最小限にとどめる戦略》.

mínimax théorem *n.* 〘数学・経済〙ミニマックス定理《予想される最大限の損失の下限は予想される最小限の利益の上限に等しい, というゲームの理論による定理; 経営計画決定に応用される》.

minimi *n.* minimus の複数形.

min·i·mize [mínəmàɪz | -nɪ-] 〚← L *minimus* (⇨ minimum) + -IZE〛 ― *vt.* **1** 最小(限度)にする, できるだけ少なくする (↔ maximize): ～ damage [danger] 損害[危険]を最小限度に少なくする. **2** 最小限に評価する, みくびる (underrate): ～ one's sin. **3** 〈損害などを〉最低限[控え目]に表現する: ～ the news of defeat 敗北をできるだけ控え目に報道する. **4** 〘数学〙最小化する《関数の値を最小値にもっていく》. ― *vi.* 極小値になる. **min·i·mi·za·tion** [mìnəmɪzéɪʃən, -mə- | -nɪmaɪ-, -mɪ-] *n.*

mín·i·mìz·er *n.* 事を最小に考える人, 過当に低く評価する人; (宗教的教義・哲学的難問などを)簡単に片付けてしまう人.

min·i·mum [mínəməm | -nɪ-] 〚(1663) ▭ L ～ (neut.) ← *minimus*: ⇨ minim〛 ― *n.* (*pl.* **-i·ma** [-mə], **～s**) **1 a** 最小量[数], 最低(点), 最低限度 (↔ maximum): the ～ of inconvenience 最小の不便 / with a [the] ～

of delay 最小の遅延で / keep the loss to a ～ 損害を最小限に抑える / the maximum of luxury at the ～ of cost 最低費用の最高贅沢 / The thermometer reached the ～ for the year. 寒暖計はその年の最低温度を記録した / Shares stand now at a ～. 株価は今が最低値段だ. **b** (公道での)最低速度. **2** 〘数学〙 **a** 最小. **b** 最小値. **3** 〘天文〙(変光星の)最小光度(の時).
— *attrib. adj.* **1** 最小[最少, 最低]の, 最小限度の : a ～ price [temperature] 最低価格[温度]. **2** 最低点の[に関する, を示す] : ⇨ minimum thermometer.

mínimum áccess prògramming *n.* 〘電算機〙 最小時間プログラミング《アクセスの待時間が最小になるようにプログラムを作ること》.

mínimum contról spèed *n.* 〘航空〙 最小操縦速度《多発機で, ある飛行形態の時に, 作動が止まると最も都合の悪いエンジンが停止した時でも操縦上の多少の余裕を残して直進できる最小速度》.

mínimum dispátch requìrement *n.* 〘航空〙 運用許容基準《航空機を出発させるために最小限度満たさなければならない基準》.

mínimum dóse *n.* 〘医学〙(薬効発生に必要な)最少投薬量.

mínimum thermómeter *n.* 最低温度計 (cf. maximum thermometer).

mínimum válue *n.* 最小値.

mínimum wáge *n.* **1** 最低賃金. **2** 生活賃金.

min·i·mus [mínəməs | -nɪ-] 〘□ L ～ 'least, smallest': ⇨ minim〙 **—** *n.* (*pl.* **-i·mi** [-màɪ]) **1** 最も小さなもの, 小さな生きもの. **2** 〘解剖〙(手・足の)小指. **—** *adj.* 《英》(男子の public school で同姓の生徒中)最年少の, (下の)弟の (⇨ major² 6, tertius 2) : Jones ～.

min·ing *n.* **1** 採鉱, 採掘, 鉱山業, 鉱業 : coal [gold, diamond] ～. **2** 地雷[機雷]敷設. **3** [形容詞的に] 鉱山の, 鉱業の[に関する] : a ～ academy 鉱業専門学校 / a ～ district [town] 鉱山地方[町] / a ～ engineer 鉱山技師 / ～ industry 鉱業 / ～ rights (鉱山)採掘権.

míning clàim *n.* 《米》(採掘権が発見者にある)鉱区.

míning engineèring *n.* 採鉱学, 鉱山工学.

míning geòlogy *n.* 鉱山地質学.

min·ion [mínjən | -njən, -nɪən] 〘(1500-20) □ F *mignon* (adj.) small, delicate : cf. mignon¹〙 **—** *n.* **1** 《軽蔑》お気に入り, 寵児(ちょうじ) (darling, favorite) ; (特に, 王・女王などに屈従的な)寵臣 : a ～ of fortune 運命の寵児, 好運児. **2** (奴隷のように仕える)手先, 子分 : his ～*s* of the press 彼の手先の新聞記者たち / the ～*s* of the law 獄吏, 看守, 警官. **3** 〘活字〙ミニオン《7 ポイント活字 ; ⇨ type 10 ★》. **4** ミニオン砲《17 世紀では 4 ポンド砲》. **—** *adj.* 《古》きゃしゃな, こぎれいな, 優美な (dainty, elegant).

min·ion·ette [mìnjənét | -njə-, -nɪə-] 〘□ F *mignonnette* : ⇨ mignon¹, -ette〙 **—** *n.* 《米》〘活字〙ミニオネット《6.5 ポイント活字 ; 英国の emerald に当たる ; ⇨ type 10 ★》.

míni·pàrk *n.* (都会地の)小公園.

míni·pìg *n.* ミニピッグ, ミニ豚《科学調査用に飼育された小型の豚》.

min·is·cule [mínəskjùːl, mɪnískjuːl, mə-, maɪ- | mínɪskjùːl, mɪnískjuːl] *adj.* ＝minuscule.

min·ish [mínɪʃ] 〘(*c*1390) *mynysshe(n), menuse(n)* □ OF *menuis-ier* to lessen < VL **minūtiāre* ← L *minūtus* 'MINUTE²' : cf. mince〙 《古》 **—** *vt.* 小さくする, 減じる (diminish). **—** *vi.* 小さくなる, 減る.

míni·skì *n.* (普通のものより短い, 初心者用または skibobbing 用の)ミニスキー.

míni·skìrt 〘← MINI-＋SKIRT〙 *n.* ミニスカート《ひざ上 3 インチ以上の丈の短いスカート ; cf. microskirt, midiskirt, maxiskirt》.

míni·stàte *n.* ミニ国家《新たに独立したアフリカやアジアの小国 ; cf. microstate》.

min·is·ter [mínɪstə, -nəs- | -tə(r] 〘n. : (*c*1300) *menistre* □ (O)F *ministre* □ L *minister* servant ← *minus* less ← *minor* 'MINOR' (*magister* 'MASTER¹' からの類推). — v. : (*a*1338) *ministre(n)* □ OF *ministr-er* □ L *ministrāre* to serve〙 **—** *n.* **1** 聖職者, 教役者, 教職者, 牧師《minister of religion ともいう》: **a** 《英》(非国教会の)牧師. **b** 《スコット》(スコットランド教会, または他の新教派の)牧師. **c** 〘カトリック〙 (1) 司祭《ミサの際などに, 司祭の役目を果す資格のある聖職者》. (2) 修道院の副院長《修士の日常の生活をする》; (大学・修道院の)収入役補佐. **2** (英国・ヨーロッパ大陸諸国・日本などの)国務大臣, 各省大臣 (cf. chancellor 2, secretary 2) : a cabinet ～ 閣僚 / a prime ～ 総理大臣, 首相 / a vice-*minister* 次官 / the *Minister* of Agriculture and Fisheries (英国の)農業水産大臣 / the *Minister* of Defense [Health, Labor, Education] 国防[保健, 労働, 文部]大臣 / Council of *Ministers* ⇨ council. **3** 公使, 国使 (envoy) 《ambassador の次位》: a ～ *to* Russia 駐ロ公使 / ⇨ minister plenipotentiary, minister resident. **4** 《古》僕(しもべ), 召使, 家来, 臣 (servant) : act as ～ of [to] a person's desires [pleasures, will] 人の希望[好み, 意志]を満たすために力を尽くす.
— *vi.* **1** 聖職者としての勤めをする. **2 a** [人に]仕える, 奉仕する (serve) 〔*to*〕: ～ *to* the sick 病人の世話をする. **b** […に](必要物などを供給して)力を貸す〔*to*〕: ～ *to* a person's needs 必要な物を与えて人の世話をする, 人に必要な物を供給する / ～ *to* the necessities of the indigent (必要物を与えて)貧困者を救助する / a ～*ing* angel 救いの天使《老病者の世話をしてくれる親切な女性や看護婦などにいう ; cf. Shak., *Hamlet* 5. 1. 264, *Mark* 1 : 13》. **3** 《古》[…の]ためになる, […に]資する〔*to*〕: ～ *to* a person's comfort [amusement, happiness] 人の慰安[娯楽, 幸福]に資する / ～ *to* a person's vanity [whims] 人の虚栄心[気紛れ]を満足させる. **—** *vt.* 《古》 **1** 執行する, 施行する (administer, perform) : ～ a rite [sacrament] 儀式[聖餐式]を執行する. **2** 与える, 供給する (afford).

min·is·te·ri·al [mìnəstí(ə)riəl | -nɪstíərɪ-, -nəs-] 〘(1561) □ L *ministeriāl-is* of a minister or servant : ⇨ ↑, -ial〙 **—** *adj.* **1** 聖職者の, 聖職の. **2** (英国などで)大臣の, 内閣の, 政府(側)の : ～ changes 内閣の更迭 / ～ duties 大臣の任務 / the ～ party 与党 / a ～ conference 閣僚会議 / the ～ benches (英国下院の)閣僚[与党議員]席 ; 与党 (↔ Opposition benches). **3** 行政上の ; 行政官としての職務上の (executive) : the ～ arm of the law 法の執行力[者]. **4** 《古》[…に]役に立つ, あずかって力ある (instrumental) 〔*to*〕: books ～ *to* intellectual culture 教養に役立つ本. **～·ly** *adv.*

mìn·is·té·ri·al·ist [-lɪst, -ləst | -lɪst] *n.* 《英》政府与党支持者, 与党議員.

mínister plenipoténtiary *n.* (*pl.* **ministers p-**) 全権公使 (cf. plenipotentiary).

mínister résident *n.* (*pl.* **ministers r-**) 弁理公使.

min·is·trant [mínɪstrənt, -nəs-] 〘□ L *ministrant-em* (pres.p.) ← *ministrāre* to serve : cf. minister (v.)〙 **—** *adj.* 奉仕する, 世話をする, 補佐する〔*to*〕: the courtiers ～ *to* the queen 女王に仕える廷臣たち / the angels ～ 奉仕の天使. **—** *n.* 奉仕者, 助力者, 補佐者 (helper, supporter).

min·is·tra·tion [mìnəstréɪʃən | -nɪs-, -nəs-] 〘(*c*1340) □ L *ministrātiō(n-)* service ← *ministrātus* (p.p.) ← *ministrāre* (↑) : ⇨ -ation〙 **—** *n.* **1** [しばしば *pl.*] 奉仕, 救護, 世話, 看護 (service, care). **2** 聖職者の勤め[職務] (ministry). **3** 《古》供給 : the ～ of food.

min·is·tra·tive [mínəstrèɪtɪv | -nɪstrət-, -nəs-, -rèɪt-] *adj.*

min·is·tress [mínɪstrɪs, -nəs-, -trəs | -trɪs, -très] *n.* 女性の minister.

min·is·try [mínɪstri, -nəs- | -trɪ] 〘(*c*1390) *ministerie* □ L *ministeri-um* office, service : MÉTIER と二重語 : ⇨ minister (n.), -y¹〙 **—** *n.* **1** 聖職者の任務[職務, 任期], 聖職 : campus [urban] ～ 大学[都市]での司牧(活動) / enter [go into] the ～ 聖職者[牧師]になる. **2** [集合的] 聖職者, 牧師, 牧界 (clergy). **3** 国務大臣の任務[職務, 任期]. **4** [しばしば M-] 内閣 (Cabinet), 諸大臣 : The *Ministry* has resigned. 内閣は辞職した / a bureaucratic [party] ～ 官僚[政党]内閣. **5** (行政組織の)省 (cf. department 2 a) ; 省の建物 : the *Ministry* of Education [Transport, Health] ＝ the Education [Transport, Health] *Ministry* 文部[運輸, 保健]省. **6** 援助, 奉仕 (ministration, service). **7** 代理となるもの[人], 手段となるもの (agency).

míni·sùb *n.* (海中調査・観察用の)小型潜水艦.

míni·sùit *n.* ミニスーツ《ミニスカートをとり入れた婦人用スーツ》.

míni·tràck *n.* (人工衛星・ロケットの)遠隔追跡装置《小型送信機の発する標識電波による追跡装置》.

min·i·um [míniəm | -nɪ-] 〘(*a*1398) □ L ～ 'native cinnabar, red lead' : cf. Basque *arminea* cinnabar〙 *n.* 〘化学〙鉛丹, 光明丹 (⇨ red lead 1).

min·i·ver [mínəvə | -nɪvə(r] 〘(*c*1250) *meniver* □ AF *menuver* ＝(O)F *menu vair* ← *menu* small (⇨ menu) ＋ *vair* spotted fur (< L *varium* spotted) : ⇨ vair〙 **—** *n.* **1** (中世に装身用として珍重された)白色の毛皮. **2** 《英方言》〘動物〙(冬の毛皮が白色の時期の)アーミン (ermine) 《その毛皮は公式服に用いられる》.

min·i·vet [mínəvèt | -nɪ-] 〘← ?〙 *n.* 〘鳥類〙サンショウクイ《サンショウクイ科の小鳥の総称 ; サンショウクイ (*Pericrocotus roseus*) など》.

mink [míŋk] 〘(1466) ← ? Scand. : cf. Swed. *mank, menk*〙 **—** *n.* (*pl.* ～, ～**s**) **1** 〘動物〙アメリカミンク (*Mustela vison*) (北米原産 ; cf. weasel 1 a). **2** ミンクの毛皮[コート] : a ～ coat ミンクのコート.

mink 1

mínk·fish *n.* 〘魚類〙ニベ科の魚の一種 (*Menticirrhus focaliger*) 《浮袋がないため音を出すことができない》.

Min·ków·ski wòrld [mɪŋkó(ː)fski- | -kɔ́fskɪ- ; G. mɪŋkɔ́fski-] 〘← *Hermann Minkowski* (1864-1909 : ドイツの数学者)〙 **—** *n.* 〘数学〙ミンコフスキーの世界《時間の軸を第 4 の座標軸とした 4 次元空間 ; 1 事象がこの空間内の 1 点で表わされる》.

Minn. 《略》 Minnesota (州).

Min·na [mínə] 〘□ OHG ～ ← *minna* memory ∥ *min* small〙 *n.* 女性名《愛称形 Minnie》. ★ スコットランドに多い.

Min·ne·ap·o·lis [mìniǽp(ə)lɪs, -ləs | -nɪǽpəlɪs] 〘← *Minnehaha* (この近くにある滝の名) (← Sioux *minne* water＋*haha* waterfall) ＋ -POLIS〙 **—** *n.* 米国 Minnesota 州南東部の工業都市 ; 人口 379,000.

min·ne·sing·er [mínɪsìŋə, -nə-, -zìŋə | -nɪsìŋə(r ; G. mínəzɪŋɐ] 〘□ G ～ ← *Minne* love＋*Singer* singer〙 **—** *n.* ミンネジンガー《12-14 世紀にドイツ諸侯の宮廷を中心に騎士的恋愛詩を歌って遍歴した吟遊詩人 ; cf. troubadour》.

Min·ne·so·ta [mìnəsóʊṭə | -nɪsə́ʊtə] 〘← Sioux《原義》milky blue water〙 **—** *n.* 米国北中部の州 (⇨ United States of America 表).

Minnesóta Multiphásic Personálity Ínventory 〘← *University of Minnesota*〙 **—** *n.* 〘教育・心理〙ミネソタ多面人格目録《多項目の質問に対する○×式回答による精密かつ多角的な人格テスト ; 通例 MMPI と呼称》.

Min·ne·so·tan [mìnəsóʊṭn | -nɪsə́ʊ-] *adj.* (米国) Minnesota 州(人)の. **—** *n.* Minnesota 州人.

Min·ne·ton·ka [mìnəṭɑ́ŋkə | -nɪtɔ́ŋ-], **Lake** *n.* ミネトンカ湖《米国 Minnesota 州, Minneapolis 西方の湖 ; 長さ 19 km ; J. M. Cavanass 作詞, T. Lieurance 作曲の "By the Waters of Minnetonka" (1914) で有名》.

Min·nie¹ [míni | -nɪ] 〘(dim.) ← MARY, MINNA, MINERVA, WILHELMINA〙 *n.* 女性名.

Min·nie² [míni | -nɪ] 〘《短縮》← G *Minenwerfer* minethrower〙 *n.* 《軍俗》迫撃砲(弾).

min·nie·bush [mínibʊ̀ʃ | -nɪ-] 〘← *minnie-* 《変形》← *Archibald Menzies* (1754-1842 : スコットランドの植物学者)＋BUSH¹〙 **—** *n.* 〘植物〙北米東部産ツツジ科ヨウラクツツジ属の緑色がかった紫の花をつける低木 (*Menziesia pilosa*).

min·now [mínoʊ, -nə | -nəʊ] 〘(15C) *menow, men(a)we* small fish 《混成》← OE *myne* (cog. OHG *munewa*)＋F *menu* (*poisson*) small (fish)〙 **—** *n.* (*pl.* ～, ～**s**) **1** 〘魚類〙 **a** ヒメハヤ (*Phoxinus phoxinus*) 《ヨーロッパとアジアの一部とに産するコイ科の小魚 ; 魚釣りの餌にする》. **b** コイ科の魚類の総称《主に細長く小型の種類をいう》. **2** (釣りなどでの)小魚, 雑魚. **3** 取るに足りない人物[もの], 小人物, ささいなもの.
throw out a minnow to catch a whale 大利のために小利を捨てる,「肉を切らせて骨を切る」.

min·ny [míni | -nɪ] *n.* 《方言》＝minnow.

Mi·no·an [mɪnóʊən, mə-, maɪ- | mɪnə́ʊ-] 〘← L *Minōius* (□ Gk *Minṓios* of Minos)＋-AN¹〙 **—** *adj.* **1** ミノス[クレタ]文明の : ～ civilization [culture] ミノス文明[文化]《エーゲ文明の一つで紀元前 3000-1100 年頃 Crete 島を中心にエーゲ海沿岸や地中海東岸地方に栄えた青銅器時代の文明[文化]》. **2** 古代クレタ言語の ; (線文字による)ミノス文字[文書]の. **—** *n.* **1** ミノス人《太古のクレタ島人》. **2** 古代クレタ語.

Mi·nol [máɪnɔ(ː)l | -nɔl] *n.* 〘商標〙マイノル《松根油の水蒸気蒸留で得られる油 ; 消毒・殺虫・ペンキ用》.

mi·nom·e·ter [mɪnɑ́məṭə, mə-, maɪ- | mɪnɔ́mɪtə(r, maɪ-, -mət-] 〘← MIN(UTE²)＋-O-＋-METER〙 **—** *n.* 〘物理〙微放射計《電離箱と纖維電流計とから成る散乱放射線の検出測定器》.

mi·nor [máɪnə | -nə(r] 〘(16C) □ L ～ 'less, smaller, inferior, younger' (compar.) ← IE **mei-* small (Gk *meíōn* less) ∽ (*c*1300) *meno(u)r* □ OF *menour* < L *minōrem* (acc.) ← *minor*〙 **—** *adj.* (↔ major) **1** (二つのうち数量・程度などの)小さい方の, より少ない (smaller, lesser) : ～ faults 小さな過失 / a ～ injury 軽傷 / a ～ offense 微罪 / a ～ angle 〘数学〙劣角 (180° より小さい角) / ⇨ minor planet. **2** (重要度・地位・官職などの)重要でない, 劣った ; 低い, 下級の, 二流の, 小… (inferior) : a ～ matter 小事 / ～ details (余り重要でない)こまごました点 / a ～ official 下級官吏, 小役人 / a ～ court 下級裁判所 / a ～ poet (優れてはいるが大詩人とまではいえない)小詩人 / ～ cereals 雑穀類. **3** 少数派の : a ～ party 少数党. **4** 未成年の, 未丁年の : a ～ king. **5** 《英》(男子の public school で同姓の生徒中)年下の, 弟の (younger, junior) (⇨ major² 6) : Jones ～. **6** 〘音楽〙 **a** 短音程の《長音程 (major interval) より半音狭い》: a ～ interval 短音程 / a ～ third [sixth, seventh] 短 3 [6, 7] 度. **b** 短調の : a sonata in G ～ ト短調奏鳴曲. **7** 〘論理〙〈名辞・前提が〉小… : ⇨ minor term, minor premise. **8** 《米大学》〈科目・課程が〉副次的な (⇨ *n.* 7) : a ～ subject 副専攻科目. **9** 〘数学〙〈行列式が〉小さい. **10** 〘医学〙〈病気など〉軽症の ; 小規模な : a ～ operation.
— *n.* (↔ major) **1** 未成年者, 未丁年者 : No ～*s* allowed. 未成年者立入るべからず. **2** 下級の人, 二流の人. **3** 〘論理〙小名辞, 小概念, 小語 (minor term) ; 小前提 (minor premise). **4** 〘音楽〙短調 (minor key), 短音階 (minor scale), 短旋法 (minor mode), 短和音 (minor chord), 短音程 (minor interval). **5** 〘数学〙小行列式《与えられた行列式からいくつかの行と列を取り去って得られる小さな行列式》. **6** 〘トランプ〙＝minor suit. **7** 《米大学》 **a** (学位獲得の主要科目 (major) よりは少ない単位の)副専攻科目[課程] ; (一般科目より単位数の少ない)副科目. **b** 副専攻科目[副科目]の受講生. **8** [the ～s] 《米》＝minor leagues. **9** [M-] 〘カトリック〙フランシスコ会修道士 (Minorite, Friar Minor).
— *vi.* 《米》副専攻科目として受講する (cf. major) 〔*in*〕: ～ *in* history.

mínor áxis *n.* 〘数学〙(楕円の)短軸.

Mi·nor·ca¹ [mɪnɔ́ːkə, mə- | mɪnɔ́ː-] 〘□ Sp. *Menorca* ← *menor* minor : MAJORCA に次ぐ大きさの島の意〙 *n.* ミノルカ(島)《地中海 Balearic Islands 中のスペイン領の島 ; 人口 51,000, 面積 702 km², 首都 Mahon》.

Mi·nor·ca² [mɪnɔ́əkə, mə- | mɪnɔ́ː-] 〘(1848) : ↑〙 *n.* ミノルカ《Minorca 島原産の羽の黒い卵用品種のニワトリ》.

Mi·nor·can [mɪnɔ́əkən, mə- | mɪnɔ́ː-] *adj., n.* ミノルカ島の(住民).

mínor cánon *n.* 〘キリスト教〙小キャノン《聖職禄

を受けない(大)聖堂参事会員を意味することもあるが, 多くは cathedral や collegiate church に所属して礼拝の手助けなどをする有給の聖職者をいう; cf. major canon, honorary canon).

mínor cóin *n.* 小額貨幣《クラウン貨より小額の銀貨; 卑金属の硬貨; cf. subsidiary coin》.

mínor diámeter *n.* (ねじの)谷径(㊟)《おねじの最小直径》.

mínor divínity *n.* =divinity 4 b.

mínor élement *n.* **1** 〘地質〙微量元素《地殻の岩石や鉱物にごく少量含まれる元素; trace element ともいう; cf. major element》. **2** 〘生化学〙=trace element.

Mi·nor·ite [máɪnəràɪt] 〘← (*Friars*) *Minor* (← L *Frātrēs Minōrēs* Lesser Brethren (自ら他の修道会に対し卑下して呼んだ名)): ⇨ minor, -ite¹〙 ── *n.* 〘カトリック〙=Friar Minor.

mi·nor·i·ty [mɪnɔ́(ː)rəṭi, mə-, maɪ-, -nɑ́r- | maɪnɔ́rəti, mɪ-, mə-, -rɪ-] 〘(1533) ◻ F *minorité* // ML *minōritāt-em*: ⇨ minor, -ity〙 ── *n.* (↔ majority) **1** (多数に対する)少数; 少数派, 少数党: the educated ~ 少数の教養人 / They are in a decided ~. 彼らは断然少数である / The ~ must be ruled by the majority. 少数党は多数党に従わなければならない. **2** (一国内での)少数民族; (宗教・言語・文化などの)少数グループ《minority group ともいう》: the ~ problem 少数民族問題. **3** 未成年, 未丁年; 未成年期: boys still in their ~ まだ未成年の少年たち. ── *attrib. adj.* 少数派の: the ~ party 少数党 / the ~ view 少数意見.

minórity contról *n.* 〘証券〙少数株持株支配.

minórity léader *n.* 〘政治〙少数党の党首; (特に, 米国上・下院の)少数党の党首[指導者].

mínor kéy *n.* **1** 〘音楽〙短調《短音階を基礎とする調性; cf. major key》. **2** 陰気な気分, 哀調: a conversation in a ~ 陰気な会話.

mínor léague *n.* 《米》[the ~] マイナーリーグ, 小リーグ《野球・アイスホッケー・バスケットボールなどの major league より下位のプロスポーツ連盟》.

mínor-léaguer *n.* 《米》 **1** minor league に所属するスポーツ選手. **2** 二流の才能[能力]の人.

mínor móde *n.* 〘音楽〙 **1** 短旋法《主音と第 3 度の音が短 3 度となる旋法; cf. major mode 1》. **2** =minor scale.

mínor órder *n.* [通例 *pl.*] 〘カトリック〙下級聖品職階《上から侍祭(acolyte)・祓魔師(exorcist)・読師(lector)・守門(doorkeeper) の職階がある; cf. major order》.

mínor párty *n.* 少数党《地方政党, または支持者が広く分散して選挙にあまり影響を与えない全国政党; cf. third party 2》.

mínor pénalty *n.* 〘アイスホッケー〙マイナーペナルティー《選手を 2 分間退場させその間補充を許さない罰則; cf. major penalty》.

mínor pìece *n.* 〘チェス〙ビショップ (bishop) またはナイト (knight) (cf. major piece).

mínor plánet *n.* 〘天文〙小惑星《火星と木星の軌道間を運行する多数の小惑星の一つ; 1800 個以上発見されている; asteroid ともいう》. 「小前提.

mínor prémise *n.* 〘論理〙(三段論法(syllogism)の)

Mínor Próphets *n. pl.* **1** [the ~] (旧約聖書の)小預言書《Hosea, Joel, Amos, Obadiah, Jonah, Micah, Nahum, Habakkuk, Zephaniah, Haggai, Zechariah, Malachi の分量の少ない預言書; cf. prophet 4》. **2** [the ~, the m- p-] 小預言書の作者.

mínor scále *n.* 〘音楽〙短音階《主音から数えて第 5 音まで第 2-3 音の間のみが半音; 第 5-8 音間の半音の数と位置によって 3 種類の短音階がある; cf. scale³ 7》.

mínor séminary *n.* 〘カトリック〙小神学校《司祭志望の青少年の中等教育を行ない, 大神学校 (major seminary) に送り出す; junior seminary, preparatory seminary ともいう》.

mínor séntence *n.* 〘文法〙短文《主部と述部の 2 要素から成っていないかまたはそのどちらかを欠いた文; 例: John! / Look here!》.

mínor shéll *n.* 〘物理〙=subshell.

mínor súit *n.* 〘トランプ〙(bridge で)マイナー スーツ《ダイヤまたはクラブの揃い; cf. major suit》.

mínor ténace *n.* 〘トランプ〙(bridge, whist で)同じスーツのキングとジャックの組合せ (cf. major tenace).

mínor térm *n.* 〘論理〙小名辞, 小概念, 小語《三段論法 (syllogism) における結論の主語となる名辞》.

mínor tríad *n.* 〘音楽〙短三和音《根音とその上の短 3 度音, 完全 5 度音の 3 音によってつくられた和音》.

Mi·nos [máɪnəs, -nɑs | -nɒs] 〘◻ L *Mīnōs* ◻ Gk *Mínōs*〙 ── *n.* 〘ギリシャ神話〙ミーノース《Zeus と Europa の子で Crete 島の王; Knossos の宮殿に住んだという; Minotaur を迷宮に閉じ込め, 死後黄泉(㊟)の国で裁判官をつとめた; cf. labyrinth 1 b》.

Mi·not [máɪnət], **George Richards** *n.* (1885–1950) 米国の医学者; Nobel 医学生理学賞 (1934).

Min·o·taur [mínətɔ̀ə, máɪn- | máɪnətɔ̀ː(r, mín-] 〘(*c*1385) ◻ OF ~ (F *Minotaure*) ◻ L *Mīnōtaurus* ◻ Gk *Mīnṓtauros* ← *Mínōs* Minos + *taûros* bull〙 ── *n.* **1** 〘ギリシャ神話〙ミーノータウロス《人身牛頭の怪物; Minos により Crete 島の迷宮に閉じ込められ 9 年ごとに 14 人の Athens の青年男女が生贄(㊟)として捧げられたが, Theseus に殺された》. **2** 破壊者; むさぼり食う人.

Minotaur 1

Minsk [mínsk; *Russ.* mjínsk] *n.* ミンスク《ソ連邦 Belorussia 共和国の首都; 人口 1,273,000》.

min·ster [mínstə | -stə(r] 〘OE *mynster* (cog. G *Münster*) ◻ VL **monisterium* = LL *monastērium* 'MONASTERY'〙 ── *n.* **1** 修道院の付属会堂. **2** 大聖堂 (cathedral).

min·strel [mínstrəl] 〘(?*a*1200) *minstral, menestral* ◻ OF *menestral* (F *ménestrel*) ◻ Prov. *menest(ai)ral* ◻ LL *ministeriālis* servant, retainer, jester: ⇨ minister〙 ── *n.* **1** (中世の)吟遊楽人《封建領主にかかえられ, または諸地を遍歴して竪琴などに合わせて詩歌を吟じ, あるいは手品・曲芸なども演じた; cf. gleeman, jongleur》. **2** 《詩》詩人 (poet); 歌手, 音楽家 (musician). **3 a** [通例 *pl.*] ミンストレルショーの芸人 (Negro minstrel) (cf. blackface 1 b): a ~ song / a band [group] of ~*s* = a ~ troupe ミンストレルショーの一座 / ⇨ Christy's minstrels. **b** =minstrel show.

mínstrel shòw *n.* ミンストレルショー《黒人に扮した白人の芸人一座 (minstrels) の演じる黒人の歌・踊り・滑稽な掛け合いなどからなる演芸[ショー]; 19 世紀前半の米国に始まった》.

min·strel·sy [mínstrəlsi | -si] 〘(*c*1303) *menestrelsy, minstralcye* ◻ OF *menestralsie* ← *menestral* 'MINSTREL'〙 ── *n.* **1** (中世の)吟遊楽人の芸《吟唱・弾奏》. **2** [集合的] 吟遊詩人たち (minstrels); ミンストレルショーの一座. **3** 吟遊楽人の歌った歌[詩, 民謡]集: ~ of Scottish border スコットランド辺境吟唱詩歌集. **4** 《詩》詩歌 (poetry); 鳥の歌(声).

mint¹ [mínt] 〘OE *minte* < (WGmc) **minta* (G *Minze*) ◻ L *menta* ◻ Gk *mínthē*〙 *n.* **1** 〘植物〙ハッカ《シソ科ハッカ属 (*Mentha*) の植物の総称; オランダハッカ (spearmint), セイヨウハッカ (peppermint), horsemint, ペニロイアルハッカ (pennyroyal), water mint など》. **2** (食後に供される)ハッカの風味をつけた糖果, ミンツ. ── *attrib. adj.* ハッカ入りの, ハッカ製の.

mint² [mínt] 〘n.: OE *mynet* < (WGmc) **munita* (G *Münze*) ◻ L *monēta* mint, money ← *monēre* to remind, warn. ── v.: (1546) ← (n.): MONEY と二重語〙 ── *n.* **1 a** 貨幣鋳造所, 造幣局. **b** [M-] 造幣局: the Royal *Mint* (英国)王立造幣局 / ⇨ BUREAU of the Mint. **2** (金銭などの)巨大な量: a ~ of money 巨額の金, 巨万の富 / a ~ of trouble 山ほどの苦労. **3** (考え・発明・製造などの)もと, 起こり (source). **4** 〘郵趣〙未使用切手. ── *attrib. adj.* **1** 〈切手など〉未使用の; 〈古書など〉刷り[発行し]たての状態の, 真新しい: ~ specimens of postage stamps 郵便切手の刷出し見本 / a ~ copy 発行したての状態のままの古本 / in ~ state [condition] 〈貨幣・切手・印刷物など〉刷りたての(状態で), 真新しい. **2** 貨幣鋳造所の[に関する]. ── *vt.* **1** 〈貨幣を〉鋳造する. **2** 〈金属を〉貨幣にする: ~ copper *into* coins. **3 a** 〈語句・新語などを〉造り出す (coin). **b** 〈新思想・にせ物などを〉造り出す. ── *vi.* 貨幣鋳造を行なう.

***mint gold* [*money*]** 楽々と大金をもうける.

~·er [-tə | -tə(r] *n.*

mint³ [mínt] 〘OE *myntan* to intend, think ← *myne* thought, intention < Gmc **muniz* (ON *munr* mind, desire) ← IE **men-*: ⇨ mind〙《スコット・北英》 ── *n.* **1** 意図, 目的. **2** 企て, 試み, 努力: make a ~ at ... を企てる. ── *vt.* **1** 企てる, 試みる; 意図する. **2** ほのめかす. ── *vi.* **1** 狙う 〔*at*〕. **2** 暗示する 〔*at*〕.

mint·age [mínṭɪdʒ | -tɪdʒ] 〘(*c*1570) ← MINT²+-AGE〙 ── *n.* **1 a** 貨幣鋳造, 造幣; 造幣権. **b** [集合的] (一時に鋳造発行される)鋳造貨幣, 鋳貨 (coinage). **2** 造幣費. **3** 造幣極印 (mintmark). **4** 造語.

mínt càmphor *n.* 〘化学〙ハッカ脳 (⇨ menthol).

mínt jèlly *n.* (羊肉料理に用いる)ハッカ入りゼリー.

mínt júlep *n.* 《米》ミントジューレップ《バーボンウイスキーに砂糖・ハッカを入れたカクテル; 氷を入れて飲む; 単に julep ともいう》.

mínt·màrk *n.* **1** 造幣極印《貨幣面の造幣所を示す極印》. **2** (本物・特徴などの)極印: the ~ of true poetry 真の詩の極印.

mínt·màster *n.* **1** 造幣局長官. **2** 《廃》造語家.

mínt sàuce *n.* ミントソース《砂糖・酢にハッカの葉を刻んで入れたもの; 小羊のロースト料理に用いる》.

mint·y [mínṭi | -tɪ] 〘← MINT¹+-Y⁴〙 *adj.* (**mint·i·er**; **-est**) ハッカの香りのする.

min·u·a·no [mɪnwɑ́ːnoʊ, mə- | mɪnwɑ́ːnəʊ; *Braz.* minwɐ̃nu] 〘← *Minuanos* (Rio Grande 河付近に住むインディアン族の名)〙 ── *n.* (*pl.* ~**s**) 〘気象〙ミヌワノ《La Plata 河口付近の突風を伴ったパンペロ (pampero) がブラジル南部まで及ぶ雷雨》.

min·u·end [mínjuènd | -nju-] 〘◻ L *minuend-us* (gerundive) ← *minuere* to diminish: ⇨ minute²〙 *n.* 〘数学〙被減数, 引かれる数 (↔ subtrahend).

min·u·et [mìnjuét | -nju-] 〘(1673) ◻ F *menuet* 《原義》very small (舞踏の小歩調についていう) (dim.) ← *menu* small: ⇨ menu〙 ── *n.* **1** メヌエット《17 世紀中頃フランスに起こった 3 拍子の優雅な舞踏》. **2** 〘音楽〙メヌエットの曲 (cf. scherzo).

Min·u·it [mínjuɪt, -ət | -njuɪt], **Peter** *n.* ミニュイ (1580?–1638; オランダの New Netherland 植民地(今の米国 New York 州)の初代の知事).

mi·nus [máɪnəs] 〘(1481–90) ◻ L ~ (neut.) ← MINOR〙 (↔ plus) ── *adj.* **1 a** マイナス(−)の, マイナスを示す; 負の; 減法の: ⇨ minus sign 1 / a ~ number 負数 / a grade of A ~ [α⁻] A⁻ [α⁻]という評点 / a ~ quantity 負量, 負数; 《口語》取るに足らない人物 / a ~ value 負量, 負数. **b** 〘電気〙負電荷の: ~ charge 負電荷 / ~ electricity 陰電気. **c** マイナスになる, 不利な, 負の: a ~ state マイナスになる状態. **2** 《口語》(以前より)損をして: The profits were ~. 収益は赤字だった / He was considerably ~. かなり損をした. **3** 〘植物〙〈菌糸体が〉陰性の, 雌性の.

── *prep.* **1** マイナスの, …を引いた, …だけ少ない (less): Eight ~ four is [equals, leaves] four. 8 引く 4 は 4. **2** 零下…: The temperature is ~ twenty degrees. 温度は零下 20 度だ. **3** 《口語》…を失った, …のない (without): a knife ~ an edge 刃のない小刀 / a book ~ its covers 表紙の取れた本 / He came back ~ an arm. 片腕をなくして帰って来た / I was ~ 50 dollars. 50 ドル棒に振った. ── *n.* **1** 〘数学〙マイナス記号, 負号 (−) (minus sign); 負量, 負数. **2** 不足, 損失, 欠損, マイナス (loss): a terrible ~ 大損失.

mi·nus·cu·lar [mɪnʌ́skjʊlə, mə-, maɪ- | mɪnʌ́skjʊlə(r] 〘⇨ ↓, -ar¹〙 *adj.* =minuscule 2.

mi·nus·cule [mínəskjùːl, -njʊs-, mɪnʌ́skjuːl, mə-, maɪ- | mínəskjùːl, -nɪs-, mɪnʌ́skjuːl] 〘(1727–41) ◻ F ~ ◻ L *minuscula* (fem.) ← *minusculus* rather small (dim.) ← 'MINUS': ⇨ -cule〙 ── *n.* **1 a** 小文字(書)体《草書体から発達した中世の手書き書体; cf. majuscule》. **b** (手書き書体の)小文字. **c** 小文字体写本[稿本]. **2** 〘印刷〙小文字, ロアーケース (lowercase letter). ── *adj.* **1** 小文字の[で書いた]. **2** 非常に小さい; 取るに足らない (insignificant): a ~ amount.

mínus sìght *n.* 〘測量〙負視 (⇨ foresight 6).

mínus sìgn *n.* **1** 〘数学〙負(符)号, 減号, マイナス記号 (−) (negative sign) (↔ plus sign). **2** 〘論理〙差記号《A, B を任意の二集合とするとき, A-B は A から B の元をすべて引き去った残りとしての集合で, A と B との差(集合)という》.

min·ute¹ [mínɪt, -nət] 〘n.: (*c*1378) ◻ (O)F ~ ◻ ML *minūta* small part or division (fem.) ← L *minūtus* (↓). ── v.: (1605) ← (n.)〙 ── *n.* **1 a** (時間単位としての)分 (=$^1/_{60}$時間, 記号 ′): in a few ~s 数分間のうちに. **b** 1 分間に行ける距離: five ~*s* from the station 駅から 5 分のところ. **2 a** 寸時, 瞬間, ちょっと (moment): ⇨ last minute / at this very ~ まさにこの瞬間にも / I am expecting him every [any] ~. 今か今かと彼を待っているところです / The plane is leaving in a ~. 飛行機はすぐ出発です / Just a ~. =Wait (half) a ~. ちょっとお待ち下さい / Come this ~! 今すぐ来て下さい / This did *not* interest her *for* a ~. このことは少しも彼女の興味を引かなかった. **b** [the ~; 接続詞的に] …する瞬間, …するやいなや (as soon as): I knew him *the* ~ (*that*) I saw him. 見たとたんに彼だとわかった. **3 a** (文書などの)草稿, 下書き; 覚え書, 手控え: make a ~ [take ~*s*] of a debate 討論の覚え書[手控え]を取る. **b** [*pl.*] 議事録: the ~*s* of a meeting / It is on the ~*s*. 議事録に載っている. **c** 《英》覚え書 (memorandum)《官庁の訓令など》. **4** 〘数学〙(角度の単位としての)分 (=$^1/_{60}$度, 記号 ′; minute of arc ともいう): 12°10′ =twelve degrees and ten ~*s*. **5** [*pl.*] 〘建築〙分(㊟)《円柱の柱脚部の直径寸法を 60 等分あるいは 30 等分した小単位; 古典主義建築の寸法単位に用いる; cf. module 2》.

to the minute 1 分も違(㊟)わず, きっかり (cf. *to an* HOUR (2)): The train left at six o'clock *to the* ~. 列車は 6 時きっかりに出た. ***up to the minute*** きわめて最新の, 先端的な (up-to-date). 「ute steak.

── *attrib. adj.* 急ごしらえの, 速製の, 即席の: ⇨ min-

── *vt.* **1** 精密に…の時間を計る: ~ a race [the speed of a train, the duration of an eclipse] レース[列車のスピード, 食虫の持続]の時間を精密に計る. **2 a** …の下書きをする, 草稿を作る: ~ a document 文書の下書きをする. **b** 覚え書にする, 控えに取る, 記録に取る 〈*down*〉; 議事録に書く: ~ the proceedings of a meeting 議事録を作る.

mi·nute² [maɪn(j)úːt, mɪ-, mə- | maɪnjúːt, mɪ-] 〘(?1440) ◻ L *minūt-us* (p.p.) ← *minuere* to make smaller, diminish, lessen ← IE **mei-* small〙 ── *adj.* (**mi·nut·er, -est; more ~, most ~**) **1** 〈形・目盛り・時間などが〉微小の, 微細な (tiny): ~ changes [graduations, periods] 微細な変化[目盛り, 時間]. **2** 些細な, ちょっとした, つまらない (petty): ~ particulars of a case 事件の細かな点 / be troubled with ~ differences 些細な差別にくよくよする. **3** 細かく注意する, 細心の, 詳細な, 綿密な, 正確な (meticulous) (↔ broad): a ~ observer 細心な観察者 / ~ criticism 厳密な批評 / a ~ report 詳細な報告 / ~ researches 綿密な調査 / examine with ~ care. **~·ness** *n.*

mínute-bèll *n.* 〘鳴鐘法〙分時鐘《人の死亡を知らせるために 1 分ごとに鳴らす鐘》.

mínute bòok *n.* **1** 議事録. **2** 覚え書帳, 控え帳.

mínute-glàss *n.* 1 分砂時計.

mínute gùn *n.* 分時砲《遭難信号として, または将官の葬儀の際に 1 分ごとに鳴らす号砲》.

mínute hànd *n.* (時計の)分針, 長針.

min·ute·ly¹ [mínɪtli, -nət- | -lɪ] 〘(1599): ⇨ minute¹, -ly¹〙 *adv.* 1 分置きに, 1 分ごとに. ── *adj.* 1 分ごとに起こる; 間断のない (continual).

mi·nute·ly² [maɪn(j)úːtli, mɪ-, mə- | maɪnjúːtli, mɪ-] 〘(1599): ⇨ minute², -ly¹〙 *adv.* **1** 微細に, 綿密に (exactly). **2** こまぎれに.

min·ute·man [mínɪtmæ̀n, -nət-]〘⇨ minute¹, man¹〙 ── *n.* (*pl.* **-men** [-mèn]) **1**〘米史〙独立戦争当時即座に召集に応じうる準備をした(特に Massachusetts の)民兵. **2** [M-] ミニットマン《米国の秘密反共ゲリラ組織の一員》.

mínute màrk *n.* 分(ふん)の記号 (′) (cf. second-mark).

mínute stèak *n.* ミニッツステーキ《すぐ焼ける薄切りのステーキ》.

mi·nu·ti·a [mɪn(j)úːʃiə, mə-, maɪ-, -ʃə | maɪnjúːʃɪə, mɪ-]〘《1751》□ L ～ 'smallness' ← *minūtus*: ⇨ minute²〙 ── *n.* (*pl.* **-ti·ae** [-ʃiìː, -ʃiàɪ | -ʃiìː]) [通例 *pl.*] 些細な細かい点; 細目, 詳細; 些細な事 (trifles).

minx [míŋks]〘《1542》《変形》? ← *minikins* ← MINIKIN＋-*s* (親愛の意を添えるための接尾辞) //《音位転換》← LG *minsk* man, impudent woman (cog. G *Mensch* man): ⇨ man¹, -ish¹〙 ── *n.* **1** お転婆, おきゃん, あばずれ女 (hussy). **2**《廃》みだらな女, 浮気女.

min·yan [mínjən]〘□ Mish.Heb. *minyān*《原義》number〙 ── *n.* (*pl.* **min·ya·nim** [mìnjəníːm], **～s**)〘ユダヤ教〙ミニヤン《公の礼拝を行なうのに必要なユダヤ教徒の数で, 14 歳以上のユダヤ人男性 10 名》.

mi·o- [máɪoʊ, máɪə | máɪə(ʊ)]〘? ← NL *meio-* ← Gk *meíōn*〙 ──「より小さい; より少ない; より劣った」の意の連結形. ★ 母音の前では通例 mi- になる.

Mi·o·cene [máɪəsìːn | -ə(ʊ)-]〘《1833》: ⇨ ↑, -cene〙〘地質〙 ── *adj.* 中新世[統]の: the ～ epoch [series] 中新世[統]《第三紀の漸新世 (Oligocene) と鮮新世 (Pliocene) との中間》. ── *n.* [the ～] 中新世[統].

Mi·o·hip·pus [màɪoʊhípəs | -ə(ʊ)-]〘← NL ～: ⇨ mio-, -hippus〙 ── *n.*〘古生物〙ミオヒップス属《漸新世の北米にいた小さな馬の一属》.

mi·o·sis [maɪóʊsɪs, -səs | -óʊsɪs]〘← NL ～ ← Gk *múein* to shut (the eyes)〙 ── *n.* (*pl.* **mi·o·ses** [-siːz]) **1**〘病理〙縮瞳, 瞳孔縮小 (cf. mydriasis). **2**〘生物〙＝meiosis 1.

mi·ot·ic [maɪɑ́tɪk | -ɔ́t-]〘↑: cf. narcosis-narcotic〙 *adj.*〘病理〙瞳孔縮小の[を起こす], 縮瞳(状態)の. ── *n.*〘薬剤〙縮瞳薬.

m.i.p.《略》〘冶金〙malleable iron pipe 鍛鉄管[パイプ];〘海商〙marine insurance policy 海上保険証券; mean indicated pressure 平均指示圧力; monthly investment plan.

miq·ue·let [mìkəlét, mìːk-]〘□ Sp. *miquelete* □ Catalan *miquelet* ← ? *Miquel* Michael＋-ET〙 ── *n.* **1** (半島戦役 (Peninsular War) でフランスと戦った) スペインのゲリラ兵. **2** (スペイン歩兵連隊の) 兵士, スペイン軍歩兵. **3** (スペインの)火打ち石銃.

Miquelon *n.* ⇨ St. Pierre and Miquelon.

mir [míə | míə(r; *Russ.* mjír]〘□ Russ. ～ 'world, peace': cf. L *mītis* soft〙 ── *n.* (*pl.* **～s, mi·ri** [míːriː; *Russ.* mjirjí])〘ロシヤ史〙農村共同体, ミール《帝政ロシヤ以前および帝政ロシヤにおいて, 土地を共同体の保有とし, 共同体農民は共同で土地の耕作, 播種や取り入れを行なった》.

Mi·ra¹ [máɪrə | máɪ(ə)rə]〘← NL ～ ← L *mirus* wonderful〙 *n.*〘天文〙ミラ《鯨座 (Cetus) オミクロン (*o*) 星で変光星; 光度 2.0-10.1 等で周期は約 330 日》.

Mi·ra² [máɪrə | máɪərə]〘(dim.) ← MIRABEL, MIRANDA //《変形》← MYRA¹〙 *n.* 女性名.

Mir·a·beau [mírəbòʊ | -bəʊ; *F.* mirabo], **Honoré Gabriel Victor Rique·ti** [*F.* rikti] *n.* ミラボー《1749-91; フランス革命当時の政治家・雄弁家》.

Mir·a·bel [mírəbèl]〘□ L *mīrābilis* wonderful〙 *n.* 女性名《愛称形 Mira》.

mir·a·belle [mìrəbél; *F.* mirabɛl]〘□ F ～《変形》←《廃》*mirabolan* 'MYROBALAN'〙 ── *n.* ミラベル(酒)《アルザス (Alsace) 地方産のスモモを発酵させ蒸留して造る無色のブランデー》.

mi·ra·bi·le dic·tu [mɪrɑ́ːbəli díktuː, mə-, -rǽbəli-díkt(j)uː | mɪrɑ́ːbəleɪ-díktuː, -rǽbəli-díktjuː]〘□ L *mīrābile dictū* wonderful to tell〙 *L.* 語るも不思議な.

mirábile ví·su [-víːsuː, -váɪsuː | -víːsuː, -váɪs(j)uː]〘□ L *mīrābile visū* wonderful to see〙 *L.* 見るも不思議な.

mir·a·bil·i·a [mìrəbíliə | -lɪə]〘□ L *mīrābilia* things to be wondered at〙 *L. n. pl.* 不思議な事[物], 奇跡 (marvels, miracles).

mi·rab·i·lite [mɪrǽbəlàɪt, mə- | mɪrǽbɪ-]〘□ G *Mirabilit* ← NL (*sal*) *mirabile* Glauber's salt,《原義》wonderful salt (neut.) ← L *mīrābilis* wonderful〙 ── *n.*〘化学〙ミラビル石 ($Na_2SO_4 \cdot 10H_2O$)《水溶性のナトリウムの含水硫酸塩鉱物; cf. Glauber's salt》.

Mi·rach [máɪ(ə)ræk | máɪər-]〘□ Arab. *marāqq* loin, abdomen: cf. Merak〙 *n.*〘天文〙ミラク《アンドロメダ座 (Andromeda) の β 星で 2.4 等星》.

mir·a·cid·i·um [mìrəsídiəm, màɪr- | -dɪ-]〘← NL ～ ← Gk *meirak-, meirax* girl, boy: ⇨ -idium〙 *n.* (*pl.* **-i·a** [-diə | -dɪə])〘動物〙ミラキジウム, ミラシジウム《吸虫類の幼虫》. **mìr·a·cíd·i·al** [-diəl | -dɪ-] *adj.*

mir·a·cle [mírəkl, -rɪ-]〘《1154》□ (O)F □ L *mīrāculum* wonderful thing, marvel ← *mīrārī* to wonder at ← *mirus* wonderful ← IE *(*s*)*mei-* to laugh, smile: cf. mirror, admire〙 ── *n.* **1** 奇跡, 神業;〘聖書〙(キリストの)奇跡: work [do] ～s 奇跡を行なう (cf. worker 4). **2 a** 不思議[奇跡的]なもの[事, 人], 驚異 (marvel): a ～ of ingenuity [skill] 驚異的な天才[熟練] / a ～ of a woman 奇跡[驚異]的な女性 / His recovery is a ～. 彼の回復は奇跡だ / He escaped by a ～. 奇跡的に[不思議にも]免れた. **b** 賞賛すべきこと, 偉業. **3**〘演劇・キリスト教〙＝miracle play.
to a miracle《古》奇跡的に, 不思議なほどよく.

míracle drùg *n.* 驚異的に効く薬, (新発見の)特効薬《抗生物質・サルファ剤など》.

míracle frùit *n.* **1**〘植物〙アフリカアカテツ (*Synsepalum dulcificum*)《アフリカ熱帯地方産のアカテツ科の低木》. **2** アフリカアカテツの実《糖蛋白質 (glycoprotein) を含み, 酸味のある物を甘く感じさせる作用がある》.

míracle màn *n.* **1** 奇跡を行なう(と自称する[いわれる])人. **2** できそうにもないことをする人.

míracle plày *n.*〘演劇・キリスト教〙奇跡劇, 聖史劇《キリスト・聖人・殉教者の事跡・奇跡などを演じた中世の劇形式》. ★ ドイツ・フランスではキリストの事跡を材料としたものを特に mystery play と呼んで, 聖人・殉教者の奇跡を扱った miracle play と区別したが, 英国では通例区別なしに用いる.

míracle rìce *n.* 奇跡米《在来種より 2-3 倍も収穫の多い新開発の米》.

mi·rac·u·lous [mɪrǽkjʊləs, mə-]〘《1502》□ (O)F *miraculeux* // ML *mīrāculōs-us* ← L *mīrāculum* 'MIRACLE': ⇨ -ous〙 ── *adj.* **1** 奇跡の; 奇跡的な, 超自然的な, 不思議な (supernatural, marvelous) (↔ natural): a ～ recovery [success] 奇跡的な回復[成功]. **2** 奇跡を行なう, 不思議な力のある (wonder-working). **～·ly** *adv.* **～·ness** *n.*

mir·a·dor [mírədɔ̀ə, -dɔ̀ə, ―́―̀ | mírədɔ̀ː(r, ―́―̀; *Sp.* mìradór]〘□ Sp. ～ ← *mirar* to look at < VL *mīrāre* ← L *mīrārī*: ⇨ miracle〙 ── *n.* (スペイン建築に特有の)展望塔, (展望用の)露台, 張出し窓.

mi·rage [mɪrɑ́ːʒ, mə- | míraːʒ, ―́―̀]〘《1837》□ F ～ ← (*se*) *mirer* to look at (oneself) in a mirror □ L *mīrārī* to wonder at: ⇨ miracle, -age: cf. mirror〙 *n.* **1** 蜃気楼(しんきろう). **2** 迷妄, 妄想, はかない夢 (delusion).

Mi·ran·da [mɪrǽndə, mə- | mɪ-]〘□ L ～ 'admirable (girl)' ← *mīrārī* (↑)〙 ── *n.* **1** 女性名《愛称形 Mira》. **2**〘天文〙ミランダ《天王星 (Uranus) の第 5 衛星; 5 個の衛星のうち最も内側を回る》.

mire [máɪə | máɪə(r]〘《1307》*myre* □ ON *mȳr-r* bog, swamp〙 ── *n.* **1 a** 深い泥, ぬかるみ. **b** 泥沼 (marsh, bog). **2** [the ～] 窮地, 泥沼: be in *the* ～ 苦境にある / drag a person through *the* ～ 人に恥をさらさせる, 人をはずかしめる / stick [find oneself] in *the* ～ 苦境に陥る / wallow in *the* ～ 官能的な享楽に耽る.
── *vt.* **1** 泥でよごす, 泥だらけにする, …に泥をべたつかせる; よごす, 汚す (defile). **2** 泥の中に突っ込む[はまらせる]. **3** [通例 Passive に用いて]〈人・情況を〉苦境に陥らせる, はまり込ませる (entangle): The economy is still deeply ～*d* in depression. 経済は依然不況の泥沼にあえいでいる. ── *vi.* 泥の中にはまる.

mire·poix [mɪəpwɑ́ː | mɪə-; *F.* mirpwa, -pwa]〘□ F ～ ← ? *Charles Pierre Gaston François de Lévis, duc de Mirepoix* (18 世紀のフランスの外交官・将軍)〙 ── *n.* (*also* **mire·pois** [～]) (*pl.* ～) ミルポワ, 香味野菜《さいの目切りのにんじん・玉ねぎ・セロリなどを混ぜ合わせたもの; ソースや煮込み料理などの香り付けに用いる》.

mi·rex [máɪreks | máɪər-]〘← ? (PIS)MIRE＋EX(TERMINATOR)〙 *n.*〘薬学〙マイレックス ($C_{10}Cl_{12}$)《塩素系殺虫剤》.

Mir·fak [míəfæk | míə-]〘□ Arab. *mirfaq, mārfaq* elbow〙 *n.*〘天文〙ミルファク《ペルセウス座 (Perseus) の α 星で 1.9 等星》.

Mir·i·am [míriəm | -rɪ-]〘□ Heb. *Miryām*: ⇨ Mary〙 ── *n.* **1** 女性名. ★ ユダヤ人に多い. **2**〘聖書〙ミリアム《女預言者; Moses と Aaron の姉; cf. *Exod.* 15: 20, *Num.* 26: 59》.

mi·rid [máɪrɪd, -rəd, mír- | máɪərɪd]〘↓〙〘昆虫〙 *adj.* メクラカメムシ(科)の. ── *n.* メクラカメムシ (capsid)《メクラカメムシ科の昆虫の総称》.

Mi·ri·dae [máɪrədiː, mír- | máɪərɪ-, mír-]〘← NL ～ ← *Miris* (属名: ← ?)＋-IDAE〙 *n. pl.*〘昆虫〙(半翅目)メクラカメムシ科.

mirk [mə́ːk | mə́ːk] *adj.* (～·**er**; ～·**est**)《古》＝murk. ── *n.* ＝murk.

mirk·y [mə́ːki | mə́ːkɪ] *adj.* (**mirk·i·er**; **-i·est**) ＝murky.

Mi·ró [miːróʊ | -rəʊ; *Sp.* miró], **Jo·an** [xoán] *n.* ミロ《1893-　; スペインの超現実主義の画家》.

mir·ror [mírə | -rə(r]〘《c1250》*mirour* □ OF *mir(e)our* (F *miroir*) < VL *mīrātōrium* ← *mīrāre* to look at＝L *mīrārī* to wonder at, admire: ⇨ miracle〙 ── *n.* **1** 鏡 (looking glass); 反射鏡 (speculum): a sea as smooth [placid] as a ～ 鏡のように静かな海 / a plane ～ 平面鏡 / a concave [convex] ～ 凹(おう)[凸(とつ)]面鏡, 凹[凸]鏡 / ⇨ rearview mirror / She looked at herself in the ～. 鏡に自分の姿を映して見た / She combed her hair in the ～. 鏡に向って髪をとかした. **2 a** 他を忠実に写し[描き]出すもの: hold the ～ up to nature 自然を鏡に写す, 自然のままを写す (cf. Shak., *Hamlet* 3. 2. 24). **b**《まれ》鑑(かがみ), 模範 (exemplar): the ～ of fidelity 忠実の鑑. **3**《古》魔法の鏡《魔法使いや占い師が未来の出来事などを予知するのに用いた鏡や水晶球 (crystal); cf. magic mirror》.
with mirrors 魔法でやったように, 魔法のように.
── *vt.* 写す, 反映させる (reflect): an old castle ～*ed* in the lake 湖水に映った古城.
～·like *adj.*

mírror cánon *n.*〘音楽〙鏡の[鏡像]カノン, 反行カノン《後続声部は先行声部を鏡に映してみた形で応答する》.

mírror fúgue *n.*〘音楽〙鏡の[鏡像]フーガ, 反行フーガ《主題に対して応答は主題の反行形を用いる》.

mírror galvanómeter *n.*〘電気〙反照検流計《指針の代りに小型の鏡を回転させる検流計; 光の反射角で数値を読む》.

mírror ìmage *n.*〘物理〙**1** 鏡像《平面鏡の反射によって形作られた物体の像》. **2** (平)面対称となっている物体.

mírror-wrìter *n.* 逆書きをする人.

mírror wrìting *n.* 逆書き, 鏡映文字.

mirth [mə́ːθ | mə́ːθ]〘OE *myr(g)þ, myriġþ* < Gmc **murʒiþō* ← **murʒjaz* 'MERRY': ⇨ -th²〙 ── *n.* **1** (ふざけたり笑ったりする)陽気な騒ぎ, 大喜び, 浮かれ遊び (gaiety, hilarity). **2 a** 笑いさざめき (jollity): a matter of ～ 大笑いの種 / make ～(*s*)《廃》笑いさざめく / evoke ～ 笑いを催させる / provoke a lively ～ 大いに興じさせる. **b**《廃》笑いの種.

mirth·ful [mə́ːθfəl | mə́ːθ-] *adj.* 楽しい, 陽気な, 浮かれる, にぎやかな, 笑いさざめく (merry, jolly). **～·ly** *adv.* **～·ness** *n.*

mírth·less *adj.* 楽しくない, 悲しそうな, 陰気な (grim, sad): a ～ smile. **～·ly** *adv.* **～·ness** *n.*

MIRV [mə́ːv | mə́ːv]〘《頭字語》← *M*(*ultiple*) *I*(*ndependently-targeted*) *R*(*eentry*) *V*(*ehicle*)〙 *n.*〘軍事〙(攻撃用)多弾頭各個目標再突入[各個誘導核]ミサイル; (このようなミサイルの)多弾頭(の一つ) (cf. MRV).

mir·y [máɪ(ə)ri | máɪərɪ]〘《*a*1398》← MIRE＋-Y⁴〙 ── *adj.* (**mir·i·er**; **-i·est**) **1** 泥深い, ぬかるみの, 泥沼のような (muddy, swampy): a ～ path. **2** 泥まみれの, きたない, 不潔な (dirty, filthy). **mír·i·ness** *n.*

mir·za [míəzə, míəzɑː | mə́ːzə, míəzɑː]〘《1613》□ Pers. *mīrzā*《原義》son of a lord《尾音消失》← *mīrzād* ← Arab. *amīr* emir＋Pers. *zād* born〙 ── *n.* ペルシャで姓につける敬称《王族の場合には姓の後に, 官吏・学者などの場合には前につける》.

MIS《略》management information system 経営情報システム.

mis-¹ [mɪs]〘OE *mis(s)-* (cog. G *miss-*): cf. miss² (v.). フランス語起源の語の場合 ME *mis-, mes-* □ OF *mes-* < L *minus* less〙 ── *pref.* 動詞・形容詞・名詞などに付いて「誤った, 誤って; 悪い, 悪く」の意または単に否定の意を表わす: *mis*appropriate, *mis*construe, *mis*deed, *mis*lead.

mis-² [mɪs] (母音の前に来る時の) miso- の異形: *mis*anthrope.

mìs·addréss *vt.* (**-addressed, -addrest** [-ədrést]) **1 a**〈人〉の敬称を間違えて呼ぶ, 呼び方を間違える. **b** 間違えて〔別の人に〕〈言葉などを〉向けて言う〔*to*〕. **2**〈手紙〉の宛名を間違える.

mìs·advénture〘《*c*1300》*misaventure* □ (O)F *mésaventure* ← *mesavenir* to turn out badly ← *mes-* 'MIS-¹'＋*avenir* to happen (< L *advenīre*: ⇨ advent)〙 ── *n.* **1** 不運な出来事, 不運, 不幸, 災難 (mishap, mischance): by ～ 運悪く, 誤って / He reached there without any ～. 無事にそこに着いた. **2**〘法律〙偶発事故《過失 (negligence), 故意, 不法行為などによらずに, 人に重傷または死をもたらす事故》.
homicide [death] by misadventure〘法律〙偶発事故による殺人 (cf. involuntary manslaughter).

mìs·advíse〘《*c*1395》← MIS-¹＋ADVISE〙 *vt.*〈人〉に悪い勧めをする, 誤った助言をする.
mìs·advíce *n.*

mìs·áim *vt.*《古》狙い損なう, 見当違いをして狙う.

mìs·alígned *adj.* (*also* **mìs·alíned**) 一列[一直線]になって[並んで]いない, 整列していない. **mìs·alígnment** *n.*

mìs·allíance〘《1738》← MIS-¹＋ALLIANCE: cf. F *mésalliance*〙 *n.* **1** 不適当な結合. **2** 不相応な縁組 (mésalliance).

mìs·allocátion *n.* 誤配分, 割当てミス[違い].

mìs·allý *vt.* 不相応に縁組[結合]させる.

mis·an·thrope [mísənθròʊp, -sn̩-, -zən-, -zn̩- | -θrəʊp]〘《1563》□ Gk *misánthrōp-os* hating mankind: ⇨ miso-, anthropo-〙 ── *n.* 人間嫌い(の人), つき合い嫌い, 厭(えん)人家 (cf. philanthropist).

mis·an·throp·ic [mìsnθrɑ́pɪk, -sən-, -zn̩-, -zən- | -θrɔ́p-] *adj.* 人間嫌いの, つき合い嫌いの, 厭人的な; 孤独な (cf. philanthropic).

mis·an·thróp·i·cal [-pɪkəl, -pə- | -pɪ-] *adj.* ＝misanthropic. **～·ly** *adv.*

mis·án·thro·pist [-pɪst, -pəst | -pɪst] *n.* ＝misanthrope.

mis·an·thro·pize [mɪsǽnθrəpàɪz, mə-, -zǽn-] *vi.* 人間嫌いになる.

mis·an·thro·py [mɪsǽnθrəpi, mə-, -zǽn- | -pɪ]〘《1656》□ F *misanthropie* // Gk *misanthrōpía*: ⇨ misanthrope, -y¹〙 *n.* 人間嫌い (cf. philanthropy).

mìs·applicátion *n.* **1** 誤用, 悪用, 濫用. **2** (公金などの)使い込み, 横領.

mìs·applíed *adj.* 誤用[悪用]された.

mìs·applý *vt.* **1** …の用い方を誤る, 誤用する, 濫用する: ～ one's talents [opportunities] 才能[機会]を誤用する. **2** 不正に用いる, 悪用する,〈公金などを〉使い込む: ～ money entrusted 預った金を使い込む.

mìs·apprehénd *vt.* 思い違いする, 誤解する, 誤認する (misunderstand).

mìs·apprehénsion *n.* 思い違い, 誤解 (misunderstanding): plain beyond ～ 誤解の余地のないほど明らかな / under a ～ 誤解して.

mìs·apprehénsive *adj.*〈人が〉誤解しやすい.

mìs·apprópriate *vt.* **1** …の間違った使い方をする. **2** 〈他人の金を〉濫用[着服]する, 横領する.

mìs·appropriátion *n.* 濫用, 不正流用, 着服; 横領.

mìs·arránge *vt.* …の配列を誤る, 並べ違える.

mìs·arrángement *n.* 誤った配列, 並べ違い.

mìs·becóme *vt.* …に似合わない, 適さない, ふさわしくない.

mìs·becóming *adj.* 《古》=unbecoming.

mìs·begót *adj.* =misbegotten.

mìs·begótten *adj.* **1** 庶出の, 私生児の (bastard). **2** 発想を誤った, 誤った考えに基づく (ill-conceived): ~ ideas 謬見(びゅうけん) / ~ laws 悪法. **3 a** 軽蔑すべき, みっともない. **b** できそこないの, 不恰好な (deformed).

mìs·beháve *vt.* [~ oneself で] 不品行[不正]なことをする, 不行跡を働く: People often ~ *themselves* when drunk. 人は酒に酔うとよく不品行な振舞いをする. — *vi.* **1 a** 不品行な事をする: He ~*d with* her. **b** 不作法な振舞いをする. **c** 卑怯な振舞いをする. **2** 期待はずれの[思わぬ, 当て違いの]事をする: The liquid ~*d* in the experiment. その液体は実験の際に妙な反応を示した. **mìs·beháver** *n.*

mìs·beháved *adj.* 不品行の, 不行跡な (ill-behaved).

mìs·behávior *n.* **1** 不品行, 不行跡: sexual ~ 不身持. **2** 《米》『軍事』(敵前での)守地放棄の罪.

mis·belief [⌐⌐⌐ | ⌐⌐⌐] 〚《?c1200》 *misbileve*: ⇨ mis-¹, belief〛 *n.* **1** 間違った信仰[考え], 誤信. **2** 異教信仰 (heresy) (cf. unbelief).

mis·believe [⌐⌐⌐ | ⌐⌐⌐, ⌐⌐⌐] 〚《a1390》 *misbileve(n)*: cf. OF *mescrere* (F *mécroire*)〛 — *vi.* 《廃》誤って信じる, 間違った教義を信じる, 異教を信仰する. — *vt.* 《古》信じない (disbelieve).

mìs·belíever *n.* 誤信者; 邪教信者, 異教徒, 異端者.

mìs·belíeving 〚《?a1300》 *misbileueand*〛 *adj.* 誤って信じる; 異教[邪教]を信じる. **~·ly** *adv.*

mìs·beséem *vt.* 《古》=misbecome.

mìs·bestów *vt.* 不当に授ける, 誤って与える.

mìs·bírth *n.* 流産 (abortion).

mìs·bránd *vt.* **1** 〈薬品・食品など〉に誤った焼印を押す, 違ったレッテルを張る, …に違法なレッテル表示をする. **2** …ににせの商標[商品名]を付ける.

misc. 《略》 miscellaneous; miscellany.

mìs·cálculate *vt.* 間違えて計算する, 誤算する; …の見込み違いをする. — *vi.* 計算違いをする.

mìs·calculátion *n.* 計算違い, 誤算; 見込み違い.

mìs·cáll 〚《a1398》〛 *vt.* **1** 呼び誤る, 呼び違える (misname). **2** 《古・方言》〈人〉の悪口を言う, ののしる.

mis·car·riage [mɪskǽrɪdʒ, məs-, -kǽr- | mɪskǽr-] 〚《1641》 ← MIS-¹+CARRIAGE〛 — *n.* **1** し損ない, 不成功, 失敗 (mismanagement, failure); 失策, 誤り (error): ~ of one's plans 計画の不成功 / a ~ of justice 『法律』誤審. **2** (品物・郵便物などの)配達違い, 誤配, 不着: ~ of goods, a letter, etc. **3** (自然)流産 (abortion) 《胎児が生存可能となる以前, 12–28 週の時期の自然流産 (spontaneous abortion) をいう》: have a ~ 流産する. **4** 《英》(船舶の)積荷間違い[違反]. **5** 《古》不品行. **6** 《古》不幸, 災難 (disaster).

mis·car·ry [mɪskǽri, məs-, -kéri | mɪskǽri] 〚《c1325》 *miscarie(n)* ▭ OF *mescarier*: ⇨ mis-¹, carry〛 — *vi.* **1** 〈計画などが〉失敗する, 不成功に終る: All his schemes *miscarried.* **2** 〈手紙などが〉届かない, 途中で紛失して不着になる. **3** 〈妊婦が〉流産する; 〈子供が〉早産で生まれる. **4** 《廃》死ぬ (die).

mìs·cást *vt.* **1** 〈俳優を〉不適当な役に割り当てる; 〈劇・役〉にそぐわない俳優の振り当てをする, ミスキャストする. **2** 〈人を〉見当違いな役目につける.

mis·ce·ge·na·tion [mɪsèdʒənéɪʃən, mə-, mìsɪdʒ-, -sədʒ- | mìsɪdʒɪ-] 〚《1864》 ← L *miscēre* to mix+*genus* race (⇨ genus)+-ATION〛 — *n.* 『文化人類学・社会学』異種族混交; (白人と異種族, 特に黒人との)結婚 (intermarriage). **~·al** [-ʃənḷ, -ʃnəl] *adj.*

mis·cel·la·ne·a [mìsəléɪniə, -njə | -sɪléɪniə, -sə-, -njə] 〚▭ L *miscellānea* (neut. pl.) ← *miscellāneus* (↓)〛 *n. pl.* (文学作品の)雑集, 雑録.

mis·cel·la·ne·i·ty [mìsəlɪníːəṭi | -sɪləníːəti, -sə-, -níː-, -níə-] *n.* 雑多であること.

mis·cel·la·ne·ous [mìsəléɪniəs, -njəs | -sɪléɪnjəs, -sə-, -nɪəs] 〚《1637》 ▭ L *miscellāneus* ← *miscellus* mixed ← *miscēre* to mix: ⇨ -ous: cf. miscellany〛 — *adj.* **1** 雑多な物から成る, 種々雑多な, 寄せ集めの (heterogeneous): a ~ collection of people, pictures, etc. / one's ~ experiences 雑多な経験 / ~ business 雑務, 雑役 / ~ goods 雑貨 / ~ news 雑報 / a ~ store 雑貨店. **2 a** 〈人が〉雑多な主題を扱う, 雑多なことに興味をもつ, 多面的な (many sided): a ~ writer 多面的な作家; 雑文家. **b** 統一性に欠ける, つぎはぎ的な. **~·ly** *adv.* **~·ness** *n.*

mis·cel·la·nist [mísəlèɪnɪst, -nəst, ⌐⌐⌐⌐ | mɪséləniṣt, mísɪl-] *n.* 雑録[雑報]記者, 雑文家.

mis·cel·la·ny [mísəlèɪni | mɪséləni, mísɪl-] 〚《1599》 ▭ F *miscellanées* ▭ L *miscellānea*: ⇨ miscellaneous, -y¹〛 — *n.* **1** 雑多, ごたまぜ. **2 a** (一巻にまとめた)論文集, 文集; 雑録. **b** [*pl.*] (論文集・文集に収められた諸種の)論文, 文 (articles, pieces).

Mi·scha [míːʃə, míʃə; *Russ.* mjíʃə] 〚▭ Russ. ~ 'MICHAEL¹'〛 *n.* 男性名.

mis·chánce 〚《c1300》 *meschance* ▭ OF *mesch(e)ance*: ⇨ mis-¹, chance〛 *n.* **1** 不運, 不幸, 災難 (misfortune): by ~ 運悪く, 誤って. **2** 不運な出来事.

mis·chan·ter [mɪstʃǽnṭə, məs- | mɪstʃɑ́ːntə(r)] *n.* 《スコット・北英》=mishanter.

mis·chief [místʃɪf, -tʃəf | -tʃɪf] 〚《a1325》 ▭ OF *meschief* (F *méchef*) ← *meschever* to succeed ill ← *mes-* 'MIS-¹'+*chever* to come to an end (← *chef* head, end (⇨ chief))〛 — *n.* (*pl.* ~**s**) **1 a** (人または他の原因によって生じる)損害, 災害, 危害, 被害 (damage, harm, injury): do a person (a) ~ 人に危害を加える[傷を負わせる] / do oneself a ~ 怪我をする / Great ~ was wrought by the storm. あらしの被害は大きかった / One ~ comes on the neck of another. 《諺》「泣き面(つら)に蜂」. **b** (特定の原因によって生じる)害, 害毒; 悪影響, 悪感化: mean ~ 害意を抱く, 腹に一物ある / Thoughtless speech may work great ~. 無思慮な言説は大きな害毒を流しかねない / There is ~ brewing. 何か(悪事が)起ころうとしている / In prison he is out of ~. 刑務所へ入れて置けば彼も悪事ができない. **2** 災害のもと, 困る点, 癪(しゃく)の種, 故障; (身体の)故障, 病気(の原因, 状態): The ~ of it is that it will not last. 困る点はそれが長持ちしないことだ / The ~ is in the spring. 故障はぜんまいにある / The ~ was more deep-seated than the external injuries to the body showed. 故障[病気]は外部の負傷の割には根深いものだった. **3 a** (人に迷惑をかける)いたずら, 悪さ (prank): childish ~ 子供っぽいいたずら / out of pure ~ ほんのいたずら半分に / go [get] into ~ いたずらを始める / Keep out of ~. いたずらするんじゃないよ / up to ~ 悪さをたくらんで, いたずらの最中で / keep children out of ~ 子供たちをいたずらさせないようにしておく. **b** 茶目, 茶目っ気: eyes beaming with ~ 茶目っ気あふれる目つき. **c** 《口語》いたずら者, (特に)いたずらっ子: a regular little ~ 全く手に負えない茶目っ子. **4** [the ~; 疑問詞を強めて] 《口語》一体 (the devil): Where *the* ~ have you been? 一体全体どこへ行っていたのか. **5** 《廃》不幸.
go to the mischief 《口語》堕落する. ***make mischief*** 不和の種をまく, 水を差す: She was always *making* ~ *between* the two lovers. 彼女はいつもその恋人同士を仲たがいさせていた. ***play the mischief with*** 《口語》…をめちゃくちゃにする, 〈機械など〉に故障を起こさせる; 〈整頓した物〉を混乱させる (disarrange): The wind has *played the* ~ *with* my papers. 風のために書類がめちゃくちゃだ.

míschief-màker *n.* 人の仲を裂く人, 離間者, 水を差す人.

míschief-màking *adj., n.* いたずら[害]をする(こと).

mis·chie·vous [místʃɪvəs, -tʃə- | -tʃɪ-] 〚《a1338》 *meschevous* ▭ AF ← OF *meschever*: ⇨ mischief, -ous〛 — *adj.* **1** 〈事柄が〉害を与える, 有害な (harmful, injurious): ~ gossip 人の悪口 / a ~ statement, rumor, action, etc. / a ~ person 害を与える人 / a ~ influence 悪影響, 害毒. **2** 〈人・行為が〉いたずら[悪さ]をする, 腕白な, いたずら好きの; いたずらの; いたずら気のある, 茶目っ気のある, ちょっと意地の悪い: a ~ boy, monkey, etc. / a ~ prank 悪ふざけ / a ~ glance, look, speech, etc. / It's ~ *of* you not to inform me of your illness. 君の病気のことを僕に知らせないなんて君も人が悪い. **~·ly** *adv.* **~·ness** *n.*

misch mètal [míʃ-] 〚▭ G *Mischmetall*: ⇨ mix, metal〛 *n.* 『冶金』ミッシュメタル《セリウム・ランタン・ネオジミウムその他の希土類金属から成る発火合金; 曳(えい)光弾・ライターの着火石などに用いる》.

mìs·chóose 〚ME *mischese(n)*〛 *vi., vt.* 誤って選ぶ.

mis·ci·bil·i·ty [mìsəbíləṭi | -sɪbíləti, -sə-, -lɪ-] *n.* 『化学』混和性.

mis·ci·ble [mísəbḷ | -sə-, -sɪ-] 〚← L *miscēre* 'to MIX'+-IBLE〛 *adj.* 『化学』(…と)混和できる (*with*); 混和性の.

mìs·cíte *vt.* 誤って引用する, …の引用を誤る (misquote).

mìs·clássify *vt.* 誤って分類する. **mìs·classificátion** *n.*

mìs·códe *vt.* 『生物』…に誤った遺伝暗号を与える.

mìs·cólor *vt.* **1** …に不適当な色をつける, …の彩色を誤る. **2** 〈事実などを〉誤って伝える (misrepresent).

mìs·communicátion *n.* 誤った伝達[連絡], 伝達[連絡]不備[不十分].

mìs·comprehénd *vt.* 誤解する (misunderstand). **mìs·comprehénsion** *n.*

mìs·concéive 〚ME *misconceive(n)*〛 *vi.* 思い違いをする (*of*). — *vt.* 誤解する. **mìs·concéiver** *n.*

mìs·concéption *n.* 思い違い, 誤解; 誤った考え.

mis·conduct [⌐⌐⌐] *n.* **1 a** 非行, 不身持, 不行跡. **b** 姦(かん)通, 密通, 不義: commit ~ with …と姦通する. **2** (官吏・弁護士・証人・陪審員などの)違法行為, 職権濫用: ~ in office 在任中の不始末. **3** 誤った管理[経営, 処置] (mismanagement). — [⌐⌐⌐] *vt.* **1** …の処置を誤る, やり損なう (mismanage). **2** [~ oneself で] **a** 品行が悪い, 不埒(ふらち)なことをする (misbehave): ~ *oneself* in office. **b** (…と)姦通する (*with*).

mìs·constrúction *n.* **1** 誤った組立て[構成]. **2** 意味の取り違え, 誤解, 曲解 (misinterpretation): place [put] ~ on a person [a person's words] 人の意図[人の言葉]を誤解[曲解]する.

mis·construe [⌐⌐⌐, ⌐⌐⌐] 〚ME *misconstrue(n)*〛 — *vt.* …の意味[意図]を取り違える, 解釈を誤る (misinterpret); 誤解[曲解]する (misunderstand): ~ blame *into* praise 非難されたのをほめられたと誤解する / You have ~*d* my words. 私の言葉を誤解している.

mìs·cópy *vt.* 誤って転記する, 写し間違える. — *n.* 誤写, ミスコピー.

mìs·cóunsel 〚《1389》 ▭ OF *mesconseill-ier*: ⇨ mis-¹, counsel〛 *vt.* …に悪い勧告[誤った助言]をする.

mìs·cóunt 〚《a1393》 ▭ OF *mescont-er*: ⇨ mis-¹, count〛 *vt., vi.* 数え違える, 誤算する (miscalculate). — *n.* 数え違い, 誤算; 集計違い.

mis·cre·ance [mískriəns | -krɪ-] 〚《a1393》 ▭ OF *mescreance*: ⇨ miscreant, -ance〛 — *n.* 誤った信仰, 邪教信仰, 異端信仰 (misbelief, heresy).

mis·cre·an·cy [mískriənsi | -krɪənsɪ] 〚⇨ ↓, -cy〛 *n.* **1** 邪悪, 非道, 下劣 (villainy). **2** 《古》=miscreance.

mis·cre·ant [mískriənt | -krɪ-] 〚《?a1300》 *miscreaunt* ▭ OF *mescreant* (F *mécréant*) ← *mes-* 'MIS-¹'+*creant* ((pres.p.) ← *creire* to believe < L *crēdere*): ⇨ creed, -ant〛 — *adj.* **1** 邪悪な, 下劣な (villainous). **2** 《古》邪教信仰の, 異端の, 外道の (heretical); 不信心の (unbelieving). — *n.* **1** 悪漢, 悪党 (scoundrel). **2** 《古》不信心者, 異端者, 外道 (heretic).

mis·cre·ate¹ [mískriət, -kriɪt, mìskriéɪt | mískrɪət, -krɪɪt, mìskrɪéɪt] *adj.* =miscreated.

mìs·creáte² *vt., vi.* 誤って造り出す, 造り損なう, 不具に造る (misform). **mìs·creátion** *n.*

mìs·creáted *adj.* 出来損ないの, 不具の, 奇怪な形の.

mìs·cúe *n.* **1** (野球などの)エラー, 失策 (error). **2** 『玉突』突き損ない, ミス《キューが玉の面で滑ること》. — *vi.* **1** (芝居で)せりふのきっかけに応じ損なう. **2** 『玉突』突き損なう. **3** 《俗》『野球』エラーする.

mìs·dáte *vt.* …に日付けを間違えて書く; …の日付け[年代]を誤る. — *n.* 間違った日付け[年代].

mìs·déal 『トランプ』 *vt.* 〈札を〉配り違える. — *vi.* 札を配り違える. — *n.* (札の)配り違い《配る順番, 枚数, 配り方などの間違い》. **~·er** *n.*

mìs·déaling *n.* 不正行為, 不埒(ふらち)なやり方.

mìs·déed 〚OE *misdǣd*: ⇨ mis-¹, deed〛 *n.* 悪い行い, 悪事, 非行, 犯罪 (crime).

mis·deem [mìsdíːm] 〚ME *misdeme(n)*〛 《古・詩》 — *vt.* **1** 〈人を〉悪く思う, 疑う (suspect). **2 a** 誤って判断する (misjudge). **b** 誤って思う. **c** 思い違いする: ~ a person *for* another. — *vi.* 思い違いする.

mis·de·mean [mìsdɪmíːn, -də-] 《古》 *vt.* [~ oneself で] 不行跡を働く, 不作法なふるまいをする. — *n.* 非行, 不品行, 不行跡.

mis·de·mean·ant [mìsdɪmíːnənt, -də-] 〚《1819》: ⇨ ↑, -ant〛 *n.* **1** 不品行な人. **2** 『法律』軽罪犯人.

mis·de·mean·or [mìsdɪmíːnə, -də- | -nə(r)] 〚《1494》 ← MIS-¹+DEMEANOR〛 — *n.* **1** 《古》非行, 不行跡, 不品行. **2** 『法律』(felony に次ぐ)軽罪: commit a ~ 軽罪を犯す. ★ 英国では misdemeanor と felony との区別は明確であるが, 米国では州により若干異なる.

mìs·descríbe *vt.* 不正確に述べる, 誤って記述する.

mìs·descríption *n.* 不備な[誤った]記述, (特に, 契約書の重要点の)誤記.

mìs·díagnose *vt.* 誤診する. **mìs·diagnósis** *n.*

mìs·diréct *vt.* **1** 〈手紙〉の宛名[宛て先]を誤る. **2** 〈人〉に道順などを間違って教える. **3** …の狙いを誤る, 打ち損なう: The blow was ~*ed.* その打撃は当り損なった. **4** 〈精力・才能などを〉誤った方向に向ける, …の向け所を誤る: ~*ed* energies, talents, etc. **5** 『法律』〈判事が〉〈陪審員〉に誤った説示を与える: ~ the jury.

mìs·diréction *n.* **1** (手紙などの)宛名[宛て先]違い. **2** (場所・道順などの)教え間違い; 誤った指示. **3** 『法律』(判事が陪審員に与える)誤った説示.

mìs·dó 〚OE *misdōn*: ⇨ mis-¹, do〛 *vt.* 間違ってする, 下手にやる. — *vi.* 《廃》悪いことをする, 悪事を働く. **~·er** *n.*

mìs·dóing *n.* 悪事, 非行.

mìs·dóubt 〚《1592》〛 *vt.* **1** 疑う, 怪しむ (doubt). **2** 《方言》懸念する (*that*). — *vi.* 《方言》懸念を抱く. — *n.* 《古》疑い, 疑念 (doubt, suspicion).

mise [míːz, máɪz] 〚《?a1425》 ▭ OF ~ (fem. p.p.) ← *mettre* to put, lay < L *mittere* to send: ⇨ mission〛 — *n.* **1** 協定, 協約 (agreement, pact): the *Mise* of Amiens 『英史』アミアン協定《1264 年 1 月に英国王 Henry 三世とフランス王 Louis 九世との間に結ばれた協定》/ the *Mise* of Lewes 『英史』ルーイス協定《1264 年 5 月に英国王 Henry 三世と諸侯との間に結ばれた協定》. **2** 『英史』(ウェールズ人が新君主の人国ごとに収めた)賦課. **3** (賭博の)賭け金 (stake). **4** 『法律』権利令状 (writ of right) の争点.

mis·éase 〚《?a1200》 ▭ OF *mesaise*: ⇨ mis-¹, ease〛 *n.* **1** 《古》不快, 苦痛, 不安. **2** 《廃》貧困 (poverty).

mìs·éducate *vt.* 〈人〉に誤った教育をする[施す].

mìs·educátion *n.*

mise-en-scène [míːzɑ̃ː(n)sén, -zɔ̃ː(n)-, -zɑːn-, -zɔ(ː)n-, -séɪn | -séɪn, -sén; *F.* mizɑ̃sɛn] 〚▭ F ~ 'setting on the stage': ⇨ mise, scene〛 — *F. n.* (*pl.* ~**s** [~]) **1** 『演劇』 **a** 舞台装置, 道具立て. **b** 舞台装置と俳優の布置, 演出. **2** (事件などの)周囲の状況, 現場の状況[有様] (setting, surroundings).

mìs·emplóy *vt.* 間違えて使う, 誤用する, 悪用する: ~ one's money, talents, time, etc. **~·ment** *n.*

mìs·éntry *n.* 『簿記』(帳簿の)誤記.

Mi·se·num [maɪsíːnəm] *n.* ミゼヌム《イタリア南西部, 今の Miseno 岬にあった古代ローマの海軍根拠地・保養地》.

mi·ser [máɪzə | -zə(r)] 〚《1542》 ▭ L ~ 'wretched, miserable, ill, bad' ← ?〛 — *n.* **1** けちん坊, しみったれ

れ, 守銭奴, 欲張り；(特に)金を貯えるためにみじめな生活をする人. **2**《古》みじめな人, 哀れな人.

mis·er·a·ble [míz(ə)rəbḷ, -zəbḷ|-z(ə)rəbḷ] 〘《1484》▭ L *miserābil-is* pitiable ← *miserārī* to pity ← *miser*: ⇨↑, -able〙 ── *adj.* **1** 不幸な, みじめな, 悲しい, 悲惨な (unhappy, wretched)；哀れを誘う, 不快[不幸]な気持ちにさせる：feel ～ 悲しく感じる, 情なくなる / a ～ cold ひどい風邪 / a ～ groan 悲しげな唸(ｳﾅ)り声 / a ～ life みじめな生活 / ～ news 聞くも痛ましいニュース / ～ weather いやな天候. **2 a** 見る影もない, みすぼらしい, みじめな (squalid)；貧窮の, 窮乏した (needy)：a ～ hovel 見る影もないあばら屋 / her ～ dress 彼女のみすぼらしいドレス. **b** 貧弱な, 粗末な；乏しい, 不十分な (scanty)：a ～ pittance はした金 / a ～ dinner 貧弱な晩餐 / You've made a ～ meal, I fear. ご飯がまずかったでしょう. **3 a** くだらない, 力のこもらない, 哀れな, 情ない (contemptible, deplorable)：a ～ effort [performance] 情ない努力[演技] / a ～ failure みじめな失敗. **b** 不面目な, 破廉恥な, 恥ずかしい(ほどの) (shameful)：a ～ scoundrel 破廉恥漢 / It is ～ of you to speak ill of him. 彼の悪口を言うなんて君もひどい人だ. **4**《口語》健康がすぐれない, 体の具合が悪い (ailing). **5**《英方言》けちな (stingy). ── *n.* **1** [the ～；集合的] みじめ[哀れ]な人たち, 不幸な人々. **2** 困窮者. ～·**ness** *n.*

mis·er·a·bly [-bli|-blɪ] 〘《c1400》〙 *adv.* **1** 哀れに, みじめに, 悲惨に, 見る影もなく：live ～. **2** みじめなほど, ひどく：～ inadequate, weak, poor, ill, etc.

mi·sère [mɪzέə, mə-|mɪzέə(r; *F.* mizɛːr] 〘▭ F ～ 'poverty': ⇨ misery〙 ── *n.*〘トランプ〙ミゼール《solo, whist などで1組も取らないという宣言 (bid)；cf. nullo》：ミゼールでゆくと宣言する.

Mis·e·re·re [mɪ̀zərí(ə)ri, -ré(ə)ri, mìːzəréɪreɪ, mɪ̀sː-|mɪ̀zəríəri, -réəri] 〘《?*a*1200》▭ L *miserēre* have mercy (imper.) ← *miserērī* to have pity on ← *miser* wretched: ⇨ miser〙 ── *n.* **1 a**〘聖書〙ミゼレーレ《詩編第51編, Vulgate および Douay 版では第50編；Miserere mei Deus (Have mercy on me, O God) で始まる最も普通に用いられる懺悔(ｻﾞﾝｹﾞ)詩編》. **b**〘音楽〙ミゼレーレの楽曲. **2** [m-] 嘆願, 哀願. **3** [m-]〘建築〙=misericord 3.

mi·ser·i·cord [mɪzérəkɔ̀əd, mə-, -sér-, mízərə-, mís-|mɪzérɪkɔ̀ːd, mízərɪ-] 〘《*a*1333》 *misericorde* ▭ (O)F *miséricorde* ▭ L *misericordia* mercy, compassion ← *miserērī* (↑)+*cord-*, *cor* heart〙 ── *n.* (*also* **mis·er·i·corde** [～]) **1**〘キリスト教〙(修道士に対する)特免《修道院の戒律で禁じられている食物・衣料を特に与えられること；dispensation ともいう》. **2** 修道院の免戒室《修道士が特免を受けた飲食物をとる修道院内の一室》. **3**〘建築〙教会の聖職席 (stall) の畳込み椅子の裏に取りつけた持送り《椅子が立て返された時に起立した人が寄りかかるためのもの》. **4** (中世の騎士が右腰に帯びた)短剣, 鎧通(ﾖﾛｲﾄﾞｵｼ).

mí·ser·ly 〘《1593》〙 *adj.* けちな, しみったれの, 欲深い (avaricious, niggardly). **mí·ser·li·ness** *n.*

mis·er·y [míz(ə)ri|-zərɪ] 〘《c1385》 *miserie*, *misere* ▭ (O)F *misère* // L *miseria* wretchedness: ⇨ miser, -y[1]〙 ── *n.* **1 a** (精神的)苦痛, 苦悩, 難儀, 不幸. **b** 不幸[苦痛]のもと[種], 苦難(なこと)：the *miseries* of human life 人生の苦難. **2** (見た有様の)みじめさ, 悲惨な有様, 哀れな境遇, 困窮, 貧苦 (wretchedness, poverty)：the ～ of the slums 貧民街の窮状 / fall into great ～ 非常な不幸に陥る. **3**《方言》(肉体的)苦痛, 耐え難い痛み：I have such a ～ in the head. ひどく頭痛がする. **4 a** 哀れ[みじめ]な人[動物]. **b**《英口語》不満居士, 不平家. **5**〘トランプ〙=misère.

mis·estéem *vt.* 不当に見くびる.

mis·éstimate *vt.* …の評価を誤る, 不正確に[誤って]評価する.

mis·estimátion *n.* 誤った評価.

mis·fea·sance [mɪsfíːzṇs, -zəns] 〘《1596》▭ OF *mesfaisance* ← *mesfaisant* (pres.p.) ← *mesfaire* (F *méfaire*) to do wrong ← *mes-* 'MIS-[1]'+*faire* to do: ⇨ feasance〙 ── *n.*〘法律〙不法行為, 失当行為, 職権濫用《合法的行為を不法または有害な方法で履行すること》；過失 (negligence) (cf. nonfeasance).

mis·fea·sor [mɪsfíːzə, -zɔə|-zə(r] 〘▭ AF *mesfesor* ← *mesfaire* (↑)〙 *n.*〘法律〙不法行為者, 失当行為者.

mis·file *vt.* 間違えて綴(ﾄ)じ込む, 綴じ違える；誤った[不適当な]ところに綴じ込む[整理する].

mis·fire *vi.* **1 a** (弾薬の不良・火器の故障などにより)不発に終わる. **b**〈操作の不良により爆薬・内燃機関が〉点火しない, 着火[発火]しない. **2**〈批評などが〉的はずれである；〈作品などが〉意図[期待]された効果をあげない, 失敗に終わる. ── [(米) ではまた ⌐⌐] *n.* **1 a** (弾薬・火器の)不発. **b** (爆薬・内燃機関の)不点火, 不着火. **2** 意図[期待]した効果をあげないもの, 見込み違いのもの[こと]；失敗作.

mis·fit [⌐⌐] *v.* ── *vt.* …にうまく合わない：This coat ～*s* me. このコートはうまく合わない. ── *vi.* うまく合わない. ── [⌐⌐, ⌐⌐] *n.* **1 a** (着物などの)合わないこと, 不釣合い. **b** 合わないもの《衣服・靴など》：This coat is a ～. **2** (社会・環境への)不適応者；(現在の仕事・地位に)不向きな人：There are a lot of social ～*s*. 社会に適応できない人はたくさんいる.

mis·fórmed *adj.* 出来損ないの (misshapen).

mis·fórtune 〘《1494》← MIS-[1]+FORTUNE〙 ── *n.* **1** 不運, 不幸 (unhappiness)；逆境 (adversity)：bear ～ cheerfully 快活に不運を忍ぶ / a man in ～ 不幸な境遇にある人 / by ～ 不幸にも, 運悪く / He had the great ～ to lose his parents while very young. 大変不幸なことに幼なくして両親と死別した. **2** 不幸な出来事, 災難：have [meet with] a ～《方言・口語》私生児を産む / *Misfortunes* never [seldom] come singly [single, alone].=One ～ rides upon another's back.《諺》不幸は続く[重なる]もの,「泣き面に蜂」.

mis·give [mɪsgív] 〘《1513》← MIS-[1]+GIVE〙 ── *vt.* …に恐れ[疑い]を起こさせる, 気遣わせる：My heart [mind] ～*s* me about the result. 結果が心配だ / His mind *misgave* him *that* he might fail. 失敗するのではないかと不安になった. ── *vi.* 気遣う, 心配する, 不安になる.

mis·gív·ing *n.* [しばしば *pl.*] (特に未来のことについての)不安, 疑い, 疑惑, 気遣い, 心もとなさ (doubt, suspicion)：feel [have] ～*s* 疑念[不安]を感じる.

mis·gótten *adj.* **1** =ill-gotten. **2** =misbegotten.

mis·góvern *vt.* …の支配[統治]を誤る；誤って取締まる. **mis·góvernor** *n.*

mis·góvernment *n.* 失政, 悪政 (bad rule)；まずい[誤った]取締まり.

mis·guídance *n.* 間違った[誤った]指導.

mis·guíde 〘《*a*1393》← MIS-[1]+GUIDE〙 *vt.* …の指導を誤る, 間違った方へ導く, …に心得違いをさせる, 惑わす (mislead). **mis·guíder** *n.*

mis·guíded *adj.* **1** 誤り導かれた. **2** 心得違いの；見当違いの, 間違った：～ enthusiasts 心得違いをしている熱心家 / ～ opinions 間違った見解. ～·**ly** *adv.* ～·**ness** *n.*

mis·hándle *vt.* **1 a** 誤って[不器用に]取り扱う. **b** 手荒く取り扱う；虐待する, 酷使する. **2** …の処置を誤る, やり損なう (mismanage)：～ negotiations.

mi·shan·ter [mɪʃǽntə, mə-|mɪʃǽntə(r] 〘← MIS-[1]+(*h*)*anter* (< ME *aunter*《変形》← *aventure* 'ADVENTURE')〙 *n.*《スコット・北英》不運；災難.

mis·hap [míshæp, ⌐⌐] 〘《*a*1338》《なぞり》? ← OF *meschance* 'MISCHANCE'〙 ── *n.* **1**《古》不幸, 不運. **2** 災難, 不幸な出来事 (mischance) (↔ hap)：haps and ～*s* of life 人生の禍福 / without further ～ それ以上何の故障もなく.

mis·héar 〘OE *mishȳran*: ⇨ mis-[1], hear〙 *vt.* 聞き違える, 聞き損なう. ── *vi.* 勘違いして聞く, 聞いて誤解する.

mis·hít *vt.* 〈球を〉打ち損なう. ── *n.* 打ち損ない, 凡打.

mish·mash [míʃmɑ̀ːʃ, -mæ̀ʃ|-mæ̀ʃ] 〘《c1450》《加重》← MASH[1]: cf. G. *Mischmasch*〙 ── *n.* ごた混ぜ, 寄せ集め (medley)：a ～ of miscellaneous writings 雑多な文章の寄せ集め.

Mish·mi [míʃmi|-mɪ] *n.* ミシュミ語《インド北東部のチベット・ビルマ語》.

mish·mosh [míʃmɑ̀ʃ|-mɔ̀ʃ] *n.* =mishmash.

Mish·nah [míʃnə] 〘《1610》▭ Heb. *mišnāh* repetition, study ← *šānāh* to repeat〙 ── *n.* (*also* **Mish·na** [～]) (*pl.* **Mish·na·yoth** [mìʃnɑːjóʊt, -jóʊθ|-jɔ́ʊt, -jɔ́ʊθ])〘ユダヤ教〙 **1** [the ～] ミシュナ《2世紀末にユダヤ教の口伝を収集し, 生活・宗教に関する規則を編集したもので, 後に Talmud の基となった》. **2** ミシュナの一節. **Mish·na·ic** [mɪʃnéɪɪk] *adj.* **Mish·nic** [míʃnɪk] *adj.* **Mísh·ni·cal** *adj.*

mis·idéntify *vt.* (他のものとして)誤認する. **mis·identificátion** *n.*

mis·impréssion *n.* 間違った印象.

mis·infórm 〘ME *misenfourme(n)*〙 ── *vt.* …に間違った[虚偽の]情報を伝える, 誤って伝える, 誤報する：I find I was ～*ed* about the date. 日時を聞き違えていたことがわかった. ～·**er** *n.*

mis·infórmant *n.* 間違った情報を伝える人.

mis·informátion *n.* 誤った情報, 誤報.

mis·intérpret *vt.* 誤った解釈をする, 誤解する (misunderstand). ～·**er** *n.*

mis·interpretátion *n.* 誤った解釈(をすること), 誤釈, 誤解.

mis·jóinder *n.*〘法律〙誤った併合《一つの訴訟に併合すべきでない訴訟原因または当事者を誤って併合すること；cf. nonjoinder》.

mis·júdge *vt.* **1**〈人の性格などを〉判じ誤る, 誤解する. **2** …の見積り[見当]を誤る：～ a distance. ── *vi.* 判断を誤る. **mis·júdgment** *n.*

Mi·ski·to [mɪskíːtoʊ, mə-|mɪskíːtəʊ] *n.* (*pl.* ～, ～*s*) **1 a** [the ～(s)] ミスキート族《ニカラグアとホンジュラスの大西洋岸に居住する民族》. **b** ミスキート族の人. **2** ミスキート語.

mis·knów *vt.* **1**〈人を〉認知し損なう. **2** 誤解する (misunderstand).

Mis·kolc [míʃkoʊlts|-kɔlts; *Hung.* míʃkolts] *n.* ミシュコルツ《ハンガリー北東部の都市；人口 202,000》.

mis·lábel *vt.* …に間違ったレッテルを張る.

mis·láy *vt.* **1** (偶然に)すぐ見つからない所に置く, 置き忘れる. **2** 置き違える (misplace). ～·**er** *n.*

mis·léad 〘OE *mislǣdan*: ⇨ mis-[1], lead[2]〙 ── *vt.* **1** 誤り導く, 誤らせる, 迷わせる. **2** 誤解させる, 惑わせる, 欺く (deceive)：be *misled* about a matter ある事について考え違いをする[している]. ～·**er** *n.*

mis·léading 〘《1638》〙 ── *adj.* 誤りに導く, 誤らせる, 誤解させる, 惑わせる, 紛らわしい, 誤った印象を与えやすい (deceptive)：make a ～ statement 人を惑わしやすい言説を吐く. ～·**ly** *adv.* ～·**ness** *n.*

mis·leared [mɪ̀slíəd, -léəd|-líəd, -léəd] 〘(p.p.) ← *mislear* < ME *mislere(n)* < OE *mislǣran* to teach amiss: ⇨ mis-[1], learn〙 ── *adj.*《スコット・北英》不躾(ﾌﾞｼﾂｹ)な, 不作法な, 行儀の悪い；育ちの悪い (ill-bred).

mis·líke 〘OE *mislīcian*: ⇨ mis-[1], like[2]〙《古》── *vt.* **1** 嫌う, いやがる (dislike). **2** …の気にさわる, 怒らせる (displease). ── *n.* 嫌うこと, 反感, 不賛成 (dislike, disapproval). **mis·líker** *n.*

mis·locate [⌐⌐⌐, ⌐⌐⌐|⌐⌐⌐] *vt.* 置き違える.

mis·mánage *vt.* …の管理を誤る, 不当に[まずく]処理する.

mis·mánagement *n.* 不取締り, 不始末；やり損ない.

mis·márriage *n.* 不釣り合いの結婚, 不幸な結婚.

mis·match [⌐⌐] *vt.* …の組合わせを誤る；…に不釣り合いな縁組をさせる. ── [⌐⌐, ⌐⌐] *n.* 不適当な組合わせ, 食い違い〔*between*〕；不釣り合いな縁組.

mis·máte *vt.* …の組合わせを誤る；…に不似合いな結婚をさせる：a ～*d* match 不似合いな縁組 / ～ oneself 不似合な結婚をする. ── *vi.* 不似合いに組合わされる, 不似合いな結婚をする.

mis·móve *n.* (遊戯などで)間違ったやり方；誤った処置.

mis·náme *vt.* **1** 間違った名で呼ぶ, 誤称する (miscall). **2** ののしる (abuse).

mis·no·mer [mɪsnóʊmə, məs-|mɪsnə́ʊmə(r] 〘《1386》 *misnoumer* ▭ OF *mesnommer* (不定詞の名詞用法) ← *mes-* 'MIS-[1]'+*nommer* to name (< L *nōmināre*: ⇨ nominate)〙 ── *n.* **1** 誤った名称, 誤称：It is an absurd ～. それは名の実に伴わない一例だ. **2** 呼び違い；(特に, 法律文書中の)人名の誤記. **mis·nó·mered** *adj.*

mis·o- [mís(o)ʊ, máɪs-|-s(ə)ʊ] 〘← Gk *mîsos* hatred ← *miseîn* to hate〙「…嫌い」の意の連結形 (cf. philo-). ★母音の前では通例 mis- になる.

mis·o·cai·ne·a [mɪ̀so(ʊ)káɪniə, màɪs-, -kéɪ-|-s(ʊ)káɪnɪə, -kéɪ-] 〘← NL ～ ← MISO-+-*cainea* (← Gk *kainós* new)〙 *n.* 新しもの[新思想]嫌い.

mi·sóg·a·mist [-mɪst, -məst|-mɪst] 〘← MISO-+Gk *gámos* marriage+-IST〙 *n.* 結婚嫌いの人.

mi·sog·a·my [mɪsɑ́gəmi, mə-, maɪ-|mɪsɔ́gəmɪ, maɪ-] 〘《1656》← MISO-+-GAMY〙 *n.* 結婚嫌い. **mis·o·gam·ic** [mɪ̀səgǽmɪk, màɪs-] *adj.*

mi·sóg·y·nist [-nɪst, -nəst|-nɪst] 〘《1620》← Gk *misogúnēs* (← MISO-+*gunḗ* woman)+-IST〙 *n.* 女嫌いの人 (cf. philogynist).

mi·sog·y·ny [mɪsɑ́dʒəni, mə-, maɪ-|mɪsɔ́dʒɪnɪ, maɪ-, -dʒə-, -sɔ́gɪ-, -gə-] 〘▭ Gk *mīsogunía*: ⇨↑, -y[1]〙 *n.* 女嫌い (cf. philogyny). **mi·sog·y·nis·tic** [mɪsɑ̀dʒənístɪk, mə-, maɪ-|mɪsɔ̀dʒɪ-, maɪ-, -sɔ̀gɪ-, -gə-] *adj.* **mi·sog·y·nous** [mɪsɑ́dʒənəs, mə-, maɪ-|mɪsɔ́dʒɪ-, maɪ-, -sɔ́gɪ-] *adj.* **mis·o·gyn·ic** [mɪ̀sədʒínɪk, màɪs-, -gáɪn-] *adj.*

mi·sól·o·gist [-dʒɪst, -dʒəst|-dʒɪst] *n.* 議論嫌い[理屈嫌い]の人.

mi·sol·o·gy [mɪsɑ́lədʒi, mə-, maɪ-|mɪsɔ́lədʒɪ, maɪ-] 〘▭ Gk *mīsología* hatred of argument: ⇨ miso-, -logy: cf. philology〙 *n.* 理論嫌い, 理屈嫌い.

mis·o·ne·ism [mɪ̀səníːɪzṃ, màɪ-|-s(ə)ʊ-] 〘▭ It. *misoneismo* ← MISO-+Gk *néos* new+-*ismo* '-ISM'〙 *n.* 新しもの嫌い, 保守主義.

mis·o·ne·ist [mɪ̀səníːɪst, màɪ-, -əst|-s(ə)ʊníːɪst] *n.* 新しもの嫌いの人.

mis·o·pe·di·a [mɪ̀səpíːdiə, màɪs-|-s(ə)ʊpíːdɪə, -djə] 〘← NL ～ ← MISO-+Gk *paid-*, *paîs* child+-IA[1]〙 *n.* (親の)子供嫌い.

mis·o·pe·dist [mɪ̀səpíːdɪst, màɪs-, -dəst|-s(ə)ʊpíːdɪst] 〘⇨↑, -ist〙 *n.* 子供嫌いの人.

mis·órient *vt.* 〈人・物を〉誤った方向に向ける, 誤った位置[立場]に置く；…への指示[指導]を誤る, …に間違った指示を与える (misdirect). **mis·orientátion** *n.*

mis·percéive *vt.* 誤認する；誤解する.

mis·percéption *n.* 誤認, 誤解 (misunderstanding).

mis·pick *n.* (織機の欠陥から生じた)織り違いの一種.

mis·pick·el [míspɪkəl] 〘▭ G *Mispickel*〙 *n.*〘鉱物〙硫ヒ鉄鉱 (⇨ arsenopyrite).

mis·pláce *vt.* **1 a** …の置き場所を誤る, 置き違える：a ～*d* modifier〘文法〙置き違え修飾語句. **b** 置き忘れる (mislay). **2** [しばしば p.p. 形で]〈信用・愛情などを〉〈ふさわしくない対象に〉間違えて向ける〔*in*, *on*〕；〈言葉・行動〉のタイミングを誤る：～*d* confidence 誤った(相手への)信頼. ～·**ment** *n.*

mis·pláy *n.* **1** (競技などでの)やり損い, ミスプレー, エラー. **2** (ゲームでの)規則違反のやり方. ── *vt.* **1** やり[演じ]損なう；〈ボールなど〉の処理を誤る, つかみ損なう. **2** 規則違反をして〈札[駒]を〉出す[動かす].

mis·pléading *n.*〘法律〙誤った訴答《必要な事項の誤記または不十分な記載の訴答》.

mis·print 〘《1494》〙 [⌐⌐] *vt.* …の印刷を誤る. ── [⌐⌐, ⌐⌐] *n.* 印刷の誤り, 誤植, ミスプリント.

mis·prise [mɪspráɪz, məs-|mɪs-] *vt.* =misprize.

mis·pri·sion[1] [mɪspríʒən, məs-|mɪs-] 〘《1386》▭ AF *mesprisioun*=OF *mesprison* a mistake, error ← *mesprendre* (F *méprendre*) to take amiss ← *mes-* 'MIS-[1]' +*prendre* to take (< L *prehendere*): cf. F *méprise* mistake〙 ── *n.* **1** (公務員の)非行, 職務怠慢 (misdemeanor). **2**《古》誤解, 間違い (mistake). **3**〘法律〙 **a** 犯罪隠匿；(公務上の)職務違反：～ of felony [treason] 重罪犯[大逆犯]隠匿《知りながらこれを告発しない罪》. **b** 政府(裁判所)侮辱行為.

mis·pri·sion[2] [mɪspríʒən, məs-|mɪs-] 〘《1586》← MISPRIZE+-SION〙 *n.*《古》軽蔑, 軽視 (contempt)〔*of*〕.

mis·prize [mɪspráɪz, məs-|mɪs-] 〘《1481》▭ OF *mesprisier* ← *mes* 'MIS-[1]' + *prisier* 'to PRIZE'〙 ── *vt.* 軽蔑する (despise)；見くびる (undervalue).

mis·pronóunce *vt.* 間違って発音する, …の発音を誤る. ── *vi.* 誤って発音する.

mìs·pronunciátion *n.* 誤った発音(をすること).
mìs·propórtion *n.* 不釣合い；不均整.
mìs·púnctuate *vt.* …に間違った句読(とう)点を打つ[施す]. **mìs·punctuátion** *n.*
mìs·quotátion *n.* 間違った[不正確な]引用(句).
mìs·quóte 〘《1597–98》〙 *vt.* 間違って引用する, …の引用を誤る. — *vi.* 誤った引用をする. — *n.* 間違った引用.
mìs·réad *vt.* **1** 読み違える. **2** 誤解する (misinterpret). **~·er** *n.*
mìs·réckon *vt.* 数え違える, 誤算する (miscalculate).
mìs·remémber *vt.* **1** 誤って記憶する, …の記憶を誤る. **2** 《方言》忘れる (forget).
mìs·repórt *vt.* 誤って報告する, …の虚報を伝える. — *n.* 誤報, 虚報. **~·er** *n.*
mìs·represént *vt.* **1** 誤り[偽り]伝える, 不正確に述べる, 事実を曲げて述べる: ~ an occurrence / ~ one's age 年齢を偽る / ~ oneself as …と詐称する. **2** …の代表[代理]の任を果さない. **~·er** *n.* **mìs·represéntative** *adj.*
mìs·representátion *n.* **1** 誤って[偽って]伝えること. **2** 〖法律〗不実表示《契約締結を目的とした真実でない表示; 情を知ってなす悪意不実表示 (fraudulent misrepresentation) (詐欺ともなる)と, 善意不実表示 (innocent misrepresentation)・過失不実表示 (negligent misrepresentation) は区別される; いずれも契約取消しや損害賠償の請求原因となる》.
mìs·rúle 〘《*c*1378》 *misreule*(*n*): ⇨ mis-[1], rule〙 *vt.* 下手に[不当に]統治する, …の政治を誤る, に悪政を行なう (misgovern). — *n.* **1** 失政, 悪政 (misgovernment). **2** 無秩序; 無政府状態 (anarchy). **mìs·rúler** *n.*
mìs·rún *n.* 〖金属加工〗湯回り不良《鋳込温度が低いなどの原因で溶湯が凝固し不完全な鋳物を作ること》.
miss[1] 〘《1606》《短縮》← MISTRESS: cf. missis〙 — *n.* **1** [mìs] [M-] **a** [年齢に関係なく, Lady または Dame の尊称で呼ばれない未婚婦人の名の前につける一般的な敬称として] …嬢: *Miss* Smith スミス嬢 / the *Misses* Smith and Thomas スミスさんとトマスさん. ★ 二人以上の未婚の姉妹で (1) 姉をいう場合は *Miss* Robinson のように姓につけ, 妹は *Miss* Joan Robinson のように姓および洗礼名につけて呼び, (2) 姉妹一緒の場合は the *Miss* Robinsons または古風または形式的な言い方では the *Misses* Robinson のようにいう. **b** [既婚婦人の given name につける敬称として] …さん, …様: *Miss* Elizabeth, the wife of Mr. White ホワイト氏夫人のエリザベスさん[様]. **c** [既婚婦人の実家の姓につけて] 旧姓…さん: Mrs. White, *Miss* Brown ホワイト氏婦人, 旧姓ブラウンさん. **2** [mís] **a** [召使が主家の娘に, 店員が若い婦人客に, また一般に見知らぬ若い女性への呼掛けとして] お嬢さん. **b** [客が若い女性店員への呼び掛けとして] おねえさん; 君, ちょっと. **3** [mís] [《英》では通例戯言・軽蔑的に] 少女, 娘, 未婚婦人: a saucy [pert] ~ 生意気な小娘 / school ~*es* and college girls 女生徒と女子学生 / clothing for ~*es* お嬢さん用衣類《商用語》. **4** [mìs] [M-; 地名・年号・職業などにつけて, その美人コンテスト優勝者の称として] ミス…: *Miss* America ミスアメリカ / *Miss* 1980 ミス1980年. **5** [mís] [*pl.*; 単数または複数扱い] 婦人服標準サイズ《8–20 までのサイズ》. **6** [mís]《古》**a** 売春婦. **b** めかけ, 情婦.
miss[2] [mís] 〘v.: OE *missan* to fail to hit (a mark), escape (notice) < Gmc **missjan* (Du. & G *missen*) ← IE **meit*(*h*)- to change, go, move (L *mūtāre* 'to MUTATE'). — n.: 《?*c*1175》← (v.)〙 — *vt.* **1 a** 〈狙った物を〉取り逃がす, 打ち損なう (↔ hit): ~ a bird 鳥を射損なう / ~ one's aim 狙いがはずれる; 当てがはずれる / ~ one's [the] mark ⇨ mark 成句 / The stone ~*ed* me by an inch. 石は1インチの差で私に当たらなかった. **b** 捕え損なう, 握り損なう; 〈機会などを〉逸する: ~ a catch 捕球をしくじる, 逸球する / ~ one's hold つかみ損なう, つかんだ手をゆるめる[放す] / ~ one's footing [《スコット》a foot] 足を滑らす, 踏みはずす / ~ one's way 道に迷う / ~ an opportunity 機会を逸する. **c** 〈目的地など〉に達し[届き]損なう: He ~*ed* the bank and landed in the water. (跳び越えようとしたが)岸に届かないで水の中に落ちた. **d** 〈標準・目的・欲望などを〉達し損なう: ~ a prize, a promotion, etc. / ~ one's object [end] 目的を達し損なう. **2** 〈義務・約束などを〉果たせ[守れ]ない, 〈教会・学校・会などに出席しない, 怠る: ~ an appointment 約束をすっぽかす / ~ one's classes 授業に欠席する / I never ~*ed* church. 礼拝を欠かしたことは一度もない. **3** 〈乗物〉に乗り損なう, 乗り遅れる (cf. catch *vt.* 13): ~ one's train [boat] by three minutes 3分のところで列車[船]に乗り遅れる. **4 a** 見つけ損なう, 見落とす: ~ a person in a crowd / I must have ~*ed* the notice in the paper yesterday. きのう新聞の広告を見落としたに違いない. **b** 聞き損なう: ~ a person's recital. **c** 〈人〉に会い損なう: I was sorry to ~ you when I called. お訪ねした際お目にかかれないで残念でした. **5** 気付かない, 理解しかねる: I ~*ed* the point of his remark. 彼の話の要点をつかみかねた. **6 a** …がない[いない]のに気付く: I ~*ed* my umbrella from the stand. 傘台に入れた傘がなくなっているのに気付いた. **b** いつもの…が足りない[欠けている]のを寂しく思う; …のない[いない]のを悔む[のに困る, のに不自由する]: I shall ~ our pleasant talks when you leave. 君がいなくなれば今までのような愉快な話もできなくなるね / We shall ~ you badly. あなたがおられなくなるととても寂しくなりましょう / He will be sorely ~*ed* in political circles. 彼の死は政界にとって大打撃となろう. **c** [be ~*ing* として] …を欠いている: We are ~*ing* two members of our class. 二人欠席だ / The child is ~*ing* one tooth. 歯が一本欠けている. **7** 落とす, 抜かす (omit) 〈*out*〉: ~ *out* some verses in a poem (読んでいる)詩の数行を抜かす / Don't ~ my name *out* of your list. 表から私の名を落とさないで下さい. **8** [just, narrowly, etc.+~*ing* で]〈…することを〉避ける, 免れる: He *barely* [*just, narrowly*] ~*ed being* killed [*having* a nasty accident]. 危ういところで殺されずに[いやな事故に会わずに]すんだ. **9** [*to* do または do*ing* を伴って]《古・方言》…し損なう: I ~*ed to* meet him. 彼と会い損ねた.
— *vi.* **1** 的に当り損なう, はずれる, それる: Aim very carefully, or you'll ~. よく狙いを定めないとはずれるよ. **2** 目的を達し損なう, うまくいかない, 失敗する (fail): ~ *in* one's schemes / You've worked so hard that I am sure you won't ~ again. あんなに勉強をしたのだから今度はしくじることはあるまい. **3** 〈エンジンが〉点火しない, ミスファイヤーする (misfire). **4** 《古》〔…を〕得損なう, 受け損なう, 届かない 〔*of*〕. **5** (人と)会い損なう: Then we ~*ed*.
miss fire ⇨ fire 成句. ***miss out*** (1) ⇨ *vt.* 7. (2) 損をする, 〔よい機会を〕失う〔*on*〕(cf. LOSE *out* (2)): She ~*ed out on* good education. 彼女はよい教育を受ける機会を逸した / You ~*ed out* by not coming with us. 一緒に来ないから損をしたぞ. ***miss the bus*** [***boat***]《口語》好機を逸する. ***not miss a trick*** ⇨ trick 成句. ***not miss much*** 抜け目がない.
— *n.* **1** はずれ, 得損ない, 不到達, 仕損じ, 失敗 (failure): A ~ is as good as a mile.《諺》どんなに成功に近くても失敗は失敗だ / It's hit or ~. 一か八かだ. **2** 抜かし, 脱落. **3** 《口語》流産 (miscarriage). **4** 逃がれ, 免れ (omission): a lucky ~ 運よく免れること. **5** (エンジンの)ミスファイヤ (misfire). **6** 《方言》損失, 欠乏 (loss). **7** 〖玉突〗当て損ない, ミス: give a ~ (in balk) (ボークライン内で)わざと球をミスする.
give a miss (1) ⇨ 7. (2)《口語》〈物を〉見逃す, 〈人を〉見て見ぬふりをする (pass by); ほっておく (let alone).
Miss. 《略》Mississippi.
mis·sa can·ta·ta [mísə-kəntɑ́ːṭə, míːsə- | -tə] 〘□ ML *missa cantāta* sung Mass〙 *n.* 〖カトリック〗歌ミサ, 荘厳ミサ (High Mass).
mis·sal [mísəɫ, -sɫ] 〘《?*a*1300》□ ML *missāle* ← LL *missa* 'MASS': ⇨ -al[1]〙 *n.* **1** 〖カトリック〗ミサ典書. **2** 祈禱書.
míssal stànd *n.* (祭壇の)典書台.
Mis·sa So·lem·nis [mísə-souléṃnɪs, míːsə-, -nəs | -səʊlémnɪs] 〘□ L ~ 'solemn mass'〙 — *n.* 〖カトリック〗荘厳ミサ, ミサソレムニス《助祭および副助祭を伴って行なわれる盛儀ミサ; High Mass ともいう》.
mis·sáy 〘ME *misseye*(*n*)〙 《古》 *vt.* 〈人〉の悪口を言う, 〈人を〉非難する. — *vi.* 間違ったことを言う.
míssed appróach *n.* 〖航空〗進入復行.
mis·sel [mísəɫ, -sɫ | -zəɫ, -zɫ, -səɫ, -sɫ] *n.* =mistel thrush.
míssel thrùsh *n.* =mistle thrush.
mis·sénd 〘ME *missende*(*n*)〙 *vt.* 誤って送る, 送り違える.
mis·sense [míssèns] 〘← MIS-[1]+SENSE: NONSENSE の類推から〙 — *n.* 〖生物〗ミスセンス《突然変異により DNA の暗号が変わり, 蛋白質合成の際に本来のアミノ酸とは違うアミノ酸を指定するようになった遺伝暗号》.
mis·shape [mɪsʃéɪp, mɪʃ-] *vt.* 作り損なう, 不具にする (misform).
mis·shap·en [mɪsʃéɪpən, mɪʃ-] 〘(p.p.) ← MISSHAPE〙 — *adj.* **1** でき損ないの, 不恰好な, 不具の, 奇形の (ill-shaped). **2** (知的・道徳的に)かたよった, ゆがんだ. **~·ly** *adv.* **~·ness** *n.*
mis·sile [mísəɫ, -sɫ | -saɪl] 〘《1611》□ L *missil-is* capable of being thrown ← *missus* (p.p.) ← *mittere* to throw: ⇨ mission〙 — *adj.* **1** (手または飛び道具で遠くに)投げる[飛ばす]ことができる; 投げる[飛ばす]のに適した: a ~ weapon 飛び道具. **2** ミサイルの[に関する]: a ~ base. — *n.* **1** 飛び道具《投げ槍・矢・弾丸・石など》. **2** 〖軍事〗ミサイル; (特に)誘導弾《ロケット爆弾または無線操縦爆弾のように自動推進装置を備えた爆弾; cf. ICBM, IRBM》: ⇨ ballistic missile, guided missile.
mis·sil·eer [mìsəlíə | -saɪlíə(r] 〘⇨ ↑, -eer〙 *n.* ミサイル設計者[製作者, 発進係].
mis·sile·ry [mísəɫri, -sɫ- | -saɪlrɪ] 〘⇨ missile, -ry〙 — *n.* (*also* **mis·sil·ry** [-səɫri, -sɫ- | -saɪlrɪ]) **1** [集合的] ミサイル (missiles); (特に)誘導弾 (guided missiles). **2** ミサイル研究, ミサイル工学《ミサイルの設計・製作・用法などの研究》.
miss·ing 〘《*a*1530》(pres.p) ← MISS[2]〙 — *adj.* 見つからない, なくなっている, 欠けている, 紛失した, 行方不明の, 〈兵士が〉生死不明の; ある[いる]べき所にない[いない]: killed, wounded, or ~ 死傷または行方不明の / The money was ~. お金が紛失していた / There is a page [A page is] ~. 1ページ欠けている.
among the missing (1) (戦争などで)行方不明で. (2)《米口語》欠席して: He was *among the* ~.
míssing línk *n.* **1** 系列上欠けている要素. **2** [the ~] 〖人類学〗失われた(鎖の)輪《類人猿と人類との中間にあったと推定されながら, その化石が発見されていない仮想動物》.
mis·si·ol·o·gy [mìsiɑ́ləʤi | -siɔ́ləʤɪ] 〘← MISSIO(N)+-LOGY〙 *n.* 〖神学〗宣教[布教]学, 布教(法)[伝道]研究.
mis·sion [míʃən] 〘《1606》□ L *missiō*(*n*-) a sending, delegation ← *missus* (p.p.) ← *mittere* to send ← IE **smeit-* to throw〙 — *n.* **1 a** (外交・政治交渉などのために外国に派遣される)代表(団), 使節(団) (delegation); 技術指導団; 文化[教育]使節団: a financial [an economic] ~ to the U.S.A. 派米財政[経済]使節団 / dispatch a special ~ to …へ特使団を派遣する. **b** 《米》(外国に派遣した定住的な)使節団, 大[公]使館 (embassy): the British ~ at Washington 在ワシントン英国大使館. **2 a** 伝道者[宣教師]派遣. **b** 伝道, 布教; 伝道団体, 布教団: ⇨ foreign mission, home mission / follow the sacred ~ 宣教師になる. **c** [*pl.*] 伝道[布教]事業[活動]: the ~*s* to seamen 海員伝道. **3** (派遣された人の)使命, 任務 (ommission); (自任している)天職, 使命 (calling): be sent on a ~ 使命を帯びて派遣される / fulfill one's ~ in life 人生における使命を果たす. **4** 伝道[布教]区; (特に, 在外の)伝道[布教]本部. **5** (伝道のために催す一連の)礼拝, 説教: preach a ~ 伝道説教をする. **6** (特定地域に設けた)社会救済施設, 隣保団 (settlement). **7** 〖キリスト教〗近接教区の主任司祭に管轄される教会または地区; 〖カトリック〗準聖堂区. **8** 〖神学〗(神が子を, または子が聖霊を)つかわすこと. **9** 〖キリスト教〗(教会が聖職者または主教に与える)福音伝道・聖餐式施行または聖職授任の使命[権能]. **10 a** 〖軍事〗(軍隊に課せられた主要な持続的)使命. **b** (上級司令部より与えられる戦闘地域または敵地で果たすべき)任務, 特定[特別]任務, 特命; (特定任務達成のための一機または編隊の)任務飛行, 飛行作戦 (flight operation); 作戦任務を受けた飛行隊. **c** 特務飛行: a ~ to the moon 月世界(探検)飛行. — *attrib. adj.* **1** 伝道[布教]団の: ~ work 伝道, 布教. **2** 〈建築・家具など〉ミッション様式の《昔米国南西部に伝道したスペインのカトリック布教団特有の様式にいう; 質素で黒ずんで重々しい》: ~ furniture / the ~ style. — *vt.* **1** 伝道[布教]団として派遣する (ommission). **2** 〈特定地域〉に伝道[布教]を行なう.
mis·sion·ar·y [míʃənèri | míʃ(ə)nərɪ] 〘《1644》← NL *missiōnāri-us*: ⇨ ↑, -ary〙 — *adj.* **1** 伝道[布教]の, 伝道に関する; 伝道に従事する, 伝道事業に献身した: a ~ collection [settlement, society] 伝道寄付金[伝道隣保館, 伝道協会] / a ~ post [station] 伝道[布教]本部 / ~ work [zeal] 伝道事業[熱]. **2** 使節の[らしい, に適した]. **3** 〖カトリック〗布教地の《司教を頭にする教区制がまだ設立されていないローマ直属の布教区についていう》. — *n.* **1** 伝道師, 宣教師; 伝道事業家. **2** (ある主義・思想・計画などの)宣伝者 (propagandist). **3** (政治・外交上の)使節, 使者.
missionary apostólic *n.* (*pl.* **missionaries a-**) 〖カトリック〗教皇派遣宣教師.
missionary bíshop *n.* 〖米国聖公会〗布教地の主教[監督, 司教].
Missionary Rídge 〘← *Brainerd Mission* (この地方にあったインディアンのための伝道団)〙 — *n.* [the ~] 米国 Georgia 州北西部から Tennessee 州南東部に及ぶ丘陵地帯; 南北戦争時の戦場 (1863).
missionary sàlesman *n.* (製造元が卸店・小売店に派遣する)販売促進員.
mís·sion·er [-ʃ(ə)nə | -nə(r] *n.* =missionary.
mis·sion·ize [míʃənàɪz] *vt.* …に福音を伝える, 伝道する. — *vi.* 伝道師[宣教師]の役を勤める, 伝道[布教]を行なう. **mís·sion·ìz·er** *n.* **mis·sion·i·za·tion** [mɪʃ(ə)nɪzéɪʃən, -nə- | -ʃənaɪ-, -ʃ(ə)nɪ-] *n.*
míssion stàtion *n.* 布教[伝道]根拠地, 宣教師定住地.
mis·sis [mísɪz, -sɪs, -səz, -səs | -sɪz] 〘《変形》← MISTRESS〙 *n.* =missus.
míss·ish [-sɪʃ] 〘← MISS[1]+-ISH[1]〙 *adj.* (若い女みたいに)気取った, (つんと)すました: Evelina is a ~ name. エブリーナというのは気取った名前だ. **~·ness** *n.*
Mis·sis·sip·pi [mìsəsípi, mɪssípi | mìsɪsípi] 〘□ F ~ ← N-Am.-Ind. (Algonquian)《原義》big river〙 — *n.* **1** 米国南中部の州 (⇨ United States of America 表). **2** [the ~] 米国 Minnesota 州北部から南方に流れメキシコ湾に注ぐ川; 主流 3,779 km, Missouri 川の水源からは世界第三の長流で 6,210 km; Father of Waters ともいう.
Mis·sis·sip·pi·an [mìsəsípiən, mɪssíp- | -sɪsípɪ-] 〘⇨ ↑, -an[1]〙 — *adj.* **1** (米国) Mississippi 州(人)の. **2** Mississippi 川の. **3** 〖地質〗ミシシッピ紀[系]の: the ~ period [system] ミシシッピ紀[系]. — *n.* **1** Mississippi 州人. **2** [the ~] 〖地質〗ミシシッピ紀[系]《北米の石炭紀の後半期; cf. Pennsylvanian 2》.
mis·sive [mísɪv] 〘《1501》□ ML *missīv-us* ← L *missus* (p.p.) ← *mittere* to send: ⇨ mission, -ive〙 — *adj.* **1** 送られた, 特送された, 公文の: letters ~ 国王書翰《国王から特殊の団体または個人に発する書状; (特に)国王から副主教などに発する監督候補者指名書》. **2** =missile. — *n.* **1** 信書, 書状; (特に)公文書. **2** 〖スコット法〗(正式の契約書に至る)契約覚え書.
Mìss Náncy 〘虚栄心の強かった英国の女優 Anne Oldfield (1683–1730) の呼び名 Miss Nancy にちなむ〙 — *n.* (*pl.* ~**s**) 女々しい男, にやけ男 (sissy). **miss-nan·cy·ish** [mìsnǽnsiɪʃ] *adj.*
mìss-nán·cy·ìsm [-siìzm] 〘⇨ ↑, -ism〙 *n.* 女々しさ, 女々しい言動 (effeminacy).
Mis·so·lon·ghi [mìsəlɔ́(ː)ŋgi | -lɔ́ŋgɪ] *n.* メソロンギオン《ギリシャ西岸の港町; Byron 客死 (1824) の地; Mesolonghi ともいう》.
Mis·sou·ri [mɪzʊ́(ə)ri, mə-, -zʊ́(ə)rə | mɪzʊ́ərɪ, -sʊ́ərɪ]

〚← N-Am.-Ind. (Algonquian)《原義》people of the big canoes〛 ── *n.* (*pl.* ～, ～s) **1** 米国北中部の州 ⇨ United States of America 表). **2** [the ～] 米国 Montana 州南西部に発し Missouri 州 St. Louis の北方で Mississippi 川に合流する川 (4,317 km). **3 a** [the ～(s)] ミズーリ族《Sioux 語族に属する北米インディアン; もと Missouri 川の流域に住んでいたが現在は死滅》. **b** ミズーリ族の人. **4** ミズーリ語.
be* [*come*] *from Missouri 〚Missouri 州選出代議士 W. D. Vandiner が議会で "I'm from Missouri; you've got to show me." と言ったことから〛《口語》証拠を見せられるまで信じない, 疑い深い (be skeptical).

Mis·sou·ri·an [mɪzúː(ə)riən, mə- | mɪzúəriən, -súər-] 〚⇨ ↑, -an[1]〛 *adj.* (米国) Missouri 州(人)の. ── *n.* Missouri 州人.

miss·òut 〚← *miss out* (⇨ miss[2] (v.) 成句)〛 *n.* すか投げ《craps で, 主要な賭け金をとり損なったダイスの投げ》.

mìs·spéak 〚《c1200》 *misspeke(n)*〛 *vt.* **1** (話す時に)〈言葉〉の遣い方[発音]を誤る. **2** [～ one*self* で] 下手な[要領を得ない]話し方をする.

mìs·spéll *vt.* …のつづりを間違える, 誤ってつづる.

mìs·spélling *n.* 誤ったつづり; つづり[書き]違い.

mìs·spénd 〚《c1375》 *misspende(n)*〛 ── *vt.* 〈時間・金〉の使い方を誤る, 空費する, 浪費する: ～ one's youth 青春を無駄に過す. 「る. **mìs·státer** *n.*

mìs·státe *vt.* 述べ誤る, 間違って[偽って]申し立て

mìs·státement *n.* 間違って[偽って]述べること; 間違った[偽りの]申し立て, 誤説 (untruth).

mìs·stép 〚《a1393》〛 *n.* **1** 踏み誤り: make a ～ 踏み誤る, つまずく. **2** 過失, 失策 (error, slip). **3** (女性の)性の過ち; (特に)私生児を産むこと.

mìs·stríke *n.* 〘造幣〙 図案のずれた貨幣.

miss·us [mísəz, -səs, -sɪz, -sɪs | -səz, -sɪz] 〚《1837》《異形》← MISSIS: cf. MISS[1]〛 《口語・方言》 ── *n.* **1** [the ～; 召使が女主人に対する親愛の呼掛けとして]《口語・方言》奥様 (mistress). **2**《口語・戯言》細君, 妻, 家内 (wife): my [his] ～ / the ～ (自分または他人の)家内, 細君, かみさん.

miss·y [mísi | -si] 〚← MISS[1]＋-Y[2]〛 *n.*《口語》若い娘; [呼掛けとして] お嬢さん. ── *adj.* 若い娘の[らしい].

mist [míst] 〚OE ～ 'darkness' < Gmc **mixstaz* (Du. *mist* fog / ON *mistr*) ← IE **meigh-* to urinate (Gk *omíkhlē* fog / Skt *mih* mist, *megha* cloud)〛 ── *n.* **1 a** もや, 霧, 霞 (cf. fog[1] 1, haze[1] 1): veiled in a ～ 霧に閉ざされて / The ～ rises. 霧が立昇る / The ～ has cleared off [away]. 霧が晴れた. ★ 気象学上では水平面上における視程が 1 km 以上に及ぶ薄霧をいう (cf. fog[1] 1); 米国では drizzle と同義. **b** もや状のもの: a ～ of dust. **2** (涙・老衰などによる目の)かすみ: She smiled in a ～ of tears. 涙に目をかすませて[曇らせて]ほほえんだ / There was a ～ before his eyes. 目がかすんでいた. **3** 意味をぼんやりさせる[理解を困難にする]もの[事情]: A ～ of prejudice spoiled his judgment. 偏見のゆがみが彼の判断を狂わせた. **4** (香水・薬剤などの)噴霧. **5** ミスト《ウイスキーなどに氷片を入れ, レモンの皮をあしらったアルコール飲料》.
cast* [*throw*] *a mist before a person's eyes 人の目をくらます. ***in a mist*** 当惑して, 迷って.
── *vi.* **1** [it を主語として] 霧がかかる, 霧雨が降る (drizzle): *It*'s hardly raining, only ～*ing*. 雨降りというほどではない, ただの霧雨だ. **2** 〈目が〉かすむ, ぼんやりする: eyes ～*ing* with tears 涙でかすんだ目.
── *vt.* 霧でおおう; 〈ガラス面などを〉曇らす; 〈目を〉ぼんやりさせる: Their breath ～*ed* the windows of the car. 彼らの息で車の窓が曇った.

mis·tak·a·ble [mɪstéɪkəbl, məs- | mɪs-] *adj.* 間違いやすい, 誤解されやすい, 紛らわしい.

mis·take [mɪstéɪk, məs- | mɪs-] 〚v.: 《a1338》 *mistake(n)* ▭ ON *mistak-a* to take in error or by mistake. ─ n.: 《1638》← (v.): ⇨ mis-[1], take〛 ── *vt.* (**mis·took** [-túk]; **-tak·en** [-téɪkən]) **1** 間違える, 思い違いをする, 誤解する (misapprehend): ～ a person's meaning, purpose, etc. / There is no *mistaking* the fact. その事実は間違えようがない. **2** […と]取り違える〔*for*〕: I *mistook* him *for* his brother. 彼を弟と間違えた / You ～ licence *for* liberty. 放縦を自由と思い違いしている. **3** 間違って選ぶ, …の選択を誤る: ～ the [one's] road [way] 道を間違える / ～ one's vocation 職業の選択を誤る. ── *vi.* 誤解する, 思い違いをする. ── *n.* **1** 誤り, 間違い, 失策, 手落ち (error); 思い違い, 勘違い, 誤解 (misunderstanding): beyond ～ 確かに / by ～ 間違って / labor under ～ ⇨ labor 成句 / make a ～ 間違いをする, 思い違いをする / There is no ～ about it. それに相違はない / He carried my umbrella *in* ～ *for* his. 私の傘を間違えて持って行った. **2**〘法律〙錯誤《表示と内心の意思の不一致を表意者が知らない場合など》.
*…**and no mistake*** 《口語》[前言を強めて]間違いなしだ, 確かに (undoubtedly): They have failed *and no* ～. 失敗したことは間違いない. ***make no mistake*** 《口語》[陳述を強めて]間違いなしだ, 確かに: The English diet suits us. *Make no* ～ about it. 英国の食事は我々に合っている. それは間違いなしだ / *Make no* ～, he has done it. 確かに彼がやったのだ.
mis·ták·er *n.*

mis·tak·en [mɪstéɪkən, məs- | mɪs-] 〚《1597》 (p.p.) ← MISTAKE〛 ── *v.* mistake の過去分詞. ── *adj.* 誤った, 間違った, 誤りのある; 考え違いの, 誤解の: a ～ notion 誤った考え / ～ kindness 間違った親切 / ～ identity 人違い / if I'm not ～ = unless I'm ～ 私の思い違いでなければ, 確か / You are ～ *about* him. 君は彼を誤解している / You are ～ *in* think*ing* [if you think] that … と思うのは間違いだ. **～·ly** *adv.*

Mis·tas·si·ni [mɪstəsíːni | -nɪ] *n.* カナダ東部 Quebec 州中部の湖; 長さ 160 km, 面積 2,176 km².

míst·bòw [-bòu | -bəʊ] *n.* 〘気象〙 霧虹 (fogbow).

míst·còat *n.* ミストコート《塗装などで光沢を出すための噴霧器による上塗り》. 「concentrate sprayer).

míst cóncentrate spràyer *n.* 濃厚噴霧器 (⇨

mìs·téach 〚OE *mistǣcan*: ⇨ mis-[1], teach〛 *vt.* 誤り教える, 下手に教える. **～·er** *n.* 「報する.

mìs·téll 〚《?a1430》: ⇨ mis-[1], tell〛 *vt.* 誤って告げる, 誤

mis·ter [místə | -tə(r)] 〚《1551》《弱形》← MASTER〛 ── *n.* (*pl.* **Messrs.** [mésəz | -səz]) **1** [⌐─] …様, さん, 殿, 氏 (cf. master 7). ★ 通例 Mr または Mr. とつづる (⇨ Mr.). **2**《口語》[単独に呼掛けとして] だんな, もし, あなた (sir): Look here, ～! もしもし, だんな(さん). **3** (Mr. 以外に敬称を持たない)平民, ただの人: be he prince or mere ～ 王侯であろうと平民であろうと / He remained a plain ～. 一平民で終わった. **4** [the ～, one's ～ として]《口語》夫, 主人 (husband): Give my kindest regards to your *Mister*. ご主人[旦那]様にくれぐれもよろしく. **5**《米》[軍隊などで次の階級の人に対する非公式または社交的呼掛けとして]: **a**〘陸軍〙准尉 (warrant officer), 士官候補生 (cadet). **b**〘海軍〙少佐 (lieutenant commander) 以下の士官. **c**〘海事〙船長以外の高級船員 (officer). ── *vt.*《口語》…に Mr.… と呼掛ける, …をさんづけで話をする: Don't ～ me any more. さんづけはもうよしてくれ / *Mister* me no misters. さん, さんと呼ぶのはやめてくれ.

mìs·térm *vt.* …に間違った名をつける, 誤称する.

mis·ter·y [míst(ə)ri | -rɪ] *n.* ＝mystery[2].

míst·flòwer *n.*〘植物〙北米産キク科ヒヨドリバナ属の多年生草本 (*Eupatorium coelestinum*).

mist·ful [místfəl] *adj.* 霧深い, 霧の立ちこめた, 濛々(もう)とした: ～ mountains.

mìs·thínk《古》*vi.* 考え違いをする; 悪く思う. ── *vi.* 悪く思う.

Misti, El *n.* ⇨ El Misti.

mis·ti·gris [místɪgrɪs] 〚▭ F *mistigri* pussycat, jack of clubs ← *miste, mite* pussycat (? ← 《擬音語》)＋*gris* gray〛 *n.*〘トランプ〙 **a** 万能札として使える joker または白カード. **b** そのカードを使う draw poker の一種.

mìs·tíme 〚OE *mistīmian*: ⇨ mis-[1], time〛 ── *vt.* **1** …の拍子[調子]を取り違える: ～ one's stroke 拍子を乱して漕ぐ[打つ]. **2** …の時[時代]を誤って言う.

mìs·tímed *adj.*《英方言》(食事や睡眠が)時間外れの.

mís·tle thrùsh [mísl-] 〚← 《廃》 mistle, *missel* < ME *mistel* (↓): その実を食べてその種子を伝播(でんぱ)させる習性から〛 ── *n.*〘鳥類〙ヤドリギツグミ (*Turdus viscivorus*)《ヨーロッパ産のヤドリギ (mistletoe) の実を食べる大型のツグミ; missel thrush, mistletoe thrush, mavis ともいう》.

mis·tle·toe [mísltòu | mísltəʊ, mízl-] 〚OE *misteltān* ← *mistel* mistletoe＋*tān* twig: cog. ON *mistilteinn*〛 ── *n.*〘植物〙 **1** ヤドリギ (*Viscum album*)《クリスマスの装飾に使う》. **2** 他の近縁の植物の総称《特に American mistletoe (*Phoradendron flavescens*) は米国 Oklahoma 州の州花》.
kiss under the mistletoe ヤドリギの下でキスする《クリスマスのヤドリギ飾りの下では若者は少女にキスしてもよいという習慣がある》.

místletoe càctus *n.*〘植物〙イトアシ (*Rhipsalis cassuha*)《熱帯産のサボテン》.

místletoe thrùsh *n.*〘鳥類〙ヤドリギツグミ (⇨ mistle thrush).

mistook *v.* mistake の過去形.

mis·tral [místrəl, mɪstrάːl, məs- | místrəl, mɪstrάːl; *F.* mistral] 〚《1604》▭ F ～ 'masterwind' ▭ Prov. ～ 'important' < L *magistrālem* 'MAGISTRAL, masterful'〛 ── *n.*〘気象〙ミストラル《フランスの地中海沿岸地方に吹く乾燥した冷たい北西風》.

Mis·tral [mɪstrάːl, -trǽl; *F.* mistral], **Frédéric** *n.* ミストラル《1830–1914; フランスの詩人・プロヴァンス文学復興運動の指導者 (cf. Félibrige); Nobel 文学賞 (1904)》.

Mis·tral [mɪstrάːl, -trǽl; *Sp.* mistrál], **Gabriela** *n.* ミストラル《1889–1957; チリの女流詩人・教育家; Nobel 文学賞 (1945); 本名 Lucila Godoy de Alcayaga [àlkajáɣa]》.

mìs·translàte *vt.* 誤訳する. **mìs·translátion** *n.*

mìs·tréat 〚《1453》? ▭ MF *mestreit-ier, mestrait-ier*: ⇨ mis-[1], treat〛 *vt.* 虐待する, 酷使する (maltreat, abuse). **mìs·tréatment** *n.*

mis·tress [místrɪs, -trəs] 〚《1369》 ME *maistresse* ▭ OF (F *maîtresse*) (fem.) ← *maistre* (F *maître*) 'MASTER': ⇨ -ess[1]〛 ── *n.* **1 a** (一家の)女主人, 主婦: Is the ～ at home? 奥さんはおいでですか / the ～ of a house 一家の主婦. **b** (奴隷・動物の)女性所有者[飼主]: the ～ of a slave, dog, etc. **2 a** [⌐─] [M-; 敬称として婦人の名につけて] …夫人, …様. ★ 今は方言以外は既婚婦人に対しては Mrs. の短縮形で用いられ, 未婚婦人に対しては Miss を用いる (⇨ Mrs. 1). **b** [単独に呼掛け語として]《古・方言》＝madam 1. **3 a**《英》女教師 (schoolmistress) (cf. master 3 a): a French [music] ～ フランス語[音楽]の女教師. **b** (特殊な技芸の)女教師, 女師匠 (cf. master 3 b): a dancing ～ ダンスの女教師. **4** 女流大家[名人] (cf. master *n.* 4 c): a ～ of all the feminine arts 女の諸芸諸道に通じている婦人. **5** 支配権[統治権, 主権]を有する女, 女の支配者: a ～ of society at the period 当代社交界の女王 / be one's own ～ (他人に支配されない)自由の身である / She is ～ of the situation. 局面を支配している, (面倒な)情勢に屈せずにいる. **6** 女王(になぞらえるもの) (cf. queen): the moon, the ～ of the night 夜の女王である月 / the *Mistress* of the Adriatic アドリア海の女王《Venice の異名》/ the *Mistress* of the Seas 海の女王, 海上の覇者(はしゃ)《英国の異名》/ the *Mistress* of the World 世界の女王《ローマ帝国の異名》. **7** 情婦, 妾(めかけ): keep a ～ 妾を囲う. **8**《古・詩》恋人, 愛人: O ～ mine! ああいとしき君よ. **9**《英方言》妻 (wife).
mistress of ceremonies 女性の司会者, 女司会者 (cf. MASTER[1] of ceremonies).
Mistress of the Robes [the ─] (英国王室の)女官長《女王[王妃]の衣装管理係》.

místress-shìp *n.* mistress の身分[地位, 職].

mìs·tríal 〚⇨ mis-[1], trial〛 *n.*〘法律〙 **1** (手続上の過誤のある)無効裁判, 誤判; (手続上の過誤のある)無効審理, 誤審理. **2**《米》(陪審員の意見が一致しない)未終結審理 (inconclusive trial).

mis·trust [mɪstrʌ́st] 〚《a1375》 *mistruste(n)*: ⇨ mis-[1], trust〛 ── *n.* 不信, 不信用 (distrust); 疑惑 (suspicion). ── *vt.* **1** 信用しない, 疑う, 怪しむ (suspect, doubt): ～ oneself 自信がない. **2** …の真実性[確実性, 効力など]を疑う. **3** …ではないかと思う, 推測する (suspect). ── *vi.* 疑っている. **～·er** *n.*

mis·trust·ful [mɪstrʌ́stfəl] *adj.* **1** 疑い深い, 信用しない (suspicious, distrustful) 〔*of*〕: a ～ glance / He is ～ *of* my ability. 彼は私の能力を信用しない. **2**《廃》不信の多い, うさんくさい. **～·ly** *adv.* **～·ness** *n.*

mis·trúst·ing *adj.* 信用しない, 疑っている (doubting). **～·ly** *adv.* **～·ness** *n.*

mìs·trýst 〚← MIS-[1]＋TRYST〛《スコット》*vt.* 〈人〉との会合約束を反故(ほご)にする. ── *vi.* 約束を反故にする.

mist·y [místi | -tɪ] 〚OE *mistiġ*: ⇨ mist, -y[4]〛 ── *adj.* (**mist·i·er**, **-i·est**; **more** ～, **most** ～) **1** 霧[もや]の深い, 霧のかかった[立ちこめた], 霧に包まれた: a ～ morning 霧深い朝 / the ～ weather 霧の立ちこめた天候, 霧空 / the ～ summit of the mountain 霧に包まれた山頂. **2** 〈目が〉(涙または老衰で)かすんだ[曇った]: ～ eyes 涙に曇った目; (老いて)かすんだ目 (cf. misty-eyed 1). **3** 霧を距てた(ような), 朦朧(もうろう)とした, 曖昧な, はっきりしない (obscure): a ～ notion, idea, conception, etc. / a ～ recollection ぼんやりとした思い出. **míst·i·ly** [-tɪli, -tə- | -lɪ] *adv.* **míst·i·ness** *n.*

místy-éyed *adj.* **1** (涙または老衰で)目がよく見えない. **2** 夢でも見ているような, 涙もろい, 感傷的な, センチメンタルな: He is too ～ to be a good businessman. 夢想家肌だから実業には向かない.

mis·un·der·stand [mɪsʌ̀ndəstǽnd | -də-] 〚《c1200》 *misunderstande(n)*: ⇨ mis-[1], understand〛 ── *vt.* **1** 〈人〉(の言動)を誤解する: We ～ each other. 我々は互いに誤解している. **2** 〈語句・陳述など〉の意味を取り違える, 間違った意味に取る: He *misunderstood* my orders. 私の命令の意味を取り違えた.

mis·ùn·der·stánd·ing 〚《c1449》〛 ── *n.* **1** 誤解, 考え違い, 解釈違い (misinterpretation): have ～ about a matter ある事について誤解している. **2** 意見の相違, 不和, 喧嘩(けんか) (disagreement, quarrel): correct [remove] ～*s* between [among] …間の誤解を正す[除く].

mis·un·der·stood [mɪsʌ̀ndəstúd | -də-] *adj.* **1** 意味を取り違えた, 誤解された: a ～ problem. **2** 正当に理解されない, ありがたがられない (unappreciated): He claims that his work is ～. 作品が正当に理解されていないと主張している.

mis·usage [mɪʃúːsɪdʒ, mɪ̀sjúː-, -zɪdʒ | mɪ̀sjúːzɪdʒ, -sɪdʒ] *n.* **1** (語句などの)誤用. **2** 虐待, 酷使 (maltreatment).

mis·use 〚《a1398》▭ OF *mesus-er* ← *mes-* 'MIS-[1]'＋*user* to use: ⇨ use〛 ── [mɪʃúːs, mɪ̀sjúːs | mɪ̀sjúːs] *n.* **1** 誤用, 悪用: ～ of words [public funds] 言葉[公金]の不正な使用. **2**《廃》虐待, 酷使. ── [mɪʃúːz, mɪ̀sjúːz | mɪ̀sjúːz] *vt.* **1** 〈語句・才能などを〉誤用する, 間違った方面に用いる: ～ one's talents (折角の)才能を間違ったところで発揮する, 才能を悪用する. **2** 〈人・物を〉乱暴に扱う (ill-treat): ～ one's wife [watch].

mis·úser[1] 〚⇨ ↑, -er[1]〛 *n.* 誤用者; 虐待者.

mis·us·er[2] [mɪsjúːzə | -zə(r)] 〚▭ AF ～ ← OF *mesuser* 'to MISUSE'〛 *n.*〘法律〙(自由権・特権・財産などの)濫用 (abuse). 「dervalue).

mis·válue *vt.* …の評価を誤る; (特に)見くびる (un-

mìs·vénture 〚← MIS-[1]＋VENTURE〛 *n.* 不運な企て[冒険], 災難 (misadventure).

mìs·wórd *vt.* 言い誤る, …の言葉使いを誤る.

mìs·wríte 〚OE *miswritan*: ⇨ mis-[1], write〛 *vt.* 書き誤る.

M.I.T.《略》Massachusetts Institute of Technology.

mit- [maɪt] (母音の前に来る時の) mito- の異形.

Mitch·am [mítʃəm] 〚OE *Micelhām*《原義》great village: ⇨ much, home〛 ── *n.* イングランド Surrey 州の都市; 現在は Merton の一部.

mítch·bòard [mítʃ-] 〚← *mitch* (← ?: cf. MDu. *micke* forked stick)＋BOARD〛 *n.*〘海事〙叉(さ)柱《円材を横に置く時に使う Y 型または X 型の台》.

Mitch·ell [mítʃəl]〘《変形》← MICHAEL[1]〙 *n.* 男性名.

Mitchell, Margaret *n.* (1900–49) 米国の女流小説家; *Gone With the Wind* (1936).

Mitchell, Maria *n.* (1818–89) 米国の女性天文学者.

Mitchell, Mount〘← *Elisha Mitchell* (1793–1857: 米国の地質学者・植物学者)〙 ━ *n.* ミッチェル山《米国 North Carolina 州西部の山; Mississippi 川の東方における米国の最高峰 (2,037 m)》.

Mitchell, S(ilas) **Weir** [wíə | wíə(r] *n.* (1829–1914) 米国の医師・小説家; *Hugh Wynne, Free Quaker* (1897).

Mitchell, Wesley Clair *n.* (1874–1948) 米国の経済学者.

Mitchell, William *n.* (1879–1936) 米国の将軍・第一次大戦の空の勇士; 近代戦における航空兵力の重要性を唱導した先駆者; 通称 Billy Mitchell.

mite[1] [máɪt]〘《a1375》□ MDu. *mite*: ↓〙 ━ *n.* **1 a** 小貨幣, 小銭《もとはフランダースの小銅貨; ⇨ lepton[1]》. **b**《英俗》半ファージング (half a farthing). **2** 少額ながら奇特な寄付, 貧者の一灯; 少しながら精一杯の努力, 微力: ⇨ widow's mite / contribute one's ~ to …のため微力を尽くす. **3 a** ごく小さい物, 小動物, 子供 (child): a ~ on an elephant 象の背中の小虫《大木に蟬(せみ)》/ a tiny ~ (of a child) ちび / a dear little ~ かわいい小さな子. **b**〔しばしば a ~ として副詞的に〕微量, ちょっぴり (bit, jot): Alice is *a* ~ taller than Jane. アリスはジェーンよりちょっと高い / not *a* ~ 少しも…でない.

mite[2] [máɪt]〘OE *mīte* small insect < Gmc **mītōn*《原義》the biter (MDu. *mite* (Du. *mijt*)) / OHG *mīza* midge, fly) ← IE **mai-* to cut: cf. mad〙 ━ *n.*〘動物〙ダニ《ダニ目の動物の総称; 狭義にはマダニ (tick) を除くダニを指す; cf. tick[2] 1》.

mi·ter, 《英》 **mi·tre** [máɪtə | -tə(r]〘《c1380》 *mitre* □ (O)F ∥ L *mitra* cap □ Gk *mitra* belt, headband, headdress〙 ━ *n.* **1** 司教冠, 主教冠, ミトラ, マイター《bishop や時に abbot が祭式の際に戴く冠; その頂上に横の深い溝があって二つの山形を成し, 後ろに 2 本の長ひもが垂れている》: confer [bestow] a ~ upon …に司教冠を授ける, …を司教の位につける. **2** 司教の職[位] (bishopric). **3** (古代ユダヤの)大司祭 (high priest) のかぶり物. **4 a** (古代ギリシャの婦人が着けた)髪ひも, リボン (fillet). **b** 見返しや裾などの角の始末, ななめはぎ, 額ぶち始末. **5**〘木工〙**a** 留形包(とめがたづつみ)打付継ぎ; =miter joint. **b** =miter square. **6**〘海事〙斜め縫合せ《三角帆の角などで額縁のように帆を斜めに縫い合わせる》. ━ *vt.* **1** …に司教冠を授ける; 司教に任じる. **2**〘木工〙留め継ぎ[斜め継ぎ]する; 留め継ぎ[斜め継ぎ]面に切る. **~·er** [-tərə | -tərə(r] *n.*

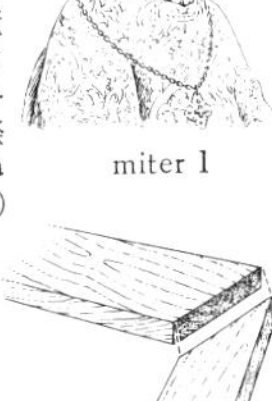

miter 1

miter 5 a

míter bòx *n.*〘木工〙**1** 留め継ぎ箱, 箱型《木材に留め継ぎを作るとき, 適宜な角度でのこぎりを動かせるようになった箱形の道具》. **2** 留切盤.

míter bòx sàw *n.*〘木工〙=miter saw.

mí·tered〘ME *mitred*《なぞり》← ML *mitrātus* ← L wearing a turban: ⇨ miter, -ed〙 ━ *adj.* **1** 司教冠 (miter) をかぶった; 司教冠を授けられた, 司教の位にある. **2** 司教冠状の頂のある.

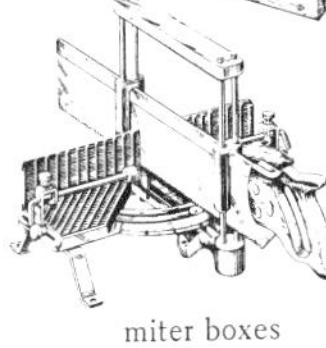

miter boxes

mítered ábbey *n.*〘カトリック〙司教冠寺院[僧院]《mitered abbot の主管下にある僧院》.

mítered ábbot *n.*〘カトリック〙受冠司教《教皇によって司教冠を許された司教; 英国の宗教改革以前は上院での議決権をもっていた》.

mítered jíb *n.*〘海事〙マイタージブ, 斜め継ぎジブ《帆布を額縁の角のような形に縫い合わせた船首三角帆; miter jib, patent-cut jib ともいう》.

mítered sáil *n.*〘海事〙=angulated sail.

míter gàte *n.*〘土木〙マイターゲート, 斜接扉, 合掌扉《水門などの開閉に用いられる両開きの扉》.

míter gèar *n.*〘機械〙マイター歯車《bevel gear の一種; 軸が直交し歯数の等しいもの》.

míter jòint *n.*〘木工〙留め継ぎ, 斜め継ぎ, 合掌継手《相対する二枚の板が直角その他の角度に交わり, 継ぎ目がその角の二分線上に接合するもの》.

míter pòst *n.*〘土木〙マイター柱, 合掌柱《二枚のマイターゲート (miter gate) が互いに触れ合う位置に取付けた鉛直材; meeting post ともいう》.

míter sàw *n.*〘木工〙留め継ぎ用のつり掛けのこぎり《角度を固定して木材を切る》.

míter squàre *n.*〘木工〙留め継ぎ (miter joint) 用定規, 45 度定規.

míter·wòrt *n.*〘植物〙**1** チャルメルソウ《ユキノシタ科チャルメルソウ属 (*Mitella*) の植物の総称; その蒴(さく)が司教冠 (miter) に似る; 北米北部産の *M. diphylla* など; bishop's-cap ともいう》. **2** 米国南東部産フジウツギ科の一年生植物 (*Cynoctonum mitreola*).

Mit·ford [mítfəd | -fəd], **Mary Russell** *n.* (1787–1855) 英国の女流作家; *Our Village* (1824–32).

mith·er [míðə | -ðə(r] *n.*《スコット》=mother[1].

Mith·garth [míðgaəð | -gɑːð] *n.* =Mithgarthr.

Mith·gar·thr [míðgaəðə | -gɑːðə(r] *n.* ミズガーザー《Midgard のアイスランド語名》.

Mith·ra [míθrə]〘□ L *Mithrās* □ Gk *Méthrās* □ OPers. *Mithra*: cf. Vedic *Mitra*〙 ━ *n.*〘ペルシャ神話〙ミスラ, ミトラ《光と真理の神, 後には太陽の神; ゾロアスター教では至上神と人間の間の調停者; cf. taurobolium 1》.

Mith·ra·ic [mɪθréɪɪk] *adj.* ミスラ神の, ミスラ信仰の.

Mith·ra·i·cism [mɪθréɪəsɪzm | -réɪɪ-] *n.* =Mithraism.

Mith·ra·ism [míθrəɪzṃ, -θreɪ- | -θrə-] *n.* ミスラ礼拝[信仰].

Mith·ra·ist [míθrəɪst, mɪθréɪ-, -əst | míθrəɪst] *n.* ミスラ信者.

Mith·ra·is·tic [mìθrəístɪk, -θreɪ- | -θrə-] *adj.* =Mithraic.

Mi·th·ras [míθræs] *n.*〘ペルシャ神話〙=Mithra.

mith·ri·date [míθrədèɪt | -rɪ-, -θrə-]〘《古形》*mithridatum* □ ML ← LL *mithridātium* antidote ← L 'dogtooth violet (used as an antidote)' ← *Mithridātēs* (↓)〙 ━ *n.* 解毒剤, 抗毒剤 (alexipharmic).

Mith·ri·da·tes VI [mìθrədéɪtiːz | -θrɪ-, -θrə-] *n.* ミトリダテース六世 (132?–63 B.C.; 小アジアの Pontus 国の王 (120?–63 B.C.), ローマ軍を連破したのち敗れた (69 B.C.); 通称 Mithridates the Great).

mith·ri·da·tism [mìθrədéɪtɪzṃ | -θrɪ-, -θrə-]〘《1851》← *Mithridates VI* (↑): 彼はこの方法で免毒性を得たという: ⇨ -ism〙 ━ *n.* (毒の服用量を次第に増すことによって得る)免毒性. **mith·ri·dat·ic** [mìθrədǽtɪk | -θrɪdǽt-, -θrə-] *adj.*

mith·ri·da·tize [mìθrədéɪtaɪz | -θrɪ-, -θrə-]〘《1866》: ⇨ ↑, -ize〙 *vt.* (服用量を漸増して)…の免毒性を養う.

MITI [míṭi | -tɪ]《略》Ministry of International Trade and Industry (日本の)通産省.

mi·ti·cid·al [màɪtəsáɪdḷ | -tɪ-] *adj.* ダニ駆除剤の (acaricidal).

mi·ti·cide [máɪtəsàɪd | -tɪ-]〘← MITE[2] + -I- + -CIDE〙 *n.* ダニ駆除剤 (acaricide).

mit·i·ga·ble [míṭɪgəbḷ, -ṭə- | -tɪ-] *adj.* 緩和[軽減]できる; なだめられる; 静められる (appeasable).

mit·i·gate [míṭəgèɪt | -tɪ-]〘《1494》□ L *mītigāt-us* (p.p.) ← *mītigāre* to make soft, pacify ← *mītis* mild, gentle (← IE **mei-* to change, go) + *agere* to drive (⇨ act)〙 ━ *vt.* **1 a**〈苦痛・苛酷さ・苦しみなどを〉和らげる, 緩める, なだめる, 静める (alleviate): ~ a person's pain [hatred, suffering, grief, anger, etc] / ~ heat [cold] 暑さ[寒さ]を和げる / ~ the violence of pain 痛みの激しさを和げる. **b**〈刑罰などを〉軽くする, 軽減する, 緩和する (extenuate): ~ a punishment 罰を軽くする. **2**《まれ》〈人を〉温和に[優しく]する, 〈人の心・気分を〉和らげる. ━ *vi.* 温和になる, 緩和する (moderate). **mít·i·gà·tor** [-tə | -tə(r] *n.*

mítigating círcumstances *n. pl.*〘法律〙(刑罰の)軽減事由.

mit·i·ga·tion [mìṭəgéɪʃən | -tɪ-]〘《a1376》□ (O)F ~ ∥ L *mītigātiō(n-)*: ⇨ mitigate, -ation〙 ━ *n.* **1** 和らげ(られ)ること, 鎮静; (刑罰などの)軽減, 緩和. **2** 鎮静[緩和]する物.

mit·i·ga·tive [míṭəgèɪṭɪv | -tɪgèɪt-]〘《c1400》□ OF *mitigatif* ∥ LL *mītigātīv-us*: ⇨ mitigate, -ative〙 *adj.* 緩和する, 緩和的な (lenitive).

mit·i·ga·to·ry [míṭɪgətɔ̀ːri, -ṭə-, -tɔ̀ːri | -tɪgèɪtəri]〘← MITIGATE + -ORY[1]〙 *adj.* =mitigative.

Mit·i·lí·ni [*Mod.Gk.* mitilíni] *n.* ミティレネ《Mytilene のギリシャ語名》.

mí·tis càsting [máɪṭɪs-, -ṭəs- | -tɪs-] *n.* 可鍛鉄鋳造; 可鍛鉄鋳物.

mítis mètal *n.*〘冶金〙可鍛鉄, 可鍛鉄鋳物.

mi·to- [máɪṭo(u) | -tə(u)]〘← NL ~ ← Gk ~ ← *mítos* thread〙 ━ 次の意味を表わす連結形: **1**「糸 (thread)」: *mito*plast. **2**「有糸分裂 (mitosis)」: *mito*mycin. ★ 母音の前では通例 mit- になる.

mi·to·chon·dri·on [màɪṭəkɑ́ndriən, mɪ̀ṭə- | -təkɔ́n-drɪ-]〘← NL ~ ← MITO- + Gk *chóndrion* small grain (⇨ chondri-[2])〙 ━ *n.* (*pl.* **-dri·a** [-driə | -drɪə])〘生物〙ミトコンドリア《細胞の細胞質内にある小体で, 細胞呼吸が行なわれている部分; chondriosome ともいう》. **mì·to·chón·dri·al** [-driəl | -drɪəl] *adj.*

mi·to·gen [máɪṭəʤɪn, -ʤən | -təʤèn, -ʤɪn]〘← MITO- + -GEN〙 ━ *n.*〘生物〙ミトゲン《有糸分裂を導く物質》. **mi·to·gen·ic** [màɪṭəʤénɪk | -tə-] *adj.*

mi·to·ge·nic·i·ty [màɪṭəʤɪníséṭi, -ʤɪ- | -təʤɪnísəti, -sɪ-] *n.*

mi·tome [máɪtoum | -təum]〘□ G *Mitom*: ⇨ mito-, -ome〙 *n.*〘生物〙ミトーム, マイトーム《細胞を固定したとき細胞質中で見られる繊維性の微細構造》.

mi·to·my·cin [màɪṭəmáɪsṇ | -təmáɪsɪn]〘← MITO- + -MYCIN〙 *n.*〘生化学〙ミトマイシン《放射菌から得られる制癌作用および抗菌性のある抗生物質》.

mi·to·sis [maɪtóusɪs, -səs | -tə́usɪs]〘《1888》← NL ~ ← MITO- + -SIS〙 ━ *n.* (*pl.* **mi·to·ses** [-siːz])〘生物〙(細胞核の)有糸分裂, 間接核分裂《karyokinesis ともいう; cf. amitosis, cytokinesis, cell division》. **mi·tot·ic** [maɪtɑ́ṭɪk | -tɔ́t-] *adj.* **mi·tót·i·cal·ly** *adv.*

mi·tra [máɪtrə]〘□ L *mītra* headband, cap: ⇨ miter〙 ━ *n.*〘植物〙**1** (マツタケなど帽菌類の)頭巾(ずきん)状の菌傘(きん). **2** 兜(かぶと)状体 (galea). **3** メキシコ産の刺のないサボテンの一種 (*Astrophytum myriostigma*).

mi·trail·leur [mìːtrəjə́ː | mìtraɪə́ː(r; *F.* mitrajœːr]〘□ F ~ ← *mitrailler* (↓)〙 *F. n.* (*pl.* **~s** [~z; *F.* ~]) 機関銃手.

mi·trail·leuse [mìːtrəjə́ːz | mìtraɪə́ːz; *F.* mitrajøːz]〘《1870》□ F ~ (fem.) ← *mitrailler* to fire grapeshot ← *mitraille* pieces of metal, grapeshot《変形》← OF *mitaille* (dim.) ← *mite* small coin: cf. mite[1]〙 ━ *F. n.* (*pl.* **mi·trail·leus·es** [~ɪz, ~əz, ~; *F.* ~])〘銃砲〙**1** 尻込め式多銃機関銃《普仏戦争でフランス軍が初めて用いた》. **2** 機関銃 (machine gun).

mi·tral [máɪtrəl]〘《1610》← MITER (n.) + -AL[1]〙 *adj.* **1** 司教冠[マイター] (miter) の; マイター状の. **2**〘解剖〙僧帽弁の.

mítral insuffíciency [incómpetence] *n.*〘病理〙僧帽弁閉鎖不全(症).

mítral stenósis *n.*〘病理〙僧帽弁狭窄症.

mítral válve〘《なぞり》← NL *mitralis valvula*〙 ━ *n.*〘解剖〙僧帽弁《心臓の左心房と左心室の中間にあって, 血液が心房に逆流するのを防ぐバルブ; bicuspid valve ともいう; cf. tricuspid valve》.

mitre *n., vt.* =miter.

Mit·ri·dae [mítrədiː | -rɪ-]〘← NL ~ ← *Mitra* (属名: ⇨ miter) + -IDAE〙 *n. pl.*〘貝類〙フデガイ科.

mi·tri·form [máɪtrəfɔ̀əm | -trɪfɔ̀ːm]〘← NL *mitriform-is* ← L *mitra* turban + *-iformis* '-IFORM'〙 *adj.* 司教冠 (miter) の形をした, 僧帽状の.

Mi·trop·ou·los [mɪtrɑ́pələs, mə- | mɪtrɔ́p-; *Mod.Gk.* mitrópulɔs], **Di·mi·tri** [dɪmíːtri, də- | dɪmíːtrɪ] *n.* ミトロプロス (1896–1960; ギリシャ生まれの米国の指揮者).

mits·vah [mítsvə, -vɑː] *n.* (*pl.* **mits·voth** [-vouθ, -vout, -vous | -vəuθ], **mits·vot** [-vout | -vəut], **~s**)〘ユダヤ教〙=mitzvah.

mitt [mít]〘《1765》《尾音消失》← MITTEN〙 ━ *n.* **1 a** (婦人用)指なし長手袋《絹またはレース製; 指先を除いてひじから手首までおおうもの》. **b** =mitten 1. **2** (野球用)ミット. **3**《俗》こぶし, 手 (fist, hand).

get the* (*frozen*) *mitt =get the (frozen) MITTEN. ***give a person the* (*frozen*) *mitt*** =give a person the (frozen) MITTEN. ***tip one's mitt***《米俗》手のうち[計画, 意向]を見せる, 内報する, 密告する.

Mít·tel-Européan [míṭḷ- | -tḷ-; *G.* mítḷ-] *adj.* =Middle-European.

mit·ten [mítn]〘《c1390》 *myteyne* □ (O)F *mitaine* < VL **medietāna* (glove) halved (between thumb and fingers) ← L *medius* middle: cf. medium, media[1]〙 ━ *n.* **1** ミトン, 二叉手袋《親指だけ離れて他は一つの袋になっているもの; cf. glove 1》. **2** =mitt 1 a. **3** [*pl.*]《俗》ボクシング用グラブ.

get the* (*frozen*) *mitten《俗》(恋人から)ひじ鉄砲を食う; 首になる. ***give a person the* (*frozen*) *mitten***《俗》人にひじ鉄砲を食わせる; 人を首にする (dismiss). ***handle without mittens*** 容赦なく取り扱う.

mítten mòney〘水先人が寒中はミット式手袋をはめて乗船してくることから〙 *n.*《俗》〘海事〙冬季水先割増料金.

Mit·ter·rand [mìːteɪrɑ́ː(ŋ), -rɔ́ː(ŋ), -rɑ́ː(ŋ), -rɔ́(ː)ŋ, -ṭə- | -teɪ-; *F.* miterɑ̃], **François** *n.* ミッテラン (1916– ; フランスの政治家, 社会党書記長; 大統領 (1981–)).

mit·ti·mus [míṭəməs | -tɪ-]〘《1464》□ L ~ 'we send'〙 ━ *n.* **1**《英古》解雇, 免職 (dismissal): get one's ~ 解雇される, 首になる. **2**《英戯言》=magistrate. **3**〘法律〙**a** (刑務所長に当てた)犯人収監令状; (執行官に当てた)犯人護送令状《いずれも裁判所または治安判事が出すもの》. **b** (法廷から法廷への)訴訟[記録]移送令状.

Mit·ty [míṭi | -tɪ]〘← *Walter Mitty* (James Thurber の短篇小説 *The Secret Life of Walter Mitty* (1939) の主人公)〙 *n.* (現実ばなれした)甘い夢に耽る人.

Mit·zi [mítsi | -tsɪ]〘(dim.) ← MIRIAM〙 *n.* 女性名.

mitz·vah [mítsvə, -vɑː]〘□ Heb. *miṣwā́h* commandment ← *ṣiwwā́h* to command〙 ━ *n.* (*pl.* **mitz·voth** [-vouθ, -vout, -vous | -vəuθ], **mitz·vot** [-vout | -vəut], **~s**)〘ユダヤ教〙**1** 聖書または律法学者の戒律: ⇨ bar mitzvah. **2** (ユダヤの宗教・法律のために行なった)善行; 慈善行為.

mix [míks]〘《1538》《逆成》← *mixt* 'MIXED'〙 ━ *v.* (**~ed,**《古》**mixt** [míkst]) ━ *vt.* **1**〈いくつかの物を〉混ぜる, 混合する, かき混ぜる: ~ wine and water ぶどう酒と水を混ぜる / ~ water *with* whiskey ウイスキーを水で割る / ~ a little soda *into* the flour 小麦粉の中に重曹を少々入れる. **2** (諸成分を混ぜて)作る, 混成する, 調合する (compound): ~ a drink [cocktail] (いろいろ混ぜて)飲み物[カクテル]を作る / ~ a poison 毒を調合する[盛る]. **3** 一つにする, 結びつける (combine): ~ business *with* pleasure 仕事と遊びを結びつける / ~ feelings of love and pity 愛と哀れみの情を一つにする. **4**〈人々を〉交わらせる: ~ the boys *with* the girls in a school 学校で少年と少女を交際させる / ~ people of different social worlds 違った社会の人々を交わらせる / ~ oneself *among* the people 人々の仲間にはいる. **5** 異種交配させる (crossbreed). ━ *vi.* **1** 混ざる; 混合する (combine): Oil and water will not ~. 油と水は混ざらない / These colors ~ well. これらの色はよく混ざる. **2 a**〈人が〉

交わる (associate)；親密につき合う；仲よくやっていく，調子が合う〔*with, in*〕：～ *in* society 社交界に出入りする / ～ *with* different people いろいろの人と交際する / He doesn't ～ well. つき合いが下手だ. **b** 〔…に〕かかりあう，参加する (participate)〔*in*〕：～ *in* the demonstration. **3** 異種交配する. **4**《俗》〔ボクシング〕激しく打ち合う.

mix in《俗》喧嘩に加わる. ***mix in with***〈人〉とつき合う. ***mix it***《俗》〔…と〕喧嘩をする〔*with*〕. ***mix it up***《俗》盛んに殴り合う. ***mix up*** (1) よく混ぜ合わせる，かき[つき]混ぜる；調合する：～ *up* one's ideas 十分考えを練る. (2) 混同する，ごっちゃにする：～ *up* one tune *with* another 二つの曲を混同する / ～ *up* one's business and home telephone numbers 事務所と自宅の電話を混同する. (3)〔…と〕間違える〔*with*〕：People often ～ him *up with* his brother. 人はよく彼を彼の兄と間違える. (4) [～ *oneself* または Passive で]〔悪友などと〕交わる；〔不正などに〕かかり合う，関係する〔*with, in*〕：～ *oneself up in* an affair 事件にかかり合う / Don't get ～*ed up in* politics. 政治にかかり合ってはいけない / He is ～*ed up with* something shady. いかがわしいことに関係している.

― *n.* **1** 混合，混同 (mixture). **2 a** (料理の)素(もと)，ミックス《水などを加えさえすればいろいろな食品が出来上がるもの》：a hot cake ～ ホットケーキミックス. **b** ＝mixer 6. **3** 混合率；処方. **4**《口語》混乱 (muddle, mess)：I was more in a ～ than ever. 私はますます混乱した.

míx·a·ble [-səbl] *adj.*

mixed〘(c1480) *mixt*〈(O)F *mixte*〈L *mixtus* (p.p.) ← *miscēre* to mix ← IE **meik-* to mix (Gk *mignúnai* to mix)〙― *adj.* **1** 混ざった，混同[混和]した，混成の，雑多の，取り混ぜた (mingled)：～ biscuits [candies, pickles] 各種取り合わせたビスケット[キャンデー，酢づけ] / a ～ brigade 混成旅団 / a ～ language 混合語 / ～ motives 不純な動機 / ～ residence 雑居 / have ～ feelings of sadness and pleasure 悲喜こもごもの思いを抱く. **2 a** 男女混成[混合]の：～ bathing 混浴 / a ～ chorus 混声合唱. **b** 男女共学の (coeducational)：a ～ school (男女)共学校. **3** (階級・身分・素性が)種々雑多の人間から成る；得体の知れない人たちの (promiscuous)：a very ～ company, assembly, multitude, etc. **4** [しばしば ～ *up* として]《口語》頭の混乱した：You are getting ～ *up*. 君は頭が混乱してきてるぞ / He has [is of] a ～ mind. 彼の頭はおかしい. **5** 異種交配した：a horse of ～ blood. **6**〘法律〙(争点・関係などが)複合した，混合の：～ marriage 混血婚. **7**〘植物〙〈花序が〉集繖(しゅうさん)花と総状花と混合した：～ inflorescence 混合花序 / ⇨ mixed bud. **8**〘数学〙混合の：a ～ periodic recurring decimal 混循環小数. **9**《まれ》〘論理〙異種の量化詞 (quantifier) を含んだ.

míx·ed·ly [-sɪdli, -səd-, -st- | -lɪ] *adv.* **míx·ed·ness** [-sɪdnɪs, -səd-, míkst- , -nəs] *n.*

mixed ácid *n.*〘化学〙混酸《2 種以上の酸(特に，硝酸と硫酸)の混合物》.

mixed álphabet *n.* 換字(式)アルファベット《アルファベットの順序をくずしたり，一定の間隔を置いてずらせたりした暗号用のアルファベット》.

mixed bág *n.* (人・物などの)無差別に選んだ集まり，いろいろな人[もの]の組合せ：a ～ of books.

mixed bléssing *n.* 利害相半ばすること[もの]，ありがたいようなありがたくないようなこと[もの].

mixed-blóod *n.* 混血人 (cf. pureblood).

mixed búd *n.*〘植物〙混芽，混合芽《芽が伸びた時，茎・葉と同時に花も開くもの；cf. blossom bud, flower bud, fruit bud, leaf bud》.

mixed décimal *n.*〘数学〙帯小数.

mixed dóubles *n. pl.* [単数または複数扱い] (テニスなどの男女)混合ダブルス，ミックスダブルス.

mixed drínk *n.* 混合酒，カクテル.

mixed ecónomy *n.*〘経済〙混合経済《資本主義を建前とするが，政府の経済に介入する度合いが大きい経済》.

mixed fárming *n.* 混合農業《農作物・飼料用穀物・家畜類を混合経営する多角的農業》.

mixed féeding *n.* (母乳栄養と人工栄養の)混合栄養.

mixed-flòw compréssor *n.*〘航空〙軸流遠心圧縮機.

mixed fóursome *n.*〘ゴルフ〙(二組がそれぞれ男女から成る)混合フォーサム.

mixed fráction *n.*〘数学〙帯分数.

mixed gríll *n.* ミックストグリル《焙り焼きにした子羊・ソーセージ・レバーなどの肉類と，トマト・マッシュルームなどを取り合わせて皿に盛った料理》.

mixed márriage *n.* (異なった宗教・種族間の)雑婚.

mixed-média *adj.* 混合媒体[複合素材芸術] (mixed media) の[を使う].

mixed média *n.* **1**〘教育・芸術〙(演技・録音テープ・写真・レコード・フィルム・スライドなどを同時的に用いる)混合媒体，複合メディア. **2**〘絵画・彫刻〙複合素材芸術《複数の素材を用いて製作した絵画・彫刻など》.

mixed mélting pòint *n.*〘化学〙混融点《混合物の融点》.

mixed métaphor *n.*〘修辞〙混喩(こんゆ)《二つ以上の性質を異にし，しばしば矛盾する隠喩 (metaphor) を混用する修辞法；例：He embarked early on the sea of public life, where he climbed at last to the very summit of success. 年若くして公的生活の海に乗出しついに成功の絶頂までよじ登った》.

mixed nérve *n.*〘解剖〙混合神経《知覚・運動の両神経繊維からなるもの》.

mixed núisance *n.*〘法律〙混合不法妨害《公的不法妨害 (public nuisance) であると同時に個人生活をも脅かすような不法妨害 (private nuisance) など》.

mixed númber *n.*〘数学〙混数《帯小数 (mixed decimal) と帯分数 (mixed fraction) との総称》.

mixed tráin *n.* (客車と貨車との)混合列車.

mixed-úp *adj.* 頭が混乱した[おかしくなった]，ノイローゼ気味の.

mixed vówel *n.*〘音声〙**1** 曖昧母音 (obscure vowel). **2** 混合母音《前舌で円唇，または後舌で非円唇の母音；[y], [œ], [ɯ], [ʌ] など》.

mix·en [míksn̩]〘OE *mixen*: cf. OE *mīgan* to urinate / *meox* dung〙*n.*《英古・方言》糞[肥やし]の山 (dunghill).

míx·er *n.* **1 a** (通例，電動の)泡立て器. **b** コンクリートミキサー. **2** 混合[調合]者；バーテン(ダー). **3**〘音響・ラジオ〙ミキサー，ミクサー：**a** 音量[音声]調整係. **b** 音量[音声]調整装置，ミキシング用装置. **4**〘テレビ〙映像を適宜切り換えて画面を調整する人；その装置 (cf. video switcher). **5**《口語》**a** 交際の…な人；社交家：a good [bad] ～ つき合いのよい[悪い]人. **b**《米》パーティーの参加者が気軽に知り合うためのゲーム[ダンス(など)]：The party began with a ～. **6** ミキサー《混合酒に入れて飲む非アルコール性飲料；ジンジャーエールなど》. **7**〘冶金〙混銑炉. **8**《俗》いざこざを起こす人.

míxer tùbe *n.*〘電気〙混合管《スーパーヘテロダイン受信機の周波数混合回路に用いる電子管》.

míx·ing *n.* **1** 混合，混和，調合. **2** ミキシング，ミクシング：**a**〘音響・ラジオ〙(音声と音楽などの)混成や調整. **b**〘テレビ〙映像を適宜切り換え組み合わせて画面を調整すること.

míxing fàucet *n.* 混合蛇口《湯と水が混ざって一つの口から出る蛇口》.

míxing ràtio *n.*〘気象〙混合比《一定量の乾燥空気と共存する水蒸気の質量比；cf. relative humidity》.

míxing vàlve *n.*〘機械〙混合弁《蛇口の湯と水を混ぜる調節バルブ》.

mix·o- [míksoʊ | -sə(ʊ)]〘← Gk ～ ← *mîxis* act of mingling or mixing〙次の意を表わす連結形：〘化学〙**1**「混合した (mixed)」：*mixo*ploid. **2**「…の異性体 (isomers) の混合物」(cf. iso-).

mix·ól·o·gist [-dʒɪst, -dʒəst | -dʒɪst]〘⇨↓, -ist〙*n.*《米俗・戯言》(カクテル作りの上手な)バーテン.

mix·ol·o·gy [mɪksάlədʒi | -sɔ́lədʒi]〘← MIX＋-O-＋-LOGY〙*n.*《米俗》カクテル作りの技術.

mìx·o·lýd·i·an móde [mìksəlídiən- | -dɪ-]〘← Gk *mixolidios* half-lydian (⇨ mixo-, Lydian)＋-AN[1]〙*n.*〘音楽〙ミクソリディア旋法《第 7 旋法；⇨ mode[1] 6 a》.

mix·o·ploid [míksəplɔ̀ɪd]〘← MIXO-＋-PLOID〙*n.*〘生物〙混合染色体 (⇨ chimera).

mix·o·ploi·dy [míksəplɔ̀ɪdi | -dɪ]〘⇨↑, -y[1]〙*n.*〘生物〙混数性.

mixt *v.*《古》mix の過去形・過去分詞.

Mix·tec [miːsték, miːʃ-, mɪs-, mɪʃ-]〘〈 Am.-Sp. *mixteca* ← N-Am.-Ind.〙― *n.* (*pl.* ～, ～**s**) (*also* **Mix·te·ca** [miːstéɪkə, -tékə]) **1 a** [the ～(s)] ミステク族《メキシコの Oaxaca, Guerrero, Puebla, Mexico 州に住むアメリカインディアン》. **b** ミステク族の人. **2** ミステク語.

Mix·te·can [miːstéɪkən, miːʃ-, mɪs-, mɪʃ-, -ték-]〘⇨↑, -an[1]〙― *n.* ミステカ語族《メキシコの Oaxaca, Querrero, Puebla, Mexico 州に住むメキシコの土着語族の一つ；Amusgo, Cuicatec, Mixtec 語を含む》.

Mix·te·co [miːstéɪkoʊ, miːʃ-, mɪs-, mɪʃ-, -ték- | -kəʊ] *n.* (*pl.* ～, ～**s**) ＝Mixtec.

mix·ture [míkstʃə | -tʃə(r]〘(1526)〈F ～ ∥ L *mixtūra* a mixing: ⇨ mixed, -ure〙― *n.* **1** 混合，混和，混交 (mixing)；結合：by ～ 混合して / a ～ of grief and anger 悲しみと怒りの入り混った気持. **2** 混入物，付加物，混ぜ物 (admixture)：with a ～ of …を加味して / English ancestry without ～ 純然たるイングランド系の家柄 / the ～ of Indian and China tea インドと中国の茶の混ぜたもの. **3**〘紡織〙混紡糸，交織布：⇨ heather mixture. **4**〘薬学〙(内服用)合剤，水剤，水薬 (potion). **5**〘化学・物理〙混合物 (cf. compound[1]). **6**〘機械〙(内燃機関内の)混合ガス，混合気；(燃料と空気の)混合比. **7** ミクスチャー《郵便局から払い下げられたり，病院や慈善団体により集められた切手で，整理されないまま目方で売られる切手；cf. kiloware》.

the mixture as before (1)〘薬学〙前回通りの処法. (2) 相も変らぬ対策[処置]，変り映えのしないもの.

míxture ràtio *n.*〘機械・航空〙(航空エンジンの吸気の)混合比《内燃機関の混合気中の空気と燃料との比；air-to-fuel ratio ともいう》.

míx-ùp *n.* **1** 混乱，ごたごた，大騒ぎ (muddle). **2**《口語》混戦，乱闘 (melee). **3** 混合，混交 (mixture).

Mi·zar [máɪzɑə | -zɑː(r]〘〈 Arab. *mi'zar* apron, wrapper ← *ázara* to surround〙*n.*〘天文〙ミザル《北斗七星 (Big Dipper) のゼータ (ζ) 星；熊の尾の中央に見える星；光度 2.4 等》.

miz·en [mízn̩] *n., adj.* ＝mizzen.

Miz·ra·chi [mɪzrάːxi | -xɪ]〘〈 Heb. *mizrāḥī*《原義》of the east ← *mizrāḥ* east ← *zāráḥ* to rise (sun)〙(*also* **Miz·ra·hi** [～]) ― *n.* ミズラヒ教団《1902 年に結成されたイスラエルの宗教団体；シオン主義 (Zionism) 運動の一翼を担っている》. ― *adj.* ミズラヒ教団の.

miz·zen [mízn̩]〘(1465) *meseyn*〈F *misaine*〈It. *mezzana* sail on the poop of a ship (fem.) ← *mezzano* middle ＜ L *mediānum* 'MEDIAN'〙― *n.*〘海事〙**1** 後檣(こうしょう)に張る縦帆，荒天用の小型の縦帆《mizzen sail ともいう》. **2** ＝mizzenmast. ― *attrib. adj.* 後檣の，後檣用の：～ rigging 後檣索具.

mízzen lówer tópsail *n.*〘海事〙ミズンロアートップスル《後檣の下段トップスル；⇨ sail 挿絵》.

mízzen·màst *n.*〘海事〙ミズンマスト《三檣船の後檣，四・五檣船などの第三檣》.

mízzen róyal *n.*〘海事〙ミズンローヤル《後檣のローヤル(帆)；⇨ sail 挿絵》.

mízzen-róyal stáysail *n.*〘海事〙ミズンローヤルステースル (⇨ sail 挿絵).

mízzen skýsail *n.*〘海事〙ミズンスカイスル (⇨ sail 挿絵).

mízzen stáysail *n.*〘海事〙ミズンステースル (⇨ sail 挿絵).

mízzen·tòp *n.*〘海事〙ミズントップ《後檣のうち最下のマストの上端に作った円形座》.

mízzen-topgállant sàil *n.*〘海事〙ミズントゲルンスル《後檣のトゲルンスル；⇨ sail 挿絵》.

mízzen-topgállant stáysail *n.*〘海事〙ミズントゲルンステースル《後檣のトゲルンステースル；⇨ sail 挿絵》.

mízzen-tópmast stáysail *n.*〘海事〙ミズントップマストステースル (⇨ sail 挿絵).

mízzen·yàrd *n.*〘海事〙ミズンヤード《後檣の(最下の)帆桁(ほげた)；mizzenmast にかかる最下部の帆桁》.

miz·zle[1] [mízl̩]〘(?c1475) *misele(n)*〈? LG *miseln* (cf. Du.《方言》*miezelen*)：cf. mist〙― 《方言》*vi.* 小糠(こぬか)雨が降る (drizzle)：It ～*s*. ― *n.* 小糠雨，霧雨.

miz·zle[2] [mízl̩]〘(1781) ← ?〙*vi.*《英俗》逃げる，逃亡する (decamp).

miz·zle[3] [mízl̩]〘← ?〙*vt.*《方言》混同する，一緒くたにする.

miz·zly [mízli, -zli | -zlɪ, -zl̩]〘← MIZZLE[1]＋-Y[4]〙*adj.*《方言》霧雨[小糠(こぬか)雨]の降る，霧雨のような.

M.J.《略》Master of Journalism；Ministry of Justice；monkey jacket.

Mjoll·nir [mjάlnɪə | -mɪə(r；*Swed.* mjœ́lnir]〘〈 ON *Mjǫllnir*〙― *n.*〘北欧神話〙ミョルニル《Midgard の守護神 Thor の持つ槌(つち)；投げると敵に当たって手元に戻ってくる；Thor's hammer ともいう》.

mk.《略》mark.

Mk《記号》〘貨幣〙mark；markka(s).

mks, m.k.s.《略》〘物理〙meter-kilogram-second (system) (cf. cgs, fps).

MKSA, M.K.S.A.《略》〘物理〙meter-kilogram-second-ampere (system).

mkt.《略》market.

mktg.《略》marketing.

M.K.W.《略》Military Knight(s) of Windsor.

mL《略》〘光学〙millilambert(s).

ML, ML., M.L.《略》Medieval Latin；Middle Latin.

ml., ml《略》mail；milliliter(s).

M.L.《略》*L.* Magister Lēgum (＝Master of Laws)；Master of Letters；*L.* Medicīnae Licentiātus (＝Licentiate in Medicine)；Ministry of Labour；motor launch；muzzle-loading.

M.L.A.《略》Modern Language Association 近代語協会 (cf. PMLA).

MLD, M.L.D., m.l.d.《略》〘処方〙median lethal dose；minimum lethal dose 最少致死量.

MLG, MLG., M.L.G.《略》Middle Low German.

M-lìne *n.*〘物理〙M 線《電子が M 殻 (M-shell) へ遷移する時に原子が放出する X 線；cf. M-series, M-radiation》.

Mlle, Mlle.《略》Mademoiselle.

Mlles, Mlles.《略》Mesdemoiselles.

M.L.N.S.《略》Ministry of Labour and National Service《今は M.L.》.

M.L.S.《略》Master of Library Science；〘映画〙medium long shot 中遠写画面，ミディアムロングショット；〘航空〙microwave landing system マイクロ波(計器)着陸装置.

M.L.W.《略》mean low water.

mM《略》〘化学〙millimole(s).

mm., mm《略》millimeter(s)；*L.* millia (＝thousands).

MM.《略》Their Majesties 両陛下；*F.* Messieurs (＝Sirs).

m.m.《略》*L.* mutatis mutandis (＝with the necessary changes).

M.M.《略》〘音楽〙Maelzel's metronome；Martyrs；〘カトリック〙Maryknoll Missioners (米国の)メリーノールミッションの宣教師；Master Mason；Master Mechanic；Master of Music；Medal of Merit；merchant marine；Military Medal；Minister of Mines；Ministry of Munitions；music master.

M 60 machine gùn [-síksti- | -tɪ-] *n.*〘軍事〙M 60 型機関銃《ガス利用，空冷式，7.62 ミリ NATO 統一規格弾を発射する機関銃：米軍・国連軍が使用》.

Mme, Mme.《略》Madame.

M.M.E.《略》Master of Mechanical Engineering；Master of Mining Engineering；Master of Music Education.

Mmes, Mmes.《略》Mesdames.

mmf《略》〘電気〙micromicrofarad(s)；magnetomotive force.

mmfd《略》〘電気〙micromicrofarad(s).

MMPI《略》〘教育・心理〙Minnesota Multiphasic Personality Inventory.

M.M.Sc.《略》Master of Medical Science.

M.Mus.《略》Master of Music.

M.Mus.Ed.《略》Master of Music Education.

Mn《記号》〘化学〙manganese.

MN 《略》〘米郵便〙Minnesota (州).
MN, M.N. 《略》magnetic north.
M.N. 《略》Merchant Navy.
M.N.A. 《略》Master of Nursing Administration.
M.N.E. 《略》Master of Nuclear Engineering.
mne·me [níːmiː, -mi | -miː, -mɪ] 〖□ Gk *mnḗmē* memory〗 — *n.* 〘心理〙ムネメ《個人または民族の内奥に根強く残る記憶; 記憶痕跡 (memory trace) の古い呼称》. **mné·mic** [-mɪk] *adj.*
Mne·me [níːmiː, -mi | níːmiː, mníː-, -mɪ] 〖↑〗 *n.* 〘ギリシャ神話〙ムネメ《記憶の女神》.
Mne·mon [níːmɑn, -mən | níːmɔn, mníː-, -mən] *n.* ムネーモーン: **1** 〘ギリシャ伝説〙Achilles の友人で彼に槍で突き殺された. **2** Artaxerxes 二世の通称.
mne·mon·ic [nɪmɑ́nɪk, niː-, nə-, ne- | niːmɔ́n-, mniː-, nɪ-] 〖《1753》□ Gk *mnēmonik-ós* of memory ← *mnḗmōn* mindful, remembering: ⇨ -ic¹: cf. mind〗 *adj.* **1** 記憶を助ける, 記憶増進の; 記憶術の: ~ rhymes [verses] (記憶を助ける)覚え歌. **2** 記憶の: a ~ system 記憶法. — *n.* **1** 記憶を助ける方法, 記憶法; 記憶符号. **2** =mnemonics. **mne·món·i·cal·ly** *adv.*
mne·mon·ics [nɪmɑ́nɪks, niː-, nə-, ne- | niːmɔ́n-, mniː-, nɪ-] 〖⇨ ↑, -ics〗 *n.* 記憶術.
Mne·mos·y·ne [nɪmɑ́səniː, niː-, nə-, ne-, -sn̩-, -mɑ́zən-, -zn̩- | niːmɔ́zɪniː, mniː-, nɪ-, -mɔs-] 〖□ L *Mnēmosynē* □ Gk *Mnēmosúnē* 《原義》remembrance ← *mnḗmē* (⇨ mneme)〗 — *n.* 〘ギリシャ神話〙ムネーモシュネー《記憶の女神; Uranus と Gaea との娘で, Zeus との間に 9 人の詩神 (Muses) を生む》.
mne·mo·tech·ni·cal [niːmo(ʊ)téknɪkəl, -nə- | niː-mə(ʊ)téknɪ-, mniː-] 〖← ? F *mnémotechnique* (⇨ mneme, technique)+-ICAL〗 *adj.* =mnemonic. **~·ly** *adv.*
-mne·sia [(m)níːʒə, -ʒiə | -zjə, -zɪə, -ʒə] 〖← NL ~ 《語頭消失》← AMNESIA〗「ある種の記憶の型」の意の連結形: cryptomnesia.
mngr. 《略》manager.
Mngr. 《略》Monseigneur; Monsignor.
Mni·a·ce·ae [naɪéɪsiiː | naɪ-, mnaɪ-] 〖← NL ~ ← *Mnium* (属名: ← Gk *mnion* moss)+-ACEAE〗 *n. pl.* 〘植物〙チョウチンゴケ科.
M.N.S. 《略》Master of Nutritional Science.
mo [móʊ | máʊ] 〘略〙 *n.* 《俗》=moment 1 a: Wait a ~. ちょいと待ってくれ.
curl the mo 《豪俗》大成功を収める. ***half a mo*** (1) ごくわずかの時間. (2) ちょっと待て(あることを思いついた).
Mo 《記号》〘化学〙molybdenum.
MO 《略》〘米郵便〙Missouri (州).
mo. 《略》month(s).
Mo. 《略》Missouri; 〘音楽〙*It.* moderato.
M.O., m.o. 《略》mail order; mass observation 世情[世論]調査; Master of Obstetrics; Master of Oratory; master oscillator; medical officer; Meteorological Office; *L.* modus operandi (=mode of operation); money order; municipal officer; mustered out.
-mo [mòʊ | mə̀ʊ] 〖□ L *-mō* (abl.) ← *-mus* (序数詞に多い語尾)〗 — *suf.* 〘製本〙「(紙の)…折(判)」の意の名詞を造る: 16mo=sixteen*mo* 16 折(判)《符号 16°; cf. folio 2, quarto》.
mo·a [móʊə | máʊə] 〖《1842》← Maori〗 — *n.* 〘鳥類〙モア《New Zealand 産モア目のダチョウに似た, 空を飛べない巨鳥の総称; 500 年ほど前に絶滅; オオモア (*Dinornis giganteus*) など大きいものは高さ 4 m に達したといわれている; cf. dinornis, dinornithid》.
Mo·ab [móʊæb | máʊ-] 〖□ Gk *Mōáb* □ Heb. *Mō'ābh* 《通俗語源》← *mē* from+*ābh* father〗 — *n.* **1** モアブ国《昔, 死海の東方にあった王国》. **2** 〘聖書〙モアブ《Lot の息子; cf. *Gen.* 19: 37》.
Mo·ab·ite [móʊəbàɪt | máʊ-] 〖□ L *Mōabīta* □ Gk *Mōabítēs*: ⇨ ↑, -ite¹〗 *n.* **1** モアブ人《Lot の子モアブの子孫といわれる古代セム人; cf. *Gen.* 19: 37》. **2** モアブ語《ヘブライ語に近い北西セム語群の一言語; 今は死滅》. — *adj.* モアブの; モアブ人[語]の. **Mo·ab·it·ess** [móʊəbàɪtɪs, -ṭəs | máʊəbàɪtɪs, -təs, -tes] *n.*
Móabite Stòne *n.* モアブ碑《紀元前約 850 年に Moab 王 Mesha が建てた碑でフェニキア (Phoenicia) 文字で記された最古のもの; 1868 年 Dhiban 地方で発見された; 現在 Louvre 博物館蔵》.
Mo·a·bit·ic [mòʊəbíṭɪk | mə̀ʊəbít-] 〖⇨ Moabite, -ic¹〗 *adj.* モアブ人の(ような); モアブ語の(ような).
Mó·a·bit·ish [-tɪʃ | -tɪʃ] *adj.* =Moabitic.
moan [móʊn | máʊn] 〖*n.*: (?*a*1200) *mōne* < OE **mān* ← Gmc **main-* (OE *mǣnan* to lament) ← IE **mei-no-* opinion, intention. — *v.*: (*c*1425) ← (*n.*): cf. mean³〗 — *n.* **1** (苦痛や悲しみの)呻(うめ)き(声), 唸(うな)り声; (風・海などの呻くような)悲しげな音: with a ~ of pain 苦しみの呻き声を立てて / the ~ of the wind [sea] 呻くような風[海]の音. **2** 嘆き, 不平 (lament): make (one's) ~ 嘆く, 不平を訴える. — *vi.* **1** 嘆き悲しむ; 不平をいう〔*over*〕. **2 a** 呻く, 唸る; 悲しげな声を出す〔*about*〕. **b** 〈風・海・木などが〉呻くような音を立てる: He heard the forest ~. 森が呻くような音を立てるのを聞いた. — *vt.* **1** 嘆く, 嘆き悲しむ: ~ one's fate 自分の運命を嘆く / ~ one's lost children なくした子供たちのことを嘆き悲しむ / ~ one's grief 呻くような声を出して嘆き悲しむ. **2** 悲しげに[呻くように]言う[歌う]〈*forth*〉: ~ a song.
moan·ful [móʊnfəl | máʊn-] 〖《*a*1586》: ⇨ ↑, -ful¹〗 *adj.* 悲しげに呻(うめ)く; 悲しげな, 哀れな (sad): a ~ song. **~·ly** *adv.*
móan·ing·ly *adv.* 呻(うめ)き声を立てて, 唸(うな)るように, 悲しげに.
moat [móʊt | máʊt] 〖《*a*1376》*mote* moat, mound □ OF (F *motte*) 'mound, embankment, dike' ← ? Celt. // Gmc **motta* heap of earth〗 — *n.* (都市・城壁・動物園の檻(おり)などのまわりの)堀 (⇨ keep 2, draw bridge 挿絵). — *vt.* 〈城など〉に堀をめぐらす, …の周囲に堀を掘る. **~·lìke** *adj.*
mob¹ [mɑ́(ː)b | mɔ́b] 〖《1688》《略》← L *mōbile* (*vulgus*) changeable (crowd) ← *mōbilis*: ⇨ mobile〗 — *n.* **1** [集合的] **a** 暴徒, 暴民: Rowdy ~*s* gathered in the leading thoroughfares. 暴徒の群が目抜きの大通りに集まった. **b** [無冠詞で]《廃》やじ馬連 (rabble). **2** [the ~]《軽蔑》下層民, 民衆, 大衆 (masses). **3 a** (人・物の)群がり, 雑踏, 群衆: not an army but an undisciplined ~ 軍隊ならぬ烏合(うごう)の衆 / a ~ of rioters 暴徒の群れ. **b** 《豪》動物の群れ. **4** 《俗》**a** すり[盗賊]の一団[仲間], ギャング (gang): the swell ~ はでに装ったすり仲間. **b** 徒党, 組, 団体. **5** 〘社会学〙モッブ, 乱衆, 活動的群衆. **6** 《俗》〘軍事〙部隊 (crush).
— *attrib. adj.* **1** 暴徒[群衆]の[特有の]: ~ psychology 群集心理. **2** 大衆向けの: ~ appeal.
— *v.* (**mobbed**; **mob·bing**) — *vt.* **1 a** 群をなして襲う, …に集団で暴行を加える. **b** (サインなどを求めて)〈人〉に群がる; なだれ[群がり]寄って歓声を浴びせる: Autograph hunters ~*bed* the girl singer. 群衆はサインを求めて少女歌手を取り巻き大騒ぎした / The returning soldiers were ~*bed* in the streets. 帰還兵たちは街路で民衆の歓呼に迎えられた. **c** 〈場所〉に詰めこむ, 群がる: Crowds ~*bed* the square. 群衆が街路の広場を埋め尽くした. **2** 〘狩猟〙(逃げないように)〈狐などを〉取り巻いて捕える. — *vi.* 〈暴徒が〉群がる, 群がり騒ぐ. **mób·ber** *n.* **mob·bist** [-bɪst, -bəst | -bɪst] *n.*
mob² [mɑ́(ː)b | mɔ́b] 〖《1748》《変形》← *mab* slattern, loose woman《略》← MABEL〗 *n.* =mobcap.
mób·bish [-bɪʃ] *adj.* 暴徒のような, 無法な (lawless). **~·ly** *adv.* **~·ness** *n.*
mób·càp 〖← MOB²+CAP¹: cf. Du. *mopmuts* ← *mop* coif+*muts* cap〗 *n.* モブキャップ《婦人の屋内用キャップ》.

mobcap

mo·bile [móʊbəl, -biːl, -baɪl | máʊbaɪl, -biːl, -bɪl] 〖[adj.]: 《1490》 □ F ~ □ L *mōbilis* movable ← *movēre* 'to MOVE'. — n.: 《1549》 □ F ~ □ L *mōbile* (neut.) ← *mōbilis*〗 — *adj.* **1 a** 動きやすい, 可動性の, 移動性の (movable). **b** 機動性のある, 機動力のある, 機動化した: a ~ camp 移動キャンプ / ~ troops 機動化部隊 / ~ police (警察の)機動隊 / a ~ shop (車による)移動売店. **2 a** 表情の変わりやすい: ~ features 表情の豊かな顔. **b** 〈人・心などが〉融通のきく, 変通自在の (versatile); 移り気の, 気まぐれな (fickle): a ~ imagination 変通自在な想像力 / ~ fancies 移ろいやすい心, 気まぐれ. **3** 移住性の, 放浪性の: a restlessly ~ people せわしなく住所を変える民族. **4** 〈水銀・エーテルなど〉流れやすい, 流動性の. **5** 動く彫刻, モビール(細工)の (⇨ *n.* 2). **6** 〘社会学〙〈人が〉他の階層[職域]へ移動できる; 〈社会が〉流動的な, 階層[職域]間の移動が可能な: British society is not so ~ as American society.
— [《米》では -biːl] *n.* **1** 可動物; (特に)可動装置, 動原. **2 a** 〘美術〙動く彫刻, モビール《米国の Alexander Calder が 1930 年以後に発達させた抽象彫刻の型; 針金・鉄板・木片などの素材を組み合わせ, 少しの振動にも平衡を保ちながら動くように作られてある; cf. stabile *n.*》. **b** モビール細工《空中に吊り, わずかな微風にも揺れ動くようにした紙・プラスチックなどの装飾品[おもちゃ]》. **3** 《略》← AUTOMOBILE〗《米》自動車.
Mo·bile [moʊbíːl, ⌐⌐ | məʊbíːl, ⌐⌐] 〖□ F ~ ← N-Am.-Ind. (部族名: 原義不明)〗 — *n.* **1** [the ~] 米国 Alabama 州南西部, Tombigbee 川と Alabama 川の合流した川; 南流して Mobile 湾に注ぐ(長さ 72 km). **2** 米国 Alabama 州南西部, Mobile 河口に臨む Mobile 湾内の港市, 同州最大の都市; 人口 197,000.
-mo·bile [mo(ʊ)bìːl, mə- | mə(ʊ)-] 〖← AUTOMOBILE〗「車 (vehicle)」の意の名詞連結形: auto*mobile*, book*mobile*, club*mobile*, etc.
Móbile Báy *n.* [the ~] モービル湾《米国 Alabama 州南西部 Mexico 湾内の入江; 長さ 56 km》.
móbile hòme *n.* 《米》(トレーラー式の)移動住宅《motor home より大きいもの》.
móbile library *n.* =bookmobile.
móbile stàtion *n.* 〘通信〙(船・自動車・飛行機などでの)移動(無線)局 (cf. ground station).
móbile ùnit *n.* (移動図書館・レントゲン車・テレビ中継車・採血車などの)移動車.
mo·bi·le vul·gus [móʊbəliː-válgəs, móʊb- | mɔ́bɪ-, máʊb-] 〖□ L *mōbile vulgus* movable crowd〗 *L. n* 烏(う)合の衆, 愚民, 民衆.
mo·bil·i·ty [mo(ʊ)bíləṭi | mə(ʊ)bílətɪ, -lɪ-] 〖《1490》□ (O)F *mobilité* □ L *mōbilitātem*: ⇨ mobile, -ity〗 — *n.* **1 a** 動きやすいこと, 移動性, 運動[流動]性, 移りやすさ (movability). **b** 移り気, 気まぐれ (fickleness). **c** (陸上・海上・航空部隊の)機動性, 機動力. **2** 〘社会学〙(住所・職業・社会的地位などにおける)移動(性): geographic [social] ~ 地理的[社会的]移動性. **3** 〘物理化学〙移動度, 易動度《電荷をもつ粒子の単位電場中における平均移動速度》.
mo·bi·li·za·tion [mòʊbəlɪzéɪʃən, -lə- | mə̀ʊbəlaɪ-, -bɪ-, -lɪ-] 〖《1799》□ F *mobilisation*: ⇨ ↓, -ation〗 — *n.* **1** 動員: ~ orders 動員令 / industrial ~ 産業動員. **2** (富などを)流動[流通]させること: the ~ of the financial resources of a country 国富の流動化. **3** (不動産の)動産化.
mo·bi·lize [móʊbəlàɪz | máʊbə-, -bɪ-] 〖《1838》□ F *mobilis-er*: ⇨ mobile, -ize〗 — *vt.* **1 a** (戦時に)〈軍隊・艦隊を〉動員する. **b** 〈産業・資源などを〉戦時体制にする, 動員する. **c** 〈精力などを〉結集する, 集める: ~ all the resourses / ~ votes [public opinion] 票[世論]を動員する. **2** 〈富などを〉流通[流動]させる: ~ the riches of Austria オーストリアの富を流動させる. **3** 激しくする: ~ one's hostility. **4** 〘医学〙**a** 固定[強直]した部分を動くようにする, 可動化する. **b** (器官など手術したい部分を)周囲から分離する. — *vi.* 〈軍隊が〉動員される. **mó·bi·lìz·a·ble** [-zəbl̩] *adj.*
mó·bi·lìz·er *n.*
Mö·bi·us [mɑ́ːbiəs, méɪ-, míː- | mɔ́ːbɪ-; G. mǿːbiʊs], **August Ferdinand** *n.* メービウス《1790–1868; ドイツの数学者・天文学者》.
Möbius band [strip] [⌐⌐⌐⌐] 〖↑〗 — *n.* 〘数学〙メービウスの帯《細長い紙を 180 度ねじってつないで輪としたもの; 表面が一つしかなく, 中央で切ると一つの大きい輪になる; cf. Klein bottle》.

Möbius bands

Möbius transformation [⌐⌐⌐⌐⌐⌐] *n.* 〘数学〙メービウス変換 (⇨ linear fractional transformation).
mób làw *n.* 群衆[暴徒]の恣意的な掟[裁き], 暴民支配, 私刑, リンチ (lynch law).
mob·oc·ra·cy [mɑbɑ́krəsi | mɔbɔ́krəsɪ] 〖《1754》← MOB¹+(DEMO)CRACY〗 *n.* **1** 暴民[群衆]政治. **2** [集合的] 支配階級としての暴民.
mob·o·crat [mɑ́bəkræ̀t | mɔ́b-] *n.* **1** 暴民政治主義者. **2** 暴民の指導者. **mob·o·crat·ic** [mɑ̀bəkrǽṭɪk | mɔ̀bəkrǽt-] *adj.*
mób rùle *n.* =mob law.
MOBS [mɑ́(ː)bz | mɔ́bz] 〖《頭字語》← *M*(*ultiple*) *O*(*rbit*) *B*(*ombardment*) *S*(*ystem*)〗 — *n.* 〘軍事〙多数軌道爆撃体系, 多数軌道爆弾《人工衛星に積んだ複数の弾頭を地上の目標物に向けて発射し, 在来型レーダーの探知を免れる核兵器体系; FOBS より一歩進んだ方式》.
móbs·man [-mən] 〖← MOB¹+-S²+MAN¹〗 *n.* (*pl.* **-men** [-mən]) **1** 暴徒[群衆, 民衆(など)]の一人. **2** 《英古》紳士を装うすり (swell-mobsman).
mob·ster [mɑ́bstə | mɔ́bstə(r)] 〖← MOB¹+-STER: GANGSTER からの類推〗 *n.* 《俗》ギャングの一人[一味] (gangster).
Mo·bu·li·dae [məbjúːlədiː | -lɪ-] 〖← NL ~ ← *Mobula* (属名)+-IDAE〗 *n. pl.* 〘魚類〙イトマキエイ科.
moc [mɑ́k | mɔ́k] 〘略〙 *n.* =moccasin 1.
Mo·çam·bi·que [*Port.* musẽbíkə] *n.* モサンビーケ《Mozambique のポルトガル語名》.
mo·camp [móʊkæmp | máʊ-] 〖← *mo-* (← MOTOR, MOTEL, MOBILE)+CAMP¹〗 *n.* (宿泊者用の各種の設備のある)旅行者用キャンプ地.
moc·ca·sin [mɑ́kəsɪn, -sən | mɔ́kəsɪn] 〖《1612》← N-Am.-Ind. (Algonquian): cf. Natick *mokkussin* shoe〗 — *n.* (*also* **moc·as·sin** [~]) **1** [通例 *pl.*] **a** モカシン《北米インディアンの用いる鹿革など柔らかい革で作ったかかとのない靴》. **b** 模造モカシン《つま革の部分をモカシンに似せて作った靴》. **c** 甲の柔らかい革を用い縫い目の縁取りのある普段ばきの靴. **2** 〘動物〙**a** ヌママムシ (⇨ water moccasin 1). **b** ヌママムシに似たヘビの総称.
móccasin flòwer 〖花の形から〗 — *n.* 〘植物〙ラン科アツモリソウ属 (*Cypripedium*) の植物の総称《アツモリソウ (*C. macranthum*) など》; (特に), 北米東部産の *C. acaule* 《nerveroot ともいう; cf. lady's slipper》. ★ 米国 Minnesota 州の州花.
mo·cha [móʊkə | mɔ́kə, máʊkə] 〖《1773》: ↓〗 — *n.* **1** モカコーヒー《もとアラビアの Mocha から発送された上等のコーヒー》. **2** モカ香料《コーヒーとココアまたはチョコレートとを混ぜて作ったもの; 菓子に用いる》. **3** モカ色, チョコレート色. **4** モカ《ケバ立て付上の高級手袋用羊革》.
Mo·cha [móʊkə | máʊkə, mɔ́kə] *n.* モカ《イエメン (Yemen Arab Republic) 南西部の海港; かつてはモカコーヒーの積み出し港; 人口 25,000》.
Mócha stòne *n.* 〘鉱物〙=moss agate.
mo·chi·la [mo(ʊ)tʃíːlə | mə(ʊ)-; *Sp.* motʃíla] 〖□ Sp. ~ 'knapsack' ← *mochil* errand boy □ Basque *mutil* servant boy □ L *mutilus* maimed: 召使の頭髪をそり落とす習慣から〗 **1** =knapsack. **2** 〘馬具〙**a** 鞍ポケット (saddle pouch). **b** (鞍袋 (saddle-bags) 付きの)皮の鞍枠(くら)おおい.

mochila 2 b

mock [mɑ́k, mɔ́(ː)k | mɔ́k]

〖《?c1450》 mokke(n) ⊏ OF mocqu-er (F moquer): 擬音語?〗 ── vt. **1** あざける, ばかにする (ridicule). **2 a** 侮る, 無視する (defy). **b** 無効にする, むだにする, 失敗に終らせる (defeat): The river ~ed all our efforts to cross. 川を渡ろうといろいろ骨を折ってみたが結局むだだった. **3 a** からかって[ふざけて]まねる, まねてばかにする: ~ the seriousness of a person's expression 人のまじめくさった顔つきを真似てからかう. **b** まねる, 似せる (mimic). **4** 〈希望などを〉挫く (disappoint), だます, 欺く (delude): ~ a person's hopes / be ~ed with false hopes はかない夢に欺かれる. ── vi. 〔…を〕侮る, ばかにする, なぶる (jeer) ***mock up*** …の実験用模型を作る (cf. mock-up). ⌊at⌋.
── n. **1 a** 侮り: make ~ of = *make a* MOCKERY *of* (1) / in ~ からかって, ふざけて / Fools make a ~ at sin. 愚かなる者は罪を軽んずる (*Prov.* 14:9). **b** 笑い草: a ~ to many 多くの人々の笑い草. **2 a** まね(ること). **b** 模造品, まがいもの.
make a mock of = *make a* MOCKERY *of* (cf. 1 a).
── attrib. adj. まがいの, 偽りの, にせの, 模造の: a ~ epic 擬似英雄体の叙事詩 / with ~ modesty 猫をかぶって / ~ majesty [praise] 空(から)威張り[せじ] / a ~ trial [battle] 模擬裁判[模擬戦] / ⇨ mock turtle soup.
── adv. [通例複合語の第1構成素として] ふまじめに, ふざけて, 偽って: *mock*-modest / ⇨ mock-heroic.

móck àuction n. **1** = Dutch auction. **2** (さくらを使って付け値を誘い出す)インチキ競り売り.

móck·er 〖《1477》〗 n. **1** 侮る人[もの], あざ笑う人, 滑稽に人まねをする人. **2** 〘鳥類〙 = mockingbird.

móck·er·nùt n. 〘植物〙 北米産クルミ科ペカン属の高木 (*Carya tomentosa*); その食用の実 (mockernut hickory ともいう).

mock·er·y [mɑ́k(ə)ri, mɔ́(ː)k- | mɔ́k(ə)ri] 〖《?a1430》 ⊏ F *moquerie*: ⇨ mock (v.), -ery〗 ── n. **1** 侮り, 冷やかし, あざ笑い (derision, ridicule). **2** あざ笑いの的, なぶりもの, 笑い草: ⇨ *make a* MOCKERY *of*. **3 a** (ひどく)滑稽[下手]なまね, まねごと, 作り替え: the ~ of a trial 名目だけの裁判 / The play was a ~ of the original. その劇は原作とは似ても似つかぬものだった. **b** (物事や行為が)名ばかりのもの, くだらないもの. **4** 骨折り損, むだ骨折り, 徒労: All our efforts were *mockeries*. 我々の努力は水泡に帰した.
hold up to mockery 〈人・物を〉あざ笑う, 笑い草にする. ***make a mockery of*** (1) 〈人・物事を〉あざける, ばかにする. (2) 〈行為などが〉〈物事を〉名ばかりの[似て非なる]ものにする. (3) 〈事が〉〈努力などを〉むだ[だめ]にする.

móck-heróic 〖《1711-12》〗 ── adj. **1** (文体・人物・行動などで)英雄風[体]をまねた: with ~ sadness 英雄気取りに悲しんで. **2** 〘文学〙 擬似英雄詩の: a ~ poem 模擬英雄詩 (cf. heroic verse). ── n. **1** 英雄風[体]をまねた[茶化した]作品[行動]. **2** 擬似英雄風[体](の詩). **móck-heróically** adj.

móck·ing adj. あざける, 侮るような: a ~ smile [glance] あざけるような笑い[視線]. **~·ly** adv.

mócking·bìrd n. 〘鳥類〙 マネシツグミ (*Mimus polyglottos*) (北米南部・西インド諸島産の他の鳥の鳴き声をよくまねるツグミ (thrush) に似た鳥).

móck móon n. 〘気象〙 幻月 (⇨ paraselene).

móck órange n. 〘植物〙 **1** ユキノシタ科バイカウツギ属 (*Philadelphus*) の低木の総称 (syringa, seringa ともいう). **2** = cherry laurel. **3** = Osage orange.

mock orange 1 (*Philadelphus*. sp.)

móck-sérious adj. まじめ[真剣さ]を装った.

móck sún n. 〘気象〙 幻日 (⇨ parhelion).

móck tùrtle sóup n. 擬製うみがめスープ (アオウミガメの代りに小牛のひざ肉またはすね肉などを用いたスープ; cf. green turtle).

móck-ùp 〖《1941》 ← *mock up* (⇨ mock (v.) 成句)〗 ── n. モックアップ, 実物大模型, 原寸模型 (構造研究・実験・教授用などのためにベニヤ板・厚紙・粘土などで作った飛行機・器具・機械・武器などの正確な模型).

Moc·te·zu·ma II [mɑ̀ktəzúːmə-; *Am. Sp.* moktesúma-] n. モクテスマ二世 (1466?-1520; メキシコ Aztec 王国最後の皇帝 (1502-20); Montezuma II とも ⌊いう⌋).

mod[1] [mɑ́(ː)d | mɔ́d] 〘略〙 n. 〘軍事〙 = model 9.

mod[2] [mɑ́(ː)d | mɔ́d] 〖《略》 ← MODERN〗 《口語》 ── adj. **1** 現代的な. **2** 〈服装・態度・芸術作品など〉自由な, 型にはまらない, 大胆な, 前衛的な (avant-garde) (cf. yé-yé 1). ── n. **1** [しばしば M-] モッズ族の一人 (1963 年頃から現われた英国の若いビート族; Edward 朝の衣装と風俗を超現代風に気取って着た十代の少年少女; cf. rocker 3). **2** 因襲にとらわれない服装をした[行動をする]人. **3** 型にはまらない服装[行動など].

mod., mod 《略》 moderate; 〘音楽〙 moderato; modern; modification; modified; modulo; modulus.

mod·a·cryl·ic [mɑ̀dəkrílɪk, -æk- | mɔ̀d-] 〖← *mod(ified)* + ACRYLIC〗 adj. 〘紡織〙 モダクリルの, アクリル系の, 改質アクリルの. ⌈リル系繊維.

modacrýlic fìber n. 〘紡織〙 モダクリル繊維, アク

mod·al [móudl | mə́u-] 〖《1569》 ⊏ ML *modāl-is* ← L *modus*: ⇨ mode[1], -al[1]〗 ── adj. **1** 様式の, 方式の, 外形の, 形態上の. **2** 〘哲学〙 (実体・本質に対して)様態[様相]の. **3** 〘文法〙 (動詞の)叙法 (mood) の, 叙法相当の: a ~ adverb 叙法的副詞 (確信を表わす副詞, 例えば yes, no; assuredly, certainly, indeed, surely, truly, undoubtedly など) / ⇨ modal auxiliary. **4** 〘法律〙 (遺言・契約などで)実行方法が指定された: a ~ will, bequest, contract, etc. / a ~ legacy 用途指定遺贈(物). **5** 〘論理〙 様相の, 様相的な: ~ logic 様相論理学 / a ~ proposition 様相命題 (cf. modality 2). **6** 〘音楽〙 旋法の (cf. tonal 1); 教会旋法の. **7** 〘統計〙 モードの, 並数の, 最頻(値)値の (⇨ mode[1] 7). ── n. 〘文法〙 法助動詞. **~·ly** [-dḷi, -dəli | -dəli, -dḷi] adv.

módal auxíliary n. 〘文法〙 法助動詞 (通常, 話者の心的態度を表わす shall, should; will, would; may, might; can, could; must; ought; need など).

Mód·al·ìsm [-dəlɪzm, -dḷ-] n. 〘神学〙 様態[モドゥス]論, 三位(さんみ)様式説 (三位はただ一神の一時的な顕現様態に過ぎないとする教義; Sabellianism, Modalistic Monarchianism ともいう; cf. Trinity 1).

mód·al·ist [-dəlɪst, -ləst, -dḷ- | -dəlɪst, -dḷ-] n. 〘神学〙 様態[モドゥス]論者, 三位様式論者.

Mo·dal·is·tic Monárchianism [mòudəlístɪk, -dḷ- | məu-] n. 〘神学〙 モドゥス的モナルキア主義, 様態論的単一神論[独裁神論] (cf. Modalism).

mo·dal·i·ty [mo(u)dǽləṭi | mə(u)dǽləti, -lɪ-] 〖⊏ ML *modālitāt-em*: ⇨ modal, -ity〗 ── n. **1 a** 様式的[形式的, 外形的]であること. **b** (個人・事物・集団などの)固有の属性[特徴]. **2** 〘論理〙 様相 (真・偽を語れる命題に対して加えられる必然性・可能性・偶然性等の規定). **3** 〘心理〙 (感覚の)様相 (視覚・聴覚など). **4** 〘生理〙 (視覚・聴覚などの)感覚組織[形式], 感覚の種類. **5** 〘医学〙 **a** 《まれ》 物理療法. **b** (類似療法において)薬剤の作用に影響を与えるような条件. **6** 〘文法〙 法性, 法範疇 (願望・命令・謙遜など種々の心的態度を一定の統語構造によって表現すること; cf. mood[1] 1).

mode[1] [móud | mə́ud] 〖《c1380》 ⊏ L *mod-us* measure, due measure, manner ← IE *med- to take appropriate measures〗 ── n. **1 a** 方法, 様式, 方式, 形式, 仕方, 流儀 (manner, fashion): a ~ of life 生活様式 / ~s of thought 思考形式 / a peculiar ~ of doing something ある事をする独特の方法 / Heat is a ~ of motion. 熱は運動の一つの形式である. **b** お定まりの[常習的な]やり方: his explanation in the usual sing-song ~ 例によって例のごとき単調な説明ぶり. **2** 〘電算機〙 モード, 様式 (ハードウェアやソフトウェアが行なうオペレーションの方式): conversational ~ 会話様式. **3** 〘文法〙 法, 位相 (mood). **4** 〘論理〙 **a** 《まれ》 = modality 2. **b** (三段論法の)式, 方式, 様式 (mood). **5** 〘哲学〙 (実体または本質・属性の特殊な)現われ, 外形, 形式, 様相, 様態; (スピノザ哲学の)様態 (manifestation, form) (↔ attribute). **6** 〘音楽〙 **a** (教会)旋法 (近代音楽の長調・短調の区別に相当する中世・ルネサンス音楽の調性組織; 8つ(のちには12)の旋法からなり, 各々古代ギリシャ音楽に由来する名称をもつ; 主なものは Dorian mode ドリア旋法 (第1旋法), Phrygian mode フリギア旋法 (第3旋法), Lydian mode リディア旋法 (第5旋法), mixolydian mode ミクソリディア旋法 (第7旋法), Aeolian mode エオリア旋法 (第9旋法), Ionian mode イオニア旋法 (第11旋法)): authentic [plagal] ~s 正格[変格]旋法. **b** (近代音楽の)音階 (scale): the major [minor] ~ 長[短]音階. **c** リズムモード (初期多声音楽のリズム体系). **7** 〘統計〙 モード, 並数, 最頻(値)値. **8** 〘岩石〙 (重量または容積百分率で表わした)鉱物組成. **9** 〘物理〙 モード (波動の姿態, 特に電磁波の進行方向に対する, 電界・磁界の向きや波長などの関係をいうことが多い).

mode[2] [móud | mə́ud] 〖《1649》 ⊏ F ~ ⊏ L *modus* (↑)〗 ── n. **1** (風俗・服装・言語などの)慣習; 流行, はやり / the latest ~ *in* fashion 最新の流行 / be all the ~ 大流行である / follow the ~ 流行を追う / in ~ 流行して, 流行の / out of ~ すたれて, はやらない. **2** = ala⌊mode.

Mod.E., ModE 《略》 Modern English.

móde fìlter n. 〘電気〙 モードフィルター (特定のモードの電磁波を選択的に通したり阻止する装置).

mod·el [mɑ́dḷ | mɔ́dḷ] 〖《1604》 ⊏ OF *modelle* (F *modèle*) ⊏ It. *modello* (dim.) ← *modo* ⊏ L *modus* ‘MODE[1]’〗 ── n. **1 a** (実物または作ろうとする物の)模型, 雛形(ひながた), 見本, 縮図: the ~ of a ship, an engine, a cathedral, a mechanical invention, etc. / ⇨ working model / a ~ for a war memorial 戦争記念碑の雛形. **b** (彫刻品の)原型 (archetype): a clay ~ 粘土原型. **c** 〘物理・化学〙 (原子などの)模型: ⇨ molecular model. **2** 模範, 典型, 手本, 鑑(かがみ) (example): a ~ of industry, discretion, beauty, etc. / His life was a ~ of Christian virtue. 彼の生活はキリスト教道徳の典型であった / make a ~ of … を手本にする / on the ~ of … を模範として, …にならって / live after foreign ~s 外国風に生活する. **3 a** (画家・彫刻家・作家の)作品の題材[モデル]. **b** (画家・彫刻家・写真家のためのポーズをとる)モデル(となる人・物): an artist's ~ 画家のモデル / act as a ~ モデルをする / stand ~ モデル台に上がる, モデルとして立つ. **c** ファッションモデル, マネキン (mannequin). **4 a** ある型の服飾: a 1980 ~ 1980 年型のドレス. **b** 自動車などのある型[デザイン]: a four-door car of 1980 ~ 1980 年型のフォード ア車. **5** 構造様式, 建築様式: build a house on a Western ~ 洋風の家屋を建てる. **6** 《英》 よく似た人[物], 生き写し (picture): She is a perfect ~ of her mother. あの娘は母親と瓜二つだ. **7** 《古》 (作品の)要約 (epitome). **8** 《廃》 (建築・庭園などの)基本設計. **9** 〘軍事〙 (武器などの型式記号 (Mark) で分類された原型の)改修型 (mod と略す). **10** 〘数学・論理〙 モデル: ~ theory モデル理論. **11** 〘生物〙 (擬態の)モデル (シャクトリムシの擬態対象となる木の枝, コノハチョウに対する枯葉など; cf. mimicry 2).
── attrib. adj. **1** 模型の: a ~ car [yacht] 模型自動車[ヨット]. **2** 模範の, 典型的な, 標準的な (exemplary): ~ behavior 模範的態度 / a ~ farm 模範農園 / a ~ wife 模範的な妻, 妻の鑑 / a ~ husband 模範亭主 / ~ prisoners 模範囚.
── v. (**~ed, -elled; ~·ing, -el·ling**) ── vt. **1** …の模型[雛形, モデル, 模擬装置]を作る: ~ an airplane. **2** 〈物を〉型に合わせて[模型にならって]作る (mold, shape): ~ a hat on a block 木型に載せて帽子の形を作る / delicately ~d features [limbs] 繊細な顔[手足]. **3** (粘土・蠟などで)〈原形を〉作る, 型をとる, 〈物〉の型を粘土(など)で取る: ~ a figure in clay [wax] 粘土[蠟]で肖像を作る. **4** 〔模型・設計図などに従って[則(のっと)って]〕作る, 工夫する (make, plan); 設計する (design) 〔*after, on*〕: ~ a garden *after* the manner of Kew (ロンドンの)キュー植物園風に庭園を作る / The system is ~ed *on* that in use in America. その制度は米国現行のものにならって作られている. **5** 〈行動などを〉〔…に〕合わせる, 模する, 則(のっと)る 〔*on, upon*〕: ~ one's life according to the ideals of Christianity キリスト教の理想に従った生活をする / ~ one's manners *on* those of the old school 旧式の作法にならう / ~ oneself *on* [*upon*] a person 人を手本にする, 人にならう. **6** 〈見本の衣服を〉着てみせる, 着て示す.
── vi. **1** 模型[雛形]を作る. **2** (粘土などで)原型を造る. **3** モデルになる, マネキンをする. **4** 〘美術〙 〈製作中の絵が〉鮮やかに浮き立つ, 実体感を生じる.

mód·el·er [-dlə, -dḷə | -dḷə(r)] n. 模型[塑像]製作者.

mód·el·ing [-dlɪŋ, -dḷ- | -dḷ-] n. **1** 模型製作(法, 業). **2** (粘土などによる)塑像術, 彫塑製作. **3** 〘美術〙 (立体物の)実体感表現法; (彫刻品の)肉づけ (肉体表面の凹凸(おうとつ)の表現): the exquisite ~ of Greek sculpture ギリシャ彫刻のすばらしい肉づけ / the ~ of a person's features 人の顔形の肉づけ. **4** ファッションモデルの仕事, モデル業.

mód·el·ler [-dlə, -dḷə | -dḷə(r)] n. = modeler.

mód·el·ling [-dlɪŋ, -dḷ- | -dḷ-] n. = modeling.

móde-lócked adj. 〘物理〙 〈レーザー (laser) が〉持続時間の短い電波を出すよう光相 (light phase) を調整した.

módel schòol n. **1** (教員養成の大学などの)付属小学校. **2** モデル養成学校.

Módel T n. 〘商標〙 [the ~] モデル T (米国の Ford 社で 1909 年から 1927 年まで製造された初期の自動車; cf. tin lizzie). ── attrib. adj. 《米》 **1** 初期段階の. **2** 旧式な, 流行遅れの (old-fashioned).

mo·dem [móudem | mə́u-] 〖← MO(DULATOR) + DEM(ODULATOR)〗 ── n. 〘電子工学〙 モデム, 信号変換用変復調装置 (他の系統と接続するために信号を変換する電子装置).

Mo·de·na [mɔ́(ː)dənə, -nɑ̀ː, -dṇ- | mɔ́dɪnə, mədéɪnə, mə-; *It.* mɔ́ːdena] n. モデナ (イタリア北部の都市; 人口 179,000).

mod·er·ate 〖《c1412》 ⊏ L *moderāt-us* (p.p.) ← *moderārī* to moderate ← *modus* ‘MODE[1]’〗 ── [mɑ́d(ə)rət, -rɪt | mɔ́d-] adj. **1 a** 〈人・性質・行動など〉極端に走らない, 節度を守る, 節制のある; 穏健な (calm): a ~ man / a ~ request 無理のない要求 / be ~ in drinking 酒に節度がある / a ~ drinker 適度に飲む人 / He is ~ in temper [language]. 気性[言葉遣い]が穏やかだ. **b** 〈天候など〉穏和な, 穏やかな: a ~ winter. **2** (政治・宗教などで)穏和主義の, 穏健派の (↔ extreme): ~ politicians 穏健な政治家 / The party is ~ in views [policy]. その党の政見[政策]は穏健である. **3 a** 〈数量・程度など〉適度な, 頃合の: ~ distance, height, weight, etc. / a ~ income ほどよい収入 / a man of ~ means 中位の資産家 / at ~ speed 頃合の速力で. **b** 高価ではない, ほどほどの値段の (reasonable): ~ prices 恰好の値段 / The hotel is ~ in its charges. そのホテルの料金は適当だ. **c** (質が)中位の, 並の, 普通の (mediocre): ~ abilities, skill, health, success, etc.
── [mɑ́d(ə)rət, -rɪt | mɔ́d-] n. **1** 穏健な人; (特に, 政治・宗教上の)穏和主義者. **2** [通例 M-] 穏健派の人.
── [-dərèɪt] v. ── vt. **1** …の節度を守る, 適度にする; 加減する, 抑える, 和らげる, 減じる (reduce): ~ one's language [action] 言葉[行動]を慎しむ / ~ one's desire [appetite, temper] 欲望[食欲, 怒り]を抑える / ~ one's policy [views] 政策[意見]を緩和する / ~ one's demands 要求を穏当にする / exercise a *moderating* influence on … に緩和作用を及ぼす, 緩和する / The shower ~d the heat. 急な雨のおかげでちょっと涼しくなった. **2** 〈集会などの〉司会をする: ~ a debate. **3** 〘物理〙 (中性子などの)速度を遅くする.
── vi. **1** ほどよくなる, 穏やかになる, 和らぐ, 減じる: The gale [The sea, His temper] has ~d. / The storm has ~d. 嵐が静まってきた. **2** 司会する. **3** 《古》 調停者になる.
~·ly adv. **~·ness** n.

móderate bréeze n. 〘気象〙 和風 (⇨ wind scale).

móderate gále n. 〘気象〙 強風 (⇨ wind scale).

mod·er·a·tion [mɑ̀dəréɪʃən | mɔ̀d-] 〖《c1400》 ⊏ (O)F *modération* ⊏ L *moderātiō(n-)*: ⇨ moderate, -ation〗 ── n. **1** 適度, ほどよさ; 節度, 穏健, 節制; 平穏, 温

和 (mildness): use [exercise] ~ 節制する; 中庸[節度]を守る / *Moderation* is the law of enjoyment. 節度が楽しみの掟である. **2** [Moderations]《英》(Oxford 大学で)古典語または数学の B.A. (Bachelor of Arts) 学位の公式第一次試験《Mods ともいう》. **3**《長老派教会》長老会の牧師任命. **4**《物理》(中性子などの)減速. ***in moderation*** 適度に, ほどよく, 控え目に.

mód·er·at·ìsm [-d(ə)rətìzm] *n.* (政治・宗教上の)穏和[穏健]主義. **mód·er·at·ist** [-tɪst, -təst | -tɪst] *n.*

mod·er·a·to [mɑ̀dərɑ́ːtoʊ | mɔ̀dərɑ́ːtəʊ]〘□ It. ~ ← L *moderātus*: ⇨ moderate〙*adj., adv.*《音楽》モデラート, ほどよい速度で(の) (in moderate time): allegro ~ ほどよく速く.

mód·er·à·tor [-tə | -tə(r)]〘《*a*1398》□ L *moderātor* manager, ruler: ⇨ moderate, -or²〙— *n.* **1 a** 仲裁[調停]者 (mediator). **b** 調節[調整]器 (regulator). **2** 《米》**a** (ラジオやテレビなどの討論会やクイズ番組などの)司会者. **b** (町会などの)議長. **3**《英》(Oxford 大学で)第一次 B.A. 学位試験 (Moderations) の試験官; (Cambridge 大学で)数学優等試験の監督官. **4**《キリスト教》(長老派教会の)教会総会[会議]議長. **5**《原子力》減速材《原子炉の中性子減速材》.

móderator làmp *n.* 石油調節灯《石油の流出を調節する装置のあるランプ》.

móderator·shìp *n.* moderator の職[地位, 任務].

mod·ern [mɑ́dən | mɔ́dn̩, -dən]〘《1500–20》□ (O)F *moderne* ∥ LL *modern-us* ← L *modo* just now, lately (abl.) ← *modus* 'MODE¹'〙— *adj.* (**more ~, most ~; ~·er, ~·est**) **1 a** 現代の, 当今の, 近頃の: ~ discovery, poetry, etc. / ~ times 現代. **b** 近世の, 近代の (↔ old, antique) ~ history 近代史, 近世史《ヨーロッパ史ではほぼルネサンス以後; cf. history 1 a》. **2** 新式の, 現代式[風]の, 近代的な, モダンな (↔ antique): ~ ideas, views, fashions, etc. **3**〈芸術上の様式が〉現代的な, 因習に捕われない. **4** [M-] (言語史で)近代の (cf. middle 3): ⇨ Modern English, modern languages. — *n.* **1** 現代人. **2** 現代的な人, 新思想[趣味]の人. **3**《活字》= modern face. **~·ly** *adv.* **~·ness** *n.*

módern cùt *n.*《宝石》モダンカット《emerald cut, ハート型, 半月型, 三角型などのカット》.

módern dánce *n.* モダンダンス《20 世紀初めに生れた芸術舞踊の一種; 伝統的バレエと異なる非定型ダンスで Isadora Duncan によって提唱された》.

Módern Énglish *n.* 近代英語: Early [Late] ~ 初期[後期]近代英語 (⇨ English *n.* 1 a).

módern fáce *n.*《活字》モダンフェース《縦線が太く, セリフ (serif) は直線的な活字書体; 単に modern ともいう; cf. old style 2》.

Módern Frénch *n.* 近代フランス語.

Módern Gréats *n. pl.* (Oxford 大学の)近代学科《哲学・政治学・経済学の 3 科目》.

Módern Gréek *n.* 近代[現代]ギリシャ語 (⇨ Greek *n.* 3 a).

Módern Hébrew *n.* 現代ヘブライ語 (⇨ Hebrew [2).

mód·ern·ìsm [-dənɪzm | -dən-, -dn̩-]〘《1737》〙— *n.* **1 a** 現代風; 現代的生活[思考]様式. **b** 現代語法; 現代的慣習; 現代思想. **c** 近代思潮, 近代的方法, 近代主義. **2** [通例 M-] **a**《カトリック》現代[近代]主義《カトリック教会内の近代的神学思潮; 1907 年教皇 Pius 十世によって禁圧された》. **b** 近代主義《20 世紀プロテスタントにおける自由主義思想; cf. fundamentalism 1》. **3**《芸術》モダニズム, 現代風.

mód·ern·ist [-dənɪst, -nəst | -dənɪst]〘《1588》〙— *n.* **1** 現代[近代]主義者, 現代賛美者. **2** [M-]《カトリック》現代[近代]主義者. **3**《芸術》現代主義者, モダニスト. — *adj.* 現代[近代]主義(者)の.

mod·ern·is·tic [mɑ̀dənístɪk | mɔ̀də-] *adj.* **1** = modernist. **2** [ある種の現代芸術に対して軽蔑的に]現代的な. **mòd·ern·ís·ti·cal·ly** *adv.*

mo·der·ni·ty [mədə́ːnəti, mɑ- | mɔdə́ːnətɪ, mo(ʊ)-, -nɪ-]〘《1627》□ ML *modernitāt-em* ← *modernus*: ⇨ modern, -ity〙— *n.* (↔ antiquity) **1** 現代的であること, 現代性, 近代性, 当世風. **2** 現代的なもの.

mod·ern·i·za·tion [mɑ̀dənɪzéɪʃən, -nə- | mɔ̀dənaɪ-, -nɪ-, -dn̩-] *n.* **1** 現代[近代]化. **2** (古典劇などの)現代語版: a ~ of Shakespeare's plays.

mod·ern·ize [mɑ́dənàɪz | mɔ́dən-, -dn̩-]〘《1748》□ F *modernis-er*: ⇨ modern, -ize〙— *vt.* **1** 現代的にする, 近代化する, 当世風にする: ~ one's house. **2** 〈古典などを〉現代語法に書き換える. — *vi.* 現代[近代]化する; 現代風に行なう[書く, 言う]. **mód·ern·ìz·er** *n.*

módern jázz *n.* モダンジャズ《1940 年代の初めから発達した新しい形式のジャズ》.

módern lánguages *n. pl.* [単数または複数扱い] (大学の講座としてのヨーロッパの)近代[現代]語 (cf. CLASSICAL languages).

Módern Látin *n.* 近代ラテン語 (New Latin).

módern pentáthlon *n.*《スポーツ》近代五種(競技)《フェンシング(エペ), 馬術 (5000 m, 30 障害), 射撃 (ピストル, 25 m 距離), 陸上 (4000 m クロスカントリー), 水泳 (300 m 自由形)の 5 種を 1 日 1 種目ずつ 5 日間で行ない, 総合得点で順位を決めるオリンピック男子種目競技; cf. decathlon》.

módern schòol *n.*《英》**1** = modern side. **2** = secondary modern school.

módern síde *n.* (英国の, 中等学校における)近代科《古典語に重きを置かないで自然科学・数学・現代(外国)語を主とする》.

mod·est [mɑ́dɪst, -dəst | mɔ́d-]〘《1565》□ (O)F *modeste* □ L *modestus* keeping due measure ← *modus* 'MODE¹'〙— *adj.* **1** 〈人・行動・性質など〉謙遜な, 遠慮がちな (diffident); 内気な (shy): ~ behavior / The more you know, the ~*er* you should be. 多くのことを知れば知るほど謙遜であるべきだ. **2** 〈特に女性が〉(性質・態度・服装など)しとやかな, 上品な, 慎しみ深い (decent): a ~ woman / a ~ dress. **3** [しばしば反語]〈要求・陳述など〉控え目な, 適度の, 穏当な: ~ demands / a ~ wish 控え目な[大それた]希望. **4** 〈物が〉(外見・量など)大げさでない, ささやかな; ~ pay あまり多くない給料 / a ~ hotel 小さなホテル. **~·ly** *adv.*

Mo·des·ta [mo(ʊ)déstə, mə- | mə(ʊ)-]〘□ It. ~ 'MODESTY'〙*n.* 女性名.

mod·es·ty [mɑ́dɪsti, -dəs- | mɔ́dɪstɪ, -dəs-]〘《1531》□ (O)F *modestie* ∥ L *modestia*: ⇨ modest, -y¹〙— *n.* **1** 謙遜, 卑下, 遠慮, 控え目, 慎み(深さ); 内気: virgin ~ 娘らしい慎み(深さ). **2** (言葉・態度・服装など)慎ましやかさ, 上品, じみ: girls giggling without ~ はしたなく笑う娘たち. **3**《古》ほどよさ, 適度, 穏当. 「性名.

Mod·es·ty [mɑ́dɪsti, -dəs- | mɔ́dɪstɪ, -dəs-]〘↑〙*n.* 女

módesty pànel *n.* 前垂れ板, パネル《机に向って腰かける人の脚を隠すため机の前面に取りつけた板》.

Mod.Gk《略》Modern Greek.

modi *n.* modus の複数形.

mod·i·cum [mɑ́dɪkəm, móʊd-, -də- | mɔ́dɪ-]〘《*c*1470》□ L ~ (neut.) ← *modicus* moderate ← *modus* 'MODE¹'〙— *n.* [通例 a ~ of として] 少量, 少額, わずか (a small portion): be satisfied with *a* ~ *of* sleep わずかばかりの睡眠で満足する / get *a* ~ *of* pleasure わずかな楽しみを得る.

mod·i·fi·a·ble [mɑ́dəfàɪəbl̩, ⌐―⌐―― | mɔ́dɪfàɪəbl̩, ⌐―⌐――] *adj.* 変更[修飾, 限定, 軽減]できる. **mòd·i·fi·a·bíl·i·ty** [-bíləti | -lətɪ, -lɪ-] *n.* **~·ness** *n.*

mod·i·fi·cand [mɑ́dəfɪkæ̀nd, -fə- | mɔ́dɪfɪ-]〘□ L *modificand-um* (a thing) to be limited (neut. gerund.) ← *modificāre* (↓)〙*n.*《文法》被修飾語 (cf. modifier).

mod·i·fi·ca·tion [mɑ̀dəfɪkéɪʃən, -fə- | mɔ̀dɪfɪ-]〘《1502》□ L *modificātiō(n-)* ← *modificāre*: ⇨ modify, -ation〙— *n.* **1** 制限[加減]する[される]こと; 限定, 制限 (limitation). **2** 部分的に変更すること, 修正: receive important ~*s* 重要な修正を受ける / This law is subject to ~. この法律は修正されるかもしれない. **3** 変形, 変態 (variety). **4**《生物》(非遺伝性の)一時的変異 (cf. fluctuation 3, mutation 2, variation 6). **5 a** 《文法》修飾, 修飾用法[機能]. **b**《言語》(ある構造における)形態変化《'doesn't' における 'not' の 'n't' への変化など》. **6**《言語》**a** (一国語から他の国語へ移る際の)語形修正. **b** (mutation [umlaut] による)母音変化, 変音; ウムラウト (umlaut) (¨)《母音変化の記号》. **c** 語形の変形.

mod·i·fi·ca·tive [mɑ́dəfɪkèɪtɪv, -fə- | mɔ́dɪfɪkèɪt-] *adj.* = modificatory.

mod·i·fi·ca·tor [mɑ́dəfɪkèɪtə, -fə- | mɔ́dɪfɪkèɪtə(r)] *n.* = modifier.

mod·i·fi·ca·to·ry [mɑ́dəfəkətɔ̀ːri, -tɔ̀ːri | mɔ́dɪfɪkèɪtəri]〘← L *modificātus* ((p.p.) ← *modificāre* 'to MODIFY') + -ORY¹〙— *adj.* 限定する, 加減する; 変更する, 修正する.

módified Américan plán *n.* 修正アメリカ方式《ホテルの部屋代・朝食・夕食を含む料金方式; cf. American plan, European plan》.

mód·i·fì·er〘《1583》: ⇨ ↓, -er¹〙— *n.* **1** 修正[変更]する人[物]. **2**《文法》修飾語(句), 限定語句《形容詞・副詞およびその相当語句; cf. modificand, qualifier 2, quantifier¹》. **3**《生物》変更遺伝子《他の遺伝子の働きに変更を与える遺伝子》.

mod·i·fy [mɑ́dəfàɪ | mɔ́dɪ-]〘《*c*1385》*modifie(n)* □ (O)F *modifier* ∥ L *modificāre, modificārī* to set limits to ← *modus*: ⇨ mode¹, -ify〙— *vt.* **1** 緩和する, 加減する, 軽減する (moderate): ~ one's tone 口調を和らげる / A light breeze *modified* the heat. 微風のため暑さが緩和された. **2** (部分的に)変更する, 改変する, 修正する: ~ the terms of a contract 契約の条件を一部変更する / ~ the details of a plan 計画の細部を修正する / ~ one's ideas [opinions] 考え[意見]を少々改める. **3**《文法》**a** 〈語句の〉意味を修飾する, 限定する (qualify): An adjective *modifies* a noun. 形容詞は名詞を修飾する. **b** 〈母音を〉ウムラウト (¨) によって変化させる: the *modified* o in Göttingen. **4**《哲学》〈実体を〉限定する (determine). **5**《動物》(新しい目的に適応させるために)〈体の一部を〉根本的に変化[進化]させる. — *vi.* 変更[変化]する, 修正される.

Mo·di·glia·ni [mɔ̀(ː)diːljɑ́ːni, -dəl-, -dɪ- | mòʊdɪ̀liː- | məʊdiljɑ́ːni, məʊdɪ̀lɪː-; *It.* modiʎʎáːni, *F.* mɔdiljani], **A·me·de·o** [àːmedéːo] *n.* モジリアーニ《1884–1920; Paris に在住したイタリアの画家・彫刻家; エコール・ド・パリの代表者の一人》.

mo·dil·lion [mo(ʊ)díljən | mə(ʊ)-]〘《1563》□ It. *modiglione* < VL **mutūtiō(n-)* ← L *mūtulus* modillion ? ← Etruscan **mut-* projection; to stand out〙— *n.*《建築》(コリント式の建物などで軒蛇腹(のきじゃばら)の中層部の下にある)軒(のき)持ち送り, 飾り持ち送り.

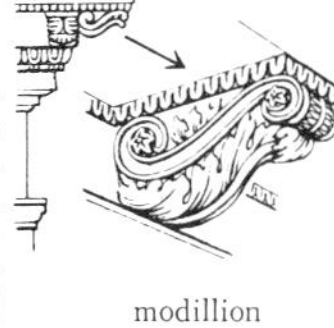

modillion

mo·di·o·lus [mo(ʊ)dáɪələs | mə(ʊ)-]〘← NL ~ (dim.) ← *modius* measure for grain ← *modus* 'MODE¹'〙*n.* (*pl.* **-o·li** [-lài])《解剖》(内耳の)蝸牛(かぎゅう)軸.

mod·ish [móʊdɪʃ | mə́ʊd-]〘← MODE² + -ISH¹〙*adj.* 流行の, 流行を追う, 現代風の, モダンな (fashionable): a ~ woman, restaurant. **~·ly** *adv.* **~·ness** *n.*

mo·diste [moʊdíːst | məʊ-; *F.* mɔdist]〘《1852》□ F ~ ← *mode* 'MODE², fashion' + *-iste* '-IST'〙*n.* 婦人服[帽]調製師, 婦人装身具店.

Mo·djes·ka [mədʒéskə | mə(ʊ)-], **Helena** *n.* マジェスカ《1840–1909; 米国で活躍したポーランドの女優; 旧姓 Opid》.

Mod.L《略》Modern Latin.

Mo·doc [móʊdɑk | mə́ʊdɔk] *n.* (*pl.* ~, **~s**) **1 a** [the ~(s)] モドック族《米国 Oregon 州南部から California 州北部にかけて住んでいる Lutuamian 族の北米インディアン》. **b** モドック族の人. **2** モドック語.

Mo·dred [móʊdrɪd, -drəd | mə́ʊdrɪd] *n.*《アーサー王伝説》モルドレッド《Arthur 王の甥で王を裏切り致命傷を負わせる騎士》.

Mods [mɑ́(ː)dz | mɔ́dz]〘《短縮》← *Moderations*〙*n. pl.* 《口語》⇨ moderation 2.

mod·u·la·bil·i·ty [mɑ̀dʒʊləbíləti | mɔ̀djʊləbílətɪ, -dʒʊ-, -lɪtɪ] *n.* 調整[変調, 転調]可能性.

mod·u·lar [mɑ́dʒʊlə | mɔ́djʊlə(r)]〘← NL *modulāris*: ⇨ module, -ar¹〙— *adj.* **1** モジュール (module) の[による]: ~ coordination モジュールによる寸法の調整 / a ~ dimension モジュールによって調整した寸法. **2** 基本単位組合せ形式の, モジュール型の. **3** 《物理》率[係数] (modulus) の. **4**《数学》〈束(そく) (lattice) が〉モジュールの《$a \leqq b$ の時, 任意の c に対して, b と c の下限と a との上限が, a と c の上限と b の下限に等しいという性質をもつ》. **~·ly** *adv.*

módular aríthmetic *n.*《数学》モジュール算数, 時計の算数《一定の数の倍数を無視した算数; 例えばその一定の数として 2 をとれば 1+1=0 となるし, 12 をとれば時計の文字板の上の算数となる》.

mod·u·lar·i·ty [mɑ̀dʒʊlǽrəti, -lér- | mɔ̀djʊlǽrətɪ, -rɪ-]〘⇨ modular, -ity〙— *n.*《電子工学》モジュール性《電子計算機などを組立てる際, その構成要素がどの程度まとまっているかを示す指標》.

mod·u·lar·ize [mɑ́dʒʊləràɪz | mɔ́djʊ-]〘← MODULAR + -IZE〙— *vt.* モジュール (module) 方式で組立てる.

mod·u·lar·i·za·tion [mɑ̀dʒʊlərɪzéɪʃən, -rə- | mɔ̀djʊləraɪ-, -rɪ-] *n.*

mód·u·lar·ìzed *adj.* **1** モジュール (module) を含む; モジュールで組立てられた: ~ electronic equipment 《電子工学》モジュール化された電子装置. **2** モジュールとして生産された.

mod·u·late [mɑ́dʒʊlèɪt | mɔ́dju-, -dʒʊ-]〘《1615》← L *modulāt-us* (p.p.) ← *modulārī* to measure ← *modulus* small measure (dim.) ← *modus* 'MODE¹'〙— *vt.* **1** 調節[調整]する (regulate, adjust); 加減する, 和らげる (soften). **2 a** 〈声を〉(適当に)変える[合わせる]. **b** 詠唱する (intone): ~ a prayer for alms 施しを求めて祈りを詠唱する. **3**《音楽》〈音高や調を〉変える, 整える; 調子を合わせる (vary, inflect, attune): ~ one's voice, tone, pitch, etc. **4**《電子工学》〈搬送波の振幅・周波数などを〉(信号により)変調する. — *vi.* **1** 《音楽》転調する. **2**《電子工学》変調する.

mod·u·la·tion [mɑ̀dʒʊléɪʃən | mɔ̀dju-, -dʒʊ-]〘《*a*1398》□ (O)F ~ ∥ L *modulātiō(n-)* ← *modulātus* (↑): ⇨ -ation〙— *n.* **1** 調子を合わせること, 調節, 調整, 加減. **2** (音・声・リズムの)抑揚, 変化 (inflexion). **3**《音楽》転調 (change of key). **4**《電子工学》(搬送波の振幅・周波数の)変調: ⇨ amplitude modulation, frequency modulation. **5**《音声》音調変化, 抑揚.

modulátion distórtion *n.*《電子工学》変調ひずみ.

modulátion frèquency *n.*《電子工学》変調周波数.

modulátion ìndex *n.*《電子工学》変調指数.

modulátion nóise *n.*《電子工学》変調雑音.

mód·u·là·tor [-tə | -tə(r)]〘《*c*1500》□ L *modulātor*: ⇨ modulate, -or²〙— *n.* **1** 調節する人[もの]. **2**《電子工学》(搬送波の)変調器. **3**《音楽》モデュレーター, 階名唱法視読表.

mod·u·la·to·ry [mɑ́dʒʊlətɔ̀ːri, -tɔ̀ːri | mɔ́djʊlèɪtəri, -dʒʊ-]〘← MODULATE + -ORY¹〙*adj.* 調節的な; 転調[変調]の[を起こさせる].

mod·ule [mɑ́dʒuːl | mɔ́djuːl]〘《1586》□ F ~ □ L *modulus* (dim.) ← *modus* 'measure, MODE¹': MOLD¹ と二重語〙— *n.* **1 a** (流水測定の)単位. **b** (建築材料・工作物などの)基準寸法, 基本単位, 度量単位. **2** 《建築》モジュール, 度《古典主義建築のオーダーの割合測定の単位; 円柱の柱脚部における半径などを用いる; cf. diameter 3》. **3 a**《電算機》モジュール《規格化され独自の機能をもつ交換可能な構成要素》: a memory ~ 記憶装置 / a ~ for a computer 電算機用モジュール. **b**《航空》モジュール《航空機・宇宙船などの中でそれぞれが独自の機能を果たすように設計されている構成要素》: a lunar ~ 月着陸船 / a command ~ 司令船. **4**《数学》モジュール, 加群《作用域をもつアーベル群; cf. vector space》. **5**《時計》モジュール《時計機能のうち, いくつかの動作ができるまでに組立てられてはいるが, 完成品でないムーブメント (movement)》.

moduli *n.* modulus の複数形.

mod·u·lo [mɑ́dʒʊlòʊ | mɔ́djʊləʊ]〘← NL ~ (abl.) ← *modulus* (↓)〙— *prep.*《数学》…を法として (cf. modulus 2): 8 is congruent with [to] 15 ~ 7. 8 は 7

を法として 15 と合同である.
mod·u·lus [mɑ́dʒʊləs | mɔ́dju-] 〖□ L ~ 'small measure': ⇨ module〗 ― *n.* (*pl.* **-u·li** [-lài, -lì: | -lài]) **1** 〖物理〗率, 係数 (coefficient): the ~ of a machine 機械効率. **2** 〖数学〗**a** (合同式における)法. **b** (複素数の)絶対値 (absolute value). **c** 法 (modular arithmetic で用いる, 異なった数(ᵒ)の個数).
modulus of elasticity 〖物理〗弾性率[係数] (弾性体に加えられた応力とそれに対するひずみの比を表わす定数; coefficient of elasticity ともいう).
modulus of rigidity 〖機械〗 =shear modulus.
modulus of rupture 〖工学〗破壊係数.
mo·dus [móʊdəs | mɔ́ʊd-, mɔ́d-] 〖□ L ~ 'measure, manner'〗 *n.* (*pl.* **mo·di** [-di:, -daɪ | -daɪ], ~**·es**) 方法, 様式.
modus o·per·an·di [móʊdəs-ɑ̀pərǽndi, -daɪ | mɔ́dəs-ɔ̀pərǽndɪ, máʊdəs-ɔ̀pərǽndaɪ] 〖← NL ~〗 ― *L. n.* (*pl.* **mo·di o-** [móʊdi:- | mɔ́di:-, mə́ʊdaɪ-]) (仕事の)やり方, 手続き, 運用法, 作業計画.
módus pó·nens [-póʊnenz | -pə́ʊ-] 〖← NL ~ 'proposing mode'〗 ― *n.* (*pl.* **modi po·nen·tes** [-poʊnénti:z | -pəʊ-]) 〖論理〗肯定式 (「A ならば B」と「A」という前提から「B」という結論が導出されることを規定する論理の定理, または推理規則; rule of detachment ともいう).
módus tól·lens [-túlenz | -tɔ́l-] 〖← NL ~ 'removing mode'〗 ― *n.* (*pl.* **modi tol·len·tes** [-təlénti:z | -tɔ-, -tə-]) 〖論理〗否定式 (「A ならば B」と「B でない」という前提から「A でない」という結論が導出されることを規定する論理の定理, または推理規則).
mo·dus vi·ven·di [móʊdəs-vɪvéndi:, -və-, -daɪ | mɔ́dəs-vi:véndi:, -vɪ-, máʊdəs-vɪvéndaɪ] 〖← NL ~ 'manner of living'〗 ― *L. n.* (*pl.* **modi v-**) **1** (人生の)生き方, 生活態度. **2** 暫定協定, 一時的妥協.
Moe [móʊ | mə́ʊ] 〖(dim.) ← MORRIS, MOSES[1]〗 *n.* 男性名.
moel·lon [mwɑ:lɔ́:(ŋ), -lɔ́(:)ŋ; *F.* mwalɔ̃] 〖□ F ~ ← ? *moelle* marrow: cf. medulla〗 ― *n.* 〖化学〗メロン油 (皮革を油なめしする際の副産物; 皮革の加脂仕上げに用いられる).
Moe·si·a [mí:ʃiə, -ʃə | -sjə, -sɪə, -ʃɪə, -zjə, -zɪə, -ʒɪə] *n.* モエシア (南欧 Danube 川の南方, 古代 Thrace および Macedonia の北方に当たる古国; 後にはローマ領 (29 B.C.)).
Moe·so·goth [mí:sə̀gɑθ, -zə- | -sə(ʊ)gɔ̀θ, -zə(ʊ)-] 〖← MOES(IA)+-O-+GOTH〗 ― *n.* (*also* **Moeso-Goth** [~]) ミーソゴート人 (4 世紀に Moesia に定住し農業に従事したキリスト教化したゴート人). **Moe·so·goth·ic** [mì:səgɑ́θɪk, -zə- | -sə(ʊ)gɔ́θ-, -zə(ʊ)-] *adj.*
mo·fette [moʊfét, mɑ-, mə- | məʊ-; *F.* mɔfɛt] 〖□ F ~ 'gaseous exhalation' □ It. *mofeta* ← Gmc. (cf. G *Muff* mold[2] (n.))〗 ― *n.* (*also* **mof·fette** [~]) 〖地質〗(火山の)炭酸孔.
mo·fus·sil [moʊfʌ́səl | məʊfʌ́sɪl] 〖(1781) □ Hindi *mufaṣṣil* □ Arab. *mufáṣṣal* (p.p.) ← *fáṣṣala* to divide, separate〗 ― *n.* (インドで, 都市・総督代理駐在所に対して)地方, 田舎 (countryside).
mog [mɑ́(:)g, mɔ́(:)g | mɔ́g] 〖(混成) ? ← M(OVE)+(J)OG[1]〗 ― *v.* (**mogged, mog·ging**) (方言) ― *vi.* **1** 出発する, 去る (depart) ⟨*off, on*⟩. **2** ゆっくり静かに歩く[前進する]. ― *vt.* 移動させる, …に場所を変わらせる.
Mog·a·di·sci·o [mɑ̀gədíʃoʊ, -dí:ʃ-, -ʃiòʊ | mɔ̀gədi:ʃəʊ, -ʃiə̀ʊ] *n.* (*also* **Mog·a·di·shu** [mɑ̀gədíʃu:, -dí:ʃ- | mɔ̀g-]) モガジシオ, モガジショ (アフリカ東部の Somalia の首都, 港市; 人口 220,000).
Mo·gen Da·vid [mɑgéɪn-dɑví:d, mɔ́:gən-dɔ́:vɪd, -vəd | -vɪd] *n.* 〖ユダヤ教〗 =Magen David.
mog·gy [mɑ́gi, mɔ́(:)gi | mɔ́gi] 〖? ← *Moggy* ← *Mog* ((愛称)) ← MARGARET)+-Y[2]〗 ― *n.* 〖英方言〗 **1** もーもー(ちゃん) (乳牛・子牛の愛称). **2** だらしない格好の女, おひきずり (slattern). **3** 飼い猫 (house cat).
mog·i·graph·i·a [mɑ̀dʒəgrǽfiə | mɔ̀dʒɪgrǽfiə] 〖← NL ~: ⇨ ↓, -graph, -ia[1]〗 *n.* 〖病理〗書痙(しょけい) (writer's cramp).
mog·i·la·li·a [mɑ̀dʒəléɪliə, -ljə | mɔ̀dʒɪléɪlɪə, -ljə] 〖← Gk *mogilálos* hardly talking (← *mógis* difficultly+*lálos* babbling)+-IA[1]〗 ― *n.* 〖病理〗発音困難(症) (molilalia ともいう).
Mo·gi·lev [mɑ́gəlèf, -lèv | mɔ́gɪ-; *Russ.* məgjiljóf] *n.* モギリョフ (ソ連邦 Belorussia 共和国東部 Dnieper 河畔の都市; 人口 275,000).
mo·go·te [məgóʊṭɪ | -gə́ʊtə] 〖□ Am.-Sp. ~ □ Sp. ~ ? □ Basque *moko* point〗 ― *n.* **1** (米南西部) 繁ったやぶ, 低木の繁み. **2** 〖地質〗モゴーテ (石灰岩が浸食されてできる急な崖(がけ)に囲まれた丘).
mo·gul [móʊgəl | mə́ʊ-] 〖← Scand.: cf. Norw. (方言) *muge* heap〗 *n.* 〖スキー〗(スロープ上の)隆起.
Mo·gul [móʊgəl, -gʌl, moʊgʌ́l | máʊgʌl, ―́, móʊgəl, -gʌl] 〖□ Pers. *Mughul* 'MONGOL'〗 ― *n.* **1** ムガール人: **a** 16 世紀にインドを征服した Baber. **b** 13 世紀の Genghis Khan の部下またはその子孫であるモンゴル人. **c** モンゴル人 (Mongol, Mongolian). **d** [the ~] =Great Mogul 1. **2** [m-] (口語) **a** 大立物, 大御所 (magnate): a political [movie] *mogul*. **b** 大実業家. **3** [m-] 〖鉄道〗モガール型機関車, 2–6–0 型機関車. ― *adj.* ムガール人[帝国]の. 「金.
mógul bàse *n.* 〖電気〗(電球・放電灯などの)大形口
Mógul Émpire *n.* [the ~] ムガール帝国 (16 世紀に Baber を始祖とするインド史上最大のイスラム王朝; 1857 年土民の反乱に際し英国に滅ぼされた).
M.O.H. (略) Medical Officer of Health; Ministry of Health.
mo·hair [móʊhɛə | mə́ʊhɛə(r)] 〖(1570) *mockaire* □ It. *moccaiaro* □ Arab. *mukháyyar* choice haircloth ← *kháyyara* to choose, select: 今の形は HAIR からの類推による: cf. moire〗 ― *n.* **1 a** モヘヤ (絹のように細いアンゴラヤギの毛; cf. Angora wool). **b** モヘヤ毛糸. **2** モヘヤ織 (cf. camlet); モヘヤ織の模造品 (羊毛と綿との混織); モヘヤ織の衣服.
Mo·ham·med [mo(ʊ)hǽməd, -hɑ́:m-, -məd | mə(ʊ)-hǽmed, -mɪd] *n.* =Muhammad.
Mo·ham·med [mo(ʊ)hǽməd, -hɑ́:m-, -məd | mə(ʊ)-hǽmed, -mɪd] 〖↑〗 *n.* 男性名.
Mohámmed Áh·med [-ɑ́:med] *n.* モハメッド アーメッド (1843?–85; Sudan 地方に反乱を起こし独立政府 (1885–98) を樹立した; the Mahdi とよばれる).
Mohámmed Á·li [-ɑ́:li | -lɪ] *n.* =Mehemet Ali.
Mohámmed Áli, Mau·la·na [mɔːlɑ́:nə] *n.* モハメッド アリ (1878–1931; インドのジャーナリスト・政治家; イスラム教徒の指導者, 独立運動に活躍した).
Mo·ham·med·an [mo(ʊ)hǽmɪdn, -hɑ́:m-, -mə- | mə(ʊ)hǽmɪdən, məhɑ́:m-, -dn] *adj., n.* =Muhammadan. 「Era.
Mohámmedan Éra *n.* [the ~] =Muhammadan
Mo·hám·med·an·ìsm [-dənɪzm, -dn̩-] *n.* =Muhammadanism.
Mo·ham·med·an·ize [mo(ʊ)hǽmɪdənàɪz, -mə- | mə(ʊ)hǽmɪ-, məhɔ́m-] *vt.* =Muhammadanize.
Mohámmed Ri·zá Páh·la·vi [-rɪzɑ́:-pǽləvì:, pɑ́:l-, -vi | pɑ́:ləvɪ] *n.* モハメッド レザ パーレビ (1919–80; イランの国王 (1941–79); 反王制運動のため, 1953 年および 1979 年国外脱出).
Mo·har·ram [mo(ʊ)hǽrəm | mə(ʊ)-] *n.* =Muharram.
Mo·ha·ve [məhɑ́:vi, mo(ʊ)- | mə(ʊ)hɑ́:vɪ] 〖□ Mohave *hamokhava* three mountains: cf. Yuman *hamok* three, *avi* mountain〗 ― *n.* (*pl.* ~, ~**s**) **1 a** [the ~(s)] モハービ族 (Colorado 川の両岸に住んでいた Yuman 語族の一派であるアメリカインディアン). **b** モハービ族の人. **2** モハービ語 (Yuman 語族に属する言語). ― *adj.* モハービ族の.
Moháve Désert *n.* [the ~] =Mojave Desert.
Mo·hawk [móʊhɔ:k | mə́ʊ-] 〖← N-Am.-Ind. (Algonquian): cf. Narragansett *mohowaùuck* man-eater, (原義) they eat animate things〗 ― *n.* (*pl.* ~, ~**s**) **1 a** [the ~(s)] モーホーク族 (もと New York 州 Mohawk 川の流域定住のアメリカインディアン, Iroquois 五族 (Five Nations) のうちその最東部にいた一族; 今は Canada, New York 州および Wisconsin 州に住む). **b** モーホーク族の人. **2** モーホーク語. **3** 〖スケート〗モーホーク (figure skating の技の一種で, 一方のフォワードエッジから他方のバックワードエッジに体重を移して半回転すること; cf. Choctaw 3). ― *adj.* モーホーク族の.
móhawk wèed *n.* 〖植物〗北米東部産ユリ科の多年草 (*Uvularia perfoliata*) (mealy bellwort ともいう).
Mo·he·gan [mo(ʊ)hí:gən, mə- | mə(ʊ)-] 〖□ N-Am.-Ind. (Algonquian) *Maingan* (原義) wolf〗 ― *n.* (*pl.* ~, ~**s**) **1 a** [the ~(s)] モヒーガン族 (17 世紀に主に Connecticut 州 Thames 河畔に住んだ Algonquian 語族に属するアメリカインディアンの一族). **b** モヒーガン族の人. **2** =Mahican 2. ― *adj.* モヒーガン族の.
Mo·hen·jo-Da·ro [moʊhéndʒoʊdɑ́:roʊ | məʊhén-dʒəʊdɑ́:rəʊ] *n.* モヘンジョダロ (パキスタンの Sind 地方, Indus 川下流の遺跡で, Harappa と共にインダス文明 (*c*.3000–1500 B.C.) を代表する都市遺跡; 1922 年 R. D. Banerji により発見).
Mo·hi·can [mo(ʊ)hí:kən, mə- | mə́ʊɪ-] *n.* =Mahican.
Mohícan ríg *n.* モヒカン艤装 (米国で行なわれるモヒカン帆 (Mohican sail) を用いたカヌーの艤装).
Moh·ism [móʊɪzm | mə́ʊ-] 〖← Mo(-TZE)+-*h*-+-ISM〗 *n.* 墨子 (Mo-tze) の学説 (博愛を唱え, 勤倹力行を説く).
Moh·ist [-ɪst, -əst | -ɪst] *n.* 墨子 (Mo-tze) の教義の信奉者. ― *adj.* 墨子の教義(の信奉者)の.
Mo·ho [móʊhoʊ | mə́ʊhəʊ] *n.* 〖地質〗モホ面 (⇨ Mohorovičić discontinuity).
Mo·hock [móʊhɑk | mə́ʊhɔk] 〖(変形) ← MOHAWK[1]: cf. apache〗 ― *n.* 〖英史〗モーホック団員 (18 世紀に London 市中を荒らし回った上流子弟の悪党団の一員; cf. Tityre-tu).
Mo·hole [móʊhoʊl | mə́ʊhəʊl] 〖← *Mo*(*horovičić*) (↓)+HOLE〗 ― *n.* 〖地質〗モホール (地質研究のため海洋底下の地殻を突き通し, モホロビチッチ不連続面 (Mohorovičić discontinuity) 以下の層まで掘る計画の穴; この計画を Mohole project という).
Mo·ho·ro·vi·čić discontinúity [mòʊhəróʊvə-tʃɪtʃ- | mə̀ʊhərə́ʊvɪ-; *Serbo-Croat.* mòhoróvitʃitç] 〖← *Andrija Mohorovičić* (1857–1936: ユーゴスラビアの地質学者)〗 ― *n.* 〖地質〗モホロビチッチ不連続面, モホ面 (地殻とマントル (mantle) との境界にあり, 地震波速度が不連続的に変化する面; 大陸下では約 35 km, 海洋底下では約 5 km の深さのところにある; Moho ともいう).
Móhs' scàle [móʊz-, móʊs-, móʊsɪz, -səz- | mə́ʊz-, mə́ʊs-; *G.* mo:s-] 〖← *Friedrich Mohs* (1773–1839: ドイツの鉱物学者)〗 ― *n.* 〖鉱物〗 **1** モース硬度計 (cf. hardness 6). ★ 鉱物の硬度測定用のために次の 10 種の鉱物が標準として定められている: 1 talc (滑石), 2 gypsum (石膏), 3 calcite (方解石), 4 fluorite (蛍石), 5 apatite (燐灰石), 6 orthoclase (正長石), 7 quartz (石英), 8 topaz (黄玉), 9 corundum (鋼玉), 10 diamond (金剛石). **2** 新モース硬度計. ★ モース硬度計を修正拡大したもので 15 種の鉱物が標準として定められている: 1–6 は上に同じ, 7 vitreous pure silica (シリカガラス), 8 quartz (石英), 9 topaz (黄玉), 10 garnet (ざくろ石), 11 fused zirconia (合成ジルコン), 12 fused alumina (合成コランダム), 13 silicon carbide (炭化珪素), 14 boron carbide (炭化硼素), 15 diamond (金剛石).
mo·hur [móʊ(h)ə, məhúə | mə́ʊ(h)ə(r), mə(ʊ)húə(r)] 〖□ Hindi *muh(u)r* seal, gold coin □ Pers. *muhr*: cf. Skt *mudrā* seal, token〗 ― *n.* モフール貨 (1899 年まで流通したインドの金貨; =15 rupees; 通例 gold mohur という). 「harram.
Mo·hur·rum [mo(ʊ)hə́:(r)əm | mə(ʊ)hʌ́r-] *n.* =Mu-
moi·der [mɔ́ɪdə | -də(r)] 〖← ?: cf. muddle〗 *vt.* [主に p.p. 形で] (英方言) まごつかせる, 悩ます, 困らす.
moi·dore [mɔ̀ɪdɔ́ə, -dóə, ―́ | mɔ́ɪdɔ:(r), máʊɪdɔ:(r), mɔɪdɔ́:(r)] 〖(1711) (変形) ← Port. *moeda d'ouro* coin of gold, money < L *monētam de aurum* money of gold〗 ― *n.* モイドア貨 (ポルトガルおよびブラジルの昔の金貨).
moi·e·ty [mɔ́ɪəṭi | mɔ́ɪətɪ, -ɪtɪ] 〖(1444) *moit(i)e* □ MF *moité* < OF *meitiet* (F *moitié*) < LL *medietātem* middle, half ← L *medius* middle: cf. medium, median〗 ― *n.* **1** (文語) **a** (財産などの)折分, 切半したもの. **b** 二分したものの一つ. **2 a** 分けられた一部 (part), 一部分. **b** (廃) わずか (fraction). **3** 〖文化人類学・社会学〗半族 (一つの社会が外婚単位である二集団から成る時のそれぞれの集団).
moil [mɔ́ɪl] 〖(?c1400) □ OF *moillier* (F *mouiller*) to wet, moisten ← L *mollis* soft〗 ― *vi.* **1** あくせく働く (toil); 泥まみれ[びしょ濡れ]になって働く: toil and ~ ⇨ toil[1] *vi.* 1. **2** (英方言) くよくよする, 悩む (worry). ― *vt.* (方言) 濡らす; 泥まみれにする. ― *n.* **1** 骨折り, 苦役 (toil): toil and ~ ⇨ toil[1] *n.* 1. **2** 混乱, 騒動; 厄介, 面倒. **3** (英方言) 泥. ~**·er** [-lə | -lə(r)] *n.*
móil·ing [-lɪŋ] *adj.* **1 a** あくせく働いている: a ~ worker. **b** 骨折りな, 苦しい (toilsome). **2** 混乱した; うるさい (noisy). ~**·ly** *adv.*
Moi·ra[1] [mɔ́ɪrə | mɔ́ɪ(ə)rə] 〖□ Gk *Moîra* (原義) share, fate〗 ― *n.* 〖ギリシャ神話〗 **1** モイラ (「運命, 宿命」の擬人化). **2** 運命の女神 (Fates)の一人. **3** [m-] (個人の)運命.
Moira[2] 〖(変形) ← Ir. *Maire* 'MARY'〗 *n.* 女性名.
Moi·rai [mɔ́ɪraɪ | mɔ́ɪ(ə)r-] *n. pl.* =Fates (⇨ fate 3).
moire [mɔ́ɪə, mɔ́ə, móə, mwɑ́ə | mwɑ́:(r), mwɔ́:(r; *F.* mwa:r] 〖(1660) □ F ~ < *mouaire* □ E MOHAIR〗 ― *n.* **1** (古) (絹または羊毛の)波紋織, モアレ模様の織物. **2** =moiré 1 b.
moi·ré [mɔ:réɪ, mwɑ:r- | mwɑ́:reɪ, mwɔ́:r-; *F.* mware] 〖(1812) □ F ~ (p.p.) ← *moirer* to water silk ← *moire* (↑)〗 (*also* **moire** [mɔ:réɪ, mwɑ:r-, mɔ́ɪə, mɔ́ə, mwɑ́ə | mwɑ́:reɪ, mwɔ́:r-, mwɑ́:(r), mwɔ́:(r)]) ― *adj.* (絹布・紙・金属面など)波紋のある. ― *n.* **1 a** (絹布・レーヨン布または金属面の)波紋, 雲紋, モアレ紋様. **b** (絹やレーヨンなど)波紋[雲紋]のある織り地. **2** 〖印刷〗モアレ: **a** 縞目などの幾何学模様. **b** 網点とスクリーンとの重ね合せの際生じる見苦しい斑点.
Mo·ïse [moʊí:z | məʊ-; *F.* mɔi:z], **Marcel Joseph** *n.* モイーズ (1889– ; フランスのフルート奏者).
Moi·se·ev [mɔɪséɪjev, -jef | -jev, -jef; *Russ.* maisjéjif], **Igor Aleksandrovich** *n.* モイセーエフ (1906– ; ソ連の舞踊家, 1937 年に民族舞踊団を組織した).
Mois·san [mwɑ:sɑ́:(ŋ), -sɔ́:(ŋ), -sɑ́:ŋ, -sɔ́(:)ŋ; *F.* mwasɑ̃], **Henri** *n.* モワサン (1852–1907; フランスの化学者; Nobel 化学賞 (1906)).
moist [mɔ́ɪst] 〖(*c*1378) □ OF *moiste* (F *moite*) moldy < VL **muscidus* (混成) ? ← L *musteus* like new wine, fresh+L *mūcidus* moldy〗 ― *adj.* (~**·er**; ~**·est**) **1 a** 水気のある, 湿気のある, 湿った (damp): ~ ground, leather, etc. / ~ *with* dew 露でぬれた. **b** 湿度の高い, 高湿度の. **2** ⟨天候・季節など⟩雨の多い, じめじめした (rainy): ~ weather / a ~ season. **3 a** 涙をためた, 涙ぐんだ (tearful): ~ eyes. **b** 感傷的な, 涙もろい (maudlin). **4** (廃) **a** 液体の. **b** ⟨果物など⟩多汁の (juicy): ~ grapes. **5** 〖病理〗湿性の, 液体を分泌する, 分泌物の多い: ~ eczema 湿性湿疹(しっしん). ― *vt.* (廃) =moisten. ~**·ly** *adv.* ~**·ness** *n.*
móist cólor *n.* (ペースト状の)水彩絵具.
moist·en [mɔ́ɪsn̩] 〖(1590) ← MOIST+-EN[1]〗 ― *vt.* 湿らせる, じめじめさせる, 濡らす: ~ one's [the] lips [throat] 一杯やる / ~ a stubby pencil ちびた鉛筆をなめる. ― *vi.* 湿る, 湿気を帯びる, じめじめする. ~**·er** [-snə, -sn̩ə | -sn̩ə(r, -snə(r)] *n.*
móist súgar *n.* 湿糖 (糖蜜を完全に分離していないためにべとべとしている未精製の砂糖).
mois·ture [mɔ́ɪstʃə | -tʃə(r)] 〖(*a*1400) □ OF *moistour* (F *moiteur*): ⇨ moist, -ure〗 ― *n.* **1** 湿気, 湿り, 潤い, 水分. **2** (空気中の)水蒸気, (ガラスの表面などに凝結した)細かい水滴; 汗. 「当量, 含水当量.
móisture equívalent *n.* 〖化学〗(土壌(どじょう)の)水分
móisture·less *adj.* 湿気[水気]のない, 乾燥した (dry).
móisture·próof *adj.* 防湿の, 耐湿の.

mois·tur·ize [mɔ́ɪstʃəràɪz] 〚← MOISTURE＋-IZE〛 ― *vt.* 湿らせる, …に水分を与える, …に潤いを与える : She ～*d* her face with lotion. 彼女はローションで顔をしっとりさせた. ― *vi.* 湿気を与える, 湿度を調節する.

móis·tur·ìz·er *n.* モイスチャライザー《肌に潤いを与える化粧品の一種》.

moit [mɔ́ɪt] 〚《変形》← MOTE[1]〛 *n.* (いが・種子・小枝などの)羊毛への混入物. ― *vt.* 〈羊毛〉から混入物を取り除く (mote).

moi·ther [mɔ́ɪðə｜-ðə(r] *vt.* 《英方言》＝moider.

moit·y [mɔ́ɪṭi｜-tɪ] *adj.* (**moit·i·er ; -i·est**) 羊毛への混入物の多い.

mo·jar·ra [mo(ʊ)hɑ́ːrə｜mə(ʊ)-] 〚□(Am.-)Sp. ～《原義》point of lance □ Arab. *muḥárrab* sharpened〛 *n.* 〘魚類〙中南米産クロサギ科の魚類の総称.

Mo·ja·ve [məhɑ́ːvi, mə-｜mə(ʊ)hɑ́ːvɪ] *n., adj.* ＝Mohave.

Mojáve Désert *n.* [the ～] モハーヴェ砂漠《米国 California 州南部にある砂漠で Great Basin の一部をなす ; 面積 38,850 km²》.

moke [móʊk｜mə́ʊk] 〚← ? : 固有名詞(ろばの名前)からか〛 *n.* **1** 《英俗》ロバ (donkey). **2** [通例軽蔑的に]《米俗》黒人 (Negro). **3** 《豪俗》駄馬.

mo·ki [móʊki｜mə́ʊkɪ] 〚□ Maori ～〛 *n.* (*pl* ～, ～s) 〘魚類〙ニュージーランド産 Latridae 科の魚の一種 (*Latridopsis ciliaris*).

mo·ksha [móʊkʃə｜mə́ʊ-] 〚□ Skt *mokṣa* : cf. Skt *muñcati* he releases〛 *n.* (*also* **mo·ksa** [～]) 〘仏教・ヒンズー教・ジャイナ教〙解脱(げだつ) (mukti ともいう).

mol [móʊl｜mə́ʊl] 〚□ G *Mol* 《略》← *Molekül* 'MOLECULE'〛 *n.* 〘化学〙＝mole[4].

MOL 《略》manned orbiting laboratory 有人スカイラブ《米国が計画している有人軌道実験室》.

mol. 《略》molecular ; molecule.

mo·la [móʊlə｜mə́ʊ-] 〚← NL ～ ← L ～ 'millstone' : その形と皮の粗いことから〛 *n.* (*pl.* ～, ～s) 〘魚類〙マンボウ (⇨ ocean sunfish).

mol·al [móʊləl｜mə́ʊ-] 〚← MOL＋-AL[1]〛 *adj.* 〘化学〙 **1** モル (mole) の, グラム分子の, 1 グラム分子 (mole) を含む. **2** 1 重量モル濃度 (molality) の.

mo·lal·i·ty [moʊlǽləṭi｜məʊlǽlətɪ, -lɪ-] 〚⇨↑, -ity〛 *n.* 〘化学〙重量モル濃度, モラル濃度《溶媒 1 kg 中に含まれる溶質のグラム分子数》.

mo·lar[1] [móʊlə｜mə́ʊlə(r] 〚《1626》□ L *molār-is* of a mill, grinding ← *mola* 'MILL[1], mill stone' : ⇨ -ar[1]〛 ― *adj.* **1 a** ひきつぶす(ことができる). **b** 〈歯が〉かみ砕く (grinding) : ～ teeth 臼歯(きゅうし). **2** 臼歯の. ― *n.* 臼歯, 奥歯《molar tooth ともいう ; ⇨ cheek tooth》: ⇨ first molar, second molar, third molar.

mo·lar[2] [móʊlə｜mə́ʊlə(r] 〚← L *mōl(ēs)* mass＋-AR[1] : cf. mole[4]〛 ― *adj.* **1** 〘物理〙1 モル当たりの (cf. molecular, atomic). **2** 〘化学〙 **a** モル(の) : ～ conductivity モル伝導率 / ～ fraction モル分率. **b** 1 モル濃度 (molarity) の.

mo·lar·i·ty [moʊlǽrəṭi, -lér-｜məʊlǽrətɪ, -rɪ-] 〚← MOLAR[2]＋-ITY〛 *n.* 〘化学〙モル濃度《溶液 1 リットル中に含まれる溶質のモル数》.

mólar tóoth *n.* ＝molar[1].

Mo·lasse [məlɑ́ːs] 〚□ F ～《変形》? ← *mollasse* soft ← *mou* soft < L *mollem*〛 ― *n.* 〘地質〙モラッセ《地向斜末期にできた粗粒砂岩や礫岩などからなる地層 ; cf. flysch》.

mo·las·ses [məlǽsɪz, -səz｜mə(ʊ)-] 〚□ Port. *melaço* < LL *mellāceum* must[2] (neut.) ← *mellāceus* honey-like ← L *mel* honey〛 ― *n.* **1** 糖蜜. **2** 《米》甘味の野菜や果物のジュースを煮つめてつくるシロップ.

mold[1] [móʊld｜mə́ʊld] 〚《?*a*1200》《音位転換》← OF *modle* (F *moule*) < L *modulum* module, small measure (dim.) ← *modus* measure : MODULE と二重語 : cf. model〛 ― *n.* **1 a** (塑造または鋳造用)型, 鋳型 : ⇨ sand mold. **b** 〘印刷〙鋳型, 活字鋳型 ; 電型. **c** (各種の細工品を作る)型, 台 ; (プディング・ゼリーなどの)型, 流し型 : a button ～ ボタン型 / a jelly ～ ゼリー(流し)型. **2** (左官・石工などが使う)型取り工具, 型板. **3** 型に入れて造ったもの ; 鋳物 (cast) ; ゼリー (jelly), ブラマンジェ (blancmange) (など). **4 a** 鋳型でできた形. **b** 形, 恰好 ; 人体, 姿. **5** 特性, 性質, 性格 (character) : a man of gentle ～ 優しいたちの人 / be cast in a heroic ～ 英雄肌にできている / be of quite different ～ たちが全然違っている / be cast in the same ～ 全く同じ性質である. **6 a** (思想などの)原型, 祖型 (prototype). **b** 《廃》模範 (example). **7** 〘建築〙モールディング, 繰形 (molding). **8** 〘造船〙鋳型, 型板. ― *vt.* **1** (型に入れて)作る, 型取る ; 塑造する, 形作る : ～ a face *in* [*out of*] clay [wax] 粘土[蠟(ろう)]で人の顔を作る / Nature has ～*ed* her form and features with masterly touch. 自然は彼女の容姿をすばらしい手際で作り上げた. **2 a** 〈性格・運命などを〉形作る (fashion) ; 〔…を手本にして〕作り上げる〔*on, upon*〕: ～ one's own destiny 自分の運命を自分で作る / ～ one's conduct *on* that of good men 善人の行為を手本にして自分の行為を律する / ～ one's style *upon* the best writers 一流作家を手本に文体を鍛える. **b** 〈思考・性格など〉の形成に大きな影響を及ぼす : His influence has ～*ed* my character [life]. 私の性格[人生]の形成に彼は大きな影響を与えた. **3 a** 〈液体・展性物質〉に型を与える : ～ the fat *into* candles 脂肪に形を与えて蠟燭(ろうそく)を作る. **b** 《古》こねて[練って]造る : ～ the dough. **4** 〘建築〙モールディング[繰形]で飾る.

mold[2] [móʊld｜mə́ʊld] 〚《*c*1425》 *mowlde, mouled* (p.p.) ← *moule(n)* to become moldy : cf. ON *mygla* to grow moldy〛 ― *n.* **1** かび : gather ～ かびが生える / ⇨ black mold, blue mold, green mold, iron mold. **2** かび菌, 糸状菌 (fungus). ― *vi.* かびる. ― *vt.* 《廃》かびさせる.

mold[3] [móʊld｜mə́ʊld] 〚OE *molde* < Gmc **moldā*, **muldō* (OHG *molta* mold, dust) ← IE **mel-* to grind : cf. meal[2], mill[1]〛 ― *n.* **1** (有機物に富む)沃土(よくど), 壌土, 耕土 (soil). **2** 《古・詩》地面, 土地 (ground, earth) : a man of ～ ⇨ man 成句. ― *vt.* 壌土でおおう, …に土をかぶせる 〈*up*〉: ～ *up* potatoes.

mold·a·ble [móʊldəbl｜mə́ʊld-] *adj.* 型に取れる, 塑(そ)造できる, 鋳られる.

Mol·dau [móʊldaʊ, mɔ́(ː)l-｜mə́ʊl-, mɔ́l-; *G.* mɔ́ldaʊ] 〚□ G ～ □ ML *Moldava* ← Slav. *mol* black〛 *n.* [the ～] モルダウ(川)《Vltava のドイツ語名》.

Mol·da·vi·a [mɑldéɪviə, -vjə｜mɔldéɪvjə, -vɪə] 〚□ Rum. *Moldova* : cf. Moldau〛 ― *n.* モルダビア : **1** ルーマニア東部地方の古名. **2** 1940 年, 旧 Moldavia 自治共和国とルーマニアから割譲された Bessarabia とで形成された共和国, ソ連邦構成共和国の一つ ; 人口 3,915,000, 面積 33,700 km², 首都 Kishinev ; 公式名 the Moldavian Soviet Socialist Republic モルダビアソビエト社会主義共和国.

Mol·da·vi·an [mɑldéɪviən, -vjən｜mɔldéɪvjən, -vɪən] *n.* **1** モルダビア人. **2** モルダビア語《モルダビア人の使うルーマニア語》. ― *adj.* **1** モルダビア(人)の. **2** モルダビア語の.

mol·da·vite [mɑ́ldəvàɪt｜mɔ́l-] 〚← *Moldav(ia)*＋-ITE[1]〛 *n.* 〘岩石〙モルドウ石《隕石(いんせき)ガラスの一種でチェコスロバキア産の緑色の天然ガラス ; cf. tektite》.

móld-blówn 〘ガラス製造〙 *adj.* 型吹きの, 型に入れて吹いた. ― *n.* 型吹き.

móld·bòard *n.* **1** (鋤(すき)の)撥土(はつど)板《鋤先 (plowshare) の後部の彎曲した広い部分》. **2** (ブルドーザーの)ブレード. **3** (コンクリートの型枠の)枠板.

móld·ed *adj.* 型に取った ; 型通りの.

mólded báse lìne *n.* 〘造船〙(竜骨上面の)基線.

mólded bréadth *n.* 〘海事〙型幅《外板の内側から測った船体の最広部の幅》.

mólded brìck *n.* 〘建築〙(窓・入口などの特殊構造部分に用いる)異形れんが, 型押しれんが.

mólded dépth *n.* 〘造船〙型深さ《船の中央断面で舷側の上甲板ビームの上面から竜骨の上端までの垂直距離》.

mólded displácement *n.* 〘造船〙型排水量《外板による排水量分を除いた船の排水量》.

mólded dráft *n.* 〘造船〙型喫水《船の中央において竜骨の上面から満載吃水線までの垂直距離》.

mólded fórm *n.* 〘造船〙船体内型《甲板や外板の内側で作られる船体の型》.

mólded líne *n.* 〘造船〙型図基準線《船の型図を作る時, 位置寸法の基準用として描く線》.

mold·er[1] [móʊldə｜mə́ʊldə(r] 〚《1531》← ? MOLD[3] (v.)＋-ER[4] ∥ ← Scand. (cf. Norw. 《方言》 *muldra* crumble)〛 ― *vi.* **1** 朽ちる, 崩れる, 崩壊する (crumble, decay) : ～ away 崩壊する, 壊滅する / a ～*ing* ruin 崩れかかった廃墟. **2** (道徳的・知的に)朽ち衰える, 堕落する (decline, degenerate) ; なすこともなく時を過ごす : remain ～*ing* in the country 田舎で無為にくすぶっている. **3** 《古》小さくなる (dwindle). ― *vt.* **1** 朽ちさせる, 崩壊させる. **2** 〈時を〉なすことなく過ごす.

móld·er[2] 〚《1440》: ⇨ mold[1], -er[1]〛 ― *n.* **1 a** 型を造る人 ; 鋳型工, 鋳型製造者. **b** (性格・運命などを)形作る人, 形成者 : the ～ of an economic policy. **2** 〘印刷〙(複製用)電気版原版.

móld fùngus *n.* 〘菌類〙かび菌, 糸状菌.

mólding[1] 〚《1327》: ⇨ mold[1], -ing[1]〛 ― *n.* **1** 形造ること, 塑造 (modeling), 鋳造 ; (鋳物砂の)型込め, (鋳型の)造型. **2** 塑造物, 鋳造物. **3** 〘建築〙 **a** [しばしば *pl.*] 繰形, モールディング ; 繰形板[石]. **b** (長押(なげし)のように壁の上部に長く張った)じゃ腹《絵をつるす紐の金具を掛けたり (cf. picture mold), 電線を隠す用などをする》. **4** 〘造船〙モールディング《船体の肋材を外板の内側から船体中心線に向って測った骨材の寸法 ; ↔ siding》.

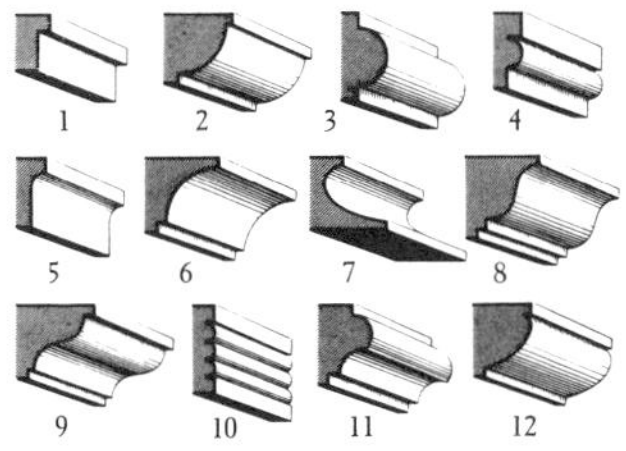

moldings[1] 3 a

1 fillet and fascia ; 2 quarter round ; 3 torus ; 4 bead or astragal ; 5 congé ; 6 cavetto ; 7 scotia ; 8 cyma recta ; 9 cyma reversa ; 10 reeding ; 11 beak ; 12 ovolo

móld·ing[2] *n.* **1** (植物に)土をかぶせること. **2** おおい土.

mólding bòard 〚《1327》〛 *n.* **1** (パン・ケーキなどを作る)こね台. **2** 〘金属加工〙鋳型定盤(じょうばん).

mólding bòok *n.* 〘造船〙船体骨組寸法帳《船体骨組や外板などの寸法を記載する帳簿》.

mólding machìne *n.* 〘機械〙造型機, 面取り盤.

mólding plàne *n.* 〘木工〙面取鉋(めんとりがんな)《繰形を削り出すための鉋》.

mólding sànd *n.* 〘金属加工〙鋳物砂《鋳型を作るのに用いる砂と粘土の混合物》.

móld lòft *n.* 〘造船〙現図場《造船所などで船体の形状を現寸で床に書くようにした製図場》.

mold·warp [móʊldwɔ̀əp｜mə́ʊldwɔ̀ːp] 〚《*c*1325》 *moldewarp(e)* < OE **moldweorp* 《原義》earth-thrower : ⇨ mold[3], warp〛 *n.* 〘動物〙ヨーロッパモグラ (*Talpa europaea*)《ヨーロッパ産の普通のモグラ》.

móld wàsh *n.* 〘金属加工〙塗型材.

mold·y [móʊldi｜mə́ʊldɪ] 〚《*a*1398》〛 ― *adj.* (**mold·i·er ; -i·est**) **1** かびの生えた, かびた, かび臭い (musty) : ～ bread, cheese, etc. **2** 古臭い, 陳腐な (state, old-fashioned) : ～ tradition 古臭い伝統. **3** 《俗》評判の悪い, いかがわしい ; みじめな, つまらない ; 退屈な : a ～ offer つまらない申し出 / It's ～ without you. あなたがいないと退屈だ. **móld·i·ness** *n.*

móldy fíg *n.* **1** 〘音楽〙モルディフィグ《モダンジャズのファンに対して, トラディショナルジャズの愛好者》. **2** 《米俗》時代遅れの人[もの].

mole[1] [móʊl｜mə́ʊl] 〚OE *māl* < Gmc **mailam*, **mailō* (G *Mal* / Goth. *mail* wrinkle, spot, blemish) ← IE **mai-* to defile (Gk *mainein* to stain)〛 ― *n.* **1** ほくろ ; あざ, 母斑. **2** 《古》しみ, よごれ (stain).

mole[2] [móʊl｜mə́ʊl] 〚《*a*1398》 *molle, mulle* □ MDu. & MLG *mol* : cf. OE *myl* dust / mold[3], moldwarp〛 ― *n.* **1 a** 〘動物〙モグラ《モグラ科の哺乳動物の総称 ; ヒミズモグラ (shrew mole) など》: (as) blind as a ～ ⇨ blind 成句. **b** 〘昆虫〙＝mole cricket. **c** 〘動物〙メクラネズミ (mole rat). **2** 《古》暗闇(くらやみ)[地下]で働く人. **3** トンネル掘鑿(くっさく)機. ― *vi.* (モグラのように)地に穴を掘る, 穴を掘る (burrow).

mole[3] [móʊl｜mə́ʊl] 〚《*a*1548》□ F *môle* □ It. *molo* □ LGk *môlos* □ L *mōlēs* mass, heap, dam〛 ― *n.* **1** 半島堤《陸から水上に突き出ていて, 防波堤・防砂堤・桟橋などの役をする丈夫な人工の堤》. **2** (防波堤などに囲まれた)船がかり場 (anchorage), 人工港.

mole[4] [móʊl｜mə́ʊl] 〚《略》← G *Molekül* 'MOLECULE'〛 ― *n.* 〘化学〙モル《従来グラム分子 (gram molecule) に等しかったが, 現在は原子・分子・イオンなどに拡張して, 0.012 kg の炭素 12 に含まれる炭素原子と同数の単位粒子を含む素の物質の量》.

mole[5] [móʊl｜mə́ʊl] 〚□ F *môle* □ L *mol-a* false conception, millstone〛 *n.* 〘病理〙奇胎.

móle·càst *n.* ＝molehill.

Mo·lech [móʊlek｜mə́ʊ-] *n.* ＝Moloch 1.

mol·e·chism [mɑ́ləkìzṃ｜mɔ́l-] 〚← MOLE(CULE)＋CHE(MICAL)＋(ORGAN)ISM〛 ― *n.* (*also* **mol·e·cism** [～]) 〘医学〙(生きた微生物と生命のない分子の両面を兼備したものとしての)ウイルス《organule ともいう》.

móle cràb *n.* 〘動物〙＝bait bug.

móle crìcket *n.* 〘昆虫〙ケラ《ケラ科の昆虫の総称》.

mo·lec·u·lar [məlékjələ｜mə(ʊ)lékjulə(r, mɔ-] 〚《1823》← NL *mōlēcula* molecule＋-AR[1]〛 *adj.* **1** 〘化学〙分子 (molecule) の, 分子から成る, 分子内[間]の, 分子による : ～ force 分子力 / ～ attraction 分子引力. **2** 〘哲学・論理〙(原子的要素から構成された)分子的な (cf. atomic 5 b) : ～ proposition 分子命題. **～·ly** *adv.*

molécular astrónomy *n.* 〘天文〙分子天文学《宇宙空間に存在する分子を取扱う天文学》.

molécular béam *n.* 〘化学〙分子線.

molécular biólogy *n.* 〘生物〙分子生物学《特に, 遺伝および蛋白質合成における分子レベルの研究》.
molécular biológical *adj.* **molécular biólogist** *n.*

molécular cómpound *n.* 〘化学〙分子化合物.

molécular distillátion *n.* 〘化学〙分子蒸溜《高真空下で行なう蒸溜 ; 低揮発性物質の分離に用いる》.

molécular fílm *n.* 〘化学〙分子膜[層].

molécular fórmula *n.* 〘化学〙分子式 (cf. empirical formula, structural formula).

molécular fóssil *n.* 〘古生物〙分子化石《既知の最古の化石よりもさらに古い岩石中から摘出された有機物の分子 ; 地上の生物の初期の進化の研究に用いられる》.

molécular genétics *n.* 〘生物〙分子遺伝学.

mo·lec·u·lar·i·ty [məlèkjulǽrəṭi, -lér-｜mə(ʊ)lèkjulǽrətɪ, -rɪ-] *n.* 分子状, 分子性.

molécular módel *n.* 〘物理・化学〙分子構造模型.

molécular ráy *n.* 〘化学〙＝molecular beam.

molécular síeve *n.* 〘化学〙モレキュラーシーブ, 分子ふるい《沸石または それに類似の合成物質のように均一細孔径をもってそれを通過する分子を吸着する物質》.

molécular spéctrum *n.* 〘物理〙分子スペクトル《分子の定常状態の間の遷移によって生じるスペクトル ; cf. band spectrum》.

molécular stíll *n.* 〘化学〙分子蒸溜器.

molécular vólume *n.* 〘化学〙分子容, モル体積《1 モル (mol) の固体物質の体積 ; cf. atomic volume》.

molécular wéight *n.* 〘化学〙分子量 (cf. formula weight).

mol·e·cule [mɑ́lɪkjùːl, -lə-｜mɔ́lɪ-, mə́ʊl-] 〚《1794》

▭F *molécule* ← NL *mōlēcula* (dim.) ← L *mōlēs* mass: ⇨ mole³, -cule〛 ── *n.* **1** 〚物理・化学〛分子. **2** グラム分子 (gram molecule). **3** 微小 (fragment): a ~ of kindness ごく僅かの親切.
móle·dràin *vt.* もぐら鋤(ｽ) (mole plow) で溝を掘って排水する.
móle dràin 〚cf. mole²〛 *n.* もぐら暗渠《もぐら鋤(ｽ) (mole plow) を用いて造った簡易暗渠》.
móle dràinage [dràining] *n.* もぐら暗渠 (mole drain) による排水設備.
móle dràiner *n.* =mole plow.
móle fràction *n.* 〚化学〛モル分率.
móle·hìll 〚《c1450》〛 *n.* もぐら塚.
móle plòw 〚⇨ mole²〛 *n.* もぐら鋤(ｽ)《真直な棒の先にとがった部分をもった鋤》.
móle ràt *n.* 〚動物〛メクラネズミ《地中海東部地方に生息するメクラネズミ科のネズミの総称; 目は皮下に埋まる》.
móle shrèw *n.* 〚動物〛ブラリナトガリネズミ《北米北部にすむブラリナ属 (*Blarina*) のネズミの総称》.
móle·skìn *n.* **1** モグラの毛皮. **2 a** 〚紡織〛モールスキン《ビロード様に織った一種の厚地綿織物; 表面を起毛してなめらかに仕上げしてあるため, モグラの毛皮に似ている; 運動選手や労働者用衣服の材料》. **b** [*pl.*] モールスキンで作った衣服, (特に) ズボン. **3** (粘着性の裏地のついた) 脚用包帯布.
mo·lest [məlést | mə(ʊ)-] 〚《c1385》▭(O)F *molest-er* < L *molestāre* to annoy, trouble ← *molestus* troublesome ← *mōlēs* mass: cf. mole³〛 ── *vt.* **1** 苦しめる, 悩ます, いたずらする (annoy). **2** 邪魔する, 妨害する (disturb). **3** (みだらな態度で女・子供に) ちょっかいを出す, うるさくからむ, しつこく言い寄る. **mo·les·ta·tion** [mòʊlestéɪʃən, mɑ̀l-, -ləs- | mə̀ʊles-] *n.*
mo·lést·er [-tə | -tə(r] *n.* **1** 悩ます[邪魔する]人. **2** (女・子供に) 性的にいたずらをする人, 痴漢.
mol·et [mɑ́lɪt, -lət | mɔ́l-] *n.* 〚紋章〛=mullet².
mo·lid [móʊlɪd, -ləd | mə́ʊlɪd] 〚↓〛 *adj., n.* 〚魚類〛マンボウ科の(魚).
Mol·i·dae [mɑ́lədiː | mɔ́lɪ-] 〚← NL ~ ← *Mola* (属名: ⇨ mola)+-IDAE〛 *n. pl.* 〚魚類〛マンボウ科.
Mo·lière [moʊljέə, ⌣⌣ | mɔ́lɪɛ̀ə(r, mɔ́ʊl-, -ljɛə(r; *F.* mɔljɛːr] *n.* モリエール《1622-73; フランスの喜劇作家; 本名 Jean Baptiste Poquelin [pɔklɛ̃]; *Tartuffe*「タルチュフ」(1664), *Le Misanthrope*「人間ぎらい」(1666)》.
mol·i·la·li·a [mɑ̀ləléɪliə, -ljə | mɔ̀lɪléɪliə, -ljə] *n.* 〚病理〛=mogilalia.
Mo·li·na [məlíːnə; *Sp.* molína], **Luis** *n.* モリーナ《1535-1600; スペインの神学者》.
Molina, Tir·so de [*Sp.* tírso de] *n.* モリーナ《Gabriel Téllez の筆名; *El Burlador de Sevilla*「セビリヤの蕩子」(1630) (Don Juan 伝説を初めて扱った文学作品)》.
mo·line [məlíːn, mo(ʊ)láɪn, móʊlɪn, -lən | mə́ʊlɪn, məʊláɪn] 〚▭AF *moliné ← OF *molin* (F *moulin*) < VL *molīnum=LL *molīna* 'MILL¹': cf. molar¹: この十字架の先端が石うすの上石を支えている鉄棒に似ていることから〛 ── *adj.* 〚紋章〛ひきうすの留金の形をした: ⇨ cross moline.
Mo·line [mo(ʊ)líːn | mə(ʊ)-] 〚← Sp. *molino* 'MILL¹'〛 *n.* 米国 Illinois 州の都市, 農機具の製造地; 人口 47,000.
Mo·li·nism [móʊlənɪzm, mɑ́l- | mə́ʊlɪ-, mɔ́l-] 〚▭Sp. *molinismo* ← *Luis Molina*〛 ── *n.* 〚神学〛モリーナ説《神の恩恵は人の意志的同意によってのみ力があることを唱えた L. Molina の教義; cf. Baianism》.
Mo·li·nos [məlíːnoʊs | mə(ʊ)líːnəʊs; *Sp.* molínos], **Miguel de** *n.* モリーノス《1640-95; スペインの神秘主義者; 静寂主義 (quietism) の唱道者》.
moll¹ [mɑ́(ː)l, mɔ́(ː)l | mɔ́l] 〚《1567》← ? MOLL〛 *n.* 《口語》 **1** (盗賊・浮浪者・ギャングなどの) 情婦《gun moll ともいう》. **2** 売春婦 (prostitute). **3** 《米》女 (woman).
moll² [mɔ́(ː)l | mɔ́l; *G.* mɔ́l] 〚▭G ~ ← ML *b molle* b flat〛 *n., adj.* 〚音楽〛短調(の) (minor).
Moll [mɑ́(ː)l, mɔ́(ː)l | mɔ́l] 〚(dim) ← MARY〛 *n.* 女性名.
mol·lah [mɔ́(ː)lə | mɔ́lə] *n.* =mullah.
mol·les·cent [məlésnt] 〚▭L *mollēscent-em* (pres.p.) ← *mollēscere* to become soft ← *mollis*: ⇨ mollify〛 *adj.* 軟化しやすい, 柔らかになる. **mol·lés·cence** [-sns] *n.*
mol·lie¹ [mɑ́li | mɔ́lɪ] *n.* 《俗》=molly¹.
mol·lie² [mɑ́li | mɔ́lɪ] 〚《略》← MOLLIENISIA〛 *n.* 〚魚類〛=molly².
Mol·lie [mɑ́li | mɔ́lɪ] 〚(dim.) ← MARY, MILLICENT〛 *n.* 女性名.
mol·lie·nis·i·a [mɑ̀lɪnɪ́ʒiə, -liə, -ʒə | mɔ̀lɪɪnɪ́ziə, -zjə] 〚← NL ~ ← *François Nicolas Comte de Mollien* (1758-1850: フランスの政治家)〛 ── *n.* 〚魚類〛モリエニシア《米国南部産カダヤシ科モリー属 (*Mollienisia*) (現在は *Poecilia* 属に統合されている) の型がメダカに似た卵胎生の観賞用熱帯魚の総称; cf. molly²》.
Mól·lier diagram [chárt] [mɔ́(ː)ljeɪ- | mɔ́l-; *G.* mɔljéː-] 〚← *Richard Mollier* (*d.* 1935: ドイツの工学者)〛 ── *n.* 〚物理化学〛モリエ線図《エンタルピー (enthalpy) とエントロピー (entropy) を座標軸にとり, 圧力・温度などを等高線で表わした図》.
mol·li·fi·a·ble [mɑ́ləfàɪəbl, ⌣⌣⌣⌣ | mɔ́lɪfàɪəbl, ⌣⌣⌣⌣] *adj.* 和らげ[慰め]られる, 緩和できる.
mol·li·fi·ca·tion [mɑ̀ləfɪkéɪʃən, -fə- | mɔ̀lɪfɪ-] 〚《c1395》▭(O)F ~: ⇨ ↓, -ation〛 *n.* (感情などを) 和らげること, 慰撫(ｲﾌﾞ), なだめ.
mol·li·fy [mɑ́ləfàɪ | mɔ́lɪ-] 〚《c1412》▭(O)F *mollifi-er* ▭LL *mollificāre* to soften ← L *mollis* soft ← IE *mel- to crush: ⇨ -fy: cf. mill¹〛 ── *vt.* **1 a** 〈人〉の気持をなだめる, 慰める. **b** 〈感情・気持などを〉なだめる, 和らげる, 静める: ~ a person, his anger, etc. **2** 〈堅いものを〉柔らかくする. **mól·li·fì·er** *n.*
mól·li·fỳ·ing *adj.* 和らげる[静める](ような). **~·ly** *adv.*
mol·lusc [mɑ́ləsk | mɔ́ləsk, -lʌsk] *n.* 〚動物〛=mollusk.
mollusca *n.* molluscum の複数形.
Mol·lus·ca [məlʌ́skə | mɑ-, mə-] 〚← NL ~: ⇨ mollusk〛 *n. pl.* 〚動物〛軟体動物門 (cf. mollusk). **mol·lus·can** [məlʌ́skən, mɑ- | mɔ-, mə-] *adj.*
mol·lus·ci·cide [məlʌ́s(k)əsàɪd | -s(k)ɪ-] 〚← MOLLUSCA+-I-+-CIDE〛 *n.* 軟体動物駆除剤《ナメクジ駆除剤など》. **mol·lus·ci·cid·al** [məlʌ̀s(k)əsáɪdl | -s(k)ɪ-] *adj.*
Mol·lus·coi·da [mɑ̀ləskɔ́ɪdə | mɔ̀l-] *n. pl.* 〚動物〛=Molluscoidea.
mol·lus·coi·dal [mɑ̀ləskɔ́ɪdl | mɔ̀l-] *adj.* 〚動物〛擬軟体動物門の.
Mol·lus·coi·de·a [mɑ̀ləskɔ́ɪdiə | mɔ̀ləskɔ́ɪdɪə, -djə] 〚← NL ~: ⇨ Mollusca, -oid〛 *n. pl.* 〚動物〛擬軟体動物門.
mol·lus·coi·de·an [mɑ̀ləskɔ́ɪdiən | mɔ̀ləskɔ́ɪdɪ-] *adj., n.* 〚動物〛擬軟体動物門の(動物).
mol·lus·cous¹ [məlʌ́skəs, mɑ- | mɔ-, mə-] *adj.* 〚動物〛貝類の, 軟体動物の.
mol·lus·cous² [məlʌ́skəs, mɑ- | mɔ-, mə-] *adj.* 〚病理〛軟疣(ﾕｳ)の[に似た].
mol·lus·cum [məlʌ́skəm, mɑ- | mɔ-, mə-] 〚← NL ~ (neut.) ← L *molluscus* soft: ⇨ mollusk〛 *n.* (*pl.* -lus·ca [-kə]) 〚病理〛軟疣(ﾕｳ).
mollúscum con·ta·gi·ó·sum [-kəntèɪdʒióʊsəm | -dʒɪə́ʊ-] 〚← NL ~ 《原義》contagious molluscum〛 ── *n.* (*pl.* **mollusca con·ta·gi·o·sa** [-sə]) 〚病理〛伝染性軟疣《主として幼児の皮膚に生じるウイルス性の疣(ｲﾎﾞ)》.
mol·lusk [mɑ́ləsk | mɔ́ləsk, -lʌsk] 〚《1783》▭F *mollusque* ← NL *Mollusca* (neut. pl.) ← L *molluscus* soft (薄殻の木の実にいう) ← *mollis* soft: cf. mollify〛 ── *n.* 〚動物〛軟体動物 (cf. Mollusca). **mol·lus·kan** [məlʌ́skən, mɑ- | mɔ-, mə-] *adj., n.*
Móll·wei·de projèction [mɔ́(ː)lvaɪdə-, moʊlwáɪdə- | mɔ́lvaɪdə; *G.* mɔ́lvaɪdə-] 〚← *Karl B. Mollweide* (1774-1825: ドイツの数学者・天文学者)〛 *n.* 〚地理〛モルワイデ投影図法 (cf. homolographic projection).
mol·ly¹ [mɑ́li | mɔ́lɪ] 〚《転用》← MOLLY〛 *n.* 《俗》女女しい男[少年], 意気地なし (mollycoddle, milksop).
mol·ly² [mɑ́li | mɔ́lɪ] 〚《略》← MOLLIENISIA〛 ── *n.* 〚魚類〛北・中央アメリカ産カダヤシ科 *Poecilia* 属のうち, 旧属名 *Mollienisia* に属していた魚類の総称《Amazon molly (*P. formosa*), sailfin molly (*P. latipinna*), shortfin molly (*P. mexicana*) など》.
Mol·ly [mɑ́li | mɔ́lɪ] 〚(dim.) ← MARY〛 *n.* 女性名.
mol·ly·cod·dle [mɑ́likɑ̀dl | mɔ́lɪkɔ̀dl] 〚← MOLLY¹+CODDLE〛 ── *n.* **1** 甘やかされている男[少年], 女女しい男, 弱虫, 意気地なし (milksop). **2** =goody-goody. ── *vt.* 甘やかす, 大事にし過ぎる (pamper). **mól·ly·còd·dler** [-dlə, -dlə | -dlə(r, -dlə(r] *n.*
Molly Ma·guire [mɑ́li-məgwáɪə | mɔ́lɪ-məgwáɪə(r] 〚*Maguire*: アイルランドによく見られる姓; *Molly* はしばしば女装をして婦人団体に見せかけるために付け加えたもの〛 ── *n.* モリーマグワイア党員: **a** 地代支払いを拒否し, その支払い命令を送達する官吏を威嚇するのを目的に 1843 年アイルランドに起こった秘密結社の一員. **b** 1865-77 年米国 Pennsylvania 州東部の炭坑地方に組織されたアイルランド労働者の結社の一員.
mol·ly·mawk [mɑ́limɔ̀ːk | mɔ́lɪ-] *n.* 〚鳥類〛フルマカモメ (fulmar), ウミツバメ (petrel), アホウドリ (albatross) などの海鳥の総称.
Mólly Míller 〚← ?〛 *n.* 〚魚類〛イソギンポ科イソギンポ属の魚 (*Blennius cristatus*).
Mol·nár [móʊlnɑə, mɔ́(ː)l- | mə́ʊlnɑː(r, mɔ́l-; *Hung.* mólnaːr], **Fe·renc** [férents] *n.* モルナール《1878-1952; ハンガリー生まれの米国に帰化した劇作家・小説家; *Liliom* (1909)》.
Mol·och [mɑ́lək, móʊlɑk | mə́ʊlɔk] 〚《1667》▭LL (Vulgate) ▭LGk (Septuagint) *Molókh* ▭Heb. *Mōlekh* 《変形》← *mélekh* king (*-ō-* は *bōšeth* shame をほのめかすため)〛 ── *n.* **1 a** 〚聖書〛モレク《子供を人身御供にして祭ったセム族の神; cf. *Lev.* 18:21, *2 Kings* 23:10》. **b** 恐ろしい犠牲を要求するもの: the ~ of human nature 恐ろしい犠牲を強いる人情. **2** [m-] 〚動物〛トゲトカゲ (*Moloch horridus*)《オーストラリア産トゲトカゲ属の無毒でとげのあるトカゲ》.
Mo·lo·ka·i [mɑ̀ləkáɪ, mòʊl- | mɔ̀l-] *n.* モロカイ(島)《ハワイ諸島中部の島; ハンセン病患者の隔離地; 人口 5,000, 面積 676 km²; cf. Damien de Veuster》.
Mol·o·kan [mɑ̀ləkɑ́ːn | mɔ̀l-] 〚← Russ. *moloko* milk+-AN¹: 四旬節の期間中ミルクを飲むことを許される掟からか〛 ── *n.* 〚キリスト教〛モロカン教徒《肉食を断ち牛乳・鶏卵を採る Doukhobors の一分派》.
mo·los·sid [məlɑ́sɪd, -səd | -lɔ́sɪd] 〚↓〛 *adj.* 〚動物〛オヒキコウモリ科の.
Mo·los·si·dae [məlɑ́sədiː | -lɔ́sɪ-] 〚← NL ~ ← *Molossus* (属名: ← Gk (*kúōn*) *Molossós* 《原義》dog of *Molossia* (古代ギリシャの Epirus の地名)+-IDAE〛 ── *n. pl.* 〚動物〛オヒキコウモリ科.
Mo·lo·tov [mɑ́lətɔ̀f, mɔ́(ː)l-, móʊl-, -tɔ̀(ː)v | mɔ́lətɔ̀f, -tɔ̀v; *Russ.* mólətəf], **Vya·ches·lav** [vjɪtʃɪsláf] **Mikhailovich** *n.* モロトフ《1890- ; ソ連の政治家; 人民委員会会議議長 (1930-41); 外相 (1939-49; 1953-57); 旧姓 Skryabin [skrjábjin]》.
Mólotov bréadbasket 〚← *V. M. Molotov* にちなむ〛 *n.* 《口語》モロトフのパン籠爆弾, 親子焼夷弾《第二次大戦中用いられた特殊投下爆弾; いくつも吊るされた Molotov cocktail が落下時の回転運動で広範囲にばらまかれる》.
Mólotov cócktail 〚↑〛 *n.* 《口語》モロトフカクテル, ガソリン手榴弾, 火炎瓶(ﾋﾞﾝ) (⇨ frangible grenade).
molt [móʊlt | mə́ʊlt] 〚《変形》← lateME *mout(e)* < OE **mūtian* to change (cf. *bimūtian* to exchange for) ▭L *mūtāre* to change: *-l-* は FAULT, ALTER からの類推: cf. mew³, mutable〛 ── *vi.* 〈鳥が〉羽毛の抜け変えをする, 生え変わりをする, 〈昆虫などが〉外皮・角などの生え変わりをする. ── *vt.* (生え変わりのため)〈羽毛・毛・外皮などを〉脱ぐ, 落とす (shed): ~ one's feather, skin, etc. ── *n.* **1** (羽毛・外皮などの) 抜け変わり, 脱皮, 鳥屋(ﾄﾔ). **2** 抜け毛, 脱落した外皮.
mol·ten [móʊltn, -tən | mə́ʊltn, -tən] 〚《c1300》OE ~ (p.p.) ← *melten* 'to MELT'〛 ── *v.* melt の過去分詞. ── *adj.* **1** 溶けた, 溶解した; 〈金属が〉溶融した (melted): ~ metal 溶けた金属, 「湯」. **2** 熱をもった, ぎらぎら輝いた (heated, glowing). **3** 《廃》〈像など〉(溶解して) 鋳造した (cast): a ~ image 鋳像.
molt·er [-tə | -tə(r] *n.* **1** 羽毛の抜け変わった[抜け変え中の]鳥. **2** 脱皮した[中の]昆虫.
Molt·ke [móʊltkə | mə́ʊlt-, mɔ́lt-; *G.* mɔ́ltkə], **Helmuth (Carl Bernhard), Graf von** *n.* モルトケ《1800-91; ドイツの陸軍元帥; 普墺・普仏戦争での参謀総長 H. (J. L.) von Moltke (1848-1916) の叔父》.
Moltke, Helmuth (Johannes Ludwig) von *n.* モルトケ《1848-1916; ドイツの将軍, 第一次大戦での参謀総長 (1906-14)》.
mol·to [móʊltoʊ, mɔ́(ː)l- | mɔ́ltəʊ; *It.* mólto] 〚▭It. ~ < L *multum* ← (neut.) ← *multus* much〛 *adv.* 〚音楽〛モルト, 極めて, 非常に (much, very): ~ adagio [allegro] 極めてゆるやかに[速く].
Mo·lúc·ca bálm [məlʌ́kə-] *n.* 〚植物〛カイガラサルビア (*Moluccella laevis*)《アジア西部原産シソ科の一年草; 萼(ｶﾞｸ)が鐘形で白い花が咲く; bells of Ireland, shellflower ともいう》.
Molúcca béan *n.* 〚植物〛=bonduc 1.
Mo·luc·cas [məlʌ́kəz] *n. pl.* [the ~] モルッカ[マルク]諸島《東インド諸島中 Celebes, New Guinea 両島間にあるインドネシア領の群島; 人口 1,089,000, 面積 84,300 km²; 歴史的に香料の産地として知られ Spice Islands とよばれた; Molucca Islands ともいう》.
mol. wt. 《略》molecular weight.
mo·ly [móʊli | mə́ʊlɪ] 〚《1567》▭L *mōly* ▭Gk *mōlu*: cf. Skt *mūla* root〛 ── *n.* **1** 〚ギリシャ伝説〛モーリュ《乳白色の花と黒い根のある伝説上の魔草; Homer によれば Mercury が Ulysses に与えて Circe のまじないから救ったという》. **2** 〚植物〛キバナノギョウジャニンニク (*Allium moly*)《黄色の花をつけるヨーロッパ産ユリ科ネギ属の植物》.
mo·lybd- [məlɪ́bd] (母音の前に来る時の) molybdo- の異形.
mo·lyb·date [məlɪ́bdeɪt] 〚← MOLYBDO-+-ATE¹〛 *n.* 〚化学〛モリブデン酸塩[エステル].
molýbdate órange *n.* 〚顔料〛明るいオレンジ色の顔料《クロム酸鉛・モリブデン酸鉛・(および, 通例) 硫酸鉛から成る顔料》.
mo·lyb·de·nite [məlɪ́bdənàɪt | mɔlɪ́bdɪ-, mə(ʊ)-, -də-] 〚← MOLYBDEN(UM)+-ITE¹〛 *n.* 〚鉱物〛モリブデナイト, 輝水[硫水]鉛鉱 (MoS_2).
mo·lyb·de·nous [məlɪ́bdənəs | mɔlɪ́bdɪ-, mə(ʊ)-, -də-, mɔ̀lɪbdíː-] 〚⇨ ↓, -ous〛 *adj.* 〚化学〛二価のモリブデン ($Mo^{(II)}$) を含む.
mo·lyb·de·num [məlɪ́bdənəm | mɔlɪ́bdɪnəm, mə(ʊ)-, -də-, mɔ̀lɪbdíːn-] 〚《1816》← NL ~ ← L *molybdaena* ▭Gk *molúbdaina* galena ← *mólubdos* lead〛 ── *n.* 〚化学〛モリブデン《金属元素の一つでクロム, タングステンに似た性質の, 動植物代謝作用に必要な微量元素; 記号 Mo, 原子番号 42, 原子量 95.94》.
molýbdenum disúlfide *n.* 〚化学〛二硫化モリブデン (MoS_2).
molýbdenum trióxide *n.* 〚化学〛三酸化モリブデン, 無水モリブデン (MoO_3)《無色の粉末, 金属モリブデン・他のモリブデン化合物の製造に用いる; molybdic anhydride, molybdic oxide ともいう》.
mo·lyb·dic [məlɪ́bdɪk] 〚← MOLYBDO-+-IC¹〛 *adj.* 〚化学〛三価または六価のモリブデン ($Mo^{(III)}$), ($Mo^{(VI)}$) を含む.
molýbdic ácid *n.* 〚化学〛モリブデン酸 (H_2MoO_4).
molýbdic anhýdride [óxide] *n.* 〚化学〛=molybdenum trioxide.
mo·lyb·do- [məlɪ́bdo(ʊ) | -də(ʊ)] 〚▭L ~ ← Gk *mólubdo-* ← *mólubdos* lead〛 ── 〚化学〛「モリブデン (molybdenum)」の意の連結形. ★ 母音の前では通例 molybd- になる.
molỳbdo·phosphóric ácid *n.* 〚化学〛モリブドリン酸 (⇨ phosphomolybdic acid).
mo·lyb·dous [məlɪ́bdəs] 〚← MOLYBDO-+-OUS〛 *adj.* 〚化学〛モリブデン (molybdenum) の[を含む].
mom [mɑ́(ː)m, mʌ́m | mɔ́m] 〚《短縮》← MAMMA¹〛 *n.* 《米口語》=mamma¹ 1.
M.O.M. 《略》middle of mouth; 〚薬学〛milk of magnesia.

móm-and-póp stòre [stǽnd] 〖⇨ mom, pop²〗 *n.* 《米》(典型的な家族営業の)小店.

Mom·ba·sa [mɑmbɑ́ːsə | mɔmbǽsə, -bɑ́ːsə] *n.* **1** モンバサ(島)《アフリカ東部 Kenya 南東部インド洋岸の島》. **2** モンバサ《Mombasa 島の港市; 人口 371,000》.

mome [móʊm | mə́ʊm] 〖← ?〗 *n.* 《古》間抜け, 馬鹿, 薄のろ.

mo·ment [móʊmənt | mə́ʊ-] 〖《*a*1400》□ (O)F ~ □ L *mōment-um* 'movement, importance, moment of time' ← *movēre* 'to MOVE': MOMENTUM と二重語〗 — *n.* **1** a 瞬間 (instant): in a ~ たちまち, すぐ / for a ~ ちょっとの間 / at a ~'s notice すぐに / It may rain (at) any ~. いつ何時雨が降ってくるかもしれない / I am expecting him every ~. 今か今かと彼を待っているところです / I'll be back in a ~. すぐ戻ります / Wait a ~.=One [Just a, Half a] ~. ちょっと待ってくれ / The whole operation only lasted a ~. 手術はほんの一瞬間に行なわれた / There is not a ~ to be lost. 一刻の猶予もならない / I do *not for a* [one] ~ (=never) suppose that the stories are true. その物語が本当だとはちっとも考えない. **b** [the (very) ~; 接続詞的に] …するやいなや (as soon as): He ran away *the* ~ (*that*) I came in. 私が中に入るとすぐに彼は逃げ出した. **2 a** (ある特定の)時, 時機, 機会, 場合 (time, occasion), 危機 (crisis): in the ~ of danger [peril] 危険に際して / in a ~ of anger 腹立ちまぎれに / at a critical ~ 危機に際して / at the last ~ いよいよという時に / at this ~ 今, 現在 / at this ~ in time 現時点で(は) / arrive at the same ~ 同時に到着する / to the last ~ 最後まで / the fashion at [of] the ~ 昨今の[その時限りの, 一時の]流行 / the man of the ~ 時の人 / The supreme ~ has come. いよいよという時機が到来した / the happiest ~ in my life 我が生涯の最も幸福な時期 / I was busy at the ~. ちょうどその時私は忙しかった / I could not recall his name at the ~. その時はちょっと彼の名が思い出せなかった / Go this (very) ~. 今すぐに行ってくれ. **b** [the ~] 今, 現在 (present time): at *the* ~ 今 / up to *the* ~ 現在に至るまで / the book of *the* ~ 目下世間の注意を引いている本 / the problem of *the* ~ 現下の問題 / He's the man for *the* ~. 彼こそこの場に当たれる人だ / I have nothing to do for [at] *the* ~. 今差し当たって何もすることはない. **3** [*pl.*] ある時間, ひと時 (period): in leisure [spare] ~*s* 暇な折に / at odd ~*s* ひまひまに / during ~*s* of melancholy 気のふさいでいる時に / in ~*s* of difficulty 困った時に / spend many happy ~*s* with … と一緒に幸福な時を過ごす / He was in one of his didactic ~*s*. 彼のお説教が始まった. **4** [of ~ として] 重要, 緊要, 大事 (importance, consequence): an affair of great ~ 重大事件 / It is *of* little [no great] ~. 大したことでない. **5** 〖統計〗積率, モーメント. **6** 〖哲学〗**a** (事物の)局面 (aspect), 契機. **b** 〖□ G *Moment*〗《廃》契機, 要素 (cf. momentum). **7** 〖機械〗(軸の回りの)運動率, 回転偶力 (torque), モーメント: the ~ of area [mass] 面積質量]モーメント / the ~ of stability 安定率 / the ~ of a magnet=the magnetic ~ 磁気モーメント.

at moments 時々, 折々 (now and then). ***on*** [***upon***] ***the moment*** すぐ, 即座に. ***to the*** (***very***) ***moment*** 一分もたがえずに, ちょうど時間通りに: The clock is timed *to the* ~. 時計はきっかり合っている.

moment of a couple 〖物理・機械〗偶力のモーメント《大きさが等しく向きが反対の平行 2 力(偶力)の力の大きさと 2 力間の距離との積》.

moment of a force 〖物理・機械〗力のモーメント, 力率, トルク (torque)《一つの力がある点のまわりに及ぼす回転の効果を示す量》.

moment of inertia 〖物理・機械〗慣性モーメント《質量の中心と与えられた軸との間の距離の自乗とその質量の大きさとの積を, その質量のその軸に関する慣性モーメントという》. 「(⇨angular momentum).

moment of momentum 〖物理〗運動量モーメント

moment of sail 〖造船〗帆のモーメント《帆の効果中心と横抵抗の中心との間の距離に最大安全率を考えた帆の面積を乗じた値》.

moment of truth 〖《なぞり》← Sp. *moment de la verdad*〗 (1) (闘牛で)とどめの一突き(の瞬間). (2) (のるかそるかの)正念場(しょうねんば), 決定的瞬間.

momenta *n.* momentum の複数形.

mo·men·tal [mo(ʊ)méntḷ | mə(ʊ)méntḷ] 〖□ F ~ □ ML *mōmentālis*: ⇨ moment, -al¹〗 *adj.* 〖機械〗運動率[モーメント]の.

mo·men·ta·ne·ous [mòʊməntéɪniəs | mə̀ʊməntéɪnjəs, -nɪəs] 〖□ L *mōmentāneus*- momentary: ⇨-ous〗 — *adj.* **1** =momentary 1. **2** 〖文法〗瞬時相の: the ~ aspect 瞬時相 (⇨ perfective aspect).

~·ly *adv.* **~·ness** *n.*

mo·men·tar·i·ly [mòʊməntérəli, ← ← ← | mə́ʊmənt(ə)rəli, -rɪli, mə̀ʊməntérəlɪ] 〖《1654》: ⇨↓, -ly¹〗 — *adv.* **1** ちょっと, しばらく. **2** 今か今かと, 時々刻々; 今にも. **3** 瞬時のうちに. **4** すぐに, 直ちに.

mo·men·tar·y [móʊməntèri | mə́ʊmənt(ə)ri] 〖《1526》□ L *mōmentāri-us*: ⇨ moment, -ary〗 — *adj.* **1 a** ほんの一時の, 瞬間の, 束の間の, はかない (transitory): ~ joy 束の間の喜び / a ~ hesitation 一瞬のためらい. **b** 〈生物など〉命の短い, 短命な (ephemeral). **2** 《まれ》絶えず繰り返される, 休む間のない: live in ~ fear of an exposure 始終露顕を気づかって生きる.

mó·men·tàr·i·ness *n.*

mó·ment·ly 〖《1676》← MOMENT+-LY¹〗 *adv.* **1** 今か今かと, 刻々: a population increasing ~ 刻々増加してゆく人口. **2** (ほんの)しばらく. **3** 直ちに, すぐ.

mo·men·to [məméntoʊ | -təʊ] *n.* =memento.

mo·men·tous [mo(ʊ)méntəs, mə- | mə(ʊ)mént-] 〖《1652》← MOMENT+-OUS〗 — *adj.* 重大な, 重要な, ゆゆしい (weighty, grave): a ~ occasion / a ~ question to decide 決定しなければならない重大問題.

~·ly *adv.* **~·ness** *n.*

mo·men·tum [mo(ʊ)méntəm, mə- | mə(ʊ)mént-] 〖《1699》□ L *mōmentum* movement: MOMENT と二重語〗 — *n.* (*pl.* **mo·men·ta** [-tə | -tə], **~s**) **1** 勢い, はずみ: gather [gain] ~ はずみがついてくる. **2** (出来事などの)惰性, 惰力. **3** 〖哲学〗=moment 6. **4** 〖物理・機械〗運動量: ⇨angular momentum, linear momentum.

Momi, m- *n.* Momus 2 の複数形.

mom·ism [mɑ́mɪzm | mɔ́m-] 〖← MOM+-ISM〗 *n.* 〖文化人類学・社会学〗モミズム, 女家長主義《強い母権を伴う母親中心主義》. 「ma¹ 1.

mom·ma [mɑ́mə, mʌ́mə | mɔ́mə] *n.* 《米口語》=mam-

Momm·sen [mɑ́mzn, -sn | mɔ́m-; *G.* mɔ́mzn], **Theodor** *n.* モムゼン《1817–1903; ドイツの歴史家・古典学者; Nobel 文学賞 (1902)》. 「er 1.

mom·my [mɑ́mi, mʌ́mi | mɔ́mɪ] *n.* 《米口語》=moth-

Mo·mot·i·dae [məmɑ́ṭədiː | mə(ʊ)mɔ́tɪ-] 〖← NL ~ ← *Momotus* (属名: ← MOTMOT)+-IDAE〗 *n. pl.* 〖鳥類〗ハチクイモドキ科.

mom·ser [mɑ́mzə | mɔ́mzə(r)] *n.* =mamzer.

Mo·mus [móʊməs | mə́ʊ-] 〖《1563》□ L ~ ← Gk *mômos* blame, ridicule〗 — *n.* **1** 〖ギリシャ神話〗モーモス《あら捜しの神; Nyx の子で Olympus 山から追われた》: a disciple [son, daughter] of ~ 人のあらを捜して喜ぶおどけ者. **2** (*pl.* **~·es, Mo·mi** [-maɪ]) [しばしば m-] あら捜し屋 (faultfinder).

mon [mɑ́(ː)n | mɔ́n] *n.* 《スコット・北英》=man.

Mon [móʊn | mə́ʊn] *n.* (*pl.* **~**, **~s**) **1 a** [the ~(s)] モーン族《ビルマ南部, Pegu 地方の原住民》. **b** モーン族の人. **2** モーン語 (cf. Mon-Khmer).

mon. 《略》monastery; monastic; monetary; monitor; monsoon. 「shire; Monsignor.

Mon. 《略》Monaco; Monaghan; Monday; Monmouth-

mon- [mɑn, moʊn | mɔn] (母音の前に来る時の) mono- の異形. 「*muadh* noble〗 *n.* 女性名.

Mo·na [móʊnə | mə́ʊ-] 〖□ Ir. *Muadhnait* (dim.) ←

mon·a·cal [mɑ́nɪkəl, -nə- | mɔ́n-] *adj.* =monachal.

Mon·a·can·thi·dae [mɑ̀nəkǽnθədiː | mɔ̀nəkǽnθɪ-] 〖← NL ~ ← *Monacanthus* (属名: ← MONO-+ACANTHUS)+-IDAE〗 *n. pl.* 〖魚類〗カワハギ科.

mon·a·chal [mɑ́nɪkəl, -nə- | mɔ́n-] 〖《1587》□ (O)F ~ ∥ eccl.L *monachāl-is* ← LL *monachus* 'MONK¹': ⇨-al¹〗 *adj.* =monastic.

mon·a·chism [mɑ́nəkɪzm | mɔ́n-] 〖← LL *monachus* (↑)+-ISM: cf. F *monachisme*〗 *n.* 修道院制度.

mon·ac·id [mɑnǽsɪd, -səd | mɔnǽsɪd] *adj.* 〖化学〗=monoacid.

mo·na·cil·lo [mɑ̀nəsíː(j)oʊ | mɔ̀nəsíː(j)əʊ; *Am. Sp.* mònasíjo] 〖□ Am.-Sp. ~ □ Sp. ~ 《原義》altar boy〗 *n.* (*pl.* **~s** [~z; *Sp.* ~s]) 〖植物〗ヒメフヨウ (*Malvaviscus arboreus*)《メキシコ原産アオイ科の低木》.

Mon·a·co [mɑ́nəkòʊ, -nɪ- ; mənɑ́ːkoʊ | mɔ́nəkə̀ʊ, -nɪ-; *F.* mɔnako] *n.* モナコ: **1** 地中海沿岸フランス南東部の境界にある公国; 世界最小独立国の一つ; 人口 24,000, 面積 1.89 km²; 公式名 the Principality of Monaco モナコ公国. **2** 同国の首都; 人口 3,000.

mo·nad [móʊnæd | mɔ́n-, mə́ʊn-] 〖《1615》□ F *monade* ∥ LL *monad-em*, *monas* □ Gk *monás* unit ← *mónos* alone, single: ⇨ mono-〗 — *n.* **1** 単一, 個体 (unit) (cf. dyad, triad). **2** 〖生物〗**a** 単細胞生物. **b** 一分染色体. **3** 〖動物〗モナド《鞭毛虫類 *Monas* 属の原生動物の総称; 不等の 2 鞭毛をもつ鞭毛虫; 淡水または塩水にすみ, 自由生活性》. **4** 〖化学〗一価元素[原子, 基] (cf. dyad 3, hexad 3). **5** 〖哲学〗モナド, 単子《Leibniz 哲学の用語で実在の究極の単位》; 単子《Bruno の哲学において宇宙を構成する物的心的要素》. **mo·nad·ic** [mo(ʊ)nǽdɪk, mɑ- | mɔ-, mə(ʊ)-] *adj.* **mo·ná·d·i·cal·ly** *adv.*

mon·a·del·phous [mɑ̀nədélfəs | mɔ̀n-] 〖← MONO-+-ADELPHOUS〗 *adj.* 〖植物〗〈雄蕊が〉単体の, 単体雄蕊の (cf. diadelphous, polyadelphous).

monades *n.* monas の複数形.

mo·nad·ism [móʊnædɪzm, mɑ́n-, -nə- | mɔ́næ-, mə́ʊ-] 〖← MONAD+-ISM: cf. F *monadisme*〗 — *n.* 〖哲学〗**1** モナド論, 単子論 (cf. monad 5). **2** [しばしば M-] モナド主義《究極の実体としてモナドを考え, 万象を解明しようとするライプニッツ哲学の形而上学》. **mo·nad·is·tic** [mòʊnædístɪk, mɑ̀n-, -nə- | mɔ̀næ-, mə̀ʊ-] *adj.*

mo·nad·nock [mənǽdnɑk | -nɔk] 〖《転用》↓〗 *n.* 〖地質〗モナドノック, 残丘, 侵食残丘.

Mo·nad·nock [mənǽdnɑk | -nɔk], **Mount** 〖□ Am.-Ind. ~ 《原義》prominent mountain〗 *n.* モナドノック山《米国 New Hampshire 州南西部にある残丘 (965m)》.

mo·nad·ol·o·gy [mòʊnədɑ́ləd͡ʒi, mɑ̀n-, -nə- | mɔ̀nædɔ́ləd͡ʒɪ, mə̀ʊ-] 〖□ F *monadologie* (Leibniz の用語): ⇨ monad, -logy〗 — *n.* 〖哲学〗モナドロジー, 単子論 (monadism).

Mon·a·ghan [mɑ́nəhən, -hæ̀n, -ɪgən, -nə- | mɔ́nəhən, -xən, -kən] *n.* **1** アイルランド共和国北東部 Ulster 地方の州; 人口 47,000, 面積 1,291 km². **2** 同州の首都 Monaghan.

mon·a·ker [mɑ́nəkə | mɔ́nəkə(r)] *n.* =moniker.

mo·nal [mənɔ́ːl, -nɑ́ːl] 〖□ Nepali *munāl*, *monāl*〗 — *n.* 〖鳥類〗ニジキジ《インド北部の山地産ニジキジ属 (*Lophophorus*) のキジ類の総称; 雄は光沢のある極彩色の羽におおわれてきわめて美しい; ニジキジ (impeyan pheasant) など》.

Mo·na Li·sa [móʊnə-líːzə, -sə | -zə; *It.* mɔ́ːnalíːza] 〖□ It. ~ ← *mona* (=*monna*) madam+*Lisa* (Florence の紳士 Francesco del Giocondo の妻)〗 — *n.* [the ~] 「モナリザ」《Leonardo da Vinci 作で, 謎のような微笑をたたえた婦人の肖像画; La Gioconda ともいう》: a ~ smile.

mon a·mi [mɔ̀(ː)naːmíː, -næ- ; *F.* mɔ̃nami] 〖□ F 'my friend'〗 *F. n.* [夫・友人などに対する呼び掛け]あなた, ねえ, ねえ君 (my dear).

mon a·mie [mɔ̀(ː)naːmíː, -næ- ; *F.* mɔ̃nami] 〖□ F ~ (fem.): ↑〗 *F. n.* [妻・友人などに対する呼び掛け]お前, ねえ, ねえあなた (my dear).

mo·nan·drous [mənǽndrəs, mɑ- | mə-, mɔ-] 〖← MONO-+-ANDROUS〗 — *adj.* **1** 〖植物〗〈花が〉一雄蕊(ずい)の; 〈植物が〉一雄蕊花の[をつける] (cf. polyandrous). **2** 〖文化人類学・社会学〗一夫制の, 一夫制的な: the ~ system 一夫制.

mon·an·dry [mɑ́nændri, mənǽn-, mɑ- | mənǽndrɪ, mɔ-] 〖⇨↑, -y¹〗 *n.* **1** 〖植物〗一雄蕊. **2** 〖文化人類学・社会学〗一夫制 (cf. polyandry).

mo·nan·thous [mənǽnθəs] 〖← MONO-+-ANTHOUS〗 *adj.* 〖植物〗単花の.

Mó·na Pássage [móʊnə- | mə́ʊ-] *n.* [the ~] モーナ海峡《西インド諸島の Hispaniola, Puerto Rico 両島間の水路; 幅 130 km》.

mon·arch¹ [mɑ́nək, -nɑək | mɔ́nək, -nɑːk] 〖《*a*1449》□ (O)F *monarque* ∥ LL *monarcha* □ Gk *monárkhēs* ← *mónarkhos* one who rules alone: ⇨ mono-, -arch¹〗 — *n.* **1 a** 独裁的統治者. **b** 世襲的立憲君主; 王, 女王, 皇帝: an absolute ~ 専制君主. **2** 王に比すべき人[生物], 王者 (cf. king 3); 大御所, 大立(おおだて)者: the ~ of the forest 森林の王《oak のこと》/ the ~ of the glen 谷間の王《雄鹿のこと》/ the financial ~ of the world 世界の金融王 / I am ~ of all I survey. 私は目に入るすべての土地の王者である (Cowper). **3** [the M-] 〖天文〗ケフェウス座 (⇨ Cepheus 1). **4** 〖昆虫〗オオカバマダラ (*Danaus plexippus*)《マダラチョウ科のチョウ; 北米から南米の北部にかけて生息する; 北米では季節的に移動をする; California 南部, メキシコ北部などその越冬地では大群をなして樹木に群がる; 幼虫はトウワタ (milkweed) を食べるので milkweed butterfly ともいう》. 「moniker.

mon·arch² [mɑ́nək, -nɑək | mɔ́nək, -nɑːk] *n.* =

mon·arch³ [mɑ́nək, -nɑək | mɔ́nək, -nɑːk] 〖← MONO-+-ARCH²〗 — *adj.* 〖植物〗一原型の《ミズニラなどの根のように放射維管束が 1 木部と 1 師部の構造にいう; cf. diarch, triarch, polyarch》.

mo·nar·chal [mənɑ́əkəl, mɑ- | mɔnɑ́ː-, mə-] 〖《1592》: ⇨ monarch¹, -al¹〗 *adj.* 王の, 君主の, 王にふさわしい, 君主らしい (royal). **~·ly** *adv.*

mo·nar·chi·al [mənɑ́əkiəl, mɑ- | mɔnɑ́ːkɪ-, mə-] *adj.* =monarchal.

Mo·nar·chi·an [mənɑ́əkiən, mɑ- | mɔnɑ́ːkɪ-, mə-] 〖□ LL *monarchiān-us*: ⇨ monarchy, -ian〗 *n.* 〖神学〗モナルキア主義者, 単一神[独裁神]論者.

Mo·nár·chi·an·ism [-nɪzm] *n.* 〖神学〗モナルキア主義, 単一神論, 独裁神論《2–3 世紀ごろ, 三一神的キリスト論に反対し神は単一であると唱えた異端説; cf. Modalistic Monarchianism, Dynamic Monarchianism》. 「narchical.

mo·nar·chic [mənɑ́əkɪk | mɔnɑ́ː-, mə-] *adj.* =mo-

mo·nar·chi·cal [mənɑ́əkɪkəl, mɑ-, -kə- | mənɑ́ːkɪ-, mɔ-] *adj.* **1** =monarchal. **2 a** 君主制の, 君主形態の: a ~ government. **b** 君主制主義の. **3** 君主の権力をもつ. **~·ly** *adv.*

món·ar·chìsm [-kìzm] 〖□ F *monarchisme*: ⇨ monarchy, -ism〗 *n.* **1** 君主制[主義]. **2** 君主制主義.

món·ar·chist [-kɪst, -kəst | -kɪst] *n.* 君主制主義者. — *adj.* 君主制主義(者)の.

mon·ar·chist·ic [mɑ̀nəkístɪk, -nɑə- | mɔ̀nə-] *adj.* 君主制主義的な[者の].

mon·ar·chy [mɑ́nəki, -nɑə- | mɔ́nəkɪ] 〖《*a*1393》□ (O)F *monarchie* □ LL *monarchia* □ Gk *monarkhía*: ⇨ monarch¹, -y¹〗 — *n.* **1 a** 君主政治, 王政, 君主政体 (cf. democracy): an absolute [a despotic] ~ 専制君主国, 専制君主政体 / a constitutional [limited] ~ 立憲君主国, 立憲君主政体 / an elective ~ 選挙君主国[政体]. **b** 君主国. **c** (絶対的であると, 名目的であるとを問わず)世襲終身制の君主[王, 皇帝]をいただく政府[国家]. **2** 独裁君主制[政治].

mo·nar·da [mənɑ́ədə | -nɑ́ː-] 〖← NL ~ ← N. *Monardés* (1493–1588: スペインの医師・植物学者)〗 — *n.* 〖植物〗ヤグルマハッカ《北米産シソ科ヤグルマハッカ属 (*Monarda*) の植物の総称; ヤグルマハッカ (wild bergamot) など》.

mo·nas [móʊnæs, mɑ́n- | mə́ʊn-, mɔ́-] 〖□ L ~: ⇨ monad〗 *n.* (*pl.* **mon·a·des** [mɑ́nədìːz | mɔ́n-]) = monad.

-mo·nas [← mənəs] 〖← NL ~ (↑)〗 〖生物〗「単位, 単

純有機体」の意の属名を作る名詞連結形：Leptomonas, Trichomonas, etc.

mon·as·te·ri·al [mὰnəstí(ə)riəl, -tér- | mɔ̀nəstíəri-] 〖(?a1475) ▭ LL *monasteriāl-is*: ⇨↓, -al¹〗 *adj.* 修道院の, 僧院の；僧院生活の.

mon·as·ter·y [mάnəstèri | mɔ́nəst(ə)rɪ] 〖(c1400) ▭ eccl.L *monastēri-um* ▭ eccl.Gk *monastḗrion* solitary dwelling ← Gk *monastḗs* living alone, monk ← *monázein* to live alone ← *mónos* alone: MINSTER と二重語；cf. monk¹〗 — *n.* (主に男子の)修道院, 僧院. ★ 女子修道院は通例 nunnery または convent という.

mo·nas·tic [mənǽstɪk, mo(ʊ)- | mə-, mɔ-] 〖(1599) ▭ (O)F *monastique* ∥ ML *monastic-us* ▭ eccl.Gk *monastikós* living in solitude: ⇨↑, -ic¹〗 — *adj.* **1** 修道院の, 僧院の, 修道院に関する: ~ rules 修道院の宗規[規約] / ~ architecture 僧院建築. **2** 修道士の；修道女の, 尼僧の: ~ vows (of poverty, chastity, and obedience) (清貧・童貞・従順の三箇条の)修道誓願 / a ~ order [brotherhood] 修道会, 僧団. **3** 修道生活の；隠遁的な, 禁欲的な, 厳しい: lead a ~ life 修道[僧院]生活をする. — *n.* 修道士, 修道僧 (monk).

mo·nás·ti·cal [-tɪkəl, -tə- | -tɪ-] *adj.* 《古》=monastic. **~·ly** *adv.*

mo·nás·ti·cìsm [-təsìzm | -tɪ-] *n.* 修道院制度；僧院[修道]生活, (僧院での)禁欲生活 (asceticism).

Mon·as·tir [mὰnəstíə | mɔ̀nəstíə(r)] *n.* モナスティル：**1** Bitola のトルコ語名. **2** Tunisia 北東部の港市；人口 21,000.

mon·a·tom·ic [mὰnətάmɪk, mòʊn- | mɔ̀nətɔ́m-] 〖← MONO-+ATOMIC〗 — *adj.* 《化学》 **1** 〈分子が〉一原子から成る, 単原子の. **2** 一価の (univalent). **3** 一官能基の, 一置換基の.

mon·au·ral [mɑnɔ́ːrəl, moʊn- | mɔn-] 〖← MONO-+AURAL²〗 — *adj.* **1** 片(かた)耳の, 片耳用の: ~ deafness 片耳難聴. **2** 〈レコード・録音・放送など〉(ステレオに対して)モノラルの, 単一のチャンネルで再生する (cf. binaural, stereophonic). **~·ly** *adv.*

mon·ax·i·al [mɑnǽksiəl | mɔnǽksiəl, -sjəl] *adj.* 《植物》 **1** 単軸の (uniaxial). **2** 主軸に花を開く.

Mon·ax·on·i·da [mὰnæksάnədə, mòʊn- | mɔ̀næksɔ́nɪ-] 〖← NL ~ ← MONO-+Gk *áxōn* 'AXIS¹'+-IDA〗 *n. pl.* 《動物》(海綿動物門尋常海綿綱)単軸海綿目.

mon·a·zite [mάnəzàɪt | mɔ́n-] 〖▭ G *Monazit* ← Gk *monázein* to be alone+G *-it* '-ITE¹'〗 *n.* 《鉱物》モナザイト, モナズ石 ((Ce, La, Md, Pr, Th)PO_4).

Mon·bod·do [mɑnbάdoʊ | mɔnbɔ́dəʊ], **Lord** *n.* (1714–99) スコットランドの裁判官；本名 James Burnett.

Mön·chen-Glad·bach [mʌ́nkənglάːtbaːk; *G.* mœnçənglátbax] *n.* メンヘングラートバッハ《西ドイツ西部 North Rhine-Westphalia 州の都市；人口 260,000》.

mon cher [mɔ̃ː(n)ʃέə, mɔ(ː)n- | -ʃέə(r); *F.* mɔ̃ʃɛːr] 〖▭ F ~ 'my dear'〗 *F. n.* [男性に対する呼び掛け] ねえ, あなた.

Monck [mʌ́ŋk], **George** *n.* =George MONK.

Moncrieff, Scott *n.* ⇨ Scott-Moncrieff.

mon·daine [mɔ̃ː(n)déɪn, mɔ(ː)n-; *F.* mɔ̃dɛn] 〖▭ F ~ (fem.) 'MUNDANE'〗 *F. n.* 流行を追う社交界の婦人. — *adj.* 世俗的な (worldly), 現代風な, スマートな.

Mon·day [mʌ́ndi, -deɪ | -di, -deɪ] 〖OE *mōn(an)dæg* 'DAY of the MOON' (cog. Du. *maandag* / G *Montag*) 《なぞり》← LL *Lūnae diēs* (cf. F *lundi*) 《なぞり》← Gk *hēméra selḗnēs* 《原義》day of the moon〗 — *n.* 月曜日 (略 Mon., M): ⇨ Black Monday, Easter Monday, Mad Monday, Saint Monday. — *adv.* 《口語》月曜日に.

Món·day·ish [-diɪʃ, -deɪɪʃ] *adj.* 《口語》(日曜明けの)月曜日の朝に感じるような, 疲れた, 働く気のしない (cf. Black Monday, blue Monday). **~·ness** *n.*

Mónday mórning quárterback 〖フットボールなどの試合が普通週末に行なわれることから〗 — *n.* 《米》後知恵[結果論]で他人を批判する人《単に Monday quarterback ともいう》.

Mon·days [mʌ́ndiz, -deɪz | -dɪz, -deɪz] 〖⇨ -s² 1〗 *adv.* 月曜日(ごと)に.

monde [mɔ̃ː(n)d, mɔ̃ːnd; *F.* mɔ̃ːd] 〖(1765) ▭ F ~ < L *mundum* the world〗 *F. n.* 世界；世間(の人たち), 社会 (people, society).

Mónd gàs [mά(ː)nd-, móʊnt- | mɔ́nd-, mɔ́ʊnt-; *G.* mɔ́ːnt-] 〖← *Ludwig Mond* (*d.* 1900: ドイツの化学者)〗 — *n.* 《化学》モンドガス《石炭を原料として多量の水蒸気を吹込んで製造するガス；副産物として多量のアンモニアが得られる》.

mon Dieu [mɔ̃ː(n)d(j)ɜ́ː, mɔːn- | -djɜ́ː; *F.* mɔ̃djø] 〖▭ F ~ 'my God'〗 *F. int.* おや, まあ.

Mon·dri·an [mɔ́(ː)ndriὰːn, mάn- | mɔ́ndrɪ-; *Du.* mɔ́ndriaːn], **Piet** *n.* モンドリアン《1872–1944；主に Paris に住んだオランダの画家；立体主義から出発し, 垂直線と水平線の不規則な交叉による独特の抽象美を追求した；オランダ語名 Pieter Cornelis Mondriaan [píːtər kɔrnéːlɪs mɔ́ndriːaːn]; cf. Neo-Plasticism》.

mo·ne·cious [məníːʃəs, mɑ- | mɔ-, mə-] *adj.* =monoecious.

Mo·nél Mètal [moʊnél- | məʊ-] 〖← *Ambrose Monell* (?–1921: New York の International Nickel Company がこの合金を作り出した当時 (1905) の同社の社長)〗 — *n.* 《商標》モネルメタル《カナダの Sudbury 地方産の鉱石から直接製する, ニッケル (約 67%) と銅 (約 28%) と他の金属 (約 5%) との耐酸性の強い合金の商品名》.

mon·er·gism [mάnədʒɪzm | mɔ́nə-] 〖← MONO-+ERGO-¹+-ISM〗 *n.* 《神学》単働説《霊的更生は神意だけの作用によるという説；cf. synergism 1》.

mo·ne·sia [məníːʒə] 〖▭ Am.-Sp. ~〗 *n.* 《薬学》モネジア《南米産のアカテツ科の樹木 (*Pradosia lactescens*) の樹皮から採れるエキスで収斂(しゅうれん)済》.

Mo·net [moʊnéɪ | məʊ-; *F.* mɔnɛ], **Claude** *n.* モネ《1840–1926；フランスの画家；印象派の代表者》.

Mo·ne·ta [moʊníːtə | məʊníːtə; *It.* moné:ta] 〖▭ L *Monēta*〗 *n.* 《ローマ神話》モネータ《助言者としての女神 Juno の通り名》.

Mo·ne·ta [moʊnéɪtə | məʊnéɪtə; *It.* moné:ta], **Ernesto Teodoro** *n.* モネータ《1833–1918；イタリアのジャーナリスト・平和主義者；Nobel 平和賞 (1907)》.

món·e·ta·rìsm [-rɪzm] *n.* 《経済》通貨主義《経済の安定成長は通貨量の調整で得られるという理論》.

món·e·ta·rist [-rɪst, -rəst | -rɪst] *n.* 《経済》通貨主義者, マネタリスト (cf. neo-Keynesian, Friedmanite). — *adj.* 通貨主義(者)の.

mon·e·tar·y [mάnətèri, mʌ́n- | mʌ́nɪt(ə)rɪ] 〖(1802) ▭ F *monétaire* ∥ LL *monētāri-us* ← L *monēta* 'MINT², MONEY': ⇨ -ary〗 — *adj.* **1** 貨幣の, 通貨の: a ~ convention 通貨条約 / a ~ standard 貨幣本位 / the ~ system 貨幣制度. **2** 金銭(上)の；金融の, 財政(上)の: ~ considerations 金銭上の顧慮 / ~ reward 金銭による報酬 / He is in ~ difficulties. 財政困難である.

mon·e·tar·i·ly [mὰnətérəli, mʌ̀n-, ⸗⸗⸗⸗⸗ | mʌ́nɪt(ə)rəli, -rɪli] *adv.*

mónetary ùnit *n.* 《経済》貨幣[通貨]単位《currency unit ともいう》.

mon·e·tize [mάnətàɪz, mʌ́n- | mʌ́nɪ-] 〖← L *monēta* 'MONEY'+-IZE〗 *vt.* **1** 貨幣に鋳造する: ~ gold. **2** 通貨と定める, 法貨にする: ~ silver. **mon·e·ti·za·tion** [mὰnətɪzéɪʃən, mʌ̀n-, -tə- | mʌ̀nɪtaɪ-, -tɪ-] *n.*

mon·ey [mʌ́ni | -nɪ] 〖(c1300) ▭ OF *moneie* (F *monnaie*) < L *monētam* mint, money ← *Jūno Monēta* Juno the Adviser (その神殿で造幣されたことから): MINT² と二重語〗 — *n.* (*pl.* **~s, mon·ies** [~z]) **1** 金銭, 金(かね)；通貨《硬貨 (hard money) および紙幣 (paper money)》: a large sum of ~ 大金 / pay in ~ 金で支払う / bent [bowed] ~ 曲げ銭《わざと二つに曲げて愛の表示として与えまたは寺院などに奉納するもの》/ for ready ~ 現金で / small ~ 小銭 / standard [subsidiary] ~ 本位[補助]貨幣 / lend ~ on interest 利子を取って金を貸す / raise ~ (on...) (…をかたにして) 金をこしらえる[算段する] / sink ~ むだ金を使う, 無益な投資をする / put ~ into one's business 事業に金を投資する / have more ~ than sense (たくさんある) 金を無分別に使う, 金をむだ使いする / I'm not made of ~. 私はそんなに金持ちではない《金のなる木じゃない》/ What's the ~? (値段は)いくらか / *Money* begets [breeds, gets] ~. 《諺》金が金を産む / *Money* talks. 《諺》金がものを言う《人間万事金の世の中》/ *Money* is the word! 何でも金だ / *Money* makes the mare (to) go. ⇨ mare¹ / Time is ~. 《諺》時は金なり《Franklin の言葉》/ *Money* is the sinews of war. 《諺》金が戦いの元手《金がなくてはいくさはできぬ》. ★ ラテン語系形容詞: pecuniary. **2** 財産, 資産, 富 (wealth)；もうけ, 利益: have plenty of ~ たくさん金(財産)がある / lose all one's ~ すっかり財産を失う / a pile [pot] of ~ 山ほどの金 / make ~ 金をもうける；財産を作る / make ~ (out) of ...を金にする, …でもうける / coin ~ どんどん金をもうける / There is ~ *in* it. それは金になる[金がもうかる]. **3** [集合的] 金持ち, 裕福な人々. **4** 《口語》**a** [集合的] (競馬などで, 1, 2, 3 等の)入賞馬[者]: ⇨ *in the* MONEY. **b** 賞金 (prize money): first [second, third] ~ 1 [2, 3] 等賞の賞金. **5 a** [通例 *pl.*] (特殊な種類・名称の)通貨. **b** [*pl.*] 《法律》金額. **6** 《経済》(物々)交換(用)の物品, 貨物貨幣《アメリカインディアンの wampum, 西アフリカの原住民のタカラガイ (cowrie), 古代スパルタの鉄棒など》.

at the money (支払った)その金にしては: It is cheap *at the* ~. その値段では安い. ***be everybody's money*** [否定構文で] 《口語》皆の気に入る, 万人向きだ: He [This] *is not everybody's* ~. 彼[これ]はだれにでも好かれるというわけではない. ***for love or money*** ⇨ love *n.* 成句. ***for money*** (1) 金のために (cf. *for* LOVE): I will do it *for* ~. 金のためならやりましょう. (2) [ロンドン株式取引所で用いて] 現物取引きで. ***for my money*** 《口語》(1) 自分の考え[気持ち]では: *For my* ~ he will go far. 私に言わせれば彼は成功するだろう. (2) 自分の気に入った, あつらえ向きの: He is the man *for my* ~. 彼は私には打ってつけの男だ. ***for the money*** =*at the* MONEY. ***have [get] a (good) run for one's money*** ⇨ run 成句. ***in the money*** (1) (競馬などで)入賞して (cf. 4 a)；どんどん賞金をかせいで (cf. *out of the* MONEY). (2) 《口語》〈人・事業など〉金持ちで. ***marry money*** 金持ちと結婚する. ***money for jam [old rope]*** 《英口語》(1) 楽な[ぼろい]もうけ. (2) 朝飯前の[ぼろい]仕事；楽に手にはいるもの. ***on the money*** 《米俗》ちょうどその場所[時間]に. ***out of money*** (1) 金に困って. (2) [...だけ]損をして [*by*]. ***out of the money*** 《口語》入賞外で (cf. *in the* MONEY (1)). ***put one's money on*** (1) ...に金を賭ける: I'll *put my* ~ *on* that horse. あの馬に賭けよう. (2) 《口語》...の成功を請け合う: I'm *putting my* ~ *on* Brown to win the next by-election. 賭けてもよいが, 今度の補欠選挙では必ずブラウンが勝つ. ***shovel up [in] money*** 金をどしどしもうける. ***throw good money after bad*** ⇨ good money 成句.

money of account (通貨として発行されない)計算貨幣, 勘定貨幣《英国の guinea, 米国の mill など》.

money of necessity (正規貨幣の利用できないときに, 皮・木などを用いて発行する)臨時貨幣.

— *attrib. adj.* **1** 金銭(上)の: ~ matters 金銭問題. **2** お金を入れるための: ⇨ money belt, money-box. **3** 財界で有名な: ~ men's opinions 財界人の意見.

móney·bàg *n.* **1** 金袋, 財布, 金入れ. **2** [*pl.*; 単数扱い] 《口語》**a** 富 (riches, wealth). **b** 金持；守銭奴.

móney bèlt *n.* 金(かね)を入れるポケット付きベルト.

móney bìll *n.* 財政法案《下院で発議されるもので英国では上院に否決権がない》.

móney-bòx *n.* 銭箱, 貯金[献金]箱.

móney bròker *n.* 金融業者.

móney chànger 〖(c1390)〗 *n.* **1** 両替商. **2** (乗物などの)両替器.

móney chànging *n.* (二国間の)通貨交換(業).

món·eyed 〖(1457)〗 *adj.* **1** 金のある, 金持ちの: a ~ man 金持ち, 資本家 / ~ classes 富裕階級. **2** 金銭から成る, 金銭(上)の: ~ assistance 金銭上の援助.

móneyed ínterest *n.* **1** 金銭上の利害[利権]. **2 a** 財界, 金融界. **b** [集合的] 財界[金融]関係者.

món·ey·er *n.* **1** 《古》(もと英国にあった)貨幣鋳造者 (minter). **2** 《廃》両替屋[商] (money changer), 金貸し(業者) (moneylender), 銀行家 (banker).

móney·grùbber *n.* (けちけちして金をため込む)蓄財家, 守銭奴.

móney·grùbbing *adj., n.* 蓄財に熱心な(こと).

móney illùsion *n.* 《経済》貨幣的錯誤《貨幣額表示の金額の大小がそのまま実質購買力の大小であると錯覚すること》.

móney·lènder *n.* 金貸し, 金融業者；(特に)質屋.

móney·less 〖(a1376)〗 *adj.* 金のない, 一文なしの.

móney-màker 〖(?a1400)〗 *n.* **1** 金をもうけてためる人, 蓄財家. **2** (大当たりをして)金もうけになるもの, 銭になるもの, 「ドル箱」.

móney·màking *n.* 金もうけ, 蓄財. — *adj.* **1** 金もうけのうまい；収入のある: a ~ person. **2** もうかる (profitable, lucrative): a ~ pursuit.

móney·màn [-mæ̀n] *n.* (*pl.* **-men** [-mèn]) **1** 投資家, 財政家 (financier). **2** 後援者, パトロン.

móney màrket *n.* 金融市場；金融界.

móney·mònger *n.* 金貸し (moneylender).

móney òrder *n.* (送金)為替(かわせ), 郵便為替 (《英》post-office order, postal order): a telegraphic ~ 電信為替 / foreign ~ 外国為替.

móney spìder *n.* 《動物》コガネグモ科オニグモ属のクモの一種 (*Aranea scenica*)《これが身体を這うと金が手に入り幸運がおとずれると思われた》.

móney spìnner *n.* 《英》 **1** 《動物》=money spider. **2** =money-maker.

móney's wòrth *n.* 金だけの値打ち(のもの): get one's ~.

móney·wòrt *n.* 《植物》コウシュコナスビ (*Lysimachia nummularia*)《ヨーロッパ原産サクラソウ科の吊鉢用多年草；creeping Charlie, creeping Jenny ともいう》.

Mong. 《略》Mongol; Mongolia; Mongolian.

'mong [mʌŋ, mὰŋ, mάŋ] 〖(?c1200) *mang, mong* 《頭音消失》← AMONG〗 *prep.* 《詩》=among.

mon·ger [mʌ́ŋgə, mάŋ- | mʌ́ŋgə(r)] 〖OE *mangere* (cf. *mangian* to deal in) < Gmc **maŋʒōjan* ← L *mangō* trader ← IE **meng-* to furbish: ⇨ -er¹: [ʌ] 音は West Midland 方言から〗 — *n.* [通例複合語の第 2 構成要素として] **1** 商人, 小売商人, …屋 (trader, dealer): ⇨ alemonger, cheesemonger, costermonger, fishmonger, ironmonger. **2** 《軽蔑》つまらない[くだらない]事に憂き身をやつす人, (事件屋・聞きたがり屋などの) …屋: ⇨ gossipmonger, newsmonger, scandalmonger.

món·ger·ing [-g(ə)rɪŋ] *n.* [主に複合語の第 2 構成素として] **1** 商い, 取引き (dealing). **2** 《軽蔑》(つまらない事に)憂き身をやつすこと: ⇨ boroughmongering.

mon·go [mάŋgoʊ | mɔ́ŋgəʊ] *n.* (*pl.* ~) モンゴー《モンゴル人民共和国の通貨単位；=$^1/_{100}$ tugrik》.

Mon·gol [mάŋgəl, -goʊl, mάngoʊl | mɔ́ŋgɔl, -gəl] 〖(1738) ▭ Mongolian ~ ← ? *mong* brave〗 — *n.* **1** モンゴル人, 蒙古人. **2** モンゴル語, 蒙古語. **3** 《人類学》=Mongoloid 2. **4** [しばしば m-] 《病理》=Mongolian 3. — *adj.* =Mongolian.

Móngol Émpire *n.* [the ~] モンゴル帝国, 元《13 世紀に Genghis Khan が統治した大帝国；その版図(はんと)はアジアの大部分を含み東欧の Dnieper 川にまで及んだ；首都は北モンゴルの Karakorum》.

Mon·go·lia [mɑŋgóʊljə, mɑŋ-, -liə | mɔŋgə́ʊljə, -lɪə] *n.* **1** モンゴル《アジア東中部の広大な地域で, 内モンゴル (Inner Mongolia) とモンゴル人民共和国 (Mongolian People's Republic), ロシヤ連邦共和国 Tuva 自治州を含む；面積 2,700,000 km^2》. **2** = Mongolian People's Republic.

Mon·go·lian [mɑŋgóʊljən, mɑŋ-, -liən | mɔŋgə́ʊljən, -lɪən] 〖(1738)〗 — *adj.* **1** モンゴル(人)の, 蒙古(人)の；モンゴル語の. **2** モンゴル人種の. **3** [しばしば m-] 《病理》蒙古症 (Mongolism) の[にかかった]: ~ idiocy 蒙古症. — *n.* **1** モンゴル人, 蒙古人 (Mongol), モンゴル人民共和国民；内モンゴル人；モンゴロイド (Mongoloid). **2** モンゴル語《アルタイ語族に属する膠着(こうちゃく)語》. **3** [しばしば m-] 《病理》蒙古症患者 (Mongol).

Mongólian fóld *n.* 〖解剖〗蒙古(もう)ひだ (⇨ epicanthic fold).

mongólian gérbil *n.* 〖動物〗モンゴルネズミ(*Meriones unguiculatus*)《モンゴルと中国北部にすむネズミに似た動物; 実験用動物として飼育される》.

Mongólian Péople's Repúblic *n.* [the ~] モンゴル人民共和国《アジア中東部の共和国で, もと外モンゴル (Outer Mongolia) と称したモンゴルの北部を占める; 人口 1,500,000, 面積 1,565,000 km², 首都 Ulan Bator》.

Mongólian ráce *n.* [the ~] 〖人類学〗モンゴル人種《モンゴル人・満州人・中国人・朝鮮人・日本人・安南人・シャム人・ビルマ人およびチベット人を含むアジアのいわゆる黄色人種》.

Mongólian spót *n.* 〖医学〗蒙古斑.

Mon·gol·ic [mɑŋgɑ́lɪk, mɑŋ- | mɔŋgɔ́l-] *adj.* =Mongoloid 2. — *n.* モンゴル語群(Mongolian languages)《モンゴル語, ブリヤート語 (Buryat), カルムィク語 (Kalmuck) などを含むアルタイ語族の一語群》.

Mon·gol·ism [mɑ́ŋgəlɪ̀zm | mɔ́ŋ-] *n.* [しばしば m-] 〖病理〗蒙古症, モンゴリズム《ダウン症候群 (Down's syndrome) の旧称》.

Mon·gol·oid [mɑ́ŋgəlɔ̀ɪd | mɔ́ŋ-] 〖← MONGOL + -OID〗 — *adj.* **1** モンゴル人に似た. **2** 〖人類学〗モンゴロイドの, 黄色人種の. **3** [しばしば m-] 〖病理〗蒙古症の[にかかった]. — *n.* **1** 〖人類学〗モンゴロイド, 類蒙古人種, 準蒙古人種《モンゴル人種およびインドネシアマライ人・アメリカインディアンを含む; cf. stock² 15》, モンゴロイド人種. **2** [しばしば m-] 〖病理〗蒙古症患者.

mon·goose [mɑ́ŋguːs, mɑ́n- | mɔ́ŋ-, mʌ́ŋ-] 〖(1698) ◻ Marathi *mangūs*〗 — *n.* 〖動物〗マングース属(*Herpestes*)の肉食動物の総称; エジプトマングース(ichneumon)など; (特に, インド産の)ハイイロマングース (*H. edwardsi*)《毒ヘビを襲ってこれを捕食する習性がある》.

mongoose

mon·grel [mɑ́ŋgrəl, mɑ́ŋ- | mʌ́ŋ-] 〖(1486) ← (廃・英方言) *mong* mixture (← *ymong* < OE *gemong* ← *mengan* to mix) + -REL: [ʌ] 音については ⇨ among〗 — *n.* **1** (動植物の)雑種 (cf. hybrid); (特に)雑種犬 (cf. cur 1). **2 a** [通例軽蔑的] 混血児. **b** 混交物. — *attrib. adj.* **1** 雑種の, 混血の: a ~ dog 雑種犬. **2** [通例軽蔑的] 混血の, 混交の: a ~ race, language, etc.

món·grel·ism [-lɪzm] *n.* 雑種(性).

mon·grel·ize [mɑ́ŋgrəlàɪz, mʌ́ŋ- | mʌ́ŋ-] *vt.* **1** 雑種にする. **2** [通例軽蔑的] 〈人種を〉混血化する, あいのこにする, 複雑化する.

mon·grel·i·za·tion [mɑ̀ŋgrəlɪzéɪʃən, mʌ̀ŋ-, -lə- | mʌ̀ŋgrəlaɪ-, -lɪ-] *n.*

món·grel·ly [-grəli | -lɪ] *adj.* 雑種の(ような), 雑種に似た.

'mongst [mʌŋ(k)st, mɑ́ŋ(k)st] *prep.* 《詩》=amongst.

mo·ni·al [móuniəl | mə́unɪ-] 〖(1330) ◻ OF *moinel* (F *meneau*) ← *moien, meien* 'MEAN¹'〗 *n.* 〖建築〗=mullion.

mon·ic [mɑ́nɪk | mɔ́n-] 〖← MONO- + -IC¹〗 *adj.* 〖数学〗〈多項式が〉最高次の係数が1の, 最高巾(べき)の係数が1の.

Mon·i·ca [mɑ́nɪkə, -nə- | mɔ́nɪ-] 〖◻ L ~: cf. *monēre* to advise: Augustine of Hippo を育てた'賢母' *St. Monica* にちなむ〗 — *n.* 女性名《アイルランド形 Monca》.

mon·ick·er [mɑ́nɪkə | mɔ́nɪkə(r)] *n.* =moniker.

mon·ied [mʌ́nid | -nɪd] *adj.* =moneyed.

Mon·i·er-Wil·liams [mʌ́niəwɪ́ljəmz, mɑ́n- | mʌ́nɪə-, mɔ́n-, -njə-], Sir **Monier** *n.* (1819–99) 英国のサンスクリット語学者.

monies *n.* money の複数形.

mon·i·ker [mɑ́nɪkə, -nə- | mɔ́nɪkə(r)] 〖《混成》? ← MONO(GRAM) + (MAR)KER: もと盗賊の隠語〗 *n.* 《俗》名前 (name); あだ名 (nickname).

mo·nil·ia [mənɪ́liə | -lɪə] 〖← NL ~ ← L *monile* necklace (連鎖状の菌細胞の形から): ⇨ moniliform〗 — *n.* **1** 〖植物〗不完全菌綱モニリア属 (*Monilia*) の菌の総称《現在は狭義に認められ, 2, 3 の子嚢菌の不完全世代として数種が含められる》. **2** 〖植物病理〗褐色核菌病, 赤腐れ《monilia disease ともいう》.

Mo·nil·i·a·ce·ae [mənɪ̀liéɪsiiː | -lɪ-] 〖← NL ← *Monilia* (属名: ← L *monile* necklace: ⇨ moniliform) + -ACEAE〗 — *n. pl.* 〖植物〗(不完全菌類)モニリア科.

mo·nil·i·al [mənɪ́liəl | -lɪəl] 〖← NL *Monilia* (↑) + -AL¹〗 — *adj.* 〖植物〗モニリア属 (*Monilia*) の菌の[によって起こる]. ★ 以前は人体・動物寄生性の菌を指したが, 現在は *Candida* 属に移され, モニリア症 (moniliasis) などの病名として残る.

mo·ni·li·a·sis [mòunəláɪəsɪs, mɑ̀n-, -səs | mə̀unɪláɪəsɪs, mɔ̀n-] 〖← NL ~ ← *Monilia* (⇨ Moniliaceae) + -IASIS〗 — *n.* 〖病理〗モニリア症, カンジダ症; (特に)口腔カンジダ症, 鵞口瘡(がこうそう) (candidiasis, thrush).

mo·nil·i·form [mənɪ́ləfɔ̀əm | mə(u)nɪ́lɪfɔ̀ːm] 〖(1802) ← L *monile* necklace (cf. Gk *mánnos* necklace worn by Celtic people / Skt *maṇi* gem, pearl / OE *manu* 'MANE') + -I- + -FORM〗 — *adj.* **1** 数珠(じゅず)に似た. **2** 〖生物〗〈茎・根・果実・触覚など〉数珠形の, 念珠状の.

mon·ish [mɑ́nɪʃ | mɔ́n-] 〖(*a*1325) *mones, monast* ◻ OF *monester* (頭音消失) ← *amonester* 'ADMONISH'〗 *vt.* =admonish.

mo·nism [móunɪzm, mɑ́n- | mɔ́n-] 〖(1862) ◻ G *monismus* ← NL ← Gk *mónos* single: ⇨ mono-, -ism〗 — *n.* 〖哲学〗一元論 (cf. dualism 2, pluralism 5): idealistic [materialistic] ~ 唯心[唯物]論的一元論.

mó·nist [-nɪst, -nəst | -nɪst] *n.* 〖哲学〗一元論者.

mo·nis·tic [mo(u)nɪ́stɪk, mɑ- | mɔ-] *adj.* 〖哲学〗一元論の, 一元論的な. **~ly** *adv.*

mo·nís·ti·cal [-tɪkəl, -tə- | -tɪ-] *adj.* =monistic. **~ly** *adv.*

mo·ni·tion [mo(u)nɪ́ʃən, mə- | mə(u)-, mɔ-] 〖(*c*1375) ◻ (O)F ~ // L *monitiō(n-)* ← *monēre* to call to mind, advise, warn ← IE **men-* to think (Gk *mémona* I intend / Skt *mantra* counsel): ⇨ -tion〗 — *n.* **1** 勧告, 注意, 警告. **2** (差し迫る危険などの)警戒, 告示. **3** 〖法律〗(民事及び海事事件における裁判所の)召喚, 呼出し. **4** 〖キリスト教〗(bishop が発する)説諭状, 戒告状.

mon·i·tor [mɑ́nətə | mɔ́nɪtə(r)] 〖(1546) ◻ L ~ ← *monitus* (p.p.) ← *monēre* (↑): ⇨ -or²〗 — *n.* **1 a** (人の行為についての)戒告者, 訓戒者. **b** 監督生, 助教生, 生徒長, 補佐《教師を助けて校内の秩序を保ち出欠調査などをする生徒, または下級生を指導する上級生; cf. prefect 3》. **2** (情報を得るために任命されて)外国放送を聴取する人, 外電傍受者. **3** 警告となる物, 監視装置 (reminder): **a** (放射線・有毒ガスなどの)監視装置; (原子力工場従業員の)誘導放射能検出器. **b** (機械・航空機などの)監視(制御)装置, モニター. **4 a** 自在筒先《消火放水などの時に機械仕掛けで望みの方向に向けられるように筒口に取り付けられたもの; monitor nozzle ともいう》. **b** (水圧採鉱器の)筒口《giant ともいう》. **5** 《米》越屋根, 段屋根, 煙出し《屋根の上に一段突き出た小屋根; 換気・採光用》. **6 a** 〖海軍〗モニター[モニトル]艦, 低舷甲鉄艦《旋回砲塔に重砲を載せた水線より上の部分が低い, 以前用いられた装甲の厚い米国の沿岸作戦用小型甲鉄艦》. **b** [the M-] モニター《最初の同型軍艦; 1862 年 Virginia 州 Hampton Roads で南部連盟軍の甲鉄艦 Merrimac 号と戦った》. **7** 〖動物〗オオトカゲ《アフリカ・南アジアおよびオーストラリア産オオトカゲ科オオトカゲ属 (*Varanus*) の動物の総称; ワニのいることを警告すると言われる; ナイルオオトカゲ (*V. niloticus*) など; monitor lizard ともいう》. **8** 〖通信〗**a** モニター《ラジオ・テレビなどの音質・忠実度などを監視するための受信機》. **b** モニター《ラジオ・テレビなどの音質・忠実度などを監視する人》. **9** 〖医学〗モニター, 監視装置《生体内の状態・機能などを観察する装置》. **10** 〖電算機〗モニター《計算機の管理プログラムあるいはその中心をなす処理装置の管理部》.
— *vt.* **1** (監視装置を用いて)〈ラジオ・テレビ〉の送信の音質・忠実度などを監視する. **2** (政治・軍事・犯罪などの目的で)〈海外放送・電話などを〉傍受する: ~ every newscast. **3** (放射線の強さを調べるために)〈空気・物の表面などを〉検査する, …の放射線の強さを測定する: ~ clothing. **4** 〈人・物を〉監督する, 監視する: ~ an examination. **5 a** 〈機械, 特に, 自動電子装置などの作動状態を〉調節する, 監察する. **b** (レーダーで)〈航空機などを〉追跡する. **6** (録音で)〈音〉の質[量]を調節する. **7** 〖医学〗(機器によって)監視する, モニターする. — *vi.* monitor として働く[作動する].

mon·i·to·ri·al [mɑ̀nətɔ́ːriəl, -tɔ́ːr- | mɔ̀nɪtɔ́ːrɪ-] 〖← L *monitōri-us* 'MONITORY' + -AL¹〗 — *adj.* **1** 監督生 (monitor) の: ~ duties 監督生の職務. **2** =monitory. **3** 〖通信〗モニターを用いる.

monitórial sýstem *n.* [the ~] 〖教育〗監督生制度, 助教生制度《19 世紀初頭に英国で開発された教育方法で, 教師が監督生 (monitor) と呼ばれる年長の生徒に教え, その内容を監督生がより年少の生徒に教える方式》.

mónitor nòzzle *n.* =monitor 4 a.

mónitor·shìp *n.* monitor の役[地位, 任期].

mon·i·to·ry [mɑ́nətɔ̀ːri, -tɔ̀ri | mɔ́nɪt(ə)ri] 〖(*c*1475) ◻ L *monitōri-us* (adj.) warning ← *monitus*: ⇨ monition, -ory¹〗 — *adj.* 勧告の, 訓戒の, 警告する, 警戒する (admonitary): a ~ look 注意のまなざし. — *n.* =monitory letter.

mónitory létter *n.* (bishop などの発する)説諭状, 戒告状.

mon·i·tress [mɑ́nətrɪs, -trəs | mɔ́nɪtrɪs, -très] *n.* 女性の monitor 1 a, b.

mon·i·trix [mɑ́nətrɪks | mɔ́nɪ-] *n.* =monitress.

Mo·niz [muníːʃ; *Port.* muníʃ], **An·tó·nio** [ɐ̃tɔ́nju] *n.* ムニシュ (1874–1955; ポルトガルの外科医; Nobel 医学生理学賞 (1949)).

monk¹ [mʌ́ŋk] 〖OE *munuc* ◻ VL **monic-us* = LL *monach-us* monk ◻ eccl.Gk *monakhós* living alone, solitary; monk ← *mónos* alone: cf. mono-〗 — *n.* **1** 修道士《修道誓願を立て俗生活を捨てて修道院内に生活するキリスト教修道会の男子; cf. friar》. **2** (ラマ教・Senussi 派イスラム教または仏教などの)道士, 僧. **3** 〖印刷〗黒坊主《ページ中のインクぼての部分; cf. friar 2》.

monk² [mʌ́ŋk] 〖略〗 *n.* =monkey.

Monk [mʌ́ŋk], **George** *n.* (1608–70) 英国の軍人; 1660 年 Charles 二世を王位に復帰させるため力を尽くした; 1st Duke of Albemarle.

mónk·dom [-dəm] *n.* 修道士であること; [集合的] 修道士 (monks); 修道士の世界 (domain of monks).

monk·er·y [mʌ́ŋkəri | -rɪ] 〖← MONK¹ + -ERY〗 *n.* 《軽蔑》**1 a** 修道士生活, 修道院制度. **b** [*pl.*] 修道院の行慣. **2 a** [集合的] 修道士 (monks). **b** 修道院, 僧院.

mon·key [mʌ́ŋki | -kɪ] 〖(1530) ← ? LG: cf. MLG *Moneke* (中世の動物寓話 *Reynard the Fox* に出る Martin the Ape の息子の名) ← *mone-* (← MIt. *monnicchio* < OIt. *monna* ← Turk. *maymun* ← Arab. *maymūn* happy: cf. Sp. & Port. *mono* ape) + *-ke* (dim. suf.: ⇨ -kin)〗 — *n.* **1** サル(猿)《広義では人間とキツネザル (lemur) 以外の霊長目 (Primates) の哺乳類, 通俗的には小型で尾のある動物; cf. ape》: three (wise) ~s (見ざる・聞かざる・言わざるの)三猿(さんえん)(の置物). ★ ラテン語系形容詞: simian. **2** [戯れの軽蔑語として] 猿のような人: **a** いたずら小僧. **b** 物まねしたがる人, 人まね乞食(こじき) (mimic). **c** 《俗》こっけいな人, ばか: make a ~ (out) of a person 人をばかにする, だます. **3** (長毛の)サルの毛皮. **4** (杭打ち機の)落とし槌(づち), 分銅. **5 a** (ガラス製造用)小型るつぼ. **b** 首の長い円形陶製水入れ. **6** (炭坑の)小気孔. **7** 《英》癇癪(かんしゃく) (temper). ★ 主に次の句に用いる: get [have] one's ~ up 癇癪を起こす, 怒る / put a person's ~ up 人を怒らせる. **8** モンキー(ダンス)《ツイスト (twist) から派生した踊りの一種; サルが木登りに似た所作をすることから》. **9** 《俗》麻薬中毒. ★ しばしば次の句に用いる: have a [the] ~ on one's back 麻薬中毒である. **10** 《俗》500 ポンド[ドル].
I'll be [I am] a monkey's uncle. 《口語》驚いたなあ. ***not give [care] a monkey's (fuck, etc.)*** 《俗》ちっとも構わない, へっちゃらだ. ***suck [sup] the monkey*** 《英俗》(1) 酒樽に小さな穴をあけて管・わらなどを差し込んで飲む: 酒をびんから飲む, らっぱ飲みをする. (2) ココヤシの実の乳液を抜いた後へ酒を入れて飲む.
— *vi.* 《口語》**1** ぶらぶら遊び回る 〈*around, about*〉. **2** ふざける, いたずらをする; よけいな手出しをする, いじくり回す (trifle) 〈*around, about*〉〔*with*〕: Don't ~ *about with* the matches. — *vt.* 《まれ》(猿のように)まねる; からかう.

mónkey blòck *n.* 〖海事〗よりもどし環 (swivel) 付きの一枚滑車.

mónkey brèad *n.* **1** バオバブ (baobab) の実《ヒョウタンに似て食用となる》. **2** 〖植物〗=baobab《monkey-bread tree ともいう》.

mónkey brìdge *n.* 〖海事〗**1** 最上船橋, 最上艦橋 (flying bridge). **2** 機関室内の狭いプラットフォーム.

mónkey bùsiness *n.* 《俗》**1** いたずら, からかい. **2** いんちき, ごまかし.

mónkey càp *n.* モンキー帽《あごひも付きの縁なし小型の帽子》.

mónkey cùp *n.* 〖植物〗ウツボカズラ属 (*Nepenthes*) の植物の総称《ウツボカズラ (*N. rafflesiana*) など》.

mónkey èating éagle *n.* 〖植物〗サルクイワシ (*Pithecophaga jefferyi*)《フィリピン産のオオワシ》.

mónkey-èngine *n.* 《英》杭打ち機.

mónkey-fàced *adj.* 猿のような顔をした.

mónkey fìst *n.* 〖海事〗細索を飛ばすためなどの結び目状の球形重り《猿の握りこぶしを思わせる; monkey's fist ともいう》.

mónkey flòwer *n.* 〖植物〗ゴマノハグサ科ミゾホオズキ属 (*Mimulus*) の植物の総称《ベニミゾホオズキ (scarlet monkey flower), アメリカミゾホオズキ, ニオイホオズキ (*M. moschatus*) など》.

mónkey fòrecastle *n.* 〖海事〗モンキーフォークスル, 小[短]船首楼, (船首)錨甲板.

mónkey fòresail *n.* 〖海事〗モンキーフォースル《スクーナー (schooner), スループ (sloop) などの前檣縦帆》.

mónkey gàff *n.* 〖海事〗モンキーガフ《自船の信号が見えやすいようにスパンカー ガフ (spanker gaff) の上にさらに斜めに突き出す円材》.

mónkey hàmmer *n.* 〖機械〗=drop hammer 1.

món·key·ish [-kiɪʃ] *adj.* 猿のような, いたずらな (mischievous). **~·ly** *adv.* **~·ness** *n.*

mónkey ìsland *n.* 《俗》〖海事〗最上船橋塔《海図室や船橋の上にさらに設けた塔状の船橋》.

mónkey jàcket *n.* **1** =mess jacket. **2** モンキージャケット《昔船乗りが着た引き締まった短い上着》.

mónkey-nùt *n.* 南京豆, 落花生 (peanut).

mónkey·pòd *n.* **1** 〖植物〗アメリカネム, アメフリノキ (*Samanea saman*)《中米原産で羽状複葉をもち, 淡紅色の球状花をつけるマメ科の高木; 材は細工物用, 莢(さや)は牧畜飼料; rain tree ともいう》. **2** アメリカネム材.

mónkey pòop *n.* 〖海事〗(後甲板中央の一段高い位置にある)船尾楼.

mónkey pòt *n.* 南米産サガリバナ科の大樹 (*Lecythis grandiflora*) の果実《丸いつぼ形で横線によってはっきり区別された上部はふたになっている; 中に多数の nuts を含む》.

mónkey pùzzle *n.* 〖植物〗チリマツ, アメリカウロコモミ (*Araucaria araucana*)《南米チリの高地原産のナンヨウスギ科の高木; 密生した枝に堅く鋭い葉を生じるため猿にも登れないという; 実は食用となる》.

mónkey ràil *n.* 〖海事〗握り棒《帆桁(ほげた)や船べりのレールなどの上に取り付けた人がつかまれる太さの金属棒》.

mónkey's fìst *n.* =monkey fist.

mónkey·shìne *n.* [通例 *pl.*] 《米口語》(猿のような)ふざけたいたずら, 悪ふざけ.

mónkey spàr *n.* 〖海事〗訓練用小形円材《小形の帆柱や帆桁; 船上で少年に水夫の訓練を施すとき用いる》.

mónkey sùit *n.* 《俗》**1** 制服 (uniform). **2** (男子用)礼服, 夜会服 (tuxedo).

mónkey·tàil *n.* 〖海事〗**1** フックの先端に取り付けた短い索《フックで物を吊った時はずれないようにこ

れでフックの口を閉ざすためのもの》. **2** ＝rudder horn. **3** 手すりの両端に付けた渦巻模様の飾り.

mónkey wrènch *n.* **1** モンキーレンチ, 自在スパナ, モンキースパナ (《英》adjustable spanner) (⇨wrench 挿絵). **2** 障害[妨害, 邪魔だて]となるもの: throw a ～ into... 《口語》〈物事の進行など〉に邪魔だてする.

mónk·fish *n.* 〘魚類〙 **1** カスザメ (angle shark). **2** チョウチンアンコウ (angler).

Mon-Khmer [móʊn-kméə | máʊn-kméə(r] *adj.* モンクメール語群の. ― *n.* モンクメール語群《ビルマの南部, Pegu 地方で使われる Mon 語やカンボジアで使われる Khmer 語などを含む》.

mónk·hòod 〘OE *munuchade*: ⇨monk, -hood〙 *n.* **1** 修道士の身分. **2** [集合的] 修道士 (monks).

mónk·ish [-kɪʃ] *adj.* **1** **a** 修道士の, 修道生活の, 修道院の. **b** 修道士のための, 修道士用の. **c** 修道士が作った. **2** **a** 修道士じみた, 坊さん臭い: ～ manners. **b** 〈行動が〉厳格な, 身を持するに堅い, 道心堅固な, お堅い; 禁欲的な (ascetic). **～·ly** *adv.* **～·ness** *n.*

mónk's clòth *n.* ななこ織りの綿布《カーテン用》.

monks·hood [mʌ́ŋkshʊ̀d] 〘《16C》← MONK[2]＋-S[2] 2＋-HOOD〙 *n.* 〘植物〙キンポウゲ科トリカブト属 (*Aconitum*) の有毒植物の総称《暗紫色で頭巾型の花が咲く》.

Monm. 《略》Monmouthshire.

Mon·mouth [mɑ́məθ, mɑ́n- | mɔ́n-] *n.* **1** ウェールズに接するイングランドの旧州; 1974 年以降その大部分がウェールズの Gwent 州となる; 面積 1,404 km², 首都 Monmouth. **2** ウェールズGwent 州東部の町, 旧 Monmouth 州の首都; 人口 6,600.

Mon·mouth [mʌ́nməθ, mɑ́n- | mɔ́n-], **Duke of** *n.* (1649–85) 英国王 Charles 二世の庶子, James 二世が即位した年に王位要求の反乱を起こし処刑された; 本名 James Scott.

Mon·mouth·shire [mɑ́nməθʃɪə, mʌ́n-, -ʃə | mɔ́nməθʃə(r, -ʃɪə(r] 〘← *Monmouth* (＜OE *Munuwi mūđa* mouth of the Monnow (河の名)《なぞり》? ← Welsh *Aper Mynuy*)＋-SHIRE〙 *n.* ＝Monmouth 1.

mon·ni·ker [mɑ́nɪkə, -nə- | mɔ́nɪkə(r] *n.* ＝moniker.

mon·ni·on [mɑ́niən | mɔ́nɪ-] 〘□OF *moignon* stump (of a limb)〙 ― *n.* 〘甲冑〙(鎧(よろい)の)肩当《spaulder ともいうが, 特に首甲 (gorget) と一体になったものを指す》.

mon·o[1] [mɑ́noʊ, móʊn- | mɔ́nəʊ] 〘《略》← MONONUCLEOSIS〙 *n.* (*pl.* **～s**) 《口語》 **1** 〘解剖〙単球 (monocyte). **2** 〘病理〙(特に, 伝染性)単核症.

mo·no[2] [móʊnoʊ | máʊnəʊ] 〘□Sp. ～ 'MONKEY'〙 *n.* (*pl.* **～s**) 〘動物〙＝villous howler monkey.

mon·o[3] [mɑ́noʊ, móʊn- | máʊnəʊ, mɔ́n-] 〘《略》← MONOTYPE〙 *n.* (*pl.* **～s**) モノタイプ.

mon·o[4] [mɑ́noʊ, móʊn- | mɔ́nəʊ] 〘略〙 *n.* (*pl.* **～s**) ＝monosabio.

mon·o[5] [mɑ́noʊ, móʊn- | mɔ́nəʊ] 〘略〙《口語》 ― *adj.* モノフォニックの (monophonic), モノラルの (monaural): a ～ phonograph record モノラルレコード. ― *n.* (*pl.* **～s**) **1** モノラルレコード. **2** モノラル再生.

mon·o[6] [mɑ́noʊ, móʊn- | mɔ́nəʊ] 〘《略》← *monoatomic*〙 *adj.* 〘化学〙(一分子中に) 1 個の原子[基]を含む.

Mo·no [móʊnoʊ | máʊnəʊ] 〘□Sp. ～ ← N-Am.-Ind.〙 ― *n.* (*pl.* **～, ～s**) **1** **a** [the ～(s)] モノ族《米国 California 州南東部のショーショーニ族 (Shoshoni) の一支族》. **b** モノ族の人. **2** モノ語.

mon·o- [mɑ́no(ʊ), móʊn-, -nə | mɔ́nə(ʊ)] 〘← Gk *mónos* alone, single ← IE **men-* small, isolated〙 ― 次の意味を表わす連結形: **1**「単独の, 単一の, 一の」(↔ poly-, multi-): *mono*chord. **2**「一分子の厚さ」: *mono*film 分子膜 / *mono*layer 分子層. **3** 〘化学〙「一原子[基]を含む」: *mon*oxide. ★ 母音の前では通例 mon- になる.

mòno·ácetin *n.* 〘化学〙モノアセチン (⇨acetin a).

mòno·ácid 〘化学〙 *adj.* **1** 一酸の; 一酸塩基の: a ～ base 一酸塩基. **2** 〈分子が〉一個の酸水素原子をもつ. ― *n.* 一個の酸水素原子をもつ酸.

mòno·acídic *adj.* 〘化学〙＝monoacid.

móno·alphabètic substitútion *n.* 〘通信〙単一置換え法《暗号文字を解読するための置換え用アルファベット表を一種類しか使わない暗号記法; cf. polyalphabetic substitution》.

mòno·amíne *n.* 〘化学〙モノアミン (RNH_2)《アミノ基 1 個をもつアミン》.

mónoamine óxidase *n.* 〘生化学〙モノアミン酸化酵素《酸化によってモノアミンを脱アミノする反応を触媒する酵素》.

mon·o·am·in·er·gic [mɑ̀noʊæ̀mɪnə́ːdʒɪk, mòʊn-, -æ̀mə- | mɔ̀nəʊæ̀mɪnə́ː-] 〘⇨↑, erg-, -ic[1]〙 ― *adj.* 〘生化学〙モノアミンを分離または含有する物質の《例えばチラミン・カテコールアミン・セロトニン・ノルアドレナリンなど, 神経での刺激伝達に深く関係する》.

mòno·atómic *adj.* 〘化学〙＝monatomic.

mòno·básic *adj.* **1** 〘化学〙〈酸が〉一塩基の: ～ acids 一塩基性酸. **2** 〘生物〙＝monotypic 2.

monobásic sódium phósphate *n.* 〘化学〙＝sodium phosphate a.

móno·bàth *n.* 〘写真〙モノバス《一浴現像定着液のように 2 種以上の過程を同時に行なう溶液》.

mòno·blástic *adj.* 〘植物〙〈胞胚葉が〉細胞単層の.

móno·càble *n.* 単線ロープウェイ.

mòno·carboxýlic *adj.* 〘化学〙カルボキシル基 1 個をもった.

móno·càrp 〘□F *monocarpe*: ⇨mono-, -carp〙 *n.* 〘植物〙一巡植物《一生に一度開花する植物》.

mòno·cárpellary *adj.* 〘植物〙単心皮の[からなる] (cf. polycarpellary).

mòno·cárpic 〘← MONOCARP＋-IC[1]〙 *adj.* 〘植物〙一生に一度開花結実する, 一巡の: a ～ plant 一巡植物《主に一年生または二年生植物》.

mòno·cárpous 〘← NL *monocarpus*: ⇨mono-, -carpous〙 *adj.* 〘植物〙単子房の; (特に) ＝monocarpellary.

Mo·noc·er·os [mənɑ́sərəs | mənɔ́sərəs, mɔ-] 〘《?*a*1300》□OF ～□L ～□Gk *monókeros* ← MONO-＋*kéras* horn〙 ― *n.* 〘天文〙いっかくじゅう(一角獣)座《オリオン座の東にある南天の星座; the Unicorn ともいう》.

mon·o·cha·si·um [mɑ̀noʊkéɪʒiəm, mòʊn-, -nə-, -ʒəm | mɔ̀nə(ʊ)kéɪziəm, -zɪəm, -ʒɪəm] 〘← NL ～ ← MONO-＋Gk *khásis* separation＋-IUM〙 ― *n.* (*pl.* **-si·a** [-ʒiə, -ʒə | -zɪə, -zjə, -ʒɪə]) 〘植物〙単出集繖(さん)花序, 単繖花序 (cf. dichasium, polychasium). **mòn·o·chá·si·al** [-ʒiəl, -ʒəl, -ziəl | -zɪəl, -zjəl, -ʒɪəl] *adj.*

mòno·chlamýdeous *adj.* 〘植物〙〈花が〉単花被の《萼(がく)か花冠かのどちらか一方を欠く》.

mòno·chlóride *n.* 〘化学〙一塩化物.

mòno·chloroacétic ácid *n.* 〘化学〙モノクロロ酢酸 (⇨chloroacetic acid).

mon·o·chord [mɑ́nəkɔ̀əd, móʊn- | mɔ́nə(ʊ)kɔ̀ːd] 〘《*a*1400》*monocorde* □(O)F □L *monochordon* □Gk *monókhordon* having a single string: ⇨mono-, chord[2]〙 ― *n.* **1** 〘物理〙一弦器《長方形の木製の共鳴箱の上に一本の糸を張り, 駒を移動させて高低様々な音を出すもので, 古くから音響の数学的測定に使用された; sonometer ともいう》. **2** 〘古〙一弦琴.

mon·o·chro·ic [mɑ̀no(ʊ)króʊɪk, mòʊn-, -nə- | mɔ̀nə(ʊ)kráʊ-] 〘← MONO-＋-CHROIC〙 *adj.* 単色の, 一色の.

mon·o·chro·mat [mɑ́no(ʊ)kròʊmæt, móʊn-, -nə-, ---- | mɔ̀nə(ʊ)kráʊmæt] 〘□L *monochromat-os* □Gk *monókhrōmatos* having only one color: ⇨mono-, chromatic〙 ― *n.* **1** 〘眼科〙全色盲患者, 単色型色覚者 (cf. dichromat, trichromat). **2** 〘光学〙狭い波長域の光に用いられる顕微鏡対物レンズなどの光学部品. **3** 単色フィルター.

mon·o·chro·mat·ic [mɑ̀no(ʊ)kro(ʊ)mǽtɪk, mòʊn-, -nə-, -krə- | mɔ̀nə(ʊ)krə(ʊ)mǽt-] 〘⇨↑, -ic[1]〙 ― *adj.* **1** 単色[一色]の, 単彩の. **2** 〘光学〙単色光の. **3** 〘眼科〙単色性色覚の, 全色盲の. **mòn·o·chro·mát·i·cal·ly** *adv.* **mon·o·chro·ma·tic·i·ty** [mɑ̀no(ʊ)kròʊmətísəti, mòʊn-, -nə- | mɔ̀nə(ʊ)krəʊmətísətɪ, -sɪ-] *n.*

mòno·chrómatism *n.* 〘眼科〙単色性色覚, 全色盲.

mon·o·chro·ma·tor [mɑ̀no(ʊ)króʊmeɪtə, mòʊn- | mɔ̀nə(ʊ)kráʊmeɪtə(r] 〘《短縮》← *monochrom(atic) (illumin)ator*〙 ― *n.* 〘光学〙モノクロメーター, 単色光器《光をスペクトルに分け, 所要の狭い波長域の光だけを取り出す装置》.

mon·o·chrome [mɑ́nəkròʊm, móʊn-, -no(ʊ)- | mɔ́nəkrəʊm] 〘《1662》□ML *monochrōma* □Gk *monókhrōmos* of one color: ⇨mono-, chrome〙 ― *n.* **1** 単色画, 単彩画 (cf. polychrome). **2** 単色写真, モノクローム. **3** 単色[単彩]画法: in ～ 単色で. ― *adj.* **1** 単色の, 単彩の. **2** 〈テレビ・写真・映画など〉白黒の (black-and-white): a ～ TV set モノクロ[白黒]テレビ受像機.

mon·o·chro·mic [mɑ̀nəkróʊmɪk, mòʊn- | mɔ̀nəkráʊ-] *adj.* ＝monochrome.

mòn·o·chró·mi·cal [-mɪkəl, -mə- | -mɪ-] *adj.* ＝monochromic. **～·ly** *adv.*

món·o·chròm·ist [-mɪst, -məst | -mɪst] *n.* 単色[単彩]画家.

mono·chro·my [mɑ́nəkròʊmi, móʊn-, -no(ʊ)- | mɔ́nəkrəʊmɪ] *n.* ＝monochrome 3.

mon·o·cle [mɑ́nɪkl, -nə- | mɔ́nə-, -nɔ-] 〘《1858》□F ～□LL *monoculus* one-eyed: ⇨monocular〙 *n.* 片めがね, 単眼鏡.

monocle

món·o·cled *adj.* 片めがね (monocle), を掛けた.

mon·o·cli·nal [mɑ̀no(ʊ)kláɪnl, mòʊn-, -nə- | mɔ̀nə(ʊ)-] 〘《1858》← MONO-＋-CLINAL〙 〘地質〙 ― *adj.* 〈地層が〉単傾斜の; 単傾斜した地層の. ― *n.* ＝monocline. **～·ly** *adv.*

mon·o·cline [mɑ́no(ʊ)klàɪn, móʊn-, -nə- | mɔ́nə(ʊ)-] 〘《1879》《逆成》← MONOCLINAL〙 *n.* 〘地質〙単傾斜; 単傾斜層.

mon·o·clin·ic [mɑ̀no(ʊ)klínɪk, mòʊn-, -nə- | mɔ̀nə(ʊ)-] *adj.* 〘結晶〙単斜晶系の.

monoclínic sýstem *n.* 〘結晶〙単斜晶系《*a* 軸 *c* 軸は一般に斜交し, *b* 軸は *a* 軸 *c* 軸と直交し, 軸長は一般にすべて異なる》.

mon·o·cli·nous [mɑ̀no(ʊ)kláɪnəs, mòʊn-, -nə- | mɔ̀nə(ʊ)-] 〘← NL *monoclinus*: ⇨mono-, -clinous[1]〙 ― *adj.* 〘植物〙〈植物が〉雌雄同花の; 〈花が〉両性花の (cf. diclinous).

mon·o·coque [mɑ́no(ʊ)kòʊk, móʊn-, -nə-, -kɑ̀k | mɔ́nə(ʊ)kɔ̀ʊk, -kɔ̀k] 〘□F ～ ← MONO-＋*coque* shell (＜L *coccum* □Gk *kókkos* core)〙 ― *n.* **1** 固定構造《トラック・電車などの車体を車台に固定した車体構造》. **2** 〘航空〙張殻(ちょうかく), モノコック(構造)《甲虫の体のように外殻が全荷重を支えるようにした構造; 圧力容器やロケットなどがこの構造をもち, 飛行機の機体もこれに近い; cf. semi-monocoque》.

monocoque constrúction *n.* 〘航空〙モノコック構造 (⇨shell construction 2).

mon·o·cot [mɑ́no(ʊ)kɑ̀t, móʊn-, -nə- | mɔ́nə(ʊ)kɔ̀t] *n.* 〘植物〙＝monocotyledon.

mon·o·cot·yl [mɑ́no(ʊ)kɑ̀tl, móʊn-, -nə- | mɔ́nə(ʊ)kɔ̀tɪl] *n.* 〘植物〙＝monocotyledon.

mon·o·cot·y·le·don [mɑ̀no(ʊ)kɑ̀təlíːdn, mòʊn-, -nə-, -tl- | mɔ̀nə(ʊ)kɔ̀tɪlíːdən, -tə-, -dn] 〘← NL ～: ⇨mono-, cotyledon〙 ― *n.* 〘植物〙単子葉植物 (cf. dicotyledon).

Mon·o·cot·y·le·do·ne·ae [mɑ̀no(ʊ)kɑ̀təlɪdóʊniiː, mòʊn-, -tl- | mɔ̀nə(ʊ)kɔ̀tɪlɪdə́ʊ-] 〘← NL ～《変形》← *Monocotyledones* ← MONO-＋*cotyledones* ((pl.) ← COTYLEDON)〙 ― *n. pl.* 〘植物〙単子葉植物綱.

mon·o·cot·y·le·don·ous [mɑ̀no(ʊ)kɑ̀təlíːdənəs, mòʊn-, -nə-, -tl-, -dn- | mɔ̀nə(ʊ)kɔ̀tɪ-, -tə-] *adj.* 〘植物〙子葉が一つの, 単子葉植物の.

mo·noc·ra·cy [mənɑ́krəsi, mə- | mənɔ́krəsɪ] 〘《1651》← MONO-＋-CRACY〙 *n.* 独裁政治 (autocracy).

mon·o·crat [mɑ́no(ʊ)kræ̀t, móʊn-, -nə- | mɔ́nə(ʊ)-] 〘← MONO-＋-CRAT〙 ― *n.* **1** 独裁者 (autocrat). **2** 独裁政治主義者. **mon·o·crat·ic** [mɑ̀no(ʊ)krǽtɪk, mòʊn- | mɔ̀nə(ʊ)krǽt-] *adj.*

mòno·crýstal *n.* 〘結晶〙モノクリスタル《合成単結晶からなる非常に丈夫なフィラメント》.

mòno·crýstalline *adj.* モノクリスタルの[で出来た].

mo·noc·u·lar [mənɑ́kjʊlə, mə- | mənɔ́kjʊlə(r] 〘《1640》← LL *monoculus* one-eyed＋-AR[1]: ⇨mono-, ocular〙 ― *adj.* **1** 一眼の, 単眼の: a ～ cataract 〘眼科〙単眼白内障. **2** 一眼[単眼]用の: a ～ microscope 単眼顕微鏡. ― *n.* 単眼用(光学)器具《単眼顕微鏡, 単眼式望遠鏡など》. **～·ly** *adv.*

móno·cùlture *n.* 〘農業〙単一栽培《一種の作物だけを栽培して土地を他に使用しない》. **mòno·cúl·tural** *adj.*

mo·noc·u·lus [mənɑ́kjʊləs, mə- | mənɔ́k-] *n.* 〘医学〙 **1** 片眼帯. **2** 単眼奇形.

móno·cỳcle *n.* 一輪(自転)車.

mòno·cýclic *adj.* **1** 一輪の; 一輪車の. **2** 〘植物〙〈花など〉単輪の. **3** 〘化学〙単環(式)の. **4** 〘動物〙〈プランクトンなど〉最大繁殖期が年一回の, 一年周期の, 単輪廻性の.

mon·o·cyte [mɑ́no(ʊ)sàɪt, móʊn-, -nə- | mɔ́nə(ʊ)-] *n.* 〘解剖〙単球《大型の白血球の一種》; 単核細胞. **mon·o·cyt·ic** [mɑ̀no(ʊ)sítɪk, mòʊn-, -nə- | mɔ̀nə(ʊ)sít-] *adj.*

mon·o·cy·toid [mɑ̀no(ʊ)sáɪtɔɪd, mòʊn-, -nə- | mɔ̀nə(ʊ)-] *adj.* 〘解剖〙単球様細胞.

Mo·nod [mo(ʊ)nóʊ | mə(ʊ)nə́ʊ; *F.* mɔno], **Jacques** *n.* モノ《1910–76; フランスの分子生物学者; Nobel 医学生理学賞 (1965)》.

mon·o·dac·tyle [mɑ̀no(ʊ)dǽktɪl, mòʊn-, -nə-, -təl | mɔ̀nə(ʊ)dǽktɪl] *adj.* 〘動物〙＝monodactylous.

mon·o·dac·ty·lous [mɑ̀no(ʊ)dǽktɪləs, mòʊn-, -nə-, -tə- | mɔ̀nə(ʊ)dǽktɪ-] 〘□Gk *monodáktulos* ← MONO-＋*dáktulos* finger: ⇨-ous〙 ― *adj.* 〘動物〙一指の, 爪一本の.

Mon·o·del·phi·a [mɑ̀no(ʊ)délfiə, mòʊn-, -nə- | mɔ̀nə(ʊ)délfɪə] 〘← NL ～ ← MONO-＋*-delphia* (← Gk *delphús* womb): ⇨-ia[2]〙 ― *n. pl.* 〘動物〙単子宮下綱, 一子宮下綱 (Eutheria ともいう).

mon·o·den·tate [mɑ̀no(ʊ)dénteɪt, mòʊn-, -nə- | mɔ̀nə(ʊ)-] 〘← MONO-＋DENTATE〙 ― *adj.* 〘化学〙一座[単](配位)の (cf. multidentate): a ～ ligand 一座[単]配位子《錯体中の中心金属と一原子で配位する配位子; 例: アンモニア, 塩化物イオン》.

mo·nod·ic [mənɑ́dɪk | mənɔ́d-] 〘□Gk *monōidikós*: ⇨monody, -ic〙 *adj.* 〘音楽〙モノディー (monody) の[に関する].

mòno·dimétric *adj.* 〘結晶〙＝tetragonal 2.

món·o·dist [-dɪst, -dəst | -dɪst] *n.* monody 作者[歌手].

mo·nod·o·mous [mənɑ́dəməs | -nɔ́d-] 〘← MONO-＋Gk *dómos* house〙 *adj.* 〘昆虫〙(ある種の蟻のように)一個の巣に集団ですむ (cf. polydomous).

móno·dràma *n.* **1** 独演劇, ひとり芝居. **2** (胸中に去来した光景・状況の)劇的表出, (身振り・手振り・顔の表情などによる)感情表現. **3** 独演者による音楽劇. **mòno·dramátic** *adj.*

móno·dràmatist *n.* 独演劇の作者[作家].

mon·o·dy [mɑ́nədi | mɔ́nədɪ] 〘《1623》□ML *monōdia* □Gk *monōidía* solo, lament ← *monōidós* singing alone ← *mónos* alone＋*ōidḗ* song: ⇨mono-, ode〙 ― *n.* **1** (ギリシャ悲劇の)独唱歌; 哀歌, 悲歌 (lament). **2** (友の死を悼(いた)む)哀悼詩, 挽歌(ばんか)《Milton 作 *Lycidas* など》. **3** 〘音楽〙 **a** モノディー《初期バロック音楽の様式で, ルネサンス期のポリフォニーに対して, 簡単な伴奏を伴う が一本の主旋律に音楽的興味を集中させる作曲法》. **b** ＝homophony 2 b. **c** ＝monophony 1. **mo·nod·ic** [mənɑ́dɪk | mənɔ́d-] *adj.* **mo·nód·i·cal** *adj.* **mo·nód·i·cal·ly** *adv.*

mo·noe·cious [məníːʃəs, mɑ- | mə-, mɔ-] 〘← NL *monoecia* (← MONO-＋Gk *oikíon* house, dwelling)＋-OUS〙 ― *adj.* **1** 〘植物〙＝monoicous. **2** 〘生物〙雌雄同体の (hermaphroditic) (cf. dioecious).

mo·noe·cism [məníːsɪzm, mɑ- | mə-, mɔ-] *n.* 〘生物〙雌雄同株[同体](性) (cf. dioecism).

móno·èster *n.* 〘化学〙1 基エステル《1 エステル基 1 個を含むエステル》.

mòno·ethanólamine *n.* 〘化学〙モノエタノールアミン ($(HOCH_2CH_2)NH_2$)《溶剤·乳化剤として用いられる; ⇨ ethanolamine》.

mon·o·fil [mánə(ʊ)fìl, móʊn-, -nə-|mɔ́nə(ʊ)-]〘略〙*n.* =monofilament.

mòno·filament *n.* 単繊維一本で最終製品を構成しうるフィラメント. — *adj.* 単繊維の.

mòno·fúnctional *adj.* 〘化学〙一官能基の《有機化合物を特性づける基を一つもつ; 例: アルコールの OH》.

monog. 《略》monograph.

mon·o·gam·ic [mɑ̀nəgǽmɪk, mòʊn-|mɔ̀nə(ʊ)-] *adj.* =monogamous.

mo·nóg·a·mist [-mɪst, -məst|-mɪst] *n.* 一夫一婦主義[論]者 (↔ polygamist). **mo·nog·a·mis·tic** [mənɑ̀gəmístɪk|mɔnɔ̀g-, mə-] *adj.*

mo·nog·a·mous [mənágəməs|mɔnɔ́g-, mə-]〘⊏ LL *monogam-us* ⊏ Gk *monógamos* marriage: ⇨ ↓, -ous〙 — *adj.* **1**〘文化人類学·社会学〙単婚の, 一夫一婦主義の (cf. polygamous 1): ～ practices 一夫一婦主義の実践[慣習]. **2**〘動物〙一雌一雄の.

mo·nog·a·my [mənágəmi|mɔnɔ́gəmi, mə-]〘《1612》⊏ F *monogamie* ⊏ LL *monogamia* ⊏ Gk *monógamos* marrying once (↑): ⇨ mono-, -gamy〙 — *n.* **1 a**〘文化人類学·社会学〙一夫一婦主義[制] (cf. bigamy, polyandry, polygamy). **b**〘古〙一回結婚主義[制], 一夫一婦主義[制]《再婚を排するもの; cf. deuterogamy, digamy》. **2**〘動物〙一雌一雄制.

mòno·gástric 〘⊏ F *monogastrique*: ⇨ mono-, gastric〙 *adj.* 〘動物〙単胃の, 胃を一つだけもつ.

Mon·o·ge·ne·a [mɑ̀no(ʊ)dʒíːniə, mòʊn-, -nə-|mɔ̀nə(ʊ)dʒíːnɪə, -njə]〘← NL ～ ← MONO-+Gk *geneá* race, descent〙 — *n. pl.* 〘動物〙(扁形動物門)単生目《魚のえらや体表などに寄生する》.

mono·ge·ne·an [mɑ̀no(ʊ)dʒíːniən, mòʊn-, -nə-|mɔ̀no(ʊ)dʒíːnɪən, -njən] *adj., n.* 単生目の(動物).

mòno·génesis 〘← NL ～: ⇨ mono-, genesis〙 — *n.* **1** 一元. **2**〘生物〙一元発生説《生物はすべて単一細胞から発達したという説; ↔ polygenesis》. **3**〘生物〙単性生殖, 無性生殖; 同態発生. **mo·nog·e·nous** [mənádʒənəs|mɔnɔ́dʒɪ-, mə-] *adj.*

mòno·genétic 〘← MONO-+-GENETIC〙 — *adj.* **1**〘生物〙一元発生の; 単性[無性]生殖の[によって生じる], 単生の (↔ polygenetic). **2**〘動物〙単生目吸虫(類)の. **3**〘地質〙単源的な (cf. polygenetic): the ～ volcano 単成火山 / the ～ conglomerate 単源礫岩. **4**〘土壌〙単一の生成作用による: ～ soil 単元土壌《同一断面において同一種類の土壌生成作用が継続的に働いて生じた土壌; ↔ polygenic》.

mòno·génic 〘← MONO-+-GENIC〙 — *adj.* **1**〘生物〙単一の因子[遺伝子]の[による, に関する]. **2**〘生物〙雄[雌]だけを産む. **3**〘地質〙《火成岩が》単一の鉱物種から成る. **mòn·o·gén·i·cal·ly** *adv.*

mo·nóg·e·nìsm [-nìzm]〘← MONO-+-GEN+-ISM〙 — *n.* 〘人類学〙人類一源説《現存する人類はすべて同一の祖先をもつと考える説: かつて多源説 (polygenism) が唱えられたこともあるが, 現在では一源説が有力》.

mo·nóg·e·nist [-nɪst, -nəst|-nɪst] *n.* 人類一源論者.

mo·nog·e·ny [mənádʒəni|mɔnɔ́dʒɪni, mə-] *n.* **1**〘人類学〙**a** (人類の)一源派生 (cf. polygeny). **b** =monogenism. **2**〘生物〙=monogony.

móno·gèrm *adj.* 〘植物〙1 個の実(み)から 1 本の苗(木)を生じる (cf. multigerm).

mon·o·glot [mánəglɑ̀t|mɔ́nəglɔ̀t]〘← MONO-+-GLOT: POLYGLOT からの類推〙 *adj., n.* 一種類の言語[国語]だけを話す(人).

mòno·glýceride *n.* 〘化学〙モノグリセリド《グリセリンの脂肪酸エステルのうち, 結合している脂肪酸基が 1 個のもの; cf. glyceride》.

mo·nog·o·ny [mənágəni|mɔnɔ́gəni] *n.* 〘生物〙単性[無性]生殖.

mon·o·gram [mánəgræ̀m|mɔ́n-]〘⊏ LL *monogramma* ⊏ LGk *monógrammon* single-lettered character (neut.) ← *monógrammos*: ⇨ mono-, -gram〙 — *n.* モノグラム《アルファベットを 2 文字またはそれ以上組み合わせて作った図案文字; 通例氏名の頭文字を組み合わせたものが多い》: the Christian ～ キリストモノグラム《ギリシャ文字の *ΧΡΙΣΤΟΣ* (=Christ) の初めの 2 字 XP を組み合わせた記号》. **mon·o·gram·mat·ic** [mɑ̀nəgrəmǽtɪk|mɔ̀nəgrəmǽt-] *adj.*

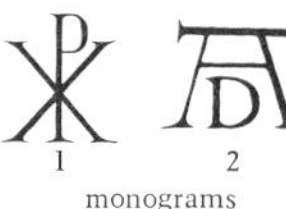

1 2
monograms
1 monogram of Christ; 2 monogram of Albrecht Dürer

mon·o·graph [mánəgræ̀f|mɔ́nəgrɑ̀ːf, -græ̀f]〘《1821》〙 — *n.* **1** モノグラフ, 専攻論文《ある単一の問題またはその一事項についての調査·研究を発表したパンフレット·論文》. **2** 一人物についての伝記的研究書, 一画家[彫刻家]の作品集. **mon·o·graphic** [mɑ̀nəgrǽfɪk|mɔ̀n-] *adj.* **mòn·o·gráph·i·cal** *adj.* **mòn·o·gráph·i·cal·ly** *adv.*

mo·nog·ra·pher [mənágrəfə|mɔnɔ́grəfə(r]〘《1770》← NL *monographus*+-ER¹〙 *n.* モノグラフ[専攻論文]執筆者.

mo·nóg·ra·phist [-fɪst, -fəst|-fɪst] *n.* =monographer.

mon·o·gy·noe·cial [mɑ̀no(ʊ)dʒɪníːʃəl, -nə-, -dʒə-, -gɪ-, -gə-|mɔ̀nə(ʊ)dʒɪ-, -gɪ-]〘← MONO-+GYNOECIUM+-AL¹〙 — *adj.* 〘植物〙《果実が》一本の雌蕊(ずい)から生じる.

mo·nog·y·nous [mənádʒənəs, mɑ-|mɔnɔ́dʒɪ-, mə-]〘← MONO-+-GYNOUS〙 — *adj.* **1** 一妻制[主義]の. **2**〘昆虫〙《ミツバチなど社会性昆虫が》生殖能力のある雌を一集団に 1 匹しかもたない, 単女王生の. **3**〘植物〙雌蕊(ずい)が一本の, 単雌蕊の.

mo·nog·y·ny [mənádʒəni|mɔnɔ́dʒɪni, mə-]〘← MONO-+-GYNY〙 — *n.* **1**〘文化人類学·社会学〙一妻(主義); 一妻制 (cf. polygyny). **2**〘昆虫〙単女王(生). **3**〘植物〙単雌蕊.

mòno·húll〘← MONO-+HULL²〙 *n.* 〘海事〙単胴船 (↔ multihull; cf. catamaran, trimaran).

mòno·hýbrid〘← MONO-+HYBRID〙〘生物〙 — *n.* 単性雑種, 一性質雑種《1 対の対立遺伝子についてのみ異なる個体間の雑種》. — *adj.* 単性雑種の, 一性質[一遺伝子]雑種の.

mòno·hýdrate〘← MONO-+HYDRATE〙 *n.* 〘化学〙一水化物《炭酸アンモニウムなど 1 個の水分子をもつ水化物》. **mòno·hýdrated** *adj.*

mòno·hýdric〘← MONO-+HYDRIC〙 *adj.* 〘化学〙《アルコール·石炭酸が》一水酸基を有する (monohydroxy): ～ alcohol 一価アルコール.

mòno·hydróxy〘← MONO-+HYDROXY〙 *adj.* 〘化学〙《分子が》一水酸基を含む, 一水酸化の: ～ alcohol 一価アルコール.

mo·noi·cous [mənɔ́ɪkəs|mɔ-] *adj.* 〘植物〙雌雄同株の.

mon·oid [mánɔɪd|mɔ́n-]〘← MONO-+-OID〙 — *n.* 〘数学〙モノイド, 単位的半群《与えられた演算について閉じていて, 結合法則が成り立ち, かつ単位元をもつような集合; 例えば, 自然数全体は乗法に関して単位的半群である》.

mon·o·ki·ni [mɑ̀nəkíːni|mɔ̀nəkíːnɪ]〘← MONO-+(BI)KINI: *bikini* の *bi-* を BI-¹ にかけた戯言的造語〙 — *n.* **1** モノキニ《トップレスのビキニのパンティ》. **2** モノキニパンツ《男性用の短いパンツ》.

mòn·o·kí·nied *adj.* モノキニ(パンツ)を着けた.

mo·nol·a·ter [mənáləṭə|mɔnɔ́lətə(r, mə-] *n.* 一神崇拝者.

mo·nól·a·trist [-trɪst, -trəst|-trɪst] *n.* =monolater.

mo·nol·a·try [mənálətri|mɔnɔ́lətri, mə-]〘← MONO-+-LATRY〙 — *n.* 一神崇拝, 拝一神教《多数の神の中でただ一神だけを崇拝すること; cf. henotheism 1, monotheism》. **mo·nól·a·trous** [-trəs] *adj.*

móno·làyer〘← MONO-+LAYER〙 *n.* 〘化学〙単一層, 単分子層《分子 1 個の厚みをもつ層[薄膜]》.

mon·o·lin·gual [mɑ̀no(ʊ)líŋgwəl, mòʊn-, -nə-, -gjuəl|mɔ̀nə(ʊ)líŋgwəl]〘《1953》← MONO-+(BI)LINGUAL〙 — *adj.* 一言語[国語]の; 一言語[国語]しか使用しない: a ～ nation 一言語を用いる国民 / a ～ dictionary 一言語で記述された辞書. — *n.* 一言語しか使用しない人 (cf. bilingual, multilingual). **～·ism** [-lìzm] *n.*

mon·o·lith [mánəlɪ̀θ, móʊn-, -nḷ-|mɔ́nə(ʊ)l-]〘《1848》⊏ F *monolithe* ⊏ L *monolithus* ⊏ Gk *monólithos* made of one stone: ⇨ mono-, -lith〙 — *n.* **1 a** (建築·彫刻用となる相当の大きさの)一本石, モノリス. **b** 一本石の柱[碑, 像, 方尖塔 (obelisk) など]. **2**〘⊏ Russ. *monolit*〙一本石に類されるもの, 一枚岩《一本に統制された組織[団体, 設立物など]》. **3**〘土木·建築〙(れんが·コンクリート·石積みなどの)中空礎石, (建造物中の)単一体. **～·ism** [-θìzm] *n.*

mon·o·lith·ic [mɑ̀nəlíθɪk, mòʊn-, -nḷ-|mɔ̀nə(ʊ)l-] *adj.* **1 a** 一本石の: a ～ column [pillar] 一本石の柱. **b** 多くの一本石からなる: a ～ group. **2 a**《組織などが》一本にまとまった, 異論を言う人のいない, 一枚岩的な: a ～ minor party 一致団結した少数党. **b**《性質·性格·論旨·主張·綱領など》一貫した, 水も漏らさぬ: a ～ manifesto 首尾一貫した声明書. **3**〘建築·土木〙**a** 継ぎ目なしの, 一体構造の: a ～ concrete building / a ～ ceiling 継ぎ目なしの天井. **b**《舗道が》(上下層)密着舗装の《下層舗装が未乾燥のうちに上層を重ねて密着させる舗装法についていう》. **4 a**〘鉱物〙一結晶から成る: a ～ chip 単一結晶片. **b**〘電子工学〙単一結晶片を利用した; 半導体集積回路の: ⇨ monolithic circuit. **mòn·o·líth·i·cal·ly** *adv.*

monolithic círcuit *n.* 〘電子工学〙半導体集積回路《一枚の半導体基板上に作りつけられた電子回路で, 集積回路の代表的なもの》.

mon·o·log [mánəlɔ̀(ː)g, -lɑ̀g, -nḷ-|mɔ́nəlɔ̀g] *n.* =monologue.

mon·o·log·ic [mɑ̀nəlɑ́dʒɪk, -nḷ-|mɔ̀nəlɔ́dʒ-, -nḷ-] *adj.* 独り言の(ような); 独白の, モノローグ(風)の; 長談義の[じみた].

mòn·o·lóg·i·cal [-dʒɪkəl, -dʒə-|-dʒɪ-] *adj.* =monologic.

mo·nol·o·gist *n.* **1** [mənálədʒɪst, -dʒəst|mɔnɔ́lədʒɪst] 独白する人, 独り言を言う人. **2** [mənálədʒɪst, -dʒəst, mánəlɔ̀(ː)gɪst, -lɑ̀g-, -nḷ-, -gəst|mɔnɔ́lədʒɪst, mɔ́nəlɔ̀gɪst, -nḷ-] (劇の)独白者; 独演者. **3** 談話[会話]を独占する人.

mo·nol·o·gize [mənálədʒàɪz|mɔnɔ́l-] *vi.* 独白する, 独り言を言う.

mon·o·logue [mánəlɔ̀(ː)g, -lɑ̀g, -nḷ-|mɔ́nəlɔ̀g, -nḷ-]〘《1625》⊏ F ← MONO-+-LOGUE: cf. LGk *monológos* speaking alone〙 — *n.* **1** ひとり芝居, 独演劇. **2** ひとりぜりふ, 独白 (soliloquy) (cf. duologue). **3** ただ一人の人物に語らせる形式の文学作品, 独白形式の文学作品. **4** (他人をかまわない)長話, 長談義, 会話の独占. — *vi.* =monologize.

món·o·lògu·ist [-gɪst, -gəst|-gɪst] *n.* =monologist.

mon·o·logu·ize [mánəlɔ̀(ː)gaɪz, -lɑ̀g-, -nḷ-|mɔ́nəlɔ̀g-, -nḷ-] *vi.* =monologize.

mo·nol·o·gy [mənálədʒi|mɔnɔ́lədʒɪ]〘⊏ Gk *monología*: ⇨ monologue, -y¹〙 *n.* **1** 独語癖. **2**《廃》=monologue.

mon·o·ma·ni·a [mɑ̀nəméɪniə, mòʊn-, -no(ʊ)-|mɔ̀nə(ʊ)méɪnjə, -nɪə]〘《1823》← NL ～: ⇨ mono-, mania〙 — *n.* **1** 偏執(しゅう)狂, モノマニー, 単一狂. **2** 一事に熱中すること, 凝り固まり, 熱狂 (craze).

mon·o·ma·ni·ac [mɑ̀nəméɪniæ̀k, mòʊn-, -no(ʊ)-|mɔ̀nə(ʊ)méɪnɪ-] *n.* **1** 偏執狂. **2** 一事に熱中する人: a ～ *about* model airplanes 模型飛行機マニヤ. — *adj.* =monomaniacal.

mon·o·ma·ni·a·cal [mɑ̀nəmənáɪəkəl, mòʊn-, -no(ʊ)-|mɔ̀nə(ʊ)-] *adj.* 偏執狂(的)の; 一事に熱狂する, 凝り屋の.

mon·o·mark [mánəmɑ̀ək, -no(ʊ)-|mɔ́nə(ʊ)mɑ̀ːk] *n.* 《英》モノマーク《商品名·住所などを特定するために登録された文字や数字の組合わせ》.

mon·o·mer [mánəmə, móʊn-|mɔ́nəmə(r]〘← MONO-+-MER〙 — *n.* 〘化学〙単量体, モノマー (cf. polymer, dimer). **mon·o·mer·ic** [mɑ̀nəmérɪk, mòʊn-|mɔ̀n-] *adj.*

mo·nom·er·ous [mənámərəs|mɔnɔ́m-, mə-]〘⊏ Gk *monomerēs*: ⇨ mono-, -merous〙 — *adj.* **1**〘植物〙**a**《花が》1 個の輪生体 (whorl) ごとに 1 輪ずつ咲く《しばしば 1-merous ともつづる》. **b** =monocarpellary. **2** 単一の部分から成る.

mòno·metállic *adj.* **1** 一金属の, 一金属を使用する. **2** 単本位(制)の (cf. bimetallic): a ～ currency 単本位貨幣 / a ～ basis of gold [silver] 金[銀]による単本位制.

mon·o·met·al·lism [mɑ̀no(ʊ)méṭəlìzm, -nə-, -ṭḷ-|mɔ̀nə(ʊ)métəl-, -tḷ-]〘← MONO-+(BI)METALLISM〙 — *n.* 〘経済〙(貨幣の)単本位制[主義]; 単本位説 (cf. bimetallism).

mòn·o·mét·al·list [-ṭəlɪst, -ləst, -ṭḷ-|-təlɪst, -tḷ-] *n.* 〘経済〙単本位制主義者[論者].

mo·nom·e·ter [mənáməṭə, mɑ-|mɔnɔ́mɪtə(r, -mə-]〘⊏ LL ～, *monometr-um* ⊏ Gk *monómetron*: ⇨ mono-, -meter²〙 — *n.* 〘詩学〙**1** (英詩の)単脚句, 一歩格(の詩)《1 行 1 詩脚からなる詩行; 例: Thus I / Pass by / And die / As one / Unknown / And gone.—Herrick; cf. meter² 1 b》. **2** (古典詩の)一複詩脚(の詩), 二歩格. **mo·no·met·ric** [mɑ̀no(ʊ)métrɪk, mòʊn-, -nə-|mɔ̀nə(ʊ)-] *adj.* **mò·no·mét·ri·cal** *adj.*

mòno·methylamíne *n.* 〘化学〙モノメチルアミン (⇨ methylamine).

mòno·methyloluréa *n.* 〘化学〙モノメチロール尿素 (⇨ methylolurea).

mo·no·mi·al [mɑnóʊmiəl, mə-|mə(ʊ)náʊmjəl, -mɪəl]〘← MO(NO)-+(BI)NOMIAL〙 — *adj.* **1**〘数学〙単項の; 《行列が》モノミアルな: a ～ expression 単項式. **2**〘生物〙単名法の《例えば「ヒト」の学名は属名は *Homo* の 1 語から成り, 種名は *Homo sapiens* の 2 語から成る; cf. binomial》. — *n.* **1**〘数学〙単項式. **2**〘生物〙単名法.

mòno·molécular *adj.* 〘物理化学〙1 分子の厚さの.

mòno·morphémic *adj.* 〘言語〙単一の形態素から成る.

mon·o·mor·phic [mɑ̀no(ʊ)mɔ́əfɪk, mòʊn-, -nə-|mɔ̀nə(ʊ)mɔ́ː-] *adj.* **1**〘生物〙《分類群が》同一構造(性)の (heteromorphic 1, polymorphic 2). **2**〘昆虫〙**a** (発育の各段階を通じ)不変態の, 単形の. **b**《ハタラキアリなど》唯一構造形態の, 一定の構造形態をもつ, 同形の.

mon·o·mor·phism [mɑ̀no(ʊ)mɔ́əfɪzm, mòʊn-, -nə-|mɔ̀nə(ʊ)mɔ́ː-] *n.* **1**〘生物〙同一構造(性). **2**〘昆虫〙不変態. **3**〘数学〙単射《injection ともいう; ↔ epimorphism》.

mòno·mórphous *adj.* 〘生物·昆虫〙=monomorphic.

Mo·non·ga·he·la [mənɑ̀ŋgəhíːlə, -nʌ̀ŋ-, -héɪ-|-nɔ̀n-, -nɔ̀ŋ-]〘← Algonquian (原義) high-banks-falling-down〙 — *n.* [the ～] 米国 West Virginia 州北部から発し Pennsylvania 州 Pittsburgh で Allegheny 川と合流して Ohio 川となる川 (206 km).

mòno·núclear *adj.* **1**〘生物〙《細胞が》単核の. **2**〘化学〙=monocyclic 3. — *n.* 〘生物〙単核細胞.

mòno·núcleated *adj.* 〘生物·化学〙=mononuclear.

mon·o·nu·cle·o·sis [mɑ̀no(ʊ)n(j)ùːklióʊsɪs, -nə-, -səs|mɔ̀nə(ʊ)njùːklɪə́ʊsɪs]〘← NL ～: ⇨ mononuclear, -osis〙 — *n.* 〘病理〙単球増加症, 単核細胞増加(症); (特に)伝染性単核症: infectious ～ 伝染性単核症.

mon·o·nu·cle·o·tide [mɑ̀no(ʊ)n(j)úːkliətàɪd|mɔ̀nə(ʊ)njúːklɪə-] *n.* 〘生化学〙モノヌクレオチド《核酸の基本分子で, 一分子ずつの有機塩基, 五炭糖と燐酸が結合したもの; cf. nucleotide, nucleoside》.

mòno·pétalous〘← NL *monopetal-us*: ⇨ mono-, petalous〙 *adj.* 〘植物〙**1** 合生花弁の (gamopetalous). **2** 単花弁の, 単弁の.

mon·o·pha·gi·a [mɑ̀no(ʊ)féɪdʒiə, mòʊn-, -dʒə|mɔ̀nə(ʊ)féɪdʒɪə, -dʒə]〘← MONO-+Gk *-phagia* (⇨ -phagy)〙 — *n.* 〘病理〙**1** 単食症《ある一種類の食物だけを食べ(たが)ること》. **2** (一日の食事回数について)一食主義.

mo·noph·a·gous [mənɑ́fəgəs, mɑ-|mɔnɔ́f-, mə-]〘← MONO-+-PHAGOUS〙 — *adj.* **1**〘動物〙《昆虫が》単食性の (cf. oligophagous). **2**〘生物〙単食性の《唯一種の寄生主をもつ生物にいう》.

mo·noph·a·gy [mənɑ́fədʒi, mɑ-|mɔnɔ́fədʒi, mə-]〘← MONO-+-PHAGY〙 — *n.* 〘動物〙単食性《昆虫が

単一の種の生物のみを食物として取ること；cf. oligophagy》.
mon·o·pha·sia [mɑ̀no(ʊ)féɪʒiə, -ʒə | mɔ̀nəféɪzjə, -ziə, -ʒɪə, -ʒə] 〘← NL ← MONO-＋-PHASIA : cf. aphasia〙 ― *n.* 〖病理〗 単語症，一語性失語症《一語または一語句だけを繰り返す一種の失語症》.
mòno·phásic *adj.* **1** 〖電気〗 単相の (single-phase). **2** 〖生物〗 〈動物が〉1 日に 1 回だけ活動する (cf. polyphasic).
mon·o·pho·bi·a [mɑ̀no(ʊ)fóubiə | mɔ̀nə(ʊ)fə́ubjə, -bɪə] 〘← NL ← MONO-＋-PHOBIA〙 *n.* 〖精神医学〗 孤独恐怖(症).
mon·o·phon·ic [mɑ̀no(ʊ)fɑ́nɪk, -nə-, -fóun- | mɔ̀nə(ʊ)fɔ́n-] *adj.* **1** 〖音楽〗 **a** 単(一)声の，単旋律の (cf. polyphonic 3 a). **b** (一般に) ＝homophonic 2 b ; monodic. **2** 〈レコードが〉モノラルの (monaural) (cf. binaural, stereophonic). **mòn·o·phón·i·cal·ly** *adv.*
mo·noph·o·ny [mənɑ́fəni, mɑ- | mənɔ́fəni, mə-] 〘← MONO-＋-PHONY〙 *n.* 〖音楽〗 **1** モノフォニー，単旋律[声](の楽曲). **2** ＝monody 3 a. **3** ＝homophony.
mon·oph·thong [mɑ́nəfθɔ̀(ː)ŋ, -θɑ̀ŋ | mɔ́nəfθɔ̀ŋ] 〘▭ Gk *monóphthogg-os* with one sound ← MONO-＋*phthóggos* sound〙 ― *n.* 〖音声〗 単母音《bit の [ɪ], father の [ɑː] など；cf. diphthong, triphthong》.
mon·oph·thon·gal [mɑ̀nəfθɔ́(ː)ŋgəl, -θɑ́ŋ- | mɔ̀nəfθɔ́ŋ-] *adj.* 〖音声〗 単母音(性)の (cf. diphthongal, triphthongal). **～·ly** *adv.*
mon·oph·thong·i·za·tion [mɑ̀nəfθɔ(ː)ŋ(g)ɪzéɪʃən, -θɑŋ-, -ŋ(g)ə- | mɔ̀nəfθɔŋgaɪ-, -gɪ-] *n.* 〖音声〗 (二重[三重]母音の)単母音(性)化.
mon·oph·thong·ize [mɑ́nəfθɔ(ː)ŋ(g)àɪz, -θɑŋ- | mɔ́nəfθɔŋg-] *vt.* 〖音声〗 〈二重[三重]母音を〉単母音(性)化する.
mon·o·phy·let·ic [mɑ̀no(ʊ)faɪlétɪk, mòʊn-, -nə- | mɔ̀nə(ʊ)faɪlét-] 〘← MONO-＋PHYLETIC〙 ― *adj.* 〖動物〗 〈一群の動物が〉同一型の祖先から発生した，単一系の (↔ polyphyletic).
mon·o·phy·le·tism [mɑ̀no(ʊ)fáɪlətɪzm, mòʊn-, -fɪl- | mɔ̀nə(ʊ)fáɪlɪ-, -fɪl-] *n.* 〖動物〗 同一[単一]系発生，単祖発生.
mon·o·phy·le·ty [mɑ̀no(ʊ)fáɪləti, mòʊn-, -nə-, -fɪl- | mɔ̀nə(ʊ)fáɪlɪtɪ, -fɪl-] *n.* 〖動物〗 ＝monophyletism.
mon·o·phyl·lous [mɑ̀no(ʊ)fɪ́ləs, -nə- | mɔ̀nə(ʊ)-] 〘▭ Gk *monóphull-os* : ⇨ mono-, -phyllous〙 ― *adj.* 〖植物〗 **1** 単葉の：a ～ calyx 単葉萼(がく). **2** 葉が一枚だけある. **3** 合弁花の.
mon·o·phy·o·dont [mɑ̀no(ʊ)fáɪədɑ̀nt, -nə- | mɔ̀nə(ʊ)fáɪədɔ̀nt] 〘← Gk *monophuḗs* (← MONO-＋*phúein* to produce)＋-ODONT〙 ― *adj.* 〖動物〗 不換歯性の《カモノハシ (platypus), クジラ (whale) などのように，歯の抜け変らない；cf. diphyodont, polyphyodont》.
Mo·noph·y·site [mənɑ́fəsàɪt, mɑ-, mo(ʊ)- | mənɔ́fɪ-] 〘《1698》 ▭ eccl.L *monophysita* ▭ eccl.Gk *monophusítēs* ← MONO-＋Gk *phúsis* nature＋-ITE[1]〙 ― *n.* 〖神学〗 キリスト単性論者《キリストは神性と人性とが一体化したものであると説く論者；cf. Dyophysite, Armenian 3》.
Mo·nóph·y·sìt·ism [-tɪzm] *n.* 〖神学〗 キリスト単性論. **Mo·noph·y·sit·ic** [mənɑ̀fəsɪ́tɪk, mɑ-, mo(ʊ)- | mənɔ̀fɪsɪ́t-] *adj.*
móno·pitch *n.* (話し声・歌声の)高さが一様であること，一本調子. ― *adj.* 〈屋根が〉単一勾配の；〈建物が〉単一勾配の屋根のある.
mon·o·plane [mɑ́nəplèɪn | mɔ́nə(ʊ)-] *n.* 単葉(飛行)機 (cf. biplane, triplane, multiplane).
mon·o·ple·gi·a [mɑ̀no(ʊ)plíːdʒiə, mòʊn-, -nə-, -dʒə | mɔ̀nə(ʊ)plíːdʒɪə, -dʒə] 〘← NL ← MONO-＋-PLEGIA〙 ― *n.* 〖病理〗 単麻痺(ひ)《左右の脚・腕のうち 1 本だけに起こる麻痺》. **mon·o·ple·gic** [mɑ̀no(ʊ)plíːdʒɪk, mòʊn-, -nə- | mɔ̀nə(ʊ)-] *adj.*
mon·o·ploid [mɑ́no(ʊ)plɔ̀ɪd, móʊn-, -nə- | mɔ́nə(ʊ)-] 〘← MONO-＋-PLOID〙 〖生物〗 ― *adj.* 〈細胞・核など〉(染色体が)一倍体の，一倍数の (cf. haploid 2). ― *n.* 一倍体《染色体が 1 ゲノム (genome) だけから成る個体》.
mon·o·pode [mɑ́no(ʊ)pòʊd, -nə- | mɔ́nə(ʊ)pəʊd] 〘▭ LL *monopodius* ▭ Gk *monopod-*, *monópous* : ⇨ mono-, -pod[1]〙 ― *adj.* 1 本足の (one-footed). ― *n.* **1 a** 1 本足の動物. **b** [時に M-] (中世伝説の) 1 本足族の人；(特に)足先を日傘代りに用いたというエチオピアの単脚人. **2** 〖植物〗 ＝monopodium.
mon·o·po·di·um [mɑ̀no(ʊ)póʊdiəm, -nə- | mɔ̀nə(ʊ)pə́ʊdɪəm, -djəm] 〘← NL ～ : ⇨ ↑, -ium〙 ― *n.* (*pl.* **-di·a** [-diə | -dɪə, -djə]) 〖植物〗 単軸，単軸型《松柏類の植物に見られるように側生枝を出しながら主軸がそのまま伸び続けるもの；cf. sympodium》. **mon·o·pó·di·al** [-diəl | -dɪəl, -djəl] *adj.* **mòn·o·pó·di·al·ly** *adv.*
mo·nop·o·dy [mənɑ́pədi | mənɔ́pədɪ, mə-] 〘▭ LL *monopodia* ▭ Gk *monopodía* : ⇨ monopode, -y[1]〙 *n.* 〖詩学〗 一歩格，単脚律 (cf. dipody, tripody).
mon·o·pole [mɑ́nəpòʊl, -pɔ̀ʊl | mɔ́nəpəʊl] 〘▭ (O)F ← ▭ L *monopōlium* 'MONOPOLY'〙 ― *n.* **1** 〖物理・電気〗 単極《正または負の単独電荷，N または S の仮想の単独磁荷》. **2** 〖ラジオ〗 モノポールアンテナ，垂直アンテナ《しばしば直立型単一の電波放射素子の型をしたアンテナ》.「度，組織].
mo·nóp·o·lìsm [-lɪzm] *n.* 独占[専売]主義[行為，制
mo·nóp·o·list [-lɪst, -ləst | -lɪst] 〘《1601》 ← MONOPOLY＋-IST〙 *n.* 独占[専売](論)者.
mo·nop·o·lis·tic [mənɑ̀pəlɪ́stɪk | -nɔ̀p-] *adj.* (売手)独占的な，専売の，独占主義(者)の. **mo·nòp·o·lís·ti·cal·ly** *adv.*
mo·nop·o·li·za·tion [mənɑ̀pəlɪzéɪʃən, -lə- | -nɔ̀pəlaɪ-, -lɪ-] *n.* 独占，専売，専有.
mo·nop·o·lize [mənɑ́pəlàɪz | -nɔ́p-] 〘《1611》: ⇨ ↓, -ize〙 *vt.* **1** …の独占[専売]権を得る[保有する]，独占する. **2** 占有する，独り占めする (engross)：She ～*d* the conversation. (他の人には話させないで)会話を独占した / She will often try to ～ his time. 彼女は彼の時間を独り占めしようとする. **mo·nóp·o·lìz·er** *n.*
mo·nop·o·ly [mənɑ́pəli | -nɔ́pəlɪ] 〘《1534》 ▭ L *monopōli-um* ▭ Gk *monopṓlion* right of exclusive sale ← MONO-＋*pōlein* to sell (← IE **pel-* to sell)〙 ― *n.* **1 a** (特定市場における商品・事業などの)専売，(売手)独占 (cf. duopoly 1, oligopoly, duopsony, monopsony)：the ～ of [《米》on] the trade 商売の独占 / make a ～ of …を専売[独占]する. **b** 独り占め，専有：the ～ of the conversation 会話の独占 / the ～ of a person's attention 人の注意[関心，世話]を自分だけに集中させること. **2** 専売権，独占権：secure a ～ of …の専売権を獲得する / The Government holds a ～ for tobacco. 政府がたばこの専売権をもっている. **3** 専売権をもつ会社[公社]，専売会社[公社]，独占会社[企業]. **4** 専売品[事業].
Mo·nop·o·ly [mənɑ́pəli | -nɔ́pəlɪ] *n.* 〖商標〗 モノポリー《卓上で行なう不動産売買ゲーム》.
mon·o·pol·y·logue [mɑ̀no(ʊ)pɑ́lɪlɔ̀(ː)g, -lə-, -lɑ̀g | mɔ̀nə(ʊ)pɔ́lɪlɔ̀g] 〘← MONO-＋POLY-＋-LOGUE〙 *n.* 〖演劇〗 (一人でいろいろの役をする)ひとり演芸.
mòno·propéllant *n.* 〖宇宙〗 一液性推進薬《液体推進薬の一種で，一液のみで分解燃焼する形式のもの；cf. bipropellant》.
mon·o·prot·ic [mɑ̀no(ʊ)prɑ́tɪk, mòʊn-, -nə- | mɔ̀nə(ʊ)prɔ́t-] 〘← MONO-＋PROT(ON)＋-IC[1]〙 *adj.* 〖化学〗 一塩基酸の：a ～ acid 一塩基酸.
mo·nop·so·ny [mənɑ́psəni | mənɔ́psənɪ] 〘← MONO-＋Gk *opsōnía* purchase of victuals〙 ― *n.* 〖経済〗 買手独占《売手は多数だが買手が 1 人のみの需要独占市場；cf. monopoly, oligopsony》. **mo·nop·so·nis·tic** [mənɑ̀psənɪ́stɪk | mənɔ̀p-] *adj.*
monoptera *n.* monopteron の複数形.
mo·nop·ter·al [mənɑ́ptərəl, moʊn- | mənɔ́p-] *adj.* 〖建築〗 monopteron (の様式)の.
mo·nop·te·ron [mənɑ́ptərɑ̀n, moʊn- | mənɔ́ptərɔ̀n] 〘← NL ～ ← Gk *monópteros* having a single row of columns : ⇨ mono-, -pterous〙 ― *n.* (*pl.* **-te·ra** [-rə]) 〖建築〗 (古代建築における)一列に列柱の巡った円形建造物.
móno·ràil 〘《1897》〙 *n.* **1** 単軌，一本レール. **2** 〖鉄道〗 モノレール，単軌鉄道《1 本のレールに車体が懸垂するものとまたがるものとがある》：by ～.
mon·or·chid [mɑnɔ́ːrkɪd, -kəd | mɔnɔ́ːkɪd] 〘← Gk *monórchis* : ⇨ mono-, orchis, -id[3]〙 〖病理〗 *adj.* 単睾丸(症)の. ― *n.* 単睾丸(症)の人.「睾丸症.
mon·ór·chi·dism [-dɪzm] *n.* 〖病理〗 睾丸不全，単
mon·o·rhi·nal [mɑ̀no(ʊ)ráɪnl, mòʊn-, -nə- | mɔ̀nə(ʊ)-] 〘← MONO-＋RHINO-＋-AL[1]〙 *adj.* 〖動物〗 単鼻孔の《ヤツメウナギなど円口類の魚類にいう》.
mon·o·rhi·nous [mɑ̀no(ʊ)ráɪnəs, mòʊn-, -nə- | mɔ̀nə(ʊ)-] *adj.* 〖動物〗 ＝monorhinal.
móno·rhỳme 〘▭ F *monorime* : ⇨ mono-, rhyme〙 *n.* 〖詩学〗 同一脚韻詩《各行が同じ脚韻をもつ》. **mò·no·rhýmed** *adj.*
mo·no·sa·bio [mɑ̀nəsɑ́ːbiòʊ, mòʊn- | mɔ̀nə(ʊ)sɑ́ːbɪəʊ ; *Sp.* mònosáβjo] 〘▭ Sp. ～ ← *mono* monkey＋*sabio* wise (← LL *sapidus* ← L *sapere* to have taste, be wise)〙 *n.* (*pl.* **～s**) モノサビオ《闘牛の picador の助手》.
mòno·sáccharide *n.* 〖化学〗 単糖類《糖類のうちさらに簡単な分子に加水分解されない炭水化物；glucose, fructose, arabinose, ribose など》.
mon·o·scope [mɑ́no(ʊ)skòʊp, -nə- | mɔ́nə(ʊ)skəʊp] *n.* 〖テレビ〗 モノスコープ《静写真の映像信号 (video signal) 作成に使用する陰極線管》.
mon·o·se·my [mɑ́no(ʊ)sìːmi, móʊn-, -nə-, mənɑ́sə-, mɑ- | mɔ́nə(ʊ)siːmɪ, mənɔ́sɪ-, mə-] 〘← MONO-＋(POLY)-SEMY〙 *n.* 〖言語〗 (語句などの)単義(性) (cf. polysemy).
mòno·sépalous 〘← MONO-＋-SEPALOUS〙 *adj.* 〖植物〗 **1** 合生萼(がく)片の (gamosepalous). **2** (単)一萼片の.
mòno·séxual 〘← MONO-＋SEXUAL〙 ― *adj.* (cf. unisexual) **1** 一方の性だけの[のための]. **2** 男性[女性]だけから成る；〈学校など〉男女別(制)の：a ～ school 男性[女性]だけの学校. **mòno·sexuálity** *n.*
mòno·sílane *n.* 〖化学〗 モノシラン (SiH_4)《無色の気体；減圧空気中で自然に発火する》.
mòno·sódium glútamate *n.* 〖化学〗 グルタミン酸のアルファモノアミド，グルタミン酸ナトリウム ($NaOOCCH_2CH_2CH(NH_2)COOH$)《結晶；こんぶだしのうま味などの化学調味料として用いられる；略 MSG；単に sodium glutamate ともいう》.
monosódium phósphate *n.* 〖化学〗 ＝sodium phosphate a.
mon·o·some [mɑ́no(ʊ)sòʊm, -nə- | mɔ́nə(ʊ)səʊm] *n.* 〖生物〗 **1** モノソーム，一染色体《相手となるべき相同染色体のない孤独な染色体》. **2** (相手のない) X 染色体. **3** 一個(以上)の染色体の欠けている個体[細胞].
mon·o·so·mic [mɑ̀no(ʊ)sóʊmɪk, -nə- | mɔ̀nə(ʊ)-sə́ʊm-] 〖生物〗 *adj.* 一染色体性の. ― *n.* 一染色体性の個体《染色体数が 2 倍数より 1 個少ない》.
mòno·spérmal *adj.* 〖植物〗 ＝monospermous.
mòno·spérmous 〘← NL *monosperm-us* : ⇨ mono-, sperm, -ous〙 *adj.* 〖植物〗 単種子の.
mon·o·sper·my [mɑ́no(ʊ)spə̀ːmi, móʊn-, -nə- | mɔ́nə(ʊ)spə̀ːmɪ] ― *n.* 〖生物〗 単精，単精子受精《ただ 1 個の精子が卵細胞内に侵入しての受精；cf. dispermy, polyspermy》. **mon·o·sper·mic** [mɑ̀no(ʊ)spə́ːmɪk, mòʊn-, -nə- | mɔ̀nə(ʊ)spə́ː-] *adj.*
mòno·sporángium 〘← NL ～ ← MONOSPORE＋*-angium* (← Gk *aggeíon*) vessel : ⇨ angio-〙 *n.* 〖植物〗 単胞子嚢.
mon·o·spore [mɑ́no(ʊ)spɔ̀ə, móʊn-, -nə-, -spɔ̀ə | mɔ́nə(ʊ)spɔ̀ː(r)] *n.* 〖植物〗 単胞子《紅藻類などに見られる胞子嚢中にただ 1 個生じる胞子；neutral spore ともいう；cf. tetraspore》.
mòno·stáble *adj.* 〖電子工学〗 〈バルブ・トランジスターの回路など〉単安定の《二つの状態のうち一方が安定，他方が不安定の；cf. bistable, astable 2》：a ～ multivibrator 単安定マルチバイブレーター.
mòno·stéarate *n.* 〖化学〗 モノステアレート.
mon·o·stele [mɑ́no(ʊ)stìːl, móʊn-, mɑ̀no(ʊ)stíːli, mòʊn-, -nə- | mɔ́nə(ʊ)stiːl, mɔ̀nə(ʊ)stíːlɪ] *n.* 〖植物〗 ＝protostele. **mòn·o·sté·lic** [-lɪk] *adj.*
mon·o·stich [mɑ́no(ʊ)stɪk | mɔ́nə(ʊ)-] 〘▭ LL *monostich-um* ▭ Gk *monóstikhon* (verse) consisting of one line : ⇨ mono-, stich[1]〙 〖詩学〗 ― *n.* 単行詩《特に，epigram に多い；cf. hemistich, distich, tristich》. ― *adj.* 単一行からなる. **mon·o·stich·ic** [mɑ̀no(ʊ)stɪ́kɪk | mɔ̀nə(ʊ)-] *adj.*
mon·o·stome [mɑ́no(ʊ)stòʊm, -nə- | mɔ́nə(ʊ)stəʊm] *adj.* 〖動物〗 ＝monostomous.
mo·nos·to·mous [mənɑ́stəməs | mənɔ́s-] 〘← MONO-＋Gk *stóma* mouth＋-OUS〙 *adj.* 〖動物〗 吸盤が一つの，単口の.
mon·o·stro·phe [mɑ́nəstròʊfi | mɔ́nə(ʊ)strəʊfɪ] 〘▭ Gk *monóstroph-os* : ⇨ mono-, strophe〙 *n.* 〖詩学〗 単律詩《各節[連]が同一の韻律形からなる》.
mon·o·stroph·ic [mɑ̀nəstrɑ́fɪk, -stróʊf- | mɔ̀nə(ʊ)strɔ́f-] 〘▭ Gk *monostrophik-ós* : ⇨ ↑, -ic[1]〙 〖詩学〗 *adj.* 〈詩が〉単律の. ― *n.* [*pl.*] 単律詩.
mon·o·sty·lous [mɑ̀no(ʊ)stáɪləs | mɔ̀nə(ʊ)-] *adj.* 〖植物〗 単花柱の.
mòno·substituted *adj.* 〖化学〗 一置換の.
mon·o·syl·lab·ic [mɑ̀no(ʊ)sɪlǽbɪk, mòʊn-, -nə-, -sə- | mɔ̀nə(ʊ)sɪ-] *adj.* **1** 〈語が〉単音節からなる (cf. polysyllabic). **2 a** 単音節語を話す[使う]. **b** 〈ことばなど〉単音節語だけからなる：He remained ～. 依然として (yes とか no とか well とか h'm とか) 無愛想な口のきき方[返事]しかしなかった. **mòn·o·syl·láb·i·cal·ly** *adv.*
mon·o·syl·la·bism [mɑ̀no(ʊ)sɪ́ləbɪzm, mòʊn-, -nə- | mɔ̀nə(ʊ)-] *n.* **1** 単音節性. **2** 単音節語使用(癖)；単音節語からなること.
mon·o·syl·la·ble [mɑ́no(ʊ)sɪ̀ləbl, móʊn-, -nə-, ⌐―⌐―― | mɔ́nəsɪləbl] 〘《1533》《なぞり》← F *monosyllabe* ▭ LL *monosyllabum* ▭ Gk *monosúllabos* : ⇨ mono-, syllable〙 ― *n.* 単音節語 (cf. disyllable, trisyllable, polysyllable)：speak [answer] in ～*s* (そっけなく) yes と no ばかり言う[で答える].
mòno·sýllogism 〘← MONO-＋SYLLOGISM〙 *n.* 〖論理〗 単(一)三段論法《複合三段論法 (polysyllogism) に対して一つだけの三段論法》.
mòno·symmétric *adj.* **1** 〖結晶〗 単斜晶系の (monoclinic). **2** 〖生物〗 左右相称の (zygomorphic).「*adv.*
mòno·symmétrical *adj.* ＝monosymmetric. **～·ly**
mòno·symptomátic 〘← MONO-＋SYMPTOMATIC〙 *adj.* 〖医学〗 単一症状の.
mon·o·syn·ap·tic [mɑ̀no(ʊ)sɪnǽptɪk, mòʊn-, -nə-, -sə- | mɔ̀nə(ʊ)sɪ-] 〘← MONO-＋SYNAPSE＋-IC[1]〙 ― *adj.* 〖生理〗 単シナプスの，神経接合部 1 個だけの. **mòn·o·syn·áp·ti·cal·ly** *adv.*
mòno·téchnic *adj.* 〈学問・研究など〉一分野専門[専攻]の，単科専門の. ― *n.* 単科(技術)専門学校.
mon·o·the·ism [mɑ́no(ʊ)θìːɪzm, móʊn-, -nə- | mɔ́nə(ʊ)-] 〘《1660》 ← MONO-＋-THEISM〙 ― *n.* 一神論，一神教《ただ一神のみ存在すると唱える教義；cf. polytheism, monolatry, henotheism 1》.
mon·o·the·ist [mɑ́no(ʊ)θìːɪst, móʊn-, -nə-, -əst | mɔ́nə(ʊ)θìːɪst, -θiɪst] 〘《1680》: ⇨ ↑, -ist〙 *n.* 一神教信者，一神論者 (cf. polytheist). ― *adj.* ＝monotheistic.
mon·o·the·is·tic [mɑ̀no(ʊ)θiːɪ́stɪk, mòʊn-, -nə- | mɔ̀nə(ʊ)-] *adj.* 一神教の，一神論的な (cf. polytheistic).
mòn·o·the·ís·ti·cal [-tɪkəl, -tə- | -tɪ-] *adj.* ＝monotheistic. **～·ly** *adv.*
Mo·noth·e·lete [mənɑ́θəlìːt | mɔnɔ́θɪ-, mə-] *n.* 〖神学〗 ＝Monothelite.「litism.
Mo·nóth·e·lèt·ism [-tɪzm] *n.* 〖神学〗 ＝Monothe-
Mo·nóth·e·lite [mənɑ́θəlàɪt | mɔnɔ́θɪ-, mə-] 〘《?a1439》 ▭ ML *monothelita* ▭ MGk *monotheletēs* ← MONO-＋*thelētḗs* one that wills (← *thélein* to will)〙 ― *n.* 〖神学〗 キリスト単意論者 (cf. Monothelitism).
Mo·nóth·e·lit·ism [-tɪzm] 〘⇨ ↑, -ism〙 ― *n.* 〖神学〗 キリスト単意論《キリストには神人的なただ一つの意志のみがあるとする説；680 年の第 3 回コンスタンティノポリス会議(第 6 総会議)において異端とされる；cf. Dyothelitism》.

móno·tìnt *n.* **1** 一色, 単色. **2** =monochrome.

mon·o·tone [mánətòun | mɔ́nətə̀un] 〘(1644) ← MONO-+TONE〙 ― *n.* **1** (話し方・読み方などの)単調(さ): read in a ～ 一本調子に読む, 棒読みする. **2 a** 単調な音. **b** (礼拝楽または祈禱などの)モノトーン, 単[調]音, 単音旋律《歌詞誦唱の際の音高の変らないまたはほとんど同一音高の声音》. **c** (祈禱文などの)モノトーンでの誦唱. **d** モノトーンで誦唱する人. **3** (色彩・文体などの)単調(さ), 一本調子 (monotony): in a boring ～ うんざりするような一本調子で. ― *attrib. adj.* **1** 単調な (monotonous). **2** 単色の: one's ～ suit 単色の服. **3** 〘数学〙=monotonic 3. ― *vt., vi.* 単調に話す[読む, 歌う]; 単一音で吟唱する.

mon·o·ton·ic [mànətánɪk | mɔ̀nətɔ́n-] *adj.* **1** 単調な, 一本調子の[に話された]. **2** 〘音楽〙単[調]音の[で歌う] (cf. monotone *n.* 2 b). **3** 〘数学〙〈関数または数列が〉単調な: ～ increase [decrease] 単調増加[減少].
mòn·o·tón·i·cal·ly *adv.*

mo·not·o·nous [mənátənəs, -tn-, -tn- | -nɔ́tənəs, -tn-] 〘(1778) □ LL *monotonus* □ Gk *monótonos* of one tone: ⇨ monotone, -ous〙 ― *adj.* **1** 〈声・音が〉単調な: the ～ droning of insects 虫の単調な鳴き声. **2** 変化のない, 一本調子な, 千篇一律な, 退屈な, 単調な: a ～ occupation, life, etc. **～·ly** *adv.* **～·ness** *n.*

mo·not·o·ny [mənátəni, -tni, -tni | mənɔ́tənɪ, -tnɪ] 〘(1706) □ Gk *monotonía*: ⇨ monotone, -y[1]〙 ― *n.* **1** 無変化な音の連続; 単音, 単調 (monotone). **2** 単調さ, 一本調子; 退屈 (cf. variety 1): the ～ of the scenery, a country life, a long voyage, etc.

Mon·o·trem·a·ta [mɑ̀nə(ʊ)trémətə, mòun-, -nə-, -tríːm- | mɔ̀nə(ʊ)trémətə, -tríːm-] 〘← NL ～: ⇨ mono-, -trema〙 ― *n. pl.* 〘動物〙(哺乳綱)単孔目.
mòn·o·trém·a·tous [-təs | -təs] *adj.*

mon·o·treme [mánə(ʊ)trìːm, móun-, -nə- | mɔ́nə(ʊ)-] *n.* 〘動物〙単孔目の動物の総称《ハリモグラ (echidna), カモノハシ (platypus) など》.

mon·o·trich·ic [mɑ̀nə(ʊ)tríkɪk, mòun-, -nə- | mɔ̀nə(ʊ)-] *adj.* 〘細菌〙=monotrichous.

mo·not·ri·chous [mənátrɪkəs, -trə- | mɔnɔ́trɪ-, mə-] 〘← MONO-+*trich-* (← Gk *thríx* hair)+-OUS〙 *adj.* 〘細菌〙〈細菌が〉単毛性の, 1個の極部鞭(べん)毛を有する.

mòno·tríglyph 〘□ L *monotriglyphos*: ⇨ mono-, triglyph〙 *n.* 〘建築〙モノトリグリフ《ドリス式建築で柱と柱の間にトリグリフ (triglyph) 1個を有する形式》.

mo·not·ro·py [mənátrəpi | mənɔ́trəpɪ, mə-] 〘← MONO-+-TROPY〙 ― *n.* 〘化学・結晶〙モノトロピー, 単変, 単変二形, 隻変《多形転位の際不安定相から安定相へのみ転移可能で逆が起こらない転移の型式; cf. enantiotropy》.

mon·o·type [mánə(ʊ)tàɪp, móun-, -nə- | mɔ́nə(ʊ)-] 〘(1881) ← MONO-+-TYPE〙 ― *n.* **1** (油絵具・印刷用インキなどによる)単刷版画; 単刷版画製作法《金属板・ガラス板などに指または絵筆で描き, それを紙などに写す技法》. **2** 〘生物〙単型《属を構成する唯一の種(しゅ)など; ↔ polytype》.

Mon·o·type [mánətàɪp | mɔ́nə(ʊ)-] *n.* 〘商標〙 **1** モノタイプ《欧文活字を一字ずつ鋳造植字する機械; cf. Linotype》. **2** モノタイプ活字, モノタイプ組版; モノタイプ印刷.

mon·o·typ·ic [mɑ̀nə(ʊ)típɪk, -nə- | mɔ̀nə(ʊ)-] *adj.* **1** 単刷版画の. **2** 〘生物〙進化が単型の (cf. polytypic 1): a ～ genus 単型属《ただ一つの種(しゅ)から成る属》. **3** 〘印刷〙モノタイプ(印刷)の.

mòno·unsáturate 〘↓〙 *n.* 単一不飽和油脂《ピーナッツバター, オリーブ油など; cf. polyunsaturate》.

mòno·unsáturated 〘← MONO-+UNSATURATED〙 *adj.* 〈脂肪または油が〉不飽和結合一個をもつ.

mon·o·va·lence [mɑ̀nəvéɪləns, mòun- | mɔ́nə(ʊ)-vèɪləns, ⌐ー⌐ー] *n.* **1** 〘化学〙1価 (univalence). **2** 〘細菌〙(一種類の病菌に対する)抗菌力.

mon·o·va·len·cy [mɑ̀nəvéɪlənsi, mòun- | mɔ́nə(ʊ)vèɪlənsɪ, ⌐ー⌐ーー] *n.* 〘化学・細菌〙=monovalence.

mon·o·va·lent [mɑ̀nəvéɪlənt, mòun- | mɔ́nə(ʊ)vèɪlənt, ⌐ー⌐ー] 〘← MONO-+-VALENT〙 ― *adj.* **1** 〘化学〙1価の (univalent). **2** 〘細菌〙〈抗体が〉1価の, 1個抗体の (cf. polyvalent): ～ serum 一種類の抗体だけを含む血清. **3** 〘生物〙1価の, 単価の (univalent). ― *n.* 〘生物〙1価[単価]染色体.

mon·ov·u·lar [mɑnávjulə, mou-, -nóuv- | mɔnɔ́vjulə(r)] 〘← MONO-+OVULAR〙 *adj.* 〘医学〙一卵性の; 一卵性双生児(に特有)の (cf. biovular).

mon·ox·ide [mənáksaɪd, mɑ- | mɔnɔ́k-, mə-] *n.* 〘化学〙一酸化物.

mòno·zygótic 〘← MONO-+ZYGOTE+-IC[1]〙 *adj.* 一卵性の: ～ twins 一卵性双生児 (identical twins).

mon·o·zy·gous [mɑ̀nə(ʊ)záɪgəs, mòun-, -nə-, mɑnázɪ-, -zə- | mɔ̀nə(ʊ)záɪ-, mɔnɔ́zɪ-] *adj.* =monozygotic.

Mon·roe [mənróu, mʌn- | mənrə́u, mʌn-, mʌ́nrəu] 〘□ Celt. ～《原義》mouth of the River Roe (Londonderry のそばの川) // Ir.-Gael. *moineruadh* (from) the red swamp: もと家族名〙 ― *n.* 男性名《異形 Monro, Munro, Munroe》.

Monroe, Harriet *n.* (1860–1936) 米国の女性編集者・詩人・批評家; *Poetry* 誌 (1912) 主宰.

Monroe, James *n.* (1758–1831) 米国の第五代大統領 (1817–25), モンロー主義 (Monroe Doctrine) の提唱者.

Monroe, Marilyn *n.* (1926–62) 米国の映画女優; 本名 Norma Jean Mortenson.

Monroe Doctrine [mənróu ⌐ー⌐ー, mʌnróu-, mʌ́nrou-, mʌ́n- | mʌ́nrəu ⌐ー⌐ー] *n.* [the ～] モンロー主義《James Monroe 大統領が 1823 年議会に発した教書に基づく米国の外交方針; 米国はヨーロッパの問題には関与しない一方, ヨーロッパ諸国が中南米諸国の政治に干渉したりこれを侵略の対象とすることを許さないという主義》.

Mon·ro·vi·a [mənróuviə, mʌn- | -rə́uvjə, -vɪə] *n.* モンロビア《アフリカ西部 Liberia 北西部の海港で同国の首都; 人口 202,000》.

mons [mɑ́(ː)nz | mɔ́nz] 〘← NL *mōns* ← L 'MOUNTAIN'〙 *L. n.* (*pl.* **mon·tes** [mɑ́ntiːz | mɔ́n-]) 〘解剖〙恥丘: ⇨ mons pubis, mons veneris.

Mons [mɔ̃ː(n)s, mɔ́(ː)ns | mɔ́nz, mɔ̃ː(n)s, mɔ́(ː)ns; *F.* mɔ̃ːs] *n.* モンス《ベルギー南西部 Hainaut 州の首都; 人口 29,000》.

Mon·sei·gneur, m- [mɔ̃ː(n)seɪnjə́ː, mɔ̀(ː)n-, mɑ̀n- | mɔ̀nsenjə́ː(r; *F.* mɔ̃sɛɲœːr] 〘(1698) □ F ～ ← *mon* my+*seigneur* lord〙 ― *n.* (*pl.* **Mes·sei·gneurs, m-** [mèɪseɪnjə́ː(z) | mèsenjə́ː(z; *F.* mesɛɲœːr]) **1** [フランスの王族・枢機卿・(大)司教などに対する尊称で, 官職名の前につけ, また呼掛けにも用いて] 閣下, 殿下, 猊下(げいか) (略 Msgr., Mgr., Monsig.): *Monseigneur* the Archbishop. **2** この称号を有する[で呼ばれる]人.

mon·sieur [məsjə́ː, mɪ-, -ʃə́ː, -síə, -sjúə, -ʃúə | məsjə́ː(r, -síə(r; *F.* məsjø] 〘(1500–20) □ F ～ ← *mon* my+*sieur* sir: もとは高位の男性に用いた: cf. seigneur, sire〙 ― *n.* (*pl.* **mes·sieurs** [meɪsjə́ː(z), me-, -ʃə́ː(z), -síə(z) | -sjə́ːz; *F.* mesjø]) **1** [məsjə, -ʃə, -sɪə, -sjuə, -ʃuə | məsjə; *F.* məsjø] **a** [英語の Mr. または Sir に当たるフランス語の敬称語] 氏, ムッシュー (略 M., *pl.* Messrs., MM.): M. Briand ブリアン氏. **b** [英語の sir に当たる呼掛けとして] あなた, もし. **2** [M-] 〘歴史〙(フランス王の)次男または王のすぐ下の弟の称号.

Monsig. 《略》Monseigneur; Monsignor.

Mon·si·gnor, m- [mɑnsíːnjə, mɔn- | mɔnsíːnjə(r; *It.* mònsiɲɲór] 〘(1641) □ It. ～ ← *mon* my+*signor(e)* lord (⇨ signore): cf. F *monseigneur*〙 ― *n.* (*pl.* **～s, Mon·si·gno·ri** [mɑ̀nsiːnjɔ́ːri, -njóːri | mɔ̀nsiːnjɔ́ːrɪ; *It.* monsiɲɲóːri]) **1** [教皇が教皇庁の高僧・高官に許す尊称として] 〘カトリック〙モンシニョール (略 Mgr.). **2** この称号を有する人.

Mon·si·gno·re [mɔ̀(ː)nsiːnjɔ́ːreɪ, mɑ̀n-, -njóːr- | mɔ̀nsiːnjɔ́ːr-; *It.* -ɲóːre] *n.* (*pl.* **Mon·si·gno·ri** [-ri | -rɪ; *It.* -ri]) =Monsignor.

Monsignori *n.* Monsignor, Monsignore の複数形.

Mons Men·sae [mɑ́nz-ménsiː | mɔ́nz-] *n.* 〘天文〙テーブル山座 (Mensa) のラテン語名.

mon·soon [mɑnsúːn | mɔn-, mən-] 〘(1584) □ Du. 《廃》*monssoen* □ Port. *monção* □ Arab. *mausim* time, season〙 ― *n.* **1** 〘気象〙 **a** モンスーン《インド洋および南アジアで夏季には南西から, 冬季には北東から吹く季節風; ↔ antimonsoon》: the dry ～ 冬(とう)季節風《10–12 月に吹く北東風》/ the wet ～ 夏(か)季節風《5–9 月に吹く南西風》. **b** 季節風. **2** (南西季節風が吹くインドの)雨期. **～·al** [-nl] *adj.*

monsóon lów *n.* モンスーン低気圧《夏にはインド大陸上で, 冬には California 沖などでみられる》.

mons pu·bis [mɑ́nz-pjúːbɪs, -bəs | mɔ́nz-pjúːbɪs] 〘← NL ～ ← L *mons pūbis*《原義》eminence of men〙 ― *n.* (*pl.* **montes p-**) 〘解剖〙(男性の)恥丘, 陰阜(いんぷ) (mons veneris).

mon·ster [mánstə | mɔ́nstə(r)] 〘(*a*1325) □ (O)F *monstre* □ L *mōnstrum* omen, prodigy, monster ← *monēre* to remind, advise: cf. monitor〙 ― *n.* **1** 怪物, 化け物《centaur, dragon, sphinx, griffin などの伝説的動物》. **2 a** 奇怪な形をした人間[動物, 植物など]. **b** 奇形的な生物. **3** 極悪非道の人, 人非人: a ～ of inhumanity 情知らずの人非人 / a ～ of iniquity 極悪人. **4** 異常に巨大なもの: The apples were regular ～*s*. そのりんごは全く化け物のように大きかった. **5** 〘アメリカンフットボール〙決まった位置にいないラインバッカー《monster back, monster men ともいう》. ― *attrib. adj.* 巨大な, 化け物のような, ばかでかい (enormous): a ～ meeting, ship, potato, etc.

mon·strance [mánstrəns | mɔ́n-] 〘(*a*1325) □ eccl.L *mōnstrantia* ← L *mōnstrāns*- (pres.p.) ← *mōnstrāre* to show: ⇨ demonstrate, -ance〙 ― *n.* 〘カトリック〙顕示台《聖体を入れて信者に礼拝させる台付きの透明な容器; ostensory ともいう》.

mon·stre sa·cré [mɔ̃ː(n)str(ə)-sɑːkréɪ, mɔ́(ː)n-, -sæk-; *F.* mɔ̃strəsakre] 〘□ F ～《原義》sacred (= damned) monster〙 ― *n.* (*pl.* **monstres sacrés** [～; *F.* ～]) *n.* 奇行で知られた名士, 天下御免の奇人.

mon·stros·i·ty [mɑnstrásəti | mɔnstrɔ́sətɪ, mən-, -sɪ-] 〘(1555) □ LL *mōnstrōsitāt-em*: ⇨ ↓, -ity〙 ― *n.* **1 a** (大きさ・形・性質などの)奇怪, 怪異. **b** (動植物の)奇形. **2** 奇怪[異形]なもの, 巨大物, 怪物: a linguistic ～ 奇怪な言語形式. **3** 不埒(ふらち)な行為, 極悪非道.

mon·strous [mánstrəs | mɔ́n-] 〘(*a*1464) □ (O)F *monstrueux* // L *mōnstrōs-us* strange: ⇨ monster, -ous〙 ― *adj.* **1 a** (形・性格などが)奇異な, 奇怪な, 怪物のような (abnormal). **b** 奇形の (misshapen). **2** 異常[ばか]に大きい, 巨大な (huge): a ～ beast (大きな)怪獣. **3 a** 不埒(ふらち)な, 極悪非道の (atrocious): a ～ crime, cruelty, etc. **b** 恐ろしい, ぞっとするような (hideous): a ～ scene. **4** [強意語にも用いて] 法外に大きい, 大変な; 途方もない, あきれた, ひどい: a ～ sum 巨額の金 / a ～ blunder 途方もない大へま / It is perfectly ～ to keep me waiting like this. こんなに待たせるなんて全くひどい. **5** 《廃》異様な, 不自然な (strange). ― *adv.* 《方言》非常に, すばらしく, すごく: a ～ fine woman. **～·ly** *adv.* **～·ness** *n.*

mons ve·ne·ris [mɑ́nz-vénərɪs, -rəs | mɔ́nz-vénərɪs] 〘← NL ～ ← L ～《原義》eminence of Venus〙 *n.* (*pl.* **montes v-**) 〘解剖〙(女性の)恥丘, 陰阜(いんぷ) (mons pubis).

Mont. 《略》Montana; Montgomeryshire.

mon·tage [mɑntáːʒ, mɔ̃ː(n)-, mɔ(ː)n- | mɔntáːʒ, ⌐ー, mɔ́ntɪdʒ; *F.* mɔ̃taːʒ] 〘□ F ～ 'mounting, putting together' ← *monter* 'to MOUNT[1]'+-AGE〙 ― *n.* **1 a** 〘美術〙モンタージュ《異なった種々の要素を配合して一つの画面にまとめ上げる手法》; モンタージュ画, 総合画 (composite picture) (cf. photomontage). **b** 〘写真〙モンタージュ写真, 合成写真. **2** 〘映画・テレビ〙モンタージュ《フィルム編集法の一つ》: **a** 相関連するイメージの流れを描出するための画面の連続. **b** いくつかの映像を旋回などさせながら一つの焦点に導く手法; (その手法によって描写された)モンタージュ画面. **3** 〘ラジオ〙混成音響[音声]効果《混乱・内省などを描出するため音声や音響を連続的に交錯[混合]させる手法》. **4** (音楽・文学で独立の諸要素を並置させる)モンタージュ手法; その手法によって創造される作品. **5** ごたまぜ. ― *vt.* まとめてモンタージュに作り上げる; モンタージュ手法で描写する.

Mon·ta·gnard [mɔ̃ː(n)tɑːnjáə(d), mɔ̀(ː)n- | -njáː(r, -njáːd; *F.* mɔ̃taɲaːr] 〘□ F ～ 'mountaineer': ⇨ mountain, -ard〙 ― *n.* (*pl.* **～, ～s** [～z; *F.* ～]) **1 a** [the ～(s)] モンタニャード族《カナダの Rocky 山脈に住む Athapaskan 系アメリカインディアン》. **b** モンタニャード族の人. **2** [時に m-] モンタニャード人, モンタニャール人《ベトナム南部の, カンボジアに接する山地の原住民; Yard ともいう》. ― *adj.* (カナダまたはベトナムの)モンタニャード族[人]の.

Mon·ta·gu [mɑ́ntəgjùː, mɑ́n- | mɔ́ntə-, mʌ́n-, -tɪ-], Lady **Mary Wort·ley** [wə́ːtli | wɔ́ːtlɪ] *n.* (1689–1762) 英国の女流文人; Pope の論敵; *Letters* (1763–67).

Mon·ta·gue[1] [mɑ́ntəgjùː, mʌ́n- | mɔ́ntə-, mʌ́n-, -tɪ-] 〘← F *Mont Aigu* (Normandy の家族名) ← *Mont Aign* (フランスの山の名)《原義》peaked hill〙 ― *n.* 男性名《愛称形 Monty; 異形 Montagu》.

Mon·ta·gue[2] [mɑ́ntəgjùː, mʌ́n- | mɔ́ntə-, mʌ́n-, -tɪ-] *n.* モンタギュー(家)《Shakespeare 作 *Romeo and Juliet* の主人公 Romeo の生家; cf. Capulet》.

Mon·taigne [mɑntéɪn | mɔn-; *F.* mɔ̃tɛɲ], **Michel Ey·quem** [ɛkɛm] **de** *n.* モンテーニュ《1533–92; フランスの随筆家・哲学者; *Essais*「随想録」(1580, '88)》.

Mon·ta·le [mɔ(ː)ntáːleɪ, mɑn- | mɔn-; *It.* montáːle], **Eu·ge·nio** [eudʒɛ́ːnjo] *n.* モンターレ《1896–1981; イタリアの詩人; Nobel 文学賞 (1975); *Ossi di seppia*「烏賊(いか)の骨」(1925), *Occasioni*「機会」(1939), *La bufera e altro*「嵐その他」(1956)》.

Mon·tan·a [mɑntǽnə | mɔntǽnə, -tɑ́ːnə] 〘← Sp. *montaña* mountain land〙 *n.* 米国北西部の州 (略 Mont.; ⇨ United States of America 表).

Mon·tan·an [mɑntǽnən | mɔntǽn-, -tɑ́ːn-] *adj.* (米国) Montana 州(人)の. ― *n.* Montana 州人.

mon·tane [mɑntéɪn, ⌐ー | mɔ́nteɪn, ⌐ー] 〘□ L *montān-us* of a mountain: ⇨ mount[2], -ane[1]〙 ― *adj.* 〘生態〙 **1** 〈生物区系が〉山岳の, 山地性の. **2** 山岳地帯の植物[動物]の[に関する] (cf. subalpine, alpine 2): a ～ flora [fauna] 山地(系)植物[動物].

Mon·ta·nism [mɑ́ntənɪzm, -tn- | mɔ́ntə-, -tn-] 〘← *Montanus*+-ISM〙 ― *n.* モンタノス[モンタヌス]主義《2 世紀中頃小アジアの Phrygia で Montanus の唱えたキリスト教の教義; 至福千年到来の信仰と苦行・断食などを説く》.

Mon·ta·nus [mɑntéɪnəs | mɔn-] *n.* モンタノス, モンタヌス《2 世紀頃の小アジア Phrygia の予言者; 自己を聖霊の御使いと確信し予言者的な活動をなしたが, 異端として退けられた; cf. Montanism》.

món·tan wàx [mɑ́ntn-, -tæn- | mɔ́n-] 〘*montan*: ← L *montān-us* of a mountain: cf. montane〙 ― *n.* モンタン蠟(ろう)《褐炭や泥炭から抽出した暗褐色の瀝青(れきせい)質の蠟; カーボン紙・蠟燭・つや出し剤・電気絶縁材などの原料》.

Mon·táuk Póint [mɑntɔ́ːk- | mɔn-] *n.* モントーク岬《米国 New York 州 Long Island 東端の岬; 同州の最東端》.

Mont Blanc [mɔ̃ː(m)blɑ́ː(ŋ), -blɔ́ː(ŋ), mɔ(ː)mblɑ́ːŋ, -blɔ́ː(ŋ); *F.* mɔ̃blɑ̃] *n.* モンブラン《フランスとイタリアとの国境にある Alps の最高峰 (4,807 m)》.

mont·bre·ti·a [mɑntbríːʃiə, -ʃə | mɔnbríːʃɪə, mɔm-, -ʃə] 〘(1899) ← NL ～ ← *Coquebert de Montbret* (1780–1801: フランスの植物学者): ⇨ -ia[1]〙 ― *n.* 〘植物〙ヒメヒオウギズイセン, モントブレチア (*Tritonia crocosmaeflora*)《アヤメ科ヒメトウショウブ属の多年草; オレンジ色の 6 弁花を総状に咲かせる》.

Mont·calm [mɑntkɑ́ː(l)m | mɔ̃ː(ŋ)kɑ́ːm, mɔ(ː)ŋ-; *F.* mɔ̃kalm], **Louis Joseph de** *n.* モンカルム《1712–59; フランスの将軍, Quebec で Wolfe 将軍指揮下の英軍に敗れた (1759); Marquis de Saint-Véran》.

Mont Ce·nis [mɔ̃ː(n)səníː, mɔ̀(ː)n(t)-, -sníː | -səníː; *F.* mɔ̃sni] *n.* [the ～] モンスニー(峠)《Alps 南西部, イタリアとフランスの国境にある峠, この峠の南西に全長約 13 km の鉄道トンネルがある; 海抜 2,085 m》.

Mont Cer·vin [*F.* mɔ̃sɛrvɛ̃] 〘□ F ～《原義》cervine

mountain〗 *n.* モンセルバン《Matterhorn のフランス語名》.

mont-de-pié·té [mɔ̃ː(n)d(ə)pjertéɪ, mɔ̀(ː)n-; *F.* mɔ̃d(ə)pjete] 〖□F ～ □It. *monte di pietà* mountain (fund) of pity, charity bank〗 ── *F. n.* (*pl.* **monts-** [～]) (フランスの低利で金を貸す)公営質屋.

mon·te [mánti | mɔ́ntɪ] 〖(1850) □ Sp. ～ 'mountain, pile (of cards)' < L *montem* 'MOUNT²'〗 ── *n.* **1** 〖トランプ〗モンテ《スペイン起源の賭博ゲーム; monte bank ともいう》. **2** ＝three-card poker.

Mon·te·bel·lo [màntəbélou | mɔ̀ntɪbéləu] 〖□It. ～ 'beautiful mountain'〗 *n.* 米国 California 州, Los Angeles の近郊の都市; 人口 43,000.

Mon·te Car·lo [màntɪkáːəlou | mɔ̀ntɪkáːləu; *F.* mɔ̃tekarlo; *It.* mòntekárlo] *n.* モンテカルロ《モナコ公国の自治区; 風光明媚な観光地・避寒地; ルーレットとトラント (trente) による豪華な賭博場で知られる; 人口 10,000》. ── *adj.* 〖数学・統計〗モンテカルロ式の《確率論を利用する計算法にいう》: ～ calculations / the ～ method モンテカルロ法.

Mon·te Cas·si·no [mɔ́(ː)ntɪ-kəsíːnou, mán- | mɔ́n-tɪ-kəsíːnəu; *It.* móntekassíːno] *n.* モンテカシーノ《イタリア中部 Naples 北西方にある山 (519 m); 山頂に 529 年ごろ St. Benedict が創設した修道院があり, 第二次大戦中はドイツ軍の要塞となった; 1944 年連合軍の爆撃によって破壊されたが, 1956 年再建》.

Mon·te Cris·to [mànti-krístou | mɔ̀ntɪ-krístəu; *F.* mɔ̃tekristo], Count of *n.* モンテクリスト伯《Alexandre Dumas (父)作の *Le Comte de Monte Cristo* (1844–45) の主人公; 本名 Edmond Dantès [dɑ̃tɛs]》.

mon·teith [mantíːθ, mən- | mɔn-] 〖← *Monsieur Monteith* (外套または上衣のすそを波型にして着用していた 17 世紀のスコットランド人の名)〗 ── *n.* (18 世紀に用いられた)パンチ用の鉢(ⓗ) (punch bowl)《通例銀製で, 縁にはグラスを掛けるために波型の刻み目が付いている》.

monteith

Mon·te·ne·grin [màntəníːgrɪn, -néɪ-, -grən | mɔ̀ntɪníːgrɪn, -néɪ-] 〖⇨ ↓, -in¹〗 ── *adj.* モンテネグロ(人)の. ── *n.* モンテネグロの住民.

Mon·te·ne·gro [màntəníːgrou, -néɪ- | mɔ̀ntɪníːgrəu, -néɪ-; *It.* montenéːgro] *n.* モンテネグロ《ユーゴスラビア連邦共和国の南部にあるその一共和国; もと王国; 人口 531,000, 面積 13,812 km², 首都 Titograd [títəgraːd]》.

Mon·te·rey [màntəréɪ | mɔ̀ntə-] 〖□Sp. (*Puerto de*) *Monterrey* (port of) *Monterrey* (New Spain の太守の名)〗 ── *n.* **1** 米国 California 州西部の都市・漁港; もと California 地方の首都 (1774–1846); 人口 27,000. **2** モンテレー《メキシコ北東部の都市; Nuevo Leon 州の首都; 人口 1,091,000; メキシコ語名 Monterrey》. **3** ＝Monterey cheese.

Mónterey Báy *n.* [the ～] モンテレー湾《米国 California 州西部, 太平洋に臨む入江》.

Mónterey chéese *n.* モンテレーチーズ《もと米国 California 州 Monterey 郡で作られた jack cheese の一種; 単に Monterey ともいう》.

Mónterey cýpress *n.* 〖植物〗米国 California 州産ヒノキ科シダレイトスギ属の高木 (*Cupressus macrocarpa*).

mon·te·ro [mantɛ́(ə)rou | mɔntɛ́ərəu; *Sp.* montéro] 〖□Sp. *montera* hunting cap ← *montero* huntsman, 《原義》 mountaineer ← *monte* 'MOUNT²'〗 ── *n.* (*pl.* ～**s** [～z; *Sp.* ～s]) **1** (狩猟家が愛用するたれぶた付きの丸い)鳥打ち帽子. **2** ＝huntsman. **3** (フィリピンの)山林管理人, 森番.

Monte Rosa *n.* ⇨ Rosa.

Mon·ter·rey [màntəréɪ | mɔ̀ntə-; *Sp.* monteréɪ] *n.* モンテレイ《Monterey のメキシコ語名》.

montes *n.* mons の複数形.

Mon·tes·quieu [màntɪskjúː, -tɔs-, -tes-, mɔ̃ː(n)teskjɔ́ː, mɔ̀(ː)n- | mɔ̀nteskjúː, -kjɔ́ː, ⁀⁀; *F.* mɔ̃tɛskjø] *n.* モンテスキュー《1689–1755; フランスの思想家・政治哲学者; *De l'Esprit des Lois*「法の精神」(1748); Charles Louis de Secondat, Baron de la Brède et de Montesquieu》.

Mon·tes·so·ri [màntɪsɔ́ːri, -tə-, -sóːri | mɔ̀ntesɔ́ːrɪ, -tə-; *It.* montessɔ́ːri], **Maria** *n.* モンテッソーリ《1870–1952; イタリアの女性教育家・医師; Montessori method の提唱者 (1907)》.

Montessóri mèthod [sỳstem] 〖↑〗 *n.* [the ～] 〖教育〗モンテッソーリ教育法《児童自身に自学させることを主眼とし, 特に感覚教育を強調する》.

Mon·teux [mɔ̃ː(n)tɔ́ː, mɔ(ː)n-; *F.* mɔ̃tø], **Pierre** *n.* モントゥー《1875–1964; フランス生れの米国の指揮者》.

Mon·te·ver·di [màntəvɛ́ədi, -vɔ́ːdi | mɔ̀ntɪvɛ́ədɪ; *It.* monteverdi], **Claudio (Giovanni Antonio)** *n.* モンテベルディ《1567–1643; イタリアの作曲家》.

Mont·e·vi·de·o [màntəvɪdéɪou, -və-, -vídiòu | mɔ̀ntɪvɪdéɪəu; *Sp.* montebidéo] *n.* モンテビデオ《南米 Urguay 南部の海港で同国の首都; 人口 1,174,000》.

Mon·te·zu·ma II [màntɪzúːmə, -tə- | mɔ̀ntɪ-] *n.* モンテスマ二世 (⇨ Moctezuma II).

Montezúma cýpress *n.* 〖植物〗メキシコヌマスギ, メキシコラクウショウ(落羽松) (*Taxodium mucronatum*)《中央メキシコおよびグアテマラ産マツ科の落葉針葉樹; ahuehuete ともいう》.

Montezúma's revénge 〖← *Montezma II*〗 *n.* 《俗》(メキシコを旅行する人がかかる)下痢.

Mont·fort [mántfət | mɔ́ntfət, -fɔːt; *F.* mɔ̃fɔːr], **Simon de** [simɔ̃ d] *n.* モンフォール: **1** (1160?–1218) フランスの十字軍戦士. **2** (1208?–65) フランス生れの英国の軍人・政治家; 前者の子; 1264 年貴族の指導者として Henry 三世に反抗し, 王を捕えて最初の Parliament を召集したが, 翌年皇太子 Edward と戦って敗死; Earl of Leicester.

Montg. 《略》 Montgomeryshire.

mont·gol·fi·er [mantgálfiə, -fièɪ | mɔntgɔ́lfɪə(r, -fɪèɪ; *F.* mɔ̃gɔlfje] 〖↓〗 *n.* モンゴルフィエ式軽気球《熱気球 (fire balloon) の別称》.

Mont·gol·fi·er [mantgálfiə, -fièɪ | mɔntgɔ́lfɪə(r, -fɪèɪ; *F.* mɔ̃gɔlfje], **Jacques Étienne** *n.* (1745–99) ⇨ Joseph Michel MONTGOLFIER.

Montgolfier, Joseph Michel *n.* モンゴルフィエ《1740–1810; フランスの製紙業者; 弟 Jacques Étiennes Montgolfier と共に熱気球 montgolfier を発明し 1783 年初飛行に成功》.

Mont·gom·er·y¹ [mʌn(t)gʌ́m(ə)ri, man(t)-, -gám- | mən(t)gʌ́m(ə)ri, mɔn(t)gɔ́m-, mən(t)-] 〖← *Richard Montgomery* (1736–75; 米国独立戦争当時の植民地側の将軍)〗 ── *n.* 米国 Alabama 州中東部 Alabama 河畔にある同州の首都; 人口 154,000.

Mont·gom·er·y² [mʌn(t)gʌ́m(ə)ri, man(t)-, -gám- | mən(t)gʌ́m(ə)ri, mɔn(t)gɔ́m-, mən(t)-] *n.* ＝Montgomeryshire.

Mont·gom·er·y³ [mʌn(t)gʌ́m(ə)ri, man(t)-, -gám- | mən(t)gʌ́m(ə)ri, mɔn(t)gɔ́m-, mən(t)-] 〖ME *Montgomerie* □ ONF (*de*) *Montgumerie* (Normandy の地名・家族名)《原義》 hill of a powerful man: ⇨ mount², bridegroom〗 ── *n.* 男性名.

Montgomery, Sir **Bernard Law** *n.* (1887–1976) 英国の陸軍元帥; 第二次大戦で北アフリカ軍司令官, ついで英軍総司令官として殊勲をたてた; 1st Viscount Montgomery of Alamein; 通称 Monty.

Mont·gom·er·y·shire [mʌn(t)gʌ́m(ə)riʃɪə, man(t)-, -gám-, -ʃə | mən(t)gʌ́m(ə)rɪʃɪə(r, mɔn(t)gɔ́m-, mən(t)-, -ʃɪə(r] *n.* ウェールズ中部の旧州; 現在は Powys 州の一部; 面積 2,064 km², 首都 Welshpool [wélʃpuːl; *Welsh* welʃpúːl].

month [mʌ́nθ] 〖OE *mōnaþ* < Gmc **mǣnōþaz* (G *Monat* month): ⇨ moon, -th²〗 ── *n.* (*pl.* ～**s** [mʌ́nθs, mʌ́n(t)s]) **1** (暦の上の)月, 一か月; (漠然と)ひと月: ⇨ calendar month, solar month / a lunar ～＝synodic month / this ～ 今月 / last [next] ～ 先[来]月 / the ～ before last 先々月 / the ～ after next 再(さ)来月 / by the ～ 月いくらで / for ～*s* past 過去数か月間 / for ～*s* 長い間 / from ～ to ～ 月々 / this day ～ ⇨ day 成句 / It will take a ～ to finish it. それを完成するのにひと月かかろう / He is within a few ～*s* of seventy years. もう二, 三か月で 70 歳になる. **2** …か月《人の妊娠期間の 9 分の 1》: a woman in her 5th ～ 妊娠 5 か月の婦人. ★ (1) 形容詞的用法の month は, 原則として複数所有格の形にするか, または無変化のまま -month として複数の数詞に伴う: a two ～s' vacation＝a two-*month* vacation. (2) 次に old などの形容詞が続く時には, -month-old として単数形を用いるのを標準とするが, 米語では複数形を用いることもある: a three-*month*(*s*)-old baby. (3) 数詞が one である時, または数詞を伴わない時には所有格の形にする: a one-*month's* course＝a ～'s course. (4) ラテン語系形容詞: mensal.

a month of Sundays ⇨ Sunday *n.* 成句.

month after month 毎月毎月 (cf. DAY *after day*).

month by month 月ごとに (cf. DAY *by day*).

month in, (***and***) ***month out*** 来る月も来る月も, 毎月毎月 (cf. DAY *in*(,) *day out*).

Mon·ther·lant [mɔ̃ː(n)teəláː(ŋ), lɔ̃ː(ŋ), mɔ̀(ː)nteəláːŋ, -lɔ̃ː(ŋ) | -teə-; *F.* mɔ̃tɛrlɑ̃], **Henry (Mil·lon)** [mijɔ̃] **de** *n.* モンテルラン《1896–1972; フランスの作家》.

mónth·ly 〖(1533–34): cf. OE *mōnaþlič*〗 ── *adj.* **1 a** ひと月の; 毎月の: one's ～ salary 月収 / a ～ visit 毎月の訪問. **b** 月払いの, 月極めの: ～ payment 毎月払い. **c** 月一回の, 月刊の: a ～ magazine 月刊雑誌. **2** 〈特に, 月の運行が〉一か月間の, 一か月で終わる: the ～ revolution of the moon 一か月かかる月の運行. ── *adv.* 月一回, 毎月: pay ～. ── *n.* **1** 月一回刊行物, 月刊雑誌. **2** [*pl.*] 《口語》月経期間.

mónthly invéstment plàn *n.* 〖証券〗月掛け投資プラン《毎月一定金額を投資しその収益は積立てて累積投資していくもの》.

Monthly Meeting *n.* 〖キリスト教〗(Quaker の)月会《Quaker の集会組織の中の地区単位》.

mónthly núrse *n.* 産後付き添い看護婦《1 か月間が慣習》.

mónthly róse *n.* 〖園芸〗＝China rose 2《四季咲性》.

mónth's mínd 〖(1466)〗 ── *n.* **1** 〖カトリック〗(死後一か月目に行なう)鎮魂[死者, 追悼]ミサ(式) (cf. Requiem 1). **2** 《英古》愛好, 好み (inclination, liking): You have a ～ to them. 彼らに気があるんだね (Shak., *Two Gent* 1. 2. 137).

mon·ti·cel·lite [màntəsélaɪt | mɔ̀ntɪ-] 〖← *Teodoro Monticelli* (1758–1845; イタリアの鉱物学者): ⇨ -ite¹〗 ── *n.* 〖鉱物〗モンティセライト ($CaMgSiO_4$) 《無色ないし灰色の橄欖(ｶﾝﾗﾝ)石の一種》.

Mon·ti·cel·lo [màntəsélou | mɔ̀ntɪséləu] 〖□It. ～《原義》 little mountain〗 ── *n.* 米国 Virginia 州中部, Charlottesville 付近にある Thomas Jefferson の旧宅地《国有記念物》.

mon·ti·cule [mántɪkjùːl, -tə- | mɔ́ntɪ-] 〖□F ～ □ LL *monticulus* (dim.) ← L *mont-, mōns*: ⇨ mons, mount², -cule〗 ── *n.* **1** 小山, 小丘 (hillock). **2** 側火山, 寄生火山《主な火山の斜面に生じる》. **3** 〖動物・解剖〗小丘, 小突起.

mon·til·la [mantílə | mɔn-] 〖□Sp. ～ ← *Montilla* (スペインの原産地名)〗 *n.* モンティラ(ワイン)《スペイン産の辛口で淡色のシェリー酒》.

Mont·lu·çon [mɔ̃ː(n)ljuːsɔ́ː(ŋ), mɔ̀(ː)nljuːsɔ́(ː)ŋ; *F.* mɔ̃lysɔ̃] *n.* モンリュソン《フランス中部, Cher 川に添う都市; 人口 58,000》.

Mont·mar·tre [mɔ̃ː(m)máːtr(ə), mɔ(ː)m- | -máː-; *F.* mɔ̃martr] *n.* モンマルトル《Paris 北部の山手の地区; かつて画家・作家・詩人が多数居住したことで知られ, またナイトクラブやカフェーで有名; 丘の上の Sacré Coeur 聖堂はしばしば画題となる》.

Mont·mo·ren·cy [màntmərénsi | mɔ̀ntmərénsɪ; *F.* mɔ̃mɔrɑ̃si] 〖□F ～ ← *Montmorency* (原産地名)〗 ── *n.* 〖園芸〗モンモランシー《真赤で酸味が強い, 酸果オウトウ (sour cherry) の品種名》.

mont·mo·ril·lo·nite [màntmərílənàɪt, -ríː(j)ə- | mɔ̀nt-] 〖← *Montmorillon* (フランスの発見地名): ⇨ -ite¹〗 ── *n.* 〖鉱物〗モンモリロナイト《酸性白土・ベントナイト (bentonite) などの主成分を成す一種の粘土鉱物; 複雑な組成のアルミニウム含水珪酸塩》.

Mont·par·nasse [mɔ̃ː(m)paənáːs, mɔ̃ːm-, -nǽs | -pɑː-; *F.* mɔ̃parnas] 〖□F ～ 'Mount Parnassus'〗 ── *n.* モンパルナス《フランス北部 Paris 南西部, Seine 左岸の高台の地区; 作家・画家が多数居住する; カフェーが多く, 付近に墓地がある》.

Mont·pe·lier [mantpíːljə, -píl- | mɔntpíːljə(r, -lɪə(r] 〖↓〗 *n.* 米国 Vermont 州中北部にある同州の首都; 人口 9,000.

Mont·pel·lier [mɔ̃ː(m)peljéɪ, mɔ̃ːm- | mɔ̃ː(m)péljèɪ, mɔ(ː)m-, mɔn(t)-; *F.* mɔ̃pəlje, -pe-] *n.* モンペリエ《フランス南部, 地中海岸近くの都市, Herault 県の首都; 大学・博物館があり, ブランデー・ぶどう酒の産地; 人口 162,000》.

Mon·tra·chet [mɔ̃ː(n)traːʃéɪ, mɔ̀(ː)n-; *F.* mɔ̃traʃɛ] 〖← F ～ (フランスの Côte-d'Or 県にあるぶどう園の名)〗 ── *n.* モントラシェ(ワイン)《フランスのブルゴーニュ (Burgundy) 産のこくのある白ぶどう酒》.

Mont·re·al [màntriɔ́ːl, mʌ̀n- | mɔ̀ntrɪ-] 〖□F *Montréal* ← *Mont Royal*: ⇨ mount², royal〗 ── *n.* **1** モントリオール《カナダ南東部, Quebec 州の港市でカナダ最大の都市, St. Lawrence 河中の同名の島にある; 商工業の中心地; 人口 1,215,000; フランス語名 Montréal [mɔ̃real]》. **2** モントリオール島 (Montreal Island).

Mont·rose [mantróuz | mɔntrə́uz], 1st Marquis of *n.* (1612–50) スコットランドの武将・詩人; ピューリタン革命に際し, 初めは Charles 一世に反抗し, のち支持したが最後は Edinburgh で処刑された; 本名 James Graham.

Mont-Saint-Michel [mɔ̃ː(n)sɛ̃ː(m)miʃél, mɔ̀(ː)n-, -sæm-; *F.* mɔ̃sɛ̃miʃɛl] *n.* モンサンミシェル《フランス北海岸西部, St. Malo 湾の入江 (Mont-Saint-Michel Bay) にある岩の小島; 有名な大修道院がある》.

Mont·ser·rat [màntsərǽt | mɔ̀ntserǽt, -sər-] *n.* **1** モントセラート(島)《西インド諸島の英領 Leeward 諸島の島》. **2** [-ráːt; *Sp.* mònserrát] [the ～] モントセラート(山)《スペイン北東部, Barcelona の北西にある山 (1,216 m); 山腹に奇怪な岩山を背景として有名なベネディクト会の修道院がある》. 「男性名.

Mon·ty [mánti | mɔ́ntɪ] 〖(dim.) ← MONTAGUE¹〗 *n.*

mon·u·ment [mánjumənt | mɔ́n-] 〖(*a*1325) □ L *monument-um* that which reminds ← *monēre* to remind: cf. monition〗 ── *n.* **1 a** (故人・事件などの)記念碑, 記念像, 記念門, 記念塔, 記念建造物, モニュメント (memorial): ⇨ national monument / put up [erect] a ～ to the memory of …のために記念碑を建てる. **b** [the M-] (1666 年の) London 大火記念円塔 (1671–77 年に火元近くに Wren が建立したもので, 高さ 61.6 m; the City にある). **2 a** 塔・柱に似た天然記念物《岩石の柱・土柱(ﾄﾞﾁｭｳ)など》. **b** 遺物, 遺跡《住居跡・貝塚・化石出土地など》; 戦跡, 史跡; 記念物, (自然の)名所《山・渓谷・湖など》: ancient [natural] ～*s* 史的[天然]記念物. **3 a** (人の死後記念となるような)不朽の功業[著作など], 金字塔: a ～ of learning, research, industry, etc. / The work is one of the great ～*s* of English literature. その作品は英文学不朽の名作の一つである. **b** (故人に対する)頌 (tribute). **c** いつまでも残る証拠[顕著な例]; 《皮肉》愚行や失敗の記念[思い出]となるもの. **4** 記念碑的存在, 英雄的人物; 大人物. **5** 永久的な境界となる自然物または人工の目印《川・湖・森・石柱など》. **6** 《古》昔の記録, 古文書. **7** 《廃》**a** 墓. **b** 像 (statue). ── *vt.* **1** …の記念碑を立てる. **2** 〈場所〉に記念碑を立てる.

mon·u·men·tal [mànjuméntl | mɔ̀njuméntl] 〖(1604–05) □ LL *monumentāl-is*: ⇨ ↑, -al¹〗 ── *adj.* **1** 記念碑の, 記念物として役立つ, 記念となる (memorial): a ～ inscription 碑文 / a ～ sculptor 墓碑彫刻家. **2 a** 記念碑のような: 重々しい, 堂々とした (colossal): a

~ building. **b** 記念碑的な, 不朽の, 不滅の; 史上に名高い: a truly ~ work 真に記念碑的な作品 / ~ men 史上に名高い人々. **3** 〔強意的に〕《口語》途方もない, とてつもない, 大変な (extravagant): ~ stupidity, ignorance, impudence, etc. **4** 《廃》墓の[に関する]. **5** 〔美術〕記念的な, 壮大な; 実物大以上の (cf. heroic).

mòn·u·men·tál·i·ty [-mәntǽlәṭi, -men- | -mәn-tǽlәti, -men-, -lɪ-] *n.* **~·ly** *adv.*

monuméntal bráss *n.* =brass 2 b.

monuméntal éffigy *n.* 高位者の像を彫刻した墓像《monumental brass 同様, 騎士・聖職者としての衣装・武具などをまとった墓像; 盾や衣服に描かれている紋章が史料として貴重な存在》.

mon·u·men·tal·ize [mὰnjuméntәlàɪz, -tḷ- | mɔ̀n-juméntәl-, -tḷ-] *vt.* (記念碑・記録などによって)記念する, 永久に伝える.

mon·u·ron [mánjurὰn, móun- | mɔ́njurɔ̀n] 〘← MONO- + UR(EA) + -ON[1]〙 **—** *n.* 〔農業〕モニュロン ($C_9H_{11}ClN_2O$)《持続性のある雑草駆除剤; 特に, 広葉の雑草の駆除に用いる》.

mon·y [máni | mɔ́nɪ] *adj., n.* 《スコット・北英》=many.

-mo·ny [← — mòuni | -mәnɪ] 〘⇨ L *-mōnia, -mōnium*: cf. Gk *-mōn* (*mnḗmōn* mindful)〙 **—** *suf.* 結果・状態・動作を表わす名詞を造る: acri*mony*, cere*mony*, matri*mony*, testi*mony*.

Mon·za [mántsә, mánzә | mɔ́ntsә; *It.* móntsa] *n.* モンツァ《イタリア北部, Lombardy 地方の都市; 人口 121,000》.

mon·zo·nite [mɑnzóunaɪt, mánzәnàɪt, móun- | mɔ́n-zәnàɪt] 〘⇨ G *Monzonit* ← *Monzoni* (Alps 山脈中 Tyrol にある山の名): ⇨ -ite[1]〙 *n.* 〔岩石〕モンゾニ岩《閃(せん)長岩と閃緑岩との中間に位する粗粒の火成岩》.

moo [múː] 〘《1549》擬音語〙 *vi.* 〈牛が〉もーと鳴く (low). **—** *n.* (*pl.* **~s**) もー《牛の鳴き声》.

mooch [múːtʃ] 〘《*a*1460》⇨ ? OF *much-ier* to skulk: cf. miche〙《俗》 **—** *vi.* **1 a** ぶらつく, うろつく (hang) 〈*about, along, around*〉. **b** こそこそ歩く (slouch). **2** 《米》物をねだる, 物乞いする. **3** (飲食の)金を人に払わせて逃げる, ただ食い[飲み]する. **—** *vt.* **1** 盗む, 失敬する. **2** 《米》〈物を〉ねだる, たかる (cadge): ~ a cigarette *from* [*off*] a person. **—** *n.* **1** ぶらぶら歩き: on the ~ ぶらついて. **2** 《俗》浮浪者, 乞食.

móoch·er *n.* 《俗》 **1** こそこそ歩きをする人; 浮浪者 (loafer); 乞食. **2 a** こそ泥. **b** たかり屋: a cigarette ~ たばこをねだってばかりいる人.

móo-còw *n.* 《小児語》もうもう (cow) (cf. baa-lamb).

mood[1] [múːd] 〘《1569》〔変形〕← MODE[1]: MOOD[2] との連想による〙 **—** *n.* **1** 〔文法〕(動詞の)法, 叙法《その表わす動作状態に対する話者の心的態度を示す動詞の語形変化》: the indicative [subjunctive, imperative, optative, conditional, potential] ~ 直説[仮定, 命令, 祈願, 条件, 可能]法. **2** 〔論理〕(三段論法を構成する命題の量と質の組み合わせによって変化する)式, 方式 (cf. figure 14). **3** 《廃》〔音楽〕音階法; モードゥス.

mood[2] [múːd] 〘OE *mōd* mind, spirit, mood < Gmc **mōdaz* (Du. *moed* / G *Mut* spirit, courage / ON *mōðr* anger) ← ? IE **mē-* to strive strongly (L *mōs* custom: ⇨ moral)〙 **—** *n.* **1 a** (その時その時の一時的な)気分, 機嫌, 情調: be of a fickle ~ 気が変りやすい / in a laughing [melancholy] ~ はしゃいで[しょんぼりして] / She is in a merry ~. 彼女は陽気な気分である. **b** (…しようとする)気持ち, 意向 (inclination) 〈*for*〉/〈*to do*〉: I was in the ~ *for* singing [*to* sing]. 歌う気になった / I am in no ~ [not in the ~] *for* joking [*to* joke]. 冗談など言う気がしない. **2 a** (広く行き渡っている)ムード, 雰囲気 (aura): The ~ of the meeting was against him. 会のムードは彼に反対であった. **b** (作品に表出された)情調, 気分(の表現). **3** [*pl.*] (発作的な)むら気, ふさぎ込み, 不機嫌: a man of ~s むら気な人 / have bad ~s 機嫌が悪い / have great ~s 感情の起伏が激しい. **4** 《古》怒り, 癇癪 (rage): In his ~, he tore the letter. 怒って手紙を破いた.

móod drùg *n.* 〔薬学〕ムード薬《興奮剤・精神安定剤など心の状態に影響を与える薬剤》.

móod mùsic *n.* 〔音楽〕ムードミュージック《耳に快く響き, 肩のこらないセミクラシック・ポピュラー音楽の総称》.

móod swìng *n.* 〔精神医学〕躁鬱(そううつ)気分の周期的変動.

mood·y [múːdi | -dɪ] 〘OE *mōdiġ*: ⇨ mood[2], -y[4]〙 **—** *adj.* (**mood·i·er; -i·est**) **1 a** むっつりした, 不機嫌な, ふさぎ込んだ: a ~ silence. **b** むら気な. **2** 《廃》怒った, 腹をたてた (angry). **móod·i·ly** [-dәli, -dḷi | -dɪlɪ, -dәli, -dḷɪ] *adv.* **móod·i·ness** *n.*

Moo·dy [múːdi | -dɪ], **Dwight Ly·man** [láɪmәn] *n.* (1837–99) 米国の福音伝道者.

Moody, William Vaughn *n.* (1869–1910) 米国の詩人・劇作家; *The Great Divide* (1906).

Móog sỳnthesizer [móug- | móug-] 〘← R. A. Moog (米国の技師, その発明者)〙 **—** *n.* モーグシンセサイザー《多種多様の楽音を合成できる電子鍵盤装置》.

mook [múk] 〘《混成》← M(AGAZINE)+(B)OOK〙 *n.* ムック《雑誌風書籍》.

mool [múːl] 〘《変形》← MOLD[3]〙 *n.* 《スコット・北英》 **1** 腐植土, (有機性物質の多い)沃土(よくど). **2** 墓土; 墓.

moo·la [múːlә] 〘← ? Yid.〙 *n.* (*also* **moo·lah** [~]) 《俗》金 (money).

mool·vi [múːlvi | -vɪ] *n.* (*pl.* **~es, ~s**) =maulvi.

moon [múːn] 〘OE *mōna* < Gmc **mǣnon* (Du. *maan* / OHG *māno* / G *Mond*) ← IE **me(n)s-* moon, month (L *mēnsis* month / Gk *mḗnē* moon & *mḗn* month) ← **mē-* to measure〙 **—** *n.* **1** 月: an old ~ 旧月, かけ月 / ⇨ full moon, half-moon 1, new moon 1 a / the old ~ in the new ~'s arms 新月のつのの間に月の暗黒面が(地球の反射光のために)かすかに見えるもの / the ~'s age=the age of the ~ (新月以後の)月齢. **2** 《惑星の》衛星 (satellite). **3** 太陰月; 《詩・文語》一か月 (month): Summer is but three ~s long. / many a ~ 幾月も. **4** 月光 (moonlight): The ~ was full on her face. 月の光が彼女の顔をまともに照らしていた / There is little ~ tonight. 今夜は月明りがほとんどない. **5** 月形; 新月形(の物). **6** 〔解剖〕=lunula 3. **7** =mooning 1. **8** 《俗》尻 (buttocks): one's ~(*s*). **9** 〔魚類〕=platy[2].

bark at [***against***] ***the moon*** = ***bay*** (***at***) ***the moon*** 月に向かってほえる (Shak., *Caesar* 4. 3. 27); 無益な騒ぎ[企て]をする; いたずらに非難する. ***below the moon*** 月下の, この世の. ***be over the moon*** 非常に幸せである; 夢中である. ***cry*** [***ask, wish***] ***for the moon*** 得られない物を欲しがる, できない事を望む. ***jump over the moon*** = *be over the* MOON. ***once in a blue moon*** 〔空中の細かいちりのため, まれに月が青く見えることから〕《口語》ごくまれに, めったに…ない. ***promise the moon*** 不可能なことを約束する. ***shoot the moon*** 《英俗》(家賃を払わずに)夜逃げする.

— *vt.* **1** ぼんやり過ごす〈*away*〉: ~ *away* one's time. **2** 〈獲物などを〉月明りで見定める. **3** 《俗》〈人〉に尻を露出してみせる (cf. *n.* 8, mooning 2). **—** *vi.* 《口語》 **1** (気が触れたように)ふらふらさまよう, うろつく 〈*about, along, around*〉. **2** ぼんやり眺める.

moon over 《口語》…にあこがれて[夢中になって]うわの空である.

~·lìke *adj.*

móon·bèam *n.* 月の光線, 月光.

móon·blìnd 〘cf. Du. *maanblind* / G *mondblind*〙 *adj.* **1** 〈馬が〉月盲症にかかった (moon-eyed). **2** 〔病理〕〈人が〉夜盲症にかかった.

móon blìndness *n.* **1** 〔獣医〕月盲症, 間歇(かんけつ)性[周期性]眼炎 (periodic ophthalmia). **2** 〔病理〕夜盲(症), 鳥目(とりめ) (nyctalopia).

móon·bòw [-bòu | -bàu] *n.* 月夜の虹.

móon·bùg *n.* 《口語》月着陸船.

móon bùggy *n.* 〔宇宙〕=lunar rover.

móon·càlf 〘《1565》《なぞり》? ← G *Mondkalb*: 《原義》person influenced by the moon: ⇨ moon, calf[1]〙 *n.* **1** (先天的)低能《人》, ばか (imbecile). **2** 空想して時を過ごす人, 夢想家 (daydreamer). **3** 《古》奇形物, 怪物.

móon càr *n.* 〔宇宙〕=lunar rover.

móon chìld *n.* 〔占星〕蟹座(かにざ)生れの人.

móon·cràft *n.* 〔宇宙〕 **1** 月宇宙船. **2** =lunar rover.

móon cràwler *n.* 〔宇宙〕=lunar rover.

móon·dòwn *n.* 《米》月の入り (moonset).

mooned [múːnd, múːnɪd, -nәd] 〘← MOON (n.)+-ED 2〙 *adj.* **1** 月形の, 新月形の (crescent-shaped). **2** 月形[新月形]の飾りのある.

móon·èye *n.* **1** 〔獣医〕(馬の)月盲症(にかかった目). **2** 〔魚類〕 **a** 米国産ヒオドン科の淡水魚の総称. **b** ムーンアイ (*Hiodon tergisus*)《Hudson 川, Mississippi 川下流に見られる目が大きくニシンに似た魚》.

móon-éyed *adj.* **1** (恐怖・驚異などのため)目を大きく開けた. **2** 〔病理〕=moon-blind 2.

móon fàce *n.* 〔病理〕満月様(よう)顔貌《副腎皮質障害や同ホルモン剤の副作用などによる》.

móon·fàced *adj.* 丸顔の.

móon·fàll *n.* 月面着陸.

móon·fìsh 〘銀色で平べったく月に似ていることから〙 **—** *n.* 〔魚類〕 **1** 北米および南米沿岸の暖海にすむアジ科の魚 (*Selene vomer, Vomer setipennis* など). **2** (一般に)型が月に似ている魚類の総称《マンボウ (ocean sunfish), マンダイ (opah), プラティ (platy) など》.

móon·flìght *n.* 月への飛行, 月世界旅行.

móon·flòwer *n.* 〔植物〕 **1** ヨルガオ, ユウガオ (*Calonyction aculeatum*)《熱帯アメリカ産ヒルガオ科の植物; 夜かおりのよい白花を開く》. **2** =daisy 2 a.

móon gàte *n.* **1** (中国建築の)満月門《壁面を丸くくり抜いた形の門》. **2** 円形の出入り口.

móon·ing *n.* **1** ムーニング《フリット磁器 (frit porcelain) などの人工軟磁器に時折みられる素地中の透明な丸い部分》. **2** 《俗》(走っている車の窓などから)尻を露出してみせること (cf. moon *vt.* 3, streaking).

móon·ish [-nɪʃ] 〘《?*c*1408》〙 *adj.* **1** (月の影響を受けて)気が変な; 移り気な (capricious). **2** まんまるで柔らかい. **~·ly** *adv.*

móon jèlly *n.* 〔動物〕ミズクラゲ (*Aurelia aurita*)《旗口水母目の腔腸動物; moon jellyfish ともいう》.

móon knìfe *n.* 〔皮革〕(革を柔軟にするのに用いる)中空円形のナイフ.

móon·less *adj.* **1** 月のない, 闇の: a ~ night. **2** 衛星をもたない: a ~ planet.

moon·let [múːnlɪt, -lәt] *n.* 小型の(人工)衛星.

móon lètter 〘《なぞり》← Arab. (*alḥurūf*) *alqamariya*[t]: 定冠詞 al の *l* が *qámar* moon の *q* (非前舌音)と同化を起こさないことから〙 *n.* 〔文法〕(アラビア語の)月文字《先行する定冠詞 al の l の同化を起こさない語頭の非前舌子音字; ⇨ sun letter》.

móon·light 〘《*c*1380》: ⇨ moon, light[1]〙 **—** *n.* 月光: in the ~ 月光を浴びて / travel by ~ 月明りを頼りに旅行する. **—** *attrib. adj.* 月光の, 月夜に行なう[起こる]; 月明りの: a ~ night 月夜 / a ~ ramble 月夜の散歩. **—** 〘《逆成》↓〙 *vi.* **1** 夜襲する. **2** 《口語》夜間の副業[アルバイト]をする, (特に, 昼夜)二つの[掛け持ちの]仕事をする: ~*ing* teachers.

móon·lìght·er [-ṭә | -tә(r)] *n.* **1 a** 月光団員《1881年アイルランドで Land League が禁止されたのち, その旧団員らが夜陰に乗じて暴行し地上権や小作上などの鬱憤(うっぷん)を晴らした》. **b** 夜襲する人, 夜襲兵. **2** 《口語》(夜間の)副業をもつ人, (特に, 昼夜)二職をもつ人. **3** 《英口語》(家賃を払わず)夜逃げする人. **4** =moonshiner.

móonlight flít [**flítting**] *n.* 《英口語》夜逃げ.

móon·lìght·ing [-ṭɪŋ | -tɪŋ] 〘《1881》← MOONLIGHT (n.)+-ING[1]〙 *n.* **1** 夜襲 (night raid). **2** 《口語》(特に, 昼夜二職を兼ねる)副業.

móon·lìt 〘《1830》: A. Tennyson の用語: ⇨ lit[1]〙 *adj.* 月明りの: a ~ night 月夜.

móon mònth *n.* 太陰月 (lunar month).

móon pìllar *n.* 〔天文〕月柱 (cf. sun pillar).

móon·pòrt 〘← MOON+(AIR)PORT〙 *n.* 〔宇宙〕月ロケット発射場《月旅行のための発着港》.

móon pròbe *n.* 〔宇宙〕 **1** (無人の)月探索宇宙飛行. **2** 月探測機, 月探索宇宙船.

móon·quàke *n.* 〔天文〕月面地震, 月震.

moon·rak·er [múːnrèɪkә | -kә(r)] *n.* **1** 〔海事〕最上部特設横帆《skysail の上方に掛け, 軽風の時だけに使用する; moonsail ともいう》. **2** 〔Wiltshire に住む人が池に映った月影を掻き出そうとしたという昔話から〕《英》愚か者, とんま, 間抜け (simpleton).

móon·rìse *n.* 月の出; 月の出の時刻 (cf. sunrise).

móon·ròck *n.* 月の石.

móon ròver *n.* 〔宇宙〕=lunar rover.

móon·sàil [-sèɪl; (海) -sәl, -sḷ] *n.* 〔海事〕ムーンスル (⇨ moonraker 1).

moon·scape [múːnskèɪp] 〘← MOON+(LAND)SCAPE〙 *n.* 月面風景; 月面写真, 月面風景画.

móon·sèed 〘《なぞり》← NL *mēnispermum* ← Gk *mḗn* moon+*spérma* seed〙 **—** *n.* 〔植物〕コウモリカズラ《ツヅラフジ科コウモリカズラ属 (*Menispermum*) の植物の総称》.

móon·sèt *n.* 月の入り; 月の入りの時刻 (cf. sunset).

moon·shee [múːnʃi | -ʃɪ] *n.* 《インド》=munshi.

móon shèll 〘《1422–1509》〙 *n.* 〔貝類〕タマガイ《タマガイ科の球状で滑らかな表面の巻貝の総称》.

móon·shìne *n.* **1** 月光, 月明 (moonlight). **2** つまらない[ばかげた]話[考え]; たわごと, 下らないこと, 見せかけ (nonsense). **3** 《口語》密輸入酒; 密造酒.

móon·shìn·er *n.* **1** 密輸入者 (smuggler). **2** 《米口語》酒類密造[密売]者.

moon·shin·y [múːnʃàɪni | -nɪ] *adj.* **1** 月光のような. **2** 月明りの (moonlit). **3** 無意味な, 空想的な (fictitious).

móon·shìp *n.* 月宇宙船 (mooncraft).

móon shòot *n.* =moonshot.

móon·shòt *n.* (宇宙船の)月への打ち上げ.

moon·sif [múːnsɪf] *n.* 《インド》=munsif.

móon·stòne 〘《1632》《なぞり》← L *selēnītēs* 'SELENITE[1]'〙 *n.* 〔鉱物〕月長石, ムーンストーン《正長石 (orthoclase) の一種; cf. adularia, sunstone; ⇨ birthstone》.

móon·strìcken *adj.* =moonstruck.

móon·strùck 〘《1674》〙 **—** *adj.* **1 a** 気の狂った, 頭がぼんやりした (deranged, dazed)《占星学では狂気は月光の影響によるとされた; cf. lunatic 1》. **b** 夢想的な, センチメンタルな. **2** =moonlit.

móon·wàlk *n.* 月面歩行, 月面踏査. **~·er** *n.*

moon·ward [múːnwәd | -wәd] 〘← MOON+-WARD〙 *adv.* 月の方へ, 月に向かって[向けて].

móon·wards [-wәdz | -wәdz] *adv.* =moonward.

móon·wòrt 〘《1578》《なぞり》← Du. *maankruid* // G *Mondkraut*〙 **—** *n.* 〔植物〕 **1** ハナワラビ属 (*Botrychium*) のシダの総称; (特に)ヒメハナワラビ (*B. lunaria*). **2** =honesty 3.

moon·y [múːni | -nɪ] *adj.* (**moon·i·er; -i·est**) **1** 月の[に関する]. **2 a** 三日月形の (crescent-shaped). **b** (満月のように)丸い (round). **3 a** 月に照らされた (moonlit). **b** 月光に似た. **4 a** 気の触れた(ような) (moonstruck). **b** ぼんやりした, 間抜けの (silly).

moor[1] [múә | múә(r)] 〘OE *mōr* < Gmc **mōraz*, **mōram* (Du. *moer* / G *Moor*) ← IE **mā-no-* damp (L *mānāre* to flow)〙 **—** *n.* **1** 《英》(排水の悪い高原などでヒース・シダなどが一面に生えた泥炭質の)荒野, 荒地, ムア (cf. heath 1). **2** 《米》(草・すげなどにおおわれた泥炭質の)湿原 (fen). **3** 《英》 **a** 泥炭土. **b** 雷鳥 (grouse) などの猟場. **c** 荒地の植物《ヒースなど》.

moor[2] [múә | múә(r)] 〘《1497》*more*(*n*) ⇨ ? (M)LG *mōr-en*: cf. OE *mǣrels*(*rāp*) mooring rope / Du. *meren* to moor〙 **—** *vt.* **1 a** 〈ブイ・機雷などを〉繋(つな)ぎ止める; (特に, 2 個以上の錨・鋼などで)〈船を〉停泊させる: ~ a ship at the pier, to a buoy, etc. **b** 〈飛行船を〉繋留塔につなぐ. **2** 安定させる, 固着させる. **—** *vi.* **1** 船を繋ぎ止める; 〈船が〉停泊する (secure). **2** しっかり繋がれる, 固定される. **—** *n.* 繋留.

Moor [múә | múә(r)] 〘《*a*1393》*More* ⇨ OF *More* (F *More, Maure*) ⇨ L *Maurus* ⇨ Gk *Maûros* inhabitant of Mauretania ← *maurós* very dark〙 **—** *n.* **1 a** ムーア人《アフリカ北西部, Morocco から Mauritania 地方に住むイスラム教徒でベルベル族とアラビア人との混血種族》. **b** (8 世紀にスペインを侵略してそこに定住した)ムーア人. **2** =Berber 1.

moor·age [múː(ə)rɪdʒ | múər-] 〖← MOOR²＋-AGE〗 *n.* **1** (船などの)繫留, 停泊. **2** 繫船所, 停泊所. **3** 繫船[停泊]所使用料.

móor·bìrd *n.* 〖鳥類〗 ＝red grouse.

móor bùzzard *n.* 《英方言》〖鳥類〗 ＝marsh harrier.

móor·còck 〖《1329–30》← MOOR¹＋COCK¹〗 *n.* 《英》〖鳥類〗 **1** アカライチョウ (red grouse) の雄. **2** クロライチョウの雄 (blackcock).

Moore [mɔ́ə, móə, múə | múə(r] 〖▭ OF *Maur* 'MOOR' (ムーア人のように色が黒かったことに由来する渾名から?)〗 *n.* 男性名.

Moore [mɔ́ə, móə, múə | múə(r], **George** *n.* (1852–1933) アイルランドの小説家・批評家・劇作家; *Esther Waters* (1894), *Hail and Farewell* (1911–14).

Moore, G(eorge) E(dward) *n.* (1873–1958) 英国の哲学者 (cf. Cambridge school).

Moore, Henry *n.* **1** (1831–96) 英国の海景画家. **2** (1898–　　) 英国の彫刻家. 「流詩人.

Moore, Marianne (Craig) *n.* (1887–1972) 米国の女

Moore, Thomas *n.* (1779–1852) アイルランドの詩人; *Irish Melodies* (1807–34), *Lalla Rookh* (1817).

Móore-Smìth convérgence 〖← *E. H. Moore* (1862–1932: 米国の数学者) & *H. L. Smith*〗 ── *n.* 〖数学〗 ムーア スミスの収束《点列の収束の概念の, ある種の順序集合への拡張》.

móor·fòwl *n.* 〖鳥類〗 ＝red grouse.

móor gàme *n.* 〖鳥類〗 ＝moor fowl.

móor·hèn 〖《c1300》← MOOR¹＋HEN〗 ── *n.* 〖鳥類〗 **1** バン (*Gallinula chloropus*)《ダイナギクイナ科バン属の水鳥; 長い足指をもつ》. **2** 《英》アカライチョウ (red grouse) の雌 (gorhen ともいう).

moor·ing [múː(ə)rɪŋ | múər-] 〖《1495》: ⇨ moor², -ing¹〗 ── *n.* **1** 繫留, 繫船, 停泊. **2** [通例 *pl.*] 繫留[繫船, 停泊]用具; 繫船設備[装置]. **3** [*pl.*] 繫留所, 繫船所, 停泊所: The yacht rides at its [her] ～*s*. ヨットは繫留している / take up ～*s* at Buoy No. 1 第一番浮標に繫留する. **4** [*pl.*] 精神的な拠り所, 支え.

móoring ànchor *n.* 〖海事〗 ムアリングアンカー《繫船浮標を固定しておくための錨》.

móoring bìtt *n.* 〖海事〗 ＝bitt 1. 「なぐ》.

móoring bùoy *n.* 〖海事〗 繫留ブイ《それに船をつ

móoring màst *n.* 〖航空〗 飛行船の繫留塔.

móoring pìpe *n.* 〖海事〗 ムアリングパイプ《繫船索を舷外に導くために舷側に設けた孔》.

móoring pòst *n.* 〖海事〗 ＝bollard 1.

móoring ràck *n.* 〖海事〗 繫船杭《何本かの杭を並べ, その上部を連結してある繫船用の杭》.

móoring scrèw *n.* 〖海事〗 螺旋錨《水底の土中にねじ込んで固定しておく形の一種の錨; screw anchor, screw mooring ともいう》.

móoring swìvel [shàckle] *n.* 〖海事〗 繫船スイベル[シャックル]《鎖がねじれないように船首付近でチェーンケーブルの間に入れる回り継ぎ手》.

móoring tèlegraph *n.* 〖海事〗 船渠用通信器《繫船に当たっての船橋と船首間の通信器》.

móoring tòwer *n.* 〖航空〗 ＝mooring mast.

moor·ish [múː(ə)rɪʃ | múər-] 〖《a1398》: ⇨ moor¹, -ish¹〗 *adj.* 《古》 荒地 (moor) の多い; 荒地性の.

Moor·ish [múː(ə)rɪʃ | múər-] 〖《1434》〗 *adj.* **1** ムーア人 (Moor) の. **2** 〈建築・装飾など〉ムーア式の: ～ decoration / ⇨ Moorish architecture.

Móorish árchitecture *n.* 〖建築〗 回教建築, イスラム建築《北アフリカ・スペインに見られる回教徒の建築; cf. Saracenic architecture》.

Móorish ídol *n.* 〖魚類〗 アフリカからメキシコに及ぶインド洋・太平洋の暖海にすむツノダシ科の魚類の総称《鮮かな色彩のツノダシ (*Zanclus cornutus*), トゲツノダシ (*Z. canescens*) など》.

móor·land [-lənd, -læ̀nd] 〖OE *mōrland*: ⇨ moor¹, land¹〗 *n.* 《英》 荒野; (雑草の生い茂る)沼地.

Móor·som sỳstem [múəsəm- | múə-] ── *n.* 〖海事〗 ムアソン式測度法《商船のトン数計算の一方式で, 密閉部内部容積を 100 立方フィート ($1000/353$ m²) を 1 トンとして計るもの; 英国の Moorsom 提督により提唱され 1849 年法律化された》.

móor·stòne 〖← MOOR¹＋STONE〗 *n.* 《英方言》 ムアストーン《特に, Cornwall 地方にある花崗(ˋ)岩》.

móor·wòrt 〖《1776》← MOOR¹＋WORT²: cf. OE *morwyrte* ? sundew〗 *n.* 〖植物〗 ＝bog rosemary.

moor·y [múː(ə)ri | múəri] 〖《a1387》: ⇨ moor¹, -y⁴〗 *adj.* (**moor·i·er; -i·est**) 荒地性の; 沼沢性の (marshy).

moose [múːs] 〖《1613》← N-Am.-Ind (Algonquian)《原義》he strips or eats off: 樹皮をはいで食べる食性から〗 ── *n.* (*pl.* ～) **1** 〖動物〗 アメリカヘラジカ (*Alces alces americanus*)《カナダおよび米国北部産; 雄には掌状の大きい角がある》. **2** 〖動物〗 (ヨーロッパ)ヘラジカ (elk). **3** 〖動物〗 オオツノシカ (*A. malchis*)《北欧産》. **4** [M-] 米国の友愛組合 Loyal Order of Moose (1888 年創設; 略 L.O.O.M.) の一員. **5** [時に M-] 《米》 ＝Bull Moose.

moose 1

móose·bìrd *n.* 《カナダ》〖鳥類〗 ＝Canada jay.

Móose·head Láke [múːshed-] 〖《なぞり》← Am.-Ind.〗 *n.* ムースヘッド湖《米国 Maine 州中部の湖; 面積 310 km²》.

móose màple *n.* 〖植物〗 ＝mountain maple.

móose·wòod *n.* 〖植物〗 **1** ＝striped maple. **2** ＝leatherwood 1. **3** 北米産スイカズラ科ガマズミ属の植物 (*Viburnum alnifolium*).

moot [múːt] 〖OE (*ġe*)*mōt* meeting, discussion < Gmc *(*ʒa*)*mōtam* (Du. *gemoet* / ON *mōt*) ← IE **mōd-* to meet: cf. meet¹〗 ── *n.* **1** 〖英史〗 **a** 民会《アングロサクソン時代に各地区の自由民が公共問題の討議のために開いた会合; cf. witenagemot》. **b** その会合所. **2** 〖法律〗 (法学院 (Inns of Court) などで学生が仮想的事件について行なう)模擬裁判. **3** 《古》 議論, 討議 (argument, discussion). ── *adj.* **1** 議論の余地がある, 未決の (debatable): a ～ point, question, etc. **2 a** 実用価値のない, 全く観念的な. **b** 仮想上の: ⇨ moot court. ── *vt.* **1** 〈問題などを〉議題にのせる, 提出する: a ～*ed* point 問題点. **2** …から実際的な意義を骨抜きにする; 観念論[学問的]にしてしまう. **3** 《古》 議する, 論じる (discuss); (特に, 模擬法廷で)弁論する: ～ a case. **～·er** *n.* 「擬法廷.

móot cóurt *n.* (法学生などの演習のために催す)模

móot háll *n.* **1** 〖英史〗 (昔, moot が行なわれた)会合所. **2** 町役場, 市役所 (town hall). **3** (法学院 (Inns of Court) で)模擬法廷の開かれるホール.

mop¹ [mɑ́p | mɔ́p] 〖《1496》 *mappe* ← *mappel* ▭ ? ML *mappula* ← ? L *mappa* 'NAPKIN, cloth': cf. (O)F *mappe*〗 ── *n.* **1** モップ《長柄付きの吸収性のある雑巾》; (水を用いない空ぶき用)モップ: ⇨ dry mop. **2** モップに似たもの; (髪の毛などの)ぼさぼさの塊り: a ～ of hair もじゃもじゃの髪の毛.

mops and brooms 《口語》 ほろ酔いの, 一杯機嫌の.

── *vt.* (**mopped; mop·ping**) **1** モップでふく, 掃除する: ～ the floor モップで床をふく / ～ the spilled liquid こぼれた液体をモップでふく. **2** 〈涙・汗などを〉ぬぐう (wipe): ～ one's face [tears] *with* a handkerchief. **3** 《俗》 打ちのめす (trounce); 徹底的にやっつける. ── *vi.* モップで掃除する 〈*up*〉.

mop up (*vt.*) (1) 〈こぼれ水などを〉ふく, ぬぐい取る. (2) 《俗》 〈利益・もうけなどを〉がっぽり取る, 吸い取る, しぼり取る, 〈賞金を〉ごっそりいただく. (3) 《口語》 〈仕事などを〉片付ける, やっつける. (4) 〖軍事〗 〈攻略した敵の陣地・地域など〉の残敵を掃討する: ～ *up* the ground, trenches, town, etc. (5) 《英俗》 むさぼり飲む[食う]. (*vi.*) (1) ⇨ *vi.* (2) 計画を完遂する. (3) 取扱い[取引き]を仕終える. (4) 〖軍事〗 残敵を掃討する.

mop² [mɑ́p | mɔ́p] 〖《1567》← ? LG 《擬音語》: cf. Du. *moppen* to pout〗 《古・文語》 ── *vi.* (**mopped; mop·ping**) 口をゆがめる, 顔をしかめる. ★ 主に次の句に用いる: ～ and mow しかめ面をする, 顔をしかめる. ── *n.* しかめ面 (grimace). ★ 主に次の句に用いる: ～*s* and mows しかめ面, 渋面.

mop³ [mɑ́p | mɔ́p] 《略》 ← *mop-fair* ← ?MOB¹＋FAIR¹ // または市に集まる雇用志願者がそのしるしとしてモップ, ほうきなどをもっていたことから〗 ── *n.* 《英》〖歴史〗 (毎年, 町や村で秋の取入れ時に働き手を雇うために開かれた)募集市[集会].

Mop *n.* ⇨ Mrs. Mop.

móp·bòard 〖cf. mop¹〗 *n.* 《米》〖木工〗 (部屋の壁の下部に回した)幅木(ᵇᵃ), ぞうきんずり (baseboard).

mope [móup | máup] 〖《1598–99》《変形》? ← *mopp*(*e*) fool & *moppish* bewildered ← ? ON: cf. Dan. *maabe* to mope / LG *mopen* to gape〗 ── *vi.* **1** 気を腐らせる, ふさぎ込む. **2** (ふさぎ込んで)ぼんやり歩き回る 〈*about*〉. ── *vt.* **1** [Passive または ～ *oneself* で] 気を腐らせる, ふさぎ込ませる, 意気消沈させる: be ～*d* to death すっかりしょげ返る / be *moping oneself* in the house 家の中にふさぎ込んでいる. **2** 意気消沈して過ごす 〈*away*〉: ～ one's time [life] *away*. ── *n.* **1** 陰気な人, 沈み屋, ふさぎ屋. **2** [the mopes] 憂鬱, 意気消沈 (dumps): have a fit of *the* ～*s* ふさぎ込む, しょげる. **móp·er** *n.*

mo·ped [móupèd | máu-] 〖《1956》▭ Swed. ～ ← (*tramp-cykel med*) *mot*(*or och*) *ped*(*alar*) pedal cycle with engine and pedals: cf. G *Moped*〗 ── *n.* モペット, エンジン付き自転車.

mop·ey [móupi | máupi] 〖← MOPE＋-Y⁴〗 *adj.* (**mop·i·er; -i·est**) ふさぎ込んだ, 意気消沈した, 陰気な.

móp·hèad *n.* **1** モップの先. **2** もじゃもじゃの頭; もじゃもじゃ頭の人.

mo·poke [móupouk | máupəuk] *n.* 〖鳥類〗 ＝morepork.

Mopp *n.* ⇨ Mrs. Mop.

mop·per-up [mɑ́pəʌ́p | mɔ́pə(r)ʌ́p] 〖← *mop up* (⇨ mop¹ (v.) 成句): ⇨ -er¹〗 ── *n.* (*pl.* **moppers-up**) **1** mop する人[物]. **2** (戦闘後の)敗残兵掃討係; 残骸[戦死体]片付け役.

mop·pet [mɑ́pɪt, -pət | mɔ́p-] 〖← *mop* baby, rag doll＋-ET〗 ── *n.* **1 a** 《口語》 子供 (child). **b** [愛称] お嬢ちゃん, 赤ちゃん. **2** 《古》 **a** 若い女, 女の子, 娘. **b** はでな身なりの女; おきゃん. **c** 女々しい男 (fop).

mópping-úp *adj.* **1** 仕上げの, 後片付けの. **2** 〖軍事〗 掃討の: a ～ operation (残敵を全部制圧する)掃討作戦.

móp·stìck *n.* モップの柄.

móp·ùp 〖← *mop up* (⇨ mop¹ (v.) 成句)〗 *n.* **1** 後始末, 総仕上げ, 最終処理; (山火事などの)後始末. **2** 〖軍事〗 (残敵を全部制圧する)掃討. 「mopey.

mop·y [móupi | máupi] *adj.* (**mop·i·er; -i·est**) ＝

mo·quette [mo(ʊ)két | mə-, mə(ʊ)-] 〖《1762》▭ F ～ 《変形》《古》 *mo*(*u*)*cade* 《変形》? ← It. *mocaiardo* mohair〗 ── *n.* モケット《椅子張りや列車・電車などの座席張りに用いる添毛毛織物》.

mor [mɔ́ə | mɔ́ː(r] 〖▭ Dan. ～ 'humus'〗 ── *n.* 〖土壌〗 モル《森林土壌の腐植の形態区分の一つで, 寒冷地の針葉樹などに見られ, 落葉・落枝などがあまり分解を受けずに集積したもの, 無機物と混合していない; cf. duff¹ 4》.

mor. 《略》〖製本〗 morocco.

Mor. 《略》 Moroccan; Morocco.

mo·ra¹ [mɔ́ːrə, móːrə | mɔ́ːrə] 〖《1569》▭ L ～ 'delay' ← IE *(*s*)*mer-* to remain, delay〗 ── *n.* (*pl.* **mo·rae** [-riː, -raɪ], **～s**) **1** 〖ローマ法〗 (責められるべき)遅滞, 不履行 (default), 懈怠(ᵏᵉ). **2** 〖古典詩学〗 モーラ《普通の 1 短音節に当たる韻律単位; 記号 ◡》. **3** 〖言語〗 モーラ《音節の長さを計る単位; 通例短母音を含む 1 音節の長さが 1 モーラとなる》.

mo·ra² [mɔ́ːrə, móːrə | mɔ́ːrə] 〖▭ It. ～ ← ?〗 *n.* イタリア拳《一人が指を何本か広げて同時に広げられた相手の指の数に合わせようとする遊戯》: play ～.

Mo·ra·ce·ae [məréɪsiiː, mɔːr-, moːr- | mɔːr-] 〖← NL ～ ← *Mōrus* (属名: ← L *mōrus* mulberry tree ← *mōrum* 'MULBERRY')＋-ACEAE〗 ── *n. pl.* 〖植物〗 クワ科. **mo·rá·ceous** [-ʃəs] *adj.*

Mo·rad·a·bad [mərɑ́ːdəbɑ̀ːd, -rǽdəbæ̀d] *n.* モラダバード《インド Uttar Pradesh 州の都市; 人口 259,000》.

morae *n.* mora¹ の複数形. 「＝morainic.

mo·rain·al [məréɪnḷ, mɔːr-, moːr- | mɔr-, mər-] *adj.*

moráinal dríft *n.* 〖地質〗 氷礫(ʳᵉᵏⁱ)土《氷河によって運ばれ堆積(ᵗᵃⁱ)した堆石》.

mo·raine [məréɪn, mɔːr-, moːr- | mɔr-, mər-] 〖《1789》▭ F ～ 《変形》← 《方言》 *morêna* heap of earth ← *morre* muzzle < VL **murrum* mound: cf. morion¹ / Sp. *morro* snout〗 ── *n.* 〖地質〗 氷堆石(ᵗᵃⁱ)《氷河によって運ばれた丸石・砂利・粘土などの堆積物, またはそれらのつくる地形》. 「〖地質〗 氷堆石(ᵗᵃⁱ)の.

mo·rain·ic [məréɪnɪk, mɔːr-, moːr- | mɔr-, mər-] *adj.*

mor·al [mɔ́(ː)rəl, mɑ́r- | mɔ́r-] 〖《c1340》▭ (O)F ～ // ▭ L *mōrāl-is* relating to manners, customs ← *mōr-*, *mōs* manner, habit: L *mōrālis* は Gk *ēthikós* ethical のなぞり: ⇨ mood², -al¹〗 ── *adj.* **1 a** (行動の善悪の基準となる)道徳(上)の, 倫理的な (ethical); 行動の善悪の判断のできる: a ～ agent [being] 道徳的行為者[主体]としての人 / ～ character 品性 / ～ culture 徳育 / the ～ sense 道徳的感覚[良心] / the ～ code 道徳律 / ～ principles 道義 / ～ obligations 道義上の義務 / ～ standards 道徳的基準 / a ～ tone 気品, 品格 / Christianity as a ～ force 道徳的な力としてのキリスト教. **b** 道徳を教える, 教訓的な: a ～ speaker, book, lesson, poem, etc. / a ～ play 勧善懲悪劇 / a ～ story 道話. **2 a** 道徳を守る, 道徳的な, 品行方正な (virtuous): a ～ man, life, etc. **b** (性的関係で)身持ちのよい (chaste) (↔ immoral), 貞節な. **3** (物質的・自然的・肉体的でなく)精神的な: ～ influence [pressure] 精神的な影響[圧迫] / a ～ victory [defeat] 精神的な勝利[敗北] / ～ support 精神的支援 / ～ courage (肉体的勇気に対して)精神的勇気 / ～ cowardice (世間の非難などを気にする)精神的臆病, 気の弱さ / lack of ～ fiber 勇気のないこと, 臆病 / use a word in its ～ sense 言葉を(文字通りでなくその裏の)精神的意味で用いる. **4** (証明によるよりはむしろ, 人情・事の成行き・物の道理などから)疑いのない, ありそうな, 公算の多い (probable): ～ evidence 当然な証拠 / a ～ certainty (証明されてはいないが)まず[万々]間違いのないこと, 蓋然(ᵍᵃⁱ)的確実(性).

── *n.* **1** (物語・体験・出来事などに含まれた)寓意, 教訓; 訓言 (maxim): There is more than one ～ to be drawn from this story. この物語からは幾多の教訓がくみとられる / point (*up*) a ～ ⇨ point *vt.* 2. **2** [*pl.*] 修身, 倫理, 倫理学 (ethics). **3** [*pl.*] 風儀, 徳行, 道徳; (特に, 男女間の)品行: public ～*s* 風紀 / social ～*s* 公徳 / a person of doubtful ～*s* 品行のいかがわしい人 / in good ～*s* 徳義上 / a loose girl with no ～*s* 道徳観念のない不身持ち女. **4** [通例 the (very) ～ として] 《古》 生写し, うり二つ (resemblance): She is *the very* ～ of her mother. 彼女は母親に生写しだ. **5** [mərǽl] 《まれ》 ＝morale. **6** 〖演劇〗 ＝morality play.

mo·rale [mərǽl, mɔː-, moː- | mɔrɑ́ːl, mə-] 〖《1752》▭ F ～ (fem.) ← *moral* (adj.): ⇨ moral〗 ── *n.* **1 a** (軍隊・集団の共通の目的に向かう)士気: The ～ of the troops is excellent. 軍隊の士気は大いに上がっている. **b** (ある仕事・事業に対する)意気込み, 志気: raise the ～ of employees 従業員の志気を揚げる. **c** (目的意識・未来の立場などに対する個々人の)安心感, 安定感. **2** 《まれ》 (道徳上の)徳目; 徳行.

Mo·ra·les [mɔ(ː)rɑ́ːleɪs | mə-; *Sp.* moráles], **Luis de** *n.* モラレス《1510?–86; スペインの宗教画家; 通称 El Divino (聖者)》.

móral házard *n.* 〖保険〗 道徳的危険《被保険者または保険契約者の不注意・故意など性格的要素に基づく危険; cf. physical hazard》.

mór·al·ìsm [-lɪzm] *n.* **1** 教訓主義, 説法癖, 説法. **2** 修身, 訓言. **3** (宗教と区別された)倫理主義, 道徳的実践.

mór·al·ist [-lɪst, -ləst | -lɪst] *n.* **1 a** 道徳[倫理]学者. **b** 道徳[倫理]的作家[思想家, 哲学者], モラリスト. **2** 道徳実践家, 道徳家, 倫理主義者. **3** 世人の道徳向上を説く人, 社会教育家, 警世家, 道学者.

mor·al·is·tic [mɔ̀(ː)rəlístɪk, mɑ̀r- | mɔ̀r-] *adj.* **1** 道学的な, 教訓的な. **2** 道徳主義の (didactic). **mòr·al·ís·ti·cal·ly** *adv.*

mo·ral·i·ty [mərǽləṭi, mɔː-, moː- | mərǽlətɪ, mɔ-, -lɪ-] 〘(*c*1390) ▭ (O)F *moralité* ▭ LL *mōrālitātem* : ⇨ moral, -ity〙 ― *n.* **1** 道徳(性), 倫理(性), 道義 : 倫理学 : the high [low] standard of ～ 高い[低い]道徳水準 / commercial ～ 商業道徳. **2** 徳行, 徳性; (特に, 男女間の)品行方正 (chastity) : a man of doubtful ～ 行状のいかがわしい男. **3 a** (行動と密着する)理念, 倫理感. **b** [*pl.*] (特殊の)行動規準, 社会道徳規範. **4** (物語などの)寓意; 訓話, 説教. **5** 〘演劇〙=morality play.

morálity plày *n.* 〘演劇〙道徳劇《英国で miracle play にやや遅れて 15-16 世紀に流行したもの; 擬人化された善と悪が, Mankind とか Everyman の名をもつ主人公に働きかける筋のもの》.

mor·al·i·za·tion [mɔ̀(ː)rəlɪzéɪʃən, mɑ̀r-, -lə- | mɔ̀rəlaɪ-, -lɪ-] 〘(?*a*1475) ▭ ML *mōrālizātiō(n-)* : ⇨ ↓, -ation〙 ― *n.* **1 a** 道徳的説明. **b** 説法, 説教. **2** 教化, 徳化. **3** 道徳的反省.

mor·al·ize [mɔ́(ː)rəlàɪz, mɑ́r- | mɔ́r-] 〘(1446) ▭ (O)F *moralis-er* ∥ ML *mōrāliz-āre* ← L *mōrālis* : ⇨ moral, -ize〙 ― *vt.* **1** 道徳的に説明する, …に道徳的意義を加える, …から教訓を引き出す : ～ a parable 寓話から教訓を引き出す. **2 a** 〈人・社会〉に徳性を与える, 徳化する ; (道徳的に)教化する : ～ the heathen 異教徒を教化する. **b** …の道徳を改善する, より道徳的にする : ～ individuals. ― *vi.* 道徳的な反省をする ; 道を説く, 説法する : ～ *over* the story [*on* the event] その物語[事件]に基づいて道を説く / The author ～*s* excessively in this work. 著者はこの本の中で余り道徳を説き過ぎている.

mór·al·ìz·er *n.* 道を説く人, 道学者 ; 教訓作者.

mór·al·ìz·ing *adj.* 道徳化する, 道理を説く, 教訓的

móral láw *n.* 道徳律. ⌈な. **～·ly** *adv.*

mór·al·ly [-rəli | -lɪ] 〘(*a*1396)〙 ― *adv.* **1 a** 道徳上, 徳義上 ; 道徳的な意味で : interpret a story ～ 物語を道徳的に解釈する. **b** 道徳的に, 正しく : act [live] ～ 道徳的に行動する[生きる]. **2** (物質的・肉体的にでなく)精神的に. **3** 実質上, 実際に : feel ～ certain of a safe departure まず間違いなく安全に出発できるだろうと思う / I was ～ bound to fail [succeed]. 事実上失敗[成功]するはずのところだった.

móral philósophy *n.* 道徳哲学, 倫理学 (ethics), 精神科学《古くは広義に心理学・形而(ᵏᵉⁱ)上学をも含めて用いた ; cf. natural philosophy》. ⌈する心理学》.

móral psychólogy *n.* 道徳心理学《道徳・行動に関

Móral Re-Ármament *n.* 道徳再武装(運動), エムアール エー(運動)《F. Buchman の主唱に始まる Oxford Group movement の主張を表現した 1938 年以降の呼称 ; 略 M.R.A. ; cf. Buchmanism》.

móral scíence *n.* =moral philosophy.

móral theólogy *n.* 道徳[倫理]神学《キリスト者の道徳行為の原理を研究する神学の一部門》.

móral túrpitude *n.* **1** 不道徳行為, 堕落; (特に, 性的な)破廉恥行為, 不品行. **2** (刑事犯罪にみられる)道徳的欠陥.

móral vírtue *n.* 〘アリストテレス哲学〙行徳《理性によって欲望を制御する徳; 勇気・節制・寛大など ; cf. intellectual virtue》.

Mo·rand [mɔ(ː)rɑ́ː(ŋ), -rɔ̃ː(ŋ), -rɑ́ːŋ, -rɔ́(ː)ŋ | mɔ- ; *F.* mɔrɑ̃], **Paul** *n.* モラン《1888-1976 ; フランスの小説家・外交官 ; *Ouvert la nuit*「夜開く」(1922)》.

mo·rass [mərǽs, mɔ(ː)- | mə-, mɔ-] 〘(1655) ▭ Du. *moeras* (変形) ← MDu. *maras* ▭ (O)F *marais* ← Gmc: *moeras* ← *maras* の変形は Du. 《廃》*moer* 'MOOR¹' の影響による : cf. marsh〙 ― *n.* **1** 低湿地帯 ; 沼地, 沢地 (bog, marsh). **2** 困った立場, 苦境 ; 難渋, 困窮, 当惑 (difficulty, perplexity). ⌈(性)の.

mo·rass·y [mərǽsi, mɔ(ː)- | mərǽsɪ, mɔ-] *adj.* 沼地

mor·a·to·ri·um [mɔ̀ːrətɔ́ːriəm, mɑ̀r-, -tóːr- | mɔ̀rətɔ́ːrɪ-, mɔ̀r-] 〘(1875) ← NL ～ ← LL (neut.) ← *morātōrius* (↓)〙 ― *n.* (*pl.* **～s, -ri·a** [-riə | -rɪə]) **1** 一時停止[禁止, 延期] : lift a ～ *on* a new experiment 新実験の一時停止を解除する. **2** 〘経済〙**a** モラトリアム《非常事態に際して債権・債務の決済を一時延期すること ; cf. Hoover moratorium》. **b** 支払い猶予期間.

mor·a·to·ry [mɔ́ːrətɔ̀ːri, mɑ́r-, -tòːri | mɔ́rətəri, mɔ́ːr-] 〘▭ LL *morātōri-us* delaying ← L *morārī* to delay ← *mora* 'delay, MORA¹'〙 ― *adj.* **1** 一時停止[禁止, 延期]の. **2** 〘法律〙支払い猶予の : a ～ law 支払い猶予法.

Mo·ra·va [mɔ́ːrəvə, móːr- | mɔ́ːr- ; *Czech.*, *Serbocroat.* mɔrava] *n.* **1** [the ～] モラバ(川)《チェコスロバキア北部から南方に流れる川 (370 km) ; Danube 川に合流》. **2** [the ～] モラバ(川)《ユーゴスラビア東部を北方に流れる川 (216 km) ; Danube 川に合流》. **3** モラバ《Moravia のチェコ語名》.

Mo·ra·vi·a [məréɪviə, mɔ(ː)- , -vjə | məréɪvjə, mɔ-, -vɪə] 〘▭ ML ～ ← *Morava* (↑)〙 ― *n.* モラビア《チェコスロバキア中部の地方, もとオーストリア領 ; 首都 Brno ; チェコ語名 Morava》.

Mo·ra·via [mouráːviə, mɔːráːvjə | mɔːráːvjə, -vɪə ; *It.* moráːvja], **Alberto** *n.* モラヴィア《1907- ; イタリアの小説家 ; Alberto Pincherle の筆名 ; *La Romana*「ローマの女」(1947)》.

Mo·ra·vi·an [məréɪviən, mɔ(ː)-, -vjən | məréɪvjən, mɔ-, -vɪən] 〘▭ ML *Moraviān-us* ← MORAVIA〙 ― *adj.* **1** モラビア(人)の. **2** モラビア教徒の. ― *n.* **1 a** モラビア人. **b** モラビア語《チェコ語の一方言》. **2** モラビア教徒 (⇨ Moravian Brethren).

Morávian Bréthren *n. pl.* [the ～] モラビア兄弟団《15 世紀以降, John Huss の信奉者たちが Bohemia, Moravia で起こした新教徒の集団で, 一時壊滅に近く, 1722 年に再組織された ; 兄弟団 (Unity of Brethren) ともいう》.

Morávian Chúrch *n.* [the ～] モラビア教会 (⇨ Bohemian Brethren).

Morávian Gáte [**Gáp**] *n.* [the ～] モラビア峠《Sudeten 山脈と Tatra 山脈間の通路, ポーランド南部からチェコスロバキアの Moravia に通じる》.

mo·ray [məréɪ, mɔ́ːreɪ, mɔ́ːr- | məréɪ, mɔ́ːreɪ] 〘(1624) ▭ Port. *moreia* < L *muraena* ▭ Gk *(s)múraina*〙 ― *n.* 〘魚類〙ウツボ科の魚類の総称《暖海のさんご礁間などにすむ太いうなぎ型の醜怪な魚 ; ローマ時代以降, 奴隷・罪人を食い殺させるのに用いた ; 地中海地方で食用魚として珍重されるヘレンウツボ (*Muraena helena*) など ; moray eel ともいう》.

Mor·ay [mɔ́ː(ː)ri | mʌ́rɪ] *n.* =Morayshire.

Móray Fírth [mɔ́ː(ː)ri- | mʌ́rɪ-] 〘*moray* : ← ON《原義》broad firth〙 *n.* マリ湾《スコットランド北東岸の北海の入江》.

Mor·ay·shire [mɔ́ː(ː)riʃɪə, -ʃə | mʌ́rɪʃə(r, -ʃɪə(r] 〘← *moray* (← Gael. *muir* sea) + -SHIRE〙 ― *n.* スコットランド北東部の旧州, 現在は Grampian 州と Highland 州の一部 ; 旧名 Elgin(shire) ; 人口 53,000, 面積 1,233 km², 首都 Elgin.

mor·bid [mɔ́əbɪd, -bəd | mɔ́ːbɪd] 〘(1656) ▭ L *morbid-us* sickly ← *morbus* disease ← IE **mer-* to rub away, harm (Gk *marainein* to consume) : ⇨ -id⁴ : cf. mortal〙 ― *adj.* **1 a** 病気の, 病気がちの, 不健全な. **b** 病気に起因する, 病的な : a ～ growth 病的形成物, 腫瘍(ˢʸᵘ). **c** 《まれ》病気を起こす, 病気の原因となる. **2** 病気に関する, 患部の, 病理学的な : ～ anatomy 病理解剖学. **3 a** 〈精神傾向・思想が〉病的な, 病的に過敏な (oversensitive) : ～ fears / a ～ interest in suffering 苦痛に対する病的な興味. **b** 《口語》憂鬱(ʸᵘ)な, 陰気な (gloomy). **4** 気味悪い, 恐ろしい, ぞっとするような : a ～ tale. **～·ly** *adv.* **～·ness** *n.*

mor·bi·dez·za [mɔ̀əbədétsə | mɔ̀ːbɪ- ; *It.* mɔrbidéttsa] 〘▭ It. ～ ← *morbido* 'MORBID'〙 ― *n.* **1** 〘美術〙(膚色の)柔らかさ, 美しさ, 柔美. **2** (文学・表現などの)繊細さ, 柔らかみ.

mor·bid·i·ty [mɔəbídəṭi | mɔːbídətɪ, -dɪ-] *n.* **1 a** 病的状態, 病的性質. **b** 病的, 不健全, 憂鬱(ʸᵘ). **2** 〘医学〙罹(ʳ)病率, 罹患率. **3** (特定の病気の罹病者に対する)死亡率.

mor·bif·ic [mɔəbífɪk | mɔː-] 〘(1652) ← NL *morbific-us* ← L *morbus* disease : ⇨ morbid, -fic〙 ― *adj.* 病気を起こす, 病原となる. **mor·bíf·i·cal** *adj.* **mor·bíf·i·cal·ly** *adv.*

Mor·bi·han [mɔ̀əbiɑ́ː(ŋ), -ɔ́ː(ŋ), -ɑ́ːŋ, -ɔ́(ː)ŋ | mɔ̀ːbɪ- ; *F.* mɔrbiɑ̃] *n.* モルビアン(県)《フランス西北部 Brittany 地方の Biscay 湾に面する県 ; 人口 567,000, 面積 6,763 km², 首都 Vannes [van]》.

mor·bil·li [mɔəbílaɪ | mɔː-] 〘▭ ML ～ (pl.) ← *morbillus* (dim.) ← L *mobus* disease〙 *n. pl.* 〘病理〙麻疹, はしか (measles).

mor·ceau [mɔəsóu | mɔːsóu ; *F.* mɔrso] 〘▭ F ～ : ⇨ morsel〙 *F. n.* (*pl.* **mor·ceaux** [～(z) ; *F.* ～], **～s**) **1** 小片, 断片 (bit). **2** (詩・音楽などの)小品.

mor·da·cious [mɔədéɪʃəs | mɔː-] 〘← L *mordāc-*, *mordāx* biting (← *mordēre* to bite) + -IOUS〙 ― *adj.* **1** 噛む, 噛む癖のある. **2** 〈人が〉辛辣(ˢʰⁱⁿ)な, 激しい (biting) ; 〈言葉が〉痛烈な (caustic). **～·ly** *adv.*

mor·dac·i·ty [mɔədǽsəṭi | mɔːdǽsətɪ, -sɪ-] 〘▭ F *mordacité* ▭ L *mordācitātem* power of biting ← *mordāx* (↑) : ⇨ -ity〙 ― *n.* **1** 痛烈な皮肉, 毒舌 ; (気性の)辛辣(ˢʰⁱⁿ)さ. **2** 《古》噛む[噛みつく]癖(のあること).

mor·dan·cy [mɔ́ədn̩si, -dən- | mɔ́ːdn̩sɪ, -dən-] 〘⇨ ↓, -cy〙 *n.* =mordacity.

mor·dant [mɔ́ədn̩t, -dənt | mɔ́ː-] 〘(1474) ▭ (O)F ～ (pres.p.) ← *mordre* < VL **mordere* = L *mordēre* to bite ← IE **(s)merd-* ← **mer-* to rub away, harm〙 ― *adj.* **1** 〈言葉・機知など〉皮肉な, 毒舌的な, 辛辣な (biting) : ～ sarcasm / a ～ wit, tongue, speaker, etc. **2** 〈酸が〉腐食性の. **3** 〈痛みが〉鋭い : a ～ pain 激痛. **4** 〈犬など〉噛みつく癖のある. **5** 〘染色〙媒染性の (cf. direct *adj.* 10). ― *n.* **1** 〘染色〙媒染剤. **2** (金箔などの)粘着剤. **3** (食刻用)腐食剤. **4** 〘音楽〙=mordent. ― *vt.* **1** 媒染する. **2** 腐食剤で処理する. **～·ly** *adv.*

mórdant dýe *n.* 媒染染料.

mórdant róuge *n.* 〘染色〙=red liquor.

Mor·de·ca·i [mɔ́ədɪkàɪ, mɔ̀ədɪkéɪaɪ, -də- | mɔ̀ːdɪkéɪaɪ] 〘▭ Heb. *Mordᵉkháy* ▭ Babylonian *Mardukā* man of Marduk〙 ― *n.* **1** 男性名《愛称 Mordy》. **2** 〘聖書〙モルデカイ《王妃 Esther の従兄に当たるユダヤ人 ; ペルシャ王 Ahasuerus の家臣 Haman が自分への敬意が足りぬとの理由で国内のユダヤ人の皆殺しを図った時, Esther を助けユダヤ人を救った : *Esth.* 2 : 15 ; cf. Purim》.

mor·del·lid [mɔədélɪd, -ləd | mɔːdélɪd] 〘↓〙〘昆虫〙 *adj.* ハナノミ(科)の. ― *n.* ハナノミ《ハナノミ科の甲虫の総称》.

Mor·del·li·dae [mɔədélədiː | mɔːdélɪ-] 〘← NL ～ ← *Mordella* (属名 : ← L *mordēre* to bite + -ELLA) + -IDAE〙 *n. pl.* 〘昆虫〙(鞘翅目)ハナノミ科.

mor·dent [mɔ́ədn̩t, -dənt, mɔədént | mɔ́ːdn̩t, -dənt] 〘(1806) ▭ G *Mordent* ▭ It. *mordente* (pres. p.) ← *mordere* < L *mordēre* to bite : cf. mordant〙 ― *n.* 〘音楽〙モルデント《ある音から急速に 2 度下行し, 再び元の音に返る装飾法 ; upper mordent と区別するため lower mordent とよぶこともある》 : a double [long] ～ 複モルデント / an upper ～ =pralltriller.

written played

mordents

Mor·dó·vi·an Autónomous Sóviet Sócialist Repúblic [mɔədóuviən- | mɔːdə́uvjən-, -vɪən-] *n.* [the ～] モルドバ自治ソビエト社会主義共和国《ソ連邦ロシヤ共和国西部の自治共和国, 人口 974,000, 面積 26,200 km², 首都 Saransk ; the Mordvinian [mɔədvíniən- | mɔːdvíni-] Autonomous Soviet Socialist Republic ともいう》. ⌈Modred.

Mor·dred [mɔ́ədred | mɔ́ː-] *n.* 〘アーサー王伝説〙=

Mord·vin [mɔ́ədvɪn, -vən | mɔ́ːdvɪn] *n.* **1 a** [the ～(s)] モルドバ族《主にモルドバ自治共和国に住む, ボルガ川中流域のフィン系の民族》. **b** モルドバ族の一人. **2** モルドバ語《フィンウゴール語族 (Finno-Ugric) に属する》. ⌈性名.

Mor·dy [mɔ́ədi | mɔ́ːdɪ] 〘(dim.) ← MORDECAI〙 *n.* 男

more¹ [mɔ́ə, móə | mɔ́ː(r] 〘OE *māra* greater in size and number < Gmc **maizon* (Du. *meerder* / OS & OHG *mēro* / G *mehr*) ← **mais* more (OE *mā* / G *mehr*) < IE **mēis* ← **mē-* big : cf. most〙 ― *adj.* [much, many の比較級 ; cf. most] **1** (量・程度・数などが)一層多い, 一層大きい, もっと多数[多量]の (↔ less) : ～ money, progress, ability, people, etc. / ～ *than* enough あり余るほどで[の] / Instead of fewer accidents, there were ～. 事故が少なくなるどころか多くなった (cf. *pron.*) / The ～, the merrier. 《諺》(集まる)人が多ければ多いほど楽しみを増す,「多々ますます弁ず」《よく宴会などの標語に用いる》/ *More* haste, less speed. 《諺》「急がば回れ」. ★ 日本語の「3人以上」に当たる語は three or ～ persons である (⇨ *adv.* 成句 MORE *than* ★). **2** さらに付加した, その他の, 余分の (additional, further) : one ～ apple もう一つのりんご / One word ～. あと一言だけ / How many ～ apples are there? りんごがあといくつあるか / Don't lose any ～ time. これ以上ぐずぐずするな / Would you like some ～ egg [beef]? 卵[牛肉]をもう少しいかがですか / There are ～ books to be written on the subject. この問題についてはもっと多くの本が書かれるべきだ. **3** 《廃》(地位・身分などが)一層高い[尊い], さらに優位の (↔ less).

(and,) what is more その上(大事なことには), おまけに (moreover) : He learns easily, *and, what is* ～, he remembers what he has learned. 彼はのみこみも早いがその上覚えたことは忘れない.

― *adv.* **1** [much の比較級として] **a** さらに多く, 一層大きく ; むしろ (cf. most) : You need to sleep ～ *than* you do now. 君にはもっと睡眠が必要だ / He was ～ frightened *than* hurt. 怪我より恐怖のほうが大きかった / It is even ～ a poem *than* a picture. 絵というよりはむしろ詩だ / I have walked a mile or ～. 少なくとも 1 マイルは歩いた. **b** [(all) the ～ ; 通例理由の句または節を伴って] なお一層, ますます多く, かえって (⇨ the *adv.* 1) : I was *all the* ～ excited, because I was the only one that solved the problem. その問題を解いたのは自分一人だけだったので一層興奮した. **2** [主に 2 音節以上の形容詞・副詞の比較級を作って] もっと…, 一層… (⇨ -er² *suf.* 1 ★ ; ↔ less) : ～ beautiful, courageous, etc. / ～ rapidly, happily, etc. **3** その上, なおまた, それ以上, 二度と (further) : never ～ もう…しない, これっきり…しない, 今後決して…しない / ⇨ *no* MORE (1) / once ～ もう一度 / I cannot walk any ～. もうこれ以上歩けない.

and no more …だけのこと, …に過ぎない : It is your imagination *and no* ～. それは君の気のせい[空耳]でそれだけのことだ. ***any more*** ⇨ anymore. ***little more than*** …に過ぎない : He is *little* ～ *than* a child. まだほんの子供だ. ***more and more*** ますます, いよいよ, 段々 : The crowd is growing ～ *and* ～. 人出はますます多くなって来た / The story got ～ *and* ～ exciting. 物語はいよいよおもしろくなった. ***more by token*** ⇨ token *n.* 成句. ***more or less*** (1) 多少, 幾分 : She is ～ *or less* crazy. 多少頭が変だ. (2) 大体, …くらい, …かそこら : It is an hour's journey ～ *or less*. 1 時間ぐらいの旅行だ. (3) [否定語の後に用いて] 少しも(…ない) : I could *not* afford to drive, ～ *or less*. ドライブをするなどとてもできなかった. (4) 一層…であったりまた一層少なく… : His pain was ～ *or less* severe. 彼の痛みの激しさは強くもまた弱くもなった. ***more than*** [形容詞・副詞・動詞・名詞などの前に添えて] …以上に[の], …より多く(の) : 10 is 2 ～ than 8. / ～ *than* pleased 十二分に喜んで / ～ *than* usually kind 普通以上に親切で / He drank ～ *than* was good for him. 彼は飲み過ぎた / He has ～ *than* repaid my kindness. 私の親切に報いる以上のことをしてくれた / my ～ *than* brother 兄弟と言ったので

は言い足りないほど親しい仲 / ~ *than* three books 4冊以上の本. ★ more than three は「3」を含まないから, 日本語の「…以上」と合わない (⇨ more *pron.* 1 ★; more *adj.* 1 ★). ***more than all*** ことに, 中でも, なかんずく (above all). ***much [still] more*** ずっとより[なお]多く; なおさら, まして, いわんや (cf. *much* [*still*] LESS): If you must work so hard, how *much* ~ must I? 君ですらそんなに勉強しなければならないのなら, 私はなおさらだ. ***neither more nor less than***… ちょうど…, まさしく… (exactly); …にほかならない: It is *neither* ~ *nor less than* absurd. ばからしいと言うほかはない. ***no more*** (1) それ以上…しない, もはや…しない: We saw him *no* ~. それ以来彼に会うことがなかった / There are *no* ~ new continents to explore. 今ではもう新大陸探検ということもなくなった. (2) もはや(い)ない, 死んだ: He [Troy] is *no* ~. 彼はもう生きていない[トロイはもう存在しない]. (3) …もまた…でない: She did not come, *no* ~ did he. 彼女も来なかったが, 彼もだ. ***no more than***… (1) たったわずかに…, …に過ぎない (only) (cf. *not* MORE *than* (1), *no* LESS *than*): *no* ~ *than* five たった五つ / He is *no* ~ *than* a puppet. 彼は傀儡(かいらい)に過ぎない. (2) …でないのは…でないと同じ, …と同様…でない (cf. *not* MORE *than* (2)): I am *no* ~ mad *than* you are. 君と同様私も気が狂っていない / He can swim *no* ~ *than* [=He cannot swim any ~ than] a hammer can. かなづち(が泳げない)と同様に彼は泳げない, 彼は全くのかなづちだ. ***not any more than*** =*no* MORE *than*. ***not more than***… (1) …より多くない, 多くて… (cf. *no* MORE *than* (1)): *not* ~ *than* five 多くて五つ《五つまたはそれ以下》. (2) …以上に[ほど]…でない (cf. *no* MORE *than* (2)): I am *not* ~ mad *than* you. 君ほど気が狂ってはいない. ***not [none] the more*** それでもなお(同程度に), やはり(同じく)少しも(増さない). ***nothing more or less than*** =*neither* MORE *nor less than*. ***still more*** =*much* MORE. ***the more …the more*** …すればするほどますます: *The* ~ I saw her, *the* ~ I liked her. 会えば会うほど彼女が好きになった / *The* ~ I asserted my innocence, *the* ~ they disbelieved me. 私が無罪であることを主張すればするほどかえって私を疑った.

— *pron.* **1** 一層多くの量[数, 程度]; 一層多くの物[人]: I hope to see ~ *of* you. あなたにまた[もっと(しばしば)]お目にかかりたい / I should like a little ~ *of* that excellent mutton. その結構な羊肉をもう少し頂戴します / There is ~ in it than you imagine. それには君の想像の及ばないところがある / *More* is meant than meets the ear. 言外に意味がある (Milton, *Il Penseroso*) / *More* of us will go there. 我々の多くの人がそちらへ出かけるでしょう / *More* are drowned in the beaker than in the sea.《諺》海に溺れる者より酒杯に溺れる者多し / The ~ he has, the ~ he wants. 彼は持てば持つほどさらに欲しがる. ★ 'more than one+単数名詞' は単数形の動詞で呼応する: *More than* one person has found it so. そう思い知っている人は一人だけでない. **2** それ以上のこと, なおその他のこと: We don't need any ~ [We need no ~] of your advice. 御忠告はもうたくさんです / No ~ of your jokes. 冗談はもうよせよ. **3**《廃》一層重要な物[人]: (the) ~ and (the) less 高位の人と低位の人.

mo·re² [mɔ́:reɪ, mó:r- | mɔ́:r-]〘▭ L *mōre* (abl.) ← *mōs* manner, fashion〙— *L*. …風に, 流儀で: ~ anglico [æ̃ŋglɪkòu, -lə- | -glɪkəu] 英国風に / ~ suo 彼の流儀で.

More [mɔ́ə, mɔ́ə | mɔ́:(r)], **Hannah** *n.* (1745–1833) 英国の女性著述家; *Cœlebs in Search of a Wife* (1809).

More, Paul Elmer *n.* (1864–1937) 米国の教育家・批評家; *Shelburne Essays* (11 vols., 1904–21), *The Greek Tradition* (5 vols., 1922–31).

More, Sir **Thomas** *n.* (1478–1535) 英国の大法官・著述家; Henry 八世の宗教改革 (Reformation) に際し, これを認めなかったため反逆罪に問われ処刑された; 1935 年聖列に加えられた; *Utopia* (1516).

-more [mɔ̀ə, mɔ̀ə | mɔ̀:(r)] *suf.* すでに比較級語尾 -er をもつ副詞に付いて, 主に場所を表わす副詞を造る (cf. -most): further*more*, inner*more*, over*more*.

Mo·re·a [mɔrí:ə, mɔ(:)- | mɔríə, mə-, mɔ:-]〘← L *mōrus* mulberry tree〙*n.* [the ~] モレア(半島)《Peloponnesus 半島の旧名》.

Mo·reau [mɔróu | -ráu; *F.* mɔro], **Gustave** *n.* モロー《1826–98; フランスの画家; Matisse や Rouault の師》.

Moreau, Jean Victor *n.* モロー《1763–1813; フランスの将軍; フランス革命戦争, ナポレオン戦争で活躍》.

mo·reen [mərí:n, mɔ(:)- | mɔ-, mə-]〘(*a*1691) ← ? MOIRE+-EEN¹〙— *n.* モリーン《通例波紋りまたは浮出し模様を施した丈夫な羊毛または綿毛交織; カーテン・ペチコートなどに用いる》.

mo·rel¹ [mərél, mɔ(:)-, mɔ́(:)rəl, mɑ́r- | mɔrél, mə-]〘▭F *morille* ▭Du. *morilje*: cf. OHG *morhila* morel (G *Morchel*) (dim.) ← *moraha* carrot〙— *n.*〘植物〙アミガサダケ (*Morchella esculenta*)《西洋では食用》.

mo·rel² [mərél, mɔ(:)- | mɔ-, mə-]〘(*c*1265) ▭ OF *morele* (F *morelle*) < VL **maurella* (fem.) ← **maurellus* dark-colored (dim.) ← L *Maurus* 'MOOR'〙— *n.*〘植物〙イヌホオズキ (black nightshade).

Mo·re·lia [mərélɪjə; *Sp.* morélja] *n.* モレリア《メキシコ中部の都市; Michoacán 州の首都; 人口 220,000》.

mo·relle [mərél, mɔ(:)- | mɔ-, mə-] *n.*〘植物〙=morel².

mo·rel·lo [mərélou | mərélau, mɔ-]〘(*a*1648) ▭ It. ~ 'dark-colored' < VL **maurellus* ← L *Maurus* 'MOOR': cf. morel² // ▭ Flem. *marelle*《頭音消失》← ML *amārellum* (dim.) ← L *amārus* bitter: cf. amarelle〙— *n.* (*pl.* ~**s**) **1**〘園芸〙モレロ群のオウトウ《酸果オウトウ (sour cherry) の品種群の一つ; 果汁は紫黒色で酸味が強い; morello cherry ともいう》. **2** 紫黒色.

Mo·re·los [məréɪləs; *Sp.* moréIos] *n.* モレロス(州)《メキシコ中部の州; 人口 617,000, 面積 4,988 km², 首都 Cuernavaca [kernabáka]》.

Mo·re·no [mərí:nou, -réɪ- | -nəu], **Jacob Levy** *n.* モレノ《1892–1974; ルーマニア生れの米国の精神病学者・社会心理学者; 心理劇 (psychodrama) やソシオメトリー (sociometry) の創始者》.

more·o·ver [mɔ̀əóuvə, mɔ̀ə-, ⌐⌐⌐ | mɔ̀:(r)ə́uvə(r, mɔr-]〘(*c*1380) *more ouer*: ⇨ more, over〙*adv.* なお, なおその上に, さらに (further).

more·pork [mɔ́əpɔək, mɔ́əpoək | mɔ́:pɔ:k]〘《擬音語》〙— *n.*〘鳥類〙**1** ゴウシュウガマグチヨタカ (*Podargus strigoides*)《オーストラリア産の夜行性のヨタカ》. **2** =boobook owl.

Mo·ré·ra's théorem [mɔ:ré(ə)rəz-, mo:r- | mɔ:-réər-]〘← *Giacinto Morera* (1856–1909: イタリアの数学者)〙*n.*〘数学〙モレラの定理《コーシーの積分定理 (Cauchy integral theorem) の逆をいう》.

mo·res [mɔ́:reɪz, mó:r-, -ri:z | mɔ́:r-]〘(20C) ▭ L *mōrēs* (pl.) ← *mōs* customs〙*n. pl.*〘社会学〙(一集団の基本的道徳観を具現した)道徳的慣習 (cf. folkways).

Mo·resque [mɔ:résk]〘(1611) ▭ F ~ ▭ It. *Moresco* ← *Moro* 'MOOR': ⇨ -esque〙*adj.*〈建築・装飾など〉ムーア風の (Moorish).

Móre·ton Báy chéstnut [mɔ́ətṇ-béɪ-, mɔ́ə- | mɔ́:-] *n.*〘植物〙=bean tree 1; その材《黒色で硬く良質》.

Móreton Báy píne *n.*〘植物〙=hoop pine.

Mor·gain le Fay [mɔ́əgeɪn-ləféɪ, -gən- | mɔ́:-] *n.*〘アーサー王伝説〙=Morgan le Fay.

Mor·gan¹, **m-** [mɔ́əgən | mɔ́:-]〘← *Justin Morgan* (1747–98: その種馬の所有者であった New England 人)〙— *n.* モルガン《米国 Vermont 州原産の軽快な馬車用または乗用の一品種の馬》.

Mor·gan² [mɔ́əgən | mɔ́:-]〘▭ Welsh ~《原義》sea dweller ← *mor* sea: cf. Ir. *Muirgen*〙*n.* **1** 男性名. ★ ウェールズに多い. **2** 女性名.

Morgan, Charles (**Lang·bridge**) [lǽŋbrɪdʒ] *n.* (1894–1958) 英国の小説家・批評家・劇作家, もと海軍軍人; *The Fountain* (1932), *The Voyage* (1940).

Morgan, Daniel *n.* (1736–1802) 米国の独立戦争当時の将軍.

Morgan, Sir **Henry** *n.* (1635?–88) ウェールズ生れの英国の海賊, 後 Jamaica 島の総督.

Morgan, John Hunt *n.* (1825–64) 米国南北戦争当時の南軍の将軍.

Morgan, J(**ohn**) **P**(**ier·pont**) [píəpɑnt | píəpɔnt] *n.* **1** (1837–1913) 米国の実業家・銀行家; Morgan 財閥を築いた. **2** (1867–1943) 同上の息子, 米国の銀行家.

Morgan, Lewis Henry *n.* (1818–81) 米国の法学者.

Morgan, Thomas Hunt *n.* (1866–1945) 米国の動物学者・遺伝学者; Nobel 医学生理学賞 (1933).

Mor·gan·a [mɔəgǽnə | mɔ:-]〘(fem.) ← MORGAN²〙**1** *n.* 女性名. **2** =Morgan le Fay.

mor·ga·nat·ic [mɔ̀əgənǽtɪk | mɔ̀:gənǽt-]〘(1727–41) ← NL *morganāticus* ← ML (*mātrimōnium ad*) *morganāticam* (marriage with) morning gift ← *morganāticum* ← OHG *morgan* (*geba*) morning (gift) (cf. G *Morgengabe* / OE *morgengifu*)(このような妻が夫に対して要求できる物は結婚翌朝の贈物だけとの意から)〙— *adj.* 貴賤(きせん)相婚の: a ~ marriage 貴賤相婚《王族または貴族と低い身分の女性との結婚; 位階・財産はその女性も, 生れる子供も相続できない; 英国以外のヨーロッパ諸国に行なわれる》. **mòr·ga·nát·i·cal·ly** *adv.*

mor·gan·ite [mɔ́əgənàɪt | mɔ́:-]〘← *J. P. Morgan*: ⇨ -ite¹〙*n.*〘鉱物〙モルガナイト《ばら色の緑柱石 (beryl)》.

Mor·gan le Fay [mɔ́əgən-ləféɪ | mɔ́:-]〘▭ OF *Morgain la fée* Morgan the fairy〙— *n.*〘アーサー王伝説〙モーガン ル フェイ《Arthur 王と血を分けた妖女; Arthur 王に悪意を持ち, 王妃 Guinevere と騎士 Sir Lancelot との関係を密告する; cf. Fata Morgana 2》.

mor·gen [mɔ́əgən, -gə | mɔ́:-]〘▭ G *Morgen* // Du. ~ 'morning': 一人で午前中に耕せる土地の分量の意味から〙— *n.* (*pl.* ~) モルゲン《土地面積の単位; 約 2 エーカーに当る; もとはオランダおよびその植民地で用いられ, 今はアフリカ南部で用いられる》.

Mor·gen·thau [mɔ́əgənθɔ̀: | mɔ́:-], **Henry, Jr.** *n.* (1891–1967) 米国の政治家; 財務長官 (1934–45).

morgue¹ [mɔ́əg | mɔ́:g; *F.* mɔrg]〘(1821) ▭ F ~ ← *le Morgue* (Paris にあった死体公示所の建物の名) ← ?: もと入獄する前の囚人を検査するための室の呼称; 「顔」の意の MORGUE² の転用か〙— *n.* **1** 死体公示所, モルグ《身元不明の死体を置いて引取り人を求める場所; cf. mortuary 1》. **2** (新聞社などで死亡記事などのための)参考資料; 参考資料室; 調査部. **3** 参考資料[ファイル]; 参考資料室.

morgue² [mɔ́əg | mɔ́:g; *F.* mɔrg]〘(1599) ▭ F ~ 'hauty look, surliness' (cf. *morguer* to grumble, growl) ← ?《方言》*morre*: cf. moraine〙— *n.* 傲慢 (pride, hauteur): ~ anglaise [ɑ̃glɛz] 英国人の傲慢な態度.

mor·i·bund [mɔ́(:)rəbʌ̀nd, mɑ́r- | mɔ́rɪbʌ̀nd, mɔ́:r-, -bənd]〘(1721) ▭ L *moribund-us* ← *mori* to die: cf. mortal〙— *adj.* **1 a** 死にかけている; 精力尽きた. **b** 消滅しかけた, 絶滅寸前の. **2** 停滞[渋滞]した, 休止中の (dormant). **mor·i·bun·di·ty** [mɔ̀(:)rəbʌ́ndəṭi, mɑ̀r- | mɔ̀rɪbʌ́ndəti, mɔ̀:r-, -dɪ-] *n.* **~·ly** *adv.*

Mö·ri·ke [mɔ́:rɪkə, méɪ- | mɔ́:-; *G.* mǿ:rɪkə], **Eduard** *n.* メーリケ《1804–75; ドイツの叙情詩人・小説家; *Mozart auf der Reise nach Prag*「プラハへの旅路のモーツァルト」(1855)》.

mo·ri·on¹ [mɔ́:riɑ̀n, mó:r- | mɔ́:rɪɔ̀n]〘(1554) ▭ F ~ ▭ Sp. *morrión* ← *morra* crown of the head < VL **murrum* round object〙— *n.*〘甲冑〙モリオン《16 世紀後半から歩兵がかぶった帽子型のかぶと》.

1

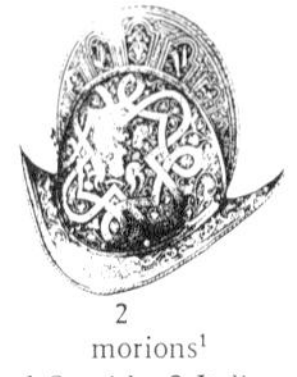

2

morions¹

1 Spanish; 2 Italian

mo·ri·on² [mɔ́:riɑ̀n, mó:r- | mɔ́:rɪɔ̀n]〘L *mormorion* が Pliny の *Natural History* の初期の版で誤読されたもの〙— *n.*〘鉱物〙モーリオン, 黒水晶《ほぼ黒色の煙水晶 (smoky quartz)》.

mo·ris·ca [mərískə, mɔ(:)r- | mɔr-, mər-]〘▭ It. *moresca* (fem.) ← *Morisco* (↓)〙— *n.* (*also* **mo·ris·co** [-kou | -kəu]) モリスカ, 戦勝踊り《昔, 十字軍のキリスト教徒がムーア人の軍隊を破った戦勝を祝った踊りで, 今でもスペイン・ポルトガル・ラテンアメリカで行なわれる祭の際に見られる》.

Mo·ris·co [mərískou, mɔ(:)r- | mərískəu, mər-]〘▭ Sp. ~ ← *Moro* 'MOOR': cf. Moresque〙*adj.* =Moorish. — *n.* (*pl.* ~**s**, ~**es**) (スペインの)ムーア人.

Mor·i·son [mɔ́(:)rəsṇ, mɑ́r- | mɔ́rɪ-], **Samuel Eliot** *n.* (1887–1976) 米国の歴史学者.

Mor·ley [mɔ́əli | mɔ́:lɪ], **Christopher** (**Darlington**) *n.* (1890–1957) 米国の詩人・小説家・随筆家; *Where the Blue Begins* (1922).

Morley, Henry *n.* (1822–94) 英国の英文学者; Morley's Universal Library や Cassell's National Library の編者.

Morley, John *n.* (1838–1923) 英国の政治家・文筆家; *English Men of Letters* シリーズの編者; 称号 Viscount Morley of Blackburn.

Morley, Thomas *n.* (1557–1602) 英国のエリザベス朝のマドリガル (madrigal) 作曲家.

Mor·mon [mɔ́əmən | mɔ́:-]〘(1830) ← (*the Book of*) *Mormon*: Mormon の名は創始者 J. Smith によれば ← MORE¹+Egypt. **mon* great, good を意味する〙— *n.* モルモン教徒: ⇨ Mormon Church.

Mórmon Chúrch *n.* [the ~] モルモン教会《1830 年 Joseph Smith が神の啓示に基づいて New York 州で設立したキリスト教の一派; 正式には末日聖徒イエス キリスト教会 (the Church of Jesus Christ of Latter-day Saints); モルモン経(きょう) (the Book of Mormon) を経典の一つとするところからこの名で呼ばれるようになった; のち迫害を受けて Utah 州に移った》.

Mórmon crícket〘← MORMON: モルモン教徒の居住地に多く見られることから〙— *n.*〘昆虫〙モルモンクリケット (*Anabrus simplex*)《米国西部の乾燥地帯に生息するキリギリス科の昆虫; 大型で翅がなく穀物の害虫》.

Mór·mon·ism [-nɪzm] *n.* モルモン教.

mor·my·rid [mɔəmáɪrɪd, -rəd | mɔ:máɪ(ə)rɪd]〘↓〙*adj., n.*〘魚類〙モルミルス科の(魚).

Mor·myr·i·dae [mɔəmírədi: | mɔ:mírɪ-]〘← NL ~ ← *Mormyrus* (属名: ← Gk *mormúros* sea fish)+ -IDAE〙*n. pl.*〘魚類〙モルミルス科.

morn [mɔ́ən | mɔ́:n]〘ME *morwen, morn* < OE *mor(g)n-, morgen* < Gmc **murʒanaz* (Du. *morgen* / G *Morgen*) ← IE **mer-* to flicker〙— *n.* **1**《詩》朝 (morning); 暁, 夜明け (dawn): at the ~ 夜明けに / from ~ till eve 朝(あした)より夕べまで. **2** [the ~]《英方言》明日.

morn.《略》morning.

Mor·na [mɔ́ənə | mɔ́:-]〘← Gael. *muirne* beloved〙*n.* 女性名《異形 Myrna》.

Mor·nay [mɔənéɪ | mɔ:-; *F.* mɔrnɛ], **Philippe de** *n.* モルネ《1549–1623; フランスの政治家・新教徒指導者; Seigneur du Plessis-Marly; 通称 Duplessis-Mornay》.

mor·né [mɔənéɪ | mɔ:-; *F.* mɔrne]〘▭ F ~ (p.p.) ← *morner* blunt〙*adj.*〘紋章〙〈rampant のライオンが〉舌・歯・爪の無い.

morn·ing [mɔ́ənɪŋ | mɔ́:n-]〘(*c*1250) *morwening* ← *morwen* 'MORN' + -ING¹: EVENING にならった造語〙— *n.* **1 a** 朝, 午前, 昼前《通例夜明けから正午または昼食までの間; cf. afternoon, evening, night》: this [tomorrow, yesterday] ~ 今[明, 昨]朝(に) / in the ~ 朝(のうちに), 午前中に;《口語》明日(の朝) / at six (o'clock) in the ~ 午前 6 時に (cf. a.m.) / early [late]

in the ~ (of…)=in the early [late] ~ (of…) (…の)朝早く[遅く] / on an April ~ 4月のある朝に / on Sunday ~ 日曜日の朝に / on the ~ of the 5th 5日の朝に / all (the) ~ 朝のうち[午前中]ずっと / before ~ 朝にならないうちに, 未明に / early one fine ~=early on a fine ~ ある晴れた朝早く / of a ~ よく朝のうちに, 朝などに (cf. of[1] 15 b) / from ~ till [to] evening [night] 朝から晩まで / ~ and evening 朝(と)晩に / at ~《古・詩》=in the ~ / ⇨ mornings / It was soon ~. 間もなく朝になった. ★ ラテン語系形容詞: matutinal. **b**《口語》=good morning. **2** (社交上の催しなどで)昼間. **3**《文語》(人生などの)初期: the ~ of life 人生の上り坂, 青年時代 / in the ~ of civilization 文明の初期に. **4**《口語》朝刊. **5**《詩》**a** 暁 (dawn). **b** [M-] 暁の女神《Eos, Aurora のこと》.
morning, noon, and night 一日中, 絶え間なく. ***the morning after*** (***the***) ***night before*** =morning after.
— *attrib. adj.* 朝の, 朝用いる[行なわれる, 現われる]: the ~ hours 朝の時間 / a ~ draught 朝食前の一杯, 朝酒 / ~ coffee モーニングコーヒー / a ~ paper 朝刊《新聞》/ a ~ walk 朝の散歩 / a ~ person 朝型の人.

mórning áfter *n.* (*pl.* **mornings a-**) (*also* **mórning·áfter**)《口語》**1** 二日酔い (hangover). **2** (快楽・放蕩・飲過ぎ・喧嘩などを)しみじみ後悔する時期.

mórning-áfter pìll *n.* アフターピル《性交後に服用しても効果のある経口避妊薬》.

mórning càll *n.* **1** 午後の(社交)訪問 (cf. morning visit 2). **2** (ホテルなどの)モーニングコール《朝電話で起こす[起こしてもらう]こと》. **~·er** *n.*

mórning còat *n.* モーニングコート (cutaway)《男子の昼間用正装の上着; cf. dress coat》.

mórning drèss *n.* **1** (婦人用のきれいなプリント地でつくられた)家庭着. **2** モーニング《男子の昼間用礼服; cf. evening dress 1, full dress 1, tuxedo 1》.

mórning gìft *n.* 結婚の翌朝夫が妻に与えた贈物(cf. morganatic (語源)).

morning glory [⌐–⌐–|⌐–⌐–] *n.* **1** 熱帯アメリカ原産ヒルガオ科イポメア属 (*Ipomea*) の植物の総称; (特に)マルバアサガオ (*I. purpurea*) (cf. Japanese morning glory). **2** ヒルガオ属 (*Calystegia*), サンシキヒルガオ属 (*Convolvulus*) の植物の総称《セイヨウヒルガオ (*Co. arvensis*) など》.

mórning gún *n.*〖軍事〗起床号砲, 朝砲; その発砲《reveille gun ともいう》.

mórning lìne *n.*〖競馬〗予想オッズ, 予想賭率《出走前に賭元(かけもと)が発表するレースごとの出馬表と予想賭率の控え》.

mórning lòan *n.* =day loan.

mórning perfórmance *n.* 昼間興行, マチネー (matinée).

Mórning Práyer, m- p- *n.*〖英国国教会〗早禱(そうとう), 朝の礼拝 (matins).

mórning ròom *n.* (昼間家族の用いる)居間.

morn·ings [mɔ́ənɪŋz | mɔ́:n-]〘⇨ -s[2] 1〙*adv.*《米口語》朝に; 朝いつも, 毎朝 (cf. evenings, nights).

mórning sìckness *n.*〖病理〗朝の吐き気; (特に, 妊娠初期に起こる)つわり; 悪阻(おそ).

mórning stár〘《1535》← MORNING + STAR ∞ *mornstar*〙— *n.* **1 a** (日出前東方に現われる)明けの明星; [the ~] (特に)金星 (Venus, Lucifer) (cf. evening star 1). **b** 明星五星の一つ《火, 水, 木, 金, 土星のうちのどれか一つ》. **c** キリスト; 先駆者, 先触れ [*of*] (cf. *Rev.* 22:16, 2:17). **2**〘《なぞり》← G *Morgenstern*〙(中世の)星球武器《鎖の先に星形の鉄球をつけたもの; holy water sprinkler ともいう》. **3**〖植物〗米国 California 州産ロアザ科の黄色の花を開く野草 (*Mentzelia aurea*).

mórning·tìde〘《1530》← MORNING + TIDE[1] ∞ ME *morntide* < OE *morgentīd*〙*n.*《古》朝方, 朝.

mórning vísit *n.* **1** 朝の訪問. **2** 午後の正式訪問 (cf. morning call 1).

mórning wàtch *n.*〖海事〗朝直(ちょうちょく)《午前 4 時から 8 時までの当直(員); ⇨ watch *n.* 5》.

Mo·ro [mɔ́:roʊ, mó:- | mɔ́:rəʊ]〘⇨ Sp. ~《原義》'MOOR'〙— *n.* (*pl.* **~, ~s**) **1 a** [the ~(s)] (フィリピン諸島南部のイスラム教徒マレー族に属する)モロ族. **b** モロ族の者. **2** モロ語.

Mo·roc·can [mərɑ́kən | -rɔ́k-] *adj.* モロッコ (Morocco) の; モロッコ人の. — *n.* モロッコ人.

mo·roc·co [mərɑ́koʊ | -rɔ́kəʊ]〘《1634》↓: その最初の生産地〙— *n.* (*pl.* **~s**) モロッコ革《morocco leather ともいう》: **a** 銀面模様をなめし方で粒状にきわだたせた山羊皮; 元来はぬるで (sumac) でなめした Morroco 産の山羊皮: in ~ モロッコ革[表紙]製本の. **b** 羊皮などを使ってモロッコ革に模して作られた革.

Mo·roc·co [mərɑ́koʊ | -rɔ́kəʊ]〘⇨ It. *Marocco* ⇨ Arab. *Maghrib-al-āqṣā*《原義》the extreme west ← *mághrib* west + *al* the + *áqṣā* extreme〙— *n.* モロッコ《アフリカ北西岸の王国; もとフランス地区(French Zone)・スペイン地区 (Spanish Zone)・国際管理地区 (International Zone) の 3 行政地区に分かれていたが 1956 年独立; 人口 15,380,000, 面積 458,730 km², 首都 Rabat; 公式名 the Kingdom of Morocco モロッコ王国; フランス語名 Maroc》.

mo·ron [mɔ́:rɑn, mó:r- | mɔ́:rɔn, -rən]〘《1910》⇨ Gk *mōrón* (neut.) ← *mōrós* foolish, stupid: H. H. Goddard (1866–1957: 米国の心理学者)の造語〙— *n.* **1**〖心理〗軽愚の人. **2** ばか (fool). **3** (性的)変質者 (sexual pervert). **mo·ron·ic** [mərɑ́nɪk, mɔ:r-, mo:r- | mərɔ́n-, mɔ:-] *adj.* **mo·rón·i·cal·ly** *adv.*

Mo·ro·ni [mɔ(:)róuni | mərə́ʊnɪ] *n.* モロニ《コモロ (Comoro) の首都, 海港; 人口 19,000》.

mó·ron·ìsm [-nɪzm] *n.* =moronity.

mo·ron·i·ty [mərɑ́nəṭi, mɔ:r-, mo:r- | mɔ:rɔ́nətɪ, mə-, -nɪ-] *n.* **1**〖心理〗軽愚, 魯鈍(ろどん)《知能指数が 50–70 ぐらい, 精神年齢 9–11 歳ぐらいまでにしか発達せず, 簡単な作業しかできない状態; 今はこの名称は用いない; cf. mental deficiency》. **2** =stupidity.

mo·rose [məróus, mɔ:r-, mo:r- | mərə́ʊs, mɔ-]〘⇨ L *mōrōs-us* peevish, fretful, particular ← *mōs* custom, habit: ⇨ -ose[1]〙— *adj.* 気難しい, むっつりした, 不機嫌な. **~·ly** *adv.* **~·ness** *n.*

Mor·peth [mɔ́əpeθ, -pəθ | mɔ́:-] *n.* 英国 Northumberland 州の都市; 人口 15,000.

morph[1] [mɔ́əf | mɔ́:f]〘《逆成》← MORPHEME〙— *n.*〖言語〗**1** =allomorph 1. **2** 形態《ある形態素を形成するかまたは形成すると思われる音素またはその連続; cf. morpheme》.

morph[2] [mɔ́əf | mɔ́:f]〘↑〙*n.*〖生物〗**1** モーフ《動植物のある種 (species) の表現型上の一変種》. **2** 変異形《一つの種の様々な表現型》.

morph.《略》morphological; morphology.

morph- [mɔəf | mɔ:f] (母音の前に来る時の) morpho-.

-morph [⌐–mɔ̀əf | -mɔ̀:f]〘← -MORPHOUS〙「…の形[形態]をしたもの」の意の名詞連結形.

-mor·pha [mɔ́əfə | mɔ́:-]〘← NL ~ ← *-morphus* '-MORPHOUS'〙— (*pl.* ~)〖動物〗「…の型をもつ動物」の意の名詞連結形《「属」より大きい分類名に用いる》: Cyno*morpha*.

mor·phac·tin [mɔəfǽktɪn, -tən | mɔ:fǽktɪn]〘← ? MORPHO- + L *actus* (⇨ act) + -IN[1]〙— *n.*〖化学〗モルファクチン《植物の生長抑制や形態変化を起こさせる合成含フッ素化合物》.

mor·phal·lax·is [mɔ̀əfəlǽksɪs, -səs | mɔ̀:fəlǽksɪs]〘← NL ← MORPHO- + Gk *alláxis* exchange〙*n.*〖動物〗形態調節, 形態再編.

mor·pheme [mɔ́əfi:m | mɔ́:-]〘《20C》⇨ F *morphème*: ⇨ morpho-, -eme: *phoneme* からの類推〙— *n.*〖言語〗形態素: **a** 意味を担う最小の言語単位 (kind, king などの単語および *un*kind, king*ly* における un-, -ly の接辞など; phoneme に対す). **b** 文中における語と語の関係を示す形態的特徴の単位《例えば前置詞・接続詞・助動詞・抑揚・アクセント・語順など; semanteme に対す》.

mor·phe·mic [mɔəfí:mɪk | mɔ:-] *adj.*〖言語〗形態素の; 形態素論(上)の. **mor·phé·mi·cal·ly** *adv.*

mor·phe·mics [mɔəfí:mɪks | mɔ:-]〘⇨ morpheme, -ics〙— *n.*〖言語〗形態(素)論: **a** 言語構造を形態素 (morpheme a) に基づいて記述・分析する分野《phonemics に対す》. **b** 形態(素)研究《言語の形態的特徴 (morpheme b) を研究する分野》.

Mor·phe·us [mɔ́əfiəs, -f(j)u:s | mɔ́:fɪəs, -fju:s, -fjəs]〘《1369》⇨ L ~ ⇨ Gk *Morpheús* god of sleep,《原義》fashioner ← *morphḗ* form: この神は睡眠者に影像を呼び起こすという考えから〙— *n.* **1**〖ギリシャ神話〗モルフェウス《眠りの神 Hypnos の子で夢の神; cf. Somnus》. **2** 眠りの神; 睡魔: in the arms of ~ (ぐっすり)眠って. **Mór·phe·an** [-fiən | -fjən, -fɪən] *adj.*

mor·phi·a [mɔ́əfiə | mɔ́:fjə, -fɪə]〘《1818》← NL ~: ⇨ ↑, -ia[1]〙*n.*〖化学〗=morphine.

-mor·phic [mɔ́əfɪk | mɔ́:-]〘⇨ ? F *-morphique*: ⇨ -morph, -ic[1]〙「…の形[形態]をもつ」の意の形容詞連結形: anthropo*morphic*.

mor·phin [mɔ́əfɪn, -fən | mɔ́:fɪn] *n.* =morphine.

mor·phine [mɔ́əfi:n | mɔ́:-]〘《1828》⇨ F ~ // G *Morphin* ← MORPH(EUS) + *-in* '-INE[3]'〙— *n.*〖化学〗モルヒネ, モルフィン ($C_{17}H_{19}NO_3H_2O$)《あへんアルカロイドの一種; 麻酔・鎮痛剤; morphia ともいう》.

mór·phin·ìsm [-fi:nɪzm, -fɪn-, -fən- | -fi:n-, -fɪn-] *n.*〖病理〗(慢性)モルヒネ中毒. **mór·phin·ist** [-nɪst, -nəst | -nɪst] *n.*

mor·phin·ize [mɔ́əfənàɪz | mɔ́:fɪ-] *vt.* …にモルヒネを注射[投与]する.

mor·phi·no·ma·ni·a [mɔ̀əfəno(ʊ)méɪniə | mɔ̀:fɪnə(ʊ)méɪnɪə, -njə]〘← MORPHINE + -O- + MANIA〙*n.*〖病理〗=morphinism.

mor·phi·no·ma·ni·ac [mɔ̀əfəno(ʊ)méɪniæ̀k | mɔ̀:fɪnə(ʊ)méɪnɪæ̀k] *n.* (慢性)モルヒネ中毒患者.

-mor·phism [mɔ́əfɪzm | mɔ́:-]「…の形態をもっている状態[性質]」の意の名詞連結形: hetero*morphism*.

mor·pho [mɔ́əfoʊ | mɔ́:fəʊ]〘← NL ~ ← Gk *morphṓ* form〙— *n.* (*pl.* **~s**)〖昆虫〗モルフォチョウ科に属するチョウの総称; 南米より中米にかけて多くの種類を含む; 大型種で中でもタイヨウチョウ(太陽蝶) (*Morpho hecuba*) は西半球のチョウの中で最大種; 青色に光り輝く翅で有名である》.

Mor·pho [mɔ́əfoʊ | mɔ́:fəʊ]〘⇨ Gk *Morphṓ*《原義》the shapely ← *Morphṓ* form〙— *n.*〖ギリシャ神話〗モルポー《Aphrodite にかかる「見目(みめ)よい」の意味の枕言葉》.

mor·pho- [mɔ́əfo(ʊ) | mɔ́:fə(ʊ)]「形態, 組成, 構造」の意の連結形. ★ 母音の前では通例 morph- になる.

mòrpho·génesis *n.*〖生物〗形態形成, 形態発生.

mòrpho·genétic *adj.*〖生物〗形態形成の[に関する].

mòrpho·génic *adj.*〖生物〗=morphogenetic.

mor·pho·line [mɔ́əfəli:n, -lɪn, -lən | mɔ́:fəli:n, -lɪn]〘← MORPH(INE) + -OL[1] + -INE[3]〙— *n.*〖化学〗モルホリン ($O(CH_2CH_2)_2NH$)《環状アミンの一種, かつてモルヒネと構造が似たものと考えられた; 溶剤》.

mor·pho·log·ic [mɔ̀əfəlɑ́dʒɪk | mɔ̀:fəlɔ́dʒ-] *adj.* = morphological.

mòr·pho·lóg·i·cal [mɔ̀əfəlɑ́dʒɪkəl, -dʒə- | mɔ̀:fəlɔ́dʒɪ-] *adj.* 形態学[論]の, 形態学[論]上の. **~·ly** *adv.*

morphológical constrúction *n.*〖言語〗形態論的構造《複合語 (complex word) または合成語 (compound word) を構成する構態素の一つながり; 例: un-man-ly, con-ceive, fire-man; cf. syntactic construction》.

mor·phól·o·gist [-dʒɪst, -dʒəst | -dʒɪst] *n.* 形態学[論]者.

mor·phol·o·gy [mɔəfɑ́lədʒi | mɔ:fɔ́lədʒɪ]〘《1830》⇨ G *Morphologie*: ⇨ morpho-, -logy〙— *n.* **1 a** 形態, 構造. **b** 形態[構造]研究, 形態学. **2**〖生物〗**a** 形態学. **b** [集合的] 形態, 組織. **3**〖言語〗**a** 形態《屈折・派生・合成を含む語形成の型》. **b** 形態論, 語形論. **4**〖地理〗地形学 (geomorphology).

mor·phom·e·try [mɔəfɑ́mətri | mɔ:fɔ́mɪtrɪ, -mə-]〘← MORPHO- + -METRY〙— *n.* **1** 外形測定. **2**〖地理〗計測学, 地形計測法《地表の各種形態を定量的に分析・研究する分野》.

mor·pho·neme [mɔəfóuni:m | mɔ:fə́ʊ-] *n.*〖言語〗=morphophoneme.

mor·pho·ne·mic [mɔ̀əfo(ʊ)ní:mɪk, -fə- | mɔ̀:fə(ʊ)-] *adj.*〖言語〗=morphophonemic.

mor·pho·ne·mics [mɔ̀əfo(ʊ)ní:mɪks, -fə- | mɔ̀:fə(ʊ)-] *n.*〖言語〗=morphophonemics.

mòrpho·phóneme〘← MORPHO- + PHONEME〙— *n.*〖言語〗形態音素《同一形態素に属する一群の音素; 例えば kits, kids, kisses の複数語尾 / -s, -z, -əs /, knife, knives の / f, v / など; また同上の任意の代表形, 例えば複数語尾の -s, / naɪ / の F など》.

mòrpho·phonémic *adj.*〖言語〗形態音素的, 形態音素論(上)の. **mòrpho·phonémically** *adv.*

mòrpho·phonémics *n.*〖言語〗**1** 形態音素論《同一形態素を構成する音素またはそれらの音の交替を研究する部門; 例えば, 英語の複数の形態素 {s} は交替形をもつ》. **2** (ある言語の)形態音素上のデータ.

mòrpho·physiólogy〘← MORPHO- + PHYSIOLOGY〙*n.* 形態生理学. **mòrpho·physiológical** *adj.*

mor·pho·sis [mɔəfóusɪs, -səs | mɔ:fə́ʊsɪs]〘← NL ~: ⇨ morpho-, -osis〙— *n.* (*pl.* **-pho·ses** [-si:z])〖生物〗**1** 形態形成[発生]過程《受精卵が発生を進めて内部に種々の構造が形成される過程》. **2** 異常変異《普通ではほとんど起こらないような異常な環境の影響による非適応的な表現型》. **mor·phot·ic** [mɔəfɑ́tɪk | mɔ:fɔ́t-] *adj.*

-mor·pho·sis [mɔ́əfəsɪs, -səs | mɔ́:fəsɪs]〘↑〙(*pl.* **-ses** [-si:z])「…の形成, 再生」の意の連結形: epi*morphosis*.

mòrpho·spécies *n.*〖生物〗形態種《形態的差異により他と区別できるような種; cf. physiologic race》.

mòrpho·táctics *n.*〖言語〗形態素配列論《形態素の結合様式を取り扱う》.

mòrpho·tonémics *n.*〖言語〗音調 (tone) に関する形態音韻論.

-mor·phous [mɔ́əfəs | mɔ́:-]〘⇨ Gk *-morphos* ← *morphḗ* form〙「…の形[形態]をもつ」の意の形容詞連結形: iso*morphous*.

-mor·phy [mɔ̀əfi | mɔ̀:fɪ]〘← -MORPH + -Y[1]〙「…の形をもつこと; …形態」の意の名詞連結形: hetero*morphy*, homo*morphy*, iso*morphy*.

mor·ra [mɔ́:rə] *It. n.* =mora[2].

mor·ris [mɔ́(:)rɪs, mɑ́r-, -rəs | mɔ́rɪs]〘《1500》《変形》← *mor(e)ys* 'MOORISH': cf. Flem. *mooriske dans* / Du. *moorche dans*〙— *n.* (*also* **mor·rice** [~])《英》モリスダンス《14 世紀の中頃英国に起こった特定の拍子のない一種の仮装舞踏で, 時として歌を伴う; 主に May Day の催しとして行なわれ, 舞踏者は Robin Hood 伝説中の人物などに扮(ふん)した》.

Mor·ris [mɔ́(:)rɪs, mɑ́r-, -rəs | mɔ́rɪs]〘⇨ Maurice[1]〙*n.* 男性名.

Morris, Gouv·er·neur [gʌ̀vənɪ́ə, -və-, ⌐–⌐ | gʌ̀vənɪ́ə, ⌐–⌐] *n.* (1752–1816) 米国の政治家・外交官.

Morris, Robert *n.* (1734–1806) 英国生れの米国の財政家・政治家; 独立宣言署名者の一人.

Morris, William *n.* (1834–96) 英国の詩人・工芸美術家・社会運動家; 印刷工房 Kelmscott Press を作って Chaucer 全集などの美術出版を始めた; *The Earthly Paradise* (1868–70).

Mórris cháir〘↑〙*n.* モリスチェア《背部が自由に動き, クッションは取りはずしができる安楽椅子》.

mórris dànce〘《1458》: ⇨ morris〙*n.* =morris.

mórris dàncer [màn] *n.*《英》モリスダンス (morris) の舞踏者.

Mórris Jés·up [-dʒésəp], **Cape** *n.* モリスジェサップ岬《Greenland 北端の岬; 地球上の陸地の最北端》.

Mor·ri·son [mɔ́(:)rəsn̩, mɑ́r- | mɔ́rɪ-]〘ME *Morris(s)on*《原義》son of Maurice〙*n.* 男性名. ★ スコットランドに多い.

Mor·ri·son [mɔ́(:)rəsn̩, mɑ́r- | mɔ́rɪ-], **Arthur** *n.* (1863–1945) 英国の小説家・劇作家・日本美術研究家.

Morrison, Herbert Stanley *n.* (1888–1965) 英国労働党の政治家, 内務相 (1940–45).

Mor·ri·son [mɔ́(:)rəsn̩, mɑ́r- | mɔ́rɪ-], **Mount** *n.* モリソン山《玉山 (Hsin-kao) の英語名》.

Morrison, Robert *n.* (1782–1834) 中国に伝道した英国のプロテスタント宣教師・中国語学者; 漢名 馬礼遜.

Mórrison shélter〘← *H. S. Morrison*〙*n.*《英》(鋼鉄製の)テーブル型室内防空避難所.

Mórris Plàn bànk〘← *Robert Morris* (1734–1806: 米国の政治家・財政家)〙— *n.*《米》モーリス式銀行

《もと,労働者に少額の貸付けをすることを主な目的として設立された私設庶民金融機関》.

Mor·ris·town [mɔ́(ː)rɪstàun, mɑ́r-, -rəs-|mɔ́rɪs-] *n.* 米国 New Jersey 州北部の都市; 独立戦争当時 Washington 指揮下の司令部所在地.

Mór·ro Cástle [mɔ́(ː)rou-, mɑ́r-|mɔ́rəu-; *Sp.* mɔ́rro-] *n.* モロ城《キューバの Havana 港の入口にある古い要塞》.

mor·row [mɑ́rou, mɔ́(ː)r-|mɔ́rəu] 〘《?*a*1200》 *morwe* 《尾音消失》← *morwen* < OE *morgen* 'MORNING': cf. morn〙 — *n.* **1** 《古》朝 (morning) (cf. eve). **2** [the ~] 《文語・詩》翌日. **3** 《文語》(事件の)直後, 後: on the ~ of …の直後に.

Mors [mɔ́əz|mɔ́ːz] 〘□ L ~〙 *n.* 〘ローマ神話〙 モルス《死の擬人化; cf. Thanatos 1》.

morse¹ [mɔ́əs|mɔ́ːs] 〘《1475》□ Lapp *morša*〙 *n.* 〘動物〙 セイウチ (walrus).

morse² [mɔ́əs|mɔ́ːs] 〘《1404》□ OF *mors* □ L *morsus* a biting, bite: ⇨ morsel〙 *n.* 〘教会〙 (コープ (cope) に用いる宝石入りの)留め金, 玉飾り.

Morse, m- [mɔ́əs|mɔ́ːs] 〘← *S. F. B. Morse* (↓)〙 *adj.* モールス符号の; モールス式に似た, モールス風の符号の. — *n.* =Morse code.

Morse [mɔ́əs|mɔ́ːs], **Samuel F(in·ley) B(reese)** [fínli bríːz|-lɪ] *n.* (1791-1872) モールス式電信機を発明した米国人.

Mórse còde [àlphabet] 〘↑〙 — *n.* 〘通信〙 モールス(式電信)符号《点と線 (dots and dashes) から成る無線電信記号》: send a message by ~ モールス符号で通信を送る.

International Morse code

A	•–	N	–•	,	––••––
B	–•••	O	–––	.	•–•–•–
C	–•–•	P	•––•	?	••––••
D	–••	Q	––•–	1	•––––
E	•	R	•–•	2	••–––
F	••–•	S	•••	3	•••––
G	––•	T	–	4	••••–
H	••••	U	••–	5	•••••
I	••	V	•••–	6	–••••
J	•–––	W	•––	7	––•••
K	–•–	X	–••–	8	–––••
L	•–••	Y	–•––	9	––––•
M	––	Z	––••	0	–––––

mor·sel [mɔ́əsəl, -sl|mɔ́ː-] 〘《?*c*1200》□ OF ~, *morcel* (F *morceau*) (dim.) ← *mors* a bite < L *morsum* (neut. p.p.) ← *mordēre* to bite: cf. mordant, morse²〙 — *n.* **1 a** (食物の)一かじり, 一口: a ~ of food. **b** 少しばかり, わずか, 少量, 小片: a ~ of news / It wasn't a ~ of good. それは少しも役に立たなかった. **2 a** ごちそう; うまい物, 珍味. **b** (見て)気持のよい物. **3** 取るに足らぬ人. — *vt.* (**-seled, -selled; -sel·ing, -sel·ling**) 少しずつ分配する, 小部分に分ける.

Mórse làmp *n.* モールス信号灯.

mort¹ [mɔ́ət|mɔ́ːt] 〘《?*a*1300》□ (O)F ~ < L *mortem* death: cf. mortal〙 *n.* **1** 〘狩猟〙 獲物の死を報じるらっぱの吹奏. **2** 《廃》殺害.

mort² [mɔ́ət|mɔ́ːt] 〘《1694》← ? MORTAL // 《変形》← 《北部方言》 *murth* □ ON *mergð* ← *margr* many〙 *n.* 《方言》多量, 多数, たくさん [*of*]: a ~ *of* money.

mort³ [mɔ́ət|mɔ́ːt] 〘← ? Corn.: cf. Welsh *mēr* marrow〙 *n.* 《英方言》ラードを作る豚の脂肪.

Mort [mɔ́ət|mɔ́ːt] 〘(dim.) ← MORTIMER, MORTON〙 *n.* 男性名.

mort. 《略》 mortal; mortality; mortar; mortgage; mortuary.

mor·ta·del·la [mɔ̀ətədélə|mɔ̀ːt-] 〘□ It. ~ ← L *murtātum* ← *murtus* 'MYRTLE'〙 — *n.* モルタデラ《こしょう・にんにくで味をつけ燻製にしたボローニャソーセージの一種》.

mor·tal [mɔ́ətl|mɔ́ːtl] 〘《*c*1370》□ OF ~ (F *mortel*) // L *mortāl-is* subject to death ← *mort-, mors* death ← IE **mer-* to rub away: ⇨ -al¹: cf. mort¹〙 — *adj.* **1 a** 死ぬべき運命の, 死を免れない, 必滅の (↔ immortal): ~ men / Man is ~. 人は死すべきもの. **b** 人間の (human): beyond ~ ken 人知の及ばない. **c** この世の: this ~ life この世[人生]. **2 a** 一命にかかわる, 人命を奪う, 致命的な (fatal): a ~ injury [wound] 致命傷 / a ~ disease 死病 / a ~ weapon 凶器 / a ~ place 急所. **b** 死の, 死に伴う[関する], 死に際の: ~ remains 遺体 / ~ agony [throes] 断末魔の苦しみ / the ~ hour [moment] 臨終. **3** 永遠の死を招く, 地獄に落ちる, 許されない (↔ venial 1): ⇨ mortal sin. **4** 殺さずにはすまない, 死ぬまで戦う: a ~ enemy [foe] 不倶(ぐ)戴天の敵 / a ~ combat 決闘, 死闘 / a ~ war 殲滅(せんめつ)戦, 皆殺しの戦い. **5** 《口語》 **a** 恐ろしい, ひどい, 痛烈な: ~ hatred 激しい憎しみ. **b** 非常な, 大変な (awful): in a ~ fright [funk] 震え上がって, ぎょっとして / I am not in a ~ hurry. ひどく急いでいるわけじゃない. **c** 長たらしい, 退屈でたまらない: The sermon lasted two ~ hours. 説教はだらだらと2時間も続いた. **6** [any, every, no などに伴って] 可能な, 考えられる (possible, conceivable): You can eat *any* ~ thing you like. 何でも好きな物を食べてよい / There was *not* a ~ man in the park. 公園には人っ子一人いなかった. — *adv.* 《方言》ものすごく, とても: be ~ tired, sorry, ill, cold, etc. — *n.* **1 a** 死ぬべき運命のもの, 死ぬもの. **b** 人間 (human being). **2** 《戯言》人, やつ (person): a jolly ~ おもしろいやつ / a thirsty ~ のみ助, 飲んべえ.

Mór·tal·ism [-tə̀lɪzm, -tl̩-|-təl-, -tl̩-] *n.* 霊魂死滅論.

mor·tal·i·ty [mɔətǽləti|mɔːtǽlətɪ, -lɪ-] 〘《*c*1340》□ (O)F *mortalité*: ⇨ ↑, -ity〙 — *n.* **1** 死ぬべき運命[性質]: None can escape ~. 何人も死は免れない. **2** (戦争・疫病などによる)大規模な死亡. **3** 死亡数, 死亡率 (death rate) (cf. fertility 3): an infant ~ rate 幼児死亡率 / The disease has a low ~. その病気は死亡率が低い / The ~ from phthisis is falling. 肺結核の死亡率は低下しつつある. **4** [集合的] 人間, 人類 (humanity): poor [suffering] ~.

mortálity tàble *n.* 〘保険〙 死亡表, 生命表《ある数(例えば10万人)の0歳の人の集団が生存者0人になるまでの各年の死亡・生存の状態を統計的にあらわした表; cf. experience table, life table》.

mór·tal·ly [-təli, -tl̩i|-təli, -tlɪ] 〘《*c*1390》: ⇨ mortal, -ly¹〙 — *adv.* **1** 一命にかかわるほどに, 致命的に: be ~ wounded 致命傷を負う. **2** 《口語》ひどく, 激しく: He was ~ offended. すごく腹を立てていた.

mórtal mínd *n.* 〘クリスチャンサイエンス〙 死すべき心《生命 (life), 肉体 (substance), 人知 (intelligence) は物質 (matter) であるとする考え; cf. mind *n.* 11, spirit 16》.

mórtal sín *n.* 〘カトリック〙 (殺人罪のような地獄行きの)大罪《Thomas Aquinas の神学によれば, こうした大罪を犯した者の魂は神の恩寵を失うという; cf. venial sin》.

mor·tar¹ [mɔ́ətə|mɔ́ːtə(r)] 〘1: OE *mortere* // (O)F *mortier* < L *mortār-ium* mixing vessel, trough ← IE **mer-* (⇨ mortal). 2: ← F *mortier* (↓)〙 — *n.* **1 a** 臼, 乳鉢(にゅうばち). **b** 粉砕機. **2 a** 臼砲(きゅうほう), 迫撃砲《口径の割に砲身が短い大砲》. **b** 花火用臼砲. **c** (救命索を打ち出す)救命臼砲. — *vt.* 臼砲で射撃する.

mor·tar² [mɔ́ətə|mɔ́ːtə(r)] 〘《*c*1300》□ (O)F *mortier* < L *mortārium*: ⇨ mortar¹〙 — *n.* モルタル《生石灰・石膏粉・セメントなどに砂と水を混ぜたもの; 石工, しっくいまたはコンクリート工事用材料》. — *vt.* 〈れんがなどを〉モルタルでつぐ[塗る].

mórtar·bòard *n.* **1** こて板《石工・れんが積工がモルタルを受けるのに用いるもの》. **2** (大学の)式帽《キャップの上が四角く平らで房飾りがついている》.

mortarboard 1

mórtar·less *adj.* モルタル抜きの, モルタルを用いない.

mor·tar·y [mɔ́ətəri|mɔ́ːtərɪ] *adj.* モルタルの, モルタル状の.

Morte d'Ar·thur [mɔ́ət-dɑ́əθə|mɔ̀ːt-dɑ́ːθə(r)], **Le** [lə] *n.* 「アーサーの死」《Sir Thomas Malory によって集大成された Arthur 王伝説; フランス語からの散文訳, 1485年 Caxton によって印刷された》.

mortarboard 2

mort·gage [mɔ́əgɪdʒ|mɔ́ː-] 〘《1442》 *morgage* □ OF *mor(t)gage* ~ ← *mort* dead + *gage* pledge, gage: ⇨ mortal, gage¹〙 — *n.* 〘法律〙 **1** (譲渡)抵当: a double ~ 二重抵当 / ⇨ first mortgage / hold a ~ on …を抵当に取っている / on ~ 抵当に取って / There is a ~ of 30,000,000 yen on the house. その家は3,000万円の抵当に入っている. **2** (譲渡)抵当証書. **3** (譲渡)抵当権; 抵当に入ったこと: in ~ 《廃》抵当に入って. — *vt.* **1** 抵当に入れる: ~ one's house *to* a person *for* a million dollars 家を抵当に入れ人から100万ドル借りる. **2** (要求・義務などのために)保証としてささげる, 投げ出してかかる: ~ one's life [honor] to… のために一命[名誉]を犠牲にする.

mórtgage bònd *n.* 〘証券〙 担保付き債券[社債] (cf. debenture bond).

mórtgage clàuse *n.* 〘保険〙 (火災保険における)抵当権者条項《指定抵当権者に保険金を支払うことを特約した条項》.

mort·gag·ee [mɔ̀əgɪdʒíː, -gə-|mɔ̀ːgə-, -gɪ-] 〘《1584》: ⇨ mortgage, -ee¹〙 *n.* 〘法律〙 抵当権者.

mortgagée clàuse *n.* 〘保険〙 =mortgage clause.

mórt·gag·er *n.* 〘法律〙 =mortgagor.

mort·ga·gor [mɔ̀əgədʒɔ́ə, mɔ́əgɪdʒə, -gə-|mɔ̀ːgədʒɔ́ː(r), -gɪ-] 〘《1584》: ⇨ mortgage, -or²〙 *n.* 〘法律〙 抵当権設定者.

mor·tice [mɔ́ətɪs, -təs|mɔ́ːtɪs] *n., vt.* =mortise.

mor·ti·cian [mɔətíʃən|mɔː-] 〘《1895》← MORT(UARY)+-ICIAN: PHYSICIAN からの類推〙 *n.* 《米》葬儀屋 (undertaker).

Mor·tie [mɔ́əti|mɔ́ːtɪ] 〘(dim.) ← MORTON, MORTIMER〙 *n.* 男性名.

mor·ti·fi·ca·tion [mɔ̀ətəfɪkéɪʃən, -fə-|mɔ̀ːtɪfɪ-] 〘《*c*1390》□ (O)F ~: ⇨ mortify, -ation〙 — *n.* **1** 苦行, 禁欲: the ~ of the flesh 禁欲, 苦行. **2 a** 屈辱, 悔しさ, 無念, 落胆: in ~ of …を恥じて / I had the ~ of acknowledging myself defeated. 残念ながら負けたことを認めた. **b** 無念の種, 遺憾な事. **3** 《まれ》〘病理〙 壊疽(えそ), 脱疽 (gangrene).

mór·ti·fied *adj.* **1** 禁欲的な, 苦行の (ascetic): one's ~ life. **2** 悔しがって, 無念に思って (ascetic). **3** 〘病理〙 壊疽(えそ)にかかった.

mor·ti·fy [mɔ́ətəfàɪ|mɔ́ːtɪ-] 〘《*c*1390》□ (O)F *mortifier* □ LL *mortificāre* to kill, destroy ← L *mors* death: ⇨ mortal, -fy〙 — *vt.* **1** 〈情欲を〉制する, 克服する, 苦行浄化する: ~ the flesh. **2** 〈人を〉悔しがらせる, 無念に思わせる, 〈人〉に屈辱を感じさせる (humiliate): be *mortified* at [by] …を悔しがる. **3** 《廃》 **a** 殺す: ~ the deeds of the body 体の行為(こうい)を殺す (cf. *Rom.* 8:13). **b** …の活力を失わせる. **4** 〘病理〙 壊疽[脱疽]にかからせる. — *vi.* **1** 苦行する, 禁欲生活をする. **2** 〘病理〙 壊疽[脱疽]にかかる.

mór·ti·fi·er *n.*

Mor·ti·mer [mɔ́ətəmə|mɔ́ːtɪmə(r)] 〘□ AF *Mortemer* 《原義》dead sea: Normandy の地名・家族名〙 *n.* 男性名.

mor·tise [mɔ́ətɪs, -təs|mɔ́ːtɪs] 〘《*c*1400》 *mortays* □ OF *mortoise* (F *mortaise*) □ Arab. *murtázz* made fast〙 — *n.* **1** 〘木工〙 枘(ほぞ)穴《枘 (tenon) を差し込む穴》: a ~ and tenon joint =mortise joint. **2** 〘印刷〙 (版面の)くりぬき穴. — *vt.* **1 a** 枘接ぎする. **b** 接合する, 固着[固定]させる. **2** …に枘穴を造る. **3** 〘印刷〙 〈版面の一部分を〉くりぬく, 版面をくりぬいて〈別の活字などを〉組む.

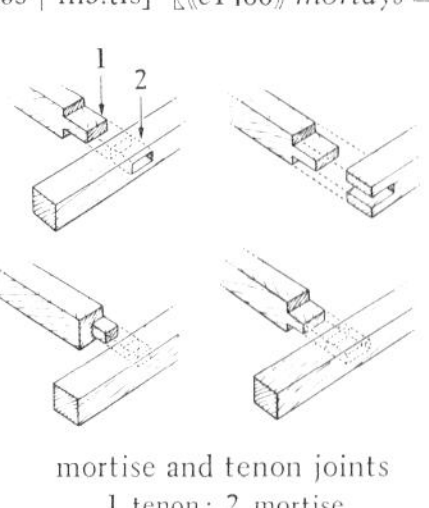

mortise and tenon joints
1 tenon; 2 mortise

mórtise jòint *n.* 〘木工〙 枘穴接合, 枘継手.

mórtise lòck *n.* 〘木工〙 箱錠, 彫り込み錠《錠箱に収められた錠前》.

mórtise whèel *n.* 〘機械〙 はめば歯車.

Mort·lake [mɔ́ətleɪk|mɔ́ːt-] 〘OE *Mortelaga, Murtelac* ← ? *mort* young salmon + ? OE *lacu* stream // ← ? *Morta* (家族名) + ? 《方言》 *lag* long, narrow marshy meadow〙 — *n.* London 西部 Richmond-upon-Thames 自治区の郊外住宅地; Thames 川での Oxford, Cambridge 両大学のボートレースおよびウィングフィールドスカル競艇の決勝点 (cf. Putney).

mort·main [mɔ́ətmeɪn|mɔ́ːt-] 〘《*c*1475》 *morte mayne* □ OF *mortemain* 《なぞり》← ML *mortua manus* ← *mortua* ((fem.) ← L *mortuus* dead) + *manus* hand〙 — *n.* **1** 〘法律〙 死手譲渡《宗教団体・慈善団体の保有する不動産からは封建領主に利益が生じないので, これらに対する不動産譲渡を禁止した; dead hand ともいう; cf. amortization 2》; 永久土地保有: in ~ 永代所有の, 死手譲渡の. **2** (現在を支配するものとしての)過去の束縛[支配, 影響]: the ~ of the tradition *over* our society.

Mor·ton [mɔ́ətn|mɔ́ː-] 〘OE *Mōrtun* ← *mōr* 'MOOR¹' + *tun* '-TON': 地名由来の家族名から〙 *n.* 男性名.

Morton, Thomas *n.* (1764?-1838) 英国の劇作家 (cf. Mrs. Grundy); *The Way to Get Married* (1796).

Morton, William Thomas Green *n.* (1819-68) 米国の歯科医; 抜歯時の麻酔に初めてエーテルを使用.

mor·tu·ar·y [mɔ́ətʃuèri|mɔ́ːtjuərɪ, -tjʊrɪ, -tʃərɪ] 〘《*c*1380》□ AF *mortuarie* □ ML *mortuārium* (neut.) ← L *mortuārius* belonging to the dead ← *mortuus* dead: ⇨ mortal, -ary〙 — *n.* **1** (病院などの)霊安室; 死体安置所, 死体置場. **2** 〘英史〙 布施(ふせ)《死者があったとき教区の牧師に納められた故人の財産の一部》. — *adj.* **1** 死の, 死を記念する, 弔いの: a ~ emblem 喪章 / a ~ monument 墓碑. **2** 埋葬の: a ~ chapel 墓地付属礼拝堂 / a ~ urn 骨壺.

Mor·ty [mɔ́əti|mɔ́ːtɪ] 〘(dim.) ← MORTIMER, MORTON〙 *n.* 男性名.

mor·u·la [mɔ́(ː)r(j)ʊlə, mɑ́r-|mɔ́r-] 〘← NL ~ (dim.) ← L *mōrum* mulberry: ⇨ -ula¹〙 — *n.* (*pl.* **-u·lae** [-lìː, -làɪ|-lìː]) 〘生物〙 桑実胚(そうじつはい)《受精卵の分割によってできる桑の実状の細胞群》. **mór·u·lar** [mɔ́(ː)r(j)ʊlə, mɑ́r-|mɔ́r(j)ʊlə(r)] *adj.* **mor·u·la·tion** [mɔ̀(ː)r(j)ʊléɪʃən, mɑ̀r-|mɔ̀r-] *n.*

Mor·wen·na [mɔəwénə|mɔː-] 〘← Welsh *morwyn* maiden〙 *n.* (*also* **Mor·wen·a** [~]) 女性名《異形 Morwen, Morwyn》. ★ ウェールズに多い.

MOS 《略》〘電子工学〙 metal oxide semiconductor; military occupational specialty 〘米軍〙 特技区分.

mos. 《略》 months.

mo·sa·ic [mo(u)zéɪɪk, mə-|mə(u)-] 〘《?*a*1400》□ F *mosaïque* □ OIt. *mosaico* □ ML *mōsaicum, mūsaicum* of the Muses, artistic 《変形》← L *mūsivum* (neut.) ← *mūsivus* ← *Mūsa* 'MUSE': ⇨ -ic¹: cf. museum〙 — *n.* **1 a** モザイク《種々の色の石・ガラス・大理石などの小片の組合わせによる表面装飾の技法》. **b** モザイク画[模様, 装飾]. **2** モザイク風[状]の物[文]: a ~ of memories いろいろな記憶の断片の寄せ集め. **3** 〘植物病理〙 モザイク病《ウイルスの作用によって葉に雑色の斑点を生じる伝染病; mottle, mosaic disease ともいう; cf. sugarcane mosaic》. **4** 〘生物〙 モザイク (⇨ chimera 3). **5** 〘テレビ〙 =mosaic electrode. — *adj.* **1** モザイクの, 象眼の: ~ work モザイク細工. **2** モザイク式の, モザイクに似た, 寄集めの: a ~ pavement モザイク式舗道 / ~ woolwork モザイク式毛糸編物. **3** 〘植物病理〙 〈植物が〉モザイク病にかかった. — *vt.* (**mo·sa·icked; -ick·ing**) モザイクで飾る[作る]. **mo·sá·i·cal·ly** *adv.*

Mo·sa·ic [mo(ʊ)zéɪɪk | mə(ʊ)-] 〖(1662) ← NL *Mosaicus* (*Hebraicus* からの類推か) ← L *Mōsēs* 'MOSES¹': ⇨ -ic¹〗 *adj.* モーセの, モーセの著作[制定]による.

Mo·sá·i·cal [-zéɪɪkəl, -zéɪək- | -zéɪɪk-] *adj.* =Mosaic.

mosáic disèase *n.* 〖植物病理〗 モザイク病 (⇨ mosaic 3).

mosáic eléctrode *n.* 〖テレビ〗 モザイク電極 《画像信号を電荷に変換して一時的に蓄積するための, テレビカメラのモザイク状微小電極》.

mosáic glàss *n.* =millefiori.

mosáic gòld *n.* 〖化学〗 **1** 彩色金, モザイクゴールド, にせ金(きん) 《硫化第二スズ (SnS_2) のこと; cf. stannic sulfide》. **2** オルモル (ormolu).

mosáic ímage *n.* 〖昆虫〗 複眼像.

mo·sá·i·cìsm [-zéɪəsìzm | -zéɪɪ-] *n.* 〖生物〗 組織モザイク 《動物の細胞分裂に際し, 染色体が不均等に分離するため成体の組織が体の部分によりモザイク状に異なる現象》.

mo·sá·i·cist [-sɪst, -səst | -sɪst] *n.* モザイクデザイナー; モザイク工; モザイク(細工)商人.

Mosáic Láw *n.* [the ~] 〖聖書〗 **1** モーセの律法 《旧約聖書最初の五書 (the Pentateuch) とヨシュア記その他に記されてある Moses の制定した古代ユダヤの律法》. **2** =Pentateuch.

mosáic máp *n.* モザイク地図 《空中から垂直にまた連続的に写した何枚かの写真をつなぎ合わせて作った写真地図》.

mosáic strúcture *n.* (結晶の)モザイク構造.

Mo·san [móʊsn̩ | máʊ-] 〖← N-Am.-Ind. *bos-, mos-* four+-AN¹〗 — *n.* 〖言語〗 モス語 《カナダの British Columbia 州, 米国 Washington 州などで用いられるインディアン語で, Salishan, Wakashan, Chemakuan などの諸語を含む》.

mo·sa·saur [móʊsəsɔ̀ə | máʊsəsɔ̀:(r)] 〖← NL *Mosasaurus* ← *Mosa* (その発見地近くの the river Meuse のラテン語名)+-SAURUS〗 — *n.* 〖古生物〗 モササウルス 《白亜紀後期にヨーロッパ・北米などに生息し, 今では絶滅した海竜》.

mos·chate [máskeɪt, -kət, -kɪt | mɔ́s-] 〖← NL *moschātus* ← ML *moschus* 'MUSK'〗 *adj.* 麝香(じゃこう)のにおいがする (musky).

mos·cha·tel [màskətél, ⌐⌐⌐ | mɔ̀skətél, ⌐⌐⌐] 〖▭ F *moscatelle* ▭ It. *moscatella* ← *moscato* < LL *muscum* 'MUSK': ⇨ -el¹: cf. muscatel〗 — *n.* 〖植物〗 レンプクソウ, ゴリンバナ (*Adoxa moschatellina*) 《レンプクソウ科の小型の草本》.

Mos·cow [máskaʊ, -koʊ | mɔ́skəʊ] 〖▭ Russ. *Moskva*: 川の名から〗 *n.* モスクワ 《ソ連邦およびロシヤ共和国の首都; 人口 8,011,000; ロシヤ語名 Moskva》.

Móscow Árt Théatre [Théater] *n.* [the ~] モスクワ芸術座 《Moscow にある劇場; 1898 年 Stanislavski と Nemirovich-Danchenko (1858–1943) が創立》.

Móscow Internátional *n.* モスクワ インターナショナル (⇨ international 2).

Mose [móʊz | máʊz] 〖(dim.) ← MOSES¹〗 *n.* 男性名.

Mose·ley [móʊzli | máʊzli], **Henry Gwyn-Jeffreys** [gwíndʒéfriz | -frɪz] *n.* (1887–1915) 英国の物理学者; X 線スペクトルにおける Moseley's law を発見.

Móseley's láw 〖↑〗 *n.* 〖物理〗 モーズリーの法則.

Mo·selle [mo(ʊ)zél | mə(ʊ)-; *F.* mɔzɛl] 〖▭ F ~ ▭ L *Mosella* (dim.) ← *Mosa* (フランスの川の名) ← ?〗 — *n.* **1** モーゼル(県) 《フランス北東部のドイツに接する県, 旧 Alsace-Lorraine の一部; 人口 1,035,000, 面積 6,214 km², 首都 Metz》. **2** [the ~] モーゼル(川) 《フランス北東部 Vosges 山脈に発し, 西ドイツ西部に入り Rhine 川に合流する川 (545 km); ドイツ語名 Mosel [mó:zl]》. **3** モーゼル(ワイン) 《Moselle 川流域, 特に Treves, Koblenz 間で産する辛口の白ぶどう酒; 緑色のびんに詰めてある; cf. Rhine wine 1》.

Mo·ses¹ [móʊzɪz, -zəz, -zɪs, -zəs | máʊzɪz; *G.* mó:zəs] 〖▭ L *Mōsēs* ▭ Gk *Mō(u)sēs* ▭ Heb. *Mōšéʰ* 《通俗語源》? deliverer, savior ← ? *māšāʰ* to draw out: Egypt. *mś(w)* son (of a god) の借入とする説が有力〗 — *n.* 男性名.

Mo·ses² [móʊzɪz, -zəz, -zɪs, -zəs | máʊzɪz] *n.* **1** モーセ, モイゼ 《1200? B.C.; ヘブライの立法者・預言者; イスラエル人を導いてエジプトを去り, Sinai 山で神から十戒 (the Ten Commandments) を授かり (cf. *Exod.* 20), 律法を制定してイスラエルにおける祭政一致制の基を開いた; cf. *Exod.* 2; *Deut.* 34》. **2** 指導者, 立法者 (lawgiver). **3** [m-] =moses boat.

Móses bàsket *n.* 《英》 =bassinet 1.

móses bòat *n.* (以前, 西インド諸島で使用された)平底の荷物運搬用の漕ぎ舟.

mo·sey [móʊzi | máʊzi] 〖《変形》 ← VAMOOSE〗 *vi.* 《俗》 **1** ぶらぶら歩く, ぶらつく (saunter) 〈*along, about*〉. **2** そそくさと立ち去る (decamp).

mo·shav [moʊʃáːv | məʊ-] 〖▭ ModHeb. *mošáv* = Heb. *mōšābh* sitting, seat, dwelling ← *yāšábh* to sit〗 — *n.* (*pl.* **mo·sha·vim** [mòʊʃaví:m | màʊ-]) モシャヴ 《イスラエルの個人農場を集約した集団共営農場の一種; cf. kibbutz》.

mosk [má(ː)sk | mɔ́sk] *n.* =mosque.

Mosk·va [*Russ.* maskvá] *n.* モスクワ 《Moscow のロシヤ語名》.

Mos·lem [mázləm, más- | mɔ́zlem, -ləm, múzlɪm] *n.* (*pl.* ~, ~**s**, **Mos·lem·in** [~ɪn, ~ən | ~ɪn]), *adj.* = Muslim. **Mos·lem·ic** [mɑzlémɪk | mɔz-] *adj.*

Mós·lem·ìsm [-mìzm] *n.* イスラム教, 回教 (Muhammadanism).

Mos·ley [móʊzli | mɔ́zlɪ, máʊz-], Sir **Oswald Ernald** [ə́:nld | ɔ́:-] *n.* (1896–) 英国の政治家; 英国ファシスト連盟 (British Union of Fascists) (1932–40) を組織し, さらに連盟運動 (Union Movement) を組織 (1948) してファシズムを唱えた.

mosque [má(ː)sk | mɔ́sk] 〖(16C) *mosquee* ▭ F *mosquée* ▭ OIt. *moschea* ▭ OSp. *mezquita* ▭ Arab. *másjid* temple ← *sájada* to worship ∽ (*c*1400) *moseak, moseache*〗 — *n.* モスク 《イスラム教の礼拝堂; masjid ともいう》.

mos·qui·to [məskí:ṭoʊ, -ṭə | məskí:təʊ, mɔs-] 〖(*c*1583) ▭ Sp. ~ (dim.) ← *mosca* < L *muscam* a fly〗 — *n.* (*pl.* ~·**es**, ~**s**) 〖昆虫〗 カ 《双翅目カ科の昆虫の総称; 幼虫はボウフラ (wiggler), 蛹(さなぎ)はオニボウフラ; cf. house mosquito》.

mosquíto bàr *n.* 《米》 =mosquito net.

mosquíto·bìll *n.* 〖植物〗 米国 California 州産サクラソウ科カタクリモドキ属の多年草 (*Dodecatheon hendersonii*).

mosquíto bòat *n.* 〖米海軍〗 =motor torpedo boat.

Mosquíto Cóast *n.* [the ~] モスキート海岸 《中米 Nicaragua のカリブ海側の海岸》.

mosquíto cràft *n.* [集合的] 〖海軍〗 かとんぼ艦艇 《水雷艇・魚雷艇・駆潜艇その他の高速小型艦艇》.

mos·qui·to·ey [məskí:ṭoui | məskí:təʊɪ, mɔs-] *adj.* 蚊(か)の多い, 蚊が一杯いる.

mosquíto fish *n.* 〖魚類〗 カダヤシ (*Gambusia affinis*) 《カダヤシ科で米国南東部に見られカの幼虫を餌とする卵胎生の魚; 日本ではかつて誤って topminnow をこう呼んでいた》.

mosquíto flèet *n.* 〖海軍〗 かとんぼ艦隊 《mosquito craft から成る艦隊》.

mosquíto hàwk *n.* 《米》 **1** 〖昆虫〗 トンボ (dragonfly). **2** 〖鳥類〗 ヨタカの類 (nighthawk).

mosquíto nèt *n.* 蚊(か)よけ網, 蚊帳(かや): hang up [take down] a ~ 蚊帳を吊る[はずす].

mosquíto nètting *n.* 蚊帳(かや)材料, 蚊帳地.

moss [mɔ́(ː)s, má(ː)s | mɔ́s] 〖OE *mōs* bog < Gmc **musam* (Du. *mos* moss / G *Moos* bog, moss) ← IE **meu-* damp (L *muscus*)〗 — *n.* **1 a** 〖植物〗 コケ 《蘚(せん)綱の小さな隠花植物の総称; スギゴケ (*Polytrichum juniperinum*), オオミズゴケ (*Sphagnum palustre* など; cf. liverwort》. **b** 一面に生えた苔(こけ). **2** 〖植物〗 コケに似たある種の地衣 (lichen): ⇨ Iceland moss, club moss / A rolling stone gathers no ~. ⇨ rolling stone. **3** [しばしば the ~s] 《スコット・北英》 泥, 泥炭地 (cf. mosstrooper 1). ★ 語義 3 はしばしば地名に現われる: Solway *Moss*, Chat *Moss*, etc. — *vt.* 苔(こけ)でおおう: The boughs were ~*ed* with age. 枝々は年を経て苔におおわれていた. **~·like** *adj.*

Moss [mɔ́(ː)s, má(ː)s | mɔ́s] 〖⇨ Moses¹〗 *n.* 男性名.

móss àgate *n.* 〖鉱物〗 コケメノウ 《苔(こけ)状の不純物を含む; Mocha stone ともいう》.

móss ànimal *n.* 〖動物〗 (触手動物)コケムシ綱の動物 (bryozoan).

móss·bàck *n.* 《米》 **1 a** 背に水藻を生やし年を経た大亀. **b** 野生の老いた鹿[牛]. **c** (muskellunge のような)大きくのろい魚. **2** 《口語》 **a** 時代遅れの人, 極端な保守家. **b** 田舎者, 未開拓地の住人. **~ed** *adj.*

Möss·bau·er [mɔ́(ː)sbaʊə, más-, més- | mɔ́sbaʊə(r), más-; *G.* mœ́sbaʊər], **Rudolf Ludwig** *n.* メスバウアー 《1929– ; ドイツの物理学者; Nobel 物理学賞 (1961)》.

Mössbauer effèct 〖↑〗 — *n.* [the ~] 〖物理〗 メスバウアー効果 《結晶内の原子が格子点から動かないでその中心の原子核が γ 線を吸収または放出する核共鳴の現象; cf. nuclear resonance》.

moss·bun·ker [mɔ́(ː)sbʌŋkə, más- | mɔ́sbʌŋkə(r)] 〖(1792) 《転訛》 ← Du. *marsbanker* ← ?〗 *n.* 《米》 〖魚類〗 =menhaden.

móss càmpion *n.* 〖植物〗 **1** コケマンテマ (*Silene acaulis*) 《Alps 原産の多年生草本; carpet pink, cushion pink ともいう》. **2** ヒメサクラマンテマ (*Silene schafta*) 《Caucasus 産ナデシコ科の多年生草本》.

móss·er *n.* 苔(こけ)採集家.

móss-gréen *adj.* 苔(こけ)緑色の, 苔色(各種の黄緑)の.

móss-gròwn 〖(14C)〗 *adj.* **1** 苔(こけ)の生えた, 苔むした: a ~ wall. **2** 古風な, 時代遅れの.

móss hàg *n.* 《スコット》 (泥炭採取後の)泥炭廃坑.

móss lócust *n.* 〖植物〗 =bristly locust.

mos·so [móʊsoʊ | mɔ́səʊ; *It.* mósso] 〖▭ It. ~ (p.p.) ← *muovere* to move〗 — *adj., adv.* 〖音楽〗 動きをもって, 速い (fast), 速く: meno ~ それほど速くなく, もっとゆっくり / più ~ もっと速く.

móss pínk *n.* 〖植物〗 シバザクラ, ハナツメクサ (*Phlox subulata*) 《広く栽培されるナデシコ科の園芸植物; 地をはって桃色または白色の花をつける》.

móss róse *n.* 〖植物〗 モスローズ (*Rosa centifolia* var. *muscosa*) 《バラの園芸種の一種; 萼(がく)と茎がコケのような腺毛におおわれている》.

móss stìtch *n.* 〖刺繍〗 かのこ編み 《表編みと裏編みを一目ずつかわるがわる編む》.

móss-tròoper *n.* **1** 沼沢馬賊 《17 世紀にイングランド・スコットランド国境の沼沢地 (mosses) を荒らした山賊》. **2** 略奪者 (marauder).

moss·y [mɔ́(ː)si, mási | mɔ́sɪ] *adj.* (**moss·i·er**; **-i·est**) **1** 苔(こけ)が一面に生えた, 苔むした: ~ trees. **2** 苔のような, 苔むしたように見える: ~ green. **3** 古臭い, 古めかしい. **4** 《英方言》 沼地の. **móss·i·ness** *n.*

móssy lócust *n.* 〖植物〗 =bristly locust.

most [móʊst | máʊst] 〖ME *mest, mast* < OE *māst, mǣst* < Gmc **maistaz* (Du. *meest* / G *meist*) ← **maiz* 'MORE'+*-*ista*- '-EST¹': *māst* の *ā* はおそらく比較級 *māra* more, greater の影響〗 — *adj.* **1** [much, many の最上級として; 通例 the ~] (数・量・大きさ・程度が)最も大きい, 最大多数の, 最大量の, 最高の (cf. more): *the* ~ votes 最多票 / Those who have (*the*) ~ money are not always the happiest. 金を一番多く持っている者が一番幸福だとは限らない. **2** [通例無冠詞で] 大概の, 大抵の: *Most* people like it.

for the most part ⇨ part *n.* 成句.

— *pron.* **1** [しばしば the ~] 最大多数, 最大量, 最高額, 最高限度: ask *the* ~ for it それの最高価格を要求する / *The* ~ they can do is to leave him free. 彼らの精々やれることは彼を自由にしておくことだ. **2** [通例無冠詞で] 大多数, 大部分 (majority) 〔*of*〕: *Most of* the people are aware of it. その人たちは大抵その事を知っている / He has been ill ~ *of* the term. 彼は今学期中大部分病気だった / He did ~ *of* the talking. 話す方はもっぱら彼が引き受けた. **3** [無冠詞で複数に用いて] 大抵の人々 (most people): He sang better than ~. 大抵の人々よりも上手に歌った. **4** [the ~] 《米俗》 (あるものの中での)最高の人[物]: His play was the ~. 彼のプレーが最高だった.

at* (*the*) *most 精々, 高々, 多くて: I think she was seventeen *at* (*the*) ~. 精々 17 歳だったろう. ***make the most of***... (1) ...をできるだけ利用する, 精一杯使う: He *made the* ~ *of* his opportunity. (2) ...を十分よく見せる, 十分重んじる: I always *make the* ~ *of* young people. 私はいつも若者を十分重んじている. (3) ...を誇張してよく[悪く]言う, 精一杯ほめ立てる[悪く言う]: He *made the* ~ *of* her beauty. 彼女の美しさを精一杯ほめ立てた.

— *adv.* **1** [much の最上級として] 最も多く (↔ least): He worked (the) ~. / This troubles me (the) ~. これが一番困る. **2** [主に 2 音節以上の形容詞・副詞の最上級を作って]最も: ~ wicked, dangerous, etc. / ~ rapidly, contentedly, etc. **3** [通例 the を付けず強意語として; 無強勢で] 非常に, きわめて (extreme): a ~ beautiful woman / ~ certainly / She was ~ kind to me. 私にとても親切にしてくれた. **4** [尊称の一部として]: *Most* Gracious King [Queen] / *Most* Noble 公爵 (duke) の称号 / *Most* Reverend 大主教[大司教] (archbishop) の称号 / the *Most* High いと高き者, 神 (God). **5** [all, every, any などの語を修飾して] 《米口語》 ほとんど: She was kind to ~ *any* boy. 彼女はほとんどの少年にも親切だった.

most and least 《詩》 一人[一つ]残らず, ことごとく.

-most [mòʊst | məʊst, məst] 〖ME ~ ∽ ME & OE *-mest* (*-ma*+*-est*: 共に superl. suf.)〗 — *suf.* 主に位置・時・順序を示す形容詞・副詞・名詞の語尾に付いて最上級の形容詞・副詞を造る (cf. -more): fore*most*, inner*most*, ut*most*, top*most*.

most·est [móʊstɪst, -təst | máʊst-] 〖← MOST+-EST¹〗 *n.* [the ~] 《方言・戯言》 最大量, 最大級, 極度(のもの).

móst-fávored-nátion clàuse *n.* 〖国際法〗 最恵国民待遇条款 《締約国の一方が, その締約国内で最も有利な地位にある第三国国民に与えるのと同等の待遇を相手方の国民に与えることを規定するもの》.

móst·ly 〖(1594) ← MOST+-LY¹〗 — *adv.* **1** 大抵, 大概, 多くは: The work is ~ done. その仕事は大部分終了している. **2** 主に, 主として (chiefly). **3** 通例, 普通は (usually).

móst significant bít *n.* 〖電算機〗 =most significant digit 1.

móst significant dígit *n.* 〖電算機〗 **1** 最上位の数字 《位取り記数法で, 基数の最も大きい冪(べき)の係数となる数字; 略 MSD; cf. least significant digit》. **2** 最上位のビット 《most significant bit ともいう》.

Mo·sul [moʊsú:l, móʊsəl | máʊsəl, -sl̩] *n.* モスル 《イラク北部, Tigris 河畔の Nineveh の廃墟の対岸にある都市; 人口 265,000》.

mot [móʊ | máʊ; *F.* mo] 〖(1586) ▭ F ~ 'word, saying, note of a horn, etc.' < VL **mottum* =LL *muttum* uttered sound ← L *muttire* to mutter: cf. motto〗 — *n.* (*pl.* ~**s** [~(z) | ~z; *F.* ~]) **1** 警句, 名言. **2** 語 (word): ~ à ~ [móʊtɑ:móʊ | máʊtɑ:máʊ; *F.* motamo] 一語一語, 逐語的に / a ~ d'ordre [móʊdɔ́ədr(e) | máʊdɔ́:-; *F.* modɔrdr] 命令 / ⇨ mot juste. **3** 《廃》 標語 (motto).

M.O.T. 〖《略》 ← *M*(*inistry*) *o*(*f*) *T*(*ransport*)〗 — *n.* 《英口語》 **1** 車両検査, 車検 《英国で運輸省が 3 年を越した自動車に対して毎年行なう検査; M.O.T. test ともいう》. **2** 車検証.

mo·ta·cil·lid [mòʊṭəsílɪd, -ləd | màʊtəsílɪd] 〖↓〗 *adj., n.* 〖鳥類〗 セキレイ科の(鳥).

Mo·ta·cil·li·dae [mòʊṭəsílədì: | màʊtəsílɪ-] 〖← NL ~ ← NL *Motacilla* (属名: ← L *mōtacilla* wagtail)+-IDAE〗 *n. pl.* 〖鳥類〗 セキレイ科.

mote¹ [móʊt | máʊt] 〖OE *mot* speck ← ?: cf. Du. *mot* dust〗 — *n.* **1** (空中のほこりの)微片, みじん: ~*s* (of floating dust) in a sunbeam 日光に漂う細かいほこり. **2** 羊毛[綿]に混じりこんだ異物 (moit).

mote and beam ちりと梁(はり), 他人の小過失と自分の大過失. ***the mote in the eye*** 他人の目にあるほこり 《自分の大きな欠点を忘れて他人に見出す小さな欠点; cf. *Matt.* 7:3》.

mote² [móut | mə́ut] 〖OE *mōt* (pres.) 'MUST¹'〗 *auxil. v.* 《古》 =may, might¹: So ~ it be. そうあれかし.
mo·tel [moutél | məutél, ⌐ー] 〖《(1925)》《混成》← MO(TOR)+(HO)TEL〗 ── *n.* モーテル《街道にある自動車旅行者用宿泊所, しばしば幾棟かの施設付きの小家屋から成る; motor court ともいう》.
móte spòon *n.* (カップ内の紅茶の葉がらを除くための)穴あきスプーン.
mo·tet [moutét | məu-] 〖《c1380》▭(O)F ~ (dim.) ← *mot* word: ⇨ mot〗 *n.* 〖音楽〗 モテット, 経文歌《聖書の文句などを多声的に取扱った通例無伴奏の声楽曲》.
moth [mɔ́(ː)θ, mɑ́(ː)θ | mɔ́θ] 〖OE *moþþe* (Du. *mot* / G *Motte*) ← IE **math-* worm〗 ── *n.* (*pl.* ~**s** [mɔ́(ː)ðz, mɔ́(ː)θs, mɑ́(ː)ðz, mɑ́(ː)θs | mɔ́θs]) **1** 〖昆虫〗 **a** ガ《鱗翅目のうちセセリチョウ上科とアゲハチョウ上科を除く他の種類の総称; 主として夜間活動する; cf. butterfly》. **b** イガ(衣蛾) (clothes moth). **2** 少しずつ食い荒らす虫[人]; 誘惑に負けて遊び歩く[飛び回る]人. **3** 〖植物〗 =moth bean 1.
móth·bàll *n.* 虫よけ玉《ナフタリン・樟(しょう)脳などで作った球状の防虫剤》.
in mothballs (1) しまい込んで, 退蔵して: have vessels *in* ~*s* 艦船を退役させ[予備役に入れ]ている. (2) 〈ものの考え・計画など〉再考の価値がないとして見棄てられて, 棚上げして.
── *vt.* **1** 虫よけ玉を入れてしまい込む. **2** 〈艦船など〉を予備役に入れる, 退役させる.
── *adj.* 活動していない, 退蔵された.
móthball flèet *n.* 《口語》(数か月間でまた就役可能な状態で退蔵されている)非現役艦隊, (特に)予備艦隊.
móth bèan 〖*moth*: 《通俗語源》? ← Marathi *maṭh* moth bean ← Skt *makuṣṭa*〗 ── *n.* 〖植物〗 **1** モスビーン (*Phaseolus aconitifolius*)《東インド地方産のマメ科の植物; 花は黄色で小さく実は円筒状のさやにはいっている; 単に moth ともいう》. **2** モスビーン(の実)《黄褐色の小さい実でインドで牛・馬の飼料用, また肥料にする》.
móth-èaten 〖《c1378》〗 *adj.* **1 a** 虫の食った (mothy): ~ cloth. **b** もじゃもじゃの: ~ hair. **2 a** 古びた, 荒廃した. **b** 時代遅れの (out-of-date).
moth·er¹ [mʌ́ðə | mʌ́ðə(r)] 〖《15C》 ~, *mothir* < OE *mōdor* ← Gmc **mōðar-* (Du. *moeder* / G *Mutter*) ← IE **māter-* mother (L *māter* / Gk *mḗtēr* / Skt *mātṛ*)〗
── *n.* **1 a** 母, 母親 (⇨ father 1 a ★): become a ~ 子を生む, 母になる / Where is *Mother*? おかあさんはどこ / She's a ~ of three. 3 人の子供の母親だ. **b** 《口語》義母; 継母; 養母. **c** 《口語》[夫が妻に向かって] おかあさん, ママ. **2 a** 実母のように世話をする人; 母と仰がれる婦人; 女子修道院長, マザー: ⇨ mother superior / She was a ~ to the poor. 彼女は貧民の慈母であった. **b** [年長の婦人に対する Mrs. に当たる呼掛け, または身分の低い老女に対する親愛語として] おばあさん: *Mother* Jones ジョーンズばあさん / ⇨ Mother Hubbard. **3** [the ~] 母の慈愛, 母性愛: He appealed to the ~ in her. 彼女の母性愛に訴えた. **4 a** 生み出す[保育する]もの, 本源, 源; 原型: Necessity is the ~ of invention. 《諺》「必要は発明の母」/ the *Mother* of Parliaments 議会の母《英国国会のこと》/ our country, ~ of heroes 多くの英雄を産み出した我が国. **b** (レコードの)母盤. **5** (ひな・早産の児[動物]などの)保育器《artificial mother ともいう》. **6** [通例 my ~ として; 間投詞的に] へえ, 驚いた《驚き・当惑を表わす》. **7 a** 《廃》子宮 (womb). **b** 《古》ヒステリー (hysteria).
every mother's son だれも彼も, 皆 (everybody) (cf. Shak., *Mids N D* 1. 2. 80). ***meet one's mother*** 《俗》生まれる: He wished he had never *met his* ~. 彼は生れて来なければよかったと思った. ***the father and mother of a*** ⇨ father 成句.
mother of coal 〖鉱物〗 =mineral charcoal.
Mother of God [the ─] 神の母《聖母マリア (the Virgin Mary) の尊称》.
Mother of Presidents [the ─] 〖Washington, Jefferson, Madison, Monroe, W. H. Harrison, Tyler, Tayler および Wilson の 8 人の大統領の生地であることから〗 米国 Virginia 州の俗称.
Mother of States [the ─] 〖米国最初の植民地であったからとも, また旧 Virginia 植民地が独立後多くの州に分れたことからともいわれる〗 米国 Virginia 州の俗称.
── *attrib. adj.* **1** 母の, 母たる: ~ arms 母の腕. **2** 母としての, 母にふさわしい: ~ love 母性愛. **3** 生国の, 自国の, 本国の (native): ⇨ mother tongue. **4** 母のような関係の, 源となる, 保育する: ⇨ mother church, mother earth.
── *vt.* **1 a** …の母となる, 産む: ~ three children. **b** …の源となる, 生み出す (produce): Necessity ~*s* invention. 必要は発明の母. **2** 母として世話をする, 保護する, 保育する. **3 a** …の母であることを認める, …の母だと言う: ~ a foundling 捨子の母だと名乗る. **b** …の作者であると名乗る: ~ a novel.
moth·er² [mʌ́ðə | mʌ́ðə(r)] 〖《1538》▭? MDu. & MLG *mod(d)er* lees, dregs (cf. mud¹): または mother¹ の転用か: cf. G *Moder* mold / Du. *moer*〗 ── *n.* **1** 酢母, 種酢《アルコール液体が酸性発酵を起こす時に生じる厚い上皮; ぶどう酒やりんご酒に加えて酢の醸造に使う; mother of vinegar ともいう》. **2** 《廃》かす, おり (dregs). ── *vi.* 酢母を生じる.

móther álloy *n.* 〖冶金〗 母合金《目的とする合金を作るための原料となる合金で, 成分を多量に含む》.
Móther Cár·ey's chícken [-kɛ́(ə)riz- | -kɛ́əriz-] 〖*Mother Carey*: 《転訛》? ← L *māter cāra* dear Mother (i.e. Blessed Virgin Mary: 水夫の守護神)〗 ── *n.* 〖鳥類〗 ウミツバメ (⇨ storm petrel).
móther céll *n.* 〖生物〗 母細胞.
móther chúrch 〖《c1325》〗 ── *n.* **1 a** 母教会《地方の本山である cathedral または地方の最古の教会》. **b** [M- C-; 擬人的に] 教会. **2** (若い頃・長い間)通い続けた教会. **3** 《古》〖キリスト教〗 =parish church.
móther cóuntry 〖《1587》〗 *n.* **1** (自分・先祖の)母国 (native land, motherland). **2** (植民地から見た)本国.
móther·cràft *n.* 育児法.
móther éarth 〖《c1586》〗 *n.* (産物・住民を生む)母なる大地: kiss one's ~ 《戯言》倒れる.
móther fígure *n.* =mother image.
móther fùcker *n.* 《卑》いやなやつ, 見下げはてたやつ.
Móther Góose *n.* マザーグース《英国の伝承童謡集 *Mother Goose's Nursery Rhymes* または *Mother Goose's Melodies* の作者と言われる仮空の人物》.
Móther Góose rhỳme *n.* 《米》童歌(わらべうた), (伝承)童謡 (nursery rhyme).
móther·hòod *n.* **1** 母であること, 母性. **2** [集合的] 母 (mothers): the ~ of the nation 国中の母親たち.
móther·hòuse *n.* 〖キリスト教〗 **1** 母院《一修道会の中心的または最初の修道院》. **2** (修道会総会長 (superior general) あるいは管区長 (provincial) の定住する)修道院.
Móther Húb·bard [-hʌ́bəd | -bəd] *n.* **1** 「ハバード小母さん」《英国の童謡の題名およびその主人公; Old Mother Hubbard ともいう》. **2** (丈の長い)だぶだぶの婦人用ドレス《しばしばマターニティードレスとして着用される》.
móther ímage *n.* 母性像《心の中で母の代わりとして愛情の対象となるイメージ》.
móth·er·ing [-ð(ə)rɪŋ | -ðər-] *adj.* 母のように優しく面倒をみる. ── *n.* **1** 里帰り《Lent の第 4 日曜日 (Mid-Lent Sunday) に両親を訪ね贈り物をする英国の田舎の慣習》. **2** 〖心理〗 マザリング《幼児に対する母のほほずり・キスなどの愛撫》.
Móthering Súnday *n.* 〖教会〗 =Laetare Sunday.
móther-in-làw 〖《1440》〗 *n.* (*pl.* **mothers-**) 義母, 姑, しゅうとめ.
móther·lànd *n.* **1** 母国, 祖国. **2** (思想・運動などの)発源地, 発祥地.
móther·less 〖lateOE *mōderlēas*: ⇨ mother¹, -less〗 *adj.* 母のない; 母に死なれた: a ~ child. **~·ness** *n.*
móther·lìke *adj., adv.* 母のような[に], 母らしい[く].
móther líquor [líquid] *n.* 〖化学〗 母液《主成分が結晶した後に残る溶液; mother water ともいう》.
móther lòde *n.* 〖鉱山〗 (一地方の)主鉱脈, 主脈.
móther lódge *n.* (入会を許された) Freemason の支部会; (秘密結社などの)地方最古の支部会.
móth·er·ly 〖OE *mōdorlīc*: ⇨ mother¹, -ly²〗 ── *adj.* (**-er·li·er**; **-li·est**) **1** 母の[としての, にふさわしい]: ~ authority, advice, care, affection, feelings, etc. **2** 母のような, 母らしい; 優しい, 情け深い (maternal): a ~ woman. ── *adv.* 《古》母らしく, 母のように. **móth·er·li·ness** *n.*
móther-nàked *adj.* 全裸の, 生れたままの姿をした.
móther-of-péarl 〖《a1510》 *mother pearl* 《なぞり》 ← F 《廃》*mère perle* ▭ ML *māter perlārum*〗 ── *n.* 真珠層, 真珠母, 青貝《アコヤガイ・アワビ・イガイなどの貝の内層を形成する堅く光沢のある部分; 螺鈿(らでん)・ボタンなどの材料にする; nacre ともいう》. ── *adj.* 〈エナメル・釉薬など〉真珠層のような, 真珠のような光沢のある (iridescent).
móther-of-péarl bèad *n.* 種玉《真珠作りの核にする玉》.
móther-of-péarl glàss *n.* =satin glass.
móther-of-thóusands *n.* (*pl.* ~) =Kenilworth ivy.
móther-of-thýme *n.* 〖植物〗 =wild thyme.
móther's bòy *n.* (母親に異常な愛着を示す)お母さん子, 甘えん坊 (cf. mamma's boy).
Móther's Dày *n.* **1** 《英》=Mothering Sunday. **2** 《米》母の日《通例 5 月の第二日曜日; cf. Father's Day》.
móther's hélp *n.* 《英》=mother's helper.
móther's hélper *n.* 子守り, 家政婦.
móther shìp *n.* **1** 《英》母艦《潜水母艦・水雷母艦・航空母艦など》. **2** 母船.
móther spléenwort *n.* 〖植物〗 コモチヒノキシダ (*Asplenium bulbiferum*)《オーストラリア・インド・熱帯アフリカ原産の常緑のシダ; 葉の表面に不定芽を生じる》.
móther supérior *n.* (*pl.* ~**s**, **mothers s-**) 女子修道院長.
móther-to-bé *n.* (*pl.* **mothers-**) 妊婦 (pregnant woman).
móther tóngue 〖《c1380》: *mother* は元来は無屈折属格〗 ── *n.* **1 a** 母語《幼時に母親などから自然に習得する言語》. **b** 自国語, 母国語. **2** 〖言語〗 祖語 (parent language)《比較言語学で同系列の言語の分岐・発展の元となったと想定される言語; cf. Ursprache》.
móther wáter *n.* 〖化学〗 =mother liquor.
Moth·er·well and Wish·aw [mʌ́ðəwèl-ən-wíʃɔː, -wɔ̀ː- | -ðə-] 〖← *Motherwell* (▭ Gael. *mathair-bhaile* mother's house or village)+*Wishaw* 《原義》'SHAW¹ of *Wice* or *Wische* (人名)'〗 ── *n.* スコットランド中南部 Strathclyde 州中部の工業都市; 人口 74,000.
móther wít *n.* 生来の才知.

móther·wòrt 〖《a1387》 *moderwort*: 月経異状などの薬として用いられたことから: ⇨ mother¹, wort²〗 ── *n.* 〖植物〗 **1** ヨーロッパ原産で米国に移入されたシソ科メハジキ属の植物 (*Leonurus cardiaca*). **2** ヨモギ (mugwort). **3** ナツシロギク (feverfew).
moth·er·y [mʌ́ð(ə)ri | -ðəri] 〖← MOTHER²+-Y⁴〗 *adj.* 酢母 (mother) を含む; 酢母のような.
móth mùllein 〖《なぞり》← NL *blattaria* ← L *blatta* moth〗 ── *n.* 〖植物〗 モウズイカ, ニワタバコ (*Verbascum blattaria*)《ゴマノハグサ科モウズイカ属の植物; 滑らかな葉をもち, 白または黄色の花をつける》.
móth·próof *adj.* 虫のつかない, 防虫性の. ── *vt.* 〈繊維・布地などを〉防虫性にする, 虫除けする.
moth·y [mɔ́(ː)θi, mɑ́θi | mɔ́θi] *adj.* (**moth·i·er**; **-i·est**) **1** 蛾(が)が多い[いる]. **2** 虫に食われた.
Mo Ti [móu-tíː | máu-; *Chin.* mò tí] *n.* 墨翟(ぼくてき)《紀元前 4 世紀ごろの中国戦国時代の思想家; 勤倹を勧め, 不経済なものとして音楽・美術を排斥した; 「墨子」の著者; ⇨ Mo-tze》.
mo·tif [moutíːf | məutíːf, ⌐ー; *F.* mɔtif] 〖《1848》▭ F ~: ⇨ motive〗 ── *n.* **1 a** (文学・芸術作品の)主題, 作因, モチーフ. **b** (服飾・壁紙などのデザインの)主要素, 主調: The cloud is a favorite ~ in Chinese rugs. 雲は中国製のじゅうたんによく見る意匠だ. **2** 主旨, 特色. **3** (民話・文学に頻出する)典型的な物語. **4** 〖音楽〗 **a** 動機《主題に展開しうる 2 音以上の旋律または動律の単位》. **b** =leading motive 2.
mo·tile [móutḷ, -taɪl, -tɪl | mə́utaɪl] 〖← L *mōtus* ((p.p.) ← *movēre* 'to MOVE')+-ILE¹: cf. motive〗 ── *adj.* 〖生物〗 動き得る, 自動力のある. ── *n.* 〖心理〗 運動的心像が特に鮮明な人 (cf. audile, tactile, visualizer 2).
mo·til·i·ty [mo(u)tíləti | məutíləti, -lɪ-] *n.* 〖生理〗 運動性, 運動能, 自動力.
mo·tion [móuʃən | mə́u-] 〖《a1387》▭(O)F ~ ▭ L *mōtiō(n-)* a moving: ⇨ move, -tion〗 ── *n.* **1 a** 動き, 運動, 移動; 運行 (↔ rest, station): a rapid ~ 敏速な運動 / the ~ of a top こまの動き / ⇨ slow motion. **b** (機械の)運転: perpetual ~ 無窮動《仕事の有無にかかわらず絶えず運転し続けていること》. **c** 不安定な動き, 動揺: the rocking ~ of a ship 船の縦揺れ. **2 a** 身振り, 手振り, しぐさ; 挙動, 動作: graceful ~*s* 優美な身振り / a ~ of the hand 手振り / She made ~*s* to him to follow. 彼女は彼について来るように身振りで合図した. **b** [*pl.*] 運動, 活動: Let me know your ~*s* while you are there. そちらでの御動静をお知らせ下さい. **c** 《廃》運動能力. **3 a** 提議, 提案 (proposal); (議会などでの)動議, 発議 (cf. resolution 1 c): make a ~ to refer to a committee 委員会に付すべきだという動議を出す / on [upon] the ~ of …の動議に基づいて / an urgent ~ 緊急動議 / stand on a ~ 動議提出のために起立する. **b** 《古》発意, 意向 (intention): of one's own ~ 自分の発意で, 自ら進んで[求めて]. **4 a** 便通, 通じ: have a ~ 通じがある. **b** [しばしば *pl.*] 排泄物: pass ~*s* 排泄する. **5** 《廃》**a** 操り人形 (puppet). **b** 人形芝居 (puppet show). **6** 〖法律〗 (裁判の進行に関して裁判所に対して請求する)命令[決定]の申請, 申立. **7** 〖音楽〗 (旋律の)進行 (melodic progression): a conjunct ~ 順次進行 (cf. disjunct motion) / ⇨ parallel motion 2. **8** 〖機械〗 機構(装置) (mechanism): a straight-line ~ 直線運動.
go through the motions of (1) …の身振り[しぐさ]をする, …をする振りをする. (2) (意味・目的もなく) 〈あることを〉習慣的に[型通りに]行なう. ***in motion*** (1) 動いている, 運転中の: put [set] a machine *in* ~ 機械を始動させる / set inquiries in ~. 捜査を開始させる. (2) 〖アメリカンフットボール〗 スクラムラインにそって平行に走る.
motion and time study =TIME and motion study.
── *vt.* …に身振り[手真似]で指図する, 合図する: ~ a person *to* a seat 人に席につくように身振りで示す / ~ a person *to* silence with a wave of one's hand 沈黙しろと手を振る / ~ a person *away* 人に去れと合図する / He ~*ed* me in [*to* enter]. 彼は私に中に入るように身振りで示した. ── *vi.* 身振りで指図する, 手招きする 〔*to*〕: ~ *to* a person *to* take a seat おすわりなさいと手で椅子を示す.
mó·tion·al [-ʃənḷ, -ʃnəl] *adj.* 運動の[に関する]; 運動を起こす.
mótional impédance *n.* 〖電気〗 モーショナルインピーダンス《スピーカーなどの振動板が振動することにより電気端子に現れるインピーダンス》.
mótion·less *adj.* 動かない, 静止している; 動けない: the ~ air. **~·ly** *adv.* **~·ness** *n.*
mótion pícture *n.* **1** 映画. **2** 映画の作品. **3** [*pl.*] 映画製作[興業].
mótion-pícture càmera *n.* 映画撮影カメラ.
mótion-pícture projèctor *n.* 映写機.
mótion sìckness *n.* 〖病理〗 動揺病, 乗り物酔い.
mótion stùdy *n.* =TIME and motion study.
mótion wòrk *n.* 〖時計〗 日の裏装置《分針と時針を同軸で回すための歯車輪列; 文字盤の裏側にあり, 筒かな・日の裏車・筒車より成る; dial train ともいう》.
mo·ti·vate [móuṭəvèɪt | mə́utɪ-] 〖← MOTIVE+-ATE³〗 ── *vt.* **1** …に動機を与える, に動機付けを行なう, 刺激する, 誘導する (impel, induce): A good piece of advice ~*d* the action. 良い注意を与えたことが行動を促した / He was ~*d* by a wish to be famous [by a drive for success]. 彼は有名になりたい一心から[成功

欲から]行動した. **2** 〈生徒〉に勉強の興味を起こさせる. **mó·ti·và·tor** [-tə | -tə(r] *n.*

mo·ti·va·tion [mòuṭəvéɪʃən | mə̀utɪ-] *n.* **1 a** 動機を与えること, 刺激, 誘導. **b** 動機を与えられていること. **2** 〖心理〗(行動の)動機づけ, モティベーション (cf. drive 8, incentive 2). **~·al** [-ʃənḷ, -ʃnəl] *adj.* **~·al·ly** *adv.*

motivátion reséarch *n.* 〖経済〗モチベーションリサーチ, 動機(付け)調査《企業が顧客層の購買動機を精神分析学・臨床心理学・社会心理学などの手法を用いて調査すること; motivational research ともいう; 略 M.R., MR.》.

mo·ti·va·tive [móuṭəvèɪṭɪv | mə́utɪvèɪt-] 〖← MOTIVE＋-ATIVE〗 *adj.* 〖心理〗動機づけ[モティベーション]のある.

mo·tive [móuṭɪv | mə́ut-] 〖(*a*1376) *motyf, motyve* ▭ (O)F *motif* ← (adj.) ▭ ML *mōtīvus* serving to move ← L *mōtus* (p.p.) ← *movēre* 'to MOVE'〗 **—** *n.* **1** (人を行為に駆りたてる)動機, 動因: the ~ of [for] a crime 犯罪の動機 / from different ~*s* いろいろの動機から / of [from] one's own ~ 自分の意志で, 自ら進んで / through [out of] ~*s* of kindness 親切心から / Greed was his only ~ for stealing. 貪欲が彼に盗みをさせた唯一の動機だった / out of humanitarian ~*s* 博愛的動機から / She had an excellent ~ for killing him. 彼を殺す立派な動機がある. **2** 真意, 目的: Her ~ was clear. 目的ははっきり見えた / They had no ulterior ~. なんの底意もなかった. **3** (芸術作品の)主題, 題材, 作因, モチーフ: a favorite ~ with Japanese painters 日本画家常用の題材. **4** [《米》ではまた moutí:v] 〖音楽〗=motif 4. **—** *attrib. adj.* **1** 動かす, 動かす力のある, 原動力となる, 発動的な: ~ force 原動力, 推進力. **2** 運動の[に関する]. **3** 《まれ》動機の[となる]; 行動を促す. **—** *vt.* [主に Passive に用いて] …に動機を与える, …の動機となる, 動かす, 刺激する: *be* ~*d* by avarice 欲に駆られる.

-mo·tive [móuṭɪv | mə́ut-] 〖↑〗「動く, 運動の」の意の形容詞連結形: auto*motive*, loco*motive*.

mótive·less *adj.* 動機[目的]のない, 理由のない: a ~ murder. **~·ly** *adv.* **~·ness** *n.*

mótive pówer *n.* **1 a** 原動力, 推進力. **b** (機械の)発動力, 動力《蒸気・電気・水力・風力など》. **2** [集合的] 〖鉄道〗機関車, 牽引車.

mo·ti·vic [mo(u)tí:vɪk, móuṭəv- | məutí:vɪk, məutív-] 〖⇨↑, -ic¹〗 *adj.* 〖音楽〗モチーフ[動機]の[による].

mo·tiv·i·ty [mo(u)tívəṭi | mə(u)tívətɪ, -vɪ-] *n.* 発動力, 原動力, 動力.

mot juste [móu-ʒú:st; *F.* moʒyst] 〖▭ F ~ 'just or right word'〗 *F. n.* (*pl.* **mots justes** [~]) 適語, 的確な表現.

mot·ley [mɑ́tli | mɔ́tlɪ] 〖(*c*1371) *motteley* ▭ ? AF **motelé* ← MOTE¹: ⇨ -ly²〗 **—** *adj.* **1** 雑色の, まだらな: a ~ coat. **2** 雑多の要素[部分, 性質]から成る, いろいろの, 混成の, ごたまぜの: a ~ assembly / a ~ force of mercenaries 寄せ集めの傭兵軍. **3** 〈道化が〉雑色の服を着た: a ~ fool まだら服を着た道化. **—** *n.* **1 a** (昔, 宮廷の道化師が着た)雑色の服 (⇨ fool¹ 挿絵): wear (the) ~ 雑色の服を着る; 道化師[道化役]を勤める. **b** 道化師. **2 a** 雑色の配合, まじり色の効果. **b** (色などの)ごたまぜ. **3** 雑多な集合.

Mot·ley [mɑ́tli | mɔ́tlɪ], **John Lo·throp** [lóuθrəp | ləu-] *n.* (1814–77) 米国の歴史家・外交官; *The Rise of the Dutch Republic* (1856).

mot·mot [mɑ́tmɑt | mɔ́tmɔt] 〖← NL ~ ← Am.-Sp. ~ 《擬音語》〗 **—** *n.* 〖鳥類〗ハチクイモドキ《メキシコ・ブラジル間の熱帯および亜熱帯の森林地方にすむハチクイモドキ科のカケスに似た鳥類の総称; ハチクイモドキ (*Momotus momota*) など》.

mo·to [móuṭou | məutəu; *It.* mɔ́:to] 〖▭ It. ~ 'movement'〗 *n.* 〖音楽〗モート, 運動: ⇨con moto.

mo·to·cross [móuto(u)krɔ̀(:)s, -kràs | mə́utə(u)krɔ̀s] 〖▭ F ~ ← *moto* motorcycle＋*cross* (《略》← CROSS-COUNTRY)〗 **—** *n.* モトクロス《険しい坂・急カーブ・ぬかるみなどの悪条件下で行なわれるクロスカントリーオートバイ競走》.

mo·ton [móutṇ | máu-] 〖▭ F ~〗 *n.* 〖甲冑〗=besague.

mo·to·neu·ron [mòuṭo(u)n(j)ú(ə)rɑn | mə̀utə(u)njúərən] 〖← *moto-* (MOTOR の連結形)＋NEURON〗 **—** *n.* (*also* **mo·to·neu·rone** [-roun | -rəun]) 〖解剖〗運動ニューロン.

mo·to per·pe·tuo [móuṭou-pəəpétuòu | mə́utəu-pəəpétuəu; *It.* mɔ́:toperpέ:two] 〖▭ It. ~〗 *n.* 〖音楽〗=perpetuum mobile 2.

mo·tor [móuṭə | mə́utə(r] 〖(1586) ▭ L *mōtor* mover ← *mōtus* (p.p.) ← *movēre* 'to MOVE': ⇨ -or²〗 **—** *n.* **1** 動かすもの; 原動力, 動力, 動因. **2** 〖機械〗 **a** 原動機. **b** 内燃機関; ガソリン機関, 発動機, 電動機, モーター. **3** 自動車; モーターボート, 発動機船; オートバイ. **4** 〖解剖〗運動筋肉, 運動神経. **—** *attrib. adj.* **1** 動かす, 原動の, 発動の: ~ power 動力. **2** モーターの, 発動機の, 原動機の; 発動機[原動機]付きの, 発動機[モーター]によって運転される. **3** 自動車(用)の: ~ sport, racing / a ~ highway 自動車道路. **4** 〖解剖・生理〗(神経中枢または神経節から筋肉へ)運動性インパルス[衝動]を伝える: a ~ nerve 運動神経 (cf. SENSORY nerve) / a ~ impulse 運動インパルス[衝動]. **5** 〖心理〗運動的な, 運動性の: ~ images 運動心象. **—** *vi.* 自動車に乗る, 自動車で行く. **—** *vt.* 《英》自動車で運ぶ[に乗せる]: Let me ~ you to town. 町まで車でお送りしましょう. **~·less** *adj.*

mo·tor·a·ble [móuṭərəbḷ | mə́ut-] *adj.* 《英》車で行ける; 車の通れる: a ~ road.

mótor álternator *n.* 〖電気〗電動交流発電機.

mótor aphásia *n.* 〖病理〗運動性[皮質性]失語(症), ブロカ失語(症)《言語理解は可能だが自発言語表現ができない状態》.

mótor àrea *n.* 〖解剖・生理〗運動野, 運動領《大脳皮質の運動機能に関係する領域》.

mótor bìcycle *n.* =motorbike.

mótor·bìke *n.* **1** 《米》(モーター)バイク, 原動機付き自転車. **2** 《英》小型オートバイ.

mótor·bòat 〖(1902)〗 *n.* モーターボート, 発動機船 (autoboat). **—** *vi.* モーターボートに乗る[を走らせる]. **~·er** *n.*

mótor·bòat·ing *n.* **1** モーターボート乗り[遊び]. **2** 〖電子工学〗モーターボーティング《低周波の局部発振の結果スピーカーから聞こえるモーターボートの排気音に似た雑音; この雑音を発する現象》.

mótor bùs *n.* 乗合自動車, バス.

mótor·càb *n.* =taxi 1.

mo·tor·cade [móuṭəkèɪd | mə́utə-] 〖← MOTOR(CAR)＋-CADE〗 *n.* 《米》自動車行列: a presidential ~ of seven cars 7 台の車を連ねた大統領の一行.

mótor·càr 〖(1890)〗 *n.* **1** 《英》自動車 (《米》automobile). **2** [通例 motor car] 〖鉄道〗電動車.

mótor còach *n.* =motor bus; 《英》長距離バス.

mótor còurt *n.* 《米》=motel.

mótor·cỳcle *n.* オートバイ《通例 2 輪, 時にサイドカー付き 3 輪のもの》. **—** *vi.* オートバイに乗る[乗って行く].

mótor·cỳclist *n.* オートバイ乗り《人》.

mótor drìve *n.* 〖機械〗モータードライブ《機械運転用の電動部で電動機とその補助部》.

mótor-drìven *adj.* モーターで動く.

mo·tor·drome [móuṭədròum | mə́utədrəum] 〖← MOTOR＋-DROME〗 *n.* 自動車[オートバイ]競走[試走]場 (cf. hippodrome, airdrome).

mótor dỳnamo *n.* 〖電気〗発電動機 (dynamotor).

mó·tored 〖← MOTOR (n.)＋-ED 2〗 *adj.* [しばしば複合語の第 2 構成素として] (…の)モーターのある: a bi-*motored* airplane 双発(飛行)機.

mótor fìber *n.* 〖解剖〗運動(神経)線維.

mótor gènerator *n.* 〖電気〗電動発電機.

mótor hòme *n.* 《米》モーターホーム《トレーラー式でなく, それ自体が自動車になっている旅行・キャンプ用の移動住宅自動車; cf. mobile home》.

motor home

mótor hotèl *n.* =motel.

mo·to·ri·al [mo(u)tɔ́:riəl, -tɔ́:r- | məutɔ́:rɪ-] 〖← L *mōtōrius* moving (⇨motory)＋-AL¹〗 **—** *adj.* 運動の, 運動を起こす; 運動神経の.

mo·tor·ic [mo(u)tɔ́(:)rɪk, -tɑ́r- | mə(u)tɔ́r-] *adj.* 筋肉運動の. **mo·tór·i·cal·ly** *adv.*

mó·tor·ing [-ṭərɪŋ | -t(ə)r-] *n.* 自動車運転, ドライブ. *adj.* 《英》自動車(運転, 運転者)の.

mótor ìnn *n.* =motor hotel.

mó·tor·ist [-ṭərɪst, -rəst | -t(ə)rɪst] 〖(1896): ⇨ -ist〗 *n.* 自動車運転者; (自家用)自動車常用者.

mo·tor·i·za·tion [mòuṭərɪzéɪʃən, -rə- | mə̀utəraɪ-, -rɪ-] *n.* 動力化, 自動車化, モータリゼーション.

mo·tor·ize [móuṭəràɪz | mə́utə-] 〖(1918): ⇨ -ize〗 **—** *vt.* **1** 〈乗り物・機械など〉にモーター[動力設備]を備える. **2** …に自動車を備える[配置する]; 自動車化する: ~ a fire department 消防署に自動車を配置する. **3** 〖軍事〗自動車化する, 車両化する《兵員・火器・器材のすべてを同時に輸送できる車両を備えること; cf. mechanize》: a ~*d* unit 自動車[車両]化部隊.

mótor làunch *n.* 〖海事〗発動機艇.

mótor lòdge *n.* =motel.

mótor-lòrry *n.* 《英》=motortruck.

mótor·man [-mən | -mæ̀n] *n.* (*pl.* **-men** [-mən, -mèn | -mèn]) **1** (電車・電気機関車の)運転手. **2** 〖映画〗モーター係.

mótor mìmicry *n.* **1** 模擬運動. **2** 身振り語. **3** 感情移入 (⇨ empathy).

mótor-mìnded *adj.* 〖心理〗運動感覚の鋭敏な (cf. ear-minded, eye-minded). **~·ness** *n.*

mótor pòol *n.* 《米》モータープール《配車センターに駐車している軍用・官庁用の自動車群》.

mótor ròot *n.* 〖解剖〗運動根《運動線維だけからなる神経根》; (特に)(脊髄神経の)腹根.

mótor sàiler *n.* 〖海事〗(機関と帆を備えた)機帆船.

mótor scòoter *n.* (モーター)スクーター.

mótor shìp *n.* (通例, ディーゼルエンジンによる)発動機船, 内燃機船 (略 MS, M/S).

mótor spéech cènter *n.* 〖解剖・生理〗運動性言語中枢, ブロカ中枢 (⇨ Broca's convolution).

mótor spìrit *n.* 《英》内燃機関用燃料; ガソリン (gasoline).

mótor stàrter *n.* (電動機の)起動器, 電流加減抵抗器.

mótor torpédo bòat *n.* 〖米海軍〗(高速哨戒)魚雷艇 (mosquito boat, PT boat, M.T.B. ともいう).

mótor·trùck *n.* 貨物自動車, トラック.

mótor ùnit *n.* 〖生理・解剖〗運動単位《運動ニューロンと筋線維との組合せの 1 単位》.

mótor vàn *n.* 《英》有蓋貨物自動車.

mótor vèhicle *n.* 自動車(類)《乗用車・トラック・バスなど》.

mótor vèssel *n.* 内燃機船, 発動機船.

mótor·wày *n.* 《英》自動車道路, (特に)高速自動車道路 (《米》superhighway) (略 M.).

mo·to·ry [móuṭəri | mə́utərɪ] 〖▭ L *mōtōri-us* moving ← *mōtus* (p.p.) ← *movēre* 'to MOVE': ⇨ -ory¹〗 *adj.* =motorial.

Mo·town [móutaun | máu-] 〖← *Mo(tor) Town* (Detroit の異名)〗 *adj.* 〖音楽〗モータウンの《Detroit の黒人労働者に流行した強いビートのきいたダンス音楽》.

Mo·tse [mòutsʌ́: | mə́u-] *n.* =Motze.

mott [mɑ́t | mɔ́t] *n.* 《米南西部》=motte.

Mott [mɑ́t | mɔ́t], **John Raleigh** *n.* (1865–1955) 米国の Y.M.C.A. の指導者; Ecumenical Movement の推進者; Nobel 平和賞 (1946).

Mott, Lucretia *n.* (1793–1880) 米国の女性社会改革者, 婦権擁護者; 旧姓 Coffin.

motte [mɑ́t | mɔ́t] 〖▭ F ~ 'mound'〗 *n.* 《米南西部》(草原地帯)の小森林.

M.O.T. tèst *n.* 《英口語》=M.O.T. 1.

mot·tle [mɑ́tḷ | mɔ́tḷ] 〖(1676) 《逆成》 ? ← MOTLEY (adj.)〗 **—** *vt.* まだらにする, 雑色にする, ぶちにする. **—** *n.* **1** 斑点, まだら, ぶち; (大理石・石鹸などの雑色の)斑紋. **2** 〖植物病理〗モザイク病 (⇨ mosaic 3). **mót·tler** [-tlə, -ṭḷə | -tlə(r, -tḷ-] *n.*

mót·tled *adj.* まだらの, ぶちの, 雑色の, 斑紋のある (blotched): a ~ sky まだら雲の空 / ~ yarn 杢糸(もく)《2 色または 3 色の色糸をより合わせた糸》.

móttled enámel *n.* 〖病理〗(歯の)斑(はん)状エナメル質《歯の成長期に多量のフッ化物を含む水を飲用するために起こる》.

mot·to [mɑ́tou | mɔ́təu] 〖(1589) ▭ It. ~ 'word' < Gallo-Roman **mottum* = L *muttum* grunt, mutter ← *muttire* to mutter: ⇨ mot〗 **—** *n.* (*pl.* **~es, ~s**) **1 a** 座右銘, 標語, モットー. **b** 〖紋章〗(大紋章(achievement) の下部, あるいは上部の scroll に書かれた)銘文 (⇨ heraldry 挿絵 A). **2** 金言, 格言, 訓言. **3** (書物の巻首や各論・各章の冒頭に引用した)題辞, 引用句, 題句. **4** 〖音楽〗反復楽句《motto theme ともいう》.

Mot·tram [mɑ́trəm | mɔ́t-], **Ralph Hale** *n.* (1883–1971) 英国の小説家; *The Spanish Farm* (1924).

mot·tram·ite [mɑ́trəmàɪt | mɔ́t-] 〖← *Mottram* (英国 Cheshire 州 St. Andrew 市にある地名; この鉱物の発見地)＋-ITE¹〗 **—** *n.* 〖鉱物〗モットラマイト ($(Cu, Zn)Pb(VO_4)(OH)$)《銅に富むバナジウム鉛鉱, バナジウム鉱石の一種》.

mo·tu pro·pri·o [móutu:-próupriòu | mə́utu:-prə́uprɪəu] 〖▭ L *motū prōriō* with one's own motive〗 **—** *L. n.* 〖カトリック〗教皇自発教令《brief, rescript とともに教皇令の一種; 通例, 教皇庁の実務に関する決定が含まれる》.

Mo-tze [mòutsʌ́: | mə́u-; *Chin.* mòtsí] *n.* (*also* **Mo-tzu** [~]) **1** 墨子《本名は墨翟(ぼく てき); ⇨ Mo Ti》. **2** 「墨子」《墨子の著書》.

mouch [mú:tʃ] *vi., vt., n.* 《英》=mooch.

mou·char·a·by [mu:ʃǽrəbi | -bɪ] 〖▭ F ~ ▭ Arab. *mašrabīya^h* bay window〗 *n.* 〖建築〗(Moorish architecture の)張出し格子窓.

mou·choir [mu:ʃwɑ́ə | -ʃwɑ́:(r; *F.* muʃwa:r] 〖▭ F ~ ← *moucher* to wipe the nose < VL **muccāre* ← L *muccus* mucus〗 *n.* (*pl.* **~s** [~]) =handkerchief 1.

mouch·ra·bi·eh [mù:ʃrəbí:(j)ə] *n.* 〖建築〗=moucharaby.

moue [mú:; *F.* mu] 〖▭ F ~: cf. mow³〗 *F. n.* (*pl.* **~s** [~]) ふくれっつら, しかめっつら: make a ~.

mouf·lon [mu:flɔ̃:(ŋ), -flɔ́(:)ŋ | mú:flɔn; *F.* muflɔ̃] 〖(1774) ▭ F ~ ▭ It. *mufflone* = Corsican *muffolo* < LL *muf-rōnem*〗 **—** *n.* (*pl.* **~, ~s**) (*also* **mouf·flon** [~]) 〖動物〗ムフロン (*Ovis musimon*)《Sardinia 島や Corsica 島の高地にすむ野生の羊; 雄は曲がった大角をもつ》.

mouflon

mou·illa·tion [mu:jéɪʃən] *n.* 〖音声〗湿音で発音すること, 湿音化.

mouil·lé [mu:jéɪ; *F.* muje] 〖(1833) ▭ F ~ (p.p.) ← *mouiller* to wet, moisten < VL **molliāre* ← L *mollis* soft〗 **—** *adj.* 〖音声〗湿音の, 口蓋(こうがい)音の (palatal), 口蓋音化した (palatalized)《特にスペイン語の ll [ʎ], ñ [ɲ], イタリア語の gl [ʎ], gn [ɲ] などの音についていう》.

mouil·lure [mu:júə | -júə(r; *F.* mujy:r] *n.* 〖音声〗=mouillation.

mou·jik [mu:ʒí:k, -ʒík | mú:ʒɪk, -dʒɪk] *n.* =muzhik.

mou·lage [mu:lɑ́:ʒ; *F.* mula:ʒ] 〖▭ F ~ ← *moule* 'MOLD¹': ⇨ -age〗 **—** *n.* 型取り《犯罪捜査の一手段としての足跡・タイヤ跡などの石膏の型を取ること》; (その型取りで取った)石膏型.

mould¹ [móuld | mə́uld] *n., vt.* =mold¹.

mould² [móuld | mə́uld] *n., v.* =mold².

mould³ [móuld | mə́uld] *n., vt.* =mold³.

mould·a·ble [móuldəbḷ | mə́uld-] *adj.* =moldable.

móuld·bòard *n.* =moldboard.

móuld·ed *adj.* =molded.

moulder¹ [móuldə | mə́uldə(r] *v.* =molder¹.

móuld·er² *n.* =molder².

móuld·ing[1] n. =molding[1].
móuld·ing[2] n. =molding[2].
mould·y[1] [móʊldi | mə́ʊldɪ] adj. (**mould·i·er; -i·est**) =moldy.
mould·y[2] [móʊldi | mə́ʊldɪ] 〚← ?《スコット・北部方言》moudie 'MOLE[2]'〛 n.《英海軍俗》魚雷 (torpedo): squirt a ~ 魚雷を発射する.
mou·lin [muːlɛ̃́ː(ŋ), -lǽŋ; F. mulɛ̃] 〚□F ~ < LL *molīnum* 'MILL[1]'〛 F. n.〚地質〛氷河甌穴(おうけつ)《岩屑を伴う融水の働きで氷河にできた垂直・円筒状の穴》.
Moul·mein [muːlméɪn, moʊl-, -máɪn | maʊlméɪn] n. モールメイン《ビルマ南東部, Salween 河口の港市; 人口 172,000》.
moult [móʊlt | mə́ʊlt] v., n. =molt.
móult·er [-tə | -tə(r] n. =molter.
moul·vi [máʊlvi | -vɪ] n. (pl. **~es, ~s**) =maulvi.
mound[1] [máʊnd] 〚(c1290) □ (O)F *monde* < L *mundum* world: cf. mundane〛 — n. =orb 1 b.
mound[2] [máʊnd] 〚□ ? MDu. *mond* protection: cf. OE *mund* hand, protection〛 — n. **1** (廃墟・墓などの)塚, 土饅頭(どまんじゅう); (先史時代・古代の)古墳 (tumulus): the Indian ~s インディアン塚《Mound Builders が埋葬または要塞用に築いた塚》. **2 a** (自然の)小山, 小丘 (hillock). **b** (人工的な)土手堤, 堤防; 防御用土塁. **3** (うず高く盛り上げた)山 (heap): a ~ of hay. **4**〚野球〛マウンド《ピッチャーズプレートがある》: take the ~ 〈ピッチャーが〉マウンドに立つ.
— vt. **1** 土饅頭[山]にする, 土手[土塁]に盛り上げる; 積み上げる (pile). **2**《古》土手[土塁]で囲む.
móund bìrd n.〚鳥類〛ツカツクリ (⇨ megapode).
móund bùilder n.〚鳥類〛=megapode.
Móund Bùilders n. pl. [the ~] 米国 Mississippi 川流域および南東部諸州に Indian mounds と呼ばれる盛り土の塚を築いた先史時代のアメリカインディアンの諸部族.
móund dùel 〚← MOUND[2] (n. 4)〛 n.〚野球〛投手戦.
móund·ing n.〚医学〛筋膨隆, 筋隆起《萎縮した筋肉に打撃を加えた場合にその部分に起こる隆起》.
móund làyering n.〚園芸〛盛土法《取り木法の一つ; 親木を短かく切りつめて多数の枝を発生させたのち, 基部に土を盛り発根させて苗とする》.
móunds·man [-mən] 〚← MOUND[2] (n.) 4+-s[2] 2+MAN[1]: cf. huntsman, craftsman, etc.〛 n. (pl. **-men** [-mən, -mèn])《米俗》〚野球〛投手 (pitcher).
mount[1] [máʊnt] 〚(?a1300) *monte(n)* ← (O)F *monter* to go up a hill < VL **montāre* ← L *mōns* mountain: ↓〛 — vt. **1** 〈山・階段・演壇・王位などに〉登る, 上がる: ~ a mountain, hill, stairs, a platform, etc. / ~ the throne 王位に登る / ~ the ladder ⇨ ladder 成句 / The taxi ~ed the pavement. タクシーが歩道に上った. **2 a** 〈馬・乗物〉に乗る, またがる: ~ a horse, bicycle, etc. **b** 馬[乗物]に乗せる. **c** …に馬(など)を供給する: ~ a regiment 連隊を騎馬隊にする / be well [poorly] ~ed よい[悪い]馬に乗っている. **3 a** 〔高所に〕〈物を〉載せる, 上げる〔on〕: be ~ed on stilts 竹馬に乗る / The child was ~ed on his father's shoulders. 子供は父親の肩車に乗っていた. **b** 〈大砲などを〉据え付ける, 装備する; 〈砲を〉搭載する, 装備する: ~ a gun on a carriage 大砲を砲架に据え付ける / ~ an apparatus 器具を装置する / a ship [fort] ~ing thirty guns 砲 30 門を搭載した船[備えた要塞(ようさい)]. **4 a** 〈絵・写真・地図などを〉〔台紙に〕張る, 〔額に〕はめる, 掛物にする, 表装する〔on〕: ~ a picture on silken cloth 絵を絹で表装する / ~ a map on paper 地図を紙で裏打ちする / ~ a stamp on an album 切手をアルバムに張る. **b** 〈像などを〉〔台座などに〕据える〔on〕: ~ a statue on a pedestal 像を台に据える. **c** 〈宝石などを〉はめる, ちりばめる; 〈刀などを〉金銀作りにする: ~ a jewel in a setting 宝石を台にはめる / a crown ~ed with diamonds ダイヤをちりばめた王冠. **5 a** 〈検鏡物を〉スライドに固定する: ~ a specimen [sample] 標本をスライドに載せる. **b** 〈スライドを〉検鏡用に作る: ~ the slide (検鏡物を載せて)スライドを作る. **6** 〈動物などを〉剥製にする; 〈骨格・皮膚などを〉標本にする. **7** 〈劇・オペラ・バレエなどを〉(上演できるように)準備する, 上演する: ~ a costume play. **8** 〈番兵・見張りを〉配置する; …の任につく: ~ guard 番兵に立つ / ~ guard over …の番をする, …を守る. **9 a** 〈攻撃部隊を〉組織[準備]する, 進攻準備をする. **b** 〈攻撃を〉開始する: ~ an attack / ~ a war on inflation インフレ退治のキャンペーンを開始する. **10** 〈動物の雄が〉(交尾のため)〈雌〉に乗る. **11**《古》〈衣装を〉装う, 着てみせる: ~ a costume.
— vi. **1 a** 上に上がる, 立ち上がる: The flames ~ed. 炎は燃え上がった. **b** 〈鳥などが〉舞い上がる, 上昇する: ~ on mighty pinions 大翼をかって舞い上がる. **c** 〈高層建築が〉そびえ立つ. **d** 〈血が〉頬に上がる: Her blood ~ed. 彼女の顔が赤くなった. **2** 昇進する. **3** 〔高い台の上などに〕登る, (特に)馬・自転車に乗る〔on〕; 馬に乗る: ~ on a platform, wall, horse, bicycle, etc. / He ~ed and rode away. 彼は馬に乗って去った. **4 a** (数量・程度などの点で)上がる, 高まる, 増す 〈up〉: The costs are steadily ~ing up. 物価はずんずん上がってきている / After a time, my anger ~ed again. しばらくすると怒りがまたこみ上げてきた. **b** 〔…にまで〕達する, かさむ 〈up〉〔to〕: His debts ~ed up to thousands of dollars. 彼の借金は数千ドルにまでかさんだ.
— n. **1** 上がる[上げる]こと, 上がり[上げ]方. **2** 物を張る[据え付ける]もの: **a** (絵画・写真などの)台紙, マウント, 表具; (扇の)骨; (宝石をちりばめる)台. **b** (顕微鏡用の)検鏡板, プレパラート, スライド(グラス); スライドに載せた標本. **c** 砲架, 銃架. **d**〚郵趣〛ヒンジ (hinge) で切手をアルバムに張ること. **3 a** (乗用の)馬, 車, ジープ(など); 自転車: get down from one's ~ 馬[車]から降りる. **b**《口語》乗馬; (特に)〚競馬〛(騎手の)騎乗の機会, 騎乗依頼指名; 出走(登録)馬. **4** (家具・刀剣類の)飾り金具. **5** (動物の)交尾. **6**〚印刷〛版台《凸版を活字と同じ高さにするための台》.
móunt·a·ble [-təbl | -tə-] adj.
mount[2] [máʊnt] 〚OE *munt* □ L *mont-, mōns* mountain ← IE **men-* to project: ME 期に (O)F *mont* から再借入〛 — n. **1 a**《古・詩》山, 丘. **b**〚紋章〛(紋章の base に描かれた)山. **c** [M-; 山名につけて] …山 (略 Mt.): *Mount* Etna エトナ山 / *Mt.* Everest エベレスト山. **2** [通例 M-]〚手相〛宮《指のつけ根のふくらみ, 掌中七突起の一つ; 気質または性格の特徴を示すという》. **3**《廃》(昔の)要塞防御用土塁.
moun·tain [máʊntn, -tɪn, -tən | -tɪn, -tən] 〚(?a1200) □ OF *montaigne* (F *montagne*) < VL **montānea* (*regio*) mountain (region) ← L *mōns*: cf. mons, mount[2]〛 — n. **1 a** 山, 山岳: climb [go up] a ~ / on [in] a ~. **b** [pl.] 山脈, 連山, 山地: the Rocky *Mountains* / It was raining in the ~s. 山は雨だった / I like the ~s better than the sea. 海より山が好きだ. ★ 通例 1000 フィート以上の hill よりも大きいものをいうが, 厳格な区別はなく, 平原地方では数百メートルの高さのものでも mountain と呼ばれ, 山岳地方では数千メートルのものでも hill と呼ばれる. **2 a** 山のような物, 山ほど大きな[高い]物; 山ほど(の量), 多量 (heap) 〔of〕: a ~ of ice 氷山 / a ~ of rubbish くずの山 / a ~ of flesh 太った大男 / a ~ of difficulties [debts] 山ほどの困難[負債] / have ~s of work 仕事を山ほどかかえている / The waves ran ~s high. 山のような大波が立った (cf. mountain-high). **b** (商品の)莫大な滞貨. **3** 〚《なぞり》← F *la Montagne*: この党員が議院内で高い位置の座席を占めていたことから〛 [the M-]〚歴史〛山岳党《フランス革命当時 Danton と Robespierre が率い, 国民公会から Gironde 党を追放し, 恐怖政治を実現した; 党員は総称的に「モンタニャール」les Montagnards [lɛmɔ̃taɲar] と呼ばれた; cf. plain[1] 3, Jacobin Club》. **4** [M-]〚鉄道〛マウンテン形機関車《先輪 2 軸, 動輪 4 軸, 従輪 1 軸をもった蒸気機関車》. **5** マウンテン(ワイン)《甘口の Malaga 産白ぶどう酒; mountain wine ともいう》.
Muhammad and the mountain 「マホメットと山」の故事. ***Muhammad will go to the mountain*** 〚Muhammad が山を呼び寄せると称し山の動かないのを見て「われ自ら山へ行かん」と高言したことから〛《向うが来ないと言うなら》こちらが出掛けて行こう《事実がばれても平気でいる思いあがり者[詭弁家]についていう言葉; Bacon の *Essays* 'Of Boldness' 中の "If the hill will not come to Mahomet, Mahomet will go to the hill." から》. ***make a mountain out of a molehill*** 小事件を大袈裟に騒ぐ, 針小棒大に言う. ***move mountains*** あらゆる努力を払う: I'll *move* ~s to get it done. ***remove mountains*** 山を移す《奇跡を行なう (*1 Cor.* 13:2)》. ***the mountain in labor*** 〚cf. L *Parturiunt montēs, nāscētur rīdiculus mūs* The travailing mountains yield a silly mouse: Aesop's Fables から〛骨ばかり折れて効果の少ないこと, 「大山鳴動してねずみ一匹」.
— *attrib. adj.* **1** 山の[に関する, から成る, を思わせる]: ~ winds / an obscure ~ village 名もなき山村. **2** 山に生える: ~ tribes, plants, etc. **3** 山のような, 巨大な (huge): ~ waves.
móuntain àlder n.〚植物〛=mountain maple.
móuntain andròmeda n.〚植物〛=mountain fetterbush.
móuntain àsh n.〚植物〛**1** =rowan tree 1. **2** オーストラリア産ユーカリ属 (*Eucalyptus*) の木の総称《特に *E. sieberiana, E. regnans*》. **3** =western mountain ash.
móuntain àvens n.〚植物〛北半球の寒帯地方に分布するバラ科チョウノスケソウ属 (*Dryas*) の常緑低木の総称; (特に)チョウノスケソウ (*D. octopetala*).
móuntain azàlea n.〚植物〛米国南東部産のツツジ科のじょうご形の桃色または白色の花をつける低木 (*Azalea canescens*).
móuntain bèaver n.〚動物〛ヤマビーバー (*Aplodontia rufa*)《北米太平洋岸の高地にすむリス亜目の穴居性の夜行性齧歯(げっし)動物; sewellel ともいう》.
móuntain bìrch n.〚植物〛=western paper birch.
móuntain blúe n. =azurite blue.
móuntain blúebird n.〚鳥類〛北米西部産のツグミ亜科の鳴鳥 (*Sialia currucoides*).
móuntain blùet n.〚植物〛ヤマヤグルマギク (*Centaurea montana*)《ヨーロッパ原産のキク科の青い花の咲く多年草》.
móuntain camèllia n.〚植物〛北米東部山岳地帯のツバキ科ナツツバキ属の白い花の咲く低木 (*Stewartia ovata*).
móuntain càt n.〚動物〛**1** cougar の俗称. **2** アカオオヤマネコ (⇨ bay lynx). **3** =cacomistle 1.
móuntain chàin n. 山脈, 連山.
móuntain còck n.〚鳥類〛=capercaillie.
móuntain cránberry n.〚植物〛コケモモ (*Vaccinium vitis-idaea*)《北半球の寒地に広く分布するツツジ科の低木; 酸味のある赤い実は食用となる; cowberry, foxberry, lingonberry ともいう》.
móuntain crèeper n.〚植物〛インド原産のキツネノマゴ科ヤハズカズラ属の白い花の咲く常緑のやや木質の蔓性草本 (*Thunbergia fragrans*).
móuntain cùrrant n.〚植物〛=alpine currant.
móuntain dàisy n.〚植物〛=mountain sandwort.
móuntain dámson n.〚植物〛=paradise tree 1.
móuntain déw n.《口語》(山中で作った)密造ウイスキー《単に dew ともいう》.
móuntain èbony n.〚植物〛フイリソシンカ (*Bauhinia variegata*)《インド東部・中国産の小高木, 花は藤色で赤および黄の斑点がある; 樹皮はなめし革製造の際のあく抜きに用いる; orchid tree ともいう》.
moun·tain·eer [màʊntəníə, -tən-, -tn- | -tɪníə(r, -tə-] 〚(1611–12) ← MOUNTAIN+-EER〛 n. **1** 山の住人, 山地の人. **2** 登山家, 登山者. — vi. 登山する.
mòun·tain·éer·ing [-ní(ə)rɪŋ | -níər-] n. 登山.
móuntain fètterbush n.〚植物〛=fetterbush.
móuntain fìnch n.〚鳥類〛アトリ (⇨ brambling).
móuntain flèece n.〚植物〛Himalaya 原産のタデ科の白またはばら色の花が咲く耐寒性多年草 (*Polygonum amplexicaule*).
móuntain gòat n.〚動物〛シロイワヤギ (*Oreamnos montanus*)《北米 Rocky 山脈産の野生ヤギ; 全身に白い毛が密生し, 角がやや後方に曲がっている; Rocky Mountain goat ともいう》.
móuntain gorílla n.〚動物〛マウンテンゴリラ (*Gorilla gorilla beringei*)《高地生のゴリラ; cf. gorilla 1》.
móuntain gràpe n.〚植物〛ヒイラギメギ (⇨ Oregon grape).
móuntain gréen n. =malachite green 2.
móuntain gùn n. 山砲.
móuntain hèath n.〚植物〛エゾツガザクラ (*Phyllodoce caerulea*)《北半球の寒冷地方原産のツツジ科の常緑低木; 紅紫色の花をつける》.
móuntain-hìgh adj. 山のように高い, 山のような, 山なす.
móuntain hólly fèrn n.〚植物〛=holly fern 1.
móuntain làurel n.〚植物〛**1** カルミア, ハナガサノキ (*Kalmia latifolia*)《米国東部産のツツジ科の常緑低木; 花は白色で葉は有毒; American laurel, calico bush ともいう》. ★ 米国 Connecticut 州および Pennsylvania 州の州花. **2** =California laurel 1.
móuntain lèather n.〚鉱物〛山柔皮《なめし革のように強靱(きょうじん)な石綿 (asbestos) の一種》; (特に) =palygorskite.
móuntain lìly n.〚植物〛=sand lily.
móuntain lìon n.〚動物〛ピューマ, アメリカライオン (⇨ cougar).
móuntain lòver n.〚植物〛米国南東部産のツルウメモドキ科の常緑蔓植物 (*Paxistima canbyi*).
móuntain magnòlia n.〚植物〛米国高地地方産のモクレン科の高木の総称; 特に *Magnolia acuminata* と *M. fraseri*.
móuntain màple n.〚植物〛米国産のカエデ科の緑色がかった花が咲く低木 (*Acer spicatum*)《moose maple, mountain alder ともいう》.
moun·tain·ous [máʊntənəs, -tən-, -tn-, -tn- | -tɪn-, -tən-, -tn-] 〚(c1430) ← MOUNTAIN+-OUS〛 — adj. **1** 山地の, 山の多い, 山がちな: a ~ district [country] 山岳地方[山国]. **2** 山のような, 巨大な (huge): ~ clouds / ~ problems 山積する問題 / a ~ load of debts 山ほどの借金 / The seas reached ~ height. 波は山のような高さになった. **~·ly** adv. **~·ness** n.
móuntain òyster n. 「山の牡蠣(かき)」《子牛・猪・羊などの睾丸(こうがん)で食用になる》.
móuntain pàrtridge n.〚鳥類〛**1** =partridge dove. **2** =partridge quail.
móuntain quàil n.〚鳥類〛ツノウズラ (*Oreortyx picta*)《米国西部産の額に角状の長い羽毛のあるウズラ》.
móuntain ràilroad [ràilway] n. (急勾配を登るための特別の機構を備えた)登山鉄道.
móuntain rànge n. 山脈, 連山 (mountain chain).
móuntain rìce n.〚植物〛北米西部の平原や乾燥地帯に生える馬の食糧となるイネ科の草 (*Oryzopsis hymenoides*).
móuntain rósebay n.〚植物〛=catawba rhododendron.
móuntain sàge n.〚植物〛**1** キク科ヨモギ属 (*Artemisia*) の数種の植物の総称. **2** =wood sage.
móuntain sándwort n.〚植物〛北米北部産のナデシコ科ノミノツヅリ属の白い小花をつける草本 (*Arenaria groenlandica*)《mountain daisy, mountain starwort ともいう》.
móuntain sáxifrage n.〚植物〛ヨーロッパ・北米の北部原産のユキノシタ属の紫色の花をつける多年草 (*Saxifraga oppositifolia*).
móuntain shèep n.《米》〚動物〛**1** =bighorn. **2** 山にすむ野生の羊.
móuntain sìckness n.〚病理〛高山病, 山酔い《高山地の稀薄な空気のため, 呼吸困難・頭痛・吐き気などを起こす》.
móuntain·sìde 〚(c1350)〛 n. 山腹.
Móuntain stándard tìme n. =Mountain time.
móuntain stárwort n. =mountain sandwort.
Móuntain Stàte n. **1** 米国 Rocky 山脈のまたがる 8 州のいずれか一つ《Montana, Idaho, Wyoming, Nevada, Utah, Colorado, Arizona または New Mexico; 中でも Montana》. **2** 米国 West Virginia 州の俗称.
Móuntain tìme, m- t- n. 山地(標準)時《米国の標準時の一つで西経 105° の時刻, GMT より 7 時間遅い; 略 MT; ⇨ standard time 1 ★》.

móuntain·tòp *n.* 山頂.
móuntain vizcácha *n.* 〖動物〗ヤマビスカチャ《米西南部の山地に生息するヤマビスカチャ属 (*Lagidium*) の齧歯類の総称》.
móuntain wàve *n.* 〖気象〗山岳波《山の影響でできた定常波》. 「cf. valley wind」.
móuntain wìnd *n.* 山風《夜間に谷間を下る冷風;
móuntain wine *n.* = mountain 5.
móuntain wínterberry *n.* 〖植物〗= winterberry.
moun·tain·y [máuntɪni, -təni, -tni, -tni | -tɪni, -təni, -tṇi] *adj.* **1** 山の多い, 山がちな (mountainous). **2** 山地に住む, 山と関係のある.
Mount·bat·ten [mauntbǽtṇ], **Louis** *n.* (1900–79) 英国の海軍大将; 第二次大戦後期の東南アジア連合軍最高司令官 (1943–46), インド総督 (1947–48); 称号 1st Earl Mountbatten of Burma.
Mòunt Desért Ísland [-dɪzə́ːt-, -də-, -dézət- | -dɪzə́ːt-, -dézət-] *n.* マウントデザート島《米国 Maine 州南東沿岸沖の島; 面積 260 km²; 避暑地; Acadia 国立公園がある》.
moun·te·bank [máuntɪbæ̀ŋk, -tə- | -tɪ-] 〖《1577》◻ It. *montambanco* ← *monta in banco* ← *monta* mount ((imper.) ← *montare* < VL **montāre*) + *in* in, on + *banco*, *banca* bench: cf. mount¹, bank²〗 ― *n.* **1 a** (大道の壇上で演説や手品をして薬を売りつける)いんちき薬売り; にせ医者 (quack). **b** (人集めのため薬売りに雇われた手品師など)芸人. **2** 詐欺師, ぺてん師, 山師 (charlatan). ― *vt.* 《廃》ぺてんにかける; (詐術を用いて)〈物〉の形を変える. ― *vi.* ぺてんにかける, いんちきなことをする.
moun·te·bank·er·y [máuntɪbæ̀ŋk(ə)ri, -tə- | -tɪ-bæ̀ŋkəri] *n.* 香具師(ㇾ)的行為, いんちき行為.
móunt·ed [-tɪd, -təd | -tɪd, -təd] *adj.* **1** 馬(など)に乗った, 騎馬の, 馬上(勤務)の: a ~ bandit 馬賊 / a ~ soldier 騎兵 / ~ police 騎馬巡査(隊). **2** 台をつけた, 据えつけた, 組み立てた; (火器を)砲架[銃架]に装着した[据えた], 発射準備の整った: a ~ gun 砲架に据えた大砲. **3** (宝石台に)ちりばめた; 飾りつけた: a ~ gem ちりばめた宝石 / a gold-[silver-]*mounted* sword 金[銀]作りの刀. **4** 〖軍事〗機動の, (乗物または馬などの)輸送機関を常備した.
móunt·er [-tə | -tə(r)] *n.* **1** 乗せる[据えつける, 取りつける]人. **2** 宝石などをちりばめる人; 絵などの表装をする人(など). **3** 取付け具.
Mount·ie [máunti | -ti] 〖← *mount(ed policeman)* + -IE〗 *n.* 《口語》 **1** (カナダの)騎馬警官隊員. **2** [the ~s] カナダ騎馬警官隊.
móunt·ing [-tɪŋ | -tɪŋ] 〖《1440》〗 *n.* **1** 乗馬; 登壇. **2** (大砲などの)据えつけ; (検鏡物などの)取りつけ. **3** 砲架; 台紙; (宝石などの)台; 枠.
Mòunt McKínley Nátional Párk *n.* マッキンレー山国立公園《米国 Alaska 州中南部にあり, McKinley 山がある; 1917 年指定; 面積 7,848 km²》.
Mòunt Rainíer Nátional Párk [-rəníə-, -reɪ- | -níə-] *n.* レーニア山国立公園《米国 Washington 州中南部 Cascade 山脈中にある; 氷河で有名, 1899 年指定; 面積 976 km²; cf. Rainier》.
Mòunt Rúshmore Nátional Memórial *n.* ラッシュモア山国立記念公園 (⇨ Rushmore).
Mòunt Vér·non [-və́ːnən | -və́ː-] 〖← *Edward Vernon* (1684–1757: 英国の海軍大将)〗 ― *n.* 米国 Virginia 州北東部 Potomac 河畔の地; Washington, D.C. から 24 km 下流; George Washington の居住地で埋葬地.
Mount·y [máunti | -ti] *n.* = Mountie.
mourn [mɔ́ən, móən | mɔ́ːn] 〖OE *murnan* < Gmc **murnōn* to remember sorrowfully (OHG *mornēn*) ← IE **(s)mer-* to remember〗 ― *vi.* **1** 〔不幸などを〕嘆く, 悲しむ 〔*for, over*〕: ~ *over* one's misfortune 不幸を嘆く. **2 a** 〔死者または死に対して〕悲しみを表わす, 哀悼の意を表する 〔*over, for*〕: ~ *over* [*for*] the death [loss] of one's friend 友の死を悲しむ. **b** 喪に服する; 喪服を着る. **3** 〈鳩が〉悲しげな声で鳴く. ― *vt.* **1** 〈人の死・不幸を〉嘆く, 悲しむ (deplore); 弔う, 悼(ㇳ)む: ~ the dead, one's misfortune, etc. **2** 嘆いて[痛ましそうに]言う: ~ one's requiem.
móurn·er 〖《c1395》: ⇨ ↑, -er¹〗 ― *n.* **1** 嘆く人, 悲しむ者, 哀悼者. **2 a** 会葬者, 送葬者: the chief ~ 喪主. **b** 雇われて葬式に連なる供人, 泣き男. **3** (伝道説教の席上における)悔い改めの告白者.
móurners' bènch *n.* 懺悔者席《伝道集会などで悔い改める告白者のために設けた最前列の席; anxious bench ともいう》.
Móurner's Káddish *n.* 〖ユダヤ教〗= Kaddish 2.
mourn·ful [mɔ́ənfəl, móən- | mɔ́ːn-] *adj.* **1 a** 悲しみに沈んだ: a ~ person. **b** 悲しげな, 悲しみを表わす[催させる], 悲しい: a ~ song, tone, occasion, scene, etc. **2** 陰気な, もの寂しい (dismal, dreary): ~ scenery. **~·ly** *adv.* **~·ness** *n.*
mourn·ing [mɔ́ənɪŋ, móən- | mɔ́ːn-] 〖《?a1200》 *murnunge*: ⇨ mourn, -ing¹〗 ― *n.* **1** 悲嘆, 哀悼; 弔い. **2** 喪, 服喪; 喪の期間, 忌中; 喪服, 喪章: ⇨ deep mourning, half mourning, second mourning / go into [put on, take to] ~ 喪に服する, 喪服をつける / put into ~ 喪に服させる, 喪服をつけさせる / enter a 30-day period of national ~ 国をあげて 30 日間の喪に服する / leave off [go out of] ~ 喪が明ける. **3** [形容詞的に] 哀悼の[を表わす], 喪の, 喪の期間用の, 喪章[喪服]の: a ~ band (上着の袖や帽子に巻く)喪章.
in mourning (1) 喪に服して; 喪服を着て. (2) 《俗》〈目のふちが〉(なぐられて)黒ずんで. (3) 《俗》〈指の爪に〉垢(ㇰ)がたまって. **~·ly** *adv.*
móurning-bòrder *n.* (死亡通知などの)黒枠(ㇰ).
móurning clòak *n.* 〖昆虫〗キベリタテハ (*Nymphalis antiopa*)《タテハチョウ科の一種; ヨーロッパから日本に至るユーラシア大陸中北部と北米に分布する; mourning cloak butterfly, Camberwell beauty ともいう》.
móurning-còach *n.* (車も馬も黒色の)葬式用馬車《参列者を墓地へ運ぶ》.
móurning dòve *n.* 〖鳥類〗ナゲキバト (*Zenaidura macroura*)《北米に多い悲しげな声で鳴く野鳩の一種》.
móurning íris *n.* 〖植物〗クロアヤメ (*Iris susiana*).
móurning-pàper *n.* 黒枠(ㇰ)の書簡箋(ㇲ).
móurning-rìng *n.* (死者の思い出にはめる)形見の指輪.
móurning-stùff *n.* 喪服地.
móurning wárbler *n.* 〖鳥類〗ハイガシラアメリカムシクイ (*Oporornis philadelphia*)《北米産の森に生息する鳴鳥; cf. wood warbler》.
mou·sa·ka [muːsáːkə, mʊ-] *n.* = moussaka.
mouse [máus] 〖OE *mūs* (pl. *mȳs*) ← Gmc **mūs-* (Du. *muis* / G *Maus*) < IE **mūs* (L *mūs* / Gk *mûs* / Skt *mūṣ*)〗 ― *n.* (*pl.* **mice** [máɪs]) **1** 〖動物〗ハツカネズミ《ネズミ科 *Mus* 属の小ネズミの総称; ヨーロッパハツカネズミ (*M. musculus*) など》. **2** ネズミ科の小型種の動物の総称《アカネズミ (*Apodemus speciosus*), カヤネズミ (*Micromys minutes*) など》: ⇨ field mouse, house mouse / The mountains have brought forth a ~. 《諺》「大山鳴動してねずみ一匹」《Aesop's Fables 中の 'Mountain in Labor' の話にちなんで; ⇨ the MOUNTAIN *in labor*》. **3** 《俗》**a** [若い女性などに対する愛称語として]かわいい子; 若い女, 娘. **b** 腰抜け, 意気地(ㇰ)なし. **4** 《俗》**a** (目を打たれてできた)黒あざ. **b** 〖ボクシング〗目の下の腫れ. **5** ツイストから派生した踊りの一種. **6** (上げ下げ窓の枠(ㇰ)の中にある)おもり, 分銅. **7** ねずみ色. ★ 通例次のような複合語に使う: *mouse*-brown, *mouse*-gray, etc. **8** 〖海事〗= mousing 2.
like a drowned mouse = *like a drowned* RAT¹.
mouse and man あらゆる生き物. ***neither man nor mouse*** 生き物はすべて…(し)ない.
― [máuz, máus] *v.* ― *vi.* **1** 〈猫・ふくろうなどが〉ねずみを捜す[ねらう, 捕える]. **2** (何かを捜すように)うろつく, あさり歩く 〈*about*〉. ― *vt.* **1** 熱心に探す; 骨折って見つけ出す[かぎつける] 〈*out*〉. **2** 《廃》**a** (猫がねずみを扱うように)手荒く扱う, なぶりものにする; 引き裂く. **b** かじる, 噛む. **3** 〖海事〗(フックの口を)細縄でくくり合わす: ~ a hook.
móuse·bìrd *n.* 〖鳥類〗ネズミドリ (⇨ coly).
móuse còlor *n.* ねずみ色, 茶色がかった灰色.
móuse-còlored *adj.* ねずみ色の.
móuse dèer *n.* 〖動物〗= chevrotain.
móuse-èar 〖《c1265》 *mousere*: ⇨ mouse, ear¹〗 ― *n.* 〖植物〗ザラザラした短毛の生えた葉をもつ種々の植物の総称《ヨーロッパ産ミヤマコウゾリナ属のヤナギタンポポの一種 (*Hieracium pilosella*), ワスレナグサ (forget-me-not) など》.
móuse-ear chíckweed *n.* 〖植物〗ミミナグサ《ナデシコ科ミミナグサ属 (*Cerastium*) の数種の草本の総称; 特に, *C. vulgatum* と *C. viscosum*; clammy chickweed ともいう》.
móuse gràv *n.* 茶色がかった灰色.
móuse·hòle 〖《?a1475》〗 *n.* **1** ねずみの巣穴; ねずみのかじった穴. **2** 狭い通路, 小さな出入口. **3** 小さい物置[納屋, 納戸]; 狭苦しい住居[部屋].
móuse opòssum *n.* 〖動物〗マウスオポッサム (⇨ murine opossum).
móuse·pòx *n.* 〖獣医〗マウスポックス《ハツカネズミのウイルス病; 四肢が欠損する; ectromelia, infectious ectromelia ともいう》.
móus·er [-zə, -sə | -zə(r, -sə(r] 〖《1440》 *mawsare*: ⇨ mouse, -er¹〗 ― *n.* **1** ねずみを捕る動物; (特に)猫: a good ~ よくねずみを捕る猫[犬]. **2** (ひそかに獲物を求めるように)うろつく人, あさり歩く人.
móuse·tàil *n.* 〖植物〗花にねずみの尾のように長くのびた花托(ㇰ)があるキンポウゲ科の植物 (*Myosurus minimus*).
móuse·tràp 〖《?c1475》〗 ― *n.* **1 a** ねずみ取り(器), ねずみ用のわな. **b** = mousetrap cheese 1. **2 a** (人を陥れる)わな, 策略. **b** (買物客の目を引く)新製品, 改良品, 目先の変った品物. **3** 〖アメリカンフットボール〗マウストラップ《防御側ラインメンを攻撃側スクリメージライン内に故意に誘い込み, 一方のサイドに防御し, 他方のオープン側にランニングプレーヤーが走るプレー, またはそのプレーを用いること; trap play ともいう》. ― *vt.* **1** わなにはめる, わなで捕える. **2** 〖アメリカンフットボール〗〈防御側の選手〉に対してマウストラップの戦法を用いる.
móusetrap chéese *n.* **1** ねずみ取りの餌に使うチーズ. **2** 《戯言》下等な[まずい]チーズ. 「= mousy.
mous·ey [máusi, -zi | -sɪ] *adj.* (**mous·i·er**; **-i·est**)
móus·ing [-zɪŋ, -sɪŋ] *n.* **1** ねずみの駆除, ねずみ退治. **2** 〖海事〗マウジング《荷物にかけたフックの口をくくり合わすこと》; (このようにくくり合わした)細縄 (cf. mouse *vt.* 3).
mous·que·taire [mùːskətέə | -tέə(r; *F.* muskətɛːr] 〖◻F ~: cf. musketeer〗 ― *n.* **1** [M-] フランスのマスケット銃兵, 銃士; (特に, 17–18 世紀のフランスの)近衛騎兵: *Les Trois Mousquetaires* 三銃士 《Alexandre Dumas 作の小説の題名》. **2** = mousquetaire glove. 「(長)手袋.
mousquetáire glòve *n.* (女性用の)ムスクテール
mous·sa·ka [muːsáːkə, mʊ-] 〖◻NGk *mousakas*〗 ― *n.* ムサカ《玉ねぎ・香辛料を加えた小羊か牛のひき肉となすを型に交互に詰め 2 層にしソースをかけて焼いたグラタン風のギリシャ・トルコなどの料理》.
mousse [múːs] 〖《1892》◻F ~ 'moss, froth' < LL *mulsa* hydromel ← L *mulsus* mixed with honey ← *mel* honey〗 ― *n.* ムース: **a** 泡立てた生クリーム・卵・ゼラチンなどに砂糖・香味料を加えて冷やしたデザート: chocolate ~ チョコレートムース. **b** 肉や魚などのすり身に泡立てた卵白・生クリームを加えて型に入れ火を通した料理: chicken ~.
mousse·line [muːslíːn, mùːsəlíːn | múːsliːn, muːslíːn; *F.* muslin] 〖◻F ~: ⇨ muslin〗 ― *n.* **1** 〖紡織〗モスリン (muslin). **2** ムースリーヌ: **a** オランデーズソース (hollandaise sauce) に泡立てた生クリームを加えたもの; mousseline sauce ともいう》. **b** 小型の mousse. ― *adj.* 泡立ちクリームの入った.
mousseline de laine [––́–də-léɪn, –––́– | ––́–, ––́–; *F.* ––dəlɛn] 〖◻F ~ 'muslin of wool'〗 ― *F. n.* 〖紡織〗モスリン, メリンス, 唐ちりめん《薄地の毛織物; cf. muslin 1》.
mousseline de soie [––́–də-swáː, –––́– | ––́–, ––́–; *F.* ––dəswa] 〖◻F ~ 'muslin of silk'〗 *F. n.* 〖紡織〗絹モスリン.
mous·seux [muːsə́ː; *F.* musø] 〖◻F ~ ← *mousse* 'MOUSSE'〗 *adj.* [名詞の後に置いて] 〈ワインが〉発泡性の: ⇨ vin mousseux.
Mous·sorg·sky [musɔ́əgski, -zɔ́əg- | musɔ́ːgskɪ; *Russ.* músərkskjij], **Modest Petrovich** *n.* ⇨ Mussorgsky.
mous·tache [mʌ́stæʃ, məstǽʃ, mʌs- | məstáːʃ, mʊs-] 〖《1585》◻F ~ ◻It. *mostaccio* ← MGk *moustáki* ← Gk *mústax* jaw, upper lip, moustache: cf. masticate〗 ― *n.* **1** [しばしば *pl.*] 上髭(ㇶ), 口髭: wear a ~ [a pair of ~s] 口髭を生やしている. **2** (動物の)髭. **3** 〖鳥類〗**a** (目の下の)色の筋. **b** (頭の側面の)伸びた羽毛.
móustache cùp *n.* 髭(ㇶ)よけ茶わん《髭を濡らさないように内側の上部に髭支えのついたカップ》.

moustache cup

mous·ta·chio [məstǽʃiòu, -táːʃ-, -ʃou | məstáːʃiəu, mʊs-] *n.* = mustachio.
Mous·te·ri·an [muːstí(ə)riən | -tíəri-] 〖◻F *moustérien* ← *Le Moustier* (同時代の文化を物語る遺物が発見された南フランスの地名): ⇨ -ian〗 ― *adj.* (*also* **Mous·tie·ri·an** [~]) 〖考古〗ムスティエ期(文化)の《旧石器時代中期, Acheulean と Aurignacian との中間に位し, ネアンデルタール人の手になったものと考えられる扁(ㇸ)平石器を特徴とする; cf. Paleolithic》.
mous·y [máusi, -zi | -sɪ] *adj.* (**mous·i·er**; **-i·est**) **1** ねずみの[に関する, を思わせる]. **2 a** ねずみに荒らされた. **b** ねずみ臭い. **3 a** ねずみ色の: her ~ hair. **b** くすんだ, 精彩のない, さえない: a ~ woman. **c** ねずみのように静かな, 忍び足の; 内気な, 臆病な.
móus·i·ly [-sɪli, -sə-, -zɪ-, -zə- | -sɪli, -sə-] *adv.*
móus·i·ness *n.*
mouth 〖OE *mūþ* < Gmc **munþaz* (Du. *mond* / G *Mund*) ← IE **menth-* to chew (L *mandere* to chew / Gk *máthuiai* jaw)〗 ― [máuθ] *n.* (*pl.* **~s** [máuðz, máuθs | máuðz]) **1** 口; 口腔(ㇰ); 口腔器官. ★ ラテン語系形容詞: oral. **2 a** 口元, 唇 (lips): a pursed [small] ~ おちょぼ口 / kiss her on the ~ 彼女の口にキスをする. **b** しかめつら: make a ~ [~s] at … (不同意・軽蔑の意を示して)…に向かって口をゆがめる[顔をしかめる] (cf. make a FACE) / make a wry ~ 口をゆがめる, 顔をしかめる. **c** (くつわに制御される)馬の口: a horse with a fine [good, tender] ~ はみのよくきく馬, 従順な馬 / a horse with a bad [foul, hard] ~ はみのきかない馬, かんの強い馬. **3 a** (食物を食べ味わう器官としての)口: Good medicine is bitter in the ~. 《諺》良薬は口に苦し. **b** (食物を要するものとしての)人, 動物: hungry ~*s* 飢えたもの[人々] / a useless ~ 自活のできない厄介者, 穀(ㇰ)つぶし / I have so many ~*s* to feed. 扶養家族が大勢いる. **4 a** (言葉を発する器官としての)口; (そこから発せられる)言葉, 発言, 表現; 口調: open one's ~ 口を開く, 話を始める / keep one's ~ shut 《口語》黙っている; 秘密をもらさない / shut one's ~ 口を閉じる; 黙る, 口を割らない / Out of the ~ comes evil. 《諺》災いは口から, 口は災いの元 / in everyone's ~ 皆の噂になって, だれにも言われて / in the ~ of …の話によると, …に言わせると, …が言うと / in [with] a French [an English] ~ フランス語[英語]流の口調で / give ~ to one's feelings [thoughts] 感情[考え, 意見]を口に出す (cf. give VENT¹) / have a foul ~ 口が悪い, 口汚ない / It sounds strange in your ~. 君が言うと妙に聞こえる / I'll stop that ~ of his. 奴の口止めをしておこう / Stop your ~. 黙っている. **b** [しばしば big [all] ~ として] 《俗》多言, ひと言多いこと, 話し好き: have a *big* ~ べらべら[大声で]しゃべる / He is *all* ~. やつは全くのおしゃべりだ. **d** 《俗》生

意気な口[言いぐさ]. **e** (犬の)吠え声:(bay): give ~ 〈犬が〉吠え立てる. **5** 口状のもの: **a** (洞窟(どう)・谷・地下道・鉱山などの)入口, 出口. **b** (支流が本流に)合流する所. **c** 港口. **d** (びん・管・袋などの)口. **e** 銃口. **f** (炉の)口. **g** (万力・はさみなどの)口. **6** 〖音楽〗歌口: **a** パイプオルガンのパイプの側面の穴. **b** 吹奏楽器の口に当てる部分.

by word of mouth ⇨ word *n.* 成句. ***correct in the mouth*** 《英》〖獣医〗〈羊が〉永久歯がそろって成熟した. ***down in*** [***at***] ***the mouth*** 《口語》しょげて, 弱り切って, 意気消沈して. ***fix** one's **mouth for*** ...の準備をする. ***foam at the mouth*** (1) 〈犬などが〉泡を吹いて怒る. (2) ひどく立腹する, 激怒する. ***from hand to mouth*** ⇨ hand *n.* 成句. ***from mouth to mouth*** (風聞など)口から口へ, 人から人へ; (大勢の人が話す時に)次々に, 順次: It was whispered *from* ~ *to* ~. そのことは人から人へ次々にささやかれた. ***make*** [***put on***] ***a poor mouth*** 貧乏だからと言い訳する. ***make** a person's **mouth water*** よだれを出させる; ほしくてたまらなくする: The sight *made his mouth water.* それを見るとよだれが出た[ほしくてたまらなくなった]. ***open** one's **mouth too wide*** 余り要求し過ぎる, 期待し過ぎる, 貪欲(どん)過ぎる, 野望が大き過ぎる. ***shoot off** one's **mouth*** ⇨ shoot¹ 成句. (***straight***) ***from*** [***out of***] ***the horse's mouth*** ⇨ horse 成句. ***laugh on the wrong*** [***other***] ***side of** one's **mouth*** ⇨ side 成句. ***with full*** [***open***] ***mouth*** 大声で. ***with one mouth*** 《まれ》異口(く)同音に, 満場一致で (unanimously) (cf. *2 Chron.* 18 : 12).

— [máuð] *v.* — *vt.* **1 a** (気取って)大声で言う, 大袈裟(げさ)に言う; しゃべる. **b** 演説口調で言う: ~ one's words. **c** 〈自分でもよく判らないことや誠意のないことを〉繰返して言う, ぺらぺらしゃべる: He's always ~*ing* platitudes. いつも判り切ったことばかりしゃべっている. **d** 黙って唇で示す: ~ the word "silent". **2 a** 〈食物などを〉口に入れる; (特に)食べる. **b** くわえる, もぐもぐかむ. **c** 口や唇でこする[愛撫する]. **3** 〈馬を〉はみや手綱に慣らす, ...の口を調教する. **4** [~ *it* として]〈闘鶏が〉くちばしで戦う. — *vi.* **1** 口をゆがめる, しかめつらをする (grimace). **2 a** 大声で言う, 豪語する, どなる, わめく. **b** しゃべる, 話す. **3** 〈支流が〉〔本流・河口に〕注ぐ (debouch) 〔*in, into*〕. **4** 《廃》キスをする〔*with*〕.

móuth·brèeder *n.* 〖魚類〗カワスズメ科ハプロクロミス属 (*Haplochromis*) の卵や仔魚を口の中に入れて養う熱帯産の観賞魚の総称 (Egyptian mouthbreeder (*H. multicolor*) など).

móuth càvity *n.* 〖解剖〗口腔 (oral cavity).

mouthed [máuðd, máuθt] 〖(?a1300): ⇨ mouth (n.), -ed 2〗 — *adj.* **1** 口のある. **2** [しばしば複合語の第2構成素として] **a** 口が...の, ...口の: wide-[large-]*mouthed* 口の大きな / a hard-*mouthed* horse はみのきかない馬, かんの強い馬. **b** 言葉が...の: a foul-*mouthed* man 口の悪い人, 毒舌家. **3** 《廃》大きく開いた. 「大言壮語する人.

móuth·er [-ðə | -ðə(r)] *n.* 気取った物言いをする人,

móuth-filling *adj.* 〈誓言・賛辞など〉長ったらしい, 大袈裟(げさ)な, 誇大な: a ~ word [phrase].

mouth·ful [máuθfùl] *n.* **1 a** (ほお張れるだけほお張った)口一杯. **b** 一口(の量), 一口分(ぶん): a ~ of food / at a ~ 一口で. **2** 少し, わずか; わずかの食物: Have a ~ of luncheon before you start. 昼飯を一口食べて行きなさい. **3** 《口語》(言いにくいほど)長い言葉[語句] (floccinaucinihilipilification など). **4** [しばしば皮肉に] 《米俗》適切な言葉, 重要[意味深長]なこと. ★ 通例次の成句に用いる: say a ~ 重要な[聞き捨てにならない]ことを言う.

móuth hàrp *n.* =mouth organ 1.

móuth hòok *n.* 〖昆虫〗口鉤(こう) 《ハエなどの幼虫の顎の役をする1対の突起の一つ》.

móuth·less 〖OE *mūþlēas*: ⇨ mouth, -less〗 *adj.* 口のない, 口なしに見える.

móuth òrgan *n.* **1** ハーモニカ (harmonica) 《mouth harp ともいう》. **2** =panpipe. **3** =mouthpart.

móuth·pàrt *n.* [通例 *pl.*] 〖動物〗(昆虫などの)口器 (⇨ trophi).

móuth·pìece *n.* **1** (容器・管などの)口, 口金; (水道の)蛇口. **2 a** (楽器・パイプ・くつわなどの)口にくわえる部分: the ~ of a clarinet クラリネットの歌口[マウスピース]. **b** (管楽器の)歌口, 吹管 (⇨ trombone 挿絵); (電話器や伝声管の)送話口: the ~ of a trumpet トランペットの歌口[マウスピース]. **c** 〖ボクシング〗マウスピース《ボクサーが歯や舌を保護するため口中にくわえるゴム状の防護物》. **3** 代弁人 (spokesman); 世論の代弁者《新聞など》. **4** 《俗》刑事弁護士.

móuth-to-áirway mèthod *n.* 空気管人口呼吸法《空気管を相手の口に入れて行なう人口呼吸法》.

móuth-to-móuth *adj.* 口移しの: ~ resuscitation [breathing] 口-口(式)人工蘇生[呼吸]法 / ~ method 口移しの人口呼吸法.

móuth·wàsh *n.* うがい薬 (collutory).

móuth-wàtering *adj.* よだれの出そうな, うまそうな, 食欲をそそる (appetizing).

mouth·y [máuði, -θi | -ðɪ] 〖← MOUTH (n.)+-Y⁴〗 — *adj.* (mouth·i·er; -i·est) **1** 大言壮語する, 誇大な. **2** 多弁な, おしゃべりの. **móuth·i·ly** [-ðɪli, -ðə-, -θɪ-, -θə- | -ðɪlɪ, -ðə-] *adv.* **móuth·i·ness** *n.*

mou·ton [múːtɑn, — ´ | múːtɔn, — ´; *F.* mutɔ̃] 〖← F ~ 'sheep': cf. mutton¹〗 *n.* (毛を短かく刈り beaver などの毛皮に似せた)羊の毛皮, ムートン.

mou·ton·née [mùːṭənéɪ, -tṇ- | -tən-, -tṇ-; *F.* mutɔne] 〖(1872) ← F ~ 'rounded like a sheep's back' (fem.-p.p.) ← *moutonner* ← *mouton* (↑)〗 — *adj.* 〖地質〗〈岩塊が〉(氷河作用によって)羊の背のように丸くなった: ⇨ roche mountonnée.

mou·ton·néed [mùːṭənéɪd, -tṇ- | -tən-, -tṇ-] *adj.* =moutonnée.

mov·a·bil·i·ty [mùːvəbíləṭi | -lətɪ, -lɪ-] 〖(c1380) ← OF *movableté*: ⇨ ↓, -ity〗 *n.* 動かせること, 可動性.

mov·a·ble [múːvəbl] 〖(a1398) ← OF ~ ← *movoir* 'to MOVE': ⇨ -able〗 — *adj.* **1** 動かせる, 固定してない, 移動可能の, 可動性の (↔ immovable). **2** 〈祭日など〉年々変わる, 移動する (↔ immovable): ⇨ movable feast. **3** 〖法律〗〈動産が〉土地に定着していない, 動産の (↔ real): ~ property 動産 / ⇨ movable fixture. **4** 〖病理〗〈器官が〉遊走する: the ~ kidney [spleen] 遊走腎[脾]. — *n.* **1** 運ぶことのできる物, 可動物; 家具, 家財 (↔ fixture). **2** [通例 *pl.*] 〖法律〗(有体)動産 (↔ immovable, fixture 5). **~·ness** *n.* **móv·a·bly** *adv.*

móvable-dó sỳstem [-dóu- | -dáu-] *n.* 〖音楽〗移動「ド」方式[唱法] 《調の変化に伴って各々の調の主音を「ド」として歌う唱法; cf. fixed-do system》.

móvable féast *n.* **1** 移動祝(祭)日, 不定祝日《Easter のように年によって日の異なる祝日; ↔ immovable feast》. **2** 《戯言》一定の決まった時間にとらない食事: Breakfast is a ~ with us. うちでは朝食の時間が一定していない.

móvable fíxture *n.* 〖法律〗可動定着動産《土地定着動産のうち可動性のあるもの; 不動 (immovable) か, 可動かは相対的な区別; ⇨ fixture 5; cf. trade fixture》.

móvable týpe *n.* 〖印刷〗可動活字《Gutenberg が考案した一文字一本の活版用の活字》.

move [múːv] 〖(c1300) ← AF *mover*=OF *mo(u)voir* < L *movēre* to move ← IE **meu-* to push away〗 — *vt.* **1 a** ...の位置を変える, 動かす, 移す, 移動させる; 前進させる: ~ the table *to* the center テーブルを真中へ動かす / ~ troops 軍隊を前進させる / ~ a thing [person] *aside* 物[人]をわきへやる[退ける] / I could not ~ him *from* the place where he stood. 彼の立っている場所から彼を動かすことができなかった. **b** 〈帽子を〉(挨拶に)持ち上げる: ~ one's hat. **2 a** 〈手足を〉動かす: ~ one's legs. **b** 〈旗などを〉(左右・上下に)振る, 揺する: ~ the flag up and down 旗を上下に振る. **c** 揺り動かす; じっとさせない: The wind ~*d* the branches of the tree. 風は木の枝々を揺り動かした / The noise ~*d* him from his sleep. その物音で彼は眠りから目覚めた. **d** 〈機械・器具を〉動き出させる, 運転させる, 始動させる (actuate): The button ~*s* the engine. ボタンを押すとエンジンが動き出す. **3 a** 〈人の感情[心]を〉動かす, 感動させる, ほろりとさせる: be ~*d* with admiration at ...を見て[聞いて]感嘆する / The story ~*d* me profoundly. 私はその物語にはひどく感動した / I was deeply ~*d* by his devotion. 彼の献身ぶりに深く感動した. **b** 〈人を〉感動させて〔...に〕させる〔*to*〕: ~ a person *to* tears [laughter, anger] 人を泣き[笑い, 怒り]出させる. **c** 《古》〈悲しみ・笑い・怒りなどを〉起こさせる: ~ one's blood 激怒させる / The sight ~*d* my scorn. それを見ると軽蔑の念が湧いてきた. **4** 〈人〉の気を動かす, 〈人を〉動かして...させる〔*to*〕/〈*to do*〉: ~ a person *to* action 人を奮起させる / be ~*d* by self-interest 私利私欲に駆られる / I felt ~*d to* go for a walk. 散歩に出かけたいような気がした. **5 a** 〔法廷・審議会などで〕〈動議を〉提出する, 提議する, 発議する〔*at*〕: ~ a resolution at the committee 委員会で決議案を提議する. **b** 〈...することを〉提議する〈*that*〉: Mr. Chairman, I ~ *that* the decision be postponed until next Monday. 議長, 採決は月曜日まで延期することを提議します. **c** 〈法廷・審議会など〉に〔...のことを求めて〕懇願書を提出する, 上申する〔*for*〕: ~ the committee *for* reconsideration of the bill 法案の再考を求めて委員会に上申する. **6** 〈腹〉に通じをつける: ~ the bowels (cf. EVACUATE the bowels). **7** [通例 p.p. 形で用いて] 〖商業〗〈商品を〉売る, 売りさばく: The new product was ~*d* quickly. その新製品はすぐに売れた. **8** 〖チェス〗〈駒を〉動かす: ~ a piece.

— *vi.* **1** 体を動かす, 手足を動かす, 動く; 振舞う: I am so stiff that I can hardly ~. 手足がこわばってしまって動けない / His fingers ~ rapidly over the keyboard. 彼の指は鍵盤の上をすばやく動いた / She ~*d* gracefully. 彼女の物腰は優美であった / You must ~ very carefully. 慎重に振舞わなければならない. **2 a** 〈人が〉位置を変える, 移る 動く: ~ forward [backward] 前進[後退]する / *Move* near this way. もっとこっちへ寄りなさい. **b** 転地[転居]する, 引っ越す; 〈民族が〉移動する: They ~*d* into the country [a new house]. 彼らは田舎[新居]に引っ越した / Nomad peoples constantly ~ to new areas in search of pasture. 遊牧民族は絶えず牧草を求めて新たな地域へ移動する. **c** 転勤する, 転職する. **3 a** 〈人が〉進む, 前進する; 行進する. **b** 〈列車・汽船などが〉前進する, 進行する: The train ~*d* slowly into the station. 列車は緩やかに駅へ入って来た. **c** 〈事件・事情などが〉進展する, 進む, 変る: Events are *moving* rapidly. 事件が急速に進展している / We are *moving toward* agreement. 意見一致の方向へ進んでいる. **4** 《口語》立ち去る, 出発する (start off, depart) 〈*on*〉: It's time to be *moving on.* そろそろ出かけなければならない時間だ. **5 a** 〈物が〉動く, 動揺する, 揺れる: So still was the air that not a leaf was *moving.* 全く風がなくて木の葉一枚動かなかった. **b** 〈器具・機械が〉運転[回転]する: A piston ~*s* by steam pressure. ピストンは蒸気の圧力で動く. **c** 活気が出て来る, 活動する: Things began to ~. 事態は活気を呈し始めてきた. **6** 行動する, 措置を講じる: ~ in an affair 事件にある手を打つ. **7** 〈人・動物が〉生存する; (社交界で)活躍する, 交際する: ~ in good society [in elite circles] 上流社会に出入りする / ~ among cultivated people 教養のある人人と交わる. **8** 通じがつく[ある] (evacuate). **9** 提議する; 申請する〔*for*〕: ~ *for* an adjournment 延会を提議する / The plaintiff ~*d for* a rehearing. 原告は再審を申請した. **10** 〖チェス〗駒を動かす: It is your turn to ~. 今度は君の(さし)番だ. **11** 〖商業〗〈商品が〉売りさばける, 売れる.

move about [***around***] 動き回る. ***move along*** 〈野次馬が〉立ち去る: *Move along* there! [警官が野次馬に向って]そちらの人立ち去って下さい. ***move in*** 新居に引っ越す[させる], 入居する[させる]; 新しい仕事に就く[就かせる]. ***move in on*** (1) 〈軍隊が〉...を襲撃する; 〈人〉のもとに転がりこむ. (2) (ある目的で)...に近づく, 接近する, 迫る. (3) 〈人・物を〉横取りする, 奪う; 〈事業などを〉手に入れる, 引き継ぐ. ***move off*** 出発する. ***move on*** (1) どんどん進む[歩く]: *Move on.* 進め, 立ち停まってはいけない《交通巡査の命令》. (2) どんどん進ませる[歩かせる]: The police ~*d* us *on.* 警察が私たちを先へ進ませた. (3) ⇨ *vi.* 4. (4) 話題[仕事など]を変える. ***move out*** 家を明ける, 引っ越して行く; 〈人〉に家を明けさせる. ***move over*** (左か右へ体を詰めて)(空)席を作る. ***move right down*** [車掌が乗客に向かって] 〈車〉の中へ詰めて下さい: *Move right down,* please! ***move up*** (1) 昇進する, 出世する. (2) 〈株価などが〉上がる. (3) 〖軍事〗〈軍隊などが〉前線に出る.

— *n.* **1** 動くこと, 動き, 運動; 移動. **2** 移転, 転居. **3** 措置, 手段, 方法: make a ~ 手段を講じる, 行動する / make a clever ~ 巧妙な手を打つ, うまくやる / a shrewd ~ to win votes 機敏な投票かき集め策. **4** 〖チェス〗 **a** 駒を動かすこと, 手; 手番: It's your ~. 今度は君の手(番)だ. **b** [the ~] 詰手.

be up to every move on the board = ***be up to*** [***know***] ***a move or two*** 抜け目がない, 機敏である, 食えない. ***get a move on*** 《俗》(1) 足を早める, 急ぐ. (2) 出かける. ***make a move*** (1) 動く; 出かける用意をする, 立ち去る: It's time to *make a* ~. もう出かける時間だ. (2) ⇨ *n.* 3. ***on the move*** (1) 始終移動して: He is always *on the* ~. 彼はちっともじっとしていない. (2) 〈物事が〉進行[進展]して, 進歩的で, 活動的で.

move·a·ble [múːvəbl] *adj.* =movable.

móve·less *adj.* 《まれ》動きのない, 不動の, 固定した. **~·ly** *adv.* **~·ness** *n.*

móve·ment 〖(c1380) ← (O)F *mouvement* ← ML *movimentum* ← L *movēre* 'to MOVE': ⇨ -ment〗 — *n.* **1 a** 体の部分を動かすこと, 動き, 運動, 動作, 身振り: a faint ~ of the lips [eyes] 唇[目]のかすかな動き / a graceful ~ of the hand 優美な手の動き / a ~ of disdain 軽蔑的な身振り / volitional [voluntary] ~ 随意運動 / the ~*s* of dance ダンスの動作 / make a ~ of irritation いらいらした様子をする the ~ of planets 惑星の運動. **b** [*pl.*] 物腰, 態度, 姿勢: Her ~*s* were easy and dignified. 彼女の物腰は優雅で気品があった. **2** [通例 *pl.*] (個人または団体の)行動, 活動, 動静: Let me know all your ~*s* while you are there. そこに御滞在中の動静は逐一お知らせ下さい. **3** 移動; 移住; (人口の)動き, 動態: the ~ of races [population] 種族[人口]の移動 / the ~ of the American people to the West アメリカ人の西部への移動. **4 a** (事態の)動向, 傾向, 動き〔*toward*〕: the ~ of the times 時勢の動き / in the ~ 時勢に伴って, 風潮に乗じて / a ~ *toward* economy 節約の動き. **b** (価格の)変動, 値動き; (市場の)景気, 活況: price ~*s* 物価の動き / considerable ~ in the oil market 石油市場におけるかなりの活況 / an upward [downward] ~ in stock 株式市場の上向[下向]き気配. **5** (政治的・社会的・精神的なある目的にかなっての)運動: the temperance [prohibition] ~ 禁酒運動 / a city-beautiful ~ 都市美化運動 / a religious ~ 宗教運動 / the women's liberation ~ ウーマンリブ運動 / start a ~ *for* [*against*] a policy ある政策に賛成[反対]の運動を起こす. **6 a** (事件の)急な進展, 急転. **b** (物語・劇などで事件の)進展, 変化, 波瀾(らん): a play that lacks ~ 波瀾のない劇. **7 a** 便通: have a (bowel) ~ 通じがある / I have regular ~*s.* 便通が規則的にある. **b** 排泄物. **8** 〖美術〗(彫刻などの)動的効果, 動勢. **9** 〖詩学〗律動, (律動的な)調子. **10** 〖音楽〗 **a** (奏鳴曲・交響曲・協奏曲などの)楽章. **b** 進行; リズム, 律動; 拍子; テンポ (tempo): a dance ~ ダンスのリズム / quick ~ 快速調 / slow ~ 緩徐調. **11** 〖軍事〗(部隊・艦船の)移動, 機動; 行動: a quick ~ of troops 部隊の敏速な移動. **12** 〖機械〗機械装置, (特に, 時計のような精巧な)仕掛け, からくり; (機械の)運転状態: the ~ of a watch. **13** 〖時計〗ムーブメント《ケースなどの外装品を取り除いた時計機構の本体》.

móv·er 〚(c1380): ⇨ move, -er¹〛 ── *n.* **1 a** 動かす人[もの]. **b** 《米》(引っ越しの)運送屋. **2** 動く人[もの], 移転者. **3** 発動力; 発動機: the first [prime] ~ 原動力, 発動機. **4** 発(ほっ)頭人, 主動者: He is the chief [prime] ~ in the scheme of reform. 彼は改革案の発頭人である. **5** 動議提出者, 発議者.

mov·ie [mú:vi | -vɪ] 〚(1913) ← *mov(ing picture)* + -IE: cf. undies〛 ── *n.* 《米口語》 **1 a** 映画: gangster ~s ギャング映画 / go to a ~ 映画を見に行く. **b** 映画向きの作品[素材, 筋]. **2** [the ~s] **a** 映画上映[興業], 映写会; (娯楽・芸術としての)映画: go to *the* ~s 映画を見に行く / a night at *the* ~s 映画の夕べ. **b** 映画界, 映画産業: He has been working twenty years in *the* ~s. 映画界に入ってから 20 年になる. **3** 映画館 (《英》cinema).

móv·ie·dom [-dəm] *n.* 映画界.

móvie·gòer *n.* 《米》よく映画を見に行く人, 映画ファン (《英》cinemagoer).

móvie·gòing *n.* 映画見物[鑑賞], 映画通い. ── *adj.* 映画をよく見に行く, 映画通いをする: the ~ public.

móvie hòuse *n.* 《米口語》映画館, 映画劇場 (《英》cinema).

móvie·lànd *n.* 映画界.

móvie·màker *n.* 映画製作者.

Mo·vie·o·la [mù:vióulə | -vɪə́u-] *n.* 〚商標〛ムービオーラ《のぞき窓のついたフィルム編集器の商品名》.

móv·ing 〚(c1390): ⇨ move, -ing¹,²〛 ── *adj.* **1** 動く, 動いている; 進行中の, 走行中の. **2** 動かす, 扇動する, 動機となる: a ~ spirit 主動者, 主唱者. **3** 感動させる, 哀れを感じさせる: a ~ appeal いじらしい哀願 / a ~ scene 哀れな場面. **4** 引っ越し(用)の. **~·ness** *n.*

móving áverage pròcess *n.* 〚統計〛移動平均過程《定常的な確率過程の一種》.

móving clúster *n.* 〚天文〛運動星団.

móving-cóil *adj.* 〚電気〛可動コイルの, 可動コイル型の: a ~ (type) ammeter 可動コイル型電流計.

móving-íron *adj.* 〚電気〛可動鉄片の, 可動鉄片型の: a ~ (type) voltmeter 可動鉄片型電圧計.

móv·ing·ly *adv.* 感動的に, 涙をそそるように.

móving pávement *n.* 《英》=moving sidewalk.

móving pícture *n.* =motion picture.

móving sídewalk *n.* 《米》(ベルト式の)動く歩道.

móving stáircase [stáirway] *n.* 自動階段, エスカレーター (escalator).

móving tárget ìndicator *n.* 〚電子工学〛移動目標指示装置《レーダーで移動目標だけを表示する装置; 略 MTI》.

mow¹ [máu | máu] 〚OE *mūga, mūha, mūwa* < ? Gmc **mūʒōn-* (ON *mūgi* swath) ← IE **mūk-* a heap (Gk *múkōn* heap)〛《米・方言》 ── *n.* **1** (納屋の中の)干し草[まぐさ, 穀物]の山 (cf. haymow): a barley ~ 大麦の刈束の山. **2** (納屋の中の)干し草[まぐさ, 穀物]置場. ── *vt.* 〈干し草・穀物の刈束などを〉積み入れる, 積み込む 〈*away*〉.

mow² [móu | máu] 〚OE *māwan* ← Gmc **mǣ-* (Du. *maaien* / G *mähen*) ← IE **mē-* (Gk *a-mān* / ? L *metere* to reap)〛 ── *v.* (~**ed**; ~**ed, mown** [móun | máun]) ── *vt.* **1 a** (大がま・刈取機で)〈牧草・麦などを〉刈る, 刈り取る: ~ the grass, grain, etc. **b** 〈畑など〉から草や穀物を刈る: ~ a field, lawn, etc. **2 a** (刀・銃などで)〈群衆・軍勢などを〉なぎ倒す, 倒す, 掃射する 〈*down, off*〉; 〈相手を〉やっつける 〈*down*〉: The machine guns ~*ed down* the men. 機関銃が兵士たちを掃射した. **b** 降服させる; 敗走させる, 完敗させる (rout) 〈*down*〉: They ~*ed down* the opposing team. ── *vi.* 牧草[穀物]を刈る, 刈入れをする.

mow³ [máu, móu | máu] 〚(c1325) ▭ OF *moe* (F *moue*) pouting, grimace ← Gmc: cf. MDu. *mouwe*〛 (*also* **mowe** [~]) 《古》 ── *n.* しかめっつら. ★ 今は次の句だけに用いる: mops and ~s ⇨ mop². ── *vi.* しかめっつらをする: mop and ~ ⇨ mop².

mow·er [móuə | máuə] 〚(1440): ⇨ mow², -er¹〛 *n.* **1** 草刈人. **2** 草刈機, 刈取機, 芝刈り機.

mow·ing [móuɪŋ | máu-] 〚(1494): ⇨ mow², -ing¹〛 ── *n.* **1** (大がままたは刈取機でする)草刈り. **2** (一定時の)草の刈取量, 一回に刈り取った干し草. **3** 《米》牧草地, 草刈場.

mówing machìne *n.* 刈取機.

mown [móun | máun] 〚OE *māwen*〛 *v.* mow² の過去分詞.

mów·rah bùtter [fàt, òil] [máurə-] 〚*mowrah*: ▭ Hindi *mahūā* (木の名) ← Skt *madhūka* ← *madhu* sweet〛 ── *n.* 〚化学〛イリッペ脂《インド産のある種の植物種子から得られる油脂; 石鹸・食用など》.

mox·a [máksə | mɔ́k-] 〚▭ Jap. もぐさ《転訛》〛 *n.* (灸(きゅう)に用いる)もぐさ.

mox·i·bus·tion [màksəbástʃən | mɔ̀ksɪ-] 〚← MOX(A) + -I- + (COM)BUSTION〛 *n.* 灸(きゅう); 灸療法 (cf. moxa).

mox·ie [máksi | mɔ́ksɪ] 〚← *Moxie* (ソフトドリンクの商標名)〛 *n.* 《米俗》 **1** 精力, 活力, 元気. **2** 気骨, 勇気.

moy·a [mɔ́ɪə] 〚南米エクアドルの Quito 近くの火山の名から〛 *n.* 〚地質〛火山泥.

moy·en-âge [mwɑ̀:jenɑ́:ʒ; *F.* mwajɛnɑ:ʒ, -na:ʒ] *adj.* 中世の[に関する], 中世風の: a ~ costume.

moy·en âge [mwɑ̀:jenɑ́:ʒ; *F.* mwajɛnɑ:ʒ, -na:ʒ] 〚▭ F ~ 'middle age'〛 *n.* 中世.

Mo·zam·bi·can [mòuzəmbí:kən, -zæm- | mə̀u-] 〚⇨ ↓, -an¹〛 *n.* モザンビークの人[住民]. ── *adj.* モザンビークの; モザンビーク人の.

Mo·zam·bique [mòuzəmbí:k, -zæm- | mə̀u-] *n.* モザンビーク《アフリカ南東部にある共和国; もとポルトガル領植民地で Portuguese East Africa といったが 1975 年独立; 人口 11,000,000, 面積 783,030 km², 首都 Maputo (旧名 Lourenço Marques), ポルトガル語名 Moçambique; 公式名 People's Republic of Mozambique モザンビーク人民共和国》.

Mozambíque Chánnel *n.* [the ~] モザンビーク海峡《アフリカ南東部, Mozambique と Madagascar 島との間の水路; 長さ 1,600 km, 幅 400–965 km》.

Moz·ar·ab [mouzǽrəb, -zér- | məuzǽr-] 〚(1788) ▭ Sp. *Mozárabe* ▭ Arab. *mustá'rib* would-be Arab ← *'Árab* Arabs〛 ── *n.* 〚歴史〛モザラブ《ムーア人戦勝 (711 年) 後のスペインでムーア王に服従することを条件に信仰を許されたキリスト教徒》.

Moz·ar·a·bic [mouzǽrəbɪk, -zér- | məuzǽr-] *adj.* **1** モザラブ (Mozarab) 特有の. **2** 〚建築〛モザラブ建築の《スペイン北部の教会建築など馬蹄型アーチのアラビア風のモチーフが多く用いられた》.

Mo·zart [móutsɑ:ət | máutsɑ:t; *G.* mó:tsart], **Wolfgang Amadeus** *n.* モーツァルト《1756–91; オーストリアの作曲家》.

Mo·zar·te·an [moutsɑ́:əṭiən | məutsɑ́:tɪən, -tjən] *adj.* (*also* **Mo·zar·ti·an** [~]) モーツァルトの, モーツァルト風の, モーツァルトの音楽に関する.

mo·zet·ta [moutséṭə, -zéṭə | məutsétə, -zétə] *n.* (*pl.* ~**s**, **-zet·te** [-teɪ]) =mozzetta.

moz·za·rel·la [mɑ̀tsərélə | mɔ̀ts-; *It.* mòttsarélla] 〚▭ It. ~ ← *mozza* kind of cheese (← *mozzare* to cut off) + *-rella* -rel〛 ── *n.* モッツァレラ(チーズ)《柔かい風味のイタリア製白チーズ》.

moz·zet·ta [moutséṭə, -zéṭə | məutsétə, -zétə; *It.* mottsétta] 〚(1774) ▭ It. ~ 《略》← *almozetta* 《変形》← ML *almūtia* 'ALMUCE': cf. amice¹, mutch〛 ── *n.* (*pl.* ~**s**, **-zet·te** [-teɪ; *It.* -te]) 〚カトリック〛モツェッタ《司教その他の高位聖職者の用いる小頭巾付き肩衣・小合羽》.

mp 《略》〚音楽〛mezzo piano.

m.p. 《略》medium pattern; medium pressure; 〚物理〛melting point; melting pot; mile post; 〚処方〛*L.* modo praescrīptō 処方通りに; 〚手形〛...months after payment 支払後…か月.

MP, M.P. [émpí:] *n.* (*pl.* **MPs, M.P.s, M.P.'s**) **1** 下院議員 (Member of Parliament): He is *an MP*. **2** 憲兵隊 (military police); 憲兵 (military policeman).

M.P. 《略》Master of Painting; Master of Planning; Mercator's projection; Methodist Protestant; Metropolitan Police; Minister-Plenipotentiary; motion picture; mounted police; municipal police.

M.P.A. 《略》Master of Public Accounting; Master of Public Administration.

M.P.C., MPC 《略》maximum permissible concentration.

M.P.D. 《略》〚処方〛maximum permissible dose.

MPE 《略》〚物理〛maximum permissible exposure.

m.p.g., MPG 《略》miles per gallon.

mph, m.p.h., MPH 《略》miles per hour.

M.P.H. 《略》Master of Public Health.

M.P.L. 《略》Master of Patent Law; Master of Polite Literature; maximum permissible level.

MPLA 《略》*Port.* Movimento Popular de Libertação de Angola アンゴラ解放人民運動 (Angolan Political Movement) (cf. FNLA).

m.p.m., MPM 《略》meters per minute; multipurpose meal.

Mpret [mprét] 〚▭ Alban. *mbret* king ← L *im-perātor*: ⇨ emperor〛 *n.* アルバニア国主権者の称号 (1913–14).

m.p.s., mps, MPS 《略》meters per second.

MPX 《略》multiplex.

MQ 《略》〚写真〛metol and quinol [hydroquinone] メトールハイドロキノン現像薬[液].

mR, mr 《略》milliroentgen(s).

M/R 《略》〚海商〛Mate's Receipt 本船貨物受取証《貨物の船積み直後, 本船側が貨物の受取りを証するために発行する証書》.

Mr., Mr [místə | -tə(r)] 〚(1447–48) 《略》← *maister* 'MASTER¹'〛 ── *n.* (*pl.* **Messrs.** [mèsəz | -səz]) **1** [男子の姓・姓名または職名の前に付けられる敬称として]…氏《mister の略; cf. master *n.* 7》. ★ Lord, Honorable, Sir, Doctor, General 等の特種の尊称・称号のつかない男子の前につける. また, 官職名の前につけて呼掛けに用いる: *Mr.* Chairman 議長殿 / *Mr.* President 大統領[会長, 学長, 社長]殿. **2** (国・都市・球団・スポーツ・芸能等の名の前に付けて)ミスター…: *Mr.* America ミスターアメリカ / *Mr.* Giants ミスタージャイアンツ / *Mr.* Music ミスターミュージック (Bing Crosby の愛称). ── *vt.* 《口語》〈人を〉ミスター[さん]と呼ぶ: Don't *Mr.* me! 私を「さん」づけにしないで下さい / Don't *Mr.* Jones me. 私を「ジョーンズさん」と(姓で)呼ばないで下さい.

m.r. 《略》memorandum receipt; mill run; moment of resistance.

M.R. 《略》map reference; Master of the Rolls.

M.R.A. MRA, 《略》Moral Re-Armament.

M-radiàtion *n.* 〚物理〛M 放射《電子が M 殻へ遷移する際原子の放射する X 線; cf. M-line》.

Mra·vin·sky [mrɑvínski | -skɪ; *Russ.* mravjínskjij], **Evgeni Aleksandrovich** *n.* ムラヴィンスキー《1903– ; ソ連の指揮者》.

MRBM 《略》medium range ballistic missile 準中距離弾道弾[ミサイル]《射程 800—1,600km のもの; cf. ICBM, IRBM, SRBM》.

Mr. Bónes *n.* =bone¹ 7.

M.R.C. 《略》Medical Registration Council; Medical Research Council; medical reserve corps; model railway club.

M.R.C.A. 《略》〚軍事〛multi-role combat aircraft.

Mr. Chárlie [Chárley] *n.* 《米俗》⇨ charley 6.

mri·dan·ga [mrɪdɑ́:ŋgə, mə̀:(r)i- | mrɪ-, mɑ̀rɪ-] 〚▭ Skt *mṛdaṅga* ← ? *mṛdam ga* 《原義》going about while being beaten〛 ── *n.* ムリダンガ《インドに古くからある太鼓; 細長い樽形のものを横にして直径の異なる両面を打つ》.

mRNA 《略》〚生化学・生物〛messenger RNA.

M.R.P. 《略》Master in [of] Regional Planning; *F.* Mouvement Républicain Populaire (=Popular Republican Movement) 共和人民連合《1944 年フランスで起こった急進的キリスト教党が共産党・社会党と連合し 1945–47 年まで第一党となるが, 50 年代以降衰退》.

Mrs., Mrs [mísɪz, -səz, -sɪs, -səs | mísɪz] 〚(*a*1612) 《略》← MISTRESS〛 ── *n.* (*pl.* **Mmes.** [meɪdɑ́:m, -dǽm | meɪdɑ́:m; *F.* medam]) **1** [既婚婦人の名に添えて使う敬称として]…夫人《Mistress の略》: ~ Smith スミス夫人 / ~ John Smith ジョン スミス氏夫人《正式の言い方》/ ~ Mary Smith《Mary は夫人自身の名で, 米国ではこの言い方が普通; 英国では主に商業通信文・法律文書に用い, また未亡人の場合にも用いる》. **2** (都市・土地・スポーツ・芸能などの名の前につけて)ミセス…: ~ Toronto / ~ Badminton / ~ Homemaker.

Mrs. Mop [⌐ ─ máp | -mɔ́p] 〚← MOP¹〛 *n.* (*also* **Mrs. Mopp** [~]) 《英戯言》雑役婦 (charwoman).

Mr. Támbo *n.* =tambo.

MRV 《略》〚軍事〛multiple reentry vehicle 多弾頭再突入ミサイル (cf. MIRV); moon roving vehicle 月面車.

mS 《略》millisiemens.

MS 《略》《米郵便》Mississippi (州).

MS 《記号》Egyptair エジプト航空.

M$ 《記号》Malaysian dollar(s).

Ms., Ms [mɪz, mɪz, məz] 〚(1952) 《混成》← MISS¹ + MRS.〛 ── *n.* (*pl.* **Mses., Ms.'s, Mss.** [~ɪz, ~əz]) [未婚・既婚の区別をせず女性の姓または姓名の前に付けて使う敬称として]…さん; ミズ….

MS., ms. [èmés, mǽnjuskrɪpt] 《略》manuscript.

m.s. 《略》machinery survey; machine selection; mail steamer 郵船; 〚商業〛margin of safety 安全余裕度; mass spectrometry; material specification; maximum stress; mild steel; millisecond(s); 〚音楽〛*It.* mano sinistra (=left hand); motor ship.

m.s., M/S 《略》〚商業〛...months after sight 一覧後…月払い.

M.S. 《略》*L.* Magister Scientiae (=Master of Science); maiden surname; Master in Surgery; medical staff; medium shot; *L.* memoriae sacrum (=sacred to the memory of); mess sergeant; metric system; mid shot; military science; mine sweeper; Minister for Science; Ministry of Supply; multiple sclerosis; municipal surveyor.

MSA, M.S.A. 《略》Maritime Safety Agency.

MSAT 《略》Minnesota Scholastic Aptitude Test.

MSB *n.* 《略》〚電算機〛most significant bit.

M.S.B.A. 《略》Master of Science in Business Administration.

M.S.B.C. 《略》Master of Science in Building Construction.

M.S.Bus. 《略》Master of Science in Business.

M.Sc. 《略》Master of Science.

M.Sc.D. Doctor of Medical Science.

M.S.C.E. 《略》Master of Science in Civil Engineering.

M.S.Ch.E. 《略》Master of Science in Chemical Engineering.

M.Sc.Med. 《略》Master of Medical Science.

M.S.C.P. 《略》Master of Science in Community Planning.

MSD 《略》〚電算機〛most significant digit.

M.S.D. 《略》Doctor of Medical Science; Master of Science in Dentistry.

M.S.Dent. 《略》Master of Science in Dentistry.

M.S.E. 《略》Member of the Society of Engineers; Master of Science in Engineering.

msec 《略》〚物理〛millisecond(s).

M.S.Ed. 《略》Master of Science in Education.

M.S.E.E. 《略》Master of Science in Electrical Engineering.

M.S.E.M. 《略》Master of Science in Engineering Mechanics; Master of Science in Engineering of Mines.

M.S.Ent. 《略》Master of Science in Entomology.

M-sèries *n.* 〚物理〛M 系列《M 線の一群をいう; cf. M-line》.

M.S.F. 《略》Master of Science in Forestry.

M.S.F.M. 《略》Master of Science in Forest Management.

M.S.For. 《略》Master of Science in Forestry.

MSG 《略》〚軍事〛Master Sergeant; 〚化学〛monosodium glutamate.

msg. 《略》message.

M.S.G.M. 《略》Master of Science in Government Management.

msgr. 《略》messenger.

Msgr. 《略》Monseigneur; Monsignor.

M/Sgt, M.Sgt. 《略》〚米軍〛Master Sergeant (陸軍・海兵隊の)曹長(そうちょう); (空軍の)一等軍曹.

MSH 《略》Mohs scale hardness.

MSH 《略》〚生化学〛melanocyte-stimulating hormone.

M.S.H.A. 《略》Master of Science in Hospital Administration.
M.S.H.E. 《略》Master of Science in Home Economics.
M-shèll *n.* 〘物理〙M 殻《原子核を取巻く電子殻のうち主量子数3をもつもの; cf. K-shell》.
M.S.Hort. 《略》Master of Science in Horticulture.
M.S.Hyg. 《略》Master of Science in Hygiene.
MSI 《略》〘電子工学〙medium-scale integration (cf. LSI).
M.S.I.E. 《略》Master of Science in Industrial Engineering.
M.S.J. 《略》Master of Science in Journalism.
M.S.L., m.s.l. 《略》Master of Science in Linguistics; mean sea level 平均海抜.
M.S.M. 《略》Master of Sacred Music; Master of Science in Music; Meritorious Service Medal.
M.S.M.E. 《略》Master of Science in Mechanical Engineering.
M.S.Met.E. 《略》Master of Science in Metallurgical Engineering.
M.S.Mgt.E. 《略》Master of Science in Management Engineering.
M.S.N. 《略》Master of Science in Nursing.
M.S.P.E. 《略》Master of Science in Physical Education.
M.S.P.H. 《略》Master of Science in Public Health.
M.S.Phar. 《略》Master of Science in Pharmacy.
M.S.P.H.E. 《略》Master of Science in Public Health Engineering.
M.S.P.H.Ed. 《略》Master of Science in Public Health Education.
MSR 《略》〘電子工学〙missile site radar ミサイル基地レーダー.
Mss. *n.* Ms. の複数形.
MSS., mss. [éməsés, mǽnjuskrìpts] 《略》manuscripts.
M.S.S. 《略》Master of Social Science; Master of Social Service.
M.S.Sc. 《略》Master of Social Science.
MST, M.S.T. 《略》Master of Science in Teaching; mean spring tide; Mountain standard time.
MsTh, Ms-Th 《記号》〘化学〙mesothorium.
M.S.T.S. 《略》〘米海軍〙Military Sea Transportation Service 軍事海上輸送部[業務].
M.S.W. 《略》Master of Social Welfare; Master of [in] Social Work.
MT 《略》machine translation; mechanical translation; megaton(s); 〘米郵便〙Montana (州); Mountain time.
M/T 《略》mail transfer.
mt. 《略》mountain.
Mt. 《略》Matthew (新約聖書の)マタイ伝福音書.
Mt., Mt [màunt] 《略》Mount …山: *Mt.* Everest エベレスト山.
m.t., M/T 《略》metric tons.
M.T. 《略》mandated territory; Masoretic text; Master of Teaching; mean time; mechanical transport; Middle Temple; motor tanker; motor transport.
MTB, M.T.B. 《略》motor torpedo boat.
M'ter 《略》Manchester.
mtg. 《略》meeting; mortgage.
mtge. 《略》mortgage.
mth. 《略》month.
M.Th. 《略》Master of Theology.
MTI 《略》〘電子工学〙moving target indicator.
mtl. 《略》material.
m.t.l. 《略》mean tidal level.
mtn. 《略》motion; mountain.
MTO 《略》〘軍事〙Mediterranean Theater of Operations 地中海作戦地域; mechanical [motor] transport officer 自動車輸送隊長.
MTP 《略》〘経営〙Management Training Program 管理者養成計画.
Mt.Rev. 《略》Most Reverend《archbishop の尊称》.
Mts., mts. 《略》mountains; mounts.
mu [mjúː, múː | mjúː] 〘□Gk *mû*〙 ― *n.* **1** ミュー《ギリシャ語アルファベット24字中の第12字: *M, μ* (ローマ字の M, m に当る); ⇨ alphabet 表》. **2** 〘← *μ* (mu) (micron を表わす記号)〙=micrometer².
mu, mu. 《略》micron(s); millimicron(s).
mu·az·zin [m(j)uːǽzn, múːəzɪn, -zən, -zìːn | muːǽzɪn, mu-] *n.* =muezzin.
muc- [mjuːk] (母音の前に来る時の) muco- の異形.
mu·ced·i·nous [mjuːsédənəs, -dn̩- | -dɪn-, -dn̩-] 〘← L *mucēdin-, mūcēdo* nasal mucus+-OUS〙 *adj.* かび (mold, mildew) の[に似た].
much [mʌ́tʃ] 〘ME *muche, moche*《尾音消失》← OE *myćel, mićel* great, much < Gmc **mik-ila-* (ON *mikill* / Goth. *mikils*) ← IE **meg(h)-* great (Gk *megalo-, mégas* great / Skt *mahā-* great): cf. mickle〙 (↔ little; cf. many) ― *adj.* (**more** [mɔ́ə, mɔ́ə | mɔ́ː(r]; **most** [móust | mə́ust]) **1** 多くの, 多量の, たくさんの, 多額の: ~ water, snow, wool, cotton, rice, work, money, time, etc. ★ (1)《口語》では主に否定文・疑問文に用い, 肯定文では主語, または how, too, as, so に続く場合を除いては多く 'a lot [lots] of,' 'plenty of,' 'a great [large] quantity of,' 'a good [great] deal of' などを代用する: I don't drink ~ wine. ぶどう酒は余り飲まない (cf. He drinks a great quantity of wine.) / I'm not ~ good at speaking. 話すのはあまり得意のほうではない (cf. I am no GOOD.) / People don't read ~ Tennyson nowadays. 近ごろの人はあまりテニスンを読まない / *Much* snow has fallen. 降雪多量 (cf. We have had plenty of snow.). (2) しばしば反語として no の意をこめて用いる: *Much* good may it do you! 精々お為になればよいが / *Much* right has he to interfere with me. 彼には私に干渉する権利がうんとありますからね《少しもありはしない》. **2** [否定構文で Predicative に用いて]《口語》すぐれて, 得意で〔*on*〕: He is *not* ~ *on* history. 歴史は得意ではない. **3** 《廃・米方言》多数の: ~ people.
so much (1) 同量の, それだけの: The hut burned like *so* ~ paper. 小屋はまるで紙のように燃えた / It is *so* ~ nonsense. 全く(の)ナンセンスだ. (2) いくらいくらの (cf. *pron.* 成句): mix *so* ~ flour with *so* ~ water 小麦粉いくらを水いくらと混ぜる. ***too much* (*for*)** ⇨ too 成句.
― *pron.* **1** 多量, 多額, たくさん, どっさり: do ~ to [toward] …に大いに尽くす[貢献する, 役立つ] / gain ~ 大いに得るところがある / *Much* of the time was wasted. 時間を大分むだにした / *Much* of this is true. これには大分真理がある / I do not see ~ of him. 彼にはあまり会わない / How ~ of the paper will you have? その紙をどれほど欲しいのですか / How ~ are eggs? 卵はいくらですか / *Much* would [will] have more. 《諺》あるが上にも欲しがるのが人情 / It was as ~ as he could do to keep awake. 目を覚ましているのが精一杯だった (cf. all *pron.* 1 b). **2** [補語に用いて] 大した物[事], 重要な物[事], すぐれた物[事]: The garden is not ~ to look at. その庭は大して見るほどのものではない, 見栄えがしない.
as much again 2倍だけ(の量) (twice as much); またそれと同量 (the same amount again) (cf. *as* MANY *again*). ***by much*** 大いに, ずっと: She is older than I *by* ~. 私よりずっと年上だ. ***make much of*** (1) …を(過度に)重んじる, 重視する, 強調する: You *make* too ~ *of* the event. 君は事件を重視しすぎる. (2) 〈人〉にちやほやする, …をもてはやす: The singer was *made* ~ *of* by his admirers. その歌手はファンに大いにもてた. (3) [否定構文で] …を理解する: I can*not make* ~ *of* his argument. 彼の議論はよくわからない《ちょっとおかしい》. (4) …を大いに利用する; …から多くの利益を得る. ***not much of a*** 《口語》たいした…ではない: He is *not* ~ *of a* scholar. 彼は大した学者ではない. ***so much*** いくらいくら (cf. *adj.* 成句 (2)): be taller by *so* ~ いくらいくらだけ(背が)高い / He worked for *so* ~ a week. 1週間いくらで働いた / He paid them at *so* ~ a head. 彼らに一人当たりいくらで支払った. ***so much for*** … (1) …の事はそれだけ(にしておく), …(について)はそれでおしまい: *So* ~ *for* today. 今日はこれでおしまい. (2)《軽蔑》…とはそんなもの; …するとそんな目にあう; *So* ~ *for* his learning. 彼の学問なんてそんなものさ / *So* ~ *for* meddling! いらぬおせっかいを焼くからそんなことになるのだ. ***that much*** そこまで, それだけ: I have only done *that* ~ so far. これまでのところただそれだけしかしていない. ***think* (*too*) *much of*** ⇨ THINK *of* (7). ***this* [*thus*] *much*** これだけは, ここまでは: *This* ~ is certain. これだけは確かだ.
― *adv.* (**more**; **most**) **1** [動詞・過去分詞および形容詞・副詞の比較級・最上級を修飾して] 大いに, たいそう, よほど; 頻繁に: He does not swim ~. 彼は余り泳がない / Thank you [Thanks] very ~. 大変ありがとう / You are ~ too young. 君は若すぎる / He is ~ taller now. もうずっと背が高くなった / This is ~ the better [best]. この方がずっとよい[ずば抜けている] / You can speak English very well.—Not ~ (= Certainly not).《口語》英語がとてもお上手ですね—そんなことありません《とんでもない》. ★ (1) afraid, alike, aware などは通例 much で修飾する: I was *much* afraid of earthquakes. (2) 前置詞句を修飾する時は much を用いる: This is *much* to my taste. (3) very との比較については ⇨ very *adv.* 1 a. ★. **2** ほとんど, ほぼ, 大体: ~ the same ほぼ同じ / ~ as…ほとんど同じほど… / ~ of an age ほとんど同年輩の[で] / ~ of a size 大体同じ大きさの[で].
as much ちょうどそれだけ, 等しく: I thought *as* ~. 《口語》そんな事だろうと思った, 思っていた通りだった《あとに as you tell me などを補って解する》. ***as much as*** …ほど, だけ(多く): *as* ~ *as* you like いくらでも好きなだけ / *as* ~ *as* possible なるべく, できるだけ(多く) / ⇨ as¹ *conj.* 1 a. ***as much as to say*** ⇨ say² *v.* 成句. ***much as*** … 大いに…はするが, …するのは山々なのだが (cf. as *conj.* 8): *Much as* I admire his courage, I cannot think he acted wisely. いかにも彼の勇気はすばらしいと思うが賢明な行動をしたとは考えられない. ***much less*** [否定文の後に用いて] まして[いわんや]…ない (⇨ less *adv.*). ***much more*** [肯定文の後に用いて] まして, いわんや (⇨ more *adv.*). ***much of a muchness*** ⇨ muchness 成句. ***not so much*** (…) ***as*** … (1) …すら(し)ない (cf. *without so* MUCH *as*): He can*not so* ~ *as* write his own name. 彼は自分の名を書くことすらできない. (2) …ではなくてむしろ…: He is *not so* ~ a scholar *as* a writer. 学者というよりもむしろ作家だ. ***so much*** [(the+) 比較級に先立って] それだけ(一層): *So* ~ the better [worse] for us! 我々にとって(それだけ)ますますよい[悪い], 我々にはかえってよい[悪い]. ***without so much as*** …すらせずに (cf. *not so* MUCH *as* (1)): He went out *without so* ~ *as* saying goodby. さようならも言わずに出て行った.
mu·cha·cha [muːtʃáːtʃə; *Sp.* mutʃátʃa] 〘□Sp. ~ (fem.): ↓〙 *n.* 《米南西部》 **1** 娘, 少女 (girl). **2** 女中, (女の)召使.
mu·cha·cho [mutʃáːtʃou | -tʃəu; *Sp.* mutʃátʃo] 〘□Sp. ~ ← *mocho* cropped, shorn〙 *n.* (*pl.* ~**s**) 《米南西部》 **1** 若者, 少年 (boy). **2** 下男, (男の)召使.
Múch Adó Abòut Nóthing *n.* 「から騒ぎ」《Shakespeare 作の喜劇 (1598–99)》.
múch·ly 〘《1621》: ⇨ much, -ly¹〙 *adv.* 《戯言》大いに, たいそう.
múch·ness 〘《*a*1398》: ⇨ much, -ness〙 *n.* 多量, 多額, たくさん, どっさり.
much of a muchness 似たり寄ったり(で).
mu·ci- [mjúːsɪ, -sə | -sɪ] muco- の異形 (⇨ -i-).
mu·cic [mjúːsɪk] 〘□F *mucique* ← L *mūcus* 'MUCUS': ⇨ -ic¹〙 *adj.* 〘化学〙粘液酸 (mucic acid) の, 粘液酸から得られた.
múcic ácid *n.* 〘化学〙粘液酸, ムチン酸 (HOOC-$(CHOH)_4$COOH)《saccharolactic acid, tetrahydroxyadipic acid ともいう》.
mu·cid [mjúːsɪd, -səd | -sɪd] 〘□L *mūcid-us* ← *mūcēre* to be moldy: ⇨ mucus, -id⁴〙 *adj.* 《古》かびた, かび臭い (musty).
mu·cif·er·ous [mjuːsíf(ə)rəs] 〘← MUCO-+-FEROUS〙 *adj.* 粘液 (mucus) のある, 粘液を出す; 粘液で満ちた.
mu·ci·gen [mjúːsədʒɪn, -dʒən, -dʒèn | -sɪ-] 〘← MUCO-+-GEN〙 *n.* 〘生化学〙ムチゲン (⇨ mucinogen).
mu·ci·lage [mjúːs(ə)lɪdʒ | -sɪl-] 〘《*a*1400》□(O)F ~ □LL *mūcilāgō* musty juice ← L *mūcus* 'MUCUS'〙 ― *n.* **1** 〘植物生理〙粘質, 粘液《諸種の植物の種皮から分泌するゼラチン状物質; ゴム質に似ているが水によって膨張して粘稠(ねんちゅう)になり水に溶けない; cf. gum¹ 1 a》. **2** 《米》ゴムのり, アラビアのり (gum).
múcilage cèll *n.* 〘植物〙粘液細胞.
mu·ci·lag·i·nous [mjùːsəlǽdʒənəs | -sɪlǽdʒɪ-, -dʒə-] 〘□LL *mūcilāginōs-us*: ⇨ mucilage, -ous〙 ― *adj.* **1** 粘質[液]の; 粘着性の, 粘液質の (viscous, sticky). **2** 粘液の; 粘液を分泌する. **~·ly** *adv.*
mu·cin [mjúːsɪn, -sən, -sn̩ | -sɪn] 〘← L *mūcus* mucus+-IN²〙 *n.* 〘生化学〙ムチン, 粘液素《粘液の主成分》. **mú·ci·nous** [-s(ə)nəs, -sn̩- | -sɪn, -sn-] *adj.* **mú·ci·nòid** [-sənɔ̀ɪd, -sn̩-, -snɔɪd | -sɪnɔ̀ɪd, -sn̩-] *adj.*
mu·cin·o·gen [mjuːsínədʒən, -dʒèn | -dʒɪn, -dʒən, -dʒèn] 〘← MUCIN+-O-+-GEN〙 ― *n.* 〘生化学〙ムチノーゲン, 粘素原《ムチン (mucin) のもとになる母質; mucigen ともいう》.
muck [mʌ́k] 〘《*c*1250》 *muk* □? ON *myki* cow dung ← Gmc **muk-, *meuk-* soft: cf. meek〙 ― *n.* **1** (しめり気のある柔らかい)堆肥(たいひ), 肥やし, 肥料. **2** 腐敗した泥炭や黒変した沼泥《有機物を多量に含んでいて肥料になる》. **3 a** ぬかるみ; 泥. **b** 泥に似たもの; ごみ, 汚物. **4** 《口語》不潔な状態, 乱雑; 混乱: be in [all of] a ~ 混乱状態になっている / be all of a ~ of sweat 汗みどろになっている. **5 a** 《口語》くだらない物, がらくた, ごみくず. **b** くだらない読み物: The last book he wrote was sheer ~. 彼の最後の著書は全くくだらないものだった. **6** 〘鉱山〙廃石. **7** 〘土木〙ずり《トンネル工事の際掘り出した石や土砂》.
make a muck of (1) …を不潔にする, きたなくする. (2) …を台なしにする, めちゃめちゃにする.
― *vt.* **1** 〈畠など〉に堆肥をやる: ~ the field. **2** 《口語》 **a** よごす, きたなくする 〈*up*〉. **b** 取りちらかす, 乱雑にする 〈*up*〉: ~ the floor. **3** 《英俗》…でへまをやる, …にみそをつける; めちゃめちゃにする, 台なしにする 〈*up*〉: ~ *up* the plan 計画をめちゃめちゃにしてしまう. **4** きれいにする; (特に)…から汚物を除く 〈*out*〉. **5** 〘土木〙…からずり出しをする. ― *vi.* 《英俗》 **1** あてもなくぶらつく, うろつき回る 〈*about, around*〉. **2** ぶらぶら時を過ごす, のらくらする 〈*about, around*〉. **3** 遊び回る; (…を)いじくる, もてあそぶ 〈*about, around*〉〔*with*〕: Stop ~*ing about with* my watch. ぼくの時計をいじくり回すのはよせ.
muck in with 《英口語》〈人〉と(住居・食料・仕事などを)共にする, (寝食を)共にする.
múck bàr *n.* 〘冶金〙ムックバー《パッドル炉から取り出された錬鉄, 表面にはまだスラグのついたもの》.
muck·er¹ [mʌ́kə | -kə(r] 〘□? G *Mucker* sulky person, hypocrite ← *mucken* to grumble〙 ― *n.* 《俗》 **1** 下品なやつ, 下種(げす); 育ちの悪いやつ, 俗物. **2** へまばかりする[言う]人.
múck·er² [mʌ́kə | -kə(r] 〘← MUCK (*n.*)+-ER¹〙 ― *n.* **1** 〘鉱山〙(仕事場の)片付け人夫[工夫]; 廃石取除き人夫; (鉱石の)積込み機械. **2** 《英俗》どしんと落ちること, 墜落 (cropper); 災難.
come a mucker 《英俗》(1) どしんと倒れる. (2) 失敗する, とんだ災難に会う. ***go a mucker*** 《英俗》やたらに金を使う: *go a* ~ *on* [*over*] a purchase 買物にやたらに金を使う.
múck·hèap *n.* 堆肥の山.
múck·hìll *n.* =muckheap.
muck·ing 〘← MUCK+-ING²〙 *adj.* 《俗》いまいましい, 実にひどい (damned).
muck·le [mʌ́kl̩] *adj., n.* 《古・スコット》=mickle.
muck·luck [mʌ́klʌk] *n.* =mukluk.
múck·ràke 〘《1684》《原義》堆肥を掻き集める熊手: ⇨ rake¹〙 ― *n.* **1 a** [the ~] 醜聞あさり. **b** 醜聞記事を載せる新聞[雑誌]. **2** =muckraker.
the man with the muckrake 〘Bunyan, *Pilgrim's Progress* 第2部で現世的利益追求の象徴として描かれたもの〙醜聞をかぎ回る人.
― *vi.* (官吏・公人の)醜聞などを暴いて新聞などに書き立てる. ― *vt.* **1** 〈人〉の醜聞あさりをする. **2** (醜聞あさりに)せっせと調べる.
múck·ràking *n.*

múck·ràker *n.* 醜聞を暴く人; (特に)新聞記者たち.
múck-ùp *n.* 《英俗》混乱(状態); へま, 不手際.
múck·wòrm *n.* **1** 《俗用》糞虫, うじ. **2** 欲張り, けちんぼ (miser).
muck·y [mʌ́ki | -kɪ] 〖← MUCK (n.)+-Y⁴〗 — *adj.* (**muck·i·er, -i·est; more ~, most ~**) **1** 堆肥の(ような); 不潔な, きたない. **2** 《英》いやな, 不愉快な; 卑劣な, 卑猥な. **3** 《口語》〈天候が〉じめじめしていやな.
muc·luc [mʌ́klʌk] *n.* =mukluk.
mu·co- [mjú:ko(ʊ) | -kə(ʊ)] 〖□ L *mūco-* ← *mūcus* 'MUCUS'〗「粘液 (mucus)」の意の連結形. ★ 時に muci-, また母音の前では通例 muc- になる.
mùco·cutáneous 〖← MUCO-+CUTANEOUS〗 *adj.* 〖解剖〗皮膚と粘膜の[とから成る, を侵す].
mu·coid [mjú:kɔɪd] 〖← MUC(IN)+-OID〗 *n.* 〖生化学〗 **1** ムコイド, 類粘素《ムチン (mucin) に似た糖蛋白質の一種》. **2** =mucoprotein.
mu·có·i·tin·sùlfuric ácid [mju:kòʊətn-, -kóɪ- | -kóʊɪtɪn-, -kóɪ-] 〖← *mucoitin* (← MUCO-+-*itin* (← -ITIC+-IN¹)+SULFURIC〗 — *n.* 〖生化学〗ムコイタン硫酸《眼球や胃粘液に見られる粘性多糖類》.
mu·co·lyt·ic [mjù:kəlítɪk | -tɪk] 〖← MUCO-+-LYTIC〗 *adj.* 〖生化学・生理〗粘液分解の《粘液に含まれるムチン (mucin) を加水分解して粘性を下げる働きにいう》.
mùco·péptide 〖← MUCO-+PEPTIDE〗 — *n.* 〖生化学〗粘性ペプチッド《細菌の細胞壁にある複合蛋白質, 抗生物質によってその合成が抑制されていると考えられている》.
mùco·polysáccharide 〖← MUCO-+POLYSACCHARIDE〗 *n.* 〖化学〗ムコ[粘質]多糖類《粘稠な糖蛋白質を漠然とさす》.
mùco·prótein 〖← MUCO-+PROTEIN〗 *n.* 〖生化学〗ミューコプロテイン, 粘性蛋白《炭水化物を含むアミノ属化合物; mucoid ともいう; cf. glycoprotein》.
mùco·púrulent 〖← MUCO-+PURULENT〗 *adj.* 〖医学〗粘液膿性の.
mu·cor [mjú:kɔə, -kə | -kɔ:(r, -kə(r] 〖← NL ~ ← L ~ 'moldiness' ← *mūcēre* to be moldy〗 — *n.* 〖植物〗ケカビ《藻菌類ケカビ属 (*Mucor*) のカビの総称; *M. mucedo, M. hiemalis* など》.
Mu·co·ra·ce·ae [mjù:kəréɪsiì:] 〖← NL ~: ⇨↑, -ACEAE〗 *n. pl.* 〖植物〗ケカビ科. **mù·co·rá·ceous** [-ʃəs] *adj.*
Mu·co·ra·les [mjù:kəréɪli:z] 〖← NL ~: ⇨ mucor, -ales〗 *n. pl.* 〖植物〗ケカビ目.
mu·co·sa [mju:kóʊzə, -sə | -kóʊ-] 〖← NL ~ ← L ~ (fem.) ← *mūcōsus* 'MUCOUS'〗 — *n.* (*pl.* **-co·sae** [-zi:, -zaɪ, -si:, -saɪ], **~, ~s**) 〖解剖〗粘膜. **mu·có·sal** [-zəl, -zl̩, -səl, -sl̩] *adj.*
mu·cos·i·ty [mju:kɑ́səṭi | -kɔ́sətɪ, -sɪ-] 〖□ F *mucosité*: ⇨↓, -ity〗 *n.* 粘性.
mu·cous [mjú:kəs] 〖《1646》□ L *mūcōs-us* ← *mūcus*: ⇨ mucus, -ous〗 *adj.* **1** 粘液(性)の; 粘液質[状]の. **2** 粘液を分泌する, 粘液を含む.
múcous glánd *n.* 〖解剖〗粘液腺.
múcous mémbrane *n.* 〖解剖〗粘膜.
mu·co·vis·ci·do·sis [mjù:ko(ʊ)vɪsədóʊsɪs, -səs | -kə(ʊ)vɪsɪdə́ʊsɪs] 〖← NL ~: ⇨ muco-, viscid, -osis〗 — *n.* 〖病理〗膵(臓)線維症《cystic fibrosis, pancreatic fibrosis ともいう》.
mu·cro [mjú:kroʊ | -krəʊ] 〖← NL *mucrō* ← L *mucrō* point of a sword〗 — *n.* (*pl.* **~, mu·cro·nes** [mju:króʊni:z | -krə́ʊ-]) 〖生物〗(葉の末端などの)小突起, とげ (spine).
mu·cro·nate [mjú:krənèɪt, -nət, -nɪt] 〖□ L *mūcrōnāt-us* pointed: ⇨↑, -ate²〗 — *adj.* 〖生物〗〈羽・葉など〉先端に小突起[とげ状突起]のある, 小突形の. **mu·cro·na·tion** [mjù:krənéɪʃən] *n.*
mu·cro·nat·ed [mjú:krənèɪṭɪd, -ṭəd | -tɪd, -təd] *adj.* 〖生物〗=mucronate.
mucrones *n.* mucro の複数形.
mu·cus [mjú:kəs] 〖□ L *mūcus* ← IE **meug-* to slip, slippery〗 *n.* (動植物の)粘液, やに: nasal ~ 鼻汁 / dried ~ 鼻くそ.
mud¹ [mʌ́d] 〖《?a1300》 *mudde, mode* □ MLG *mudde* ← IE **meu-* wet〗 — *n.* **1** 泥; ぬかるみ: (as) clear as ~ 《反語・戯言》泥のように澄んでいる, まるではっきりしない, もやもやして少しもわからない / treat a person as ~ [as the ~ beneath one's feet] 人を泥のようにつまらない[卑しい]者に扱う. **2 a** つまらない[下らない]物, かす. **b** 《口語》呪われた物[者], 呪わしい物[やつ] (anathema). ★ 主に次の句で用いる: His [Her] name is ~. 彼[彼女]の名声は失墜だ, 彼[彼女]の名は地に落ちている. **3** 悪口, 悪意に満ちた非難 (slander): fling [sling, throw] ~ at ... をそしる, 中傷する. **4** 《俗》阿片 (opium).
(Here's) mud in your eye! 《俗》乾杯《祝杯をあげる時の言葉》. ***stick in the mud*** (1) 泥の中にはまり込む; 動きが取れなくなる. (2) ひどく保守的[旧弊]である (cf. stick-in-the-mud).
— *v.* (**mud·ded; mud·ding**) — *vt.* **1** 泥だらけにする, 汚す; 泥をはねる; 濁らす: The dog *~ded* the brook. 犬が小川の水を濁らせた / He *~ded* us with reckless driving. 乱暴な運転をして我々に泥をはねかけた. **2** 〈家・壁・戦車など〉に泥を塗る: Their tanks were cleverly *~ded* up for camouflage. その戦車は巧みに泥を塗って偽装していた. — *vi.* 〈魚・かに・虫などが〉泥にもぐり込む, 泥の中に逃げる.

mud² [mʌ́d] 〖← M(IDDLE)+U(P)+D(OWN³)〗 — *n.* 〖トランプ〗(bridge で) マッド, 中打ち《bridge の打出し (lead) 法の一つで弱い 3 枚札を中-高-低の順に打出すこと; cf. TOP¹ of nothing》.
mu·dar [mədɑ́ə | -dɑ́:(r] 〖□ Hindi *madār*〗 — *n.* 〖植物〗マダール (*Calotropis gigantea* または *C. procera*)《ビルマ・インド産のガガイモ科の低木; 根皮は発汗剤, 内皮は有用繊維》.
múd bàth *n.* 泥ぶろ《各種の塩分を含む泥を用いる; リューマチなどに有効》.
múd·càp 〖鉱山〗 *n.* マッドキャップ《破砕した岩塊の上に火薬を載せその上を粘土で被った爆破仕掛け》. — *vt.* ...にマッドキャップを仕掛け[爆発させ]る.
múd càt [càtfish] *n.* 〖魚類〗 **1** =flathead catfish. **2** =brown bullhead.
múd cràck *n.* 乾裂《干天(ｶﾝﾃﾝ)が続いた時などに干上った沼や水田の泥土に生じたひびわれ》.
mud·dar [mədɑ́ə | -dɑ́:(r] *n.* 〖植物〗=mudar.
múd dàuber *n.* 膜翅目のうち泥を運んで巣を作るハチの総称《ジガバチ科の一部(ルリジガバチ・モンキジガバチ・キゴシジガバチ・アメリカジガバチなど, クモを狩る), ベッコウバチ科の一部(ヒメベッコウ類, クモを狩る), およびスズメバチ科のトックリバチ亜科の種類(ガの幼虫を狩る)などが属する》.
mud·der [mʌ́də | -də(r] *n.* **1** 《米》〖競馬〗重(ｵﾓ)馬場を得意とする馬, 道悪上手(ﾐﾁﾜﾙｼﾞｮｳｽﾞ)の馬. **2** (フットボール等で)泥んこのグラウンドを得意とする選手[チーム].
mud·dle [mʌ́dl̩] 〖《1596》← MUD¹+-LE³: 《原義》 to dabble in mud: cf. MDu. *moddelen* to make water muddy〗 — *vt.* **1** 泥だらけにする, どろどろにする; 泥で濁らせる: ~ the water. **2** 〈頭を〉混乱させる, まごつかせる; (特に, 酒などで)ぼんやりさせる: Her brain is *~d* with drugs. 頭が麻薬でぼんやりしている. **3** 〈言葉を〉不明瞭にする: one's *~d* speech はっきりしない言葉. **4 a** 〔...と〕ごたまぜにする, ごっちゃにする 〈*up, together*〉〔*with*〕. **b** 《米》〈カクテルなどの入れたものを〉つぶして混ぜる, かき混ぜる: ~ cocktail. **5** めちゃくちゃにする, 台なしにする: ~ a plan, scheme, piece of business, etc. **6** 〈色を〉鈍らせる, 濁らせる. **7** むだにする, 浪費する 〈*away*〉: ~ *away* one's time, money, etc. **8** 〖窯業〗〈粘土を〉〈ガラスにこすりつけて〉滑らかにする. — *vi.* もたもたする, でたらめなやり方をする, へまをやる〔*with*〕: ~ *with* one's work へまな仕事をする.
muddle about (1) うろつく, ぶらつく. (2) だらしなく仕事をする. ***muddle on [along]*** どうかこうかやって行く, お茶を濁して済ます. ***muddle through*** もたもたしながらも切り抜けて行く, なんとか目的にこぎつける: ~ *through* without help / ~ *through* to victory なんとかしながら勝利にこぎつける.
— *n.* **1** 混乱, ごたごた; ごたまぜ, 取散らかし: Here is a nice [fine] ~. これはめちゃくちゃだ. **2** (頭の)混乱, 当惑. **3** (論旨などの)支離滅裂.
in a muddle (1) 雑然と, めちゃくちゃで. (2) ぼんやりして, まごついて. ***make a muddle of*** ...を台なしにする.
múddle·hèad *n.* 《口語》間抜け, とんま.
múddle·héaded *adj.* 《口語》とんまな, 間抜けな (stupid). **~·ness** *n.*
mud·dler [mʌ́dlə, -dlə | -dlə(r, -dlə(r] *n.* **1** (飲物の)かき回し棒, マドラー. **2** なんとか切り抜ける人, お茶を濁す人. **3** 〖魚類〗カジカ (miller's-thumb).
múd drùm *n.* 〖機械〗泥だめ《蒸気ボイラー内にある円筒状の部分; 水中の泥状物を集めるのに用いる》.
mud·dy [mʌ́di | mʌ́dɪ] 〖《1413》: ⇨ mud¹, -y⁴〗 — *adj.* (**mud·di·er; -di·est**) **1** 泥の多い, 泥深い, ぬかる; 泥だらけの, 泥まみれの: a ~ lane / ~ boots. **2 a** 泥に似た, 泥のような, 泥臭い: a ~ light color / a ~ flavor. **b** 〈液体が〉濁った; 沈澱物のある: ~ water, coffee, etc. / a ~ stream. **3** 〈色・光沢・音声など〉曇った, 冴(ｻ)えない, 濁った: ~ weather, light, etc. / a ~ complexion つやの悪い顔色 / ~ eyes とろんとした目 / a ~ voice だみ声. **4 a** 〈頭が〉はっきりしない, ぼんやりした: ~ brains. **b** 〈思想・表現・文体など〉不明確な, すっきりしない, 曖昧(ｱｲﾏｲ)な: a ~ style 不明瞭な文体 / ~ expressions 曖昧な表現. **5** 《まれ》道徳的に不純な, 卑俗な (base): ~ pleasures. **6** 《廃》陰気な, ふさぎ込んだ (gloomy): a ~ look. **7** 〖競馬〗〈コースが〉重(ｵﾓ)馬場の. — *vt.* **1 a** 泥でよごす, 泥だらけにする. **b** 濁す. **2 a** 曇らせる (cloud). **b** 〈頭を〉ぼんやりさせる, まごつかせる(muddle). — *vi.* 泥だらけになる. **múd·di·ly** [-dɪli, -də-, -dl̩i | -dɪli, -də-] *adv.* **múd·di·ness** *n.*
múd èel *n.* 〖動物〗サイレン (*Siren lacertina*)《米国南部の沼地にすむサイレン科サイレン属の2本の前足だけを持つ両生類の一種》.
múd·fish *n.* 〖魚類〗泥の中にいる魚類の総称: **a** =bowfin. **b** =mudminnow.
múd·flàp *n.* (自動車の後輪の後ろに垂らして泥水のはねを防ぐ)泥除け.
múd flàt *n.* (泥土の)平瀬, 干潟(ﾋｶﾞﾀ) (cf. flat¹ *n.* 3 a).
múd flòw *n.* 〖地質〗泥流, 火山泥流 (cf. volcanic mud).
múd·guàrd *n.* =fender 1 b.
múd hèn *n.* 〖鳥類〗沼地に生息するクイナの類の鳥《オオバン・バン・クイナなど》.
múd·hòle *n.* **1** (野原・道路などの)泥穴, 泥だまり. **2** 小さな町.
Mú·die's [mjú:diz | -dɪz] *n.* London の出版業者 Charles Edward Mudie (1818–90) が始めた (1842) 貸本屋《Mudie's Lending Library ともいう》.

mu·dir [mu:díə | -díə(r] 〖□ Arab. *mudīr* governor (ptc.) ← *adāra* to direct〗 *n.* (エジプトの)州知事; (トルコの)村[町]長.
múd·làrk *n.* **1** 《口語》 **a** 干潮時に川の泥の中をあさるばた屋, どぶさらい. **b** 浮浪児. **2** 〖鳥類〗ツチスドリ (⇨ magpie lark). — *vi.* 泥を掘ってあさる; 泥遊びをする.
múd lùmp *n.* 砂洲(ｽ)などにできる堆積土の円錐形の小丘.
múd·mìnnow *n.* 〖魚類〗 **1** ユーラシアと北米に分布するウンブラ科のうち, *Novumbra* 属および *Umbra* 属の小魚の総称. **2** ヨーロッパ, 特に Danube 川水系にすむ小魚 (*Umbra krameri*).
múd·pàck *n.* 泥パック《美容パック用に漂土・アストリンゼンなどを練ったもの; 単に pack ともいう》.
múd pìe *n.* (子供の作る)泥饅頭(ﾏﾝｼﾞｭｳ).
múd pùppy *n.* 〖動物〗 **1** マッドパピー《北米の湖沼にすみ, 赤いえらをもつ大型のサンショウウオ》. **2** 北米産の大型サンショウウオ《アメリカオオサンショウウオ (hellbender), アホロートル (axolotl) など》.
mu·dra [mədrɑ́:] 〖□ Skt *mudrā* sign〗 — *n.* **1** (古代インドの)印章, 封印. **2** ムドラー《インド古典舞踊の神秘な手振り; 手首や指先の微妙な動きが一つ一つ何らかの意味を象徴する》. **3** 〖仏教〗密教で用いる手印, 印契.
múd·ròom *n.* 靴ぬぎ室《泥水のはねた服や泥靴などを脱ぐ小部屋; 通例, 地下室や勝手口の近くにある》.
múd·sìll *n.* **1** (建造物の)敷土台《通例, 地上または基礎の上に置かれる横材》. **2** 《米》(どん底の)貧乏人.
múd·skipper *n.* 〖魚類〗トビハゼ属 (*Periophthalmus*) とムツゴロウ属 (*Boleophthalmus*) の魚類の総称《トビハゼ (*P. cantonensis*), ムツゴロウ (*B. chinensis*) など; アフリカ・東インド・日本の潟(ｶﾀ)にすみ, 泥地をはね回る習性がある》.
múd·slìnger *n.* (選挙演説の際などの)中傷者 (cf. mudslinging).
múd·slìnging 〖← *sling mud at* (⇨ mud¹ n. 3)〗 *n.* (政治[選挙]運動の際などの)中傷, 泥仕合.
múd snàke *n.* 〖動物〗ヒムネツチヘビ (⇨ hoop snake 2 a).
múd·sprìnger *n.* 〖魚類〗=mudskipper.
múd·stòne *n.* 〖岩石〗泥岩, 土丹盤, 土丹《比較的軟かい粘土質岩; cf. argillite, shale, slate¹ 1 a》.
múd·sùcker *n.* 〖魚類〗米国 California 州産のハゼの一種 (*Gillichthys mirabilis*)《釣の餌に用いる》.
múd tùrtle [tòrtoise] *n.* 〖動物〗 **1** ドロガメ《米国の泥川にすむドロガメ属 (*Kinosternon*) の淡水にいるカメの総称; ドロガメ (*K. subrubrum*) など; 腹甲の前半と後半が可動的に結合し背甲を完全に閉じることができる》. **2** マダライシガメ (*Clemmys marmorata*)《太平洋岸に生息するイシガメ属のカメ》. **3** スッポン (soft-shelled turtle).
múd volcáno *n.* 〖地質〗泥火山《水を多く含んだ粘土が, 火山ガスなどの噴出で盛り上がった丘》.
múd wàsp *n.* 〖昆虫〗=mud dauber.
Muen·ster [mʌ́nstə, m(j)ú:n-, mún-, mín- | -stə(r; *F.* mœstɛ:r] 〖← *Münster* (フランス北東部の原産地名)〗 — *n.* ムンスター(チーズ)《甘味のある柔らかい白チーズ; Muenster cheese ともいう》.
mu·ez·zin [m(j)u:ézn̩, mwézn̩, mú:əzɪn, -zən, -zì:n | mu:ézɪn, mju:-, mwéz-] 〖《1585》□ Arab. *mu'azzin* 《方言的変形》← *mu'ádhdhin* (ptc.) ← *ádhdhana* to call, prayer〗 — *n.* (イスラム寺院の光塔 (minaret) から日に 5 度祈りの時間を声高く呼び知らせる)勤行(ｺﾞﾝｷﾞｮｳ)時報係 (cf. azan).
muff¹ [mʌ́f] 〖《1599》□ Du. *mof* 《略》← MDu. *moffel* □ ML *muff(u)la*: cf. muffle¹ (n.)〗 — *n.* **1** マフ《内側にウール地や毛皮を使った円筒状のおおい物; 保温のために手を両端から差し込む》. **2** 耳羽《鶏などの頭の側部にある羽の房》. **3** 《俗》 **a** 女性の性器. **b** 女; 売春婦. **4** 〖機械〗筒; 筒形継ぎ手.

muff¹ 1

muff² [mʌ́f] 〖《1837》← ?: cf. 《方言》 *maffle* to mumble / Du. *mof* German: もとドイツ人に対する軽蔑語として用いた〗 《口語》 — *n.* **1** へま, やり損ない: make a ~ of the business [it] 事をやり損なう, へまをやる. **2** (スポーツなどで)へまばかり仕出かす人, 不器用者; とんま, 間抜け: He made a ~ of himself. ばかなことをして笑いものになった. **3** 腰抜け, 弱虫. **4** 〖野球・クリケット〗捕球の失敗, 落球. — *vt.* **1** ...をやり損なう, しくじる, 台なしにする; 〈機会などを〉逃がす. **2** 〖野球・クリケット〗〈飛球を〉受け損なう, 落球する (cf. fumble 4): ~ a ball, catch, etc. — *vi.* **1** へまをやる, 間抜けなことをする. **2** 〖野球・クリケット〗落球する.
muf·fe·tee [mʌ̀fətí:, mʌ̀f-] 〖《変形》← MUFF¹〗 *n.* (*also* **muf·fa·tee** [~]) 《英》 **1** (首に巻く)マフラー. **2** =wristlet 1.
muf·fin [mʌ́fɪn, -fən | -fɪn] 〖《1703》□ ? LG *muffen* (pl.) ← *muffe* cake: cf. OF *pain moufflet* soft bread〗 — *n.* **1** マフィン: **a** 《英》イースト入りの生地を鉄板で焼いた小円形でふわふわのパン. **b** 《米》卵入りの生地をカップ型に入れて焼いたお茶受け用のパン. **2** (陶器またはガラスの)小皿.
múffin-bèll *n.* 《英》(もと)マフィン売りの鳴らした鈴.

múffin-càp *n.* 《英》(慈善学校生徒などがかぶる)マフィン型の帽子.
muf·fin·eer [mʌ̀fəníə|-fɪníə(r] 〖← MUFFIN+-EER〗 *n.* (マフィンに振り掛ける塩・砂糖を入れる)小型の振り掛けびん.
múffin-màn *n.* 《英》マフィン売り《もと muffin-bell を鳴らしながら街路を売り歩いた》.
múffin pàn *n.* マフィン型《マフィンやカップケーキを一度に多く作れるように凹部を多数並べた焼板》.
múffin stànd *n.* マフィンスタンド《皿や茶器の置ける 3 段棚の小型の台》.
muf·fle[1] [mʌ́fl] 〖《a1405》《頭音消失》? ← OF *en-moufl-er* to swathe ← EN-[1]+*moufle* mitten (cf. F *emmouflé* wrapped up) (▭ ML *muff(u)la* ← ?): cf. muff[1]〗 ── *vt.* **1** (防寒または人に隠すために, 外套・マフラーなどで)〈体・顔・首などを〉包む: ~ (*up*) one's throat [head] in a cloak, shawl, scarf, etc. **2** (声や音を立てないように)包む; (おおいや当て物などをして)…の音を消す: ~ a person 声を立てさせないように布で人の口をおおう / ~ a bell, a drum, a horse's hoofs, etc. / a ~*d* voice 口をおおわれてよく聞えない声; (浴室などから聞えて来る)こもった声 / ~*d* curses (口をおおわれて)かすかに聞える呪いの言葉 / ~ the oarlocks (オールの音止めに柔かい材質のもので)オール受けを巻く / She put her hands to her mouth to ~ a giggle. くすくす笑いを抑えるため手を口に当てた. **3** 抑える: ~ one's feelings 感情を抑える. **4** 《廃》目隠しする (blindfold). ── *n.* **1** (音を消すための)おおい. **2** 低くなった[消された]音: the ~ of distant thunder ごろごろと低く聞こえて来る遠雷の音. **3** 〖窯業〗マッフル《被熱物を直接火炎や燃焼ガスに接触させないために炉内につくられた耐火物製の室や箱》. **4** 《古》〖ボクシング〗グラブ (boxing glove).
muf·fle[2] [mʌ́fl] 〖▭ F *mufle* 《変形》← (O)F *moufle* fat coarse face: cf. muffle[1], muzzle〗 *n.* (哺乳動物の)鼻唇(ʲⁿ)部, 鼻先.
múffle fùrnace *n.* 〖窯業〗マッフル炉《被熱物が直接火炎や燃焼ガスに当たらないようにマッフルを備えた炉》.
múf·fler [-flə|-flə(r] 〖《1535-36》← MUFFLE[1] (v.)+-ER[1]〗 ── *n.* **1 a** 襟(ʲ)巻き, 首巻き, マフラー. **b** (婦人用の)顔おおい, ベール. **c** 《廃》目隠し. **d** おおい隠すもの. **2** 《米》(内燃機関の排気ガスなどの音を消す)消音器; (ピアノの hammer と弦の間に入れ響きを止める)弱音器. **3** 〖甲冑〗二叉の鎖手袋《鎖帷子(ʲ)(hauberk) の袖と一体になっている》.
muf·ti 〖《1586》▭ Arab. *múfti* (ptc.) ← *áftā* to expound the law〗 ── *n.* **1** [mʌ́fti, múf-|mʌ́fti] (イスラムの)法律学者, (回教国法廷の)宗教解釈官, 法律顧問 (cf. Grand Mufti). **2** [《米》mʌ́fti] (軍人が軍務についていない時に着る)平服, 私服 (cf. plain clothes, uniform): in ~ 平服を着て.
mug[1] [mʌ́g] 〖《1570》← ? Scand.; cf. Norw. *mugge* / Swed. *mugg*〗 ── *n.* **1 a** マッグ《通例, 金属・陶製の円筒形でしばしば取手付き蓋なしのジョッキ》. **b** マッグ一杯(分の量): a ~ of soup. **2** 〖湯飲み用の mug がよくグロテスクな人の面相に似せて作られていたことから〗《俗》**a** 顔, つら; 口; 口辺《口, あご, あごさきの総称》. **b** しかめっつら. **c** =mug shot. **3** 《俗》**a** 《英》だまされやすい人,「かも」; だまされたやつ, まぬけ, あほう. **b** 《米》無頼漢, ごろつき (punk).

mug[1] 1 a

put the mug on a person 〈人〉の首を絞めつける.
── *v.* (**mugged; mug·ging**) 《俗》 ── *vt.* **1** 〈犯罪容疑者〉の写真を撮る: ~ criminals. **2** 〈強盗が〉(背後から腕で)〈人〉の喉(ʲ)を締める, 襲う. **3** 《米》(特別の注意を引くように)顔をしかめて言う. ── *vi.* **1 a** しかめつらをする 〔*at*〕. **b** 《俗》大向こうをうならせるように演じる, 誇張的な演技をする (overact). **2** 〈強盗が〉後ろから襲う.
mug[2] [mʌ́g] 〖《1848》← ?〗 《英俗》 ── *v.* (**mugged; mug·ging**) ── *vt.* 勉強する, …の詰込み勉強をする (cram) 〈*up*〉: ~ (*up*) history 歴史を詰め込む[勉強する]. ── *vi.* (詰込み主義の)勉強をする(grind) 〈*up*〉. ── *n.* がり勉屋.
mug·ger[1] [mʌ́gə|-gə(r] 〖▭ Hindi *magar* ← Skt *makara* sea monster〗 *n.* (*also* **mug·gar** [~]) 〖動物〗ヌマワニ, インドワニ (*Crocodylus palustris*)《体長 5 m に達しインド全域およびセイロンの沼にすむ; 多くのヒンズー教徒の尊崇の対象》.
múg·ger[2] 〖← MUG[1] (v.)〗 *n.* 《俗》**1** 抱きつき強盗《背後から襲って首を締める強盗》. **2** 《米》表情の大げさな俳優.
mug·gins [mʌ́gɪnz, -gənz|-gɪnz] 〖*Muggins* (姓)に MUG[1] (n. 3) をほのめかせたものか〗 ── *n.* (*pl.* ~, ~·**es**) **1** 《英口語》あほう, 間抜け. **2** マギンズ: **a** 〖トランプ〗(cribbage などで)相手が見落とした得点を「マギンズ」と呼んで自分のものにする権利; またその権利を認める各種ゲーム. **b** 並べた両端の数の合計を 5 の倍数とするドミノ (dominoes) の遊び方.
mug·gles [mʌ́glz] 〖← ?〗 *n.* (*pl.* ~) 《俗》マリファナ巻きたばこ; たばこ (cf. weed[1] 2).
mug·gur [mʌ́gə|-gə(r] *n.* 〖動物〗=mugger[1].
mug·gy [mʌ́gi|-gɪ] 〖《1731》←《方言》*mug* mist (cf. ON *mugga* drizzling mist)+-Y[4]〗 ── *adj.* (**mug·gi·er; -gi·est**) 湿気が多く蒸暑い, 暑苦しい, うっとうしい (humid). **múg·gi·ly** [-gɪli, -gə-|-lɪ] *adv.* **múg·gi·ness** *n.*
mú·gho píne [mjú:gou-|-gəu-] 〖*mugho*: ▭? F ~ ▭ It. *mugo* mugho pine〗 ── *n.* 〖植物〗ヨーロッパ中部の高地に生えるモンタナマツの栽培種 (*Pinus mugo* var. *mughus*).
Mu·gil·i·dae [mju:dʒílədì:|-lɪ-] 〖← NL ~ ← L *mūgil* mullet+-IDAE〗 *n. pl.* 〖魚類〗ボラ科.
múg's gàme *n.* 《英口語》有難がられない仕事, 無意味[無益]な行動[活動].
múg shòt *n.* 《俗》顔写真, 人相書き.
múg·wòrt 〖OE *mycġwyrt*: ⇨ midge, wort[2]〗 *n.* 〖植物〗ヨモギ (*Artemisia vulgaris*) (cf. moxa).
mug·wump [mʌ́gwʌmp] 〖《1832》▭ N-Am.-Ind. (Algonquian) *mugquomp* great man, leader, chief〗 ── *n.* **1** 自党の政策などに超然として批判的な政治家《1884 年自党から推薦した大統領候補 J. G. Blaine に反対した共和党員》. **2** 形勢を傍観する人; (特に, 政治的に)不決断の人; (ある争点に関しての)中立主義者. **3** 《戯言》大立て物, 親分 (boss).
mug·wump·er·y [mʌ́gwʌmp(ə)ri|-rɪ] *n.* (政党員の)批判的超然主義.
Mu·ham·mad [muhǽməd, mu:-] 〖▭ Arab. *Muḥámmad* (p.p.) 《原義》praised ← *ḥámmada* to praise highly: *Mahomet* はフランス語形〗 ── *n.* マホメット, ムハマッド《570?-632; アラビアの予言者, コーランの啓示を受け, 唯一の神に対する絶対服従を説くイスラム教を開いた》.
Mu·ham·mad·an [muhǽmədṇ, mu:-, -dən] *adj.* マホメットの; マホメット[イスラム]教の; マホメット戒律の. ── *n.* マホメット教徒, 回教徒, イスラム教徒《教徒以外の人々が用いる言葉》.
Muhámmadan cálendar *n.* マホメット暦 (⇨ Islamic calendar).
Muhámmadan Éra *n.* [the ~] 回教紀元《Muhammad の Mecca から Medina への移住 (Hegira) (A.D. 662) に始まる》.
Mu·hám·mad·an·ìsm [-dənìzṃ, -dṇ-] *n.* マホメット教, 回教, イスラム教《Islam と同じくイスラム教のことであるが, 中世以来の西欧人の偏見によるニュアンスをやや含む》.
Mu·ham·mad·an·ize [muhǽmədənaìz, mu:-] *vt.* マホメット教化する, イスラム化する.
Muhámmad Ri·zá Páh·la·vi [-rɪzá:-pǽləvi:, -pá:l-, -vi|-pá:ləvi:, -vɪ] *n.* =Mohammed Riza Pahlavi.
Mu·har·ram [mu:hǽrəm] 〖▭ Arab. *muḥárram* sacred, forbidden〗 *n.* (イスラム暦の)1 月 (⇨ Islamic calendar).
Muir [mjúə|mjúə(r], **Edwin** *n.* (1887-1959) スコットランド生れの英国の詩人・小説家・批評家.
Muir, John *n.* (1838-1914) スコットランド生れの米国の博物学者.
Múir Glácier 〖← *John Muir* (↑)〗 *n.* ミューア氷河《米国 Alaska 州南東部, Fairweather 山から太平洋岸の Glacier Bay に達する氷河; 913 km²》.
muis·hond [máɪshant, méɪs-|-hɒnt] 〖▭ Afrik. ~ 《原義》mouse dog〗 ── *n.* 〖動物〗アフリカに生息するイタチに類する動物の総称《ゾリラ(striped muishond) とシロクビゾリラ (snake muishond) の二種がいる》.
mu·jik [mu:ʒí:k, -ʒík, ─́─|mú:ʒɪk, -dʒɪk; *Russ.* muʒɪk] *n.* =muzhik.
muj·ta·hid [mu:dʒtá:hɪd] 〖▭ Arab. *mujtáhid* one who exerts himself ← *jáhada* to endeavor〗 ── *n.* 〖イスラム教〗ムジタヒッド《イスラム教法の解説者》.
Muk·den [múkdən, mʌ́k-, mʊkdén|mʊ́kdən] *n.* 奉天《Shenyang の英語名》.
muk·luk [mʌ́klʌk] 〖▭ Eskimo *muklok* large seal〗 ── *n.* [通例 *pl.*] **1** マクラク《エスキモー人がはくオットセイの毛皮で作った長靴の一種》. **2** (ソックスを数足着用した上にはく)ズック製のマクラクに似た長靴《底は柔らかいなめし革》.
muk·ti [múkti|-tɪ] 〖← Skt ~ ← *muñcati* he releases〗 *n.* 〖仏教・ヒンズー教・ジャイナ教〗=moksha.
mu·lat·to [m(j)ulǽtou, mə-, mju-, mju:-|mju:lǽtəu, mjʊ-] 〖《1595》▭ Sp. & Port. *mulato* of mixed breed ← *mulo* < L *mūlum* mule[1]: mule が混血であることから〗 ── *n.* (*pl.* ~**es**, ~**s**) **1** 純白人と純黒人を両親とする第一代混血児 (cf. quadroon, octoroon). **2** 白黒混血児. ── *adj.* **1** 白黒混血の. **2** (mulatto のような)黄褐色の.
mú·lay sàw [m(j)ú:li-, múli-|-lɪ-] *n.* =muley saw.
mul·ber·ry [mʌ́lbèri, -b(ə)ri|-b(ə)rɪ] 〖《14C》*molberi* 《異化》← ME *morberi* < OE *mōrberie* ← L *mōrum* mulberry+*berie* 'BERRY': *-l-* は *r -r* の異化による (cf. G *Maulbeere* < OHG *mūrberi*): cf. murrey〗 ── *n.* **1** 〖植物〗**a** クワ《クワ科クワ属 (*Morus*) の植物の総称; 赤紫の実をつけるアカミグワ (*M. rubra*), 白い実をつけるトウグワ (*M. alba*) など》. **b** クワの実. **2** くわ色, 濃赤紫色. ── *adj.* 〖植物〗クワ科の.
Mul·ber·ry [mʌ́lbèri, -b(ə)ri|-b(ə)rɪ] 〖暗号名〗 *n.* (敵前上陸用の)組立て式人工港《第二次大戦で連合軍が Normandy 上陸作戦などで使った》.
múlberry bùsh *n.* 〖遊戯〗'Here we go round the mulberry-bush' と歌いながら身振り・手まねをする子供の遊戯.
mulch [mʌ́ltʃ] 〖《1657》《廃》*mulsh* (adj.) soft < OE *myl(i)sc* mellow ← IE **mel-* soft: cf. G 《方言》*molsch* soft, overripe〗 ── *n.* 根おおい《植えたての樹木または作物の根を保護するためにその上に木の葉・藁(ʲ)・土などを広げたもの》. ── *vt.* …に根おおいをして根を保護する.
mulct [mʌ́lkt] 〖《?c1475》▭ L *mulct-āre* to punish, fine ← *mulcta* a fine, penalty〗 ── *n.* **1** 罰金, 科料 (fine, panalty). **2** (金の)強制的な取立て. ── *vt.* **1** …に罰金を科する, 科料に処する: ~ a person (*in*) five pounds 人に 5 ポンドの罰金を科する. **2 a** (計略によって)〈人から〉〈金を〉奪う, だまし取る 〔*of*〕: ~ a person (*of*) 10 dollars 人をだまして 10 ドル取る. **b** (計略によって)〈人から〉〈金を〉奪う, だまし取る 〔*from*〕: ~ 10 dollars *from* a person.
mule[1] [mjú:l] 〖《c1300》▭ OF *mul(e)* (F *mule* (fem.), *mulet* (masc.)) < L *mūlum* (masc.), *mūlam* (fem.) ∞ OE *mūl* ▭ L *mūl-um*〗 ── *n.* **1** らば(騾馬)《雄ろばと雌馬との雑種; cf. hinny[1]》: (as) obstinate [stubborn] as a ~ 非常に強情[頑固]な. **2** 《口語》強情っぱり, 意地っぱり, 頑固者. **3 a** (通例, 不妊・不結実の)雑種 (hybrid). **b** (雑種・純種を問わず)実を結ばない植物. **c** カナリヤとヒワとの雑種. **4 a** (造船所・鉱山などで用いる)小型電気機関車. **b** (倉庫などで用いる)小型牽引(ʲ)車. **c** 〖海事〗潮帆(ʲ)《帆状のもので, 潮の強い海でボートの艇首から水中に垂らし, 潮の力で船を進める》. **5** 《俗》麻薬を売ったり運んだりする人. **6** 〖古銭〗あいのこコイン, 混刻貨《表と裏に違った額面の金額が刻印された硬貨など》. **7** 〖二種の機械の原理を合わせて応用しているためか〗〖紡織〗ミュール精紡機《紡績機の一種》.
── *vt.* **1** (あいのこコインを造るため)〈表と裏が別々の刻印を〉組合わせる. **2** 〈硬貨〉に〈表と裏が違っている刻印を〉押す, あいのこコインに刻印する.
mule[2] [mjú:l] 〖《a1400》▭ F ~ ▭ L *mulleus* shoe of red leather〗 *n.* [通例 *pl.*] つっかけスリッパー, つっかけ靴, 寝室用スリッパー.
múle·bàck *n.* らばの背: a boy on ~ らばに乗った「少年.
múle chèst *n.* (低い枠台に乗った)小だんす.
múle dèer *n.* 〖動物〗ミュールジカ (*Odocoileus hemionus*)《北米西部産のオジロジカに似るが耳が長く, 尾は先端のみ黒く他は上下面とも白い; jumping deer ともいう》.
múle drìver *n.* =muleteer.
múle fàt 〖その葉が mule deer の餌となることから〗 *n.* 〖植物〗米国 California 州産の柳のような葉のあるキク科の低木 (*Baccharis viminea*).
múle-fòot *adj.* 蹄(ʲ)が割れていない, 単蹄の: a ~ swine.
múle-fóoted *adj.* =mule-foot.
múle skìnner *n.* 《米口語》らば追い.
mu·le·ta [m(j)u:léɪtə|-tə; *Sp.* muléta] 〖▭ Sp. ~ (dim.) ← *mula* she-mule: ⇨ mule[1]〗 ── *n.* ムレタ《闘牛で使う棒につけた赤い小布; しとめ役の闘牛士が闘牛の最後の段階で, 大型の赤布の代りに用いる》.
mu·le·teer [mjù:lətíə|-lɪtíə(r, -lə-] 〖《1538》▭ F *muletier* ← *mulet* (dim.) ← OF *mul*: ⇨ mule[1], -eer〗 *n.* らば追い.
mu·let·ta [m(j)u:létə|-tə] 〖▭ Port. *muleta* (dim.) ← *mula* she-mule: mule[1]〗 ── *n.* 〖海事〗ポルトガルの沿岸で使われる単檣(ʲ)に大三角帆を張った小型船《尖った船首の両側には人間の目が描いてある》.
mu·ley [m(j)ú:li, múli|-lɪ] 〖《変形》← Sc.-Gael. & Ir.-Gael. *moiley* ▭ Ir. *maol* // Welsh *moel* bald, hornless: ⇨ -y[2,4]〗 ── *adj.* 〈動物, 特に牛が〉角のない, 角を切った. ── *n.* **1** 《米》角を切った動物. **2** [愛称として] 雌牛.
múley sàw *n.* 《米》(両端を締め具によって固定し, 上下に動かされる)長のこぎり.
mul·ga [mʌ́lgə] *n.* **1 a** 〖植物〗マルガ (*Acacia aneura*)《オーストラリア産のマメ科アカシア属の低木》. **b** マルガ材. **2** マルガ材の(棍)棒. **3** マルガ地帯《マルガの優勢なオーストラリアの原野; mulga country ともいう》.
Mul·ha·cén [mù:ləθén; *Sp.* mùlaθén] *n.* ムラセン(山)《スペイン南東部, Sierra Nevada 山脈中の山, 同国中の最高峰 (3,478 m)》.
Mül·heim an der Ruhr [mjú:lhaɪm-ɑ:n-dɛə-rúə, -də-, -də-|-dɛə-rúə(r, -də-; *G.* mý:lhaɪm-andɛr-rú:ʁ] *n.* ミュールハイム(アンデアルール)《西ドイツ中部, North Rhine-Westphalia 州 Essen 近くの Ruhr 川に臨む都市; 人口 188,000》.
Mul·house [mulú:z, mju-; *F.* mylu:z] *n.* ミュルーズ《フランス東部, Rhine 川近くの都市; 人口 117,000》.
mu·li·eb·ri·ty [mjù:liébrəṭi, -lì:b-|-lɪébrətɪ, -lí:b-, -rɪ-] 〖▭ L *muliebritāt-em* ← *mulier* woman: ⇨ -ity〗 ── *n.* **1** 女であること. **2** 女らしさ (womanhood), 優しさ (feminity) (↔ virility).
mul·ish [mjú:lɪʃ] 〖← MULE[1]+-ISH[1]〗 *adj.* **1** らばのような. **2** 強情な, 片意地な, 意地っぱりな (obstinate, stubborn). ~·**ly** *adv.* ~·**ness** *n.*
mull[1] [mʌ́l] 〖《1607》▭? F *moll-ir* to soften ← *mol* soft < L *mollem*〗 *vt.* 〈ビール・りんご酒などを〉暖め砂糖・香料・卵黄などを加える: ~*ed* ale, cider, etc.
mull[2] [mʌ́l] 〖《c1430》←《方言》*mull* pulverize, crumble, dust, ashes ▭ (M)Du. *mul, mol*: cf. OE *myl* dust, ashes〗 ── *n.* 《英口語》ごちゃまぜ, めちゃめちゃ. ★ 主に次の句に用いる: *make a mull of* … を台なしにする (bungle).
── *vt.* **1** 《英口語》**a** 台なしにする, めちゃめちゃにする, しくじる. **b** 鈍らす, 弱める. **2** 《米口語》よくよく考える (ponder) 〈*over*〉: ～ a thing *over* あることを熟慮する / He ～*ed* this thought a second. 彼はこのことをちょっと考え込んでみた. **3** 《米》 **a** 粉にする, 砕く, つく (grind). **b** つき混ぜる, よく混ぜ合わせる. ― *vi.* 《米口語》頭をしぼる, 考え抜く〔*about, over*〕: ～ *over* a problem.

mull³ [mʌ́ɫ] 〘《短縮》← 《古形》 *mulmul* ▭ Hindi & Pers. *malmal*〙 *n.* 〘紡織〙マル《薄く柔らかい木綿・絹・レーヨンなどの婦人用服地》.

mull⁴ [mʌ́ɫ] 〘《1375》 *mole* ▭ Gael. *maol* brow of a rock, cape: cf. G *Maul* snout〙 *n.* 《スコット》岬: the *Mull* of Kintyre [kɪntáɪɚ | -táɪə(r] キンタイア岬.

mull⁵ [mʌ́ɫ] 〘《スコット》 ～ 'MILL¹'〙 *n.* 《スコット》嗅(か)ぎたばこ入れ.

mull⁵ [mʌ́ɫ] 〘《スコット》 =mill¹〙 *n.* 《スコット》 ― *n.* 〘土壌〙ムル《森林土壌の腐植の形態区分の一つで, 落葉・落枝が堆積してモル (mor) より分解が進み, 有機物と無機物がよく混合して粒状構造を示すもの; cf. duff¹ 4》.

mul·lah [mʌ́lə, múlə] 〘《1613》 ▭ Pers. & Hindi *mullā* ▭ Arab. *máwlā* judge, patron, lord〙 ― *n.* (*also* **mul·la** [～]) **1** イスラム法学者《敬称》. **2** 《イランなどで》イスラム法裁判官. **3** 《軽蔑》宗教の先生. **～·ism** [-ləɪzm] *n.*

mul·lein [mʌ́lɪn, -lən | -lɪn] 〘《1440》 *moleyn* ▭ OF *moleine* (F *molène*) ← *mol* soft < L *mollem*〙 ― *n.* 〘植物〙ゴマノハグサ科モウズイカ属 (*Verbascum*) の植物の総称《purple mullein など》; (特に)ビロウドモウズイカ (great mullein)《candlewick ともいう》.

múllein pìnk *n.* 〘植物〙スイセンノウ(水仙翁), フランネルソウ (*Lychnis coronaria*)《ヨーロッパ原産のナデシコ科の多年草, 全株に白い綿毛を生じ, 深紅の花をつける; gardener's-delight, rose campion ともいう》.

mul·len [mʌ́lɪn, -lən] *n.* 〘植物〙 =mullein.

múll·er¹ [-lə | -lə(r] 〘← MULL¹〙 *n.* 酒を mull¹ する人[器].

mull·er² [mʌ́lə | -lə(r] 〘《1404》《原義》powderer ← ME *mul* powder < OE *myl* dust: cog. G *Müll*: ⇨ mull² (v.): cf. L *molere* to grind〙 ― *n.* **1** (絵の具・粉薬などの)すり棒, すりきね《平たい底のある石またはガラスの棒で平らな石板またはガラス板の上で絵の具などをすりつぶす》. **2** (鉱石などの)粉砕機.

Mul·ler [mʌ́lə | -lə(r], **Hermann Joseph** *n.* (1890–1967) 米国の遺伝学者; Nobel 医学生理学賞 (1946).

Mül·ler [mjúːlə, mílə, mʌ́lə | mʌ́lə(r; G. mýlɐ], **(Friedrich) Max** *n.* ミューラー《1823–1900; ドイツ生れで英国に帰化したサンスクリット学者・言語学者・宗教学者, 'Bow-wow theory' の提唱者; *The Sacred Books of the East* の編集者》.

Müller, Johannes Peter *n.* ミュラー《1801–58; ドイツの生理学者・比較解剖学者》.

Müller, Paul (Hermann) *n.* ミュラー《1899–1965; スイスの化学者, DDT の量産に成功; Nobel 医学生理学賞 (1948)》.

Mül·le·ri·an [mjuːlí(ə)riən, mɪl-, mʌl- | mʌlíəri-] *adj.* **1** J. P. Müller の(名にちなんだ), ミュラー(式)の. **2** 〘← *Fritz Müller* (1821–97: ドイツの動物学者)〙 〘動物〙ミュラー式(擬態)の《2 匹またはそれ以上の動物(例えば毒蝶など)の間に見られる相互通信用の擬態行為にいう》.

Müllérian dúct 〘← *Johannes P. Müller*〙 ― *n.* 〘動物〙ミュラー管《脊椎動物の発生過程で生じる中胚葉性の管で, 雄では退化し, 雌では輪卵管となる》.

Müller's larva [⸗–⸗–] 〘← *Johannes P. Müller*〙 ― *n.* 〘動物〙ミュラー幼虫《扁形動物渦虫綱多岐腸目の動物の受精卵が孵化した幼生; 8 個の葉状突起をもって浮遊生活をし, のちに変態して成体になる》.

mul·let¹ [mʌ́lɪt, -lət] 〘《1440》 *molet* ▭ OF *mulet* (dim.) ← L *mullus* red mullet ▭ Gk *múllos* kind of fish ← IE **mel-* dark-colored (Gk *mélās* black): ⇨ -et〙 ― *n.* (*pl.* ～, ～**s**) 〘魚類〙 **1** ボラ科の食用の魚類の総称《ボラ (*Mugil cephalus*) など; 灰色なので gray mullet ともいう》. **2** =red mullet. **3** 米国産サッカー科の魚類の総称.

mul·let² [mʌ́lɪt, -lət] 〘*c*1400〙 *molet* ▭ (O)F *mollete* rowel of a spur (dim.) ← *meule* millstone ← ? L *mola* grindstone (cf. mill¹): ⇨ -et〙 ― *n.* 〘紋章〙(紋章図形としての)星《三男を示す血統マーク (cadency mark); cf. estoile; ⇨ heraldry 挿絵 G》.

mul·ley [m(j)úːli, múli | -lɪ] *adj., n.* =muley. 「の魚.

mul·lid [mʌ́lɪd, -ləd | -lɪd] 〘↓〙 *n.* 〘魚類〙ヒメジ科

Mul·li·dae [mʌ́lədiː | -lɪ-] 〘← NL ～ ← L *Mullus* (属名: ⇨ mullet¹)+-IDAE〙 *n. pl.* 〘魚類〙ヒメジ科.

mul·li·gan [mʌ́lɪgən, -lə- | -lɪ-] 〘アイルランドの人名から?〙 ― *n.* **1** 《米俗》マリガン《肉・野菜などのごった煮; もと浮浪者の食物; mulligan stew ともいう》. **2** 〘ゴルフ〙マリガン《非公式の試合で最初のティーショットが失敗した時許される 2 度目のショット》.

mul·li·ga·taw·ny [mʌ̀lɪgətɔ́ːni, -lə-, -tɑ́ːni | -lɪgətɔ́ːnɪ] 〘《1784》 ▭ Tamil *miḷakutaṇṇīr* pepper water〙 ― *n.* マリガトーニ(スープ)《東インド地方の鶏肉を入れたカレースープ》.

mul·li·grubs [mʌ́lɪgrʌ̀bz | -lɪ-] 〘《1599》 ← 《方言》 *mull* earth, mold (cf. mullock)+GRUB a worm: 腹痛は寄生虫のせいと考えられたため〙 ― *n. pl.* [単数または複数扱い] 《口語》 **1** 疝痛(せん), 腹痛. **2** ふさぎ, 憂鬱 (blues); 不機嫌 (sulks).

Mul·li·ken [mʌ́lɪkɪn, -lə-, -kən | -lɪ-], **Robert Sanderson** [sǽndəsn | sɑ́ːndə-] *n.* (1896–) 米国の化学者; Nobel 化学賞 (1966).

mul·li·on [mʌ́ljən | -lɪən, -ljən] 〘《1567》 ← MONIAL〙 〘建築〙 ― *n.* マリオン《窓の縦仕切り; cf. transom 1 a》, 中方(なかほう)立て; 丸窓の放射状仕切り. ― *vt.* …にマリオンをつける, マリオンで仕切る.

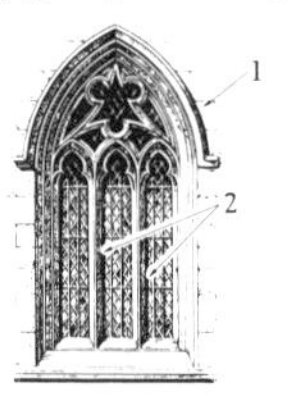

mullions
1 dripstone; 2 mullions

mull·ite [mʌ́laɪt] 〘← *Mull* (その発見地): ⇨ -ite¹〙 ― *n.* 〘化学・鉱物〙ムライト, ムル石 ($Al_4OSi_2Al_2O_{12}$)《斜方晶系柱状または針状の結晶で, 耐熱・耐酸性が強く, 合成品は種々の容器の材料となる》.

mul·lock [mʌ́lək, múl- | mʌ́l-] 〘《*c*1390》 ← 《方言》 *mull* dirt, refuse (cf. muller²)+-OCK〙 ― *n.* **1** 《豪》(金鉱の)廃石土砂. **2** 《英方言》がらくた, くず, かす. **3** 《方言》混乱, めちゃくちゃな状態. 「ligrubs.

mul·ly·grubs [mʌ́lɪgrʌ̀bz | -lɪ-] *n. pl.* 《口語》 =mul-

Mu·lock [mjúːlɑk | -lɔk], **Dinah Maria** *n.* (1826–87) 英国の女流小説家; *John Halifax, Gentleman* (1856); 通称 Mrs. Craik. 「multangular.

mult- [mʌlt] (母音の前に来る時の) multi- の異形:

mult·an·gu·lar [mʌltǽŋgjʊlə | -lə(r] *adj.* 多角の.

mul·ti- [mʌ́ltɪ, -tə, -taɪ | -tɪ] 〘▭ L ～ ← *multus* much, many ← IE **mel-* strong, great〙 ―「多い; 多数[量]の; 多種の; 多数倍の」などの意の連結形 (↔ mono-, uni-) (cf. poly-): *multi*color, *multi*media, *multi*ply. ★ 母音の前では通例 mult- になる.

mùlti·áccess *adj.* 〘電算機〙二人(以上の)使用者で 1 台の電算機の共同利用の[に関する], 共同利用(型)の.

mùlti·bánd *adj.* マルチバンドの: **1** 〘光学〙異なる波長帯[波長域](用)の: a ～ camera. **2** 〘通信〙複数の周波帯(用)の. 「**ty** *n.*

mùlti·céllular *adj.* 多細胞の. **mùlti·cellulári-**

mùlti·chánnel *adj.* 〘通信〙多重通話[通信]路の; 多重[マルチ]チャンネルの. 「多線輪の.

múlti·còil *adj.* 〈電気装置が〉コイルが 2 個以上ある,

múlti·còlor *n.* 多種配色: a stamp in ～. ― *adj.* **1** 〘印刷〙多色刷りの(できる): a ～ press 多色印刷機. **2** =multicolored.

mùlti·cólored *adj.* 多色の; 多色刷りの, 多色織りの: a ～ carpet, kimono, etc.

mùlti·cómpany *n.* 〘経営〙多角化企業, 多角経営企業《多業種に属する各事業を同時に営む大型企業》.

mùlti·cúltural *adj.* **1** 数種類の文化をもつ: a ～ nation, district, etc. **2** 多種類の教科[学科]をもつ: a ～ curriculum (共通目標への)多領域[広域]学科課程.

mùlti·cýlinder *adj.* 〈内燃機関・蒸気機関など〉2 本以上のシリンダーを有する, 多シリンダーの, 多気筒

mùlti·cýlindered *adj.* =multicylinder. 」の.

mùlti·déntate *adj.* **1** 多歯の, 歯状突起の多い. **2** 〘化学〙多座配位の (cf. monodentate): a ～ ligand 多座配位子《中心金属と二つ以上の個所で配位する配位子》.

mùlti·diménsional *adj.* 多次元の. **mùlti·dimensionálity** *n.*

mùlti·diréctional *adj.* **1** 多方面の. **2** 〘電気・通信〙多方向に広がる, 多方向性の, 広域….

mùlti·dísciplinary *adj.* 多くの学問領域にわたる: a ～ approach to sociology (関連諸科学の方法を用いた)社会学への総合的アプローチ. 「以上の電子管》.

mùlti·eléctrode tùbe *n.* 〘電子工学〙多極管《4 極

mùlti·éthnic *adj.* 多民族[人種]用の: a ～ textbook (人種平等主義に立つ)多民族共用テキスト《通例二人の白人の生徒 (Dick と Jane) を黒色[褐色, 黄色]人種とアメリカインディアンの生徒が仲良く囲んでいる絵が描かれているもの》.

mùlti·fáceted [-tɪd, -təd | -tɪd, -təd] *adj.* **1** 〈宝石など〉多面体の. **2** 多岐にわたる: a ～ problem. **3** 多才な: a ～ scholar, actor, etc.

mùlti·fáctor *adj.* =multifactorial.

mùlti·factórial *adj.* 多要素から成る: a ～ approach, study, etc. **～·ly** *adv.* 「ing.

mùlti·fámily *adj.* 多家族の, 多家族用の: a ～ dwell-

mul·ti·far·i·ous [mʌ̀ltəfέ(ə)riəs | -tɪféəriəs] 〘《1593》 ▭ L *multifāri-us* ← *multifāriam* in many places ← MULTI-+-*fāriam* (cf. *facere* to do): ⇨ -ous〙 ― *adj.* **1** 種々の, 多種多様の, 雑多の: ～ activities 多方面の活動. **2** 〘法律〙不当請求併合の《別個独立の請求を不当に併合して, 一人または複数の被告に対して請求するエクイティー上の訴答について用いられる》. **～·ly** *adj.* **～·ness** *n.*

mul·ti·fid [mʌ́ltɪfɪd, -tə- | -tɪ-] 〘▭ L *multifid-us* ← MULTI-+*fid-* (← *findere* to sprit): ⇨ -ous〙 ― *adj.* 〘生物〙多裂の, 多弁の, 多節の: a ～ leaf 多裂葉. **～·ly** *adv.* 「multifilament.

mul·ti·fil [mʌ́ltɪfɪl, -tə- | -tɪ-] 〘略〙 *n.* 〘紡織〙 =

mùlti·filament 〘← MULTI-+FILAMENT〙 *n.* 〘紡織〙多繊維, マルチフィラメント《単繊維 (monofilament) を多数引きそろえて作った糸》.

múlti·flàsh 〘写真〙 *adj.* 多閃光(せん)撮影の《2 個以上の閃光電球をシャッターを開くと同時に発光させる写真撮影にいう》: a ～ photograph 多閃光写真. ― *n.* 多閃光撮影装置.

mul·ti·flò·ra róse [mʌ̀ltɪflɔ́ːrə-, -tə-, -flóːrə- | -tɪflɔ́ːrə-] 〘*multiflora* ← NL *multiflōra* ← ML (fem.) ← *multiflōrus*: ⇨ multi-, flora〙 ― *n.* 〘植物〙ノイバラ (*Rosa multiflora*)《日本・朝鮮原産で香りのよい群がった花をつける; Japanese rose ともいう》.

mul·ti·flo·rous [mʌ̀ltɪflɔ́ːrəs, -flóːr-, -tə- | -tɪflɔ́ːr-] 〘⇨ ↑, -ous〙 *adj.* 〘植物〙多花の.

múlti·fòil 〘建築〙 *n.* 多弁アーチ《多弁装飾のアーチの一種》. ― *adj.* 〈アーチ・窓など〉多弁形の.

mul·ti·fold [mʌ́ltɪfòuld, -tə- | -tɪfəuld] *adj.* 多種多様な, 雑多な, 多方面の (manifold).

mùlti·fóliate *adj.* 〘植物〙多葉の, 小葉の多い.

mùlti·fónt *adj.* 〘印刷〙マルチフォントの, 数種類の活字の[を用いた, を読解できる]: ～ composition マルチフォント植字 / a ～ compositor マルチフォント植字(熟練)工 / a ～ OCR [optical character reader] machine マルチフォント活字判読機.

mul·ti·form [mʌ́ltɪfɔ̀əm, -tə- | -tɪfɔ̀ːm] 〘《1603》 ▭ F *multiforme* ∥ L *multiform-is*: ⇨ multi-, -form〙 *adj.* 多形の, 多様の.

mul·ti·form·i·ty [mʌ̀ltɪfɔ́əməti, -tə- | -tɪfɔ́ːmətɪ, -mɪ-] 〘▭ LL *multiformitāt-em*: ⇨ ↑, -ity〙 *n.* 多様性 (↔ uniformity).

mùlti·gérm *adj.* 〘植物〙多数の苗(木)を生ずる房状の果実をもっている[つくる] (cf. monogerm).

mul·ti·graph [mʌ́ltɪgræ̀f, -tə- | -tɪgrɑ̀ːf, -græ̀f] *vt.* マルティグラフ (Multigraph) で印刷する.

Mul·ti·graph [mʌ́ltɪgræ̀f, -tə- | -tɪgrɑ̀ːf, -græ̀f] *n.* 〘商標〙マルティグラフ《小型輪転印刷機の商品名》.

mul·ti·grav·i·da [mʌ̀ltɪgrǽvədə, -tə- | -tɪgrǽvɪ-] 〘← NL ～: ⇨ multi-, gravid〙 *n.* 〘医学〙(2 回以上の)経妊婦 (cf. multipara).

mùlti·húll *adj.* 〘海事〙二つ以上の船体を一つの甲板で連結した, 多胴型の: a ～ boat 多胴船《双胴船, カタマラン (catamaran) など》. ― *n.* 多胴(帆)船 (↔ monohull). 「たる: a ～ company.

mùlti·índustry *adj.* 〘経営〙多角経営の, 多産業にわ

múlti·jèt *adj.* 〘航空〙マルチジェットの, 二つ以上のジェットを装備した.

mùlti·láne *adj.* 多車線の, 車線が何列も並んでいる: a ～ freeway 多車線(式)高速道路.

mùlti·láned *adj.* =multilane.

mùlti·láteral *adj.* **1** 〘数学〙多辺の. **2** 〘政治〙(3 か国以上の)多数の国が参加[関係]している, 多国間の: a ～ agreement 多国間協約. **～·ly** *adv.*

mùlti·láteralism *n.* 多角[多辺]主義: ～ in trade 多角的貿易主義. 「か国を相手とする》.

multiláteral tráde *n.* 多角[多辺]的貿易《同時に数

mùlti·láyer *adj.* **1** 幾層もある, 多層から成る, 多層(式)の. **2** 〈カラーフィルムの乳剤面など〉多層式の. ― *n.* 〘物理化学〙多層, 多分子層《二層以上の単分子

mùlti·láyered *adj.* =multilayer. 」層からなる層》.

mùlti·lével *adj.* 重層の, 多くの階層から成る, 多層式の: a ～ interchange 多層立体(式)交差点.

mùlti·léveled *adj.* =multilevel.

mùlti·líneal *adj.* 多線の.

multilínear fórm *n.* 〘数学〙多重線形形式《いくつかの変数のおのおのについて線形であるような関数》.

mùlti·língual *adj.* **1** 多数の言語の[による]: a ～ broadcast 言語多重放送 / a ～ dictionary 多国語辞典. **2** 多数の言語が使える[話せる]: a ～ guide 多国語(のできる)案内人. **3** 多種の言語で書かれた. ― *n.* 数か国語を話せる[わかる]人. **～·ly** *adv.*

mùlti·língualism *n.* (一民族・一国民などの)数か国語常用; 多国語使用.

mùlti·línguist *n.* =multilingual.

mùlti·lóbular *adj.* 〘植物〙小裂片[小葉]の多い.

mùlti·lócular *adj.* 〘生物・解剖〙多胞(性)の, 多房(性)の, 多室(性)の.

mul·til·o·quence [mʌltíləkwəns] 〘《1760》 ▭ LL *multiloquentia*: ⇨ multi-, eloquence〙 *n.* 多弁.

mul·til·o·quent [mʌltíləkwənt] *adj.* 多弁な.

mùlti·mámmate móuse [rát] 〘*multimammate*: ← MULTI-+MAMMATE〙 ― *n.* 〘動物〙マストミス《熱帯アフリカに分布する齧歯目ネズミ科のマストミス属 (*Mastomys*) のネズミの総称; クマネズミ属 (*Rattus*) に近縁でネズミ類の中で最も乳頭の数が多く実験動物にされる》.

mùlti·márket *adj.* 〘経営〙 =multi-industry.

mùlti·média *n. pl.* =mixed media. ― *adj.* **1** = mixed-media. **2** (一つの場所で)多様な伝達手段を使う: a ～ exhibition 多様化展示[博覧]会.

mul·tim·e·ter [mʌltímətə | -mɪtə(r, -mə-] 〘商標名〙 *n.* マルティメーター《電圧・電流・抵抗など多くの電気量が測定できる多目的計器で多くは電子式》.

mùlti·millionáire *n.* 千万長者, 大富豪.

mùlti·nátional *adj.* **1** 三か国以上にわたって営業部門をもつ, 多国籍の: a ～ company [corporation, enterprise] 多国籍会社[企業]. **2** 三か国以上にまたがる[に関係のある], 多くの国籍からなる: a ～ force [group] 多国籍からなる軍隊[グループ]. ― *n.* 多国籍企業. **～·ism** *n.*

mul·ti·no·mi·al [mʌ̀ltɪnóumiəl, -tə- | -tɪnə́umjəl, -mɪəl] 〘数学〙 *adj.* 多項の. ― *n.* 多項式 (polynomial).

mùlti·nóminal *adj.* 名の多い, 多名の.

mùlti·núclear *adj.* 〘生物〙 =multinucleate.

mùlti·núcleate *adj.* 〘生物〙〈細胞が〉多核の.

mul·tip·a·ra [mʌltípərə] 〘← NL ～ (fem.) ← *mul-*

tiparus (↓)〕 *n.* (*pl.* **-a·rae** [-rìː]) 〘医学〙経産婦 (cf. multigravida, nullipara, primipara).

mul·tip·a·rous [mʌltípərəs] 〘《1646》← NL *multipar-us* ← MULTI-+L *parere* to produce, bring forth: ⇨ -ous〙 — *adj.* **1** 〘動物〙複産の, 一度に多数の子を産む (↔ uniparous). **2** 出産経験のある, 経産の (cf. primiparous). **3** 〘植物〙〈集繖(しゅうさん)花が〉側生軸の多い.

mul·ti·par·tite [mʌ̀ltipɑ́ətaɪt, -ṭə- | -tɪpɑ́ː-] 〘□L *multipartit-us* ← MULTI-+*partitus* (p.p.) ← *partire* to divide ← *pars* 'PART'〙 — *adj.* **1** 多部(分)に分かれた. **2** 〈協定など〉多数の国が参加している.

mùlti·párty *adj.* 三つ以上の党の[に関係のある], 三つ以上の党からなる, 多党の. 「重反射.

mùlti·páth *adj.* 〘電気〙多重通路の: ~ reflection 多

mul·ti·ped [mʌ́ltɪpèd, -ṭə- | -tɪ-] 〘□L *multipeda*: ⇨ multi-, -ped〙 *adj.* 多足の. — *n.* 《まれ》多足動物, 多足昆虫. 「ped.

mul·ti·pede [mʌ́ltɪpìːd, -ṭə- | -tɪ-] *adj., n.* =multi-

múlti·phàse *adj.* 〘電気〙多相の (polyphase): a ~ electrical system 多相交流.

mùlti·phásic *adj.* **1** 多面的な, 多方面から観察する: a ~ test. **2** 〘電気〙多相の.

múlti·plàne *n.* 多葉式飛行機《複葉機, 三葉機など; cf. monoplane》.

mul·ti·ple [mʌ́ltəpl | -tɪ-] 〘《1647》□F ~ □LL *multiplus*=L *multiplex* manifold: cf. multiplex〙 — *adj.* **1 a** 多数の[から成る], 多様の: a ~ birth 多胎出産《双生児, 三つ児, 五つ児などが生れること》. **b** 複合の, 複式の. **c** 種々の. **d** 大勢が参加[共有]する: ~ ownership / ~ rape 輪姦. **2** 〘電気〙〈回路が〉並列した数本の導線から成る, 多重の, 複合の: a ~ circuit 複合回路. **3** 〘植物〙〈果実が〉集合性の (collective): ⇨ multiple fruit. **4** 〘数学〙倍数の. — *n.* **1** 〘数学〙倍数, 倍量: 15 is a ~ of 5 / ⇨ common multiple, least common multiple. **2** 〘電気〙並列: in ~ (複合回路が)並列して.

múltiple-áccess *adj.* 〘電算機〙=multi-access.

múltiple agriculture *n.* 多角(経営)農業《作物栽培・養鶏・養豚・酪農・果樹栽培などを兼営する農業》.

múltiple alléle *n.* 〘生物〙複対立遺伝子, 複対立因子《multiple allelomorph ともいう》.

múltiple allélism *n.* 〘生物〙遺伝子複対(状態).

múltiple allélomorph *n.* 〘生物〙=multiple allele. 「重光束干渉計.

múltiple-béam interferómeter *n.* 〘光学〙多

múltiple-chóice *adj.* 多数の選択肢(し)から成る, 多肢選択(式)の: a ~ question 多肢選択(式)試問[問題] / a ~ test (多肢選択式試問による)○×式テスト.

múltiple correlátion coefficient *n.* 〘統計〙重相関係数《変量 $X_1, X_2 ..., Xn$ がある時, X_i と $X_1, X_2, ..., Xn$ の一次式との相関係数の最大値を X_i の $X_1, X_2, ..., X_n$ に対する重相関係数という》.

múltiple crópping *n.* 〘農業〙多毛作《同じ畑から年2回以上作物を栽培する耕作法》.

múltiple divísion *n.* 〘生物〙多分裂, 複分裂.

múltiple dríll *n.* 〘機械〙複式ボール盤.

múltiple écho *n.* 〘物理〙多重反響 (⇨ flutter echo).

múltiple fáctor *n.* 〘生物〙**1 a** =multiple allele. **b** =polygene². **2** [*pl.*] 同義因子.

múltiple físsion *n.* 〘生物〙多分裂, 複分裂《1個の母体が一時に多数の娘個体に分かれる現象; cf. binary fission》.

múltiple frúit *n.* 〘植物〙複(合)果, 多花果《桑の実・パイナップルなどの実; collective fruit, syncarp ともいう; cf. aggregate fruit》.

múltiple íntegral *n.* 〘数学〙重積分, 多重定積分《多変数関数の定積分》.

múltiple myelóma *n.* 〘病理〙多発性骨髄腫.

múltiple neurítis *n.* 〘病理〙多発(性)神経炎.

múltiple-párty sýstem *n.* 〘政治〙多党制.

múltiple personálity *n.* 〘心理〙多重人格 (cf. double personality). 「と交わる点》.

múltiple póint *n.* 〘数学〙重複点《曲線が自分自身

múltiple regréssion *n.* 〘統計〙多重回帰.

múltiple sclerósis *n.* 〘医学〙多発(性)硬化症.

múltiple shóp *n.* 《英》連鎖[チェーン]店 (《米》chain store).

múltiple stár *n.* 〘天文〙多重星, 複星. 「換機.

múltiple stóre *n.* 《英》=multiple shop.

múltiple swítchboard *n.* 〘電気〙(電話の)複式交

mul·ti·plet [mʌ́ltəplɪt, -plèt | -tɪ-] 〘← MULTIPL(E)+-ET〙 — *n.* 〘物理〙**1** 複合分光線, (スペクトルの)多重線. **2** 多重項《物理的な特性を共有する原子核・素粒子などの一定の群; cf. supermultiplet》.

múltiple telégraphy *n.* 〘通信〙=multiplex telegraphy.

múltiple thréad *n.* 〘機械〙多条ねじ.

múltiplet líne *n.* 〘物理〙=multiplet 1.

múltiple-únit càr *n.* 〘鉄道〙総括制御車《列車のいずれの自走式車両からでも操作可能なように装備された車両; MU car ともいう》.

múltiple-válued *adj.* 〘数学・論理〙=many-valued.

múltiple vóting *n.* 〘政治〙複数投票: **a** 同じ有権者が二つ以上の選挙区で行なう不正投票. **b** 一人で数選挙区に資格をもつ有権者が同一選挙で行なう複数の投票.

mul·ti·plex [mʌ́ltəplèks | -tɪ-] 〘《1576》□L ~ 'manifold' ← MULTI-+*-plex* (← *plicare* to fold)〙 — *adj.* **1** 多様の, 複合の: the ~ moods between lovers 恋人同士の間にある複雑な気持. **2** 〘通信〙(同一回路による)多重送信の (cf. simplex 2, duplex 3): ⇨ multiplex telegraphy. — *vt.* 多重送信する; 〘電子工学〙多重系にする. — *vi.* 〘通信〙多重送信する — *n.* **1** 〘通信〙多重送信電子システム. **2** マルチプレクス式余色立体投影機《空中写真から地形図を作製するのに用いる多灯式の投影作図機械》.

múltiplex telégraphy *n.* 〘通信〙多重電信システム《同一電信線で多くの通信を同時送電する方式; cf. duplex telegraphy, QUADRUPLEX telegraphy》.

mul·ti·pli·a·ble [mʌ́ltəplàɪəbl, ⌐–⌐–– | mʌ́ltɪplàɪəbl] 〘□F ~: ⇨ multiply¹, -able〙 *adj.* 増加できる; 乗じられる, 倍になる. 「*adj.* =multipliable.

mul·ti·plic·a·ble [mʌ̀ltəplíkəbl, ⌐–⌐–– | -tɪ-]

mul·ti·pli·cand [mʌ̀ltəplɪkǽnd, -ṭə- | mʌ̀ltɪplɪ-] 〘□L *multiplicand-us* to be multiplied (gerundive) ← *multiplicare* 'to MULTIPLY¹'〙 — *n.* 〘数学〙被乗数, 掛けられる数, 実 (cf. multiplier 2).

mul·tip·li·cate [mʌltíplɪkət, -plə-, -kɪt, mʌ́ltəplɪkèɪt, -plə- | mʌltíplɪkət, -kɪt, mʌ́ltɪplɪkèɪt] 〘《c1400》□L *multiplicat-us* (p.p.) ← *multiplicare* 'to MULTIPLY¹': ⇨ -ate〙 — *adj.* 多数から成る, 複合の, 多様の.

mul·ti·pli·ca·tion [mʌ̀ltəplɪkéɪʃən, -plə- | -tɪplɪ-] 〘《c1380》□(O)F ~ // L *multiplicatiō(n-)*: ⇨ multiply¹, -ation〙 — *n.* **1** 増加, 増殖, 繁殖. **2** 〘数学〙乗法, 掛け算《記号 ×; ↔ division》. **~·al** [-ʃənl, -ʃnəl] *adj.*

multiplicátion fàctor [cònstant] *n.* 〘物理〙(核分裂の連鎖反応における中性子の)増倍係数, 増倍率.

multiplicátion sìgn *n.* 乗法記号《times sign (×), dot (·) など》.

multiplicátion tàble *n.* (九々表のような)掛け算表《英語では 10×10=100, 12×12=144 などがある》.

mul·tip·li·ca·tive [mʌ̀ltəplíkəṭɪv, mʌ́ltəplɪkèɪṭɪv, -plə-, ⌐–⌐––⌐– | mʌ̀ltɪplíkət-, mʌ́ltɪplɪkèɪt-] 〘□LL *multiplicativ-us*: ⇨ multiplication, -ative〙 — *adj.* **1** 増加しがちな, 繁殖性の; 増殖力のある. **2** 〘数学〙乗法の, 掛け算の, 乗法的な. **3** 〘文法〙倍数詞の: ~ numerals 倍数詞. — *n.* 〘文法〙倍数詞《single, double, twofold, treble, triple など》. **~·ly** *adv.*

multiplícative áxiom *n.* 《英》〘数学〙選択公理 (⇨ AXIOM of choice).

multiplícative gróup *n.* 〘数学〙乗法群《演算が乗法であるような群 (group)》.

multiplícative idéntity *n.* 〘数学〙乗法単位元《乗号 (×) で表わされた演算に関して, 通常の乗法における1の役割を果たす元》.

multiplícative ínverse *n.* 〘数学〙(与えられた数の)逆数《積が1となる二つの数の一方を他方に対していう; 例えば $^2/_3$ と $^3/_2$ の一方; reciprocal ともいう》.

múl·ti·pli·cà·tor [mʌ́ltəplɪkèɪṭə | -tɪplɪkèɪtə(r)] 〘□LL *multiplicator*: ⇨ -or²〙 *n.* **1** 〘物理〙倍率器 (multiplier). **2** 〘数学〙乗法子, 乗数, 法.

mul·ti·plic·i·ty [mʌ̀ltəplísəṭi | -tɪplísɪtɪ, -sɪ-] 〘《1587》□F *multiplicité* // L *multiplicitāt-em*: ⇨ multiply¹, -ity〙 — *n.* **1** 多数性, 多様性: the ~ of one's duties, ideas, etc. **2** 多数 〔of〕: a ~ *of* people 多数の[さまざまの]人々 / a ~ *of* uses 数多くの用途. **3** 〘物理・電子工学〙状態数, 準位数, 重数, 多重度《量子力学系で同一のエネルギー準位近くに存在する状態の数》.

múl·ti·plì·er [-plàɪə | -plàɪə(r)] 〘《a1470》: ⇨ multiply¹, -er¹〙 — *n.* **1 a** 増加[増殖]させる人[物]. **b** 掛算の機械, 乗算機. **2** 〘数学〙乗数, 掛ける数, 法 (cf. multiplicand). **3** 〘物理〙(熱・電流・振動などの)効力増強装置, 倍率器. **4** 〘経済〙乗数《新たな支出増加が総所得にもたらす拡大効果比率》. **5** 〘園芸〙=multiplier onion.

múltiplier efféct *n.* 〘経済〙乗数効果.

múltiplier ónion *n.* 〘園芸〙=potato onion. 「管.

múltiplier phóto tùbe *n.* 〘電子工学〙光電子増倍

mul·ti·ply¹ [mʌ́ltəplàɪ | -tɪ-] 〘《c1250》□(O)F *multiplier* □L *multiplicare*: ⇨ multiplex〙 — *vt.* **1 a** 増す, 増加させる: Efficiency would be *multiplied* severalfold. (そうすれば)能率が幾層倍にも増大するだろう / Such examples can be *multiplied*. このような例はいくらでも追加できる. **b** 〈動・植物を〉繁殖させる; 増殖させる. **2** 〘数学〙...に乗じる, 掛ける: ~ 5 by [into] 3 5に3を乗じる / 8 *multiplied* by 5 makes 40. 8に5を掛ければ40になる. — *vi.* **1 a** 増す, 増加する, 増大する: Cares ~ as one gets older. 歳をとるにつれて苦労が増える. **b** 増える, 増殖する, 繁殖する: Flies ~ enormously. はえは恐ろしく増える. **2** 〘数学〙掛算をする. — *n.* 〘電算機〙掛算; 掛算器.

mul·ti·ply² [mʌ́ltəpli | -tɪplɪ] 〘《1881》← MULTIPL(E)+-LY¹〙 *adv.* 多様に, いろいろと, 複合的に: a ~ applicable tool いろいろと使い道のある道具.

mul·ti·ply [mʌ̀ltɪpláɪ | -tɪ-] 〘← MULTI-+PLY¹ (n.)〙 — *adj.* 数個[数本, 数枚]のひだ[撚(よ)り, 重ね]から成る: a ~ nylon cord 八重撚(やえよ)りのナイロンコード / ~ glass 多重板ガラス.

múltiply-connécted [mʌ́ltəpli- | -tɪplɪ-] *adj.* 〘数学〙複連結の, 多重連結の.

múltiplying géar *n.* 〘機械〙増速歯車[ギヤ]; 増速装置 (↔ reduction gear).

mùlti·pólar *adj.* **1** 〘物理〙多極の: a ~ generator 多極発電機. **2** 〘解剖〙〈細胞分裂・神経細胞など〉多極性の. **mùlti·polárity** *n.* 「総称》.

múlti·pòle *n.* 〘物理〙多重極《双極子, 4極子などの

mùlti·prócessing *n.* 〘電算機〙多重プロセッシング《記憶装置を共有する複数の演算処理装置により多数のプログラムを同時に実行させること》.

mùlti·prócessor *n.* 〘電算機〙多重プロセサー《複数個のプロセッサーから成る電算機》. 「ングされた.

mùlti·prógrammed *adj.* 〘電算機〙多重プログラミ

mùlti·prógramming *n.* 〘電算機〙多重プログラミング《一つの電算機で同時にいくつかのプログラムを処理すること》.

mùlti·prónged *adj.* **1** 〈槍など〉幾つも叉(また)のある, 幾つにも分かれた. **2** 幾つかの要素[面]のある, 多岐にわたる: a ~ problem 多面[多角]的な問題.

mùlti·púrpose *adj.* 多様の目的に用いる, 多目的の (cf. general-purpose): ~ furniture 万能家具 / a ~ casserole 万能焼き鍋(なべ) / a ~ dam 多目的ダム.

mùlti·rácial *adj.* 多民族の[から成る]: the ~ population of Malaysia / a ~ society.

mùlti·rácialism *n.* 多民族共存主義; 多民族共存主義政治[社会]組織.

mùlti·resístant *adj.* 〘生物〙〈細菌など〉多種の抗生物質に対して抵抗性[耐性]のある, 多耐性の. **mùlti·resístance** *n.*

mùlti·róle *adj.* 数多くの役割を果す; 万能の.

mùlti·scréen *adj.* 〘映画〙映写面分割(方式)の, マルチスクリーンの《スクリーンに4場面, 8場面などが対位的に分割映写される方式の》.

mùlti·sénse *adj.* 多義の: a ~ word.

mùlti·sénsory *adj.* 〘教育〙多感覚併用の《視聴覚教育において見る・聞く・話すというように視覚と聴覚などを同時に使用させて学習効果を高めることを狙いとする》.

mùlti·spéctral *adj.* 〘写真〙多スペクトル感応性の: a ~ camera [film] 多スペクトルカメラ[フィルム]《可視光線・赤外線・超短波のスペクトル放射などに感応するカメラ[フィルム]》.

mùlti·stáble *adj.* 〘精神医学〙〈知覚が〉多肢(し)選択受容の. **mùlti·stabílity** *n.*

mùlti·stáge *adj.* **1** 多段式の (cf. single-stage): a ~ rocket, turbine, etc. **2** 段階的な: a ~ examination 段階的実験.

mùlti·státe *adj.* **1** 《米》数州にまたがる[部門をもつ], 多州籍の: a ~ enterprise 多州籍企業. **2** =multinational.

múlti·stèp hýdroplane *n.* 〘海事〙多段式水上滑走艇《船底が前上りの傾斜面平板の数段からなっており, 速力が出るに応じて前から順次水面を離れ, 滑走する方式のモーターボート》.

múlti·stòrey *adj.* 《英》=multistory.

mùlti·stóried *adj.* =multistory.

múlti·stòry *adj.* 《米》多階の, 高層の: a ~ hotel / a ~ parking lot 多層式駐車場, 立体駐車場.

mul·ti·syl·lab·ic [mʌ̀ltɪsɪlǽbɪk, -ṭə-, -sə- | -tɪsɪ-] *adj.* =polysyllabic. 「syllable.

mul·ti·syl·la·ble [mʌ́ltɪsìləbl, -ṭə- | -tɪ-] *n.* =poly-

mùlti·tráck *adj.* 〈録音テープが〉多重トラックの, 数[マルチ]トラックの: The echo chamber and the ~ recording offer new technical means of composing. 反響室やマルチトラック録音は作曲上の新しいテクニックを提供している.

mùlti·túbular *adj.* 多管の.

mul·ti·tude [mʌ́ltət(j)ùːd | -tɪtjùːd] 〘《c1340》□(O)F ~ // L *multitūd-inem, multitudō* ← *multus* much, many: ⇨ multi-, -tude〙 — *n.* **1** 多数であること: stars in ~ 無数の星 **2** [通例 a ~ of として] 多数: *a* ~ *of* friends 多数の友人 / *a* ~ *of* cares 数多い苦労 / Charity shall cover the ~ *of* sins. 愛は多くの罪をおおわん (*1 Pet.* 4:8) / In the ~ *of* counselors there is wisdom. 三人寄れば文殊の知恵 (cf. *Prov.* 11:14). **3** 群衆, 大勢(の人), 人込み (crowd, throng): A great ~ gathered in the streets. 大変な群衆が街路に集まった / amid cheerful ~s 群衆歓喜の中で. **4** [the ~] 庶民, 民衆: *the* uneducated ~ 無学な大衆.

mul·ti·tu·di·nism [mʌ̀ltət(j)úːdənìzm | -tɪtjúːdɪ-] 〘⇨ multitude, -ism〙 *n.* (個人よりも多数の利益を主とすべきであるとする)多数福利主義.

mul·ti·tu·di·nous [mʌ̀ltət(j)úːdənəs, -dṇ-, -dn- | -tɪtjúːdɪnəs, -dṇ-] 〘《1605》← L *multitūdin-, multitūdō* (⇨ multitude)+-OUS〙 — *adj.* **1** 多数の, おびただしい. **2** 多項目[多部分, 多要素]から成る. **3** 《詩・古》人込みの, 人だかりの (crowded). **4** 《詩・文語》広大な (vast): the ~ seas incarnadine ⇨ incarnadine *vt.* **~·ly** *adv.* **~·ness** *n.*

mùlti·únit tùbe *n.* 〘電子工学〙複合管.

mul·ti·va·lence [mʌ̀ltɪvéɪləns, -ṭə- | mʌ̀ltɪvéɪl-, mʌltívəl-] *n.* **1** 価値の多面性. **2** 〘化学〙多原子価 (polyvalence). **3** [《米》mʌltívələns] 多義性. **4** 〘生物〙(染色体の)多価性.

mul·ti·va·lent [mʌ̀ltɪvéɪlənt, -ṭə-, | mʌ̀ltɪvéɪl-, mʌltív-] *adj.* **1** 〘化学〙多原子価の, 多価の (polyvalent). **2** 〘生物〙多価の: a ~ chromosome 多価染色体《細胞の減数分裂の時に相同染色体が2個ずつ接着するのが普通であるのに, 相同染色体が二つ以上あってそれらが全部一つに接着したもの》. **3** [《米》mʌltívələnt] 多義的な. — *n.* 〘生物〙多価染色体群.

mùlti·válued *adj.* **1** 多くの[さまざまの]価値をもつ. **2** 〘論理〙=many-valued 2.

mùlti·válve 〘動物〙 *adj.* 〈貝類が〉多弁の. — *n.* 多弁の軟体動物; 多弁の貝類.

mùlti·váriate *adj.* 〘統計〙多変数[量]の[から成る]:

~ analysis 多変量解析 / ~ normal distribution 多変数の正規分布.

mul·ti·ver·si·ty [mʌ̀ltɪvə́ːsəti, -ṭə-, -sti | -tɪvə́ːs(ə)tɪ, -sɪtɪ] 〘《1963》← MULTI- + (UNI)VERSITY: Clark Kerr (1911– : 米国の教育家)の造語〙 ― *n.* 《米》マルティバーシティ《(しばしば分散した)多くの学部・公開講堂・キャンパス・校舎などを持つ大規模な大学》, マンモス大学 (polyversity).

mùlti·víbrator *n.* 〘電気〙マルチバイブレーター《弛張発振器の一種で各種の方形波を発生するデジタル電子回路の一基本回路》.

mùlti·vítamin *adj.* 数種のビタミンを含有した. ― *n.* 総合ビタミン剤.

mul·tiv·o·cal [mʌltívəkəl] 〘← MULTI- + VOCAL〙 *adj.* **1** 多種の意味を表わす, 多義の, 意味の曖昧な. **2** やかましい, 騒がしい (clamorous).

mul·ti·vol·tine [mʌ̀lṭɪvóultiːn, -vɔ́(ː)lt-, -tṇ | -tɪvə́ultiːn, -vɔ́l-, -tɪn] 〘← MULTI- + (BI)VOLTINE〙 ― *adj.* 〈昆虫が〉多次繁殖(性)の: ~ insects 多次繁殖性の昆虫《一シーズン中に何度も繁殖する昆虫》.

mùlti·vólume *adj.* 何巻もから成る, 数冊から成る: a ~ atlas 浩瀚(こうかん)な地図書.

mùlti·vólumed *adj.* = multivolume.

mul·toc·u·lar [mʌltɑ́kjulə | -tɔ́kjulə(r] 〘← MULTI- + OCULAR〙 *adj.* 〘生物〙多眼の.

mul·tum in par·vo [múlṭəm-ɪn-pɑ́əvou, -tum-, mʌ́lṭəm- | múltəm-ɪn-pɑ́ːvəu, mʌ́l-] 〘□ L *multum in parvō* much in little〙 ― *L.* 〈書物・詩・文章など〉形が小さくて中味が多い(こと); 言葉少なで含蓄豊か(に).

mul·ture [mʌ́ltʃə | -tʃə(r] 〘《c1300》□ OF *moulture* (F *mouture*) < VL **molitūram* a grinding (of corn) ← *molere* to grind: ⇨ meal[2], mill[1], -ure〙 ― *n.* 《英・スコット》(粉ひき場の持主に払う)粉ひき場使用料《通例, 委託する麦またはできた粉の一部分》; それを取り立てる権利.

mum[1] [mʌ́m] 〘《c1378》《擬音語》: cf. G *mumm*〙 ― *adj.* [Predicative に用いて] 口をつぐんだ, 物を言わない: stand ~ 黙って立っている / (as) ~ as a mouse 少しも口をきかない, 黙りこくって / Keep ~ about this. この事はだれにも言うな. ― *n.* 口をつぐむこと, 沈黙: *Mum*'s the word! 黙っているんだぞ, 他言無用. ― *int.* 黙れ, しっ (hush!).

mum[2] [mʌ́m] 〘《1530》← MUM[1]: cf. OF *momer* to act in dumb show / Du. *mommen* to mask〙 ― *vi.* (**mummed; mum·ming**) **1** 無言(仮面)劇に出る[を演じる]. **2** (クリスマス・祭日などに)仮装して出歩く[浮かれて歩く]: go ~*ming.* (cf. mummer)

mum[3] [mʌ́m] 〘《1640》□ G *Mumme* ← ? *Christian Mumme* (15 世紀のドイツの醸造業者)〙 *n.* マム《ドイツの Brunswick 原産の強いビール》.

mum[4] [mʌ́m] 〘《略》← CHRYSANTHEMUM〙 *n.* 《口語》「菊, 菊の花.

mum[5] [mʌ́m] 〘《19C》〙 *n.* 《英口語》= mummy[2].

mum[6] [mʌ́m] *n.* 《英俗》= madam, ma'am.

mum·ble [mʌ́mbḷ] 〘《c1325》 *momele(n)* (freq.) ← 《廃》 *mum* to make an inarticulate sound: ⇨ mum[1], -le[3]: cf. G *mummeln*〙 ― *vi.* **1** (口の中で)もぐもぐ言う, ぶつぶつ言う: ~ to oneself ぶつぶつひとり言を言う. **2** 《古》(口を閉じたまま)もぐもぐかむ. ― *vt.* **1** (はっきりしない発音で)ぶつぶつ[もぐもぐ]言う: ~ the answer [an apology] もぐもぐ返事をする[詫びを言う]. **2** もぐもぐ口を動かす[動かしてかむ]. **3** 唇で愛撫する: ~ a person's cheek. ― *n.* 低くはっきりしない言葉.

mum·ble·de·peg [mʌ́mbḷdipèg | -dɪ-] *n.* = mumblety-peg.

múmble pèg *n.* = mumblety-peg.

múm·bler [-blə, -bḷə | -blə(r] *n.* **1** 口の中でぶつぶつ言う人; 口をもぐもぐ動かす人. **2** 《英》= glass-blower.

múmble-the-pèg *n.* = mumblety-peg.

mum·ble·ty-peg [mʌ́mbḷtipèg | -tɪ-] 〘《1627》《変形》← *mumble-the-peg*: もと他の者がナイフの柄で地面に打ち込んだ木釘 (peg) を負けた者が歯でかみ抜いたことから〙 ― *n.* (男の子の)ジャックナイフ投げ《刃が地面に刺さるように投げる遊戯》.

múm·bling [-blɪŋ, -bḷ- | -bl-] 〘《c1440》〙 *adj.* もぐもぐ言っている[かんでいる]. **~·ly** *adv.*

Mum·bo Jum·bo [mʌ́mbou-dʒʌ́mbou | -bəu- dʒʌ́mbəu] 〘《1738》□ ? Mandingo *mā-mā-gyo-mbō* ← *mā-mā* grandmother + *gyo* trouble + *mbō* to leave〙 ― *n.* (*pl.* **~s**) **1** マンボージャンボー《アフリカの西スーダン地方の黒人部落の守護神; 仮面の男の姿で表わされる》. **2** [m- j-] 呪術的崇拝物. **3** [m- j-] **a** 何を言っているのか判らない言葉, ちんぷんかんぷん (gibberish). **b** 人を煙に巻く(訳の判らない)行動.

mum·chance [mʌ́mtʃæns | -tʃɑːns] 〘《1528》 *momechance* □ MLG *mummenschanze* a game of dice ← *mummen* to mum + *schanze* (□ F *chance* 'CHANCE')〙 ― *n.* **1** 《廃》(昔の)賽(さい)を用いてするゲーム《賽(dice)を振る側では勝負相手を選べない; cf. hazard》. **2** 《英方言》だんまり屋(の薄のろ). ― *adj.* 《古・方言》黙っている, 無言の (silent). ― *adv.* 《古・方言》無言で, 黙ったまま.

mú-méson 〘← MU + MESON[2]〙 *n.* 〘物理〙 = mu-particle.

Mú·mètal [m(j)úː-] 〘《略》← MUNTZ METAL〙 *n.* 〘冶金〙ミューメタル《ニッケル・鉄・銅の高透磁率合金》.

Mum·ford [mʌ́mfəd | -fəd], **Lewis** (1895–) 米国の建築・文明評論家; *Technics and Civilization* (1934).

mumm [mʌ́m] *vi.* = mum[2].

mum·mer [mʌ́mə | -mə(r] 〘《1440》□ OF *momeur* ← *momer* 'to MUM[2]'〙 ― *n.* **1 a** パントマイム役者. **b** 《古俗》役者 (actor). **2** クリスマスや祝祭日などに仮装して家から家へ St. George を主人公とするドラマの一部を演じて歩く若者の一人.

mum·mer·y [mʌ́məri | -rɪ] 〘《1530》□ F *momerie*: ⇨↑, -ery〙 *n.* **1** (パントマイム役者の演じる)だんまり狂言. **2** 《軽蔑》仰々しい儀式[風習].

mum·mi·chog [mʌ́mɪtʃɔ̀(ː)g, -mə-, -tʃɑ̀g | -mɪtʃɔ̀g] 〘□ N-Am.-Ind. (Algonquian) *moamitteaúg* 《原義》they swarm〙 ― *n.* 〘魚類〙米国産卵生メダカの一種 (*Fundulus heteroclitus*).

mum·mi·fi·ca·tion [mʌ̀mɪfɪkéɪʃən, -mə-, -fə- | -mɪfɪ-] 〘← MUMMIFY[1] + -FICATION〙 *n.* ミイラにすること, ミイラ化.

mum·mi·form [mʌ́məfɔ̀əm | -mɪfɔ̀ːm] 〘← MUMMY[1] + -FORM〙 *adj.* ミイラ状の.

mum·mi·fy [mʌ́mɪfàɪ, -mə- | -mɪ-] 〘□ F *momifier*: ⇨↓, -fy〙 ― *vt.* **1** 〈死体を〉ミイラにする, 防腐保存する. **2** [通例 p.p. 形で] 〈組織・器官を〉ミイラのようにする, 干からびさせる: the *mummified* tissue (ミイラのように)干からびた組織. ― *vi.* ミイラのようになる, 干からびる.

mum·my[1] [mʌ́mi | -mɪ] 〘《a1400》 *mumie* □ (O)F *momie* □ ML *mumia* □ Arab. *mūmiyaʰ* ← Pers. ← *mūm* wax〙 ― *n.* **1** (古代エジプト人の作ったような)ミイラ, 木乃伊(みいら). **2 a** 自然にミイラのようになった死体. **b** ひからびたもの. **3** (ミイラのように)やせこけた人; (特に)衰弱した人. **4** ミイラ薬《古代のミイラの粉末から作った傷薬》. **5** ミイラ褐色《ピッチ・骨などから調製される暗褐色の絵の具》. **6** 菌性の病気によって萎縮した果実[球根]. **7** 《廃》死体.
beat to a mummy 打ちのめす, ぐにゃぐにゃになるまでたたく.
― *vt.* = mummify.

mum·my[2] [mʌ́mi | -mɪ] 〘《1839》《変形》← MAMMY〙 *n.* 《英小児語》= mamma 1.

múmmy càse *n.* (エジプトの)ミイラの棺.

múmmy clòth *n.* **1** (エジプトで)ミイラを包んだ麻布. **2** 《米》綿[絹]毛交織のクレープ地.

múmmy whèat 〘エジプトのミイラの棺の中から発見されたのにちなむ〙 *n.* 〘植物〙 = poulard wheat.

mump[1] [mʌ́mp] 〘《a1586》《擬音語》: cf. Du. *mompelen* 《変形》← *mommelen* to mumble〙 《方言》 ― *vi.* **1** ふてる, すねる; ふさぎ込む. **2** 口をゆがめてしかめ面(つら)をする. ― *vt.* もぐもぐ[ぶつぶつ]言う. ― *n.* 《廃》しかめっつら (grimace): ⇨ mumps 2.

mump[2] [mʌ́mp] 〘□ Du. 《廃》 *momp-en* to cheat〙 *vi.* 《英古・方言》(泣き言を言って)乞食(こじき)をする; だます.

mump·er [mʌ́mpə, mʌ́m- | -pə(r] 〘← MUMP[2] + -ER[1]〙 *n.* 《英方言》(泣き言を言って人をだます)乞食.

múmp·ish [-pɪʃ] *adj.* 不機嫌な, ふさぎ込んだ.

mumps [mʌ́mps] 〘(pl.) ← MUMP[1] (*n.*): この病気による顔面のはれをふくれっつらに喩えたもの〙 ― *n.pl.* **1** [単数扱い] 〘病理〙(流行性)耳下腺炎, ムンプス, おたふくかぜ (epidemic parotitis): develop (the) ~ おたふくかぜにかかる. **2** ふくれっつら, 不機嫌: have the ~ すねる, ふくれる.

mu·mu [múːmùː] *n.* = muumuu.

mun. 《略》municipal; municipality.

munch [mʌ́ntʃ] 〘《c1385》《擬音語》?: cf. mumble〙 ― *vt.* 〈食物を〉(うまそうに)むしゃむしゃ[ばりばり音を立てて]食う: ~ a cake, an apple, etc. ― *vi.* むしゃむしゃ[ばりばり(音を立てて)]食う: ~ *at* [*on*] a muffin, doughnut. **~·er** *n.*

Munch [múŋk; *Norw.* múŋk], **Ed·vard** [édvard] *n.* ムンク《1863–1944; ノルウェーの表現主義の画家》.

Münch [mʏ́nʃ, mʌ́nʃ; *F.* mynʃ], **Charles** *n.* ミュンシュ《1891–1968; フランスの指揮者》.

Mun·chau·sen [mʌ́ntʃàuzṇ, mún-, -tʃɔːzṇ | mʌntʃɔ́ːzṇ, muntʃáuzṇ], Baron 〘G *Münchhausen* の英語名〙 ― *n.* ミュンヒハウゼン(男爵)《Rudolph Erich Raspe (1737–94) 作の冒険談 *Münchhausen, Narrative of his Marvellous Travels* (1785) の主人公の大ぼら吹きの男》. ― *adj.* ミュンヒハウゼンの語る奇抜な冒険談の(ような); 奇抜な, 奇想天外な, 荒唐無稽な.

Mún·chau·sen·ism [-zənɪzm, -zṇ-] 〘⇨↑, -ism〙 *n.* ほら話, 大ぼら.

Mün·chen [*G.* mʏ́nçən] *n.* ミュンヘン《Munich のドイツ語名》.

Mun·cie [mʌ́nsi | -sɪ] 〘← *Munsee* (アメリカインディアンの部族名)〙 ― *n.* 米国 Indiana 州東部の都市; Lynd 夫妻が Middletown [mídḷtàun] という仮名で社会調査を行なった都市; 人口 79,000.

Mun·da [múndə] *n.* 〘言語〙ムンダー語群《アウストロアジア語族 (Austroasiatic) に属しインド中東部および南部で用いられる》.

mun·dane [mʌndéɪn, ⌐ ⌐] 〘《16C》□ LL *mundānus* of the world ← L *mundus* universe ∽ 《?c1451》 *mondeyne* □ (O)F *mondain* □ LL: ⇨ -ane[1]〙 ― *adj.* **1** 現世の, 浮世の, 世俗的な (worldly) (cf. spiritual, heavenly): ~ affairs 俗事 / ~ vanity 世俗的な虚栄. **2** 世界の, 宇宙の (cosmic): the ~ era 世界創成紀元. **~·ly** *adv.* **~·ness** *n.*

mun·di·fy [mʌ́ndəfàɪ | -dɪ-] 〘□ (O)F *mondifi-er* // LL *mundi-ficāre* ← L *mundus* clean: ⇨ -ify〙 *vt.* 〈傷口などを〉洗う, 洗浄する.

mun·dun·gus [mʌndʌ́ŋ(g)əs] 〘□ Sp. *mondongo*〙 *n.* **1** 《古》くず, がらくた. **2** モンドンゴ《悪臭のある固形[かみ]たばこ》.

múng bèan [mʌ́ŋ-] 〘*mung*: 《略》← Tamil *mūṅgu* □ Skt *mudga*〙 ― *n.* 〘植物〙ヤエナリ, ブンドウ, リョクズ (*Phaseolus aureus*) 《インド原産のアズキの類で, 特に中国では食用・飼料として盛んに栽培される; その粉ははるさめの原料; green gram ともいう》.

mun·geet [mʌndʒíːt] *n.* 〘植物〙 = munjeet.

mun·go [mʌ́ŋgou | -gəu] 〘《1857》← 《方言》 *mungo* ← ? MUNGO (↓)〙 *n.* (*pl.* **~s**) ムンゴー《縮絨(しゅくじゅう)された毛織物から回収した再生羊毛; cf. shoddy 1》.

Mun·go [mʌ́ŋgou | -gəu] 〘□ Gael. ~ 《原義》amicable〙 *n.* 男性名. ★スコットランドに多い.

mun·goos [mʌ́ŋguːs] 〘← ?〙 *n.* (*also* **mun·goose** [~]) 《古》〘動物〙 = mongoose.

Mu·nich[1] [mjúːnɪk] *n.* ミュンヘン《西ドイツ南部 Bavaria 州の首都; 人口 1,315,000; ドイツ語名 München》.

Mu·nich[2] [mjúːnɪk] 〘↓〙 *n.* (外国の圧迫に対する)宥和(ゆうわ), 譲歩; 屈辱的宥和政策 (cf. Munich Agreement). **~·ism** [-kɪzṃ] *n.*

Múnich Agrèement *n.* [the ~] ミュンヘン条約《1938 年 9 月 29 日 Sudetenland をドイツに割譲することなどを定めたドイツ・英国・フランス・イタリア四国間の条約》.

mu·nic·i·pal [mjunís(ə)pəl, mjuː- | mjuːnísɪ-, mjʊ-] 〘《c1540》□ L *mūnicipāl-is*: ⇨ municipium, -al[1]〙 ― *adj.* **1** 自治都市の, 市政の, 市制の, 市営の, 市の: the ~ authorities 市当局 / a ~ bond 市債券 / a ~ debt [loan] 市債 / a ~ council 市会 / a ~ election 市会(議員)選挙 / ~ government 市政, 市当局 / ~ ownership 市有 / a ~ university 市立大学. **2** 一地方に限定された, 小範囲の. **3** 〘法律〙内政の, 内治の, 国内の: ~ law 国内法 (cf. international law, natural law). **4** 〘ローマ史〙自由市(municipium)としての権利のある. ― *n.* **1** [通例 *pl.*] 州債, 市債《州・市地方自治体の発行する公債》. **2** 〘ローマ史〙自由市の住民.

munícipal corporátion *n.* 都市自治体《市・町など国または州から自治権を認められた統括団体; 国や州に代って公共政策を行なう責任がある》.

munícipal cóurt *n.* 〘米法〙《訴額の少ない民事事件および警察裁判所と同じ刑事事件の裁判権を持つ》市裁判所.

munícipal engineér *n.* 都市設計技師.

munícipal engineéring *n.* 都市設計工学.

mu·níc·i·pal·ìsm [-lìzṃ] *n.* 市・町の自治制, 地方自治主義.

mu·níc·i·pal·ist [-lɪst, -ləst | -lɪst] *n.* 市・町の自治制主義者[専門家], 市制[町制]主義者, 市制通.

mu·nic·i·pal·i·ty [mjunìsəpǽləti, mjuː- | mjuːnìsɪpǽlətɪ, mjʊ-, mjùːnɪs-, -lɪ-] 〘《1790》□ F *municipalité*: ⇨ municipal, -ity〙 ― *n.* **1** 都市自治体 (municipal corporation), 自治都市. **2** 市当局; [集合的] 全市民.

mu·nic·i·pal·i·za·tion [mjunìsəpəlɪzéɪʃən, mjuː-, -lə- | mjuːnìsɪpəlaɪ-, mjʊ-, -lɪ-] *n.* **1** 市制を敷くこと, 自治制施行. **2** 市有化, 市営化.

mu·nic·i·pal·ize [mjunísəpəlàɪz, mjuː- | mjuːnísɪ-, mjʊ-] *vt.* **1** …に市制を敷く, 市にする. **2** 市の監督に委ねる, 市有[市営]にする: ~ the subways 地下鉄を市営にする.

mu·níc·i·pal·ly [-səp(ə)li | -sɪpəlɪ] 〘《a1842》: ⇨ municipal, -ly[1]〙 *adv.* 市政上, 市制上: be ~ managed 市営である.

mu·ni·ci·pi·um [mjùːnəsípiəm | -nɪsípɪ-] 〘□ L *mūnicipium* ← *mūniceps* citizen of a municipium ← *mūnia* civic duties + *cep-* (← *capere* to take: cf. captive): ⇨ -ium〙 ― *n.* 〘ローマ史〙自治都市《本来独立の都市国家であったが, ローマに服属するようになると内政上特定の自治権を与えられた》.

mu·nif·i·cence [mjuːnífəsṇs, mjʊ- | -fɪ-] 〘《1555》□ F ~ // L *mūnificentia* bounty, generosity ← *mūnificus* bountiful, liberal 《原義》present-making ← *mūnus* duty, gift + *-ficus* (← *facere* to make, do): ⇨ -ence〙 ― *n.* (惜しげなく与える)気前のよさ: by [through] the ~ of …の好意(ある寄付)によって.

mu·nif·i·cent [mjuːnífəsṇt, mjʊ-, -sənt | -fɪ-] 〘《1583》← L *mūnificent-* ← *mūnificus* (↑): ⇨ -ent〙 ― *adj.* 惜しげなく与える, 鷹揚(おうよう)な, 気前のよい (openhanded, liberal). **~·ly** *adj.* **~·ness** *n.*

mu·ni·ment [mjúːnəmənt | -nɪ-] 〘《1386》□ (O)F ~ □ ML *mūnimentum* document, title deed, (in L) fortification, protection ← L *mūnīre* to fortify, protect ← IE **moi-ni-* ← **mei-* (⇨ mural)〙 ― *n.* **1** [通例 *pl.*] 〘法律〙(権利・特権などを証明する)証書, 不動産権利証書; 記録. **2** 《古》防御, 保護.

múniment ròom *n.* 《英》記録保管室[倉庫]《大聖堂・大学・大邸宅などに付属し, 地券その他の重要書類を保管する堅固な室》.

mun·ion [mʌ́njən] *n.* 〘建築〙 = munnion.

mu·ni·tion [mjuníʃən, mjuː- | mjuː-, mjʊ-] 〘《1477》□ (O)F ~ // L *mūnītiō(n-)* fortification, defense ← *mūnītus* (p.p.) ← *mūnīre* to fortify, defend〙 ― *n.* [しばしば *pl.*] **1** (武器・弾薬・補給品などすべての)軍需品, 軍用品, 資材: ~*s* of war 軍需品 / the Minister of *Munitions* 軍需大臣. **2** [通例 *pl.*] (事業遂行上などの)必要品, 資金. **3 a** 《廃》要塞, 胸壁. **b** 防備のたしになる施設《壁・堀など》. ― *vt.* …に軍需品を供給する: ~ an army. **~·er** [-ʃ(ə)nə | -nə(r] *n.*

munítion àrmor *n.* 〘甲冑〙(官給の)兵卒用甲冑, 貸し具足.

munítion fàctory *n.* 軍需工場.

mun·jeet [mʌndʒíːt] 〘□ Hindi *mañjīṭh* ← Skt *mañjiṣṭhā*〙 *n.* 〘植物〙インドアカネ (⇨ Indian madder 1).

Mun·ká·csy [múnka:tʃi | -tʃɪ; *Hung.* múnka:tʃi] **Mi·há·ly von** [míha:lj fɔn] *n.* ムンカーチ《1844–1900; ハンガリーの画家; 本名 Michael Lieb》.

mun·nion [mʌ́njən] *n.* **1** =mullion. **2** =muntin.

Mun·ro [mənróu, mʌn- | mʌnróu, mən-, mʌ́nrəu], **H**(*ector*) **H**(*ugh*) *n.* (1870–1916) 英国の小説家; *Reginald* (1904), 筆名 Saki.

Mun·róe effèct [mənróu- | -ráu-] 〖← *C.E. Munroe* (1849–1938: 米国の化学者・発明家)〗 ── *n.* 〘軍事〙 マンロー効果《弾丸の先端に円錐形または半球形のくぼみを作っておくと鋼鉄[コンクリート]製等の目標物の表面に衝撃波が集中し, 大きな損害を与える効果》.

mun·shi [mú:nʃi | -ʃɪ] 〖▭ Hindi *munshī*〗 *n.* **1** (インド人の)通訳; 語学教師. **2** (インド人の)書記, 秘書.

mun·sif [mú:nsɪf] 〖▭ Urdu ～ ▭ Arab. *múnṣif* 《原義》 just (adj.)〗 *n.* 《インド》 (原地人の)検察官.

Mun·ster [mʌ́nstə | -stə(r] *n.* アイルランド共和国南西部の地方; Clare, Cork, Kerry, Limerick, Tipperary, Waterford の 6 州から成る; 人口 882,000, 面積 24,125 km², 首都 Cork.

Mün·ster [mʌ́nstə, m(j)ú:n-, mín- | mʌ́nstə(r; *G.* mýnstɐ] *n.* ミュンスター《西ドイツ North Rhine-Westphalia 州の商工業都市; Westphalia 条約締結地 (1648); 人口 266,000》.

Mün·ster·berg [múnstəbə̀:g, mjú:n-, mʌ́n- | -tə-bə̀:g; *G.* mýnstɐbɛ̀rk], **Hugo** *n.* ミュンスターベルク《1863–1916; 米国に住んだドイツの心理学者・哲学者》.

mun·tin [mʌ́ntn̩] 〖《変形》← 《古形》 *munting, montant* ▭ F *montant* (pres.p.) ← *monter* 'to MOUNT¹'〗 ── *n.* 〘建築〙 **1** 組子(ᵏᵘᵐⁱᵏᵒ), 桟, 中方立 (《英》 glazing bar, sash bar)《窓・障子・格子(ᵏᵒ̄ˢʰⁱ)などで組合わせになった細い桟》. **2** (昔の)窓サッシにはいった縦の桟(ˢᵃⁿ), マリオン (mullion). **3** (戸・窓・障子などの)縦框(ᵍᵃᵐᵃᵗˢᵘ).

munt·jac [mʌ́n(t)dʒæk, mʌ́ntʃæk] 〖(1798) ▭ Malay *menjangan* deer〗 ── *n.* (*also* **munt·jak** [～]) 〘動物〙 ムンチャク, ホエジカ, キョン (*Muntiacus muntjak*)《中国・チベット産の小ジカ; その声はイヌの吠え声に似ているので barking deer ともいう》.

muntjac

Múntz mètal [mʌ́nts-] 〖← *G.F. Muntz* (1794–1857: 1832 年その特許を取った英国人発明者)〗 ── *n.* 〘冶金〙 マンツメタル, 四六黄銅《亜鉛 40% と銅 60% の合金で真鍮の一種; 高温加工用で板・パイプなどにされる; yellow metal, yellow brass ともいう》.

mu·on [m(j)ú:ɑn | mjú:ɔn] 〖← MU + (MES)ON²: cf. mesotron〗 *n.* 〘物理〙 ミュー (μ) 粒子 (⇨ mu-particle).

mu·on·ic [mju:ɑ́nɪk | -ɔ́n-] *adj.* 〘物理〙 ミュー粒子 (muon) の[を含む, を作り出す] (cf. kaonic, pionic).

mu·o·ni·um [mju:óuniəm | -ə́unɪ-] 〖← MUON + -IUM〗 *n.* 〘物理〙 ミューオニウム《陽電荷のミュー粒子と電子から成る水素の同位元素》.

mú-pàrticle *n.* 〘物理〙 ミュー (μ) 粒子《電子の約 207 倍の静止質量をもち, 平均寿命 2.2×10^{-6} sec で自然崩壊する荷電粒子; 軽粒子 (lepton) の一員; 記号 μ; muon ともいう》.

mu·rae·nid [mjurí:nɪd, -nəd | -nɪd] 〖↓〗 〘魚類〙 *adj.* 「ウツボ科の. ── *n.* =moray.

Mu·rae·ni·dae [mjurí:nədì:, -rén- | -nɪ-] 〖← NL ～ ← L *muraena* (▭ Gk *múraina* sea-eel, lamprey) + -IDAE〗 *n. pl.* 〘魚類〙 ウツボ科.

mu·rage [mjú(ə)rɪdʒ | mjúər-] 〖(1423) ▭ (O)F ～ // ML *mūrāg-um* ← L *mūrus* wall: ⇨ ↓, -age〗 ── *n.* 〘英史〙 城壁税《都市の城壁の建築・修繕のために市民に課した税金》.

mu·ral [mjú(ə)rəl | mjúər-] 〖(1471) ▭ (O)F ～ ▭ L *mūrālis* of a wall ← *mūrus* wall ← IE **mei-* to build fences: ⇨ ↑, -al¹〗 ── *adj.* **1 a** 壁の, 壁上の; 壁にかかった, 壁に描いた: a ～ painting 壁画 / a ～ decoration 壁飾り. **b** 壁を思わせる, (壁のように)険しい: a ～ precipice 絶壁. **2** 〈昔の観測儀械が〉壁面に取り付けられた: a ～ quadrant 壁面四方儀 / ⇨ mural circle. ── *n.* 壁画, 壁飾り.

múral círcle *n.* 〘天文〙 壁環《壁に取り付けて用い」た昔の観測儀の一種》.

múral crówn 〖《なぞり》← L *corōna mūrālis*〗 ── *n.* **1** 城壁冠《古代ローマで敵の城壁に一番乗りしてその頂上に軍旗を押し立てた勇士に与えられた胸壁形の金冠; mural coronet ともいう》. **2** 〘紋章〙 城壁冠《1 に由来するが, Paris の紋章など都市の紋章のアクセサリーとして盾の上に配されることが多い》.

mú·ral·ist [-lɪst, -ləst | -lɪst] *n.* 壁画家.

mural crown 1

mu·rám·ic ácid [mjurǽmɪk- | mjʊ(ə)r-] 〖*muramic*: ← L *mūrus* wall (⇨ mural) + AM(INE) + -IC¹〗 ── *n.* 〘化学〙 ムラミン酸 ($C_9H_{17}NO_7$)《酸細胞壁中に存在する》.

Mu·ra·no [mu:rá:nou | -nəu; *It.* murá:no] *n.* ムラーノ《イタリア Venice 北部の郊外都市; Lagoon of Venice 中の 5 島上にある; Venetian glass の製造地》.

Mu·rat¹ [mu:rá:t] *n.* [the ～] ムラート(川)《トルコ東部を西方に流れ Euphrates 川となる川 (722 km)》.

Mu·rat² [mjurá:; *F.* myra], **Joachim** *n.* ミュラ《1767–1815; フランスの元帥, Napoleon 一世の義弟で将軍, Naples 王 (1808–15)》.

Mur·ci·a [mə́:ʃiə, -ʃə | mə́:ʃɪə, -ʃə; *Sp.* múrθja] *n.* ムルシア: **1** スペイン南東部の地方, 旧王国. **2** 同地方の都市; 人口 241,000.

Mur·cott [mə́:kɑt | mə́:kɔt] 〖← *C. Murcott Smith* (Florida のオレンジ栽培家)〗 ── *n.* 〘園芸〙 マーコット《実が赤く皮のむきやすい米国産タンゴール (tangor) の品種名; Murcot orange ともいう》.

mur·der [mə́:də | mə́:də(r] 〖ME *murdre, morthre* < OE *morþor* < Gmc **murþram* (cf. Du. *moord* / G *Mord*) ← IE **mer-* to rub away, harm (L *mors* death): ME *-d-* は OF *murdre* (F *meurtre*) の影響: cf. murther〗 ── *n.* **1 a** 謀殺, (凶悪な)殺人, 殺害; 殺意による殺人罪 (cf. homicide, manslaughter): ～ in the first degree 〘米法〙 第一級謀殺《情状酌量の余地のないもので死刑が科される》 / ～ in the second degree 〘米法〙 第二級謀殺《情状に幾分酌量の余地あるもので懲役刑が科される》 / do [commit] ～ 人殺しをする / *Murder!* 人殺し, 助けてくれ / cry '～' 《戯言》 大変だと叫ぶ / *Murder* will out [cannot be hid]. 《諺》 悪事は必ずばれるもの, 「天網恢々(ᵏᵃⁱᵏᵃⁱ)疎にして漏らさず」 / The ～ is out. 秘密がばれた, 謎が解けた / Sending troops on such an errand is sheer ～. そういう使命で部隊を派遣するのは全くの人殺しだ / War is mass ～. 戦争とは大量殺人である. **b** 殺人事件. **2** 《口語》 とても難しい[厄介な, 危険な]仕事, すごくいやなこと: This heat is ～. この暑さはたまらない. **3** 〘遊戯〙 殺人遊び《室内の明りを消して擬似殺人を犯したのち, 明りをつけて一人が探偵役になって他の者に質問して犯人を当てる遊び》.

cry* [*scream, shout*] *blue murder 《俗》 大げさな叫び声を出す. ***get away with murder*** 《俗》 悪事を見つけられずにすませる; 好き勝手なことをする. ***like blue murder*** 《口語》 全速力で, 一目散に.

── *vt.* **1** (犯意をもって)殺す, 殺害する, 惨殺する. **2 a** 〈語句・言葉遣い・歌・役などを〉(下手な扱い方で)台なしにする, 傷つける, めちゃくちゃにする: ～ a song, the English language, etc. / The actor ～*ed* the part he had to play. その俳優は下手な演技で自分の役を台なしにした. **b** いじめる. ── *vi.* 人殺しをする.

mur·der·ee [mə̀:dərí: | mə̀:-] *n.* 殺人の犠牲者[被害者], 殺された[殺される]人, 「害者」.

múr·der·er [-dərə | -dərə(r] 〖(*a*1325): ⇨ murder, -er¹〗 *n.* 殺人者[犯人], (殺人の)下手人(ᵍᵉˢʰᵘⁿⁱⁿ).

mur·der·ess [mə́:dərɪs, -rəs | mə́:dərɪs, -rès] 〖(*a*1393): ⇨ -ess¹〗 *n.* 女性の殺人者.

mur·der·ous [mə́:d(ə)rəs | mə́:-] *adj.* **1 a** 人殺しの, 殺人の, 殺害の(目的)をもった; 殺人を引き起こす: a ～ deed [act] 殺人行為, 人殺し / a ～ assault 殺人目的の襲撃 / ～ intent [intention] 殺意. **b** 凶行用の: a ～ weapon 凶器. **2** 人殺しでもしそうな, きわめて残忍な: a ～ ruffian. **3** 《口語》 殺人的な, 物凄い; ひどい, すごい, すさまじい: a ～ climate / ～ heat 殺人的な暑さ. **～·ly** *adv.* **～·ness** *n.* 「man'〗 *n.* 男性名.

Mur·doch [mə́:dɑk, -dɑk | mə́:dɔk] 〖▭ Gael. ～ 'sea

Murdoch, (Jean) Iris *n.* (1919–) アイルランド生れの英国の女流小説家; *Under the Net* (1954).

Murdock, William *n.* (1754–1839) 英国の技師・発明家; James Watt の弟子でガス灯を発明した (1802).

mure [mjúə | mjúə(r] 〖(1471) ▭ (O)F *murer* < LL *mūrāre* to wall in ← *mūrus* wall〗 *vt.* =immure.

Mur·eş [mú:reʃ; *Ruman.* múreʃ] *n.* [the ～] ムレシュ(川)《ルーマニアの中部を西方に流れハンガリーの南部で Tisza 川に合する川 (885 km)》.

mu·re·in [mjú(ə)riɪn, -ri:n | mjúəriən, -ri:n] 〖← L *mūrus* wall (⇨ mural) + (PRO)TEIN〗 ── *n.* 〘化学〙 ミュレイン《ムラミン酸グルコサミンからなる高分子で細胞壁をつくる》.

mu·rex [mjú(ə)reks | mjúər-] 〖(1589) ▭ L *mūrex* purple fish, purple dye〗 ── *n.* (*pl.* **mu·ri·ces** [mjú(ə)rəsi:z | mjúərɪ-], **～·es**) **1** 〘貝類〙 アクキガイ《海産のアクキガイ属 (*Murex*) の巻貝の総称; 古代人がそれらから紫色の染料を採った; ツロツブリボラ (*M. trunculus*), シリヤツブリボラ (dye murex) など; cf. purple 2》. **2** (海神 Triton が持っている)ほら貝. **3** 赤紫色.

mur·ex·ide [mjuréksaɪd | mju(ə)r-] 〖⇨ ↑, -ide²〗 ── *n.* 〘化学〙 ムレキシド, アンモニウムプレプラート ($C_8H_8N_6O_6$)《緑色の光沢を有する赤色結晶, 水溶液は紫赤色を呈する金属指示薬》.

muréxide reàction [**tèst**] *n.* 〘生化学〙 ムレキシド反応《尿酸誘導体に対する試験法の一つ》.

mur·geon [mə́:dʒən | mə́:-] 〖← ?〗 *n.* 《スコット》 **1** しかめ面, 仏頂面. **2** (体を曲げる)曲芸.

mu·ri·ate [mjú(ə)rièɪt, -riət, -riɪt | mjúəriət, -riɪt, -rièt] 〖《逆成》 ← MURIATIC〗 *n.* 〘化学〙 塩化物; (特に)(肥料用)塩化カリウム (potassium chloride).

mu·ri·at·ed [mjú(ə)rièɪtɪd, -təd | mjúərièɪt-] *adj.* **1** 〈鉱泉など〉塩化物を含んだ. **2** 鹹水(ᵏᵃⁿˢᵘⁱ)に漬けられた.

mu·ri·át·ic ácid [mjʊ̀(ə)riǽtɪk- | mjʊ̀əriǽt-] 〖*muriatic*: ▭ L *muriātic-us* pickled in brine ← *muria* brine (cf. L *mare* sea): ⇨ -ic¹〗 ── *n.* 塩酸 (hydrochloric acid) 《商用語》.

mu·ri·cate [mjú(ə)rəkèɪt, -kət, -kɪt | mjúərɪ-] 〖▭ L *mūricāt-us* ← *mūrex* purple fish + *-ātus* '-ATE²'〗 *adj.* 〘生物〙 堅い刺(ᵗᵒᵍᵉ)でおおわれた.

mu·ri·cat·ed [mjú(ə)rəkèɪtɪd, -təd | mjúərɪkèɪt-] *adj.* =muricate.

murices *n.* murex の複数形.

mu·ri·cid [mjú(ə)rəsɪd, -səd, mjurís- | mjúərɪsɪd, mjʊ(ə)rís-] 〖↓〗 *adj., n.* 〘貝類〙 アクキガイ科の(貝).

Mu·ric·i·dae [mjurísədì: | mjʊ(ə)rísɪ-] 〖← NL ～ ← L *muric-, mūrex* purple fish + -IDAE〗 *n. pl.* 〘貝類〙 アクキガイ科.

mu·rid [mjú(ə)rɪd, -rəd | mjúərɪd] 〖↓〗 *adj., n.* 〘動物〙 ネズミ科の(動物).

Mu·ri·dae [mjú(ə)rədì: | mjúərɪ-] 〖← NL ～ ← L *mur-, mūs* mouse + -IDAE〗 *n. pl.* 〘動物〙 ネズミ科.

Mur·i·el [mjú(ə)riəl | mjúərɪ-] 〖← ? Celt. ～ 《原義》 sea-bright: cf. Ir. *Murigheal* (家族名) ← *muir* sea + *geal* bright〗 *n.* 女性名.

Mu·ril·lo [mjurílou, m(j)ʊrí:ou | mju(ə)ríləu, -ríljəu; *Sp.* muríʎo], **Bartolomé Esteban** *n.* ムリリョ《1617–82; スペインの画家》.

mu·rine [mjú(ə)raɪn, -rɪn, -rən, mju(ə)rí:n | mjúəraɪn] 〖▭ L *mūrin-us* of a mouse ← *mūs* mouse: ⇨ -ine¹〗 *adj., n.* 〘動物〙 ネズミ科の(動物).

múrine opòssum *n.* 〘動物〙 ナミマウスオポッサム, コモリネズミ (*Marmosa murina*) 《南米産オポッサム科のネズミのような顔をした有袋目の動物; mouse opposum ともいう》.

múrine týphus *n.* 〘病理〙 (リケッチア性)発疹熱 (endemic typhus) 《リケッチア病原体 (Rickettsia mouseri) によって起こり, ネズミのノミによって人体に伝染し, 頭痛を起こさせる発疹チフス》.

Mur·ji'·ite [mə́:dʒiàɪt | mə́:dʒɪ-] 〖← Arab. *murji'ah* believers in suspension of judgment + -ITE¹〗 ── *n.* 〘イスラム教〙 ムルジ派《イスラム教徒は死後その信仰のみによって評価されると唱えたイスラム教の一派》.

murk [mə́:k | mə́:k] 〖ME *mirke* ▭ ON *myrk-r* gloom: cf. OE *myrce* dark〗 *adj.* (～·**er**; ～·**est**) 《古》 暗い, 陰気な (dark, gloomy). ── *n.* 暗黒, 陰気.

murk·y [mə́:ki | mə́:kɪ] 〖(*a*1325): ⇨ ↑, -y⁴〗 ── *adj.* (**murk·i·er**; **-i·est**) **1 a** (雲がかぶさったように)暗い, 陰気な. **b** 霧深い; 曇った. **2** 〈意味・表現など〉曖昧な: ～ official rhetoric お役所風の曖昧な[判りにくい]表現. **3** ほこりをかぶった, よごれた. **4** 後ろ暗い, 恥ずべき: a man with a ～ past. **múrk·i·ly** [-kɪli, -kə- | -lɪ] *adv.* **múrk·i·ness** *n.*

Mur·mán Cóast [mʊəmá:n- | mʊə-] *n.* [the ～] ムルマン沿岸《ソ連邦ロシヤ共和国北西部の Kola 半島一帯の北極海沿岸地方》.

Mur·mansk [mʊəmǽnsk, -má:nsk | mʊəmá:nsk; *Russ.* múrmansk] *n.* ムルマンスク《ソ連邦ロシヤ共和国北西部, Murman 沿岸地方にある不凍港; 人口 374,000》.

mur·mur [mə́:mə | mə́:mə(r] 〖(*c*1380) ▭ (O)F *murmure* // L *murmur* (n.) & *murmurāre* (v.): cf. Du. *murmelen*〗 ── *n.* **1** (波・木の葉などの)ざわめき, さらさらいう音: the ～ of a stream [brook] 小川のさらさら流れる音 / make a ～ かすかな音を立てる. **2** かすかな人声, ささやき: a ～ of voices / the ～ of conversation. **3** (ぶつぶつ言う)つぶやき, 不平の声: without a ～ 一言も不平を言わないで. **4** 〘医学〙 (聴診して聞える)心雑音 (heart murmur ともいう). **5** 〘音声〙 **a** つぶやき(声)《声門の締めつけがゆるく有声の程度が不完全な状態で発せられる音》. **b** 曖昧母音 ([ə] のこと; murmur vowel ともいう; ⇨ schwa 2).

── *vi.* **1** 〈波・葉などが〉ざわめく, さらさら音を立てる: The breeze ～*ed* in the pines. 松風がさらさら音を立てた. **2** 小声で話す, 私語する, ささやく. **3** ぶつぶつとつぶやく, こぼす, ぐずぐず言う 〔*at, against*〕. ── *vt.* 小声で言う: He ～*ed* words of love in her ear. 彼は愛の言葉を彼女の耳元にささやいた. **～·er** [-mərə | -rə(r] *n.*

mur·mur·a·tion [mə̀:məréɪʃən | mə̀:-] 〖(*c*1390) ▭ (O)F ～: ⇨ ↑, -ation〗 ── *n.* **1** ざわめき, つぶやき, ぶつぶつ不平を言うこと. **2** (ホシムクドリ (starling) の)群れ.

múr·mur·ing [-m(ə)rɪŋ] 〖(*c*1380): ⇨ murmur, -ing¹,²〗 *adj., n.* ざわめく(音), ささやく(声), つぶやく(声).

múr·mur·ing·ly *adv.* つぶやいて, つぶやくように.

mur·mur·ous [mə́:m(ə)rəs | mə́:-] *adj.* **1** ざわめく, さらさらいう: the ～ rustle of leaves さらさらという葉擦れの音 / the air subtly ～ with the girls' chorus かすかに少女たちの歌声を伝えて来る空気. **2** ささやく, 低声の; ぶつぶつ言う. **～·ly** *adv.*

mur·phy [mə́:fi | mə́:fɪ] 〖← *Murphy* (アイルランドの家族名: これがアイルランドの農夫の主食であることから) 《原義》 sea-warrior's descendant〗 ── *n.* 《俗》 じゃがいも (potato).

Mur·phy [mə́:fi | mə́:fɪ], **William Parry** *n.* (1892–) 米国の医学者 Nobel 医学生理学賞 (1934).

Múrphy bèd 〖← *W.L. Murphy* (1876–1959: 米国の発明家)〗 *n.* 《米》 マーフィベッド《折り畳み式の, または畳み込めるベッド》.

Múrphy's láw 〖← ?〗 *n.* マーフィーの法則《経験から生れた種々のユーモラスな知恵; たいていの仕事は予想したより長時間を要する, など》.

mur·ra [mə́:(r)ə | mʌ́rə] 〖▭ L *murr(h)a*: ⇨ murrhine〗 *n.* ムラ石, 蛍蛍(ᵏᵉⁱᵏᵉⁱ)石《古代ローマで美しく高価な壺・酒杯などの材料に用いられた飾り石》.

mur·rain [mə́:(r)ɪn, -(r)ən | mʌ́rɪn, -reɪn] 〖(*a*1338) *moreine, moryne* plague ▭ OF *moraine* (F *morine*) ← VL **morīre* = L *morī* to die〗 ── *n.* **1** 〘獣医〙 瘟疫(ᵒⁿᵉᵏⁱ)《家畜の伝染病; 炭疽(ᵗᵃⁿˢᵒ)熱・鵞口瘡(ᵍᵃᵏᵒ̄ˢᵒ̄)・テキサス牛疫など》. **2** 《古》 疫病 (plague, pestilence): A ～ on [to] you! = *Murrain* take you! [ののしりの言葉として] 疫病にでも取っつかれろ, こん畜生め.

Mur·ray [mə́ː(r)i | mʌ́ri] *n.* [the ～] オーストラリア Victoria, New South Wales 両州の境界を流れ South Australia 州南東部からインド洋に注ぐ川 (2,590 km); オーストラリア最長の川.

Mur·ray [mə́ː(r)i | mʌ́ri] 〖《スコット》～《変形》← *Murphy*: ⇨ murphy〗 *n.* 男性名.

Murray, (George) Gilbert (Aimé) *n.* (1866–1957) オーストラリア生まれの英国の古典学者; ギリシャ戯曲の翻訳家; *The Rise of the Greek Epic* (1907).

Murray, Sir **James Augustus Henry** *n.* (1837–1915) 英国の英語学者・辞書編集家; *The Oxford English Dictionary* (1884–1928) の初代編集長.

Murray, Lindley *n.* (1745–1826) 米国生まれの英国の文法学者.

Múrray còd *n.* 〖魚類〗 Murray 川産のスズキの類の食用淡水魚 (*Oligorus macquariensis*).

murre [mə́ː | mə́ː(r)] 〖← ? Celt.〗 ── *n.* 〖鳥類〗 **1** ウミガラス《北方の海に生息するウミスズメ科ウミガラス属 (*Uria*) の潜水性をもつ鳥類の総称; ウミガラス (*U.analge*), ハシブトウミガラス (*U. lomvia*) など; cf. guillemot》. **2** オオハシウミガラス (razor-billed auk).

murre·let [mə́ːlɪt, -lət | mə́ː-] 〖⇨↑, -let〗 *n.* 〖鳥類〗ウミスズメ《北太平洋などに見られるウミスズメ科の潜水性のある水鳥の総称》.

mur·rey [mə́ː(r)i | mʌ́ri] 〖《1403》▭ OF *morée* ← ML *mōrātus* mulberry-colored ← L *mōrum* 'MULBERRY'〗 *n.* 桑の実色, 暗紅色.

mur·rha [mə́ː(r)ə | mʌ́rə] *n.* ＝murra.

mur·rhine [mə́ː(r)ɪn, -(r)ən, -(r)aɪn | mʌ́rɪn, -raɪn] 〖《1579》▭ L *murr(h)in-us* ← *murr(h)a* murra ← ? Iranian: ⇨ -ine¹〗 ── *adj.* ムラ石 (murra) 製の: a ～ cup, goblet, vase, etc.

múrrhine gláss *n.* **1** マリーンガラス《古代ローマの主として蛍石でつくったコップに類似していると信じられているガラス器》. **2** 花入りガラス《透明なガラス器で, その中に金属・宝石・色ガラスの花などを封入したもの》. 「＝murrhine.

mur·rine [mə́ː(r)ɪn, -(r)ən, -(r)aɪn | mʌ́rɪn, -raɪn] *adj.*

Mur·rum·bidg·ee [mə̀ː(r)əmbídʒi | mʌ̀rəmbídʒɪ] *n.* [the ～] オーストラリア南東部を西方に流れ Murray 川に合流する川 (1,690 km).

Mur·ry [mə́ː(r)i | mʌ́rɪ] 〖⇨ Murray〗 *n.* 男性名.

Mur·ry [mə́ː(r)i | mʌ́rɪ], **John Middleton** *n.* (1889–1957) 英国の評論家; Katherine Mansfield の夫; *The Problem of Style* (1922).

mur·ther [mə́ːðə | mə́ːðə(r)] 〖OE *morþor*: ⇨ murder〗 *n., v.* 《廃・方言》＝murder.

mu·ru·mu·ru [mərùːmərúː] 〖▭ Port. *murumurú* ← Tupi〗 ── *n.* **1** 〖植物〗 ムルムル (*Astrocaryum muru muru*)《ブラジル産のとげの多いヤシの一種》. **2** 〖化学〗 ムルムル油《murumuru の実の種子から採る油; 主に石鹸の原料になる》.

Mur·zuk [múəzʊk | múə-] *n.* ムルズーク《Libya 南西部のオアシス集落; Fezzan 地方の中心地》.

mus. 《略》 museum; music; musical; musician.

Mu·sa·ce·ae [mjuːzéɪsiìː] 〖← NL ～ ← *Mūsa* (属名: ← Arab. *máwzah* banana)＋-ACEAE〗 *n. pl.* 〖植物〗 バショウ科. **mu·sá·ceous** [-zéɪʃəs] *adj.*

mu·saf [múːsəf] 〖▭ Mish. Heb. *mūsāph* additional prayer ← Heb. *yāsáph* to add〗 *n.* 〖ユダヤ教〗 ムーサフ《安息日と祝祭日の朝の礼拝の直後の儀式》.

Mu·sa·ge·tes [mjùːsədʒíːtiːz] *n.* 〖ギリシャ神話〗 ムーサゲテース《Apollo の呼称の一つ; Muses の守護神であったことからこう呼ばれた》.

musc- [mʌsk] (母音の前に来る時の) musco- の異形.

Mus·ca [mʌ́skə] 〖▭ L ～ 'a fly'〗 *n.* 〖天文〗 はえ(蠅)座《南天の小星座で南十字星とカメレオン座との間にある; the Fly ともいう》.

mus·ca·delle [mʌ̀skədél, ─ ─ ́] 〖《?*a*1400》▭ OF *muscadel* ← OProv. (dim.) ← *muscat* 'MUSCAT'〗 *n.* (*also* **mus·ca·del** [～]) ＝muscatel.

mus·ca·dine [mʌ́skədàɪn, -dɪn, -dən | -dàɪn, -dɪn] 〖← MUSCADEL(LE)＋-INE¹〗 ── *n.* **1** 〖植物〗 米国南部産のブドウの一種 (*Vitis rotundifolia*)《bullace ともいう; cf. muscat 1》. **2** 《古》 ＝muscatel.

mus·cae vo·li·tan·tes [mʌ́s(k)iː-vɑ̀lətǽntiːz, mʌ́skaɪ-vòulətɑ́ːnteɪs | mʌ́s(k)iː-vɔ̀lɪtǽntiːz, mʌ́skaɪ-vɔ̀lɪtɑ́ːnteɪs] 〖← NL ～ 'flies flying about'〗 ── *L. n. pl.* 〖病理〗 飛蚊(ぶん)症《myodesopsia ともいう》.

mus·ca·rine [mʌ́skərìːn, -rɪn, -rən | -rìːn, -rɪn] 〖▭ G *Muskarin* ← NL (*Amanita*) *muscaria* fly (agaric) ← L *muscārius* (adj.) ← *musca* a fly: ⇨ -ine³〗 ── *n.* 〖化学〗 ムスカリン ($C_8H_{19}NO_3$)《ベニテングダケ・腐った魚肉などに含まれるアルカロイド; 有毒物質の一つ》. **mus·ca·rin·ic** [mʌ̀skərínɪk] *adj.*

mus·cat [mʌ́skæt, -kət | -kət] 〖《*a*1578》▭ (O)F ～ ▭ Prov. ← (adj.) ← *musc* musk < LL *muscus*: そのにおいが麝香(じゃこう)に似ていることから〗 ── *n.* **1** 〖園芸〗 マスカット《ヨーロッパ種 *Vitis vinifera* に属する栽培品種のブドウの総称; muscatel の原料》. **2** ＝muscatel.

Mus·cat [mʌ́skæt, -kət | -kət] *n.* マスカット《アラビアの Oman 北東部にある海港で同国の首都; 人口 18,000》. 「の旧名》.

Múscat and Omán *n.* マスカットオマーン《Oman

mus·ca·tel [mʌ̀skətél] 〖《異形》← MUSCADELLE: cf. OF *muscatel* / It. *moscatello*〗 ── *n.* **1** マスカテル(ワイン)《芳香甘口のマスカット (muscat) から造る白ぶどう酒で, デザートワイン (dessert wine) にする》. **2** マスカット; マスカットの干しぶどう《房のまま干す》.

mus·ca·va·do [mʌ̀skəvéɪdou, -vɑ́ː- | -dəu] *n.* (*pl.* ～**s**) ＝muscovado.

Mus·ci [mʌ́saɪ] 〖← NL ～ (pl.) ← L *muscus* moss〗 *n. pl.* 〖植物〗 蘚綱.

mus·ci- [mʌ́si, -sə | -sɪ] musco- の異形 (⇨ -i-).

Mus·ci·cap·i·dae [mʌ̀səkǽpədìː | -sɪkǽpɪ-] 〖← NL ～ ← *Muscicapa* (属名: ← L *musca* a fly＋*capere* to take)＋-IDAE〗 *n. pl.* 〖鳥類〗 ヒタキ科. **mus·cic·a·pine** [məsíkəpàɪn, -pɪn, -pən | -pàɪn, -pɪn] *adj.*

mus·cic·o·lous [məsíkələs] 〖← MUSCO-＋-COLOUS〗 *adj.* 〖植物〗〈植物が〉コケ類の枯死体の上に生える.

mus·cid [mʌ́sɪd, -səd | -sɪd] 〖↓〗〖昆虫〗 *adj.* イエバエ(科)の. ── *n.* イエバエ《イエバエ科のハエの総称》.

Mus·ci·dae [mʌ́sədìː | -sɪ-] 〖← NL ～ ← L *musca* fly〗 *n. pl.* 〖昆虫〗 (双翅目) イエバエ科.

mus·cle [mʌ́sl] 〖《1533》▭ F ～ ▭ L *mūsculus* little mouse, muscle (dim.) ← *mūs* 'MOUSE': 筋肉の運動が鼠が動くのに似ていることから: ⇨ -le¹〗 ── *n.* **1** 筋肉; 筋組織: ⇨ voluntary muscle, involuntary muscle / not move a ～ (顔の)筋一つ動かしもしない, びくともしない. **2 a** 筋力, 腕力: a man of ～ 腕力のある人. **b** 力, 強制, 圧力: military ～ 軍事力 / economic ～ 経済力 / put ～ into …に圧力をかける; 〈政策などを〉強行する. **c** 肝要部, 核心: cut the ～ from an article 論説から主要部を削る. **3** (肉の)赤身.
── *vt.* **1** [通例 ～ one's way として]《口語》 腕ずくで押しのける, 強引に押し進む: He ～*d* his way to the front of the crowd [to the top]. しゃにむに群集の前に進み出た[最高位にのし上がった]. **2** …に筋力をつける; 強健にする, …に力をつける: Playing tennis will ～ our arms. ── *vi.* **1** 《口語》 **a** 強引に押し進む: ～ *through* a crowd しゃにむに群衆の中を割って進む. **b** 腕ずくで押し入る 〔*in, into*〕: ～ *into* the queue. **2** [～ in として]《俗》〈他人の領分などに〉割り込む, 縄張りを荒らす〔*on*〕: They tried to ～ *in on* our territory. 彼らは我々の領分に侵入しようとした.
muscle out 《米俗》 追い出す; 除名する (eject).

múscle-bòund *adj.* **1** (運動過多で)筋肉が肥大して弾性を失った. **2** 弾力性に欠ける, 硬直した, こわばった (stiff).

mús·cled 〖← MUSCLE (n.)＋-ED 2〗 ── *adj.* **1** 筋肉のある, 筋肉の強い. **2** [複合語の第 2 構成素として] …の筋肉の, 筋肉が…の: strong-*muscled* 筋力の強い / a hard-*muscled* arm 筋骨隆々たる腕.

múscle fìber *n.* 〖解剖〗 筋線維. 「にゃした.

múscle·less *adj.* 筋肉のない; 弱々しい, ぐにゃぐ

múscle·màn [-mæ̀n] *n.* (*pl.* **-men** [-mèn]) **1** 《口語》 筋肉隆々たる男. **2** 《俗》 暴力団の手先《おどし屋, 取立て屋, 用心棒など》.

múscle sènse *n.* 〖心理〗 筋感覚.

Múscle Shòals *n.* [the ～] 米国 Alabama 州北西部 Tennessee 河中にあった早瀬; Wilson Dam のため湖中に没した.

múscle spìndle *n.* 〖解剖〗 筋紡錘(すい)《筋中に存する感覚神経の末梢器官》.

múscle sùgar *n.* 〖生化学〗 筋肉糖 (⇨ inositol 1).

mus·co- [mʌ́sko(ʊ) | -kə(ʊ)] 〖← L *muscus* 'MOSS'〗 「苔(こけ) (moss)」の意の連結形. ★ 時に musci-, 母音の前では通例 musc- になる. 「苔(こけ)状の.

mus·coid [mʌ́skɔɪd] 〖← L *muscus* moss＋-OID〗 *adj.*

mus·cól·o·gist [-dʒɪst, -dʒəst | -dʒɪst] *n.* 苔(こけ)学者.

mus·col·o·gy [mʌskɑ́lədʒi | -kɔ́lədʒɪ] 〖《1818》← NL *muscologia*: ⇨ musco-, -logy〗 ── *n.* 蘚苔(せんたい)学, 蘚学 (bryology); (特に)苔(こけ)学. **mus·co·log·ic** [mʌ̀skəlɑ́dʒɪk | -lɔ́dʒ-] *adj.* **mùs·co·lóg·i·cal** *adj.*

mus·cone [mʌ́skoun | -kəun] 〖← LL *muscus* 'MUSK'＋-ONE〗 *n.* 〖化学〗 ムスコン ($C_{16}H_{30}O$)《麝香(じゃこう)の芳香成分; 香料製造に用いる》.

mus·co·va·do [mʌ̀skəvéɪdou, -vɑ́ː- | -dəu] 〖《1642》▭ Sp. (*azúcar*) *mascavado* ∥ Port. (*açucar*) *mascavado* (sugar) of inferior quality, unrefined (p.p.) ← *mascavar* to diminish〗 ── *n.* (*pl.* ～**s**) 黒砂糖.

mus·co·vite [mʌ́skəvàɪt | -k(ʊ)-] 〖← *muscovy* (*glass*)＋-ITE¹〗 *n.* 〖鉱物〗 白雲母 ($KAl_3Si_3O_{10}(OH)_2$)《絶縁体に用いる》.

Mus·co·vite [mʌ́skəvàɪt | -kə(ʊ)-] 〖← NL *Muscovita*: ⇨ Muscovy, -ite¹〗 ── *n.* **1 a** モスクワ (Moscow) 市民, モスクワの人[住民]. **b** 《古》 ロシヤ人. **2** 〖ロシヤ史〗 モスクワ大公国 (Muscovy) の住民.
── *adj.* **1 a** モスクワ(人)の. **b** 《古》 ロシヤ(人)の. **2** モスクワ大公国(住民)の. 「Muscovite.

Mus·co·vit·ic [mʌ̀skəvítɪk | -kə(ʊ)vít-] *adj.* 《古》＝

Mus·co·vy [mʌskóuvi, mʌ́skə-, -ko(ʊ)- | mʌ́skə(ʊ)vɪ] 〖《16C》▭ F 《廃》 *Muscovie* (*moscovie*) ▭ Russ. *Moskva* 'Moscow'〗 ── *n.* **1 a** モスクワ大公国《1271 年ごろ旧モスクワ市を中心に建てられた大公国, のちのロシヤ帝国の母体; Grand Duchy of Muscovy ともいう》. **b** 《古》 ロシヤ. **2** 〖鳥類〗 ＝Muscovy duck.

Muscóvy dúck 〖《変形》 ← *musk duck*: MUSCOVY との連想による〗 ── *n.* 〖鳥類〗 バリケン (*Cairina moschata*)《南米産のカモの一種; 肉用として広く飼養される; musk duck ともいう》. 「の異形.

mus·cul- [mʌ́skjʊl] (母音の前に来る時の) musculo-

mus·cul·a·mine [mʌ̀skjʊləmíːn, ─ ─ ─ ́] 〖← MUSCULO-＋AMINE〗 *n.* 〖化学〗 ＝spermine.

mus·cu·lar [mʌ́skjʊlə | -lə(r)] 〖《1681》 ← L *mūsculus* 'MUSCLE'＋-AR¹〗 ── *adj.* **1** 筋肉の[による, から成る, に影響を与える]: the ～ system 筋肉組織 / ～ motion [movement] 筋肉運動 / ～ strength 腕力. **2** 筋骨たくましい, 筋肉隆々とした, 強い: a ～ young man. **3 a** 〈表現などが〉線の太い, 力感あふれる, 力強い: ～ music. **b** 〈文体などが〉(繊細さ・優雅さには欠けるが)大胆で迫力のある, 荒削りの: ～ prose. **4** 肉体的運動[労働]の, 力仕事の. **～·ly** *adv.*

múscular Christiánity *n.* 筋肉的キリスト教《信仰を盛んにすると同時に肉体を強健にして快活に世を送ることを主義とする》.

múscular dýstrophy *n.* 〖病理〗 筋ジストロフィー, 筋異栄養症《筋萎縮(いしゅく)・脱力・運動障害を来たす疾患群; 単に dystrophy ともいう》.

mus·cu·lar·i·ty [mʌ̀skjʊlǽrəti | -rɪtɪ, -rɪ-] *n.* 筋骨のたくましさ; 強壮, 強健.

mus·cu·la·ture [mʌ́skjʊlətʃʊ̀ə, -tʃə, -t(j)ʊ̀ə | -tʃə(r), -tjʊ̀ə(r)] 〖▭ F ～: ⇨ muscle, -ate², -ure〗 *n.* 〖解剖〗 筋(肉)系.

mus·cu·lo- [mʌ́skjʊlo(ʊ) | -lə(ʊ)] 〖▭ LL *musculo-* ← L *mūsculus* 'MUSCLE'〗 ──「筋(肉) (muscle); 筋肉と…との (muscular and …)」の意の連結形. ★ 母音の前では通例 muscul- になる.

mùsculo·skéletal *adj.* 〖解剖〗 筋骨格の[に関する].

muse [mjúːz] 〖《1340》▭ (O)F *mus-er* to ponder, loiter ← *muse* (F *museau*) < ML *mūsum* 'MUZZLE': cf. amuse〗 ── *vi.* **1** 熟考する, 沈思する, 黙想に耽(ふけ)る 〔*on, upon, over*〕: ～ *on* his remark 彼の言葉をじっと考える / ～ *over* past memories 過去の思い出に静かに耽る. **2** 《古》 つくづく眺める 〔*on, upon*〕: ～ *upon* a distant view. **3** 《古》 驚く, びっくりする 〔*at*〕.
── *vt.* **1** 熟考する. **2** よく考えて言う. **3** 《古》 不思議に思う. **4** 《廃》 …に驚く. ── *n.* 《古》 沈思, 黙想: be lost in a ～ 深い黙想に沈んでいる.

Muse [mjúːz] 〖《*c*1380》▭ (O)F ～ ▭ L *Mūsa* ▭ Gk *Moûsa* ← ?〗 ── *n.* **1** 〖ギリシャ神話〗 **a** ミューズ, ムーサ《Zeus と Mnemosyne との間に生れた文芸・学術を司る 9 人の姉妹神の一人; ⇨ Calliope 2, Clio, Erato, Euterpe, Melpomene, Polyhymnia, Terpsichore, Thalia, Urania》. **b** [the ～s] ミューズ[ムーサ]の神々: woo *the* ～*s* 詩神の愛を求める, 詩作に耽(ふけ)る. **2** [しばしば m-] (詩人の詞藻の源泉としての)詩神; (その詩神の)詩体, 詩風, 詩才: His ～ became dumb. 彼の詩神は黙した《詩想が湧かなくなった》. **3 a** [the ～, the m-] 詩. **b** [the ～s, the muses] 《古》 文芸, 美文学 (liberal arts). **4** [m-] 《古》 詩人, 歌人.

muse·ful [mjúːzfəl] *adj.* 《古》 物思いに沈んだ, 黙想的な (meditative). **～·ly** *adv.*

mu·se·ol·o·gy [mjùːziɑ́lədʒi | -zɪɔ́lədʒɪ] 〖← MUSE(UM)＋-O-＋-LOGY〗 *n.* 博物館学.

mús·er 〖《*c*1390》: ⇨ muse, -er¹〗 *n.* 沈思者, 黙想者.

mu·sette [mjuːzét, mjuː- | mjuː-, mjʊ-; *F.* myzɛt] 〖《*a*1393》▭ (O)F ～ (dim.) ← *muse* bagpipe ← ML *mūsum* muzzle: ⇨ -ette: cf. muse〗 ── *n.* **1 a** ミュゼット, 小風笛《特に 18 世紀にフランスで流行したバッグパイプに似た楽器》. **b** 小型のオーボエ《musette pipe ともいう》. **2** 風笛曲《風笛の音を模した歌曲》; ミュゼット舞曲《牧歌的な 3 拍子の曲》. **3** (兵士が装具・食糧などを入れて肩から吊るす)野外携帯嚢(のう) (musette bag ともいう).

mu·se·um [mjuːzíːəm, mjuː- | mjuːzíəm, mjʊ-] 〖《1615》▭ L *mūsēum* ▭ Gk *mouseîon* temple of the Muses, place of study, library ← *Moûsa* Muse〗 ── *n.* 博物館; 記念館; 美術館: a historical [an art, a science] ～ 歴史[美術, 科学]博物館 / the Burns *Museum* (ロバート)バーンズ記念館 / ⇨ British Museum.

muséum pìece *n.* **1 a** (博物館に保存する価値のある)重要美術品. **b** 逸品, 珍品, 珍重すべき人. **2** 《軽蔑》 古風な[時代遅れの]人物, 骨董品.

mush¹ [mʌʃ] 〖《1671》《変形》? ← MASH¹〗 ── *n.* **1** 柔らかい塊り: ～ of snow 溶けかかった雪. **2** 《米》 とうもろこし粥(かゆ)《とうもろこしの粗挽き粉を水または牛乳で煮た濃い粥》. **3** 《口語》 女々しい感傷, 安っぽい涙もろさ, 甘ったるい言葉. **4** 〖海事〗 砕氷群.
make a mush of 《口語》 …を台なしにする, めちゃめちゃにする, …でへまをやる.
── *vt.* **1** 《方言》 つぶす, ぐにゃぐにゃにする 〈*up*〉. **2** 《俗》 感傷的にする 〈*up*〉. ── *vi.* **1** くずれる, ぐにゃぐにゃになる. **2** 〈飛行機が〉半ば失速状態で飛ぶ, ふらふら飛ぶ. **3** 《俗》 感傷的になる. 「うもり傘.

mush² [mʌʃ] 〖《1821》《略》 ← MUSHROOM〗 *n.* 《俗》 こ

mush³ [mʌʃ] 〖《変形》 ← ? F *marchons* let's go ← *marcher* to advance ∥ ▭ Canad.-F *mouche*! run! (imper.) ← F *mouch* fly < L *musca* fly〗 ── *vi.* **1** 犬橇(ぞり)で雪原を旅行をする. **2** (雪や氷の中を)進む, 行く. ── *n.* 犬橇による雪原旅行. ── *int.* 進め《犬橇の犬をけしかける発声》.

mush⁴ [mʌʃ] 〖← ? MUSH¹ (v.)〗 *n.* 〖軍俗〗 営倉.

mush⁵ [mʌʃ] 〖略〗 *n.* 《俗》 ＝moustache.

músh·er *n.* 犬橇(ぞり)旅行者.

músh·mòuth 〖cf. mush¹〗 *n.* 《米俗》 もぐもぐものを言う人, 口ごもる人, 言葉のはっきりしない人.

mush·room [mʌ́ʃruːm, -rʊm | -rʊm, -ruːm] 〖late ME *musseron* ▭ OF *mousseron* (F *mousseron*) ▭ LL *mussirio(n-)*〗 ── *n.* **1** 〖植物〗 キノコ《担子菌亜門の主に担子菌類の褶菌類に属する肉質のキノコの総称》: **a** マッシュルーム《ハラタケ科の食用キノコの総称;

cf. toadstool》; (特に)ハラタケ, シャンピニオン《meadow mushroom ともいう》: dried ～s 干ししいたけ. **b** ＝fungus 1. **2** 形がキノコに似たもの: **a** 《俗》こうもり傘. **b** (昔流行したきのこ形の)婦人用麦藁(むぎわら)帽子. **c** ＝mushroom anchor. **d** ＝mushroom cloud. **3** 急速に成長するもの; 成上がり者, にわか成金. — *attrib. adj.* **1** きのこの, きのこで作った: a ～ sauce. **2 a** きのこに似た, きのこのような, きのこ形の. **b** (きのこのように)急に成長する, 雨後の筍(たけのこ)式の, 成り上がりの: ～ growth 急速な成長 / a ～ millionaire 成金の百万長者 / a ～ town (特に鉄道沿線の)新興都市. **c** (きのこのように)短命の: ～ existence, fame, etc. — *vi.* **1** きのこを集める, きのこ狩りをする: go ～*ing* きのこ取り[きのこ狩り]に行く. **2** きのこのように早く生じる[広まる, 増える]: The town ～*ed* overnight. その町は一夜にして発生した. **3 a** きのこ形をしている, きのこ状になる. **b** 〈弾丸が〉(物にあたって)平らにひしゃげる. **c** 〈火事が〉ぱっと燃え広がる 〈*out*〉. **～·ing** *n., adj.*

múshroom ànchor *n.* 〖海事〗きのこ形錨(いかり)(⇨ anchor 挿絵).

múshroom clòud *n.* きのこ雲, 原子雲《核爆弾が爆発する際に生じ, しばしば成層圏にまで達する》.

múshroom slàb constrùction *n.* 〖建築〗フラットスラブ構造, 無梁(むりょう)板構造.

múshroom spàwn *n.* きのこの種菌《馬糞と藁(わら)の堆肥または人工培地の中に菌糸を培養し, 乾かしてれんが状にして商品にしたもの》.

múshroom vàlve *n.* 〖機械〗きのこ弁.

múshroom vèntilator *n.* 〖海事〗きのこ形通風筒.

mush·y [mʌ́ʃi | -ʃɪ] 〖← MUSH[1] + -Y[4]〗 — *adj.* (**mush·i·er**; **-i·est**) **1 a** 粥(かゆ)状の, (粥のように)柔らかい. **b** はっきりしない, ぼやけた (blurred). **2** 《口語》 **a** 弱々しい, 女々しい, 涙もろい, 感傷的な (sentimental): ～ stories. **b** 色っぽい, 甘ったるい. **músh·i·ly** [-ʃɪli, -ʃə- | -lɪ] *adv.* **músh·i·ness** *n.*

mu·sic [mjúːzɪk] 〖《*c*1250》 *musik* ◻ (O)F *musique* ◻ L *mūsica* ◻ Gk *mousikḗ* (*tékhnē*) (art) of the Muses ← *Moûsa* Muse〗 — *n.* **1 a** 音楽: teach ～ / vocal [instrumental] ～ 声[器]楽 / ⇨ absolute music, program music. **b** [集合的] 音楽作品, 楽曲: the ～ of Wagner / play [discourse, perform, render] ～ 楽曲を演奏する / compose ～ 作曲する / set a song to ～ 歌に曲をつける / ～ while you work (工場などで)仕事中に流し続ける軽音楽. **c** 伴奏: sing to the ～ 音楽に合わせて歌う / a play to the ～ 音楽劇. **2** 楽譜; [集合的] 楽曲集: play without ～ 楽譜なしで弾く, 暗譜で弾く / Have you brought your ～? 楽譜をお持ちになりましたか. **3** 快よい調子, 調子のよい音: the ～ of the birds 鳥の歌声 / the ～ of the brook 小川の楽の音 / The birds make ～ all the day. 鳥は終日音楽をかなでる / Her voice was ～ to his ears 彼女の声は耳に快かった. **4** 音楽鑑賞力, 音感: the man that hath no ～ in himself [his soul] 音楽を解する心のない者 (cf. Shak., *Merch* V 5.1.83). **5** [集合的] 軍楽隊. **6** 《口語》大喧嘩, 大騒ぎ: rough ～ (ことに, いやがらせの)大騒ぎ. **7** 〖狐狩〗猟犬の吠え声.

face the music 《口語》(過失・浪費などで自ら招いた)事態に進んで当たる, 報いを甘んじて受ける; 堂々と批判を受ける. ***make* (*beautiful*) *music* (*together*)** 愛の音楽を合奏する《性交する》.

music of the spheres [the —] (神々だけに聞え人間には聞えないという)天球の音楽《天球層 (⇨ sphere 6) の運動によって生じる妙音; Pythagoras 学派の説による; cf. HARMONY of the spheres》.

mu·si·cal [mjúːzɪkəl, -zə- | -zɪ-] 〖《*c*1420》 ◻ (O)F ～ ◻ ML *mūsicālis* ← L *mūsica* music: ⇨ ↑, -al[1]〗 — *adj.* **1** 音楽の, 奏楽の: a ～ composer 作曲家 / a ～ director 楽長, コンダクター, 指揮者 / a ～ performance 演奏 / a ～ instrument 楽器 / ～ intervals 音程 / a ～ organization 音楽家[好楽家]の団体, 楽団 / ～ scales 音階 / a ～ evening [soirée] 音楽の夕べ, 音楽会. **2** 音楽を伴う, 音楽入りの: a ～ play 音楽劇. **3** 音楽的な, 調子のよい, 音のよい: a ～ voice, sound, etc. **4** 音楽好きの; 音楽の才ある, 音楽を解する: be of a ～ turn 音楽の才がある, 音感がすぐれている. **5** 音楽家の; 音楽愛好家の. — [《英》ではまた mjùːzɪkǽl, -kɑ́ːl] *n.* **1 a** ミュージカル《軽い筋を歌と踊りで運ぶ音楽劇; musical comedy ともいう》. **b** ＝musical film. **2** 《古》＝musicale. **～·ness** *n.*

músical áccent *n.* 〖音声〗＝pitch accent.

músical bóx *n.* 《英》＝music box.

músical cháirs *n. pl.* [単数扱い] **1** 椅子取り遊戯《人数に一脚足りない椅子の周囲を音楽に合わせて回り, 音楽が止んだ瞬間に椅子の奪い合いをする; 座り損ねた者は順次ゲームから除外される》. **2** (成算なく)いろいろ手を打つこと, (多数の者が)限られた利益を競い求めること: play ～ with stocks 株をやたらに売買する.

músical cómedy *n.* ＝musical 1 a.

mu·si·cale [mjùːzɪkǽl, -zə-, ∸—∸ | mjùːzɪkǽl, -kɑ́ːl] 〖◻ F (*soirée* or *matinée*) *musicale* (fem.) musical (evening or afternoon)〗 — *n.* 《米》(社交的催しとしての)音楽会, 音楽パーティー.

músical fílm *n.* 音楽映画.

músical glásses *n. pl.* ＝glass harmonica.

mu·si·cal·i·ty [mjùːzɪkǽləṭi, -zə- | -zɪkǽlɪti, -lɪ-] *n.* **1** 音楽的なこと, 音楽性. **2** 音楽的才能.

mu·si·cal·ize [mjúːzɪkəlàɪz, -zə- | -zɪ-] *vt.* 〈歌詞・オペラ台本など〉に曲をつける, 節(ふし)をつける. **mu·si·cal·i·za·tion** [mjùːzɪkəlɪzéɪʃən, -zə-, -lə- | -zɪkəlaɪ-, -lɪ-] *n.*

mú·si·cal·ly *adv.* **1** 音楽的に, 美しい音[声]で. **2** 音楽的には[としては].

músical sáw *n.* 音楽鋸(のこぎり), ミュージカルソー《洋式鋸を浅くまた深く曲げ, これを弓で弾くか桴(ばち)で打って楽器として用いる》.

mu·si·cas·sette [mjúːzəkəsèt, -kæ- | -zɪ-] 〖← MUSI(C) + CASSETTE〗 *n.* 音楽のカセットテープ.

músic bòx *n.* 《米》 **1** オルゴール. **2** ＝jukebox.

músic càse *n.* 楽譜ばさみ.

músic dèafness *n.* 〖病理〗音痴 (tone deafness), 失音楽症.

músic dràma *n.* 〖音楽〗楽劇《Richard Wagner が創始した歌劇の一形式; 指(示)導動機を多用するなどして劇と音楽との融合による劇の全人間的表現に最高の価値が置かれる; 詠唱・叙唱の区別はなく劇の進行を阻害する各幕(場)中の休止はない; cf. leading motive 2, number opera》.

músic hàll *n.* **1** 音楽会場. **2** 《英》 **a** (歌・踊り・寸劇などの)ミュージックホール, 演芸場. **b** ミュージックホールのショー, 演芸 (cf. vaudeville 1).

mu·si·cian [mjuzɪ́ʃən, mju:- | mju:-, mjʊ-] 〖《*c*1380》 ◻ (O)F *musicien*: ⇨ music, -ian〗 — *n.* **1** 音楽家, 音楽のうまい人: be a good [poor] ～ 音楽がうまい[へた] / a street [strolling] ～ 街頭[門付けの]音楽師. **2** 作曲家; 演奏者, 演奏家; 指揮者: a jazz ～.

mu·si·cian·ly *adj.* 音楽家らしい; 音楽の才能[趣味]のある.

musícian·shìp *n.* 音楽技能[技術], 音楽上の見識, 音楽的感覚[才能].

músic lỳre *n.* 〖音楽〗(行進中の楽隊などが楽器や楽員の腕に取り付けて用いる)楽譜台《小型のパート譜を挟む部分が竪琴の形をしている》.

mù·si·cól·o·gist [-dʒɪst, -dʒəst | -dʒɪst] *n.* 音楽学者.

mu·si·col·o·gy [mjùːzɪkɑ́lədʒi, -zə- | -zɪkɔ́lədʒɪ] *n.* 音楽学, 音楽理論. **mu·si·co·log·i·cal** [mjùːzɪkəlɑ́dʒɪkəl, -zə-, -dʒə- | -zɪkəlɔ́dʒɪ-] *adj.*

músic-pàper *n.* 楽譜用紙, 五線紙.

músic ròll *n.* 〖音楽〗ミュージックロール, ピアノロール《自動ピアノ (player piano) を動かす音楽が打ち抜き式に記録された巻紙》.

músic schòol *n.* 音楽学校.

músic stànd *n.* 楽譜[譜面]台.

músic-stòol *n.* 演奏用腰掛け《高さを調節できるピアノ演奏者用の椅子》.

músic wìre *n.* ピアノ線.

Mu·si·gny [mjùːziːnjíː; *F.* myziɲi] 〖← *Chambolle-Musigny* (フランスの原産地名)〗 — *n.* ミュジーニ(ワイン)《フランスの Burgundy 地方に産する辛口の赤ぶどう酒》.

mús·ing 〖《*c*1395》: ⇨ muse, -ing[1,2]〗 *n.* 沈思, 熟考, 黙想. — *adj.* 物思いに耽った, 黙想的な. **～·ly** *adv.*

mu·sique con·crète [mjuzíːk-kɔ̃ː(ŋ)krét, mju:-, -kɔ(ː)ŋ- | mju:-, mjʊ-; *F.* myzikkɔ̃krɛt] 〖◻ F ～ 'concrete music'〗 — *F. n.* 〖音楽〗ミュージックコンクレート, 具体音楽《川の流れる音・小鳥のさえずり・車の走る音など具体的に存在している音をテープなどに録音し, これを電子機器で変形・重合し作曲家の意図する作品に作り上げたもの; cf. electronic music》.

mus·jid [mʌ́sdʒɪd, -dʒəd | -dʒɪd] *n.* ＝masjid.

musk [mʌ́sk] 〖《*a*1398》 ◻ (O)F *musc* // LL *musc-us* ◻ LGk *móskos, móskhos* ◻ Pers. & Arab. *mušk* ◻ Skt *muṣka* testicle (dim.) ← *muṣ*-'MOUSE'〗 — *n.* **1** 麝香(じゃこう)《雄のジャコウジカの腹部から得られる分泌物; 香料に用いる》; 合成麝香. **2 a** 麝香の(ような)香り. **b** 麝香に似た分泌物《ジャコウネコ・ジャコウネズミ・カワウソなどの分泌物》. **3** 〖動物〗ジャコウジカ (musk deer). **4** 〖植物〗麝香の芳香を発する種々の植物の総称《ミゾホウズキ (monkey flower), ヤマイバラ (musk rose), ムスカリ (grape hyacinth) など》.

mus·kal·lunge [mʌ́skəlʌ̀ndʒ] *n.* (*pl.* ～, ～**s**) 〖魚類〗＝muskellunge.

mus·kat [mʌ́skæt, -kət | -kət] *n.* ＝muscat.

músk bàg *n.* 〖生物〗麝香(じゃこう)分泌腺《musk gland ともいう》.

músk càt *n.* **1** 〖動物〗 **a** ＝civet cat. **b** ＝genet[1]. **2** 《廃》 **a** ＝courtesan. **b** 洒落男, 洒落者.

músk dèer *n.* 〖動物〗ジャコウジカ (*Moschus moschiferus*)《中部・東部アジアに産する角なし小鹿; 雄は腹部から麝香を分泌する》.

músk dùck *n.* 〖鳥類〗 **1** バリケン (⇨ Muscovy duck). **2** ニオイガモ (*Biziura lobata*)《オーストラリア産のカモで交尾期に麝香のにおいを発する》.

mus·keg [mʌ́skeg, -keɪg | -keg] 〖← N-Am.-Ind. (Ojibwa) 《原義》 grassy bog〗 *n.* (米国北部・カナダなどの, 一面に水苔(ごけ)が発生している)沼, 泥沼.

Mus·ke·gon [məskíːgən, mʌs-] 〖◻ Algonquian *Maskegon* 《原義》 marsh dwellers: ↑〗 *n.* 米国 Michigan 州西部, Michigan 湖畔の港市; 人口 45,000.

mus·kel·lunge [mʌ́skəlʌ̀ndʒ] 〖◻ N-Am.-Ind. (Ojibwa) *maskinoje* ← *mas* great + *kinoje* pike[3]〗 — *n.* (*pl.* ～, ～**s**) 〖魚類〗カワカマスの一種 (*Esox masquinongy*)《北米東部・中西部産淡水魚; cf. pike[4], pickerel》.

mus·ket [mʌ́skɪt, -kət] 〖《*c*1587》 ◻ F *mousquet* ◻ It. *moschetto* arrow for a crossbow, 《原義》 little fly (dim.) ← *mosca* fly < L *muscam*: ⇨ -et〗 — *n.* **1** マスケット銃《16 世紀に用いられ始めた銃腔(じゅうこう)に施条(しじょう)のない歩兵銃; rifle の前身》; 小銃. **2** 〖鳥類〗コノリ《ハイタカ (sparrow hawk) の雄》.

mus·ke·teer [mʌ̀skətíə | -kɪtíə(r, -kə-] 〖《1590》 ⇨ musket, -eer: cf. F *mousquetaire*〗 — *n.* **1** マスケット銃兵[銃士]. **2** 〖A. Dumas の小説 *Les Trois Mousquetaires* から〗飲み仲間[友達], 仲良し.

mus·ke·toon [mʌ̀skətúːn | -kɪ-, -kə-] 〖《1638》 ◻ F *mousqueton* ◻ It. *moschettone*: ⇨ musket, -oon〗 *n.* (銃腔が大きく銃身の短い昔の)マスケット短銃.

mus·ket·ry [mʌ́skɪtri, -kət- | -trɪ] 〖《1646》 ◻ F *mousqueterie*: ⇨ musket, -ery〗 *n.* **1** [集合的] マスケット銃 (muskets); マスケット銃隊. **2** 小銃操法[射撃術].

músket-shòt *n.* 小銃弾; 小銃射程.

músk glànd *n.* 〖生物〗＝musk bag.

Mus·kho·ge·an [mʌskóugiən | -kɔ́ugɪən, -gjən] *n.* ＝Muskogean.

mus·kie [mʌ́ski | -kɪ] 〖《短縮》〗 *n.* 〖魚類〗＝muskellunge.

músk màllow *n.* 〖植物〗 **1** ジャコウアオイ (*Malva moschata*)《ヨーロッパ産のアオイ科の植物; musk rose ともいう》. **2** トロロアオイモドキ (⇨ abelmosk).

músk·mèlon *n.* 〖園芸〗 **1 a** マスクメロン (*Cucumis melo* var. *reticulatus*)《芳香の強い網メロン; フユメロン (winter melon) を含める場合もある》. **b** マスクメロン《その実》. **2** ＝cantaloupe 1. **3** マスクメロンに類したウリ《カサバ (casaba) など》.

Mus·ko·ge·an [mʌskóugiən | -káugɪən, -gjən] 〖その代表種族の名〗 — *n.* **1** マスコーギアン語族《米国南東部に行なわれる Choctaw, Chickasaw および Creek の諸族の言語を含むアメリカインディアン語族中の主要な語族》. **2** [the ～s] マスコーギアン族.

Mus·ko·gee [mʌskóugi | -káugɪ] 〖← N-Am.-Ind. (? Algonquian)〗 — *n.* (*pl.* ～, ～**s**) **1 a** [the ～(s)] マスコギー族《米国 Georgia 州, Alabama 州東部など出身の混血インディアン》. **b** マスコギー族の人. **2** マスコギー語.

mus·kone [mʌ́skoun | -kəun] *n.* 〖化学〗＝muscone.

músk-òx *n.* 〖動物〗ジャコウウシ (*Ovibos moschatus*)《グリーンランドと北米の不毛地にすむ》.

musk-ox

músk pàrrot *n.* 〖鳥類〗ジャコウインコ (*Prosopeia tabuensis*)《Fiji 諸島産の芳香を発するインコ》.

músk plànt *n.* 〖植物〗ジャコウミゾホオズキ (*Mimulus moschatus*)《ゴマノハグサ科の草本》.

músk·ràt *n.* (*pl.* ～, ～**s**) **1** 〖動物〗マスクラット (*Ondatra zibethica*)《北米各地の水辺に生息する; ヨーロッパ・日本の本州では野生化している; muskrat beaver ともいう》. **2** マスクラットの毛皮: a ～ coat.

músk ròse *n.* 〖植物〗 **1** ヤマイバラ (*Rosa moschata*)《地中海地方産の芳香のあるバラ科の植物》. **2** ジャコウアオイ (⇨ musk mallow 1).

músk thìstle *n.* 〖植物〗ユーラシア大陸原産で北米にも自生するキク科のヤハズアザミの一種 (*Carduus nutans*).

músk trèe *n.* 〖植物〗オーストラリア産の各種の麝香(じゃこう)の木の総称《ジャコウノキ (muskwood) など》.

músk tùrtle *n.* 〖動物〗カミツキガメ科ニオイガメ属 (*Sternotherus*) またはドロガメ属 (*Kinosternon*) のカメの総称; (特に)ニオイガメ (*S. odoratus*)《北米・中米の淡水産のカメ; 麝香のような強い芳香を発する》.

músk·wòod *n.* 〖植物〗 **1 a** ジャコウノキ (*Olearia argophylla*)《オーストラリア産キク科の樹木》. **b** ジャコウノキ材《芳香のある白色の家具材》. **2 a** アメリカジャコウノキ (*Guarea trichilioides*)《熱帯アメリカ産のセンダン科の樹木》. **b** アメリカジャコウノキ材《赤褐色で芳香がありマホガニー材の代用品となる》.

musk·y[1] [mʌ́ski | -kɪ] *adj.* (**musk·i·er**; **-i·est**) 麝香のような(香りのする). **músk·i·ness** *n.*

musk·y[2] [mʌ́ski | -kɪ] *n.* 《口語》〖魚類〗＝muskie.

Mus·lem [mʌ́zlɪm, mʊ́z-, mʊ́s-, -ləm | mʊ́slem, mʊ́z-, mʌ́z-, -ləm] 〖《1615》 ◻ Arab. *múslim* one submitting, i.e. one accepting Islam ← *áslama* to submit oneself: cf. Islam〗 — *n.* (*pl.* ～, ～**s**) イスラム教徒 (Muhammadan)《イスラム教徒自身の用いる語》. — *adj.* イスラム教(徒)の; イスラム文明[律法]の: ～ lands イスラム教国.

Mús·lem·ìsm [-mɪzm] *n.* ＝Islam.

Mus·lim [mʌ́zlɪm, mʊ́s-, mʊ́z-, -ləm | mʊ́slɪm, mʊ́z-, mʌ́z-] *n.* **1** ＝Muslem. **2** ＝Black Muslim. — *adj.* ＝Muslem.

Múslim éra *n.* [the ～] ＝Muhammadan era.

Mús·lim·ìsm [-mɪzm] *n.* ＝Islam.

mus·lin [mʌ́zlɪn, -lən | -lɪn] 〖《1609》 ◻ F *mousseline* ◻ It. *mussolina* muslin ← *Mussolo* Mosul (メソポタミアにある最初の製造地): cf. mousseline〗 — *n.* 〖紡織〗 **1** 綿モスリン, 新モス《経(たて), 緯(よこ)に単糸を用いた柔らかい織物》. **2** 《米》木綿地, キャラコ. **3** [集合的] 《古俗》女: a bit of ～ 女, 女の子.

múslin delàine *n.* 〖紡織〗＝delaine 1.

mus·lin·et [mʌ̀zlɪnét, -lə-, ∸—∸ | -lɪ-] 〖⇨ muslin, -et〗 *n.* (*also* **mus·lin·ette** [～]) 《古》〖紡織〗厚手の綿モスリン.

múslin kàil 〖⇨ ? MUSLIN (その薄さからか)〗 *n.* 《スコット》大麦の粥(かゆ); 大麦と野菜から作ったスープ.

mus·nud [mʌ́snʌd] 〖◻ Hindi *masnad* ◻ Arab. *másnad* something to lean upon〗 *n.* (インドの君主たちの王座・クッションとして用いる)座ぶとん.

Mu·so·phag·i·dae [mjùːsəfǽdʒədiː | -dʒɪ-] 〖← NL ～ ← *Musophaga* (属名: ← *mūsa* (◻ Arab. *máwzaʰ* banana)＋-*phaga* (⇨ -phage)＋-IDAE〗 ― *n. pl* 〘鳥類〙エボシドリ科. **mu·soph·a·gine** [mjuːsɑ́fədʒàɪn, -dʒɪn, -dʒən | -sɔ́fədʒàɪn, -dʒɪn] *adj.*

Mu·sorg·ski [musɔ́əgski, -zɔ́əg- | -sɔ́ːgskɪ ; *Russ.* músərkskjij] *n.* ＝Mussorgsky.

Mus·pel·heim [múspəlhèɪm] 〖⇦ON *Mūspellsheim-r*〗 ― *n.* 〘北欧神話〙ムスペルヘイム《南の火の燃えさかる酷熱の国; Niflheim に対立し, それらの間に Ginnungagap がある》.

mus·quash [mʌ́skwɑʃ, -kwɔ(ː)ʃ | -kwɔʃ] 〖← N-Am.-Ind. (Abnaki, Ojibwa)《原義》it is red; red animal, muskrat〗 *n.* **1** ＝muskrat 1. **2** 《英》＝muskrat 2.

muss [mʌ́s] 〖《変形》← ? MESS〗《米口語》 ― *n.* **1** 乱雑, 混乱, ごったがえし. **2** 騒動, 喧嘩. ― *vt.* **1** 乱雑にする, めちゃめちゃにする, きたなくする; 混乱させる 〈*up*〉. **2** 〈衣服・髪などを〉くしゃくしゃにする 〈*up*〉. **3** 手荒く扱う, たたく 〈*up*〉.

mus·sal [məsáːl] 〖⇦ Urdu *mas(h)āl* ← Arab. *máš'al* lamp, torch ← *šá'ala* to kindle〗 *n.* 《インド》たいまつ.

mus·sel [mʌ́səl, -sl] 〖OE *mus(c)le* ＜(WGmc) **muskul* (Du. *mossel* / G *Muschel*) ⇦ VL **muscula* ＝L *mūsculus* 'MUSCLE'〗 ― *n.* 〘貝類〙 **1** ムラサキイガイ (*Mytilus edulis*)《イガイ科ムラサキイガイ属の食用の海産二枚貝》. **2** イシガイ科ドブガイ属 (*Anodonta*), *Unio* 属などの淡水産二枚貝の総称.

mússel cràb *n.* 〘動物〙カクレガニ科のカニの一種 (*Pinnotheres maculatus*)《ムラサキイガイなどの外套腔中に寄生する》.

Mus·set [mjuːséɪ ; *F.* mysɛ], **Alfred de** *n.* ミュッセ《1810–57; フランスの詩人・劇作家・物語作家; Louis Charles Alfred de Musset》.

mus·si·ta·tion [mʌ̀sətéɪʃən | -sɪ-] 〖⇦ L *mussitātiō(n-)* ← *mussitāre* to mutter (freq.) ← *mussāre*: ⇨ -ation〗 ― *n.* **1** 〘病理〙呟語(げんご)《重症患者に見られる発語のない口唇の運動》. **2** つぶやき, 口ごもり.

Mus·so·li·ni [mùːsəlíːni, mʊ̀s- | -nɪ- ; *It.* mussolíːni], **Benito** *n.* ムッソリーニ《1883–1945; イタリアの政治家・国家ファシスタ党 (Fascisti) の首領, 独裁首相 (1922–43); パルチザンによって処刑された; Il Duce》.

Mus·sorg·sky [musɔ́əgski, -zɔ́əg- | -sɔ́ːgskɪ ; *Russ.* músərkskjij], **Mo·dest** [madést] **Pe·tro·vich** *n.* ムソルグスキー《1839–81; ロシヤの作曲家; *Boris Godunov*「ボリス ゴドゥノフ」(オペラ, 1869–72), *Pictures at an Exhibition*「展覧会の絵」(1874)》.

Mus·sul·man [mʌ́səlmən, -sl-] 〖⇦ Pers. *musulmān* ← *muslim* Moslem (⇦ Arab. *múslim* 'MUSLIM')＋-*ān* (pl. suf.)〗 ― *n.* (*pl.* **~s, -men** [mən]) 《まれ》イスラム教徒 (Muhammadan).

mus·sy [mʌ́si | -sɪ] 〖← MUSS (n.)＋-Y⁴〗 ― *adj.* (**muss·i·er; -si·est**) 《米口語》 **1** 乱雑な, ごたごたした, だらしない; くしゃくしゃの. **2** 混乱した. **múss·i·ly** [-sɪli, -sə- | -lɪ] *adv.* **múss·i·ness** *n.*

must¹ 〖OE *mōste* (pret.) ← *mōt* may, can, am free to (cf. mote²) ＜ Gmc **mōtan* (Du. *moet* / G *muss* (1st & 3rd pers.) ← *müssen* to be obliged) ← ? IE **med-* to take appropriate measures〗 ― [məs(t); mʌ̀st, mʌ́st] *auxil. v.* (現在・過去形 **must**; 否定 **must not**, 《口語》**mustn't** [mʌ́sn̩(t)]) **1** [必要] …ねばならない: We ~ eat to live. 人は生きるために食わなければならない / Boys ~ amuse themselves somehow. 子供には何らかの遊びが必要だ / One ~ live long to see how short life is. 長生きしてみないと人生がいかに短いかわからないものだ. ★ (1) 否定は need not, do not have to, haven't got to. (2) 過去・未来・完了などの形の欠けたものは have to で補う: I ~ [shall *have to*] go today [tomorrow]. 今日[明日]行かなければならない / I *had to* go yesterday. きのう行かなければならなかった / I have *had to* go three times already. 今まで三度行かなければならなかった / I shan't *have to* go there. 私は行かなくてもいいでしょう. (3) 過去の場合でも間接話法または回想的な意味では must を用いる: I told him what he ~ do. 彼に何をすべきか教えてやった / It was too late to go back; we ~ go on or fail. もう引き返すわけにはいかなかった, そのまま続けていくか失敗するかのどちらかだった. (4) 《古・詩》では方向の副詞語句の前で go, get など運動の動詞を略すことがある: I ~ (go) away. 去らなければならない / I ~ (go) down to the seas again. また海へ下って行かねばならぬ (Masefield, *Sea-Fever*).

2 a [強制・命令] …ねばならない: You ~ do as you are told. 言いつけられたようにしなさい / You ~ hear my side of the story. こっちの話も聞いてくれなくちゃ困る / It ~ be found. それは捜し出さなければならない. **b** [must not で禁止] …してはいけない: You ~ *not* tell a lie. 嘘を言ってはいけない / It ~ *not* be done. そんな事はしてはいけない. ★ この場合, 否定されるのは不定詞で, must ではない.

3 [義務] …べきである: We ~ obey the rules. その規約には従わなければならない / You ~ see what can be done. 何ができるか確かめるべきである / I ~ ask you to retract that. それを取り消すようにお願いします / You ~ know. 知っておいてもらおう / I ~ say. 言わざるを得ない. ★ この意味では ought to よりも強意的; must の場合, 話者は義務が果たされるものと想定しているが, ought to では話者は義務は果たされないかもしれないという不安を抱いている.

4 [主張] どうしても…しなければならない: He ~ always have his own way. 彼はいつも自分の思い通りにしなければ承知しない / Why ~ you be so stubborn? どうしてそんなに強情を張るのか / *Must* you slam the door? ドアをばたんと締めないと気が済まないのかね《皮肉》/ If you ~, you ~. ぜひと言うなら仕方がない / If you ~ know, I love him deeply. どうしても知りたいと言うなら言いますけど, 私は彼を深く愛しているんです. ★ must に強勢がある; 過去も同形: She said she ~ see the manager. ぜひ支配人に会いたいと言った.

5 [論理的な推定] …に相違ない, きっと…だろう: He ~ be aware of this. 彼はこれを承知しているにちがいない / He ~ be out of his mind to say that. そんなことを言うなんて彼は気が違っているに相違ない / You ~ be tired. さぞお疲れのことでしょう / You ~ be joking. きっと冗談をおっしゃっているんでしょう. ★ (1) must が進行形・完了形の不定詞を伴う時はこの意味に限られる: She ~ have been a beauty in her day. 若い時はさぞかし美人であったろう / What a sight it ~ have been! さぞ壮観であったろう / I ~ not [~*n't*] have been listening. きっと私はよく聞いていなかったのだろう (cf. 2 b). (2) 疑問文には用いない. (3) 過去も同形: You ~ (＝would surely) have caught the ball if you had run. もし走ったら君はきっとボールがとれたであろうに / I said he ~ have lost his way. 彼は道に迷ったに違いないと私は言った. (4) 否定は cannot [could not] (have＋p.p.) で表わされる: It *cannot* be true. 本当であるはずがない.

6 [必然] 必ず…する: All men ~ die. すべての人間は必ず死ぬ / War ~ follow. 必ず戦争になる, 戦争は避けられまい / You ~ lose, whichever happens. どっちに転んでも君の損[負け]になる.

7 《口語》[過去のあいにくの出来事] あいにく…した: Just when I was dropping off, a door ~ bang. ちょうどうとうとしかけたとき意地悪くも戸がばたんと音をたてた / Just as I was busiest, he ~ come worrying. 時もあろうに一番忙しい時に彼が邪魔しに来たとは(いまいましい). ★ この用法は過去時制または史的現在時制と考えられる.

― [mʌ́st] *adj.* 《口語》絶対必要な, 肝要な: ~ legislation 必要な立法 / ~ read [reading] 必読の記事 / a ~ book 必読書 / ~ bills 重要法案.

― [mʌ́st] *n.* 《口語》絶対必要なもの[こと]; 《米》〘新聞〙(必ず載せるべき)重要記事《原稿に 'must' と書く》: This article is a ~. / This book is an absolute ~ *for* tourists. 本書は旅行者の絶対必読書である.

must² [mʌ́st] 〖OE ⇦ L *mustum*《原義》new《略》← *vīnum mustum* fresh wine〗 *n.* 発酵前のぶどう液; 新ぶどう酒.

must³ [mʌ́st] 〖《尾音消失》← MUSTY〗 *n.* かび臭いこと; かび. ― *vi.* かびる.

must⁴ [mʌ́st] *n.*, *adj.* ＝musth.

mus·tache [mʌ́stæʃ, məstǽʃ, mʌs- | məstáːʃ, mus-] *n.* ＝moustache.

mus·ta·chi·o [məstǽʃiòu, mʌs-, -táːʃ-, -ʃou | məstáːʃiàu, mus-] *n.* (*pl.* **~s**) ＝mustache. **~ed** [~d] *adj.*

Mús·ta·fa Kemál [mústəfə-] *n.* ⇨ Kemal Atatürk.

mus·tang [mʌ́stæŋ] 〖《1808》⇦ Mex.-Sp. *mestengo* ← Sp. belonging to graziers, wild ← *mesta* company of graziers ＜ L *mixtam* (fem. p.p.) ← *miscēre* to mix〗 ― *n.* **1** ムスタング《米国平原地帯に産するスペイン種の小形の再野生馬; cf. bronco》: (as) wild as a ~ 《米口語》〈人が〉全く手に負えない. **2** 《米海俗》下士官兵出身の海軍士官. **3** [M‐] 第二次大戦で米軍が使用した単座戦闘機 P-51 の愛称.

mústang gràpe *n.* 〘植物〙米国南西部産の小粒の渋い赤ブドウ (*Vitis candicans*).

mus·tard [mʌ́stəd | -təd] 〖《1289》⇦ OF *moustarde* (F *moutarde*) ← *moust* ＜ L *mustum* 'MUST²': 《原義》must² に混ぜた芥子(からし)粉〗 ― *n.* **1** 〘植物〙辛味のあるアブラナ属 (*Brassica*) の植物の総称《クロガラシ (black mustard), シロガラシ (white mustard), カラシナ (leaf mustard) など》/ ~ and cress 《英》マスタードクレス《カラシナとコショウソウの若葉を使ったサラダ》. **2** 芥子(からし): French ~ 塩および酢入りの芥子. **3** 《米俗》効き目のあるもの, 刺激剤; 熱意.

(as) keen as mustard 〖商品 'Keen's mustard' にかけたしゃれ〗《口語》すごく熱心で, 熱中して, 熱烈な.

cut the mustard 《米口語》〈芸能人・選手などが〉期待通り[以上]の成績をあげる.

― *adj.* 〘植物〙アブラナ科の.

mústard gàs *n.* 〘化学〙からしガス, イペリット ($(ClCH_2CH_2)_2S$)《激しい芥子(からし)臭を放ち強烈な刺激性および発泡性のある油状の毒ガス; 第一次大戦にドイツ軍が Ypres で使用した; yperite, dichloroethyl sulfide, sulfur mustard ともいう》.

mústard òil *n.* 芥子(からし)油.

mústard plàster *n.* 芥子(からし)軟膏(こう), 芥子泥(でい)《湿布用》.

mústard-pòt *n.* (食卓用)芥子入れ.

mústard sèed *n.* **1** カラシナの種子. **2** 《米》(小鳥猟用)小散弾.

a grain of mustard seed ⇨ grain¹ 成句.

mus·tee [mʌstíː, ⌐⌐] 〖《1699》← Sp. *mestizo* 'MESTIZO'〗 *n.* **1** (黒人の血を 1/8 含む)黒白混血児 (octoroon). **2** 混血児.

mus·te·lid [mʌ́stəlɪd, -ləd | -tɪlɪd] 〖↓〗 *adj.*, *n.* 〘動物〙イタチ科の(動物).

Mus·tel·i·dae [mʌstélədìː | -lɪ-] 〖← NL ~ ← L *mustēla* (↓)＋-IDAE〗 *n. pl.* 〘動物〙イタチ科.

mus·te·line [mʌ́stəlàɪn, -lɪn, -lən | -làɪn, -lɪn] 〖⇦ L *mustēlin-us* ← *mustēla* weasel ← *mūs*: cf. mouse〗 ― *adj.* **1** 〘動物〙イタチ科の. **2** イタチのような; (夏のイタチの毛のように)黄褐色の.

mus·ter [mʌ́stə | -tə(r)] 〖《a1325》 *mostre(n)* ⇦ OF *mostr-e(r)* (F *montrer*) ＜ L *monstrāre* to show ← *mōnstrum*: cf. monster〗 ― *vt.* **1** (戦闘・検閲などのため)〈軍隊などを〉召集する, 集合させる, 呼び集める. **2** 《米》〈人を〉入隊させる 〈*in*〉. **3 a** 〈人・物などを〉寄せ集める, かき集める. **b** 《豪》〈羊・牛を〉寄せ集める. **4** 〈勇気などを〉奮い起こす, 鼓舞する 〈*up*〉: ~ (*up*) one's courage, strength, etc. / I can't ~ an appetite. どうしても食欲がわかない. **5** 〘海事〙(乗組員を集めて)…の人員点呼する; …の総員名簿を読んで点検する. ― *vi.* **1** (検閲などのため)〈軍隊が〉集合する, 集まる, 応召する: ~ at attention 登舷礼を行なう. **2** 《豪》羊・牛を寄せ集める.

muster out 除隊させる.

― *n.* **1** 召集, 点呼: make a ~ 召集[点呼]する. **2 a** 集合人員, 総員数. **b** ＝muster roll. **3 a** (人・動物などの)集合, 群れ: a ~ of peacocks. **b** 《豪》〈羊・牛を〉寄せ集めること. **4** 〘商業〙見本, 雛(ひな)形.

pass muster (1) 検閲を通過する. (2) 標準に達する, 目的にかなう, 適切である 〔*as, for*〕: ⇨ *pass muster in a* CROWD¹ / It can hardly *pass* ~ *for* a yacht. それはヨットとしてはちょっと通用しない.

múster-bòok *n.* (軍隊または軍艦乗組員の)点呼簿.

múster-màster *n.* 〘歴史〙(軍隊・艦船などの)検閲官, 兵員簿管理官.

múster-óut *n.* (*pl.* **musters-**) 除隊.

múster ròll *n.* (軍隊・艦船の)総員名簿.

musth [mʌ́st] 〖⇦ Hindi *mast* intoxicated, rutting ← Pers.〗 *n.* (雄象の)盛り狂い, 発情: in [on] ~ 〈雄象が〉盛り狂って. ― *adj.* 〈雄象が〉盛り狂っている.

must·n't [mʌ́sn̩(t)] 《口語》must not の縮約形.

mus·ty [mʌ́sti | -tɪ] 〖《1530》《変形》? ← moisty ← MOIST＋-Y⁴〗 ― *adj.* (**mus·ti·er; -ti·est**) **1** かびた, かび臭い: a ~ smell. **2 a** かびの生えたような, 古臭い, 陳腐な: ~ old books. **b** 時代遅れの: ~ rules. **3** 活気のない, 元気のない, 感じの鈍い.

go musty and fusty 陳腐に[古臭く]なる, かびが生える.

mús·ti·ly [-tɪli, -tə- | -lɪ] *adv.* **mús·ti·ness** *n.*

Mu·sul·man [mʌ́səlmən, -sl-] *n.* (*pl.* **~s, -men** [-mən]) ＝Mussulman.

mut¹ [mʌ́t] *n.* 《俗》＝mutt.

mut² [mʌ́t] *n.* 〘印刷〙＝mutton².

mut. 《略》mutilated; mutual.

mu·ta- [mjúːtə | -tə] 〖← MUTATION, MUTANT〗「突然変異, 変化」の意の連結形.

mu·ta·bil·i·ty [mjùːtəbíləti | -təbíləti, -lɪ-] 〖《c1385》⇦ OF *mutabilité*: ⇨ ↓, -ity〗 *n.* (世の中・人の心の)変りやすさ, 有為(うい)転変; 不定, 無常.

mu·ta·ble [mjúːtəbl | -tə-] 〖《c1380》⇦ L *mūtābil-is* ← *mūtāre* to change: ⇨ mutate, -ble〗 ― *adj.* **1** 変りやすい, 不定の, 無常の. **2** 気の変りやすい, 移り気の. **~·ness** *n.* **mú·ta·bly** *adv.*

mu·ta·fa·cient [mjùːtəféɪʃənt | -tə-] 〖← MUTA-＋-FACIENT〗 *adj.* 〘生物〙〈細胞内の遺伝子が〉突然変異を起こしうる (cf. mutagenic).

mu·ta·gen [mjúːtədʒɪn, -dʒən, -dʒèn | -tə-] 〖← MUTA-＋-GEN〗 *n.* 〘生物〙突然変異原, 変異原《突然変異を誘発する原因となる各種の物質や放射能など》.

mu·ta·gen·e·sis [mjùːtədʒénəsɪs, -səs | -tədʒénɪsɪs, -nə-] 〖← NL ~: ⇨ muta-, -genesis〗 *n.* 〘生物〙変化[変異]の誘発[発生].

mu·ta·gen·ic [mjùːtədʒénɪk | -tə-] 〖← MUTAGEN＋-IC¹〗 ― *adj.* 〘生物〙〈化学薬品・放射線などのような細胞外因子が〉突然変異を起こさせる (cf. mutafacient). **mù·ta·gén·i·cal·ly** *adv.*

mu·ta·ge·nic·i·ty [mjùːtədʒənísəti, -dʒə- | -tədʒɪnísətɪ, -dʒe-, -dʒə-, -sɪ-] 〖⇨ ↑, -ity〗 *n.* 〘生物〙 **1** 突然変異誘発性[力]. **2** 突然変異誘発剤の使用.

mu·ta·gen·ize [mjúːtədʒənàɪz | -tədʒɪ-] 〖← MUTAGEN＋-IZE〗 *vt.* 〘生物〙〈細胞・生物〉に突然変異原を与える.

mu·tant [mjúːtn̩t] 〖⇦ L *mūtant-em* (pres.p.) ← *mūtāre* to change〗 〘生物〙 *adj.* 突然に変化した, 突然変異による. ― *n.* 突然変異体, 変種.

mu·ta·ro·tase [mjùːtəróuteɪs, -teɪz | -tərə́uteɪs] 〖← MUTAROT(ATION)＋-ASE〗 *n.* 〘生化学〙ムタロターゼ《糖の旋光性を変更する酵素》.

mu·ta·ro·tate [mjùːtəróuteɪt | -tərə(u)téɪt] 〖《逆成》↓〗 *vi.* 〘物理化学〙変旋光する.

mu·ta·ro·ta·tion [mjùːtəro(u)téɪʃən | -tərə(u)-] 〖← MUTA-＋ROTATION〗 *n.* 〘物理化学〙変旋光.

mu·tase [mjúːteɪs, -teɪz] 〖← MUTA-＋-ASE〗 *n.* 〘生化学〙ムターゼ, 転位酵素《基を分子内の他の位置に移す反応を触媒する酵素; cf. phosphoglucomutase》.

mu·tate [mjúːteɪt, ⌐⌐ | ⌐⌐] 〖《1818》← L *mūtāt-us* (p.p.) ← *mūtāre* to change〗 *vi.* **1** 変化する. **2** 〘生物〙突然変異を起こす. **3** 〘音声〙〈母音が〉変化する. ― *vt.* 〘音声〙(ウムラウトにより)〈母音を〉変化させる (cf. mutation 4).

mu·ta·tion [mjuːtéɪʃən | mjuː-, mjʊ-] 〖《c1380》⇦ (O)F ~ // L *mūtātiō(n-)* ← *mūtāre* to change: ⇨ ↑, -tion〗 ― *n.* **1 a** 変化, 変形, 変質. **b** 人世の浮沈, 盛衰. **2** 〘生物〙突然変異 (cf. fluctuation 3, modification 4, variation 6). **3** 〘生理〙声変わり. **4** 〘音声〙母音変化, 曲音, ウムラウト (⇨ umlaut). **5** 〘言語〙(ケルト語における語結合の)語頭音変化. **~·al** [-ʃənl, -ʃnəl] *adj.* **~·al·ly** *adv.*

mutátion plúral *n.* 〘言語〙変音複数《man—men,

foot—feet, goose—geese のような母音変化による複数形).

mutátion prèssure *n.* 〘生物〙突然変異圧《突然変異が起こり，そのために集団の遺伝子組成に変化を与える度合》.

mu·ta·tis mu·tan·dis [muːtáːtɪs-muːtáːndɪs, mjuː-téɪtɪs-mjuːtǽndɪs, -təs-, -dəs | muːtáːtɪs-muːtǽndɪs, mjuːtéɪtɪs-mjuːtǽndɪs, mjʊ-] 〘□ L *mūtātis mūtandis* things being changed which should be changed〙 ━ *L.* 必要な変更を加えて：apply the law ～ 法律を準用する.

mu·ta·tive [mjúːtətɪv, -tə- | -tət-] 〘□ ML *mūtātīv-us*: ⇨ mutate, -ive〙 ━ *adj.* **1** 〘生物〙変異を起こしがちな. **2** 〘文法〙〈動詞が〉(場所・状態の)変移を表わす：a ～ verb 変移動詞《arrive, come, depart, die, fall, flee, go, grow, set などの自動詞》.

mú·ta·tor géne [mjúːteɪtə- | -tə-] *n.* 〘生物〙突然変異誘発遺伝子《他の遺伝子の突然変異を増加させる働きをもつ遺伝子》.

mutch [mʌ́tʃ] 〘(1473) □ MDu. *mutse* (Du. *muts*) □ ML *almūcia*: cf. amice[1] / G *Mütze* cap〙 *n.* 《スコット》(リンネル製の)老女または小児用頭巾.

mutch·kin [mʌ́tʃkɪn, -kən | -kɪn] 〘(?1425) □ Du. 《古形》*mudseken* measure (dim.) ← *mudde* bushel □ L *modius*: ⇨ -kin〙 ━ *n.* **1** 《スコット》ムチキン《昔のスコットランドの液量単位；＝《英》$^3/_4$ pint》. **2** 同量の入るしろめ製の容器.

mút dàsh 〘*mut*: 《略》← MUTTON[2]〙 *n.* 〘印刷〙＝em dash.

mute[1] [mjúːt] 〘(16C) □ L *mūt-us* silent, dumb ∽ (*c*1378) *muet* □ (O)F (dim.) ← OF *mu* < L *mūtum* dumb〙 ━ *adj.* (**mut·er**; **-est**) **1 a** 無言の, 沈黙した：He stood perfectly ～ while I talked to him. 私が話をしている間彼は一言も言わずに立っていた / be ～ with wonder 驚異の余り言葉が出ない. **b** 〈行動・感情など〉言葉に表わさない, 音を出さない：a ～ appeal 無言の訴え / a ～ sympathy 口には出さない同情[共感]の気持 / His eyes dwelt on her in ～ apology. 無言のまま詫びるように彼女を見た. **2 a** 口のきけない, ものを言えない. ★ 今は主に人に用いる (cf. dumb[1] 1 ★). **b** 〈ある種の鉱物が〉打っても鳴らない. **3** 〘狩猟〙〈猟犬が〉吠えない. **4** 〘法律〙〈告発された被告人が〉(罪状認否手続き (arraignment) において)答弁しない：stand ～ (自己に不利な質問などに対して)黙秘する《無罪 (not guilty) の抗弁とされる；cf. self-incrimination》. **5** 〘音声〙〈文字が〉黙字の：a ～ letter 黙字《column, knot, honest の 'n', 'k', 'h' など》. ★ make の e のようにそれ自体は黙字であるが, 前の a を長く発音することを示す場合にも用いる. ━ *n.* **1 a** 物が言えない人：a deaf ～ 聾啞(ろうあ)者. **b** しゃべらない人. **c** 《古》(台詞のつかない)だんまり役者. **d** (トルコなどで特に選んで使う)口のきけない従者. **e** 《廃》(葬儀屋が供給する)葬式の供人. **2** 〘法律〙答弁を拒む被告人 (cf. *adj.* 4). **3** 〘音声〙黙字; 閉鎖音. **4** 〘楽器〙(弦楽器・金管楽器・ティンパニ・ピアノなどに用いる)弱音器 (sordino) (cf. resonator 2).

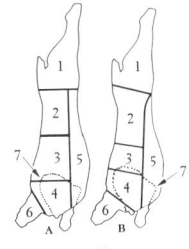

mutes 4
1 for violin
2 for wind instruments

mute of malice 〘英法〙故意に答弁しないこと, 黙秘権を行使すること.
━ *vt.* **1** (他の色を加え)...の色調を弱める. **2** 〘音楽〙...に弱音器をつける：with ～*d* strings 弦に弱音器を付けて. **～·ly** *adv.* **～·ness** *n.*

mute[2] [mjúːt] 〘(*a*1475) □ OF *meut-ir* (頭音消失) ← *esmeutir* □ Frank. **smeltjan* to smelt[2]〙《古》*vi.* 〈鳥が〉糞をする. ━ *n.* 鳥の糞.

mút·ed [-tɪd, -təd | -tɪd, -təd] *adj.* **1** 黙している, ものを言わない；潜めた：～ voice 潜めた声, 低めた声. **2** 〘音楽〙 **a** 弱音器を付けた：a ～ violin. **b** 弱音器を付けて奏した, 弱音効果を出した. **～·ly** *adv.*

múte swán 〘← MUTE[1]〙 *n.* 〘鳥類〙コブハクチョウ (*Cygnus olor*)《ヨーロッパや西アジアなどの飼い慣らされた普通のハクチョウ；低い声で鳴く》.

muth [mʌ́θ] *n.* ＝math[3].

mu·tic [mjúːtɪk | -tɪk] 〘□ L *mūtic-us* curtailed: ⇨ mutilate, -ic[1]〙 ━ *adj.* **1** 〘動物〙無突起の, 無装備の《とげ・爪などとがったものをもたない》. **2** 〘植物〙＝muticate.

mu·ti·cate [mjúːtəkèɪt, -tɪkət, -tə-, -kɪt | -tɪkèɪt, -kət, -kɪt] *adj.* 〘植物〙無突起の, 芒(のぎ)のない.

mu·ti·cous [mjúːtɪkəs, -tə- | -tɪ-] 〘□ L *mūtic-us* curtailed: ⇨↓, -ous〙 *adj.* 〘植物〙＝muticate.

mu·ti·late [mjúːtəlèɪt, -tḷ- | -tɪl-] 〘(1534) □ L *mutilāt-us* (p.p.) ← *mutilāre* to mutilate ← *mūtilus* maimed: ⇨ -ate[3]〙 ━ *vt.* **1** 〈人・動物など〉の手足を切断する；〈樹木〉の枝を払う；(手・足などを切り取って)〈身体を〉不具にさせる：～ a person, tree, etc. **2** 〈文学作品など〉の主要部を削除して不完全にする, 骨抜きにする：～ a book, picture, etc. **mu·ti·la·tion** [mjùːtəléɪʃən, -tḷ- | -tɪl-] *n.* **mú·ti·là·tor** [-tə | -tə(r] *n.*

mu·ti·la·tive [mjúːtəlèɪtɪv, -tḷ- | -tɪlèɪt-] *adj.* 手足[枝]を切り取る；不具[骨抜き]にする[しがちな].

mu·til·lid [mjuːtílɪd, -ləd | -lɪd] 〘↓〙 〘昆虫〙 *adj.* アリバチ(科)の. ━ *n.* アリバチ《アリバチ科のハチの総称》.

Mu·til·li·dae [mjuːtílədìː | -lɪ-] 〘← NL ～ ← *Mutilla* (属名: ← L *mūtilus* maimed) + -IDAE: cf. mutilate〙 *n. pl.* 〘昆虫〙(膜翅目)アリバチ科.

mu·tine [mjúːtɪn, -tn | -tɪn] 〘□ F *mutin-er* to incite to rebellion: ⇨ mutiny〙 《廃》*vi.* 暴動[叛逆]を起こす. ━ *vt.* 〈人〉に暴動[叛逆]を起こさせる.

mu·ti·neer [mjùːtəníə, -tn- | -tɪníə(r, -tən-, -tn-] 〘(1611) □ F 《廃》*mutinier* ← *mutin* rebellious: ⇨ mutiny, -eer〙 ━ *n.* 暴動[叛逆]者, 叛徒；(特に, 陸海軍人の)上官抵抗者. ━ *vi.* 暴動[反乱]を起こす, 上官に抵抗する[楯(たて)突く].

mu·ti·nous [mjúːtənəs, -tn-, -tn- | -tɪn-, -tən-, -tn-] 〘(1578) ← 《廃》*mutine* (↓) + -OUS〙 ━ *adj.* **1 a** 暴動を起こしがちな. **b** 抑えがたい, 抑制できない：～ passions. **2** (上官の命令などに対して)反抗的な：～ sailors, acts, conduct, etc. **～·ly** *adv.* **～·ness** *n.*

mu·ti·ny [mjúːtəni, -tni, -tni | mjúːtɪni, -təni, -tni] 〘(1567) ← 《廃》*mutine* mutinous (□ F *mutin* ← OF *muete* (F *meute*) < VL **movita* ← L *movēre* 'to MOVE') + -Y[1]〙 ━ *n.* **1** (官憲・権力・規則などに対する)反抗・反乱, 暴動；(特に, 陸海軍人の)上官抵抗：the *Mutiny*＝Indian Mutiny. **2** 《廃》騒動, 争闘. ━ *vi.* 暴動[反乱]を起こす, 反抗する, (上官に)抵抗する[楯(たて)突く] 〔*against*〕.

mút·ism [-tɪzm] 〘□ F *mutisme* ← L *mūt-us*: ⇨ mute[1], -ism〙 *n.* **1** 啞(の状態). **2** 〘精神医学〙無言(症), 緘(かん)黙症《当然発語すべき時に沈黙する》.

mu·ton [mjúːtɑn | -tɔn] 〘← MUT(ATION) + -ON[2]〙 *n.* 〘生物〙ムートン《突然変異の単位》.

mu·to·scope [mjúːtəskòup | -təskòup] 〘← *muto-* (《連結形》← L *mūtāre* to change) + -SCOPE〙 ━ *n.* (初期ののぞきめがね式)活動映写機《少しずつ変化した多数の写真を貼りつけた紙を回転させて動作するように見せた仕掛け》.

mutt [mʌ́t] 〘(略) ← MUTTONHEAD〙 *n.* 《俗》 **1** ばか, あほう, のろま. **2** 《軽蔑》雑種犬, 野良犬.

mut·ter [mʌ́tə | -tə(r] 〘(*c*1385) *motere(n)* (freq.)? ← IE **mū-*, **mut-* (擬音語) (L *muttire*): ⇨ -er[4]〙 ━ *vi.* **1** ささやく, つぶやく；(特に)ぶつぶつ言う, ぐずぐず言う 〔*at, against*〕：～ to oneself ぶつぶつひとり言を言う. **2** 〈雷などが〉低い騒音を立てる. ━ *vt.* 〈不平などを〉ぶつぶつ言う, 聞き取りにくい声で言う：～ certain words to oneself ぶつぶつと何やらひとり言を言う. ━ *n.* **1** ぶつぶつ[聞き取りにくい声で]言うこと, つぶやき. **2** 低い騒音：a ～ of thunder. **～·er** *n.*

mutton
A American method of cutting mutton
1 leg; 2 loin; 3 rib; 4 shank; 5 breast; 6 neck; 7 shoulder
B English method of cutting mutton
1 leg; 2 loin; 3 best end of neck; 4 middle of neck; 5 breast; 6 scrag end of neck; 7 shoulder

mút·ter·ing [-tərɪŋ, -trɪŋ | -t(ə)r-] *adj.* ささやくような, つぶやきながらの, ぶつぶつ言う. **～·ly** *adv.*

mut·ton[1] [mʌ́tn] 〘(*c*1300) *moton* □ OF (F *mouton*) < ML *multōnem* sheep ← Celt.: cf. Ir. *molt* ram〙 ━ *n.* **1** 羊肉, マトン (cf. lamb 3 a)：(as) dead as ～ 完全に死んで. **2** 《戯言》羊. **3** [通例 *pl.*] 現在の重大[関心]事, 今大切なこと, 本題：⇨ RETURN *to one's muttons.*
eat [***take***] ***one's mutton with*** 《古》...と食事を共にする. ***mutton dressed as lamb*** (1) 子羊肉に見せかけた羊肉. (2) 若造りの大年増(どしま).

mut·ton[2] [mʌ́tn] 〘↑: em(M) の符号〙 *n.* 〘印刷〙＝em[1] 2 a.

mutton chop [⌐ー⌐ | ⌐ー⌐] *n.* 羊肉片《あばらの部分からとり, 焙り焼きなどにする》.

mútton·chòps *n. pl.* 羊肉形のほおひげ《上部を細く下部を広くそりそろえたもの；muttonchop whiskers ともいう》.

muttonchops

mútton·fish 〘その味から〙 ━ *n.* 〘魚類〙 **1** 大西洋の暖海にすむフエダイ属の魚の一種 (*Lutjanus analis*)《食用・魚釣り用；mutton snapper ともいう》. **2** 北米東部沿海のゲンゲ類の一種 (*Zoarces anguillaris*).

mútton fist *n.* **1** 大きなごつごつした手[拳骨(げんこつ)]. **2** 《古》＝fistnote.

mútton hàm *n.* 《スコット》マトンハム.

mútton·hèad *n.* 《口語》間抜け.

mútton·hèaded *adj.* 《口語》間抜けの.

mútton snàpper *n.* 〘魚類〙＝muttonfish 1.

mútton spànker *n.* 〘海事〙三角スパンカー.

mut·ton·y [mʌ́tni, -tni | -tni] *adj.* 羊肉[マトン]のような.

Mut·tra [mʌ́trə] *n.* ＝Mathura.

mu·tu·al [mjúːtʃuəl, -tʃʊl | -tʃuəl, -tʃʊl, -tjuəl, -tjʊl] 〘(*c*1477) □ (O)F *mutuel* ← L *mūtuus* borrowed, exchanged, reciprocal ← *mūtāre* to change: ⇨ mutable, -al[1]〙 ━ *adj.* **1 a** 〈関係・感情など〉(二者以上の)相互間に見られる[取りかわされる], お互いの：～ affection [esteem, hostility] お互いに相手に懐く愛情[敬意, 敵意] / a *mutual*(-aid) society 共済組合 / ⇨ mutual fund / a ～ admiration society 仲間ぼめ協会《お互いに相手をほめ合う仲間を皮肉った名称》/ by ～ consent 合意の上で. **b** 〈人が〉相互に...の関係にある：They are ～ friends [enemies]. 二人は互いに友人[敵]である. **2** 共同の；共通の：～ efforts 協力 / our ～ friend 我々の共通の友人[味方] / our ～ interest in music 音楽に対する共通の趣味 / matters of ～ benefit 相互に利益になる事柄. **3** 相互保険制度の：the ～ plan 相互保険制《保険契約者が保険会社の社員となり利益の分配を受けるもの》/ ～ insurance (営利保険に対して)相互保険. **～·ly** *adv.*

mútual áid *n.* 相互扶助.

mútual condúctance *n.* 〘電気〙相互コンダクタンス《異なるものの電流と電圧との比》.

mútual fúnd *n.* 〘経済〙ミューチュアルファンド, 投資信託. (cf. impedance 2).

mútual impédance *n.* 〘電気〙相互インピーダンス

mútual indúctance *n.* 〘電気〙相互インダクタンス (cf. inductance 1).

mútual indúction *n.* 〘電気〙相互誘導, 相互感応.

mú·tu·al·ism [-lɪzm] *n.* **1** 相互扶助論[主義]. **2** 〘生物〙(関連のある二者有機物が相互に扶助し合う)相利共生 (cf. symbiosis).

mú·tu·al·ist [-lɪst, -ləst | -lɪst] *n.* **1** 相互扶助論[主義]者. **2** 〘生物〙共生動物.

mu·tu·al·i·ty [mjùːtʃuǽləti | mjùːtjuǽlɪtɪ, -tʃʊ-, -lɪ-] *n.* **1** 相互関係, 相関, 相互依存. **2** 心の通い合い, 共感.

mu·tu·al·ize [mjúːtʃuəlàɪz, -tʃʊl- | -tʃuəl-, -tʃʊl-, -tjuəl-, -tjʊl-] *vt.* **1** 相互的にする. **2** 〈会社を〉相互会社にする. **mu·tu·al·i·za·tion** [mjùːtʃuəlɪzéɪʃən, -tʃʊl-, -lə- | -tʃuəlaɪ-, -tʃʊl-, -tjuəl-, -tjʊl-, -lɪ-] *n.*

mútual sávings bànk *n.* 相互貯蓄銀行《無資本で利益を預金者に分配する金融機関》.

mu·tu·el [mjúːtʃuəl, -tʃʊl | -tjuəl, -tjʊl, -tʃuəl, -tʃʊl] *n.* 《米》＝pari-mutuel.

mu·tule [mjúːtʃuːl | -tjuːl] 〘(1563) □ F ～ □ L *mūtulus* modillion〙 ━ *n.* 〘建築〙ミューチュール《ドリア式オーダーで軒蛇腹(のきじゃばら)の下にある持送り；他の古典主義建築のオーダーの modillion に当たる：⇨ entablature 挿絵》.

muu·muu [múːmùː] 〘□ Hawaiian *mu'u mu'u* (原義) cut-off：最初は襟肩がとってあったため〙 ━ *n.* **1** ムームー《ハワイの婦人の用いる派手な柄のゆったりしたドレス》. **2** ムームー型のホームドレス.

mux [mʌ́ks] 〘← ? *mucksy* 《方言》← 'MUCKY'〙 *vt.* 《米・方言》台なしにする.

Mu·zak [mjúːzæk] 〘(変形) ← MUSIC〙 *n.* 〘商標〙ミューザック《有線またはラジオで事務所・レストランなどに提供されるバックグラウンドミュージック》.

mu·zhik [muːʒíːk, -ʒík, ⌐ー | múːʒɪk, -dʒɪk; *Russ.* muʒík] 〘□ Russ. ～ 'peasant' (dim.) ← *muzh* man, husband〙 ━ *n.* (*also* **mu·zjik** [～]) (ロシヤ帝政時代の)農民, 百姓.

muzz [mʌ́z] 〘(逆成) ← MUZZY〙 《英俗》*vt.* (たわいなく)酔わせる, ぼんやりさせる. ━ *vi.* **1** ぶらぶらする. **2** がり勉する 〈*over*〉.

muz·zle [mʌ́zl] 〘(*c*1385) *mosel* □ OF *musel* (F *museau*) < VL **mūsellum* (dim.) ← ML *mūsum* snout〙 ━ *n.* **1** (犬・猫・狐・猿などの)鼻口部, 鼻づら (⇨ dog 挿絵). **2** (動物が噛みついたり, 食べたりしないように口にはめる)はめ口具, 口輪. **3** 銃口, 砲口 (⇨ cannon 挿絵). **4** (自由な発言・討論を阻む)口枷(くちかせ).
━ *vt.* **1** 〈動物(の口)〉に口輪をかける. **2** 口止めする, 沈黙させる；〈言論を〉抑圧する：The government ～*d* the press. **3** 〈豚などが〉鼻先で押す[こする]. **4** 〘海事〙〈ヨットの帆を〉畳む.

múz·zled *adj.* 〘紋章〙(熊に)口輪をはめた.

múzzle-lòader *n.* 前装銃[砲], 口装銃[砲], 先込(さきごめ)銃[砲]《銃[砲]口から弾薬を装填する旧式のもの；cf. breechloader》.

múzzle-lòading *adj.* 〈銃砲が〉前装(式の), 口装(式)の, 先込(さきごめ)の (cf. breech-loading).

múz·zler [-zlə, -zlə | -zlə(r, -zlə(r] *n.* **1** 動物に口輪をかける人. **2** 〘海事〙強い船首風, 向い風, 逆風《dead muzzler, nose ender ともいう》.

múzzle velòcity *n.* 〘銃砲〙(弾丸が銃[砲]口を離れる瞬間の)初速, 銃[砲]口速度.

muz·zy [mʌ́zi | -zɪ] 〘(1727–28) (混成) ? ← MU(DDY) + (FU)ZZY〙 ━ *adj.* (**muz·zi·er**; **-zi·est**) 《口語》 **1** 頭が混乱した, 頭がすっきりしない, もうろうとした：be ～ with drink. **2** だるい；気の滅入りそうな：a ～ day. **múz·zi·ly** [-zɪli, -zə- | -lɪ] *adv.* **múz·zi·ness** *n.*

mv 《略》millivolt(s).

Mv 《記号》〘化学〙mendelevium.

MV 《略》main verb; megavolt(s).

MV, M.V., M/V 《略》motor vessel.

m.v. 《略》market value; mean variation 平均偏差; medium voltage; muzzle velocity; 〘音楽〙 *It.* mezza voce.

M.V. 《略》merchant vessel.

MVA 《略》Missouri Valley Authority.

MVD, M.V.D. 《略》*Russ.* Ministerstvo Vnutrennikh Del (＝Ministry of Internal Affairs) (ソ連)内務省《1946 年 NKVD を改称；1960 年廃止；⇨ MGB》.

MVP 《略》most valuable player 〘野球〙最優秀選手, 最高殊勲選手.

mW, mw 《略》〘電気〙milliwatt(s).

MW, Mw 《略》〘電気〙megawatt(s).

M/W 《略》measurement or weight; midwife.

M.W. 《略》Medium Wave; Middle Welsh; 〘化学〙molecular weight; Most Worshipful; Most Worthy.

M.W.A. 《略》Modern Woodmen of America.
Mwe·ru [mwé(ə)ruː | mwéər-] *n.* ムウェル(湖)《アフリカの Zaire と Zambia との境にある湖; 長さ122 km》.
Mx. 《略》maxwell(s); Middlesex.
mxd. 《略》mixed.
my 〖《a1175》*mi* 《尾音消失》← *min* 'MINE'〗 ― [maɪ, màɪ, máɪ; mɪ, mə] *pron.* [I の所有格; cf. mine¹] **1** 私の: *my* [《俗》*mine*] and her father 私と彼女の(共通の)父 / *my* [《俗》*mine*] and her father(s) 私の父と彼女の父 / *my* dismissal of him [主語関係] 私が彼を解雇したこと / *my* dismissal by him [目的語関係] 彼が私を解雇したこと. **2** [親しみを表わす呼掛けに用いて]: *my* boy, friend, man, son, daughter, etc. / *my* dear, darling, love, etc. / *my* dear fellow = *my* good man おい君 / *my* Lord ⇨ lord *n.* 5. ― [máɪ] *int.* 《口語》[驚きを表わして]: *My*! = Oh, *my*! まあ, あら.
my, m.y. 《略》〖地質〗million years 100万年 (cf. by): 10^3 *my* 10億年《1 by ともいう》.
My. 《略》*Du.* Maatschappij (=Company).
M.Y. 《略》motor yacht.
my- [maɪ] (母音の前に来る時の) myo- の異形.
-my·a [máɪə] 〖← NL ~ ← Gk *mûs* mouse〗「筋肉組織」の意の名詞連結形.
My·ac·i·dae [maɪǽsədiː | -sɪ-] 〖← NL ~ ← L *myac-*, *mya* mussel (← Gk *mûs* mouse) + -IDAE〗 *n. pl.* 〖貝類〗エゾオオノガイ科.
my·al·gi·a [maɪǽldʒiə, -dʒə | -dʒɪə, -dʒə] 〖← NL ~ ← MYO- + -ALGIA〗 *n.* 〖病理〗筋痛, 筋肉痛. **my·al·gic** [maɪǽldʒɪk] *adj.*
my·al·ism [máɪəlɪzm] 〖← ? W-Afr. *myal* (adj.) + -ISM〗 *n.* 西インド諸島の原住民間に行なわれる一種の魔術 (cf. obeah).
my·all [máɪɔːl] 〖⊏《土語》*mail* the blacks〗 ― *n.* **1 a** 〖植物〗オーストラリア産マメ科アカシア属 (*Acacia*) の樹木の総称. **b** その木材《堅く香気があって, 原住民は槍に使い, 一般には brier の代用としてパイプ材に使う; myall wood ともいう》. **2** オーストラリア原住民. ― *adj.* 《豪》未開の, 野蛮な.
my·as·the·ni·a [màɪəsθíːniə | -æsθíːnjə, -nɪə] 〖← NL ~: ⇨ myo-, asthenia〗 *n.* 〖病理〗筋無力症. **my·as·then·ic** [màɪəsθénɪk | -æs-] *adj.*
myasthénia grávis 〖← NL ~: ⇨ ↑, grave⁴〗 *n.* 〖病理〗重症筋無力症.
my·a·to·ni·a [màɪətóuniə | -tə́unjə, -nɪə] 〖← NL ~: myo-, atony〗 *n.* 〖病理〗筋無緊張(症).
myc. 《略》mycological; mycology.
myc- [maɪs, maɪk] (母音の前に来る時の) myco- の異形.
mycelia *n.* mycelium の複数形.
my·ce·li·oid [maɪsíːliɔ̀ɪd | -lɪ-] 〖← MYCELI(UM) + -OID〗 *adj.* 〖植物〗菌糸体 (mycelium) 状の.
my·ce·li·um [maɪsíːliəm | -lɪəm, -ljəm] 〖← NL ~ ← MYCO- + Gk *hêlos* nail, wart + -IUM〗 ― *n.* (*pl.* **-li·a** [-liə | -lɪə, -ljə]) 〖植物〗菌糸体《菌糸の集まったもの》. **my·cé·li·al** [-liəl | -lɪəl, -ljəl] *adj.*
my·ce·loid [máɪsəlɔ̀ɪd | -sɪ-] 〖← MYCEL(IUM) + -OID〗 *adj.* 〖植物〗= mycelioid.
My·ce·nae [maɪsíːniː | -niː, -nɪ] *n.* ミュケーナイ《ギリシャ南東部 Peloponnesus 半島, Argolis の古都, 青銅器時代 Mycenae 文明の中心地; 紀元前2000年ごろから1500年ごろ最盛期を迎え, 紀元前1120年ごろ Dorian 人により潰滅し 1876–77年に H. Schliemann により遺跡が発掘された》.
My·ce·nae·an [màɪsəníːən | -səníːən, -sɪ-, -siː-, -níːən] 〖← L *Mycēnaeus* (← *Mycenae*) + -AN¹〗 ― *adj.* (*also* **My·ce·ni·an** [maɪsíːniən | -njən]) **1** ミュケーナイ (Mycenae) の. **2** (紀元前約1400–1100年にギリシャ文明に先立って地中海沿岸諸国に栄えた) ミュケーナイ文明の. ― *n.* **1** ミュケーナイ人. **2** ミュケーナイ人の使った古代ギリシャ語.
Myc·e·ri·nus [mìsəráɪnəs] *n.* ミケリノス《2600?–2570 B.C.; 古代エジプト古王国時代, 第4王朝第5代の王; Giza の第3ピラミッドの建造者》.
my·cet- [maɪsíːt] (母音の前に来る時の) myceto- の異形.
-my·cete [máɪsiːt, maɪsíːt] 〖植物〗「菌 (fungus)」の意の名詞連結形.
-my·ce·tes [maɪsíːtiːz] 〖← NL ~ ← Gk *múkētes* (pl.) ← *múkēs* fungus〗 ― 〖植物〗「菌類 (fungi)」の意の複数名詞連結形《主に分類の綱や亜綱の名称に用いる》: Asco*mycetes*.
my·ce·to- [maɪsíːṭo(ʊ), -ṭə | -tə(ʊ)] 〖↑〗「菌 (fungus)」の意の連結形. ★ 母音の前では通例 mycet- になる.
my·ce·to·cyte [maɪsíːṭəsàɪt | -tə-] 〖⇨ ↑, -cyte〗 *n.* 〖昆虫〗菌細胞《昆虫の体内にあり, 微生物が共生している細胞》.
my·ce·tol·o·gy [màɪsətɑ́lədʒi | -sɪtɔ́lədʒɪ] 〖← MYCETO- + -LOGY〗 *n.* = mycology.
my·ce·to·ma [màɪsətóumə | -sɪtə́u-] 〖← NL ~: ⇨ myceto-, -oma〗 ― *n.* (*pl.* ~**s**, ~**·ta** [~ṭə | ~tə]) 〖病理〗 **1** 菌腫. **2** 足菌腫 (maduromycosis). **3** ノカルジア症 (nocardiosis).
my·ce·tome [máɪsətòum | -sɪtəum] 〖↑〗 *n.* 〖昆虫〗菌細胞塊, 菌器《昆虫体内で微生物が共生した菌細胞が塊状になったもの》.
my·ce·toph·a·gid [màɪsətɑ́fədʒɪd | -sɪtɔ́f-] 〖↓〗〖昆虫〗 *adj.* コキノコムシ(科)の. ― *n.* コキノコムシ《コキノコムシ科の甲虫の総称》.
My·ce·to·phag·i·dae [maɪsìːṭəfǽdʒədiː | -təfǽdʒɪ-] 〖← NL ~: ⇨ myceto-, -phagous, -idae〗 *n. pl.* 〖昆虫〗(鞘翅目) コキノコムシ科.
my·ce·toph·a·gous [màɪsətɑ́fəgəs | -sɪtɔ́f-] 〖← MYCETO- + -PHAGOUS〗 *adj.* 〖動物〗食菌性の (givorous).
my·ce·toph·i·lid [màɪsətɑ́fəlɪd, -ləd | -sɪtɔ́fɪlɪd] 〖↓〗〖昆虫〗 *adj.* キノコバエ(科)の. ― *n.* キノコバエ《キノコバエ科のハエの総称》.
My·ce·to·phil·i·dae [maɪsìːṭəfílədiː | -təfílɪ-] 〖← NL ~: ⇨ myceto-, -philia, -idae〗 *n. pl.* 〖昆虫〗(双翅目) キノコバエ科.
My·ce·to·zo·a [maɪsìːṭəzóuə | -təzə́uə] 〖← NL ~: ⇨ myceto-, -zoa〗 *n. pl.* 〖植物〗動菌類《動菌 (slime mold) を動物とする分類上の名称; cf. Myxomycetes》.
my·ce·to·zo·an [maɪsìːṭəzóuən | -tə(ʊ)zə́ʊ-] 〖植物〗 *adj.* 動菌類の. ― *n.* 動菌《動菌類の一個体》.
-my·cin [máɪsn | -sɪn] 〖⇨ ↓, -in¹〗「菌類から得た物質」の意の名詞連結形.
my·co- [máɪko(ʊ) | -kə(ʊ)] 〖← NL ~ ← Gk *múkēs* fungus〗「菌 (fungus), きのこ」の意の連結形. ★ 母音の前では通例 myc- になる.
mỳco·bactérium 〖← NL ~: ⇨ ↑, bacterium〗 ― *n.* 〖生物〗マイコバクテリウム《結核菌・癩(らい)菌など *Mycobacterium* 属の菌の総称》. **mỳco·bacté·rial** *adj.*
mỳco·flóra 〖← NL ~: ⇨ myceto-, flora〗 *n.* 〖植物〗菌類相《緑色植物の植物群 (flora) に相当する名称》.
mycol. 《略》mycological; mycology.
my·co·log·ic [màɪkəlɑ́dʒɪk | -lɔ́dʒ-] *adj.* 菌学の. **mỳ·co·lóg·i·cal** *adj.* **mỳ·col·lóg·i·cal·ly** *adv.*
my·cól·o·gist [-dʒɪst, -dʒəst | -dʒɪst] *n.* 菌学者.
my·col·o·gy [maɪkɑ́lədʒi | -kɔ́lədʒɪ] 〖← NL *mycologia*: ⇨ myco-, -logy〗 *n.* **1** 菌学, 菌類学. **2** (ある地域の)菌群; 菌の生態.
my·cóph·a·gist [-dʒɪst, -dʒəst | -dʒɪst] *n.* 菌類[きのこ]を食べる人[動物].
my·coph·a·gous [maɪkɑ́fəgəs | -kɔ́f-] *adj.* 菌類を常食する, 食菌性の.
my·coph·a·gy [maɪkɑ́fədʒi | -kɔ́fədʒɪ] *n.* 菌類嗜食[常食].
mỳco·plásma 〖← NL ~: ⇨ myco-, -plasma〗 ― *n.* 〖生物〗マイコプラズマ《*Mycoplasma* 属の動物の病原微生物; 細菌の類とみなされるが細胞壁を欠く》. **mỳco·plásmal** *adj.*
mỳ·cor·rhíza 〖← NL ~ ← MYCO- + -RHIZA〗 *n.* (*pl.* **-rhizae**, ~**s**) 〖植物〗菌根. **mỳ·cor·rhízal** *adj.* **mỳcor·rhízic** *adj.*
my·co·sis [maɪkóusɪs, -səs | -kə́usɪs] 〖← NL ~: ⇨ myco-, -osis〗 ― *n.* (*pl.* **my·co·ses** [-siːz]) 〖病理〗真菌症《かびの仲間による病気》. **my·cot·ic** [maɪkɑ́ṭɪk | -kɔ́t-] *adj.*
mỳco·sózin 〖← MYCO- + SOZIN〗 *n.* 〖生化学〗ミコソジン《寄生菌類を毀わす寄生体内の蛋白質; cf. toxosozin, sozin》.
my·co·stat [máɪko(ʊ)stæ̀t | -kə(ʊ)-] *n.* かび予防[滅菌]剤.
My·co·stat·in [màɪko(ʊ)stǽtɪn, -tən, -tn̩ | -kə(ʊ)stǽtɪn] *n.* 〖商標〗マイコスタチン《nystatin の商品名》.
my·cos·ter·ol [maɪkɑ́stərɔ̀(ː)l, -ròul | -kɔ́stərɔ̀l] *n.* 菌類ステロール《菌類から出されるエルゴステロールなどのようなステロイドアルコールのこと; cf. zoosterol》.
mỳco·tóxin *n.* 〖薬学〗マイコトキシン《菌類, 特にカビ類のもつ毒性物質; cf. aflatoxin》. **mỳco·tóxic** *adj.* **mỳco·toxícity** *n.* **mỳ·co·tox·i·có·sis** *n.*
my·cot·ro·phy [maɪkɑ́trəfi | -kɔ́trəfɪ] *n.* 〖植物〗(菌根における)共生. **my·co·troph·ic** [màɪkətrɑ́fɪk | -trɔ́f-] *adj.*
myc·to·phid [míktəfɪd, -fəd | -fɪd] 〖↓〗 *n.* 〖魚類〗ハダカイワシ科の魚.
Myc·toph·i·dae [mɪktɑ́fədiː | -tɔ́fɪ-] 〖← NL ~ ← *Myctophum* (属名: ← Gk *muktḗr* nose + *óphis* snake) + -IDAE〗 *n. pl.* 〖魚類〗ハダカイワシ科.
my·dri·a·sis [mɪdráɪəsɪs, mə-, maɪ-, -səs | mɪdráɪəsɪs, maɪ-] 〖⊏ L ~ ⊏ Gk *mudríasis* ← ?〗 *n.* 〖病理〗散瞳, 瞳孔(どう)散大 (cf. miosis).
myd·ri·at·ic [mìdriǽṭɪk | -riǽt-] *adj.* 瞳孔(どう)散大の[を起こす], 散瞳症[性]の. ― *n.* 瞳孔散大薬《ベラドンナ剤など》.
my·el- [máɪəl] (母音の前に来る時の) myelo- の異形.
my·el·en·ceph·a·lon [màɪəlenséfəlɑ̀n, -lɪn-, -lən-, -lən | -lenkéfəlɔ̀n, -lɪn-, -séf-, -lən] 〖← NL ~: ⇨ myelo-, encephalon〗 ― *n.* (*pl.* ~**s**, **-a·la** [-lə]) 〖解剖〗 **a** 髄脳, 終脳 (afterbrain). **b** = medulla oblongata. **my·el·en·ce·phal·ic** [màɪəlensəfǽlɪk, -lɪn-, -lən-, -sɪ- | -kəf-, -kɪf-, -səf-, -sɪf-] *adj.*
my·e·lin [máɪəlɪn, -lən | -lɪn] 〖⊏ G *Myelin*: ⇨ myelo-, -in¹〗 ― *n.* 〖解剖〗ミエリン《髄鞘(しょう) (medullary sheath) を構成する類脂質》. **my·e·lin·ic** [màɪəlínɪk] *adj.*
my·e·lin·at·ed [máɪələnèɪṭɪd, -ṭəd | -lɪnèɪt-] 〖⇨ myelin, -ate³, -ed〗 *adj.* 〖解剖〗〈神経線維が〉髄鞘(しょう)のある, 有髄の (medullated).
my·e·lin·a·tion [màɪələnéɪʃən | -lɪ-] *n.* 〖解剖〗髄鞘(しょう)形成, 有髄化.
myélin shèath *n.* 〖解剖〗(神経の)髄鞘(しょう) (⇨ neuron 挿絵).
my·e·li·tis [màɪəláɪṭɪs, -ṭəs | -tɪs] 〖← NL ~: ⇨ ↓, -itis〗 *n.* (*pl.* **-lit·i·des** [-líṭədiːz | -tɪ-]) 〖病理〗脊髄炎. **my·e·lit·ic** [màɪəlíṭɪk | -tɪk] *adj.*
my·e·lo- [máɪəlo(ʊ) | -lə(ʊ)] 〖← NL ~ ← Gk *muelós* marrow ← *mûs* 'MOUSE, muscle'〗「髄, 脊髄」の意の連結形. ★ 母音の前では通例 myel- になる.
my·e·lo·blast [máɪələblæ̀st | -lə(ʊ)-] 〖⇨ ↑, -blast〗 *n.* 〖解剖〗骨髄芽球 (cf. erythroblast, lymphoblast).
my·e·lo·blas·tic [màɪələblǽstɪk | -lə(ʊ)-] *adj.*
my·e·lo·cyte [máɪələsàɪt | -lə(ʊ)-] 〖⇨ myelo, -cyte〗 *n.* 〖解剖〗骨髄球, ミエロサイト. **my·e·lo·cyt·ic** [màɪələsíṭɪk | -lə(ʊ)sít-] *adj.*
myèlo·fibrósis 〖⇨ myelo-, fibrosis〗 *n.* 〖病理〗骨髄線維症. **myèlo·fibrótic** *adj.*
myèlo·génic *adj.* 〖医学〗= myelogenous.
my·e·log·e·nous [màɪəlɑ́dʒənəs | -lɔ́dʒɪ-] 〖⇨ myelo-, -genous〗 *adj.* 〖医学〗骨髄性の.
myelógenous leukémia *n.* 〖病理〗骨髄性白血病 (cf. LYMPHATIC leukemia).
my·e·lo·gram [máɪəlo(ʊ)græ̀m | -lə(ʊ)-] 〖⇨ myelo-, -gram〗 *n.* 〖医学〗 **1** 脊髄造影図[像]. **2** 骨髄像.
my·e·log·ra·phy [màɪəlɑ́grəfi | -lɔ́grəfɪ] 〖⇨ myelo-, -graphy〗 *n.* 〖医学〗脊髄造影法, ミエログラフィー.
my·e·loid [máɪəlɔ̀ɪd] 〖← MYELO- + -OID〗 *adj.* 〖解剖〗 **1** 骨髄の; 骨髄状の; 骨髄性の. **2** 脊髄の.
my·e·lo·ma [màɪəlóumə | -lə́u-] 〖⇨ myelo-, -oma〗 *n.* (*pl.* ~**s**, ~**·ta** [~ṭə | ~tə]) 〖病理〗骨髄腫(しゅ). **mỳ·e·ló·ma·tous** [-ṭəs | -təs] *adj.*
my·e·lop·a·thy [màɪəlɑ́pəθi | -lɔ́pəθɪ] *n.* 〖病理〗ミエロパシー, 脊髄障害. **my·e·lo·path·ic** [màɪəlo(ʊ)pǽθɪk | -lə(ʊ)-] *adj.*
myèlo·prolíferative *adj.* 〖病理〗骨髄増殖性の.
my·e·lo·sis [màɪəlóusɪs, -səs | -lə́usɪs] 〖← NL ~: ⇨ myelo-, -osis〗 *n.* 〖病理〗 **1** 骨髄症; 骨髄性白血病. **2** 脊髄症.
My·ers [máɪəz | -əz], **Frederic William Henry** *n.* (1843–1901) 英国の心霊現象研究家・随筆家・詩人; *St. Paul* (1867).
My·fan·wy [məvǽnwi | -nwɪ] 〖← Welsh *mi fanwy* my rare one〗 *n.* 女性名. ★ ウェールズで一般的.
myg. 《略》myriagram(s).
my·i·a·sis [maɪáɪəsɪs, mi-, -səs | maɪáɪəsɪs, mɪ-] 〖← NL ~ ← Gk *muîa* a fly + -ASIS〗 *n.* (*pl.* **-i·a·ses** [-siːz]) 〖病理〗蠅(はえ)幼虫症.
My·i·dae [máɪədiː] 〖← NL ~ ← L *mya* mussel (← Gk *mûa*) + -IDAE〗 *n. pl.* 〖貝類〗= Myacidae.
myl. 《略》myrialiter(s).
myl- [maɪl] (母音の前に来る時の) mylo- の異形.
My·lar [máɪlɑə | -lɑː(r)] *n.* 〖商標〗マイラー《磁気テープ・フィルム・繊維などに用いる強化ポリエステルフィルムの商品名》.
myl·i·ob·a·tid [mìliɑ́bəṭɪd, -ṭəd | -lɪɔ́bətɪd] 〖↓〗 *adj., n.* 〖魚類〗トビエイ科の(エイ).
Myl·i·o·bat·i·dae [mìlio(ʊ)bǽṭədiː | -lɪə(ʊ)bǽtɪ-] 〖← NL ~ ← *Myliobatis* (属名: ← Gk *múlē* mill + *batis* flat fish) + -IDAE〗 *n. pl.* 〖魚類〗トビエイ科.
my·lo- [máɪlo(ʊ) | -lə(ʊ)] 〖← NL ~ ← Gk *múlē* mill, (pl.) molar teeth〗「臼歯 (molar)」の意の連結形. ★ 母音の前では通例 myl- になる.
my·lo·don [máɪlədɑ̀n | -dɔ̀n] 〖← NL ~: ⇨ ↑, -odon〗 *n.* ミロドン《南米に近代まで生息していたミロドン科ミロドン属 (*Mylodon*) の哺乳類の総称》.
mỳlo·hýoid 〖← NL ~: ⇨ mylo-, hyoid〗〖解剖〗 *adj.* 顎舌(がくぜつ)骨の, 臼歯舌骨の. ― *n.* 顎舌骨筋.
my·lo·nite [máɪlənàɪt, mɪ́l-] 〖← Gk *mulṓn* mill + -ITE¹〗 *n.* 〖岩石〗ミロナイト, 圧砕岩.
mym. 《略》myriameter(s).
my·mar·id [maɪmǽrɪd, -mér-, -rəd | -mǽrɪd] 〖↓〗〖昆虫〗 *adj.* ホソバネヤドリコバチ(科)の. ― *n.* ホソバネヤドリコバチ《ホソバネヤドリコバチ科のハチの総称》.
My·mar·i·dae [maɪmǽrədiː, -mér- | -mǽrɪ-] 〖← NL ~ ← *Mymar* (属名: ← Gk *mômos* blame) + -IDAE〗 *n. pl.* 〖昆虫〗(膜翅目) ホソバネヤドリコバチ科.
my·na [máɪnə] 〖⊏ Hindi *mainā* starling ← Skt *madana(ka)*〗 ― *n.* (*also* **my·nah** [~]) 〖鳥類〗東南アジア産ムクドリ科の鳥類の総称《カーレン属 (*Acridotheres*) のカバイロハッカ (*A. tristis*), ムクドリ属 (*Sturnus*) の鳥, *Gracula* 属のキュウカンチョウ (hill myna) などのような飼鳥も含まれる》.
Myn·heer 〖《1652》⊏ Du. *mijnheer* ← *mijn* mine¹ + *heer* lord, master, gentleman〗 ― *n.* **1** [mənéə | mənɪ́ə(r); *Afrik.* mənéːr] [Mr. または Sir に当たるオランダ語の敬称として]…氏. **2** [maɪnhéə, -híə | -hɪ́ə(r), -héə(r)] [m-]《口語》 **a** (良家の出の)オランダ人の紳士. **b** (男性の)オランダ人.
my·o- [máɪo(ʊ) | máɪə(ʊ)] 〖← NL ~ ← Gk *mûs* 'MUSCLE'〗「筋肉 (muscle)」の意の連結形. ★ 母音の前では通例 my- になる.
M.Y.O.B. 《略》Mind your own business.
myocardia *n.* myocardium の複数形.
mỳo·cárdial 〖⇨ myocardium, -al¹〗 *adj.* 〖解剖〗心筋の.
myocárdial infárction *n.* 〖病理〗心筋梗塞(こうそく)(症).
mỳo·cardítis 〖⇨ ↓, -itis〗 *n.* 〖病理〗心筋炎.
mỳo·cárdium 〖← NL ~: ⇨ myo-, -cardium〗 *n.* (*pl.* **-dia** [-diə | -dɪə, -djə]) 〖解剖〗心筋(層).
my·oc·lo·nus [maɪɑ́klənəs | -ɔ́k-] 〖← NL ~: ⇨ myo-, clonus〗 *n.* 〖病理〗ミオクロヌス, ミオクロニー, 筋クロヌス, 筋間代(かん), 間代性筋痙攣(けいれん).
my·o·coel [máɪəsiːl] 〖⇨ myo-, -coel〗 *n.* (*also* **my·o·coele** [~]) 〖生物〗筋腔.
my·o·cyte [máɪəsàɪt] 〖⇨ myo-, -cyte〗 *n.* 〖解剖〗(括約筋などに見られる)伸縮性細胞.
my·o·des·op·si·a [màɪədesɑ́psiə | -sɔ́psɪə] 〖← NL

～ ← Gk *muïoeidés* like a fly＋-OPSIA〗 — *n.* 〖眼科〗飛蚊(ﾋﾌﾞﾝ)症《目の前を蚊の群がちらちら飛び交っているような感じの症状》.

mỳo·eléctric 〖⇨ myo-, electric〗 — *adj.* 〖医学〗筋肉によって起こった電気の[に関する, を利用する], 筋電性の: ～ prosthesis 筋電補綴(ﾃﾂ)《義手・義足などを動かす際, 筋肉の収縮によって生じる電流を利用する方式》. 「*adv.*

mỳo·eléctrical *adj.* 〖医学〗 =myoelectric. **～·ly**

mỳo·fíbril 〖← NL *myofibrilla*: ⇨ myo-, fibril〗 *n.* 〖解剖・動物〗筋原線維.

mỳo·fíbrillar *adj.* 〖解剖・動物〗筋原線維の.

mỳo·fílament 〖← MYO-＋FILAMENT〗 *n.* 〖解剖・動物〗ミオフィラメント《筋原線維(myofibril)を構成している個々のアクチンやミオシンの線維》.

my·o·gen [máɪədʒɪn, -dʒən, -dʒèn] 〖← MYO-＋-GEN〗 *n.* 〖生化学〗ミオゲン《筋の自動収縮を引き起こすもの》. 「る[生じた], 筋原性の.

mỳo·génic *adj.* 〖生理〗筋肉からの, 筋組織から生じ

mỳo·genícity *n.* 〖生理〗筋原性.

mỳo·glóbin 〖← MYO-＋GLOBIN〗 *n.* 〖生化学〗ミオグロビン, 筋肉ヘモグロビン《血液のヘモグロビン(hemoglobin)に比較されるべき筋肉の色素》.

my·o·glo·bi·nu·ri·a [màɪo(ʊ)glòʊbən(j)ʊ́(ə)riə | -ə(ʊ)glə̀ʊbɪnjʊ́əriə] 〖← NL ～: ⇨↑, -uria〗 *n.* 〖病理〗ミオグロビン尿(症).

my·o·gram [máɪəgræ̀m | máɪə(ʊ)-] 〖← MYO-＋-GRAM〗 *n.* 〖生理〗筋運動(記録)図, ミオグラム.

my·o·graph [máɪəgræ̀f | -ə(ʊ)grɑ̀ːf, -græ̀f] 〖← MYO-＋-GRAPH〗 *n.* 〖生理〗ミオグラフ, 筋運動(記録)器.

my·og·ra·phy [maɪɑ́grəfi | -ɔ́grəfi] *n.* 〖生理〗筋運動描記法. 「〖生化学〗 =myoglobin.

mỳo·hémoglobin 〖← MYO-＋HEMOGLOBIN〗 *n.*

mỳo·in·ósitol 〖← MYO-＋INOSITOL〗 *n.* 〖生化学〗ミオイノシトール《生体内にみられるイノシトール(inositol)の異性体; metainositol ともいう》.

my·o·kym·i·a [màɪəkímiə | -mɪə] 〖← MYO-＋Gk *kûm(a)* something swollen＋-IA[1]〗 *n.* 〖病理〗ミオキミア, 筋波動(症).

my·ól·o·gist [-dʒɪst, -dʒəst | -dʒɪst] *n.* 筋学者.

my·ol·o·gy [maɪɑ́lədʒi | -ɔ́lədʒɪ] 〖← MYO-＋-LOGY〗 — *n.* **1** 筋肉学《解剖学の一分科》. **2** (動物の)筋肉組織. **my·o·log·ic** [màɪəlɑ́dʒɪk | -lɔ́dʒ-] *adj.* **mỳ·o·lóg·i·cal** *adj.*

my·o·ma [maɪóʊmə | maɪə́ʊ-] 〖← NL ～: ⇨ myo-, -oma〗 *n.* (*pl.* **～s**, **～·ta** [～ṭə | ～tə]) 〖病理〗筋腫(ｼｭ).

my·o·ma·tous [maɪóʊməṭəs, -ɑ́m- | -ɔ́mət-, -ə́ʊm-] *adj.* 〖病理〗筋腫の. 「*n.* 〖解剖・動物〗筋節.

my·o·mere [máɪəmɪ̀ə | -mɪ̀ə(r)] 〖← MYO-＋-MERE〗

my·o·neme [máɪənìːm] 〖← NL *myonema* ← MYO-＋Gk *nêma* thread〗 *n.* 〖動物〗糸筋, 筋糸《原生動物の細胞内の収縮性の原繊維》. 「[に関する].

mỳo·néural 〖← MYO-＋NEURAL〗 *adj.* 筋と神経の

my·op·a·thy [maɪɑ́pəθi | -ɔ́pəθɪ] 〖← MYO-＋-PATHY〗 *n.* 〖病理〗ミオパシー, ミオパチー, 筋障害. **my·o·path·ic** [màɪəpǽθɪk] *adj.* 「*n.* 近(視)眼の人.

my·ope [máɪoʊp | -əʊp] 〖⇨F ～ ⇨LL *myops* (↓)〗

my·o·pi·a [maɪóʊpiə | -óʊpjə, -pɪə] 〖(1727–52) ← NL ～ ← Gk *múōps* short-sighted ← *múein* to close＋*ṓps* eye: ⇨ -ia[1]〗 — *n.* **1** 〖病理〗近視 (↔ hyperopia). **2** (考え方の)近視眼的なこと, 視野の狭さ: intellectual ～ 知的近視眼, 愚鈍.

my·o·pic [maɪóʊpɪk, -ɑ́p- | -ɔ́p-, -ə́ʊp-] *adj.* **1** 〖病理〗近視(性)の: ～ eyes. **2** 近視眼的な, 短見の, 浅慮の. **my·ó·pi·cal·ly** *adv.*

My·op·o·ra·ce·ae [maɪɑ̀pəréɪsiìː | -ɔ̀p-] 〖← NL ～ ← *Myoporum* (属名: ← Gk *múein* to close＋*póros* 'PORE[1]')＋-ACEAE〗 — *n. pl.* 〖植物〗ハマジンチョウ科. **my·ò̀p·o·rá·ceous** [-ʃəs] *adj.*

my·o·py [máɪəpi | -ə(ʊ)pɪ] *n.* 〖病理〗 =myopia.

my·o·sin [máɪəsɪn, -sən | -ə(ʊ)sɪn] 〖← MYO-＋-OS(E)[2]＋-IN[1]〗 *n.* 〖生化学〗ミオシン《筋繊維中の蛋白質》.

my·o·sis [maɪóʊsɪs, -səs | -ə́ʊsɪs] 〖← NL ～ ← Gk *múein* to close (the eyes)＋-OSIS〗 *n.* =miosis 1.

my·o·si·tis [màɪəsáɪṭɪs, -ṭəs | -ə(ʊ)sáɪtɪs] 〖← NL ～ ← Gk *mûos* (gen.), *mûs* muscle＋-ITIS〗 *n.* 〖病理〗筋炎. **my·o·sít·ic** [-sítɪk | -tɪk] *adj.*

my·o·sote [máɪəsòʊt | -sə̀ʊt] *n.* 〖植物〗 =myosotis.

my·o·so·tis [màɪəsóʊṭɪs, -ṭəs | -ə(ʊ)sə́ʊtɪs] 〖(1706) ← NL ～ ← L *myosōtis* mouse ear ⇨ Gk *muosōtis* ← *mûs* mouse＋*ōt-*, *oûs* ear〗 — *n.* 〖植物〗 **1** [M-] ワスレナグサ属《ムラサキ科の一属》. **2** ワスレナグサ (⇨ forget-me-not 1). 「理・薬剤〗 =miotic.

my·ot·ic [maɪɑ́ṭɪk | -ɔ́t-] 〖⇨ myosis, -ic[1]〗 *adj.*, *n.* 〖病

my·o·tome [máɪətòʊm | -tə̀ʊm] 〖← MYO-＋-TOME〗 — *n.* **1** 〖動物〗筋節, 筋板《骨格・筋肉の発生のもとになる胚の体節の一部》. **2** 〖動物〗体節のある無脊椎動物の体節にある筋肉. **3** 〖外科〗筋切開刀, 筋切開用メス.

my·ot·o·my [maɪɑ́ṭəmi | -ɔ́təmɪ] 〖← MYO-＋-TOMY〗 *n.* 〖外科〗筋切開, 筋(肉)切り術.

my·o·to·ni·a [màɪətóʊniə | -tə́ʊnjə, -nɪə] 〖← MYO-＋-TONIA〗 *n.* 〖病理〗ミオトニー, 筋緊張(症). **my·o·ton·ic** [màɪətɑ́nɪk | -tɔ́n-] *adj.*

My·ra[1] [máɪrə | máɪərə] 〖英国の詩人 Fulke Greville (1554–1628) の造語か〗 *n.* 女性名.

My·ra[2] [máɪrə | máɪərə] *n.* ミラ《小アジア南西部, Lycia の古都; cf. *Acts* 27:5》.

myr·cene [mə́ːsiːn, -sɪn, -sən | mə́ːsiːn, -sɪn] 〖← NL *myrcia* (《変形》← L *myrtus* 'MYRTLE')＋-ENE〗 — *n.* 〖化学〗ミルセン ($C_{10}H_{16}$)《ベイ油・ホップ油などに含まれるモノテルペン炭化水素の一つ》.

Myr·dal [mjúədɑːl | mjúə-; *Swed.* mýːrdɑːl], **(Karl) Gunnar** *n.* ミュルダール《1898– ; スウェーデンの経済学者; Nobel 経済学賞 (1974)》. 「形.

myr·i- [míri | -rɪ] (母音の前に来る時の) myrio- の異

myr·i·a- [míriə | -rɪə] 〖⇨F ← Gk *mūriás* (↓)〗「1 万」の意の連結形《主にメートル法で使う》.

myr·i·ad [míriəd | -rɪ-] 〖(1555) ⇨ Gk *mūriad-*, *mūriás* ten thousand ← *mūríos* countless〗 — *n.* **1** 1万. **2** [通例 a ～ of または ～s of として] 無数, 巨万; 無数の人[物]: *a* ～ *of* planets 無数の惑星 / ～*s of* fireflies 無数のほたる. — *adj.* **1** 1万の. **2** 多数のものから成る; 無数の.

mýriad-lèaf *n.* 〖植物〗フサモ, キツネノオ (*Myriophyllum verticillatum*)《北温帯原産のアリノトウグサ科の多年生水草》.

mýriad-mínded *adj.* (人生の)万事万端(ﾊﾞﾝﾀﾝ)に通じた: our ～ Shakespeare わが才気縦横のシェイクスピア (Coleridge, *Biographia Literaria*).

myr·i·a·gram [míriəgræ̀m | -rɪə-] *n.* 1万グラム, 10 キログラム. 「ル.

myr·i·a·li·ter [míriəlìːṭə | -rɪəlìːtə(r)] *n.* 1万リット

myr·i·a·me·ter [míriəmìːṭə | -rɪəmìːtə(r)] *n.* 1万メートル, 10 キロメートル.

myr·i·a·pod [míriəpɑ̀d | -rɪəpɔ̀d] 〖動物〗 *n.* 多足類の動物《ムカデなど》. — *adj.* =myriapodous.

Myr·i·ap·o·da [mìriǽpədə | -rɪ-] 〖← NL ～: ⇨ myria-, -poda〗 *n. pl.* 〖動物〗(節足動物門)多足類.

myr·i·ap·o·dan [mìriǽpədən, -dn̩ | -rɪ-] *adj.*, *n.* 〖動物〗多足類の(動物). 「足類の, 多足の.

myr·i·ap·o·dous [mìriǽpədəs | -rɪ-] *adj.* 〖動物〗多

myr·i·are [míriɛ̀ə, -ɑ̀ə | -rɪɑ̀ː(r), -rɪɛ̀ə(r)] 〖← MYRIA-＋ARE[2]〗 *n.* 1万アール (cf. are[2]).

my·ri·ca [mɪráɪkə, mə- | mɪ-] 〖← NL ～ ← L ～ 'shrub, tamarisk' ⇨ Gk *muríkē* ← ? Sem.〗 — *n.* 〖植物〗 **1** [M-] ヤマモモ属. **2** ヤマモモ属に属する低木の総称. **3** シロヤマモモ (wax myrtle), ヤマモモ (bayberry) の樹皮.

Myr·i·ca·ce·ae [mìrəkéɪsiìː | -rɪ-] 〖← NL ～: ⇨ ↑, -aceae〗 *n. pl.* 〖植物〗ヤマモモ科. **mỳr·i·cá·ceous** [-kéɪʃəs] *adj.*

Myr·i·ca·les [mìrəkéɪliːz | -rɪ-] 〖← NL ～: ⇨ myrica, -ales〗 *n. pl.* 〖植物〗ヤマモモ目.

mýr·i·cyl álcohol [mírəsɪ̀l- | -rɪ-] 〖*myricyl*: ⇨ myrica, -yl〗 *n.* 〖化学〗ミリシルアルコール ($CH_3(CH_2)_{29}OH$)《蜜蠟(ﾛｳ)の形でエステルの中に存在する高級アルコール; melissyl alcohol ともいう》.

myr·i·o- [mírio(ʊ) | -rɪə(ʊ)] 〖⇨ Gk *mūrio-*: ⇨ myriad〗「1万」の意の連結形. ★ 母音の前では通例 myri- になる. 「myriapod.

myr·i·o·pod [míriəpɑ̀d | -rɪəpɔ̀d] *n.*, *adj.* 〖動物〗 =

myr·i·o·ram·a [mìriərǽmə, -rɑ́ːmə | -rɪərɑ́ː-] 〖← MYRIA-＋Gk *hórāma* sight, spectacle: cf. panorama〗 — *n.* ミリオラマ, 万景画《昔, 多くの小画を徐々に組み合わせて作り出した見せもの》.

my·ris·tate [mɪrísteɪt, mə-, maɪ-, mírəstèɪt, máɪr- | mɪrísteɪt, maɪ-, mírɪstèɪt, máɪər-] 〖← *myristic* (← NL *Myristica* (↓))＋-ATE[1]〗 — *n.* 〖化学〗ミリスチン酸塩[エステル].

My·ris·ti·ca·ce·ae [mɪrɪ̀stəkéɪsiìː, mə- | mɪrɪ̀stɪ-] 〖← NL ～ ← *Myristica* (属名: ⇨ LGk *muristikḗ* (fem.) ← Gk *múron* perfume)＋-ACEAE〗 — *n. pl.* 〖植物〗ニクズク科. **my·rìs·ti·cá·ceous** [-ʃəs] *adj.*

my·rís·tic ácid [mɪrístɪk-, mə-, maɪ- | mɪ-, maɪ-] 〖*myristic*: ⇨ myristate, -ic[1]〗 — *n.* 〖化学〗ミリスチン酸 ($CH_3(CH_2)_{12}COOH$)《グリセリドの形で動植物油脂中にある脂肪酸; tetradecanoic acid ともいう》.

myr·mec- [mə́ːmɪk, -mək | mə́ːmɪk] (母音の前に来る時の) myrmeco- の異形.

myr·me·co- [mə́ːmɪko(ʊ), -mə- | mə́ːmɪkə(ʊ)] 〖← Gk *múrmēx* ant〗「蟻(ｱﾘ)(ant)」の意の連結形. ★ 母音の前では通例 myrmec- になる. 「者, 蟻学者.

myr·me·cól·o·gist [-dʒɪst, -dʒəst | -dʒɪst] *n.* 蟻研究

myr·me·col·o·gy [mə̀ːmɪkɑ́lədʒi, -mə- | mə̀ːmɪkɔ́lədʒɪ] 〖← MYRMECO-＋-LOGY〗 *n.* 蟻研究, 蟻学.

myr·me·co·log·i·cal [mə̀ːmɪkəlɑ́dʒɪkəl, -mə-, -dʒə- | mə̀ːmɪkəlɔ́dʒɪ-] *adj.*

Myr·me·co·phag·i·dae [mə̀ːmɪko(ʊ)fǽdʒədiː, -mə- | mə̀ːmɪkə(ʊ)fǽdʒɪ-] 〖← NL ～: ⇨ myrmeco-, -phag, -a[2], -idae〗 *n. pl.* 〖動物〗アリクイ科.

myr·me·coph·a·gous [mə̀ːməkɑ́fəgəs, -fɪ- | mə̀ːmɪkɔ́fə-] *adj.* 蟻を食う; 〈顎(ｱｺﾞ)・歯など〉蟻を食うのに適した.

myr·me·co·phile [mə́ːmɪkəfàɪl, -mə- | -mɪkə(ʊ)-] 〖← MYRMECO-＋-PHILE〗 *n.* 〖昆虫〗蟻(ｱﾘ)動物, 愛蟻(ｱｲｷﾞ)動物《特に蟻の巣にすむ習性あるアリヅカコオロギ》.

myr·me·coph·i·lism [mə̀ːməkɑ́fəlìzm̩ | mə̀ːmɪkɔ́fɪ-] *n.* 〖昆虫〗愛蟻(ｱｲｷﾞ)現象.

myr·me·coph·i·lous [mə̀ːməkɑ́fələs | -mɪkɔ́fɪ-] *adj.* **1** 〈ある種の昆虫が〉蟻を好む, 蟻と共生する. **2** 〈植物が〉蟻のよくつく.

myr·me·coph·i·ly [mə̀ːməkɑ́fəli | mə̀ːmɪkɔ́fɪlɪ] *n.* 〖昆虫〗蟻共生関連《蟻と客昆虫との間における関連》.

myr·me·co·phyte [mə́ːmɪko(ʊ)fàɪt, -mə- | mə́ːmɪkə(ʊ)-] 〖← MYRMECO-＋-PHYTE〗 *n.* 蟻植物《ある種の蟻と共生する植物; ant plant ともいう》.

Myr·me·le·on·i·dae [mə(ː)mìːliɑ́nədìː | mə(ː)mìːlɪɔ́nɪ-] 〖← NL ～ ← *Myrmeleon* (属名: ← Gk *murmekoléōn* ant-lion: ⇨ myrmeco-, lion)＋-IDAE〗 — *n. pl.* 〖昆虫〗 =Myrmeleontidae.

Myr·me·le·ont·i·dae [mə(ː)mìːliɑ́nṭədìː | mə(ː)mìːlɪɔ́ntɪ-] 〖← NL ～ ← *Myrmeleont-*, *Myrmeleon* (↑)＋-IDAE〗 *n. pl.* 〖昆虫〗(脈翅目)ウスバカゲロウ科.

Myr·mi·don [mə́ːmədɑ̀n, -dən | mə́ːmɪdən, -dn̩, -dɔ̀n] 〖(*c*1400) ⇨ L *Myrmidones* (pl.) ⇨ Gk *Murmidónes* (pl.)〗 — *n.* (*pl.* **～s**, **Myr·mid·o·nes** [məːmídəniːz, -dn̩- | məː-]) **1** 〖ギリシャ神話〗ミュルミドーン人《Achilles に従って Troy 戦争に参加した勇武で野蛮な Thessaly 人; cf. *Iliad* 2.684》. **2** [m-] (命令を容赦なく遂行する)鬼のような手下; おかかえごろつき, 用心棒: the *myrmidons* of the law 《軽蔑・戯言》少しも容赦しない法の執行者《巡査・執行吏など》.

Myr·na [mə́ːnə | mə́ː-] 〖← Ir.-Gael. *muirna* polite, gentle〗 *n.* 女性名《異形 Mirna, Moina, Morna》.

my·rob·a·lan [maɪrɑ́bələn, mɪ-, mə- | maɪrɔ́b-, mɪ-] 〖(1530) ⇨F ～ ⇨L *myrobalanum* ⇨ Gk *murobálanon* ← *múron* unguent＋*bálanos* acorn〗 — *n.* 〖植物〗 **1** ミロバラン《熱帯アジア産シクンシ科の落葉高木ミロバランノキ (*Terminalia chebula*) の乾燥した果実; 多量のタンニンを含み染料・製革用およびインクの原料になる》. **2** ミロバランスモモ (⇨ cherry plum 1).

my·ron [máɪrɑn, míːro(ː)n | máɪərɔn, míːrɔn] 〖⇨ Gk *múron* (↓)〗 *n.* 〖東方正教会〗聖(香)油 (chrism).

My·ron [máɪrən | máɪər-] 〖⇨ Gk *Múron* 《原義》sweet juice extracted from plants〗 — *n.* **1** 男性名. **2** ミュロン《紀元前5世紀のギリシャの彫刻家; *Discobolus*「円盤を投げる男」; ⇨ discobolus 挿絵》.

myrrh[1] [mə́ː | mə́ː(r)] 〖OE *myrre* ⇨ L *myrrha*, *murra* ⇨ Gk *múrrā* ← Sem. (Heb. *mōr* / Arab. *murr* 《原義》bitter(ness)): cf. myrtle〗 — *n.* 没薬(ﾓﾂﾔｸ), ミルラ《アフリカ東部およびアラビア産のカンラン科ミルラノキ属 (*Commiphora*) の植物から浸出される香気ある樹脂; 香料・薬用になる; cf. *John* 19:39》. **myr·rhic** [mə́ː(r)ɪk, míːr- | mə́ːr-, míːr-] *adj.*

myrrh[2] [mə́ː | mə́ː(r)] 〖⇨ L *murris*〗 *n.* 〖植物〗 = sweet cicely 1. 「りのする.

myrrh·y [mə́ː(r)i | mə́ːrɪ] *adj.* 没薬(ﾓﾂﾔｸ) (myrrh) の香

Myr·si·na·ce·ae [mə̀ːsənéɪsiìː | mə̀ːsɪ-] 〖← NL ～ ← *Myrsine* (属名: ← Gk *mursínē* myrtle)＋-ACEAE〗 — *n. pl.* 〖植物〗ヤブコウジ科. **mỳr·si·ná·ceous** [-ʃəs] *adj.*

Myr·ta·ce·ae [məːtéɪsiìː | məː-] 〖← NL ～ ← *Myrtus* (属名: ← L *myrtus* 'MYRTLE')＋-ACEAE〗 *n. pl.* 〖植物〗フトモモ科.

myr·ta·ceous [məːtéɪʃəs | məː-] 〖⇨↑, -aceous〗 *adj.* 〖植物〗 **1** フトモモ科の. **2** ギンバイカ (myrtle) の[に似た].

Myr·ta·les [məːtéɪliːz | məː-] 〖← NL ～ ← L *myrtus* 'MYRTLE'＋-ALES〗 *n. pl.* 〖植物〗テンニンカ目.

Myr·ti·flo·rae [mə̀ːṭəflɔ́ːriː, -flóː- | mə̀ːtɪflɔ́ːr-] 〖← NL ～ ← L *myrtus* 'MYRTLE'＋-I-＋*florae* ((pl.) ← *flōra*: ⇨ flora)〗 *n. pl.* 〖植物〗 =Myrtales. 「性名.

Myr·til·la [məːtílə | məː-] 〖(dim.) ← Myrtle〗 *n.* 女

myr·tle [mə́ːṭl̩ | mə́ːtl̩] 〖(*a*1400) ⇨ OF *mirtile*, *myrtille* myrtle berry (dim.) ← L *myrtus*, *murtus* ⇨ Gk *múrtos*: cf. myrrh[1]〗 — *n.* **1** 〖植物〗 **a** ギンバイカ (*Myrtus communis*)《南ヨーロッパ産のフトモモ科の常緑低木; 花は白色で芳香があり, 愛の象徴として古く Venus の神木と見なされた》. **b** 熱帯産のフトモモ科の植物の総称. **2** 〖植物〗 **a** ヒメツルニチニチソウ (*Vinca minor*)《キョウチクトウ科ニチニチソウ属の植物》. **b** =California laurel 1. **3** 青味がかった濃い緑《myrtle green ともいう》. — *adj.* 〖植物〗フトモモ科の. 「Myrtilla》.

Myr·tle [mə́ːṭl̩ | mə́ːtl̩] 〖↑(1)〗 *n.* 女性名《愛称形

mýrtle bèrry *n.* ギンバイカ (myrtle) の実.

mýrtle wàrbler *n.* 〖鳥類〗ノドジロアメリカムシクイ (*Dendroica coronata*)《森に生息する北米産の鳥; cf. mourning warbler》. 「た蠟(ﾛｳ).

mýrtle wàx *n.* シロヤマモモ (wax myrtle) から採っ

my·self [maɪsélf, mɪ-, mə-] 〖(13C) *mi self* 《変形》← *me self* < OE *mē self* (⇨ me, self): cf. herself〗 — *pron.* (*pl.* **our·selves** [ɑəsélvz, àʊə- | àʊə-, ɑː-]) [一人称単数複合代名詞: ⇨ oneself, himself] **1** [強意用法] 私自身, 私自ら: I saw it ～. 私は自分で[この目で]それを見た / I ～ will see to it. その事は私自身でします / as for ～ 私自身は / I felt lack of confidence in ～. 自分の体の中から自信が消え失せたのを感じた / I did it (*for*) ～ [*by* ～]. 自分で[一人で]した / It was ～. 私自身だった (cf. It was *me*.) / It does not concern ～. 私自身には関係がない (cf. It does not concern *me*.). **2** [―⌒] [再帰用法]: I have hurt ～. 怪我をした / I won't blame ～. 私は自分を責めない. **3** (身体的・精神的に)いつもの[正常な]私, 本来の自分: I am not ～ today. 今日は体[頭]の具合が本当でない.

Mys·i·a [míʃiə, -ʃə | mísɪə, -sjə, -ʃɪə] *n.* ムシヤ《小アジア北西部の古代の国》.

my·sid [máɪsɪd, -səd | -sɪd] 〖⇨ mysidae〗 *n.* 〖動物〗アミ《アミ科の甲殻類の動物の総称; cf. shrimp 1》.

Mys·i·da·ce·a [mìsədéɪʃiə | -sɪdéɪsɪə, -sjə, -ʃɪə] 〖← NL *Mysid-*, *Mysis* (↓)＋-ACEAE〗 *n. pl.* 〖動物〗アミ目.

mys·i·dae [mísədiː | -sɪ-] 〖← NL ～ ← *Mysis* (属

名：▭Gk *músis* a closing ← *múein* to close)＋-IDAE〗 *n. pl.* 〘動物〙アミ科.

my·sis [máɪsɪs, -səs | -sɪs] 〘← NL ～：⇨ mysid〙 ── *n.* 〘動物〙あみ期《節足動物, 甲殻類のうち主として十脚類の発生でメタゾアの次の時期の幼生; mysis stage ともいう; cf. metazoea, protozoea, zoea》.

my·so·phil·i·a [màɪsəfíliə | -liə] 〘← NL ～ ← Gk *músos* filth＋-PHILIA〙 *n.* 〘精神医学〙汚物異常嗜好, 不潔嗜好症.

my·so·pho·bi·a [màɪsəfóubiə | -fóubjə, -bɪə] 〘← NL ～：⇨↑, -phobia〙 *n.* 〘心理〙汚物恐怖[嫌悪], 不潔恐怖症.

My·sore [maɪsɔ́ə, -sɔ́ə | -sɔ́:(r] *n.* **1** マイソール(州)《インド南部の州; 人口 29,264,000, 面積 191,757 km², 首都 Bangalore》. **2** マイソール《同州南部の都市で商業中心地; 人口 356,000》.

mys·ost [mí:sɔ(:)st | -sɔst] 〘▭ Norw. ～ ← *myse* whey＋*ost* cheese〙 *n.* ミソスト《ノルウェー産の甘味のあるチーズ》.

myst. 《略》mystery, mysteries.

Mys·ta·co·car·i·da [mìstɪko(ʊ)kǽrədə, -tə-, -kér- | -kə(ʊ)kǽrɪ-] 〘← NL ～ ← Gk *mustak-, mústax* upper lip, moustache＋NL *carida* (← L (pl.) ← *caris*)〙 *n. pl.* 〘動物〙ヒゲエビ亜綱.

Mys·ta·co·ce·te [mìstɪko(ʊ)sí:ti:, -tə- | -kə(ʊ)-] 〘← NL ～《変形》← MYSTICETI〙 *n. pl.* (*also* **Mys·ta·co·ce·ti** [-taɪ]) 〘動物〙＝Mysticeti.

mys·ta·gog·ic [mìstəgɑ́dʒɪk | -gɔ́dʒ-] *adj.* 奥義説明の, 秘法解明の, 神秘説明の. **mỳs·ta·góg·i·cal** *adj.*

mys·ta·gogue [místəgɑ̀g | -gɔ̀g] 〘《*a*1550》▭ L *mystagōg-us* ▭ Gk *mustagōgós* ← *mústēs* initiate, 《原義》one whose lips are closed (← *múein* to close)＋*agōgós* leading, leader (← *ágein* to lead)〙 ── *n.* (古代ギリシャのエレウシスの秘儀(Eleusinia)などでの)秘儀伝授者, 秘法説明者, 密教解説者.

mys·ta·gog·y [místəgɑ̀dʒi, -gòudʒi | -gɔ̀dʒɪ] 〘⇨↑, -y¹〙 *n.* 奥義解明, 秘法伝授.

mys·te·ri·ous [mɪstí(ə)riəs, məs- | mɪstíəri-] 〘《1616》← L *mystērum*＋-OUS：⇨ mystery〙 ── *adj.* **1** 神秘の[に関する], 神秘に包まれた; 不可思議な, 不可解な; 不明な：～ symbols 神秘な表象 / a ～ disease 不思議な病気 / a ～ event 不思議な出来事 / *The Mysterious Stranger* 悪魔 (Satan)《Mark Twain 作の物語の題名》/ God moves in a ～ way. 神意[神のなさること]は測り知りがたい (William Cowper, *Hymus*). **2** わけのありそうな, 謎めいた, 神秘的な：a ～ look, smile, hint, etc. **～·ly** *adv.* **～·ness** *n.*

mys·te·ri·um [mɪstí(ə)riəm, məs- | mɪstíərɪ-] 〘▭ L *mystērium* (↓)〙 ── *n.* 〘天体物理〙ミステリウム《銀河系の数か所で特徴のある無線周波を送っている発射源; 励起された水酸基と考えられている》.

mys·ter·y¹ [míst(ə)ri | -rɪ] 〘《*a*1333》▭ L *mystēri-um* ▭ Gk *mustḗrion* secret rite ← *mústēs* one initiated into the mysteries, 《原義》one whose eyes are closed ← *múein* to close (lips or eyes) ← IE **mū-* 《擬音語》(唇を結んだ時に出る音)〙 ── *n.* **1** 不可解性, 神秘, 不可思議, 秘密, 不明, 謎：lend ～ to ...に神秘性を添える / the *mysteries* of nature 自然界の神秘 / the *mysteries* of feminine psychology 女性心理の謎 / the ～ of La Gioconda's smile ジョコンダ[モナリザ]の神秘な微笑 / the ～ of iniquity 不法[悪]の秘密の力 (2 *Thess.* 2:7) / matters wrapped [shrouded] in ～ 神秘に包まれた事柄 / the ～ of a murder 殺人(事件)の謎 / The ～ still remains to be explained. 秘密はまだ解けないでいる / solve a ～ 謎を解く / make a ～ of 〈簡単·明瞭なこと〉を神秘化する, ...を秘密にする, 隠す / make no ～ of ...を秘密にしない, 平気で示す. **2 a** (説明できないが好奇心をそそるような)不思議な事件[物, 人]. **b** [通例 *pl.*] (職業·技芸などの)秘伝, 奥義(おうぎ); (古代の異教で秘伝を受けた者だけが知り得た)秘法奥義：learn the *mysteries* of the trade 商売の秘伝を学ぶ / be initiated into the *mysteries* of the art その道の奥義を授かる. **c** ミステリー (mystery story). **3** [通例 *pl.*] (原始民族の)秘教, 秘教儀式; (秘密結社·団体·職人仲間などの)秘密の儀式：the Eleusinian *mysteries* (古代ギリシャの) Eleusis の秘教祭式 / the sacred *mysteries* of savage tribes 野蛮種族の宗教儀式. **4** 〘キリスト教〙 **a** [しばしば *pl.*] 神秘的教義, 玄義《三位一体説·受肉[託身]説など》. **b** (カトリック教会での)(洗礼式·ミサ聖祭などの)秘跡; [*pl.*] 聖体 (Eucharist). **c** [しばしば *pl.*] (キリストまたは聖人の生涯における)神秘的事件, 秘義：the *mysteries* of the Passion キリスト受難の神秘. **d** ロザリオ 15 玄義(の一つ)《ロザリオの祈りの際に黙想されるイエスキリストと聖母マリアの生涯における 15 玄義の出来事(処女懐胎, キリスト降誕, はりつけ, 聖母被昇天などの一つ)》. **5** 〘演劇·キリスト教〙＝mystery play.

mys·ter·y² [míst(ə)ri | -rɪ] 〘《*a*1325》*misterye* ▭ LL *mistēri-um* 《混成》← L *ministerium* 'MINISTRY'＋*mystērium* (↑)：cf. F *métier*〙 ── *n.* 《古》 **1** 職業, 手工業：the art and ～ 職業技術, 技芸《年期証文で用いた句》. **2** 職業組合.

mýstery bòat *n.* ＝Q-boat.

mýstery clòck *n.* (機械仕掛けのないように見える)魔法時計.

mýstery màn *n.* 不思議な人物, 怪人物, 謎の男.

mýstery nòvel *n.* ＝mystery story.

mýstery plày *n.* **1** 〘演劇·キリスト教〙聖史劇, 奇跡劇 (⇨ miracle play). **2** 推理劇.

mýstery shìp *n.* ＝Q-boat.

mýstery stòry *n.* 怪奇小説; (特に)推理小説, ミステリー.

mýstery tòur [trìp] *n.* 行先を伏せた行楽旅行.

mýstery vòice *n.* 〘ラジオ·テレビ〙(クイズゲームの答を知らせる)陰の声.

mýstery wòman *n.* 不思議な女性, 謎の女.

mys·tic [místɪk] 〘《*a*1333》▭ (O)F *mystique* ∥ L *mystic-us* ▭ Gk *mustikós* mystic, secret：⇨ mystery¹, -ic¹〙 ── *adj.* **1** 秘法の, 秘義の; 秘教の; 秘教的儀式の：a ～ art 秘術 / ～ rites 秘教の儀式. **2 a** 神秘的な, 不可解な, 謎めいた, 幽玄な：～ conduct. **b** 神秘主義的な. **c** 魔力のある：a ～ number＝a SACRED number. **d** 畏怖すべき, 驚嘆の念を抱かせる：a ～ voice. **3** ＝mystical 1：the ～ dove (宗教画に描かれる)精霊を象徴する鳩. ── *n.* **1** 秘法伝受者. **2** 神秘論[主義]者, 神秘家.

mýs·ti·cal [-tɪkəl, -tə- | -tɪ-] 〘《1471》：⇨↑, -al¹〙 ── *adj.* **1** 精神的意義のある, 精神的象徴の. **2** 神秘説の, 神秘主義的な; 神秘的経験[霊感]による：～ doctrines 神秘的教義 / ～ rapture 神人霊交の法悦(ほうえつ) / the ～ experience of the Inner Light (クエーカー教徒が実在の神として心中に感じる)「内なる光」の神秘な体験. **3** 《まれ》不可思議な, 謎めいた. **～·ly** *adv.*

mýstical theólogy *n.* 神秘神学. **～·ness** *n.*

Mys·ti·ce·ti [mìstəsí:taɪ | -tɪ-] 〘← NL ～ (pl.) ← *mysticetus* Greenland whale ← Gk *mustikḗtos* whale 《変形》? ← *ho mûs to kētos* the mouse, the whale＝the whale called the mouse〙 ── *n. pl.* 〘動物〙ヒゲクジラ亜目 (cf. Odontoceti).

mýs·ti·cìsm [-təsìzṃ | -tɪ-] 〘《1736》← MYSTIC＋-ISM〙 ── *n.* **1** 神秘説, 神秘主義, 神秘論《独特の神秘的な直観·体験·冥合等によって真理や絶対者を知りうるとする説》. **2** 《軽蔑》漠然とした思弁[思考], 根拠のない信念.

mys·ti·cize [místəsàɪz | -tɪ-] *vt.* 謎めかす, 神秘化する. ── *vi.* 神秘的なことを書く[述べる].

mys·ti·fi·ca·tion [mìstəfɪkéɪʃən, -fə- | -tɪfɪ-] 〘《1815》▭ F ～：⇨↓, -ation〙 *n.* **1** 人の心を迷わせること, 瞞着; 神秘化. **2** 人の心を迷わせるもの, ごまかし.

mys·ti·fy [místəfàɪ | -tɪ-] 〘《1814》▭ F *mystifi-er*：⇨ mystic, -fy〙 ── *vt.* **1** ...の心を迷わせる, 煙に巻く, 瞞着する. **2** 神秘的にする, 不可解にする; 神秘化する. **mýs·ti·fì·er** *n.* **mýs·ti·fỳ·ing·ly** *adv.*

mys·tique [mɪstí:k] 〘《20C》▭ F ～ ▭ L *mystic-us*：⇨ mystic〙 ── *n.* **1** (教祖·教義などにまつわる)神秘性, 神秘的雰囲気. **2** 神秘的な崇拝の対象[象徴]. **3** (深い感銘を与える職業上の)奥義(おうぎ), 秘法, 秘技.

myth [míθ] 〘《1838》▭ LL *mȳth-us* ▭ Gk *mûthos* word, speech, fable〙 ── *n.* **1 a** (一つの)神話, 神代物語 (cf. legend)：the Greek ～*s* ギリシャ神話. **b** [集合的] 神話 (mythology). **2** 神話的人物[事物]：The unicorn is a ～. 一角獣は神話的動物だ. **3** 作り話, でっち上げ, 根拠のない話：the ～ of his superiority. **4** 社会的迷信[通念]《例えば人種差別を正当化するための人種優劣論のような歪んだ通念など》.

myth. 《略》mythological; mythology.

myth·ic [míθɪk] 〘《1669》▭ LL *mythic-us* ▭ Gk *muthikós*：⇨ myth, -ic¹〙 *adj.* 《詩》＝mythical.

myth·i·cal [míθɪkəl, -θə- | -θɪ-] 〘《1678》：⇨↑, -al¹〙 ── *adj.* **1** 神話(について)の; 神話に基づく; 神話を取り扱う：the ～ age 神話時代, 神代 / a ～ historian 神話的手法を多く用いる歴史家. **2** 神話以外には実在しない, 神話上の, 架空の, 想像上の：a ～ monster 神話上の[架空の]怪獣. **～·ly** *adv.*

mýth·i·cìsm [-θəsìzṃ | -θɪ-] 〘《1840》← MYTHIC＋-ISM〙 *n.* 神話説, 神話主義《超自然的物語に神話的解釈を施す》.

mýth·i·cist [-sɪst, -səst | -sɪst] *n.* 神話説[主義]者.

myth·i·cize [míθəsàɪz | -θɪ-] *vt.* 神話にする, 神話化する; 神話として扱う, 神話的に解釈する. **mýth·i·cìz·er** *n.*

myth·i·fy [míθəfàɪ | -θɪ-] *vt.* 〈人·場所·伝説などを〉神話化する, 神話(的)にする.

mýth·màker *n.* 神話の作者. **mýth·màking** *n.*

myth·o- [míθo(ʊ), -θə | míθə(ʊ), máɪθ-] 〘← Gk *mûthos* 'MYTH'〙「神話 (myth)」の意の連結形.

myth·o·clast [míθəklæ̀st] 〘← MYTHO-＋-CLAST〙 *n.* 神話破壊者, 神話毀損者, 神話をけなす人.

mỳtho·génesis 〘← MYTHO-＋-GENESIS〙 *n.* (*pl.* **-e·ses**) 神話成立, 神話の起源.

mytho·genic *adj.* 神話成立の[に関する], 神話の起源に関する.

my·thog·o·ny [mɪθɑ́gəni, mə- | mɪθɔ́gənɪ, maɪ-] 〘▭ Gk *mūthogonia*：⇨ mytho-, -gony〙 *n.* 神話起源研究.

my·thog·ra·pher [mɪθɑ́grəfə, mə- | mɪθɔ́grəfə(r, maɪ-] 〘← Gk *mūthográphos* mythographer (⇨ mytho-, -graph)＋-ER¹〙 *n.* 神話作家.

my·thog·ra·phy [mɪθɑ́grəfi, mə- | mɪθɔ́grəfɪ, maɪ-] 〘▭ Gk *mūthographía*：⇨ mytho-, -graphy〙 ── *n.* **1** (神話を絵画·彫刻などに表わす)神話芸術; 神話集. **2** 神話の記述; (科学的な)神話編纂(へんさん); 記述神話学.

mythoi *n.* mythos の複数形.

mythol. 《略》mythological; mythology.

my·thól·o·ger [-dʒə | -dʒə(r] *n.* ＝mythologist.

myth·o·log·ic [mìθəlɑ́dʒɪk | mìθəlɔ́dʒ-, màɪ-] 〘▭ LL *mȳthologic-us* ▭ Gk *mūthologikós*：⇨ mythology, -ic¹〙 *adj.* ＝mythological.

myth·o·log·i·cal [mìθəlɑ́dʒɪkəl, -dʒə- | mìθəlɔ́dʒɪ-, màɪ-] 〘⇨↑, -ical〙 *adj.* **1** 神話学(上)の; 神話(上)の. **2** 神話的な; 作り話の. **～·ly** *adv.*

my·thól·o·gist [-dʒɪst, -dʒəst | -dʒɪst] 〘← Gk *mūthológos* teller of the myths (⇨ mytho-, logo-)＋-IST〙 *n.* **1** 神話学者. **2** 神話作者.

my·thol·o·gize [mɪθɑ́lədʒàɪz, mə- | mɪθɔ́l-, maɪ-] 〘▭ F *mythologis-er*：⇨ mythology, -ize〙 ── *vt.* 神話(的)にする, 神話化する; 神話的に解釈する. ── *vi.* **1** 神話を語る; 神話を作る. **2** 神話を解説[分類]する, 神話について書く. **my·thól·o·gìz·er** *n.*

my·thol·o·gy [mɪθɑ́lədʒi, mə- | mɪθɔ́lədʒɪ, maɪ-] 〘《*a*1420》▭ LL *mȳthologia* ▭ Gk *mūthología*：⇨ mytho-, -logy〙 ── *n.* **1 a** 神話学, 神話研究：comparative ～ 比較神話学. **b** 神話についての論文. **2 a** [集合的] 神話 (myths), (特にある神·伝説的人物に関する, またはある民族に伝わる)神話体系：Greek [Scandinavian] ～ ギリシャ[北欧]神話 / the ～ of Apollo アポロ神話. **b** 神話集[誌].

myth·o·ma·ni·a [mìθəméɪniə, -njə | -njə, -nɪə] 〘← NL ～：⇨ mytho-, -mania〙 *n.* 〘精神医学〙虚言症.

myth·o·ma·ni·ac [mìθəméɪniæ̀k | mìθəméɪnɪæ̀k] *n., adj.* 虚言症患者(の).

myth·o·poe·ia [mìθəpí:(j)ə | mìθəpí:ə, màɪθ-] 〘▭ LL *mȳthopoeia* (↓)〙 *n.* 神話作り, 神話作成.

myth·o·poe·ic [mìθəpí:ɪk | mìθ-, màɪθ-] 〘← Gk *mūthopoiós* (← MYTHO-＋*poiein* to make)＋-IC¹〙 ── *adj.* **1 a** 神話を作る, 神話形成の：the ～ activity. **b** 神話を生み出す：a ～ event. **2** 神話的な事柄にとらわれた.

myth·o·poe·ism [mìθəpí:ɪzṃ | mìθ-, màɪθ-] *n.* ＝mythopoeia.

mỳth·o·póe·ist [-ɪst, -əst | -ɪst] *n.* 神話作者.

mỳtho·póet *n.* 神話詩人.

mỳtho·poétic *adj.* ＝mythopoeic 1 a.

mỳtho·poétical *adj.* ＝mythopoeic 1 b.

mỳtho·póetry *n.* 神話詩.

my·thos [máɪθɑs, míθ- | -θɔs] 〘▭ Gk *mûthos*：⇨ myth〙 ── *n.* (*pl.* **my·thoi** [-θɔɪ]) **1 a** 神話 (myth). **b** 神話体系 (mythology). **2** 〘社会学〙ミュトス《ある社会集団の直観的·主体的世界観·信仰様式; cf. ethos 2》. **3** 〘文学〙構想, 筋 (plot).

Myt·i·le·ne [mìṭəlí:ni, -ṭḷ- | mìtɪlí:ni:, -nɪ] *n.* ミュティレネ, ミティリーニ：**1** Lesbos 島の別名. **2** Lesbos 島の首都; 廃墟となった同名の古都の近くにある《人口 24,000; 旧名 Kastro; ギリシャ語名 Mitilini》.

myt·i·lid [míṭəlɪd, -ləd, -ṭḷ- | -təlɪd, -tḷ-] 〘↓〙 *adj., n.* 〘貝類〙イガイ科の(貝).

My·til·i·dae [maɪtílədì: | -lɪ-] 〘← NL ～ ← L *Mȳtilus* (属名：← L ▭ Gk *mūtílos* mussel)＋-IDAE〙 *n. pl.* 〘貝類〙イガイ科.

myx- [mɪks] (母音の前に来る時の) myxo- の異形.

myx·as·the·ni·a [mìksəsθí:niə, mɪksæ̀sθənáɪə | mìksəsθí:nɪə, -nɪə,] 〘← MYXO-＋ASTHENIA〙 *n.* 〘病理〙粘液分泌欠乏(症).

myx·e·de·ma [mìksədí:mə | -sɪ-] 〘← NL ← MYXO-＋Gk *oidēma* swelling〙 *n.* 〘病理〙粘液水腫(すいしゅ).

mỳx·e·dém·a·tous [-démətəs, -dí:m- | -təs] *adj.*

myx·o- [míkso(ʊ) | -sə(ʊ)] 〘← NL ← Gk *múxa* slime, mucus〙「粘液 (mucus); 粘液腫 (myxoma)」の意の連結形. ★ 母音の前では通例 myx- になる.

myx·oe·de·ma [mìksədí:mə | -sɪ-] *n.* 〘病理〙＝myxedema.

myx·oid [míksɔɪd] 〘← MYXO-＋-OID〙 *adj.* 〘医学〙粘液様の.

myx·o·ma [mɪksóumə | -sóu-] 〘← NL ～：⇨ myxo-, -oma〙 ── *n.* (*pl.* **～s, ～·ta** [～ṭə | ～tə]) 〘病理〙粘液腫(しゅ). **myx·ó·ma·tous** [-sóumətəs, -sɑ́m- | -sɔ́mət-] *adj.*

myx·o·ma·to·sis [mɪksòumətóusɪs, -səs | mìksə(ʊ)mətóusɪs] 〘← NL ～：⇨↑, -osis〙 ── *n.* (*pl.* **-to·ses** [-si:z]) **1** 〘病理〙(多発性)粘液腫(しゅ)症. **2** 〘獣医〙粘液腫症《ウイルスによる猛烈なうさぎの伝染病; infectious myxomatosis ともいう》.

myx·o·my·cete [mìkso(ʊ)máɪsi:t, ⌐－－⌐ | mìksə(ʊ)máɪsi:t, ⌐－－－⌐] 〘↓〙 ── *n.* 〘植物〙粘菌, 変形菌《変形菌綱の一個体; 朽材などに生じる微小なキノコ状の菌》. **myx·o·my·ce·tous** [mìkso(ʊ)maɪsí:ṭəs | -sə(ʊ)maɪsí:t-] *adj.*

Myx·o·my·ce·tes [mìkso(ʊ)maɪsí:ti:z | -sə(ʊ)-] 〘← NL *Myxomycēt-ēs* (pl.)：⇨ myxo-, -mycete〙 ── *n. pl.* 〘植物〙変形菌綱, 粘菌綱《動菌 (slime mold) を植物とする分類上の名称; cf. Mycetozoa》.

mỳxo·neurósis 〘← MYXO-＋NEUROSIS〙 *n.* 〘精神医学〙粘液仙痛.

Myx·o·phy·ce·ae [mìksəfísiì:] 〘← NL ～：⇨ myxo-, -phyceae〙 ── *n. pl.* 〘植物〙藍藻類 (⇨ Cyanophyceae). **myx·o·phy·ce·an** [mìksəfísiən | -sə(ʊ)físɪən, -sjən] *adj.*

Myx·o·spon·gi·da [mìksəspɑ́ndʒɪdə, -spʌ́n-, -dʒə- | -sə(ʊ)spɔ́ndʒɪ-, -spɔ́n-] 〘← NL ～：⇨ myxo-, sponge, -ida〙 *n. pl.* 〘動物〙ノリ海綿目.

Myx·o·spo·rid·i·a [mìksəspərídiə | -sə(ʊ)spərídɪə, -spɔr-] 〘← NL ～：⇨ myxo-, sporo-, -idia〙 *n. pl.* 〘動物〙(原生動物胞子虫綱極嚢胞子虫亜綱)粘液胞子虫目.

mýxo·vìrus 〘← MYXO-＋VIRUS〙 ── *n.* 〘病理〙ミクソウイルス《インフルエンザ·おたふくかぜなどのウイルスを含む RNA 含有大型ウイルス》. **mỳxo·víral** *adj.*

my·zo- [máɪzo(ʊ) | -zə(ʊ)]「吸う; 吸うもの」の意の連結形.

N

N, n [én] 〘OE *N, n* ▭ L (Etruscan を経由) ▭ Gk *N, ν* (*nû*) ▭ Phoenician ϟ : cf. Heb. נ (*nūn*)《原義》? fish: ⇨ A¹ ★〙 — *n.* (*pl.* **N's, Ns, n's, ns**) **1** 英語アルファベットの第14字. **2** (活字・スタンプの) N または n 字. **3** [N] N 字形(のもの): an *N* girder N 字桁(ゖた). **4** 文字 n が表わす音《name, sun などの [n]》. **5** 〖印刷〗 =en¹. **6** (連続したものの)第14番目(のもの); (J を数に入れない時は)第13番目(のもの): Table *N* N 号表. **7** 中世のローマ数字の 90.

n 《略》 nano-.

n 《記号》〖物理〗 neutron ; 〖数学〗 負でない整数を表わす変数 (⇨ nth): the second power of *n* n の 2 乗.

N, N. 《略》 November.

N, N., n, n. 《略》 nomen ; north ; northern.

N 《記号》〖チェス〗 knight ; 〖物理〗 newton ; 〖化学〗 nitrogen.

₦ 《記号》〖貨幣〗 naira(s).

n. 《略》 *L.* nātus (=born) ; nephew ; net ; neuter ; new ; night ; nominative ; note ; noun ; number.

N. 《略》 Nationalist ; 〖処方〗 *L.* nocte (=at night) ; Norse.

N., n. 《略》 navigation ; navigator ; navy ; new ; noon ; 〖化学〗 normal.

'n¹ [n̩] 〖短縮〗 *conj.* (*also* **'n'**) 《口語》 =and : rock *'n'* roll.

'n² [n̩] 〖短縮〗 *conj.* 《口語》 =than.

'n³ [n̩] 〖短縮〗 *prep.* 《口語》 =in.

n- 《略》 negative.

N- 《略》 nuclear.

-n [n, n̩] *suf.* -en² の異形.

na 〘ME 《北部方言》 *na* < OE *nā* never ← *ne* not + *ā* ever: cf. no¹, nay〙 《スコット》 — [nɑ́: ; nə] *adv.* **1** =no. **2** [主に接尾辞的に助動詞とともに用いて] =not (cf. nae) : can*na* =cannot / would*na* =would not / mau*na* =must not. — [nə] *conj.* **1** =nor. **2** =than.

Na 《記号》〖化学〗 sodium (← natrium).

n/a, N/A 《略》〖銀行〗 no account 取引なし ; non-acceptance.

N.A. 《略》 Narcotics Anonymous ; National Academician ; National Academy ; National Airlines ; National Army ; National Assembly ; Nautical Almanac ; Naval Academy ; naval architect ; naval attaché ; naval auxiliary ; naval aviator ; North America ; North American ; not applicable ; not available ; numerical aperture.

NAA 《略》〖物理〗 neutron activation analysis.

NAA, N.A.A. 《略》 National Aeronautic Association 全米飛行家協会 ; National Automobile Association 全米自動車協会 ; National Association of Accountants 米国会計士協会.

N.A.A., n.a.a. 《略》〖海運〗 not always afloat 〈船の停泊場所の条件が〉必ずしも十分安全な水深でない.

NAACP, N.A.A.C.P. 《略》 National Association for the Advancement of Colored People 全米有色人地位向上協会.

Naa·fi [nǽfi | -fɪ] 〘《頭字語》 ← *N*(*avy*,) *A*(*rmy and*) *A*(*ir*) *F*(*orce*) *I*(*nstitute*(*s*))〙 — *n.* (*pl.* **~s**) 《英口語》 **1** ナーフィ, (英国)陸海空軍厚生機関《酒保・売店・娯楽施設などを経営》. **2** (ナーフィ経営の)酒保, 食堂 (cf. PX).

N.A.A.F.I. [nǽfi | -fɪ] 《略》《英》 Navy, Army and Air Force Institute(s) (⇨ Naafi).

NAAU, N.A.A.U. 《略》 National Amateur Athletic Union 全米アマチュア体育連盟.

nab [nǽ(ː)b] 〘《1686》《転訛》 ← 《方言》 *nap* to seize : ⇨ kidnap〙 — *vt.* (**nabbed ; nab·bing**) 《口語》 **1** 〈人を〉(不意に)とっつかまえる ; (特に)〈警官が〉取り押える, 逮捕する. **2** 〈物を〉ひったくる ; (特に)かっさらう (steal) ; せしめる. — *n.* 《米俗》 **1** おまわり, 「ポリ」. **2** 逮捕.

NAB 《略》 National Association of Broadcasters ; New American Bible.

N.A.B. 《略》 National Alliance of Businessmen 全米実業家同盟.

Na·bal [néɪbəl] 〘▭ Heb. *Nābhāl*〙 — *n.* **1** 〖聖書〗 ナバル《Abigail の夫; David 王に貢物を拒んだ裕福なカレブ人 (Calebite) ; cf. *1 Sam.* 25 : 2》. **2** けちん坊, しみったれ.

Nab·a·te·a [næ̀bətíːə] 〘▭ L *Nabataea* ▭ Gk *Nabataîa* ▭ Arab. *Nábaṭ* : cf. Heb. *Nᵉbājōth* (*Gen.* 25 : 13)〙 — *n.* (*also* **Nab·a·tae·a** [~]) ナバタ《現在のヨルダン西部にあった古代アラブ王国; 首都 Petra》.

Nab·a·te·an [næ̀bətíːən] *adj.*, *n.* (*also* **Nab·a·tae·an** [~]) ナバタの(人).

nabe [néɪb] 〘《短縮》 ← NEIGHB(ORHOOD)〙 *n.* 《米俗》 (都心の映画館などに対し)近所[土地]の映画館.

nab·id [nǽbɪd, néɪb-, -bəd | -bɪd] 〘↓〙 〖昆虫〗 *adj.* マキバサシガメ(科)の. — *n.* マキバサシガメ《マキバサシガメ科の昆虫の総称》.

Nab·i·dae [nǽbədìː | -bɪ-] 〘← NL ~ ← *Nabis* (属名: L《原義》 giraffe) + -IDAE〙 *n. pl.* 〖昆虫〗 (半翅目)マキバサシガメ科.

Na·bis, n- [nɑːbíː ; *F.* nabi] 〘▭ F ~ (pl.) ← *Nabi* ▭ Heb. *nābhī'* prophet〙 — *n. pl.* [the ~] 〖美術〗 ナビ派《1890–1900 年頃に P. Bonnard, P. Sérusier らを中心にしてフランスに起こった絵画集団; cf. Synthetism》.

Nab·lus [nǽbləs, nɑ́ːb- | nɑ́ːb-] *n.* ナブルス《Jordan 西部の都市; 古代 Samaria の首都; 古名 Shechem》.

na·bob [néɪbɑb | -bɒb] 〘《1612》 ▭ Hindi *nabāb, nawwāb* ▭ Arab. *nuwwāb* (pl.) ← *nā'ib* deputy, governor : cf. nawab〙 — *n.* **1** ナボブ《インドの Mogul 帝国時代におけるイスラム教徒の地方長官の官名》; インド太守. **2 a** ナボブ, インド帰りの大金持《18 世紀および 19 世紀初めの東洋, 特にインドで大金持になって帰国したヨーロッパ人》. **b** 大金持, 大富豪, 成金. **c** [時に軽蔑的に] お偉がた, 名士.

na·bob·er·y [néɪbɑbəri, ─⌐── | néɪbɒbəri, ─⌐──] *n.* ナボブ (nabob) の特質 ; 大金持振り, 豪奢.

na·bob·ess [néɪbɑbɪs, -bəs | -bɒbɪs, -bes, -bəs] *n.* 女性の nabob ; nabob の妻.

ná·bob·ish [-bɪʃ] *adj.* ナボブ (nabob) らしい, 大金持振った, 豪奢な.

ná·bob·ism [-bɪzm̩] *n.* =nabobery.

Na·bo·kov [nəbɔ́(ː)kəf, nǽbəkɔ̀(ː)f | nəbóʊkɒf, næ-, nɑː-, nǽbə(ʊ)kɒ̀f ; *Russ.* nabókəf], **Vladimir** (**Vla·di·mi·ro·vich** [vladjímjirəvjitʃ]) *n.* ナボコフ《1899–1977; ロシヤ生れの米国の小説家・詩人; *Lolita* (1955)》.

Na·both [néɪbɑθ, -boʊθ | -bɒθ] 〘▭ LL ~ ▭ Heb. *nābhōth*《原義》? elevation〙 — *n.* 〖聖書〗 ナボテ《Jezreel の人; その所有したぶどう畑を Ahab 王が望んだが応じなかったため王の妻 Jezebel の企みで罪に陥れられ殺された; cf. *1 Kings* 21》.

Náboth's víneyard 〘↑〙 *n.* (ナボテのぶどう畑のように)人がどうしても手に入れようとする物, 垂涎(すいぜん)の的.

Nab·u·cho·don·o·sor [næ̀bjʊkoʊdɑ́nəsɔ̀ə | -kə(ʊ)dɒ́nəsɔ̀ː(r)] *n.* (Douay Bible での) Nebuchadnezzar のラテン語式語形.

nac·a·rat [nǽkəræ̀t] 〘▭ F ~ < MF *nacarade* ▭ Sp. & Port. *nacarado* ← *nácar* 'NACRE'〙 *n.* **1** 鮮かな赤橙色. **2** 赤橙色の薄手リネンやクレープ地《婦人服用》.

na·celle [nəsél | næ-] 〘▭ F ~ < LL *naucellam* =LL *nāvicella* (dim.) ← L *nāvis* ship : cf. naval〙 — *n.* **1** (軽気球の)つりかご (gondola). **2** 〖航空〗 ナセル《飛行機・飛行船のエンジン収容部[発動機房]; 飛行船の乗務員・乗客室》.

na·cre [néɪkə | -kə(r)] 〘《1598》 ▭ (O)F ~ ▭ Arab. *naqqāra*ʰ small drum ← *náqara* to hollow out : cog. It. *nacchera* / Sp. *nácar*〙 — *n.* **1** 真珠層 (⇨ mother-of-pearl). **2** 《古》 真珠貝.

ná·cred *adj.* (貝殻の内側に)真珠層のある, 真珠層のような.

na·cre·ous [néɪkriəs, -k(ə)rəs | -krɪəs] *adj.* **1** 真珠層の : the ~ layer 真珠層. **2** 真珠層のような, 真珠光沢の.

nácreous clóud *n.* 〖気象〗 真珠雲《20–30 km の高空で起こる真珠光沢の雲》.

na·crite [néɪkraɪt] 〘▭ F ~ : ⇨ nacre, -ite¹〙 — *n.* 〖鉱物〗 ネークライト, 真珠高陵土 ($Al_2Si_2O_5(OH)_4$)《陶土 (kaolin) に含まれ, kaolinite と同じ組成であるが, 結晶構造を異にする》.

NACU 《略》 National Association of Colleges and Universities 全米大学協会.

NAD 《略》 nicotinamide-adenine dinucleotide.

n.a.d. 《略》 no appreciable difference [disease] ; nothing abnormal detected [discovered].

N.A.D. 《略》《米》 National Academy of Design ; naval aircraft department ; naval air division.

na·da [nɑ́ːdə ; *Sp.* náda] 〘▭ Sp. ~ ← L (*rēs*) *nāta* (thing) born, small thing〙 *Sp. n.* 非存在の状態[世界], 無, 虚無, ナダ.

Na-De·ne, Na-d- [nɑːdéni | -nɪ] 〘← Haida *na* to dwell & Tlingit *na* people + Athapaskan *dene* person, people〙 — *n.* (*also* **Na-Dé·né, Na-d-** [~]) ナデネ大語族《Athapaskan, Haida, Tlingit 諸語から成るアメリカインディアン語族》.

Na·der [néɪdə | -də(r)], **Ralph** *n.* (1934–) 米国の法律家・消費者保護運動家.

Ná·der·ism [-dərɪzm̩] *n.* 消費者保護主義[運動], ネイダー運動.

Na·dine [neɪdíːn, nə- ; *F.* nadin] 〘▭ F ~ ← Russ. *Nadezhda*《原義》 hope〙 *n.* 女性名《異形 Nada》.

na·dir [néɪdɪə, néɪdə | néɪdɪə(r, -də(r, nǽdɪə(r] 〘《1391》 ▭ (O)F ~ ▭ Arab. *naẓīr* (*as-samt*) corresponding or opposite (to the zenith) ← *nāẓara* to look at〙 — *n.* **1** [the ~] 〖天文〗 天底《天頂 (zenith) の正反対の点, 天体を観測する人の真下の天球上の点》. **2** (沈滞・逆境などの)最下点 : at the ~ of adversity / His fortune was at its ~. 彼の運命はどん底にあった.

NADP 《略》〖生化学〗 nicotinamide-adenine dinucleotide phosphate.

nae [néɪ] 〘《変形》 ← NA〙 《スコット・北英》 *adv.* =no ; not. — *adj.* =no.

NAEB 《略》 National Association of Educational Broadcasters 全米教育放送者協会.

nae·thing [néɪθɪŋ] *n.*, *pron.*, *adv.* 《スコット》 =nothing.

naevi *n.* naevus の複数形.

nae·void [níːvɔɪd] *adj.* 〖医学〗 =nevoid.

nae·vus [níːvəs] *n.* (*pl.* **nae·vi** [-vaɪ]) 〖医学〗 =nevus.

Naf·fy [nǽfi | -fɪ] 〘⇨ -y²〙 *n.* =Naafi.

Na·fud [nəfúːd] *n.* [the ~] ネフド(砂漠)《アラビア半島北部の砂漠》.

nag¹ [nǽ(ː)g] 〘《?a1400》 *nagge* ▭ MDu. *negghe* horse (Du. *negge, neg*) ← ? Gmc *hnajj-, *gnajj-, *knajj- 'to NEIGH' 《擬音語》〙 — *n.* **1** 《口語》 馬 ; (特に, 年を取った)やくざ馬, 駑馬(どば) : an old ~ 老いぼれ馬 / a wretched ~ ひどいやくざ馬. **2** (乗馬用の)小馬. **3** 《口語》 (弱い・だめな)競走馬.

nag² [nǽ(ː)g] 〘《1828》 ▭ ? Norw. & Swed. *nagga* to grumble < ON *gnaga* to bite ← Gmc *ʒnag- : cf. gnaw〙 — *v.* (**nagged ; nag·ging**) — *vt.* **1** 〈女性などが〉〈夫などに〉始終小言を言ってうるさがらせる, しつこく文句を言って悩ませる : She *~ged* her husband to death. 彼女はがみがみ文句を言って夫をひどく苦しめた. **2** 〈心配ごとなどが〉絶えず悩ます, …に(しつこく)付きまとう : He was *~ged* by a thought. — *vi.* **1** 〈女性などが〉うるさく小言を言う, 絶えずがみがみののしる (*at*) : John's wife began *~ging at* him. **2** 〈痛み・心配ごとなどが〉絶えず悩ます, しつこく苦しめる (*at*) : The trouble has been *~ging at* me for days. 何日もその心配ごとに悩まされてきた. — *n.* **1** うるさい小言. **2** 《口語》 =nagger.

Na·ga¹ [nɑ́ːgə] 〘▭ Skt *nāga* serpent〙 *n.* **1** 〖ヒンズー神話〗 ナーガ《竜・蛇を擬人化・神格化したもの; 雨・川などの神霊》. **2** 蛇 ; (特に)コブラ (cobra).

Na·ga² [nɑ́ːgə] 〘← Skt *nága* mountain // *nagná* naked〙 — *n.* (*pl.* **~, ~s**) **1 a** [the ~(s)] ナガ族《Nagaland に住む; 20 世紀初頭まで首狩りを行なっていた》. **b** ナガ族の人. **2** ナガ語.

Na·ga·land [nɑ́ːgəlæ̀nd] *n.* ナガランド《インド北東部, ビルマと境を接する州; 人口 516,000, 面積 16,488 km², 首都 Kohima [kóʊhíːmə | kə́ʊ-]》.

na·gá·mi kúmquat [nəgɑ́ːmi- | -mɪ-] 〘*nagami* : ← ? Jap. 長実〙 *n.* 〖植物〗 ナガ(ミ)キンカン (*Fortunella margarita*)《中国原産で長卵形の実がなる》.

na·ga·na [nəgɑ́ːnə] 〘▭ Zulu *u-nakane*〙 *n.* 〖獣医〗 ナガナ病《ツェツェバエにより媒介されるアフリカの家畜のトリパノソーマ病; tsetse disease ともいう》.

Na·ga·ri [nɑ́ːgəri | -rɪ] 〘《1776》 ▭ Skt *nāgarī* 《原義》 (writing) of the city〙 — *n.* **1** ナーガリー文字《古代インドでサンスクリットを書き表わすのに用いた梵字の一種; 北方系に属し, 現代サンスクリットのほかヒンディー語などの表記に広く用いられる Devanagari 文字の母胎となったもの》. **2** =Devanagari.

nág·ger 〘⇨ nag²〙 *n.* 始終小言を言う人 ; (特に)口うるさい女性.

nág·ging 〘⇨ nag²〙 — *adj.* **1** 口やかましい, がみがみ言う : a ~ woman / ~ criticism 小うるさい文句[批評]. **2** 〈痛み・恐怖など〉つきまとって離れない, しつこい : a ~ pain. **~·ly** *adv.* **~·ness** *n.*

nág·gish [-gɪʃ] 〘⇨ nag²〙 *adj.* 小言をいう, 口やかましい.

nag·gy [nǽgi | -gɪ] *adj.* (**nag·gi·er ; -gi·est**) **1** =naggish. **2** 《英方言》 怒りっぽい (irritable).

nag·maal [nɑ́ːxmɑːl] 〘▭ Afrik. ~ ▭ MDu. *nachtmael* : ⇨ night, meal¹〙 *n.* 《アフリカ》 **1** オランダ改革派教会の聖晩餐(さん)(式)[聖餐式]. **2** 夕食, 晩餐.

na·gor [néɪgɔə | -gɔː(r)] 〘▭ F ~ 《変形》 ← *nanguer* antelope : Comte de Buffon (1707–88) の造語〙 — *n.* 〖動物〗 マウンテンリードバック, ネイゴー (*Redunca redunca*)《アフリカ原産のリードバック属のレイヨウ》.

Nag·pur [nɑ́ːgpʊə | -pʊə(r)] *n.* ナグプル《インド中部, Maharashtra 州の都市; 人口 903,000》.

nags·man [nǽgzmən] 〘← NAG¹ + -s² + -MAN〙 *n.* (*pl.* **-men** [-mən, -mèn]) 馬の調教[競売時の展示]に雇われる専門家.

na·gual [nə(g)wɑ́ːl] 〘▭ Sp. ~ ▭ N-Am.-Ind. (Nahuatl) *na*(*h*)*ualli* ← *nahua* to dance with tied hands〙 — *n.* (*pl.* **~s, na·gua·les** [nə(g)wɑ́ːleɪs]) ナグワル《メキシコ・中米のインディアンの間における守護霊》.

Nagy [nɑ́ːdj, nɑ́ːdʒ ; *Hung.* nɔ́j], **Im·re** [ímrɛ] *n.* ナジ《1896–1958; ハンガリーの政治家; 首相 (1953–55, 56); 秘密裏に処刑され, 国際的な問題となった》.

Nah. 《略》Nahum (旧約聖書の)ナホム書.

Na·huat [nɑ́ːwɑːt] *n.* (*pl.* **~s**, ~) **1 a** [the ~(s)] ナワ族《メキシコのインディアンの一種族》. **b** ナワ族の人. **2** ナワトル語 (Nahuatl).

Na·hua·tl [nɑ́ːwɑːtḷ | -tl] 〚《19C》□ Sp. ~ □ Nahuatl ~ ← *Nahua* (北・中米インディアン部族の名)+-*tl* (sing. suf.)〛 **—** *n.* (*pl.* ~, **~s**) **1 a** [the ~(s)] ナワ族《メキシコ南部・中米に住む, Aztec 族を含む原住民族》. **b** ナワ族の人. **2** ナワトル語《メキシコ中部の多くの地方で用いられる Aztec 語を含む Uto-Aztecan 語族に属する言語》. **—** *adj.* ナワ族の; ナワトル語の.

Na·hua·tlan [nɑ́ːwɑːtlən] *n.* **1** =Nahuatl. **2** ナワトル語族《Aztec 語を含む Uto-Aztecan 語族》. **—** *adj.* ナワトル語族の.

Na·hum [néɪ(h)əm | -həm, -hʌm] 〚□ LL ~ □ Gk *Naoúm* □ Heb. *Naḥûm*《原義》consoling: cf. Nehemiah〛 **—** *n.* **1** 男性名. **2** 〘聖書〙 **a** ナホム《紀元前7世紀のユダヤの預言者, Nineveh の没落を預言した》. **b** (旧約聖書の)ナホム書 (略 Nah.).

NAIA 《略》National Association of Intercollegiate Athletes 全米大学運動選手協会.

nai·ad [néɪəd, náɪ-, -æd | náɪæd, néɪ-] 〚《1611–12》□ F ~ // L *Nāiad-, Nāias* □ Gk *Nāiad-, Nāiás* water nymph ← *nân* to flow: cf. natation〛 **—** *n.* (*pl.* **~s, nai·a·des** [néɪədìːz, náɪ- | náɪ-, néɪ-]) **1** 〘ギリシャ・ローマ神話〙ナーイアス《川・泉・湖・沼に住む美少女の姿の水の精; cf. dryad》. **2** 非常に泳ぎの上手な女の子 (cf. mermaid 2). **3** 〘植物〙イバラモ《イバラモ属 (*Naias*) [イバラモ科]の水草の総称》. **4** 〘昆虫〙ナイアッド《原変態類の若虫; トンボ・カゲロウなどの幼虫》.

Na·ia·da·ce·ae [nèɪədéɪsiìː, nàɪə-] 〚← NL ~: ⇨ ↑, -aceae〛 *n. pl.* 〘植物〙(沼生目)イバラモ科. **nà·ia·dá·ceous** [-ʃəs] *adj.*

Na·ia·da·les [nèɪədéɪliːz] 〚← NL ~: ⇨ naiad, -ales〛 *n. pl.* 〘植物〙沼生目.

naiades 〚□ F ~ // L *nāiadēs*〛 *n.* naiad の複数形.

nai·ant [néɪənt] 〚《1562》□ AF *naiant*=OF *noiant* (pres.p.) ← OF *noier* to swim (F *noyer* to drown) < L *natāre*: cf. natant〛 **—** *adj.* 〘紋章〙〈魚が〉水平に泳いだ姿の (cf. hauriant, urinant).

Nai·da [néɪdə] 〚⇨ naiad〛 *n.* 女性名.

na·ïf [nɑːíːf; *F.* naif] 〚《1598》□ F ~ (masc.) ← *naïve* '**NAÏVE**'〛 *adj., n.* (*also* **na·if** [~]) =naïve.

nail [néɪl] 〚n.: OE *næ̂g(e)l* (n.) fingernail, metal nail < Gmc *naȝlaz (G *Nagel* / Du. *nagel*) ← IE **onogh*-nail (L *unguis* / Gk *ónux*). — v.: OE *næ̂glan* ← (n.)〛 **—** *n.* **1 a** (手指の)爪: cut one's **~s** / (as) sure as **~s** ⇨ sure 成句. **b** 〘動物〙(霊長類の)平爪, (哺乳類・鳥類・爬虫類の)爪, かぎづめ, ひづめ (cf. claw 1a, talon 1a). **2** 釘, 鋲(びょう): a shoe ~ / a carpet ~ じゅうたん用びょう釘 / (as) hard as **~s** (特に体が)がっしり引き締まった, 全く強健な; 冷酷な, 無情な / (as) right as **~s** (釘のように)まっすぐな, 全く正しい / The ~ is fast [loose]. 釘がきいている[いない]. **3** ネール《布地測定の古い尺度の単位; $=^1/_{16}$ ヤード, 約 5.715 cm》.

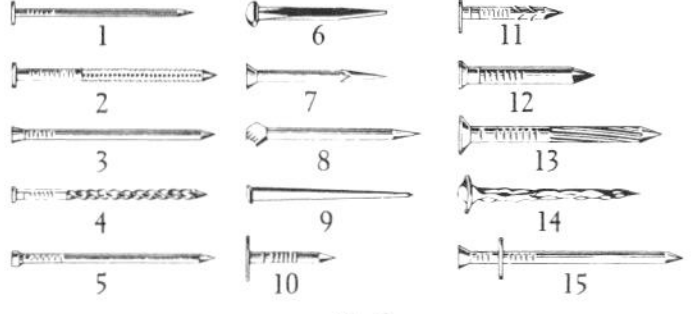

nails 2

1 box; 2 box (grooved); 3 common; 4 flooring (grooved); 5 finishing; 6 boat; 7 hinge (with countersunk head); 8 horseshoe; 9 cut; 10 roofing; 11 roofing (barbed); 12 broom; 13 masonry (fluted); 14 Roman; 15 dual head

bite one's nails (神経質に)爪をかむ; 爪をかんで悔しがる (cf. nail-biting). ***drive the nail home*** [***to the head***] 徹底的に[とことんまで]やる. ***hit the*** (***right***) ***nail on the head*** (言うべきまたはなすべき)正にその事を言う[する]; 〈議論などが〉要点をつく, 図星を指す. ***a nail in*** [***into***] ***a person's coffin*** 命を縮めるもととなるもの, 命取り: drive [put] *a* ~ *in* [*into*] *one's coffin* 寿命を縮める; 破滅を早める / It was a final ~ *in the* Government's *coffin*. それが政府の致命傷となった. ***nails in mourning*** あかのたまった指の爪. ***on the nail*** 《口語》(1) 即座に (on the spot): cash *on the* ~ 現金[即金]で / pay *on the* ~ 即金で支払う. (2) さし当たって関係のある, 問題となっている, 目下の (under discussion): the subject *on the* ~ 当面の問題. ***tooth and nail*** ⇨ tooth *n.* 成句. ***to the*** [***a***] ***nail*** きちんと; 完全に, 徹底的に (cf. ad unguem (巻末)).

— *vt.* **1 a** 釘で打ち付ける, 釘で固定する 〔*on, to*〕: ~ a plate *to* the door ドアに表札を打ち付ける / ~ the cover *on* a box 箱にふたを打ち付ける / ~ a shelf *to* the wall 壁にたなを釘付けする[つる]. **b** 《古》〈人〉に釘を突き刺す. **2 a** 動けなくする (fix): Surprise **~ed** him *to* the spot. 驚きの余りその場に釘付けになった / The shopman is **~ed** all day behind the counter. 店員は一日中カウンターのうしろから離れられない. **b** 〈目・注意を〉じっと注ぐ 〔*to, on*〕: She **~ed** her eyes *on* the diamond. 彼女の目はそのダイヤモンドに釘付けになった. **3** 《口語》〈うそなどを〉(それ以上広まらないように)見つけて暴く, すっぱ抜く: ~ a lie to the counter ⇨ lie[1] 成句. **4 a** 《口語》〈悪事をしている人を〉つかまえる (catch); 取り押える (arrest): ~ a person *in* steal*ing* money. 人が金を盗んでいるところをつかまえる / *Nail* the man before he leaves! その男を逃げないうちにつかまえろ. **b** 《俗》手に入れる, 盗む, かっぱらう (steal): ~ an apple. **5** 《俗》**a** …に命中させる (hit): He **~ed** a bird in flight. 彼は飛んでいる鳥に当てた. **b** なぐる (strike): ~ a person *on* the head 人の頭をぶんなぐる. **6** 〘野球〙〈走者を〉刺殺する, 刺す.

nail down (1) 釘付けにする, 釘[鋲]で留める: ~ *down* a carpet, the lid of a box, etc. (2) 〈事を〉決定的にする, 確実にする; 〈人(の性格など)〉をはっきりつかむ[させる]: ~ *down* a contract. (3) 〈人を〉〔約束などに〕縛り付ける, のっぴきならないようにする (bind) 〔*to*〕: ~ a person *down to* his promise 人に確実に約束させる. (4) 〈人〉に考えていることをはっきり言わせる. ***nail one's colors to the mast*** ⇨ color *n.* 成句. ***nail together*** 〈仮小屋などを〉(ぞんざいに)釘でたたきつけて造る. ***nail up*** (1) 〈戸・窓などを〉(開かないように)釘付けにする: ~ *up* a door / ~ goods *up* in a box 品物を箱に詰めて釘付けにする. (2) 〈掲示などを〉(壁などの高い所に)釘で打って留める.

náil bèd *n.* 〘解剖〙爪床(そうしょう).

náil-bìting *n.* **1** (不安・緊張・欲求不満などから)爪をかむこと, 爪をかむ癖[習慣]. **2** 《口語》(どうしようもない)不安 (nervousness); 行き詰まり, 停頓状態. **—** *adj.* 《口語》不安を起こさせる, いらいらさせる.

náil bòmb *n.* 釘爆弾《ゼリグナイト (gelignite) の棒の回りを長い釘でくるんで作る都市ゲリラ用の凶器》.

náil·brùsh *n.* (マニキュア用の)爪ブラシ.

náil clìpper *n.* [通例 *pl.*] 爪切り.

náil enàmel *n.* 《米》=nail polish.

náil·er [-lə | -lə(r)] 〚《ME》〛 *n.* **1** 釘[鋲]製造人. **2** 釘を打つ人[職人]; 自動釘打ち機. **3** 《俗》**a** 逸品, すばらしく優秀な物[動物, 人]. **b** 〈仕事などに〉熱心な人〔*on, to*〕; 〈競技などの〉名人〔*at*〕: a ~ *on* one's work 仕事に熱心な人 / a ~ *at* golf ゴルフの名人.

nail·er·y [néɪl(ə)ri | -ləri] *n.* 釘[鋲]製造所.

náil fìddle *n.* =nail violin.

náil fìle *n.* (マニキュア用の)爪やすり.

náil gùn *n.* 《英》〘機械〙釘[鋲]打ちガン.

náil·hèad *n.* **1** 釘[鋲]の頭. **2** 鋲(びょう)飾り《布地や皮ベルトに取付ける小さな様々な形の装飾品》. **3** 〘建築〙(ノルマン建築などの)釘(くぎ)頭装飾.

náil-hèaded *adj.* 釘(くぎ)頭状の: ~ characters くさび形文字.

náil-hòle *n.* **1** (折り畳み式ナイフの)爪がかり. **2** 釘穴《釘を抜いた跡》.

náil·ing [-lɪŋ] 〚《ME》〛 **—** *n.* **1** 釘[鋲]打ち; 釘[鋲]造り. **2** [形容詞的に]釘打ち用の: a ~ machine 釘[鋲]打ち機 / a ~ strip (コンクリートなどの固い面に取り付けた)釘[鋲]打ち用当て木.

náil·less *adj.* **1** 爪のない. **2** 釘[鋲]止め不要の.

náil nìppers *n. pl.* =nail-scissors.

náil plàte *n.* 〘解剖〙爪甲, 爪板.

náil pòlish *n.* (マニキュア用の)ネールエナメル (《米》nail enamel, 《英》nail varnish).

náil pùller *n.* 釘抜き.

náil-scìssors *n. pl.* 爪切り(ばさみ).

náil sèt *n.* (大工の用いる)釘締め.

náil-sìck *adj.* **1** 〈板など〉釘がきかなくなった. **2** 〘海事〙〈木造船が〉鉄腐蝕した, 釘くされした, 鉄腐蝕で漏水する.

náil-tàil *n.* 〘動物〙=nail-tailed wallaby.

náil-tàiled wállaby [**kangaróo**] *n.* 〘動物〙ツメオワラビー《オーストラリア産カンガルー科ツメオワラビー属 (*Onychogalea*) の動物の総称》.

náil vàrnish *n.* 《英》=nail polish.

náil violin *n.* ネールバイオリン《18 世紀に考案された楽器で, 釘状の金属片などを弓で擦って音を出す》.

nain·sook [néɪnsʊk] 〚《1804》□ Hindi *nainsukh* ← *nain* eye+*sukh* delight〛 *n.* ネーンスック《柔らかい薄地の綿平織物》.

Na·ir [nɑ́ːɪə, náɪə | nɑ́ːɪə(r, náɪə(r] *n.* (*pl.* **~s**, ~) = Nayar.

nai·ra [náɪrə | náɪ(ə)rə] 〚《変形》← *Naigeria*〛 *n.* **1** ナイラ《ナイジェリアの通貨単位; =100 kobo; 記号 ₦》. **2** 1 ナイラ貨[紙幣].

Nairn [néən | néən] 〚ME *Narne*《短縮》← *Inuernaren* □ Gael. *Inbhir Narunn*《原義》the mouth of the *Nairn* (=submerging river)〛 **—** *n.* **1** =Nairnshire. **2** Nairnshire 州の首都.

Nairn·shire [néənʃɪə, -ʃə | néənʃə(r, -ʃɪə(r] 〚⇨ ↑, -shire〛 *n.* スコットランド北東部沿海の旧州; 面積 422 km², 首都 Nairn; 現在は Highland 州の一部.

Nai·ro·bi [naɪróubi | naɪ(ə)róubi] *n.* ナイロビ《ケニア南西部にある同国の首都; 人口 776,000》.

Nairóbi disèase *n.* 〘獣医〙ナイロビ病《アフリカ東部地方の羊・山羊の出血性胃腸炎; 節足動物媒介性ウイルスによる》.

nais·sance [néɪsṇs] 〚□ F ~ 'birth' ← *naître* to be born < VL *nāscere*=L *nāscī*: ⇨ -ance: cf. nascent〛 *n.* (人間・組織・思想・活動などの)起源, 誕生, 始まり.

nais·sant [néɪsṇt] 〚《1572》□ F ~ (pres.p.) ← *naître* (↑)〛 *adj.* **1** 〘紋章〙=jessant. **2** =nascent 1.

na·ïve [nɑːíːv, naɪíːv; F. naiːv] 〚《1654》□ F ~ (fem.) ← *naïf* < L *nātīvum* inborn, natural: ⇨ native〛 **—** *adj.* (*also* **na·ive** [~]) **1 a** 純真な, 素朴な, あどけない, 天真爛漫(らんまん)な, 率直な (simple, childlike). **b** 若くて経験の浅い, うぶな. **c** 人を疑うことを知らない, 批判力のない, 信じやすい, だまされやすい. **2** (特定の)学問・知識をもっていない, 先入的知識のない. **3** 〈動物が〉まだ実験に使用されたことのない. **—** *n.* 純真な人; うぶな人; だまされやすい人. **~·ly** *adv.* **~·ness** *n.*

naïve painting [— ⌒ — —] *n.* 〘絵画〙アカデミックな習練を経ない素朴な絵画.

naïve realism [— ⌒ —(-) ⌒ —] *n.* 〘哲学〙素朴実在論《外界は我々が認識する通りに実在するという立場; cf. immediatism》.

na·ïve·té [nɑ̀ːiːvətéɪ, — ⌒ — ⌒, nɑ̀ːiːvtéɪ | nɑːíːvteɪ, naɪíːv-; F. naivte] 〚《1673》□ F ~: ⇨ naïve, -ity〛 **—** *n.* (*also* **na·ive·té** [~], **na·ïve·te** [~]) **1** 純真, 素朴, 天真爛漫. **2** 純真な行為[言葉].

na·ïve·ty [nɑːíːvəṭi, -vti | nɑːíːvti, naɪíːv-] *n.* (*also* **na·ive·ty** [~]) =naïveté.

Na·ja·da·ce·ae [nèɪdʒədéɪsiìː] *n. pl.* 〘植物〙=Naiadaceae.

na·ked [néɪkɪd, -kəd] 〚OE *nacod* < Gmc **naquaðaz*, *-*eðaz* (Du. *naakt* / G *nackt*) < IE **nogʷodhos* ← **nogʷ*- (L *nūdus*): cf. nude〛 **—** *adj.* **1 a** 〈人・身体が〉裸の, 裸体の, 衣類をつけていない (cf. nude 1 a): (as) ~ as my mother bore me 生れたままの丸裸 / be stark ~ 全裸である / strip a person ~ 人を裸にする / go ~ (常に)裸体でいる, 裸で暮らす. **b** 〈体の一部が〉露出した, むき出しの (exposed): ~ feet 素足 / ~ hands 素手 / with ~ fists (ボクシングのグラブをつけないで)素手で. **2 a** 〈木・枝など〉葉がない: ~ branches 葉が落ちた裸の枝. **b** 〈土地が〉草木の生えていない; 地肌が露出した (bare), 開墾してない, 不毛の (barren): ~ land, fields, sands, etc. / a ~ vein 露出した鉱脈. **c** 〈部屋・壁など〉家具・装飾物などのない, むき出しの: a ~ attic / a ~ wall (額など掛けてない)むき出しの壁 / ⇨naked floor. **3 a** おおいのない: a ~ light 裸火, 裸電灯[球], 裸の[覆いのない]照明 / a ~ electric wire 裸電線, 裸線. **b** 〈刀など〉さやを抜いた: a ~ blade [sword] 抜身(の刀). **c** 眼鏡[光学機械]に頼らない: ⇨ naked eye. **4** (攻撃・危険に)さらされた, 無防備の〔*to*〕: a ~ city 無防備都市 / ~ *to* the invaders. **5** 〔…の〕ない, 欠けている (destitute) 〔*of*〕: be ~ *of* clothing 着物を着ないで裸である / be ~ *of* comfort 慰安がない / trees ~ *of* leaves 葉の落ちた裸の木. **6 a** 飾らない, ありのままの; それだけの (mere): a ~ outline of the facts 事実のありのままの概略 / a ~ confession ありのままの告白 / a ~ heart 真心 / He said, 'No.'—Did he explain?—He gave me just the ~ word. 彼は「いや」だと言った—説明したのか—ただ「いや」の一言さ. **b** 〈事実など〉あからさまな, 赤裸々な: the ~ truth 赤裸々な事実 / to tell the ~ truth 本当の事をありのままに言えば / ~ force 公然たる暴力. **7** 〘植物〙**a** 〈茎・葉など〉軟毛のない; 〈花が〉(萼片(がくへん)・花弁などの)花被がない. **b** 裸出の: a ~ bud 裸芽, 夏芽 / ⇨ naked flower. **8** 〘動物〙毛[羽, 殻, うろこなど]がない. **9** 〘法律〙確証する[裏付ける]もののない, 根拠のない, 確認されない; 無償の (nude), 無効な (invalid): a ~ assertion (大した根拠のない)単に思い付きの断定 / a ~ contract 無約因契約 / a ~ debenture《英》無担保社債. **~·ly** *adv.*

náked bárley *n.* 〘植物〙ボウズオオムギ (*Hordeum vulgare* var. *coelestre*)《粒と籾(もみ)の離れるムギ》.

náked bóys *n.* (*pl.* ~) 〘植物〙=meadow saffron.

náked éye *n.* [the ~] (眼鏡など器具の助けを借りない)肉眼, 裸眼: see with [by] *the* ~ 肉眼で見る.

náked fifth *n.* 〘音楽〙空虚五度《三和音から三度を欠いた完全五度音程; 根音と五度のみから成る; open fifth, open triad ともいう》.

náked flóor *n.* 〘建築〙荒床(あらゆか), 捨床(すてゆか)《床板を張っていない床組構造》.

náked flówer *n.* 〘植物〙無被花, 裸花.

na·ked·ize [néɪkɪdàɪz, -kə-] *vt.* 裸にする. **—** *vi.* 裸でいる, 裸になる.

náked lády *n.* 〘植物〙=meadow saffron.

ná·ked·ness 〚OE〛 **—** *n.* **1 a** 裸の状態; むき出し, 露出. **b** 不毛 (barrenness). **2** 赤裸々(な状態), あからさま, ありのまま: the truth in all its ~ 全く赤裸々な事実. **3 a** 無防備(の状態): the ~ of the land 国の無防備状態 (cf. *Gen.* 42: 9). **b** 無資力, 赤貧 (extreme poverty). **4** 〘聖書〙陰部 (privates): cover one's ~ 裸をおおう, 恥部を隠す (cf. *Gen.* 9: 23).

náked óat *n.* 〘植物〙ハダカエンバク (*Avena nuda*)《エンバクの栽培種; 果実が花穎(かえい)から離れやすい》.

náked smút *n.* 〘植物病理〙大麦裸黒穂病菌.

na·ker [néɪkə | -kə(r] 〚《?c1380》□ OF *nacre, nacaire*: ⇨ nacre〛 *n.* 《古》=kettledrum 1.

Na·khod·ka [nəkɔ́(ː)tkə | -kɔ́t-; *Russ.* naxótkə] *n.* ナホトカ《ソ連邦ロシヤ共和国東部 Vladivostok 東南東の日本海に臨む港市; 人口 129,000》.

Nal·chik [nɑ́ːltʃɪk; *Russ.* náljtʃik] *n.* ナリチク《ソ連邦ロシヤ共和国南西部 Caucasus 山脈の麓にある Kabardino-Balkar 自治共和国の首都; 人口 199,000》.

Nal·go, NALGO [nǽlgou | -gəu] 〚← *N.A.L.G.O.*〛 *n.* (英国の)国家・地方公務員組合.

N.A.L.G.O. 《略》National and Local Government Officers' Association.

na·li·dix·ic ácid [nèɪlədíksɪk- | -lɪ-] 〚*nalidixic*: ← ? *na(phthyr)idi(ne)* '$C_8H_6N_2$' (← **NAPHTH**(**ALENE**)+(**P**)**YRIDINE**)+(**CARBO**)**X**(**YL**)**IC**〛 **—** *n.* 〘薬学〙ナリジ

クス酸 ($C_{12}H_{12}N_2O_3$)《尿路感染症治療用抗生物質》.

na·lor·phine [nælɔ́əfiːn | -lɔ́ː-] 〖← *N* (← NITROGEN) ＋AL(LYL)＋(M)ORPHINE〗 ― *n.* 〘薬学〙ナロルフィン ($C_{19}H_{21}NO_3$)《モルヒネなどの麻酔薬による呼吸麻痺の治療に使用する呼吸興奮薬》.

nal·ox·one [nǽlaksòun | -sə̀un] 〖← *nal-* (⇨ nalorphine)＋(HYDR)OX(YL)＋-ONE〗 ― *n.* 〘薬学〙ナロキソン ($C_{19}H_{21}NO_4$)《麻薬, 特にモルヒネの拮抗薬として麻薬の作用を消すのに使用する》.

nam *v.* nim¹ の過去形.

Nam [nǽ(ː)m, náːm] 〘略〙 *n.* 《口語》 ＝Vietnam.

NAM, N.A.M. 《略》 National Association of Manufacturers 全米製造業者協会.

Na·ma [náːmə] *n.* (*pl.* ～, ～**s**) **1 a** [the ～(s)] ナマ族《Namaqualand のホッテントット族》. **b** ナマ族の人. **2** ナマ語《Hottentot 語の一方言》.

nam·a·ble [néɪməbl] *adj.* ＝nameable.

na·mad [nʌ́məd] *n.* ＝numdah.

Na·ma·land [náːməlæ̀nd] *n.* ＝Namaqualand.

Na·man·gan [nɑ̀ːmɑːŋɡɑ́ːn; *Russ.* nəmangán] *n.* ナマンガン《ソ連邦 Uzbekistan 共和国の都市; 綿の主要生産地; 人口 224,000》.

Na·ma·qua·land [nəmáːkwəlæ̀nd] *n.* ナマカランド《Orange 川を境にして, 南西アフリカ南部 (Great Namaqualand) および南アフリカ共和国 Cape of Good Hope 州 (Little Namaqualand) から成る沿岸地方; ホッテントット人 (Hottentots) が住む》.

na·ma·ste [nʌ́məstèɪ] 〖⊏ Hindi ～ ⊏ Skt *namas* a bow (← IE **nem-* to bend)＋*te* for you〗 *n.* 両手を合わせ親指を胸に当て頭を下げるヒンズー教徒の挨拶.

nam·ay·cush [nǽmɪkʌ̀ʃ, -mə- | -mɪ-, -meɪ-] 〖⊏ N-Am.-Ind. (Algonquian) *namekus* (dim.) ← *namew* fish〗 *n.* 〘魚類〙 ＝lake trout 1.

nam·by-pam·by [nǽmbipǽmbi | -bɪpǽmbɪ] 〖(1726) ← *Namby Pamby*: 英国の感傷的田園詩の作者 Ambrose Philips に対してその名をもじって H. Carey と A. Pope が付けたあだ名〗 ― *adj.* **1** いやに感傷的な. **2** 〈人が〉男らしくない, 弱々しい, 女々しい. **3** 〈政策など〉優柔不断な, 弱気の, 消極的な. ― *n.* **1** いやに感傷的な詩文[話]. **2** 女々しい男.

nám·by·pám·by·ìsm [-biìzm] *n.* いやに感傷的なこと; 弱気, 消極性.

name [néɪm] 〖n.: OE *nama* < Gmc **namōn*, **namon* (Du. *naam* / G *Name*) < IE **enomen*, **onomen*, **nōmen* ← **en(o)mn̥-* (L *nōmen* / Gk *ónoma* / Skt *nāman-*, *nāma*). ― v.: OE (*ġe*)*namian* ← (n.)〗 ― *n.* **1** 名, 名称, (事物の)呼称, 呼び名; (人の)名, 名前, 姓名: the Christian [first, given, personal] ～ 洗礼名,(姓に対し)名 (cf. surname 1, family name 1) / the middle [last] ～ 中間[最後]の名《★ 'John Stuart Mill' では John と Stuart は共に Christian [given, personal] name, Mill は surname [family name] であるが,《米》では John, Stuart, Mill をそれぞれ first name, middle name, last name ともいう》/ an assumed ～ 仮名, 偽名 / a common ～ 通称, 一般名(称) / a false ～ 偽名 / ⇨ pen name / a pet ～ 愛称 / give [tell] one's ～ 名前を言う[告げる] / send in one's ～ 名刺を差し出す[通じる] / put one's ～ to a document 文書に記名する / lend one's ～ to an enterprise 企業に名を貸す / transfer the property to the ～ of Mr. A 財産を A 氏の名義に換える / keep one's ～ on (学校・クラブなどの)名簿に名を載せておく / take one's ～ off (学校・クラブなどの)名簿から名を削る / *Names* and natures do often agree. 《諺》名は体を表わす / What ～, please? ＝What ～ shall I say? お名前は《取次人の常用文句》/ What's in a ～? 名前なんか何だ(ただの符牒(ふちょう)でしかない) (Shak., *Romeo* 2. 2. 43) / ⇨ GIVE *it a* NAME. **2** 名ばかり, 虚名, 見せかけ, 名目 (semblance): ⇨ *in* NAME. **3 a** [通例 a [one's] ～ として] (世間的な)名, 評判 (reputation); (特に)名声 (fame): *a* good [fair] ～ 令名 / *a* great ～ 偉大な名声 / *a* bad [ill] ～ 悪名, 不評判, 醜名 / a man of ～ [of no ～] 有名な[無名の]人 / bequeath *a* ～ to posterity 名声を後代に伝える / get *a* ～ (for oneself) 名を上げる, (特に)悪名をはせる / leave *a* ～ behind [in history] 後世[歴史]に名を残す[留める] / make [win] *a* ～ (for oneself) 名を成す[上げる] / The town has *a* ～ as a health resort. その町は保養地として知られている / He has *a* ～ *for* honesty. 彼は正直で評判になっている / He had *a* ～ *as* an eccentric. 彼は変人で通っていた. **b** [通例, 形容詞を伴って] 有名な人[もの], 著名な人, 名士; 名物: the great ～*s* of past ages 過去の偉人たち / the greatest ～ *in* English literature 英文学史上最大の人 / ⇨ big name. **4** 家門, 氏族, 家系 (lineage): the last of his ～ 彼の氏族の最後の人 / uphold the honor of one's ～ 家門の名誉を保持する / Their ～ goes back to the Conquest. 彼らの家はノルマン征服時代にさかのぼる. **5 a** 〘論理〙名辞 (term). **b** 〘文法〙名詞 (noun). **6** [the ～] (神・キリストの)御名(みな): Praise *the Name* of the Lord 主の御名をほめたたえよ (*Ps.* 148:12). **7** [通例 *pl.*] 悪口, 雑言(ぞうごん): ⇨ *call* (*a person*) NAMES. ***answer to the name of*** …という名である, と呼ばれる (be called) (cf. answer *vi.* 1): The dog *answers to the* ～ *of* Rover. 犬の名は「ローバー」だ / I know of no one *answering to* that ～. 私はそういう名前の人はだれも知らない. ***by name*** (1) 名指しで, 名前で: mention [call] a person *by* ～ 人を名指しで言う[人の名を呼ぶ]. (2) (顔は知らないが)名前だけは (cf. *by* SIGHT): I know her only *by* ～. 彼女は名前だけなら知っている. ***by the name of*** …という名の[で], と称する: a man *by the* ～ *of* Brown ブラウンという名の人 / go *by the* ～ *of* X 通称 X である. ***call*** (*a person*) ***names*** (人の)悪口を言う, ののしる: He *called* me [us] ～*s*. ***in name*** 名義上(の), 名目上(の) (cf. *in* FACT, *in* REALITY): a king *in* ～ only 名目上だけ[名ばかり]の王 / a wife only *in* ～ 名ばかりの妻 / We are free in reality as well as *in* ～. 名実共に自由だ. ***Give it a name.*** 《口語》何がいいか言いなさい《人に酒(など)をおごる時に言う》. ***have a person's name on it*** ＝*have a person's* NUMBER *on it*. ***in the name of*** (1) …の名にかけて, …に誓って: *in the* ～ *of* God ＝*in* God's *name* 神の御名にかけて, 神に誓って, 後生だから / *in the* ～ *of* common honesty 正直の名にかけて(誓ってうそ偽りは言わない) / *In the* ～ *of* mercy, stop screaming. 後生だからきーきー言うのはやめてくれ. (2) [疑問を強めて] 一体全体: What *in the* ～ *of* God happened to you? 一体全体君に何が起こったのだ. (3) …の名において, の権威をもって: *in the* ～ *of the* law / Open! *in the* King's ～. 御用だ, あけろ. (4) …の名義で; …に代って, …の代理として (on behalf of); …の名目の, …としての: do it *in* one's own ～ (他から名義を借りないで)自分の名義で[独立で]やる《★ in one's own name は動作動詞と共に用い, 状態動詞とは用いない》/ deposit money *in the* ～ *of* one's son 息子の名義で預金する / vote *in the* ～ *of* another 他人の代りに投票する / murder *in the* ～ *of* mercy 慈悲という名目での殺人 / It stands *in my* ～. それは私の名義になっている. ***name names*** (事件の関係者などの)名を挙げる, 名前を明らかにする: They *named* no ～*s*. ***take a person's name in vain*** ⇨ *in* VAIN (2). ***the name of the game*** 《口語》肝心な点; (本当の)目的, ねらい: In driving, carefulness is *the* ～ *of the game*. 車の運転では慎重が一番肝心だ. ***to one's name*** 自分の名のついている, 所有している: He has not a penny *to his* ～. 自分の金は一銭も持っていない. ***under the name*** (***of***) (1) …の名称の下に, …という名の[で] (by the name of): pass *under the* ～ (*of*) H.I. H.I. の名で通っている. (2) …の名義で: *under* one's own ～ / trade *under the* ～ *of* one's father 父の名義で商売する.

― *attrib. adj.* **1** (ある人の)名にちなんで命名された; 命名のもととなった: one's ～ son 自分と同じ名をつけた息子 / one's ～ ancestor その名を自分の名とした先祖. **2** 名前を記入するための, 名を付けた: a ～ tag 名札. **3** (詩集・論説などの)書名[題名]となっている: ⇨ name piece / The collection opens with the ～ article. その論集は主題論文で始まっている. **4 a** 〈製品など〉有名品の, メーカーものの, 一流銘柄の: a ～ brand メーカーもの, 有名品 / ～ merchandise 有名商品. **b** 一流の, 一級の: a ～ hotel, pianist, etc.

― *vt.* **1 a** …に名をつける, 命名する: ～ a child, a new plant, etc. / The boy was ～*d after* [《米》 *for*] his uncle. 少年の名はおじの名を取って付けたものだ / England was ～*d after* the Angles. イングランドの名はアングル族の名にちなむ / *Name* this child. この幼な子に名をつけよ (*Prayer Book*, 'Baptism'). **b** [目的補語を伴って] …と名付ける: We ～*d* the cat Puss. 猫をプスと名付けた / The baby was ～*d* John. **2 a** …の(正しい)名を言う: He can ～ all the flowers in the garden. / be ～*d* on [in] the same day ＝*be mentioned in the same* BREATH. **b** …の名を挙げて紹介する: May I ～ this gentleman? このかたをご紹介いたしましょう. **c** …の名を挙げる: Two government officials were ～*d* in the report. 二人の高官の名が報告書に挙げられていた. **d** (離婚訴訟で)〈原告が〉〈人を〉共同被告として名指す. **3** 指名する, 任命する (nominate): He has been ～*d for* the vacancy. その後任者として任命された / Dr. Jones was ～*d as* [*to* be] chancellor of the university. ジョーンズ博士は大学の総長に任命された / The chief ～*d* his eldest son *to* succeed him. 長男を後継者に指名した. **4 a** 〈値段・日時などを〉指定して言う (specify): ～ a price / ～ the day ⇨ day 3 a. **b** [通例 ～ *it* として] 《口語》口にする, 話す (mention): *Name it to* me. 私に言ってごらん / You ～ *it*. 何でも言ってみなさい《何でもある[知っている, やる]から, など》. **5 a** 名指しで非難する: ～ the villain その悪党を名指しで非難する. **b** 《英》(下院で)〈議長[全院委員長]が〉(出席停止の前提として)〈不穏当な議員〉の名を呼ぶ.

― *vi.* 《英》名指しで呼ぶ[言う] (cf. *vt.* 5 b): *Name! Name!* 名指しで言え《議場で議員が議長に, ある議員を名指しで呼べと要求する叫び, または演説者が言及した議員の名を明示せよという聴衆の叫び》.

name·a·ble [néɪməbl] *adj.* **1** 名指しで言える. **2** 名を言う価値がある; 記憶に残るような. **3** (礼を失しないで)人前で言える.

náme·bòard *n.* **1** (店などの)看板 (signboard); (各種の)名称表示板. **2** 〘海事〙(舷側の)船名板.

náme-càll 〖《逆成》↓〗 *vt.* 〈人〉の悪口を言う. **～·er** *n.* 「NAMES).

náme-càlling *n.* 悪口(を言うこと), 罵言 (cf. *call* (*a person*)

náme-chìld *n.* ある人の名にちなんで命名された子供: my [his] ～ / a ～ *of* the President 大統領の名にちなんで名付けられた子供.

named 〖ME〗 ― *adj.* **1** 名を挙げられた, 言及された; 指定された: on the ～ day 指定日に. **2** 名のよく知られた, 有名な: a ～ scholar. **3** 〈動植物など〉名付けられた, はっきりと名称の付いた[ある]: ～ roses.

náme dày *n.* **1** 聖名祝日《当人と同名の聖人の祝日》. **2** 命名日《洗礼を受けて洗礼名をもらう日》. **3** 《英》〘証券〙 ＝ticket day.

náme-dròp 〖《逆成》↓〗 *vi.* 有名人の名を挙げて友人のように言いふらす. **náme-dròp·per** *n.*

náme-dròpping *n.* (自分を偉そうに印象づけるため)有名人の名をさも親しそうに挙げて友人のように言いふらすこと.

náme·less 〖ME〗 ― *adj.* **1** 名のない, 名のついていない, 無名の: a ～ island 無名の島. **2** 名を明かしていない, 匿名の (anonymous): a ～ letter, writer, etc. / He prefers to be ～. 名を言いたがらない / a well-known person who shall be ～ (名前はお預りするが)某名士. **3** 世に知られていない, 名もない: die ～ 無名で死ぬ. **4** (だれと)名前のわからない, 無名の: a ～ grave, soldier, etc. / the ～ dead 無名の死者たち. **5** (父の)名をつぐ正当の権利がない, 私生の (illegitimate): a ～ child 庶[私生]子. **6 a** 名付けられない, 名状しがたい (unnamable): a ～ charm, horror, etc. **b** 言語道断の, 言うに忍びない, 公言をはばかる: a ～ vice, crime, etc. **～·ly** *adv.* **～·ness** *n.*

náme·ly 〖? lateOE: cf. G *nämlich*: ⇨ name, -ly¹〗 ― *adv.* **1** すなわち, 言い換えれば (that is to say): two boys, ～, Peter and Tom. **2** 《廃》特に (especially).

Namen [*Du.* náːmə] *n.* ナーメン《Namur のフラマン語名》.

náme pàrt *n.* ＝title part.

náme pìece *n.* ＝title piece 1.

náme·plàte *n.* **1** 名札, 標札. **2** ＝masthead 2 a.

nám·er *n.* **1** 名を付ける人, 命名者. **2** 名を呼ぶ人, 指名者.

náme·sàke 〖(1646) ← *for name's sake*: 原義は「(同一の)名前故に一緒にされた人・物」〗 *n.* **1** (ある人の)名をもらった人. **2** 同名の人[物].

náme tàpe *n.* 名札テープ, 名前テープ《個人の持物に貼る布製のテープ》.

NAMH 《略》《米》 National Association of Mental Health.

Na·mib·i·a [nəmíbiə | -bɪə] *n.* ナミビア《国連の決めた南西アフリカ (South-West Africa) の公式名》.

Na·mib·i·an [nəmíbiən | -bɪ-] *adj.* ナミビアの[に属する]. ― *n.* ナミビア人.

Na·mi·er [néɪmiə | -mɪə(r, -mjə(r], Sir **Lewis Bernstein** *n.* (1888–1960) 英国の歴史家.

nam·ma [nǽmə] *n.* 《豪》〘地質〙 ＝gnamma《namma hole ともいう》.

nam·mad [nʌ́məd] *n.* ＝numdah.

Nam Tso [nɑ́ːm-tsóu | -tsə́u] *n.* ナム湖 (⇨ Tengri Nor).

Ná·mú Láke [náːmúː-] *n.* ナム湖 (⇨ Tengri Nor).

Na·mur [nəm(j)ʊ́ə | -m(j)ʊ́ə(r; *F.* namyːr] *n.* **1** ナミュール(州)《ベルギー南部の州; 人口 399,000, 面積 3,660 km²》. **2** ナミュール《Namur 州の首都, Sambre 川と Meuse 川との合流点; 人口 31,000; フラマン語名 Namen》.

Nan [nǽ(ː)n] 〖(dim.) ← ANNA ∥ ANNE¹〗 *n.* 女性名《異形 Nancy, Nannie, Nanny》.

nan- [neɪn, næn] (母音の前に来るときの) nano- の異形.

na·na [nǽnə | náːnə] *n.* ＝nanny.

NANA 《略》 North American Newspaper Alliance, Inc.《読み物記事の提供サービスを行なう特約通信社》.

Na·nanne [nənǽn; *F.* nanan] 〖⊏ F ～ (cf. *nanan* something very pleasant)〗 *n.* 女性名.

nance [nǽns] 〖(1824)《略》← NANCY¹〗 *n.* 《俗》 **1** 女女しい男. **2** 女性役の男の同性愛者.

Nan·chang [nɑ̀ːntʃɑ́ːŋ; *Chin.* nántʂʰɑ̌ŋ] *n.* 南昌(なんしょう)《中国南東部江西省 (Kiangsi) の首都》.

nan·cy [nǽnsi | -sɪ] 〖《転用》↓〗《俗》 *n.* [しばしば N-] ＝nance. ― *adj.* 〈男が〉女々しい; 同性愛的傾向のある: a ～ boy. 「性名.

Nan·cy¹ [nǽnsi | -sɪ] 〖(dim.) ← ANNA ∥ ANNE¹〗 *n.* 女

Nan·cy² [nǽnsi | -sɪ; *F.* nɑ̃si] *n.* ナンシー《フランス北東部の都市, Meurthe-et-Moselle 県の首都; 大学がある; 戦跡 (1477, 1914, 1944); 人口 124,000》.

náncy-prètty *n.* 〘植物〙ヒカゲユキノシタ (*Saxifraga umbrosa*)《スペイン・ポルトガル・コルシカ原産; London pride, none-so-pretty ともいう》.

NAND [nǽ(ː)nd] 〖← N(OT)＋AND〗 *n.* 〘電算機〙ナンド, 論理積の否定《アンド回路の出力にノット回路を付けたもの》.

Nan·da De·vi [nándə-déɪvi | -vɪ] *n.* ナンダ デビ(山)《インド北部, ヒマラヤ山脈中の山 (7,820 m)》.

Nán·di béar [náːndi- | -dɪ-] 〖← ? *Nandi* (ケニアの町名)〗 ― *n.* ナンディグマ《アフリカ東部にすむといわれるクマに似た正体不明の猛獣; spotted hyena の誤認と推測される》.

Nan·di·dae [nǽndədiː | -dɪ-] 〖← NL ～ ← *Nandus* (属名: ← ? Skt *nāndi* joy)＋-IDAE〗 *n. pl.* 〘魚類〙(スズキ目)ナンダス科.

nan·din [nǽndɪn, -dən | -dɪn] *n.* 〘植物〙 ＝nandina.

nan·di·na [nændáɪnə, -díː-] 〖⊏ Jap. 南天〗 *n.* 〘植物〙ナンテン (*Nandina domestica*)《ナンテン属の低木の総称; nandin, sacred bamboo ともいう》.

N. & Q. 《略》 Notes and Queries.

nane [néɪn] 〖《スコット》 *nain* < OE *nān* 'NONE¹'〗 *adj.*, *pron.*, *adv.* 《スコット》 ＝none¹.

Na·nette [nənét] 〖(dim.) ← ANNA ∥ ANNE¹: ⇨ -ette〗 *n.* 女性名.

Nan·ga Par·bat [nʌ́ŋgə-pɑ́:bət, -bʌt | -pɑ́:-] *n.* ナンガ パルバット(山)《インド Kashmir 地方北西部にあるヒマラヤ山脈中の山 (8,126 m)》.

na·nism [néɪnɪzm, nǽn-] 〘▭F *nanisme* ← L *nānus* ▭Gk *nânos* dwarf : ⇨-ism〙 *n.* 〘病理〙 小人症, 矮小発育 (dwarfism) (cf. giantism 2 a).

nan·keen [nænkí:n | næŋ-, næn-] 〘《1755》← *Nanking* (産地名)〙 ── *n.* **1** 南京木綿《もと南京産の茶がかった黄色の強い綿布》. **2** [*pl.*] 南京木綿製ズボン. **3** [しばしば N-] 茶がかった黄色 (nankeen [Nankeen] yellow ともいう). **4** [通例 N-] =Nankeen porcelain.

Nánkeen pórcelain *n.* **1** 南京磁器《呉須(ごす)で絵付けした白色磁器に主に用いる名称》. **2** 中国磁器《南京から船積みされる製品》.

nan·kin [nǽnkɪn, nɑ̀:n- | næn-, næŋ-] *n.* =nankeen.

Nan·kin [næ̀nkín, nɑ̀:n- | næ̀nkín, næ̀ŋ- ; *Chin.* nántʃīŋ] *n.* =Nanking.

nan·king [nænkíŋ, nɑ̀:n- | næŋ-] *n.* =nankeen.

Nan·king [næ̀nkíŋ, nɑ̀:n- | næ̀nkíŋ, næ̀ŋ- ; *Chin.* nántʃīŋ] *n.* 南京(ナンキン)《中国江蘇省 (Kiangsu) の首都; 揚子江に臨む都市》.

Nan Ling [nɑ̀:n-líŋ; *Chin.* nánlǐŋ] *n.* [the ～] 南嶺(ナンレイ)(山脈)《中国南東部の山脈; Nan Shan ともいう》.

nann- [næn] (母音の前に来る時の) nanno- の異形.

nan·na [nǽnə] *n.* =nanny.

nan·nie [nǽni | -nɪ] *n.* =nanny.

Nan·ning [nɑ̀:nníŋ; *Chin.* nánníŋ] *n.* 南寧(ナンニン)《中国南部, 広西チワン族自治区 (Kwangsi-Chuang) (旧広西省)の首都; 旧名 Yungning》.

nan·no- [nǽno(ʊ) | -nə(ʊ)] 〘← Gk *nânos* dwarf〙「微小の (dwarf)」の意の連結形. ★ 母音の前では通例 nann- になる.

nànno·plánkton 〘← NL ～: ⇨↑, plankton〙 ── *n.* 〘生物〙 微細プランクトン, 微細浮遊生物《プランクトンネットの網目を通り抜けるような微小プランクトン》. **nànno·planktónic** *adj.*

nan·ny [nǽni | -nɪ] 〘《1864》: ↓〙 *n.* **1** 《英》《小児語》 乳母, ばあや. **2** 《口語》 =nanny goat. ── *vt.* 《口語》 **1** 〈子供〉の乳母をする. **2** 甘やかす.

Nan·ny [nǽni | -nɪ] 〘(dim.) ← ANNA // ANNE[1]〙 *n.* 女性名.

nánny·bèr·ry [-bèri, -bəri | -bəri] *n.* 〘植物〙 =sheep-berry 1.

nánny gòat 〘《1788》: ⇨nanny〙 *n.* 《口語》 雌ヤギ(cf. billy goat).

na·no- [néɪnə, nǽn- | -nə(ʊ)] 〘← L *nānus* dwarf ▭Gk *nânos*〙 ── 次の意味を表わす連結形: **1**「微少の, 矮小の (dwarf)」: *nano*somia. **2**「10 億分の 1」(略 n): *nano*gram. ★ 母音の前では通例 nan- になる.

náno·cùrie *n.* 〘物理〙 ナノキューリー《10 億分の 1 キューリー; 略 nC, nc》.

náno·fàrad *n.* 〘電気〙 ナノファラッド《10 億分の 1 ファラッド; 略 nF, nf》.

náno·gràm *n.* 10 億分の 1 グラム.

náno·hènry *n.* 〘電気〙 ナノヘンリー《10 億分の 1 ヘンリー; 略 nH》.

na·noid [néɪnɔɪd, nǽn-] 〘← NANO-＋-OID〙 *adj.* 微小の: a ～ star 〘天文〙 微小星.

náno·mèter *n.* 〘物理〙 ナノメートル《10 億分の 1 m; 略 nm》.

nàno·plánkton *n.* 〘生物〙 =nannoplankton.

náno·sècond *n.* ナノセカンド; ナノ秒《10 億分の 1 秒; 略 ns, nsec》.

na·no·so·mi·a [nèɪnəsóʊmiə, nǽn- | -sóʊmɪə, -mjə] 〘← NANO-＋SOMA[1]＋-IA[1]〙 *n.* 〘病理〙 =nanism.

nàno·súrgery *n.* 〘外科〙 電顕外科, ナノサージャリー《電子顕微鏡を使って行なう細胞・組織などの外科手術; cf. microsurgery》.

náno·wàtt *n.* 〘電気〙 ナノワット《10 億分の 1 ワット; 略 nW》.

Nan·sen [nɑ́:nsn̩, nǽn- | nǽn-; *Norw.* nánsən], **Fridtjof** [frítjɔf] *n.* ナンセン《1861-1930; ノルウェーの北極探検家・博物学者・政治家; Nobel 平和賞 (1922)》.

Nánsen bòttle 〘↑〙 *n.* 〘海洋〙 ナンセン採水器《予定の深さの所で水の見本や温度記録を採集する装置》.

Nánsen pàssport 〘← *F. Nansen*〙 *n.* ナンセン旅券《第一次大戦後, 本国政府のない人々に国際連盟から発行された旅券》.

Nan Shan [nɑ̀:n-ʃɑ́:n ; *Chin.* nánʃān] *n.* [the ～] **1** 南山(山脈)《中国西部, 青海 (Chinghai), 甘粛 (Kansu) 両省にわたる山脈》. **2** =Nan Ling.

Nan·terre [nɑ̃:(n)téə, nɑ:n- | -téə(r ; *F.* nɑ̃tɛ:r] *n.* ナンテール《フランス, Paris 郊外の都市; 人口 91,000》.

Nantes [nǽnts ; *F.* nɑ̃:t] *n.* ナント《フランス北西部, Loire 河口の海港都市; Loire-Atlantique 県の首都; 人口 270,000》: ⇨ Edict of Nantes.

Nan·tuck·et [næntʌ́kɪt, -kət] 〘▭N-Am.-Ind. ～《原義》? faraway land〙 *n.* 米国 Massachusetts 州沖, Cape Cod 南方の島; 避暑地; 昔は捕鯨基地があった; 人口 5,700; 面積 148 km².

naoi *n.* naos の複数形.

Na·o·mi [neɪóʊmi, -maɪ, néɪoʊmàɪ, -mì: | néɪə(ʊ)mɪ] 〘▭Heb. *No'omí*《原義》my delight ← *nā'am* to be pleasant〙 ── *n.* **1** 女性名. **2** 〘聖書〙 ナオミ《Ruth の姑(しゅうとめ); cf. *Ruth* 1: 2》.

na·os [néɪɑs | -ɔs] 〘← NL ～ ← Gk *nāós* temple: cf. nostalgia〙 *n.* (*pl.* **na·oi** [néɪɔɪ]) **1** 神殿, 寺院. **2** 〘建築〙 =cella.

nap[1] [nǽp] 〘OE *hnappian* (v.) ← ?: cog. OHG (*h*)*naffezan*〙 ── *n.* (日中の)仮眠, 昼寝; うたた寝, 居眠り (doze): take [have] a ～ うたた寝する, 昼寝する. ── *v.* (**napped**; **nap·ping**) ── *vi.* **1** 仮眠する; うたた寝[居眠り]する. **2** 油断する. ★ しばしば次の句で: catch [take] a person ～*ping* 人の油断に乗じる, 人の不意を打つ. ── *vt.* [通例 ～ *away* として] うたた寝[居眠り]して過ごす: ～ *away* a few hours.

nap[2] [nǽp] 〘《c1440》 *nappe, noppe* ＜ ? OE *-hnoppa* (cf. *wullcnoppa, wullhnoppa* tuft of wool): cog. Du. *noppe*: cf. OE *hnoppian* to pluck〙 ── *n.* **1** (毛糸・布などに立てた)けば; けば立たせた面 (cf. pile[3]): raise a ～ *on* cloth 布にけばを立てる. **2** (植物などのけばのような)柔毛におおわれた面. ── *v.* (**napped**; **nap·ping**) ── *vt.* 〈布など〉にけばを立てる. ── *vi.* けばを立てる〔*on*〕: ～ *on* cloth.

nap[3] [nǽp] 〘《略》← NAPOLEON〙 ── *n.* **1** 〘トランプ〙 =napoleon 7. **2** 〘貨幣〙 =napoleon 1. **3** 《英》〘競馬〙(ある馬の)優勝間違いないという予想.

go nap (1) 〘トランプ〙(ナポレオンで)全勝を企てる《5 組全部取ることで成功すれば賭金が倍になる》. (2) 〔…に〕有り金全部を賭ける, 大ばくちを打つ; 〔…に〕すべてを賭ける, 一か八かやってみる〔*on*〕. (3) 《口語》〔…を〕堅く信じる; 絶対保証する〔*on*〕. ***nap or nothing*** 一か八か.

── *vt.* (**napped**; **nap·ping**) 《英》 優勝間違いない馬として〈ある競走馬〉の名を挙げる.

nápa lèather [nǽpə-] 〘← *Napa* (米国 California 州の原産地名)〙 *n.* ナッパ革《手袋用の羊または子羊革の一種; 単に napa, 《英》 nappa ともいう》.

na·palm [néɪpɑ:m, -pɑ:lm | néɪpɑ:m, nǽp-] 〘《1942》← NA(PHTHENE)＋PALM(ITATE)〙 ── *n.* **1** 〘化学〙 ナパーム《ガソリンのジェリー化剤; ナフテン酸アルミニウムとアルミニウム石鹸との混合物で, 油脂焼夷(しょうい)弾・火炎放射器用またはジェリー化燃料用》. **2** ナパーム製濃厚ガソリン. ── *vt.* 〈陣地などを〉ナパーム弾で攻撃する.

nápalm bòmb *n.* ナパーム弾《強力な油脂焼夷(しょうい)弾》.

nape [néɪp, nǽp | néɪp] 〘《?a1300》 *naupe, naape* ＜ ? OE *cnæpp* top: cf. knap[1]〙 ── *n.* [通例 the ～ of the neck として] うなじ, えり首, 首筋. ★ ラテン語系形容詞: nuchal.

na·per·y [néɪp(ə)ri | -pəri] 〘《?c1378》▭OF *naperie* ← *nape* (F *nappe*) tablecloth ＜ L *mappam* 'NAPKIN': ⇨-ery〙 ── *n.* [集合的] 《スコット・古》 家庭用リネン製品; (特に)食卓用リネン類 (table linen).

náp hànd 〘← NAP[3]〙 *n.* **1** 〘トランプ〙 nap が打てるよい手. **2** 冒険をすれば勝てそうな機会.

na·phaz·o·line [næfǽzəlì:n] 〘← NAPH(THALENE)＋(IMID)AZOLE: ⇨-ine[3]〙 *n.* 〘薬学〙 ナファゾリン《血管収縮薬・鼻腔充血除去剤》.

Naph·ta·li [nǽftəlàɪ] 〘▭LL *Nephthali* ▭Gk *Nephthaleim* ▭Heb. *Naphtālī*《原義》? wrestling one〙 ── *n.* 〘聖書〙 **1** ナフタリ《Jacob の第 6 子; cf. *Gen.* 30: 7-8》. **2** ナフタリ族《ナフタリを祖とするイスラエル十二支族の一つ; cf. *Num.* 1: 15, 43》.

Naph·ta·lite [nǽftəlàɪt] *n.* ナフタリ族の人.

naphth- [næfθ, næpθ] (母音の前に来る時の) naphtho- の異形.

naph·tha [nǽfθə, nǽpθə] 〘《1572》▭L ～ ▭Gk *náphtha* ▭Aram. *naphṭā', nephṭā'* ▭? Pers. *naft* (ペルシャで発見された油状液体の名)〙 ── *n.* **1** ナフサ, ナフタ《原油を蒸溜した際の軽質留分; 石油化学の基本原料》. **2** ナフサや揮発油に類した液体; 石油.

naph·tha·lene [nǽfθəlì:n, nǽpθə-] 〘《1866》《変形》← NAPHTHALINE: ⇨-ene〙 ── *n.* 〘化学〙 ナフタレン, ナフタリン ($C_{10}H_8$). **naph·tha·len·ic** [næ̀fθəlénɪk, næ̀pθə-, -lí:n-] *adj.*

náphthalene·acétic ácid 〘⇨↑, acetic〙 ── *n.* 〘化学〙 ナフタリン酢酸, ナフチル酢酸 ($C_{10}H_7CH_2$-$COOH$)《α, β の二種があり, α は植物生長ホルモンの類似物質》.

naph·tha·line [nǽfθəlì:n, nǽpθə-, -lɪn, -lən | -lì:n] 〘《1821》← NAPHTHA＋-*l*-(無意味の連結字)＋-INE[3]: 英国の化学者 J. Kidd (1775-1851) の命名〙 ── *n.* (*also* **naph·tha·lin** [nǽfθəlɪn, nǽpθə-, -lən | -lɪn]) 〘化学〙 =naphthalene.

naph·thene [nǽfθi:n, nǽpθi:n] 〘← NAPHTHO-＋-ENE〙 *n.* 〘化学〙 シクロパラフィン, ナフテン (C_nH_{2n}).

naph·the·nic [næfθí:nɪk, næpθ-, -θén-] *adj.*

naphthénic ácid *n.* 〘化学〙 ナフテン酸《ナフテン系原油中にあるナフテン核をもったカルボン酸類の混合物; この金属塩はペンキの乾燥剤に用いる》.

naph·thi·ón·ic ácid [næ̀fθiɑ́nɪk-, næ̀pθi- | -θiɔ́n-] 〘← NAPHTHY(LAMINE)＋(SULF)ONIC〙 ── *n.* 〘化学〙 ナフチオン酸 ($C_{10}H_6(NH_2)SO_3H$)《無色の結晶でアゾ染料の原料に用いる》.

naph·tho- [nǽfθo(ʊ), nǽpθo(ʊ) | -θə(ʊ)] 〘⇨ naphtha〙「ナフサ (naphtha); ナフタリン (naphthalene)」の意の連結形. ★ 母音の前では通例 naphth- になる.

naph·thó·ic ácid [næfθóʊɪk-, næpθ- | -θə́ʊ-] 〘⇨↑, -ic[1]〙 〘化学〙 ナフトエ酸, ナフタレンカルボン酸 ($C_{10}H_7COOH$).

naph·thol [nǽfθɔ(:)l, nǽpθ-, -θoʊl | -θɔl] 〘← NAPHTHO-＋-OL[1]: J. Kidd (⇨ naphthaline) の命名〙 ── *n.* 〘化学〙 **1** ナフトール ($C_{10}H_7OH$)《防腐剤・染料の原料用; α, β の 2 種がある》. **2** ナフトール誘導体《特に染料についてよくみられる》.

Náphthol ÁS *n.* 〘化学〙 ナフトール AS ($HOC_{10}H_6$-$CONHC_6H_5$)《2, 3-ヒドロキシナフトエ酸にアニリンを縮合させたもの; ナフトール染料のカップリング成分》.

Náphthol Yéllow Ś *n.* 〘化学〙 ナフトールエロー S ($C_{10}H_4N_2Na_2O_8S \cdot 3H_2O$)《ジニトロナフトールスルホン酸のナトリウム塩; 黄色の酸性染料》.

nàphtho·quinóne *n.* 〘化学〙 ナフトキノン ($C_{10}H_6$-O_2)《黄色または赤色の結晶: 染料に用いる》.

naph·thyl [nǽfθɪl, nǽpθɪl] 〘← NAPHTHO-＋-YL〙 *n.*, *adj.* 〘化学〙 ナフチル基 ($C_{10}H_7$) (の).

naph·thyl·a·mine [næfθíləmì:n, næpθ-] 〘⇨↑, amine〙 ── *n.* 〘化学〙 ナフチルアミン ($C_{10}H_7NH_2$): **a** α-ナフチルアミン《針状晶; 染料に用いる》. **b** β-ナフチルアミン《葉状晶; 染料に用いる》.

naph·tol [nǽftɔ(:)l, nǽpt-, -toʊl | -tɔl] *n.* 〘化学〙 =naphthol.

Na·pier [néɪpiə, nəpíə | néɪpɪə(r, -pjə(r, nəpíə(r], **Sir Charles James** *n.* (1782-1853) 英国の将軍; インドの Sind 地方を征服して英領にした.

Napier, John *n.* (1550-1617) スコットランドの数学者; 対数の発明者 (⇨ neper).

ná·pi·er gràss [néɪpiə- | -pɪə(r-] 〘← *Napier* (南アフリカの地名)〙 ── *n.* 〘植物〙 イネ科チカラシバ属の丈の高い草 (*Pennisetum purpureum*)(elephant grass ともいう).

Na·píer·i·an lógarithm [nəpí(ə)riən- | nəpíərɪ-, neɪ-] 〘《c1865》← *John Napier*＋-IAN〙 *n.* 〘数学〙 ネーピアの対数, 自然対数 (⇨ natural logarithm).

na·pi·form [néɪpəfɔ̀əm | -pɪfɔ̀:m] 〘← L *nāp(us)* turnip＋-I-＋-FORM〙 *adj.* 〘植物〙〈根が〉かぶら形の.

nap·kin [nǽpkɪn, -kən | -kɪn] 〘《1420》 *napekyn* ▭OF *napkin* (dim.) ← *nap(p)e* tablecloth, cloth ＜ L *mappam* napkin, cloth: ⇨-kin: cf. map〙 ── *n.* **1** (食卓用の)ナプキン. ★ 英国では 3 の意味の連想を避けるため serviette がよく用いられる. **2** (リンネルや木綿の)小さなタオル. **3** 《英》〘婉曲的〙(育児用)おしめ, おむつ. **4** 《米》 =sanitary napkin. **5** 《英方言》 ハンカチ. **6** 《スコット》 ネッカチーフ.

hide* [*lay up, wrap up*] *in a napkin 〈才能などを〉活用しないでしまっておく, 持腐れにする (cf. *Luke* 19: 20).

── *vt.* ナプキンで包む[ぬぐう].

nápkin rìng *n.* ナプキンリング《ナプキンを巻いて通して置く銀・象牙・骨製などの小さい円筒形の輪》.

napkin ring

Na·ples [néɪplz] 〘▭It. *Napoli* ＜ L *Neopolis* ▭Gk *Neápolis*《原義》new town: ⇨neo-, -polis〙 ── *n.* ナポリ《イタリア南西部の都市; 人口 1,224,000; イタリア語名 Napoli; cf. Neapolitan》: See ～ and (then) die. ナポリを見て死ね,「日光見ずして結構というなかれ」.

Naples, the Bay of *n.* ナポリ湾《イタリア南西部の風光明媚な湾》.

náp·less 〘⇨nap[2]〙 *adj.* (切地に)けばのない; 〈衣服など〉すり切れた (threadbare). **～·ness** *n.*

Náples yéllow *n.* **1** ネープルスエロー《アンチモン酸鉛; 酸化錫(すず)や酸化亜鉛と混ぜて陶磁器用の黄色釉や琺瑯(ほうろう)顔料に用いる》. **2** 灰色がかった黄色.

na·po·leon [nəpóʊljən, -liən | -pə́ʊljən, -lɪən] 〘《1814》← *Napoleon I*〙 ── *n.* **1** ナポレオン《フランスで 1805-15 年に発行された金貨; Napoleon 一世または三世の肖像がついていた; =20 francs》. **2** [通例 *pl.*] ナポレオン《元来ナポレオンが着用し, 19 世紀に流行した男もののトップブーツ; napoleon boot ともいう》. **3** (特定の分野でナポレオンに似ている)大立物, 巨頭: a ～ of finance 財界の大立物. **4** 《米》 ナポレオン (⇨ mille-feuille). **5** [N-] 〘園芸〙 ナポレオン《オウトウ(桜桃)の品種名; 品質優秀で代表的な品種》. **6** ナポレオン《年代が古く品質優秀なブランデー(の等級)》. **7** 〘トランプ〙 ナポレオン: **a** 2-6 人が各 5 枚の手札で取得する組 (trick) 数を競うゲーム. **b** このゲームで 5 組全部を勝ち取るという宣言《通例 nap という》.

Na·po·leon [nəpóʊljən, -liən | -pə́ʊljən, -lɪən] 〘▭Corsican ～ (i) ? ← Gmc (cf. Nibelungen) // (ii) ← Gk *Neápolis* 'NAPLES': 通俗語源で It. *Napoli*＋*leone* 'Lion of Naples'〙 ── *n.* 男性名.

Napoleon I *n.* ナポレオン一世《1769-1821; Corsica 島生れのフランスの将校; フランス皇帝 (1804-15); 本名 Napoléon Bonaparte》.

Napoleon II *n.* ナポレオン二世《1811-32; Napoleon 一世と Marie Louise の子; フランスを統治したことはない; 本名 François Charles Joseph Napoléon Bonaparte, 別名 Duc de Reichstadt》.

Napoleon III *n.* ナポレオン三世《1808-73; Napoleon 一世の甥(おい); フランス大統領 (1848-52); フランス皇帝 (1852-70); 普仏戦争に敗れた; 通称 Louis Napoleon, 本名 Charles Louis Napoléon Bonaparte》.

napóleon bóot *n.* =napoleon 2.

Napóleon cóllar *n.* ナポレオンカラー《Napoleon 一世や彼の時代の人が着用した軍服のカラー; 台カラーに上カラーがつく; 現在は婦人コートにも用いる》.

Na·po·le·on·ic [nəpòʊliɑ́nɪk | -pə̀ʊlɪɔ́n-] *adj.* **1** Napoleon 一世の, Napoleon 一世時代の; Napoleon 一世のような[風の]. **2** 《まれ》 Napoleon 三世の. **Na·pò·le·ón·i·cal·ly** *adv.*

Napoleónic Códe *n.* [the ～] ナポレオン法典.

Napoleónic Wárs *n. pl.* [the ～] ナポレオン戦争《Napoleon 一世が 1804 年末に皇帝となって以来 1815 年の Waterloo の戦いに至るまで, ヨーロッパ制覇(せいは)を企てた数次の戦争の総称》.

Na·pó·le·on·ism [-nɪzm] *n.* ナポレオン主義, 絶対

支配主義. **Na·pó·leon·ist** [-nɪst, -nəst | -nɪst] *n.*

Na·po·li [*It.* náːpoli] *n.* ナポリ《Naples のイタリア語名》.

na·poo [nɑpúː] 〘← F (*il n'y e)n a plus* (there is) no more: 第一次大戦中フランスで英兵が用いだしたもの: cf. G *naplii*〙(*also* **na·pooh** [~])《英俗》 ── *attrib. adj.* だめな, むだな, 下らない (useless); やられた (dead). ── *int.* だめだ, しまった, やられた. ── *vt.* やっつける, 殺す (kill). ── *vi.* くたばる (die).

nap·pa [nǽpə] *n.*《英》=napa leather.

nappe [nǽp] 〘□F ~ 'tablecloth': ⇨ napkin〙 ── *n.* **1** 〘土木〙ナップ, 越流水脈《堰(せき)を越流する水脈》. **2** 〘地質〙ナッペ, デッケ《低角度の衝上断層や横臥褶曲によって他の岩石の上に衝上した大きな岩塊; cf. decollement 2》. **3** 〘数学〙面葉《曲面の連結した部分》; 半円錐《円錐面を頂点を通る平面で真二つに分けたものの一つ》.

náp·per[1] 〘⇨ nap[1]〙 *n.* **1** うたた寝する人. **2** 〘cf. nappe〙《英俗》頭 (head). 「て機 (gig).

náp·per[2] 〘⇨ nap[2]〙 *n.* **1** けばを立てる人. **2** けば立

nap·pie [nǽpi | -pɪ] *n.* =nappy[4].

nap·py[1] [nǽpi | -pɪ] 〘《転用》← ? NAPPY[3]〙 ── *adj.* (**nap·pi·er**; **-pi·est**) **1** 《英口語》〈エール (ale)など〉強い, 頭へ来る (heady); 泡の立つ (foaming). **2** 《スコット・古》少々酔った, ほろ酔いの (tipsy). ── *n.* 《スコット》アルコール性飲料; (特に)エール.

nap·py[2] [nǽpi | -pɪ] 〘(dim.) ←《英方言》*nap* wooden bowl < OE *hnæpp* (cog. G *Napf*): ⇨ -y[2]〙 *n.* 《米》(丸い平底の, 回りが傾斜した)小皿《陶製・ガラス製》.

nap·py[3] [nǽpi | -pɪ] 〘← NAP[2]+-Y[4]〙 ── *adj.* (**nap·pi·er**; **-pi·est**) **1** けばでおおわれた, 綿毛の生えた (downy). **2** 〈黒人の毛髪など〉細かくちぢれた (kinky): ~ hair. **náp·pi·ness** *n.*

nap·py[4] [nǽpi | -pɪ] 〘← NAP(KIN)+-Y[2]〙 *n.* 《英口語》(赤ん坊の)おしめ, おむつ: change *nappies* おむつを(取り)かえる.

nap·ra·path [nǽprəpæ̀θ] 〘《逆成》↓〙 *n.* マッサージ師, あんま(療法家).

na·prap·a·thy [nəprǽpəθi | -θɪ] 〘← Czech *napra(va)* correction (cf. Russ. *napravit'* to direct, guide)+-PATHY〙 *n.* マッサージ[あんま]療法.

na·pu [náːpuː] 〘□ Malay *nāpu*〙 *n.* 〘動物〙オオマメジカ (*Tragulus napu*)《スマトラ・タイなどに分布》.

nar·as [nǽrəs] 〘□ Hottentot《方言》*bnarab*〙 ── *n.* 〘植物〙西南アフリカ産の根の深いとげのあるウリ科の低木 (*Acanthosicyos horrida*); その実《メロンに似た食用果物》.

Nar·ba·da [nəːbáːdə | nɑː-] *n.* [the ~] ナルバダ(川)《インド中央部からアラビア海に流れる川 (1,288 km)》.

Nar·bonne [nɑəbɑ́n, -bɔ́n | nɑːbɔ́n; *F.* naʀbɔn] *n.* ナルボンヌ《フランス南部の都市; ローマ時代の重要な港; 人口 41,000》.

narc [nɑ́ək | nɑ́ːk] 〘《略》← *narcotic(s)*〙 *n.* 《米俗》麻薬取締係[捜査官]. 「異形.

narc- [nɑək | nɑːk] (母音の前に来る時の) narco- の

nar·ce·ine [nɑ́əsiːn, -sɪɪn, -siən | nɑ́ːsiːn, -sɪɪn] 〘□ F *narcéine* ← L *narcē* □ Gk *nárkē* numbness: ⇨ -ine[3]: フランスの化学者 Pierre-Joseph Pelletier (1788-1842) の造語〙 *n.* 〘化学〙ナルセイン ($C_{23}H_{27}NO_8$)《アヘン中に含まれる麻酔性アルカロイド》.

nar·cism [nɑ́əsɪzṃ | nɑ́ː-] *n.* =narcissism.

narcissi *n.* narcissus の複数形.

nar·cis·sism [nɑ́əsəsɪzṃ | nɑːsísɪzṃ, nɑ́ːsɪsɪzṃ] 〘《1921》□ G *Narzissismus*: Sigmund Freud の造語: ⇨ narcissus, -ism〙 ── *n.* **1** 〘精神分析〙自己愛, ナルシ(シ)ズム《リビドー (libido) が他者へ向けられず自己に向けられていること》. **2** (本能的な)自愛, 自己中心主義. 「(シ)スト.

nár·cis·sist [-sɪst, -səst | -sɪst] *n.* 自己陶酔者, ナルシ

nar·cis·sis·tic [nɑ̀əsəsístɪk | nɑ̀ːsɪ-] *adj.* 自己愛的な, ナルシ(シ)ズム的な; 自己中心主義の.

nar·cis·sus [nɑəsísəs | nɑː-] 〘《1548》□ L ~ □ Gk *nárkissos* (? 地中海起源): その強い香りが感覚をしびれさせると考えられたため Gk *nárkē* numbness と連想された: cf. narcotic〙 ── *n.* (*pl.* ~, **~·es**, **-cis·si** [-saɪ]) 〘植物〙スイセン《スイセン属 (*Narcissus*) の植物の総称; キズイセン (jonquil), ラッパズイセン (daffodil), フサザキズイセン (polyanthus), クチベニズイセン (poet's narcissus) など》.

Nar·cis·sus [nɑəsísəs | nɑː-] 〘↑〙 *n.* **1** 男性名. **2** **a** 〘ギリシャ神話〙ナルキッソス《泉に映った自分の姿を美しい泉の精だと思って恋いこがれ, 水仙の花に化したという美青年》. **b** 美貌でうぬぼれの強い青年.

nar·cist [nɑ́əsɪst, -səst | nɑ́ːsɪst] *n.* =narcissist.

nar·cis·tic [nɑəsístɪk | nɑː-] *adj.* =narcissistic.

nar·co [nɑ́əkoʊ | nɑ́ːkəʊ] *n.* (*pl.* **~s**) =narc.

nar·co- [nɑ́əko(ʊ) | nɑ́ːkə(ʊ)] 〘← Gk *nárkē*: ⇨ narcotic〙「麻酔 (narcosis), 睡眠 (sleep), 麻痺 (stupor)」の意の連結形. ★ 母音の前では通例 narc- になる.

nàrco·análysis *n.* 〘精神医学〙麻酔分析《抑制除去のため麻酔を使う精神療法》. 「酔薬投与).

nàrco·diagnósis *n.* 〘医学〙麻酔診断《診断目的の麻

nàrco·hypnósis *n.* 〘精神療法〙麻酔催眠《麻酔薬投与状態で施す催眠療法》.

nar·co·lep·sy [nɑ́əkəlèpsi | nɑ́ːkə(ʊ)lèpsɪ] 〘□ F *narcolepsie*: フランスの医師 J. Gelineau (1859-1928) の造語: ⇨ narco-, -lepsy〙 ── *n.* 〘病理〙ナルコレプシー, 睡眠発作.

nar·co·lep·tic [nɑ̀əkəléptɪk | nɑ̀ːkə(ʊ)-] 〘医学〙*adj.* ナルコレプシー (narcolepsy) の[にかかった]. ── *n.* ナルコレプシー患者.

nar·co·ma [nɑəkóʊmə | nɑːkə́ʊ-] 〘← NL ~ ← Gk *narkoûn* to benumb〙 *n.* (*pl.* **~s**, **~·ta** [~ṭə | ~tə]) 〘医学〙麻酔性昏睡, ナルコーマ.

nar·co·ma·ni·a [nɑ̀əkəméɪniə | nɑ̀ːkə(ʊ)méɪnɪə, -njə] 〘← NL ~: ⇨ narco-, -mania〙 *n.* **1** 禁断症状, 麻薬嗜癖. **2** (麻薬の飲み過ぎによる)麻薬中毒.

narcomata *n.* narcoma の複数形.

Nar·co·me·du·sae [nɑ̀əko(ʊ)mɪd(j)úːsiː, -mə- | nɑ̀ːkə(ʊ)mɪdjúːziː, -me-, -mə-] 〘← NARCO- + *medusae* ((pl.) ← MEDUSA)〙 *n. pl.* 〘動物〙コワクラゲ亜目.

nar·cose [nɑ́əkous | nɑ́ːkəʊs] 〘⇨ -ose[1]〙 *adj.* 昏睡状態の, 意識混濁した.

nar·co·sis [nɑəkóʊsɪs, -səs | nɑːkə́ʊsɪs] 〘← NL ~ ← Gk *nárkōsis* numbness: ⇨ narcotic, -osis〙 *n.* (*pl.* **-co·ses** [-siːz]) 〘医学〙麻酔(法); 麻酔状態, 昏睡状態.

nàrco·sýnthesis *n.* 〘精神医学〙麻酔統合, 麻酔合成《第二次大戦中の精神病の麻酔療法で, 実質的には narcoanalysis に同じ》.

nàrco·thérapy *n.* 〘精神医学〙麻酔療法《麻酔薬を用いて行なう心理療法; narcoanalysis よりも広い意味》.

nar·cot·ic [nɑəkɑ́ṭɪk | nɑːkɔ́t-] 〘《1386》□ (O)F *narcotique* □ ML *narcōticus* □ Gk *narkōtikós* ← *narkoûn* to benumb: ⇨ -ic[1]〙 ── *adj.* **1** **a** 〈薬剤など〉麻酔性の; 麻酔の(ような). **b** 催眠性の (soporific); 眠くなるような: a ~ lecture, sermon, book, etc. **2** (アヘン・モルヒネなど)麻酔薬の; 麻薬使用の. **3** 麻薬中毒者(治療)の[ための]. ── *n.* **1** 麻酔薬, 麻薬. **2** 眠くなる物; (苦痛などを)やわらげる物. **3** 麻薬常用者. **4** [*pl.*; 形容詞的に] 麻薬の: a ~*s* charge 麻薬使用[売買]の容疑. **nar·cót·i·cal·ly** *adv.*

nar·co·tine [nɑ́əkətiːn, -tɪn, -ṭən | nɑ́ːkətiːn, -tɪn] 〘□ F ~: ⇨ ↑, -ine[3]〙 *n.* 〘化学〙ナルコチン ($C_{22}H_{23}NO_7$)《アヘンアルカロイドの一つ》.

nar·co·tism [nɑ́əkətɪzṃ | nɑ́ː-] 〘□ F *narcotisme*: ⇨ narcotic, -ism〙 *n.* **1** 麻酔(作用, 状態). **2** 麻薬常用[中毒].

nár·co·tist [-ṭɪst, -ṭəst | -tɪst] *n.* 麻薬常用者.

nar·co·tize [nɑ́əkətàɪz | nɑ́ː-] *vt.* **1** …に麻酔薬を投与する, 麻酔をかける. **2** 麻酔[昏迷]状態にする. ── *vi.* 麻酔薬として働く[作用する]. **nar·co·ti·za·tion** [nɑ̀əkəṭɪzéɪʃən, -ṭə- | nɑ̀ːkətaɪ-, -tɪ-] *n.*

nard [nɑ́əd | nɑ́ːd] 〘《c1390》□ OF *narde* (F *nard*) □ L *nardus* □ Gk *nárdos* □ Heb. *nērd*[e] nard □ Skt *naladā*〙 ── *n.* **1** 〘植物〙ナルド, 甘松(かんしょう). **2** (古代人が珍重した)ナルドの香油《Himalaya 産の spikenard から採った芳香樹脂(甘松香)のことだと考えられる》.

Nar·da [nɑ́ədə | nɑ́ː-] 〘↑〙 *n.* 女性名.

nar·doo [nɑədúː | nɑː-] 〘□ Austral.《土語》*ngárdū, ardoo*〙 ── *n.* (*also* **nar·do** [-dóʊ | -dəʊ]) (*pl.* **~s**) 〘植物〙 **1** オーストラリア産のデンジソウ属 (*Marsilea*) の水生シダ類の総称; (特に) *M. drummondii* と *M. hirsuta*. **2** デンジソウ類の果胞嚢《胞子嚢の入った袋でオーストラリア原住民が食用とした》.

nares *n.* naris の複数形.

Na·rew [náːref, -rev; *Pol.* nárɛf] *n.* [the ~] ナレフ(川)《ポーランド北東部の川; Bug 川の支流 (476 km)》.

nar·gi·leh [nɑ́əgəlèɪ | nɑ́ːgɪlɪ] 〘《1839》□ F *narghileh, narguilé* // □ Pers. *nārgīleh* ← *nārgīl* coconut: もとヤシの実で作ったことから〙 ── *n.* (*also* **nar·ghi·le**, **nar·gi·le** [~]) (東洋の)水ぎせる (hookah).

nar·i·al [nɛ́(ə)riəl | nɛ́ərɪ-] 〘← NAR(IS)+-IAL〙 *adj.* 〘解剖〙鼻孔の. 「剖」=narial.

nar·ine [nɛ́(ə)rɪn, -rən, -raɪn | nɛ́ərɪn, -raɪn] *adj.* 〘解

na·ris [nɛ́(ə)rɪs, -rəs | nɛ́ərɪs] 〘□ L *nār-is* nostril: cf. OE *nasu* 'NOSE'〙 *n.* (*pl.* **na·res** [-riːz]) 〘解剖〙鼻孔.

nark[1] [nɑ́ək | nɑ́ːk] 〘《1859》□ Romany *nāk* nose □ Hindi < Prakrit *nakka-, ṇakka-* (cf. nose)〙 ── *n.* **1** 《英俗》(警察の)手先,「いぬ」: a copper's ~ サツのいぬ. **2** 《豪俗》 **a** 興ざめ. **b** 不愉快[興ざめ]なやつ. ── 《英俗》*vt.* **1** …のことを密告する. **2** 〈人を〉怒らせる, いらだたせる: be ~*ed at* [*by*] …に腹を立てる. ── *vi.* **1** 他人の密告をする; スパイをする. **2** 不平 **Nark it!** 《英俗》よしなさい; 黙りなさい. 「を言う.

nark[2] [nɑ́ək | nɑ́ːk] *n.* =narc.

nark·y [nɑ́əki | nɑ́ːkɪ] 〘← NARK[1] (vi. 2)+-Y[4]〙 *adj.* 《英俗》怒りっぽい, 短気な; いら立った.

N-ârms 〘⇨ N-〙 *n.* 核兵器

Nar·ra·gan·set [nærəgǽnsɪt, nèr-, -sət | nærəgǽnsɪt] 〘《変形》← N-Am.-Ind. (Algonquian) *naiaganset* ← *naiagans* very small point of land+*-et* on, in, along〙 ── *n.* (*also* **Nar·ra·gan·sett** [~]) (*pl.* **~s**, ~) **1** **a** [the ~(s)] ナラガンセット族《昔 Rhode Island に居住した Algonquian 語系のアメリカインディアン; 今は絶滅》. **b** ナラガンセット族の人. **2** ナラガンセット語《Algonquian 語族に属する言語》.

Narragánsett Báy *n.* ナラガンセット湾《米国 Rhode Island 州東部の大西洋に臨む入江; 長さ 45km》.

nar·ras [nǽrəs] *n.* 〘植物〙=naras.

nar·ra·tage [nǽrəṭɪdʒ, nér- | nǽrət-] 〘《混成》← NARRA(TION)+(MON)TAGE // ← NARRATE+-AGE〙 ── *n.* 〘演劇〙ナラタージュ《劇・映画・テレビなどで画面外の語り手の言葉につれて場面が展開して行く表現手法》.

nar·rate [nǽreɪt, nér-, ─ˊ | nəréɪt, næ-] 〘《1656》← L *narrāt-us* (p.p.) ← *narrāre* to relate, tell ← *(g)nārare* ← *(g)nārus* acquainted with ← IE **gnə-ro-* ← **gen-* to know: ⇨ -ate[3]〙 ── *vt.* 〈事実・出来事などを〉(順序立てて物語風に)述べる, 物語る (relate), 話す (tell); 〈映画・放送番組など〉の語り手[ナレーター]を務める. ── *vi.* 語り手[ナレーター]を務める; 語る.

nár·rat·er [-ṭə | -tə(r)] *n.* =narrator.

nar·ra·tion [næréɪʃən, nə- | nə-, næ-] 〘《1432-50》□ (O)F ~ 'a relating, narrating' // L *narrātiō(n-)* ← *narrāre*: ⇨ narrate, -ation〙 ── *n.* **1** **a** 物語ること, 叙述: the manner of ~ 話[叙述]の仕方. **b** (詩やドラマの)第三者による語り(の部分), ナレーション. **2** 話, 物語, 談話. **3** 〘文法〙話法 (《米》discourse, 《英》speech): ⇨ direct narration, indirect narration. **4** 〘修辞〙(7 段階からなる古典的弁論形式の)第 2 段階《問題の経緯の解明》. **~·al** [-ʃənḷ, -ʃnəl] *adj.*

nar·ra·tive [nǽrəṭɪv, nér- | nǽrət-] 〘《1561》□ (O)F ~ (fem.) ← *narratif* □ LL *narrātīvus* suitable for narration ← L *narrāre* 'to NARRATE'〙 ── *n.* **1** **a** (出来事・体験などの)話, 物語, 説話: a personal ~ 身の上話 / give a ~ of one's journey 旅行談をする. **b** 〘文学〙(出来事や経験を基にした)物語, 説話, 文学作品. **2** 話術: a master of ~ 話術の大家. **3** 〘美術〙物語絵《物語・歴史などに題材をとって説明的に表現した作品》. **4** 〘スコット法〙(証書などで当事者や作成理由などを記した)説明部 (recital).
── *adj.* **1** 物語体[風]の: a ~ poem 物語詩 / ~ literature 説話文学. **2** 物語の, 説話の; 話術の: ~ skill 話術のうまさ / a writer of great ~ power 物語の描写力にひいでた作家. **3** 〘美術〙叙事的な, 説明的な: ~ painting 物語絵.

nár·ra·tive·ly *adv.* **1** 物語のように; 物語[説話]体で. **2** 物語としては. 「inite).

nárrative préterit *n.* 〘文法〙説話過去(⇨ past def-

nar·ra·tor [nǽreɪṭə, nér-, ─ˊ─, nǽrəṭə | nəréɪtə(r), næ-] 〘《1611》□ L *narrātor* ← *narrātus* (p.p.) ← *narrāre* 'to NARRATE': ⇨ -or[2]〙 ── *n.* 物語る人, 語り手, ナレーター.

nar·ra·tress [nǽreɪtrɪs, nér-, nǽrə-, -trəs | nəréɪtrɪs, næ-, -tres] *n.* 女性の narrator.

nar·row [nǽroʊ, nér-, -rə | nǽrəʊ] 〘ME *narwe, naru* < OE *nearu* < Gmc **narwaz* (Du. *naar* unpleasant / OHG *narwa* (G *Narbe*) scar)《原義》twisted up, shrived up ← IE **(s)ner-* to turn, twist: cf. snare[1]〙 ── *adj.* (**~·er**; **~·est**) **1** **a** (長さに比べ)幅の狭い, 細い (↔ broad, wide): a ~ table, path, room, ribbon, etc. **b** 〈織物が〉(18 インチ未満の)細幅[小幅]の: ~ goods 細幅物, 小幅物《リボン・タイ類》/ ⇨ narrow cloth. **2** **a** (空間的に)余地の少ない, 狭苦しい: a ~ space 狭い場所 / a ~ scope for one's energies 不十分な活動範囲. **b** 範囲の限られた, 範囲の狭い (limited): a ~ group of friends 限られた友人仲間 / in a ~ sense 狭義で. **3** 〈資力・収入が〉乏しい, 〈暮らしなど〉苦しい, 貧しい: in ~ means [resources, circumstances] 窮乏[困窮]して. **4** **a** 度量の狭い, 狭量な, 偏狭な, 偏屈な (prejudiced): a ~ mind 偏狭な心 (⇨ narrow-minded) / ~ interests 狭く片寄った趣味 / take ~ views 偏屈な物の見方をする / be ~ *in* one's opinion 見解が狭い. **b** 《英方言》けちな, しみったれた (stingy): be ~ *with* one's money [*in* one's dealings] 金に[取引きが]細かい. **5** やっとの, かつかつの, きわどい (near): a ~ victory きわどい勝利, 辛勝 / a ~ majority (選挙などで)かろうじての多数 / ⇨ narrow escape. **6** 〈調査など〉細密[精密, 綿密]な (minute): make a ~ search 綿密に捜査する / make a ~ inquiry of the affair 事件を詳しく調べる. **7** 〘音声〙 **a** 〈音声表記が〉精密な《音素の異音 (allophone) の別まで示す; cf. broad 7 b》: a ~ transcription 精密表記(法). **b** =tense[1] 3 b. **8** 〘経済〙小幅の: a ~ market 小幅市況 / a ~ price range 小幅の物価変動. **9** 《米》〘農業〙〈家畜の飼料が〉(普通より脂肪・炭水化物が少なくて)蛋白質分の多い (cf. wide 12).
── *vt.* **1** 狭くする. **2** 制限する (restrict) 〈*down*〉: ~ an argument *down to* a few points 議論を 2, 3 の要点だけに局限する[しぼる]. **3** 〈心を〉偏狭[かたくな]にする. ── *vi.* **1** 狭くなる: The sea ~*s into* a strait. 海は狭まって海峡となる. **2** 〈目が〉細くなる.
── *n.* **1** (道路・谷間・狭い道などの)狭い部分[所]. **2** [通例 *pl.*; しばしば単数扱い] 海峡, 隘路 (cf. Narrows).
~·ness *n.*

nárrow béd *n.* =narrow house. 「細長い舟.

nárrow bóat *n.* 《英》(幅 7 フィート未満の)運河用の

nárrow céll *n.* =narrow house.

nárrow clóth *n.* 小幅織物《米国では 18 インチ未満, 英国では 52 インチ未満のもの》.

nárrow escápe *n.* (もう少しで)危いところ, 危機一髪, 九死に一生 〈*from*〉: have a ~ *from* an accident [drowning] 危うく事故に会う[溺れる]ところを助かる / It was a ~. 危いところだった.

nárrow-físted *adj.* =closefisted.

nárrow-gáge 〘鉄道〙*adj.* =narrow-gaged. ── *n.* =narrow gauge.

nárrow-gáged *adj.* 〘鉄道〙=narrow-gauge 1.

nárrow-gáuge *adj.* **1** 〘鉄道〙狭軌の: a ~ railway. **2** 《口語》偏狭な (narrow-minded).

nárrow gáuge *n.* 〘鉄道〙狭軌鉄道[軌道, 車両] (cf. gauge 6).

nárrow hóuse *n.* 墓 (grave).

nár·row·ly 〘OE *nearoliċe*〙 ── *adv.* **1** 狭く. **2** つめて, 窮屈に. **3** わずかに, やっと, 辛うじて: He ~ escaped drowning. すんでのことに溺れるところ

だった. **4 a** 精細に, つぶさに: examine a thing ～ / watch a person ～. **b** あまりにも厳密に, きびしく.

nárrow-mínded *adj.* **1** 心の狭い, 偏狭な (bigoted); 狭量な. **2** 固陋(ころう)な. **～·ly** *adv.* **～·ness** *n.*

Narrows [nǽrouz, nér-, -rəz | nǽrəuz] 〘⇨ narrow (n.)〙 ── *n. pl.* [The ～; しばしば単数扱い] **1** New York 港に通じる Staten Island と Long Island との間の海峡; 最狭部幅約 2 km; ここに Verrazano-Narrows Bridge がかかっている. **2** Dardanelles 海峡の最狭部; 幅約 1.2 km.

nárrow séas *n. pl.* [the ～]《英》(英本土から見た)狭い海峡《アイルランド海 (Irish Sea) またはイギリス海峡 (English Channel) をいう》.

nárrow squéak *n.* [a ～]《口語》 **1** 間一髪, やっとの成功. **2** [形容詞的に] かろうじての, やっとの (cf. narrow *adj.* 5): a ～ majority. 「(cf. *Matt.* 7:14).

nárrow wáy *n.* [the ～]〘聖書〙狭く困難な道, 正義

NARTB 《略》 National Association of Radio and Television Broadcasters 全米ラジオ・テレビ放送業者協会.

nar·thex [nάəθeks | nά:-] 〘《1673》▭ L ～ ▭ Gk *nárthēx* giant fennel ← ? Skt *narda- reed (cf. nard): そのうつろな蘆(あし)のような茎が建物の形と似ているところから ?〙 ── *n.* 〘建築〙 **1** ナルテックス, 玄関廊, 拝廊《バシリカ式教会堂の西側前面の柱廊玄関; 懺悔(ざんげ)者や洗礼志願者など本堂に入ることを許されない人のための場》. **2** ナルテックス《中世の教会堂の前面に設けられた入口部分》.

Nar·vá·ez [nɑəvά:ɪs, -vά:es | nɑ:-; *Am. Sp.* narbáes], **Pán·fi·lo de** [pámfilo de] *n.* ナルバエス《1480?–1528; スペインの軍人; 米国に渡り, キューバ征服に活躍し, メキシコで Cortés に敗れた》.

nar·whal [nάə(h)wɑ:ł, -(h)wɔ:ł, nάəwəł | nά:wəł] 〘《1658》《変形》← Dan. *narhval* ∥ Swed. *narval* < ON *nāhvalr* ← *nār* corpse＋*hvalr* 'WHALE¹': 腹部が人の死骸のような色をしているところから〙 *n.* (*also* **nar·wal** [-wəł], **nar·whale** [-(h)weɪl]) 〘動物〙＝unicorn 2.

nar·y [né(ə)ri | néəri] 〘《1836》《転訛》← *ne'er a* never a〙 ── *adj.* [～ a [an] として]《米口語》ただの…もない, 少しも…ない: There is ～ *a* doubt about it. それには何の疑いもない.

NAS, N.A.S. 《略》 National Academy of Sciences 全米科学アカデミー; naval air station.

nas- [neɪz] (母音の前に来る時の) naso- の異形.

NASA [nǽsə, néɪsə] 〘《頭字語》← *N(ational) A(eronautics and) S(pace) A(dministration)*〙 ── *n.* (米国の)国家航空宇宙局《軍関係以外の宇宙科学・航空学の研究および宇宙船の開発を推進している政府機関》.

na·sal [néɪzł, -zəl] 〘adj.: 《1656》▭ F ～ ∥ ← NL *nāsālis* ← L *nāsus* 'NOSE'＋*-ālis* '-AL¹'. ── n. 1: 《1480》▭ OF ～, *nasel* ▭ ML *nāsāle*〙 ── *adj.* **1** 鼻の[に関する]: ⇨ nasal bone / ～ catarrh 鼻カタル / the ～ organ《戯言》鼻. **2 a** 〘音声〙鼻音の: ～ sounds 鼻音. **b** 鼻声の, 鼻にかかる: in a ～ tone [twang] 鼻声で. **3** 〘音楽〙半音高い, シャープの (sharp). ── *n.* **1** (かぶとの)鼻当て (nosepiece). **2** 〘音声〙鼻音《[m] [n] [ɲ] [ŋ] など; cf. oral 2》. **3** 〘解剖〙＝nasal bone.

násal bóne *n.* 〘解剖〙鼻骨 (⇨ skull¹ 挿絵).

násal cápsule *n.* 〘解剖〙鼻嚢《胎児にある軟骨嚢で将来鼻になるもの》.

násal cávity *n.* 〘解剖〙鼻腔(びこう).

násal índex *n.* 〘人類学〙鼻示数《頭蓋(とうがい)上または顔面上で鼻幅最広部の鼻高に対する百分率》. 「音性.

na·sal·ism [néɪzəlìzm, -zł-] *n.* 鼻にかかった発音, 鼻

na·sal·i·ty [neɪzǽləṭi | neɪzǽlətɪ, nə-, -lɪ-] 〘▭ F *nasalité*〙 *n.* 〘音声〙鼻音性.

na·sal·i·za·tion [nèɪzəlɪzéɪʃən, -lə-, -zł- | -zəlaɪ-, -lɪ-, -zł-] *n.* 〘音声〙鼻音化.

na·sal·ize [néɪzəlàɪz, -zł-] 〘音声〙 *vt.* 鼻にかけて発音する, 鼻音化する: ⇨ nasalized vowel. ── *vi.* 鼻音化して発音する, 鼻にかけて話をする.

násalized stóp *n.* 〘音声〙鼻音化閉鎖音《鼻音 (nasal) のこと》.

násalized vówel *n.* 〘音声〙鼻(音化)母音《フランス語の [ɛ̃], [ɑ̃], [ɔ̃], [œ̃] など; nasal vowel ともいう》.

ná·sal·ly [-zəli, złi | -zəlɪ, -złɪ] *adv.* 鼻音的に; 鼻にかけて.

násal plósion [reléase] *n.* 〘音声〙鼻腔破裂《topmost, submit の [p]. [b] におけるように, 破裂が口腔で行なわれずに口蓋垂が下って呼気が鼻腔へ抜けること》.

násal séptum *n.* 〘解剖〙鼻中隔.

násal spéculum *n.* 〘医学〙鼻鏡.

násal twáng *n.* 〘音声〙鼻声 (twang).

násal vówel *n.* 〘音声〙鼻母音 (⇨ nasalized vowel).

Nas·by [nǽzbi | -bɪ], **Petroleum V.** *n.* (1833–88) 米国のジャーナリスト; 本名 David Ross Locke.

nás·cence [-sns] *n.* ＝nascency.

nas·cen·cy [nǽsnsi, néɪs- | nǽsnsɪ] 〘⇨ ↓, -ency〙 *n.* 発生しかけていること; 発生.

nas·cent [nǽsnt, néɪs- | nǽsnt] 〘《a1624》▭ L *nāscent-em* (pres.p.) ← *nāscī* to be born: cf. natal¹〙 ── *adj.* **1** 生れようとする, 発生しようとする; 発生しかけている, 初期の (incipient). **2** 〘化学〙発生期にある, 発生期の: a ～ state [condition] 発生期《元素が化合物から遊離した瞬間の反応性に富む状態》.

nase [néɪz] *n.* ＝naze.

nase·ber·ry [néɪzbèri, -bəri | -bərɪ] 〘《1698》《転訛》← Sp. & Port. *néspera* < L *mespilum* 'MEDLAR': BERRY と連想〙 *n.* 〘植物〙＝sapodilla.

Nase·by [néɪzbi | -bɪ] 〘OE *Navesberie*《原義》'*Hnæf's* burg (Hnæf はゲルマンの武将の名)'〙 ── *n.* イングランド中部 Northamptonshire 州の村; Charles 一世の王党軍 (Royalists) が Fairfax に敗れた地 (1645).

Nash [nǽ(:)ʃ], **John** *n.* (1752–1835) 英国の建築家; London の Regent Street の計画(1811 年着手)などを行なった.

Nash, Ogden *n.* (1902–71) 米国のユーモア詩人.

Nash, Richard *n.* (1674–1762) 英国のだて男; 鉱泉町 Bath の管理者として豪奢で風流な社交生活を流行させた; 通称 Beau Nash, King of Bath.

Nashe [nǽ(:)ʃ] (*also* **Nash** [～]), **Thomas** *n.* (1567–1601) 英国の風刺作家・劇作家・小説家; *The Unfortunate Traveller* (1594).

Nash·ville [nǽʃvɪl, -vəl | -vɪl] 〘← *Francis Nash* (1742–77: 独立戦争時の英雄): ⇨ -ville〙 *n.* 米国 Tennessee 州中部にある同州の首都; 人口 447,000.

na·si- [néɪzɪ, -zə | -zɪ] naso- の異形 (⇨ -i-).

na·si·on [néɪziɑ̀n | -ziɔ̀n] 〘← NL ～ ← L *nāsus* 'NOSE'＋Gk *-ion* (dim. suf.)〙 ── *n.* 〘人類学〙ナジオン《頭蓋(とうがい)の顔面上で鼻前頭縫合と正中矢状面の交点; cf. facial angle》. **ná·si·al** [-ziəl | -zɪ-] *adj.*

Na·smyth [néɪzmɪθ, néɪs-, nǽz-, -məθ | -mɪθ], **Alexander** *n.* (1758–1840) スコットランドの画家; R. Burns の友人.

Nasmyth, James *n.* (1808–90) スコットランドの技師・発明家; A. Nasmyth の息子.

Nasmyth, Patrick *n.* (1787–1831) スコットランドの風景画家; A. Nasmyth の息子.

na·so- [néɪzoʊ | -zəʊ] 〘《17 C》← L *nāsus* 'NOSE'〙「鼻の」の意の連結形. ★ 時に nasi-, また母音の前では通例 nas- になる.

nàso·fróntal *adj.* 〘解剖〙鼻骨前頭骨の.

nàso·lábial súlcus *n.* 〘解剖〙鼻唇溝《小鼻のわきから唇の端にかけて走る溝; cf. philtrum》. 「涙管.

nàso·lácrimal *adj.* 〘解剖〙鼻涙の: the ～ duct 鼻

na·sol·o·gy [neɪzάlədʒi | -zɔ́lədʒɪ] 〘← NASO-＋-LOGY〙 *n.* 鼻(科)学.

nàso·pálatal *adj.* 〘解剖〙＝nasopalatine.

nàso·pálatine *adj.* 〘解剖〙鼻口蓋の.

nàso·phárynx 〘← NL ～: ⇨ naso-, pharynx〙 *n.* 〘解剖〙鼻咽(いん)頭, 上咽頭. **nàso·pharýngeal** *adj.*

na·so·scope [néɪzəskòʊp | -skəʊp] *n.* 〘医学〙鼻鏡.

Nas·sa·ri·i·dae [næ̀sərάɪədì:, -rάɪɪ-] 〘← NL ～ ← *Nassarius* (属名: ← L *nassa* fish basket)＋-IDAE〙 *n. pl.* 〘貝類〙オリイレヨフバイ科.

Nas·sau¹ [nǽsɔ:] *n.* ナッソー《西インド諸島中の Bahamas 連邦の New Providence 島にある同国の首都・海港; 人口 3,300》.

Nas·sau² [nǽsɔ: | -saʊ; *G.* nάsaʊ] *n.* ナサウ《西ドイツ中西部の地域; もと公国 (1806–66), 現在は Hesse および Rhineland-Palatinate 州の一部》. 「(⇨ Orange³).

Nas·sau³ [nǽsɔ: | -sɔ:, -saʊ; *G.* nάsaʊ] *n.* ナッサウ家

Nas·sau⁴ [nǽsɔ:] 〘← *Nassau*¹〙 ── *n.* 〘ゴルフ〙ナソー《18 ホールマッチにおいて初めの 9 ホール, 次の 9 ホール, 全体の 18 ホールにおけるそれぞれの一番スコアの良いプレーヤーに 1 点が与えられること》.

Nas·ser [nά:sə, nǽsə | -sə(r)], **Ga·mal Ab·del** [gəmά:l ά:bdł] *n.* ナセル《1918–70; エジプトの陸軍将校; 大統領 (1956–58); アラブ連合共和国の初代大統領 (1958–70)》.

Nás·ser·ìsm [-sərìzm] *n.* ナセル主義《アラブ連合共和国の Nasser 大統領の唱えた全アラブ民族の統一と, 西欧諸国の経済支配および封建制の打破を目標とする主義》.

nas·tic [nǽstɪk] 〘← Gk *nast(ós)* squeezed together (← *nássein* to press)＋-IC¹〙 *adj.* 〘植物〙傾性の《細胞圧力によって軸を偏傾させることにいう》.

-nas·tic [nǽstɪk] 〘⇨ -nasty, -ic¹〙 -nasty に終わる名詞の形容詞語尾.

nástic móvement *n.* 〘植物〙傾性運動《植物器官の運動の方向が器官の構造によって定まっているもの; cf. tropism》.

nas·tur·tium [nəstə́:ʃəm, næ- | nəstə́:-] 〘《1570》▭ L *nāsturtium* ← *nāsus* 'NOSE'＋*tortus* ((p.p.) ← *torquēre* to twist)＋-IUM: その葉や根に臭味があり人の顔をしかめさせるところから〙 ── *n.* 〘植物〙キンレンカ《ノウゼンハレン科, キンレンカ属 (*Tropaeolum*) の美しい黄色または朱色の花を開く園芸植物の総称; キンレンカ (*T. majus*) など; 葉と実は食用; cf. capuchin capers》.

nas·ty [nǽsti | nά:stɪ] 〘《a1400》 *naxte, naskie* ← ?: cf. Du. *nestig* dirty, 《原義》fouled like a dirty bird's nest / Swed. 《方言》*naskug*〙 ── *adj.* (**nas·ti·er; -ti·est**) **1** 胸が悪くなるほどきたない, ひどく不潔な: a ～ pigsty of a house きたならしい豚小屋みたいな家. **2** 〈味・においなど〉いやでたまらない, むかつくような (offensive): a ～ smell, taste, etc. / ～ medicine 実に飲みにくい薬 / ⇨ *leave a nasty* TASTE *in the mouth.* **3 a** 不愉快な, いやな (objectionable): a ～ child, rain, sight, etc. **b** みだらな, わいせつな (obscene): a ～ book, story, play, language, etc. **4 a** 意地の悪い, 悪意のある, 卑劣な: a ～ dog 意地悪なやつ / a ～ remark 邪険な言葉 / turn ～ 意地悪くなる / play a person a ～ trick 人を意地悪くだます[裏切る] / Don't be so ～ to me. そう意地悪するな / *It was* ～ *of him to* say it to you. そんなことを君に言うとは彼もひどい男だ. **b** 怒りっぽい (spiteful): a ～ temper 不機嫌, かんしゃく / turn ～ 怒る. **5** 険悪な, 危険な (threatening); 荒れ模様の (stormy): ～ weather いやな天候 / a ～ look in one's eye 険悪な目つき / Things look ～ for me. 私には雲行きが怪しくなって来た / A ～ storm is coming on. ひどいあらしがやって来そうだ / There was a ～ sea. 海が荒れていた. **6** 痛い, ひどい, 激しい (painful): a ～ cut ひどい仕打ち / a ～ illness 大病 / a ～ one ひじ鉄砲; ひどい一打ち / He had a ～ fall from the tree. 木から落っこちていやというほど痛い目に会った. **7** 始末におえない, 厄介な, 困った (annoying): a ～ rock to climb 登りにくい岩壁 / a ～ situation [position] 厄介な立場, 苦境 / get oneself into a ～ mess 困った羽目に陥る. **8** 安ぴかの, 下等な: cheap and ～ ⇨ cheap *adj.* 1 a.

a nasty piece [bit] of work [goods] (1) 意地悪な行為, 悪だくみ. (2)《口語》意地の悪い人; 下品な人, いかがわしい行状の人. ***nasty, brutish, short*** 不潔で野蛮で短命な《J. Hobbes, *Leviathan* 中の句》. ***something nasty in the woodshed*** ⇨ woodshed 成句.

── *n.* 意地悪[陰険]な人; ひどくいやなもの.

nás·ti·ly [-tɪli, -tə- | -lɪ] *adv.* **nás·ti·ness** *n.*

-nas·ty [næ̀sti | -tɪ] 〘← Gk *nast(ós)* squeezed together ＋-Y¹〙〘植物〙「傾性 (nastic movement)」の意の名詞連結形: epinasty, hyponasty.

násty-mínded *adj.* みだらな心を持った; 意地の悪い. **～·ness** *n.*

násty-níce *adj.* 丁寧にみえて意地の悪い.

nat [nǽt] 〘← *na(tural digi)t*〙 *n.* 〘電算機〙ナット《情報量の単位; ＝1.44 bits; nit ともいう》.

Nat [nǽt] 〘(dim.) ← NATHAN ∥ NATHANIEL〙 *n.* 男性名. 「ralized.

nat. 《略》 national; native; natural; naturalist; natu-

Nat. 《略》 Natal; Nathan; Nathaniel; National; Nationalist; Natural.

na·tal¹ [néɪtł | -tł] 〘《c1385》▭ L *nātāl-is* ← *nātus* (p.p.) ← *nāscī* to be born: ⇨ -al¹〙 ── *adj.* **1** 出生の, 誕生の; 出生時からの: one's ～ day 誕生日 / one's ～ star 誕生の運星 / ～ influences 出生者の運命を決定する天体からの影響. **2** 〈土地が〉生れ故郷の (native): one's ～ place 出生地.

na·tal² [néɪtł | -tł] 〘← L *natis* buttock＋-AL¹〙 *adj.* 〘解剖〙臀部の, 尻の.

Na·tal [nətǽl, -tά:l | -tǽl] 〘▭ Port. ～ ← NL *Terra Nātālis* land of Christmas (⇨ natal¹): Vasco da Gama が 1497 年クリスマスの日にその海岸を発見したのにちなむ〙 ── *n.* **1** ナタール《南アフリカ共和国北東部の州; 人口 2,141,000, 面積 86,967 km², 首都 Pietermaritzburg》. **2** [*Braz.* natáł] ナタール《ブラジル東部の大西洋に臨む都市; 人口 251,000》.

na·ta·le so·lum [nətéɪli-sóʊləm, nɑːtά:leɪ-sóʊlʊm | nətéɪlɪ-sə́ʊləm, nɑːtά:leɪ-sɔ́lʊm] 〘▭ L *nātāle solum* native soil〙 *n.* 母国, 故郷.

Na·ta·lia [nətéɪljə, -liə | -ljə, -lɪə] 〘↓〙 *n.* 女性名.

Nat·a·lie [nǽṭəli, -ṭli | -təlɪ; *F.* natali] 〘▭ F ～ ▭ LL *Nātālia* ← L *nātālis* (*dies*) 'NATAL¹ (day)'〙 ── *n.* 女性名《愛称形 Nat, Nattie; 異形 Natalia, Nathalie, Noel, Natasha》. ★ キリスト降誕祭 (12 月 25 日) に生れた子供につけられることが多い. 「rate).

na·tal·i·ty [neɪtǽləṭi, nə- | -lətɪ, -lɪ-] *n.* 出生率 (birth-

Natál òrange *n.* 〘植物〙アフリカ中・南部産ストリクノス属の低木 (*Strychnos spinosa*)《実は黄緑色で食べられる》.

Natál plùm *n.* 〘植物〙オオバナカリッサ (*Carissa grandiflora*)《アフリカ南部産キョウチクトウ科の低木》; その実《紅色で食用》.

na·tant [néɪtnt] 〘▭ L *natant-em* (pres.p.) ← *natāre* to swim: ⇨ natation, -ant〙 *adj.* **1** 水に泳いでいる[漂う]. **2** 〘植物〙〈水草の葉が〉水に浮かぶ. **～·ly** *adv.*

Na·tan·ti·a [nətǽnʃiə | -ʃɪə] 〘← NL ～ (neut. pl.) ← L *natant-, natāns* (pres.p.) ← *natāre* (↑): ⇨ -ia²〙 ── *n. pl.* 〘動物〙遊泳亜目《クルマエビなど泳ぐ型のエビ類など; cf. Reptantia》.

Na·ta·sha [nətά:ʃə; *Russ.* natάʃə] 〘▭ Russ. ～ (dim.) ← NATALIA〙 *n.* 女性名. ★ 19 世紀末から英国でも使われるようになった.

na·ta·tion [neɪtéɪʃən, næ- | nə-, neɪ-] 〘《1542》▭ L *natātiō(n-)* a swimming ← *natāre* (freq.) ← *nāre* to float, swim: ⇨ -ation〙 ── *n.* 《文語》遊泳, 水泳; 遊泳術 (art of swimming). **～·al** [-ʃənł, -ʃnəł] *adj.*

natatoria *n.* natatorium の複数形.

na·ta·to·ri·al [nèɪṭətɔ́:riəł, næ̀ṭ-, -tó:r- | -tətɔ́:rɪ-] 〘《1816》← LL *natātōri(us)* (← L *natātus* (p.p.) ← *natāre* to swim)＋-AL¹〙 ── *adj.* **1** 泳ぎの[に関する]: ～ skill. **2** 泳ぎに適した: ～ birds 水鳥 / ～ organs 遊泳器官.

na·ta·to·ri·um [nèɪṭətɔ́:riəm, næ̀ṭ-, -tó:r- | -tətɔ́:rɪ-] 〘▭ LL *natātōrium* ← L *natāre* (↑): ⇨ -orium〙 *n.* (*pl.* ～**s, -ri·a** [-riə | -rɪə])《米》(主に屋内の)水泳プール.

na·ta·to·ry [néɪṭətɔ̀:ri, nǽṭ-, -tò:ri | -tətəri] 〘《1799》▭ LL *natātōri-us*: ⇨ natatorial〙 *adj.* ＝natatorial.

natch [nǽtʃ] 〘《c1140》《短縮》← NATURALLY〙 *adv.* 《口語》もちろん, 「もち」(of course).

Natch·ez¹ [nǽtʃɪz, -tʃəz] 〘▭ F ～ ← N-Am.-Ind.: この部族の住む地名から〙 ── *n.* (*pl.* ～) **1 a** [the ～] ナチェ族《昔 Mississippi 川の下流に住んでいた Muskhogean 語系アメリカインディアン》. **b** ナチェ族の人. **2** ナチェ語.

Natch·ez[2] [nǽtʃɪz, -tʃəz] *n.* 米国 Mississippi 州南西部の都市; 農業地帯の交易の中心地; 人口 20,000.

Nátchez Tráce *n.* [the ~] ナチェス道《19 世紀初期に造られ米国の Natchez から Nashville にかけて通っていた道, 交易商人が使用した; 全長 725 km》.

Nate [néɪt] 〘(dim.) ← NATHAN ∥ NATHANIEL〙 *n.* 男性名.

N.A.T.E. 《略》 National Association for the Teaching of English 全英英語教育協会; National Association of Teachers of English 全米英語教員連盟 (cf. NCTE).

na·tes [néɪtiːz] 〘▭ L *natēs* (pl.) ← *natis* rump, buttock〙 *n. pl.* **1** 〘解剖〙 尻, 臀部 (buttocks). **2** 〘解剖〙 四丘体前部の一対. **3** 〘動物〙 (二枚貝の)殼頂 (umbones).

Nath. 《略》 Nathan; Nathaniel.

Nath·a·lie [nǽtəli, -tļi | -təlɪ, -tļɪ] 〘《異形》 ← NATALIE〙 *n.* 女性名.

Na·than 〘▭ Heb. *Nāthān* 《原義》 he has given〙 **—** *n.* **1** [néɪθən | -θən, -θæn; *Swed.* náːtaːn] 男性名《愛称形 Nat, Nate》. ★ 特にユダヤ人に多い. **2** [néɪθən | -θən, -θæn] 〘聖書〙 ナタン《Uriah を殺しその妻を奪った David 王を非難した預言者; *2 Sam.* 12 : 1–14》.

Nathan, George Jean *n.* (1882–1958) 米国の劇評家・編集者・著作家; *Since Ibsen* (1933).

Nathan, Robert (Grun·tal [grʌ́ntļ | -tl]**)** *n.* (1894–) 米国の小説家・詩人; *Portrait of Jennie* (1940).

Na·than·ael [nəθǽnjəl] 〘▭ LL *Nathanaēl* ▭ Gk *Nathanaēl* ▭ Heb. *Nᵉthan'ēl* 《原義》 God has given : cf. Nathan, Dorothea〙 **—** *n.* 〘聖書〙 ナタナエル《イエスの弟子, 誠実公明な人; cf. *John* 1 : 47》. 「Nate).

Na·than·iel [nəθǽnjəl] 〘↑〙 *n.* 男性名《愛称形 Nat,

nathe·less [néɪθlɪs, -ləs] 〘ME *natheles* < OE *nāþēlǣs, nāþlēs* ← *nā* (← *ne* not + *ā* ever) + *þē, þӯ* ((instr.) ← *se* 'THE') + *lǣs* 'LESS' : cf. nevertheless〙 《古》 **—** *adv.* それでも (nevertheless). **—** *prep.* …にもかかわらず (notwithstanding).

nat. hist. 《略》 natural history.

nath·less [nǽθlɪs, -ləs] *adv., prep.* =natheless.

Na·tic·i·dae [nətísədìː | -sɪ-] 〘← NL ~ ← *Natica* (属名 : ← LL (dim.) ← L *natis* buttock) + -IDAE〙 *n. pl.* 〘貝類〙 タマガイ科. 「語の一方言).

Na·tick [néɪtɪk | -tɪk] *n.* ナティック語 (Massachusetts

na·tion[1] [néɪʃən] 〘《*a*1325》 *nacioun* ▭ OF *nacion,* (O)F *nation* ▭ L *nātiō(n-)* race, people, 《原義》 birth ← *nātus* (p.p.) ← *nāscī* to be born : ⇨ natal[1], -tion〙 **—** *n.* **1 a** [集合的; 単数扱い] (通例一政府の下で社会を構成し, 共通の祖先・文化・言語などを有する)国民 : the British [French] ~ イギリス[フランス]国民 / the voice of the ~ 国民の声, 世論 / The Japanese are a receptive ~. 日本人は受容性に富んだ国民である / The ~ votes and the ~ rules. 国民が投票し国民が統治する. **b** [the ~s] 《詩》 世界諸国民, 全人類.
2 (1 a の意味での国民から成る)国家 (cf. state 4 a): the Western ~*s* 西洋諸国 / the most favored ~ 最恵国 (cf. most-favored-nation clause) / the law of ~*s* ⇨ law[1] / the League of Nations ⇨ league[2] *n.* / ⇨ United Nations.
3 a 民族, 種族; 部族: the Jewish ~ ユダヤ民族 / the Scottish ~ スコットランド種族 / the Welsh ~ ウェールズ種族 / a ~ without a country 国を持たない民族《かつてのユダヤ人など》. **b** [the Nations *or* ~s] 〘聖書〙 (ユダヤ人以外の)異教徒 (the Gentiles).
4 a インディアン種族, 北米インディアン族; 部族連合 : the Shawnee ~ ショーニー部族 / ⇨ Five Nations, Six Nations. **b** 《米》 インディアンの領地.
5 《英》 (中世の大学で)同国[同地方]の学生団体.
nation of shopkeepers [a ―] 商人国民《Napoleon 一世が英国民を卑しんで呼んだと伝えられる言葉であるが, それ以前 Adam Smith の *Wealth of Nations* (1776) にある句》.

na·tion[2] [néɪʃən] 〘略〙 《方言》 **—** *n.* =damnation: Where in the ~ are you going? 一体どこへ行こうってんだい. **—** *adv.* きわめて (very): a ~ long time. **—** *adj.* 大きい, すごい (great): a ~ sight of people すごくたくさんの人々.

Na·tion [néɪʃən], **Carry (Amelia)** *n.* (1846–1911) 米国 Kansas 州の女性禁酒運動指導者; 旧姓 Carry Amelia Moore 《a [the] Carry Nation として, 女性芸能人の政治運動指導者の形容に用いられる》.

na·tion·al [nǽʃənļ, -ʃnəl] 〘《1597》 ▭ F ~〙 **—** *adj.* **1** 国民の, 国民的な; 国民特有の; 国民全体の: ~ character 民族的性格, 国民性 / ~ customs 国民の慣習, 国民的行事 / ~ education 国民教育 / a ~ language 国語 / ~ literature 国民文学 / ~ spirit [genius] 国民精神.
2 a 国家の; 国家特有の; 国家全体の; 国家的な: the ~ forces (一国の)陸海空軍 / ~ power 国力 / ~ prestige 国威 / ~ affairs 国務, 国事 / ⇨ national debt. **b** 一国家を象徴する: a ~ flower 国花 / a ~ game [sport] 国技 / ⇨ national anthem. **c** 全国的な, 全国向けの: a ~ magazine [newspaper] 全国誌[紙]. **3** 国有の, 国立の, 国定の; 連邦政府の[による]: a ~ enterprise 国営企業 / ~ railroads 国有鉄道 / a ~ theater 国立劇場 / ⇨ national forest, national park. **4** 愛国的な; 国家主義(者)の (nationalist).
— *n.* **1** (ある国の)国民; (特に, 外国に居住する)同国人, 同胞 (countrymen): Japanese ~*s* living abroad 海外に居住する日本人. **2** [the N-] 《英》 =Grand National. **3** [通例 *pl.*] 《米》 (競技などの)全国大会. **4** (全国組織の労組などの)本部.

nátional ánthem [**áir**] *n.* 国歌: Gentlemen, the ~! 皆さん, 国歌斉唱です. ★ 米国の *The Star-Spangled Banner*, 英国の *God Save the Queen* など.

Nátional Assémbly *n.* [the ~] **1** (1946 年以来の)フランス下院 (⇨ CHAMBER of Deputies). **2** 〘フランス史〙 国民議会《1789, 1791, 1848, 1871 年などの議会で, 新憲法 (1946) 以前の立法府; Constituent Assembly, Legislative Assembly ともいう》.

Nátional Assístance *n.* [the ~] 〘英法〙 国家扶助《National Assistance Act 等に基づき最低の生活水準を維持するために低所得者に支給される金銭》.

Nátional Assístance Àct *n.* [the ~] 〘英法〙 国民救助法《1947 年制定; ⇨ poor law》.

nátional bánk *n.* **1** 国立銀行《政府が所有・運営権をもつ》. **2** (米国の)国法銀行《National Bank Act によって組織され連邦政府の認可を得た商法銀行; 以前は紙幣の発行権を持っていた; cf. state bank 2》.

Nátional Bánk Àct *n.* [the ~] (米国の) 国法銀行法《国法銀行の設立と規律を定めた 1863 年の法律》.

nátional bránd *n.* 製造業者商標, 製造元商標, ナショナルブランド《製造業者がつけた商標; cf. private brand》.

nátional cémetery *n.* 《米》 (連邦政府によって管理される)国立墓地《勲功のあった軍人を葬る》.

nátional chúrch *n.* **1** 国民教会, 民族教会《国家的規模で組織・管理され, 外国や国際的宗教団体から独立した教会; その一国内では広く受け入れられているもの》. **2** 国教会, 国立教会 (cf. established church).

Nátional Cóngress *n.* [the ~] (インドの)国民会議派 (⇨ Indian National Congress).

Nátional Convéntion *n.* [the ~] **1** 〘フランス史〙 国民公会《王政を廃止し共和制を布いて革命を独裁した (1792–95)》. **2** 〘英史〙 チャーティストたち (Chartists) の 1839 年の集会. **3** [n- c-] 〘米政治〙 全国党大会《各州予備選挙で選出した代議員で構成する政党大会; 正副大統領候補者や党の政綱を決定する》.

Nátional Cóvenant *n.* [the ~] (スコットランドの)国民盟約《1638 年 Charles 一世の企図した監督制度 (Episcopalianism) に対して長老制 (Presbyterianism) を擁護するために国民の多数が署名した盟約; cf. SOLEMN League and Covenant》. 「う》.

nátional débt *n.* 〘財政〙 国債《public debt ともい

nátional económic accóunting *n.* 〘経済〙 国民経済計算《国民経済活動を総合的に把握するための体系的経済勘定》.

nátional ecónomy *n.* 国民経済《近代市民社会と共に成立した一国を単位とする経済体系》.

nátional énsign *n.* =ensign 1.

Nátional Exécutive Commíttee *n.* [the ~] (英国)労働党全国執行委員会《毎年党大会で選出される党執行機関》.

Nátional Fíre Sèrvice *n.* (もと英国内務省管轄の)全国消防庁《1948 年に地方的団体に解体した》.

nátional flág *n.* 国旗 (cf. ensign 1, merchant flag).

nátional fórest *n.* 《米》 (連邦政府によって管理保存されている) 国有林.

Nátional Fórmulary *n.* [the ~] 国民医薬品集《米国薬局方所収でない医薬品を集録記載したもの; 5 年ごとに改訂され, 法的典拠とされる; 略 N.F.; 英国のものは British National Formulary (略 B.N.F.)》.

Nátional Gállery *n.* [the ~] (英国)国立美術館《London の Trafalgar Square にある; 1838 年開設》.

Nátional Gállery of Árt *n.* [the ~] (米国)国立美術館《Washington, D. C. にあり Smithonian Institution の事業の一部; 1941 年開設》.

nátional góvernment *n.* **1** 挙国一致内閣《戦争・大不況などに際し超党派で作る内閣》. **2** [N- G-] (英国の)第一次大戦の Lloyd George 内閣, 1931 年の MacDonald 内閣, 第二次大戦の Churchill 内閣.

nátional gríd *n.* [the ~] **1** 〘電気〙 全国電力系統網. **2** 〘地理〙 (Scilly 諸島西方の地点を基点とする英国陸地測量部地図の)距離座標系.

Nátional Guárd *n.* 〘軍事〙 州兵, 州兵軍《米国各州, 準州, Washington, D. C. で編成される陸軍・空軍の予備部隊およびその隊員; 国家非常の際は大統領の命により合衆国軍隊に編入されるが通常はそれぞれの州・準州に所属する; 略 NG; cf. militia 2 b》.
National Guard of the United States [the ―] 〘軍事〙 合衆国州兵《すべての州, 準州, Washington, D. C. の州兵の総称》.

Nátional Héalth Insùrance *n.* (英国の)国民健康保険《National Health Service の前身; 略 N.H.I.》.

Nátional Héalth Sèrvice *n.* (英国の)国民健康保健制度《1946 年に制定され 1948 年から実施された; 診察も加療もすべて無償で行なわれたが, 1957 年から若干の費用負担が課せられている; 略 N.H.S.》.

nátional hóliday *n.* **1** (政府の決定した)国の祝祭日, 国祭(日), 国定休日《米国では特に, 建国記念日・独立記念日を指す; cf. bank holiday, legal holiday》. **2** 国民的[全国的]祝祭日.

nátional hýmn *n.* =national anthem.

nátional íncome *n.* 〘経済〙 国民所得 (cf. gross national product, net national product).

Nátional Insúrance *n.* [the ~] **1** (英国の)国家保険制度《1911 年に制定された被用者の疾病・失業に対する強制保険》. **2** (英国の)国民保険制度《1946 年に制定され 1948 年から実施された; 失業・疾病・退職給付・出産・寡婦手当などを規定している》.

Nátional Insúrance Fùnd *n.* [the ~] (英国の)国民保険資金.

ná·tion·al·ìsm [-ʃ(ə)nəlìzm] 〘《1844》〙 **—** *n.* **1 a** 国家主義, 国粋主義, 国民主義, 民族主義, ナショナリズム (cf. internationalism). **b** 愛国心, 愛国運動. **2** 民族自決主義; (もとのアイルランドの)民族独立[自治]主義. **3** (社会主義的政策としての)産業国有主義.

ná·tion·al·ist [-lɪst, -ləst | -lɪst] 〘《1715》〙 **—** *n.* **1** 国家[国粋, 民族]主義者. **2** 民族自決主義者; (アイルランド独立前の)民族独立[自治]論者. **3** 産業国有主義者. **—** *adj.* **1** 国家[国粋, 民族]主義(者)の: ~ ideals 国家主義的理想 / a ~ party 国家主義政党 (cf. Nationalist Party). **2** 民族自決主義(者)の.

Nátionalist Chína *n.* 中国国民党政府《Republic of China の非公式名》. 「の)国民政府, 国府.

Nátionalist Góvernment *n.* [the ~] (中華民国

na·tion·al·is·tic [nǽʃ(ə)nəlístɪk] *adj.* =nationalist.
nà·tion·al·ís·ti·cal·ly *adv.*

Nátionalist Pàrty *n.* [the ~] (中国)国民党《1912 年孫文によって結成された中国の政党; 1949 年に中国本土を追われ, 蔣介石の下に台湾の中華民国を支配; cf. Nationalist China; 中国語名 Kuomintang》.

na·tion·al·i·ty [næ̀ʃənǽləṭi | -lətɪ, -lɪ-] 〘《1691》〙 **—** *n.* **1** 国籍; (財産などの)国家所属: of Japanese ~ 日本国籍[国家所属]の / What is his ~? = What ~ is he? 彼の国籍はどこか, 彼はどこの国の人か / He is an American in ~, but a German in blood. 国籍はアメリカ人だが血統はドイツ人だ / the ~ of a ship 船籍. **2** 国民性; 国民的感情; 民族意識. **3 a** 国家的存在, 国家[民族]的独立[自立]: ~ achieved by Greece ギリシャが達成した国家的独立. **b** =nationalism. **4** (通例一政府の下で社会を構成し, 共通の祖先・文化・言語などを有する)国民; 国家 (nation); 民族 (race): men of all *nationalities* 世界各国の人々 / delegates representing twenty *nationalities* 20 か国を代表する代議員[代表団].

na·tion·al·i·za·tion [næ̀ʃ(ə)nəlɪzéɪʃən, -lə- | -laɪ-, -lɪ-] *n.* **1** 国民化, 国家的制定; 民族自立, 国民形成. **2** 国有化, 国営: ~ of land, railroads, industries, etc.

na·tion·al·ize [nǽʃ(ə)nəlàɪz] 〘《1800》 ▭ F *nationaliser*〙 **—** *vt.* **1** 一国家と成す, 独立国家とする. **2** …に国家的[国民的]性格を付与する, 国家的にする; 国中に及ぼす, 全国的規模に拡大する: ~ a holiday 国祭日を制定する / ~ the Gaelic language in Scotland スコットランドでゲール語を国語化する. **3** 国有[国営]にする, 国有化する: ~ land, railroads, industries, etc. **4** 帰化させる (naturalize). **ná·tion·al·ìz·er** *n.*

Nátional Lábor Relátions Àct *n.* [the ~] 〘米法〙 全国労働関係法 (⇨ Wagner Act).

Nátional Lábor Relátions Bòard *n.* [the ~] (米国の)全国労働関係委員会 (略 NLRB).

Nátional Lábour Pàrty *n.* [the ~] (英国の)全国労働党《1931 年労働党を除名された MacDonald 派議員が作った政党; 事実上保守党の一翼となった》.

Nátional Léague *n.* [the ~] ナショナルリーグ《米国の二大プロ野球連盟の一つで 1875 年設立; 次の 12 チームからなる: 東部地区 (Chicago) Cubs, (Montreal) Expos, (New York) Mets, (Philadelphia) Phillies, (Pittsburgh) Pirates, (St. Louis) Cardinals; 西部地区 (Atlanta) Braves, (Cincinnati) Reds, (Houston) Astros, (Los Angeles) Dodgers, (San Diego) Padres, (San Francisco) Giants; 東部・西部の優勝チームが World Series 出場権をかけ Play-Off を行なう; ⇨ American League, major league 2》.

Nátional Liberátion Frònt *n.* [the ~] 民族解放戦線; (特に)南ベトナム民族解放戦線《革命を推進するため 1960 年組織された政治団体, ベトナム統一後他の組織と統合》.

ná·tion·al·ly [-ʃ(ə)nəli | -lɪ] *adv.* **1** 国家的に, 国として. **2** 全国民によって, 挙国一致して. **3** 国家的見地から, 国家本位に; 公共の立場から (publicly). **4** 国中に[を], 全国的に, 全国的規模で.

Nátional Mílitary Estáblishment *n.* [the ~] (米国)国防総省 (Department of Defense) の前身.

nátional mónument *n.* 《米》 (国有財産として連邦政府により保存維持されている)国有記念物.

nátional párk *n.* 国立公園.

Nátional Pórtrait Gállery *n.* [the ~] (London の)国立肖像画美術館《1856 年創設》.

nátional próduct *n.* 〘経済〙 国民生産《1 年間に新たに生産された財・サービスの総計; 減価償却分こみか否かで粗 (gross) か純 (net) かを区別するのが普通》.

Nátional Prohibítion Àct *n.* [the ~] 禁酒法 (⇨ Volstead Act).

nátional schóol *n.* **1** (アイルランドの)公立小学校《就学前部門を併設しているものもある》. **2** (英国の)国民学校《もと貧困者の教育を助長するために設立された (1811 年)国民協会 (National Society) 経営の初等学校》.

nátional séashore *n.* 《米》 国民海岸《海岸に隣接し連邦政府の管理するレクリエーション地帯》.

Nátional Secúrity Àct *n.* [the ~] (米国)国家安全保障法《1947 年制定, 1949 年修正》.

Nátional Secúrity Còuncil *n.* [the ~] (米国の)国家安全保障会議《米国の安全保障を確立するため, 内外政策と軍事政策とを統合調整する最高の国防会議; 正副大統領・国務長官・国防長官その他で構成》.

Nátional Sérvice, n- s- *n.* (英国の)国民兵役, 義

務兵役, 徴兵《18–41 歳までの体格上適任の男子に課せられた; 1958 年廃止; cf. selective service》: ～ men 国民兵.
Nátional Sócialism, n- s- 〘《なぞり》← G *Nationalsozialismus*〙 *n.* (ドイツの)国民社会主義, ナチズム (cf. Nazism).
Nátional Sócialist, n- s- 〘《なぞり》← G *Nationalsozialist, -tisch*〙 ── *n.* (ドイツの)国民社会主義者, ナチ党員, ナチス. ── *adj.* (ドイツの)国民社会主義の, ナチ党の; ナチズム的な.
Nátional Sócialist Gérman Wórkers' Párty *n.* [the ～] 国民社会主義ドイツ労働者党 (⇨ Nazi Party).
nátional spónsor *n.* 全国広告を行なう広告主.
nátional státe *n.* ＝nation-state.
Nátional Trúst *n.* [the ～]《英》ナショナル トラスト《1895 年に設立されたイングランド・ウェールズ・北アイルランドの史跡・自然美保存のための民間団体》.
Nátional Únion *n.* [the ～] (英国)保守党全国連合《保守党の全国組織; 公式名 the National Union of Conservative and Unionist Associations》.
Nátional Wéather Sèrvice *n.* [the ～] 国立気象局《米国商務省に属し, 国内の気象データを集め天気予報・暴風警報などを行なう; 旧名 Weather Bureau; cf. Meteorological Office》.
nátion·hòod *n.* **1** 国民であること, 国民の身分. **2** 独立国家としての地位: achieve ～ 国家的独立を達成する.
nátion-státe *n.* 《政治》(近代の)民族国家.
nátion·wíde *adj.* 国家全般にわたる; 全国的な, 全国的規模の (cf. countrywide): a ～ hookup 全国中継放送 / arouse ～ interest 全国的な関心を呼び起こす.
na·tive [néɪṭɪv | -tɪv] 〘《16C》□ L *nātīv-us* born, innate ← *nātus* born ∞ 《*c*1385》 *natif* □ (O)F: ⇨ nation[1], -ive: NAÏVE と二重語〙 ── *adj.* **1 a** 出生地の, 自国の: one's ～ country [land, soil] 生国, 本国, 故国 / one's ～ town 故郷(の町). **b** 〈人が〉ある[特定の]土地[国]生まれの: a ～ speaker (of English) (英語を母語とする人 / a ～ Bostonian＝a person ～ *to* Boston 生粋のボストン人 / a ～ American citizen 本国生まれの米国市民. **c** 〈言語・習慣など〉出生地[国]の: one's ～ language [tongue] 自国語, 母国語 / a ～ word (借用語に対して)本来語. **2** (外国のものでなく)その土地本来の, その土地生まれの, 土着の, 土産(ど)の (indigenous) 〔*to*〕: Potatoes are ～ *to* America. じゃがいもはアメリカが原産地である / the ～ British black cat 英国原産の黒猫 / ～ plants 土着の植物 / ～ strawberries 土地産のイチゴ / ～ art 郷土芸術, 民芸 / fruits ～ and foreign 内外の果物. **3** [しばしば軽蔑的に] **a** (通例, ヨーロッパ人の立場から)土着民の, 原住民の (aboriginal); 土着民独特の: ～ troops in India インドの現地民軍 / ～ customs [dress] 現住民の風俗[服装]. **b** 原住民の住んでいる: a ～ quarter 現地人地区. **4 a** 先天的な, 生得の, 生まれつきの, 本来の (inborn) 〔*to*〕: ～ genius [wit] 天賦の才 / ～ cheerfulness 生れつきの快活さ / Such an ability was ～ *to* her. そういう能力は彼女には生れつき備わっていた. **b** 《古》〈権利など〉生得の: ～ rights 生得権 (⇨ natural right). **5 a** 自然に従った〔*to*〕. **b** 自然のままの, 飾り気のない; 純真な, 素朴(ぼく)な: ～ beauty, colors. **6 a** (ある物の)元の素材を構成する: return to ～ dust 元の土に戻る. **b** 〈鉱物など〉自然のままの, 天然の: ～ rock 天然石. **c** 〈金属が〉(化合物の形で産出しないで)純粋の, 自然の: ～ copper 自然銅. **7** 〈牛・皮革が〉焼印の付いてない (unbranded). **8** 《豪》(特定の英国種に似ているが)土着の, オーストラリア産[種]の. **9** 《古》密接な関係のある (cognate) 〔*to*〕: The head is not more ～ *to* the heart than… 頭は…ほど心臓に近しくはない (Shak., *Hamlet* 1.2.47).
go native 《口語》〈白人・観光客などが〉(文化の低い)現地人と同じ生活をする.
── *n.* **1 a** …生れの人: a ～ of New York, Hungary, etc. **b** (旅行者・外国人と区別して)土地の人, 土着の人, 土地っ子: I am not a ～ here. 私はここの生れのものでない. **c** 《豪》オーストラリア生れの白人. **d** 《アフリカ南部》アフリカ黒人. **2 a** 土着の動植物 (aborigine). **b** 《英》英国近海養殖のカキ (oyster). **3** [しばしば軽蔑的に] (ヨーロッパ人から見て新発見地・開拓地などの)原住民, 未開人: South African ～*s* 南アフリカ原住民[黒人]. **4** 《占星》ある星の下に生れた人. **～·ly** *adv.* **～·ness** *n.*
Nátive Américan *n., adj.* アメリカ原住民(の), アメリカインディアン(の).
nátive béar *n.* 《豪》＝koala (cf. native *adj.* 8).
nátive-bórn *adj.* その土地[国]生まれの, はえぬきの, 生粋の: a ～ American.
nátive cát *n.* 《動物》フクロネコ《オーストラリアに生息するフクロネコ属 (*Dasyurus*) の動物の総称; フクロネコ (*D. quoll*) など》.
nátive són *n.* 《米》その土地生まれの人, その州出身の人.
Nátive Státes, n- s- *n. pl.* [the ～] (インド独立前の)藩王国.
nátive wíllow *n.* 《植物》＝poisonberry tree.
ná·tiv·ìsm [-ṭɪvìzm, -ṭə- | -tɪ-] *n.* **1** 《米》《政治》(移住民に対する)原住民保護主義. **2** 土着文化の維持・存続を計る立場 (cf. acculturation 1). **3** 《哲学》生得説, 先天説 (cf. innate ideas).
ná·tiv·ist [-ṭɪvɪst, -ṭə-, -vəst | -tɪvɪst] *n., adj.* **1** 《米》《政治》原住民保護主義者[論者](の). **2** 《哲学》生得説論者(の).
na·tiv·is·tic [nèɪṭɪvístɪk, -ṭə- | -tɪ-] *adj.*
na·tiv·i·ty [nətívəṭi, neɪ- | nətívɪti, -vɪ-] 〘《*a*1325》 *nativite* □ (O)F *nativité* □ LL *nātīvitātem* birth: ⇨ native, -ity〙 ── *n.* **1** 出生, 誕生 (birth): a man of Irish ～ アイルランド生れの人. **2** [the N-] **a** キリストの降誕; キリスト降誕祭 (Christmas). **b** 聖母マリアの誕生(祭)《9 月 8 日》. **c** 聖ヨハネ (John the Baptist) の誕生(祭)《6 月 24 日》. **3** [N-] キリスト降誕の図. **4** 《占星》(人の誕生時の)天宮図 (horoscope): calculate one's ～ (星占いをして)運勢を見る.
natívity plày *n.* [しばしば N-] キリストの降誕劇.
natl. 《略》national.
NA·TO, N.A.T.O., Na·to [néɪṭou | -təu] 〘《頭字語》← *N(orth) A(tlantic) T(reaty) O(rganization)*〙 *n.* ナトー, 北大西洋条約機構 (cf. SEATO).
Na·torp [nɑ́:tɔəp | -tɔ:p; G. ná:tɔrp], **Paul Gerhard** *n.* ナトルプ《1854–1924; ドイツの哲学者, 新カント学派のマールブルク学派を代表する 1 人》.
natr- [neɪtr, nætr] (母音の前に来る時の) natro- の異形.
na·tri·um [néɪtriəm | -trɪ-] 〘← NL ～ ← NATR(ON)＋-IUM〙 *n.* 《化学》＝sodium《記号 Na》.
na·tri·u·re·sis [nèɪtrɪjurí:sɪs, næ̀t-, -səs | -ju(ə)rí:sɪs] 〘← NATRI(UM)＋NL *uresis* (□ Gk *ourēsis* ← *oureîn* to urinate (cf. urine))〙 *n.* 《医学》ナトリウム排泄増加.
na·tri·u·ret·ic [nèɪtrɪjuréṭɪk, nætrɪ- | -ju(ə)rét-] *adj.*
na·tro- [néɪtro(u), næt- | -trə(u)] 〘□ G ～: ⇨ natron〙 「天然炭酸ソーダ (natron); ナトリウム (sodium)」の意の連結形. ★ 母音の前では通例 natr- になる.
na·tro·lite [néɪtrəlàɪt, næt-] 〘⇨ -lite〙 *n.* 《化学》ソーダ沸石, 天然アルミノケイ酸ソーダ ($Na_2Al_2Si_3O_{10}\cdot 2H_2O$).
na·tron [néɪtrɑn, næt-, -trən | néɪtrən, -trɔn] 〘《1684》 □ F & Sp. ～ □ Arab. *naṭrūn* □ Gk *nítron* natron: ⇨ niter〙 ── *n.* 《化学》天然炭酸ソーダ ($Na_2CO_3\cdot 10H_2O$)《洗濯ソーダ・石鹸・ガラスの原料の一つ》.
NATS 《略》Naval Air Transport Service (米国)海軍航空輸送部 (cf. MATS).
Nat·ta [nɑ́:ṭə | -tə; *It.* nátta], **Giulio** *n.* ナッタ《1903–79; イタリアの化学者・技術者; Nobel 化学賞 (1963)》.
nat·ter [nǽṭə | -tə(r] 〘《1829》《変形》← 《廃・方言》 *gnatter* □ ? Fris. *gnattern* ← Gmc 《擬音語》〙 《英口語》 ── *vi.* **1** ぺちゃくちゃしゃべる (chatter). **2** ぶつぶつ言う, 文句を言う (grumble). ── *n.* おしゃべり.
nat·ter·jack [nǽṭədʒæ̀k | -tə-] 〘《1769》← ? NATTER (その大きな鳴き声から)＋JACK[1] 《方言》newts, flies〙 ── *n.* 《動物》ナタージャックヒキガエル (*Bufo calamita*)《背に黄条のあるヨーロッパ産のヒキガエル》.
nat·tiér blúe [nætjéɪ-, *F.* natje-] 〘← *J. M. Nattier* (1685–1766: この色彩を多く用いたフランスの画家)〙 *n.* 淡青色 (soft azure).
nat·ty [nǽṭi | -ti] 〘《1785》《変形》← 《廃》 *netty* ← ME *net* (□ (O)F *net*: ⇨ neat[2])＋-Y[4]〙 ── *adj.* (**nat·ti·er; -ti·est**) 〈服装・風采など〉小ぎれいな, さっぱりした, いきな (trim): a ～ white suit. **nát·ti·ly** [-ṭɪli, -ṭə-, -ṭḷi | -tɪli, -tə-] *adv.* **nát·ti·ness** *n.*
Na·tu·fi·an [nətú:fiən | -fɪ-] 〘← *Wadi en-Natuf* (パレスチナにある谷の名)＋-IAN〙 ── *adj., n.* 《考古》ナトゥフ文化(期)の(人間)《シリア・パレスチナ地方の中石器文化(の人間)をいう; 種々の細石器, 動物の絵を彫った骨・石などの出土品がある; 穀物を収穫した最初の文化とされる》.
na·tu·ra [nətú(ə)rə | -tjúərə] 〘□ L *nātūra* 'NATURE'〙 *L. n.* 自然.
nat·u·ral [nǽtʃ(ə)rəl, -tʃʊr-] 〘《*a*1325》 □ (O)F *naturel* □ L *nātūrālis* by birth, in accordance with nature ← *nātūra* 'NATURE': ⇨ -al[1]〙 ── *adj.* **1** 天然[自然]の, 自然界の; 自然界を取り扱う: ～ beauty 自然の美観, 自然美 / ～ forces [phenomena] 自然力[現象]《嵐・雷鳴など》/ the ～ world 自然界 / ⇨ natural day. **2 a** 自然のままの, 加工しない; 未開墾の; 〈動植物が〉野生の (undomesticated): a ～ spring 天然泉 / ～ food 自然食(品) / ～ weapons 天然の武器《爪・歯・こぶしなど》/ ⇨ natural gas, natural resources, natural rubber / land in its ～ state 未開地 / a ～ growth of timber 自然の立木 / The buffalo can live its ～ life in Yellowstone Park. イエローストーン公園では野牛は自然のままの生活ができる. **b** 〈人が〉精神的に更生していない, 天啓を受けていない (unregenerate): ⇨ natural man. **3 a** 自然の過程による, 自然的な: a ～ process 自然的過程 / a ～ death (老齢・病気による)自然死 (cf. violent 2 b) / die a ～ death 自然な死に方をする / a ～ increase of population 人口の自然増 / a ～ explanation of miracles 奇跡の自然的理法による解明 / ⇨ natural life, natural magic. **b** [the ～; 名詞的に] 自然(的)なもの. **4 a** (論理的に)当然の (normal): a ～ mistake / the ～ consequences of an action ある行動の当然の結果 / It is only ～ that economic distress should follow war. 経済的困難が戦争の後に続くのはきわめて当然のことである / It was ～ for you to refuse the proposal. 君がその申し出を断わったのは当然だった. **b** (人情・人倫として)当然の: ～ affection [feeling] 自然の人情 / ～ justice 当然の応報 / ～ duties [obligations] 人として当然の義務《親に対する子の扶養義務など》/ It is ～ that children should love their parents. 子が親を慕うのは自然である. **5** 生写しの, 真に迫った (lifelike); 実物通りの, 原物の: a most ～ representation of past time 過去の実に生々とした描写 / drawn to ～ scale 実物大に描いた. **6** 私生の, 庶出の, 婚外の, 非嫡出の (illegitimate): ⇨ natural child. **7** 生れつきの, 生得の (innate) (cf. acquired); 生来の, 天性の (born): ～ abilities, instincts, charm, etc. / a ～ poet [linguist] 生れながらの詩人[語学者] / a ～ fool 先天的白痴 / a ～ enemy 《生物》天敵 / ⇨ natural right. **8** 本来の, 飾り気のない, 気取らない (genuine) (↔ artificial, affected): speak in a ～ voice (いつもの)自然の声で話す / a ～ pose (特に気取らない)自然な姿勢 / a ～ expression of face 自然な[飾り気のない]表情. **9** 〔…にとって〕普通の, 平常の (usual); 独特の, 持前の (characteristic) 〔*to*〕: a manner ～ *to* a soldier 軍人として自然な態度 / with the bravery that is ～ *to* him 持前の勇敢さで / It is hardly ～ for him to remain silent. 彼が黙っているのは普通なことではない《変だ》/ Her flushed face didn't look ～. 彼女の紅潮した顔は尋常とは見えなかった / He is not in a ～ state of mind. 彼の精神状態は普通ではない. **10** 《音楽》 **a** 本位の《嬰(えい)記号も変記号もつかない》: a ～ key ハ長調《またはイ短調》. **b** 本位の《先行の嬰記号または変記号を取り消す》: a ～ sign 本位記号 (♮). **c** 本位の《本位記号で音の高さが幹音に復帰する》: B ～ 本位ロ音. **d** 〈ホルン・トランペットなどの金管楽器など〉無弁の《弁も鍵もついていない》: a ～ horn [trumpet] 無弁[自然]ホルン[トランペット]. **11** アフロヘアーの; アフロスタイルの (Afro).
come natural to 《口語》〈事が〉〈人〉にとってごく自然[容易]である, たやすい: Speaking *comes* ～ *to* him. 彼は演説がすらすらと楽にできる.
── *n.* **1** (生来の)白痴 (fool). **2** 《口語》生れつき上手な[才能のある]人; 成功受合いの人[もの]; (役割・行為などに)打ってつけの人[もの]〔*for*〕: He was a ～ *as* a wrestler. レスラーになるために生れてきたような男だった / You are a ～ *for* the job. 君はその仕事に打ってつけだ. **3** 《口語》寿命: for [in] (all) one's ～ 生涯. **4** (黒人の)アフロヘアー; アフロスタイル. **5** 《音楽》 **a** 本位記号, ナチュラル (♮)《sharp または flat などで半音高め[低め]られた音を元に戻す記号》. **b** 本位音. **c** (ピアノなどの)白鍵(けん). **6 a** 《トランプ》ナチュラル《twenty-one で, 初めから ace と絵札(または 10) で 21 点になっている最高の手で, 即座に上がりとなる; black-jack ともいう》. **b** ナチュラル《craps などで第 1 回目のさいころ投げで勝ちとなる手》. **～·ness** *n.* **nat·u·ral·i·ty** [nætʃərǽləṭi, -ləti, -lɪ-] *n.*
nátural áids *n. pl.* 《馬術》⇨ aid 4.
nátural-bórn *adj.* 生れつき…の権利[身分, 性格]を持った, 生れつきの, 生得の: a ～ citizen 出生によって市民権を有する市民《米国憲法第 2 条 1 節 5 項にある言葉》/ ～ genius / a ～ stylist 生れつきの名文家.
nátural brídge *n.* 《地理》(岩石海岸または石灰岩地域にみられる)天然橋《橋の形をした自然の岩》.
Nátural Brídges *n. pl.* 米国 Utah 州南東部にある三つの天然橋から成る天然記念物; 最大のものの高さ(川底から) 98 m, 径間 82 m.
nátural cemént *n.* 天然セメント《粘土質石灰岩を焼成し, 粉末にした水硬性セメント; 現在はほとんど製造されない; cf. portland cement》.
nátural chíld *n.* 私生児, 庶子.
nátural chíldbirth *n.* (薬物・催眠などに頼らない)自然分娩.
nátural classificátion *n.* **1** 《生物》＝natural system. **2** 《植物》自然分類《フランスの植物学者 A. L. de Jussieu [ʒysjø] (1748–1836) による形の類似性を標準に種類を目 (natural order) に配列した分類法》.
nátural dáy *n.* 自然日《日の出から日の入りまで》; 一昼夜.
nátural dýe *n.* 天然染料《天然の動植物体から得られる染料》.
nátural fréquency *n.* 《電気・機械》固有周波数, 固有振動数《減衰作用を受けない振動系が自由振動をする時, 単位時間内に振動する回数》.
nátural gás *n.* 天然ガス (cf. casinghead gas).
nátural gásoline *n.* 天然ガソリン《天然ガスまたは油井ガス (casinghead gas) を圧縮液化して得られるガソリン; casinghead gasoline ともいう》.
nátural génder *n.* 《文法》自然的性《現代英語におけるように代名詞 he, she などの選択が指示物の生物学的な性別により決定されるもの; cf. grammatical gender》.
nátural guárdian *n.* 《法律》血縁後見人《未成年者 (minor) の(財産の管理を含まない)後見人; コモンロー (Common Law) では父・母・祖父母または直近の親族の順とされた》.
nátural históriann *n.* 博物学[自然史]研究家; 博物誌[自然誌]の著者.
nátural hístory *n.* **1 a** 博物学, 自然史《今は動物・植物・鉱物学などに分化》. **b** (専門外の人の非組織的な)博物[自然史]研究. **c** 博物誌, 自然誌. **2 a** 発達史[経路], 沿革史〔*of*〕: a ～ *of* Boston. **b** (病状などの)自然発達〔*of*〕: a ～ *of* tuberculosis.
nátural immúnity *n.* 《生物》自然免疫《生来または無意識的に得た免疫; cf. acquired immunity》.
nat·u·ral·ise [nǽtʃ(ə)rəlàɪz, -tʃʊr-] *v.* 《英》＝naturalize.
nát·u·ral·ìsm [-tʃ(ə)rəlìzm, -tʃʊr-] 〘《*a*1641》 □ F *naturalisme*: ⇨ natural, -ism〙 ── *n.* **1** (自然的本能や欲望に従って行動する)自然主義, 本能主義. **2** 《哲学》自然主義《自然を重視し超自然的なものを軽視する世

界観; 特にすべての現象は科学的法則によって説明し尽くされ目的論的自然観は無価値であるとする説》. ★ 実証主義 (positivism), 経験論 (empiricism), 唯物論 (materialism), 機械観 (mechanism) などはそれぞれある意味で自然主義である. **3** 〖倫理〗自然主義: **a** 人間の自然的本性を重視して道徳的規範を立て, それを抑圧する規範を否定する立場; 何を基本の本性と見るかによって立場は分かれる; Epicurus の快楽主義, Aristotle らの幸福主義, 自然の理法への服従を力説する Stoa 派, 力への意志に基づく Nietzsche の超人道徳その他がある. **b** 価値・規範(の言葉・命題)は自然的事実(の言葉・命題)で説明され, それに還元されるとする倫理学説. **4** 〖神学〗自然論《宗教的真理は天啓からではなく自然過程の研究から得られるとする説》; 自然崇拝. **5** 〖文芸〗自然主義: **a** 19 世紀後半の文学で Zola, Maupassant, George Moore, Hardy などによって代表され, 客観描写を主張する一種の写実主義. **b** 特に英文学において用いられる名称で自然を主材とする文学, またその手法. **c** (芸術作品において)自然の実態に則して表現すること.

nát·u·ral·ist [-lɪst, -tʃʊr-, -ləst | -lɪst] 〖□F *naturaliste*〗 — *n.* **1** 博物学者; (特に)生物学者 (biologist). **2 a** 《英》愛玩動物商人, 小鳥商人. **b** 剝製(はく)師 (taxidermist). **3** 〖哲学・文芸〗自然主義者. **4** 〖神学〗自然論者. — *adj.* =naturalistic.

nat·u·ral·is·tic [nætʃ(ə)rəlístɪk, -tʃʊr-] *adj.* **1** 自然に従った; 自然主義的な, 写実的な (realistic): ~ fallacy 自然主義的誤謬《G.E. Moore の言葉》/ ~ principles in art 芸術における自然主義. **2** 博物学(者)的な. **3** 〖神学〗自然論的な. **nàt·u·ral·ís·ti·cal·ly** *adv.*

nat·u·ral·i·za·tion [nætʃ(ə)rəlɪzéɪʃən, -tʃʊr-, -lə- | -laɪ-, -lɪ-] 〖(1578)□F *naturalisation*〗 — *n.* **1** (外国人の)帰化: a British subject by ~ 帰化英国人. **2 a** (外国語・外国の習慣などの)移入. **b** (外国産動植物の)帰化. **3** 自然化.

nat·u·ral·ize [nǽtʃ(ə)rəlàɪz, -tʃʊr-] 〖(1605)□F *naturaliser*: ⇨ natural, -ize〗 — *vt.* **1** 〈外国人を〉帰化させる, …に市民権[国籍]を与える: a ~*d* citizen [Japanese] / become ~*d* as a Japanese subject [in Japan] 日本に帰化する. **2 a** 〈外国語・外国の習慣などを〉取り入れる, 移入する: ~ foreign words 外国語を自国語に取り入れる / ~*d* words 外来語 / a French word that has been ~*d* in English 英語に取り入れられた[移入された]フランス語. **b** 〈外国産動植物を〉風土[環境]に慣らす, 帰化させる, 馴化させる (acclimate); 天然植物に仕立てる: a ~*d* plant 帰化植物 / become ~*d* 帰化する. **3 a** 自然的にする, 自然に従わせる. **b** …につき自然的な見方をする, (神秘的でなく)自然律で説明する: ~ miracles. — *vi.* **1 a** 帰化する. **b** 馴化する, 風土に馴れる. **2** 博物学を研究する.

nátural lánguage *n.* 自然言語《Esperanto や FORTRAN などの人工語に対し, 日本語・英語などの自然の言語; cf. artificial language, machine language》.

nátural láw *n.* **1** 〖法律〗(実定法に対する)自然法《自然の理法や人間本性に基づく法; cf. positive law》. **2** 〖哲学〗=LAW of nature (1).

nátural líberty *n.* [通例 *pl.*] 自然的自由《自然律以外のものの制約を受けない自由; cf. civil liberty》.

nátural lífe *n.* (人の)寿命, 天寿: for the term of one's ~ 寿命のある限り, 生涯.

nátural lógarithm *n.* 〖数学〗自然対数《底を "*e*=2.71828182845…" とするもの; Napierian logarithm ともいう; cf. common logarithm》.

nát·u·ral·ly [-rəli | -lɪ] 〖(*c*1430)〗 — *adv.* **1** 自然に, 自然の力で: die ~. **2** 無理がなく, 楽々と: take to swimming ~ 苦もなく泳ぎができるようになる / Swimming comes ~ to him. 彼には泳ぎはわけはない (cf. *come* NATURAL *to*). **3** 生来, 生れつき; 性に合って: be ~ clever, indolent, etc. / do what comes ~ 性に合ったことをする / come ~ to a person 人の性に合っている (cf. 2). **4** ありのままに, 飾らずに, 気取らずに: behave ~. **5** 当然; もちろん, …も道理. ★ 文全体を修飾し通例文頭にくるが, 位置はかなり自由: He was ~ disappointed. 失望するのが当然だった / *Naturally* he accepted her kind offer. もちろん彼は彼女の親切な申し出を受け入れた / Did you go there?—*Naturally!* そこへ行きましたか—もちろんですよ. **6** 真に迫って, 生写しに (realistically).

nátural mágic *n.* (霊や神の力によらない)奇術 (cf. black magic).

nátural mágnet *n.* =magnet 1.

nátural mán *n.* **1** (天啓を受けず動物的に行動する)自然児[人]. **2** 未開人.

nátural mínor scále *n.* 〖音楽〗自然的短音階 (cf. scale[3] 7).

nátural mutátion *n.* 〖生物〗自然(的)突然変異《自然に起こる突然変異で, 人為突然変異に対する語》.

nátural númber *n.* 自然数《1, 2, 3, … のような正の整数; 0 を含めることもある》.

nátural órder *n.* **1** 自然律, 自然界の秩序. **2** 〖植物〗(植物分類上の)目 (order). ★ 古くは今の family (科)の意味に用いられた.

nátural períod *n.* 〖天文・物理〗自然周期, 固有周期.

nátural pérson *n.* 〖法律〗自然人 (cf. juristic person).

nátural philósopher *n.* 自然(哲)学者; (特に)自然科学者.

nátural philósophy 〖(1456)〗 — *n.* 自然哲学《科学と哲学が未分化であった時代, 今日の自然科学をさす言葉; cf. moral philosophy, nature philosophy》; (特に) =natural science.

nátural phonólogy *n.* 〖言語〗自然音韻論《広義には Chomsky and Halle, *Sound Pattern of English* (1968) に要約された生成音韻論の欠陥を是正しようとする音韻論を指すが, 狭義には特に David Stampe [stǽmp] の主唱する音韻論を指す》.

nátural prémium *n.* 〖保険〗自然保険料《生命保険で, 死亡率に比例し年齢の増加に伴って毎年増加していく保険料》.

nátural príce *n.* 〖経済〗自然価格《生産原価に平均利潤を加えたもの》.

nátural relígion *n.* 〖哲学〗自然宗教《啓示の神秘性を否定し, 自然や理性と両立する限りにおいて神を認めようとする立場; cf. positive religion, revealed religion, deism》.

nátural résin *n.* 天然樹脂 (cf. synthetic resin).

natural resources [⊥(–)– ⊥⊥–, ⊥(–)– –⊥– | ⊥(–)– –⊥–] *n. pl.* 天然資源.

nátural ríght *n.* 〖哲学〗自然権《人が生れながらに有する権利; cf. legal right》.

nátural rúbber *n.* 天然ゴム (cf. synthetic rubber).

nátural scíence *n.* 自然科学. **nátural scíentist** *n.*

nátural seléction *n.* 〖生物〗(ダーウィン進化論でいう)自然選択, 自然淘汰(とうた) (cf. artificial selection, SURVIVAL of the fittest).

nátural sýstem *n.* 〖生物〗自然分類, 系統分類《生物界をその進化の系統に従って組織的に分類した体系; natural classification ともいう; cf. artificial system》.

nátural theólogy *n.* 自然神学《啓示によらず, 理性や自然に基づく神学的教説; cf. revealed theology》.

nátural uránium *n.* 〖原子力〗天然ウラン (cf. enriched uranium).

nátural vírtues *n. pl.* 〖哲学〗(古代哲学およびスコラ哲学での)自然の徳《justice, prudence, temperance, fortitude の四元徳をいう; cf. cardinal virtues》.

nátural wávelength *n.* 〖電気〗固有波長《伝播速度を固有周波数 (natural frequency) で割ったもの》.

nátural wíne *n.* ナチュラルワイン《ブランデーなどによってアルコール分を補強してないぶどう酒; cf. fortified wine》.

nátural yéar *n.* 自然年, 太陽年 (solar year).

na·tu·ra na·tu·rans [nət(j)ú(ə)rə-nət(j)ú(ə)rænz | nətjúərə-nətjúər-] 〖□L *nātūra nātūrāns* ← *nātūra* (↓) + *nātūrāns* ((pres.p.) ← *nāscī* to be born)〗 — *n.* 創造的自然.

natúra na·tu·ra·ta [-nà:t(j)uréɪtə, -turá:- | -nà:tjʊ(ə)réɪtə, -tʊ(ə)rá:-] 〖□L *nātūra nātūrāta* ← *nātūra* 'NATURE' + *nātūrāta* ((p.p.) ← *nāscī* (↑))〗 — *n.* 創造された自然.

na·ture [néɪtʃə | -tʃə(r)] 〖(*c*1275)□(O)F ~□L *nātūra* 《原義》 birth, natural character, nature ← *nātus* (p.p.) ← *nāscī* to be born: ⇨ -ure〗 — *n.* **1 a** 自然, 天然, 自然界; 自然力, 自然現象: the study of ~ / *Nature's* God 自然を造り出した神 (Alexander Pope, *Essay on Man*) / God is the author of ~. 神は万物の創造主 / leave the cure of an illness to ~ 病気の治癒(ゆ)を自然に任せる / *Nature* is the best physician. 《諺》自然は最良の医者 / *Nature* is commanded by obeying her. 自然はそれに従うことによって支配できる / in the course of ~ 自然の成行きで. **b** [しばしば N-] 造化, 造物主, 自然の女神《★ しばしば女性代名詞で受ける》: *Nature's* engineering 造化の巧み / *Nature*, that kindly mother of humanity 人類のやさしき母なる自然 / by provision of ~ 自然の摂理により / one of *Nature's* gentlemen 生れは卑しいが本性気高く思いやりの深い人; 《反語》無教養な無作法者《gentlemen の代りに saints, noblemen, nephews などともいう》. **2 a** (人為によらない)自然のままであること, 自然[原始]状態; 自然物, 実物 (reality): true to ~ 真に迫った, 本物[実物]通りに / sketch [draw, paint] a thing from ~ 実物を写生する / ⇨ *in a* STATE *of nature*. **b** 自然の風景《動植物も含む》: preserve [destroy] ~ 自然の景観を保存[破壊]する. **3 a** (人間の)本来の姿, 原始的状態: a return to ~ 自然への復帰《J. J. Rousseau の言葉》. **b** 簡素な生活様式, 原始的生活. **4 a** (人・物の)天性, 本性, 性情, 性質 (inherent character): the animal ~ 動物性, 獣性 / in the ~ of man 人間性において / the rational [moral] ~ 理[道徳]性 / ⇨ human nature, second nature / a man of good [ill] ~ 人のいい[悪い]人, やさしい[意地悪な]人 / be of a generous ~ 大らかな性質である / One touch of ~ makes the whole world kin. ⇨ touch *n.* 9 / It is in her ~ to be kind to the poor. 貧しい人に親切なのは彼女の天性だ / It is out of [not in] my ~ to be cruel to animals. 私の性質として動物にむごいことはできない. **b** 本質, 特質, 特徴 (characteristic): the ~ of love, steel, atomic energy, etc. / the noncommercial ~ of the enterprise その事業の非営利性 / It is the ~ of fire to burn. 燃えるのが火の特質である. **c** [通例修飾語を伴って] 気性の…な人: sanguine ~*s* 楽天的な人々, 楽天家 / Some ~*s* cannot appreciate poetry. 詩のわからない人がある / He is a retiring ~. 彼は引っ込みがちな人だ. **5** (基本的特質から区別された)種類: a book of the same ~ 同種の本 / events of this ~ この種の出来事. **6 a** 活力, 体力, 生活作用: *Nature* is exhausted. 体力が尽きた. **b** 《婉曲》性的[生理的]要求: a call of ~ 自然の(生理的)要求 / interference with ~ 生理的要求の妨害 / ease [relieve] ~ 大[小]便をする. **7** 《古》やさしい感情. **8** 〖神学〗(天啓を受けない)精神的未更生の状態. **9** 〖生物〗(有機体の)発生的特質, 本質, 素質.

against nature (1) 自然の理に反した[反して], 不自然な[に]; 人道にもとる[もとって]; 不道徳な[に]: ⇨ CRIME against nature. (2) 奇跡的な[に]. ***all nature*** 万物; だれもかれも (everybody), 何もかも (everything): *All* ~ looks gay. (春景色など)万物が歓喜にあふれている, 鳥歌い花笑う. ***by nature*** 生れつき, 生れながらに, 生来, 本来 (innately): He is endowed *by* ~ for a musician. 彼は生れつき音楽家の才がある. ***by the light of nature*** ⇨ light[1] 成句. ***contrary to nature*** =*against* NATURE. ***go the way of all nature*** ⇨ way[1] 成句. ***in a state of nature*** ⇨ state 成句. ***in nature*** (1) 現存して; 事実 (in real fact): There is, *in* ~, such a thing as hell. 地獄というものは実際にあるのだ. (2) [最上級・否定・疑問を強調して] 世界中で, どこに(も), 一体全体 (at all): What *in* ~ do you mean? 一体何事だ / It was *the most* brilliant diamond *in* ~. それは燦然(さん)と輝くダイヤモンドであった. ***in*** [***of***] ***the nature of*** …の性質を帯びて, …と同種の, …に似た (like): Your request is *in* [*of*] *the* ~ *of* a command. 君の頼みはまるで命令のようだ. ***in*** [***by, from***] ***the*** (***very***) ***nature of things*** [***the case***] (事物の)本質から考えて, 道理上, 当然, 必然的に. ***like all nature*** 《米口語》全く, 完全に.

náture-cùre *n.* 自然療法 (naturopathy).

ná·tured 〖← NATURE + -ED 2〗 *adj.* [通例複合語の第 2 構成素として] 性質の…な, 気性の…な: good-[ill-]*natured* 人のいい[悪い].

náture dèity *n.* [通例 *pl.*] 自然神《自然物や自然現象を神とするもの》.

náture-gòd *n.* =nature deity.

náture mỳth *n.* 自然神話(説)《神話の起源は自然現象と自然物の起源・由来などを説明化したものと考える説》.

náture philòsophy *n.* (Socrates 以前の古代ギリシャやルネッサンス期の)自然(哲)学 (cf. natural philosophy).

náture prìnting *n.* 〖印刷〗ネイチャープリンティング《織物などを金属板に押しあてて出来た織目などの凹模様を製版して印刷する方法》.

náture stùdy *n.* 自然観察《初等教育の教科としての動植物・自然現象などの観察》.

náture tràil *n.* (自然を観察できるように作った)自然歩道.

náture wòrship *n.* 自然[天然]崇拝《自然の事物や現象を神として崇拝すること》.

ná·tur·ìsm [-tʃərɪzm] 〖□F *naturisme*〗 *n.* **1** (宗教上の)自然主義 (naturalism). **2** 自然[天然]崇拝(説)《宗教の起源は自然崇拝だとする》. **3** =nudism.

ná·tur·ist [-rɪst, -rəst | -rɪst] *n.* **1** (宗教上の)自然主義者. **2** 自然崇拝者. **3** =nudist.

na·tu·ro·path [néɪtʃərəpæ̀θ, nət(j)ʊ́(ə)r- | néɪtʃər-, nətjúər-] 〖(逆成)↓〗 *n.* 自然療法の実践者, 自然療法医.

na·tu·rop·a·thy [nèɪtʃərɑ́pəθi, nætʃ- | -rɔ́pəθɪ] 〖← L *nātūra* 'NATURE' + -PATHY〗 — *n.* 自然療法(主義)《薬を用いず空気・日光・水・熱などの物理的な自然力による療法》. **na·tu·ro·path·ic** [nèɪtʃərəpǽθɪk, nət(j)ʊ̀(ə)r- | nèɪtʃər-, nətjʊ̀ər-] *adj.*

nau·co·rid [nɔ́:kərɪd, -rəd, -rìd | -rɪd, -rìd] 〖↓〗 〖昆虫〗 *adj.* コバンムシ(科)の. — *n.* コバンムシ《コバンムシ科の昆虫の総称》.

Nau·cor·i·dae [nɔ:kɔ́(:)rədì:, -kɑ́r- | -kɔ́rɪ-] 〖← NL ~ ← *Naucoris* (属名: ← Gk *naûs* ship + *kóris* bedbug) + -IDAE〗 *n. pl.* 〖昆虫〗(半翅目)コバンムシ科.

Nau·cra·tis [nɔ́:krətɪs, -təs | -tɪs] 〖□Gk *Naúkratis*〗 — *n.* ナウクラティス《エジプト北部 Nile 川の三角州上にあった古代ギリシャの植民都市; Sir Flinders Petrie により発掘された (1885)》.

Naug·a·hyde [nɔ́:gəhàɪd] 〖← ? *Nauga*(*tuck*) (Connecticut 州中部にある工業都市) + *hyde* 《変形》 ← HIDE[1]〗 — *n.* 〖商標〗ノーガハイド《室内装飾に用いる人工革》.

naught [nɔ́:t, nɑ́:t | nɔ́:t] 〖OE *nāht*, *nāwiht* ← *nā* 'NO[1]' + *wiht* thing: ⇨ nought, wight[1], whit〗 (*also* **nought**) — *n.* **1** 《古・文語》無 (nothing) (cf. aught): all for ~ 全くむだに, いたずらに / come to [go for] ~ 〈計画などが〉だめになる, 失敗に終わる / bring a plan to ~ 計画をだめにする[失敗に終わらせる]. **2** 〖数学〗零, 0, ゼロ (cipher, zero). ★ 《英》ではこの意では nought が普通.

set at naught 《古・文語》軽蔑する, 無視する (defy).

— *pred. adj.* **1** 崩壊した, 滅びた (ruined). **2** 《古》無価値の, 無用の (worthless): find one's wealth ~ 富をつまらないものと思う. **3** 《廃》(道徳的に)悪い (bad), よこしまな (wicked).

— *adv.* 《古》少しも…しない (not at all): care ~ for a person 少しも人をかまわない[相手にしない].

náughts-and-crósses *n. pl.* [単数扱い] 《英》〖遊戯〗=ticktacktoe.

naugh·ty [nɔ́:ti, nɑ́:- | nɔ́:tɪ] 〖(*c*1378) ← NAUGHT 《廃》 wickedness: ⇨ -y[4]〗 — *adj.* (**naugh·ti·er**; **-ti·est**) **1** (子供または子供の振舞いについて)いたずら好きな, 腕白な, 手に負えない (mischievous): a ~ boy / That's very ~ *of* you. それはひどいいたずらだ. ★ 戯言的に大人についてもいう. **2 a** みだらな, わいせつな, 下品な: a ~ word, story, etc. **b** 浮気な, ふし

だらな: a ～ woman. **3**《古》邪悪な. **náugh·ti·ly** [-ṭili, -ṭə-, -ṭḷi | -tɪlɪ, -tə-] *adv.* **náugh·ti·ness** *n.*

náughty níneties *n.* [the ～]《戯言》(奢侈放蕩(ほうとう)のため)悪名高い90年代《英国の1890年代》.

náughty páck 〘cf. pack¹《廃》a person of worthless character〙 *n.*《古》ならず者;(特に)身持の悪い女.

nau·ma·chi·a [nɔːméɪkiə, -mǽk- | -kɪə] 〘《1596》□ L ～ □ Gk *naumakhía* ← *naûs* ship + *mákhē* battle: cf. naval, -machy〙 ── *n.* (*pl.* **-chi·ae** [-kiìː], ～**s**) (昔ローマの市民に観覧させた)模擬海戦; 模擬海戦場《特に場所を作るかまたは円形劇場などを用いた》.

nau·ma·chy [nɔ́ːməki | -kɪ] 〘□ F *naumachie*: ↑〙 *n.* ＝naumachia.

Nau·mann [náumɑːn; *G.* náuman], **Edmund** *n.* ナウマン《1850-1927; ドイツの地質学者; 来日(1875-85)して日本列島の地質調査をし, 東大教授, 地質調査所創立者として, わが国の地質学の発展に大きな貢献をした; ナウマンゾウは彼にちなんで命名されたもの》.

Náumann élephant 〘↑〙 *n.*〘古生物〙ナウマンゾウ《第四紀更新世後期に日本にいたゾウ》.

nau·pli·us [nɔ́ːpliəs | -plɪ-] 〘← NL ～ ← L 'a kind of shellfish' □ Gk *Naúplios* (海神 Poseidon の息子) ← *naûs* ship + *pleîein* to sail: 殻を船とみて名付けたもの〙 ── *n.* (*pl.* **-pli·i** [-pliàɪ | -plɪ-])〘動物〙ノープリウス, ナウプリウス《甲殻類の発生でふつう第1期に現われる幼生; cf. metanauplius》.

Na·u·ru [nɑːúːruː | nɔːrúː] *n.* ナウル《赤道近くの太平洋上 Gilbert 諸島の西にある島で共和国; もとオーストラリア・ニュージーランド・英国3国の国連信託統治領であったが1968年独立; 燐鉱の産地として有名; 人口7,500, 面積21 km², 首都 Nauru; 旧名 Pleasant Island; 公式名 the Republic of Nauru ナウル共和国》.

Na·u·ru·an [nɑːúːruən | nɔːrúːən] *n., adj.* ナウル共和国民(の).

nau·se·a [nɔ́ːziə, -ʃə, -siə, -ʒə | -sjə, -sɪə, -ʃɪə, -zjə, -zɪə, -ʒɪə] 〘《1569》□ L ～, *nausia* □ Gk *nausíā*, *nautíā* seasickness ← *naûs* ship, *naútēs* sailor: cf. naval〙 ── *n.* **1** 吐き気, 嘔吐, むかつき (qualm): feel ～ むかつく, 吐きそうになる. **2** 大きらい, 嫌悪 (loathing).

nau·se·ant [nɔ́ːziənt, -ʒiənt, -siənt, -ʃiənt | -sjənt, -sɪənt, -ʃɪənt, -zjənt, -zɪənt, -ʒɪənt] 〘□ L *nauseant-em* (pres.p.) ← *nauseāre* to feel sick: ⇨↑, -ant〙 ── *adj.* 吐き気を催させる. ── *n.* 催吐剤.

nau·se·ate [nɔ́ːzièɪt, -ʒièɪt, -sièɪt, -ʃièɪt | -sɪèɪt, -ʃɪ-, -zɪ-, -ʒɪ-] 〘《1646》← L *nauseāt-us* (p.p.) ← *nauseāre*: ⇨↑, -ate³〙 ── *vt.* **1** …に吐き気を起こさせる. **2** …にひどくいやな感じを与える (disgust): His hypocrisy ～*s* me. 彼の偽善的な態度には胸糞が悪くなる. **3**《まれ》非常にきらう. ── *vi.* **1** 吐き気を催す〔*at*〕: ～ *at* food 食物で胸が悪くなる. **2** いやでたまらない〔*at*〕: ～ *at* work 仕事がいやでたまらない. **náu·se·àt·ed** [-tɪd, -ṭəd | -tɪd, -təd] *adj.* **nau·se·a·tion** [nɔ̀ːziéɪʃən, -ʒi-, -si-, -ʃi- | nɔ̀ːsiéɪʃən, -ʃɪ-, -zɪ-, -ʒɪ-] *n.*

náu·se·àt·ing [-ṭɪŋ | -tɪŋ] *adj.* 吐き気を起こさせる(ような); 実にいやな感じを与える. **～·ly** *adv.*

nau·seous [nɔ́ːʃəs, -ziəs, -siəs, -ʒəs | -sjəs, -sɪəs, -ʃɪəs, -zjəs, -zɪəs, -ʒɪəs] 〘《1604》□ L *nauseōs-us* ← *nausea* 'NAUSEA': ⇨ -ous〙 ── *adj.* **1** 吐き気を起こさせるような (nauseating): a ～ taste, smell, etc. / The food is ～ to the taste. その食物はいやな味がする. **2**《米口語》むかつく, 吐き気を催す: feel ～. **3** けがらわしい, いやらしい: a ～ sight. **～·ly** *adv.* **～·ness** *n.*

Nau·sic·a·ä [nɔːsíkiə, nau-, -keɪə | nɔːsíkɪə, -keɪə] 〘□ L *Nausicaa* □ Gk *Nausikáa*《原義》? burner of ships ← *naûs* ship + *kaíein* to burn〙 ── *n.*〘ギリシャ伝説〙ノースキア《Phaeacia の王 Alcinoüs の娘; 難船した Odysseus を父の宮廷に案内した》.

naut.《略》nautical.

nautch [nɔ́ːtʃ] 〘《1809》□ Hindi *nāc* < Prakrit *nacca* ← Skt *nṛtya* a dancing ← *nṛt-* to dance〙 *n.* インドの nautch girl の挑発的な舞踊 (nautch dance).

náutch gìrl *n.* (インドの職業的な)踊り子.

nau·ti·cal [nɔ́ːṭɪkəl, nɑ́ː-, -ṭə- | nɔ́ːtɪ-] 〘《1552》□ L *nautic(us)* (□ Gk *nautikós* of ships or sailors ← *naútēs* sailor) + -AL¹〙 ── *adj.* 船舶の; 海員の; 航海(術, 学)の; 海事の (maritime): a ～ almanac 航海暦, 航海年表 / ～ terms 海語, 海事用語 / a ～ yarn 航海奇談.

náutical astrónomy *n.* 航海天文学《航海および航空に応用される天文学》.

náu·ti·cal·ly *adv.* 航海上(から), 海事上; 航海(術, 学)的に.

nautical mile *n.*〘海事〙海里: **a** 英国海軍省の公定で6,080フィート(1,853.2 m)《Admiralty mile ともいう》. **b** 米国沿岸測量部のかつての公定で6,080.20フィート(1,853.248 m). **c** 国際海里 (international nautical mile)《1959年7月1日以降米国で公用; 日本と同様で6,076.11549フィート(1,852 m)》.

náutical tábles *n. pl.* 航海表《航海術計算に必要な数表》.

nau·tics [nɔ́ːtɪks, nɑ́ː- | nɔ́ːt-] 〘← NAUT(ICAL) + -ICS〙 *n.*《英》**1** [単数扱い] 航海術. **2** [複数扱い] 水上スポーツ (water sports).

nautili *n.* nautilus の複数形.

Nau·til·i·dae [nɔːtílədìː | -lɪ-] 〘← NL ～: ⇨ nautilus, -idae〙 *n. pl.*〘貝類〙オオムガイ科.

nau·ti·loid [nɔ́ːṭəlɔ̀ɪd, nɑ́ː-, -ṭḷ- | nɔ́ːtɪ-] 〘↓〙 *n., adj.*〘貝類〙オオムガイ目の(頭足類).

Nau·ti·loi·de·a [nɔ̀ːṭəlɔ́ɪdiə, nɑ̀ː-, -ṭḷ- | nɔ̀ːtɪ-] 〘← NL ～: ⇨↓, -oidea〙 *n. pl.*〘貝類〙オオムガイ目.

nau·ti·lus [nɔ́ːṭələs, nɑ́ː-, -ṭḷ- | nɔ́ːtɪl-] 〘《1601》← NL ～ (属名) ← L ～ □ Gk *nautílos* sailor ← *naûs* ship〙 *n.* (*pl.* ～**es**, **-ti·li** [-ṭəlàɪ, -ṭḷ- | -tɪl-])〘動物〙**1** オウムガイ《熱帯インド洋・太平洋産のオウムガイ属 (*Nautilus*) の四鰓頭足類の総称; 特に pearly nautilus; chambered nautilus ともいう》. **2** ＝paper nautilus.

Nau·ti·lus [nɔ́ːṭələs, nɑ́ː-, -ṭḷ- | nɔ́ːtɪl-] 〘↑: J. Verne の科学小説の潜水艦にちなむ〙 *n.* [the ～] ノーチラス(号)《米国海軍原子力潜水艦第一号; 1954年進水》.

nav.《略》naval; navigable; navigation; navigator; navy.

Nav·a·ho [nǽvəhòu, nɑ́ːv- | -həu] 〘□ Sp. (*Apache de*) *Navajó* Apache of Navaho □ Am.-Ind. (Tewa) *Navahú* great planted-fields (もと Tewa の部落 (pueblo), 転じてその農耕地に侵入したナバホ人をいう)〙 ── *n.* (*pl.* ～, ～**s**, ～**es**) **1 a** [the ～((e)s)] ナバホ族《Athapaskan 系アメリカインディアンの南部の一主要部族; Arizona, New Mexico, Utah, Colorado 各州にまたがる保留地 (reservation) に居住し, 今日米国最大の部族集団を成す; 鮮かな幾何学的模様の毛布 (Navaho blanket) を織る技術と銀細工で有名》. **b** ナバホ族の人. **2** (ナバホ族の用いる)ナバホ語. ── *adj.* ナバホ族(特有)の; ナバホ語の.

nav·aid [nǽveɪd] 〘← *nav(igation) aid*〙 ── *n.*〘海事・航空〙航法援助施設《船や航空機に自分の位置を正確に知る手段を提供し, あるいは電波などを使って目的地点に直接誘導するなどの機能をもつ施設》.

Nav·a·jo [nǽvəhòu, nɑ́ːv- | -həu] *n.* (*pl.* ～, ～**s**, ～**es**), *adj.* ＝Navaho.

na·val [néɪvəl] 〘《1593》□ (O)F ～ // L *nāvāl-is* of ships ← *nāvis* ship: ⇨ navy, -al¹〙 ── *adj.* **1 a** 海軍の[に関する], 軍艦の (cf. military, civil): a ～ (building) plan 建艦計画 / ～ power 海軍力, 制海権 / a ～ review 観艦式. **b** 海軍の行なう[による]: a ～ battle [engagement] 海戦 / a ～ blockade 海上封鎖 / a ～ bombardment 艦砲射撃 / ～ maneuvers 海軍の演習. **c** 海軍[軍艦]を持っている: ～ forces 海軍[海上]部隊 / a ～ port 軍港 / a ～ power 海軍国. **2**《廃》船の, 船舶用の, 海運の.

nával acàdemy *n.* **1** 海軍兵学校 (cf. naval college). **2** [the N- A-] (米国)海軍兵学校《正式には the U.S. Naval Academy と称し, Maryland 州 Annapolis にある; cf. Royal Naval College》.

nával árchitect *n.* 造船技師.

nával árchitecture *n.* 造船学.

naval attaché [ˌ ─ ─ ─ ─ ─ | ─ ─ ─ ─ ─ ─] *n.* 大[公]使館付き海軍武官.

nával báse *n.* 海軍基地, 海軍根拠地.

nával brigáde *n.* (海軍の)陸戦隊.

nával cadét *n.* 海軍生徒, 海軍将校生徒《海軍士官養成機関の生徒》; (特に, 1882-1902年の米国海軍兵学校の)士官[少尉]候補生 (cf. midshipman 1).

nával còllege *n.*《英》海軍兵学校 (cf. naval academy, Royal Naval College).

nával crówn *n.*〘紋章〙海洋冠《古代ローマ時代海上輸送の功績者に与えられた冠; 港市の紋章の盾の上部に加えられることが多い》.

ná·val·ism [-lìzm] *n.* (国策としての)海軍第一主義, 海国主義.

ná·val·ist [-lɪst, -ləst | -lɪst] *n.* 海軍第一主義者.

ná·val·ly [-vəli | -lɪ] *adv.* 海軍の立場から, 海軍式に.

nával ófficer *n.* **1** 海軍士官. **2**《米》税関吏.

nával shípyard *n.*《米》海軍工廠(こうしょう), 海軍造船所 (navy yard;《英》(naval) dockyard).

nával stàtion *n.* 海軍要港部, 海軍補給処, 軍港, 鎮守府.

nával stòres *n. pl.* **1** (兵器以外の)海軍需品. **2**〘海事〙船用需品《すべての艦船用特需品; 特に樹脂およびその製品, チャン・タール・アスファルトなどの塗料》.

nav·ar [nǽvɑə | -vɑː(r)] 〘← *nav(igational) (rad)ar*〙 ── *n.*〘航空・通信〙ナバー《地上に設置したレーダーにより空港管制空域内のすべての飛行機の位置と機名を決定すると共に, それぞれの飛行機に必要な情報を与える航法および管制用レーダーシステム》.

na·varch [néɪvɑək | -vɑːk] 〘□ L *nāvarch-us*, *nauarch-us* □ Gk *nauárkhos* the master of a vessel ← *naûs* ship + *arkhós* leader: ⇨ -arch¹〙 ── *n.* (古代ギリシャの)艦隊司令長官, 提督.

nav·a·rho [nǽvəròu | -rəu] 〘← *nav(igation) a(id)* + *rho* (航行距離を表わすギリシャ文字 ρ)〙 ── *n.*〘航空・通信〙ナバロー《低周波の電波を利用する古典的な航空機用長距離無線航法方式》.

Na·va·ri·no [næ̀vəríːnou | -nəu] *n.* ナバリノ《ギリシャ南西部, Peloponnesus 半島の要塞(さい)海港; ギリシャ独立戦争で英仏露の同盟軍がトルコ・エジプトの艦隊を破った海戦場 (1827); 人口6,000; ギリシャ語名 Pylos》.

Na·varre [nəvɑ́ə | -vɑ́ː(r; *F.* navaːr] *n.* ナバール《フランス南西部およびスペイン北部にわたった古王国; スペイン語名 Navarra [*Sp.* nabárra]》.

nave¹ [néɪv] 〘《1642》□ ML *nāv-is* nave of a church, (L) ship: 教会を船に見立てたもの (cf. G *Schiff* / Du. *schip*)〙 ── *n.*〘建築・教会〙(十字形教会またはバシリカ教会の)ネーブ, 身廊 (⇨ church, Gothic 挿絵).

nave² [néɪv] 〘OE *nafu*, *nafa* < Gmc **nabō* (Du. *naaf* / G *Nabe* / ON *nǫf*) < IE **nŏbh-* (↓)〙 ── *n.* ボス, 軸頭, こしき, ハブ (boss, hub)《歯車・車輪・ベルト車などの軸のはまる部分; ⇨ wheel 挿絵》.

na·vel [néɪvəl] 〘OE *nafela* < Gmc **nabalon* (OFris. *navla* / Du. *navel* / G *Nabel*) ← IE **nŏbh-*, **ombh-* (L *umbō* boss of shield / Gk *omphalós* navel)〙 ── *n.* **1 a** 臍(へそ) (umbilicus). **b** [形容詞的に] 臍の: a ～ cord [string] 臍の緒(お). **2** 中心(点), 中央. **3** ＝navel orange. **4**〘紋章〙＝nombril. ***contemplate*** [***regard***] ***one's navel*** (哲学的)瞑想に耽る.

nável ìll *n.*〘獣医〙(*Actinobacillus equuli* の臍帯(さい)感染による)子牛や子羊の膿性敗血症《生後2-3日で斃死するがしばしば慢性経過をとり関節炎を起こす; joint evil ともいう》.

nável òrange *n.*〘園芸〙ネーブル(オレンジ) (*Citrus sinensis* var. *brasiliensis*)《sweet orange の一変種; 果頂部が臍(へそ)状を呈する; 単に navel ともいう》.

nável·wòrt 〘ME: ⇨ navel, wort²〙 ── *n.*〘植物〙**1** ヨーロッパ産ベンケイソウ科コチレドン属の草本 (*Cotyledon umbilicus*)《kidneywort ともいう》. **2** ルリソウ《ヨーロッパ・アジア産ムラサキ科ルリソウ属 (*Omphalodes*) の草本の総称》.

na·vette [nævét; *F.* navɛt] 〘□ F ～ 'weaver's shuttle, incense boat' (dim.) ← *nef* ship < L *nāvem*, *nāvis*: ⇨ nave¹, -ette〙 ── *n.* (*pl.* ～**s** [～s; *F.* ～])〘宝石〙＝marquise 2.

nav·i·cert [nǽvəsɜ̀ːt | -vɪsɜ̀ːt] 〘← *navi(gation) certificate)*〙 ── *n.*〘海事〙航海証明書, 封鎖海域通過許可書《中立国に駐在する戦時下国の領事が発給し, その中立国の商船が戦事禁制品を積載していないことを証明する》.

Na·vic·u·la·ce·ae [nəvìkjuléɪsiìː] 〘← NL ～ ← L *nāvicula* (↓) + -ACEAE〙 *n. pl.*〘植物〙(羽状珪藻目)ハネケイソウ科.

na·vic·u·lar [nəvíkjulə | -lə(r)] 〘《1541》□ F *naviculaire* // LL *nāviculār-is* ← L *nāvicula* small boat (dim.) ← *nāvis* ship + *-cula* '-CULE': ⇨ -ar¹〙〘解剖〙 ── *adj.* 舟形の (boat-shaped): ～ navicular bone. ── *n.* (*also* **na·vic·u·lar·e** [nəvìkjuléəri, -lɑ́ːri | -léəri, -lɑ́ːrɪ]) ＝navicular bone.

navícular bóne *n.*〘解剖〙舟状骨《手掌・足蹠のつけ根にある舟状の手根骨・足根骨の一つで, 狭義には足のものだけを指し, 手のものは scaphoid bone という》.

nav·i·ga·bil·i·ty [næ̀vɪgəbíləṭi, -və- | -vɪgəbílətɪ, -lɪ-] *n.* **1** (海・川・水路などが)航行できること, 可航性. **2** (船・ミサイルなどが)操縦のきくこと, 耐航性.

nav·i·ga·ble [nǽvɪgəbḷ, -və- | -vɪ-] 〘《1527》□ F ～ // L *nāvigābil-is* ← *nāvigāre* 'to NAVIGATE' + *-ābilis* '-ABLE'〙 ── *adj.* **1** 〈海・川・水路など〉航行できる, 船の通れる, 可航の: a ～ sea 可航海 / a ～ channel [canal] 可航水路 / The river is ～ for large steamers. その川は大汽船が通れる. **2** 〈船・ミサイルなど〉操縦のきく (dirigible): a ～ ship, balloon, etc. **～·ness** *n.* **náv·i·ga·bly** *adv.*

návigable sémicircle *n.*〘海事〙可航半円《熱帯性低気圧の進行方向に向かって風の吹いている区域; 北半球では低気圧の進行方向に向かって左半分の区域; 低気圧の中心から逃げるのに船舶が追い風で航行可能》.

návigable wáters *n. pl.*〘法律〙可航水路[域].

nav·i·gate [nǽvəgèɪt | -vɪ-] 〘《1588》← L *nāvigāt-us* (p.p.) ← *nāvigāre* ← *nāvis* ship + *agere* to drive: cf. naval, act〙 ── *vt.* **1** 〈船・航空機・自動車を〉操縦する, 運転する (steer): ～ a ship, an airplane, etc. **2** 〈人・船などが〉〈海・川を〉航行する, 航海する (sail over); (航空機で)〈空を〉飛ぶ: ～ the sea, air, etc. **3**《米》(確かな足取りで)〈場所を〉歩いて行く. **4** 〈方策・談合などを〉進行させる, 切り抜けさせる: ～ a bill *through* Parliament [Congress] 法案を無事議会で通過させる. ── *vi.* **1 a** (船・航空機を)操縦する. **b** 〈車の同乗者が〉運転の助手を勤める. **2 a** 〈船・航空機が〉通う: Steamers ～ *between* the ports. 両港間を汽船が通う. **b** 船で行く, 航行する: ～ *around* the world 世界を周航する. **3**《米》〈病人・酔った人が〉(確かな足取りで)歩いて行く: I can ～ all right. ちゃんと歩けますよ.

náv·i·gàt·ing òfficer [-ṭɪŋ- | -tɪŋ-] *n.* **1**〘海事〙(軍艦の)航海長, 航海士; (商船の)航海士. **2**〘航空〙航空士.

nav·i·ga·tion [næ̀vəgéɪʃən | -vɪ-] 〘《1533》□ (O)F ～ // L *nāvigātiō(n-)* ← *nāvigātus* (p.p.) ← *nāvigāre*: ⇨ navigate, -ation〙 ── *n.* **1** 航行, 運行; 航海, 航空: aerial ～ 空中飛行, 航空 (cf. 2) / inland ～ (河川・運河による)内陸航行. **2** 航法, 航海学[術], 航空学[術]: aerial ～ 航空術 (cf. 1). **3 a** (船舶・航空機の)交通(量). **b** 海運, 水運. **4**《まれ》水路 (passage). **5**《古》船旅 (voyage). **～·al** [-ʃənḷ, -ʃnəl] *adj.* **～·al·ly** *adv.*

Navigátion Àcts *n. pl.* [the ～]《英》航海(諸)条例《英国の海運業を保護し貿易の拡張を図るためのものの総称; 1651年 O. Cromwell の発布したものが最も有名, 1849年に廃止》.

navigátion àids *n. pl.*〘航空・海事〙航法援助施設.

navigátion còal *n.*〘海事〙＝steam coal.

navigátion làws *n. pl.*〘海運〙航海法規《船舶の航行に関する法律》.

navigátion lìght *n.* **1**〘海事〙航海灯《航海中の船舶がその所在や進行方向を示すための灯火》. **2**〘航空〙航空灯《夜間飛行中の航空機が所在・進行方向などを示すための灯火》.

náv·i·gà·tor [-ṭə | -tə(r)] 〘《1590》□ L *nāvigātor* sailor: ⇨ navigate, -or²〙 ── *n.* **1** 航行者; 航海に長じた人. **2 a** 航海士, (軍艦の)航海長, (商船では特に)二等航海士. **b** (航空機の)航空士. **3** 海洋探検家: Arctic ～*s* 北極探検家 / Henry the *Navigator* エンリケ航海王子 (⇨ Henry of Portugal). **4** ナビゲーター《航空機やミサイルの進路を自動調整する装置》. **5**《英古》＝navvy 1.

Návigators Íslands *n. pl.* [the ~] ナビゲーター諸島《Samoa の旧名》.

nav·vy [nǽvi | -vɪ] 〚《1832–34》《短縮》← NAVIGATOR: ⇨ -y²: cf. navigation 4〛 ── *n.* 《英》 **1** (鉄道·道路·運河建設などの)未熟な土工[人夫]《もと運河建設の土工だけに雇われた》: a mere ~'s work (技術のいらない)労役 / work like a ~ (いやな仕事を)骨折ってやる. **2** =steam shovel.

na·vy [néɪvi | -vɪ] 〚《*a*1338》 *navie* fleet ▭ OF ▭ VL **navia* ← L *nāvis* ship〛 ── *n.* **1** [しばしば the N-] **a** 海軍, 海軍力: *the* Royal [British] *Navy* 英国海軍 / *the* U.S. *Navy* 米国海軍 / the Secretary of the *Navy* (米国の)海軍長官《英国では First Lord of the Admiralty》/ He is in *the* ~. 彼は海軍にいる. **b** 海軍省. **2** [集合的] (一国の)全海軍艦艇; 海軍軍人. **3** 《古·詩》 **a** 艦隊 (fleet). **b** 《英》 商船隊: the ~ of Venice ベニスの商船隊. **4** (*pl.* ~**s**) =navy blue. 「インゲンマメ.

návy bèan *n.* 《米》 米国海軍の貯蔵食料となる白い

návy blúe *n.* (英国海軍制服の)濃紺色, ネービーブルー《紫·灰色の混った濃紺色; 単に navy ともいう》. **návy-blúe** *adj.*

Návy Cróss *n.* 〚米海軍〛 海軍勲功章, 特功十字章《戦功により米海軍, 海兵隊 (Marine Corps), 沿岸警備隊 (Coast Guard) の戦闘員に対し授与される》.

návy cùt *n.* 《英》 ネービーカット《薄切りの固形たばこ (cake tobacco); パイプ用》.

Návy Exchánge, N- e- *n.* 〚米海軍〛 (基地内または艦内の)販[購]売部, 売店, 酒保 (cf. Post Exchange).

Návy Líst *n.* [the ~] 《英》 海軍要覧《士官および艦船名簿》.

návy yàrd *n.* 《米》 =naval shipyard.

naw [nɔ́ː] *adv.* 《米俗》 =no¹.

na·wab [nəwɑ́ːb, -wɔ́ːb | -wɑ́ːb] 〚《1758》 ▭ Hindi *nawwāb*, *nabāb*: ⇨ nabob〛 ── *n.* ナワーブ: **1** =nabob 1. **2** [N-] インド·パキスタンのイスラム教徒の王侯·名士に対する尊称 (cf. Nizam, raja). **3** 《まれ》 =nabob 2.

Nax·os [nǽksəs, -sɑs | -sɒs] *n.* ナクソス(島)《エーゲ海南部のギリシャ領の島, Cyclades 諸島中最大のもの; 人口 15,000, 面積 427 km²》.

nay [néɪ] 〚ME *nai*, *nei* ▭ ON *nei* no ← *ne* not+*ei* ever: ⇨ aye², na, no¹〛 (↔yea) ── *adv.* **1** 否(ﾅ) (no) ★ 今は反対投票の場合に用いる以外は《まれ》. **2** それのみならず, その上, それどころか: It is difficult—~, impossible. 困難, いや不可能だ. ── *n.* **1** 否(という語, 答え); 否定, 拒絶 (denial): say a person ~ 人の願いを拒絶する, 人にいけないと言う / I won't take ~. いやだと言わせない / Let your yea be yea and your ~ be ~. 賛否をはっきり言え. **2** 反対投票(者): the yeas and ~**s** 賛否(の数).

na·ya pai·sa [nəjɑ́ː-paɪsɑ́ː] 〚▭ Hindi *nayā paisā* 《原義》 new pice〛 ── *n.* (*pl.* **na·ye pai·se** [nəjéɪ-paɪséɪ]) ナヤーパイサー《1957–63 年間のインドの補助通貨単位; =$^1/_{100}$ rupee; 現在は paisa を用いる》.

Na·yar [nɑ́ːɪə, nɑ́ɪə | nɑ́ːɪə(r, nɑ́ɪə(r] 〚▭ Malayalam *nāyar* ← Skt *nāyaka*-《原義》 leader〛 ── *n.* (*pl.* ~, ~**s**) **1** [the ~(s)] (インドの Kerala 州の)ナヤール族《もと Malabar Coast 地方の上流武家階級で母系社会を形成していた》. **2** ナヤール族の人.

náy·sày *n.* (完全な)否定, 拒絶. ── *vt.* (完全に)否定する. **~·er** *n.*

Naz·a·rene [nǽzəríːn, ⁻⁻⁻ | ⁻⁻⁻] 〚《*c*1275》 ▭ LL *Nazarēn-us* ▭ Gk *Nazarēnós* born in Nazareth (← *Nazarét* Nazareth) ▭ Aram. *nāṣ*'*rāyā*': 語源の過程で NAZARITE と混同〛 ── *n.* **1** **a** ナザレ人(ﾋﾞ). **b** [the ~] イエスキリスト (Jesus Christ) (cf. *Matt.* 2: 23). **c** (ユダヤ人, あるいは特にイスラム教徒が軽蔑して言った)キリスト教徒. **2** ナザレ派, ナザレ教徒《1–4 世紀にユダヤ教の典礼を守ったユダヤ教的キリスト教徒》. **3** [the ~s] 〚絵画〛 ナザレ派《19 世紀初頭, 宗教芸術の特性を回復しようとしたドイツの画派》. ── *adj.* ナザレ(人)の; ナザレ派の.

Naz·a·reth [nǽz(ə)rəθ, -rɪθ | -zər-] 〚↑〛 ── *n.* ナザレ《Palestine 北東部の都市; 人口 37,000; 聖書でキリストが少年時代を過した地》: Can any good come out of ~? ナザレ(のような取るに足りない所)から何かのよいものが出ようか《不評を受けた一家や土地などからは, ろくな人物は出ないの意; cf. *John* 1: 46》.

Naz·a·rite [nǽzəràɪt] 〚《1560》 ← LL *Nazaraeus* (▭ Gk *Naziraîos* ▭ Heb. *nāzîr* ← *nāzár* to separate oneself, abstain from)+-ITE¹〛 ── *n.* **1** 〚聖書〛 ナジル人(ﾋﾞ)《古代イスラエル人の間で, 信仰の純化をめざして特に酒を断ち, 髪を切らずに神に献身した誓願者; cf. *Num.* 6, *Judges* 13: 2–7》. **2** 《まれ》 ナザレ人(ﾋﾞ). **3** 《まれ》 =Christ. **4** 《廃》 =Christian¹ 1.

naze [néɪz] 〚? ← *The Naze* (Essex 州の地名): cf. ness〛 *n.* みさき, 崎(ｻ) (promontory).

Naze [néɪz], **The** *n.* ネーズ(岬) (⇨ Lindesnes).

Na·zi [nɑ́ːtsi, nǽtsi | nɑ́ːzɪ; *G.* nɑ́ːtsi] 〚《1930》 ▭ G ~ 《短縮》 ← *Na(tionalso)zi(alist)* National Socialist: または *Nati-* の発音から〛 ── *n.* **1** **a** (ドイツの)国民社会主義者, ナチ党員, ナチ. **b** [the ~s] =Nazi Party. **2** ドイツ国民社会主義(運動)支持者; (オーストリアなどでの)親独党員. **3** [しばしば n-] 全体主義的国粋論者. ── *adj.* ナチ党の, ナチズムの: the ~ regime ナチ政体.

Ná·zi·dom [-dəm] *n.* ナチ支配[政権].

na·zi·fy, N- [nɑ́ːtsɪfàɪ, nǽtsɪ- | nɑ́ːtsɪ-, nɑ́ːzɪ-] *vt.* ナチスの支配に従わせる, …にナチ思想を吹き込む.

na·zi·fi·ca·tion, N- [nɑ̀ːtsɪfɪkéɪʃən, næ̀tsɪ-, -tsə-, -fə- | nɑ̀ːtsɪfɪ-, nɑ̀ːzɪ-] *n.*

Ná·zi·ism [-tsiìzm | -tsi-, -zi-] *n.* =Nazism.

na·zim [nɑ́ːzɪm, -zəm | -zɪm] 〚▭ Hindi *nāẓim* governor ▭ Arab. *nāẓim* arranger ← *náẓama* to put in order〛 *n.* (インドの)軍政長官 (military governor).

Názi Pàrty *n.* [the ~] ナチ党《1919 年創立; Adolf Hitler を総統とする独裁主義の下に人民の文化·経済および政治的活動をすべて統制し, ドイツの世界支配権の確立を目指したが, 第二次大戦によって倒壊した; 正式名 the National Socialist German Workers' Party》.

na·zir [nɑ́ːzɪə | -zɪə(r] 〚《1678》 ▭ Arab. *nāẓir* overseer, inspector ← *náẓara* to look, examine〛 ── *n.* **1** (インド人の)法廷の役人《令状を送達したり会計係などをする》. **2** (イスラム教諸国の同じような)役人.

Naz·i·rite [nǽzəràɪt | -zɪ-] *n.* =Nazarite.

Na·zism [nɑ́ːtsɪzm, nǽts- | nɑ́ːtsɪzm, nɑ́ːzɪzm] 〚《1933》〛 ── *n.* **1** ナチズム, (ドイツの)国民社会主義《Hitler ないしナチ党·ナチスの主義主張·行動; 指導者原理·人種主義に立ち全体主義的なテロ支配·暴力による他民族支配を唱えかつ実行した; cf. Fascism 1》. **2** ナチズム運動.

Ná·zist [-tsɪst, -tsəst | -tsɪst, -zɪst] *adj.* ナチズム(的)の.

Nb 《記号》〚化学〛 niobium.

n.b. 《略》〚クリケット〛 no ball.

N.B. 《略》 naval base; New Brunswick; North Borneo; northbound; North Britain.

N.B., n.b. [én-bíː, nóʊtə-béni | én-bíː, nóʊtə-bíːnɪ, -bénɪ] 《略》 nota bene.

NBC, N.B.C. 《略》《米》 National Broadcasting Company (⇨ CBS); 《英》 National Broadcasting Corporation [Council]; nuclear, biological and chemical weapons 核·生物·化学兵器.

NbE, N.b.E. 《略》 north by east.

N.B.G., n.b.g. 《略》 no bloody good 《英口語》 全然だめ, 処置なし (cf. N.G.).

N-bòmb *n.* =neutron bomb.

NBPI 《略》《英》〚経済〛 National Board for Prices and Incomes 物価·所得委員会《通例 PIB》.

NBS, N.B.S. 《略》 National Bureau of Standards 米国規格標準局.

NbW, N.b.W. 《略》 north by west.

nC, nc 《略》 nanocurie(s).

NC 《略》〚米郵便〛 North Carolina (州); 〚電算機〛 numerical control; numerically controlled.

n.c. 《略》 new charter; new crop.

N.C. 《略》 national certificate; national congress; national council; New Caledonia; New Church; North Carolina; northern command; nurse corps.

N.C., n.c. 《略》 no change; no charge; no connection; no credit.

N.C., n.c. 《略》〚化学〛 nitrocellulose.

NCA 《略》《英》 National Cricket Association.

N.C.A. 《略》 no copies available.

NCAA, N.C.A.A. 《略》 National Collegiate Athletic Association. 全米大学体育協会.

NCB 《略》 National Coal Board (英国の)石炭公社《1947 年創設》.

NCC 《略》 National Council of Churches; 《英》 National Computing Centre.

N.C.C.J. 《略》 National Conference of Christians and Jews.

N.C.C.M. 《略》《米》 National Council of Catholic Men.

N.C.C.W. 《略》《米》 National Council of Catholic Women.

N.C.E. 《略》 New Catholic Edition.

NCNA 《略》 New China News Agency.

NCO, N.C.O., n.c.o. 《略》《口語》 noncommissioned officer.

N.C.R. 《略》 no carbon required カーボン紙不要.

NCTE, N.C.T.E. 《略》 National Council of Teachers of English 全米英語教師協会《幼稚園から大学院までの英語教員を会員とし, 感謝祭の行なわれる週末に全国大会を開催する; 1911 年創立; 本部は University of Illinois の構内にある; cf. N.A.T.E.》.

n.c.v., NCV 《略》 no commercial value.

Nd 《記号》〚化学〛 neodymium.

ND 《略》 no date; 〚米郵便〛 North Dakota (州).

n.d. 《略》 no date; no drawing; not dated; not drawn; nuclear detonation.

N.D. 《略》 national debt: North Dakota; Notre Dame.

-nd¹ [nd] *suf.* **1** ラテン語の動詞状形容詞 (gerundive) (*-andus, -endus, -undus*) に由来する名詞および形容詞を造り「…すべき(もの)((thing) to be done)」の意を表わす: deodand, dividend. **2** ラテン語の動詞状形容詞に由来する形容詞語尾: jocund, moribund.

-nd² [nd] *suf.* OE の現在分詞語尾の *-ende* に由来し, 若干の動作主名詞 (agent noun) に残る: fiend, friend.

-nd³ 2 および(12 以外の) 2 に終る数字に添えて序数を表わす: *2nd, 72nd.*

-n·da [ndə] 〚⇨ -nd¹, -a²〛 *suf.* ラテン語の中性複数の動詞状形容詞 (gerundive) から造られた名詞の語尾となる: *agenda* (=things to be done).

N. Dak. 《略》 North Dakota.

NDEA 《略》 National Defense Education Act (米国の)国防教育法《1958 年成立》.

Nde·be·le [èndəbíːliː] *n.* (*pl.* ~**s**, ~) =Matabele.

Ndja·me·na [(ə)ndʒɑːméɪnə] *n.* (*also* **N'Dja·me·na** [~]) ヌジャメナ《アフリカの中部 Chad 共和国南西部にある同国の首都; 人口 193,000; 旧称 Fort-Lamy》.

N.D.P.S. 《略》 National Data Processing Service.

Ne 《記号》〚化学〛 neon.

NE 《略》〚米郵便〛 Nebraska (州).

NE, N.E. 《略》 North-eastern《London 郵便区の一つ》.

NE, N.E., n.e. 《略》 northeast; northeastern.

N.E. 《略》 naval engineer; new edition; New England; news editor; nuclear explosion.

N.E., N/E 《略》〚商業〛 no effects.

ne- [niː | niː, nɪ] (母音の前に来る時の) neo- の異形.

NEA, N.E.A. 《略》 National Education Association 全米教育協会; Newspaper Enterprise Association 新聞事業協会.

Neagh [néɪ], **Lough** [lɑ́x, lɑ́k | lɔ́k, lɔ́x] *n.* ネイ湖《北アイルランド中部 Antrim 州の淡水湖; 英国諸島中の最大湖; 面積 388 km²》.

Neal [níːl] 〚《変形》← NEIL〛 *n.* 男性名《異形 Nial, Neale, Neil, Niels》.

Neal, Sir **John Earnest** *n.* (1890–1975) 英国の歴史家; Elizabeth 朝史の権威; *Virgin Queen* (1934).

Ne·an·der·thal [niǽndəθɔ̀ːl, -tɔ̀ːl, neɪɑ́ːndətɑ̀ːl | nɪǽndətɑ̀ːl] 〚《1864》 ▭ G ~ 《原義》 Neander valley ← *Joachim Neander* (1650–80: ドイツの聖歌作者)+*Tal*, 《廃》 *Thal* 'DALE'〛 ── *adj.* **1** 〚人類学〛 ネアンデルタール人の. **2** 《口語》〈人·行動など〉ネアンデルタール人のような. ── *n.* **1** 〚人類学〛 =Neanderthal man. **2** 《口語》 ネアンデルタール人のような人《頑強で粗野で動きがにぶく毛深く原始人的な人》. **~·er** *n.*

Neánderthal màn 〚1856 年ドイツの Neanderthal の谷で頭蓋骨が最初に発見されたのにちなむ〛 ── *n.* 〚人類学〛 ネアンデルタール人 (*Homo sapiens neanderthalensis*)《更新世中期にヨーロッパおよびその周辺に住んでいた人類》.

Ne·an·der·tha·loid [niǽndəθɑlɔ̀ɪd, -tɔːl-, neɪɑ́ːndətɑːl- | nɪǽndətɑːl-] 〚⇨ -oid〛〚人類学〛 *adj.* ネアンデルタール人的な. ── *n.* 類ネアンデルタール人.

ne·an·ic [niǽnɪk | nɪ-] 〚▭ Gk *neānikós* youthful ← *neāniás* youth: ⇨ -ic¹: cf. new〛 *adj.* **1** 〚動物〛 青年期の, 若い. **2** 〚昆虫〛 さなぎの段階にある.

ne·an·throp·ic [nìːænθrɑ́pɪk | -θrɔ́p-] 〚← NEO-+ANTHROPIC〛 ── *adj.* 〚人類学〛 新人類の《ネアンデルタール人などの旧人類に対応する現代人 (*Homo sapiens*) にいう; cf. palaeoanthropic》.

neap¹ [níːp] 〚← OE *nēp(flōd)* neap (flood) ← ?〛 ── *adj.* 潮の干満の差が最小の, 満潮が最低の, 小潮の: ⇨ neap tide. ── *n.* 小潮 (neap tide): Tides are at the ~. 潮は小潮だ. ── *vi.* 〈潮が〉小潮に向かう; 〈潮が〉小潮の頂点に達する.

neap² [níːp] 〚← ? Scand.: cf. Norw. 《方言》 *neip* forked pole〛 *n.* 《ニューイングランド》 (二頭立馬車などの)ながえ (pole).

neaped 〚(p.p.) ← NEAP¹〛 ── *adj.* 《英》〚海事〛〈船が〉小潮のために擱座(ｶｸｻﾞ)している, 座礁している (stranded): The ship was ~. 船は小潮のため(次の大潮[満潮]まで)進行ができなくなった.

Ne·a·pol·i·tan [nìːəpɑ́lətn̩, -tən | nɪəpɔ́lɪtən, nìːə-, -tn̩] 〚《*a*1420》 ▭ L *Neāpolītān-us* of Naples ← *Neāpolis* 'NAPLES': ⇨ -an¹〛 ── *adj.* ナポリ (Naples) の. ── *n.* **1** ナポリ人. **2** =Neapolitan ice cream. **3** [n-] 小さい長方形のチョコレート.

Neapólitan íce crèam *n.* ナポリ(タン)アイスクリーム《色と味の違った数種のアイスクリームを層にしたもの; 《英》では単に Neapolitan ice ともいう》.

Neapólitan síxth *n.* 〚音楽〛 ナポリ六度《下属音上の短六度, すなわち半音低くされた第 2 音》; ナポリ六度の和音《下属音上の短三度と短六度によって構成される和音》.

Neapólitan víolet *n.* 〚植物〛 八重咲きのニオイスミレ.

néap tìde *n.* (月が上弦および下弦の時に起こる)小潮 (cf. spring tide).

near [nɪ́ə | nɪ́ə(r] 〚OE *nēar* (compar.) ← *nēah* 'NIGH': cog. OFris. *niār* / G *näher* / ON *nǽr*〛 ── *adv.* (~·**er**; ~·**est**) (↔far) **1** (場所·時間が)近く, 接して (close) 〔*to*〕: stand ~ *to* the door ドアの近くに立つ / come ~ 近寄る, 接近する / draw ~ 近寄る; 〈時が〉近づく, 切迫する / He drew ~*er*. 近寄って来た / It was very ~ *to* Christmas. もうすぐクリスマスだった / Keep ~ *to* me. 私のそばにくっついていなさい / I live ~*er to* the school than you. 君の家より私の家の方が学校に近い / The day is getting ~. その日が切迫している. **2** (関係が)接近して (closely) 〔*to*〕: They are ~ related. 彼らは近親の間柄だ / His conduct came ~ *to* treachery. 彼の行為は裏切りと言ってもいいくらいだった / It was ~ *to* being hysterics. それはヒステリーに近かった. **3** 《米口語·英古》 **a** ほとんど (nearly): a period of ~ fifty years 約 50 年の期間 / I was very ~ dead. 死んだも同然だった / Pity is ~ akin to love. 哀れみは恋愛に近い. **b** [否定語に伴って] まだまだ…でない, …とは大違いで: He is *not* ~ so rich. とてもそんな金持ではない / The bus was *not* ~ full. バスはとても満員とは言えなかった / ⇨ NOWHERE *near*. **4** 《古》 つましく, けちくさく (thriftily): live ~.

(as) near as one can *do* …し得る限りでは. ***as near as can be to doing*** 危うく…しそうで: He was *as* ~ *as could be to getting* drowned. 危うくおぼれ死ぬ所だった. ***(as) near as dammit*** = ***as near as makes no difference [matter]*** 《口語》 ほとんど (virtually): It was right *as* ~ *as dammit.* それはほとんど当たっていた. ***come near to doing*** =go NEAR *to doing.* ***far and near*** ⇨ far 成句. ***go near to do [doing]*** 今少しで…するところだ (cf. *prep.* 成句): That loss *went* ~ *to ruin [ruining]* him. その損失で彼は危うく破産するところだった. ***near at hand*** ⇨ hand 成句.

near by (1) すぐ近くに (cf. nearby): live ~ *by*. (2) …のすぐ近くに: ~ *by* the church. ***near upon*** [*on*] 《古》(時間的に)ほとんど…, もう少しで… (nearly): It [The time] is ~ *upon* six o'clock. もう少しで6時 / The old man is ~ *upon* eighty. その老人はかれこれ80だ. ***so near and yet so far*** 〈人·物が〉近くて遠い存在で: He seems *so* ~ *and yet so far*.

— *prep.* (~·**er**; ~·**est**) **1** 〈場所·時間·関係など〉…の近くに, …に近く (close to): villages ~ the lake その湖に近い村々 / Bring your chair ~ [~*er*] the fire. 椅子を火のそばへ[もう少し火のそばへ]寄せなさい / ~ the end of the month 月末ごろに / be ~ sixty years of age 60歳に近い / live ~ the school 学校の近くに住む / The time draws ~ Christmas. 時節がクリスマスに近づく / They are ~ each other in blood. 近親の間柄だ / We are a little ~*er* the end of our journey. 旅の終わりに段々近づいて来た / Who comes ~*est* him in strength? 強さにかけて彼に次ぐのはだれか / He never goes ~ a pub. 彼はパブに近寄りすらしない / He ran away from ~ London. 彼はロンドン付近から逃げた / It kept him awake till ~ morning. そのため彼は明け方近くまで寝付けなかった. **2** 〈ある状態〉に近く, …しかけて, しそうで: The work is ~ completion. 仕事は完成に近づいている / The sun is ~ setting. 日が沈みかけている / He is ~ death. 死期に近づいている / His hopes came ~ fulfilment. 希望がどうやら達せられそうになった / It comes no ~*er* the end. 少しも終局に近づかない. **3** …に似て: The picture comes ~ the original. その絵は本物に似ている. ***come*** [***go***] ***near doing*** 危うく[ほとんど]…しそうであった (cf. *adv.* 成句): She *came* [*went*] ~ *being* drowned. 危うくおぼれるところであった / His plan *came* ~ *being* realized. 彼の計画はもうすぐ実現しそうだった. ***near a person's heart*** ⇨ heart 成句. ***sail near the wind*** ⇨ wind[1] 成句.

— *adj.* (~·**er**; ~·**est**) **1** 〈場所·時間が〉近い, 手近な, 間近い: the ~ meadows 近くの牧場 / How ~ is the station from here? 駅はここからどれくらいの近さですか / Spring is ~. 春は近い / in the ~ future 近い将来に / on a ~ day 近日 / ~ work (目を近寄せてする)精密な仕事 / get a ~*er* view of …を近寄って見る / one's ~*est* neighbor 一番近い隣人. **2** 〈道が〉真直な (direct); 距離が近い, 短い: the ~ road 近道 / go by the ~*est* way 一番の近道を通る. **3** 縁の近い, 血族の, 近親の (closely akin): one's ~ relation / those who are ~*est* and dearest to me 私にとって一番近くて親しい人々 / We are ~ *of* him. 我々は彼と近親だ. **4** 親しい, 親密な (intimate): one's ~ friends. **5** (利害)関係の深い: a matter of ~ consequence to me 私にとって大切なこと / That is a very ~ concern of his. それは彼にとってきわめて関係の深いことだ. **6** よく似た, (原物を)よくまねた, 本物に近い; 代用の: a ~ resemblance 酷似 / a ~ translation 原文に忠実な訳 (cf. FREE translation) / a ~ guess 当らずとも遠からぬ推測 / a ~ race いずれとも勝負の決し難い競走 / a ~ Shakespearian play シェークスピア劇まがいの劇 / a ~ war 戦争類似のおどし手段 / ~ silk まがいもの の絹, 人絹 / ⇨ near beer, near miss. **7** やっとの, きわどい, 危うい (narrow): a ~ escape =narrow escape / ⇨ *a near* THING. **8 a** (二つのものの)近い方の (↔far): the ~ side of the mountain 山のこちら側. **b** 《もと2頭びきの御者は馬の左側について歩いたことから》左側の (left) (↔off): the ~ foreleg 左側の前脚 / the ~ wheel (馬車の)左側の車輪 / the ~ wheeler (四頭立馬車の)左側の後馬 / the ~ ox (左右一対の中)左側の牛 / ⇨ nearside. **9** けちな (stingy): a ~ man / be ~ *with* one's money 金銭に細かい.

— *vt.* 〈人·場所·時などに〉近づく, 接近する (approach): ~ one's end 死期に近づく / The train was ~*ing* Waterloo. 列車はウォータールーに近づいていた. — *vi.* (時間的·場所的に)近づく, 近寄る, 切迫する 〔*to*〕: as the day ~*s* その日が近づくにつれて.

néar-at-hánd *adj.* =nearby.

néar béer *n.* ニアビア《モルトで造るアルコール分0.5%未満のビールに似た飲物》.

near·by 〖ME *nerby*, *nere by*: ⇨ near (adv.), by[1] (adv.)〗 — [ˈ⌐ˈ⌐] *adv.* 近くに[で]: sit ~. — [ˈ⌐ˈ⌐, ˈ⌐ˈ⌐] *prep.* …の近くに (near): live ~ a university. — [ˈ⌐ˈ⌐, ˈ⌐ˈ⌐] *adj.* 〈場所など〉近くの; 〈時など〉近い: a ~ river, house, etc. / ~ future 近い将来.

néarby écho *n.* 〖通信〗近接エコー《送信アンテナなどの近接物体からの反射電波によるエコーで通信の妨害となる》.

Ne·arc·tic [niːáːəktɪk, -áːəṭ- | -áːk-] *adj.* 〖生物地理〗新北亜区の (cf. Holarctic): the ~ subregion 新北亜区《動物地理学上の区分でメキシコ高地以北, 北緯50°以南の北米大陸》.

néar dístance *n.* [the ~] (絵画の)近景.

Néar Éast *n.* [the ~] 近東《南西アジアおよびBalkan 諸国など; もとオスマン帝国 (Ottoman Empire) に占領されていた諸地域; cf. Far East, Middle East》.

Néar Éastern *adj.*

néar gále *n.* 《気象》=moderate gale.

néar hánd 〖ME *ner(e)hand*: ⇨ near (adv.), hand (n.)〗《スコット·英方言》 — *adv.* **1** 手近に (close by). **2** ほとんど (nearly). — *prep.* …の近くで[の] (close to); …の隣りに[の] (next to). — *adj.* 近くの; 手近の.

néar infraréd ráys *n. pl.* 〖電気〗近赤外線《波長が数十μm より短い, 可視光線に近い赤外線; cf. far infrared rays》.

near·ish [níə)rɪʃ | níər-] *adj.* やっとの, 辛うじての: a ~ escape.

néar·ly 〖《1540》〗 — *adv.* **1 a** ほとんど, ほぼ (almost): It was ~ five o'clock. かれこれ5時だった / It is ~ time to go. もうそろそろ行く時間だ / The letter is ~ finished. 手紙はほぼ書き終わった. **b** 危うく(…するところで), 辛うじて(…せずに済む) (narrowly): She ~ fell into the river. 彼女は危うく川に落ちるところだった. **2 a** 密接に, 親密に, 関係が深く (intimately): be ~ related 近い身内だ / The matter concerns me ~. その事は私に深い関係がある. **b** よく(似るなど): resemble ~ よく似る / correspond ~ よく符合する / a case ~ approaching this one この事件とよく似た事件. **3** 《まれ》精密に, 綿密に (carefully). **4** 《古》(場所的に)近く(に). **5** 《古》けちけちして (stingily).

not nearly …に近いどころではない, なかなか[まだまだ, 到底, 全然]…でない (far from): It is *not* ~ so pretty as it was before. 前の美しさには遠く及ばない / They are *not* ~ enough. まだまだ足りない.

néar míss *n.* **1** (爆撃·射撃などで命中はしないが損害を与えるような)近い当たり, 有効な近接爆撃, 至近弾. **2** 成功に近いもの, 惜しい出来,「いま一歩」. **3** 〖航空〗異常接近, ニアミス (《英》airmiss). 「券].

néar-móney *n.* すぐに換金[現金化]できる貯金[債

néar·ness 〖ME *nernes*: ⇨ near (adj.), -ness〗 — *n.* **1** 近接, 手近: the ~ of the house to the sea 家が海に近いこと. **2** (時間的な)近さ: the ~ of these events to our own time この事件が我々の時代に近いこと. **3** 親しさ: his ~ to her. **4** 縁[関係]の近さ: the ~ of relationship. **5** つましさ, けち (parsimony).

néar póint *n.* 〖眼科〗近点《目が明瞭に物を見うる最短距離の点; cf. far point》.

néar rhýme *n.* 〖詩学〗=slant rhyme.

néar·síde *n., adj.* **1** (動物の体·車の)左側(の). **2** 《英》(道路·一組の動物の)左側(の) (cf. near *adj.* 8 b).

néar-síght *n.* 〖病理〗=short sight.

néar·síghted *adj.* 〖病理〗=shot-sighted (↔ far-sighted). **~·ly** *adv.* **~·ness** *n.*

néar ultravíolet ráys *n. pl.* 〖電気〗近紫外線《波長が200 nm よりも長い, 可視光線に近い紫外線; cf. far ultraviolet rays》.

neat[1] [níːt] 〖OE *nēat* bovine animal < Gmc **nautam* (OFris. *nāt* / ON *naut* cattle / OHG *nōʒ*) ← IE **neu-d-* to make use of, enjoy: cf. OE *nēotan* to use, enjoy〗 — *n.* (*pl.* ~) [集合的]《古》畜牛 (cattle); (1頭の)牛: a ~'s foot [tongue] (食用の)牛の足[舌] / ~'s leather 牛の革 / ⇨ neat's-foot oil. — *attrib. adj.* 牛類の: ~ cattle 畜牛.

neat[2] [níːt] 〖《1542》□ (O)F *net* clean, neat < L *nitidum* clear, fine, trim ← *nitēre* to shine: cf. natty, net[2]〗 — *adj.* (~·**er**; ~·**est**) **1 a** 〈場所など〉こぎれいな, きちんとした (clean): a ~ room / His desk is always ~. 彼の机はいつもきちんと整頓されている. **b** 〈人·習慣など〉きれい好きな, 身だしなみのよい, 几帳面な: a ~ girl, habit, etc. / be ~ in one's person 身だしなみがよい. **c** 〈服装など〉さっぱりとして感じのよい, 端正な, 上品な (tasteful): a ~ figure 端正な姿 / a ~ style 上品なスタイル. **2** 〈言葉·文体など〉適切な, 要領を得た (apt); 〈仕事など〉手際のいい, 巧妙な, 達者な, 腕ききの (dexterous): a ~ retort 巧みな受答え / a ~ piece of work 見事な仕事 / a ~ description 手際のいい描写 / ~ handwriting 見事な筆跡 / a ~ workman, speaker, etc. / make a ~ job of it 手際よく仕上げる. **3 a** 混ぜ物のない, 純粋の (pure). **b** 《口語》〈酒など〉水などで割らない, 生(き)の (《米口語》straight): drink [take] whiskey ~ ウイスキーを生(き)で飲む. **c** 〈生糸が〉節やきずのない: ~ silk 純絹. **d** 〈セメントが〉砂などを混ぜない; 純の; 〈石膏(せっこう)が〉(混入物がなく)クリーム(状)の: ~ cement 純セメント / ~ plaster クリームプラスター. **4** 《まれ》〈利益など〉正味の (net): a ~ profit 純益. **5** 《口語》すてきな, すばらしい (wonderful): What a ~ dinner! なんてすばらしい御馳走.

(as) neat as a (new) pin ⇨ pin 成句. ***neat (but) not gaudy*** 〈服装など〉ごてごてしないで, こざっぱりした; 〈文章など〉飾り立てないでそつがない (cf. gaudy[2] 1). — *adv.* 《口語》=neatly.

~·ness *n.*

neat·en [níːtn̩] 〖← NEAT[2] + -EN[1]〗 *vt.* **1** 〈物を〉きちんと整える, 順序よく置く; こぎれいにする 〈*up*〉. **2** 〈針仕事など〉の仕上げをする.

neath [niːθ, niːð; nìːθ, nìːð, níːθ, níːð] 〖《短縮》〗 *prep.* (*also* **'neath** [~]) 《詩·方言》=beneath.

néat-hánded 〖⇨ neat[2]〗 *adj.* 手先の器用な, 手早い, 巧みな (deft, dexterous). **~·ness** *n.*

néat·hèrd 〖ME *netherde*: ⇨ neat[1], herd[2]〗 *n.* 牛飼い (cowherd).

néat·hòuse 〖⇨ neat[1]〗 *n.* 《英》牛小屋.

néat·ly *adv.* こぎれいに; 手際よく, 適切に; 巧妙に.

néat's-fòot òil 〖⇨ neat[1]〗 *n.* 牛脚油《牛の足やすねの骨を煮て取った薄黄色の不揮発性油脂; 潤滑油·製革用油として用いる》.

neb [néb] 〖OE *neb(b)* beak, nose, face < Gmc **nabja-* (ON *nef* / MDu. & MLG *nebbe* / G *Schnabel* beak): cf. nib, nipple〗 — *n.* 《スコット·北英》 **1 a** (鳥の)嘴(くちばし) (beak). **b** (動物の)鼻, 鼻口部. **c** 口. **2** 尖端; ペン先: the ~ of a pen.

NEB, N.E.B. 《略》New English Bible.

Neb. 《略》Nebraska.

neb·bish [nébɪʃ] 〖□ Yid. *nebach*, *nebich* poor thing (感投詞的に使用) ← Slav. (Czech *neboh* wretched)〗 《口語》 — *n.* 意気地のない人, つまらぬ人, 相手にされない人. — *adj.* 迫力のない, つまらない, 意気地のない.

NEbE 《略》northeast by east.

Ne·bi·im [nèbiíːm, naviːm] 〖□ Heb. *nᵉbhīʾīm* (pl.) ← *nābhīʾ* prophet, 《原義》the man who calls or is called (cf. Akkad. *nabû* to call)〗 — *n. pl.* [the ~] 〖聖書〗預言書 (the Prophets) 《旧約聖書の第二部; ⇨ Torah ★》.

NEbN 《略》northeast by north.

Ne·bo [níːbou | -bəu], **Mount** *n.* 〖聖書〗ネボ山 (⇨ Mount PISGAH).

Nebr. 《略》Nebraska.

Ne·bras·ka [nəbrǽskə, nɪ- | nɪ-, ne-, nə-] 〖□ N-Am.-Ind. (Siouan) *ni-brath-ka* 《原義》shallow water: Platte 川の Siouan 名から〗 — *n.* 米国中部の州 (⇨ United States of America 表).

Ne·bras·kan [nəbrǽskən, nɪ- | nɪ-, ne-, nə-] *adj.* **1** (米国) Nebraska 州(人)の. **2** 〖地質〗ネブラスカ期の. — *n.* **1** Nebraska 州人. **2** 〖地質〗ネブラスカ期《更新世 (Pleistocene) 中の北米の氷河時代の第1氷期》.

neb·ris [nébrɪs, -rəs | -rɪs] 〖□ L ~ □ Gk *nebrís* fawnskin ← *nebrós* fawn〗 *n.* (古代ギリシャで)子鹿の皮《Bacchus とその祭司や信者が着た》.

Neb·u·chad·nez·zar [nèb(j)ukədnézə, -kæd- | -bjukədnézə(r)] 〖□ Heb. *Nᵉbhūkhadhneṣṣár*, *Nᵉbhūkhadhreṣṣár* □ Akkad. *Nabū-kudurri-uṣur* 《原義》? *Nabu*, protect the son〗 — *n.* (*also* **Neb·u·chad·rez·zar** [-rézə | -zə(r)]) **1** ネブカドネザル(二世), 〖聖書〗ネブカデネザル (? -562 B.C.; Babylon の王 (605?-562 B.C.); Jerusalem を破壊し (586 B.C.) ユダヤ人を捕虜とした (⇨Babylonian Captivity); cf. *2 Kings* 24-25, *Dan.* 1:1). **2** (ワイン用の)ネブカドネザルびん《約20 quarts 入り; 普通のびんの20本分》.

neb·u·la [nébjulə] 〖《1661》← NL ~ ← L 'vapor, cloud': cf. Gk *nephélē*, *néphos* cloud〗 — *n.* (*pl.* **-u·lae** [-lìː], ~**s**) **1** 〖天文〗 **a** (銀河系内)星雲: a ring ~ 環状星雲 / ⇨ planetary nebula, Dumbbell Nebula. **b** (銀河系外)星雲: a spiral ~ =spiral galaxy. **2** 〖病理〗角膜白濁. **3** 〖病理〗尿中綿状物. **4** 〖薬学〗噴霧状にして用いる液体薬物; 噴霧液, 噴霧剤. **néb·u·lar** [-lə | -lə(r)] *adj.*

nébular hypóthesis [**théory**] *n.* [the ~] 〖天文〗星雲説《太陽系は回転しながら漸次冷却収縮した星雲に由来するという Laplace の説》.

neb·u·lat·ed [nébjulèɪṭɪd, -ṭəd | -tɪd, -təd] 〖← LL *nebulāt-us* ← L *nebula* (↑): ⇨ -ed〗 *adj.* 〈鳥·動物など〉ぼんやりとした斑点のある.

neb·u·lé [nèbjuléɪ, -líː, ˈ⌐ˈ⌐ˈ] 〖□ F *nébulé*: ⇨ nebula〗 — *adj.* **1** 〖紋章〗〈分割線·図形が〉雲形の (⇨ heraldry 挿絵 F). **2** 〖建築〗〈縁形(くりかた)が〉下端が波状の曲線を描く《ノルマン式建築に見られる》.

ne·bu·li·um [nɪbjúːliəm, nə-, ne- | -lɪ-] 〖← NL ~: ⇨ nebula, -ium〗 *n.* 〖化学〗ネブリウム《もとガス状星雲中に存在すると考えられた仮想上の元素》.

neb·u·li·za·tion [nèbjulɪzéɪʃən, -lə- | -laɪ-, -lɪ-] *n.* **1** 〖薬学〗噴霧化. **2** 〖医学〗噴霧療法.

neb·u·lize [nébjulàɪz] *vt.* **1** (薬剤処理で)〈薬液を〉霧状にする. **2** 〖医学〗〈患部〉に噴霧療法を適用する.

néb·u·lìz·er *n.* 〖医学〗ネビュライザー, 噴霧器.

neb·u·lose [nébjulòus | -ləus] *adj.* =nebulous 4.

neb·u·los·i·ty [nèbjulɑ́səṭi | -lɔ́sɪti, -sɪ-] 〖□ F *nébulosité* // LL *nebulōsitāt-em* ← L *nebulōsus* (↓): ⇨ -ity〗 — *n.* **1** 星雲[星霧]状. **2** 星雲状物質; 星雲 (nebula). **3** (思想·表現などの)ぼんやりしていること, 曖昧さ (vagueness).

neb·u·lo·sus [nèbjulóusəs | -ləu-] 〖□ L *nebulōsus* (↓)〗 *adj.* 〖気象〗〈雲が〉霧状の.

neb·u·lous [nébjuləs] 〖《1597》□ F *nébuleux* // L *nebulōs-us* cloudy: ⇨ nebula, -ous〗 — *adj.* **1 a** 〈境界·記憶などが〉ぼんやりした (vague), 不明瞭な (indistinct): a ~ memory. **b** 〈思想·表現などが〉形をなさない, はっきりしない (formless): a ~ hope, idea, etc. **2** 濁った. **3** 《まれ》雲の多い; 霧の多い (foggy). **4** 〖天文〗星雲(状)の (nebular): a ~ cluster 星雲群[団]. **~·ly** *adv.* **~·ness** *n.*

neb·u·ly [nébjuli | -lɪ] 〖《1838》□ F *nébulé*: ⇨ nebulé〗 *adj.* 〖紋章·建築〗=nebulé.

n.e.c. 《略》not elsewhere classified.

nec·es·sar·i·an [nèsəsé(ə)riən, nèsɪ- | -səséəri-, nèsɪ-, nèse-] 〖← NECESSARY + -AN[1]〗 *n., adj.* =necessitarian.

nèc·es·sár·i·an·ìsm [-riənìzm | -rɪ-] *n.* =necessitarianism.

nec·es·sar·i·ly [nèsəsérəli, nèsɪ-, ˈ⌐ˈ⌐ˈ⌐ˈ⌐ | nésəs(ə)rəli, -sɪ-, -se-, nèsəsérəli, -sɪ-, -rɪ-] *adv.* **1** 必然的に, 必ず (unavoidably); 余儀なく, やむを得ず (inevitably); もちろん (of course). **2** [否定語を伴って] 必ずしも(…でない): It is *not* ~ so. 必ずしもそうとは限らない.

nec·es·sar·y [nésəsèri, nésɪ- | -səs(ə)rɪ, -sɪs-, -sèri] 〖《*c*1340》adj.: □ (O)F *nécessaire* // L *necessāri-us* ← *necesse* needful ← *ne* not + *cēdere* to give way, yield. — n.: □ L *necessāria* (neut. pl.): ⇨ cede, -ary〗 — *adj.* **1 a** 必要な, なくてはならない (indispensable): when (it is) ～ 必要な場合に(は) / ⇨ IF necessary / Your help is absolutely ～. 御援助は絶対に必要です / Sleep is ～ *to* [*for*] health. 睡眠は健康に必要なものである / Passports are ～ *for* all who visit foreign countries. 旅券は外国へ行く者にはだれにも必要である / It is ～ for me to go. ＝It is ～ that I should go. 私はどうしても行かなければならない. **b** (他からの)強制による, 必要に迫られた, 必須の : a ～ agent 必須作因. **2** (当然の結果として)避け難い, 必定の (inevitable): a ～ evil 避け得ない(だから忍ばなければならない)災い, 必要悪 / the ～ consequence of an action 行為の必然的結果 / Heat is a ～ result of friction. 熱は摩擦の結果当然起こる現象である. **3** 《古》〈召使など〉必要な役をする, 有用な: a ～ woman 女中. **4** 〖論理〗〈命題・結論など〉否めない, 否定しえない, 必然的な (unavoidable) (cf. contingent 5): a ～ truth 必然的(な)真(理) / a ～ conclusion [inference] 必然的(な)結論[推論].

— *n.* **1 a** [しばしば *pl.*] なくてはならないもの, 必要品 : daily *necessaries* 日用品 / the *necessaries* of life 生活必需品. **b** [*pl.*] 〖法律〗(未成年者・精神病者・妻など独立生活力のない者にとっての)生活必需品. **2** [the ～] 《口語》(ある目的に)必要な行為 ; (特に)金 (money): do *the* ～ 必要なことをする / find *the* ～ 先立つもの(金)の才覚をつける, 金策する. **3** 《英方言・ニューイングランド》便所 (privy).

nécessary condítion *n.* 〖論理・哲学〗必要条件《任意の 2 命題 p, q が「p ならば q」という論理的条件で結ばれている時, q を p の必要条件という ; cf. sufficient condition》.

nécessary hòuse *n.* 《方言》便所 (privy).

ne·ces·si·tar·i·an [nɪsèsətέ(ə)riən, nə- | nɪsèsɪtέəri-, ne-, nə-] 〖← NECESSIT(Y)＋-ARIAN〗 — *n.* 〖哲学〗必然論者, 宿命論者 (fatalist), 決定論者 (determinist). — *adj.* 必然[宿命]論(者)の (cf. libertarian 1).

ne·cès·si·tár·i·an·ism [-nɪzm] *n.* 必然論, 決定論 (determinism), 宿命論 (fatalism).

ne·ces·si·tate [nɪsésətèɪt, nə- | nɪsésɪ-, ne-, nə-] 〖← ML *necessitāt-us* (p.p.) ← *necessitāre* to make necessary ← L *necessitās* 'NECESSITY': ⇨ -ate³〗 — *vt.* **1** 〈物事が〉〈ある事を〉必要にする, 要する ; 〈ある結果を〉伴う, もたらす (involve): The rise in prices ～*d* greater thrift. 物価騰貴でさらに節約しなければならなくなった / Your proposal ～*s* changing my plan [a change in my plan]. 君の提案によれば私の計画を変更しなければならないことになる / These assumptions ～ different conclusions. そう仮定すれば当然の結果として違った結論が出てくる. **2** [*to* do を伴い, 通例 Passive で] 《米》余儀なくさせる, 強いる (compel): He was ～*d to* consent. 承諾を余儀なくされた.

ne·ces·si·ta·tion [nɪsèsətéɪʃən, nə- | nɪsèsɪ-, ne-, nə-] *n.* 余儀なくさせること ; 強制.

ne·ces·si·ta·tive [nɪsésətèɪtɪv, nə- | nɪsésɪtèɪt-, ne-, nə-] *adj.* 必要とする ; 強制的な.

ne·ces·si·tous [nɪsésəṭəs, nə- | nɪsésɪtəs, ne-, nə-] 〖(1611) ⊏ F *nécessiteux* ← *nécessité* 'NECESSITY'＋*-eux* '-OUS'〗 — *adj.* **1** 困窮している, 貧乏な: ～ persons 貧民 / in ～ circumstances 困窮して / ～ areas 貧民地区. **2** 必然的な ; 避けられない. **3** 緊急の, 差し迫った. **～·ly** *adv.* **～·ness** *n.*

ne·ces·si·ty [nɪsésəṭi, nə-, -sti | nɪsésəti, ne-, nə-, -sɪti] 〖(c1385) *necessite* ⊏ (O)F *nécessité* ⊏ L *necessitātem* necessity, compulsion ← *necesse* 'NECESSARY': ⇨ -ity〗 — *n.* **1 a** (絶対的)必要, 必須, 緊急の必要 : a work of ～ (安息日でもほってはおけない)必要な仕事 / bow [submit] to ～ 運命に服従する, 仕方がないとあきらめる / in case of ～ 緊急な場合には / by ～ やむを得ず, 必要に迫られて / from [out of] (sheer) ～ (全く)必要に迫られて / be under the ～ *of doing* …しなければならない必要に迫られている, やむを得ず…する / There is no ～ *to* do so [*for* that]. 何もそうする必要はない / *Necessity* is the mother of invention. 《諺》必要は発明の母 / *Necessity* knows [has] no law. 《諺》必要の前に法律はない (cf.「出物はれ物所きらわず」,「背に腹は代えられぬ」). **b** (自然的または論理的法則としての)必然(性): the ～ of death / Such a conclusion follows as a ～ from the premises. その前提からは必然的にこのような結論が生れる. **c** 〖哲学〗必然(性), 宿命 ; (理由と帰結や因果の)必然的関連性: logical ～ 論理的必然 / physical ～ 物理的必然, 因果律. **2** 必要物, 必需品: Clothing is a ～ of life. 衣服は生活必需品だ / Harmful drugs once indulged in soon become *necessities.* 有害な麻薬は一度それに耽ればじき欠かせなくなってしまう. **3 a** (生活上の)窮乏, 困窮, 貧困: be *in* dire ～ 悲惨な窮乏状態にある. **b** [通例 *pl.*] 窮境, 窮状.

make a virtue of necessity ⇨ virtue 成句. ***of necessity*** 必然的に, 当然 ; やむを得ず, 余儀なく: It must *of* ～ be so. 必然的にそうならざるを得ない / I went *of* ～. やむを得ず行った.

neck¹ [nék] 〖OE *hnecca* nape of the neck < Gmc *xnak(j)- neck, a narrow or compressed part (Du. *nek* / G *Nacken* nape / ON *hnakki*) ? IE *ken- to compress; something compressed (L *nux* 'NUT')〗 — *n.* **1 a** 首 : make a long ～ 首を伸ばす / ⇨ stiff neck. ★ ラテン語系形容詞: cervical. **b** (衣服の)頸(えり)部, 襟(えり), ネック ; ネックライン: a low ～ (襟ぐりの深い)ローネック / ⇨ V neck. **c** (羊などの)頸肉 (⇨ beef, mutton¹, veal 挿絵): ～ of mutton. **2 a** 首を思わせる細[狭]い部分. **b** (容器などの)頸状部, ネック : the ～ of a bottle [retort, gourd] びん[レトルト, ひょうたん]のくび. **c** (バイオリン・ギターなどの)棹, ネック《渦巻き (scroll) と胴部との中間 ; 指盤・上駒・糸倉(いとぐら)から成る細長い部分》. **d** (ゴルフクラブの)くび, ネック《頭部の柄が差し込んである部分》. **e** (道・峡谷などの)隘路(あいろ). **f** 小海峡 ; 地峡 (isthmus): a ～ of land 地峡. **3** (競走馬などの)首の長さ ; 僅かの差: win [lose] by a ～ 首(一つ)の差で勝つ[負ける] ; 辛勝する[きわどいところで負ける]. **4** 《俗》ずうずうしさ, 横柄な言動: have a lot of ～ ひどくずうずうしい / He has the ～ *to* ask me to do it. 私にそれをやれとは彼もずうずうしい. **5** 〖建築〗(柱頭の)頸部 (gorgerin)《柱頭の echinus の下の部分》. **6** 〖解剖〗(骨・器官などの)くびれた部分, 頸(部): the ～ of the femur, uterus, etc. / the ～ of a tooth 歯頸《歯冠のエナメル質と歯根のセメント質との接合部》. **7** 〖活字〗＝beard *n.* 5. **8** 〖地質〗岩頸《パイプ状のマグマの通路を満たした火山岩や火砕岩が侵食に取り残されてできた塔状岩体》.

break one's neck (1) 首の骨を折る[折って死ぬ]. (2) 《口語》非常に急ぐ[努力する] (cf. break-neck): Don't *break your* ～ on the work. その仕事で無理して働くなよ. ***break the neck of*** 〈仕事など〉の峠を越す: *break the* ～ *of* the day's work 1 日の仕事の峠を越す. ***breathe down a person's neck*** 《口語》(1) 人の身近に迫る. (2) 人にうるさくつきまとう ; 人をしつこく監視する. ***catch it in the neck*** ＝*get it in the* NECK. ***dead from the neck up*** 《俗》知性のかけらもなく, 全く愚かな. ***escape with one's neck*** 命からがら逃げる. ***get it in the neck*** 《口語》(1) ひどく攻撃される[罰せられる, 叱られる]. (2) ひどい目に会う, 大きな打撃を受ける. ***give it in the neck*** 《口語》(1) ひどく攻撃する[叱る]. (2) ひどい目に会わせる. ***harden the neck*** 一層頑固になる, 反抗的になる. ***in the neck of*** 《方言》…のすぐ後に, …に踵(きびす)を接して. ***neck and crop*** 《口語》身ぐるみ, そっくり (bodily) ; 完全に (completely): bowl a person ～ *and crop* (クリケットで)打者を完全にアウトにする / throw [turn] a person out ～ *and crop* 人を有無を言わさずたたき出す. ***neck and heels*** 《口語》完全に ; しっかりと: tie a person ～ *and heels* 人をがんじがらめに縛る. ***neck and neck*** 〖競馬用語から〗《口語》(競技・コンテストで)相並んで, 負けず劣らず, 互角で. ***a neck of the woods*** (1) (米国南西部の)森林の開拓地. (2) 《米口語》界隈, 地域, 地方 (region). ***neck or nothing [naught]*** 〖競馬用語から〗命がけで, 死物狂いで: Away they went, ～ *or nothing.* 必死になって逃げ去った / It is ～ *or nothing.* 一か八か[のるかそるか]だ. ***on the neck of*** ＝*in the* NECK *of.* ***a pain in the neck*** ⇨ pain 成句. ***put one's neck into the noose*** ⇨ noose 成句. ***put one's neck out*** ＝*stick one's* NECK *out.* ***risk one's neck*** 命[首]を賭ける. ***round one's neck*** 重荷[足手まとい]になって: She had the sick child *round her* ～ all the time. 病弱な子供がいつも重荷だった. ***save one's neck*** 《口語》(1) 絞首刑を免れる ; 命拾いをする. (2) (犯罪・過失などから)罰[責任]をのがれる. ***stick one's neck out*** 《口語》危険を冒す, 冒険をする ; 物議をかもすようなことをする[言う]. ***take it in the neck*** ＝*get it in the* NECK. ***talk through (the back of) one's neck*** 《口語》途方もない[わけのわからない]ことを言う, 大ぼらを吹く. ***tread on the neck of*** …を圧制する, しいたげる. ***upon the neck of*** ＝*in the* NECK *of.* ***up to the [one's] neck*** (1) 〔水などに〕首までつかって[はまって] 〔*in*〕. (2) 《口語》〔仕事などで〕動きがとれないで, 〔…に〕没頭して 〔*in*〕.

— *vt.* **1** 〈計器などを〉細くする, 狭くする 〈*down, in*〉. **2** 《口語》〈異性〉とネッキングする, …の首に抱きついてキスや愛撫をする. **3** …の首をはねる (behead) ; 〈鶏など〉の首を切る[締める]. — *vi.* **1** 《口語》〈男女が〉ネッキングする. **2** 細く[狭く]なる.

neck² [nék] 〖← ?〗 — *n.* 《英方言》(畑で刈る)最後の麦束《イングランド南西部には収穫祭にこれを刈り取って運び, 家に飾ったり保存したりする慣習がある》. ***cry the neck*** 《英方言》刈り終わった最後の麦束に歓声を上げる《そのあと祝いの酒宴を張る》.

Neck·ar [nékə, -kɑə | -kɑː(r, -kə(r; G. nɛ́kar] *n.* [the ～] ネッカー(川)《西ドイツの川, Black Forest に発し北東に流れて Rhine 川に注ぐ (395 km)》.

néck·bànd 〖ME *nekbande*: ⇨ neck¹, band¹〗 — *n.* **1** バンドのようなカラー, カラーをとじつける[ボタン止めする]台カラー ; (セーターなどの)襟ぐり線. **2** ネックバンド《首に回す飾りひも》.

néck·bèef *n.* 牛の頸肉(けいにく).

néck·brèaking *adj.* ＝breakneck.

néck canál cèll 〖(なぞり) ← G *Halskanalzelle*〗 *n.* 〖植物〗(造卵器の)頸溝(けいこう)細胞《頸細胞 (neck cell) の中央に 1 列になって存在する細胞》.

néck cèll *n.* 〖植物〗頸細胞《コケ類およびシダ類の造卵器の頸部の盲端をもった筒状をなしている 4 列 1 層の細胞 ; cf. neck canal cell》.

néck·clòth *n.* **1 a** (18–19 世紀に男性が用いた装飾用の)首巻き. **b** ＝neckerchief. **2** 《古》＝cravat 1 a ; necktie 1.

néck-déep *adj., adv.* **1** 〈水など〉首までの深さの[で]. **2** 〔水などに〕首まで没して[入って] 〔*in*〕: ～ *in* water 首まで水につかって. **3** 〔困難・仕事などに〕深く巻き込まれて, 全く動きがとれなくなって, 忙殺されて 〔*in, into*〕 (cf. *up to the* NECK): be ～ *in* trouble すっかり困っている / fall ～ *into* difficulties 極度に窮境[財政困難]に陥る.

necked *adj.* **1** 首のある: ～ barnacles 首のある鼻ばさみ. **2** [複合語の第 2 構成素として] …(の)首の, 首が…である: short-*necked* 短い首の, 首の短い / a tall-*necked* vase 長首の花びん.

Neck·er [neɪkέə, nékə | neɪkέə(r, nékə(r; F. nekɛːr, nɛ-], **Jacques** *n.* ネッケル《1732–1804 ; スイス生れのフランスの政治家・財政家 ; Louis 十六世の財務総監 ; Madame de Staël の父》.

neck·er·chief [nékətʃəf, -tʃɪf, -tʃiːf, -tʃìːf | -kətʃɪf, -tʃìːf] 〖(c1390) *nekkerchef*: ⇨ neck¹, kerchief〗 *n.* (*pl.* ～s, 《米》**-er·chieves** [-tʃìːvz]) ネッカチーフ《首に巻く四角い布地》.

néck·ing 〖← NECK¹ (n., v.)＋-ING¹〗 *n.* **1** 《口語》ネッキング《男女が首に抱きついて愛撫すること》 **2** 〖建築〗**a** 柱頸頸(けい)の繰形. **b** 柱身と柱頭との接合部.

neck·lace [néklɪs, -ləs] 〖(c1590)〗 *n.* **1** 首飾り, ネックレス. **2** (ねこなどの首から胸にかけての)首飾り形のぶち《毛》. **3** 《戯言》絞首索.

nécklace póplar *n.* 〖植物〗＝cotton wood.

nécklace trèe *n.* 〖植物〗マメ科ベニマメノキ属 (*Ormosia*) の常緑高木の総称 ; (特に) ＝jumby bean 1.

neck·let [néklɪt, -lət] *n.* **1** (ぴったりした)首飾り. **2** (毛皮の)襟巻き.

néck·lìne *n.* **1** ネックライン《衣服の襟ぐりの線》. **2** 襟足.

néck·pìece *n.* **1** (毛皮・羽毛の)小さい襟巻き ; (鎧(よろい)・頭巾などの)首被い. **2** 首を防護する物, 首当て.

néck-rèin 〖馬術〗 *vi.* 〈馬が〉首の押し手綱によく従う. — *vt.* 〈馬を〉首の押し手綱であやつる[御する].

néck·tìe 〖(1838)〗 — *n.* **1** ネクタイ ; (特に)結び下げネクタイ (four-in-hand). ★《英》では tie の方が普通. **2** (首や襟もとで結ぶ)細いバンド, スカーフ. **3** 《米俗》絞首索.

nécktie pàrty *n.* 《米俗》(リンチによる)縛り首 ; 絞首(刑), 絞殺.

néck-vèrse 〖(a1450): 昔これを読めた者は手を焼かれただけで絞首刑を免れたことから〗 — *n.* 免罪詩《黒字体で印刷されたラテン語の聖書詩篇第 50 篇 (一般の訳では第 51 篇) の冒頭の 1 節で, *Miserere mei* (＝have mercy upon me) に始まる ; cf. BENEFIT of clergy》.

néck·wèar *n.* [集合的] 《商用語》首の回りにつける服飾品の総称《カラー・ネクタイ・襟巻き・スカーフなど》.

necr- [nekr] (母音の前に来る時の) necro- の異形.

nec·ro [nékroʊ | -krəʊ] 〖略〗 *n.* 〖獣医〗＝necrotic enteritis.

nec·ro- [nékro(ʊ) | -rə(ʊ)] 〖⊏ Gk *nekr-, nekro-* ← *nekrós* dead body, corpse ← IE *nek- death (L *nex*)〗 —「死 ; 死体 ; 壊死(えし) ; 壊疽(えそ)」の意の連結形. ★ 母音の前では通例 necr- になる.

nècro·bacíllosis 〖⇨ ↑, bacillus, -osis〗 *n.* 〖獣医〗壊死(えし)桿(かん)菌病症《壊死桿菌 (*Sphaerophorus necrophorus*) の感染によって壊死性病変を呈する疾病》.

nècro·biósis 〖← NL ～: ⇨ necro-, -biosis〗 *n.* 〖病理〗類壊死(えし) (cf. necrosis 1).

ne·crol·a·try [nɪkrɑ́lətri, nə-, ne- | nekrɔ́lətri, nɪ-] 〖⊏ LGk *nekrolatreía*: ⇨ necro-, -latry〗 *n.* 死者[死霊]崇拝.

nec·ro·log·i·cal [nèkrəlɑ́dʒɪkəl, -dʒə- | nèkrəlɔ́dʒɪ-] *adj.* 死亡の, 死者の (obituary). **～·ly** *adv.*

ne·crol·o·gist [-dʒɪst, -dʒəst | -dʒɪst] *n.* (新聞などの)死亡記事係 ; 死亡者名簿編集者.

ne·crol·o·gy [nɪkrɑ́lədʒi, nə-, ne- | nekrɔ́lədʒi, nɪ-] 〖⊏ ML *necrologi-um* // F *nécrologie*: ⇨ necro-, -logy〗 — *n.* **1** 死亡者表[名列], (寺院の)過去帳. **2** 死亡通知 ; 故人追悼文 ; 故人略歴.

nec·ro·man·cer [nékrəmæ̀nsə | -rə(ʊ)mæ̀nsə(r] 〖(a1548) ← NECROMANCY＋-ER¹ ∽ (a1325) *nigromancer* ⊏ OF *nigromansere* ← *nigromancie* (↓)〗 *n.* **1** 巫(ふ)術者, 占い師 (diviner). **2** 魔法使い (wizard).

nec·ro·man·cy [nékrəmæ̀nsi | -rə(ʊ)mæ̀nsi] 〖(1522) ⊏ L *necromantia* ⊏ Gk *nekromanteía* ← *nekrós* corpse ＋*manteía* oracular response, divination ∽ (a1325) *-maunce* ⊏ OF ⊏ ML *nigromantīa* magic, black art (L *niger* black との混同による変形) ← L *necromantia*: ⇨ necro-, -mancy〗 — *n.* **1** 巫(ふ)術, 降霊術, (死者との交霊によって未来を占う)占い (black art). **2** 魔法, 魔術 (magic, conjuration). **nec·ro·man·tic** [nèkrəmǽnṭɪk | -rə(ʊ)mǽnt-] *adj.* **nèc·ro·mán·ti·cal·ly** *adv.*

nec·ro·pha·gi·a [nèkrəféɪdʒiə, -dʒə | -rə(ʊ)féɪdʒɪə] 〖← NL ～: ⇨ necro-, -phagy〗 *n.* 死肉嗜食(しょく)《死肉(特に腐肉)を食べること》.

ne·croph·a·gous [nɪkrɑ́fəgəs, nə-, ne- | nekrɔ́f-, nɪ-] 〖⊏ Gk *nekrophágos*: ⇨ necro-, -phagous〗 *adj.* 〈昆虫・細菌など〉死[腐]肉を常食とする.

ne·croph·a·gy [nɪkrɑ́fədʒi, nə-, ne- | nekrɔ́fədʒi, nɪ-] *n.* ＝necrophagia.

nec·ro·phile [nékrəfàɪl | -rə(ʊ)-] 〖⇨ -phile〗 *n.* 〖精神医学〗死体性愛者.

nec·ro·phil·i·a [nèkrəfíliə | -rə(ʊ)fíliə] 〖← NL ～: ⇨ necro-, -philia〗 — *n.* 〖精神医学〗死姦, 死体性愛. **nec·ro·phil·ic** [nèkrəfílɪk | -rə(ʊ)-] *adj.* **nec·ro·phil·i·ac** [nèkrəfíliæ̀k | -rə(ʊ)fíliæk, -ljæk] *adj.*

ne·croph·i·lism [nɪkrɑ́fəlɪzm, nə-, ne- | nekrɔ́fɪ-, nɪ-] *n.* 〖精神医学〗＝necrophilia.

ne·croph·i·ly [nɪkrɑ́fəli, nə-, ne- | nekrɔ́fɪlɪ, nɪ-] *n.* 〖精神医学〗＝necrophilia.

nec·ro·pho·bi·a [nèkrəfóubiə | -rə(u)fə́ubjə, -biə] 〖← NL ～: ⇨ necro-, -phobia〗 *n.* 〘精神医学〙 死恐怖症; 死体恐怖症.

ne·crop·o·lis [nɪkrɑ́pəlɪs, nə-, ne- | nekrɔ́pəlɪs, nɪ-] 〖《1819》← LL ～ ← Gk *nekrópolis* city of the dead: ⇨ necro-, -polis〗 ── *n.* (*pl.* ～·**es**, -**o·les** [-lìːz]) **1** (古代都市または有史前の遺跡の)埋葬地. **2** (大)共同墓地. **3** (廃墟となった)死の町.

nec·rop·sy [nékrɑpsi | -rɔpsɪ] 〖← NECRO- ＋(AUTO)PSY〗 *n.* 検死, 剖検. ── *vt.* 〈死体を〉検死する.

ne·cros·co·py [nɪkrɑ́skəpi, nə-, ne- | nekrɔ́skəpɪ, nɪ-] *n.* ＝necropsy.

ne·crose [nɪkróus, nə-, ne-, -róuz, nékrous, -rouz | nekrə́us, ─́─] 〖《逆成》↓〗〘病理〙 ── *vt.* 〈組織・器官などを〉壊死(えし)に至らせる. ── *vi.* 〈組織・器官などが〉壊死に至る.

ne·cro·sis [nɪkróusɪs, nə-, ne-, -səs | nekrə́usɪs, nɪ-] 〖《1665》← NL ～ ← Gk *nékrōsis* state of death: ⇨ necro-, -osis〗 ── *n.* (*pl.* **ne·cro·ses** [-siːz]) **1** 〘病理〙 壊死(えし); 脱疽(だっそ) (cf. gangrene 1, necrobiosis). **2** 〘植物病理〙 ネクローシス, 頽壊(たいえ)《漸進的腐朽》.

ne·crot·ic [nɪkrɑ́tɪk, nə-, ne- | nekrɔ́t-, nɪ-] *adj.*

nècro·spérmia 〖← NL ～: ⇨ necro-, spermo-, -ia[1]〗 *n.* 〘病理〙 精子死滅症, 死精子症.

necrótic enterítis *n.* 〘獣医〙 (豚の)壊疽(えそ)性腸炎.

nec·ro·tize [nékrətàɪz] 〘病理〙 *vt.* 〈組織・器官などを〉壊死(えし)に至らせる, …に壊死を起こす. ── *vi.* 壊死に至る, 壊死を起こす, 壊死する. **nec·ro·ti·za·tion** [nèkrəṭɪzéɪʃən, -ṭə- | nèkrətaɪ-, -tɪ-] *n.*

ne·crot·o·my [nɪkrɑ́ṭəmi, nə-, ne- | nekrɔ́təmɪ] *n.* 〘医学〙 **1** 死体解剖. **2** 壊死組織除去(術). **3** 腐骨摘出(術). **nec·ro·tom·ic** [nèkrətɑ́mɪk | nèkrətɔ́m-] *adj.*

nect- [nekt] (母音の前に来る時の) necto- の異形.

nec·tar [néktə | -tə(r, -tɑː(r] 〖《1555》▭ L ～ ▭ Gk *néktar* drink of the gods, esp. wine ← ? Sem.〗 ── *n.* **1** 〘ギリシャ神話〙 ネクタール, 神酒《神々の飲む酒; 飲めば不老不死となる; cf. ambrosia 1》. **2 a** 甘美な飲料. **b** (濃厚な)果汁; (種々の果汁を混ぜた)フルーツ(ミックス)ジュース. **3** 〘植物〙 (植物の分泌する)花蜜.

nec·tar·e·an [nektέ(ə)riən | -tέər-] 〖← L *nectareus* like nectar ＋-AN[1]〗 *adj.* 《古》＝nectarous.

néc·tared *adj.* 《古》 **1** ネクタール (nectar) を満たした[混ぜた]. **2** (ネクタールのように)甘美な.

nec·tar·e·ous [nektέ(ə)riəs | -tέər-] 〖▭ L *nectare-us* ▭ Gk *nektáreos*: ⇨ nectar, -eous〗 *adj.* ＝nectarous.

nec·tar·i·al [nektέ(ə)riəl | -tέər-] 〖⇨ nectary, -al[1]〗 *adj.* **1** 〘植物〙 蜜槽[蜜腺]の(ような). **2** 〘昆虫〙 蜜管の(ような).

nec·tar·if·er·ous [nèktərɪ́f(ə)rəs] 〖← NECTAR ＋-I- ＋-FEROUS〗 *adj.* 〘植物〙 蜜を分泌する.

nec·tar·ine [nèktəríːn, ─́─̀ | nékt(ə)rɪn] 〖《1616》《名詞用法》← ～ (adj.) 《古》 sweet as nectar: ⇨ nectar, -ine[1]〗 ── *n.* **1** 〘植物〙 ズバイモモ, ネクタリン, 油桃 (*Prunus persica* var. *nucipersica*) 《外果皮が無毛の桃の種類; しばしば普通の桃の変種》. **2** ネクタリン《実》.

Nec·ta·ri·ni·i·dae [nèktərənáɪədìː | -rɪnáɪɪ-] 〖← NL ～ ← *Nectarinia* (属名: ⇨ nectar, -ine[1], -ia[2]) ＋-IDAE〗 *n. pl.* 〘鳥類〙 タイヨウチョウ科.

nec·tar·ous [néktərəs] 〖← NECTAR ＋-OUS: cf. nectareous〗 *adj.* ネクタール (nectar) のような; 甘美な.

nec·ta·ry [nékt(ə)ri | -rɪ] 〖《1598》← NL *nectarium*: ⇨ nectar, -ary〗 *n.* **1** 〘植物〙 蜜槽, 蜜腺. **2** 〘昆虫〙 (アブラムシ (aphid) などの)蜜管.

nec·to- [néktou | -tə(u)] 〖← NL ～ ← Gk *nēktós* swimming ← *nḗkhein* to swim〗「水泳(の)」の意の連結形. ★ 母音の前では通例 nect- になる.

nec·ton [néktən, -tɑn | -tən] *n.* 〘動物〙 ＝nekton.

Ned [néd] 〖(dim.) ← EDWARD[1], EDMUND, EDGAR[1]: *n*- は *mine Ed* → *my Ned* の異分析から〗 *n.* 男性名 《愛称形 Neddy》.

NED, N.E.D. 《略》 New English Dictionary 《Oxford English Dictionary [OED] の旧称》.

N.E.D.C. 《略》《英》 National Economic Development Council 国民経済開発審議会 (cf. neddy[2]).

ned·dy[1], **N-** [nédi | -dɪ] 〖《a1790》↓〗 *n.* **1** 《英口語》 **a** ろば (donkey). **b** ばか (fool). **2** 《豪俗》(競走)馬 (horse).

ned·dy[2], **N-** [nédi | -dɪ] *n.* 《英口語》 ＝N.E.D.C.

Ned·dy [nédi | -dɪ] 〖(dim.) ← NED〗 *n.* 男性名.

Ne·der·land [*Du.* néːdərlɑ̀nt] *n.* ネーデルラント 《Netherlands のオランダ語名》.

née [néɪ, níː | néɪ; *F.* ne] 〖《1835》▭ F ～ (fem.) ← *né* born (p.p.) ← *naître* to be born < VL **nāscere* ＝ L *nāscī*: cf. nascent〗 ── *adj.* (*also* **nee** [～]) **1** 旧姓は 《既婚婦人の名の後に付け実家の姓を示す》: Mrs. Ward, ～ Arnold ウォード夫人, 旧姓アーノルド. **2** [地名に用いて] 旧称は, 以前…と呼ばれた: Tokyo ～ Edo.

need [níːd] 〖n.: OE *nēd, nīed, nēod* inevitableness < Gmc **naudiz* (Du. *nood* / G *Not*) ← IE **nāu-* to be exhausted; death. ── v.: OE *nēodian* ← *nēod* (n.)〗 ── *n.* **1** 入用, 必要, 要求, 欲求 (requirement) 〔*of, for*〕/〈*to do*〉: in case of ～ 必要な場合には / He felt the ～ *of* a rest. 休息の必要を感じた / the ～ *for* birth control 産児制限の必要性 / a ～ *for* affection 愛情に対する欲求 / There is a great ～ *of* money. ぜひ金がいる / Is there any ～ *to* hurry? 急ぐ必要がありますか / That's all I ～. 私の必要なのはそれだけです / What ～ is there *to* go [*for* going]? 行く必要がどこにあるか / There is [We have] no ～ *for* [*of*] hurrying. 急ぐ必要はない / There is no ～ *for* him *to* work. 彼が働く必要はない / We have no ～ *to* be proud of such a thing. そんなことは自慢するに足らない / Your ～ is greater than mine. 君の必要は私のより大きい. **2** [通例 *pl.*] 必要なもの: daily ～*s* 日用(必需)品 / bodily [spiritual] ～*s* 肉体的[精神的]要求 / That will meet my ～*s*. それだけあれば間に合う / My ～*s* are few. 私の必要とする物は少ない. **3** 危急の際, まさかの時, 難局 (emergency): in time [the hour] of ～ まさかの時には / They failed him in his ～. まさかの時に彼を見捨てた / A friend in ～ is a friend indeed. 《諺》 まさかの時の友こそ真の友. **4** 窮乏, 貧困 (poverty): He is in (great, dire) ～. (大層)困窮している. **5** [形容詞的に Predicative に用いて] 《まれ》 必要な (necessary): He worked harder than was ～. 彼は必要以上に一生懸命に働いた. **6** 〘心理〙 欲求, 要求 《生理的・心理的に充足・満足が得られていない状態; cf. drive 8》: ⇨ need condition.

at need まさかの時に: He is good *at* ～. まさかの時に役に立つ. ***be* [*stand*] *in need of*** …を必要としている: She *is in* ～ *of* help. 彼女は援助を必要としている / The ship *stands in* ～ *of* repairs. その船は修理が必要である. ***had need* (*to*) *do*** なすべきである, …する必要がある (ought to): I *had* no ～ (*to*) speak. 話すには及ばない. ***have need of*** …が必要である: I *have* ～ *of* a good cook. いいコックが入用だ. ***if need be* [*were, arise*]** 《文語》＝***if* [*as, when*] *the need arises*** 必要ありとあれば, やむを得なければ: I shall come *if* ～ *be*. 必要とあれば参りましょう.

── *vt.* **1** 要する, …の必要がある: We ～ money. / We badly ～ a vacation. 休暇の必要が切実だ / I ～ you. 私には君が必要だ / This will ～ some explanation. これには少々説明が必要だ / The book ～*s* correction. その本は訂正を要する / This house ～*s* repairing. この家は修繕が必要だ / Who ～*s* it [him]? そんなものなどいるものか[誰が彼を必要とするものか]. **2 a** [*to* do を伴って] …する必要がある, …しなければならない: He ～*s to* study. 彼は勉強しなければならない / It ～*s to* be done with care. それは注意してしなければならない / He didn't ～ *to* be told twice. 彼は二度言われるまでもなかった. **b** [否定文・疑問文で助動詞的に] ★ need not は「必要」の must の否定に当たる: He ～ *not* come. 彼は来るに及ばない / He ～ *not* have done it. それをするには及ばなかった(のにした) (cf. He didn't need to do it. する必要がなかった(のでしなかった)) / You ～*n't* go yet, ～ you? まだ帰らなくてもいいでしょう / Why ～ he work? 彼はなぜ働く必要があるか / Don't be longer than you ～. できるだけ早くして下さい / Why ～ it be today? なぜ今日でなければならないのか. ── *vi.* **1** 〈人が〉困窮している: Give to them that ～. 貧しき者には施せ. **2** [通例非人称構文に用いて] 《古》 必要である: more than ～*s* 必要以上に / It ～*s* not *that* your stay be long. 長く滞在する必要はない / There ～*s* no apology. 弁解には及ばない.

～·er *n.*

néed condìtion *n.* 〘心理〙 欲求状態 《欲求が意識されその充足・満足のための行動が求められる状態》.

néed-disposìtion *n.* 〘社会学〙 要求傾向.

néed·fìre 〖← NEED (n.) ＋ FIRE: cf. OE *niedfȳr*〗 ── *n.* **1** 浄火 《昔チュートン族の間で牛疫流行の時に清めのために木を摩擦して起こしたもの; 悪霊を払い家畜病に効験ありとされた》. **2** 合図ののろし, かがり火. **3** 自然発火. **4** (腐朽した材木などの)発光.

need·ful [níːdfəl] 〖《a1175》 *nedeful*: ⇨ need, -ful[1]〗 ── *adj.* **1** 入用な, 必要な: ～ supplies of food 食糧の必要な供給 / the one thing ～ ただ一つ無くてはならぬもの, 絶対に必要なただ一つのもの (cf. *Luke* 10: 42) / It is ～ that …することが必要である / They found it ～ to seek a new job. 新しい職を求めることが必要だと思った. ★ necessary, requisite に比べ意味が弱く, やや古風な語. **2** 《古》 貧困な (needy). ── *n.* **1** [the ～] 必要なこと, なすべきこと: do *the* ～ 必要なことをする. **2** 必要なもの, 必需品: summer ～*s* 夏の必需品. **3** [the ～] 《俗》 (必要な)金 (money): have *the* ～ *for* a car 車を買う金がある. **～·ness** *n.*

néed·ful·ly [-fəli | -lɪ] 〖《c1340》〗 *adv.* 《古》 必然に, やむなく.

néed·i·ness 〖《c1390》〗 *n.* 貧窮, 困窮 (poverty).

nee·dle [níːdl] 〖OE *nǣdl, nǣdl* < Gmc **nēþlō* (Du. *naald* / G *Nadel*) < IE **nētlā* ← *(s)nē-* to sew (L *nēre* to spin / Gk *nēma* thread)〗 ── *n.* **1** 針, 縫針, 編物針, (網すき・クローシェ用)かぎ針: ⇨ darning needle, knitting needle, netting needle / a packing ～＝pack needle / a ～ and thread 糸を通した針 / a ～'s eye＝the eye of a ～ 針のめど[穴]; ごく小さいすきま, 不可能な企て (cf. *Matt.* 19: 24) / (as) sharp as a ～ 非常に鋭い; 目から鼻へ抜けるような / clever with one's ～ 針仕事が上手 / make a living by ～ 針仕事で暮らしを立てる. **2 a** (医学用の)針 《穿刺針(せんしばり)・切開針・縫合針・注射針など種々のものがある》. **b** 《口語》 (皮下)注射. **c** 《俗》 麻薬の注射. **3 a** (食刻用)彫刻針 (etching needle). **b** レコードの針 (stylus). **4 a** 磁針, 羅針(らしん) (magnetic needle). **b** (電信機の)針, (計器の)指針, (電位計の)可動子. **5 a** とがったもの. **b** とがり岩. **c** 方尖(ほうせん)塔 (obelisk): ⇨ Cleopatra's Needle. **6** [通例 the ～] 《俗》 いら立ち (irritation); 悪感情, 敵意 (enmity); あざけり, からかい (teasing). ★ 主に次の句で: get [take] *the* ～ いら立つ, 怒る; とても不安になる, おじけづく / give a person *the* ～ 人をいら立たす, 怒らす; あざける. **7** 〘植物〙 針状葉: ⇨ pine needle. **8** 〘鉱物〙 針状結晶体, 針晶. **9** 〘建築〙 修繕用横木 《土台の修理などの際一時的に壁を支えるために用いられる横木》, 天秤梁. **10** 〘動物〙 骨片, 針骨 (spicule).

look for a needle in a haystack* [*bundle of hay*]** (一束の乾草の中に針を捜すように)望みのない捜しものをする, むだ骨を折る. ***on the needle 《俗》 麻薬を常用して (cf. 2 c). ***pass through the eye of a needle*** ⇨ eye 成句. ***thread the needle*** 困難なことをやり遂げる.

── *attrib. adj.* 《英》 〈競技・試合など〉たまらなくおもしろい, 手に汗を握る[はらはらする]ような, 激しい: a ～ contest, game, match, etc.

── *vt.* **1** 針で縫う, …に針を通す. **2 a** (医療で, 針で)刺す, 穿刺(せんし)する, 〈そこひなどを〉針で治療する. **b** …に注射する. **3** [～ one's way として] 縫って進む 〔*through, between*〕: He ～*d his way through* the crowd. 群集の間を縫うように進んだ. **4** 《口語》 **a** 刺激する, そそのかして…させる 〔*into*〕: ～ a person *into going* 人をそそのかして行かせる. **b** 〈人を〉じらす. **5 a** (アルコール分を加えて)〈ビールなどを〉強める: ～ beer. **b** 〈話・講義など〉に味をつける, 効果的にする: ～ a speech *with* humor. ── *vi.* **1** 針を使う, 針仕事をする 〔*on*〕. **2** 〘鉱物〙 針状に結晶する. **3** 〘外科〙 穿刺する.

née·dling [-dlɪŋ, -dl̩-] *n.*

néedle·bàr *n.* (ミシン・編機の)針を支える棒, 針竿.

néedle bàth *n.* (水が細かく噴出する)針状シャワー.

néedle bèam *n.* 〘建築〙 ＝needle 9.

néedle bìopsy *n.* 〘医学〙 針生検 《針を用いて生体組織の小片をとり, 診断材料とする方法》.

néedle·bòok *n.* (本のように開いたり閉じたりできる)針入れ.

néedle·càse *n.* 針入れ.

néedle·còrd *n.* コール天よりうねのつまったけばの平たい絹地.

néedle·cràft 〖ME *nedle craft*〗 *n.* ＝needlework.

néedle fìle *n.* 共柄(ともえ)やすり 《小さな仕事に用いる細いやすり》.

néedle·fìsh *n.* 〘魚類〙 **1** ダツ科モトダツ属 (*Belone*) の魚類の総称 《嘴(くちばし)が鋭く, 歯は針のようになっている; モトダツ (*B. belone*) など》. **2** あごの突き出た細長い魚の総称 《halfbeak, pipefish など》.

nee·dle·ful [níːdlfʊ̀l] *n.* (糸の)一針分の長さ 〔*of*〕.

néedle gàp *n.* 〘電気〙 針先ギャップ 《放電実験などに用いる先端の尖った電極を用いた空隙》.

néedle hòlder *n.* 〘医学〙 持針器, 把針器.

néedle jùniper *n.* 〘植物〙 ネズ (*Juniperus rigida*).

néedle làce *n.* ＝needlepoint lace.

néedle·lìke *adj.* 針のような, 針のように尖(とが)った: a ～ spire, leaf, etc.

néedle·pòint *n.* **1** 針先; (針状物の)先, 尖端. **2** ＝needlepoint lace. **3 a** ニードルポイント(刺繍(ししゅう)) 《cross-stitch, tent stitch などを使う刺繍》. **b** その刺繍をした壁掛け・椅子カバーなど. ── *attrib. adj.* 針編みの.

néedlepoint láce *n.* ニードルポイントレース, 針編みレース 《模様紙の上を手縫い針を用い, buttonhole stitch や blanket stitch で模様を刺しつぶしたレース》.

née·dler [-dlə, -dl̩- | -dlə(r, -dl̩-] 〖1: ← NEEDLE (n.) ＋-ER[1]. 2: ← NEEDLE (v.) ＋-ER[1]〗 ── *n.* **1** 針を造る人, 針を使う人; 針を商う人. **2** 《口語》 いつも鋭い言葉を浴びせて人を刺激する人, 辛辣(しんらつ)な人.

néedle scràtch *n.* ＝surface noise.

néedle shòwer *n.* ＝needle bath.

néed·less 〖ME *nedeles*: ⇨ need, -less〗 ── *adj.* 必要のない, むだな, 余計な.

***needless to say* [*add*]** [通例文頭に用いて] 言うまでもなく, もちろん.

～·ly *adv.* **～·ness** *n.*

néedle tìme *n.* 《英》 〘ラジオ・テレビ〙 レコード音楽の時間.

néedle tòoth *n.* (新生豚の)鋭い黒歯, 狼歯.

néedle vàlve *n.* 〘機械〙 ニードル弁, 針弁 《弁体を針状にして水・空気などの流量の微細調整ができるようになっている弁》.

néedle·wòman *n.* 針仕事をする女; 裁縫婦, お針子: a good [bad] ～ 針仕事のうまい[下手な]女.

néedle·wòrk 〖ME *nedle werk*: ⇨ needle, work〗 *n.* 針仕事(品), 裁縫(物); (特に)刺繍, 針編 (embroidery): be [sit] at ～ 針仕事をしている[座っている].

néedle·wòrker *n.* 針仕事をする人, 裁縫師.

need·ments [níːdmənts] 〖← NEED (n. or v.) ＋-MENT: requirements との類推〗 *n. pl.* 必要品; (特に, 旅行に携帯する手荷物などの)必需品.

need·n't [níːdn(t)] 《口語》 need not の縮約形.

needs [níːdz] 〖OE *nēdes* (gen.) ← *nēd* 'NEED': ⇨ -s[2]〗 ── *adv.* 《古》 どうしても, 必ず, ぜひ. ★ 今は must と共に次の成句で: ***must needs do*** (1) 強情にも[愚かにも]…すると言ってきかない[きかなかった]: He *must* ～ come. 是非来ると強情を張ってきかない[きかなかった]. (2) ＝NEEDS *must do*: It *must* ～ be so. きっとそうに違いない. ***needs must do*** …せざるを得ない, 必ず…しなければならない: A man ～ *must* (＝cannot but) lie down when he sleeps. 人は眠るにはいやでも横にならなければならぬ / *Needs must* when the devil drives. ⇨ devil 1 a.

néeds tèst n. 《英》=means test.
need·y [ní:di | -dɪ] 〖? lateOE: ⇨ need, -y⁴〗 ── adj. (**need·i·er**; **-i·est**) **1** 貧乏な: a ~ family. **2** [the (poor and) ~; 名詞的に; 複数扱い] 貧困者たち, 貧窮階級《時には 1 人にも用いる》.
Né·el [neɪél; F. neɛl], **Louis** n. ネエル《1904– ; フランスの物理学者; Nobel 物理学賞 (1970)》.
neem [ní:m] 〖⇨ Hindi nīm ← Skt nimba〗 n. 〖植物〗インドセンダン (⇨ margosa) 《neem tree ともいう》.
neep [ní:p] 〖OE nǣp ⇨ L nāp-us〗 n. 《スコット・英方言》〖植物〗カブ (turnip).
ne'er [nέə | nέə(r] 〖ME ner, nere《中音消失》← NEVER: cf. e'er〗 adv. 《詩》=never: ~ the less それにもかかわらず / ~ a ただ一つの…もない.
Ne'er·day [nέədeɪ | nέə-] 〖《転訛》← New Year's Day〗 n. 《スコット》 **1** 元旦, 新年 (New Year's Day). **2** [n-] 新年の贈物, お年玉.
né'er-do-wèel [-wì:l] 〖《異形》↓〗 n., adj. 《スコット》=ne'er-do-well.
né'er-do-wèll 〖《1737》← ne'er do well〗 n. やくざ者, 穀つぶし. ── adj. やくざな, 役に立たない, 無能な.
ne ex·e·at [nì:-éksiæ̀t | -sɪ-] 〖⇨ L ~ 'let him not leave'〗 L. n. 〖法律〗離国禁止令状《訴訟の被告が国外へ退去するのを禁じる》.
nef [néf] 〖⇨ F ~ 'boat-shaped vessel' < L nāvem, nāvis ship: cf. nave¹〗 ── n. (中世や近世の王侯・貴族の食卓を飾り, 格式を示す) 金銀細工の船形の装飾箱《食塩・香料・さじ・ナイフなどを入れる》.
ne·far·i·ous [nɪfέ(ə)riəs, nə- | nɪfέəri-, ne-, nə-] 〖《1604》⇨ L nefārius ← nefās wrong ← ne- not+fās right, divine law: ⇨ -ous〗 ── adj. 極悪な, ふらちな, 非道な: ~ purposes, practices, etc. **~·ly** adv. **~·ness** n.
Nef·er·ti·ti [nèfətí:ṭi | -fətí:tɪ] n. (also **Nef·re·te·te** [nèfrətí:ṭi | -frɪtí:tɪ]) ネフェルティティ《紀元前 14 世紀のエジプトの王妃; Amenhotep 四世の妻》.
Ne·fud [nəfú:d] n. [the ~] =Nafud.
neg [nég] 〖《略》← NEGATIVE〗 n. 《口語》(写真の) ネガ.
neg. 《略》negation; negative; negatively; negotiate.
ne·gate [nɪgéɪt, nə- | nɪ-, ne-] 〖← L negāt-us (p.p.) ← negāre to deny ← neg- no, not〗 ── vt. **1** …の存在[真実など]を否定する, 否認する. **2** 取消す, 無効にする. **3** 〖文法〗〈否定語などが〉〈語句などを〉否定的な意味にする. ── vi. 否定する; 拒否する. **ne·gát·er** [-ṭə | -tə(r] n. **ne·gá·tor** [-ṭə | -tə(r] n.
ne·ga·tion [nɪgéɪʃən, nə- | nɪ-, ne-] 〖《1530》⇨ (O)F négation ‖ L negātiō(n-) ← negāre: ⇨ ↑, -ation〗 ── n. **1** 否定, 否認, 打消し. **2 a** 非実在, 無, 欠如 (absence) 《実在・存在の反対》: a moral ~ 道義の欠如. **b** (積極に対する) 消極, (消極的) 反対: Death is the ~ of life. 死は生の反対. **3** 〖文法〗否定 (↔affirmation). **4** 〖論理〗否定《任意の命題・主張を '…でない' と打消すこと; 記号では, ~, ¬, → などで表わす》. **~·al** [-ʃənḷ, -ʃnəl] adj.
ne·gá·tion·ist [-ʃ(ə)nɪst, -nəst | -nɪst] n. 否定[消極]主義者《積極的代案がなくて, 従来の説の否定だけを繰返す消極的立場の信奉者》.
neg·a·tive [négəṭɪv | -tɪv] 〖《?c1400》⇨ (O)F négatif, -ive ‖ L negātīv-us: ⇨ negate, -ive〗 ── adj. **1 a** 否定の, 否定的な, 否認の, 打消しの: a ~ statement 否定の陳述 / a ~ assertion 否定的な断定 / be ~ of …を否定する. **b** (提案・行動などに) 反対の, 賛成しない; 拒否的な, 拒絶の[を示す]: a ~ vote 反対投票 / the ~ side [team] (討論会の) 反対者側 / make a ~ reply to a proposal 提案に反対の返事をする / assume a ~ attitude 拒否[反対]の態度をとる. **c** 〈命令など〉禁止的な (prohibitory): a ~ order [command] 禁止命令. **2 a** 積極性を欠いた, 消極的な, 非協調的な; 引っ込み勝ちの, 控え目の (↔ positive): a ~ character 消極的な性格 / ~ criticism 非建設的批評 / on ~ lines 消極的に / a ~ virtue (悪事をしないという) 消極的美徳 / ~ evidence 〖法律〗(犯罪がないという) 消極的証拠, 反証《積極的に犯罪のあることを証明しないで, その反対のことが存在しないことを証明する》. **b** 効果がない: a ~ search. **3** 〖論理・文法〗否定的な (↔ affirmative): a ~ proposition 否定命題 / the ~ mode 否定様式 / a ~ particle 否定(小)辞 / a ~ sentence 否定文. **4** 〖数学・物理〗マイナスの, 負の (minus) (↔ positive): a ~ number 負数 / a ~ quantity 負量; 《戯言》無 (nothing) / ⇨ negative sign. **5** 〖医学〗〈検査・反応の結果が〉陰性の《検査の結果, 特定の病原体・物質などが見つからなかったり, 反応が起こらなかったりした場合にいう; ↔ positive》: ⇨ false negative. **6** 〖電気〗陰電気の[を生じる], 相対的に低電位の, 負の (cf. neutral; ↔ positive): a ~ electrode 負極 / ⇨ negative electricity, negative glow, negative pole. **7** 〖化学〗〈元素・基が〉陰電気性の, 陰性の, 負の (↔ positive). **8 a** 〖写真〗陰画の, ネガの (↔ positive). **b** 〖光学〗〈レンズが〉負の, 凹の: ⇨ negative lens. **9 a** 〖生物〗負の, 陰性の《動植物が刺激に対し反作用的な》. **b** 〖生化学〗陰性の (↔ positive).
── n. **1 a** 〖文法〗否定語(句) 《no, not, nor, in no way など》; 否定的な表現: ⇨ double negative / Two ~s make an affirmative. 否定が二つ重なると肯定となる. **b** 〖論理〗否定 (命題, 様式). **2** 否定[拒否]の言葉[答え]; 反対, 拒否 (refusal): return a ~ 否と答える, 拒絶する / answer with a ~ 否と答える / My request received [met with] a ~. 私の要求は拒絶された. **3** (採決・討論会などで) 反対[否定]者側(の人) (↔ affirmative): There were five votes for the ~. 反対投票は 5 票だった. **4** (性格などの) 消極性, 消極的な性質. **5 a** 《古》拒否権 (veto). **b** 《廃》反対投票. **6** 〖数学〗負数, 負量; 負号. **7** 〖電気〗(ボルタ電池または電解槽の) 陰極板, 陰電気. **8** 〖写真〗陰画, 原板, ネガ.
in the negative 否定で[の], 否定的に[の], 拒否で[の] (↔ in the affirmative): answer [reply] *in the* ~ 否と答える, 否定[拒絶]する / an answer *in the* ~.
── 〖否定の返事を明確にするための無線・放送用語から〗 adv. 《口語》いや, ちがう (no).
── vt. **1** 〈提案・動議などを〉拒否[拒絶]する, 否認[否決]する, 否定する (deny): ~ a proposal, bill, etc. **2** 反証する; …の誤りであることを証明する (disprove): Experience ~s the theory. 経験によってその説の誤りであることがわかる. **3** 無効[むだ]にする: The deep mud ~d all efforts to advance. 深いぬかるみのため前進しようとする努力も皆むだであった.
~·ness n.
négative accelerátion n. 〖物理〗減速度《作用の伝達速度が有限であるための遅れ; retardation ともいう; cf. positive acceleration》.
négative catálysis n. 〖化学〗負触媒作用《反応速度を減少させる働きをする触媒作用》.
négative crýstal n. **1** 〖鉱物〗空晶《鉱物固有の結晶と同形をした結晶内の空洞》. **2** 〖光学〗負結晶, 負晶《常光線の屈折率が異常光線の屈折率より大きい単軸性結晶; cf. positive crystal》.
négative electrícity n. 〖電気〗陰電気, 負電気.
négative féedback n. 〖電気〗負帰還, 負フィードバック《出力の一部を入力として加えることにより安定化させる手法; cf. positive feedback》.
négative féeder n. 〖電気〗負饋(き)電線, 負帰電線《電気鉄道でレールと並列に接続される電線で, 列車走行用電流の変電所への帰路となる》.
négative flág n. 〖海事〗否定旗, N 旗《「否定」または「直前の信号を否定の意味に解されたい」の意を示す国際信号旗》.
négative glòw n. 〖電気〗負グロー, 陰極グロー《グロー放電の時に陰極の前に生じる光》.
négative íncome tàx n. 逆所得税《定額以下の所得者に対して政府から支給される補助金; 略 NIT; guaranteed (annual) income ともいう》.
négative léns n. 〖光学〗負のレンズ (⇨ diverging lens).
nég·a·tive·ly adv. **1** 否定的に, 打消して, 拒否的に, 反対して: answer ~ 否と答える, 拒絶する / shake one's head ~ 首を横に振る / It was decided ~. 否決された. **2** 消極的に: be ~ friendly 仲が(よくはないが)悪いというほどではない. **3** 〖電気〗陰電気で: ~ charged.
négative modulátion n. 〖通信〗負変調 (negative transmission).
négative philósophy n. (F. W. J. von Schelling (1775–1854) の) 消極哲学.
négative pláte n. 〖電気〗(電池の) 陰極板, 陰極.
négative póle n. 〖電気〗陰極, 負極 (cathode).
négative-pósitive adj. 〖写真〗ネガポジ法の《撮影してまずネガをつくり, これをプリントしてポジを得る方法; 普通の写真法についていう》.
négative préssure n. 負圧《大気圧より低い圧力》.
négative próton n. 〖物理〗反陽子 (antiproton).
négative resístance n. 〖物理〗負抵抗《負の量として表わされる力学的抵抗または電気抵抗》.
négative sígn n. 〖数学〗=minus sign 1.
négative stáining n. 〖化学〗媒質着色法.
négative témperature n. 〖物理〗負温度《原子や分子のエネルギー分布で, 高いエネルギーにより多くの確率で分布している状態; 電磁波の増幅・発振に利用される》.
négative theólogy n. 消極神学, (中世での) 否定神学《究極的実在に関しては人知を超えたものとしてただ否定的に述べられるだけとする神学; cf. positive theology》.
négative tránsfer n. 〖心理〗負の転移《negative transfer effect ともいう; ⇨ transfer 8》.
négative transmíssion n. 〖通信〗=negative modulation.
nég·a·tiv·ìsm [-ṭəvìzm | -tɪ-] n. **1** 〖哲学〗否定主義, 消極主義, 非実証主義《不可知論・懐疑論など; cf. positivism》. **2** 〖心理〗拒絶症, 反抗癖; (特に, 子供に多い命令や示唆に対する) 反対癖: passive ~ (求められた行為をしない) 受動的反対癖 / active ~ (求められた行為と反対の行為をする) 能動的反対癖.
nég·a·tiv·ist [-vɪst, -vəst | -vɪst] n. 否定[消極]主義者 (negationist). ── adj. =negativistic.
neg·a·tiv·is·tic [nègəṭɪvístɪk | -tɪ-] adj. **1** 〖哲学〗否定[消極]主義(者)の. **2** 〖心理〗(命令や示唆に対する) 反抗的態度の.
neg·a·tiv·i·ty [nègətívəṭi | -tívətɪ, -vɪ-] n. 否定性; 消極性; 陰性.
neg·a·to·ry [négətɔ̀:ri, -tò:ri | -tər] 〖⇨ F négatoire ‖ LL negātōr-us: ⇨ negate, -ory¹〗 adj. 否定[反対]的な; 消極的な (negative).
neg·a·tron [négətrɑ̀n | -trɔ̀n] 〖← NEGA(TIVE)+(ELEC)TRON〗 n. 〖物理・化学〗ネガトロン, (陰) 電子 (electron) (↔ positron).
neg·en·tro·py [negéntrəpi | -pɪ] 〖← NEG(ATIVE)+ENTROPY〗 n. 〖物理〗負のエントロピー《エントロピーに負号を付したもので, 情報量を表わす》.
ne·glect [nɪglékt, nə- | nɪ-] 〖《1529》← L neglēct-us (p.p.) ← neglegere, negligere to disregard ← neg not+legere to choose, pick up: cf. select〗 ── vt. **1 a** 構わずにおく, おろそかにする (slight): ~ one's family 家族を放っておく / ~ one's appearance [oneself] 身なりを構わない, だらしない格好をする. **b** 無視する; 軽視する: ~ criticism [worries] 批判[心配事]を無視する / a ~ed genius 世に顧みられない天才. **2** 〈義務・命令などを〉怠る, ゆるがせにする: ~ one's duties. **3** [to do, doing を伴って] 〈…すべきことを〉(不注意または意図的に) しないでおく (omit): He ~ed winding up [to wind up] the clock. 時計を巻くのを忘れた.
── n. **1** 打捨てて構わないこと, 粗略; 無視, 軽視 (disregard): ~ of one's home [children] 家庭[子供]を顧みないこと / ~ of consequences 結果の無視 / with ~ 粗略に. **2** ゆるがせにすること, 怠慢 (negligence): ~ of one's duties, etc. **3** 構いつけられ[構われ]ないこと[状態]: The children were in a terrible state of ~. 子供たちはてんで構われなかった.
~·er, ne·gléc·tor [-ṭə | -tə(r] n.
ne·glect·ful [nɪgléktfəl, nə- | nɪ-] adj. 怠慢な, 投げやりな (negligent); 〔…に〕不注意な, 無頓着な, 〔…を〕構わない (indifferent) 〔of〕: a ~ father 子供に無頓着な父 / be ~ of one's duties 職務怠慢である / be ~ of one's family 家族を放っておく. **~·ly** adv. **~·ness** n.
neg·li·gee [nègləʒéɪ, ── | néglɪ:ʒèɪ, -lɪ-] 〖《1756》⇨ F négligé (p.p.) ← négliger ⇨ L negligere 'to NEGLECT'〗 ── n. (also **neg·li·gée**, **nég·li·gé**, **neg·li·gé** [~]) **1** ネグリジェ《婦人用の丈の長い部屋[化粧]着》. **2** 打ち解けた[むぞうさな] 服装: in ~ 着流しで, 略装で. ── attrib. adj. 打ち解けた[むぞうさな] 服装をした.
neg·li·gence [néglɪdʒəns, -lə- | -lɪ-] 〖《c1340》⇨ (O)F négligence ‖ L neglegentia: ⇨ ↓, -ence〗 ── n. **1** 怠慢, 等閑 (neglect); 不注意, 粗漏 (carelessness); 無頓着 (indifference); (芸術作品などの) 法則の無視, 自由奔放: ~ in dress [manner] 服装[態度]に無頓着なこと / His ~ in doing his duty is blamable. 彼の義務怠慢は責められるべきである / It happened through his ~. それは彼の怠慢から起こった. **2** 不注意[怠慢]な行為: one's past ~s. **3** 〖法律〗(不注意による) 過失: slight [ordinary, gross] ~ 軽[普通, 重]過失 / ⇨ contributory negligence. ── attrib. adj. 〖法律〗(助成) 過失の: a ~ suit 過失訴訟 / a ~ award 過失裁定額.
neg·li·gent [néglɪdʒənt, -lə- | -lɪ-] 〖《c1382》⇨ (O)F négligent ‖ L negligent-em (pres.p.) ← negligere 'to NEGLECT'〗 ── adj. **1** 怠慢な, 不注意な, 不行き届きな (inattentive) (↔ diligent): He is ~ of [in attending to] his duties. 職務怠慢である / Some of the drivers are ~ about traffic regulations. 運転者の中には交通規則を無視しているものもいる. **2** 投げやりな, 無頓着な (indifferent), 屈託のない (offhand): be ~ in dress 身なりを構わない. **~·ly** adv.
négligent misrepresentátion n. 〖法律〗過失不実表示 (cf. misrepresentation 2).
neg·li·gi·ble [néglɪdʒəbl, -lə- | -lɪdʒə-, -dʒɪ-] 〖《1829》← L neglig(ere) 'to NEGLECT'+-IBLE〗 ── adj. **1** 〈人・物・事など〉無視してよい, 取るに足らない, つまらない: a ~ person 取るに足らない人. **2** 〈数量など〉ごく僅かな: a ~ amount ごく少量. **nég·li·gi·bly** adv. **~·ness** n. **nèg·li·gi·bíl·i·ty** [-dʒəbíləṭi | -dʒɪbílətɪ, -lɪ-] n.
ne·go·ti·a·bil·i·ty [nɪgòuʃiəbíləṭi, nə-, -ʃə- | nɪgəuʃiəbílətɪ, -ʃə-, -lɪ-] n. **1** (談判・交渉などによって) 協定できること. **2** 《口語》**a** (道路・山などが) 通行できること. **b** (困難・障害などが) 克服できること, 切り抜けられること. **3** 〖商業〗(証券・手形などが) 譲渡できること, 流通し得ること, 流通性.
ne·go·ti·a·ble [nɪgóuʃəbl, nə-, -ʃə- | nɪgə́uʃə-, -ʃɪə-] 〖《1758》← NEGOTI(ATE)+-ABLE〗 ── adj. **1** 交渉できる; 協定[商議]できる. **2** 《口語》**a** 〈道・山など〉通行できる: a ~ road, pass, etc. **b** 〈困難・障害など〉克服できる, 切り抜けられる: a ~ situation 克服出来る状況. **3** 〖商業〗〈手形・証券など〉譲渡できる: ~ instruments 流通証券《為替手形・小切手・約束手形など》/ "not ~" 譲渡を禁ず.
ne·go·ti·ant [nɪgóuʃiənt, nə-, -ʃənt | nɪgə́uʃiənt, -ʃənt] 〖⇨ L negōtiant-em trader (pres.p.) ← negōtiārī (↓)〗 n. =negotiator.
ne·go·ti·ate [nɪgóuʃièɪt, nə-, -sièɪt | -gə́uʃièɪt, -sièɪt] 〖《1598》← L negōtiāt-us (p.p.) ← negōtiārī to trade ← negōtium business ← neg, nec not+ōtium leisure〗 ── vi. 〈人・国などが〉〔…を〕交渉する, 商議する 〔about, for, on, over〕: ~ for peace 和平交渉をする / ~ for the purchase of a house 家屋売買の交渉をする / ~ with a foreign ambassador for a treaty 外国大使と条約の交渉をする. ── vt. **1** (協商・交渉などによって) 〈条約などを〉取り決める, 協定する (arrange) 〔with〕: ~ a loan 融資について条件を話し合い契約する / ~ terms of peace with the U.S. Government 米国政府と講和条件を協定する. **2** 《口語》**a** 〈道・山などを〉乗り越える, 通り抜ける, 飛び越す (traverse): ~ a mountain, a fence, a dangerous road, etc. **b** 〈困難・障害などを〉うまく切り抜ける, やってのける (get over): ~ an obstacle, a difficulty, etc. **3** 〖商業〗〈手形・証券・小切手などを〉譲渡する, 金に換える: ~ a bill of exchange 為替手形を裏書して譲渡する / ~ securities 証券を売り[譲り]渡す.
ne·go·ti·a·tion [nɪgòuʃiéɪʃən, nə-, -siéɪ- | -gə̀uʃiéɪ-, -sɪéɪ-] 〖《1579》⇨ L negōtiātiō(n-): ⇨ ↑, -ation〗

— *n.* **1** [しばしば *pl.*] 協商, 交渉, 商議, 折衝: ~*s for* an agreement, a treaty, etc. / enter into [open, start] a ~ *with* ...と交渉を開始する / be in ~ *with* ...と交渉中である / under ~ 交渉中で / a mode of ~ 交渉の仕方 / carry on [break off] ~*s* 交渉を続ける[打ち切る]. **2** 《口語》 **a** 乗り越える[通り抜ける, 飛び越える]こと. **b** (困難・障害などを)克服すること, 切り抜けること. **3** 《商業》譲渡, 流通, (手形を)切ること.

ne·gó·ti·à·tor [-tə, | -tə(r] 〖◻ L *negōtiātor* tradesman ← *negōtiātus*: ⇨ negotiate, -or²〗 — *n.* **1** 交渉者, 折衝者, 商議者, 協商者. **2** (手形などの)譲渡人, 手形を切る人.

ne·go·ti·a·to·ry [nɪgóuʃiətɔ̀:ri, nə-, -tò:ri | nɪgə́uʃɪətəri, -sɪə-] *adj.* 交渉[商議]の[に関する].

ne·go·ti·a·tress [nɪgóuʃiətrɪs, nə-, -trəs | -gə́uʃɪətrɪs, -sɪə-, -très] *n.* 女性の negotiator.

ne·go·ti·a·trix [nɪgóuʃiətrɪks, nə- | -gə́uʃɪə-, -sɪə-] 〖◻ LL *negōtiātrix*: ⇨negotiator, -trix〗 *n.* =negotiatress.

Ne·gress [ní:grɪs, -grəs | -grɪs, -grəs, -gres] 〖《1786》 ◻ F *négresse*: ⇨ Negro, -ess¹〗 *n.* [通例軽蔑的に] 黒人の女 (cf. Nigger).

Né·gri bòdy [néɪgri- | -grɪ-; *It.* né:gri-] 〖← *Adelchi Negri* (1876–1912: 発見者であるイタリアの医師)〗 — *n.* 《医学》ネグリ小体, 狂犬病封入小体《狂犬病にかかった動物の脳のアンモン角の神経細胞に見出される微小体; 狂犬病の正確診断に役立つ》.

Ne·gril·lo [nɪgrílou, nə-, -grí:(j)ou | negríləu, nɪ-; *Am. Sp.* negríjo] 〖《1853》 ◻ Sp. ~ (dim.) ← *Negro* 'black, NEGRO'〗 — *n.* (*pl.* ~s, ~es, ~) ネグリロ《アフリカ中南部に住む背の低い準黒色人種; Negroid のうち Pygmy, Bushman をいう; cf. Negrito》.

Ne·gri Sem·bi·lan [nəgrí:-səmbí:lən, nérgri- | né-grɪ-sem-, -səm-] *n.* ヌグリスンビラン《西マレーシア南部の州; 人口 480,000, 面積 6,708 km², 首都 Seremban [sərémbən]》.

Ne·grit·ic, n- [nɪgrítɪk, nə- | negrít-, nɪ-] 〖1: ⇨ Negro+-itic. 2: ⇨ Negrito, -ic¹〗 *adj.* **1** 黒人の. **2** ネグリト (Negrito) の.

Ne·gri·to [nɪgrí:tou, nə- | negrí:təu, nɪ-] 〖《1840》 ◻ Sp. ~ (dim.) ← *Negro* 'black, NEGRO'〗 — *n.* (*pl.* ~s, ~es) ネグリト《特にオセアニアやアジア東南部に住む背の低い準黒色人種で身長 1–1.5 m 位; cf. Negrillo》.

neg·ri·tude, N- [négrət(j)ù:d, ní:g- | -grɪtjù:d] 〖《1950》 ◻ F *négritude* (アフリカの詩人・政治家 Léopold Senghor の造語) ← *nègre* (◻ Sp. & Port. *negro* 'NEGRO'): cf. nigritude〗 — *n.* **1** 黒人としての自覚[誇り]. **2** [集合的] 黒人の特質. **3** 黒人であること.

Ne·gro [ní:grou | -grəu] 〖《1555》 ◻ Sp. & Port. ~ 'black, Negro' < L *nigrum, niger* black ← ?〗 — *n.* (*pl.* ~es) **1** 黒人; (特に, アフリカのコンゴやスーダン地方に住む)黒色人種の人《縮れた頭髪・突き出た厚い唇・広い平たい鼻が特徴; 俗には Bantu, Pygmy, Hottentot, Bushman などを含む一般アフリカ黒人をもいう》: an American ~ アメリカの黒人. ★ 1960 年代の後半からは米国では Black (もと軽蔑語)のほうが人種的誇りをもって多く用いられるようになり, 今日では Negro もしばしば軽蔑的含みをもつようになった. **2** (アフリカ黒人の血を受けた)皮膚の黒い人 (black man). — *adj.* 黒人の, 黒人種の; 黒人の住む[のための, に関する]: a ~ school 黒人学校 / the ~ question (米国の)黒人問題 / the ~ race 黒人種 / a ~ song 黒人の歌 / a ~ woman 黒人の女 / ⇨ Negro spiritual, Negro minstrel. **~·ness** *n.*

Ne·gro [néɪgrou | -grəu; *Sp.* négro], **Río** [rí:ou | rí:əu; *Sp.* rrío] *n.* [the ~] リオネグロ, ネグロ川: **a** コロンビア西部からブラジル北部を通り Amazon 川に合流する川 (2,250 km). **b** アルゼンチン南部の Andes 山脈から東方に流れ大西洋に注ぐ川 (644 km).

négro ànt *n.* 《昆虫》クロヤマアリ (*Formica fusca*).

négro clòth [còtton], N- c- 〖《1769》: もと黒人奴隷の衣服に使われたため〗 *n.* 粗い綿布の一種.

Négro Ènglish *n.* =Black English.

négro·hèad *n.* **1 a** 黒色の板[かみ]たばこ (cf. niggerhead 1). **b** 粗悪ゴムの一種. **2** 《地質》=niggerhead 2.

Ne·groid, n- [ní:grɔɪd] *adj.* (人種または特徴から見て)黒色人種に似た, 黒色人種と関係がある. — *n.* ネグロイド, 準黒色人種《黒色人種に似た特徴を示すが黒色人種には属さない人種; cf. stock² 15 a》.

Né·gro·ìsm, n- [-grouìzm | -grəu-] *n.* **1** 黒人主義[擁護]. **2** (英語の使用における)黒人の言語風習, 黒人なまり, 黒人語法.

Ne·gro·ize, n- [ní:grouàɪz | -grəu-] *vt.* **1** 黒人的にする, 黒人化する. **2** ...に黒人主義をしみ込ませる.

Négro·lànd *n.* (アフリカ・米国南部の)黒人地方.

Négro mínstrel *n.* =minstrel 3 a.

ne·gro·ni, N- [nɪgróuni, nə- | nɪgrə́unɪ] 〖← ?〗 *n.* ニグローニー《甘口のベルモット・ジン・ビタースを入れたカクテル》.

Ne·gro·phile, n- [ní:gro(u)fàɪl | -grə(u)-] 〖⇨ -phile〗 *n.* (*also* **Ne·gro·phil** [ní:gro(u)fɪl | -grə(u)-]), *adj.* 黒人びいきの(人), 親黒人派の(人).

Ne·gro·phi·lism, n- [ní:gro(u)fàɪlɪzm, nɪgráfəlɪzm, nə- | negrɔ́fɪlɪzm, nɪ-] *n.* 黒人びいき. **Né·gro·phi·list, n-** [-lɪst, -ləst | -lɪst] *n.*

Ne·gro·phobe, n- [ní:grəfòub, -ro(u)- | -grə(u)fəub] 〖⇨ -phobe〗 *n., adj.* 黒人を恐れる[こわがる](人), 黒人ぎらいの(人), 反黒人主義の(人).

Ne·gro·pho·bi·a, n- [nì:grəfóubiə, -ro(u)- | -grə(u)-fə́ubɪə, -bjə] 〖← NL ~: ⇨ Negro, -phobia〗 *n.* 黒人恐怖症, 黒人ぎらい.

Neg·ro·pont [négrəpɑ̀nt | -pɔ̀nt] *n.* ネグロポント《Euboea の英語名》.

Ne·gros [néɪgrous | -grəus; *Sp.* négros] *n.* ネグロス(島)《フィリピン諸島中部の島; 人口 2,300,000, 面積 13,670 km²》.

Négro spíritual *n.* 黒人霊歌.

Négro Státe *n.* 奴隷州《南北戦争以前奴隷売買の行なわれた米国南部の州》.

ne·gus¹ [ní:gəs, nɪgú:s | ní:gəs] 〖《1594》 ◻ Amharic *nĕgūsh* king〗 *n.* **1** エチオピア王の尊称. **2** [N-] エチオピア皇帝.

ne·gus² [ní:gəs] 〖《1743》 ← *Colonel Francis Negus* (*d.* 1732: 最初にそれを作った英国人)〗 — *n.* ニーガス《ぶどう酒に湯・砂糖を入れ, それにしばしばニクズクおよびレモンを加えた飲料》: port wine ~.

Neh. 《略》 Nehemiah (旧約聖書の)ネヘミヤ記.

Ne·he·mi·ah [nì:əmáɪə | nì:(h)ɪ-, nì:(h)ə-, nɪə-] 〖◻ Heb. *Nᵉḥemyāʰ* 《原義》 Yahweh comforts〗 — *n.* **1** 男性名. **2** 《聖書》 **a** ネヘミヤ《紀元前 5 世紀のユダヤの指導者; エルサレム (Jerusalem) の城壁を再建した》. **b** (旧約聖書の)ネヘミヤ記 (The Book of Nehemiah) (略 Neh.).

Ne·he·mi·as [nì:əmáɪəs | nì:(h)ɪ-, nì:(h)ə-, nɪə-] *n.* (Douay Bible での) Nehemiah のラテン語式語形.

Neh·ru [né(ə)ru:, néɪru: ; né̃əru: ; *Hindi* nehru], **Ja·wa·har·lal** [dʒəwɑ́:hələ̀:l | -hə-] *n.* ネール《1889–1964; インドの政治家, 独立運動における国民会議派の政治的指導者; インド共和国の初代首相 (1947–64); Indira Gandhi の父》.

Nehru, Mo·ti·lal [móutələ̀:l, -tḷ- | máutəl-, -tl-] *n.* ネール《1861–1931; インドの法律家・政治家; J. Nehru の父》.

n.e.i. 《略》 non est inventus; not elsewhere included [indicated].

N.E.I., NEI 《略》 Netherlands East Indies.

neigh [néɪ] 〖OE *hnǣgan* ← Gmc **hnajj-, *gnajj-, *knajj-* (擬音語) (MHG *nēgen*): cf. nag¹〗 *vi.* 〈馬が〉いななく (whinny). — *n.* いななき.

neigh·bor, (英) **neigh·bour** [néɪbə | -bə(r] 〖OE *nēahgebūr* ← *nēah* 'near, NIGH' + *gebūr* dweller, peasant (cf. boor): cf. G *Nachbar*〗 — *n.* **1 a** 隣人, (同町・同村など)近隣の人: next-door ~*s* 隣同士 / one's left-hand ~ 左隣の人. ★ 2 の意味にも使う / a good [bad] ~ 近所づき合いのよい[悪い]人 / He is (a) ~ to me. 彼は私の隣の人だ, 隣の人のように親しい間柄だ. **b** [通例 *pl.*] 近隣地の人, 隣国人: our ~*s* across the Channel 海峡の向こうの隣国人《英国から見たフランス国民》. **2 a** 隣席の人: one's ~ at dinner 食卓で隣の人. **b** (同種で)隣にある物: a tree towering above its ~*s* 群を抜いてそびえる大木. **3 a** 同胞 (fellow-man): Thou shalt love thy ~ as thyself. おのれのごとくなんじの隣を愛すべし (*Matt.* 19:19) / one's duty to one's ~ 博愛の義務 / Every man is my ~. 人は皆私の隣人だ. **b** (仲間に)親切な人; (仲間の)助けになる人. **4** [名前のわからない相手の人に親しみをこめた呼掛けに用いて] お隣さん.

— *attrib. adj.* 隣の (neighboring), すぐ側にある (nearby): one's ~ countries 隣国, 近隣諸国.

— *vt.* **1** 〈人・物・場所〉に隣り合う, 隣接する, ...の近くにある (adjoin): The wood ~*s* the lake. **2** 《古》...に近づく (approach). — *vi.* **1** 〔...の〕近くに住む[いる, ある]〔*by, on, upon*〕: ~ *on* the park. **2** 〔...と〕隣同士の仲である, 親しい間柄である〔*with*〕: ~ *with* the Browns.

néigh·bored *adj.* 隣人が...である, 近所[周囲]が...である: a friendly ~ place 親切な隣人のいる所.

néighbor·hòod 〖《1449》〗 — *n.* **1 a** 近所 (vicinity): in the ~ of the town [river] その町[川]の近くに. **b** [one's ~] (自分の住む)近隣: Our ~ has a library. 私たちの住んでいる近くに図書館がある. **c** [修飾語を伴って] (ある特定の性格をもつ)近辺, 周囲の地方: We live in a fashionable [healthy] ~. 我々の住んでいる近辺は上流の人が多い[健康的である]. **d** (都市などの中で商店や諸施設を備え共同社会を形成する)一区画. **2** [集合的] 近隣の人々 (neighbors): a friendly [sociable] ~ 親しい[愛想のいい]近所の人たち / the laughingstock of the ~ 近所の笑い草. **3** 隣人のよしみ, 善隣の情; 隣人としてのつき合い: In a town one misses the *good* ~ of a country village. 都会では田舎のような近所づき合いのないのが寂しい. **4** 接近していること (proximity): The ~ of the railroad is a drawback. 鉄道の近いのが欠点だ. **5** 《数学》近傍《与えられた点を含む開集合, ないしはそのようなものを含む集合》: a ~ system 近傍系 / an open ~ 開近傍. ***in the neighborhood of*** (1) ⇨ 1 a. (2) 約... (nearly): *in the* ~ *of* £100 約 100 ポンドで[の].

— *attrib. adj.* 近所の, その地域の: a ~ meeting, school, shop, store, etc. / a ~ gang 近所の遊び仲間 / a ~ road 地方道路《一地域[集落]単位で維持されている道路》.

néighborhood hòuse *n.* 《米》隣保館 (settlement).

néigh·bor·ing [-b(ə)rɪŋ] *adj.* 近所の, 近隣の; (互いに)隣接した: ~ houses, villages, countries, etc.

néighbor·less *adj.* 隣人のない, 孤独な (solitary).

néigh·bor·ly 〖⇨ -ly², -ly¹〗 — *adj.* 隣人らしい, 隣人としての; 親切な, 人づき合いのよい (sociable): live on ~ terms with ...と仲よく暮らす. — *adv.* 《古》隣人らしく, むつまじく. **néigh·bor·li·ness** *n.*

néighbor·shìp 〖ME〗 *n.* 《古》 **1** 隣り合っていること. **2** 隣人関係.

neighbour *n., adj., v.* =neighbor.

néighbourhood ùnit *n.* 《英》近隣住区《学校・商店・公民館などの施設を持つ人口約 1 万の地域で, 都市計画上の単位; cf. neighborhood 1 d》.

Neil [ní:l] 〖ME *Nel(e), Neel* < OE *Nel* ∥ ONF *Nele* ◻ ON *Njal* ◻ OIr. *Niall* (*Nēill* (gen.)) 《原義》 brave〗 — *n.* 男性名《異形 Nel, Neal, Neale, Nial, Niels, Nigel, アイルランド語形 Niall》.

Nei·la [ní:lə] 〖(fem.) ← NEIL〗 *n.* 女性名.

Neil·son [ní:lsn] 〖⇨ Neil, -son〗 *n.* 男性名.

Neilson, William Allan *n.* (1869–1946) スコットランド生れの米国の英語英文学者; *Webster's New International Dictionary* (第 2 版) の編集主幹.

nein [náɪn; G. náɪn] 〖◻ G ~〗 G. *adv.* いいえ (no) (cf. ja).

Neis·se [náɪsə; G. náɪsə] *n.* [the ~] ナイセ(川)《チェコスロバキア北西部から東ドイツ・ポーランドの国境を流れる Oder 川の支流 (252 km); ポーランド語名 Nysa; cf. Oder-Neisse line》.

Neis·ser [náɪsə | -sə(r; G. náɪsɐ], **Albert Ludwig Siegmund** *n.* ナイサー《1855–1916; ドイツの医師; 淋菌の発見者》.

neis·se·ri·a [naɪsí(ə)riə | -síərɪə] 〖← NL ~: ⇨ ↑, -ia¹〗 — *n.* 《細菌》ナイセリア《ねじ釘の頭のように見える *Neisseria* 属のいわゆる双球菌; 淋菌・髄膜炎菌・カタル球菌などを含む》.

Ne·ith [ní:ɪθ] 〖◻ L *Nēith* ◻ Gk *Nēith* ← Egypt.〗 *n.* 《エジプト神話》ネイト《戦争・知恵の女神, 太陽神 Ra の母; ギリシャ神話の Athena に当たる》.

nei·ther [ní:ðə, náɪ- | náɪðə(r, ní:-] 〖《c1200》 *neither* (← *ne* not + EITHER) ∽ ME *nauther* < OE *nā(w)ðer* 《短縮》 ← *nāhwæðer* ← *nā* 'NO¹' + *hwæðer* 'either, WHETHER'〗 — *conj.* **1** [相関的に ~...nor... として] ...でもなく(また...でもない), ...もせず(また...もしない) (cf. either...or...). ★ 動詞は最後の名詞または代名詞に一致する: *Neither* he *nor* I want it. 彼も私もどちらも望んでいない / I remember ~ him *nor* his mother. 私は彼も彼の母も覚えていない / I ~ know *nor* care to know it. それを知らないしまた知りたくもない / This is ~ more *nor* less than that. これはそれと全く同じである / *Neither* you *nor* I *nor* anybody else has seen it. 君も私もまた他のだれだってそれを見たものはない. **2** [否定を含む文または節に続いて] ...もまた...しない[...でない]: The first one wasn't good, and ~ was the second. 初めのもよくなかったが次のもよくなかった / If you do *not* go, ~ shall I. 君が行かなければ私も行かない / I am *not* at all happy.—*Neither* am I. 私はちっとも幸福でない—私も / Consider the lilies of the field, how they grow; they toil *not*, ~ do they spin. 野のゆりのいかに育つかを思え, 労せず紡(つむ)がざるなり (*Matt.* 6:28).

— *adv.* 《方言》 [前出の否定語を再度強調して] また...しない, ...でもない (either): He has *no* strength, nor sense ~. 彼は体力もなければ分別もない.

— *adj.* (二者の)どちらの...も...でない[しない] (not either): *Neither* story is true. どちらの話も本当でない / He took ~ side in the dispute. その論争でどっちの味方もしなかった / In ~ case can I agree. どっちにしても賛成できない.

— *pron.* (二者の)どちらも...でない[しない]: I believe ~ of the statements. どちらの話も信じない / Which will you have?—*Neither*, thank you. どちらをお取りになりますか—いや, どちらもけっこうです. ★ (1) " ~+of+複数(代)名詞" が主語の場合, 複数扱いにするのは《口語》; これを変則とする人もある (cf. none¹ *pron.* ★): *Neither* of them knows [know] me. 彼らのどちらも私を知らない. (2) " ~+of+複数人称代名詞" が強調的に主語の同格語として用いられることがある: We were ~ *of us* agreed. 我々はどちらも同意していなかった.

Nejd [nédʒd, neʒd] *n.* [the ~] ナジュド, ネジド《サウジアラビア中部の地方; 主要都市 Riyadh》.

nek [nék] 〖◻ Du. ~ 'NECK¹'〗 *n.* 《アフリカ南部》(峰の間の)山道.

Ne·kra·sov [neɪkrɑ́:sɔ(:)f | -sɔf, -sɔv; *Russ.* njikrá-səf], **Nikolai Alekseevich** *n.* ネクラーソフ《1821–78; ロシヤの詩人・出版編集者》.

nek·ton [néktən, -tɑn | -tən] 〖《1895》 ← NL ~ ← G *Nekton* ◻ Gk *nēktón* (neut.) ← *nēktós* swimming ← *neîn* to swim〗 — *n.* [集合的] 《動物》遊泳[遊行]生物《魚類やエビなど水中を遊泳する生物の総称; cf. benthos, plankton》. **nek·ton·ic** [nektɑ́nɪk | -tɔ́n-] *adj.*

Nel·da [néldə] 〖← ? OE *At-þeneldre* from a home at the elder-tree〗 *n.* 女性名.

Nell [nél] 〖(dim.) ← ELLEN, ELEANOR, HELEN〗 *n.* 女性名.

nel·lie, N- [néli | -lɪ] *n.* =nelly².

Nel·lie [néli | -lɪ] 〖1: (dim.) ← NELSON². 2: ← NELL + -IE〗 *n.* **1** 男性名: ⇨ nervous Nellie. **2** 女性名.

nel·ly¹ [néli | -lɪ] 〖← ? NELLY 2〗 *n.* 《鳥類》 **1** = giant petrel. **2** =sooty albatross.

nel·ly², N- [néli | -lɪ] 〖← ? Nelly 2〗 — *n.* ★ 次の成句で: ***Not on your nelly!*** 《英俗》とんでもない, そんなばかな(こと). ***sit next to [by, with] Nelly*** 《英俗》(職場などで)ほかの人たちのやりかたを見て仕事を覚える.

Nel·ly [néli | -lɪ] 〘1: (dim.) ← NELSON². 2: NELL + -Y²〙 *n.* **1** 男性名: ⇨ nervous Nelly. **2** 女性名: ⇨ nice Nelly.

nel·son [nélsn] 〘← NELSON²〙 *n.* 〘レスリング〙 ネルソン《首攻めの総称》: ⇨full nelson, half nelson, quarter nelson.

Nel·son¹ [nélsn] *n.* [the ～] カナダ中部, Manitoba 州の川; Winnipeg 湖から北東方に流れ Hudson 湾に注ぐ (644 km).

Nelson² [nélsn] 〘← ME *Nel* 'NEIL' + SON¹: もと家族名〙 *n.* 男性名《異形 Nealson, Nilson》.

Nelson, Horatio *n.* (1758-1805) 英国の提督; Trafalgar 沖で Napoleon 一世の海将 Villeneuve の指揮するフランス・スペイン連合艦隊を破ったが, 自らは戦死; 称号 Viscount Nelson (cf. Lady Emma HAMILTON).

ne·lum·bo [nɪlʌ́mbou, nə- | -bəu] 〘← NL ～ ← Singhalese *nelumbu*〙 *n.* (*pl.* **～s**) 〘植物〙ハス《スイレン科ハス属 (*Nelumbo*) の植物の総称; cf. lotus 2》.

nem- [ni:m] (母音の前に来る時の) nemo- の異形.

ne·ma [ní:mə, némə] 〘← NL ～ ← Gk *nêma* thread〙 *n.* 〘動物〙＝nematode.

ne·ma- [ní:mə] 〘↑〙 ＝nemato-.

Ne·ma·li·o·na·les [nɪmèliənéɪli:z, nə- | -lɪə-] 〘← NL ～ ← *Nemalion* (属名: ← Gk *nêma* thread) + -ALES〙 *n. pl.* 〘植物〙ウミゾウメン目.

Nem·an [némən; *Russ.* njémən] *n.* [the ～] ネマン(川)《ソ連邦ベロルシア共和国に発しバルト海に注ぐ川 (937 km); ポーランド語名 Niemen; 下流はドイツ語名で Memel ともいう》.

Nem·a·sto·ma·ce·ae [nèməsto(ʊ)méɪsii: | -stə(ʊ)-] 〘← NL ～ ← *Nemastoma* (属名: ⇨ nema-, -stoma¹ + -ACEAE〙 *n. pl.* 〘植物〙(スギノリ目)ヒカゲノイト科.

nem·at- [némət] (母音の前に来る時の) nemato- の異形.

nem·a·thel·minth [nèməθélmɪnθ, nì:m-] 〘↓〙 *n.* 線形[円形]動物門に属する虫.

Nem·a·thel·min·thes [nèməθelmínθi:z] 〘← NL ～: ⇨↓, helminth〙 *n. pl.* 〘動物〙線形動物門, 円形動物門.

nem·a·thel·min·thi·a·sis [nèməθèlmɪnθáɪəsɪs, -səs | -sɪs] 〘← NL ～: ⇨ nemato-, helminthiasis〙 *n.* 〘病理〙線虫症《回虫症・鉤虫症など》.

ne·mat·ic [nɪmǽtɪk, nə- | -tɪk] 〘⇨ nemato-, -ic¹〙 ― *adj.* 〘物理・結晶〙ネマチック状態の《液晶の細長い分子が, 方向だけは揃っているが, 重心の分布が無秩序な状態; cf. smectic, cholesteric》.

nem·a·ti·cid·al [nèmət̬əsáɪdḷ, nɪmæ̀t̬-, nə- | nèmətɪ-, nɪmæ̀t-, ne-] *adj.* 〘薬学〙＝nematocidal.

nem·a·ti·cide [némət̬əsàɪd, nɪmǽt̬-, nə- | némətɪ-, nɪmǽt-, ne-] *n.* 〘薬学〙＝nematocide.

nem·a·to- [némət̬o(ʊ), nɪmǽt̬-, nə- | -tə(ʊ)] 〘← NL ～ ← Gk *némat-*, *nêma* thread〙 ― 次の意味を表わす連結形: **1**「糸のある, 糸に似た」. **2** 〘動物〙「線虫 (nematode) の」. ★ 母音の前では通例 nemat- になる.

nem·a·to·cid·al [nèmət̬əsáɪdḷ, nɪmæ̀t̬-, nə- | nèmət-, nɪmæ̀t-, ne-] *adj.* 〘薬学〙線虫を駆除できる.

nem·a·to·cide [némət̬əsàɪd, nɪmǽt̬-, nə- | némət-, nɪmǽt-, ne-] *n.* 〘薬学〙線虫駆除剤.

nem·a·to·cyst [némət̬əsɪst, nɪmǽt̬-, nə- | némət-, nɪmǽt-, ne-] 〘⇨ nemato-, -cyst〙 ― *n.* 〘動物〙刺胞, 刺細胞《腔腸動物特有の器官; nettle cell ともいう; cf. trichocyst》. **nem·a·to·cys·tic** [nèmət̬əsístɪk, nɪmæ̀t̬-, nə- | nèmətə(ʊ)-, nɪmæ̀t-, ne-] *adj.*

Nem·a·to·da [nèmətóʊdə | -təʊ-] 〘← NL ～: ⇨ nemato-, -oidea〙 *n. pl.* 〘動物〙線虫綱《袋形動物門の一綱; 独立した一門ともする》.

nem·a·tode [némətòʊd | -tə̀ʊd] 〘↑〙 〘動物〙 *adj.* 線虫綱の. ― *n.* 線虫《線虫綱の動物; 回虫・酢線虫など; 略して nema ともいう; cf. golden nematode》.

nem·a·tol·o·gy [nèmətɑ́lədʒi | -tɔ́lədʒɪ] *n.* 〘動物〙線虫学. **nem·a·to·log·i·cal** [nèmət̬ḷɑ́dʒɪkəl, -dʒə- | -tḷɔ́dʒɪ-] *adj.* **nèm·a·tól·o·gist** [-dʒɪst, -dʒəst | -dʒɪst] *n.*

Nem·a·to·mor·pha [nèmət̬o(ʊ)mɔ́əfə, nɪmæ̀t̬-, nə- | -tə(ʊ)mɔ́:-] 〘← NL ～: ⇨ nemato-, -morpha〙 *n. pl.* 〘動物〙(袋形動物門)線形虫綱《ハリガネムシなどを含む》. **nèm·a·to·mór·phan** [-fən] *adj., n.*

Nem·bu·tal [némbjutɔ̀:t, -tæ̀l | -tæ̀l] 〘← N(*a*) (＝sodium) + E(THYL) + M(ETHYL) + BU(TYL) + (BARBI)TAL〙 ― *n.* 〘商標〙ネンブタール《pentobarbital sodium の商品名》.

nem. con. [ném-kɑ́n | -kɔ́n] 《略》nemine contradicente.

nem. diss. [ném-dís] 《略》nemine dissentiente.

Ne·me·a [ní:miə | -mɪə, -mjə] *n.* ネメア《ギリシャ南東部, 古代 Argolis の谷; ⇨Nemean games》. **Ne·me·an** [ní:miən, nɪmí:ən, nə- | ní:mɪən, -mjən, nɪmí:ən] *adj.*

Némean gámes *n. pl.* [the ～] (古代ギリシャの)ネメア競技《2 年ごとに Nemea の Zeus の神殿で催されたギリシャの四大競技祭の一つ; 他の三つは Olympian games, Pythian games, Isthmian games》.

Némean líon *n.* [the ～] 〘ギリシャ神話〙ネメアの獅子(しし)《Hercules に殺されたという Peloponnesus 半島の Nemea の谷の獰猛(どうもう)なライオン》.

Nem·e·rov [némərɔ̀(:)f, -rɑ̀f | -rɔ̀f], **Howard** *n.* (1920-) 米国の詩人・小説家.

Ne·mer·te·a [nɪmə́:tiə, nə- | nɪmə́:tɪə] 〘← NL ～ ← *Nēmertēs* (属名: ← Gk *Nēmertḗs* (Nereid の一人の名): ⇨ -a²)〙 *n. pl.* 〘動物〙＝Nemertinea.

ne·mer·te·an [nɪmə́:tiən, nə- | nɪmə́:tɪ-] 〘⇨↑, -an¹〙 〘動物〙 *adj.* 紐形動物門の. ― *n.* ヒモムシ《紐形動物門の動物の総称; ribbon worm ともいう》.

Nem·er·ti·na [nèmətáɪnə, -tí:- | -mə-] 〘← NL ～: ⇨ -ina¹〙 *n. pl.* 〘動物〙＝Nemertinea.

nem·er·tine [némətàɪn, -tì:n | -mə-] 〘↑〙 *adj., n.* 〘動物〙＝nemertean.

Nem·er·tin·e·a [nèmətíniə | -mətínɪə] 〘← NL ～: ⇨↑, -eus, -a²〙 *n. pl.* 〘動物〙紐形動物門.

nem·er·tin·e·an [nèmətíniən | -mətínɪ-] 〘⇨↑, -an¹〙 *adj., n.* 〘動物〙＝nemertean.

Nem·er·ti·ni [nèmətáɪnaɪ, -tí:ni: | -mə-] *n. pl.* 〘動物〙＝Nemertinea.

Nem·e·sis [néməsɪs, -səs | -mɪsɪs, -mə-] 〘(1576) ▭ L ～ ▭ Gk *Némesis* (原義) righteous indignation ← *némein* to deal out what is due〙 ― *n.* (*pl.* **-e·ses** [-sì:z], **～·es**) **1** 〘ギリシャ神話〙ネメシス《応報天罰の女神; 傲慢(ごう)な者・不義にして富む者などを見のがさずに罰した》: play the ～ 復讐する. **2** [n-] **a** 懲罰を加える人. **b** 応報, 因果, 天罰. **3** [n-] **a** 勝てない相手[ライバル]. **b** 克服できないもの.

nem·e·stri·nid [nèməstráɪnɪd, -nəd | -nɪd] 〘↓〙 〘昆虫〙 *adj.* ツリアブモドキ(科)の. ― *n.* ツリアブモドキ《ツリアブモドキ科の昆虫の総称》.

Nem·e·strin·i·dae [nèməstrínədì: | -mɪstrínɪ-] 〘← NL ～ ← *Nemestrinus* (属名: ← ? LL *Nemestrinus* god of groves) + -IDAE〙 ― *n. pl.* 〘昆虫〙(双翅目)ツリアブモドキ科.

Nem·ich·thy·i·dae [nèmɪkθáɪədì: | -θáɪɪ-] 〘← NL ～ ← *Nemichthys* (属名: ⇨ nema-, ichthyo-) + -IDAE〙 *n. pl.* 〘魚類〙シギウナギ科.

ne·mi·ne con·tra·di·cen·te [némənì-kɑ̀ntrədɪsénṭi, -dəsén- | -mɪnɪ-kɔ̀ntrədɪsénti] 〘← NL ～ 'no one contradicting'〙 ― *L. adv.* 一人の反対者もなく, 満場一致で (unanimously) (略 nem. con.): The bill was carried ～. 議案は満場一致で通過した.

némine dis·sen·ti·én·te [-dɪsènṭiénṭi, -də- | -tɪéntɪ] 〘← NL ～ 'no one dissenting'〙 *L. adv.* ＝nemine contradicente (略 nem. diss.).

ne·mo [ní:moʊ | -məʊ] 〘← ? REMOTE〙 *n.* (*pl.* **～s**) 〘ラジオ・テレビ〙(スタジオ外の)実況放送, 現場中継放送 (pickup).

ne·mo- [ní:mo(ʊ) | -mə(ʊ)] nema- の異形.

ne·moph·i·la [nɪmɑ́fələ, nə- | -mɔ́fɪ-] 〘← NL ～ ← Gk *némos* wooded pasture: ⇨ -phila〙 ― *n.* 〘植物〙ルリカラクサ《北米原産のハゼリソウ科ルリカラクサ属 (*Nemophila*) の草本の総称; five-spot など》.

ne·mop·ter·id [nɪmɑ́ptərɪd, nə-, -rəd | -mɔ́ptərɪd] 〘↓〙 〘昆虫〙 *adj.* オナガカゲロウ(科)の. ― *n.* オナガカゲロウ《オナガカゲロウ科の昆虫の総称》.

Ne·mop·ter·i·dae [nì:mɑptérədì:, nèm- | -mɔptérɪ-] 〘← NL ～ ← *Nemoptera* (属名: ⇨ nemo-, -ptera) + -IDAE〙 *n. pl.* 〘昆虫〙(蜉蝣目)オナガカゲロウ科.

nem·o·ral [ném(ə)rəl] 〘▭ L *nemorāl-is* ← *nemor-*, *nemus* wood, grove (cf. Gk *némos*: ⇨ nemophila): ⇨ -al¹〙 *adj.* 森の[に関する, に住む].

ne·mou·rid [nɪmú(ə)rɪd, nə-, -rəd | -mú(ə)rɪd] 〘↓〙 〘昆虫〙 *adj.* オナシカワゲラ(科)の. ― *n.* オナシカワゲラ《オナシカワゲラ科の昆虫の総称》.

Ne·mou·ri·dae [nɪmú(ə)rədì:, nə- | -múərɪ-] 〘← NL ～ ← *Nemoura* (属名: ← NEMO- + Gk *ourá* tail) + -IDAE〙 *n. pl.* 〘昆虫〙(積翅(せき)目)オナシカワゲラ科.

ne·ne [néɪneɪ] 〘▭ Hawaiian *nēnē*〙 *n.* (*pl.* ～) 〘鳥類〙ハワイガン (*Branta sandvicensis*)《ハワイ産, 絶滅しかけている》.

N. Eng. 《略》New England; North(ern) England.

nen·u·phar [nénjʊfɑ̀ə, nɪn(j)ú:fə, nə- | nénjʊfɑ̀:(r)] 〘(1425) ← ML ← Arab. & Pers. *ninūfar*, *nīlūfar* ▭ Skt *nīlotpala* ← *nīla* blue + *utpala* lotus, water lily〙 ― *n.* 〘植物〙スイレン (water lily); (特に)＝Egyptian lotus 1.

ne·o-, Ne·o- [ní:oʊ | ní:əʊ, níəʊ] 〘← Gk *néos* 'NEW'〙 ― 次の意味を表わす連結形: **1**「新しい (new); 近代の (modern)」. **2** 〘化学〙「ネオ《少なくとも一つの炭素原子が他の四つの炭素原子と結合している炭化水素にいう》」. ★ 母音の前では通例 ne- になる.

nèo·anthrópic *adj.* 〘人類学〙＝neanthropic.

nèo·arsphénamine *n.* 〘薬学〙ネオアルスフェナミン ($C_{12}H_{11}As_2N_2O_2CH_2SO_2Na$)《梅毒治療剤》.

nèo·baróque *adj.* 〘建築〙ネオバロックの《19 世紀に行なわれたバロック様式復興のスタイルにいう》.

Nèo-Cámbrian *adj.* 〘地質〙カンブリア紀後期の.

Nèo-Cátholic *adj.* **1** 新カトリック派の《英国国教会内のカトリック教会の教義・典礼を支持する一派の教徒にいう》. **2** (フランスの)現代主義 (modernism) を奉じるカトリック教徒の. ― *n.* **1** (英国の)新カトリック教徒. **2** (フランスの)現代主義カトリック教徒.

Nèo-Cathólicism *n.* 新カトリック主義; 現代カトリック主義.

Ne·o·cene [ní:əsì:n | ní:ə(ʊ)-, níə(ʊ)-] 〘← NEO- + -CENE〙 *adj., n.* 〘地質〙＝Neogene.

Nèo-Christiánity, nèo-C- *n.* 新キリスト教(主義)《その時代の主要な思想・哲学(例えば 18 世紀の啓蒙主義)によって新しく解釈されたキリスト教》.

nèo·clássic *adj.* **1** 〘建築〙ネオクラシシズムの, 新古典主義の (⇨ neoclassicism). **2** 〘文学〙新古典主義の. **3** [N-] 〘美術〙新古典主義の. **4** 〘音楽〙新古典主義の.

nèo·clássical *adj.* **1** 〘建築〙＝neoclassic 1. **2** 〘文学〙＝neoclassic 2.

nèo·clássicism, N- *n.* **1** 新古典主義, ネオクラシシズム: **a** 〘文学〙17-18 世紀に流行した文学思潮; (ギリシャ・ローマの)古典から抽出された規範を守り, 節度・均斉・統一ある型式美を重視する. **b** 〘美術〙ギリシャ・ローマの作品を範として, 主に 18-19 世紀に発達した絵画・彫刻・工芸の様式. **c** 〘音楽〙後期ロマン派の主情主義への反動として第一次大戦後に起こった 20 世紀音楽の一傾向; 主観や情緒を排除し, 17-18 世紀の古典的技法・形式・精神を現代音楽に生かそうとする客観的創作態度をとる. **d** 〘建築〙18-19 世紀中頃に行なわれた古典主義建築様式; 考古学的に正確なギリシャやローマの様式を用いる傾向と, 思弁的に理想的建築形態を追求する傾向とをもつ. **2** 芸術・文学における新古典主義に基づいた様々な運動.

nèo·clássicist *n.* 新古典主義者. ― *adj.* 新古典主義(者)の.

nèo·colónial *adj.* 新植民地主義の《強国がかつての植民地に対し経済進出・傀儡(かい)政権の樹立などにより間接的に支配力を保とうとする政策にいう》. **～·ism** *n.* 「民地主義(者)の.

nèo·colónialist *n.* 新植民地主義者. ― *adj.* 新植

Ne·o·co·mi·an [nì:oʊkóʊmiən | nì:əʊkə́ʊmɪən, nìəʊ-, -mjən] 〘▭ F *Néocomien* ← *Neocomium* (← NEO- + Gk *kṓmē* village) 《ラテン語形》 ← *Neuchâtel* (スイスにあるネオコミア世の岩石の産地): ⇨ -an¹〙 ― *adj.* 〘地質〙(中生代白亜紀の)ネオコミア世の.

Nèo-Confúcian, nèo-C- *adj.* 新儒教の《12-16 世紀の, 道教と仏教の要素を儒教に織り込んだ思想運動にいう》. ― *n.* 新儒教信者, 新儒者. **～·ism** *n.*

Nèo-Confúcianist, nèo-C- *adj.* 新儒教信者の, 新儒者の, 新儒教の. ― *n.* 新儒教信者, 新儒者.

nèo·córtex *n.* 〘解剖〙新皮質. **nèo·córtical** *adj.*

Nèo-Dáda, nèo-D- *n.* 〘文学・芸術〙新ダダイズム, ネオダダ《1950 年代の終りから 60 年代に起こったダダイズム (Dada) に似た反芸術運動; ダダイズムより対象そのものに関心を置く; ⇨ Dada》.

Nèo-Dádaism, nèo-D- *n.* ＝Neo-Dada.

Nèo-Dádaist, nèo-D- *n.* 新ダダイズムの芸術家, 新ダダイスト. ― *adj.* 新ダダイズムの.

Nèo-Darwínian, nèo-D- *adj.* 新ダーウィン説[派]の. ― *n.* 新ダーウィン派の学者.

Nèo-Dárwinism, nèo-D- *n.* 新ダーウィン説, ネオダーウィニズム《Darwin の進化論から自然選択以外を排除し, 自然選択をもとに進化を説明する, Weismann が中心となって提唱した進化論; cf. Neo-Lamarckism, Weismannism》.

Nèo-Dárwinist, nèo-D- *n.* ＝Neo-Darwinian.

ne·o·dym·i·um [nì:o(ʊ)dímiəm | nì:ə(ʊ)dímɪ-, nì-ə(ʊ)-] 〘← NL ～ ← NEO- + (DI)DYMIUM〙 ― *n.* 〘化学〙ネオジム, ネオジミウム《希土類金属元素の一つ; 記号 Nd, 原子番号 60, 原子量 144.24》.

Nèo-fáscism, nèo-f- *n.* 新ファシズム.

Nèo-Fréudian, nèo-F- *n.* 新フロイド(学)派の人《人格の形成を生物学的要因によって解明しようとする Freud 主流派に対し, 社会・文化的要因を強調する Sullivan, Horney, Fromm などの精神分析学者》.

Ne·o·gae·a [nì:ədʒí:ə | nì:ə(ʊ)-, nìə(ʊ)-] 〘← NL ～: ⇨ neo-, -gaea〙 ― *n.* (*also* **Ne·o·ge·a** [～]) 〘生物地理〙新界《動物分布三大区分の一つ; 南アメリカ・西インド諸島・熱帯北アメリカを含む地域をいう; cf. Arctogaea, Notogaea》. **Nè·o·gáe·an** [-dʒí:ən] *adj.* **Nè·o·gé·an** [-dʒí:ən] *adj.*

Ne·o·gene [ní:ədʒì:n | ní:ə(ʊ)-, níə(ʊ)-] 〘地質〙 *adj.* (Miocene と Pliocene を含む)新第三紀の (cf. Paleogene): the ～ period [system] 新第三紀[系]. ― *n.* [the ～] 新第三紀 (cf. tertiary).

nèo·génesis 〘← NL ～: ⇨ neo-, -genesis〙 ― *n.* **1** 〘生理〙(組織の)新生. **2** 〘生物〙ネオゲネシス《個体発生の初期の変化が原因となる進化》. **nèo·ge·nétic** *adj.*

Nèo-Géorgian, nèo-G- *adj.* **1** 〘建築〙ネオジョージアン式の《1920-30 年代にかけて英国で作られたジョージ朝風の穏健なスタイルにいう》. **2** 〘文学〙(英国の) George 五世時代の. **～·ism** *n.*

nèo·glaciátion *n.* 〘地質〙第四紀氷河時代の終末期に一時的に起こった氷河形成. **nèo·glácial** *adj.*

Nèo-Góthic, nèo-G- *adj.* **1** 〘建築〙(18 世紀末から 19 世紀末に欧米に復興した)ネオゴシック(様)式の. **2** 〘美術〙(19 世紀中ごろ欧米に流行した)新ゴシック式の, ネオゴシックの《London の国会議事堂は好例》.

nèo·grammárian 〘(なぞり) ← G *Junggrammatiker*: ⇨ neo-, grammarian〙 ― *n.* 〘言語〙青年文法家, 少壮文法学派の人《A. Leskien, K. Brugmann, H. Paul などによって代表される 19 世紀後半のドイツの印欧語学者のグループの人; 印欧語の歴史的研究で音変化の規則性を主張した; young grammarian ともいう》.

Nèo-Gréek, nèo-G- *n.* 近代ギリシャ語 (⇨ Greek *n.* 3 a). ― *adj.* **1** 〘美術〙(19 世紀中頃の J. L. Hamon などフランスの画家に見られる)新ギリシャ派の (cf. neoclassicism 1 b). **2** 〘建築〙(19 世紀中頃の新古典主義の中に見られる)ネオグリーク(様)式の.

Nèo-Hebráic, nèo-H- *n., adj.* ＝Neo-Hebrew.

Nèo-Hébrew, nèo-H- *n.* (聖書時代以後の文学に用いられた)近代ヘブライ語 (cf. Hebrew 2). ― *adj.* 近代ヘブライ語の.

Nèo-Hegélian, nèo-H- *n.* 新ヘーゲル主義者. ― *adj.* 新ヘーゲル主義の.

Nèo-Hegélianism, nèo-H- *n.* 〘哲学〙新ヘーゲル学派, 新ヘーゲル主義(の哲学)《ヨーロッパ, 特に19-20 世紀のドイツ・英国・米国で Hegel の idealism を鼓吹した哲学者やその学派》.

Nèo-Héllenism, nèo-H- *n.* 新ギリシャ主義.

nèo·héxane *n.* 〘化学〙ネオヘキサン $((CH_3)_3CC_2H_5)$《航空機などに用いられる高オクタン価燃料》.

nèo-húmanism *n.* 〘哲学・文学〙=New Humanism. **nèo-húmanist** *n.*

nèo·impérial *adj.* 新帝国主義(的)の.

nèo·impérialism *n.* 新帝国主義. **nèo·impérialist** *n.*

Nèo-Impréssionism, nèo-i- 〘⊏F *néo-impressionisme*〙 ── *n.* 〘美術〙新印象主義《1886 年頃 Seurat に始まった印象派の手法をさらに科学的に厳正なものにしようとしたもの; 色調の分割を徹底し点描画法 (pointillism) を特徴とする; ⇨ Postimpressionism, impressionism 1》.

Nèo-Impréssionist, nèo-i- 〘⊏F *néo-impressionist*〙 *n.* 新印象主義者[画家]. ── *adj.* 新印象主義(者)の.

nèo·isolátionism *n.* 〘政治〙新孤立主義《特に, ベトナム戦争後米国政府のとった主義》.

nèo·isolátionist 〘政治〙 *n.* 新孤立主義者. ── *adj.* 新孤立主義の.

Nèo-Kántian, nèo-K- 〘哲学〙 *adj.* 新カント学派の. ── *n.* 新カント学派の哲学者.

Nèo-Kántianism, nèo-K- 〘《なぞり》← G *Neukantianismus*〙 ── *n.* 〘哲学〙新カント学派の哲学[主義]《19-20 世紀ドイツを中心にカント哲学を復興し, それに新しい解釈と意味を与えて唯物論・観念論に反対した哲学的運動と学派》.

nèo-Kéynesian *adj.* 〘経済〙新ケインズ主義者の《Keynes の理論のままでは現代経済の諸問題の解決には不十分とは認めつつも, 財政支出・金融政策等における政府の役割を積極的に認める立場をいう; cf. monetarist》.

neol. 《略》neologism.

ne·o·la·li·a [nìːo(ʊ)léɪliə | nìːə(ʊ)léɪlɪə, nìə(ʊ)-, -ljə] 〘← NL ～: ⇨ neo-, -lalia〙 *n.* 〘精神医学〙新語濫造症.

Nèo-Lamárckian, nèo-L- *adj.* 新ラマルク説の. ── *n.* 新ラマルク派の学者.

Nèo-Lamárckism, nèo-L- *n.* 〘生物〙新ラマルク説, ネオラマルキズム《ラマルク説を修正し, 獲得形質 (acquired characters) もまた遺伝すると説くなど Darwin の進化論に反対する主張; cf. Lamarckism, Neo-Darwinism, Lysenkoism》.

Nèo-Lamárckist, nèo-L- *n.* =Neo-Lamarckian.

Nèo-Látin, nèo-L- *n.* **1** =New Latin. **2** ロマンス語 (Romance).

Ne·o·li·go·chae·ta [nìːɑ̀lɪgo(ʊ)kíːṭə, -ɑ̀lə- | -ɔ̀lɪgə(ʊ)kíːtə] 〘← NL ～ ← NEO-+*Oligochaeta* (⇨ oligo-, -chaeta)〙 *n. pl.* 〘動物〙新貧毛類.

ne·o·lith [níːəlɪθ | níːəʊ-, níəʊ-] 〘《1882》《逆成》↓〙 *n.* 〘考古〙新石器.

Ne·o·lith·ic [nìːəlíθɪk | nìːə(ʊ)-, nìə(ʊ)-] 〘← NEO-+-LITHIC〙 ── *adj.* **1** [時に n-] 〘考古〙新石器時代の (cf. Eolithic, Paleolithic): a ～ man 新石器時代の人 / the ～ era 新石器時代《中石器時代 (Mesolithic era) に続く時代; 定住生活に入り, 磨製石器を用い, 農耕・牧畜・織物・製陶などの文化を発達させた》. **2** [n-] 非常に旧式の, 大変時代遅れの.

ne·o·lo·gi·an [nìːəlóʊdʒiən, -dʒən | nìːə(ʊ)lə́ʊdʒɪən, nìə(ʊ)-, -dʒən] 〘← NEOLOGY+-AN[1]〙 〘神学〙 *adj.* 新教義 (neology) を採用[支持]する. ── *n.* =neologist 2.

ne·o·log·i·cal [nìːəlɑ́dʒɪkəl, -dʒə- | nìːə(ʊ)lɔ́dʒɪ-, nìə(ʊ)-] 〘⊏F *néologique*: ⇨ neology, -ical〙 *adj.* =neologistic.

ne·ol·o·gism [niɑ́lədʒɪzm̩ | niɔ́l-, nɪ-] 〘《1800》⊏F *néologisme* ← *néologie*: ⇨ neology, -ism〙 ── *n.* **1 a** 新語, 新造語句; 新語義で用いられる語句. **b** =neology 1. **2** 〘← NEO-+LOGO-+-ISM〙 〘神学〙=neology 2. **3** 〘精神医学〙言語新作, 造語症; それによって造られた意味のない語.

ne·ól·o·gist [-dʒɪst, -dʒəst | -dʒɪst] 〘⊏? F *néologiste* ← *néologisme* (↑): ⇨ -ist〙 *n.* **1** 新語を造る人, 新語[新語義]使用者. **2** 〘神学〙新教義主張者.

ne·ol·o·gis·tic [niːɑ̀lədʒístɪk, nìːəl- | niːɔ̀l-, nɪɔ̀l-] *adj.* **1** 新語使用者の. **2** 〘神学〙新教義主張者の. **ne·ol·o·gís·ti·cal** *adj.*

ne·ol·o·gize [niɑ́lədʒàɪz | niɔ́l-, nɪ-] 〘⇨ ↓, -ize〙 *vi.* **1** 新語[新語義]を造る[使用する]. **2** 〘神学〙新教義を採用する.

ne·ol·o·gy [niɑ́lədʒi | niːɔ́lədʒɪ, nɪ-] 〘《1797》⊏F *néologie*: ⇨ neo-, -logy〙 ── *n.* **1** 新語[新語義]の使用[創造, 借入]. **2** 〘神学〙 **a** ネオロギー, 新学説神学, 新教義 (new doctrine)《啓蒙時代におけるドイツ神学の第 2 期 (1750 年以後)に起こった合理的な神学上の主張》. **b** 新教義の採用[支持].

Nèo-Lútheran *adj., n.* 新ルター主義(者)の; 新ルター主義者.

Nèo-Lútheranism *n.* 新ルター主義《19 世紀にドイツ・北欧・北米で起こった Luther の宗教改革の精神を復興させようという神学的・教会的運動》.

Nèo-Malthúsianism, nèo-M- *n.* 新マルサス主義《産児制限による人口調節を唱える》. **Nèo-Malthúsian** *adj., n.*

Nèo-Melanésian, nèo-M- *n.* ネオメラネシア語《主として New Guinea と隣接諸島で話されるピジン英語 (pidgin English)》.

ne·o·my·cin [nìːəmáɪsn̩, nìːo(ʊ)- | nìːə(ʊ)máɪsɪn, nìə(ʊ)-] 〘← NEO-+-MYCIN〙 ── *n.* 〘生化学〙ネオマイシン《放射菌から得られる抗生物質の一種; A, B, C の 3 種からなり, 種々の細菌に対して効果がある》.

ne·on [níːɑn | níːən, -ɔn, níən] 〘《1898》← NL ～ ← Gk *néon* (neut. sing.) ← *néos* new: 発見者のスコットランドの化学者 Sir W. Ramsay および英国の化学者 Morris William Travers (1872-1961) の造語〙 ── *n.* **1** 〘化学〙ネオン《希ガス元素の一つ; 記号 Ne, 原子番号 10, 原子量 20.179》. **2** ネオンランプ (neon lamp); ネオンサイン (neon sign). ── *adj.* **1** ネオンを使った[のはいった]. **2** ネオンランプを用いた: a ～ sign ネオンサイン. **3** ネオンランプのような. **4** 《口語》繁華街の, 安っぽい盛り場の. **～ed** *adj.*

nèo·nátal *adj.* 〘医学〙新生児の. **～·ly** *adv.*

ne·o·nate [níːənèɪt | níːə(ʊ)-, níə(ʊ)-] 〘← NL *neonāt-(us)* ← NEO-+L *nātus* born ((p.p.) ← *nāscī* to be born)〙 *n., adj.* 〘医学〙新生児(の)《生後一か月以内の幼児》.

ne·o·na·tol·o·gy [nìːo(ʊ)neɪtɑ́lədʒi | nìːə(ʊ)neɪtɔ́lədʒɪ, nìə(ʊ)-] 〘⇨ ↑, -logy〙 *n.* 〘医学〙新生児学.

Nèo-Názi *n.* 新ナチ主義者. ── *adj.* 新ナチ主義(者)の.

Nèo-Názism *n.* 新ナチ主義《西ドイツ国家民主党を始めとするナチズム復興運動》.

néon làmp [lìght] *n.* (広告などに用いられる)ネオンランプ, ネオン放電管《neon tube ともいう》.

néon-líghted[-lít] *adj.* ネオン(ランプ)に照らされた, ネオンの光で明るい: a ～ street.

néon tétra *n.* 〘魚類〙ネオンテトラ (*Hyphessobrycon innesi*)《体に鮮明な緑青色と赤の縞のある 3 cm 位のカラシン科の熱帯魚》.

ne·on·tol·o·gy [nìːɑntɑ́lədʒi | nìːɔntɔ́lədʒɪ] 〘← NEO-+ONTOLOGY〙 *n.* 現世生物学 (↔ paleontology).

néon túbe *n.* =neon lamp.

nèo·órthodoxy *n.* 〘神学〙新正統主義, 新正統派学説《Paul, Augustine, Luther などを結ぶ福音主義的伝統に基づいた現代の有力な神学的傾向の一つ; 特に米国の神学界で用いられる語; cf. crisis theology》. **nèo·órthodox** *adj.*

nèo·págan *adj.* 新[復興]異教主義の. ── *n.* 新[復興]異教主義者. **nèo·páganism** *n.*

Nèo·paleozóic 〘地質〙 *n.* [the ～] 新古生代《デボン紀・石炭紀・ペルム紀を含む》. ── *adj.* 新古生代の.

nèo·péntane *n.* 〘化学〙ネオペンタン $((CH_3)_4C)$《石油ナフサ中に存在する揮発性の液状炭化水素》.

ne·o·phil·i·a [nìːəfíliə | nìːə(ʊ)fílɪə, nìə-] *n.* 新奇なものの愛好癖, 新しがり.

ne·o·phil·i·ac [nìːəfíliæ̀k | nìːə(ʊ)fílɪæk, nìə(ʊ)-, -ljæk] *n.* 新しがり屋.

ne·o·phyte [níːəfàɪt | níːə(ʊ)-, níə(ʊ)-] 〘《1451》⊏eccl. L *neophyt-us* ⊏MGk *neóphutos* 《原義》newly planted: ⇨ neo-, -phyte〙 *n.* **1** 新改宗者; (特に, 原始キリスト教会の)新洗礼者. **2** (カトリック教会の)新参の聖職者, (修道院の)修練士. **3** 初心者, 初学者, 新参者.

ne·o·pi·li·na [nìːo(ʊ)paɪláɪnə, -líː- | nìːə(ʊ)-, nìə(ʊ)-] 〘← NL ～ ← NEO-+*Pilina* (属名)〙 ── *n.* 〘貝類〙ネオピリナ《単板綱ネオプリナ属 (*Neopilina*) のカサガイに類似した貝類の総称; 太平洋・紅海・南大西洋古生代に栄えた種類の生き残りで生きている化石 (living fossil) といわれる》.

ne·o·pla·si·a [nìːəpléɪʒiə, -ʒə | nìːə(ʊ)pléɪzɪə, nìə(ʊ)-, -zjə, -ʒɪə] 〘← NL ～: ⇨ neo-, -plasia〙 *n.* 〘病理〙(腫瘍(しゅよう)の)新生.

ne·o·plasm [níːəplæ̀zm | níːə(ʊ)-, níə(ʊ)-] *n.* 〘病理〙新生物, 腫瘍(しゅよう).

ne·o·plas·tic [nìːəplǽstɪk | nìːə(ʊ)-, nìə(ʊ)-] *adj.* **1** 〘病理〙新生(物)の, 腫瘍性の. **2** [しばしば N-] 〘美術〙ネオプラスティシズムの, 新造型主義の.

Nèo-Plásticism, nèo-p- 〘《なぞり》← Du. *nieuwe beelding* new form-construction: ⇨ neo-, plastic, -ism〙 ── *n.* 〘美術〙ネオプラスティシズム, 新造型主義《Piet Mondrian の提唱した抽象画の一種; 左右不整の直線の組合せを特徴とする; cf. Mondrian》.

Nèo-Plásticist, nèo-p- *n.* 新造型主義者.

ne·o·plas·ty [níːəplæ̀sti | níːə(ʊ)plæstɪ, níə(ʊ)-] *n.* 〘医学〙(ある局部の)形成(手)術.

Nèo·platónic *adj.* 新プラトン派の.

Nèo·plátonism *n.* 新プラトン派の哲学, 新プラトン主義《Plato の思想に他の諸派・オリエント思想・キリスト教などを加味した哲学で, Alexandria に起こり 3-6 世紀に栄えて古代ギリシャ哲学の最後を飾った; cf. emanation theory》.

Nèo·plátonist *n.* 新プラトン派の哲学者.

Nèo·prágmatism *n.* 〘哲学〙新プラグマティズム《古典的プラグマティズム (⇨ pragmatism 2) の伝統を新しい科学的知識で補強し発展させようとして 1950 年以降の米国で盛んになった傾向》.

ne·o·prene [níːəprìːn | níːə(ʊ)-, níə(ʊ)-] 〘← NEO-+(CHLORO)PRENE, (ISO)PRENE〙 *n.* 〘化学〙ネオプレン《耐油[熱]性の大きい合成ゴム (synthetic rubber)の一種》.

Ne·op·tol·e·mus [nìːɑptɑ́ləməs | -ɔptɔ́lɪ-] 〘⊏L ～ ⊏Gk *Neoptólemos*〙 ── *n.* 〘ギリシャ伝説〙ネオプトレモス《Achilles の息子; トロイ戦争で Priam を殺す; Pyrrhus とも呼ばれる》.

Nèo-Pythagoréanism *n.* 〘哲学〙新ピタゴラス主義《復活したピタゴラス学説にプラトンやペリパトス学派・ストア学派哲学などの要素が加わったもの》.

Nèo-Réalism, nèo-r- *n.* **1** 〘哲学〙新実在論 (Hegel 哲学の観念論への批判として 19 世紀末から 20 世紀にかけて欧米に起こった実在論の諸立場). **2** 〘映画〙ネオリアリズム, 新現実主義《第二次大戦後, 解放されたヨーロッパ諸国の現実を直接カメラが写し出すことによってリアリズムの原点に帰ろうとした劇映画の傾向》. **3** 〘芸術〙ネオリアリズム《第二次大戦後に徹底的な写実を通じて人間の内面を描こうとした絵画の一傾向》. **Nèo-Réalist, nèo-r-** *n., adj.*

Ne·or·ni·thes [niːɔ́ːrnəθìːz | -ɔ́ːnɪ-] 〘← NL ～ ← NEO-+*órnithes* ((pl.) ← Gk *órnis* bird)〙 *n. pl.* 〘動物〙真鳥亜綱.

Nèo-Románticism, nèo-r- *n.* 〘美術・文芸〙新浪漫主義《郷愁や幻想感を表わす情景設定や人間の姿態によって特徴づけられる 19 世紀後半に発達した絵画や文学の様式》.

Nèo·sálvarsan *n.* 〘商標〙ネオサルバルサン《梅毒治療剤; neoarsphenamine の商品名》.

Nèo-Scholástic, nèo-s- *adj.* 新スコラ哲学の.

Nèo-Scholásticism, nèo-s- *n.* 新スコラ哲学《スコラ哲学を現代で復興しようとする立場; cf. Neo-Thomism》.

Ne·o·spo·rid·i·a [nìːo(ʊ)spəríḍiə | nìːə(ʊ)spərídɪə, nìə(ʊ)-] 〘← NL ～: ⇨ neo-, sporo-, -idia〙 *n. pl.* 〘動物〙新胞子虫類.

ne·o·stig·mine [nìːəstígmìːn] 〘← NEO-+(PHYSO)STIGMINE〙 *n.* 〘薬学〙ネオスチグミン《副交感神経興奮薬》.

néo·stỳle *n.* ネオスタイル《謄写版の一種》. ── *vt.* ネオスタイル(謄写版)で複写する.

ne·o·te·ny [niːɑ́ṭəni, niɑ́ṭəni, -ṭni | nɪɔ́tɪnɪ, níːə(ʊ)tìːnɪ, níə(ʊ)-] 〘← NL *neotēnia* ← NEO-+Gk *teínein* to stretch+-IA[1]〙 ── *n.* 〘動物〙 **1** ネオテニー, 幼形生殖, 幼形成熟《幼形で性的成熟に達する状態; メキシコにすむサンショウウオの類の axolotl などはその例; cf. fetalization》. **2** 幼態保持《成熟後も幼生時代の特徴を備えていること》. **ne·o·ten·ic** [nìːəténɪk, -tíːn-] *adj.* **ne·o·ten·ous** [nìːɑ́ṭənəs, -tíːn-] *adj.*

ne·o·ter·ic [nìːətérɪk | nìːə(ʊ)-, nìə(ʊ)-] 〘《1577》⊏LL *neōteric-us* ← Gk *neōterikós* youthful, fresh ← *neṓteros* (comp.) ← *néos* new: ⇨ -ic[1]〙 ── *adj.* 〈信仰・慣習・作家など〉現代の, 最近の, 新式の. ── *n.* 現代人; 現代作家[思想家]. **ne·o·tér·i·cal·ly** *adv.*

Nèo-Thómism *n.* 〘哲学〙新トマス主義《現代諸領域の問題解決のために, Thomas Aquinas の哲学への帰還, その復興を唱える新スコラ哲学の中心的な立場; cf. Neo-Scholasticism》. **Nèo-Thómist** *n.* **Nèo-Thomístic** *adj.*

Nèo·trópic *adj.* =Neotropical.

Nèo·trópical *adj.* 〘生物地理〙新熱帯区の: the ～ region 新熱帯区《動物地理学上の区分で中南米および西インド諸島を含む》.

néo·tỳpe *n.* 〘生物〙新基準標本, 新模式標本《基準標本が失われた場合に, 代用として補充された新標本》.

nèo·vítalism *n.* 〘生物〙新生気論, 新生気説.

nèo·yttérbium *n.* 《廃》〘化学〙=ytterbium.

Ne·o·zo·ic [nìːəzóʊɪk | nìːə(ʊ)zə́ʊ-, nìə(ʊ)-] 〘← NEO-+-ZOIC[2]〙 *adj.* 〘地質〙新生代の《Cenozoic の旧名》.

NEP, Nep [nép], **N.E.P.** 《略》New Economic Policy.

Nep. 《略》Nepal; Neptune.

Ne·pal [nɪpɔ́ːl, nə-, -pɑ́ːl, -pǽl | nɪpɔ́ːl, ne-, -pɑ́ːl] *n.* ネパール《インド北部ヒマラヤ山脈南側の王国; 人口 13,140,000, 面積 140,797 km², 首都 Katmandu; 公式名 the Kingdom of Nepal ネパール王国》.

Nep·a·lese [nèpəlíːz, -líːs | -pɔːlíːz, -pə-] *adj.* **1** ネパールの. **2** ネパール人[文化, 語]の. ── *n.* (*pl.* ～) =Nepali 1.

Ne·pa·li [nɪpɔ́ːli, nə-, -pɑ́ːli, -pǽli | nɪpɔ́ːlɪ, ne-, -pɑ́ːlɪ] 〘⊏Hindi *naipālī* ⊏Skt *naipālīya* ← *Nepāla* Nepal〙 ── *n.* (*pl.* ～) **1** ネパール人. **2** ネパール語《近代インドアーリア語; ネパール王国のほか, Assam, West Bengal でも話される》. ── *adj.* **1** ネパール(人)の. **2** ネパール語の.

Nep·en·tha·ce·ae [nèpənθéɪsiìː] 〘← NL ～ ← *Nepenthes* (属名): ⇨ ↓, -aceae〙 *n. pl.* 〘植物〙(ヘイシソウ目)ウツボカズラ科.

ne·pen·the [nɪpénθi, nə- | nepénθɪ, nɪ-] 〘《1596》← NEPENTHES〙 ── *n.* **1** 《詩》ネペンテス《古代人が使ったという苦痛や憂さを忘れさせる薬》. **2** 憂さを除く物; 憂さを忘れさせる薬のもとになる植物. **～·an** [-θiən | -θɪ-] *adj.*

ne·pen·thes [nɪpénθiːz, nə- | ne-, nɪ-] 〘《1580》⊏L *nēpenthes* ⊏Gk *nēpenthḗs* (*phármakon*) grief vanishing (drug) (neut.) ← *nēpenthḗs* ← *nē-* not+*pénthos* grief: cf. pathos〙 ── *n.* (*pl.* ～) **1** =nepenthe. **2** 〘植物〙ウツボカズラ《主に東インド諸島産ウツボカズラ属 (*Nepenthes*) の植物の総称; cf. pitcher plant 1》.

ne·per [níːpə, néɪ- | níːpə(r)] 〘《変形》← *napier* ← *J. Napier*〙 ── *n.* 〘物理〙ネーパー《減衰量を表わす単位; 元の値の 1/*e* (*e* は自然対数の底で約 2.718) に減衰する場合に減衰量が 1 neper (=8.686 dB) であるという》.

neph·a·nal·y·sis [nèfənǽləsɪs, -səs | -fənǽlɪsɪs, -lə-] 〘← NEPHO-+ANALYSIS〙 ── *n.* (*pl.* **-y·ses** [-sìːz]) 〘気象〙ネファナリシス《天気図を雲形・雨量の分布に着目して行なう解析》.

neph·el- [néfəl | -fɪl, -fəl] (母音の前に来る時の) nephelo- の異形.

Neph·e·le [néfəli | -fɪlɪ, -fə-] 〘⊏L *Nephelē* ⊏Gk *Nephélē* (cf. *nephélē* cloud)〙 *n.* 〘ギリシャ神話〙ネペレー《Athamas の妻で Phrixus と Helle の母》.

neph·e·line [néfəlìːn, -lɪn, -lən | néfɪlìːn, -fə-, -lɪn] 〘⊏F *néphéline*: ⇨ nephelo-, -ine[3]〙 ── *n.* 〘鉱物〙かすみ石, ネフェリン $(NaAlSiO_4)$. **neph·e·lin·ic** [nèfəlínɪk | -fɪ-, -fə-] *adj.*

neph·e·lin·ite [néfəlɪnàɪt, -lə- | -fɪlɪ-, -fə-] 〖▭?G *Nephelinit*: ⇨ nephelo-, -ite¹〗 *n.* 〘岩石〙かすみ(石)岩《主にかすみ石と輝石からなる火山岩》.

neph·e·lite [néfəlàɪt | -fɪ-, -fə-] 〖← NEPHELO- + -ITE¹〗 *n.* 〘鉱物〙 = nepheline.

neph·e·lo- [néfəlo(ʊ) | -fɪlə(ʊ), -fə-] 〖← Gk *nephélē* cloud〗「雲 (cloud)」の意の連結形. ★ 母音の前では通例 nephel- になる.

neph·e·lom·e·ter [nèfəlámət̬ɚ | -fɪlɔ́mɪtə(r, -fə-, -mə-] 〖⇨ nephelo-, -meter¹〗 *n.* **1** 〘気象〙雲量計. **2** 〘細菌・化学〙比濁計.

nephelométric análysis *n.* 〘化学〙比濁分析.

neph·e·lom·e·try [nèfəlámətri | -fɪlɔ́mɪtri, -fə-, -mə-] *n.* 〘化学〙比濁分析. **neph·e·lo·met·ric** [nèfəlo(ʊ)métrɪk | -fɪlə(ʊ)-] *adj.*

neph·ew [néfjuː | névjuː, névjʊ, néf-] 〖(c1300) *neveu* ▭ (O)F < L *nepōtem, nepōs* grandson, descendant, nephew ← IE **nepōt-* ∽ ME *neve* < OE *nefa* ▭ L〗 **—** *n.* **1** 甥(おい) (cf. niece 1); 義理の甥. **2** 《廃》 **a** 孫. **b** 男の子孫, 縁戚の男子. **c** いとこ. **3** 《婉曲》(聖職者の)私生児 (cf. nepotism 2, niece 3).

neph·o- [néfo(ʊ) | -fə(ʊ)] 〖← Gk *néphos* cloud〗「雲」の意の連結形. 「真.

neph·o·gram [néfəgræ̀m] 〖⇨ ↑, -gram〗 *n.* 雲の写

neph·o·graph [néfəgræ̀f | -grɑ̀ːf, -græ̀f] *n.* 雲写真機《雲の高さと位置を写真撮影する機械》.

ne·phol·o·gy [nefálədʒi | -fɔ́lədʒi] 〖← NEPHO- + -LOGY〗 *n.* 雲学《気象学の一部門》. **neph·o·log·i·cal** [nèfəládʒɪkəl, -dʒə- | -lɔ́dʒɪ-] *adj.*

ne·phom·e·ter [nefámət̬ɚ | -fɔ́mɪtə(r, -mə-] *n.* 〘気象〙 = nephelometer 1.

neph·o·scope [néfəskòʊp | -skə̀ʊp] *n.* 〘気象〙測雲器《雲の速力・方向などを測定するのに用いる》.

nephr- [nefr] (母音の前に来る時の) nephro- の異形.

ne·phral·gi·a [nɪfrǽldʒiə, nə-, ne-, -dʒə | nefrǽldʒɪə, nɪ-, nə-, -dʒə] 〖← NL ～: ⇨ nephro-, -algia〗 *n.* 〘病理〙腎(臓)痛, 腎疝(せん)痛.

ne·phrec·to·my [nɪfréktəmi, nə-, ne- | nefréktəmɪ, nɪ-, nə-] 〖← NEPHRO- + -ECTOMY〗 *n.* 〘外科〙腎摘出(術), 腎摘. 「[に関する] (renal).

neph·ric [néfrɪk] 〖← NEPHRO- + -IC¹〗 *adj.* 腎(臓)の

ne·phrid·i·um [nɪfrídiəm, nə-, ne- | nefrídɪ-, nɪ-, nə-] 〖← NL ～: ⇨ nephro-, -idium〗 **—** *n.* (*pl.* **-i·a** [-diə | -dɪə]) 〘動物〙腎管《無脊椎動物の排出器官》. **ne·phrid·i·al** [-diəl | -dɪ-] *adj.*

neph·rite [néfraɪt] 〖▭G *Nephrit* ← Gk *nephrós* kidney (昔腎臓病に効能があると信じられたところから): ⇨ -ite¹〗 **—** *n.* 〘鉱物〙軟玉《ある種の角閃石からなる玉(ぎょく)の一種; cf. jade², jadeite》.

ne·phrit·ic [nɪfrít̬ɪk, nə-, ne- | nefrít-, nɪ-, nə-] 〖(1580) ▭ LL *nephrīticus* ▭ Gk *nephrītikós* ← *nephrós* kidney〗 **—** *adj.* **1** 腎(臓)を冒す[から生じる]. **2** 腎炎の[に関する].

nephrític stóne *n.* 〘鉱物〙 = nephrite.

ne·phri·tis [nɪfráɪt̬ɪs, nə-, ne-, -t̬əs | nefráɪtɪs, nɪ-, nə-] 〖▭ LL ～ ▭ Gk *nephrîtis*: ⇨ ↓, -itis〗 **—** *n.* (*pl.* **ne·phrit·i·des** [-rít̬ədìːz | -tɪ-]) 〘病理〙腎炎 (cf. Bright's disease).

neph·ro- [néfro(ʊ) | -rə(ʊ)] 〖← Gk *nephrós* kidney〗「腎(臓)」の意の連結形. ★ 母音の前では通例 nephr- になる.

nèphro·génic 〖⇨ ↑, -genic〗 *adj.* = nephrogenous.

ne·phrog·e·nous [nɪfrádʒənəs, nə-, ne- | nefrɔ́dʒɪ-, nɪ-, nə-] *adj.* **1** 〘病理〙腎(臓)の中の要因によって起こる, 腎(原)性の, 腎原発の. **2** 〘生物〙腎臓(組織)を形成する. 「lus).

neph·ro·lith [néfrəlɪ̀θ] *n.* 〘病理〙腎石 (renal calcu-

nèphro·lithíasis 〖← NL ～: ⇨ nephro-, lithiasis〗 *n.* 〘病理〙腎(結)石症.

neph·ro·li·thot·o·my [nèfrəlɪθát̬əmi, -lə- | -rə(ʊ)lɪθɔ́təmɪ] 〖← *nephrolith* + -O- + -TOMY〗 *n.* 〘外科〙腎切石(術)《腎石を除去する手術》. 「医.

ne·phról·o·gist [-dʒɪst, -dʒəst | -dʒɪst] *n.* 腎(臓)専門

ne·phrol·o·gy [nɪfrálədʒi, nə-, ne- | nefrɔ́lədʒɪ, nɪ-, nə-] 〖← NEPHRO- + -LOGY〗 *n.* 腎臓(病)学.

neph·ron [néfrɑn | -rɔn] 〖▭G *Nephron* ← Gk *nephrós* kidney〗 **—** *n.* (*also* **neph·rone** [-roʊn | -rəʊn]) 〘解剖・動物〙ネフロン, 腎単位《解剖学的にみた腎機能の単位成分》.

ne·phrop·a·thy [nɪfrápəθi, nə-, ne- | nefrɔ́pəθɪ, nɪ-, nə-] *n.* 〘病理〙ネフロパシー, 腎症, 腎障害.

neph·ro·pex·y [néfrəpèksi | -sɪ] 〖⇨ -pexy〗 *n.* 〘医学〙腎固定(術).

ne·phroph·thi·sis [nɪfráfθəsɪs, nə-, ne-, -səs | nefrɔ́fθɪsɪs, nɪ-, nə-] 〖← NEPHRO- + Gk *phthísis* wasting〗 *n.* 〘病理〙腎結核(症).

ne·phro·sis [nɪfróʊsɪs, nə-, ne-, -səs | nefrə́ʊsɪs, nɪ-, nə-] 〖← NL ～: ⇨ nephro-, -osis〗 **—** *n.* (*pl.* **ne·phro·ses** [-siːz]) 〘病理〙ネフローゼ《炎症を伴わないが腎臓実質の著しい変性を示す疾患で, 通例ひどい浮腫・蛋白尿を伴う》.

neph·ro·stome [néfrəstòʊm | -stə̀ʊm] 〖← NL *nephrostoma*: ⇨ nephro-, -stome〗 **—** *n.* 〘解剖・動物〙腎口《無脊椎動物の腎管や脊椎動物の前腎・中腎の体腔への開口部》.

ne·phrot·ic [nɪfrát̬ɪk, nə-, ne- | nefrɔ́t-, nɪ-, nə-] *adj.* 〘病理〙ネフローゼの.

ne·phrot·o·my [nɪfrát̬əmi, nə-, ne- | nefrɔ́təmɪ, nɪ-, nə-] 〖← NL *nephrotomia*: ⇨ nephro-, -tomy〗 *n.* 〘外科〙腎切開(術).

nèphro·tóxic 〖← NEPHRO- + TOXIC〗 *adj.* 〘医学〙腎毒性の.

Neph·ta·li [néftəlàɪ] *n.* = Naphtali.

Neph·thys [néfθɪs, -θəs | -θɪs] 〖▭ Gk *Néphthus* ▭ Egypt. *Nebt-ḥet* (原義) the lady of the house〗 *n.* 〘エジプト神話〙ネフティス《死の女神》.

nep·id [népɪd, níːp-, -pəd | -pɪd] 〖↓〗 〘昆虫〙 *adj.* タイコウチ(科)の. **—** *n.* タイコウチ《タイコウチ科の昆虫の総称》.

Nep·i·dae [népədìː | -pɪ-] 〖← NL ～ ← *Nepa* (属名: ← L 'scorpion') + -IDAE〗 *n. pl.* 〘昆虫〙(半翅目)タイコウチ科.

ne plus ul·tra [níː-plʌ̀s-ʌ́ltrə, néɪ-plʊ̀s-ʊ́ltrə, -trɑː | néɪ-plʊ̀s-ʊ́ltrɑː, -trə, níː-plʌ̀s-ʌ́ltrə] 〖(1638) ▭ L ～ '(let there) not (be) more (sailing) beyond' (Gibraltar 海峡東端の Pillars of Hercules に刻んであったと伝えられる銘)〗 **—** *L. n.* (*pl.* **～s**) **1** 最終点, 極点; 最高到達点, 極致 (acme): the ～ *of* civilized society 文明社会の極致. **2 a** 前進禁止(令). **b** 越え難い障害, 大難関.

nep·man [népmən, -mæ̀n] 〖▭ Russ. ～ ← *nep* (← *N(ovaya) E(konomicheskaya) P(olitika)* New Economic Policy) + *-man* (▭? G *Mann* 'MAN¹')〗 **—** *n.* (*pl.* **-men** [-mən, -mèn]) ネップマン《ソ連の NEP によって認可された個人商人[業者]》.

Ne·pos [níːpɑs, nép- | -pɔs], **Cornelius** *n.* ネポス《99?–?24 B.C.; 古代ローマの伝記作者》.

ne·pot·ic [nəpát̬ɪk, nɪ-, nə- | -pɔ́t-] 〖← L *nepōt-, nepōs* (↓) + -IC¹〗 *adj.* 縁故採用をしがちな.

nep·o·tism [népətɪ̀zm | -pə-, -pɔ-] 〖(1670) ▭ F *népotisme* ▭ It. *nepotismo* ← *nepote* < L *nepōt-, nepōs* 'descendant, NEPHEW': ⇨ -ism〗 **—** *n.* **1** (官職任用の際などの)縁故採用, 同族登用, 身びいき. **2** (中世にローマ教皇がその私生児を nephew と称してこれに与えた)特別の愛顧. 「人, 身びいきの人.

nép·o·tist [-tɪst, -təst | -tɪst] *n.* 縁故採用をしがちな

Nep·tune [népt(j)uːn | -tjuːn, -tʃuːn] 〖(c1386) ▭ L *Neptūn-us* ← ? IE **enebh-* cloud (L *nebula* mist, cloud)〗 **—** *n.* **1** 〘ローマ神話〙ネプトゥーヌス, ネプチューン《海神; ギリシャ神話の Poseidon に当たる》: a son of ～ 船乗り. **2** 海, 大洋 (sea, ocean). **3** 〘天文〙海王星《衛星 Triton, Nereid; 1982 年 2 本の環 (ring) を発見》.

Néptune's cúp [góblet] *n.* 〘動物〙尋常海綿類の一種 (*Poterion neptuni, P. amphitritae*).

Nep·tu·ni·an [nept(j)úːniən | -tjúːnjən, -nɪən] 〖(1656) ← L *Neptūni-us*: ⇨ Neptune, -an¹〗 **—** *adj.* **1** 海神ネプトゥーヌス (Neptune) の. **2** 海王星の. **3** [しばしば n-] 〘地質〙水成の; 水成論(者)の (cf. Plutonic 2).

nep·tun·ism [népt(j)uːnɪzm | -tjuːn-, -tʃuːn-] 〖⇨ Neptune, -ism〗 *n.* 〘地質〙水成論《岩石がすべて水中の堆積物から成るとみなした説; cf. plutonism》.

nép·tun·ist [-nɪst, -nəst | -nɪst] *n.* 〘地質〙水成論者.

nep·tu·ni·um [nept(j)úːniəm | -tjúːnjəm, -nɪəm] 〖← NL ～ ← NEPTUNE (海王星) + -IUM: 元素周期表でこの元素が uranium の次に来るので, それを Uranus—Neptune の軌道の関係にたとえたもの〗 **—** *n.* 〘化学〙ネプツニウム《人工放射性元素; 記号 Np, 原子番号 93》.

neptúnium sèries *n.* 〘化学〙ネプツニウム系列《ネプツニウムから出発する放射壊変系列》.

Ner·bud·da [nəːbʌ́də | nəː-] *n.* [the ～] = Narbada.

N.E.R.C. 《略》《英》Natural Environment Research Council 自然環境調査局.

Ner·chinsk [nɚ́ːtʃɪnsk | néə-; *Russ.* njértʃɪnsk] *n.* ネルチンスク《ソ連邦ロシヤ共和国東部 Chita の東方 300 km のシベリア鉄道沿線の都市; ロシヤ・清間の条約 (1689 年のネルチンスク条約)締結地》.

ne·re·id [nɪ́(ə)riɪd, -riəd | níərɪɪd] 〖← NEREIDAE〗 *adj.*, *n.* 〘動物〙ゴカイ科の(動物).

Ne·re·id [nɪ́(ə)riɪd, -riəd | níərɪɪd] 〖(1513) ▭ L *Nērēid-, Nērēis* ▭ Gk *Nērēid-, Nērēís* ← *Nēreús* 'NEREUS': ⇨ -id¹〗 **—** *n.* **1** 〘ギリシャ神話〙ネーレーイス《海の精, 海の女神; Nereus の 50 人または 100 人の娘たちの共通名》. **2** 〘天文〙ネレイド《海王星 (Neptune) の第 2 衛星; 外側を回る; cf. Triton》.

Ne·re·i·dae [nɪríːədìː, nə- | -ríːɪ-] 〖← NL ～ ← *Nērēis* (属名: ↑) + -IDAE: ↓〗 *n. pl.* 〘動物〙(環形動物門多毛綱)ゴカイ科.

ne·re·is [nɪ́(ə)riɪs, -riəs | níərɪɪs] 〖← NL ～: ⇨ Nereid〗 *n.* (*pl.* **ne·re·i·des** [nɪríːədìːz, nə- | nɪ(ə)ríːɪ-]) 〘動物〙ゴカイ《ゴカイ科の環虫》.

Ne·re·us [nɪ́(ə)riəs, -ruːs | níərjuːs, -rɪùːs, -rɪəs] 〖▭ L *Nēreus* ▭ Gk *Nēreús*: cf. Nereid〗 *n.* 〘ギリシャ神話〙ネーレウス《海底の神; Nereids の父》.

Ne·ri [né(ə)ri | níərɪ; *It.* néːri], **Saint Philip** *n.* ネーリ《1515–95; イタリアの聖職者; オラトリオ会 (Oratory) の創設者 (1564); 1622 年聖列に加えられた; 本名 Filippo de' Neri》.

ne·rit·ic [nɪrít̬ɪk, nə- | -tɪk] 〖← Gk *nērít(ēs)* sea snail (← *Nēreús* 'NEREUS') + -IC¹〗 **—** *adj.* 〘海洋・生態〙〈地域・生物が〉浅海(底)の, 浅瀬の[にすむ]《水際から約水深 200 m までをいう; cf. pelagic 3》.

ne·ri·tid [nɪráɪt̬ɪd, nə-, -rít̬-, -t̬əd | -tɪd] 〖↓〗 *adj.*, *n.* 〘貝類〙アマオブネガイ科の(カイ).

Ne·rit·i·dae [nɪrít̬ədìː, nə- | -tɪ-] 〖← NL ～ ← *Nērita* (属名: ← Gk *nērítēs* sea-mussel ← *Nēreús* 'NEREUS') + -IDAE〗 *n. pl.* 〘貝類〙アマオブネガイ科.

Nernst [nɚ́ːnst | néənst; G. nέrnst], **Wal·ther Her·mann** [váltɐ hέrman] *n.* ネルンスト《1864–1941; ドイツの物理学者・化学者; Nobel 化学賞 (1920)》.

Nérnst effèct 〖← *W. H. Nernst*〗 *n.* 〘物理〙ネルンスト効果《熱流と垂直方向に磁場をかけると, この両者に垂直方向に電位差を生じる効果》.

Nérnst héat thèorem 〖← *W. H. Nernst*〗 *n.* 〘物理化学〙ネルンストの熱定理, 熱力学第三法則《絶対温度 0 度ではエントロピーが 0 になるとする定理》.

Ne·ro [níːroʊ, nɪ́(ə)r- | níərəʊ] *n.* ネロ《37–68; ローマの皇帝 (54–68); 残虐・淫蕩(いんとう)の暴君; 本名 Nero Claudius Caesar Drusus [drúːsəs] Germanicus [dʒə(ː)mǽnɪkəs, -nə- | dʒə(ː)mǽnɪ-], または Lucius Domitius [do(ʊ)míʃiəs, -ʃəs | də(ʊ)míʃɪəs, -ʃəs] Claudius Nero》.

ne·ro an·ti·co [néɪroʊ-æntíːkoʊ, -ɑːn- | -rəʊ-æntíː-kəʊ, -ɑːn-; *It.* néːro-antíːko] 〖▭ It. ～ ← *nero* black + *antico* ancient〗 **—** *It. n.* (古代ローマの建築物の遺跡中に発見された)濃黒色の大理石.

Né·ro Déep [nɪ́(ə)roʊ- | níərəʊ-] *n.* [the ～] ネロ海淵《太平洋上 Guam 島付近の深海; 深さ 9,580 m》.

ne·rol [né(ə)rɔ(ː)l, nɪ́(ə)r-, -roʊl | nέərəl, níər-] 〖⇨ ↓, -ol¹〗 *n.* 〘化学〙ネロール ($C_{10}H_{17}OH$)《neroli oil に含まれる一種のテルペンアルコール; バラ様香気がある》.

nér·o·li òil [nérəli- | -lɪ-] 〖▭ F *néroli* ▭ It. *neroli*: 17 世紀イタリアの王女 Nerole の名にちなむ〗 **—** *n.* 〘薬学〙ネロリ油, 橙(とう)花油《オレンジの花から得られる精油で香水原料; 単に neroli, また orange-flower oil ともいう》.

Ne·ro·ni·an [nɪróʊniən, nə- | nɪrə́ʊnjən, -nɪən] 〖▭ L *Nerōniān-us* ← *Nerōn-, Nero*: ⇨ Nero, -ian〗 **—** *adj.* **1** ローマ皇帝ネロ (Nero) (時代)の. **2** ネロのように残虐[放埒(ほうらつ)], 専横]な.

Ne·ron·ic [nɪránɪk, nə- | -rɔ́n-] *adj.* = Neronian.

Ne·ro·nize [níːroʊnàɪz, nɪ́(ə)r- | níərəʊ-] 〖← L *Nerōn-, Nero*: ⇨ -ize〗 *vt.* 暴君ネロのように支配[圧制]する, ...に暴政を行なう.

nerts [nɚ́ːts | nɔ́ːts] 〖《擬音語》 // 《変形》? ← NUTS〗 *int.* (*also* **nertz** [～]) 《俗》 = nuts: *Nerts to* you!

Ne·ru·da [neɪrúːdə; *Sp.* nerúda], **Pablo** *n.* ネルーダ《1904–73; チリの詩人・外交官; Nobel 文学賞 (1971); 本名 Neftalí Ricardo Reyes Basualto [nèftalí rrikárdo rréjes baswálto]》. 「異形.

nerv- [nəːv | nəːv] (母音の前に来る時の) nervo- の

Ner·va [nɚ́ːvə | nɔ́ː-], **Marcus Coc·ce·ius** [kɑksíːjəs | kɔk-] *n.* ネルウァ《32?–98; ローマ皇帝 (96–98)》.

ner·val [nɚ́ːvəl | nɔ́ː-] 〖▭ F ～ // ▭ L *nervāl-is* ← *nervus*: ⇨ nerve, -al¹〗 *adj.* 神経(系)の[に関する].

Ner·val [nɛəváːl | nɛə-; *F.* nɛrval], **Gérard de** *n.* ネルバル《1808–55; フランスの詩人・作家; 本名 Gérard Labrunie [labryni]》.

ner·vate [nɚ́ːveɪt | nɔ́ː-] 〖← NERVE (n.) + -ATE²〗 *adj.* 〘植物〙〈葉が〉葉脈のある (nerved).

ner·va·tion [nəːvéɪʃən | nəː-] 〖⇨ ↑, -ation〗 *n.* 〘生物〙(葉または虫の羽の)脈状, 脈相, 脈系.

nerve [nɚ́ːv | nɔ́ːv] 〖(1531) ▭ L *nerv-us* sinew, tendon ∽ ME *nerf* ▭ (O)F *nerf*: cf. neuro-〗 **—** *n.* **1** 神経; 神経線維 (nervous fiber): autonomic ～*s* 自律神経 / ⇨ optic nerve. ★ ラテン語系形容詞: neural. **2 a** 剛気, 勇気; 大胆さ (boldness); 活力, 精力 (vigor): a man of ～ 強健[精力的]な男 / a man of weak ～*s* 気の弱い人 / have ～*s* of steel [iron] = have iron ～*s* 豪胆である / get up [regain] one's ～ 勇気を振い起こす[取り戻す] / keep up one's ～ おじけないでいる / lose one's ～ 気後れする, しり込みする / It is trying to my ～. 神経にこたえる[が疲れる] / Climbing calls for strength and ～. 登山には体力と勇気がいる. **b** 《口語》ずうずうしさ, 厚かましさ, 傲慢(ごうまん) (impertinence): He had the ～ *to* say so to me. 彼は厚かましくも私にそう言ったのだ / He has a ～, trying to go there himself. 自分でそこへ出かけようとするとはふてぶてしい / The ～ of her! 彼女も大した度胸だ. **c** (活力・推進力の)根源, 中枢: Banks are the ～*s of* commerce. 銀行は商業活動の中枢である. **3** [*pl.*] 神経過敏, ヒステリー (hysteria); 憂鬱(うつ), 気のふさぎ (depression): a fit [an attack] of ～*s* (発作的な)神経興奮, いら立ち / a war of ～*s* 神経戦 (⇨ WAR of nerves) / get on a person's ～*s* 人の神経にさわる / give a person ～*s* 人をいらいらさせる / soothe a person's ～*s* 人の神経を静める / suffer from ～*s* 神経過敏である / have no ～*s* (危険などに臨んで)平気でいる, 大胆である / live on one's ～*s* (極度に神経を使って)緊張そのものの生活をする / set a person's ～*s* on edge ⇨ *on* EDGE (2) / He does not know what ～*s* are. 彼はこわいということを知らない / She is all ～*s*. 彼女はひどく神経過敏だ. **4 a** (感覚の)鋭敏な個所. **b** (人の心を刺激する)微妙な点. **5** 《詩・古》筋 (sinew), 腱(けん) (tendon). ★ 主として次の句で: strain every ～ あらゆる努力をする. **6 a** 〘植物〙葉脈. **b** 〘昆虫〙翅脈 (vein). **7** 〘解剖〙歯髄, (俗に)神経 (dental pulp). **8** 〘数学〙脈体《位相空間の被覆からつくられた単体的複体》. **—** *vt.* ...に力[勇気]をつける, 活気を与える: ～ oneself 元気[勇気]を出す, 奮起する / The thought ～*d* me *for* [*to* make] another effort. そう考えると勇気が出てもう一度努力してみようという気になった.

nérve àgent *n.* 〘軍事〙 = nerve gas.

nérve blòck *n.* 〘医学〙神経ブロック(法)《局部麻酔の一方法; 神経周囲に麻酔薬を浸潤させて知覚の伝達を遮断する》.

nérve cèll *n.* 〘解剖〙神経細胞(neuron)《時にその突起を含めない神経細胞体をさすこともある》.

nérve cènter *n.* **1** 〘解剖〙神経中枢. **2** (団体・組織などの)中枢(部), 首脳部.

nérve còrd *n.* 〘生物〙神経索《特に, ミミズなどの無脊椎動物に見られる神経索で, 神経節と結びついた一対の腹部神経》.

nerved *adj.* **1** [しばしば複合語の第 2 構成素として] **a** 神経が…な: strong-*nerved* 神経の強い, 豪胆な. **b** 〘植物〙葉脈のある; 〘昆虫〙翅脈のある: five-*nerved* 5 本の葉[翅]脈のある. **2** 活気[元気]のある, 大胆な.

nérve ènding *n.* 〘解剖〙神経終末.

nérve fìber *n.* 〘解剖〙神経線維.

nérve gàs *n.* 〘軍事〙神経ガス《神経系統(特に呼吸器を支配する神経)を犯す毒ガスの一種》.

nérve impulse *n.* 〘生理〙神経衝撃, 神経インパルス.

nérve-knòt *n.* 《古》〘解剖〙神経節 (ganglion).

nérve·less *adj.* **1 a** 活気[勇気]のない; 無気力な (inert); 力の抜けた, 弱い (feeble): His arm fell ～ to his side. 力が抜けて腕がぐったりと垂れた. **b** 〈文体が〉締まりのない, 弱々しい. **2** 冷静な, 落着いた (calm): a ～ champion. **3 a** 〘解剖〙神経のない. **b** 〘植物〙葉脈(nervure)のない. **c** 〘昆虫〙翅脈(nervure)のない. **～·ly** *adv.* **～·ness** *n.*

nérve nèt *n.* 〘解剖〙神経網《散在した神経細胞が網状に連結されている原始的な神経系統》.

nérve-ràcking *adj.* 神経を痛めつける[すり減らす]ような, ひどくいらいらさせる, しんが疲れる: The exam was a ～ experience. 試験は全く神経がすり減るようだった.

nérve·ròot *n.* =moccasin flower.

nérve trùnk *n.* 〘解剖〙神経幹.

nérve wàr *n.* 神経戦 (⇨ WAR of nerves).

nérve-wràcking *adj.* =nerve-racking.

ner·vi- [nə́ːvɪ, -və | nə́ːvɪ] nervo- の異形 (⇨ -i-).

ner·vine [nə́ːviːn, ―́― | nə́ːviːn] 〘← NERV(E)+-INE[1]〙 *adj.* 〈薬が〉神経に作用する[を鎮める]. ── *n.* 神経鎮静剤.

nérv·ing 〘← NERVE (n.)+-ING[1]〙 *n.* 〘獣医〙切神術, 神経切除《知覚神経をその上部で切断し, 患部の疼痛を消失させる》.

ner·vo- [nə́ːvo(ʊ) | nə́ːvə(ʊ)] 〘← L ～ ← *nervus* 'NERVE'〙 ──「神経 (nerve), 神経と…との (nerve and …)」の意の連結形. ★ 時に nervi-, また母音の前では通例 nerv- になる.

ner·vos·i·ty [nəːvɑ́sət̬i | nəːvɔ́sətɪ, -sɪ-] 〘□ L *nervōsitāt-*, *nervōsitās* strength ← *nervōsus* (↓): ⇨ -ity〙 *n.* 〘病理〙神経質, 神経過敏.

ner·vous [nə́ːvəs | nə́ː-] 〘《*a*1400》□ L *nervōs-us* sinewy, vigorous ← *nervus*: ⇨ nerve, -ous〙 ── *adj.* **1** 〈人が〉神経質な, 怒りっぽい; 興奮しやすい; 臆病な, 気の弱い, くよくよする, 苦労性の (timid): a ～ smile 神経質な[不安そうな]微笑 / a ～ temperament 神経質 / feel ～ *about* the result 結果を心配する[苦にする] / get ～ そわそわする, あがる / be ～ *of doing* 《英》…するのに気後れする, するのを恐れる[こわがる]. **2** 神経の; 神経(の作用)による; 神経に作用する: a ～ disease [disorder] 神経病 / ～ debility 神経衰弱 / ～ energy 神経力, (体力に対し)気力 / by sheer ～ energy ただ気力だけで / a ～ headache 神経性の頭痛 / ～ tension 神経の緊張 / ⇨ nervous breakdown, nervous prostration. **3 a** 〈時局など〉極めて不安定な, 切迫した, 重大な: a ～ period 危機時代. **b** 〈物が〉不安定な, 危っかしい: a ～ boat. **4** 〈思想・感情・文体など〉力強い, きびきびした (terse): paint with ～ strokes 力強い筆遣いで描く. **5** 《古》筋骨のたくましい (sinewy), 力の強い (vigorous): strong ～ arms. **～·ly** *adv.* **～·ness** *n.*

nérvous bréakdown *n.* **1** 〘病理〙=neurasthenia. **2** 《婉曲》神経病.

nérvous Néllie [Nélly], N- N- *n.* 《米口語》 **1** 臆病者, 意気地なし; ろくでなし. **2** (はっきりした根拠もないのに)くよくよする人.

nérvous prostrátion *n.* 〘病理〙=neurasthenia.

nérvous sỳstem *n.* 〘解剖・生理〙神経系(統): ⇨ autonomic nervous system, central nervous system, cerebrospinal nervous system, peripheral nervous system.

ner·vule [nə́ːvjuːl | nə́ː-] 〘⇨ nerve, -ule〙 *n.* 〘昆虫〙=nervure 1.

ner·vure [nə́ːvjə, -vjʊə | nə́ːvjʊə(r)] 〘□ F ～ ← L *nervus*: ⇨ nerve, -ure〙 *n.* **1** 〘昆虫〙翅脈 (⇨ insect 挿絵). **2** 〘植物〙葉脈.

nerv·y [nə́ːvi | nə́ːvɪ] 〘《1607》← NERVE+-Y[4]〙 ── *adj.* (**nerv·i·er**; **-i·est**) **1 a** 《米口語》神経の太い, 勇気のある (bold); 勇気を必要とする. **b** 《米口語・英俗》厚かましい, ずうずうしい (impudent). **2** 《英口語》 **a** 神経質な, 神経過敏な, 興奮しやすい (nervous). **b** 神経にさわる. **3** 《古・詩》筋骨のたくましい (sinewy), 力の強い (strong), 元気のある (vigorous). **nérv·i·ly** [-vɪli, -və- | -lɪ] *adv.* **nérv·i·ness** *n.*

n.e.s., N.E.S. 《略》not elsewhere specified [stated].

Nes·bit [nézbɪt], **Edith** *n.* (1858–1924) 英国の少年読物作家; The Fabian Society 創立者の一人; Mrs. Hubert Bland の筆名; *The Treasure Seekers* (1899).

nes·cience [néʃəns, níː-, -ʃiəns, -siəns | nésɪəns, -sjəns] 〘《1612》□ LL *nescientia* ← L *nescient-*, *nesciēns* (pres.p.) ← *nescīre* to be ignorant ← *ne-* not + *scīre* to know: cf. nice, science〙 ── *n.* **1** 無知, 無学. **2** 〘哲学〙無知, 不可知, 不可知論 (agnosticism).

nes·cient [néʃənt, níː-, -ʃiənt, -siənt | nésɪənt, -sjənt] 〘《1626》□ L *nescient-*, *nesciēns* (↑): ⇨ -ent〙 ── *adj.* **1** 〔…に〕無知な, 〔…を〕知らない (ignorant) 〔*of*〕. **2** 〘哲学〙不可知の, 不可知論的な (agnostic). ── *n.* 不可知論者 (agnostic).

ne·so- [níːso(ʊ), nés- | -sə(ʊ)] 〘← NL ～ ← Gk *nēsos* island〙「島」の意の連結形.

nèso·sílicate 〘← ? NESO-+SILICATE〙 *n.* 〘鉱物〙ネソ珪酸塩《SiO_4 四面体が頂点を共有せず独立に存在しているもの; cf. cyclosilicate》.

ness [nés] 〘OE *næs(s)*, *ness* (cog. ON *nes* / MLG *ness*): cf. OE *nasu* 'NOSE'〙 ── *n.* 岬(みさき), 岬(こう)角, 小半島 (cape). ★ 今は主に接尾辞として地名の一部を成す: Dungeness, Holderness, Sheerness, etc.

Ness [nés] 〘↑〙 *n.* [the ～] スコットランド北部 Highland 州の川, Moray Firth に注ぐ (36 km).

Ness, Loch *n.* ネス湖《スコットランド北部 Highland 州の湖; 怪生物 Nessie がすむといわれる》.

-ness [nɪs, nəs] 〘OE *-nes(s)*, *-nis*, *-nys*: cog. Du. *-nis* / G *-nis(s)*〙 ── *suf.* 形容詞・分詞・複合形容詞などに付いて性質・状態・程度などを表わす名詞を造る: bitter*ness*, loveli*ness*, tired*ness*, tongue-tied*ness*, get-at-able*ness* / up-to-date*ness* / show them many kind*nesses* / rub off the dim*ness* from a glass ガラスの曇りを拭き取る. ★ (1) 本来は英語起源の語に付けられるが, 臨時的には外来語にも自由に付けられる: silent*ness* (=silence) / à-la-mode*ness*. (2) -y [i | ɪ] で終る形容詞に -ness が付いた時には y が i に変わるが母音は変わらない: happy [hǽpi | -pɪ] → happi*ness* [hǽpinɪs, -nəs | -pɪ-].

Nes·sel·rode [nésəlròʊd | -rə̀ʊd] 〘← *K. R. Nesselrode* (↓): その料理係の発案〙 ── *n.* ネスルロード《リキュールなどで香りをつけた栗や果物の砂糖漬けなどの詰め物を用いた料理につける名称; 特に, プディング・パイ・アイスクリームなどに用いる》: ～ pie, pudding, etc.

Nes·sel·rode [nésəlròʊd | -rə̀ʊd; *Russ.* njissiljródji], Count **Karl Rob·ert** [róbjirt] *n.* ネセルローデ《(1780–1862; ロシヤの外交官・政治家》.

Nes·sie[1] [nési | -sɪ] 〘□ Welsh ～ (dim.) ← AGNES〙 *n.* 女性名.

Nes·sie[2] [nési | -sɪ] *n.* ネッシー《Ness 湖にすむといわれる怪生物; Loch Ness monster ともいう》.

Nés·sler's reágent [solútion] [néslə*z*- | -ləz-; G. nɛ́slɐ-] 〘← *Julius Nessler* (1827–1905: ドイツの化学者)〙 ── *n.* 〘化学〙ネスラー試薬[溶液]《アンモニアの検出・定性・定量に用いる》.

Néssler tùbe 〘← *J. Nessler* (↑)〙 *n.* 〘化学〙ネスラー管《底の平らな透明ガラス管を用いる比色管》.

Nes·sus [nésəs] 〘□ L ～ □ Gk *Néssos*〙 *n.* 〘ギリシャ神話〙ネッソス《Hercules の妻 Deianira を奪おうとして Hercules に射(い)殺された半人半馬 (centaur)》.

nest [nést] 〘n.: OE ～ ← Gmc *nist- (Du. *nest* / G *Nest*) ← IE *nizdo- 《原義》place where a bird sits down (L *nīdus*) ← *ni- down+*sd-, *zd- (← *sed- 'to SIT'). ── v.: 《?*a*1200》*nest(i)en* ← (n.) ∽ OE *nist(i)an*〙 ── *n.* **1** (鳥の)巣; (昆虫・魚・爬(は)虫類・ねずみ・うさぎなどの)巣: build [make] a ～ 巣を造る / leave a ～ 巣立つ. **2** [集合的] **a** 巣の中のもの《卵・ひななど》; 一かえりのひな (brood); (鳥・虫・ねずみなどの)群れ (swarm): sit on a ～ of eggs 〈雌鶏が〉卵を暖める / take a ～ 巣から卵[ひな]を盗む / a stolen ～ 雌鶏が自分の巣以外の場所に生んだひと腹の卵. **b** (同様なものの)一群, 集まり 〔*of*〕: a ～ *of* hills. **3** (居心地のよい)避難所, 休み場所,「ねぐら」: a comfortable ～ for one's old age 老後の心地よい隠退所. **4 a** (悪党などの)隠れ場, 巣窟(そうくつ) (haunt); (悪事などの)温床 (hotbed): a ～ of pirates, spies, thieves, etc. / a ～ of crime 犯罪の温床. **b** (悪党などの)一味, 一団. **5** (入れ子式の器物の)一組, 入れ子[組重ね]式セット: a ～ of bowls, boxes, etc. / a ～ of measuring cups [spoons] 一組の計量カップ[スプーン] / a ～ of tables (中へ順次にはいって行く)組みテーブル, ネストテーブル. **6** 砲床基地; 誘導ミサイル基地. **7** 〘地質〙鉱巣.

nest of tables

a nest of singing birds (叙情)詩人の一群《主に英国のこと; J. Boswell's *Life of Johnson* 中の句》. ***be on the nest*** 《英俗》(新婚の)新床の喜びを味わう. ***feather one's nest*** (通例不正手段によって)金持になる, 私腹をこやす, 私利をはかる. ***foul*** [***befoul***] ***one's own nest*** 〘← *It's an ill bird that fouls its own nest.*: 《諺》 ⇨ foul (*vt.* 1)〙 (1) 家名を汚すようなことをする. (2) 自分の勤め先(など)のことを悪く言う.

── *vi.* **1 a** 巣を造る; 巣につく, 巣ごもる 〔*in*〕. **b** 〈考えなどが〉〔…に〕宿る, 収まる (settle) 〔*in*〕. **2** 鳥の巣を捜す: go ～*ing* 鳥の巣捜しに行く. **3** ぴったり重なる[収まる]; 入れ子になる. ── *vt.* **1** …に巣を造ってやる; 巣に入れる. **2** 〈箱・テーブルなどを〉入れ子にする, 組み重ね式にする.

～·ful [-fʊ̀l] *n.*

Nest [nést] 〘□ Welsh ～ (dim.) ← AGNES〙 *n.* 女性名.

Nes·ta [néstə] 〘□ Welsh ～ (↑)〙 *n.* 女性名.

nést bòx *n.* **1** 巣箱. **2** 一組の入れ子箱.

n'est-ce pas? [nespáː; *F.* nɛspɑ] 〘□ F ～ 'isn't it (so)?'〙 *F.* そうだろう, そうじゃありませんか.

nést·ed *adj.* **1** 巣ごもった. **2** 〈器物が〉入れ子の, 組み重ね式の. **3 a** 〘数学〙縮小の《各項が直前の項に含まれ, 直径が限りなく小さくなるような集合の列についていう》. **b** 〘文法〙繰り込まれた: a ～ construction 繰り込み構文《A, B という同一レベルの構造があり, A が B の内部に繰り込まれた時, A は B に繰り込まれ, B は A を繰り込むという; 例: I called *the woman who came to see me yesterday* up.》.

nést ègg *n.* **1** 擬卵, 巣守り卵《雌鶏に同じ巣で卵を産ませるように仕向けるため巣に置いておく本物または人工の抱き卵》. **2 a** (将来のための)貯え, 積立金(など). **b** (何かの元となる)備蓄.

nést·er *n.* **1** 巣を造るもの《鳥など》. **2** 《米西部》〘軽蔑的に〙(公有の牧草地域への)無断入植[入居]者.

nes·tle [nésl] 〘OE *nestlian* to build a nest (cog. Du. *nestelen*): ⇨ nest, -le[3]〙 ── *vi.* **1 a** (鳥が巣にいるように)気持よく横たわる[すわる]: ～ down in bed 寝床にくるまって寝る. **b** 体をすり寄せる, より添う (cuddle): She ～*d close to* him. 彼にぴったり寄り添った / The child ～*d* (up) *against* his mother's breast. 子供は母親の胸に抱きついた. **2** 〈家などが〉奥まった所にある, 快適な場所にある: a village *nestling* cosily *in* a mountain nook 山ふところに抱かれた村. **3** 《古》 **a** 巣を造る, 巣ごもる, 巣を営む (nest). **b** 家庭を作る, 居を構える; 家に落着く. ── *vt.* **1** 〈鳥などを〉巣に入れる, かくまう (shelter): ～ oneself in bed 寝床にくるまる. **2** 〈頭・顔・肩などを〉(甘えてまたは心地よさそうに)すりつける, すり寄せる: ～ one's head *against* a person. **nés·tler** [-slə, -sl̩ə | -slə(r), -sl̩ə(r)] *n.*

nest·ling [nés(t)lɪŋ] 〘《1399》← NEST+-LING[1]〙 *n.* **1** (かえりたての)巣立ちのできないひな. **2** 幼児.

Nes·tor [néstə, -tɔə | -tɔː(r), -tə(r)] 〘□ L ～ □ Gk *Néstōr*〙 ── *n.* **1** 〘ギリシャ神話〙ネストール, ネスター《Pylos の王でトロイ戦争 (Trojan War) におけるギリシャ軍の賢明な老顧問》. **2** [時に n-] 賢明な老人, 長老; 大家, 第一人者: the ～ of Greek philosophy.

Nes·to·ri·an [nestɔ́ːriən, -tóːr- | -tɔ́ːrɪ-] 〘《*c*1449》□ LL *Nestoriānus*: ⇨ Nestorius, -ian〙 ── *adj.* ネストリウス[ネストリオス](教派, 教徒)の. ── *n.* ネストリウス教徒, 景教徒.

Nes·tó·ri·an·ìsm [-nìzm] *n.* ネストリウス[ネストリオス]の教義, ネストリウス主義, ネストリウス派《キリストが神性と人間性を別に持っていたことを主張し, 431 年 Ephesus の宗教会議で異端の宣告を受けた; 中国には景教の名で伝わった; cf. Nestorius》.

Nes·to·ri·us [nestɔ́ːriəs, -tóːr- | -tɔ́ːrɪ-] *n.* ネストリウス, ネストリオス《?–?451; シリアの聖職者; Constantinople の総主[司]教 (428–31); cf. Nestorianism》.

net[1] [nét] 〘OE *net(t)* < Gmc *natja (Du. & ON *net* / G *Netz*) ← IE *ned- to bind, twist, knot〙 ── *n.* **1 a** 網, ネット: ⇨ hairnet, mosquito net. ★ ラテン語系形容詞: reticular. **b** (テニス・防虫などの)ネット: a tennis [badminton] ～. **c** (カーテン・装飾などの)網状織物, 網レース, 網細工品. **2 a** (魚・鳥・昆虫などを捕える)網: a fishing ～ 漁網 / an insect ～ 捕虫網 / cast [throw] a ～ 網を打つ / lay [spread] a ～ 網を仕掛ける / draw in a ～ 網を引く / All is fish that comes to his ～. 《諺》網にはいるものはみんな魚; なんでもござれ,「転んでもただは起きない」. **b** くもの巣 (spider's web). **3** (道徳的・知能的な)わな, 計略, 落し穴 (snare): an amorous ～ 色仕掛け / He was caught in the ～ of wicked men. 彼は悪人たちのわなにかかった. **4 a** (血管・電線などの)網状組織 (network). **b** 通信網; 放送網, ネット(ワーク) (network). **5** 〘スポーツ〙 **a** (ラケットを使う競技で)ネット《ボール・シャトルコック (shuttlecock) がネットにかかること; cf. net ball 2》; そのボール[シャトルコック]. **b** 《口語》=let[2] 2. **6 a** [しばしば *pl.*] (ホッケー・サッカー・ラクロッス (lacrosse) で)網を張ったゴール. **b** [(the) ～s] 〘クリケット〙(網で仕切った)練習区域. **7** [the N-] 〘天文〙=Reticulum.

── *v.* (**net·ted**; **net·ting**) ── *vt.* **1 a** 網で捕える: ～ fish, birds, etc. **b** 〈川などに〉網を仕掛ける, 網を打つ. **c** 手に入れる, 物にする (gain) (cf. net[2] *vt.*): ～ a rich wife (*for* oneself) 首尾よく金持ちの女を妻にする. **2** 〈果樹などを〉網でおおう, …に網を張る: ～ strawberries いちごに網をかぶせる / ～ a tennis court テニスコートにネットを張る. **3** 〈財布・ハンモックなどを〉網細工で作る, 網に造る, 編む. **4** [p.p. 形で] 網状にする: ⇨ netted 2. **5** 〈犯人などを〉(わなにかけて)捕える. **6 a** (テニスなどで)〈ボールを〉ネットに(ひっ)かける, ネットする: ～ a ball. **b** (ホッケー・サッカーなどで)〈ボールを〉ゴール内に打ち[蹴り]込む《成功すれば得点》. **7** =network 2 b. ── *vi.* **1** 網を編む, 網細工をする. **2** 網目をなす. **3** (テニスなどで)打球をネットする.

～·like *adj.*

net[2] [nét] 〘《?*a*1300》□ (O)F ～ 'NEAT[2], clean'〙 ── *adj.* **1** (掛値[割引]のない)正味の, (諸費を引いた)正味の, (風袋・減損見積などを含めない)正味の (↔ gross): a ～ investment 純投資 / a ～ price 正価, 正札 / a ～ profit [gain] 純益 / ～ proceeds 純手取金 / ～ interest =pure interest / ～ weight 正味目方, 純量 / at 10 dollars ～ 正価 10 ドルで / ⇨ net income, net tonnage. **2** 基本的な, 根本的な (basic); 最終の, 結局の (final): the ～ result 最終結果. **3** 《古》小ぎれいな (trim).

net amount at risk 〘保険〙正味危険金額 (cf. AMOUNT at risk): (1) 保険金額と既に積み立てられた保険料積

立金の差額. (2) 原保険金額と再保険金額との差額.
— *n.* **1** 純量, 純益, 正味 ; 正価. **2** (問題の)本質, 要点, 骨子. **3** 〘ゴルフ〙ネット《ハンディ付きのゲームで, 総合スコアからハンディ分を差し引いたスコア》.
— *vt.* (**net·ted**; **net·ting**) **1** …の純益を得る[あげる] (yield) (cf. net¹ 1 c) : ～ £1,000 a year / ～ a handsome [large] profit たんまりもうける / The sale ～*ted* me a good profit [a good profit *for* me]. その売買でたっぷり純益があった. **2** 〈事が〉(結局)〈人〉に…を与える[もたらす] : It ～*ted* him a good lesson. 彼にはいい教訓となった.

nét·bàll 〘← NET¹＋BALL¹〙 — *n.* ネットボール《バレーボールとバスケットボールを合わせたような初心者でもできる球技 ; 7 名ずつの 2 チームがサッカーボールを使って行なう》.

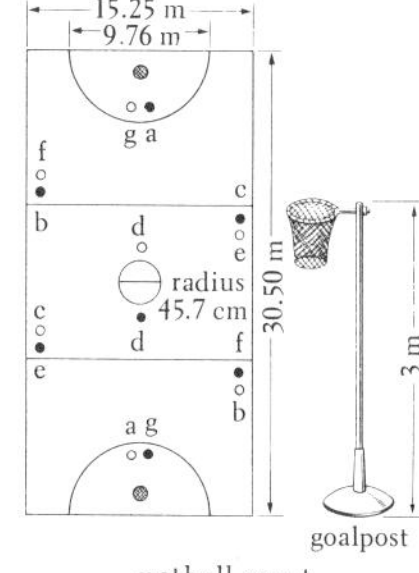

netball court
a goal shooter ; b goal attack ; c wing attack ; d center ; e wing defense ; f goal defense ; g goal keeper

nét bàll *n.* **1** (テニス・バレーボールなどで)ネットボール《サービスボールがネットに触れてサービスコートに入った場合で, テニスではサービスのやり直し, 6 人制バレーではアウトになる》. **2** 〘テニス〙ネット(ボール)《ネットにかかって手前に落ちた打球 ; 失点となる》.

nét bóok *n.* (割引きなしで売る)定価本.

Ne Te·me·re, n- t- [niː-téməriː] 〘⇨ L ～ 'not blindly' : ラテン語教書文頭の二語〙 — *L.n.* [the ～] 〘カトリック〙ネテメレ《1907 年発布の公会議聖省令 ; カトリック教徒の結婚は証人 2 名以上の立会のもとで司祭によって挙式されない限り無効とする ; 後に教会法典に取り入れられた》. ⌈Film Service.

NETFS 《略》《米》National Educational Television

net·ful [nétfʊ̀l] *n.* 網一杯分(のもの) 〔*of*〕 : a ～ *of* fish.

Neth. 《略》Netherlands.

neth·er [néðə | -ðə(r] 〘OE *neoþera, ni(o)þer(r)a* lower (cog. Du. *neder* / G *nieder*) (adv.) down(ward) < Gmc **niþar* ← IE **en* down (Skt *ni* down) : ⇨ -er²〙 — *attrib. adj.* **1 a** 地下の, 地獄の (infernal) : the ～ world [regions] 冥府 ; 地獄 (hell) ; 来世. **b** (天上に対し)下界の, 地上の : this ～ world 下界, 地上, この世. **2** 《文語・戯言》下の (lower, under) : one's ～ lip 下くちびる / ～ garments 《戯言》ズボン / the ～ man [person] 《戯言》脚.

Neth·er·land·er [néðəlændə, -lən-, nèðəlǽn- | néðələndə(r] 〘《1610》⇨ Du. *Nederlander* ← *Nederland* Netherland, 《原義》lower country : ⇨ -er¹〙 — *n.* ネーデルランド人, オランダ人《ベルギー建国以前は Flanders および Belgium の住民をも含めていった》.

Néth·er·lànd·ish [-dɪʃ] *adj.* オランダの (Dutch) ; オランダ人[語]の. — *n.* オランダ語.

Neth·er·lands [néðələndz | -ðə-] 〘← Du. *Nederlanden* (pl.) Nederland〙 — *n.* [the ～] **1** [通例単数扱い] オランダ《ヨーロッパ北西部, 北海に臨む王国 ; 人口 13,898,000, 面積 41,160 km², 首都 Amsterdam, 政府所在地 The Hague ; 時に Holland ともいう ; オランダ語名 Nederland ; 公式名 the Kingdom of the Netherlands オランダ王国》. **2** 《古》=Low Countries.

Nétherlands Antílles *n. pl.* [the ～] オランダ領アンチル諸島《西インド諸島 Lesser Antilles の中, Curaçao 島など六つの島からなるオランダの植民地 ; もと Curaçao, Dutch West Indies といった ; 人口 240,000, 面積 993 km², 首都 Willemstad》.

Nétherlands Èast Índies *n. pl.* [the ～] オランダ領東インド諸島《Sumatra, Java, Celebes, Borneo および New Guinea の大部分, Molucca 諸島その他から成る ; もと Dutch East Indies または単に Netherlands Indies ともいった ; 1949 年独立してインドネシア共和国 (Republic of Indonesia) となる》.

Nétherlands Guiána *n.* オランダ領ギアナ《Surinam の旧名》. ⌈East Indies.

Nétherlands Índies *n.pl.* [the ～] ⇨ Netherlands

Nétherlands Nèw Guínea *n.* オランダ領ニューギニア《West Irian の旧名》.

néther·mòst 〘《*a*1325》〙 *adj.* 《文語》最も下の : the ～ hell 地獄の底. ⌈ward.

neth·er·ward [néðəwəd | -ðəwəd] *adv., adj.* =down-

néth·er·wards [-wədz | -wədz] *adv.* =netherward.

néther·wòrld *n.* [the ～] **1 a** 冥府 ; 地獄. **b** あの世, 来世. **2** =underworld 4.

Né·thou [*F.* netu], **Pic de** [pik də] *n.* ピック ドゥ ネトゥー, ネトゥー山《Pico de ANETO のフランス語名》.

nét íncome *n.* 〘経済〙純収入 (cf. gross income).

nét·kèeper *n.* =goalkeeper.

nét·làyer *n.* 〘海軍〙(対潜水艦用の)防潜網敷設艦.

nét lèvel prémium *n.* 〘保険〙平準純保険料.

nét·man [-mæ̀n, -mən] *n.* (*pl.* **-men** [-mèn, -mən]) **1** テニスをする人. **2** 〘テニス〙ネットマン《ダブルスの前衛》. **3** (網漁で)魚網係.

nét mèlon *n.* 〘植物〙=netted melon.

nét nátional próduct *n.* 〘経済〙国民純生産《国民総生産から減価償却額を控除したもの ; 国民所得(市場価格表示)に等しい ; 略 NNP ; cf. national income, gross national product》.

nét prémium *n.* 〘保険〙純保険料《営業保険料の中, 保険金の支払に充てるように計算された保険料部分 ; 経営上の費用を負担するための付加保険料を含まない》. ⌈ter.

néts·man [-mən] *n.* (*pl.* **-men** [-mən, -mèn]) =net-

ne·tsu·ke [néts(ʊ)ki, -tskeɪ, -tsʊkèɪ] 〘《1883》⇨ Jap.〙 *n.* (*pl.* ～, ～**s**) (たばこ入れ・財布などの)根付け.

nett [nét] *adj.* 《英》=net².

Net·ta·stom·i·dae [nèt̬əstámədiː | -təstɔ́mɪ-] 〘← NL ～ ← *Nettastoma* (属名 : ← Gk *nētta* duck ＋ -STOMA²)＋-IDAE〙 *n. pl.* 〘魚類〙クズアナゴ科.

nét·ted [-t̬ɪd, -t̬əd | -tɪd, -təd] *adj.* **1 a** 網で包んだ ; 網を張った : a ～ window. **b** 網で捕えた. **2** 網状の : the ～ wings of an insect. **3** 網細工の : ～ fabrics.

nétted mélon *n.* 〘植物〙アミメロン (*Cucumis melo* var. *reticulatus*)《外皮に網目のある, 芳香の強いマスクメロンの一種 ; net melon, nutmeg melon ともいう》.

nét·ter [-t̬ə | -tə(r] *n.* (魚・鳥などを捕えるのに)網を使う人, 網打ちする人.

Net·tie [néti | -tɪ] 〘《スコット》～ (dim.) ← JANET, JEANNETTE, ANTOINETTE, HENRIETTA〙 *n.* 女性名《異形 Netty》.

nét·ting [-t̬ɪŋ | -tɪŋ] *n.* **1** 網すき, 網織. **2** [集合的] 網織物, 網製品, 網細工 (network) : fish ～ 漁網 / mosquito ～ 蚊帳(ｶﾔ)地 / ⇨ wire netting. **3** 網打ち, 網漁 ; 網漁権.

nétting knòt *n.* 〘海事〙ネッティングノット《結索法の一つ ; 網を編む結び方》.

nétting nèedle *n.* 網すき針.

net·tle [nét̬l | -tl] 〘*n.* : OE *net(e)le, netel* < Gmc **natilōn* (Du. *netel* / G *Nessel*) (dim.) ← **natōn* (OHG *nazza*) ← IE **ned-* to bind. — v. : (*c*1440) ← (n.)〙 — *n.* 〘植物〙イラクサ《イラクサ属 (*Urtica*) の植物の総称 ; 葉にとげがあって皮膚にささると炎症を起こす》 : He who handles a ～ tenderly is soonest stung. 《諺》いらくさを優しく扱うものが一番早く刺される, 難物をやさしく扱えばひどい目に遭う.
cast* [*throw*] *one's frock to the nettles ⇨ frock 成句.
grasp the nettle 恐れずに困難と戦う[難局に当たる].
on nettles いらいらして.
— *vt.* **1 a** いらくさで[いらくさのように]刺す. **b** [～ *oneself* で] いらくさに刺される. **2** いらいらさせる, じらす, 怒らせる (vex) : The criticism ～*d* him. その批評に彼はいらいらした.

néttle cèll *n.* =nematocyst. ⌈blackcap 1.

néttle crèeper *n.* 〘鳥類〙 **1** =whitethroat 1. **2** =

néttle ràsh *n.* 〘病理〙蕁麻疹(ｼﾞﾝﾏｼﾝ) (urticaria).

net·tle·some [nét̬lsəm | -tl-] *adj.* **1** いらいらさせる, いら立たせる. **2** いらいらしがちな, 短気な.

nét tón *n.* (船舶の)純トン (⇨ ton¹ 3 b).

nét tónnage *n.* (商船などの)純トン数, 登簿トン数《機関室・船員室など利益を生じない部分を gross tonnage から差し引いたトン数 ; ⇨ tonnage》.

net·ty [néti | -tɪ] 〘⇨ net¹, -y⁴〙 *adj.* (**net·ti·er**; **-ti·est**) 網状の ; 網細工の (netted).

nét-véined *adj.* 〈葉・羽が〉網状脈の.

nét-wínged *adj.* 〘昆虫〙羽に網状の翅脈のある.

nét·wòrk 〘《1560》〙 — *n.* **1** 網細工, 網織物. **2** 網状組織, 連絡網 : a ～ of telegraph wires [railroads] 電線[鉄道]網 / a ～ of falsehoods うそ八百 / an intelligence ～ 情報網. **3** 〘電気〙回路網. **4** 〘ラジオ・テレビ〙放送網, ネットワーク : TV ～*s* テレビ放送網.
— *vt.* **1** 〈ある地域〉に網の目のように配置する[張りめぐらす] 〔*with*〕 : a region ～*ed with* creeks クリークが縦横に走っている地方. **2 a** …に放送網を設ける. **b** ネットワークを通じて放送する. — *adj.* ネットワークを通じて放送される : a ～ program.

nétwork thèory *n.* 〘電気〙回路網理論《回路の接続状態と動作との関係を論じる理論》.

nét wórth *n.* 〘会計〙正味財産, 純財産, 正味身代.

Neu·châ·tel [n(j)ùːʃətél, nɜ̀ː-, ーーˊ | nɜ̀ːʃætél, -ʃə-, nɜ́ːʃətèl ; *F.* nøʃatɛl] *n.* **1** ヌーシャテル(州)《スイス西部の州 ; 人口 170,000, 面積 798 km²》. **2** ヌーシャテル《Neuchâtel 湖畔にある Neuchâtel 州の首都 ; 人口 39,000》.

Neuchâtel, the Lake of *n.* ヌーシャテル湖《スイス西部の湖 ; 面積 218 km²》.

Neu·e Sach·lich·keit [nɔ́ɪə-záːklɪkkàɪt, -záːklɪç- ; G. nɔ́ʏə-záxlɪçkàɪt] 〘⇨ G ～ 'new objectivity'〙 — *n.* [the ～] 〘芸術〙新即物派《克明な具象画を特徴とする 1920 年代のドイツ画家の一派 ; Otto Dix, George Grosz などはこの派に属した》.

Neuf·châ·tel [nùːʃətél, nɜ̀ː-, ーーˊ | nɜ̀ːʃætél, -ʃə-, nɜ́ːʃətèl ; *F.* nøʃatɛl] 〘⇨ F ～ (フランス北部の産地名から)〙 — *n.* ヌーシャテル(チーズ)《柔らかい白色のチーズ ; Neufchâtel cheese ともいう》.

Neuil·ly-sur-Seine [nɜ́ːiː-suə-séɪn | -s(j)ʊə- ; *F.* nœjisyrsɛn] *n.* ヌイイ(シュルセーヌ)《フランス北部, Paris 近くの工業都市 ; 人口 72,000》.

neuk [njúːk] *n.* 《スコット》=nook.

neum [n(j)úːm | njúːm] *n.* 〘音楽〙=neume.

Neu·mann [nɔ́ɪmɑːn ; G. nɔ́ʏman], **Alfred** *n.* ノイマン《1895-1952 ; ドイツの歴史小説家》.

Neumann, Carl [Karl] Gottfried *n.* ノイマン《1832-1925 ; ドイツの数学者 ; F. E. Neumann の子》.

Neumann, Franz Ernst *n.* ノイマン《1798-1895 ; ドイツの物理学者》.

Neumann, John von *n.* ⇨ von Neumann.

neume [n(j)úːm | njúːm] 〘⇨ (O)F ～ ⇨ ML *neuma, neupma* ⇨ Gk *pneûma* 'breath, PNEUMA'〙 — *n.* 〘音楽〙ネウマ : **a** 中世の単旋聖歌 (plainsong) の唱音の高低・律動などを表示した記号 ; 近代の楽譜の母体となった. **b** 中世の plainsong で, 特に旋律の終りの一音節または一母音を数個の音からなるメリスマ的な装飾を加えて歌う楽句 ; pneuma ともいう. **neu·mat·ic** [n(j)uːmǽt̬ɪk, n(j)ʊ- | njuːmǽt-] *adj.*

Neu·mün·ster [nɔɪmúnstə, -mɑ́n- | -stə(r ; G. nɔʏmýnstɐ] *n.* ノイミュンスター《西ドイツ北部, Kiel に近い工業都市 ; 人口 86,000》. ⌈neuro- の異形.

neur- [n(j)ʊ(ə)r | nju(ə)r, njuːr] (母音の前に来る時の)

neu·ral [n(j)ʊ́(ə)rəl | njʊ́ər-] 〘《1839》← NEURO-＋-AL¹〙 — *adj.* 〘解剖・動物〙 **1** 神経の, 神経系の, 神経中枢の : ～ tissue 神経組織. **2** 身体の脳や脊髄の部分[側]の, 背の側にある (cf. hemal 2). **～·ly** *adv.*

néural árch *n.* 〘動物〙神経弓《脊髄を囲んだ一対の神経突起が背方で合してつくる弓状構造》.

néural canál *n.* 〘解剖・動物〙=neural tube.

néural crést *n.* 〘動物〙神経冠, 神経堤《脊椎動物の胚の神経管の上でみられる細胞集団》.

neu·ral·gia [n(j)ʊrǽldʒə | nju(ə)r-, njuːr-] 〘《1822》← NL ～ : ⇨ neuro-, -algia〙 *n.* 〘病理〙神経痛. **neu·ral·gic** [n(j)ʊrǽldʒɪk | nju(ə)r-, njuːr-] *adj.*

neu·ral·gi·form [n(j)ʊrǽldʒəfɔ̀əm | nju(ə)rǽldʒɪfɔ̀ːm, njuːr-] 〘⇨ ↑, -form〙 *adj.* 〘病理〙神経痛(様)の.

néural pláte *n.* 〘解剖・動物〙神経板《胎児の発生初期にできる外胚葉の背側中央の肥厚部で, 後に神経管になる ; cf. neural tube》.

néural túbe *n.* 〘解剖・動物〙神経管, 髄管《脊椎動物と原索動物の発生初期に, 神経板が閉じて造る管状体 ; 後に中枢神経系になる ; cf. neural plate》.

neur·a·mín·ic ácid [n(j)ʊ̀(ə)rəmínɪk- | njʊ̀ər-, njùːr-] 〘⇨ neuro-, amine, -ic¹〙 *n.* 〘生化学〙ノイラミン酸 ($C_9H_{17}O_8H$).

neur·amin·i·dase [n(j)ʊ̀(ə)rəmínədèɪs, -dèɪz | njʊ̀ərəmínɪdèɪs, njùːr-] 〘⇨ ↑, -ide², -ase〙 — *n.* 〘化学〙ノイラミニダーゼ《糖蛋白質などのグリコシド結合を切る加水分解酵素の一種》.

neur·as·the·ni·a [n(j)ʊ̀(ə)ræsθíːniə, -rəs-, -ræsθəníːə | njʊ̀ərəsθíːnjə, njùːr-, -nɪə] 〘《1856》← NL ～ : ⇨ neuro-, asthenia〙 *n.* 〘病理〙神経衰弱.

neur·as·then·ic [n(j)ʊ̀(ə)ræsθénɪk, -rəs- | njʊ̀ərəs-, njùːr-] *n., adj.* 神経衰弱の(患者). **nèur·as·thén·i·cal·ly** *adv.*

Neu·rath [nɔ́ɪrɑːt ; G. nɔ́ʏraːt], Baron **Konstantin von** *n.* ノイラート《1873-1956 ; ドイツの外交官・政治家》.

neu·ra·tion [n(j)ʊréɪʃən | nju(ə)r-] 〘← NEURO-＋-ATION〙 *n.* 〘昆虫〙翅脈(ｼﾐｬｸ).

neu·rec·to·my [n(j)ʊréktəmi | nju(ə)réktəmɪ, njuːr-] 〘← NEURO-＋-ECTOMY〙 *n.* 〘医学〙神経切断(術).

neu·ri·lem·ma [n(j)ʊ̀(ə)rəlémə | njʊ̀ərɪ-, njùːr-] 〘← NL ～ (Gk *lémma* peel, rind の影響による変形) ← *neurilēma* ← NEURO-＋Gk *eilēma* a covering (cf. lemma²)〙 — *n.* 〘解剖〙神経線維鞘(ｼｮｳ), シュワン鞘《末梢神経線維の最外層にある被膜》. **neu·ri·lem·mal** [n(j)ʊ̀(ə)rəléməl | njʊ̀ərɪ-, njùːr-] *adj.* **neu·ri·lem·mat·ic** [n(j)ʊ̀(ə)rələmǽt̬ɪk | njʊ̀ərɪlemǽt-, njùːr-] *adj.* **neu·ri·lem·ma·tous** [n(j)ʊ̀(ə)rəlémət̬əs | njʊ̀ərɪlémət-, njùːr-] *adj.*

neu·rine [n(j)ʊ́(ə)riːn, -rɪn, -rən | njʊ́əriːn, -rɪn] 〘← NEURO-＋-INE³〙 — *n.* 〘生化学〙ニューリン (CH_2=$CHN(CH_3)_3OH$)《卵黄・脳・胆汁および屍体などに発見されるコリン誘導物で, シロップ状の有毒物》.

neu·ri·no·ma [n(j)ʊ̀(ə)rənóʊmə | njʊ̀ərɪnə́ʊ-, njùːr-] 〘← NEURO-＋(CARC)INOMA〙 *n.* (*pl.* ～**s**) 〘病理〙神経鞘腫.

neu·ris·tor [n(j)ʊrístə, -tɔə | nju(ə)rístə(r, njuːr-, -tɔː(r] 〘《混成》← NEUR(ON)＋(TRANS)ISTOR〙 — *n.* 〘電子工学〙ニューリスター《ニューロンのような信号伝達特性をもたせた電子回路の機能ブロックにつけられた名で, 特定の素子があるわけではない》.

neu·rite [n(j)ʊ́(ə)raɪt | njʊ́ər-] 〘← NEURO-＋-ITE¹〙 *n.* 〘解剖〙神経突起, 軸索(突起) (axon).

neu·rit·ic [n(j)ʊrít̬ɪk | nju(ə)rít-, njuːr-] *adj., n.* 神経炎の(患者).

neu·ri·tis [n(j)ʊráɪt̬ɪs, -t̬əs | nju(ə)ráɪtɪs, njuːr-] 〘《1840》← NL ～ : ⇨ neuro-, -itis〙 — *n.* (*pl.* **-ri·ti·des** [n(j)ʊrít̬ədiːz | nju(ə)rít-, njuːr-], ～**·es**) 〘病理〙神経炎.

neu·ro- [n(j)ʊ́(ə)roʊ | njʊ́ərə(ʊ), njúːr-] 〘← NL ～ ← Gk *neûron* 'NERVE'〙「神経(の) ; 神経と…との」の意の連結形. ★ 母音の前では通例 neur- になる.

nèuro·áctive *adj.* 〘医学〙神経活性のある, 神経組織を刺激する.

nèuro·anátomy *n.* 神経解剖学. **nèuro·ana·tómic** *adj.* **nèuro·anatómical** *adj.* **nèuro·anátomist** *n.*

nèuro·biólogy *n.* 神経生物学. **nèuro·biológical** *adj.* **nèuro·biólogist** *n.*

neuro·blast [n(j)ʊ́(ə)rəblæ̀st | njʊ́ərə(ʊ)-, njúːr-] 〘⇨ neuro-, -blast〙 *n.* 〘生物〙神経芽細胞《脊椎動物の胎児にあり, 将来神経細胞に分化する細胞》.

neu·ro·blas·to·ma [n(j)ù(ə)ro(ʊ)blæstóʊmə | njùərə(ʊ)blæstə́ʊ-, njù:r-] 〚⇨↑, -oma〛 *n.* (*pl.* **~s, ~·ta** [~ṭə | ~tə]) 〘病理〙神経芽(細胞)腫.

nèuro·chémistry *n.* 〘医学〙神経化学. **nèuro·chémical** *adj.* **nèuro·chémist** *n.*

nèuro·círculatory *adj.* 〘医学〙神経循環系統の.

neurocírculatory asthénia *n.* 〘病理〙神経循環無力症《心臓神経症 (cardiac neurosis) とほぼ同義》.

neu·ro·coele [n(j)ú(ə)rəsì:l | njúərə(ʊ)-, njú:r-] 〚← NEURO-+-COELE〛 — *n.* (*also* **neu·ro·coel, neu·ro·cele** [~]) 〘生物〙神経腔(こう)《脊椎動物や原索動物の発生初期の中央神経系統の内腔》.

nèuro-depréssive *adj.* 〘薬学〙神経抑制作用の.

nèuro·éndocrine *adj.* 〘生化学〙神経性内分泌の《神経から分泌されるホルモンについていう; cf. adrenaline》.

nèuro·endocrinólogy *n.* 〘医学〙神経内分泌学. **nèuro·endocrinológical** *adj.* **nèuro·endo·crinólogist** *n.*

nèuro·fíbril 〚← NL *neurofibrilla*: ⇨ neuro-, fibril〛 *n.* 〘解剖〙神経原繊維《神経細胞体の核のまわりにある繊維状物質》. **nèuro·fíbrillary** *adj.*

neu·ro·gen·ic [n(j)ù(ə)rədʒénɪk | njùərə-, njù:r-] 〚← NEURO-+-GENIC〛 — *adj.* 〘医学〙神経(原)性の, 神経(組織)から起こる; 神経系障害に起因する. **nèu·ro·gén·i·cal·ly** *adv.*

neu·rog·e·nous [n(j)urádʒənəs | nju(ə)rɔ́dʒɪ-, nju:r-] *adj.* 〘医学〙=neurogenic.

neu·rog·li·a [n(j)uráglia | nju(ə)rɔ́glɪə, nju:r-] 〚← NL ~ ← NEURO-+Gk *glía* glue〛 — *n.* 〘解剖〙グリア(神経)膠(こう), 神経支持質《神経系特有の支持組織で, 発生はノイロン (neuron) と同じく外胚葉性》.

neu·rog·li·al [n(j)uráglial | nju(ə)rɔ́glɪ-, nju:r-] *adj.* 〘解剖〙グリア(神経)膠(こう)の, 神経支持質から起こる.

neu·rog·li·ar [n(j)uráglia | nju(ə)rɔ́glɪə(r, nju:r-] *adj.* =neuroglial.

neu·rog·li·o·ma [n(j)ù(ə)raglárəmə | njùərɔg-, njù:r-] 〚⇨ neuroglia, -oma〛 *n.* 〘病理〙神経膠腫, グリオーム.

néuro·gràm *n.* 〘精神医学〙神経像, 残遺印象《過去の神経活動や学習によって脳に残るといわれる印象の変化》.

nèuro·hémal órgan *n.* 〘動物〙神経血管器管《神経分泌系の末端が毛細血管の周囲に終っている部分》.

nèuro·hórmonal *adj.* 〘生理〙神経内分泌性の, 神経性と内分泌性双方の機構に関係した.

nèuro·hórmone *n.* 〘生理〙神経ホルモン《神経末端から分泌されるホルモン, または神経機構を刺激するホルモン》.

nèuro·húmor *n.* 〘生理・医学〙神経(体)液, 神経ホルモン《神経終末で放出され神経興奮の伝導に関与する物質; acetylcholine など》.

nèuro·húmoral *adj.* 〘生理・医学〙神経(体)液性の: the ~ theory =neurohumoralism.

nèuro·húmoralism *n.* 〘生理・医学〙神経体液(学)説《神経刺激の伝達は neurohumor によるとする説》.

neurohúmoral regulátion *n.* 〘生理〙神経体液性調節《神経と体液性物質による生体の全体的統御》.

nèu·ro·hypóphysis *n.* 〘解剖〙神経下垂体. **nèuro·hypophyséal** *adj.* **nèuro·hypophýsial** *adj.*

nèuro·kínin *n.* 〘生化学〙ニューロキニン《偏頭痛を起こす毛細血管拡張性のキニン; cf. bradykinin》.

neurol. 《略》neurological; neurology.

neu·ro·lept·an·al·ge·si·a [n(j)ù(ə)rəleptæ̀nəldʒí:ʒə, -nṭ-, -ʒiə, -ziə | njùərə(ʊ)leptæ̀nəldʒí:zjə, njù:r-, -zɪə] 〚← NL ~: ⇨↓, analgesia〛 — *n.* (*also* **neu·ro·lep·to·an·al·ge·si·a**) 〘薬学〙ニューロレプト麻酔《神経弛緩薬と鎮痛薬を併用して行なう麻酔》. **neu·ro·lept·an·al·ge·sic** [n(j)ù(ə)rəleptæ̀nəldʒí:zɪk, -nṭ-, -sɪk | njùərə(ʊ)-, njù:r-] *adj.*

neu·ro·lep·tic [n(j)ù(ə)rəléptɪk | njùərə(ʊ)-, njù:r-] 〚← NEURO-+-LEPSY: ⇨ -IC[1]: cf. F *neuroleptique*〛 *n., adj.* 〘薬学〙神経弛緩薬(の). 「経科専門医.

neu·rol·o·gist [-dʒɪst, -dʒəst | -dʒɪst] *n.* 神経学者; 神

neu·rol·o·gy [n(j)urálədʒi | nju(ə)rɔ́lədʒɪ, nju:r-] 〚《1681》← NL ~ ← NGk *neurología*: ⇨ neuro-, -logy〛 — *n.* 〘医学〙神経(病)学. **neu·ro·log·ic** [n(j)ù(ə)rəládʒɪk | njùərəlɔ́dʒ-, njù:r-] *adj.* **nèu·ro·lóg·i·cal** *adj.* **nèu·ro·lóg·i·cal·ly** *adv.*

neu·rol·y·sis [n(j)urálәsɪs, -səs | nju(ə)rɔ́lɪsɪs, -lə-, nju:r-] 〚← NL ~: ⇨ neuro-, -lysis〛 — *n.* **1** 〘病理〙神経組織崩壊; 神経疲労《神経エネルギーの消耗》. **2** 〘外科〙神経(癒着)剥離(術).

neu·ro·lyt·ic [n(j)ù(ə)rəlíṭɪk | njùərəlít-, njù:r-] *adj.* **1** 神経剝離の. **2** 神経を破壊する.

neu·ro·ma [n(j)uróʊmə | nju(ə)rə́ʊ-, nju:r-] 〚← NL ~: ⇨ neuro-, -oma〛 *n.* (*pl.* **~s, ~·ta** [~ṭə | ~tə]) 〘病理〙神経腫(しゅ).

neu·ro·mast [n(j)ú(ə)rəmæ̀st | njúər-] 〚← NEURO-+Gk *mastós* hillock, breast〛 — *n.* 〘動物〙神経小丘《感覚器の構造を成す神経上皮群; 魚類の側線や水生・両生類の皮膚にある》.

neuromata *n.* neuroma の複数形.

neu·ro·mere [n(j)ú(ə)rəmɪə | njúərəmɪə(r, njú:r-] 〚← NEURO-+-MERE〛 *n.* 〘解剖〙神経分節《脊椎動物の胚で, 神経管前端の脳形成部位に見られる小分節》.

nèuro·mótor sỳstem *n.* 〘動物〙運動支配系, 神経支配系. 「に関する.

nèuro·múscular *adj.* 〘解剖〙神経筋の, 神経や筋肉

neuromúscular spíndle *n.* =muscle spindle.

neu·ron [n(j)ú(ə)rɑn | njúərɔn] 〚← NL ~ ← Gk *neûron* nerve〛 — *n.* (*also* **neu·rone** [n(j)ú(ə)roʊn | njúərəʊn]) 〘解剖〙ノイロン, ニューロン, 神経単位; (神経全突起を含めて)神経細胞, 神経元. **néu·ro·nal** [-rənḷ] *adj.* **neu·ron·ic** [n(j)uránɪk | nju(ə)rɔ́n-] *adj.*

neuron
1 nucleus; 2 cell body; 3 dendrites; 4 axon; 5 myelin sheath; 6 muscle

neu·ro·path [n(j)ú(ə)rəpæθ | njúərə(ʊ)-, njú:r-] 〚← NEURO-+-PATH〛 *n.* 〘精神医学〙神経病患者; 病的に神経過敏な人, 神経病(素)質者.

neu·ro·path·ic [n(j)ù(ə)rəpǽθɪk | njùərə(ʊ)-, njù:r-] *adj.* 神経病の[にかかった]. **nèuro·páth·i·cal·ly** *adv.*

nèuro·pathólogist *n.* 神経病理学者.

nèuro·pathólogy *n.* 神経病理学.

neu·rop·a·thy [n(j)urápəθi | nju(ə)rɔ́pəθɪ, nju:r-] *n.* 〘精神医学〙ニューロパシー, 神経病質《主に末梢神経系の機能障害をいう》.

nèuro·pharmacólogy *n.* 〘医学〙神経薬理学. **nèuro·pharmacológic** *adj.* **nèuro·pharma·cológical** *adj.* **nèuro·pharmacólogist** *n.*

nèuro·physiólogy *n.* 神経生理学. **nèuro·phys·iológic** *adj.* **nèuro·physiológical** *adj.* **nèuro·physiológically** *adv.* **nèuro·physiólogist** *n.*

neu·ro·plasm [n(j)ú(ə)rəplæ̀zm̩ | njúər-, njú:r-] 〚← NEURO-+-PLASM〛 *n.* 〘病理〙神経形質, 軸索形質《神経細胞, 特にその軸索突起部の原形質》.

nèuro·pódium 〚← NL ~: ⇨ neuro-, -podium〛 — *n.* (*pl.* **-di·a** [-diə | -dɪə]) 〘動物〙腹肢, 腹枝《環形動物のゴカイなどにある肉質の足(いぼあし)の腹側の部分; cf. parapodium》.

néuro·pòre 〚← NEURO-+PORE[1]〛 *n.* 〘生物〙神経孔《脊索動物の発生途上で, 神経管が形成される際に, 完全に閉じないで残る孔》.

nèuro·psychíatrist *n.* 神経精神病学者[病医].

nèuro·psychíatry *n.* 神経精神病学. **nèuro·psy·chiátric** *adj.*

nèuro·psýchic *adj.* 精神活動の中枢に関する.

nèuro·psýchical *adj.* =neuropsychic.

Neu·rop·ter·a [n(j)uráptərə | nju(ə)rɔ́p-] 〚← NL ~: ⇨ neuro-, -ptera〛 *n. pl.* 〘昆虫〙脈翅目.

neu·rop·ter·an [n(j)uráptərən | nju(ə)rɔ́p-] *adj., n.* 脈翅目の(昆虫). 「家[専門家].

neu·róp·ter·ist [-rɪst, -rəst | -rɪst] *n.* 脈翅目の研究

Neu·rop·ter·oi·de·a [n(j)urɑ̀ptərɔ́ɪdiə | nju(ə)rɔ̀p-tərɔ́ɪdɪə] 〚← NL ~: ⇨ Neuroptera, -oidea〛 — *n. pl.* 〘昆虫〙脈翅群《Neuroptera, Mecoptera, Trichoptera などの目を含む昆虫の主目》.

neu·rop·ter·ous [n(j)uráptərəs | nju(ə)rɔ́p-] *adj.* 〘昆虫〙脈翅目の(ような); 細かい脈のある薄いはねをもった.

nèuro·scíence *n.* 神経科学《神経に関する一切の学問の総称》. **nèuro·scíentist** *n.*

nèuro·secrétion *n.* 〘生理〙神経分泌.

nèuro·sénsory *adj.* 〘医学〙知覚神経の.

neu·ro·sis [n(j)uróʊsɪs, -səs | nju(ə)rə́ʊsɪs, nju:r-] 〚《1776》← NL ~: ⇨ neuro-, -osis〛 *n.* (*pl.* **-ro·ses** [-si:z]) **1** 〘病理〙神経症, ノイローゼ (cf. psychoneurosis): suffer from (a) ~. **2** (社会などの)神経症的状態: The world is in a ~.

neu·ros·po·ra [n(j)uráspərə | nju(ə)rɔ́s-, nju:r-] 〚← NL ~: ⇨ neuro-, -spora〛 *n.* 〘植物〙球殻菌科アカパンカビ属 (*Neurospora*) の耐熱性が強くパンに発生して紅色を呈す子嚢(のう)菌植物《遺伝研究の好材料》.

nèuro·súrgeon *n.* 神経外科医. 「cal *adj.*

nèuro·súrgery *n.* 神経外科(学). **nèuro·súrgi-**

neu·rot·ic [n(j)urátɪk | nju(ə)rɔ́t-, nju:r-] 〚← NEUROSIS+-OTIC[1] (cf. hypnotic)〛 — *adj.* **1 a** 神経症にかかった; 神経症的な. **b** 神経過敏な. **2 a** 神経症の[に関する]. **b** 神経の[に関する]. — *n.* **1** 神経症患者. **2** 《古》神経刺激剤. **neu·rót·i·cal·ly** *adv.*

neu·rót·i·cism [-ṭəsɪzm̩ | -tɪ-] *n.* 神経症的状態[性格, 特質].

neu·ro·tom·ic [n(j)ù(ə)rətámɪk | njùərə(ʊ)tɔ́m-, njù:r-] *adj.* 〘外科〙神経切除の.

neu·rot·o·my [n(j)urάṭəmi | nju(ə)rɔ́təmɪ, nju:r-] 〚《1704》← NEURO-+-TOMY〛 — *n.* 〘外科〙**1** 神経切除(術). **2** 神経解剖学. **neu·rót·o·mist** [-mɪst, -məst | -mɪst] *n.*

nèuro·tóxic *n.* 〘医学〙神経毒の. **nèuro·toxícity** *n.*

nèuro·tóxin *n.* 〘医学〙神経毒.

nèuro·transmítter *n.* 〘生化学〙神経伝達物質《神経繊維の末端から出され神経興奮を伝達させるもの; acetylcholine や norepinephrine など》.

nèuro·tróphic 〚← NEURO-+-TROPHIC〛 *adj.* 〘医学〙**1** 神経組織栄養の, 神経と栄養の. **2** =neurotropic.

neu·rot·ro·phy [n(j)urátrəfi | nju(ə)rɔ́trəfɪ] *n.* 神経栄養.

nèuro·trópic 〚← NEURO-+-TROPIC〛 *adj.* 〘医学〙神経向性の, 神経組織親和性の (cf. organotropic).

neu·rot·ro·pism [n(j)urátrəpɪ̀zm̩ | nju(ə)rɔ́t-] *n.* 〘医学〙神経向性, 神経組織親和性《薬物や病原微生物についていう》. 「管の.

nèuro·váscular *adj.* 〘解剖〙神経や血管の, 神経脈

neu·ru·la [n(j)ú(ə)rələ | njúəru-] 〚← NL ~: ⇨ neuro-, -ula[1]〛 *n.* (*pl.* **~s, -ru·lae** [-lì:, -lài]) 〘動物〙神経胚.

neus·ton [n(j)ú:stɑn | njú:stɔn] 〚⊏ G *Neuston* ⊏ Gk *neustón* (neut.) ← *neustós* swimming ← *neîn* to swim〛 — *n.* 〘集合的〙〘生物〙ノイストン, ニューストン《水面に浮遊する微生物》.

Neus·tri·a [n(j)ú:striə | njú:strɪə] 〚⊏ LL ~ 《原義》 the newest conquest (of the Franks) ← Frankish *niust* (superl.) ← *niu* new: ⇨ -ia[1]〛 — *n.* ネウストリア《フランク王国の西部地方; 今のフランス北部および北西部 (Meuse 川と Loire 川との間) に当たる》.

neut. 《略》neuter; neutral.

neu·ter [n(j)ú:ṭə | njú:tə(r] 〚《*a*1398》⊏ (O)F *neutre* // L ~ 'neither' (← *ne-* not+*uter* either of two (cf. whether)) 《なぞり》← Gk *oudéteron* ← *oudé* not even +*héteros* one of two〛 — *adj.* **1** 〘文法〙中性の (cf. masculine, feminine); 〈古典語の動詞が〉自動の (intransitive), 中間態の (middle): the ~ gender 中性 / a ~ noun 中性名詞. **2** 〘植物〙無[中]性の (asexual): ~ flowers 無[中]性花, あだ花. **3** 〘動物〙生殖器官不完全の, 生殖不能の. **4** 《古》中立の (neutral): stand ~ 中立を維持する, 中立の立場をとる. — *n.* **1** 〘文法〙中性名詞[代名詞, 形容詞]; 中性 (neuter gender); 自動詞 (intransitive verb). **2** 〘動物〙中性雌《働きバチ[アリ]などで代表される》; 去勢動物, (特に)去勢ネコ. **3** 〘植物〙無[中]性植物. **4** 《古》中立者 (neutral). — *vt.* **1** 〈雄動物を〉去勢する; 〈雌動物〉の卵巣を取り除く. **2** 〘文法〙中性化する.

neu·ter·cane [n(j)ú:ṭəkèɪn | njú:tə-] 〚← L *neuter* neither (⇨ neuter)+(HURRI)CANE: その分類が困難であるところから〛 — *n.* 〘気象〙亜熱帯サイクロン《生成の機構はハリケーン・前線低気圧と同じであるが規模が小さく直径は普通 200 km 以下》.

neu·tral [n(j)ú:trəl | njú:-] 〚《n.: *c*1449; *adj.* 1549》⊏ OF ~ // L *neutrāl-is*: ⇨ neuter, -al[1]〛 — *adj.* **1 a** 〈国など〉(特に戦争で)中立の, 局外中立の: a ~ nation [power, state] 中立国 / a ~ territory 中立地帯 / ⇨ neutral zone / keep [remain] ~ 中立を維持する. **b** 中立国の: a ~ vessel 中立国の船舶. **2** 〈人など〉不偏不党の, 公平無私の, えこひいきのない (impartial): a ~ attitude, opinion, etc. **3 a** 〈種類・特徴が〉はっきりしない (indefinite): a ~ sort of person (著しい特徴のない)平凡な人. **b** 〈色が〉くすんだ, 灰色の (gray); 無色の (achromatic); 他の色の混じっていない: ~ colors / ~ blue 純青色. **4** 〘植物・動物〙無[中]性の, 雌雄別のない (asexual). **5** 〘電気〙中性の, 帯電しない, 磁気を帯びない《陰性でも陽性でもない; cf. positive 11, negative 8》. **6** 〘化学〙中性の《酸性でもアルカリ性でもないことにいう; cf. acid 2 a, alkaline 1》. **7** 〘建築・機械〙中立の《梁(はり)などの曲げにおいて引張り応力から圧縮応力に移る点にいう》: the ~ line [surface] 中立の線[面]. **8** 〘音声〙**a** 弛唇(しん)の, 弛み口の《唇が張唇 (spread) でも円唇 (rounded) でもない》: ~ vowels 弛唇母音《[a], [ɑ] など》. **b** 〈舌の位置が〉中性の, 中間の《前寄りでも後寄りでもなく, また高くも低くもなく, 中位 (mid) で中舌 (central) の》: ~ vowels 中性[中間]母音《[ə] など》. — *n.* **1** 中立者; 中立国(の人). **2** 灰色; 無色. **3** (自動車などの変速機の)中立の位置, ニュートラル《伝動装置の連結部の動力のかかっていない位置; neutral gear ともいう》: slip the gear into ~ ギヤをニュートラルにする.

in neutral (1) 〈ギヤが〉かかっていない, 中立[ニュートラル]の位置にあって. (2) 〈人など〉態度不明で.

~·ly *adv.* **~·ness** *n.*

néutral áxis *n.* 〘建築・機械〙(梁(はり)・軸などの)中立軸《曲げモーメントを受ける部材の断面において, 引張領域と圧縮領域の境界線; この線上では引張も圧縮も生じない》.

néutral brándy *n.* ニュートラルブランデー《170 以上 190 proof 未満のブランデー; ワイン補強用や果実ブランデーのベースに利用; cf. neutral spirits》.

néutral condúctor *n.* 〘電気〙中性線《零電位とみなすべき電位にある導体》.

néutral córner *n.* 〘ボクシング〙ニュートラルコーナー《両選手のコーナー以外のコーナー》.

néutral fláme *n.* 〘金属加工・化学〙(ガス溶接の)中性炎.

néutral géar *n.* =neutral *n.* 3.

néu·tral·ism [-lɪzm] 〚《1579》〛 *n.* **1** 中立; (特に, 国際問題に対する)中立主義[政策]. **2** 中立の態度[表明]. **3** 〘哲学〙=neutral monism.

néu·tral·ist [-lɪst, -ləst | -lɪst] *n.* 中立主義者. **neu·tral·is·tic** [n(j)ù:trəlístɪk | njù:-] *adj.*

neu·tral·i·ty [n(j)u:trǽləṭi | nju:trǽlətɪ, nju-, -lɪ-] 〚《1480》⊏ (O)F *neutralité* // ML *neutrālitātem* ← L *neutrālis*: ⇨ neutral, -ity〛 — *n.* **1** 中立(状態), 局外中立, 不偏不党 (cf. nonbelligerency): the ~ of a port, ship, etc. **2** 〘国際法〙中立: the permanent ~ of Switzerland スイスの永世中立 / armed [strict] ~ 武装[厳正]中立. **3** 〘化学〙中性.

neu·tral·i·za·tion [n(j)ù:trəlɪzéɪʃən, -lə- | njù:trəlaɪ-, -lɪ-] *n.* **1** 中立(状態); 中立化. **2** 無効化, 骨抜き. **3** 〘化学〙中和. **4 a** 〘電気〙中性化. **b** 〘電子工学〙(増幅回路の内部帰還の)中和. **5** 〘言語〙中和《異なる音素が同一の音声となって現われる現象; 例えばドイツ語では語末において p/b, t/d, k/g の対立が中和してすべて無声となる》.

neutralizátion nùmber *n.* 〘化学〙中和価《脂肪

酸 1 g を中和するのに要する水酸化カリウムのミリグラム数》.
neutralizátion titràtion *n.* 〖化学〗中和滴定.
neutralizátion vàlue *n.* ＝neutralization number.
neu·tral·ize [n(j)úːtrəlàɪz | njúː-] 〖《1665》〗 —— *vt.* **1** (戦時に)〈地域・国などを〉中立と宣言する; 中立地帯にする, 中立化する. **2 a** …の特色を奪う, 骨抜きにする, 無効にする; (反対の作用で)…の効力を消す: ～ the effect 効果をなくする / ～ a poison 毒を消す. **b** 〈敵〉の戦闘力(など)を無力化する, 麻痺(ひ)させる, 制圧する; 〈地雷・爆弾などを〉安全化する, 安全処理を施す. **3** 〖化学〗中和する: a *neutralizing* agent 中和剤. **4 a** 〖電気〗中性にする. **b** 〖電子工学〗中和する《不要な信号などを打ち消すような信号を加える》. **5** 〖眼科〗中和する《レンズの屈折力を他のレンズと組合わせてゼロにする》. —— *vi.* **1** 中立になる. **2** 無効になる.
néu·tral·iz·er *n.* **1** 中立化するもの, 無効にするもの. **2** 中和剤.
néutral méson *n.* 〖物理〗中性中間子《電気的に中性の中間子》.
néutral mónism *n.* 〖哲学〗中立的一元論《究極的実在を物心のいずれをも越えた根本的なものに求める哲学的一元論》.
néutral pláne *n.* 〖建築・機械〗中立面《曲げモーメントを受ける部材の, 引張領域と圧縮領域の境界面》.
néutral póint *n.* **1** 〖電気〗中性点《電気回路の零電位とみなすべき点》. **2** 〖心理〗白色点.
néutral réd *n.* 〖化学〗ニュートラルレッド ($C_{15}H_{17}ClN_4$)《酸・塩基指示薬の一つ》.
néutral spírits *n. pl.* [単数または複数扱い] ニュートラルスピリット《190 proof 以上のエチルアルコール; 穀物や糖蜜から造られ, ジンやリキュールなどを作るのに用いられる; cf. neutral brandy》.
néutral spóre *n.* ＝monospore.
néutral tínt *n.* 中間色; 薄ねずみ色.
néutral-tínted *adj.*
néutral zòne *n.* **1** 中立地帯. **2** 〖電気〗中立帯《自動制御において, 制御動作が起こらない動作信号の特定範囲; dead band ともいう》. **3** 〖アメリカンフットボール〗ニュートラルゾーン《守備・攻撃両チームのスクリメージラインの間の地帯で, ボールの長さ (11–11¼ インチ) に等しい》. **4** 〖アイスホッケー〗中央氷域, ニュートラルゾーン《2 本の青い線の間の氷域》.
neu·tret·to [n(j)uːtrétoʊ | njuːtrétəʊ] 〖← NEUTR(ON) ＋It. *-etto* (dim. suf.: cf. -et)〗 *n.* (*pl.* ～s) 〖廃〗〖物理〗＝neutral meson.
neu·tri·no [n(j)uːtríːnoʊ | njuːtríːnəʊ] 〖⊏It. ～ ← *neutrone* (? ⊏E NEUTRON)＋*-ino* '-INE[5]'〗 —— *n.* (*pl.* ～s) 〖物理〗ニュートリノ, 中性微子《電荷 0, 質量の極めて小さいスピン ½ の素粒子; 弱作用で荷電軽粒子 (e, μ, τ) とむすぶ 3 種類のものが知られている; 記号 ν または ν_e, ν_μ, ν_τ》.
neu·tro- [n(j)úːtroʊ | njúːtrə(ʊ)] 〖⊏LL ～ ← L *neutr-*, *neuter*: ⇨ neuter〗 次の意味を表わす連結形: **1** 「中性の (neutral)」. **2** 〖解剖〗「好中球 (neutrophil)」.
neu·tron [n(j)úːtrɑn | njúːtrɔn, -trən] 〖← NEUTR(AL) neither positive nor negative＋-ON[2]: cf. electron, proton〗 —— *n.* 〖物理〗中性子《原子核の構成要素; 陽子とほぼ等しい質量をもつが, 電気的には中性である》.
néutron activátion ànalysis *n.* 〖物理〗中性子(誘導)放射化分析《試料を中性子で照射し, 生じた放射能を調べて, 試料を分析すること; 略 NAA》.
néutron bòmb *n.* 中性子爆弾《普通の原爆に比べ熱線や爆風が少ないが, 少量で大量殺戮(さつりく)が可能な中性子線を放射する; N-bomb ともいう》.
néutron càpture *n* 〖物理〗中性子捕獲《原子核が中性子を吸収すること》.
néutron detèctor *n.* 〖物理〗中性子検出器.
néutron diffràction *n.* 〖物理〗中性子回折《中性子の波動性を利用した回折現象》.
néutron flùx *n.* 〖物理〗中性子束《中性子線の流束》.
néutron nùmber *n.* 〖物理〗(原子核の)中性子数.
nèutron radiógraphy *n.* 〖写真〗中性子線構造解析学.
néutron stár 〖その核が neutron のみからなるとする仮説から〗 —— *n.* 〖天文〗中性子星《中性子のみからなる恒星で超高密度をもつ; 恒星進化の最終段階の一つと考えられている》.
neu·tro·pe·ni·a [n(j)ùːtrəpíːniə | njùːtrəpíːniə, -njə] 〖← NL ～: ⇨ neutro-, -penia〗 *n.* 〖病理〗好中球 (neutrophil) 減少(症).
neu·tro·phil [n(j)úːtrəfɪl | njúː-] 〖← NEUTRO-＋-PHIL〗 —— *n.* 〖解剖〗好中球《白血球の中でもっとも多い種類で顆粒(かりゅう)が中性の色素によく染まる種類のもの》. —— *adj.* 〖生物〗＝neutrophile.
neu·tro·phile [n(j)úːtrəfàɪl | njúː-] 〖⇨ ↑, -phile〗 *adj.* 〖生物〗中性染色の, 好中性色素の. —— *n.* 〖解剖〗＝neutrophil.
neu·tro·phil·i·a [n(j)ùːtrəfíliə | njùːtrəfíliə] 〖← NL ～: ⇨ ↑, -ia[1]〗 *n.* 〖病理〗好中球増加(症).
Nev. 《略》 Nevada.
Ne·va [níːvə, néɪ- | néɪ-; *Russ.* njivá] *n.* [the ～] ネバ(川)《ソ連邦ロシヤ共和国北西部の Ladoga 湖から発し Leningrad を貫流して Finland 湾に注ぐ (74 km)》.
Ne·va·da [nɪvǽdə, nə-, -váː- | nevάː-, nɪ-, nə-] 〖← (*Sierra*) *Nevada* (山脈の名) ⊏Sp. ～ 'snow-clad (mountain range)': cf. névé〗 —— *n.* 米国西部の州 (⇨ United States of America 表).
Ne·va·dan [nɪvǽdn, nə-, -váː- | nevάː-, nɪ-, nə-] *adj.* (米国) Nevada 州(人)の. —— *n.* Nevada 州人.
né·vé [neɪvéɪ | ─́ ─; *F.* neve] 〖《1853》⊏Swiss-F ～ < VL **nivātum* ← L *niv-*, *nix* 'SNOW[1]'〗 —— *n.* (氷河の上層部をなす)粒状氷雪; (粒状の氷雪からなる)万年雪, 万年雪の原.
nev·er [névə | -və(r] 〖OE *nǣfre* ← *ne* 'NOT'＋*ǣfre* 'EVER'〗 —— *adv.* **1** かつて…(し)ない, 決して…することがない: He ～ gets up early. 彼は早起きをすることがない / I have ～ been abroad. まだ一度も洋行したことがない / It ～ has been used before. 今までに[いまだかつて]使われたことがない《★ It has ～ been used before. より強調的》/ She was ～ seen again. 彼女は二度と姿を現わさなかった / Better late than ～. 《諺》遅くともしないよりはまし / *Never* [It is ～] too late to mend. 《諺》誤ちは改むるにはばかることなかれ / *Never* is a long word [day, time]. 《諺》もう決してなどとはめったに言わぬこと, 物事を簡単にあきらめるな. **2 a** 決して…しない, 少しも…しない: I'll do it, ～ fear! きっとするから心配するな / *Never* mind! かまうな, 何でもない, ままよ / *Never* say die! 弱音を吐くな (cf. never-say-die) / He is ～ the one to pay. なかなか金を払う男じゃない. **b** [疑い・驚きを表わして]《口語》まさか…ではあるまい (surely not): 'He has swallowed it'—'*Never*.'「彼はそれを飲んでしまった」—「まさか」/ I should ～ have believed it. まさかそんなことはあるまいと思った, ちょっと考えられないことだった / You were ～ such a fool. まさかそんなばかではなかったろう / *Never* tell me! 御冗談でしょう / Well, I ～!＝I ～ did! そんなこと見たことも聞いたこともない, あきれたね, まさか, これは驚いた. **3** [複合語の第 1 構成素として] いつまでも…しない: *never*-ceasing＝*never*-ending 永遠に終ることのない, 果てしのない / *never*-dying 不死の, 不滅の, 不朽の (undying) / *never*-fading 決して衰えない, いつまでも新鮮な / *never*-failing 永久に尽きることのない, 無尽蔵の; いつまでも変わらない / *never*-enough-regretted いくら悔いても悔い足りない[取り返しがつかない] / on that *never*-to-be-forgotten day あの永久に忘れることのできない(記念すべき)日に.
never a (one) ただ一つ[一人]も…ない (not a single): *Never a one* of them failed. そのうちただの一つ[一人]も失敗したものはなかった. ***never ever*** [never の強意形] 絶対に…ない. ***never so*** [譲歩節中で]《古》たとえいくら…でも (ever so, no matter how): She would not marry him, though he were ～ *so* rich. いくら金持でも彼と結婚するのはいやだと言った. ***never so much as*** do…すら(し)ない (not even). ***never the***… [比較級を伴って] …にもかかわらず少しも…ない (none the): ～ *the* less＝nevertheless / I am ～ *the* wiser for it. それでもいっこうにわからない, わからないことはもと通りだ.
néver·mìnd 〖← *never mind*〗 —— *n.* [通例否定構文で]《米方言》**1** 注意, 用心 (attention): make [pay] *no* ～ 注意しない, 構わない. **2** (大事な)仕事, 職責: That's *no* ～ of yours. 君などの知ったことではない.
néver·móre 〖ME: ⇨ never, more[1]〗 *adv.* 《文語》もう…しない, 二度と(再び)…しない (never again).
néver-néver[1] 〖この購買法がしばしば契約不履行に終ることから〗 —— *n.* [the ～]《英口語》分割払い式購買法 (hire-purchase system): weekly payments on the ～ (plan, system) 分割式の週払い.
néver-néver[2] 〖《略》← *Never-Never Land* (J. M. Barrie 作 *Peter Pan* 中の仮空の国の名)〗 —— *n.* **1** [Never-Never]《豪》Queensland 州北部および西部《遠くてめったに行く人がない所の意から; Never-Never Land [Country] ともいう》. **2** 遠くて人のあまり住まない不毛の地. **3** 現実には存在しない想像上[理想]の場所. ★ 2, 3 は never-never land [country] ともいう. —— *attrib. adj.* 架空の, 想像上の, 理想の, 幻想の.
néver-sày-díe 〖← *never say die* (⇨ never 2 a)〗 *adj.* 負けん気の, 不屈の: a ～ spirit 負けじ魂.
nev·er·the·less [nèvəðəlés | -və-] 〖《a1325》 *neuer the lesse* ∞ *notheless*, *natheless* 'NATHELESS'〗 —— *adv.* それにもかかわらず, やはり, それでも (notwithstanding): What she did was all right; ～, he could not approve of her. 彼女のしたことは間違ってはいなかった, にもかかわらず彼は賛成できなかった.
néver-wás 〖← *never was*〗 *n.* (*pl.* **-weres**) 《口語》今までに名を上げた[有為な働きをした]ことのない人; 芽の出なかった人.
nevi *n.* nevus の複数形.
Ne·vi·im [nèviíːm, nəvíːm] *n. pl.* ＝Nebiim.
Nev·ille [névəl | -vɪl] 〖⊏F *Néville* new city: Normandy の地名に由来する家族名から〗 *n.* 男性名《異形 Nevil, Nevile》.
Neville, Richard *n.* ⇨ Earl of WARWICK.
Nev·in [névɪn, -vən | -vɪn] 〖⊏Gael. *Giollanaebbin* worshipper of the saint〗 *n.* 男性名《異形 Niven》.
Nevin, Ethelbert Woodbridge *n.* (1862–1901) 米国の作曲家; *The Rosary* (1898).
Nev·ins [névɪnz, -vənz | -vɪnz], **Allan** *n.* (1890–1971) 米国の歴史家・伝記作者; *Ordeal of the Union* (1947).
Nev·in·son [névɪnsn, -vən- | -vɪn-], **Henry Woodd** [wʊ́d] *n.* (1856–1941) 英国の新聞記者・著述家.
Ne·vis [níːvɪs, -vəs | -vɪs] *n.* ニーヴス《英領西インド諸島国家連合 (West Indies Associated States) に属する Leeward 諸島の一島; 人口 49,000, 面積 129 km^2》.
ne·void [níːvɔɪd] 〖← NL *nevus* ∥ L *naevus*: ⇨ nevus, -oid〗 *adj.* 〖医学〗母斑様の, あざ[母斑]の(ような).
Nev·ski [névski, néf- | -skɪ; *Russ.* njéfskjij], **Alexander** *n.* ⇨ Alexander Nevski.
ne·vus [níːvəs] 〖← NL ～＝L *naevus* blemish, mole, wart〗 *n.* (*pl.* **ne·vi** [-vaɪ]) 〖医学〗母斑, (生れつきの)あざ[ほくろ].
new [n(j)úː | njúː] 〖OE *nīwe*, *nēowe* < Gmc **neujaz* (Du. *nieuw* / G *neu*) < IE **newos* new (L *novus* / Gk *néos*)〗 —— *adj.* (～**·er**; ～**·est**) **1 a** 新しい, 新たに現われた[できた], 新規の: a ～ book, building, idea, etc. / the ～ supplement 新補遺 / ⇨ new face / Nothing [There is nothing] ～ under the sun. 《諺》日の下に新しきものなし, どんな物[事]にももとがある (cf. *Eccles.* 1: 9) / *New* lords, ～ laws. 《諺》地頭が変われば掟も変わる. **b** [the ～; 名詞的に] 新しいもの: Ring out the old, ring in *the* ～. 古きを打ち出し, 新しきを打ち入れよ (Tennyson, *In Memoriam*). **2 a** 初めて発見された, 初めて知った: a ～ planet, element, etc. **b** 〈階級・家族など〉新興の; 新種の, 改良種の: the ～ aristocracy 新興貴族. **3** 新しく手に入れた; 初めて使う, まだ使ってない, あらの (unused) (cf. shabby); 〈土地が〉未開墾の, 新開の: a ～ carpet, house, towel, etc. / a ～ suit of clothes 新調の服 / It is as good as ～. それは新品同様だ / *New* brooms sweep clean. 《諺》買いたてのほうきはきれいに掃ける, 新任者は改革に熱心 (cf.「今参り二十日」). **4 a** 新任の, 今度の: the ～ bishop, Cabinet, servant, teacher, etc. **b** 新たに始まる, 次の (succeeding): a ～ chapter / begin a ～ game. **5** 新鮮な, できたての, 取りたての: ～ milk, potatoes, wine, etc. **6** [通例 the ～] 現代[近代]的な, 当世風な, 新流行の (modern): *the* ～ linguistics 新言語学 / *the* ～ theater 新劇 / ⇨ New Criticism, new woman, etc. **7** (肉体的・精神的に)一新した, 更生した: lead a ～ life (これまでの習慣などをやめて)新しい生活にはいる / The holiday has made a ～ man of me. 休暇のおかげで元気が蘇(よみがえ)った / ⇨ new man. **8** [N-] (言語史で) **a** 近代の; 近代後期の(Modern): ⇨ New High German, New English. **b** 〈古典語など〉現代に行なわれる: ⇨ New Latin. **9 a** 〈人・動物が〉(…に)まだ慣れない, 経験のない, 新参の (inexperienced) (*to*, *at*): I am ～ *to* the work. その仕事にはまだ新米です / She is perfectly ～ *to* life. 全く世間知らずだ / The horse is ～ *to* harness [the saddle]. その馬はまだ馬具[鞍(くら)]に慣れていない / They were ～ *at* the business. 彼らはその仕事は初めてだった / He is ～ *from* the country. 田舎から出て来たてだ. **b** 〈物が〉(…に)耳新しい (novel), 初めての, 慣れない (unfamiliar) (*to*): The work is ～ *to* me. その仕事は私には初めてです / The information was ～ *to* him. それは彼には初耳だった / An old dog cannot learn ～ tricks. 《諺》年をとってからは新しいことは覚えられない.
as new (中古品などについて)新品同然で: The furniture offered for sale was all *as* ～. 売りに出されている家具類はみな新品同様のものばかりだった.
—— *adv.* [複合語の第 1 構成素として] 新しく, 新たに (newly); 最近に, 近ごろ (recently): ⇨ new-blown, newfashioned, new-married, newcomer, etc.
～**·ness** *n.*
néw Ádam *n.* [the ～] 新しきアダム (⇨ second Adam).
Nèw Ámsterdam *n.* New York 市の旧名《1664 年までオランダ人が用いた名; ⇨ New Netherland》.
New·ark [n(j)úːək, n(j)ʊ́ək | njúːək, njʊ́ək] 〖ME *Newerc* (原義) 'new work (＝castle)': cf. Newcastle〗 —— *n.* **1** イングランド Nottinghamshire 州東部の都市; 人口 21,000. **2** 米国 New Jersey 州北東部にある同州最大の都市; 人口 383,000.
Néwark chárging sỳstem *n.* [the ～] 〖図書館〗ニューアーク式貸出法《図書館の図書貸出方法の一つ; ブックポケット中のブックカードを貸出券とさしかえ, 前者は図書館が, 後者は利用者が保管する方法》.
Néw Árt, n- a- *n.* [the ～] ＝Art Nouveau.
Néw Austrálian *n.* 《豪》オーストラリアの新移民《特にヨーロッパ人》.
Nèw Bédford 〖*William Russell, Duke of Bedford* (1639–83) にちなむ〗 *n.* 米国 Massachusetts 州南部東の港市; もと捕鯨基地; 人口 101,000.
Néw·be·ry Awárd [Médal] [n(j)úːberi-, -b(ə)ri- | njúːbəri-] 〖← *John Newbery* (1713–67: 英国の児童図書出版者)〗 —— *n.* ニューベリ賞《米国の児童文学賞; 1921 年創設; cf. Carnegie Medal》.
néw bírth *n.* 〖キリスト教〗＝regeneration 3.
néw-blówn *adj.* 咲きたての.
New·bolt [n(j)úːboʊlt | njúːbəʊlt], **Sir Henry (John)** *n.* (1862–1938) 英国の詩人・愛国歌作者; *Admirals All* (1897).
néw·bórn 〖《a1325》〗 —— *adj.* **1** 〈幼児が〉生れたばかりの, 生れたての. **2** 生れ変わった, 再び生れた, 新生の; 改心した: a ～ hope 新たな希望. —— *n.* (*pl.* ～, ～s) 生れたばかりの幼児; 新生児 (neonate).
néw bóy *n.* ＝new chum.
Nèw Brítain *n.* **1** 米国 Connecticut 州中部の都市; 人口 79,000. **2** ニューブリテン(島)《南太平洋 Bismarck 諸島中の最大の島; 人口(付近の諸島を含め) 199,000, 面積 36,500 km^2, 主要都市 Rabaul》.
Nèw Brúnswick 〖*George II, Duke of Brunswick* にちなむ〗 —— *n.* **1** カナダ南東部の州, 米国 Maine 州の東部に接する; 人口 635,000, 面積 73,437 km^2, 首都 Fredericton; 略 N.B. **2** 米国 New Jersey 州中部の都市; 人口 42,000.

néw-búilt *adj.* 新築の.

New·burg [n(j)úːbəːg | njúːbəːg] 〘《変形》← *Nenburg* (このソースの考案を依頼した顧客の名?)〙 ── *adj.* (*also* **New·burgh** [~]) ニューバーグ風の《クリーム・バター・卵黄・シェリー酒などで作ったソースを用いた料理にいう》. ★ 通例, 魚や貝の名のあとにつけて用いる: shrimp ~.

New·burgh [n(j)úːbəːg | njúːb(ə)rə] 〘スコットランドの地名にちなむ: ⇨ burgh〙 *n.* 米国 New York 州南東部, Hudson 河畔の都市; 人口 27,000.

Nèw Caledónia 〘1774 年に Captain Cook が, スコットランドの海岸線に似ているのにちなんで命名〙 ── *n.* ニューカレドニア島: **1** オーストラリアの東方約 1,300 km の南太平洋上にある島; 人口 84,000, 面積 16,120 km². **2** New Caledonia 島および他の小島を含むフランスの海外県; もと囚人徒刑地; 人口 101,000, 面積 19,100 km², 首都 Nouméa.

néw cándle *n.* 新燭《古い光度の単位; 燭 (candle) に対し, 新しい光度の単位 candela のことをいう; 現在この語は用いない》.

Nèw Castíle *n.* 新カステリヤ, カステリヤ ラ ヌエバ《スペイン中部の地方; 人口 5,165,000, 面積 72,363 km²; スペイン語名 Castilla la Nueva [-la nwéba]; ⇨ Castile 1》.

New·cas·tle[1] [n(j)úːkæsl̩ | njúːkɑːsl̩, (現地では) njʊkǽsl̩] 〘《なぞり》← L *Novum Castellum* new castle〙 ── *n.* イングランド Tyne and Wear 州南東部, Tyne 川に臨む港市で同州の首都; 造船業の中心地; 石炭の積み出し港; 人口 296,000; Newcastle-upon-Tyne ともいう. ***carry coals to Newcastle*** ⇨ coal 成句.

New·cas·tle[2] [n(j)úːkæsl̩ | njúːkɑːsl̩] *n.* オーストラリア New South Wales 州東岸の港市; 人口 147,000.

New·cas·tle [n(j)úːkæsl̩ | njúːkɑːsl̩], 1st Duke of *n.* ⇨ Pelham-Holles.

Néwcastle disèase 〘← NEWCASTLE[1]: この地方で流行した際に報告されたことから〙 ── *n.* 〘獣医〙 ニューカッスル病《鳥類のウイルス病で, 特に鶏にその被害が多い; アジア型とアメリカ型があり, 前者は斃死率 100%, 後者は呼吸器症状・神経症状を主徴として病勢は弱い; (avian) pneumoencephalitis ともいい, 前者は Ranikhet disease ともいう》.

Néwcastle-under-Lýme [-láɪm] 〘cf. *lyme* elm wood (⊏ Celt.); *under* は near の意〙 ── *n.* イングランド中部 Staffordshire 州北西部の陶器産地 Potteries の外縁にある都市; 人口 121,000.

Néwcastle-upon-Týne 〘cf. *Tyne* 《原義》 water, river ← Celt. *ti-* to dissolve, flow〙 *n.* = Newcastle[1].

néw chúm *n.* 《豪》 新入り; (特に, 英本国からオーストラリアへの)新移民.

Néw Chúrch *n.* [the ~] 新教会《New Jerusalem Church の通称》.

Néw Códe *n.* [the ~] 〘カトリック〙 = Codex Juris Canonici.

néw-cóined *adj.* 〈貨幣・語句など〉新造の.

Néw Cóllege *n.* Oxford 大学の古い学寮の一つ《1379 年創立》.

New·comb [n(j)úːkəm | njúː-], **Simon** *n.* (1835–1909) カナダ生まれの米国の天文学者.

néw·còme 〘ME *newcum* < OE *nīwe cumen* (p.p.)〙 *adj.* 新着の, 新来の, 新参の.

New·com·en [n(j)uːkʌ́mən | njuː-], **Thomas** *n.* (1663–1729) 英国の機械技師; 水揚げ蒸気ポンプの発明者.

néw·còmer *n.* 新来者, 新参者: a ~ in the country, to the city, etc.

Néw Cómmonwealth *n.* [the ~] 新英連邦《最近になって新しく加わった国々から成る英連邦》.

néw cóvenant *n.* [the ~] **1** 〘神学〙 新約《イエスキリストによって成就された神と人間との間の新しい救いの契約; キリスト教の解釈で, 律法によらず恩寵により, 部族よりも個人と神との間に交される》. **2** [N- C-] 新約聖書 (New Testament).

Néw Crític *n.* 〘文学〙 新批評家.

Néw Críticism *n.* [通例 the ~] 〘文学〙 新批評, ニュークリティシズム《歴史的批評・社会(学)的批評に対して, 文学の審美的な面を重んじる批評態度で, 個々の作品の形象・シンボルなどの要素の分析に主眼をおく; 米国の Cleanth Brooks, J. C. Ransom, Allen Tate, R. P. Warren などがその代表者》.

Néw Déal *n.* [the ~] ニューディール(政策)《米国民主党進歩派の主義, 特に F. D. Roosevelt 大統領が 1933 年経済復興と社会保障を増進するために採った新政策》. **Néw Déal·ish** *adj.*

Néw Déal·er [-lə | -lə(r] *n.* ニューディール支持者; F. D. Roosevelt 大統領の支持者.

Néw Déal·ism [-lɪzm] *n.* ニューディール主義[政策].

Nèw Délhi *n.* ニューデリー《インド北部 Delhi 地方の都市, インド共和国の首都; 人口 302,000》.

New·di·gate [n(j)úːdɪgət, -gɪt, -gèɪt | njúː-], **Sir Roger** *n.* (1719–1806) 英国の好古家・収集家・Newdigate Prize の創設者; 称号 5th Baronet.

Néwdigate Príze 〘← *R. Newdigate*〙 *n.* [the ~] ニューディゲート賞《Oxford 大学在学生の英語の詩に毎年与えられる》.

néw drúg *n.* 〘薬学〙 新薬《副作用のモニタリングなどの治療テストが要求されている発売後一定期間内の薬剤》.

Néw Económic Pólicy 〘《なぞり》← Russ. *Novaya Ekonomicheskaya Politika*〙 ── *n.* [the ~] 新経済政策, ネップ《1921–27 年にソ連政府が戦時の共産主義的非常対策に代えて採用した政策; 小工場の個人所有を許し個人の商業活動を合法化し, 賃金制度を復活させた; 略 NEP, Nep, N.E.P.》.

néw económics *n.* [the ~] 新経済学(説)《ケインズ (Keynes) 経済学説の論理的発展で, 適切な金融財政政策の組合わせによる経済運営を行なう; 米国の Kennedy および Johnson 政権が採用》.

Néw Egýptian *n.* **1** コプト語 (Coptic). **2** 新エジプト語《1600–1500 B.C. ごろ用いられた》.

new·el [n(j)úːəl | njúːəl, njúːl] 〘《1365》 *nowell* ⊏ OF *nouel, noiel* (F *noyau*) kernel < ? ML *nōdellum* (dim.) ← L *nōdus* knot (⇨ node)〙 ── *n.* 〘建築〙 **1** (螺旋(らせん)階段の中心となる)親柱, 軸柱: ⇨ hollow newel, solid newel. **2** (階段の最上または最下部の)欄干柱, 親柱.

Newell [n(j)úːəl | njúːəl, njúəl] 〘OE *Nīwe-heall* 《原義》 (dweller at) the new hall // 《変形》 ← NOEL[2]〙 *n.* 男性名《異形 Newall》.

néwel-pòst *n.* 〘建築〙 = newel.

néwel stàir *n.* (親柱をもつ)螺旋階段.

Néw Émpire *n.* [the ~] = New Kingdom.

Nèw Éngland 〘*Captain John Smith* (1580–1631: 英国の冒険家) による命名 (1614)〙 ── *n.* 米国北東部地方; Connecticut, Massachusetts, Rhode Island, Vermont, New Hampshire, Maine の 6 州を含む. **~·er** *n.*

Nèw Éngland áster *n.* 〘植物〙 ネバリノギク, アメリカシオン (*Aster novae-angliae*).

Nèw Éngland bóiled dínner *n.* = boiled dinner.

Nèw Éngland clám chòwder *n.* ニューイングランドクラムチャウダー《はまぐり・塩漬け豚肉・野菜に牛乳を加えて作った濃厚なスープ; cf. Manhattan clam chowder》.

Nèw Éngland theólogy *n.* ニューイングランド神学, 新英州神学《Jonathan Edwards (1703–58) 提唱の修正されたカルヴァン主義; 1730–1880 年にかけて New England で支配的だった》.

Néw Énglish *n.* **1** = Modern English. **2** (構造主義に立った)新英文法.

Néw Énglish Bíble *n.* [the ~] 「新英語聖書」《新約は 1961 年, 旧約と外典は 1970 年に英国で出版; 略 N.E.B., NEB》.

néw fáce *n.* **1** 新顔, 新人, ニューフェース: That's a ~. / That play has a ~. あの劇には新顔が一人出ている. **2** ⇨ face 5 a.

néw-fállen *adj.* 《詩》 〈雪など〉降りたての, 降ったばかりの; 〈枯れ葉など〉落ちたばかりの.

new·fan·gled [n(j)úːfǽŋgl̩d, ⌐⌐⌐ | njúːfæ̀ŋgl̩d, ⌐⌐⌐] 〘《*a*1470》 《変形》 ← ME *newefangel* ← *newe* 'NEW' + *-fangel* ready to catch (← OE *fangen* (p.p.) ← *fōn* to take, catch: ⇨ fang, -le[3])〙 ── *adj.* **1** [戯言または軽蔑的] 〈物事・考えなど〉新しい, 新奇の, 最新流行の (↔ oldfangled): ~ ideas. **2** 《まれ》 〈人が〉新奇を好む. **~·ly** *adv.* **~·ness** *n.*

néw·fáshioned *adj.* 新式の, 新型の, 最新流行の.

Néw Féderalism *n.* 新連邦主義《Nixon 大統領の唱えた州権拡大政策》. **Néw Féderalist** *n.*

Nèw Fórest *n.* [the ~] イングランド南部, Hampshire 州にある森林で国立公園; 1079 年 William the Conqueror の命で造られた; 面積 383 km².

néw·fóund 〘《*c*1496》〙 *adj.* 新たに[最近]発見された.

New·found·land[1] [n(j)úːfən(d)lənd, -lænd, n(j)uːfən(d)lǽnd | njúːfən(d)lənd, -lænd, njuːfáʊndlənd, njʊ-] 〘1497 年にイタリアの航海家 Giovanni Caboto (⇨ J. Cabot) が '新しく発見した土地' (↑) の意で命名〙 ── *n.* カナダの東方, St. Lawrence 湾頭にある島; Labrador と共にカナダの一州を成す; 人口 523,000, 面積 112,300 km², 首都 St. John's. ★ [n(j)uː-fən(d)lǽnd] が現地の発音.

New·found·land[2] [n(j)úːfən(d)lənd, -lænd, n(j)uː-fáʊn(d)lənd, n(j)ʊ- | njuːfáʊndlənd, njʊ-] *n.* ニューファウンドランド《水に慣れたにぶい漆黒の毛の大型の作業犬種のイヌ; Newfoundland dog ともいう》.

New·found·land·er [n(j)úːfən(d)ləndə, -lændə, n(j)uːfən(d)lǽndə, | njúːfən(d)lənd-, -lænd-, njuːfáʊnd-lənd-, njʊ-] *n.* Newfoundland[1] の人[船].

Néwfoundland Stándard Tìme *n.* ニューファウンドランド標準時《GMT より 3 時間半遅い》.

Néw Fránce *n.* ニューフランス《北米大陸におけるフランスの統治下地域(1763 年まで)の呼称; 現在のカナダ東部, 五大湖地域, Mississippi 流域を含む》.

New Frontier [⌐⌐⌐ | ⌐⌐⌐] *n.* [the ~] ニューフロンティア政策《John F. Kennedy 大統領と民主党の政策上の根本方針; 対外的には米国の威信回復と平和を, 国内では繁栄・福祉・人種平等などを主張した》.

New·gate [n(j)úːgeɪt, -gət, -gɪt | njúːgɪt, -gət, -geɪt] *n.* ニューゲット監獄《London の旧市街 City にあった監獄; 1902 年に取り壊された; その跡に現在の the Central Criminal Court がある》.

Néwgate bird *n.* 《英俗》 囚人 (jailbird).

Néwgate Cálendar *n.* [the ~] ニューゲット監獄暦報《Newgate の重罪囚人の経歴の記録; 18 世紀から 19 世紀初めに至る》.

Néwgate fríll [frínge] *n.* 顔のへり[(特に)あごの下]にだけ生やしたひげ.

Néwgate knócker *n.* 《英》 (魚や野菜の行商人が生やす)耳の前のまき毛.

Néw Géneral Cátalogue *n.* [the ~] 〘天文〙 ドレイヤーのカタログ《デンマークの天文学者 J. L. E Dreyer [dráɪə | dráɪə(r] (1852–1926) が著した星団・星雲のカタログ, 1888 年刊; 現在でも最も標準的なカタログの一つ; 略 N.G.C.; cf. Messier Catalogue》.

Nèw Geórgia *n.* **1** もと英国保護領 Solomon 諸島中の島群. **2** New Georgia 島群中の最大の島.

Nèw Granáda *n.* ヌエバ[ニュー]グラナダ: **1** 南米北西部のスペインの旧領地; 現在のエクアドル・ベネズエラ・コロンビア・パナマの諸共和国を含む. **2** パナマ分離前のコロンビアの旧名.

Néw Gréek *n.* 近代ギリシャ語 (⇨ Greek *n.* 3).

néw·grówth *n.* 〘病理〙 新生物, 腫瘍 (neoplasm).

Nèw Guínea *n.* ニューギニア《オーストラリアの北方にある世界第二の大島; 西半分はインドネシア領の West Irian, 東半分は Papua New Guinea に分かれている; 面積 777,000 km²; Papua, またインドネシアでは Irian ともいう》. **Nèw Guínean** *adj., n.*

Nèw Guínea, the (Trust) Territory of *n.* ニューギニア信託統治領《New Guinea 島北東部および, Bismarck 諸島, Bougainville 島その他の島々を含む旧オーストラリア信託統治領で現在は Papua New Guinea の一部; 面積 238,694 km²》.

New·ham [n(j)úːəm | njúːəm, njʊ́əm] 〘lateOE *Neuhām* 《原義》 new village: ⇨ home〙 *n.* London 中東部の自治区; 人口 231,000.

Nèw Hámp·shire[1] [-hǽm(p)ʃə, -ʃɪə | -ʃə(r, -ʃɪə(r] 〘1629 年この土地を与えられた英国の政治家 John Mason (1586–1635) の出身地 Hampshire にちなんで命名〙 ── *n.* 米国北東部 New England の一州 (⇨ United States of America 表).

Nèw Hámpshire[2] *n.* ニューハンプシャー《米国原産の卵肉兼用品種のニワトリ》.

Nèw Há·ven [-héɪvən] 〘'新しく発見された港' の意で 1640 年に命名〙 ── *n.* 米国 Connecticut 州南岸, Long Island 海峡にある港市, 同州最大の都市; Yale 大学の所在地; 人口164,000.

Nèw Háven theólogy *n.* [the ~] 〘神学〙 ニューヘヴン神学 (⇨ Taylorism[1]).

Néw Hébrew *n.* 現代ヘブライ語 (⇨ Hebrew 2 b).

Nèw Hébrides *n. pl.* [the ~] ニューヘブリディーズ(諸島)《南太平洋, オーストラリアの北東方にある火山およびさんご島群; 英仏共同統治地; 人口 86,000, 面積 14,763 km², 首都 Vila [víːlə]》.

New High Gérman *n.* 新高(地)ドイツ語 (⇨ German[2] *n.* 2).

Néw Húmanism *n.* ·[the ~] 〘哲学・文学〙 新人文主義《Irving Babbitt と P. E. More を首唱者として 1920 年代の米国で行なわれた文学批評および哲学上の運動で, ロマン主義・自然主義に反対して人間の倫理的な面を強調する》. **Néw Húmanist** *n.*

Nèw Íreland *n.* ニューアイルランド島《南太平洋上 New Guinea の北東方 Bismarck 諸島中の島; 人口 (近隣の諸島を含め) 51,000, 面積 9,600 km²》.

new·ish [n(j)úːɪʃ | njúː-] *adj.* やや[まだ]新しい.

néw íssue *n.* 〘証券〙 (株式・公社債などの)新規発行; 新規発行の証券.

Nèw Jér·sey [-dʒə́ːzi | -dʒə́ːzɪ] 〘← JERSEY: 17 世紀の英国の提督でこの土地を与えられた Sir George Carteret の出身地 Jersey 島にちなんで 1664 年に命名〙 *n.* 米国東部大西洋沿岸の州 (⇨ United States of America 表).

Nèw Jérsey téa 〘米国独立戦争中にその葉を茶の代用品として用いたことから〙 ── *n.* 〘植物〙 ソリチャ (*Ceanothus americanus*) 《米国東部産クロウメモドキ科の落葉低木; 葉は卵形で白い小花をつける》.

Néw Jerúsalem *n.* [the ~] **1** 〘聖書〙 新しきエルサレム《天の都, 聖都 (Heavenly or Celestial City); 神とその聖徒の居住地; cf. *Rev.* 21: 2, 10》. **2** [時に n-] 天国のような所, ユートピア.

Néw Jerúsalem Chúrch *n.* [the ~] 新エルサレム教会, スウェーデンボルグ[スヴェーデンボリ]派教会《通称 New Church; ⇨ Swedenborgian》.

Néw Kíngdom *n.* [the ~] (古代エジプトの)新王国(時代)《1570–1085 B.C. の第 18–20 王朝の時代; cf. Middle Kingdom, Old Kingdom》.

néw-láid *adj.* 〈卵が〉生み立ての, 新しい: a ~ egg.

Néw Látin *n.* 近代ラテン語 (⇨ Latin *n.* 1).

Néw Léarning *n.* [the ~] **1** (15–16 世紀の英国における)新学問《聖書および古典原文, 特にギリシャ語の研究を中心とした》. **2** 英国の宗教改革教義.

Néw Léft, n- l- *n.* [the ~] ニューレフト, 新左翼《1960 年代に起こった若い知識人による急進的な政治運動で新マルクス主義・社会主義・アナーキズム・サンディカリズム・平和主義などを含む; cf. New Right》.

Néw Léftist, n- l- *n.* 新左翼の人[活動家]. ── *adj.* 新左翼(人)の.

Néw Líght *n.* **1** (植民地時代の米国の宗教上)新派 (自由主義派)の人 (↔ Old Light). **2** (スコットランド分離派教会の)新派《宗教と国家の関係について旧派 (Auld Licht) よりは自由な立場をとる》.

Nèw Lóndon *n.* 米国 Connecticut 州南東部, Thames 川に臨む港市; 海軍基地; 人口 31,000.

néw lóok *n.* **1** [the N- L-] ニュールック《1947 年に C. Dior が発表し流行したシルエット; 肩にパッドが入り, ウエストがくびれて長いたっぷりしたスカートが特長》. **2** 《口語》 **a** (服装などの)最新(流行)型, ニュールック: the ~ of hairdos ヘアスタイルのニュールック / a ~ *in* heating 暖房の最新型. **b** (時局・政策などの)一新, 刷新: a financial ~ 財政上の刷新(面). **3** 新しい見解[立場] 〔*at*〕. **néw-lóok** *adj.*

néw·ly 〖OE *niwlīce*: ⇨ new, -ly¹〗 ── *adv.* **1** 近ごろ, このごろ, 最近 (recently): a guest ～ come from France フランスから最近来られたお客 / a ～ married couple 新婚夫婦. **2** 新たに, 改めて: The gate has been ～ painted. 門は新しく塗られた. **3** 新しい方法[形式]で.

néwly·wèd *n.* 《口語》新婚の人; [*pl.*] 新婚夫婦. ── *adj.* 新婚の: a ～ couple.

New M. 《略》New Mexico.

néw-máde 〖(*c*1400)〗 *adj.* **1** 作りたての, できたての. **2** 作りかえた.

néw mán *n.* **1** [the ～] 〖聖書〗新しき人, 回心した人 (*Ephes.* 2: 15) (↔ old man): put on *the* ～ 回心して信仰にはいる (*Ephes.* 4: 24, *Col.* 3: 9). **2** (新しい経験・病気回復などによって)別人のようになった人: I feel a ～. 生れ変わったような気持だ.

New·man [n(j)úːmən | njúː-], **John Henry** *n.* (1801–90) 英国の神学者・著述家; Oxford movement の指導者, 後に英国国教会からローマ教会に転じ (1845), 枢機卿(ｷｮｳ)となる; 通称 Cardinal Newman; *Apologia pro Vita Sua*「我が生涯の弁」(1864).

Néw·man·ism [-mənìzm] *n.* 〖神学〗ニューマン主義《J. H. Newman の神学的主張に基づくもので, 英国国教会の 39 か条 (Thirty-nine Articles) の教義はローマ教会の教義に反するものではなく, その悪弊に反対したものであるとし, 両教会の信仰は両立しうるとする見解》.

New·man·ize [n(j)úːmənàɪz | njúː-] *vi.* ニューマン主義を採用する, ニューマン主義者となる.

New·mar·ket¹ [n(j)úːmàːəkɪt, -kət | njúːmàː-] 〖↓〗 ── *n.* **1** [しばしば n-] (19 世紀に着用されたぴったり身体に合う)婦人用の床までの長さのオーバーコート, 紳士用の乗馬コート. **2** 〖トランプ〗= Michigan 2.

New·mar·ket² [n(j)úːmàːəkɪt, -kət | njúːmàː-] 〖《なぞり》← L *novum mercatum*: ⇨ market〗 ── *n.* イングランド東部, Suffolk 州西部の町; 競馬で有名; 人口 14,000.

Néwmarket cóat *n.* = Newmarket¹ 1.

néw-màrried *adj.* 新婚の.

néw mathemátics [《米》**máth**, 《英》**máths**] *n.* [通例 the ～] 〖数学〗新しい数学《算数・数学を発見的・創造的なものとして教えようとし, 現代数学的な内容を積極的にとり入れていこうとする新しい数授体系, およびその教育内容; 1950 年代に初等教育で試みられ始めたもの》.

Nèw Méxican *adj.* (米国) New Mexico 州(人)の. ── *n.* New Mexico 州人.

Nèw México *n.* 米国南西部の州でメキシコと接する (⇨ United States of America 表).

néw míddle cláss *n.* 新中産階級, 新中間層.

néw-mínt *vt.* **1** 〈貨幣を〉新しく鋳造する. **2** 〈単語など〉に新しい意味を与える.

néw-módel *vt.* 改造する, …の型を新しくする, 新たに形成する, 編成し直す. ── *adj.* 新型の.

Néw Mòdel Ármy *n.* [the ～] (英国の)新型軍《1645 年清教徒革命中に Cromwell の Ironsides を中心として新編成された議会軍》.

néw móney *n.* **1** にわかに手に入れた大金; (手に入れた)新財源, 新資金. **2** にわか成金連.

néw móon 〖OE *nīwe mōna*〗 *n.* **1** [the ～, a ～] **a** 新月, 三日月 (cf. waning moon). **b** 朔(ｻｸ). **2** 〖聖書〗ヘブライ人の新月祭 (cf. *Isa.* 1: 13).

néw-mówn *adj.* 刈りたての: ～ hay, grass, etc.

Nèw Néth·er·land [-néðələnd | -ðə-] *n.* ニューネーデルランド《米国 Hudson, Delaware 両川周辺のもとオランダ植民地; 1664 年以後英領の New York, New Jersey, Delaware などの植民地になる; 首都 New Amsterdam (現在の New York)》.

néw-óld *adj.* (再興・修理・模倣などによって)古くて新しい, 新しくもあり古くもある.

néw órder *n.* **1** (政治・攻撃・作業などの)新体制, 新秩序. **2** [the N- O-] (ドイツのナチ党の政策の)新秩序《ドイツ民族によるヨーロッパ諸国の再編成と支配を企てた計画と体制》.

New Or·le·ans [n(j)ùːɔ́əliənz, -l(j)ənz, -əlíːnz | njùːɔ́ːlɪənz, -ljənz, -ɔːlíːnz] 〖《なぞり》← F *Nouvelle Orléans*: Duc d'Orléans とフランスの Loiret 県の Orléans を記念して命名された〗 ── *n.* 米国 Louisiana 州南東部, Mississippi 河畔の港市, 南部の中心的商業都市で綿の大市場; もとフランスの Louisiana 植民地の首都; 人口 560,000.

néw philharmónic pítch *n.* 〖音楽〗新演奏会用標準調子 (cf. philharmonic pitch).

New Pláce *n.* Shakespeare が 1598 年から 1616 年まで住んでいた Stratford-on-Avon の屋敷.

néw póor *n.* [the ～; 集合的; 複数扱い] 最近落ちぶれた人たち,「斜陽族」(cf. new-rich).

New·port [n(j)úːpɔət, -pɔət | njúːpɔːt] 〖early ME *Niweport* 《原義》new town ← *niwe* 'NEW' + OE *port* town (with market rights), harbor (▭ L *portus* 'PORT¹')〗 ── *n.* **1** ウェールズ南東部, Gwent 州の Severn 河口近くの港市; 人口 135,000. **2** イングランド南部 Isle of Wight 州の首都; 人口 23,000. **3** 米国Kentucky 州北部の都市; Ohio 川を境に Ohio 州の Cincinnati に相対し, 製鉄・製鋼業が盛ん; 人口 26,000. **4** 米国 Rhode Island 州南東部の港市・避暑地; 海軍基地がある; 人口 35,000.

Néwport Néws *n.* 米国 Virginia 州南東部の港市; 海軍基地がある; 人口 139,000.

Nèw Próvidence *n.* 西インド諸島, Bahama 諸島中の一島; バハマ連邦の首都 Nassau がある; 人口 169,000, 面積 150 km².

néw psychólogy *n.* [the ～] 新心理学《19 世紀の実験心理学や, 人間行動の無意識の動機に重点を置いた 20 世紀の心理学研究などを指して用いる語》.

Néw Réalism, n- r- *n.* 〖哲学〗= Neo-Realism.

néw-rích 〖《なぞり》← F *nouveaux riches*: cf. nouveau riche〗 ── *n.* [the ～; 集合的; 複数扱い] 成金(連中) (cf. new poor). ── *adj.* **1** 〈人が〉(にわか)成金の. **2** 成金特有の: ～ vulgarity.

Néw Ríght, n- r- *n.* [the ～] ニューライト, 新右翼《内外の共産主義運動に反対して組織された保守主義のさまざまな政治運動; 反国家統制・反民族優越の点でファシズムと, 一定の現実主義と合理性を具える点で伝統的保守主義と区別される; cf. New Left》.

Nèw Ro·chélle [-rəʃél, -ro(ʊ)- | -rə(ʊ)-] 〖フランスの La Rochélle にちなむ〗 *n.* 米国 New York 州南東部, New York 市近くの都市; 人口 76,000.

Nèw Róm·ney [-rámni, -rʌ́m- | -rɔ́mnɪ, -rʌ́m-] 〖OE *Rumenea* ? ← *rūm* spacious (⇨ room) + *ēa* river〗 ── *n.* イングランド南東部 Kent 州の海港 (⇨ Cinque Ports); 人口 3,500; 旧名 Romney.

news [n(j)úːz | njúːz] 〖(*c*1390) *newes* (pl.) ← *newe* 'NEW' ((adj.) の名詞用法): cf. OF *noveles, nuveles* (F *nouvelles*) ((pl.) ← *novele* 'NOVEL¹') / L *nova* news ((neut. pl.) ← *novus* new)〗 ── *n.* [通例単数扱い] **1 a** (新)報道, (新)情報, 新消息, ニュース: This is good [bad] ～. これは吉[凶]報だ / Here is *an* interesting *piece of* ～. おもしろいニュースがあるよ / be in the ～ (新聞などに)発表されている. **b** 音信, 便り, 消息 (tidings); うわさ (rumor): Let me have now and then some ～ from you. 時々お便り下さい / The ～ *of* his death [*that* he died] was a great shock to his mother. 彼の死の知らせは母親に大きなショックだった / No ～ is good ～. 《諺》便りのないのはよい便り / Ill ～ comes [flies, runs] apace. = Bad ～ travels quickly. 《諺》悪いうわさは伝わるのが早い,「悪事千里を走る」. **2 a** (新聞・雑誌・ラジオ・テレビの)ニュース(番組): foreign [home] ～ 海外[国内]ニュース / ～ from London ロンドン通信. **b** ニュースの種, おもしろそうな[一般受けする]新聞記事; 興味のある事件; 変わった事柄; ニュースになる人[物]: make ～ 新聞種になるようなことを仕出かす / Is there any ～? = What is the ～? 何かおもしろい[変わった]事はありませんか / That is no ～. そんなことは珍しくもない / This is quite ～ *to* me. これは全く初耳だ / Dogs are ～ now. どこへ行っても今は犬の話で持ちきりだ. **3 a** = newspaper. ★ 主として新聞の名称に用いる: Daily *News*. **b** = newscast. **c** = newsprint. **d** = newsboard.

── *vt.* ニュースとして伝える, うわさする (report): It was ～*ed* about that … というニュースが広まった. ── *vi.* うわさ話をする (gossip).

～·less *adj.*

néws àgency *n.* **1** 通信社《ニュースを取材して契約下の新聞社・雑誌社・放送局などに配給する企業; cf. press association》. **2** 新聞雑誌販売業[所] (cf. news dealer).

néws·àgent *n.* 《英》= news dealer.

néws ànalyst *n.* ニュース[時事]解説者.

néws·bèat *n.* 《米》(新聞記者の)担当範囲, 持ち場《単に beat ともいう》.

néws·bòard *n.* 《米》= bulletin board.

néws·bòy *n.* 新聞売り[配達]の少年, 新聞少年.

néws·brèak *n.* (今までに伝えられていない)新しいニュース記事; 報道価値のある事柄[事件].

néws bùlletin *n.* (新聞・ラジオ・テレビの)ニュース速報 (cf. bulletin 3 a, flash 4 a).

néws càse *n.* 〖印刷〗活字箱.

néws·càst *n.* (ラジオ・テレビの)ニュース放送[番組]. ── *vi.* ニュースを放送する. **～·ing** *n.*

néws·càster *n.* **1** ニュース放送者 (cf. news commentator, commentator 2). **2** 《英》電光ニュース(装置).

néws·cìnema *n.* 《英》= news theater.

néws cómmentator *n.* ニュース[時事問題]解説者 (cf. commentator 2).

néws cònference *n.* = press conference.

Néw Scótland Yárd *n.* ⇨ Scotland Yard.

néws dèaler *n.* 《米》新聞雑誌小売業者 (《英》newsagent).

néws èditor *n.* (新聞・雑誌・テレビ・ラジオの)報道部長《社会部長・編集[整理]部長などをさす場合もある》.

néws flàsh *n.* (電信で送られて来る)ニュース速報, ニュースフラッシュ《単に flash ともいう》.

néws·gìrl *n.* 新聞売り[配達]の少女.

néws·hàwk 〖⇨ hawk²〗 *n.* 《米口語》(新聞・時事雑誌などの)記者, 報道員.

néws·hèn *n.* 《米口語》婦人記者.

néws·hòund *n.* = newshawk.

Néw Sibérian Íslands *n. pl.* [the ～] ノボシビルスク諸島《ソ連邦東シベリア海北極海上の諸島; Yakut 自治共和国の一部; ロシヤ語名 Novosibirskiye Ostrova》.

néws·lètter *n.* **1** (特約購読者に送る)時事通信, 時事解説. **2** (会社・政府機関などが従業員や一般向けに出す)社報, 回報. **3** [通例 news-letter] 手紙新聞《17 世紀に London から地方の購読者に時事を書いて送った週刊の書状式新聞で現代の新聞の前身》.

néws·magazìne *n.* (通例週刊の)報道雑誌, 時事週刊誌《*Time, Newsweek* など》.

néws·màker *n.* 《米》報道価値[ニュースバリュー]のある人[出来事], 話題の人.

néws·man [-mən, -mæ̀n] *n.* (*pl.* **-men** [-mən, -mèn]) **1** 新聞配達人, 新聞売り. **2** 新聞記者; (ラジオ・テレビの)レポーター.

néws·mònger *n.* うわさ話の好きな人; おしゃべり, 金棒(ｶﾅﾎﾞｳ)引き.

néws·mònger·ing *n.* うわさ話をすること; 金棒引き.

Néw Sòuth Wáles *n.* オーストラリア南東部の州; 人口 4,567,000, 面積 801,421 km², 首都 Sydney.

Néw Spáin *n.* ノバイスパニア《北米の旧スペイン領地; メキシコ・中米・西インド諸島・合衆国南西部の一部およびフィリピン諸島を含んだ》.

news·paper [n(j)úːzpèɪpə, n(j)úːs- | njúːspèɪpə(r, njúːz-] 〖(1670)〗 ── *n.* **1** 新聞《単に paper ということも多い》: a daily [weekly] ～ 日[週]刊新聞 / a ～ office 新聞社 / a ～ report 新聞の報道 / ～ work 新聞の仕事[業務] / take (in) a ～ 新聞を取る[購読する] / found a ～ 新聞(社)を創設する (cf. 3) / I saw it in the ～(*s*). 新聞で見た / The matter was reported in the ～*s*. その問題は(各)新聞に報道された. **2** 新聞紙; 新聞印刷用紙 (newsprint): a sheet of (old) ～ (古)新聞紙一枚 / a package wrapped in ～ 新聞紙でくるんだ包み. **3** (企業体としての)新聞社: work for a ～ 新聞社に勤める.

── *vi.* 《米・まれ》新聞業務[経営]にたずさわる.

néwspaper·bòy *n.* 《米》= newsboy.

néws·pà·per·dom [-dəm] *n.* 新聞界.

néws·pà·per·ing [-pərɪŋ] *n.* 新聞の経営[業務, 仕事].

néwspaper·màn [-mæ̀n] *n.* (*pl.* **-men** [-mèn]) **1** 新聞記者. **2** (新聞・月刊ニュース誌などの)職業的寄稿家. **3** 新聞経営者.

néwspaper·wòman *n.* (*pl.* **-women**) **1** 婦人[女性]新聞記者. **2** 女性の新聞経営者.

Néw·spèak 〖(1949) ← NEW + SPEAK: G. Orwell がその小説 *Nineteen Eighty-Four* (1949) の中で用いた造語〗 ── *n.* ニュースピーク《政府役人などが世論操作のために婉曲語法・逆表現などを用いてする欺瞞的表現の宣伝語》.

néws pèg *n.* 〖新聞〗社説・特別記事・風刺漫画などのもとになるニュース記事や事件《単に peg ともいう》.

néws pìcture *n.* ニュース写真.

néws·prìnt *n.* 新聞(印刷)用紙.

new-sprúng *adj.* 新しく誕生した; 急に生れた.

néws·rèader *n.* 《英》= newscaster 1.

néws·rèel *n.* ニュース映画.

néws relèase *n.* 〖新聞〗= press release.

néws·ròom *n.* **1** 新聞(雑誌)閲覧室. **2** 新聞(雑誌)売場. **3** (新聞社・放送局の)ニュース編集室.

néws sàtellite *n.* 通信衛星.

néws sèrvice *n.* = news agency 1.

néws·shèet *n.* (簡単な)一枚新聞; 時事通信 (newsletter).

néws·stànd *n.* (駅・路傍などの)新聞(雑誌)売店 (cf. bookstall).

néws stòry *n.* ニュース記事.

néw stár *n.* 〖天文〗= nova.

néws thèater *n.* ニュース映画館 (《英》newscinema).

Néw Stóne Àge *n.* [the ～] 新石器時代.

Néw Stýle *n.* [the ～] (グレゴリオ暦による)新暦《英国では 1752 年に採用; 略 N.S.; cf. Gregorian calendar, old style 3》. ── *adj.* 新暦の.

néws vàlue *n.* (新聞材料としての)報道価値, ニュースバリュー.

néws vèndor *n.* (街角などで)新聞(または時に雑誌)を売る人, 新聞売り(人).

néws·wèekly *n.* 時事週刊誌.

néws·wòman *n.* (*pl.* **-woman**) **1** 婦人(新聞)記者. **2** 新聞売りの女.

néws·wòrthy *adj.* 報道価値[ニュースバリュー]がある, 新聞種となる. **néws·wòrthiness** *n.*

néws·wrìter *n.* 新聞記者, ニュース報道者.

néws·wrìting *n.* 新聞編集.

news·y [n(j)úːzi | njúːzɪ] 〖← NEWS + -Y⁴〗 ── *adj.* (**news·i·er; -i·est**) 《口語》 **1 a** ニュースの多い, 話題の豊富な: a ～ letter いろいろなことの書いてある手紙. **b** おしゃべりな (gossipy): a ～ woman. **2** 〈婦人服のスタイルなど〉ニュース[評判]になりそうな. ── *n.* 《米口語・豪口語》新聞売りの少年 (newsboy).

néws·i·ness *n.*

newt [n(j)úːt | njúːt] 〖(1440) *newte* 《異分析》← ME (*an*) *ewte, evet* < OE *efete* 'EFT¹': cf. nickname, nonce, notch〗 ── *n.* 〖動物〗イモリ《サンショウウオ類のうちで, 皮膚にぬめりがなく粗雑な感じのするものをいう; イモリ科のうちにも salamander と呼ばれる種類があり, 分類学上の名称とは一致しない》.

Néw Téstament *n.* [the ～] **1**「新約聖書」《イエスの死後に記されたキリスト教の聖書の後半の部分で, 4 福音書・「使徒行伝」・書簡集・「ヨハネの黙示録」よりなる 27 書; cf. Old Testament 1》. **2** 新約《神がイエスキリストを通じて人間に与えた救済の約束》.

néw theólogy *n.* 〖神学〗(プロテスタントの)新神学《厳格な正統的信仰からの離反, 特に 19 世紀後期における米国のプロテスタント神学の自由主義運動に関連して使われた言葉》.

néw thíng, N- T- *n.* [the ～] **1** 《俗》斬新なもの. **2** 〖ジャズ〗ニューシング《特定のテンポや調性によらない自由で即興的なジャズ》.

Néw Thóught *n.* 新思想《人間の神性を強調し正しい思考が病気と過失を抑制しうるという一種の精神治療法》.

new·ton [n(j)ú:tn̩ | njú:-] 〚← *Isaac Newton*〛 **—** *n.* 〘物理〙ニュートン《M.K.S. 単位における力の単位; 質量 1 kg の物体に $1\ m/sec^2$ の加速度を生じる力, すなわち 10^5 ダイン; 記号 N》.

New·ton [n(j)ú:tn | njú:-] 〚英国の地名に由来する家族名から〛 *n.* 男性名《異形 Newt》.

Newton, Sir **Isaac** *n.* (1642–1727) 英国の物理学者・天文学者・数学者・哲学者, 万有引力および微積分の発見者; *Philosophiae Naturalis Principia Mathematica* 「プリンキピア (自然哲学の数学的原理)」(1687).

Newton's law of cooling 〘物理化学〙ニュートンの冷却の法則《物体が放射によって失う熱量は, その物体と周囲との温度の差にほぼ比例するという法則》.

Newton's law of motion 〘物理〙ニュートンの運動法則 (⇨ LAW of motion).

New·to·ni·an [n(j)u:tóuniən | nju:táunjən, -nɪən] *adj.* ニュートン(学説)の; ニュートン発明[考案]の. **—** *n.* **1** ニュートンの学説を奉じる人. **2** =Newtonian telescope.

Newtónian flúid *n.* 〘物理〙ニュートン流体《Newton の粘性の法則に従う流体》.

Newtónian fráme *n.* 〘物理〙ニュートン座標系 (⇨ inertial system).

Newtónian líquid *n.* 〘物理〙=Newtonian fluid.

Newtónian mechánics *n.* 〘物理〙ニュートン力学, 古典力学《相対性理論・量子力学に対していう》.

Newtónian poténtial *n.* 〘物理〙ニュートンポテンシャル《万有引力や電荷間のクーロン力のように距離の二乗に逆比例する中心力を与えるポテンシャル》.

Newtónian télescope *n.* 〘光学〙ニュートン式望遠鏡《Newton が考案した反射望遠鏡の一形式; 主として天体観測に用いられる》.

New·to·nic [n(j)u:tά:nɪk | nju:tɔ́n-] *adj.* =Newtonian.

Néwton's dísk *n.* ニュートン円板《扇形に色分けした円板で, 回転すると色が混って白色に見える》.

Néwton's méthod *n.* 〘数学〙ニュートンの方法《方程式の根の近似値を求める方法の一つ》.

Néwton's ríngs *n. pl.* 〘光学〙ニュートン環《曲率半径の大きい凸レンズの凸面を平面ガラスに接触させると, 接触点を中心に現われる多数の光の干渉縞》.

néw tówn, N- T- *n.* **1** ニュータウン《第二次大戦後の人口過密化緩和のため英本国各地に建設された計画都市》. **2** ニュータウン, 新都市《大規模な住宅地域と商工業地帯を合わせて企画開発された大都市近郊の中小都市; cf. satellite town》: ~ blues ニュータウン住民の憂鬱(ゆう). **~·er** *n.*

néw-týpe *adj.* 新型の, 新式の: a ~ car / a ~ test 新傾向のテスト.

néw wáve, N- W- 〚《1960》《なぞり》← F NOUVELLE VAGUE〛 **—** *n.* [the ~] **1** (芸術・政治などの)新しい波, 新しい運動[傾向, 流行] (cf. nouvelle vague). **2** [集合的]「新しい波」運動の指導者[代表者]たち.

Nèw Wéstminster *n.* ニューウェストミンスター《カナダ British Columbia 州南西部, Fraser 河口付近の港市; もと同州の首都 (1860–66); 人口 39,000》.

Nèw Wíndsor *n.* =Windsor 1.

néw wóman *n.* [the ~] 新しい女《特に, 19 世紀末の, 因襲を排斥し男女同権を求めた女性》.

néw wórking clàss *n.* 新労働者階級《知識を労働手段としている技術労働者や科学労働者の階級》.

Néw Wórld *n.* [the ~] (Columbus とそれ以後に発見された)新世界《南北アメリカ大陸, 西半球 (the Western Hemisphere) の陸地部分; ↔ Old World》.

néw yéar 〚《?c1200》 *new(e) ȝere*: cog. Du. *nieuwjaar* / G *Neujahr*〛 **—** *n.* **1** 新年. **2** [N- Y-] 正月《正月の数日間》; 元日, 元旦: a *New Year's* gift お年玉 / the *New Year's* greetings [wishes] 年賀 / A [I wish you a] Happy *New Year!* 新年おめでとう. **3** [N- Y-] 〘ユダヤ教〙新年祭 (⇨ Rosh Hashanah). **néw-yéar** *adj.*

Néw-yéar hónours *n. pl.* 《英》元日に行なわれる叙爵・叙勲 (cf. birthday honours).

Néw Yèar's *n.* 《米・カナダ》=New Year's Day: on 「~.

Néw Yèar's Dáy 〚《?c1200》 *new ȝeres day*: cf. Du. *niewjaarsdag* / G *Neujahrstag*〛 *n.* 元日, 元旦, 1 月 1 日《米国・カナダ・スコットランドでは法定休日》.

Néw Yèar's Éve 〚《?c1390》 *new ȝeres even*〛 *n.* 大晦日(おおみそか), 12 月 31 日.

New York [n(j)ù:jɔ́ək | njú:jɔ́:k, njujɔ́:k] 〚*Duke of York* (のちの英国王 James 二世)にちなむ〛 *n.* **1** =New York State. **2** =New York City.

Nèw Yórk áster *n.* 〘植物〙ユウゼンギク (*Aster novibelgii*)《米国北東部産のキク科の多年草》.

Nèw Yórk Báy *n.* ニューヨーク湾《米国 Hudson 河口の大西洋に面する湾; Long Island の西, Staten Island および New Jersey 州の東に当たる》.

Nèw Yòrk Cíty *n.* 米国 New York 州南東端, Hudson 河口の港市, 世界第 2 の大都市; Manhattan, the Bronx, Brooklyn, Queens, Richmond の 5 自治区 (boroughs) から成る; 世界的金融・貿易の中心地; 人口 7,482,000; 略 N.Y.C.; cf. Greater New York. ★ 単に New York と言うことも多い; そのため New York State と区別するため正式には New York, N. Y. と書く.

New York·er [n(j)ù:jɔ́əkə | njú:jɔ́:kə(r, njujɔ́:k-] *n.* **1** (米国) New York 州人; New York 市民. **2** [The ~]「ニューヨーカー」《1925 年創刊された米国の週刊誌; ユーモアやウイットに富み高級文芸誌として知られる》.

New York·ese [n(j)ù:jɔəkí:z, -kí:s | njù:jɔ:kí:z] *n.* ニューヨークなまり[弁].

Nèw Yórk Hérald Tríbune *n.* [the ~]「ニューヨーク ヘラルド トリビューン」《米国共和党系の日刊紙; 1966 年廃刊; ⇨ International Herald Tribune》.

Nèw Yórk póint *n.* (浮き彫り式の)旧式点字.

Nèw Yórk Státe *n.* 米国東部の州 (⇨ United States of America 表).

Nèw Yórk Státe Bárge Cànal *n.* [the ~] ニューヨーク州運河網《米国 New York 州中部にあり Hudson 川と Erie 湖を結び, Erie 運河を中心とした州有の運河組織; 全長 845 km; ⇨ Erie Canal》.

Nèw Yórk Tímes *n.* [the ~]「ニューヨーク タイムズ」《New York 市で発行される米国民主党系の日刊紙; 1851 年に Henry Raymond が創刊》.

New Zea·land [n(j)ù:zí:lənd | njù:-, njʊ-] 〚▭ Du. *Nieuw Zeeland*: オランダの昔の属領であった ZEELAND にちなむ〛 **—** *n.* ニュージーランド《南太平洋オーストラリアの南東方にある英連邦内の自治国; 間に Cook Strait を隔てた北島 (North Island) と南島 (South Island) とを主島とする; 人口 3,110,000, 面積 268,675 km^2, 首都 Wellington》.

Nèw Zéaland brámble *n.* 〘植物〙ニュージーランドイバラ (*Rubus australis*)《ニュージーランド産のバラの一種; bush lawyer, wait-a-bit ともいう》.

New Zea·land·er [n(j)ù:zí:ləndə | njù:zí:ləndə(r, njʊ-] *n.* ニュージーランド人.

Nèw Zéaland fláx [hémp] *n.* 〘植物〙ニュウサイラン, マオラン, ニュージーランドアサ (*Phormium tenax*)《ニュージーランド原産ユリ科の多年草; 観賞用, 葉はまた繊維原料となる; flax lily ともいう》.

Nèw Zéa·land·ism [-dɪzm] *n.* ニュージーランド英語特有の語句[表現].

Nex·ø [néksə: | nék-; *Dan.* négsø:'], **Martin Andersen** *n.* ネクソ《1869–1954; デンマークの小説家》.

next [nékst; (子音の前ではまた) néks] 〚OE *nēxt*, *nēhst*, *nīehst* < **nēahist* (superl.) ← *nēah*, *nēh* 'NIGH': ⇨ -est[1]: cog. Du. *naast* / G *nächst*〛 **—** *adj.* **1** 〈時が〉(現在を起点にして)この次の, 来…; [しばしば the ~] (過去を起点にして)その次の, 翌…: ~ week [month, year] 来週[月, 年] / *the* ~ week [month, year] その翌週[月, 年] / ~ Friday=on Friday ~ 次[今度]の金曜日に《必ずしも来週ではない》/ (*the*) ~ day [morning] その翌日[朝] / *the* Sunday ~ before Easter 復活祭のすぐ前の日曜日 / ~ time 次回(に), 今度(⇨time 10 a ★). ★ 以上は前置詞なしにしばしば副詞句として用いられる / Not till ~ time. この次まではやめておこう《禁酒禁煙の冗談の誓い》/ the ~ world ⇨ world 6. **2** (順序・配列が)次の: What is the ~ article? 次に御入用の品は何でございますか《商人が客に対して言う決まり文句》/ He was the ~ man that died [to die]. 次に死んだのが彼だった / I will ask the ~ person I meet. だれかに会ったら早速聞いてみよう / the ~ chapter 次章 / the ~ two [three] pages 次の 2[3] ページ (⇨ last[1] *adj.* 1 a ★) / He is ~ before [after] me. 彼は私のすぐ前[後]です.
3 (位置が)一番近い (nearest); 〔…の〕隣の〔*to*〕: in the ~ house 隣の家で / He is my ~ neighbor. 隣に住んでいる / the shop ~ *to* the corner かどから二軒目の店 / the flesh ~ *to* the skin 皮膚のすぐ下の肉 / the chair ~ *to* the fire 炉に一番近い椅子.
4 (性質・価値・規模など)次位の; 〔…に〕次ぐ〔*to*〕: the ~ prize 次賞 / the person ~ *to* him in age [rank] 年[位]が彼に次ぐ人 / ⇨ next best
as…as the next fellow [*man, woman*, etc.] だれにも劣らず…: He is *as* brave *as the* ~ *fellow* [*man*]. だれにも劣らず勇敢だ. ***be a next thing to*** …に近い, ほとんど…である. ***get next*** 《米俗》(1) 〔人と〕親しくなる, 〔人に〕取入る; 〔女と〕ねんごろになる〔*to*〕: Get ~ *to* him. 彼に取入れ. (2) 〔…を〕知る[感づく]ようになる〔*to*〕: I *got* ~ *to* his meaning. 彼の言わんとすることがわかった. (3) =*get* NEXT *to oneself*. ***get next to oneself*** 《米俗》己れの愚を悟る, 賢くなる. ***next…but one*** ひとつおいて 2 番目の: The post office is ~ door *but one*. 郵便局は一軒おいて隣だ. ***next to*** (1) [通例否定的な意味の語を伴って] ほとんど: It is ~ *to* a miracle. それは奇跡とも言うべきだ / That is ~ *to* impossible. それはほとんど不可能だ / possess ~ *to* nothing ほとんど無一物である / I bought it for ~ *to* nothing. ただ同然の値段で買った / in ~ *to* no time ⇨ time 成句. (2) 《米俗》〈計画など〉を知っている (cf. *put a person* NEXT *to*). (3) 《米俗》〈人〉と親しくなって, 〈人〉に取入って; 〈女〉とねんごろになって (cf. *get* NEXT): be ~ *to* a person. ***put a person next to*** 《米俗》〈人〉に…を知らせる[悟らせる]: *Put* me ~ *to* the game. 私にその計画を教えて下さい. ***(the) next thing*** ⇨ thing[1] 成句.
— *adv.* **1** (時・場所・段階・程度など)次に, 次いで, 隣に, 一番近くに〔*to*〕: ~ above [below] (…の)すぐ上位[下位]に[の] / He ~ tried to open it. 次にそれを開こうとした / *Next* came a Negro. 次に来たのは黒人だった / He placed his chair ~ *to* mine. 彼は椅子を私の椅子の隣に置いた / I like this best and that ~. これが一番好きで次はそれだ / the ~ best thing 次に最もよいもの, 次善の策 / *Next to* Tom, Ann is the tallest. トムに次いで一番背の高いのはアンだ / What comes ~? その次は何. **2** この次に, 今度: When shall we meet ~? 今度はいつ会おうか.
What* [*Whatever*] *next! 〚次にこれ以上にひどいことが起こり得るだろうかの意から〛《口語》驚いたね, あきれたね, けしからん(話だ): Wearing a topless bathing suit! *What* ~! トップレスの水着を着てるなんて, あきれたね.
— [neks(t)] *prep.* 《英古・米》…の次の[に], …の隣の[に], …に最も近い[く]: a seat ~ the window 窓に最も近い席 / the house ~ mine うちの隣家 / stand ~ him 彼の隣に立つ / Whom did you sit ~ at dinner? 食事の時だれの隣に坐ったか / Don't wear flannel ~ your skin. フランネルは肌にじかに着てはいけない.
— *n.* **1** 次の人[物]: He will be the ~ to go. 次は彼が行く番になるだろう / His ~ was a girl. 次の子は女だった / Her ~ was a policeman. 次の夫は警官だった / *Next*, please! お次は, お次の方(どうぞ); 次の質問は. **2** 次の手紙[本, 号など]: I will tell you in my ~. 次の手紙で申し上げます / We look forward to his ~. 彼の次の作品が待望される / To be concluded in our ~. 次号にて完結. **3** 次の週[月, 年など]: the Sunday [week, year] after ~.
next of kin (1) [通例 the —] 〘法律〙最近親 (nearest relative(s))《無遺言死亡の際に財産を相続する血続者》: He is ~ *of kin* to me [*the* ~ *of* my *kin*]. (2) [複数扱い] 近親者: His ~ *of kin* have been informed of his death. 近親者は彼の死を知らされた.

néxt bést *n.* =second best.

néxt-dòor *adj.* 隣家の, 隣の: one's ~ neighbor, baker, etc. **—** *adv.* =next door.

nèxt dóor *adv.* 隣家に, 隣に: live ~ / the people ~ 隣家の人々.
next door to (1) …の隣に: He lives ~ *to* us. 彼はうちの隣に住んでいる. (2) 〈ある状態〉に接近して, 近く; [副詞的に否定の意味を持つ語の前において] ほとんど…で (next to): He is ~ *to* a madman. 彼はほとんど狂人だ / That is ~ *to* impossible. それはほとんど不可能だ.

néxt fríend 〚《なぞり》← AF *prochein* (F *prochain*) *ami*: ⇨ prochein〛 **—** *n.* 〘法律〙近友《未成年者および精神異常者が訴えを提起する場合に, 代理人としなければならない成年者; 多くは親族がこれに当たる》.

néxt-in, fírst-óut *n.* 〘会計〙次入先出法《倉庫から商品[材料, 製品など]を出庫する時, その再調達原価で払出額を計算する方法; 頭文字をとり NIFO, Nifo, next-in, first-out method ともいう; cf. last-in, first-out》.

nex·us [néksəs] 〚《1663》▭ L ~ 'bond, tie' (p.p.) ← *nectere* to bind, tie, join〛 **—** *n.* (*pl.* **~·es, ~**) **1** 結び, つなぎ (link); 関連〔*with, between*〕: the causal ~ 因果関係 / ⇨ cash nexus. **2** (事物・観念の)関連のある一連のもの, 連鎖連合. **3** 〘文法〙ネクサス《Jespersen の用語; 例えば *Dogs bark.* や I think *him honest*. の斜体語間に見られる統語関係; cf. junction 6》.

Ney [néɪ; *F.* nɛ], **Michel** *n.* ネイ《1769–1815; Napoleon 一世旗下のフランスの元帥 (1805–15); 称号 Duc d'Elchingen, Prince de la Moskova》.

Nez Per·cé [néz:pɔ́:s | néz-pɔ́:s; *F.* nepɛrse] 〚▭ F ~ 'pierced nose': 貝殻製の飾りをはさむために鼻に穴をあける習慣があったといわれることによる: ⇨ nose, pierce〛 **—** *n.* (*pl.* **~, ~s** [~ɪz, ~əz]) (*also* **Nez Per·ce** [~]) **1 a** [the ~(s)] ネズパース族《もと米国 Idaho 州中部, Oregon 州北東部および Washington 州南東部に住んだ Shahaptian 族の中で最も著名な北米インディアン》. **b** ネズパース族の人. **2** ネズパース語《Shahaptian 語の一つ》.

nF, nf 《略》nanofarad.

n.f. 《略》〘文法〙noun feminine 女性名詞.

N.F. 《略》〘薬学〙National Formulary; New Forest; Newfoundland (州); New French; Norman French; Northern French.

N.F., n.f., n/f, N/F 《略》〘銀行〙no funds 預金なし, 資金なし (cf. N.S.F., R/D).

NFL 《略》National Football League.

Nfld. 《略》Newfoundland (州).

NFS 《略》not for sale.

NFTC 《略》National Foreign Trade Council, Inc. 全米貿易振興会.

N.F.U. 《略》《英》National Farmers' Union 全国農業組合.

NG, N.G. 《略》National Guard.

NG 《記号》〘化学〙nitroglycerin.

Ng. 《略》Norwegian.

N.G. 《略》National Gallery; National Government; National Guard(sman); New Granada; New Guinea; North German.

N.G., n.g. 《略》no [《米》not] good 《口語》だめ (cf. O.K., N.B.G.).

N.G.A. 《略》《英》National Geographical Association.

ngai·o [náɪoʊ | -aʊ] 〚← Maori〛 *n.* (*pl.* **~s**) 〘植物〙ニュージーランド産ハマジンチョウ属の低木 (*Myoporum laetum*)《材質は白くて頑丈; 実は食用》.

n'ga·na [nəgά:nə] *n.* 〘獣医〙=nagana.

N·gan·hwei [ŋά:nhwéɪ] *n.* =Anhwei.

N̄ gàuge *n.* 〘米鉄道〙N 型軌条《模型鉄道用の軌条で, 軌条間隔は約 9 mm》.

N.G.C. 《略》〘天文〙New General Catalogue.

NGk, NGk., N.Gk. 《略》New Greek.

Ngo Dinh Diem [ŋóu-dí:n-djém | ŋə́u-] *n.* ゴ ディン ディエム《1901-63; 旧南ベトナムの政治家; 初代大統領 (1955-63)》.

NGr, NGr., N.Gr. 《略》New Greek.

ng·wee [eŋgwí:, eŋ-] 〘□ Afr.《土語》～《原義》bright〙*n.* (*pl.* ～) **1** エングウェー《ザンビアの通貨単位; =$^{1}/_{100}$ kwacha》. **2** 1 エングウェー青銅貨.

nH 《略》nanohenry.

NH 《略》never hinged;〘米郵便〙New Hampshire (州).

N.H. 《略》New Hampshire.

NHA, N.H.A. 《略》National Housing Agency 米国住宅建設庁.

N.Heb. 《略》New Hebrides.

NHG, NHG., N.H.G. 《略》New High German.

N.H.I. 《略》《英》National Health Insurance.

NHL 《略》《米》National Hockey League.

N.H.P., n.h.p. 《略》nominal horsepower.

N.H.R. 《略》National Hunt Rules.

N.H.S., NHS 《略》《英》National Health Service.

Ni 《記号》〘化学〙nickel.

N.I. 《略》《英》National Insurance; Naval Intelligence; Northern Ireland.

ni·a·cin [náɪəsɪn, -sən | -sɪn] 〘《混成》← *ni*(*cotinic*) *ac*(*id*)＋-IN¹〙*n.* 〘生化学〙ナイアシン (⇨ nicotinic acid).

Ni·ag·a·ra¹ [naɪǽg(ə)rə] 〘□ N-Am.-Ind. (Iroquoian) ～《原義》point-of-land-cut-in-two: 元来は川が湖に注ぎこむ地点の名称〙 **—** *n.* **1** [the ～] 米国 New York 州の西部とカナダの Ontario 州との境界を流れ, Erie, Ontario 両湖を連ねる川 (56 km). **2** ＝Niagara Falls 1. **3** [しばしば n-; 通例 a ～ of として] 大滝 [急流, 大氾(はん)濫]のよう(に多量)な: *a* ～ *of* curses 滔滔(とう)とまくしたてる呪詛(じゅ) / *a* ～ *of* mail 殺到する郵便物.

shoot Niagara (1) ナイアガラの滝を下る. (2) 冒険[無謀なこと]を企てる.

Ni·ag·a·ra² [naɪǽg(ə)rə] *n.* 〘園芸〙ナイアガラ《米国のブドウの品種名; 果皮は薄い緑色》.

Niagara, Fort *n.* ナイアガラ要塞《米国 New York 州西部, Niagara 河口にあった砦(とりで)の旧跡》.

Niágara Fálls *n. pl.* **1** [通例単数扱い] ナイアガラ瀑(ばく)布, ナイアガラの滝《カナダ滝 (Horseshoe Falls, 高さ 49 m, 幅 792 m) とアメリカ滝 (American Falls, 高さ 51 m, 幅 305 m) とから成る》. ★ 特にこの滝が二つの部分から成ることを意識して言う場合には the Niagara falls [Falls] (＝the falls of Niagara) として複数扱い. **2** Niagara 瀑布の New York 州側の都市; 人口 86,000. **3** Niagara 瀑布のカナダ側の都市; 人口 68,000.

N.I.A.L. 《略》National Institute of Arts and Letters 米国芸術協会 (cf. A.A.A.L.).

ni·al·a·mide [naɪǽləmàɪd] 〘← *ni*(*cotinic acid*)＋A(MY)L＋AMIDE〙*n.* 〘薬学〙ナイアラミド ($C_{16}H_{18}N_4O_2$)《鬱(うつ)病薬》.

Nia·mey [niá:meɪ | nɪ-; *F.* njamɛ] *n.* ニアメー《アフリカ中部 Niger 南西部 Niger 川に沿った港市で, 同国の首都; 人口 131,000》.

nib [níb] 〘《1585》□ MDu. ～ // MLG *nibbe*《変形》← *nebbe* beak または《変形》← NEB: cf. OE *hnybba* point〙 **—** *n.* **1** (鳥の)嘴(くちばし) (beak). **2 a** 鵞(が)ペンの先端. **b** (普通の)ペンの二つに割れた先端(の一方). **c** ペン先: a hard ～. **3** 尖(とが)った部分, 先端. **4** [*pl.*] (殻を取った)カカオ[コーヒー]豆. **5** 《英方言》(鎌の)にぎり手. **—** *vt.* (**nibbed**; **nib·bing**) **1** 〈鵞ペン〉の先を尖らせる[削り直す]. **2** 〈ペン軸〉にペン先をさす. **nibbed** *adj.*

nib·ble [níbḷ] 〘《1460》□ ? MLG *nibbel-en*: cf. Du. *knibbelen* to squabble〙 **—** *vt.* **1 a** 少しずつ嚙(か)み取る[嚙む] 〈*away, off*〉: ～ leaves *off*. **b** 〈ねずみ・うさぎ・魚などが〉少しずつ嚙み取って食べる: ～ a cracker / Caterpillars ～*ed* the twigs bare. 毛虫が小枝を裸にしてしまった. **2** 〈財産などを〉少しずつ無くする[減らす] 〈*away, off*〉. **—** *vi.* **1 a** 少しずつ嚙む[嚙んでみる]; 少しずつ嚙んで食べる 〈*away, off*〉〈*at, on*〉: ～ *away at* one's food / ～ *on* a piece of bread パンをかじる. **b** 〈ねずみ・魚などが〉ちょっと[そっと, 用心深く]つつく, かじる 〔*at*〕. **2** 〔財産などを〕少しずつ無くする[減らす] 〈*away, off*〉〔*at*〕. **3** 〔申し出などに対して〕気のあるような様子をする, 〔誘惑などに〕危険と知りながら戯れる, ちょっと手を出してみる 〔*at*〕: ～ *at* an offer, a temptation, etc. **4** つまらぬ非難をする, 粗捜しをする, 難癖をつける 〔*at*〕: ～ *at* another's book.

— *n.* **1 a** 少しずつ嚙むこと. **b** (魚が餌(えさ)を)ちょっと[そっと]嚙むこと;〘釣〙魚の当たり: a glorious day for a ～ 絶好の釣日和(びより). **2 a** (ねずみ・魚などの)小さな一口[一嚙み](の量). **b** 少量.

níb·bler [-bḷə, -blə | -bḷə(r, -bl-] *n.* **1 a** 嚙む物[人]. **b** (物事に)ちょっと手を出してみ(せ)る人, 思わせぶりな人. **2** 〘魚類〙＝cunner. **3** 〘機械〙金属板を切ったり穴をあけたりする機械《nibbling machine ともいう》.

Ni·be·lung [ní:bəlʊŋ | -bə-, -bɪ-; *G.* ní:bəlʊŋ] *n.* Nibelungs の単数形.

Ni·be·lung·en [ní:bəlʊ̀ŋən | -bə-, -bɪ-; *G.* ní:bəlʊ̀ŋən] *G. n. pl.* 〘ドイツ・北欧伝説〙＝Nibelungs.

Ni·be·lung·en·lied [ní:bəlʊ̀ŋənlì:t | -bə-, -bɪ-; *G.* ní:bəlʊŋənli:t] 〘□ G ～ 'song of the Nibelungs': ⇨ ↓, lied〙 **—** *n.* [the ～]「ニーベルンゲンの歌」《5 世紀 Hun 族の Attila 王支配下にあった Burgundy 王国の伝説を基に, 13 世紀前半南ドイツの無名作家によって作られた忠誠と復讐をテーマにした中世ドイツの大叙事詩; Wagner の歌劇などの素材になっている》.

Ni·be·lungs [ní:bəlʊŋz | -bə-, -bɪ-] 〘□ G ～《原義》children of the mist ← ? MHG *Nebulones* (部族名) ← OHG *nëbul* mist < Gmc **nibla-* (OE *nifol* / ON *nifl* mist) ← IE **nebh-* cloud (L *nebula* cloud, mist): cf. Niflheim〙 **—** *n. pl.* (*sing.* **Ni·be·lung** [-lʊŋ; *G.* -lʊŋ]) 〘ドイツ・北欧伝説〙 **1** ニーベルング族《霧の子で小人族; Siegfried は彼らの宝と指輪を手に入れた》. **2** Siegfried の一味. **3** (「ニーベルンゲンの歌」における) Burgundy の諸王; Gunther の一族.

nib·lick [níblɪk] 〘《1862》← ?〙 **—** *n.* (*also* **nib·lic** [～]) 〘ゴルフ〙ニブリック《傾斜が 45 度以上ある丸くて重いアイアンのゴルフクラブ; 今は 9 番アイアン (number nine iron) と呼ばれている》.

Ni·blungs [ní:blʊŋz] *n. pl.* (*sing.* **Ni·blung** [ní:blʊŋ]) ＝Nibelungs.

nibs [níbz] 〘《1821》《変形》? ← NOB²〙*n.* (*pl.* ～) [通例 his ～, His N- として; しばしば軽蔑的に]《俗》えらい人, 親分, ボス, 御仁(じん).

Ni·cae·a [naɪsí:ə | -sí:ə, -síə] *n.* ニカイア, ニケーア《小アジア北西部 Bithynia の古都; Byzantine 王家の在住地 (1205-61); Nicene Council の開催地》.

Ni·cae·an [naɪsí:ən | -sí:ən, -síən] *adj.* ＝Nicene.

Nic·a·ra·gua [nìkərá:gwə | -rǽgjuə, -rá:gwə] *n.* ニカラグア《中米の共和国; 人口 2,310,000, 面積 128,875 km², 首都 Managua; 公式名 the Republic of Nicaragua ニカラグア共和国》.

Nicaragua, Lake *n.* ニカラグア湖《中米ニカラグア西部の湖; 面積 8,264 km²》.

Nic·a·ra·guan [nìkərá:gwən | -rǽgjuən, -rá:gwən] *adj.* ニカラグア(人)の. **—** *n.* ニカラグア人.

nic·co·lite [níkəlàɪt] 〘《1868》← NL *niccol*(*um*) 'NICKEL'＋-ITE¹〙*n.* 〘鉱物〙紅ヒニッケル鉱 (NiAs) 《copper nickel ともいう》.

Nic·co·lò [nìko(ʊ)lóː | -kə(ʊ)-; *It.* nìkkolɔ́ː] 〘It. ～ 'NICHOLAS¹'〙*n.* 男性名.

nice [náɪs] 〘《c1300》*nyce* foolish □ (O)F ～ 'simple, stupid, dull' (現在は方言) < L *nescium* ignorant ← *ne* not＋*scīre* to know (cf. science, nescience): agreeable の意味が生じたのは 18C〙 **—** *adj.* (**nic·er**; **-est**) **1 a** よい, 結構な, すてきな, 見事な, うまい, 楽しい, おもしろい (agreeable): a ～ book, cigar, room, song, etc. / ～ weather よい天気 / ～ cooking おいしい料理 / a ～ visit 楽しい訪問 / a ～ income 結構な[かなりの]収入 / a ～ shot 見事な一撃; ナイスショット / ～ work 手際よくいった仕事, 上出来 / We had a ～ time yesterday. きのうは楽しかった / *Nice* [It's been ～] seeing [meeting] you. お会いできてよかったです《別れる時に言う言葉》. **b** 〈人が〉感じのよい (pleasing); 思いやりのある, 親切な (kind); 丁寧な, 上品な; 教養のある, 育ちのいい; ちゃんとした, まともな (respectable): How ～ *of* your mother *to* give you this! あなたにこれをくださるとは随分優しいお母さんですね / That's very ～ *of* you. それはどうもありがとう. **c** 〈作法・言葉づかい・服装など〉ふさわしい, 礼儀にかなった (fitting): That isn't a ～ word to use in class. そんな言葉は教室で使うべきではない. **2** 《反語》大変な, 困った, いやな (nasty) (cf. pretty 6): Here is a ～ mess. 困ったことになった / You're a ～ fellow, I must say. 君は本当にひどい人だ. **3 a** 気難しい, えり好みする, やかましい (fastidious): be ～ *in* one's dress 着る物にやかましい. **b** 厳格な, 几帳面な (scrupulous): a ～ sense of honor 厳格な正義感 / the ～ courtesy 謹厳そのものの礼儀 / He is too ～ *in* his dealings. 取引きが几帳面過ぎる. **4 a** 微妙な, 細かい, 精妙な (subtle); 鋭敏な, 敏感な (sensitive); 精密な (accurate): a ～ point of law 法律の微妙な点 / a ～ inquiry [observation] 精密な調査[観察] / a ～ distinction 微細な区別 / ～ shades of meaning 微妙な意味の差異 / a ～ ear for sounds 鋭敏な聴覚 / a ～ eye for distances 遠目のきくいい目 / a ～ sense of color 鋭敏な色彩感覚 / It was weighed in the ～*st* scales. この上もなく精密に計量された. **b** 細かい神経のいる, 手の込んだ, 難しい: a ～ argument 難しい議論 / ～ workmanship 手の込んだ[細かい]技術 / negotiations needing ～ handling 運び方が非常に難しい交渉. **5** 《廃》 **a** みだらな, 浮気な (lewd). **b** はにかむ, 内気な (coy). **c** 愚かな, ばかな. **6** 《廃》ささいな, つまらない (trifling).

***nice and*...** [nàɪsṇ, -ən] 《口語》申し分なく..., とても... (satisfactorily) (cf. GOOD *and*..., RARE *and*...): The place is ～ *and* healthy. そこはとても健康によい所だ / The dish is ～ *and* warm. この料理は暖かくてけっこうだ. ★ and を略して nice だけを副詞的にも用いる: This is a ～ long one. これは長くていい.

— *adv.* 《口語・方言》＝nicely.

Nice [ní:s; *F.* nis] *n.* ニース《フランス南東地中海沿岸の港市・避寒地; Alpes-Maritimes 県の首都; 人口 338,000; ⇨ Riviera》.

nice·ish [-sɪʃ] *adj.* ちょっと(感じの)いい.

níce-lòoking *adj.* 《口語》(見たところ)よさそうな, おいしそうな; きれいな (pretty); 愛嬌のある, 愛くるしい (attractive).

níce·ly 〘《c1330》*nycely* foolishly〙 **—** *adv.* **1** よく, りっぱに (very well), 心地よく (agreeably): do ～ りっぱにやる / talk ～ 心地よく話す. **2** 気難しく (fastidiously), 几帳面に (punctiliously). **3** 微細に, 鋭敏に, 精巧に, 入念に. **4** きちんと, うまく (exactly): That will suit me ～. それは私には好都合だ / She's doing ～. うまくやっている; 快方に向かっている.

Ni·cene [náɪsi:n, ‒ ‒́ | ‒ ‒́] 〘《a1387》□ LL *Nicēnus, Nicaen-us* ← *Nicēa, Nicaea* □ Gk *Níkaia* Nicaea〙 **—** *adj.* **1** ニカイア[ニケーア] (Nicaea) (人)の. **2** ニカイア会議の[に関する].

Nícene Cóuncil *n.* [the ～] ニカイア[ニケーア]会議《Nicaea で開かれた宗教会議》: **a** 325 年に Arius の異端を論じてニカイア信条 (Nicene Creed) を議定したもの. **b** 787 年に偶像の問題を審議したもの.

Nícene Créed *n.* [the ～] ニカイア[ニケーア]信条〘信経〙《325 年のニカイア会議で議定した信条; 今日一般に用いられているのは 381 年のコンスタンチノープル会議で多少の変更を加えたもの》.

níce-nél·ly, níce-N- [-néli | -lɪ] 〘← *nice Nelly*〙 *adj.* 《米・カナダ口語》 **1** 上品ぶった; 淑女ぶった. **2** 婉曲(的)な.

níce nélly, níce N- 〘⇨ Nelly〙*n.* 《米・カナダ口語》 **1** (ひどく)上品ぶった人[女], 淑女ぶった女. **2** 婉曲な言葉, 上品な表現.

níce-nél·ly·ism, níce-N- [-néliìzṃ] *n.* 《米・カナダ口語》 **1** ひどく上品[淑女]ぶること (prudery). **2** 婉曲[上品]な言い回し (euphemism).

nice·ness *n.* **1** 心地[感じ]よさ. **2** (判断などの)精密さ, 繊細; 綿密. **3** 気難しさ, 几帳面.

Ni·ceph·o·rus I [naɪséfərəs] *n.* ニケフォロス一世《?-811; ビザンチン (Byzantium) 皇帝 (802-11)》.

Nicephorus II *n.* ニケフォロス二世《912?-69; ビザンチン皇帝 (963-69)》.

ni·ce·ty [náɪsəṭi | -s(ə)tɪ, -sɪtɪ] 〘《c1303》*nycete* folly □ OF *niceté* ← *nice*: ⇨ nice, -ty²〙 **—** *n.* **1** (知覚・識別の)正確さ, 精密さ: the ～ of one's powers of observation / The job called for ～ of judgment. その仕事は判断の正確さを必要とした. **2 a** (処理の)微妙さ, 精妙さ; 扱いにくさ, 困難さ: a point [matter, question] of extreme ～ きわめて微妙な点[事柄, 問題] / the ～ of diplomatic talks 外交会談の微妙な[きわどい]駆け引き. **b** [通例 *pl.*] 微妙[精妙]な点; 詳細, 委細: *niceties* of workmanship 細工の細かさ / observe *niceties* of syntax 統語法の細かい法則を守る / the *niceties* of an argument [evidence] 議論[証拠]の詳細 / He left the *niceties* of composition to his secretary. 彼は文の細かなところは秘書に任せた. **3** (趣味・感情の)繊細, 潔癖, 気難しさ (fastidiousness): her *niceties* of [about] dress 着る物について好みのうるさいこと. **4** [通例 *pl.*] 雅致のあるもの, 優雅なもの; 美味なもの, 美食, 好物: the *niceties* of life (高雅な)ぜいたく品 / enjoy the *niceties* of modern life 近代生活の優雅さを楽しむ. **5** 《廃》過度の上品さ, いやに内気ぶること, はにかみ (shyness).

to a nicety きちんと, 正確に (exactly): The coat fits me *to a* ～. その上着はきっちり合う[ぴったりだ].

niche [nítʃ | nítʃ, ní:ʃ] 〘《1611》□ (O)F ～ ← *nichier* (F *nicher*) to make a nest, nestle < VL **nīdicāre* ← *nīdus* 'NEST'〙 **—** *n.* **1** ニッチ, 壁龕(がん)《像・花びんなどを置く壁のくぼみ》. **2** (人の才能・力量に適した)地位, 活動範囲; (物の性質にふさわしい)所: He found a ～ for himself. 彼は適所を得た. **3** (トンネル・高速道路などの)待避所. **4** 〘生態〙生態的地位, ニッチェ《生物がその属する群集や生態系の中で占める地位》. **5** 〘医学〙ニッシェ《臓器の内壁の陥凹で, 胃・十二指腸潰瘍(よう)の代表的なレントゲン所見》.

find a niche in the temple of fame 不朽の名を得る.

— *vt.* **1** [通例 p.p. 形で] 〈像などを〉壁龕に安置する, ...のために壁龕を設ける. **2** [通例 p.p. 形または ～ *oneself* で] (適当な所に)置く, 落ち着ける (settle): ～ *oneself* in a corner すみの方に落着く. **3** ...に壁龕を設ける.

Nich·o·las¹ [níkələs] 〘□ F *Nicolas* □ L *Nic*(*h*)*olaus* □ Gk *Nikólāos*《原義》prevailing among the people ← *níkē* victory＋*lāós* people〙 **—** *n.* 男性名《愛称形 Nick, Nicky; 異形 Nicol, Nicolas, Cole》.

Nicholas² *n.* ニコライ《1856-1929; ロシヤの大公, 第一次大戦におけるロシヤ総司令官; 称号 Grand Duke Nicholas; 本名 Nikolai Nikolaevich》.

Nicholas, Saint *n.* ニコラウス《?-?345; 小アジア Myra の司教, ロシヤの守護聖人で, また旅人・船乗り・子供の守護聖人; 祝日 12 月 6 日; この伝説はオランダから米国に入って Santa Claus となる》.

Nicholas I *n.* ニコライ一世《1796-1855; ロシヤの皇帝 (1825-55); クリミア戦争を起こした (1853); 本名 Nikolai Pavlovich》.

Nicholas I, Saint *n.* ニコラウス[ニコラ]一世《800?-67; イタリアの聖職者; 教皇 (858-67); 祝日 11 月 13 日; 通称 Nicholas the Great》.

Nicholas II *n.* **1** ニコライ二世《1868-1918; ロシヤの Romanov 王朝最後の皇帝 (1894-1917); 日露戦争を始め (1904 年), 1905 年の革命を契機に国会の開設を余儀なくされた; 1917 年の革命後 Ekaterinburg で幽閉された家族と共に過激派に銃殺された; 本名 Nikolai Aleksandrovich》. **2** ニコラウス[ニコラ]二世《980-1061; イタリアの聖職者; 教皇 (1059-61)》.

Nicholas III *n.* ニコラウス[ニコラ]三世《1216-80; イタリアの聖職者; 教皇 (1277-80); 本名 Giovanni Gaetano Orsini [orsí:ni]》.

Nicholas IV *n.* ニコラウス[ニコラ]四世《?-1292; イ

タリアの聖職者；教皇 (1288-92)；タタール (Tartary), 中国へフランシスコ会伝道師 John of Monte Corvino を派遣；本名 Girolamo Masci [dʒiróːlamo máʃʃi]》.

Nicholas V *n.* ニコラウス[ニコラ]五世《1397?-1455；イタリアの聖職者・人文学者；教皇(1447-55)；Frederick 三世をローマ最後の皇帝に即位させた；本名 Tommaso Parentucelli [tommáːzo parèntutʃélli]》.

Nícholas of Cú·sa [-kjúːzə] *n.* ニコラウス クサヌス, クサのニコラウス《1401-64；ドイツ生れの神秘思想家・哲学者・神学者・枢機卿(けい)；ドイツ語名 Nikolaus von Cusa [níːkolaus fɔn kúːza]》.

Nich·ols [níkəlz], **Robert** (**Malise Bow·yer**) [bóujə | báujə(r)] *n.* (1893-1944) 英国の詩人・劇作家；東京大学で英文学を講じた (1921-24).

Nich·ol·son [níkəlsn̩], **Ben** *n.* (1894-1982) 英国の抽象画家.

Nicholson, Sir **Francis** *n.* (1655-1728) 英国のアメリカ植民地行政官.

Ních·ol·son's hydrómeter [níkəlsn̩z-] 〖← *William Nicholson* (1753-1815：英国の科学者)〗 ── *n.* 〖化学〗ニコルソン比重計, ニコルスン浮秤《上下に受け皿のついた円筒形の比重計で, 水に浮かせて上下の皿に物体を置いたときの浮力の差から比重を求めるもの；cf. gravimeter》.

Ni·chrome [náikroum | -krəum] 〖《混成》← NI(CKEL)+CHROME〗 ── *n.* 〖商標〗ニクロム《高度の電気抵抗力と高温度における安定性をもつニッケルとクロムを主成分とする合金》.

Ni·ci·as [níʃiəs, -siəs | -sɪəs, -sjəs, -ʃɪəs] *n.* ニキアス《470?-413 B.C.；アテネの貴族・政治家・将軍；Syracuse で殺された》.

nic·ish [náɪsɪʃ] *adj.* =niceish.

nick [ník] 〖《1483》 *nyke* 《変形》← ? *nocke* 'NOCK'：cf. Du. *nikken* & G *nicken* to nod, beckon〗 ── *n.* **1 a** (木・金属・陶器の端や表面に数・時刻・目印などのため刻みつけた)刻み目 (notch)：put ～*s in* the trees to be felled 倒す木に刻み目をつける. **b** (瀬戸物などの)欠け目：～*s* in a razor かみそりの刃こぼれ. **2** (出来事の)決定的な時[瞬間]：*in* the ～ *of doing* something ちょうど何かをしている際に / ⇨ *in the* NICK *of time*. **3** (さいころ遊び (hazard) で)勝ち目の出ること, ニック《投げ手の言う数と同点または一定の組合せになるさいの目が出ること》. **4** 《英俗》刑務所 (prison)；警察署 (police office). **5** 〖活字〗ネッキ《活字の腹にある細長い溝；⇨ type 挿絵》.
in good* [*poor, bad*] *nick 《俗》〈身体など〉よい[悪い]状態に[で], 調子がよく[悪く]て. ***in the nick of time*** 《口語》ちょうどよい時に, きわどい時に.
── *vt.* **1 a** …に刻み目[切れ目]をつける, 刻みつける (notch). **b** 《古》(棒に刻み目をつけて)〈勘定などを〉付けて置く (tally)；書き留める, 記録する (record). **2 a** 〈瀬戸物・刃などに〉欠け目を作る, 欠く (chip). **b** (浅く)傷つける, かすり傷をつける：The razor ～*ed* his cheek. かみそりでほおにかすり傷を作った. **c** …に軽く当たる, 軽く打つ, かすめる. **3 a** 〈事実などを〉突き止める, ぴたりと言い当てる (hit)：～ the truth / You ～ it. その通りだ, 図星だ. **b** 〈時間・乗物などに〉ちょうど間に合う (catch)：～ the time / ～ a bus, train, etc. **c** 〈好機などを〉うまく捕える：～ a good opportunity. **4 a** 〈事が〉〈予算などを〉切り詰めさせる. **b** 〈感情などを〉押える (check). **5** (馬に尾を高く上げさせるために)〈尾〉の根もとの腱(けん)に切れ目を入れる；〈馬〉の尾もとを切る：～ a horse's tail [a horse]. **6 a** 《俗》〈人〉に不当な代金を要求する (overcharge)〔*for*〕：He ～*ed* me (*for*) ten dollars. 私に不当にも 10 ドルも請求した. **b** 《米俗》欺く；〈人を〉だまして〔…を〕巻き上げる〔*of*〕：He ～*d* me *of* the money. 私からその金をだまし取った. **7** (さいころ遊びで)〈勝目のさいを〉振り出す. **8** 《英俗》**a** 捕える (arrest)：～ a thief, criminal, etc. **b** 盗む：～ a watch 時計を盗む.
── *vi.* **1** 軽く攻撃する, やっつける〔*at*〕. **2 a** (狩猟で)近回りして先に出る；(競馬で)前の馬を追い越してインコースにはいる, コースの内側を回って先に立つ. **b** [～ *in* として]《口語》〈車が〉急に前の車の前に割り込む (cut in). **3** 〈家畜が〉(育種上)交尾して良い結果を得る〔*with*〕. **4** [～ *off* として]《豪俗》急いで行ってしまう, ずらかる.

Nick[1] [ník] 〖(dim.) ← NICHOLAS[1]〗 *n.* 男性名《異形 Nic》.

Nick[2] [ník] 〖(dim.) ← NICHOLAS[1]：cf. G *Nickel* goblin〗 *n.* =Old Nick.

nick·el [níkəl] 〖《1755》《略》← Swed. *kopparnickel* niccolite ⊏ G *Kupfernickel* 《原義》copper demon ← *Kupfer* 'COPPER[1]'+*Nickel* demon, dwarf (《短縮》← *Nikolaus* 'NICHOLAS[1]')：cf. Nick[2]：niccolite は銅に似ていながら銅を含まないことから：Baron A. F. von Cronstedt (1722-65：スウェーデンの鉱物学者) の用語〗 ── *n.* **1** 〖化学〗ニッケル《金属元素の一つ；記号 Ni, 原子番号 28, 原子量 58.70》. **2** (米・カナダの)ニッケル貨, 5 セント白銅貨 (five-cent piece) (cf. dime 1, penny 3, quarter 3 b). **3 a** 5 セント. **b** 少額の硬貨, 僅かな金. ── *vt.* (**nick·eled, -elled; -el·ing, -el·ling**) ニッケルめっきする, …にニッケルをかぶせる.

níckel ácetate *n.* 〖化学〗酢酸ニッケル ($Ni(CH_3CO_2)_2 \cdot 4H_2O$)《緑色結晶；媒染剤に用いる》.

níckel blóom *n.* 〖鉱物〗ニッケル華 (annabergite).

níckel cárbonyl *n.* 〖化学〗ニッケル カルボニル《一酸化炭素をニッケル塩粉末に作用させると得られる無色揮発性の有毒な液体；触媒として用いられる》.

nick·el·ic [nɪkélɪk, níkəl-] *adj.* 〖化学〗ニッケルの；(特に)三価のニッケル (Ni^{III}) を含む.

nickélic óxide *n.* 〖化学〗酸化ニッケル (III) (Ni_2O_3)《灰黒色の粉末で, 蓄電池の製造に用いる；nickel sesquioxide ともいう》.

nick·el·if·er·ous [nìkəlíf(ə)rəs] 〖← NICKEL+-I-+-FEROUS〗 *adj.* 〈鉱石など〉ニッケルを含む[産する].

níckel núrser 〖← NICKEL (n.) 3〗 *n.* 《米俗》けちん坊.

nick·el·o·de·on [nìkəlóudiən | -láudɪən] 〖← NICKEL (n.) 2+(MEL)ODEON〗 ── *n.* 《米》**1** 5 セント劇場《20 世紀初頭の入場料 5 セントの映画館・演芸場など》. **2** (5 セント)ジュークボックス (juke box).

nick·el·ous [níkələs] *adj.* 〖化学〗ニッケルの；(特に)二価のニッケル (Ni^{II}) を含む, 第一ニッケルの.

níckel óxide *n.* 〖化学〗酸化ニッケル (NiO)《水に溶けない緑色粉末》.

níckel-pláte *vt.* ニッケルめっきする.

níckel pláte *n.* ニッケル板；ニッケルめっき.

níckel pláting *n.* ニッケルめっき(法).

níckel sesquióxide *n.* 〖化学〗=nickelic oxide.

níckel sílver *n.* 〖冶金〗洋銀, 洋白《銅・亜鉛・ニッケルの合金；German silver, albata ともいう》.

níckel stéel *n.* 〖化学〗ニッケル鋼《鉄と 0.5-5% のニッケルとの合金；略 n.s.》.

níckel súlfate *n.* 〖化学〗硫酸ニッケル ($NiSO_4$)《緑黄色結晶で, ニッケルめっきに用いる；single nickel salt ともいう》.

níckel tetracárbonyl *n.* 〖化学〗=nickel carbonyl.

níckel·týpe *n.* 〖印刷〗ニッケル電鋳版《ニッケルの電鋳によって作った電鋳版；steelfaced electrotype ともいう》.

níck·er[1] 〖← NICK+-ER[1]〗 *n.* 刻み目をつける人.

nick·er[2] [níkə | -kə(r)] 〖《変形》← *nicher, neigher* (freq.) ← NEIGH：⇨ -er[4]〗《スコット・北英》 ── *vi.* **1** 〈馬が〉(静かに)いななく. **2** くすくす[静かに]笑う. ── *n.* **1** いななき. **2** くすくす笑い, 忍び笑い.

nick·er[3] [níkə | -kə(r)] 〖NICKER[1] の特殊用法?〗 *n.* (*pl.* ～, ～*s*) 《英俗》ニッカー《1 ポンド英貨》.

nick·er[4] [níkə | -kə(r)] 〖OE *nicor* water monster < Gmc *$nik^w iz$, *nikuz (MLG *necker* / ON *nykr*) ← IE *$neig^w$- to wash (Gk *nízein*)：cf. nix[1]〗 ── *n.* 《古》(伝説的な)海[水]の怪物.

nick·le [níkl̩] *n.* =nickel 2.

nick·nack [níknæ̀k] *n.* =knickknack.

nick·name [níknèɪm] 〖《1440》(*a*) *nekename* 《異分析》← ME *an ekename* an additional name：⇨ eke[2], name：cf. newt〗 ── *n.* **1** あだ名, ニックネーム《John Bull, Fatty (でぶ), Shorty (ちび)など》：give a person a ～ 人にあだ名をつける. **2** (Christian name を短縮した)愛称, 略称《家庭内や親友同士での呼び名で Elizabeth, Edward に対する Bess, Ned など》. **3** (地名や物に対する)異名, 俗称《Hawaii を Aloha State, Paradise of the Pacific と呼ぶなど》. ── *vt.* **1** …にあだ名をつける, あだ名で呼ぶ；愛称[略称]で呼ぶ：The boy is ～*d* Jack. その少年はジャックという愛称で呼ばれている. **2** 《まれ》誤称する (misname)：They ～ patience cowardice. 忍耐を卑怯と誤って言っている. **níck·nàm·er** *n.*

Nick·y [níki | -kɪ] 〖(dim.) ← NICOLA〗 *n.* 女性名.

nic·nac [níknæ̀k] *n.* =knickknack.

Nic·o·bar·ese [nìkəbɑːríːz, -ríːs | -ríːz] 〖⇨ ↓, -ese〗 *n.* (*pl.* ～) **1** Nicobar 諸島の人. **2** ニコバル語《Mon-Khmer 語族に属する》.

Níc·o·bar Íslands [níkəbɑ̀ːə- | níkə(ʊ)bɑ̀ː-] *n. pl.* [the ～] ニコバル諸島《Malay 半島の西方 Bengal 湾内の小島群；Andaman 諸島と共にインド共和国の連邦政府直轄領を成す；人口 15,000, 面積 1,624 km^2》.

Nic·o·de·mus [nìkədíːməs | -kə(ʊ)-] 〖⊏ Gk *Nikódemos* 《原義》victory of the people ← *níkē* victory+*dêmos* people：cf. democracy〗 ── *n.* 〖聖書〗ニコデモ《Sanhedrin のメンバーで隠れたイエスの弟子；Joseph of Arimathae を助けてイエスを葬る；cf. *John* 3: 1-21; 7: 50-52; 19: 39》.

Nic·ol [níkəl] *n.* 〖光学〗=Nicol prism.

Ni·co·la [nɪkóulə | -kə́ʊ-; *It.* nikɔ́ːla] 〖⊏ It. ～ (fem.)：⇨ Nicholas[1]〗 *n.* **1** 女性名《愛称形 Nicky；異形 Nicole, Nicolette, Colette》. **2** 男性名.

Nic·o·la·i [níkəlàɪ; *G.* nikoláɪ, níkolàɪ], (**Carl**) **Otto** (**Eh·ren·fried** [éːrənfriːt]) *n.* ニコライ《1810-49；ドイツの作曲家；歌劇 *The Merry Wives of Windsor* (1849)》.

Nic·o·las [níkələs; *F.* nikɔlɑ] 〖《変形》← NICHOLAS[1]〗 *n.* 男性名.

Nic·o·lay [níkəlèɪ], **John George** *n.* (1832-1901) ドイツ生れの米国の伝記作家；*Abraham Lincoln: a History* (10 vols., 1890) (John Hay と共著).

Ni·cole [nɪkóul | -kə́ʊl; *F.* nikɔl] 〖《変形》← NICOLA〗 *n.* 女性名.

Nic·o·lette [nìkəlét; *F.* nikɔlɛt] 〖⊏ F ～ (fem.)：⇨ ↑, -ette〗 *n.* 女性名.

Ni·colle [niːkɔ́(ː)l | -kɔ́l; *F.* nikɔl], **Charles Jean Henri** *n.* ニコル《1866-1936；フランスの医学者；Nobel 医学生理学賞 (1928)》.

Ni·co·lò [nìːko(ʊ)lɔ́ː | -kə(ʊ)-; *It.* nìkolɔ́] 〖⇨ Niccolò〗 *n.* 男性名.

Nícol prism 〖← *William Nicol* (1768?-1851：スコットランドの物理学者)〗 ── *n.* 〖光学〗ニコルプリズム《直線偏光を作るのに用いる方解石製の二重プリズム；単に Nicol ともいう》.

Nic·ol·son [níkəlsn̩], Sir **Harold** (**George**) *n.* (1886-1968) 英国の外交官・伝記作家・批評家；V. M. Sackville-West の夫；*Byron: The Last Journey* (1924).

Ni·cop·o·lis [nɪkɑ́pəlɪs, nə-, naɪ-, -ləs | nɪkɔ́pəlɪs] 〖⊏ Gk *Nikópolis* 《原義》city of victory〗 ── *n.* ニコポリス《イオニア海 (Ionian Sea) 近くの古代 Epirus の都市》.

Nic·o·si·a [nìkəsíːə | -kə(ʊ)síːə, -síə] *n.* ニコシア《Cyprus 中北部にある同国の首都；人口 117,000》.

ni·co·tian [nɪkóuʃən | -kə́ʊ-] 〖← NICOT(INE)+-IAN〗 《古》 *adj.* たばこの；喫煙と関係のある. ── *n.* たばこを吸う人 (smoker).

ni·co·ti·a·na [nɪkòuʃiǽnə, nə-, -ɑ́ːnə, -éɪnə | nɪkə̀ʊʃɪɑ́ːnə] 〖← NL (*herba*) *nicotiana* Nicot's (herb)：⇨ nicotine〗 *n.* 〖植物〗=flowering tobacco.

nic·o·tin·a·mide [nìkətíːnəmàɪd, -mɪd, -məd | -màɪd, -mɪd] 〖← NICOTINE+AMIDE〗 ── *n.* 〖生化学〗ニコチン酸アミド ($C_5H_4NCONH_2$)《水溶性ビタミン B 複合体の一成分；医薬品, ペラグラの予防治療用》.

nicotínamide-ádenine dinúcleotide *n.* 〖生化学〗ニコチンアマイド アデニン ジヌクレオチド《略 NAD》(⇨ diphosphopyridine nucleotide).

nicotínamide-ádenine dinúcleotide phósphate *n.* 〖生化学〗ニコチンアマイド アデニン ジヌクレオチドリン酸《略 NADP》(⇨ triphosphopyridine nucleotide).

nic·o·tine [níkətìːn, ⌐-⌐] 〖《1819》⊏ F ～ ← NL *nicotiāna* (*herba*) Nicot's (herb) (=tobacco) ← *Jean Nicot* (1530-1660：1560 年にたばこをポルトガルから国内に紹介したフランスの外交官)：⇨ -ine[3]〗 ── *n.* 〖化学〗ニコチン ($C_{10}H_{14}N_2$)《たばこの中に含まれるアルカロイド》.

níc·o·tìned *adj.* 〈指など〉たばこのやにで染まった[よごれた].

nic·o·tin·ic [nìkətíːnɪk, -tín-] *adj.* 〖化学〗ニコチンの；ニコチン酸の.

nicotínic ácid *n.* 〖生化学〗ニコチン酸 (C_5H_4NCOOH)《ビタミン B 複合体の一成分；niacin ともいう》.

nic·o·tin·ism [níkətiːnìzm̩, ⌐-⌐-⌐ | níkətiːnìzm̩, -tɪn-] *n.* (慢性の)ニコチン中毒.

NICS 《略》Newly Industrializing Countries.

nic·tate [níkteɪt] *vi.* =nictitate.

nic·ta·tion [nɪktéɪʃən] *n.* 〖病理〗=nictitation.

nic·ti·tate [níktətèɪt | -tɪ-] 〖《1822-34》← ML *nictitāt-us* (p.p.) ← *nictitāre* (freq.) ← L *nictāre* to wink：⇨ -ate[3]：cf. connive〗 *vi.* まばたきする.

níc·ti·tat·ing mémbrane [-tɪŋ- | -tɪŋ-] *n.* 〖動物〗瞬膜《鳥・ワニなどのまぶたの内側にある第三のまぶた；横にすばやく眼球をおおう》.

níctitating spásm *n.* 〖病理〗瞬目痙攣(けいれん).

nic·ti·ta·tion [nìktətéɪʃən | -tɪ-] 〖《1784-86》：⇨ nictitate, -ation〗 *n.* 〖病理〗(痙攣(けいれん)性)瞬目, まばたき.

ni·cy [náɪsi | -sɪ] 〖← NIC(E)+-Y[4]〗 *n.* 《英》**1** 《小児語》お菓子, うまうま (sweet)；おしゃぶりあめ, あめ玉 (lollipop). **2** 《口語》すてきな人[物].

ni·da·men·tal [nàɪdəméntl̩ | -tl̩] 〖← L *nīdāmentum* materials for a nest ← *nīdus* nest：⇨ nidus, -al[1]〗 ── *adj.* 〖動物〗(軟体動物などの)卵を入れる, 卵巣の：～ glands 卵包腺 / ～ capsules 卵巣被嚢(のう).

ni·da·tion [naɪdéɪʃən] 〖← L *nīd(us)* (↑)+-ATION〗 *n.* 〖生理〗(卵)着床《受精卵が子宮内膜に定着結合すること》.

nid·der·ing [níd(ə)rɪŋ] 〖《1596》《変形》← *nithing* < OE *nīðing* infamous man, villain ⊏ ON *nīðingr* ← *nīdh* envy, hatred：1596 年 William of Malmesbury が *niðing* を *nid'ing* と誤読したことから〗《古》 ── *n.* 臆病者, 卑怯者. ── *adj.* 臆病な, 卑怯な, 卑劣な.

nid·dle-nod·dle [nídl̩nɑ̀dl̩ | -nɔ̀dl̩] 〖《加重》← NODDLE[2]〗 ── *adj.* (頭を)こっくりこっくり[ぐらぐら]している (nodding)：a ～ figure 首振り人形. ── *vt.* (居眠りなどで)〈頭を〉こっくりこっくりさせる. ── *vi.* 〈頭が〉こっくりこっくり動く (sway).

nide [náɪd] 〖《1679》⊏ L *nīd-us* 'NEST'〗 *n.* 《英》(きじの)巣；巣の中の(一かえりの)ひな (brood).

nid·er·ing [níd(ə)rɪŋ] *n., adj.* =niddering.

nid·get [nídʒɪt, -dʒət] 〖《変形》← 《廃》*nidiot* 《異分析》← *an idiot*：⇨ idiot〗 *n.* 《古》ばか, 愚か者.

nidi *n.* nidus の複数形.

ni·dic·o·lous [naɪdíkələs] 〖← L *nīd(us)* 'NEST'+-I-+-COLOUS〗 ── *adj.* 〖鳥類〗**1** 留巣性の, 巣棲の《孵化(ふか)してから一定期間巣の中にいる；cf. nidifugous》. **2** よその巣に住む.

nid·i·fi·cate [nídəfɪkèɪt, naɪdíf-, -fə- | nídɪfɪ-, naɪdíf-] 〖《1816》← L *nīdificāt-us* (p.p.) ← *nīdificāre* to build a nest ← *nīdus* 'NEST'+-*ficāre* (← *facere* to make)：⇨ -ate[3]〗 ── *vi.* 巣を造る. **nid·i·fi·ca·tion** [nìdəfɪkéɪʃən, naɪdìf-, -fə- | nàɪdɪfɪ-, naɪdìf-] *n.*

ni·dif·u·gous [naɪdífjʊgəs] 〖⇨ nidus, -fuge, -ous〗 *adj.* 〖鳥類〗離巣性の《孵化(ふか)してからすぐに巣を去る；cf. nidicolous》.

nid·i·fy [nídəfàɪ | -dɪ-] 〖《1656》⊏ L *nīdific-āre* 'to NIDIFICATE'：⇨ -fy〗 *vi.* =nidificate.

nid-nod [nídnɑ̀d | -nɔ̀d] 〖《加重》← NOD〗 *vi.* (眠くて)こっくりこっくりやる.

ni·dor·ous [náɪdərəs] 〖⊏ L *nīdōrōs-us* ← *nīdor* strong smell〗 *adj.* 《古》〈においが〉(肉・ヘットなどの焦げたような)不快きわまる.

Nid·u·lar·i·a·ce·ae [nìdʒʊlɛ̀(ə)riéɪsiiː | -djʊlɛ̀ərɪ-]

〖← NL ～ ← *Nidularia* (属名: ← L *nidulus* small nest ＋-ARIA¹)＋-ACEAE: ⇨ nidus〗 ── *n. pl.* 〘植物〙チャダイゴケ科. **nìd·u·làr·i·á·ceous** [-ʃəs] *adj.*

ni·dus [náɪdəs] 〖□ L *nīdus* 'NEST'〗 ── *n.* (*pl.* **ni·di** [-daɪ], ～**es**) **1** (昆虫・クモ・カタツムリなどの)卵を生みつける巣, 孵卵所. **2** (動植物内の病菌・寄生虫などの)発生所, 病巣. **3** (性質・主義などの)培う所, 根源 (source). **4** 〘植物〙芽胞巣《胞子が発達する所》.

Nie·buhr [níːbʊə | -bʊə(r; *G.* níːbuːɐ], **Bar·thold** [bártɔlt] **Georg** *n.* ニーブール《1776–1831; ドイツの古代史家・政治家》.

Nie·buhr [níːbʊə | -bʊə(r], **Helmut Richard** *n.* (1894–1962) 米国の牧師・神学者; R. Niebuhr の弟.

Niebuhr, Reinhold *n.* (1892–1971) 米国の牧師・神学者; *The Nature and Destiny of Man* (vol. I, 1941; vol. II, 1943).

niece [niːs] 〖(*c*1300) *nēce* □ OF *nice* (F *nièce*) < VL **neptia*(*m*) = L *neptis* granddaughter, niece ∽ ME *nift* < OE < Gmc **niptiz* (G *Nichte*) ← IE **nepōt-*: cf. nephew〗 ── *n.* **1** 姪(めい) (cf. nephew 1); 義理の姪. **2** 《廃》 **a** 孫娘 (granddaughter). **b** 女の子孫, 親戚の女子. **3** 《婉曲》(聖職者の)私生子 (cf. nephew 3).

niel·li *n.* niello の複数形.

ni·él·list [-lɪst, -ləst | -lɪst] 〖⇨ ↓, -ist〗 *n.* 黒金(くろがね)象眼師, ニエロ細工師.

ni·el·lo [niélou | nɪéləʊ] 〖(1816) □ It. ～ < VL **nigellum* kind of black enamel = L *nigellus* (dim.) ← *niger* black: cf. Negro〗 ── *n.* (*pl.* **ni·el·li** [-lài], ～**s**) **1** ニエロ, 黒金(くろがね)《硫黄に銀・銅・鉛などを加えた濃黒色の合金; 金銀細工品の象眼に用いる》. **2 a** ニエロ細工; ニエロ[黒金]象眼細工《niello work ともいう》. **b** ニエロ象眼細工品. ── *vt.* ニエロで象眼する.

Niels [níːls; *Dan.* néls] 〖□ Dan. ～ 《原義》son of Neil: ⇨ Neil〗 *n.* 男性名.

Niel·sen [níːlsən; *Dan.* nélsən], **Carl** (**August**) *n.* ニールセン《1865–1931; デンマークの作曲家》.

Nie·men [*Pol.* njέmɛn] *n.* [the ～] ニェーメン(川)《Neman 川のポーランド語名》.

Nie·mey·er [níːmaɪə | -maɪə(r], **Oscar** *n.* (1907–) ブラジルの建築家.

Nie·möl·ler [níːmʌlə, -melə | -lə(r; *G.* níːmœlɐ], (**Friedrich Gustav Emil**) **Martin** *n.* ニーメラー《1892– ; ドイツのプロテスタントの指導者》.

Nier·stein·er [níəstaɪnə, -ʃtaɪ- | níəstaɪnə(r; *G.* níːɐʃtaɪnɐ] 〖□ G ～ (adj.) ← *Nierstein* (ライン河畔の産地名)〗 ── *n.* ニールシュタイナー(ワイン)《白ぶどう酒》.

Nie·tzsche [níːtʃə, -tʃi | -tʃə; *G.* níːtʃə], **Friedrich Wilhelm** *n.* ニーチェ《1844–1900; ドイツの哲学者・詩人; *Also Sprach Zarathustra*「ツァラトゥストラかく語りき」(1883–91)》: ～'s doctrine of the superman ニーチェの超人説.

Nie·tzsche·an [níːtʃiən | -tʃɪən] *adj.* ニーチェ哲学の, ニーチェ哲学に基づいた (⇨ Nietzscheanism). ── *n.* ニーチェ哲学[主義]者.

Níe·tzsche·an·ism [-nìzṃ] *n.* (*also* **Níe·tzsche·ìsm** [-tʃiìzṃ]) ニーチェの哲学説, ニーチェ哲学[主義]《キリスト教的道徳を排撃して個人および社会の主動力として権力への意志 (will to power) を強調し, 強者の道徳によってのみ人は超人 (superman) の域に達することができると説く》.

nieve [niːv] 〖(*c*1300) *neve, nefe* □ ON *hnefi, nefi* fist ← ?〗 *n.* 《スコット・英方言》 **1** 拳(こぶし), げんこつ. **2** 手.

Niè·vre [njéːvr(ə); *F.* njɛːvr] *n.* ニエーブル(県)《フランス中部の県; 人口 249,000, 面積 6,887 km², 首都 Nevers [nəvɛːr]》.

niff [nɪf] 〖? ← (s)NIFF〗 《英俗》 *n.* いやなにおい, 悪臭. ── *vi.* いやなにおいがする.

nif·fer [nɪ́fə | -fə(r] 〖(転訛)? ← NIEVE〗 《スコット》 *vt., vi.* 物々交換する (barter). ── *n.* 物々交換.

nif·fy [nɪ́fi | -fɪ] *adj.* 《英俗》いやなにおいのする.

Ni·fl·heim [nívlhèɪm] 〖□ ON *Niflheimr* 《原義》home of mist ← *nifl* mist ＋ *heimr* 'HOME': cf. Nibelungs〗 ── *n.* 〘北欧神話〙ニヴルヘイム《新エッダによれば Ginnungagap の北側にある寒冷な霧の立ち込める国で, Muspelheim に対する; また女神 Hel に支配される死者の国であり, Niflhel や Hel の別名》.

Nifl·hel [nívlhèl] 〖⇨ Nibelungs, hell〗 *n.* 〘北欧神話〙ニヴルヘル《北方の地下にある黄泉国の処罰所で, 寒冷な霧におおわれている》.

NIFO, Nifo [náɪfou | -fəʊ] 《略》〘会計〙 next-in, first-out.

nif·ty [nɪ́fti | -tɪ] 〖(短縮)? ← MAGNIFICENT // 《頭音消失》← *snifty* 《米俗》 having a pleasant smell ← *snift* to sniff 《擬音語?》: もと演劇俗語〗 《口語》 ── *adj.* (**nif·ti·er**; **-ti·est**) **1** 粋な, 気のきいた; すてきな. **2** 手際のよい, 見事な: a ～ landing. ── *n.* **1** 気のきいた言葉[冗談, 考え(など)]. **2** すてきな人[物]; 粋な考え[物]. **níf·ti·ly** *adv.* **níft·i·ness** *n.*

nig [nɪg] 〖《略》← NIGGER〗 *n.* 《軽蔑》黒んぼ.

Nig. 《略》 Nigeria; Nigerian.

Ni·gel [náɪdʒəl] 〖← *Nigellus* 《ラテン語形》← NEIL〗 *n.* 男性名. ★ スコットランドに多い.

ni·gel·la [naɪdʒélə] 〖← NL ～ ← LL ～ 'black caraway' ← L *nigellus* blackish (dim.) ← *niger* black: cf. niello〗 ── *n.* 〘植物〙ヨーロッパ産のキンポウゲ科クロタネソウ属 (*Nigella*) の草本の総称.

ni·ger [náɪdʒə | -dʒə(r] 〖← *Niger* 2〗 *n.* 〘製本〙ニゲル(モロッコ)革《アフリカの Niger が起源のモロッコ革の一種; 上質の製本材》.

Ni·ger *n.* **1** [náɪdʒə | niːdʒέə(r; *F.* niʒɛːr] ニジェール《アフリカ中西部の共和国; もとフランス領西アフリカ (French West Africa) の一部であったが, フランス共同体 (French Community) 内の共和国を経て 1960 年独立; 人口 4,860,000, 面積 1,267,000 km², 首都 Niamey; 公式名 the Republic of the Niger ニジェール共和国》. **2** [náɪdʒə | -dʒə(r] [the ～] ニジェール(川)《アフリカ西部の川 (4,185 km); Guinea に発し, Mali, Niger, Nigeria を流れて Guinea 湾に注ぐ》.

Ní·ger-Cóngo [náɪdʒə- | -dʒə-] 〖⇨ Niger (↑), Congo: いずれも川の名〗 ── *n.* ニジェールコンゴ語族《アフリカの大語族 Congo-Kordofanian に属し, Kwa, Mande, Voltaic, Bantu 語などを含む》. ── *adj.* ニジェールコンゴ語族の.

Ni·ge·ri·a [naɪdʒí(ə)riə | -dʒíərɪə] *n.* ナイジェリア《アフリカ中西部, Guinea 湾に臨む英連邦内の共和国; もと英国の植民地・保護領, 1960 年独立, 1961 年 British Cameroons の北部を併合した; 人口 66,630,000, 面積 923,768 km², 首都 Lagos; 公式名 the Federal Republic of Nigeria ナイジェリア連邦共和国》.

Ni·ge·ri·an [naɪdʒí(ə)riən | -dʒíərɪ-] *adj.* ナイジェリアの; ナイジェリア人の. ── *n.* ナイジェリア人.

níger morócco *n.* 〘製本〙= niger.

níger sèed 〖← ? *Niger* 2 (原産地)〗 ── *n.* ニジェールシード《ramtil の種子で, それから採った油 (niger-seed oil) は食用, 石鹸・ペンキの製造に用いる》.

nig·gard [nígəd | -gəd] 〖(*c*1385) *nigart, negarde* ← *nig* niggard, miser (← ? ON: cf. Swed. 《方言》 *nygg* stingy) ＋-ARD〗 ── *n.* **1** けちで欲深い人, けちんぼう (miser). **2** 出し惜しみする人 〔*of*〕: a ～ *of* money. ── *adj.* = niggardly.

níg·gard·ly 〖(1571)〗 ── *adj.* **1** [軽蔑的に] けちな; 〔…を〕物惜しみする 〔*of*〕: be ～ *of* money 金銭にけちけちする / Nature is ～ *with* Japan in resources. 日本は資源に恵まれていない. **2** わずかな, 乏しい: a ～ sum. ── *adv.* けちけちして; 欲深そうに; 不承不承に. ★ 米国では社会的タブーである nigger との連想で避けられることもある. **níg·gard·li·ness** *n.*

nig·ger [nígə | -gə(r] 〖(1786) 《変形》← 《古形》 *neger, neeger* □ F *nègre* □ Sp. *negro* 'NEGRO'〗 ── *n.* **1** 《軽蔑》 **a** (アメリカ)黒人, 黒んぼ (Negro). ★ 黒人同士の場合は別として, 特に米国ではこの意味にこの語を使用することは社会的タブーである (cf. Negro *n.*). **b** (東インド・オーストラリアなどの)黒人. **2** 社会的に恵まれない人, 一人前に扱われない人. **3** 〘昆虫〙(カブラハバチなどの)黒色の幼虫. **4** = minstrel 3 a. **5** 《古》= nigger-brown.

a nigger in the woodpile* [*fence*]** 《俗》隠(さ)れた動機, 思惑; 隠(さ)れた事実[欠点, 障害, 要因], 「伏兵」; 隠(さ)れた人物: There's *a ～ in the woodpile.* ***work like a nigger あくせく働く.

── *attrib. adj.* 《軽蔑》黒人の: a ～ minstrel = minstrel 3 a / a ～ melody 黒人の歌.

nígger-brówn 《古》 *n.* 暗褐色. ── *adj.* 暗褐色の.

nígger·fish *n.* 〘魚類〙= coney 4.

nígger·hèad *n.* **1** 《軽蔑》= negrohead 1 a. **2** 〘地質〙ニガーヘッド炭《球状炭; negrohead ともいう》. **3** 〘海事〙係船柱 (bollard), ウィンチの巻胴. **4** 〘製本〙= collating mark.

nígger héaven *n.* 《米俗》(劇場の)天井桟敷(さじき) (cf. god 5).

nígger lúck *n.* 《米俗》非常な幸運, 「ばかつき」.

nígger·tòe *n.* 《米口語》〘植物〙= Brazil nut 2.

nig·gle [nígḷ] 〖(*a*1616) ← ? Scand.: cf. Norw. *nigla* to be busy over trifles〗 ── *vi.* **1 a** つまらないことに時間[労力]を浪費する, くだらないことに念を入れすぎる 〔*about, over*〕. **b** いいかげんに仕事をする, もてあそぶ (trifle) 〔*with*〕. **2** (絶えず)こうるさく文句を言う, けちをつける (carp) 〔*at*〕. ── *vt.* **1** ちびちび与える, けちる. **2** 〈人を〉(絶えず)いらいらさせる. ── *n.* 《英》くだらぬ不平, つまらない文句.

níg·gler [-glə, -glə | -glə(r, -glə(r] *n.*

níg·gling [-glɪŋ, -gl- | -gl-] *adj.* **1** つまらないことにこだわる[くよくよする], 気の小さい: a ～ person. **2** 細か過ぎる, こまごました (meticulous): a ～ task. **3** 手の込み過ぎた (overelaborate); 〈筆跡など〉いじけた: ～ handwriting. ── *n.* 細か過ぎる[手間取る]仕事. **～·ly** *adv.*

nig·gly [nígli, -gli | -glɪ] *adj.* (**nig·gli·er**; **-gli·est**) = niggling.

nigh [naɪ] 〖OE *nēah, nēh* near < ? Gmc **nēhwiz* (Du. *na* / G *nahe*): cf. next, neighbor〗 《古・文語・方言》 *adv.* (～**·er**, ～**·est**; 《古》 **near, next**) **1** 近くへ[に], 接近して (near): come [stand] ～ / be ～ unto death 死にかけている / ～ on [onto] 60 years かれこれ 60 近くになって / Night was drawing ～. 夜が近づいてきた / ～ and far 遠近を問わず, 至る所に / ～ at hand 手近に, 間近に. **2** ほとんど (nearly): ～ worn out with fatigue 疲労のためほとんど力尽きて.

── *adj.* (～**·er**, ～**·est**; 《古》 **near, next**) **1** 近い, 接近した; 近親の (near). **2** 直接の, 短い, 近い (direct): the ～*est* road 一番の近道. **3 a** 〈動物・乗物など〉左側の (cf. near *adj.* 8). **b** (荷)鞍のある: the ～ horse. **4** けちな (parsimonious).

── *prep.* …の近くに: stand ～ me / be ～ death.

── *vt.* …に近づく. ── *vi.* 接近する (approach).

night [naɪt] 〖OE *niht, neaht* ← Gmc **naht-* (Du. *nacht* / G *Nacht*) ← IE **nekʷ(t)-* night (L *nox* / Gk *núx*)〗 ── *n.* **1** 夜, 夜間, 晩《特に, 陽光の見えない日没ごろから日の出ごろまで; cf. morning 1 a, afternoon, evening》: ⇨ good night / at [in the] dead of ～ ⇨ dead *n.* 2 / ⇨ *spend the* NIGHT *with* / (as) dark [black] as ～ 真暗[黒]で / *Night* falls. 日が暮れる / far into the ～ 夜ふけまで / *on a* dark ～ 暗い夜に / *on* the ～ of one's departure 出発の夜に / put up *for* the ～ 夜の宿を取る / I woke three times *in a* ～. 一晩に3度目をさました. ★ (1) 通例副詞句をなして: last ～ 昨夜 / the ～ before last 一昨夜[晩] / all ～ (long) = all the ～ through = all through the ～ 終夜, 夜通し / The patient won't last the ～. 患者は朝まではもつまい / ⇨ nights. (2) ラテン語系形容詞: nocturnal. **2 a** (社交上の催しなどの)夜, (…の)夕べ; 夜の部[公演]: an amateur ～ しろうと(演芸)の夕べ / hold a ladies' ～ at the club 集会室で夜の婦人会を開く. **b** (特別の日の)夜 (cf. eve 2): on New Year's *Night* 元日の夜に. **3 a** 夜の闇, 夜陰, 暗黒 (darkness): under (the) cover of ～ 夜陰に乗じて / go forth into the ～ 夜の暗闇の中に入って行く. **b** 日暮れ (nightfall). **c** 《文語》(夜の闇に似た)無知蒙昧(もうまい)(の状態); 失意[沈滞]の時: be wrapped in the ～ of ignorance [barbarism] 無知[野蛮]の闇に閉ざされている. **4** 夜の休息, 眠り: have a good [bad] ～ よく眠れる[眠れない].

a night off 仕事を休む夜, 非番の夜, 自由な夜. ***a night out*** (1) 外で浮かれ過ごす夜: He had *a ～ out.* 彼は一夜を浮かれ過ごした. (2) (召使などが暇をもらって)外出できる夜. ***as night follows day*** (昼のあとに夜が来るように)必ず, 必然的に (cf. *Hamlet,* 1. 3. 79). ***at night*** (1) 日暮れに. (2) 夜分に《特に夕方6時から夜半までの時間にいう; cf. *in the* NIGHT》: ten (o'clock) *at* ～ 夜10時に / late *at* ～ 夜遅く / sit up *at* ～ 夜(寝ずに)起きている. ***at nights*** 夜分に, 夜な夜な (cf. nights). ***by night*** 夜(分)に[は] (cf. *by* DAY); 夜にまぎれて: It is not a place to visit *by* ～. そこは夜行く所ではない. ***in the night*** 夜中に (cf. *at* NIGHT): The fire broke out *in the* ～. 火事は夜中に起こった. ***make a night of it*** 一夜をにぎやかに遊び[飲み]明かす. ***night after night*** (同じ状態が)次の夜も次の夜も, 毎夜 (cf. DAY *after day*). ***night and day*** = ***day and night*** 日夜, 四六時中, 休み[絶え間]なく, 常に. ***night by night*** (変化が)一晩一晩と, 夜ごとに (cf. DAY *by day*). ***of a night*** よく夜に; 夜分に. ***of nights*** 《古》= *of a* NIGHT. ***o' nights*** 〖⇨ o' 2〗《米口語・英古》よく夜に, 夜分に時々: I cannot sleep o' ～*s* for thinking of that. それを思うと夜も眠れない. ***over night*** 《古》= overnight. ***spend the night with*** (1) 〈人〉のもとに一泊する. (2) 〈異性〉と一夜を共にする. ***turn night into day*** 夜遅くまで[一晩中]働く; 夜遊びする. ***under night*** 《スコット》夜間, 夜陰に乗じて.

── *attrib. adj.* **1 a** 夜の[に関する, 特有の]: a ～ breeze 夜風. **b** 夜に用いる, 夜に行なわれる, 夜間の: ～ duty 夜勤, 当直 / ～ fishing 夜釣 / a ～ baseball [game] (野球の)ナイター / a ～ flight 夜間飛行. **2 a** 夜勤の: ⇨ night nurse, night shift, night sister. **b** 夜間に運行する: a ～ train 夜行列車 / a ～ express 夜の急行列車 / a ～ boat 夜間航行の客船. **3** 〈動物など〉夜行性の, 夜活動する: ⇨ night bird / a ～ person 夜型の人.

níght àpe *n.* 〘動物〙ヨザル (*Aotes trivergatus*)《中南米産, 広鼻猿中唯一の夜行性のサル》.

níght bàg *n.* = overnight bag.

níght bèll *n.* 《英》(医師の家などの)夜間用ベル.

níght bìrd *n.* **1** 夜鳥, 夜活動する鳥《owl, nightingale など》. **2** = nighthawk 2.

níght-blìnd 〖《逆成》↓〗 *adj.* 鳥目の, 夜盲症の.

níght blìndness *n.* 〘病理〙夜盲(症), 鳥目 (nyctalopia) (↔ day blindness).

níght-blòoming céreus *n.* 〘植物〙 **1** ヨルザキサボテン (*Selenicereus grandiflorus*)《夜間白い芳香のある大花を開く》. **2** 夜間に花を開くサボテンの総称.

níght bòmber *n.* 夜間爆撃機.

níght·càp 〖(*c*1395)〗 ── *n.* **1** ナイトキャップ《夜寝る時にかぶる帽子; 今はあまり用いられない》. **2** 《口語》(夜寝る前に飲む)寝酒, 熱い飲物. **3** 《米口語》〘スポーツ〙最後の試合; (特に)競馬の最終レース, (野球のダブルヘッダーの)第二試合《夜間に行なわれなくても午後でもよい》. **4** 山頂に浮かぶ雲.

nightcap 1

níght càrt *n.* (夜間の)屎尿(しにょう)運搬車 (cf. night soil).

níght-cèllar *n.* 《英古》(夜間営業の低級な)地階の酒場.

níght chàir *n.* = nightstool.

níght·clòthes *n. pl.* (パジャマなどの)夜着, 寝間着.

níght·clùb *n.* ナイトクラブ. ── *vi.* ナイトクラブへよく行く[でよく遊ぶ].

níght·clùbber *n.* ナイトクラブの常連.

níght commòde *n.* = nightstool.

níght còurt *n.* 《米》(即決事件を扱う大都市の)夜間(刑事)裁判所.

níght cràwler *n.* 《米》(夜はい回る)大ミミズ《釣餌用》.

níght cròw 〖ME〗 *n.* 《古》夜鳴き鳥; (特に)ゴイサギ (night heron).

níght crỳ *n.* (赤ん坊の)夜泣き.

níght dòg *n.* 《英古》夜間用猟犬.

níght·drèss *n.* **1** = nightgown. **2** = nightclothes.

night·ed [náɪṭɪd, -ṭəd | -tɪd, -təd] 〘←《廃》*night* to become night (< ME *nyghte*(*n*))+-ED 1〙 *adj.* **1** 《まれ》行き暮れた (benighted). **2** 《古》真っ黒な, 真っ暗な.
níght èditor *n.* (新聞社や通信社の)夜間編集者《新聞社では朝刊の編集に責任をもつ》.
níght effèct *n.* 〘通信〙夜間効果《無線による方向探知において夜になると電離層の影響で測定した方向に誤差が大きくなる現象》.
night·er·y [náɪṭəri | -təri] 〘← NIGHT+-ERY 4〙 *n.* 《米口語》=nightclub.
níght expòsure *n.* 〘写真〙夜間撮影.
níght·fàll *n.* 日暮れ, 夕方 (evening): at ～ 日暮れに.
níght fìghter *n.* 夜間戦闘機(のパイロット).
níght flòwer *n.* 〘植物〙夜開き昼閉じる花《ツキミソウなど》.
níght flỳ *n.* 〘昆虫〙(夜間飛ぶ)ハエ, ガ.
níght-flỳing *n.* (航空機の)夜間飛行. ― *adj.* **1** 夜間飛行をする. **2** 〈ハエ・ガなど〉夜間飛ぶ.
níght-fòssicker *n.* 《豪》(昔の)夜の砂金[石英]泥棒.
níght glàss *n.* **1** (主に海上用)夜間用望遠鏡《光明度が高いもの》. **2** [*pl.*] (光明度の高い)夜間用双眼鏡.
níght·glòw *n.* 〘気象〙夜光《夜間に見られる大気光 (airglow)》.
níght·gòwn 〘ME〙 *n.* **1** (婦人・子供用のゆったりとした通例長い)寝間着 (nightdress). **2** =nightshirt. **3** 《古》=dressing gown.

nightgown 1

níght-hàg *n.* **1** (夜間空中を駆けると考えられた)魔女. **2** 夢魔 (nightmare).
níght·hàwk *n.* **1** 〘鳥類〙 **a** アメリカヨタカ (*Chordeiles minor*)《北米産ヨタカ科の鳥》. **b** =nightjar. **c** 《豪》=morepork. **2** 《口語》 **a** 夜遅くまで起きている人, 宵っぱり. **b** 夜出歩く人; 夜盗. **3** 《米口語》夜の流しタクシー.
níght hèron *n.* 〘鳥類〙 **1** ゴイサギ (*Nycticorax nycticorax*). **2** ゴイサギ属 (*Nycticorax*) の鳥の総称.
night·ie [náɪṭi | -ti] 〘← NIGHT+-IE〙 *n.* 《口語》(婦人・子供用の)寝間着 (nightgown).
night·in·gale [náɪtṇgèɪl, -ṭɪŋ-, -ṭən- | -tɪŋ-] 〘《c1250》 *nightyngale* 《鼻音化変形》← ME *nightegale* < OE *nihtegale* ← *nihte* 'NIGHT'+*gale* singer (← *galan* to sing: cf. yell): cog. G *Nachtigall*〙 ― *n.* **1** 〘鳥類〙 **a** ナイチンゲール, サヨナキドリ (*Luscinia megarhyncha*)《ヨーロッパ産ツグミ科の鳥; 春その雄は夕方から夜更けにかけて美しい声で鳴く》. **b** ナイチンゲールに似た鳥類の総称: ⇨ Japanese nightingale. **2** 美声の歌手[演説家].
Night·in·gale [náɪtṇgèɪl, -tɪŋ- | -tɪŋ-], **Florence** *n.* ナイチンゲール《1820-1910; イタリアの Florence に生れた英国の婦人博愛家; クリミア戦争に従軍して傷病兵看護に尽くし,近代的看護技術の開拓者となった; the Lady of [with] the Lamp として知られる》.
níght·jàr 〘← NIGHT+JAR[1]: 日暮れ時に蛾などの昆虫を追う際, 耳ざわりな音を出すところから〙 ― *n.* 〘鳥類〙ヨタカ (goatsucker); (特に)ヨーロッパヨタカ (*Caprimulgus europaeus*).
níght jàsmine *n.* 〘植物〙 **1** =hursinghar. **2** ヤコウカ, ヤコウボク (*Cestrum nocturnum*)《熱帯アメリカ・西インド諸島産のナス科の低木で, 夜に黄緑色の花を咲かせ香気を放つ》.
níght kèy *n.* ナイトラッチ (night latch) 用の鍵(かぎ).
níght làtch *n.* ナイトラッチ, 夜錠 (night lock)《外側からは鍵で開け内側からは手で開かれるばね仕掛けの錠》.
níght·less *adj.* 夜のない. ～**·ness** *n.*
níght lètter [**lèttergram**] *n.* 《米》夜間割引電報《100 語以内; 翌朝通常の電報配達のあい間に配達され, 低料金; cf. day letter》.
níght lìfe *n.* 夜遊び, 夜の生活. **níght lìfer** *n.*
níght-lìght *n.* **1** **a** (病人・子供などのための)常夜灯, 終夜灯《太くて短いろうそくまたは豆電球を用いる》. **b** (船舶の)夜間灯. **2** 夜の微光.
níght lìne *n.* 餌をつけ夜間水中に放って置くのべなわ・はえなわの類.
níght lòck *n.* =night latch.
níght·lòng *adj.* 終夜の, 徹夜の: a ～ study. ― *adv.* 終夜, 徹夜で.
níght·ly 〘OE *nihtlic*〙 ― *adj.* **1** 毎夜の, 夜々の: ～ visits 夜ごとの訪問. **2** 夜の, 夜出る[生じる, 行なわれる, に特有の]: ～ revels 夜の酒宴. **3** 《文語》夜のような, 夜に似た, 夜にふさわしい. ― *adv.* **1** 夜ごとに, 夜な夜な (every night). **2** 夜に.
níght·man [-mən] *n.* (*pl.* **-men** [-mən]) **1** (夜間の)屎尿(しにょう)処理作業員 (cf. night soil). **2** =night man.
níght màn *n.* 夜の職業の人, 夜勤の人; (特に)夜警.
níght·mare [náɪtmὲə | -mὲə(r)] 〘《c1300》: ⇨ night, mare[2]: cf. G *Nachtmahr*〙 ― *n.* **1** うなされる夢, 悪夢: have a ～ うなされる. **2** 悪夢のような印象[経験], 恐ろしい事, 不快な人[物]; いやな予感, 恐怖[不快]感. **3** 夢魔《昔睡眠中の人を窒息させると想像された悪魔; cf. incubus, succubus 1》. ― *attrib. adj.* **1** 悪夢[夢魔]の[に関する]. **2** =nightmarish.
níght·màr·ish [-mὲ(ə)rɪʃ | -mὲər-] *adj.* 悪夢のような, 恐ろしい. ～**·ly** *adv.* ～**·ness** *n.*
níght mònkey *n.* 〘動物〙=night ape.
níght-níght *int.* 《口語》=nighty-night.
níght nùrse *n.* 夜間付き添い看護婦.
níght òffice *n.* 〘カトリック〙(聖務日課の)朝課と賛課 (matins and lauds)《1971 年まで修道院で夜半と午前 4 時との間に誦(じゅ)えた》.
níght òwl *n.* **1** 〘鳥類〙=nighthawk 1. **2** 《口語》=nighthawk 2 a.
níght pìece *n.* 夜景画; 夜想曲; 夜景文[詩].
níght pòrter *n.* (ホテルなどの)夜間のフロント係.
níght ràil *n.* 《古》(婦人のゆったりとした)ガウン, 化粧着 (dressing gown).
níght ràte *n.* (電信・電話などの)夜間料金.
níght ràven 〘OE *nihthræfn*〙 *n.* **1** 《詩》夜間鳴く鳥. **2** 〘鳥類〙ゴイサギ (night heron).
níght rìder *n.* 《米》 **1** (夜間に報復や恐喝の目的で横行する)覆面騎馬暴力団の一人《特に, 南北戦争後の南部の白人》. **2** Ku Klux Klan の一員.
níght-rìding *n.* 《米》覆面騎馬暴力団の夜間の横行 (cf. night rider 1).
níght-ròbe *n.* 《英古・米》=nightgown 1.
nights [náɪts] 〘OE *nihtes*: ⇨ -s[2] 1: cf. G *nachts*〙 *adv.* 《米口語》夜分に; 夜な夜な, 毎夜 (cf. mornings, evenings): work ～ 夜勤をする.
níght sàfe *n.* (銀行の)時間外用受入れ口.
níght scène *n.* **1** 夜の場面. **2** 夜景.
níght schòol *n.* 夜間学校 (evening school) (cf. day school): go to ～.
níght séason *n.* [the ～] 《古》夜分 (nighttime).
níght·shàde 〘OE *nihtscada*: ⇨ night, shade: cf. G *Nachtschatten*〙 ― *n.* 〘植物〙 **1** ナス属 (*Solanum*) の種々の植物の総称《イヌホウズキ (black nightshade), bittersweet など》. **2** =belladonna 1 a. **3** =henbane.
níght shìft *n.* **1** (昼夜交替で働く労働者の)夜間勤務(時間), 夜勤 (cf. day shift): *on* a ～. **2** [集合的] 夜勤の労働者たち: one of the ～.
níght·shìrt *n.* (ワイシャツ型で長くゆるやかな)寝間着.
níght·sìde *n.* **1** (人・物事の)裏面, 醜い面. **2** 月[惑星]の裏側《太陽に面していない面》. **3** 〘新聞〙夜勤者グループ; 朝刊要員 (cf. dayside).
níght-sìght *n.* (銃の)夜間照準器.
níght sìster *n.* 《英》夜間看護婦長.
níght sòil *n.* 《婉曲》(通例, 夜間汲み取る)屎尿(しにょう) (cf. nightman, night cart).
níght sòng *n.* 〘カトリック〙=compline.
níght·spòt *n.* 夜の遊び場《ナイトクラブなど》
níght·stànd *n.* =night table.
níght·stìck *n.* 《米》警棒《警官が持ち歩く長く太い棍(こん)棒》.
níght·stòol *n.* 寝室用便器 (closestool).
níght swèat *n.* 寝汗, 盗汗.
níght tàble *n.* ナイトテーブル (nightstand)《ベッドのそばに置く小卓[物置台]》.
níght tèrror *n.* 〘病理〙(幼児の)夜驚(症).
níght·tìde 〘《c1300》〙 *n.* **1** 夜潮. **2** 《古》夜分.
níght·tìme 〘《c1400》〙 *n., adj.* 夜間(の), 夜分(の) (↔ daytime): in the ～ 夜分に.
níght·tòwn *n.* (絵画の主題としての歓楽の)夜の町.
níght·wàlker 〘《1467》〙 *n.* **1** 夜間うろつく人《盗賊・売春婦など》. **2** **a** 夜行性動物. **b** 《米北部》=night crawler.
níght wàtch 〘OE〙 ― *n.* **1** **a** 夜番, 夜警. **b** [集合的にも用いて] 夜警人, 夜警員. **2** **a** [通例 *pl.*] (ヘブライ人・古代ギリシャ人・ローマ人などの)夜間の区切り (cf. watch *n.* 4). **b** [the ～es] 《文語》(夜)眠れない時間: in *the* ～*es* 夜の更(ふ)くるままに, 夜眠れない時に, 小夜の寝ざめに (*Ps.* 63:6).
níght wàtchman *n.* **1** 夜まわり; (工場・事務所などの)夜警(員). **2** 〘クリケット〙(同時に出ている 2 人の打者のうち得点能力のあるパートナーに打たせながら)プレーのイニングを引き伸ばし守備的な打法をする打者.
níght·wèar *n.* 寝間着 (nightclothes).
níght·wòrk *n.* 夜業, 夜なべ仕事, 夜勤 (↔ daywork).
níght·wòrker *n.* 夜業者, 夜勤者 (↔ dayworker).
night·y [náɪṭi | -ti] 〘← NIGHT+-Y[2]〙 *n.* 《口語》=nightie.
níghty-níght *int.* 《口語》おやすみなさい; さようなら.
nig-nog [nígnɑ̀g | -nɔ̀g] 〘《短縮》← *nigmenog* fool ← ?〙 *n.* 《英俗》 **1** ばか, 間抜け. **2** (軍隊などの)新兵.
ni·gres·cent [naɪgrésṇt] 〘《1755》▭ L *nigrēscent-em* (pres.p.) ← *nigrēscere* to grow black ← *niger* black〙 ― *adj.* 次第に黒くなる; 〈髪・膚など〉黒ずんだ, 黒味がかった (blackish). **ni·grés·cence** [-sṇs] *n.*
nig·ri·fy [nígrəfàɪ | -rɪ-] 〘▭ LL *nigrificāre* ← *niger* black+*facere* to make: ⇨ -fy〙 *vt.* 黒くする.
nig·ri·tude [nígrət(j)ù:d | -grɪtjù:d] 〘▭ L *nigritūdō* blackness ← *niger* black: ⇨ -tude〙 *n.* **1** 黒さ, 真黒, 漆黒; 真暗闇. **2** 《古》黒いもの.
ni·gro·sine [nígrəsì:n, -sɪn, -sən | -sì:n, -sɪn] 〘← L *nigr-*, *niger* black+-OSE[1]+-INE[3]〙 *n.* 〘化学〙ニグロシン《アニリン酸化により得られる濃紺や黒の染料》.
ni·hil [náɪhɪl, ní:-] 〘《1579》▭ L ～ 'nothing' ← *nihilum* < **nehīlum* 《原義》not even a trifle ← *ne* not +*hīlum* small thing〙 ― *n.* **1** 虚無, 無, 空(くう). **2** 無価値な物.
níhil ad rém [-æd-rém] 〘▭ L ～ 'nothing to the point'〙 *L. adj.* 不得要領の, 見当違いの, 全く不適切な.
ni·hil·ism [náɪəlìzṃ, níhɪl-, -həl-, ní:əl- | náɪɪl-, náɪhɪl-, náɪəl-] 〘《a1817》▭ G *Nihilismus* ← L *nihil* 'NIHIL'+-*ismus* '-ISM': ドイツの哲学者 F. H. Jacobi (1743-1819) の造語〙 ― *n.* **1** 〘哲学〙ニヒリズム, 虚無主義《伝統的思想・理論・真理・知識・信仰・規範や価値を一切否定する主義; 特に道徳的規範の否定に関する場合は ethical nihilism ともいう》; 極端な懐疑論. **2** [N-] (19 世紀後半から 20 世紀にかけてのロシヤの革命派の唱えた)ニヒリズム, 虚無主義《新社会制度を作り出すためにはあらゆる破壊や暴力行為をも肯定する》. **3** 暴力革命主義 (terrorism); 無政府主義 (anarchism). **4** 薬物無効論.
ní·hil·ist [-lɪst, -ləst | -lɪst] 〘《1836-37》▭ F *nihiliste*: ⇨ nihil, -ist〙 ― *n.* **1** 〘哲学〙ニヒリスト, 虚無主義者; 極端な懐疑論者. **2** [N-] (ロシヤの)虚無主義者. **3** 無政府主義者, 暴力革命主義者. **ni·hil·ís·tic** [nàɪəlístɪk, nìhɪl-, -həl-, nì:əl- | nàɪɪl-, nàɪhɪl-, nàɪəl-] *adj.*
ni·hil·i·ty [naɪhíləṭi | -lətɪ, -lɪ-] 〘▭ F *nihilité* ▭ ML *nihilitas*: ⇨ nihil, -ity〙 *n.* **1** 虚無, 無 (nothingness). **2** つまらないこと, 取るに足らぬこと.
níhil óbstat [-ɑ́bstɑ:t, -stæt | -ɔ́b-] 〘▭ L ～ 'nothing stands in the way': ⇨ obstacle〙 ― *n.* **1** 〘カトリック〙(公の検閲官によって検閲した上で道徳上, また信仰上異議なしと認められた)書物の出版許可, 無害証明. **2** (芸術作品の)公式認可.
Ni·jin·sky [nɪʒínski, nə-, -dʒín- | nɪʒínskɪ, -dʒín-; *Russ.* njiʒínskjij], **Was·law** *or* **Vas·law** [vatsláf] *n.* ニジンスキー《1889-1950; ポーランド系のロシヤのバレエダンサー・振付け師》.
Nij·me·gen [náɪmeɪgən | ─ ─ ─, ─ ─́ ─; *Du.* néime:xə] *n.* ナイメーヘン《オランダ東部, Waal 河畔の都市; 講和条約の締結地 (1678-79), 第二次大戦の戦跡地; 人口 149,000》.
-nik [nɪk, nìk] 〘▭ Yid. & Russ. ～ '-er[1]'〙 ― *suf.* 《口語・俗》しばしば軽蔑的に社会の標準的な価値観を否定して「…を行なう者, …の特徴をもつ者, …に関係する者」「…を愛好する人」の意を表わす名詞を造る: beat*nik*, gambler*nik*, jazz*nik*, peace*nik*, Viet*nik*.
Ni·ke [náɪki:] 〘▭ L ～ ▭ Gk *Níkē* 《原義》victory: cf. Nicholas[1]〙 ― *n.* 〘ギリシャ神話〙ニーケー, ニケ《勝利の女神; 片手に花輪, もう一方の手に棕櫚(しゅろ)の枝を持った翼のある女の姿で現わされる; 勝利を与える神としての Athene, ローマ神話の Victoria に当たる》. **Nike of Samothrace** [the ―] サモトラケのニーケー《1836 年 Samothrace 島で発見された女神像; 現在は Paris の Louvre 美術館収蔵; 高さ 2.45 m, Paros 島産大理石立像で, シリアの Antiochus 三世に対するロードス人 (Rhodians) の勝利の記念碑として 190 B.C. ごろ建立されたといわれる; Winged Victory ともいう》.

Nike of Samothrace

nik·eth·a·mide [nɪkéθəmàɪd, nə-, -mɪd, -məd | nɪkéθəmàɪd, -mɪd] 〘← *nic*(*otinic acid*)+(DI)ETH(YL)AMIDE〙 ― *n.* 〘薬剤〙ニケタミド ($C_5H_4NCON(C_2H_5)_2$)《呼吸および循環器系興奮剤》.
Ni·kisch [níkɪʃ; *G.* nɪ́kɪʃ], **Arthur** *n.* ニキシュ《1855-1922; ハンガリーの指揮者》.
Ni·ko·la·ev [nìkəláɪɪf, -əf | -ɪf; *Russ.* njikalájif] *n.* ニコラエフ《ソ連邦 Ukraine 共和国 Bug 河口の海港・要塞港市; 人口 447,000》.
Ni·ko·la·e·vich [nì:kəláɪɪvɪtʃ; *Russ.* njikalájivjitʃ] 〘▭ Russ. ～ 《原義》'son of NIKOLAI'〙 *n.* 男性名.
Ni·ko·la·evsk [nìkəláɪɪfsk, -əfsk | -ɪfsk; *Russ.* njikalájifsk] *n.* ニコラエフスク《ソ連邦ロシヤ共和国東部 Khabarovsk 地方北部, Amur 河口近くの港市; 人口 33,000; 尼港事件 (1920 年) 発生地》.
Ni·ko·lai [nì:kəláɪ; *Russ.* njikaláj] 〘▭ Russ. ～ 'NICHOLAS[1]'〙 *n.* 男性名.
Ni·ko·la·ie·vich [nì:kəláɪɪvɪtʃ; *Russ.* njikaláijivjitʃ] 〘▭ Russ. ～ 《原義》'son of NIKOLAI'〙 *n.* 男性名.
nil [níl] 〘《1833》▭ L ～ 《短縮》← NIHIL〙 ― *n.* **1** 無, 皆無 (nothing). **2** 《英》(競技などで)零, ゼロ, 零点: three goals to ～ 3 対零. ― *adj.* [通例 Predicative に用いて] 皆無の, 存在しない (nonexistent).
níl ad·mi·rá·ri [-ædmɪrέ(ə)raɪ, -ɑ̀:dmɪrɑ́:ri: | -rέər-, -rɑ́:r-] 〘▭ L ～ 'to wonder at nothing': ⇨ ↑, admire〙 ― *L.* **1** 何事にも驚かないこと, 無頓着, 無関心 (nonchalance). **2** つまらない事に無頓着な人.
níl des·pe·rán·dum [-dèspərǽndəm, -dèsperɑ́:ndùm] 〘▭ L ～ 'nothing to be despaired of': ⇨ nil, desperate〙 ― *L.* 何事にも失望すべからず, 失望するなかれ (never despair).
Nile [náɪl] 〘▭ L *Nīl-us* ▭ Gk *Neîlos* ← ? Egypt. *nwy* water, river: cf. Egypt. *Aur-Aa* 《原義》great river〙 ― *n.* **1** [the ～] ナイル(川)《アフリカ東部, Victoria 湖から北流して地中海に注ぐ大河 (5,760 km, Kagera 川の水源からは 6,690 km で世界第一の長流); Tana 湖からエチオピアを流れて Khartoum で Nile の本流に合流するまでの部分を Blue Nile (青ナイル) (1,600 km), Khartoum から上流のナイルの本流を White Nile (白ナイル) (1,900 km) という》. **2** [n-] =Nile green.
Níle blúe, n- b- *n.* 緑がかった薄青色. **Níle-blúe, níle-b-** *adj.*
Níle gréen, n- g- *n.* 黄色[青味]がかった薄緑色. **Níle-gréen, níle-g-** *adj.*

nil·gai [nílgaɪ] 〘《1882》▭ Hindi & Pers. *nilgāw* ← *nīl* blue＋*gāw* 'bull, cow'〙 ― *n.* (*pl.* ～s, ～) (*also* **nil·gau** [nílgɔː], **nil·ghai** [～]) 〘動物〙ニルガイ (*Boselaphus tragocamelus*)《インド産の大きなレイヨウで成長した雄の色は青灰色》.

nilgai

Níl·gi·ri Hills [nílgɪri-, -gə- | -gɪrɪ-] *n. pl.* [the ～] ニルギリ丘陵《インド南部 Tamil Nadu 州にある山群; 最高峰 Doda Betta [dóudə-bétə] (2,636 m); the Nilgiris ともいう》.

nill [níl] 〘OE *nyllan* to be unwilling ← *ne-* not＋*wyllan* to will: cf. willy-nilly〙 ― *vi., vt.* 《古》好まない, いやだ. ★ 今は次の場合に限られる: will he, ～ he いやでもおうでも (cf. willy-nilly).

nil ni·si bo·num [níl-náɪsaɪ-bóunəm, -níːsiː-bóunʊm | -báu-] 〘▭ L ～ 'nothing but good': ⇨ nil, bonus〙 *L.* よいことだけ.

níl nórm *n.* 《英》〘経済〙賃上げ規制標準《原則として超えることを許されない賃上げの上限》.

Ni·lo- [náɪlo(ʊ) | -lə(ʊ)] 〘← NILOTIC〙 ―「ナイル川(流域)の; ナイル言語群の (Nilotic)」の意の連結形: *Nilometer*.

Nìlo-Hámite 〘← NILO(TIC)＋HAMITE〙 *n.* ナイロハム族の人《東アフリカの Masai 族などを含む原住民族》.

Nìlo-Hamític *adj., n.* ナイロハム語族(の)《ナイル言語群 (Nilotic) の東部群をなし, Sudan 南部, Uganda 北部と東部, Kenya 西部, Tanzania 北部などに話される幾つかの言語からなる》.

Ni·lom·e·ter, n- [naɪlámətə | -lɔ́mɪtə(r, -mə-] 〘《1707》▭ Gk *Neilométrion* ← *Neîlos* 'the NILE'＋*métron* measure: ⇨ meter³〙 ― *n.* ナイル川増水測定用水位標.

Nìlo-Sahăran 〘← NILO(TIC)＋SAHARAN〙 *adj., n.* ナイロサハラ語族(の)《アフリカ言語群の大きな語族の一つ》.

Ni·lot [náɪlɑt, -lət | -lɔt, -lət] 〘↓〙 *n.* (*pl.* **Ni·lo·tes** [-lo(ʊ)tiːz | -lə(ʊ)-]) ナイロット《アフリカの Nile 川上流地帯に住む原住民; ナイル系語族》.

Ni·lot·ic [naɪlɑ́tɪk | -lɔ́t-] 〘▭ L *Nīlōtic-us* ▭ Gk *Neilōtikós* 'of the NILE': ⇨ -otic¹〙 ― *adj.* **1** Nile 川(流域)の, Nile 川流域に住む(人々の); (特に) White Nile 川流域に住む背の高い黒人の. **2** ナイル言語群の (cf. Nilo-Hamitic). ― *n.* ナイル言語群《White Nile 川流域で話される言語》.

Nils [níls; *Swed.* níls] 〘▭ Swed. ～: ⇨ Neil〙 *n.* 男性名.

Nils·son [nílsn; *Swed.* nílsɔn], **(Mär·ta) Bir·git** [mártɑ bírgɪt] *n.* ニルソン《1918- ; スウェーデンのオペラ歌手; ソプラノ》.

Ni·lus [náɪləs] 〘▭ L *Nīlus*〙 *n.* ナイロス《Nile (川)のラテン語名》.

nim¹ [nɪ́m] 〘OE *niman* to take < Gmc **neman* (G *nehmen*) ← IE **nem-* to take (Gk *némein* to allot)〙 ― *vt., vi.* (**nam** [nǽːm, nǽ(ː)m], **nimmed**; **no·men** [nóumən | náʊ-], **nome** [nóum | náum]; **nim·ming**) 《古》かっぱらう, 盗む, こそどろする.

nim², **N-** [nɪ́m] 〘↑〙 ― *n.* ニム《2人で数取りを幾つかの山に分け, その一山から交互に取り合って最後の数取りを相手に何とか取らせようとする, または自分でとろうとするゲーム》.

nimb [nɪ́m, nɪ́mb] *n.* ＝nimbus 1, 2. **～ed** [nɪ́md] *adj.*

nimbi *n.* nimbus の複数形.

nim·ble [nímbl] 〘ME *nimel, nemel* < OE *numol, nǣmel* quick at taking ← *niman* (⇨ nim¹)＋*-ol* '-LE²': *-b-* は 15 C 以後の挿(ソウ)入 (cf. thimble)〙 ― *adj.* (**nim·bler**; **-blest**) **1** 〈人・動作など〉すばやい, はしっこい, 敏活な: ～ fingers / be ～ of foot [on one's feet] 足が速い / be ～ in *climbing* trees するすると木に登(れ)る. **2** (頭の働き・反応などが)素早い, 呑み込みが早い; 〈応答など〉機知に富む, 賢い, 如才ない, 気の利いた; 融通のきく, 多才な: a ～ wit 敏捷な機知 / a ～ mind 鋭敏な心 / a ～ thinker 多才な思想家 / a ～ answer [jest] 気の利いた返答[冗談]. **3** 〈貨幣が〉流通が速い: the ～ sixpence [ninepence, shilling] 流通の速い金; 薄利速売. **4** 〈筋書など〉巧みに仕組まれた, 巧妙な. **～·ness** *n.* **ním·bly** *adv.* 「うまい.

nímble-fíngered *adj.* 〈すりが〉手先の速い, 盗みの

nímble-fóoted *adj.* 足の速い. 「の早い.

nímble-wítted *adj.* 機敏な, 才走った, ものわかり

nim·bo- [nímbo(ʊ) | -bə(ʊ)] 〘← L *nimbus*: ⇨ nimbus〙〘気象〙「乱雲, 雨雲 (nimbus)」の意の連結形.

nìmbo·strátus 〘← NIMBO-＋STRATUS〙 *n.* 〘気象〙乱層雲《略 Ns., Ns; ⇨ cloud 挿絵》.

nim·bus [nímbəs] 〘《1616》▭ L ～ 'rain (storm), cloud': cf. nebula / Gk *néphos* cloud, mist〙 ― *n.* (*pl.* **nim·bi** [-baɪ], ～·es) **1** (昔, 神話で神が地上に現われた時その周囲を囲んだという)光の雲, 後光. **2** (人や物の周囲に感じられる)輝かしい雰囲気, 魅力, 「後光」. **3** 〘美術〙(神・聖人・帝王などの身から発する光輝の象徴で主として像の頭の回りに表わす)輪光, 光輪, 光背, 円光 (halo) (cf. aureole 2). **4** 〘気象〙乱雲, 雨雲 (rain cloud). **～ed** *adj.*

Nîmes [níːm; *F.* nim] *n.* ニーム《フランス南部 Gard 県の首都; 古代ローマ円形劇場の廃址(シ)がある; 人口 124,000》.

ni·mi·e·ty [nɪmáɪəṭi | -máɪɪtɪ, -máɪə-] 〘▭ LL *nimietāt-em* ← L *nimius* too much〙 *n.* 《文語》過度, 過剰.

nim·i·ny-pim·i·ny [nímənipíməni | -mɪnɪpímɪnɪ] 〘《1801》〘擬音語〙気取り屋の言葉遣いをまねた語: cf. namby-pamby〙 ― *adj.* 気取った, すまし込んだ (affected); 柔弱な, 女々しい (effeminate).

nim·i·ous [nímiəs | -mɪ-] 〘《c1485》*nymyos* ▭ L *nimius*: ⇨ -ous〙 *adj.* 〘スコット法〙過度の.

Nim·itz [nímɪts, -məts | -mɪts], **Chester William** *n.* (1885-1966) 米国海軍元帥; 第二次大戦時の太平洋艦隊司令長官 (1941-46).

Ni·món·ic álloys [nɪmánɪk-, -nə- | nɪmɔ́n-] 〘*Nimonic*《商標名》〙 ― *n. pl.* ニモニック合金《80% ニッケル, 20% クロムのような高ニッケル・クロムの合金; 耐食性大で, 高温度で安定のため, ガスタービン翼などの耐熱用材料として用いられる》.

Nim·rod [nímrɑd | -rɔd] 〘《1545》▭ Heb. *Nimrōdh*《原義》?: cf. Akkad. *Nimurta* a god of hunting and war〙 ― *n.* **1** 〘聖書〙ニムロデ《Cush の子, Noah の曾孫で狩の名人; cf. *Gen.* 10: 8-9》. **2** [時に n-]《文語》狩人; 狩猟好きの人, 狩猟狂.

Nim·we·gen [G. nímvè:gən] *n.* ＝Nijmegen.

Nin [nín; *F.* nin], **A·na·ïs** [anais] *n.* (1903-77) フランス生れの米国の女流小説家・批評家; *The House of Incest* (1936).

Ni·na [níːnə, náɪ-; *Russ.* njínə] 〘▭ Russ. ～ (dim.) ← ANNA〙 *n.* 女性名《愛称形 Ninnetta, Ninnette》.

Ni·ña [níːnjəː; *Sp.* nípa] *n.* [the ～] ニーニャ(号)《Columbus がアメリカ発見航海に用いた三隻の帆船のうち一番小さな船; cf. Santa Maria, Pinta》.

nin·com·poop [nínkəmpùːp, níŋ-] 〘《1676》〘転訛〙? ← L *non compos* (*mentis*) not sound of mind // ← L *Nicodem(us)* (cf. F *nicodème* simpleton)＋POOP³: cf. ninny〙 ― *n.* 《口語》ばか, 間抜け. **nin·com·poop·e·ry** [nínkəmpùːpəri, níŋ-, ˌ-ˌ-ˌ-ˌ- | -rɪ] *n.*

nine [náɪn] 〘ME ～, *nizen* < OE *niȝon, niȝen* < Gmc **niȝun* ← **niwun* (Du. *negen* / G *Neun*) < IE **e-newen* (L *novem* / Gk *ennéa* / Skt *nava*): cf. noon, November〙 ― *n.* **1** 9; 9 個; 9 人; 9 歳; 9 時: at ～ 9 時に / *nine*-fifteen 9 時 15 分 / a child of ～ 9 歳の子 / ～ and twenty《古》29 / ⇨ NINE *to five*. **2** 9 [IX] の記号[数字]. **3** 9 人[個]一組; 《米》野球チーム. **4** (トランプなどの) 9 点の札: the ～ of hearts ハートの 9. **5** 9 号サイズの衣服: wear a ～. **6** [the N-] ミューズ九女神 (the Muses). **7** 〘ゴルフ〙(18 ホールの前半または後半の) 9 ホール: the front [back] ～ 行きの[帰りの] 9 ホール.
cast out nines (掛算・割算・足し算・引き算で)得た結果を九去(キョ)法で検算する. ***dial 999*** ⇨ nine-nine-nine. ***nine to five*** 朝 9 時から夕方 5 時までの勤務時間 (cf. nine-to-five). (***up***) ***to the nines*** 《口語》(1) 十分に, 完全に; 見事に: feed a person *up to the* ～s 人にたらふく食べさせる. (2) 凝りに凝って; 派手に: dressed *up to the* ～s 盛装を凝らして, めかしこんで.
― *adj.* 9 の, 9 個の, 9 人の; [Predicative に用いて] 9 歳で: ～ per cent 9%, 9 分, 9 パーセント / ～ years old [of age] 9 歳で[の] / ⇨ nine-tenths / A cat has ～ lives. ⇨ cat 1 / Possession is ～ points of the law. ⇨ possession 2. 「いてい.
nine times [***in nine cases***] ***out of ten*** 十中八九, た

níne-bànded armadíllo *n.* 〘動物〙ココノオビアルマジロ (*Dasypus novemcinctus*)《アルゼンチンから米国南部まで分布し, 9 本の帯状の骨質板がある》.

níne·bàrk *n.* 〘植物〙バラ科アメリカシモツケ属 (*Physocarpus*) の落葉低木の総称《庭園に栽培する; 樹皮は薄くはがれる》.

níne dáys' wónder *n.* [a ～] (一時人の注意を引くだけで)すぐに忘れられる物事《うわさ・醜聞など; cf.「人のうわさも七十五日」》.

níne·fòld 〘OE *nigonfeald*: ⇨ nine, -fold〙 *adj.* **1** 九部分[部門, 要素]のある, 九重(ココノエ)の. **2** 9 倍の. ― *adv.* 九重に, 9 倍に.

níne·hòles *n. pl.* [単数扱い] **1** ナインホールズ《一種の玉ころがし遊び; 土または板に作られた穴に玉をころがして入れる遊戯》. **2** 《米俗》困難, 苦境. ★ 通例次の句で: get [put a person] *in the* ～ 困難に陥る[人を落とし入れる].

níne íron *n.* 〘ゴルフ〙9 番アイアン (⇨ niblick).

níne-nìne-níne *n.* (*also* **999**) 《英》(電話の) 999 番, 緊急電話番号《この番号を回して警察・救急車・消防署につないでもらう》: a ～ call / dial ～ 999 番を回す.

nine·pence [náɪnpéns, náɪnpəns] *n.* (*pl.* ～, **nine·pences**) **1** (英国の) 9 ペンス(の価): the nimble ～ ⇨ nimble 3. ★ 用法その他については ⇨ penny 1: (as) neat as ～ とてもさっぱり[きちん]とした / (as) right as ～ 全く元気で[になって]; 申し分のない. **2 a** (昔のアイルランドの)シリング貨幣《16 世紀に通用した; 英国の 9 ペンスに相当》. **b** 《米》(昔のスペインの) 9 ペンス貨幣《12½ セントに相当する小銀貨》.

nine·pen·ny [náɪnpéni, náɪnp(ə)ni | -nɪ] *adj.* **1** 9 ペンスの. ★ 用法その他については ⇨ penny 1. **2** 〘もと 100 本につき 9 ペンスしたことから〙〈釘が〉2¾ インチ(の長さ)の.

níne·pìn 〘《1580》〙 ― *n.* 《英》**1** 九柱戯の木柱[ピン]《とっくり形の柱》: fall [be knocked] over like a lot of ～s 将棋倒しに転ぶ[倒される]. **2** [*pl.*; 単数扱い] 九柱戯《9 本の木柱を並べ球を転がしてこれを倒すボウリングに似たゲーム; skittles ともいう; cf. tenpin 1》.

níne-pòint círcle *n.* 〘数学〙九点円《三角形の各辺の中点, 三つの垂線の足, 垂心と各頂点を結ぶ線分の中点の九つの点を通る円; Euler circle, Feuerbach's circle ともいう》.

nine·teen [nàɪntíːn, ˌ-ˌ-] 〘OE *niȝontȳne*: ⇨ nine, -teen〙 ― *n.* **1** 19; 19 歳; 19 個. **2** 19 [XIX] の記号[数字]. **3** 19 人[個]一組. **4** 19 号サイズの衣服.
nineteen to the dozen 〘12 語で足りるところを 19 語も使うの意から〙《英》のべつ幕なしに, (早口に)ぺらぺらと: talk [wag] ～ *to the dozen* / His tongue went ～ *to the dozen.* 彼はぺらぺらしゃべった.
― *adj.* 19 の; [Predicative に用いて] 19 歳で.

ninetéen èighty-fóur 〘G. Orwell の小説 *Nineteen Eighty-Four* (1949) より〙 *n.* (*also* **1984**) (悪夢のような)超全体主義的社会[国家].

nine·teenth [nàɪntíːnθ, ˌ-ˌ-] 〘OE *niȝontēoþa*: ⇨ nineteen, -th¹〙 ― *adj.* **1** 第 19 の, 19 番目の (19th). **2** 19 分の 1 の: a ～ part 19 分の 1. ― *n.* **1** [the ～] 第 19, 19 番目, 第 19 位; (月の)(第) 19 日: *the* ～ [*19th*] of April 4 月 19 日. **2** 19 分の 1. **3** ＝nineteenth hole.

níneteenth hóle 〘18 holes からなる 1 ゲームの終了後やって来る場所の意から〙 ― *n.* [the ～] 《戯言》ゴルフ場内のクラブハウス; (特に)クラブハウスのバー[レストラン](での一杯)《単に nineteenth ともいう》.

níne-ténths *n. pl.* 10 分の 9; ほとんど全部.

nine·ti·eth [náɪntiɪθ, -tiəθ | -tɪɪθ, -tɪəθ] 〘OE *nigontēoþa*: ⇨ ninety, -th¹〙 ― *adj.* **1** 第 90 の, 90 番目の (90th). **2** 90 分の 1 の. ― *n.* **1** [the ～] 第 90, 90 番目. **2** 90 分の 1.

níne-to[till]-fíve *attrib. adj.* **1** 朝 9 時から夕方 5 時まで働く勤め人[サラリーマン]の. **2** 朝 9 時から夕方 5 時までの仕事の. 「勤め人, サラリーマン.

níne-to[till]-fíver *n.* 朝 9 時から夕方 5 時まで働く

Ni·nette [nɪnét, nə- | nɪnét] 〘(dim.) ← ANNA & NINA〙 *n.* 女性名.

nine·ty [náɪnṭi | -tɪ] 〘OE *niȝontiȝ*: ⇨ nine, -ty¹〙 ― *n.* **1** 90; 90 個; 90 人; 90 年[歳]: be over ～ 90 歳以上である. **2** 90 [XC] の記号[数字]. **3** 90 人[個]一組. **4** [*pl.*] 90 台, 90 年代[歳台]: a man in *one's nineties* 90 代の人. ― *adj.* 90 の, 90 個の, 90 人の: [Predicative に用いて] 90 歳で.

nínety-níne *n., adj.* 99 (の); 99 人[個, 歳](の).
ninety-nine out of a hundred ほとんど全部(の) (nearly all): ～ times [in ～ cases] *out of a hundred* ほとんどいつも (nearly always).

Nin·e·veh [nínəvə | -nɪvɪ, -və] *n.* ニネベ《古代 Assyria 帝国の首都; 紀元前 612 年にメディア人およびバビロニア人に滅ぼされた; その廃墟はイラク北部 Tigris 河畔の Mosul の対岸にある》.

Ning·po [nìŋpóu | -páu; *Chin.* nìŋpō] *n.* 寧波(ニンポー)《中国東部浙江省 (Chekiang) の港市》.

Ning·sia [nìŋʃiáː | -ʃɪ-; *Chin.* níŋʃià] *n.* (*also* **Ninghsia** [～]) 寧夏(ニンシア)《中国中北部の旧省; 現在寧夏回族自治区 (Ningsia-Hui Autonomous Region)》.

Níngsia-Húi [-hwíː; *Chin.* níŋʃiàxuí] *n.* 寧夏回族自治区《中国中北部の自治区; 公式名 Ningsia-Hui Autonomous Region; 人口 2,160,000, 面積 170,000 km², 首都 Yinchwan (銀川)》.

nin·hy·drin [nɪnháɪdrɪn, -drən | -drɪn] 〘商標〙 *n.* 〘化学〙ニンヒドリン ($C_9H_4O_2(OH)_2$)《無色柱状晶; アミノ酸の検出確認定量に用いられる》.

ninhýdrin reàction *n.* 〘化学〙ニンヒドリン反応《アミノ酸の呈色反応》.

Nin·i·an [níniən | -nɪən] 〘← *St. Ninian* (360?-?432: スコットランドの聖徒)〙 *n.* 男性名. ★ スコットランドに多い.

nin·ny [níni | -nɪ] 〘《1593》〘転訛〙? ← *an innocent*: cf. It. *ninno, ninna* baby, child〙 *n.* ばか者, 間抜け (fool). **～·ish** [～ɪʃ] *adj.* 「ny.

nínny·hàmmer 〘《1592》: ⇨ ↑, hammer〙 *n.* ＝nin-

ni·non [níːnɔ̃ː(ŋ), -nɔ̃(ː)ŋ, ˌ-ˌ-; *F.* ninɔ̃] 〘▭? F *Ninon* (dim.) ← ANNE¹〙 ― *n.* 薄絹, (特に)ニノン織《平織りの丈夫な軽い絹布または絹ボイル (silk voile); 婦人服・カーテン用》.

ninth [náɪnθ] 〘ME *nynþ, niȝonþe* ∽ ME *nyþe* < OE *niȝ(e)oða*: ⇨ nine, -th¹〙 ― *adj.* **1** 第 9 の, 9 番目の (9th). **2** 9 分の 1 の: a ～ part 9 分の 1 / a ～ part of a man 〘Nine tailors make a man. という諺から〙《戯言》仕立屋, 裁縫師. **3** 〘音楽〙九度音程の. ― *adv.* 第 9 に, 9 番目に. ― *n.* (*pl.* ～s [náɪnθs, náɪnts]) **1** [the ～] 第 9, 9 番目, 第 9 位; (月の)(第) 9 日: on *the* ～ [*9th*] of April 4 月 9 日に. **2** 9 分の 1. **3** 〘音楽〙九度, 九度音程《オクターブに二度を加えた複合音程》; 九度の音, 九度の和音.

nínth chòrd *n.* 〘音楽〙九の和音《四つの三度を積重ねて構成される和音; 根音, 三度, 五度, 七度, 九度の五つの音から成る》.

nínth cránial nèrve *n.* 〘解剖〙第 9 脳神経 (⇨ glossopharyngeal nerve).

nínth·ly *adv.* 第 9 に, 9 番目に.

nínth nèrve *n.* 〘解剖〙＝ninth cranial nerve.

Ni·nus¹ [náɪnəs] 〘▭ L ～: ⇨ Nineveh〙 *n.* ＝Nineveh.

Ni·nus² [náɪnəs] 〘▭ L ～ ▭ Gk *Nínon*〙 *n.* 〘ギリシャ伝説〙ニノス《Nineveh の伝説的創設者, Semiramis の夫》.

ni·o·bate [náɪəbèɪt] 〖← NIOB(IUM)＋-ATE¹〗 *n.* 〘化学〙ニオブ酸塩[エステル]《酸化ニオブと塩基性酸化物とから成る塩; columbate ともいう; 正式名でない》.

Ni·o·be [náɪəbìː, náɪo(ʊ)-|náɪə(ʊ)bɪ] 〖⇨L *Nioba*, *Niobē* ⇨Gk *Nióbē* ⇨? Heb. *ne'eyābhāh* (fem.) ← *ne'eyābh* the object of enmity (for the gods) ← *āyábh* to be hostile to〗 ― *n.* **1** 〘ギリシャ神話〙ニオベー, ナイオビ《Tantalus の娘で, Amphion の妻; 7 男 7 女を二人しか子のない Leto に誇ったため, Leto の子 Apollo と Artemis によってその子の全部を殺された; Zeus は悲嘆に暮れる Niobe を石に化したが, なお泣きやまなかったという》: Like ~, all tears ニオベーのように涙にかきくれて (Shak., *Hamlet* 1.2.149). **2** 《文語・詩》 (Niobe のように)子を失って悲嘆に暮れている母親.

Ni·o·be·an [naɪóubiən|-óubjən, -bɪən] *adj.* ニオベー (Niobe) の; ニオベーのような[ように悲しむ].

ni·o·bic [naɪóubɪk|-óub-] *adj.* 〘化学〙5 価のニオビウム (Nb^{v}) を含んだ (columbic).

niόbic ácid *n.* 〘化学〙ニオブ酸 ($Nb_2O_5 \cdot nH_2O$).

ni·o·bi·um [naɪóubiəm|-óubjəm, -bɪəm] 〖《1845》 ← NL ~: tantalum に似ているため Tantalus の娘 NIOBE からその名を得たもの: ドイツの化学者 Heinrich Rose (1795–1864) の造語: ⇨ -ium〗 ― *n.* 〘化学〙ニオブ, ニオビウム《金属元素の一つ; 記号 Nb, 原子番号 41, 原子量 92.9064; 比重 8.55; cf. columbium》.

ni·o·bous [naɪóubəs|-óub-] 〖⇨↑, -ous〗 *adj.* 〘化学〙 **1** (塩化ニオビウムのように) 3 価ニオビウムを含んだ. **2** ニオビウムの.

Niord [njóəd|njóːd] 〖⇨ON *Njǫrð-r*〗 *n.* 〘北欧神話〙ニョルド《Frey, Freya の父で, 交易・航海・漁労・繁栄の神; Njord, Njorth ともいう》.

nip¹ [níp] 〖《?*a*1387》 *nippe(n)* ⇨? MLG *nipp-en* to pinch // ON *hnipp-a* to prod: cf. Du. *nijpen* to pinch〗 ― *v.* (**nipped**; **nip·ping**) ― *vt.* **1** (強く)はさむ, 締める, つねる; 噛(か)む; (噛んだりはさんだりして)離さない, 締めつける: The dog ~*ped* him *on* the arm. 犬は彼の腕を噛んで離さなかった. **2 a** 〈芽など〉を摘み取る, はさみ取る 〈*off, out*〉: ~ *off* the buds of flowers, dead leaves, etc. / ~ the side shoots *off* a tree 木の側枝を切り取る. **b** …の進行[発達など]を阻止する, …の成長を止める, くじく: ~ a person's plot / A chilly reception ~*ped* the first enthusiasm. 冷たい反響に最初の熱もさめてしまった / ⇨ *nip in the* BUD. **3 a** 〈寒風などが〉〈ほお・膚・身などを〉刺す, 凍えさす (benumb). **b** 〈風・霜などが〉〈植物を〉枯らす, 〈芽・花などを〉傷める (blight): The frost ~*ped* the plants. 霜で植物が枯れた. **4** 《俗》 **a** ひったくる (snatch). **b** くすねる (pinch). **c** 逮捕する (arrest). **5** 《米》(競技で)〈相手を〉小差で負かす. **6** 《古》痛烈に非難する, 酷評する. **7** 〘海事〙 **a** (氷海で)〈氷が〉〈船を〉締めつける: The ship was ~*ped* by the ice. 船が氷にはさまれた. **b** つまむ: ~ the cable 錨鎖をつまむ《作業上錨の重さを肩代りするため》. **8** 〘製本〙 **a** 〈紙・折丁〉に加圧する, ならす. **b** 〈バンド〉のかどをたてる. ― *vi.* **1** つねる, はさむ, 噛む 〈*at*〉: The dog ~*ped* (*away*) *at* my bag. 犬が私の鞄に噛みつこうとした. **2** 《英口語》さっと動く, さっさと行く: ~ *in* [*out*] ひらりと飛び込む[出る] / ~ *up* [*down*] さっと飛び上がる[降りる] / ~ *along* 急いで行く / ~ *away* [*off*] さっさと去る[逃げる] / ~ on a bus バスに飛び乗る / ~ *on* ahead 走って追い越す.

nip in 《英口語》 (1) ⇨ *vi.* 2. (2) 急に(人の前に)出る, 不意に行手をさえぎる: He ~*ped in* just in front of me. (3) (話の途中に)急に言葉をさしはさむ: ~ *in* with a smart question [retort] とっさに気のきいた質問[返答]をさしはさむ. ***nip in the bud*** ⇨ bud 成句.

― *n.* **1** はさむこと, つねること; ひとつねり; 強い一噛み (sharp bite): He gave me a ~ *on* my arm. 私の腕をぎゅっとつねった. **2 a** はさみ[摘み]取った一部分. **b** [通例 a ~ of として] 一小片, ごく少し (a little bit): He went out for *a* ~ *of* air. 一息入れるために外に出た. **3** (風や寒さなどの)身を切るような厳しさ, 身にしみる寒さ (sharp cold); (特に)霜害: a nasty ~ in the air 膚を刺すような冷気. **4** 《米》(食物などの)強い味[風味]; チーズの強い味 (tang): the ~ of Mexican cooking. **5** 《古》痛烈な批評, 鋭い当てこすり, 風刺, 酷評 (sarcasm). **6** 〘海事〙 **a** (船の両側に及ぼす)結氷の強圧. **b** (他物に巻き付けた索(さく)の)締まり, 締まった部分, ロープの先端処理 (seizing) をした部分: freshen the ~ (ロープの)摩擦部ずらしをする (cf. freshen *vt.* 3). **7** 〘地質〙 **a** 波の侵食によってできた海岸の低い崖(がけ). **b** 過去の海食崖の基部(もとの海面の位置)にできているくぼみ.

nip and tuck 《米口語》(競走・競技で) 負けず劣らず, 互角に[の], 五分五分で[の] (neck and neck). ***put the nips in*** 《豪口語》金の融通を頼む, (金を)借りる, たかる (borrow).

nip² [níp] 〖《1796》《短縮》? ← 《廃》 *nipperkin* measure of half a pint or less ← Du. *nippertje* ← *nippen* to sip〗 ― *n.* **1** 《口語》(ビール・ワイン以外のアルコール性飲料の)一飲み, 一口, 微量 (sip): take a ~ of whiskey ウイスキーを一口飲む. **2** 《英》 = split 6. ― *vi., vt.* (**nipped**; **nip·ping**) ちびりちびり飲む.

nip³ [níp] *n.* 《英方言》 = catnip.

Nip [níp] 〖《略》: cf. Jap〗 *n., adj.* 《俗・軽蔑》 = Nipponese.

ni·pa [níːpə] 〖⇨Sp. & Port. ~ ⇨Malay *nipah*〗 *n.* **1** 〘植物〙ニッパヤシ (*Nipa fruticans*) 《東インド・フィリピン産; 樹液は砂糖の原料; nipa palm ともいう》. **2** ニッパヤシの葉《原住民の屋根ふきの材料》. **3** (ニッパヤシでふいた)ニッパ屋根: a ~ house. **4** ニッパ(酒)《ニッパヤシの樹液を発酵させて造る》.

níp·chèese 〖← NIP¹＋CHEESE¹〗 *n.* 《俗》 **1** (船の)事務長, パーサー (purser). **2** けちん坊.

Nip·i·gon [nípɪgɑ̀n|-gɔ̀n], **Lake** *n.* ニピゴン湖《カナダ南部 Ontario 州, Superior 湖の北にある湖; 面積 4,843 km²》.

Nip·is·sing [nípɪsɪŋ, -pə-|-pɪ-], **Lake** 〖⇨F ~ ⇨ N-Am.-Ind. (Algonquian) ~ 《原義》 at the little lake〗 ― *n.* ニピシング湖《カナダ南東部 Ontario 州, Georgian Bay の北東にある湖; 面積 855 km²》.

Níp·kow dísc [nípkou-|-kaʊ-; G. nípko-] 〖← *Paul G. Nipkow* (1860–1940: 初期のテレビを開発したドイツの技師)〗 ― *n.* 〘テレビ〙ニポー円板《初期のテレビの走査に用いた円板》.

níp·per 〖《1535》 ← NIP¹ (v.)＋-ER¹〗 ― *n.* **1** つねる人, はさむ人. **2 a** はさむもの, 噛むもの. **b** [通例 *pl.*] くぎ抜き, やっとこ, ニッパー, ペンチ (pincers); (外科医用) ピンセット, 鉗子(かんし) (forceps): a pair of ~*s* ニッパー 1 丁. **c** [*pl.*] 《古》眼鏡, (特に)鼻めがね (pince-nez). **d** [*pl.*] 《俗》手錠 (handcuffs), 足かせ. **3 a** (カニ・エビの)大ばさみ (pincer). **b** (馬の)切歯 (incisor). **4** 《英口語》 **a** 少年, 小僧, 小娘, 子供. **b** 呼売商人の小僧. **5** 《英俗》すり (pickpocket). **6 a** 〘魚類〙 = cunner. **b** 〘動物〙ヨーロッパ産のカニの一種 (*Polybius henslowii*) 《nipper crab ともいう》. **7** 〘海事〙 **a** ニッパー, つかみ綱《錨鎖(索)を緩めて作業をする際, キャプスタン (capstan) からの補助索へ重量を肩代りするための短い索》. **b** ニッパー, つかみ器具《錨鎖やロープをがっちりはさむ鉄製ペンチ状のねじ付き器具》. ― *vt.* 〘海事〙ニッパーで〈錨鎖を〉つまむ. ***nipper off*** 〘海事〙錨鎖をつかんでその重量をキャプスタンからの補助索の方へ肩代りして止める.

nípper cràb *n.* 〘動物〙 = nipper 6 b.

níp·ping *adj.* **1** 〈風・寒さなど〉厳しい, 身を切るような, 膚を刺すような: a ~ frost, wind, etc. **2** 鋭い, 痛烈な, 皮肉な: a ~ tone, speech, etc. **~·ly** *adv.*

nip·ple [nípl] 〖《17C》《変形》 ← 《1530》 *neble, nible* 《原義》 a small projection (dim.)? ← NEB: cf. nib〗 ― *n.* **1 a** (哺乳動物の雌雄の)乳頭; (特に, 女性の)乳首 (teat). **b** (哺乳びんの)乳首; (赤ん坊の)おしゃぶり (pacifier). **2** (皮膚・ガラス・金属面などの)乳頭状突起. **3** 《米》接管, ニップル《両端にねじを切ったごく短いパイプで, バルブの接合などに用いる》. **4 a** (山頂などのような)自然の突起物. **b** (昔の銃砲の)火門座. **5** 〘機械〙ニップル《機械に油やグリースを入れるための穴のあいた突起》.

nípple-shìeld *n.* 乳首あて, シールド《授乳時の保護用》.

nípple·wòrt *n.* 〘植物〙ヤブタビラコ (*Lapsana communis*) 《北米産キク科ヤブタビラコ属の草本》.

Nip·pon [nɪpɑ́n, ⌐–|nípɔn] 〖⇨Jap.〗 *n.* 日本.

Nippón chrysánthemum *n.* 〘植物〙ハマギク (*Chrysanthemum nipponicum*).

Nip·pon·ese [nɪ̀pəníːz, -níːs|-níːz] 〖⇨ Nippon, -ese〗 *n.* (*pl.* ~) 日本人. ― *adj.* 日本の; 日本人の; 日本語の.

Nip·po·ni·an [nɪpóuniən|-páunjən, -nɪən] *adj.* = Nipponese.

Nip·pur [nɪpúə|-púə(r)] *n.* ニップール《Euphrates 河畔, 現在のイラク南東部の紀元前 3,000 年紀に栄えた Sumer の都市・巡礼地; 1889–1900 年に発掘された》.

nip·py [nípi|-pɪ] 〖← NIP¹＋-Y⁴〗 ― *adj.* (**nip·pi·er**; **-pi·est**) **1** つねりたがる, つねりがちな; 噛む癖のある: a ~ dog. **2 a** 〈風・寒さなど〉厳しい, 身を切るような (nipping): a ~ wind. **b** 冷え冷えする, うすら寒い (chilly): a ~ morning. **3** 《口語》〈人・動作など〉すばしこい, 活発な, 機敏な, 手早い (nimble). **4** 〈食物など〉味[風味]の強い, 辛い (pungent): ~ cheese. ― *n.* [N-] 《英口語》(London の J. Lyons 会社の経営する食堂・喫茶店の) ウェートレス; (安食堂の)ウェートレス. **níp·pi·ly** [-pɪli, -pə-|-lɪ] *adv.* **níp·pi·ness** *n.*

ni. pr. 《略》 nisi prius.

níp-ùp 〖⇨ nip¹ (vi.) 2〗 *n.* ニップアップ《あおむけに寝た位置から跳び上がって両足で立つ体操》.

N.Ir. 《略》 Northern Ireland.

N.I.R.A., NIRA, Ni·ra [nɪ́(ə)rə|níərə] 《略》《米》 National Industrial Recovery Act.

N.Ire. 《略》 Northern Ireland.

Ni·ren·berg [nírənbə̀ːg|-bə̀ːg], **Marshall Warren** *n.* (1927–) 米国の生化学者, Nobel 医学生理学賞 (1968).

nir·va·na, N- [nɪəvɑ́ːnə, nəː-, -vǽnə|nɪəvɑ́ːnə, nəː-] 〖《1836》⇨Skt *nirvāṇa* extinction, a blowing out (as of a light) ← *nirvā* to blow ← *nir-, nis-* out＋*vāti* it blows〗 ― *n.* **1 a** 〘ヒンズー教〙ニルヴァーナ, 生の炎の消滅; 梵との合一 (reunion with Brahma). **b** 〘仏教〙涅槃(ねはん), 入寂, 寂滅《一切の煩悩(ぼんのう)を絶った至福の境地》: attain [enter into] *Nirvana* 入寂する. **2** 《俗用》 **a** (苦痛・悩み・世俗からの)超脱, 解脱; 安息の地. **b** 望んでも明らかに達成できない目標, 夢.

Niš [níʃ; *Serbo.* níːʃ] *n.* (*also* **Nis** [~]) ニーシ《ユーゴスラビア東部の都市, もと Serbia の首都, 昔の要塞(さい)商都, ギリシャ正教主教管区; 人口 128,000》.

Ni·san [nísn, niːsɑ́ːn|náɪsæn, (ユダヤ人の間では) nísɑːn] 〖⇨Heb. *Nisān* ⇨Akkad. *Nisannu* 《原義》? intercalary month〗 ― *n.* (ユダヤ暦の) 1 月《グレゴリオ暦の 3–4 月に当たる; バビロン捕囚前は Abib と呼ばれた; ⇨ Jewish calendar》.

Ni·sei, n- [niːséɪ] 〖《1943》⇨Jap.〗 *n.* (*pl.* ~, ~**s**) 《米》二世《米国に移住した両親の間に生れ米国で育った日系米国市民; cf. Issei》.

Nish [níʃ; *Serbo.* níːʃ] *n.* = Niš.

Ni·sha·pur [nìːʃɑːpúə|-púə(r)] *n.* ニシャプル《Iran 北東部の町, Omar Khayyám の出生地; 人口 40,000》.

ni·si [náɪsaɪ, níːsiː|náɪsaɪ, -sɪ] 〖《1817》⇨L ~ 'unless' ← *ne-* not＋*sī* if: ⇨ not, so¹〗 ― *L. conj.* …にあらざれば (unless). ★法律用句として次の各項参照: ⇨ decree nisi, rule nisi, judgment nisi, order nisi. ― *adj.* 〘英法〙一定期間に条件が満たされない限り効力を発する.

nísi prí·us [-práɪəs] 〖《1468》⇨L ~ 'unless before': ⇨↑, prior¹〗 ― *L. n.* 〘法律〙 **1** 《米》(陪審つきの)第一審裁判所 (nisi prius court ともいう). **2** 《英》 **a** 巡回判事の陪審裁判(制度)《もとは指定時日前に巡回判事が到着していない場合に, 陪審員を London に出頭させる令状中の文句》: a ~ record 巡回裁判記録. **b** 刑事法院 (Crown Court), または, (歴史的に)巡回裁判所における裁判官による民事事件の審理.

Nis·roch [nísrɑk, -rouk|-rɔk, -rəuk] 〖⇨Heb. *Nisrōkh*〗 *n.* 〘聖書〙ニスロク《Nineveh の神殿に祭られていたアッシリアの神; cf. 2 *Kings* 19:37; *Isa.* 37:38》.

Nis·san [nísn, niːsɑ́ːn|náɪsæn, (ユダヤ人の間では) nísɑːn] *n.* = Nisan.

Nís·sen hùt [nísn-] 〖← *Lieut. Col. P. N. Nissen* (1871–1930: 考案者の英国人)〗 ― *n.* 〘軍事〙(第一次大戦中に英軍が用い始めた)かまぼこ型組立兵舎, かまぼこ家屋.

Nís·sl bòdies [nísl-] 〖← *Franz Nissl* (1860–1919: ドイツの神経科医)〗 ― *n. pl.* 〘解剖〙色素親和体, チグロイド物質, 豹紋物質, ニッスル小体《神経細胞の細胞質にあって塩基性の色素で染まる大型粒状のもの》.

ni·sus [náɪsəs] 〖⇨L ~ 'effort' ← (p.p.) ← *nītī* to strive〗 *L. n.* (*pl.* ~) (目的達成のための)努力, 奮起, 企図 (effort, exertion).

nit¹ [nít] 〖OE *hnitu* louse's egg < (WGmc) **xnitō* (G *Niss(e)*) < IE **knida* (Gk *konid-, konís* dust) ← **knid-*〗 ― *n.* (髪の毛・衣服の毛などに付いた)しらみ・寄生虫などの卵; (しらみ・寄生虫などの)幼虫.

nit² [nít] 〖《略》 ← NITWIT〗 *n.* 《英口語》あほう, 無能な人.

nit³ [nít] 〖← ?〗 《豪俗》 ― *int.* (人が)来たぞ, 気を付けろ. ― *n.* ★次の成句で: ***keep nit*** 《豪俗》〈悪人などが〉見張り[張り番]をする (keep watch).

nit⁴ [nít] 〖← L *nitor* brightness: cf. nitid〗 *n.* 〘光学〙ニット《輝度 (luminance) の単位; 観測方向に垂直な投影面積 1 m² につき光度が 1 candela である面の輝度》.

nit⁵ [nít] 〖← *n(atural dig)it*〗 *n.* 〘電算機〙ニット (⇨ nat).

NIT 《略》 National Intelligence Test; National Invitational Tournament; Negative Income Tax.

Ni·ta [níːtə|-tə; *Sp.* níta] 〖《略》 ← JUANITA // (dim.) ← ANNE¹, JANE〗 *n.* 女性名.

nite [náɪt] *n.* 《米俗》 = night.

ni·ter, 《英》**ni·tre** [náɪtə|-tə(r)] 〖《*c*1400》 *nitre* ⇨ (O)F ⇨ L *nitrum* ⇨ Gk *nitron* natron, native sodium carbonate ⇨ Heb. *néther* // Egypt. *ntr(y)*〗 ― *n.* 〘化学〙硝酸カリ(ウム) (⇨ potassium nitrate); (特に, 天然に産する)硝石《火薬製造用》.

Ni·te·rói [nìːtərɔ́ɪ|-tə-; *Braz.* nìterɔ́i] *n.* ニテロイ《ブラジル南東部の港市, Guanabara 湾に臨み Rio de Janeiro の対岸にある; 人口 377,000》.

nit·er·y [náɪtəri|-tərɪ] *n.* = nightery.

nit·id [nítɪd, -təd|-tɪd] 〖《1656》⇨L *nitid-us* ← *nitēre* to shine: cf. neat²〗 *adj.* 《文語》きらきら光る, つやつやした, 明るい, 光沢のある.

ni·tid·u·lid [nɪtídʒulɪd, naɪ-, -ləd|nɪtídjulɪd] 〖↓〗 〘昆虫〙 *adj.* ケシキスイ(科)の. ― *n.* ケシキスイ《ケシキスイ科の昆虫の総称》.

Nit·i·du·li·dae [nìtəd(j)úːlədìː|-tɪdjúːlɪ-] 〖⇨NL ~ ← *Nitidula* (属名: ← LL *nitidulus* (dim.) ← L *nitidus* (⇨ nitid))＋-IDAE〗 ― *n. pl.* 〘昆虫〙(鞘翅目)ケシキスイ科.

Nit·i·nol [nítɪnɔ̀(ː)l, -tə-|-tɪnɔ̀l] 〖← NI(CKEL)＋TI(TA)N(IUM)＋-OL¹〗 ― *n.* 〘化学〙ニチノール《ニッケルとチタンから成る合金; 変形しても, ある温度以上に加熱すると元の形に戻るという性質をもつ》.

ni·ton [náɪtɑn, níːt-|-tɔn] 〖← NL ~ ← L *nitēre* to shine: 英国の化学者 William Ramsay (1852–1916) による argon, etc. にならった造語〗 ― *n.* 〘化学〙ニトン《radon の旧名; 記号 Nt》.

nít·pìck 〖《逆成》↓〗 *vi.* 《口語》細かい[つまらない]ことを粗捜しをする, 重箱の隅をつつく. **~·er** *n.*

nít·pìcking 〖← NIT¹＋PICKING〗 *adj., n.* 《口語》細かい[つまらない]ことを粗捜しする(こと).

ni·tr- [naɪtr] (母音の前に来る時の) nitro- の異形.

ni·tra·mine [nàɪtrəmíːn, naɪtrǽmɪn, -mən|náɪtrəmìːn, -mɪn] 〖← NITRO-＋AMINE〗 ― *n.* 〘化学〙ニトロアミン, ニトラミン《一般式 $RNHNO_2$ および R_2NNO_2 で表わされる化合物の総称》.

ni·tra·mi·no [nàɪtrəmíːnou|-nəu] 〖← NITRO-＋AMINO〗 *adj.* 〘化学〙ニトロアミノ基を含む.

nitramíno gròup [ràdical] *n.* 〘化学〙ニトロアミノ基, ニトロアミノ団《ニトロアミン[ニトラミン]に含まれている 1 価の原子団, $-NHNO_2$》.

ni·tran·i·line [naɪtrǽnəlɪn, -lən, -nl̩-|-nɪlìːn, -lɪn] *n.* 〘化学〙 = nitroaniline.

ni·trate [náɪtreɪt, -trət, -trɪt] 〖《1794》□F ～: ⇨ niter, -ate¹〗 n.〖化学〗 **1** 硝酸塩, 硝酸エステル; 硝酸カリ(ウム)[ソーダ]: ～ of silver＝silver nitrate / ～ of potash＝potassium ～ 硝酸カリ. **2** 硝酸塩類化学肥料. **3** ニトロセルロース製品.
— [-treɪt] vt. **1** 硝酸(塩)と化合させる, 硝酸(塩)で処理する. **2** 硝酸塩に変える, 硝化する, ニトロ化する.
ni·tra·tor [-treɪṭə | -tə(r] n.

nitrate bactérium n.〖細菌〗硝酸細菌《亜硝酸を硝酸に酸化する働きをする土壌細菌》.

ni·tra·tion [naɪtréɪʃən] n.〖化学〗硝化, ニトロ化.

nitre n. ＝niter.

ni·tric [náɪtrɪk] 〖《1794》□F *nitrique*: ⇨ niter, -ic¹〗 adj. **1**〖化学〗窒素の; (特に)五価の窒素 (N^V) を含む (cf. nitrous). **2** 硝石 (niter) の.

nítric ácid n.〖化学〗硝酸 (HNO_3)《無色腐食性液体; 古くは aquafortis と呼ばれた》.

nítric bactéria n. pl.〖細菌〗＝nitrobacteria.

nítric óxide n.〖化学〗一酸化窒素 (NO).

ni·tride [náɪtraɪd, -trɪd, -trəd | -traɪd, -trɪd] 〖← NITRO-＋-IDE²〗 n.〖化学〗窒化物, ニトリド. — vt.〖冶金〗〈鉄鋼を〉窒化する.

ni·trid·ing n.〖冶金〗窒化処理《鉄鋼の表面を硬化するため, アンモニア気流中で加熱して表面に窒化物層を作る操作》.

ni·tri·fi·ca·tion [nàɪtrəfɪkéɪʃən, -fə- | -trɪfɪ-] 〖□F ～: ↓, -fication〗 — n.〖化学〗硝化作用, 硝化《土壌中のバクテリアがアンモニア化合物を亜硝酸塩にまた更に硝酸塩に変じる作用; cf. nitrobacteria》.

ni·tri·fy [náɪtrəfàɪ | -trɪ-] 〖□F *nitrifi-er*: ⇨ niter, -fy〗 — vt.〖化学〗 **1 a** 〈アンモニア化合物などを〉(特にバクテリアで)硝化する, (亜)硝酸塩に変える. **b** 《廃》硝石に変える. **2** 〈土壌など〉に硝酸塩をしみこませる.

ni·trile [náɪtrɪl, -trəl, -triːl, -traɪl | -trɪl, -triːl, -traɪl] 〖← NITRO-＋-ILE¹〗 — n. (also **ni·tril** [náɪtrɪl, -trəl | -trɪl]) 〖化学〗ニトリル《一般式 RCN で表わされる有機化合物の総称》.

ni·trite [náɪtraɪt] 〖← NITRO-＋-ITE³〗 n.〖化学〗亜硝酸塩, 亜硝酸エステル.

nítrite bactérium n.〖細菌〗亜硝酸細菌《アンモニアを亜硝酸に酸化する働きをもつ土壌細菌》.

ni·tro [náɪtroʊ | -trəʊ] 〖↓〗 adj.〖化学〗ニトロの; ニトロ基 ($-NO_2$) の, ニトロ化合物の. — n. (pl. ～**s**) 《俗》＝nitroglycerin.

ni·tro- [náɪtro(ʊ) | -trə(ʊ)] 〖《19C》← Gk *nítron* 'NITER'〗 —〖化学〗次の意味を表わす連結形: **1**「一価の基$-NO_2$を含む」: *nitro*benzene. **2**「窒素」,「硝酸塩[窒素]を含む」: *nitro*bacteria, *nitro*meter. ★ 母音の前では通例 nitr- になる.

nìtro·ácid n.〖化学〗ニトロ酸《ニトロ基 ($-NO_2$) およびカルボキシル基 (-COOH) を有する化合物》.

nìtro·ániline 〖← NITRO-＋ANILINE〗 n.〖化学〗ニトロアニリン ($H_2NC_6H_4NO_2$)《黄色の結晶; アゾ染料の中間体として用いられる》.

nìtro·bactéria 〖← NL ～: ⇨ nitro-, bacteria〗 — n. pl.〖細菌〗硝化バクテリア, ニトロバクテリア《土壌中でアンモニア化合物を硝化する種々のバクテリア; cf. nitrification》.

nìtro·bénzene n.〖化学〗ニトロベンゼン, ニトロベンゾール ($C_6H_5NO_2$)《アニリン製造原料・中間体・溶剤として用いられる》.

nìtro·céllulose n.〖化学〗硝酸[ニトロ]セルロース《火薬として用いられる場合, 硝化綿・綿火薬ということが多い》. **nìtro·cellulósic** adj.

nìtro·chálk n.《英》〖化学〗硝安石灰《化学肥料の一種; 炭酸カルシウムと硝酸アンモニウムの混合物; 通例有効窒素 10% を含む》.

nìtro·chlóroform n.〖化学〗ニトロクロロフォルム [(⇨ chloropicrin).

nìtro-còmpound n.〖化学〗ニトロ化合物.

nìtro·cótton n. 綿火薬 (⇨ guncotton).

nìtro·explósive n. ニトロ爆発物.

nìtro·fúran 〖← NITRO-＋FURAN〗 n.〖化学〗ニトロフラン《ニトロ基のあるフラン誘導体》.

ni·tro·fu·ran·to·in [nàɪtro(ʊ)fjʊrǽntouɪn, -ən | -trə(ʊ)fjʊrǽntəʊɪn] 〖← NITROFURAN＋(HYDAN)TOIN〗 — n.〖化学〗ニトロフラントイン ($C_8H_6N_4O_5$)《ニトロフランのヒダントイン誘導体; 尿路感染の抗菌剤》.

ni·tro·ga·tion [nàɪtrəgéɪʃən | -trə(ʊ)-] 〖← NITRO-＋(IRRI)GATION〗 — n. アンモニア灌漑(かんがい)(法)《灌漑用水の中に適量の無水アンモニアを入れて土地産出量の増加を図ること》.

ni·tro·gen [náɪtrədʒɪn, -trɪ-, -dʒən] 〖《1794》□F *nitrogène*: ⇨ nitro-, -gen〗 n.〖化学〗窒素《気体元素の一つ; 記号 N, 原子番号 7, 原子量 14.0067》.

ni·tro·gen·ase [náɪtrədʒənèɪs, -nèɪz | -nèɪs] 〖← NITROGEN＋-ASE〗 n.〖化学〗ニトロゲナーゼ《生物による窒素固定に重要な役割を果たす酵素》.

nitrogen bàlance n.〖生理〗窒素出納《生体が採り入れる窒素量と排出する窒素量との差引き; cf. nitrogen equilibrium》.

nitrogen cỳcle n. [the ～]〖生物〗窒素循環《自然界で窒素化合物が生物を通して循環すること》.

nitrogen dióxide n.〖化学〗二酸化窒素 (NO_2)《赤味がかった褐色の猛毒性のガス》.

nitrogen equilíbrium n.〖生理〗窒素平衡《生体の採り入れる窒素量と排出する窒素量との平衡状態; cf. nitrogen balance》.

nítrogen fixàtion n.〖化学〗窒素固定(法)《空中窒素を化学的方法またはバクテリア作用により爆薬・肥料などの化合物に変えること》.

nítrogen fìxer n.〖細菌〗空中窒素固定物[固定細菌]《マメ科植物の根にできる根瘤バクテリア》.

nítrogen-fìxing adj.〖化学〗(空中)窒素固定力のある: ～ bacteria.

ni·trog·en·ize [naɪtrɑ́dʒənàɪz, náɪtrədʒ-, -trɪdʒ-, -dʒən- | naɪtrɔ́dʒɪn-, náɪtrədʒ-, -trɪdʒ-] vt.〖化学〗窒素と化合させる, 窒素(化合物)で飽和する.

nítrogen monóxide n.〖化学〗 **1** ＝nitrous oxide. **2** ＝nitric oxide.

nítrogen mùstard n.〖化学〗 **1** ナイトロジェンマスタード ($CH_3N(CH_2CH_2Cl)_2$)《mustard gas の硫黄の代りに窒素を含む刺激性・発泡性の毒ガス》. **2** [pl.] ナイトロジェンマスタード類《$RN(CH_2CH_2Cl)_2$ の一般式を有する一群の有機物の総称》.

nítrogen narcòsis n.〖病理〗窒素麻酔, 潜函病《深海の潜水夫などが窒素が体内で増加し, 浮上に伴って塞栓症を起こすために生じる思考や行動能力の減退; rapture of the deep [the depth] ともいう; cf. caisson disease》.

ni·trog·e·nous [naɪtrɑ́dʒənəs | -trɔ́dʒɪ-, -dʒə-] 〖← NITROGEN＋-OUS〗 adj. 窒素の, 窒素を含む.

nítrogen óxide n.〖化学〗窒素酸化物《N_2O, NO, NO_2, NO_3, N_2O_5 等各種窒素酸化物の一種を指す, またはこれらの総称》.

nítrogen peróxide n.〖化学〗過酸化窒素《二酸化窒素, 四酸化窒素およびその平衡混合気体; ただし呼び方としては正しくない》.

nítrogen tetróxide n.〖化学〗四酸化二窒素 (N_2O_4)《無色有毒のガス》.

nítrogen trichlóride n.〖化学〗三塩化窒素 (NCl_3)《刺激臭のある黄色油状液体; cf. agene》.

nìtro·glýcerin 〖← NITRO-＋GLYCERIN〗 — n. (also **nìtro·glýcerine**)〖化学〗ニトログリセリン ($C_3H_5(ONO_2)_3$)《ダイナマイトや無煙火薬の原料; 狭心症治療薬; glonoin ともいう; 正式名 glyceryl trinitrate》.

nítro gròup n.〖化学〗ニトロ基 ($-NO_2$).

nìtro·hydrochlóric ácid 〖← NITRO-＋HYDROCHLORIC〗 n.〖化学〗王水 (⇨ aqua regia).

ni·tro·lic [naɪtróulɪk, -trɑ́l- | -tróul-, -trɔ́l-] 〖← NITRO-＋-OL¹＋-IC¹〗 adj.〖化学〗ニトロール酸類の.

nitrólic ácid n.〖化学〗ニトロール酸《一般式 RC(＝NOH)NO_2 で表わされる弱酸の総称》.

ni·tro·lime [náɪtrəlàɪm] 〖← NITRO-＋LIME¹〗 n.〖化学〗石灰窒素《カルシウムシアナミドと炭素の混合物; 窒素肥料》.

ni·tro·mer·sol [nàɪtro(ʊ)mə́ːsɔ(ː)l, -soul | -trə(ʊ)mə́ːsɔl] 〖← NITRO-＋MER(CURIC)＋(CREO)SOL〗 — n.〖化学〗ニトロメルソール ($C_7H_5HgNO_3$)《黄色の粉末; 水溶液にして防腐剤・消毒剤に用いる》. 「素計.

ni·trom·e·ter [naɪtrɑ́məṭə | -trɔ́mɪtə(r, -mə-] n. 窒

nìtro·méthane n.〖化学〗ニトロメタン (CH_3NO_2)《無色の水溶性の液体; 溶剤やロケット燃料用》.

nìtro·páraffin n.〖化学〗ニトロパラフィン, ニトロアルカン《ニトロ基で置換されたパラフィン; $C_nH_{2n+1}NO_2$ で表わされる》.

nìtro·phénol n.〖化学〗ニトロフェノール《フェノールをニトロ基で置換した化合物》.

ni·troph·i·lous [naɪtrɑ́fələs | -trɔ́fɪ-] 〖← NITRO-＋-PHILOUS〗 n.〖植物〗窒素性土壌を好む.

nítro pòwder n.〖化学〗ニトロ火薬.

nìtro·prússide 〖← NITRO-＋NL *prussia* Prussian blue＋-IDE²〗 n.〖化学〗ニトロプルシド, ペンタシアノニトロシ鉄 (III) 酸塩.

nítro rádical n.〖化学〗＝nitro group.

ni·tros- [naɪtróus | -trɔ́us] (母音の前に来る時の) nitroso- の異形.

ni·tros·a·mine [nàɪtro(ʊ)səmíːn, -ǽmɪn, -mən | -trə(ʊ)səmíːn, -sǽmɪn] 〖← NITROSO-＋AMINE〗 — n. (also **ni·tros·ám·in** [-sǽmɪn, -mən | -mɪn])〖化学〗ニトロサミン《一般式 R_2NNO の構造の化合物の総称》.

ni·tro·so [naɪtróusou | -trə́usəu] 〖□L *nitrōs-us* full of natron ← *nitrum* native soda, natron: ⇨ niter〗 adj.〖化学〗ニトロソ基 (nitroso group) を含む.

ni·tro·so- [naɪtróuso(ʊ) | -sə(ʊ)] 〖↑〗〖化学〗「ニトロソ基 (-NO) を含む」の意の連結形. ★ 母音の前では通例 nitros- になる.

nitróso gròup [ràdical] n.〖化学〗ニトロソ基《有機ニトロソ化合物中の一価の基 -N=O》.

ni·tro·so·m·o·nas [nàɪtro(ʊ)sóumənəs, -næ̀s | -trə(ʊ)sóm-] 〖← NL ～: ⇨ nitroso-, -monas〗 n.〖細菌〗＝nitrite bacterium.

ni·tro·syl [náɪtrəsɪl, -siːl | -trə(ʊ)-] 〖← NITROSO-＋-YL〗 n.〖化学〗ニトロシル基 (NO-).

nìtrosyl·sulfúric ácid 〖⇨↑, sulfuric〗 — n.〖化学〗ニトロシル硫酸, ニトロソ硫酸 ($NOHSO_4$)《鉛室法による硫酸製造の際に, 水分の不十分な鉛室の中にできる結晶》.

nìtro·tóluene 〖← NITRO-＋TOLUENE〗 — n.〖化学〗ニトロトルエン ($CH_3C_6H_4NO_2$)《toluene を濃硝酸と濃硫酸で処理して生じる化合物; 染料, 医薬合成の中間体; ニトロ化が進むと trinitrotoluene になる》.

ni·trous [náɪtrəs] 〖《1601》□L *nitrōs-us* full of natron: ⇨ niter, -ous〗 adj.〖化学〗(特に)三価の窒素 (N^{III}) を含む (cf. nitric 1).

nítrous ácid n.〖化学〗亜硝酸 (HNO_2).

nítrous bactérium n.〖細菌〗＝nitrite bacterium.

nítrous éther n.〖化学〗＝ethyl nitrite.

nítrous óxide n.〖化学〗亜酸化窒素, 一酸化二窒素 (N_2O)《麻酔剤に用いる; cf. laughing gas》.

ni·trox·yl [naɪtrɑ́ksɪl, -səl | -trɔ́ksɪl] 〖← NITRO-＋OXY-¹＋-YL〗 n.〖化学〗＝nitryl.

ni·tryl [náɪtrɪl, -triːl] 〖← NITRO-＋-YL〗 n.〖化学〗ニトリル《NO_2 で表わされる中性または正 1 価の基》.

Nit·ti [níṭi, níːṭi | -tɪ; It. nítti], **Francesco Sa·ve·rio** [savéːrjo] n. ニッティ《1868–1953; イタリアの経済学者・政治評論家・経済学者; 首相 (1919–20)》.

nit·ty¹ [níṭi | -tɪ] 〖← NIT¹,²＋-Y⁴〗 adj. (**nit·ti·er; -ti·est**) **1** しらみの卵だらけの. **2**《英俗》ばかな.

nit·ty-grit·ty [nítɪgríṭi | nítɪgrítɪ] 〖← *nitty* (? ← NIT¹: cf. nitpick)＋GRITTY〗《俗》 — n. [通例 the ～] 実情, 現状; (厳しい)現実; (問題の)根底, 核心: get down [come] to *the* ～ 問題の本質にはいっていく.
— adj. 本質的な, 根本的な.

nit·wit [nítwɪt] 〖← *nit*《米俗》none (□G *nit*《方言》(＝G *nicht* not))＋WIT²: cf. nit²〗 n.《口語》ばか, あほう, まぬけ. **nìt·wìt·ted** [-ṭɪd, -ṭəd | -tɪd, -təd] adj.

Nitzsch·i·a·ce·ae [nɪtʃiéɪsiiː | -tʃɪ-] 〖← NL ～ ← *Nitzschia* (属名: ← *Christian L. Nitzsch* (1782–1837: ドイツの博物学者)＋-IA²)＋-ACEAE〗 — n. pl.〖植物〗ニッチア科.

Ni·u·e [niúːeɪ | nɪ-] n. ニウーエイ(島)《南太平洋上 Tonga, Cook 両諸島間にある島, ニュージーランド領; 1744 年 Cook によって発見された; Savage Island ともいう; 人口 5,000, 面積 263 km²》.

Ni·u·e·an [niúːeɪən | nɪ-] 〖⇨↑, -an¹〗 adj. ニウーエイ島(人, 語)の. — n. **1** ニウーエイ島人. **2** ニウーエイ語《ニウーエイ島人が話す言語》.

ni·val [náɪvəl] 〖□L *nivāl-is* ← *nix* snow〗 adj. 雪の多い; 雪の中に住む, 雪の下に生える.

ni·va·tion [naɪvéɪʃən] 〖← L *niv-*, *nix* snow＋-ATION〗 n.〖地質〗雪食《堆雪の溶解・再凍結の繰返しがもたらす岩石の浸食・破砕作用》.

niv·e·ous [níviəs | -vɪ-] 〖□L *nive-us* snow-white ← *niv-*, *nix* snow: ⇨ -eous〗 adj. 雪の[に関する]; 雪のような, 雪白の.

Ni·ver·nais [nìːvənéɪ | -və-; F. nivɛrnɛ] n. ニヴェルネ《フランス中央部の地域; 旧県名; 首都 Nevers [nəvɛːr]》.

Ni·vôse [niːvóuz | -vóuz; F. nivoːz] 〖□F ～ □L *nivōsus* snowy ← *niv-*, *nix* snow〗 n. 雪月《フランス革命暦の第 4 月; ⇨ Revolutionary calendar》.

nix¹ [níks; G. níks] 〖《1833》□G *Nix* < MHG *nickes* < OHG *nihhus* < Gmc **nikwiz*, **nikuz* (OE *nicor* fabulous sea monster) ← IE **neigʷ-* to wash: cf. nicker⁴〗 — n. (pl. ～**·es**, **nix·e** [níksə; G. níksə]) 〖ドイツ伝説〗ニクス《水の精; cf. nixie¹》.

nix² [níks] 〖《1789》□G ～《方言・口語》《転訛》← *nichts* < MHG *nihtes* (gen.) ← *niht* nothing < OHG *niwiht*, *neowiht*: cf. OE *nāwiht* naught〗《米俗》
— n. **1** 無, 皆無. **2** 拒絶, 拒否. **3** ＝nixie².
— adv. いや (no); だめ, いけない.
nix on...《俗》...はもう十分だ, よしたがよい: I said ～ *on* it. もうやめなさいと言った.
— int. [仲間などへの警戒の合図として] やめろ, 気をつけろ, 来たぞ.
— vt. 拒絶[拒否]する, ...に賛成しない; 禁止する.

nixe n. nix¹ の複数形.

nix·ie¹ [níksi | -sɪ] 〖《1816》□G *Nixe* (fem.) ← *Nix* 'NIX¹': ⇨ -ie〗 n.〖ドイツ伝説〗ニクセ《女の水の精; cf. nix¹》.

nix·ie² [níksi | -sɪ] 〖← NIX²＋-IE〗 n.《米俗》配達[返送]不能の郵便物 (dead letter).

Nix·on [níksn̩], **Richard M(il·hous)** [mílhaʊs] n. (1913–) 米国の政治家; 第 37 代大統領 (1969–74).

Níxon Dóctrine n. [the ～] ニクソン主義, ニクソンドクトリン《他国の内戦に米国は地上部隊を介入させないという原則》.

Ni·zam [nɪzɑ́ːm, nə-, naɪ-, -zǽm, náɪzæm | naɪzǽm, -zɑ́ːm, nɪzɑ́ːm] 〖《1601》□Hindi *nizām* □Arab. *niẓām* organization ← *náẓama* to arrange: cf. nazim〗 — n. **1** ニザム《18 世紀初めから 1948 年までのインド Hyderabad の君主の称号》. **2** [n-] (pl. ～) オスマン帝国軍団の正規兵.

Nizh·ni Nov·go·rod [Russ. njíʒnji-nóvgərət] n. ニジニノブゴロド《Gorki の旧名》.

Nizh·ni Ta·gil [níʒni-ṭəgíl | -nɪ-tə-; Russ. njíʒnji-tagíl] n. ニジニタギル《ソ連邦ロシヤ共和国西部 Ural 山脈の東斜面にある都市; 人口 399,000》.

NJ《略》《米郵便》New Jersey (州).

N.J., NJ《略》New Jersey.

Njord [njɔ́əd | njɔ́ːd] n.〖北欧神話〗＝Niord.

Njorth [njɔ́əθ, njɔ́əð | njɔ́ːθ, njɔ́ːð] n.〖北欧神話〗＝Niord.

Nkru·mah [enkrúːmə, eŋkrúː- | nkrúː-, (ə)ŋkrúː-], **Kwa·me** [kwɑ́ːmi | -mɪ] n. エンクルマ《1909–72; Ghana の政治家; 首相 (1957–60), 大統領 (1960–66)》.

NKVD, N.K.V.D.《略》Russ. Narodnyi Komissariat Vnutrennikh Del 内務人民委員部 (People's Commissariat for Internal Affairs)《1934 年設置され, 1946 年 MVD (内務省)と改称》.

NL《略》National League (cf. AL); night letter.

NL, NL., N.L.《略》New Latin, Neo-Latin.

n.l.《略》〖印刷〗new line 改行せよ; *L.* nōn licet (＝it

is not permitted or lawful); non liquet; *L.* nōn longē (＝not far).

N.L. 《略》《英》National Labour; National Liberal; 「党クラブ.

N. Lat., N. lat. 《略》north latitude. 「north latitude.

N.L.C. 《略》National Liberal Club (英国の)国民自由

N.L.F., NLF 《略》National Liberation Front (of South Vietnam).

NLRA 《略》《米》National Labor Relations Act (⇨ 「Wagner Act).

NLRB, N.L.R.B. 《略》National Labor Relations 「Board.

NLT 《略》night letter.

nm 《略》nanometer; nonmetallic.

NM 《略》nautical mile;〘米郵便〙New Mexico (州); night message; no mark.

n/m. 《略》no mark.

n.m. 《略》nautical mile;〘処方〙*L.* nocte et mane (＝night and morning);〘文法〙noun masculine; nuclear 「magneton.

N.M., NM 《略》New Mexico.

N.Mex. 《略》New Mexico.

NMHC 《略》〘化学〙non-methane hydrocarbons.

NMR 《略》〘物理〙nuclear magnetic resonance (原子)核磁気共鳴.

N.M.U., NMU 《略》National Maritime Union 米国海運労働者組合.

nn. 《略》names; notes; nouns.

NNE, N.N.E., n.n.e. 《略》north-northeast.

NNP, N.N.P. 《略》〘経済〙net national product.

NNW, N.N.W., n.n.w. 《略》north-northwest.

no[1] [nóu | náu]〘adj.: ME *no, na* ＜ OE *nā* (本来は子音の前で用いられた形) ← *nān* ← *ne* not＋*ān* 'ONE': cf. none[1]. — adv. & int.: OE *nā* ← *ne* not＋*ā* 'ever, AYE 2': cog. ON *ne, nē*〙 ── *attrib. adj.* **1 a** ない, 一つ[一人]もない (not any, not one): I have *no* money with [on] me. 金の持ち合わせがない / *No* seats are left. 空席がない (cf. *Not a* seat is left. 席は一つもあいていない) / *No* man is without his fault. どんな人でも欠点のない人はいない / There is *no* such thing (as that). そのようなものはない / *No* two brothers are more alike. あんなに似た兄弟はない / *No* song, *no* supper. 《諺》(歌手は)歌わなければ食事にありつけない,「働かざる者食うべからず」/ his belief, or rather *no* belief 彼の信仰というよりはむしろ無信仰. **b** [通例, 掲示・省略文で] …してはならない, …せず: *No*(＝Let there be *no*) surrender [compromise]! 降伏[妥協]してはならない / *No* admittance except on business. 無用の者はいるべからず / *No* thoroughfare. 通行禁止; 行止まり / *No* credit. 掛売りお断り / *No* cards. (新聞広告で)本広告をもって葬儀の御通知に代えます / *No* flowers. (新聞の死亡広告などで)御供花御辞退 / *No* scribbling on the walls! 壁に落書き無用 / *No* smoking (within these walls)! (構内)禁煙.
2 [通例 be の補語としての名詞の前に用いて] 決して…でない: He is *no* fool [genius]. 決してばか[天才]などではない (★ He is *not a* fool [genius]. より強意的) / It is *no* joke. 冗談じゃない / It is *no* distance from here. ちっとも遠くない, すぐそこだ / It is *no* matter. どうでもいい[つまらない]ことだ / King or *no* king, he has no right to interfere. 国王であろうと何であろうと彼には干渉する権利はない.
There is no doing ⇨ there 成句. *no way* ＝noway.
── *adv.* **1** [スコットランド方言の場合以外は, 常に…*or no* として] ＝not: Pleasant *or no*, it is true. 愉快であろうとなかろうと事実なのだ / Cold *or no*, you must go today. 寒かろうとなかろうと君は今日行かなければならない / whether *or no* ⇨ whether 成句.
2 [形容詞またはその比較級の前に用いて] 少しも…ない (not any, not at all): She showed me *no small* kindness. ひとかたならず[大層]親切にしてくれた / I have *no great* regard for him. 彼には大して敬意を払ってはいない / That is *no different* from this. それはこれとちっとも変わらない / She is *no better than* she should be. 彼女は素行がいかがわしい / Things are *no better* (*than* before). 万事相変らず悪い / It was *no longer* a caterpillar; it was a pretty butterfly. もう毛虫ではなかった, 美しい蝶になっていた / I can walk *no farther*. もうこれ以上歩けない. **3** [否定の答として] いいえ (↔ yes): Will you come?—*No*, I won't. おいでになりますか—いいえ, 行きません. ★ (1) 否定の問に応じて否定の答をする時にも no を用いる: You haven't finished yet?—*No*, sir. まだ終わらないんだね—ええ, まだです. (2) 驚き・疑いの意を表わすことがある: He threatened to strike me.—*No!* (＝Really!)—Yes, he did. 私を打とうとしたんだよ—まさか—いや本当なんだ. (3) 嫌悪・苛立ち・強い非難の気持ちを表わすときには米国では [nɔ́ː] と発音されることが多い. **4 a** [not または nor に先立ち否定を強めて] いや (nay): There is none righteous, *no, not* one. 義人なし, 一人だになし (*Rom.* 3:10) / A man cannot lift it, *no, nor* half a dozen. ひとりでは持ち上げられない, いや, 6人かかったってだめだ. **b** [前言を拡充するため, または的確にするために用いて] いやむしろ (or rather): He is careful, *no*, meticulous is the word. 彼は注意深い, いや, 細心というべきだ.
No can do. 《口語》そんなことは出来ない[だめだ].
── *n.* (*pl.* ~**es**, ~**s**) **1**「いいえ」という言葉, 否; 否定, 否認, 拒絶: I will not take *no* for an answer. 否という返事は受取らない, いやとは言わせない / Two *noes* make a yes. 否定が二つ重なれば肯定となる. **2** 反対投票, 否決; [通例 *pl.*] 反対投票者 (cf. aye[1]): Ayes 5 and *noes* 10. 可とする者 5, 否とする者 10 / The *noes* have it. 反対投票(者)多数《議案は否決された》.

No, no[2] [nóu | náu]〘《1871》□ Jap.〙 *n.* (*pl.* ~) (日本の)能, 能楽: a *No* play / a *No* stage 能舞台.

No 《記号》〘化学〙nobelium.

No. 《略》Noah; Norway; Norwegian.

No., No, N°, no [nʌ́mbə | -bə(r)] (*pl.* **Nos, N°s, nos** [~z])〘*L.* numerō (＝in number) (⇨ number 「*n.* 2 b).

No., no. 《略》《米》north; 《米》northern.

n.o. 《略》〘クリケット〙not out 一日のプレーの後アウトになっていない残留選手の状態.

N.O. 《略》〘植物〙Natural Order; naval officer; naval operations; navigation officer; New Orleans.

No. 1 [nʌ́mbəwʌ́n | -bə-] *n., adj.* ＝number one.

no·a [nóuə | náuə]〘□ Hawaiian, Tahitian & Maori〙 *adj.* 〈語句が〉タブーでない: a ~ word.

NOAA [nóuə | náuə]〘《頭字語》← *N*(*ational*) *O*(*ceanic and*) *A*(*tmospheric*) *A*(*dministration*) (*of the United States*)〙 ── *n.* (米国)海洋大気庁《商務省内の一庁; cf. ESSA》.

nó-accòunt〘← *of no account* (⇨ account)〙《米口語》*adj.* 無能な (worthless); 取るに足らぬ, つまらぬ. ── *n.* 能なしの人間, ろくでなし.

No·a·chi·an [nouéɪkiən | nəuéɪkɪən, -kjən]〘《1678》: ⇨ Noah, -ian〙 ── *adj.* **1**〘聖書〙ノア(時代)の: the ~ deluge ノアの大洪水. **2** 太古の; すごく古めかしい, 老朽の. 「*adj.* ＝Noachian.

No·a·chic [nouǽkɪk | nəu-]〘《*a*1722》: ⇨ ↓, -ic[1]〙

No·ah [nóuə | náuə, nɔ́ː]〘□ Heb. *Nōʹaḥ* ← ? (《通俗語源》← *nūaḥ* rest)〙 ── *n.* **1** 男性名. **2**〘聖書〙ノア《Adam から 10 代目のユダヤ人の父祖の名; cf. *Gen.* 5:28–10:32; ⇨ Noah's Ark; cf. Deucalion》.

Nóah's Árk *n.* **1**〘聖書〙ノアの箱舟《神の命により Noah が造った船; 洪水の際これに乗って家族および多くの動物と共に難を免れたという; cf. *Gen.* 6–8》. **2** (ノアの箱舟に型どった)おもちゃの箱舟《中に Noah とその家族とさまざまな動物のおもちゃがはいっている》. **3** 旧式の大型トランク[大型車]. **4** 舟形の飛雲. **5**〘貝類〙フネガイの一種 (*Arca noae*). **6**〘植物〙**a** ＝lady's slipper. **b** トリカブトの類の一種 (*Aconitum napellus*).

Nóah's Dóve *n.*〘天文〙＝Columba.

Nóah's níghtcap *n.*〘植物〙＝eschscholtzia.

nob[1] [nɑ́(ː)b | nɔ́b]〘《*a*1700》《変形》← ? KNOB〙 ── *n.* **1**《俗》頭 (head); 頭への一撃. **2** [one's ~(s)]〘トランプ〙(cribbage で)山札のアップカード (upcard) と同じスーツ (suit) のジャック《この札を持つ者は 1 点を得る》. ── *v.* (**nobbed**; **nob·bing**) ── *vt.* (ボクシングで)…の頭を打つ. ── *vi.* 頭をなぐる.

nob[2] [nɑ́(ː)b | nɔ́b]〘《1755》: ↑ の転用か〙 *n.*《英俗》(富と社会的地位のある)お偉い人, 上流人: the ~ of the first water 最高級のお偉方.

nó-báll *vt.*〘クリケット〙〈審判が〉〈投手〉の投球を反則投球と宣告[審判]する.

nó báll *n.*〘クリケット〙反則投球《投球の際に腕が伸びていないことや三柱門の線を越えて投球することなど; 敵に 1 点を与える; cf. ball[1] 4》; (審判による)反則投球の宣告.

nob·ble [nɑ́bl̩ | nɔ́bl̩]〘《1847》(freq.) ← ? NAB: ⇨ -le[3]〙 ── *vt.*《英俗》**1 a** (麻薬を飲ませるなどして)〈競走馬を〉勝たせないようにする (cf. dope *vt.* 3). **b**〈騎手を〉買収して八百長させる. **2 a** 買収する (win over). **b**〈金品などを〉盗む, くすねる (steal). **c** 詐取する (swindle); 不正手段で手に入れる: ~ money, a prize, etc. **3**〈犯人などを〉捕える, 逮捕する (nab).

nób·bler[1] [-blə, -blə | -blə(r, -bl-]〘←《方言》*nobble* to strike on the head (⇨ nob[1], -le[3])＋-ER[1]〙 *n.*《英俗》頭への一撃.

nób·bler[2] *n.*《英俗》**1** 競走馬を勝たせないようにする人, 騎手を買収する人. **2** 詐欺師. 「ル[酒].

nob·bler[3] [nɑ́blə | nɔ́blə(r)]〘← ?〙 *n.*《豪》一杯のビー

nob·but [nɑ́bət | nɔ́b-]〘《?*c*1380》*no but*: ⇨ no[1] (adv.), but[1]〙 *adv.*《英方言》**1** ただ…のみ (just). **2** …にすぎない (nothing but).

nob·by [nɑ́bi | nɔ́bɪ]〘《1810》← NOB[2] ＋ -Y[4]〙 ── *adj.* (**nob·bi·er**; **-bi·est**)《英俗》貴族らしい, 一流の, 上等の; いきな; しゃれた, はでな (stylish). **nób·bi·ly** [-bɪli, -bə- | -lɪ] *adv.* **nób·bi·ness** *n.*

nó-béing *n.*《古》非実在 (nonexistence).

No·bel [noubél | nəubél]〘《変形》← *Noble* 'NOBLE'〙 *n.* 男性名.

No·bel [noubél | nəu-; *Swed.* nobél], **Alfred** (**Bernhard**) *n.* ノーベル《1833–96; スウェーデンの化学者; ダイナマイトの発明 (1862) 者・爆薬の製造業者; cf. Nobel prize》. 「者.

No·bél·ist, n- [-lɪst, -ləst | -lɪst] *n.* ノーベル賞受賞

no·bel·i·um [no(u)bíːliəm | nə(u)bíːlɪəm, -ljəm]〘← *A. B. Nobel*: ⇨ -ium〙 *n.*〘化学〙ノーベリウム《人工放射性元素; 記号 No, 原子番号 102》.

Nobél mán [**láureate**] *n.* ＝Nobelist.

Nobel prize [‐‐‐, ‐‐‐] *n.* ノーベル賞《Alfred B. Nobel の遺言により毎年世界の物理学・化学・医学生理学・文学・平和・経済学 (1969 年新設) に貢献した人々に与えられる賞; 最初の授賞は 1901 年》: a ~ *for* physics ノーベル物理学賞.

No·bi·le [nóubɪlèɪ | nəu-; *It.* nɔ́ːbile], **Umberto** *n.* ノビレ《1885–　; イタリアの航空技師・北極探険家》.

no·bil·i·ar·y [noubɪ́lièri, -ljəri | nəubɪ́lɪərɪ, -ljərɪ]〘□ F *nobiliaire* ← L *nōbilis* 'NOBLE': ⇨ -ary〙 *adj.* 貴族の[に関する]: ~ pride, rank, etc.

nobíliary préfix [**párticle**] *n.* 姓名の前に置いて貴族であることを示す語《フランス語の de, ドイツ語の von など》.

no·bil·i·ty [no(u)bɪ́ləṭi | nə(u)bɪ́lətɪ, -lɪ-]〘《*a*1398》*nobilite* □ (O)F *nobilité* ∥ L *nōbilitāt-em* ← *nōbilis* noble: ⇨ ↓, -ity〙 ── *n.* **1 a** (人格・精神などの)高潔, 気高さ: ~ of soul. **b** (物の)尊さ, 高い価値, 貴重さ: the ~ of gold. **2** 荘厳, 崇高: the ~ of the cathedral その寺院の厳粛さ. **3** 高貴の生れ[身分]; 貴族気質. **4 a** [the ~; 集合的] (一国内の貴族階級を構成している)貴族たち; (特に, 英国の)貴族 (peerage). **b** [a ~; 集合的] 貴族階級; 貴族たち.

no·ble [nóubl̩ | náu-]〘《?*a*1200》□ (O)F ~ □ L *nōbilis* famous, highborn ＜ *gnōbilis*《原義》knowable (cf. (*g*)*nōscere* to know): ← IE **gen-* to know: cf. ignoble: ⇨ -ble〙 ── *adj.* (**no·bler**; **-blest**) **1**〈品性・行為など〉高潔な, 高尚な, 気高い;〈思想・表現など〉崇高な, 気品の高い: a ~ sentiment, action, life, thought, etc. / a ~ soul 品性高尚な人 / a ~ poem 気品の高い詩 / a man of ~ mind 高潔な精神の持主. **2 a** (外観が)堂々たる, 雄大な, 壮大な: a ~ edifice, mountain, view, etc. **b** (品質・属性が)りっぱな, 見事な (excellent): a ~ countenance, horse, tree, etc. **3** (地位・身分が)高い, 高貴の, 身分の高い; 貴族の (aristocratic): a ~ personage, family, etc. / be of ~ birth [blood] 高貴の生れ[貴族の出]である / my ~ friend ⇨ friend 2. **4**〈人・行為など〉有名な, 著名な (famous): the ~ names of chivalry 騎士道の誉高い面々. **5 a**〈金属が〉高価な, 貴重な (precious); (特に)耐化学薬品性の, 腐食しない (cf. base[1] 2 b): ⇨ noble metal. **b**〘化学〙〈気体が〉不活性の: ⇨ noble gas. **6**〘鷹狩〙一度の急降下で獲物に襲いかかる (↔ ignoble).
noble art [**science**] **of** (**self-**)**defense** [the —]《古》＝noble art.
── *n.* **1** [しばしば *pl.*] 貴族. **2 a** ノーブル金貨《1344 年 Edward 三世が初めて鋳造し 1461 年まで 6 シリング 8 ペンス (1/3 ポンド) の価で通用した英国の古金貨》. **b** ノーブル銀貨《6 シリング 8 ペンスの英国銀貨》. **3**《米俗》ストライキ破りの指導者.

nóble árt〘《略》← *noble art of* (*self-*)*defense*〙 *n.* [the ~] 拳闘, ボクシング (boxing, noble science).

Nóble Éightfold Páth *n.* [the ~]〘仏教〙八支(ⁱᵉ)聖(ˢʰᵒ)道, 八聖(ˢʰᵒ)道, 八正(ˢʰᵒ)道《正見・正思・正語・正業・正命・正精進・正念・正定の八つ》.

nóble fír *n.* **1**〘植物〙ノーブルモミ (*Abies nobilis*)《米国西部に生育する常緑高木; 高さ 90 m に達する》. **2** ノーブルモミ材.

nóble gás *n.*〘化学〙貴ガス (⇨ inert gas).

nóble·man [-mən] *n.* (*pl.* **-men** [-mən]) 高貴の生れ[身分]の人; 貴族, 華族.

nóble métal *n.* 貴金属《金・銀・白金のように空気中で熱しても酸化せず, 無機酸で化学変化を受けることの少ない金属または合金; cf. base metal》.

nóble-mínded *adj.* 心の高潔な, 気高い; 心の大きい (magnanimous). **~·ly** *adv.* **~·ness** *n.*

nó·ble·ness〘ME〙 *n.* **1** 高潔, 高尚, 気高さ. **2** 身分の高いこと, 高貴. **3**《廃》堂々たること, 壮大.

nóble rót *n.* 貴腐《ボトリチス シネレア菌 (*Botrytis cinerea*) によるブドウの変質状態; これから貴腐ワインを造る》.

nóble sávage *n.* [the ~] 気高い未開人《Montaigne に始まり, 特に Rousseau から Romanticism 時代の初期にかけてヨーロッパの文学で称えられた文明に汚されぬ素朴な原始人の理想的典型; cf. Dryden, *The Conquest of Granada* Pt I. I. i.》.

nóble scíence〘《略》← *noble science of* (*self-*)*defense*〙 *n.* [the ~] ＝noble art.

no·blesse [no(u)blés | nə(u)-; *F.* nɔblɛs]〘《?*a*1200》□ (O)F ~ ＜ VL **nōbilitia* ← L *nōbilis* 'NOBLE': ⇨ -ess[2]〙 ── *n.* **1** (フランスの)貴族たち, 貴族社会 (nobility). **2** 高貴の生れ[身分].

noblésse o·blige [-o(u)bliːʒ | -ə(u)-; *F.* nɔblɛsɔbliːʒ]〘□ F ~ 'nobility obliges': ⇨ ↑, oblige〙 ── **1** (高い)身分[地位]には義務が伴う《身分の高い者は当然勇気・仁慈・高潔・寛大などの徳を備えねばならない》. **2** [名詞的に]身分[地位, 特権]に伴う義務. 「婦人.

nóble·wòman *n.* 高貴の生れ[身分]の女性; 貴族の

nó·bly [-bli, -bl̩i | -blɪ]〘ME〙 ── *adv.* **1** 高潔に, 高尚に, 気高く. **2** りっぱに, 堂々と (splendidly); 雄々しく (bravely). **3** 高貴の地位に, 貴族の生れ[身分]で: be ~ born 貴族(の家)に生れる.

no·bod·y [nóubɑ̀di, -bʌ̀di, -bədi | náubədɪ, -bɔ̀dɪ]〘《*a*1338》〙 ── *pron.* だれも…ない (not anyone): There was ~ present. / *Nobody* ever did his [their] work better. 自分の仕事をこれほどりっぱにやった者はいない / ~'s fool ⇨ fool *n.* 2 / Anybody's guess is ~'s guess. ⇨ anybody's GUESS / Everybody's business is ~'s business. ⇨ business 5 a. ★ (1)《口語》では nobody を複数の they, their, them で受けることもある. (2) no one (*pron.*) よりも形式ばらない語.
── *n.*《口語》取るに足らない人, つまらない人, 無名の人: She has married a mere ~. 全く名もない[つまらない]男と結婚した.

nó-bòttom sóunding *n.*〘海事〙底なし測深《測深鉛のロープの長さに対して海が深過ぎて鉛が海底に届かない場所での測深》.

nob·ut [nábət | nɔ́b-] *adv.* 《英方言》 =nobbut.

n.o.c. 《略》 not otherwise classified.

no·car·di·a [no(ʊ)káədiə | nə(ʊ)kɑ́ːdiə] 〘← NL ～ ← *Edmond I. É. Nocard* (1850-1903 : フランスの生物学者)+-IA¹〙 ── *n.* 〖細菌〗ノカルジア《放線状菌科 *Nocardia* 属の好気性菌で, 一部のものは病原性がある》.

no·car·di·o·sis [no(ʊ)kàədióʊsɪs, -səs | nə(ʊ)kɑ̀ːdiə́ʊsɪs] 〘← NL ～ : ⇨↑, -osis〙 *n.* 〖医学〗ノカルジア症《真菌の一種 nocardia による》.

no·cent [nóʊsn̩t | nə́ʊ-] 〘ME ▭ L *nocent-em* (pres.p.) ← *nocēre* to hurt〙 *adj.* **1** 有害な (harmful). **2** 《古》有罪の (guilty) (↔ innocent).

no·ci- [nóʊsɪ, -sə | nə́ʊsɪ] 〘← L *nocēre* (↑)〙「苦痛 (pain)」の意の連結形.

nò·ci·cép·tive [-séptɪv] 〘← NOCI- + (RE)CEPTIVE〙 *adj.* 〖医学〗侵害受容の, 傷害感受性の, 痛覚の.

nock [nák | nɔ́k] 〘(*a*1398) *nocke, nokke* ▭ ? MDu. *nocke* (Du. *nok* tip of a sail) ← Gmc **hnukk-* sharp projection, tip (LG *nokk*) ← IE **ken-* to compress〙 ── *n.* **1 a** 弓筈(ゆはず)《弓の両端の弦を掛ける所》. **b** 矢筈(やはず)《弦につがえる矢の頭(はず)》; ⇨ arrow 挿絵. **c** (弓筈・矢筈の)刻み目, みぞ. **2** 〖海事〗ノック, 縦帆の前部上端 (throat). ── *vt.* **1** 〈弓・矢に〉弓筈[矢筈]をつける (notch). **2** 〈矢を〉つがえる.

nóck·ing *n.* 〖アーチェリー〗矢つがえ《広義では矢をつがえ, 弓を張り, 正しく目標に向く動作を含む》.

nó cónfidence *n.* (内閣の)不信任 : a vote of ～ 不信任投票. **nó-cónfidence** *adj.*

nó-còunt *adj., n.* 《米口語》 =no-account.

noct- [nakt | nɔkt] (母音の前に来る時の) nocto- の異形.

noc·tam·bu·lant [naktǽmbjʊlənt | nɔk-] 〘⇨↓, -ant〙 *adj.* =noctambulous.

noc·tam·bu·la·tion [naktæ̀mbjʊléɪʃən | nɔk-] 〘← NOCTO- + *ambulation*〙 *n.* 〖病理〗 =noctambulism.

noc·tam·bu·lism [naktǽmbjʊlɪzm | nɔk-] 〘▭ ? F *noctambulisme* : ⇨↑, -ism〙 *n.* 〖病理〗夢遊(症), 夢中歩行 (somnambulism).

noc·tám·bu·list [-lɪst, -ləst | -lɪst] 〘⇨↑, -ist〙 *n.* 夢中歩行者, 夢遊病者 (somnambulist). **noc·tam·bu·lis·tic** [naktæ̀mbjʊlístɪk | nɔk-] *adj.*

noc·tam·bu·lous [naktǽmbjʊləs | nɔk-] *adj.* 夜歩く, 夢遊の.

noc·ti- [náktə | nɔ́ktɪ] nocto- の異形 (⇨ -i-).

noc·ti·flo·rous [nɑ̀ktəflɔ́ːrəs, -flóːr- | nɔ̀ktɪflɔ́ːr-] 〘← NOCTO- + L *flōr-, flōs* 'FLOWER' + -OUS〙 *adj.* 〖植物〗夜花を開く.

noc·ti·lu·ca [nɑ̀ktəlúːkə | nɔ̀ktɪlúː-, -ljúː-] 〘← NL ～ ← L 'moon, lantern' ← NOCTO- + *-lūca* shiner (← L *lūcēre* to shine)〙 ── *n.* (*pl.* **-lu·cae** [-lúːsiː | -lúː-, -ljúː-], ～s) 〖動物〗ヤコウチュウ《海面に浮遊して夜間発光する鞭毛虫亜門 *Noctiluca* 属の原生動物の総称; ヤコウチュウ (*N. miliaris*) など》.

noc·ti·lu·cence [nɑ̀ktəlúːsn̩s | nɔ̀ktɪlúː, -ljúː-] 〘⇨↑, -ence〙 *n.* (ヤコウチュウ・ホタル・キノコなどの生物による)夜間発光, 生物発光 (bioluminescence).

noc·ti·lu·cent [nɑ̀ktəlúːsn̩t | nɔ̀ktɪlúː-, -ljúː-] 〘⇨↑, -ent〙 *adj.* **1** 夜間発光の, 生物発光の (bioluminescent) **2** 〖気象〗夜(暗中に)光る.

noctilúcent clóud *n.* 〖気象〗夜光雲《薄い巻雲に似て, 夜に青または銀色に光る雲; 高さは約 80 km》.

noc·ti·pho·bi·a [nɑ̀ktəfóʊbiə | nɔ̀ktɪfə́ʊbɪə, -bjə] 〘← NOCTO- + -PHOBIA〙 *n.* 〖病理〗暗夜恐怖(症).

noc·tiv·a·gant [naktívɪgənt, -və-, | nɔktívə-, -vɪ-] 〘← L *noctivag-us* night-wandering ← NOCTO- + *vagus* (← *vagārī* to wander) : ⇨ -ant〙 ── *adj.* 夜出て歩く. **noc·tiv·a·ga·tion** [naktɪ̀vəgéɪʃən | nɔk-] *n.*

noc·tiv·a·gous [naktívɪgəs, -və- | nɔktɪvə-, -vɪ-] *adj.* =noctivagant.

noc·to- [náktoʊ | nɔ́ktəʊ] 〘(17C) ← L *nocti-s, nox* night〙「夜; 夜中に」の意の連結形. ★ 時に nocti-, また母音の前では通例 noct- になる.

noc·to·vi·sion [náktəvɪ̀ʒən | nɔ́k-] 〘《混成》← NOCTO- + (TELE)VISION〙 *n.* 暗視装置《赤外線を利用して暗夜や霧の中の物体を見る装置》.

noc·tu·ar·y [nɑ́ktʃuèri | nɔ́ktjuərɪ] 〘← L *noctū* by night ((adv.) ← *nox* : cf. nocto-) + -ARY : DIARY との類推〙 *n.* 《古》夜間事件の記録.

noc·tu·id [nɑ́ktʃuɪd, -tʃuəd | nɔ́ktjuɪd] 〘← NL *Noctuid-ae* (pl.) ← L *noctua* night owl (属名 : ← *nox* night)〙 〖昆虫〗 ── *adj.* ヤガ(科)の. ── *n.* ヤガ《ヤガ科のガの総称; owlet moth ともいう》.

Noc·tu·i·dae [nɑkt(j)úːədiː | nɔktjúːɪ-] 〘↑〙 *n. pl.* 〖昆虫〗(鱗翅目)ヤガ科.

noc·tule [nɑ́ktʃuːl | nɔ́ktjuːl] 〘(1771) ▭ F ～ ▭ It. *nottola* bat ← L *noctua* night owl ← *nox* night : ⇨ -ule〙 ── *n.* 〖動物〗ヨーロッパヤマコウモリ (*Nyctalus noctula*)《大木の樹洞にすむ食虫性のヒナコウモリ科のコウモリ》.

noc·tu·ri·a [naktú(ə)riə | nɔkt(j)ʊ́ərɪə] 〘← NL ～ : ⇨ nocto-, -uria〙 *n.* 〖病理〗夜間多尿《心臓病などの主要症状の一つ》.

noc·turn [nɑ́ktəːn | nɔ́ktəːn, ─́─̀] 〘(?*a*1200) ▭ (O)F *nocturne* ▭ ML *nocturna* (fem.) = L *nocturnus* (↓)〙 ── *n.* **1** 〖カトリック〗宵課(しょうか)《聖務日課の朝課 (matins) の 3 区分のうちの一つで, もとは夜中と午前 4 時の間, 今は夕方に行なわれる》. **2** =nocturne.

noc·tur·nal [naktə́ːnl̩ | nɔktə́ː-] 〘(1485) ▭ LL *nocturnāl-is* ← L *nocturnus* of or by night ← *nox* night : ⇨ -al¹〙 ── *adj.* **1** 夜の[に関する, 行なわれる, 起こる] (↔ diurnal) : ～ sounds, habits, wanderings, etc. **2** 〖動物〗〈動物など〉夜出歩く, 夜間に活動する, 夜行性の (↔ diurnal) : ～ birds, insects, etc. / ～ habits 夜行性. **3** 〖植物〗〈花が〉夜開く. **4** 〖音楽〗ノクターン[夜想曲]風の, ノクターンを思わせる. ── *n.* **1** (星の位置による昔の)夜間時刻[位置]測定器. **2** 夜出歩く人 (nightwalker)《売春婦など》. **3 a** =night piece. **b** 夜などを示す照明度の低い舞台での劇.

noctúrnal emíssion *n.* 〖生理〗夢精.

noctúrnal enurésis *n.* 〖病理〗夜尿(症).

noc·túr·nal·ly [-nəli, -nl̩i | -nəli, -nl̩i] *adv.* 夜分に, 夜間に; 毎夜.

noc·turne [nɑ́ktəːn | nɔ́ktəːn, ─́─̀; *F.* nɔktyʀn] 〘▭ F ～ : ⇨ nocturn〙 ── *n.* **1** 〖音楽〗 **a** 夜曲《一般に夜の静かな情緒を表わす曲》. **b** (ピアノの)ノクターン, 夜想曲《夢幻的な器楽曲》. **2** 〖絵画〗夜景画.

noc·u·ous [nɑ́kjuəs | nɔ́kjʊ-] 〘← L *nocu(us)* harmful (← *nocēre* to harm) + -OUS : cf. noxious〙 *adj.* 有害な, 有毒な (poisonous). **～·ly** *adv.* **～·ness** *n.*

nod [nɑ́(ː)d | nɔ́d] 〘(*c*1390) *nodde(n)* ← ? LG : cf. MHG *notten* (G *notteln*) to move about, shake〙 ── *v.* (**nod·ded**; **nod·ding**) ── *vi.* **1 a** (承諾・了解・感謝・命令・注意などの意を示して)うなずく; うなずいて承知する : ～ in assent 承知だとうなずく. **b** 会釈する : ～ *to* [*at*] a person in the street / ⇨ nodding acquaintance. **c** (眠くて)こっくりする, 居眠りする : ～ off 居眠りしてしまう / sit ～*ding* こくりこくりしながらすわっている / ～ over one's work 仕事をしながら居眠りする. **2** 〈木・花・羽毛などが〉揺れる, なびく (sway); 〈建物などが〉傾く, ぐらつく (totter) : trees ～*ding* in the wind 風に揺れる樹木 / The house is ～*ding* to its fall. 家は今にも倒れそうに傾いている. **3** 《まれ》油断する, うっかりやり損う : catch a person ～*ding* 人のすきに乗じる / (Even) Homer sometimes ～*s*. ⇨ Homer². ── *vt.* **1 a** 〈頭を〉うなずかせる : ～ the head in assent 承知したとうなずく (cf. SHAKE *the head*). **b** 〈同意・承諾などを〉うなずいて示す : ～ approbation [assent] うなずいて賞賛[承諾]の意を表わす / He ～*ded* me a welcome. = He ～*ded* a welcome *to* me. 彼はうなずいて歓迎した / He ～*ded to* me *that* it was all right. それは結構だと彼は私にうなずいて示した. **c** [通例動作を示す副詞を伴って] うなずいて招く[去らせる] 〈*to, out, away,* etc.〉 : ～ a person *back* [*away*] into the room うなずいて人を部屋に戻ら[去ら]せる. **2** 曲げる, たわませる, 揺るがす, なびかす.

── *n.* **1 a** (承諾・了解・感謝・命令・注意などの意を示す)うなずき; 合図のうなずき : call a person by a ～ うなずいて人を呼ぶ / A ～ is as good as a wink. ⇨ wink¹ 2. **b** 会釈, 黙礼 : greet a person with a ～ (of the head) 軽く首を垂れて挨拶する / exchange ～*s* with ...と会釈を交す. **c** (眠くてする)こっくり; 居眠り, うたた寝. **2** (枝やこずえなどの)揺らぎ, 揺れ. **3** 《まれ》うっかりしたし損ない.

at a person's nod 人の意のままに動かされて : The empire was *at his* ～. 帝国は彼の意のままであった. ***give* [*get*] *the nod*** 《口語》(1) 同意を与える[得る] : The committee *gave the* ～ *to* the proposal. 委員会はその提案をオーケーした. (2) 〖ボクシング〗判定をする[受ける]. ***on the nod*** (1) 《英口語》(売買など)信用で, 掛けで, 「顔」で (on credit). (2) 《英口語》形式的な同意だけで, 形だけの承諾で. (3) 《俗》(麻薬で)意識朦朧(もうろう)として, うとうとして.

Land of Nod [the ─] ⇨ land.

～·der *n.*

Nod [nɑ́(ː)d | nɔ́d] 〘▭ Heb. *nōdh* 《原義》(country of) homelessness〙 ── *n.* **1** 〖聖書〗ノド, ノデ《Cain が行って住んだ Eden の東の地; cf. *Gen.* 4 : 16》. **2** = LAND of Nod (1).

nod·al [nóʊdl̩ | nə́ʊ-] 〘← NODE + -AL¹〙 *adj.* node の(ような). **～·ly** *adv.* **no·dal·i·ty** [no(ʊ)dǽləṭi | nə(ʊ)dǽlətɪ, -lɪ-] *n.*

nódal pláne *n.* 〖光学〗(レンズの)節平面《節点 (nodal point) を通り光軸に垂直な平面》.

nódal póint *n.* 〖光学〗(レンズなどの)節点《光学系において角倍率が +1 になる光軸上の共役点》.

nódal rhýthm *n.* 〖生理〗(心臓の)結節(性)リズム[調律, 律動].

nó dáte *n.* (図書の出版年などの)日付不明 (略 n.d.).

nód·ding *adj.* **1** ぶら下った, 下に垂れた : ～ flowers. **2** 眠たげな.

nódding acquáintance *n.* **1 a** 会えば会釈する程度の面識 : I have a ～ *with* him. 彼とはちょっとした知り合いだ **b** ちょっとした知人. **2** わずかな[ちょっとした]知識 : have a ～ *with* Greek literature ギリシャ文学をちょっと知っている.

nódding lílac *n.* 〖植物〗中国産のライラックの一種 (*Syringa reflexa*)《花は外側は赤く内側は白い》.

nódding spásm *n.* 〖病理〗点頭痙攣(けいれん)《繰返してうなずくような形の(胸鎖乳突筋の収縮による)痙攣》.

nódding tríllium *n.* 〖植物〗ユリ科エンレイソウ属の多年生植物 (*Trillium cernuum*)《北米産; 波状の花弁と反曲した茎を有し薄いピンクの花を咲かせる》.

nod·dle¹ [nɑ́dl̩ | nɔ́dl̩] 〘ME *nodel, nodul* ← ? : cf. 《古》*noll* < OE *hnoll* crown of the head〙 ── *n.* 《口語》おつむ, 頭 (head) : be cracked in the ～ 頭が変だ.

nod·dle² [nɑ́dl̩ | nɔ́dl̩] 〘(freq.) ← NOD : cf. niddle-noddle〙 *vt., vi.* 《まれ》うなずく (nod).

nod·dy [nɑ́di | nɔ́dɪ] 〘(*a*1530) ? ← 《廃》*noddy* (adj.) silly ← ? NOD + -Y⁴ : cf. noodle¹ : 2 は 1 の転用〙 ── *n.* **1** とんま, まぬけ, ばか者 (fool). **2** 〖鳥類〗クロアジサシ (*Anous stolidus*)《熱帯海域に広く分布する海鳥》; *Anous* 属のクロアジサシ類の総称.

node [nóʊd | nə́ʊd] 〘(1572) ▭ L *nōd-us* 'knot, NODUS'〙 ── *n.* **1** 結び目, こぶ, ふくれ (swelling). **2** (劇・物語・事件などの)筋のもつれ, 紛糾, 葛藤 (complication) (cf. nodus 2). **3** (各部分の集まる)中心点. **4** 〖植物〗ふし, 節(せつ)《茎の葉を生じる部分; cf. internode》. **5** 〖解剖〗結節 : gouty ～ 痛風結節 / ⇨ lymph node. **6** 〖天文〗交点《天球上で天体の軌道が黄道と交わる点》: ⇨ ascending node, descending node. **7** 〖数学〗結節点《曲線が自分自身と交わる点》. **8** 〖物理〗波節, 振動の節《振動体の静止点; cf. antinode》. **9** 〖文法〗(生成文法で, 句構造標識 (P-marker) の)節点.

node of Ran·vier [-rɑː(n)vjéɪ, -rɑːn- | -rɑ̃ː(n)-, -rɔ̃ː(n)-, -rɑːn-, -rɔːn-; *F.* -ʀɔ̃vje] 〘← *Louis A. Ranvier* (1835-1922 : フランスの組織学者)〙 〖生物〗ランビエ節《神経繊維の軸索を囲む髄鞘が欠如している部分》.

nodi *n.* nodus の複数形.

nod·i·cal [nɑ́dɪkəl, nóʊd-, -də- | nɔ́dɪ-, nə́ʊd-] 〘← NODE 6 + -ICAL〙 ── *adj.* 〖天文〗交点の : the ～ revolution of the moon 月が交点を通過してから再びその交点に達する一周; またその運動.

nódical mónth *n.* 〖天文〗交点月《月が一つの交点から出発して同じ交点に帰って来るのに要する時間で, 平均太陽時の 27 日 5 時間 5 分 35.8 秒に当たる; draconic month [period] ともいう》.

no·dose [nóʊdoʊs | nə́ʊdəʊs] 〘(1721) ▭ L *nōdōs-us* full of knots : ⇨ node, -ose¹〙 *adj.* 〖植物〗(茎に)ふしのある, 結節性の, ふし[こぶ]の多い.

no·dos·i·ty [no(ʊ)dɑ́səṭi | nə(ʊ)dɔ́sətɪ, -sɪ-] 〘▭ F *nodosité* ∥ LL *nōdōsitāt-em* ← L *nōdōsus* 'NODOSE'〙 *n.* 多節; 節, こぶ.

no·dous [nóʊdəs | nə́ʊ-] *adj.* 〖植物〗 =nodose.

nod·u·lar [nɑ́dʒʊlə | nɔ́djʊlə(r)] 〘← NODULE + -AR¹〙 ── *adj.* **1** ふし[こぶ]の(ある), ふし[こぶ]状の : a ～ structure. **2** 〖地質〗団塊の(ある), 瘤塊のある. **3** 〖植物〗(茎や根に)節のある, 結節性[状]の.

nod·u·lat·ed [nɑ́dʒʊlèɪṭɪd, -ṭəd | nɔ́djʊlèɪt-] 〘← NODULE + -ATE³ + -ED〙 *adj.* **1** ふしのある. **2** 〖地質〗団塊の (nodular). **3** 〖植物〗結節性の.

nod·u·la·tion [nɑ̀dʒʊléɪʃən | nɔ̀dju-] *n.* **1** ふしを生じること; 結節. **2** =nodule.

nod·ule [nɑ́dʒuːl | nɔ́djuːl] 〘(1600) ▭ L *nōdul-us* (dim.) ← *nōdus* 'knot, NODE' : ⇨ -ule〙 ── *n.* **1** 小さなふし, 小瘤, 小塊. **2** 〖地質〗団塊, 瘤塊. **3** 〖植物〗小結節 (tubercle), 根瘤. **4** 〖解剖〗小(結)節《小さなできもの・神経節など》: a lymphatic ～ リンパ(小)節.

noduli *n.* nodulus の複数形.

nod·u·lose [nɑ́dʒʊlòʊs, ─̀─́ | nɔ́djʊləʊs, ─̀─́] *adj.* 「小節[小塊]のある.

nod·u·lous [nɑ́dʒʊləs | nɔ́dju-] *adj.* =nodulose.

nod·u·lus [nɑ́dʒʊləs | nɔ́dju-] 〘▭ L ～ 'small knot' : cf. nodule〙 *n.* (*pl.* **nod·u·li** [-lài]) 〖解剖〗小節, 小結節, 小脳小結節.

no·dus [nóʊdəs | nə́ʊ-] 〘▭ L *nōd-us* 'knot, NODE'〙 ── *n.* (*pl.* **no·di** [-daɪ]) **1** 結び目, ふし (knot). **2** 難点 (difficulty); (話の筋の)もつれ, 紛糾 (complication) 《文学の場合は node よりこの語の方が普通に用いられる》. **3** 〖解剖〗 =node 5.

No·e [nóʊə | nə́ʊə] 〘《変形》← NOAH〙 *n.* (Douay Bible での) Noah のラテン語式語形.

n.o.e. 《略》 not otherwise enumerated.

nò·e·génesis [nòʊɪ- | nə̀ʊɪ-] 〘← NL ～ ← Gk *noe-* (← *nóēsis* intelligence ∥ *nóēma* perception, thought) + GENESIS〙 ── *n.* 〖心理〗(観察・感覚・経験などからの)新知識の生産, ノエジェネシス (cf. noesis 2). **nòe·genétic** *adj.*

No·el¹ [noʊél | nəʊ-] 〘▭ F *noël* Christmas carol, *Noël* Christmas < L *nātālem* (*diem*) birthday, 《原義》of birth ← *nātus* (p.p.) ← *nāscī* to be born : ⇨ nowel : cf. natal¹〙 ── *n.* (*also* **No·ël** [～]) **1** クリスマス; クリスマスの季節 (Christmas season). **2** [n-] クリスマス祝歌, クリスマスキャロル (Christmas carol).

No·el² [nóʊəl, noʊél | nə́ʊəl, -et, -ɪt; *F.* nɔɛl] 〘▭ OF *no(u)el* ▭ L *nātālem* (↑)〙 ── *n.* **1** 男性名. **2** 女性名. ★ クリスマスの日(近く)に生れた子に付けられる《異形 Noël, Noelle》.

No·el-Ba·ker [nóʊəlbéɪkə | nə́ʊəlbéɪkə(r)], **Philip John** *n.* (1889-) 英国の政治家; Nobel 平和賞 (1959).

no·e·ma [noʊíːmə | nəʊ-] 〘← NL ～ ← Gk *nóēma* thought : ⇨ noetic〙 *n.* (*pl.* ～·**ta** [～ṭə | ～tə]) 〖哲学〗知的直観の対象; (現象学の)ノエマ (cf. noesis).

no·e·mat·ic [nòʊiːmǽṭɪk | nə̀ʊiːmǽt-] 〘▭ Gk *noēmatik-ós* : ⇨↑, -ic¹〙 *adj.* 〖哲学〗 noema の[に関する, 的な].

nó éntry *attrib. adj.* 立入り禁止の.

no·e·sis [noʊíːsɪs, -səs | nəʊíːsɪs] 〘▭ Gk *nóēsis* perception : ↓〙 ── *n.* (*pl.* **no·e·ses** [-siːz]) **1** 〖哲学〗ノエシス : **a** 古代ギリシャ哲学における純粋知性による認識作用, 知的直観; cf. noema, dianoia. **b** 現象学, 特に Husserl が意識の客観面をいう noema に対して, その志向的作用面を表わすのに使った用語. **2** 〖心理〗知性の機能, 認識.

no·et·ic [noʊéṭɪk | nəʊét-] 〘(1644) ▭ Gk *noētik-ós* of intelligence ← *noētós* perceptible by the mind ← *noeîn* to perceive ← *nóos* mind〙 ── *adj.* **1** 心の, 知力

の; 純粋知性に基づく[による]. **2** 知的で抽象的な(思索をする): a ~ thinker. **—** *n.* 純粋知性のある人[物].

no·et·ics [nouétɪks | nəuét-] 〖⇨↑, -ics〗 *n.* 〘論理〙純粋思惟(ˢʰⁱʸᵘⁱ)論, 知性論.

nó-fáult *attrib. adj.* 《米》 **1** 〘保険〙ノーフォールトの《自動車保険で加害運転者が無過失であっても, 被害者が一定の損害について賠償を受けられる制度についていう》. **2** 〘法律〙(離婚法で)〈当事者双方が〉結婚解消の責任がない.

nó-fines cóncrete 〖← NO[1] (adj.) + *fines* (⇨ fine[1] (n.) 2)〗 **—** *n.* 〘建築〙等粒コンクリート《細い砂利を入れずに粗い砂利とセメントのみで造ったコンクリート; 断熱材として用いる》.

nó-fríll s *attrib. adj.* 〈物事が〉(飾り気など全くなく)実質的な.

nog[1] [nɑ́(ː)g | nɔ́g] 〖《変形》← ? 《廃》 *knag* (cf. ME *knagge* spur, peg)〗 **—** *n.* **1** 木れんが (wood brick)《釘受けとしてれんがや石壁の中に埋め込むもの》. **2** 木釘, 木栓. **3** 樹木のふし[こぶ]. **—** *vt.* (**nogged; nog·ging**) **1** 木釘で支える, …に木れんがを詰める. **2** 木骨にれんがを積んで〈家を〉建てる.

nog[2] [nɑ́(ː)g | nɔ́g] 〖← ?〗 **—** *n.* (*also* **nogg** [~]) **1** 《英》ノッグ《昔 Norfolk 地方で造られた強いエール》. **2 a** ノッグ《泡立て卵・牛乳入りの飲み物: 普通ブランデーなどのアルコール飲料を加える》: a brandy ~. **b** =eggnog.

nog·gin [nɑ́gɪn, -gən | nɔ́gɪn] 〖《1630》← ?: cf. Ir. *noigin* wooden vessel / nog[1,2]〗 **—** *n.* **1 a** 小杯, 小型ジョッキ (small mug): a ~ of milk. **b** 《米方言》手おけ (pail), バケツ (bucket). **2** (アルコール飲料の)ノッギン《液量単位; =$^1/_4$ パイント, 0.1183 リットル》. **3** 《口語》人の頭, 脳天 (head).

nóg·ging 〖← NOG[1] + -ING[1]〗 *n.* **1** 木骨れんが積み《木骨の間にれんがを詰めたもの》, 詰めれんが. **2** = nogging piece.

nógging piece *n.* (木骨れんが積みの)横木.

nó-gó *attrib. adj.* 《口語》 **1** 不首尾な, 不調な, だめな (cf. go[1] *n.* 3 a). **2** 《英》〈市内などの地域が〉(対立するグループの一方のバリケードなどのため)〔他方の者に〕立入りを許さない〔*for*〕: a ~ area.

nó-gò gáge 〖← *no go*: ⇨ go[1] (n.)〗 *n.* 〘機械〙止りゲージ《機械部品の寸法検査において部品が通過してはいけない方; cf. go gage》.

nó-góod *adj., n.* 《口語》何の役にも立たない(人, 物), 何の価値もない(人, 物), 成功する見込みのない(人).

Noh, n- [nóu | nə́u] *n.* =No.

nó-hít *adj.* 〘野球〙〈試合など〉(一方のチームが)ノーヒットの, 無安打の; 〈投手が〉無安打試合を達成した: a ~ game ノーヒットゲーム, 無安打試合 (cf. perfect game 1) / a ~ pitcher 無安打完投投手.

nó-hítter 〖← NO[1] (adj.)+HITTER〗 *n.* 〘野球〙無安打試合 (no-hit game) (cf. hitter 2).

nò-hóper *n.* 《豪俗》(理想も野心も持たない)無能な人.

nó·hòw 〖《1775》← NO[1] (adj.)+HOW[1] (adv.): cf. somehow, anyhow〗 **—** *adv.* 《俗》[通例 can を伴って] 決して…ない (in no way): I *can't* do it ~. どうしてもできない. **—** *adj.* 《方言》[しばしば all を伴って] 加減の悪い, 元気のない; 混乱して (confused): be [feel] *all* ~ 全く気分が悪い / look *all* ~ 全く顔色が悪い.

noil [nɔ́ɪl] 〖《1623-24》⊏ ? OF *noel* < ML *nōdellus* (dim.) ← L *nōdus* 'knot, NODE'〗 **—** *n.* 梳毛(ˢᵒᵐᵒ)および絹糸紡績工程で出る短毛, ノイル《紡毛やフェルトの材料; cf. hards》. **noil·y** [nɔ́ɪli | -lɪ] *adj.*

noise [nɔ́ɪz] 〖《?a1200》⊏ (O)F ~ 'outcry, disturbance, noisy dispute' < L *nauseam* sea-sickness ⊏ Gk *nausía* ← *naûs* ship: cf. Prov. *noisa, nauza, nausa* noise: 船酔いで大騒ぎすることから?: 17C までは pleasant noise にも用いられた〗 **—** *n.* **1 a** 騒音: deafening ~*s* 耳を聾(ʳᵒᵘ)する騒音 / the ~ of a jet plane ジェット機の騒音 / ~ in the ear 耳鳴り / Who is making a ~ [that ~]? だれだ音[そんな音]を立てているのは. **b** 物音 (sound): I heard a little ~ in the wood. 森の中で小さな物音を聞いた. **2 a** 大きな叫び声; 大騒ぎ, 騒がしさ: make a shrill loud ~ かん走った大きな声を立てる / Don't make so much ~. そんなに騒ぐな. **b** [*pl.*] (ある意見・感情を表わす)言葉, 主張; (何か口の中で言う)言葉, 声. ★ 通例次の成句で: ⇨ *make* NOISES. **3** 《廃》おしゃべり; うわさ, 評判 (rumor); (特に)悪評, 醜聞 (scandal): The ~ goes *that* …という評判[うわさ]だ / ⇨ big noise. **4** 〘電気・電子工学〙雑音《音に限らず必要な信号に対して不要なまたは妨害となる信号を一般的にいう》. **5** 〘ラジオ・テレビ〙ノイズ, 雑音, 騒音: visual ~ テレビの画面のちらつき. **6** 〘電算機〙(文献検索の場合など)必要な情報に混ざって出て来る無関係な[必要でない]データ.

make a noise (1) (大きな)音を立てる, 騒ぐ. (2) やかましくしゃべり立てる, 大いに論ずる; 不平をもらす: *make a* ~ *about* something ある事をやかましく騒ぎ立てる. (3) 世間の評判になる, 世間のうわさに上る: *make a* ~ in the world 世間の評判になる, 有名になる.

make noises [通例形容詞を伴って] (ある考え・気持を)口に出す, 打ち出す〔*about*〕; (何か月並なことを)口の中で言う: *make* welfare ~*s* 福祉(政策)を唱える / *make* soothing ~*s* なだめるような声を出す.

noise(s) off 〘演劇〙 (1) 舞台裏で音《擬音; ト書き用語》. (2) 舞台裏の音響効果.

— *vt.* 言いふらす, 言い広める 〈*about, around, abroad*〉: ⇨ NOISE *abroad*. **—** *vi.* 《古》 **1** 音を立てる, 騒ぐ, 大声で叫ぶ. **2** 大いに話す, やかましくしゃべる〔*of*〕.

noise abroad 〈うわさなどを〉言いふらす, 評判を立てる (cf. *Luke* 1:65): ~ a person's fame *abroad* = ~ *abroad* a person's fame / It is ~*d abroad* that the murderer has been arrested. 殺人犯がつかまったというわさがもっぱらである.

nóise fàctor *n.* 〘電子工学〙雑音指数《増幅器などの電子回路が発生する雑音(有害な電気信号)の量を表わす指数; noise figure ともいう》.

nóise field inténsity *n.* 〘電子工学〙雑音電界強度.

nóise fìgure *n.* 〘電子工学〙=noise factor.

nóise·less *adj.* **1** 音のしない, ひっそりした, 消音の, 静かな (silent, quiet): a ~ footstep 音を忍ばせた足取り. **2** 〈録音など〉雑音の少ない; 〈タイプライターなど〉普通より音の低い: a ~ typewriter. **~·ly** *adv.* **~·ness** *n.*

nóiseless recórding *n.* 無雑音録音.

nóise lèvel *n.* 〘通信〙雑音レベル《伝えたい信号に対して妨害となるそれ以外の信号(雑音)の強さを示す程度》.

nóise lìmiter *n.* 〘電子工学〙雑音抑制器, ノイズリミッター.

nóise·màker *n.* **1** 音を立てる人[物]. **2** (Hallowe'en, 大晦日などの祝祭に鳴らす)角笛(ᵗˢᵘⁿᵒᵇᵘᵉ) (horn), 鳴る子 (clapper), がらがら (rattle). **nóise-màking** *n., adj.*

nóise pollùtion *n.* 騒音公害《自動車・飛行機・機械類などの騒音による害; sound pollution ともいう》.

nóise·pròof *adj.* 防音の (soundproof).

nóise redùcer *n.* 〘電子工学〙雑音抑制器.

nóise supprèssor *n.* 〘電子工学〙 **1** =squelch 3. **2** =noise reducer.

nóise trèatment *n.* 〘航空〙(航空エンジンに装備する)騒音低減処置.

noi·sette [nwɑːzét | nwɑː-; *F.* nwazɛt] 〖⊏ F ~ (dim.) ← *noix* nut < L *nucem, nux* 'NUT'〗 **—** *n.* **1** [通例 *pl.*] ノワゼット《一口大に切り取った食べ物の総称》: **a** 牛や子羊のヒレ肉など柔らかい肉の一片. **b** くり抜いた丸いジャガイモをバターで色づくまで炒(ⁱᵗᵃ)めたもの. **2** はしばみ色 (noisette brown, hazel ともいう).

Noi·sétte róse [nwɑːzét- | nwɑː-; *F.* nwazɛt-] 〖← *Philippe Noisette* (1817 年にこの新種を初めて栽培した人)〗 **—** *n.* 〘園芸〙ノワゼットローズ《China rose と musk rose の雑種; 単に Noisette, また Champney rose ともいう》.

noi·some [nɔ́ɪsəm] 〖《c1390》← 《廃・方言》*noy* (《頭音消失》← ANNOY)+-SOME[1]〗 **—** *adj.* 《文語》 **1** 有害な (harmful); 健康によくない (unhealthy): a ~ environment. **2** 〈匂いなど〉いやな, むっとするような; 不快な, 気にくわない (offensive): a ~ odor いやなにおい / a ~ sight 不快な光景. **~·ly** *adv.* **~·ness** *n.*

nois·y [nɔ́ɪzi | -zɪ] 〖《1693》← NOISE + -Y[4]〗 **—** *adj.* (**nois·i·er; -i·est**) **1 a** 〈人が〉やかましい, 騒々しい(音[声]を立てる); ざわざわした: a ~ engine, animal, crowd, laugh, etc. **b** 〈行為が〉騒音を伴う: a ~ game. **2** 〈場所など〉騒々しい: a ~ street, house, etc. **3** 〈色彩・服装・文体など〉はでな, けばけばしい: a ~ suit. **nóis·i·ly** [-zɪli, -zə- | -lɪ] *adv.* **nóis·i·ness** *n.*

nó-knóck 《米》 *adj.* (警官が逮捕・捜索のために身分を示さずに)無断で立入り[家宅捜索]できる. **—** *n.* 無断で行なう立入り[家宅捜索].

No·la [nóulə | nə́u-] 〖⊏ LL *Nola* 《原義》small bell〗 *n.* 女性名.

No·lan [nóulən | nə́u-] 〖⊏ Gael. *Nuallan* 《原義》famous〗 *n.* 男性名《異形 Noland》.

Nol·de [nɔ́(ː)ldə | nɔ́l-; *G.* nɔ́ldə], **Emil** *n.* ノルデ《1867-1956; ドイツの Brücke 派の画家》.

nó-léad gásoline [-léd-] *n.* 無鉛ガソリン《鉛化合物無添加のガソリン》.

no·lens vo·lens [nóulenz-vóulenz | nə́ulenz-və́ulenz] 〖⊏ L *nōlēns volēns* ← *nōlēns* ((pres.p.) ← *nōlle* to be unwilling) + *volēns* willing ((pres.p.) ← *velle*: cf. voluntary)〗 **—** *adv.* 《文語》いや応なしに (willy-nilly).

no·li me tan·ge·re [nóulaɪ-miː-tǽndʒəri, nóuliː-meɪ-táːŋgərèɪ | nə́ulaɪ-miː-tǽndʒəri, nə́uli:-] 〖《a1398》⊏ L *nōli mē tangere* 'touch me not' ← *nōli* ((imper.) ← *nōlle* (↑)) + *mē* me + *tangere* to touch (cf. tangent)〗 **—** *n.* (*pl.* ~**s**) **1** 接触[干渉]を禁じる警告: He carries a ~ in his face. 彼はおせっかいは御免という顔をしている. **2** ノリメタンゲレ《復活後墓場で Jesus が Mary Magdalene に姿を表わした時の図; その時イエスが与えた「われに触れるな」という警告の言葉から; cf. *John* 20:17》. **3** 手を触れてはならない人[物], よそよそしい[近づきにくい]様子をしている人. **4** 〘植物〙キツリフネ (⇨ touch-me-not 1). **5** 〘病理〙潰瘍(ᵏᵃⁱʸᵒᵘ)性狼瘡(ʳᵒᵘˢᵒᵘ), 悪性潰瘍《へたに治療すると急激に悪化するため》. **—** *adj.* 〈態度・様子など〉よそよそしい, 人を近づけないような (repellent): a ~ manner, look, etc.

noll [nóul | nə́ul] 〖OE *hnoll* crown of the head: cf. MHG *nulle* backpart of the head〗 *n.* 《英方言》頭, 脳天.

Noll [nɑ́(ː)l | nɔ́l] 〖(dim.) ← OLIVER〗 *n.* 男性名.

nol·le [nɑ́li | nɔ́li] 〖《略》↓〗 *vt.* 《米》=nolle-pros.

nólle-prós [-prɑ́s | -prɔ́s] 〖《略》↓〗 *vt.* 《米》〘法律〙=nol-pros.

nol·le pros·e·qui [nɑ́li-prɑ́səkwàɪ | nɔ́lɪ-prɔ́sɪ-] 〖⊏ L *nōlle prōsequī* 'to be unwilling to PROSECUTE'〗 **—** *n.* 〘法律〙原告の訴訟中止の同意, 起訴猶予《法廷記録に記入するもの; 略 nol. pros.; cf. nol-pros, non prosequitur》.

no·lo [nóulou | nə́uləu] 〖《略》← *nolo contendere*〗 *n.* (*pl.* ~**s**) 《米》〘法律〙=nolo contendere.

nó-lóad *attrib. adj.* **1** (手数料を取らないで)正価格で売られた. **2** 〘電気〙無負荷の.

no·lo con·ten·de·re [nóulou-kənténdəri | nə́uləu-kənténdərɪ] 〖⊏ L *nōlō contendere* 'I do not wish to CONTEND'〗 *n.* 《米》〘法律〙不抗争の答弁《刑事訴訟で被告人が有罪を自認しないが, 検事の主張に反対しない旨の答弁; 起訴事実を承認したという効果はあるが, 別の訴訟で自己に不利益な証拠とされない》.

nólo e·pis·co·pár·i [-ɪpɪskəpɛ́(ə)raɪ | -pέər-] 〖⊏ L *nōlō episcopārī* 'I do not wish to become a BISHOP'〗 **—** *n.* **1** 〘キリスト教〙主教[司教]の任命を(形式上一旦)辞退するきまりの言葉. **2** 責任ある地位への任用を辞退すること.

nol-pros [nɑ́l-prɑ́s | nɔ́l-prɔ́s] 〖《短縮》← NOLLE PROSEQUI〗 **—** *vt.* (**nol-prossed; -pros·sing; -pros·ses**) 《米》〘法律〙(訴訟中止の同意または起訴猶予を裁判所に記録して)〈訴訟の一部[全部]を〉取下げる (cf. nolle prosequi).

nol. pros. 《略》nolle prosequi.

nom. 《略》nomenclature; nominal; 〘文法〙nominative.

no·ma [nóumə | nə́u-] 〖← NL ~ ← Gk *nomḗ* a feeding, 《原義》pasturage, food from pasturage〗 **—** *n.* 〘病理〙水癌(ˢᵘⁱᵍᵃⁿ)《真の癌ではなく, 壊疽(ᵉˢᵒ)性口内炎 (gangrenous stomatitis) や陰門壊疽などを含む》.

NOMA 《略》National Office Management Association 全米事務管理協会.

no·mad [nóumæd | nə́umæd, -məd, nɔ́mæd] 〖《1587》⊏ F *nomade* // ⊏ L *noma-dem, nomas* wanderer ⊏ Gk *nomás* roaming about for pasture ← *némein* to pasture: cf. nome[1]〗 **—** *n.* **1** 遊牧の民. **2** 放浪者. **—** *adj.* =nomadic: a ~ tribe 遊牧部族.

no·mad·ic [no(ʊ)mǽdɪk | nə(ʊ)-, nə-] 〖《1799》⊏ Gk *nomadikós*: ⇨ nomad, -ic[1]〗 **—** *adj.* 牧草を追って移住する, 遊牧の; 漂泊的な, 放浪(性)の. **no·mád·i·cal·ly** *adv.*

nó·mad·ism [-dɪzm] *n.* 遊牧生活; 漂泊生活, 放浪生活.

no·mad·ize [nóumædàɪz | nə́um-, nɔ́m-] *vi.* 遊牧生活をする; 放浪する. **—** *vt.* 遊牧民[放浪者]にする.

no·mad·y [nóumædi | nə́umədɪ, nɔ́mædɪ] 〖← NOMAD + -Y[1]〗 *n.* 遊牧民の生活[状態].

nó-màn [-mæ̀n] *n.* (*pl.* **-men** [-mèn]) 《米俗》容易に同調しない人, 無愛想な人, 依怙地(ᵉᵏᵒʲⁱ)者 (↔ yes-man).

nó-màn's-lànd *n.* **1 a** (国境に設けられる)無人の地域, 無人地帯; 所有主のいない土地《しばしば紛争の種となる》. **b** 〘陸軍〙(彼我両軍の第一線が相対する, その)中間地帯. **2** 中間地帯[領域], 性格のはっきりしない分野: a ~ of science. **3** 《口語》(テニス・ハンドボールなどのコート内の)戦術上不利な場所《テニスではサービスラインとベースラインとの中間の場所》. **4** 《米軍俗》婦人部隊営舎.

nom·arch [nɑ́maək | nɔ́mɑːk] 〖⊏ Gk *nomárkh-ēs, nómarkh-os*: ⇨ nome[1], -arch[1]〗 *n.* (古代エジプトまたは現代ギリシャの)県[州]知事.

nom·ar·chy [nɑ́maəki | nɔ́mɑːkɪ] 〖⊏ Gk *nomarkhía* district, province: ⇨ ↑, -y[1]〗 *n.* nomarch の管区.

nom·bles [nʌ́mblz] *n. pl.* 《古》=numbles.

nom·bril [nɑ́mbrɪl, -brəl | nɔ́m-] 〖⊏ F ~ 'navel' 《異化》← OF *lombril* ← *l'ombril* (*l'* = *le* the) < VL **umbiliculum* ← L *umbilicus* 'NAVEL'〗 **—** *n.* 〘紋章〙ノンブリル《盾の下半分の中心点で nombril point ともいう; ⇨ heraldry 挿絵 B》.

nom de guerre [nɑ́m-də-gέə | nɔ̃ː(m)-də-gέə(r), nɔ́(ː)m-; *F.* nɔ̃dgɛːr] 〖⊏ F ~ 《原義》'name of war' (もとフランスの応召兵が本名以外に用いた名の意)〗 **—** *F. n.* (*pl.* **noms de guerre** [nɑ́m(z)- | nɔ̃ː(m)(z)-, nɔ́(ː)m(z)-; *F.* ~]) 仮名, 変名, 筆名, 芸名. ★ pseudonym, pen name のほうがよく用いられる.

nom de plume [nɑ́m-də-plúːm | nɔ̃ː(m)-, nɔ́m-; *F.* nɔ̃dplym] 〖⊏ F ~ 《原義》'name of feather (i.e. pen)': ↑ にならった英国起源の造語: ⇨ plume〗 **—** *F. n.* (*pl.* **noms de plume** [nɑ́m(z)- | nɔ̃ː(m)(z)-, nɔ́(ː)m(z)-; *F.* ~], ~**s**) 筆名, 雅号 (pen name).

nome[1] [nóum | nə́um] 〖⊏ Gk *nom-ós* territorial division, pasture ← *némein* to distribute, allot: cf. nomad〗 **—** *n.* **1** ノモス《古代エジプトの県・州》. **2** (現代ギリシャの)県, 州.

nome[2] *v.* nim[1] の過去分詞.

Nome [nóum | nə́um] 〖↓〗 *n.* Alaska 州西部 Nome 岬の近くにある港市; もと鉱山町; 人口 2,500.

Nome, Cape 〖《変形》← NAME: 地名不詳のため地図の原稿に ? name と疑問符 (query) をしておいたのが誤解されたもの〗 **—** *n.* ノーム岬《米国 Alaska 州西部 Seward 半島の南側の岬》.

No·me·i·dae [no(ʊ)míːədiː | nə(ʊ)míːɪ-] 〖← NL ~ ← *Nomeus* (属名: ⊏ Gk *nomeús* herdsman ← *némein* to allot: cf. nome[1]) + -IDAE〗 **—** *n. pl.* 〘魚類〙(スズキ目)エボシダイ科.

no·men[1] [nóumen | nə́u-] 〖⊏ L *nōmen* 'NAME'〗 **—** *n.* (*pl.* **nom·i·na** [nɑ́mənə, nóum- | nɔ́mɪ-, nə́um-]) **1** (古代ローマ人の)第二名, 族名《身分ある者の有する三つの名の中の第二名で, その人の属する氏族を示す; 例えば Gaius Julius Caesar の *Julius*; 略 N; cf. agnomen 1, cognomen 1, praenomen》. **2** 《古》名 (name). **3** 〘文法〙名詞 (noun), 実詞《名詞の機能を有する文法形式》.

nomen[2] *v.* nim[1] の過去分詞.

no·men·cla·tor [nóumənklèɪtə | nə́umənklèɪtə(r), -mən-] 〖⊏ L *nōmenclātor* caller of a name ← *nōmen* 'NAME' + *clātor* caller (← *calāre* to call): ⇨ -or[2]〗

— *n.* **1 a** (人または物の)名を呼ぶ人. **b** 《古》客などの名を呼び上げる役の者. **2** (分類学上の)学名命名者. **3** (古代ローマの)氏名告知奴隷《選挙立候補中の主人につき添って出会った市民の名を主人に告げる奴隷[従者]》; 宴会の座席を割り当てる案内人. **4** 単語集, 語句集.

no·men·cla·ture [nóʊmənklèɪtʃə | nə(ʊ)ménklətʃə(r, nóʊmenklèɪtʃə(r, -mən-] 《(1610) ▭ F ∼ ▭ L *nōmenclātūra* calling of names: ⇨ ↑, -ure》 — *n.* **1 a** (科学・文芸上, または特殊な団体などが用いる)組織的命名法[称呼]. **b** (分類上の)学名命名法: the ∼ of botany ⇨ binomial nomenclature. **2 a** 名称 (name). **b** (村や通りなど同部類内の)名. **3** [集合的] 学名, 専門語, 術語. **4 a** 目録 (catalog), 一覧表 (register). **b** 《廃》語句集, 辞書 (dictionary). **no·men·cla·tur·al** [nòʊmənkléɪtʃ(ə)rəl | nə(ʊ)ménklətʃər-, nəʊmenkléɪtʃ(ə)r-] *adj.* **no·men·cla·to·ri·al** [noʊmènklətɔ́ːriəl, -tɔ́ːr- | nəʊmènklətɔ́ːrɪəl] *adj.*

nómen con·ser·ván·dum [-kɑ̀nsərvǽndəm | -kɔ̀nsə(ː)-] 《← NL *nōmen cōnservandum* name to be kept: ⇨ nomen[1], conserve》 — *n.* (*pl.* **nomina con·ser·van·da** [-də]) 《生物》保留名《分類上の属名で, 通常の原則には合わないが, 長く慣用されていたためにその使用が認められているもの》.

nómen dú·bi·um [-d(j)úːbiəm | -djúːbɪ-, -əm, -bjəm] 《← NL *nōmen dubium* dubious name》 — *n.* (*pl.* **nomina du·bi·a** [-biə | -bɪə, -bjə]) 《生物》疑問名《正式でない記載の生物の学名》.

nómen nó·vum [-nóʊvəm | -nə́ʊ-] 《▭ L *nōmen novum* new name》 — *n.* (*pl.* **nomina no·va** [-və]) 《生物》新名《既存の名称が先取されたとき有効となる代りの新しい名称》.

nómen nú·dum [-n(j)úːdəm | -njúː-] 《▭ L *nōmen nūdum* (原義) 'naked NAME': ⇨ nude》 — *n.* (*pl.* **nomina nu·da** [-də]) 《生物》無資格名《説明書なしに発表された名》.

nom·ic [nɑ́mɪk, nóʊm- | nɑ́ʊm-, nɔ́m-] 《▭ Gk *nomikós* legal, customary ← *nómos* usage, law, custom: ⇨ -ic[1]: cf. nome[1]》 — *adj.* **1 a** 在来の, 普通の (customary). **b** 〈つづり方法が〉正字法の (orthographic): ∼ spelling 普通のつづり字法 (cf. PHONETIC spelling). **2** 自然の法則に従った, 一般に妥当な: a ∼ statement.

nomin. 《略》《文法》nominative.

nomina *n.* nomen[1] の複数形.

nomina conservanda *n.* nomen conservandum の複数形.

nomina dubia *n.* nomen dubium の複数形.

nom·i·nal [nɑ́m(ə)nḷ | nɔ́mɪ-] 《(*c*1430) ▭ L *nōminālis* belonging to a name ← *nōmin-*, *nōmen* 'NAME' + -AL[1]》 — *adj.* **1 a** (実在せず)名ばかりの, 名義だけの, 有名無実の; 公称の, 名目上の (↔actual, practical): ∼ peace / the ∼ head of the office その官庁の名目上の長官. **b** (実際の価値は裏腹に)しるしばかりの, ごくわずかの (slight): a ∼ fee, rent, sum, etc. **c** 〈価格が〉額面(上)の, 名目の: ⇨ nominal value. **2 a** 名の, 名称上の: a ∼ error. **b** 名から成る, 名を列(ﾂﾗ)ねた, 名を示す: a ∼ index 名で引く索引 / a ∼ register [roll] 名簿[名列] / a ∼ list of officers 職員名簿. **c** 〈株式など〉記名の: ∼ shares 記名配当株. **3** 計画通りの, 順調な, 申し分のない (satisfactory): Everything is ∼. 万事計画通りいっている. **4** 《文法》名詞(用法)の: ∼ declension 名詞の格変化 / ∼ roots 名詞語根 / a ∼ expression 名詞表現. **5** 《電気・物理》公称の: ∼ horsepower 公称馬力.

— *n.* 《文法》 **1** 体言《名詞・形容詞の総称》: the ∼ clause 体言節, 名詞形容詞節《all those *present here* のように節としての形式を欠くが意味・機能上節に相当するもの》. **2** 名詞的語句, 名詞類《形態論でなく, 統語論の段階で認められる名詞相当語句》.

nóminal cápital *n.* 《経済》名目[公称]資本 (cf. authorized capital). 「(額).

nóminal dámages *n. pl.* 《法律》名目的損害賠償

nóminal definítion *n.* 《論理》唯名的定義《言葉の言換えによる定義; cf. ostensive definition, real definition》.

nóm·i·nal·ìsm [-n(ə)lìzṃ, -nḷ-] 《(1836) ▭ F *nominalisme*: ⇨ nominal, -ism》 *n.* 《哲学》唯名論, 名目論《抽象的普遍概念の実在を否定し, それを名前・記号に過ぎないと考える立場; cf. conceptualism, realism》.

nó·mi·nal·ist [-n(ə)lɪst, -ləst, -nḷ- | -nəlɪst, -nḷ-] *n.* **1** 《哲学》唯名[名目]論者. **2** 《経済》(貨幣論における)名目主義者 (cf. metalist).

nom·i·nal·is·tic [nɑ̀mənəlístɪk, -nḷ- | nɔ̀mɪ-] *adj.* 唯名[名目]論的な. **nòm·i·nal·ís·ti·cal·ly** *adv.*

nom·i·nal·i·za·tion [nɑ̀mənəlɪzéɪʃən, -lə-, -nḷ- | nɔ̀mɪnəlaɪ-, -lɪ-, -nḷ-] *n.* 《文法》名詞化(形)《もとは文の形であったものが変形規則の適用を受けて名詞表現となること, またはなったもの》.

nom·i·nal·ize [nɑ́mənəlàɪz, -nḷ- | nɔ́mɪ-] *vt.* 《文法》名詞化する, 名詞的に用いる (cf. verbalize).

nóm·i·nal·ly [-nəli, -nḷi | -nəlɪ, -nḷɪ] 《(1665)》 *adv.* **1** 名目[名義]上は, 名ばかりで, 有名無実に (cf. really). **2** 名は, 名に関して. 「(cf. NET[2] price).

nóminal príce *n.* 《商業》名目[公称]値段, 唱え値

nóminal séntence *n.* 《文法》名詞文《繋合詞 (copula) を欠く文; 例: *Happy the man!*》. 「(value).

nóminal válue *n.* (株券などの)額面[名目]価格 (par

nóminal wáges *n. pl.* 《経済》名目賃金 (money wages) (cf. real wages).

nomina nova *n.* nomen novum の複数形.

nomina nuda *n.* nomen nudum の複数形.

nom·i·nate 《(1545) ← L *nōminat-us* (p.p.) ← *nōmināre* to nominate ← *nōmen* 'NAME': ⇨ -ate[3]》 — [nɑ́mənèɪt | nɔ́mɪ-] *v.* — *vt.* **1** 〈人を〉任命する (appoint) 〔*for, as*〕〈*to be*〉: be ∼*d for* an office ある職に任命される / The President ∼*d* him *as* [*to* be] Secretary of State. 大統領は彼を国務長官に任命した. **2 a** 〔選挙に〕(候補者として)指名[推薦]する, 届け出る 〔*for*〕: He was ∼*d for* President. 彼は大統領候補として指名された. **b** 〔地位・名誉・受賞などに〕〈人を〉推薦する 〔*for, as, to*〕: ∼ George *for* the job ジョージをその職に推薦する / He was ∼*d to* the Upper House. 彼は上院議員に推薦された. **3** 《古》…と呼ぶ, 称する, 名づける (name). **4** 《廃》〈日時・場所を〉指定する, 決める (fix); 明記する (specify). **5** 《競馬》〈競走馬を〉出走登録する, 出走馬にする. — *vi.* 《豪》立候補する. — [-nət, -nɪt, -nèɪt] *adj.* **1** 特定の名称をもっている, (特殊な)名のある. **2** (ある職などに)任命された.

nom·i·na·tion [nɑ̀mənéɪʃən | nɔ̀mɪ-] 《(1425) *nominacioun* ▭ (O)F *nomination* // L *nōminātiō(n-)* naming: ⇨ ↑, -ation》 — *n.* **1 a** 任命, 指名; 推薦: the ∼ of a person *to* a post ある地位への人の任命 / the ∼ of candidates for the governorship 知事候補者の指名推薦. **b** 任命[推薦]を受けること. **2** 任命権, 指名権: the ∼ of a clergyman *to* a benefice 牧師任命権 / have the ∼ of a candidate in one's hands 候補者指名権を持っている / I have a ∼ at your service. 私は君を推薦してあげることができる. **3** 《古》命名, 呼称. **4** 《競馬》(競走馬の)出走登録. 「[指名]期日.

nominátion dày *n.* (議員選挙などの)候補者推薦

nom·i·na·tive [nɑ́m(ə)nəṭɪv | nɔ́mɪnət-, -m(ə)n-] 《(*a*1387) ▭ (O)F ∼ // L *nōminātīv-us* of a name, serving to name (← *nōminātus* ((p.p.) ← *nōmināre* 'to NOMINATE') + -*īvus* '-IVE') (なぞり) ← Gk *onomastikḗ*》 — *adj.* **1** 指名[推薦]された (nominated) (cf. elective 2): a ∼ official (選挙でなく)指名によって任命される役人 / Is it ∼ or elective? その地位は指名によるか選挙によるか. **2** 《文法》主格(形態)の: the ∼ case 主格. — *n.* 《文法》 **1** 主格; 主格形態. **2** (まれ) 主語.

nominative of address 《文法》呼掛けの主格, 呼格.

nóminative ábsolute *n.* 《文法》(独立分詞構文の)絶対主格(句)《文中で他の要素と文法的に関係せず孤立的に用いられた主格; OE, ME の dative absolute に当たる; 例: *That done,* he went out. / *She being away,* I can do nothing》.

nóm·i·nà·tor [-ṭə | -tə(r] 《▭ LL *nōminat-or* ← L *nōminātus* (p.p.): ⇨ nominative, -or[2]》 *n.* 指名[推薦]者, 任命者, 叙任者.

nom·i·nee [nɑ̀məníː | nɔ̀mɪ-] 《(1664) ← NOMIN(ATE) + -EE[1]》 — *n.* **1** 指名[推薦]された者, 被任命者; (公認)候補者. **2** (年金・下賜金などの)受取り名義人. **3** (株券などの名目だけの)名義人.

no·mism [nóʊmɪzṃ | nə́ʊ-] 《← Gk *nóm(os)* law + -ISM: cf. nome[1]》 — *n.* 《宗教》 **1** 律法(厳守)主義《宗教生活の行動規定を法典の遵奉に置く説》. **2** (宗教行為の)律法遵守, 法典遵奉.

no·mis·tic [noʊmístɪk | nəʊ-] *adj.* 〈行為など〉宗教法典にかなった, 律法(厳守)主義的な.

nom·o- [nɑ́moʊ, nóʊm- | nɔ́mə(ʊ), nə́ʊm-] 《← Gk *nóm-os* law》「法, 法律 (law); 慣習 (usage)」の意の連結形: *nomo*graphy.

no·mo·can·on [nòʊməkǽnən | nə̀ʊ-] 《▭ MGk *nomokanōn*: ⇨ ↑, canon[1]》 — *n.* ノモキャノン, 教会関係法国法集《古代の東方教会とビザンチン帝国の法律の中から教会の行政についての項目を要約したもの》.

nom·o·gram [nɑ́məgræ̀m, nóʊm- | nɔ́m-, nə́ʊm-] 《← NOMO- + -GRAM》 — *n.* **1** ノモグラム, ノモグラフ, 計算図表《一種の早見計算表; 直定規などを使って与えられた独立変数の値に対する従属変数の値が読み取れるようになっているグラフ》: a ∼ scale ノモグラム スケール. **2** 数や量などの関係の図式表示.

nom·o·graph [nɑ́məgræ̀f, nóʊm- | nɔ́məgrɑ̀ːf, nə́ʊm-, -græ̀f] *n.* =nomogram.

no·mog·ra·phy [noʊmɑ́grəfi | nəʊmɔ́grəfɪ] 《▭ Gk *nomographí-a*: ⇨ nomo-, -graphy》 — *n.* **1** 法律を起草する手順[方法]; 法律起草に関する書物. **2** 計算図表学, ノモグラム理論, ノモグラフ作製[使用](法) (cf. nomogram 1). **nom·o·graph·ic** [nɑ̀məgrǽfɪk, noʊm- | nɔ̀m-, nəʊm-] *adj.* **nòm·o·gráph·i·cal·ly** *adv.*

no·mol·o·gy [noʊmɑ́lədʒi | nəʊmɔ́lədʒɪ] 《← NOMO- + -LOGY》 *n.* **1** 法律学, 立法学. **2** 心則論, 精神法則論《心の法則を研究する学問》. **nom·o·log·i·cal** [nɑ̀mələ́dʒɪkəl, nòʊm-, -dʒə- | nɔ̀mələ́dʒɪ-, nəʊm-] *adj.*

nom·o·thet·ic [nɑ̀məθéṭɪk | nɔ̀məθét-] 《← Gk *nomothetikós*: ⇨ nomo-, thetic》 — *adj.* **1 a** 立法の, 法律制定の (legislative). **b** 法に基づく. **2** 《哲学》法則定立的な《一回限りの歴史的な出来事の個性記述に対して, 反復的・普遍的・法則的な形式の抽象, 定立に関する; ↔ idiographic》.

-no·my [-nəmi | -mɪ] 《(16C) ▭ Gk *-nomía* ← *nómos* custom, law: ⇨ -ia[1]》「…学, …法」などの意の名詞連結形: astro*nomy*, eco*nomy*. 「(not).

non [nɑn | nɔn] 《▭ L ∼ (↓)》 *L. adv.* なし, あらず

non-[1] [nɑ̀n, nɑ́n | nɔ̀n, nɔ́n] 《ME ▭ AF *noun-* = OF *non-*, *nom-* < L *nōn-* ← *nōn* not < OL *noenum* ← *ne-* 'NO[1]' + *oinom* 'ONE'》 — *pref.* 「非・不・無」などの意. ★ (1) in- (il-, im-, ir-), un- などが積極的に「反対」の意を含むことがあるのに対し, non- は通例消極的に「否定・欠如」の意を表わす: *non*human, *in*human; *non*logical, *il*logical; *non*moral, *im*moral; *non*religious, *ir*religious; *non*-Christian, *un*christian. 時にその名に全く値しないということをもったいをつけて言うような場合にも用いる: *non*hero. (2) 本辞典では non- で始まる複合語では non- に第二強勢を記してあるが, 対照や強調の場合第一強勢をとることもある: belligerent and *nón*bellìgerent.

non-[2] [nɑn, noʊn | nəʊn, nɔn] 《▭ L ∼ ← *nōnus* ninth: ⇨ noon》「第 9 (ninth)」の意の連結形. ★ 時に nona- になる.

no·na [nóʊnə | nə́ʊ-] 《← L *nōna* (*hōra*) ninth (hour): 今の午後 3 時に当たる; キリストが十字架で死んだ時刻になぞらえたものか》 — *n.* 《病理》ノーナ病《一種の嗜眠性脳炎; 1889–90 年南ヨーロッパで流行した》.

No·na [nóʊnə | nə́ʊ-] 《▭ L ∼ (fem.) ← *nōnus* ninth: cf. nonus, Octavia》 *n.* 女性名.

non·a- [nɑ́nə, nóʊnə | nə́ʊnə, nɔ́nə] non-[2] の異形.

nòn·abílity *n.* **1** 不能, 無能(力) (inability). **2** 《法律》 **a** 訴訟無能力. **b** 訴訟無能力を理由とする抗弁.

nòn·abstáiner *n.* 飲酒家, 不節制家. 「引受け拒絶.

nòn·accéptance *n.* **1** 不承知. **2** 《商業》(手形の)

nòn·áccess *n.* 《法律》(夫が出征・航海中などのための)無交接《夫婦間で性交の行なわれていない状態》.

nòn·áddict *n.* (中毒にかかっていない)麻薬使用者.

nòn·addícting *adj.* 〈麻薬など〉非中毒性の.

nòn·ádditive *adj.* 足した[加えた]ことにならない. **nòn·additívity** *n.*

non·age [nɑ́nɪdʒ, nóʊn- | nə́ʊn-, nɔ́n-] 《(1399) *nounage* ▭ AF = OF *nonage*: ⇨ non-[1], age》 — *n.* **1** 《法律》未成年(期), 未丁年《英米では 18 歳未満》: be in one's ∼ 未成年である. **2** 幼稚, 未熟, 発達初期.

no·na·ge·nar·i·an [nòʊnədʒənɛ́(ə)riən, nɑ̀n- | nə̀ʊnədʒɪnɛ́ərɪ-, nɔ̀n-, -dʒə-] 《(1804) ▭ L *nōnāgēnāri(us)* containing ninety (← *nōnāgēni* ninety each ← *nōnāginta* ninety (← *nōnus* ninth + *-ginta* ten times)) + -AN[1]》 — *adj.* 90 歳代(の人)の. — *n.* 90 歳代の人.

nòn·aggréssion *n.* 不侵略.

nònaggréssion pàct [trèaty] *n.* 不可侵条約.

non·a·gon [nóʊnəgɑ̀n, nɑ́n- | nə́ʊnəgən, nɔ́n-] 《← NON-[2] + -*agon* (← Gk *gōnía* angle): HEXAGON, etc. にならった造語》 *n.* 《数学》九角形, 九辺形 (enneagon).

nòn·agricúltural *adj.* 非農業の.

nòn·alcohólic *adj.* 〈飲料が〉アルコールを含まない.

nòn·alígned *adj.* 《国際法》(他国, 特に列強と)連合していない, 非同盟の, 非提携の: ∼ nations 非同盟諸国.

nòn·alígnment *n.* 《国際法》非同盟, 非提携.

nòn·allélic *adj.* 《生物》〈遺伝子など〉対立遺伝子[相対形質]として行動しない.

nòn·allérgic *adj.* 非アレルギー(性)の.

no·nane [nóʊneɪn, nɑ́n- | nə́ʊn-, nɔ́n-] 《← NON-[2] + -ANE[2]》 — *n.* 《化学》ノナン (C_9H_{20}) 《炭素数 9 のメタン系炭化水素; $CH_3(CH_2)_7CH_3$ を意味する場合と, その異性体を含める場合がある; 芳香のある液体》.

non·a·nó·ic ácid [nɑ̀nənóʊɪk- | nɔ̀nənə́ʊ-] 《← NONANE + -O- + -IC[1]》 *n.* 《化学》=pelargonic acid.

nòn·appéarance *n.* (法廷への当事者または証人の)不出頭, 不出廷.

nòn·áqueous sólvent *n.* 《化学》非水溶媒.

nòn·árt *n.* 《芸術》非芸術; (特に) =anti-art.

nòn·assértive *adj.* 非断定的な.

nòn·assésṣable *adj.* 課税されない, 非課税の.

non as·sump·sit [nɑ́n-əsʌ́m(p)sɪt, nóʊn-, -sət | nɔ́n-əsʌ́m(p)sɪt] 《▭ LL *nōn assumpsit* 《原義》 he did not undertake: ⇨ non-[1], assume》 — *n.* 《法律》(引受訴訟 (assumpsit) における)被告の契約否認の答弁.

nòn·atténdance *n.* 不参, 欠席; (特に, 義務教育法にそむく)不就学. 「lenders.

nòn·bánk *adj.* 銀行以外の, 銀行でなされない: ∼

nòn·béaring partítion [wáll] *n.* 《建築》非耐力間仕切[壁]《建物の荷重を支えない, 空間分割だけを目的とした間仕切[壁]》.

nòn·béing *n.* =nonexistence: being and ∼.

nòn·belíever *n.* 信じない人; 無信仰な人.

nòn·bellígerency *n.* 非交戦(状態); (国としての)非交戦的態度[政策]《公然と参戦はしないが, 交戦国の一方を支持したり, 援助したりする; cf. neutrality》.

nòn·bellígerent *n., adj.* 非交戦国[者](の).

nòn·bónding órbital *n.* 《化学》非結合(性)軌道.

non·book [ˊ-ˋ] *n.* (場当り的な)くだらない本, 本といえない本(つまらない本). — [ˋ-ˊ] *adj.* 〈資料など〉図書でない, 本の形になっていない: ∼ materials 非図書館資料《原稿・マイクロフィルム・地図など》.

nòn·búsiness *adj.* 仕事と関係のない, (特に)自分の本職と無関係の. 「石灰質の: ∼ soils.

nòn·calcáreous *adj.* 石灰を含まない[の少ない], 無

nòn·calóric *adj.* 無[低]カロリーの.

nòn·cáncelable *adj.* 〈保険契約など〉解約不可能な.

nòn·cándidate *n.* 候補者でない人; (特に)立候補しないと表明した人. **nòn·cándidacy** *n.*

nòn·canónical *adj.* **1** 規範にない, 規則にない. **2** (聖書の)正典にない.

non cau·sa pro cau·sa [nɑ̀n-kɔ́ːzə-proʊ-kɔ́ːzə, -káʊsɑː- | nɔ̀n-, -prəʊ-] 《▭ L *nōn causa prō causā* 'no CAUSE for cause': ⇨ non-[1], pro-[1]》 — *L. n.* 《論理》誤

謬原因[不当理由]の虚偽《十分な理由がないのにある事物を他の事物の原因と考える虚偽》.

nonce [nɑ́ns|nɔ́ns] 〘(?c1200) none, nanes ← (for þe) nanes《異分析》← for þen anes 'for the ONCE': cf. ME þen < OE þām (dat.) ← þe 'THE, THAT¹'〙 — *n.* [the ~] その時, その場. ★ 主に次の成句で: ***for the nonce***《文語》さし当たって, 当分.
— *adj.* 臨時の, そのとき限りの: a ~ use 臨時用法 / a ~ noun [verb] 臨時名詞[動詞]《その場限りにおいて名詞[動詞]として用いられている語; 例: *But* me no *buts*.「しかし, しかし」は御免だよ》/ ⇨ nonce word.

nónce wòrd *n.* 臨時語《その場限りのために造られ用いられるが, 広く一般に使用されるに至らない語》.

non·cha·lance [nὰnʃəlɑ́ːns, nɑ́nʃəlɑ̀ːns, -ləns|nɔ́nʃ(ə)ləns] 〘(1678) □ F ~ ← nonchalant: ⇨ ↓, -ance〙 — *n.* 無頓着 (unconcern); 平気 (coolness); のん気: with ~ 平気で; 何気ないふうに; のん気に.

non·cha·lant [nὰnʃəlɑ́ːnt, nɑ́nʃəlɑ̀ːnt, -lənt|nɔ́nʃ(ə)lənt] 〘□ F ~ (pres.p.) ← *nonchaloir* to neglect ← *non* not+*chaloir* to glow, have concern for (< L *calēre* to be warm)〙 — *adj.* 無頓着な; 平気な; 何気ない; のん気な: a ~ manner, air, etc. / be ~ in the face of danger 危険に直面して平然としている. **~·ly** *adv.*

nòn-Chrístian *adj.* 非キリスト教(徒)の. — *n.* 非キリスト教徒.

nòn·chromosómal *adj.* 〘生物〙染色体を含まない; 染色体に位置しない.

nòn·cláim 〘ME *noun cleime* □ AF *nounclaim*: ⇨ non-¹, claim〙 *n.* 〘法律〙請求懈怠(けたい)《所定期間内に請求すべき者が請求を怠って権利を失うこと》.

nòn·collégiate *adj.* **1** college に属していない; (特に, Oxford または Cambridge 大学で)学籍があるだけでどの学寮 (college) にも属さない. **2** 〈大学が〉学寮制度でない. **3** 〈学力が〉大学水準以下の. — *n.* **1** (Oxford または Cambridge 大学で)どの学寮にも属さない大学生. **2** college 出でない人.

non·com [nɑ́nkɑ̀m, ⌐⌐|nɔ́nkɔ̀m, ⌐⌐] 〘略〙 *n.* 《軍口語》=noncommissioned officer.

noncom., non-com. [nɑ́nkɑ̀m|nɔ́nkɔ̀m] 《略》 noncommissioned (officer).

nòn·cómbat *adj.* 非戦闘の, 戦闘しない.

nòn·combátant *n.* **1** 〘軍事〙非戦闘員《従軍の牧師, 行政・補給・医療関係の人たちなど; cf. combatant 2》. **2** 非戦闘員《戦時における一般市民》. — *adj.* 非戦闘(員)の, 戦闘用でない.

nòn·combústible *adj.* 不燃性の. — *n.* 不燃性物質.

nòn·commércial *adj.* 非営利的な, 非商業的な.

nòn·commíssioned *adj.* 任命されていない, (特に)将校の辞令を受けていない.

noncommissioned ófficer *n.* (軍隊の)下士官《corporal, sergeant, petty officer など; 略 NCO, noncom., non-com.; cf. commissioned officer》.

nòn·commíttal *adj.* **1** はっきりした意見[断定的なこと]を言わない, 言質を与えない, どっちつかずの (cf. commit 4 a). **2** あいまいな, 漠然とした: a ~ answer 当たり障りのない返事. — *n.* 旗幟(きし)を鮮明にすることの拒否[回避], 言質を与えないこと. **~·ly** *adv.*

nòn·commúnicable *adj.* 〈病気が〉非伝染性の, (特に)直接接触で感染しない.

nòn·commúnicant *n.* 聖餐にあずからない人, 聖体拝領を受けない人, 教会に出ない人.

nòn-Cómmunist *adj.* 共産主義者以外の, 非共産主義の.

nòn·complíance *n.* 従わないこと, 不従順, 不承諾 〔with〕.

non com·pos men·tis [nɑ́nkɑ́mpəsméntɪs, -təs|nɔ́nkɔ́mpəsméntɪs] 〘□ L *nōn compos mentis* not of sound mind: ⇨ non, mental¹〙 — *L. adj.* 〘法律〙精神異常の《取引行為などの性質・効果を理解する精神状態を全く欠いていることにいう; 略して non compos ともいう; cf. compos mentis》.

Noncon. 《略》 Nonconformist.

non-con. 《略》 noncontent.

nòn·concúrrence *n.* 不同意, 同意拒否; 不一致.

nòn·condénsing éngine [túrbine] *n.* 〘機械〙復水器なし機関, 不凝気機関.

nòn·condúcting *adj.* 〘物理〙非伝導の, 非導電性の: ~ material 不導体.

nòn·condúctor *n.* (電気・熱・音などの)絶縁体 (cf. conductor 2 a).

nòn·cónfidence *n.* 不信任: a vote of ~ 不信任投票.

nòn·confórm *vi.* 従わない, 国教を奉じない. **~·er** *n.*

nòn·confórmance *n.* 従わないこと; 国教不遵奉.

nòn·confórming *adj.* 従わない, 遵奉しない; (特に)国教を奉じない, 非国教徒の: a ~ minister 非国教派の牧師.

nòn·confórmism *n.* 非協調主義; 非国教主義.

nòn·confórmist 〘(1619)〙 — *n.* **1** (国教などを)奉じない人, 一般社会軌範に従わない人, 非協調[順応]主義者. **2** [しばしば N-]《英》非国教徒[派]《1662年 Act of Uniformity に反発して英国国教会から離脱した(新教徒の)聖職者・教徒; 旧教徒は含まない; cf. conformist 2, dissenter 2, recusant 2》. — *adj.* **1** 非協調(主義)の: his ~ spirit 彼の反逆精神. **2** [しばしば N-]《英》非国教徒の: the ~ conscience 非国教徒の良心.

nòn·confórmity 〘(1618)〙 — *n.* **1** 不一致, 不調和; 矛盾, 食い違い 〔to, with〕. **2** [しばしば N-]《英》**a** (新教徒の)国教反対, 国教非遵奉; 非国教主義. **b** [集合的] 非国教徒[派] (cf. nonconformist 2). **3** 社会規範[慣習]に従わないこと.

nòn·contént *n.* 《英》(上院で)反対投票(者).

nòn·contradíction *n.* 〘論理〙矛盾がないこと, 無矛盾.

nòn·contrástive *adj.* **1** 非対照[比]的な. **2** 〘言語〙〈二つの要素が〉非対立的な《相補分布 (complementary distribution), 自由変異 (free variation) の関係にある》: ~ distribution 非対立的分布.

nòn·contríbutory *adj.* **1** 寄付によらない, 全額負担の. **2** 〘医学〙診断の役に立たない.

nòn·cooperátion *n.* **1** 非協同, 非協力, 協力拒否. **2 a** (政府に対する)反抗的非協力. **b** [しばしば N-] (インドで Gandhi 派の採った)非協力政策《英国貨物の排斥・政令に対する不服従・納税および参政の拒否などによる消極的排英運動》. (cf. civil disobedience)
nòn·cooperátionist *n.* **nòn·coóperative** *adj.*
nòn·coóperator *n.*

nòn·crédit *adj.* 卒業[修了]必須単位に算入されない: ~ courses.

nòn·cróssover *adj.* 〘生物〙非乗換型の《遺伝的な乗換に関与しない染色体をもつ個体についていう》.

nòn·crýstalline *adj.* 〘鉱物〙非晶質の.

non cul. 《略》 *L.* non culpābilis (=not guilty).

nòn·cúmulative *adj.* (優先株式の)優先配当の不払分を累積しない.

nòn·dáiry *adj.* ミルク[乳製品]を含まない.

nòn·decréasing *adj.* **1** 減少しない. **2** 〘数学〙非減少の; (広義に)増加する (increasing).

nòn·dedúctible *adj.* 差し引けない; (特に)所得税から控除できない. **nòn·deductibílity** *n.*

nòn·defénse *adj.* 非軍事用の.

nòn·denominátional *adj.* 特定の宗派に限られない.

nòn·dénse *adj.* 〘数学〙疎の (↔ dense).

non·de·script [nὰndɪskrípt, -dəs-|nɔ́ndɪskrɪ̀pt] 〘(1683) ← NON-¹+L *dēscript(us)* ((p.p.) ← *dēscrībere* 'to DESCRIBE')〙 — *adj.* **1 a** たやすく分類できない; はっきりと区別できない. **b** これといった特徴のない, あまり印象に残らない; 漠然とした. **2** 《古》今まで記述[描写]されたことのない.
— *n.* **1** 得体の知れない人[物], 特徴のない人[物]. **2** (タバコの)最下級品, 等外品. **3** 《古》(植物・鉱物などで)今まで記述されたことのないもの.

nòn·destrúctive *adj.* (調査研究中の物質を)破壊しない, 非破壊の: a ~ test 非破壊検査. **~·ly** *adv.* **~·ness** *n.* **nòn·destructívity** *n.*

nòn·diabétic *adj., n.* 糖尿病 (diabetes) にかかっていない(人).

nòn·diapáusing *adj.* 〘動物〙休眠しない; 休眠状態にない (cf. diapause).

nòn·diréctional *adj.* 方向のない, 非方向性の, 無指向性の, 全方向性の (omnidirectional): a ~ beacon 〘航空〙無指向性航路標識《電波による航空機用の灯台ともいうべきもので, 古典的な航法援助装置の一つ》.

nòn·diréctive *adj.* 〘心理〙非指示的な《心理療法で治療者が来談者に直接指示を与えず, 来談者の自発性によって, 自ら治すように方向づける非指示療法についていう》: ~ therapy 非指示療法.

nòn·discriminátion *n.* 差別(待遇)をしないこと.

nòn·discríminatory *adj.* 差別(待遇)をしない; 人種差別のない.

nòn·disjúnction *n.* 〘生物〙(染色体の)不分離《減数分裂で, 対をなす相同染色体が分離せず, 同一極に移動する現象》. **~·al** *adj.*

nòn·dispérsive infraréd gás ànalyzer *n.* 〘化学〙非分散型赤外ガス分析計《排気ガス分布などに用いられる簡便型赤外分光計》.

nòn·distínctive *adj.* **1** 不明瞭な, はっきりした区別のない. **2** 〘言語・音声〙〈ある音声的特性が〉非弁別的な, 意味の区別をしない (↔ distinctive).

nòn·dórmant *adj.* 〘植物〙 **1** 〈種子が〉発芽可能になった. **2** 〈植物が〉生長しはじめた.

nòn·drínker *n.* 酒を飲まない人, 禁酒家.

nòn·drínking *n.* 酒を飲まないこと, 禁酒. — *adj.* 酒を飲まない, 禁酒の: a ~ family 禁酒家族.

nòn·dríver *n.* 車を運転しない人.

nòn·drýing óil *n.* 〘化学〙不乾性油.

nòn·dúrable góods *n. pl.* =nondurables.

nòn·dúrables *n. pl.* 非耐久財《食料・衣料・石油など消耗品; ↔ durables》.

none¹ [nʌ́n] 〘OE *nān* ← *ne* not+*ān* 'ONE': cog. OFris. *nēn* / ON *neinn* / OHG & G *nein* no (adv.): cf. no¹ (adj.)〙 — *pron.* **1** だれも…ない (no person(s)). ★ no one, nobody よりも文語的; 今は通例複数扱い: There *were* ~ present. / *None are* so blind [deaf] as those who won't see [hear].《諺》見よう[聞こう]としない者ほどひどい盲[つんぼ]はない / *None* but fools *have* ever believed it. ばかでなければそれを信じるはずはない / *None* but the brave *deserves* the fair. 勇者でなければ美女を得る資格がない (Dryden, *Alexander's Feast*). **2** [~ of として] **a** 〈…の〉どれも[何も, だれも]…ない (not any). ★ of のあとに複数形の名詞・代名詞が続く場合には, 今は複数形または単数形の述語動詞と一致するが, 一般的に複数形の方は口語的 (cf. neither *pron.* ★ (1)); of のあとに Uncountable Noun や単数形の代名詞がくる場合には, none は単数に扱われる: *None of* them are [is] here. / *None of* those projects was [were] adopted. それらの計画はどれも採用されなかった / I saw ~ *of* the people I wanted to see. 会いたい人にだれにも会えなかった / There is ~ *of* the money left. 金は少しも残っていない. **b** 少しも[全然]…ない (nothing): Her understanding is ~ *of* the clearest. 彼女の頭脳は決して優秀ではない / It is ~ *of* your business. 君の知ったことではない《余計なお世話だ》/ *None of* this concerns me. このことは私にはちっとも関係がない / He would have ~ *of* it. どうしてもそれを受け入れようと[考えてみようと]しなかった / I'll have ~ *of* it.《口語》それはまっぴらだ / *None* [I want ~] *of* your impudence. 生意気言うな / *None of* that! それはやめろ. **3** ['no+既出の名詞' に代わって] 少しも[決して]…ない (cf. one *pron.* 4 b): You have money and I have ~ (=no money). 君には金があるが私には少しもない / Half a loaf is better than ~ (=no loaf).《諺》パン半切れでもないよりましだ / These articles are second to ~. これらの品はどれにも劣らない / Do you have any children?—No, I have ~. 子供は幾人ですか.—いません.
none other than [《文語》***but***] …にほかならぬ, まさしく…その人で: She was ~ *other than* the princess. それは何と王女その人だった.
— *adj.*《古》少しの…もない (no). ★ (1) もと母音または h の前, または次に続くべき名詞から引き離して用いられたが, 今では no がこれに代わる: make…of ~ effect …を無効にする / Thou shalt have ~ other gods before me. 汝わが顔の前に何物をも神とすべからず (*Deut.* 5:7). (2) 強意のため文頭に出された名詞に対し同格的に用いられることがある《この場合の none は *pron.* 3 とも解される》: Silver and gold have I ~. 金銀はわれになし (cf. *Acts* 3:6) / Poetry we have almost ~. 詩と称すべきものはほとんどない / Remedy there was ~. 療法とてはさらになかった.
— *adv.* **1** [the+比較級, または too [《英》so] の前に用いて] 少しも[決して]…ない (in no way): He is ~ *the happier* for his wealth. 金があってもその割に少しも幸福ではない / He is ~ *the wiser*. 彼はやはり少しも知らない / ~ *the less* ⇨ nonetheless / ~ *the worse* ⇨ worse *adj., adv.* 成句 / ⇨ *none* TOO / He was ~ *so* pleased.《英》彼は決して満足はしていなかった. **2** 《古》全然…しない (not at all): I slept ~ that night. その夜は一睡もしなかった.

none² [nóun|nə́ʊn] 〘□ (O)F ~ // L *nōna* (*hōra*) ninth (hour): cf. nones, noon〙 — *n.* [しばしば Nones; 単数または複数扱い] 〘カトリック〙(聖務日課の)9時課《もと古代ローマの計時法で日の出後第9時, すなわち午後3時に行なったが, 今ではしばしばより早い時刻に行なう; cf. canonical hour 1》.

nòn·económic *adj.* 経済的でない; (特に)経済的重要性[意味]がない.

nòn·efféctive *adj.* **1** 効力のない, 役に立たない. **2** 〘軍事〙〈兵士など〉戦闘力のない, 軍務に適さない, 兵役に耐えられない: a ~ officer. — *n.* (病気・負傷のため)軍務に適さない軍人, (傷病による)事故者.

nòn·égo 〘《なぞり》← G *Nicht-ich*: ⇨ non-¹, ego〙 *n.* (*pl.* **~s**) 〘哲学〙非我, (自我・主観に対する)客観(的実在); 外界 (external world).

nòn·eléctrolyte *n.* 〘化学〙非電解質《砂糖・ベンゼンのように溶液にした場合イオンを生じない物質》.

nòn·émpty *adj.* 〘数学〙〈集合が〉空(くう)でない《要素を少なくとも一つ含むことをいう; cf. empty 4》.

nòn·enfórceable *adj.* 施行可能でない[不可能な].
nòn·enforceabílity *n.*

nòn·éntity 〘(c1600)〙 — *n.* **1** 非実在, 非存在, 虚無 (nonexistence). **2** 非実在物, 想像物, 虚構, 作り事 (figment). **3** 取るに足らない人[物], つまらない人[物].

nòn·enzymátic *adj.* 〘生化学〙酵素の活動を含まない. **nòn·enzymátically** *adv.*

nòn·énzyme *adj.* 〘生化学〙=nonenzymatic.

nòn·enzýmic *adj.* 〘生化学〙=nonenzymatic.

nones [nóunz|nə́ʊnz] 〘(c1378) □ (O)F ~ □ L *nōnae* (*diēs*) ninth (days) (fem. pl.) ← *nōnus* ninth〙 — *n. pl.* [通例 the ~; 単数または複数扱い] **1** (ローマ暦で) ides の日も含めて9日前の日《1月・2月・4月・6月・8月・9月・11月・12月の第5日およびそれ以外の月の第7日》. **2** [しばしば N-] 〘カトリック〙 ⇨ none².

nóne-so-prétty *n.* 〘植物〙=nancy-pretty.

non es·se [nɑ́nési|nɔ́nési] 〘□ L *nōn esse*《原義》not to be〙 *L. n.* =nonexistence.

nòn·esséntial *adj.* **1** 非本質的な, 必ずしも肝要でない. **2** 〘生化学〙可欠の, 非必須の. — *n.* 非本質的な事物, 肝要でない事物[人], つまらない事物[人].

non est [nɑ́nést|nɔ́n-] 〘□ L *nōn est* 'it is not'《略》↓〙 *pred. adj.*《口語》〈人・物が〉見当らない, (い)ない (absent): He [It] was ~.

nón ést in·vén·tus [-ɪnvéntəs|-təs] 〘□ L *nōn est inventus* he is not found: ⇨ invent〙 — *n.* (*pl.* **~·es**) 〘法律〙所在不明報告《逮捕を命ぜられた執行官がその管轄区内で被疑者を発見できなかった旨を答える報告書》.

nóne·sùch 〘(1620) ← NONE¹+SUCH〙 *n.* **1** 無類の人[物]; 最上品, 絶品; 模範, 典型. **2** 〘植物〙=black medic. — *adj.* 無比の, 無類の.

no·net [nounét|nəʊ-] 〘□ It. *nonetto* ← *nono* ninth □ L *nōnus*: ⇨ -et〙 — *n.* **1** 〘音楽〙九重奏[唱]《9種の楽器または9人の歌手による合奏[重唱]; cf. solo》; 九重奏[唱]曲; 九重奏[唱]団. **2** 〘物理〙九重項《SU (3) 対称性にもとづくハドロンの分類学に現われるもので, 中性子のように9個の組をなすもの》.

none·the·less [nʌ̀nðəlés, ⌐⌐⌐] 〘← *none the less*: NEVERTHELESS からの類推〙 *adv.* それでもなお, それにもかかわらず (cf. none the less ⇨ less *adv.* 成句).

nòn-Euclídean, nòn-e- *adj.* 〘数学〙非ユークリッドの: ～ geometry 非ユークリッド幾何学.
nòn-Européan *adj.* 非ヨーロッパ(人)の. ── *n.* (アフリカの)非白人 (nonwhite).
nòn·evént *n.* **1** 前宣伝ほどでない[期待はずれの]行事. **2** 公式には無視された事柄[出来事]. **3** 起こらなかった出来事.
nòn·exístence *n.* **1** 非存在, 非実在. **2** 非実在物.
nòn·exístent *adj., n.* 存在[実在]しない(人[物]).
nòn·éxpert *n.* 専門家でない人, しろうと.
nòn·exportátion *n.* 輸出しないこと, 輸出拒否.
nòn·fáctual *adj.* 事実に基づかない[関係しない].
nòn·fárm *adj.* **1** 非農業の. **2** 非農産物の.
nòn·fát *adj.* 脂肪のない, 脱脂の: ～ milk 脱脂牛乳.
non·fea·sance [nɑ̀nfíːzns, -zəns | nɔ̀n-] 〘← NON-[1] + (廃) *faisance* doing (▭ OF ← *faire* to do)〙 ── *n.* 〘法律〙義務不履行, 不作為, 懈怠(けたい) (cf. malfeasance, misfeasance).
nòn·férrous *adj.* 鉄以外の, 鉄を含まない, 非鉄の: ～ metals 非鉄金属.
nòn·fíction *n.* **1** ノンフィクション《虚構の物語・小説ではなく事実に基づく伝記・歴史記録・紀行・随筆などの散文文学》: a best seller in ～ / a ～ novel. **2** [集合的] ノンフィクション作品. **～al** *adj.*
nòn·fígurative *adj.* 〘美術〙 =nonobjective.
nòn·flám *adj.* =nonflammable.
nòn·flámmable *adj.* 〈建物・フィルムなど〉不燃性の (⇨ inflammable ★). **nòn·flammabílity** *n.*
nòn·flówering *adj.* 〘植物〙花を生じない; 〈特に, 蘚苔類・シダ類など〉生活環中に開花時期をもたない.
nòn·flúent *adj.* 〈弁舌が〉流暢でない, 下手な. **nòn·flúency** *n.*
nòn·fóod *adj.* 食物[品]以外の, 非食品物の[に関する].
nòn·fórfeiture bénefit *n.* =nonforfeiture value.
nonfórfeiture clàuse *n.* 〘保険〙不可没収約款《nonforfeiture value の利用方法を定めた条項》.
nonfórfeiture vàlue *n.* 〘保険〙不可没収価格《生命保険の契約者が保険料の払込を継続することができなくなった場合に利用できる, 過去に払込んだ保険 ⌊料の蓄積分》.
nòn·fréezing *adj.* 不凍性の.
nòn·fulfíllment *n.* 不履行. 「眩ガラス.
nòn·gláre *n.* 〘ガラス製造〙防眩, 無反射: ～ glass 防
nòn·góvernment *adj.* =nongovernmental.
nòn·governméntal *adj.* 政府以外の, 官設でない.
nòn·gráded *adj.* 〘米教育〙〈学校が〉学年制のない: a ～ class.
nongráded schóol *n.* 〘米教育〙《特定の学科に対する生徒の能力を基盤として各学習群に編成する》無学年制学校.
nòn·gráduate *n.* 卒業生でない人. 「の.
nòn·grammátical *adj.* 非文法的な, 非文的な, 破格
nòn·grávity *n.* 無重力, 無引力. 「いない.
nòn·gréen *adj.* 〘植物〙緑色でない; 葉緑素を含んで
nòn·habítuating *adj.* 〈薬剤など〉非習慣性の.
nòn·harmónic *adj.* 〘音楽〙非和声の《掛留音・経過音・装飾音・補助音など和音に属さない音の総称についていう》: a ～ tone 非和声音.
nòn·héro *n.* 〘文学〙 =anti-hero.
nòn·hístone *adj.* 〘生化学〙〈蛋白質など〉非ヒストンの《染色体を構成する酸性の蛋白質についていう》.
nòn·hóst *n.* 〘植物〙宿主[寄主]のつかない寄生植物.
nòn·húman *adj.* 人間でない, 人類以外の (cf. inhuman); 人間のものでない: ～ animals. 「二卵性の.
nòn·idéntical *adj.* **1** 同一でない, 異った. **2** 〘生物〙
no·nil·lion [nounílјən | nəu-] 〘▭ F ～ ← NON-[2] + (M)ILLION: BILLION からの類推〙 *n.* 《米》10^{30}; 《英》10^{54} (⇨ million 表). ── *adj.* nonillion の.
nòn·immúne *adj., n.* 免疫性のない(人).
nòn·importátion *n.* 輸入しないこと, 輸入拒否.
nòn·incréasing *adj.* **1** 増加しない. **2** 〘数学〙非増加の; (広義に)減少する (decreasing).
nòn·indúctive *adj.* 〘電気〙無誘導性の, インダクタンスを持たない: ～ resistance. **～ly** *adv.* **nòn·inductívity** *n.*
nòn·inféctéd *adj.* 病菌に感染したことがない[汚染されていない], 無感染の. 「を使っていない.
nòn·insecticídal *adj.* **1** 殺虫力のない. **2** 殺虫剤
nòn·íntegrated *adj.* 統合されていない, 非統合的な. 「係の停止.
nòn·íntercourse *n.* (国際間の政治・経済的)相互関
nòn·interférence *n.* (政治上の)不干渉, 不介入, 放任(主義). **nòn·interferéntial** *adj.*
nòn·intervéntion *n.* 〘外交〙(他国または他管轄地区への)内政不干渉, 不介入: a ～ pact 内政不干渉条約.
nòn·intervéntionist *n.* 不干渉[不介入]主義者.
── *adj.* 不干渉[不介入]主義(者)の.
nòn·intrúsion *n.* 〘スコット教会〙牧師の天降り任命拒否, 侵入拒否《聖職授与者は信者の歓迎しない牧師を就任させてはならないとする原則》. **～ism** *n.*
nòn·invólvement *n.* 傍観(主義).
nòn·iónic 〘物理・化学〙 *adj.* 非イオン(性)の. ── *n.* 非イオン物質[洗剤]. 「剤.
noniónic detérgent *n.* 〘物理・化学〙非イオン洗
nòn·íron *adj.* 〈生地・衣類が〉ノーアイロンの.
no·ni·us [nóuniəs | náuniəs, -njəs] 〘← NL ～ ← *Pedro Nuñes* (1492–1577: ポルトガルの数学者)〙 *n.* 副尺(ふくしゃく) (vernier).
nòn·jóinder *n.* 〘法律〙(当事者の)不併合《共同の当事者とすべきものをしていないこと; cf. misjoinder》.
nòn·judgméntal *adj.* (個人的基準に基づいた)判断を避ける. 「いを拒む.
non·ju·ring [nɑ̀ndʒú(ə)rɪŋ | nɔ̀ndʒúər-] *adj.* 臣従の誓
nòn·júror *n.* **1** (忠誠などの)拒誓者, 宣誓拒否者 (cf. juror 2). **2** [しばしば N-] 忠誠拒誓者《英国で1688年の名誉革命後 William 三世と Mary 二世に対して忠誠の誓いを拒んだ英国国教会の聖職者; 約 400 名》.
nòn·júry *adj.* 〘法律〙陪審を要しない, 陪審によらな
nòn·léad [-léd] *adj.* =nonleaded. ⌊い.
nòn·léad·ed [-lédɪd, -dəd] *adj.* 〈自動車用ガソリンが〉無鉛の. 「(cf. illegal).
nòn·légal *adj.* 非法律的な, 法律的性質をもたない
nòn·lífe *n.* 生命を持たないこと, 無生(の状態).
nòn·life insúrance *n.* 損害保険.
nòn·línear *adj.* **1** 直線[線状]でない. **2** 〘数学・電気・化学〙非線形の: a ～ molecule 非直線(状)分子.
nòn·lineárity *n.* 〘数学・電気〙非線形性, 非直線性.
nòn·linguístic *adj.* **1** 非言語的な, 言語外の. **2** 語学[外国語]の才能のない. **3** 非言語学的な.
non li·quet [nɑ́n-láɪkwɪt, nóun-, -lík-, -wət | nɔ́n-láɪkwɪt, nə́un-, -lík-] 〘▭ L *nōn liquet* it is not clear: ⇨ liquid〙 ── *L. n.* **1** (事の判断の)不明な状態. **2 a** 〘法律〙(訴訟に疑点があるとき陪審員が与える)裁判延期の評決. **b** 〘ローマ法〙(審理後も権利関係が不明確なとき裁判官の行なう)判決回避.
nòn·líterate *adj.* **1** 文字[書き言葉]を持たない, 書記言語を欠いた. **2** 文字文化以前の, 原始的な. ── *n.* 文字[書き言葉]を持たない人, 文字を書けない人.
nonlíterate socíety *n.* 〘社会学〙未開社会, 無文字社会. 「識]的な.
nòn·lógical *adj.* 論理以外の方法による, 直観[無意
nòn·máilable *adj.* **1** 郵送できない. **2** 〈物品が〉(法律上)郵送を許されない.
nòn·mátching *adj.* 釣合わない.
nòn·matérial *adj.* **1** 非物質的な. **2** 精神的な, 霊的な. **3** 教養のある, 文化的な; 美的な.
nonmatérial cúlture *n.* 〘社会学〙非物質文化 (cf. material culture).
nòn·mémber *n.* 会員[党員, 組合員]外の人, 非会員, 非党員, 非組合員. **～shìp** *n.*
nonmémber bànk *n.* (米国の)非加盟銀行《連邦準備制度 (Federal Reserve System) に非加盟の銀行; cf. member bank》.
nòn·métal *n.* 〘化学〙(炭素・窒素などの)非金属.
nòn·metállic *adj.* **1** 〘化学〙非金属の: a ～ element 非金属元素. **2** 非金属性の.
nòn·méthane hydrocárbons *n. pl.* 〘化学〙非メタン炭化水素《メタンを除いた炭化水素の総称; 公害関係で用いられる; 略 NMHC》.
nòn·míscible *adj.* 混和できない, 混和しない. **nòn·miscibílity** *n.*
nòn·mónetary *adj.* 非貨幣の; 通貨を含まない.
nòn·móral *adj.* 道徳[倫理]に無関係の, 道徳の範疇(はんちゅう)外の, 超道徳的な (amoral) (cf. immoral).
nòn·násal *adj.* **1** 鼻に関係のない. **2** 〘音声〙非鼻音の, 鼻音でない.
nòn·nátive *adj.* その土地生れでない: a ～ speaker of English 英語を母国語としていない人. ── *n.* その土地の生れでない人, 土着でない人.
nòn·nátural *adj.* **1** 自然の理法にそむく, 自然に従わない. **2** 不自然な, わざとらしい (cf. unnatural).
nòn·négative *adj.* 〘数学〙非負の, マイナス[負]でない《0, またはそれより大きい》.
nòn·negótiable *adj.* 〘商業〙譲渡禁止の, 非流通の.
nòn·neoplástic *adj.* 〘病理〙新生物[腫瘍]でない, 新生物が原因でない.
nón·nét [⇨ net[2]] *adj.* 〘図書館〙〈本など〉正価を割った: a ～ book, price.
nòn·nitrógenous *adj.* 〘化学〙無窒素の.
non no·bis [nɑ́n-nóubɪs, -bəs | nɔ́n-náubɪs] 〘▭ L *nōn nōbīs* not unto us〙 ── *L.* われらに帰するなかれ《神の恵みを感謝する句, 勝利は自分の力によるものでなく神の賜物であるとの意; cf. *Ps.* 115: 1》.
nòn·núclear *adj.* **1** 核爆発を起こさない[伴わない]: a ～ bomb. **2** 核エネルギーを使用しない[で運転されない]. **3** 核[原子]爆弾を使用しない, 非核の: a ～ war. **4** 非核武装の: a ～ country. ── *n.* 核兵器を所有していない国, 非核(武装)国.
nòn·núll *adj.* 空(くう)でない.
No·no [nóunou, nɔ́ː- | náunəu, nɔ́ː-; *It.* nɔ́ːno], **Luigi** *n.* ノーノ《1924– ; イタリアの作曲家》.
nó-nò *n.* (*pl.* ～'s, ～s) 《米俗》受け入れがたいもの, 禁じられたもの; やれないもの; 失敗.
nòn·obédience *n.* 不服従.
nòn·objéctive *adj.* 〘美術〙非具象的な, 非写実的な, 抽象的な (abstract)《自然界に存在する物体を描写せず抽象的な形象を造形することにいう》. **nòn·objectívity** *n.*
nòn·objéctivism *n.* 〘美術〙非具象主義, 非具象性.
nòn·objéctivist *n.* 〘美術〙非具象主義者.
non obs. 《略》 non obstante. 「遵奉; 違反.
nòn·obsérvance *n.* (規則などを)守らないこと, 不
non obst. 《略》 non obstante.
non ob·stan·te [nɑ́n-əbstǽnti, nóun- | nɔ́n-əbstǽnṭi, náun-] 〘(1444) ▭ L *nōn obstante* 'notwithstanding': ⇨ non, obstacle〙 ── *L. prep.* (法律の規定がある)にもかかわらず (略 non obst., non obs.).
nòn·occúrrence *n.* 出来事が起らぬこと, 不発生.
nò-nónsense *adj.* **1** ばかげたことをしない[許さない], まじめ一方の. **2** 現実的な, 実際的な, 事務的な.
nòn·óperating *adj.* **1** 〈鉄道従業員が〉非現業の. **2** 〘会計〙営業外の.
nòn·óperating expénse *n.* 〘会計〙営業外費用.
nòn·óperating révenue *n.* 〘会計〙営業外収益《企業の生産・販売活動以外の, 財務活動その他の経営的活動から生じる収益; cf. operating revenue》.
nòn·paramétric *adj.* 〘統計〙〈統計的方法が〉ノンパラメトリックの, 非母数の《広範囲の分布に適用可能なように工夫されていることにいう》.
non·pa·reil [nɑ̀npərél | nɔ́np(ə)rəl, nɔ̀npərél] 〘(1477) ▭ F ～ ← *non* not + *pareil* equal (< VL **pariculum* (dim.) ← L *pār* equal)〙 ── *adj.* 無上の, 比類のない, 天下一品の (peerless). ── *n.* **1** 無比の人[物]; 最上[極上]品, 絶品 (nonesuch); 典型 (paragon). **2** 〘活字〙ノンパレル《約 6 アメリカンポイントの活字; ⇨ type 10 ★》; ノンパレル《6 ポイント行間の込め物[インテル]》. **3** ノンパレイユ: **a** ケーキやクッキーなどの飾りに使う着色した小粒の砂糖. **b** 白い小粒の砂糖で飾った平たくて丸い一口大のチョコレート. **4** 〘鳥類〙 **a** =painted bunting. **b** インコの一種 (*Platycercus eximius*).
nòn·párous *adj.* 〘医学〙子を生んだことのない: a ～ woman 未産婦. 「参加者.
nòn·partícipant *n.* 無関心な人; 参加しない人, 不
nòn·partícipating *adj.* **1** 参加しない, 不参加の. **2** 〘保険〙利益[剰余金]配当を受ける権利のない, 無配当の: ～ insurance 無配当保険.
nòn·participátion *n.* 無関心, 無関係; 不参加.
nòn·pártisan *adj.* **1 a** どの党派も支持しない, 無所属の. **b** 党派の統制を受けない, 超党派の: ～ diplomacy 超党派外交. **2** 党派心のない, 客観的な. ── *n.* 党派に属さない人, 無所属の人. **～shìp** *n.*
nonpártisan prímary *n.* 《米》〘政治〙超党派直接予選会《通例一つの役職に対して選ばれた高位 2 名の候補者に投票する; 候補者の所属政党はふせられる》.
nòn·párty *adj.* **1 a** 政党に加入していない, 党人でない. **b** 政党に無関係の; 無党籍の. **2** 党派心のない, 不偏不党の.
nòn·pásserine *adj.* 〘鳥類〙非スズメ目の, スズメ目の鳥類 (passerine) でない. 「lent).
nòn·pathogénic *adj.* 〘医学〙非病原性の (cf. aviru-
nòn·páyment 〘ME〙 *n.* (負債などの)不[未]払い, 未納, 滞納, 支払い不能; 支払い拒絶.
nòn·perfórmance *n.* 不履行, 不実行.
nòn·périshable *adj.* 〈食物が〉腐敗しにくい, 長もちする: ～ food 保存食品. ── *n.* [通例 *pl.*] 腐敗しにくい物[食品].
nòn·pérmanent *adj.* 〘政治〙非常任の《特に国連安全保障理事会の 15 理事国の中, 常任理事国(米・英・フランス・中国・ソ連)を除く 10 か国の非常任理事国(任期 2 年で引続く再選は禁止)についていう》.
nòn·persístent *adj.* **1** 〈薬品など〉(環境作用によって)急速に分解する, 一時性の: ～ insecticides. **2** 〘生物〙〈ウイルスなど〉非永続型伝播する《媒介虫がウイルスを体内にとり込んでから比較的短時間のみ伝染能力をもつ》.
nòn·pérson *n.* **1** 存在を無視される人, 社会[法律]的弱者. **2** (共産圏などの)失脚した指導者, 完全に存在を無視された過去の人 (unperson).
non·pla·cet [nɑ́n-pléɪsɪt, -sət | nɔ́n-pléɪsɪt] *vt.* …に異議を申し立てる, 反対投票する; 〈議案を〉否決する.
non pla·cet [nɑ́n-pléɪsɪt, -sət | nɔ́n-pléɪsɪt] 〘▭ L *nōn plăcet* it does not please: ⇨ placate[1]〙 ── *L. n.* 異議あり《教会または大学の集会で否決投票をする際の決まり文句》; 反対投票 (negative vote).
nòn·plánar *n.* 〘化学〙非平面状の: ～ structure 非平
nòn·plástic *n.* 〘化学〙非塑性の. ⌊面構造.
nòn·pláying *adj.* 試合には出ない, 非出場の: a ～ manager, captain, etc.
non·plus [nɑ̀nplʌ́s | nɔ̀n-] 〘(1582) ▭ L *nōn plūs* not more, no further: ⇨ plus〙 ── *n.* (*pl.* ～·es, **-plus·ses**) [通例 a ～] 全く途方に暮れること, 困惑, 窮地 (perplexity): put [reduce] a person to *a* ～ 人を当惑させる / stand at *a* ～ 当惑する, 進退きわまる.
── *vt.* (**non·plussed,** ～**ed**; **-plus·sing,** ～**·ing**; **-plus·ses,** ～**·es**) [通例 Passive で] 途方に暮れさせる, 全く当惑させる (perplex): He was ～*ed* by [*to* hear] the news. その知らせを聞いて途方に暮れた.
non plus ul·tra [nɑ́n-plʌ̀s-ʌ́ltrə, -plùs-, -úl- | nɔ́n-] 〘(1608) ▭ L *nōn plūs ultra* not more beyond: ⇨ †, ultra〙 ── *L. n.* =ne plus ultra. 「極性液体.
nòn·pólar *adj.* 〘物理化学〙無極性の: a ～ liquid 無
nòn·polítical *adj.* 非政治的な, 政治に関係しない (cf. unpolitical): ～ students ノンポリ学生.
nòn·pollúting *adj.* 汚染を起こさない.
nòn·pósitive *adj.* 〘数学〙プラス[正]でない《0, またはそれより小さい》.
non pos·su·mus [nɑ́n-pɑ́s(j)uməs, nóun- | nɔ́n-pɔ́sjʊ-] 〘▭ L *nōn possumus* we cannot (do): ⇨ posse〙 ── *L. n.* 〘法律〙(ある行為・事柄についての)無能力の申し立て: They met the request with a blank ～. 彼らはその要求に対してできないとはっきり答えた.
nòn·prescríption *adj.* 〈薬など〉医者の処方箋なしで買える. 「る)非価格競争.
nòn·príce competítion *n.* (広告などの手段によ

nòn·prodúctive *adj.* **1 a** 非生産的な (unproductive): a ~ vineyard / ~ labor. **b** 〈社員など〉直接生産に関係しない. **2** 〈せきが〉痰(たん)を伴わない (dry). **~ly** *adv.* **~ness** *n.*

nòn·proféssional *adj.* **1** 専門の仕事に関係のない[をもたない], 職業を離れての (cf. unprofessional): a ~ visit (医者の往診などに対し)単に社交的な訪問. **2** 専門家[本職]でない. — *n.* 非専門家, しろうと; 非職業選手, ノンプロ. **~·ly** *adv.*

nòn·proficiency *n.* 未熟, しろうと芸. **nòn·proficient** *adj.*

nòn·prófit *adj.* 営利を追求しない, 非営利的な: a ~ organization.

nòn·prófit-màking *adj.* 《英》 =nonprofit.

nòn·proliferátion *n.* **1** 非増殖, 増殖停止. **2** (核兵器の)拡散防止, 非拡散: the (nuclear) ~ treaty 核拡散防止条約《非核保有国が核兵器を保有すること, および保有国が非保有国に核兵器を引渡すことを禁止する条約; 1970 年 3 月 3 日発効; 略 NPT, N.P.T.》.

nòn·pros [nánprás | nɔ́nprɔ́s] 〘《略》← NON PROSEQUITUR〙 *vt.* (**non·prossed**; **-pros·sing**; **-pros·ses**) 〘法律〙〈訴訟手続きを怠った原告を〉欠席裁判で敗訴させる.

non pros. 《略》 non prosequitur.

non pro·se·qui·tur [nán-prousékwɪtə, nóun-, -kwə- | nɔ́n-prəusékwɪtə(r, náun-] 〘⊏LL *nōn prōsequitur* 'he does not PROSECUTE'〙 — *L. n.* 〘法律〙 訴訟手続きを怠った原告を敗訴させる欠席裁判《通例 non pros. と略記する; cf. nolle prosequi》.

nòn·prótein *adj.* 蛋白質でない, 蛋白質由来でない. **nòn·proteináceous** *adj.*

nòn·províded *adj.* 《英》〈もと地方の小学校など〉非公立の.

nòn·radioáctive *adj.* 非放射性の, 放射能を含まない.

nòn·rándom *adj.* 無作為でない.

nòn·ráted *adj.* **1** 等級のない. **2** 〘米海軍〙 (下士官でない)水兵の.

nòn·rátional *adj.* 理性に基づかない; 不合理な.

nòn·réader *n.* 読めない人, 読書しない人; (特に)読めるようになるのが遅い児童.

nòn·recognítion *n.* 認知しないこと, 非承認, 不認可.

nòn·recómbinant *n., adj.* 〘生物〙 非組換え型(の)《遺伝子型が両親のもののいずれかと全く同じで, 組換えがみられないもの》.

nòn·refúndable *adj.* 払い戻しの不可能な. 〈公債など〉借り換えの不可能な: a ~ bond.

nòn·régent *n.* (英大学で) regent の職を終了した文学修士.

nòn·relativístic *adj.* 〘物理〙 非相対論的な: ~ quantum mechanics 非相対論的量子力学. **nòn·relativístically** *adv.*

non rep. 《略》 *L.* non repetātur 〘処方〙 繰返さない (it should not be repeated).

nòn·representátional *adj.* 〘美術〙 非描写的な, 非模倣的な, 抽象的な (abstract)《自然界の形象にとらわれずに造形することにいう》. **~ism** *n.*

nòn·reprodúctive *adj.* 再生しない; (特に)再生できない.

nòn·résident *adj.* (ある所に)居住していない, 不在の; 任地[学区]に定住していない; 〈聖職者が〉管区に住まない[住んでいない]: a ~ member / a ~ taxpayer / a ~ landlord 不在地主. — *n.* **1** (ある所に)居住していない人; 任地[学区]に定住しない人; 管区に住まない聖職者, 不在聖職禄所有者. **2** (ホテルで)宿泊者(など)でない人: The tearoom is open to ~*s.* 喫茶室は宿泊者以外でも入れる. **nòn·résidence** *n.* **nòn·résidency** *n.*

nòn·resístance *n.* (権力・法律・暴力などに対する積極的な)無抵抗(主義); (消極的な)屈従, 服従.

nòn·resístant *adj.* **1** 無抵抗(主義)の. **2** 〘医学〙 (有害因子の)影響を受ける, 感受性がある, 抵抗を示さない. — *n.* (権力などに対する)無抵抗(主義)者.

nòn·restráint *n.* **1** 非抑制, 無拘束. **2** 〘精神医学〙 (精神病者の)無拘束治療(法).

nòn·restríctive *adj.* 〘文法〙 〈語・節が〉非制限的な (cf. restrictive): a ~ relative clause 非制限関係節《例えば The man *who was here yesterday* is a farmer. における関係節が restrictive であるのに対し, Mr. Brown, *who was here yesterday,* is a farmer. における様な関係節をいう》.

nonrestríctive cláuse *n.* 〘文法〙 非制限節《先行詞を制限するのではなく, 先行詞のもつ性質を描写したり, 付加的に説明する節; cf. restrictive clause》.

nòn·retúrnable *adj.* 返還できない; (特に)〈容器が〉(小売店に)返すことのできない.

nòn·retúrn vàlve *n.* 〘機械〙 =check valve.

nòn·rígid *adj.* **1** 堅くない. **2** 〘航空〙 軟式の《ガスの圧力で形態を保つことにいう》: a ~ airship 軟式飛行船. — *n.* 〘航空〙 軟式飛行船. **nòn·rigídity** *n.*

Nòn·ruminántia 〘← NL ~ (← NON-[1] + L *rūminant-, rūminans* ((pres.p.) ← *rūmināre*)) + -IA[2]: ⇨ ruminant〙 *n. pl.* 〘動物〙 不反芻(すう)類.

non sanz droict [nán-sǽnz-drɔ́ɪt | nɔ́n-] 〘⊏OF ~ (F *non sans droit*) not without right〙 — *n.* 権利なくもなし《Shakespeare 家の紋章の motto》.

nòn·schéduled *adj.* **1** 予定にない, 期日のない. **2** 不定期航空の: a ~ airline 不定期航空路線[会社].

nòn·scíence *n., adj.* 非科学(の), 科学でない分野(に属する).

nòn·secrétor *n.* 〘生理〙 非分泌者 (cf. secretor).

nòn·sectárian *adj.* どの宗派にも属さない, 無宗派の.

nòn·sediméntable *adj.* 沈澱作用を受けない.

non·sense [nánsens, -səns, -sn̩s | nɔ́nsn̩s, -səns] 〘《1614》← NON-[1] + SENSE: cf. F *nonsens*〙 — *n.* **1** 無意味; 無意味な言葉, ばかげたこと[考え], たわごと, ナンセンス (absurdity): talk ~ / sheer ~ 全くの無意味[たわごと] / It is a pack of ~. まるでたわごとだ / The plan was all (stuff and) ~. その計画は全くばかげたものだった / the ~ of an idea 考えのばからしさ / This passage makes ~. この一節は意味をなさない《無意味だ》. **2** ばかげた行為, 勝手な振舞; ごまかし: None of your ~ now! もうばかなまねはよせ / She has no ~ about her. 彼女にはうわついたところが少しもない《非常にしっかりしている; cf. no-nonsense》 / I will stand no ~ from him. 彼にばか[勝手]なまねは許さないぞ. **3** つまらない物, がらくた, くだらないこと: pins, pencils and other ~ ピンや鉛筆やその他のくだらないもの. **4** 〘生物〙 ナンセンス《いずれのアミノ酸にも対応しない遺伝暗号》.

knock the nonsense out of 〈人〉からわがままの虫[甘い考え]をたたき出す. ***make nonsense of*** = 《英》 ***make a nonsense of*** …を無意味な[ばかげた]ものにする, だめにする, ぶちこわす (spoil).

— *int.* ばかな, くだらない: Oh, ~! ばかばかしい.

— *attrib. adj.* **1 a** 〈詩文・語句など〉(正常な)意味をもたない, 無意味な; 戯詩の: a ~ song / ~ poetry 戯詩, 狂歌 / a ~ book ナンセンス本, 滑稽本. **b** 《古》 =nonsensical. **2** 〘生物〙 ナンセンスの (⇨ *n.* 4).

nónsense sýllable *n.* **1** 〘心理〙 無意味綴り《知識や連想に左右されないアルファベットの無意味綴りで, 記憶実験の材料》. **2** =nonsense word 1.

nónsense vérse *n.* 〘文学〙 ノンセンス詩, 戯詩《奇抜な発想・テーマで, 曖昧ではあるが喚情力の豊かな造語などを使って書かれた詩》.

nónsense wòrd *n.* **1** 無意義語《発音練習のためなどにわざと造った語[音節]》. **2** 〘心理〙 =nonsense syllable 1.

non·sen·si·cal [nɑnsénsɪkəl, -sə- | nɔnsénsɪ-] 〘《1655》: ⇨ ↑, -ical〙 — *adj.* 無意味な; ばかげた, 愚にもつかない, 途方もない (ridiculous). **~·ly** *adv.* **~·ness** *n.* **non·sen·si·cal·i·ty** [nɑnsènsɪkǽləṭi, -sènsə- | nɔnsènsɪkǽlɪti, -lɪ-] *n.*

non seq. 《略》 non sequitur.

non se·qui·tur [nán-sékwɪṭə, náun-, -séɪkwɪtùə, -kwə- | nɔ́n-sékwɪtə(r] 〘⊏L *nōn sequitur* 《原義》 it does not follow: ⇨ sequent〙 — *L. n.* 〘論理〙 (与えられた前提からは導出できない結論を導き出す)不当な推理《三段論法における誤謬推理の一種》; その帰結.

nòn·signíficant **1** 取るに足らない, つまらない. **2** 無意味な. **3** 〘統計〙 無視してかまわない. **~ly** *adv.*

nòn·síngular *adj.* 〘数学〙 非特異の; 正則の (regular).

non·sked [nɑ̀nskéd | nɔ̀n-] 〘《短縮》← *nonscheduled*〙 《口語》 *adj.* =nonscheduled. — *n.* 不定期航空機[会社].

nòn·skíd *adj.* 〈自動車のタイヤ・道など〉滑らない, 滑り止め装置付きの.

non·slip *adj.* 〈舗装道路など〉滑り止めの, ノンスリップの.

nòn·smóker *n.* **1** たばこを吸わない人, 禁煙家. **2** 《英》 (列車内の)禁煙室.

nòn·smóking *adj.* 禁煙の.

nòn·sócial *adj.* **1** 非社交的な. **2** 社会と関係のない, 社会的でない.

nòn·sólvent *n.* 〘化学〙 非溶剤[媒].

nòn·specífic *adj.* 〘医学〙 非特異(性)の, 非特異的な《病気・検査・反応・治療などが特定の要因に結びつくものでない場合をいう》: ~ immunity 非特異性免疫 / ~ therapy 非特異的療法.

nòn·spórting *adj.* **1** 猟犬らしくない. **2** 〘生物〙 突然変異の少ない.

nòn·stándard *adj.* **1** 〈製品など〉標準[規準]外の. **2** 〘言語〙 〈言語・発音など〉非標準的な (cf. substandard 3): ~ English.

nòn·stárter *n.* 《口語》 **1** (競馬で)出走取消しの馬. **2** 成功の見込みのない人. **3** それ以上考えるだけの価値のない考え.

nòn·stéroid *n., adj.* 〘薬学〙 非ステロイド(の)《ステロイド系化合物でない薬物; たとえば抗炎症剤》. **nòn·steróidal** *adj.*

nòn·stíck *adj.* **1** 粘着しない. **2** 〈鍋など〉(料理中の)中味がくっつかない(ように処理した).

nòn·stoichiométric cómpound *n.* 〘化学〙 不定比化合物《成分元素の比が化学量論組成に合わない化合物》.

nòn·stóp *adj.* **1** 途中で止まらない, 無停車の, 直行の, 無着陸の: a ~ train, bus, etc. / a ~ flight to New York ニューヨークまで無着陸飛行. **2** 休止[間断]なく行なわれる, ぶっ通しの: a 3-hour ~ meeting 3 時間ぶっ続けの会議. — *adv.* **1** 直行で, 無着陸で. **2** 間断なく: talk ~ のべつまくなしにしゃべる. — *n.* 直行列車[バス], 無着陸飛行機; 直行運転.

nòn·stríated *adj.* 筋のない (smooth); 〈筋肉が〉横紋のない: a ~ muscle.

nòn·stríker *n.* **1** ストライキ不参加者. **2** 〘クリケット〙 (2 人の打手のうち)投球を受けていない方の打手.

non·such [nánsʌtʃ, nán- | nʌ́n-, nɔ́n-] *n., adj.* =nonesuch.

nòn·súit 〘《c1395》⊏AF *no(u)nsuit*: ⇨ non-[1], suit〙 〘法律〙 *n.* 訴えの却下. — *vt.* (…の訴えを)却下する.

nòn·súlfide *adj.* 〈鉱物が〉硫化物でない.

nòn·suppórt *n.* **1** 〘法律〙 (扶養義務者の)扶養義務不履行. **2** 不支持.

nòn·swímmer *n.* 泳げない人.

nòn·syllábic 〘音声〙 *adj.* 非音節主音的な, 非成節的な, 音節副音的な (↔ syllabic). — *n.* 非音節主音 (nonsyllabic sound).

nòn·tárget *adj.* 〘薬学〙 標的外の, (薬の効果などの)目標としていない.

nòn·téaching *adj.* 教授と関係のない.

nòn·ténured *adj.* 保有権[終身在職権]を持っていない.

nòn·títle *adj.* ノンタイトルの, 選手権試合でない.

nòn·trívial *adj.* **1** 重要な, 些細でない. **2** 〘数学〙 自明でない《常に存在することが証明されているもの以外のものについていう》.

nòn·trópical sprúe *n.* 〘病理〙 =celiac disease.

non trop·po [nɑ̀n-trápou, nòun-, -trɔ́(ː)p-, -tróup- | nɔ̀n-trɔ́pəu; *It.* nɔntrɔ́ppo] 〘⊏It. ~ 'not too much'〙 — *adv.* 〘音楽〙 ほどよく, 度を過ごさずに: presto [lento] ~ 早[遅]過ぎず.

nón-Ú 〘← NON-[1] + *U(pper class)*〙 — *adj.* 《英口語》 〈語句など〉上流階級的でない, 非上流階級的な, 庶民的な《例えば table napkin の代わりに使われる serviette など; ⇨ U》.

nòn·únion *adj.* **1** 労働組合に加入しない, 非労働組合の; 労働組合の条件[規約]に応じない: ~ labor / a ~ man 非労働組合員. **2** 労働組合を認めない, 労働組合加入者を排斥する: a ~ factory, plant, shop, etc. **3** 〈製品が〉労働組合不加入者の製造した. — *n.* **1** 団結[合同]しないこと. **2** 〘医学〙 (骨折の)癒着不良.

nòn·únionism *n.* 反労働組合主義, 労組無視.

nòn·únionist *n.* **1** 労働組合反対者, 反労働組合主義者. **2** 非労働組合員.

nonúnion shòp *n.* **1** 反労組事業所《労働組合を認めず, 組合員を雇用しない工場・会社など》. **2** 非ユニオンショップ《組合が組合員に雇用受諾を禁じている事業所; cf. union shop》.

non·u·ple [nán(j)uːpl̩, ⏑–⏑ | nɔ́njupl̩] 〘⊏F ~ ← L *nōnus* ninth: *-uple* の語尾は QUADRUPLE, QUINTUPLE などからの類推〙 *adj.* 九重の, 9 倍の.

no·nus [nóunəs | náu-] 〘⊏L *nōn-us* ninth〙 *adj.* 《英》 第 9 の (⇨ primus[1] 2): Smith ~.

nòn·úsage *n.* =nonuse.

nòn·úse *n.* 使用しない[されない]こと, 不使用.

nòn·úser *n.* **1** (利用できる公の施設や有害な薬剤などを)使用しない人, 非[不]使用者. **2** 〘法律〙 権利の不行使, 権利放棄, 棄権《一定期間行使しないことによって権利の消滅する場合に用いられる》.

nòn·utílity *adj.* 〈衣服など〉実用本位でない.

nòn·váscular *adj.* 〘解剖〙 血管を含まない; 非血管性の.

nòn·vérbal *adj.* **1** 言葉を用いない[必要としない], 言語以外の, 非言語的な: ~ communication 非言語的コミュニケーション《手まね・身振りなど》. **2** 言語能力の低い, 言葉のへたな.

nòn·víable *adj.* **1** 〘生物〙 〈胎児・細菌など〉生活[生育]不能な. **2** 〈理論など〉発展不可能な. **3** 〈国など〉経済的に存立できない.

nòn·víntage *adj.* 〈ぶどう酒が〉ノンビンテージの《年号物ではないがそれに近づけてブレンドしたものにいう》: a ~ wine.

nòn·víolence *n.* **1** 非暴力(主義). **2** 非暴力デモ.

nòn·víolent *adj.* 非暴力の. **~ly** *adv.*

nòn·vócoid *n.* 〘音声〙 =contoid.

nòn·vólatile *adj.* **1** 不揮発性の. **2** 〘電算機〙 〈記憶(装置)など〉不揮発性の《電源を切っても失われることのない》: a ~ memory 不揮発性記憶(装置)《電源を切っても保持されるもの》.

nòn·vóter *n.* **1** 投票しない人, 棄権者. **2** 投票無資格者.

nòn·vóting *adj.* **1** 投票しない, 棄権(者)の. **2** 〘証券〙 〈株式が〉議決権を持たない.

nòn-Wéstern *adj.* 非西洋の; 非西洋諸国の.

nòn·whíte *adj.* 白人でない; 白色人種でない. — *n.* **1** 非白人, 白色人種でない人. **2** [the ~; 集合的] 非白色人種.

nòn·wórker *n.* **1** 働かない人. **2** 自営業者.

nòn·wóven *adj.* 〈織維が〉織られたものでない, 不織の, 生成のままの.

non·yl [nánɪl, nóun-, -niːl | nɔ́n-, náun-] 〘《1866》← NON(ANE) + -YL〙 *n.* 〘化学〙 ノニル《nonane から誘導される一価のアルキル基 (C_9H_{19}-)》.

nónyl álcohol *n.* 〘化学〙 ノニルアルコール (C_9H_{19}-OH)《香料・調味料に使用》.

nòn·zéro *adj.* 〘数学〙 ゼロでない, ゼロ以外の価値をもつ.

noo·dle[1] [núːdl̩] 〘《1753》《変形》? ← NODDLE[1]: (F)OO(L[1]) との類推による〙 *n.* **1** あほう, ばか者 (blockhead, simpleton). **2** 《俗》 頭, 「どたま」 (head).

noo·dle[2] [núːdl̩] 〘《1779》⊏G *Nudel* vermicelli ← ?: cf. F *nouilles*〙 *n.* [通例 *pl.*] ヌードル《小麦粉と卵で作ったリボン状の細長い麺類(めんるい)の総称》: eat ~*s.*

noo·dle[3] [núːdl̩] 〘《転用》? ← NOODLE[1] // 《変形》? ← DOODLE[1,2]〙 — *vi.* 《口語》 **1** 〘音楽〙 (演奏の前に楽器を調整するために)楽器を軽く奏する, 楽器をもてあそぶ. **2** アイディアを探る, 考え出す.

nóodle·hèad 〘← NOODLE[1] + HEAD〙 *n.* 《俗》 ばか, とんま, うすのろ.

nook [núk] 〘《?a1200》 *nok(e)* ← ?: cf. OE *hnecca* neck & *hnocc* hook(?) / Norw. 《方言》 *nokke* & *nok* hook〙 — *n.* **1** (部屋などの)隅 (corner)《特に, 炉のそば》: a ~ in a room, garden, etc. / look in every ~ and corner [cranny] 隅から隅まで捜す. **2** 引込んだ所, 奥まった所, 人目につかない所, 辺鄙(へんぴ)な所, 僻(へき)地 (recess). **3** 《スコット》 **a** (正方形の)角. **b** (建物などの)突出部.

nook·er·y [núk(ə)ri | -rɪ] 〖⇨↑, -ery〗 *n.* 居心地のよい場所[部屋], 安心できる部屋[場所].

nook·ie¹ [núki | -kɪ] 〖← NOOK＋-IE 2〗 *adj.* (**nook·i·er**; **-i·est**) **1** 角[隅]の多い, 多角の. **2** 隅のような.

nook·ie² [núki | -kɪ] 〖← ? NOOK //《俗語》nug to fondle, coit with: ⇨ -ie 1〗 *n.*《卑》**1** 性行為. **2** 女,「すけ」.

nook-shot·ten [núkʃɑ̀tn | -ʃɔ̀tn] *adj.*《方言》〈海岸線など〉ぎざぎざの (jagged).

nook·y¹ [núki | -kɪ] *adj.* ＝nookie¹.

nook·y² [núki | -kɪ] *n.* ＝nookie².

no·ol·o·gy [nouɑ́lədʒi | nəuɔ́lədʒɪ] 〖← Gk *nóo(s)* mind ＋-LOGY〗 *n.*〖哲学〗精神論.

noon [nú:n] 〖OE *nōn*《原義》'日の出から数えて9時間目' ▭ L *nōna (hōra)* ninth (hour) (fem.) ← *nōnus* ← *novem* 'NINE': cf. none², nones〗 **—** *n.* **1** 正午, 真昼: at (high) ～ (かっきり)正午[12時]に (cf. high noon 1) / before ～ 午前に / shortly after ～ 正午間もなく / one ～ ある日の正午ごろ(に) / (at) this ～ 今日の昼に / at the height of ～ ちょうど正午に. **2**《詩》**a** 夜半 (midnight). ★ 主に次の句で: (the) ～ of night 真夜中. **b** 真夜中の月の位置. **3** [the ～] 最高点; 全盛期, 絶頂: *the* ～ of life 壮年期 / at *the* ～ of one's career 生涯の最盛期で. **—** *attrib. adj.* 真昼[正午]の: a ～ meal [recess] 昼の食事[休憩]. **—** *vi.* **1**《米方言》昼休み[昼食]をとる. **2** 絶頂に達する.

nóon-bàsket *n.*《米》弁当箱 (lunch basket).

nóon·dày 〖《1535》〗 **—** *n.*《文語》正午, 真昼 (midday): (as) plain [clear] as ～ きわめて明白で / Vice stalks about at ～. 悪事が白昼横行する. **—** *attrib. adj.* 真昼[正午]の: the ～ heat 真昼の暑さ.

no one [nóuwʌn, -wən | nə́uwʌn] *pron.* だれも…ない (nobody): I met ～ else. ほかのだれにも会わなかった / *No one* was in, were they? だれもいなかったかい.

nóon·flòwer *n.*〖植物〗＝goatsbeard.

noon·ing [nú:nɪŋ] 〖ME: ⇨ noon (n.), -ing³〗 *n.*《古・方言》**1** 昼, 正午 (noontide). **2** 昼休み時間. **3** 昼食.

nóon·tìde 〖OE *nōntīd*: cog. MDu. *noentijd* / MHG *nōn(e)tīd*: ⇨ noon, tide¹〗 **—** *n.* **1** 正午, 真昼 (noonday). **2**《文語》真夜中 (midnight); 真夜中の月の場所, 月の最も高い時: the ～ of the moon. **3** [the ～] 頂点, 極点: *the* ～ of glory, one's prosperity, etc.

nóon·tìme *n.*《米》正午, 真昼 (noontide).

Noord·bra·bant [*Du.* no:rtbrá:bant] *n.* ノールトブラーバント(州)《North Brabant のオランダ語名》.

Noord·hol·land [*Du.* no:rthɔ́lant] *n.* ノールトホラント(州)《North Holland のオランダ語名》.

noose [nú:s | nú:s, nú:z] 〖《a1450》 *nose* ▭ ? OF *no(u)s* (nom. sing. & acc. pl.) < L *nōdus* 'knot, NODE': cf. F *nœud*〗 **—** *n.* **1 a** (首つりなわ・輪なわなどの)引けば締まる結び方をした輪, ずっこけ, ひっこき. **b** [the ～] (同上の輪を作った)絞首刑用のなわ; 絞首刑: *the* (hangman's) ～ 絞首刑(用の首つりなわ). **2** (自由を束縛するものとしての夫婦の)きずな (bond): the marriage ～ 結婚のきずな.

1 2

nooses 1 a

1 hangman's noose

2 nautical noose

put one's neck* [*head*] *into the noose 自ら危地[のっぴきならぬ破目]に陥る. ***The noose is hanging.*** 用意がすべて整った, 皆首を長くして待っている.

— *vt.* **1 a** 〈輪なわを〉掛ける: ～ a rope round the neck. **b** 絞首刑にする. **2** 輪なわで捕える; わなにかけ, 落し入れる (snare): ～ a snake. **3** 〈なわ〉の先を輪にする, 輪なわを作る: ～ a cord, rope, etc.

no·o·sphere [nóuəsfɪə | nə́uəsfɪə(r)] 〖▭ F *noösphere* ← Gk *nóos* mind＋SPHERE〗 **—** *n.* [the ～] **1**〖生態〗ヌースフィア《人間の活動によって意識的または無意識に変えられる生物圏》. **2** 人間の知的活動の総体.

Noot·ka [nútkə, nú:t-] 〖▭ N-Am.-Ind. ～〗 **—** *n.* (*pl.* ～, ～**s**) **1 a** [the ～(s)] ヌトカ族《Wakashan 語族の一派; カナダの Vancouver 島から米国 Washington 州の太平洋岸に住む》. **b** ヌトカ族の人. **2** ヌトカ語《Wakashan 語族に属する》.

n.o.p. 《略》not otherwise provided for.

no·pal [nóupəl | nə́u-] 〖《1730》▭ F ～ // Sp. ～ ▭ Mex. *nopalli* cactus〗 **—** *n.*〖植物〗**1** ノパルサボテン《メキシコ産の *Opuntia* 属または *Nopalea* 属のサボテンの総称; 洋紅を採取する cochineal insect を繁殖させるために栽培される》. **2** ＝prickly pear.

no·pal·ry [nóupəlri | nə́upəlrɪ] *n.* (メキシコの cochineal insect を養殖する)ノパルサボテン農場.

nó-pàr 〖← *no par (value)*〗 *adj.* 〈株式など〉額面価格のない: a ～ stock 無額面株式.

nó-pàr-válue *adj.* ＝no-par.

nope [nóup, nóuʔ | nə́up, nə́uʔ] 〖《強調転訛》← NO¹ (adv.): cf. yep〗 *adv.*《米口語》＝no¹. ★ [p] は破裂しない.

nó plàce *adv.*《米口語》＝nowhere.

nor¹ [nə, nɔə, nɔ́ə | nə(r), nɔ:(r), nɔ́:(r)] 〖《a1325》《短縮》← *nother* < OE *nōðer* (pron.) ← *ne* not＋*ōðer*《短縮》← **ōhwæðer* either): cf. neither〗 **—** *conj.* **1 a** [neither と相関的に]…もまた…ない, また…ない (or not): He can *neither* read ～ write. 読むことも書くこともできない. ★ 動詞は nor の次の名詞・代名詞に一致する: *Neither* he ～ his children *were* there. 彼も彼の子供たちもそこにいなかった. **b**《古》[先行すべき neither が表わされない場合]: Thou ～ I have made the world. あなたも私もこの世を造ったのではない (Tennyson, *The Last Tournament*). **c**《古・詩》[～ (＝neither)… ～ …として]: *Nor* heaven ～ earth have been at peace to-night. 今夜は天も地も平和ではなかった (Shak., *Caesar* 2. 2. 1). **2** [not, no, never などの後で] …もまた…ない: They did *not* wait for you, ～ for me, ～ for anybody. 君をも, ぼくをも, またたれをも待ちはしなかった / I had *no* experience in politics, ～ did it interest me. 私には政治の経験がなかったし, 興味もなかった / I *never* saw him again, ～ did I regret it. 彼にはその後再び会うことはなかったが, 私は悔みもしなかった. **3**《文語》[肯定の後に] ＝and not: The tale is long, ～ have I heard it out. その話は長いし終わりまで聞いたことがない.

nor² [nə, nɔə, nɔ́ə | nə(r), nɔ:(r), nɔ́:(r)] 〖ME ← ? NOR¹〗 *conj.*《方言》＝than.

NOR [nɔ́ə | nɔ́:(r)] 〖← *n(ot) or*〗 *n.*〖電算機〗ノア, 論理和の否定《オア回路(OR)の出力にノット回路(NOT)を付けたもの》: a ～ circuit ノア回路.

nor. 《略》normal; north; northern.

Nor. 《略》Norman; North; Northern; Norway; Norwegian; Norwich.

nor- [nɔə | nɔ:(r)] 〖《略》← NOR(MAL)〗 **—**〖化学〗「ノル(マル) (normal)」の意の連結形: **1** ノル(マル)構造をもつ化合物: *nor*leucine. **2** 側鎖を除いた有機化合物の母体: *nor*bornane, *nor*camphane. **3** CH_2 だけ低位のステロイドまたはアルカロイドの同族体: *nor*cholane, *nor*nicotine.

nor'- [nɔə | nɔ:(r)] 〖略〗north の省略形の連結形. ★ 他の方位を示す語と複合語を造る: *nor'*easter, *nor'*wester, etc.

No·ra [nɔ́:rə, nóːrə | nɔ́:rə] 〖▭ Ir. ～ (dim.) ← ELEANORA // HONORIA // LEONORA〗 *n.* 女性名《異形 Norah, Noreen》.

nòr·adrénaline 〖← NOR-＋ADRENALINE〗 *n.*〖生化学〗ノルアドレナリン (⇨ norepinephrine).

Nor·bert [nɔ́əbət | nɔ́:bət] 〖▭ OHG *Norberht* brilliant hero // ON *Njǫrðr-biartr* 'brilliance of NIORD'〗 *n.* 男性名.

Nor·bert [nɔ́əbət | nɔ́:bət; *F.* nɔrbɛ:r], Saint [sɛ̃] *n.* ノルベール《1085?–1134; フランスの聖職者; Magdeburg 大司教; プレモントレ (Premonstratensian) 修道会 (1119) の創始者》.

Nor·ber·ta [nɔəbə́:ṭə | nɔ:bə́:tə] 〖(fem.) ← NORBERT〗 *n.* 女性名.

nòr·bórnane 〖← NOR-＋BORNANE〗 *n.*〖化学〗ノルボナン (⇨ norcamphane).

nòr·cámphane 〖← NOR-＋CAMPHANE〗 **—** *n.*〖化学〗ノルカンファン (C_7H_{12})《カンファン類の基本体に相当する炭化水素; norbornane ともいう》.

Nord [nɔ́ə | nɔ́:(r; *F.* nɔ:r] 〖⇨ Nordic〗 **—** *n.* ノール(県)《フランスの最北端の, 北海に面しベルギーに接する県; 第二次大戦の戦跡; 人口 2,418,000, 面積 5,774 km², 首都 Lille》.

Nor·dau [nɔ́ədau | nɔ́:-; *G.* nɔ́rdau], **Max** (**Simon**) *n.* ノルダウ《1849–1923; ハンガリー生れのドイツの医師・著述家; シオン主義 (Zionism) の唱道者》.

Nór·den·felt machíne gùn [nɔ́ədn̩fèlt- | nɔ́:-; *Swed.* nú:rdənfɛlt-] 〖← *T. W. Nordenfelt* (1842–1920: その発明者であるスウェーデンの技師)〗 **—** *n.* ノルデンフェルト機関銃《魚雷艇攻撃用の火器》.

Nor·den·skjöld [núədn̩ʃɪ̀ld, -ʃì:ld | nú:ə-; *Swed.* nú:rdənʃœld], Baron **Nils Adolf Erik** *n.* ノルデンショルド《1832–1901; フィンランド生れのスウェーデンの地質学者・北極地方探検家; 北東航路 (Northeast Passage) を発見 (1878–79)》.

Nórdenskjöld Séa *n.* [the ～] ノルデンショルド海《Laptev Sea の旧名》.

Nord·hau·sen [nɔ́ədhàuzən, -zn̩ | nɔ́:d-; *G.* nɔ́rthauzn̩] *n.* ノルトハウゼン《東ドイツ Erfurt 州北西部の都市; 第二次大戦中ここにあったナチの強制収容所は虐殺で有名; 人口 46,000》.

Nórdhausen ácid 〖↑ (その最初の製造地)〗 *n.*〖化学〗ノルトハウゼン酸 (⇨ oleum 2).

Nord·hoff [nɔ́ədhɔ(:)f | nɔ́:dhɔf], **Charles Bernard** *n.* (1887–1947) 米国の小説家; *Mutiny on the Bounty* (1932) (J. N. Hall と合作).

Nor·dic [nɔ́ədɪk | nɔ́:-] 〖《1898》▭ F *nordique* ← *nord* 'NORTH' (< OF ▭ OE *norð*)＋*-ique* '-IC¹'〗 **—** *n.* **1** 北欧ゲルマン系の人, 北欧人種の人, 北欧人, ノルディック《白色人種群に属し, スカンジナビア人・ブリトン人によって最もよく代表されるヨーロッパ北西部のゲルマン系の人; 長身・金髪・青眼・長頭を特徴とする》. **2** (広義の)スカンジナビア人《ノルウェー・スウェーデン・デンマーク・アイスランド・フィンランド人を含む》. **—** *adj.* **1** 北欧ゲルマン系の, 北欧人種型の, ノルディックの. **2** (広義の)スカンジナビアの. **3**〖スキー〗ノルディック競技の《クロスカントリーとジャンプに関する; cf. alpine 5》.

Nórdic combíned *n.* [the ～]〖スキー〗ノルディック複合競技《ジャンプと距離競技の複合競技; cf. Alpine combined》.

Nór·di·cìsm [-dəsìzm | nɔ́:dɪ-] *n.* ＝Nordic theory.

Nórdic thèory *n.* [the ～] ゲルマン民族至上説[主義]《ゲルマン民族は世界中で最も優秀であるとしたナチスの説》.

Nórd·kyn Cápe [nɔ́əkɪn-, nɔ́ə-, -kən- | nɔ́:kɪn-; *Norw.* nú:rçyn-] *n.* ノールシン岬《ノルウェー北東部の岬; North Cape の東方, ヨーロッパ本土の最北端》.

Nörd·lin·gen [nɔ́:dlɪŋən | nɔ́:d-; *G.* nœ́rdlɪŋən], **the Battles of** *n. pl.* ネルドリンゲンの戦い《Thirty Years' War 中に Bavaria 地方の Nördlingen で行なわれた二つの戦い; 一回目 (1634 年) は Hapsburg 軍がスウェーデン軍を破り, 二回目(1645 年)はフランス軍が Hapsburg 軍を破った》.

Nord·rhein-West·fa·len [*G.* nɔ́rtraɪnvɛstfá:lən] *n.* ノルトラインウェストファーレン(州)《North Rhein-Westphalia のドイツ語名》.

Nore [nɔ́ə | nɔ́:(r)] *n.* [the ～] **1** ノア(川)《アイルランド共和国の南東部を流れる川, Barrow 川の支流 (113 km)》. **2** イングランド Kent 州 Thames 河口の中央にある砂州.

nor'-east [nɔ:rí:st] 〖《短縮》: ⇨ nor'-〗 *n., adj., adv.*〖海事〗＝northeast.

nor'east·er [nɔ:rí:stə | -tə(r)] 〖《短縮》: ⇨ nor'-〗 *n.* ＝northeaster.

Nor·een [nɔ:rí:n, ←←] 〖▭ Ir. *Nóirín* (dim.) ← NORA〗 *n.* 女性名.

nor·ep·i·neph·rine [nɔ:rèpənéfri:n, -rɪn, -rən | -pɪnéfri:n, -rɪn] 〖← NOR-＋EPINEPHRINE〗 **—** *n.*〖生化学〗ノルエピネフリン ($(HO)_2C_6H_3CH(OH)CH_2NH_2$)《副腎中に存在するホルモン; arterenol, levarterenol, noradrenaline ともいう》.

nor·eth·in·drone [nɔ:réθɪndròun, -θən- | -θɪndrəun] 〖← NOR-＋*ethin(yl)*《異形》← ETHYNYL)＋*-dr-* (↓)＋(TESTOSTER)ONE〗 **—** *n.*〖薬学〗ノルエシンドロン《経口避妊薬にも用いる合成ホルモン》.

nor·ethyn·o·drel [nɔ̀:rəθínədrèl | -reθín-] 〖← NOR-＋*ethyno-* (← ETHYNYL)＋*-dr-* (← ? ANDROGEN)＋*-el* (《変形》← -AL³)〗 *n.*〖薬学〗ノルエシノドレル《norethindrone と構造類似のホルモン物質; 経口避妊薬にも用いる》.

Norf. 《略》Norfolk.

Nor·folk [nɔ́əfək | nɔ́:-] 〖OE *Norðfolc*: ⇨ north, folk〗 **—** *n.* **1** イングランド東部の北海に面する州; 人口 624,000, 面積 5,353 km², 首都 Norwich. **2**〖《米》ではまた -fɔ:k〗米国 Virginia 州南東部の港市・工業都市・海軍基地; 人口 308,000.

Nórfolk cóat *n.* ＝Norfolk jacket.

Nórfolk dúmpling *n.*《英》**1** ノーフォーク風蒸しだんご《お国料理》. **2** ノーフォーク人.

Nórfolk Ísland *n.* ノーフォーク島《New Caledonia 島と New Zealand との間にあるオーストラリア領の島; Cook が 1774 年に発見した; 人口 1,700, 面積 34 km²》.

Nórfolk Ísland píne *n.*〖植物〗シマナンヨウスギ (*Araucaria excelsa*)《Norfolk Island およびオーストラリア産の針葉樹で, 木材・観賞用に用いられる》.

Nórfolk jácket, n- j- 〖← NORFOLK 1〗 *n.* ノーフォークジャケット, ノーフォーク型上衣《前と後に箱ひだがあり腰にベルトの付いたシングルの上衣》.

Nórfolk plóver *n.*〖鳥類〗＝stone curlew.

Nórfolk tròtter *n.* ノーフォークトロッター《イングランド Norfolk 地方で古くから生産されており, のちに hackney 種の祖先となった馬》.

Nor·ge [*Norw.* nɔ́rgə] *n.* ノルゲ《Norway のノルウェー語名》.

no·ri·a [nɔ́:riə, nóːr- | nɔ́:rɪə] 〖▭ Sp. ～ ▭ Arab. *nā'ūraʰ*〗 *n.* (スペインや東洋で水を汲むのに用いる)バケツの付いた下射式水車 (cf. water wheel 2).

Nor·i·cum [nɔ́(:)rɪkəm, nɑ́r- | nɔ́rɪ-] *n.* ノリクム《ヨーロッパ中部の古代ローマの州; ほぼ現在のオーストリアの Danube 川以南の地に当たる》.

nor·ite [nɔ́:raɪt] 〖▭ Norw. *norit* ← *Norge* Norway＋*-it* '-ITE¹'〗 *n.*〖岩石〗ノーライト《曹灰長石・斜方輝石を主成分とする一種の斑糲(はんれい)岩》.

nor·land [nɔ́ələnd | nɔ́:-] 〖← NOR'-＋LAND¹〗 *n.*《詩・方言》＝northland. **～·er** *n.*

nor·leu·cine [nɔəlú:si:n, -sn̩ | nɔ:l(j)ú:-] 〖← NOR-＋LEUCINE〗 **—** *n.*〖生化学〗ノルロイシン, α-アミノマルカプロン酸 ($CH_3(CH_2)_3CH(NH_2)COOH$)《アミノ酸の一種で leucine や isoleucine の異性体》.

norm [nɔ́əm | nɔ́:m] 〖《1821》《転訛》← NORMA〗 **—** *n.* **1 a** 標準, 規準 (standard); 規範, 模範, ノルム: ⇨ social norm. **b** 一般標準, 平均水準. **2** (労働者が一日分の賃金を得るために必要な仕事の)労働規準量, 責任量, ノルマ: fulfil the ～ (仕事の)規定量を仕上げる / production ～*s* 責任生産量. **3**〖数学〗ノルム《数の絶対値やベクトルの大きさを一般化した概念》. **4**〖教育〗**a** (一定の年齢・学歴などの多数の人々の平均値による)知能発達規準, 平均. **b** (特定グループの同一テストによる)平均成績; (特定人間集団の)典型的行動様式. **5**〖岩石〗ノルム《岩石の化学組成より一定の方式に従って算出した鉱物の重量百分率》.

norm. 《略》normal; normalized.

Norm. 《略》Norman.

norm- [nɔ́əm | nɔ́:m] (母音の前に来る時の) normo- の異形.

nor·ma [nɔ́əmə | nɔ́:-] 〖▭ L *nōrma* carpenter's square, rule, pattern: cf. normal〗 **—** *n.* (*pl.* **nor·mae** [-mi:]) **1** ＝norm. **2** [N-]〖天文〗じょうぎ(定規)座《南天の星座; the Rule, the Square (level) ともいう》.

Nor·ma [nɔ́əmə | nɔ́:-] 〖← ? L *nōrma* (↑)〗 *n.* 女性名. ★ Bellini のオペラ *Norma*「ノルマ」(1831) の成功以来一般化した名; 米国に多い.

normae *n.* norma の複数形.

nor·mal [nɔ́əməl | nɔ́ː-] 〖《1530》⊏ L *normāl-is* made according to a norm: ⇨ norma, -al¹〗 ― *adj.* **1** 〈物・事が〉規格通りの, 標準的な (standard); 正規の (regular); 正常の, 尋常[普通]の (usual); 平均の (average): a ~ condition 常態 / the ~ procedure 正規の手続き / the ~ temperature (人体の)平温, 平熱 / ~ times 平時 / ~ working hours 平均[標準]労働時間 / the ~ year 平年. **2** 標準となる, 代表的な, 典型的な (typical): a ~ child of seven years 7 歳の標準児. **3** 〖数学〗 **a** 〈線が〉直角をなす, 垂直の (perpendicular). **b** 正規の; 標準の: a ~ form 標準形 / ⇨normal equation. **c** 〈行列が〉正規の《自分自身の共役転置行列と交換可能な行列についていう》. **4** 〖化学〗 **a** 〈溶液濃度が〉規定の: a ~ salt 正塩 / ⇨ normal solution. **b** 〈脂肪・炭化水素が〉炭素直鎖をもつ (cf. nor-). **5** 〖生理・医学〗 **a** (伝染していない)正常の, 実験処置を受けていない: a ~ animal. **b** (伝染・接種などの結果でなく)自然に発生する. **6** 〖心理〗 **a** 〈知力・性情などの心理的特性が〉一般並みの: the ~ intelligence 正常の知能. **b** 〈精神状態が〉異常でない, 正常な, ノーマルな (sane). ― *n.* **1** 標準, 典型 (standard). **2** 常態 (normality); 平均, 中庸 (average); 平温, 平熱: a return to ~ 常態への復帰. **3** 〖数学〗法線 (normal line). **4** 〖物理〗平均量《ある長期にわたる平均値》. **5** 〖化学〗規定. **6** 〖教育〗=normal school. **7** 〖心理〗 **a** (心理的特性が)一般並みの人. **b** 正常な知能.

above* [*below*] *normal 標準以上[以下]で: His temperature is *above* [*below*] ~. 体温は平熱以上[以下]だ.

nórmal áxis *n.* 〖航空〗=axis¹ 7.

nórmal céll *n.* 〖電気〗=standard cell.

nórmal cúrve *n.* 〖統計〗正規曲線 (⇨ Gaussian curve).

nórmal cút *n.* 〖電気〗=X-cut.

nor·mal·cy [nɔ́əməlsi, -mḷ- | nɔ́ːməlsi, -mḷ-] 〖《1857》← NORMAL＋-CY〗 *n.* 常態: a return to ~ 常態への復帰. ★ 主に米国で政治・経済状態について用いる.

nórmal dispérsion *n.* 〖物理〗正常分散, 常分散, 正分散《波の振動数の増加に伴って位相速度が単調に減少する分散》.

nórmal distribútion *n.* 〖統計〗正規分布(⇨ Gaussian distribution).

nórmal distribútion fùnction *n.* 〖統計〗正規分布関数《正規分布をなす確率変数の分布関数》.

nórmal divísor *n.* 〖数学〗=normal subgroup.

nórmal equátion *n.* 〖数学〗正規[標準]方程式.

nórmal equívalent dèviate *n.* 〖統計〗正規偏差値《正規分布関数 (normal distribution function) $F(x)$ に対し, $F(x)=x$ を満たす値》.

nórmal fáult *n.* 〖地質〗正断層《上盤が下盤に対して相対的にずり下がった断層; cf. reverse fault》.

nórmal fórm *n.* 〖論理〗標準形《論理式の特定な形の一種》: a conjunctive [disjunctive, prenex] ~ 連言[選言, 冠頭]標準形.

nor·mal·i·ty [nɔəmǽləṭi | nɔːmǽlətɪ, -lɪ-] 〖《*a*1849》← NORMAL＋-ITY: cf. F *normalité*〗 ― *n.* **1** 正規, 常態. **2** 〖化学〗規定度《溶質の溶液 1 リットル中のグラム当量数で表わした溶液の濃度》.

nor·mal·i·za·tion [nɔ̀əməlɪzéɪʃən, -lə- | nɔ̀ːməlaɪ-, -lɪ-] *n.* **1** 標準化. **2** 正常化: the ~ of Sino-Japanese relations 日中関係の正常化. **3** 〖冶金〗焼きならし.

nor·mal·ize [nɔ́əməlàɪz | nɔ́ː-] 〖《1865》← NORMAL＋-IZE〗 ― *vt.* **1 a** 標準的にする, 標準に一致させる, 常態にする. **b** 〈関係・国交などを〉正常化する: ~ relations with China 中国との国交を正常化する. **2** 〖冶金〗〈鋼などを〉焼きならしする《組織の均一化などのために, 加熱後大気中に放冷する》. **3 a** 〖数学・統計〗正規にする, 標準にする. **b** 〖電算機〗〈浮動小数点数の仮数部を〉正規化する《1.0 より小さく 0.1 以上の値となるようにする》. ― *vi.* 〈価格などが〉標準[正常]化する.

nór·mal·iz·er *n.* **1** 標準化するもの[人], 規格化するもの[人]. **2** 〖数学〗正規化群《群の部分集合 S に対し, $S=x^{-1}Sx$ となるような x のつくる部分群のこと》.

nór·mal·ly [-məli | -lɪ] *adv.* **1** 標準的に, 順当に; 正常に; 正規に (regularly). **2** 常態[普通]では.

nórmal magnificátion *n.* 〖光学〗基準倍率《顕微鏡・望遠鏡など光学機械の射出瞳の直径が瞳口径に等しい時の光学機械の倍率; 明るさの点で有利な倍率で, efficient magnification ともいう》.

nórmal móisture capàcity *n.* 〖土壌〗=field capacity.

nórmal orthógonal *adj.* 〖数学〗=orthonormal.

nórmal pítch *n.* 〖機械〗(インボリュート歯車の)法線ピッチ.

nórmal príce *n.* 〖経済〗正常価格《長期的に見た平均価格; normal value ともいう; cf. market price》.

nórmal prófit *n.* 〖経済〗正常利潤.

nórmal ránge *n.* 〖医学〗(検査成績などの)正常範囲, 正常域.

nórmal sáline solùtion *n.* 〖医学〗生理食塩液[水].

nórmal schòol 〖《なぞり》← F *école normale*〗 ― *n.* 〖教育〗師範学校《high school 卒業後 2 年課程の学校; 主にヨーロッパ大陸での呼称; 英国には昔からなく, 米国では 19 世紀半ばから 20 世紀にかけて存在し, 今は 4 年制で teachers college と改称; cf. COLLEGE of education》.

nórmal shóck *n.* 〖物理・航空〗垂直衝撃波《マッハ数 1 に近い超音速で飛ぶ物体の先端近くにできる進行方向に垂直の衝撃波; normal shock wave ともいう; cf. oblique shock》.

nórmal solútion *n.* 〖化学〗規定液《溶液の濃度を当量濃度で表わしたもの; 濃度記号に 'N' を用いる》.

nórmal spáce *n.* 〖数学〗正規空間《交わらない二つの閉集合が, 常にそれらを含む開集合で分離される位相空間 (topological space); cf. completely normal space》.

nórmal státe *n.* 〖物理〗=ground state.

nórmal súbgroup *n.* 〖数学〗正規部分群《群の部分群 H のうち, どのような x に対しても $H=x^{-1}Hx$ を満たすようなもの; normal divisor ともいう》.

nórmal tàx *n.* 標準課税.

nórmal válue *n.* 〖経済〗=normal price.

nórmal Zéeman effèct *n.* 〖物理・光学〗正常ゼーマン効果《磁場中においた物質の 1 本のスペクトル線が単純な 3 本のスペクトル線に分裂するなどの(軌道角運動量にかかわる)現象; cf. Zeeman effect》.

nor·man [nɔ́əmən | nɔ́ː-] 〖← ?: cf. Du. *noorman* / G *Normann*〗 ― *n.* 〖海事〗ノーマン: **a** ロープがはずれるのを防ぐために, ビットや支柱に差し込む棒. **b** 舵の脱落を防ぐために舵頭に差し込む栓.

Nor·man¹ [nɔ́əmən | nɔ́ː-] 〖《?*a*1200》⊏ OF *Normans, Normanz* Northmen (pl.) ← *Normant* (F *Normand*) ⊏ ON *Norðmaðr, -menn* (pl.) (cf. OE *Norþmann, -menn* (pl.)): ⇨ north, man¹: cf. Northman〗 ― *n.* **1** ノルマン民族の人, ノルマン人《もと Scandinavia に住み, 10 世紀初めに Normandy を征服してそこに定住した Norseman》. **2** ノルマンフランス人, ノルマン人《1066 年に英国を征服したノルマン人とフランス人の混合民族の人》. **3** Normandy 地方の原住民. **4** ノルマン語, ノルマンフランス語 (Norman French). ― *adj.* **1** ノルマンディー (Normandy) の; ノルマン民族の (cf. *n.* 1): ~ kings. **2** 〖建築〗ノルマン式建築の, ノルマン様式の (cf. Norman architecture).

Nor·man² [nɔ́əmən | nɔ́ː-] 〖OE *Norðman*《原義》'NORTHMAN'〗 ― *n.* 男性名. ★ 元来スコットランドで Gael. *Tormod* の代用として一般的に用いられ, 19 世紀よりイングランドでも一般化した.

Norman, Montagu Collet *n.* (1871–1950) 英国の財政家; イングランド銀行総裁 (1920–44); 称号 1st Baron Norman of St. Clere.

Nórman árchitecture *n.* 〖建築〗ノルマン式建築《1000 年頃に Normandy 地方を中心に多数建てられた後期ロマネスクの様式; 英国ではノルマン人の征服 (1066 年)以後伝わり 11 世紀末まで続いた; 半円アーチ・太い柱などを特徴とする》.

Nórman Cónquest *n.* [the ~] ノルマン(人のイングランド)征服《1066 年ノルマンディー公 William (the Conqueror) の率いるノルマン人の軍が上陸し, Hastings の戦いで Anglo-Saxons を打破ってイングランドを征服した; 単に the Conquest ともいう》.

Nor·man·dy [nɔ́əməndi | nɔ́ːməndɪ] *n.* ノルマンディー《イギリス海峡に面したフランス北西部の地方; 10 世紀初めに侵入してきたバイキングによって公国が成立. Norman Conquest 以後はイングランドの王室御料地となったが, 1450 年フランスに併合; 第二次大戦末期に連合国軍が対独反攻上陸作戦を行なった (1944)》.

Nórman Énglish *n.* ノルマン英語《Norman Conquest 後に Norman-French の影響を受けた英語》.

Nor·man·esque [nɔ̀əmənésk | nɔ̀ː-] 〖⇨ -esque〗 *adj.* 〖建築〗ノルマン式の (cf. Norman architecture).

Nórman-Frénch *n.* **1** ノルマンフランス語: **a** = Anglo-Norman 2. **b** =law French. **2** (現代の) Normandy 地方のフランス語方言.

Nór·man·ism [-nɪzṃ] *n.* **1** ノルマン風; ノルマン主義, ノルマン人びいき. **2** ノルマン的語法.

Nor·man·ize, n- [nɔ́əmənàɪz | nɔ́ː-] *vt.* 〈流儀・性格・文化・言語などを〉ノルマン風にする, ノルマン化する. ― *vi.* ノルマン風になる. **Nor·man·i·za·tion, n-** [nɔ̀əmənɪzéɪʃən, -nə- | nɔ̀ːmənaɪ-, -nɪ-] *n.*

Nórman-shíeld *n.* 〖紋章〗=heater-shield.

Nórman stýle *n.* 〖建築〗=Norman architecture.

nor·ma·tive [nɔ́əməṭɪv | nɔ́ːmət-] 〖⊏ F *normatif, -ive* ← *norme* norm ⊏ L *nōrma* carpenter's rule: ⇨ norma, -ative〗 ― *adj.* **1** 標準[規準]の, 標準[規準]を定める. **2** 〖文法〗慣用規範に関する, 規範に従う, 規範的な (prescriptive): ~ grammar 規範文法. **3** 〖哲学・倫理〗規範に関する, 規範的な: ~ ethics 規範(的)倫理学 / ~ science 規範(科)学 / ~ law 規範(的)法則. **4** 〖岩石〗ノルムの[に関する]. **~·ly** *adv.* **~·ness** *n.*

nórmative míneral *n.* 〖鉱物〗ノルム鉱物《岩石の化学組成より一定の方式に従って算出した仮想の鉱物; standard mineral ともいう》.

normed 〖← NORM＋-ED〗 *adj.* 〖数学〗ノルムの定義された《絶対値ないし長さに相当する概念の定義されたベクトル空間についていう》.

nórmed spáce *n.* 〖数学〗ノルム空間《各ベクトルにノルム (norm) が定義されているベクトル空間》.

nor·mo- [nɔ́əmoʊ | nɔ́ːmə(ʊ)] 〖← L *nōrma*〗「正常な (normal); 標準 (norm)」の意の連結形. ★ 母音の前では通例 norm- になる.

nor·mo·blast [nɔ́əməblæ̀st | nɔ́ː-] 〖⇨ ↑, -blast〗 *n.* 〖解剖〗正赤芽球《正赤血球の前段階の細胞》.

nor·mo·cyte [nɔ́əməsàɪt | nɔ́ː-] 〖← NORMO-＋-CYTE〗 *n.* 〖解剖〗正赤血球《普通の大きさ・構造の赤血球》.

nòrmo·ténsive 〖← NORMO-＋TENSIVE〗〖医学〗 *adj.* 正常血圧の, 正圧性の (cf. hypertensive, hypotensive). ― *n.* 正常血圧者.

nor·mo·ther·mi·a [nɔ̀əməθə́ːmiə | nɔ̀ːməθə́ːmɪə, -mjə] 〖← NL ~ ← NORMO-＋*thermia* (← Gk *thérmē* heat＋L *-ia*: ⇨ therm, -ia¹)〗 ― *n.* 〖医学〗正常体温, 平熱. **nor·mo·ther·mic** [nɔ̀əməθə́ːmɪk | nɔ̀ːməθə́ː-] *adj.*

Norn [nɔ́ən | nɔ́ːn] 〖《1770》⊏ ON *norn*《原義》the whisperer ← ? Gmc **snor-* ← IE **(s)ner-* to snarl, mutter: cf. sneer, snore〗 ― *n.* [通例 the (three) ~s] 〖北欧神話〗(三人の)ノルン《運命の女神; 宇宙樹 (Ygdrasil) の根元の泉のわきに住む; 過去を司る Urd, 現在を司る Verdandi, 未来を司る Skuld の三女神》.

nòr·nicotine 〖← NOR-＋NICOTINE〗 *n.* 〖化学〗ノルニコチン ($C_9H_{12}N_2$)《ケンタッキー種たばこの葉に含まれるニコチン近縁のアルカロイド; 殺虫剤に用いる》.

nor'-nor'-east [nɔ̀ənɔːríːst | nɔ̀ː-] 〖← NOR'-〗 *n., adj., adv.* 〖海事〗=north-northeast.

nor'-nor'-west [nɔ̀ənɔəwést | nɔ̀ːnɔː-] 〖← NOR'-〗 *n., adj., adv.* 〖海事〗=north-northwest.

Norodom Sihanouk *n.* ⇨ Sihanouk.

Nor·ris [nɔ́(ː)rɪs, nɑ́r-, -rəs | nɔ́rɪs] 〖ME *Norreis* ⊏ AF *nor(r)eis* northerner〗 *n.* 男性名.

Norris, (Benjamin) Frank(lin) *n.* (1870–1902) 米国の小説家; C. G. Norris の兄; *McTeague* (1899), *The Octopus* (1901).

Norris, Charles Gilman *n.* (1881–1945) 米国の小説家・編集者.

Norris, George William *n.* (1861–1944) 米国の上院議員 (1913–43); 憲法修正第 20 条(俗称 Lame Duck Act) の成立に貢献.

Norris, Kathleen *n.* (1880–1966) 米国の小説家; C. G. Norris の妻; 旧姓 Kathleen Thompson.

Nor·rish [nɔ́(ː)rɪʃ, nɑ́r- | nɔ́r-], **Ronald (George Wrey·ford** [réɪfəd | -fəd]**)** *n.* (1897–1978) 英国の化学者; Nobel 化学賞 (1967).

Norr·kö·ping [nɔ́ətʃəːpɪŋ | nɔ́ː-; *Swed.* nɔ́rtçøːpiŋ] *n.* ノルチェピング《スウェーデン南東部の港市; 人口 121,000》.

Norr·land [nɔ́ələnd | nɔ́ː-; *Swed.* nɔ́rland] *n.* ノルランド《スウェーデンの北部地方; 人口 1,185,000, 面積 243,262 km²》.

Nor·roy [nɔ́(ː)rɔɪ, nɑ́r- | nɔ́r-] 〖《1485》⊏ AF **norroi* ← *nor-* north＋*roy* king (⇨ royal)〗 *n.* 〖紋章〗⇨ NORROY and Ulster King of Arms, NORROY King of Arms.

Norroy and Ulster King of Arms [the ―] (英国の紋章院 (College of Arms) の)ノロイ アルスター紋章官《上級紋章官 (King of Arms) の職名の一つで, 1943 年以降 Trent 川以北のイングランドと北アイルランドを管轄する; 単に Norroy ともいう; cf. NORROY King of Arms, ULSTER King of Arms》.

Norroy King of Arms [the ―] (英国紋章官のもと) ノロイ紋章官《Trent 川以北のイングランドを管轄した上級紋章官; 単に Norroy ともいう; cf. NORROY and Ulster King of Arms》.

Norse [nɔ́əs | nɔ́ːs] 〖《1598》⊏ Du. 《古形》 *noorsch* Scandinavian, Norwegian (Du. *Noors* Norwegian)《変形》← *noordsch* (Du. *Noords*) northern ← *noord* 'NORTH': cf. Norw., Swed. & Dan. *Norsk* Norwegian, Norse〗 ― *adj.* **1** 古代スカンジナビア(人, 語)の: ~ mythology 北欧神話. **2** 西スカンジナビア (Norway, Iceland, the Faeroe Islands) (語)の; (特に)ノルウェー(人, 語)の (Norwegian). ― *n.* **1** [(the) ~; 複数扱い] 古代スカンジナビア人; 西スカンジナビア人; (特に)ノルウェー人 (Norwegians). **2** 古期スカンジナビア語, 西スカンジナビア語; (特に)ノルウェー語 (Norwegian): ⇨ Old Norse.

Norse·land [nɔ́əslənd | nɔ́ːs-] *n.* Norse 人の国《ノルウェー (Norway) の異称》.

Norse·man [nɔ́əsmən | nɔ́ːs-] *n.* (*pl.* **-men** [-mən, -mèn]) **1** 古代スカンジナビア人, 古代北欧人《特に, 8–11 世紀に英国やフランスの北辺を侵略した海賊; Northman ともいう》. **2** スカンジナビア人, 北欧人 (Scandinavian); (特に)ノルウェー人 (Norwegian).

Norsk [nɔ́əsk | nɔ́ːsk] 〖⊏ Norw., Swed. & Dan. ~〗 *adj., n.* =Norse.

north [nɔ́əθ | nɔ́ːθ] 〖adj., adv. OE *norþ* ← Gmc **narþ-* north (Du. *noord* / G *Nord* / ON *norðr*) ← IE **nr̥-t(r)o-* ← **ner-* on the left; below. ― n. 《*c*1200》 (adj.)〗 ― *n.* **1** [通例 the ~] 北, 北方, 北部 (略 N., N.); 北部地方: ⇨ magnetic north / The cardinal points are ~, south, east and west. 基本方位は北・南・東・西(東西南北)である《英語では「東西南北」は通例この順序でいう》/ in [on, to] *the* ~ of ...の北部に[北に接して, 北方に]. **2** [the N-] **a** =North Country. **b** 《米》北部諸州《南北戦争のとき北軍側についた Mason and Dixon's line と Ohio 以北の地方》; (南北戦争のときの)北軍. **c** 北部気質. **3** [the N-] 先進国 (cf. south 3). **4** [しばしば N-] 北半球, (特に)北極地方: the frozen ~ 北方の極寒地方. **5** 《詩》北風 (north wind). **6** [しばしば N-] 〖トランプ〗(ブリッジなどで)ノース, 北家《テーブルで北の席にすわる人》.

north by east 北微東 (略 NbE).

north by west 北微西 (略 NbW).

― *adj.* **1** 北の; [しばしば N-] (大陸・国などの)北部の, 北にある: the ~ latitude 北緯 / the ~ coast 北部海岸 / *North* Germany 北ドイツ / the *North* Atlantic 北大西洋. **2** 北に面した, 北向きの: ⇨ north light / a ~ window (画家などのアトリエに普通にある)北窓/

a house with a ～ aspect 北向きの家. **3** 〈風が〉北から吹く: a ～ wind 北風.
too far north 〚England 北部 の Yorkshire の住民は値切るとき抜け目がないと言われていることから〛《英俗》利口すぎる, 目から鼻に抜ける.
— *adv.* 北に[へ], 北方に[へ]; 北部に: sail [go, look] ～ / due ～ 真北に / up ～ 北(の方)へ[に] / ～ of ...の北方に / lie ～ and south 南北にわたって横たわる. ★ 風についていう時, 形容詞との連想からまれに「北から」を意味することがある: The wind is blowing ～. 風は北へ[《まれ》北から]吹いている.
— *vi.* 北へ向かう; 北方へ針路を取る. 「筆名.
North [nɔ́ːəθ | nɔ́ːθ], **Christopher** *n.* John Wilson の
North, Frederick *n.* (1732–92) 英国の政治家, 首相 (1770–82); George 三世の寵臣で, 首相在任中アメリカ植民地の独立を招いた; 称号 2nd Earl of Guilford [gɪ́lfəd | -fəd]; 通称 Lord North.
North, Sir **Thomas** *n.* (1535?–?1601) 英国の翻訳家; *Plutarch's Lives* を Amyot の仏訳から英訳した (1579).
Nórth África *n.* 北アフリカ《熱帯森林地帯の北の地域; モロッコ・アルジェリア・チュニジア・リビア・エジプトからなる》.
Nórth Áfrican *n.* 北アフリカ人. — *adj.* 北アフリカの; 北アフリカ人の.
North·al·ler·ton [nɔəθǽlətən, -tn | nɔːθǽlətən, -tn] *n.* イングランド北部の都市; North Yorkshire 州の首都.
Nórth América *n.* 北アメリカ(大陸), 北米《カナダからパナマまでの大陸地方および通例 Greenland, West Indies などの島も含む; 狭義ではカナダとアメリカ本土; 略 N.A.》.
Nórth Américan *n.* 北アメリカ人, 北米人.
— *adj.* 北米の; 北米人の: a ～ Indian.
North·amp·ton [nɔəθǽm(p)tən, nɔəθhǽm(p)- | nɔːθ-, (現地では) nəθǽm(p)-] 〚OE *Hāmtūn* 《原義》 home farm: 11 世紀半ばに *Southampton* と区別するために *North-* がつけられた: ⇨ north, home, -ton〛 — *n.* **1** イングランド中部の都市; Northamptonshire 州の首都; 人口 127,000. **2** ＝Northamptonshire. **3** 米国 Massachusetts 州中部の都市; 人口 30,000.
North·amp·ton·shire [nɔəθǽm(p)tənʃɪə, nɔəθhǽm(p)-, -ʃə | nɔːθǽm(p)tənʃə(r, nɔːθhǽm-, -ʃɪə(r, (現地では) nəθǽm(p)-] 〚⇨ -shire〛 — *n.* イングランド中部の内陸州; 製靴業・農牧業が盛ん; 人口 468,000, 面積 2,370 km², 首都 Northampton.
North·ants. [nɔəθǽnts | nɔː-] 《略》 Northamptonshire.
Nórth Atlántic Tréaty [Páct] *n.* [the ～] 北大西洋条約《西欧諸国集団防衛のため 1949 年 4 月, 米・英・カナダ・フランス・ベルギー・オランダ・ルクセンブルグ・ノルウェー・デンマーク・アイスランド・イタリアおよびポルトガルの 12 か国によって Washington, D.C. で結ばれた条約; 1952 年ギリシャ・トルコ, 1955 年西ドイツが加わった; Atlantic Pact ともいう》.
Nórth Atlántic Tréaty Organizátion *n.* [the ～] 北大西洋条約機構 (略 NATO).
Nórth Bórneo *n.* 北ボルネオ《Sabah の旧名》.
nórth·bòund *adj.* 北行きの, 北回りの; 〈貨物列車・船が〉北行きの便の: a ～ trip [train].
Nórth Brabánt *n.* ノルトブラバント(州)《オランダ南部の州; 人口 1,992,000, 面積 4,970 km², 首都 's Hertogenbosch; オランダ語名 Noordbrabant》.
Nórth Británin *n.* スコットランド(の別称) (略 N.B.). ★ ただしスコットランド人はこの名称は嫌う.
Nórth Bríton *n.* スコットランド人 (Scot).
Nórth Cameróons *n.* 北カメルーン《旧英領カメルーン北部; 1961 年以降 Nigeria の一部; ⇨ Cameroon》.
Nórth Canádian Ríver *n.* [the ～] 米国 New Mexico 州北東部の Rocky 山脈に源を発し, Oklahoma 州で Canadian 川に合流する川 (1,357 km).
Nórth Cápe *n.* **1** ノールカップ(岬), ノール岬《ノルウェー北岸沖 Mageröy 島の岬; この東部にヨーロッパ本土の最北端 Cape Nordkyn がある》. **2** ノース岬《ニュージーランド北島の北端》.
Nórth Carolína *n.* 米国南東部大西洋岸の州 (⇨ United States of America 表).
Nórth Carolínian *adj.* (米国) North Carolina 州(人)の. — *n.* North Carolina 州人.
Nórth Cascádes Nátional Párk *n.* ノースカスケード国立公園《米国 Washington 州北部にあり, 山岳・湖・氷河などで有名, 1968 年指定; 面積 2,044 km²》.
Nórth Cáucasus *n.* [the ～] 北カフカス《ソ連邦ロシヤ共和国南部, 黒海の東方の地域; 農牧業が行なわれる; 人口 14,285,000, 面積 293,200 km²》.
Nórth Chánnel *n.* [the ～] ノース海峡《スコットランドと北アイルランドとの間の海峡》.
North·cliffe [nɔ́əθklɪf | nɔ́ːθ-], 1st Viscount *n.* Alfred Charles William HARMSWORTH の称号.
Nórth Cóuntry, n- c- *n.* [the ～] **1 a** イングランド北部, 北イングランド《イングランドで Humber 川以北の地方》. **b** Britain 島北部. **2** 米国 Alaska 州とカナダの Yukon 地方を含む地域.
Nórth-Cóuntryman, North-c- *n.* (*pl.* **-men**) 《英》北イングランドの人.
Nórth Dakóta *n.* 米国北中部の州 (⇨ United States of America 表).
Nórth Dakótan *adj.* (米国) North Dakota 州(人)の.
— *n.* North Dakota 州人.

Nórth Dówns *n. pl.* [the ～] ⇨ Downs.
north·east [nɔ̀əθíːst, (海) nɔ̀ːríːst | nɔ̀ːθ-, (海) nɔ̀ːríːst] 〚OE *norðēast*〛 — *n.* **1** [通例 the ～] 北東 (略 NE); 北東部[地方]. **2** [the N-] 《米》米国北東部, (特に) New England 地方. **3** 《詩》北東風.
northeast by east 北東微東 (略 NEbE).
northeast by north 北東微北 (略 NEbN).
— *adj.* **1** 北東(方)の, 北東にある. **2** 北東に面した[に向かう], 北東向きの. **3** 〈風が〉北東から吹く: a ～ *adv.* 北東(方)へ[に] (⇨ north ★). ⌊～ wind.
north·east·er [nɔ̀əθíːstə, (海) nɔːríːstə | nɔːθíːstə(r, (海) nɔːríːstə(r] 〚⇨ ↑, -er¹〛 *n.* 北東の強風.
nòrth·éast·er·ly *adj.* 北東の; 〈風が〉北東から吹く.
— *adv.* 北東へ[から]. — *n.* 北東風.
north·east·ern [nɔ̀əθíːstən, (海) nɔːríːstən | nɔːθíːstən, (海) nɔːríːstən] 〚← NORTH＋EASTERN〛 — *adj.* **1** 北東の, 北東にある[に面した], 北東への[に向かう]; 〈風が〉北東から吹く. **2** [N-] 《米》米国北東部の, 北東部特有の; (特に)ニューイングランド地方(特有)の.
North·east·ern·er [nɔ̀əθíːstənə, -tə- | nɔːθíːstənə(r] *n.* **1** 北東部出身者. **2** 《米》米国北東部の住民.
Nórtheast Pássage *n.* [the ～] 北東航路《北大西洋からユーラシア大陸の北岸に沿って太平洋に出る航路で, 一時は東洋への新航路と考えられた; cf. Nordenskjöld, Northwest Passage》.
north·east·ward [nɔ̀əθíːstwəd, (海) nɔːríːstwəd | nɔːθíːstwəd, (海) nɔːríːstwəd] *adv.* 北東(方)へ[に].
— *adj.* 北東にある, 北東に向いた, 北東側の. — *n.* [通例 the ～] 北東(方) (northeast).
nòrth·éast·ward·ly *adv., adj.* ＝northeasterly.
nòrth·éast·wards [-wədz | -wədz] 〚⇨ -wards〛 *adv.* ＝northeastward.
north·er [nɔ́əðə | nɔ́ːðə(r] 〚← NORTH＋-ER¹〛 — *n.* **1** (強い)北風. **2** 《米》ノーザー《冬期に米国 Texas 州南西部平原またはメキシコ湾一帯に吹く寒冷北風; cf. blue norther》.
nórth·er·ly 〚(1551) ← ?(廃) *norther* (＜ OE *norþerra* (compar.) ← *norþ* 'NORTH' (adv.))＋-LY[1,2]〛 — *adj.* **1** 北寄りの, 北方[側]の, 北向きの: a ～ course. **2** 〈風が〉北から吹く: a ～ wind 北風. — *adv.* **1** 北方に[へ], 北側へ, 北寄りに. **2** 〈風が〉北から吹く: The wind blows ～. — *n.* 北風. **nórth·er·li·ness** *n.*
north·ern [nɔ́əðən | nɔ́ːðən] 〚OE *norþern(e)*: ⇨ north, -ern〛 — *adj.* **1** 北の, 北にある; 北寄りの. **2** [しばしば N-] 北部地方の, 北部出[産]の; 北部[国]独特の: ～ people [habits] 北国の人々[風習]. **3** 〈風が〉北から吹く (northerly): a ～ wind. **4** [N-] 《米》北部諸州(から)の: the *Northern* States (米国)北部諸州. **5** 〚天文〛天球赤道[黄道帯]より北方にある, 北天の: a ～ constellation 北天の星座. **6** [N-] 北部方言[語]の. — *n.* [N-] 《米》 **1** 北部語《New England, New York 州, New Jersey 州北部, Ohio, Indiana, Illinois, Iowa, South Dakota 各州北部および Michigan, Wisconsin, Minnesota, North Dakota の各州で用いられる; Northern dialect ともいう; cf. southern 1》. **2** 《方言》＝Northerner.
Nórthern Cóalsack *n.* [the ～] 〚天文〛北の石炭袋《白鳥座にある暗黒星雲》.
Nórthern Cróss *n.* [the ～] 〚天文〛きたじゅうじ(北十字)座《はくちょう座 (Cygnus) の六つの星が形作る; cf. Southern Cross》.
Nórthern Crówn *n.* [the ～] 〚天文〛きたのかんむり(北の冠)座 (⇨ Corona Borealis).
Nórthern díalect *n.* ＝northern *n.* 1.
Nórthern Dviná *n.* [the ～] 北ドビナ(川)《ソ連邦ロシヤ共和国北西部を北に流れて, 白海の Dvina 湾に注ぐ川 (744 km)》.
North·ern·er, n- [nɔ́əðənə, -ðə- | nɔ́ːðənə(r] 〚(1831) ← NORTHERN＋-ER¹〛 *n.* 北部[国]人; (特に米国の)北部諸州の人, 北部人. 「球.
Nórthern Hémisphere, n- h- *n.* [the ～] 北半
Nórthern Íreland *n.* 北アイルランド《アイルランド北東部, Ulster 地方北部の 6 州 (Armagh, Down, Londonderry, Antrim, Tyrone, Fermanagh) から成り, 連合王国の一部; 独自の議会と自治政府を持っていたが, 1972 年より直接統治になった; 人口 1,547,000, 面積 14,121 km², 首都 Belfast; ⇨ United Kingdom》.
north·ern·ize [nɔ́əðənàɪz | nɔ́ːðə-] *vt.* 《米》北部的にする.
nórthern kíngfish *n.* 〚魚類〛米国大西洋岸産のニベ科の魚 (*Menticirrhus saxatilis*). 「borealis).
nórthern líghts *n. pl.* [the ～] 北極光 (⇨ aurora
nór·thern·ly *adj.* 《まれ》＝northerly.
northern·mòst [-mòust | -màust, -məst] 〚(1719)〛 *adj.* 最も北の, 最北端の.
Nórthern Paiúte *n.* **1 a** [the ～(s)] ノーザンパイウート族《米国の California, Nevada, Oregon 州に住む Uto-Aztec 系の北米インディアンの一部族; cf. Paiute 1 a》. **b** ノーザンパイウート族の人. **2** ノーザンパイウート語《ショーショーニ語群に属する》.
nórthern phálarope *n.* 〚鳥類〛アカエリヒレアシシギ (*Phalaropus lobatus*)《北極圏で繁殖し, その期間以外はほとんど海上生活をするシギ類の一種》.
nórthern píke *n.* 〚魚類〛カワカマス (⇨ pike⁴ 1).
nórthern réd cúrrant *n.* 〚植物〛アカフサスグリ (*Ribes rubrum*)《ヨーロッパからアジア北東部原産ユキノシタ科スグリ属の落葉低木; 赤い実は食用》.
Nórthern Rhodésia *n.* 北ローデシア (⇨Zambia).

Nórthern Spórades *n. pl.* [the ～] 北スポラデス諸島 (⇨ Sporades 2).
Nórthern Spý *n.* 〚園芸〛君が袖《米国のリンゴの品種名; 赤い縞がある》. 「Star.
Nórthern Stár 〚(1600)〛 *n.* [the ～] 〚天文〛＝North
Nórthern Térritory *n.* [the ～] オーストラリア中央北部の准州, 連邦政府の治める亜熱帯地方; 砂漠と大草原が多い; 略 N.T., NT; 人口 96,000, 面積 1,347,-519 km², 首都 Darwin.
nórthern whíte cédar *n.* 〚植物〛ニオイヒバ (*Thuja occidentalis*)《北米東部産ヒノキ科の高木》.
Nórth Frígid Zòne *n.* [the ～] 北方寒帯《北極圏と北極との間の地域; ⇨ zone 挿絵》.
Nórth Germánic *n.* 北ゲルマン語群《ゲルマン語族の一区分で, Icelandic, Faeroese, Norwegian, Swedish, Danish を含む》.
Nórth Hólland *n.* 北オランダ(州), ノルトホラント(州)《オランダ西部の州; 人口 2,300,000, 面積 2,912 km², 首都 Haarlem; オランダ語名 Noordholland》.
north·ing [nɔ́əθɪŋ, -ðɪŋ | nɔ́ːθɪŋ] 〚(1669) ← NORTH＋-ING¹〛 — *n.* **1** 〚測量・海事〛北航行程; 北距《ある地点とその後北寄りに進んで達した地点との緯度差; マイルで示す》: The ship made two miles' [very little] ～. (航海中に)船は 2 マイル北に寄った《北距 2 マイル》[ほとんど北に寄らなかった《北距 0 マイル程度》]. **2** 〚海事〛北航, 北進. **3** 〚天文〛北偏, 北方偏向 (north declination)《惑星が北天にある時, 赤道から北へ測った角》.
Nórth Ísland *n.* (ニュージーランドの 2 主島中の)北島《南端に首都 Wellington がある; 人口 2,052,000, 面積 114,729 km²; cf. South Island》.
Nórth Koréa *n.* 北朝鮮《朝鮮半島の 38 度線以北を占める人民共和国; 人口 16,650,000, 面積 120,538 km², 首都 Pyongyang; 公式名 the Democratic People's Republic of Korea 朝鮮民主主義人民共和国; cf. South Korea》.
north·land, N- [nɔ́əθlæ̀nd, -lənd | nɔ́ːθlənd] 〚OE *norðland*〛 — *n.* **1** 《詩》北の国; (世界の)北部地帯, (一国の)北部地方. **2** [N-] スカンジナビア半島《ノルウェーとスウェーデンを含む》. **～·er** *n.*
Northld 《略》Northumberland.
nórth líght *n.* **1** 北光線《北半球で画家のアトリエなどで, 一日中変化が少ないので喜ばれる北からの光線》. **2** 北窓《北光線のはいるように造った窓・明かりとり》. 「都市; 人口 61,000.
Nórth Líttle Ròck *n.* 米国 Arkansas 州中央部の
North·man [nɔ́əθmən | nɔ́ːθ-] 〚OE *Norðman*: ⇨ north, man¹: cf. Norman¹〛 — *n.* (*pl.* **-men** [-mən, -mèn]) **1** ＝Norseman 1. **2** [しばしば n-] 北方[北部]に住む人.
nórth·mòst [-mòust | -màust, -məst] 〚(1564): cf. OE *norðmest*〛 *adj.* ＝nothernmost.
nórth-northéast *n.* [通例 the ～] 北北東 (略 NNE).
— *adj.* **1** 北北東の, 北北東にある[に面した, 向きの]. **2** 〈風が〉北北東から吹く. — *adv.* 北北東(方)へ[に] (⇨ north ★).
nórth-northéastward *adv.* 北北東へ[に]. — *adj.* 北北東にある[向いた]. — *n.* [通例 the ～] 北北東(方).
nórth-northwést *n.* [通例 the ～] 北北西 (略 NNW).
— *adj.* **1** 北北西の, 北北西にある[に面した, 向きの]. **2** 〈風が〉北北西から吹く: I am but mad ～. わしは風が北北西の時だけ(断続的に)狂っているのだ (Shak., *Hamlet* 2. 2. 396). — *adv.* 北北西(方)へ[に] (⇨ north ★).
nórth-northwéstward *adv.* 北北西へ[に]. — *adj.* 北北西にある[向いた]. — *n.* [通例 the ～] 北北西(方).
Nórth Ossétia *n.* 北オセチヤ《ソ連邦ロシヤ共和国南西部, カフカス山脈の北斜面の自治共和国; 人口 603,000, 面積 8,000 km², 首都 Ordzhonikidze; 公式名 the North Ossetian Autonomous Soviet Socialist Republic 北オセチヤ自治ソビエト社会主義共和国》.
Nórth Pacífic cúrrent *n.* [the ～] 北太平洋海流《黒潮の末流で東へ流れる暖流》.
nórth·pàw 〚⇨ southpaw〛 *n.* 《米俗》 **1** 〚野球〛右ききの投手. **2** 右ききの人. ★ southpaw ほどよくは用いられない.
Nórth Plátte *n.* [the ～] 米国 Colorado 州北部に発して北流し Wyoming 州に入り, 東流して Nebraska 州で Platte 川に合する川 (1,094 km).
nórth pólar *adj.* 北極の (Arctic): the ～ regions / a ～ expedition.
nórth póle *n.* **1** [the N- P-] (地球の)北極(点). **2** [the ～] 〚天文〛(天の)北極《地球自転軸の北端の延長が天球と交わる点》. **3** [the ～] (磁石の)北極, N 極.
Nórth Rhíne-Westphália *n.* ノルトラインウェストファーレン(州)《西ドイツ中西部の州; 面積 34,040 km², 人口 16,914,000, 首都 Düsseldorf; ドイツ語名 Nordrhein-Westfalen》.
Nórth Ríding 〚⇨ riding²〛 ⇨ North Yorkshire.
Nórth Ríver, N- r- *n.* [the ～] ノース川《米国 New York 市から New Jersey 州に至る Spuyten Duyvil Creek の接合点より下流の Hudson 川》. 「道.
Nórth Róad *n.* [the ～] London から北部に通じる街
Nor·throp [nɔ́əθrəp | nɔ́ː-], **John Howard** *n.* (1891–　) 米国の生化学者; Nobel 化学賞 (1946).
Nórth Saskátchewan *n.* [the ～] ⇨ Saskatchewan.
Nórth Séa 〚ME *North-se(a)*: cf. OE *norþ sǣ* the

Bristol Channel〗 **—** *n.* [the ~] 北海《Great Britain とヨーロッパ本土との間にある大西洋の入江, English Channel から Orkney Islands に至る; 570,000 km², 最深部 609 m; 旧名 German Ocean》.

nórth síde 〚ME *norðside*〛 *n.* [the ~] (教会堂の)北側 (gospel side)《祭壇に向かって左側》.

Nórth-Sóuth *adj.* 南北の; 先進国と発展途上国の (cf. south *n.* 3): ~ problems 南北問題.

Nórth Stár 〚ME *north sterre*〛 *n.* [the ~]〘天文〙北極星 (⇨ Polaris).

Nórth Stár Státe *n.* [the ~] 米国 Minnesota 州の「俗称.

Nórth Témperate Zòne *n.* [the ~] 北温帯《北回帰線と北極圏との間の地帯; ⇨ zone 挿絵》.

Northumb. 《略》 Northumberland.

North·um·ber·land [nɔəθʌ́mbələnd | nɔːθʌ́mbə-, nə-] 〚OE *Norþymbralond*《原義》land of the Northumbrians: ⇨ Northumbria, land¹〛 **—** *n.* イングランド最北部の州; 1974 年に南部 (Newcastle を含む)は Tyne and Wear 州の一部となる; 人口 291,000, 面積 5,229 km², 首都 Morpeth.

Northúmberland Nátional Párk *n.* ノーサンバランド国立公園《英国 Northumberland 州の Hadrian's Wall から Cheviot Hills に至る丘陵地帯; 歴史上の遺跡に富む. 1956 年指定; 面積 1,030km²》.

North·um·bri·a [nɔəθʌ́mbriə | nɔːθʌ́mbriə] 〚OE *Norþhymbre* ← *norþ*- 'NORTH' + *Humbre* 'the river HUMBER': ⇨ -ia¹〛 **—** *n.* ノーサンブリア王国《6 世紀頃アングル人が建てた古王国; Humber 川から Firth of Forth に及んだ; cf. heptarchy 2 b》.

North·um·bri·an [nɔəθʌ́mbriən | nɔːθʌ́mbriən] 〚《1612》: ⇨ ↑, -ian〛 **—** *adj.* **1 a** (昔の)ノーサンブリア王国の. **b** ノーサンブリア人の. **c** ノーサンブリア方言の. **2 a** Northumberland 州の. **b** Northumberland 州人の. **c** ノーサンバランド方言の.
— *n.* **1 a** ノーサンブリア人. **b** (古英語の)ノーサンブリア方言. **2 a** ノーサンバランド人. **b** (現代英語の)ノーサンバランド方言.

Northúmbrian búrr *n.* イングランド Northumberland 州地方の *r* の発音 [ʀ] (cf. burr¹ 7 a).

Nórth Vietnám *n.* 北ベトナム (⇨ Vietnam).

north·ward [nɔ́əθwəd | nɔ́ːθwəd] 〚《a1121–60》: ⇨ -ward〛 **—** *adv.* 北方へ[に], 北方に向かって. **—** *adj.* 北方への; 北向きの. **—** *n.* [通例 the ~] 北方, 北部: to *the* ~.

nórth·ward·ly *adj.* **1** 北向きの. **2** 〈風が〉北から吹く. **—** *adv.* 北向きに, 北方へ; 北方から.

nórth·wards [-wədz | -wədz] 〚OE *norþweardes*: ⇨ -wards〛 *adv.* =northward.

north·west [nɔ̀əθwést, (海) nɔəwést | nɔ̀ːθ-, (海) nɔː-] 〚OE *norðwest*〛 **—** *n.* **1** [通例 the ~] 北西, 西北 (略 NW; ⇨ compass card); 北西部[地方]. **2** [the N-] **a** 《米》米国の北西部《特に Washington, Oregon, Idaho の諸州》. **b** =Northwest Territory. **c** =Northwest Territories. **3** 《詩》北西風.
northwest by north 北西微北 (略 NWbN).
northwest by west 北西微西 (略 NWbW).
— *adj.* **1** 北西(方)の, 北西にある. **2** 北西に面した[に向かう], 北西向きの. **3** 〈風が〉北西から吹く: a ~ 「wind.
— *adv.* 北西(方)へ[に] (⇨ north ★).

north·west·er [nɔ̀əθwéstə, (海) nɔəwéstə | nɔ̀ːθwéstə(r, (海) nɔːwéstə(r] *n.* 北西の強風.

nòrth·wést·er·ly 〚← NORTHWEST + (WEST)ERLY〛 *adj.* 北西方の; 〈風が〉北西から吹く. **—** *adv.* 北西へ[から]. **—** *n.* 北西風.

north·west·ern [nɔ̀əθwéstən, (海) nɔəwéstən | nɔ̀ːθwéstən, (海) nɔːwéstən] 〚《1612》〛 **—** *adj.* **1** 北西の, 北西にある[に面した]; 北西への[に向かう]. **2** 〈風が〉北西から吹く. **3** [N-] 《米》米国北西部の, 北西部特有の.

North·west·er·ner [nɔ̀əθwéstənə, -tə- | nɔ̀ːθwéstənə(r] *n.* **1** 北西部出身者. **2** 《米》米国北西部の住民.

Nórth-West Frontíer Pròvince *n.* [the ~] インドと国境を接するパキスタン北西部の州; 人口 10,909,000, 面積 101,742 km²; 首都 Peshawar.

Nórthwest Móunted Políce *n.* [the ~] (カナダの)騎馬警察隊《1873 年創設; 1904 年 the Royal Northwest Mounted Police と命名; 1920 年再編成して the Royal Canadian Mounted Police と改称》.

Nórthwest Órdinance *n.* [the ~] (米国の)北西部条令《北西部の公有地条令で, 1784 年, 1785 年, 1787 年のものの中, 特に 1787 年のものを指す》.

Northwést Pássage *n.* [the ~] 北西航路《北大西洋から北アメリカ大陸の北岸に沿って太平洋に出る航路; cf. Amundsen, Northeast Passage》.

Nórthwest Térritories *n. pl.* [the ~; 単数扱い] カナダ北部 Yukon Territory から東方へ Davis Strait まで及ぶ地帯; Mackenzie, Keewatin, Franklin の三地区に分かれている; 人口 35,000, 面積 3,379,700 km², 首都 Yellowknife [yéləunàɪf, -lo(ʊ)- | -lə(ʊ)-]; 略 N.W.T.

Nórthwest Térritory *n.* [the ~] 米国 Ohio 川以北の地方; Ohio, Indiana, Illinois, Michigan, Wisconsin, および Minnesota の一部を含む; もとカナダ領で独立戦争後の 1783 年英国から譲渡され 1787 年議会により制定された.

north·west·ward [nɔ̀əθwéstwəd, (海) nɔəwést- | nɔ̀ːθwéstwəd, (海) nɔːwést-] 〚《1387》〛 **—** *adv.* 北西(方)へ[に]. **—** *adj.* 北西にある, 北西に向いた, 北西側の. **—** *n.* [通例 the ~] 北西(方) (northwest).

nòrth·wést·ward·ly *adv.*, *adj.* =northwesterly.

nòrth·wést·wards [-wədz | -wədz] 〚⇨ -wards〛 *adv.* =northwestward.

Nórth Yórk Móors Nátional Párk *n.* ノースヨークムアズ国立公園《イングランドの North Yorkshire 州と Cleveland にまたがる荒野の台地および海岸. 1952 年指定; 面積 1,430 km²》.

Nórth Yórkshire *n.* イングランド北東部の州; 1974 年に新設; 大部分はもとの Yorkshire 州 North Riding に相当; 人口 654,000, 面積 8,321 km², 首都 York.

Nor·ton [nɔ́ətn̩ | nɔ́ː-] 〚ME *Nordtone*《原義》north village or farm: ⇨ north, town〛 *n.* 男性名.

Norton, Charles Eliot *n.* (1827–1908) 米国の教育家・著述家.

Norton, Thomas *n.* (1532–84) 英国の劇詩人・弁護士; *Gorboduc* (1562) (T. Sackville との合作).

nor·trip·ty·line [nɔətríptəlìːn | nɔːtrípti-] 〚← NOR(MAL) + *tript*- (⇨ tryptophan) + -YL + -INE³〛 *n.* 〘薬学〙ノルトリプチリン ($C_{19}H_{21}N$)《三環素鬱病薬》.

nòr·váline 〚← NOR- + VALINE〛 *n.* 〘生化学〙ノルバリン, α-アミノバレリン酸 ($H_3C(CH_2)_2CH(NH_2)$-COOH)《バリンの異性体》.

Norvic. 《略》*ML.* Norvicēnsis (=of Norwich)《Bishop of Norwich が署名に用いる; ⇨ Cantuar. 2》.

Norw. 《略》Norway; Norwegian. 「ward.

nor·ward [nɔ́əwəd | nɔ́ːwəd] *adv.*, *adj.*, *n.* =north-

nór·wards [-wədz | -wədz] *adv.* =norward.

Nor·way [nɔ́əweɪ | nɔ́ː-] 〚OE *Norweġ* ▭ ON *Norveg-r* ← *norðr* 'NORTH' + *vegr* 'WAY¹, region'〛 **—** *n.* ノルウェー《ヨーロッパ北部, スカンジナビア半島西部の王国; 人口 4,040,000, 面積 324,220 km², 首都 Oslo; 公式名 the Kingdom of Norway ノルウェー王国; ノルウェー語名 Norge》.

Nórway lóbster *n.* 〘動物〙=Dublin Bay prawn.

Nórway máple *n.* 〘植物〙ノルウェーカエデ (*Acer platanoides*)《ヨーロッパ産カエデ科の高木; 米国などでしばしば庭園樹として栽培される》.

Nórway píne *n.* 〘植物〙北米東部産のマツ (*Pinus resinosa*); その材.

Nórway rát *n.* 〘動物〙=brown rat.

Nórway sáltpeter *n.* 〘化学〙ノルウェー硝石《主成分を硝酸カルシウムとする窒素肥料の商品名; ノルウェーで生産された》.

Nórway sprúce *n.* 〘植物〙ドイツトウヒ, ヨーロッパトウヒ (*Picea excelsa*)《しばしば庭園樹として栽培される針葉樹》.

Nor·we·gian [nɔəwíːdʒən | nɔː-] 〚《1605》← ML *Norvegia* 'NORWAY' + -AN¹〛 **—** *adj.* **1 a** ノルウェーの; ノルウェー人の. **b** ノルウェー産[式]の, ノルウェー特有の: ~ steam 《俗》〘海事〙人力, 筋肉の力. **2** ノルウェー語の. **—** *n.* **1** ノルウェー人. **2** ノルウェー語《ゲルマン語派の北ゲルマン語群に属し, 中世末以来公用語であったデンマーク語から派生したもの (Dano-Norwegian または 'Book Language' (⇨ Bokmål) と呼ばれるノルウェー標準語) と西部のより保守的な方言から 1850 年ごろ造られたもの ('New Norwegian' (⇨ Nynorsk) と呼ばれる)の二つに分かれる; 略 Norw.; cf. Old Norwegian》.

Norwégian élkhound, N- E- *n.* ノルウェージャンエルクハウンド《ノルウェー原産の大鹿狩や熊狩用の犬種のイヌ》.

Norwégian Séa *n.* [the ~] ノルウェー海《大西洋のアイスランドとノルウェー間の部分》.

nor'wes·ter [nɔəwéstə | nɔːwéstə(r] 〚《短縮》: ⇨ nor'-〛 **—** *n.* **1** =northwester. **2** 〘海事〙**a** グロッグ酒, 火酒. **b** 暴風雨帽《つばの広い防水帽; sou'wester ともいう》.

Nor·wich 〚OE *Norðwic*《原義》north town: ⇨ north, -wick¹〛 **—** *n.* **1** [nárɪdʒ, nɔ́(ː)r-, -rɪtʃ | nɔ́r-] イングランド東部, Norfolk 州の首都; 有名な大聖堂がある; 人口 120,000. **2** [nɔ́əwɪtʃ, nɔ́(ː)rɪtʃ, nár- | nɔ́ːwɪtʃ, nɔ́rɪtʃ] 米国 Connecticut 州南東部の都市; 人口 42,000.

Nórwich térrier *n.* ノリッジテリア《肢(あし)の短く背の低い小型の犬種のイヌ》.

Nos., N^os^, nos, nos. [nʌ́mbəz | -bəz] 《略》numbers (cf. No., N^O^, no.; number *n.* 2 b).

n.o.s. 《略》not otherwise specified.

nos- [nɑs | nɔs] (母音の前に来る時の) noso- の異形.

nose [nóuz | náuz] 〚*n.*: OE *nosu* < Gmc **nasō* (Du *neus* / G *Nase*) ← IE **nas-* nose (L *nāsus* nose, *nārēs* nostrils / Skt *nāsā*). — v.: 《1577》← (n.): cf. naze, ness, nostril, nozzle〛 **—** *n.* **1 a** 鼻(部); (動物の)鼻口部, 鼻面 (muzzle): the bridge of the ~ 鼻柱, 鼻筋 / an aquiline [a hooked, a Roman] ~ かぎ鼻, わし鼻 / blow one's ~ 鼻をかむ《往々涙を隠すために》/ hold one's ~ (臭いので)鼻をつまむ / bleed at the ~ 鼻血が出る / a cold in the ~ 鼻かぜ / (as) plain as the ~ on one's face 全く明白で / The aroma of coffee greeted his ~. コーヒーの芳香が鼻にぷーんと来た / ⇨ parson's [pope's] nose. ★ ラテン・ギリシャ語系形容詞: nasal, rhinal. **b** (好奇心・おせっかいの象徴としての)鼻: poke [put, shove, stick, thrust] one's ~ into ...に干渉する / keep one's ~ out of ...に干渉しない, いらぬ口出しをしない. **2** [a ~] **a** 嗅(きゅう)覚 (sense of smell): a dog with *a* good [poor] ~ 鼻がきく[きかない]犬. **b** 直覚的識別力, 直観力, (物事をかぎつける)鼻, 勘(flair): *a* ~ *for* news, a mystery, scandal, etc. / have *a* good ~ 〈刑事などが〉鼻がきく / He has *a* good ~ *for* discovering first editions. 初版本を掘り出すいい勘を持っている / You must have *a* keen ~ to detect it. それをかぎ出すとは君の勘は大したものだ. **3 a** (干し草などの)におい (smell), (茶・たばこなどの)香り (aroma): the ~ of hay, tea, etc. **b** (ぶどう酒などの)芳香 (bouquet). **4 a** (鼻を思わせる)突出部, 突端, 先端 (edge). **b** (管・筒などの)先, (ふいご・ランビキ・レトルトなどの)口 (nozzle). **c** 《英》(ゴルフクラブの)ヘッドの先端 (toe). **d** (飛行機の)機首; 船首 (prow); 自動車[水雷(など)]の先端. **5** 〘競馬〙(馬の)鼻(の差): ⇨ *by a* NOSE. **6** 《俗》(警察の)いぬ, 手先.
at one's (very) nose 《口語》すぐ鼻先で. ***before a person's nose*** 人の面前で, 真正面に. ***bite a person's nose off*** =*bite a person's* HEAD *off*. ***by a nose*** (1) 〘競馬〙鼻の差で: win *by a* ~. (2) 《俗》かろうじて, すれすれで《合格するなど》. ***count noses*** 〚もと馬を数えるときの言い方から〛《口語》(1) (賛成者・出席者などの)人数を数える. (2) (問題を)単に数で決める. ***cut off*** *one's* ***nose to spite*** *one's* ***face*** 腹立ちまぎれに(意地悪をしたりして)自分の損になることをする (cf.「短気は損気」). ***follow*** *one's* ***nose*** (1) (鼻の向いた方に)まっすぐに行く. (2) 本能のままに進む, 前後の見境もなく行動する. ***keep*** *one's* ***nose clean*** 悪い事をしないでいる; 面倒沙汰に巻込まれないようにする. ***keep [have, hold]*** *a person's* ***nose to the grindstone*** 人を休む暇もなく働かせる[こき使う], ぎゅうぎゅう言うほど勉強させる: We have to *keep our* ~*s to the grindstone*. (いやでも)せっせと働かなければならない, こつこつ勉強しなければならない. ***lead*** *a person* ***by the nose*** 《口語》〈人を〉思うままにする[あやつる], 牛耳る, 自由に引き回す (cf. Shak., *Othello* 1. 3. 407). ***look down*** *one's* ***nose (at)*** 《口語》(...を)軽蔑の[非難の, 不遜な]目でじろりと見る. ***make a long nose at*** (1) ...に向かって親指を鼻先に当て他の 4 本の指を広げて見せる (cf. snook³). (2) 《口語》...をばかに(した振舞いを)する. ***make*** *a person's* ***nose swell*** 人をうらやましがらせる. ***nose down*** 〈航空機が〉機首を下げて. ***nose in (the) air*** =*with one's* NOSE *in the air*. ***a nose of wax*** 《古》(1) 他人の言いなりになる人. (2) どうにでもなる[形の変る]物. ***nose to nose*** 向かい合って, 顔と顔をくっつけて (cf. FACE *to face*, TOE *to toe*). ***nose up*** 〈航空機が〉機首を上げて. ***on the nose*** (1) 《米口語》正確に, 的確に, ぴったり (exactly); (時間)きっかりに: hit *on the* ~ ...にうまく命中[的中]する[させる]. (2) 〘競馬・ドッグレース〙一着になる[優勝する]ものとして: play a horse *on the* ~ ある馬の一着に賭ける. ***pay through the nose*** 《口語》法外な代価を払う[取られる], ぼられる〔*for*〕. ***put*** *a person's* ***nose out of joint*** 《口語》(人の計画などをつぶしたり, 地位や愛情を横取りしたりして)人の鼻を明かす, 人を失望[あわて]させる, 人の気を悪くする. ***put*** *a person's* ***nose to the grindstone*** =*keep a person's* NOSE *to the grindstone*. ***rub*** *a person's* ***nose in it [the dirt]*** 《口語》人の失敗などを遠慮なく注意[指摘]する: He was late again for the meeting, so I *rubbed his* ~ *in it*. また会に遅刻したので私はひどく言ってやった. ***see beyond (the end [length] of)*** *one's* ***nose*** [否定文・条件文・疑問文に用いて] 先見の明[洞察力]がある. ***see no further than*** *one's* ***nose*** (1) ひどい近眼である. (2) 先見の明がない, 洞察力がない. ***show*** *one's* ***nose*** ⇨ show 成句. ***snap*** *a person's* ***nose off*** =*bite a person's* HEAD *off*. ***tell noses*** =*count* NOSES. ***through the nose*** 鼻声で: speak [pronounce] *through the* ~. ***thumb*** *one's* ***nose at*** =*make a long* NOSE *at* (cf. nose-thumbing). ***turn up*** *one's* ***nose at*** 《口語》...を軽蔑する, 鼻先であしらう. ***under*** *a person's* ***(very) nose*** 《口語》人のすぐ目の前[面前]で, 鼻っ先に[で]: She found her spectacles *under her very* ~. 彼女は(捜していた)眼鏡をすぐ目の前に見つけた / The man snatched the article right *from under our* ~*s*. その男は私たちの見ている目の前でその品をかっぱらった. ***with*** *one's* ***nose in the air*** 傲慢な態度で, 偉そうに (cf. *turn up one's* NOSE *at*).
— *vt.* **1** かぐ, かぎつける, かぎ出す, 鼻先でにおって]知る (smell); 捜し出す, 看破する (detect) 〈*out*〉: He will ~ *out* a scandal anywhere. 彼はどこからでも醜聞をかぎつける / ~ a job in everything 何でも物にしようとする《自分の利益になることをかぎ出す》. **2** ...に鼻を(こ)すりつける (nuzzle). **3 a** 鼻で押す[押し進める] 〈*aside, open*, etc.〉: The dog ~*d* the door *open*. 犬はその戸を鼻で押し開けた. **b** [~ one's way として] (鼻先・船首などを前にして)進む, 前進する: The ship was *nosing its way* into the harbor. 船は港にはいって来るところだった. **c** 〈自動車などの鼻先〉を〈...の方へ〉進める〔*to*〕. **4** 《古》〈人・物事を〉横柄に扱う, 侮蔑する; ...にふてぶてしく抵抗する. **5 a** 〘競馬〙鼻の差で...に勝つ 〈*out*〉. **b** (わずかの差で)〈相手を〉打ち負かす, ...に辛勝する 〈*out*〉. **—** *vi.* **1** かぐ, かぎつける, かぎ回る (sniff)〔*at, about*〕: The dog kept *nosing about* the garden. 犬は庭中をくんくんかぎ回った. **2 a** 捜す (seek)〔*after, for*〕. **b** (物珍しそうに)穿鑿(せんさく)する (pry)〔*about, around, into*〕; (おせっかいに)干渉する (meddle)〔*into, with*〕: He is always *nosing into* what does not concern him. 彼はいつも自分にかかわりのないことにおせっかいをしている. **3** 〈船などが〉(船首・鼻先を向けて)前進する (advance)〔*to, toward*〕: The boat ~*d* in *toward* the shore. ボートは岸に向かって進み寄った. **4** 〘地質〙

〈地層・岩脈などが〉傾斜する (dip) 〈*in*〉; 露出する (sheer) 〈*out*〉.
nose down (vi.) 〈航空機が〉機首を下げる. (vt.) 〈航空機〉の機首を下げる: ～ a plane *down*. ***nose over*** 〘航空〙機首を突いてひっくり返る, とんぼ返りをする. ***nose up*** (vi.) 〈航空機が〉機首を上げる. (vt.) 〈航空機〉の機首を上げる: ～ a plane *up*.

nóse àpe *n.* 〘動物〙＝proboscis monkey.

nóse bàg *n.* **1** かいば袋 (feed bag) 《飼料を入れて馬などの鼻先に下げ首に掛ける》. **2** 《俗》(遊山などの)弁当(箱); 食物, 食事.
put* [*get*] *on the nose bag 《俗》(急いで)食べる.

nose bag 1

nóse·bànd *n.* (馬具の)鼻革, 鼻勒(ﾋﾞｸ) (⇨ bridle, harness 挿絵).

nóse·blèed *n.* **1** 鼻血(が出ること): I had a bad ～ this morning. 今朝ひどく鼻血が出た. **2** 〘(15C): ⇨ nose, bleed〙〘植物〙 **a** エンレイソウの一種 (*Trillium erectum*). **b** ＝Indian paintbrush.

nóse·càp *n.* **1** 銃口蓋, 銃口のふた[キャップ]《金属製》. **2** (砲弾または爆弾の弾頭に装置し時限信管を調節するための装置の入った)弾頭蓋[キャップ].

nóse còne *n.* 〘宇宙〙円錐形頭部, ノーズコーン《ロケットやミサイルの先端をなし空気流の影響を防ぐ円錐状の保護カバー》.

nóse còunt 〘← *count noses* (⇨ nose (n.) 成句)〙 *n.* **1** 人数の計算. **2 a** 投票の集計. **b** (賛成者などの)数による決定[評価].

nosed 〘← NOSE (n.)＋-ED 2〙 *adj.* [通例複合語の第2構成素として] …の(ような)鼻の: bottle-*nosed*, pug-*nosed*, red-*nosed*, snub-*nosed*.

nóse-dìve 〘↓〙 *vi.* (**-dived,** 《米》**-dove; -dived**) **1** 〈飛行機が〉急降下する. **2** 〈株価などが〉暴落する; 急に低下[減少]する.

nóse dìve *n.* **1** (飛行機の)急降下, 急直下. **2** (株価などの)暴落; 急激な低下[減少].

nóse dròps *n. pl.* 点鼻薬《点滴用ピペットで入れる》.

no-see-um [nousí:əm | nəu-] 〘← *You don't see 'em*.: 北米インディアンの英語〙 *n.* 《米》〘昆虫〙＝biting midge.

nóse flùte *n.* (タイ人やミクロネシア人などが用いる)鼻笛.

nose·gay [nóuzgeɪ | náuz-] 〘(*c*1420) ← NOSE＋《廃》*gay* something bright (← GAY (adj.)): 《原義》something pretty for the nose, i.e. to smell〙 ── *n.* **1** 《文語》(香りの高い花で造った小さな)花束 (bouquet). **2** 《古》香水 (perfume).

nóse glàsses *n. pl.* ＝pince-nez.

nóse-héavy *adj.* 〘航空〙〈航空機が〉ノーズヘビーの《重心が前方にある状態をいう; cf. tail-heavy》.

nóse lànding géar *n.* 〘航空〙(飛行機の)前脚.

nóse·less 〘(1398)〙 *adj.* 鼻のない.

no·se·ma [no(ʊ)sí:mə | nə(ʊ)-] *n.* 〘生物〙ノゼマ《微胞子虫類の *Nosema* 属に属する原生動物; ハチに寄生して病気を起こす》.

noséma disèase *n.* 〘昆虫〙ノゼマ病《原生動物 *Nosema apis* の寄生によるハチの病気》.

nóse-mònkey *n.* 〘動物〙＝proboscis monkey.

nóse·pìece *n.* **1 a** 鼻おおい; (よろいの)鼻当て. **b** ＝noseband. **2** (顕微鏡の)対物レンズ(を取り付ける)台《通例数個のレンズを取付け, 回転させて使用レンズを交換しうるようになっている》. **3** 眼鏡の縁の鼻に当たる部分, 橋梁(ｷｮｳ)部 (bridge). **4** (ホース・水道管・ふいごなどの)筒先, 口, 鼻 (nozzle).

nóse·pìpe *n.* (管・容器・パイプなどの)口; (溶鉱炉の)送風管口.

nóse pùtty *n.* ノーズパテ《俳優がメーキャップで鼻(など)の形を変えるのに使うパテ状の物質》.

nós·er 〘← NOSE (n.)＋-ER[1]〙 *n.* 《古》**1** (ボクシングなどで)鼻に対する一撃; 顔から倒れる[落ちる]こと. **2** 向かい風 (headwind): a dead ～ 強い逆風.

nóse·ràg *n.* 《英俗》鼻ふき, ハンカチ (handkerchief).

nóse-rìde *vi.* (**-rode; -ridden**) 波乗り板の先端に乗る[で妙技を演じる]. **nóse-rider** *n.*

nóse rìng *n.* **1** (牛・豚などの)鼻輪. **2** (原住民の)鼻輪《装飾用》.

nóse-thùmbing *n.* 鼻先に親指を当ててあざけりの仕草をすること (cf. *thumb one's* NOSE *at*).

nóse·whèel *n.* 〘航空〙(飛行機の)前輪, 前車輪.

nóse·wìng *n.* 鼻翼 (nasal ala).

nos·ey [nóuzi | náuzi] *adj.* (**nos·i·er; -i·est**) ＝nosy. ── *n.* ＝nosy.

Nósey Párker, n- p- 〘? ← *nosey*＋*Parker* (人名)〙 *n.* 《口語》おせっかい, ほじくり屋, やじ馬.

nosh [ná(:)ʃ | nɔ́ʃ] 〘(略) ← Yiddish *nosherai* tidbits ▭ G *naschen* to nibble, taste〙 ── *vi.* **1** 《俗》**a** 食べる; 軽食をとる. **b** 《米》間食する. **2** 《卑》フェラチオ (fellatio) をする. ── *vt.* **1** 《俗》**a** 食べる; …の軽食をとる. **b** 《米》…の間食をする. **2** 《卑》…とフェラチオをする. ── *n.* 《俗》**1 a** 軽い食事, 軽食. **b** 《米》間食 (snack). **2** 《英》食べ物, 飲み物; 食事.

nó-shów *n.* 《口語》無断不乗旅客《旅客機・船・列車などの座席の予約をしておきながら, キャンセルもせず最後まで現われない人》.

nósh-ùp *n.* 《英俗》ごちそう; 食事.

nó sìde *n.* 〘ラグビー〙ノーサイド《ゲーム終わりの審判用語》.

nós·ing 〘← NOSE (n.)＋-ING[1]〙 ── *n.* **1** 〘建築〙 **a** (階段の)段鼻(ﾀﾞﾝﾊﾞﾅ)《蹴込みより突き出た階段の踏板の先端部》. **b** (雨押えの)水切りに外へ突き出た部分. **2** 〘金属加工〙 **a** ノーズ《鋳型の突き出た先端》. **b** ノージング《パイプ・底付容器などの開口端の口絞り成形》.

nos·o- [násə(ʊ) | nɔ́sə(ʊ)] 〘▭ Gk *noso-* ← *nósos* disease ← ?〙「病気」の意の連結形. ★ 母音の前では通例 nos- になる.

nòso·geógraphy 〘← NOSO-＋GEOGRAPHY〙 *n.* 疾病地理学, 疾病分布学. **nòso·geográphic** *adj.* **nòso·geográphical** *adj.*

no·sog·ra·phy [no(ʊ)sɑ́grəfi | nə(ʊ)sɔ́grəfɪ] 〘← NOSO-＋-GRAPHY〙 *n.* 疾病(記述)学. **nos·og·ra·phic** [nɑ̀səgrǽfɪk | nɔ̀s-] *adj.*

no·sól·o·gist [-dʒɪst, -dʒəst | -dʒɪst] *n.* 疾病分類学者.

no·sol·o·gy [no(ʊ)sɑ́lədʒi | nə(ʊ)sɔ́lədʒɪ] 〘(1721) ← NL *nosologia*: ⇨ noso-, -logy〙 ── *n.* **1** 疾病分類(学); 疾病分類表. **2** (診断の基礎となる)病気の特性[徴候]. **nos·o·log·ic** [nɑ̀səlɑ́dʒɪk | nɔ̀səlɔ́dʒ-] *adj.* **nòs·o·lóg·i·cal** *adj.* **nòs·o·lóg·i·cal·ly** *adv.*

nos·o·pho·bi·a [nɑ̀səfóubiə | nɔ̀səfə́ubɪə, -bjə] 〘← NOSO-＋-PHOBIA〙 *n.* 〘精神病理〙疾病恐怖(症).

nos·tal·gia [nɑstǽldʒə, nɑs-, -dʒiə | nɔstǽldʒə, -dʒɪə] 〘(1770) ← NL ～ ← Gk *nóstos* return to home＋-ALGIA: 1688 年 Johannes Hofer が G *Heimweh* を訳して造ったラテン語〙 ── *n.* **1 a** 郷愁, ホームシック (homesickness). **b** (強度の)郷愁病. **2** 懐旧(の念), 郷愁, ノスタルジア 〔*for*〕.

nos·tal·gic [nɑstǽldʒɪk, nɑs- | nɔs-] *adj.* **1** 郷愁の; 郷愁を抱く[にふける]. **2** 郷愁を起こさせる. **nos·tál·gi·cal·ly** *adv.*

nos·tal·gie de la boue [nɔ̀stælʒí:-də-lə-bú: | nɔ̀s-; *F.* nɔstalʒidlabu] 〘▭ F ～ 《原義》nostalgia of the mud〙 ── *F. n.* 土への郷愁《文明社会を離れ原始的・野生的な生活にあこがれること》.

nos·toc [nɑ́stɑk | nɔ́stɔk] 〘(1650) ← NL ～: Paracelsus の造語〙 ── *n.* 〘植物〙ネンジュモ《ネンジュモ属 (*Nostoc*) の藻の総称; しばしば湿地の石の上などにジェリー状の群体をなす淡水性の藍藻類》.

Nos·to·ca·ce·ae [nɑ̀stəkéɪsiì: | nɔ̀s-] 〘← NL ～: ⇨ ↑, -aceae〙 *n. pl.* 〘植物〙(藍藻類ネンジュモ目)ネンジュモ科.

nos·tol·o·gy [nɑstɑ́lədʒi | nɔ̀stɔ́lədʒɪ] 〘← Gk *nóstos* (↓)＋-LOGY〙 *n.* 老年学, 長寿学 (gerontology). **nos·to·log·ic** [nɑ̀stəlɑ́dʒɪk | nɔ̀stəlɔ́dʒ-] *adj.* **nòs·to·lóg·i·cal** *adj.* **nòs·to·lóg·ical·ly** *adv.*

nos·to·ma·ni·a [nɑ̀stəméɪniə, -njə | nɔ̀stəméɪnjə, -nɪə] 〘⇨ ↓, -mania〙 *n.* 〘精神病理〙強烈な郷愁, 懐郷病《親しい場所に帰りたいという異常な欲望》.

nos·tos [nɑ́stɑs, nɔ́(:)stɔ(:)s | nɔ́stɔs] 〘▭ Gk *nóstos* return to home〙 *n.* 帰郷の詩, 帰還の歌.

Nos·tra·da·mus [nɑ̀strədéɪməs, nòustrədɑ́:- | nɔ̀strədéɪməs; *F.* nɔstradamys] *n.* **1** ノストラダムス《フランスの占星家・医師 Michel de Notredame [nɔtrədam] (1503–66) のラテン語名; 予言集 *Centuries*「諸世紀」(1555) は出版後物議をかもした》. **2** 〘(1668)〙予言者, 占者, 易者 (soothsayer). **Nos·tra·dam·ic** [nɑ̀strədǽmɪk, -déɪm-, nòustrədɑ́:m- | nɔ̀strədǽm-, -déɪm-] *adj.*

nos·tril [nɑ́strəl | nɔ́strɪl] 〘OE *nosterl, nosþyrl* ← *nosu* 'NOSE'＋*þyr(e)l* 'hole, THIRL[1]'〙 ── *n.* 鼻孔.
the breath of one's ***nostrils*** ⇨ breath 成句. ***stink in a person's nostrils*** 〈物事が〉ひどく不愉快である, 鼻持ちならない (cf. *Amos* 4: 10).

nós·triled 〘⇨ ↑, -ed 2〙 *adj.* (*also* **nos·trilled**) **1** 鼻孔のある. **2** [複合語の第2構成素として] (…の)鼻孔をした: wide-*nostriled* 鼻孔の大きい.

nos·trum [nɑ́strəm | nɔ́s-] 〘(1602) ▭ L ～ (neut. sing.) ← *noster* ours ← *nōs* we: ⇨ us, our〙 ── *n.* **1** (秘密調合による)ごまかしの特効薬, 売薬; (いわゆる)妙薬, 万能薬, 秘薬. **2** (社会問題などのいわゆる)妙案, 妙策 (panacea) 〔*for*〕: a political [social] ～.

nos·y [nóuzi | náuzi] 〘(1620) ← NOSE＋-Y[4]〙 ── *adj.* (**nos·i·er; -i·est**) **1** 《口語》鼻の大きい. **2** 《俗》穿鑿(ｾﾝｻｸ)好きな (inquisitive); おせっかいな (meddling). **3** 《古》 **a** (蒸(ﾑ)れて)悪臭を放つ, かびくさい: ～ hay, corn, etc. **b** 〈茶など〉芳しい. **4** 《古》〈鼻が〉(悪臭に)敏感な. ── *n.* 《俗》**1** 鼻の大きい人; [N-] (あだ名として)「鼻」. **2** 穿鑿好きな人. **nós·i·ly** [-zɪli, -zə- | -lɪ] *adv.* **nós·i·ness** *n.*

Nósy Párker, n- p- *n.* ＝Nosey Parker.

not [nɑ́t | nɔ́t; (1 a ではまた) n̩t, nt, n̩, n] 〘(*c*1340) *no(h)t, nought* (短縮) ← OE *nōwiht, -wuht* (n. & adv.) ← *ne* not＋*ōwiht* 'AUGHT[1]': cf. nought, naught〙 ── *adv.* **1** [述語全体を否定して] **a** (…で)ない; (…し)ない. ★ (1) 助動詞および be 動詞に伴ってそれを否定し, しばしば n't となって動詞と合する: Did you ～ [Did*n't* you] tell me? 私に言わなかったか / Do ～ [Do*n't*] cry. / He will ～ [He wo*n't*, 《まれ》He'll ～] come. 彼は来ないだろう / I can*not* [ca*n't*] swim. / She is ～ [is*n't*] here. / You are twenty now, are*n't* you? 君は今二十歳(ﾊﾀﾁ)だね / Am I ～ [《口語》A*n't* I, Ai*n't* I, 《皮肉》Are*n't* we] smart? スマートでしょう (cf. an't 2, ain't 1). (2) 古文体では通例動詞の後に置きそれを否定する: I know [knew] ～. 《古》＝I do [did] ～ know / Say ～ so. 《古》＝Do ～ say so. / I felt it ～. (*Prov.* 23: 35)＝I did*n't* feel it. **b** [否定の文・節・動詞などの省略代用語として]: Are you ill?—*Not* at all. 君は病気か?—ちっとも何ともない / I believe [think, suppose] ～. 私はそう思わない / I would as soon do it as ～. どちらかと言えば私はそうしたいほうだ / If he asks, I shall give it; if ～, ～. 下さいと言うならばやるが, そうでなければやらない / May*n't* we go there?—Why ～? そこへ行ってはいけないでしょうか—無論いいとも / Is he a soldier?—Perhaps ～. 彼は軍人か—多分そうじゃないだろう / Right or ～, it is a fact. 正しかろうとなかろうとそれは事実だ. **c** [否定の陳述の後に強調のため添えるかまたは否定の答を強めるために主語としての代名詞の前に置く]: The French will ～ fight, ～ they. フランス人は戦うまい, 戦うものか.

2 a [後に続く語句・節を否定して]: He is ～ my son, but my nephew. 彼は私の息子でなくて, 甥だ / He is my nephew, (and) ～ my son. 彼は私の甥で, 息子ではない / It is ～ that I am unwilling but that I have no time いやだからではなく時間がないためだ / *Not* that it matters. ⇨ matter *vi.* 1. / The poem is bad, ～ because it is allegorical. その詩は, 寓意詩だからというわけではないが, よくない. **b** [不定詞・動名詞・分詞を否定して]: I begged him ～ *to* go out. 外出しないように彼に頼んだ / He reproached me for ～ hav*ing* told it to him. そのことを言わなかったのが悪いと私を非難した / *Not* know*ing* I can*not* say. 知らないから言えない. **c** [婉曲的に意図している意味とは反対の意味を持つ語に先立って]: ～ a few 少なからず / ～ a little 少なからず / ～ once or [nor] twice 一度や二度でなく, 再三, 幾度も / ～ reluctantly (いやいやどころか)大喜びで, 二つ返事で / ～ seldom 往々, しばしば / ⇨ *not* TOO.

3 [all, both, every などと共に用いて部分否定を表わす]: *All* is ～ gold that glitters. ⇨ glitter *vi.* 1 / I do ～ know *all* [*both*] of them. 彼らを皆[どちらも]知っているわけではない / *Every* part of the story is ～ true. その話はどこからどこまで全部本当とは限らない / It is ～ *altogether* bad. 全く悪いというわけではない / He is ～ *always* here. いつもここにいるわけではない / Such a thing is ～ found *everywhere*. そういう物はどこにでもあるというものではない.
not a… ただ一人[一つ]の…も…ない (not one): *Not a* hair of her head shall be touched. 彼女の頭の毛一本にだって触れてはいけない / *Not a* man answered. 一人として答える者はなかった. ***not but*** 《古》＝NOT *but what* [*that*]. ***not but that*** [***what***] ⇨ but *conj.* 成句. ***not that*** ⇨ 2 a.

NOT [nɑ́t | nɔ́t] 〘↑〙 *n.* 〘電算機〙ノット, 否定《入力と出力の "1", "0" を反転する回路》

not. 《略》notice.

Not. 《略》notary.

not-[1] [nout | nəut] (母音の前に来る時の) noto-[1] の異形.

not-[2] [nout | nəut] (母音の前に来る時の) noto-[2] の異形.

nota *n.* notum の複数形.

no·ta bè·ne [nóutə-béni | nə́utə-bí:nɪ, -béni, -neɪ] 〘▭ L ～ 'note well': ⇨ note (v.), bene-〙 *L.* (次のことに)注意せよ (略 N.B., n.b.). ★ 注記を書く初めに用いる.

no·ta·bil·i·a [nòuṭəbíliə, -bí:l-, -ljə | nə̀utəbílɪə, -bí:l-, -ljə] 〘▭ L *notābilia* (neut.pl.) ← *notābilis* notable ← *notāre* 'to NOTE'〙 *n. pl.* 注意すべき事項; 著名な事物.

no·ta·bil·i·ty [nòuṭəbíləṭi | nə̀utəbílətɪ, -lɪ-] 〘(*a*1380) ▭ OF *notabilite* (F *notabilité*): ⇨ ↓, -ity〙 ── *n.* **1** 注目するだけの価値; 著名, 顕著: names of historical ～ 史上に名のある人物. **2** 著名な人, 名士 (notable person): *notabilities* in literary circles 文壇の名士たち. **3** 《古》(主婦としての)家政的手腕.

no·ta·ble [nóuṭəbl̩ | nə́ut-] 〘(*c*1340) ▭ (O)F ～ ▭ L *notābilis* ← *notāre* 'to NOTE': ⇨ -able〙 ── *adj.* **1 a** 〈人・物事が〉注目に値する, 著しい (noteworthy): a ～ event, success, etc. **b** 顕著な, 有名な, 著名な (distinguished) 〔*for, as*〕: a ～ person / The district is ～ *for* its pottery. その地方は陶器で有名だ. **2** 《古》〈主婦が〉家政のうまい, 所帯もちのよい, よく働く. ── *n.* **1** 名士, 要人; 上流階級の人. **2** [*pl.*; しばしば N-] (フランスの昔の)名士議会員: the Assembly of *Notables* 名士議会《革命前フランス王が危急の際に招集した全国の上層身分の名士からなる諮問機関》. **3** 《廃》著名な事[物]. **～·ness** *n.*

nó·ta·bly [-bli | -blɪ] 〘(*c*1380): ⇨ ↑, -ly[1]〙 ── *adv.* **1** 注目に値するほど[ように]; 著しく, 非常に (remarkably): *Notably*, only a few cases were found. 注目すべきことにはほんの少しの事例しか見出せなかった. **2** 特に, とりわけ (especially). **3** はっきりと, 明白に (conspicuously).

no·ta·canth [nóuṭəkænθ | nə́utə-] 〘← NL *Notacanthus* ← NOTO-[1]＋Gk *ákantha* thorn: ⇨ acantho-〙 *n.* 〘魚類〙ソコギス科の魚類の総称.

No·ta·can·thi·dae [nòuṭəkǽnθədi: | nə̀utəkǽnθɪ-] 〘← NL ～ ← *Notacanthus* (↑)＋-IDAE〙 *n. pl.* 〘魚類〙ソコギス科.

no·tan·dum [noutǽndəm | nəu-] 〘▭ L ～ (neut. gerundive) ← *notāre* 'to NOTE'〙 ── *L. n.* (*pl.* **no·tan·da** [-də], **～s**) **1** 注意すべき記入事項, 注意事項. **2** 覚え書 (memorandum).

no·tar·i·al [noutέ(ə)riəl | nəutέərɪ-] 〘← L *notāri(us)* 'NOTARY'＋-AL[1]〙 *adj.* 公証人の; 公証人の作成した: a ～ deed 公正証書. **～·ly** [-riəli | -rɪəlɪ] *adv.*

no·ta·rize [nóuṭəràɪz | nə́utə-] *vt.* 〈公証人が〉〈文書

を)認証する, 証明する, 公正証書にする (attest): ～ a document, contract, etc. **no·ta·ri·za·tion** [nòuṭərɪzéɪʃən, -rə- | nòutəraɪ-, -rɪ-] *n.*

no·ta·ry [nóuṭəri | nóutəri] 〘(1303) ▭ (O)F *notaire* ▭ L *notārius* shorthand writer, clerk, secretary ← *notāre* to make a note of ← *nota* 'NOTE (n.)' : ⇨ -ary〙 ── *n.* 公証人《英国では特別許可裁判所 (court of faculties), 米国では行政部が任免する》. ⌈tary.

nótary públic *n.* (*pl.* **notaries public, ～s**) =no-

no·tate [nóuteɪt | nəʊ-] 〘《逆成》↓〙 *vt.* 記号で表わす, 記号で示す.

no·ta·tion [no(u)téɪʃən | nə(u)-] 〘(1570) ▭ (O)F ～ // L *notātiō(n-)* a marking ← *notātus* (p.p.) ← *notāre* 'to NOTE' : ⇨ -ation〙 ── *n.* **1** (普通の書記法によらない特殊の文字・符号・数字などによる)表示法, 記号法, 記数法, 記法, 表音法; (特殊な)表記, 表示: chemical ～ 化学記号法 / ⇨ decimal notation / musical ～〘音楽〙記譜法; 音符 / a broad [narrow] (phonetic) ～〘音声〙簡略[精密]表記(法). **2** 《米》注釈, 注解 (note). **3 a** 記録すること, メモを取ること. **b** 《米》記録, メモ, 覚書. **～·al** [-ʃənḷ, -ʃnəl] *adj.*

nót-béing *n.* 不[非]存在 (nonexistence).

notch [nɑ́(ː)tʃ | nɔ́tʃ] 〘n.: 《(1577)《異分析: cf. AF *noche*》 ← *an otch* ▭ OF *oche* (F *hoche*) ← *o(s)chier* (F *hocher*) to notch < L *absecāre* to cut off ← OB-+*secāre* to cut. ── v.: 《1597》 ← (n.): cf. ME *oche* (▭ OF *o(s)chier*): cf. newt, nickname〙 ── *n.* **1 a** ノッチ, 切欠き〔*in, on*〕《細い棒や板のへりなどにつけたV字形の刻み目; 昔は各種の計算・得点などの覚えに用いた; cf. tally[1] 1》. **b** 《まれ》(クリケットの)得点, 点 (run). **c** (本・カードなどの)切込み《爪かけなど》. **d** (襟などの) V 字カット. **2** 矢筈(ﾔﾊｽﾞ), 弓筈(ﾕﾊｽﾞ) (nock). **3** 《米》[しばしば地名に用いて] (深く狭い)山あい, 峡谷 (defile): 峠, ...越え (pass): Crawford *Notch*. **4** 《口語》級, 段, 等 (degree): a ～ below average 平均より一桁(ｹﾀ)下 / move up a ～ 一段階上がる / take a person down a ～ or two 少々人の高慢の鼻をへし折ってやる / He is a ～ above [higher than] the others. 彼は他の者より一段上だ.

── *vt.* **1 a** ...に刻み目[切込み]をつける: ～ a stick. **b** 〈物〉に刻み目をつけて〈...を〉作る〔*into*〕: ～ a piece of steel *into* a saw 鋼に目を立ててのこぎりにする. **2 a** 〈勘定・得点・獲物などを〉刻み目をつけて記録する (score) 〈*up, down*〉 (cf. *n.* 1 a): ～ items (*down*) *on* a tally 項目を一つ一つ割符に記す. **b** 《口語》〈獲物・勝利・地位などを〉得(させ)る, 収め(させ)る 〈*up*〉: ～ *up* a series of victories 連戦連勝する / The book ～*ed* him a big income. その本は彼に大きな収入をもたらした. **3** 〘建築・木工〙〈部材を〉切欠きで接合する. **4** 〈矢を〉つがえる: ～ an arrow. **～·er** *n.*

nótch·bàck *n.* 〘自動車〙 **1** ノッチバック《車体後部に段がついている車体のスタイル; cf. fastback 1 a》. **2** ノッチバックの車.

nótch·bòard *n.* 〘建築〙側桁(ｶﾞﾜｹﾀ)《踏段板を切欠きに差込んで両側から支える斜めに渡された桁》.

notched *adj.* **1** 刻み目[切欠き]のある. **2** 〘生物〙のこぎり歯の形をした, 鋸(ｷｮ)歯形の, V 字形の切込みがある.

nótch·wìng *n.* 〘昆虫〙ヨーロッパ産ハマキガ科のガの一種 (*Peronia caudana*).

note [nóut | nə́ut] 〘n.: 《?a1200》 ▭ (O)F ～ ▭ L *nota* mark, letter. ── v.: 《?a1250》 *note(n)* ▭ (O)F *note-r* ▭ L *notāre* to make a note ← *nota*〙 ── *n.* **1** 覚え書, 手控え, メモ (memorandum); [しばしば *pl.*] (講演などの)草稿, 文案, 下原稿: ～*s* for a speech [sermon] 演説[説教]の覚え書[草稿] / make [take] a ～ *of* ...を筆記する, 書き留める, ...のノートをとる / take ～*s* (講義・会議などで)記録をする, ノートをとる / read [speak] from ～*s* 原稿を朗読する[見ながら演説する] / preach from ～*s* 原稿を見て説教する / He spoke for an hour without a ～. 彼は一切原稿なしで1時間話をした. **2** [通例 *pl.*] **a** (印象・出来事などの)記録 (record), 印象記, 手記: take ～*s on* [*of*] one's journey 旅行記を書く. **b** (新聞・雑誌の)短い記事, 雑録: household ～*s* (新聞・雑誌の)家庭欄, 家事メモ. **3 a** 注, 注解, 注釈 (annotation): ～*s on* [*to*] a passage, chapter, text, etc. / a marginal ～ 欄外の注 (cf. footnote 1) / There is a ～ *on* the word. **b** (芸術作品などの)解説: the program ～*s for* a concert 音楽会の解説つきプログラム. **c** 〘図書館〙(著者・書名など目録カードの基本的な記載事項を補記した)注記. **4 a** (略式の)短い手紙, 短信: a ～ of invitation 招待状 / write a ～ to ...に一筆書き送る. **b** (外交上の公式な)通牒, 通達, 覚え書 (communication): a diplomatic ～ 外交文書. **5 a** (簡単な)陳述書, 声明書, 報告書. **b** (学術誌などの短い)研究ノート. **6 a** 《英》紙幣 (《米》bill): £20 in ～*s* 紙幣で 20 ポンド / ⇨ bank note. **b** 手形, 預り証; 約束手形: a promissory ～ =NOTE of hand / ⇨ circular note. **c** 《古》勘定書 (account). **7** 注意, 注目, 留意 (notice): take ～ [no ～] *of* ...に注意する[しない], に気が付く[付かない] / an event worthy [deserving] of ～ 注目に値する事件. **8 a** 著名, 令聞 (distinction); 重要, 重大 (importance): a family of ～ 名門 / names of great ～ 令名の高い人々 / a man of no great ～ 大して有名でない人 / things of ～ 重大な事. **b** 知られていること, 周知 (knowledge): a matter of ～ 周知のこと. **9** 《米口語》思いがけない事, 大変な事, ひどい事. **10 a** (主として楽器の)音 (sound), 楽音 (musical sound): the funeral ～ of a bell 葬儀を告げる鐘の音 / give two or three ～*s* on a bugle 二吹き三吹きらっぱを吹き鳴らす. **b** (鳥の)鳴き声, 叫び声, 呼び声 (cry): a bird's merry ～ 楽しげな鳥の鳴き声 / the raven's ～ 大がらすの鳴き声. **c** 〘音楽〙音符; (ピアノなどの)鍵(ｹﾝ) (key); (音符の表わす)音: sound the ～*s* of the scale 音階の音を奏する / strike the ～*s* (ピアノなどの)鍵を打つ. **d** 《古・詩》調べ, 旋律, 歌 (melody). **11 a** (人の)声音(ｺﾜﾈ), 語気, 語調, 口調 (tone); 話し振り, 考え方 (mood): a ～ of censure 非難するような口調 / change one's ～ 話振り[語調]を変える; (急に)態度を変える / His voice struck a ～ of concern. 彼の声は不安そうな調子を帯び(てい)た / sound a ～ of warning 警告を発する / sound the ～ of war 戦意を伝える, 主戦論を唱える. **b** 特徴, 特色; 要素: Frankness is the chief ～ in his character. 率直が彼の性格の主な特徴だ / The work has the ～ of antiquity. その作品は古色を帯びている / There is a ～ of pessimism in his writings. 彼の著作には悲観主義の色がある. **12** (句読点などの)符号, 記号, しるし(mark): a ～ of interrogation 疑問符 / a ～ of exclamation [admiration] 感嘆符. **13** 《古》汚名, 恥辱.

notes rests
whole
half
quarter
eighth
sixteenth
thirty-second
sixty-fourth
notes and rests

a hell of a note ⇨ hell 成句. ***compare notes*** 意見を交換する, 感想を述べ合う. ***strike* [*sound*] *a false note*** 見当違いなことを言う; 不調和なことをする (cf. 10 c). ***strike the right note*** (相手の)共鳴を呼ぶようなことを言う[する] (cf. 10 c).

note of hand 〘商業〙約束手形 (promissory note).

── *vt.* **1 a** 心に留める, ...に注意する, 注目する: ～ a person's warning [gestures] 人の警告[身振り]に注意[注目]する / *Note* what I say. 私の言葉をよく聞きなさい / *Note* well how to do it. どんな具合にやるかをよく注意していなさい / It must be ～*d that* ...ということは注意すべきである / It is important [interesting] to ～ *that* ...ということに注目してみることは大切である[興味深いことだ]. **b** 書き留める, 書きつける, 控えておく 〈*down*〉: I ～*d down* every word he said. 彼の言ったことを一言一句漏らさず書き留めた. **2** ...に気が付く, 認める (perceive): One may ～ some errors in his writings. 彼の著作には多少の誤りが認められるであろう. **3 a** (文中で)特に...に言及する[触れる]: The report ～*s* a drop in sales. その報告は売上げ高の低下に言及している / He ～*s* the problem in the preceding chapter. 前の章でその問題に触れている. **b** 指示する, 示す (indicate): The letter ～*s* the absence of his sincerity. 手紙から彼の誠実でないことがわかる. **4** ...に注をつける, 注釈する (annotate): ～ a book, passage, etc. **5** 〘音楽〙音符で書く, ...に音符をつける.

nót·er [-ṭə | -tə(r)] *n.*

nóte·bòok *n.* **1** 筆記帳, ノート, 手帳, 備忘録. **2** (約束)手形記入帳 (bill book).

nóte bròker *n.* 《米》商業手形を売り買いする人; 約束手形仲買人.

nóte·càse *n.* 《英》札入れ (wallet) (cf. billfold).

nót·ed [-ṭɪd, -ṭəd | -tɪd, -təd] 〘(c1380): ⇨ note (v.), -ed 1〙 *adj.* **1** 有名な, 著名な (famous): a ～ writer, traveler, etc. / He is ～ *as* a poet [*for* his bravery]. 詩人として[勇敢なので]有名だ. **2** 〘音楽〙譜付きの.

nót·ed·ly *adv.* 著しく, 目立って.

nóte·hèad *n.* **1** 書簡用紙頭部の印刷文字 (cf. letterhead 1). **2** 頭部に印刷文字を刷込んだ書簡用紙.

nóte·hèading *n.* =notehead.

nóte·less *adj.* **1** 人目を引かない, 平凡な, 無名の (inconspicuous). **2 a** 音調の悪い, 音楽的でない. **b** 声[音]のない (voiceless). **～·ly** *adv.* **～·ness** *n.*

note·let [nóutlɪt, -lət | nə́ut-] 〘⇨ -let〙 *n.* **1** 短信. **2** 表に絵や図柄の入った二折りのカード[紙]《内側に短信が書ける》.

nóte pàd *n.* 《英》はぎ取り式メモ用紙, メモ用紙とじ.

nóte·pàper *n.* (通例私用の)書簡用紙, 便箋.

nóte-rów [-ròu | -rə̀u] *n.* 《英》〘音楽〙=series 9.

Notes and Queries *n.* 主に英語英文学に関する考証的資料を提供する英国の月刊誌 (略 N. & Q.).

nóte shàver *n.* 《米俗》手形を高利で割引きする人; 高利貸 (usurer). **nóte-shàving** *n.*

nótes páyable a/c [-əkáunt] *n. pl.* 〘会計〙支払手形勘定.

nótes recéivable a/c *n. pl.* 〘会計〙受取手形勘定.

nóte·tàker *n.* ノートを取る人.

nóte-tàking *n.* ノートを取ること, 筆記.

note ver·bale [nóut-vɛəbáːl, -bǽl | nə́ut-vɛə-; *F.* nɔtvɛrbal] 〘▭ F ～ 'verbal note'〙 *F. n.* (*pl.* **notes verbales** [～]) 〘外交〙口上書; 無署名覚え書.

nóte·wòrthy *adj.* 注目するに足る, 注意すべき (notable); 著しい, 顕著な, 著名な (remarkable). **nóte·wòrthily** *adv.* **nóte·wòrthiness** *n.*

nót-gò gàge *n.* 〘機械〙=no-go gage.

noth·ing [nʌ́θɪŋ] 〘OE *nā(n) þing*: ⇨ no[1] (adj.), thing[1]〙 ── *pron.* **1** 何物[何事]も...ない (not anything): I have ～ to say. 何も言うことはない / By doing ～ we learn to do ill. 《諺》何もしないでいるとよいことを覚えない,「小人閑居して不善をなす」/ *Nothing* venture, ～ have [win]. 《諺》危険を冒さなければ何も手にはいらない,「虎穴に入らずんば虎児を得ず」/ He is ～ *of a* poet. 彼はへぼ詩人だ / He has ～ of the poet in him. 彼には詩人の素質は全くない / There is ～ the matter with the car. 車は別にどこも何ともない / ⇨ *There is* NOTHING *in* [*to*] *it*. ★ nothing を修飾する形容詞は後置する: This is ～ new. これは何も目新しいことではない / *Nothing* great is easy. 大事業には必ず困難が伴う. **2** 無, 空, 虚無 (nonentity); 無価値, 無意味: fade away to ～ 次第に消えてなくなる / *Nothing* comes of [from] ～. 《諺》無より有を生ぜず / He is five feet ～. 身長は5フィートきっかり / He has ～ *in* him. 彼には何の取柄もない《からっぽな人間だ》/ That means ～ *to* me. それは私にはどうでもいいことだ; それは私にはわからない. **3** つまらない[取るに足らない]物; つまらない[取柄のない]人 (cf. *n.* 2); どの宗派にも属さない人, 無神論者 (cf. nothingarian): It is ～ to speak of. それは言うほどのことではない《つまらないことだ》/ She is ～ without her money. 金がなければ相手にされない女だ / His failure is ～ *to* me. 彼が失敗したところで私には痛くもかゆくもない / She is ～ *to* me. あの女のことなんか私は何とも思っていない / My trouble is ～ *to* theirs. 私の苦労など彼らの苦労に比べれば何でもない / ⇨ NOTHING *if not*.

all to nothing 十二分に. ***come to nothing*** むだに終る, だめになる (fail utterly): The scheme has *come to* ～. その計画は水泡に帰した. ***count for nothing*** 価値が認められない, 益がない. ***for nothing*** (1) 無益に, いたずらに (in vain): He has not traveled the world *for* ～. 彼はいたずらに世界旅行をしたのではない《しただけのことはある》/ We had all our trouble *for* ～. すべてが骨折り損だった. (2) 無料で, ただで (gratis): I got it *for* ～. ただでもらった. (3) 理由なく, いわれなく: They quarreled *for* ～. 彼らは理由もなく口論した. ***go for nothing*** =*count for* NOTHING. ***in nothing flat*** 《口語》あっと言うまに, たちまち, すぐに. ***know* [*not know*] (*from*) *nothing*** 《俗》全く無知だ. ***like nothing on earth* [*in the world*]** 《口語》(1) この世のものとも思われない, またとなく, この上もなく, ひどく(変で, みじめで, など): feel *like* ～ *on earth* とてもみじめな気持ちがする, ひどく気分が悪い / look *like* ～ *on earth* ひどく変に[みじめに, 気分悪そうに, みっともなく]見える. (2) 非常に珍しい: This bird is *like* ～ *on earth*. この鳥は非常に珍しいものだ. ***make nothing of*** (1) ...を何とも思わない, 物ともしない; 平気で...する: He *makes* ～ *of* his illness. 彼は自分の病気のことなど何とも思っていない / He makes ～ *of doing* it for himself. それを一人ですることを何とも思っていない. (2) [can を伴って] 理解できない: I *can make* ～ *of* what he says. 彼の言うことはちっともわからない. (3) [can を伴って] ...を利用できない, しくじる: He *could make* ～ *of* his talents [job]. 彼は才能を発揮できなかった[仕事をし損じた]. ***next to nothing*** ⇨ NEXT *to* (1). ***nothing but***=***nothing else than* [*but*]** ただ...のみ, ...に過ぎない, 全く...だ: It was ～ *but* [*else than*] my own shadow. それはただ私自身の影だった / I had [There was] ～ for it *but* to obey. 服従するよりほか仕方がなかった (cf. FOR *it*). ***Nothing doing!*** 《口語》だめだ《失敗・失望・拒絶などのときに言う; There is nothing doing! の略; ⇨ do[1] *vi.* 2》: Let's go to the movies.—*Nothing doing!* 映画に行こうよ—いやだ. ***nothing if not*** (1) [形容詞(句)に先行して]この上もなく, 実に (cf. Shak., *Othello* 2. 1. 120): He is ～ *if not* punctual. 実によく時間を守る; きちょうめんなのが取柄だ. (2) [名詞に先行して] 真の, 全くの (quite): He was ～ *if not* a businessman. 彼こそ典型的な実業家だった. ***nothing like*** (⇨ *adv.* 成句) (1) ...に及ぶものはない: There is ～ *like* home. わが家ほどいい所はどこにもない / There's ～ *like* speaking frankly. 率直に話すのが一番よい / There is ～ [*Nothing*] *like* leather. ⇨ leather 成句. (2) ...に似た[類する]ものはない: You can find ～ *like* this piece of china. このような陶器は見つかりませんよ. ***nothing much*** 《口語》大したことはない, ごく少ない. ***Nothing off!***=***Nothing to lose!*** 〘海事〙落とすな《詰開きで帆走中「たとえさらに風上に向けても決して船首を風下に落とさぬように舵を取れ」という意味の号令》. ***nothing other than*** =NOTHING *but*. ***say nothing to*** 〈人〉を感動させない. ***There is nothing in* [*to*] *it.*** (1) (情報などが)全くうそだ, いい加減だ. (2) どうでもいい事だ, 大した事でない. (3) 容易なことだ, 何でもない. (4) [in を用いて] (競馬などで)どちらも五分五分だ: *There's* ～ much *in it*. 大差ない. ***think nothing of*** (1) ...を軽んじる: *think* ～ *of* a person's work 人の仕事を軽蔑する / *Think* ～ *of* it. どうか気にしないで下さい《失礼なことをしたと思っている相手に》; (ありがとうというお礼に対して)どういたしまして. (2) 〈普通ではないと思われるようなこと〉を何とも思わない: *think* ～ *of* a lie うそをつくことを何とも思わない / I *think* ～ *of* working all night. 徹夜するのは

平気です. ***to say nothing of*** …のことは言うまでもなく, …はさておき (cf. *not to* SAY²): The exploration will be expensive, *to say* ～ *of* the danger. 危険なことはもちろん, その探検は金がかかる.

— *n.* **1** 零, ゼロ : Multiply 6 by ～, and the result is ～. 6 に 0 を掛ければその積は 0 である. **2** つまらない物[言葉]; 取るに足らない人 : the little ～*s* of life この世のささいな事ども / airy ～*s* ⇨ airy 1 c / The new chief was a mere ～. 新任の主任は全くの無能者だった.

no nothing [否定語を並べた後に]《口語》(…も)何もない : There is *no* bread, *no* butter, *no* cheese, *no* ～. パンもバターもチーズも何もない. ***sweet*** [***soft***] ***nothing***《口語》(恋人同士が交す)甘い言葉 : He whispered *sweet* ～*s in* [*into*] her ear. 彼女の耳に恋をささやいた. ***with nothing on*** (ほとんど)何も着ないで, 裸で.

— *adv.* **1** 少しも…ない, 決して…ない (not at all) : ～ daunted《文語》少しも恐れることなく / avail [help] ～ 何にも役に立たない, 何の益もない / care ～ about …を少しもかまわない, を念頭に置かない / He is ～ *more than* a dreamer. 彼は夢想家にすぎない / It is ～ *less than* [～ *short of*] madness. 全く気違い沙汰(ざた)だ / It is [There is] ～ *much*. 大したことではない[ことはない]. ★ 最後の 3 例における nothing を後の more, less, short, much に修飾される *pron.* とみなすこともできる. **2**《口語》[前文の主要語を強く打ち消して] …でも何でもない (no…at all) : It's a testimony to her character.—Character ～. それは彼女が人物である証明となる—人物なもんか.

nothing like 少しも…のようでない (⇨ *pron.* 成句) : It was ～ *like* what we expected. 期待とは全く異なったものとなった《このような結果になるとは夢にも思わなかった》. ***nothing like*** [***near***] ***as*** [***so***]…***as*** とても…に及ばない : This is ～ *like* [*near*] *as* [*so*] good *as* that. これはあれにははるかに劣る.

— *adj.*《口語》価値のない, つまらない : a ～ game, place, thing, etc.

noth·ing·ar·i·an [nʌθɪŋέ(ə)riən | -ŋέəri-]〘《1789》: ⇨ ↑, -arian〙*n.* 無信仰者, 無神論者 (atheist).

nóth·ing·ness〘《*a*1631》← NOTHING＋-NESS〙— *n.* **1 a** 無, 空, 無存在, 非実在 ; 消滅 (extinction) : pass into ～ 無に帰する, 消滅する. **b** 人事不省, 死 (death) : lapse into ～ 人事不省に陥る. **2 a** 全くつまらないこと, 無価値, 無用, 空しさ : realize one's own ～ 自分のつまらなさを悟る. **b** つまらないもの, 無価値なもの (trifle). **3** 空間 (void).

no·thus [nóuθəs, nάθ- | nóuθ-, nɔ́θ-]〘□ L ～ □ Gk *nóthos* spurious〙*adj.*《俗用》〘気象〙＝spissatus.

no·tice [nóutɪs, -təs | náutɪs]〘n.:《1483》□ (O)F ～ □ L *nōtitia* knowledge ← *nōtus* (p.p.) ← (*g*)*nōscere* 'to KNOW¹': ⇨ -ice. — v.:《*c*1410》← (n.)〙— *n.* **1 a** (公式の)通知, 通報, 告知 (announcement) ; 通知書, 告知書 : a ～ of dishonor [protest]〘商業〙(手形)不渡り[支払拒絶]通知書 / give ～ to …に届け出る / give ～ *of* …の通知をする / I give you ～ *that* …の旨(むね)御通知申し上げます / have [receive] ～ *of* …の通知を受ける / till further ～ 追って通知[何分の沙汰(さた)]があるまで. **b** 予告, (事前の)警告 (warning) : *at* short ～ 急に, すぐに / *at* a moment's ～ 即座に / without (previous) ～ 予告なしに / I am ready to start *at* a minute's ～. 通知のあり次第出発する用意ができている / *upon* reasonable ～ 相当の予告期間をおいた上で / A day's ～ is required. 通知は一日前に出すことが必要だ / He gave me very short ～ of his visit. 彼はやって来る間ぎわに急に知らせて来た. **c** 契約解除の通告[予告]《特に, 家主・地主と借家人・借地人との間に, また雇主と使用人との間になされるもの》: The landlord gave them ～ *to* leave. 地主は彼らに立ち退きの予告をした / He gave his master a month's ～. 彼は主人にひと月後にやめさせてほしいと申し出た / You shall get a week's ～. やめてもらう時には一週間前に予告します / He is *under* [《米》*on*] ～. 彼は解雇[立ち退き]の予告を受けている / We put them *on* ～ *that* they should leave within a year. 彼らに一年以内に立ち退くように通告しておいた / She was dismissed *without* ～. だしぬけに暇を出された. **2** 掲示, (告示用の)はり紙, ビラ ; 告示文 : an obituary ～ (略伝付きの)死亡告示, 死亡記事 / a ～ of an engagement 婚約記事 / put a ～ in the papers 新聞に広告する / put [post] up a ～ on a board 掲示板に掲示を出す / There is a ～ posted on the door saying …とドアにはり紙がしてある. **3 a** 注意, 注目, 認知 (attention) : ⇨ *take* NOTICE / worthy *of* ～ 注目に値する / come [be brought] *into* [*under*] ～ 注意を引く, 目に留まる / It is the most interesting novel that has come *under* my ～. これまで私の目に留まったもののうちでは一番おもしろい小説だ / That will bring you *into* public ～. そんなことをすると人目についてしまう / Such men are *beneath* ～. こんな連中は取るに足らない / It deserves a passing ～. それは一通り注意する価値がある. **b** 特に目をかけること, 厚遇, 愛顧 (favor), 丁重 (civility) : I am grateful for your ～. ご歓待[お引立て]を感謝申し上げます / I commend her *to* your ～. 彼女をお見知り置き下さい. **4** (新刊書・劇などの)短評, 紹介 ; 書評 (book review) ; 批判, 評価 : a book [theatrical] ～ 書[劇]評 / Of these publications some were selected for ～. これらの出版物のうち数点が批評の対象に取り上げられた.

sit up and take notice ⇨ sit 成句. ***take notice*** (1) 注意する, 目を留める : *take* no ～ *of* …を顧みない, 無視する / *take* ～ *that* …するように注意する ; …であることに気がつく. (2)〈赤ん坊が〉(物事に対し)興味を示す : The baby began to *take* ～ 赤ん坊は回りのことに関心を示すようになった.

— *vt.* **1 a** [しばしば目的語＋*doing* (または原形)を伴って] …に気がつく, 認める (perceive) : The baby ～*s* everything now. 赤ん坊は今は何にでも気がつくようになった / I ～*d* a man leaving the house. 男がその家を出て行くところを認めた / Did you ～ anyone *leave* the house? だれか家を出ていくのに気が付いたか. **b** …に注意[注目]する, 気をつける 〈*that, how*, etc.〉: I didn't ～ her shoes. / It is worth while to ～ *that*…ということは注目に値する / I didn't ～ *how* he was dressed. 彼がどんな服装をしていたか気をつけて見なかった. **2 a** 知っているふりをする, 知っていると言う ; …に挨拶する : He refused to ～ me. 私を見て知らないふりをした. **b** 丁重に取り扱う, 歓待する, 厚遇する. **3 a** …に言及する, 指摘する : He began his lecture by *noticing* the professor's services. 彼は教授の功績に触れて講演を始めた. **b**〈書物・劇などを〉論評[短評]する : ～ a book in a newspaper 新聞で本の短評をする. **4** …に報知[通告]する〈*that*〉: They ～*d* him *that* the term would run out soon. 期限が間もなく切れることを彼に通告した.

— *vi.* **1** 気をつける, 注意する. **2** (書物・劇などの)論評[短評]を書く.

not so as you'd notice《口語》気付かれない程度に.

no·tice·a·ble [nóutɪsəbl̩, -təs- | náutɪs-]〘《1796》: ⇨ ↑, -able〙— *adj.* **1** 人目を引く, 容易に目につく ; きわ立った, 顕著な (remarkable) : a ～ difference 顕著な差異. **2** 注目すべき, 重要な (significant).

nó·tice·a·bly [-bli | -blɪ]〘《1855》: ⇨ ↑, -ly¹〙— *adv.* 人目を引くほど[ように] ; 著しく : be ～ dressed 人目を引くような服装をしている / not ～ different 目につくほどは違っていない / *Noticeably* there is a gradual decline in birthrate. 注目すべきことは次第に出生率が低下していることだ.

nótice-bòard *n.*《英》掲示板, 告示板, 立札 (《米》bulletin board).

No·tid·a·ni [noutídənàɪ | nəu-]〘← NL ～ (pl.) ← *Notidanus* □ Gk *nōtidanos* small shark ← NOTO-¹＋*idanos* comely (← *idêin* to see)〙— *n. pl.*〘魚類〙カグラザメ類.

no·ti·fi·a·ble [nóutəfàɪəbl̩, ⌐—⌐—⌐ | náutɪfàɪəbl̩, ⌐—⌐—⌐]〘← NOTIFY＋-ABLE〙— *adj.* **1** 通知すべき. **2**〈伝染病など〉届け出義務のある : a ～ infectious disease 届出を要する伝染病.

no·ti·fi·ca·tion [nòutəfɪkéɪʃən, -fə- | nəutɪfɪ-]〘《?*c*1380》□ (O)F ～ / ML *nōtificātiō*(*n*-) ← *nōtificāre* 'to NOTIFY': ⇨ -ation〙— *n.* **1** (正式の)通知, 通報, 公告, 告示 (notice). **2** 通知書, 公告[告示]文, 届書. **3** 出生届 ; 死亡届 ; (伝染病などの)発病届.

nó·ti·fi·er *n.* 通知[通報]者, 届出人 ; 告知者.

no·ti·fy [nóutəfàɪ | nəutɪ-]〘《*c*1385》*notifie*(*n*) □ (O)F *notifi-er* □ L *nōtificāre* to make known ← *nōtus* known : ⇨ notice, -ify〙— *vt.* **1 a**〈人〉に(正式に)通知[通報]する (inform)〔*of*〕/〈*that*〉: ～ a person *of* one's address 人に住所を通知する / I have been *notified that*… 私は…という通知を受けた. **b**〈物事を〉(…に)通知[通報]する〔*to*〕: ～ one's intentions *to* the party concerned 当方の意図を相手方に通知する. **c**〈伝染病・出生などを〉届け出る : ～ a birth. **2**《英》〈ある事柄を〉発表する, 掲示する, 公示する, 広告する : ～ a sale in the newspaper 売却を新聞に発表する.

nò-tíll *n.* ＝no-tillage.

nò-tíllage *n.*〘農業〙不耕起栽培.

no·tion [nóuʃən | náu-]〘《1567》□ L *nōtiō*(*n*-) recognition, idea ← *nōtus* : ⇨ notice, -tion〙— *n.* **1** 観念, 概念 (conception) ; 説 (theory), 信念 (belief) ; (漠然とした)考え, 意見, 見解 (idea) : have a ～ *that* …という考えを持っている / Such is the common ～. これが世間一般の考えです / have no [a good] ～ *of* economy 経済とは何であるかまるで知らない[よく知っている] / I have not the haziest [slightest] ～ *of* what he means. 彼が何を言っているのか私にはさっぱりわからない / The ～ *of* my marrying her is absurd. 私が彼女と結婚するなんて思っただけでもばかばかしい.

2 a [*of doing* または *to* do を伴って] 意向, 意志, …したい気 (intention) : I have no ～ *of* resigning. 辞職の意志はない / I have a ～ *to* travel in Hokkaido. 北海道旅行でもしてみようと思っている. **b** 好み, 好き (liking) : take a ～ to …が好きになる, …を気に入る. **3** ばからしい考え, 気まぐれ (whim) : get ～*s*. **4 a** 器用な考案物, 発明品. **b** [*pl.*]《米》(安価で気の利いた)雑貨 (general goods), 小間物 (knicknacks) ; (特に, ピン・針・糸・ひもなどの)小型実用品 (cf. haberdashery 2 a) : buy ～*s* at a store. **5**〘哲学〙考え, 概念, 思念, 想念 : the first [second] ～ 第 1 次[2 次]的一般概念. **6**《廃》心, 知性.

nó·tion·al [-ʃənl̩, -ʃnəl]〘《1597》□ LL *nōtiōnāl-is* : ⇨ ↑, -al¹〙— *adj.* **1** 観念[概念]上の, 観念[概念]的な. **2** 抽象的な, 純理論的な, 思弁的な (speculative). **3** 想像的な, 架空の, 空想上の, 非現実的な (unreal). **4**《米》(愚かな)空想にふける, 幻想に満ちた, 気まぐれな (whimsical). **5**〘言語〙**a** (言語形式の表わす)意味の. **b** (それ自身が意味を持った)概念語の (cf. relational 3) : a ～ word 概念語 (content word). **c** 概念を表象する (presentive). **no·tion·al·i·ty** [nòuʃənǽləti | nàuʃənǽlɪtɪ, -lɪ-] *n.* **～·ly** *adv.*

nó·tion·al·ist [-ʃ(ə)nəlɪst, -ləst | -lɪst] *n.*《古》理論家 (theorist).

no·to-¹ [nóuṭou, -ṭə | náutə(u)]〘《17C》← NL ～ ← Gk *nōton* back : cog. L *natēs* (pl.) rump : cf. nates〙—「背, 背中 (back)」の意の連結形 : *noto*chord, *noto*podium. ★ 母音の前では通例 not- になる.

no·to-² [nóuṭou, -ṭə | náutə(u)]〘← NL ～ ← *nótos* south (wind)〙「南 (south) ; 南の (southern)」の意の連結形 : *Noto*gaean. ★ 母音の前では通例 not- になる.

nòto·bránchiate〘← NOTO-¹＋BRANCHIATE〙*adj.*〘魚類〙背にえらのある.

nóto·chòrd〘← NOTO-¹＋CHORD²〙*n.*〘動物〙脊索(せきさく)《系統的にも発生学上も脊椎の基礎を形成する髄管内を走る軟骨様の中軸》. **nòto·chórdal** *adj.*

no·to·don·tid [nòuṭədάntɪd, -ṭəd | nàutədɔ́ntɪd]〘↓〙〘昆虫〙*adj.* シャチホコガ(科)の. — *n.* シャチホコガ《シャチホコガ科のガの総称》.

No·to·don·ti·dae [nòuṭədάnṭədìː | nàutə(u)dɔ́ntɪ-]〘← NL ～ ← *Notodonta* (属名 : ← NOTO-¹＋-ODONTA)＋-IDAE〙*n. pl.*〘昆虫〙(鱗翅目)シャチホコガ科.

No·to·gae·a [nòuṭədʒíːə | nàutə(u)-]〘← NL *Notogaea* ← NOTO-²＋*-gaea* (← Gk *gaîa* land, earth)〙— *n.* (*also* **No·to·ge·a** [～])〘生物地理〙南界《動物分布三大区分の一つ ; オーストラリア・ニュージーランド・ニューギニア・西南太平洋諸島を含む地域 ; cf. Arctogaea, Neogaea》. **Nò·to·gáe·an, Nò·to·gé·an** [-dʒíːən] *adj.*

no·tom·ma·tid [no(u)tάmətɪd, -təd | nə(u)tɔ́mətɪd]〘↓〙*adj., n.*〘動物〙セナカワムシ科の(動物).

No·tom·mat·i·dae [nòutəmǽṭədìː | nàutəmǽtɪ-]〘← NL ～ ← *Notommata* (属名 : ← NOTO-¹＋Gk *ómma* eye)＋-IDAE〙*n. pl.*〘動物〙セナカワムシ科.

no·to·nec·tal [nòuṭənéktəl | nàutə-]〘← NOTONECT(IDAE)＋-AL¹〙*adj.*〘昆虫〙マツモムシ(科)の.

no·to·nec·tid [nòuṭənéktɪd, -təd | nàutənéktɪd]〘↓〙*n.*〘昆虫〙マツモムシ《マツモムシ科の昆虫の総称》.

No·to·nec·ti·dae [nòuṭənéktədìː | nàutə(u)néktɪ-]〘← NL ～ ← *Notonecta* (属名 : ← NOTO-¹＋*-necta* swimmer (← Gk *néktes* ← *nékhein* to swim : ⇨ necto-))＋-IDAE〙— *n. pl.*〘昆虫〙(半翅目)マツモムシ科.

nòto·pódium〘← NOTO-¹＋-PODIUM〙*n.* (*pl.* **-dia**)〘動物〙背肢, 背枝《環形動物のゴカイなどの肉質のあし(いぼあし)の背側 ; cf. parapodium》.

no·to·ri·e·ty [nòuṭəráɪəṭi | nàutəráɪətɪ]〘□ F *notoriété* □ ML *nōtōrietātem* : ⇨ ↓, -ity〙— *n.* **1** (主に悪い意味で)有名, 評判 ; 悪名, 悪評 : gain an evil ～ 悪評を得る. **2**《英》悪名高い人 ; 評判の人, 話題の人, 有名な人.

no·to·ri·ous [no(u)tɔ́ːriəs, nə-, -tɔ́ːr- | nə(u)tɔ́ːrɪ-]〘《1548-49》← ML *nōtori-us* well known (← L *nōtus* (p.p.) ← *nōscere* 'to KNOW¹')＋-OUS : cf. notice〙— *adj.* **1** (通例悪い意味で)有名な, 評判の高い, 名うての, 札つきの ; 周知の : a ～ thief, gambler, etc. / a ship ～ *for* ill luck 運の悪いので有名な船 / The place is ～ *for* its luxury. その土地はぜいたくで有名だ. **2** 名高い, 周知の : ～ facts / It is ～ that… ということは周知のことである, すっかり評判になっている. **～·ly** *adv.* **～·ness** *n.*

no·tor·nis [nətɔ́ənɪs, -nəs | -tɔ́ːnɪs]〘← NL ～ ← NOTO-²＋Gk *órnis* bird〙— *n.* (*pl.* ～)〘鳥類〙ノトルニス (*Notornis mantelli*)《ニュージーランド産の飛行力を失った大型のクイナ ; 絶滅の危険がある》.

No·to·ryc·ti·dae [nòuṭəríktədìː | nàutə(u)ríktɪ-]〘← NL ～ ← *Notoryctes* (← NOTO-²＋Gk *oruktēs* digger (← *orussein* to dig))＋-IDAE〙— *n. pl.*〘動物〙フクロモグラ科.

No·to·un·gu·la·ta [nòuṭouʌ̀ŋgjuláːṭə, -léɪ- | nàutəuʌ̀ŋgjuláːtə, -léɪ-]〘← NL ～ ← NOTO-²＋*ungulata* ((neut. pl.) ← LL *ungulatus* 'UNGULATE')〙— *n. pl.*〘動物〙南蹄(なんてい)目, 南米有蹄目《今は絶滅した草食哺乳類, 暁新世から更新世にかけ広く南米に分布した》.

nòto·úngulate〘← NOTO-²＋UNGULATE〙*adj., n.*〘動物〙南蹄目の(動物, 化石).

nót-óut〘クリケット〙*adj.*〈打者が〉アウトにならない《相手方の審判に対してのアピールが却下された時など》;〈打者が〉(一日のプレーの後に)イニングスが未終了の. — *n.* (一日のプレーの後に)イニングスが未終了の打者.

No·tre Dame [nòutrədéɪm, nòuṭə-, -dάːm | nàutrə-dάːm, nɔ̀t-; *F.* nɔtʀədam]〘□ F ～ 'our Lady' : ⇨ dame〙— *n.* **1** 聖母マリア. **2** 聖母教会[聖堂]. **3** ノートルダム寺院《Paris にある初期ゴシック風の大聖堂, 1163 年着工, 1257 年完成 ; 正式名 Notre Dame de Paris》.

nó-trúmp〘トランプ〙*adj.* (ブリッジで)ノートランプの, ノートランプ型の, ノートランプに向いた.
— *n.* (*pl.* ～, ～**s**) (ブリッジで)ノートランプ, ノートラ《どの種類 (suit) の札をも切り札にしないで何組か取るという宣言 (bid), 契約 (contract), またその手》.

nó-trúmp·er *n.*〘トランプ〙(ブリッジで)ノートランプ型の手《4 種の札の枚数が平均している手》; ノートランプの契約でプレーする[したがる]人.

nó-trúmps *n.*〘トランプ〙＝no-trump.

nót-sélf *n.*〘哲学〙非我 (nonego).

nót-sò *adv.* [形容詞を修飾して]《口語》あまり…でない (cf. not so ⇨ so¹ *adv.* 2) : a ～ cold day あまり寒く

ない日, 割合いに暖かい日 / in the ～ distant future あまり遠くない[比較的近い]将来に.

Not·ting·ham [nάtɪŋəm | nɔ́t-] 〘OE *Snotengaham*《原義》village of Snot's (← *Snot* (人名)) people: ⇨ -ing[3], home〙 ── *n.* **1** イングランド中部, Nottinghamshire 州の首都; イングランド最大の市場がある; 人口 283,000. **2** ＝Nottinghamshire.

Not·ting·ham·shire [nάtɪŋəmʃɪə, -ʃə | nɔ́tɪŋəm-ʃə(r, -ʃɪə(r] 〘⇨↑, -shire〙 ── *n.* イングランド中部の州; Robin Hood 伝説の Sherwood の森があった; 1974 年以後北西部は South Yorkshire 州の一部となる; 人口 975,000, 面積 2,164 km^2, 首都 Nottingham.

Nottm. 《略》Nottingham.

Notts. [nάts | nɔ́ts] 《略》Nottinghamshire.

not·tur·no [nətúənoʊ, no(ʊ)- | nɔ(ʊ)túənəʊ; *It.* nottúrno] 〘□ It. ～ 'of the night' < L *nocturnus* ← *nox* 'NIGHT': cf. nocturn〙 ── *n.* (*pl.* **-tur·ni** [-niː; *It.* -ni]) 〘音楽〙 **1** ノットゥルノ《セレナーデ, ディヴェルティメント (divertimento) に似た 18 世紀の器楽合奏曲》. **2** ＝nocturne 1.

no·tum [nóʊtəm | nə́ʊt-] 〘← NL ～ ← Gk *nôton* the back〙 *n.* (*pl.* **no·ta** [-tə | -tə]) 〘昆虫〙(胸)背板《胸部背面をおおうキチン (chitin) 板; cf. tergite》.

nót-ùnder-commánd [**-contról**] **lìghts** *n. pl.* 〘海事〙運転不自由灯《運転不自由のとき船の掲げる上下 1.83 m の間隔をおいた紅灯 2 個; breakdown lights ともいう》.

No·tun·gu·la·ta [noʊtʌ̀ŋgjʊlάːtə, -léɪ- | nəʊtʌŋgjʊ-lάːtə, -léɪ-] *n. pl.* 〘動物〙＝Notoungulata.

no·tun·gu·late [noʊtʌ́ŋgjʊlɪt, -lət, -lèɪt | nəʊ-] *adj., n.* 〘動物〙＝notoungulate.

No·tus [nóʊtəs | nə́ʊt-] 〘□ L ～ □ Gk *Nótus*: *nótos* south wind の擬人化〙 *n.* 〘ギリシャ神話〙ノトス《南風の神》.

not·with·stand·ing [nὰtwɪθstǽndɪŋ, -wɪð-, -wəθ-, -wəð- | nɔ̀twɪθ-, -wɪð-] 〘(?c1400)《なぞり》← (O)F *nonobstant*: ⇨ not, withstand: cf. non obstante〙 ── *prep.* …にもかかわらず: We went on, ～ the storm. 嵐にもかかわらず前進し続けた. ★ この語は現在分詞に由来するため, 時に独立分詞構文的に用いられる: We went on, the storm ～. ── *adv.* それにもかかわらず, それでも (nevertheless): The truth must be told, ～. やはり本当のことを話さなければならない. ── *conj.* 《古》[時に that を伴って] …にもかかわらず: I went ～ (*that*) he told me not to (go). 彼が行くなと言ったにもかかわらず私は行った.

Nou·ak·chott [nuάːkʃɑt | nuάːkʃɔt] *n.* ヌアクショット《アフリカ西部 Mauritania の首都; 人口 37,000》.

nou·gat [núːgət, -gɑː | núːgɑː, nʌ́gət] 〘(1827) □ F ～ □ OProv. *nogat* confection of nut < VL **nucātum* ← L *nux* 'NUT': ⇨ nux vomica〙 ── *n.* ヌガー《ナッツなどが入った柔らかいあめ》.

nou·ga·tine [nùːgətíːn] 〘⇨↑, -ine[5]〙 *n.* ヌガーを芯(しん)にしたチョコレート.

nought [nɔ́ːt] 〘OE *nōwiht* ← *nā* 'NO[1]' + *ōwiht* 'AUGHT[1]': cf. naught, not〙 *n., adj., adv.* ＝naught.

nóught féet *n.* 〘航空〙超低空飛行.

nóughts-and-crósses *n. pl.* [単数扱い] 《英》〘遊戯〙三目並べ (⇨ ticktacktoe 1).

Nou·mé·a [nuːméɪə] *n.* ヌメア《フランス領 New Caledonia 島南東部の海港で首都; 人口 58,000》.

noumena *n.* noumenon の複数形.

nou·men·al [núːmənl, náʊ- | -mɪ-] 〘← NOUMEN(ON) + -AL[1]〙 ── *adj.* 〘哲学〙本体 (noumenon) (的)の《特殊な(認識)能力や要請によってのみ理解される》, 現象(界)的でない. **～·ly** *adv.*

nóu·men·al·ìsm [-nəlɪzm] *n.* 〘哲学〙本体論, 超現象主義《Plato のイデアや Kant の物自体のような本体を考える立場; ⇨ noumenon》.

nóu·men·al·ist [-lɪst, -ləst | -lɪst] *n.* 〘哲学〙本体論者, 超現象主義者 (cf. noumenalism).

nou·me·non [núːmənὰn, náʊ- | -mɪnɔn] 〘(1798) □ G *Noumenon* □ Gk *nooúmenon* (neut. pres.p. pass.) ← *noein* to perceive, apprehend ← *nóos* mind: cf. nous〙 ── *n.* (*pl.* **-me·na** [-nə]) 〘哲学〙 **a** (Plato のイデア, Aristotle の神のように, 生成消滅する世界を超越しその原因である)実在, 実体, 本体. **b** 〘カント哲学〙本体, 物自体 (thing-in-itself, Ding an sich), 英知界《経験的現象界を超え, またその背後に原因として考えられ, 悟性や理論理性では捉えられない要請された世界; cf. phenomenon》. **～·al** [-nl] *n.*

noun [náʊn] 〘(a1398) *nowne* □ AF *noun* ＝OF *nun, num* (F *nom*) < L *nōmen* 'NAME': cf. Gk *ónoma*〙 〘文法〙 ── *n.* **1** 名詞: abstract [collective, common, material, proper] ～*s* 抽象[集合, 普通, 物質, 固有]名詞 / a ～ of multitude 衆多名詞《集合名詞中, 一つのまとまった集合体をさす場合に対し, その個々の構成要素をさし, 概念が複数形のもの; 例えば All my *family* are lovers of music. の family など; cf. collective noun》. **2** 名詞代用語[相当語] (nominal). **3** 《古》実詞 (substantive)《名詞と形容詞との総称》: a ～ adjective 形容詞 / a ～ substantive 実詞, 名詞.
── *attrib. adj.* 名詞(的)の, 名詞用法の: a ～ phrase [clause] 名詞句[節]. **～·al** [-nl] *adj.* **～·al·ly** *adv.*

nou·rice [núːrɪs, -rəs | -rɪs] 〘《異形》← NURSE[1]〙 *n.* 《スコット》乳母(うば) (nurse).

nour·ish [nə́ː(r)ɪʃ | nʌ́r-] 〘(c1300) *norische(n), norisse(n)* □ OF *noris(s)-* (stem) ← *norir, nurir* (F *nourir*) < L *nūtrīre* to foster, feed, maintain: ⇨ nutriment, nurse[1]〙 ── *vt.* **1 a** …に滋養物を与える, 〔滋養物を与えて〕養う (feed)〔*with*〕: ～ an infant *with* milk 牛乳で幼児を養う. **b** (肥料を与えて)〈土地を〉肥やす (enrich): ～ the land. **2** 〈習慣などを〉助長する, 育成する, はぐくむ (foster): Freedom ～*es* self-respect. 自尊心は自由によって培われる. **3** 〈感情・計画などを〉心に抱く: ～ an illusion [a feeling of hatred] 錯覚[憎悪心]を抱く. **4** 《古》〈動物を〉育てる; 〈植物を〉栽培する: ～ an animal, plants, etc. **～·er** *n.*

nóur·ish·ing 〘ME: ⇨↑, -ing[2]〙 *adj.* 〈食品など〉滋養になる, 滋養分の多い (nutritious). **～·ly** *adv.*

nóur·ish·ment 〘(1485) □ OF *norissement*: ⇨ nourish, -ment〙 ── *n.* **1** 滋養物 (nutriment), 食物 (food): take ～. **2** 滋養を与えること; 栄養状態: imperfect ～ 栄養不良. **3** 養うこと, 養育; 育成, 助長, 向上.

nous [núːs, náʊs | náʊs] 〘(1678) □ Gk *noûs*《短縮》← *nóos* mind, intellect: cf. noetic〙 ── *n.* **1 a** 知恵, 機知 (intelligence). **b** 《口語》世才, 常識 (common sense). **2** 〘哲学〙ヌース《古代哲学以来しばしば非物質的・英知的で理性的な万象の原理, 精神の至高の能力等として考えられてきたもの》.

nou·veau pau·vre [nuːvóʊ-póʊvr(ə), -pɔ́ː- | -vóʊ-pɔ́ʊ-, -pɔ́ː-; *F.* nuvopoːvr] 〘□ F ～ 'NEW POOR': ⇨ novel[1]〙 ── *F. n.* (*pl.* **nou·veaux pau·vres** [～; *F.* ～]) 急に貧乏になった人, 斜陽族の人.

nou·veau riche [núːvoʊ-ríːʃ | -vəʊ-; *F.* nuvoriʃ] 〘□ F ～ 'NEW-RICH': ⇨ novel[1], rich〙 *F. n.* (*pl.* **nouveaux riches** [～; *F.* ～]) (にわか)成金 (cf. new-rich).

nou·veau ro·man [nuːvóʊ-roʊmάː(ŋ), -mɔ́ː(ŋ), -mάːŋ | -vóʊ-rəʊ-; *F.* nuvoʀɔmɑ̃] 〘(1961) □ F ～ 'new novel': ⇨ roman〙 ── *F. n.* (*pl.* **nou·veaux ro·mans** [～; *F.* ～]) ヌーヴォーロマン《小説の構成や人物描写などの伝統的な技法に反発して, 一見筋のはっきりしない, 人物の関係も明確でないような新しい小説のあり方を実験的に試みたもの; 主にフランスで 1960 年代に流行した》.

nou·veau·té [nùːvoʊtéɪ | -vəʊ-; *F.* nuvote] 〘□ F ～ 'newness, NOVELTY'〙 *F. n.* (*pl.* ～**s** [～; *F.* ～]) 新しい物 (new thing).

nouveaux pauvres *n.* nouveau pauvre の複数形.

nouveaux riches *n.* nouveau riche の複数形.

nouveaux romans *n.* nouveau roman の複数形.

nou·velle [nuːvél; *F.* nuvɛl] 〘□ F ～ 'news, short story'《なぞり》← It. *novella*: ⇨ novel[2]〙 *F. n.* ＝novella 2.

nou·velle vague, N- V- [nuːvél-vάːg; *F.* nuvɛlvag] 〘□ F ～ 'new wave'〙 ── *n.* (*pl.* **nou·velles vagues** [～; *F.* ～]) [通例 the ～] ヌーベルバーグ, 新しい波 (new wave)《1960 年代初期のフランスやイタリア映画などの前衛的傾向》.

nov. 《略》novel; novelist; novice; novitiate.

Nov., Nov 《略》November.

no·va [nóʊvə | nə́ʊ-] 〘← NL ～ 《略》← L *nova* (*stēlla*) new (star) (fem.) ← *novus* 'NEW'〙 ── *n.* (*pl.* **no·vae** [-viː], ～**s**) 〘天文〙新星《突然数万ないし数十万倍も光輝を増し, 次第に薄れて数か月ないし数年してもとに復する変光星; new star ともいう; cf. supernova》. **～·like** *adj.*

No·va·chord [nóʊvəkɔ̀əd | nə́ʊvəkɔ̀ːd] 〘⇨↑, -chord: 米国 Hammond 社の商標名〙 ── *n.* 〘商標〙ノーヴァコード《電気で種々の音色を出す米国 Hammond 社製の楽器; cf. Hammond organ》.

no·vac·u·lite [nəvǽkjʊlàɪt | nə(ʊ)-] 〘← L *novācula* sharp knife, razor (← *novāre* to whet + *-cula* (instr. suf.)) + -ITE[1]〙 ── *n.* 〘岩石〙ノヴァキュライト《非常に堅い白色の珪質砂岩; 砥石(といし)に用いられる》.

novae *n.* nova の複数形.

Nóva Góa *n.* ノヴァゴア《旧ポルトガル領 Goa の首都; 人口 79,000》.

No·va·lis [no(ʊ)vάːlɪs | nə(ʊ)-; *G.* nováːlɪs] *n.* ノヴァーリス《Friedrich von HARDENBERG の筆名》.

No·va Lis·boa [nɔ́ːvə-liːʒbóʊə | -bə́ʊə; *Port.* nɔ́bɐ-liʒbóɐ] *n.* ノバリジボア《アフリカ南西部 Angola の中西部の山地にある都市; 人口 50,000, 現名 Huambo》.

No·va·ra [noʊvάːrə | nəʊ-; *It.* nováːra] *n.* ノバーラ《イタリア北西部 Piedmont 県の都市; 絹・綿・機械類を産する; 1849 年 Sardinia 王 Charles Albert が Radetzky のオーストリア軍に破れた; 人口 101,000》.

No·va Sco·tia [nóʊvə-skóʊʃə | nə́ʊvə-skə́ʊ-] 〘□ L ～ 'New Scotland'〙 ── *n.* カナダ南東部の州; 同名の半島と Cape Breton Island を含む (半島は 1713 年までフランス領 Acadia の一部, その後英領); 湖・河川・森林が多く漁業が盛ん; 略 N.S.; 人口 789,000, 面積 55,490 km^2, 首都 Halifax.

No·va Sco·tian [nóʊvə-skóʊʃən | nə́ʊvə-skə́ʊ-] *adj.* Nova Scotia 州の[に関する]; Nova Scotia 人の[に関する]. ── *n.* Nova Scotia の人.

no·va·tion [no(ʊ)véɪʃən | nə(ʊ)-] 〘(1533) □ L *novātiō(n-)* renewal ← *novātus* (p.p.) ← *novāre* to renew ← *novus* 'NEW'〙 ── *n.* **1** 〘法律〙更改《現債務を消滅させ, 新債務でこれに代えること; またその契約》. **2** 《まれ》＝innovation.

No·va·ya Zem·lya [nóʊvəjə-zèmliά: | nə́ʊvəjə-zèmlɪə; *Russ.* nóvəjə-zjimljá] 〘□ Russ. ～《原義》new land〙 ── *n.* ノバヤゼムリャ(島)《ソ連邦ロシヤ共和国の北方, 北極海上で Kara 海と Barents 海とを隔てる二大島から成る; 1594–96 年 Barents によって探検された; 面積 82,600 km^2》.

nov·el[1] [nάvəl | nɔ́v-] 〘(c1450) □ OF ～ (F *nouvel, nouveau*) < L *novellum* (dim.) ← *novus* 'NEW'〙 ── *adj.* **1** 新しい, 新奇な (new). **2** 見[聞き]なれない, 普通でない, 異常な (unusual).

nov·el[2] [nάvəl | nɔ́v-] 〘(1566) □ It. *novella* new things < L *novella* new (kind of story) (neut. pl.) ← *novellus* ← *novus* (↑): cf. F *nouvelle* short story〙 ── *n.* **1 a** 長編小説 (cf. fiction, short story 1, novelette 1 a): a historical ～ 歴史小説 / a popular [realistic] ～ 大衆[写実]小説 / a detective [an adventure] ～ 推理[冒険]小説. **b** [the ～] (文学形式としての)小説, 小説文学: *the* modern ～ 現代小説. **2** [通例 *pl.*] 《古》＝novella 1. **3** 〘音楽〙抒情的歌曲, 恋歌.

nov·el[3] [nάvəl | nɔ́v-] 〘□ LL *novel-la*《略》← *novella constitūtiō* new regulation〙 ── *n.* **1** [通例 the Novels] 〘ローマ法〙法典発布以後の勅令, 新法, 付律, 補律; (特に)(ユスティニアヌス法典 (Justinian Code) 以後 582 年までに発せられた)新勅法《ローマ法典の第 4 部に当たる》. **2** 〘民法〙修正法令.

nov·el·ese [nὰvəlíːz, -líːs | nɔ̀vəlíːz] 〘← NOVEL[2] + -ESE〙 *n.* 低級な小説の文体, 三文小説的文体 (cf. journalese).

nov·el·ette [nὰvəlét | nɔ̀və-, -vɪ-] 〘← NOVELLA + -ETTE // □ It. *novelletta*〙 ── *n.* **1 a** 中編小説 (novella)《通例 3–5 万語程度のもの; long-short story ともいう; cf. novel[2] 1 a, short story 1》. **b** 《英》[しばしば軽蔑的に] 感傷的な軽い(恋愛)小説. **2** 〘音楽〙ノベレッテ《物語風のロマンティックなピアノ小品》.

nὸv·el·étt·ish [-tɪʃ | -tɪʃ] *adj.* 《英》[しばしば軽蔑的に] 感傷的な, 安っぽい.

nóv·el·ist [-lɪst, -ləst | -lɪst] 〘(1583)《廃》innovator ← NOVEL[2] + -IST: cf. F *nouvelliste*〙 *n.* 小説家, (小説の)作家.

nov·el·is·tic [nὰvəlístɪk | nɔ̀v-] *adj.* **1** 小説の, 小説的な. **2** 小説によくあるような. **nὸv·el·íst·i·cal·ly** *adv.*

nov·el·ize [nάvəlàɪz | nɔ́v-] 〘← NOVEL[2] + -IZE〙 ── *vt.* 〈戯曲・事実などを〉小説体にする, 小説に仕組む, 小説化する (fictionize). **nov·el·i·za·tion** [nὰvəlɪzéɪʃən, -lə- | nɔ̀vəlaɪ-, -lɪ-] *n.*

no·vel·la [no(ʊ)vélə | nə(ʊ)-; *It.* novέlla] 〘□ It. ～ 'NOVEL[2]'〙 ── *It. n.* (*pl.* ～**s**, **no·vel·le** [-leɪ; *It.* -le]) **1** 短編物語《Boccaccio 作の *Decameron* 中の物語のような小品物語》. **2** 中編小説 (novelette).

nov·el·ty [nάvəlti | nɔ́vəltɪ] 〘(c1395) □ OF *novelte* (F *nouveauté*) < LL *novellitātem* newness ← L *novellus*: ⇨ novel[1], -ty[2]〙 ── *n.* **1** 目新しさ, 珍しさ: while the ～ lasts 珍しい間は. **2** 目先の変わった出来事, 新しい物, 新しい経験; 革新 (innovation): It is a welcome ～ to find that …ということは新しい風潮で結構なことだ. **3 a** [通例 *pl.*] (商品の)新案物, 新型, 珍奇な商品 (novel articles)《主におもちゃ・服飾などの小さい気のきいた, 特に非常に安い目先の変わった商品にいう》: the latest *novelties* 最新型. **b** (ある季節・場合だけに着用される)はでな意匠の織物[衣服].
── *attrib. adj.* 最新型の, 最新の, 新型の, 新製品の.

nóvelty sìding *n.* 〘建築〙＝drop siding.

nóvel·wrìght *n.* 小説家 (novelist).

No·vem·ber [nəvémbə, no(ʊ)- | nə(ʊ)vémbə(r] 〘(c1300) □ (O)F *Novembre* □ L *November* (*mēnsis*) the ninth (month) (古代ローマ暦の第 9 月) ← *novem* 'NINE': cf. lateOE *nouembre*: 数の食違いについては ⇨ December〙 ── *n.* 11 月 (略 Nov., N.).

no·vem·de·cil·lion [nòʊviːmdɪsíljən, -də- | nə̀ʊ-viːmdɪ-, -diː-] 〘← L *novemdec(im)* nineteen (← *novem* (↑) + *decem* ten) + (M)ILLION〙 ── *n.* 《米》10^{60}; 《英》10^{114} (⇨ million 表). ── *adj.* novemdecillion の.

no·ve·na [no(ʊ)víːnə, nə- | nə(ʊ)-] 〘(1853) □ ML *novēna* (fem.) ← L *novēnus* nine each ← *novem* (↑)〙 ── *n.* (*pl.* **no·ve·nae** [-niː], ～**s**) 〘カトリック〙9 日間の祈り[勤行]: make a ～.

no·ver·cal [nəvə́ːkəl | nə(ʊ)və́ː-] 〘(1623) □ L *novercālis* ← *noverca* stepmother ← ? *novus* new: ⇨ -al[1]〙 *adj.* 《まれ》継母の[に関する, らしい].

Nov·go·rod [nάvgərὰːd | nɔ́v-; *Russ.* nóvgərət] 〘□ Russ. ～《原義》new city〙 ── *n.* ノブゴロド《ソ連邦ロシヤ共和国北西部の都市; Novgorod 公国の首都 (1136–1478); St. Sophia 大聖堂および中世の二つの修道院がある; 人口 179,000》.

No·vi·al [nóʊviəl | náʊvjəl, -vɪəl] 〘← *nov-* (cf. L *novus* new) + I(NTERNATIONAL) + A(UXILIARY) + L(ANGUAGE)〙 ── *n.* ノーヴィアル《デンマークの言語学者 Jespersen が考案 (1928) した国際補助語; ⇨ international auxiliary language》.

nov·ice [nάvɪs, -vəs | nɔ́vɪs] 〘(14C) *novise* □ (O)F *novice* □ ML *novīcius* ← L *novus* 'NEW'〙 ── *n.* **1 a** 修練士[女]《修道会の一員ではあるが, 修道誓願を立てておらず見習い期にあるもの》, 見習い修道(尼). **b** (キリスト教への)新帰依者, 新信者 (neophyte). **2** 新参者, 未熟者, 初心者 (beginner): a ～ golfer / a ～ *in* politics 新参[駆け出し]の政治家 / He is no ～ *at* the art. その技術にかけては玄人(くろうと)だ. **3** (競技・品評会などで)まだ一度も受賞したことのない動物, 初出場の馬[犬].

Nov·ice [nάvɪs, -vəs | nɔ́vɪs] 〘↑〙 *n.* 男性名.

no·vi·ci·ate [no(ʊ)víʃiət, nə-, -ʃɪɪt, -ʃièɪt, -ʃət, -ʃɪt | nə(ʊ)víʃɪət, nɔ-, -ʃièɪt, -ʃɪɪt] 〘(1600) □ F *noviciat* // ML *noviciāt-us* ← LL *novītius* ＝L *novīcius* new: ⇨ novice, -ate[1]〙 ── *n.* ＝novitiate.

novi homines *n.* novus homo の複数形.

nov·i·lla·da [nòuvijá:də | nɔ̀uvi(l)já:- ; *Sp.* nòvijáda] 〘⊏Sp. ～ ← NOVILLO〙 *n.* (子牛相手の)見習い闘牛 (cf. novillero).

no·vi·lle·ro [nòuviɛ́(ə)rou, -vəlɛ́(ə)r- | nɔ̀uvi(l)ɛ́ərəu ; *Sp.* nòvijéro] 〘⊏Sp. ～ ← *novillo* (↓)〙 ―― *n.* (*pl.* ～s [～z ; *Sp.* ～s]) (matador の資格をもっていない)見習い[子牛の]闘牛士 (cf. novillada).

no·vi·llo [no(u)ví:(j)ou | nə(u)ví:(j)əu ; *Sp.* novíjo] 〘⊏Sp. ～ 'young bull' ← L *novellus* 'new, NOVEL[1]'〙 *n* (*pl.* ～s [～z; *Sp.* ～s]) 子牛《特に, 3 歳以下の闘牛》.

No·vi Sad [nóuvi-sá:d | nɔ́uvi- ; *Serb.* nɔ̂vi:-sá:d] *n.* ノビサド《ユーゴスラビア北東部, Danube 河畔の都市 ; 人口 142,000》.

no·vi·ti·ate [no(u)víʃiət, nə-, -ʃiɪt, -ʃièɪt, -ʃət, -ʃɪt | nə(u)víʃiət, nɔ-, -ʃièɪt, -ʃiɪt] 〘⇨ noviciate〙 ―― *n.* **1 a** 見習い修道士[女]であること. **b** 修練士[女]修練期間. **c** 見習い修道士[女], 修練士[女]. **2 a** 初心者[新参者]であること. **b** 見習い期間 (apprenticeship). **c** 初心者, 新参者. **3** 修練院《見習い修道士[女]が訓練を受けたり寄宿したりする所》.

no·vo·bi·o·cin [nòuvo(u)báɪəsɪn, -sən | nɔ̀uvə(u)báɪəsɪn] 〘← *novo-* (⇨ novocaine) + (ANTI)BIO(TIC) + (STREPTOMY)CIN〙 ―― *n.* 〘薬学〙ノボビオシン ($C_{31}H_{36}N_2O_{11}$)《薄黄色, 結晶状の抗生物質 ; 主としてグラム陽性菌に抑制作用を示す》.

No·vo·cain [nóuvəkèɪn | náu-, nɔ́v-] 〘⊏G *Novokain* : ↓〙 *n.* 〘商標〙ノボカイン《novocaine の商品名》.

no·vo·ca·ine [nóuvəkèɪn | náu-, nɔ́v-] 〘← *novo-* (《連結形》← L *novus* 'NEW') + (CO)CAINE〙 ―― *n.* 〘薬学〙ノボカイン, 新コカイン ($C_{13}H_{20}N_2O_2HCl$)《局所麻酔剤として使用される中毒性の少ないコカイン代用品》.

No·vo·kuz·netsk [nòuvo(u)kuznétsk | nɔ̀uvə(u)- ; *Russ.* navəkuznjétsk] *n.* ノボクズネツク《ソ連邦ロシヤ共和国中央部, Novosibirsk 南東にある都市 ; 冶金・金属工業の中心地 ; 人口 537,000》.

No·vo·ros·sisk [nòuvo(u)rəsí:sk | nɔ̀uvə(u)- ; *Russ.* navərasjísk] *n.* ノボロシースク《ソ連邦ロシヤ共和国南西部, 黒海沿岸の港市で セメント工業の中心地 ; 第二次大戦の激戦地の一つ ; 人口 153,000》.

No·vo·si·birsk [nòuvo(u)sɪbíəsk, -sə- | nɔ̀uvə(u)sɪbíəsk; *Russ.* navəsjibjírsk] *n.* ノボシビルスク《ソ連邦ロシヤ共和国中央部 Ob 河畔の都市 ; 人口 1,304,000》.

No·vo·si·bir·skiye O·stro·va [*Russ.* navəsjibjírskjij-astravá] *n. pl.* [the ～] New Siberian Islands のロシヤ語名.

No·vum Or·ga·num [nóuvəm-ɔ́əgənəm, -ɔəgá:n-, -gǽn- | nɔ̀uvəm-ɔ́:gən-, -ɔ:gá:n-, -gǽn-] 〘⊏L ～ 'new organ'〙 ―― *n.* [the ～]「新機関」,「ノブム オルガヌム」《Francis Bacon の未完の企画 *Instauratio Magna*「大改革」の第二部 (1620) に当たり, Aristotle の古い演繹的論理学の書 *Organon* に対する new organon の意で科学的帰納法を提唱した書; cf. organon 2》.

no·vus ho·mo [nóuvəs-hóumou, náwʊs-hóm- | nóuvəs-háumau, nɔ́vʊs-hɔ́m-] 〘⊏L ～ 'new man'〙 ―― *L. n.* (*pl.* **no·vi ho·mi·nes** [nóuvaɪ-hámənì:z, nóuvi:-hóumɪnèɪs | nə́uvàɪ-hɔ́mɪnì:z, náuvì-háumɪnèɪs]) **1** 貴族の出ではなく, 初めて高位官職に就任した人. **2** 新人, 成り上り者 (upstart).

no·vus or·do se·clo·rum [nóuvəs-ɔ́ədou-seklɔ́:rəm, -kló:r- | náuvəs-ɔ́:dəu-seklɔ́:r-] 〘⊏L *novus ōrdō seclōrum* 'a new order of the ages' : Virgil の *Eclogues* 4. 5 からの引用で米国新時代の発足を象徴する〙 ―― *L. n.* 世紀の新秩序《米国の国璽(じ)の裏面および 1935 年発行の 1 ドル貨幣に記されたモットー》.

now [náu] 〘OE *nū* < Gmc **neujam* (Du. *nu* / G *nun* / ON *nū* / Goth. *nu*) < IE **nu-* (L *num, nunc* / Gk *nu, nûn* / Skt *nū(nam)*): cf. new〙 ―― *adv.* **1** 今, 目下, 現今: The bell is ～ ringing. 鐘が今鳴っている / It is ～ over. もう済んだ / then and ～ 昔も今も. **2** 今では, 目下の事情では: After what has happened it is ～ impossible to go on. こんなことが起こった以上(今となっては)もう続けることはできない. **3** 今すぐ, さっさと (at once): Do it ～. **4** [通例, 物語の中で, 特定の時点を指して] 今や, その時, それから, 次に (then): Hannibal was ～ crossing the Alps. ハンニバルはその時アルプス越えをしていた / It was ～ clear. 今やそれははっきりした. **5 a** [接続詞的に, 陳述・疑問などの切出しまたは話題の転換を示して] さて, そこで, ところで, では: *Now* Barabbas was a robber. さてバラバは強盗なり (*John* 18: 40) / *Now* what do you mean by that? ところで, どんなつもりでそんなことを言う[する]のか. **b** [間投詞的に, 命令・懇願・慰め・威嚇などの意を添えて]さあ, まあ, おい: No nonsense ～! もうくだらないことを言うのはよせ / *Now* hear me! まあ, 聞きなさい / Really ～! = *Now* really! へえ, まさか, 驚いたね. **6** [相関的に ～...～...として] 時には...また時には...; あるいは...あるいは... (cf. NOW... *then*): It was ～ very cold, ～ very hot.
come now さあさあ; まあ, これ, さあ《人を誘い促すのに用いるか, または単に驚き・非難・疑惑などの意を表わして》: *Come* ～, we must plan. さあ計画しなければならない / Oh, *come* ～! まあ, これ. ***(every) now and then [again]*** 時々, 折々, しばしば (occasionally). ***just now*** ⇨ just[2] *adv.* 成句. ***now for it*** = NOW *or never.* ***now, now*** = ***now then*** = ***there now*** これこれ, こらこら《親しみをもって抗議・注意などをする時に添えて》: *Now*, ～, a little less noise, please! これこれ, もう少し静かにしてくれ / *Now then*, what mischief are you up to? こらっ, 何をいたずらしているんだ. ***now or never*** 今しなければまたと機会がない, 今こそ (if ever). ***now...then...*** ある時は...またある時は... (cf. 6): *Now* he laughs, *then* he weeps. 今笑ったかと思うとすぐまた泣く.
―― *conj.* [しばしば that を伴って] 今...であるからには, ...である[した]以上は, ...して見ると (since): *Now* (*that*) I am a man, I think otherwise. 今はおとなになったからそうは考えない / *Now* I think of it, ... 今思うと....
―― *n.* 今, 現今 (the present): *Now* is the chance [time]! 今こそそのチャンス[時機]だ. ★ 通例次のような前置詞のあとに用いる: by ～ 今ごろまでには, 今ごろはもう / ere ～ 以前に / from ～ (on) これから先, 今後 / from ～ till doomsday 今から世の終わりまで / till [up to] ～ 今まで, 今日に至るまで.
as of now 現在の時点では. ***for now*** 当分は, ここしばらくは; では: Goodbye *for* ～ ではさようなら.
―― *adj.* **1** [Attributive に用いて] 今の, 現在の: the ～ king 現国王. **2** 《俗》現代的感覚の,「ナウな」: ～ clothes 最先端をゆく衣装 / the ～ generation ナウな世代.

now·a·day [náuədèɪ] 〘(*a*1393) ↓〙 *adv., adj.* = nowadays.

now·a·days [náuədèɪz] 〘(*a*1376) *nou adaies, a daies* ← *nou* 'NOW' + A-[1] + *dai* 'DAY' + *-es* '-s[2] 1'〙 ―― *adv.* このごろは, 今日は, 当節は (in these days): *Nowadays* many people travel by plane. ―― *attrib. adj.* 今日の, 当節の. ―― *n.* 現今, 今日, 当節 (the present): the sports of ～.

no·way 〘(*a*1325)〙 *adv.* **1** [ˊˋ] = *no* WAY (2). **2** [ˋˊ] = *no* WAY (3).

no·ways [nóuwèɪz] 〘(?*a*1200): ⇨ ↑, -s[2]〙 *adv.* = noway 1.

now·ed [nú:ɪd, -əd, náud] 〘← (M)F *noué* ((p.p.) ← *nouer* to knot) + -ED : ⇨ nowy〙 *adj.* 〘紋章〙結んだ形の.

now·el [nouél | nəu-] 〘(?*c*1390) ⊏ OF *no(u)el* (F *noël*): ⇨ Noel[1]〙 *n.* (*also* **now·ell** [～]) 《古》= Noel[1].

nó·whènce *adv.* どこからともなく (from no place).

nó·whère 〘OE *nāhwǣr*: ⇨ no[1], where〙 ―― *adv.* どこにも[へも]...ない: The book is ～ to be had. その本はどこにも売っていない / Where did you go?―*Nowhere.* どこへ行ったのですか―別にどこへも.
be [come in] nowhere (1) (競馬で)入賞しない, 大敗する. (2) 《口語》〈人などが〉(競争で)てんで問題にならない, 全くだめだ: The rest (*is*) ～. あと(の者)は全然お話にならない (⇨ Eclipse). ***get nowhere*** ⇨ get *v.* 成句. ***nowhere near*** (1) 近い所にはどこも...ない. (2) 《口語》なかなか...ない, ...どころでない (far from): It is ～ *near* so good. とてもそれには及ばない / That's ～ *near* enough. いいどころではない《まだまだ不十分》.
―― *n.* **1** どこにもない所 (no place): He came from ～. どこからともなくやって来た / He has ～ to go. 彼には行きどころがない. **2** 名もない場所[状態], 無名 (obscurity): come from [out of] ～ どこからともなく現われる, 無名から身を起こす.
in the middle of nowhere = ***miles from nowhere*** 《口語》どこからも遠い, 人里離れた.

nówhere-dénse *adj.* 〘数学〙疎の.

nó·whères 〘⇨ nowhere, -s[2]〙 *adv.* 《米方言》= nowhere.

nó·whìther 〘OE *nāhwider*: ⇨ no[1], whither〙 *adv.* 《文語》どこへも...ない.

nó·wise 〘ME *nawyse*: ⇨ no[1], -wise〙 *adv.* 《文語》= noway 1.

nów·ness 〘← NOW + -NESS〙 *n.* 現在性.

nowt[1] [náut] 〘(*c*1200) *nowte, noyt* ⊏ ON *naut* < Gmc **nautam* 'NEAT[1]'〙 *n.* (*pl.* ～) 《スコット・北英》 **1** [通例 *pl.*] 畜牛, 雄牛 (ox). **2** 武骨者, 田舎者, 野人 (lout).

nowt[2] [nóut | náut] 〘《変形》← NAUGHT〙 *n.* 《口語・方言》= naught.

now·y [náui, nóui | náuɪ, náuɪ] 〘⊏ OF *noé* (F *noué*) (p.p.) ← *no(u)er* ⊏ L *nōdāre* ← *nōdus* knot〙 *adj.* 〘紋章〙盾の分割線などの中間が半円形になっている.

Nox [náks | nɔ́ks] 〘⊏ L ～ : *nox* night の擬人化〙 *n.* 〘ローマ神話〙ノクス《夜の女神; cf. Nyx》.

nox·al [náksəl, -sl | nɔ́k-] 〘⊏ L *noxāl-is* harmful ← *noxa* injury (↓)〙 ―― *adj.* 〘ローマ法〙 **1** 〈奴隷・家畜が〉損害を与える (injurious). **2** (奴隷や家畜による)損害(賠償)の.

nox·ious [nákʃəs | nɔ́k-] 〘(1612) ⊏ L *noxius* ← *noxa* harm, injury ← *nocēre* to injure : cf. L *necāre* (↓) / Gk *nékus* corpse : ⇨ necro-, -ous〙 ―― *adj.* **1** (身体に)有害な, 有毒な (injurious): a ～ vapor, gas, weed, etc. **2** (精神的・道徳的に)不健全な, 害毒を流す: a ～ doctrine, idea, influence, etc. **3** いやな, 不快な (obnoxious): a ～ scandal. **～·ly** *adv.* **～·ness** *n.*

no·yade [nwa:já:d ; *F.* nwajad] 〘(1822) ⊏ F ～ 'a drowning' ← *noyer* to drown < L *necāre* to kill, (in LL) to drown〙 ―― *F. n.* **1** 溺死刑《受刑者を底の開く舟に乗せて急に底を開き水中に落として溺死させる刑》. **2** [the Noyades] ナントの大量溺死刑《フランスの恐怖政治時代に, 過激革命派の山岳党が Nantes で多数の政治犯に行なった溺死刑 (1793)》.

no·yau [nwa:jóu, nwaióu | nwáɪəu, nwɔ́ɪəu, nɔ́ɪəu ; *F.* nwajo] 〘(1797) ⊏ F ～, 《廃》 *noiel* kernel < VL **nucāle* (neut.) ← LL *nucālis* of or like a nut ← L *nux* 'NUT'〙 ―― *F. n.* (*pl.* **no·yaux** [～(z) | ～z ; *F.* ～]) = crème de noyau.

Noyes [nɔ́ɪz], **Alfred** *n.* (1880-1958) 英国の詩人 ; *Drake* (1906-08).

noz·zle [názl | nɔ́zl] 〘(1608) ← NOSE + -LE[1] : cf. nuzzle〙 ―― *n.* **1 a** (ホースなどの)筒口, 吹き口, 管先, ノズル: the ～ of a hose, a pipe, etc. **b** (きゅうすの)口. **c** (ろうそく立ての)受け口. **2** 《俗》鼻 (nose).

nózzle·man [-mən] *n.* (*pl.* **-men** [-mən, -mèn]) (消防などにおけるホースの)筒口係.

Np 《略》〘電気〙neper.

Np 《記号》〘化学〙neptunium.

NP 《略》neuropsychiatric ; neuropsychiatry ; noun phrase (変形文法の)名詞句 (cf. VP).

n/p. 《略》〘商業〙net proceeds.

n.p. 《略》net personalty 純動産 ; 〘商業〙net proceeds ; nickel-plated ; 〘印刷〙no paging [pagination] ; 〘図書館〙no place (of publication) ; no printer ; no publisher ; normal pitch ; 〘金融〙notes payable 支払い手形.

N.P. 《略》New Providence ; Nobel Prize.

N.P., n.p. 《略》〘印刷〙new paragraph ; 〘法律〙*L.* nisi prius (= unless before) ; 〘銀行〙no protest 拒絶証書不要 ; notary public.

N.P.A. 《略》Newspaper Publishers' Association.

n.p.f. 《略》not provided for.

N.P.L. 《略》National Physical Laboratory (英国の)国立物理学研究所.

NPN, N.P.N. 《略》〘化学〙nonprotein nitrogen 非蛋白窒素.

n.p.n.a. 《略》no protest for nonacceptance.

n.p. or d. 《略》no place or date.

NPT, N.P.T. 《略》(nuclear) nonproliferation treaty.

n.p.t., NPT, N.P.T. 《略》〘物理〙normal pressure and temperature 常温常圧《標準状態 ; cf. n.t.p.》.

N.R. 《略》Northern Rhodesia ; North Riding.

N.R.A., NRA 《略》《米》National Recovery Act [Administration] ; 《英》National Rifle Association.

N-ràys 〘← *N(ancy)* (フランスの大学) + RAY[1] 5〙 *n. pl.* 〘物理〙N 線《1903 年フランスの Nancy 大学の教授 R. Blondlot が発見した超紫外線》.

NRC, N.R.C. 《略》《米》National Research Council; Nuclear Regulatory Commission (米国の)原子力規制委員会.

N.R.D.C. 《略》《英》National Research Development Corporation.

NRT, n.r.t. 《略》net registered tonnage.

ns 《略》nanosecond(s).

Ns, Ns. 《略》〘気象〙nimbostratus.

NS 《略》not sufficient (funds).

NS, N.S. 《略》nuclear ship.

n.s. 《略》〘海事〙near side ; nickel steel ; *L.* non satis (= not sufficient) ; nuclear ship.

n.s., N.S. 《略》not specified ; new series.

N.S. 《略》natural science ; New School ; New Side ; 〘暦法〙New Style (cf. O.S.); North Sea ; Nova Scotia ; 《英》Numismatic Society 貨幣協会.

NSA 《略》National Security Agency ; National Shipping Authority; National Standards Association; 《米》National Student Association.

N.S.B. 《略》《英》National Savings Bank.

NSC, N.S.C. 《略》National Security Council 米国国家安全保障会議.

nsec 《略》nanosecond(s).

NSF, N.S.F. 《略》《米》National Science Foundation.

N.S.F., n.s.f., N/S/F 《略》〘銀行〙not sufficient funds 資金不足 (cf. N.F., R/D).

N-shèll *n.* 〘物理〙N 殻《原子核を取巻く電子殻のうち, 主量子数 4 をもつもの ; cf. K-shell》.

N.S.P.C.A. 《略》《英》National Society for the Prevention of Cruelty to Animals 動物愛護協会《現在は R.S.P.C.A.》.

N.S.P.C.C. 《略》《英》National Society for the Prevention of Cruelty to Children 全国児童虐待防止協会.

N.S.S. 《略》New Shakespeare Society 新シェークスピア協会《1873 年英国の F. J. Furnivall が創設した協会 ; Shakespeare の初期刊本復刻などの活動を行なった ; 1894 年解散》.

N-sùb [énsʌ̀b] 〘《短縮》← *n(uclear-powered) sub(marine)*〙 *n.* 原子力潜水艦, 原潜.

N.S.W. 《略》New South Wales.

Nt, Nt. 《記号》〘化学〙niton.

NT, NT., N.T. 《略》New Testament.

n.t. 《略》net tonnage ; normal temperature.

N.T. 《略》National Trust ; neap tide ; New Translation ; not titled ; no trumps.

N.T., NT 《略》《豪》Northern Territory.

-n't [nt, nt, n̩, n] *adv.* (*also* **-nt** [～]) not の短縮形. ★ 助動詞, be 動詞, have 動詞に続けて書き, 単独には用いない : isn't, *don't, can't*, couldn't, etc.

NTB 《略》〘経済〙Nontariff Barrier 非関税障壁《関税以外の方法による輸入制限策》.

NTE 《略》National Teacher Examination 全米教員試験《ETS が行なう》.

nth [énθ] 〘⇨ n, -th[1]〙 ―― *adj.* **1** 〘数学〙n 番目の, n 倍の, n 次の (cf. n): the ～ degree [power] n 次[乗]. **2** 無限の, 極度の, 極端な (extreme): the ～ degree [power] 極端な程度 〔*of*〕.
to the nth degree [power] (1) 〘数学〙n 次[乗]まで. (2) 無限に, 極度に, どこまでも (to the utmost).
―― *n.* [the ～] = nth degree [power] (⇨ *adj.*).

Nth. 《略》North.

Nthb 《略》Northumberland.

Nthmb. 《略》Northumberland.

nthn., Nthn. 《略》 northern.
n.t.p. 《略》 no title page.
n.t.p., NTP, N.T.P. 《略》『物理』 normal temperature and pressure (cf. n.p.t.).
NT$ 《記号》『貨幣』 New Taiwan dollar(s).
NTSC 《略》『テレビ』 National Television System Committee NTSC 方式《色信号を色副搬送波 (color sub-carrier) により位相変調を与えるようにしたカラーテレビ方式; cf. PAL》.
n-tuple [ént(j)ù:pl, ―́―̀, éntəpl | éntjù:pl] 〖← -*tuple*: QUINTUPLE などからの連想〗 *n.* 『数学』 *n*-組《*n* 個 (*n* は正の整数) の対象の集合, または *n* 個の対象に順序をつけて一列に並べたもの; 後者を ordered n-tuple ともいう》.
nt. wt. 《略》 net weight.
N-tỳpe, ń-t- *n.* 1 『電気』 N 字形《負性抵抗の分類で, 電圧・電流特性が N 字形をしているもの; cf. S-type》. 2 『電子工学』 N 形, n 形《半導体の分類で, 主として電子が導電に寄与しているもの; cf. P-type》.
nu [n(j)ú: | njú:] 〖□ Gk *nû* ← Sem. (cf. Heb. *nūn*): ⇨ N〗 *n.* ニュー, ヌー《ギリシャ語アルファベット 24 字中の第 13 字: Ν, ν (ローマ字の N, n に当たる); ⇨ alphabet 表》.
N.U. 《略》 National Union; *F.* Nations Unies (=United Nations); Naval Unit; Northern Union.
nu·ance [n(j)ú:ɑ:ns, -ɑ̃:(n)s, ―́―̀ | nju:ɑ́:(n)s, nju-, -ɔ̃́:(n)s, -ɑ́:ns, -ɔ́(:)ns, ―̀―́; *F.* nɥɑ̃:s] 〖《1781》□ F ~ ← *nuer* to shade ← *nue* cloud < VL **nūbam*=L *nūbēs*: ⇨ -ance〗 ― *n.* (*pl.* **nu·anc·es** [~ɪz, ~əz; *F.* ~]) 1 (色彩・音調・意味・感情などの微妙な) 濃淡, 陰影, 差異, ニュアンス (shade); (微妙な) 色合, 特徴, あや, ニュアンス (nicety): emotional ~*s* 感情的な陰影 / the ~*s* of American and British usage 英米語法上のニュアンス. 2 (ニュアンスに対する) 敏感さ, 繊細さ. ― *vt.* …にニュアンスをつける.
nú·anced *adj.* 〈表現・音調・感情など〉(種々の) ニュアンスを含む.
nub [nʌ́b] 〖《1594》《変形》← 《方言》 *knub* 'KNOB'〗 ― *n.* 1 こぶ, 結び目, 節 (knob, knot). 2 (石炭の) かたまり (lump), 小片 (small piece). 3 [the ~] (物語・事件・問題などの) 核心, 要点 (gist).
to the* [*a*] *nub へとへとになるまで.
Nu·ba [nú:bə] 〖□ LL ~ (sing.) ← L *Nūbae* Nubians: ⇨ Nubia〗 ― *n.* (*pl.* ~**s**, ~) 1 =Nubian. 2 a [the ~(s)] ヌーバ族《スーダン南部の黒人種族の一つ》. b ヌーバ族の人. 3 ヌーバ語.
nub·bin [nʌ́bɪn, -bən | -bɪn] 〖《dim.》← NUB〗 ― *n.* 《米》 1 a (鉛筆などの) はしくれ. b 小さいかたまり: ~*s* of coal. 2 (トウモロコシの) 小型の[未熟な, いじけた] 穂; 小さい[未熟な, いじけた] 果物. 3 =nub 3.
nub·ble [nʌ́bl] 〖← NUB+-LE[1]: cf. knobble〗 *n.* (石炭などの) 小塊; 小さい節[こぶ].
núb·bly [-bḷi, -bli | -bḷi] *adj.* (**nub·bli·er**; **-bli·est**) 1 節[こぶ]だらけの; 小塊状の. 2 =nubby 2.
nub·by [nʌ́bi | -bi] 〖← NUB+-Y[4]〗 *adj.* (**nub·bi·er**; **-bi·est**) 1 =nubbly 1. 2 〈織物が〉糸の結び目のある, 節のある (nubbly). **núb·bi·ness** *n.*
nu·bec·u·la [n(j)u:békjʊlə | nju:-] 〖□ L *nūbēcula* (dim.) ← *nūbēs* cloud: cf. nuance〗 ― *n.* (*pl.* **-u·lae** [-lì:]) 1 《古》『医学』 ヌベクラ, 角膜片雲. 2 [N-] 『天文』 =Magellanic cloud.
nu·bi·a [n(j)ú:biə | njú:bjə, -bɪə] 〖← L *nūb(ēs)* cloud+-IA[1]〗 *n.* ヌビア《柔らかい毛糸で粗目に編んだ婦人用の大きなスカーフ》.
Nu·bi·a [n(j)ú:biə | njú:bjə, -bɪə] 〖□ ML *Nūbia* ← L *Nūbae* □ Gk *Noûbai*〗 ― *n.* ヌビア《エジプト南部 Aswan から南方のスーダンの Khartoum に至る地方, Sahara 砂漠から紅海に及ぶ, 大部分は砂漠; 古代の王国; 面積 725,200 km^2》.
Nu·bi·an [n(j)ú:biən | njú:bjən, -bɪən] 〖□ ML *Nūbian-us* (↑)〗 ― *adj.* 1 a ヌビアの. b ヌビア人の. 2 ヌビア語の. ― *n.* 1 ヌビア人; (特に, エジプトとアビシニアとの間の地域を支配した) ヌビア黒人; ヌビア人奴隷. 2 a ヌビア語《Khartoum より下流の Nile 川流域地方で話される言語》. b ヌーバ語 (Nuba). 3 ヌビア馬《アラビア馬の一種; Nubian horse ともいう》.
Núbian Désert *n.* [the ~] ヌビア砂漠《アフリカのスーダン北東部, Nile 川以東の砂漠》.
nu·bi·form [n(j)ú:bəfɔ̀ə*m* | njú:bɪfɔ̀:m] 〖← L *nūb(ēs)* cloud+-I-+-FORM〗 *adj.* 雲形[雲状]の.
nu·bile [n(j)ú:bɪl, -bəl | njú:baɪl] 〖《a1642》□ F ~ // L *nūbil-is* ← *nūbere* to be married: cf. nuptial〗 *adj.* 1 〈女性が〉(年齢・肉体的に) 婚期の, 年ごろの. 2 〈女性が〉色っぽい, セクシーな.
nu·bil·i·ty [n(j)u:bíləṭi | nju:bílɪti, -lɪ-] *n.* (女性の) 婚期, 年ごろ.
nu·bi·lous [n(j)ú:bələs | njú:bɪ-] 〖← L *nūbil(us)* (← *nūbēs* cloud)+-OUS〗 *adj.* 1 曇った; 霧深い (foggy). 2 あいまいな, ぼんやりした (obscure).
nu·cel·lus [n(j)u:séləs | nju:-] 〖← NL ~ ← L *nucella* (dim.) ← *nux* 'NUT': cf. nucleus〗 ― *n.* (*pl.* **nu·cel·li** [-laɪ]) 『植物』 珠心, 胚珠心, 芽核《胚囊を含む薄い細胞壁の細胞のかたまりで, 胚珠の珠皮に包まれた部分》. **nu·cel·lar** [n(j)u:sélə | nju:sélə(r)] *adj.*
nu·cha [n(j)ú:kə | njú:-] 〖□ ML *nūcha* spinal marrow □ Arab. *nukhā'*: 意味上 Arab. *núqra^h* nape of the neck と混同〗 ― *n.* (*pl.* **nu·chae** [-ki:]) 『解剖・動物』 1 後頸部, うなじ, えり元 (nape). 2 (昆虫の) 胸部 (thorax) の裏側. **nú·chal** [-kəl] *adj.*
nu·ci- [n(j)ú:sɪ, -sə | njú:sɪ] 〖← L *nucis*, *nux* 'NUT'〗 「堅果」の意の連結形.
nu·cif·er·ous [n(j)u:síf(ə)rəs | nju:-] 〖⇨ ↑, -ferous〗 *adj.* 『植物』 堅果を結ぶ.
nu·ci·form [n(j)ú:səfɔ̀ə*m* | njú:sɪfɔ̀:m] 〖□ F *nuciforme*: ⇨ nuci-, -form〗 *adj.* 堅果状の.
nu·civ·or·ous [n(j)u:sívərəs | nju:-] 〖← NUCI-+-VOROUS〗 *adj.* 堅果を(常)食とする.
nu·cle- [n(j)ú:kli | njú:klɪ] (母音の前に来る時の) nucleo- の異形.
nu·cle·al [n(j)ú:kliəl | njú:klɪəl, -kljəl] *adj.* =nuclear.
nu·cle·ar [n(j)ú:kliə | njú:klɪə(r, -kljə(r)] 〖《1846》← NUCLEO-+-AR[1]〗 ― *adj.* 1 a (原子)核の[に関する]: a ~ charge 原子核の陽電荷 / ⇨ nuclear energy. b 原子力の[に関する, を利用する, で動く]: ⇨ nuclear power 1 / the ~ age 核時代 / a ~ ship 原子力船. c 核兵器の[に関する, による]: ~ disarmament 核軍縮 / a ~ base 核基地 / ~ parity 核(戦力)の均衡 / the ~ umbrella 核の傘 / ~ war [warfare] 核(兵器)戦争 / ~ weapons [arms] 核兵器. 2 〈国家が〉原子爆弾保有の, 核保有の: a ~ nation 核保有国 / a ~ club 核兵器保有国群, 核クラブ / go ~ 核装備する. 3 『生物』 (細胞) 核の, 核を成す: ~ division 核分裂 / a ~ net 核網. 4 『解剖』 a (細胞)核の. b 神経核の. c (眼の水晶体の) 核の: ~ cataract 核性白内障. 5 『社会学』 〈家族など〉まとまった: ⇨ nuclear family. 6 『言語・音声』 〈語・音など〉中核をなす《例えば音節 (syllable) における母音》. ― *n.* 1 核兵器; (特に, 核弾頭を装備した) ミサイル. 2 核(兵器)保有国 (↔ non-nuclear). **~·ly** *adv.*
núclear állergy *n.* 核アレルギー《核物質に対する神経過敏症》.
núclear-ármed *adj.* 核武装の[した].
núclear bómb *n.* 核爆弾.
núclear chémistry *n.* 核化学 (radiochemistry).
núclear detérrence *n.* 核抑止《核兵器保有による戦争の抑止》.
núclear detérrent *n.* [the ~] (戦争抑止力としての) 核兵器.
núclear detérrent pówer *n.* 核抑止力.
núclear emúlsion *n.* 『写真』 原子核乳剤《荷電粒子の飛跡を記録するための濃厚な極微粒子写真乳剤》.
núclear énergy *n.* 『物理』 核エネルギー, 原子力 (atomic energy) (cf. nuclear power).
núclear fámily *n.* 『社会学』 核家族《夫婦と独立前の子女から成る一代家族; cf. extended family》.
núclear físsion *n.* 『物理・化学』 核分裂 (fission).
núclear físsion bómb *n.* 核分裂爆弾, 原子爆弾.
núclear fórce *n.* 『物理』 1 核力《原子核を構成する核子 (nucleon) 間の強力な力》. 2 =strong interaction.
núclear fúel *n.* 原子(核)燃料, 核燃料.
núclear fúsion *n.* 『物理・化学』 核融合 (⇨ fusion 3).
núclear fúsion bómb *n.* 核融合爆弾, 水素爆弾.
nú·cle·ar·ìsm [-kliərìzm | -klɪə-, -kljə-] *n.* (戦争抑止策・政治的目的を達成する手段としての) 核兵器重視, 核兵器主義. **nú·cle·ar·ist** [-rɪst, -rəst | -rɪst] *n.*
núclear ísomer *n.* 『物理』 =isomer 2.
núclear isómerism *n.* 『物理』 =isomerism 2.
nu·cle·ar·ize [n(j)ú:kliəràɪz | njú:klɪə-, -kljə-] *vt.* 1 〈国〉に核兵器を備える, 核化する. 2 核家族化する.
núclear magnétic móment *n.* 『物理』 核磁気モーメント《原子核のもつ磁気的二重極能率》.
núclear magnétic résonance *n.* 『物理』 核磁気共鳴《原子核の磁気共振; 略 NMR》.
núclear mágneton *n.* 『物理』 (原子)核磁子《原子核の磁気モーメントの単位; 略 nm》.
núclear médicine *n.* 『医学』 核医学.
núclear mémbrane *n.* 『生物』 核膜《核と細胞質の界面にある薄い膜》.
núclear móment *n.* 『物理』 =nuclear magnetic moment.
núclear phýsicist *n.* (原子)核物理学者.
núclear phýsics *n.* (原子)核物理学.
núclear plánt *n.* 原子力発電所.
núclear pláte *n.* 『生物』 核板 (⇨ equatorial plate).
núclear pówer *n.* 1 (動力としての) 原子力 (cf. nuclear energy): ~ generation 原子力発電 / a ~ plant 原子力発電所. 2 核兵器保有国.
núclear-pówered *adj.* 原子力を利用した (nuclear): a ~ submarine 原子力潜水艦.
núclear-propélled *adj.* 核推進の.
núclear reáction *n.* 『物理』 =reaction 13.
núclear reáctor *n.* 『原子力』 =reactor 5.
núclear résonance *n.* 『物理』 (原子)核共鳴《原子核が特定のエネルギーの γ 線(または他の粒子)を吸収して励起状態になること; cf. Mössbauer effect》.
núclear sáp *n.* 『生物』 =karyolymph.
núclear spécies *n.* 『物理・化学』 核種 (⇨ nuclide).
núclear spín *n.* 『物理』 核スピン, スピン角運動《原子核がもっている固有の角運動量の大きさを角運動量の単位 ħ で表わしたもの》.
núclear tést *n.* 核実験: a ~ ban 核実験禁止.
núclear-típped *adj.* 核弾頭を備えた[付けた]: a ~ missile.
núclear wárhead *n.* 核弾頭.
nu·cle·ase [n(j)ú:klièɪs, -èɪz | njú:klɪèɪs] 〖← NUCLEO-+-ASE〗 *n.* 『生化学』 ヌクレアーゼ, 核酸分解酵素《核酸をヌクレオチドに加水分解する酵素》.
nu·cle·ate 〖□ L *nucleāt-us* having a kernel or stone (p.p.) ← *nucleāre* to become kernelly or hard: ⇨ nucleus, -ate[2,3]〗 ― [n(j)ú:kliət, -klɪt, -klièɪt | njú:klɪət, -klɪt, -klɪèɪt] *adj.* 1 〈細胞など〉核のある (nucleated). 2 『化学』 〈沸騰など〉核において発生する. ― [-klièɪt | -klɪèɪt] *v.* ― *vt.* 1 a 核状にする, 凝集させる. b 密集させる. 2 …の核となる, 核を成す. ― *vi.* 1 核となる, 核を成す. 2 凝集する; 密集する (cluster). ― *n.* 『生化学』 ヌクレイン酸塩 [エステル].
nú·cle·à·tor [-ṭə | -tə(r)] *n.*
nú·cle·àt·ed [-ṭɪd, -ṭəd | -tɪd, -təd] *adj.* 1 =nucleate. 2 密集した.
nu·cle·a·tion [n(j)ù:kliéɪʃən | njù:klɪ-] *n.* 1 (結晶・水滴などの) 核形成; (人工降雨のための) 氷晶形成(作用). 2 人工降雨法. 3 密集.
nuclei *n.* nucleus の複数形.
nu·cle·i- [n(j)u:klí:ɪ, -klí:ə | nju:klí:ɪ] nucleo- の異形 (⇨ -i-).
nu·clé·ic ácid [n(j)u:klí:ɪk-, -kléɪɪk- | nju:klí:ɪk-] 〖*nucleic*: ← NUCLEO-+-IC[1]〗 ― *n.* 『生化学』 核酸, ヌクレイン酸《多数のヌクレオチドが重合した高分子物質で, 遺伝物質とされている; 単純蛋白質と結合して核蛋白質を作る; cf. DNA, RNA》.
nu·cle·in [n(j)ú:kliɪn, -kliən | njú:klɪɪn] 〖← NUCLEO-+-IN[1]〗 *n.* 『生化学』 ヌクレイン《核蛋白質が分解したもの; 細胞質中にも存在する》.
nu·cle·in·ase [n(j)ú:kliənèɪs, -nèɪz | njú:klɪɪnèɪs] 〖⇨ ↑, -ase〗 *n.* 『生化学』 ヌクレイナーゼ《核酸を核酸基に分解する酵素》.
nu·cle·o- [n(j)ú:klioʊ, -liə | njú:klɪə(ʊ), -kljə(ʊ)] 〖□ F *nucléo-* ← NL *nucleus* 'NUCLEUS'〗 ― 次の意味を表わす連結形: 1 「核, 核の」: *nucleo*plasm. 2 「核酸 (nucleic acid)」: *nucleo*protein. ★ 時に nuclei-, また母音の前では通例 nucle- になる.
nùcleo·cápsid 〖← NUCLEO-+*capsid* (← NL *Capsidae* ← *Capsus* (属名) ← Gk *kápsis* gulping)〗 ― *n.* 『生物』 ヌクレオカプシド《ウイルス内の核酸とそれを取り巻く蛋白質の皮膜》.
nùcleo·génesis *n.* 『物理』 =nucleosynthesis.
nu·cle·ol- [n(j)u:klí:əl | nju:klí:əl, -klíəl] (母音の前に来る時の) nucleolo- の異形.
nu·cle·o·lar [n(j)u:klí:ələ, n(j)ù:klióʊlə | nju:klí:ələ(r, -klíəl-, njù:klɪə́ʊlə(r)] 〖← NUCLEOL(E)+-AR[1]〗 *adj.* 『生物』 仁(じん) (nucleolus) の.
nu·cle·o·late [n(j)u:klí:əlèɪt, n(j)ú:kliəl-, -lət, -lɪt | nju:klí:əl-, -klíəl-, njú:klɪəl-] *adj.* =nucleolated.
nu·cle·o·lat·ed [n(j)u:klí:əlèɪṭɪd, n(j)ú:kliəl-, -ṭəd | nju:klí:əlèɪt-, -klíəl-, njú:klɪəl-] *adj.* 『生物』 仁(じん)のある.
nu·cle·ole [n(j)ú:kliòʊl | njú:klɪə̀ʊl] *n.* 『生物』 =nucleolus.
nucleoli *n.* nucleolus の複数形.
nu·cle·o·lo- [n(j)u:klí:əloʊ | nju:klí:ələ(ʊ), -klíəl-] 〖← NUCLEOL(US)+-O-〗 「仁(じん) (nucleolus)」の意の連結形. ★ 母音の前では通例 nucleol- となる.
nu·cle·o·lo·ne·ma [n(j)u:klì:ələní:mə | nju:klì:ələ(ʊ)-] 〖← NL ~ ← NUCLEOLO-+Gk *nēma* thread〗 ― *n.* (*also* **nu·cle·o·lo·neme** [n(j)u:klí:ələnì:m | nju:klí:ələ(ʊ)-]) 『細胞』 仁糸.
nu·cle·o·lus [n(j)u:klí:ələs | nju:klí:əl-, -klíəl-] 〖← NL ~ ← L 'little nut' (dim.) ← *nucleus* 'NUCLEUS'〗 ― *n.* (*pl.* **-o·li** [-klí:əlàɪ | -klí:əlàɪ, -klíəlaɪ]) 『生物』 仁(じん), 核小体, 小核, 核仁《細胞核内にある 1 つないし数個の小球体》.
nucléolus òrganizer *n.* 『生物』 仁形成体《細胞分裂の終期で, 仁が形成される染色体の特定の部分》.
nu·cle·on [n(j)ú:kliὰn | njú:klɪɔ̀n] 〖← NUCLEO-+(ELECTR)ON〗 ― *n.* 『物理・化学』 核子《原子核の構成要素である陽子と中性子の総称; cf. baryon》. **nu·cle·on·ic** [n(j)ù:kliάnɪk | njù:klɪɔ́nɪk] *adj.*
nu·cle·on·ics [n(j)ù:kliάnɪks | njù:klɪɔ́n-] 〖⇨ ↑, -ics〗 *n.* 『物理』 原子核工学《核物理学を基礎にして核分裂・融合反応を利用する際に必要な統合工学》.
nu·cle·o·phile [n(j)ú:kliəfàɪl | njú:klɪə-] 〖← NUCLEO-+-PHILE〗 *n.* 『化学』 求核試薬 (cf. electrophile).
nu·cle·o·phil·ic [n(j)ù:kliəfílɪk | njù:klɪə-] *adj.* 『化学』 求核性の (cf. electrophilic): a ~ reagent 求核試薬《有機化学反応で相手分子の電子密度の小さいところを攻撃しやすい試薬》/ ~ reaction 求核反応. **nù·cle·o·phíl·i·cal·ly** *adv.* **nu·cle·o·phi·lic·i·ty** [n(j)ù:kliəfɪlísəṭi, -fə- | njù:klɪəfɪlísəti, -sɪ-] *n.*
nu·cle·o·plasm [n(j)ú:kliəplæ̀zm | njú:klɪə(ʊ)-] 〖← NUCLEO-+-PLASM〗 *n.* 『生物』 核質, 核原形質 (karyoplasm). **nu·cle·o·plas·mat·ic** [n(j)ù:kliəplæzmǽṭɪk | njù:klɪə(ʊ)plæzmǽt-] *adj.* **nu·cle·o·plas·mic** [n(j)ù:kliəplǽzmɪk | njù:klɪə(ʊ)-] *adj.*
nùcleo·prótein 〖← NUCLEO-+PROTEIN〗 ― *n.* 『生化学』 ヌクレオプロテイン, 核蛋白質《プロタミン・ヒストンなどの蛋白質と核酸との結合した酸性の複合蛋白質; 染色体・ミトコンドリア・ウイルスなどを構成する》.
nu·cle·o·sid·ase [n(j)ù:kliəsáɪdeɪs, -deɪz | njù:klɪə(ʊ)sáɪdeɪs] 〖⇨ ↓, -ase〗 *n.* 『生化学』 ヌクレオシダーゼ《ヌクレオシドを五炭糖と有機塩基(ピリミジンとプリン)に分解する酵素の総称》.
nu·cle·o·side [n(j)ú:kliəsàɪd | njú:klɪə(ʊ)-] 〖← NUCLEO-+-OSE[2]+-IDE[2]〗 ― *n.* 『生化学』 ヌクレオシド《プリン塩基またはピリミジン塩基と五炭糖とが結合した配糖体の総称》.
nùcleo·sýnthesis 〖← NL ~: ⇨ nucleo-, synthesis〗 ― *n.* 『物理』 元素合成《陽子から出発しいろいろな核反応により宇宙に存在する元素を合成すること》. **nùcleo·synthétic** *adj.*
nu·cle·o·tid·ase [n(j)ù:kliətáɪdeɪs, -deɪz | njù:klɪə(ʊ)táɪdeɪs] 〖⇨ ↓, -ase〗 ― *n.* 『生化学』 ヌクレオチダーゼ《nucleotide を分解して nucleoside とリン酸にする酵素》.

nu·cle·o·tide [n(j)úːkliətàɪd | njúːklɪə(ʊ)-] 〚《変形》← NUCLEOSIDE〛 ── *n.* 〘生化学〙ヌクレオチド《リン酸基 $-PO_3H_2$ がヌクレオシドの糖に結合したリン酸エステルの総称; 核酸を構成する単位》.

nu·cle·us [n(j)úːkliəs | njúːklɪəs, -kljəs] 〚《1704》□ L *nuc(u)leus* 'kernel, nut' (dim.) ← *nuc-*, *nux* 'NUT': ⇨ nux vomica〛 ── *n.* (*pl.* **nu·cle·i** [-kliàɪ | -klɪ-], ~**es**) **1** 中心, 核心 (center); (物が段々ふえてゆく元となる)土台, 基点 (starting point): the ~ of a library [collection] 蔵書[収集]の土台 / the ~ of a theory 学説の中心点 / In some countries the family is the ~ of the community. 家族が社会の中核をなす国もある. **2 a** 〘生物〙(細胞内の)核: a yolk ~ 卵黄核. **b** 〘植物〙=nucellus. **3** 〘解剖〙 **a** (細胞)核. **b** (特に)神経核 (⇨ neuron 挿絵). **c** (眼の水晶体の)核. **4 a** 〘物理・化学〙原子核 (atomic nucleus). **b** 〘化学〙(錯塩における)核原子, 中心原子; (有機化合物の)環(ring). **5** 〘天文〙(彗星(すいせい)や銀河系外星雲などの)核. **6** 〘気象〙核《凝結核・凍結核などに用いる》. **7** 〘地質〙石核《石器製造の際に割り取られる側の石塊; たとえば石斧》. **8** 〘音声〙 **a** 核音節《音調群 (tone group) の中で最も強い強勢を受け, かつそこでピッチの変動が起こる音節》. **b** 音節核, 音節主音 (syllabic). **9** 〘言語〙核《音節・語・合成語・句・文において, その中核となる部分; 例えば文における主語と述語, boyishness の boy- など》.

núcleus cóunter *n.* =dust counter.

nu·clide [n(j)úːklaɪd | njúː-] 〚← NUCLEO- + -IDE[2]〛 ── *n.* 〘物理・化学〙核種, 核の種類《特定の原子番号と質量数をもつ原子核または原子核; nuclear species ともいう》. **nu·clid·ic** [n(j)uːklídɪk | njuː-] *adj.*

nu·cu·la [n(j)úːkjʊlə | njúː-] 〚← NL ~ ← L 'nutlet' ← *nuc-*, *nux* 'NUT' + *-ula* '-ULE'〛 *n.* 〘植物〙小堅果.

Nu·cu·lan·i·dae [n(j)ùːkjʊlǽnədìː | njùːkjʊlǽnɪ-] 〚← NL ~ ← *Nucula* (属名: ⇨ ↑, -ana) + -IDAE〛 *n. pl.* 〘貝類〙シワロウバイガイ科.

Nu·cu·li·dae [n(j)uːkjúːlədìː | njuːkjúːlɪ-] 〚← NL ~ ← *Nucula* (属名: ⇨ nucula) + -IDAE〛 *n. pl.* 〘貝類〙マメクルミガイ科.

Nu·da [n(j)úːdə | njúː-] 〚← NL ~ ← L (neut. pl.) ← *nūdus*: ⇨ nude〛 *n. pl.* 〘動物〙(有櫛動物門)無触手綱.

nuda pacta *n.* nudum pactum の複数形.

nude [n(j)úːd | njúːd] 〚《1531》□ L *nūd-us* < **now(e)-dos*, **nogwedos* 'NAKED, bare'〛 ── *adj.* (**nud·er**; **nud·est**) **1 a** 〈モデルなど〉衣服を着ていない, 裸の, 裸体の (cf. naked 1 a). **b** 〈映画・写真など〉ヌードの: a ~ figure 裸像 / a ~ movie ヌード映画. **2** おおいのない, 装飾[家具]のない, 草木のない (bare): a ~ room, mountain, etc. **3** 〈靴下など〉肉色の, 肌色の (flesh-colored). **4** 〘法律〙〈契約が〉無償の, 約因のない: a ~ pact [contract] 無償契約, 単なる合意 (nudum pactum). **5** 〘植物〙葉のない. **6** 〘動物〙鱗(うろこ)[羽, 毛など]のない. **7** 〘医学〙〈マウスが〉毛がなく胸腺成形不全を伴う, ヌードの: a ~ mouse ヌードマウス《生物学研究用》. ── *n.* **1 a** (絵画や彫刻に表わされた)裸体. **b** ヌード写真; 裸体モデル(のポーズ). **c** 裸の人, 裸体の人. **2** [the ~] 裸体の状態: in *the* ~ 裸体で (undraped); 包み隠しなく; 明白で (manifest). **3** 褐色がかったピンク色, 肌色. **4** 〘医学〙ヌードマウス (⇨ *adj.* 7). **~·ly** *adv.* **~·ness** *n.*

nudge [nʌ́dʒ] 〚《1675》← ? Scand.: cf. Norw. *nugga*, *nyggja* to push, rub〛 ── *vt.* **1 a** (注意を引いたり暗示をしたりするために)〈人を〉ひじでそっと突く: ~ a person in the ribs 人の脇腹をひじで小突く / He ~*d* me *to* stand up. 彼はそっと私をひじでつついて立つように合図した. **b** そっと[少しずつ]押す[動かす]. **2** 〈船などを〉(引いたりして)動きやすくする, 進みよくする (ease along). **3** …に接近する. ── *vi.* (ひじなどで)そっと突く〈*at*〉: ~ *at* a person. ── *n.* (ひじなどで)軽い一突き (jog): give a friendly ~ 親しそうにひじでそっと突く.

nu·di- [n(j)úːdə | njúːdɪ] 〚← L *nūdus* 'NUDE'〛「裸の (naked)」の意の連結形.

nu·di·branch [n(j)úːdəbræ̀ŋk | njúːdɪ-] 〚□ F *nudibranche* ← NUDI- + *branche* gills (□ L *branchia* gill)〛 ── *n.* 〘動物〙裸鰓(らさい)目の軟体動物《色彩の美しいアオウミウシ (*Glossodoris festiva*) など》.

Nu·di·bran·chi·a [n(j)ùːdəbrǽŋkiə | njùːdɪbrǽŋkɪə] 〚← NL ~: ⇨ nudi-, branchia〛 *n. pl.* 〘動物〙裸鰓目.

nu·di·bran·chi·ate [n(j)ùːdəbrǽŋkiət, -kiɪt, -kièɪt | njùːdɪbrǽŋkɪət, -kɪɪt, -kɪèɪt] 〚⇨ ↑, branchiate〛 〘動物〙 *n.* =nudibranch. ── *adj.* 裸鰓目の.

nu·di·caul [n(j)úːdəkɔ̀ːl | njúːdɪ-] 〚← NUDI- + L *caul(us)* stem〛 *adj.* 〘植物〙茎に葉のない.

nu·di·cau·lous [n(j)ùːdəkɔ́ːləs | njùːdɪ-] *adj.* =nudicaul.

nud·ie [n(j)úːdi | njúːdɪ] 〚← NUDE + -IE〛《俗》 ── *n.* **1** ヌード映画[ショー, など], ポルノ映画 (skin flick). **2** ヌードショーの女, ヌード女優[ダンサー]; ヌードモデル. **3** ポルノ雑誌. ── *adj.* ヌードの, 裸体の: ~ films, magazines, etc.

núd·ism [-dɪzm] *n.* 裸体主義, ヌーディズム《自然との調和を求めて裸体で集団生活をする》.

núd·ist [-dɪst, -dəst | -dɪst] 〚《1931》← NUDE + -IST〛 ── *n.* 裸体主義者, ヌーディスト (cf. nudism). ── *adj.* 裸体主義(者)の, ヌーディストの: a ~ colony [camp] ヌーディスト村.

nu·di·ty [n(j)úːdəṭi | njúːdɪti, -dɪ-] 〚《1611》□ F *nudité* ∥ L *nūditāt-em*, *nūditās* nakedness ← *nūdus* 'NUDE': ⇨ -ity〛 ── *n.* **1** 裸(であること), 裸体; 赤裸裸: in complete ~ 丸裸で. **2** 裸の物; (特に)裸体像.

nud·nick [núdnɪk] 〚□ Yid. ~ ← Russ. *nudnyĭ* boring + *-nik* '-NIK'〛 *n.* (*also* **nud·nik** [~])《米俗》うるさい[退屈な]やつ, 厄介者 (pest).

nu·dum pac·tum [nùːdʊm-páːktʊm, n(j)úːdəm-pǽktəm | njúːdəm-pǽktəm, núːdʊm-páːktʊm] 〚□ L *nūdum pactum*: ⇨ nude, pact〛 ── *L. n.* (*pl.* **nu·da pac·ta** [-də, -tə]) 〘法律〙裸の契約《約因のない契約で, 捺印証書 (deed) によらなければ契約は成立しない》.

nuée ar·dente [njuéɪ-ɑədɑ̃ː(n)t, -dɔ̃ː(n)t, -dáːnt, -dɔ́(ː)nt | njuéɪ-ɑː-; *F.* nɥeardɑ̃ːt] 〚□ F ~《原義》burning cloud〛 ── *n.* (*pl.* **nuées ar·dentes** [njuéɪz-ɑədɑ̃ː(n)t, -dɔ̃ː(n)t, -dáːnt, -dɔ́(ː)nt | njuéɪz-ɑː-; *F.* nɥezardɑ̃ːt]) 〘地質〙ヌエアルダン, 熱雲《過熱水蒸気と小型の火山岩塊からなる密度の大きい高温火砕流》.

Nu·er [núːə | núːə(r] *n.* (*pl.* ~, ~**s**) **1 a** [the ~(s)] ヌーエル族《スーダンやエジプト国境の Nile 川流域に住む牧畜民族》. **b** ヌーエル族の人, ヌーエル人. **2** ヌーエル語《Nilotic 語の一種》.

Nue·vo La·re·do [nuéɪvoʊ-ləréɪdoʊ, nwéɪ- | nuéɪvəʊ-ləréɪdəʊ, nwéɪ-; *Sp.* nwéβolaréðo] *n.* ヌエボラレド《メキシコ北東部, Rio Grande 河畔の都市; 人口 204,000》.

Nue·vo Le·on [nuéɪvoʊ-leɪóʊn, nwéɪ- | nuéɪvəʊ-leɪə́ʊn, nwéɪ-; *Sp.* nwéβoleón] *n.* ヌエボレオン(州)《メキシコ北東部の州; 人口 1,695,000, 面積 64,555 km², 首都 Monterey》.

nuff [nʌ́f] 〚《頭音消失・変形》← ENOUGH〛 (*also* **nuf**, **'nuf**, **'nuff**) ── *adj.*, *n.*, *adv.*, *int.* 《口語》=enough. ***nuff said* [*sed*, *ced*]** 〚← *Enough (has been) said*〛《口語》それでよし, よしもうわかった, 結構 (all right).

nu·gae [n(j)úːdʒiː, núːgaɪ | njúːdʒiː] 〚□ L *nūgae* light jests, trifles〛 *L. n. pl.* **1** つまらないたわごと, 冗談. **2** ささいなこと, くだらないこと.

nu·ga·to·ry [n(j)úːgətɔ̀ːri, -tòːri | njúːgət(ə)ri, njuːgéɪ-] 〚《1603》□ L *nūgātōri-us* ← *nūgātor* jester, chatterer ← *nūgārī* to jest ← *nūgae* (↑)〛 ── *adj.* **1** 無価値の, 役に立たない, つまらない: a ~ point. **2** 効力のない, 無効の (futile); (法律上)無効の (invalid): a ~ statute.

nug·gar [nʌ́gə | -gɑː(r] 〚□ Arab. *nuqqār*〛 *n.* (Nile 川上流で用いる)幅の広い荷足(にたり)船《1本マストに四角帆を斜に張った小帆船》.

nug·get [nʌ́gɪt, -gət] 〚《1852》? ←《方言》*nug* lump, block + -ET ∥ ? ← (*a*) *niggot* 《異分析》← *an ingot* (⇨ ingot)〛 ── *n.* **1** (堅い)かたまり; (特に, 金など天然産貴金属の)かたまり: a ~ of gold 天然金塊. **2** (天然金塊のように)貴重なもの: ~*s* of information. **3** 黄色がかったブロンズ色. **4** 〘金属加工〙ナゲット《溶接時の溶けた金属》. **5** 《豪》ずんぐりしてがっちりした動物[人間]. **nug·get·y** [nʌ́gɪṭi, -gə- | -tɪ] *adj.*

nui·sance [n(j)úːsṇs | njúː-] 〚《c1410》 *nusa(u)nce* □ OF *nuisance* hurt ← *nuire* to harm < L *nocēre*: ⇨ -ance〛 ── *n.* **1** 人に迷惑を与える行為, 迷惑, 損害; 迷惑な事[物]; 困った事情: without ~ *to* others 他人に迷惑を掛けずに / Gas works are often a ~ *to* the neighborhood. ガス工場は往々近所迷惑となる / What a ~! まあうるさい / Commit no ~. [掲示]小便無用; ごみ捨てるべからず. **2** 不愉快な人, 厄介な人, うるさい人: ⇨ public nuisance / make a ~ of oneself =make oneself a ~ (騒いだりして)人の迷惑[邪魔]になる, 人にきらわれる. **3** 〘法律〙不法妨害, 生活妨害: ⇨ private nuisance, attractive nuisance / abate a ~ 〈被害者が〉(自力で)不法妨害となる事情を除去する《隣家から突き出た木の枝を切るなど》.

núisance paràmeter *n.* 〘統計〙ニューサンスパラメーター《標本統計量の分布に関係しない母集団の統計量》.

núisance per sé 〚⇨ per se〛 *n.* 〘法律〙当然の不法妨害《時・所を問わず当然不法妨害とされるもの》.

núisance tàx 〚取扱いが面倒なところから〛 *n.* 少額消費税《通例消費者が支払う少額の税》.

núisance vàlue *n.* **1** (軽い妨害などのもつ)抑制的価値, いやがらせの価値[効果]. **2** 〘軍事〙(小規模な爆撃などの)妨害効果.

nuit blanche [nwíː-blɑ̃ː(n)ʃ, -blɔ̃ː(n)ʃ, -bláːnʃ, -blɔ́(ː)nʃ; *F.* nɥiblɑ̃ːʃ] 〚□ F ~ 'white night'〛 *F. n.* (*pl.* **nuits blanches** [~]) 眠れない夜.

N.U.J. 《略》《英》National Union of Journalists.

nuke [n(j)úːk | njúːk] 〚《短縮》← *nuc(lear)*〛《米俗》 *n.* **1** 核兵器[爆弾]. **2** 原子力発電所, 「原発」. ── *vt.* …に核攻撃を加える.

Nu·kus [nukúːs; *Russ.* nukús] *n.* ヌクス《ソ連邦 Uzbekistan 共和国西北部, Kara-Kalpak 自治共和国の首都, 人口 105,000》.

null [nʌ́l] 〚《1563-67》□ (O)F *nulle* (fem.) ← *nul* ∥ □ L *nūll-us* none, not any ← *ne* not + *ūllus* any〛 ── *adj.* **1** (法律上)無効の (void). **2 a** 無価値の, つまらない (insignificant). **b** 特徴[個性]のない; 無表情の (expressionless): a ~ face. **3 a** 存在しない, ない (nonexistent). **b** 人のいない (empty). **4** 〘数学・論理〙 **a** 要素[元]が零の: a ~ matrix 零行列 / a ~ symbol ゼロ記号 (∅). **b** 極限が零の: ⇨ null sequence. **c** 要素のない: ⇨ null set. **5** 〘ラジオ〙(ダイヤルを回しても)受信できない.
null and void 〘法律〙〈契約など〉(瑕疵(かし)があって法律上)(全く)無効である.
── *n.* **1** カムフラージュ字[語]《暗号文の解読を困難にするために入れる無意味な字または語》. **2** 〘通信〙 **a** (ダイアルの上で)どの放送も全然はいらない点. **b** ラジオビーコン消失点《ラジオビーコンでダイアルに 180 度隔てて現われる 2 光点の一つ》. **3** 〘数学〙零. **4** 〘トランプ〙 **a** =nullo. **b** (skat で)ナル《切札なしで 1 組も取らないという宣言 (bid)》.
── *vt.* **1** 無に帰せしめる; 滅ぼす (destroy). **2** 無効にする (nullify).

nul·la [nʌ́lə] 〚《略》← Austral. 《土語》 *nulla-nulla*〛 *n.* 《豪》(原住民が狩猟などに用いる)堅木の棍棒.

nul·la bo·na [nʌ́lə-bóʊnə | -bə́ʊnə] 〚← NL ~ 'no goods'〛 ── *n.* 〘法律〙差押動産不在証明書《強制執行令状を受けた当事者が, 差し押えるべき物を持っていない時に, その旨を証明する郡保安官などの発行するもの》.

nul·lah [nʌ́lə] 〚《1776》□ Hindi *nālā* brook, rivulet〛 *n.* 《インド》(しばしば水の枯れる)水路, 川筋 (watercourse); 峡谷 (ravine).

núlla-núlla *n.* 《豪》=nulla.

núll clàss *n.* 〘論理〙空(くう)クラス (⇨ null set 2).

núll hypòthesis *n.* 〘統計〙帰無仮説《標本調査によって捨てられることが期待される仮説》.

nul·li- [nʌ́lə | -lɪ] 〚□ LL ~ ← L *nūllus* no, none: cf. null〛「無(い)」の意の連結形.

nul·li·fi·ca·tion [nʌ̀ləfɪkéɪʃən, -fə- | -lɪfɪ-] 〚《1630》□ LL *nullificātiō(n-)* contempt ← *nullificātus* (p.p.) ← *nullificāre* to despise: ⇨ ↑, -fication〛 ── *n.* **1** (法律的な)無効, 破棄, 取消し. **2** [しばしば N-] (米国で)州内における連邦法の実施拒否.

nùl·li·fi·cá·tion·ist [-ʃ(ə)nɪst, -nəst | -nɪst] *n.* **1** 無効に[破棄]する人. **2** [しばしば N-] (米国で)州内連邦法実施拒否主義者.

nul·li·fid·i·an [nʌ̀ləfídiən | -lɪfídɪ-] 〚← NULLI- + L *fid(ēs)* faith + -IAN〛 *n.* 無信仰者, 無信心者; 懐疑論者 (skeptic). ── *adj.* 無信仰の; 懐疑(論)的な.

núl·li·fi·er *n.* **1** 無効にする人, 破棄者. **2** [N-] = nullificationist 2.

nul·li·fy [nʌ́ləfàɪ | -lɪ-] 〚《1595》□ LL *nullific-āre* to make null, despise: ⇨ nulli-, -fy〛 ── *vt.* **1** (法律上)無効にする: ~ a law. **2** 破棄する, 取り消す (cancel): ~ a contract. **3** 無にする, だめにする, くじく: ~ all one's efforts すべての努力をむだにする.

nul·lip·a·ra [nʌlípərə] 〚← NL ~ ← NULLI- + L *para* ((fem.) ← *parus* ← *parere* to bring forth): cf. -parous, parent〛 ── *n.* (*pl.* ~**s**, **-a·rae** [-rìː]) 〘医学〙未産婦 (cf. primipara, multipara). **nul·líp·a·rous** [-rəs] *adj.*

nul·li·pore [nʌ́ləpɔ̀ə, -pòə | -lɪpɔ̀ː(r] 〚← NULLI- + PORE[1]〛 *n.* 〘植物〙サンゴモ《サンゴモ科の藻の総称》.

nul·li·some [nʌ́ləsòʊm | -lɪsə̀ʊm] 〚← NULLI- + -SOME[3]〛 *n.* 〘生物〙=nullisomic.

nul·li·so·mic [nʌ̀ləsóʊmɪk | -lɪsə́ʊ-] 〘生物〙 *n.* 零染色体の個体《染色体数が倍数染色体 (diploid) よりも 2 個[1 対]少ない個体》. ── *adj.* 零染色体を持つ, 零染色体的な.

nul·li·ty [nʌ́ləṭi | -lɪti, -lɪ-] 〚《1570》□ (O)F *nullité* ∥ ML *nūllitāt-em*: ⇨ nulli-, -ity〛 ── *n.* **1** (法律上の)無効 (invalidity), 取り消し (annulment); 無効な文書[行為]: ~ of marriage 結婚の無効 / an action of ~ (契約などの)無効請求訴訟 / a ~ suit 結婚無効訴訟. **2** 取るに足らない人[物], 微々たるもの. **3** 取るに足りないこと, 無価値, 無, 皆無 (nothingness). **4** 〘数学〙退化次数《行列の次数と階数との差; 一次変換の定義域の次元と値域の次元との差》.

nul·li·us fi·li·us [nʌ́liəs-fíliəs, nʊ́l- | -lɪəs-fílɪ-] 〚← NL ~ ← L *nūllus filius*: ⇨ nulli-, filial〛 *L. n.* 〘法律〙嫡出でない子, 私生子 (bastard).

núllius jú·ris [-dʒʊ́(ə)rɪs, -rəs | -dʒʊ́ərɪs] 〚□ ML ~ = L *nūllus iūris*: ⇨ nulli-, just[2]〛 *L. adj.* 〘法律〙法的効力のない, 法的に無効な.

núll-mànifold *n.* 〘数学〙=null-space.

núll mèthod *n.* 〘電気〙零位法《天秤で重量を測る時のように被測定量に標準量を平衡させて行なう測定法; 電気測定で多く用いられる》.

nul·lo [nʌ́loʊ | -ləʊ] 〚□ It. ~ □ L *nūllus* 'NULL'〛 ── *n.* (*pl.* ~**s**) 〘トランプ〙一般に組 (trick) を取らないことを目的とするゲーム; (特に, auction bridge で)規定数 (6) より少なく取るという宣言, またそのプレー: bid (two) ~*s* 5 組以上は取らないと宣言する.

núll sèquence *n.* 〘数学〙零列《極限が零であるような列》.

núll sèt *n.* **1** 〘数学〙零集合《測度 (measure) が 0 の集合》. **2** 〘数学・論理〙空(くう)集合《要素を一つも持たない集合; empty set, null class ともいう》.

núll-spàce *n.* 〘数学〙零空間《一次変換によって 0 に移されるベクトルの集合を, その一次変換に対していう》.

num. 《略》number; numeral(s).

Num. 《略》Numbers (旧約聖書の)民数紀略, 民数記.

N.U.M. 《略》National Union of Manufacturers (英国の)全国製造業者連盟《現在は C.B.I.》; National Union of Mineworkers (英国の)全国鉱山労働者組合.

Nu·man·ti·a [n(j)uːmǽnʃiə, -ʃə | njuːmǽntɪə, njuː-, -tjə, -ʃɪə] *n.* ヌマンシア《スペイン北部中央の古都; Scipio the Younger に包囲攻略された (134-133 B.C.)》.

Nu·ma Pom·pil·i·us [n(j)ùːmə-pɑmpíliəs | njùːmə-pɒmpílɪəs, -ljəs] *n.* 〘ローマ神話〙ヌマ ポンピリウス《?-?672 B.C.; 伝説的なローマ第二代の王; 森の泉の精 Egeria に教えられて祭儀を制定したと言われる; cf. Romulus》.

numb [nʌ́m] 〖《1440》 *nome, nume* seized, overcome 《尾音消失》← *nomen, numen* (p.p.) ← *nime(n)* < OE *niman* to take < Gmc **neman* (Du. *nemen* / G *nehmen*) ← IE **nem-* to assign, take (Gk *némein* to distribute) : 非語源的 -*b* の添加 (cf. thumb) は16C ごろから : cf. G *benommen* stunned〗 ── *adj.* **1** (寒さのため)感覚を失った, かじかんだ, 凍えた, しびれた (benumbed) : be ～ *with* cold 寒さでかじかんでいる, 凍えている. **2** (衝撃・疲労などのため)感じなくなった, 何もできない : He was ～ *with* grief. 彼は悲しみのあまり呆然(ぼう)としていた. **3** 無感覚な, 鈍い ; 麻痺した : a ～ mind, feeling, etc. / a ～ hand 《口語》不器用者.
── *vt.* [しばしば p.p. 形で] …の感覚をなくする, 凍えさせる, しびれさせる (benumb) 〔*with*〕. ── *vi.* 感覚がなくなる, 麻痺する. **～·ly** *adv.* **～·ness** *n.*

Numb. 《略》Numbers (旧約聖書の)民数紀略, 民数記.

num·bat [nʌ́mbæt] 〖← Austral. 《土語》〗 *n.* 〘動物〙 フクロアリクイ (⇨ banded anteater).

num·ber [nʌ́mbɚ | -bə(r] 〖*n.* : 《*c*1300》 *nombre, numbre* ▭ AF *numbre* = (O)F *nombre* < L *numerum* number. ── *v.* : 《*c*1300》 *nombre(n)* ▭ (O)F *nombre-r* < L *numerāre* to count, number ← *numerus* : cf. Gk *némein* to divide (⇨ numb)〗 ── *n.* **1 a** (抽象概念としての)数 ; 総数, 合計 (total) : an even [odd] ～ 偶[奇]数 / a high [low] ～ 大きい[小さい]数 / a known ～ 〘数学〙既知数 / an integral ～ = whole number / ⇨ cardinal number, ordinal number, golden number / a sense of ～ 数の観念 / the theory of ～*s* 〘数学〙 = number theory / the ～ of eggs in a nest 巣の中の卵の数 / the whole ～ of senators 上院議員の総(定)数 / The ～ of unemployed men is growing apace. 失業者の数はずんずん増している / The ～ has fallen greatly. 数が非常に減った. **b** 数字 ; 数詞 (numeral). **c** [*pl.*] 算数, 算術 (arithmetic) : the science of ～*s* 算数, 算術 / be good at ～*s* 算数に強い / skill in ～*s* 算数[計算]の力. **d** 〘文法〙数(すう) : the singular [plural, dual] ～ 単[複, 双]数 / Greek has three ～*s*. ギリシャ語には三つの数がある. **2 a** 番地(の人, 物) ; 番号 ; 番号札, (自動車の)ナンバー, ナンバープレート (cf. number plate) ; 電話番号 (telephone number) : a house ～ 戸番, 番地 / a license ～ (運転)免許番号 / the ～ of a room in a hotel / He dialed a ～ on the telephone. 彼はある電話番号を回した / *Number's* engaged. 《英》(電話で)話し中 (《米》Line's busy.). **b** (*pl.* **Nos., Nos**) [通例ラテン語 numero (= in number) の略字 No., Nº または符号 # の形で数字の前に用いて] 第…番[号, 巻, 部, 番地] : *No.* 20 / *Nos.* 8–12 / apartment #30 30 号室 / R.F.D. #2 地方無料配達便 2 号 / *No.* 9 (pill) 《英俗》〘軍事〙 ⇨ number nine / *No.* 10 (Downing Street) ⇨ Number Ten. ★ 住所を書く場合英米共に戸番の数字の前に No. は付けない. **3 a** (雑誌などの)…号, (詩歌集の中の)一編 : ⇨ back number / the May ～ (雑誌の)五月号 / a story issued *in* ～*s* 分冊で[数回に分けて]発表される物語. **b** (プログラムなどの第 1 部・第 2 部の)部 (part) ; 曲目 (musical number) ; (劇・ショーの)くだり, (…の)部 : the solo ～*s* of an opera 歌劇の独唱部. **4 a** (人・物の)群 ; [*pl.*] 多数 (many) : a ～ *of* ⇨ 成句 / ～*s of* …多数の, 多くの / any ～ *of* times 何度でも ; 《口語》何回も, 度々 / a great [large] ～ *of* people [books] 非常に多くの人々[書物] / quite a ～ *of* eggs 随分たくさんの卵 / There are ～*s* who believe it. それを信じる人がたくさんいる / in great [small] ～*s* 多[少]数で. ★ この意味の number は単数形の場合でも複数形の動詞で受ける : There *were a* (large) ～ *of people* present at the meeting. 会には(非常に)多くの人々が出席していた. ただし, 次の number は集合的な意味が強く (cf. 1 a), 単数形の動詞と一致する : A limited ～ *of students was* there. 限られた数の学生しかそこにいなかった. **b** [*pl.*] 数の上の優勢 : make up by ～*s* 数でこなす / win by (force of) ～*s* 多勢の力で勝つ / The enemy relied on ～*s*. 敵は衆を頼んだ / There is safety in ～*s*. ⇨ safety 1. **5** 仲間, 連中 (company) : the head of our ～ 仲間の頭(かしら) / He is not of our ～. われわれの仲間[味方]ではない / He is among the ～ of the dead. 彼はなき数にはいった《死んだ》. **6** 《口語》 **a** [通例修飾語を伴って] 商品, 売り物 : The dress she bought was a smart ～. 彼女の買った服はスマートなものだった. **b** (特定の)人, 物 ; (特に, 若い)女 : He had a date with a cute little ～. 彼はかわいらしい女の子とデートした / ⇨ opposite number. **7** 《古》 **a** 拍子の規則正しい反復, 律動 (rhythm) : in full harmonic ～ きわめてよく整った拍子で. **b** [*pl.*] 楽句, 楽節. **8** [*pl.*] 〘詩学〙 **a** 韻律 (meter), 詩行 (verse). **b** (特定の格調をそなえた)詩句, 韻文 (verses) : in ～*s* 韻文で, 詩で. **9** [the ～*s* ; 単数または複数扱い] 《米俗》数当て富くじ《新聞などに発表される日々の株式市場の統計・競馬の総かけ金などの最後の3けたの数字などに小銭をかける不法賭博(とく)》; numbers game [pool, racket] ともいう) : play *the* ～*s*.

a number of いくらかの…, 一群の… (some) ; 多数の…, 多くの… (many) (⇨ *n.* 4 a ★) : *a* ～ *of* students, things to do, etc. ***beyond number*** = *without* NUMBER. ***by number*** 番号は : I know the rooms by ～. ***by numbers*** ⇨ 4 b. ***by the numbers*** 《米》= 《英》***by numbers*** (1) [号令] 〘軍事〙 呼唱に合わせて《密集教練で下す予令 ; 行進とか執銃訓練などの一連の動作を教練教官の号令に合わせて, 一歩一歩着実に実施すべきことを指令するもの》; 歩調をそろえて, 一歩一歩 (step by step). (2) 予定通りに, 規則的に, 機械的に. ***get* [*have*] *a person's number*** 《口語》人の本心[人物]を見抜く, 正体を見破る. ***have a person's number on it*** 《俗》〈弾丸などが〉必ず人を殺すようになっている[運命づけられている]. ***in number*** (1) 総計で, 全部で (in all). (2) 数で言えば (numerically) : They exceed us *in* ～. 彼らは数では我々にまさる. ***in numbers*** (1) ⇨ 3 a, 4 a, b, 8 b. (2) 大勢で, 大挙して (cf. 4 a). ***lose the number of one's mess*** 《俗》死ぬ, 殺される. ***make one's number*** 《口語》 (1) (到着の報告などのために)〔必要な筋に〕出頭する, 顔出しする, 挨拶(あいさつ)に行く (report oneself) 〔*with, at*〕. (2) 〔必要な人に〕自己紹介をする, 挨拶する 〔*with*〕. (3) 〘海事〙 〈船が〉数字信号によって自船の存在や到着(など)を知らせる. ***one's number is* [*has come*] *up*** 《口語》死ぬ[罰を受ける]時が来る, 運が尽きる : He knew that *his* ～ *was up*. 彼はもう助からぬ(命)と知っ(てい)た. ***out of number*** = *without* NUMBER. ***take a person's number*** = *get a person's* NUMBER. ***to the number of*** …の数だけ (as many as) : Books, *to the* ～ *of* five at one time, may be taken out of the library. 本は一回に 5 冊まで館外へ貸出しができる. ***without number*** 無数の (innumerable) : stars *without* ～ 数知れぬ星 / times *without* ～ 何度も, 再三再四.

Number of the Beast [the ─] 〘聖書〙 獣の数字《666 のことで, 神秘的な数 7 に達し得ず, 悪を象徴すると考えられた ; また Hebrew, Greek などの文字がそれぞれ数を表わすので, Nero Caesar つまり皇帝ネロを Hebrew 文字にして, その数を足すと 666 になるので, ネロを象徴するとも解釈された ; cf. *Rev.* 13 : 18》.

── *vt.* **1** 番号で区別する, …に番号[ノンブル]をつける : ～ the pages in a book 本の丁付けをする / ～ the houses in a street 町の家屋に番号を付ける. **2 a** (…の数を)数える (count) : He ～*ed* the crowd *at* about 500. 群集は約 500 人数えられた. **b** 〔…の中に〕数える, 入れる 〔*among, in, with*〕 : He ～*ed* me *among* his supporters. 彼は私も彼の支援者の一人に数えた. **3 a** (…の数)に達する, (総計…)となる (total) : a crew ～*ing* fifty men 50 名から成る乗組員 / The population ～*s* 50,000. 人口は 5 万である. **b** 〈ある数のものを〉含む, 有する (comprise) : The town ～*s* twenty thousand inhabitants. この町には 2 万の住民がいる. **4** [Passive で] …の数[期間]を限る : His days [years] are ～*ed*. 彼は余命いくばくもない. **5** …年生きている, …歳である : He ～*s* more than eighty years. 彼は 80 歳以上になる. **6** 《古》割り当てる (apportion) ; 分割する 〔*into*〕. ── *vi.* **1** 数を数える (count). **2** 〔…の数に達する, 合計〔…に〕なる 〔*in*〕 : Such people ～ *in* the hundreds. そのような人は何百という数に上る. **3** 〔…に〕数えられる, 含まれる 〔*among, in, with*〕.

***number* (*off*)** 〘軍事〙 (1) 〈兵士が〉(整列して)番号を言う[つける] : *Number off* ! [号令] 番号 (《米》count off). (2) 〈曹長などが〉〈兵士〉に番号をかけさせる.

númber éight ìron *n.* 〘ゴルフ〙 8 番アイアン (⇨ pitching niblick).

núm·ber·er [-bərɚ | -rə(r] *n.* 番号をつける人 ; 数える人, 計算者.

númber fìeld *n.* 〘数学〙 数体《複素数体の部分体》.

númber fíve ìron *n.* 〘ゴルフ〙 5 番アイアン (⇨ mashie). 「mashie iron).

númber fóur ìron *n.* 〘ゴルフ〙 4 番アイアン (⇨

númber fóur wòod *n.* 〘ゴルフ〙 4 番ウッド《グと cleek といった ; ⇨ baffy》.

númbering machìne *n.* 番号印字器, ナンバリング.

númber·less *adj.* **1** 数えきれない(ほどの), 無数の (innumerable, countless). **2** 番号の(ついてい)ない.

númber lìne *n.* 〘数学〙 数直線《数を目盛った直線 ; 直線上に一点 O を定め, その右側の各点 P には線分 OP の長さ x を, またその左側の各点 Q には線分 OQ の長さ x の符号を変えたもの $-x$ を目盛ることによって得られる》.

númber nìne *n.* 《英俗》〘軍事〙 第 9 号丸薬《下剤, 通じ薬でしばしば万能薬とされる ; No. 9 (pill), N°9 (pill) ともいう》. 「niblick).

númber níne ìron *n.* 〘ゴルフ〙 9 番アイアン (⇨

númber óne *n.* (*also* **No. 1**) **1** 第 1 番[号]. **2** 《口語》(利己的な立場から)自分, 自己 (oneself) ; 自分の利害 (one's own interests) : look after [take care of] ～ 自分ばかり大事にする, 自分の利益だけ追求する / He thinks only of ～. 彼は自分のことばかり考えている. **3** 《口語》最も重要な物, 一級品, 最高級品. **4** 《小児語》おしっこ, 小便 (cf. number two 2) : do ～. **5** 《英俗》〘海軍〙 = first lieutenant 2. ── *adj.* 《口語》第一の ; 第一等[流]の, 飛び切りの (first-rate) : A ～ ⇨ A 1.

númber óne ìron *n.* 〘ゴルフ〙 1 番アイアン (⇨ driving iron). 「driver 7).

númber óne wòod *n.* 〘ゴルフ〙 1 番ウッド (⇨

númber òpera *n.* 〘音楽〙 番号オペラ《個々に独立した叙唱・詠唱・重唱・合唱などからなる伝統的なイタリア風オペラ ; 各曲には初めから順に番号がつけられている ; cf. music drama》.

númber plàte *n.* **1** 《英》(車の)ナンバープレート (《米》license plate). **2** (家屋の)地番表示板, 番号板[札].

Num·bers [nʌ́mbɚz | -bəz] 〖《なぞり》← L *Numeri* 《なぞり》← Gk *Arithmoí* (cf. arithmetic)〗 ── *n. pl.* [単数扱い] (旧約聖書の)民数紀(略)《モーセ五書 (Pentateuch) の第四書 ; 略 Num., Numb.》.

númber séven ìron *n.* 〘ゴルフ〙 7 番アイアン (⇨ mashie niblick).

númbers gàme *n.* [the ～] = number *n.* 9.

númber síx ìron *n.* 〘ゴルフ〙 6 番アイアン (⇨ spade mashie).

númbers pòol [**ràcket**] *n.* [the ～] = number *n.* 9.

númber sỳstem *n.* [the ～] 〘数学〙 数系《自然数全体・整数全体・実数全体などのようなまとまった数の体系》.

Númber Tén *n.* 英国首相官邸《London の Downing Street にある ; No. 10 とも書く》. 「wedge 8).

númber tén ìron *n.* 〘ゴルフ〙 10 番アイアン (⇨

númber thèory *n.* 〘数学〙 (整)数論《整数の性質を研究する理論 ; theory of numbers ともいう》.

númber thrée ìron *n.* 〘ゴルフ〙 3 番アイアン (⇨ mid-mashie). 「spoon[1] 6).

númber thrée wòod *n.* 〘ゴルフ〙 3 番ウッド (⇨

númber twó *n.* **1** 《口語》第 2 番目の実力者 ; 次席者. **2** 《小児語》うんち, 大便 (defecation) (cf. number one 4) : do ～.

númber twó ìron *n.* 〘ゴルフ〙 2 番アイアン (⇨ midiron). 「brassie).

númber twó wòod *n.* 〘ゴルフ〙 2 番ウッド (⇨

númb·fìsh 〖← NUMB (adj.) + FISH[1] : その捕える餌食(えじき)を電気でしびれさせるところからいう〗 *n.* 〘魚類〙 シビレエイ (electric ray).

númb·ing [-mɪŋ] *adj.* しびれさせる(ような), 気の遠くなるような : at ～ length ぞっとするほど長々と. **～·ly** *adv.*

num·bles [nʌ́mblz] 〖《*c*1320》 *noumbles* ▭ OF *nombles* 《異化》← **lombles* (pl.) < L *lumbulum* (dim.) ← *lumbus* 'LOIN' : cf. humble pie〗 ── *n. pl.* 《古》食用臓もつ《特に, 鹿の心臓・肺臓・肝臓など》.

númb·skùll *n.* = numskull.

num·dah [nʌ́mdə] 〖▭ Hindi *namdā* ▭ Pers. *namad* carpet, rug : cf. numnah〗 ── *n.* (インドやペルシャの)厚手のフェルト地《鞍(くら)敷きなどにする》; (フェルト地の)鞍敷き.

nu·men [n(j)úːmɪn, -mən | njúːmɪn] 〖《1628》 ▭ L *nūmen* divine will ← *nuere* to nod : cf. Gk *neúein* to incline the head〗 ── *n.* (*pl.* **nu·mi·na** [-mənə | -mɪ-]) **1** (物活論者 (animist) によって自然物に宿ると信じられている)神霊, 守護神. **2** 根源力, 創造力, 内在力.

nu·mer·a·ble [n(j)úːm(ə)rəbl | njúː-] 〖▭ L *numerābil-is* ← *numerāre* 'to NUMBER' : ⇨ -able〗 *adj.* 数えられる, 計算(することの)できる.

nu·mer·a·cy [n(j)úːmərəsi | njúːmərəsɪ] 〖⇨ numerate, -acy〗 *n.* 理数系の基礎知識 (cf. numerate *adj.*, literacy 2).

nu·me·raire [n(j)ùːmərɛ́ɚ | njùːmərέə(r] 〖▭ F ～〗 *n.* (*also* **nu·mé·raire** [～ ; *F.* nymerɛːr]) 〘経済〙 ニューメレール, 通貨交換比率基準.

nu·mer·al [n(j)úːm(ə)rəl | njúː-] 〖《1530》 ▭ (O)F *numéral* ‖ LL *numerāl-is* of numbers ← L *numerus* 'NUMBER' : ⇨ -al[1]〗 ── *adj.* **1** 数の ; 数を表わす : a ～ letter [character, symbol] 数字 / a ～ word 数詞. **2** 数[数字]から成る.
── *n.* **1 a** 数字 : the Arabic ～*s* アラビア数字《1, 2, 3 など》/ ⇨ Roman numerals. **b** 数詞 : the cardinal ～ = cardinal number 1 / the ordinal ～ = ordinal number 1. **2** [*pl.*] 《米》 **a** 卒業予定の年号, 数字布《米国では学年を入学年次ではなく卒業予定年次(通例最後の二けたの数字)で呼ぶ》. **b** (学校の課外活動での優秀な成績の者に与えられる年度別の布製の)選手賞, 年度賞. **～·ly** *adv.*

nu·mer·ar·y [n(j)úːmərèri | njúːmərərɪ] 〖▭ ML *numerāri-us* ← L *numerus* 'NUMBER' : ⇨ -ary〗 *adj.* 数の, 数に関する.

nu·mer·ate 〖《1721》 ▭ L *numerāt-us* (p.p.) ← *numerāre* 'to count, NUMBER'〗 ── [n(j)úːmərèɪt | njúː-] *vt.* **1** 数える, 計算する, 数え上げる (count). **2** 〈数学の式を〉唱数法で読む. ── [n(j)úːm(ə)rət, -rɪt | njúː-mə-] *adj.* 理数系の基礎知識のある (cf. numeracy, literate 1 b).

nu·mer·a·tion [n(j)ùːməréɪʃən | njùː-] 〖《1432–50》 ▭ L *numerātiō(n-)* counting : ⇨ ↑, -ation〗 ── *n.* **1** 数えること, 計算, 勘定 (calculation) ; 数え方, 計算法 : decimal ～ 十進法. **2** 〘数学〙 数読み, 唱数法, 命数法 : a ～ table 数字表《数字とその読み方を並記した表》.

nú·mer·à·tor [-ṭɚ | -tə(r] 〖《1542》 ▭ F *numérateur* ‖ LL *numerātor* one who counts : ⇨ numerate, -or[2]〗 ── *n.* **1** 〘数学〙 (分数の)分子 (↔ denominator) : 2 is the ～ of $^2/_3$. **2** 計算者 ; 計算機.

nu·mer·ic [n(j)uːmérɪk, n(j)u:- | nju:-, nju-] 〖▭ F *numérique* ‖ ML *numeric-us* ← L *numerus* 'NUMBER' : ⇨ -ic[1]〗 *adj.* **1** = numerical. **2** 数字の.

nu·mer·i·cal [n(j)uːmérɪkəl, n(j)u:-, -rə- | njuːmérɪ-, nju-] 〖《1624》 : ⇨ ↑, -al[1]〗 ── *adj.* **1** 数の, 数を表わす, 数で示す ; (代数で)数字で表わした (cf. literal 1) : a ～ coefficient 数係数 / a ～ equation 数(字)方程式《既知数がすべて数字であるような方程式》/ (a) ～ order 番号 / a ～ statement 統計 / the ～ strength 人数 / the ～ system of rating 〘保険〙 点数査定法. **2** 数学の技能の. **3** 〘数学〙 数値の : ～ numerical value.

numérical análysis *n.* 〘数学・統計〙 数値解析《数値計算の方法についての理論》.

numérical áperture *n.* 〘光学〙 開口数《入射ひと

みの半径が物点において張る角の正弦と物空間の絶対屈折率との積で, 光学系の明るさまたは解像力を表わす量; 略 N.A.》.

numérical contról *n.* 〖電算機〗数値制御《電子計算機による工作機械などの自動制御(装置); 略 NC》.

numérical fórecasting *n.* 〖気象〗(天気の)数値予報《numerical weather prediction ともいう》.

nu·mér·i·cal·ly *adv.* 数で, 数字によって; 数の上で(は): ～ superior 数では優勢の[で].

numérically contrólled *adj.* 〖電算機〗〈工作機械など〉電子計算機によって数値制御された.

numérical notátion *n.* 〖音楽〗数字記譜法《数字を用いて楽音の高低・長短を表わす記譜法》.

numérical taxónomy *n.* 〖生物〗数量分類学《生物の形質の違いを数量的に記号で表わし, それをもとに生物を分類する学問》. 「す数》.

numérical válue *n.* 〖数学〗数値《文字や式が表わ

numérical wéather prediction *n.* 〖気象〗= numerical forecasting.

nu·mer·ol·o·gy [n(j)ù:mərάlədʒi | njù:mərɔ́lədʒɪ] 〖← L *numer(us)* 'NUMBER'＋-O-＋-LOGY〗 ── *n.* 数秘学, 数占い《誕生の年月など数が人の運命に及ぼす影響などを研究する》. **nu·mer·o·log·i·cal** [n(j)ù:mərəlάdʒɪkəl, -dʒə- | njù:mərəlɔ́dʒɪ-] *adj.*

nu·mer·ous [n(j)ú:m(ə)rəs | njú:-] 〖《1586》← L *numerōs(us)* (← *numerus* 'NUMBER')＋-OUS〗 ── *adj.* **1** [単数形集合名詞と共に用いて] 多数から成る, 多数の, 大勢の: a ～ acquaintance, army, class, family, collection of books, etc. **2** [複数名詞と共に用いて] きわめて多数の, おびただしい: ～ cases, errors, etc. / They are too ～ to enumerate. それらは枚挙にいとまがない. **3** 《古》 **a** 多数[大勢]の人々の: the ～ voice of the people 国民多数の声, 世論. **b** (人が)群がっている, 大勢いる (thronged): a ～ dinner, country, etc. **4** 《古・詩》韻律的な, 音声のなめらかな, 調子のよい (melodious): ～ verse. **～·ly** *adv.* **～·ness** *n.*

nu·me·rus clau·sus [nú:mərʊ̀s-kláʊsʊs, n(j)ú:mərəs-klɔ́:səs | njú:mərəs-klɔ́:səs, nú:mərʊ̀s-kláʊsʊs] 〖▭ L ～ 'closed or restricted number'〗 ── *L. n.* 《米》(ある人種・階級に属する者に対する)入学許可割当数.

Nu·mid·i·a [n(j)u:mídiə | nju:mídɪə, nju-, -djə] 〖▭ L ～ ← *Numida* Numidian, 《原義》'NOMAD': ⇨ -ia[1]〗 ── *n.* ヌミディア《アフリカ北部の古王国, 紀元前 46 年ローマ領となった; ほぼ今の Algeria に当たる》.

Nu·mid·i·an [n(j)u:mídiən | nju:mídɪən, nju-, -djən] 〖← L *Numidia* (↑)＋-AN[1]〗 ── *adj.* ヌミディアの. ── *n.* **1** ヌミディア人. **2** ヌミディア語《ヌミディア人の用いた Berber 語》.

Numídian cráne *n.* 〖鳥類〗= demoiselle 2.

Nu·mid·i·dae [n(j)u:mídədi: | nju:mídɪdi:] 〖← NL ～ ← *Numida* (属名: ⇨ Numidia)＋-IDAE〗 *n. pl.* 〖鳥類〗(キジ目)ホロホロチョウ科.

numina *n.* numen の複数形.

nu·mi·nous [n(j)ú:mənəs | njú:mɪ-] 〖《1647》← L *nūmin-, nūmen* 'NUMEN'＋-OUS〗 ── *adj.* **1 a** 神霊 (numen) の; 超自然的な. **b** 神聖な. **c** 神秘的な. **2 a** 神に身を捧げた, 高徳の. **b** 高尚な, 気高い. ── *n.* [通例 the ～] 霊感, 神来《神との霊的交渉において感じる恍惚と畏怖の交錯した感情》.

numis. 《略》numismatic; numismatical; numismatics; numismatology.

nu·mis·mat·ic [n(j)ù:məzmǽtɪk, -məs- | njù:mɪzmǽt-] 〖《1792》▭ F *numismatique* ← L *numismat-, numisma* coin (▭ Gk *nómisma* current coin ← *nomízein* to have in use ← *nómos* usage, custom)＋F *-ique* '-IC'〗 *adj.* **1** 貨幣[古銭]の, メダルの: a ～ collection 貨幣・メダル類の収集. **2** 貨幣[古銭]学の. **nù·mis·mát·i·cal** *adj.* **nù·mis·mát·i·cal·ly** *adv.*

nu·mis·mat·ics [n(j)ù:məzmǽtɪks, -məs- | njù:mɪzmǽt-] 〖⇨ ↑, -ics〗 *n.* 貨幣学, 古銭学《紙幣・メダル類をも含む研究》.

nu·mis·ma·tist [n(j)u:mízmətɪst, -mís-, -təst | nju:mízmətɪst, nju-] *n.* **1** 貨幣・メダル類を研究する者, 貨幣[古銭]学者. **2** 貨幣・メダル・古銭などの収集家.

nu·mis·ma·tog·ra·phy [n(j)u:mìzmətάgrəfi, -mìs- | nju:mìzmətɔ́grəfɪ, nju-] 〖← NUMISMAT(IC)＋-O-＋-GRAPHY〗 *n.* 貨幣誌, 古銭誌.

nu·mìs·ma·tól·o·gist [-dʒɪst, -dʒəst | -dʒɪst] *n.* = numismatist.

nu·mis·ma·tol·o·gy [n(j)u:mìzmətάlədʒi, -mìs- | nju:mìzmətɔ́lədʒɪ, nju-] 〖← NUMISMAT(IC)＋-O-＋-LOGY〗 *n.* = numismatics.

num·ma·ry [nʌ́məri | -rɪ] 〖《1660》▭ L *nummāri-us* ← *nummus* coin ▭ Gk *nómimos* lawful, legal ← *nómos* law: ⇨ -ary: cf. numismatic〗 ── *adj.* **1** 貨幣の, 金銭の, 貨幣[金銭]に関する. **2** 金銭を扱う.

num·mu·lar [nʌ́mjʊlə | -lə(r] 〖▭ F *nummulai-re* // L *nummulār-ius* ← *nummulus* (dim.) ← *nummus* coin: ⇨ nummary, -ar[1]〗 ── *adj.* **1** 貨幣[金銭]に関する (nummary). **2** 〖病理〗貨幣状の (coin-shaped): ～ sputa 貨幣状の痰(たん), 銭状痰.

num·mu·lar·y [nʌ́mjʊlèri | -lərɪ] 〖⇨ ↑, -ary〗 *adj.* 《古》= nummary.

num·mu·lite [nʌ́mjʊlàɪt] 〖《1811》← NL *nummulitē-s* ← L *nummulus*: ⇨ nummular, -ite[1]〗 ── *n.* 〖古生物〗貨幣石《新生代第三紀初期に存在した Nummulitidae 科に属する高等有孔虫の化石で, 大きさや形が貨幣に似ている》.

num·mu·lit·ic [nʌ̀mjʊlítɪk | -tɪk] *adj.* 貨幣石から成る: ～ limestone 貨幣石石灰岩.

num·nah [nʌ́mnə] 〖《1859》▭ Hindi *namdā*: cf. numdah〗 *n.* (フェルトまたは羊毛製などの)鞍敷き, 鞍型ゼッケン.

num·skull [nʌ́mskʌ̀l] 〖《1717》: ⇨ numb, skull[1]〗 *n.* **1** 《口語》ばか, あほう, とんま. **2** (ばか者の)頭,「どたま」. **～ed** *adj.*

nun[1] [nʌ́n] 〖OE *nunne* ▭ LL *nunna, nonna* old lady, nun (fem.) ← *nonnus* old man, father, monk ← IE 《小児語》**nana* nurse, female adult (Gk *nánna* aunt / Skt *nanā* mother)〗 ── *n.* **1** 〖キリスト教〗修道女, 尼僧《修道誓願を立てて修道院に生活する女子の修道者; カトリックの教会法では Sister と区別して荘厳誓願 (solemn vow) を立てる修道女を指す》. **2** 《英》〖鳥類〗 **a** = blue tit. **b** = smew. **c** [通例 N-] ドイツ産のイエバト. **3** 〖昆虫〗= nun moth. **4** 〖海事〗= nun buoy.

Nuns of the Visitation (of Our Lady [of the Blessed Virgin Mary]) [the ─] 〖カトリック〗= ORDER of the Visitation.

nun[2] [nú:n, nʌ́n] 〖▭ Heb. & Arab. *nūn* 《原義》? fish: cf. N〗 *n.* ヌーン《ヘブライ語アルファベット 22 字中の第 14 字: נ (ローマ字の N に当たる); ⇨ alphabet 表》.

Nun [nú:n] *n.* 〖エジプト宗教〗= Nunu.

nun·a·tak [nʌ́nətæ̀k] 〖《1882》▭ ? Dan. ～ ← Eskimo〗 *n.* 〖地質〗(極地などに見られる)氷河に囲まれた小丘[尖峰].

nu·na·tion [nʌnéɪʃən] *n.* 〖文法〗= nunnation.

nún bùoy [nʌ́n-] 〖← 《廃》nun spinning top 《転用》? NUN[1]〗 ── *n.* 〖海事〗(金属製)菱形浮標, ナンブイ《水面上が円錐になっているもので水路を指示する; 単に nun ともいう》.

nunc [nʌ́ŋk, núŋk] 〖▭ L ～ 'NOW'〗 *L. adv.* 今.

Nunc Di·mit·tis [nʌ́ŋk-dɪmítɪs, núŋk- | nʌ́ŋk-dɪmít-, -daɪ-] 〖《1552》▭ L ～ 'now thou lettest depart' (シメオンの頌の冒頭の句): cf. now, demission〗 ── *n.* **1** 〖キリスト教〗シメオン (Simeon) 賛歌《「今こそみ言葉に従いてしもべを安らかにゆかしめたもうなれ」に始まる頌歌; cf. *Luke* 2: 29–32》. **2** [n- d-] **a** 退去の許可. **b** (人生を全うし終えたか, または長い任務を忠実に果たしおおせた人の)告別: sing one's ～ (欣然(きん)として)別れを告げる; この世を去る.

nun·cha·ku [nu:ntʃɑ́:ku:] 〖▭ Jap. (沖縄方言)〗 ── *n.* [通例 *pl.*] ヌンチャク《唐手に使う武器; 2 本の棍(こん)棒 (長さ約 35 cm) を短い生皮・鎖などでつなぎ, 一方を手でにぎり, 他方を振り回して戦う; 相手を窒息させるのにも使う》.

nun·cheon [nʌ́ntʃən, núnʃən] 〖《1353》*noneschenche* noon drink ← *nōne* 'NOON'＋*schench(e)* draught < OE *scenc*〗 ── *n.* (*also* **nun·chion** [～]) 《英方言》(午前または午後の)軽い食事.

nun·ci·a·ture [nʌ́nsiətʃʊ̀ə | -ʃətjʊ̀ə(r] 〖▭ It. *nunziatura* ← *nunzio* (↓)〗 *n.* ローマ教皇大使[使節](nuncio) の職[任期].

nun·ci·o [nʌ́nsiòʊ, nún-, -ʃiòʊ | nʌ́nʃɪəʊ, -sɪəʊ, -sjəʊ] 〖《1528》▭ It. *nuncio, nunzio* ▭ L *nūntius* messenger, 《原義》announcing〗 ── *n.* (*pl.* **～s**) **1** ローマ教皇大使[使節] (papal ambassador)《外国の宮廷[政府]に対してローマ教皇を代表する; cf. internuncio 1, legate[1] 1》. **2** 《廃》使者 (messenger).

nun·cle [nʌ́ŋkl] 〖《異分析・変形》← *an* [*mine*] *uncle*: cf. newt〗 *n.* 《古・英方言》= uncle.

nun·cu·pate [nʌ́ŋkjʊpèɪt] 〖← L *nuncupāt-us* (p.p.) ← *nuncupāre* to name, declare ← *nōmen* name＋*capere* to take〗 ── *vt.* 〖法律〗〈遺言などを〉(公に)口頭で述べる, 口述する《特に, 勤務中の軍人や航海中の船員が臨終に際して十分な数の証人(ローマ法では 7 名)を前にして口述し, 後に遺言書の形に作成する》.

nun·cu·pa·tion [nʌ̀ŋkjʊpéɪʃən] 〖▭ L *nuncpatiō(n-)*: ⇨ ↑, -ation〗 *n.* 〖法律〗臨終口頭遺言.

nun·cu·pa·tive [nʌ́nkjʊpèɪtɪv, nʌ́ŋ-, nʌŋkjú:pətɪv, nʌŋ- | -tɪv] 〖《1546》▭ LL *nuncupātiv-us* nominal ← L *nuncupātus*: ⇨ nuncupate〗 ── *adj.* 〖法律〗〈遺言など〉口頭の, 口述による (oral): ⇨ nuncupative will.

núncupative wíll *n.* 〖法律〗臨終口頭遺言 (cf. holographic will).

Nun·ea·ton [nʌníːtn̩] 〖ME *Nun Eton* ← NUN[1]＋OE *Ēatun* (← *ēa* river＋*tūn* 'village, TOWN') ∽ OE *Etone, Eaton*〗 *n.* イングランド Warwickshire 州北部の都市; 人口 112,000.

nún·hòod *n.* 修道女[尼]であること, 修道女の身分.

nún·lìke *adj.* 修道女に似た, 尼のような.

nún móth *n.* 〖昆虫〗ノンネマイマイガ (*Lymantria monacha*)《ヨーロッパ産のドクガ科のガ; 針葉樹に損害を与える》.

nun·na·tion [nʌnéɪʃən] 〖《1776》← NL *nunnātiō(n-)* ← Arab. *nūn* 'NUN[2]'＋-ATION〗 *n.* 〖文法〗(アラビア語名詞の語尾変化で, また転じて中世英語などの名詞変化で)語尾に歴史的に存在しなかった n を付けること.

nun·ner·y [nʌ́n(ə)ri | -nəri] 〖《?a1200》: ⇨ nun[1], -ery: cf. F *nonnerie* convent〗 ── *n.* **1** 女子修道院, 尼僧院, 尼寺: Get thee to a ～. 尼寺へ行きゃれ (*Hamlet* 3. 1. 122). ★ 今ではこの語は軽蔑的にしか用いず, 代りに convent という. **2** 修道女[尼僧]会 (sisterhood).

nún·nish [-nɪʃ] *adj.* 修道女の, 尼僧(特有)の, 尼僧らしい.

nún's clóth *n.* = nun's veiling.

nún·shìp *n.* = nunhood.

nún's thréad *n.* 細い白色の縫糸《レース用の糸》.

nún's véiling *n.* 柔らかくて薄い毛[絹]織物《もと修道女の頭巾(ずきん)用; 今は夏服用婦人服地》.

Nu·nu [nú:nu:] 〖▭ Egypt. *nwnw*〗 *n.* 〖エジプト宗教〗ヌヌ《太古の混沌・海を擬人化した神; そこから世界が形作られたとされる; Nun ともいう》.

nuoc mam [nwɔ́(:)k-mɑ́:m | nwɔ́k-] 〖← Vietnamese〗 *n.* ヌオークマム《ベトナムの魚ソース》.

Nu·pe [nú:peɪ] 〖Niger 川と Benue 川の合流点付近にあった古い王国の名から〗 ── *n.* (*pl.* **～, ～s**) **1 a** [the ～(s)] ニューペイ族《ナイジェリア中西部に住む黒人》. **b** ニューペイ族の人. **2** ニューペイ語《Kwa 語に属する》.

N.U.P.E. 《略》《英》National Union of Public Employees.

Nu·per·cain [n(j)ú:pəkèɪn | njú:pə-] *n.* 〖商標〗ヌペルカイン《dibucaine の商品名》.

nu·phar [n(j)ú:fə | njú:fə(r] 〖《頭音消失》← NENUPHAR〗 *n.* 〖植物〗コウホネ(河骨)《スイレン科コウホネ属 (*Nuphar*) の植物の総称; cf. spatterdock》.

nu·plex [n(j)ú:pleks | njú:-] 〖← NU(CLEAR)＋(COM)PLEX〗 *n.* (原子力利用の)大規模な工業関連建物群.

nup·tial [nʌ́pʃəl, -tʃəl] 〖《1490》▭ L *nuptiāl-is* of marriage or wedding ← *nuptiae* wedding ← *nuptus* (p.p.) ← *nūbere* to marry〗 ── *adj.* **1** 結婚の; 結婚式の, 婚礼の: the ～ bed, day, feast, etc. / a ～ ceremony 結婚式, 婚礼 / a ～ song 結婚の祝歌 / the ～ knot 《廃》夫婦の契り. **2** 〖昆虫〗つがう頃の, 交尾期の. ── *n.* [通例 *pl.*] 《文語》(豪華な)結婚式, 婚礼 (wedding): celebrate the ～s 華燭の典を挙げる.

núptial flíght *n.* 〖昆虫〗(社会性のシロアリ・ハチ・アリなどの)結婚飛行, 婚姻飛行, 結婚飛翔《有翅の雄と雌の交尾飛翔》.

nup·ti·al·i·ty [nʌ̀pʃiǽləti, nʌpʃǽl- | nʌ̀pʃɪǽlətɪ, -lɪ-] 〖▭ F *nuptialité*: ⇨ nuptial, -ity〗 *n.* 婚姻率.

núptial plúmage *n.* 〖鳥類〗生殖羽, 婚羽, 婚衣《繁殖時に美しく変化した鳥の羽毛で, 特に雄に著しい; breeding plumage ともいう; cf. basic plumage, eclipse plumage》.

N.U.R. 《略》《英》National Union of Railwaymen.

nu·ra·ghe [nurɑ́:geɪ] 〖▭ It. (Sardinian) ～ ← ? *Nur(r)a* (Sardinia 地方の地名): cf. mural〗 ── *n.* (*pl.* **nu·ra·ghi** [-gi:], **～s**) ヌラーゲ《イタリアの Sardinia で発見された青銅器時代のものとされる石造の円形塔状建築物》.

Nu·rem·berg [n(j)ʊ́(ə)rəmbə̀:g | njʊ́ərəmbə̀:g] 〖▭ G *Nürnberg*〗 ── *n.* ニュルンベルク《西ドイツ南部の都市; ゴシック式およびバロック式建築物で有名; ナチ党戦犯の国際裁判が行なわれた地 (1945–46); 人口 493,000; ドイツ語名 Nürnberg》.

Núremberg égg 〖一説では egg という形容は誤訳に基づくという〗 ── *n.* 〖時計〗ニュルンベルクエッグ《16 世紀の初め Nuremberg で作られた小型時計; 携帯時計の初期のもの》.

Nu·ris·tan [nʊ̀(ə)rɪstǽn, -tɑ́:n | nʊ̀ər-] *n.* ヌーリスタン《Afganistan 東部の山岳地帯; Hindu Kush の南側の山腹; 旧名 Kafiristan》.

Nürn·berg [G. ný́rnbɛrk] *n.* ニュルンベルク《Nuremberg のドイツ語名》.

nurse[1] [nə́:s | nɑ́:s] 〖n.: 《a1387》*nurice, no(u)rice* ▭ OF *nor(r)ice, nurrice* (F *nourrice*) < LL *nūtrīciam* nurse (fem.) ← *nūtrīcius* nursing ← *nūtrīc-, nūtrix* nurse ← *nūtrīre* 'to NOURISH'. ── v.: 《1526》← (n.): cf. nutritious〗 ── *n.* **1** 看護婦[人, 兵]; 産婦看護婦《★掛かり付けの看護婦などの意味では無冠詞で用い, 呼びかけるときは Nurse!, 英国では Sister! という》: a hospital ～ / a Red Cross ～ 赤十字社看護婦 / a male ～ (精神病院などの)男子看護人. ★ 米国では看護婦には registered nurse (正看護婦), (licensed) practical nurse (准看護婦), nurse's aide (補助看(護婦)) がある. 看護婦教育機関を卒業した人を graduate nurse, 途中の人を undergraduate nurse という. また医師から独立した practicing nurse (開業看護婦) があり, 老人・慢性病患者などを対象に健康管理・予防看護に当たっている.

2 a (幼児に乳を与える)乳母(うば) (wet nurse). **b** (普通授乳しないで幼児の世話をする)育児婦, 保母 (dry nurse), 子守り女, ナース. ★ (1) 今では nurse と言えば dry nurse をさすのが普通: The child is under a ～'s charge. 子供は保母につけてある. (2) ⇨ father 1 a ★.

3 (ある性質・状態などを)養成[育成, 助成]する人[物]; 養成所 (nursery): England, the ～ of liberty 自由をはぐくむイングランド / Difficulty is the ～ of greatness. 《諺》苦労は偉大さを育てる,「艱難(かん)なんじを玉にす」/ The college has been the ～ of many famous men. その大学からは多くの名士が輩出した.

4 〖動物〗 **a** 保母虫《社会的集団をつくる昆虫群の中で幼虫を保護する昆虫, 働き蜂・働き蟻など》. **b** (ほや類などの)栄養[哺育]細胞.

5 〖林業〗保護樹 (⇨ nurse tree).

6 〖玉突〗寄せ玉《続けて玉を突けるように玉を寄せ集めること; ⇨ *vt.* 8》.

at nurse 乳母[育児婦]に預け(られ)て, 里子に出して[出されて]: Her baby is *at* ～. 彼女の赤ん坊は乳母に預けてある. ***put* (*out*) *to nurse*** (1) 〈赤ん坊を〉乳母に預ける, 里子に出す. (2) 〈土地などを〉管財人の手に委ねる.

── *vt.* **1 a** 〈病人を〉看護する, 看病する (attend): ～

a child through measles はしかの子供をずっと看病してやる / ～ a person back to life 人を介抱して生き返らせる. **b** (養生して)〈病気・傷などの〉治療に努める, いたわる, 大事にする: ～ a cold / ～ a scratch in one's nose. **2 a**〈赤ん坊〉に乳を飲ませる, 授乳[哺乳]する: ～ an infant, one's baby, etc. **b**〈赤ん坊が〉〈母親など〉の乳を飲む. **c** …の乳をもらう, …の乳で育つ. **3 a**〈幼児〉の守(ᵐ)りをする, 世話をする, 〈子供〉の養育をする: ～ a child. **b** [Passive で]〈ある状態・境遇・場所で〉育てる, 養う: *be* ～*d* in luxury ぜいたくに育つ. **4 a**〈草木を〉育てる, 栽培する, 手入れする (foster): ～ a plant, young tree, etc. **b**〈物を〉はぐくむ, 培養する; 〈事業・芸術などを〉育成する, 発達させる, (保護)奨励する, 振興する, 養成する. **5**〈恨み・望みなどを〉(心に)抱く (cherish): ～ a grudge, hope, plan, etc. **6 a**〈物を〉大切に使う[扱う]; 〈土地・財産などを〉大事に(管理)する; 〈精力などを〉節約する; いたわる: ～ an estate 土地を大切に管理する / ～ a fire 火を絶やさないように番をする (cf. 6 c) / ～ one's resources [finances] 資源[財源]を節約する. **b**〈酒などを〉ゆっくり[ちびりちびり]飲む: ～ a glass of whiskey 一杯のウイスキーをゆっくり飲む. **c**〈赤ん坊などを〉あやす; 抱く, 抱きしめる (fondle): ～ a cat / ～ one's knees in one's lap (手持ちぶさたに)ひざを抱く / ～ the fire (抱くようにして)火に当たる (cf. 6 a). **7**《英》(長期にわたって)〈選挙区(民)〉のきげんを取る, 歓心を買う, 地盤を築く: ～ a constituency (選挙前に色々世話などして)選挙区[地盤]を大事にする. **8**〘玉突〙(続けてキャノン (cannons) が突けるように)〈玉を〉寄せ集める (cf. nursery 5).

— *vi.* **1** 看護婦として勤める, 病人を看護する. **2 a** 幼児に乳を飲ませる, 授乳する. **b**〈幼児が〉母乳を飲む.

nurse² [nə́ːs | nɔ́ːs]〘《変形》← 《古形》*nusse*《異分析》← *an*+《廃》*huss* dogfish: cf. newt〙 *n.*〘魚類〙＝nurse shark.

núrse cèll *n.*〘動物〙栄養細胞, 哺育細胞.

núrse-chìld *n.* **1** (母の手によらず)乳母(ᵘ)に育てられている子. **2** もらい子, 養子 (foster child).

núrse fròg *n.*〘動物〙サンバガエル (⇨ obstetrical toad).

núrse·hòund *n.*〘魚類〙マダラトラザメ (*Scyliorhinus stellaris*)《ヨーロッパ産ツノザメ属のサメ》.

nurse·ling [nə́ːslɪŋ | nɔ́ːs-]〘← NURSE¹+-LING¹〙 *n.* ＝nursling.

núrse·màid *n.* **1** 子守り女 (nurserymaid). **2** 育成[養成]者, 世話係. **—** *vt.* 養成する, …の世話をする.

núrs·er 〘《*c*1395》: ⇨ nurse¹ (v.), -er¹〙 *n.* **1** 乳母(ᵘ), 養育者. **2** 養成[奨励]者. **3** ＝nursing bottle.

nurs·er·y [nə́ːs(ə)ri | nɔ́ːs(ə)ri]〘《*c*1300》 *norserie*: ⇨ nurse¹, -ery〙 **—** *n.* **1 a** 子供部屋, 育児室, 保育室; 託児室. **b** (病院の)新生児室. **c** ＝day nursery. **d** ＝nursery school. **2** (植物の)苗床, 苗しろ, 種苗場; 苗木仕立場, 植木畑, 養樹園; 養魚場; 動物養殖場; (微生物などの)繁殖場所. **3 a** (人・物事を培(ᵘᶜ)いはぐくむ)訓育[教育]の場所; 育成事情[環境制度]; (犯罪などの)温床: Commerce is the ～ *of* seamen. 貿易は海員を育成する / That school was a ～ *for* statesmen. あの学校から多数の政治家が出た / Universities are the *nurseries of* rising talent. 大学は将来有望な俊才を養う所だ / Idleness is the ～ *of* vice. 怠惰は悪の温床だ. **b** (運動選手の)養成所. **4**《廃》育児 (nursing); 養育 (fosterage). **5**〘玉突〙キャノン (cannons) を打つため一か所に寄せ集めた玉; (玉を寄せ集めて突く)キャノンの連続 (cf. nurse¹ *vt.* 8, nursery cannon): a ～ of cannons. **6**〘競馬〙2 歳馬のハンディキャップレース.

— *attrib. adj.* **1** 育児室の; 育児の: a ～ book 幼児の絵本 / a ～ word 小児(用)語 / a ～ room＝nursery 1 a, b. **2** 苗床の: a ～ bed 苗床.

núrsery cànnon *n.*〘玉突〙寄せ玉のキャノン (cf. nursery 5).

núrsery clàss *n.* ⇨ nursery school.

núrsery gàrden *n.* 苗木仕立場, 苗木畑, 植木畑.

núrsery gàrdener *n.* ＝nurseryman.

núrsery gòverness *n.* 幼児養育婦, 保母兼家庭教師.

núrsery·màid *n.* ＝nursemaid.

núrsery·man [-mən] *n.* (*pl.* **-men** [-mən, -mèn]) 養樹園主; 養樹係(の職人); 苗木屋, 種苗園経営者.

núrsery rhỳme *n.* 童歌(ʷᵃ), 伝承童謡 (《米》Mother Goose rhyme); 韻文で書かれた子供向けの話 《*Mother Goose's Nursery Rhymes* など》.

núrsery schòol *n.* **1** 保育学校《低年齢(通例 1 歳半–4歳)の幼児に対する教育施設; 英国では 1918 年教育法以来一種の公立学校(2–5 歳); 小学校に付設のものは nursery class という; 米国では preschool ともいう》. **2**《俗用》託児所, 保育所 (day nursery).

núrsery slòpes *n. pl.*〘スキー〙初心者向き(滑降)コース.

núrsery stàkes *n. pl.*〘競馬〙2 歳馬の競走[レース].

núrsery stòck *n.* [集合的] 苗木.

núrsery tàle *n.* おとぎ話, 童話.

núrse's àide *n.*《米》看護助手, 補助看(護婦)《病院でベッド作り・患者の入浴など看護婦の手助けをする》.

núrse shàrk *n.*〘魚類〙テンジクザメ科のサメの総称; (特に)アメリカテンジクザメ (*Ginglymostoma cirratum*)《全長 4 m, 体重 200 kg もある大型のサメ》.

núrse trèe *n.*〘林業〙保護樹《幼樹を風や寒気から保護するために植えられる; 単に nurse ともいう》.

nurs·ey [nə́ːsi | nɔ́ːsi]〘← NURSE¹+-EY〙 *n.*《小児語》ばあや, ねえや (nurse).

núrs·ing *n.* (職業としての)育児, 保育; 看護, 看病: the ～ profession [service] 看護婦としての職[勤め]. **—** *adj.* 養育[保育]する: ⇨ nursing father [mother].

núrsing bòttle *n.* (育児用の)哺乳びん.

núrsing fàther *n.*《英》養父 (foster father).

núrsing hòme *n.* ナーシングホーム: **a**《英》hospital (公立病院)よりも小規模で金持ちの人が入院する家庭的な私立病院. **b**《米》慢性病患者・老人などを収容する私設療養院.

núrsing mòther *n.* **1** 乳飲み子の母. **2**《英》養母 (foster mother).

núrsing òrder *n.*〘カトリック〙看護修道会.

nurs·ling [nə́ːslɪŋ | nɔ́ːs-]〘← NURSE¹+-LING¹〙 **—** *n.* **1** 乳母(ᵘ)に育てられる乳幼児; 乳飲み子; 乳離れしていない動物の子. **2** 被保護者, 養育されている子. **3** 大事に育て上げた人[物]; 秘蔵子[物]: a ～ of … に育てられた人[物], …で育った人[物].

nur·tur·ance [nə́ːtʃərəns | nɔ́ː-]〘⇨ ↓, -ance〙 *n.*〘心理〙養育. **nur·tur·ant** [nə́ːtʃərənt | nɔ́ː-] *adj.*

nur·ture [nə́ːtʃə | nɔ́ːtʃə(r)]〘《*c*1330》□ OF *nourture*《略》← *noureture* (F *nourriture*) < LL *nūtrītūram* nursling ← L *nūtrīre* 'to nurse, NOURISH': cf. nurse¹〙 **—** *n.* **1** 滋養物 (nourishment), 食物 (food); 食料, 糧(ᵏ). **2 a** (子女などの)養育 (bringing up): nature and ～ 氏と育ち. **b** 養成, 教育, しつけ. **3** [集合的]〘社会学〙環境(条件), 好環境. **4**〘生物〙遺伝素因修飾因子. **—** *vt.* **1** …に栄養[食物, 保護]を与える. **2 a** 養育する (rear). **b** 養成する (train up); 教育する, 教導する, 仕込む. **3** …の発達を促進する, 育てる.

núr·tur·al [-tʃərəl] *adj.* **núr·tur·er** [-tʃərə | -rə(r)] *n.*

N.U.S.《略》《英》National Union of Students.

nut [nʌ́t]〘OE *hnutu* < Gmc *χnut- (Du. *noot*, *neut* / G *Nuss*) ← IE **ken-* to squeeze together (L *nux*)〙 **—** *n.* **1** 堅果, 木の実, ナット《クリ・クルミ・カシの実など; cf. berry 1》; (桃・アーモンド (almond) などの堅果中の)仁(ʲ) (nutmeat) (cf. fruit 1 a): ⇨ Brazil nut, cashew nut, chestnut, hazelnut, peanut, walnut, etc. **2 a** 難問, 難事業; 扱いにくい人, 御し難い人: ⇨ *a* (*hard* [*tough*]) NUT *to crack*. **b** (問題などの)核心, 根本. **3** (機械・工具などの)ナット, 留めねじ (cf. bolt¹ 5): a bolt and ～ ボルトにはめたナット / ⇨ NUTS *and bolts*. **4 a** (バターなどの)小さなかたまり. **b** [*pl.*]《英》(家庭用の)石炭の小さなかたまり. **5**《俗》頭 (head): ⇨ *off one's* NUT. **6**《俗》**a**《軽蔑》男, やつ. **b** 奇人, 変人, 気違い; ばか者 (cf. nuts *adj.*). **c** 熱狂者, 大のファン, マニア: a hifi ～. **d**《古》(若い)しゃれ者, だて者 (dandy). **7 a** [*pl.*]《古俗》すてきなもの, 大好きなもの〔*to, for*〕(cf. nuts *adj.*). **b** [the ～s]《米俗》すてきな人[物, 事]. **c**《米俗》(警官への)わいろ (bribe). **8** [*pl.*]《俗》ばかげたこと (nonsense) (⇨ nuts *int.*): talk ～*s*. **9**《米口》**a** (演劇上演などの)運転資金, 総経費. **b** (ある額の)金. **10**〘楽器〙**a** (弦楽器の)糸受け, 糸枕, 上駒(ᵏᵒᵐᵃ)《弦を指板から浮かせるために, 指板の上端に取付けられている低い枕》. **b** (弦楽器の弓の)ナット, 毛留(ᵉ)《弓の下端にあり, 馬毛の張力を加減する部分》. **11**〘海事〙錨のかんざし部 (stock) の両端の丸い球. **12**〘印刷〙＝en¹ 2. **13** [*pl.*]《卑》＝testes.

a* (*hard* [*tough*]) *nut to crack 難問題, 難物; 持て余し者: I have *a* ～ *to crack with* you. 君と議論すべきことがある. (***as***) ***sweet as a nut***《口語》一糸乱れずに; 気持ちがよいほど楽に. ***do one's*** [***the***] ***nut*** ＝*do one's* HEAD. ***for nuts*** [否定構文で]《英俗》どうしても, 曲りなりにも (at all): I *can't* swim *for* ～*s*. 水泳は全然できない. ***nuts about*** [***on, over***] ⇨ nuts *adj.* 成句. ***nuts and bolts*** (1) [the ～] (物事の)基本, 根本, 土台. (2) 実地の運営, 実際. ***off one's nut***《俗》気が狂って; 逆上して: go *off one's* ～.

— *v.* (**nut·ted**; **nut·ting**) **—** *vi.* **1** [通例 ～*ing* で] 木の実を拾う[捜す]: go ～*ting* 木の実拾いに行く. **2**《英俗》頭を使う, 考える〔over〕. **—** *vt.*《英俗》**1**〈物事を〉考える〈*out, up*〉. **2** …に頭突きをくらわす; 〈人〉の頭をなぐる.

～·like *adj.*

Nut [núːt]〘□ Egypt. *Nwt*〙 *n.*〘エジプト神話〙ヌート《古代エジプトの天空神; 夫である大地神 Geb の上に立つ大気の神 Shu に支えられる; 背中に太陽の神 Ra を乗せた雌牛として表わされる》.

N.U.T.《略》National Union of Teachers 全英教員組合.

nu·tant [n(j)úːtənt | njúː-]〘□ L *nūtant-em* (pres. p.) ← *nūtāre* (↓)〙 *adj.*〘植物〙〈花が〉下垂性の (drooping), 下向きについた (nodding).

nu·tate [n(j)úːteɪt | njuːtéɪt]〘← L *nūtāt-us* (p.p.) ← *nūtāre* to nod (freq.) ← *nuere*〙 **—** *vi.* **1**〘植物〙《茎などが》下垂する, 下向きになる (nod, droop). **2**〈コマ・パラボラアンテナなどが〉章動する.

nu·ta·tion [n(j)uːtéɪʃən | njuː-]〘《1612》□ L *nūtātiō(n-)* a nodding ← *nūtāre* (↑): ⇨ -ation〙 **—** *n.* **1** (不本意に)頭を垂れる[うつむく]こと. **2**〘天文〙章動《地球自転軸が空間に対し比較的短周期で方向を変える現象; 歳差と同種の原因による》: diurnal [lunar, solar] ～ 日週[太陰, 太陽]章動. **3 a** コマ軸の章動, コマ軸のみそすり運動《垂直線に対するジャイロスコープ (gyroscope) などの軸方向の変動》. **b**〘通信〙アンテナ・ビームなどの歳差運動と同様の動き. **4**〘植物〙(生長中における茎の先端の自動的)生長[転頭]運動 (cf. circumnutation). **5**〘病理〙点頭(症)《特に, 不随意的な首の上下運動》.

nu·tá·tion·al [-ʃənl, -ʃnəl] *adj.* **1** 下垂の, 下向きの, 下向性の. **2**〘天文〙章動の. **3**〘植物〙生長[転頭]運動の.

nút-brówn〘《*a*1325》〙 *adj.*〈若い女(の顔)・髪・ビールなど〉栗色の, はしばみ色の, 赤褐色の (reddish brown): ～ ale / a ～ maid 栗色の乙女.

nut·burg·er [nʌ́tbə̀ːgə | -bə̀ːgə(r)]〘← NUT+BURGER 2〙 *n.* 木の実バーガー《挽いた木の実のはいった小型パイ》.

nút-bútter *n.* 木の実で作ったバター.

nút·càke *n.* **1** ナッツ入りのケーキ. **2**《ニューイングランド》ドーナッツ (doughnut).

nút càse〘cf. nut (n.) 6 b〙 *n.*《口語》気違い《人》.

nút·cràcker *n.* **1**〘《英》では通例 *pl.*〙くるみ割り器: a pair of ～*s*. **2** (生れつきもしくは歯が抜けたために)あごと鼻が近寄っている顔; くるみ割り器のような物. **3**〘鳥類〙**a**〘《なぞり》← G *Nussbrecher*〙ホシガラス (*Nucifraga caryocatactes*)《寒帯や高山にすみ, ハイマツの実を食すカラス》. **b** ＝Clark nutcracker. **c** ＝nuthatch. **—** *attrib. adj.*〈人の顔など〉くるみ割り器のような (cf. *n.* 2): a ～ face / ～ jaws.

nutcracker 1

nútcracker màn〘クルミなどを歯でかみ割るほど頑丈なあごをもつ人の意〙 *n.*〘人類学〙＝zinjanthropus.

nút dàsh *n.*〘活字〙＝en dash.

nút·gàll *n.*〘植物病理〙ふし(五倍子), 没食子(ᵐᵒˢˢʰᵒᵏᵘˢʰⁱ)《カシなどの葉にできる木の実形の虫こぶ; ⇨ gall³》.

nút gràss *n.*〘植物〙ハマスゲ (*Cyperus rotundus*)《スゲ科; その木の実状の塊根はもと香附子(ᵏᵒᵘᵇᵘˢʰⁱ)と称し, 薬用; nutsedge, coco grass ともいう》.

nút·hàtch〘《*c*1340》 *notehache, nuthage, nuthake* nut hacker (nut を割って食べるのが巧みなことから): cf. hatch³, hack¹〙 *n.*〘鳥類〙ゴジュウカラ科の鳥の総称.

nút hòuse〘cf. nut (n.) 6 b〙 *n.*《俗》精神病院 (mental hospital).

nut·let [nʌ́tlɪt, -lət]〘← NUT+-LET〙 *n.* **1** 小堅果. **2** (モモ・アンズなどのような)核果の種 (stone).

nút márgarine *n.* ナットマーガリン《主にココナツとピーナツの油で造る》.

nút·mèat *n.* (食用になる)堅果の中の仁(ʲ) (kernel).

nut·meg [nʌ́tmeg, -meɪg | -meg]〘《?*a*1300》 *notemuge*《部分訳・変形》← OF *nois muguede* (F *noix muscade*) ＝Pr. *notz muscada* ((fem.) ← MUSCAT): ⇨ nut, musk〙 **—** *n.* **1** ナツメッグ, ニクズク《ニクズクの木の堅くて芳香のある種子, 香味料や薬用にする; cf. mace²》. **2**〘植物〙**a** ニクズクノキ (*Myristica fragrans*)《熱帯アジア原産の常緑高木; 高さは約 10 m; nutmeg tree ともいう》. **b** ニクズクノキに類似した樹木の総称. **3** [N-]《米》Connecticut 州の住民《あだ名; cf. Nutmeg State》. **4** 灰色がかった茶色.

nútmeg ápple *n.* ニクズクの木の実.

nútmeg gerànium *n.*〘植物〙シロバナニオイテンジクアオイ (*Pelargonium odoratissimum*)《南アフリカ原産フウロソウ科の低木, 白い花が咲く》.

nútmeg líver *n.*〘病理〙にくずく肝《割面がまだら色を呈する病的な肝臓》.

nútmeg mèlon *n.*〘植物〙＝netted melon.

nútmeg òil *n.*〘化学〙にくずく油《ニクズクの実を水蒸気蒸留して得られる油; 成分は各種のテルペン混合物; 淡黄色で強い香りがある》.

Nútmeg Stàte〘この土地の商人が木製のニクズクを本物だと言って売りつけたという話から〙 *n.* [the ～] 米国 Connecticut 州の俗称.

nút òil *n.* 堅果油: **a** くるみ油 (walnut oil). **b** 桐油(ᵗᵒᵘʸᵘ) (tung oil)《塗料に用いる》.

nút pàlm *n.*〘植物〙ソテツの一種 (*Cycas media*)《オーストラリア産; 実は食用》.

nút·pìck *n.*《米》ナットピック《クルミの実をほじり出すきり状の食卓用具》.

nút pìne *n.*〘植物〙実が食用になるマツ属 (*Pinus*) の木の総称《piñon, stone pine, Swiss pine など; cf. pine nut 2》.

nút quàd *n.*〘活字〙＝en quad.

nu·tri·a [n(j)úːtriə | njúːtriə]〘□ Sp. ～ 'otter'《鼻音化変形》← *lutria* < L *lūtra*〙 **—** *n.* **1**〘動物〙ヌートリア (⇨ coypu). **2** ヌートリアの毛皮《薄茶色で耐久性が強く, 染めて beaver の毛皮に似せることがある》. **3** オリーブグレー色 (olive gray).

nu·tri·ent [n(j)úːtriənt | njúːtri-]〘□ L *nūtrient-em* (pres.p.) ← *nūtrīre* 'to NOURISH': cf. nurse¹, nurture〙 **—** *adj.* **1** 滋養[栄養]になる (nourishing): ～ salts 栄養塩. **2** 栄養素を含む. **—** *n.* **1**〘生化学〙栄養素, 養素《食物として摂取される物質の中で体内の代謝に重要な役割をもつ物質; 特に緑色植物では無機化合物》; 滋養物, 栄養分. **2** 栄養剤.

nu·tri·lite [n(j)úːtrəlàɪt | njúːtrɪ-]〘← NUTRI(MENT)+(METABO)LITE〙 **—** *n.*〘生化学〙必須栄養素子《ビタミンや発育因子 (growth factor) など普通の代謝と成長のためごく微量ながら必要なもの》.

nu·tri·ment [n(j)úːtrəmənt | njúːtrɪ-]〘《1541》□ L *nūtriment-um* ← *nūtrīre*: ⇨ nutrient, -ment〙 **—** *n.* **1** 滋養物, 栄養分 (nourishment); 食物. **2** 生長[発育]を促進するもの, 栄養剤, 栄養食料品.

nu·tri·men·tal [n(j)ùːtrəméntl | njùːtrɪméntl] *adj.* ＝nutritious.

nu·tri·tion [n(j)uːtríʃən, n(j)uː- | njuː-, njuː-]〘《1551》□ F ～ // ← L *nūtrīt(us)* ((p.p.) ← *nūtrīre* 'to NOURISH') + -TION〙 **—** *n.* **1** 栄養を取る[与える]こと, 栄養摂取(過程); 栄養(状態, 作用): the ～ of patients 患者に栄

養を与えること, 病人の栄養. **2** 栄養, 栄養物 (nutriment); 食物 (food). **3** 栄養学. **~·al** [-ʃənl, -ʃnəl] *adj.* **~·al·ly** *adv.*

nu·trí·tion·ist [-ʃ(ə)nɪst, -nəst | -nɪst] *n.* 栄養学者.

nu·trí·tious [n(j)uːtríʃəs, n(j)u:- | njuː-, njʊ-] 〖《1665》← L *nūtrīci(us), nūtrītius* (← *nūtrix* nurse) + -ous〗 **—** *adj.* (大いに)栄養になる, 滋養分の多い, 発育を増進する (nourishing). **~·ly** *adv.* **~·ness** *n.*

nu·tri·tive [n(j)úːtrətɪv | njúːtrət-, -trɪ-] 〖《*c*1430》□ (M)F *nutritif*, ~ (fem.) □ ML *nūtrītivus* ← L *nūtrītus*: ⇨ nutrition, -itive〗 **—** *adj.* **1** 栄養になる, 滋養分のある (nutritious); 発育を増進する: ~ food. **2** 栄養の, 栄養に関する: ~ functions 栄養作用 / ~ value 栄養価. **—** *n.* 栄養物; 食物. **~·ly** *adv.* **~·ness** *n.*

nútritive rátio *n.* 栄養率. 「=nutritive.

nu·tri·to·ry [n(j)úːtrətɔ̀ːri, -tɔ̀ːri | njúːtrətəri, -trɪ-] *adj.*

nuts [nʌ́ts] 〖(pl.) ← nut (n.) 6: cf. nerts〗 **—** *pred. adj.* 《俗》気が変で, 気違いで (crazy); ばかで (foolish); 熱中して, ほれこんで: drive a person ~ 人の気を狂わせる; 人を逆上させる, ひどく怒らせる / go ~ 気が狂う, 頭が変になる; 熱中する, 首ったけになる.
(*dead*) *nuts on* 《俗》(1) =nuts *about*. (2) …が上手で; …の名人で. ***nuts about*** [*on, over*] 《俗》…が大好きで, …に熱中して; …に首ったけで: be ~ *about* jazz, a girl, etc.
— *int.* 《俗》ばかな, 畜生, くだらない, ちえっ (nonsense, nerts) 《憎悪・軽蔑・失望・拒絶などを表わす; cf. nut *n.* 8》: *Nuts to* you [it]! てめえ[それ]が何だというのだ, ばかを言え, くそくらえ.

núts-and-bólts *adj.* **1** 基本的な, 根本の. **2** 実地の, 実際的な (cf. nuts *and bolts*).

nút·sèdge *n.* 〖植物〗ハマスゲ (⇨ nut grass).

nút·shèll *n.* **1** (クルミなど)堅果の殻. **2** (クルミの殻のように)ごく小さい物[量, 大きさ, 長さなど]; ごく狭い場所: a ~ *of* a house ごく小さい家 / a little ~ of students ごく少しばかりの学生. **3** 《廃》つまらない[無価値な]もの.
in a nutshell ごく簡潔に, ほんの一言で(言うと): put the matter *in a* ~ 事柄をかいつまんで述べる / I can give it to you *in a* ~. それを一言で言うことができる / This, *in a* ~, is the situation. 要するに[簡単に言えば]事情はこうです. ***lie in a nutshell*** (1) 場所を取らない. (2) 〈物事が〉一言で説明できる, 簡単だ.
— *vt.* 要約する, 簡潔にする; 要約して[簡潔に]述べる: ~ a plan.

nuts·y [nʌ́tsi | -sɪ] 〖← nuts + -y⁴〗 *adj.* (**nuts·i·er**; **-i·est**) 《俗》気違いの[じみた] (crazy).

nút·ter [-tə | -tə(r)] 〖《1483》: ⇨ nut, -er¹〗 *n.* **1** 堅果[木の実]を拾う人. **2** 《混成》← nut + (but)ter〗 = nut-butter. **3** 《俗》気違い, 変人.

nút·ting [-tɪŋ | -tɪŋ] *n.* 木の実拾い, クルミ拾い, ハシバミ (hazel) の実取り. 「zel).

nút·trèe *n.* 堅果をつける樹木; (特に)ハシバミ (ha-

nut·ty [nʌ́ṭi | -tɪ] 〖← nut + -y⁴〗 **—** *adj.* (**nut·ti·er**; **-ti·est**) **1** 堅果[木の実]の多い, 堅果を結ぶ. **2** 木の実のような (nutlike); 〈ぶどう酒など〉木の実のような味がする, 風味[香味]の豊かな: ~ ale, sherry, etc. **3** 《俗》**a** 気の変な, 気違いの (crazy); ばかな, ばかげた: (as) ~ as a fruitcake 全く狂気の沙汰で. **b** 熱中した, 首ったけの 〔*about, on, over*〕. **c** 《英》ぱりっとした, いきな (smart). **d** 〈物事が〉痛快な, 味のある (piquant). **nút·ti·ly** [-ṭli, -ṭə-, -ṭḷi | -tɪli, -tə-] *adv.* **nút·ti·ness** *n.*

nút wèevil *n.* 〖昆虫〗シギゾウムシ類の昆虫の総称《クリの実に巣食うクリシギゾウ (*Curculio dentipes*) など》.

nút·wòod *n.* 堅果をつける樹木《walnut, hickory など》; その木材.

nú-vàlue *n.* 〖光学〗ヌーバリュー《物質, 特に透明光学材料の光の分散, すなわち光の波長による屈折率の変化を表わす量; 屈折率を *n*, その波長による変化を *Δn* とする時 ν=(*n*−1)/*Δn*; relative dispersion ともいう; ⇨ Abbe number》.

nux vom·i·ca [nʌ́ks-vɑ́mɪkə, -mə- | -vɔ́mɪ-] 〖《1578》← NL ~ 'vomiting nut' ← L *nux* 'nut' + NL *vomica* (← L *vomere* 'to vomit')〗 **—** *n.* (*pl.* ~) **1 a** 番木鼈(ばんぼくべつ), マチン子, ポミカ《インド・ビルマ・インドシナ地方に産するマチンの有毒な種子; 主にストリキニーネとブルチン (brucine) から成るアルカロイドを含み薬剤の原料》. **b** 〖植物〗マチン (*Strychnos nux-vomica*). **2** 〖薬学〗ホミカ《胃腸薬・食欲増進薬》.

nuz·zle [nʌ́zl] 〖《*c*1425》*nosele* (freq.) ← nose 'to bring the nose to the ground': ⇨ -le³: 意味の上で nestle と混同: cf. nozzle〗 **—** *vi.* **1** 〈豚などが〉鼻で穴を掘る. **2** 〈犬などが〉鼻をすりつける[押しつける] 〈*up*〉 〔*against, at*〕; 鼻を突っ込む 〔*into*〕; くんくんかぐ (sniff): The pup ~*d up* close to the boy. 小犬がその少年に鼻をすりつけてきた. **3** 心地よく寝る, 寄り添って寝る (nestle). **—** *vt.* **1** 鼻で掘る. **2** …に鼻をこすりつける, (鼻で)つつく[触れる]. **3 a** …に鼻を突っ込む: ~ the ground. **b** 〈鼻・頭などを〉突っ込む (thrust): ~ one's nose [head] into something. **4 a** 抱き寄せる, 抱いてかわいがる (fondle): ~ a child. **b** [~ *oneself* で] 心地よく寝る, 寄り添って寝る.
— *n.* 抱擁, 抱き締め.

NV 《略》〖米郵便〗Nevada (州).

n.v. 《略》nonvoting (stock) 〖商業・法律〗議決権のない(株式).

N.V. 《略》New Version.

n.v.d. 《略》no value declared.

N.V.M. 《略》Nativity of the Virgin Mary.

nW 《略》〖電気〗nanowatt(s). 「一つ).

NW, N.W. 《略》Northwestern《London の郵便区の

NW, N.W., n.w. 《略》northwest; northwestern.

NWA 《略》Northwest Airlines.

N-wàr *n.* =nuclear war.

NWbN 《略》northwest by north.

NWbW 《略》northwest by west.

N-wèapon *n.* =nuclear weapon.

N.W.P. 《略》Northwest(ern) Provinces (India).

N.W.Prov. 《略》Northwest(ern) Provinces (India).

n.wt. 《略》net weight.

N.W.T. 《略》Northwest Territories (Canada).

NY 《略》〖米郵便〗New York (州).

N.Y. 《略》new year; New York; no year.

NYA, N.Y.A. 《略》National Youth Administration (米国)青少年局.

ny·a·la [niɑ́ːlə, njɑ́ː- | nɪɑ́ː-, njɑ́ː-] 〖□ Bantu ~〗 **—** *n.* (*pl.* ~, ~**s**) 〖動物〗ニアーラ (*Tragelaphus angasii*) 《アフリカ南東部産のレイヨウ; 赤褐色または青褐色の地色に白い横縞がある》.

Ny·as·a [naɪǽsə, niǽsə, njǽsə | naɪǽsə, nɪǽsə, njǽsə], **Lake** *n.* ニアサ湖《Lake Malawi の旧名》.

Ny·as·a·land [naɪǽsəlæ̀nd, niǽsə-, njǽsə- | naɪǽsə-, nɪǽsə-, njǽsə-] *n.* ニアサランド (⇨ Malawi). **~·er** *n.*

Ny·as·sa [naɪǽsə, niǽsə, njǽsə | naɪǽsə, nɪǽsə, njǽsə] *n.* =Nyasa.

N.Y.C. 《略》New York Central; New York City.

nyck·el·har·pa [níkəlhɑ̀ːpə | -hɑ̀ː-] 〖□ Swed. ~ ← *nyckel* fret³ + *harpa* 'harp'〗 **—** *n.* ニッケルハルパ《ハーディガーディ (hurdy-gurdy) に似ているが弓で奏するスウェーデンの古い弦楽器》.

nyct- [nɪkt] (母音の前に来る時の) nycto- の異形.

Nyc·ta·gi·na·ce·ae [nɪ̀ktədʒənéɪsiːː | -dʒɪnéɪsi-] 〖← NL ~ ← *Nyctagin-, Nyctāgō* (属名: ← nycto- + *-agin-, -ago* (⇨ plantain¹)) + -aceae〗 **—** *n. pl.* 〖植物〗(中心子目)オシロイバナ科. **nỳc·ta·gi·ná·ceous** [-ʃəs] *adj.*

nyc·ta·lo·pi·a [nɪ̀ktəlóʊpiə | -lə́ʊpɪə, -pjə] 〖《1684》□ LL ~ ← Gk *nuktálōps* blind by night (← nycto- + Gk *alaós* blind + *ṓps* eye) + -ia¹: ⇨ nocti-, optic〗 **—** *n.* 〖病理〗**1** 夜盲(症), 鳥目 (night blindness) (cf. hemeralopia 1). **2** 《俗》=hemeralopia 1. **nyc·ta·lop·ic** [nɪ̀ktəlɑ́pɪk | -lɔ́p-] *adj.*

nyc·te·rib·i·id [nɪ̀ktəríbiɪd, -biəd | -bɪɪd] 〖↓〗〖昆虫〗 *adj.* クモバエ(科)の. **—** *n.* クモバエ《クモバエ科の昆虫の総称》.

Nyc·te·ri·bi·i·dae [nɪ̀ktərəbáɪədiː | -rɪbáɪɪ-] 〖← NL ~ ← *Nycteribia* (属名: ← Gk *nukteris* bat + -bia) + -idae〗 *n. pl.* 〖昆虫〗(双翅目)クモバエ科.

nyc·ti- [nɪ́ktɪ, -tə | -tɪ] nycto- の異形 (⇨ -i-).

nyc·ti·tro·pic [nɪ̀ktətróʊpɪk, -trɑ́p- | -tɪtrɔ́p-] 〖← nycto- + -tropic〗 *adj.* 〖植物〗夜間方向[位置]を変える性質のある, 夜間屈性運動をする.

nyc·tit·ro·pism [nɪktítrəpɪ̀zm] 〖⇨ ↑, -ism〗 *n.* 〖植物〗(葉などが)夜間方向[位置]を変える傾向[性質].

nyc·to- [níktə, -to(ʊ) | -tə(ʊ)] 〖□ Gk ~ ← *núx* night〗「夜(の) (night)」の意の連結形. ★ 時に nycti-, また母音の前では通例 nyct- になる.

nyc·to·pho·bi·a [nɪ̀ktəfóʊbiə | -fə́ʊbjə, -bɪə] 〖⇨ ↑, -phobia〗 *n.* 〖精神医学〗暗闇恐怖.

nyc·tu·ri·a [nɪkt(j)ʊ́(ə)riə | -tjʊ́ərɪə] 〖← NL ~: ⇨ nycto-, -uria〗 *n.* 〖病理〗=nocturia.

n.y.d. 《略》not yet diagnosed.

Ny·dra·zid [náɪdrəzɪd, -zəd | -zɪd] 〖cf. hydrazide〗 *n.* 〖商標〗ナイドラジド《結核の薬 isonicotinic acid hydrazide の商品名》.

Nye [náɪ] 〖(dim.) ← Aneurin〗 *n.* 男性名.

Nye, Edgar Wilson *n.* (1850–96) 米国のユーモア作家; 通称 Bill Nye.

Nye·re·re [njeré(ə)rɪ, njə-, niə-, -réri | njeréərɪ, njə-, nɪə-, -rérɪ], **Julius Kam·ba·ra·ge** [kɑːmbɑ́ːrɑːgə] *n.* ニエレレ《1922– ; Tanzania の政治家; 汎アフリカ主義者; 大統領 (1964–)》.

nyet [njét; *Russ.* njét] 〖□ Russ. ~〗 *Russ. adv.* いいえ (no), いや (cf. da²).

nyl·ghai [nílgaɪ] *n.* (*pl.* ~**s**, ~) 〖動物〗=nilgai.

nyl·ghau [nílgɔː] *n.* (*pl.* ~**s**, ~) 〖動物〗=nilgai.

ny·lon [náɪlɑn | -lɔn, -lən] 〖《1932》? ← (vi)nyl + (ray)on〗 *n.* **1** ナイロン《合成繊維》. **2 a** ナイロン製品. **b** [*pl.*] 《口語》(婦人用)ナイロンの靴下.

nymph [nímf] 〖《*a*1390》□ OF *nimphe* (F *nymphe*) □ L *nympha* □ Gk *númphē* bride, nymph, pupa〗 **—** *n.* **1** 〖ギリシャ・ローマ神話〗ニュムペー, ニンフ《海・川・泉・小山・森などに住む半神半人の少女; cf. dryad, hamadryad 1, naiad, Nereid, Oceanid, oread, Salamander 2》: ⇨ water nymph 1, wood nymph 1. **2 a** 《詩》ニンフのような)美しい少女; 《文語》少女, 乙女. **b** 品行の悪い女. **3** 〖昆虫〗**a** 若虫(じゃくちゅう), ニンフ《不完全変態昆虫の幼虫》. **b** 《まれ》さなぎ (pupa). **4** 〖釣〗ニンフ《幼虫期の水生昆虫に似せた毛鉤》. 「形.

nymph- [nɪmf] (母音の前に来る時の) nympho- の異

nym·pha [nímfə] 〖□ L ~: ⇨ nymph〗 *L. n.* (*pl.* **nym·phae** [-fiː]) **1** 〖昆虫〗=nymph 3 a. **2** [*pl.*] 〖解剖〗小陰唇 (labia minora).

nymphaea *n.* nymphaeum の複数形.

Nym·phae·a·ce·ae [nɪ̀mfiéɪsiː | -fɪ-] 〖← NL ~ ← L *nymphaea* water-lily (属名: ⇨ nymphaeum) + -aceae〗 **—** *n. pl.* 〖植物〗(キンポウゲ目)スイレン科. **nỳm·phae·á·ceous** [-ʃəs] *adj.*

nym·phae·um [nɪmfíːəm] 〖□ L ~ □ Gk *numphaîon* ← *númphē* 'nymph'〗 **—** *n.* (*pl.* **-phae·a** [-fíːə]) **1** 休憩室, 休みの場, 憩いの場, ニンファエウム《噴水があり花や彫刻で飾られたローマの建物や部屋》. **2** 〖考古〗ニンフを祭った社, ニンフの神殿.

nymph·al [nímfəl] 〖□ F ~ // L *nymphāl-is* belonging to nymphs ← *nympha* 'nymph': ⇨ -al¹〗 *adj.* **1** ニンフの (nymphean). **2** 〖昆虫〗若虫(じゃくちゅう) (nymph) の; さなぎの (pupal).

nym·pha·lid [nímfəlɪd, -ləd | -lɪd] 〖↓〗〖昆虫〗 *adj.* タテハチョウ(科)の. **—** *n.* タテハチョウ《タテハチョウ科のチョウの総称》.

Nym·phal·i·dae [nɪmfǽlədiː | -lɪ-] 〖← NL ~ ← *Nymphālis* (属名: ⇨ nymphal) + -idae〗 *n. pl.* 〖昆虫〗(鱗翅目)タテハチョウ科.

nym·phe·an [nímfiən, nɪmfíːən | nɪmfíːən, nímfɪən] 〖← Gk *numphai(os)* of a nymph (← *númphē* 'nymph') + -an¹〗 **—** *adj.* **1** ニンフの(ような). **2** ニンフが住む. **3** ニンフのように美しい.

nym·phet [nɪmfét, nímfɪt, -fət | nɪmfét] 〖□ MF *nymphette*: ⇨ nymph, -et〗 **—** *n.* **1** ニンフェット《若くて特に美しいニンフ》. **2** 〖V. Nabokov, *Lolita* (1955) 中の用語から〗(10–14 歳ぐらいの)早熟な[ませた]娘; ふしだらな若い女.

nym·phi- [nímfɪ, -fə | -fɪ] nympho- の異形 (⇨ -i-).

nymph·ic [nímfɪk] *adj.* =nymphean.

nýmph·ish [-fɪʃ] *adj.* ニンフのような. 「しい.

nýmph·lìke *adj.* ニンフのような, ニンフのように美

nym·pho [nímfoʊ | -fəʊ] 〖《短縮》← nymphomaniac〗 *n.* (*pl.* ~**s**) 《俗》=nymphomaniac.

nym·pho- [nímfo(ʊ) | -fə(ʊ)] 〖□ Gk *numpho-*: ⇨ nymph, -o-〗 **—**「ニンフ (nymph); 小陰唇 (nymphae)」の意の連結形. ★ 時に nymphi-, また母音の前では通例 nymph- になる.

nym·pho·lep·sy [nímfəlèpsi | -sɪ] 〖《1775》□ Gk *numphólēpt-os* caught by nymphs, in a state of rapture (⇨ nympho-, -lepsy): epilepsy にならった造語〗 **—** *n.* **1** (ニンフに魅せられた者が陥ると言われる)有頂天, 狂喜 (ecstasy). **2** (得られないものを得ようとする欲求から来る)逆上, 熱狂 (frenzy).

nym·pho·lept [nímfəlèpt] 〖《1813》↑〗 *n.* nympholepsy に陥っている人, 狂喜[逆上]している人.

nym·pho·lep·tic [nɪ̀mfəléptɪk] *adj.* nympholepsy に陥った; 熱狂した (frenzied).

nym·pho·ma·ni·a [nɪ̀mfəméɪniə | -fə(ʊ)méɪnjə, -nɪə] 〖← nympho- + -mania〗 *n.* 〖病理〗女子色情症《女性の病的な性欲亢進状態; cf. satyriasis》.

nym·pho·ma·ni·ac [nɪ̀mfəméɪniæ̀k | -fə(ʊ)méɪnɪæ̀k] *n.* (女子の)色情症患者. **—** *adj.* 〈女性が〉色情症の. **nym·pho·ma·ni·a·cal** [nɪ̀mfo(ʊ)mənáɪəkəl, -fə- | -fə(ʊ)-] *adj.*

nýmph pìnk *n.* 紫がかった赤, 赤紫色.

Ny·norsk [n(j)úːnɔəsk | njúːnɔːsk; *Norw.* nýːnɔrsk] 〖□ Norw. ~ ← *ny* new + *norsk* Norwegian〗 **—** *n.* 〖言語〗ニューノルスク《2 種類あるノルウェー公用語のうち新しい方; 北西ノルウェー方言に基づく; Landsmål ともいう; cf. Bokmål》.

NYP, N.Y.P., n.y.p. 《略》not yet published 未刊.

ny·pa [níːpə] *n.* 〖植物〗=nipa.

Ný·quist diagram [náɪkwɪst-, -kwəst- | -kwɪst-] 〖← *Harry Nyquist*: これを創案した米国の電気技師〗 **—** *n.* 〖電気〗ナイキスト線図《帰還増幅器や自動制御系の安定性判別に用いられる線図》. 「ランド語名).

Ny·sa [*Pol.* nísa] *n.* [the ~] ニサ(川)《Neisse のポー

NYSE 《略》New York Stock Exchange.

nys·tag·mus [nɪstǽgməs] 〖← NL ~ ← Gk *nustagmós* drowsiness, nodding ← *nustázein* to be sleepy or drowsy〗 **—** *n.* 〖病理〗眼振, 眼球振盪(しんとう)(症)《眼球が不随意的に急速な運動をする症状》. **nys·tag·mic** [nɪstǽgmɪk] *adj.*

nys·ta·tin [nístəṭɪn, -tən | -tɪn] 〖← *N(ew) Y(ork) Stat(e)* + -in¹〗 *n.* 〖薬学〗ナイスタチン《病原性糸状菌を阻止する薄黄色の抗菌物質》.

N.Y.T. 《略》New York Times.

ny·tril [náɪtrɪl, -trəl] 〖← (vi)ny(lidene) (dini)tril(e) (← di-¹ + nitrile)〗 **—** *n.* ナイトリル, ニトリル繊維《主としてビニリデンジニトリルを重合して造った柔らかくて弾性のある合成繊維》.

Nyx [níks] 〖□ L ~ □ Gk *Núx*: *núx* night の擬人化: cf. Nox〗 *n.* 〖ギリシャ神話〗ニュクス《夜の女神; Chaos の娘, Hemera と Aether の母; cf. Nox》.

N.Z. 《略》New Zealand.

N.Zeal. 《略》New Zealand.

NZ$ 《記号》〖貨幣〗New Zealand dollar(s).

O

O, o [óʊ | ə́ʊ] 〘OE *O, o* ⊏ L (Etruscan を経由) ⊏ Gk (*ò mīkrón*《原義》short 'o') ⊏ Phoenician ○ : cf. Heb. ע (*'ayin*)《原義》eye : 古代ヘブライ語では有声咽頭摩擦音 [ʕ] を表わした〙 **—** *n.* (*pl.* **O's, Os, o's, os, oes** [~z]) **1** 英語アルファベットの第 15 字. **2** (活字・スタンプなどの) O または o 字. **3** [O] O 字形(のもの); 円形 : an *O* / a round *O*. **4** 文字 o が表わす音 : a short o 短音の o《hot, box などの [ɑ | ɔ]; ⇨ short *adj.* 10 a》/ a long *o* 長音の o《hope, lone などの [oʊ | əʊ]; ⇨ long *adj.* 11》. **5** (連続したものの) 第 15 番目(のもの); (J を数えない時は) 第 14 番目(のもの). **6** (中世ローマ数字の) 11.

o《記号》〘気象〙overcast sky.

O [óʊ | ə́ʊ] 〘ME *O* ⊏ (O)F *o* ⊏ L *ō* : 擬音語 : cf. ah〙 **—** *int.* **1** [特に詩的な, またはいかめしい表現で呼掛けの名の前に] ああ, おお : *O* Lord, help us! おお, 主よ, われらを助けたまえ. **2** ああ, おや, まあ《驚き・恐怖・苦痛・悲嘆・感嘆・願望などを表わす》: *O* dear me! おやまあ / *O that* I might see him again! ああ, 彼にもう一度会えたならなあ. **3** [肯定・否定の語などの前に] : *O* yes. そうだとも / *O* no. とんでもない(ことです); だめです; (相手の否定表現に賛成して)そうですとも. ★ 大文字で書かれ, そのすぐ後にはコンマまたは! などの句読点がくることはまれ (cf. oh). ***O for…!***《詩・文語》ああ…が欲しい : *O for* wings! **—** *n.* おお(という叫び), 嘆声.

O《略》October.

O《記号》**1** 零. **2** (ABO 式血液型の) O 型. **3**〘論理〙particular negative. **4**〘化学〙oxygen. **5**〘地球物理〙center of earth. **6**〘米陸・海・空軍〙observation plane 観測機.

o.《略》occasional; octavo; off; ohm(s); only; *L.* optimus (=best);〘紋章〙or; organ;〘野球〙out(s);〘クリケット〙over(s); overcast.

o., O.《略》〘処方〙*L.* octārius パイント (pint); overseer.

o., O, O.《略》ocean; old; order.

O.《略》observe; observer; occiput; occupation; octavo; oculus; office; officer; Ohio《非公式》; Old Fellows; Ontario; operation(s); orange; ordinary; Orient; Oriental;〘音楽〙*It.* Ottava (=octave); owner.

o' [ə] *prep.* **1** of の略 : Jack-o'-lantern, will-o'-the-wisp, man-o'-war,《口語》cup o' tea / ⇨ o'clock. **2**《方言》on の略 : o' nights.

O' [ə, o(ʊ) | ə(ʊ)] 〘⊏ Ir. *O'* ← *ō* descendant, grandson < OIr. *aue* : cf. Sc. *oe, oy* grandchild〙 **—** *pref.* アイルランド系の人名(姓)の前に付いて son of の意を表わす (cf. Fitz-, Ibn-, Mac-, -son 2, -s² 3) : O'Brien, O'Connell, O'Connor, O'Hara.「形 : omit.

o-¹ [ə, o(ʊ) | ə(ʊ)] *pref.* (m の前に来る時の) ob- の異

o-² [oʊ | əʊ] (母音の前に来る時の) oo- の異形.

o-《略》〘化学〙ortho-.

-o [oʊ, òʊ | əʊ, əʊ] 〘← ? OH : cf. hello〙 **—** *suf.* **1** 語または語の省略形に添えて, 口語[俗語]的表現を造る : lie doggo (← dog) / abo (← aborigine, aboriginal) / ammo (← ammunition) / Commo (← Communist). **2** 他の品詞から間投詞を造る : cheer(i)o, righto.

-o- [o(ʊ), ə, ɑ́ | ə(ʊ), ɔ́] 〘ME *-o-* ⊏ (O)F ⊏ L ⊏ Gk (名詞・形容詞の語幹形成母音)〙 **—** 本来ギリシャ語系合成語の連結辞であったが, 今では広く科学用語その他に用いる : **1** ギリシャ語(およびラテン語)系の合成語の第 1 要素と第 2 要素を結ぶ連結辞 (cf. -i-) : aristocracy, philosophy, technology. **2** 一般的に合成語の連結辞 : dramaticomusical, jazzophile. **3** 合成語の第 1 要素と第 2 要素の間において同格その他の関係を示す : Franco-British, Russo-Japanese.

o/a, O/A《略》on account; on or about.

OAA《略》old-age assistance 老齢者補助制度.

oaf [óʊf | ə́ʊf] 〘《1625》《異形》←《廃》*auf* < ME *alfe* ⊏ ON *ālf-r* 'ELF'〙 **—** *n.* (*pl.* **~s, oaves** [óʊvz | ə́ʊvz]) **1** 薄のろ, (からだばかり大きくて役に立たない)武骨者, 田舎者,「うどの大木」. **2**〘昔, 美しい顔の子は妖精が嫉んで自分の生んだ醜い子と取換えた, という伝説から〙《廃》**a** (神隠しの)取換え子 (changeling). **b** 奇形児, 白痴の子.「**~·ness** *n.*

óaf·ish [-fɪʃ] *adj.* ばかな, 間抜けな. **~·ly** *adv.*

O.A.G.《略》Official Airlines [Airways] Guide.

O·a·hu [oʊɑ́ːhuː | əʊ-] 〘⊏ Hawaiian ~ ← ?〙 *n.* オアフ(島)《米国 Hawaii 州ハワイ諸島の主島; 人口 630,000, 面積 1,564 km²; 南岸に Honolulu がある》.

oak [óʊk | ə́ʊk] 〘OE *āc* < Gmc **aiks* (Du. *eik* / G *Eiche*) ← ? IE **aig-* (Gk *aigílōps* a kind of oak / L *aesculus* Italian oak)〙 **—** *n.* (*pl.* **~s, ~**) **1**〘植物〙オーク《カシワ・ナラ・カシなどブナ科ナラ属 (*Quercus*) の樹木の総称; 英国自生のものは *Quercus robur* であるが, 他のヨーロッパ諸国にも見られる; わが国のカシワ・ミズナラなどに似ているが, はるかに大木となる; 材は堅く木目が美しいので家具の材料となり, また造船の良材; 果実は acorn》: Little strokes fell great *~s*. ⇨ stroke¹ *n.* 1. ★ ラテン語系形容詞 : quercine. **2** オーク材 (oak timber) : ⇨ *a* HEART *of oak*. **3** (装飾用の)オークの葉 (cf. Oak-apple Day) : a crown [wreath] of ~ オークの葉の冠[飾り環] / wear ~ オークの葉を頭に着ける. **4** オーク色, 黄褐色. **5 a** オーク製品《ドアや家具類》. **b**《英》(Oxford, Cambridge 大学の私室入口の堅固な)オーク材のドア. ★ 特に次の句に用いる : sport one's ~〈大学生が〉留守[面会謝絶]のしるしに戸を締める; (一般に)面会を謝絶する. **c** オークの船材;《詩》(オーク材の)木造船. **—** *attrib. adj.* オーク(製)の : an ~ bed, chair, door, etc. / ~ furniture / an ~ leaf.

óak àpple 〘《15C》〙 *n.* かしわ没食子(もっしょくし), ふし(五倍子)《ヌルデなどの葉にフシムシが作ったこぶ; 以前はインクの材料》.

Óak-apple Dày *n.* 英国王政復古記念日《Charles 二世が王政復古 (1660) で London に入京した日であり同時に王の誕生日でもある 5 月 29 日; Worcester の戦いに敗れたとき王がオークに隠れて助かったことを記念し, オークの葉で作った服などを着てこの日を祝う; Royal Oak Day ともいう; cf. royal oak》.

óak-bàrk *n.* オークの樹皮《皮なめし用》.

oak·en [óʊkən | ə́ʊk-] 〘《?a1300》〙 **—** *adj.* **1** オーク材の[で作られた], オーク製の : an ~ chair / ~ paneling オーク材の腰板. **2**《古》**a** オークの. **b** オークの木から成る : an ~ forest. **c** オークの葉[小枝]で作った.

oak gàll *n.* =oak apple.

Oak·land [óʊklənd | ə́ʊk-] 〘この地に繁茂していたオークの林にちなむ〙 *n.* 米国 California 州西部, San Francisco 湾に臨む港市; 人口 301,000.

óak-lèaf clùster *n.*〘米陸軍〙樫葉(かしば)章《葉 4 枚と実 3 個をあしらったオークの小枝を表わし, 勲章のリボンにつけて同一勲章の再度の授与を表彰する; 青銅製 5 個が銀製 1 個に相当する》.

oak lèather *n.* **1**〘植物〙暖皮《種々の樹皮の内側にキノコ類の菌糸が増殖して皮革状になったもの; 工芸品材料に用いられた》. **2**〘皮革〙オークの樹皮のタンニン (tannin) でなめした革.

óak-leaved gerànium *n.*〘植物〙カシワバテンジクアオイ (*Pelargonium quercifolium*)《南アフリカ共和国原産の葉がカシワに似た多年草》.

Oak·ley [óʊkli | ə́ʊklɪ] 〘《原義》oakwood〙 *n.* **1** 男性名. **2**《俗》=Annie Oakley.

Oakley, Annie *n.* (1860–1926) 米国の女性射撃名手; Buffalo Bill の 'Wild West Show' 中のスター; 本名 Phoebe Anne Oakley Mozee.「の若木.

oak·ling [óʊklɪŋ | ə́ʊk-] 〘← OAK+-LING〙 *n.* オーク

óak·mòss *n.*〘植物〙ツノマタゴケ (*Evernia prunastri*)《オークなどの樹皮上に生じる地衣; 染料の原料》.

Óak Pàrk *n.* 米国 Illinois 州北東部, Chicago 郊外の住宅地; 人口 63,000; Ernest Hemingway の生地.

Óak Rìdge *n.* 米国 Tennessee 州, Knoxville 近くの都市; 原子力関係の諸研究機関がある; 人口 29,000.

Oaks [óʊks | ə́ʊks] 〘Epsom に近い私有地の呼び名から〙 **—** *n.* [the ~]〘競馬〙オークス《英国五大競馬の一つ; Derby の翌々日(金曜日)イングランドの Epsom 競馬場で, 明け 4 歳の牝馬(ひんば)によって行なわれる; 距離 $1^1/_2$ マイル; 第 12 代 Derby 伯により 1779 年創設; cf. classic races 1》.

oa·kum [óʊkəm | ə́ʊ-] 〘OE *ācum(a), ācumba* ← *ā-* off+**camb-* (← *cemban* 'to COMB¹')〙 **—** *n.* まいはだ, まきはだ(槙肌), オーカム, ホーコン《古い麻綱などをほぐして麻くずのようにしたもの; 木造船の張板などの間に詰めて漏水を防ぐ》: pick ~ まいはだを作る《昔の囚人などの仕事》; 苦役に服する.

oák wìlt *n.*〘植物病理〙カシ類萎凋(いちょう)病《オークの木のクワイカビ (*Ceratocystis fagacearum*) によるしおれ病》.

óak·wòod *n.* **1** オーク材. **2** オークの森, オーク林. **3**《米》オーク色《赤味を帯びた栗色》.

o. alt. hor《略》〘処方〙*L.* omnibus alternis hōris 1 時間おきに (every other hour) (cf. o. bih).

O & M, O and M《略》〘経営〙organization and methods 業務改善活動.

O.A.P.《略》old-age pension《英》老齢年金; old age pensioner《英》老齢年金受給者.

OAPC, O.A.P.C.《略》Office of Alien Property Custodian 居留外人資産管理局.

OAPEC《略》Organization of Arab Petroleum Exporting Countries アラブ石油輸出国機構 (cf. OPEC).

oar [ɔ́ə, óə | ɔ́ː(r)] 〘OE *ār* < Gmc **airō* (ON *ār* / Dan. *aare*)〙 **—** *n.* **1 a** オール, 櫂(かい), 櫓(ろ) : back the ~ (ボートを後退させるように)逆に漕(こ)ぐ, 逆漕ぎする / bend to the *~s* 力を入れて漕ぐ, 力漕(りき)する / toss the *~s* オールを空中に直立させる《敬礼のしるし》/ trail the *~s* (漕ぐのを止め)オールを流す. **b** [*pl.*; 号令として] 漕ぎ方用意[休め]!《スカルなどで, オールをボートの側面と直角かつ水平に, またブレード端を水面と平行にさせる; 漕ぎ出す前あるいは漕いでいる途中に言う》. **2**《古》オールのように動くもの《鳥の翼・魚のひれ・人間の腕など》. **3** 漕ぎ手 : a good [practiced, young, poor] ~ 優秀な[熟練した, 未熟な, へたな]漕ぎ手 / first *~s* (ボートの)整調(手). **4** [通例 *pl.*]《古》漕ぎ舟, ボート : a pair of *~s* 二人で漕ぐ舟. ***be chained to the oar(s)*** (昔のガレー船の奴隷のように)重労働を強いられる. ***have an oar in every man's boat*** 誰のことにでもおせっかいをする[干渉する]. ***have* [*ply, pull, take*] *the laboring oar*** (他の人より)苦しい仕事を受け持つ, 最も骨の折れる役を引き受ける. ***lie* [*rest,*《米》*lay*] *on one's* [*the*] *oars*** (1) オールを水から上げて漕ぐのを休む. (2) (仕事を中止[完成]して)ひと休みする. ***pull a good oar*** じょうずに漕ぐ. ***pull a lone oar*** (1) 一人だけ調子のはずれたオールを漕ぐ. (2) 一人で漕ぐ, (協力者なしで)一人でやっていく. ***put* [*shove, stick*] *one's oar in*** いらぬ世話を焼く, くちばしを入れる. ***tug at the* [*an*] *oar*** (ガレー船の奴隷となって)櫂を漕ぐ; あくせく働く.

— *vt.* **1 a** オールで漕ぐ, オールを漕いで進める (row) : ~ a boat. **b** [~ *one's* way として] オールを漕ぐように進む : The swan *~ed its way* gracefully. 白鳥は優美に泳いで行った. **2**《古》〈両手を〉泳ぐように動かす : ~ one's hands round. **—** *vi.* **1** オールを漕ぐ[漕いで行く]. **2** オールを漕ぐように進む.

oar·age [ɔ́ːrɪdʒ, óːr- | ɔ́ːr-] 〘⇨ ↑, -age〙 *n.*《古》**1** 漕ぎ方; オールに似た手足の動き(方). **2** 漕艇具. **3** (動き・形状が)オールに似た物《列をなして飛ぶ鳥など》.

óar blàde *n.* オールの扁平部[水掻き].

oared 〘← OAR (n.)+-ED 2〙 *adj.* [しばしば複合語の第 2 構成素として] …本オールの : an eight-*oared* boat.

óar·fish 〘舟の櫂(かい)の型に似ていることから〙 **—** *n.*〘魚類〙リュウグウノツカイ《ヨーロッパ・アジア・米大陸太平洋沿海に産するリュウグウノツカイ属 (*Regalecus*) の扁平な帯状の魚の総称; 体長 5–10 m に達する》.

óar·less *adj.* オールのない.

óar·lòck 〘OE *ārloc* : ⇨ oar, lock²〙 *n.* (ボートの)オール受け, 櫂(かい)受け (rowlock).

óars·man [-mən] 〘← OAR+-s² 2+MAN¹〙 *n.* (*pl.* **-men** [-mən]) (ボートの)漕(こ)ぎ手; (特に)上手な漕ぎ手.

óarsman·shìp *n.* **1** 漕(こ)ぎ手の技量[腕前]. **2** 漕ぎ方, 漕(そう)法.

óars·wòman *n.* 女性の漕ぎ手.

oar·y [ɔ́ːri, óːri | ɔ́ːrɪ] *adj.*《詩・古》**1 a** オールのような形の; オールの働きをする. **b** 左右に広げた : ~ wings of a bird. **2** オールを備えた.

O.A.S.《略》old age security; on active service; Organization of American States.

oases 〘⊏ LL *oasēs*〙 *n.* oasis の複数形.

O.A.S.I.《略》〘保険〙Old Age and Survivors Insurance (米国社会保障制度における)老齢遺族保険.

o·a·sis [oʊéɪsɪs, óʊəs-, -səs | əʊéɪsɪs] 〘《1613》⊏ LL ~ ⊏ Gk *óasis* ← ? Egypt. : cf. Egypt. *Uakht* the Great Oasis,《原義》fertile region & *uakh* to be green, bloom / Coptic *ouahe* dwelling place〙 **—** *n.* (*pl.* **-a·ses** [-siːz]) **1** オアシス《砂漠の中で水・緑地のある小さな沃(よく)地》. **2** (寂しい[単調な]生活の中に時としてある)憩いの場所[時]. **3**〘天文〙オアシス点《火星の多くの「運河」の交差点に見られる丸い小点》. ***an oasis in the desert*** 退屈なもの[こと]からの好ましい変化; ほっとさせてくれるもの[こと].「に似た].

o·a·sit·ic [òʊəsítɪk | əʊəsít-] *adj.* オアシスの[に関する,

oast [óʊst | ə́ʊst] 〘OE *āst* kiln < Gmc **aistaz* (Du. *eest*) ← IE **ai-dh-* to burn (L *aestus* heat / Gk *aîthos* burning heat)〙 **—** *n.* (ホップ・麦芽・たばこなどの)乾燥がま[乾燥所]《oasthouse ともいう》.

oat [óʊt | ə́ʊt] 〘OE *āte* ← ? : cf. IE **oid-* to swell (Gk *oideîn*)〙 **—** *n.* **1**〘植物〙**a** エンバク(燕麦), カラスムギ, オートムギ (*Avena sativa*)《イネ科カラスムギ属の栽培植物》. **b** 同属の雑草の総称; (特に)カラスムギ (wild oat). **2 a** [*pl.*; 単数または複数扱い] (穀物・作物としての)オート麦, からす麦 : eat much *~s* / The *~s* are poor this year. 今年はからす麦の出来が悪い. ★ Dr. Johnson がその Dictionary で与えた oats の定義 "A grain which in England is generally given to horses, but in Scotland supports the people"

(イングランドでは普通馬の飼料であるがスコットランドでは人の食料となる穀物)は有名. **b** [単数扱い] =oatmeal. **3** 《詩・古》 **a** 麦笛 (oaten pipe). **b** 牧歌. ***feel one's oats*** 〖オート麦を食べた馬が元気がよくてはねかえることから〗 《口語》 (1) 〈人が〉元気いっぱいである, 張り切っている. (2) 《米》うぬぼれている, 得意になる (feel cocky). ***off one's oats*** 《口語》食欲がなく(なって). ***smell one's oats*** 〖馬が厩に近づくと勇み立つことから〗 (いよいよ最後だと思って)急に元気づく, 勇み立つ. ***sow one's oats*** =*sow one's* WILD OATS. 「スケットの一種).

óat·càke *n.* オートケーキ《オートミールで作ったビ

-o·ate [ouèɪt | əu-] 〖⇨ -oic, -ate¹〗 《化学》 -oic で終わる名称をもつカルボキシル酸の「塩, エステル」を表わす名詞連結形: capro*ate*, octano*ate*.

oat·en [óutn̩ | 5utn̩] 〖《15C》〗 *adj.* **1** オートムギの[で作った]: ~ bread オートパン. **2** オートムギの茎で作った: an ~ pipe 麦笛.

oat·er [óuṭə | 5utə(r)] *n.* 《米俗》 =oat opera.

Oates [óuts | 5uts], **Joyce Carol** *n.* (1938–) 米国の女流小説家; *Them* (1969). 「Plot).

Oates, Titus *n.* (1649–1705) 英国の陰謀家 (⇨ Popish

óat gràss *n.* 《植物》 **1** =wild oat 1a. **2** エンバクに似た草本の総称《カニツリグサ (*Trisetum bifidum*) やオオカニツリ (*Arrhenatherum elatius*) など》.

oath [óuθ | 5uθ] 〖OE *āþ* < Gmc **aiþaz* (Du. *eed* / G *Eid*) < ? IE **oi-to-s* 《原義》 advancing to take an oath ← **ei-* to go (L *eō* / Gk *eîmi* I go)〗 — *n.* (*pl.* ~**s** [óuðz, óuθs | 5uðz, 5uθs]) **1 a** (神・神聖なものにかけての)誓い, 宣誓(の形式): make (an) [take (an), swear an] ~ 宣誓する / bind a person by ~ 誓わせて人を束縛する / break an ~ 誓いを破る / put a person on (his) ~ 人に誓いを立てさせる / He took (his) ~ *that* he had never been there before. 彼は宣誓をしてそこには一度も行ったことがないと言った / (be) under [on, upon] ~ (*to* do) (真実を告げると)宣誓して(いる) / on (one's) ~ 誓って, 確かに / a false ~ 偽誓 / an ~ of allegiance 恭順[忠誠]の誓い / an ~ of office =an official ~ (公務員規律を守るという)就任の宣誓 / the ~ of a juror 陪審員の宣誓. **b** (宣誓した上での)証言, 誓約. **2 a** (のろい・怒り・悪口などの場合の)神名濫用《God damn you!, Jesus Christ! など》. **b** 冒瀆的[みだら]な言葉, のろい (curse); ののしり, 畜生呼ばわり: a mild ~ 軽いののしり(の言葉).

óat·mèal 〖《15C》〗 — *n.* **1** ひき割りにした麦, オートミール (ground oats). **2** =OATMEAL porridge. — *attrib. adj.* オートミールの[で作った, 入りの]: ~ porridge オートミールのかゆ《通例牛乳と砂糖を加えて朝食に食べる》.

óat òpera *n.* 《米俗》西部劇 (horse opera).

OAU, O.A.U. 《略》 Organization of African Unity.

Oa·xa·ca [wəhɑ́ːkə; *Am. Sp.* wahάka] *n.* **1** オアハカ(州)《メキシコの南部太平洋岸の州; 人口 2,172,000, 面積 95,364 km²; 公式名 Oaxaca de Juáres [-dexwaréθ]》. **2** ワハカ《同州の首都; 人口 123,000》.

ob [ά(ː)b | 5b] 〖《略》← OBSERVATION〗 *n.* 《俗》《気象》気象観測.

ob, ob. 《略》 obiit; obiter (dictum); obligation; oboe; observation; obsolete; obstetric; obstetrician; obstetrics.

Ob [ά(ː)b, 5(ː)b | 5b; *Russ.* ɔpj] *n.* [the ~] オビ(川)《ソ連邦中央部シベリア西部の大河; ウラル山脈の東方を流れてオビ湾に注ぐ川 (3,650 km)》.

Ob, the Gulf of *n.* オビ湾《ソ連邦シベリア北西部, 北極海のカラ海 (Kara Sea) の湾》.

O.B. 《略》 Old Bailey; Old Boy; outside broadcast.

ob- [ɑb, əb | ɔb, əb] 〖□ L *ob-* ← *ob* toward, against: cf. epi-〗 — *pref.* ラテン系語の語に付いて次の意味を表わす: **1** 「…に向って, 面して」: *ob*verse. **2** 「…に反対して」: *ob*ject, *ob*stacle. **3** 「…をおおって, …の上に」: *ob*fuscate, *ob*scure. **4** 「完全に」: *ob*durate, *ob*solete. **5** [科学用語で]「逆に」: *ob*ovate, *ob*conic. ★ c, f, m, p, t の前ではそれぞれ oc-, of-, o-, op-, os- となる: *oc*cur, *of*fer, *o*mit, *op*press, *os*tensible.

Obad. 《略》《聖書》 Obadiah (旧約聖書の)オバデヤ書.

O·ba·di·ah [òubədáɪə | əu-] 〖□ Heb. *'Ōbhadhyā^h* 《原義》 servant of Jah (=YAHWEH)〗 — *n.* **1** 男性名. **2** 《聖書》 **a** オバデヤ《ヘブライの預言者》. **b** (旧約聖書の)オバデヤ書 (略 Obad.).

obb. 《略》《音楽》 obbligato.

obbl. 《略》《音楽》 obbligato.

ob·bli·ga·to [àblɪgάːtou, -lə- | ɔblɪgάːtəu; *It.* òbbligáːto] 〖《1724》□ It. ~ 'obliged, obligatory' < L *obligātum*: ⇨ obligate〗 《音楽》 — *adj.* [楽譜の指示に用いて] 〈伴奏などが〉必ず伴う, 省けない (cf. ad libitum 2). — *n.* (*pl.* ~**s**, **-ga·ti** [-tiː; *It.* -ti]) オブリガート, (不可欠な)声部, (特にアリアなどで器楽の)助奏, (主旋律に対し装飾的な)副旋律.

ob·con·ic [abkάnɪk | ɔbkɔ́n-] *adj.* 《植物》〈蒴(さく) (capsule) など〉倒円錐形の. 「conic.

ob·cón·i·cal [-nɪkəł, -nə- | -nɪ-] *adj.* 《植物》 =ob-

ob·cor·date [abkɔ́ədeɪt, -dət, -dɪt | ɔbkɔ́ː-] *adj.* 《植物》〈葉が〉倒心臓形の.

ob·duce [abd(j)úːs | əbjúːs] 〖□ L *obdūcere* ← OB-+ *dūcere* to lead〗 *vt.* 《処方》[命令形で] おおう, 包む.

ob·du·ra·cy [άbd(j)urəsi, abd(j)ú(ə)r-, əb- | 5bdjurəsɪ] 〖⇨ ↓, -acy〗 *n.* **1** 頑固, 強情 (stubbornness). **2** 冷酷.

ob·du·rate [άbd(j)urət, -rɪt, abd(j)ú(ə)r- | 5bdjurət, -rɪt, -rèɪt, əbdjúərət, -rɪt] 〖《c1450》□ L *obdūrāt-us* (p.p.) ← *obdūrāre* ← OB-+*dūrāre* to harden: cf. durable〗 — *adj.* **1 a** 道徳的な説得になかなか応じない; 悔い改めようとしない: an ~ sinner. **b** 頑固な, 強情な (stubborn). **2** 情に動かされない, 無慈悲な, 冷酷な. ~**·ly** *adv.* ~**·ness** *n.* 「pire.

O.B.E. 《略》 Officer of (the Order of) the British Em-

o·be·ah [óubiə | 5ubɪə] 〖《1764》← W-Afr. 《土語》〗 — *n.* **1** オービア(魔術)《西インド諸島の黒人やアフリカ原住民間に行なわれる一種の魔術》. **2** (オービア魔術に用いる)物神(ぶっしん) (fetish), 護符 (charm).

o·be·che [o(u)bíːtʃi | ə(u)bíːtʃɪ] 〖← W-Afr. 《土語》〗 — *n.* 《植物》熱帯アフリカ産アオギリ科の高木 (*Triplochiton scleroxylon*); その材《軽くて堅牢; 特に家屋内装, 家具に用いられる》.

o·be·di·ence [o(u)bíːdiəns, əb- | ə(u)bíːdjəns, -dɪəns] 〖《a1200》□ (O)F *obédience* □ L *obēdientia*: ⇨ obedient, -ence〗 — *n.* **1** 服従 (submission); 従順, 忠順 (↔ disobedience): active [willing] ~ 自発的な服従 / blind ~ 盲従 / humble ~ 恭順 / passive ~ 消極的[非協力的]服従; 無抵抗服従, 黙従 / hold a person in ~ 人を心服させている / in ~ *to* his will 彼の意志[遺書]に従って / swear [refuse] ~ *to* …に対して恭順を誓う[拒む]. **2** 《カトリック》 **a** (教会が信者に要求する)忠順, 従順 (⇨ poverty 1 b); (信者に忠順を要求する教会の)権威, 支配, 管区. **b** [集合的] (教会に忠順を誓う)信者団: the Roman ~ カトリック信者(全体).

O·be·di·ence [o(u)bíːdiəns, əb- | ə(u)bíːdjəns, -dɪəns] 〖↑〗 *n.* 女性名.

o·be·di·ent [o(u)bíːdiənt, əb- | ə(u)bíːdjənt, -dɪənt] 〖《a1200》□ OF *obédient* □ L *obēdientem* (pres.p.) ← *obēdīre* 'to OBEY'〗 — *adj.* 従順な, 忠順な (dutiful), 孝順な (filial), 素直な 〔*to*〕: ~ children / an ~ temper / be ~ *to* one's parents 両親の言うことに従う / ~ *to* the laws 国法に従って / your (most) ~ servant 《英》敬具《公文書などの結句》.

o·be·di·en·tia·ry [o(u)bìːdiénʃ(ə)ri, əb- | ə(u)bìːdɪénʃ(ə)rɪ] 〖《c1540》□ ML *obēdientiāri-us*: ⇨ ↑, -ary〗 *n.* (中世の修道院の供給部・会計・聖歌隊などの)管理役員, 役僧.

o·bé·di·ent·ly *adv.* 従順に; 素直に. 「

Yours obediently 敬具《公式の手紙の結句》.

o·bei·sance [o(u)béɪsəns, əb-, -bíː-, -səns | ə(u)béɪ-] 〖《c1385》□ (O)F *obéissance* obedience ← *obéissant* (↓): ⇨ -ance〗 — *n.* **1** (敬意・従順を体で表わす)お辞儀 (bow), 会釈 (salutation): do [make (an), pay] ~ *to* …に会釈する / a profound ~ 深々としたお辞儀. **2** 尊敬 (deference), 臣従(の礼) (homage): make [do, give, pay] ~ *to* …に(臣下としての)敬意を表する, …に敬礼する. **3** 《廃》従順 (obedience).

o·bei·sant [o(u)béɪsnt, əb-, -bíː-, -sənt | ə(u)béɪ-] 〖《c1300》□ (O)F *obéissant* (pres.p.) ← *obéir* 'to OBEY': ⇨ -ant〗 — *adj.* **1** 丁寧な, 敬意を表する (respectful). **2** 敬礼をしている. **3** 追従(ついしょう)的な; 卑屈な (servile). **4** 《廃》従順な (obedient). ~**·ly** *adv.*

obeli 〖□ L *obelī*〗 *n.* obelus の複数形.

o·be·lia [o(u)bíːljə, -liə | ə(u)bíːljə, -lɪə] 〖← NL ~ ← ? Gk *obelías* roll or loaf toasted on a spit ← *obelós* spit: ⇨ -ia²〗 — *n.* 《動物》オベリア《腔腸動物門ヒドロ虫綱オベリア属 (*Obelia*) のヒドロ虫の総称》.

O·be·lia [o(u)bíːljə, -liə | ə(u)bíːljə, -lɪə] 〖← Gk *obelías* (↑)〗 *n.* 女性名.

ob·e·lisk [άbəlɪsk, óub- | 5bə-, 5bɪ-] 〖《1549》□ F *obélisque* □ L *obeliscus* □ Gk *obelískos* (dim.) ← *obelós* spit, pointed pillar: cf. obelus〗 — *n.* **1 a** オベリスク, 方尖塔《先細のピラミッド形の頂上をした方形の一本石; 古代エジプトなどの記念碑》. **b** オベリスク状のもの. **2** =obelus 1. **3** 《印刷》 =dagger 2: a double ~ =double dagger. — *vt.* 〈語句などに〉ダガー(マーク)を付ける.

ob·e·lize [άbəlàɪz, óub- | 5bɪ-] 〖□ Gk *obelízein* ← *obelós* spit: ⇨ obelus, -ize〗 *vt.* 〈語句などに〉疑句標 (obelus) を付ける.

ob·e·lus [άbələs, óub- | 5bɪ-] 〖《c1390》□ LL ~ □ Gk *obelós* spit: cf. obelisk〗 — *n.* (*pl.* **ob·e·li** [-làɪ, -liː]) **1** 疑句標《古代の写本で疑問のある章句の初めに付けた — または ÷》. **2** 《印刷》 =dagger 2.

O·ber·am·mer·gau [òubərάːməgàu | əubə(r)ǽmə-; *G.* òːbɐámɐgàu] *n.* オーベルアムメルガウ《西ドイツ Bavaria 州南部, ミュンヘン (Munich) の南南西にある町; 10 年に 1 回行なわれるキリスト受難劇 (Passion play) で有名》.

O·ber·hau·sen [óubəhàuzn̩ | 5ubə-; *G.* óːbɐhàuzn̩] *n.* オーベルハウゼン《西ドイツ North Rhine-Westphalia 州 Ruhr 地区の工業都市; 人口 285,000》.

O·ber·land [óubəlæ̀nd, -lɑ̀ːnt | 5ubəlæ̀nd; *G.* óːbɐlànt] *n.* [the ~] オーバーラント《スイス中央部の山岳地方; Bernese Alps にほぼ相当する; 最高峰 Finsteraarhorn (4,273 m); Bernese Oberland ともいう》.

O·ber·on [óubərὰn | 5ubərən, -rɔn] 〖□ F *Obéron* < OF *Auberon* (cf. G *Alberich* elf-ruler) ← ? Gmc.: cf. elf, oaf〗 — *n.* **1** 《中世伝説》オベロン《妖精の王; Shakespeare 作の *A Midsummer Night's Dream* では Titania の夫》. **2** 《天文》オベロン《天王星 (Uranus) の第 4 衛星; 5 個の衛星のうち最も外側を回る》. **3** 男性名.

o·bese [o(u)bíːs | ə(u)-] 〖《1651》□ L *obēs-us* (p.p.) ← *obedere* to eat away ← OB-+*edere* 'to EAT¹'〗 — *adj.* (**o·bes·er**; **o·bes·est**) 〈人・身体など〉でぶでぶに太った, 太りすぎの: an ~ body 肥満体. ~**·ly** *adv.* ~**·ness** *n.*

o·be·si·ty [o(u)bíːsəṭi | ə(u)bíːsətɪ, -sɪ-] 〖《1611》□ F *obésité* // L *obēsitāt-em*: ⇨ ↑, -ity〗 *n.* 肥満.

o·bey [o(u)béɪ, əb- | ə(u)b-] 〖《c1300》□ (O)F *obéi-r* < L *obēdīre*, *oboedīre* to hearken to, obey ← OB-+*audīre* to hear: cf. audible〗 — *vt.* **1 a** 〈命令・指令〉に従う: ~ a person's commands, summons, etc. **b** 〈人(の命令)〉に従う: ~ one's parents 両親(の命令)に従う. **2** 〈自然の法則など〉に従う, 〈理性など〉に従って行動する; 〈衝動など〉のままに動く: ~ one's conscience, the laws of nature, etc. / Animals ~ their instincts. 動物は本能のままに行動する / A ship ~*s* the compass. 船は羅針盤の指示に従う. — *vi.* **1** 言われた通りにする, 従順である. **2** 《廃》服従する 〔*to*〕. ~**·er** *n.*

ob·fus·cate [άbfəskèɪt, -fʌs-, ɑbfʌ́skeɪt, əb- | 5bfʌskèɪt, -fəs-] 〖《1650》← LL *obfuscāt-us* (p.p.) ← *obfuscāre* ← OB-+L *fuscāre* to darken ← *fuscus* dark: cf. fuscous〗 — *vt.* **1** 暗くする (darken); 〈問題などを〉不明瞭にする, 〈頭・判断などを〉曇らせる. **2** 〈人〉の心を惑わせる, 途方に暮れさせる. **ob·fus·ca·tion** [àbfʌskéɪʃən, -fəs- | ɔb-] *n.*

ob·fus·ca·to·ry [ɑbfʌ́skətɔ̀ːri, əb-, -tɔ̀ːri, άbfʌskèɪṭəri, -fəs- | ɔbfʌ́skətəri, əb-, 5bfʌskèɪt-, -fəs-] *adj.* 不明瞭にさせる, ぼやけさせる, 混乱させるような.

o·bi¹ [óubi | 5ubɪ] *n.* =obeah.

o·bi² [óubi | 5ubɪ] 〖□ Jap.〗 *n.* 帯.

o. bid. 《略》《処方》 *L.* omnī bidus 2 日ごとに (every two days).

O·bie¹ [óubi | 5ubɪ] 〖*O. B.* (《略》 ← *off-Broadway*) の文字の発音〗 — *n.* オービー賞, オフブロードウェイ賞《米国のオフブロードウェイの劇場で上演された演劇に対して新聞社が提供する各種の賞》.

O·bie² [óubi | 5ubɪ] 〖⇨ Obadiah〗 *n.* 男性名.

o. bih. 《略》《処方》 *L.* omnī bihōra 2 時間ごとに (every two hours) (cf. o. alt. hor).

ob·i·it [óubiɪt, άb- | 5ub-, 5b-] 〖□ L *obiit* he (or she) died ← *obīre* to die: ↓〗 — *L.* (彼[彼女]は)死せり. ★ 通例 ob, ob. と略し死亡の年月日の前に付ける: *ob.* 1810 1810 年没.

o·bit [o(u)bít, óubɪt, άb-, -bət | 5bɪt, 5ub-] 〖《c1375》□ (O)F ~ □ L *obitus* death ← (p.p.) ← *obīre* to go down, die ← OB-+*īre* to go〗 — *n.* **1 a** (人の)死亡の日, 命日. **b** 《口語》死亡告示 (obituary). **2** 《古》追善会(え). **3** 《廃》 **a** 葬式. **b** 鎮魂ミサ (requiem mass).

o·bi·ter [óubɪṭə, άb-, -bə- | 5bɪtə(r)] 〖□ L ~ ← OB-+*iter* way (← *īre* to go)〗 *L. adv.* 付随的に, ついでに (incidentally). — *n.* =obiter dictum.

óbiter díc·tum [-díktəm] 〖□ L ~ 'word(s) said by the way'〗 — *L. n.* (*pl.* **obiter dic·ta** [-díktə]) **1** 折にふれての言説. **2** 《法律》(裁判官が判決の中に述べる)付随的意見, 傍論《dictum ともいう》. 「筆者].

o·bít·u·àr·ist [-rɪst, -rəst | -rɪst] *n.* 故人略伝記者[執

o·bit·u·ar·y [əbítʃuèri, o(u)b-, -tʃəri | əbítʃuəri, əb-, -tjuəri, -tjuri] 〖《1706》□ ML *obituāri-us* ← L *obitus* death: ⇨ obit, -ary〗 — *n.* **1** (新聞紙上の故人の略伝を伴う)死亡告示, 死亡記事. **2** 《キリスト教》死亡者名簿, 命日表, 過去帳. — *adj.* (人の)死亡の[に関する, を記録する]: an ~ notice 死亡告示 / the ~ columns of the daily press 日刊新聞の死亡告示[記事]欄.

obj. 《略》 object; objection; objective.

ob·ject [*n.*: 〖《c1380》□ (M)L *object-um* 《原義》 something thrown before (the mind) (neut. p.p.) ← *objicere* to throw against, put before ← OB-+*jacere* to throw, put: ⇨ jet². — *v.*: 〖《c1400》← L *object-us* (p.p.) ← *objicere* // ← L *object-āre* to oppose ← *objectus*〗 — [άbdʒɪkt | 5bdʒɪkt, -dʒekt] *n.* **1** (知覚できる)物体, 事物, もの: a bulky [tiny] ~ 大きな[小さな]物 / a luminous ~ 発光体 / an ~ of art =objet d'art. **2** (思想・行為・愛情などの)対象; (研究などの)対象: a proper ~ *of* [*for*] charity 慈善を受けるに適当な人 / be the ~ *of* universal respect 一般世人の尊敬の的となる / an ~ *of* tax 課税の対象, 被課税物件 / an ~ *of* study 研究の対象 / an ~ *for* consideration 考えなければならない問題, 考慮の対象. **3 a** (見る人に同情・嫌悪感・興味などを引き起こす)もの, 対象物, 的: an ~ of pity [curiosity] 憐憫[好奇心]の的. **b** 《口語》変(てこ)な人[物], (みじめな)ざま, 哀れな[おかしな, ばかげた]もの: a disgusting ~ 見るもいやな風をした人 / a pitiable ~ 哀れな人 / What an ~ you have made of yourself! 何というだらしのないことになったのだ. **4** 目的, 目標: the ~ of one's ambition [life] 大望[人生]の目標 / with the ~ of earning money 金を稼ぐ目的で / have an ~ in view もくろんでいることがある. **5** 《哲学》対象, 客観, 客体 (↔ subject). **6** 《文法》目的語《動詞または前置詞に支配される名詞または名詞相当語句; cf. subject 7, predicate 1》: a direct [an indirect] ~ 直接[間接]目的語.

no object 《口語》[広告用文句で] …は問わない, どうでもよい: Distance (is) *no* ~. (応募者などの)距離は問わない, 遠近を問わず / Money (is) *no* ~. 金は問題としない, 報酬に対し特別の要求はない. ***the object of the exercise*** 事の目的[要点].

— [əbdʒékt] *v.* — *vi.* **1** 反対(論)を唱える, 異議を申し立てる 〔*to*〕: I ~ *to* the argument on scientific grounds. 科学上の根拠からその説に異議がある / I ~

to that question be*ing* asked. その質問をすることには反対だ / I ～.《英》異議あり《下院議場用文句》. **2** 不服である, 反感を持つ, 嫌う〔*to*〕: I ～ *to* a wet summer. 雨の多い夏はまっぴらだ / I don't ～ *to* a good glass of wine. 上等のぶどう酒を一杯やるのは悪くないね / I ～ *to* being treated like this. こんな待遇をするとはけしからん / He ～*ed to* my marrying her. 彼は私が彼女と結婚することに反対だった / I think I'll have a smoke, if you don't ～. お差支えなければ一服やりたい. ── *vt.* **1**〈…といって〉反対する〈*that*〉: Someone ～*ed* [*It was* ～*ed*] *that* the weather was too bad. 天気が悪いという反対が出た / I ～*ed* (against him) *that* his plan was farfetched. 私は彼の計画は無理であると(彼に)反対した. **2**《古》反論として持ち出す.

óbject bàll *n.*〘玉突〙的玉(まと) (cf. cue ball).

óbject-fìnder *n.* 対象ファインダー: **a** 望遠鏡に付属した小型で広視野の見出し望遠鏡. **b** 顕微鏡でスライド上の対象物を早く見つけるためその位置を記録しておく装置.

óbject glàss *n.*〘光学〙＝objective lens.

ob·jec·ti·fy [əbdʒéktəfàɪ | ɔbdʒéktɪ-, əb-] *vt.* 客観化[対象化]する; 客体化する.
ob·jec·ti·fi·ca·tion [əbdʒèktəfɪkéɪʃən, -fə- | ɔb-dʒèktɪfɪ-, əb-] *n.*

ob·jec·tion [əbdʒékʃən]〘(*c*1380) □ (O)F ～ // LL *objectiō(n-)*: ⇨ object (v.), -tion〙── *n.* **1** 不服を唱えること, 異議申し立て; 異論, 異議; 不満, 嫌気〔*to, against*〕: feel an ～ *to* (doing) …(すること)に嫌気を感じる / have an [no] ～ *to* [*against*] …に対して異議がある[は少しもない] / make an ～ [take ～] *to* …に対して不服[異議]を唱える / raise ～*s* いろいろ不服[異議]を唱える / utter [lodge] an ～ *against* …に対して異議を申し立てる / He voiced strong ～*s* to the resolution. その決議に対して強く抗議した / There is no ～ *to* your leaving at once. 今すぐお発ちになっても差支えありません. **2** 反対[不満]の理由; 難点, 欠点 (draw back)〔*to*〕: The chief ～ *to* this book is its great length. この本の主な難点は長過ぎることだ.

ob·jec·tion·a·ble [əbdʒékʃ(ə)nəbl]〘(1781)〙── *adj.* **1** 異議の余地がある, 文句の出そうな. **2** 好ましくない, 不愉快な, いやな (offensive): an ～ book 不愉快な[いかがわしい]本 / an ～ smell 不快なにおい. **～·ness** *n.* **ob·jéc·tion·a·bly** *adv.*

ob·jec·tive [əbdʒéktɪv, ɑb- | əb-, ɔb-]〘(1620) □ ML *objectīv-us* (adj.): ⇨ object, -ive〙── *n.* **1** (努力の向けられる)目標, 目的 (object): with no special ～ 別にこれという目的もなく. **2**〘軍事〙目標《行軍・攻撃によって到達・占領すべき地域・地物, または撃破すべき敵兵力; 作戦の所期の成果》. **3**〘光学〙＝objective lens. **4**〘文法〙目的格 (objective case); 目的格の語. **5**〘哲学〙客観(体)[性], 外在, 外界.
── *adj.* **1** 外界の (external), 物質的な (material), 実在の (real): the ～ world 外界, 自然界. **2 a**〘哲学〙客観的な (cf. subjective): ～ validity 客観的妥当性 / ～ reality 客観的実在 / an ～ method (主観を交えない)客観的方法. **b** 個人的感情を入れない, 事実による: an ～ report of an accident 事故の実証[客観]的報告. **c**〈書物・絵画・議論など〉客観的な, 客観主義の. **3**《米》〈テストが〉客観形式の: ⇨ objective test. **4** 目的の[に関する]: an ～ point (軍隊の)目標地点; 目的(地). **5** (描写される)対象に属する[に関係のある]. **6**〘医学〙〈症状が〉他覚的な, 本人以外の人にも認められる: ～ symptoms 他覚症状. **7**〘光学〙〈レンズが〉対象に近い, 対物の: ⇨ objective lens. **8**〘文法〙目的格の, 目的格関係にある (cf. subjective 5): the ～ case 目的格. **～·ly** *adv.* **～·ness** *n.*

objéctive cómplement *n.*〘文法〙**1** 目的(格)補語《例: We found him *dead.* における *dead*; cf. subjective complement》. **2** 目的格補文《変形文法の用語; 目的語の位置に埋め込まれた文; 例: I think (that) *John is mad.* における斜体部》.

objéctive corrélative *n.*〘文学〙客観的相関物《読者にある特定の感情を引き起こす力を持つ情況・(一連の)事件など; T. S. Eliot の用語》.

objéctive génitive *n.*〘文法〙目的格属格《意味解釈上目的語の役目をしている属格; 例: my *father's* murderer (＝one who murdered my *father*) の *father's*; cf. subjective genitive》.

objéctive idéalism *n.*〘哲学〙客観的観念論《客観は主観の意識内容を越えたイデー, 本源的な宇宙精神などの現れとする説; cf. subjective idealism》.

objéctive lèns *n.*〘光学〙対物レンズ, 対物鏡《顕微鏡・望遠鏡などの光学器械において最初に物体の像を作るレンズ; 単に objective ともいう》.

objéctive prédicate *n.* 目的格叙述語 (objective complement).

objéctive spírit *n.*〘哲学〙(Hegel 哲学における)客観的精神《精神を主観的・客観的・絶対的の三つに分け, 客観的精神は法・道徳・人倫の 3 形態に分けられるとした; cf. absolute spirit, subjective spirit》.

objéctive tést *n.* 客観テスト《多項目選択式もしくは○×式のものにいう; cf. essay examination》.

ob·jéc·tiv·ism [-tɪvɪzm, -tə- | -tɪ-] *n.* **1**〘哲学〙客観主義《実在・真理・価値・規範などの客観性を承認する立場; cf. subjectivism》. **2**〘倫理〙客観論[主義]《価値・規範等を主観の所産でなく, なんらかの客観的な妥当性をもつものと見なす立場》. **3**〘芸術〙客観主義《作者の思想感情よりも対象の客観的・写実的表現を重んじる主義》.

ob·jéc·tiv·ist [-vɪst, -vəst | -vɪst] *n.*〘哲学・芸術〙客観主義者.

ob·jec·tiv·is·tic [əbdʒèktɪvístɪk, ɑb-, -tə- | əbdʒèktɪ-, ɔb-] *adj.* 客観主義(的)の[に関する].

ob·jec·tiv·i·ty [ɑ̀bdʒektívəṭi, -dʒɪk-, -dʒək- | ɔ̀bdʒek-tívətɪ, -vɪ-] *n.* 客観的[普遍的]妥当性, 客観性, 対象性 (cf. subjectivity).

ob·jec·tiv·ize [əbdʒéktɪvàɪz, ɑb-, -tə- | əbdʒéktɪ-, ɔb-] *vt.* ＝objectify.

óbject lànguage *n.*〘言語〙対象言語《言語研究の対象となっている言語; cf. metalanguage, target language》.

óbject lèns *n.*〘光学〙＝objective lens.

óbject·less *adj.* **1** 目的のない, 無目的の, あてのない (aimless): an ～ mode of life (別にこれという)目的のない生活様式. **2**〘文法〙目的語をもたない. **～·ly** *adv.* **～·ness** *n.*

óbject lèsson *n.* **1** 実物[直観]教授《事物や現象を観察・実験させ, 生徒の感覚に訴えて学習させる教育方法》. **2** (ある原理の)具体的実例; 教訓となる戒め: Many automobile accidents are ～*s* in the dangers of speeding. 自動車事故の多くはスピード違反の危険を具体的に教えてくれる.

ob·jéc·tor *n.* 異議を唱える人: ⇨ conscientious objector.

óbject-plàte *n.* (顕微鏡の)検鏡板.

óbject spàce *n.*〘光学〙物空間《光学系による結像において, 光線が光学系に入射する側の空間; cf. image space》.

óbject-stàff *n.*〘測量〙箱尺, 準尺.

óbject tèaching *n.* 実物[直観]教授(法) (cf. object lesson).

ob·jet d'art [ɔ̀(ː)bʒeɪdɑ́ə | ɔ̀bʒeɪdɑ́ː(r; *F.* ɔbʒɛdaːr]〘□ F ～ 'object of art'〙── *F. n.* (*pl.* **ob·jets d'art** [～]) **1** 美術品《芸術価値のある小絵画・装飾的器物など》. **2** 古美術品, 骨董(こっとう)品 (curio).

ob·jet de ver·tu [ɔ(ː)bʒéɪ-də-vəətúː | ɔbʒéɪ-də-vɜə-; *F.* ɔbʒɛdvɛrty]〘F ～《原義》object of virtu: ↑ にならった英国起源の造語: ただし F *vertu* は virtu の意はない〙── *n.* (*pl.* **ob·jets de ver·tu** [～]) (仕上げの優秀さ・古さ・稀少性などの理由による)珍品, 逸品.

ob·jet trou·vé [ɔ̀(ː)bʒeɪ-truːvéɪ | ɔ̀b-; *F.* ɔbʒɛtruve]〘□ F 'object found'〙*F. n.* (*pl.* **ob·jets trou·vés** [～])〘美術〙＝found object.

ob·jur·gate [ɑ́bdʒəgèɪt | ɔ́bdʒəː-]〘(1616) ← L *objūrgāt-us* (p.p.) ← *objūrgāre* to chide, rebuke ← OB-＋*jūrgāre* to quarrel, scold (＜《古形》*jūrigāre* ← *jūre, jūs* law, right＋*agere* to do, act)〙── *vt.*《文語》ひどく[きびしく]叱る, 非難する. **ob·jur·ga·tion** [ɑ̀bdʒə-géɪʃən | ɔ̀bdʒəː-] *n.* **óbj·ur·gà·tor** [-ṭə | -tə(r] *n.*

ob·jur·ga·to·ry [əbdʒə́ːgətɔ̀ːri, -tɔ̀ri | ɔbdʒə́ːgət(ə)rɪ, əb-, ɔ́bdʒəgèɪtərɪ]〘□ L *objūrgātōri-us*: ⇨ ↑, -ory¹〙*adj.* **1** きびしく叱る, とがめだてする.

obl. (略) oblique; oblong.

ob·lan·ce·o·late [ɑblǽnsiəlèɪt, -lət, -lɪt | ɔblǽnsɪə-]〘← OB-＋LANCEOLATE〙*adj.*〘植物〙〈葉が〉倒披(ひ)針形の.

ob·last [ɑ́blæst, ɔ́(ː)bləst, -lɑːst | ɔ́blɑːst; *Russ.* óbləstj]〘□ Russ. *oblast'* ← OB-＋*vlast'* government, dominion〙── *n.* (*pl.* **～s, ob·las·ti** [-ti | -tɪ]; *Russ.* óbləstjij]) **1** (ソ連邦の)州《最大の行政区画》. **2** 地域, 地方 (region, province).

ob·late¹ [ɑbléɪt, o(ʊ)b-, əb-, ɑ́bleɪt | ɔbléɪt, əbléɪt, əʊb-]〘(1696) ← NL *oblāt-us* ← OB-＋L *lātus* carried: cf. prolate〙── *adj.* **1** 上下の両極で凹んだ[偏平な]. **2**〘数学〙扁円の, 扁球の, 回転楕円面の (spheroidal) (cf. prolate 1): an ～ sphere 扁球.

ob·late²〘(1756) □ ML *oblāt-us* (p.p.) ← L *offerre* 'to OFFER'〙── [ɑbléɪt, o(ʊ)b-, əb-, ɑ́bleɪt | ɔbléɪt, əbléɪt əʊb-,] *adj.*〘キリスト教〙聖別された; (非聖職者ながら)修道院に身を置き修道生活をする. ── [(英) ɔ́bleɪt] *n.*〘カトリック〙**1** 献身者《修道院規則の束縛を全面的には受けないが修道院に身を置き, 修道生活に献身する非聖職者》. **2** [O-] (特に, 無原罪聖母)献身会士《Oblate Fathers の一員; cf. O. M. I.》.

ob·la·tion [əbléɪʃən, o(ʊ)b-, ɑb- | ə(ʊ)b-, ɔb-]〘(*a*1420) □ (O)F ～ // LL *oblātiō(n-)*: ⇨ ↑, -ation〙── *n.* **1** [O-] (聖体の)奉献(式); 聖餐式 (Eucharist). **2 a** 献身 (sacrifice); 奉納, 寄進 (offering). **b** (神への)厳粛な捧げ物, 供物(くもつ): the ～ of thanks. **c** (慈善的)寄付, 喜捨. **～·al** [-ʃənḷ, -ʃnəl] *adj.*

ob·la·to·ry [ɑ́blətɔ̀ːri, -tɔ̀ri | ɔ́blətərɪ]〘□ ML *oblātōri-us*: ⇨ oblate², -ory〙*adj.* 奉納の, お供えの.

ob·li·gate〘ME □ L *obligāt-us* (p.p.) ← *obligāre* 'to OBLIGE'〙── [ɑ́bləgət, -lə-, -gɪt, -ləgèɪt | ɔ́blɪ-] *adj.* **1**《米》必要な, 必須の (necessary), 肝要な (essential), 不可避な (unavoidable). **2**《廃》制約された, 義務を負わされた (bound). **3**〘生物〙無条件的な, 絶対の, 真正の, 〈寄生菌・寄生虫など〉特定の環境だけに生存できる (cf. facultative): an ～ parasite 真正寄生虫[菌] / an ～ saprophyte 真正死物寄生菌. ── [-ləgèɪt | -lɪ-] *vt.* **1** [通例 ～ *oneself* または p.p 形で] **a**〈人〉に〈…すべき〉(法律上または道徳上の)義務を負わせる〈*to* do〉: We are ～*d to* do the work. その仕事をする義務がある. **b**《米》〈人〉に恩義を施す, ありがたく思わせる (oblige)〔*to*〕: We feel ～*d to* him for his kindness. 彼の親切をありがたく思っている. **2**《米》〈資金などを〉債務(など)の返済に当てる.

obligati *n.* obligato の複数形.

ob·li·ga·tion [ɑ̀bləgéɪʃən | ɔ̀blɪ-]〘(*c*1300) □ (O)F ～ □ L *obligātiō(n-)*: ⇨ obligate, -ation〙── *n.* **1 a** (法律上または道徳上の)義務; (契約・約束・良心などの)拘束力: the ～*s* of conscience (義務を果たさせる)良心の拘束力 / of ～ 義務上当然の, 義務的の / You are under no ～ to answer our questions. あなたは我我の質問に答える義務はありません《警官, 検事があらかじめ被告などに黙否権のあることを伝える言葉》. **b**〈…すべき〉義務, 責務〈*to* do〉: discharge [evade] one's ～*s* 責務を果す[回避する] / lay an ～ upon a person 人に責務を負わせる / Everybody has an ～ *to* provide for his family. 人は皆家族を養う義務がある. **2** 義理, 恩義, 恩顧 (favor); ありがたく思うこと, 感謝の念: be [lie] under an ～ *to* a person 人に世話になった恩義[義理]がある / I feel my ～ *to* all these kind friends of mine. これらの親切な友人たちの皆に深い感謝の念を覚える / lay [place, put] a person under an ～ 人に義務を負わす, 人に恩義を施す / fulfill [repay] an ～ 恩に報いる. **3**〘法律〙**a** 債務, 債権[債務]関係; 債務証書. **b** 債券, 証券 (bond). **c** 負債, 債務額, 担保額 (liability): The firm was unable to meet its ～*s*. 会社は負債の支払いができなかった.
～·al [-ʃənḷ, ʃnəl] *adj.* 「義務的な.

ob·li·ga·tive [ɑ́bləgèɪṭɪv | ɔ́blɪgèɪt-] *adj.* 義務を伴う;

ob·li·ga·to [ɑ̀bləgɑ́ːṭou | ɔ̀blɪgɑ́ːtəʊ] *adj., n.* (*pl.* **～s, -ga·ti** [-tiː])〘音楽〙＝obbligato.

o·blig·a·to·ry [əblígətɔ̀ːri, ɑb-, ɑ́blɪg-, -ləg-, -tɔ̀ːri | əblígət(ə)rɪ, ɔb-, ɔ́blɪgət-, -gèɪt-]〘(1456) □ LL *obligātōri-us* ← L *obligātus* (p.p.): ⇨ oblige, -ory¹〙── *adj.* **1 a** (法律上または道徳上)拘束力のある, 義務としてなすべき (cf. facultative, optional): an ～ promise どうしても果さなければならない約束. **b**〔人に〕義務としてかかる〔*on, upon*〕: duties ～ *on* all 万人の果たすべき義務. **2**〈出席・寄付など〉義務的な; 〈科目など〉必須の: an ～ subject 必修課目 / the ～ term 義務年限 / an ～ primary and middle school education 小中学校の義務教育 / Attendance is expected but not ～. 出席は期待されるが強制はされない. **3**〈証書など〉(法律上の)権利義務を生じる. **4**〘生物〙＝obligate 3. **o·blig·a·to·ri·ly** [əblìgətɔ́ːrəli, ɑb-, ɑ̀blɪg-, -ləg-, -tɔ́ːr- | əblígət(ə)rəlɪ, ɔb-, ɔ́blɪgət-, -gèɪt-, -rɪlɪ] *adv.*

oblígatory reinsúrance *n.*〘保険〙義務再保険《元受保険者は出再を, 再保険者は受再を, それぞれ義務づけられている再保険; cf. facultative reinsurance》.

o·blige [əbláɪdʒ]〘(*c*1300) □ OF *oblig-ier* (F *obliger*) □ L *obligāre* to bind or tie around ← OB-＋*ligāre* to bind (cf. ligament)〙── *vt.* **1** [通例 *to* do を伴って] **a** (物理的・道徳的・法律的な力で)〈人〉に〈…することを〉余儀なくさせる, 強いる; 〈人〉に〈…する〉義務を負わせる: I won't ～ you *to* stay here any longer. もうここにいなくてもよろしい. **b** [～ *oneself* または p.p. 形で] …せざるを得ない: We are ～*d to* yield to the times. 時節に従うのはやむを得ない / We ～*d ourselves to* pay off his debt. 彼の借金を払わなければならなかった / Necessity ～*d* him *to* this crime. 彼はやむを得ぬ事情でこの罪を犯した. **2 a** …に恩恵[恩義]を施す; 〈あること(をすること)によって〉…の願いをいれてやる〔*with, by doing*〕: You would ～ us if you could finish it by tomorrow. あすまでに仕上げて下されば幸いです / *Oblige* me *by* closing the door. どうぞドアを締めて下さい / *Oblige* us *with* your company at dinner. どうぞ晩餐においで下さい / She ～*d* us *with* a song. 彼女は(われわれの願いをいれて)歌を歌ってくれた. **b** [Passive で] ありがたく思う, 感謝に耐えない: Much ～*d*. どうもありがとう, 恐縮です / My father *was* much ～*d to* you *for* your hospitality. 父はおもてなしに対し厚く感謝しております / I *am* much ～*d* (*to* you) *for* your assistance. ご助力に対して深く感謝しております. **c** …に親切にしてやる: He is always ready to ～ his friends. いつでも友だちのために尽くしてやろうという人だ / Will any gentleman ～ a lady? どなたか御婦人に席をお譲り願えますまいか / I am only too willing to ～ you in this matter. この件では喜んでご援助申上げたいと思っております. **d**〈人〉に〔金などを〕貸してやる, 融通してやる〔*with*〕: Could [Can] you ～ me *with* a match [some small change]? マッチを 1 本[小銭を少し]貸していただけませんか. ── *vi.*《口語》好意を示す; 願いを入れる〔*with*〕: She ～*d with* a song. 彼女は歌を歌ってくれた / Send me a copy, and ～. 一部お送り下されば幸いです. **o·blíg·er** *n.*

ob·li·gee [ɑ̀bləʤíː | ɔ̀blɪ-]〘(1574): ⇨ ↑, -ee¹〙*n.* **1** 恩義を受け(てい)る人. **2**〘法律〙債権者《債務証書上の権利者; cf. obligor》.

o·blíg·ing *adj.* **1** よく人の世話をする, よく尽くす[協力する], 親切な (accommodating, kind). **2**《古》＝obligatory. **～·ly** *adv.* **～·ness** *n.*

ob·li·gor [ɑ̀bləgɔ́ə, -dʒɔ́ə, ⸗ー⸗ | ɔ̀blɪgɔ́ː(r]〘(1541) ← OBLIGE＋-OR²〙*n.*〘法律〙債務者《債務証書上の義務者; cf. obligee》.

ob·lique [o(ʊ)blíːk, əb-, -láɪk | əblíːk, ɔb-, əʊb-]〘(*c*1400) *oblike* □ (O)F *oblique* // L *oblīqu-us* slanting ← OB-＋*līquus* bent〙── *adj.* **1** 斜めの, はすの: an ～ glance 横目. **2** (道徳的に)曲がった, 不正な, ごまかしの: ～ dealings 不正取引き. **3** 間接の, 遠回しの:

an ~ praise, hint, etc. **4** 〖数学〗斜角の；斜線[面]の：an ~ circle[plane] 斜円[面] / ⇨ oblique circular cone, oblique cone / an ~ section 斜切面. **5 a** 〖文法〗斜格の：⇨ oblique case. **b** 〈話法が〉間接の：~ narration [speech] 間接話法. **6** 〖植物〗〈葉など〉不等辺の, 形のゆがんだ. **7** 〖解剖〗〈筋肉など〉斜めに走っている：an ~ muscle 斜筋. **8** 〖写真〗(航空機上から)カメラを水平または斜めに向けて撮影した, 斜角撮影の. **9** 〖製図〗斜投象の (cf. cabinet 7)：~ projection 斜投象, 斜投影法.

— *vi.* **1** 斜めに傾く, はすになる. **2** [(米軍)では -láık] 〖軍事〗(昔は基準線に45度の角度で)斜行進する, (今は)顔を右[左]に向けて直進する.

— [(米軍)では -láık] *adv.* 〖軍事〗45度の角度で, 45度(角)の斜方向に.

— *n.* **1** 斜めのもの；斜線. **2** 〖解剖〗(特に腹壁の)斜筋. **3** 〖文法〗＝oblique case. **4** ＝diagonal 3. **5** 〖写真〗(機上から斜方向に写した)斜(空中)写真《oblique air [aerial] photograph ともいう》.

~·ness *n.*

oblíque ángle *n.* 〖数学〗斜角《直角 (right angle) 以外の角度；鋭角 (acute angle) または鈍角 (obtuse angle)》.

oblíque cáse *n.* 〖文法〗斜格《主格 (nominative) および呼格 (vocative) 以外の格》.

oblíque círcular cóne *n.* 〖数学〗斜円錐 (cf. right circular cone).

oblíque círcular cýlinder *n.* 〖数学〗斜円柱 (cf. right circular cylinder).

oblíque cóne *n.* 〖数学〗斜錐.

oblíque coórdinates *n. pl.* 〖数学〗斜交座標《座標軸が直交しない座標》.

ob·líque·ly *adv.* **1** 斜めになって, 斜方向へ. **2** 間接的に, 遠回しに：refer only ~ to the facts 事実を遠回しに述べる(にとどめる).

oblíque mótion *n.* 〖音楽〗斜行《一声部が同一音度を持続しまたは反復しているとき他の一声部が斜めに進行すること》.

oblíque projéction *n.* **1** 〖数学〗斜投影法. **2** 〖地理〗斜投影図法.

oblíque sáiling *n.* 〖海事〗(子午線に対しての)斜航《正北[南, 東, 西]以外への航行》.

oblíque shóck *n.* 〖物理・航空〗斜め衝撃波《弾丸など超音速で飛ぶ物体の先端や肩から斜め後に出る衝撃波；oblique shock wave ともいう；cf. normal shock》.

ob·liq·ui·tous [o(ʊ)blíkwəṭəs, əb- | əblíkwɪtəs, ɔb-, əʊb-] 〖⇨↓, -ous〗 *adj.* (道徳的・精神的に)曲がった, ひねくれた, 不正な.

ob·liq·ui·ty [o(ʊ)blíkwəṭi, əb- | əblíkwətɪ, ɔb-, əʊb-, -kwɪ-] 〖《?*c*1425》□(O)F *obliquité* // L *obliquitāt-em* ← *obliquus* 'OBLIQUE'：⇨ -ity〗 — *n.* **1** 傾斜していること；傾斜(度). **2 a** (道徳的な)不正, 不正直：the ~ of conduct [mind] 行動[心]の不正. **b** 不正な行為；不倫, 不徳. **3** (故意に)ぼやかした陳述[表現], 曖昧な記述. **4** 〖天文〗[the ~] ＝OBLIQUITY of the ecliptic.

obliquity of the ecliptic [the —] 〖天文〗黄道傾斜[傾角]《黄道面の赤道面に対する傾き；約 23° 27′》.

ob·lit·er·ate [əblíṭərèɪt, o(ʊ)b-, ɑb- | əblít-, ɔb-] 〖《1600》← L *oblit(t)erāt-us* (p.p.) ← *oblit(t)erāre* to erase something written ← OB-＋*lit(t)era* 'LETTER[2]'〗 — *vt.* **1** 〈文字などを〉消す, 抹消する, 抹殺する：~ one's signature. **2 a** 〈痕跡を〉なくす；〈記憶などを〉消す：~ one's fingerprints, footprints, memories, etc. **b** 除去する, 消滅させる. **3** 〈切手の図案の中で好ましくないものを〉加刷 (overprint) によって消す.

ob·lit·er·a·tion [əblìṭəréɪʃən, o(ʊ)b-, ɑb- | əblìt-, ɔb-] 〖□L *oblit(t)erātiō(n-)*：⇨↑, -ation〗 — *n.* **1** 抹消, 抹殺. **2** 〖病理・外科〗(管腔の)閉塞, 遮断；(疾病・手術などによる組織の)除去.

ob·lit·er·a·tive [əblíṭərèɪṭɪv, o(ʊ)b-, ɑb-, -rəṭ- | əblítərèɪt-, ɔb-, -rət-] *adj.* **1** 抹消[除去]を引き起こす. **2** 〖病理〗閉塞を引き起こす.

ob·lít·er·à·tor [-ṭə | -tə(r] 〖□LL *oblit(t)erātor*：⇨ obliterate, -or[2]〗 — *n.* **1** 消す人, 抹殺者, 破棄者. **2** (郵便切手の)消(印)印器具《1900 年頃までの主として手で押した時代のもの》.

ob·liv·i·on [əblíviən, o(ʊ)b-, ɑb- | əblíviən, ɔb-, -vjən] 〖《*a*1393》□(O)F ~ // L *obliviō(n-)* forgetfulness ← *oblivisci* to forget, 《原義》slip from the mind ← OB-＋? *levis* light, quick (← IE **lei-* slimy, slippery)〗 — *n.* **1** 忘却：try to snatch a moment's ~ from the pain of life 浮世の苦労を束(つか)の間忘れようとする. **2** 忘れられている状態：be buried in ~ 忘れられている / fall [go, pass, sink] into ~ (世に)忘れられる. **3** 〖法律〗大赦(たいしゃ)：the Act of *Oblivion* 大赦法.

ob·liv·i·ous [əblíviəs, o(ʊ)b-, ɑb- | əblíviəs, ɔb-, -vjəs] 〖《1450》□L *obliviōs-us* forgetful：⇨↑, -ous〗 — *adj.* **1** 忘れっぽい；〔…を〕忘れてしまう〔*of*〕：an ~ old age / be ~ *of* one's duty 義務を忘れがちである / He is absolutely ~ *of* his own safety. 身の安全などすっかり忘れている. **2** 〔…に〕気がつかない, 〔…を〕気に止めない〔*of, to*〕：He was ~ *to* [*of*] the noise around him. まわりの音に気がつかなかった. **3** 〖詩・古〗忘れさせる：~ slumber 忘却の眠り. **~·ly** *adv.* **~·ness** *n.*

ob·long [ɑ́blɔ(ː)ŋ, -lɑŋ | ɔ́blɔŋ] 〖《*c*1450》□L *oblong-us* rather long, longish ← OB-＋*longus* 'LONG[1]'〗 — *adj.* **1** 〈紙・本・切手など〉横長の；長方形の. **2** 長円形の；〈円が〉長円の, 楕(だ)円の；〈球面が〉扁長の：an ~ mirror 楕円形の鏡. — *n.* 横長の形；長方形.

ob·lo·quy [ɑ́bləkwi | ɔ́bləkwɪ] 〖《*a*1464》□LL *obloqui-um* contradiction ← OB-＋L *loquī* to speak〗 *n.* **1** (世間の)悪口, そしり. **2** 悪評, 汚名, 不面目.

ob·mu·tes·cent [ɑ̀bmjuṭésn̩t, -sənt | ɔ̀b-] 〖□L *obmūtēscent-em* (pres.p.) ← *obmūtēscere* to become dumb ← OB-＋*mutus* dumb (cf. mute[1])〗 — *adj.* 《古》どうしても口をきかない. **ob·mu·tes·cence** [ɑ̀bmjutésn̩s, -səns | ɔ̀b-] *n.*

ob·nounce [ɑbnáuns, əb- | ɔb-] 〖□L *obnūnti-āre* ← OB-＋*nūntiāre* to tell：cf. announce, pronounce〗 *vi.* (古代ローマで公の催し事に対して)凶兆を告げる.

ob·nox·ious [ɑbnɑ́kʃəs, əb- | əbnɔ́k-, ɔb-] 〖《1581》← L *obnoxiōs-us* ← *obnoxius* exposed to harm：⇨ ob-, noxious〗 — *adj.* **1** いやな, 不愉快な：an ~ action / a man ~ *to* his neighbors 近所の人たちのきらわれ者. **2** 《古》〔危害・非難などを〕受けやすい, 免れない (liable)〔*to*〕：behavior ~ *to* censure 非難を免れないふるまい. **3** 《古》非難[罰]に値する, 非難されるべき. **~·ly** *adv.* **~·ness** *n.*

ob·nu·bi·late [ɑbn(j)úːbəlèɪt | ɔbnjúːbɪ-] 〖← L *obnūbilāt-us* (p.p.) ← *obnūbilāre* to cover with clouds or fog：⇨ ob-, nubilous, -ate[3]〗 *vt.* 曇らす, 暗くする. **ob·nu·bi·la·tion** [ɑbn(j)ùːbəléɪʃən | ɔbnjùːbɪ-] *n.*

OBO 《略》〖海事〗ore-bulk-oil carrier 撒積(ばら)鉱石兼油送船《収貨状況により上記三様に使える船》.

o·boe [óubou | ə́ubəu] 〖《1724》□It. ~ □F *hautbois* 'HAUTBOY'〗 — *n.* **1** オーボエ, オーボー《高い音域をもち旋律を演奏するのに適した複弁木管楽器》. **2** (オルガンの)オーボー音栓(せん).

O·boe [óubou | ə́ubəu] 〖← ? OBOE：通信で O 字を表わす記号として OBOE が用いられることから〗 — *n.* 〖航空〗オーボー, オーボエ《二つの地上局がレーダーで航空機を無線誘導する方法》.

ó·bo·ist [-bouɪst, -əst | -bəuɪst] 〖□? It. *oboista*〗 *n.* (*also* **o·boe·ist** [~]) オーボエ (oboe) 吹奏者.

ob·ol [ɑ́bəl, óub- | ɔ́bɔl, ɔ́bəl] 〖《*a*1670》□L *obol-us* □Gk *obolós*：cf. obolus〗 — *n.* オボル：**1** 古代ギリシャの銀貨 (＝$^1/_6$ drachma). **2** 古代ギリシャの重量単位 (＝$11^1/_4$ grains；＝0.73 gram). **3 a** ＝obole. **b** 昔ヨーロッパで通用した各種の小硬貨.

ob·ole [ɑ́bouł | ɔ́bəuł] 〖□F ~ □L *obolus* (↓)〗 — *n.* オボール《中世の $^1/_2$ ドゥニエ貨 (denier) の総称；ガリアの最も古い小銭, メロビンガ, カロビンガ朝の低品位銀貨；ハンガリーでは 16 世紀まで存在した》.

ob·o·lus [ɑ́bələs | ɔ́b-] 〖□L ~ □Gk *obolós*《変形》← *obelós* spit：cf. obelus〗 — *n.* (*pl.* **-o·li** [-lài]) **1** オボラス《現代ギリシャの重量単位；＝0.73 gram》. **2** ＝obol 1. **3** ＝obol 3.

ob·o·vate [ɑbóuveɪt | ɔbə́uveɪt, -vət, -vɪt] 〖← OB-＋OVATE〗 *adj.* 〖植物〗〈葉が〉倒卵形の.

ob·o·void [ɑbóuvɔɪd | ɔbə́u-] 〖← OB-＋OVOID〗 *adj.* 〖植物〗〈果実が〉倒卵形[体]の.

O·bre·gón [òubregó(ː)n | əubregɔ́n；*Sp.* òβreɣón], **Ál·va·lo** [álbaro] *n.* オブレゴン《1880-1928；メキシコの将軍・政治家, 大統領 (1920-24)；暗殺された》.

O·bre·no·vich [oubrénəvɪtʃ | əu-] *n.* オブレノビッチ《1815-1903 年にわたってセルビアを支配した王家；セルビア語名 Obrenović [ɔbrɛ́nɔvitç]》.

ob·rep·tion [ɑbrépʃən | ɔb-] 〖《1611》□F ~ // L *obreptiō(n-)* ← *obrepere* to creep up to, deceive ← OB-＋*repere* to creep〗 — *n.* **1** 〖教会法〗特免詐取《虚偽の申告をして, 教会から特免を受けること, また受けようと試みること》. **2** 〖スコット法〗詐欺による不動産復帰権取得 (cf. subreption 3). **ob·rep·ti·tious** [ɑ̀breptíʃəs | ɔ̀b-] *adj.* **òb·rep·tí·tious·ly** *adv.*

ob·ro·gate [ɑ́brəgèɪt | ɔ́b-] 〖← L *obrogāt-us* (p.p.) ← *obrogāre* ← OB-＋*rogāre* to ask, propose〗 — *vt.* 〖大陸法〗(新法施行により)〈法律を〉(一部または全部)改正する, 修正する.

ob·ro·ga·tion [ɑ̀brəgéɪʃən | ɔ̀b-] *n.* 〖大陸法〗(新法施行に伴う, 旧法の)失効, 廃止；修正, 改正.

obs. 《略》obscure；observation；observatory；observe；observer；obsolescent；obsolete；obstetric；obstetrician；obstetrics.

ob·scene [əbsíːn, ɑb- | əb-, ɔb-] 〖《1595》□F *obscène* // L *obscēn-us* ill-omened, filthy ← *obs-* 'OB-'＋*caenum* filth〗 — *adj.* (**ob·scen·er；ob·scen·est**) **1** 公序良俗を乱す, 風俗壊乱の；(特に性的興奮を引き起こすような)猥褻(わいせつ)な：~ books 猥褻本 / ~ pictures 春画 / an ~ publication 猥褻出版物 / ~ language 卑猥な言葉(遣い). **2** 《古》鼻持ちのならない, ぞっとするような, 実にいやな. **~·ly** *adv.* **~·ness** *n.*

ob·scen·i·ty [əbsénəṭi, əb-, -síːn- | əbsénətɪ, ɔb-, -síːn-, -nɪ-] 〖《1608》□F *obscénité* // L *obscēnitāt-em*：⇨↑, -ity〗 — *n.* **1 a** 猥褻(わいせつ)：~ of language. **b** 猥談, 猥褻な行為[言葉, 絵, 写真]：utter a foul ~ 卑猥なことを口にする. **2** 《古》醜悪, 不潔.

ob·scur·ant [ɑbskjú(ə)rənt, əb- | ɔbskjúər-, əb-] 〖□L *obscūrant-em* (pres.p.) ← *obscūrāre* 'to OBSCURE'：⇨ -ant〗 — *n.* 反啓蒙主義者；非明晰主義者. — *adj.* **1** (故意に)曖昧(あいまい)にさせる. **2** 反啓蒙主義(的)の[に関する]；非明晰主義の[に関する].

ob·scu·ran·tic [ɑ̀bskjurǽntɪk | ɔ̀bskjurǽnt-] *adj.* ＝obscurant.

ob·scur·an·tism [ɑbskjú(ə)rəntɪzm̩, əb-, ɑ̀bskjurǽntɪzm̩ | ɔ̀bskju(ə)rǽntɪzm̩, əbskjúərəntɪzm̩, əb-] *n.* **1** 反啓蒙主義. **2** 〖文学・芸術〗非明晰主義；曖昧(あいまい)な文体[表現]. **ob·scúr·an·tist** [-tɪst, -təst | -tɪst] *n., adj.*

ob·scu·ra·tion [ɑ̀bskjuréɪʃən | ɔ̀bskju(ə)r-] 〖《15C》□L *obscūrātiō(n-)* ← *obscūrāre* 'to OBSCURE'：⇨ -ation〗 — *n.* **1** 曖昧(あいまい)(な状態)；朦朧(もうろう). **2** (知・霊の光などを)ぼんやりさせること, (真理・語意などを)曖昧にすること. **3** 《まれ》〖天文〗掩蔽(えんぺい), 食(しょく) (occultation, eclipse).

ob·scure [ɑbskjúə, əb- | əbskjúə(r, ɔb-] 〖adj.：《*c*1380》□(O)F *obscur* < L *obscūrum* dark, unknown, 《原義》covered over ← OB-＋IE **(s)keu-* to cover (cf. sky). — v.：《1500-20》← (adj.) または □(O)F *obscur-er* // L *obscūrāre* ← *obscūrus*〗 — *adj.* (**ob·scur·er；ob·scur·est**) **1 a** 光の不足した, 暗い, 薄暗い；暗がりの；(どんより)曇った, 朦朧(もうろう)とした：~ darkness / an ~ night, day, etc. / the ~ recess of a cave ほら穴の暗い奥. **b** 〈色が〉どす黒い, どんよりした, 鈍い：~ yellow. **2 a** 〈音・形など〉はっきり感知できない, かすかな, ぼんやりした, 不鮮明な：an ~ voice, figure, etc. **b** 意味のはっきりしない, 理解し難い, 曖昧(あいまい)な, よくわからない, 原因不明な：~ words, passages, etc. / an ~ style, speaker, writer, etc. / an ~ malady 原因不明の病気. **3 a** 〈場所など〉(奥深く隠れて)人目につかない, 引っ込んだ, 辺鄙(へんぴ)な, 片田舎の：an ~ village 人里離れた村 / an ~ retreat 幽居. **b** 世に知られない, 無名の：an ~ work by a forgotten author (人に知られぬまま埋れた)名もない著者の作品 / a host of ~ writers 数知れぬ無名作家たち / an ~ politician 無名の政治家 / He is of ~ origin [birth]. 素性(すじょう)が卑しい. **4** 〖音声〗〈母音が〉曖昧な, 曖昧母音 [ə] を成す, [ə] に近い；曖昧母音の：an ~ vowel 曖昧母音 (cf. schwa 2).

— *n.* 《詩》暗黒 (darkness), 夜陰 (night).

— *vt.* **1** 暗くする, 曇らす (darken)；ぼんやりさせる(dim). **2 a** おおい隠す, おおう (hide)：be ~*d* by mists, curtains, etc. / ~ the view 展望を妨げる / ~ a person's judgment 判断を妨げる / ~ the facts 事実を隠蔽する / ~ something *from* view ある物を見えなくする. **b** 〈主題などを〉不明瞭にする, 曖昧にする. **c** 〈名声などを〉おおい隠す, (対照的に)〈他の人〉の光輝を奪う, 顔色なからしめる：~ one's predecessor, rival, etc. / His fame was ~*d* by that of his greater father. 彼の名声は彼より一層偉大であった父の名声のために光を失った. **3** 〈発音などを〉不明確にする, 曖昧な音にする.

~·ly *adv.* **~·ness** *n.*

obscúre gláss *n.* つや消しガラス (frosted glass), 曇りガラス, 擂(す)りガラス《砂吹きつけやフッ化水素酸で腐食させてつや消しをしたガラス》.

ob·scu·ri·ty [ɑbskjú(ə)rəṭi, əb- | əbskjúərətɪ, ɔb-, -rɪ-] 〖《1474》□(O)F *obscurité* // L *obscūritāt-em* ← *obscūrus*：⇨ obscure, -ity〗 — *n.* **1** 暗さ, 朦朧(もうろう) (dimness)；暗所. **2** 意味不明, 曖昧(あいまい) (ambiguity)；不明瞭な個所, 不可解な言葉, 疑わしい[曖昧な]意味：the *obscurities* of early Greek poets 古代ギリシャ詩人たちの不明瞭な辞句. **3** 世に知られないこと, 隠遁：retire into ~ 隠棲(いんせい)する, 片田舎に引込む / sink into ~ 世に埋もれる[忘れられる], 低い境遇に陥る. **4** 無名, 低い身分；無名の地[物]：rise from ~ to fame 無名から身をおこして名を成す.

ob·se·crate [ɑ́bsəkrèɪt | ɔ́bsɪ-, -se-] 〖← L *obsecrāt-us* (p.p.) ← *obsecrāre* ← OB-＋*sacrāre* 'to make SACRED'〗 *vt.* 《古》〈人〉に嘆願[哀願]する (supplicate).

ob·se·cra·tion [ɑ̀bsəkréɪʃən | ɔ̀bsɪ-, -se-] 〖《*c*1390》□L *obsecrātiō(n-)* entreaty：⇨↑, -ation〗 — *n.* **1** 嘆願, 哀願 (supplication). **2** 〖英国国教会〗嘆願 (the Litany) の中で 'by' で始まる一連の文句. **3** 〖修辞〗嘆願法《神・人に嘆願する形式；cf. apostrophe 2》.

ob·se·quence [ɑ́bsəkwəns | ɔ́bsɪ-] 〖□L *obsequentia*：⇨ obsequious, -ence〗 *n.* へつらい, 媚(こび).

ob·se·quent [ɑ́bsəkwənt | ɔ́bsɪ-] 〖⇨↑, -ent〗 — *adj.* **1** 《廃》従順な, 素直な (obedient)；媚(こ)びるような (obsequious). **2** 〖地理〗〈河川が〉逆従する, 逆従の《地表面の一般的な傾斜に対して逆に流れる；cf. consequent 4, subsequent 3》：an ~ stream 逆従川.

ob·se·qui·al [əbsíːkwiəł, ɑb- | əbsíːkwɪ-, ɔb-] 〖⇨ obsequy, -al[1]〗 *adj.* 葬式の (funereal).

ob·se·qui·ous [əbsíːkwiəs, ɑb- | əbsíːkwɪ-, ɔb-] 〖《*a*1450》□L *obsequiōs-us* compliant ← *obsequium* compliance ← *obsequi* to comply with ← OB-＋*sequi* to follow (cf. sequence)：⇨ -ous〗 — *adj.* **1** 媚(こ)びへつらう, 追従(ついしょう)的な：an ~ smile へつらうような笑顔 / be ~ *to* the great 権門に媚びる. **2** 《古》従順な, 忠実な (obedient). **~·ly** *adv.* **~·ness** *n.*

ob·se·quy [ɑ́bsəkwi | ɔ́bsɪkwɪ] 〖《1385》□AF *obsequie(s)*＝OF *obseque* (F *obsèques* (pl.)) □ML *obsequiae*《混成》← L *obsequium* service (↑)＋*exsequiae* 'funeral rites, EXEQUIES'〗 — *n.* [通例 *pl.*] 葬式；(特に)埋葬式.

ob·serv·a·ble [əbzə́ːvəbł | -zə́ːv-] *adj.* **1** 観察できる, 目につく. **2** 注目すべき. **3** 〖□F《廃》~〗守るべき：manners ~ in social intercourse 社交上守るべき作法. — *n.* 〖物理〗オブザーヴァブル《量子力学で, 原理的に観測可能と考えられる物理量》. **~·ness** *n.*

ob·sérv·a·bly [-vəbli | -blɪ] 〖《1646》〗 *adv.* 目立って, 顕著に, 際立って；認知できるほどに.

ob·ser·vance [əbzə́ːvəns | -zə́ː-] 〖《? *a*1200》□(O)F

observance ▭ L *observantia* attention, notice : ⇨ observe, -ance〛 ── *n.* **1** (法律・義務・儀式・慣例などを)守ること, 遵奉, 遵守: strict ~ of the rule 規則の厳守. **2 a** 慣習, 慣例 (custom); しきたり, 行事 (practice). **b** 儀式; (宗教上の)礼典, 式典: the ~ of one's birthday 誕生祝い. **3** 観察 (observation). **4** 《古》敬意, 恭順. **5** 〘カトリック〙 **a** (修道会の)規律; (その規律を守る)修道院[会]. **b** [O-] (フランシスコ修道会の中で, 特に戒律に忠実な厳修派の修道士の)厳守すべき規律.

ob·ser·vant [əbzə́ːvənt | -zə́ː-] 〘《c1470》▭ L *observant-em* (pres.p.) ← *observāre* : ⇨ observe, -ant〛 *adj.* **1 a** 注意深い: an ~ gaze 注意深い凝視. **b** すぐに気がつく, 抜け目のない, 油断のない. **c** 〔…を〕よく気をつける, 〔…に〕目を放さない 〔*of*〕. **2** 〔法律・習慣などを〕厳守する 〔*of*〕: You should be ~ *of* the traffic rules. ── *n.* **1** [O-] ＝Observantine. **~·ly** *adv.*

Ob·ser·van·tine [əbzə́ːvəntɪn, -tən, -tiːn | -zə́ːvəntɪn, -tiːn] 〘▭ F *Observantin* : ⇨ observant, -ine¹〛 ── *n.* (フランシスコ会の中で特に戒律を厳守する)厳修派の修道士 (Observant) (cf. conventual 2).

ob·ser·va·tion [ɑ̀bsəvéɪʃən, -zə- | ɔ̀bzə-] 〘《c1390》▭ L *observātiō(n-)* : ⇨ observe, -ation〛 ── *n.* **1 a** 観察, 注目; 監視, 探察: come [fall] under one's ~ 目につく / one's power of ~ 観察[注意]力. **b** 観察力[眼]: a man *of* narrow [keen] ~ 観察力の乏しい[鋭い]人. **c** 観察[注目]されること, 観察[監視]されている状態: a person under ~ 監視下の人, 注意人物 / escape ~ 人目につかない / He sought to avoid ~. 彼は人目につかぬように努めた. **2 a** (科学者がしばしば精密機具を用いて行なう)観察, 観測, 実測: an astronomical [a meteorological] ~ 天体[気象]観測 / make ~*s* of the sun 太陽の観測をする. **b** [しばしば *pl.*] 観測の結果[報告]: publish one's ~*s* of temperature 気温の観測を発表する / build a theory on ~*s* 観察の結果に基づいて理論を組み立てる / My ~ is that …観察によって知りえたことは…ということである. **3 a** (観察に基づく)言説, 所見 (view): ~*s on* the habits of ants 蟻の習性に関する観察[所見] / make a few ~*s on* …に関して二, 三所見を述べる. **b** 発言, 言葉 (utterance): a witty [just, foolish] ~ 気のきいた[正当な, ばかげた]言葉. **4** 《廃》(法律・慣例などの)遵守 (observance). **5** 〘海事〙(船の位置を測定するための)天体の観測, 天測; 天測の結果: get [take] an ~ 天体を観測する / work out an ~ 天測の結果を計算する[計算して船位を出す].
── *attrib. adj.* 観察に用いられる, 観測用の; 展望用の: an ~ tower 展望塔 / an ~ balloon 観測気球.

òb·ser·vá·tion·al [-ʃənl̩, -ʃnəl] *adj.* 観察[観測上]の; 視察の, 監視の; 観察[観測]に基づく; 実測的な (cf. experimental). **~·ly** *adv.*

observátion càr *n.* 〘鉄道〙展望車.

observátion pòst *n.* 〘軍事〙(弾着)観測所, 監視所[哨], 展望所[哨]; 対空監視所 (略 OP).

observátion tràin *n.* ボートレース見物用列車《川沿いに走る》.

ob·ser·va·to·ry [əbzə́ːvətɔ̀ːri, -tòːri | -zə́ːvət(ə)ri] 〘《1676》← NL *observātōri-um* ← F *observatoire* : ⇨ ↓, -ory²〛 ── *n.* **1** 観測所; (特に)天文台, 気象台, 測候所: an astronomical [a meteorological] ~ 天文[気象]台. **2** 展望台, 望楼, 物見台 (lookout).

ob·serve [əbzə́ːv | -zə́ːv] 〘《c1386》▭ (O)F *observ-er* ▭ L *observāre* to watch, observe ← OB- + *servāre* to heed, watch (← IE **ser-* to protect : cf. conserve)〛 ── *vt.* **A** (cf. observation) **1 a** 観察する, 注視する; 監視する (watch): ~ a person's behavior 人の行動を観察する / the ~*d* of all observers 衆目の的である人 (Shak., *Hamlet* 3. 1. 162) / *Observe how* I do this. どうしてやるかよく見てなさい. **b** 〈天体・気象などを〉観測する, 実測する: ~ the sun's altitude [an eclipse of the sun] 太陽の高度[日食]を観測する. **2** [しばしば原形不定詞, 分詞または *that*-clause を伴って] 認める, 見る, (特に, 観察によって)…に気づく, 看取する (notice, perceive): Didn't you ~ the difference? その違いに気づきませんでしたか / I did not ~ him leave the room. 彼が部屋を出て行くのに気がつかなかった / She ~*d* him trying to force the lock of the door. 彼がドアの錠をこじ開けようとしているのを見て取った / He ~*d that* the sky was becoming overcast. 空がどんどん暗くなってくるのに気づいた. **3** (所見として)〈…と〉述べる, 評する (remark) 〈*that*〉; (何気なしに)口にする: Allow me to ~ *that*… 私の評言をお許し下さるなら… / I have very little to ~ on what has been said. 今承ったことについてほとんど何も申し上げることはありません.
B (cf. observance) **1** 遵守する, 遵奉する: ~ good manners 礼儀を守る / ~ silence 沈黙を守る[続ける]. **2** 〈祭礼・儀式などを〉挙行する, 執行する, (慣例通り)行なう: ~ Christmas [one's birthday] クリスマス[誕生日]を祝う / ~ the Sabbath 安息日を祝う《仕事を休んで教会へ行く》.
── *vi.* **1** 観察する, 注目する, 気をつける: ~ keenly 観察が鋭い. **2** 傍聴する, オブザーバーとして出席する. **3** 〔…について〕所見を述べる, 短評する 〔*on, upon*〕: strange to ~ 申し上げるのも変ですが / ~ *on* what he said 彼の言ったことについて論評する.

ob·sérv·er *n.* **1** 観察者; 観測者: an astronomical ~ 天体観測者. **2** 監視者; 目撃者 (witness); 傍観者 (looker-on). **3** (会議の)オブザーバー《傍聴のために派遣される代表者で発言権はなく正式に会議に参加はしない》. **4** 国連派遣調査団員《一定地域の情況を視察しその結果を国連の委員会へ持ち帰って報告する》. **5** 意見を述べる人, 評者. **6** (法律・儀式などの)遵奉者. **7** 〘軍事〙(地上または空中から砲兵射撃の射弾観測をする)(機上)観測員; 航空[機上]偵察員; 気象観測員; 気球観測[偵察]員; 〘米空軍〙航空特技搭乗員《操縦士 (pilot) 以外の航空特技者の級別で例えば航法士 (navigator), レーダー手 (radar operator), 爆撃手 (bombardier) など; aircraft observer, air observer ともいう》. 「**~·ly** *adv.*

ob·sérv·ing *adj.* 観察的な, 注意深い; 観察力の鋭い.

ob·sess [əbsés, ɑb- | əb-, ɔb-] 〘《1503》← L *obsess-us* (p.p.) ← *obsidēre* to sit down before, occupy ← OB- + *sedēre* 'to SIT'〛 ── *vt.* [しばしば p.p. 形で] **1** 〈悪魔・妄想などが〉〈人〉に取り憑(つ)く, 〈魔物などが〉〈人〉に乗り移る; 〈人〉に取り憑いて悩ます: be ~*ed by* [*with*] a demon [delusion, fixed idea] 悪魔[妄想, 固定観念]に取り憑かれる / He is ~*ed by* conscience. 良心の呵責にさいなまれている. **2** 〈ある考えなどが〉〈人〉に付きまとう: The mothers were ~*ed with* the idea of getting their children the best education. 母親たちは子供たちに最善の教育を受けさせる考えに取り憑かれていた. ── *vi.* 《米口語》〔…を〕(不必要なほど)気にする, くよくよする 〔*about*〕: ~ *about* trifles つまらない事を気[苦]にする.

ob·ses·sion [əbséʃən, əb- | əb-, ɔb-] 〘《1513》▭ L *obsessiō(n-)* ← *obsessus* : ⇨ ↑, -sion〛 ── *n.* **1** 取り憑(つ)くこと; 魔物に取り憑かれていること; (観念などが)頭につきまとうこと (cf. possession 5 a): be under an ~ of …に取り憑かれている. **2 a** 憑きまとって離れない苦悩, 妄想, 妄念, 固定観念: get ~*s* 妄想に取り憑かれる / suffer from an ~ 強迫観念に悩む / Making a great deal of money is an ~ with him. 大もうけをすることがいつも彼の頭から離れない. **b** 〘精神医学〙強迫(観念). **3** 《廃》包囲. **~·al** [-ʃənl̩, -ʃnəl] *adj.* **~·al·ly** *adv.*

obséssional neurósis *n.* 〘精神医学〙強迫神経症《強迫症状を主徴とする神経症[ノイローゼ]》.

ob·ses·sive [əbsésɪv, əb- | əb-, ɔb-] 〘⇨ ↑, -ive〛 ── *adj.* **1** 憑(つ)きまとって離れない: one's ~ worry. **2 a** 妄想を引き起こす. **b** 過度の, 異常なほどの: one's ~ care. ── *n.* 妄想に取り憑かれている人; 強迫神経症にかかっている人. **~·ly** *adv.* **~·ness** *n.*

obséssive-compúlsive neurósis *n.* 〘精神医学〙強迫神経症.

ob·sid·i·an [əbsídiən, ɑb- | əbsídɪən, -djən] 〘《c1400》← NL *obsidiān-us* ← L *Obsidiānus* (*lapis*) (stone) of Obsidius : *Obsiānus* (← *Obsius*: その発見者)の誤読による: -ian〛 ── *n.* 〘岩石〙黒曜岩, 十勝石(とかち).

ob·si·di·o·nal [əbsídiənl̩, ɑb- | əbsídɪə-, -djə-] 〘▭ L *obsidiōnāl-is* ← *obsidiō* siege ← *obsidēre* to besiege: ⇨ obsess〛 ── *adj.* **1** 攻略[攻囲]の[に関する]. **2** 〈貨幣が〉緊急発行された: an ~ coin＝siege coin.

ob·so·lesce [ɑ̀bsəlés | ɔ̀bsə(ʊ)-] 〘▭ L *obsolēsc-ere* : ⇨ obsolete〛 *vi.* すたれる, すたれかける, 次第にすたれていく.

ob·so·les·cence [ɑ̀bsəlésns | ɔ̀bsə(ʊ)-] 〘⇨ ↓, -ence〛 *n.* **1** すたれ(かけ)ていること. **2** 〘生物〙(器官の)退行, 萎縮. **3** 〘言語〙(語の)準廃用.

ob·so·les·cent [ɑ̀bsəlésnt | ɔ̀bsə(ʊ)-] 〘《1755》▭ L *obsolēscent-em* (pres.p.) ← *obsolēscere* (↓)〛 ── *adj.* **1** 次第にすたれていく: an ~ word, custom, etc. **2** 〘生物〙〈器官・部分など〉退行性の. **~·ly** *adv.*

ob·so·lete [ɑ̀bsəlíːt, ⸗⸗⸗ | ɔ́bsəlìːt, -slìːt] 〘《1579》▭ L *obsolēt-us* (p.p.) ← *obsolēscere* to wear out, grow old : *solēre* to become accustomed の影響を受けたもの〛 ── *adj.* **1 a** もはや使用されていない, すたれた (disused): an ~ word 廃語. **b** 時代遅れの (out-of-date): an ~ ironclad 旧式の甲鉄艦. **2** すり減って消えた. **3** 〘生物〙(萎縮によって)退化した, 痕跡だけの (vestigial). ── *n.* すたれたもの[語句], 廃語 ── *vt.* すたれさせる, 時代遅れにする (antiquate). **~·ly** *adv.* **~·ness** *n.*

óbsolete rhýme *n.* 〘詩学〙古体韻《綴り字・発音ともに異なっているが, 古くは同一音をもっていた語[音節]による押韻; 例: join, dine》.

ob·so·let·ism [ɑ́bsəlìːtɪzm̩ | ɔ́b-] *n.* **1** 廃用; 陳腐. **2** 廃語; すたれた慣習.

ob.s.p. 《略》*L.* obiit sine prōle 嗣子なくして死す (he (or she) died without issue).

ob·sta·cle [ɑ́bstɪkl̩, -tə- | ɔ́bstə-, -stɪ-] 〘《c1340》▭ (O)F ~ ▭ L *obstāculum* ← *obstāre* to withstand, resist ← OB- + *stāre* 'to STAND'〛 *n.* **1** 障害(物), 邪魔(もの): an ~ to progress 進歩への障害. **2** 《廃》反対, 抵抗.

óbstacle cóurse *n.* 〘軍事〙(各種の障害物通過訓練のための)障害物(訓練)場.

óbstacle ràce *n.* 障害物競走.

obstet. 《略》obstetric; obstetrician; obstetrics.

ob·stet·ric [əbstétrɪk, ɑb- | əb-, ɔb-] 〘《1742》← NL *obstetric-us* ← L *obstetricius* (adj.) ← *obstetrix* midwife, 《原義》woman who stands before ← OB- + *stāre* 'to STAND'〛 ── *adj.* 産科(学)の[に関する]; 助産の[に関する]: an ~ instrument [operation] 産科器械[手術] / an ~ nurse 産科看護婦, 助産婦. 「**~·ly** *adv.*

ob·stét·ri·cal [-trɪkəl, -trə- | -trɪ-] *adj.* ＝obstetric.

obstétrical tóad *n.* 〘動物〙サンバガエル《南ヨーロッパに生息するスズガエル科のカエルの総称; サンバガエル (*Alytes obstetricans*) とイベリアサンバガエル (*A. cisternasi*) の 2 種がいる; 幼生になるまで卵塊を雄が腰部につけて歩く習性がある; midwife frog, nurse frog ともいう》.

ob·ste·tri·cian [ɑ̀bstətríʃən, -ste- | ɔ̀bstet-, -stə-, -stɪ-] 〘← L *obstetrīcia* midwifery + -AN¹ : ⇨obstetric〛 *n.* 産科医.

ob·stet·rics [əbstétrɪks, ɑb- | əb-] 〘⇨ obstetric, -ics〛 *n.* 産科学 (tocology).

ob·sti·na·cy [ɑ́bstənəsi | ɔ́bstɪnəsi, -st(ə)n-] 〘ME ▭ ML *obstinātia* : ⇨ ↓, -cy〛 *n.* **1** 頑固, 強情: with ~ 強情に. **2** 頑固な言行. **3** (疾病などの)難治(性).

ob·sti·nate [ɑ́bstənət, -nɪt | ɔ́bstə-, -stɪ-] 〘《c1340》▭ L *obstināt-us* (p.p.) ← *obstināre* to persist in ← OB- + *stāre* 'to STAND'〛 ── *adj.* **1** 頑固な, 強情な; 頑強な: ~ resistance 頑強な抵抗 / be ~ in argument 議論をするとしつこい / shake an ~ head 頑固に首を振る / (as) ~ as a mule おそろしく頑固な. **2 a** なかなか手に負えない. **b** 〈病気など〉難治の: an ~ disease, fever, etc. **~·ly** *adv.* **~·ness** *n.*

ob·sti·pa·tion [ɑ̀bstəpéɪʃən | ɔ̀bstɪ-] 〘▭ LL *obstipātiō(n-)* ← OB- + L *stīpāre* to pack : cf. constipation〛 *n.* 《まれ》〘病理〙(頑固な)便秘.

ob·strep·er·ous [əbstrép(ə)rəs, ɑb- | əb-, ɔb-] 〘《1607》▭ L *obstreper-us* clamorous ← *obstrepere* to cry out ← OB- + *strepere* to roar : ⇨ -ous〛 ── *adj.* **1** 騒がしい (noisy): an ~ noise, roaring, merriment, etc. **2 a** 〈子供など〉うるさくて手に負えない. **b** 暴れる, 荒れる: an ~ animal. **~·ly** *adv.* **~·ness** *n.*

ob·strop·o·lous [əbstrɑ́pələs, ɑb- | əbstrɔ́p-, ɔb-] *adj.* 《方言》＝obstreperous.

ob·struct [əbstrʌ́kt, ɑb- | əb-] 〘《1611》← L *obstruct-us* (p.p.) ← *obstruere* ← OB- + *struere* to build, block (cf. structure)〛 ── *vt.* **1** 〈入口・通路など〉に障害物を置く[で塞(ふさ)ぐ] (block up); 〈流通・交通などを〉妨げる: ~ the flow of water [the traffic] 水の流れ[交通]を妨げる. **2** 〈光・音・眺めなどを〉遮(さえぎ)る (shut out): ~ a light, a sound, one's sight, etc. / There was nothing to ~ the view. 眺めを遮るものは何もなかった. **3** 〈議事など〉の進行を妨害する (retard, impede): ~ the proceedings in a meeting [a bill in Parliament] 会議の進行[議会で法案の通過]を妨害する. ── *vi.* 妨害をする. **ob·strúct·or** *n.* **ob·strúct·er** *n.*

ob·struc·tion [əbstrʌ́kʃən, ɑb- | əb-] 〘《1533》▭ L *obstructiō(n-)* ← *obstructus* : ⇨ ↑, -tion〛 ── *n.* **1 a** 妨害; 障害, 支障 (hindrance): a policy of ~ 妨害政策 / without further ~ それ以上の妨害[支障]なしに / ~ of traffic 交通妨害. **b** (長い発言・牛歩戦術などによる)議事妨害 (cf. filibuster 2 a). **2** (光・気流・音響などの)障害(物); (管などの)故障, 詰まり物; (路上などの)邪魔物: an ~ in a pipe, on the railroad, etc. **3** 〘野球〙走塁妨害; (サッカーなどで)オブストラクション, 反則となる妨害. **4** 〘病理〙詰まり, 閉塞(そく): intestinal ~ 腸閉塞 / ~ in the throat のどの詰まり, 咽喉閉塞.

obstrúction-gùard *n.* (機関車の)排障器.

ob·strúc·tion·ism [-ʃənɪzm̩] *n.* 組織的妨害《議会での議事進行妨害など》.

ob·strúc·tion·ist [-ʃ(ə)nɪst, -nəst | -nɪst] *n.* (組織的)妨害(主義)者; (特に, 議会での)議事進行妨害者. **ob·struc·tion·is·tic** [əbstrʌ̀kʃənístɪk, ɑb- | əb-] *adj.*

obstrúction lìght *n.* 〘航空〙航空障害灯.

obstrúction màrking *n.* 〘航空〙航空障害標識.

ob·struc·tive [əbstrʌ́ktɪv, ɑb- | əb-] 〘《1611》: ⇨ obstruct, -ive〛 ── *adj.* **1** 妨害する; 〔…に〕邪魔となる 〔*of, to*〕: That will be ~ *of* the progress. それは進行の妨げとなろう. **2** 〘医学〙閉塞性の[に関する]; 鬱滞(うったい)性の; 鬱血性の. ── *n.* **1** 妨害物. **2** (議事の)妨害者. **~·ly** *adv.* **~·ness** *n.*

ob·stru·ent [ɑ́bstruənt | ɔ́bstrʊ-] 〘▭ L *obstruent-em* (pres.p.) ← *obstruere* 'to block up, OBSTRUCT' : ⇨ -ent〛 ── *adj.* **1** 《古》閉塞(そく)する, 通過を妨げる. **2** 〘音声〙妨害音の, 妨げ音の. **3** 〘医学〙閉塞を起こす. ── *n.* **1** 〘医学〙閉塞剤. **2** 〘音声〙閉塞音《閉鎖音および摩擦音; cf. sonorant》.

ob·tain [əbtéɪn, ɑb- | əb-] 〘《1425》*obteine(n)* ▭ (O)F *obten-ir* ▭ L *obtinēre* to take hold of ← OB- + *tenēre* to hold : cf. tenable〛 ── *vt.* **1** [時に二重目的語を伴って] 手に入れる, 得る; 獲得する, 勝ち取る: ~ a prize / ~ a box (in the theater) (劇場で)ボックス席を手に入れる / ~ entrance (建物などの)中に入れてもらう / ~ an appointment [a position] 職[地位]を得る / ~ a high price 高い値がつく, いい値で売れる / The experience ~*ed* him the appointment. ＝The experience ~*ed* the appointment *for* him. 経験を買われて彼はその地位に任命された. **2** 《古》〈目的などを〉達成する. **3** 《廃》保有[占有]する. ── *vi.* **1 a** 〈制度・法律・風習などが〉行なわれる (prevail): The custom has long ~*ed* [still ~*s*]. その慣習は長い間行なわれてきた[まだ行なわれている]. **b** 〈意見などが〉広く行き渡っている: This ~*s with* most people. これは多くの人々の認めるところだ. **2** 《古》成功する. **3** 《廃》到着する 〔*to, unto*〕. **~·er** *n.* **~·ment** *n.*

ob·tain·a·ble [əbtéɪnəbl̩, ɑb- | əb-] *adj.* 手に入れられる, 入手[獲得]できる; 買える. **ob·tàin·a·bíl·i·ty** [-nəbíləti | -lɪtɪ, -lɪ-] *n.*

ob·tect [əbtékt] 〘▭ L *obtect-us* (p.p.) ← *obtegere* to cover over ← OB- + *tegere* to cover : cf. tegument〛 ── *adj.* 〘昆虫〙〈さなぎが〉皮殻のある (cf. exarate 2): an ~ pupa 皮殻に包まれたさなぎ.

ob·téct·ed *adj.* 〘昆虫〙 =obtect.
ob·ten·tion [əbténʃən, ɑb- | əb-] 〘⇐LL *obtentiō(n-)* ← L *obtentus* (p.p.) ← *obtinēre* 'to OBTAIN': ⇨ -tion〙 *n.* 獲得, 入手 (obtainment).
ob·test [ɑbtést | ɔb-] 〘⇐L *obtest-ārī* to call to witness ← OB-+*testārī* to bear witness (← *testis* witness: cf. testament)〙 — *vt.* **1** 〈人を〉証人として呼ぶ, 〈神〉の照覧を求める. **2** 〈神·聖なるものに〉嘆願する (beseech): She ~*ed* him *that* he should help her. 彼女は助けて下さいと彼に頼んだ. — *vi.* **1** 嘆願する. **2** 抗議する: ~ *against* a person 人に抗議する.
ob·tes·ta·tion [ɑ̀btestéɪʃən | ɔ̀b-] 〘⇐L *obtestātiō(n-)*: ⇨↑, -ation〙 *n.* **1** 嘆願, 神の照覧を求めること (supplication). **2** 抗議 (protestation).
ob·trude [əbtrúːd, ɑb- | əb-, ɔb-] 〘(*c*1555) ⇐L *obtrūd-ere* to push forward ← OB-+*trūdere* 'to THRUST'〙 — *vt.* **1 a** 〈意見などを〉(人に)押しつける, 無理強いする (*upon, on*): ~ one's opinions *upon* others 自分の意見を他人に無理強いする. **b** [~ *oneself* で] (…に)でしゃばる (*on, upon*): She ~*d herself on* the notice of the people. わざと人目につくようにでしゃばった. **2** 押し出す, 突き出す: ~ one's head. — *vi.* でしゃばる (*on, upon*): ~ *on* a person's privacy 人のプライバシーを犯す. **ob·trúd·er** *n.*
ob·trun·cate [ɑbtrʌ́ŋkeɪt | ɔbtrʌ́ŋkeɪt, ⏑–⏑] 〘← L *obtruncāt-us* (p.p.) ← *obtruncāre* to cut off, lop away ← OB-+*truncāre* to cut off (← *truncus* 'TRUNK')〙 — *vt.* 〘文語〙〈樹木など〉の頭を切り取る.
ob·tru·sion [əbtrúːʒən, ɑb- | əb-, ɔb-] 〘(1847) ⇐LL *obtrūsiō(n-)* ← L *obtrūsus* (p.p.) ← *obtrūdere*: ⇨ obtrude, -sion〙 *n.* **1** (意見などを)押しつけること, 無理強い: the ~ *of* opinions *on* [*upon*] others. **2** でしゃばり. **3** 無理強いされた[押しつけられた]もの.
ob·tru·sive [əbtrúːsɪv, ɑb- | əb-, ɔb-] 〘(1667): ⇨↑, -ive〙 — *adj.* **1 a** 押しつけがましい, 無理強いの (forcible). **b** でしゃばりな, 出過ぎた (intrusive): ~ behavior. **2** 〈物が〉ひどく目立つ, どぎつい. **3** 突出た, 出っぱった: an ~ edge. **~·ly** *adv.* **~·ness** *n.*
ob·tund [ɑbtʌ́nd | ɔb-] 〘(*a*1400) ⇐L *obtund-ere* to beat against, blunt ← OB-+*tundere* to beat: cf. obtuse〙 — *vt.* **1** 〈刃先·激しさなどを〉鈍らせる. **2** 〘医学〙〈感覚·機能などを〉鈍くする; 〈苦痛を〉軽減する.
ob·tund·ent [ɑbtʌ́ndənt | ɔb-] 〘⇨↑, -ent〙 *adj.* 〘医学〙(苦痛などを)軽くする, 緩和する. — *n.* 〘医学〙緩和剤, 鎮痛剤 (demulcent).
ob·tu·rate [ɑ́bt(j)urèɪt | ɔ́btju(ə)r-] 〘(1657) ← L *obtūrāt-us* (p.p.) ← *obtūrāre* to stop up ← OB-+? IE *tū-rōs compressed (← *tēu- to swell)〙 — *vt.* **1** (発砲の際, ガスが漏れないように)〈砲尾など〉の隙間を密閉する, 閉塞する, 緊塞する. **2** 〘まれ〙〈口·穴を〉塞(ふさ)ぐ. **ob·tu·ra·tion** [ɑ̀bt(j)uréɪʃən | ɔ̀btju(ə)r-] *n.*
ób·tu·rà·tor [-tə | -tə(r)] *n.* **1** 閉塞物; 密閉材料, 閉塞具. **2** 〘解剖〙閉鎖筋. **3** 〘医学〙(口蓋破裂を塞ぐ)栓子; 発音補助装置.
ob·tuse [ɑbt(j)úːs, əb- | əbtjúːs, ɔb-] 〘(1570) ⇐L *obtūs-us* (p.p.) ← *obtundere* 'to blunt, OBTUND'〙 — *adj.* **1 a** 〈刃·角など〉鈍い, 尖っていない (blunt): the ~ end of an oval 卵形の丸味の大きい方 / an ~ weapon 鈍器. **b** 〈感覚·苦痛·音などが〉鈍い (dull); 鈍感な, 愚鈍な (stupid): an ~ pain 鈍痛 / be ~ *in* understanding 理解が鈍い[遅い] / Don't be ~. 血のめぐりが悪いぞ. **2** 〘数学〙鈍角の (↔ acute). **3** 〘植物〙鈍形の《葉·花弁などが先端に丸味を帯びたものにいう》. **~·ly** *adv.* **~·ness** *n.*
obtúse àngle *n.* 〘数学〙鈍角 (↔ acute angle).
obtúse-ángled *adj.* **obtúse-ángular** *adj.*
obtúse biséctrix *n.* 〘結晶〙鈍等分線《2本の光軸間の鈍角の二等分線》.
obtúse tríangle *n.* 〘数学〙鈍角三角形.
ob·tu·si·ty [ɑbt(j)úːsəti, əb- | əbtjúːsəti, -sɪ-] 〘⇐ML *obtūsitāt-em*: ⇨ obtuse, -ity〙 *n.* 鈍感, 愚鈍.
ob·um·brant [ɑbʌ́mbrənt | ɔb-] 〘⇐L *obumbrant-em* (pres.p.) ← *obumbrāre* ← OB-+*umbrāre* to shade (cf. umbra)〙 *adj.* 〘動物〙(他の部分の上に)張り出している, 突き出ている.
obv. 〘略〙 obverse.
ob·verse 〘(1656) ⇐L *obvers-us* (p.p.) ← *obvertere* 'to OBVERT': cf. verse[1]〙 — [ɑ́bvəːs, ɑbvə́ːs, əb- | ɔ́bvəːs] *n.* **1 a** (メダル·貨幣などの主要な図案·刻字のある)表(おもて), 表面 (↔ reverse, verso). **b** (物の)表, 前面. **2** (表裏のような)相対物. **3** 〘論理〙換質命題. — [ɑbvə́ːs, əb-, ɑ́bvəːs | ɔ́bvəːs] *adj.* **1** 表面の. **2** (表裏のように)相補的な, 相対する. **3** 〈道具など〉頂部より基部の狭い. **4** 〘植物〙 **a** 鈍頭形の, 倒生の: an ~ leaf. **b** 〈胚(はい)の幼根が〉珠柄(しゅへい)の方に向かう. **~·ly** [–⏑–, ⏑–⏑ | –⏑–⏑] *adv.*
ob·ver·sion [əbvə́ːʒən, -ʃən | ɔbvə́ːʃən] 〘⇐LL *obversiō(n-)* ← L *obvertere*: ⇨↓, -sion〙 *n.* **1** (別の面が見えるように)向きを変えること. **2** 〘論理〙換質(法).
ob·vert [əbvə́ːt, ɑb- | ɔbvə́ːt] 〘⇐L *obvert-ere* ← OB-+*vertere* to turn: cf. obverse〙 — *vt.* **1** (別の面が見えるように)…の向きを変える, 様相[外観]を変える: ~ a mirror *to* the sun 鏡を太陽に向ける. **2** 〘論理〙(換質法によって)〈命題を〉換質する.
ob·vi·ate [ɑ́bvièɪt | ɔ́bvɪ-] 〘(1598) ← LL *obviāt-us* (p.p.) ← *obviāre* to meet in the way ← OB-+*via* way: cf. obvious〙 — *vt.* 〈危険·障害·困難などを〉取り除く, (策を講じて)未然に防ぐ, 不要にする: ~ the necessity of doing it それをする必要のないようにする.
ob·vi·a·tion [ɑ̀bviéɪʃən | ɔ̀bvɪ-] *n.*
ob·vi·a·tive [ɑ́bvièɪtɪv | ɔ́bvɪèɪt-] *adj.* 〘文法〙弁別的な《同一文脈中に用いられる二つの三人称の語のうち初めの語から区別するあとの語の形態にいう; 北米インディアン語にその形態を備えるものがあるが, 英語でも this と that による区別が機能上それに相当する》.
ob·vi·ous [ɑ́bviəs | ɔ́bvɪəs, -vjəs] 〘(1586) ⇐L *obvius* in the way, ready: ⇨ obviate, -ous〙 — *adj.* **1 a** すぐ知覚できる, 見やすい, 明白な: an ~ drawback 明白な弱点 / His disappointment was ~. 失望の色がはっきり顔に出ていた. **b** 容易に理解できる, 明白な, わかりやすい: an ~ meaning. **c** 〈感情·冗談など〉見えすいた, 露骨な: one's ~ joke. **2 a** すぐ目に見えるところに置かれた, 目立つ: an ~ signboard すぐ目につく看板. **b** 〘古〙目の前にある[見える], 正面の. **~·ness** *n.*
ób·vi·ous·ly *adv.* 明らかに, はっきり; 目立って, いかにも.
ob·vo·lute [ɑ́bvəlùːt, -ljùːt | ɔ́b-] 〘⇐L *obvolūt-us* (p.p.) ← *obvolvere* to wrap round: ⇨ ob-, volute〙 — *adj.* **1** 巻いた, 巻き込んでいる (convolute). **2** 〘植物〙〈葉芽が〉半分ずつ重なり合っている, 半跨(こ)状の. **ob·vo·lu·tion** [ɑ̀bvəlúːʃən, -ljúː- | ɔ̀b-] *n.* **ob·vo·lu·tive** [ɑ́bvəlùːtɪv, -ljùːt- | ɔ́bvəlùːt-, -ljùːt-] *adj.*
oc. 〘略〙 ocean.
o/c, o.c. 〘略〙〘海運〙 old charter 旧用船契約; 〘海運〙 open charter 普通用船契約; 〘海上保険〙 open cover; 〘海運〙 overcharge 積荷超過; optional cargo 揚荷港荷主選択荷物.
o.c. 〘略〙 office copy; official classification; 〘建築〙 on center 心心《中心から中心までの距離》; on course; opere citato; over the counter.
O.C. 〘略〙 Observer Corps; Office of Censorship; officer candidate; officer commanding; Order in Council; *L.* Ōrdō Chāritātis (=Order of Charity); *L.* Ōrdō Cistercium (=Cistercian Order); overseas command.
oc- [ɑk, ək | ɔk, ək] *pref.* (c の前に来る時の) ob- の異形: occur.
o·ca [óʊkə | ə́ʊ-] 〘⇐Sp. ~ ⇐Quechua *ókka*〙 *n.* 〘植物〙アンデス高地で栽培されるカタバミ属 (*Oxalis*) の2種の植物 (*O. crenata, O. tuberosa*)《根茎は原住民の食用》.
oc·a·ri·na [ɑ̀kəríːnə | ɔ̀k-] 〘(1876) ⇐It. ~ ← *oca* goose (⇐LL *auca*=VL *avica 《逆成》 ← L *avicula* (dim.) ← *avis* bird)+-*ina* (dim. suf.): その形から〙 — *n.* オカリーナ《陶製または金属製の簡単な吹奏楽器》.

ocarina

OCAS, O.C.A.S. 〘略〙 Organization of Central American States 中米機構.
O'Ca·sey [o(ʊ)kéɪsi | ə(ʊ)kéɪsɪ], **Sean** *n.* (1880–1964) アイルランドの劇作家; *Juno and the Paycock* (1924), *The Plough and the Stars* (1926).
O.Catal. 〘略〙 Old Catalan.
Oc. B/L 〘略〙〘海運〙 Ocean Bill of Lading 海洋船荷証券.
Oc·cam [ɑ́kəm | ɔ́k-], **William of** *n.* (1285 または '99–?1349) 英国のスコラ哲学者; 唯名論 (nominalism) を唱え, Doctor Invincibilis (必勝博士) と呼ばれた.
Óccam's rázor *n.* 〘哲学〙オッカムのかみそり (Entia non sunt multiplicanda praeter necessitatem.「存在は必要もなく増やしてはならない」という格言; 無用の実在, 特に経験的個物を越えた普遍を剃り落とす思惟節減の原則として Occam が用いたといわれることに由来.
occas. 〘略〙 occasional; occasionally.
oc·ca·sion [əkéɪʒən] 〘n.: (*c*1386) ⇐(O)F ~ // L *occāsiō(n-)* ← *occāsus* (p.p.) ← *occidere* ← *oc-* 'OB-'+*cadere* to fall: ⇨ -sion: cf. case[1]. — v.: (1530) ← (n.)〙 — *n.* **1 a** [通例 on… で] (ある事の起こった)場合, 時 (time): *on all* ~*s* いかなる場合にも / *on the* ~ *of* her death 彼女の死んだ時に / *on this* [*that*] ~ この[その]時には / *on* this happy [sad] ~ このめでたい[悲しい]日に / *on* one ~ ある時 / We met *on* several ~*s*. 何度も会った / ⇨ *on* OCCASION. **b** (特定の時の)出来事; (式などのある)特別な時, 行事, 盛儀, 式典, 祭礼: *on* great ~*s* 特別な行事で / His wedding was a great ~. 彼の結婚式は盛大なものだった. **2 a** (適当な)時機, 好機, ふさわしい時: choose one's ~ 好機を選ぶ / improve the ~ 機会を利用する / profit by the ~ 事に臨んで利する / This is not an ~ for laughter. 今は笑ったりする時ではない / I should like to take (the) ~ *to* ask your favor. この機会を利用してお願いを申し上げます. **b** [しばしば O-] (擬人的に)好機(の女神)《後頭部の禿げた女性とされる》: ⇨ *take* [*seize*] *an occasion by the* FORELOCK[1]. **3 a** (他の事の原因となる)きっかけ, 誘因, (偶然の)近因: Avoid all ~*s of* quarrel. 争いの原因となるような事は一切避けよ. **b** (…すべき)根拠, 理由 (*for*) / 〈*to* do〉: by ~ of …の理由により / There is no ~ *to* be angry. 腹を立てる理由は少しもない / His success in the examination is ~ *for* rejoicing [celebration]. 彼の合格は喜ばしい[祝うべき]ことだ. **4** (特定の情況から生じる)必要: if the ~ arises=should the ~ arise そういう場合には, いざという時には / as ~ arises [demands, requires] 必要に応じて, 臨機に / He had little ~ *for* the information. 彼にはその情報を知る必要はほとんどなかった. **5 a** [*pl.*] 仕事, 業務, 用事. ★ 今は主に次の句で: one's lawful ~*s* 必要な仕事, 用事, 用向き / go about one's lawful ~*s* 仕事にはげむ, 用事をする (cf. *Prayer Book*, 'Forms of Prayer to be Used at Sea'). **b** [通例 *pl.*] 〘廃〙(個人的)必要, 要望 (requirements).
for* [*on, upon*] *a person's occasion 人のために. ***give occasion to*** … を引き起こす: That *gave* ~ *to* a burst of laughter. その事[言葉]が爆笑を誘った. ***on* [*upon*] *occasion*** 時に臨んで; 時折り. ***rise to the occasion*** 難局に対処する[手腕を振るう].
— *vt.* **1** [しばしば二重目的語を伴って] …の誘因となる, (…が機縁で)引き起こす (cause): I don't like to ~ my parents the least anxiety. 両親には心配をかけたくない / The typhoon ~*ed* much damage. その台風で多大の被害が出た. **2** [*to* do を伴って] 〈人〉に…させる: This situation ~*ed* me *to* leave the town. この事情のため私は町を去ることになった.
oc·cá·sion·al [-ʒənl̩, -ʒnəl] 〘(1568)〙 — *adj.* **1 a** 折々の, 時折の: an ~ visit, visitor, etc. / ~ thunderstorms / He takes an ~ trip. 時折り旅行に出かける. **b** 〈刊行物など〉不定期の. **2 a** 臨時に使う, 予備の: an ~ table [chair] (平常は部屋の隅などに置いて必要な時に出して使う)予備テーブル[椅子]. **b** 臨時雇いの; 特定の場合に働く: an ~ workman 臨時雇いの職人 / an ~ speaker 時に応じて頼まれる講演者. **c** 〈法令など〉特別の場合のための, 臨時の: ~ decrees 臨時特別法令 / an ~ licence 〘英〙(時間·場所の制限付き)臨時酒類販売許可. **3** 〈詩文など〉特殊な場合に臨んで[のために]作った: ~ verses, music, etc. / ~ remarks 折にふれて言った言葉.
occásional cáuse *n.* 〘哲学〙機会(原)因, 偶因《直接の原因でなく, むしろそれが働く機会としての役割を果たす原因; デカルト哲学における心身の関係を説明するために Malebranche, Geulincx らが説いた学説》.
oc·cá·sion·al·ism [-ʒ(ə)nəlìzm̩] *n.* 〘哲学〙偶因論, 機会原因論《Geulincx や Malebranche の説》.
oc·cá·sion·al·ist [-ʒ(ə)nəlɪst, -ləst | -lɪst] *n.* 〘哲学〙偶因論者, 機会原因論者.
oc·cá·sion·al·ly [-ʒ(ə)nəli | -lɪ] 〘(1622)〙 *adv.* 時々, 時折り: He smokes only [just, very] ~.
oc·ci·dent [ɑ́ksədənt, -dn̩t, -dènt | ɔ́ksɪdənt, -dn̩t] 〘(*c*1390) ⇐(O)F ~ ⇐L *occident-em* quarter of the setting sun, west (pres.p.) ← *occidere* to fall down, set: ⇨ occasion, -ent〙 — *n.* **1** [the O-] **a** (ヨーロッパと米国を含めて)西洋 (the West) (cf. orient 2). **b** 西半球 (the Western Hemisphere). **2** 〘詩〙 [the ~] 西方, 西部地方.
oc·ci·den·tal [ɑ̀ksədéntl̩ | ɔ̀ksɪdéntl̩] 〘(1391) ⇐(O)F ~ // L *occidentālis*: ⇨↑, -al[1]〙 — *adj.* **1** 〘詩〙 [O-] 西洋の (Western); 西洋人の: *Occidental* civilization, customs, etc. **2** 西方の (western). — *n.* [通例 O-] 西洋人.
Òc·ci·dén·tal·ìsm [-təlìzm, -tl̩- | -təl-, -tl̩-] 〘(1839)〙 *n.* 西洋風, 西洋趣味(の特徴); 西洋気質(かたぎ), 西洋精神.
Òc·ci·dén·tal·ist, o- [-təlɪst, -ləst, -tl̩- | -təlɪst, -tl̩-] *n.* **1** 西洋文化[趣味]愛好者, 西洋通. **2** 西洋語[文化]研究者.
Oc·ci·den·tal·i·za·tion, o- [ɑ̀ksədèntəlɪzéɪʃən, -lə-, -tl̩- | ɔ̀ksɪdèntəlaɪ-, -lɪ-, -tl̩-] *n.* 西洋化, 西欧化, 欧米化.
Oc·ci·den·tal·ize, o- [ɑ̀ksədéntəlàɪz, -tl̩- | ɔ̀ksɪdéntəl-, -tl̩-] *vt.* 西洋化する, 西洋風にする.
òc·ci·dén·tal·ly [-təli, -tl̩i | -təlɪ, -tl̩ɪ] 〘(1833)〙 *adv.* 西洋式に, 西洋風に.
occidéntal tópaz *n.* 〘鉱物〙黄玉 (⇨ topaz 1).
oc·cip·it- [ɑksípɪt | ɔksípɪt] 〘解剖〙(母音の前に来る時の) occipito- の異形.
occipita 〘⇐L ~〙 *n.* occiput の複数形.
oc·cip·i·tal [ɑksípətl̩ | ɔksípɪtl̩] 〘(1541) ⇐F ~ ⇐ML *occipitālis*: ⇨ occiput, -al[1]〙 〘解剖〙 *adj.* 後頭の, 後頭部の. — *n.* =occipital bone. **~·ly** *adv.*
occípital bòne *n.* 〘解剖〙後頭骨 (cf. frontal bone, parietal bone; ⇨ skull[1] 挿絵).
occípital cóndyle *n.* 〘解剖·動物〙後頭顆(か), 後頭関節丘, 後頭突起.
occípital lòbe *n.* 〘解剖〙(脳の)後頭葉.
oc·cip·i·to- [ɑksípəto(ʊ) | ɔksípɪtə(ʊ)] 〘← L *occiput* (↓)〙 〘解剖〙「後頭, 後頭部」の意の連結形. ★ 母音の前では通例 occipit- になる.
oc·ci·put [ɑ́ksəpʌ̀t, -pət | ɔ́ksɪ-] 〘(*c*1400) ⇐L ~ ← *oc-* 'OB-'+*caput* head (cf. capital[1])〙 — *n.* (*pl.* **~s, oc·cip·i·ta** [ɑksípətə | ɔksípɪtə]) 〘解剖〙後頭, 後頭部 (cf. sinciput).
oc·clude [əklúːd, ɑk- | ɔk-, ək-] 〘(1597) ⇐L *occlūdere* to shut up ← *oc-* 'OB-'+*claudere* 'to CLOSE[1]'〙 — *vt.* **1** 閉じる; 〈通路などを〉塞(ふさ)ぐ: ~ a passage, an opening, etc. / ~ light 光線を遮(さえぎ)る, 遮光(しゃこう)する. **2** 〘物理·化学〙吸蔵する (cf. occlusion 2). **3** [主に p.p. 形で] 〘気象〙閉塞する《寒冷前線が次第に温暖前線に追いつき暖気団を地表から分離する》: ⇨ occluded front. — *vi.* 〘歯科〙〈上下(じょうげ)顎の歯が〉咬(か)み合う. **oc·clud·ent** [əklúːdn̩t, ɑk- | ɔk-, ək-] *adj.*
occlúded frónt *n.* 〘気象〙閉塞前線《温暖前線に寒冷前線が追いついたあと, 地表面にできる前線》.
oc·clu·sal [əklúːsəl, ɑk-, -zəl, -sl̩, -zl̩ | ək-, ɔk-] 〘← L *occlūs-us* (↓)+-AL[1]〙 *adj.* 〘歯科〙咬合(面)の[に関する].
oc·clu·sion [əklúːʒən | ɔk-, ək-] 〘(*c*1645) ← ? NL *occlūsiō(n-)* ← L *occlūsus* (p.p.) ← *occlūdere*: ⇨ occlude, -sion〙 — *n.* **1** 閉塞. **2** 〘物理·化学〙吸蔵《気

体が固体に吸収されてその内部に入りこむ現象). **3** 〘歯科〙咬合 (cf. malocclusion). **4** 〘気象〙 **a** 閉塞 (cf. occlude *vt.* 3). **b** =occluded front. **5** 〘音声〙閉鎖 (closure).

oc·clu·sive [əklúːsɪv, ɑk-, -zɪv | əklúːs-, ək-] 〘《1888》← L *occlūs(us)*+-IVE〙 *adj.* **1** 閉塞させる, 閉塞作用の. **2** 〘音声〙閉鎖音の. ── *n.* 〘音声〙閉鎖音 (stop).

oc·cult [əkʌ́lt, ɑk-, ɑ́kʌlt | ɔkʌ́lt, ək-, ɔ́kʌlt] 〘*adj.*: 《1533》□ L *occult-us* (p.p.) ← *occulere* to cover over ← *oc-* 'OB-'+*celere* to hide (cf. L *cēlāre* to hide). ─ *v.*: 《1527》□ L *occult-āre* (freq.) ← *occulere*〙 ── *adj.* **1 a** 人間の理解を越えた, 玄妙不可解な, 神秘的な. **b** 超自然的な, 不可知的な, 魔術的な, オカルトの: ～ sciences 秘学, 神秘学《神秘的な力または魔術的方法によって究明される学問; 魔術・錬金術・占星術など》/ ～ arts 秘術《錬金術・占星術・魔術などの技術》. **2** 秘密にされた, 秘伝を受けた人だけに伝えられる, 秘伝の; 密教的な. **3** 〘医学〙肉眼では見えない, ごく微量な. ── *n.* [the ～] **1** 神秘的な事象. **2** 秘学, 神秘学. ── *vt.* **1** おおい隠す. **2** 〘天文〙掩蔽(えんぺい)する, 星食する, 食する (eclipse). ── *vi.* 隠れる, 見えなくなる. **～·ly** *adv.* **～·ness** *n.*

oc·cul·ta·tion [ɑ̀kəltéɪʃən, ɑ̀kʌl- | ɔ̀k-] 〘《c1400》□ L *occultātiō(n-)*: ⇨ ↑, -ation〙 ── *n.* **1** 隠すこと; 隠れて見えなくなること[状態], 隠蔽(いんぺい) (concealment). **2** 〘天文〙掩蔽(えんぺい), 星食.

occúlt bálance *n.* 〘芸術〙神秘的均斉《中国・日本の絵画などに見られるような左右の不均斉から生じる神秘的な美》.

occúlting líght [-tɪŋ- | -tiŋ-] *n.* 〘海事〙明暗光《航路標識の一種で, 光が周期的に消滅するもの》.

oc·cult·ism [əkʌ́ltɪzm, ɑk-, ɑ́kəltɪ̀zm, ɑ́kʌl- | ɔ́kəltɪzm, ɔ́kʌl-, ɔkʌ́ltɪzm] 〘《1881》〙 *n.* 神秘学; 神秘論; 神秘主義 (mysticism). 「神秘家.

oc·cúlt·ist [-tɪst, -təst | -tɪst] *n.* 秘学者; 神秘主義者,

oc·cu·pan·cy [ɑ́kjupənsi | ɔ́kjupənsɪ] *n.* **1 a** (土地・家屋などの)占有; 占有期間. **b** 保有[在職, 在任](期間): during the ～ of one's post 在職中に. **2 a** (建物などの)使用; 使途, 用途. **b** (建物の)使用部分; 使用されている建物, 占有建築物: the ～ rate of hotel ホテルの客室利用率. **3** 〘法律〙占拠《正当な権利に基づかない不法な占有》.

oc·cu·pant [ɑ́kjupənt | ɔ́k-] 〘《1596》□ F ～ // L *occupant-em* (pres.p.) ← *occupāre* 'to OCCUPY': ⇨-ant〙 ── *n.* **1 a** (土地・家屋などの)占有者, 居住者, 現住者. **b** (ある地位を)占めている人, 保有者, 在職者: At present its sole ～s are rats. 今のところそこにすんでいるのはねずみだけだ. **2** 〘法律〙占拠者.

oc·cu·pa·tion [ɑ̀kjupéɪʃən | ɔ̀k-] 〘《c1340》□ (O)F ～ □ L *occupātiō(n-)* ← *occupātus* (p.p.) ← *occupāre* 'to OCCUPY': ⇨-ation〙 ── *n.* **1 a** 従事している活動, 仕事: for want of ～ 仕事がないので. **b** (生計を立てるために従事する)業務, 職業 (vocation): men out of ～ 失職[失業]者 / He is a carpenter by ～. 職業は大工です. **2 a** (土地などの)占有; 占有権, 占有期間; 居住: during the ～ of the house その家の占有期間中 / be ready for ～ (家が)落成して居住できる. **b** (職・地位などの)保有, (仕事への)従事, 就業: continual ～. **3 a** 占領, 占拠: the ～ of a town by the enemy 敵の都市占領 / the army of ～=the ～ army 占領軍, 進駐軍 / Austria under four-power ～ 4国占領下のオーストリア. **b** [しばしば the O-] 占領軍(の政策).

òc·cu·pá·tion·al [-ʃənḷ, -ʃnəl] 〘《1850》〙 ── *adj.* **1 a** 職業の, 職業による, 業務の: ～ fatigue 仕事のし過ぎからくる心身疲労, 過労 / ～ guidance 職業指導 / ⇨ occupational disease, occupational hazards. **b** 職業意識的な: with an ～ air 職業意識的に, 事務的に. **2** 占領の: ～ troops 占領軍. **～·ly** *adv.*

occupátional cáncer *n.* 〘病理〙職業癌.

occupátional diséase *n.* **1** 職業病. **2** (職業意識から生じる)職業病的な特徴[傾向, 態度]: His meticulousness is an ～. 彼の凝り性は一種の職業病だ.

occupátional házards *n. pl.* 職種に固有な災害の危険性《炭鉱爆発など》.

occupátional médicine *n.* 〘医学〙職業医学, 労働医学.

occupátional representátion *n.* 〘政治〙職能代表 (⇨ functional representation).

occupátional thérapist *n.* 作業療法士《作業療法の専門家; 略 O.T.》.

occupátional thérapy *n.* 〘医学〙作業療法《精神・身体障害者に作業を与え治療効果をあげようとする》.

occupátion bridge *n.* (土地の所有者のための)私用橋《広い農地などを鉄道・公道・河川・運河などが横断している場合, その両側を結ぶ専用の橋》.

occupátion frànchise *n.* 《英》借地人投票権《tenant または occupier としての下院議員選挙投票権》.

occupátion làyer *n.* 〘考古〙(特定の単一民族文化の標識となる)居住(遺跡)層.

occupátion ròad *n.* (土地所有者のための)私用路.

óc·cu·pì·er 〘《1387–88》□ AF *occupiour*: ⇨ ↓, -er[1]〙 *n.* **1** 占有者; 占拠者; 占領軍人, 進駐軍人. **2** 《英》借地人, 借地保有者《下院議員の選挙権がある》.

oc·cu·py [ɑ́kjupàɪ | ɔ́k-] 〘《c1340》□ (O)F *occup-er* □ L *occupāre* to take possession of ← *oc-* 'OB-'+*capere* to seize (cf. capture): 語尾 -y (< ME *-i-*) は非語源的挿入〙 ── *vt.* **1** 〈空間・時間・場所を〉占める, 塞(ふさ)ぐ; 〈心配などが〉〈心を〉占める: It *occupies* 3 hours to go there. そこへ行くのに3時間かかる / The school *occupies* five acres of ground. 学校は5エーカーの地を占めている / Cares and anxieties *occupied* his mind. 彼の心は心配や苦労で一杯だった. **2** [通例 ～ *oneself* または p.p. 形で] 専心[従事]させる 〔*in, with*〕: He is *occupied in* translating an American novel [*with* a translation of an American novel]. アメリカの小説の翻訳にとりかかっている / He began to ～ *himself with* solving those problems. それらの問題の解決にとり組み出した. **3** 占領[占拠]する: ～ a country, town, etc. **4** 〈地位・役を〉占める, 〈職業〉についている: ～ a post, position, etc. / ～ an important position 要職にある. **5** 〈家などに〉居住する, 借用する; 〈事務所などを〉使用する; 占有する: ～ a house 家を占有する, 家に住む / ～ two rooms [an office] 2室[事務所]を使っている / The house is not *occupied.* その家には人が住んでいない / "*Occupied*"「使用中」《便所・浴室などの表示》/ Let's ～ the whole table. この食卓は我々だけで使おう. **6** 《古》用いる. **7** 《古》交易する.

oc·cur [əkə́ː | əkə́ː(r] 〘《1513》□ L *occurr-ere* to run toward, meet, befall ← *oc-* 'OB-'+*currere* to run (cf. current)〙 ── *vi.* (**oc·curred**; **-cur·ring**) **1** 〈事が〉(自然にまたは偶然に)起こる, 発生する: if anything should ～ 万一何か起こったら / This must not ～ again. こんなことは二度とあってはならない. **2** 〈動植物・鉱物が〉見出される, 存在する; 出る, 現われる: These plants ～ only in the tropics. これらの植物は熱帯にだけ産する / Black sheep ～ in all families. 厄介者はどこの家にもいるものだ. **3** 〔人の〕心[記憶]に浮かぶ, 〔人に〕思い出される 〔*to*〕: This idea ～*s to* me from time to time. この考えが時折り胸に浮かぶ / His name does not ～ *to* me at present. 彼の名は今思い出せない / Didn't *it* ～ *to* you *to* write to him? 彼に手紙を出すということを考えつかなかったのか / *It* never ～*red to* him *that* she should be angry at it. 彼女がそのことに腹を立てるとは彼は思いもしなかった.

oc·cur·rence [əkə́ː(r)əns | əkʌ́r-] 〘《1539》〙 ── *n.* **1 a** (事件が)起こること, 発生 (happening): an accident of frequent [rare] ～ しばしば[まれに]起こる事故. **b** 見出されること, 存在; 現われること, 出現 (cf. occur 2). **2** 出来事, 事件 (accident): daily ～s 日常の出来事 / a most mysterious ～ 世にも不思議な事件[出来事]. **3** (天然資源などの)存在: the ～ of oil.

oc·cur·rent [əkə́ː(r)ənt | əkʌ́r-] 〘《1513》□ F ～ // L *occurent-em* (pres.p.) ← *occurrere* 'to OCCUR': ⇨ -ent〙 ── *adj.* **1 a** 現在起こっている, 現行の (current). **b** 偶然の, 偶発的な (incidental). **2** 偶発事件の[に関する]. ── *n.* (連続事件[事項]に対して)偶発事件[事項].

OCD, O.C.D. 《略》Office of Civil Defense; 〘電算機〙on line communications driver.

OCDM, O.C.D.M. 《略》Office of Civil and Defense Mobilization.

o·cean [óuʃən | ə́u-] 〘《c1300》□ OF *occean* (F *océan*) □ L *ōceanus* □ Gk *ōkeanós* the great river encompassing the earth ← ?〙 ── *n.* **1 a** 大洋, 海洋. **b** 《詩》大海, 海 (sea). **2** (五大洋の)…洋: the Atlantic [Pacific, Indian, Arctic, Antarctic] *Ocean* 大西[太平, インド, 北極, 南氷]洋. ★ the Atlantic, the Pacific などのようにしばしば Ocean が省かれる. **3 a** (大海のような)広々とした広がり; (…の)海: the boundless ～ *of* Eternity 無窮の永遠 / a vast ～ *of* foliage 一面の青葉の海. **b** [しばしば *pl.*] たくさん: an ～ *of* difficulties [worries] 数限りない困難[心配事] / ～*s of* money おびただしい金.
── *attrib. adj.* 海の, 海洋の: an ～ pollution 海洋汚染 / ⇨ ocean liner.

o·cea·nar·i·um [òuʃənɛ́(ə)riəm | əuʃənɛ́ərɪ-] 〘⇨ ↑, -arium〙 *n.* (*pl.* **～s**, **-i·a** [-riə | -rɪə]) (大規模な)海洋水族館.

o·cea·naut [óuʃənɔ̀ːt, -nɑ̀ːt | óuʃənɔ̀ːt] 〘← OCEAN+ -naut (cf. astronaut, aquanaut)〙 *n.* =aquanaut 1.

ócean bàsin *n.* 〘地理〙=basin 4 c.

ócean engineéring *n.* 海洋工学《海洋環境に関する設計・工事・保全などを取扱う工学》.

ócean·frònt *n.* (保養地などの)海岸通り. ── *attrib. adj.* 海岸通りの, 臨海(地)の: an ～ hotel 海沿いのホテル.

ócean·gòing *adj.* 外洋航行の (cf. coasting): an ～ ship.

ócean-grèyhound *n.* 快速遠洋(航路)汽船, 外洋快速船, (特に)定期快速旅客船.

O·ce·an·i·a [òuʃiǽniə, -ʃiéɪn- | əuʃiéɪnjə, -niə] 〘← NL ～ ← F *Océanie*: ⇨ ocean, -ia[1]〙 *n.* オセアニア, 大洋州《オーストラリア大陸と南太平洋上に散在する諸島から成る; Polynesia, Micronesia, Melanesia の3地域に分けられる》. ★ Australasia を含めることもある.

O·ce·an·i·an [òuʃiǽniən, -ʃiéɪn- | əuʃiéɪnjən, -nɪən] 〘□ F *océanien*: ⇨ ↑, -ian〙 ── *adj.* **1** オセアニア[大洋州]の. **2** オセアニアの(原)住民の. ── *n.* オセアニアの(原)住民.

o·ce·an·ic [òuʃiǽnɪk | əuʃɪ-, əusɪ-] 〘《1654》□ ML *ōceanic-us*: ⇨ ocean, -ic[1]: cf. F *océanique*〙 ── *adj.* **1 a** 大洋の[に関する, に生じる]. **b** 大洋性の: a ～ climate 大洋性気候[風土]. **2** 大洋に似た; 広大な; 莫大な. **3** [O-] =Oceanian. **4** 〘海洋・生態〙〈地域・生物が〉大洋産の, 遠海にすむ (cf. pelagic 3).

O·ce·an·i·ca [òuʃiǽnɪkə, -nə- | əuʃɪǽnɪ-] 〘← NL ～ ← F *océanique* (↑)〙 *n.* =Oceania.

oceánic bonító *n.* 〘魚類〙カツオ (⇨ bonito).

oceánic ísland *n.* 洋島《ハワイ諸島・ミクロネシア諸島のように, 大陸から遠い洋上に浮び, 新しい地質時代の火山や珊瑚礁からなる島; cf continental island》.

o·ce·a·nic·i·ty [òuʃiənísəṭi | əuʃɪənísətɪ, -sɪ-] *n.* 〘気象〙海洋度《気候に及ぼす海洋の影響の度を数量的に表現したもの; cf. continentality 2》.

o·ce·an·ics [òuʃiǽnɪks | əuʃɪ-, əusɪ-] 〘← OCEAN+ -ICS〙 *n.* =ocean engineering.

O·ce·a·nid [o(u)síːənɪd, -nəd | ə(u)síːənɪd] 〘□ Gk *Ōkeanid-*, *Ōkeanís* ← *Ōkeanós* 'OCEANUS': cf. ocean〙 ── *n.* (*pl.* **～s**, **O·ce·an·i·des** [òusiǽnədìːz | əusɪǽnɪ-]) 〘ギリシャ神話〙オーケアニス《Oceanus の娘たちの一人で海の nymph, その数 3,000 といわれる》.

ócean làne *n.* 〘海事〙大洋航路 (lane).

ócean lìner *n.* 遠洋定期船.

ócean maríne insùrance *n.* 《米》〘保険〙海上保険 (cf. inland marine insurance).

oceanog. 《略》oceanography.

o·cean·og·ra·pher [òuʃənɑ́grəfə | əuʃənɔ́grəfə(r, -ʃɪə-] *n.* 海洋学者.

o·cean·og·ra·phy [òuʃənɑ́grəfi | əuʃənɔ́grəfɪ, -ʃɪə-] 〘← OCEAN+-O-+-GRAPHY〙 *n.* 海洋学.
o·cean·o·graph·ic [òuʃənəgrǽfɪk | əuʃənə(u)-, -ʃɪə-] *adj.* **ò·cean·o·gráph·i·cal** *adj.* **ò·cean·o·gráph·i·cal·ly** *adv.* 「ographer.

ò·cean·ól·o·gist [-dʒɪst, -dʒəst | -dʒɪst] *n.* =ocean-

o·cean·ol·o·gy [òuʃənɑ́lədʒi | əuʃənɔ́lədʒɪ, -ʃɪə-] 〘← OCEAN+-LOGY〙 ── *n.* **1** 海洋研究《海洋学, 海底開発など海洋に関するあらゆる調査・研究の総称》. **2** =oceanography. **o·cean·o·log·ic** [òuʃənəlɑ́dʒɪk | əuʃənəlɔ́dʒ-, -ʃɪə-] *adj.* **ò·cean·o·lóg·i·cal** *adj.* **ò·cean·o·lóg·i·cal·ly** *adv.*

ócean pòut *n.* 〘魚類〙=eelpout.

ócean sprày *n.* 〘植物〙米国西部産の白い花の咲くバラ科の低木 (*Holodiscus discolor*) (arrowwood, creambush ともいう).

ócean státion vèssel *n.* 〘海事〙定点観測船《一定の位置に配属され, 天候観測・航空機のための標識・難船救助などに従事する船》.

ócean sùnfish *n.* 〘魚類〙マンボウ (*Mola mola*)《熱帯・温帯の海にすむマンボウ科の魚; headfish, mola ともいう》.

ócean tràmp *n.* 〘海事〙=tramp 5.

O·ce·a·nus [o(u)síːənəs | ə(u)síə-, -ʃíə-] 〘□ L *Ōceanus* □ Gk *Ōkeanós*: ⇨ ocean〙 ── *n.* 〘ギリシャ神話〙 **1** オーケアノス《海洋の神で, 天神 Uranus と地神 Gaea との子; Tethys との間に多くの河川と Oceanids を生んだ》. **2** オーケアノス《大陸を取り巻く大河で, これから多くの河川・湖沼が分れてできた; 本質的には 1 と同じもので, 1 は 2 の擬人化》.

o·cel·lar [o(u)sélə | ə(u)sélə(r] 〘← ? NL *ocellār-is* ← L *ocellus* 'OCELLUS': ⇨ -ar[1]〙 *adj.* 〘動物〙単眼[眼点] (ocellus) の[に関する].

o·cel·late [óusəlèɪt, ɑ́s-, ouséleɪt, -lət, -lɪt | ɔ́sɪlèɪt, əuséleɪt] 〘← ? NL *ocellāt-us*: ⇨ ocellus+-ate[2]〙 *adj.* 〘動物〙=ocellated.

oc·el·lat·ed [óusəlèɪṭɪd, ɑ́s-, ouséleɪṭ-, -ṭəd | ɔ́sɪlèɪt-, əuséleɪt-] *adj.* 〘動物〙 **1** 〈斑点など〉目のような, 眼状の, 眼状紋のある. **2** 単眼[眼点]のある.

ocellated markings

ócellated túrkey *n.* 〘鳥類〙ヒョウモンシチメンチョウ (*Agriocharis ocellata*)《南ヨーロッパ・北アフリカ産; 尾に目玉模様の斑点がある》.

o·cel·la·tion [ɑ̀səléɪʃən | ɔ̀sɪ-] 〘← ? NL *ocellātiō(n-)*: ⇨ ocellate, -ation〙 *n.* 目玉模様 (ocellus).

o·cel·lus [o(u)séləs | ə(u)-] 〘← NL ～ ← L ～ (dim.) ← *oculus* eye: cf. ocular〙 ── *n.* (*pl.* **o·cel·li** [-laɪ, -liː]) 〘動物〙 **1 a** (昆虫・クモ類などの)単眼. **b** (下等動物にある)眼点 (eyespot). **2** (クジャクの尾・チョウの羽などの)眼状紋.

oc·e·lot [ɑ́sələ̀t, óus- | əusɪlɔ̀t, ɔ́s-, -sə-, -lət] 〘□ F ～ □ Nahuatl *ocelotl*: *Comte de Buffon* (1707–88: フランスの博物学者)による命名〙 ── *n.* **1** 〘動物〙オセロット (*Leopardus pardalis*)《中・南米産でヒョウに似た大きな斑紋があるネコ亜科に属するヤマネコの一種; 夜行性で木に登るのがうまい》. **2** オセロットの毛皮.

ocelot 1

OCelt. 《略》Old Celtic.

och [ɑ́x | ɔ́x] 〘《1528》□ Ir.-Gael. & Sc.-Gael. ～: cf. G *ach*〙 *int.* 《スコット・アイル》ああ, おお《驚き・遺憾・悲しみなどを表わす》.

o·cher [óukə | əukə(r] 〘《c1400》 *oker* □ (O)F *ocre* □ L ōchra ⊏ Gk ṓkhra yellow ocher ← ōkhrós pale yellow〛 — *n.* **1** 黄色土《鉄の酸化物を含む帯黄色土で黄色または赤色絵の具の原料》. **2** 黄土色, オークル, オーカー. **3** 《俗》お金; (特に)金貨. — *attrib. adj.* オークル色の. — *vt.* オークル色で塗る.

o·cher·ous [óuk(ə)rəs | ə́u-] *adj.* **1** 黄土の[に関する]. **2** 黄土色の.

o·cher·y [óuk(ə)ri | ə́uk(ə)rɪ] *adj.* =ocherous.

och·le·sis [ɑklí:sɪs, -səs | ɔklí:sɪs] 〚⊏ Gk *ókhlē-sis* disturbance ← *ókhlos* (↓)〛 *n.* 〘病理〙密集病, 雑踏病.

och·loc·ra·cy [ɑklɑ́krəsi | ɔklɔ́krəsɪ] 〚《1584》⊏ F *ochlocratie* ⊏ Gk *okhlokratía* mob-rule ← *ókhlos* populace, mob＋*-kratia* '-CRACY'〛 — *n.* 衆愚[愚民]政治. **och·lo·crat·ic** [ɑ̀kləkrǽtɪk | ɔ̀kləkrǽt-] *adj.* **òch·lo·crát·i·cal** *adj.* **òch·lo·crát·i·cal·ly** *adv.*

och·lo·crat [ɑ́kləkræ̀t | ɔ́k-] 〚⊏ F *ochlocrate* 《逆成》 ↑〛 *n.* 愚民政治家[主義者].

och·lo·pho·bi·a [ɑ̀kləfóubiə | ɔ̀kləfə́ubjə, -bɪə] 〚← NL ～ ← Gk *okhlophobía* ← *ókhlos* mob＋*phobia* '-PHOBIA'〛 *n.* 〘精神医学〙群集恐怖症, 雑踏恐怖症.

O·cho·a [o(u)tʃóuə | ə(u)tʃə́uə; *Sp.* otʃóa], **Se·ve·ro** [səvɛ́(ə)rou | sɪvɛ́ərəu; *Sp.* sebéro] *n.* オチョア《1905– ; スペイン生れの米国の生化学者; Nobel 医学生理学賞 (1959)》.

och·one [ɑxóun | ɔxə́un] 〚⊏ Ir.-Gael. & Sc.-Gael. *ochōin*〛 *int.* 《スコット・アイル》おお, ああ《後悔・悲しみなどを表わす》.

Och·o·ton·i·dae [ɑ̀kətɑ́nədì: | ɔ̀kətɔ́nɪ-] 〚← NL ～ ← *Ochotona* (属名: ← Mongolian *ochodona*)＋-IDAE〛 *n. pl.* 〘動物〙ナキウサギ科.

o·chra·tox·in [òukrətɑ́ksɪn, -sən | ə̀ukrətɔ́ksɪn] 〚← NL *ochraceus* (← L *ōchra* 'OCHER'＋*-aceus* '-ACEOUS': Aspergillus の種小名)＋TOXIN〛 — *n.* 〘生化学〙オクラトキシン《コウジカビの一種 *Aspergillus ochraceus* からつくられる菌類を殺す物質》.

o·chre [óukə | ə́ukə(r)] *n., attrib. adj., vt.* =ocher.

och·re·a [ɑ́kriə, óuk- | ɔ́kriə, ə́uk-] *n.* (*pl.* **och·re·ae** [ɑ́krii:, óuk- | ɔ́k-, ə́uk-]) =ocrea.

o·chre·ous [óuk(ə)rəs, óukriəs | ə́ukrɪəs, ə́ukərəs] *adj.* =ocherous.

o·chrey [óuk(ə)ri | ə́uk(ə)rɪ] *adj.* =ocherous.

o·chroid [óukrɔɪd | ə́u-] 〚⊏ Gk *ōkhroeid-ēs* pallid: ⇨ ocher, -oid〛 *adj.* オークル色のような.

o·chrous [óukrəs | ə́u-] *adj.* =ocherous.

o·chry [óukri | ə́uk(ə)rɪ] *adj.* =ocherous.

Ochs [ɑ́ks | ɔ́ks], **Adolph** *n.* (1858–1935) 米国の新聞経営者; 現在の New York Times を育て上げた.

-ock [ək, ɑk | ək, ɔk] 〚OE *-oc, -uc*〛 *suf.* 指小辞: hill*ock*, bull*ock*.

Ock·ham [ɑ́kəm | ɔ́k-], **William of** *n.* =William of OCCAM.

o'clock [əklɑ́k | əklɔ́k] 〚《c1720》《短縮》← ME *of the clokke* of the clock: cf. 《15C》*a clock*〛 — *adv.* **1** 時計によると, …時: seven ～ 7時 / What ～ is it? 今何時か. **2** (羅針盤・標的などの目盛盤を時計の文字盤と見なして)…時: hit the target at three ～ 的の輪の3時の所(右の真横)に命中する.

know* [*find*] *what o'clock it is 実情を知る, 万事心得ている. ***like one o'clock*** 《俗》活発に, 素早く, 猛烈に.

Oc·nus [ɑ́knəs | ɔ́k-] 〚⊏ L ～ ⊏ Gk *Óknos* sloth, hesitation〛 — *n.* 〘ローマ伝説〙 **1** オクノス《縄をなってゆくそばからろばにその縄を食われた男》. **2** オクヌス《Tuscany の河神と女予言者 Manto の息子で Mantua の町の建設者》.

the rope* [*cord*] *of Ocnus オクノスの縄, むだ骨 (cf. *the stone of* SISYPHUS).

O'Con·nell [o(u)kɑ́nḷ | ə(u)kɔ́nḷ], **Daniel** *n.* (1775–1847) アイルランドの民族運動指導者; アイルランドの英国との併合に反対し, カトリック教徒解放に尽力した; The Liberator と呼ばれる.

O'Con·nor [o(u)kɑ́nə | ə(u)kɔ́nə(r)], **Feargus Edward** *n.* (1794–1855) アイルランドの人民憲章運動 (Chartism) の指導者; 1848 年の最後のデモを組織.

O'Connor, Flannery *n.* (1925–64) 米国の女流小説家; *A Good Man Is Hard to Find* (1955).

O'Connor, Thomas Power *n.* (1848–1929) アイルランドの政治家・ジャーナリスト; 通称 Tay Pay [téɪ péɪ].

o·co·ti·llo [òukətí:(j)ou | ə̀ukətí:(j)əu; *Am. Sp.* okotíjo] 〚⊏ Mex.-Sp. ～ (dim.) ← *ocote* a kind of pine ⊏ Nahuatl *ocotl*〛 — *n.* (*pl.* ～**s** [～z; *Am. Sp.* ～s]) 〘植物〙米国南部・メキシコ産のとげの多い多脂性の低木(*Fouquieria splendens*)《赤い花が咲くハナシノブ科に近縁の candlewood の一種》.

OCR 《略》〘電算機〙optical character reader; 〘電算機〙optical character recognition.

-oc·ra·cy [-ɑ́krəsi | -ɔ́krəsɪ] (連結辞 -o- を伴った) -cracy の異形.

-o·crat [‒əkræ̀t] (連結辞 -o- を伴った) -crat の異形.

oc·re·a [ɑ́kriə, óuk- | ɔ́kriə, ə́uk-] 〚《1830》← NL ～ ← L ～ 'a greave or legging (worn by foot soldiers, hunters, and country people)' ← ? Gk *ókris* jagged point〛 — *n.* (*pl.* **oc·re·ae** [ɑ́krii:, óuk- | ɔ́k-, ə́uk-]) **1** 〘植物〙(タデなどに見る)さや形托葉, はかま, さや, 葉鞘(ようしょう) (sheath). **2** 〘甲冑〙(古代ローマの)脛当(すねあて).

oc·re·ate [ɑ́kriət, óuk-, -rɪɪt, -rièɪt | ɔ́kriət, ə́uk-, -rɪɪt, -rɪèɪt] 〚← NL *ocreāt-us*: ⇨ ↑, -ate²〛 *adj.* 〘植物〙さや形托葉 (ocrea) のある.

O·cri·si·a [əkráɪʃiə | -sɪə, -ʃɪə] 〚⊏ L *Ocrisia, Ocrēsia*〛 — *n.* 〘ローマ神話〙オクリシア《Tarquin の后 Tanaquil の侍女で Vulcan (一説に Lar) との間に Servius Tullius を生んだ》.

OCS 《略》Officer Candidate School.

oct. 《略》octavo.

Oct. 《略》Octavius; October.

oct- [ɑkt | ɔkt] (母音の前に来る時の) octa- の異形.

oc·ta- [ɑ́ktə | ɔ́k-] 〚⊏ Gk *oktá-* ← *oktṓ* 'EIGHT': *-a-* は *hepta-, deca-* などとの類推による; ギリシャ語の連結形としては OCTO- より多く用いられる〛 —「八(eight)」の意の連結形. ★ 時に octo-, また母音の前では通例 oct- になる.

oc·ta·chord [ɑ́ktəkɔ̀əd | ɔ́ktəkɔ̀:d] 〚⊏ L *octachordus* ⊏ Gk *oktákhordos* ← *oktá-* 'OCTA-'＋Gk *khordḗ* string: cf. chord¹〛 — *n.* **1** 八弦琴. **2** 〘音楽〙八音音階; 八の和音; (八度音程の)全階音. — *adj.* 八弦の.

oc·ta·chor·dal [ɑ̀ktəkɔ́ədḷ | ɔ̀ktəkɔ́:-] *adj.* 〘音楽〙八音音階の, 八の和音の.

oc·tad [ɑ́ktæd | ɔ́k-] 〚《1877》⊏ L *octad-, octas* ⊏ Gk *oktád-, oktás* a group of eight〛 — *n.* **1** 〘数学〙8個の数の一組, 8(個)の一群. **2** 〘化学〙八価元素. **oc·tad·ic** [ɑktǽdɪk | ɔk-] *adj.*

oc·ta·dec·a·nó·ic ácid [ɑ̀ktədèkənóuɪk- | ɔ̀ktədèkənə́u-] 〚← *octadecane* (← OCTA-＋DECANE)＋-OIC〛 *n.* 〘化学〙オクタデカン酸 (⇨ stearic acid).

oc·ta·gon [ɑ́ktəgɑ̀n | ɔ́ktəgən] 〚《1656》⊏ L *octagōnos* ⊏ Gk *oktágōnos* eight-cornered: ⇨ octa-, -gon〛 *n.* **1** 八辺形, 八角形. **2** 八角形のもの; 八角建築物.

oc·tag·o·nal [ɑktǽgənḷ | ɔk-] 〚《1571》《古形》*octogonal* ← NL *octogonāl-is* ∥ ⊏ F *octogonal*〛 *adj.* 八角形の, 八辺形の: an ～ table. **～·ly** *adv.*

óctagon scàle *n.* 〘木工〙八角定規《各種の大きさの八角形を設計するための定規》.

octahedra 〚⊏ GK *oktáedra*〛 *n.* octahedron の複数形.

oc·ta·he·dral [ɑ̀ktəhí:drəl | ɔ̀ktəhédrəl, -hí:d-, ‒‒‒‒] 〚← OCTAHEDRON＋-AL¹〛 〘数学・結晶〙 *adj.* 八面体の: ～ crystals 八面結晶体. **～·ly** *adv.*

oc·ta·he·drite [ɑ̀ktəhí:draɪt | ɔ̀ktəhéd-, -hí:d-] 〚⊏ F *octaédrite*: ⇨ -ite¹〛 *n.* 〘鉱物〙=anatase.

oc·ta·he·dron [ɑ̀ktəhí:drən | ɔ̀ktəhédrən, -hí:d-, ‒‒‒‒] 〚← NL ～ ← Gk *oktáedron* (neut. adj.) eight-sided (figure): ⇨ octa-, -hedron〛 — *n.* (*pl.* ～**s**, **-he·dra** [-drə]) 〘数学・結晶〙八面体: a regular ～ 正八面体.

regular octahedron

oc·tal [ɑ́ktḷ | ɔ́k-] *adj.* **1** 8の; 8から成る. **2** 〈真空管が〉接続ピンが8本の. — *n.* 〘詩学〙=octonary 2.

oc·tam·er·ous [ɑktǽm(ə)rəs | ɔk-] 〚← Gk *oktamer-ēs* of eight parts: ⇨ octa-, -merous〛 — *adj.* **1** 八つの部分に分けられる, 八つの部分から成る. **2** 〘植物〙《輪成体が》八つから成る.

oc·tam·e·ter [ɑktǽmətə | ɔktǽmɪtə(r, -mə-] 〚⊏ LL ～, *octametrum* ⊏ Gk *oktámetron*: ⇨ octa-, -meter²〛 〘詩学〙 — *n.* 八歩格(の詩)《1行八詩脚からなる詩行; cf. meter² 1 b》. — *adj.* 八歩格の.

oc·tan [ɑ́ktən | ɔ́k-] 〚← OCTA-＋-AN¹〛 〘病理〙 *adj.* 〈熱が〉8日ごとに出る. — *n.* 八日熱 (cf. quotidian).

oct·an·dri·ous [ɑktǽndriəs | ɔktǽndrɪ-] 〚← NL *octandria* (⇨ OCTA-, -ANDRIA)＋-OUS〛 *adj.* 〘植物〙8雄蕊の, 8雄蕊植物の.

oc·tane [ɑ́kteɪn | ɔ́k-] 〚← OCTA-＋-ANE²〛 *n.* 〘化学〙オクタン (C_8H_{18})《石油の中の無色の液体炭化水素; 異性体がある》.

óctane nùmber [**ràting**] *n.* 〘化学〙オクタン価《ガソリンのアンチノック性を示す指数; cf. cetane number, high-octane》.

oc·tan·gle [ɑ́ktæ̀ŋgḷ | ɔ́k-] 〚⊏ L *octangul-us*: ⇨ octa-, angle¹〛 *adj.* 八角(形)の. — *n.* 八角形.

oc·tan·gu·lar [ɑktǽŋgjulə | ɔktǽŋgjulə(r)] *adj.* =octangle.

oc·tan·o·ate [ɑ̀ktənóuət, -óuɪt, -nóueɪt | ɔ̀ktənə́u-] 〚⇨ ↓, -ate¹〛 *n.* 〘化学〙=caprylate.

oc·ta·nó·ic ácid [ɑ̀ktənóuɪk- | ɔ̀ktənə́u-] 〚*octanoic*: ← OCTANE＋-OIC〛 *n.* 〘化学〙オクチル酸 (⇨ caprylic acid).

oc·ta·nol [ɑ́ktənɔ̀(:)l, -nòul | ɔ́ktənɔ̀l] 〚← OCTANE＋-OL¹〛 — *n.* 〘化学〙オクタノール ($C_8H_{17}OH$)《無色透明で特有の芳香のあるアルコールのいずれか一つ》: **a** 1-オクタノール ($CH_3(CH_2)_6CH_2OH$)《香水・可塑剤に用いる; octyl alcohol ともいう》. **b** 2-オクタノール ($CH_3(CH_2)_5CH(OH)CH_3$)《香水・溶剤・可塑剤に用いる》.

Oc·tans [ɑ́ktænz | ɔ́k-] 〚⊏ LL *octāns* (↓)〛 *n.* 〘天文〙はちぶんぎ(八分儀)座《南天の星座で, 天の南極を含む; the Octant ともいう》.

oc·tant [ɑ́ktənt | ɔ́k-] 〚《1690》⊏ L *octant-, octāns* a half quadrant ← *octō* 'EIGHT': QUADRANT からの類推〛 — *n.* **1** 〘海事〙八分儀《六分儀の前身で, 太陽の高度などを測るのに用いた; cf. sextant, quadrant》. **2** 〘数学〙八分円《45 度の弧》. **3** 〘天文〙(ある天体が他の天体に対して)離角 45 度の位置にあること. **4** [the O-] 〘天文〙はちぶんぎ(八分儀)座 (⇨ Octans). **oc·tan·tal** [ɑktǽnṭḷ | ɔktǽntḷ] *adj.*

octant 1

oc·ta·pep·tide [ɑ̀ktəpéptaɪd | ɔ̀k-] *n.* 〘生化学〙オクタペプチド《8個のアミノ酸からなるポリペプチド (polypeptide)》.

oc·ta·ploid [ɑ́ktəplɔ̀ɪd | ɔ́k-] *adj.* 〘生物〙=octoploid.

oc·tar·chy [ɑ́ktɑəki | ɔ́ktɑ:kɪ] 〚← OCTA-＋-ARCHY: cf. heptarchy〛 — *n.* **1** 八頭[八人]政治. **2** [しばしば the O-] 〘英史〙八王国政治《何人かの史家が英国 Anglo-Saxon 時代の「七王国」(Heptarchy) の代りに使用》.

oc·ta·roon [ɑ̀ktərú:n | ɔ̀k-] *n.* =octoroon.

oc·ta·style [ɑ́ktəstàɪl | ɔ́k-] 〚⊏ L *octastȳl-os* ⊏ Gk *oktástūlos*: ⇨ octa-, -style¹〛 〘建築〙 — *adj.* (正面に)8本の円柱をもつ, 八柱式の (cf. distyle). — *n.* 八柱式建築.

oc·ta·sty·los [ɑ̀ktəstáɪlɑs | ɔ̀ktəstáɪlɔs] 〚↑〛 *n.* 〘建築〙

Oc·ta·teuch, o- [ɑ́ktət(j)ù:k | ɔ́ktətjù:k] 〚⊏ LL *octateuch-us* ⊏ Gk *oktáteukhos* containing eight books ← *oktá-* 'OCTA-'＋*teûkhos* book〛 — *n.* [the ～] (旧約聖書の最初の)八書(はっしょ)《モーセ五書とヨシュア記・士師記・ルツ記; cf. Pentateuch》.

oc·ta·val [ɑktéɪvəl, ɑ́ktəv- | ɔktéɪv-, ɔ́ktəv-] *adj.* **1** 〘音楽〙オクターブ (octave) の. **2** 8個[人]一組の.

oc·ta·va·lent [ɑ̀ktəvéɪlənt | ɔ̀k-] *adj.* 〘化学〙八価の.

oc·tave [ɑ́ktɪv, -təv, -teɪv | ɔ́ktɪv] 〚《?a1350》⊏ (O)F ～ ⊏ L *octāva* (*diēs*) eighth (day) (fem.) ← *octāvus* eighth ← *octō* 'EIGHT'〛 — *n.* **1** 8個[人]の一組. **2** 《英》 **a** $13^1/_2$ ガロン入りのぶどう酒樽. **b** その酒樽一杯の液量《pipe の $^1/_8$; cf. pipe 7》. **3** 〘音楽〙オクターブ; 八度音程, 第八度[音]; (オルガンの)オクターブ音栓. **4** [(英) ɔ́kteɪv, -tɪv] 〘キリスト教〙(祝日から起算して)八日目《祝日と同一曜日》; (祝日から起算した)八日間 〔*of*〕. **5** 〘詩学〙八行連句《特に sonnet の最初の8行; octet ともいう》. **6** 〘フェンシング〙オクターブ, 第八の構え《受けの構えの一つ; 相手の右翼への突きに対する防備の姿勢; cf. guard 6》. — *adj.* **1** 8の; 8行の. **2** 〘音楽〙1 オクターブ高音の.

óctave flùte *n.* **1** =piccolo. **2** (パイプオルガンの) 4 フィート フルート音栓.

Oc·ta·vi·a [ɑktéɪviə | ɔktéɪvjə, -vɪə] 〚《fem.》← Octavius〛 *n.* 女性名.

Oc·ta·vi·an [ɑktéɪviən | ɔktéɪvjən, -vɪən] 〚← L *Octāv-us* (↓)＋-IAN〛 — *n.* **1** 男性名. **2** オクタウィアヌス《Augustus の皇帝になる前の名; 第2回三頭政治の一人; ラテン語名 Octavianus》. **3** 《英》Edward 八世(後の Duke of Windsor) の支持者.

Oc·ta·vi·us [ɑktéɪviəs | ɔktéɪvjəs, -vɪəs] 〚⊏ L ～ 'the eighth born' ← *octāvus* (↓): ローマの家族名〛 *n.* 男性名《異形 Octavus》.

oc·ta·vo [ɑktéɪvou, -tá:- | ɔktéɪvəu] 〚《1582》⊏ L (*in*) *octāvō* (in) an eighth (of a sheet) ← *octāvus* eighth ← *octō* 'EIGHT'〛 — *n.* (*pl.* ～**s**) **1** 八折(判), オクタボ《8丁(16ページ)になるように, 全紙を3回折ってできた紙の大きさ; この大きさの紙[ページ]; cf. format 1 a》. **2** 八折本. — *adj.* 八折(判)の, オクタボの; 八折本の.

oc·ta·vus [ɑktéɪvəs, -tá:- | ɔk-] 〚↑〛 *adj.* 《英》第8の (⇨ primus¹ 2): Smith ～ 8番目のスミス(君).

oc·ten·ni·al [ɑkténiəl | ɔkténjəl, -nɪəl] 〚← LL *octenni(um)* a period of eight years (← OCTA-＋*annus* year)＋-AL¹〛 — *adj.* **1** 8年ごとの; 8年ごとに起こる. **2** 8年間の[続く].

oc·tet [ɑktét | ɔk-] 〚《1864》← OCTA-＋-ET: DUET などからの類推〛 — *n.* (*also* **oc·tette** [～]) **1** 八つ組, 八つ揃い. **2** 〘音楽〙八重奏[唱](曲); 八重奏[唱]団 (cf. solo). **3** 〘詩学〙8行の詩; (特に sonnet の最初の)八行連句. **4** 〘化学〙(原子価の理論における)八重項, 八隅子 (cf. Lewis-Langmuir theory). **5** 〘物理〙八重項: **a** 原子などの準位で八重に縮退したもの. **b** ハドロンの分類学において8個の素粒子が組をなすもの.

octét thèory *n.* **1** 〘化学〙八隅子説《G. N. Lewis の提案した古典的原子価理論》. **2** 〘物理〙八道説《SU(3) 対称性にもとづくハドロンの分類学の一種; 擬スカラー中間子や重粒子が八重項としてあらわれるのでこの名をつけた》.

oc·til·lion [ɑktíljən | ɔk-] 〚⊏ F ～: ⇨ octa-, million〛 *n.* 《米》10^{27}; 《英》10^{48} (⇨ million 表). — *adj.* octillion の.

oc·to- [ɑ́kto(u) | ɔ́ktə(u)] 〚⊏ L *octō-* ∥ Gk *oktō-* ← *oktṓ* eight: cf. octa-〛 octa- の異形.

Oc·to·ber [ɑktóubə | ɔktə́ubə(r)] 〚lateOE ～ ⊏ L *Octōber* (*mēnsis*) 《原義》the eighth month (F *octobre*) ← *octō* 'EIGHT': 古代ローマ暦の第8月, 数の食違いについては ⇨ December〛 *n.* **1** 10月 (略 Oct., O). **2** 《英古》10月醸造のビール, 秋ビール《特に良質とされた》.

Octóber Revolùtion *n.* [the ～] 十月革命《ロシヤ暦 1917 年 10 月 25 日(西暦 11 月 7 日)ロシヤの Kerensky 臨時政府が倒され Lenin の率いる Bolsheviks が政権を握った革命; Russian Revolution ともいう》.

Oc·to·brist [ɑktóubrɪst, -brəst | ɔktə́ubrɪst] 〚← *Octobr-* (← OCTOBER)＋-IST (なぞり) ← Russ. *oktyabrist*〛 — *n.* **1** 十月党員, オクチャブリスト党員《1905 年の 10 月宣言の立場にたった穏健な立憲君主主義政党の党員》. **2** 〚cf. Russ. *oktyabrenok*: ロシア暦 1917 年 10 月 25 日に始まったロシヤ革命にちなむ〛(ソ連の)共産少年[少女]同盟員《ピオネール (Pioneer) に入る前の満 7–9 歳の児童を対象とした組織; cf. Komsomol》.

oc·to·cen·ten·a·ry [ɑ̀kto(u)senténəri, -séntənèri, -tɪn-, -tn- | ɔ̀ktə(u)sentí:nərɪ, -tén-, -séntɪn-] *n.* 八百年祭.

oc·to·cen·ten·ni·al [ɑ̀kto(u)senténiəl, -sən-, -njəl | ɔ̀ktə(u)senténɪəl, -njəl] *n.* =octocentenary.

Oc·to·co·ral·li·a [ɑ̀kto(ʊ)kərǽliə | ɔ̀ktə(ʊ)kərǽlɪə] 〖← NL ～ ← OCTO-＋L *corallia* ((pl.) ← *coral(l)ium* 'CORAL')〗 *n. pl.* 〘動物〙＝Alcyonaria.

oc·to·de·cil·lion [ɑ̀kto(ʊ)dɪsíljən, -də- | ɔ̀ktə(ʊ)dɪ-] 〖← L *octōdecim* (↓)＋(M)ILLION〗 *n.* 《米》10^{57}；《英》10^{108} (⇨ million 表). ── *adj.* octodecillion の.

oc·to·dec·i·mo [ɑ̀ktədésəmòʊ, -to(ʊ)- | ɔ̀ktə(ʊ)désɪməʊ] 〖⊏ L (*in*) *octōdecimō* (in) an eighteenth (of a sheet) ← *octōdecimus* eighteenth ← *octōdecim* eighteen ← OCTO-＋*decem* 'TEN'〗 ── *n.* (*pl.* ～s) ＝eighteenmo. ── *adj.* ＝eighteenmo.

oc·to·foil [ɑ́ktəfɔ̀ɪl | ɔ́k-] *n.* 〘紋章〙八つ葉《イングランドでは第 9 子を示す血統マーク；double quatrefoil ともいう；⇨ heraldry 挿絵 G》.

oc·to·ge·nar·i·an [ɑ̀ktədʒənέ(ə)riən | ɔ̀ktə(ʊ)dʒɪnέərɪ-, -dʒə-] 〖← L *octōgēnāri-us* containing eighty, aged eighty (← *octōgēni* eighty each)＋-AN[1]〗 ── *adj.* 80 歳代の. ── *n.* 80 歳代の人.

oc·tog·e·nar·y [ɑktɑ́dʒənèri | ɔktɔ́dʒɪnərɪ] *adj., n.* ＝octogenarian.

oc·to·nal [ɑ́ktənl̩ | ɔ́k-] 〖← L *octōnī* eight at a time (⇨ octo-)＋-AL[1]〗 *adj.* **1** 八進法の. **2** 〘詩学〙八詩脚の.

oc·to·nar·i·an [ɑ̀ktənέ(ə)riən | ɔ̀ktə(ʊ)nέərɪ-] 〖← L *octōnārius* (*versus*) (↓)＋-AN[1]〗 〘詩学〙 *adj.* 八詩脚の, 8 音歩の. ── *n.* 八詩脚の詩行.

oc·to·nar·y [ɑ́ktənèri | ɔ́ktənərɪ] 〖⊏ L *octōnāri-us* containing eight ← *octōnī* (⇨ octonal)〗 ── *adj.* 8 の；8 からなる. ── *n.* **1** 8 の数；8 個[人]一組. **2** 〘詩学〙八行詩；8 行の連《特に, 聖書の詩篇第 119 番の各 stanza》.

octopi 〖← NL ～〗 *n.* octopus の複数形.

ócto·plòid 〘生物〙 *adj.* 〈細胞・核など〉(染色体数が)八倍性の, 八倍体の. ── *n.* (染色体数の)八倍体.

ócto·plòidy *n.* 〘生物〙＝octoploid.

oc·to·pod [ɑ́ktəpɑ̀d | ɔ́ktəpɔ̀d] 〖⊏ Gk *oktōpod-*, *oktṓpous* (↓)〗 ── *n.* 〘動物〙八倍体, 八腕目 (Octopoda) の動物の総称；(特に) ＝octopus 1 a. ── *adj.* **1** 八本足[脚・腕]の. **2** 〘動物〙八腕目の. **oc·top·o·dous** [ɑktɑ́pədəs | ɔktɔ́p-] *adj.*

Oc·top·o·da [ɑktɑ́pədə | ɔktɔ́p-] 〖← NL ～ ← Gk *oktṓpoda* (neut. pl.) ← *oktṓpous* 'OCTOPUS'〗 *n. pl.* 〘動物〙八腕目《タコ類》. **oc·tóp·o·dan** [-dn̩] *adj., n.*

oc·to·pole [ɑ́ktəpòʊl | ɔ́ktəpə̀ʊl] *n.* ＝octupole.

oc·to·pus [ɑ́ktəpəs, -pʊ̀s | ɔ́ktəpəs] 〖← NL ～ ← Gk *oktṓpous* eight-footed ← *oktō-* 'OCTO-'＋*poús* 'FOOT': cf. -pod[1]〗 ── *n.* (*pl.* ～·es, -to·pi [-pàɪ]) **1** 〘動物〙 **a** タコ《八腕目タコ属 (*Octopus*) の動物の総称》. **b** 八腕目の動物 (octopod). **2** タコに似たもの；(特に)多方面にわたって勢力をふるう連合組織[黒幕].

oc·to·roon [ɑ̀ktərúːn | ɔ̀k-] 〖《1861》← OCTO-＋(QUAD)ROON〗 *n.* 八分の一混血児《黒人の血を 8 分の 1 伝えている黒白混血児》.

oc·to·syl·lab·ic [ɑ̀ktəsɪlǽbɪk, -to(ʊ)-, -sə- | ɔ̀ktə(ʊ)sɪ-] 〖← OCTO-＋SYLLABIC《なぞり》← LL *octosyllabus* ⊏ Gk *oktasúllabos*〗 ── *adj.* 8 音節(の詩行)から成る. ── *n.* 8 音節の詩行.

oc·to·syl·la·ble [ɑ́ktəsɪləbl̩, -to(ʊ)-, ⌐ ̶ ⌐ ̶ ̶ | ɔ́ktə(ʊ)sɪləbl̩, ⌐ ̶ ⌐ ̶ ̶] 〖↑〗 *adj.* ＝octosyllabic. ── *n.* 8 音節語[詩行] (cf. *in* EIGHTS).

oc·troi [ɑktrwɑ́ː, ɑ́ktrɔɪ | ɔ́ktrwɑː, -trwɔː; *F.* ɔktʀwa] 〖《1614》⊏ F ～ 'privilege, concession' ← *octroyer* to grant < VL **auctōrizāre* ← LL *auctōrāre* to grant ← L *auctor* 'master, AUTHOR'〗 ── *n.* (*pl.* ～s [～z; *F.* ～]) **1** (フランス・インドなどの)物品入市税. **2 a** 入市税納入所. **b** [集合的] 入市税徴収員. **3** 勅許, 特権譲与.

oc·tu·ple [ɑ́kt(j)uːpl̩, ⌐ ̶ ⌐, ɑ́ktəpl̩ | ɔ́ktjʊpl̩, -tjuː-] 〖《1603》⊏ L *octupl-us* eightfold ← *octu-* 'OCTO-'＋*-plus* -fold: cf. L *duplus* 'DOUBLE'〗 ── *adj.* **1** 八重の, 8 倍の (eightfold). **2** 八つの要素から成る. ── *n.* **1** 8 倍. **2** 〘漕艇〙8人漕(ᶜ)ぎのスカル型ボート. ── *vt.* 8 倍する. ── *vi.* 8 倍になる.

oc·tup·let [ɑktʌ́plɪt, -t(j)úːp-, ɑ́ktəp-, -lət | ɔ́ktjʊp-] 〖⇨ ↑, -et: cf. sextuplet〗 ── *n.* **1** 8 個から成る 1 団, 八つ組. **2 a** 八つ子の一人 (cf. twin). **b** [*pl.*] 八つ子. **3** 〘音楽〙八連音.

óctuple tíme *n.* 〘音楽〙8 拍子.

oc·tu·pli·cate [ɑkt(j)úːplɪkət, -kɪt, -pləkèɪt | ɔktjúːplɪ-] 〖← L *octuplicāt-us*: *quadruplicātus* (⇨ quadruplicate) からの類推：⇨ octuple, -ate[1,2,3]〗 ── *adj.* 8 部から成る, 八重の (eightfold). ── *n.* (文書などの) 8 部, 8 通：typed in ～ 8 部タイプして(ある). ── *vt.* …の写しを 8 通作製する.

oc·tu·pole [ɑ́ktəpòʊl | ɔ́ktəpə̀ʊl] 〖← OCTO-＋POLE[2]: *-u-* は QUADRUPOLE からの類推〗 *n.* 〘電気〙八重極 (cf. dipole, quadrupole).

OCTV 《略》open-circuit television 開回路テレビジョン.

óc·tyl álcohol [ɑ́ktl̩- | ɔ́k-] 〖*octyl*: ← OCTANE＋-YL〗 *n.* 〘化学〙オクチルアルコール (⇨ octanol a).

óctyl phénol *n.* 〘化学〙オクチルフェノール (C_6H_4(C_8H_{17})OH)《白色の結晶；異性体が各種あるが, p-t-オクチルフェノールが腐食防止剤・酸化防止剤・殺虫剤などとして用いられる》.

oc·ul- [ɑ́kjʊl | ɔ́k-] (母音の前に来る時の) oculo- の異形.

oc·u·lar [ɑ́kjʊlə | ɔ́kjʊlə(r)] 〖《*c*1575》⊏ F *oculaire* ⊏ LL *oculāris* of the eyes ← L *oculus* 'EYE': ⇨ -ar[1]〗 ── *adj.* **1** 視覚上の (visual)：an ～ organ 視覚器官, 目. **2 a** 目[眼球]の[に関する]：～ movements 目の運動. **b** (形・機能などが)目に似た；〈蝶などの翅の模様が〉目のような, 目のように見える. **c** 目による, 目に訴える：an ～ demonstration [proof] 人の目にはっきり見える証明. ── *n.* **1** (望遠鏡・顕微鏡などの)接眼レンズ, 接眼鏡《対物レンズ (objective lens) による像を拡大して見るためのレンズ；eyepiece ともいう》. **2** 《戯言》目 (eye). **～·ly** *adv.*

óc·u·lar·ist [-lərɪst, -rəst | -rɪst] 〖⊏ F *oculariste*: ⇨ ↑, -ist〗 *n.* 義眼製造者.

ócular micrómeter *n.* 接眼マイクロメーター (⇨ eyepiece micrometer).

ócular wítness *n.* 〘法律〙目撃証人 (cf. auricular witness).

oc·u·late [ɑ́kjʊlət, -lɪt, -lèɪt | ɔ́k-] 〖⊏ LL *oculāt-us*〗 *adj.* ＝ocellated.

oculi 〖⊏ L *oculi*〗 *n.* oculus の複数形.

oc·u·list [ɑ́kjʊlɪst, -ləst | ɔ́kjʊlɪst] 〖⊏ F *oculiste*: ⇨ ↓, -ist〗 *n.* **1** 眼科医 (ophthalmologist). **2** 検眼医, 視力測定医 (optometrist).

Óc·u·li Súnday [ɑ́kjʊlaɪ- | ɔ́k-] 〖← *oculī meī* my eyes (⇨ oculi)：この日の入祭文で歌われるラテン語訳聖書 *Ps.* 24 : 15 がこの語で始まることから〗 ── *n.* 〘キリスト教〙四旬節 (Lent) の第 3 日曜日.

oc·u·lo- [ɑ́kjʊlo(ʊ) | ɔ́kjʊlə(ʊ)] 〖⊏ L ～ ← *oculus* 'EYE'〗「目 (eye)；目と…との」の意の連結形. ★ 母音の前では通例 ocul- になる.

òculo·mótor 〘解剖〙 *adj.* 眼球を動かす, 動眼作用をする. ── *n.* ＝oculomotor nerve.

oculomótor nèrve *n.* 〘解剖〙動眼神経 (⇨ brain 挿絵).

oc·u·lus [ɑ́kjʊləs | ɔ́k-] 〖⊏ L ～ 'EYE'〗 *n.* (*pl.* **u·li** [-làɪ]) **1** 目 (eye). **2** 〘建築〙(ドームなどの頂部の)円形窓, 眼窓.

od [ɑ́(ː)d, óʊd | ɔ́d] 〖《1850》⊏ G *Od* ← ODIN: ドイツの化学者 Baron Karl von Reichenbach (1788–1869) の造語〗 ── *n.* オッド《磁力・化学作用・動物磁気・催眠現象などを説明するために自然界に遍在すると主張された仮想自然力》.

Od, 'Od [ɑ́(ː)d | ɔ́d] 〖《1600》《頭音消失》← GOD〗 ── *int.* 《古》＝God《誓い・のろいなどの場合に不敬を避けるための代用語》. ★ しばしば所有格の形で用いる：*Od's* body! (十字架上のイエスの)御(ᵒ)からだに誓って / *Od's* vengeance! 畜生 / *Od's* wounds＝zounds.

OD, O.D., o.d. 《略》olive drab; on demand; outside dimensions 外法(ᵒᵘᵗ)；〘処方〙*L.* oculus dexter 右眼 (right eye)；outside diameter 外径.

OD [óʊdíː | əʊ-] 〖《略》← OVERDOSE〗 《俗》 ── *n.* (*pl.* **ODs, OD's**) **1** (麻薬の)過量, 飲みすぎ. **2** 麻薬の飲みすぎ[で死んだ]人. ── *vi.* 麻薬の飲みすぎで病気になる[死ぬ].

o/d, O/D 《略》on demand.

O/D, O.D. 《略》overdraft; overdrawn.

O.D. 《略》Doctor of Opthalmology; Doctor of Optometry 視力検定学博士；Doctor of Osteopathy；〘陸軍〙Officer of the Day; ordnance datum；〘海事〙ordinary seaman (＝O.S.).

o·dal [óʊdl̩ | ə́ʊ-] 〖⊏ Norw. ～ < ON *oðal* ← Gmc **ōþ-*, **aþ-* (OE *ǣþel*)：cf. atheling〗 *n.* (中世以前の, チュートン族の)自由私有地.

o·da·lisque [óʊdəlɪ̀sk, -dl̩-, | ə́ʊdəl-, ɔ́d-, -dl̩-] 〖《1681》⊏ F ～ ⊏ Turk. *ōdalīq* chambermaid ← *ōdah* chamber in a harem＋*-liq*, *-lik* (n. suf.)〗 ── *n.* (*also* **o·da·lisk** [～], **o·da·lisc** [～]) **1** (イスラム教国の宮廷で使われる)オダリスク, 女奴隷, (トルコ君主の)側室. **2** 〘美術〙オダリスク画《オダリスク風の婦人に横臥のポーズをとらせた人物画；Ingres, Renoir, Matisse などに作品が多い》.

ODan., O.Dan. 《略》Old Danish.

odd [ɑ́(ː)d | ɔ́d] 〖《*a*1338》⊏ ON *odda-* (cf. *odda-maðr* odd man, *odda-tala* odd number) ← *oddi* point, triangle：三角形の頂点が奇数であることから：cf. OE *ord* point of a weapon / G *Ort* place〗 ── *adj.* (～·**er**, ～·**est**; **more** ～, **most** ～) **1 a** 常軌を逸脱した, 異常な, 異様な, 風変わりな；奇妙な, 奇態な：an ～ expression 変な表現[言葉] / ⇨ odd fish / an ～ habit 妙な癖 / He looks ～.＝He is ～ *in* his appearance. 風采が変だ. **b** わけのわからない, 不思議な：It's ～ (*that*) she wasn't there. 彼女がそこにいなかったのはおかしい. **2** かけ離れた, 辺鄙(ᵖ)な (remote)：in some ～ corner どこか人目につかない片隅に. **3** (二つ一組の)片方の；(一定数の組・双書などの)半端(ᵖ)な, 不揃いの, 片ちんばの：an ～ glove 手袋の片方 / an ～ pair of shoes 片ちんばの靴 / ～ volumes [numbers] (揃いの本・雑誌の)端(ᵖ)本 / ⇨ odd lot / Coming without my wife, I found myself the ～ guest at the party. 妻を連れずに来てみるとパーティでは一人だけ半端な客ということになった. **4 a** 余分の；端数の：two dollars and some ～ cents 2 ドルとなにがしセント / I have some ～ change in my pocket. ポケットにいくらか小銭をもっている / He made a few ～ pounds during the vacation. 休暇中に数ポンドかせいだ. ★(1) 端数のない数に odd を添えて端数のあることを示すにはもとは 500 *and* ～ men のような表現法を用いたが, 今はハイフンでつないだ複合形を用いるのが普通：500-*odd* men 500人余りの人 / She is 50-*odd* years old. 彼女は 50 幾つです / I paid him 30-*odd* pounds. 彼に 30 ポンドいくら払った. (2) 数詞のあとに単位を表わす名詞を置く場合には次のように言う：It cost ten dollars ～. それは 10 ドルとちょっとだった / a woman of forty (years) ～ 40 幾つの婦人. **b** 〈金など〉残りの, 使い残しの：I spent a few ～ dollars for entertainment. 娯楽に残りの数ドルを使った. **5 a** 奇数の；奇数番号をもつ, 奇数字の (↔ even)：～ numbers 奇数 / ～ months (31 日ある)大の月 / the ～ houses (in a street) (町の)奇数戸番の家々 / The festival is held in the ～ years. 祝祭は奇数年に行なわれる / see every ～ page of an album アルバムの奇数ページを 1 枚 1 枚見る. **b** 〘数学〙〈関数が〉奇の：⇨ odd function. **6 a** 合間の, 時たまの, たまたまの；偶然の：at ～ moments 時たま, ひまひまに / at ～ times 折にふれて / an ～ stroke of luck 全くの僥倖(ᵍʸᵒᵘ) / I'll see you again some ～ day. いずれまたそのうちにお会いしましょう. **b** 臨時の (occasional)：at an ～ session 臨時会議で / do ～ jobs 片手間仕事をする (cf. odd-jobber) / an ～ hand 臨時雇い / ⇨ odd man. **c** 〈上着など〉揃いでない, ふだん着の (casual). **7** 断片的な, 細々した, ばらばらの, 雑多な：～ bits of knowledge / I found a few ～ references to my book. 時たま二, 三私の著書に言及している所を見つけた.
── *n.* (⇨ odds). **1** 半端物, 余分な物, 残り物：this ～ and that end あれやこれや細々した物[事]. **2** 〘ゴルフ〙オッド：**a** [the ～] (それを打つことで)相手よりスコアが多くなる 1 打：play *the* ～ 相手より 1 打多くたたく. **b** (弱い方のプレーヤーに 1 hole に許す)ハンディキャップの 1 打 (cf. odds 1 b)：two ～s (各 hole) 2 打のハンディキャップ.
odd or [and] even「丁か半か」《一種の当て事遊戯》.
～·ness *n.*

Odd [ɑ́(ː)d | ɔ́d] *n.* ＝Od.

ódd·bàll 〖← ODD＋BALL[1]〗 《口語》 *n.* 奇人, 変人, 変わり者, 反骨者. ── *adj.* 変な, 風変わりな, 奔放な (eccentric)：an ～ scheme 型破りな計画.

ódd-còme-shórt *n.* 《古》 **1 a** (布の)小切れ, 切れっ端. **b** [*pl.*] 残りくず. **2** ＝odd-come-shortly.

ódd-còme-shórtly *n.* (*pl.* ～s, **odd-come-shortlies**) 《古》近いうち, いずれそのうち：one of these *odd-come-shortlies* 近いうちに.

ódd-éven núcleus *n.* 〘物理〙奇偶核《奇数個の陽子と偶数個の中性子とからなる(原子)核；cf. even-even nucleus》.

Ódd Fèllow *n.* オッドフェロー《Independent Order of Odd Fellows (Freemason にならって 18 世紀に英国に創立された秘密共済組合；略 I.O.O.F.) の会員》.

ódd físh *n.* (*pl.* ～) 《口語》＝oddball.

ódd fùnction *n.* 〘数学〙奇関数《恒等的に $f(-x)=-f(x)$ という関係を満足させる関数；cf. even function》.

ódd harmónics *n.* 〘電気〙奇数次調波 (cf. even harmonics).

ódd·ish [-dɪʃ] *adj.* ちょっと風変わりな.

odd·i·ty [ɑ́dəti | ɔ́dətɪ, ɔ́dɪ-] 〖《1713》〗 *n.* **1** 風変り, 奇異：～ of behavior. **2** 変わった癖[行動], 奇行. **3** 風変わり[奇妙]なもの；変人, 奇人.

ódd-jóbber *n.* 半端(ᵖ)な仕事をする雇い人.

ódd-jób·man [-mən] *n.* (*pl.* **-men** [-mən, -mèn]) ＝odd-jobber.

ódd-lót *adj.* 端物(ᵖ)の, 半端物の.

ódd lót *n.* 《米》 **1** 端物(ᵖ), 半端物. **2** 〘証券〙端株(ᵖ) (cf. round lot 2).

ódd-lót·ter [-lɑ́tə | -lɔ́tə(r)] *n.* 端株(ᵖ)投資[投機]家.

ódd·ly 〖《?*c*1380》'singularly, rarely'〗 ── *adv.* **1** 奇妙に (strangely)：～ enough 不思議なことに / behave ～ 妙な振舞をする. **2** 半端(ᵖ)に, 残りとなって, 奇数で：～ even [odd] 奇数と偶数[奇数]の積《an oddly even [odd] number の略》.

ódd màn *n.* **1** (賛否同数の時の)決裁投票者, 仲裁者. **2** 《英》 **a** 日雇い[渡り鳥]労働者. **b** 臨時雇い.

ódd màn óut *n.* **1** 残り鬼《銭投げなどによってだれか一人を選ぶ[除(ᵖ)ける]方法[遊戯]》. **2** 《口語》**ódd mèn óut**) **a** 残り鬼で選ばれた[除けられた]人. **b** 仲間外れの人；他の人と溶け合わない人, 偏屈な人.

odd·ment [ɑ́dmənt | ɔ́d-] 〖《1796》〗 ── *n.* **1** [通例 *pl.*] **a** 残り物；半端物；(図書のセット物の)端本, ばら；つまらない物. **b** ふだん着. **c** [*pl.*] ＝ODDS *and ends*. **2** 風変わりなもの[こと]；妙なもの[こと]. **3** 〘印刷〙 **a** [通例 *pl.*] 《英》小物《書物で本文以外の部分；口絵・索引など》. **b** ばら折丁《丁合い後, 中途半端に余った折丁》.

ódd núcleus *n.* 〘物理〙奇核《質量数が奇数の原子核；cf even nucleus》.

ódd-ódd núcleus *n.* 〘物理〙奇奇核《奇数個の陽子と奇数個の中性子からなる(原子)核；cf. even-even nucleus》.

ódd permutátion *n.* 〘数学〙奇置換《奇数個の互換の合成として表わされる置換；cf. even permutation》.

ódd-pínnate *adj.* 〘植物〙〈葉が〉奇数羽状の《先端の小葉が奇数になっているものにいう》. **～·ly** *adv.*

odds [ɑ́(ː)dz | ɔ́dz] 〖《1500–20》(pl.) ← ODD: adj. の名詞用法：cf. news〗 ── *n. pl.* **1 a** 優劣[過不足]の差：win the race by considerable ～ かなりの差をつけてレースに勝つ. **b** (優劣を対等にするために弱者に与える)有利条件, ハンデ(ィキャップ) (cf. odd *n.* 2 b)：give [receive, take] ～ ハンディキャップを与える[つけてもらう]. **c** 賭け率, 歩(ᵖ), オッズ；確率：lay [give] ～ of three *to* one 1 に対して 3 の歩を与える《勝てば 1 を得るが負ければ 3 を払う》/ I will lay [give] (you) ～ of 7 *to* 3. 七三で行こう / at ～ of 7 *to* 3 七三のオッズで / His doctor put the ～ against his survival at 100 to 1. 彼の医者はもちこたえる確率は 100 にひとつしかないと言った. **d** 《米》恩恵, ひい

き：I ask no ~ of them. 彼らから恩恵は求めない. **2** **a** 見込み, ありそうな公算：*The ~ are that* he will succeed. 彼は多分成功するだろう / *It is ~ that* [《古》 but] he will come. 多分彼は来るだろう / It sounds a bit over the ~. ちょっとありそうもない / within the ~ どうやら見込みのある, ありそうな / ⇨ *by* (*all* [*long*]) ODDS (1). **b** 勝算, 勝ち目：strive against fearful [heavy] ~ 強敵に立ち向かう / There is no fighting against such ~. そんな強い者と戦っても勝つ見込みはない, 衆寡敵し難いものがある / We have fought against longer ~. もっと大勢の敵と戦ったことがある / The ~ are in his favor [against him]. 彼の方が勝ち[負け]そうだ / The ~ are 7 to 3. 勝ち目[見込み]は七分三分というところだ. **3** **a** 《英》[時に単数扱い] 差異：It makes [is] no ~. (どっちにしても)大差はない / What's the ~? そんなことどうでもいいじゃないか / ⇨ *by* (*all* [*long*]) ODDS (2). **b** 《古》不平等, 不均等, 優劣：make ~ even 不平均をならす / Death makes the ~ all even. 死は万人を平等にする.

at odds 相争って, 不和で：set a person *at* ~ with another 人を他の人と争わせる / She is now *at* ~ with fate. 彼女は今運命と戦っている / They are always *at* ~ about some little thing. 彼らはいつもつまらない事で争っている. ***by* (*all* [*long*]) *odds*** (1) 恐らく, どう見ても, 十中八九は (in all probability)：It is *by* ~ the best. 恐らくそれが一番よかろう / *By all* [*long*] ~ it was a heart attack. 死因は恐らく心臓麻痺だったのだろう. (2) 飛び離れて, はるかに, ずっと (by far)：This is *by* ~ the easier way. この方がずっと容易な方法だ. ***odds and ends*** 残り物；寄せ集め物：~ *and ends* of time ちょっとした[半端(はんぱ)な]時間 / ~ *and ends* of information on gardening 園芸についてのこまぎれ式の半端な知識 / a brain filled with all kinds of ~ *and ends* いろんなつまらない事が一杯詰まった頭.

odds or evens = ODD or even.

ódd·sìde *n.* 〘金属加工〙捨て型《鋳型を平面で分割できないときに用いる型で, 分割線まで埋めたもの；false part, follow board ともいう》.

ódds-ón 〘⇨ odds 2 b：on which odds are laid の意から〙 ── *adj.* **1** 五分五分以上の勝目がある：an ~ nominee 成功率の高い被指名者 / an ~ favorite 有力な本命馬；ほぼ当選確実の候補者. **2** 危険[リスク]の少い, ほぼ大丈夫な；〈競馬・選挙など〉優勝[当選]しそうな. ── *n.* [通例 at ~ で] 勝味, 勝目：He won the game *at* ~. 彼はそのゲームに楽勝した.

ódd tríck *n.* 〘トランプ〙(ホイスト, ブリッジで)規定数 (6) より余分に取ったトリック《ホイストではこの数がそのまま得点の単位となる》.

ode [óud | ə́ud] 〘《1588》□ F ~ □ LL *ōda* □ Gk *ōidḗ*, *aoidḗ* song ← *aeídein* to sing ← IE **au-* to speak (Skt *vadati* he speaks)〙 ── *n.* **1** (古代ギリシャ劇で)オーイデー, 頌(しょう)歌《合唱隊が音楽やダンスを伴って歌うための作法のきわめて複雑な詩歌》：a choral ~ 合唱歌. **2** オード, 賦, 頌《厳粛高雅な思想を荘重な表現を用い, 多く呼び掛けの形式で歌った通例 150 行以下の押韻(時に無韻)の叙情詩》：⇨ Pindaric ode, Cowleyan ode, Horatian ode / Keats's *Ode to Autumn* キーツの「秋に寄する歌」/ Wordsworth's *Ode to Duty* ワーズワースの「義務頌(しょう)」.

Book of Odes ⇨ book.

-ode[1] [oud | əud] 〘□ Gk *-ṓdēs* -like ← *-oeidḗs*：⇨ -oid〙 *suf.* 「…の性質・形状をもった(物)」の意の形容詞・名詞を造る：ge*ode*, phyll*ode*.

-ode[2] [oud | əud] 〘□ Gk *-odos* ← *hodós* way〙 次の意味を表わす名詞連結形：**1** 「道, 通路」：an*ode*, elec*trode*. **2** 〘電子工学〙「電極 (electrode)」：di*ode*.

odea 〘□ L *ōdēa*〙 *n.* odeum, odeon の複数形.

-o·de·a [óudiə | ə́udiə] 〘← NL ~ ← Gk *-ṓdēs* '-ODE[1]'〙 〘動物〙(分類学上の名前で)「…の性質・形状をもった動物」の意の複数名詞連結形.

O·de·lia [o(ʊ)díːljə, əd- | ədíːljə, ə(ʊ)d-, -liə] 〘⇨ Odile〙 *n.* 女性名. 「*n.* 男性名

O·dell [o(ʊ)dél | ə(ʊ)-] 〘← OE *wād-hyll* woad-hill〙

O·dels·ting [óudḷstìŋ | ə́u-] 〘□ Norw. ~ ← *odel* noble + *ting* parliament：cf. odal, thing[2]〙 ── *n.* (*also* **O·dels·thing** [~]) (ノルウェー国会の)下院 (cf. Lagting, Storting).

O·den·se [óudṇsə | ə́u-; *Dan.* óːðənsə] *n.* オーゼンセ《デンマーク Fyn 島北部の港市；人口 168,000；H. C. Andersen の生地》.

o·de·on [oudíːən, óudiən | ə́udjən, -diən] *n.* (*pl.* **~s**, **o·de·a** [oudíːə, óudiə | əudíːə, -díə, ə́udjə, -diə]) = odeum.

O·der [óudə | ə́udə(r; *G.* óːdɐ] *n.* [the ~] オーデル(川)《ヨーロッパ中部の川；東ドイツとポーランドとの国境をなしバルト海に通じる (903 km)；ポーランド語・チェコ語名 Odra》.

Óder-Néisse Lìne *n.* [the ~] オーデル ナイセ線《現在のポーランドと東ドイツとの国境線 (Oder 川と Neisse 川に沿う)；ポツダム協定によって規定され, 1950 年に両国は最終的国境線とし, 1970 年に西ドイツもこれを認めた》.

-odes [óudiːz | ə́u-] 〘← NL ~ ← Gk *-ṓdēs* '-ODE[1]'〙 〘生物〙(分類学上の属名に用いて)「…に似た動物[植物]」の意の名詞連結形：Goni*odes*.

O·des·sa [o(ʊ)désə | ə(ʊ)-; *Russ.* adjésə] *n.* オデッサ《ソ連邦 Ukraine 共和国の港市；人口 1,039,000》.

O·dets [o(ʊ)déts | ə(ʊ)-], **Clifford** *n.* (1906–63) 米国の劇作家；*Waiting for Lefty* (1935).

O·dette [o(ʊ)dét | ə(ʊ)-] 〘□ F ~ (dim.) ← ODILE：⇨ -ette〙 *n.* **1** 女性名. **2** オデット(姫)《Tschaikovsky 作曲の *Swan Lake*「白鳥の湖」の女主人公の名》.

o·de·um [oudíːəm, óudiəm | əudíːəm, -díəm, ə́udjəm, -diəm] 〘《1603》□ L *ōdēum* □ Gk *ōideîon* music hall ← *ōidḗ* singing：⇨ ode〙 ── *n.* (*pl.* **~s**, **-de·a** [oudíːə, óudiə | əudíːə, -díə, ə́udjə, -diə]) **1** (古代ギリシャ・ローマの)奏楽堂, オーディーアム. **2** 音楽堂；劇場.

od·ic[1] [óudɪk | ə́ud-] *adj.* オーイデー[オード] (ode) の[に関する, 風の]：~ stanzas. 「する].

od·ic[2] [ádɪk, óud- | ɔ́d-, ə́ud-] *adj.* オッド (od) の[に関

O·dile [o(ʊ)díːl | ə(ʊ)-] 〘□ F ~ ∥ G *Odila* 《原義》(girl of) the father land〙 *n.* 女性名《異形 Odette, Odille, Odilla, Ottilia, Ottilie》.

O·dil·la [o(ʊ)dílə | ə(ʊ)-] 〘↑〙 *n.* 女性名.

O·din [óudɪn, -dən | ə́udɪn] 〘□ ON *Óðinn*：cf. OE *Woden* / G *Wotan*〙 ── *n.* 〘北欧神話〙オーディン《万物の神で戦争・死・詩歌・魔法・知能などを司る最高神；cf. Wodan》.

o·di·ous [óudiəs | ə́udjəs, -diəs] 〘《*c*1380》□ OF ~, *odieus* (F *odieux*) □ L *odiōsus* hateful ← *odium* (↓)：⇨ -ous〙 ── *adj.* 憎悪を起こさせる[に価する], 憎らしい, いやな (hateful)；いやらしい, いやでたまらない (repulsive)：Comparisons are ~. 《諺》(人と)比較(されるの)はいやなもの. **~·ly** *adv.* **~·ness** *n.*

o·di·um [óudiəm | ə́udjəm, -diəm] 〘《1602》□ L ~ 'hatred' ← *ōdī* I hate ← IE **od-* to hate〙 ── *n.* **1** 憎しみ, 憎悪 (hatred). **2** 不評, 悪評 (unpopularity)；汚名 (opprobrium)；非難：expose a person to ~ 人を(世の)非難にさらす / incur the ~ of …の汚名を被る / bring a person into ~ = bring ~ upon a person 人を不評判にする. **3** 憎まれる[非難される]もの[行為].

ódium the·o·lóg·i·cum [-θiːəládʒɪkəm, -dʒə- | -θɪəlɔ́dʒɪ-] 〘← NL ~ 'theological hatred'〙 *L. n.* (説の合わない)神学者間の(激しい)反感.

O·do·a·cer [òudouéɪsə, ád-, ⌐-⌐-⌐ | ɔ̀dəuéɪsə(r, ə̀ud-] *n.* オドアケル《434?–493；ゲルマンの族長で西ローマ帝国のゲルマン傭兵隊長；西ローマ帝国を滅ぼし (476), イタリアを支配した (476–493)》.

O·do·ben·i·dae [òudo(ʊ)bénədìː | ə̀udə(ʊ)bénɪ-] 〘← NL ~ ← *Odobenus* (属名：← Gk *odṓn* tooth + *baínein* to walk) + -IDAE〙 *n. pl.* 〘動物〙セイウチ科.

o·do·graph [óudəgræ̀f, ád- | ə́udəgrɑ̀ːf, ɔ́d-, -græ̀f] 〘← *odo-* (← Gk *hodós*：⇨ -ode[2]) + -GRAPH〙 ── *n.* **1** **a** = odometer. **b** = pedometer. **2** 〘海事〙針路航程記録器.

o·dom·e·ter [oudámətə | əudɔ́mɪtə(r, ɔd-, -mə-] 〘□ F *odomètre* □ Gk *hodómetron*：⇨ -ode[2], -meter[1]〙 ── *n.* (車の)走行距離計, 走程記録計, オドメーター《hodometer ともいう；cf. cyclometer》.

o·dom·e·try [oudámətri | əudɔ́mɪtri, ɔd-, -mə-] *n.* 路程測定(法).

-o·don [⌐ədàn, ⌐o(ʊ)dàn, -dən | ⌐ə(ʊ)dɔ̀n, -dən] 〘← NL ~ ← GK *odṓn* 'TOOTH'〙「…の歯をもつ動物」の意の名詞連結形：iguan*odon*, mast*odon*, etc.

O·do·na·ta [òudənáːtə, -néɪ-, -dṇ- | ə̀udənáːtə, -néɪ-] 〘← NL ~ ← Gk *odṓn* tooth + -ATA〙 *n. pl.* 〘昆虫〙(節足動物門) 蜻蛉(せいれい)[トンボ]目.

o·do·nate [óudənèɪt, -dṇ- | ə́u-] 〘↑〙 〘昆虫〙 *n.* 蜻蛉[トンボ]目の昆虫. ── *adj.* 蜻蛉[トンボ]目の.

o·dont- [ədánt, o(ʊ)d- | ə(ʊ)dɔ́nt] (母音の前に来る時の) odonto- の異形.

-o·dont [⌐ədànt, ⌐o(ʊ)d- | ⌐ə(ʊ)dɔ̀nt] 〘⇨ odonto-〙「…の性質の歯をもった；歯が…の性質の」の意の形容詞連結形.

-o·don·ta [⌐ədántə, ⌐o(ʊ)d- | ⌐ə(ʊ)dɔ́ntə] 〘← NL ~：⇨ odonto-〙 (*pl.* ~) 〘動物〙(分類学上で)「…の歯をもつ動物」の意の名詞連結形.

o·don·tal·gi·a [òudantǽldʒiə, -dʒə | ə̀udɔntǽldʒiə, -dʒə] 〘← NL ~ ← *Odontalgia*：⇨ odonto-, -algia〙 ── *n.* 〘歯科〙歯痛 (toothache). **o·don·tal·gic** [òudantǽldʒɪk | ə̀udɔn-] *adj.*

O·don·tas·pid·i·dae [oudàntæspídədìː | əudɔ̀ntæspídɪ-] 〘← NL ~ ← *Odontaspis* (← ODONTO- + Gk *aspis* round shield) + -IDAE〙 *n. pl.* = Carchariidae.

-o·don·ti·a [⌐ədánʃiə, ⌐o(ʊ)-, -ʃə | ⌐ə(ʊ)dɔ́nʃiə] 〘← NL ~：⇨ -odont, -ia[2]〙 次の意味を表わす名詞連結形：**1** 「…の歯をもつ動物」：Anom*odontia*. **2** 〘歯科〙「歯の治療(法)」：orth*odontia*.

o·don·ti·a·sis [òudantáɪəsɪs, -səs | ə̀udɔntáɪəsɪs] *n.* = dentition 1.

o·don·tic [ədántɪk, o(ʊ)- | ə(ʊ)dɔ́nt-] 〘← ODONTO- + -IC[1]〙 *adj.* 歯の：the ~ nerve 歯神経.

o·don·to- [ədánto(ʊ), o(ʊ)- | ə(ʊ)dɔ́ntə(ʊ)] 〘□ F ~ □ Gk ~ ← *odónt-*, *odoús* tooth：cf. denti-〙「歯」の意の連結形. ★ 母音の前では通例 odont- になる.

odónto·blàst *n.* 〘歯科〙象牙芽細胞, 造歯細胞. **odònto·blástic** *adj.*

O·don·to·ce·ti [o(ʊ)dàntəsíːtaɪ | ə(ʊ)dɔ̀ntə-] 〘← NL ~ ← ODONTO- + L *cēti* ((pl.) ← *cētus* whale)〙 *n. pl.* 〘動物〙歯鯨(はくじら)亜目 (cf. Mysticeti).

o·don·tog·e·ny [òudantádʒəni | ə̀udɔntɔ́dʒɪni] *n.* 〘歯科〙生歯, 歯牙発生. **o·don·to·gen·ic** [o(ʊ)dàntədʒénɪk | ə(ʊ)dɔ̀ntə-] *adj.*

o·don·to·glos·sum [o(ʊ)dàntəglásəm, -glɔ́(ː)s- | ə(ʊ)dɔ̀ntəglɔ́s-] 〘← NL ~ ← ODONTO- + Gk *glôssa* tongue (cf. glossa)〙 ── *n.* 〘植物〙ホシチドリ《中・南米山地産のホシチドリ属 (*Odontoglossum*) のランの総称》.

o·don·to·graph [o(ʊ)dántəgræ̀f | ə(ʊ)dɔ́ntəgrɑ̀ːf, -græ̀f] *n.* 〘機械〙歯形規《歯車の輪郭を画く器械》.

o·don·toid [o(ʊ)dántɔɪd | ə(ʊ)dɔ́n-] 〘□ Gk *odontoeidḗs* toothlike：⇨ odonto-, -oid〙 ── 〘解剖・動物〙 *adj.* **1** (第二頸椎の)歯状突起の[に関する]. **2** 歯状の (toothlike). ── *n.* = odontoid process.

odóntoid pròcess *n.* 〘解剖・動物〙(第二頸椎の)歯状突起.

O·don·tol·cae [òudantálsiː | ə̀udɔntɔ́l-] 〘← NL ~ ← ODONTO- + *-olcae* (← Gk *holkós*, *holkḗ* furrow)〙 *n. pl.* 〘古生物〙歯鳥類《白亜紀の化石鳥；歯をそなえていた；今は絶滅》.

o·don·to·lite [o(ʊ)dántəlàɪt, -tḷ- | ə(ʊ)dɔ́ntəl-] 〘□ F ~：⇨ odonto-, -lite〙 ── *n.* 〘地質〙歯玉石《動物の骨・歯の化石が燐酸鉄によって青色になったもの；bone turquoise, fossil turquoise ともいう》.

ò·don·tól·o·gist [-dʒɪst, -dʒəst | -dʒɪst] *n.* 歯科医学者；歯科医

o·don·tol·o·gy [òudantálədʒi, àd- | ɔ̀dɔntɔ́lədʒi] 〘□ F *odontologie*：⇨ odonto-, -logy〙 ── *n.* **1** 歯科学；歯科医学 (dentistry). **2** 歯科医術. **o·don·to·log·i·cal** [o(ʊ)dàntəládʒɪkəl, -tḷ-, -dʒə- | ə(ʊ)dɔ̀ntəlɔ́dʒɪ-] *adj.* **o·dòn·to·lóg·i·cal·ly** *adv.*

o·don·to·phore [o(ʊ)dántəfɔ̀ə, -fɔ̀ə | ə(ʊ)dɔ́ntəfɔ̀ː(r] *n.* 〘動物〙歯舌突起《軟体動物の歯舌 (radula) を支えている突起》.

O·don·tor·ni·thes [òudantɔ́ənəθìːz | ə̀udɔntɔ́ːnɪ-] 〘← NL ~：⇨ odonto-, -ornithes〙 ── *n. pl.* 〘古生物〙(歯鳥上目) 歯鳥亜綱. **o·don·tor·nith·ic** [oudàn-tɔənɪ́θɪk | əudɔ̀ntɔː-] *adj.*

o·dor, 《英》 **o·dour** [óudə | ə́udə(r] 〘《*a*1300》□ AF & OF *odour* (F *odeur*) □ L *odōrem*, *odor* ← IE **od-* to smell (Gk *osmḗ* smell & *ózein* / L *olēre* to smell)：cf. ozone〙 ── *n.* **1** **a** (物質のもつ特有の)におい, 臭気：the personal ~ 体臭. **b** (嗅感に訴える)におい；(特に)芳香, 香気 (fragrance)：a sickly ~ 吐き気を催すほどの悪臭 / a sweet ~ 芳香. **2** (ある物[事]を暗示する)特有の香り；気味：The word has an ~ of antiquity about it. その言葉にはどことなく古風なにおいがある. **3** 評判；人気, 人望：fall into ill [bad] ~ 評判が悪くなる / be in good ~ with …に人気がある, …の受けがよい. **4** 《古》芳香を発するもの, 香水.

odor of sanctity 〘臨終の聖者は身辺から芳香を放つという伝説から〙聖者の香り：die in the ~ *of sanctity* 高徳の誉れを残して死ぬ / He had an ~ *of sanctity* about him. 身辺に聖者らしい雰囲気が漂っていた.

~·less *adj.*

o·dor·ant [óudərənt | ə́u-] 〘《15C》← (adj.) □ F ~ □ L *odōrantem* (pres.p.) ← *odōrāre* to perfume：⇨ ↑, -ant〙 *n.* 発臭剤《都市ガスに臭気をつけたりする》.

ó·dored *adj.* [通例複合語の第 2 構成要素として] (…の)においのする：sweet-*odored*.

o·dor·if·er·ous [òudərífə)rəs | ə̀ud-, ɔ̀d-] 〘《?*a*1475》← L *odōrifer* spreading odors (← *odor* 'ODOR') + -FEROUS〙 ── *adj.* **1** 芳香を放つ：an ~ flower. **2** 悪臭のある, くさい：~ smoke. **3** (道徳的に)不快な, けしからぬ. **~·ly** *adv.* **~·ness** *n.*

o·dor·im·e·ter [òudərímətə | ə̀udərímɪtə(r, -mə-] *n.* 〘化学〙= odorometer.

o·dor·ize [óudəràɪz | ə́u-] *vt.* …ににおい[香り]をつける；(安全のために)〈ガスなど〉に発見可能なにおいを加える. **o·dor·i·za·tion** [òudərɪzéɪʃən, -rə- | ə̀u-dəraɪ-, -rɪ-] *n.*

o·dor·om·e·ter [òudərámətə | ə̀udərɔ́mɪtə(r, -mət-] *n.* 〘化学〙臭度計.

o·dor·ous [óudərəs | ə́u-] 〘《1550》□ L *odōr-us* emitting a scent：⇨ odor, -ous〙 *adj.* = odoriferous 1, 2. **~·ly** *adv.* **~·ness** *n.*

odour *n.* = odor.

O·do·va·car [óudo(ʊ)vèɪkə, ⌐-⌐-⌐ | ɔ̀də(ʊ)véɪkə(r, ə̀ud-] *n.* (*also* **O·do·va·kar** [~]) = Odoacer.

O·dra [*Pol.*, *Czech* ɔ́dra] *n.* [the ~] オドラ(川)《Oder 川のポーランド語名およびチェコ語名》.

ODu., O.Du. 《略》 Old Dutch.

-o·dus [⌐ədəs] 〘← NL ~ ← Gk *odoús* tooth：cf. -odon〙 〘動物〙(分類学上の属名に用いて)「歯が…の動物」の意の名詞連結形：Cerat*odus*, Gyr*odus*.

od·yl [ádḷ, óudḷ | ɔ́dɪl, ə́ud-] 〘← OD + Gk *hū́lē* wood, timber：⇨ -yl〙 *n.* (*also* **od·yle** [~]) = od. **o·dyl·ic** [oudílɪk | əu-] *adj.*

-o·dyn·i·a [ədíniə, o(ʊ)- | ə(ʊ)dínɪə, -njə] 〘← NL ~ ← Gk *-odunia* ← *odúnē* pain：⇨ -ia[1]〙「…の痛み」の意の名詞連結形：om*odynia*.

Od·ys·se·an [àdəsíːən | ɔ̀dɪsíːən, -síən] 〘← L *Odyssēa* (□ Gk *Odússeia* ← *Odusseús*：⇨ ↓, -an[1]〙 ── *adj.* **1** (Homer の)オデュッセイア (*Odyssey*) の(ような). **2** 《米》または オデュッセウス (Odysseus) の(ような).

O·dys·seus [o(ʊ)díʃuːs, -sjuːs, -siəs | ə(ʊ)dísjuːs, əd-, -sɪəs, -sjəs] 〘□ Gk *Odusseús* ← ? *odússasthai* to hate：cf. odium〙 ── *n.* 〘ギリシャ伝説〙オデュッセウス《Ithaca の王で Trojan War に参加した知勇兼備のギリシャの武将；Ulysses ともいう；cf. Odyssey》.

Od·ys·sey [ɑ́dəsi | ɔ́dɪsɪ] 〚□L *Odyssēa* □Gk *Odusseia*: ⇨↑, -y[1]〛 ── *n.* **1** [the ～]「オデュッセイア」《古代ギリシャの詩人Homerの作と言われる長編叙事詩で Odysseus が Troy の落城後自国 Ithaca の宮廷へ帰るまで10年間の漂浪の途中の冒険を描いたもの；cf. Iliad》: the first ～ オデュッセイア(全24巻の)第1巻. **2** [しばしば, o-] (Odysseus の漂浪に似た)長期の放浪, 長い冒険(の旅), 遍歴. **3** (研究・辞書などの完了に到る)知[精神]的探究[彷徨].

œ [iː] 〚□L *œ* □Gk *oi*〛 o と e の合字 (digraph). ★ また oe と離しても書き, しばしば(ことに米国では)簡略化されて e となる: Œdipus, amoeba, ameba.

Oe 《略》〚物理〛 oersted(s).

OE, OE., O.E. 《略》 Old English.

O.E., oe, o.e. 《略》〚商業〛 omissions excepted 脱漏は除外.

oec- [ek, iːk | iːk, ek] (母音の前に来る時の) oeco- の異形 (⇨ eco-).

OECD, O.E.C.D. 《略》 Organization for Economic Cooperation and Development 経済協力開発機構《OEEC 解消のあとを受けて 1961 年に発足》.

-oe·ci·a [íːsiə, -ʃiə | -sɪə, -sjə, -ʃɪə] 〚←NL ～←Gk *oikía* building ← *oîkos* house〛 ── 〚植物〛(分類学上で)「(ある特定の)共通模式の植物」の意の複数名詞連結形: Mon*oecia* 雌雄同株植物類.

oe·cist [íːsɪst, -səst | -sɪst] 〚□Gk *oikistḗs* ← *oikízein* to settle as a colonist ← *oîkos* house (cf. economy): ⇨ -ist〛 *n.* (古代ギリシャの)植民地開拓者, 植民家.

oec·o- [ékoʊ, íːk- | íːkə(ʊ), ék-] ＝eco-.

oe·col·o·gy [iːkɑ́lədʒi, ɪk-, ək- | iːkɔ́lədʒɪ, ɪk-] *n.* ＝ecology. **oe·co·log·i·cal** [iːkəlɑ́dʒɪkəl, èk-, -dʒə- | -lɔ́dʒɪ-] *adj.*

Oe·co·phor·i·dae [iːkəfɔ́(ː)rədiː, -fɑ́r- | -fɔ́rɪ-] 〚← NL ～ ← *Oecophora* (属名: ← Gk *oîkos* house + -PHORA) + -IDAE〛 *n. pl.* 〚昆虫〛 マルハキバガ科.

oec·u·men·ic [èkjuménɪk | ìːkjuː-, -kjʊ-] *adj.* ＝ecumenic.

òec·u·mén·i·cal [-nɪkəl, -nə-] *adj.* ＝ecumenical.

òe·cu·mén·i·cal·ism [-lìzm] *n.* ＝ecumenicalism.

O.E.D., OED 《略》 Oxford English Dictionary 《旧称 N.E.D.》.

oe·de·ma [ɪdíːmə, əd-, iːd- | iːd-, ɪd-] *n.* (*pl.* ～**s**, **-ma·ta** [-mətə | -mətə]) ＝edema. **oe·dem·a·tose** [ɪdémətòʊs, əd-, iːd-, -díːm- | iːdémətəʊs, ɪd-, -díːm-] *adj.* **oe·dem·a·tous** [ɪdémətəs, əd-, iːd-, -díːm- | iːdémətəs, ɪd-, -díːm-] *adj.*

oe·de·me·rid [iːdəmí(ə)rɪd, -rəd | -dɪmíərɪd] 〚↓〛〚昆虫〛 *adj.* カミキリモドキ(科)の. ── *n.* カミキリモドキ《カミキリモドキ科の甲虫の総称》.

Oe·de·mer·i·dae [iːdəmérədiː | -dɪmérɪ-] 〚← NL ～ ← *Oedemera* (属名: ← Gk *oideîn* to swell + *mērós* thigh) + -IDAE〛 *n. pl.* 〚昆虫〛 カミキリモドキ科.

oed·i·pal, O- [édəpəl, íːd- | íːdɪ-] 〚← OEDIPUS + -AL[1]〛 ── *adj.* 〚精神分析〛 エディプスコンプレックス (Oedipus complex) の[に基づく], エディプス的な《同性に対する反発を表わすような態度や行動についていう》: ～ situations エディプス的境遇 / an ～ conflict エディプス的葛藤. ── **～·ly** *adv.*

Oed·i·pe·an [èdəpíːən, ìːd- | ìːdɪ-] *adj.* オイディプス (Oedipus) の; 〚精神分析〛 エディプスコンプレックス (Oedipus complex) の.

Oed·i·pus [édəpəs, íːd- | íːd-] 〚□L ～ □Gk *Oidípous* 《原義》 swollen-footed ← *oideîn* to swell + *poús* foot (羊飼いに拾われたとき足が腫れていたことから)〛 ── *n.* 〚ギリシャ伝説〛 オイディプス《Thebes の王 Laius と Jocasta の子; 神託による宿命によって, 父とは知らずに父を殺し, Sphinx の謎を解いて母国 Thebes の王となり, 知らずに母を妃としたが, のち真相を知って悲嘆のあまり自ら短刀で目を突き娘 Antigone に手を引かれて Attica に去りそこで死ぬ》. ── *adj.* 〚精神分析〛 ＝oedipal.

Óedipus còmplex *n.* **1** 〚精神分析〛 エディプスコンプレックス, 親母(ᵒʸᵃ)複合《幼年期の男児が同性である父親に反発を示し母親に対して思慕の情を懐く無意識的な傾向; cf. Electra complex》. **2** 子(特に息子)が異性の親になつく素質.

Oe·do·go·ni·a·ce·ae [iːdəgòʊniéɪsiːː | -gəʊnɪ-] 〚← NL *Oedogonium* (属名: ← Gk *oîdos* swelling + *gónos* offspring) + -ACEAE〛 ── *n. pl.* 〚植物〛 サヤミドロ科.

òe·do·gò·ni·á·ceous [-ʃəs] *adj.*

OEEC, O.E.E.C. 《略》 Organization for European Economic Cooperation ヨーロッパ経済協力機構《第二次大戦後, 米国のヨーロッパに対するマーシャルプラン受入れ機関として 1948 年設けられたが, 1960 年解消し, 代って OECD が発足した》.

oeil-de-boeuf [ɔ́ː(i)-də-bɔ́ːf | ɔ́ː(i)-; *F.* œjdəbœf] 〚□F ～ 《原義》 eye of ox〛 *F. n.* (*pl.* **oeils-de-boeuf** [～]) 〚建築〛(特に, 17–18 世紀建築の)円窓.

oeil·lade [əjɑ́ːd; *F.* œjad] 〚《1592》□F ～ ← *œil* eye: ⇨ -ade〛 *F. n.* (*pl.* ～**s** [～(z); *F.* ～]) 色目, 秋波.

OEM, oem 《略》 original equipment manufacturer.

oen- [iːn] (母音の前に来る時の) oeno- の異形.

oe·nán·thic éster [ɪnǽnθɪk-, ən-, iːn- | iːn-, ɪn-] *n.* 〚化学〛 ＝enanthic ester.

Oe·ne·us [íːniəs, -n(j)uːs | íːnjuːs, -njəs, -nɪəs] 〚□L ～ □Gk *Oineús* ← *oînos* wine〛 ── *n.* 〚ギリシャ伝説〛 オイネウス《Calydon の王, Meleager の父; 初めて地上にぶどうの樹を栽培したが, Artemis への敬意を欠いたことから Artemis の放ったいのししに土地を荒された; のち Calydon は Oeneus の甥たちに奪われたが, 孫の Diomedes が祖父のかたきを討った》.

Oe·no [íːnoʊ | -nəʊ] 〚↓〛 ── *n.* 〚ギリシャ神話〛 オイノー《Delos 島の Apollo の神官 Anius の娘で, Dionysus からすべてのものをぶどう酒に変える力を与えられた》.

oe·no- [íːnoʊ, -nə | -nə(ʊ)] 〚□Gk ～ ← *oînos* wine〛「ぶどう酒(wine)」の意の連結形. ★ 母音の前では通例 oen- になる.

oe·noch·o·e [iːnɑ́koʊi | -nɔ́kəʊɪ] 〚□Gk *oinokhóē* ← *oînos* wine + *khoḗ* action of pouring out (← *kheîn* to pour)〛 ── *n.* (*pl.* ～**s**, **-o·ae** [-koʊiː | -kəʊiː]) (*also* **oinochoe**) オイノコエ《古代ギリシャの水差し; 三葉型の口で取手つきの酒器》.

oenochoe

oe·no·cyte [íːnəsàɪt] *n.* 〚動物〛 エノサイト, 扁桃細胞《多くの昆虫の腹部にある外胚葉起源の大形の細胞》.

oe·nól·o·gist [-dʒɪst, -dʒəst | -dʒɪst] *n.* ぶどう酒醸造者; ぶどう酒学[研究]者, ぶどう酒通(ᵗˢᵘ).

oe·nol·o·gy [iːnɑ́lədʒi | -nɔ́lədʒɪ] 〚← OENO- + -LOGY〛 *n.* ＝enology. **oe·no·log·i·cal** [iːnəlɑ́dʒɪkəl, -nl̩-, -dʒə- | -nəlɔ́dʒɪ-] *adj.*

Oe·no·ma·us [iːnəméɪəs | -nə(ʊ)-] 〚□L ～ □Gk *Oinómaos*〛 *n.* 〚ギリシャ神話〛 オイノマオス《Elis の王, Hippodamia の父》.

oe·no·mel [íːnəmèl] 〚□LL *oenomeli* □Gk *oinómeli* ← *oînos* wine + *méli* honey〛 ── *n.* **1** (古代ギリシャの)ぶどう酒に蜜をまぜた飲み物. **2** 《詩》力と甘美に満ちたもの《言葉・思想など》.

Oe·no·ne [iːnóʊni | iːnə́ʊniː, ɪ-, -nɪ] 〚□L ～ □Gk *Oinṓnē* ← *oînos* wine〛 ── *n.* 〚ギリシャ神話〛 オイノーネー《Troy に近い Ida 山に住む予言の術と薬草の知識を持つ nymph; Paris の妻であったが, 彼が Helen の魅力のとりことなったため捨てられた》.

OEO 《略》《米》 Office of Economic Opportunity.

O.E.P. 《略》 Office of Economic Preparedness.

o'er [ɔ́ə, óə | ɔ́ə(r, ɔ́ː(r)] 〚《中音消失》← OVER: cf. e'er〛 *prep., adv.* 《詩》 ＝over.

Oer·li·kon [ɔ́ːlɪkɑ̀n, -lə- | ɔ́ːlɪkɔ̀n; *G.* œrlikoːn] 〚これが初めて用いられたスイスの Zurich 郊外の地名〛 ── *n.* 〚軍事〛 エリコン 20 ミリ高射砲; (航空機搭載用)エリコン 20 ミリ機関砲[機銃].

oer·sted [ɔ́ːsted, -stəd | ɔ́ːsted] 〚↓〛 *n.* 〚物理〛 エルステッド《磁界の強さの cgs 単位; もとは磁気抵抗の単位に用いた; 略 Oe》.

Oer·sted [ɔ́ːsted, -stəd | ɔ́ːsted; *Dan.* œrsted], **Hans Christian** *n.* エルステッド, エールステズ《1777–1851; デンマークの物理学者; 電流の磁気作用を発見 (1820)》.

OES 《略》 Office of Economic Stabilization (米国の)経済安定局.

oesophagi *n.* oesophagus の複数形.

oe·soph·a·gi·tis [ɪsɑ̀fədʒáɪtɪs, əs-, iːs-, -gáɪ-, -təs | iːsɔ̀fədʒáɪtɪs, ɪs-] *n.* 〚病理〛 ＝esophagitis.

oe·soph·a·gus [ɪsɑ́fəgəs, əs-, iːs- | iːsɔ́f-, ɪs-] 〚《16C》← NL *oesophagus* ← Gk *oisophágos* ← ? *oisō* ((fut.) ← *phérein* to bear, carry) + *phageîn* to eat ∽ (*a*1398) *ysophagus* □OF *ysophague*〛 ── *n.* (*pl.* **-a·gi** [-fəgàɪ, -fədʒàɪ, -fəgiː | -gàɪ, -dʒàɪ]) 〚解剖・動物〛 ＝esophagus. **oe·soph·a·ge·al** [ɪsɑ̀fədʒíːəl, əs-, iːs-, ìːsəfə- | iːsɔ̀fədʒíːəl, ɪs-, -dʒíəl, ìːsəfə-] *adj.*

oestr- [estr, iːs- | iːs-] (母音の前に来る時の) oestro- の異形.

oes·tra·di·ol [èstrədáɪɔ(ː)l, -dáɪoʊl | ìːstrədáɪɔl] *n.* 〚生化学〛 ＝estradiol.

oes·trid [éstrɪd, íːs-, -trəd | íːstrɪd] 〚↓〛〚昆虫〛 *adj.* ヒツジバエ(科)の. ── *n.* ヒツジバエ《ヒツジバエ科のハエの総称》.

Oes·tri·dae [éstrədiː, íːs- | íːstrɪ-] 〚← NL ～: ⇨ estrus, -idae〛 *n. pl.* 〚昆虫〛 ヒツジバエ科.

oes·trin [éstrɪn, íːs-, -trən | íːstrɪn] *n.* ＝estrin.

oes·tri·ol [éstraɪɔ(ː)l, íːs-, -traɪòʊl | íːstraɪɔ̀l] *n.* ＝estriol.

oes·tro- [éstroʊ, íːs- | íːstrə(ʊ)] ＝estro-.

oes·tro·gen [éstrədʒən, íːs-, -dʒɪn, -dʒèn | íːstrə(ʊ)dʒɪn, -dʒən, -dʒèn] *n.* ＝estrogen.

oes·trone [éstroʊn, íːs- | íːstrəʊn] *n.* ＝estrone.

oes·trous [éstrəs, íːs- | íːs-] *adj.* ＝estrous.

oes·tru·al [éstruəl, íːs- | íːstrʊ-] *adj.* ＝estrual.

oes·trum [éstrəm, íːs- | íːs-] *n.* ＝estrum.

oes·trus [éstrəs, íːs- | íːs-] *n.* ＝estrus.

oeu·vre [ɔ́ːvr(ə); *F.* œːvr] 〚□F ～ 'work' < L *operam* ← *opus* 'OPUS'〛 ── *F. n.* (*pl.* **oeu·vres** [～]) **1** [集合的] (作家・作曲家などの)全作品. **2** (個々の)作品; (主要な)作品.

of[1] [əv, (母音の前ではまた) v, (有声子音の前ではまた) ə, v, (無声子音の前ではまた) ə, əf, f; ʌv, ɑ̀v, ɑ́v, ɑ́v | ɔv, ɔ́v] 〚OE *of* (弱形) ← *æf* (prep., adv.) away < Gmc **ab(a)* (Du. *af* off / G *ab* off, from) ← IE **apo-* (L *ab* away from / Gk *apó* / Skt *apa* away from): cf. off: のち F *de*, L *ab*, *ex* の訳語としての意味が加わった〛 ── *prep.* **1** [所有・所属関係] …の, …の有する, …に属する: the son *of* my friend 友人の息子 / men *of* that time その当時の人々 / the secret *of* success 成功の秘訣 / the end *of* a hero 英雄の最期 / the Queen *of* Great Britain イギリス女王 / the master *of* the house その家の主人 / the stillness *of* the night 夜の静けさ / a topic *of* conversation 話題 / the cause [effect, reason] *of* it それの原因[結果, 理由] / a thing *of* the past 過去の物. ★ the wife of Smith は夫の名を強調し, Smith's wife は wife を強調する.

2 [部分] …の(一部分), …の中の, …の中から: Take part *of* it, not the whole *of* it. 一部分を取りなさい, 全部でなく / some *of* us 我々の中の数人 / five *of* us 我々の中の 5 人 (cf. 6 a) / He *of* all men should betray me. 人もあろうに彼が私を裏切ろうとは / here *of* all places 場所もあろうにここで / *Of* all the impudence! あつかましいにもほどがある / the 29 th *of* February 2 月 29 日 / He is the most dangerous *of* our enemies. (敵の中でも)最も危険な敵だ / Which is the older *of* you two? 君たち二人のうちでどちらが年上ですか / He is one *of* a [ten] thousand. ああいう人は千人[万人]に一人だ / the Book *of* Books 聖書 / ⇨ *King of* KINGS / the holy *of* holies (ユダヤ人の)至聖所 / ⇨ SONG *of* Songs / She had the sweetest *of* smiles. 彼女はこの上もなく美しい微笑の持主であった / His temper is *of* the quickest. 彼はすごく短気だ / The bread was *of* the whitest. そのパンは最も白いものだった / drink [taste] *of* 《古》…を飲む[味う].

3 [起源・出所] …(出身)の, …から: a girl *of* good family 良家の少女 / men *of* the south 南部の人たち / He comes *of* a good stock. 彼はいい家柄の出だ / He is *of* Devon. デボン州の出身だ / He was born *of* poor parents. 貧しい家に生れた / He sprang [was descended] *of* a rich family. 金持の家の出だ / borrow [buy, gain, win, receive, hire] a thing *of* a person 人から物を借りる[買う, 得る, 勝ち取る, 受取る, 賃借りする] / ask [demand, crave, entreat] a thing *of* a person 人に物を尋ねる[要求する, 切望する, 懇願する] / learn [expect] a thing *of* a person 人に物を学ぶ[期待する].

4 [物質・材料など] …の; …で作った, …から成る (cf. out of 4, from 10): a cup *of* tea お茶一杯, 一杯のお茶 / a pound *of* sugar 砂糖 1 ポンド / a piece *of* meat 一片の肉 / a dress *of* silk 絹の衣装 / a family *of* five 5 人家族 / a house (built) *of* brick れんが造りの家 / a floor *of* wood [tiles] 木[タイル]の床 / a bridge *of* boats 船橋 / a sort *of* gaiters 一種のゲートル / The book consists *of* six chapters. その本は 6 章から成り立っている / ⇨ *make a* FOOL[1] *of*, *make* MUCH *of*, *make the* BEST *of*.

5 [記述的な形容詞句を作る]: a farm *of* 100 acres 100 エーカーの畑 / a girl *of* ten (years old) 10 歳の少女 / a man *of* ability 有能の士 / a man *of* tact 如才のない人 / a work *of* authority 権威ある著作 / a story *of* adventure 冒険談 / potatoes *of* our own growing 自作のじゃがいも / a boat *of* my son's construction 息子が作ったボート / This book is *of* interest [importance, value, use]. この本は興味深い[重要だ, 価値がある, 役に立つ].

6 [同格関係] **a** …という, …である (in the form of): the city *of* Seoul ソウル市 / the name *of* Jones ジョーンズという名 / the fact *of* my having seen him 私が彼に会ったという事実 / that long nose *of* Tom's トムのあの長い鼻 / a friend *of* mine [yours, his, hers] 私[君, 彼, 彼女]の友人 / the five *of* us 我々 5 人 (cf. 2). ★「父の一友人」に対応する英語は a friend of my father's と a friend of my father とがある. **b** [フランス語法]: an angel *of* a woman 天使のような婦人 / a brute *of* a man 野獣のような男 / a castle *of* a house 城のような(大)邸宅 / that fool *of* a man あのばか(な男) / a gem *of* a poem 珠玉のような詩 / that beast *of* a place あのひどい場所 / a hell *of* a day ひどい一日 / a devil *of* a job とんでもない仕事. **c** [*of* it の形で]: have a bad time *of it* ひどい目に会う / have a good time *of it* おもしろく時を過ごす / get the worst *of it* 《口語》ひどい目に会う, 負ける.

7 [行為者・作者] **a** [動作名詞または行為を特徴づける形容詞に伴って行為者を表わす]: the roar *of* the ocean 海の雄叫(ᵒᵗᵃᵏᵉ)び / the love *of* God 神の愛《★ この意味では God's love の方が普通 (cf. 8)》/ It was foolish [cruel, clever, naughty, rude, unkind, well done] *of* you to do so. 君がそうしたのは愚か[残酷, 利口, 意地悪, 無作法, 不親切, 立派]だった / I took it kind *of* him to tell me so. 彼がそう言ってくれたのは親切だと思った / That was very good *of* you. その節はどうもありがとう / How silly *of* me! 私としたことがなんてばかな. **b** [作品の作者・著者を表わして] …によって作られた[書かれた, 描かれた], …の: the works *of* Milton ミルトンの作品 (Milton's works) / the tragedies *of* Shakespeare シェークスピアの悲劇 / *the Iliad of* Homer ホーマーの「イーリアス」/ the phonograph *of* Edison エジソンの(発明した)蓄音機. **c** 《古》[受動動詞に伴って行為者を表わす] …によって (by): being warned *of* God in a dream 夢にて御(ᵐⁱ)告げを受け (*Matt.* 2:12) / He is beloved *of* all. 彼は皆に愛されている / be tempted *of* the Devil 悪魔にいざなわれる / She was forsaken [abandoned, deserted] *of* her husband. 夫に見捨てられた / He went out unseen *of* any. だれにも見られず出て行った. ★ この意味は今では普通 by で表わされる.

8 [目的格関係] …の, …を. **a** [動名詞・動作名詞に伴って]: the writing *of* a letter 手紙を書くこと / the owner *of* the house その家の持主 / the love *of* nature 自然を愛すること / the love *of* God 神を愛すること (cf. 7 a) / the betrayal [betrayer] *of* a secret 秘密の密告[密告者] / in quest [search] *of* happiness 幸福を求

めて / take care *of* one's health 体に気をつける. **b** [形容詞に伴って]: be characteristic *of* the age その時代の特徴を示している / a book descriptive *of* Japan 日本のことを説明している本 / a look expressive *of* hope 希望を表わしている表情 / His face is indicative *of* his sense of humor. 顔(の表情)でユーモア感のあることがわかる / The eye is symbolic *of* intellect. 目は知性を象徴する[語る].

9 [方面指定] …の点において, …が (in respect of): be blind *of* an [one] eye 片目が見えない / be hard *of* hearing 耳が遠い / be swift *of* foot 足が速い / She is very wide *of* shoulder and narrow *of* hip. 彼女は肩幅がとても広くヒップが小さい / He is slow *of* speech.《文語》口(のきき方)が重い / The child is ten years *of* age. その子は 10 歳だ.

10 a [思想・感情・行動の主題を示して] …に関して, について, …のことを: read [think, dream, judge, tell, relate, write] *of* …について読む[考える, 夢みる, 判断する, 告げる, 物語る, 書く] / hear [know] *of* …のことを聞く[知る] / Have you informed your friends *of* the result? 君の友人に結果を知らせましたか / It is true *of* every case. どの場合にも当てはまる / What *of* the danger? 危険が何だ / be hopeful *of* …に望みをかける / I am certain [sure, confident] *of* that. そのことは確信している / She is fond *of* apples. 彼女はりんごが好きだ. **b** [用途・目的] …のための: a day *of* rest 休息日 / a house *of* prayer 祈禱会堂.

11 [解放・剝奪] …から: **a** [動詞と結合して]: defraud [deprive, rid] a person *of* a thing 人から物を詐取する[奪う, 除く] / cure [heal] a person *of* a disease 人の病気を癒(いや)す / clear the pavement *of* snow 歩道の雪を搔(か)く / strip a person *of* his clothes 人の着物を剝ぎ取る / be relieved *of* one's post 職を解かれる. **b** [形容詞と結合して]: free *of* charge 無料で / independent *of* …から独立して, …とは独立に / irrespective *of* …に関係なく / bare [destitute, empty, devoid, void] *of* …がなくて.

12 [動機] …から: *of* one's own accord 自ら進んで / *of* course もちろん / *of* necessity 必然的に, ぜひとも, 必ず / ⇨ *of one's* CHOICE.

13 [原因・理由など] …のため, …で: smell [savor, smack] *of* …のにおい[味, 気味]がある / be sick *of* …にうんざりしている / be weary *of* life 世の中がいやになる / die *of* cholera コレラで死ぬ / I am dying *of* fatigue. くたびれて死にそうだ / I shall be glad *of* your company. おつき合いいただければありがたい / be proud [vain] *of* …が自慢だ / be afraid [fearful] *of* dying 死ぬのがこわい / You need not be ashamed *of* your poverty. 貧乏は恥じるに及ばない.

14 [位置・時間の起点] …から. ★ 現在は次のような句に限られる: Ireland lies west *of* England. アイルランドはイングランドの西方にある / north [west] *of* …の北[西]に / back *of*《米》…の後ろに / Omiya lies to the north *of* Tokyo. 大宮は東京の北にある / within ten miles [hours] *of* …から 10 マイル[時間]以内(の所)に / *of* recent years 近年 / ⇨ *within an* ACE *of*, UPWARD *of*.

15 [時刻] **a**《米》〈何時〉(…分)前 (to) (↔ after): It is five minutes *of* seven. 7 時 5 分前です / at five minutes *of* four 4 時 5 分前に / It lacks five minutes *of* the time. その時間まで 5 分ある. **b** [特定の時を示す名詞を伴って] (通例)…に: *of* a morning 午前中に / *of* a Sunday afternoon 日曜の午後に / He worked *of* nights. 夜働いた / What do you do *of* an evening? 夕方は(いつもは)何をしますか / She usually goes to church *of* a Sunday. 日曜日はたいてい教会へ行く.

16 [副詞句を作る]: (all) *of* a sudden 突然に / *of* a certainty 確かに / *of* a truth《古》実際 (truly).

of oneself ⇨ oneself 成句.

of² [əv, (無声子音の前ではまた) əf]〚《転訛》← HAVE²〛*auxil. v.*《米方言・卑》=have: He should *of* gone. 彼は行くべきだった / He must *of* seen her. 彼女を見かけたはずだ.

o.f.《略》〚化学〛oxidizing flame.

OF《略》〚球技〛outfield.

OF, OF., O.F.《略》Old French.

O.F.《略》Odd Fellow(s);〚印刷〛old face.

of- [ɑf, əf | ɔf, əf] *pref.* (f の前に来る時の) ob- の異形: *of*fend, *of*fer.

o·fay [óufeɪ, ―⁄ | əʊfeɪ, ―⁄]〚← ?〛*n.* [軽蔑的に用いて] 白人(の野郎).

ofc《略》office.

ÓF cáble *n.*〚電気〛=oil-filled cable.

ÓF capácitor *n.*〚電気〛=oil-filled capacitor.

ÓF condénser *n.*〚電気〛=oil-filled capacitor.

off〚ME *of*(*f*) < OE *of*: 本来 OF と同一語であったが, 14–16 世紀に分化して副詞や強勢のある前置詞に用いられるようになり 17 世紀以降分化が定着した〛

― [ɔ́(ː)f, ɑ́(ː)f | ɔ́f] *adv.* **1** [運動・方向] (場所から)離れて, あちらへ, 遠くへ; それて: be ～ 去る, 逃げる / go ～ 行ってしまう / turn ～ into a side road わき道へそれる / look ～ 目を離す, よそを向く / It is time to be ～. もう出かける時刻だ / I must be ～ now. もうおいとましなければ / Where are you ～ to? どこへお出かけですか / fly ～ 飛び去る / He rode ～ at full speed. 全速力で馬を走らせて去った / *Off!* (行ってしまえ); 離れよ / They're ～!〚競馬〛スタートしたぞ / *Off* we go! さあ出発だ[動き出したぞ]; さあ出かけよう / He was ～ skiing in the Alps. アルプスへスキーをしに行っていた / He was ～ on his reminiscences. また彼の昔話が始まった.

2 [位置] (空間・時間的に)隔たって, 遠くに: far ～ 遠くに / a long way ～ 遠くに, 遠く離れて / afar ～ 遠くに / How far ～ is it?—A great way ～. どの位隔たっていますか?—ずいぶん遠くです / a mile ～ 1 マイル離れて / only three months ～ つい 3 か月先のこと / The summer vacation is only a week ～. あと 1 週間もすれば夏休みだ / put ～ one's departure 出発を延ばす / Peace is clearly some time ～. 平和の来るのは明らかにもう少し先だ.

3 a 分離して, (取り)去って: get ～〈衣服を〉脱ぐ; (馬・車などから)降りる / beat ～ the enemy 敵を打ち払う / bite ～ かみ切る / cast ～ 振り[脱ぎ]捨てる / clip ～ はさみ切る, 刈り取る / cut ～ 切り取る / shake ～ 振り払う / sleep ～ ⇨ sleep *vt.* 2 b / take [put] ～ one's clothes [hat, shoes] 着物[帽子, 靴]を脱ぐ / tear ～ ちぎる, むしり取る / ～ of… ⇨ *prep.* 1. **b** (あるべき所から)脱離して, はずれて, 落ちて: come ～ 離れ落ちる,〈柄などが〉取れる, はずれる / The gilt is ～. めっきがはげた; 幻滅だ / a chair with a leg ～ 脚が一つとれた椅子 / The button has come ～. ボタンが取れた / The handle is ～. 柄が取れている / The wheel was ～. 車輪がはずれていた / The cherry blossoms were all ～. 桜の花は皆散っていた.

4 a 割引きして: 10 per cent ～ on all cash purchases [for cash] 現金買いは全部 1 割引き. **b** 標準以下で, 平常のレベル以下で.

5〈水道・ガス・電気など〉止まって;〚電気〛〈回路が〉「オフ」で, 開(ひら)で, 開きで, 切って, 中断して (cf. on 8 a): cut ～ supplies 供給を絶つ / cut ～ the water 水道を止める / The water has been ～ for some hours. 水道は数時間断水している / cut ～ on the telephone 電話を切る / switch ～ the light 電灯を消す / turn the water [gas] ～ 水道[ガス]を栓をひねって止める.

6 〔…との関係が〕切れて, 〔交渉が〕なくなって (disengaged)〔*with*〕: She is ～ *with* her former husband. 彼女は先夫とは縁が切れている.

7 a 中止して, やめて, 終って, 終了して: break ～ a negotiation 交渉を(一時)中止する / The engagement [bargain] is ～. 婚約[取引き]は取りやめ[中止だ] / leave ～ work 仕事をやめる / His fever was quite ～. 熱はすっかり取れていた / The agreement is ～. その契約は期間満了だ. **b** 非番で, 休暇で: ask for [take] a day ～ 1 日休暇を求める[取る] / take time ～ for lunch 昼食のための休み時間をもらう. **c**〈従業員が〉仕事を休んで: He is ～ sick. 病気で仕事を休んでいる. **d**〈メニューの料理など〉品切れで: Chicken is ～.

8 終わりまで, すっかり, (…して)しまう: clear ～ 片付ける / finish [work] ～ 仕上げる / kill ～ vermin 害虫を絶滅する / pay ～〈勘定などを〉全部払う / dash ～ a letter 手紙を一気に書く[書き上げる] / drink ～ (一息に)飲み干す.

9 (次第に)減って, 衰えて: cool ～〈情熱などが〉さめる, 冷静になる / ⇨ FALL *off* (3) / wear ～〈力などが〉次第に衰える;〈衣服などが〉すり切れる / The place seems to have gone ～ a good deal. あそこは大分さびれて来たようだ.

10 寝入って, 眠りかけて: I was just ～. ついうとうととしていた / ⇨ DROP *off* (*vi.*) (2).

11 分割して, 区分して: partition ～ one's room 部屋を仕切る / The boundaries are clearly marked ～ on the map. 境界は地図上にはっきり仕切られている.

12 [well, ill などの副詞を伴って] (よく)運んで, (悪く)いって, 暮し向きが…で, 〔金・糧食などが〕…の状態で〔*for*〕: be well [comfortably] ～ 暮し向きがいい / be badly [ill] ～ 暮し向きが悪い, 困っている / He is far better [worse] ～ than he was ten years ago. 10 年前よりずっと暮し向きがいい[悪い] / I am badly ～ *for* tools. 道具が不足している / How are you ～ *for* butter? バターは切れていませんか.

13〚海事〛陸岸[他船, 風向き]から離れて, 沖に: two miles ～ 2 海里の沖合に / The ship stood ～. 船は沖を進んでいた.

14〚クリケット〛オフサイド (off side) に (↔ on).

15〚演劇〛舞台裏へ[で] (offstage): Knocking is heard ～. 舞台裏でノックの音がする / ⇨ NOISE(s) *off*.

either off or on いずれにしても. ***neither off nor on*** (1) 〔…に〕関係のない〔*to*〕: It is *neither* ～ *nor on* to what I said. それは私が言ったことには関係がない. (2) どっちつかずで, 優柔不断で. ***off and…*** 突然に, やぶから棒に《非標準的な句》: He ～ *and* bought another. いきなりもう一つ買った. ***off and on*** (1) 断続して; 時々: work ～ *and on* 不規則に働く / I play golf ～ *and on*. ゴルフをしたりしなかったりだ / It has been raining ～ *and on*. 雨が降ったりやんだりしている. (2)〚海事〛(陸岸から)遠くあるいは近く (cf. *prep.* 11, *adv.* 13): The ship sailed ～ *and on*. 船はジグザグ航行[帆走]した (cf. off-and-on). ***off with*** [命令文で] …を脱ぐ, 取り去る (take off, put off): *Off with* your hats! [掲示]脱帽 / *Off with* his head! 彼の首をはねろ. ***Off with you!*** 行ってしまえ. ***on and off*** =OFF *and on*. ***right off*** ⇨ right *adv.* 成句. ***straight off*** ⇨ straight *adv.* 成句.

― [ɔ́(ː)f, ɑ̀f, ɔ(ː)f, ɑf | ɔ̀f, ɔf] *prep.* **1** …を離れて, はずれて, …から: A button is ～ your coat. 上着のボタンが一つ取れている / He was ～ his horse. 馬から降りた[降りていた] / be thrown ～ the horse 馬から投げ出される / ～ the hinges (心身の)調子が狂って / ～ the mark 的をはずれて / ～ one's guard 油断して / ～ one's balance バランス[平衡]を失って / be thrown ～ one's balance 不意打をくらう / Keep ～ the grass. [掲示]芝生に立ち入るな / cut a slice ～ a joint 骨付き肉から一切れ切り取る / go [be] ～ one's head 気が狂う[狂っている] / ～ one's hands 手を離れて / He fell ～ (of) the cliff. 崖(がけ)から落ちた / The ice has melted ～ (of) the sidewalks. 歩道の氷はすっかり溶けた. ★ 最後の 2 例で off を副詞として後に of を付けるのは非標準的な米語. **2** …から割引いて, から引いて: take something ～ the price 定価からいくらか割引く / 25 per cent ～ the market price 市価の 2 割 5 分引き / three years ～ forty 40 歳に三つ足りない. **3 a** …から隔って;〈本道〉から離れて[逸(そ)れて]: a village some miles ～ the main road 本道から数マイルはいりこんだ村 / a street ～ the Strand ストランド街から横にはいった街路 / an alley ～ 12th Street 12 番街からはいった路地. **b**〈主題〉から逸(そ)れて: ～ the point 要点をはずれて / Half of what he said was ～ the subject. 言ったことの半分は主題からずれていた. **4**〈仕事など〉から離れて, …をやめて: be ～ work (病気・失業などで)仕事をしていない / ～ the stage 舞台を退いて, 舞台の陰で (cf. offstage) / He is ～ duty. 非番だ / He is ～ dancing [gambling]. 彼はダンス[賭博]をやめている. **5**〈視線などが〉…を離れて, …から逸(そ)らされて: Take your eyes ～ the girl. その女の子を(じろじろ)見るのをやめなさい. **6**《口語》[源泉] …から (from): I bought [borrowed, hired] the watch ～ him. その時計は彼から買った[借りた, 賃借りした]. ★ 書き言葉では from が好まれる. **7** [dine, eat と共に用いて] …を(食べて), …によって, …で: *eat* ～ bread and butter バター付きパンを食べる / He always *eats* a supper ～ beefsteaks. いつもビフテキの夕食を食べる. **8** (当分)…を絶って, …を嫌って: I am ～ candy [fish, meat, tea, smoking] for the present. お菓子[魚, 肉, 紅茶, たばこ]は当分やめることにした[している]. **9** [通例 live と共に用いて] …を犠牲にして; …に頼って: He *lived* ～ his sister. 妹を食い物にした / The army *lived* ～ the country. 軍隊はその国を食い物にした / He is *living* ～ his pension. 年金で生活している. **10**〈衣服が〉…を覆わぬようにデザインされて: ～ the shoulders. **11**〚海事〛…の沖に[で]: ～ the coast of Alaska アラスカの沖合に[で] / ～ Kurihama 久里浜沖に[で] / The ship stood ～ and on the shore. 船は陸を離れたり陸に近づいたりして航行した. **12**〚ゴルフ〛…のハンディを付けて: He played ～ three. ハンディ 3 でプレーした.

from off …から (from): He lighted down *from* ～ his horse. 馬から降りた. ***off of*** =off 1. (⇨ ★).

― [ɔ́(ː)f, ɑ́(ː)f | ɔ́f] *adj.* **1** (本道から)分かれた, 脇道の; 枝葉の: an ～ road 脇道 / an ～ street 横町 / an ～ issue 枝葉末節の問題. **2**〈機会が〉不確実な, ありそうもない (improbable): ⇨ off chance. **3** 用務のない, 非番の;〈日・夜など〉調子の出ない, (仕事に)気の乗らない: a hobby for one's ～ hours ひまな時の道楽 / an ～ day [evening] ひまな日[晩]; 仕事に気が乗らない日[晩]. **4** はずれの; いつもほどよくない; 閑散な, 不況の: an ～ season in the trade 商売のひまな季節, シーズンオフのとき / an ～ year *for* fruits 果物のはずれ年 (cf. off year) / The market is ～. 市場は不況だ / The stocks are ～. 株(価)が下がっている. **5**《口語》**a**〈人が〉調子が狂って, (気が)変で: I feel ～ today. 今日は調子が悪い / He is rather ～ (in his head). 頭が大分おかしい. **b**《英》〈やり方など〉おかしい, 失礼で, けしからぬ: It's a bit ～. **c**〈食品が〉いたんで: The fish is a bit ～. 魚は少しいたんでいる. **6** 的がはずれて,〈計算・推測など〉間違って: You are ～ on that point. 君はその点が間違っている / I was ～ in my guess. 私の推測ははずれていた / "How old do you think I am?" "Thirty?" "Two years ～!" 「私を幾つぐらいだと思う」「30 かな」「二つまちがえたね」. **7 a** 遠い方の (farther), 向こうの: the ～ side of a wall 壁の向こう側. **b**〚海事〛陸岸から離れた, 海に面した: the ～ side of a ship. **c** (動物の体・車, また《英》では道路・馬車などの)右側の (↔ near): the ～ hind leg 右側の後脚 / the ～ front wheel 右側前輪 / an ～ horse (2 頭立馬車の)右側の馬 / The rider always mounts on the ～ side of the horse. 騎手はいつも馬の右側から乗る. ★ 2 頭立の馬の場合, 御者は左馬に乗り, 車の場合には左側から乗り降りするので「右側」は「遠い側」. **d**〚クリケット〛オフサイド (off side) の (↔ on): an ～ hit オフ側への打撃 / an ～ break 投手が投げた球が地面に接触してからオフサイドへはずむ球 / ⇨ off-drive, off stump. **8**《英》(酒類販売に関して)店内での飲酒は許されない (↔ on): ⇨ off-license, off-sale. **9**〚トランプ〛(ブリッジで)外れる, 効かない: The spade finesse was ～. スペードのフィネスが外れた[効かなかった]. **10**〈水道・ガス・電気など〉止まった,「オフ」の: The lever is in the ～ position. レバーは「オフ」の位置になっている. **12** 別の色または灰色が少しまざった, オフ…: ～ black オフブラック《ほとんど黒に近い色》/ an ～ kind of blue 灰色がかった青色 / ⇨ off-white.

― [ɔ́(ː)f, ɑ́(ː)f | ɔ́f] *n.* **1** 離れて[切れて]いる状態[事

実]. **2** 〘クリケット〙オフ側《右打者が投手の方を向いた場合の右側》. **3** 〘競馬〙スタート.

— [ɔ́(ː)f, ɑ́(ː)f | ɔ́f] *v.* **— vt. 1** 《口語》〈交渉・契約・計画など〉から手を引く, 断る (refuse); 〈人〉との交渉[契約]をやめる. **2** 《米俗》殺す, ばらす, 消す: *Off* him! やつをやっちまえ. **— vi. 1** 〈船が〉岸を離れる: We were now ~*ing*. 今や岸を離れつつあった. **2** 去る, 立ち去る: *Off*, or you are a dead man. 行ってしまえ, でなけりゃ命はないぞ.

off it 立ち去る: He has ~*ed it* abroad. 外国へ去ってしまった. ***off with*** 《口語》(すばやく)…を取り去る, 脱ぐ (take off): ~ *with* one's coat / They ~*ed with* his head. 彼の首をはねた.

off. 《略》offer; offered; office; officer; official; officinal.

Of·fa [ɔ́(ː)fə, ɑ́fə | ɔ́fə] *n.* (?-796) (Anglo-Saxon 時代の)マーシア (Mercia) 王国の王 (757-96); 今のウェールズとの間に防壁 (dyke) を築いた.

of·fal [ɔ́(ː)fəɫ, ɑ́f- | ɔ́f-] 〖《c1400》▭ MDu. *afval* that which falls off, giblets ← *af* 'OFF'+*vallen* 'to FALL': cf. G *Abfall* garbage〗 **—** *n.* **1 a** 屑肉や臓物《食肉をとった残りの可食部分; 内臓類・舌・尾・頭など》. **b** (上魚に対して)下魚. ★ 主に業者間で用いる語 (cf. prime[1] *adj.* 3). **c** [しばしば *pl.*] 糠(ぬか), 麩(ふすま), 籾殻(もみがら). **2 a** 屑, 廃物 (refuse). **b** [集合的] くだらぬ輩(やから).

Of·fa·ly [ɔ́(ː)fəli, ɑ́f- | ɔ́fəlɪ] *n.* アイルランド共和国中央部 Leinster 地方の州; 人口 52,000, 面積 1,997 km², 首都 Tullamore [tʌ̀ləmɔ́ɚ, -móɚ | -mɔ́ː(r].

óff-and-ón *adj.* 断続的な.

óff·bèat 〖← *off beat* (⇨ beat[1] (n.) 成句)〗 **—** *adj.* 《口語》 **1** 二次(的)の, 副の (secondary); 規則的でない, 臨時の (irregular): ~ advertisements [lectures] 臨時広告[講演]. **2 a** 型にはまらない, 自由な (unconventional); 正統でない (unorthodox): an ~ film. **b** 風変りな, 異常な. **3** 〖← OFF (adj.)+BEAT[1] (n.)〗〘音楽〙(ジャズなどでリズムが)オフビートの.

— *n.* 〘音楽〙 **1** オフビート《特にジャズ音楽で, 4 拍子の第 2・4 拍のように元来弱拍であるところに強勢が置かれるリズム》. **2** 弱拍《3 拍子の第 2・3 拍のように通常アクセントを置かない拍》.

óff-bóard *adj.* =over-the-counter.

óff-Bróadway 〖Broadway 劇場街以外の劇場で制作または上演されることから〗〘演劇〙《米》 **—** *adj.* オフブロードウェイの[で制作された]. **—** *adv.* オフブロードウェイの劇場で. **—** *n.* オフブロードウェイ劇《New York 市で Broadway 街を離れた地区にある実験劇場で上演される前衛演劇; 小規模で入場料も安い; cf. Broadway 2, off-off-Broadway》.

óff-cámera *adv., adj.* **1** (映画・テレビの)撮影外で[の]. **2** 私生活で[の].

óff·càst *adj.* 捨てられた. **—** *n.* =castoff.

óff-cénter *adj.* **1** 中心を[から]はずれた. **2** 釣合いがとれていない; 不安定な, 常軌を逸した (eccentric): an ~ argument 途方もない議論.

óff-céntered *adj.* =off-center.

óff chànce *n.* 容易にありそうもない機会; 万一のこと: on the ~ 万一を頼みにして / there might be an ~ *that*… ひょっとしたら…ということもあるかも知れない.

óff-cólor *adj.* **1 a** 色の良くない, 標準色でない. **b** 顔色[加減]が良くない: He looked rather ~. 顔色がかなり悪かった. **2** 《俗》いかがわしい (dubious); 猥褻(わいせつ)な, きわどい (risqué): an ~ story, joke, etc.

óff·cùt *n.* 〘製本〙裁(た)ち落し; あじろ《全判から切離して別折りされる部分》.

óff-drive 〘クリケット〙 *n.* (*also* **óff drive**) オフドライブ《オフサイド (off side) への強打》. **— vt.** (打者からみて投手の)右手へ〈ボールを〉打つ.

Of·fen·bach [ɔ́(ː)fənbɑ̀ːk, -bɑ̀ːx | ɔ́fənbɑ̀ːk; *F.* ɔfɛnbak], **Jacques** *n.* オッフェンバック《1819-80; ドイツ生れのフランスの喜歌劇作曲家; *Orphée aux Enfers*「地獄のオルフェ」(日本での通称は)「天国と地獄」(1858)》.

offence *n.* =offense.

of·fend [əfénd] 〖《c1340》▭ OF *offend-re* ▭ L *offendere* to strike against, stumble, hurt ← *of-* 'OB-'+*fendere* to strike: cf. defend〗 **— vt. 1** …の感情を害する, …に不快を感じさせる, 怒らせる: Have I done anything to ~ you? 何かお気に障(さわ)るようなことをしたでしょうか / I am sorry if you are ~*ed*. お気に障ったらお許し下さい / I am deeply ~*ed by* his conduct. 彼の行為には非常に腹が立つ / He will be ~*ed at* your mentioning her there. そこで彼女の名を言ったら彼は不快に思うだろう / Many of the readers were ~*ed with* his latest book. 読者の多くは彼の新作に憤慨した. **2** 〈感覚・趣味など〉の障りになる, に障る, 逆らう: ~ the ear [eye] 耳[目]障りになる / ~ one's sense of justice 正義感に障る[反する]. **3** 《廃》 **a** 〈法律〉に背く, 犯す: He hath ~*ed* the law. この者は法律を犯しました (Shak., *Measure* 3. 2. 16). **b** …に罪を犯させる, つまずかせる: If thy right eye ~ thee, pluck it out. もし右の目なんじをつまずかさば, えぐり出して捨てよ (*Matt.* 5: 29) / And whosoever shall ~ one of these little ones that believe in me, … また われを信ずるこの小さき者の一人をつまずかする者は… (*Mark* 9: 42).

— vi. 1 気に障る, 気分を害する: In what have I ~*ed*? 何かお気に障るようなことをしたのでしょうか. **2 a** 罪[あやまち]を犯す. **b** 〔…に〕背く, 犯す (transgress) 〔*against*〕: ~ *against* the custom [the law] 慣習[法律]に背く / ~ *against* good taste いい趣味に反する.

of·fénd·ed *adj.* (感情を)傷つけられた, 腹の立った, むっとした: He looked a little ~. ちょっと腹を立てたようだった. **~·ly** *adv.*

of·fénd·er 〖《1464》〗 **—** *n.* **1** 犯罪者, 反則者 (wrongdoer): a first ~ 初犯者 / a juvenile ~ 少年犯罪者, 非行少年 / an old [a repeated] ~ 常習犯 / an ~ *against* good taste 趣味の悪い人, 悪趣味の人. **2** 人の感情を害する者[もの].

of·fense, 《英》 **of·fence** [əféns, ɑ́fens, ɔ́(ː)f- | əféns] 〖《c1385》▭ OF *offens* (F *offense*) ▭ L *offensa* (fem. p.p.) ← *offendere* 'to OFFEND'〗 **—** *n.* **1 a** (法・義務・慣習などに対する)違反, 反則: an ~ *against* correctness of speech 正確な言葉づかいに対する違反 / an ~ *against* decency [good manners] 無作法 / commit an ~ *against* the law [the right of others] 法[他人の権利]を犯す. **b** (軽微な)犯罪, …犯 (cf. felony): an infamous ~ 破廉恥罪 / petty ~*s* 軽犯罪 / a first ~ 初犯 / a previous ~ 前科. **2 a** (人の)感情を傷つけること, 侮辱; (その結果感じる)不快; 腹立たしさ, 立腹: No ~ was meant. = I meant no ~. 悪気で言った[した]のではなかった / give [cause] ~ to … を怒らせる / take ~ at …に腹を立てる / It cannot be done without ~. そんなことをすれば人を怒らせるにきまっている. **b** 気に障るもの, 不快にするもの: an ~ *to* the eye 目障りなもの. **3 a** [(米) ɑ́fens, ɔ́(ː)f-] 攻撃 (↔ defense): a war of ~ 攻撃戦 / weapons [arms] of ~ 攻撃用兵器[武器] / ~ and defense [ɑ́fens-ən-díːfens, ɔ́(ː)f- | ɔ́f-] 攻防 / The most effective defense is ~. 最も有効な防御は攻撃である. **b** 攻撃側, オフェンス. **4** 《古》罪のもと, つまずき: Woe to that man by whom the ~ cometh! 躓物(つまずき)を来(きた)らする人は禍害(わざわい)なるかな (*Matt.* 18: 7) / a rock of ~ 妨ぐる岩 (*Rom.* 9: 33). **5** 《廃》害, 損害.

offénse·less *adj.* **1** 罪のない, 無害な. **2** 攻撃できない. **3** 人の気に障(さわ)らない, 悪気のない.

of·fen·sive [əfénsɪv, ɑ́fen-, ɔ́(ː)f- | əféns-] 〖《1547-64》▭ ML *offensīv-us*: ⇨ offense, -ive〗 (↔ defensive)

— *adj.* **1** 不快な, いらいらさせる, 気に障る (unpleasant): an ~ sight 目障りな光景[物] / a sound ~ to the ear 耳障りな音 / an ~ odor いやな匂い / His breath is ~. 息[口]がくさい. **2** 癪(しゃく)に障るような, きざな, 無礼な (insolent): an ~ person / ~ words 人を不快にさせるような言葉 / ~ manners 無礼[非礼]な態度. **3** [(米) ɑ́fensɪv, ɔ́(ː)f-] 攻撃的な, 攻撃用の, 攻勢の: an ~ war 攻撃戦 / an ~ and defensive alliance 攻守同盟 / ~ weapons [arms] 攻撃用兵器[武器] / ~ movements 攻撃的な行動. **4** [(米) ɑ́fensɪv, ɔ́(ː)f-] 《米》〘アメリカンフットボール〙攻撃側の: an ~ lineman 攻撃側のラインマン.

— *n.* **1** [the ~] 攻撃態勢, 攻撃的態度 (cf. defensive): act on [assume, take] *the* ~ 攻撃を取る[に出る] / abandon *the* ~ 攻勢を捨てる / keep oneself on *the* ~ 攻勢を維持する. **2** 攻勢, 大規模な攻撃; (非軍事的目的のための攻撃的な)社会運動: the long expected spring ~ 長い間予想された春季攻勢 / a peace ~ 平和攻勢.

~·ly *adv.* **~·ness** *n.*

of·fer [ɔ́(ː)fə, ɑ́fə | ɔ́fə(r] 〖v.: OE *offrian* to offer to God ▭ L *offer-re* to bring before ← *of-* 'OB-'+*ferre* 'to BEAR[2]': cf. G *opfern* to offer in sacrifice: 現在の意味は F *offrir* から. — n.: 《1433》▭ (O)F *offre* ← *offrir* to offer < VL **offerīre* = L *offerre*〗 **— vt. 1 a** [しばしば二重目的語を伴って] 提供する, 差し出す (present, tender); 〈人〉に〈…を〉すすめる (proffer): ~ assistance 援助を申し出る / ~ a bribe 賄賂(わいろ)を提供する / ~ one's services「何でも致しましょう」と申し出る / ~ one's hand (握手を求めて)手を差し出す / ~ oneself as a candidate for …の選挙に立候補する / ~ oneself for a position 就職を申し込む / She ~*ed* no responses. 彼女は何の応答もしなかった / He ~*ed* me a cigarette. 私にたばこをすすめてくれた / They ~*ed* me an apology. 彼らは私にあやまって来た / I was ~*ed* a job. 私の所に仕事の話があった. **b** 〈学校が〉〈受験科目・履修科目などを〉設け(てい)る; 〈科目など〉の届け出をする, 出願する, 申し込む: Our faculty ~*s* many subjects *as* electives. 本学部は選択科目として多くの科目を設けている / Students may ~ German as their foreign language. 学生は外国語としてドイツ語の履修を届け出てもよい. **c** [~ oneself で] (結婚の)申込みをする, 求婚する: ~ *oneself* in marriage 結婚を申し込む. **2 a** 〈意見などを〉提議[提案]する: ~ a suggestion (こうしてはどうかと)提案する / On this I wish to ~ a few words. この点について少々意見を述べてみたい. **b** (よかったら)〈…しようと〉申し出る, 進んで〈…しようと〉言う 〈*to* do〉: He ~*ed to* accompany me home. 私を家まで送って上げようと言った / He ~*ed to* give me assistance. 援助しようかと言ってくれた. **3 a** [しばしば二重目的語を伴って]〈暴力・危害・無礼などを〉加えようとする: ~ violence [an insult] 暴行[侮蔑]を加えようとする / ~ resistance 抵抗を試みる / ~ battle *to* the enemy 敵に戦をいどむ / They never ~ us any harm. 彼らは我々に危害を加えようとすることはない. **b** 〈…しようと〉する, 企てる (attempt) 〈*to* do〉: He ~*ed to* strike me. 彼は私を殴ろうとした / No one ~*ed to* go first. だれも真先に行こうとするものはいなかった. **4** (神に)捧げる, …の捧げ物をする 〈*up*〉; 〈感謝・敬意を〉表する: ~ a prayer [one's thanks] 祈り[感謝の祈禱]を捧げる / ~ *up* a sacrifice 生贄(いけにえ)を捧げる. **5 a** 〈物が〉表わす, 示す: This plateau ~*s* a good view. この台地からは眺め[見晴らし]がいい / Each age ~*s* its own characteristics. どの時代にもその時代独自の特徴が見られる. **b** [~ oneself で] 現われる: till a better chance ~*s itself* もっとよい機会の来るまで. **6** 上演する, 公演する: The company is to ~ a new ballet in April. 一座は 4 月に新作バレーを上演する予定である. **7 a** 売物に出す: ~ goods for sale 品物を売りに出す / They are ~*ing* a range of electric appliances at reduced prices. あそこでは電気器具類を割引き価格で売り出している. **b** [しばしば二重目的語を伴って] 買値としてつける (bid): He ~*ed* me $200 *for* the curio. その骨董(こっとう)を 200 ドルで買おうと私に言った.

— vi. 1 生贄(いけにえ)を捧げる, 捧げ物をする (sacrifice). **2** 現われる, 起こる (occur): whenever an occasion ~*s* 機会があり次第 / Take the first opportunity that ~*s*. 第一の機会を捕えよ / You may get whatever work is ~*ing*. どんな仕事でもあり次第それに就くがよい. **3** 《古》申し出る, 提案する; 結婚の申込みをする (propose). **4** 《古》試みる (aim) 〔*at*〕.

— *n.* **1 a** 申出で, 提供, 提議: an ~ *to* help 助けようという申出で / accept [cancel] an ~ 申込みを受け入れる[取り消す] / decline [refuse, reject] an ~ 申込みを断わる / make an ~ 提議する, 申し出る / be open to any ~ どんな申出でにも応じる / an ~ *of* assistance [purchase] 援助[買入れ]の申出で / He was tempted off the straight path by an alarming ~ of $50,000. 5 万ドルという大金の申出でに心を引かれて正道を踏みはずした. **b** (結婚の)申込み, 求婚: She ignored the ~ *of* his hand. 彼からの(結婚の)申出でを無視した / She has refused several ~*s of* marriage. 彼女はもう何度も結婚の申込みを断わっている. **2 a** (売品としての)提供: an ~ *for* sale 売物 / be *on* ~ 売物に出ている / goods *on* ~ 売品 / We are *under* ~ with option of refusal. 断わりが任意ということで売品を受け入れている. **b** 申し込み値段, つけ値: *Offers* invited. [広告]希望者は買値をつけられたし / No reasonable ~ refused. [広告]相当価格でならお申込みに応じます / You must make me a better ~. もう少し張り込んで下さい. **3 a** 〈…しようとする〉企て 〈*to* do〉: He made an ~ *to* strike me. 私をなぐろうとした. **b** (あることをしようとする)挙動, そぶり: The boy made a sudden ~ *of* throwing himself into the water. 少年はいきなり身投げをしそうな挙動を見せた. **4** 《廃》奉納 (offering). **5** 〘法律〙(契約を成立させる)申込み.

óf·fer·er [-f(ə)rə | -fərə(r] *n.* 申し出人, 提供者; 提議者.

óf·fer·ing [-f(ə)rɪŋ] 〖OE *offrung* oblation to God: ⇨ offer (v.), -ing[1]〗 **—** *n.* **1 a** (神への)奉納, 奉献. **b** 捧げ物, 奉納物, 供物(くもつ) (sacrifice): ⇨ freewill offering, peace offering, Easter offerings. **2** 進物, 贈物 (gift); (特に, 教会への)献金. **3** 提供物, 売物; (文芸・放送・芸能などの)提供作品: Some big ~*s* came into the market last week. 先週は市場にいくつか大口の売物が出た / a new ~ of the old master 老大家の新作. **4** (学校に設けてある)科目, コース (cf. offer *vt.* 1 b).

óffering plàte *n.* (教会の)献金皿.

óffering prìce *n.* 〘証券〙募集価格, 売出価格.

óf·fer·or [-f(ə)rə | -fərə(r] *n.* =offerer.

of·fer·to·ry [ɔ́(ː)fətɔ̀ːri, ɑ́f-, -tɔ̀ːri | ɔ́fət(ə)rɪ] 〖《c1387-95》▭ eccl. L *offertōri-um* place to which offerings were brought ← LL *offertus* (p.p.) ← L *offerre* 'to OFFER': ⇨ -ory[2]〗 **—** *n.* 〘キリスト教〙 **1** [しばしば O-] (ミサ聖祭におけるパンとぶどう酒 (elements) の)奉献; (そのとき唱えられる)奉献文[唱]. **2 a** (教会で献金の間に唱えられる[奏される, 歌われる])聖語[献財曲, 賛美歌], 献物頌(しょう); (礼拝式中の)献金式. **b** (献金式のとき集められた)献金.

óff-glìde *n.* 〘音声〙出わたり (↔ on-glide).

óff·hánd 〖《1694》〗 **—** *adv.* **1 a** (前もって)用意せずに, 即席に, 即座に (extempore): decide ~ 即決する / interpret ~ 即座に通訳する. **b** 無造作に, ぶっきら棒に (brusquely): reply ~ そっけない返事をする. **2** (銃・機関銃などの射撃の際)手持ちのままで, 突っ立ったまま(の姿勢)で. **—** *adj.* **1 a** 即座[即席]の: ~ excuses 出まかせの口実 / make a few ~ observations (即座に)気付いたままの所見を二, 三述べる. **b** 無造作な, ぶっきら棒な, ぞんざいな: in an ~ manner 無造作に, そっけない態度で. **3** 〘ガラス製造〙宙吹きの. **2** 立ったまま(の姿勢)で, 手持ちのまま(で)の.

óff-hánd·ed *adj.* =offhand. **~·ly** *adv.* **~·ness** *n.*

óff-hòur *n.* **1** 勤務[営業]時間以外の時間. **2** すいている時間, 閑散時 (cf. rush hour). **—** *attrib. adj.* 閑散時の.

offic. 《略》official; officially.

of·fice [ɔ́(ː)fɪs, ɑ́f-, -fəs | ɔ́fɪs] 〖《c1250》▭ (O)F ▭ L *officium* service, duty, 《原義》work done < (**opi-ficiom*) ← *opus* 'work, OPUS'+*-fic-*, *facere* to do〗 **—** *n.* **1 a** (事務員・店員などが勤めに出る)事務所, オフィス, 会社, 営業所: a head ~ 本社 / a branch ~ 支店 / go to the ~ 会社に行く / be [work] in an ~ 会社に勤めている / Our company maintains an ~ in London. 我が社はロンドンに営業所を置いている. **b** (弁護士などの)事務所; 《米》(医師の)診療室: an architect's ~ 建

築事務所 / a lawyer's ～ 法律事務所 / a doctor's ～ 診療室 / a dentist's ～ 歯科診療室. **c** (会社などの)…室;《米》(大学教員の)研究室: the clerks' ～ 事務室 / a professor's ～ 教授の研究室. **d** [通例限定詞を伴って](特定の業務を行なう)取扱所, …所: a baggage [《英》luggage] ～ (駅の)手荷物取扱所 / an inquiry [information] ～ 案内所 / a lost property ～ (駅の)遺失物保管所 / a printing ～ 印刷所 / ⇨ booking office, box office, post office, ticket office. **e**《英》保険会社: an assurance [insurance] ～ 保険会社 / In what ～ are you insured? どこの保険にはいりですか. **2** [the ～; 集合的]オフィスの全従業員, 全職員: notify *the* ～ 事務職員に通告する / *The* ～ is against the plan. 事務の者たちはその案に反対している. **3** [O-] **a**《米》(省(department) 以下の機構としての)…局, …部: the Patent *Office* 特許局 / ⇨ Government Printing Office. **b**《英》(省やそれに準じる機構としての)…省, …庁: the Post *Office* ⇨ post office 2 / ⇨ War Office. **4** 官職, 公職; (特に)国務大臣の職: be in [out of] ～ 在職している[いない]; 〈政党が〉政権をとって[離れて]いる / seek ～ 官職を求める / hold an ～ 公[官]職に就いている / take [enter upon] ～ 〈大臣が〉就任する / go out of [leave, resign] ～ 下野する / A new minister is in ～. 新大臣は執務を始めている / gentlemen in and out of ～ 朝野の名士たち / be given an ～ under Government 政府の役人になる. **5 a** 職務, 役目, 任務; 機能, 作用: do the ～ of …の役目をする / It is my ～ to mediate between the parties. 双方の調停を計るのが私の役目です / the ～ of host 主人役 / the ～ of the stomach 胃の機能. **b** [通例 *pl.*] 尽力, 斡旋(services): ⇨ good offices / do all the kind ～*s* in one's power できるだけの尽力をする / all ill ～ 害, あだ / He did me many good ～*s*. 彼は私のため何くれとなく世話をしてくれた. **6 a**《英》[*pl.*] (住宅付属の)家事室《台所・食品貯蔵室・食器洗い場・洗濯場など》; (農場の)離れ家《納屋・牛小屋・馬小屋など》. **b**《俗》便所. **7**《俗》[the ～] 入れ知恵, 暗示, 合図: give [take] *the* ～ 暗示を与える[受ける]. **8**〖ME ▭ (O)F ～ ▭ eccl.L *officium*=L〗**a**〖キリスト教〗(特定の)儀式《聖餐式・葬式・洗礼式など》; 聖務日課 (Divine Office). **b**〖英国国教会〗朝夕の祈り: say (one's) ～ 日課(祈禱や聖句)を唱える. **c**〖教会〗(宗教的)儀式, 礼拝式; [*pl.*] 葬儀: perform the last ～*s* 葬式を執行する / the *Office* for the Dead 葬儀, 死者聖務.

óffice-bèarer *n.*《英》公務員, 役人 (officeholder).
óffice blòck *n.*《英》=office building.
óffice-blòck bàllot *n.*《米》公職[役職]別投票用紙《公職別に候補者が一括されている投票用紙; cf. Indiana ballot, Massachusetts ballot》.
óffice bòy *n.* (事務所の)雑用係の少年, オフィスボーイ.
óffice bùilding *n.*《米》オフィスビル《オフィスの並んでいる大型ビル》.
óffice còpy *n.*〖法律〗(官庁が作成し認証した)公認謄本, 公文書.
óffice dìal *n.*〖時計〗オフィスダイアル (⇨ dial clock).
óffice gìrl *n.* 女子事務員, オフィスガール, OL.
óffice-gròup bàllot *n.* =office-block ballot.
óffice·hòlder *n.* 公務員, 役人 (official).
óffice-hòlding *adj.* 官職にある, 公務員[役人]をしている, 役人の.
óffice hòurs *n. pl.* 執務時間, 営業時間;《米》診察[診療]時間.
óffice-hùnter *n.* =office seeker.
óffice làwyer *n.* 事務所弁護士《法廷に出ないで主として自分の事務所で仕事をする弁護士; cf. solicitor 3》.
óffice pràctice *n.*《米》〖法律〗=chamber practice.
of·fi·cer [ɔ́(ː)fɪsə, ɑ́f-, -fə- | ɔ́fɪsə(r] 〖《c1325》▭ AF ～ ∥ (O)F *officier* ▭ ML *officiārius* one who performs an office ← L *officium* 'OFFICE': ⇨ -er[1]〗 **—** *n.* **1 a** (陸海空軍などの)将校, 士官, 幹部 (cf. private soldier): ～*s* and men 将兵《将校・下士官・兵》/ a commanding ～ = an ～ commanding 司令(官), 指揮官, 部隊長 / a military [an air force] ～ 陸[空]軍将校 / a retired ～ 退役将校 / a staff ～ 参謀将校, 幕僚 / ⇨ general officer, naval officer, noncommissioned officer, petty officer, warrant officer. **b** (商船の)士官《船長・航海士・機関長・機関士・事務長・通信士・船医など; cf. sailor 3》: a first [second, third] ～ 一等[二等, 三等]航海士. **2 a** 公務員, 官公吏, 役人, 職員 (official): the great ～*s* of state 政府の高官たち / a medical ～ of health 衛生官吏, 検疫官 / an ～ of the court 裁判所職員; 執行官 / an ～ of the law = a police ～ 警官 / an ～ of the prison 刑務所所員, 看守 / ⇨ public officer. **b** 警官; 巡査 (⇨ police 1 ★). **3** (会などの)高級役員, 幹事: an ～*s'* meeting 役員会, 幹事会 / a PTA ～ PTA の役員. **4** (英国の, 大英帝国勲位の) 4 等勲爵士, 第 4 級勲功章受勲者: an *Officer* of (the Order of) the British Empire. **5**《廃》代理人.
officer of arms 紋章官 (cf. COLLEGE of Arms).
officer of the day [week] (陸軍の)日直将校, 週番士官, 当直将校.
officer of the deck (海軍の)当直将校, (商船の)当直航海士.
officer of the guard 衛兵[警衛]司令.
officer of the watch〖海事〗当直士官.
— *vt.* **1** …に将校[士官]を配備する: ～ an army, a ship, etc. **2 a** 将校として指揮[統率]する: The regiment was well ～*ed*. その連隊は(優れた指揮官によって)よく統率されていた. **b** 指図(さしず)する, 管理する.

Óffícers' Tráining Còrps *n.* (米国の)予備将校訓練団; (英国の)将校養成団 (略 O.T.C.).
óffice sèeker *n.* 公職希望者, 猟官者.
óffice wòrker *n.* (事務所などで働く)サラリーマン.
of·fi·cial [əfíʃəl, o(ʊ)f- | əf-] 〖《a1327》▭ (O)F ～ ▭ LL *officiālis* ← L *officium* 'OFFICE': ⇨ -al[1]〗 **—** *n.* **1** 公務員, 役人, 官公吏: a public ～ 公務員 / a government ～ 官吏 / a high ～ 高官 / a police ～ 警官 / a postal ～ 郵便局員 / White House ～*s* ホワイトハウス当局者たち. **2** 教会裁判所判事 (official principal). **3**《米》〖スポーツ〗競技役員《審判員・記録員など》.
— *adj.* **1** 職務上の, 公務上の, 公の (cf. private 3): ～ business [duties] 公務 / ～ authority 官権 / ～ papers 公文書 / an ～ note (外交上などの)公文 / an ～ position 官職上の地位, 官[公]職 / ～ powers 職権 / an ～ residence 官舎, 公邸 / ～ responsibilities 職責 / an ～ title 官名. **2** 官憲[当局]から出た, 公認の, 官選の, 公式の: an ～ document 公文書 / an ～ gazette《英》官報 / an ～ price 公定価格 / an ～ report 公報 / an ～ record 公認記録 / with ～ sanction 公認を得て[た] / news coming from an ～ source 官辺から出たニュース / The report is not ～. その報道は公式のものでない / an ～ statement 公式声明(書) / an ～ visit 公式の訪問 / an ～ messenger 公式の使者 / an ～ funeral ⇨ funeral 1 a. **3** お役所風の, 形式張った: ～ circumlocution お役所式の回りくどい文句 / in an ～ manner お役所風に / with ～ solemnity [red tape] お役所風にしかつめらしく[七面倒くさく]. **4**〖薬学〗薬局方に準拠した, 薬局方(上)の, 公定の, 公認の (cf. magistral 3 a, officinal 2): ～ drugs 薬局方によって調剤した薬 / ～ prescriptions 薬局方によった処方箋.
of·fi·cial·dom [-dəm] *n.* **1** 公務員[役人]の世界, 官界. **2** お役所風, 官僚主義 (officialism). **3** [集合的] 公務員, 役人 (officials).
officiales 〖← NL ～〗 *n.* officialis の複数形.
of·fi·cial·ese [əfìʃəlíːz, o(ʊ)f-, -líːs | əfìʃəlíːz] *n.* 官庁用語, お役所言葉《回りくどく難解なのが特色; cf. journalese, gobbledygook》.
offícial fámily *n.* (米国大統領の)内閣 (staff).
of·fi·ci·a·lis [əfìʃiáːlɪs, -ǽl-, -ləs | -ʃɪáːlɪs, -ǽl-] 〖← NL ～ ML *officiālis* 'OFFICIAL'〗 **—** *n.* (*pl.* **-a·les** [-áːleɪs, -ǽliːz])〖カトリック〗(結婚裁判所の)主審判事, 裁判長.
of·fi·cial·ism [-lìzṃ] *n.* **1** 官庁組織[制度]. **2** 官庁的形式主義; (手続きなどのうるさい)お役所風, 官僚主義 (bureaucracy). **3** [集合的]公務員, 官吏 (officials).
of·fi·cial·ize [əfíʃəlàɪz, o(ʊ)f- | əf-] *vt.* **1** 官庁風にする, 官庁化する. **2** 官庁の支配下に置く.
of·fi·cial·ly [-ʃəli | -lɪ] *adv.* **1** 公務上, 職掌柄; 公に, 公式に: an ～ fixed price 公定価格. **2** 職権をもって.
offícial óath *n.* 公職(就任)宣誓.
offícial príncipal *n.* =official *n.* 2.
offícial recéiver *n.*〖法律〗=receiver 10.
of·fi·ci·ant [əfíʃiənt, o(ʊ)f- | əfíʃɪənt, ɔf-] 〖▭ ML *officiant-em* ← (pres.p.) ← *officiāre* 'to OFFICIATE'〗 *n.*〖キリスト教〗祭式施行者, 祭式司宰者.
of·fi·ci·ar·y [əfíʃièri, o(ʊ)f-, ɔ(ː)f-, ɑf- | əfíʃɪərɪ, ɔf-] 〖▭ ML *officiāri-us* ← L *officium* 'OFFICE': ⇨ -ary〗 **—** *adj.* **1** 〈称号など〉官職上の: ～ titles 官職上の敬称《市長に対する Your Worship など》. **2** 〈人が〉官職上の肩書のある. **—** *n.* **1** 役人. **2** [集合的] 官僚.
of·fi·ci·ate [əfíʃièɪt, o(ʊ)f- | əfíʃɪ-] 〖《1631》← ML *officiāt-us* (p.p.) ← *officiāre* to perform the divine office ← L *officium* 'OFFICE': ⇨ -ate[3]〗 **—** *vi.* **1** 職務を行なう; 職権を行使する: ～ *as* chairman 議長として司会する / ～ *as* host 主人役を勤める. **2 a** (式の)司会をつとめる. **b** 〈牧師が〉(式の)司祭を勤める: ～ at a marriage. **3**〖スポーツ〗審判員を勤める, 競技役員をする. **—** *vt.* **1** 〈公務・職務を〉執行する. **2** 〈儀式を〉司式する. **3** 〈競技を〉(審判として)規則通りに進める[執り行なう]. **of·fí·ci·à·tor** [-tə | -tə(r] *n.*
of·fi·ci·nal [əfísənəl, ɔ(ː)f-, ɑf-, -sṇ-, ɔ̀(ː)fəsáɪnḷ, ɑ̀f- | ɔ̀fɪsáɪnḷ, əfísɪnḷ] 〖《c1720》▭ ML *officīnāl-is* ← L *officīna* workshop, laboratory ← *officium* 'OFFICE'〗 **—** *adj.* **1** 〈草木など〉薬用の. **2** 医師の調剤[処方]によらない, 局方の (cf. magistral 3 a, extemporaneous 2 b). **3** =official 2. **—** *n.* (医師の特別処方によらない)薬局常備薬, 局方薬; 薬用植物, 薬草. **～·ly** *adv.*
of·fi·cious [əfíʃəs] 〖《1565》▭ L *officiōs-us* obliging, dutiful ← *officium* 'OFFICE': ⇨ -ous〗 **—** *adj.* **1** おせっかいな, 差出がましい (meddlesome): an ～ person おせっかいやき / ～ interference 差出がましい干渉. **2** 非公式の: an ～ statement 非公式の声明(書) / in an ～ capacity 非公式の資格で. **3**《廃》**a** 親切な. **b** 義務[任務]に忠実な. **～·ly** *adv.* **～·ness** *n.*
offícious téstament [wíll] *n.*〖法律〗義務遺言《家族に財産を残すことを内容とする遺言; cf. inofficious testament [will]》.
off·ing [ɔ́(ː)fɪŋ, ɑ́f- | ɔ́f-] 〖《1627》← OFF (adv.)+-ING[1]〗 **—** *n.* **1** 沖; 沖合(の位置): keep an ～ 沖合を引続き航海する. **2** 近い将来, 予見出来る未来.
gain* [*take*] *an offing (1) 沖へ出る. (2)《俗》逃げ出す. ***in the offing*** (1) 沖合に; 遠く遙かに見えて. (2) 今にもやって来そうな, すぐ起こりそうな, 近い将来に: a quarrel *in the* ～ 今にも起こりそうな喧嘩 / with spring *in the* ～ 春が近づいてきて.
off·ish [ɔ́(ː)fɪʃ, ɑ́f- | ɔ́f-] 〖← OFF (adv.)+-ISH〗 *adj.*《口語》**1** 交際を避ける; よそよそしい, つんとした. **2** (からだの)調子がわるい; ちょっと変な[狂った]. **～·ly** *adv.* **～·ness** *n.*

óff-kéy *adj.* **1** 音程の狂った, 調子外れの, 音痴な. **2 a** 不釣合いな, 調子の変な, しっくりしない. **b** 不規則な.
óff·làp *n.*〖地質〗オフラップ《海岸線の(海の方への)後退; 後退しながら地層が堆積する現象; cf. onlap, overlap 3》.
óff·lèt *n.* 排水管.
óff-lìcense〖*off*:《略》← *off the premises*〗 **—** *n.*《英》**1** (店内での飲酒を許さない)酒類販売免許 (↔ on-license). **2** (上述の免許を受けた)酒類販売店.
— *attrib. adj.* 酒類販売免許を有する.
óff límits *adj.*《米》(軍人・未成年者などに対し)立入り禁止の, オフリミットの (↔ on limits): an ～ area [section].
óff-líne *adj.* **1** 鉄道から離れた所にある. **2**〖電算機〗オフライン(式)の《データ処理で主コンピューターとは直結されていない; cf. on-line》. **3**〖通信〗オフライン暗号通信の《暗号化, 解読を直結の機械で行なわない暗号通信方式にいう》. **—** *adv.*〖電算機〗オフライン(式)で.
óff-lóad *v.* =unload.
óff-míke *adj.* オフマイクの《普通の音量より小さい》; マイクから離れた: an ～ voice.
óff-óff-Bróadway〖⇨ off-Broadway〗〖演劇〗 **—** *adj., adv.*《米》オフオフブロードウェイの[で].
— *n.* オフオフブロードウェイ劇《New York 市の小ホール・教会・カフェなどで上演される超前衛演劇運動; 略して OOB とも記す》.
óff-péak *adj.* 最大限でない, 最大限より低い, 最大出力でない.
óff-pèak énergy *n.*〖電気〗オフピークエネルギー, オフピーク電力量《深夜など供給力に余裕のある時間帯に供給される電気エネルギー; 特別の契約により料金が安くなる》.
óff·prìnt〖《なぞり》← G (*Separat*)*abdruck*〗〖印刷〗 *n.* (紀要・論文集等からの)抜刷り. **—** *vt.* 抜刷りする.
óff-pùt·ting [-pʊ̀tɪŋ | -pʊ̀t-]〖cf. put off (⇨ put[1] 成句)〗 **—** *adj.* **1**《英口語》がっかりさせる(ような)(discouraging), 意気をくじく, 二の足を踏ませる; 当惑させる (embarrassing). **2** 不快な, 反感を覚えさせる.
óff-sále〖*off*:《略》← *off the premises*〗 *adv.* (酒類を店内では飲ませないで)自宅持帰り用に販売する.
óff·scòuring *n.* [通例 *pl.*] **1** 汚物; 廃物, くず, かす: the ～*s* of a great city 大都会のごみ. **2** (社会の)除(の)け者, くず: the ～*s* of society 社会[人間]のくず.
óff·scréen *adj.* **1** 映画[テレビ]を離れた[に出ない]実生活での. **2** 人の見ていない所での[で起こる, 起こった]. **—** *adv.* **1** 映画[テレビ]に出ないで; 実生活で. **2** 人の見ていない所で.
óff-sèason *n.* **1** 季節はずれ, シーズンオフ: travel in the ～ シーズンオフに旅行する. **2** (商売などの)閑散期, 霜枯れ時. **—** *attrib. adj.* 季節はずれの[に].
— *adv.* 季節はずれに.
óff·sèt〖《1555》: cf. set off (⇨ set (v.) 成句)〗 **—** [《米》ではまた ー́ ー̀] *v.* (～; **-set·ting**) **—** *vt.* **1 a** 差引勘定する, 相殺(そうさい)する (balance): ～ losses by gains 損失を利益で相殺する. **b** 〈長所が〉〈短所を〉補う (compensate): This will ～ the loss. これでその損失が補われる. **2**〖印刷〗オフセット印刷する, オフセット刷りにする. **3**〖建築〗〈外壁などに〉引込み段を作る (cf. *n.* 8). **—** *vi.* **1** 分れ出る, 派生する. **2**〖印刷〗オフセット印刷する; 裏移りする.
— *n.* **1** 相殺(そうさい)物; 差引勘定, 埋合わせ: an ～ *to* a fault 欠点の埋合わせ / as an ～ *to* this この埋合わせとして, この代りに. **2** 他を引立てる[よく見せる]もの[人], 引立て役. **3 a** (物の)分れ, 分枝. **b** 分家, 支族. **c** (山の)支脈. **4**《古》**a** 出発; 当初, 手始め: *at* the ～ 出発に当って; 最初に, 手始めに. **b** 停止, 中止. **5**〖植物〗**a** 側匐(そく)枝, ひこばえ《地にはう横枝の先から根を生じて繁殖する; cf. offshoot 1》. **b** (他の球根の基部から出る)小さい球根. **6**〖印刷〗**a** オフセット《版面をいったんゴムブランケットに転写してから紙に写す間接印刷法; offset lithography ともいう; cf. lithography 2》. **b** 裏移り, 裏汚れ《印刷インクが他の紙面に写る汚れ; setoff ともいう》. **7**〖機械〗(管などの心(しん)の)片寄り, オフセット: an ～ cam 片寄りカム / an ～ pipe オフセット管, 食違い管. **8**〖建築〗(上部が後退してできた)外壁面の段, 引込み段. **9**〖測量〗オフセット, 支距《障害物をさけるため, 測線に平行になるよう, 直角方向に離した距離》. **10**〖鉱山〗(主坑道からの)立入坑道. **11**〖電気〗残留偏差, オフセット.
— *adj.* **1 a** 中心(線)を外れた. **b** (軸に対して)斜に置かれた. **2**〖印刷〗オフセット(印刷法)の: an ～ press オフセット印刷機 / ～ printing [lithography] オフセット印刷.
óff·shòot *n.* **1** (主に単子葉植物の幹から出た)横枝, 側枝 (cf. offset 5). **2 a** (氏族・一家の)分れ; 支族, 分家. **b** 派生物 (derivative). **c** 支脈, 支流, 支線, 支道.
óff·shóre *adv.* **1** 沖に向かって: a wind blowing ～. **2** 海岸から離れた所に, 沖に: sail ～ (船が)沖合を走る. **3** (買付けなどが)海外で, 域外で (abroad).
— *adj.* **1 a** 沖の, 沖合の: ～ fisheries 沖合[近海]漁業 / ～ fishermen 沖合[近海]漁業者. **b** 海岸から離れた所にある; 普通海岸から 3 マイル以内の所にある: ～ grounds, land, etc. **c** 沖合の海底にある[から採れる]: ～ oil. **2** (海岸から)沖に向かう: an ～ wind 沖へ吹く風. **3 a** 国外で取り極めた, 国外でなされた, 域外の: ⇨ offshore purchases. **b** 海外で起こる; 国外からの: ～ pressures 海外からの圧迫.

óff-shòre bár *n.* 〘地理〙＝barrier 4 b.

óffshore dóck *n.* 沖合ドック《杭(くい)などに繋留した浮きドック；中型船の清掃・修理に用いられる》.

óffshore fúnd *n.* 〘財政〙海外投信《租税が低率の地域を登記上の本拠地とした投資信託》.

óffshore púrchases *n. pl.* 域外買付《米国の援助資金で米国以外の地域から物資を購入すること》.

óff·síde *n.* **1** 《英》(馬・馬車・車の)右側. **2** 〘アメリカンフットボール・ラグビー・サッカー〙オフサイド《反則の位置》. **— *adj.*** **1** 反対側の, 裏側の. **2** 顰蹙(ひんしゅく)を買うような, 低俗な, きわどい, 下品な, しもがかった, 卑猥(ひわい)な: an ～ joke [pun, quibble, tale] 卑猥な冗談[しゃれ, 掛けことば, 話]. **3** 〘アメリカンフットボール・ラグビー・サッカー〙オフサイドの《球の線よりも敵陣側に出る状態にいう；cf. onside》: an ～ play オフサイドプレー《反則》/ an ～ line, pass. **— *adv.*** **1** 反対側で, 裏側で. **2** 顰蹙を買うように, 低俗に, きわどく, 下品に. **3** 〘アメリカンフットボール・ラグビー・サッカー〙オフサイドで.

óff síde *n.* 〘クリケット〙オフサイド《on side の反対側》.

óff·sìder *n.* 《豪口語》援助者；仲間；従者.

óff-spéed *adj.* 〈ボールなど〉(平常[期待した]より)スピードの遅い.

óff·sprìng 〘OE *ofspring*: ⇨ off, spring (n.)〙 **— *n.*** (*pl.* ～, ～**s** [～z]) **1** [集合的にも用いて] 子, 子女；子孫: limit one's ～ 産児を制限する / a woman of a numerous ～ 子福者, 子沢山の女. **2** 生じたもの, 所産: the ～ *of* modern times 近代の所産.

óff·stáge *n.* 舞台の陰《舞台の袖 (wings)・裏など》, 舞台裏. **—** *attrib. adj.* **1 a** 〘劇場〙舞台裏の (cf. on-stage, off *prep.* 4). **b** 観客から見えない所での. **2** 私生活での；非公式の. **— *adv.*** **1 a** 舞台裏で. **b** 舞台のそとで[へ], 観客から見えない所で: go ～ 退場する. **2** 私生活で(は)；非公式に (privately).

óff-strèet *adj.* 街路上ではない[大通りから離れた]所の[にある]: an ～ parking facility 大通りから離れた所にある駐車施設.

óff stúmp *n.* 〘クリケット〙オフスタンプ《打球を受けている打者の守っている三柱門の内, オフサイド (offside) にある柱；cf. leg stump, middle stump》.

óff·tàke 〘cf. take off (⇨ take 成句)〙 *n.* (煙・液体などの)排出口, 排気管, 導管.

óff-the-cúff 〘← *off the cuff* (⇨ cuff¹ 成句)〙 *adj.* 《米口語》準備なしの, 即席の, 即座の (impromptu) (cf. on-the-cuff): an ～ speech 即席演説.

óff-the-fáce *adj.* 〈女性の髪型・帽子が〉顔を隠さない, 顔にかからない. **— *adv.*** 顔を隠さないように, 顔にかからないように.

óff-the-jób *adj.* **1** 就業時間外の[に起こった]. **2** 失業中の[で]: an ～ worker 失業者.

óff-the-jób tráining *n.* 〘経営〙職場外訓練 (cf. ON-THE-JOB training).

óff-the-pég *adj.* 《英》出来合いの, レディメードの: ～ clothes.

óff-the-ráck *adj.* ＝off-the-peg.

óff-the-récord *attrib. adj.* 記録に留めない, 非公式の (cf. on-the-record): an ～ remark 非公式に言った言葉, オフレコの発言.

óff-the-shélf *adj.* 〈商品など〉既製の, あつらえでない, 注文によらない.

óff·tràck bétting *n.* 〘競馬〙(公認の)場外馬券投票, 場外馬券.

óff·ward [ɔ́(ː)fwəd, ɑ́f- | ɔ́fwəd] 〘(1563)〙 *adv.* ある場所から離れて；海岸から離れて, 沖に向って.

óff-whíte *adj.* 純白でない, 灰色[黄色]がかった白色の. **— *n.*** 灰色がかった白, 黄白色.

óff-yèar *adj.* 《米》 **1** (農作物など)不作の年の, はずれ年の. **2** 大選挙[大統領選挙]のない年の: an ～ election 中間選挙.

óff yèar 〘← OFF (*adj.* 4)〙 *n.* 《米》 **1** (商売・農産物などの)不況[不作]の年. **2** 大選挙[大統領選挙]のない年.

O'Fla·her·ty [o(ʊ)flǽ(h)əṭi | ə(ʊ)flέətɪ, -flǽhətɪ, -flɑ́ːətɪ, -flɑ́ːtɪ], **Li·am** [líːəm] *n.* (1897–　) アイルランドの小説家；*The Informer* (1925).

OFlem 《略》Old Flemish.

O.F.M. 《略》〘カトリック〙*L.* Ordo Fratrum Minorum フランシスコ修道会 (Order of Friars Minor).

O.F.M.Cap. 《略》〘カトリック〙Ordo Fratrum Minorum Cappuccinorum (＝Order of Friars Minor Capuchin) カプチン会.

O.F.M.Conv. 《略》〘カトリック〙Ordo Fratrum Minorum Conventualis (＝Order of Friars Minor Conventual) コンヴェンツァール会.

OFr. 《略》Old French.

OFris. 《略》Old Frisian.

O.F.S. 《略》Orange Free State.

oft [ɔ́(ː)ft, ɑ́(ː)ft | ɔ́ft] 〘OE *oft* ← ? Gmc **oft-* (Dan. *ofte* / G *oft* / Goth. *ufta*) ← ? IE **op-* to work, produce in abundance (L *operārī* to work / *officium* service)〙 **— *adv.*** 《古・詩》＝often: many a time and ～ 幾度となく. ★ 今では主として分詞とともに複合形容詞をなして用いられる: an *oft*-told anecdote しばしば語られた逸話 / an *oft*-quoted dictum よく引用される格言.

of·ten [ɔ́(ː)fən, ɔ́(ː)ftən | ɔ́fən, ɔ́ftən] 〘(*a*1325) *oftin* 《異形》← *ofte, oft* 'OFT': Chaucer の詩では *ofte* (子音の前)と *often* (母音の前)が用いられている. *often* が標準語となったのは 16 世紀以降〙 **— *adv.*** (～**·er**, ～**·est**; **more** ～, **most** ～) しばしば, 度々 (frequently) (cf. seldom): ～ and ～ 幾度も幾度も / more ～ than not たいてい / He ～ comes to see us. 彼はよく我々を訪ねて来る / It was ～ the case with them. 彼らにはよくあることだった / I saw her there very ～. 彼女とそこで何度も会った.
as often as …する度ごとに: *As* ～ *as* he comes, he gives me a present. 来る度ごとにお土産をくれる. ***as often as not*** (どちらかと言えば)しばしば, 再々. ***once too often*** (図に乗って)たびたび (rather often): He went through the red lights *once too* ～ and had a bad accident. たびたび赤信号を突破していたがとうとうひどい事故を起こした.
— *adj.* 《古》度々の (frequent): Use a little wine for thy stomach's sake and thine ～ infirmities. 胃のため, またしばしば病(やまい)にかかるゆえに, 少しくぶどう酒を用いよ (*1 Tim.* 5: 23).

óften·tìmes 〘(*c*1400)〙 *adv.* 《古》＝often.

óft·tìmes 〘(*c*1390)〙 *adv.* 《古・詩》＝oftentimes.

O.G. 《略》Officer of the Guard；〘建築〙ogee; Olympic Games；〘郵趣〙(mint stamp with) original gum；outside guard.

Og·a·dai [ɑ́gədàɪ, ⌐⌐⌐ | ɔ́gədàɪ, ⌐⌐⌐] *n.* オゴタイ《1185–1241；モンゴル帝国第 2 代の皇帝 (1229–41), 太宗；ジンギス カン (Genghis Khan) の第 3 子；Ogotai ともいう；中国語名, 窩闊台》.

Ó gàge *n.* O ゲージ《鉄道模型の軌間；約 1¼ インチ；cf. S gage》.

og·am [ɑ́gəm, óʊg-, ɔ́(ː)g-, óʊ(ə)m | ɔ́gəm] *n. adj.* ＝ogham.

Og·bo·mo·sho [ɑ̀gbəmóʊʃoʊ, ɔ̀(ː)g- | ɔ̀gbəmə́ʊʃəʊ] *n.* オグボモショ《Nigeria 南西部の都市；人口 432,000》.

Og·burn [ɑ́gbəːn, ɔ́(ː)g- | ɔ́gbəːn], **William Fielding** *n.* (1886–1959) 文化遅滞 (cultural lag) の理論で有名な米国の社会学者.

Og·co·ce·phal·i·dae [ɑ̀gko(ʊ)sɪfǽlədìː, -sə- | ɔ̀gkə(ʊ)sɪfǽlɪ-] 〘← NL ～ ← *Ogcocephalus* (属名: ← Gk *ógkos* bulk, mass (← *enegkeîn* to bear) ＋ NL *-cephalus* (⇨ -cephalous)) ＋ -IDAE〙 *n. pl.* 〘魚類〙アカグツ科.

Og·den [ɔ́(ː)gdən, ɑ́g- | ɔ́g-], **C(harles) K(ay)** *n.* (1889–1957) 英国の心理学者；Basic English の創案者；*The Meaning of Meaning* (1923；I. A. Richards との共著).

og·do·ad [ɑ́gdouæ̀d | ɔ́gdəʊ-] 〘(1621) ◻ LL *ogdoad-, ogdoas* ◻ Gk *ogdoás* the number eight ← *oktṓ* 'EIGHT': ⇨ -ad¹〙 **— *n.*** **1 a** 八. **b** 八つの組. **2** [the O-] 〘グノーシス派〙八柱の神 (⇨ heh deity).

o·gee [óʊdʒiː, ⌐⌐ | óʊdʒiː, ⌐⌐] 〘(1428–29) 《変形》← OF *augive* 'OGIVE'〙〘建築〙 **— *n.*** オジー, 葱花(そうか)線, 反曲線《S 字形のように凸面と凹面のある繰形》.
— *adj.* 葱花線の: an ～ roof [window] 葱花屋根[窓].

ógee árch *n.* 〘建築〙オジーアーチ, 葱花迫持(せりもち), 蓮華(れんげ)アーチ (⇨ arch¹ 挿絵).

o·géed *adj.* 反曲の, 葱花線形の.

og·ham [ɑ́gəm, óʊg-, ɔ́(ː)g-, óʊ(ə)m | ɔ́gəm] 〘(1627) ◻ OIr. *ogum* (Ir. *ogham*): 伝説の人 *Ogma* が始めたという〙 **— *n.*** **1** オガム文字《英国およびアイルランドで出土の古代アイルランド語碑文に用いられた 20 字から成る特種なアルファベット；650 年頃まで使用された》. **2** オガム碑銘. **— *adj.*** オガム文字の. **～·ist** [-mɪst, -məst | -mɪst] *n.* **o·gham·ic** [ɑgǽmɪk, oʊg-, óʊəm- | ɔgǽm-] *adj.*

n　q　r　i
s　c　z　e
f　t　ng　u
l　d　g　o
b　h　m　a

ogham 1

O·gil·vie [óʊgəlvi | óʊgɪlvɪ], **John** *n.* オーグルビー《1797–1867；スコットランドの辞書編集者》.

o·give [óʊdʒaɪv, ⌐⌐ | óʊdʒaɪv, ⌐⌐] 〘(1611) ◻ F ～ < OF *augive* ◻ ? Sp. *aljibe* cistern ◻ ? Arab. 《方言》 **al-jibb* ＝ *al-jubb*〙 **— *n.*** **1** 〘建築〙 **a** オジーブ, 対角線リブ；尖(せん)頭迫持(せりもち). **b** ＝ogee. **2** 〘数学・統計〙累積度数分布曲線図《英国の科学者 Sir Francis Galton の導入した用語, ただし数学用語としては今日ではほとんど用いない》. **3** 〘宇宙〙(ロケット頭部の曲線状の)先端部. **o·gi·val** [oʊdʒáɪvəl | əʊ-] *adj.*

o·gle [óʊgl̩, ɑ́gl̩ | óʊgl̩] 〘(1682) ◻ ? LG *oegeren* (freq.) ← *oegen* to look at ← *oege* 'EYE': cf. G *äugeln* to ogle ← *Auge* eye〙 **— *vt.*** **1** 流し目でそっと見る, …に秋波を送る. **2** (ものほしげに)見る, 眺める. **— *vi.*** 色目を使う, 秋波を送る. **— *n.*** 色目, 秋波. **ó·gler** [-glə, -gl̩ə | -glə(r, -gl̩-] *n.*

O·gle·thorpe [óʊgl̩θɔ̀əp | óʊgl̩θɔ̀ːp], **James Edward** *n.* (1696–1785) 英国の将軍；米国 Georgia 植民地の建設者 (1733).

OGO 《略》Orbiting Geophysical Observatory 地球観測(無人)衛星 (cf. OSO).

O·go·oué [òʊgəwéɪ | əʊ-; *F.* ɔgɔwe] *n.* [the ～] オゴウェ(川)《アフリカの Gabon 共和国を西流して大西洋に注ぐ川 (1,200 km)》.

Og·o·tai [ɑ́gətàɪ, ⌐⌐⌐ | ɔ́gətàɪ, ⌐⌐⌐] *n.* ＝Ogadai.

O·go·we [òʊgəwéɪ | əʊ-; *F.* ɔgɔwe] *n.* [the ～] ＝Ogooué.

Og·pu [ɑ́gpuː | ɔ́g-] 〘(1927) ◻ Russ. 《頭字語》← *O(b'edinionnoe) G(osudarstvennoe) P(oliticheskoe) U(pravlenie)* (＝Unified Government Political Administration)〙 **— *n.*** 合同国家政治保安部《ソ連の国家秘密警察；1934 年に NKVD に改組；Gay-Pay-Oo ともいった》.

o·gre [óʊgə | óʊgə(r)] 〘(1713) ◻ F ～ ← ? L *Orcus* 'ORCUS'〙 **— *n.*** **1** (童話などの中に現われる)人食い鬼. **2** 恐ろしい残酷な人；恐ろしいもの[こと]. **3** 難問(題), 難局. **ó·gre·ish** [-g(ə)rɪʃ] *adj.* **ó·grish** [-grɪʃ] *adj.* **ó·gre·ish·ly** *adv.*

o·gress [óʊgrɪs, -grəs | óʊgrɪs, -gres] *n.* **1** 女の人食い鬼, 鬼女. **2** 〘紋章〙＝pelle 6.

Og·y·ges [ɑ́dʒədʒìːz | ɔ́dʒɪ-] 〘◻ L *Ōgygēs* ◻ Gk *Ōgúgēs*〙 *n.* 〘ギリシャ神話〙オーギュゲース《Boeotia または Attica の伝説的王；治世中に大洪水が起こった》.

O·gyg·i·a [o(ʊ)dʒídʒiə | ə(ʊ)dʒídʒɪə] 〘◻ L ～ ◻ Gk *Ogúgia*〙 *n.* 〘ギリシャ神話〙オギュギア《Calypso の住んでいたという島》.

O·gyg·i·an [o(ʊ)dʒídʒiən | ə(ʊ)dʒídʒɪ-] 〘← L *Ōgygius* (◻ Gk *Ōgúgios* ← *Ōgúgēs* 'OGYGES') ＋ -AN¹〙 **— *adj.*** **1** 〘ギリシャ神話〙 **a** オーギュゲース王 (Ogyges) の. **b** オーギュゲース王時代に起こった大洪水の. **2** 太古の, 歴史前の (prehistoric).

oh [óʊ | əʊ] 〘(1534) 《異形》← O〙 **— *int.*** **1** ああ, あ痛っ, うへっ, おい《驚き・苦痛・非難などを表わす》: *Oh*, what a surprise! ああ驚いた / *Oh*, boy! こりゃあ驚いた, いや全く / *Oh*, no! まさか / *Oh* yeah! 《米俗》(そんなこと)とんでもない, まさかね / *Oh, that* I had known it at that time. その時それを知ってたらなあ. ★ 1 字の O はすぐ後に句読点がつかないが, oh の場合にはコンマまたは！などの句読点がつくのが普通 (cf. O). **2** [直接呼び掛けに用いて] おい, おお: *Oh*, mother! ああ, おかあさん / *Oh!* Mr. Jones. ああ, ジョーンズさん. **— *n.*** **1** oh という叫び声. **2** 0, ゼロ (zero): three nine *oh* three 3903. **— *vi.*** oh と叫ぶ.

OH 《略》〘米郵便〙Ohio (州).

o.h. 《略》observation helicopter；office hours；〘処方〙*L.* omni hora 毎時 (every hour)；on hand；〘冶金〙open hearth.

O'Ha·ra [o(ʊ)hǽrə | ə(ʊ)hɑ́ːrə], **John** (**Henry**) *n.* (1905–70) 米国の小説家；*Appointment in Samarra* (1934).

O'Háre Internátional Áirport [o(ʊ)hέə- | ə(ʊ)hέə(r)-] *n.* オヘア国際空港《米国 Chicago の空港》.

o.h.c. 《略》〘自動車〙overhead camshaft 頭上カム軸式.

O. Hen·ry [óʊ-hénri | əʊ-hénrɪ] *n.* (1862–1910) 米国の短編小説家；William Sydney Porter の筆名；*The Four Million* (1906).

OHG, OHG., O.H.G. 《略》Old High German.

o·hi·a [o(ʊ)híːə | ə(ʊ)-] 〘◻ Hawaiian *'ōhi'a*〙 *n.* ＝lehua.

ohía-lehúa *n.* ＝lehua.

O'Hig·gins [o(ʊ)hígɪnz, ouíːg-, -gənz | ə(ʊ)hígɪnz; *Sp.* oíɣins], **Bernardo** *n.* オイーギンス《1778–1842；チリの将軍・政治家；Liberator of Chile と呼ばれた》.

O·hi·o [o(ʊ)háɪou | ə(ʊ)háɪəʊ] 〘◻ F ～ ← N-Am.-Ind. (Iroquoian) *Ohheoh* 《原義》the beautiful or great river: もと川の名〙 **— *n.*** **1** 米国北東部の州 (⇨ United States of America 表). **2** [the ～] 米国東中部 Ohio, Indiana, Illinois 3 州の南端を流れて Cairo で Mississippi 川に合流する川 (1,570 km).

O·hi·o·an [o(ʊ)háɪouən | ə(ʊ)háɪəʊ-] *adj.* (米国) Ohio 州(人)の. **— *n.*** Ohio 州人.

ohm [óʊm | əʊm] 〘(1870): ↓〙 *n.* 〘電気〙オーム《電気抵抗の単位；記号 Ω》.

Ohm [óʊm | əʊm; G. óːm], **Georg Simon** *n.* オーム《1787–1854；ドイツの物理学者；Ohm's law を発見 (1826)》.

ohm·age [óʊmɪdʒ | əʊm-] *n.* 〘電気〙オーム数《オームで表わした抵抗値》. 「〘電気〙抵抗電流計.

óhm-ámmeter 〘← OHM(METER) ＋ AMMETER〙 *n.*

ohm·ic [óʊmɪk | əʊm-] *adj.* 〘電気〙抵抗の, 抵抗性の. **óhm·i·cal·ly** *adv.*

óhmic cóntact *n.* 〘電気〙オーミックコンタクト《半導体の接続などで整流作用などのない単なる抵抗のみをもった接続》.

óhmic lóss *n.* 〘電気〙抵抗損.

óhmic resístance *n.* 〘電気〙純抵抗, オーム抵抗.

óhm·mèter *n.* 〘電気〙オーム計, 電気抵抗計.

O.H.M.S. 《略》《英》On His [Her] Majesty's Service 公用《公文書などの無料配達のしるし》.

Óhm's láw *n.* 〘電気〙オームの法則《電流は電圧に比例し, 抵抗に反比例するという(線形抵抗にのみあてはまる)法則》.

o·ho [o(ʊ)hóʊ | ə(ʊ)hə́ʊ] 〘← O ＋ HO〙 *int.* ほほー, ほーっ, へーえ, わーい《驚き・愚弄・歓喜などを表わす》.

o·hone [ɑxóʊn | ɔxə́ʊn] *int.* ＝ochone.

Ó-horízon *n.* 〘土壌〙O 層位《A 層位の上の層位にある有機物層；森林下地表面に落葉・落枝が集積して 20–30% 以上の有機物量を含んでいる；cf. ABC soil》.

OHV, o.h.v. 《略》〘自動車〙overhead valve.

-o·ic [óʊɪk | əʊɪk] 〘← -o- ＋ -IC¹〙 *suf.* 〘化学〙「カルボキシル (carboxyl) またはその誘導体を含む」の意を表わす形容詞を造る: naphthoic, hexanoic.

OIcel., O.Icel. 《略》Old Icelandic.

-oid [⌐⌐ -ɔɪd, ⌐ɔɪd] 〘◻ F *-oïde* / L *-oīdēs* ◻ Gk *-oeidḗs* ← -o- ＋ *-eidḗs* -like ← *eîdos* shape: cf. -ode¹〙 **— *suf.*** 「…のような(物), …状の(物), …質の(物), …類似の(物)」などの意の形容詞・名詞を造る: alkaloid, celluloid, keloid, Mongoloid, ovoid.

-oi·da [ɔ́ɪdə] *suf.* 〘動物〙＝-oidea: Hydroida.

-oi·de·a [ɔ́ɪdiə | -dɪə] 〘← NL ～ ← L *-oīdēs* '-OID' ＋ *-ea* ((neut.pl.) ← *-eus* '-EOUS')〙 **— *suf.*** 〘動物〙「…

の特徴をもつもの」の意で科以上の分類名を表わす複数名詞を造る: Echinoidea ワニ綱.

o·id·i·um [ouídiəm | əuídɪ-] 〖← NL ~ ← o- (← Gk ōión egg)＋-IDIUM〗 ── *n.* (*pl.* **-i·a** [-diə | -dɪə]) **1** 〘植物〙分裂子, オイジウム《菌類の菌糸が無性的に分裂してできた個体》. **2** 〘植物病理〙《分裂子によって生じるブドウなどの》うどん粉病.

oij. 《略》〘処方〙 L. octārius duos 2 パイント (two pints). ★ ij は古い書き方で, ii と読む.

oi·ko- [ɔ́ɪkə] ＝eco-$^{1, 2}$.

oil [ɔ́ɪl] 〖late OE *oile, olie* ▭ ONF *olie*＝OF *oile* (F *huile*) ▭ L *oleum* ▭ Gk *élaion* olive oil ← *elaía* 'OLIVE tree' ∽ OE *ēle, œle* ▭ L *olium, oleum*〗 ── *n.* **1 a** (各種の)油: mineral ~ 鉱油 / essential ~ (香料などの原料になる)精油 / fish ~ 魚油 / lubricating ~ 潤滑油, 減摩油 / machine ~ 機械油 / olive ~ オリーブ油 / refined ~ 精製油 / table ~ 食卓用油, サラダ油 / ~ of almonds アーモンド油 / ⇨ animal oil, burning oil, fatty oil, fixed oil, fuel oil, holy oil, vegetable oil. **b** 油性のもの, オイル状のもの《化粧用塗布剤, 塗布液など》: bath ~ 浴用油. **2 a** 《米》石油 (petroleum): heavy [light] ~ 重[軽]油 / crude ~ 原油. **b** [*pl.*] 石油株. **3 a** [通例 *pl.*] 油絵の具 (oil color): paint in ~*s* 油絵を描く / a portrait in ~*s* 油絵の肖像画. **b** 油絵: fair ~*s* by French artists フランスの画家のかいた立派な油絵. **4** 《口語》人当りのよい[もっともらしい]言葉, おべっか, おべんちゃら (flattery). **5** 《豪俗》情報 (information): ⇨ dinkum oil.

add* [*put*] *oil to the fire* [*flame*]＝*pour* [*throw*] *oil on the flame*(*s*)** (火に油を注ぐように)喧嘩をあおる, 騒ぎをひどくする; 人を怒らせるように仕向ける. ***burn the midnight oil 夜遅くまで勉強する[働く] 〈*over*〉; 研鑽(けん)を積む (cf. SMELL *of the lamp*). ***oil and vinegar* [*water*]** (油と酢のように)互いに相いれないもの,「水と油」. ***pour oil on troubled waters* [*the waters*]** (油を流して波を静めるように)なだめて騒ぎ[争い]を静める, 仲裁する. ***smell of* (*the midnight*) *oil*** ⇨ smell *v.* 成句. ***strike oil*** (1) 油脈を掘り当てる. (2) (投機をして)山を当てる; 〈新企業などが〉当たる.

oil of catechumens (洗礼・叙品式・戴冠式・献堂式などの際に用いる)聖油.
oil of the sick 〘キリスト教〙(病人の秘跡 (sacrament) に用いる)聖油 (cf. extreme unction).
oil of turpentine テレビン油.
oil of vitriol 〘化学〙＝sulfuric acid.
oil of wintergreen 〘化学〙＝wintergreen oil.

── *attrib. adj.* **1** 油の, 油状の. **2** 油を作る; 油から採れる. **3** (燃料に)油を用いる.
── *vt.* **1** …に油を塗りつける (smear), 〈機械・車輪〉に油を差す (lubricate), 油を引く, 油にひたす: ~ the door. **2** 滑らかにする: ~ one's [the] tongue べらべらおべっかを言う. **3** 〈脂肪・バターなどを〉溶かす. ── *vi.* **1** 〈バターなどが〉溶ける, 油状になる 〈*off*〉. **2** 〈船などが〉燃料油を積み込む.
***oil a person's* [*the*] *hand* [*palm*]** ⇨ palm^1 成句.
oil the wheel ⇨ wheel 成句.

óil bàth *n.* 〘機械〙油浴《金属の熱処理, 機械部品の潤滑などのため油の中に浸すこと》; (油浴用の)油タンク.
óil-bèaring *adj.* 〘地質〙含油の: ~ strata 含油層.
óil bèetle *n.* 〘昆虫〙ツチハンミョウ《ツチハンミョウ属 (*Meloe*) の甲虫の総称; 襲われるとその脚の腺から黄色の液を分泌する; オオツチハンミョウ (*M. proscarabaeus*), カラフトツチハンミョウ (*M. violaceus*) など》.
óil·bèrg [-bə̀ːg | -bə̀ːg] 〖← OIL＋(ICE)BERG〗 *n.* 〘海事〙(積載量 20 万トン以上の)大型(オイル)タンカー, マンモス[超大型]タンカー.
óil·bìrd *n.* 〘鳥類〙アブラヨタカ (*Steatornis caripensis*)《南米および Trinidad 産の鳥で洞窟にすみ集団行動もする; そのひな鳥から原住民が脂肪をとり, バター代用品や灯火用にした; guacharo ともいう》.
óil bùrner *n.* **1** オイルバーナー《重油を燃焼させるための装置》. **2** 重油専焼船.
óil càke *n.* (綿実などの)油かす《飼料・肥料用》.
óil·càn *n.* **1** 油のかん. **2** (注ぎ口の突き出た)油差し.
óil capácitor *n.* 〘電気〙＝oil-filled capacitor.
óil círcuit brèaker *n.* 〘電気〙油入遮断器《油の中で接点を開く遮断器》.
óil·clòth *n.* **1** 油布《テーブルクロスまたは家具のカバーに用いる》. **2** ＝oilskin.
óil còlor *n.* **1** 油絵の具(用の顔料). **2** ＝oil paint.
óil condénser *n.* 〘電気〙＝oil-filled capacitor.
óil cùp *n.* (機械の動く部分へ油を送る)油入れ, 油つぼ.
óil drìll *n.* 〘機械〙＝oilhole drill.
oiled *adj.* **1** 油を引いた[で処理した, に漬けた, を差した]: ~ silk 絹油布《薄いレインコート地》/ ~ sardines 油に漬けた鰯(いわし). **2** 《比喩》滑かにした: have a well-*oiled* tongue おべっかがうまい. **3** 《俗》酔っぱらった.
óil èngine *n.* 石油機関[エンジン].
óil·er [-lə | -lə(r] *n.* **1** 給油者, (機械の)油差し(人). **2** 給油装置, 自動油差し(器); 油差し(器) (oilcan). **3** [*pl.*] 《米》(上下揃いの)油布製衣服 (oilskins). **4** 《米》油井 (oil well). **5** 油送船, タンカー (tanker); 重油専焼船.
óil fènce *n.* オイルフェンス《海上に流出した油の広がりを防ぐために使う浮きで作った囲い》.
óil fìeld *n.* 油田; (特に, 未発掘油田と区別して)生産油田.
óil-fìlled cáble *n.* 〘電気〙油入ケーブル.
óil-fìlled capácitor *n.* 〘電気〙油入コンデンサー《oil capacitor, oil condenser ともいう》.
óil-fired *adj.* 油を燃料とする.
óil·fìsh *n.* 〘魚類〙バラムツ (⇨ escolar 2).
óil gàs *n.* オイルガス《中油・軽油などを加熱分解して得られるガス》.
óil gàuge *n.* **1** 油脂比重計 (oleometer). **2** (自動車エンジンなどの)オイル(レベル)ゲージ, 油面計.
óil glànd *n.* 〘鳥類〙(水鳥の尾部にある)脂肪分泌腺, 脂腺; (特に)尾腺 (uropygial gland).
óil gràss *n.* 〘植物〙油脂草の総称《コウスイガヤ (citronella), レモングラス (lemongrass) など; cf. grass oil》.
óil gròove *n.* 〘機械〙油みぞ《潤滑油のまわりをよくするために軸受面に切ったみぞ》.
óil hèater *n.* 石油ヒーター[暖房器].
óil·hòle *n.* 〘機械〙油穴.
óilhole drìll *n.* 〘機械〙油穴付きドリル《鉄板などに穴を開けるとき刃先[ドリル]に油を掛けてやるための油差し穴つきの錐(きり); oil drill ともいう》.
oil·i·ly [-lɪli, -lə- | -lɪ] *adv.* 油のように; 弁舌さわやかに, お世辞たらたらに.
óil·less *adj.* 油のない, 油の切れた; 注油の必要のない: an ~ electric fan 注油不要扇風機. **~·ness** *n.*
óil·màn [-mæ̀n, -mən | -mən, -mæ̀n] 〖《1440》〗 *n.* (*pl.* **-men** [-mɛ̀n, -mən | -mən, -mɛ̀n]) **1** 油製造人; 油商人. **2** 《米》石油企業家, 石油産業主.
óil mèal *n.* 粉末油かす《家畜飼料または肥料》.
óil mìll 〖ME〗 *n.* **1** 搾油機. **2** 搾油工場.
óil nùt *n.* 〘植物〙オイル ナット《coconut, butternut, oil palm の実など油脂を採る種子》.
óil pàint *n.* 油絵の具, 油性塗料, 油ペイント.
óil pàinting *n.* **1** 油彩画法. **2** 油絵, 油彩画: She is no ~. 《口語》彼女は不美人だ.
óil pàlm *n.* 〘植物〙ギネアアブラヤシ (*Elaeis guineensis*)《西アフリカ・ブラジル産; 果実からパーム油 (palm oil) を採る》.
óil pàn *n.* 〘自動車〙オイルパン, 油受け《内燃機関の下部の潤滑油をためる部分》.
óil·pàper *n.* 油紙.
óil plànt *n.* 〘植物〙油脂植物の総称: **a** ゴマ (sesame). **b** トウゴマ (castor-oil plant).
óil prèss *n.* 油搾り器(具), 搾油機.
óil pròcess *n.* 〘写真〙オイル印画法《重クロム酸塩で感光性にしたゼラチンを用いたゼラチン凹凸像に油性着色剤をつける着色印画法》.
óil-próof *adj.* 耐油の.
óil rìng *n.* **1** (印章彫刻家用の)油指輪《彫刻刀の刃先を研ぐ油とダイヤモンド細粉を混ぜたものを入れた小容器のついた指輪》. **2** 〘機械〙オイルリング《すべり軸受の潤滑のためにつけたリング》.
óil sànd *n.* 油砂(さ)《石油やアスファルトを含んだ岩石》.
óil·sèed *n.* **1** 脂肪種子《ゴマ・アブラナ・亜麻仁(あまに)など蓄積脂肪の特に多い種子》. **2** 〘植物〙＝GOLD of pleasure.
óil shàle *n.* 〘岩石〙油母(ぼ)頁岩(けつがん), 油頁岩, オイルシェール《乾留して頁岩油 (shale oil) を採る》.
óil·skìn *n.* **1** オイルスキン, 油布《油製のもので防水加工した布》. **2** 油布製レインコート, 油布製衣類. **3** [*pl.*] (上下揃いの)油布製衣服.
óil slìck *n.* 水面上の油膜.
óil-sóluble *adj.* 油溶性の.
óil sprìng *n.* オイルスプリング《鉱油を産する泉》.
óil·stòne *n.* 油砥石(といし). ── *vi.* 油砥石で研(と)ぐ[みがく, 研摩する].
óil·stòve *n.* 石油ストーブ.
óil swìtch *n.* 〘電気〙油入り開閉器《接点を油中で開閉するスイッチ; cf. air switch》.
óil-tánker *n.* **1** 油送船, 油運送船, タンカー. **2** 油運搬車.
óil tànning *n.* 〘皮革〙油なめし《魚油などを用いて皮をなめす方法》.
óil·tìght *adj.* 油密の, 油の漏らない. **~·ness** *n.*
óil vàrnish *n.* 〘化学〙油ワニス, 油性ワニス《亜麻仁油(あまにゆ)・桐油(とうゆ)などの乾性油またはボイル油に樹脂を溶解したもの》.
óil wèll *n.* 油井(ゆせい).
oil·y [ɔ́ɪli | -lɪ] 〖《1528》〗 ── *adj.* (**oil·i·er**; **-i·est**) **1** 油の; 油性の. **2** 油を引いた; 油を含む. **2** 油っこい; 油だらけの (greasy). **3** 口先のうまい (unctuous), 弁舌の達者な (suave): have a smooth, ~ tongue 舌がよく回る. ── *adv.* ＝oilily. **óil·i·ness** *n.*
óil yéllow, O- Y- *n.* **1** 油溶性の黄色染料. **2** 〘染色〙オイルエロー ($C_6H_5N_2C_6H_4N(CH_3)_2$)《発癌性のアゾ染料; 昔バターや油の色付けに用いた; butter yellow, methyl yellow ともいう》.
oink [ɔ́ɪŋk] 〘擬音語〙《口語》 *n.* (豚の声・鳴きまねの)ぶうぶう. ── *vi.* ぶうぶういう.
oi·noch·o·e [ɔɪnákoui | -nɔ́kəuɪ] *n.* (*pl.* **~s, -o·ae** [-kouìː | -kəuìː]) ＝oenochoe.
oint·ment [ɔ́ɪntmənt] 〖《c1300》 *oignement* ▭ OF < VL **unguimentum*＝L *unguentum* 'UNGUENT': *-t-* は《廃》*oint* to anoint の影響で 14 世紀から〗 *n.* 軟膏(unguent).
a fly in the ointment ⇨ fly^2 *n.* 成句.
OIr., O.Ir. 《略》Old Irish.
Oir·each·tas [ɛ́rəxθəs | ɛ́ərəxθæs, -təs] 〖▭ Ir. ~ 'assembly'〗 *n.* [the ~] **1** (アイルランド共和国の)国会《下院 (Dail Eireann) および上院 (Seanad Eireann) から成る》. **2** 国民文学大会《アイルランド語の使用を奨励するために毎年 Dublin 等の都市で開かれる》.
Oise [wáːz; *F.* waːz] 〖▭ F ~ < L **Oiseze Isara* (原義) ? frozen water: もと川の名〗 ── *n.* **1** オワーズ(県)《フランス北部の県; 人口 599,000, 面積 5,857 km², 首都 Beauvais》. **2** [the ~] オアーズ(川)《ベルギー南部からフランス北部を流れ Paris の近くで Seine 川に合流する川 (303 km)》.
Oi·sin [ʌʃíːn | ɔ́ɪzɪn] 〖▭ Gael. ~ 'OSSIAN'〗 *n.* 〘アイル伝説〙オイシン《Finn の子で文武にすぐれた英雄; Ossian とも呼ばれ 3 世紀頃の人とされている》.
Oi·strakh [ɔ́ɪstrək, -strəx, -straːk, -straːx; *Russ.* ójstrəx], **David Fëdorovich** *n.* オイストラフ《1908–74; ソ連のバイオリン奏者》.
OIT 《略》Office of International Trade (米国の)国際貿易局.
OIt., O.It. 《略》Old Italian.
oi·ti·ci·ca [ɔ̀ɪtəsíːkə | -tɪ-] 〖▭ Port. ~ ▭ Tupi *oitycica, uiticica*〗 ── *n.* 〘植物〙オイチシカ (*Licania rigida*)《ブラジル産バラ科の高木; 種子から油を採る》.
oiticíca òil *n.* 〘化学〙オイチシカ油《オイチシカの種子から採る乾性油; ワニス・ペンキ・印刷インクなどの製造用》.
O·jib·wa [o(ʊ)dʒíbweɪ | ə(ʊ)dʒ-, ɔdʒ-] 〖▭ Am.-Ind. *Ojibway* (原義) to roast till puckered ← *ojib* to pucker ＋*ub-way* to roast: この種族の用いる鹿皮靴の縫目にしわが寄っていることから〗 (*also* **O·jib·way** [~]) ── *n.* (*pl.* **~, ~s**) 《米》 **1 a** [the ~(s)] オジブウェー族《Algonquian 語族に属するアメリカインディアンの大種族; Superior 湖地方に住みメキシコ以北での最大種族》. **b** オジブウェー族の人. **2** オジブウェー語《Algonquian 語族》. ── *adj.* オジブウェー族の; オジブウェー語の.
OJT, o.j.t. 《略》〘経営〙on-the-job training.
OK [òukéɪ, ⏝⏝, ⏝⏝ | əukéɪ] 〖《1839》: 諸説 (例えば all correct の発音綴り *oll korrect* からなど) があるが, Martin Van Buren を支持する民主党の一派が彼の生地 Kinderhook, N.Y. にちなんで命名したという O.K. (Old Kinderhook) Club (1840) によって一般化した〗 《口語》 ── *adj.* 間違いのない, 正しい (all correct): Everything's *OK*. 万事異常なし. ── *adv.* **1** 間違いなく, 大丈夫: The radio was working *OK*. ラジオはちゃんと聞こえていた. **2** よろしい, オーケー, オーライ (all right). ── *n.* (*pl.* **~'s**) 承認, 許可: get an *OK* on a proposal 提案に同意[承諾]を得る. ── *vt.* (**OK'd**; **OK'ing**; **OK's**) …に OK と書く; (OK と書いて)承認する; …に賛成する, 同意する: *OK* a plan 案に同意する / I *OK'd* all their demands. 彼らの要求をすべて承認した.
OK 《略》〘米郵便〙Oklahoma (州); 〘海事〙outer keel「外竜骨.
o·ka [óukə] 〖《*a*1625》 ▭ It. *oc*(*c*)*a* ▭ F *o*(*c*)*que* ▭ Turk. *ōqah* ▭ Arab. *ūqíya*^{h} ▭ ? Gk *ougkía* ▭ L *uncia* 'OUNCE^1'〗 *n.* ＝oke^1.
O·ka [oukáː | əu-; *Russ.* aká] *n.* [the ~] オカ(川)《ソ連邦ロシヤ共和国西部の川; Gorki で Volga 川に合流する (1,500 km)》.
o·ka·pi [oukáːpi | əukáːpɪ] 〖《1900》← Afr. (土語)〗 ── *n.* (*pl.* **~s, ~**) 〘動物〙オカピ (*Okapia johnstoni*)《アフリカ中部産のキリンに似た動物; キリンよりも小型で頸(くび)が短い》.

okapi

O·ka·van·go [òukəvǽŋgou | əukəvǽŋgəu] *n.* [the ~] ＝Okovanggo.
o·kay [òukéɪ, ⏝⏝, ɔ́(ː)keɪ | əukéɪ] *adj., adv., n., vt.* ＝OK.
oke^1 [óuk | əuk] 〖〘異形〙← OKA〗 *n.* オーク《ギリシャ・トルコ・エジプト・ブルガリアなどの単位》: **a** 重量単位《約 $2^3/_4$ pounds》. **b** 液量単位《約 $1^1/_3$ 米 quarts》.
oke^2 [óuk | əuk] *adj., adv.* 《俗》＝okay.
O·kee·cho·bee [òukətʃóubi, -kiː- | əukɪtʃə́ubɪ, -kiː-], **Lake** 〖▭ Am.-Ind. ~ (原義) ? water-big〗 ── *n.* オキチョビ湖《米国 Florida 州南部, 沼沢地方 (the Everglades) の北部にある湖; 長径 64 km, 短径 40 km》.
O'Keeffe [o(ʊ)kíːf | ə(ʊ)-], **Georgia** *n.* (1887–) 米国の女流画家.
O·ke·fe·nó·kee Swámp [òukəfənóuki- | əukɪfɪnə́ukɪ-] 〖*Okefenokee*: ← Am.-Ind. (原義) trembling earth〗 ── *n.* [the ~] オキフェノキー沼沢地《米国 Georgia 州南東部から Florida 州北東部にかけての沼沢地帯》.
o·keh [òukéɪ, ⏝⏝, ɔ́(ː)keɪ | əukéɪ] *adj., adv., n., vt.* ＝OK.
O'Kel·ley [o(ʊ)kéli | ə(ʊ)kélɪ], **Seán T**(**homas**) *n.* (1883–1966) アイルランドの政治家; Sinn Fein の指導者; アイルランド共和国の大統領 (1945–59).
o·key [òukéɪ, ⏝⏝, ɔ́(ː)keɪ | əukéɪ] *adj., adv., n., vt.* ＝OK.
o·key·doke [òukidóuk | əukɪdə́uk] 〖*doke* は無意味に添えたもの〗 *adj., adv.* (*also* **o·key·do·key** [-ki | -kɪ]) 《米俗》＝OK.
O·khotsk [oukátsk | əukɔ́tsk, ɔk-], **the Sea of** *n.* オホーツク海《Kamchatka 半島の西側にある太平洋の支海; 面積 1,528,000 km²; 最深部 3,374 m》.
Okhótsk Cúrrent *n.* [the ~] 千島海流, 親潮.
O·kie [óuki | ə́ukɪ] 〖← OKLAHOMA＋-IE 1〗 ── *n.* 《米》 **1** 《口語》 **a** (米国中央部, 特に Oklahoma 州あたりの旱魃(かんばつ)・砂あらし (dust bowl)・害虫などのために農地を失った)移動農業労働者. **b** 移動農業労働者. **2** [軽蔑的に用いて] 米国 Oklahoma 州の人.
O·ki·na·wan [òukənáːwən, -náuən | əukɪ-] 〖⇨ -an^1〗 *adj., n.* 沖縄の(人).
ok·ka [ákə | ɔ́kə] *n.* ＝oke^1.

Okla. 《略》 Oklahoma.
O·kla·ho·ma [òʊkləhóʊmə | əʊkləháʊ-] 〖⊏ Am.-Ind. (Choctaw) ～ ← *okla* people＋*homma* red〗 *n.* 米国中央部の州 (⇨ United States of America 表).
Oklahóma Cíty *n.* 米国 Oklahoma 州の中央部にある同州の首都; 人口 366,000.
O·kla·ho·man [òʊkləhóʊmən | əʊkləháʊ-] *adj.* (米国) Oklahoma 州(人)の. **—** *n.* Oklahoma 州の(人).
O·ko·vang·go [òʊkəvǽŋgoʊ | əʊkəvǽŋgəʊ] *n.* [the ～] オコバンゴ(川)《アフリカ南西部の川; Angola から Botswana のオコバンゴ沼沢地(Okovanggo Swamp) まで流れる; Okavango ともいう; ポルトガル語名 Cubango [kubéŋgu]》.
o·kra [óʊkrə | óʊ-] 〖← W-Afr.〗 **—** *n.* **1** 〘植物〙 オクラ (*Hibiscus esculentus*)《熱帯アジア原産で, 新旧両大陸の暖地で広く栽培されるアオイ科の植物; gumbo ともいう》. **2** オクラの鞘(さや)《スープ・シチューに入れる; 中の種子はコーヒーの代用品》. **3** オクラ入りのスープ (gumbo).
ok·ta·sty·los [ɑ̀ktəstáɪlɑs | ɔ̀ktəstáɪlɔs] *n.* ＝octastylos.
Ok·to·ber·fest [ɑktóʊbəfèst | ɔktə́ʊbə-; *G.* ɔktó:bɐfɛ̀st] 〖⊏ G ～ 'October festival'〗 **—** *n.* **1** 十月祭《ドイツの Munich で毎年行なわれるビールを飲んで浮かれる秋の祭》. **2** 十月祭類似の祭.
OL, O.L. 《略》 Old Latin.
Ol. 《略》 Olympiad; Olympic.
O.L. 《略》〘処方〙 *L.* oculus laevus (＝left eye); oil lighter; 〘スポーツ〙 outside left.
-ol[1] [ɔ(:)l, oʊl, ɑl | ɔl] 〖← (ALCOH)OL〗 *suf.* 〘化学〙「水酸基を含む化合物」の意を表わす名詞を造る: glycer*ol*, lys*ol*, menth*ol*.
-ol[2] [ɔ(:)l, oʊl, ɑl | ɔl] *suf.* -ole[1] の異形: benz*ol*.
O·la [óʊlə | óʊ-] 〖⇨ Olga〗 *n.* 女性名.
Ol·a·ca·ce·ae [òʊləkéɪsiìː | ɔ̀l-] 〖← NL ～ ← *Olac-*, *Olax* (属名: ← LL *olax* odorous ← *olēre* to smell (⇨ odor))＋-ACEAE〗 **—** *n. pl.* 〘植物〙 ボロボロノキ科.
òl·a·cá·ceous [-ʃəs] *adj.*
O·laf [óʊləf, -læf | óʊ-; *Dan.* óːlaf, *Norw.* úːləf] 〖⊏ ON *Anleif-r* 《原義》 relics of ancestor〗 *n.* 男性名.
Olaf I *n.* オラフ一世 (⇨ Olaf Tryggvessön).
Olaf II *n.* オラフ二世 (⇨ Olaf Haraldsön).
Olaf V *n.* ＝Olav V.
Olaf Ha·rald·sön [-hɑ́:rɑ:lsə(:)n | -sən; *Norw* hɑ́:rɑlsən], Saint *n.* オラフハラルドソン, オラフ二世 (Olaf II) 《995?–1030; ノルウェー王 (1015–30); 生前は Olaf the Fat とよばれたが, 死後ノルウェーの守護聖人となり, Olaf the Saint とよばれる》.
Ólaf Trýgg·ves·sön [-trígvəsən; *Norw.* -trygvəsən] *n.* オラフトリュグベソン, オラフ一世 (Olaf I) 《969?–1000; ノルウェー王 (995?–1000); はじめ Vikings を率いて英仏を侵略したが, のちノルウェー国内のキリスト教の普及に努めた》.
Ö·land [ɜ́:lɑ:nd; *Swed.* ǿ:land] 〖⊏ Swed. ～ ← *öland* island〗 **—** *n.* エーランド(島)《スウェーデン南東の島; Kalmar Sound をへだてて本土に対する; 人口 21,000, 面積 1,344 km²》.
-ol·a·try [ɑ́lətri | ɔ́lətrɪ] (連結辞 -o- を伴った) -latry の異形.
Olav V [óʊləv, -læv- | óʊ-; *Norw.* ú:ləf] *n.* オラフ五世《1903– ; ノルウェーの現国王 (1957–)》.
old [óʊld | əʊld] 〖OE (*e*)*ald* < (WGmc) **alða* (p.p.) 《原義》 nourished, grown up (Du. *oud* / G *alt* / Goth. *alþeis*) ← IE **al-* to grow, nourish (OE *alan* to nourish / L *alere* to nourish & *altus* high)〗 **—** *adj.* (～·**er**; ～·**est**; 兄弟・姉妹関係を表わす時には **eld·er**; **eld·est** (cf. 2 b)) **1 a** 年取った, 年寄りの, 高齢の, 老齢の; (年が)長じた, 相当年輩(ねんぱい)の; 年寄りじみた, ふけた (↔ young): ⇨ old age, old man 1 / a venerable ～ man 高齢者 / an ～ horse 年老いた馬, 老馬 / an ～ oak オークの老樹 / be prematurely ～ (年に似合わず) 老い込んでいる, ふけている / one's ～ bones 老骨《年を取った自分のことをいう》 / grow ～ 老いる, 年を取る / He looks ～ for his age. 年齢の割にはふけて見える / A man is as ～ as he feels, and a woman as ～ as she looks. 《諺》 男の年は気, 女の年は顔 / He is ～ enough to know better. 彼はものの分別がもっとついてよい年頃だ. **b** [the ～; 名詞的に] 老人(たち), 年寄り(連中) (old people). ★ 次の句では the が略される: ～ and young＝young and ～ 老いも若きも.
2 a [期間を表わす限定句に伴って] …歳の, (いくつ) 年を取った; …期間存在した: How ～ is he?—He is thirty years ～. 彼は何歳ですか—30 歳です / a boy (of) ten years ～ 10 歳の少年 / a baby ten days ～ 生後十日の赤ん坊 / The moon is fifteen days ～. 十五夜の月だ / This society is nearly a century ～. この協会は発足以来かれこれ 1 世紀になる. **b** [比較級・最上級で] 年長の, 年上の: the ～*est* boy in the class 組の中で一番年かさの少年 / My eldest sister is seven years ～*er* than I. 私の一番上の姉は私より七つ年上です. ★《米口語》では兄弟・姉妹関係を言う場合でも elder, eldest の代わりに, older, oldest を用いることがある: my ～*er* brother / her ～*est* son (★ ただし, この用法は意味の曖昧を引き起こすことがあり, I have an ～*er* brother. は "I have an *elder* brother". の意味のほかに「それよりも年上の兄弟がある」の意味を表わしうる). **c** 《口語》 [年齢を表わす数詞を修飾して] …より実際は年を取った: She is an ～ fifty. 50 歳と言うが本当はもっと上だ.
3 a 年数を経た, 古い; 古くなった, 古びた, 使い古した; 〈酒など〉熟成した: an ～ house (建ってから)古い家 / ～ wine 古酒 / ～ bread 堅くなったパン / ～ boots [shoes] 古靴 / ～ clothes 古い[古ぼけた]衣類, 古着 / an ～ hat 古帽子 (cf. old hat). **b** 〈様式・流行など〉陳腐な, 古臭い; 旧式の, 時代遅れの: an ～ joke 古臭い冗談 / ～ fashions 時代遅れの流行 (cf. old-fashioned) / an ～ fogy 頑固な旧弊家 (cf. old-fogyish) / This camera is an ～ model. このカメラの型は古い.
4 a 昔からの, 長い歴史のある: an ～ family 旧家 / an ～ friend of mine [his] 私の[彼の]旧友 / the ～ familiar faces 昔からの顔なじみ (C. Lamb, *The Old Familiar Faces*) / ～ habits and customs 昔ながらの風俗習慣 / (as) ～ as the hills [world] 非常に古い. **b** 昔ながらの, いつもの, 例の: one of his ～ tricks 彼のいつもの[例の]手口 / the same ～ excuse いつもの同じ口実 / It is the ～ story. よくある話だ, 例の話だ.
5 以前の, もとの, 昔の (former): an ～ pupil of mine 私のもとの教え子 / the ～ year 旧年《the new year (新年)に対し》 / one's ～ name 旧姓 / ⇨ old soldier.
6 a 過ぎ去った昔の; 古代の; 前時代の (↔ modern): ～ civilizations 古代の文化 / the ～ laws of our ancestors われわれの祖先の時代の法律 / the ～ London 昔のロンドン / ～ Japanese literature 日本の古代文学. **b** [O-] (言語史で) 古代の; 古期の, 古… (cf. modern 4, middle 3, early 4 b): ⇨ Old Persian, Old English. **c** [O-] 〈祝祭日が〉旧暦の[で行なわれる]: *Old* Christmas (Day).
7 a 経験を積んだ, 老練の: ～ in experience 経験にたけた / an ～ offender 常習犯 / ⇨ old bird, old hand. **b** (年を取ったことから, または年を取ったように)思慮深い, 物静かな, 賢い: an ～ head on young shoulders 若いに似合わぬ知恵者.
8 a 〈色が〉灰色じみた, くすんだ: ⇨ old rose. **b** 《廃》 古着をまとった, みすぼらしい.
9 a 《口語》 [同輩の間で親愛または軽蔑の意を含めて, また特に呼掛けの時に用いて]: ⇨ old man 2, 3, old woman 3 / ～ England 英国人が自国を呼ぶ愛称語 / ～ boy [bean, cock, chap, fellow] おい君 / my little ～ fellow 《米》 おい君 / the ～ thing やつ. **b** 《俗》 [通例賞賛・是認の意の形容詞の後に置いて無意味の強意語として]: good ～ Tom トムのやつ / in the good ～ days ⇨ good *adj.* 2 / We had a fine [high, rare] ～ time. とても愉快だった / They kicked up a good [jolly] ～ row. いやはやどえらい騒ぎを起こした.
10 〘地質〙 **a** 〈地形が〉浸蝕の進んだ, 浸蝕で大いに削られた: an ～ valley. **b** 〈河川が〉(流れが緩漫になって)涸(か)れかかっている, 衰えた: an ～ river.
any old 《俗》 どんな…でも: *Any* ～ color will do. どんな色だっていい / He buys *any* ～ thing. 彼は何でもかでも買う. ***any old how*** ⇨ any *adv.* 成句.
— *n.* **1** [通例 of ～ で] 昔; 往時, 古代: in days *of* ～ 昔, 昔に / the men *of* ～ 昔[古代]の人々 / his tricks *of* ～ 昔からの彼の手口. **2** [通例 …-year-old の形の複合語をなして] …歳の人[動物]: a ten-*year-old* 10 歳の子供 / four-*year-olds* 4 歳馬.
of old (1) ⇨ 1. (2) [副詞句をなして] 昔は, 昔に, 昔(から): as *of* ～ 昔のように.
— *adv.* [通例複合語の第 1 構成素として] 昔に: *old-established*.
～·ness *n.*
óld Ádam *n.* [the ～] ⇨ Adam[1] 3.
óld-áge *adj.* **1** 老年の, 老年者のための: ～ benefits 〘保険〙 老齢給付 / ～ insurance 〘保険〙 老齢保険. **2** 〘地質〙 〈地形など〉老年期の.
óld áge *n.* **1** 老年《通例 65 歳以上をさす; cf. youth》: in ～ 年を取って / live to a good ～ かなりの年まで生きる. **2** 〘地質〙 (地形の)老年期.
óld-àge pénsion *n.* 老齢年金.
óld báchelor *n.* 頑固な独身者, 独身主義を固く守っている人.
Óld Bái·ley [-béɪli | -lɪ] 〖もと London の市壁内 (bailey) であったことにちなむ〗 **—** *n.* **1** London の旧市部 (the City) の街路名《Old Bailey Street ともいう》. **2** [the ～] そこにある中央刑事裁判所 (Central Criminal Court) の俗称.
óld bírd *n.* 《口語》 **1** 老人, じいさん. **2** 老練家, 経験家, 海千山千の人; 油断のない人: An ～ is not caught with chaff. 《諺》 古狐は罠にかからぬ.
óld bóy *n.* **1** 《英口語》 卒業生; (特に) public school [preparatory school] の卒業生 (cf. old girl). **2 a** 元気[ひょうきん]な老人. **b** 過去の時代の人; 旧家[名門]の出の人. **3** [the O- B-] 《戯言》 悪魔 (the Devil). **4** 《英》 [親しみの呼掛けに用いて] やあ, おい君.
óld-bòy nétwork *n.* [the ～] 《英》 [しばしば軽蔑的] (同一 public school などの)出身者間の団結[(学)閥].
Óld Bulgárian *n.* 古期ブルガリア語 (⇨ Old Church Slavic).
Old·bu·ry [óʊldb(ə)ri | əʊldb(ə)rɪ] 〖ME *Oldebure* 《原義》 old fort: cf. borough〗 **—** *n.* イングランド Hereford and Worcester 州の金属工業都市; 人口 54,000.
Óld Castíle *n.* カスチリヤ ラ ビエハ, 旧カスティリア《スペイン北部の地方; 人口 2,155,000, 面積 66,105 km²; スペイン語名 Castilla la Vieja [-labjéxa]; ⇨ Castile[1]》.
Old·cas·tle [óʊldkæ̀sḷ | əʊldkɑ:sḷ], Sir **John** *n.* ⇨ Cobham.
Óld Cátholic *n.* **1** (ヨーロッパの)懐古[復古]カトリック教徒, 古カトリック主義者《近代の教義, 特に教皇不謬(ふびゅう)性 (papal infallibility) 説に対して批判的な一派の信者》. **2** (特に, 米国の)古代カトリック教復帰派の教徒《聖職者の階級制度に反対する》.
Óld Céltic *n.* 古代ケルト語《ゴール地方を中心にヨーロッパ大陸で 4 世紀ごろまで用いられていた》.
Óld Chrístmas *n.* 《米中部》 ＝Epiphany 1 b.
Óld Chúrch Slávic [Slavónic] *n.* 古期教会スラブ語, 古期スラブ語《もとは南スラブ語の一方言で主な文献は 9 世紀の Macedonia の僧 Konstantinos と Methodios の手になる聖書の訳・聖者伝などで, スラブ語中最古の文献; Old Slavic, Old Bulgarian ともいう; ⇨ Slavic》.
óld-clóthes·man [-mən] *n.* (*pl.* **-men** [-mən, -mèn]) 古着屋.
Óld Contémptibles *n. pl.* [the ～] 第一次大戦で 1914 年に派遣された Sir John French の英国遠征軍《ドイツ皇帝がこの遠征軍を contemptible little army と呼んだことから》.
óld cóuntry *n.* [one's ～, the ～] (移住民の)故郷; (特に, 昔の英植民地で言う)本国《英国》, (米国移住民から見て, ヨーロッパにある)故国.
óld cóvenant *n.* [the ～] **1** 〘神学〙 旧約《Moses の律法に基づいて神と古代イスラエル民族との間に交された契約》. **2** [O- C-] 旧約聖書 (Old Testament).
Óld Dánish *n.* 古期デンマーク語《12–14 世紀の文献に残る》.
Óld Délhi *n.* ⇨ Delhi.
Óld Domínion *n.* [the ～] 米国 Virginia 州の俗称.
Óld Dútch *n.* 古期オランダ語《1200 年までの最古期のオランダ語; 略 ODu.》.
old·en [óʊldən, -dṇ | əʊld-] 〖*adj.*: (*a*1325) ← OLD＋-EN[2]. — v.: (1827) ← OLD＋-EN[1]〗 **—** *attrib. adj.* 《詩・古》 **1** 昔の (ancient): in the ～ days [time]＝in ～ times 昔. **2** 年をとった, 老齢の. **—** *vi.* 老いる; 古びる. **—** *vt.* 《古》 老いさせる; 古くさせる.
Ol·den·burg [óʊldənbə̀:g, -dṇ- | əʊldənbə̀:g, -dṇ-; *G.* ɔ́ldənbùrk] 〖⊏ G ～ 《原義》 old fort〗 **—** *n.* オルデンブルク《西ドイツ Lower Saxony 州の都市; 人口 135,000》.
Óld Énglish *n.* **1** 古(期)英語《700–1100 年; Anglo-Saxon ともいう; 略 OE; cf. English *n.* 1》. **2** 〘活字〙 オールドイングリッシュ(体) (⇨ black letter).
óld Énglish shéepdog *n.* オールドイングリッシュシープドッグ《英国原産の目がかくれるほどの長毛で, 切り尾のある牧羊犬種のイヌ; bobtail ともいう》.
óld-estáblished *adj.* 古い伝統のある, 昔[古く]からの: an ～ shop [store] 老舗(しにせ).
óld fáce *n.* 《英》〘活字〙 オールドフェース (old style).
Óld Fáithful *n.* 米国 Yellowstone 国立公園にある有名な間歇(かんけつ)泉; 35 分ないし 80 分, 平均約 65 分ごとに噴出する.
óld-fángled [-fǽŋgḷd] *adj.* ＝old-fashioned (↔ new-fangled).
óld-fáshioned 〖(1604)〗 **—** *adj.* **1** 昔はやった, 古風な, 時代おくれの: ～ clothes. **2 a** 過去の時代の, 旧式の: an ～ idea 旧式な[古い]考え. **b** 頭の古い; 新しがらない, 保守的な: I am ～ enough to think so. 私は保守的だから(どうしても)そういうふうに考える. **3** 〘園芸〙 〈バラが〉野生の. **～·ly** *adv.*
Óld Fáshioned, o- f- *n.* 《米》 **1** オールドファッションドカクテル《ウィスキー・ビターズ・砂糖・少量の水またはソーダ水のカクテルで, 氷にオレンジなどの輪切りを添える》. **2** オールドファッションドグラス《丈が低く幅広のカクテル用グラス》.
óld fíeld pìne *n.* 〘植物〙 ＝loblolly pine.
Óld Flémish *n.* 古期フランダース語《13 世紀ごろまでの文献に残る》.
óld-fógyish *adj.* (頭の古い)頑固おやじめいた, 旧式で頑固な (cf. fogy).
Óld Frénch *n.* 古期フランス語; 中世フランス語 (略 OF; ⇨ French 1 a).
Óld Frísian *n.* 古期フリースランド語《11–16 世紀の間話された西ゲルマン語; Old English および Old Saxon と密接な関係がある; 略 OFris.》.
óld gírl *n.* **1** 《英口語》 卒業生; (特に) public [preparatory] school の女子卒業生 (cf. old boy 1). **2** 《英》 [親しみの呼び掛けに用いて] ねえ, お前, 君.
Óld Glóry *n.* 《米》 米国国旗 (Stars and Stripes) の俗称.
óld góld *n.* 古金色《無光沢赤黄色》. **óld-góld** *adj.*
Óld Guárd 〖《なぞり》 ← F *Vieille Garde*〗 **—** *n.* [the ～] **1** Napoleon 一世の親衛隊《1804 年創設; Waterloo の会戦で最後の突撃をした》. **2** [o- g-] (組織体の中の)古株連; 頑迷な保守派[体制派].
Óld Guárd·ism, o- g- [-gɑ́ədɪzm | -gɑ́:d-] *n.* (政治上の)頑迷な保守主義.
Óld Guárd·ist, o- g- [-dɪst, -dəst | dɪst] *n.* (政治上の)頑迷な保守主義者.
Old·ham [óʊldəm | əʊld-] 〖ME *Aldholm*: ⇨ old, holm[1]〗 *n.* イングランド西部 Greater Manchester 州の綿紡績工業都市; 人口 228,000.
Óldham's cóupling *n.* 〘機械〙 オルダム継手《一直線上にない両軸を接続する場合に用いる継手》.
óld hánd *n.* **1** 老練家, 熟練家: an ～ *at* the game その道の老練家. **2** 《豪》 **a** 《古》 前科者 (ex-convict); (オーストラリアへの)初期移民者. **b** 《口語》 定住者.
Óld Hárry *n.* 《戯言》 悪魔 (the Devil) (cf. Harry[2] 1). ***play Old Harry with*** …をめちゃくちゃにする, 混乱させる.
óld hát *pred. adj.* (*also* **óld-hát**) 《口語》 **1** 時代遅れの, 古くさい: Such a novel is ～ now. **2** 平凡な, 新味がない; (今のものに比べて)劣る.
Óld Híckory 〖その性格が頑固だったことから〗 *n.* 《米》 米国第七代大統領 Andrew Jackson のあだ名.
Óld Hígh Gérman *n.* 古高ドイツ語, 古期高地ドイツ語 (略 OHG; ⇨ German[2] *n.* 2).

óld hòme *n.* [the ~] =old country.
Óld Húndred [Húndredth] *n.* 〘音楽〙オールドハンドレッド《'All people that on earth do dwell'「よろずのくにびとよ, わが主にむかいて」で始まる William Kethe の作詩による賛美歌 (1563) などに用いられる旋律 (1551)》.
Óld Icelándic *n.* 古期アイスランド語《12-16 世紀の文献に残る; Old Norse と同義に用いられることがある》.
old·ie [óʊldi | ə́ʊldɪ] 〘← OLD+-IE 1〙 *n.* 《口語》古風な人[もの]; (特に)時代遅れの[昔の]流行歌[映画], 陳腐なジョーク.
Óld Índic *n.* =Old Indo-Aryan.
Óld Ìndo-Áryan *n.* **1** 古代インドアーリア語《古代インドで使用された印欧語族の諸言語; Vedic および古典 Sanskrit, Pali, Prakrit 諸方言》. **2** Sanskrit (および Vedic) の総称.
Óld Iónic *n.* 古代イオニア語《Homer の叙事詩のほか多くの碑文にみられる古代ギリシャ語の一方言; cf. Ionic dialect》.
Óld Iránian *n.* 古期イラン語 (cf. Iranian 2).
Óld Írish *n.* 古期アイルランド語《7 世紀から 11 世紀までアイルランドで話された Gaelic 語; 略 OIr.》.
Óld Íronsides *n.* オールド アイアンサイズ《米国のフリゲート艦 The Constitution 号の愛称; 1830 年老朽艦として破棄される直前, O. W. Holmes が Boston の *Advertiser* 紙に詩 *Old Ironsides* を発表して世論に訴えたため, 破棄を免かれ, 1833 年再建, 現在はボストン港に展示されている》.
óld·ish [-dɪʃ] *adj.* **1** やや老いた: an ~ man. **2** 古めかしい.
Óld Itálian *n.* 古期イタリア語《964 年から記録されている最古の段階にあるイタリア語; 略 OIt.》.
Óld Kíngdom *n.* [the ~] (古代エジプトの)古王国(時代)《c. 2780-2250 B.C. の第 3-6 王朝の時代; the Pyramid Age ともいう; cf. Middle Kingdom, New Kingdom》.
òld lády *n.* **1** [ˊ-ˊ-] 老婦人. **2** 《口語》[one's [the] ~] **a** (自分の)母, お袋. **b** (自分の)妻, 女房. **3** =old maid 2.
Old Lady of Threadneedle Street [the —] 〘London 旧市部の中心 Threadneedle Street にあるため〙イングランド銀行 (Bank of England) の異名.
Óld Látin *n.* 古期ラテン語《古典時代以前に(紀元前 6 世紀から紀元前 75 年にかけて)用いられたもの》.
Óld Líght *n.* **1** (特に, 米国植民地時代の宗教上の)旧派[保守派]の人 (↔ New Light). **2** =Auld Licht.
óld-líne *adj.* **1** 旧弊な, 保守的な (conservative). **2** **a** 歴史の古い, 伝統のある: an ~ shop [store] 老舗(しにせ). **b** 経験を積んだ, 老練の (experienced).
óld-líner *n.* 保守的な人, 保守家; 保守派の人.
Óld Líne Státe *n.* [the ~] 米国 Maryland 州の俗称.
Óld Lów Gérman *n.* 古低ドイツ語, 古期低地ドイツ語 (略 OLG; ⇨ German² *n.* 2).
óld máid 〘《1530》〙 — *n.* **1** 年取った未婚の女, オールドミス (spinster). **2** 極端に几帳面で潔癖で小やかましい女[男], やかまし屋. **3** 《戯言》(特に, 食卓で皿から)最後の一つを取る人, 残り物の福をとる人. **4** 〘トランプ〙西洋ばば抜き《joker でなく queen が手に残ると負けになる》; queen が手に残った人, ばば.
óld-máid·ish *adj.* オールドミスのような; 几帳面で潔癖な, 小やかましい. **~·ly** *adv.* **~·ness** *n.*
òld mán 〘《?c1200》〙 — *n.* **1** [ˊ-ˊ-] 老人. **2** [one's [the] ~] 《口語》**a** (自分の)父, おやじ. **b** (自分の)夫, うちの人, 主人. **3** [親愛の意をこめた呼掛けとして] おい君 (cf. old *adj.* 9). **4** **a** [the; 時に O- M-] (雇い主・上司などを指して)おやじ, 親方, 大将. **b** 指揮官, 指令官 (commander). **c** 《俗》〘海軍〙船長 (captain). **5** **a** (その道の)ベテラン, 古株, 古参者. **b** =old Adam. **c** =God. **6** 《豪》(成長した)雄のカンガルー. **7** [the ~] 〘聖書〙古き人, 回心前の人 (cf. *Rom.* 6:6, *Eph.* 4:22) (↔ new man): put off *the* ~ 回心する (*Col.* 3:19). **8** 〘植物〙**a** =southernwood. **b** =rosemary.
Old Man of the Sea [the —] (1) (「アラビア夜話」中) Sindbad の背中に幾日もくっついて離れなかった老人. (2) 容易に払い落せない人[物], やっかい者.
óld-màn cáctus 〘とげが老人の白髪に似ていることから〙 *n.* 〘植物〙オキナマル (*Cephalocereus senilis*)《メキシコ産サボテンの一種》.
Óld Màn Ríver *n.* 《米》Mississippi 川の俗称.
óld-màn's-béard *n.* 〘植物〙**1** **a** =virgin's bower. **b** =traveler's-joy. **2** =fringe tree.
óld máster *n.* 〘美術〙**1** [the ~s] 古大家《特に, 15-18 世紀—後期ゴシック期・ルネッサンス期(フィレンツェ・ローマ派, ヴェネチア派, フランドル派など), バロック・ロココ期, など—の大画家たちをいう》. **2** 古大家の作品.
óld-míne 〘← OLD+MINE²〙 *adj.* 〘宝石〙〈ダイヤモンドが〉オールドマインカットの: an ~ diamond.
óld míne cùt *n.* 〘宝石〙オールドマインカット《ブリリアントカット (brilliant cut) の一種; 19 世紀に行なわれたカット様式で, 尾部 (culet) が大きく頂部 (table) が比較的小さいため, 光輝度が少い》.
óld-móney *adj.* 数世代継承された財産を所有する.
óld móon *n.* =waning moon.
Óld Níck 〘← NICK²〙 *n.* [the ~] 悪魔 (the Devil).
Óld Nórman Frénch *n.* **1** (フランス Normandy 地方で用いられた)古期ノルマンフランス語《略 ONF》. **2** =Anglo-Norman.
Óld Nórse *n.* **1** 古期スカンジナビア語《8 世紀から 14 世紀までノルウェー・スウェーデン・デンマークおよびアイスランドで用いられた言語の総称; 略 ON》. **2** =Old Icelandic.
Óld Nórthern Frénch *n.* =Old North French.
Óld Nórth Frénch *n.* 古期フランス北部方言《特に Normandy, および Picardy 方言; 略 ONF; cf. Old Norman French》.
Óld Nórthwest *n.* [the ~] Northwest Territory の俗称.
Óld Norwégian *n.* 古期ノルウェー語《12-14 世紀の文献に残る》.
Óld Òne [-wʌn | -wʌ̀n] *n.* [the ~] 《戯言》=Old Nick.
Ol·do·wan [ɑ́ldəwən | ɔ́l-] 〘← *Oldow(ay)* (=Olduvai Gorge)+-AN¹〙 *adj.* 〘考古〙オルドワイ時代の《最古の石器時代についていう》.
Óld Páls Àct *n.* 《英戯言》親友協定《友人同士最大限に助け合うべきとする主義》.
Óld Pérsian *n.* 古期ペルシャ語《紀元前 7-4 世紀にさかのぼり, Darius, Xerxes など古代ペルシャ帝国の王たちが残した楔形(くさびがた)文字碑文を資料とする語; イラン語派に属する; 略 OPers.》.
Óld Preténder *n.* [the ~] 〘英史〙老僭(せん)王, 大王位要求者《James 二世と後妻の Mary of Modena (1658-1718) の子, James Francis Edward Stuart (1688-1766) の通称; Stuart 家の正継として王位継承権を主張し 1715 年に乱を起こしたが敗れた; Jacobites は彼を James III と称したが, Hanover 家支持者たちに「王の名を僭(せん)する者」(pretender) と呼ばれた; cf. Young Pretender》.
Óld Provençál *n.* 古期プロヴァンス語《11 世紀から 16 世紀半ごろまでのフランス南部方言; troubadour の叙情詩に用いられた》.
Óld Prússian *n.* 古期プロシア語《15 世紀から話され 17 世紀以降に死滅したバルト語; 略 OPruss.》.
Óld Réd Sándstone *n.* 〘地質〙旧赤色砂岩《デボン系中の一地質系統; 砂岩・泥灰岩・粘板岩・礫岩(れきがん)から成る赤色の陸成層; 英本国に最もよく発達している》.
óld regíme *n.* =ancien régime.
Óld Róman *n.* 古代ローマ人. — *adj.* 古代ローマ(人)の.
óld róse *n.* 灰薔色. **óld-róse** *adj.*
Óld Rússian *n.* 古期ロシア語《11 世紀-17 世紀に用いられたロシヤ語》.
óld sált *n.* 老練な船乗り.
Óld Sáxon *n.* 古期サクソン語《北ドイツでサクソン人が用い主に 9-10 世紀の文献で知られる低地ゲルマン語の一方言; 略 OS》.
óld schòol *n.* **1** [one's ~] 母校, 出身校. **2** [the ~; 集合的] 旧弊[保守的]な人たち.
of the old school 旧式な(考え方)の, 昔風の: an official *of the* ~ 旧式な[昔風の]役人.
óld-schòol *adj.*
óld schòol tíe *n.* **1** (英国の public school 出身者が着ける)母校の校色のネクタイ. **2** パブリックスクール出身者. **3** [the ~] **a** (public school の)出身校気質(かたぎ), 母校自慢. **b** (public school の出身者に見られるような)紳士気取り, 保守的な名門意識. **c** (体制社会の)閥(ばつ)意識.
Óld Scrátch *n.* [the ~] 《戯言》悪魔 (the Devil).
Óld Sérbian *n.* 古期セルビア語《10 世紀頃発達した南スラブ語の一方言; 略 OSerb.》.
Óld Sérpent 〘悪魔が蛇に化けて Adam と Eve を誘惑したことから〙 *n.* [the ~] 《戯言》悪魔 (Old Nick).
Óld Slávic *n.* 古期スラブ語 (⇨ Old Church Slavic).
óld slédge *n.* 《米》〘トランプ〙=seven-up.
óld sóldier *n.* **1** 老兵, 古参兵, 古つわもの (veteran); その道[海千山千]の経験者: *Old soldiers* never die; they only fade away. 老兵は死なず, ただ消え去るのみ《第一次大戦で英兵の歌った軍歌の一節》. **2** 《俗》酒のあきびん.
come the old soldier over (*a person*) (1) 〈人〉に先輩風を吹かす, 大家ぶる. (2) (経験豊富ということで)〈人〉をだまそうとする.
Óld Sóuth *n.* [the ~] 《米》南北戦争前の米国南部諸州.
Óld Spánish *n.* 古期スペイン語《12-16 世紀》.
óld-squáw *n.* 〘鳥類〙コオリガモ (*Clangula hyemalis*)《北極洋産の海ガモの一種; oldwife ともいう》.
old·ster [óʊldstə | ə́ʊldstə(r)] *n.* **1** 《口語》年寄り, 年配の人 (cf. youngster). **2** 〘英海軍〙服務 4 年の少尉候補生.
Óld Stóne Àge *n.* [the ~] 旧石器時代 (Paleolithic era).
óld-stýle *adj.* 〘活字〙〈数字の活字書体が〉オールドスタイルの《一部分が並び線の下へはみ出しているものにいう》: an ~ figure オールドスタイル数字.
óld stýle *n.* **1** 古文体. **2** 〘活字〙オールドスタイル《線の太さの差が目立たないのが特徴; cf. modern face》. **3** [the O- S-] (ユリウス暦による)旧暦《英国では 1752 年に新暦に切り替えられた; 略 O.S.; cf. New Style》. — *adj.* [o- s-] 旧暦の[を用いる, による].
Óld Swédish *n.* 古期スウェーデン語《13-14 世紀の文献に残る》.
Old Test. 《略》Old Testament.
Óld Téstament 〘ME 《なぞり》← LL *Vetus Testāmentum* 《なぞり》← Gk *Palaiá Diathḗkē*: ⇨ testament〙 — *n.* [the ~] **1** 旧約聖書《キリスト教の聖書の前半の部分で, この名称はキリスト教徒が救済の書としてユダヤ教徒の「聖典」に与えた呼称; 「律法」, 「預言書」, 「諸書」合わせて 39 書から成る; cf. New Testament》. **2** 旧約《Mount Sinai における神とイスラエル民族との間の契約; ヘブライ宗教の基本となる》. **3** ユダヤ教聖書[聖典]《ユダヤ教には旧約聖書という呼称はなく, この文書を聖書の完本とする》.
óld-tíme *adj.* **1** 昔の; 古い昔からの: an ~ friend 昔の友だち. **2** 経験を積んだ, 老練な.
óld-tím·er *n.* 《口語》**1** **a** 古くから住んで[勤めて]いる人, 古顔, ベテラン. **b** 《米》老人, 年寄り. **2** 昔かたぎの人. **3** 古めかしい[旧式な]もの; 古器.
Ól·du·vai Górge [óʊldəwàɪ-, -vàɪ- | ɔ́ʊl-] *n.* オルドバイ峡谷《アフリカ中東部 Tanzania の峡谷; Paranthropus の遺跡がある》.
Óld Víc [-vík] *n.* [the ~] London の劇場 Royal Victoria Hall の通称《主に Shakespeare 劇を上演したが, 1970 年代に National Theatre に解消した》.
Óld Wélsh *n.* 古期ウェールズ語《9-12 世紀の文献に残る》.
óld·wife *n.* (*pl.* **-wives**) **1** 《腹がふくれているためか》〘魚類〙**a** アジ科コバンアジ属の魚 (*Trachinotus palometa*) (cf. pompano 1). **b** =spot 13. **c** ブダイ科の魚 (*Scarus vetula*). **d** 熱帯大西洋やインド洋にいるモンガラカワハギ科の魚 (*Balistes vetula*). **e** =menhaden. **2** 〘鳥類〙=old-squaw.
óld wífe 〘《1340》〙 *n.* **1** 老婆 (old woman); (特に)おしゃべりの老婆. **2** (煙突の)防煙覆い[キャップ].
óld wíves' tàle *n.* 老女の(たわいのない)話[繰り言], 言い伝え; (特に)(迷信じみた)ばかげた話.
óld wóman 〘《c1395》〙 *n.* **1** 老婦人, 老婆. **2** (老婆のような)気の小さい[弱腰な]男 (cf. woman 4). **3** [one's [the] ~] 《口語》**a** (自分の)妻, 女房. **b** (自分の)母, お袋.
óld-wóman·ish *adj.* 老婆めいた; 小やかましい.
óld-wórld 〘《1712》〙 — *adj.* **1** 大昔の世界の, 太古の: an ~ animal 太古代の動物 / ~ history 太古史. **2** 古風な (old-fashioned): an ~ garden 古風な庭. **3** 旧世界 (Old World) の; 東半球の.
Óld Wórld *n.* [the ~] **1** 旧世界《ヨーロッパ・アジア・アフリカ; ↔ New World》. **2** 東半球 (Eastern Hemisphere).
Óld Yéar's Dày *n.* 大みそか (New Year's Eve).
óld-yóung *adj.* 若いのにふけている[見える], ひねた (cf. young-old).
o·lé [oʊléɪ | əʊ-; *Sp.* olé] 〘□ Sp. ~ ← (i) ? *hola* hollo // (ii) □ Arab. *wa-llāh* by God〙 — *Sp. int.* やったぁ, すごい, オーレ《闘牛やフラメンコ踊りなどの名演技に対する賞賛の叫び》. — *n.* オーレの叫び.
o·le- [óʊli | ə́ʊlɪ] (母音の前に来る時の) oleo- の異形.
-ole¹ [oʊl, ɔ(ː)l | əʊl, ɔl] 〘← L *oleum* oil〙 — *suf.* 〘化学〙次の意味の化合物を表わす名詞を造る: **1** 「異種環式の (heterocyclic)」: diaz*ole*, pyrr*ole*. **2** 「水酸基を含まない」: phenet*ole*.
-ole² [oʊl | əʊl] 〘□ F ~ □ L *-olus, -olum, -ola* (dim. suf.)〙 *suf.* 指小辞: ori*ole*, veni*ole*.
olea 〘□ L ~〙 *n.* oleum 1 の複数形.
O·le·a·ce·ae [òʊliéɪsiìː | əʊlɪ-] 〘← NL ~: ⇨ ↑, -aceae〙 *n. pl.* 〘植物〙モクセイ科. **ò·le·á·ceous** [-ʃəs] *adj.*
O·le·a·cin·i·dae [òʊliəsínədìː | əʊlɪəsínɪ-] 〘← NL ~ ← *Oleacina* (属名: ← ? L *oleāceus* oily (⇨ oleo-, -aceous)+-INA¹)+-IDAE〙 — *n. pl.* 〘貝類〙ヤマヒタチオビガイ科.
o·le·ag·i·nous [òʊliǽdʒənəs | əʊliǽdʒɪ-] 〘《1634》← L *oleāginus* (← *olea* olive)+-OUS〙 — *adj.* **1** **a** 油質の, 油性の (oily). **b** 油を含む; 油を産する[出す]. **2** (口先の)滑らかな, お世辞たらたらの.
~·ly *adv.* **~·ness** *n.*
o·le·an·der [óʊliæ̀ndə, ˌ-ˌ-ˊ- | əʊliǽndə(r)] 〘《1548》□ ML *oleander-um* 《変形》← LL *lorandrum*=? L *rhododendron* 'RHODODENDRON': L *laurus* laurel および *oleum* oil または *olea* olive の影響による: cf. F *oléandre* / It. *oleandro*〙 — *n.* 〘植物〙セイヨウキョウチクトウ (*Nerium oleander*)《白または桃色の芳香性の花をつける有毒植物》.
o·le·an·do·my·cin [òʊliændo(ʊ)máɪsn̩, -də- | əʊlɪændə(ʊ)máɪsɪn] 〘← OLEAND(ER)+-O-+-MYCIN〙 — *n.* 〘生化学〙オレアンドマイシン ($C_{35}H_{61}NO_{12}$)《放線菌の一種 *Streptomyces antibioticus* の培養液から発見された抗生物質; リボゾームに結合し, ペプチド合成を阻害する》.
o·le·as·ter [óʊliæ̀stə, ˌ-ˌ-ˊ- | əʊliǽstə(r)] 〘《a1398》□ L ~ ← *olea* olive+-ASTER¹〙 *n.* 〘植物〙=Russian olive.
o·le·ate [óʊlièɪt, -liət, -lɪɪt | ə́ʊlièɪt, -lɪət, -lɪɪt] 〘□ F *oléate*: ⇨ oleo-, -ate¹〙 — *n.* **1** 〘化学〙オレイン酸エステル[塩], 油酸塩. **2** 〘薬学〙オレート《オレイン酸に薬物を混ぜた薬剤》.
o·lec·ra·non [oʊlékrənɑ̀n, òʊləkréɪnɑn | əʊlékrənɒn, əʊlɪkréɪnɒn] 〘← NL ~ ← Gk *ōlékranon* 《短縮》← *ōlenókranon* point of the elbow ← *ōlénē* elbow+*kraníon* head〙 — *n.* 〘解剖〙肘(ちゅう)頭《尺骨上端の突起》.
o·le·fin [óʊləfɪn, -fən | ə́ʊlɪfɪn] 〘← F *oléf(iant)* oil-forming (⇨ oleo-)+-IN¹〙 — *n.* (*also* **o·le·fine** [-fɪn, -fən, -fiːn | -fɪn, -fiːn]) 〘化学〙オレフィン (⇨ alkene).
o·le·fin·ic [òʊləfínɪk | əʊlɪ-] *adj.*
o·le·i- [óʊlii | ə́ʊliɪ] oleo- の異形 (⇨ -i-).
o·le·ic [oʊlíːɪk, -léɪk, óʊliɪk | əʊlíːɪk, -léɪk, ə́ʊliɪk] 〘← OLEO-+-IC¹〙 *adj.* **1** 油の[から得た]. **2** 〘化学〙オレイン酸 (oleic acid) の.
oléic ácid *n.* 〘化学〙オレイン酸 ($C_{17}H_{33}COOH$)《不飽和高級脂肪酸の一種》.
o·le·if·er·ous [òʊlifərəs | əʊ-] *adj.* 油を出す[産する]: ~ seeds.
o·le·in [óʊliɪn, -liən | ə́ʊliɪn] 〘□ F *oléine*: ⇨ oleo-, -in¹〙 — *n.* 〘化学〙**1** オレイン ($C_{57}H_{104}O_6$)《オレイ

ン酸のグリセリド; glyceryl trioleate, triolein ともいう》. **2** (*also* **o·le·ine** [-liɪn, -liən, -liːn|-liɪn, -liːn]) 脂肪の液状部.

o·le·o [óulioʊ|ə́ulɪəʊ] *n.* (*pl.* ~s) **1** =oleomargarine. **2** =oleograph.

o·le·o- [óulio(ʊ)|ə́ulɪə(ʊ)] 〚← L *oleum* oil〛 ── 「油 (oil); オレイン (olein); オレイン酸 (oleic acid)」の意の連結形. ★ 時に olei-, また母音の前では通例 ole- になる.

o·le·o·graph [óuliəgræ̀f|ə́ulɪə(ʊ)grɑ̀ːf, -græ̀f] *n.* 油絵風石版画. **o·le·o·graph·ic** [òuliəgrǽfɪk|əulɪə(ʊ)-] *adj.*

o·le·og·ra·phy [òuliágrəfi|əulɪɔ́grəfɪ] *n.* 油絵風石版印刷(法).

òleo·márgarine *n.* (*also* **òleo·márgarin** [~]) **1** =oleo oil. **2** 《米》 =margarine.

o·le·om·e·ter [òuliámət̬ə|əulɪɔ́mɪtə(r, -mə-] *n.* **1** 油脂比重計, オリーブ油計. **2** 油脂含有率測定器.

óleo òil *n.* オレオ脂《食用の獣脂から取ったバター様の脂; マーガリン・石鹸などの製造に用いられる》.

o·le·o·phil·ic [òuliəfílɪk|əulɪ-] *adj.* 〚化学〛 油(脂)吸収性の, 親油性の (cf. lipophilic).

òleo·résin *n.* **1** オレオレジン, オレオ[含油]樹脂《精油に樹脂の溶けたもの》. **2** 〚薬学〛 樹脂油《薬用樹脂をアルコールなどで抽出して製した固形あるいは液状製剤》.

òleo·résinous *adj.* **1** オレオレジン[含油樹脂]の[に関する, を含む]. **2** 乾性油と樹脂でできた; 樹脂油の.

óleo strùt 〚⇨ strut[2]〛 *n.* 〚航空〛 オレオ緩衝支柱《着陸時のショックを和らげるため脚に付けられる空気および油を封入した支柱》.

o·le·o·yl [o(ʊ)líːoʊɪl|ə(ʊ)líːəʊ-] 〚← OLEO-+-YL〛 *n.* 〚化学〛 オレオイル《$C_{17}H_{33}CO$– の一般式をもつオレイン酸から誘導される1価の基》.

o·ler·i·cul·ture [əlérəkʌ̀ltʃə, ɑl-, ɑ́lərə-|ɔ̀lərɪkʌ̀ltʃə(r, ə(ʊ)lérɪ-] 〚← L *oler-*, (*h*)*olus* vegetable+CULTURE〛 *n.* 蔬(そ)菜[野菜]園芸, 野菜栽培.

o·lèr·i·cúl·tur·ist [-tʃ(ə)rɪst, -rəst|-rɪst] *n.* 野菜栽培家, 蔬菜園芸家.

o·le·threu·tid [òuləθrúːtɪd, -t̬əd|əulɪθrúːtɪd] 〚↓〛 〚昆虫〛 ── *adj.* ヒメハマキガ(科)の. ── *n.* ヒメハマキガ《ヒメハマキガ科の小さいガの総称》.

O·le·threu·ti·dae [òuləθrúːt̬ədìː|əulɪθrúːtɪ-] 〚← NL ~ ← *Olethreutes* (属名: ← Gk *olethreúein* to slay)+-IDAE〛 *n. pl.* 〚昆虫〛 ヒメハマキガ科.

ol·e·um [óuliəm|ə́ulɪəm, -ljəm] 〚⊏ L ~ 'OIL'〛 ── *n.* **1** (*pl.* **o·le·a** [-liə|-lɪə, -ljə]) =oil. **2** (*pl.* ~s) 〚化学〛 発煙硫酸《濃硫酸 (H_2SO_4) に無水硫酸 (SO_3) を溶かしたもの; fuming sulfuric acid, Nordhausen acid ともいう》.

Ó lèvel *n.* 〚教育〛 =Ordinary level.

o·le·yl [o(ʊ)líːɪl, -əl|ə(ʊ)líːɪl] *n.* 〚化学〛 **1** =oleoyl. **2** オレイル《$C_{17}H_{33}CH_2$– の一般式をもつオレイルアルコールから誘導される1価の基》.

oléyl álcohol *n.* 〚化学〛 オレイルアルコール, オレインアルコール ($C_{17}H_{33}CH_2OH$)《淡黄色の油状液; 表面活性剤・可塑剤などに用いる》.

ol·fac·tion [ɑlfǽkʃən, oʊl-|ɔl-] 〚← 《廃》 *olfact* to smell (⊏ L *olfact-us* (p.p.) ← *olfacere* to smell)+-TION: ⇨ olfactory〛 *n.* 嗅覚; 嗅覚作用.

ol·fac·tive [ɑlfǽktɪv, oʊl-|ɔl-] *adj.* =olfactory.

ol·fac·tom·e·ter [ɑ̀lfæktámət̬ə, òʊl-|ɔ̀lfæktɔ́mɪtə(r, -mə-] *n.* 嗅覚計.

ol·fac·to·ry [ɑlfǽkt(ə)ri, oʊl-|ɔlfǽktəri] 〚(1658) ⊏ L *olfact-us* (p.p.) ← *olfacere* to smell (*olēre* to smell+*facere* to make)+-ORY[1]〛 ── *adj.* 嗅覚の; 嗅覚器の: ~ sensation 嗅覚. ── *n.* [通例 *pl.*] 嗅覚器, 鼻.

olfáctory búlb *n.* 〚解剖〛 嗅球《大脳の嗅葉 (olfactory lobe) 前端で嗅糸を受ける膨隆部》.

olfáctory cèll *n.* 〚解剖〛 嗅細胞.

olfáctory lòbe *n.* 〚解剖〛 嗅葉《大脳前頭葉の下面にある; cf. olfactory bulb》.

olfáctory nèrve *n.* 〚解剖〛 嗅糸, 嗅神経《第一脳神経に当たり, 近年の国際学名 fila olfactoria に対応して解剖学では「嗅糸」とよぶのが標準的》.

olfáctory órgan *n.* 〚生物〛 嗅覚器, 臭覚器.

ol·fac·tron·ics [ɑ̀lfæktrɑ́nɪks, òʊl-|ɔ̀lfæktrɔ́n-] 〚← OLFACT(ORY)+(ELECT)RONICS〛 ── *n.* 臭気学《各種の臭気・芳香を検出・分析する分野》. **ol·fac·tron·ic** [ɑ̀lfæktrɑ́nɪk, òʊl-|ɔ̀lfæktrɔ́n-] *adj.*

OLG, OLG., O.L.G. 《略》 Old Low German.

Ol·ga [ɑ́lgə|ɔ́l-] 〚⊏ Russ. *Ol'ga* ← ON *Helga* 《原義》 holy: cf. Helga〛 *n.* 女性名. ★ 19 世紀に英国に入った.

o·lib·a·num [oulíbənəm|ɔlíb-, əʊ-] 〚(c1400) ⊏ ML ~ ⊏ Gk *líbanos* ⊏ Arab. *al-lubān*: cf. Heb. *lᵉbhōnāʰ* frankincense ← *lābhān* white〛 *n.* =frankincense.

ol·id [ɑ́lɪd, ɑ́ləd|ɔ́lɪd] 〚⊏ L *olid-us* ← *olēre* to smell: ⇨ -id[4]〛 *adj.* 《古》 (強烈な)悪臭のある (fetid).

ol·i·fant [ɑ́ləfənt|ɔ́lɪ-] *n.* =oliphant.

o·lig- [ɑ́lɪg, ɑ́ləg, əlíg|ɔ́lɪg, ɔlíg] (母音の前に来る時の) oligo- の異形.

ol·i·garch [ɑ́ləgɑ̀ək|ɔ́lɪgɑ̀ːk] 〚⊏ Gk *oligárkhēs*: ⇨ oligo-, -arch[1]〛 *n.* (寡頭政治を行なう)少数独裁者の一人, 寡頭政治家の一人.

ol·i·gar·chal [ɑ̀ləgɑ́əkəł, òʊl-|ɔ̀lɪgɑ́ːkəł, ーーー] *adj.* =oligarchic.

ol·i·gar·chic [ɑ̀ləgɑ́əkɪk, òʊl-|ɔ̀lɪgɑ́ːk-] 〚⊏ Gk *oligarkhik-ós*: ⇨ oligarch, -ic[1]〛 *adj.* 寡頭政治の[を支持する]: ~ government 寡頭政治, 少数独裁政治.

òl·i·gár·chi·cal [-kɪkəł, -kə-|-kɪ-] *adj.* =oligarchic.

ol·i·gar·chy [ɑ́ləgɑ̀əki, óul-|ɔ́lɪgɑ̀ːkɪ] 〚(1577) ⊏ Gk *oligarkhía*: ⇨ oligarch, -y[1]〛 ── *n.* **1** 寡頭政治, 少数独裁政治 (cf. polyarchy). **2** 寡頭独裁国. **3** [集合的] 少数独裁者 (oligarchs).

ol·i·gid·ic [ɑ̀ləgídɪk, -dʒíd-|ɔ̀lɪ-] 〚← OLIGO-+(MER)IDIC〛 *adj.* 〚生化学〛 〈食餌など〉化学的によくかわっていない成分を含む (cf. holidic, meridic).

o·li·go- [ɑ́lɪgo(ʊ), óul-, -lə-, əlíg-|ɔ́lɪgə(ʊ), ɔ́lɪg-] 〚← Gk *olígos* small, little, (pl.) few〛 ── 次の意味を表わす連結形: **1** 「少数 (few); 小さい (small)」: *oli*garchy. **2** 〚病理〛 「欠乏, 不足」: *oligo*cythemia. ★ 母音の前では通例 olig- になる.

òligo·cárpous *adj.* 〚植物〛 果実の少ない.

Ol·i·go·cene [ɑ́lɪgo(ʊ)sìːn, óul-, -lə-, əlíg-|ɔlígə(ʊ)-, ɔ́lɪ-] 〚(1859)〛 〚地質〛 ── *adj.* 漸新世[統]の: the ~ epoch [series] 漸新世[統]《第三紀始新世[統] (Eocene epoch [series]) に次ぐ》. ── *n.* [the ~] 漸新世[統].

Ol·i·go·chae·ta [ɑ̀lɪgo(ʊ)kíːt̬ə, òʊl-, -lə-, əlɪgə-|ɔ̀lɪgə(ʊ)kíːtə, ɔlɪg-] 〚← NL ~: ⇨ oligo-, -chaeta〛 *n. pl.* 〚動物〛 (環形動物門)貧毛綱《ミミズなど》.

ol·i·go·chaete [ɑ́lɪgo(ʊ)kìːt, óul-, -lə-, əlíg-|ɔlígə(ʊ)-, ɔ́lɪ-] *adj., n.* 〚動物〛 貧毛綱の(動物).

ol·i·go·chae·tous [ɑ̀lɪgo(ʊ)kíːt̬əs, òʊl-, -lə-, əlɪgə-|ɔlɪgə(ʊ)kíːtəs, ɔlɪ-] *adj.* 〚動物〛 貧毛綱の.

ol·i·go·clase [ɑ́lɪgo(ʊ)klèɪs, óul-, -lə-, əlígə-|ɔlígə(ʊ)-, ɔ́lɪ-] 〚⊏ G *Oligoklas* ← OLIGO-+Gk *klásis* fracture: 劈開(へきかい)が曹長石より少ないことから〛 ── *n.* 〚鉱物〛 灰曹(そう)長石《比較的ソーダ分に富む斜長石の一種》.

ol·i·go·cy·the·mi·a [ɑ̀lɪgo(ʊ)saɪθíːmiə, òʊl-, -lə-, əlɪgə-|ɔlɪgə(ʊ)saɪθíːmɪə, ɔlɪg-] 〚← NL ~: ⇨ oligo-, cyto-, -hemia〛 ── *n.* (*also* **ol·i·go·cy·thae·mi·a** [~]) 〚病理〛 赤血球減少(症).

ol·i·go·don·ti·a [ɑ̀lɪgo(ʊ)dɑ́nʃiə, òʊl-, -lə-, əlɪgə-, -ʃə|ɔlɪgə(ʊ)dɔ́nʃɪə, əlɪg-, -ʃə] 〚← NL ~: ⇨ oligo-, odont-, -ia[1]〛 ── *n.* 〚歯科〛 部分的無歯症《歯胚(歯を作る組織)を欠如したために生じた部分的な歯の欠損》.

ol·i·go·mer [əlígəmə, o(ʊ)l-|ɔlígəmə(r, ə(ʊ)-] *n.* 〚化学〛 オリゴマー, 低重合体《低分子量の重合体 (polymer); cf. dimer》. **ol·i·go·mer·ic** [əlɪgo(ʊ)mérɪk, o(ʊ)l-|ɔlɪgə(ʊ)-, ə(ʊ)l-] *adj.* **ol·i·go·mer·i·za·tion** [əlɪ̀gəmərɪzéɪʃən, o(ʊ)l-, -rə-|ə(ʊ)lɪgəmèraɪ-, -rɪ-] *n.*

ol·i·go·my·cin [ɑ̀lɪgo(ʊ)máɪsn̩, òʊl-, -lə-|ɔlɪgə(ʊ)-] *n.* 〚生化学〛 オリゴマイシン《抗生物質の一つ》.

Ol·i·go·neu·ri·el·li·dae [ɑ̀lɪgo(ʊ)n(j)ʊ(ə)riélədìː, ɑ̀lə-, əlɪg-|ɔlɪgə(ʊ)njʊ̀ərɪélɪ-, əlɪg-] 〚← NL ~ ← *Oligoneuriella* (属名: (dim.) ← *Oligoneuria* ← OLIGO-+NEURO-+-IA[2])+-IDAE〛 ── *n. pl.* 〚昆虫〛 ヒトリガカゲロウ科.

òligo·nucléotide *n.* 〚生化学〛 オリゴヌクレオチド《少数のヌクレオチドより成る物質》.

ol·i·goph·a·gous [ɑ̀ləgɑ́fəgəs, òʊl-|ɔ̀lɪgɔ́f-] *adj.* 〈特に昆虫が〉狭食[寡食]性の (cf. monophagous).

ol·i·goph·a·gy [ɑ̀ləgɑ́fədʒi, òʊl-|ɔ̀lɪgɔ́fədʒɪ] *n.* 狭食性, 寡食性《動物, 特に昆虫が, 狭い選択範囲の食物だけしか食わない性質をもつこと; cf. monophagy》.

ol·i·go·phre·ni·a [ɑ̀lɪgo(ʊ)fríːniə, òʊl-, -lə-, əlɪgə-|ɔlɪgə(ʊ)fríːnɪə, əlɪg-, -njə] 〚← NL ~: ⇨ oligo-, -phrenia〛 *n.* 〚病理〛 精神薄弱 (feeblemindedness).

ol·i·go·phren·ic [ɑ̀lɪgo(ʊ)fríːnɪk, òʊl-, -lə-, əlɪgə-|ɔlɪgə(ʊ)-, əlɪg-] *adj.* 〚病理〛 精神薄弱の[に関する].

ol·i·gop·o·lis·tic [ɑ̀lɪgɑ̀pəlístɪk, òʊl-, -lə-|ɔ̀lɪgɔ̀p-] *adj.* 〚経済〛 少数独占の[に関する], 寡占的な.

ol·i·gop·o·ly [ɑ̀lɪgɑ́pəli, òʊl-, -lə-|ɔ̀lɪgɔ́pəlɪ] 〚← OLIGO-+(MONO)POLY〛 ── *n.* 〚経済〛 少数独占, 寡占(かせん)《少数の売手による市場支配; cf. monopoly》. **òl·i·góp·o·list** [-lɪst, -ləst|-lɪst] *n.*

ol·i·gop·so·ny [ɑ̀lɪgɑ́psəni, òʊl-, -lə-|ɔ̀lɪgɔ́psənɪ] 〚← OLIGO-+Gk *opsōnía* purchase of victuals+-Y[1]〛 ── *n.* 〚経済〛 買手寡占《少数の買手による市場支配; cf. monopsony, duopsony, oligopoly》. **ol·i·gop·so·nis·tic** [ɑ̀lɪgɑ̀psənístɪk, òʊl-, -lə-|ɔ̀lɪgɔ̀p-] *adj.*

òligo·sáccharide *n.* 〚化学〛 オリゴ糖類《加水分解により少数の単糖類を生じる炭水化物の総称》.

Ol·i·got·ri·cha [ɑ̀ləgɑ́trɪkə, òʊl-, -trə-|ɔ̀lɪgɔ́trɪ-] 〚← NL ~: ⇨ oligo-, trichi-, -ia[2]〛 *n. pl.* 〚動物〛 (原生動物門繊毛虫綱)少毛目.

Ol·i·go·trich·i·da [ɑ̀lɪgo(ʊ)tríkədə, òʊl-, -lə-, əlɪgə-|ɔlɪgə(ʊ)tríkɪ-, əlɪg-] 〚← NL ~: ⇨ ↑, -ida〛 *n. pl.* 〚動物〛 =Oligotricha.

ol·i·go·tro·phic [ɑ̀lɪgo(ʊ)tróufɪk, òʊl-, -lə-, əlɪgə-, -trɑ́f-|ɔlɪgə(ʊ)trɔ́f-, əlɪg-] *adj.* 〚生態〛 〈湖・川などが〉貧栄養型の《栄養塩類が乏しく生産が小で, 水の透明度が大きい; cf. dystrophic, eutrophic 2, mesotrophic》.

ol·i·got·ro·phy [ɑ̀lɪgɑ́trəfi, òʊl-, -lə-|ɔ̀lɪgɔ́trəfɪ] *n.* 〚生態〛 (湖の)貧栄養状態.

ol·i·gu·ri·a [ɑ̀lɪgjʊ́(ə)riə, òʊl-, -lə-|ɔ̀lɪgjʊ́ərɪə] 〚← NL ~: ⇨ oligo-, -uria〛 *n.* 〚病理〛 乏尿(症), 尿量減少.

o·lim [oulíːm|əʊ-] 〚⊏ ModHeb. *'olim* 《原義》 those who go up〛 *Heb. n. pl.* (イスラエル共和国への)ユダヤ人移民 (cf. aliyah).

o·lin·go [o(ʊ)líŋgou|ə(ʊ)líŋgəʊ] *n.* 〚動物〛 オリンゴ (*Bassaricyon gabbii*)《中央・南アメリカに生息するアライグマ科の長い尾と細い体をした動物》.

ol·i·o [óulioʊ|ə́ulɪəʊ] 〚(1643) ⊏ Sp. *olla* earthen pot, stew < VL **olla*=L *ōlla* pot: cf. olla〛 ── *n.* (*pl.* ~s) **1 a** (ごったの)まぜ物. **b** (文章・詩歌・写真などの)雑集; 雑曲集. **2 a** (後舞台の装置がえの時に前舞台で演ぜられる)演芸. **b** (幕間または劇の終わりに演ぜられる)歌と踊りの軽演劇. **3** =olla podrida 1.

ol·i·phant [ɑ́ləfənt|ɔ́lɪ-] 〚ME ⊏ (O)F *olifant* 'ELEPHANT, ivory'〛 *n.* (狩猟用の)象牙製角笛.

Ol·i·phant [ɑ́ləfənt|ɔ́lɪ-], **Margaret** *n.* (1828–97) スコットランドの女流小説家・文芸評論家; *Chronicles of Carlingford* (1863–76).

ol·i·va·ceous [ɑ̀ləvéɪʃəs|ɔ̀lɪ-] 〚← NL *olīvāce-us* (← F *olivacé* olive-green)+-OUS: ⇨ olive, -aceous〛 *adj.* **1** オリーブに似た. **2** オリーブ色の, 黄緑色の.

ol·i·var·y [ɑ́ləvèri|ɔ́lɪvəri] 〚⊏ L *olivari-us*: ⇨ olive, -ary〛 *adj.* **1** オリーブ状の (olive-shaped), 卵形の. **2** 〚解剖〛 オリーブ核 (olivary nucleus) の[に関する].

ólivary núcleus *n.* 〚解剖〛 (延髄の)オリーブ核.

ol·ive [ɑ́lɪv, ɑ́ləv|ɔ́lɪv] 〚(?a1200) *olife, olyf* ⊏ (O)F < L *olīvam* ⊏ Gk *elaía* olive tree: cf. oil〛 ── *n.* **1** 〚植物〛 **a** オリーブ (*Olea europaea*)《モクセイ科の高木; olive tree ともいう》. **b** オリーブと類似の樹木の総称《wild olive など》. **2** オリーブの実 (olive berry)《果肉からオリーブ油を採る》. **3** =olive branch. **4** オリーブの葉の環[冠]. **5** オリーブ色: **a** 黄緑色《オリーブの未熟な実の色》. **b** 黄褐色《小麦色に焼けた皮膚の色など》. **6** [*pl.*] 牛肉の薄切を巻いて蒸煮にしたもの. **7** 〚解剖〛 =olivary nucleus. **8** 〚貝類〛 =olive shell. **9** 〚服飾〛 (ループ留めの)オリーブ形ボタン. ── *adj.* **1** オリーブの. **2** オリーブ色の; オリーブ色がかった: an ~ beauty オリーブ色の顔をした美人 / an ~ complexion オリーブ色の顔色.

Ol·ive [ɑ́lɪv, ɑ́ləv|ɔ́lɪv] 〚⊏ L *Oliva* (↑)〛 *n.* 女性名《異形 Olivia, Oliva, Ollie, Livia, Nollie, Nola》.

ólive-bàcked thrúsh *n.* 〚鳥類〛 オリーブツグミ (*Hylocichla ustulata*)《北米北部産のツグミ; 冬期は南部に移動する; 単に olive back ともいう》.

ólive brànch *n.* **1 a** オリーブの枝《Noah が箱舟から放った鳩がオリーブの枝をくわえて来たという故事から, 平和・和解の象徴; cf. *Gen.* 8: 11》. **b** 和解のしるしに差し出すもの: hold out the [an] ~ 平和[和解]を示す[申し出をする] **2** 《戯言》 子供 (cf. *Ps.* 128: 3): a young ~ / the wife and ~*es* of …氏の妻子.

ólive cròwn *n.* オリーブの葉の冠《昔ギリシャで勝利者に与えられた》.

ólive dràb *n.* **1** 濃黄緑色. **2** 〚米陸軍〛 濃黄緑色の毛織布; 濃黄緑色の陸軍の制服 (略 OD, O.D.).

ólive grèen *n.* 黄緑色.

o·liv·en·ite [o(ʊ)lívənàɪt, ɑ́ləv-|ə(ʊ)lív-, ɔ́lɪv-] 〚⊏ G *Olivenit*: ⇨ olive, -ite[1]〛 *n.* 〚鉱物〛 オリベナイト, 緑砒(ひ)銅鉱 ($Cu_4As_2O_8(OH)_2$).

ólive òil *n.* オリーブ油, オレーフ油《サラダ油・医薬用》.

ol·i·ver [ɑ́ləvə|ɔ́lɪvə(r] 〚(1846) ← ? OLIVER 1〛 *n.* (釘などを作るのに用いる)足踏み金槌(づち).

Ol·i·ver [ɑ́ləvə|ɔ́lɪvə(r] 〚ME ⊏ F *Olivier* ← ? MLG *Alfihar* 《原義》 elf-army ← *alf* elf+*hari* army〛 ── *n.* **1** 男性名《愛称形 Ollie, Olley, Olly》. **2** オリバー《Charlemagne 大帝旗下の十二勇士の一人; cf. Roland[2]》.

Ol·ives [ɑ́lɪvz, ɑ́ləvz|ɔ́lɪvz], **the Mount of** *n.* オリブ山, 橄欖(かんらん)山《Jerusalem の東にある小丘(最高点 818 m); キリストはこの丘でローマ人に引き渡された; Mount Olivet ともいう; cf. *Matt.* 26: 30》.

ólive shèll *n.* 〚貝類〛 マクラガイ《マクラガイ属 (*Oliva*) またはマクラガイ科のオリーブ型海産巻貝の総称》.

ol·i·vet [ɑ́ləvèt, ーーー|ɔ́lɪvèt, -vɪt, -vət] 〚⊏ F *olivette*: ⇨ olive, -et〛 *n.* **1** (アフリカ黒人との貿易に用いられた)模造真珠. **2** 〚演劇〛 =olivette.

Ol·i·vet [ɑ́ləvèt, ーーー|ɔ́lɪvèt, -vɪt, -vət], **Mount** 〚← L *olīvētum* olive grove〛 *n.* =Mount of OLIVES (cf. *Acts* 1: 12).

ólive trèe *n.* 〚植物〛 =olive 1.

ol·i·vette [ɑ̀ləvét, ーーー|ɔ̀lɪvèt, -vɪt, -vət] 〚⊏ F ~: ⇨ olive, -ette〛 *n.* 〚演劇〛 大型フラッドライト《1,000 ワットの大電球1個を用いる》.

ólive wòod *n.* オリーブ材《装飾品の材料》.

O·liv·i·a [o(ʊ)líviə|ɔlívɪə, ə(ʊ)-, -vjə] 〚⊏ It. ~: ⇨ Olive, -ia[1]〛 *n.* 女性名.

O·liv·i·dae [o(ʊ)lívədìː|ə(ʊ)lívɪ-] 〚← NL ~ ← *Oliva* (属名: ⇨ olive)+-IDAE〛 *n. pl.* 〚貝類〛 マクラガイ科.

O·liv·i·er [o(ʊ)lívièɪ|əlívièɪ, ə(ʊ)-], Sir **Laurence (Kerr)** *n.* (1907–) 英国の Shakespeare 劇俳優・演出家; 称号 Baron Olivier》.

ol·i·vine [ɑ́ləvìːn, -vɪn, -vən|ɔ̀lɪvíːn, ーーー] 〚⊏ G *Olivin*: ⇨ olive, -ine[1]〛 ── *n.* 〚鉱物〛 橄欖石(かんらんせき)《透明なものは peridot と称し宝石》. **ol·i·vin·ic** [ɑ̀ləvínɪk|ɔ̀lɪ-] *adj.* **ol·i·vi·nit·ic** [ɑ̀ləvənítɪk|ɔ̀lɪvɪnít-] *adj.*

ol·la [ɑ́lə, ɔ́(ː)ljə, óu(l)-, ɔ́ɪə|ɔ́lə, ɔ́ljə; *Sp.* óʎa, *Am. Sp.* ója] 〚(1622) ⊏ Sp. ~ < VL **ollam*=L *aulla, ōlla* pot, jar〛 ── *n.* (*pl.* ~s [~ (2); *Sp.* ~s]) **1** (スペイン系諸国で)水がめ, 土鍋. **2** =olla podrida 1.

ólla po·drí·da [-pədríːdə|-pɔ-, -pə-; *Sp.* -poðríða] 〚(1599) ⊏ Sp. ~ 《原義》 rotten pot: ⇨ olla, putrid〛 ── *n.* **1** (*pl.* ~s, **óllas po·dríd·a** [-də(z)]; *Sp.* -podrídas]) (土鍋 (olla) で料理される)香辛料をきかせた数種の肉・ソーセージ・野菜などのごった煮, シチュー《olio ともいう》. **2** =olio 1.

Ol·len·hau·er [ɑ́lənhàuə|ɔ́lənhàuə(r; *G.* ɔ́lənhàuɐ], **Erich** *n.* オレンハウアー (1901–63; 西ドイツの政治家; 社会民主党党首 (1952–63)).

Ol·lie [áli | ɔ́li] 〘《変形》1 : ← OLIVER. 2 : ← OLIVE〙 *n.* **1** 男性名. **2** 女性名.

olm [óulm | ɔ́lm] 〘▭ G ～ < OHG ～〙 ── *n.* 〘動物〙ホライモリ (*Proteus anguinus*)《ユーゴスラビアの洞窟の地下水に生息するイモリ属の細長く,成育すると目が退化するイモリの一種》.

Ol·mec [álmek | ɔ́l-] 〘▭ Sp. *Olmeca* ← Am.-Ind.〙 ── *n.* (*pl.* **～s,** ～) [the ～(s)] オルメク族《メキシコの Tabasco, Veracruz 両州のあたりに住んでいた古代原住民: Maya 族よりも古いかあるいは同時代とされ,高度に発達した農業を有し,石や翡翠(ひ,)の彫刻を残した》. ── *adj.* オルメク文明の.

Olm·sted [óumsted, ám-, -stɪd, -stəd | óumsted, ɔ́m-, -stɪd], **Frederic Law** *n.* (1822–1903) 米国の景観建築家; New York の Central Park (1857) を計画.

Ol·ney [álni | óulnɪ] 〘← OE *Ollan-ēġ* Olla's island〙 *n.* 男性名.

ol·o·gy [álədʒi | ɔ́lədʒɪ] 〘← *-ology*〙 *n.* 《戯言》科学 (science), 学問: a smattering of all the *ologies* あらゆる学問の生かじり / a new ～ 新しい学問.

-ol·o·gy [álədʒi | ɔ́lədʒɪ] (連結辞 -o- を伴った) -logy の異形.

ol·o·li·u·qui [òuloʊ(ʊ)liú:ki | ɔ̀lə(ʊ)liú:kɪ] 〘▭ Sp. *ololiuque* ▭ Nahatl *ololiuhqui* 《原義》one that covers〙 ── *n.* 〘植物〙メキシコ産ヒルガオ科のツル性草本 (*Rivea corymbosa*)《原住民が種子を薬用や幻覚を得るために用いる》.

O·lo·mouc [ɔ́(:)ləmòuts | óuləməʊts; *Czech* ɔ́lɔmɔuts] *n.* オロモウツ《チェコスロバキア中部, Moravia の都市; 人口 80,000》.

o·lo·ro·so [òulərόusou | ɔ̀lərάusəu, əul-, -zəu; *Sp.* olorόso] 〘▭ Sp. ～ 'fragrant' ← *olor* odor (< L *olēre* to smell)＋-oso '-OUS'〙 ── *n.* (*pl.* **～s**) オロローソ《スペイン産の甘口のシェリー (sherry)》.

Ol·pid·i·a·ce·ae [àlpɪdiéɪsiì: | ɔ̀lpɪdɪ-] 〘← NL ～ ← *Olpidium* (属名: ← Gk *ólpis* leather flack)＋-ACEAE〙 *n. pl.* 〘植物〙(鞭(べん)毛菌類)ツボカビ科. 「oil).

ol. ric. 《略》〘処方〙*L.* oleum ricini ひまし油 (castor

Ol·son [óulsn | óul-], **Charles** *n.* (1910–70) 米国の詩人・批評家; *The Maximus Poems* (1960–68).

Ol·wen [álwen | ɔ́l-] 〘▭ Welsh ～《原義》white track〙 *n.* 女性名《異形 Olwyn》. ★ ウェールズで一般的.

Olym. 《略》Olympiad.

O·lym·pi·a[1] [əlímpiə, o(ʊ)- | ə(ʊ)límpɪə, -pjə] 〘▭ L ～ ▭ Gk *Olumpía* ← (fem.) ← *Olúmpios* of Olympus〙 ── *n.* **1** オリュンピア, オリンピア《ギリシャ Peloponnesus 半島西部, 古代 Elis の小平野; Zeus の聖地であるというので古代オリンピア競技会が行なわれた, この地の Zeus の神像は世界七不思議 (Seven Wonders of the World) の一つ》. **2** 米国 Washington 州の首都, 海港; 人口 23,000. 「n. 女性名.

O·lym·pi·a[2] [əlímpiə, o(ʊ)- | ə(ʊ)límpɪə, -pjə] 〘↑〙

O·lym·pi·ad [əlímpiæ̀d, o(ʊ)- | ə(ʊ)límpɪæd] 〘(c1400) ▭ (O)F *Olympiade* ▭ L *Olympiadem, Olympias* ▭ Gk *Olumpiás* ← *Olúmpios* Olympian ← *Ólumpos* Olympus〙 ── *n.* **1** オリンピアード, オリンピア紀《古代ギリシャの暦数の単位で,一つのオリンピア競技から次の競技までの 4 年間; ギリシャ人は紀元前 776 年以降この方式で年代を数えた; cf. Pythiad》. **2** 国際オリンピック大会 (Olympic Games). **3** (チェスなどの定期的な)国際競技会, …オリンピック.

O·lym·pi·an [əlímpiən, o(ʊ)- | ə(ʊ)límpɪən, -pjən] 〘(1590) ▭ LL *Olympiān-us* 'of OLYMPUS' : ⇨ -ian〙 ── *adj.* **1 a** (ギリシャの神々の住んだ)オリュンポス山 (Mount Olympus) の, オリュンポス山に住む; オリュンポス山上の: the ～ gods オリュンポスの神々 (⇨ Olympus). **b** 天上の (heavenly). **2 a** (オリュンポスの神々のように)威厳のある, 堂々とした; 近づきがたい感じの, 超然とした. **b** 卓越した. **3 a** (古代ギリシャ Elis の) オリュンピア (Olympia) の: ⇨ Olympian Games 1. **b** オリンピア[オリンピック]競技の. ── *n.* **1 a** オリュンポス山の神 (⇨ Olympus 1). **b** [the ～] (特に) Zeus 神. **2 a** 威厳のある[近づきがたい感じの, 超然とした]人. **b** 卓越した技量の人, 超人. **3** 古代オリンピア[近代オリンピック]競技出場選手. **4** オリュンポス山の住民.

Olýmpian Gámes *n. pl.* [the ～] **1** (古代ギリシャの)オリンピア競技《4 年目ごとの Zeus 神の祭に際して Olympia の野で行なわれた体育・文芸の大競技祭》. **2** ＝Olympic Games 2.

Olýmpian gréen *n.* ＝malachite green 2.

O·lym·pic [əlímpɪk, o(ʊ)-| ə(ʊ)-] 〘(1600) ▭ L *Olympic-us* ▭ Gk *Olumpikós* of Olympus, (LGk) of Olympia: ⇨ -ic[1]〙 ── *adj.* **1 a** (古代ギリシャで Zeus のために催された)オリンピア競技の[に関する]. **b** (近代の)国際オリンピック競技の[に関する]. **2** オリュンピアの; オリュンポス山の. ── *n.* [the ～s] ＝Olympic Games 2.

Olýmpic Gámes, O- g- *n. pl.* [the ～] **1** ＝Olympian Games 1. **2** (近代の)国際オリンピック大会, 五輪大会《1896 年 Athens での第 1 回大会以来 4 年目ごとに世界各地の都市で行なわれる国際スポーツ競技大会》.

Olýmpic Móuntains *n. pl.* [the ～] オリンピック山地《米国 Washington 州北西部の連峰; Coast Ranges の一部; 最高峰 Mount Olympus (2,428 m)》.

Olýmpic Nátional Párk *n.* オリンピック国立公園《米国 Washington 州北西部の Mount Olympus を中心とする国立公園; 独特の樹林と多雨で知られる; 1938 年指定; 面積 3,629 km²》.

Olýmpic Península *n.* [the ～] オリンピック[オリンパス]半島《米国 Washington 州北西部, Puget Sound と太平洋間の半島》.

O·lym·pus [əlímpəs, o(ʊ)- | ə(ʊ)-], **Mount** 〘▭ L ～ ▭ Gk *Ólumpos* ← ?〙 ── *n.* **1** オリュンポス山《ギリシャ北部, Thessaly と Macedonia との境の連山の東端にある高峰; ギリシャ神話ではその山頂には主神 Zeus の下に Apollo, Aphrodite, Ares, Artemis, Athena, Demeter, Hera, Hephaestus, Hermes, Poseidon, Dionysus (時に Hercules, Hestia) の神々が住んでいたと伝えられる》. **2** 神々のいます所, 天 (heaven).

o·lyn·thus [o(ʊ)línθəs | ə(ʊ)-] 〘← NL ～ ← Gk *ólunthos* fig〙 ── *n.* 〘動物〙オリントゥス《石灰海綿の最も単純な構造を示すと考えられる幼生形; cf. amphiblastula》.

O·lyn·thus [o(ʊ)línθəs | ə(ʊ)-] *n.* オリュントス《ギリシャ北東部, Chalcidice 半島にあった都市; 紀元前 347 年マケドニアの Philip II によって破壊された》.

Om [óum, ɔ́(:)m | áum, ɔ́m] 〘← Skt ～〙 *n.* 〘インド哲学〙オーム《祈禱の開始の際などに用いられる聖句; それ自体神秘的力を有するとみなされる》.

OM 《記号》〘貨幣〙ostmark.

o.m. 《略》〘処方〙*L.* omnī māne 毎朝 (every morning).

o.m., O.M. 《略》old measurement.

O.M. 《略》*L.* Optimus Māximus (＝greatest and best); Order of Merit; ordnance map.

om- [oum, am | əum, ɔm] (母音の前に来る時の) omo-[1] の異形: *om*arthritis.

-o·ma [óumə | áu-] 〘← NL *-ōma* ← Gk〙 *suf.* (*pl.* **～s, ～·ta** [～ṭə | ～tə]) 〘病理〙「腫(しゅ), 瘤(りゅう) (tumor)」の意の名詞を造る: fibr*oma*, sarc*oma*.

o·ma·dhaun [ámədɔ̀:n | ɔ́m-] 〘▭ Ir.-Gael. *amadān*〙 *n.* 《アイル》ばか, とんま (fool).

O·magh [óumə | áu-] *n.* 北アイルランド Tyrone 州の首都; 人口 12,000.

O·ma·ha [óuməhɔ̀:, -hà: | áuməhɑ̀:] 〘▭ N-Am.-Ind. (Siouan) *umāhā* 《原義》those going upstream〙 ── *n.* (*pl.* ～, **～s**) **1** 米国 Nebraska 州東部, Missouri 河畔の商工業都市; 人口 372,000. **2 a** [the ～(s)] オマハ族《Nebraska 州北東部に居住したアメリカインディアン》. **b** オマハ族の人. **3** オマハ語.

O·man [o(ʊ)má:n, -mǽn | ə(ʊ)má:n] *n.* オーマン《Arabia 南東部の独立国; もと Muscat and Oman という英国の保護下にあったが 1970 年改称; 人口 750,-000, 面積 212,400 km², 首都 Muscat; 公式名 the Sultanate of Oman オーマン国》.

Oman, the Gulf of *n.* オーマン湾《ペルシャ湾の入口, アラビア海 (Arabian Sea) の北西の湾》.

O·mar [óumɑə | áumɑ:(r] 〘▭ Arab. *'úmar* 《原義》most high〙 *n.* 男性名.

O·mar Khay·yám [óumɑəkaɪ(j)á:m, -mə-, -(j)ǽm | áumɑ:kaɪ(j)á:m] *n.* オマル ハイヤム, オマール カイヤーム《1025?–?1123; ペルシャの天文学者・数学者・詩人, その作詩 *The Rubáiyát* は英国の Edward FitzGerald によって翻訳された (1859)》.

Ómar stánza *n.* 〘詩学〙＝Rubaiyat stanza.

o·ma·sum [ouméɪsəm | əu-] 〘← NL ～ ← L *omāsum* bullock's tripe〙 *n.* (*pl.* **o·ma·sa** [-sə]) 〘動物〙重弁胃 (⇨ psalterium).

-omata *suf.* -oma の複数形.

O·may·yad [ɑmáɪ(j)əd, əm- | ɔm-, əm-] *n.* (*pl.* **～s, -may·ya·des** [-máɪədi:z]) ＝Umayyad.

om·bre [ámbə, ámbri, ám-, -breɪ | ɔ́mbə(r] 〘(1660–61) ▭ F (*h*)*ombre* ▭ Sp. (*juego del*) *hombre* 《原義》man('s game) < L *hominem, homō* man〙 ── *n.* (*also* **omber** [～]) 〘トランプ〙オンブル《3 人で遊ぶスペイン起源のゲーム; 40 枚のカードのうち各自 9 枚ずつを手札とし, 一人が「オンブル」と称して切札を指定, 他の二人と対抗する; 18 世紀に英国でも流行した》; (このゲームで)オンブルと宣言し, 他の二人を敵にまわす人 (cf. solo 4 a).

om·bré [ámbreɪ, ─́─, ɔ̀:(m)bréɪ, ɔ(:)m- | ɔ̀:(m)bréɪ, ɔ(:)m-; *F.* ɔ̃bre] 〘▭ F ～ (p.p.) ← *ombrer* to shade ▭ It. *ombrare* ← *ombra* shade: cf. umbra〙 ── *adj.* 〘紡織・染色〙濃色から次第に淡色に移るように織った, ぼかし(色)織り[染め]の. ── *n.* ぼかし織り(の布).

om·brel·li·no [àmbrelí:nou | ɔ̀mbrelí:nəu; *It.* ombrellí:no] 〘▭ It. ～《原義》parasol: cf. umbrella〙 ── *n.* (*pl.* **～s**) 〘教会〙(聖体にさしかける)白い絹の天蓋《聖体を移動する際に用いる》.

om·bro- [ámbro(ʊ) | ɔ́mbrə(ʊ)] 〘← Gk *ómbros* rain〙「雨 (rain)」の意の連結形.

om·bro·graph [ámbrəgræ̀f | ɔ́mbrəgrɑ̀:f, -græ̀f] *n.* 〘気象〙自記雨量計.

om·brol·o·gy [ɑmbrálədʒi | ɔmbrɔ́lədʒɪ] 〘← OMBRO-＋-LOGY〙 *n.* 雨学《気象学の一分野》.

om·brom·e·ter [ɑmbrámətə | ɔmbrɔ́mɪtə(r, -mə-] *n.* 〘気象〙雨量計 (rain gauge).

om·buds·man [ámbudzmən, ɔ́(:)m-, -bʌdz-, -bədz-, -mæ̀n, ɑmbúdz-, ɔ(:)m- | ɔ́mbʊdz-] 〘▭ Swed. ～《原義》commissioner〙 ── *n.* (*pl.* **-men** [-mən, -mèn]) **1** オンブズマン《スウェーデン・英国・ニュージーランドなどで, 民間人に対する役人の違法行為・横暴などの訴えを受理・調査する公務員》. **2** (学生・顧客などの不満を処理する)相談係. **～·ship** *n.*

ómbuds·wòman *n.* 女性の ombudsman.

Om·dur·man [àmdəmǽn, -má:n | ɔ̀mdəmá:n, ɔ́mdəmən] *n.* オムドゥルマン《アフリカ, Sudan の都市; 古都で商業の中心地; White Nile をはさんで Khartoum に対する; 人口 289,000》.

-ome [oum | əum] 〘← NL *-ōma*: ⇨ -oma〙 *suf.* 〘植物〙「群, 塊, 茎」などの意を表わす名詞を造る: lep*tome*, mes*tome*, stere*ome*.

o·meg·a [o(ʊ)mégə, -mí:-, -méɪ- | áumɪgə, -me-] 〘(1526) ▭ Gk *ō méga* 《原義》great o, long o: cf. omicron〙 ── *n.* **1** オメガ《ギリシャ語アルファベット 24 字中の第 24 字: Ω, ω (ローマ字の Ō, ō に当たる); cf. omicron; ⇨ alphabet 表》. **2** 終わり, 最後 (end) (cf. alpha 3 a): from alpha to ～ 初めから終わりまで, 終始. **3** 〘物理〙**a** ＝omega meson. **b** ＝Omega particle.

oméga méson *n.* 〘物理〙オメガ中間子《中性中間子の一種で質量 783 MeV/c², 崩壊巾 10 MeV; 記号 ω》.

Oméga navigátion sỳstem *n.* 〘海事〙オメガ航法方式[システム]《双曲線航法 (hyperbolic navigation) の一種で, 有効面積が非常に広く, 8 局で全地球表面をカバーできる電波航法システム》.

Oméga párticle *n.* 〘物理〙オメガ粒子《重粒子の一種で; 負の電荷をもち, 寿命は約 100 億分の 1 秒, 質量 1672 MeV/c²; 記号 Ω, Ω⁻》.

om·e·let [ám(ə)lɪt | ɔ́mlɪt, -lət, -let] 〘(1611) ▭ F *omelette* 《異形》← 《廃》*amelette* 《音位転換》← 《廃》*alemette* 《変形》← 《廃》*alemelle* 《異分析》← OF *la lemelle* ▭ L *lāmelle* 'thin plate of metal, LAMELLA'〙 ── *n.* (*also* **om·e·lette** [～]) オムレツ: a meat ～ 肉入りオムレツ / a plain ～ (肉・野菜などを入れない)プレーン[卵だけの]オムレツ / a sweet ～ (砂糖・または ジャムの入った)甘いオムレツ / You cannot make an ～ without breaking eggs. 《諺》目的を達するにはそれなりの努力[犠牲]を払わなければならない,「播(ま)かぬ種は生えぬ」(cf. F. *On ne fait pas d'omelette sans casser des œufs.*).

o·men [óumən | áumen, -mən] 〘(1582) ▭ L *ōmen* < OL **osmen* ← IE **o-* to announce〙 ── *n.* **1** 前触れ, 予言 (presage, foreboding): birds *of* evil [ill] ～ 不吉を知らせる鳥 / be *of* good [bad] ～ さいさきがよい[悪い]. **2** きざし, 前兆(となる事), 縁起: a good [happy, favorable] ～ 吉兆 / an ～ of disaster 凶事の前兆. ── *vt.* **1** …の前兆となる, 予示する: The clouds ～ rain. あの雲では雨になりそうだ / It ～*s* ill. 縁起がよくない. **2** (前兆などによって)予知[予測]する.

ó·mened *adj.* [複合語の第 2 構成素として] …のきざしのある: ill-*omened* 凶兆の / happy-*omened* words さいさきのよい言葉.

omenta 〘▭ L *ōmenta*〙 *n.* omentum の複数形.

o·men·tal [ouménṭḷ | əuméntḷ] *adj.* 〘解剖〙大網の[に関する, から作られた].

o·men·tum [ouménṭəm | əumént-] 〘(1545) ▭ L *ōmentum* ← IE **eu-* to put on＋L *-mentum* '-MENT'〙 ── *n.* (*pl.* **o·men·ta** [-ṭə | -tə], **～s**) 〘解剖〙大網: ⇨ greater omentum, lesser omentum.

o·mer [óumə | áumə(r] 〘(1560) ▭ Heb. *'ōmer*〙 ── *n.* **1** オーメル《古代イスラエルの乾量の単位; ＝$^1/_{10}$ ephah; 従来 4 リットルとされたが, 最近 2.2 リットル説が出された》. **2** [O-] 〘ユダヤ教〙オーメル《過ぎ越しの祝い (Passover) の二日目から七週の祭 (Shabuoth) の前日までの 49 日間》.

o·mer·tà [ouméəṭɑ: | əumέə-; *It.* omertá] 〘▭ It. ～ 《方言》← ?〙 *n.* (Sicily 島の風習の)犯罪隠蔽, 警察への非協力.

O.M.I. 《略》〘カトリック〙*L.* Oblātī Mariae Immaculātae (＝Oblates of Mary Immaculate).

om·i·cron [áməkràn | ə(ʊ)máɪkrən] 〘▭ L ～ ▭ Gk *ò mikrón* 《原義》small o: cf. omega〙 ── *n.* (*also* **om·i·kron** [～]) オミクロン《ギリシャ語アルファベット 24 字中の第 15 字: Ο, ο (ローマ字の O, o に当たる); cf. omega; ⇨ alphabet 表》.

om·i·nous [ámənəs | ɔ́mɪ-, áum-] 〘(1589) ▭ L *ōminōs-us* portentous ← *ōmin-, ōmen* 'OMEN': ⇨ -ous〙 ── *adj.* **1** 縁起の悪い, 不吉な (inauspicious); 不穏な, 険悪な (threatening): an ～ silence 不気味な沈黙 / ～ black clouds 険悪な暗雲. **2** 前兆[前触れ]の[に関する]; (…を)予知[示]する (prognostic) 〈*of*〉: be ～ *of* an earthquake 地震を予示する. **～·ly** *adv.* **～·ness** *n.*

o·mis·si·ble [o(ʊ)mísəbḷ, əm- | ə(ʊ)mísə-, -sɪ-] 〘← L *omiss-us* ((p.p.) ← *omittere* 'to OMIT')＋-IBLE〙 *adj.* 省くことのできる, 省略可能な.

o·mis·sion [o(ʊ)míʃən, əm- | ə(ʊ)m-] 〘(c1400) ▭ LL *omissiō(n-)* ← L *omittere* 'to OMIT': ⇨ -sion〙 ── *n.* **1** 省略: without ～ 省略しないで, 漏れなく. **2 a** 脱落, 遺漏, 手抜かり: a grave ～ 重大な遺漏 / supply the ～ 脱落した所を補う. **b** 怠慢: sins of ～ (なすべき事をしなかった)怠慢の罪 (cf. commission 6). **3** 〘法律〙不作為 (forbearance).

o·mis·sive [o(ʊ)mísɪv, əm- | ə(ʊ)m-] *adj.* **1** 省略した, 脱落の. **2** 怠る, 怠慢の, 怠ってしない (negligent). **～·ly** *adv.* **～·ness** *n.*

o·mit [o(ʊ)mít, əm- | ə(ʊ)-] 〘(c1400) ▭ L *omitt-ere* to let go, lay aside ← *o-* 'OB-'＋*mittere* to send: cf. mission〙 ── *vt.* (**o·mit·ted; o·mit·ting**) **1** 抜かす, 省略する: ～ an item *from* [*in*] the list 表から一項目を抜かす[省く] / This word may better be ～*ted*. この言葉は省いた方がよい. **2** 控える, 怠る; 〈…し〉落とす, 言い漏らす, 〈…するのを〉忘れる (fail) 〈*to* do, do*ing*〉: ～ a greeting / ～ *to* lock a door 戸に錠をおろ

すのを忘れる / I stupidly ～*ted* doing it. うっかりそれをするのを忘れた. **3**《廃》無視する, 顧みない. **4**《廃》自由にする, 解放する (let go).　「omission.

o·mit·tance [o(ʊ)mítəns, əm- | ə(ʊ)mít-] *n.*《廃》＝

-om·ma [ámə | ɔ́mə]〖← NL ～ ← Gk *ómmat-, ómma* eye〗(動物分類上の属の名称に用いて)「…の目をした, …の目をもつ」の意の名詞連結形: Loxomma.

om·ma·te·um [àmətíːəm | ɔ̀m-]〖← NL ～ Gk. *ómmat-* (↑)〗*n.* (*pl.* **-te·a** [-tíːə])〖動物〗(節足動物の)複眼. **òm·ma·té·al** [-əl] *adj.*

om·ma·tid·i·um [àmətídiəm | ɔ̀mətídɪ-]〖← NL ～ ← Gk *ómmat-* (↑)＋-IDIUM〗—— *n.* (*pl.* **-i·a** [-diə | -dɪə])〖動物〗(複眼 (ommateum) を構成する)個眼. **òm·ma·tíd·i·al** [-diəl | -dɪ-] *adj.*

om·mat·o·phore [əmǽṭəfɔ̀ə, -fɔ̀ə | -təfɔ̀ː(r)]〖← NL *ommatophor-us* ← Gk *ómmato-, ómma* eye＋NL *-phorus* '-PHORE'〗—— *n.*〖動物〗(カタツムリなどの)担眼触角. **om·ma·toph·o·rous** [àmətáf(ə)rəs | ɔ̀mətɔ́f-] *adj.*

Om·mi·ad [oumáiæd | əʊ-] (*pl.* ～**s**, **-mi·a·des** [-máɪədìːz]) ＝Umayyad.　「形.

omn- [amn | ɔmn] (母音の前に来る時の) omni- の異

om·ni [ámni | ɔ́mni] *n.*《口語》＝omnirange station.

om·ni- [ámnɪ, -nə | ɔ́mnɪ]〖← L *omnis*〗「全 (all), 総ての (universal)」の意の連結形: *omni*bus, *omni*potent. ★ 母音の前では通例 omn- になる.

om·ni·bus [ámnɪbʌ̀s, -nə-, -bəs | ɔ́mnɪbəs]〖(1829) ▭ F (*voiture*) *omnibus* (carriage) for all ▭ L *omnibus* for all (dat. pl.) ← *omnis* all〗—— *n.* **1** (昔の)乗合馬車; (今の)乗合自動車, バス. ★ 今は通例省略形 'bus' を用いる. **2** ＝omnibus book. **3** ＝busboy. **4**《米》〖議会〗＝omnibus bill. —— *attrib. adj.* 多数のもの[項目]を含む, 総括的な: an ～ resolution 総括的決議.

ómnibus bìll *n.*《米》〖議会〗総括的議案《雑多な議案をまとめて上程する議案; 単に omnibus ともいう》.

ómnibus bòok *n.* (1 冊本の)大選集《個人の作品または同類の名作家の作品をまとめた廉価版; omnibus volume とも, また単に omnibus ともいう》.

ómnibus bòx *n.* (劇場またはオペラハウスで多くの客を入れる)追込み桟敷(さじき).

ómnibus clàuse *n.*〖保険〗オムニバスクローズ, 被保険者追加条項《自動車保険で被保険者の範囲を拡張する条項》.

ómnibus tràin *n.*《英》(各駅停車の)普通列車 (accommodation train).

ómnibus vòlume *n.* ＝omnibus book.

òmni·cómpetent *adj.*〖法律〗すべての事件について管轄権を有する. **òmni·cómpetence** *n.*

òmni·diréctional *adj.*〖電気〗全方向性の, 無指向性の: an ～ antenna 全方向式[無指向性]アンテナ / an ～ microphone 無指向性マイクロフォン.

omnidiréctional rádio rànge *n.*〖航空〗全方向式無線標識《地上から送るラジオ信号によって, 機上の操縦士が自己の飛行位置を知るようにした視聴式レンジ; omnirange, omnidirectional range ともいう》.

omnidiréctional ránge *n.*〖航空〗＝omnidirectional radio range.

om·ni·fac·et·ed [àmnɪfǽsɪṭɪd, -nə-, -ṭəd | ɔ̀mnɪfǽsɪt-, -sət-] *adj.* 〈小説・論文・演説など〉多面的な, (社会の)あらゆる面に触れた.

om·ni·far·i·ous [àmnɪféə(ə)riəs, -nə- | ɔ̀mnɪféərɪ-]〖▭ LL *ominifāri-us* of all sorts ← OMNI-＋L *-fārius* -fold: ⇨ -ious〗—— *adj.* 種々雑多の, 多方面にわたる: ～ knowledge 博識 / ～ reading 乱読. **～·ly** *adv.* **～·ness** *n.*

om·nif·ic [amnífɪk | ɔm-]〖▭ ML *omnific-us*: ⇨ omni-, -fic〗*adj.* 万物を造る, 万物創造力のある.

om·nif·i·cent [amnífəsənt, -snt | ɔmnífɪ-]〖⇨ ↑, -ent〗*adj.* ＝omnific. **om·nif·i·cence** [amnífəsəns, -sns | ɔmnífɪ-] *n.*

òmni·fócal *adj.*〖光学〗〈レンズが〉多焦点式の; 多焦点レンズを用いた (cf. bifocal 2, trifocal): ～ eyeglasses 多焦点式めがね《焦点距離を連続的に変えたレンズを用いる》.　「類の.

om·nig·e·nous [amnídʒənəs | ɔm-] *adj.* あらゆる種

om·ni·graph [ámnɪgrǽf, -nə- | ɔ́mnɪgrɑ̀ːf, -grǽf] *n.* オムニグラフ《電信符号のドット(・)とダッシュ(—)を自動的に打ち出す通信士の受信訓練に用いる機械》.

om·nip·o·tence [amnípəṭəns, əm-, -tṇs | ɔmnípətəns, -tṇs]〖▭ LL *omnipotentia*: ⇨ omni-, potence[1]〗*n.* **1** 全能; 無限力. **2** [O-] 全能の神 (God).

om·nip·o·tent [amnípəṭənt, əm- | ɔmnípətənt]〖(?c1300) ▭ (O)F ▭ L *omnipotentem*: ⇨ omni-, potent[1]〗—— *adj.* **1** (神のように)全能の (almighty). **2** 絶大の力[権能]を有する. —— *n.* **1** 全能者. **2** [the O-] 全能の神 (the Almighty). **～·ly** *adv.*

òmni·présence〖▭ ML *omnipraesentia*: ⇨ ↓, -ence〗*n.* 遍在(性) (ubiquity) (cf. pluripresence): the ～ of God.

òmni·présent〖(1610) ▭ ML *omnipraesent-em*: ⇨ omni-, present[1]〗*adj.* いつどこにでも存在する, 遍在の (ubiquitous): the ～ God 遍在の神. **～·ly** *adv.*

ómni·rànge *n.*〖航空〗＝omnidirectional radio range.

ómnirange stàtion *n.*〖航空〗オムニレンジ局.

om·ni·science [amníʃəns | ɔmnísɪəns, -ʃɪəns, -ʃəns, -sjəns]〖▭ ML *omniscientia*: ⇨ omni-, science〗*n.* **1** 全知. **2** 博識. **3** [O-] 全知者, 神 (God).

om·ni·scient [amníʃənt | ɔmnísɪənt, -ʃɪənt, -ʃənt, -sjənt]〖(1604) ▭ ML *omniscient-em*: ⇨ ↑, -ent〗—— *adj.* **1** 全知の. **2** 博識の. —— *n.* **1** 全知であるもの. **2** [the O-] 全知の神. **～·ly** *adv.*

om·ni·um [ámniəm | ɔ́mnɪəm, -njəm]〖▭ L ～ 'of all (things etc.)' (gen.pl.) ← *omnis* all〗—— *n.* **1 a** 総額. **b**《英》差入担保株券の総価額. **2** 総体, 全部, すべてのもの.

ómnium-gáth·er·um [-gǽðərəm]〖(1530) ← L *omnium* (↑)＋*gatherum* (GATHERING の戯言的ラテン語化)〗—— *n.*《口語》(人や物の)ごったまぜ, 寄せ集め (hodgepodge); 奇妙な取り合わせ.

Om·niv·o·ra [amnívərə | ɔm-]〖← NL ～ ← L ～ (neut.pl.) ← *omnivorus* 'OMNIVOROUS'〗—— *n. pl.* **1** 雑食動物類《ドブネズミ, クマ, イノシシなど; 特に以前の分類名に用いられた》. **2** [o-] (植物質, 動物質を食べる)雑食動物; 人類と豚.

om·ni·vore [ámnɪvɔ̀ə, -nə-, -vɔ̀ə | ɔ́mnɪvɔ̀ː(r)]〖↑〗*n.* **1** 何でも食べる人. **2** 雑食動物.

om·niv·o·rous [amnív(ə)rəs | ɔm-]〖(1659) ▭ L *omnivor-us*: ⇨ omni-, -vorous〗—— *adj.* **1 a** 何でも食う. **b** 雑食性の《草食性と肉食性を兼ねる動物についていう; cf. carnivorous, herbivorous》. **2** 手当たり次第にむさぼる: be ～ *of* books 色々な本を乱読する / an ～ reader 乱読家. **～·ly** *adv.* **～·ness** *n.*

o·mo-[1] [óumo(ʊ), ám- | áʊmə(ʊ), ɔ́m-]〖▭ Gk *ōmo-* ← *ōmos* shoulder: cf. humerus〗「肩 (shoulder); 肩と…との」の意の連結形: *omo*hyoid. ★ 母音の前では通例 om- になる.

o·mo-[2] [óumo(ʊ), ám- | áʊmə(ʊ), ɔ́m-]〖▭ Gk *ōmo-* ← *ōmós* raw, unripe〗「生(なま)の (raw)」の意の連結形: *omo*phagia.

o·mo·pha·gi·a [òuməféɪdʒiə, -dʒə | àʊməféɪdʒɪə, -dʒə]〖← NL ～ ← Gk *ōmophagia*: ⇨ omo-[2], -phagia〗*n.* 生肉食.

o·mo·phag·ic [òuməfǽdʒɪk | àʊ-] *adj.* ＝omophagous.

o·moph·a·gist [o(ʊ)máfədʒɪst, -dʒəst | ə(ʊ)mɔ́fədʒɪst] *n.* 生肉を食う人.

o·moph·a·gous [o(ʊ)máfəgəs | ə(ʊ)mɔ́f-]〖▭ Gk *ōmophág-os*: ⇨ omo-[2], -phagous〗*adj.* 生肉を食う.

o·mo·pho·ri·on [òuməfɔ́ːriən, àm-, -fóːr- | àʊməfɔ́ːrɪ-, -rɪən]〖▭ LGk *ōmophórion* ← OMO-[1]＋*-phorion* ← Gk *phérein* to carry〗—— *n.* (*pl.* **-ri·a** [-riə | -rɪə])〖東方正教会〗オーモフォリオン《司教が着る pallium に似た典礼服》.

o·mo·plate [óuməplèɪt, ám-, oumáplaṭi | áʊməplèɪt, ɔ́m-, əʊmɔ́plətɪ]〖(1597) ▭ F ～ ▭ Gk *ōmoplátē* ← OMO-[1]＋*plátē* broad surface, blade〗—— *n.*《古》〖解剖〗肩甲骨 (scapula).

om·pha·cite [ámfəsàɪt | ɔ́m-]〖▭ G *Omphazit* ▭ Gk *omphakítēs* green stone ← *ómphax* unripe grape: ⇨ omo-[2], -ite[1]〗—— *n.*〖鉱物〗緑輝石, オンファサイト《輝石の一種; エクロジャイト (eclogite) 中に見出される》.　「phalo- の異形.

om·phal- [ámfəl | ɔ́m-] (母音の前に来る時の) om-

Om·pha·le [ámfəliː | ɔ́m-]〖▭ L *Omphalē* ▭ Gk *Omphálē*〗—— *n.*〖ギリシャ伝説〗オムパレー《Lydia の女王; Hercules は女装して 3 年間彼女に奴隷として仕えたが, 二人の間には愛情が生れた; Lamus は女王と Hercules との子だとされている》.

omphali *n.* omphalos の複数形.

om·phal·ic [amfǽlɪk | ɔm-]〖⇨ omphalos, -ic[1]〗*adj.*〖解剖〗へその (umbilical).

om·pha·lo- [ámfəlo(ʊ) | ɔ́mfələ(ʊ)]〖↓〗〖解剖〗「へそ (umbilicus); へそと…との」の意の連結形. ★ 母音の前では通例 omphal- になる.

om·pha·los [ámfəlɑ̀s, -ləs | ɔ́mfəlɒs]〖▭ Gk *omphalós* navel, boss: cf. umbilicus〗—— *n.* (*pl.* **-pha·li** [-lài, -lìː]) **1** 中心, 中心地. **2** (*also* **om·pha·lus** [ámfələs | ɔ́m-])〖解剖〗へそ (navel). **3**〖古代ギリシャ〗**a** 盾(たて)などの中心の突起. **b** (Delphi の Apollo の神殿にあった)半円形の石の祭壇《地球の中心とされた》.

om·pha·lot·o·my [àmfəláṭəmi | ɔ̀mfəlɔ́təmɪ] *n.*〖外科〗臍帯切断(術).　「読取装置.

OMR《略》〖電算機〗optical mark reader 光学マーク

OMS, o.m.s.《略》〖経営〗output per man shift 1 人シフト当たり生産量[額].

Omsk [ɔ́(ː)msk, ámsk | ɔ́msk; *Russ.* ómsk]〖▭ Russ. ～ ← Om (川の名)＋*-sk* village〗—— *n.* オムスク《ソ連邦ロシヤ共和国シベリア西部, Irtish 河畔の商業都市; 人口 1,026,000》.

on〖ME *on, an, o, a* < OE *on, an* (prep., adv.) on, in, to < Gmc **ana, *anō* (Du. *aan* / G *an*) < IE **an* (Gk *aná* up, upon)〗—— [ɔ(ː)n, ɑn; ɔ̀(ː)n, ɑ̀n, ɔ́(ː)n, ɑ́(ː)n | ɒn; ɒ̀n, ɒ́n] *prep.* (⇨ upon ★) **1** [接触]〈物〉の表面に, …の上に[の], …に載って: a book *on* the desk / boats *on* the river [lake, sea] 河[湖, 海]上の船 / get *on* a horse 馬に乗る / write *on* paper 紙に書く / *on* (the) earth 地球上の[で], 地上の[で], この世で / live [work] *on* a farm 農場に住む[で働く] / *on* land and sea 海陸共に / *on* the street (《米》) 街上で, 通りで (《英》 in the street) / live *on* (＝(《英》) in) Walnut Street ウォールナット街に住む / *on* a train 列車の中で (《英》 in a train) / He threw the coins *on* the table.

2 [近接] …との境に, …に接して, …に面して, …の近くに; …に沿って, …に沿った (along): *on* the edge of a precipice 崖の突端に / *on* the north of …の北境に / *on* the outskirts of the town 町はずれに, 郊外に / *on* this side [the other side] of the river 川のこっち[向こう]側に / *on* one [the other] side 一方[他方] / *on* either side いずれの側にも / *on* both sides 両側に, 双方とも / *on* (the) one hand 一面では / *on* the other hand 他面では / notes *on* the margin 欄外の注 / at each station *on* the route 途中の各駅で / Henley-*on*-Thames ヘンリーオンテムズ《テムズ川に臨むヘンリーの意》/ New York is situated *on* the Hudson River. ニューヨークはハドソン河畔にある / It borders *on* absurdity. それはもはやばかげていると言ってよい.

3 [付着] …の上を, …にくっつけて, …に, …の身に付けて[所持して]: a box with a cover *on* it ふたの付いた箱 / a fly *on* the ceiling 天井に止まっている蠅 / a scar *on* the face 顔の傷跡 / have blisters *on* the sole of one's foot 足の裏にまめができている / He had no coat *on* his back. 彼は上着を着ていなかった / She has no ring *on* her finger. 彼女は指輪をはめていない / He has no shoes *on* his feet. 足に靴をはいていない / Do you have a match *on* you? マッチをお持ちですか / He was searched, but nothing was found *on* him. 身体検査をしてみたが彼は何も(身に付けて)持っていなかった / The dog is *on* the chain. 犬は鎖につないである.

4 [支え・支持] …で; …を軸にして; …に誓って, 〈言葉など〉にかけて: carry a thing *on* one's back [shoulders] 物を背負う / fall *on* one's face [back] うつ向けに[あお向けに]倒れる / go *on* all fours 四つんばいになる / He fell *on* his knees to thank God. ひざまずいて神に感謝した / *on* foot 徒歩で / *on* horseback 馬に乗って / *on* an ass ろばに乗って / Scent is carried *on* the wind. 匂いは風に乗って運ばれる / The hawk is *on* the wing. 鷹(たか)が飛んでいる / walk *on* tiptoe 爪先で歩く / a library *on* wheels 巡回図書館 / feed *on* grass 〈動物が〉草を食う / live *on* air 何も食わずにいる / live *on* rice 米を常食とする / live *on* one's salary 俸給生活をする / He is running his business *on* a staff of only three. たった 3 人のスタッフで事業を経営している / ⇨ *turn on one's* HEELS / turn *on* a pivot 軸で回転する / The earth turns *on* its axis. 地球は自転する / *on* one's honor [conscience] 名誉[良心]にかけて(誓って) / *on* my word わが言葉にかけて(誓って) / I swear it *on* the Bible. 聖書にかけてそれを誓います.

5 [状態・動作] …して: a constable *on* duty 勤務中の警官 / remain *on* duty till … まで勤務を続ける / be *on* fire 燃えている / set…*on* fire …を燃やす / policemen *on* guard 見張りの警官 / land *on* lease 貸地 / *on* leave 賜暇で, 休暇で / *on* loan 貸しつけて; 借りて / *on* sale 売物に出て / be *on* strike ストライキをやっている / be *on* the lookout for …を捜して[見張って]いる / be *on* the decrease [increase] 減少[増大]している / ⇨ *on the* MARCH[1], *on the* MOVE, *on the* RUN[1], *on the* WANE.

6 [根拠・基準・条件] …に基づいて: base oneself *on* … に拠る, …を論拠とする / *On* my doctor's advice, I took a week's holiday. 医者の勧めに従って 1 週間の休暇をとった / I have it *on* good authority. そのことは確かな筋から聞いている / conviction based *on* experiences 経験に基づく信念 / depend *on* chance 偶然による / be founded *on* fact 事実に基づく / rely *on* oneself 自らに頼る / *on* one's own authority 自分の一存で, 独断で / *on* principle 主義として / *on* suspicion 嫌疑を受けて / *On* what ground? どういう根拠[わけ]で / the profit *on* the sales 売上げの利益 / *on* account 内金として / articles bought *on* credit 掛けで買った品物 / *on* pretence 口実を設けて, ことよせて / *on* purpose ことさらに, わざと / *on* condition that …という条件で / *on* equal terms 平等の条件で / *on* pain of death 犯せば死刑(の条件)で / I borrowed money *on* my house. 家を抵当に借金した.

7 [時・日・機会] …に, …と同時に, …の上で, …のすぐあとで: *on* Sunday 日曜日に / *on* yesterday《米》昨日 / *on* Christmas Eve クリスマスイブに / *on* the morning [evening, night] of the 3rd 三日の朝[夕方, 夜]に / *on* the 29th of January＝*on* January 29th 1 月 29 日に / Buses leave here every hour *on* the hour. バスは毎正時ここを発車する / *on* the following day その翌日 / *on* and after the 10th 10 日以後 / *on* or about the ninth 9 日または 9 日ごろ / *on* this occasion この折[時]に / *on* the instant 即座に / *on* examination 調べてみた[試験の]上で / *on* analysis 分析してみると / be *on* the point of breaking 今にも折れそうである / payable *on* demand 請求払いで[の] / *on* delivery 配達の際[と同時に] / *on* arriving 到着するとすぐ / ⇨ *on* TIME, *on* SCHEDULE / *on* my return 帰るとすぐ / *On* hearing this I changed my plans. このことを聞くと私は計画を変更した.

8 [運動の方向・旅行の目的・途中] …へ向かって (toward); …(の用向き)で, …(の途中)で: march *on* Paris 一路パリへ向かって進軍する / steal *on* a person 人の方へ忍び寄る / ⇨ *turn one's* BACK[1] *on* / The house looks out *on* the sea. その家は海を見晴らせる / Fortune smiled *on* his enterprise. 彼の事業には運が向いてきた / *on* one's [the] way to…へ行く途中 / *on* one's [the] way back 帰る途中 / go [start] *on* an expedition 遠征の途につく / set forth *on* one's journey 旅立つ / go *on* an errand 使いに行く / *on* business 業務で, 用務を帯びて / go *on* fishing [hunting]《古》魚釣り[狩り]に行く《★ この場合, 今は -ing 形の前の on が省かれる (cf. a-[1] 2)》.

9 a [動作の直接または間接の対象] …に対して, …について; …へ当てて, …に, …を: call *on* a person 人を訪れる / have great effect *on* …に大きな影響を及ぼす / The heat [work] told *on* him. 彼には暑さ[仕事]がこたえた / be bent *on* becoming a musician 熱心に音楽家になりたがっている / be determined *on* …を決心している / be keen *on* …に熱心である / be mad *on* …に熱中して[夢中になって]いる / trespass *on* …を侵害する / happen *on* a person 人にふと出会う / confer a degree *on* a person 人に学位を与える / draw a check *on* …に当てて小切手を振り出す / inflict pain *on* a person 人に苦痛を与える / lay [impose] taxes *on* imports 輸入品に課税する / hit a person *on* the head 人の頭を打つ / He drew his knife *on* her and attacked her. 彼女に向かってナイフを抜いて襲いかかった / make an attack *on* …を攻撃する / serve a writ *on* …に対して令状を出す / take vengeance *on* …に報復する / A curse [plague] *on* him! 彼にのろいが降りかかるがいい / He left a card *on* me. 私宛てに名刺を残していった / I congratulate you *on* your success. 御成功を祝します / That's a new one *on* me. それは初耳だ. そうとはうかつにも知らなかった. **b** [不利益]《米口語》〈人〉に向けられて, 〈人〉の不利になるように: The joke is *on* us. その冗談は我々に当てつけたものだ / I had nothing *on* her. 彼女になんの恨みもなかった / The lights went out *on* us. 電灯が消えて困った / She hung up *on* me. 彼女は(失礼にも)電話を切ってしまった / The door was shut *on* him. 彼の目の前で戸が締められた / All the chickens have died *on* me. ひよこ全部に死なれてしまった. **c** [接近] …に迫って, …に近づいて: The storm was *on* us. 嵐が迫っていた.

10 a [関係・影響] …に関して, について: a book *on* gardening 園芸の本 / an authority *on* English grammar 英文法の権威 / talk *on* many subjects 色々の問題について話す / take notes *on* a lecture《米》講義のノートを取る / A court-martial was held *on* him. 彼のために軍法会議が開かれた / think [consider, remember, dream] *on* …のことを考える[考察する, 思い出す, 夢想する]《★ 今は of が普通》/ meditate [reflect] *on* …のことを思いめぐらす[反省する] / speak [write] *on* Japan 日本のことを話す[書く] / a book [lecture, treatise] *on* stars 星を論じた本[講演, 論文] / Mill *on* liberty ミルの自由論. **b** [関与・従事] …に関与して, …に従事して: be *on* a committee 委員会の一員である / be *on* the general staff 参謀本部員である / He is *on* the 'Times'. 彼はタイムズ紙の記者だ / I have been *on* the study of birds. 鳥の研究に従事している / I am now *on* a second novel. 2冊目の小説にかかっている / They are both *on* the basketball team at school. 二人とも学校でバスケットボールチームに入っている / We're *on* a murder case. 今殺人事件を担当している.

11 [手段・器具] …で: cut one's finger *on* a knife ナイフで指を切る / hear music *on* the radio ラジオで音楽を聞く / see it *on* television テレビで見る / talk *on* the telephone 電話で話す / sew something *on* a sewing machine ミシンで何か縫う / write a letter *on* a typewriter タイプライターで手紙を書く / play *on* the piano [flute] ピアノ[フルート]を奏する.

12 [累加・添加] …に加えて, …の上に: blow *on* blow 続けざまの打撃 / heaps *on* heaps 重ねに重ねて, 累々と / I have had ill luck *on* ill luck. 重ね重ねの不幸に会った.

13《口語》〈飲食物の勘定など〉〈人〉の負担となって, 〈人〉が支払うべきで (at the expense of): ⇨ *on the* HOUSE / This is *on* me. これは私のおごりです.

14 〈麻薬など〉を常用して, …中毒で: She is *on* the Pill. ピルを常用している / He is *on* drugs. 麻薬中毒だ.

15 [様態]: *on* this wise《古》かくの如く / She cut the cloth *on* the bias. その布地をバイヤスに裁断した / ⇨ *on the* CHEAP, *on the* QUIET, *on the* SLY, *on the* SQUARE.

16 ＝of[1]《方言または非標準的な用法》: She'll take care *on* him. 彼の世話をするだろう.

17 〈金など〉…に賭けられて: His money was *on* Golden Arrow. 彼の金はゴールデンアロー号に賭けられていた.

be on it《米口語》(1) 上手だ: He can cook. He *is* just *on it*. 彼は料理ができる, まさに名人だ. (2) やる気がある: *Are* you *on it*? やる気があるかい. ***just on*** ⇨ just[2] 成句.

— [ɔ́(ː)n, ɑ́(ː)n | ɔ́n] *adv.* **1** (物の)表面に, 上に, 載って: The tablecloth is not *on*. テーブルクロスが掛っていない / get *on* 乗る, 乗車する / put the tablecloth *on* テーブルクロスを掛ける / He jumped *on* to (＝onto) the stage. 彼は舞台へ飛び上がった.

2 身につけて: draw boots *on* 長靴をはく / draw *on* one's gloves 手袋をはめる / have a clean shirt *on* きれいなシャツを着ている / have a hat *on* 帽子をかぶっている / have nothing *on* 何も着ていない / keep one's hat *on* 帽子をかぶったままでいる / put [try] *on* a coat 上着を着る[着てみる] / She had very little make-up *on*. 彼女はほとんど化粧をしていなかった.

3 (ある場所・物の方へ)向かって, 進んで (forward), 先へ (onward); (時間が)進んで: bows [broadside] *on* 舷首[舷側]を前に向けて / come *on* 向かって来る, やって来る, 近づいて来る / (with) head *on* 頭部を前にして, 頭から / further *on* さらに進んで / I'll do it later *on*. あとでやっておきます / from that day *on* その日から引き続いて / send one's baggage *on* 荷物を先へ送っておく / ⇨ AND *so on* / It's getting *on* for six o'clock. もうじき6時だ / It was well *on* in the night. 夜もかなりふけていた / He is getting *on* in years. 彼は大分年を取ってきた / Time glides *on*. 時はいつしか過ぎていく / Work is well *on*. 仕事はうんと進んでいる / go [press] *on* どんどん進む / Move *on*, please! 立ち止まってはいけません《警官の常用句》/ *On*! ＝GO[1] *on*! / You must *on*.《古》先へ行かなければならない.

4 [動作の継続] どんどん, 絶えず: *on* and *on* どんどんと, 引き続いて, 休まずに / go *on* talking 話し続ける / speak *on* 語り続ける / wait *on* 待ち続ける / walk *on* どんどん歩いて行く / work *on* どんどん働く / Go *on* with your story. 話を続けて下さい.

5 (動作・行動)を始めて: thrash *on* 打ってかかる / At last it came *on* to rain. とうとう雨が降り出した.

6 離れずに, しっかり: cling [hang] *on* 取りすがる / Hold *on*! しっかりつかまれ.

7 〈人が〉働いて; 〈俳優が〉舞台に出て, (プログラム・予定に)出て; 〈演劇・映画・展覧会など〉上演[上映, 開催]中で: He has been *on* for three years, and is now retiring. 彼は3年勤めていたが, 今度退職する / She was *on* at the Lane last winter. 去年の冬彼女は(ドゥルリー)レーン劇場に出ていた / Have you (got) anything *on* tomorrow? 明日は何か予定がありますか / What's *on* this afternoon? 今日の午後の番組は / What's *on*? 芝居は何がかかっているのですか; 何事が起こっているのですか / There's nothing *on* for this afternoon. 今日の午後は何の予定もない / "Hamlet" is now *on*. 「ハムレット」上演中 / He had a show *on* in Bond Street. ボンドストリートでショーを開いていた.

8 a 〈水道・ガスなど〉出て, 通じて; 〈ラジオなど〉かかって; 《電気》「オン」で, はいって (↔ off): switch *on* the electric light 電灯をつける / turn *on* the steam [water, gas] (栓をひねって)スチーム[水, ガス]を出す / Is the gas *on*? ガスが来ているか / The water was not *on*. 断水していた / The electric lights are all *on*. 電灯は全部ついている / The radio is *on*. ラジオがかかっている / The brakes are *on*. ブレーキはかかっている. **b** 〈食事・戦争など〉始まって: The rain is *on* again. 雨がまた降り出したぞ / Breakfast is *on* from 8 to 10. 朝食は8時から10時まで. **c** 〈訴訟など〉審議[審理]されて: His case was *on*. 彼の訴訟は審議中だった.

9《口語》**a** 賛成して, 喜んで参加して: I'm *on*! よしきた, 賛成だ / There is a show tonight. Are you *on*? 今晩ショーがある, 君も来るかい. **b** 〔…の〕相手になりたがって, 〔…と〕交渉を持ちたがって〔*with*〕: He is *on with* Alice. アリスに夢中だ. **c** 賭けて, 賭に応じて: I am determined to be *on*. 賭けようと決心している / I am well *on*. (賭に)大丈夫勝つ見込みがある.

10《口語》〔人の〕心をよく飲み込んで; 〔事実を〕よく知って, 〔ある事に〕精通して〔*to*〕: I suppose you are *on*. たぶん君も知っているだろう / We are all *on to* him. 彼の魂胆なら我々は皆よく知っている / Everybody is *on to* that. その事ならだれでも知っている.

11《英俗》**a** 酔って (drunk): He is a bit [slightly] *on*. ほろ酔い加減だ. **b** 有望で, 見通しが明るく: His idea isn't *on*. 彼のアイデアは見込み薄だ.

12《口語》〔…に〕うるさく小言[不平]を言って〔*at*, *to*〕: He was *on at* me. 私にうるさく小言を言った / My wife is always *on at* me to come home early. 妻はいつも早く帰宅するようにうるさく言う / The manager is always *on to* Mary. 支配人はいつもメアリーに小言を言っている.

13〘クリケット〙**a** オンサイド (on side) に (↔ off): play *on* 球を味方の三柱門に当ててアウトになる. **b** (相手側よりも)勝ち越して: They were 70 runs *on*. 70点勝ち越していた.

14〘野球〙塁上に: We had one man *on* when the batter struck out. バッターが三振したとき一人出塁していた.

(*just*) *not on*《口語》〈事が〉(絶対に)承知できない, だめで: That's *just not on*. ***on and off*** ＝OFF *and on*. ***on with*** [命令文で] (1) …を身に付けよ: *On with* your coat! 上着を着なさい. (2) …を始めよ[続けよ]: *On with* the show! ショーを始めよ[続けよ].

— [ɔ́(ː)n, ɑ́(ː)n | ɔ́n] *attrib. adj.* **1**〘クリケット〙オンサイド (on side) の: ⇨ on-drive. **2**《英俗》ふさわしい, ぴったりの (fit): He's the most *on* person in the town. この町で一番うってつけの人物だ. **3** 絶好調の (↔ off): It was one of his *on* days. それは彼の絶好調の日だった. **4**《英》店内での飲酒が許されている (↔ off): ⇨ on-license.

— [ɔ́(ː)n, ɑ́(ː)n | ɔ́n] *n.*〘クリケット〙[the ～] オン側《右打者が投手の方を向いた場合打者の左に立っている側》: a fine drive to *the on* 左へ飛ぶ見事な強打.

— [ɔ́(ː)n, ɑ́(ː)n | ɔ́n] *vi.*《口語》先へ行く, 前進する: He ups and *ons*. 彼は立ち上がり前進する.

on with《口語》…を載せる (put on): She *ons with* the pot. 彼女はポットを載せる.

On [ɑ́(ː)n | ɔ́n]〘◻ Heb. *Ōn* ◻ Egypt. *iwnw*: cf. Copt. *ōn*〙*n.*〘聖書〙オン《Heliopolis のこと; cf. *Gen.* 41: 45》.

ON, ON., O.N.《略》Old Norse.

o.n.《略》〘処方〙*L.* omnī noctē 毎夜 (every night).

O.N.《略》〘化学〙octane number; orthopedic nurse.

on- [ɔ(ː)n, ɑn | ɔn] 副詞の on の連結形. ★ come on, fall on などの on が Gerund または -er を語尾とする名詞の語頭に置かれたもので on に強勢がある: *on*coming, *on*fall, *on*looker.

-on[1] [ɑn | ɔn]〘《変形》← -ONE〙*suf.*〘化学〙「非ケトン化合物, 非オキソ化合物」の意の名詞を造る (cf. -one): cupferr*on*, nerv*on*, parathi*on*.

-on[2] [ɑn | ɔn]〘← (i)ON: cf. -tron〙— *suf.*〘物理〙次の意味を表わす名詞を造る: **1**「素粒子 (elementary particle)」: neutr*on*, nucle*on*, phot*on*. **2**「励起状態の量子 (quantum)」: phon*on*, magnet*on*.

-on[3] [ɑn | ɔn]〘← NL ～ ← Gk ～ (neut. n. & adj. suf.): cf. argon〙*suf.*〘化学〙「不活性ガス」の意の名詞を造る: rad*on*.

-on[4] [ɑn | ɔn]〘(◻F *-on*) ◻ It. *-one* // ◻ L *-ōnus* (masc.), *-ōna* (fem.)〙*suf.* 増大辞として通例「…の大きなもの」の意の名詞を造る (cf. -oon): flag*on*, milli*on*.

O·na[1] [óʊnə | ə́ʊ-]〘⇨ Oonagh〙*n.* 女性名.

O·na[2] [óʊnə | ə́ʊ-] *n.* (*pl.* ～, ～s) **1 a** [the ～(s)] オナ族《Tierra del Fuego 諸島に住むチョーナ (Chon) 系の種族》. **b** オナ族の人. **2** オナ語.

ón-agáin, óff-agáin *adj.* 一時存在してあっという間に消える; 発作的な, 断続的な: ～ fashions 一時的流行.

on·a·ger [ɑ́nɪdʒə, ɑ́nə- | ɔ́nəgə(r)]〘《*c*1340》◻ L ～ ◻ Gk *ónagros* ← *ónos* ass＋*ágrios* wild〙— *n.* (*pl.* ～s, **-a·gri** [-gràɪ]) **1**〘動物〙オナガー (*Equus onager*)《イラン・アフガニスタン, パキスタン産の野生ロバ》. **2** (古代–中世の)投石機.

On·a·gra·ce·ae [ɑ̀nəgréɪsiː | ɔ̀n-]〘← NL ～ ← L *onagra* ((fem.) ← *onagrus* (↑)) ＋ -ACEAE〙*n. pl.*〘植物〙アカバナ科. **òn·a·grá·ceous** [-ʃəs] *adj.*

onagri〘◻ L *onagri*〙*n.* onager の複数形.

o·nan·ism [óʊnənɪzm | ə́ʊ-]〘《1727-41》← ? NL **onanism-us* ← *Onan* (son of Judah): *Gen.* 38: 9 から: ⇨ -ism〙— *n.* **1** 中絶性交 (coitus interruptus). **2** オナニー, 自慰 (masturbation). **3** 自己満足.

ó·nan·ist [-nɪst, -nəst | -nɪst] *n.* **1** 中絶性交実行者. **2** オナニー常習者. **o·nan·is·tic** [òʊnənístɪk | ə̀ʊ-] *adj.*

O·nas·sis [o(ʊ)nǽsɪs, -nɑ́ː-, -səs | ə(ʊ)nǽsɪs, ɔn-], **Aristotle Socrates** *n.* オナシス《1906–75; トルコ生れでギリシャ系のアルゼンチンの海運業者》.

ón·bóard〘← *on board* (⇨ board n. 成句)〙— *adj.* **1** 機内での, 車内での: ～ food service 機内での食事サービス, 機内食. **2** (ロケット・人工衛星・宇宙船などに)組込まれた, 内蔵の: an ～ camera [computer] 内蔵カメラ[計算機].

onc- [ɑŋk, ɑnk | ɔŋk, ɔnk] (母音の前に来る時の) onco-[2] の異形.

ón-cámera *adj., adv.*〘映画・テレビ〙(撮影中の)カメラのフレーム内にいる所の[で].

once [wʌ́ns]〘《*c*1122》*ōnes*, *ānes* (adv. gen.) ← *ān* 'ONE' ◇ early ME *ǣnes*, *ēnes* ← OE *ǣnes*: 語尾の *-ce* は無声音を示すため1500年頃から〙— *adv.* **1** [wʌ̀ns] 昔ある時, 昔, かつて (formerly): a ～ famous doctor かつては[一時は]有名だった医者 / There ～ lived a wise man. 昔一人の賢い人が住んでいた / I ～ lived in Kobe. かつて神戸に住んでいたことがある. **2** 1回, 一度: more than ～ 一度ならず, 再三 / ～ more [again] もう一度(繰り返して) / The earth goes round the sun ～ a year. 地球は年に1回太陽の回りを回転する / I have seen him ～. 彼には一度会ったことがある / A man can die but ～.《諺》人は一度だけしか死ねない《死ぬ経験は一度だけしかない》/ *Once* bit(ten), twice shy.《諺》一度かまれる[だまされる]と二度目には慎重になる,「羹(あつもの)に懲りて膾(なます)を吹く」. **3 a** [否定構文で] ただの一度も(…ない), いつだって(…することがない) (ever): *Not* ～ have you done as I have asked. ただの一度も君は僕の言う通りにしてくれたことがない / I did*n't* ～ think of it. そのことは思いもかけなかった. **b** [条件・時の副詞節中で] いったん, …するが最後, …しさえすれば: if the facts ～ become known その事実がひとたびわかれば / when ～ he understands いったん理解してしまえば. ★ 副詞節が短縮形で表わされることがある (cf. *conj.*): He'll succeed if ～ given a chance. 彼は機会さえ与えられれば成功する. **4** [～ removed で] 一世代[親等](隔たった): a (first) cousin ～ *removed* ⇨ removed 2. **5**《古》(将来)いつか (some day).

once and again 再三, 何度も; 時々, 時折 (now and again): I have heard it said ～ *and again*. そのことは再三言われるのを耳にした / Accidents happen ～ *and again*. 時には事故は起こる. ***once and away*** (1) ＝ONCE *(and) for all*. (2) ＝ONCE *in a way*. ***once and a while*** [《英》***way***] ＝ONCE *in a way*. ***once (and) for all*** 一度だけ, 今度限り; きっぱりと, これを最後に: I shall explain it ～ *and for all*. もう一度だけ説明して上げよう / It is but seldom that a man loves ～ *and for all*. 一生に一度しか恋をしないというのはおよそありえない / Tell him so ～ *for all*. 彼にきっぱりそう言いなさい. ***once in a blue moon*** ⇨ moon 成句. ***once in a way***《英》(1) ＝ONCE *in a while*. (2) たまたま一度(だけ). ***once in a while*** 時折, 時々 (now and then); まれに, たまに (rarely, at long intervals): He comes to see us ～ *in a while* but not very often. 彼は私たちの所にたまに来るがそう多くはない. ***once or twice*** 一, 二度; 何度か, 時たま: I've seen him ～ *or twice* near here. この辺で一, 二度彼を見かけたことがある. ***once too often*** ⇨ often

成句. ***once upon a time*** ⇨ time 成句.
— *conj.* ひとたび…すれば, …しさえすれば: *Once* you hesitate, you are lost. 躊躇(ちゅうちょ)したが最後もうだめだ / *Once* that is accomplished, all will be well. それが成就されさえすれば後はしめたもの. ★ (1) 時に ～ *that* として用いられる: *Once that* you start, you must attain your object. いったん始めたら目的を達成しなくてはいけない. (2) once の導く節が次のような短縮形をなすことがある (cf. *adv.* 3 b): *Once* within call, we are safe. 呼んで聞えるところへ行きさえすれば安全なのだ / *Once* a beggar, always a beggar. 《諺》こじきも三日すればやめられぬ.
— *n.* 一度 (one time): *Once* is enough for me. 一度でたくさんだ.
all at once (1) たちまち, にわかに: *All at* ～ he leaped to his feet. 突然彼は飛び上がった. (2) みんないっしょに: You must not talk *all at* ～. ***at once*** (1) すぐに, 直ちに: Do it *at* ～. (2) 同時に: You cannot do two things *at* ～. 二つのことを同時にできはしない. (3) [and と相関的に用いて] …でも(また…でも) (both): He is *at* ～ stern and tender. 厳しい中にも優しさがある. ***every once in a while*** 〚*every*: 《転訛》← ever〛=ONCE *in a while*. ***for once*** 一度だけは(特に): He is behaving himself *for* ～. 彼も今度だけは神妙にしている / Let me see it just *for* ～. ほんの一度だけ見せて下さい. ***for once in a way* [*while*]** =ONCE *in a way* [*while*]. **(*for*) *this* [*that*] *once*** 今度[あの時]だけ, 今度[その時]に限って: Please listen to me just *for this* ～. 今度一度だけだと思って私の言うことを聞いてください.
— *attrib. adj.* 一度は…であった, 昔の (former): my ～ master かつての主人 / the ～ enemies もとの敵.

ónce-òver *n.* 《口語》 **1** [the ～] ざっと見る[目を通す]こと, (手早く)調べて[当って]みること: give a person *the* ～ 人をざっと見る / He gave the manuscript *the* ～. 彼は原稿にざっと目を通した. **2** (何かを)手早く[さっと]やること; (特に)手早く[さっと]掃除する[片付ける]こと: I give my study a ～ now and then. 私は時々書斎をさっと掃除する.
ónce-òver-líghtly *n.* 《米口語》=once-over.
ónc·er *n.* **1** あること(特にある義務的なこと)をただ1回だけする[したことのある]人. **2** 《英口語》月にただ一度教会へ行く人. **3** 《英俗》1 ポンド紙幣.
oncet [wʌ́nst] =once 《非標準的な語; cf. onct》.
onch- [ɑŋk, ɑnk | ɔŋk, ɔnk] (母音の前に来る時の) oncho-² の異形 (⇨ onco-²).
on·cho-¹ [ɑ́ŋko(ʊ), ɑ́n- | ɔ́ŋkə(ʊ), ɔ́n-] 〚生物〛=onco-¹.
on·cho-² [ɑ́ŋko(ʊ), ɑ́n- | ɔ́ŋkə(ʊ), ɔ́n-] =onco-².
on·cho·cer·ci·a·sis [ɑ̀ŋko(ʊ)səːkáɪəsɪs, -səs | ɔ̀ŋkə(ʊ)səːkáɪəsɪs] 〚← NL ～ ← *Onchocerca* (⇨ oncho-¹, cerco-, -a²)+-IASIS〛 — *n.* 〚病理〛オンコセルカ症, 回旋糸状虫症《皮膚や眼の病的状態》.
on·cho·cer·co·sis [ɑ̀ŋko(ʊ)səːkóʊsɪs, -səs | ɔ̀ŋkə(ʊ)səːkə́ʊsɪs] 〚← NL ～ ← *Onchocerca* (↑)+-OSIS〛 *n.* 〚病理〛=onchocerciasis.
on·ci- [ɑ́nsɪ, -sə | ɔ́nsɪ] onco-² の異形.
on·cid·i·um [ɑnsídiəm, ɑŋkíd- | ɔnsídɪ-] 〚← NL ～: ⇨ onco-¹, -idium〛 *n.* 〚植物〛熱帯アメリカ産ラン科オンシジューム属 (*Oncidium*) の植物の総称.
on·co-¹ [ɑ́ŋko(ʊ), ɑ́n- | ɔ́ŋkə(ʊ), ɔ́n-] 〚□ Gk *ónko-* ← *ónkos* barbed hook〛〚生物〛「とげ (barb); とげのある (barbed)」の意の連結形.
on·co-² [ɑ́ŋko(ʊ), ɑ́n- | ɔ́ŋkə(ʊ), ɔ́n-] 〚□ Gk *ónko-* ← *ónkos* bulk, size, mass〛 — 「腫瘍 (tumor); かさ, かたまり (mass)」の意の連結形. ★ 時に onci-, また母音の前では通例 onc- になる.
on·co·gene [ɑ́ŋkədʒìːn, ɑ́n- | ɔ́ŋ-, ɔ́n-] *n.* 〚生物〛腫瘍(しゅよう)を起こす遺伝(因)子, 腫瘍ゲン.
ònco·génesis *n.* 〚病理〛腫瘍発生[形成].
ònco·génic *adj.* 〚病理〛腫瘍形成性の, 腫瘍の原因となる.
ònco·genícity *n.* 〚病理〛腫瘍原性, 腫瘍形成性, 発癌性.
on·cog·e·nous [ɑ̀ŋkɑ́dʒənəs, ɑ̀n- | ɔ̀ŋkɔ́dʒɪ-, ɔ̀n-] *adj.* 〚病理〛=oncogenic.
on·col·o·gy [ɑŋkɑ́lədʒi, ɑn- | ɔŋkɔ́lədʒɪ, ɔn-] 〚← ONCO-²+-LOGY〛 — *n.* 〚医学〛腫瘍(しゅよう)学. **on·co·log·ic** [ɑ̀ŋkəlɑ́dʒɪk, ɑ̀n- | ɔ̀ŋkəlɔ́dʒ-, ɔ̀n-] *adj.* **on·cól·o·gist** [-dʒɪst, -dʒəst | -dʒɪst] *n.*
ón·còming *adj.* **1 a** 近づいて来る: the ～ winter / an ～ car 前方からやって来る車. **b** 未来の. **2** 出現する: the ～ generation 次の世代. — *n.* 接近 (approach): the ～ of old age.
on·co·sis [ɑŋkóʊsɪs, ɑn-, -səs | ɔŋkə́ʊsɪs, ɔn-] 〚□ Gk *ónkōsis*: ⇨ onco-², -osis〛 *n.* (*pl.* **-co·ses** [-siːz]) 〚病理〛腫脹(しゅちょう), 脹(は)れること[状態].
ón·còst 〚(15C) □ MD ～: ⇨ on (adv.), cost¹〛 *n.* 《英》〚会計〛間接費 (overhead costs).
onct [wʌ́nst] =oncet.
on-dit [ɔ̃ːndíː, ɔ(ː)n-; *F.* ɔ̃di] 〚□ F ～ ← *on dit* one says, they say〛 — *F. n.* (*pl.* ～**s** [～(z); *F.* ～]) 取り沙汰(ざた), うわさ (report): upon ～*s* 風説に基づいて / a mere ～ 単なるうわさ.
on·do·gram [ɑ́ndəgræ̀m | ɔ́n-] 〚← F *onde* (< L *unda*) wave+-O-+-GRAM〛 *n.* 〚電気〛(ondograph に自記された)交流波形.
on·do·graph [ɑ́ndəgræ̀f | ɔ́ndəgrɑ̀ːf, -græ̀f] 〚□ F *ondographe*: ⇨ ↑, -graph〛 *n.* 〚電気〛交流波形(自動)記録機.
on·dom·e·ter [ɑndɑ́mətə | ɔndɔ́mɪtə(r, -mə-] 〚⇨ ondogram, -meter¹〛 *n.* 〚電気〛周波計.
on·do·scope [ɑ́ndəskòʊp | ɔ́ndəskə̀ʊp] 〚⇨ ondogram, -scope〛 *n.* 〚電子工学〛オンドスコープ《電波検出用放電管で電波による電離作用でグローが現れる》.
ón-drìve 〚クリケット〛 *n.* オンサイド (on side) への強打. — *vt.* 左側へ〈ボールを〉打つ.
one 〚ME *oon* < OE *ān* < Gmc **ainaz* (Du. *een* / G *ein*) ← IE **e-* one, unique: 発音 [wʌ́n] は 15 世紀頃の(南)西部方言 *won, wun* から〛 — [wʌ́n] *adj.* **1** 一つの, 単一の (single); 1 個の, 一人の; [Predicative に用いて] 1 歳で: ～ apple, bird, dog, year, day, etc. / ～ half, hundred, thousand, million, etc. / ～ dollar, pound, etc. / ～ pair of shoes, set of tools, etc. / ～ and twenty =twenty-one (cf. and *conj.* 1 d) / ～ third 3 分の 1, $^1/_3$ / ～ man, ～ vote 一人一票(主義) / ～ or two people 一人か二人, 少数の人 / in ～ word 一言で言えば, 要するに / a ～ month's leave 《米》1 か月の賜暇《～ month's leave より強意的》/ *One* man alone escaped pursuers. ただ一人だけが追手から逃れた / Some ～ man must direct. だれか一人が(音頭を取って)指揮をしなければならない / No ～ man can do it. どんな人でも一人ではできない / It's ～ comfort. せめてもの慰めだ / *One* swallow does not make a summer. 《諺》つばめが 1 羽飛んで来ても夏にはならない《一つのことを基礎に判断するのは賢明でない;「早合点は禁物」》. ★ 時に不定冠詞の強意語に相当することがある: She was really ～ pretty girl. 彼女は本当にかわいらしい少女だった.
2 一体の, 合一した, 一致した (united): ⇨ *become* ONE, *be made* ONE / with ～ accord 一斉に, 一致して / cry out with ～ voice 異口同音に叫ぶ / Horse and rider were ～. 馬と騎手とは一体となっていた / We have been ～ these two months. 結婚してから 2 か月になる / We were of ～ mind. われわれは皆同じ心だった[気持が一致していた] / She is ～ *with* him in all he does. 彼女は何をするにも彼と一心同体である.
3 a [しばしば強調的に ～ and the same として] 同一の, 同じ (the same): in ～ direction 同一方向に / ～ *and the same* thing 同一物 / remain for ever ～ *and the same* いつまでも変らない / The three boys are of ～ age. その 3 人の少年は同じ歳である. **b** [all ～ として Predicative に用いて] 全く同じことで, どちらでもよいことで: It is *all* ～ *to* me. 私にとっては全く同じことだ《どうだっていい》/ It's *all* ～ what he says. 彼が何と言おうとそれは同じことだ《平気だ》.
4 [人名に付けて] …という, 某… (a certain) (cf. a² 4): ～ John Smith ジョンスミスという人. **b** [日時に付けて] ある, さる: I met him ～ evening last week. 先週のある晩彼に会った / *One* day he was out hunting with his friends. ある日のこと友人たちと狩に出ていた / You will see her again ～ day. いつかまた彼女に会うでしょう. ★ one day は過去についても未来についても用いられる (cf. someday).
5 [通例 the [one's] ～] 唯一無二の (the only): This is *the* ～ thing needful. 必要なものはただこれだけ / my ～ and only hope 私のただ一つの希望 / God is ～. 神は一つなり.
6 [one, another, the other と相関して] 一方の: ～ foot in sea, and ～ on shore 片足は海の中に片足は岸に (Shak., *Much Ado* 2. 3. 66) / from ～ side to *the other* 一方の側から他の側へ / ⇨ *on* (*the*) *one* HAND … *on the other* (*hand*) / taking ～ thing with *another* あれこれ考え合わせて(みると) / *One* man's meat is *another* man's poison. 《諺》甲の薬は乙の毒.
become one (1) 一緒になる, 合体する. (2) 結婚する. ***be made one*** (1) 一体化する. (2) 結婚する. (cf. *make* ONE ⇨ *n.*) ***for one thing*** ⇨ thing¹ 成句.
— [wʌ́n] *n.* **1** 1; 一つ, 1 個, 一人, 一物; 1 時, 1 歳, 1 ドル[ポンド, セント, ペンス(など)]: ～ or two 一, 二個 / ～ at a time 一時に一人[一つ]ずつ / ten minutes to ～ 1 時 10 分前 / at ～ twenty-five 1 時 25 分に / ～ and six (英国の旧貨幣制度での) 1 シリング 6 ペンス / ⇨ number one / at ～ and twenty 21 歳の時 / *One* from ten leaves nine. 10−1=9 / Book [Chapter, Page] *One* (第) 1 巻[章, ページ]. **2** 1[I] の記号[数字]: He lives at No. *1* Black Street. 彼はブラック街 1 番地に住んでいる / Your *1*'s are too like 7's. 君の(書く) 1 はまるで 7 みたいだ / four five two ～ (電話番号の) 4521 / a row of ～*s* 1 つづき. **3** [O-] 神; 超人間的存在: the Holy *One*=*One* above 神 / the Evil *One* 悪魔 (Devil). **4** (さいころ・ドミノの) 1 の目. **5** 1 番サイズの衣服; 1 サイズの靴《幼児用の最も小さいもの》: wear a ～. **6** 《口語》**a** 一撃; 打撃: I fetched [gave] him ～ in the eye. 彼の目に一撃をくらわした / a nasty ～ ひどい仕打ち, ひじ鉄. **b** 1 杯(の酒): ⇨ quick one. **c** 冗談, 話 (story). **7** 《口語》**a** 《米》1 ドル紙幣. **b** 《英》1 ポンド紙幣. **8 a** 《口語》熱心な人, 熱狂者 (fan) 〔*for*〕: He is a (great) ～ *for* baseball. 彼は野球狂だ. **b** 《俗》変な人, 変り者: You're a ～! 君は変な人だね.
(*all*) *in one* 一体になって, いっしょで (together): To her he is lover, guardian, and teacher *all in* ～. 彼女にとって彼は恋人でもあり, 後見人でもあり, また教師でもある. ***at one*** 一致して; 一体となって, 調和して; 仲直りして (reconciled) 〔*with*〕: I am *at* ～ *with* you on that point. その点では君と同意見だ. ***by ones and twos*** 一つ二つ[一人二人]ずつ(ぼつぼつ): They came *by* ～*s and twos*. ***for one*** 〚← ? *I for* (=standing for) '*one*': ローマ数字としての I が人称代名詞の I と取られたことによる〛少なくとも自身は, ひとりとして(は): I, *for* ～, am against the plan. 私としては[少くとも私は]その計画には反対だ. ***in ones and twos*** =*by* ONES *and twos*. ***make one* (*of* …)** 《古》(1) (グループ・活動などに)加わる, 参加する, 出席する. (2) (グループなどに)溶け込む. (cf. *be made* ONE ⇨ *adj.*) ***one and all*** 皆ことごとく (everyone): They came, ～ *and all*, to congratulate me on my success. 彼らはみんな私の成功を祝いにやって来た. ***one by* [*after*] *one*** 一つ[一人]ずつ(順次に) (one after another): He asked them to enter the room ～ *by* ～. 彼らに一人ずつ部屋にはいって来るようにと言った. ***one too many*** ⇨ too 成句. ***one up*** (1) (相手に)一段まさって, 差をつけて; 1 点勝ち越して 〔*on*〕: I'm ～ *up on* him. (2) 〚印刷〛1 枚刷りに[で]. (3) 〚新聞〛スペースを普通より 1 行多くあけて. ***tie one on*** ⇨ tie 成句.
— [wʌ́n] *pron.* **1 a** (特定の人・物のうちの)一人, 一つ: ～ *of* us [my classmates] 我々[級友]の一人 / ～ *of* these places これらの場所のうちの一つ. **b** [another, the other と対比して] 一方は: *One* succeeds where *another* fails. 一方が失敗する時にも一方が成功する / *One* is mortal, *the other* immortal. 一方は死ぬが他方は不死である / ⇨ ONE *after the other*, ONE *another*, *the* ONE…*the other*…
2 [any, some, every, many a, such a などに伴い, または他の限定語句と共に] 人 (person): *any* ～ だれでも (cf. anyone, someone, everyone, no one, etc.) / *many a* ～ 《文語》幾人も幾人も(の人) / *What a* ～ he is to make such excuses! 《口語》そんな言いわけをするとは何という男だ / dear [little, loved] ～*s* かわいい子供たち / behave like ～ mad 気違いじみた振舞いをする / It was a story about ～ who never troubled about his personal comfort. それはわが身の安楽を顧みることのなかった人間の物語だった.
3 [wʌn, wʌ̀n] **a** [総称的な不定代名詞として] (一般に)人, 世人, だれでも: ～'s self=oneself / *One* must observe the rules. 人は(だれでも)規則を守らなければならない / If ～ cuts ～'s finger, ～ hurts only oneself. 自分の指を切れば自分が痛いだけ / *One* must lie on the bed ～ has made. 《諺》何事も自業(じごう)自得. ★ (1) やや形式ばった表現法で, 口語体ではこの代わりに we, you, they, people, a man などが用いられる. (2) この用法の one に対する代名詞としては同じ one, one's, oneself を用いるのが正規の語法とされるが, 古風な文体, または特に米国の慣用では he, his, him, himself が用いられる傾向がある: *One* has to put *himself* (=oneself) in the position of *his* (=one's) customers. 客の身になってやらなければならない. ★ また, 米国の砕けた文体では you が用いられることもある: *One* can't be too careful, can *you* (=one)? 念には念を入れよということがあるだろう. **b** [各種の人称代名詞の代表形として]: run as fast as ～ can / ～'s father's watch. ★ 実際の場合にはこの one や one's は文脈に応じた代名詞の人称・性・数に従って変形する: You must run as fast as *you* can. / He ran as fast as *he* could. / This is *my* father's watch. **c** [気取った言い方で] 自分 (I, me): It was the autumn in 1965, if ～ remembers rightly. 記憶に間違いなければたしか 1965 年の秋のことだった.
4 a [wən] [the, this, that, which などの限定語に伴って] (特定または不特定の)人, 物: *This* ～ will do. これならいいでしょう / *Which* ～ do you choose? どちらをお選びになりますか. **b** [wʌn, wʌ̀n] [既出の Countable の名詞の反復を避けて (cf. none *pron.* 3)]: I have lost my umbrella; I think I must buy ～. こうもりがさをなくした; 1 本買わなければなるまい. ★ (1) この用法の one が形容詞に先立たれる時には不定冠詞をつけ, また複数形 ones も用いられる: Do you have a fountain pen with you?—Yes, I do—*a* very good ～. 万年筆を持っていますか―ええ, 持っています, とてもいいのを / Give me a good ～ [some good ～*s*], please. どうぞいいのを下さい. (2) 無冠詞の one が形容詞句や形容詞節を従えることがあり, その場合にも複数形 ones が用いられる: His tone was ～ of cool amusement. 彼の口調は冷やかに楽しんでいるといった口調だった / These problems are ～*s* on which we have been working for the last ten years. これらの問題こそ我々がこの 10 年来取り組んできているものである.
one after another (1) (不定数のものについて)一人[一つ]ずつ, 相次いで, 続々と: Cars appeared ～ *after another*. 車が次々に現われた / Troubles came ～ *after another* 災難が相次いで起こった. (2) =ONE *after the other* (2). ***one after the other*** (1) (二つのものについて)順々に, 代る代る, 交互に: Say 'beat' and 'boat' ～ *after the other*. (2) (特定数のものについて)順々に, 交互に: The mourners offered flowers ～ *after the other*. 会葬者は順々[次々]に献花をした. (3) =ONE *after another* (1). ***one another*** (二者以上の間で)お互い (cf. EACH *other* ★): People ought to help ～ *another*. 人々はお互いに助け合うべきである / I put all the books on top of ～ *another*. 本を全部 1 冊 1 冊重ね合わせた / exchange ～ *another's* notebooks ノートを交換し合う / They were often seen in ～ *another's* company. よく一緒にいるのが見受けられた. ***one with another*** 平均して: taken [taking] ～ *with an-*

other 平均すると. ***the one... the other...*** (1) 前者(は)…後者(は)… (the former... the latter...): A man and a woman were coming down, *the* ~ looking about twice the age of *the other*. 男と女がやって来たが, 男のほうが女のほうの倍ぐらいの歳に見えた. ★ 時に「前者」「後者」の順が曖昧になることがあり, その場合 the one の the が省かれることもある: The two sometimes run counter ~ to *the other*. 両者は時に互いに抵触する. (2)《まれ》後者(は)…前者(は)….

one- [wʌ́n] 'one' の意の連結形. ★ 特に -ed の語尾の語と複合して形容詞を成すことが多い: ⇨ *one*-armed / a *one*-dollar bill 1ドル札 / a *one*-roomed house ひと部屋だけの家 / a *one*-storied house 平屋(ひらや) / *one*-year-olds 一歳児たち.

-one [oun | əun] 〖◻Gk -*ṓnē* (父祖に由来する名を表わす fem. suf.)〗 *suf.* 〖化学〗「ケトン (ketone) など」を表わす名詞を造る: acet*one*, butan*one*.

1-A [wʌ́n-éɪ] 〖選抜徴兵法による検査の際に用いられた合格者の名称区分から〗 *n.* (*pl.* **1-A's**)《米》甲種合格(者) (cf. 4-F).

óne-a-cát [-ə-] *n.* 〖遊戯〗 =one old cat.

óne-áct *adj.* 〖演劇〗一幕ものの: a ~ play. 「play).

óne-ácter *n.* 〖演劇〗(短い)一幕もの(の劇) (one-act

1-A-O [wʌ́nèɪóu | -óu] 〖選抜徴兵法による検査の際に用いられる名称区分から〗 *n.* 《米》良心的兵役拒否(者).

óne-árm *adj.* **1** 片腕(式)の: a ~ chair 片腕式の椅子《椅子のひじ掛けの一つが他より長く伸び, その先が広がり, 食品皿, コーヒー皿などが置けるようになっているもの》. **2** 片腕椅子を置いた: a ~ joint 《米》片腕椅子式の飲み屋.

óne-àrm bándit *n.* 《俗》=slot machine c. 「用の.

óne-ármed *adj.* 片腕しかない, 隻腕の, 片腕の; 片腕

óne-àrmed bándit *n.* 《俗》=slot machine c.

óne-bágger *n.* 《俗》〖野球〗=one-base hit.

óne-bàse hít *n.* 〖野球〗単打, シングルヒット《single ともいう》.

óne-compàrtment véssel *n.* 〖海事〗可浸長区画船《一つの水密区画が可浸長に等しい船》.

óne-diménsional *adj.* 深みのない, 皮相な (superficial). **óne-dimensionálity** *n.*

óne-égg *adj.* 〖生物〗=monovular.

óne-éye *n.* 〖トランプ〗[通例 *pl.*] 片目札《ふつう横顔がかかれている3枚の絵札; スペードとハートのジャック, ダイヤのキング; ポーカーなどで鬼札 (wild card) として使うことがある》.

óne-éyed 〖lateOE *ānēgede*: ⇨ one, eyed〗 — *adj.* **1** (Cyclops のように)一眼の, ひとつ目の; 片目の, 隻眼の; 片目しか見えない. **2** 視野の狭い, 片目的な; 片手落ちの. **3**《俗》〖トランプ〗片目の: a ~ card=one-eye. **~·ness** *n.*

óne·fòld *adj.* 一重(ひとえ)の; 単一体から成る.

O·ne·ga [o(u)négə | ɔnjégə, ənégə, ə(u)néɪ-; *Russ.* anjégə], **Lake** *n.* オネガ湖《ソ連邦ロシヤ共和国北西部にあるヨーロッパ第2の大湖 (9,720 km²)》.

Onéga Báy *n.* オネガ湾《ソ連邦ロシヤ共和国北西部の白海に通じる湾》.

Ó·neg Shabbát [óuneg-|óu-] 〖◻Heb. *'ōnegh šabbāth*《原義》Sabbath delight〗 *n.* (*pl.* ~) オネグシャバット《金曜日の夜か土曜日の午後に催されるユダヤ人の社交的集会; 通例歌や談話がなされる》.

óne-hánd *adj.* =one-handed 2.

óne-hánded 〖(*c*1440)〗 *adj.* **1** 片手しかない; 片手ききの. **2** 片手で使う[行なう], ワンハンドの: a ~ catch.

óne-hórse *adj.* **1 a** 1頭立ての, 1頭引きの: a ~ wagon. **b** 〈農場が〉1頭の馬しか使わない[持っていない]: a ~ farm. **2**《口語》ちっぽけな, けちな, 貧弱な; 二流の, つまらない: a ~ town ちっぽけな町 / a ~ paper 三流紙 / a ~ theory 取るに足らぬ理論[学説].

óne-hóur ráting *n.* 〖電気〗1時間定格《間欠的動作をする電気機械等の定格の一種で, 1時間だけ運転する際の温度上昇などを基準に定めたもの》.

O·nei·da [ounáɪdə | əu-] 〖◻N-Am.-Ind. (Iroquois) *Oneiute*《原義》standing rock: その村に大きな石があったのにちなむ〗 — *n.* (*pl.* ~**s**, ~) **1 a** [the ~s] オナイダ族《Iroquois 五族 (Five Nations) に属する北米インディアンの一種族; もと米国 New York 州中央部にある Oneida Lake の東部地方に住んでいた; cf. Onondaga》. **b** オナイダ族の人. **2** オナイダ語.

Onéida Commúnity *n.* [the ~] オナイダ共産村《人間の完成には宗教的救済も特殊な社会組織にもよらなければ不可能であるという見解から, 米国 New York 州中央部の Oneida に J. H. Noyes によって建てられた小共産的原始キリスト教共同社会 (1848–79); その主義は Perfectionism, 会員は Perfectionists と呼ばれた》.

óne-idéaed *adj.* (*also* **one-idea'd**) 一つの観念[考え]にだけとらわれた; 偏狭な (narrow-minded).

O'Neill [o(u)níːl | ə(u)-], **Eugene** (**Gladstone**) *n.* (1888–1953) 米国の劇作家; Nobel 文学賞 (1936); *Desire Under the Elms* (1924), *Strange Interlude* (1928).

o·neir- [ounáɪr | əunáɪər] (母音の前に来る時の) oneiro- の異形.

o·nei·ric [ounáɪrɪk | əunáɪər-] *adj.* 夢の[に関する].

o·nei·ro- [ounáɪro(u) | əunáɪərə(u)] 〖◻Gk *oneiro-* ← *óneiros* dream〗「夢 (dream)」の意の連結形. ★ 母音の前では通例 oneir- になる.

o·nei·ro·crit·ic [ounàɪro(u)krítɪk | əunàɪərə(u)krít-] 〖← Gk *oneirokritik-ós*: ⇨↑, critic〗 *n.* 夢占い師, 夢判断者.

o·nèi·ro·crít·i·cal [-tɪkəl, -ṭə- | -tɪ-] *adj.* 夢判断の[に関する]. **~·ly** *adv.*

o·nèi·ro·crít·i·cism [-ṭəsɪzm | -tɪ-] *n.* 夢判断.

o·nei·rol·o·gy [òunaɪrálədʒi | əunaɪ(ə)rɔ́lədʒɪ] 〖← ONEIRO- + -LOGY〗 *n.* 夢学, 夢判断, 夢解釈(学).

o·nei·ro·man·cer [ounáɪrəmæ̀nsə, -ro(u)- | əunáɪərə(u)mæ̀nsə(r)] *n.* 夢占い者.

o·nei·ro·man·cy [ounáɪrəmæ̀nsi, -ro(u)- | əunáɪərə(u)mæ̀nsɪ] *n.* 夢占い.

O·nei·ros [ounáɪrɑs | əunáɪərɔs] 〖◻Gk *Óneiros*: *óneiros* dream の擬人化〗 *n.* 〖ギリシャ神話〗オネイロス《古代ギリシャの夢の神》.

óne-légged [-légd, -légɪd, -gəd] *adj.* **1** 1本足の, 隻脚の, 片足の. **2 a** 〈議論など〉一方的な, かたよった (one-sided). **b** 〈法律など〉肝腎な所が欠けている, 根本的欠陥のある, 骨抜きの: a ~ law ざる法.

óne-lìne óctave *n.* 〖音楽〗一点オクターブ《中央ハ音から始まるオクターブ》. 「わさびのきいた警句.

óne-líner *n.* 《米》短いが気のきいた言葉[ジョーク],

óne-lúng *adj.* **1** 肺が一つしかない, 片肺の. **2**《俗》〈エンジン・自動車など〉単気筒の.

óne-lúnged *adj.* =one-lung 1.

óne-lúng·er [-lʌ́ŋə | -ŋə(r)] *n.* 《俗》 **1** 単気筒エンジン. **2** 単気筒の乗物《オートバイ・自動車など》.

óne-màn *adj.* **1** 個人の, 一人だけの; 一人だけでする: a ~ show (絵画などの)個展; (歌手などの)ワンマンショー / a ~ job 一人でする仕事 / a ~ bus ワンマンバス. **2** 一人だけで構成された, 一人だけでや(っている): a ~ editorial staff 単独編集陣[員]. **3** 一人だけに従う[なついている]: a ~ dog. 「な.

óne-mány *adj.* 〖論理〗〈関係(関数の対応)が〉一多的

óne·ness 〖(16C) ← ONE + -NESS ∽ ME *annesse*, *onnesse* < OE *ānnes*〗 — *n.* **1 a** 単一性 (singularity). **b** 同一性 (identity). **c** 統一性 (unity). **d** 不変性 (changeless). **2** (精神・感情・目的などの)調和, 一致.

óne-níght·er [-náɪṭə | -tə(r)] *n.* =one-night stand.

óne-nìght stánd *n.* **1**《口語》**a** 一夜興行[公演]《一夜だけ催す旅興行[公演]》. **b** 一夜興行[公演]地. **c** 一夜興行[公演]のための途中下車(地). **2**《俗》一夜だけのデート[関係].

óne o' cát [-ə-] *n.* 〖遊戯〗=one old cat.

óne-óff *adj.* ただ一度だけの, 1回限りの; ただ一人のための; 〈商品など〉一つしか作られない: a ~ apparatus [stadium] 一度使うだけの装置[スタジアム].

one old cat [wʌ́nəkæ̀t, -òuld- | -ə-, -əuld-] *n.* 〖遊戯〗ワナキャット《野球の変形で, ホームベースのほかに塁が一つあり, 打者が打ってからその塁へ行き, 戻ってくれば得点になる; one-a-cat ともいう》.

óne-óne *adj.* **1** =one-to-one 1. **2** 〖論理〗一対一の.

óne-on-óne *adj.* 〖球技〗=man-to-man 2

óne-pàir *attrib. adj.* **1** 〖トランプ〗ワンペアの. **2** 《古》二階の (up one pair of stairs) (cf. two-pair 1).

óne páir *n.* 〖トランプ〗ワンペア《ポーカー (poker) で同位札の2枚揃い》.

óne-pìece *adj.* 〈服など〉ワンピースの, 上下続きの (cf. two-piece): a ~ dress, undergarment, bathing suit, etc. — *n.* ワンピース(の服).

óne-píec·er [-píːsə | -sə(r)] *n.* ワンピース(の服).

on·er [wʌ́nə | -nə(r)] *n.* 《英俗》 **1 a** 無類独特の人[物]; すばらしい人; 名人, 達人: a ~ at eating 無類の大食い(の人) / a ~ for that その道の達人. **b** とてつもないもの, 大変なもの[事]. **2** 痛打: give a person a ~ on the head 頭をいやというほど殴る. **3** 大うそ, うそっぱち: tell a ~ でたらめを言う.

on·er·ous [ánərəs, óun- | ɔ́n-, əun-] 〖(?*a*1400) ◻OF *onereus* (F *onéreux*) ◻L *onerōsus* ← *oner-*, *onus* burden: ⇨ onus, -ous〗 — *adj.* **1** 厄介な, 面倒な, 骨の折れる (troublesome): an ~ task. **2** 〖法律〗負担付きの, 有償の (cf. gratuitous 3): an ~ gift 負担付き贈与 / an ~ contract 有償契約 **~·ly** *adv.* **~·ness** *n.*

óne-séater *n.* 一人乗りの乗物 (single-seater).

one·self [wʌnsélf, wən- | wʌn-] 〖(1548)《変形》← *one's self* (cf. myself): ITSELF, HIMSELF などとの類推による変形〗 — *pron.* ★ (1) 総称的不定代名詞 one (*pron.* 3 a) に対する複合代名詞; また各人称の複合代名詞の代表形 (cf. one *pron.* 3 b) で, 実際の場合には文脈に応じ myself, yourself, himself などで表わされる. (2) 特に《米》では one's self の形もある. **1** [強意用法] 自分で, みずから: do a thing ~ 自分で事をする / It is good to use what one has made ~. 自分で作った物を使うのはよいことだ. ★ 独立的に one の強意形としても用いられる: Grief is felt only by ~. 悲しみを感じるのは本人だけ《他人にはわからない》/ One can trust only one person, and that is ~. 信頼できる人は一人しかなく, それは自分自身である. **2** [–⌣] [再帰用法]: absent ~ from school 学校を欠席する / betake ~ to ...へ行く / bethink ~ よく考えてみる, つくづく考える / dress ~ 着物を着る / hide ~ 姿を隠す, 隠れる / kill ~ 自殺する / oversleep ~ 寝過ごす / pride ~ on ...を鼻にかける, 自慢する / read ~ to sleep 読みながら寝入る / One should respect ~. 人は自尊心がなければいけない / One must buy ~ what is necessary to one's life. 自分が生きてゆくのに必要な物は買わなければならない. **3** (身体的・精神的に)いつもの[正常な]自分: be ~ からだ[頭]が正常である, 真面目[しらふ]である, 自然に振舞う.
beside oneself われを忘れて, 気が狂って: be *beside* ~ *with* anger. ***by oneself*** (1) ひとりで, ひとりぼっちで: He lives (all) *by himself*. (全く)ひとりで暮らしている / We were sitting all alone *by ourselves*. 私たちはただ二人きりですわっていた. (2) 独力で, 自分で (cf. *for* ONESELF): The boy finished the job *by himself*. 少年はその仕事を自分で片付けた. ***for oneself*** (1) 自分のために, 自分で使うために: He built a new house *for himself*. 自分が住むために新しい家を建てて / ⇨ SPEAK *for oneself*. (2) 自ら(進んで), 自分で (cf. *by* ONESELF): You must see it *for yourself*. 自分で(直接)確かめてみなさい. ***in oneself*** 本心では (at heart), もともと, 基本的には (basically). ***of oneself*** (他に原因がなく)ひとりでに. ***to oneself*** (他人にではなく)自分自身に; 自分だけに: have a large room *to* ~ 自分だけの大きな部屋を持っている, 大きな部屋を独占している.

óne-shòt *n.* **1** 単発もの《1回しか発行しない刊行物》. **2** (映画・ラジオ・テレビなどの) 1回だけの番組. **3** =one-shotter 1. — *adj.* 《口語》 **1** 1回しか起こらない[現れない], 1回限りの; 1回だけで有効な: a ~ cure 1回で効く療法 / a ~ sale 1回限りの販売. **2** 〈ラジオ・テレビ番組など〉(連続ものでなく) 1回だけの; 〈雑誌など〉単発(もの)の.

óne-shot cámera *n.* 〖写真〗ワンショットカメラ《1回の露光で色分解した3枚の陰画が得られる以前用いられたカラーカメラ》.

óne-shòtter *n.* **1** 1回限りの出演者; 1回だけのもの. **2** =one-shot 1, 2.

óne-síded *adj.* **1 a** (両側でなく)片側だけの: a ~ street 片側にだけ家のある通り. **b** 片側だけが発達した[大きな]; 片側だけにある[起こる]. **2** 偏頗(へんぱ)な (partial), 論拠が不十分な, 公正でない, 不公平な (unjust): a ~ argument 論拠不十分な議論 / a ~ judgment 公正でない判断 / a ~ view 偏見 / a ~ deal (一方的な)不公平な取引き. **3** 〖法律〗片務的な (unilateral): a ~ contract 片務契約. **4** 〖植物〗〈花・葉など〉幹茎の一方の側に片寄る: ~ flowers 茎の一方の側だけにつく花. **~·ly** *adv.* **~·ness** *n.*

óne-sided tést *n.* 〖統計〗=one-tailed test.

óne-stèp *n.* ワンステップ: **1** 〖ダンス〗20世紀初期に流行した turkey trot の変化した $^{2}/_{4}$ 拍子の軽快な社交ダンス. **2** その音楽. — *vi.* ワンステップを踊る.

óne-súitor *n.* (スーツ一着とアクセサリーがはいる大きさの)男性用旅行カバン.

óne-tàil tést *n.* 〖統計〗=one-tailed test.

óne-tàiled tést *n.* 〖統計〗片側検定《棄却域を, 仮設した値の片側に設定する仮説検定; one-sided test, one-tail test ともいう; cf. two-tailed test》.

Óne Thóusand Guíneas *n.* [the ~] 〖競馬〗千ギニー賞《英国五大競馬の一つ; 毎年春に, イングランドの Newmarket で明け4歳の牝馬(ひんば)によって行なわれる; 距離1マイル; 1814年創設; 通例 1,000 Guineas と書く; cf. classic races 1》.

óne-tíme *attrib. adj.* かつての (quondam), 以前の, もとの (former): his ~ sweet-heart かつての恋人. — *adj.* かつて, 以前に (formerly).

óne-time pád 〖*pad*: ← *a pad of keys* (暗号検索帳)〗 — *n.* 1回限り暗号通信法《通信者間でとりきめた数字による高度の秘密通信法で, 任意抽出数字帳の特定のページから通信文を作製し, 一度使用したページは二度と使わない》.

óne-to-óne *adj.* **1** 一対一の: a ~ correspondence 一対一の対応《例えば発音表記上の一つの音に対する一つの記号の対応など》. **2** 〖論理〗=one-one 2.

óne-tràck *adj.* **1** 〈鉄道が〉単線の. **2** 一つの考えに凝り固まった, 偏狭な (one-ideaed, narrow): a ~ mind 偏狭な心(の人). **3** 多様性の欠けた, 幅の狭い.

óne-twó *n.* **1** 〖ボクシング〗ワンツー(攻撃)《例えば左のジャブに続いてすぐに右ストレートを出す攻撃法; one-two punch ともいう》. **2** 〖フェンシング〗ユヌドゥー《複合攻撃の最も簡単なもの》. — *adj.* ワンツーの[を用いる].

óne-úp *vt.* (**-upped**; **-up·ping**) 〈人〉の一枚上をいく, 出し抜く: ~ one's rival. — *adj.* **1** 1点多く得点をあげて. **2** 一枚上手(うわて)の, 一段優位の[に立った], リードした: be ~ *on* a rival ライバルより一段上である.

òne-úpman·shìp *n.* 《口語》他人を一歩出しぬく行為[術].

óne-wáy *adj.* **1** 一方向にだけ動く (cf. two-way 2); 一方通行の: a ~ street 一方通行路 / ~ traffic 一方通行 / a ~ ticket 《米》片道切符 (《英》single ticket). **2** 〈感情・会話など〉相互的でない, 一方的な: a ~ conversation 一方的な会話 / a ~ love (affair) 片恋, 片思い. **3** 〖通信〗一方向のみの, 単信式の: a ~ radio 受信[送信]専門の無線機.

óne-wày clútch *n.* 〖機械・自動車〗ワンウェイクラッチ, 一方向クラッチ《一方向の回転力のみを伝える継手; cf. freewheel》. 「French.

ONF, O.N.F. 《略》Old North French; Old Norman

ón·fàll *n.* 攻撃, 襲撃: make an ~ 攻撃する.

ón·flòw *n.* (勢いのいい)流れ, 奔流. 「moon.

o.n.f.m. 《略》〖フリーメーソン〗on or nearest full

ón-glìde *n.* 〖音声〗入りわたり (↔ off-glide).

ón·gòing 〖(cf. go on (⇨ go¹ (成句)))〗 — *adj.* **1** 継続[進行]している. **2** 前進[発展, 発達]中の. — *n.* **1** 進行, 発展. **2** [*pl.*] (特に, 奇異なまたはいかがわしい)行為, 振舞.

ón·hànger *n.* =hanger-on.

ONI 《略》 Office of Naval Intelligence 海軍情報部.
o·ni·o·ma·ni·a [òunio(ʊ)méɪniə | əʊnɪə(ʊ)méɪnjə, -nɪə] 〘← NL ～ ← Gk *ṓnios* for sale (← *ō̂nos* price)＋-MANIA〙 ── *n.* 異常購買欲, 買物狂. **o·ni·o·ma·ni·ac** [òunio(ʊ)méɪniæk | əʊnɪə(ʊ)méɪnɪ-] *n.*
on·ion [ʌ́njən] 〘(1356–57) □ (O)F *oignon* ＜ L *uniō(n-)*, rustic Roman name for onion, 《原義》 oneness: cf. union〙 ── *n.* 〘植物〙 **1** タマネギ (*Allium cepa*); (特に)タマネギの鱗茎 (bulb). ★ 食料の意では Uncountable: Too *much* ～ spoils the salad. タマネギを入れすぎるとサラダがまずくなる. **2** ネギ属 (*Allium*) の植物の総称; (特に)ネギ, ネブカ (Welsh onion).
know** one's **onions 《俗》 自分の仕事[専門のこと]にくわしい, 有能である. ***off** one's **onion(s)*** 《俗》 間抜けの (foolish), 気が狂って (crazy).
── *attrib. adj.* **1** タマネギの入った[で料理した]: ～ omelet, sauce. **2** タマネギの, タマネギに似た.
── *vt.* …にタマネギで味を付ける.
ónion dòme *n.* 〘建築〙 (ロシヤ正教の教会に見られる)ねぎ坊主のような丸屋根. **ónion-dómed** *adj.*
On·ions [ʌ́njənz], **C(harles) T(al·but)** [tɔ́ːlbət] *n.* (1873–1965) 英国の英語学者・辞書編集者: *OED, SOD* 編集者の一人; *An Advanced English Syntax* (1904), *The Oxford Dictionary of English Etymology* (1966).
ónion·skìn *n.* **1** タマネギの皮. **2** 〘製紙〙 オニオンスキン(紙) 《薄い半透明の軽量紙; 複写用紙・航空便箋などに使われる》.
on·ion·y [ʌ́njəni | -nɪ] *adj.* タマネギの味のする[で味を付けた]: ～ soup.
O·ni·ros [ounáɪrəs | əʊnáɪərɒs] *n.* ＝Oneiros.
o·ni·um [óuniəm | əʊnjəm, -nɪəm] 〘↓〙 *adj.* 〘化学〙 オニウムの 《単原子陰イオンに過剰の陽子がついてできた多原子陽イオンについていう》.
-o·ni·um [óuniəm, -njəm | əʊnjəm, -nɪəm] 〘← (AMM)ONIUM〙 ── *suf.* 〘化学〙 「単原子陰イオンに過剰の陽子が付いてできた多原子陽イオン」の意を表わす名詞を造る: ammonium, oxonium, sulfonium.
ón·làp 〘← ON＋LAP[1]〙 *n.* 〘地質〙 オンラップ 《海岸線の(陸の方への)前進; 前進しながら地層が堆積する現象; cf. offlap, overlap 3》.
on·lay [⁻⁻] *n.* (浮彫りの)上張り (overlay). ── [⁻⁻] *vt.* (**onlaid**) 〈装飾用の上張りを〉張る, 着せる.
ón·lìcense *n.* 《英》 **1** (店内での飲酒を許す)店内酒類販売免許 (↔ off-license). **2** (上述の免許を受けた)酒類販売店. ── *attrib. adj.* 店内酒類販売免許を有する.
ón límits *adj.* 《米》 (軍人などに対し)立入り自由の, 立入り許可の, オンリミットの (↔ off limits): an ～ area 立入り自由区域.
ón-line *adj.* **1** 鉄道の至便地域にある, 鉄道が自由に使える: an ～ industry. **2** 〘電算機〙 オンライン(式)の 《データ処理で主コンピューターと直結方式にいう; cf. off-line》: a bank with ～ equipment (他支店での預金が引出せる)オンライン処理設備のある銀行. **3** 〘通信〙 オンライン暗号通信の 《暗号化と解読とを直結の機械で行なう暗号通信にいう》. ── *adv.* 〘電算機〙 オンラインで.
ón·lòoker *n.* 見物人; (特に)傍観者.
ón·lòoking *adj.* 傍観的な; 見物中の.
on·ly [óunli | əʊnli] 〘ME *oonli(ch)* ＜ OE *ānlīc* ← *ān* 'ONE'＋*-līc* '-LY[2]'〙 ── *attrib. adj.* **1** 唯一の, たったひとり[ひとつ]の (single): an ～ brother ただ一人の兄[弟] / an ～ child ひとりっ子 / my one and ～ friend 私の唯一無二の友 / They were the ～ people present. その場に居合わせたのは彼らだけだった / This is the ～ book that has ever been written on the subject. その問題について書いてある本はこれ 1 冊だけだ. **2** 無比の (peerless), 最適の, きわめて優れた: our ～ statesman わが国無比の政治家 / He's the ～ man for the position. 彼こそその地位にうってつけの人物だ / ⇨ only-begotten.
── *adv.* **1** [時を表わす副詞または副詞句を修飾して] つい…, たった…: I posted the letter ～ yesterday. 手紙はきのう出したばかりだ / He has ～ *just* started. つい今しがた出発したばかりだ / We were ～ just in time for the train. やっとその列車に間に合った / She was ～ married on Saturday. 彼女は土曜日に結婚したばかりだ / *Only* once did I meet her. 彼女にはただの一度だけ会った. **2 a** ただ単に; ただ…だけ, …に過ぎない: You can ～ guess. 君はただ推察できるだけだ / He is coming, if you will ～ wait. お待ち下さりさえすれば彼はじきに参ります / It is ～ just. 正しいというほかない / It is right ～ because it is customary. 世の風習になっているからこそそれは正しいのだ / if and ～ if he comes 彼が来るなら, そしてその場合のみ / If I had ～ known! (あの時)わかっていさえしたら(あんな事にはならなかったのに) / If ～ he would stop talking! 彼がしゃべるのをやめてくれさえしたらなあ. ★ この用法の only は通例被限定語句の直前(または直後)に置かれる: He works ～ *here*. ここだけで働いている (cf. He ～ *works* here. ここで働いているだけだ) / I saw her *three times* ～. 彼女に 3 度会っただけだ (cf. I ～ *saw* her. 彼女と会った[を見かけた]だけだ. ただし She has ～ a pound. (1 ポンドしか持っていない)と言うべきところに, only を述語動詞の前に置いて She ～ has a pound. と言う傾向もある). **b** [命令法を伴って] ちょっと, まあ (just): *Only* fancy! まあ考えてもごらん 《全くあきれるではないか》 / *Only* think how long it is since I last met you! まあ考えてもごらん, この前君に会ってからずいぶんになるね. **3 a** [述語動詞を修飾して] かえって[結局]…するばかりで: The risk ～ makes it more interesting. 危険があるのでかえっておもしろくなる / That will ～ upset you. それにはただ当惑するばかりだろう. **b** [to 不定詞句を修飾して] 〈…するために〉…するようなもので, 〈…するという〉(あいにくの)結果をもたらすばかりで: He went to the seaside ～ *to* be drowned. 彼は海水浴に出かけたが溺死するために行ったようなものだった.
have only to do ⇨ have[1] 成句. ***not only…but (also)*** …＝***not only…but…too [as well]*** …ばかりでなく…もまた: She *not* ～ reads *but also* writes poetry. 詩を読むばかりでなくまた作りもする / *Not* ～ you *but also* I am to go. 君だけでなく私も行く / He is famous *not* ～ in Japan *but* in all the world. 日本ばかりか全世界に有名です. ★ 節・文を結ぶ時 but also が落ちることもある: *Not* ～ was it dark, (*but*) it was foggy. 暗いだけではない, 霧もかかっていた. ***only for*** 《方言》 …がなければ (but for) (cf. *conj.*): *Only for* my tea, I should have had the headache. お茶を飲まなかったなら, 例の頭痛がしたかもしれなかった. ***only just*** (1) ⇨ *adv.* 1. (2) ほんの少しのところで: I ～ *just* missed the train. ほんのちょっとのところで列車に乗り遅れた. ***only too*** ⇨ too 成句.
── *conj.* 《口語》 (…が)ただ, しかしながら; [従位接続詞的に] …ということさえなければ (except that): You may use it, ～ return it. 使ってもよいが返しなさいよ / The flowers are lovely; ～, they have no scent. この花は, きれいには違いないが, ただ(惜しいことに)香りがない / I would do it with pleasure, ～ (*that*) I am too busy. 喜んでしたいのですが, ただとても忙しいものですから. 《★ この that は今は《英》》.
ónly-begótten 〘《なぞり》 ← L *ūnigenitus* & Gk *monogenḗs*〙 *adj.* ひとり子の: the ～ of the Father 父のひとり子 《イエスキリスト; cf. *John* 1: 14》.
ón-míke *adj.* マイクに近い.
on·mun [ɔ́(ː)nmən | ɔ́n-] 〘□ Korean ～〙 *n.* 諺文(おんもん) (⇨ Hangul).
Onnes, Heike Kamerlingh *n.* ⇨Kamerlingh Onnes.
o.n.n.m. 《略》 〘フリーメーソン〙 on or nearest new moon.
o.n.o. 《略》 《英》 or near offer.
ón-óff *adj.* 〈スイッチなど〉オンオフの: ～ control (連続制御でなく)オンオフ制御.
on·o·man·cy [ánəmænsi | ɔ́nəmænsɪ] 〘□ F 《廃》 *onomancie* // ML **onomantia* ← Gk *ónoma* 'NAME'＋ML *-mancia* '-MANCY': 《廃》 *onomatomancy* の略〙 ── *n.* 姓名判断.
on·o·mas·tic [ɑ̀nəmǽstɪk | ɔ̀nə(ʊ)-] 〘□ Gk *onomastikós* ← *onomastós* named ← *onomázein* to name ← *ónoma* 'NAME': ⇨ -ic[1]〙 ── *adj.* **1 a** 名の[に関する]. **b** 固有名詞(学)の[に関する]. **2** 〘法律〙 〈署名が〉本人の, 自署の 《文書本文の筆跡が署名のそれと違う場合にいう》.
on·o·mas·tics [ɑ̀nəmǽstɪks | ɔ̀nə(ʊ)-] 〘⇨ ↑, -ics: cf. F *onomastique*〙 *n.* 固有名詞学 《固有名詞の語源・語形などの研究》; 専門[職域]語の形・起源に関する研究.
onomat. 《略》 onomatopoeia; onomatopoeic.
on·o·ma·tol·o·gy [ɑ̀nəmətɑ́lədʒi | ɔ̀nə(ʊ)mətɔ́lədʒɪ] 〘□ F *onomatologie* ← *onomato-* (□ Gk *onomato-*, *ónoma* 'NAME')＋*-logie* '-LOGY'〙 ── *n.* ＝onomastics.
on·o·mat·o·log·ic [ɑ̀nəmæ̀təlɑ́dʒɪk, -tḷ- | ɔ̀nə(ʊ)mæ̀təlɔ́dʒ-] *adj.* **òn·o·màt·o·lóg·i·cal** *adj.* **òn·o·ma·tól·o·gist** [-dʒɪst, -dʒəst | -dʒɪst] *n.*
on·o·ma·tope [ánəmətòup, o(ʊ)nám- | ɔ́nə(ʊ)mətəʊp, ə(ʊ)nɔ́m-] 〘↓〙 *n.* 〘言語〙 擬音語.
on·o·mat·o·poe·ia [ɑ̀nəmæ̀təpíːə | ɔ̀nə(ʊ)mæ̀tə(ʊ)píːə, ɔnɔ̀mət-, ən-, -píə] 〘(1577) □ LL ～ □ Gk *onomatopoiía* the making of words ← *onomat-*, *ónoma* 'NAME'＋*poieîn* to make (⇨ poem)〙 ── *n.* 〘言語〙 **1** 擬音[声]. **2** 擬音[声]語 (onomatope) 《例: bowwow, chit-chat, cuckoo, ding-dong, helter-skelter》. **3** 〘修辞〙 声喩(せいゆ)法 《文意を言語の音的効果で強調する修辞法; 例: The murmurous haunt of flies on summer eves. —Keats》.
on·o·mat·o·poe·ic [ɑ̀nəmæ̀təpíːɪk | ɔ̀nə(ʊ)mæ̀tə(ʊ)-, ɔnɔ̀mət-, ən-] 〘(1860) □ F *onomatopoéique*: ⇨ ↑, -ic[1]〙 ── *adj.* 擬音(語)の, 擬声(語)の; 声喩(法)の: ～ words. **òn·o·màt·o·póe·i·cal·ly** *adv.*
on·o·mat·o·po·et·ic [ɑ̀nəmæ̀təpouétɪk | ɔ̀nə(ʊ)mæ̀tə(ʊ)pəʊét-, ən-] *adj.* ＝onomatopoeic. **òn·o·màt·o·po·ét·i·cal** *adj.* **òn·o·màt·o·po·ét·i·cal·ly** *adv.*
On·on·da·ga [ɑ̀nəndɔ́ːgə, -dáː- | ɔ̀n-] 〘□ N-Am.-Ind. (Iroquois) *Onontá'ge'* 《原義》 on top of the hill (Onondaga 族の村の名)〙 ── *n.* (*pl.* ～**s**, ～) **1 a** [the ～(s)] オノンドーガ族 《Iroquois 五族 (Five Nations) に属する北米インディアンの一種族; もと New York 州中央部にある Lake Onondaga の近くに住んでいた; cf. Oneida》. **b** オノンドーガ族の人. **2** オノンドーガ族の言語.
O.Norm.Fr. 《略》 Old Norman French.
O.N.R. 《略》 Office of Naval Research; Official Naval Reporter.
ón·rùsh *n.* **1** 突進, 急進. **2** 攻撃, 襲来.
ón·rùshing *adj.* 突進する, 向こう見ずに走る.
On·sa·ger [ánsɑːgə | ɔ́nsɑːgə(r; *Norw.* ɔ́nsɑgər], **Lars** [lɑ́əs | lɑ́ːs; *Norw.* lárs] *n.* オンサガー (1903–76; ノルウェー生れの米国の化学・物理学者; Nobel 化学賞 (1968)).
ón·sèt *n.* **1** 突撃, 攻撃. **2 a** 着手, 手始め: at the first ～ 手始めに. **b** (病気などの)発作, 発病, 発症. **3** 〘印刷〙 ＝electronography 1.
ón·sèt·ting [-tɪŋ | -tɪŋ] *adj.*
on·shore [⁻⁻] *adj.* **1** 陸に向かう: an ～ wind. **2 a** 岸辺近くにある, 岸[海岸]に沿った. **b** 国内の (domestic). ── [⁻⁻] *adv.* **1** 陸に向かって. **2 a** 岸辺近くで, 岸[海岸]に沿って. **b** 国内で.
ón·síde *n.* 〘アメリカンフットボール〙 オンサイド 《ランプレー (running play) でボールをもった選手が進行する側のフォーメーションのサイド》. ── *adj.* **1** 正規の位置の, オンサイドの. **2** 〘アメリカンフットボール・ラグビー・サッカー〙 〈キックオフなど〉わざと短くした: ⇨ onside kick. ── *adv.* 〘アメリカンフットボール・ラグビー・サッカー〙 (反則にならない)正規の位置に, オンサイドに 《ボールの線より自陣側にある場合にいう; cf. offside》.
ón síde *n.* 〘クリケット〙 オンサイド 《二つの三柱門の中心を結ぶ線を基準としてボールを受けている打者の立っている側; ↔ off side》.
ónside kíck *n.* 〘アメリカンフットボール〙 オンサイドキック 《キックする側のチームが違反にならない範囲でできるだけ前方(少なくとも 10 ヤード)にボールを蹴ること; ゲーム終了まぎわに得点の少ない方のチームが必死の反撃のとき, まれに使う戦法》.
ón·slàught 〘(*a*1625) *anslaight, onslat* □ ? Du. *aanslag* attempt ← *aan* on-＋*slag* blow: cf. ME *slaught* slaughter / G *Anschlag* plot, design〙 ── *n.* 猛攻撃, 猛襲: make an ～ on …を急襲する.
ón·stáge *attrib. adj.* 舞台上の[にある] (cf. offstage); 観衆に見える; 舞台で用いる: ～ diction 舞台語法. ── *adv.* 舞台上で, 舞台の方へ.
ón-stréam *adj.* (パイプ・フィルターなどで)一定の方向に流れる. ── *adv.* 活動して: The new oil pipe will come ～. 新しい石油パイプラインによる送油が開始されるだろう.
ón-stréet *adj., adv.* 路上の[に] 《車の駐車の仕方について》.
Ont. 《略》 Ontario.
ont- [ant | ɔnt] (母音の前に来る時の) onto- の異形.
-ont [ant | ɔnt] 〘← Gk *ont-*, *ṓn*: ⇨ onto-〙 「細胞 (cell); 有機体 (organism)」の意の連結形: gamont.
on·tal [ɑ́ntḷ | ɔ́ntḷ] *adj.* 〘哲学〙 ＝ontic.
On·tar·i·an [ɑntɛ́(ə)riən | ɔntɛ́ərɪ-] *adj.* オンタリオ (Ontario) 州[湖]の. ── *n.* オンタリオ州の人.
On·tar·i·o [ɑntɛ́(ə)riòu | ɔntɛ́ərɪəʊ] *n.* カナダ中東部の州; 人口 8,226,000, 面積 1,068,587 km², 首都 Toronto.
Ontario, Lake 〘□ F ～ □ N-Am.-Ind. (Iroquoian) *Oniatariio* 《原義》 fine or great lake〙 ── *n.* オンタリオ湖 《カナダ Ontario 州と米国 New York 州との間にある五大湖中最小の湖; 面積 19,550 km²》.
ón-the-cúff 〘← *on the cuff* (⇨ cuff[1] 成句)〙 *adj.* 《米口語》 掛買いの, 月賦払いの (cf. off-the-cuff).
ón-the-jób *attrib. adj.* 職につきながら得られる[なされる, 学ばれる]; 職務中の: an ～ accident 職務中の事故 / ～ training 〘経営〙 職場内訓練 (略 OJT, o.j.t) (cf. off-the-job training).
ón-the-scéne *attrib. adj.* ＝on-the-spot.
ón-the-spót *attrib. adj.* 即座の, 現場の: an ～ investigation 実地調査.
on·tic [ɑ́ntɪk | ɔ́nt-] 〘← ONTO-＋-IC[1]〙 *adj.* 〘哲学〙 実在の, 存在[本体](論)的な. **ón·ti·cal·ly** *adv.*
on·to [子音の前] ɔ́(ː)ntə, ɑ̀n- | ɔ̀ntə; (母音の前) -tʊ | -tu; (強) ɔ́(ː)ntuː, ɑ́n- | ɔ́ntuː] *prep.* **1** …の上に (on to, upon): get ～ a horse 馬に乗る / jump ～ the roof 屋根の上へ跳び降りる. ★《英》ではまだ on to と 2 語で書く方が普通; 次のような例では on は副詞で to と離して書くべきものである: They drove *on to* the town. 町へと車を走らせた. **2** 《米口語》 …をよく知って[心得て, 承知して] (cf. on *adv.* 10): He's ～ me. 彼は私の腹を知っている. **3** 〘数学〙 …の上へ (…の全体をおおうように).
── [ɔ́(ː)ntuː, ɑ́n- | ɔ́n-] *adj.* 〘数学〙 上への (surjective) 《写像の値域が終域と一致することをいう》: ⇨ onto mapping.
on·to- [ɑ́ntə | ɔ́ntə(ʊ)] 〘← NL ～ ← LGk ～ ← Gk *ont-*, *ṓn* ((pres.p.) ← *eînai* to be)＋-o-〙 「実在; 有機体」の意の連結形. ★ 母音の前では通例 ont- になる.
ònto·génesis 〘← NL ～: ⇨ ↑, -genesis〙 *n.* ＝ontogeny.
ònto·genétic *adj.* 〘生物〙 個体発生の[に関する]. **òn·to·ge·nét·i·cal·ly** *adv.*
ònto·génic *adj.* 〘生物〙 ＝ontogenetic.
on·tog·e·ny [ɑntɑ́dʒəni | ɔntɔ́dʒɪni] *n.* 〘生物〙 個体発生 (cf. phylogeny).
on·to·log·ic [ɑ̀ntəlɑ́dʒɪk, -tḷ- | ɔ̀ntə(ʊ)lɔ́dʒ-] *adj.* ＝ontological.
on·to·log·i·cal [ɑ̀ntəlɑ́dʒɪkəl, -tḷ-, -dʒə- | ɔ̀ntə(ʊ)lɔ́dʒɪ-] *adj.* **1** 〘哲学〙 存在論的な; 存在学的な (cf. empiriological). **2** 〘神学〙 存在論的な, 本体論的な. **～·ly** *adv.*
ontológical árgument *n.* 〘哲学・神学〙 本体[存在]論的証明 《神の観念から神の存在を証明しようとする論法; スコラ哲学者 Anselm (1033–1109) に始まる》.
on·tól·o·gìsm [-dʒɪzm] *n.* 〘神学〙 本体論主義 《人間が直観的にもつ存在そのものの認識がすなわち人間精神のなかの神の現存だとする説》.
on·tól·o·gist [-dʒɪst, -dʒəst | -dʒɪst] *n.* **1** 本体論学者. **2** 本体論主義者.
on·tol·o·gize [ɑntɑ́lədʒàɪz | ɔntɔ́l-] *vt.* 存在論的にいう, 存在論的にみる.
on·tol·o·gy [ɑntɑ́lədʒi | ɔntɔ́lədʒɪ] 〘(1721) ← NL *on-*

tologia: ⇨ onto-, -logy〗 ── *n.* **1**〘哲学〙存在論, 存在学《自然学・実践学などの個別領域の研究, また特に現象的世界を主たる対象とする認識論よりも, 存在一般, とりわけ超越的存在を哲学の主題とする立場; cf. First Philosophy, phenomenology》. **2**〘神学〙存在論, 本体論.

ón·to màpping [ɔ́(ː)ntuː-, ɑ́n- | ɔ́n-] *n.*〘数学〙上への写像 (⇨ surjection).

o·nus [óunəs | ə́u-]〖《c1640》⊏ L ~ 'burden': cf. onerous〗 ── *n.* **1 a** 重荷 (burden). **b** 負担 (charge); 責任 (responsibility): lay the ~ on [upon] ...に責任を負わせる. **c** 汚名. **2**〘法律〙= onus probandi.

ónus pro·bán·di [-proubǽndaɪ, -di | -prəubǽndaɪ, -dɪ]〖⊏ L *onus probandi* burden of proof〗 *L. n.*〘法律〙立証義務, 挙証責任.

on·ward [ɔ́(ː)nwəd, ɑ́n- | ɔ́nwəd]〖《c1385》〗 ── *adv.* **1** 前方へ, 先へ; 進んで: move ~ 前進する / from this day ~ 本日以降 / Where were you from twelve o'clock ~? 12時以降はどこにいましたか / *Onward!* 前進 / Ever *Onward!* 限りなき前進《アジア競技大会 (Asian Games) の標語》. **2** 先に, 前方に: lie farther ~ もっと先の方にある. ── *adj.* 前方への, 先に進む; 前進[進歩]的な, 向上する: an ~ movement.

ón·wards [-wədz | -wədz] *adv.* = onward.

on·ych- [ɑ́nɪk, ɑ́nək | ɔ́nɪk] (母音の前に来る時の) onycho- の異形.

o·nych·i·a [o(ʊ)níkiə | ə(ʊ)níkɪə]〖← NL ~: ⇨ ↑, -ia[1]〗 *n.*〘病理〙爪炎(そうえん).

on·y·cho- [ɑ́nɪko(ʊ), ɑ́nə- | ɔ́nɪkə(ʊ)]〖⊏ L ~ ⊏ Gk *onucho-* ← *onuch-*, *ónux* nail: cf. onyx〗「(手・足の)爪 (nail); (鳥獣の) 爪 (claw)」の意の連結形. ★ 母音の前では通例 onych- になる.

on·y·cho·pha·gi·a [ɑ̀nɪko(ʊ)féɪdʒiə, ɑ̀nə-, -dʒə | ɔ̀nɪkə(ʊ)féɪdʒɪə]〖← NL ~: ⇨ onycho-, -phagia〗 *n.*〘精神医学〙(病的な)爪嚙み(癖) (nail-biting).

On·y·choph·o·ra [ɑ̀nɪkɑ́fərə, ɑ̀nə- | ɔ̀nɪkɔ́f-]〖← NL ~: ⇨ onycho-, -phora〗 *n. pl.*〘動物〙有爪動物門.

on·y·choph·o·ran [ɑ̀nɪkɑ́fərən, ɑ̀nə- | ɔ̀nɪkɔ́f-] *adj.*

-o·nym [ˌ-ənɪm]〖⊏ L *-onymum* ⊏ Gk *-ōnumon* ← *ónoma* name〗「名前 (name), 言葉 (word)」の意の名詞連結形: syn*onym*.

on·y·mous [ɑ́nəməs | ɔ́nɪ-]〖《逆成》← ANONYMOUS〗 *adj.* 〈著作物など〉著者名を明記した. **~·ly** *adv.*

-on·y·my [ɑ́nəmi | ɔ́nɪmɪ]〖← Gk *-ōnumia* ← *ónoma* 'NAME': ⇨ -y[1]〗 ── 次の意味を表わす名詞連結形: **1**「名・単語(の集り)」: hydr*onymy*, syn*onymy*. **2**「名・単語の研究」: anthrop*onymy*.

on·yx [ɑ́nɪks | ɔ́n-, əʊn-]〖《c1250》*oniche*, *onix* ⊏ OF (F *onyx*) ⊏ L *onycha*, *onyx* ⊏ Gk *ónux* nail, onyx stone: その色が爪の色に似ていることから〗 ── *n.* **1**〘鉱物〙オニックス, 縞瑪瑙(しまめのう). **2**〘鉱物〙縞大理石《onyx marble ともいう; ⇨ alabaster 2》. **3**〘解剖〙(手・足の)爪. **4**〘病理〙前房内蓄膿(?). ── *adj.* 黒い, 漆黒の: the ~ night sky 漆黒の夜空.

ónyx màrble *n.*〘鉱物〙= alabaster 2.

o·o [óuou | əʊəʊ]〖⊏ Hawaiian ʻōʻō〗 ── *n.* (*pl.* ~s)〘鳥類〙オーオー (*Moho nobilis*)《ハワイ諸島産の大型のミツスイの一種; その黄色の房毛が装飾用に珍重され乱獲されたため絶滅した》.

o.o. 《略》observation officer; Office of Oceanography; operation order;〘軍事〙orderly officer; Order of Owls; own occupation.

O/o, o/o 《略》on order;〘商業〙order of ...の指図.

o·o- [óuə | əʊə(ʊ)]〖← Gk *ōión* 'EGG[1]'〗「卵 (egg); 卵子 (ovum)」の意の連結形. ★ 母音の前では通例 o- になる.

OOB *n.*〘演劇〙= off-off-Broadway.

oo·cyst [óuəsɪst | əʊə(ʊ)-] *n.*〘動物〙接合子嚢《原生動物の胞子虫類の卵形の接合子》.

O·o·cys·ta·ce·ae [òuəsɪstéɪsiìː, -səs- | əʊəsɪs-]〖← NL ~ ← *Oocystis* (属名: ⇨ oo-, -cyst) + -ACEAE〗 ── *n. pl.*〘植物〙(緑藻植物)オーキスチス科. **ò·o·cys·tá·ceous** [-ʃəs] *adj.*

o·o·cyte [óuəsàɪt | əʊə(ʊ)-] *n.*〘生物〙卵母細胞 (cf. gonocyte, spermatocyte).

OOD, O.O.D. 《略》〘軍事〙officer of the day;〘軍事〙officer of the deck.

oo·dles [úːdlz]〖《変形》← ? (pl.) ← ? HUDDLE〗 *n. pl.* 《口語》[時に単数扱い] たくさん, どっさり (plenty, lot): ~ of money.

ood·lins [úːdlɪnz, -lənz | -lɪnz] *n. pl.*《口語》= oodles.

o·oe·ci·um [ouíːsiəm, -ʃiəm | əʊíːsɪəm, -ʃɪəm]〖← NL ~: ⇨ oo-, eco-[2], -ium〗 ── *n.* (*pl.* **-ci·a** [-siə, -ʃiə | -sɪə, -ʃɪə])〘動物〙(コケムシ綱の動物 (bryozoan) の)卵室, 卵房.

oof [úːf]〖《1885》《略》← OOFTISH〗 *n.*《俗》= ooftish.

oof·tish [úːftɪʃ]〖《1882》⊏ Yid. *uf-tisch* = G *auf* (*dem*) *Tische* on (the) table, money laid down〗 *n.*《俗》金銭, 現なま (money).

oof·y [úːfi | -fɪ]〖← OOF + -Y[4]〗 *adj.* (**oof·i·er; oof·i·est**)《俗》金持ち (rich).

OO gàge [dʌ́bḷòu- | -ə́u-] *n.* OO ゲージ《鉄道模型の軌間; 約 ³/₄ インチ; cf. O gage》.

o·o·ga·mete [òuəgəmíːt, -gǽmiːt | əʊə-] *n.*〘生物〙卵.

o·og·a·mous [ouɑ́gəməs | əʊɔ́g-] *adj.*〘生物〙**1** 異形配偶子をもった. **2** 卵子生殖の, 卵結合の.

ò·o·génesis〖← NL ~: ⇨ oo-, -genesis〗 *n.*〘生物〙卵形成. **ò·o·genétic** *adj.*

o·o·go·ni·um [òuəgóuniəm | əʊə(ʊ)gə́unɪəm, -njəm]〖← NL ~: ⇨ oo-, -gonium〗 ── *n.* (*pl.* **-ni·a** [-niə | -nɪə, -njə], ~s) **1**〘生物〙卵原細胞. **2**〘植物〙(生卵性の植物—ある種の菌類・藻類など—の)雌器, 生卵器.

ooh [úː] *int.* おお, ああ《驚き・喜び・苦痛などを表わす》. ── *vi.* (驚き・喜びなどを表わして)おお[ああ]と叫ぶ. ── *n.* おお[ああ]の叫び.

ò·o·kinésis〖← NL ~: ⇨ oo-, -kinesis〗 *n.*〘生物〙(成熟から受精の過程における一連の)卵細胞内の核変化. **ò·o·kinétic** *adj.*

o·o·ki·nete [òuəkáɪniːt, -kíníːt, -kə-, -kaɪ- | əʊəkáɪniːt, -kaɪníːt, -kɪ-]〖← oo- + Gk *kinēt-os* moving〗 ── *n.*〘動物〙オーキネート《原生動物の有性生殖に際し, 配偶子の合体により生じた移動能力をもつ接合子; vermicule ともいう》.

o·o·lite [óuəlàɪt | əʊə(ʊ)-]〖⊏ F *oölithe* // NL *oolitēs*《なぞり》← G *Rogenstein*《原義》roe stone: ⇨ oo-, -lite〗 ── *n.* **1**〘岩石〙ウーライト, 魚卵状石灰岩. **2** [the O-]〘岩石〙(ヨーロッパジュラ系上層部をなす)魚卵状石灰岩.

o·o·lith [óuəlɪθ | əʊə-]〖↑〗 *n.*〘岩石〙ウーリス《ウーライト (oolite) を構成する単体粒子》.

o·o·lit·ic [òuəlíṭɪk | əʊə(ʊ)lít-] *adj.* 魚卵状(石灰)岩の[のような].

o·ól·o·gist [-dʒɪst, -dʒəst | -dʒɪst] *n.* 鳥卵学者; 鳥卵収集家.

o·ol·o·gy [ouɑ́lədʒi | əʊɔ́lədʒɪ]〖⊏ ML *oologia*: ⇨ oo-, -logy〗 *n.* 鳥卵学; 鳥卵収集. **o·o·log·i·cal** [òuəlɑ́dʒɪkəl, -dʒə- | əʊəlɔ́dʒɪ-] *adj.*

oo·long [úːlɔ(ː)ŋ, -lɑŋ | úːlɔŋ, ─ ⌐]〖⊏ Chin. *wu-lung* (烏龍)〗 *n.* (中国産)ウーロン茶.

oo·mi·ak [úːmiæ̀k | -mɪ-] *n.* (*also* **oo·mi·ac** [~], **oo·mi·ack** [~]) = umiak.

oom·pah [úːmpɑː, úm-]〖擬音語〗 *n.* (チューバなどの低音楽器の出す伴奏音の)ぼんぱっぱ. ── *adj.* ぼんぱっぱっという音の.

Óom Pául [úːm-] *n.* オーム パウル《Stephanus Johannes Paulus KRUGER の通称》.

oomph [úmf]〖擬音語〗 ── *n.*《俗》**1** 性的魅力: an ~ girl 性的魅力のある若い女 / She has lots of ~. 性的魅力いっぱいの女だ. **2** 胸にぐっとくるような力: It's got no ~. 迫力がない. **3** 精力, 元気 (energy).

-oon [úːn]〖⊏ F *-on* ⊏ It. *-one* // Sp. *-ón* ⊏ L *-ō(n-)*: cf. -ion〗 ── *suf.* 次の意味を表わす名詞語尾: **1** 増大辞として「大きいもの」などの意 (cf. -on[4]): ball*oon* (= large ball), bass*oon*, cart*oon*. **2**「...(をすること)でよく知られた者」などの意: buff*oon*, drag*oon*, spitt*oon*. ★ 16–18 世紀のフランス語系借入語に多く, 強勢はこの語尾におかれる.

Oo·na [úːnə]〖↓〗 *n.* 女性名.

Oo·nagh [úːnə]〖⊏ Ir. ~《原義》lamb: cf. Una〗 *n.* 女性名《異形 Ona, Oona, Una, Juno》.

O·o·nop·i·dae [òuənɑ́pədìː | əʊə(ʊ)nɔ́pɪ-]〖← NL ~ ← *Oonops* (属名: ⇨ oo-, -ops) + -IDAE〗 *n. pl.*〘動物〙タマゴグモ科.

oont [únt]〖⊏ Hindi *ūṭ* ← Skt *uṣṭra*〗 *n.*《インド》〘動物〙ラクダ (camel).

o·oph·or- [ouɑ́fər | əʊɔ́f-] (母音の前に来る時の) oophoro- の異形.

o·o·phore [óuəfɔ̀ə, -fɔ̀ə | əʊə(ʊ)fɔ̀ː(r)] *n.*〘植物〙= oophyte.

o·o·pho·rec·to·my [òuəfəréktəmi | əʊə(ʊ)fəréktəmɪ] *n.*〘外科〙= ovariectomy.

o·o·pho·ri·tis [òuəfəráɪṭɪs, -təs | əʊə(ʊ)fəráɪtɪs]〖← NL ~: ⇨ ↓, -itis〗 *n.*〘病理〙卵巣炎 (ovaritis).

o·oph·o·ro- [ouɑ́fəro(ʊ) | əʊɔ́fərə(ʊ)]〖← NL *ōophoron* ovary ← Gk *ōión* egg + *-phóros* bearing: cf. oo-, -phore〗「卵巣 (ovary); 卵巣の (ovarian)」の意の連結形. ★ 母音の前では通例 oophor- になる.

o·o·phyte [óuəfàɪt | əʊə(ʊ)-] *n.*〘植物〙生殖器官の生じる植物体[世代].

o·o·plasm [óuəplæ̀zm | əʊə(ʊ)-] *n.*〘動物〙卵細胞質, 卵質. **o·o·plas·mic** [òuəplǽzmɪk | əʊə(ʊ)-] *adj.*

oops [úːps, úps]〖← ?〗 *int.* おっと, しまった, これはどうも《間違いなどをした時の驚きや軽い詫びの気持を表わす; cf. whoops》.

oo·ra·li [uːrɑ́ːli | -lɪ]〖⊏ Carib *urali*, *urari*, *kurari*〗 *n.* = curare.

oo·ri·al [ú(ə)riəl, -riàːl | úərɪəl] *n.*〘動物〙= urial.

óo·spèrm *n.* **1**〘植物〙= oospore. **2**〘生物〙= zygote.

óo·sphère *n.*〘植物〙卵球《まだ受精していない》.

óo·spòre *n.*〘植物〙卵胞子《蔵卵器の中にある受精卵》. **òo·spórous** *adj.* **òo·spóric** *adj.*

Oost·en·de [*Flem.* oːstɛ́ndə] *n.* オステンデ《Ostend のフランダース語名》.

o·o·the·ca [òuəθíːkə | əʊə(ʊ)-]〖← NL ~: ⇨ oo-, theca〗 ── *n.* (*pl.* **-the·cae** [-θíːsiː]) **1**〘動物〙(昆虫などの)卵嚢(?). **2**〘植物〙(シダ類などの)胞子嚢. **ò·o·thé·cal** [-kəl] *adj.*

o·o·tid [óuəṭìd | əʊə-]〖← oo- + (SPERMA)TID〗 *n.*〘動物〙(減数分裂 (reduction division) 後の)卵細胞, オーチッド.

o·o·type [óuəṭàɪp | əʊə(ʊ)-] *n.*〘動物〙卵形成腔《吸虫類および条虫類の複合卵が形成される小さい袋状部》.

ooze[1] [úːz]〖ME *wose(n)* (v.) ← *wos* (n.) < OE *wōs* juice, moisture ← Gmc **wōs-* (MLG *wōse* scum / ON *vas*) ← IE **wes-* wet: 意味の上で OOZE[2] の影響を受けた〗 ── *vi.* **1** 〈水分が〉(小穴・すき間などから)にじみ出る; だらだら[じくじく]流れ出る (*from*, *out of*): The spring ~*s out of* a rock. 泉は岩の間から湧き出る / Blood was *oozing from* the wound. **2 a** 〈空気・風・ガス・光などが〉漏れ出る; 〈音などが〉漏れる: No gleam of light ~*d from* the windows. 窓からは微光さえも漏れ出ていなかった / Her voice ~*d from* a slit of the window. 彼女の声が窓のすき間から漏れてきた. **b** 〈秘密などが〉漏れる (*out*): He noticed the secret information began to ~ *out*. 秘密情報が漏れ出したのに気づいた. **3 a** 〈物が〉(液体を)出す, 通す (*with*): My shoes are *oozing with* water. 靴が水でじくじくしてきた / The wound ~*s with* blood. 傷口から血がにじみ出る / The horse was *oozing with* sweat. 馬は汗をかいていた. **b** 〈手紙・言葉などが〉(感情などで)あふれんばかりである, にじみ出る (*with*): His letter ~*d with* malice [good will]. 彼の手紙には悪意[善意]がにじみ出ていた. **4** ゆっくりと[気づかぬ程度に]進む: ~ forward にじり寄る. **5** 〈勇気・希望などが〉だんだんなくなる (*away*, *out*): I felt my courage *oozing away*. 勇気がくじけて行くのを感じた.
── *vt.* **1 a** じくじく出す (*out*): My shoes are *oozing out* water. 靴から水がじくじく出てきた / The wound ~*d* blood. 傷口から血がにじみ出た / He was *oozing* sweat. 彼は汗ばんでいた. **b** [~ one's way として] じくじく流れて行く: Water ~*d its way* through the crevice. 水が割れ目からじくじく流れ出た. **2** 〈秘密などを〉漏らす. **3** 〈魅力・善意・悪意などを〉発散する.
── *n.* **1** にじみ出ること; じくじく流れ出ること. **2 a** じくじくと流れ出るもの; 分泌物. **b** 植物タンニン抽出液[溶液]《革なめし用》. **3** = ooze leather.

ooze[2] [úːz]〖ME *wose* < OE *wāse* mud < Gmc **w(a)isōn* ← IE **weis-* to flow (L *virus* / Gk *iós* poison)〗 ── *n.* **1 a** (石灰分を含む海底や川底の)軟泥《浮遊生物の遺骸が沈積してできたもの》: ⇨ globigerina ooze. **b** (ぬるぬるの)泥 (slime). **2** 沼地, 湿地 (marsh).

óoze lèather〖← OOZE[1]〗 *n.* スエード革; 植物タンニンでなめしたスエード革 (suede).

oo·zy[1] [úːzi | -zɪ]〖OE *wōsig*: ⇨ ooze[1], -y[4]〗 ── *adj.* (**oo·zi·er; -zi·est**) 〈水分が〉だらだら流れる, じくじく出る, しみ出る; 湿った. **óo·zi·ly** [-zɪli, -zə- | -lɪ] *adv.* **óo·zi·ness** *n.*

oo·zy[2] [úːzi | -zɪ]〖ME *wosie*: ⇨ ooze[2], -y[4]〗 *adj.* (**oo·zi·er; -zi·est**) 泥の(ような); 泥を含んだ, 軟泥(質)の.

op[1] [ɑ́p | ɔ́p]〘略〙 *n.*《英口語》手術 (operation).

op[2], **Op** [ɑ́p | ɔ́p] *n.*〘美術〙= op art.

OP, O.P. 《略》〘軍事〙observation post; Old Persian;〘保険〙open policy.

op. 《略》opaque; opera; operation; operator; opinion; opposite; optical; optime; opus.

o.p. 《略》〘演劇〙opposite prompt (side); orange pekoe.

O.P. 《略》〘カトリック〙*L.* Ordo Praedicatorum (= Order of Friars Preachers) ドミニコ(修道)会.

O.P., o.p. 《略》*L.* Ōrdinis Praedicātōrum (= of the Order of Preachers) ドミニコ会の (Dominican).

O.P., o.p., op 《略》out-of-print; overproof.

op- [ɑp, əp | ɔp, əp] *pref.* (p の前に来る時の) ob- の異形: *op*pose, *op*press.

OPA 《略》Office of Price Administration 物価管理局.

o·pac·i·fi·er *n.*〘化学〙(ガラス・琺瑯(ほうろう)などを乳白色にするために加える)乳白剤, 乳濁剤.

o·pac·i·fy [o(ʊ)pǽsəfàɪ | ə(ʊ)pǽsɪ-]〖← L *opācus* shaded + -IFY〗 ── *vt.* 〈ガラス・エナメルなどを〉不透明にする. ── *vi.* 不透明になる. **o·pac·i·fi·ca·tion** [o(ʊ)pæ̀səfɪkéɪʃən, -fə- | ə(ʊ)pæ̀sɪfɪ-] *n.*

o·pa·cim·e·ter [òupəsímәṭə | əʊpəsímɪtə(r), -mə-] *n.* 混濁計《物質の不透明さや液体の混濁度を測定する》.

o·pac·i·ty [o(ʊ)pǽsəṭi | ə(ʊ)pǽsətɪ, -sɪ-]〖《1560》⊏ F *opacité* ⊏ L *opācitātem* shadiness, shade: ⇨ opaque, -ity〗 ── *n.* **1 a** 不透明. **b** 不透明部, 不透明体[物], 暗部. **c** 不透明度, 乳白度, 混濁度. **2 a** 曖昧, 意味の不明瞭, 判りにくさ (unintelligibleness): acoustic ~〘音響〙音が通らぬこと, 音を聞こえなくすること. **b** 愚鈍, 暗愚 (dullness). **3**〘写真〙不透明度《写真陰板のある一点に投射した光量をその点を透過する光量で除した数; 透過度の逆数》. **4**〘病理〙(角膜などの)混濁.

o·pa·cus [oupéɪkəs | əʊ-]〖⊏ L *opāc-us* shady〗 *adj.*〘気象〙〈雲が〉不透明な《太陽や月を完全に隠すほど濃い》.

o·pah [óupə, -pɑː | əʊ-]〖⊏ W-Afr. *úbà*〗 *n.*〘魚類〙**1** アカマンボウ, マンダイ (*Lampris regius*). **2** アカマンボウ科の魚類の総称.

o·pal [óupəl | əʊ-]〖《c1400》⊏ L *opal-us* ⊏ Gk *opállios* ← Skt *upala* gem stone〗 *n.* **1**〘鉱物〙オパール, 蛋白石《ある種のものは宝石として珍重される; ⇨ birthstone》: ⇨ common opal. **2 a** = opal glass. **b** = opaline 1.

O·pal [óupəl | əʊ-]〖↑〗 *n.* 女性名.

o·pal·esce [òupəlés | əʊ-]〖《逆成》↓: cf. L *albescere* to become white〗 *vi.* (オパールのような)乳白光を発する.

o·pal·es·cence [òupəlésṇs | əʊ-] *n.* 蛋白光, 乳(白)光.

o·pal·es·cent [òupəlésṇt | əʊ-] *adj.* オパールのような光を発する; 乳白光を出す.

o·pal·esque [òupəlésk | əʊ-] *adj.* = opalescent.

ópal·èye *n.* (*pl.* ~s, ~)〘魚類〙米国 California 沿岸産のメジナ属の魚 (*Girella nigricans*)《オパールのような光沢のある青い目をしている; greenfish ともいう》.

ópal glàss *n.* 乳白ガラス《光を若干透過する半透明ミルク状ガラス》.

o·pal·ine [óupəlàɪn, -lìːn | əʊpəlàɪn] *adj.* オパール[蛋白石]のような; 乳白光を発する. ── [óupəlìːn | əʊpəliːn, -làɪn] *n.* **1** ミルクガラス (milk glass), リン酸オパールガラス. **2** 乳白ガラス《18 世紀末にフランスで発達した装飾的な乳白ガラス器》. **3** オパール色.

o·pal·ize [óupəlàɪz | ə́u-] *vt.* 乳白色にする. **o·pal·i·za·tion** [òupəlɪzéɪʃən, -lə- | əupəlaɪ-, -lɪ-] *n.*

ó·pal·iz·er *n.* 〘化学〙=opacifier.

o·paque [o(u)péɪk | ə(u)-] 〘(17C) ⊏ F *opaque* ∽ (c1450) *opake* ⊏ L *opāc-us* shady〙 — *adj.* (時に **o·paqu·er; o·paqu·est**) **1 a** 光 [X] 線を通さない, 不透明な (cf. transparent, translucent): an ～ body 不透明体 / ～ glass 不透明ガラス / ～ meal 造影がゆ《胃腸のX線撮影の際のバリウム剤など》. **b** 熱[電気, 電波, 音響など]を通さない, 不伝導性の. **2** 光沢のない, どんよりした, くすんだ. **3 a** はっきりしない, わかりにくい, 不明瞭な: a society ～ to most Americans たいていのアメリカ人には理解できない社会. **b** 愚鈍な, ばかな. — *n.* **1** 不透明体. **2** 〘写真〙不透明液. — *vt.* **1** 不透明にする. **2** 〘写真〙〈ネガを〉不透明液で修正する.
～·ly *adv.* **～·ness** *n.*

opáque projéctor *n.* 反射映写機《反射光を用いて書物など不透明なものをスクリーンに写す投影器》.

O·pa·rin [o(u)pá:rɪn, -rən | ə(u)pá:rɪn; *Russ.* apárjin], **Aleksandr Ivanovich** *n.* オパーリン《1894-1980; ソ連の生化学者》.

óp àrt, Óp àrt [áp- | ɔ́p-] 〘《略》← *op(tical) art*〙 *n.* 〘美術〙オップアート (⇨ optical art).

óp àrtist *n.* オップアート画家.

op. cit. [áp-sít | ɔ́p-] 《略》 opere citato; opus citatum.

ope [óup | ə́up] 〘《尾音消失》← OPEN: cf. awake (*adj.*)〙 *vt., vi., adj.* 《詩》=open.

OPEC, O.P.E.C. 《略》 Organization of Petroleum Exporting Countries 石油輸出国機構,「オペック」(cf. OAPEC).

Op ed [áp-éd | ɔ́p-] *n.* 《米》〘新聞〙=op-ed page.

óp-éd pàge, Op-Ed page [ápéd- | ɔ́p-] 〘《略》← *op(posite) ed(itorial) page*〙 *n.* 《米》〘新聞〙署名入寄稿(欄)のページ《社説のページに向かいあったページ》.

o·pen [óupən | ə́u-] 〘adj.: OE ～ < Gmc *upanaz (Du. *open* / G *offen*) ← IE *upo under, up from under. — v.: OE *openian* ← (adj.): cf. G *öffnen* / Du. *openen*〙 — *adj.* (～·er; ～·est) **1 a** 〈戸・門・窓など〉出入りの自由な, 閉ざされていない, 開いた; 〈箱・引出しなど〉あいている; 〈目・口など〉開いている, あけた: an ～ door, gate, window, etc. / push[pull] a door ～ ドアを押して[引いて]あける / The door flew ～ [was thrown ～]. 戸はぱっと開いた[さっと開かれた] / All the drawers were ～. 引出しという引出しはみんな開いていた / with ～ eyes=with eyes ～ 目を見開いて; 注意深く; 驚いて / keep one's eyes ～ 油断なく見守る / keep one's ears ～ 聞耳を立てる / He was standing with his mouth wide ～. 口を大きくあけて立っていた. **b** 〈包みなど〉封をしてない, 包んでない, 広げた (unfolded), 〈本・花など〉開いた: an ～ package, newspaper, flower, hand, etc. / The book was left ～. その本は開いたままになっていた / The goods are lying ～. 商品はむき出しでころがっている / He ripped ～ the envelope. 封筒を切り開いた / The letter is cut [torn] ～. 手紙は封が切ってある[破かれている].

2 a おおいのない, 屋根なしの (cf. closed 5): an ～ boat 甲板のない小舟 / an ～ car 無蓋(がい)車, オープンカー / an ～ carriage ほろ型の馬車. **b** 保護用のおおいのない; むき出しの, あらわの: ～ wiring むき出しの配線 / ⇨ *lay* OPEN (1), *lay oneself* OPEN *to* / be ～ *to* attack [infection] 攻撃[感染]に無防備である. **c** 〈傷など〉口のあいている, かさぶたのない; 〈傷の治療など〉包帯をしない: an ～ sore [wound] 口のあいた傷[切傷] / ～ treatment of wounds 傷の無包帯治療.

3 a 〈商店・病院・学校など〉開いて(いる), 〈展覧会・劇・議会など〉開催中の[で]: The shop is ～ from nine to seven. 店は9時から7時まであいている / The show is ～ at one in the afternoon. 午後1時開演 / The new highway will be ～ next Sunday. 新しいハイウェーは次の日曜に開通する. **b** 〈器具など〉操作中の, すぐ使用しうる: The microphone is ～. マイクは作動中.

4 a (特定の人・グループに限らず)自由にはいれる, 一般に利用できる; だれでも参加できる, 公開の; (プロ・アマの区別のない)オープンの: an ～ class (だれでも聴講できる)公開クラス / an ～ court 公開の法廷 / in ～ court 公の法廷で(堂々と) / an ～ library 公開図書館 / ～ competition (だれでも参加できる)オープン競争 / an ～ championship オープン選手権大会 / an ～ scholarship (公募の試験によって与える)奨学資金 / an ～ golf tournament (参加者がプロ・アマの別を問わない)オープンゴルフトーナメント / universities ～ *to* all high school graduates 全高校卒業生に開かれている大学 / The race is ～ *to* all. 競走は飛入り自由である / an ～ race 自由[飛入り自由の]競走 / ⇨ open market, open primary, open shop. **b** 人種・宗教などの差別をしない: ⇨ open housing. **c** 〈優勝者など〉オープン競技に勝った: the ～ champion.

5 a 〈手段など〉利用[入手]できる, あいた; 〈職など〉空位の, 欠員のある: an ～ invitation いつでも有効な招待状 / a career ～ *to* talent 才能次第で出世のできる道[職業] / There are other courses ～ *to* us. われわれには取り得る道が他にある / The position is still ～. その地位はまだ欠員になっている. **b** 〈時間が〉先約のない, 予定のない, 差しつかえのない, 自由の: Do you have any ～ time to meet me on Saturday? 土曜日にお会いできるあいた時間がありますか / Professor A keeps Saturday mornings ～ *for* his students. A 教授は土曜の午前を学生のためにあけておいている. **c** 〈往復切符が〉使用日の指定のない.

6 a 〈問題など〉解決のつかない, 未決定の, 情況次第による: ⇨ open question, open verdict / leave a matter ～ 問題を未決定のまま残す[たな上げにする] / The match seems to be a very ～ one. 勝敗は全く未知数だ. **b** 〈会計が〉未決済の, 未清算の: ⇨ open account.

7 a 〈通路など〉障害物のない; (囲い・垣・樹木などのない)広々とした: ～ country (森林などのない)広々とした平野の地方, 開豁(かつ)地; 広々と見渡たせる土地 / an ～ moor 広々とした荒野 / a vast ～ ocean 広々とした大海 (⇨ open sea) / an ～ stretch of road 先が遙かに見通される一筋の道. **b** 〘軍事〙広野で行なわれる: an ～ battle 野戦. **c** 航行上の障害物(浅瀬など)がない: an ～ coast. **d** 〈川・海など〉氷結しない: ⇨ open port 2, open sea 2 / the ～ water in arctic regions 北極地方の氷結しない海. **e** 〈冬季など〉霜・雪の降らない, 温暖な: The winter was ～. その冬は雪も氷もなかった. **f** 霧のかかっていない: They saw patches of ～ water appearing before them. 前方にすっきりとした海の光景が点々と見えてきた / The weather is fair and ～. 天気が晴朗で霧もない. **g** 便秘してない, 通じがある: ～ bowels.

8 a 《口語》(酒類販売・賭博などに対し)法的[道徳的]規制が行なわれていない, 法的に放任された: ⇨ open town 2 / ～ gambling 野放し状態の賭博 / The city was wide ～. その都市は(飲食業・賭博などにつき)広く放任されていた. **b** 〈刑務所など〉拘束的でない, 開放的な: an ～ prison (囚人に対する拘束が少ない)開放的な刑務所. **c** 〈経済政策など〉無統制の, 自由な: an ～ economy 無統制[自由]経済 / ～ inflation 野放図のインフレ. **d** 〈漁猟時期が〉解禁の (cf. closed 2 c): ⇨ open season. **e** 〘競技〙相手方のガードがない: He passed the ball to an ～ teammate. 敵方の守りがあまい味方の一人にボールをパスした.

9 a 隠し立てをしない, あけっぴろげな, 率直な; 自然な, 屈託のない, 偏見のない: an ～ character 隠し立てをしない[明朗な]気性 / an ～ countenance [face] 率直で正直そうな顔つき / an ～ heart 打ち解けた[率直な, 親切な]心 / an ～ mind 偏見のない心 / in an ～ manner あけっぴろげな態度で / He is ～ in speech. 彼は腹蔵なく何でもよく話す / Be ～ *with* me *about* it. その事を率直に話しなさい. **b** 気前のよい, 寛大な (liberal, generous): ⇨ open house 1, 2 / ⇨ openhanded, *with an open* HAND. **c** 〈社会体制が〉(内的変化・多様化を受け入れる余地があり)開放的な, 進歩的な: an ～ society 開放的社会.

10 a 公然の, よく知れ渡った: an ～ quarrel 公然の論争 / an ～ scandal 周知の醜聞[疑獄] / ⇨ open secret / in ～ disregard of rules 公然と規則を無視して / treat a person with ～ contempt 人目もはばからずに人を恥ずかしめる / ⇨ *lay* OPEN (2). **b** 〔感化などを〕受けやすい, 免れない (subject) 〔*to*〕: be ～ *to* temptation [impressions] 誘惑に陥りやすい[何事にもすぐ感銘する] / His conduct is ～ *to* grave objections. 彼の品行はきびしい非難を免れない. **c** 〔申し出でなどを〕直ちに受け入れる, 〔条理などに〕容易に動かされる (responsive) 〔*to*〕: a mind ～ *to* all theories [*to* reason] あらゆる学説を受け入れる[理に服する]心.

11 a すき間のある; 小穴のある (porous): ～ grain 粗い木目 / ～ soil さらさらした砕けやすい土 / ～ teeth すき歯. **b** 〈人口など〉稠(ちゅう)密でない, 散在している (scattered): ～ population. **c** 〈織物など〉目の粗(あら)い: an ～ texture [weave] 目の粗い生地[編物]. **d** 〘軍事〙〈隊列など〉散開している: ～ ranks of soldiers 散開隊形の兵士たち / ⇨ open order 2.

12 a 〈句読法が〉可能な限りコンマを使用しない; (手紙の書式で)冒頭部 (heading)・挨拶(さつ)の結び (complimentary close) の各行末にコンマを押さない (cf. close³ A 8): ⇨ open punctuation. **b** (見出しの行末などにできるだけ句読点を使わない)オープン式の.

13 〘印刷〙 **a** 〈活字が〉アウトライン (outline) の; 〈音符が〉白抜きの. **b** (語間・行間の)ゆったりしている, 広い: ～ printed matter 語間・行間がゆったりとした組み方をしている印刷物.

14 〘文法〙〈複合語の構成要素が〉離して書かれる (cf. solid 11): ⇨ open compound.

15 〘軍事〙〈都市など〉無防備の, 非武装の《国際法上軍事的攻撃からの保護を受けている》: ⇨ open city.

16 〘音楽〙 **a** 〈オルガンのパイプが〉開口の: ⇨ open diapason. **b** (弦を)指でおさえない, 開放の: an ～ string 開放弦. **c** 〈音が〉開放弦で発せられる; (管楽器で) U 形管・ピストン・キーなどを用いずに発せられる: an ～ note on a trumpet. **d** 弱音器 (mute) を付けない[付けずに吹奏する]: an ～ wind instrument. **e** 〈音声が〉澄んで伸びやかな《のどを不当に緊縮させて音響が阻害されることのない》: an ～ vocal tone.

17 〘音声〙 **a** 〈母音が〉口の開きが広い, 広母音の (cf. close³ A 10): ～ vowels 広母音 (low vowels). **b** 〈子音が〉開口的な《摩擦音や継続音などについていう》: ～ consonants 開口子音 (cf. STOP consonants). **c** 〈音節が〉母音で終わる, 開音節の (cf. closed 7): ⇨ open syllable.

18 〘畜産〙〈雌獣が〉妊娠していない: an ～ heifer まだ妊娠していない雌牛.

19 〘スポーツ〙〈バッター, ゴルファーなどのスタンスが〉オープンの: ⇨ open stance.

20 〘トランプ〙 **a** 〈最初の賭・ビッドが〉なされた, 〈場が〉開かれた. **b** 〈手・カードが〉卓上にさらされた. **c** 続き札が完成していない: an ～ straight.

21 〘数学〙 **a** 〈区間が〉両端ともに終点がない (cf. closed 9). **b** 〈集合が〉開いている《その要素について, それを含む十分小さな近傍がその集合に含まれている》.

22 〘論理〙開(いた), 開放の《式が量化詞に束縛されない変項[変数]をもつときをいう; cf. closed 12》: ⇨ open sentence.

23 〘化学〙開鎖の特徴をもつ: ⇨ open chain.

24 〘生物〙〈循環系が〉開放の《血液が体腔内を自由に循環するものにいう》.

25 〘チェス〙〈ポーンの前の駒が〉自由に動ける.

lay open (1) あらわにする, 裸にする (uncover): *lay* one's body ～ 体をあらわにさらす / The land was *laid* ～ by burning the trees. 樹木を焼き払って土地は広々となった. (2) さらす, あばく, 暴露する: What he said *laid* ～ all their plans. 彼がしゃべって一味の計画がすべて明るみに出た. (3) 切開する, (けがをして)切る: *lay* ～ the wound 傷口を切開する / He fell down and *laid* ～ his knees. ころんで両膝を(ざっくり)切ってしまった. ***lay oneself open to*** 〈非難・攻撃など〉に身をさらす, …をまともに受ける: He *laid himself* ～ *to* a charge of fraud. 詐欺を働いたという非難に身をさらした. ***throw open*** (1) 〈戸などを〉さっと開ける (cf. *adj.* 1 a). (2) 〈庭園などを〉〔一般に〕公開[開放]する 〔*to*〕; 〈競争などを〉公開する.

open and current account 〘会計〙交互計算勘定.

— *vt.* **1** 〈戸・窓・箱などを〉あける, 開く (↔ shut): ～ a gate, window, door, etc. / ～ a letter, parcel, box, bottle, drawer, etc. / ～ a person's eyes *to* …を人に悟らせる / ⇨ *open* the DOOR *to*… / He didn't ～ his lips [mouth]. 彼は一言も言わなかった / Shall we ～ another bottle? もう1本抜きましょうか.

2 〈本などを〉広げる 〈*out*〉: ～ a book, hand, etc. / ～ (*out*) a map 地図を広げる / ～ *out* the wings 翼を広げる / ～ *out* one's arms *to*… 手を広げて…を迎える / *Open* your book *at* [《米》 to] p. 12. 本の12ページを開きなさい / He ～*ed* the newspaper *to* the sports page. 新聞のスポーツ欄を開いた.

3 a 〈道路など〉の障害物を取り除く, 〈氷結した川・海などを〉航行できるようにする: The thaw has ～*ed* the river. 氷が溶けて川は航行できるようになっている. **b** 〈道を〉切り開く, 〈穴などを〉あける: ～ trenches 塹壕(ざんごう)を掘る / ～ a prospect 前途が見えるようにする, 展望を切り開く / ～ a way through a crowd 群衆の間をかき分けて道を開く. **c** 〈腸など〉の通じをつける: The bowels should be well ～*ed*. 便通をよくしなければならない.

4 a (公けに)始める; 公開[開放]する: ～ an office 事務所を開く / ～ a shop [《米》 store] 開店する / ～ a library 図書館を公開する / ～ a park 公園を開放する / ～ a new bridge [line] *to* traffic 新築の橋[新線路]を開通する / ～ a port *for* trade 貿易港として開港する / A communication will be ～*ed* between the two places. 両地間に通信交通の便が開かれる. **b** 〈土地を〉切り開く, 開拓する: ～ the ground 土地を開墾する / ～ the new land 新しい土地を切り開く.

5 〈行動を〉開始する, 始める: ～ an account with … と取引を始める / ～ a campaign 野戦を始める / ～ a debate 論争[討論]を始める / ⇨ *open* FIRE.

6 a 明らかにする, 公けにする; 打ち明ける (disclose); 〈秘密などを〉もらす (reveal): ～ one's mind [heart] *to* a person 人に心のうちを打ち明ける / ～ one's design 計画をもらす. **b** 〈心を〉一方に偏らないようにする, 大らかにする, 啓発する (enlighten): ～ one's heart *to* mercy 慈悲心を奮い起こす / He ～*ed* his mind *to* the needs of studens. 虚心坦(たん)懐に学生の要望を聞き入れた / His understanding wants to be ～*ed*. 彼の理解力はもっと大きくする必要がある《あれでは狭過ぎる》.

7 a 掘りほぐす, ばらばらにする: まばらにする, 散開させる: ～ the soil 土を掘りほぐす / ～ ranks 列をまばらにする. **b** 切開する (incise); こじあける (break into); 〈墓などを〉掘りあばく: ～ an abscess [a chest] 膿瘍(のうよう)[胸部]を切開する.

8 〘海事〙(船を移動させて)…の見えるところにくる 〈*out*〉: We ～*ed* a white church to the port. 左舷に白い教会堂が見えてきた.

9 〘法律〙冒頭陳述を述べる: ～ the case 〈弁護士が〉立証に先立って立証する事実について陳述をする; 事件について最初に発言をする.

10 〘法律〙〈布告・判定などを〉撤回して未決の状態に戻す.

11 〘トランプ〙(ゲームを開始するために)〈最初の賭 (bet)・ビッド (bid)・打出し (lead) を〉する.

— *vi.* **1** 〈戸・窓・箱などが〉開く, あく: The door ～*ed* at once. 戸はすぐに開いた / The door will ～ inward. 戸は内側へ開く / a box that won't ～ なかなか開かない箱 / *Open* sesame! 開けごま.

2 a 本[新聞など]を開く: *Open at* [《米》 *to*] page 12. 12ページをあけなさい. **b** 広がる, 〈傷口が〉大きくなる (expand); 〈花が〉咲く: The flag ～*ed* once more to the breeze. 旗は再び風に翻った / The buds are ～*ing* in the sun. つぼみは日光を受けて開いてきた / The seam was ～*ing*. 縫い目がほころびかけていた. **c** 〈景色・前途など〉開けてくる, (はっきり)見えてくる: A wide prospect ～*ed* below us. 広大ながめがわれわれの眼下に展開した / A great career is ～*ing*

for him. 彼には洋々たる前途が開かれようとしている / The harbor lights ~ed. 港の灯火が見えてきた. **3 a** 〈劇場・店などが〉公衆に戸を開く, あく, あいている: The museum ~s at ten. / Some shops do not ~ on Sundays. 日曜日にはあかない店がある. **b** 活動[営業]を開始する, 開店[開会, 開演]する; 一連の公演[試合]の幕をあける: A new store ~s next week. 新しい店が来週オープンする / Our school ~s next Monday. 学校は次の月曜日から始まる / Parliament ~ed yesterday. 議会はきのう開会となった / The play will ~ in Hartford. その劇はハートフォードで開演される / The artillery has ~ed *on* the enemy. 砲兵隊は敵に発砲を開始した. **c** 〈話・番組などが〉始まる (begin); 話[文章]を始める: The story ~s *with* a murder. その話は殺人事件で始まる.
4 〈部屋・戸口が〉(…に)通じる, 向いている 〔*into, on, onto, to, toward*〕: a room that ~s *into* a corridor 廊下へ戸口のあいている部屋 / The two rooms ~ *into* each other. その2室はドアで互いに通じている / The door ~s *into* a smaller room [*toward* the hall]. ドアをあけると小さい部屋へ行かれる[玄関の方に出られる] / The room ~s *on* [《米》 *onto*] the lawn. 戸をあけると芝生に出るようになっている / The window ~s *to* the west. 窓は西に向いている.
5 〈心が〉包容力[共鳴度]が大きくなる, こだわらなくなる, 大らかになる: I felt his heart ~ *to* my words. 彼が心から私の言葉に共鳴してくれているのがわかった / His understanding ~ed with the years. 彼の理解力は年と共に広くなっていった.
6 はっきりと話す, 心の中を打ち明ける (speak out): He did not ~ very freely on the subject. 彼はその事については(何か心に隠しているところがあるようで)余りはっきりとは話してくれなかった.
7 〈隊列などが〉まばらになる, 散開される: The ranks have ~ed. 部隊は散開した.
8 〖証券〗寄り付く: The stock ~ed high. その株式は高値で寄り付いた.
9 a 〖狩猟〗〈猟犬が〉(獲物をかぎつけて)ほえ出す. **b** 《軽蔑》〈人が〉わめき出す.
10 〖トランプ〗(最初の賭け・ビッド・打出しなどをして)ゲームを開始する.
open out (vt.) (1) ⇨ *vt.* 2. (2) ⇨ *vt.* 8. (3) 《英》〈エンジン〉の絞りレバーを開く, 加速する (accelerate). (vi.) (1) 広がる, 咲く, 拡張する; 〈光景などが〉展開する: The flowers were ~*ing out* in the sun. 花は日向で大きく開きかけていた. (2) 〈理解力などが〉発達する, 広くなる (develop). (3) 〈人が〉心を開く, 打ち明ける (speak out): They soon began to ~ *out to* each other. 間もなく互いに打ち解けて話しを始めた.
open up (vt.) (1) 打ち開く, 広げ出す (lay open); 〈傷口などを〉切開する: ~ *up* an oyster カキの殻をあける / ~ *up* a wound 傷口を切り開く / ~ *up* new possibilities 新しい可能性を切り開く. (2) 〈光景などを〉打ち広げる, (眼前に)表わす (disclose). (3) 〈土地・鉱山などを〉開発する (develop); 開通する; 〈空き家を〉住宅向きに整える: ~ *up* a mine 鉱山を開発する / ~ *up* an area *for* housing 地域を宅地用に開発する. (4) 〈事業などを〉開始する (start): He ~*ed up* a business in the town. その町である事業を始めた. (5) 〈乗物〉のスピードを上げる, 全速力で走らせる. (vi.) (1) 打ち開く; 〈視界が〉(開けて)現われてくる: I saw a road ~*ing up* ahead. 前方に道路が通っているのが見えてきた. (2) 活動を開始する, 活発になる; 発砲[射撃]を開始する; (試合などで)攻撃を始める, 攻めて出る: Trade was ~*ing up* again. 景気がまたよくなってきていた / The enemy ~*ed up* (on us). 敵は(我が軍に)砲撃を開始した. (3) 《口語》遠慮なく話し出す, 打ち解ける[解けて話す]; (秘密などに)口をすべらせる, 口を割る: They tried to question him about the matter, but he refused to ~ *up*. 彼らはその事について問いただそうとしたが, 彼は何も言おうとはしなかった. (4) 《口語》スピードを上げる, 全速力で走る. (5) 観衆[カメラ]に顔を向ける.
— *n.* **1** [the ~] **a** (視線をさえぎる物のない)広々とした場所; 見晴らしの広い平野; 空地. **b** 野外, 戸外 (open air): *in the* ~ 戸外で / sleep *in the* ~ 野宿する. **c** (海・湖などの)広々とした水面. **2** [the ~] 隠し立てのない状態, 公然, 周知の状態: bring a matter *into the* ~ 事を表に出す[明らかにする] / come (out) *into the* ~ 明るみに出る, 公表される; 〈人が〉はっきり意思を表明する, 心の中を打ち明ける / The secret is now *in the* ~. 今では公然の秘密となっている. **3** 隙間, 口, あき; 機会 (opening). **4** オープン選手権試合: the U.S. *Open* / the British *Open*. **5** 〖活字〗=outline 5.

o·pen·a·ble [óup(ə)nəbl | ə́ʊ-] *adj.* 開かれる, あけられる.

ópen áccess *n.* 《英》〖図書館〗=open shelves.

ópen accóunt *n.* **1** 〖銀行〗当座勘定 (current account). **2** 〖会計〗=book account 1.

ópen admíssions *n. pl.* 《米》〖単数または複数扱い〗=open enrollment.

ópen-áir *adj.* 戸外の, 野外の, 露天の: ~ life 野外生活 / an ~ school 林間学校, 野外学校 / an ~ theater 野外劇場 / an ~ museum 野外に作品を置いた美術館 / ~ treatment 外気療法. **2** 〖美術〗=plein air.

ópen áir *n.* **1** 外気. **2** 戸外, 野外 (out-of-doors): *in the* ~ 戸外で / exercise *in the* ~ 野外で運動する.

ópen-and-shút *adj.* 《口語》明白な, 一目でわかる; 簡単な (simple): an ~ case 至極簡単なこと[事件].

ópen árc làmp *n.* 〖電気〗開放アーク灯.

ópen-ármed *adj.* 両手を広げての, 衷心からの, 大歓迎の: an ~ welcome [reception] 心からの歓迎.

ópen árms *n. pl.* (両手を広げての)大歓迎, 暖い歓迎.
with open arms 両手を広げて, 心から喜んで (cordially): He received [welcomed] me *with* ~.

ópen báck *n.* 〖製本〗=hollow back.

ópen·bánd *adj.* 〖紡績〗左撚(よ)かけの, Z 撚かけの (cf. crossband).

ópen bár *n.* (結婚・披露宴などで)飲物無料サービスのバー.

ópen bíte *n.* 〖歯科〗開咬《歯を咬み合わせた時一部のみが咬み, 他の歯が開いた状態》.

ópen bóok *n.* 一目瞭然たるもの, 明白な物[事柄], 周知の事実, 何の秘密もない人 (cf. closed book): His mind is an ~. 彼の腹の中はだれでもすぐ読み取れる.

ópen-bóok examinátion *n.* 参考書[辞書]持込自由の試験.

ópen-bréasted *adj.* 〈上着など〉胸の開いた, 前の開いた.

Ópen Bréthren *n. pl.* [the ~] 〖キリスト教〗オープン ブレズレン (⇨ Plymouth Brother 1).

ópen cáisson *n.* 〖土木〗オープンケーソン, 開口潜函(かん).

ópen·càst *n., adj., adv.* 《英》〖鉱山〗=opencut 1.

ópen cháin *n.* 〖化学〗開鎖《化合物中の原子鎖状結合で特に末端が結合していないもの; cf. closed chain》.

ópen chéque *n.* 《英》(横線小切手 (crossed cheque) に対して)普通小切手.

ópen-círcuit *adj.* **1** 〖電気〗開回路の, 無負荷の: ~ voltage 無負荷電圧. **2** 〖テレビ〗〈テレビ放送が〉全受信機受信可能の《一般放送の方式; cf. closed-circuit》.

ópen círcuit *n.* 〖電気〗開回路《電流の流れない状態; ↔ closed circuit》.

ópen cíty *n.* 〖軍事〗無防備[非武装]都市《無防備で軍事輸送の中継地にもならないことを宣言し, これを攻撃することが国際法によって禁止されている都市》.

ópen clássroom *n.* 〖教育〗=open school.

ópen clúster *n.* 〖天文〗散開星団 (cf. globular cluster).

ópen commúnion *n.* 〖キリスト教〗公開聖餐(さん)式《すべてのキリスト者に開かれたもの, すなわちいかなる教会・教派に属する信徒も制限しない聖餐式; cf. close communion》.

ópen cómpound *n.* 〖文法〗分離複合語《air force のように離して書く複合語; cf. solid compound》.

ópen corporátion *n.* 公開会社《株式が一般に公開されている会社; cf. close corporation》.

ópen córridor *n.* 〖教育〗=open school.

ópen cóuplet *n.* 〖詩学〗開放連句《2行単位で意味が完結せず, 次の対句にまたがるもの; free couplet, broken couplet ともいう; cf. closed couplet》.

ópen cóver *n.* **1** 〖数学〗開被覆《開集合だけから成る被覆; open covering ともいう》. **2** 〖海上保険〗オープンカバー《被保険者が積出す貨物の保険を包括的に保険者と契約済みであることを証するブローカー発行の書類; 略 o/c, o.c.》.

ópen cóvering *n.* 〖数学〗=open cover 1.

ópen crówn *n.* 〖紋章〗盾の中に描かれたデューカルコロネット (ducal coronet).

ópen·cút *n.* **1** 〖鉱山〗開削, 切開き, 露天掘り. **2** 〖土木〗切開き《山などに道路・鉄道などを作るときトンネルにせず, 天部を明けて掘ること》. — *adj.* **1** 〖鉱山〗露天掘りの[による]: ~ coal mining 露天採炭 / ~ coal 露天掘りの石炭. **2** 〖土木〗切開き式の. — *adv.* **1** 〖鉱山〗露天掘りで. **2** 〖土木〗切開き式で.

ópen-délta connèction *n.* 〖電気〗V 結線, V 接続《デルタ (▽) 結線 (delta connection) の一辺を欠いた三相変圧器の結線; V-connection ともいう》.

ópen diapáson *n.* 開管ダイアペーソン《通例8フィートの金属開管からなる音量豊かなパイプオルガンの音栓》.

ópen-dóor *adj.* **1** 立入り自由な; 〈事の処理など〉公開の, ガラス張りの (public). **2** (特に, 通商・移民政策上で)門戸開放の, 機会均等の: the ~ policy [principle] 門戸開放政策[主義].

ópen dóor *n.* **1 a** 入場[立入り]の自由. **b** (成功などへの)道(を開くもの), 門 〔*to*〕. **2** [the ~] (特に, 通商・移民政策上の)門戸開放, 機会均等: the policy of *the* ~.
keep open doors =*keep* OPEN HOUSE. ***force an open door*** 快く与えて[応じて]くれる人に無理な要求をする.

ópen-éared *adj.* **1** 傾聴する. **2** (訴え・発言などに)耳を傾ける, 聞く耳をもった.

ópen-énd *adj.* **1 a** 〖証券〗〈投資信託など〉開放型の《随時に追加出資と出資の払い戻しができるものにいう; cf. closed-end》. **b** 最初に一定数量を決めず一定期間買手[政府]の要求数量を随時提供する: an ~ contract 未定数量売約. **c** 〖証券〗同じ担保を使って同一順位の社債を追加発行できる方式の (cf. closed-end): ⇨ open-end mortgage. **2** 〖ラジオ〗〈録音が〉広告放送を入れる部分をあけてある.

ópen-énded *adj.* **1** (時間・期間・方向・数量などについて)無制限の, 自由な. **2** 中途変更自由な, 可変的な. **3** 〈質問・アンケート・インタービューなど〉自由な形式で答えられる《幾つかの選択肢から解答を選ぶのではなく, 主観的に好きなように答えられる》.
~·ness *n.*

ópen-ènd mórtgage *n.* 〖証券〗開放担保《同一担保物件につき, 一定枠内で同一順位の社債を数回に分けて発行する方式; ↔ closed mortgage》.

ópen enróllment *n.* 《米》 **1** 他学区自由入学(方式)《所属学区以外の公立学校にも自由に入学できる方式》. **2** 自由入学(方式)《正式の資格・学力・学資などがなくても希望によって認められる大学入学(方式)》.

ó·pen·er [-p(ə)nə | -nə(r)] *n.* **1** 開く人. **2** 開く物; あける道具; 栓(せん)抜き, かん切り: a tin [《米》 can] ~ かん切り. **3** 第一[開幕]試合; (軽演劇などの)最初の出し物, 前座. **4** 〖トランプ〗 **a** (ブリッジで)最初にビッド (bid) した人. **b** [*pl.*] (ポーカーで)それぞれの回で最初に賭ける資格のある手《例えばジャックのワンペアー以上を含む手》. **5** 〖クリケット〗=opening batsman. **6** (羊毛の)開毛機.

ópen-éye *adj.* =open-eyed 2.

ópen-éyed *adj.* **1** 目をあけた, 目をみはった; (びっくりして)目を見開いた: ~ astonishment びっくり仰天. **2** 用心深い, 油断のない, 抜け目のない; 心眼を開いた, 活眼の: with ~ attention 細心の注意をもって.

ópen-fáce *adj.* =open-faced.

ópen-fáced *adj.* **1** 邪心のなさそうな[率直な]顔つきの (ingenuous-looking). **2** 〈時計が〉片面ガラスの. **3** 《米》〈パイ・サンドイッチなど〉上皮のない: an ~ sandwich=open sandwich.

ópen-fíeld *adj.* **1** 開放耕区の《ヨーロッパ封建社会で村民が共同に耕作する耕地についていう; cf. enclosure 6》: the ~ system 開放耕区制度. **2** 〖アメリカンフットボール〗〈ランナーが〉(ボールキャリアーからみて)守備の手薄のサイドを大きくあけている.

ópen fífth *n.* 〖音楽〗空虚五度 (⇨ naked fifth).

ópen fíre *n.* 〖金属加工〗裸火(はだか)《鍛造用火床(ほど)から吹きだす火炎》.

ópen fráme *n.* 〖ボウリング〗オープンフレーム《スペアが取れずピンが残ってしまったフレーム》.

ópen fúse *n.* 〖電気〗開放形ヒューズ.

ópen gáte *n.* 〖スキー〗オープンゲート《回転競技で斜面に立てた2本のポールによる旗門; cf. closed gate》.

ópen·hánded *adj.* 気前のよい. **~·ly** *adv.* **~·ness** *n.*

ópen hármony *n.* 〖音楽〗開離和声《4声部からなる和声でバスを除く上3声が1オクターブを越えて配置された和声, 即ち開離位置 (open position) にある和声; dispersed harmony, extended harmony ともいう; cf. close harmony》.

ópen háwse *n.* 〖海事〗オープンホース《右舷・左舷両方の錨を降ろした場合, 鎖にからみのない状態; clear hawse ともいう; cf. foul hawse》.

ópen-héart *adj.* 〖外科〗開心方式の: ~ operation [surgery] 開心[心臓切開]手術《循環機能を人工心肺で維持しながら行なう心臓内部の手術》.

ópen·héarted *adj.* **1** 打ち明けた, 腹蔵のない, 率直な (frank). **2** 親切な, 気の大きい (kind): an ~ man.
~·ly *adv.* **~·ness** *n.*

ópen-héarth *adj.* 〖冶金〗平炉(ろ)の, 平炉で造られた: an ~ furnace 平炉 / ~ steel 平炉鋼.

ópen héarth *n.* 〖冶金〗平炉(ろ)《鋼を造る炉; 現在は大部分が転炉 (converter) になっている》.

ópen-héarth pròcess *n.* 〖冶金〗平炉法《平炉を用いて鋼を造る方法》.

ópen hóuse *n.* **1** 来客を心から歓待すること. **2 a** 私宅開放パーティー《何か祝事のある時などに, 広く親戚友人を招いて行なう気楽な集い》. **b** (学校・寮・クラブなどで一般参観を許す)公開日.
keep open house 私宅を開放して来客を歓待する; 客あしらいがよい.

ópen hóusing *n.* 《米》 **1** 住宅開放(制度)《家屋・アパート等の売買・賃貸の際の人種・宗教による差別の禁止》. **2** [形容詞的に]: ~ laws 住宅開放に関する諸法(律).

ópen íce *n.* 緩氷(かんぴょう), 可航浮氷(原)《浮氷が比較的小さく航行可能なもの》.

o·pen·ing [óup(ə)nɪŋ | ə́ʊ-] [? lateOE] — *n.* **1 a** 開く[あける]こと; 口火を切ること, 口開け, 開始, 開通: the ~ *of* a meeting 開会 / the ~ *of* a speech 演説の開始 / the ~ *of* a theatrical performance 開演 / the ~ *of* a bridge *to* traffic 橋の開通. **b** [形容詞的に]: an ~ address [speech] 開会の辞 / an ~ ceremony 開会[開校, 開通]式 / an ~ night (劇などの)初日の夜 / ⇨ opening day. **c** 開通[開会]式, 開店祝い: Many citizens were invited to the ~ of the new bank. 新銀行の開店祝いには大勢の市民が招待された. **2 a** 始まり, 発端, 第一歩: the ~ of the day 夜明け / at the ~ of one's career 生涯の始まりにおいて, 初めて世に出た時 / since the ~ of the twentieth century 20世紀にはいってから. **b** 〖証券〗寄付(よりつき). **c** 《米》(季節の)新荷売出し: the spring ~. **d** (pantomime などの)序の部分, 序幕 (cf. harlequinade). **e** (劇の)初演; (画家などの)第1回展示[発表]会. **3 a** 空地, 広場. **b** 《米》森林中の木のない[まばらに生えた]所. **c** 入江, 入海, 湾. **4** 穴, 隙間; 抜け穴, 通路; 〖建築〗開口部《空気穴・風窓・明かり取り窓などの総称》: an ~ *in* the wall 壁にあいた穴《抜け穴・通り口》. **5** (就職)口, 欠員, あき; 機会: look out for an ~ 勤め口を捜す / a good ~ *for* a young man 青年に向くよい勤め口 / There are very few ~s *for* engineers today. 今日では技師の勤め口がほとんどない / He waited for an ~ *to* escape. 逃げる機会の来るのを待った.

6 (本の)見開き《開いたときの向かい合った左右2ページ》. 7 〘法律〙(原告側が立証に先立ってその主張を立証する事実についての)弁護人の冒頭陳述 (cf. open *vt.* 9). 8 〘チェス・チェッカー〙序盤, 布局, 布石 (cf. middle game).

ópening bátsman *n.* 〘クリケット〙先頭打者《イニングスの初めに出る二人の打者の内最初に投球を受ける打者》.

ópening dáy *n.* 開会日; 開店日; 初日: on ～.

ópening tíme *n.* 始業時刻; (特に酒場の)開店時間 (cf. closing time): at ～.

ópen jóint *n.* 〘製本〙溝付き《厚表紙の平と背の間に溝ができるように造本したもの; French joint ともいう; cf. tight joint》.

ópen júncture *n.* 〘言語〙開放連接《nitrate [náıtreıt] にはなく night-rate [náıtrèıt] に認められる切れ目の一種; plus juncture ともいう; cf. close juncture》.

ópen létter *n.* 公開状《新聞・雑誌・ラジオなどによって発表するある個人当ての抗議[嘆願]文》.

ópen líne *n.* 〘電気〙架空裸線路《open wire line ともいう; cf. cable line》.

ópen-lóop *adj.* 〘電算機〙ループが開いた, 開ループの.

ópen lóop *n.* 〘電算機〙開ループ《動作とその結果が比較されて次の動作に反映するようなループが開いていること; つまり反映されないようになっていること; cf. closed loop》.

ó·pen·ly 〘OE *openlīce*: ⇨ open, -ly[1]〙 *adv.* **1** 隠し立てしないで, 明らさまに, 率直に. **2** 公然と, 公に.

ópen márket *n.* 〘経済〙公開市場, 一般市場 (cf. free market).

ópen-màrket operátions *n. pl.* 〘経済〙公開市場操作《中央銀行が所有手形や債券を売買して金融を調節する操作》.

ópen-mínded *adj.* (偏見なしに)新思想や人の意見などを取り入れる; 虚心な (candid), 偏見のない (unprejudiced). **～·ly** *adv.* **～·ness** *n.*

ópen·móuthed [-máʊðd, -máʊθt | -máʊðd] *adj.* **1** 口を開いた; (驚いて)あんぐり口を開けた, あっけにとられた: She stared at him ～. ぽかんと口を開けて彼を見つめた. **2** 〈容器など〉広口の: an ～ pitcher. **3** がつがつした, 貪欲(どんよく)な (greedy). **4** 大声で叫ぶ, わめく, 騒々しい (clamorous). **5** 〈猟犬が〉(獲物を見て)ほえ立てる. **open·mouth·ed·ly** [-ðıdli, -ðəd-, -θıd-, -θəd- | -ðıdlı, -ðəd-] *adv.* **open·mouth·ed·ness** [-ðıdnıs, -ðəd-, -θıd-, -θəd-, -nəs | -ðıd-, -ðəd-] *n.*

ópen-néck *adj.* ＝open-necked.

ópen-nécked *adj.* 首(襟(えり))の部分のあいた, 開襟の: an ～ shirt 開襟[オープン]シャツ.

ó·pen·ness *n.* **1** 開いていること; 広々としていること, (妨げる物もない)見晴らし. **2** 隠し立てのないこと, 開放性, 率直 (candor): with ～ 率直に. **3** 偏見のないこと, 心の広いこと, 寛大.

ópen néwel *n.* 〘建築〙＝hollow newel.

ópen órder *n.* **1** 無条件注文《品種や価格を示しその他の明細は供給者に一任する形式の注文》. **2** 〘軍事〙散開隊形.

ópen-pít *n., adj., adv.* 〘鉱山・土木〙＝opencut.

ópen plán *n.* 〘建築〙オープン プラン《各種の用途に応じられるよう, 間仕切りを最小限に止めた建築平面》. **ópen-plán** *adj.*

ópen-plànned schóol *n.* 〘教育〙＝open school.

ópen pólicy *n.* 〘保険〙包括予定保険証券[契約].

ópen-póllinated *adj.* 〘植物〙開放[放任]受粉の.

ópen-pollinátion *n.* 〘植物〙開放受粉, 放任受粉《人工によらず, 昆虫・風など自然の媒体による受粉》.

ópen pórt *n.* **1** 外国通商を開いている港. **2** 不凍港.

ópen posítion *n.* 〘音楽〙開離位置 (⇨ open harmony).

ópen prímary *n.* 《米》〘政治〙開放予選会《投票者が自分の所属政党を明示しないで投票できる候補者予選会; cf. closed primary, direct primary》.

ópen punctuátion *n.* 書信の日付・宛名の各行末に句読点を打たない書式 (cf. close punctuation).

ópen quéstion *n.* **1** 未解決の問題 (cf. open *adj.* 6 a). **2** 政党が立場を明示していない問題. **3** (「イエス」「ノー」などの簡単な答えでなく)自由な意見を求める問題.

ópen sándwich *n.* オープンサンド(イッチ)《上にはパンをかぶせないもの》.

ópen schóol *n.* 〘教育〙オープンスクール《学年・学級・時間割等をもたず, 生徒自身の自主的勉学と学習の個別化を徹底的に追求する学校; 1960年頃から英米で試みられるようになり, 主として小学校に多い》.

ópen scóre *n.* 〘音楽〙オープンスコア《声楽やオーケストラの総譜で, 各パートが別々に書き分けられているもの; cf. close score》.

ópen séa *n.* [the ～] **1** 外洋, 外海. **2** 〘国際法〙公海 (mare liberum) (cf. closed sea).

ópen séason *n.* (漁猟・狩猟)解禁期: an ～ *on* [*for*] deer 鹿猟解禁期, 公認鹿猟期.

ópen sécret *n.* 公然の秘密.

ópen séntence *n.* 〘論理〙開いた文, 開放文《1個以上の変項[変数]を含む文または式》.

ópen sésame 〘《1826》: "*Arabian Nights' Entertainments*" の中の *Ali Baba and the Forty Thieves* の話に出て来る「開門」のまじない文句「開けごま」から〙 *n.* (難局)突破の確実な手段, (難局)解決の鍵〔*to*〕.

ópen-shélf *adj.* 《米》〘図書館〙開架式の.

ópen-shélter-dèck vèssel *n.* 〘海事〙遮浪甲板(しゃろうかんぱん)船《諸税金対策として, 実際には大きいのだが, 最上甲板を波よけを目的とするとして, その一部に(減トン)開口を作り, 総トン数計算からその次の甲板までの空間 (open space) を除外するようにした船》.

ópen shélves *n. pl.* 《米》〘図書館〙(利用者が自由に接架できる)開架式[書架]《open access, open stack ともいう; cf. closed shelves》.

ópen shóp *n.* オープンショップ《労働組合員以外の労働者をも雇用する事業所; もとは組合労働者を雇用しない反組合主義の工場 (nonunion shop) を意味した; cf. closed shop, union shop》.

ópen-shópper *n.* オープンショップ経営者[主義者].

ópen·síde plàner *n.* 〘機械〙片持平削り盤.

ópen síght *n.* 〘銃器〙谷照門《小火器において後部の照門が小穴でなくくぼんでいるもの; cf. peep sight》.

ópen spáce *n.* **1** 空地. **2** 〘海事〙減トン空間《減税対策として, 実際には部屋があるのだが, 非水密開口部を作っておき, 総トン数容積には算入しない空間; 遮浪甲板と上甲板の間; cf. open-shelter-deck vessel》.

ópen-spàce schóol *n.* 〘教育〙＝open school.

ópen sphére *n.* 〘数学〙開球《球から表面をとりのぞいたもの; cf. closed sphere》.

ópen-stáck *adj.* 〘図書館〙＝open-shelf.

ópen stáck *n.* 〘図書館〙＝open shelves.

ópen stánce *n.* (野球・ゴルフなどの)オープンスタンス《野球ではピッチャーズプレートと本塁を結ぶ線から, ゴルフでは飛球方向から(右利きの人なら)左足を下げた構え; cf. square stance; closed stance》.

ópen stóck *n.* (ばら買いや, 後からの補充買いもできる)セット売り商品《特に, コーヒーセット・食器等》.

ópen stríng *n.* 〘建築〙簓桁(ささらげた)《階段を支える中桁(なかげた)で, 上端が階段の形にぎざぎざになっているもの; cf. close string》.

ópen sýllable *n.* 〘音声〙開音節《母音で終わる音節; sea や window の -dow など》.

ópen sýstem *n.* 〘物理・化学〙開放系, 開いた系 (cf. closed system).

ópen-tímbered *adj.* 〈屋根・小屋組など〉構造の材木がむき出しになるように建てた; 化粧屋根裏の.

ópen tówn *n.* **1** 〘軍事〙無防備の町 (cf. open *adj.* 15). **2** 《米口語》(賭博・酒場などに関して)放任の町《Las Vegas など》.

ópen tríad *n.* 〘音楽〙空虚五度 (⇨ naked fifth).

Ópen Univérsity *n.* [the ～] (英国の)オープン ユニバーシティー《特別の受講資格を必要とせず主に放送・通信を利用する社会人対象の大学; 1970年創設》.

ópen vérdict *n.* 〘法律〙存疑評決《検屍陪審 (coroner's jury) が行なう評決; 犯罪の存否または被告人が犯人であるかどうかは決定しない》.

ópen wíre lìne *n.* 〘電気〙＝open line.

ópen·wòrk *n.* (彫刻・彫金・建築などの)透(す)かし細工.

ópen-wòrked *adj.* 透(す)かし細工を施した.

ópen-wòrk pláit *n.* 《英》〘窯業〙省胎七宝(しょうたいしっぽう) (plique-a-jour).

OPer., O.Per. 《略》Old Persian.

op·er·a[1] [áp(ə)rə | ɔ́p-] 〘《1644》□ It. ～ < L ～ 'service, pains': cf. opus〙 ― *n.* **1** オペラ, 歌劇: ⇨ comic opera, grand opera. **2** オペラの総譜[台詞]. **3 a** [(the) ～] (芸術形式・興行としての)オペラ: be fond of Italian ～. **b** オペラ公演; [時に O-] オペラ劇場 (opera house): at the ～ / go to the ～ オペラ見物に行く / the (Royal) *Opera*＝Covent Garden Theatre. **c** オペラとしての質《適・不適》: It was good ～. **4** 非現実的な大衆劇: ⇨ horse opera, soap opera.

opera[2] *n.* opus 2 の複数形.

op·er·a·ble [áp(ə)rəbl | ɔ́p-] 〘□ LL *operābil-is* ← L *operārī* to work: ⇨ operate, -able〙 ― *adj.* **1** 使用[操作]できる: an ～ machine. **2** 〘医学〙〈病気など〉手術可能の. **óp·er·a·bly** *adv.* **òp·er·a·bíl·i·ty** [-rəbíləṭi | -lətı, -lı-] *n.*

o·pé·ra bouffe [áp(ə)rə-búːf | ɔ́p-; *F.* ɔperabuf] 〘□ F ～ 'comic opera' □ It. *opera buffa*〙 ― *F. n.* (*pl.* **～s, o·pé·ras bouffe** [-rəz-; *F.* ～], **o·pé·ras bouffes** [-rəz-búːfs; *F.* ～]) 〘音楽〙＝opera buffa.

o·pe·ra buf·fa [áp(ə)rə-búːfə | ɔ́p-; *It.* ɔ́ːperabúffa] 〘↑〙 ― *It. n.* (*pl.* **～s, o·pe·ras buf·fa** [-rəz-; *It.* ～], **o·pe·re buf·fe** [ápərèı-búːfeı | ɔ́p-; *It.* ɔ́ːperebúffe]) オペラ ブッファ《軽い内容のオペラで, 特に, 18世紀イタリアで同時代の生活を描いた喜歌劇; cf. opera seria》.

ópera·clòak *n.* (オペラ観劇や正式な夜会用の)長い丈の婦人外套.

o·pé·ra co·mique [áp(ə)rə-kamíːk, koʊ- | ɔ́p(ə)rə-kɔm-; *F.* ɔperakɔmik] 〘□ F ～ 'comic opera'〙 ― *F. n.* (*pl.* **～s, o·pé·ras co·mique** [-rəz-; *F.* ～], **o·pé·ras co·miques** [-rəz-, -míːks; *F.* ～]) 〘音楽〙オペラ コミーク《対話[せりふ]を交えた歌劇; Bizet の *Carmen* などのような悲劇的な筋のものも含まれる; comic opera とは別; cf. grand opera》.

ópera glàss *n.* [しばしば *pl.*] オペラグラス《観劇用の小型双眼鏡》.

ópera·gòer *n.* オペラへよく出かける人, オペラ愛好家.

ópera hàt *n.* オペラハット[帽]《平たく畳めるようばねのはいったシルクハット; 男性が観劇等の際使用》.

opera hats

ópera hòuse *n.* **1** オペラ劇場. **2** 《米方言》(俗に)(小都市での)劇場 (theater).

op·er·am·e·ter [àpərǽməṭə | ɔ̀pərǽmıtə(r, -mə-] 〘← *opera* works＋*-meter*[1]〙 *n.* 〘機械〙(回転軸, 車輪などの)回転計.

op·er·and [àpərǽnd, ⌐‐‐ | ɔ̀pərǽnd, ⌐‐‐] 〘□ L *operand-um* (ger.) ← *operārī* to work〙 ― *n.* **1** 〘数学〙被演算子, 被演算数《数学的演算の対象となるもの; cf. operator 6》. **2** 〘電算機〙演算数, オペランド《演算の対象となる変数》.

op·er·ant [ápərənt | ɔ́p-] 〘□ L *operant-em* (pres.p.) ← *operārī* to work〙 ― *adj.* **1** 働く, 運転する, ききめのある, 効力のある. **2** 《米》〘心理〙〈反応などが〉利益を求めて自分から働きかける. ― *n.* **1** 操作者. **2** 精神治療士, オペラント. **3** 〘心理〙オペラント《反応などを生起させる刺激が明らかでない場合に起きる行動; cf. respondent 3》.

óperant condítioning *n.* 〘教育〙オペラント条件づけ《学習者自身の操作によって条件反応がおきる条件づけ; instrumental learning ともいう; cf. reinforcement therapy》.

o·pe·ra se·ria [áp(ə)rə-séria, -sí(ə)r- | ɔ́p(ə)rə-síərıə; *It.* ɔ́ːperaséːrja] 〘□ It. ～ 'serious opera'〙 ― *It. n.* (*pl.* **～s, o·pe·ras se·ria** [-rəz-], **o·pe·re se·rie** [ápərèı-sérièı, -sí(ə)r- | ɔ́pərèı-síərı-; *It.* ɔ́ːpereséːrje]) 〘音楽〙オペラ セリア, 正歌劇《opera buffa の対で神話・伝説などを題材とした18世紀イタリアの歌劇》.

op·er·ate [ápərèıt, áprèıt | ɔ́pərèıt] 〘《1606》← L *operāt-us* (p.p.) ← *operārī* to work ← *oper-*, *opus* work: ⇨ opus, -ate[3]〙 ― *vi.* **1 a** 〈機械・器官などが〉動く, 働く, 作動する: The heart ～*s* during sleep. 心臓は睡眠中でも働く / The elevator does not ～ properly. そのエレベーターは調子が悪い / The brake failed to ～. ブレーキがきかなかった. **b** 機械を動かす[運転する]. **2** 作用する, 結果を生じる; 〈薬が〉ききめを表わす, きく〔*on, upon*〕: His words began to ～ *on* her mind. 彼の言葉は彼女の心を揺すり始めた / The medicine did not ～. その薬はきかなかった / This law ～*s* to our disadvantage. この法律はわれわれには不利である. **3** 〔人に〕手術をする〔*on, upon*〕: ～ *on* a patient *for* appendicitis 患者に虫垂炎の手術を施す / a patient about to be ～*d on* これから手術を受けようとしている患者. **4** (特に, 型破りのまたは反社会的な)生活を送る. **5** (相場を変動させる目的で)株の操作をする; 〔株・商品の〕思惑買い[売り]をする〔*in*〕. **6** 〘軍事〙軍事[作戦]行動を取る; (作戦の基本方針・計画の立案と区別して)作戦を実施する〔*against*〕. ― *vt.* **1** 〈機械などを〉動かす, 操縦する, 運転する: ～ a machine / ～ a switchboard 配電盤を操作する. **2** 〈工場・事業などを〉経営する, 運営する (manage, run): ～ a hotel [school] ホテル[学校]を経営する / ～ a railroad 鉄道を運営する / The company ～*s* three factories and a coal mine. その会社は工場を三つと炭鉱一つを持って事業をやっている. **3** 《口語》〈患部を〉手術する, 〈患部〉に手術を施す. **4** (まれ) 〈効果を〉挙げる (effect), 〈結果を〉もたらす, 〈変化を〉起こす: Energy ～*s* changes. エネルギーは変化を起こす.

op·er·at·ic [àpərǽṭık | ɔ̀pərǽt-] 〘《1730》: DRAMATIC からの類推〙 ― *adj.* オペラの[に関する, に適した, 風の]: ～ music / an ～ singer. ― *n.* [*pl.*; 単数または複数扱い] **1** オペラ上演[製作]. **2** 芝居じみた大げさな振舞い. **òp·er·át·i·cal·ly** *adv.*

óp·er·àt·ing [-ṭıŋ | -tıŋ] *n.* [形容詞的に] **1** 手術(用の): ～ expenses 手術料 (cf. 2) / an ～ room 手術室 / an ～ table 手術台 / ⇨ operating theatre. **2** (工場などで)経営(上の), 運営(上の): ～ expenses 運営費 (cf. 1) / ～ costs 経営費 / an ～ statement 経理報告. ― *adj.* 運転中の, 機能中の (functional): an ～ motor.

óperating dùty *n.* 〘電気〙動作責務《間欠動作の電気機械等の動作状態》.

óperating rèvenue *n.* 〘会計〙営業収益《企業の経常的な生産販売活動から生じる収益; cf. non-operating revenue》.

óperating sỳstem *n.* 〘電算機〙オペレーティングシステム《電子計算機の基本的な運転を管理する一連のプログラム》.

óperating thèatre *n.* 《英》**1** 手術室 (operating room). **2** (もと)手術階段教室 (cf. theater 5 a).

op·er·a·tion [àpəréıʃən | ɔ̀p-] 〘《*c*1395》□ (O)F *opération* □ L *operātiō(n-)*: ⇨ operate, -ation〙 ― *n.* **1** 働き, 作用; (機械などの)動き方: mental ～*s* 精神活動 / the ～ of nature 大自然の作用 / the ～ of thinking [breathing] 思考[呼吸]作用 / a machine of complicated ～ 動きの複雑な機械. **2** (機械などの)運転, 操作; (仕事の)作業[操作]過程, 業務: the ～ of a machine 機械の運転[操作] / a delicate ～ in watchmaking 時計製造の微妙な作業. **3** (生産的・工業的)事業; 工事; 操業, 経営, 運営: building ～ 建築工事 / the ～ of hotels [railroads] ホテル[鉄道]の経営[運営] / the cost of ～ 運営費 / the rate of ～ 操業率, 稼動率. **4** 作用[活動]している状態; (制度・法令の)実施, 施行: a law *in* ～ 施行中の法律 / The new system is now *in* full ～. 今は新制度が完全に行なわれている / be put [come] *into* ～ 実施される. **5 a** (法律文書などの) 有効性. **b** (薬などの)効果, 影響, ききめ. **6** (相場に変動を起こすような)思惑売買, 操作: ～*s* in cotton 綿花の思惑. **7** 〘数学〙運算, 演算: four ～*s* 四則, 加減乗除 / direct [inverse] ～ 正[逆]算. **8** 〘医学〙手術: perform an ～ *on* a person *for* gastric cancer 人

に胃癌の手術を施す / undergo an ～ 手術を受ける. **9** 〚軍事〛 **a** [しばしば *pl.*] 作戦; 軍事行動: a base of ～*s* 作戦根拠地, 策源地 / a field of ～*s* 作戦地域 / a plan of ～*s* 作戦計画 / an incidental ～ 遭遇戦 / *Operation* Overlord 大君主作戦《1944 年 6 月, 連合軍の Normandy 上陸作戦の暗号名》/ a passive [combined] ～ 守勢[連合]作戦. **b** [*pl.*] 作戦本部, 幕僚機関; 作戦本部スタッフ. **c** [*pl.*] (飛行機の)離着陸管制本部. **10** 〚論理〛 変形 (transformation), 演算, 関数的操作 [対応づけ]. **11** 〚電算機〛 オペレーション《計算機の実行する基本命令》.

òp·er·á·tion·al [-ʃənl̩, -ʃnəl] *adj.* **1** 操作の[に関する, 上の]. **2** 使用できる; 使用している, 使用中の. **3** 〚軍事〛 作戦上の; 作戦中の; 作戦に使える, 現用の, 可動の, 実戦配備の: an ～ missile 現用ミサイル / an ～ aircraft 現用機, 作戦機. **～·ly** *adv.*

operátional fatígue *n.* 〚精神医学〛 =combat fatigue.

òp·er·á·tion·al·ism [-ʃ(ə)nəlìzm̩] *n.* 〚哲学〛 操作主義《具体的操作によって定義されてのみ科学的概念は客観化されるという説》.

òp·er·á·tion·al·ist [-ʃ(ə)nəlɪst, -ləst | -lɪst] *n.* 〚哲学・心理〛 操作主義者.

òp·er·á·tion·al·ize [-ʃ(ə)nəlàɪz] *vt.* 〚電算機〛 作動できるようにする《電子計算機においてプログラムを作動可能な状態にする》. **op·er·a·tion·al·i·za·tion** [àpəreɪʃ(ə)nəlɪzéɪʃən, -lə- | ɔ̀pəreɪʃ(ə)nəlaɪ-, -lɪ-] *n.*

operátional reséarch *n.* 《英》 =operations research.

òp·er·á·tion·ism [-ʃənɪzm̩] *n.* 〚哲学〛 =operationalism.

òp·er·á·tion·ist [-ʃ(ə)nɪst, -nəst | -nɪst] *n.* 〚哲学・心理〛 =operationalist.

operátion mànual *n.* 〚航空〛 運航規程, 運航手引書.

operátions resèarch 〚(1943)〛 *n.* オペレーションズリサーチ《経営管理・軍事上の作戦などの複雑な問題について数学的分析により人と機械の操作の研究・改良を行なう技術; operational research ともいう; 略 OR》.

operátions ròom *n.* 作戦本部[指令]室.

op·er·a·tive [áp(ə)rəṭɪv, ápərèɪṭ- | ɔ́p(ə)rət-, ɔ́pərèɪt-] 〚(1598) □ F *opératif* ∥ LL *operātīv-us* creative, formative: ⇨ operate, -ative〛 ── *adj.* **1** 働く, 活動する; 働きをする, 作用する: Such a spirit is ～ in every one of us. そういう精神はだれの心にでも働いている. **2 a** 〈法律が〉効力のある, 実施中の: become ～ 実施される, 効力を発生する. **b** 〚法律〛〈証書中の文言が〉実施の意図を表わす, 発効的な: ～ words 効力発生文言《財産権の設定・移転の法的効果を発生させるのに用いられる文言》. **c** 〈句・文中の語が〉最も肝要な, 適切な意味を表わす: the ～ word 主要語. **3** ききめのある: an ～ dose (薬の)有効 1 回量. **4 a** 手または機械を動かしてする, 作業の: ～ arts 手工業. **b** 働いている, 作業中の: an ～ mechanic. **5** 手術の[による]: ～ surgery 手術学. ── [《英》 ɔ́p(ə)rətɪv] *n.* **1** 職工, 熟練工. **2** 《米》 私立探偵, 課報(ちょうほう)部員: a CIA ～. **～·ly** *adv.* **～·ness** *n.*

op·er·a·tize [áp(ə)rətàɪz | ɔ́p-] 〚DRAMATIZE からの類推〛 *vt.* 歌劇化する, オペラにする.

óp·er·à·tor [-ṭə | -tə(r] 〚(1611) □ LL *operātor* ← L *operārī*: ⇨ operate, -or²〛 ── *n.* **1 a** (機械の)操作員, オペレーター; (無線)通信士: a cinema ～ 映写技師 / a telegraph [wireless] ～ 通信士[無線通信士, 無電技手]. **b** (女性の)電話交換手: a telephone ～ 電話交換手 / an ～'s set 交換手用電話器. **c** 手術者, 執刀者. **2** 経営者: a coal [mine] ～ 炭坑[鉱山]業者. **3** 催眠術師 (hypnotist). **4** 《米俗》 **a** やり手, 敏腕家, 腕っこき. **b** 要領のいい人. **c** 大もうけした人, 一山あてた人. **d** 異性にもてる人. **e** はったり屋; 雑学の大家. **5** 〚証券〛 相場師. **6** 〚数学〛 演算記号, 演算子 (cf. operand). **7** 〚電算機〛 演算子《演算数 (operand) に対して演算を施す装置, プロセス》. **8** 〚論理〛 演算詞《命題結合詞や量化詞など》. **9** 〚生物〛 オペレーター, 作働遺伝子《染色体上にあり, 隣接する構造遺伝子 mRNA 合成を制御している遺伝子; operator gene ともいう; cf. operon》. **10** 〚文法〛 **a** 機能語《前置詞・接続詞・助動詞など》. **b** 演算子.

óperator gène *n.* 〚生物〛 =operator 9.

opercula *n.* operculum の複数形.

o·per·cu·late [o(ʊ)pə́:kjʊlət, -lɪt, -lèɪt | ə(ʊ)pə́:-] 〚← OPERCUL(UM)+-ATE²〛 *adj.* operculum のある.

o·per·cu·lat·ed [o(ʊ)pə́:kjʊlèɪṭɪd, -ṭəd | ə(ʊ)pə́:kjʊlèɪt-] *adj.* =operculate.

o·per·cu·lum [o(ʊ)pə́:kjʊləm | ə(ʊ)pə́:-] 〚(1752) ← NL ～ ← L ～ 'cover(ing), lid' ← *operīre* to cover, close ← *op-* 'OF-' + IE **wer-* to cover: ⇨ -cule〛 ── *n.* (*pl.* **-cu·la** [-lə], **～s**) **1** 〚植物〛 蘚蓋(せんがい), 朔蓋(さくがい). **2** 〚動物〛 **a** (魚の)鰓蓋(さいがい) (gill cover) (⇨ fish¹ 挿絵). **b** (巻き貝の)蓋(ふた), へた. **c** (昆虫の)卵蓋, 蓋板. **o·pér·cu·lar** [-lə | -lə(r] *adj.*

opere buffe *It. n.* opera buffa の複数形.

o·pe·re ci·ta·to [ɔ́(:)pərèɪ-kɪtá:ṭoʊ, -kə-, ápərì:-saɪtéɪṭoʊ | ɔ́pərì:-saɪtéɪtəʊ] 〚□ L *opere citātō* in the work quoted〛 ── *L.* 前掲(引用)書中に (略 op. cit., o.c.).

opere serie *n.* opera seria の複数形.

op·er·et·ta [àpəréṭə | ɔ̀pərétə] 〚(1770) □ It. ～ (dim.) ← OPERA¹〛 *n.* 〚音楽〛 オペレッタ, 喜[軽]歌劇《小規模な軽い内容のオペラ》.

op·er·ette [àpərét | ɔ̀p-] 〚↑ の英語化した形〛 *n.* 〚音楽〛 =operetta.

op·er·on [ápəràn | ɔ́pərɔ̀n] 〚← OPER(ATOR) + -ON²〛 *n.* 〚生物〛 オペロン《遺伝情報の読まれる染色体上の小単位; cf. cistron, lac operon, operator 9》.

op·er·ose [ápəròʊs | ɔ́pərəʊs] 〚(1683) □ L *operōs-us* laborious ← *oper-*, *opus* work: ⇨ opus, -ose¹〛 ── *adj.* 《古》 **1** 勤勉な, よく働く (industrious). **2** 苦心の, 入念な, 骨の折れる. **～·ly** *adv.* **～·ness** *n.*

OPers. 《略》 Old Persian.

O·phe·lia [o(ʊ)fí:ljə, əf- | ɔfí:ljə, ə(ʊ)f-, -lɪə] 〚← ? Gk *ōphelia* a help, succor〛 ── *n.* **1** 女性名. **2** オフィーリア《Shakespeare 作 *Hamlet* 中の登場人物で Hamlet の恋人》.

o·phi- [óʊfi, áfi | ɔ́fɪ] (母音の前に来る時の) ophio- の異形.

O·phi·a [o(ʊ)fí:ə, əf- | ɔf-, ə(ʊ)f-] 〚(変形) ← OPHELIA〛 *n.* 女性名.

o·phi·cal·cite [òʊfəkǽlsaɪt, àf- | ɔ̀fɪ-] *n.* 〚岩石〛 蛇灰(じゃかい)岩.

O·phich·thy·i·dae [òʊfɪkθáɪədì:, àf- | ɔ̀fɪkθáɪɪ-] 〚← NL ～ ← *Opic(h)thys* (属名: ← OPHIO- + Gk *ikhthûs* fish) + -IDAE〛 *n. pl.* 〚魚類〛 ウミヘビ科.

o·phi·cleide [óʊfəklàɪd, áf- | ɔ́fɪ-] 〚(1834) □ F *ophicléide* ← OPHIO- + Gk *kleid-*, *kleis* key〛 ── *n.* 〚音楽〛 オフィクレイド: **1** 19 世紀初頭に考案された低音金管楽器《現在は余り用いられない》. **2** オルガンのリード音栓の一種.

ophicleide 1

O·phid·i·a [o(ʊ)fídiə | ɔfídɪə, ə(ʊ)f-] 〚← NL ～ (↓)〛 *n. pl.* 〚動物〛 =Serpentes.

o·phid·i·an [o(ʊ)fídiən | ɔfídɪ-, ə(ʊ)f-] 〚(1826) ← NL *Ophidia* ((pl.) ← Gk *óphis* serpent) + -AN¹〛 ── *adj.* ヘビに似た[のような]. ── *n.* 〚動物〛 ヘビ (snake). **～·ly** *adv.*

o·phid·i·id [o(ʊ)fídiɪd, òʊfədáɪɪd, àf-, -əd | ɔfídɪɪd, ə(ʊ)f-, ɔ̀fɪdáɪɪd] *adj., n.* 〚魚類〛 アシロ科(の魚).

O·phi·di·i·dae [òʊfədáɪədì:, àf- | ɔ̀fɪdáɪɪ-] 〚← NL ～ ← *Ophidion* (属名: ← L ← Gk *ophídion* (dim.) ← *óphis* serpent) + -IDAE〛 *n. pl.* 〚魚類〛 アシロ科.

o·phi·o- [óʊfioʊ, áf- | ɔ́fɪə(ʊ)] 〚← Gk *óphis* serpent〛 「ヘビ (snake)」の意の連結形. ★ 母音の前では通例 ophi- になる.

O·phi·o·glos·sa·ce·ae [òʊfio(ʊ)glɑséɪsiì:, àf- | ɔ̀fɪə(ʊ)glɔ-] 〚← NL ～ ← *Ophioglossum* (属名: ⇨ ophio-, -glossa) + -ACEAE〛 *n. pl.* 〚植物〛 (シダ植物)ハナヤスリ科. **ò·phi·o·glos·sá·ceous** [-ʃəs] *adj.*

O·phi·o·glos·sa·les [òʊfio(ʊ)glɑséɪli:z, àf- | ɔ̀fɪə(ʊ)glɔ-] 〚← NL ～ ← *Ophioglossum* (↑) + -ALES〛 *n. pl.* 〚植物〛 (シダ植物)ハナヤスリ目.

o·phi·ol·a·try [òʊfiálətri, àf- | ɔ̀fɪɔ́lətrɪ] *n.* 蛇崇拝 (snake worship). **ò·phi·ól·a·trous** [-trəs] *adj.*

oph·i·ol·a·ter [òʊfiáləṭə, àf- | ɔ̀fɪɔ́lətə(r] *n.*

o·phi·o·lite [óʊfiəlàɪt, áf- | ɔ́fɪə-, óʊf-] 〚□ F *ophiolithe*: ⇨ ophio-, -lite〛 *n.* 〚岩石〛 オフィオライト《地向斜海底でできた塩基性または超塩基性火成岩の総称》.

ò·phi·ól·o·gist [-dʒɪst, -dʒəst | -dʒɪst] *n.* 蛇学者.

o·phi·ol·o·gy [òʊfiálədʒi, àf- | ɔ̀fɪɔ́lədʒɪ] 〚← OPHIO- + -LOGY〛 ── *n.* 〚動物〛 蛇学. **o·phi·o·log·i·cal** [òʊfiəlάdʒɪkəl, àf-, -dʒə- | ɔ̀fɪəlɔ́dʒɪ-] *adj.* **ò·phi·o·lóg·ic** *adj.*

o·phi·oph·a·gous [òʊfiáfəgəs, àf- | ɔ̀fɪɔ́f-] 〚□ Gk *ophiophág-os*: ⇨ ophio-, -phagous〛 *adj.* 蛇を食う.

o·phi·o·plu·te·us [òʊfio(ʊ)plú:ṭiəs, àf- | ɔ̀fɪə(ʊ)plú:tɪ-] 〚← NL ～ ← OPHIO- + L *pluteus* shed〛 ── *n.* (*pl.* **-te·i** [-ṭiàɪ | -tɪ-]) 〚動物〛 オフィオプルテウス《クモヒトデ類の原腸胚 (gastrula) に続く時期の幼生》.

O·phir [óʊfə | óʊfə(r] 〚□ Heb. *Ōphīr*〛 ── *n.* 〚聖書〛 オフル《Solomon が黄金と宝石を得た地方; Arabia 南部またはアフリカ東海岸と推定される; cf. *1 Kings* 9:28, *Job* 22:24》.

oph·ite [áfaɪt, óʊf- | ɔ́f-] 〚(1692) □ L *ophit-ēs* □ Gk *ophítēs* (*líthos*) serpentine (stone) ← *óphis* serpent〛 *n.* 〚岩石〛 (ウラル石が主成分の)輝緑岩, 蛇紋(じゃもん)岩.

Oph·ite [áfaɪt, óʊf- | ɔ́f-] 〚□ LL *Ophit-ae* (pl.) □ LGk *Ophîtai* (pl.) ← Gk *ophítēs* (↑)〛 ── *n.* オフィス派の人, 拝蛇教教徒《2 世紀頃の Gnosticism の一派; Eden の園で人間に知恵を与えた蛇は人類の恩恵者であるとし, 蛇を 'wisdom' の象徴とみなした》.

o·phit·ic [afíṭɪk, o(ʊ)f- | ɔfít-] *adj.* 〚岩石〛 輝緑岩組織の《長石が自形をなし輝石・角閃(かくせん)石などの中を貫く完晶組織にいう》.

Oph·i·u·chus [àfi(j)ú:kəs, òʊf- | ɔ̀fjú:-] 〚□ L ～ 'serpent-holder' □ Gk *ophioûxos* ← *óphis* serpent + *ékhein* to hold〛 ── *n.* 〚天文〛 へびつかい(蛇遣い)座《てんびん座 (Libra) とわし座 (Aquila) との間にある; the Serpent Bearer ともいう》.

oph·i·u·roid [àfi(j)ú(ə)rɔɪd, òʊf- | ɔ̀fɪjúər-] 〚↓〛 〚動物〛 *adj.* 蛇尾綱の. ── *n.* =brittle star.

Oph·i·u·roi·de·a [àfi(j)ʊrɔ́ɪdiə, òʊf- | ɔ̀fɪjʊrɔ́ɪdɪə] 〚← NL ～ ← *Ophiura* (属名: ⇨ ophio-, -ura) + -OIDEA〛 *n. pl.* 〚動物〛 (棘皮動物門)蛇尾綱.

ophth. 《略》 ophthalmic; ophthalmologist; ophthalmology.

ophthal. 《略》 ophthalmic; ophthalmologist; ophthalmology.

oph·thalm- [afθǽlm, ap- | ɔf-, ɔp-] (母音の前に来る時の) ophthalmo- の異形.

oph·thal·mi·a [afθǽlmiə, ap- | ɔfθǽlmɪə, ɔp-, -mjə] 〚(a1398) *obtalmia* ← LL *ophthalmia* □ Gk *ophthalmía* ← *ophthalmós* eye: ⇨ ophthalmo-, -ia¹〛 ── *n.* 〚眼科〛 眼炎.

ophthálmia ne·o·na·tó·rum [-nì:ənətɔ́:rəm, -tó:r- | -tɔ́:r-] *n.* 〚眼科〛 新生児眼炎.

oph·thal·mic [afθǽlmɪk, ap- | ɔf-, ɔp-] 〚(1605) □ L *ophthalmic-us* □ Gk *ophthalmikós*: ⇨ ophthalmo-, -ic¹〛 ── *adj.* **1** 目の[に関する, の近くにある]: an ～ hospital 眼科病院 / the ～ nerve 視神経. **2** 眼炎の[にかかった, 用の].

ophthálmic optícian *n.* 《英》 =optometrist.

oph·thal·mi·tis [àfθælmáɪṭɪs, àp-, -θəl-, -ṭəs | ɔ̀fθælmáɪtɪs, ɔ̀p-] 〚← NL ～: ⇨ ↓, -itis〛 *n.* =ophthalmia.

oph·thal·mo- [afθǽlmo(ʊ), ap- | ɔfθǽlmə(ʊ), ɔp-] 〚← Gk *ophthalmós* eye ← ? *ops-* (⇨ optic) + *thálamos* inner room, chamber〛 ──「目 (eye), 眼球 (eyeball); 目の; 眼炎の」の意の連結形. ★ 母音の前では通例 ophthalm- になる.

ophthàlmo·dynamómeter *n.* 〚眼科〛 眼底血圧計.

òph·thal·mól·o·gist [-dʒɪst, -dʒəst | -dʒɪst] *n.* 眼科医.

oph·thal·mol·o·gy [àfθælmálədʒi, àp-, -θə(l)- | ɔ̀fθælmɔ́lədʒɪ, ɔ̀p-] 〚(1842) ← OPHTHALMO- + -LOGY〛 ── *n.* 〚医学〛 眼科学. **oph·thal·mo·log·ic** [àfθælməládʒɪk, àp-, -θə(l)- | ɔ̀fθælməlɔ́dʒ-, ɔ̀p-] *adj.* **oph·thàl·mo·lóg·i·cal** *adj.* **oph·thàl·mo·lóg·i·cal·ly** *adv.*

oph·thal·mom·e·ter [àfθælmáməṭə, àp-, -θə(l)- | ɔ̀fθælmɔ́mɪtə(r, ɔ̀p-, -mə-] *n.* 〚眼科〛 角膜曲率計, 眼球計.

oph·thal·mo·ple·gi·a [afθæ̀lməplí:ʒiə, ap-, -ʒə | ɔf-θæ̀lmə(ʊ)plí:ʒɪə, ɔp-, -ʒə] 〚← NL ～: ⇨ ophthalmo-, -plegia〛 ── *n.* 〚眼科〛 眼筋麻痺(ひ). **oph·thal·mo·ple·gic** [afθæ̀lməplí:dʒɪk, ap- | ɔf-, ɔp-] *adj.*

oph·thal·mo·scope [afθǽlməskòʊp, ap- | ɔfθǽlmə-skəʊp, ɔp-] *n.* 〚眼科〛 検眼鏡《眼球の内部を観察するための器具》. **oph·thal·mo·scop·ic** [afθæ̀lmə-skápɪk, ap- | ɔfθæ̀lməskɔ́p-, ɔp-] *adj.* **oph·thàl·mo·scóp·i·cal** *adj.*

oph·thal·mos·co·py [àfθælmáskəpi, àp-, -θə(l)- | ɔ̀fθælmɔ́skəpɪ, ɔ̀p] *n.* 〚眼科〛 検眼鏡検査(法).

-o·pi·a [óʊpiə | ə́ʊpjə, -pɪə] 〚← NL ～ ← Gk *-ōpía* ← *ṓps* eye: ⇨ -ia¹〛「視力; 視覚器官」の意の名詞連結形: amblyo*pia*, diplo*pia*, emmetro*pia*, myo*pia*.

o·pi·ate 〚(1543) □ ML *opiāt-us*: ⇨ opium, -ate²,³〛 ── [óʊpiət, -pɪɪt, -pièɪt | ə́ʊpɪət, -pɪɪt, -pjət, -pjɪt, -pɪèɪt] *n.* **1** 阿片剤. **2** 《口語》 麻酔剤; 催眠剤. **3** 感情を鎮静させる[鈍感にする]もの. ── [óʊpiət, -pɪɪt, -pièɪt | ə́ʊpɪət, -pɪɪt, -pjət, -pjɪt, -pɪèɪt] *adj.* **1** 阿片を用いた[混ぜた]. **2 a** 催眠の, 麻酔させる, 鎮静の. **b** 感覚を鈍くさせる, だるくさせる. ── [-pièɪt | -pɪ-] *vt.* **1 a** (阿片剤で)麻酔させる (stupefy). **b** 〈感覚を〉鈍くする (dull). **2** …に阿片を混ぜる[含ませる].

O·pie [óʊpi | ə́ʊpɪ], **John** *n.* (1761-1807) 英国の画家.

O·pil·i·a·ce·ae [oʊpɪliéɪsiì: | əʊpɪlɪ-] 〚← NL ～ ← *Opilia* (属名: ← ? *Opilio* (↓)) + -ACEAE〛 *n. pl.* 〚植物〛 カナビキボク科. **o·pìl·i·á·ceous** [-ʃəs] *adj.*

O·pil·i·o·ne·a [oʊpɪlióʊniə | əʊpɪlɪə́ʊnɪə] 〚← NL ～ ← *Opilio* ← L *opilio* shepherd ← *ovis* sheep + *-pilio* driver (← *pellere* to drive)〛 ── *n. pl.* 〚動物〛 =Phalangida.

O·pil·i·o·nes [oʊpɪlióʊni:z | əʊpɪlɪə́ʊ-] *n. pl.* 〚動物〛 =Phalangida.

O·pil·i·o·ni·na [oʊpɪliənáɪnə | əʊpɪlɪ-] *n. pl.* 〚動物〛 =Phalangida.

o·pine [o(ʊ)páɪn, əp- | ə(ʊ)p-] 〚□ F *opin-er* □ L *opīnārī* to be of opinion, suppose: cf. opinion〛 ── *vt.* **1** 意見として述べる (state) 〈*that*〉. **2** 考える (think) 〈*that*〉. ── *vi.* 意見を述べる, 思う 〔*about*〕.

o·pin·i·cus [oʊpínɪkəs, -nə- | əʊpínɪ-] 〚← ?〛 *n.* 〚紋章〛 オピニクス《体と四肢がライオン, 頭と翼が鷲, 耳が griffin でらくだの尾を付けた架空の動物》.

o·pin·ion [əpínjən] 〚(a1325) □ (O)F ～ □ L *opīniō(n-)* ← *opīnārī* ← IE **op-* to choose (L *optāre* to choose)〛 ── *n.* **1 a** (自分の考えでは正しいと思われる個人的)意見, 見解: It is a matter of ～ only. それは結局見解上の問題だ / All were of the same ～. みんな同意見だった / in my ～ 私の考えでは / in the ～ of some persons ある人々の考えでは / form an ～ of [about] …について意見をきめる / give [express] one's ～ *on* [*upon*] …に対して自分の意見を述べる / stick to one's ～ 自分の意見を固守する[曲げない] / offer [give] an ～ *on* …に対して意見を述べる / set up a new ～ 新しい意見を立てる / The majority of them had no ～ at all. 彼らの大多数には全然意見がなかった. **b** [通例 *pl.*] 所信, 持論, 自説: act up to one's ～*s* 所信を実行する / You are too young to form ～*s*. 自説を立てるには君はまだ若い. **2** (ある事柄についての)一般の考え[見解], 世間の人々の考え: general ～ 一般の説 / public ～ 世論 / common [vulgar] ～ 普通[世間]の人々の考え. **3 a** (医師・弁護士などの)専門的意見; 鑑定: a medical ～ 医師の意見 / get an ～ of counsel=take counsel's ～ 弁護士の意見を聞く / get another [a second] ～ 他の人の意見を徴する[鑑定を求める]. **b** 《米》〚法律〛 (判決における裁判官の)意見 (dicta). **4 a** [通例善悪・好悪などの形容詞を伴って] (人物などの)判定, 評価: form an ～ *of* a person [thing] 人[物]を評価する / What is your ～ *of* that man? あの人をどう思うか / have [form] a good [high] ～ *of* …を高く評価する, 偉いと思う, 敬服す

る / have a good ~ of oneself うぬぼれている / have a bad [low, poor] ~ of …を大したものでない[だめだ]と思う, 見下げる / pass an ~ on …に判定[評価]を下す. **b** [今は否定構文で] 好意的評価, 好評: I have *no* ~ *of* him. 彼をつまらない人間と思っている, 彼を軽蔑している.
be of (the) opinion that …という意見をもっている, と思う. ★ the を省くのは主に《英》: I *am of* (*the*) ~ *that* he is guilty. 彼は有罪だと考える.

o·pin·ion·at·ed [əpínjənèɪtɪd, -ṭəd | -tɪd, -təd] 〖《1601》← 《まれ》*opinionate* (← OPINION + -ATE[2]) + -ED〗 *adj.* 自分の意見を固守する; 頑固(がんこ)な (obstinate), 独断的な (dogmatic). **~·ly** *adv.* **~·ness** *n.*

o·pin·ion·a·tive [əpínjənèɪtɪv | -nət-] 〖《1541》〗 *adj.* **1 a** 意見の[に関する, から成る], 見解上の. **b** = opinionated. **2** 《廃》想像上の (imaginary). **~·ly** *adv.* **~·ness** *n.*

o·pín·ion·ist [-nɪst, -nəst | -nɪst] *n.* **1** 固く自説を守る人, 自説を表明する人. **2** 《廃》異常な信仰[意見]を持つ人, 異説を唱える人, 異教信仰者.

o·pin·ion·naire [əpìnjənéə | -néə(r] 〖← OPINION + (QUESTION)NAIRE〗 *n.* (多数の人の意見を問い合わせる)質問表, アンケート.

opínion pòll *n.* 世論調査.

op·i·som·e·ter [ɑ̀pəsɑ́məṭə | ɔ̀pɪsɔ́mɪtə(r, -mə-] 〖← Gk *opisō* backward + -METER[1]〗 — *n.* オピソメーター, 曲線計《地図の上などで曲線の長さを計る器具; cf. stadiometer》.

o·pisth- [əpísθ | ɔp-] (母音の前に来る時の) opistho- の異形.

o·pis·the·nar [əpísθənɑ̀ə | ɔpísθɪnɑ̀ː(r] 〖← NL ~ ← Gk *opisō* backward + *thénar* palm of a hand〗 *n.* 〖解剖〗手の甲.

o·pis·tho- [əpísθoʊ, -θə | ɔpísθə(ʊ)] 〖□ Gk ~ ← *ópi(s)then* behind: cf. epi-〗 「背[後]部の; 背[後]部に位置するものを持つ」の意の連結形. ★ 母音の前では通例 opisth- になる.

o·pis·tho·branch [əpísθəbræ̀ŋk | ɔp-] *adj.*, *n.* 〖動物〗後鰓(こうさい)亜綱の(動物)《多くは貝殻を欠きナメクジ状, 従って蓋を欠き, 鰓は心臓より後方にある》.

O·pis·tho·bran·chi·a [əpìsθəbrǽŋkiə | ɔpìsθə(ʊ)brǽŋkɪə] 〖← NL ~: ⇨ opistho-, branchia〗 *n. pl.* 〖動物〗(軟体動物門)後鰓(こうさい)亜綱 (cf. Prosobranchia).

o·pis·tho·coe·lous [əpìsθəsíːləs | ɔpìsθə(ʊ)-] 〖← NL *opisthocoel-us* ← OPISTHO- + Gk *koîlos* hollow〗 *adj.* 〖動物〗後くぼみの《脊椎動物の椎骨の後側がくぼんだ》.

O·pis·tho·com·i·dae [əpìsθəkɑ́mədìː | ɔpìsθəkɔ́mɪ-] 〖← NL ~ ← *Opisthocomus* (属名: ← LGk *opisthókomos* wearing the hair long behind ← OPISTHO- + Gk *kómē* hair) + -IDAE〗 *n. pl.* 〖鳥類〗(キジ目)ツメバケイ科.

O·pis·tho·gnath·i·dae [əpìsθənǽθədìː, -θɑgnǽθ- | ɔpìsθə(ʊ)nǽθɪ-, -θɔgnǽθ-] 〖← NL ~ ← *Opisthognathus* (属名: ⇨ opistho-, -gnathous) + -IDAE〗 — *n. pl.* 〖魚類〗アゴアマダイ科.

op·is·thog·na·thism [ɑ̀pəsθɑ́gnəθìzm | ɔ̀pɪsθɔ́g-] *n.* 〖病理〗下顎(かがく)後退(症).

op·is·thog·na·thous [ɑ̀pəsθɑ́gnəθəs | ɔ̀pɪsθɔ́g-] *adj.* 〖人類学〗下あごの後退した (cf. prognathous).

O·pis·tho·go·ne·a·ta [əpìsθəgòʊniɑ́ːṭə, -niéɪ- | ɔpìsθə(ʊ)gə̀ʊnɪɑ́ːtə, -niéɪ-] 〖← NL ~ ← OPISTHO- + Gk *gonḗ* genitals + -ATA〗 — *n. pl.* 〖動物〗(節足動物門)後性類.

o·pis·tho·graph [əpísθəgræ̀f | ɔpìsθəgrɑ̀ːf, -græ̀f] 〖□ L *opisthograph-us* written on the back ← Gk *opisthógraphos* ← *ópisthen* behind + *-graphos* '-GRAPH'〗 — *n.* 〖古文書〗(古代・中世の)両面書き写本[羊皮紙・刻板]. **o·pis·tho·graph·ic** [əpìsθəgrǽfɪk | ɔp-] *adj.*

o·pi·um [óʊpiəm | ə́ʊpjəm, -pɪəm] 〖《c1400》□ L ~ □ Gk *ópion* poppy juice (dim.) ← *opós* vegetable juice〗 *n.* **1** 阿片《ケシの果殻からとるゴム様物質》. **2** (阿片のように)麻痺を起こすもの.

ópium dèn *n.* 阿片窟(くつ).

ópium-èater *n.* 阿片常用者, 阿片中毒患者.

ópium hàbit *n.* 阿片常用癖.

ó·pi·um·ism [-mìzm] *n.* **1** 阿片常用. **2** 阿片中毒.

ópium pòppy *n.* 〖植物〗ケシ (*Papaver somniferum*) (cf. poppy[1]).

ópium-smòker *n.* = opium-eater.

Ópium Wár *n.* [the ~] (英国と清朝中国との)阿片戦争 (1840–1842).

Op·leg·nath·i·dae [ɑ̀plegnǽθədìː | ɔ̀plegnǽθɪ-] 〖← NL ~ ← *Oplegnathus* (属名: ← Gk *hoplḗ* hoof + NL *-gnathus* '-GNATHOUS') + -IDAE〗 — *n. pl.* 〖魚類〗イシダイ科.

o.p.n. 《略》*L.* ōrā prō nōbīs 我らのために祈りたまえ (pray for us).

op·o·del·doc [ɑ̀pədéldɑk | ɔ̀pə(ʊ)déldɔk, -dək] 〖《1650》← NL *oppodeltoch* ← ? Gk *ópos* vegetable juice + *-deltoch* (← ?): Paracelsus の造語〗 — *n.* 〖薬学〗オポデルドク, 複方石鹸(せっけん)塗擦剤《アルコールに石鹸(せっけん)・樟脳・精油を溶かしたもの》.

o·pop·a·nax [oʊpɑ́pənæ̀ks | ə(ʊ)pɔ́p-] 〖《a1400》□ L ~ □ Gk *opópanax* ← *ópos* juice + *pánax* allheal: cf. opium, panacea〗 — *n.* オポパナックス《香料に用いる一種の芳香樹脂》.

O·por·to [o(ʊ)pɔ́əṭoʊ, -pɔ́ə- | ə(ʊ)pɔ́ːtəʊ; *Port.* upórtu] 〖← Port. *o* the + *porto* port or harbor: cf. port[1,5]〗 — *n.* オポルト, ポルト《ポルトガル北西部, Douro 河口に近い港市; ぶどう酒業の中心地で, ポートワイン (port) の輸出港; 人口 336,000; ポルトガル語名 Porto》.

o·pos·sum [əpɑ́səm, pɑ́s-, o(ʊ)pɑ́s- | əpɔ́s-] 〖《1610》□ Am.-Ind. (Algonquian) *aposoum* 《原義》 white-beast〗 — *n.* (*pl.* **~s**, **~**) 〖動物〗 **1** オポッサム《オポッサム科の動物の総称; 北米から南米まで分布; 危険になると死んだふりをする習性がある》; (特に)キタオポッサム (*Didelphis marsupialis*). **2** 《豪》= phalanger.

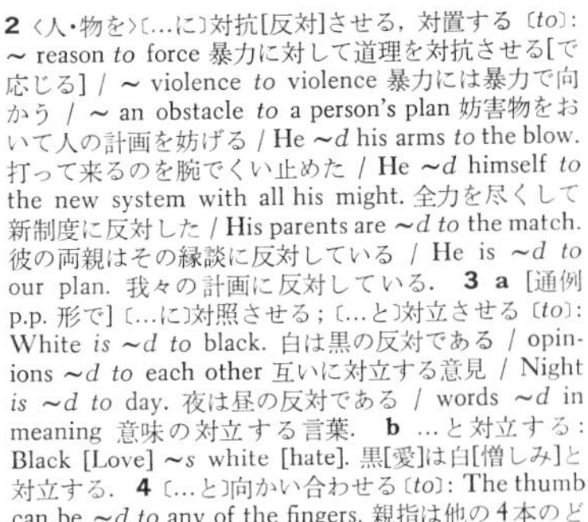

opossum 1 (*D. marsupialis*)

opóssum shrìmp 〖胸の下側に保育嚢(のう)があり, ここに多数の幼生をかかえている様子が opossum に似ているところから〗 *n.* 〖動物〗アミ《アミ目の小型甲殻類》.

opóssum wòod *n.* 〖植物〗= silver bell.

opp. 《略》opportunity; opposed; opposite.

Op·pen·heim [ɑ́pənhàɪm | ɔ́p-], **E(dward) Phillips** *n.* (1866–1946) 英国の探偵小説家; *Great Impersonation* (1920).

Op·pen·heim·er [ɑ́pənhàɪmə | ɔ́pənhàɪmə(r], **J(ulius) Robert** *n.* (1904–67) 米国の理論物理学者; 原子爆弾製造の指導者; のちに水爆製造に反対した.

op·pi·dan [ɑ́pədən, -dn | ɔ́pɪ-] 〖《c1540》□ L *oppidānus* living in or belonging to a town ← *oppidum* town〗 — *adj.* (田舎に対して)町の, 都市の (urban). — *n.* **1** 町民, 市民 (townsman). **2** 《英》(Eton 校で)給費を受けずに市内に下宿している学生 (cf. colleger 2).

op·pi·late [ɑ́pəlèɪt | ɔ́pɪ-] 〖← L *oppilāt-us* (p.p.) ← *oppilāre* to block up ← *op-* 'OB-' + *pilāre* to ram down ← *pīlum* pestle〗 — *vt.* 《古》ふさぐ, …に邪魔物を詰める, さえぎる (obstruct); 便秘させる. **op·pi·la·tion** [ɑ̀pəléɪʃən | ɔ̀pɪ-] *n.*

op·po [ɑ́poʊ | ɔ́pəʊ] 〖← 《略》? *opposite number*〗 *n.* 《英俗》親友, 同僚.

op·po·nen·cy [əpóʊnənsi | əpə́ʊnənsɪ] *n.* 反対, 抵抗 (antagonism).

op·po·nent [əpóʊnənt | əpə́ʊ-] 〖《1588》□ L *oppōnent-em* (pres.p.) ← *oppōnere* to oppose ← *op-* 'OB-' + *pōnere* to place: cf. position〗 — *n.* **1** 対抗者, 敵対者, 反対者 (adversary, antagonist) (↔ proponent); (試合などの)敵手: an ~ to [of] the bill その議案に対する反対(論)者 / an ~ in a debate 論敵 / a political ~ 政敵. **2** 〖解剖〗対立筋, 拮抗筋 (antagonist). — *adj.* **1** 対立する (opposing), 反対の, 敵対する (antagonistic). **2** 《まれ》〈位置が〉反対の, 真向かいの (opposite): on the ~ bank 向こう岸に. **3** 〖解剖〗〈肉筋が〉対立的な, 拮抗的な.

op·por·tune [ɑ̀pət(j)úːn, ⌐⌐⌐ | ɔ́pətjùːn, -tʃùːn, ɔ̀pətjúːn] 〖《a1449》□ (O)F *opportun* ∥ L *opportūn-us* = *ob-portūnus* fit, convenient, 《原義》leading to the harbor ← *op-* 'OB-' + *portus* 'harbor, PORT[1]' (cf. *Portūnus* the protecting god of harbors)〗 — *adj.* **1** 〈時が〉好都合の (convenient), ちょうどよい (fit): at an ~ moment / The present is most ~ *for* doing that. 今こそそれをするのに持って来いのチャンスです. **2** 〈事・動作などが〉時機を得た (seasonable), 折よい (timely): an ~ remark 適切な言葉 / an ~ act 時にかなった行動 / an ~ event 折よいでき事. **~·ness** *n.*

òp·por·túne·ly *adv.* ちょうどよい時に, 折よく, 好都合に.

op·por·tun·ism [ɑ̀pət(j)úːnɪzm, ⌐⌐⌐⌐ | ɔ́pətjùːnɪzm, -tʃùːnɪzm, ɔ̀pətjúːnɪzm] 〖《1870》□ It. *opportunismo* ∥ F *opportunisme*〗 — *n.* (政治上などの)便宜[日和見, ご都合]主義; 便宜主義的行動.

òp·por·tún·ist [-nɪst, -nəst | -nɪst] 〖《1881》□ F *opportuniste*〗 *n.* 便宜[日和見]主義者. — *adj.* 便宜主義(者)の, 日和見的な.

op·por·tun·is·tic [ɑ̀pət(j)uːnístɪk | ɔ̀pətjuːn-, -tjuːn-] *adj.* = opportunist. **òp·por·tun·ís·ti·cal·ly** *adv.*

op·por·tu·ni·ty [ɑ̀pət(j)úːnəṭi | ɔ̀pətjúːnətɪ, -tjúːn-, -nɪ-] 〖《1375》□ (O)F *opportunité*: ⇨ opportune, -ity〗 — *n.* **1** 機会; 好機: the principle of equal ~ 機会均等主義[の原則] / as often as ~ allows 機会の許す限り頻繁に / *at* [*on*] the first ~ 機会があり次第 / find [get, make, seize] an ~ 機会を見つける[得る, 作る, 捕える] / give [afford] an ~ 機会を与える / miss [throw away] an ~ 機会を失う / Leisure provides an ~ *for* meditation. ひまがあると思索をする機会もできる / He took every ~ *of* speaking English. あらゆる機会を捕えて英語を話した / I have little ~ *to* visit him. 彼を訪ねる機会は余りない / *Opportunity* makes the thief. 《諺》すきを与えると魔がさすの. **2** 出世の好機.

opportúnity còst *n.* 〖経済〗機会費用《ある財を特定の目的に使用するために, 他の用途から生じたであろう利益を失うこと》.

op·pos·a·ble [əpóʊzəbḷ | əpə́ʊz-] 〖《1667》: ⇨ ↓, -able〗 — *adj.* **1** 反対[抵抗]することのできる. **2** 〖解剖〗(ヒト・サルなどのように)〈親指が〉(他の指に)向かい合わせられる. **op·pòs·a·bíl·i·ty** [-zəbíləṭi | -lətɪ, -lɪ-] *n.*

op·pose [əpóʊz | əpə́ʊz] 〖《a1393》□ (O)F *oppos-er* 《混成》← L *oppōnere* to set against (← *op-* 'OB-' + *pōnere* to place) + F *poser* 'to POSE[1]': cf. opposite〗 — *vt.* **1 a** 〈人・意見・議案・提案など〉に反対する; 抵抗する (resist): ~ a bill [scheme] 議案[計画]に反対する. **b** 〈敵〉と争う, 抗争する: ~ the enemy 敵に反抗する. **2** 〈人・物を〉〔…に〕対抗[反対]させる, 対置する〔*to*〕: ~ reason *to* force 暴力に対して道理を対抗させる[で応じる] / ~ violence *to* violence 暴力には暴力で向かう / ~ an obstacle *to* a person's plan 妨害物をおいて人の計画を妨げる / He ~*d* his arms *to* the blow. 打って来るのを腕でくい止めた / He ~*d* himself *to* the new system with all his might. 全力を尽くして新制度に反対した / His parents are ~*d to* the match. 彼の両親はその縁談に反対している / He is ~*d to* our plan. 我々の計画に反対している. **3 a** [通例 p.p. 形で] 〔…に〕対照させる; 〔…と〕対立させる〔*to*〕: White *is* ~*d to* black. 白は黒の反対である / Opinions ~*d to* each other 互いに対立する意見 / Night *is* ~*d to* day. 夜は昼の反対である / words ~*d* in meaning 意味の対立する言葉. **b** …と対立する: Black [Love] ~*s* white [hate]. 黒[愛]は白[憎しみ]と対立する. **4** 〔…と〕向かい合わせる〔*to*〕: The thumb can be ~*d to* any of the fingers. 親指は他の4本のどの指とも向かい合わせることができる. — *vi.* 反対する.

op·pósed *adj.* **1 a** 向かい合っている (opposite): two ~ doors 向かい合っている二つの戸. **b** 対立する, 反対の (contrary); 対抗[敵対]する (hostile): diametrically ~ characters 互いに正反対の性格. **2** 〖機械〗 **a** 〈エンジンの二つのシリンダーが〉対向した, クランク軸をはさんで向き合った. **b** 〈エンジンが〉対向型の, クランク軸をはさんで向き合ったシリンダーよりなる.
as opposed to …と対照した[対立する]ものとして(の): facts *as* ~ *to* theories.

oppósed-píston éngine *n.* 〖機械〗対向ピストン機関.

oppóse·less *adj.* 《詩》抵抗し難い.

op·pós·er 〖《1483》〗 *n.* 反対者, 妨害者; 商標登録の妨害者.

op·pós·ing *adj.* 対立[対抗, 敵対]する: the ~ armies 敵対する両軍, 敵と味方 / ~ interests 対立する利害関係. **~·ly** *adv.*

op·po·site [ɑ́pəzɪt, -zət, ɑ́psɪt, -sət | ɔ́pəzɪt, -sɪt] 〖《c1385》□ (O)F ~ ∥ L *opposit-us* (p.p.) ← *oppōnere* 'to OPPOSE'〗 — *adj.* **1** 向かい側の; 向かい合っている〔*to, from*〕: the ~ side of the street [river] 街路の向こう側[川の対岸] / on the ~ side 反対側に; 敵側に / the house ~ *to* the church 教会の向かい側の家 / See the figure on the ~ page. 反対ページの図を見よ / They lived on the ~ side of the lake *from* us. 湖をへだてて私たちとは反対側に住んでいた. **2** 反対の, 逆の〔*to, from*〕: words of ~ meanings 互いに逆の意味の語, 反義語 / the ~ sex 異性 / They came from ~ directions. (互いに)反対の方面から来た / go in the ~ way 反対の方向へ行く / He held ~ opinions *to* mine. 私とは反対の意見だった / It was an ~ kind *to* [*from*] what I had expected. 期待していたものとは反対の種類のものだった / He was in office under the ~ faction. 反対派の下で在職していた. **3** 〖植物〗〈葉が〉対生の (cf. alternate 3, verticillate 1): ~ leaves 対生葉. **4** 〖数学〗〈辺が〉相対する: ~ sides 相対する辺. **5** 〖野球〗反対方向の《流し打ちなどにより右打ち[左打ち]の場合は一塁線[三塁線]ぎりぎりの方向の》.
— *n.* **1** [the ~] 反対の物[事], 逆: Vice is *the* ~ of virtue. 悪徳は徳の逆 / My brother is thin and I am just *the* ~. 兄はやせているが私はまさにその反対だ / It is just *the* ~ of what he says. 彼の言っていることとは正反対だ. **2** 反義語, 反意語; 〖論理〗反対名辞, 対当命題: Black and white are ~*s*. 黒と白は反対語だ. **3** 《古》反対者, 敵手: one's ~ 自分の敵手.
— *adv.* 反対の位置[方向]に, 向かい側に; 通りの向こう側で: An oaktree stands ~. 反対側にオークの木がある / I sat ~ *to* a girl. 少女に向かい合ってすわった.
play opposite to 〈主役〉の相手役を演じる; …の相手役をする.
— *prep.* **1** …の向こう側に[の]: the house ~ ours 私たちの家の向かい側の家 / We live ~ the church. 教会の向かい側に住んでいる / They sat ~ each other. 互いに向かい合ってすわった. **2** …の相手役となって: She played ~ the leading man in "Hamlet". 「ハムレット」で主役の相手役を演じた.
~·ly *adv.* **~·ness** *n.*

ópposite-léaved *adj.* 〖植物〗対生の葉の(ついた).

ópposite númber *n.* **1** (他の職場・部署・施設などで)対等の地位にいる人. **2** 対応物, (特に)自国のそれに対応する他国の事物《設立物・地域・器具・用語・出版物など》.

ópposite prómpt *n.* 〖演劇〗後見の反対側, 下手《通例観客席に向かって舞台の右側; opposite prompt side ともいう; 略 o.p.; cf. prompt side》.

op·po·si·tion [ɑ̀pəzíʃən | ɔ̀pə(ʊ)-] 〖《c1395》□ (O)F ~ ∥ L *oppositiō(n-)*: ⇨ opposite, -tion〗 — *n.* **1** 抵抗, 反対; 障害, 妨害: break down ~ 障害を打ち破る / meet with ~ 抵抗を受ける / offer ~ to …に抵抗[反対]する / without ~ 反対[妨害]を受けずに, 障害なく. **2** 敵対, 対抗, 対立; 対立状態〔*to*〕: *in* ~ *to* …に反対して. **3 a** [しばしば the O-] 反対党, 野党: His [Her] Majesty's *Opposition* (英国の)野党 / *the Opposition* benches (議会の)野党席, 野党首領連 / *the Opposition* newspaper [press] 野党機関新聞 / *the Opposition* whips 野党院内総務 / the leader of *the Opposition* 野党の首領 / in ~ 野にある, 政府に反対して, 在野の / whether in ~ or in office 野にあると朝にあるとを問わず. **b** (提案などの)反対派. **4** 対

照〔to〕: It was made bright by ~ *to* blue. 青との対照でそれは鮮明になった. **5** (位置の)反対, 向かい合い〔to〕: houses *in* ~ *to* each other 互いに向かい合っている家. **6**〖論理〗対当《主語・述語は同じだが質あるいは量が異なる命題間の関係をいう》. **7**〖天文・占星〗衝《惑星が太陽と正反対の方向すなわち太陽との赤経差が12時にくること; cf. conjunction 4》: in ~. **8**〖チェス〗見合い《キングが一ます空けて対抗すること; その位置》. **~·al** [-ʃənl, -ʃnəl] *adj.*

op·pos·i·tive [əpɑ́zəṭɪv | əpɔ́zɪt-] *adj.* 対抗[対立]する.

op·press [əprés] 〘《c1340》□ (O)F *oppress-er* ∥ ML *oppress-āre* ← L *oppressus* (p.p.) ← *opprimere* to press against, subdue ← *op-* 'OB-' + *premere* 'to PRESS¹'〙 — *vt.* **1** 〈人〉に不当な圧迫を加える, 虐(しいた)げる: ~ the poor [the weak] 貧しい人々[弱者]を圧迫する / an ~*ed* people 圧制に苦しむ民族[国民]. **2** [通例 Passive で] **a** 〈心配・悲しみなどが〉〈心を〉苦しめる, 悩ます〔with〕: a mind ~*ed with* anxieties 心配でふさぎ込んだ心. **b** 〈眠気・疲労などが〉…に重くのしかかる, 圧迫する: He felt ~*ed with* the heat. 暑さにうだるような感じがした / Indigestible food ~*es* the stomach. 不消化な食物は胃にもたれる. **3** 《古》押しつぶす, 鎮圧する (suppress); 圧倒する (overwhelm). **4** 《廃》〈女性〉に暴行する (violate).

op·préssed *adj.* 〖紋章〗= debruised.

op·pres·sion [əpréʃən] 〘《c1340》□ (O)F ~ ∥ L *oppressiō(n-)*: ⇨ ↑, -sion〙 — *n.* **1** 圧迫, 抑圧; 圧制, 迫害, 虐待: victims of ~ 暴虐の犠牲者 / groan under ~ 圧制のもとに苦しむ / struggle against ~ 圧制と戦う. **2** 圧制に苦しむこと; 苦悩, 困難 (hardship): a feeling of ~ 圧迫感. **3** 重苦しい感じ, (熱病の初期などの)だるい感じ (lassitude); 憂鬱: an ~ of spirits 意気消沈 / Tears will relieve the ~ of the heart. 泣けば心のうさは晴れる. **4**〖法律〗職権濫用(罪).

op·pres·sive [əprésɪv] 〘《1627–77》□ ML *oppressīvus*: ⇨ oppress, -ive〙 — *adj.* **1 a** 圧制的な, 暴虐な (tyrannical): ~ rulers 暴虐な支配者たち. **b** 〈税・規則などが〉きびしい, 酷な (severe): ~ laws 苛酷な法律 / the ~ system of taxation 苛酷な税制. **2 a** 〈暑気などが〉うっとうしい, むっとする, 蒸し暑い (sultry): ~ heat うだるような暑さ / ~ weather うっとうしい天気 / The air is very ~. 外気がひどく蒸し暑い. **b** 〈悲しみなど〉気をふさがせる, 憂鬱にする: ~ grief. **~·ly** *adv.* **~·ness** *n.*

op·prés·sor 〘《c1425》□ AF *oppressour* = (O)F *oppresseur* □ L *oppressor*〙 *n.* 圧迫[迫害]者.

op·pro·bri·ous [əpróubriəs | əpráubrɪ-, ɔp-] 〘《c1400》□ LL *opprobriōs-us*: ⇨ ↓, -ous〙 — *adj.* **1** 〈言葉・人などが〉口汚ない (abusive); 侮辱的な (reproachful), 下品な (scurrilous): ~ invectives 口汚ないののしり, 毒舌 / ~ words 侮辱的な言葉 / an ~ speaker 毒舌家. **2** 《まれ》非難に価する, 不面目な, 不名誉な: ~ conduct 破廉恥な行為. **~·ly** *adv.* **~·ness** *n.*

op·pro·bri·um [əpróubriəm | əpráubrɪ-, ɔp-] 〘□ L ~ ← *op-* 'OB-' + *probrum* disgraceful act, abuse: ⇨ -ium〙 — *n.* **1** 不面目, 不名誉 (disgrace). **2** 不名誉な事柄[行為]. **3** (非難を込めた)軽蔑; 悪口, 非難.

op·pugn [əpjúːn, ɑp- | ɔp-, əp-] 〘《c1400》□ L *oppugnāre* to attack ← *op-* 'OB-' + *pugnāre* to fight: cf. pugnacious〙 — *vt.* **1** …と戦う. **2** 非難する, 論難する; …に異論を唱える, 反駁する (controvert). — *vi.* 反対する, 論争する〔against〕. **~·er** *n.*

op·púg·nance [-nəns] *n.* = oppugnancy.

op·pug·nan·cy [əpʌ́gnənsi, ɑp- | əpʌ́gnənsɪ, əp-] *n.* 敵対, 反対 (opposition).

op·pug·nant [əpʌ́gnənt, ɑp- | ɔp-, əp-] 〘□ L *oppugnant-em* (pres.p.) ← *oppugnāre* 'to OPPUGN': ⇨ -ant〙 *adj.* 反対する, 抵抗[敵対]する (hostile); 相容れない.

op·pug·na·tion [ɑ̀pʌgnéɪʃən | ɔ̀p-] *n.* 敵対[反対](すること).

oppy. 《略》opportunity.

OPruss. 《略》Old Prussian.

ops [ɑ́ps | ɔ́ps] *n. pl.* 《英口語》軍事行動 (military operations).

Ops [ɑ́ps | ɔ́ps] 〘□ L ~: *ops* wealth の擬人化: cf. opus〙 *n.* 〖ローマ神話〗オプス《Saturn の妻で, 豊作の女神; ギリシャ神話の Rhea に当たる》.

OPS, O.P.S. 《略》Office of Price Stabilization (米国の物価安定局).

ops. 《略》operations.

-ops [ɑps | ɔps] 〘□ Gk *-ōp-, -ōps* ← *ṓps* eye: cf. -opia〙 (*pl.* ~, ~·**es**) 〖生物〗「…の目がある動物」の意の名詞連結形《主に属名に使う》: Megal*ops* イセゴイ属.

-op·si·a [ɑ́psiə] 〘← NL ~ ← Gk *-opsia* ← *ópsis* sight + *-ia* '-Y¹'〙「…視」の意の名詞連結形: hemi*opsia*.

op·si·math [ɑ́psəmæ̀θ | ɔ́psɪ-] 〘□ Gk *opsimathḗs* late in learning ← *opsé* late + *manthánein* to learn (cf. matical)〙 *n.* 晩学の人.

op·sin [ɑ́psɪn, -sən | ɔ́psɪn] 〘《逆成》? ← RHODOPSIN〙 *n.* 〖生化学〗オプシン《視紅 (visual purple) の蛋白部》.

-op·sis [ɑ́psɪs, -səs | ɔ́psɪs] 〘← NL ~ ← Gk ~ *ópsis* appearance, sight: cf. optic〙 — (*pl.* **-op·ses** [-siːz])「…に類似の有機体[構造]」の意の名詞連結形: core*opsis*.

op·son·ic [ɑpsɑ́nɪk | ɔpsɔ́n-] *adj.* 〖細菌〗オプソニンの[に関する]: an ~ test.

opsónic índex *n.* 〖細菌〗オプソニン指数《患者の血清を加えた時の白血球の食菌数を正常人の場合の数で割った数》.

op·so·nin [ɑ́psənɪn, -nən | ɔ́psənɪn] 〘← Gk *opsṓnion* provisions (← *opsōneîn* to buy food ← *ópson* cooked meat) + -IN¹〙 — *n.* 〖細菌〗オプソニン《白血球中の食菌作用を促進すると考えられる血清中の一物質》.

op·ster [ɑ́pstə | ɔ́pstə(r)] 〘← OP (ART) + -STER〙 *n.* 《米俗》= op artist.

-op·sy [ˊ-ɑ̀psi, ˊ-əpsi | ˊ-ɔ̀psɪ, ˊ-əpsɪ] 〘⇨ -opsia〙「検査」の意の名詞連結形: aut*opsy*, bi*opsy*.

opt [ɑ́pt | ɔ́pt] 〘《1877》□ F *opt-er* □ L *optāre* to choose, wish: cf. option, adopt〙 — *vi.* **1** (二つ以上のものから一つを)選ぶ, 選択する (make a choice)〔for〕: ~ *for* a candidate 候補者を選ぶ / ~ *between* nationalities (領土の帰属変更などによって)国籍のどちらかを選ぶ. **2** (可能な選択の一つを選んで)…することに決める〈to do〉: I ~*ed to* join the tennis club. テニスクラブに入ることを決めた / He ~*ed to* remain an American citizen. アメリカの市民権を捨てないことにした. **3** (二つの)国籍[市民権]のどちらかを選ぶ. ***opt out*** (***of***) (活動・組織などに)関係しないことにする, …から身を引く(ことにする).

opt. 《略》optative; optical; optician; optics; optimal; optimum; option; optional.

op·tant [ɑ́ptənt | ɔ́p-] 〘□ G & Dan. ~ □ L *optantem* (pres.p.) ← *optāre* 'to choose, OPT': ⇨ -ant〙 *n.* 選ぶ人; (特に)国籍選択者.

op·ta·tive [ɑ́ptəṭɪv, ɑptéɪṭ- | ɔ́ptətɪv, ɔptéɪt-] 〘《1530》□ F *optatif, -ive* ∥ LL *optātīv-us* ← L *optāre* to wish: ⇨ opt, -ative〙〖文法〗 — *adj.* (サンスクリット語・ギリシャ語などで)「祈願」「願望」を表わす: the ~ mood 願望法 / an ~ sentence 願望文. — *n.* 〖文法〗 **1** 願望法 (optative mood)《英語では仮定法 (subjunctive mood) がその意味を兼ねる: God *save* the Queen.「女王に天佑あらんことを」の 'save' など》. **2** 願望法の動詞. **~·ly** *adv.*

op·tic [ɑ́ptɪk | ɔ́p-] 〘《1599》□ F *optique* □ ML *opticus* □ Gk *optikós* of sight ← *optós* seen, visible: ⇨ -ic¹: cf. -opia, -opsia〙 — *adj.* **1** 目の[に関する]. **2** 視覚の[に関する]: an ~ nerve 視神経. **3** 《古》光学の[に関する]. — *n.* **1** [通例 *pl.*] **a** 《古・戯言》目 (eyes). **b** ⇨ optics. **2** (光学器機を構成する)レンズ等の光学素子. **3** 《英》〖商標〗(パブなどでびんの首に付けて酒を計り分ける)酒分量器. **4** 〖解剖・動物〗= optic nerve.

op·ti·cal [ɑ́ptɪkəl, -tə- | ɔ́ptɪ-] 〘《1570》〙 — *adj.* **1** 光学の, 光学用の; 光を利用する; 光学的な, 光学上の: ⇨ optical glass / an ~ instrument 光学機械. **2 a** 視覚の, 視力の (visual): an ~ defect 視力の欠陥 / an ~ illusion 錯覚, 錯視. **b** 視力を助ける, 視力の欠陥を補正する. **3** 目に見える, 可視の (visible): an ~ galaxy. **4** 〖美術〗オプティカルアートの[に関する].

óptical actívity *n.* 〖光学・化学〗光学活性, 旋光性《直線偏光が通過するとき偏光面を回転させる性質; cf. optical rotation》.

óptical áir màss *n.* 〖天文〗光学的空気量 (⇨ air mass).

óptical ántipode *n.* = enantiomorph 2.

óptical árt 〘《1963》〙 — *n.* 〖美術〗オプティカルアート《1960 年代に米国で流行した抽象画の一形式; 直線・曲線・幾何学模様などを用い, 錯覚を利用した絵画・デザイン; op art ともいう》. **~·ist** *n.*

óptical astrónomy *n.* 光学的天文学《波長が主として可視領域にある光によって天体を研究する天文学の分野; cf. radio astronomy, X-ray astronomy》.
óptical astrónomer *n.*

óptical áxis *n.* **1** 〖光学〗光軸《光学系を構成する各レンズ面の曲率中心を連ねた直線》. **2** 〖結晶〗= optic axis 2.

óptical bénch *n.* 〖光学〗光学台《光学系を配置する台; 狭義にはレンズの収差量を測定する装置》.

óptical cénter *n.* 〖光学〗光心, 光学的中心.

óptical cháracter rèader *n.* 〖電算機〗光学式文字読取り装置《人間が読める文字を光を当てて電算機に光学的に読み取らせる装置; 略 OCR》.

óptical cháracter recognìtion *n.* 〖電算機〗光学式文字読取り《人間が読める文字を光を当てて電算機に光学的に読み取らせること; 略 OCR》.

óptical dénsity *n.* 〖光学〗= density 3 a.

óptical dóuble stár *n.* 〖天文〗光学的二重星 (⇨ double star 2; cf. binary star).

óptical fíber *n.* 〖光学〗オプティカルファイバー, 光学繊維《光を伝えるガラス繊維束; 光通信・内視鏡等に用いられる》.

óptical flát *n.* 〖光学〗光学定盤《光の波長の数分の一程度のよい平面度をもつ光学ガラス等で作った平板; 単に flat ともいう》.

óptical gláss *n.* 光学ガラス《光学器械に適した性質をもつガラス》.

óptical illúsion *n.* 〖心理〗錯視《対象の物理的な属性とは違った見え方をもたらす視知覚》.

óptical isómerism *n.* 〖化学〗光学異性《一般の化学的および物理的性質は同じで旋光性が異なる異性; cf. geometric isomerism》.

óptical léver *n.* 〖光学〗光てこ《光の反射を利用し, 微小な長さや角度の変化を測定する装置》.

óp·ti·cal·ly *adv.* **1** 視覚的に. **2** 光学的に: ~ active 光学活性の / an ~ active substance 光学活性体, 旋光性物質.

óptical máser *n.* 〖電子工学〗= laser.

óptical mícroscope *n.* 光学顕微鏡《微小物体の拡大像を作り観察する光学器械; 物体の拡大実像を作る対物レンズと更にこれを拡大して観察する接眼レンズから成る》.

óptical páinter *n.* = optical artist.

óptical páth *n.* 〖光学〗光学距離《絶対屈折率 *n* の媒質の中を光が距離 *l* だけ通過した場合の *nl* をいう》.

óptical pyrómeter *n.* 〖光学〗光高温計《熱せられた物体の発する光の強さからその物体の温度を測定する高温度計の一種》.

óptical rotátion *n.* 〖光学・化学〗旋光性, 旋光度《光学活性体を通るとき偏光面が回転させられる現象あるいはその角度; cf. optical activity》.

óptical scánning *n.* 〖電算機〗光学的走査《光電子により文字・数字・記号をインパルス (impulse) に変えテープに記録する》.

óptical sýstem *n.* 光学系《結像などを行なうため, レンズ・反射鏡・プリズムなどの光学素子を適当に組合せたもの》.

óptical wédge *n.* 〖光学〗光学くさび《光学濃度が位置によって変化し光の強さを一定の割合で弱くする装置》.

óptic ángle *n.* **1** 〖光学〗視角 (visual angle). **2** 〖鉱物〗光軸角.

óptic áxial ángle *n.* 〖鉱物〗光軸角《光軸のなす角》.

óptic áxis *n.* **1** (目の)視軸. **2** 〖結晶〗光軸, 光学軸, 法線軸《異方性結晶内で光がただ一つの法線速度をもつ方向》. **3** = optical axis 1.

óptic chíasma [chíasm] *n.* 〖解剖〗視神経交差, 視束交差.

óptic cúp *n.* 〖生物〗眼杯《眼胞 (optic vesicle) の先端が内方へ落込んでさかずき状になった部分》.

óptic dísk *n.* 〖解剖〗視神経乳頭, 視束乳頭《網膜の神経繊維が集合して視束となる部分; ⇨ eye 挿絵》.

op·ti·cian [ɑptíʃən | ɔp-] 〘《1687》□ F *opticien* ← ML *optica* (neut. pl.): ⇨ optics, -ian〙 *n.* **1** めがね商[屋]. **2** 光学器械商[製造業者].

op·ti·cist [-sɪst, -səst | -sɪst] *n.* 光学者, 光学研究家.

óptic lóbe *n.* 〖解剖・動物〗(脳の)視葉, 四丘体上丘.

óptic nèrve *n.* 〖解剖・動物〗視神経, 視束《第二脳神経に当たる; 単に optic ともいう; ⇨ eye 挿絵》.

op·ti·co- [ɑ́ptɪko(u), -tə- | ɔ́ptɪkə(u)] 〘□ F ~ ← Gk *optikós* 'OPTIC'〙「目の; 光学の」の意の連結形.

op·tics [ɑ́ptɪks | ɔ́p-] 〘《1579》《なぞり》← ML *optica* (neut.pl.) □ Gk *optiká* (neut.pl.) ← *optikós* 'OPTIC': ⇨ -ics〙 — *n.* 光学《光の性質・発生・伝播や物質との相互作用など光に関する現象を取扱う科学の一分野》.

óptic vésicle *n.* 〖生物〗眼胞《脊椎動物の眼の発生段階において将来成長して眼の主要部となる間脳の対をなしている突出部》.

optima *n.* optimum の複数形.

op·ti·mal [ɑ́ptəməl | ɔ́ptɪ-] 〘← L *optimus* best (⇨ optimum) + -AL¹〙 — *adj.* 最上の, 最善の, 最適の (↔ pessimal). **òp·ti·mál·i·ty** [-mǽləṭi | -lətɪ, -lɪ-] *n.* **~·ly** *adv.*

op·ti·mal·ize [ɑ́ptəməlàɪz | ɔ́ptɪ-] *vt.* (正確な分析法などを用いて)〈工場〉の生産性を最大限にする, 〈工場〉の能率を最大にする (optimize).

op·ti·me [ɑ́ptəmìː | ɔ́ptɪmɪ] 〘《1709–10》□ L *optimē* excellently, very well ← *optimus* best: *optimē disputāsti* you have disputed very well から: ⇨ optimum〙 — *n.* 《英》(Cambridge 大学で)数学の学位試験における第一級優等合格者 (wranglers) 中の次席または第3位合格者: ⇨ junior optime, senior optime.

op·ti·mism [ɑ́ptəmìzm | ɔ́ptɪ-, -tə-] 〘《1759》□ F *optimisme* ← L *optimus* best: ⇨ optimum, -ism〙 — *n.* **1** 楽天主義. **2** 〖哲学・倫理〗楽天観[主義], 最善観《この世界は神が最善と考えて創造したものとする Leibniz などの説; また万有は本質的に善だとする説; ↔ pessimism; cf. meliorism》.

óp·ti·mist [-mɪst, -məst | -mɪst] 〘《1783》□ F *optimiste*: ⇨ ↑, -ist〙 — *n.* 楽天家, のんき者; (特に哲学上の)楽天主義者 (↔ pessimist). — *adj.* = optimistic.

op·ti·mis·tic [ɑ̀ptəmístɪk | ɔ̀ptɪ-, -tə-] 〘《1848》〙 — *adj.* 楽天的な, 楽天主義の (↔ pessimistic): be ~ of …について楽観的である / hold an ~ view of …について楽観的見解をもっている. **~·ly** *adv.*

òp·ti·mís·ti·cal [-tɪkəl, -tə- | -tɪ-] *adj.* = optimistic.

op·ti·mize¹ [ɑ́ptəmàɪz | ɔ́ptɪ-] 〘《逆成》← OPTIMIST〙 *vi.* 楽観する: ~ *about* the future. — *vt.* 楽観的に扱う[処理する].

op·ti·mize² [ɑ́ptəmàɪz | ɔ́ptɪ-] *vt.* **1 a** 最善の状態にする. **b** 最大限に活用する. **2** 〖電算機〗最適化する, コンピューターを最も有効に動かすように〈プログラムを〉構成する.

op·ti·mum [ɑ́ptəməm | ɔ́ptɪ-] 〘《1879》□ L ~ (neut.) ← *optimus* best, 《原義》richest (used as superl. of *bonus* good) ← IE **op-* to work, produce in abundance: cf. opus〙 — *n.* (*pl.* **-ti·ma** [-mə], **~s**) **1** (生物の成長・繁殖に対する温度・光・湿度・食物等の)最適条件 (↔ pessimum). **2** (ある条件下で得られる)最高度, 最大限. — *adj.* **1** (ある条件下で)最適(条件)の: the ~ conditions [temperature] 最適条件[温度] / the ~ size (企業等の)最適規模. **2** 最善の, 最高の.

op·tion [ɑ́pʃən | ɔ́p-] 〘《1604》□ F ~ < L *optiō(n-)*: ⇨ opt, -tion〙 — *n.* **1 a** 選択, 取捨 (choice): make one's ~ 選択する. **b** 選択権, 選択の自由: I had no ~ but to do so. そうせざるを得なかった / I haven't much ~ in the matter. 私はその問題についてとやかく選択することを許されていない / If I had the ~, I would do it. 自分の勝手にしてもよいのなら, 私はそれをする / It is *at* your ~. それはあなたの随意です /

leave…to a person's ～ …を人の自由に任せる / a soft ～ (二つの中の)楽な方(の手段) / ⇨local option. **2 a** 選択できる[された]もの. **b** 《英》＝optional 2. **3 a** 〖商業〗売買選択権, オプション: have [take] an ～ *on* a house 家屋に対してオプションを所有[獲得]する. **b** 〖証券〗オプション《証券市場で取引される株式売買選択権; 買付選択権 (call option), 売付選択権 (put option) など数種あり, その選択権の代価はプレミアム (premium) とよばれる; cf. call 12, put¹ 3》. **4** 〖経済〗＝stock option. **5** 〖アメリカンフットボール〗オプション《攻撃の際, バックがボールをパスするか持って走るかのどちらかを選ぶこと; option pass, option play ともいう》.

keep [***leave***] *one's* ***options open*** 選択の自由[最終的な決定]を保留しておく.

óp·tion·al [-ʃənḷ, -ʃnəl] 〘《1765》〙 ── *adj.* 選択自由の, 任意の, 随意の; 自由意志の (cf. obligatory, compulsory): an ～ course 選択課程 / an ～ subject 選択科目 / Contributions are purely ～. 寄付は全く任意です / It is ～ *with* you. それは君の随意です. ── *n.* **1** 選択できるもの, 随意のもの. **2** 《英》選択科目[課程] (《米》elective). **～·ly** *adv.*

óption màrket *n.* 〖証券〗オプション市場 (cf. option 3 b).

op·to- [ɑ́ptoʊ | ɔ́ptə(ʊ)] 〘← Gk *optós* seen, visible: cf. optic〙「視力, 視覚」の意の連結形.

òpto·electrónic *adj.* 光電子工学の[に関する].

òpto·electrónics 〘← OPTO-＋ELECTRONICS〙 ── *n.* オプトエレクトロニックス, 光電子工学《光から電気へ, あるいは電気から光への変換現象を利用し, 情報通信・情報処理等を行なう工学の分野》.

òpto·kinétic *adj.* 〖眼科〗視動性の, 視線運動性の.

op·tom·e·ter [ɑptɑ́məṭə | ɔptɔ́mɪtə(r, -mə-] *n.* 視力計, 視力測定装置.

op·tóm·e·trist [-trɪst, -trəst | -trɪst] *n.* 視力検定医, 検眼医.

op·tom·e·try [ɑptɑ́mətri | ɔptɔ́mɪtrɪ, -mə-] *n.* 視力検定(法), 検眼.

op·to·phone [ɑ́ptəfòʊn | ɔ́ptəfəʊn] *n.* 聴光器《光を音に変じて盲人に感じさせるもの》.

op·to·type [ɑ́ptətàɪp | ɔ́p-] *n.* [通例 *pl.*] 視力検査表 (reading chart) の活字.

op·u·lence [ɑ́pjʊləns | ɔ́p-] 〘《c1510》□ L *opulentia*: ⇨ opulent, -ence〙 *n.* **1** 富, 富裕 (wealth). **2 a** (物の)豊富, 潤沢(じゅんたく). **b** (音楽・詩文などの)豊麗, 絢爛(けんらん).

óp·u·len·cy [-lənsi | -sɪ] *n.* ＝opulence.

op·u·lent [ɑ́pjʊlənt | ɔ́p-] 〘《1601》□ L *opulent-em*, *opulēns* ∥ *opulent-us* wealthy, rich ← *ops* wealth: ⇨ -ent: cf. opus〙 ── *adj.* **1** 富んだ, 富裕な: an ～ society. **2 a** 豊かな, 豊富な, 十分な: an ～ feast 贅沢なごちそう / ～ sunshine あふれるような日光 / ～ foliage こんもりと茂った木の葉 / one's ～ breast 豊満な胸. **b** 〈文章など〉華やかな, 絢爛たる. **～·ly** *adv.*

o·pun·ti·a [o(ʊ)pʌ́nʃiə, -ʃə, -ṭiə | ə(ʊ)pʌ́nʃɪə, -ʃə, -tɪə, -tjə] 〘← NL ～ ← L ～ ← *Opuntius* pertaining to *Opus* (古代ギリシャの Locris 地方の町の名): ⇨ -ia²〙 ── *n.* 〖植物〗＝prickly pear.

O·pun·ti·a·les [o(ʊ)pʌ̀nʃiéɪli:z, -ṭɪ- | ə(ʊ)pʌ̀nʃɪ-, -tɪ-] 〘← NL ～: ⇨↑, -ales〙 *n. pl.* 〖植物〗サボテン目.

o·pus [óʊpəs | ə́ʊp-, ɔ́p-] 〘《1704》□ L ～ 'a work' ← IE **op-* to work (Skt *apas-* work)〙 ── *n.* (*pl.* ～**·es**, 特に, 2 では **o·pe·ra** [óʊpərə, ɑ́p- | ɔ́p(ə)rə]) **1 a** (芸術)作品, 著作 (work). **b** 大作, 傑作; (特に個人の)主要作品, 畢生の(大)作《magnum opus, opus magnum ともいう》. **2** (音楽)作品《op. と略し, 作品を示しそのあとに番号を付け, 通例出版順序を示す》: Beethoven [Beethoven's] *op.* 47 is *The Kreutzer Sonata.* ベートーベンの作品第 47 番はクロイツェルソナタ.

ópus ci·tá·tum [-kɪtɑ́:ṭəm, -kə-, -saɪtéɪ- | -saɪtéɪtəm] 〘□ L *opus citātum* the work cited〙 *L.* 前掲(引用)書 (略 op. cit., o.c.).

opuscula *n.* opusculum の複数形.

o·pus·cule [o(ʊ)pʌ́skju:l | ɔp-, ə(ʊ)p-] 〘《1656》□ F ～ □ L *opusculum* (dim.) ← *opus* a work: ⇨ opus, -cule〙 *n.* 小作品; 小品; 小曲.

o·pus·cu·lum [o(ʊ)pʌ́skjʊləm | ɔp-, ə(ʊ)p-] 〘□ L ～ (↑)〙 *n.* (*pl.* **-cu·la** [-lə]) [通例 *pl.*] (文学などの)小品.

ópus mág·num [-mǽgnəm] 〘□ L ～〙 *n.* ＝magnum opus.

-o·py [óʊpi | ə́ʊpɪ] ＝-opia.

o·quas·sa [oʊkwɑ́sə | əʊkwɔ́sə] 〘← *Oquassa* (米国 Maine 州の湖)〙 ── *n.* (*pl.* ～**s**, ～) 〖魚類〗 **1** 米国 Maine 州の湖水にすむイワナ属の魚 (*Salvelinus oquassa*). **2** ＝arctic charr.

or¹ [ɔə, ɔ́ə; ə | ɔ:(r, ɔ́:(r; ə(r)] 〘《?c1200》 ME *or*(*r*) (短縮) ← *oþer*(*r*), *oþþr*, *auþer* (conj.) ∽ OE *oððe*, *oðða* or: *oþer* の -r は EITHER との連想か (cf. G *oder* < OHG *odo*, *eddo*, *odar*)〙 ── *conj.* **1 a** [二つまたはそれ以上の選択すべき語・句・節を同格的に結合して] …か…, または, あるいは: white *or* gray *or* black / white, gray *or* black / white *or* black, red *or* yellow, blue *or* green / any Tom, Dick, *or* Harry トムでもディックでもハリーでも(だれでも) / there *or* thereabouts どこかその辺に / in a day *or* two 一両日中に / *or* rather さらに的確には / Which do you like better, tea *or* coffee? / To be, *or* not to be: that is the question. 生きながらえようか, それとも死のうか, それが問題だ (Shak., *Hamlet* 3. 1. 56). ★ (1) or で結ばれた主語がいずれも単数の時は動詞は単数に一致する: John *or* Tom is wanted. (2) もし人称・数が一致しない時は動詞はそれに近い方のものに一致する: John *or* I am to blame. / Were you *or* he [Was he *or* you] there? (3) しばしば(2)の最後の例のような構文が避けられて次の構文が用いられる: Were you there, *or* was he? **b** [譲歩的に] …でも…でも: Rain *or* shine, we will start. 雨でも晴れでも出発する. **2 a** [either または whether と相関的に]: ⇨ either *conj.*, whether *conj.* 1. **b** 《古・詩》[or…or… として] …かまたは…か (either…or…, whether…or…): *Or* here, *or* at the Capitol. ここか, もしくはキャピトルで (Shak., *Caesar* 4. 1. 11) / Tell me where is fancy bred, *or* in the heart *or* in the head? 浮気心がどこで育つか教えておくれ, 心の中でか, 頭の中でか (Shak., *Merch V* 3. 2. 63–64). **3** [ɔə | ɔ:(r] [しばしば else を伴って] さもないと (cf. and *conj.* 6): Make haste, *or* (*else*) you will be late. 急ぎなさい, さもないと遅れる / It must be my uncle, *or* I am a Dutchman. 確かにおじに違いない, そうでなければ首でもやる / Keep your mouth shut, *or else*! 黙っていないと承知しないぞ. **4** [同義語や説明語または訂正や言換えの語句を結びつけて] すなわち (that is); 言い換えると: the culinary art *or* art of cookery 割烹(かっぽう)術つまり料理法 / the Sandwich *or* Hawaiian Islands サンドイッチ(諸島)すなわちハワイ諸島 / a pillar, *or* (more correctly,) a column 柱いやもっと正確に言えば円柱. **5 a** [補足的に疑念を表わして] いや: That is the end of the story. *Or* is it? それで話はおしまいだ. いやそうかな / He knew it—*or* was he pretending? 彼は知っていた—いや知っているふりをしていたのかな. **b** 《古》[話題を転じて新しく文章を起こすのに用いて] また, さらに (again): *Or* what man is there of you, whom if his son ask bread, will he give him a stone? なんじらのうち, たれかその子パンを求めんに石を与えんや (*Matt.* 7: 9).

or so ⇨ so *pron.* 成句. ***not*** [***never***] …***or***… …でもなくまた…でもない: I *never* smoke *or* drink. たばこも酒ものまない.

or² [ɔ; ɔə, ɔ́ə | ə(r; ɔ:(r, ɔ́:(r] 〘ME *ar*, *or* < OE *ǣr* before, early □ ON *ár*: cf. ere〙 《古・詩・方言》 ── *conj.* [特に or ever, or e'er, or ere として] …より前に, …に先立って (before). ── *prep.* ＝before.

or³ [ɔə | ɔ:(r] 〘《1562》□ F ～ < L *aurum* gold: cf. oriole〙 〖紋章〗 ── *n.* 金色 (gold), 黄色 (yellow)《無彩色図では点で示す; ⇨ heraldry 挿絵》. ── *adj.* 金色の, 黄色の.

OR [ɔə | ɔə(r] 〘← OR¹〙 *n.* 〖電算機〗論理和, オア《多数の入力の内のひとつが "1" の時, 出力に "1" を生じる回路》.

OR 《略》operational research; operations research; 〖米郵便〗Oregon (州).

Or. 《略》〖植物・郵趣〗orange (color); Oregon 《非公式》; Oriel College, Oxford; Orient; Oriental; Orientalist; original; 〖法律〗other.

o.r. 《略》operational requirement; operationally risky; operating room; operations requirement; operations room; out of range; overhaul and repair.

o.r., O.R. 《略》〖商業〗owner's risk 荷主危険持ち.

O.R. 《略》official receiver; official referee; on request; other ranks.

-or¹, 《英》**-our** [ə | ə(r] 〘ME □ OF *-our* ∥ L *-or* < OL *-ōs*〙 *suf.* 動作・状態・性質を表わすラテン語系名詞語尾: fav*o*(*u*)*r*, hon*o*(*u*)*r*, lab*o*(*u*)*r*.

-or² [ə | ə(r] 〘ME *-or*, *-our* □ OF *-eor*, *-eur* ∥ L *-or*, *-ātor*〙 ── *suf.* ラテン語起源の動詞(特に -ate の語尾をもつもの)から「…する人[物]」の意を表わす動作主名詞 (agent noun) を造る: audit*or*, elevat*or*. ★ -or はしばしば英語本来の -er に代用 (例: bachelor, chancellor) または併用されるが, 併用の場合には -or の方が法律的・専門的意義をもつことがある (例: adviser, advisor, sailor).

ora¹ *n.* os² の複数形.

o·ra² [ɔ́:rə, óʊrə | ɔ́:rə] 〘OE *ōra* □ ON *aur-ar* (pl.) ← *eyrir* ounce: cf. or³〙 ── *n.* (*pl.* ～**s**, **o·rae** [ɔ́:ri:, óʊr-, -raɪ | ɔ́:r-]) オーラ《Anglo-Saxon 期の英国に Danes が持ち込んだ計算貨幣; 約 2 shillings に相当した》.

O·ra [ɔ́:rə, óʊrə | ɔ́:rə] 〘cf. L *aurum* gold〙 *n.* 女性名《異形 Orabel, Orabelle》.

Or·a·bel [ɔ́:rəbèl, óʊr- | ɔ́:r-] 〘↑〙 *n.* 女性名.

or·ache [ɔ́(:)rɪtʃ, ɑ́r-, -rətʃ | ɔ́rɪtʃ] 〘《c1430》 *orage*, *arage* □ AF *orache* ＝OF *ar*(*r*)*ache* (F *arroche*) < VL **atrapica* ＝L *atriplicem*, *atriplex* □ Gk *atráphaxus*〙 ── *n.* (*also* **or·ach** [～]) 〖植物〗アカザ科ハマアカザ属(*Atriplex*)の植物の総称; (特に)ヤマホウレンソウ (*A. hortensis*).

or·a·cle [ɔ́(:)rəkḷ, -rɪ-, ɑ́r- | ɔ́r-] 〘《c1380》□ (O)F ～ < L *ōrāculum* ← *ōrāre* to speak, pray (cf. oration): ⇨ oral, -cle〙 ── *n.* **1** (古代ギリシャなどの)託宣, 神託: consult the ～ of Apollo at Delphi デルポイのアポローンの神託を伺う / The ancient ～*s* were often vague and equivocal. 昔の神託はしばしば曖昧でどうにでも解釈できた. **b** (古代ギリシャなどの)神託所, 託宣所: go to the ～ at Dodona ドードーナの託宣所へ行く. **c** (神託に似た)権威的な言葉; (俗に言う)ご託宣. **2 a** 神託を伝える人, 神託所の神主, 巫(ふ). **b** 哲人, 賢人; 知恵ある言葉を吐く人: Sir *Oracle* ⇨ sir 4 b. **3** (ユダヤ教やキリスト教において神の啓示の発する源泉としての, エルサレム神殿内の)至聖所 (1 *Kings* 6: 16, 19–23). **4** 〖聖書〗神のお告げ, 神命; [*pl.*] 聖書 (the Scriptures): the ～*s* of God 神のことば (*Rom.* 3: 2).

work the oracle 〘神官を買収して願い通りの神託を受けることから〙 (1) 《英口語》(ひそかに人を動かして)自分の目的を達する, 自分に都合のよいように人を操る. (2) 《英俗》金を工面する (raise money).

o·rac·u·lar [ɔ(:)rǽkjʊlə, ɑr-, ər- | ɔ(:)rǽkjʊlə(r, ər-] 〘《1631》← L *ōrāculum* (↑)＋-AR¹〙 ── *adj.* **1** 神託の[に関する]. **2 a** 神託のような; (神託のように)権威[威厳]のある: an ～ response 神託にも似た回答. **b** 予言者ぶった. **c** 賢明な (very wise). **d** 両義に取れる, 曖昧な, 謎めいた (mysterious). **o·rac·u·lar·i·ty** [ɔ(:)rækjʊlǽrəṭi, ɑr- | ɔ(:)rækjʊlǽrətɪ, ər-, -rɪ-] *n.* **～·ly** *adv.* **～·ness** *n.*

o·ra·cy [ɔ́:rəsi, óʊr- | ɔ́:rəsɪ] 〘← ORAL＋-*acy* (cf. literacy)〙 *n.* オーラルの能力《口述表現力と口述語の理解力》.

o·rad [ɔ́:ræd, óʊr- | ɔ́:r-] 〘← L *ōrem*, *ōs* mouth＋-AD³〙 *adv.* 〖解剖・動物〗口(部)の方へ.

O·ra·de·a [ɔrɑ́:diə | -dɪə; *Ruman.* orádea] *n.* (*also* **O·rá·de·a** [～]) オラデヤ《ルーマニア北西部の商業都市; 人口 172,000》.

orae *n.* ora² の複数形.

o·ral [ɔ́:rəl, óʊr-, ɑ́r- | ɔ́:r-] 〘《1625》← L *ōr-*, *ōs* mouth (← IE **ō*(*u*)*s-* (Skt *ās-an* mouth))＋-AL¹〙 ── *adj.* **1** 口頭の, 口述の, オーラルの (spoken) (↔written): an ～ contract 口約 / an ～ examination 口頭[口述]試験 / ～ instructions 口頭の言付け[指示] / ～ pleadings [proceedings] 口頭弁論 / ～ testimony [evidence] 口頭証拠 (↔documentary evidence) / ～ traditions 口碑 / ⇨ oral method. **2 a** 〖解剖〗口(部)の, 口辺にある: the ～ cavity 口腔(こう). **b** 口で行なう, 経口の: ～ respiration 口呼吸 / ～ polio vaccine 経口小児麻痺ワクチン, 生ワクチン / an ～ contraceptive 経口避妊薬, 「ピル」. **3** 〖音声〗口で発音される, 口(腔)音の: ～ vowels 口母音《一般の母音; cf. nasalized vowel》. **4** 〖精神分析〗(Freud の幼児性欲論による初期の)口唇(こうしん)(愛)期の (cf. anal 2, genital 2). ── *n.* **1** [通例 *pl.*] 《口語》口述試験. **2** 〖音声〗口(腔)音 (cf. nasal 2).

óral appróach *n.* [the ～] 〖教育〗口頭導入教授法《C. C. Fries の提唱によるもの; cf. oral method 2》.

o·ra·le [ɔ:réɪli, o:r- | ɔ:réɪlɪ] 〘□ ML *ōrāle* veil ← L *ōr-*, *ōs* mouth (⇨ oral)＋*-ale* (neut.) ← *-ālis* '-AL¹'〙 *n.* 〖キリスト教〗＝fanon 2.

óral hístory *n.* 口述歴史(文献)《史実に直接関与した重要人物の口述テープ記録》. **óral históriàn** *n.*

óral interpretátion *n.* 口頭解釈《書物などの文章の意味を声を出して解釈する学習法》.

ó·ral·ly [-rəli | -lɪ] *adv.* 口頭で, 口述で; 口を使って; 経口によって.

óral méthod *n.* **1** オーラルメソッド《難聴者に読唇術 (lipreading) で話し方や相手の言うことの理解の仕方を教える方法》. **2** (語学教育で書物を用いない)口頭教授法, オーラルメソッド (cf. oral approach).

o·ral·o·gy [ɔ:rǽlədʒi, o:r-, ɑr- | ɔ:rǽlədʒɪ] 〘← ORAL＋-LOGY〙 *n.* ＝stomatology.

óral séx *n.* オーラルセックス《口を使ってする性行為; fellatio, cunnilingus など》.

óral socíety *n.* 口頭社会《書記語をもたない社会》.

O·ran¹ [ɔ:rɑ́:n, o:r- | ɔ:rɑ́:n, ɔr-, -rǽn; *F.* ɔʀɑ̃] *n.* オラン《アルジェリア北西部, 地中海に臨む港市; 人口 328,000》.

O·ran² [ɔ:rǽn, o:r- | ɔ:rɑ́:n, ɔr-, -rǽn] 〘□ Ir.-Gael. *Odhran* (原義) pale complexioned one〙 *n.* 男性名《異形 Oren, Orin》.

o·rang [ɔrǽŋ, ɔ:r-, o:r- | ɔ́:rəŋ, -ræŋ, ɔ:rǽŋ, ɔr-, ər-] *n.* 〖動物〗＝orangutan.

or·ange [ɔ́(:)rɪndʒ, ɑ́r-, -rəndʒ | ɔ́r-] 〘《? c1380》□ OF *orenge* (F *orange*) □ OProv. *auranja* □ Arab. *nāranj* □ Pers. *nārang* ← Skt *nāraṅga* orange tree: OProv. で *n-* が消失したのは L *aurum* gold との連想〙 ── *n.* **1** 〖植物〗オレンジ《カンキツ属 (*Citrus*) の樹木の総称; その食用果実; ダイダイ (sour orange), アマダイダイ (sweet orange)《最も普通の食用; ブラッドオレンジ (blood orange), ネーブルオレンジ (navel orange) などはこの変種》, マンダリン (mandarin orange), ベルガモット (belgamot orange) など; cf. satsuma 2, tangerine》. **2** 〖植物〗柑橘(かんきつ)類に類似した樹木《カラタチ (trifoliate orange), キンカン (Chinese orange) など》. **3** オレンジ色, 赤黄色 (reddish yellow); オレンジ色顔料.

squeeze [***suck***] ***an orange*** (1) オレンジの汁を全部しぼり[吸い]取る. (2) よい[有益な]所を全部わがものとする, 甘い汁を吸いつくす (cf. squeezed orange).

oranges and lemons 子供の遊戯の一種《この句で始まる歌を歌い 'Which will you have, oranges or lemons?' の問に答えてオレンジ組とレモン組の敵味方に別れ, しばしば tug of war で勝負する》.

── *adj.* **1 a** オレンジの. **b** オレンジを材料にした; オレンジの風味をつけた: an ～ liqueur, etc. / ～ bitters. **2** オレンジ色の.

Or·ange¹ [ɔ́(:)rɪndʒ, ɑ́r-, -rəndʒ | ɔ́r-] 〘← *William, Prince of Orange*: 後の英国王 William 三世にちなむ〙 ── *n.* [the ～] オレンジ(川)《南アフリカ共和国を西に流れて大西洋に注ぐ川 (2,100 km)》.

Or·ange² *n.* **1** [ɔ́(:)rɪndʒ, ɑ́r-, -rəndʒ | ɔ́r-] オレンジ(公国)《昔ヨーロッパ西部にあった小公国 (principality); 今はフランスの一部》. **2** [ɔrɑ́:(n)ʒ, -rɔ̃:(n)ʒ, -rɑ́:nʒ, -rɔ́(:)nʒ | ɔr-; *F.* ɔʀɑ̃:ʒ] オランジュ《フランス南東部にある都市; かつてはオレンジ公国の首都; 古代ローマの遺跡がある》.

Or·ange³ [ɔ́(:)rɪndʒ, ɑ́r-, -rəndʒ | ɔ́r-] *n.* [the ～s] オランイェ[オラニエ]家, オレンジ家《南フランスの Orange

市に由来する，ドイツの貴族でオランダの総督家(1795年まで); 1530年ドイツの Nassau 家に継承されて the House of Orange-Nassau となり，現在のオランダ王室はこの家に属する; オランダ語名 Oranje [oːránjə]》.
— *adj.* オレンジ党員 (Orangeman) の[に関する].

órange I *n.* 〖染色〗オレンジ I《オレンジ色の酸性アゾ染料; 粘膜に使用することがない外用医薬品・化粧品の着色に用いる》.

órange II *n.* 〖染色〗オレンジ II《オレンジ色の酸性アゾ染料; 外用医薬品，化粧品の着色に用いられる》.

or·ange·ade [ɔ̀(ː)rɪndʒéɪd, ɑ̀r-, -rən- | ɔ̀r-] 〘《1706》▭ F ～: ⇨ orange, -ade: LEMONADE からの類推〙 *n.* オレンジエード《オレンジ果汁に砂糖を加え水または炭酸水で割った飲料》; (無果汁の)合成オレンジ飲料.

órange blòssom *n.* **1** オレンジの花《純潔の象徴として結婚式に花嫁が髪に飾る》. ★ 米国 Florida 州の州花. **2** オレンジブロッサム《ジン・オレンジジュースに砂糖と氷を入れてシェイクしたカクテル》.

Órange Bówl *n.* [the ～] オレンジボウル: **a** Miami にある(アメリカンフットボールの)競技場. **b** そこでシーズン終了後の招待大学チームが行なうアメリカンフットボールゲーム.

órange chrómide *n.* 〖魚類〗インド・セイロン産カワスズメ科の魚 (*Etroplus maculatus*)《観賞用熱帯魚》.

órange-còlored *adj.* オレンジ色[だいだい色]の.

órange-èye bútterfly bùsh *n.* 〖植物〗フサフジウツギ (*Buddleja davidi*)《中国原産の藤色の花が咲く低木》.

órange fìn *n.* 《英》〖魚類〗**1** スコットランド Tweed 川産のマス (trout). **2 a** 海産のマスの幼魚. **b** 二歳子のサケ.

órange-flòwer òil *n.* 〖薬学〗橙花(とうか)油 (⇨ neroli oil).

órange-flòwer wàter *n.* 〖薬学〗橙花(とうか)水《橙花油 (orange-flower oil) の水溶液》.

Órange Frée Stàte [ɔ́(ː)rɪndʒ-, ɑ́r-, -rəndʒ- | ɔ́r-] *n.* [the ～] オレンジ自由州《南アフリカ共和国中部の州; cf. Orange River Colony; 人口 1,650,000, 面積 129,152 km², 首都 Bloemfontein; アフリカーンス語名 Oranje-Vrystaat [oːránjəfráɪstaːt]》.

órange gùm *n.* 〖植物〗=gum-myrtle.

órange háwkweed *n.* 〖植物〗コウリンタンポポ (*Hieracium aurantiacum*)《ヨーロッパ原産の橙色の花をつける多年草で，北米北東部に多い雑草; 農作物に有害; (devil's) paintbrush, Indian paintbrush ともいう》.

Ór·ange·ism [-dʒɪzm] 〘⇨ Orangeman〙 *n.* (北アイルランドの)オレンジ党の主義[運動]《反旧教主義で新教と英国王権擁護を党是とする; cf. Orangeman》.

Ór·ange·ist [-dʒɪst, -dʒəst | -dʒɪst] 〘⇨↑, -ist〙 *n.* オレンジ党員 (⇨ Orangeman).

órange lìly *n.* 〖植物〗ヨーロッパ産の濃いオレンジ色の花をつけるユリ《次の2種をさす; *Lilium bulbiferum, L. croceum*》.

Órange·man [-mən, -mæ̀n] 〘← *William, Prince of Orange* (後の William 三世)〙 **—** *n.* (*pl.* **-men** [-mən, -mèn]) **1** オレンジ党員《1795 年北アイルランドに組織された新教と英国王権擁護の秘密結社の党員; オレンジ家出身の William 三世 (Prince of Orange) によって 17 世紀末に確立された新教優位体制の護持を誓い，オレンジ色のリボンを記章とした; cf. Ribbon Society》. **2** 北アイルランドの(特に Ulster の)新教徒.

Órangemen's Dày *n.* オレンジ党勝利記念日《北アイルランドの祝日，Boyne 川の戦い(1690)と Aughrim の戦い (1691) における William 三世の勝利を記念する日; 7 月 12 日》.

órange mílkwort *n.* 〖植物〗米国南東部の沼沢付近に自生しオレンジ色の穂状花をつけるヒメハギ科の草本の一種 (*Polygala lutea*).

órange òil *n.* 橙(だいだい)皮油《オレンジの果実から圧搾または蒸留によって採った安い香料》.

órange pèel *n.* **1** オレンジ類の皮《薬用またはジャム製造用》. **2** みかんはだ《ワニス・ラッカーなど速乾性塗料を塗ったあとの表面一面に粒状突起ができる状態》. **3** 濃いオレンジ色.

órange-pèel búcket *n.* 〖土木〗オレンジピールバケット，蓮華(れんげ)形集合シャベル《オレンジの皮を幾つかに等分してむいたような形のバケット》.

órange pékoe *n.* オレンジペコー《インドまたは Ceylon 島 (Sri Lanka) 産の先端の芽と小さな葉から作る良質の紅茶; 一般にインド・セイロン産の優良品をもいう》.

órange puccóon *n.* 〖植物〗北米東部産の山吹色の花をつけるムラサキ属の多年草 (*Lithospermum canescens*).

orange-peel bucket

Órange Ríver Cólony *n.* [the ～] オレンジ川植民地《オレンジ自由州(Orange Free State) が英国の植民地であった時代 (1900–10) の名称》.

órange rúst *n.* **1** オレンジさび色《濃い黄褐色》. **2** 〖植物病理〗オレンジさび病《キイチゴ (raspberry) とクロイチゴ(blackberry)の病気; 病菌により2種ある》.

or·ange·ry [ɔ́(ː)rɪndʒ(ə)ri, ɑ́r-, -rən- | ɔ́rɪndʒəri, ɔ́rən-] 〘▭F *orangerie*: ⇨ orange, -ery〙 **—** *n.* (主に寒冷地の)オレンジ栽培温室《特に，英国で北側を壁に南側にアーチ型の大きな窓をつけた豪華な建物》.

órange spòon *n.* オレンジスプーン《柑橘(かんきつ)類やメロンなどを食べるときに用いる先の尖った，または先がぎざぎざになっているスプーン》.

órange stìck *n.* (オレンジ材で作る鉛筆状のマニキュア用の)オレンジ棒.

órange súnflower *n.* 〖植物〗米国東部産の淡黄色の花をつけるキク科キクイモモドキ属の植物 (*Heliopsis scabra*).

órange tìp 〘前翅の端が通例オレンジ色をしていることから〙 *n.* 〖昆虫〗ツマキチョウ《シロチョウ科ツマキチョウ属 (*Anthocharis*) のチョウの総称》.

órange wìne *n.* オレンジ酒《オレンジのジュースや皮を発酵させて造った果実酒》.

órange·wòod *n.* オレンジ材《木彫や旋盤細工用》.

or·ang·ey [ɔ́(ː)rɪndʒi, ɑ́r-, -rən- | ɔ́rɪndʒi, ɔ́rən-] *adj.* =orangy.

ór·ang·ish [-dʒɪʃ] *adj.* ややオレンジ色の，薄オレンジ色の.

o·rang·u·tan [ərǽŋutæ̀n, ɔːr-, oːr- | ɔ(ː)rǽŋuːtǽn, ər-, -utǽn, -tɑ́ːn, ɔ̀ːrəŋúːtɑːn, -tæn] 〘《1631》▭ Malay *ōrang ūtan* ← *ōrang* man＋(*h*)*ūtan* wood〙 **—** *n.* (*also* **o·rang·ou·tan** [～], **o·rang·ou·tang** [-tæ̀ŋ | -tǽŋ, -tɑ́ːŋ, -tɑːn, -tæn]) 〖動物〗オランウータン (*Pongo pygmaeus*)《ボルネオ・スマトラ産の類人猿》.

or·ang·y [ɔ́(ː)rɪndʒi, ɑ́r-, -rən- | ɔ́rɪndʒi, ɔ́rən-] *adj.* 〈味・外観・色など〉オレンジに似た.

o·rans [ɔ́ːrænz, óːr- | ɔ́ːr-] *n.* (*pl.* **o·ran·tes** [ɔːrǽntiːz, oːr- | ɔːr-]) 〖美術〗=orant.

o·rant [ɔ́ːrənt, óːr- | ɔ́ːr-] 〘← NL & ML *ōrant-em*, *ōrāns* (pres.p.) ← L *ōrāre* to pray〙 **—** *n.* (*also* **o·ran·te** [ɔːrǽnti, oːr- | ɔːr-]) 〖美術〗(古代ギリシャ・初期キリスト教芸術の)祈禱女人像《両腕を広げ，手のひらを上に向けた祈りの姿勢をしている婦人像; orans ともいう》.

orantes *n.* orans の複数形.

oraria *n.* orarion, orarium の複数形.

o·rar·i·on [ɔ(ː)rɛ́(ə)riɑ̀(ː)n | ɔrɛ́ərɪən] 〘▭ MGk *ōrarion*〙 *n.* (*pl.* **-i·a** [-riə | -rɪə]) 〖東方正教会〗補祭 (deacon) の stole《左肩にかけてまとう; orarium ともいう》.

o·rar·i·um [ɔːrɛ́(ə)riəm, oːr- | ɔːrɛ́ərɪ-] 〘▭ LL *ōrārium* 'napkin' ← L *ōr-*, *ōs* mouth, face: ⇨ -arium〙 *n.* (*pl.* **-i·a** [-riə | -rɪə]) 〖東方正教会〗=orarion.

orat. 《略》oration; orator; oratorical; oratory.

o·rate [ɔːréɪt, oːr-, ´ー | ɔ(ː)réɪt, ər-] 〘《1607》《逆成》← ORATION: または L *ōrāt-us* (p.p.) ← *ōrāre* to speak, pray〙《軽蔑・戯言》**—** *vi.* (大げさに)演説する，一席弁じる，演説口調で弁じる (speechify). **—** *vt.* …に向って演説する，弁じる.

o·ra·te fra·tres [ɔːrɑ́ːteɪ-frɑ́ːtres, oːr-, -treɪz | ɔːr-] 〘▭ L *ōrāte, frātrēs* pray, brothers〙 **—** *n.* 〖カトリック〗祈られよ兄弟たち《現在の典礼では奉納祈願の祈りへの招き》.

o·ra·tion [ɔːréɪʃən, ɔːr-, oːr- | ɔ(ː)r-, ər-] 〘《c1375》▭ L *ōrātiō(n-)* speech, prayer ← *ōrāre* to speak, pray ← IE **ōr-* to pronounce a ritual formula: ORISON と二重語〙 **—** *n.* **1** (記念式・葬式の時などの)正式の演説，式辞: a funeral ～ 追悼演説，弔辞 / deliver an ～ 演説をする. **2** 〖文法〗話法 (narration): direct [indirect, oblique] ～ 直接[間接]話法.

o·ra·ti·o o·bli·qua [ɔːrɑ́ːtiòu-əblíːkwə, oːr- | ɔ(ː)rɑ́ːtɪə̀ʊəb-, ər-, -əb-] 〘▭ L *ōrātiō oblīqua* oblique oration〙 *L. n.* 〖文法〗間接話法 (oblique oration).

orátio récta [-réktə] 〘▭ L *ōrātiō rēcta* direct oration〙 *L. n.* 〖文法〗直接話法 (direct oration).

or·a·tor [ɔ́(ː)rətə, ɑ́r- | ɔ́rətə(r, ɔ́rɪ-] 〘《c1380》▭ AF *oratour* =(O)F *orateur* < L *ōrātōrem* speaker, supplicant ← *ōrāre* to speak, pray: ⇨ -or²〙 **—** *n.* **1** 演説者，弁士，雄弁家: He is no ～. 彼は演説がまずい. **2** 《英》=public orator. **3** 《廃》〖法律〗原告 (plaintiff), 申立人 (petitioner).

or·a·to·ri·al [ɔ̀(ː)rətɔ́ːriəl, ɑ̀r-, -tóːr- | ɔ̀rətɔ́ːrɪ-] *adj.* =oratorical.

Or·a·to·ri·an [ɔ̀(ː)rətɔ́ːriən, ɑ̀r-, -tóːr- | ɔ̀rətɔ́ːrɪ-] 〘← ORATORY²＋-AN¹〙〖カトリック〗**—** *adj.* オラトリオ会の (cf. oratory² 2). **—** *n.* オラトリオ会士.

or·a·tor·i·cal [ɔ̀(ː)rətɔ́(ː)rɪkəl, ɑ̀rətɑ́r-, -rək- | ɔ̀rətɔ́rɪk-] 〘《1634》〙 **—** *adj.* **1** 演説の[に関する]: an ～ contest 弁論大会 / ～ power 弁才. **2** 修辞的な (rhetorical), 美辞を連ねた: an ～ essay. **3** 演説癖の; 演説口調の. **～·ly** *adv.*

or·a·to·ri·o [ɔ̀(ː)rətɔ́ːriòu, ɑ̀r-, -tóːr- | ɔ̀rətɔ́ːrɪə̀ʊ] 〘《1644》▭ It. ～《原義》small chapel < LL *ōrātōrium* 'ORATORY²': Rome の教会 Oratory of St. Philip Neri で初めて演奏されたことから〙 **—** *n.* (*pl.* **～s**) 〖音楽〗オラトリオ，聖譚(たん)曲《通例聖書に題材を採った劇詩を合唱・独唱・管弦楽などに作曲したものであるが，演奏には所作・背景・扮装などを伴わない》.

or·a·to·ry¹ [ɔ́(ː)rətɔ̀ːri, ɑ́r-, -tòːri | ɔ́rət(ə)ri] 〘《a1586》▭ L (*ars*) *ōrātōria* oratorical (art) (fem.) ← *ōrātōrius* oratorical〙 **—** *n.* **1** 雄弁; 雄弁術. **2** 修辞的文体，美辞麗句.

or·a·to·ry² [ɔ́(ː)rətɔ̀ːri, ɑ́r-, -tòːri | ɔ́rət(ə)ri] 〘《c1300》▭ eccl. L *ōrātōri-um* place of prayer (neut.) ← L *ōrātōrius* oratorical〙 **—** *n.* **1** 小礼拝堂，祈禱堂，祈禱室. **2** [the O-] オラトリオ会《通俗的な説教や祈禱を目的として 1564 年に設立されたカトリックの修道会》: the Fathers of the Oratory オラトリオ会士.

or·a·trix [ɔ́(ː)rətrɪks, ɑ́r- | ɔ́r-] 〘▭ L *ōrātrix* (fem.) ← *ōrātor*: ⇨ orator, -trix〙 *n.* (*pl.* **-a·tri·ces** [ɔ̀(ː)rətráɪsiːz, ɑ̀r- | ɔ̀r-]) 女性の雄弁家.

orb [ɔ́əb | ɔ́ːb] 〘《1526》▭ L *orb-is* ring, circle, orb ← ?〙 **—** *n.* **1 a** 球，球体 (sphere, globe). **b** 頂上に十字架を載せた金色の玉; 十字架付き宝珠《scepter と共に王位の標章》. **c** 《詩》眼球 (eyeball), 目 (eye). **2 a** 《詩》天体: the ～ of day 日輪，太陽. **b** 《廃》[the ～] 地球 (the earth). **3** 《古》**a** 円 (circle). **b** (行動の)範囲. **4** 《廃》(天体の)軌道 (orbit). **—** *vt.* **1** 丸くする; 球にする. **2** 《古》取り巻く，囲む (encircle). **—** *vi.* **1** 《まれ》〈惑星などが〉軌道を運行する. **2** 《詩》球形になる.

orbed *adj.* 球状の (spherical); 円形の (round).

or·bic·u·lar [ɔəbíkjulə | ɔːbíkjulə(r] 〘《c1450》▭ LL *orbiculār-is* ← L *orbiculus* (dim.) ← *orbis* 'ORB': ⇨ -cule, -ar¹〙 **—** *adj.* **1** 球形の; 円形の，環形の，丸くなった. **2** 完全な，全体的な，(一つに)まとまった. **3** 〖植物〗〈葉が〉円に近い. **～·ly** *adv.* **or·bic·u·lar·i·ty** [ɔəbìkjulǽrəṭi | ɔːbìkjulǽrətɪ, -rɪ-] *n.*

or·bi·cu·lar·is [ɔəbìkjulɛ́(ə)rɪs, -lɑ́ːr-, -rəs | ɔːbíkjuléərɪs, -lɑ́ːr-] 〘← NL ～ ← L *orbiculāris* (↑)〙 **—** *n.* (*pl.* **-la·res** [-riːz]) 〖解剖〗輪筋《内臓・感覚器などの開口部を輪状に取巻く筋肉》.

orbícular múscle *n.* 〖解剖〗輪筋 (sphincter).

or·bic·u·late [ɔəbíkjulət, -lɪt, -lèɪt | ɔː-] 〘▭ L *orbiculāt-us* ← *orbiculus* small orb: ⇨ orbicular, -ate²〙 *adj.* =orbicular.

or·bíc·u·làt·ed [-lèɪṭɪd, -ṭəd | -lèɪt-] *adj.* =orbiculate.

or·bit [ɔ́əbɪt, -bət | ɔ́ːbɪt] 〘《a1400》▭ L *orbita* wheel track, circuit ← *orbis* 'circle, ORB'〙 **—** *n.* **1 a** (天体や運動する物体の)軌道. **b** (人工衛星などが天体の周囲を回る)軌道. **c** 軌道運動[飛行](状態): in [out of] ～ 軌道上[外]に，軌道に乗って[をはずれて] / put in ～ 軌道に乗せる. **2** (人生の)行路，(日常の)生活過程; 活動範囲，勢力圏. **3** 球. **4** 〘▭ ML ～〙〖解剖〗眼窩(がんか) (eye socket); 目 (eye). **5** 〖動物〗(鳥・昆虫などの)眼縁部. **6** 〖航空〗(着陸待ちなどでの)旋回飛行のコース. **7** 〖物理・化学〗(電子が原子核の周囲を回る)軌道. **—** *vt.* **1** 〈天体〉の周囲を軌道を描いて回る: ～ the moon. **2** 〈人工衛星・宇宙船を〉軌道に乗せる. **—** *vi.* **1** 〈航空機が〉(着陸待ちなどで)旋回飛行をする. **2** 〈人工衛星・宇宙船が〉軌道に乗る[を回る].

or·bit·al [ɔ́əbəṭl | ɔ́ːbɪtl] 〘▭ ML *orbitāl-is*: ⇨↑, -al¹〙 **—** *adj.* **1** 軌道の[に関する]: ～ flight 軌道飛行. **2** 〈道路が〉都市の外郭を通る: an ～ road (都市の)外郭環状道路. **3** 〖解剖〗眼窩(がんか)の. **4** 〖動物〗眼縁部の. **—** *n.* 〖物理〗軌道関数《粒子の可能な運動様式を記述する Schrödinger 波動方程式の解》.

or·bi·ta·le [ɔ̀əbətéɪli, -téɪ-, -tɑ́ː- | ɔ̀ːbɪtéɪlɪ, -tɑ́ː-] 〘← NL ～ (neut.) ← ML *orbit* 'ORBIT 4': ⇨ -al²〙 *n.* 〖解剖・人類学〗眼窩(がんか)点《眼窩の下縁の最低部》.

órbital índex *n.* 〖人類学〗眼窩(がんか)示数《眼窩の幅に対する高さの百分比》.

órbital quántum nùmber *n.* =azimuthal quantum number.

órbital stéering *n.* 〖生化学〗軌道調整《酵素が基質と結合した時，反応する基の電子軌道の面を調整して反応をしやすくすること》.

órbital velócity *n.* 〖物理〗軌道速度《物体が一定の軌道を描いて動いている時の速度; cf. circular velocity》.

ór·bit·er [-ṭə | -tə(r] *n.* (軌道上を)旋回するもの; (特に)人工衛星，周回宇宙船: a lunar ～ 月周回宇宙船.

orb·y [ɔ́əbi | ɔ́ːbɪ] *adj.* (**orb·i·er**; **orb·i·est**) 《古》軌道を持つ，旋回する.

orc [ɔ́ək | ɔ́ːk] 〘《c1520》▭ F *orque* ∥ L *orca* a kind of whale ▭ Gk *óruga, órux* a large fish〙 **—** *n.* **1** 〖動物〗=orca. **2** (古くから文学などに現われる)海の怪獣 (sea monster); 人食い鬼 (ogre).

ORC 《略》Officers' Reserve Corps 予備将校隊; Organized Reserve Corps.

O.R.C. 《略》Orange River Colony; Order of the Red Cross 赤十字勲章.

or·ca [ɔ́əkə | ɔ́ː-] 〘← NL ～: ⇨ orc〙 *n.* 〖動物〗シャチ，サカマタ (*Orcinus orca*)《ゴンドウクジラ科の獰猛(どうもう)なクジラで世界の海洋に分布する; killer whale ともいう》.

Or·ca·di·an [ɔəkéɪdiən | ɔːkéɪdjən, -dɪən] 〘← L *Orcadēs* Orkney Islands＋-IAN〙 **—** *adj.* オークニー諸島 (Orkney Islands) の. **—** *n.* オークニー諸島の人.

or·ce·in [ɔ́əsiɪn, -siən | ɔ́ːsiɪn] 〘▭ F *orcéine*: ⇨ orcin, -in¹〙 *n.* 〖染色〗オルセイン ($C_{28}H_{24}O_7N_2$)《生体染色に使われる赤色染料》.

orch. 《略》orchestra; orchestral; orchestrate; orchestrated by; orchestration.

or·chard [ɔ́ətʃəd | ɔ́ːtʃəd] 〘OE *orceard, ortgeard* ← LL *ort-* (← L *hortus* garden)＋OE *geard* 'YARD²'〙 **—** *n.* **1** 果樹園 (fruit garden): an apple ～. **2** [集合的] 果樹園の全果樹.

órchard gràss *n.* 〖植物〗カモガヤ (*Dactylis glomerata*)《イネ科の牧草; cocksfoot, cockspur ともいう》.

ór·chard·ing *n.* 果樹栽培，果樹園経営.

ór·chard·ist [-dɪst, -dəst | -dɪst] *n.* 果樹栽培者，果樹園経営者.

orchard·man [-mən, -mæ̀n] *n.* (*pl.* **-men** [-mən, -mèn]) =orchardist.

órchard òriole *n.* 〖鳥類〗アカクロムクドリモドキ (*Icterus spurius*)《北米東部産のムクドリモドキ科の鳥; 雄の体色は赤褐色と黒》.

or·ches·tics [ɔəkéstɪks | ɔː-] 〘▭ Gk *orkhēstik-ós* ← *orkhēstḗs* dancer: ⇨↓, -ic¹〙 *n.* 舞踏法. **or·chés·tic** [ɔəkéstɪk | ɔː-] *adj.*

or·ches·tra [ɔ́əkɪstrə, -kəs-, -kes- | ɔ́:kɪs-, -kes-, -kəs-] 〚(1606) ◻ L *orchēstra* ◻ Gk *orkhḗstra* space on which the chorus performed ← *orkhéisthai* to dance ← IE *ergh- to go ← *er- to set in motion (cf. orient)〛 — *n.* **1** オーケストラ, 管弦楽団《弦楽器部 (strings), 木管楽器部 (wood winds), 金管楽器部 (brass winds), および打楽器部 (percussion instruments) の四部で構成される》: a fifty-piece ～ 50 人編成のオーケストラ. **2 a** (劇場で舞台と観客席との間にある)奏楽席. **b** 《米》(劇場の)一階《前方の上等席》. **3 a** (古代ギリシャの劇場で)舞台前の半円形の合唱隊席, コーラス[コロス]席, オルケストラ. **b** (古代ローマの劇場で)舞台前方の半円形の貴賓席.

órchestra círcle *n.* 〚劇場〛=parquet circle.

or·ches·tral [ɔəkéstrəl | ɔ:-] 〚(1811)〛 — *adj.* **1 a** オーケストラの[に関する, のための]: an ～ accompaniment 管弦楽の伴奏 / an ～ concert. **b** 管弦楽団の奏する: ～ music 管弦楽. **2** オーケストラを思わせる[のような]. **～·ly** *adv.*

órchestra pìt *n.* オーケストラボックス, 楽団席 (⇨ theater 挿絵).

órchestra stàlls *n. pl.* 〚劇場〛一階前方の席.

or·ches·trate [ɔ́əkɪstrèɪt, -kəs- | ɔ́:kɪs-, -kes-, -kəs-] 〚◻ F *orchestr-er*: ⇨ orchestra, -ate³〛 — *vt.* **1 a** 〈音楽を〉管弦楽に作[編]曲する. **b** 〈バレエなど〉に管弦楽による伴奏音楽をつける. **2** 調和を保ちつつ総合する, 所期の[最大限の]効果の得られるよう編成[総合]する. — *vi.* 管弦楽用に作[編]曲する. **ór·ches·trà·tor** [-ṭə | -tə(r)] *n.* **ór·ches·tràt·er** [-ṭə | -tə(r)] *n.*

or·ches·tra·tion [ɔ̀əkɪstréɪʃən, -kəs- | ɔ̀:kes-, -kɪs-] 〚◻ F ～: ⇨ ↑, -ation〛 *n.* **1** 〚音楽〛管弦楽(編成)法 (cf. instrumentation). **2** 調和的な総合[組織化].

or·ches·tri·na [ɔ̀əkɪstríːnə, -kəs- | ɔ̀:kɪs-, -kes-, -kəs-] 〚← ORCHESTR(A)+-INA²: cf. concertina〛 *n.* =orchestrion.

or·ches·tri·on [ɔəkéstriən | ɔ:késtrɪ-] 〚← ORCHESTR(A)+-ION: cf. accordion〛 *n.* 《米》オーケストリオン《オーケストラ類似の音を発するバレルオルガン (barrel organ) の一種》.

or·chid [ɔ́əkɪd, -kəd | ɔ́:kɪd] 〚(1845): ↓〛 — *n.* **1** 〚植物〛ラン, 蘭(らん)《ラン科植物の総称; 特に美しい温室栽培種 *Odontoglossum grande* など; cf. orchis》. **2** 薄紫色 (light purple). — *adj.* 薄紫色の.

Or·chi·da·ce·ae [ɔ̀əkədéɪsiìː | ɔ̀:kɪ-] 〚← NL ～ ← *Orchid-*, *Orchis* (属名: ← L *orchid-* (=archi-), *orchis* ◻ Gk *órkhis* 'testicle, ORCHIS': その塊根の形から)+-ACEAE〛 — *n. pl.* 〚植物〛ラン科.

or·chi·da·ceous [ɔ̀əkədéɪʃəs | ɔ̀:kɪ-] *adj.* **1** 〚植物〛ラン科の; ランに似た. **2** はでな, 華かな, 華麗な (showy). **～·ly** *adv.*

Or·chi·da·les [ɔ̀əkədéɪliːz | ɔ̀:kɪ-] 〚← NL ～ ← *Orchid-*, *Orchis* 'ORCHID'+-ALES〛 *n. pl.* 〚植物〛ラン目.

or·chi·dec·to·my [ɔ̀əkədéktəmi | ɔ̀:kɪdéktəmɪ] *n.* 〚外科〛=orchiectomy.

ór·chid·ist [-dɪst, -dəst | -dɪst] *n.* ラン栽培家.

or·chi·do- [ɔ́əkɪdo(ʊ), -kə- | ɔ́:kɪdə(ʊ)] 〚← *órkhidos*: Gk *órkhios* ((gen.) ← *órkhis* orchis, testicle) の誤形〛 「ラン科植物 (orchid), ラン (orchis); 睾丸(こうがん) (testicle)」の意の連結形.

or·chid·ol·o·gy [ɔ̀əkɪdɑ́ləd͡ʒi, -kə- | ɔ̀:kɪdɔ́ləd͡ʒɪ] 〚← ORCHIDO-+-LOGY〛 *n.* ラン園芸, ラン栽培(法).

or·chid·o·ma·ni·a [ɔ̀əkɪdo(ʊ)méɪniə, -kə- | ɔ̀:kɪdə(ʊ)méɪnjə, -nɪə] *n.* (極端な)ラン愛好癖.

or·chid·o·ma·ni·ac [ɔ̀əkɪdo(ʊ)méɪniæ̀k, -kə- | ɔ̀:kɪdə(ʊ)méɪnɪ-] *n.* ラン気違いの人[マニヤ].

or·chi·dot·o·my [ɔ̀əkɪdɑ́ṭəmi, -kə- | ɔ̀:kɪdɔ́təmɪ] *n.* 〚外科〛睾丸(こうがん)切開(術).

órchid trèe *n.* 〚植物〛=mountain ebony.

or·chi·ec·to·my [ɔ̀əkiéktəmi | ɔ̀:kiéktəmɪ] 〚← Gk *órkhis* testicle+-ECTOMY〛 — *n.* 〚外科〛睾丸(こうがん)摘出(術), 除睾(術), 去勢 (castration).

or·chil [ɔ́ətʃɪl, -tʃəl | ɔ́:tʃɪl] 〚(1483) ◻ OF *orchel* (F *orseille*) ← ?: cf. archil〛 *n.* =archil.

or·chil·la [ɔətʃílə | ɔ:-] *n.* =archil.

or·chis [ɔ́əkɪs, -kəs | ɔ́:kɪs] 〚◻ L ～ ◻ Gk *órkhis* orchis, testicle: cf. orchid〛 — *n.* 〚植物〛ラン《特に温帯地方野生のラン科ハクサンチドリ属(*Orchis*)の植物の総称; ハクサンチドリ (*O. aristata*), *O. spectabilis* など》. ★ 英国では orchis は自国の野生のものに用い, 外国産の栽培種には orchid を用いるのが普通.

or·chi·tis [ɔəkáɪṭɪs, -ṭəs | ɔ:káɪtɪs] 〚← NL ← Gk *órkhis* testicle+-ITIS〛 *n.* 〚病理〛睾丸(こうがん)炎.

or·cin [ɔ́əsɪn, -sən | ɔ́:sɪn] 〚← NL *orcina* ← *orc-* ← It. *orcello* 'ORCHIL': ⇨ -in¹〛 *n.* 〚化学〛=orcinol.

or·cin·ol [ɔ́əsɪnɔ̀(ː)l, -sə- -nòʊl | ɔ́:sɪnɔ̀l] 〚⇨ ↑, -ol¹〛 *n.* 〚化学〛オルシノール, オルシン ($CH_3C_6H_3(OH)_2$)《地衣類から得られる無色の結晶物質; 染料の原料》.

Or·cus [ɔ́əkəs | ɔ́:-] 〚◻ L ～ ← ?〛 *n.* 〚ローマ神話〛**1** オルクス《死者の国, 黄泉(よみ)の国; ギリシャ神話の Hades に当たる》. **2** 黄泉の国の主宰神 (Pluto).

Orc·zy [ɔ́ətsi | ɔ́:ksɪ, ɔ́:tsɪ; *Hung.* órtsi], Baroness **Em·mu·ska** [émmuʃkɔ] *n.* オルツィ《1865-1947; ハンガリー生まれの英国の女流小説家・劇作家; *The Scarlet Pimpernel* (1905)》.

ord., Ord. 《略》ordained; order; ordinal; ordinance; ordinary; ordnance.

or·dain [ɔədéɪn | ɔ:-] 〚(c1300) ◻ OF *orden-er* (F *ordonner*) ◻ L *ōrdināre* to order ← *ōrdinem*, *ōrdō* 'ORDER'〛 — *vt.* **1 a** 〈神・運命などが〉(あらかじめ)定める (destine): God has ～*ed* death *as* our lot [～*ed that* we should die]. 神はわれわれを死すべきものと定めたもうた. **b** 〈法律・政府などが〉規定する, 制定する; 命じる: They ～*ed that* the day will be a holiday. その日を休日とした. **2** 〈事を〉処理する, 司る, 運ぶ. **3 a** 〚プロテスタント・英国国教会〛〈人を〉〈牧師・執事〉に任命する. **b** 〚カトリック〛〈司祭・助祭などに〉叙品する: be ～*ed* priest [*to* the priesthood] 司祭に叙品される, 司祭になる. **c** 〚ユダヤ教〛〈主任牧師 (rabbi)〉に任命する. — *vi.* 命令する. **～·ment** *n.*

or·dáin·er 〚(c1300) ◻ AF *orde(i)nour*=OF *ordeneor* ← *ordener* 'to ORDAIN': ⇨ -or²〛 — *n.* **1** 任命者. **2** [しばしば O-] 〚英史〛国政改革委員会 (Lords Ordainers) の一員.

Ord. Dep. 《略》〚軍事〛Ordnance Department 兵器部, 造兵部.

or·deal [ɔədíːl, ⌐⌐ | ɔ:díːl, -díːəl, -díəl, ɔ́:diːl] 〚OE *ordāl, ordǣl* judgment < Gmc *uzdailjam (Du. *oordeel* / G *Urteil*) ← *uzdailjan to share out ← *uz- out + *dailjan 'to DEAL²': -*deal* のつづりは DEAL² の影響〛 — *n.* **1** (人格・忍耐力などの)試金石, 試錬; 苦しい体験. **2** 試罪法, 神明裁判, 神判《古代ゲルマン民族の間で行なわれた裁判法で, イングランドではノルマン征服の後まで行なわれた; 容疑者を縛って水中に沈める ordeal by water, 熱湯を満たした容器の中に腕を入れて中の石を取り出させる ordeal by hot water, 焼けた鉄の棒を握らせる ordeal by hot iron, パンかチーズ 1 オンスを呑みこませる ordeal by morsel の 4 種があり, それでも害を受けない者は無罪だとされた》.

ordéal bèan *n.* 〚植物〛=Calabar bean.

ordéal trèe *n.* 〚植物〛マダガスカル地方の常緑樹 (*Tanghinia venegifera*)《その有毒の種子は原住民が試罪法 (ordeal) に用い, それから採った毒液 (tanghin) は鏃(やじり)に付けて死刑の執行に用いた》.

or·der [ɔ́ədə | ɔ́:də(r)] 〚(? a1200) (O)F *ordre* ◻ L *ōrdinem*, *ōrdō* row, series ← IE *ōr-dh- ← *ar- to fit together (L *ōrdīrī* / Gk *ordeîn* to begin a web): cf. article〛 — *n.* **A 1 a** [しばしば *pl.*] (上官・上司などからの)命令, 指令, 指図(さしず): obey [disobey] ～*s* 命令に従う[背く] / give [issue] ～*s* 命令する[を発する] / take ～*s* from a person [a person's ～*s*] 人の指図を受ける, 人の風下に立つ / He gave an ～ *for* the unit *to* be dispatched.=He gave an ～ *that* the unit (should) be dispatched. 彼はその部隊を派遣するように命じた / My ～*s* were to stay where I was. 私の受けた命令は「そのまま留まっていよ」というものだった / by ～ (of the authorities) (その筋の)命により / under [on] the ～*s* of ...の命のもとに[によって] / sailing ～*s* 出帆命令 / ⇨ marching order 2, 3, sealed orders, standing order 2, ORDER in Council. **b** 〚法律〛(法廷・判事の発する)指令, 命令《記録には載せられるが, 判決文には記されないもの》: an ～ of attachment 差押え[拘禁]命令. **2 a** 注文; 注文書: a large ～ 大口の注文 (cf. 3) / give [receive] an ～ *for* ...の注文をする[受ける] / place an ～ *with* ...に注文する / call last ～*s* ⇨ call *vt.* 1 a / The grocer has sent for ～*s*. 食料品店が御用聞きをよこした / ⇨ back order, *on* ORDER, *to* ORDER. **b** [集合的] 注文品: We will deliver your ～ promptly. ご注文の品は早速お届け致します. **c** (レストランなどでの)注文(料理), オーダー: The cook handed the waitress an ～ *of* sandwiches. コックはウェートレスに注文のサンドイッチを渡した.
3 《口語》(割り当てられる) 仕事, 要求. ★ 通例次の句で: *a tall* [*large*] ～ 困難な仕事, 不当な要求, 無理な注文.
4 a 為替(かわせ), 為替手形: ⇨ postal order, post-office order, money order. **b** 〚商業〛指図(書); 指図人: a delivery ～ 荷渡し指図(書) / a check [bill] payable to ～ 指図人払い小切手[手形].
5 《英》(劇場・博物館などの)無料[優待]入場券; 入場[下検分]許可書: an ～ *for* the play その芝居の特別入場券 / Admission by member's ～. [掲示] 会員の紹介ある者のほか入場お断り / Admission by special ～ only. [掲示] 特別券御持参の方に限り入場許可 / an ～ to enter a place (下検分のために)ある場所に立ち入るのを認める許可書 / ⇨ ORDER to view.
B 1 (事物・事件・価値などの)順序, 順位, 序列: *in* alphabetical ～ ABC 順に / *in* chronological [numerical] ～ 年代[番号]順に / *in* ～ of age [size] 年齢[大きさ]の順に / *in* regular [proper] ～ 正しい順序で / follow the ～ of events 事件の順序を追う.
2 a 整然とした秩序[配置], 整頓 (arrangement): cleanliness and ～ *in* a room 部屋の中の清潔と整頓 / His house is *in* good [bad] ～. 彼の家はよく整頓されている[整頓されていない] / She has a great love of ～. 整理整頓が大好きだ / The demonstrators were marching *in* good [bad] ～. デモ隊は整然と[列を乱して]行進していた (cf. B 2 c) / ⇨ *in* ORDER (1), *out of* ORDER (1). **b** 正常[健全]な状態: ⇨ *in* ORDER (2), *out of* ORDER (2). **c** 状態, 具合, 調子 (condition): Affairs are *in* good [bad] ～. 事態は良好だ[悪い] / The goods arrived *in* good ～. 品物は無事に(破損しないで)到着した / The machine is not *in* working ～. 機械は正常に運転できる状態ではない / Things were hardly in running ～. 事態は順調には進んでいなかった.
3 〚文法〛**a** 語順 (word order). **b** (文法規則適用の)順序; (直接構成素の)序列. **c** 形態素順《語中の位置の上で互いに共通する形態素の種類; 例えば talk*ed*, talk*ing*, talk*s* における -ed, -ing, -s は同一の形態素類をなしている》.
4 〚軍事〛**a** 隊形 (formation): an ～ of march 行進隊形 / ⇨ ORDER of battle, close order, extended order, open order. **b** (特定の場合に使用される)装備, 軍装: parade ～ 観兵式用軍装 / in review ～ 閲兵用軍装で / ⇨ marching order 1. **c** [the ～] =order arms 1.
5 a (社会の)秩序, 治安, 公安; 規律 (discipline): law and ～ 法と秩序 / peace and ～ 安寧秩序 / public ～ 治安, 公安 / maintain [restore] ～ 公安を保つ[回復する]. **b** (自然の)理法, 道理, 秩序: the ～ of nature [things, the world] 自然界[万物, 世界]の理法[秩序] / the moral ～ 道徳的理法[秩序]. **c** (特定の時代の社会的・政治的)体制 (system): the present social [political, economic] ～ 現在の社会[政治, 経済]体制 / The old ～ should be changed. 旧体制は変えなければならない / ⇨ New Order. **d** (時代の)流行, 趨勢, 主潮: the new ～ *in* linguistics 言語学の新傾向.
6 a 慣習, 定例; (特に, 会議・議会などで)議事の進行手続き, 議事規則(の遵守): a breach of ～ 議事規則違反《特に, 議場における騒々しい行動》/ call a speaker to ～ 〈議長が〉演説者に議事規則違反を注意する / call a meeting to ～ 開会を宣する / rise to (a point of) ～ 〈議員が〉起立して演説者の議事規則違反を議長に抗議する / *Order! Order!* 違法, 違法《議会で議事規則違反(議場の混乱)を取り締まれという議長への抗議》/ Will the meeting please come to ～? 議員各位静粛に願います / ⇨ *in* ORDER (3), *out of* ORDER (3), standing order 3. **b** 宗教的儀式, 祭礼 (rite): the ～ of Holy Baptism 洗礼式 / the ～ of confirmation 按(あん)手式[礼]; 〚カトリック〛堅振式 / the ～ of worship 〚プロテスタント〛儀式の執行方式, 礼拝式順.
7 a 水準 (level), 等級 (rank): talents *of* a high [low] ～ 優れた[低級の]才能 / an art critic *of* the first ～ 第一級の美術評論家 / ⇨ ORDER of magnitude. **b** 範疇(はんちゅう), 種類: matters *of* quite another ～ 全く別種の事柄 / the same ～ *of* ideas 同種の思想.
8 a [しばしば *pl.*] (社会的)階級: the higher [middle, lower] ～*s* 上流[中流, 下層]階級 / all ～*s* and degrees of men あらゆる階級の人々. **b** (職業的)社会: the clerical [military] ～ 聖職[軍人]社会. **c** 牧師[司祭]の階級; 〚カトリック〛品級, 聖品: the ～ of bishops, deacons, priests, etc. / ⇨ major order, minor order. **d** [*pl.*] 牧師職, 聖職: in (holy) ～*s* 聖職について / *in* deacon's ～*s* 助祭[執事]の職について / take (holy) ～*s* 聖職につく. **e** [通例 *pl.*] 聖職叙任, 〚カトリック〛叙品(式) (ordination): receive ～*s* / letters of ～ ⇨ letter².
9 a (中世の)騎士団; (中世の騎士団に似た, 現代の)勲爵士団; (同上団体の)勲章, 勲位: an *Order* of Chivalry [Knighthood] 騎士[勲爵士]団. **b** (私的な)友愛組合, 結社: the Masonic *Order* 秘密共済組合. **c** (カトリック教会などの)修道会: a monastic ～ 修道会 / the ～ of Benedictines ベネディクト(修道)会 / ⇨ Dominican Order, Franciscan Order.
10 〚神学〛天使の階級《9 階級の一; cf. angel 1》.
11 〚建築〛オーダー, 柱式《古代ギリシャ・ローマ・イタリア建築の柱式》: the Doric ～ ドリス式オーダー《ギリシャ建築の最古の形式; 柱は高さに比して太く, 柱頭の装飾が簡素で柱脚に繰形のないのが特徴》/ the Ionic ～ イオニア式オーダー《ギリシャ建築の柱式; 柱頭に渦巻き形装飾 (volutes) を用いてあるのが特徴》/ the Corinthian ～ コリント式オーダー《ギリシャ建築の柱式; 柱頭にアカンサスなどの葉飾りを施してあるのが特徴》/ the Tuscan ～ トスカナ式オーダー《ローマ建築の様式; 装飾がほとんどなく柱身にも縦溝がない, 鐘形柱頭などがその特徴》/ the Composite ～ コンポジット[複合]式オーダー《ローマ建築の柱式で, イオニア式とコリント式の折衷様式》.

1　2　3　4　5

orders B 11
1 Tuscan; 2 Doric; 3 Ionic; 4 Corinthian; 5 Composite

12 〚生物〛(動植物分類上の)目(もく) (cf. classification 2).
13 〚土壌〛オーダー, 目(もく)《土壌分類上の最高位の単位》.
14 〚数学〛**a** 次数 (degree): a derivative of the second ～ 第二次導関数. **b** (群の)位数. **c** (微分方程式の)階数. **d** 順序.

by order ⇨ A 1 a. ***cancel to order*** 〚郵趣〛〈切手を〉注文消しにする《収集家の要求によって消印をすることをいう》. ***in order*** (↔ out of order) (1) 順を追って, 順序正しく: take things *in* ～ ものごとを順に取り上げる. (2) 整然と(して), きちんと(して); 調子よく, 健康で: put one's ideas *in* ～ 考えをまとめる, 頭の中を整理する / She failed to keep her pupils *in* ～. 生徒に規律を守らせることができなかった / ⇨ *put* [*set, leave*] *one's* AFFAIRS *in order*, *put* [*set*] *one's* HOUSE *in order*. (3) 議事規則にかなって: The question is *in* ～. その質問は正当なものである. (4) 適切で, ふさわしい, 望ましい: A caution is here *in* ～. (念のため)この辺で一つ注意をしておくのがよかろう. ***in order***

to do [*that*...] [目的を示す不定詞句・副詞節を導いて]…するために, しようとして: He worked hard *in* ~ *to* get the prize. その賞を得ようとして熱心に勉強した / He told her to go *in* ~ *that* she *might* see for herself. 自分の目で確かめさせるために彼女に行かせた. ★ (1) in order that ...は《文語》. (2) 古くは「in order to＋名詞[代名詞]」の形式も用いられた. ***in short order*** ⇨ short order 成句. ***made to order*** (1) 注文製で, オーダーメードで: a suit *made to* ~ オーダーメードのスーツ (made-to-order suit). (2) あつらえ向きで, 申し分ない, 理想的な〔*for*〕: a pean *made to* ~. ***of* [《英》*in*] *the order of*** (数量・大きさが)…台の[で], おおよそ, 約…: The population is *of the* ~ *of* 100,000. 人口は10万台である / annual profits *in the* ~ *of* 10 per cent 年間10パーセントほどの収益. ***on order*** 注文して, 注文中で: The book is *on* ~. ***on orders*** (上からの)命令によって (cf. A 1 a): act *on* ~*s*. ***on the order of*** (1)《米》…に似かよって(いる): a game *on the* ~ *of* bingo ビンゴ式のゲーム. (2) ＝*of the* ORDER *of*: lose *on the* ~ *of* a thousand dollars 約千ドル損をする. ***out of order*** (↔ in order) (1) 順序が狂って: speak *out of* ~ 順番でないのに発言する[しゃべる]. (2) 乱雑に(なって), 調子が狂って[悪くて]; 〈体の具合が悪くて: get *out of* ~ 調子が悪くなる, 故障する / The car is *out of* ~ again. また車の調子がおかしい / My heart is *out of* ~. 心臓の調子が悪い. (3) 議事規則に違反して: Your motion is *out of* ~. あなたの動議は正当なものではない. (4) 不適当で, 穏当でない: His apology was rather *out of* ~. 彼の弁明はちょっと当を得ていなかった. ***stand upon the order of one's going*** (退席の順序などにこだわらず)急いで立ち去る, (遠慮なく)さっさと行ってしまう (cf. Shak., *Macbeth* 3. 4. 114). ***take order*** (1)《古》適切な手段を構じる〈*to do*〉〔*for*〕. (2)〔事を〕処理[処置]する〔*with*〕. ***take orders*** (1) ⇨ A 1 a. (2) ⇨ B 8 d. ***to order*** 注文に応じて (cf. made-to-order). ***under order(s)*** 〈…せよという〉命令を受けて〈*to do*〉(cf. A 1 a): The unit was *under* ~*s to* embark. その部隊には乗船命令が出ていた. ***under starter's orders*** 〈競走馬・競走者など〉位置につきスタートの合図を待って.

order bill of lading 〖貿易〗指図人式船荷証券《発送人が白地裏書した証券で譲渡可能; 金融の対象となる; 略 order B/L; cf. BILL³ of lading》.

Order in Council (1) (英国の)枢密院令《国王が枢密院 (Privy Council) に諮問して発する勅令》. (2) 総督令《総督 (governor-general) が council に諮問して発し法的効力をもつ》.

order of battle 〖軍事〗(1) 戦闘序列. (2) 戦力組成《ある部隊の識別・兵力・指揮機構・兵員配備・編成・装備・行動などに関する一切の情報》.

order of business (1) (評議会などの)議題の順序; (処理すべき事項の順位を決めた)業務予定. (2) (取り上げるべき)問題, 課題 (task): The problem was the first ~ *of business* with the commission. その問題が委員会にとっての第一の課題であった.

Order of Friars Minor [the ―] ＝Franciscan Order.

order of magnitude (1) 大きさの等級: of the same ~ *of magnitude* 同程度の大きさの. (2) (数量を計る単位としての)桁(ケタ): Their estate is larger than ours by two ~*s of magnitude*. 彼らの土地は我々のよりも二桁分大きい《100 倍もある》.

Order of Merit [the ―] (英国の)メリット勲位[勲章]《1902 年制定され, 文武の殊勲のあった 24 人に限り与えられる名誉勲位; 略 O.M.》.

Order of St. Michael and St. George [the ―] (英国の)聖ミカエル・聖ジョージ勲位[勲章]《1818 年制定され, Knight [Dame] Grand Cross (略 G.C.M.G.), Knight [Dame] Commander (略 K.[D.]M.G.), Companion (略 C.M.G.) の 3 階級がある》.

Order of St. Patrick [the ―] (英国の)聖パトリック勲位[勲章]《1788 年 George 三世が制定》: a Knight of (*the Order of*) *St. Patrick* 聖パトリック勲爵士《略 K.P.》.

Order of the Bath [the ―] 〖《1603》← BATH¹: 前夜沐浴の儀式を勤めたあとにこの勲位を授けられた慣習から〗(英国の)バス勲位[勲章]《1399 年 Henry 四世の戴冠式の時に制定され, 17 世紀中葉以後すたれたが 1725 年 George 一世により再設された; 1971 年より女性にも授けられる; Knight [Dame] Grand Cross (略 G.C.B.), Knight [Dame] Commander (略 K.[D]C.B.), Companion (略 C.B.) の 3 階級がある》.

Order of the British Empire [the ―] (英国の)大英帝国勲位[勲章]《1917 年制定され, 国家に勲功のある軍人と文官に与えられる; Knight [Dame] Grand Cross (略 G.B.E.), Knight [Dame] Commander (略 K.[D.]B.E.), Commander (略 C.B.E.), Officer (略 O.B.E.), Member (略 M.B.E.) の 5階級がある》.

Order of the Companions of Honour [the ―] (英国の)名誉勲位《1917 年制定され, 国家に功労のあった男女 65 人に限り与えられる; 略 C.H.》.

order of the day (1) [通例 the ―] 日程 (agenda); (特に, 議会の)議事日程. (2) 〖軍事〗(指揮官からその部隊に通例功績などを記念して発する)通達, 令達. (3) [the ―] 時の流行[風潮]: Baseball is *the* ~ *of the day*. 当今は野球ばやりの時代である.

Order of the Garter [the ―] (英国の)ガーター勲位[勲章]《英国勲爵士 (Knight) の最高勲位で, 国民中の受勲者は 24 人に限られる; 1348 年 Edward 三世により制定され, 勲章には Honi soit qui mal y pense (悪意に解する者は恥じいるべし)の銘がある》: a Knight of (*the Order of*) *the Garter* ガーター勲爵士(略K.G.).

Order of the Holy Spirit [the ―] hospitalers の修道会《1180 年フランスに創立され, 1847 年 Pius 九世によって解散させられた》.

Order of the Thistle [the ―] (英国の)あざみ勲位[勲章]《1687 年 James 二世により制定され, ガーター勲位に次ぐ勲位で王族以外 16 人のスコットランド貴族が叙せられる》: a Knight of (*the Order of*) *the Thistle* あざみ勲爵士 (略 K.T.).

Order of the Visitation (of Our Lady [of the Blessed Virgin Mary]) [the ―] 〖キリスト教〗聖マリア訪問童貞会《貧者・病者の慰問および(今では主として)少女教育を目的とするカトリック女子修道会; the Nuns of the Visitation ともいう; cf. visitant *n.* 3》.

― *vt.* **1 a** 命令する, 指図する (command); …に…するように命じる〈*to* do〉, 〈…するように〉命じる〈*that*〉: ~ an advance [a retreat] 前進[退却]を命じる / He ~*ed* the soldiers *to* fire their guns.＝He ~*ed* the guns *to* be fired.＝He ~*ed that* the guns (should) be fired. 兵士たちに発砲を命じた / He ~*ed* the carriage (*to* be) brought round at ten o'clock. 10時に馬車を回すように命じた. ★ *that*-clause 内に仮定法現在形の動詞を用い, また目的語＋受動形不定詞を伴う場合に過去分詞の前に to be を略すのは主に《米》. **b** [しばしば二重目的語を伴って] 〈医者が〉(患者に)指図する (prescribe): ~ a dose of medicine before each meal 毎食前に薬を一服飲めと指図する / My doctor ~*ed* me complete rest [~*ed* complete rest *for* me]. 医者は私に完全静養を命じた. **c** [場所を示す副詞(句)を伴って] 〈人〉に(ある場所へ)行く[来る]ように命じる: ~ a person *about* [*around*] 人を方々へ送る; 人をあごで使う / ~ a person *away* [*home*] 人に去れ[家に帰れ]と命じる / He was ~*ed abroad* [to Egypt, *out of* Egypt]. 海外に出張を[エジプトに出張を, エジプトを去るように]命じられた. **d** [時に二重目的語を伴って] 〈食事・タクシーなどを〉命じる, 言いつける; 注文する; (注文して)取り寄せる: ~ a lunch / ~ a beefsteak ビフテキを注文する / What have you ~*ed for* dinner? 食事には何を注文しましたか / Shall I ~ you a car? 車を呼びましょうか / I ~*ed* some new books *from* England. 英国から新刊書を数冊取り寄せた. **2** 排列する, (然るべく)並べる, 整理する (arrange). **3** 規定する, 規制する (regulate): ~ one's life 生活を規制する / God ~*s* all things in heaven and earth. 神は天地もろもろの事を統御する. **4** 〈神・運命などが〉定める (ordain): It was so ~*ed* of God. 神はそのように定められた. **5** 《古》聖職に任じる: He was ~*ed* deacon. 執事に任じられた. ― *vi.* 命令を出す, 注文を出す; 指図する: I haven't ~*ed* yet. まだ注文をしていない.

order arms 〖軍事〗立て銃(ツツ)の姿勢をとる (cf. order arms): *Order arms!* [号令] 立て銃. ***order up*** 〖軍事〗(1) (現役勤務に)召集する (call up). (2) 〈軍を〉(後方から)前線に移動させる.

órder árms 〖← *Order arms!* (imp.)〗 *n.* 〖軍事〗立て銃(ツツ)の姿勢.

órder bòok *n.* **1** 注文控え帳. **2** [しばしば O- B-] (英下院への)動議通告簿. **3** 〖軍事〗命令録, 命令簿.

órder clèrk *n.* 受注記入係.

ór·dered *adj.* **1** 規律正しい; 整然とした: an ~ life. **2** 〖数学〗順序づけられた: ⇨ ordered pair.

órdered fíeld *n.* 〖数学〗順序体《要素に順序のつけられた体》.

órdered ń-tùple *n.* 〖数学〗*n* 組 (⇨ n-tuple).

órdered páir *n.* 〖数学〗順序対《二つの対象に順序をつけて並べた (a, b) のようなもの》.

ór·der·er [-dərə | -rə(r)] 〖《1496-67》 *orderour*〗 *n.* 命令者; 注文者.

órder-fòrm *n.* 注文用紙.

ór·der·ly 〖《1477》〗 ― *adj.* **1 a** 整頓のいい, きちんとした (neat); 規則正しい (regular): an ~ room きちんと整頓した部屋. **b** 〈行動など〉整然とした, 組織だった (systematic). **2** 規則を守る, 規律正しい: an ~ citizen / an ~ crowd. **3** 従順な (obedient); 行儀正しい, 物静かな (quiet): ~ behavior 行儀のよい振舞 / ~ children よく言うことを守る子供たち / in an ~ manner 落ち着いて. **4** 〖軍事〗命令の, 伝令の: an ~ man＝orderly *n.* 1. ― *adv.* 規則通りに; 規律正しく (methodically). ― *n.* **1** 〖軍事〗(上級将校づきの)伝令, 当番(兵); 看護兵. **2** (病院の)用務員. **3** 《英》街路掃除人 (street cleaner). **ór·der·li·ness** *n.*

órderly bòok *n.* 《英》(連隊・中隊の)命令簿《上部からの命令を記録しておく》.

órderly òfficer *n.* 《英》〖軍事〗日直[当直]将校; 伝令.

órderly ròom *n.* 〖軍事〗(兵舎内の)中隊事務室《歩兵中隊 (company)・砲兵中隊 (battery)・騎兵中隊 (troop) などの日常業務を行ない, 記録書類を保存してある事務室》.

órder nísi *n.* 〖法律〗仮命令, 条件付命令《命令に不服の者が一定期間内に理由を主張して証明しなければ, 絶対的な効力を生じるという条件付きの命令》.

órder pàper *n.* (議会の)議事日程表.

or·di·nal¹ [ɔ́ədənl, -dn̩l, -dnl | ɔ́:dɪnl] 〖《c1400》□ LL *ōrdināl-is*: ⇨ order, -al¹〗 ― *adj.* **1** 順序を示す: ⇨ ordinal number. **2** 〖生物〗(動植物分類上の)目(モク)(order) の. ― *n.* ＝ordinal number.

or·di·nal², O- [ɔ́ədənl, -dn̩l, -dnl | ɔ́:dɪnl] 〖《*a*1393》□ ML *ōrdināle* ← LL (neut.) ← *ōrdinālis* (↑)〗 ― *n.* **1** 〖カトリック〗叙階[叙品]定式書, 叙階式の式文. **2** 〖英国国教会〗聖職授任式次第書; 任職式様式集.

órdinal númber [númeral] *n.* **1** 順序数詞, 序数《one, two, three などの基数 (cardinal number) に対し first, second, third など》. **2** 〖数学〗順序数, 序数.

or·di·nance [ɔ́ədənəns, -dn̩- | ɔ́:dɪnəns, -dn̩-] 〖《*a*1338》□ OF *ordenance* (F *ordonnance*) □ ML *ōrdinantia* ← L *ōrdināre* 'to ORDAIN': ⇨ -ance〗 ― *n.* **1 a** 法令 (enactment), 布告 (decree)〔*on*〕: a city ~ 市令 / a Government [Department] ~ (日本の)政[省]令. **b** 《米》(市町村の)条例. **2** (既存の)規則, きまり; 既定方針; 慣例, 慣習. **3** 宿命, 神の定め. **4** 〖キリスト教〗儀式; サクラメント (sacrament); (特に)聖餐式 (Communion). **5** 《古》＝ordonnance 2.

or·di·nand [ɔ̀əd(ə)nǽnd, -dn̩-, ⌐-⌐ | ɔ̀:dɪnǽnd, ⌐-⌐] 〖《1824》□ LL *ōrdinand-us* (gerundive) ← *ōrdināre* 'to ORDAIN'〗 *n.* 〖キリスト教〗聖職(授任)候補者.

or·di·nar·i·ate [ɔ̀ədənέ(ə)riət, -dn̩-, -riɪt, -rièɪt | ɔ̀:dɪnέəriət, -riɪt, -rièɪt] 〖← ORDINARY (n.)＋-ATE¹〗 ― *n.* 〖カトリック〗(司教区 (diocese), 大司教区 (archdiocese) などの管理区分による)分区; 小区分.

or·di·nar·i·ly [ɔ̀ədənérəli, -dn̩-, ⌐-⌐-- | ɔ́:dɪnrəlɪ, -dnr-, -d(ə)nər-, -dn̩ər-, -rɪlɪ] *adv.* **1** 普通の場合は, 通例, 通常 (usually). **2** 大抵, 概して. **3** 普通に, 人並に: more than ~ (人)並はずれて.

or·di·nar·y [ɔ́ədənèri, -dn̩- | ɔ́:dɪnrɪ, -dnrɪ, -d(ə)nərɪ, -dn̩ərɪ] 〖adj.: 《*c*1460》□ L *ōrdinārius* of regular order, customary: cf. F *ordinaire*. ― n.: 《*c*1303》□ AF & OF *ordinarie* (F *ordinaire*) □ L *ōrdinārius*: ⇨ order, -ary〗 ― *adj.* **1** 通例の; 普通の, 通常の, いつもの (customary); 正規の, 正則の (regular): an ~ form 普通の方式 / ~ language 日常言語 (cf. ordinary-language philosophy) / in ~ circumstances 普通(の場合には) / in the ~ way 普通(なら). **2** (品質・能力・階級などが)並の, 平凡な (commonplace); 劣った (inferior): the ~ man (世間なみの)平凡人 / a very ~ book まるでつまらない本, 駄作 / a woman of ~ appearance 不器量な女. **3** 〈公務員・職員など〉正規の, 常任の, 直属の (cf. *in* ORDINARY 1). **4** 〖法律〗(職務上当然の)管轄権をもつ. **5** 《英》〖証券〗〈株式が〉普通の (cf. deferred 2, preferred).

― *n.* **1** [the ~] 普通の状態[やり方], 常例: above *the* ~ 並はずれた, 非凡な / something out of *the* ~ 並はずれたもの, 例外的[けたはずれ]なこと[もの]. **b** 普通のもの[人]. **2** 《英》**a** (旅館・料理店などの)定食. **b** 定食付き旅館, 定食料理店, 定食食堂. **c** 《米古》(主に南部の)酒場, 旅館. **3** 《英》〖証券〗普通株 (cf. preferred share). **4** [しばしば O-] 〖キリスト教〗**a** 礼拝儀式順序規定書, 典礼文. **b** 通常文, 不変部《ミサの典礼文のうち常時用いられる部分》: the *Ordinary* of the Mass ミサ聖祭通常文. **5** [the ~; しばしば O-] 〖英国国教会〗(直接的権威をもつ人の意味で, 自分の所属する)管区[教区]長《管区の場合は大主教, 教区の場合は主教》. **6** (昔の)大小輪自転車《前輪が非常に大きく後輪が小さい; cf. safety bicycle》. **7 a** 《米》(ある州での)遺言検認判事. **b** 〖スコット法〗＝Lord Ordinary. **c** 《廃》(昔 Newgate Prison の)死刑囚の教誨(キョウカイ)師 (chaplain). **8** 〖紋章〗幾何学的図形. ★ 次の 2 グループに大別 (⇨ heraldry 挿絵C, D): (1) honorable ordinaries (主オーディナリーズ)―chief, fess, bend, pale, chevron, cross, saltire, pile, pall. (2) subordinaries (サブオーディナリーズ)―quarter, canton, gyron, inescutcheon, bordure, orle, tressure, fret, lozenge, flaunche, billet, label, roundle.

ordinary 6

by ordinary (1) 通例(は) (ordinarily). (2) 《スコット》異常な, 風変りな (unusual). ***in ordinary*** (1) 《英》〈職員が〉常任[直属]の: a physician *in* ~ to the King (国王の)侍医 / an ambassador *in* ~ 駐在大使. (2) 〖海事〗〈艦船が〉非役の: a ship *in* ~ 非役艦; 繫船(ケイセン).

ór·di·nàr·i·ness *n.*

órdinary differéntial equátion *n.* 〖数学〗常微分方程式《未知関数の導関数は含むが偏導関数は含まない微分方程式; cf. partial differential equation》.

órdinary-lánguage philósophy *n.* 〖哲学〗日常言語哲学《日常言語の特性に着目し, その分析を通じて哲学的問題の解決を図ろうとする現代イギリス哲学の動向》.

órdinary láy *n.* (ワイヤーを縒(ヨ)る際の)普通縒り《子なわの縒りがワイヤーと逆になっているもの》.

Órdinary lèvel *n.* 《英》〖教育〗普通課程 (⇨ GENERAL Certificate of Education).

órdinary life insúrance *n.* 〖保険〗**1** (簡易および団体生命保険に対して)普通生命保険. **2** 終身払込みの生命保険.

órdinary pòint *n.* 〖数学〗**1** 正則点《複素関数の特異点 (singular point) 以外の点》. **2** 通常点《曲線上の(特異点以外の)点》.

órdinary ráy *n.* 〖光学・結晶〗常光線《複屈折で分かれた 2 種の光のうち, 速度すなわち屈折率がどの方向に対しても等しく, 普通の屈折の法則に従うもの; cf. extraordinary ray》.

órdinary's cóurt *n.* 〖米法〗(Georgia 州と以前の South Calorina 州などの)遺言検認裁判所 (⇨ probate court).

órdinary séaman *n.* **1** 〖海事〗二等水夫《able-bodied seaman の次位; 略 O.S., O.D.》. **2** 〖米海軍〗三等水兵.

órdinary wàve *n.* 〖通信〗正常波《電波が電離層の中で地球磁界の影響を受けて, 一般に楕円(だえん)偏波となる場合の左回りの電波; O-wave ともいう; cf. extraordinary wave》.

or·di·nate [ɔ́ədənət, -nɪt, -dn̩-, -dn̩èɪt | ɔ́:dɪnət, -nɪt, -dn̩-] 〖← NL (*linea*) *ōrdināte* or *ōrdinātim* (*applicāta*) 《原義》(line applied) in an orderly manner ← L *ōrdinātus* (p.p.) ← *ōrdināre* 'to ORDAIN'〗 ― *n.* 〖数学〗縦座標 (cf. abscissa). ― *vt.* 《古》 **1** =ordain. **2** 〈異質なものを〉等位的に並べる (coordinate); 調整する, 調和させる.

or·di·na·tion [ɔ̀ədənéɪʃən, -dn̩- | ɔ̀:dɪn-] 〖《*c*1400》□ LL *ōrdinātiō*(*n*-) ← L *ōrdināre* 'to ORDAIN': ⇨ -ation〗 ― *n.* **1** 〖キリスト教〗聖職叙任, 聖職按手(あんしゅ)式; 〖カトリック〗叙階(式), 叙品(式). **2** 神の定め (decree): an ～ of Providence 天の定め. **3** (等級・種別などによる)排列, 分類.

or·di·nee [ɔ̀ədəní:, -dn̩- | ɔ̀:dɪn-, -dən-, -dn̩-] 〖← LL *ōrdināre* 'to ORDAIN' + -EE ∽ 《*a*1338》□ OF *ordiné* (p.p.) ← *ordiner*〗 *n.* 新任の聖職者; (今は通例)新任の執事 (deacon).

ordines *n.* ordo の複数形.

ordn. 《略》〖軍事〗ordnance.

ord·nance [ɔ́ədnəns | ɔ́:d-] 〖《*a*1393》《変形》← ORDINANCE: もとは ordinance と区別なく用いられた; 意味による分化は 17 世紀〗 ― *n.* **1** [集合的] **a** 砲, 大砲, 火砲《特に, 正規軍が採用した規格の大砲》. **b** (器材・弾薬・車輛・修理用具などを含めた)兵器, 武器; 軍需品, 軍用補給品. **2** (政府の)軍需品部.

órdnance màp *n.* 《英》陸地測量部地図.

órdnance òfficer *n.* **1** 武器[兵器]科将校, 武器[兵器]主任(将校), 武器[兵器]係将校. **2** (砲兵大隊の)砲術将校; 〖米海軍〗砲術長.

órdnance sùrvey *n.* 《英》 **1 a** 陸地測量. **b** [集合的] 陸地測量地図. **2** [the O- S-] (英国政府の)陸地測量部.

or·do [ɔ́ədoʊ | ɔ́:dəʊ] 〖□ ML *ōrdō* ordo, (L) 'series, ORDER'〗 *n.* (*pl.* **or·di·nes** [ɔ́ədɪnì:z, -də- | ɔ́:dɪ-], ～**s**) [通例 O-] 〖カトリック〗(1 年間の)祭式規程書.

or·don·nance [ɔ̀ədənɑ́:(n)s, -nɔ́:(n)s, -nɔ́(:)ns, -dn̩- | ɔ̀:dən-; *F* ɔʀdɔnɑ̃:s] 〖《1644》□ F ～ 《変形》← OF *ordenance*: ⇨ order, ordinance〗 ― *n.* (*pl.* ～**s** [～ɪz, ～əz; *F.* ～]) **1** (建物・絵画・文芸作品などの)配置, 配合, 排列 (arrangement). **2** (ヨーロッパでの)法規, 法令 (ordinance).

Or·do·vi·cian [ɔ̀ədəvíʃən | ɔ̀:-] 〖← L *Ordovicēs* ((pl.): ウェールズ北部に住んでいた Celt 族の名) + -IAN〗〖地質〗 ― *adj.* (古生代のオルドビス紀[系]の《Cambrian に次ぐ》): the ～ period [system] オルドビス紀[系]. ― *n.* [the ～] オルドビス紀[系].

or·dure [ɔ́ədʒə | ɔ́:djʊə(r)] 〖《?*c*1380》□ (O)F ～ ← OF *ord* filthy < L *horridum* 'HORRID'〗 ― *n.* **1** 排泄(はいせつ)物 (excrement), 糞(ふん) (dung). **2** 猥褻(わいせつ)なもの[言葉]; ポルノ的なもの《絵・写真・小説など》.

Or·dzho·ni·ki·dze [ɔ̀ədʒɑ̀nɪkídzə | ɔ̀:dʒɔn-; *Russ.* ardʒənikjídzi] 〖← *G. K. Ordzhonikidze* (1886-1937: ロシヤの政治家)〗 *n.* オルジョニキーゼ《ソ連邦ロシヤ共和国南西部, カフカス山脈の北斜面, 北オセチア自治共和国の首都; 人口 281,000》.

ore [ɔ́ə, óə | ɔ́:(r)] 〖OE *ār* brass < Gmc **ajiz* (OHG *ēr* (G *eheren* brazen) / ON *eir* / Goth. *aiz*) ← IE **aios*- a metal (copper or bronze) (L *aer-*, *aes* metal, copper / Skt *ayas* metal): OE *ōra* unwrought metal, ore (cf. Du. *oer*) の影響を受けた〗 ― *n.* **1 a** 鉱石, 原鉱: iron ～(*s*) 鉄鉱 / raw ～ 原鉱. **b** 貴重なものが得られるもと[原料]. **2** 《詩》金属; (特に)貴金属, 金.

ö·re [ɜ́:rə; *Dan., Norw.*, ø:rə, *Swed.* œ̀:ra] 〖□ Dan. & Norw. *øre* & Swed *öre* □ L *aureus* gold coin〗 ― *n.* (*pl.* ～) **1 a** オーレ《デンマーク・ノルウェーの通貨単位; = $^1/_{100}$ krone》. **b** オーレ《スウェーデンの通貨単位; = $^1/_{100}$ krona》. **2 1** オーレ硬貨.

Ore. 《略》Oregon.

o·re- [ɔ́:ri, óːri | ɔ́:rɪ] (母音の前に来る時の) oreo- の異形 (⇨ oro-[1]).

o·re·ad, O- [ɔ́:riæ̀d, óːr-, -riəd | ɔ́:riæ̀d] 〖《*c*1586》□ L *Orēad-*, *Orēas* □ Gk *Oreiás* ← *óros* mountain: ⇨ -ad[1]〗 ― *n.* 〖ギリシャ・ローマ神話〗オレイアス《山の精; cf. dryad, mymph 1》.

o·rec·tic [ɔ:réktɪk, oːr- | ɔ:r-] 〖□ Gk *orektik-ós* appetitive ← *orektós* stretched out ← *orégein* to stretch out, desire: ⇨ -ic[1]〗 ― *adj.* **1** 〖哲学〗欲求の, 願望の. **2** 〖医学〗食欲の (appetitive).

O·rec·to·lob·i·dae [ɔ:rèktoʊlɑ́bədì:, oːr- | ɔ:rèktə(ʊ)lɔ́bɪ-] 〖← NL ～ ← *Orectolobus* (属名: ← Gk *orektós* (↑)) + -IDAE〗 *n. pl.* 〖魚類〗テンジクザメ科.

óre drèssing *n.* 〖鉱山〗(機械による)選鉱.

Oreg. 《略》Oregon.

o·reg·a·no [ərégənoʊ, ɔ(:)r- | ɔrégənəʊ] 〖□ Am.-Sp. *orégano* □ Sp. *oregano* wild marjoram □ L *origanum* □ Gk *or(e)íganon*: cf. origan〗 ― *n.* (*pl.* ～**s**) **1** 〖植物〗ハナハッカ (⇨ origanum). **2** 乾燥したハナハッカ(の葉)《香辛料》.

Or·e·gon [ɔ́(:)rɪgən, ɑ́r-, -rə-, -gɑ̀n | ɔ́rɪgən, -gɔn] 〖← ? Am.-Ind. *ouragan* 《原義》birch-bark dish: 本来は Columbia River の名〗 ― *n.* 米国太平洋岸北部の州 (⇨ United States of America 表). ★ 現地の発音は [-gən] が普通.

Óregon cédar *n.* 〖植物〗ベイヒ (⇨ Port Orford cedar).

Óregon cráb àpple *n.* 〖植物〗米国 Oregon 州産のバラ科の白い花をつける野生リンゴ (*Malus fusca*); その実《赤味を帯びた黄色》.

Óregon fír *n.* 〖植物〗=Douglas fir.

Óregon grápe *n.* 〖植物〗ヒイラギメギ (*Mahonia aquifolium*)《米国太平洋沿岸原産のメギ科の常緑低木; hollygrape, holly-leaved barberry, mountain grape, Oregon holly grape ともいう》.

Or·e·go·ni·an [ɔ̀(:)rɪgóʊniən, ɑ̀r-, -rə-, -njən | ɔ̀rɪgə́ʊnjən, -niən] *adj.* (米国) Oregon 州(人)の. ― *n.* Oregon 州人.

Óregon máple *n.* 〖植物〗=paperbark maple.

Óregon píne *n.* 〖植物〗=Douglas fir.

Óregon Tráil *n.* [the ～] 《米》オレゴン街道《Missouri 州西部 Independence から Oregon 州 Columbia 川に至る; 1840-60 年ごろの開拓者・植民地人が盛んに利用した; 全長 3,200 km》.

óre hèarth *n.* 〖冶金〗床(とこ)吹き炉《鉛を精錬する炉; Scotch furnace ともいう》.

o·re·ide [ɔ́:riàɪd, óːr- | ɔ́:rɪ-] *n.* 〖冶金〗=oroide.

O·rel [ɔ:rél, oːr- | ɔ:rél; *Russ.* arjól] *n.* オリョール《ソ連邦ロシヤ共和国西部, Oka 河畔の都市; 人口 289,000》.

Óre Móuntains [ɔ́ə-, óə- | ɔ́:-] *n. pl.* [the ～] ⇨ Erzgebirge.

O·ren·burg [ɔ́:rənbə̀:g, óːr-, -bʊ̀əg | ɔ́:rənbə̀:g, -bʊ̀əg; *Russ.* ərjinbúrk] *n.* オレンブルグ《ソ連邦ロシヤ共和国西部, Ural 河畔の工業都市; 人口 446,000》.

o·ren·da [ɔ:réndə, oːr- | ɔ:r-] 〖□ N-Am.-Ind. (Iroquoian) ～〗 *n.* オレンダ《Iroquois Indians の間で信じられている魔力, 霊力; cf. manitou 1》.

o·re·o- [ɔ́:rioʊ, óːr- | ɔ́:rɪə(ʊ)] 〖□ L ～ □ Gk ～ ← *ore-, óros* mountain: ⇨ oro-[1]〗 =oro-[1], *oreography*, *oreology*, etc. ★ 母音の前では通例 ore- になる.

óre shòot *n.* 〖鉱山〗富鉱体, 「直利(なおり)」, 「大直(おおなおり)」.

O·res·te·ia [ɔ̀:restí:ə, ɔ̀:r- | ɔ̀:r-, ɔ̀r-] *n.* [the ～] 「オレスティア」《Aeschylus 作の悲劇 (458 B.C.); *Agamemnon, Choëphoroe, Eumenides* の三部からなる》.

O·res·tes [ɔ:résti:z, ɔ:r- | ɔ(:)rés-, ər-] 〖□ L *Orestēs* □ Gk *Oréstēs* ← *óros* mountain〗 ― *n.* 〖ギリシャ伝説〗オレステース《Agamemnon と Clytemnestra との子で Electra の弟; 父を殺した母とその情夫の Aegisthus とを殺して父のあだを報いた》.

Ö·re·sund [ɜ̀:rəsúnd; *Swed.* œ̀:rəsúnd] *n.* [the ～] エラスンド(海峡)《スウェーデン南西部とデンマークの Zealand 島との間にあって Kattegat, Baltic 両海をつなぐ海峡; 長さ 113 km, 幅 5-50 km; 英語名 The Sound》.

o·rex·is [ɔ:réksɪs, oːr-, ər-, -səs | ɔ:réksɪs] 〖← L ～ □ Gk *órexis* desire, appetite〗 *n.* 〖心理〗食欲, 摂取願望.

orfe [ɔ́əf | ɔ́:f] 〖□ G *Orf* □ F *orphe* < L *orphum* a kind of fish □ Gk *orphṓs*〗 *n.* 〖魚類〗=ide.

Orff [ɔ́əf | ɔ́:f; *G.* ɔrf], **Carl** *n.* オルフ (1895-1982; ドイツの作曲家・音楽教育家; *Carmina Burana* (1936)).

or·fray [ɔ́əfri | ɔ́:frɪ] *n.* (*also* **or·frey** [～]) =orphrey.

org. 《略》organ; organic; organism; organist; organization; organized.

or·gan [ɔ́əgən | ɔ́:-] 〖《*a*1325》□ OF *organe* (F *orgue*) □ L *organum* tool, implement (ecc. L *organum* church organ) □ Gk *órganon* instrument, tool: cf. ergon〗 ― *n.* **1 a** パイプオルガン (pipe organ)《多く教会堂に備えられる最も大規模な楽器》; (パイプオルガンの)鍵盤(けんばん)《音管およびその付属品一切を除いた部分》. **b** リードオルガン (reed organ), 足踏みオルガン, (普通にいう)オルガン (harmonium). **c** 手回し風琴 (hand organ). **d** 《古》楽器, (特に)管楽器. **2 a** (動植物の)器官, 臓器: an artificial ～ 人工臓器 / a digestive ～ 消化器 / ～*s* of generation [reproduction] 生殖器 / ～*s* of hearing 聴覚器官 / vocal ～*s* =ORGANS of speech / ⇨ sense organ. **b** 《古》(人・動物の)発声器官, 音声, 声量: He has a splendid ～, but is quite untrained in singing. 彼は声は大したものだが歌い方がさっぱり練れていない. **c** 《俗》=penis. **3** (政治などの)機関: an intelligence ～ 諜報機関 / ～*s* of government 政治機関《議会・官庁・法廷など》. **4** (新聞・雑誌など, 意見発表の)機関誌[紙]; マスメディア: an official ～ 機関雑誌[新聞] / a party ～ 政党の機関紙[誌] / ～*s* of public opinion 世論の機関, 新聞, 雑誌, マスメディア / a government ～ 政府機関紙. **5** 〖骨相学〗身体の特定の機能と対応すると考えられる脳の部位.

organ of Corti 〖解剖〗コルチ器官《蝸牛(かぎゅう)管内における聴覚器官; Corti apparatus ともいう》.

organs of speech [the ―] 音声器官《言語音 (speech sound) を発する運動に参加する体の器官; 肺・喉頭・舌・口蓋・歯・唇など》.

or·gan-[1] [ɔ́əgən, ɔəgǽn | ɔ́:gən, ɔ:gǽn] (母音の前に来る時の) organo-[1] の異形.

or·gan-[2] [ɔəgǽn, ɔ́əgən | ɔ:gǽn, ɔ́:gən] (母音の前に来る時の) organo-[2] の異形.

organa[1] *n.* organon の複数形.

organa[2] *n.* organum の複数形.

órgan·bìrd *n.* 〖鳥類〗セジロカササギフエガラス (*Gymnorhina hyperleuca*)《オーストラリアの Tasmania に生息するフエガラス科の鳥; 鳴き声が調子外れのオルガンに似ている》.

órgan-blòwer *n.* パイプオルガンのふいごを開閉する人[装置].

órgan-bùilder *n.* パイプオルガン製造(職)人.

or·gan·die [ɔ́əgəndi | ɔ́:gəndɪ, ɔ:gǽn-] 〖《1835》□ F *organdi*: ⇨ organzine〗 *n.* オーガンジー《平織などで目の透いた手ざわりのこわい薄地の織物; 婦人服用》.

or·gan·dy [ɔ́əgəndi | ɔ́:gəndɪ, ɔ:gǽn-] *n.* 《米》=organdie.

or·gan·elle [ɔ̀əgənél | ɔ̀:-] 〖← NL ～ (dim.) ← L *organum* 'ORGAN': ⇨ -el[1]〗 *n.* 〖生物〗細胞器官, 器官子.

órgan-grìnder *n.* (街頭の)手回し風琴弾き.

or·gan·ic [ɔəgǽnɪk | ɔ:-] 〖《1517》□ L *organic-us* □ Gk *organikós*: ⇨ organ, -ic[1]〗 ― *adj.* **1** 有機体の, 生物の: ～ evolution 生物進化 / ～ remains 生物の遺骸. **2** 〖化学〗 **a** 炭素を含む, 有機の (cf. inorganic 4): an ～ acid 有機酸《酪酸・乳酸・醋酸・酒石酸など》/ ～ matter 有機化合物, 有機物《炭化水素の類》/ ⇨ organic base. **b** (化学の一分野として)有機の: ⇨ organic chemistry. **3 a** (動植物の)臓器の, 器官の. **b** 〖病理〗器質性の《疾患のうち目で認められるような解剖学的変化のある; cf. functional 5》: an ～ disease 器質性疾患. **c** 〖心理〗器質性の, 器質的変化から生じる (cf. functional 6): ～ psychoses 器質性精神病. **4** 有機的な, 相互関連的な, 組織的な, 系統的な (systematic): an ～ body 有機体 / the ～ unity of the state 国家の有機的統一 / an ～ whole 組織的完体, 有機的統一体 / the ～ view of the world 有機的世界観 / Social progress is ～. 社会の進歩は有機的[組織的]である. **5 a** (有機体にとって)固有の, 本質的な, 根本的な, 構造上の. **b** 〖法律〗(国家など組織体の構造上)基本的な, 憲法上の: ⇨ organic law. **6** 〖言語〗〈構造が〉発生的な, 語源的な, 偶発的でない《例えば these (<ME *thise*) の -e は organic であるが, those (< ME *thās, thōs*) の -e は inorganic》. **7** 〖農業〗(化学肥料・農薬を用いず)有機[動植物]質肥料で栽培した, 動植物質肥料の, 有機農業の: ～ vegetables. **8** 〖建築〗有機的な《生物の形態をモデルにした建築のシステムや造型にいう》. ― *n.* **1** 有機質肥料. **2** 有機殺虫剤.

or·gán·i·cal·ly 〖《1662》〗 *adv.* **1** 有機的に; 器官によって. **2** 組織的に; 根本的に. **3** 有機体の一部分として; 体制上, 構成上.

Orgánic Álphabet *n.* ⇨ visible speech 1.

orgánic báse *n.* 〖化学〗有機塩基《有機化合物のうちで塩基性をもつもの》.

orgánic chémistry *n.* 有機化学 (cf. inorganic chemistry).

orgánic compóund *n.* 〖化学〗有機化合物.

or·gán·i·cìsm [-nəsìzm | -nɪ-] 〖《1823》〗 ― *n.* **1** 〖哲学・生物〗有機体説, 生体論《生命体[現象]は, 機械的な部分の結合でなく, 部分の有機的な全体的組織から成るという説; 国家等の生物体以外のものにも同様の見方を拡大し適用する考え》. **2** 〖医学〗器官説: **a** すべての症状は器質性疾患 (organic disease) によるという説. **b** 体内の各器官は固有の構造をもっているからその相互関係を重んじなければならないという説. **3** 〖社会学〗社会有機体説《社会は個人を越えた存在で生物有機体のように成長の過程をたどるという説》.

or·gán·i·cist [-sɪst, -səst | -sɪst] *n.*

orgánic láw *n.* (国家など組織体の)構成法, 基本法.

orgánic pígment *n.* 〖化学〗有機顔料 (cf. mineral pigment).

orgánic sensátion *n.* 〖心理〗内臓感覚《飢渇・吐き気・排泄欲など内臓器官から生じる感覚》.

orgánic sóil *n.* 〖地質〗有機質土.

or·ga·ni·sa·tion [ɔ̀əg(ə)nɪzéɪʃən, -nə- | ɔ̀:gənaɪ-, -nɪ-] *n.* =organization.

or·ga·nise [ɔ́əgənàɪz | ɔ́:-] *v.* =organize.

or·gan·ism [ɔ́əgənìzm | ɔ́:-] 〖《1664》〗 ― *n.* **1 a** 有機体. **b** (有機的)生き物, 生物, 生体: microscopic ～*s* 微生物. **2** 有機的組織体《宇宙・社会・国家など》. **3** 〖哲学〗有機体《形態的・機能的に分化し, 異なる部分が一つの内面的原理によって統一されてできた全体》.

or·gan·is·mal [ɔ̀əgənízməl | ɔ̀:-] *adj.* **or·gan·is·mic** [ɔ̀əgənízmɪk | ɔ̀:-] *adj.* **òr·gan·ís·mi·cal·ly** *adv.*

ór·gan·ist [-nɪst, -nəst | -nɪst] 〖《1591》□ F *organiste* □ ML *organista*: ⇨ organ, -ist〗 *n.* (パイプ)オルガン奏者.

or·ga·niz·a·ble [ɔ́əgənàɪzəbl̩, ⌐―⌐―― | ɔ́:gənàɪzəbl̩, ⌐―⌐――] *adj.* 組織できる.

or·ga·ni·za·tion [ɔ̀əg(ə)nɪzéɪʃən, -nə- | ɔ̀:gənaɪ-, -nɪ-] 〖《1432-50》□ ML *organizātiō*(*n*-): ⇨ organize, -ation〗 ― *n.* **1** 組織, 編制, 編成, 構成 (formation): peace [war] ～ (軍隊の)平時[戦時]編制. **2** 有機的組織体, 機構. **3** 団体, 組合, 協会. **4** [集合的] **a** (事業会社などの)経営陣, 管理部(職員). **b** (政党を運営する)役員《全体》; 役員会. **5** 《まれ》生物体 (organism).

Organization of African Unity [the ―] アフリカ統一機構《1963 年に成立したアフリカ諸国の連帯機構; 加盟国はエチオピア・エジプト・ガーナ・ギニア・スーダン・チュニジアなど 49 か国; 略 OAU》.

Organization of American States [the ―] 米州機構《アメリカ大陸の平和と安全, 相互理解の促進などを目的に 1948 年設立; 現在の加盟国は米国および中南米諸国の計 26 か国; 略 OAS》.

― *attrib. adj.* 組織の水準[要求]に合うような: ⇨ organization man.

òr·ga·ni·zá·tion·al [-ʃənl̩, -ʃnəl] *adj.* **1** 組織(体)の; 組織化した. **2** =organization. ～**·ly** *adv.*

organizátion cènter *n.* 〖動物〗形成中心, 編制中

心《正常な動物胚の中で形成体作用をもつ胚域; cf. organizer 3》. 「織(体系)図, 機構図.
organizátion chàrt *n.* (会社・官庁・団体などの)組
organizátion expènses *n., pl.* 創立費《会社の創立に要する費用; cf. promotion expenses》.
organizátion màn *n.* 組織人《企業・官庁・軍隊などの組織体で, その規律や要求に順応し, 滅私奉公的に働く人; 例えば「も一れつ社員」》.
or·ga·nize [ɔ́əgənàɪz | ɔ́ː-] 〘《1413》▭ (O)F *organiser* ▭ ML *organizāre*: ⇨ organ, -ize〙 ― *vt.* **1** 組織する, 編制する: ~ an army, a party, etc. **2** 系統だてる (systematize); まとめる, 整理する: ~ facts. **3** [通例 p.p. 形で] **a** …を有機化する: ~*d* matter 有機体. **b** …を組織化する: ~*d* resistance 組織的な抵抗. **4** 〈遠征・催し物などを〉計画[準備]する: ~ an expedition to the South Pole 南極探検隊を組織する / ~ a charity evening 慈善興行の夕べを準備する[催す]. **5** 〈労働者・(職場としての)企業などを〉労働組合に加入させる[組織化する] (unionize): ~ workers, a factory, etc. / ⇨ organized labor. **6** 〈工場・会社などを〉設立[創立]する (establish): ~ a company / an *organizing* committee 創立委員会. **7** [~ one*self* で]《口語》気を静める, 気を取り直す. **8**《英俗》**a** [通例 p.p. 形で] (自分に有利に)〈事を〉やる: That is ~*d*. それはうまくやっておいた / Get it ~*d*. 適当にしておけ. **b** 〈物を〉せしめる (wangle). **9**《古》《音楽》(9-13 世紀の初期多声音楽で)〈定旋律 (cantus firmus)〉に対旋律 (organum) をつける.
― *vi.* **1** 組織化する; 有機化する. **2** (組織的に)団結する. **3 a** 労働組合を組織する. **b** 労働組合に加入する; 労働組合加入を勧誘する, オルグする.
ór·ga·nìzed *adj.* **1** 労働組合に加入した (cf. organize *vt.* 5). **2**《米俗》酔っ払った.
órganized férment *n.* 《生化学》不溶性酵素《細胞質と密接に固着して抽出できない酵素; insoluble enzyme ともいう; ↔ unorganized ferment》.
órganized lábor *n.* [集合的] 組織労働者《労働組合に加入している全労働者》.
órganized milítia *n.* ⇨ militia 2 b.
ór·ga·nìz·er 〘《1849》← ORGANIZE+-ER[1]〙 ― *n.* **1 a** 組織者. **b** (新設会社などの)創立者[委員]. **c** (催し物・興行などの)主催者; 興行主, 座元. **d** オルグ, 組織員《他の労働者に対する組合加入の勧誘を任務とする労働組合員》. **2** 分類書類ばさみ. **3**《動物》形成体, 編成源, オルガナイザー《二次胚の形成を誘導する物質; cf. organization center》.
órgan-lòft *n.* (教会・コンサートホールの)パイプオルガンを備え付けた張り出した二階.
órgan màss *n.* オルガン ミサ《オルガン演奏と会衆の歌の交替によるミサ(通常文); そのオルガン音楽》.
or·ga·no [ɔ́əgənòu | ɔ́ːgənòu] 〘《略》← ORGANOMETALLIC〙 *adj.* 《化学》有機の, オルガノ《本来は無機化合物であるものに有機化合物の基を含むの意味》.
or·ga·no-[1] [ɔ́əgəno(u), ɔəgǽnə | ɔ́ːgənə(u), ɔːgǽn-] 〘← Gk *órganon* 'ORGAN'〙「器官 (organ)」の意の連結形: *organo*genesis. ★ 母音の前では通例 organ- になる.
or·ga·no-[2] [ɔəgǽno(u), -nə, ɔ́əgəno(u) | ɔːgǽnə(u), ɔ́ːgən-] 〘← ORGANIC〙《化学》「有機の (organic); 有機金属の; 有機と…との」の意の連結形: *organo*silicon. ★ 母音の前では通例 organ- になる.
orgàno·chlórine *adj.* 《化学》有機塩素の.
òrgano·génesis *n.* 《生物》器官形成, 器官発生.
òrgano·genétic *adj.* **òrgano·genétically** *adv.*
or·ga·nog·ra·phy [ɔ̀əgənágrəfi | ɔ̀ːgənɔ́grəfi] *n.* (動植物の)器官学. **or·ga·no·graph·ic** [ɔ̀əgəno(u)grǽfɪk, ɔəgæ̀nə- | ɔ̀ːgənə(u)-, ɔːgæ̀nə-] *adj.*
or·ga·no·lep·tic [ɔ̀əgəno(u)léptɪk, ɔəgæ̀nə- | ɔ̀ːgənə(u)-, ɔːgæ̀n-] 〘▭ F *organoleptique* ← ORGANO-[1]+ Gk *lēptikós* disposed to accept〙 ― *adj.* **1** (味覚・嗅覚・視覚などの)感覚器官の[を刺激する]. **2** 感覚器官を用いる(検査による). **3** 感覚的刺激に反応する.
ór·ga·no·lép·ti·cal·ly *adv.*
or·ga·nol·o·gy [ɔ̀əgənálədʒi | ɔ̀ːgənɔ́lədʒi] 〘《1814》← ORGANO-[1]+-LOGY〙 ― *n.* (動植物)器官研究, 器官学; (特に)内臓学. **or·gan·o·log·ic** [ɔ̀əgəno(u)ládʒɪk, ɔəgæ̀nəl-, -nḷ- | ɔ̀ːgənə(u)lɔ́dʒ-, ɔːgæ̀n-] *adj.* **òr·gan·o·lóg·i·cal** *adj.* 「ムの.
orgàno·magnésium *adj.* 《化学》有機マグネシウ
orgàno·mercúrial *n.* 《化学・薬学》有機水銀化合物[剤]《マーキュロクロム (mercurochrome) など》.
orgàno·mercúric *adj.* 《化学》有機水銀の: an ~ compound 有機水銀化合物.
orgàno·mércury *adj.* 《化学》有機水銀の.
orgàno·metállic *adj.* 《化学》有機金属の.
or·ga·non [ɔ́əgənàn | ɔ́ːgənɔ̀n] 〘▭ Gk *órganon*: ⇨ organ〙 ― *n.* (*pl.* **-ga·na**, ~**s**) **1** (科学的研究の)原則, 研究法; 方法論的原則. **2** [O-]「オルガノン」《Aristotle の論理学書; cf. Novum Organum》.
or·gan·o·phile [ɔəgǽnəfàɪl, ɔ́əgəno(u)- | ɔːgǽnə(u)-, ɔ́ːgən-] *adj.* 《化学》=organophilic.
or·gan·o·phil·ic [ɔəgæ̀nəfílɪk, ɔ̀əgəno(u)- | ɔːgæ̀nə(u)-, ɔ̀ːgən-] *adj.* 《化学》有機物親和性の, 親油性の《有機溶媒で膨潤するようなコロイドの性質をもった》.
orgàno·phósphate *adj.* 《化学》有機リンの, 有機リン化合物の. 「phosphate.
orgàno·phósphorous *adj.* 《化学》=organo-
orgàno·sílicon *adj.* 《化学》有機ケイ素化合物の.
orgàno·silóxane 〘← ORGANO[2]-+*siloxane* (《混成》← SILANE+OXYGEN)〙 ― *n.* 《化学》オルガノシロキサン《$R_3SiO(R_2SiO)nSiR_3$, $(R_2SiO)n$ などによって示される化合物の総称》.
or·gan·o·sol [ɔəgǽnəsɔ̀(ː)l, -sòul | ɔːgǽnəsɔ̀l] *n.* 《化学》オルガノゾル《アルコール・エーテルなどの有機溶媒を分散媒とするコロイド》.
òrgano·thérapy *n.* 《医学》臓器療法《動物の臓器やエキスを用いてする療法》.
òrgano·therapéutic *adj.*
or·ga·no·trop·ic [ɔ̀əgəno(u)trápɪk, ɔəgæ̀nə- | ɔ̀ːgənə(u)trɔ́p-, ɔːgæ̀n-] *adj.* 《医学》臓器親和性の (cf. neurotropic, pantropic[1]). **òr·ga·no·tróp·i·cal·ly** *adv.*
or·ga·not·ro·pism [ɔ̀əgənátrəpìzṃ | ɔ̀ːgənɔ́t-] *n.* 《医学》臓器親和性.
órgan pìpe *n.* **1** (パイプオルガンの)音管. **2**《生物》サボテンやクダサンゴなどでみられる円柱あるいは管状の構造物.
órgan-pìpe càctus *n.* 《植物》ハクウンカク(白雲閣) (*Pachycereus marginatus*)《サボテンの一種》.
órgan-pipe còral *n.* 《動物》クダサンゴ《熱帯の珊瑚礁区域に分布する腔腸動物門八放サンゴ亜綱クダサンゴ属(*Tubipora*)の管状のさやの並列するサンゴ》.
órgan pòint *n.* 《音楽》=pedal point.
órgan scrèen *n.* 《教会》オルガンスクリーン, オルガン仕切り《教会の聖歌隊席 (choir) とネーブ (nave) ―大聖堂などではここにオルガンが置かれる―との間の飾り幕》.
órgan stòp *n.* **1** オルガンストップ, 音栓《パイプオルガンの同じ音色のパイプの組》. **2** ストップノブ (stop knob)《オルガンストップを操作するつまみ》.
or·ga·nule [ɔ́əgən(j)ùːl | ɔ́ːgənjùːl] 〘← ORGAN(ISM)+(MOLEC)ULE〙 *n.* 《医学》オーガヌール(⇨ molechism).
or·ga·num [ɔ́əgənəm | ɔ́ː-] 〘▭ L *organum* ▭ Gk *órganon*: cf. organ〙 ― *n.* (*pl.* **or·ga·na** [-nə], ~**s**) **1** =organon 1. **2**《音楽》オルガヌム《単旋聖歌に新たに旋律を加えて即興的に修飾したことから始まる初期多声音楽様式》; オルガヌム声部.
or·gan·za [ɔəgǽnzə | ɔː-] 〘《変形》? ← *Lorganza* (商標): cf. organzine〙 *n.* オーガンザ《絹・ナイロンなどの薄い平織りの服地》.
or·gan·zine [ɔ́əgənziːn | ɔ́ː-] 〘▭ F *organsin* ▭ It. *organzino* ← ? *Urgandi* (Turkestan 地方の町の名; 最初の生産地): cf. organdie〙 ― *n.* 《紡織》撚(よ)りの多い諸撚(もろよ)糸《上質織物の経(たて)糸用》.
or·gasm [ɔ́əgæzṃ | ɔ́ː-] 〘《1646》▭ F *orgasme* ∥ NL *orgasm-us* ← Gk *orgasmós* ← *orgān* to swell〙 ― *n.* **1**《医学》性的興奮[快感]の頂点, オルガスム(ス). **2** (感情の)極度の興奮. **3** 興奮の爆発[渦]. **or·gas·tic** [ɔəgǽstɪk | ɔː-] *adj.*
or·gas·mic [ɔəgǽzmɪk | ɔː-] *adj.* 極度の興奮[オルガスム(ス)]を思わせる[引き起こす].
or·geat [ɔ́əʒa:(t) | ɔ́ːʒaː; *F.* ɔrʒa] 〘▭ F ~ ← *orge* barley < L *hordeum*〙 ― *n.* アーモンドシロップ《アーモンド(もとは大麦)に砂糖を加えて作った飲料などの香味料; またこれを使った清涼飲料水》.
Or·get·o·rix [ɔədʒétərìks | ɔːdʒét-] *n.* オルゲトリクス《Helvetia の頭領; Julius Caesar に反抗した (58 B.C.) が, 捕えられ自殺した (62 B.C.)》.
or·gi·as·tic [ɔ̀ədʒiǽstɪk | ɔ̀ːdʒɪ-] 〘▭ Gk *orgiastik-ós* ← *orgiastēs* one who celebrates orgies ← *orgiázein* to celebrate orgies: ⇨ orgy〙 *adj.* **1 a** オルギアの (⇨ orgy 1). **b** 酒神祭のような. **2** 飲み騒ぐ, 底抜け騒ぎの.
or·gie [ɔ́ədʒi | ɔ́ːdʒɪ] *n.* =orgy.
org-man [ɔ́əgmæ̀n | ɔ́ːg-] 〘《短縮》← *org(anization) man*〙 *n.* (*pl.* **-men** [-mèn])《米》=organization man.
or·gone [ɔ́əgoun | ɔ́ːgəun] 〘← ORG(ASM)+*-one* (cf. ozone)〙 ― *n.* 《心理》オーゴン《W. Reich (1897-1957) が想定した宇宙に充満しているという活力で, このエネルギーが蓄積されるように作られた箱状の装置 (orgone box) に, 心身に障害のある人を坐らせ治療の一助とする》.
or·gu·lous [ɔ́əg(j)ʊləs | ɔ́ː-] 〘《c1275》*orgeilus, orgulous* ▭ OF *orguillus* ← *orguil* pride ▭ OHG **urguoli* ← *urguol* renowned〙 ― *adj.* 《古》**1** 誇り高い, 高慢な (proud). **2** はでな, すばらしい. ~**·ly** *adv.*
or·gy [ɔ́ədʒi | ɔ́ːdʒɪ] 〘《1589》▭ F *orgie* ∥ L *orgia* (pl.) ▭ Gk *órgia* (pl.) secret rites, esp. of Bacchus: cf. ergon〙 ― *n.* **1** [*pl.*] オルギア《古代ギリシャ・ローマで乱飲乱舞の大酒宴で祝った Dionysus または Bacchus の秘儀の祭り》. **2 a** [通例 *pl.*] 乱飲乱舞の酒宴, 底ぬけ騒ぎ. **b** ばか騒ぎ, お祭り騒ぎ; 過度の熱中, 耽溺: a regular ~ of concerts and parties 音楽会やらパーティーやらのばか騒ぎ / a Beethoven ~ ベートーベンぶっつづけ[連続]演奏会 / an ~ of killing 狂乱的殺人, めった斬り, めった射ち. **c** 麻薬[乱交]パーティー(など). **3** はでな色の乱舞, 気違いじみた彩色.
o·ri- [ɔ́ːri, ɔ́ri, -rə | ɔ́ːrɪ] 〘▭ F ~ ▭ LL ~ ← L *ōr-, ōs* mouth: cf. oro-[2]〙 ―「口 (mouth); 口と…との」の意の連結形.
-oria *suf.* -orium の複数形.
-o·ri·al [ɔ́ːriəl, ɔ́ːr- | ɔ́ːrɪ-] 〘← L *-ōrius* '-ORY[1]'+-AL[1]〙 ― *suf.* 「…の, …に属する, …に関係のある」の意の形容詞を造る《★ -ory[2] に終る名詞の場合に多い》: purgat*orial*, territ*orial*.
O·ri·a·na [ɔ̀ːriǽnə, ɔ̀ːr- | ɔ̀riáːnə, ɔ̀ːr-] 〘cf. L *orīrī* to rise〙 *n.* 女性名.
o·rib·a·tid [ɔ(ː)ríbəṭɪd, ɑr-, ɔ̀(ː)rəbǽṭ-, ɑ̀r-, -ṭəd | ɔríbətɪd, ɔ̀rɪbǽt-] 〘← NL *Oribatidae* ← *Oribata* (属名: ← ? Gk *oreibátēs* mountain-ranging ← *óros* mountain)+-IDAE〙 ― *n.* 《動物》ダニ目隠気門亜目のダニの総称.
or·i·bi [ɔ́(ː)rəbi, ɑ́r- | ɔ́rɪbɪ] 〘▭ Afrik. ~ ▭ Nama *arab*〙 *n.* 《動物》オリビ (*Ourebia ourebi*)《アフリカ東・南部産のオリビ属の小型のレイヨウ》.
o·ri·el [ɔ́ːriəl, ɔ́r- | ɔ́ːrɪ-] 〘《1385》▭ OF *oriol* ∥ ML *oriol-um* porch, gallery〙 ― *n.* 《建築》 **1** (多くは二階に張出した)出窓構造《通例六角形を半分に切った形; cf. bay window 1》. **2** (中世建築の広間や部屋の大きな)出窓.
O·ri·el [ɔ́ːriəl, ɔ́r- | ɔ́ːrɪ-] 〘▭ OHG *Aurildis, Orieldis* ← ? *aur-, aus* fire+*hildi* strife〙 *n.* 女性名.
óriel wíndow *n.* (通例六角形の半分の形の)出窓 (cf. oriel).
o·ri·ent 〘*n.*: 《*c*1385》▭ (O)F ~ ▭ L *orientem, oriēns* rising sun, east (pres.p.) ← *orīrī* to rise ← IE **er-* to rise: cf. origin. ― *v.*: 《1727-41》▭ F *orient-er* to set toward the east ← *orient*〙 ― [ɔ́ːriənt, ɔ́r-, -ènt | ɔ́ːrɪənt, ɔ́r-] *n.* **1** [しばしば the O-] **a**《古・詩》東; 東方地方. **b** 東の空, 東天. **c** 夜明け, 日の出. **2** [the O-] 東洋《地中海東方の諸国》; (特に)東部アジア (cf. occident 1). **3 a** 上等の真珠. **b** 真珠特有の光沢, 真珠光: a pearl of finest ~ 光沢が非常に美しい高級真珠.

oriel window

― [ɔ́ːriənt, ɔ́r-, -ènt | ɔ́ːrɪənt, ɔ́r-] *adj.* **1**《古・詩》**a** 東の, 東方の (eastern); 東洋の (Oriental). **b** 〈太陽などが〉昇る, 出る (rising): the ~ sun 昇る太陽. **2 a** 〈宝石が〉輝かしい, (品質)上等の; 〈真珠が〉(東洋原産品独特の)光沢のある, 上等の: an ~ pearl. **b** 真珠光沢の.
― [ɔ́ːriènt, ɔ́r- | ɔ́ːrɪ-, ɔ́r-] *v.* ― *vt.* **1 a** 〈建物などを〉東向きに置く[する]. **b** 〈教会を〉主祭壇が東に入口が西になるように建てる (cf. east *n.* 4). **c** 足を東に向くようにして〈死体を〉埋葬する. **2** 〈建物などの〉向きを方位に合わせる: ~ a building north and south 建物の向きが南北に合うように建てる. **3 a** 〈物を〉〔特定の方向に〕向ける[置く] 〔*to, toward*〕. **b** 〈物の〉方位[位置]を見定める. **4 a** 〔新環境に〕適応させる (adjust) 〔*to, toward*〕: ~ freshmen to college life 新入生を大学生活に順応させる. **b** 〔特定の主義・物事に〕方向づける, 志向させる 〔*toward*〕 (cf. oriented): be ~*ed toward* free trade. **5 a** 〈地図を〉実際の方位に合わせて置く. **b**《測量》〈地図または平板〉の北が方位の北に合致するように定置する. **6**《化学》〈分子を〉配向する. ― *vi.* 東に向く; (ある方向に)向く: ~ east.
orient oneself (1) 自分のいる場所の方位を見定める. (2) 自分の立場を見定める, 真相を見極める, 事態を正しく判断する. (3) 〔新環境に〕順応する 〔*to, toward*〕.
o·ri·en·tal [ɔ̀ːriénṭḷ, ɔ̀ːr- | ɔ̀ːrɪéntḷ, ɔ̀r-] 〘《c1395》▭ (O)F ~ ∥ L *orientāl-is*: ⇨ ↑, -al[1]〙 ― *adj.* **1** [しばしば O-] **a** 東洋の (Eastern), (特に)東部アジアの: 東洋風の: *Oriental* civilization 東洋文明 (cf. Western civilization) / *Oriental* countries [languages, races] 東洋諸国[言語, 人種] / *Oriental* music (近東・北アフリカを含めての)東洋音楽 / *Oriental* style (建築などの)東洋風. **b** 東洋人の[に関する, の特徴を示す]. **2**《詩・古》東の, 東方の (eastern). **3 a** 〈宝石など〉東洋産の (orient): ⇨ oriental pearl. **b** [通例 O-] 鋼玉 (corundum) 種の: *Oriental* amethyst 紫鋼玉 / *Oriental* emerald 緑鋼玉 / *Oriental* topaz 黄鋼玉 / *Oriental* ruby ⇨ ruby 1. **4** [通例 O-]《生物》東洋区の: the *Oriental* region (生物分布上の)東洋(亜)区《アジア南部・フィリピン諸島・マレー群島などを含む》. ― *n.* [通例 O-] アジア人 (Asian), 東洋人. ~**·ly** *adv.*
Oriéntal álabaster *n.* 《鉱物》=alabaster 2.
oriéntal arborvítae *n.* 《植物》コノテガシワ (*Thuja orientalis*)《中国原産クロベ属の植物》.
oriéntal béetle, O- b- *n.* 《昆虫》セマダラコガネ (*Anomala orientalis*)《日本からハワイ・北米などに渡った害虫》.
Oriéntal cárpet *n.* 東洋絨毯(じゅうたん) (cf. Oriental rug).
Oriéntal cát's-eye *n.* 《鉱物》東洋猫眼石《宝石用》.
oriéntal cóckroach *n.* 《昆虫》コバネゴキブリ (*Blatta orientalis*)《中近東原産の黒褐色のゴキブリ; 世界中に広がったが今ではまれ; Asiatic cockroach, blackbeetle ともいう》. 「moth.
oriéntal frúit mòth *n.* 《昆虫》=oriental peach
oriéntal háwk ówl, O- h- o- *n.* 《鳥類》アオバズク (*Ninox scutulata*)《アジア産フクロウ科の鳥; 日本には青葉の茂る頃渡ってくる》.
O·ri·en·ta·lia [ɔ̀ːrientéɪljə, ɔ̀ːr-, -rien-, -liə | ɔ̀ːrɪən-téɪljə, ɔ̀r-, -rɪen-, -lɪə] 〘← NL ~ (neut. pl.) ← L *orientālis* 'ORIENTAL'〙 ― *n. pl.* 東洋的なもの《芸術・文化・歴史・民俗など》.
Ò·ri·én·tal·ism, o- [-ṭəlìzṃ, -ṭḷ- | -təl-, -tḷ-] *n.* **1 a** 東洋風, 東洋風俗[習慣]. **b** 東洋文化; 東洋趣味. **2** 東洋学《東洋の言語・文学などの知識・研究》.
Ò·ri·én·tal·ist, o- [-ṭəlɪst, -ṭḷ- | -ləst, -ṭḷ- | -təlɪst, -tḷ-] *n.* 東洋文化[趣味]に通じた人, 東洋通, 東洋学者.
O·ri·en·tal·ize, o- [ɔ̀ːriénṭəlàɪz, ɔ̀ːr-, -ṭḷ- | ɔ̀ːrɪéntəl-, ɔ̀r-, -tḷ-] *vt.* 東洋風にする; 東洋の思想[慣習, 態度]に慣れさせる. ― *vi.* **1** 東洋風になる; 東洋化する, 東洋風に行動する[話す, 考える]. **2** 東洋学を研究する.
oriéntal péach mòth *n.* 《昆虫》ナシノヒメシンクイ (*Grapholitha molesta*)《ヒメハマキガ科のガ; 幼虫はモモ・ナシの枝や果肉に入り果実に害を与える》.

oriéntal péarl *n.* **1** (東洋産の)天然真珠; 上等の真珠. **2** 明るい黄緑がかった灰色 (slate gray).
Oriéntal pláne *n.* 〘植物〙スズカケノキ (*Platanus orientalis*) 《chinar ともいう》.
Oriéntal póppy *n.* 〘植物〙オニゲシ, オオゲシ (*Papaver orientale*) 《アジア原産の多年生のケシ》.
oriéntal róach *n.* 〘昆虫〙=oriental cockroach.
Oriéntal rúg *n.* 東洋段通(だん) 《Oriental carpet より小型の東洋産の手編み[手織り]の高級絨毯(じゅうたん)》.
oriéntal wéatherfish *n.* 〘魚類〙ドジョウ (*Misgurnus anguillicandatus*).
o·ri·en·tate [ɔ́ːriəntèɪt, óːr-, -rièntèɪt | ɔ́ːriəntèɪt, ɔ́r-, -rɪən-] 〖《1849》〗 *vt.* =orient.
o·ri·en·ta·tion [ɔ̀ːriəntéɪʃən, -rien-, ɔ̀ːr- | ɔ̀ːrɪen-, ɔ̀r-, -rɪən-] 〖《1839》〗 **—** *n.* **1 a** (ある物を)東に向くように置くこと. **b** 主祭壇が東に入口が西にあるように教会を建てること. **c** 足を東向きにして死体を埋葬すること. **2** (物の)配置(方向); (建物などの)方位(の測定). **3 a** (新しい環境・思想・習慣などに対する)適応, 順応. **b** (新入生・新入社員などに対する新しい環境・活動への)方向づけ, 適応指導, オリエンテーション (cf. guidance 1 b): an ~ course (大学新入生などのための)オリエンテーション課程. **4 a** 態度[方針]決定. **b** 態度 〔*toward*〕. **c** 志向 〔*toward*〕. **5** 〘心理〙見当識《自己と現在の環境および過去との関係を正しく認識する精神作用》. **6 a** 〘生物〙定位《生物が外界の状態に反応してその体の位置・方向を定めること》. **b** 〘動物〙(特に, 伝書バト・渡り鳥などの)帰巣本能. **7** 〘化学〙配向, 定位.
ó·ri·ènt·ed [-tɪd, -təd | -tɪd, -təd] *adj.* 〈人・物事が〉(思想・感情面などで)方向づけられた, 志向性の, (何かに)重点を置く; (何かに)関連のある: a philosophically ~ writer 哲学的志向[傾向]の作家 / a growth-*oriented* policy 経済成長優先の政策 / a male-*oriented* world 男性中心の社会.
o·ri·en·teer·ing [ɔ̀ːriəntí(ə)rɪŋ, ɔ̀ːr-, -rien- | ɔ̀ːrɪəntíər-, ɔ̀r-, -rɪen-] 〖《変形》← Swed. *orientering* ← *orientera* 'to ORIENT': ⇨ -eer, -ing[1]〗 **—** *n.* 〘スポーツ〙オリエンテーリング《山野にあらかじめ設定された幾つかの標識を地図と磁石をもとに捜し求め, できるだけ短い時間でゴールに達する競技》.
or·i·fice [ɔ́(ː)rəfɪs, ɑ́r-, -fəs | ɔ́rɪfɪs, ɔ́rə-] 〖《1541》□ (O)F ~ □ LL *ōrificium* ← *ōr-, ōs* mouth + *-ficium* (← *-fious* '-FIC')〗 **—** *n.* 穴, 口, 開口部 (opening). **or·i·fi·cial** [ɔ̀(ː)rəfíʃəl, ɑ̀r- | ɔ̀rɪ-, ɔ̀rə-] *adj.*
or·i·flamme [ɔ́(ː)rəflæ̀m, ɑ́r- | ɔ́rɪ-] 〖《?*a*1475》□ (O)F ~ ← *orie* golden (← L *aurum* gold) + *flamme* banner (< L *flammam* flame)〗 **—** *n.* **1** (中世フランスの)赤または真紅の王旗《St. Denis 修道院所蔵の旗で, フランス王は出陣の際これを同修道長から受けた》. **2** 色彩鮮やかなもの, 燃え立つような色彩. **3** 勇気[献身]の旗印[シンボル].
orig. 《略》 origin; original; originally; originate; originator.
o·ri·ga·mi [ɔ̀(ː)rəɡɑ́ːmi, ɑ̀r- | ɔ̀rɪɡɑ́ːmɪ] 〖□ Jap.〗 *n.* 折り紙.
or·i·gan [ɔ́(ː)rɪɡən, ɑ́r-, -rə- | ɔ́rɪ-] 〖《*c*1450》□ (O)F ~ □ L *origanum* (↓)〗 *n.* 〘植物〙=origanum.
o·rig·a·num [əríɡənəm | ər-, ɔr-] 〖□ L *origanum* wild marjoram □ Gk *oríganon* acrid herb like marjoram〗 **—** *n.* 〘植物〙ハナハッカ《香辛料として用いられるシソ科ハナハッカ属 (*Origanum*) の植物の総称; マヨラナ (*O. majorana*), ハナハッカ (*O. vulgare*) など; origan, oregano ともいう》.
Or·i·gen [ɔ́(ː)rədʒən, ɑ́r-, -dʒèn | ɔ́rɪdʒèn] *n.* オリゲネス《185?–?254; Alexandria の代表的神学者; Clement of Alexandria の弟子; ラテン語名 Origenes Adamantius [ərídʒənìːzədəmǽnʃiəs | -dʒɪnìːzædəmǽnʃɪ-]》.
or·i·gin [ɔ́(ː)rədʒɪn, ɑ́r-, -dʒən | ɔ́rɪdʒɪn, ɔ́rə-] 〖《*a*1400–50》□ (O)F *origine* ∥ L *orīgin-em, origō* beginning ← *orīrī* to arise, begin: cf. orient〗 **—** *n.* **1 a** 根源, 源泉; 起源: *On the Origin of Species*「種の起源について」《C. Darwin の 1859 年出版の著書名》 / All imitation has its ~ in vanity. 模倣はすべて虚栄心から起こる / follow a river to its ~ 川をその源までさかのぼる / information of the same ~ 出所の同じ情報 / be obscure in ~ 起源がはっきりしていない / Nothing moves in this world which is not Greek in its ~. この世に活動しているものでギリシャに起源しないものは一つとしてない (Sir Henry James Sumner Maine, *Rede Lecture*). **b** 原因: the ~ of the war その戦争の原因 / a fire of unknown ~ 原因不明の火事. **2** 生れ (parentage), 系統, 血統 (ancestry): a man *of* noble [humble] ~ 高貴の[身分の低い]生れの人 / He came *of* Scottish ~. 彼の祖先はスコットランド人だった / He is a Dane *by* ~. 彼はデンマーク出の人だ. **3** 〘解剖〙起始, 起始点《筋肉の両端のうち運動に際して固定する方をいう; cf. insertion 4》. **4** 〘数学〙原点《座標系において座標軸の交わる点》.
origin of coordinate 〖《なぞり》← F *origine des coordonnées*〗 [the —] 〘数学〙座標原点.
o·rig·i·nal [ərídʒənḷ, -dʒnəl | ərídʒənḷ, ɔr-, -dʒɪ-, -dʒnḷ, -dʒənəl] 〖《*a*1333》□ (O)F ~ ∥ L *orīginālis*: ⇨ ↑, -al[1]〗 **—** *adj.* **1** 根源の, 原始の (primitive); 最初の (first) (cf. derivative): the ~ inhabitants 原住民 / Stephenson's ~ locomotive スティーブンソン発明の最初の機関車 / an ~ house 本家.
2 a 独創的な (creative); 創意に富む, 新工夫の才がある (inventive): an ~ thinker [writer] 独創的な思想家[作家] / an ~ genius 独創的な天才 / ~ research 独創的な研究 / an ~ work 創作 / The plot of the play is far from ~. その劇の筋は決して独創的ではない. **b** 新奇な (novel); 奇抜な (striking), 風変りな (eccentric): an ~ way of fishing 奇抜な釣魚法 / He made a very ~ remark. ひどく奇抜なことを言った. **3** 原図の, 原文の, 原型の, 原作の; もとの (first hand): an ~ plan 原案 / the ~ document (証書などの)原本 / an ~ edition 原版, 初版 / the ~ picture 原画 / an ~ story (テレビ・映画・演劇などの)原作 / *Magna Carta* translated from the ~ Latin ラテン語の原文から翻訳されたマグナカルタ.
— *n.* **1** 原型, 原物 (archetype). **2** [the ~] **a** (美術・文学作品の)原作; (証書などの)原本, 正本; (翻訳のもととなった)原文, 原語, 原書: read Homer in *the* ~ ホメロスを原文で読む. **b** (写真・画像などの)本人, 実物, モデル (model). **3 a** 独創力に富む人. **b** 奇人, 風変りな人. **4** 《古》 **a** 本源, 起源 (origin); 原因 (cause). **b** 著者, 創始者. **c** 家柄, 身元 (parentage).
oríginal évidence *n.* 〘法律〙第一次的証拠, 原本 (cf. secondary evidence, hearsay evidence).
oríginal gúm *n.* 〘郵趣〙切手に最初から付いている裏糊 (略 O.G.).
oríginal insùrance *n.* 〘保険〙元受け保険, 原保険《再保険 (reinsurance) に対する語》.
oríginal insùrer *n.* 〘保険〙元受け保険業者[会社].
o·rig·i·nal·i·ty [ərìdʒənǽləti | ərìdʒɪnǽlɪtɪ, ɔr-, -dʒə-, -lɪ-] 〖《1742》□ F *originalité*: ⇨ original, -ity〗 **—** *n.* **1** 独創力, 創造力: a man of great ~ きわめて独創力に富んだ人. **2** 創意, 独創性; 新奇(さ), 奇抜(さ), 新機軸. **3** 《古》原形[原物]であること; 本物, 真正.
oríginal jurisdíction *n.* 〘法律〙第一審管轄権 (cf. appellate jurisdiction).
o·ríg·i·nal·ly [-nəli, -nḷi | -nəlɪ, -nḷɪ] 〖《1490》〗 *adv.* **1** 最初は. **2** 独創的に, 奇抜に, 新機軸を出して. **3** 《古》初めから, もとから; もとは (formerly).
oríginal prínt *n.* **1** 〘美術〙オリジナルプリント《作家自身の手によって, またはその直接の指揮の下に刷られた版画》. **2** 〘写真〙オリジナルプリント《作家自身の下でプリントされた写真印画》; 原画《印刷や複製でない写真印画》.
oríginal prócess *n.* 〘法律〙始審令状《被告への出廷を求め, 訴訟を開始するための令状; cf. mesne process》.
oríginal sín 〖《*a*1333》《なぞり》← ML *peccātum orīginālē*〗 *n.* **1** 〘神学〙原罪, 宿罪《アダムとエバの堕罪の結果とされる人間の生れながらの罪; cf. actual sin, fall *n.* 8》. **2** 〘カトリック〙(神の)成聖の聖寵の喪失.
oríginal wrít 〖《1467–68》《なぞり》← ML *breve orīginālē*〗 *n.* 〘英法〙**1** 訴訟開始令状. **2** =original process.
o·rig·i·nate [ərídʒənèɪt | ərídʒə-, ɔr-, -dʒɪ-] 〖《1653》《逆成》? ↓〗 **—** *vi.* **1** 起こる, 生じる (arise), 始まる (begin, start): Coal of all kinds has ~*d from* the decay of plants. 石炭はすべて植物の腐食から生じた / The fire ~*d in* the kitchen. 火事は台所から出た / The quarrel ~*d in* jealousy. けんかの起こりは嫉妬(しっと)からだった / This ~*d with* him. こうなったのも彼がもとだ / When did the idea ~ in your mind? その考えはいつ浮かんだのですか. **2** 〈列車・バスなどが〉始発する. **—** *vt.* **1** 始める, 起こす (cause): The use of steam ~*d* many other changes. 蒸気の使用は他に多くの変化を引き起こした / What ~*d* the quarrel? そのけんかの原因は何だったのか. **2** 創設[創始]する (initiate); 創作する (create), 発明する.
o·rig·i·na·tion [ərìdʒənéɪʃən | ərìdʒə-, ɔr-, -dʒɪ-] 〖《1614》□ F ~ □ L *orīginātiō(n-)*: ⇨ origin, -ation〗 **—** *n.* **1 a** 開始, 初め (beginning). **b** 始まり (origin); 起因; 起点, 原点. **2** 創作, 創始 (creation); 発明.
o·rig·i·na·tive [ərídʒənèɪtɪv, -nət- | ərídʒənèɪt-, ɔr-, -dʒɪ-, -nət-] *adj.* 創造力のある[に富む] (creative), 発明の才がある. **~·ly** *adv.*
o·ríg·i·nà·tor [-tə | -tə(r)] *n.* 創作者; 創設[創始]者; 発起人; 元祖.
òri·násal *adj.* **1** 口と鼻との. **2** 〘音声〙口鼻音の《鼻音化母音のように口と鼻とで調音される》: an ~ vowel 口鼻母音《鼻音化母音》. **—** *n.* 〘音声〙口鼻音.
Ó-ríng *n.* 〘機械〙オー(O)リング《断面が円形の合成ゴムの輪; 液体・気体のもれ止めに使用する》.
O·ri·no·co [ɔ̀ːrənóukou, ɔ̀ːr- | ɔ̀rɪnə́ukəu; *Sp.* orinóko] *n.* [the ~] オリノコ(川)《南米北部 Venezuela を東流して大西洋に注ぐ川 (2,060 km)》.
o·ri·ole [ɔ́ːriòul, óːr-, -riəl | ɔ́ːriəut, -riəl] 〖《1776》□ F *oriol* □ ML *oriolus* golden (bird) 《変形》← L *aureolus* golden (dim.) ← *aureus* golden ← *aurum* gold: cf. aureate〗 **—** *n.* 〘鳥類〙**1** コウライウグイス《コウライウグイス科の鳴鳥の総称; golden oriole など》. **2** ムクドリモドキ《米国産ムクドリモドキ科の鳥の総称; アカクロムクドリモドキ (orchard oriole) など》.
O·ri·ole [ɔ́ːriòul, óːr-, -riəl | ɔ́ːriəut, -riəl] 〖↑〗 *n.* 女性名.
O·ri·ol·i·dae [ɔ̀ːriɑ́ulədìː, ɔ̀ːr-, -ɑ́l- | ɔ̀ːriɑ́ulɪ-, -ɔ́l-] 〖← NL ~: ⇨ ↑, -idae〗 *n. pl.* 〘鳥類〙(スズメ目)コウライウグイス科.
O·ri·on [əráɪən, ɔːr-, oːr- | ər-, ɔr-, ɔːr-] 〖《?*a*1400》□ L *Orīōn* □ Gk *Ōrī́ōn* ← ?〗 **—** *n.* **1** 〘ギリシャ神話〙オリオン《Boeotia の巨漢で, 美男の猟師; Pleiades を追って Artemis に殺された; 死後天に上げられて南天の星座になったという》. **2** 〘天文〙オリオン座《有名な三つ星のある星座で Betelgeuse, Rigel の 2 輝星を含む; the Hunter ともいう》. **3** [o-] 暗青色 (Holland blue).
Oríon's Bélt *n.* 〘天文〙オリオン座の三つ星.
Oríon's Hóund *n.* [the ~] 〘天文〙 **1** =Canis Major. **2** =Sirius.
Oríon's Nébula *n.* 〘天文〙オリオン座大星雲.
-o·ri·ous [ɔ́ːriəs, óːr- | ɔ́ːrɪ-] 〖□ L *-ōrius*: ⇨ -ory[1], -ous〗 **—** *suf.* =-ory[1].
or·is·mol·o·gy [ɔ̀(ː)rɪzmɑ́lədʒi, ɑ̀r-, -rəz- | ɔ̀rɪzmɔ́lədʒɪ] 〖← Gk *horism(ós)* definition + -LOGY〗 **—** *n.* 術語定義学 (terminology). **or·is·mo·log·i·cal** [ərìzməlɑ́dʒɪkəl, -dʒə- | -lɔ́dʒɪ-] *adj.*
or·i·son [ɔ́(ː)rəsən, ɑ́r-, -zən, -sṇ, -zṇ | ɔ́rɪzən, -zṇ] 〖lateOE *ureisun, oreisun* □ AF *ureison* = OF *orison, oreisun* (F *oraison*) < L *ōrātiō(n-)* speech, prayer ← *ōrāre* to speak, pray: ORATION と二重語〗 **—** *n.* 《古》[通例 *pl.*] 祈り (prayer).
O·ris·sa [ɔːrísə, oːr- | ɔr-, ɔːr-, ər-] *n.* オリッサ州《インド共和国東部の Bengal 湾に臨む州; 人口 23,455,000, 面積 155,860 km², 首都 Bhubaneswar》.
O·ri·thy·ia [ɔ̀ːrəθáɪə, ɔ̀ːr- | ɔ̀ːrɪ-] 〖□ L *Ōrīthyīa* □ Gk *Ōreithuia*〗 *n.* 〘ギリシャ神話〙オーレイテュイア《Athens の王 Erechtheus の娘; Boreas にさらわれた》.
-o·ri·um [ɔ́ːriəm, óːr- | ɔ́ːrɪ-] 〖□ L *-ōrium* (neut.) ← *-ōrius* '-ORY[1]'〗 **—** *suf.* (*pl.* **~s**, **-o·ri·a** [-riə | -rɪə]) 次の意味を表わすラテン語系名詞語尾 (cf. -ory², -arium): **1**「…のための場所・施設」: auditor*ium*, natator*ium*, sanator*ium*. **2**「…用の物, …のための手段」: haustor*ium*, morator*ium*.
O·ri·ya [ɔːríː(j)ə] *n.* (*pl.* **~**, **~s**) **1 a** [the ~(s)] オーリヤ族《インドの Orissa 州の住民; 大部分ヒンズー教徒》. **b** オーリヤ族の人. **2** オーリヤ語《Orissa 地方で話されるインド語派 (Indic) の言語》.
O·ri·za·ba [ɔ̀ːrəzɑ́ːbə, ɔ̀ːr- | ɔ̀ːrɪ-; *Am. Sp.* orisáβa] *n.* **1** シトラルテペトル(山), オリサバ(山)《メキシコ南東部にある火山 (5,700 m); アズテック語名 Citlaltepetl ともいう》. **2** オリサバ《同上の近くにある都市; 人口 112,000》.
Ork. 《略》 Orkney (Islands).
Ork·ney [ɔ́əkni | ɔ́ːknɪ] 〖□ Icel. *Orkneyjar* ← *ork* whale + *eyjar* ((pl.) ← *ey* island)〗 **—** *n.* **1** スコットランド北部の州 (⇨ Orkney Islands). **2** [the ~s] = Orkney Islands.
Órkney Ísland·er *n.* オークニー諸島人 (Orcadian).
Órkney Íslands *n. pl.* [the ~] オークニー諸島《ブリテン島の北方洋上にある諸島でスコットランド Orkney 州をなす; 人口 18,000, 面積 884 km², 首都 Kirkwall [kɔ́ːkwɔːl | kɔ́ː-k-]》.
Or·lan·do¹ [ɔəlǽndou | ɔːlǽndəu] 〖← *Orlando Reeves* (1835 年この地でインディアンに殺された兵士)〗 **—** *n.* 米国 Florida 州中央部の都市; 南西方に Walt Disney World がある; 人口 114,000.
Or·lan·do² [ɔəlǽndou | ɔːlǽndəu; *It.* orlándo] 〖□ It. ~ 'ROLAND[1]'〗 *n.* 男性名.
Or·lan·do [ɔəlǽndou, -lɑ́ːn- | ɔːlǽndəu, -lɑ́ːn-; *It.* orlándo], **Vittorio Emanuele** *n.* オルランド《1860–1952; イタリアの政治家》.
orle [ɔ́əl | ɔ́ːl] 〖《1572》□ (O)F ~ ← *orler* to hem < VL **ōrulāre* ← **ōrulus* (dim.) ← L *ōra* border〗 **—** *n.* **1** 〘紋章〙オール《盾の縁から離れて盾形に配された細い帯; ⇨ heraldry 挿絵 D》. **2** 〘建築〙平縁《柱の柱頭と柱身などの境界に施す平たい帯状の部分》.
in orle 〘紋章〙〈小さい図形が〉orle の形に配された.
Or·lé·a·nais [ɔəliənéɪ | ɔːlɪə-; *F.* ɔrleanɛ] *n.* オルレアネ《フランス北部の地方; 首要都市 Orléans》.
Or·le·an·ist [ɔ́əliənɪst, -ljən-, ɔəlíːən-, -nəst | ɔːlíən-ɪst] 〖□ F *Orléaniste* ← *Orléans*: ⇨ -ist〗 **—** *n.* (フランスの)Louis 十四世の弟オルレアン公 (Duc d' Orléans) を始祖とするオルレアン王家の支持者.
Or·le·ans [ɔ́əliənz, ɔəlíːənz | ɔːlíənz, ɔ́ːlɪənz, -ljənz] 〖← *Orléans*〗 *n.* **1** 〘園芸〙オーリアンス《ヨーロッパスモモの品種名》. **2** オーリアンス《綿毛混織の服地》.
Or·lé·ans¹ [ɔəleɪɑ́ː(ŋ), -ɑ́ːŋ | ɔːlíənz, ɔ́ːlɪənz, -ljənz; *F.* ɔrleɑ̃] *n.* オルレアン《フランス北部, Loire 河畔の都市, Loiret 県の首都; Joan of Arc (*F.* Jeanne d'Arc) が英国の包囲から仏軍を救った地 (1428–29); 人口 96,000》.
Or·lé·ans² [ɔəleɪɑ́ː(ŋ), -ɑ́ːŋ | ɔːlíənz, ɔ́ːlɪənz, -ljənz; *F.* ɔrleɑ̃] *n.* (*pl.* ~) **1** [the ~] オルレアン家《フランスの王家 (1830–48); Bourbon 家の傍系》. **2** オルレアン家の人.
Orléans, Louis Philippe Joseph *n.* オルレアン《1747–93; フランスの政治家, Louis Philippe の父; 通称 Philippe Égalité, 称号 Duc d'Orléans》.
or·lo [ɔ́əlou | ɔ́ːləu] 〖□ It. ~ 《原義》 border: cf. orle〗 *n.* (*pl.* **~s**) 〘建築〙**1** (円柱の柱基を支える)方形台座 (plinth). **2** =orle 2.
Or·lon [ɔ́əlɑn | ɔ́ːlɔn] 〖← ?: cf. nylon〗 **—** *n.* 〘商標〙オーロン《合成繊維; 衣類・毛布・帆などに用いる》.
ór·lop dèck [ɔ́əlɑp- | ɔ́ːlɔp-] 〖*orlop*: 《1467》 *overloppe, orloppe* □ Du. *overloop* deck of a ship ← *overloopen* to run or spread over ← OVER + *loopen* 'to LEAP, run': 船倉を覆っていることから〗 **—** *n.* 〘海事〙(特に, 軍艦の)最下甲板《単に orlop ともいう》.
Or·ly [ɔəlíː, ←— | ɔ́ːlɪ; *F.* ɔrli] *n.* オルリー《フランスの Paris 郊外の町; 空港がある》.
Or·man·dy [ɔ́əməndi | ɔ́ːməndɪ], **Eugene** *n.* オーマンディ《1899– ; ハンガリー生れの米国の指揮者》.
Or·mazd [ɔ́əməzd, -mæzd | ɔ́ː-] 〖□ Pers. ~ □ Avestan *Ahura Mazda* wise spirit〗 *n.* 〘ゾロアスター教〙=Ahura Mazda.

or·mer [ɔ́əmə|ɔ́:mə(r] 〘(1672) ▭ F《方言》〜 =F *ormier* < L *auris maris* sea-ear : 形が耳に似ていることから〙 ― *n.* 〘貝類〙アワビ (abalone) ; (特に)セイヨウトコブシ (*Haliotis tuberculata*)《英国海峡の Guernsey 島付近に多く産する食用種》.

or·mo·lu [ɔ́əməlù: | ɔ́:mə(ʊ)lù:, -ljù:] 〘(1765) ▭ F *or moulu* ground gold ← *or* 'OR[3]' + *moulu* ((p.p.) ← *moudre* < L *molere* to grind in a mill)〙 ― *n.* **1 a** オルモル, 代用金箔《銅・亜鉛・錫の合金》; 金色黄銅, (額縁などに塗る)金箔絵具. **b** [集合的] オルモル製品. **2** [集合的] めっき物 (gilt wares). **3** 真価以上に見えるもの, 見せかけ.

Or·mond [ɔ́əmənd | ɔ́:-] 〘OE *Ordmund*《原義》spear-protector〙 ― *n.* 男性名.

Or·muz [ɔ́əmʌz | ɔ́:-] *n.* =Hormuz.

Or·muzd [ɔ́əməzd | ɔ́:-] *n.* 〘ゾロアスター教〙=Ormazd.

or·na·ment 〘(15C) ▭ L *ōrnāment-um* equipment, ornament ← *ōrnāre* to equip, adorn (cf. ordain) ∽ (?*a*1200) *urnement, ornement* ▭ AF *urnement* = OF *ournement, ornement*〙 ― [ɔ́ənəmənt | ɔ́:-] *n.* **1 a** 装飾, 飾り (decoration) : by way of 〜 装飾として / for 〜 装飾(用)に. **b** 装身具, 飾り物, 置物 : personal 〜*s* 装身具 / the architectural 〜*s* of a city 都市の建築美. **2** (団体・社会・国家などに)名誉を加える人; (他の物に)光彩を添えるもの : be an 〜 *to* one's country 国の誉となる[である] / The building, when finished, will be an 〜 *to* the city. その建物はでき上ったら市の誇りになるだろう. **3** 《古》(単なる)外見, 外装, うわべ. **4** 《古》(衣服などの)付属品. **5** [通例 *pl.*] 〘キリスト教〙礼拝用品, 典礼用品《特に祭服・祭具・オルガン・鐘など》. **6** 〘音楽〙装飾(音) (grace).
― [-mènt, -mənt | -mènt] *vt.* **1** 〔装飾品で〕飾る 〔*with*〕. **2** …の装飾となる, に光彩を添える.
〜·er [-ṭə | -tə(r] *n.*

or·na·men·tal [ɔ̀ənəménṭl | ɔ̀:nəméntl] 〘(1646)〙 ― *adj.* 装飾的な, 飾りになる; 装飾用の : 〜 writing 飾り文字 (cf. ornamented) / an 〜 plant 観賞植物, 装飾用樹木 / an 〜 painter 装飾画家 / 〜 stitching (靴の)装飾用のミシン目. ― *n.* **1** 装飾物. **2** 観賞植物.
òr·na·men·tál·i·ty [-məntǽləṭi, -men- | -mentǽləti, -lɪ-] *n.* **〜·ly** *adv.* **〜·ness** *n.*

òr·na·mén·tal·ism [-ṭəlìzm, -ṭl- | -təl-, -tl-] *n.* (やたらに凝った)装飾主義. **òr·na·mén·tal·ist** [-ṭəlɪst, -ləst, -ṭl- | -təlɪst, -tl-] *n.*

or·na·men·ta·tion [ɔ̀ənəmentéɪʃən, -mən- | ɔ̀:nəmen-] 〘(1860)〙 ― *n.* **1** 装飾; 飾り立て(た状態). **2 a** 飾り, 装飾品. **b** [集合的] 装飾物.

ór·na·mènt·ed [-ṭɪd -ṭəd | -tɪd, -təd] *adj.* 〘活字〙〈文字が〉装飾体の.

órnaments rúbric *n.* 〘英国国教会〙(礼拝用品に関する)礼拝規定[典礼執行規定]《Elizabech 一世のとき(1559) 祈禱書の中に書入れられた規定; ornament rubric ともいう》.

or·na·ry [ɔ́ən(ə)ri | ɔ́:nəri] *adj.* =ornery.

or·nate [ɔənéɪt | ɔ:néɪt, ⌐—] 〘(1491) ▭ L *ōrnāt-us* (p.p.) ← *ōrnāre* to adorn : cf. ornament〙 ― *adj.* **1** 飾り立てた, 凝った装飾を施した. **2** 〈文体が〉華麗な, 極度に修辞的な : an 〜 style. **〜·ly** *adv.* **〜·ness** *n.*

Orne [ɔ́ən | ɔ́:n ; *F.* ɔʀn] *n.* オルヌ《フランス北西部の県; 人口 294,000, 面積 6,100 km², 首都 *Alençon*》.

or·ner·y [ɔ́ən(ə)ri | ɔ́:nəri] 〘《変形》← ORDINARY (adj.)〙 ― *adj.* 《米口語》**1** へそ曲りの; 強情な (stubborn) : an 〜 child. **2 a** 下等な, 下品な (low, vile). **b** つまらない, 平凡な (common). **ór·ner·i·ness** *n.*

or·nis [ɔ́ənɪs, -nəs | ɔ́:nɪs] 〘▭ G *Ornis* ▭ Gk *órnis* bird〙 *n.* (*pl.* **or·ni·thes** [ɔənáɪθi:z | ɔ:-]) 〘生態〙= avifauna.

-or·nis [ɔ́ənɪs, -nəs | ɔ́:nɪs] 〘← NL 〜 (↑)〙 (*pl.* **-or·ni·thes** [ɔənáɪθi:z | ɔ:-]) 「鳥」の意の名詞連結形.

ornith. 《略》ornithological; ornithologist; ornithology.

or·nith- [ɔ́ənəθ | ɔ́:nɪθ] (母音の前に来る時の) ornitho- の異形.

ornithes *n.* ornis の複数形.

-ornithes -ornis の複数形.

or·nith·ic [ɔəníθɪk | ɔ:-] 〘▭ Gk *ornīthik-ós* birdlike ← *órnis* bird〙 *adj.* 鳥の[に関する, の特徴を示す].

or·ni·thine [ɔ́ənəθì:n | ɔ́:nɪ-] 〘← ORNITHO- + -INE[3] : 鳥の排泄(はいせつ)物中に含まれていることから〙 ― *n.* 〘化学〙オルニチン ($H_2N(CH_2)_3CH(NH)_2COOH$)《アミノ酸の一種》.

Or·nith·is·chi·a [ɔ̀ənəθískiə | ɔ̀:nɪθískɪə] 〘← NL 〜 : ⇨ ornitho-, ischium〙 ― *n. pl.* 〘古生物〙鳥盤目.

or·nith·is·chi·an [ɔ̀ənəθískiən | ɔ̀:nɪθískɪ-] 〘古生物〙 *n.* (恐竜を骨盤の構造によって2大別した中の一つ)鳥盤目の草食恐竜 (cf. saurischian). ― *adj.* 鳥盤目の.

or·ni·tho- [ɔ́ənəθo(ʊ) | ɔ́:nɪθə(ʊ)] 〘▭ L 〜 ← Gk *órnith-, órnis* bird〙「鳥」の意の連結形. ★ 母音の前では通例 ornith- になる.

or·ni·thoid [ɔ́ənəθɔ̀ɪd | ɔ́:nɪ-] *adj.* 《米》鳥に似た (bird-like).

ornithol. 《略》ornithological; ornithologist; ornithology.

òr·ni·thól·o·gist [-dʒɪst, -dʒəst | -dʒɪst] *n.* 鳥類学者.

or·ni·thol·o·gy [ɔ̀ənəθɑ́lədʒi | ɔ̀:nɪθɔ́lədʒi] 〘(1678) ← NL *Ornithologia* : ⇨ ornitho-, -logy〙 ― *n.* **1** 鳥(類)学. **2** 鳥(類)学の論文. **or·nìth·o·lóg·i·cal** [ɔ̀ənɪθəlɑ́dʒɪkəl, -dʒə- | ɔ̀:nɪθəlɔ́dʒɪ-] *adj.* **or·nìth·o·lóg·ic** *adj.* **or·nìth·o·lóg·i·cal·ly** *adv.*

or·nith·o·man·cy [ɔəníθəmæ̀nsi | ɔ:níθə(ʊ)mæ̀nsɪ] 〘▭ ML *ornīthomantia* ▭ Gk *ornīthomanteia* divination from birds, augury : ⇨ ornitho-, -mancy〙 ― *n.* 鳥占い《鳥の飛び方や鳴き声で占う術》.

or·ni·thoph·i·lous [ɔ̀ənəθɑ́fələs | ɔ̀:nɪθɔ́fɪ-] *adj.* **1** 鳥を好む, 愛鳥家の (bird loving). **2** 〘植物〙鳥媒の (cf. anemophilous).

or·nith·o·pod [ɔəníθəpɑ̀d | ɔ:níθəpɔ̀d] *n.* 〘古生物〙鳥脚亜目の恐竜《イグアノドン (iguanodon) など, 後脚で立つ草食の鳥盤類》.

Or·ni·thop·o·da [ɔ̀ənəθɑ́pədə | ɔ̀:nɪθɔ́p-] 〘← NL *Ornithopoda* (neut. pl.) : ⇨ ornitho-, -poda〙 ― *n. pl.* 〘古生物〙鳥脚亜目.

or·ni·thop·ter [ɔ́ənəθɑ̀ptə, ⌐⌐—⌐ | ɔ́:nɪθɔ̀ptə(r, ⌐⌐—⌐] 〘← ORNITHO- + Gk *pter-ón* wing : cf. helicopter〙 ― *n.* 〘航空〙羽ばたき(飛行)機《揚力および推力の大部分を羽ばたきする翼によって得る飛行機》.

or·nith·o·rhyn·chus [ɔ̀ənɪθəríŋkəs, ɔənəθo(ʊ)- | ɔ:nɪθə(ʊ)-] 〘← NL 〜 : ⇨ ornitho-, rhyncho-〙 ― *n.* 〘動物〙=platypus.

or·ni·thos·co·py [ɔ̀ənəθɑ́skəpi | ɔ̀:nɪθɔ́skəpɪ] 〘▭ Gk *ornithoskopia* ← *ornithoskópos* observing (and divining by) birds, auguring : ⇨ ornitho-, -scopy〙 ― *n.* **1** (趣味としての)野鳥の観察 (bird-watching). **2** =ornithomancy.

or·ni·tho·sis [ɔ̀ənəθóʊsɪs, -səs | ɔ̀:nɪθə́ʊsɪs] *n.* 〘獣医〙家ばと病《psittacosis に似た鳥の病気》. **or·ni·thot·ic** [ɔ̀ənəθɑ́ṭɪk | ɔ̀:nɪθɔ́t-] *adj.*

o·ro-[1] [ɔ́:ro(ʊ), ɔ́:r- | ɔ́rə(ʊ), ɔ́:r-] 〘← Gk *óros* mountain ← IE **er-* to rise〙 ―「山」の意の連結形.

o·ro-[2] [ɔ́:ro(ʊ), ɔ́:r- | ɔ́rə(ʊ), ɔ́:r-] 〘← L *ōr-, ōs* mouth : cf. ori-〙 ―「口; 口と…との」の意の連結形.

O·ro·ban·cha·ce·ae [ɔ̀:ro(ʊ)bæŋkéɪsiì:, ɔ̀:r- | ɔ̀rə(ʊ)-, ɔ̀:r-] 〘← NL 〜 ← *Orobanche* (属名 : ← L *orobanchē* broomrape ▭ Gk *orobánkhē*) + -ACEAE〙 ― *n. pl.* 〘植物〙ハマウツボ科. **òr·o·ban·chá·ceous** [-ʃəs] *adj.*

òro·génesis *n.* 〘地質〙=orogeny.

òro·génic *adj.* 〘地質〙造山作用の[に関する].

o·rog·e·ny [ɔːrɑ́dʒəni, ɔ:r- | ɔrɔ́dʒɪnɪ, ɔ:r-] *n.* 〘地質〙造山作用[運動] (cf. diastrophism). **òrogenétic** *adj.*

or·o·graph·ic [ɔ̀:rəgrǽfɪk, ɔ̀:r- | ɔ̀rə(ʊ)-, ɔ̀:r-] *adj.* 〘地質〙**1** 山岳学の[に関する]. **2** 山岳の[に関する], によって起こる]. **òr·o·gráph·i·cal** *adj.* **òr·o·gráph·i·cal·ly** *adv.*

orográphic cýclone *n.* 〘気象〙地形性低気圧《地形の影響でできる低気圧》.

orográphic ráinfall *n.* 〘気象〙地形性降雨《地形の影響による降雨》.

o·rog·ra·phy [ɔːrɑ́grəfi, ɔ:r- | ɔrɔ́grəfɪ, ɔ:r-] 〘← ORO-[1] + -GRAPHY〙 *n.* 山岳学《山の高さ・位置・分布, またその付随現象に関する研究》.

o·ro·ide [ɔ́:roʊàɪd, ɔ́:r- | ɔ́:rəʊ-] 〘▭ F *oréide* ← *or* gold : ⇨ -ide[2]〙 *n.* 〘冶金〙オロイド, 人造金《銅・スズ等を含む合金で金の代用品》.

o·ról·o·gist [-dʒɪst, -dʒəst | -dʒɪst] *n.* 山岳学者.

o·rol·o·gy [ɔːrɑ́lədʒi, ɔ:r- | ɔrɔ́lədʒi, ɔ:r-] 〘← ORO-[1] + -LOGY〙 *n.* 山岳学 (orography). **or·o·log·i·cal** [ɔ̀(:)rəlɑ́dʒɪkəl, ɑ̀r-, -dʒə- | ɔ̀rəlɔ́dʒɪ-, ɔ̀:r-] *adj.*

o·rom·e·ter [ɔːrɑ́məṭə, ɔ:r- | ɔrɔ́mɪtə(r, ɔ:r-, -mə-] *n.* 山岳気圧計《高度計を兼ねたアネロイド気圧計》.

or·o·met·ric [ɔ̀:rəmétrɪk, ɔ̀:r- | ɔ̀rə-, ɔ̀:r-] *adj.* **1** 山岳測量の[に関する]. **2** 山岳気圧計の[に関する].

o·rom·e·try [ɔːrɑ́mətri, ɔ:r- | ɔrɔ́mɪtrɪ, ɔ:r-, -mə-] *n.* 山岳測量.

O·ron·tes [ɔ(:)rɑ́nti:z, ɑr- | ɔrɔ́n-, ər-] *n.* [the 〜] オロンテス(川)《レバノンに発しシリア・トルコを流れて地中海に注ぐ川 (400 km)》.

o·ro·pe·sa [ɔ̀:rəpéɪsə, ɔ̀:r- | ɔ̀r-, ɔ̀:r-] 〘← *Oropesa* (第二次大戦で用いられた英国の掃海用トロール船の名)〙 *n.* (一対の鋼製ブイを引航する方式の)掃海具.

òro·phárynx *n.* (*pl.* **oro·pharynges, 〜·es**) 〘解剖〙(鼻咽頭 (nasopharynx) と区別して)口咽頭, 中咽頭.

O·ro·si·us [ɔːróʊʒiəs | ərə́ʊsjəs, ɔr-, -sɪəs], **Paulus** *n.* オロシウス《5 世紀初期のスペインの神学者・歴史家》.

o·ro·tund [ɔ́(:)rətʌ̀nd, ɔ́:r-, ɑ́r- | ɔ́rə(ʊ)-, ɔ́:r-] 〘(1792–99)《変形》← L *ōre rotundō*《原義》with a round mouth : Horace の *De Ars Poetica* 323 から〙 ― *adj.* **1** 〈音声が〉豊かな, 朗々と響く (full, round). **2** 〈文章・言葉づかいなど〉大げさな, 気取った (pompous).
o·ro·tun·di·ty [ɔ̀(:)rətʌ́ndəṭi, ɑ̀r-, ɔ̀:r- | ɔ̀rə(ʊ)tʌ́ndətɪ, ɔ̀:r-, -dɪ-] *n.*

O·ró·ya féver [ɔːróʊjə- | -rə́ʊ- ; *Sp.* orója] 〘*Oroya* : ← *La Oroya* (この病気が発見されたペルーの町)〙 *n.* 〘病理〙オロヤ熱《アンデス山麓一帯にみられる熱病》.

O·roz·co [oʊrɔ́(:)skoʊ, -róʊs- | ɔʊrɔ́skəʊ ; *Am. Sp.* orósko], **José Clemente** *n.* オロスコ《1883–1949; メキシコの画家》.

Or·pen [ɔ́əpən | ɔ́:-], Sir **William New·en·ham** [n(j)ú:ənəm | njú:-] **Montague** *n.* (1878–1931) 英国の画家.

orph. 《略》orphan; orphanage.

or·phan [ɔ́əfən | ɔ́:-] 〘(1483) ▭ LL *orphan-us* ▭ Gk *orphanós* bereaved ← IE **orbho-* to separate (Skt *arbha* weak child)〙 ― *n.* **1 a** 孤児, みなし子; 片親のない子 : a war 〜 戦災孤児 / be left an 〜 孤児になる. **b** 親をなくした動物の子. **2** 孤立無援の人[物], 顧みられなくなった存在. ― *attrib. adj.* **1** 親のない : an 〜 child. **2** 孤児のための : an 〜 asylum 孤児院. ― *vt.* [しばしば p.p. 形で] 孤児にする, …に両親[片親]をなくさせる : be 〜*ed* at an early age 小さい時に孤児になる / children 〜*ed* by the war 戦災孤児.

or·phan·age [ɔ́əf(ə)nɪdʒ | ɔ́:fən-] *n.* **1** 孤児院. **2** = orphanhood. **3** 《まれ》[集合的] 孤児 (orphans).

órphan·hòod *n.* 孤児の身.

or·phan·ize [ɔ́əfənàɪz | ɔ́:-] *vt.* 孤児にする.

órphans' cóurt *n.* 〘米法〙孤児裁判所《検認とともに孤児の後見人 (guardian) を任命し, その財産や孤児の保護を行なう裁判所; 米国の数州にあり, (遺言)検認裁判所 (probate court) と同義に用いられる; prerogative court ともいう》.

Or·phe·an [ɔ́əfiən, ɔəfí:ən | ɔ:fí:ən, -fíən] *adj.* **1** オルフェウス (Orpheus) の[に関する, のような]. **2** 妙(たえ)なる調べの.

Or·pheus [ɔ́əfju:s, -fiəs | ɔ́:fju:s] 〘▭ L *Orphē-us* ▭ Gk *Orpheús* ← ?〙 ― *n.* 〘ギリシャ神話〙オルフェウス《Apollo と Calliope との子, Thrace の詩人で音楽家; 彼の奏する竪琴の美しい調べは鳥獣草木をも魅了したといわれる; 死別した妻 Eurydice を追って地下界に降り音楽で Pluto の心を動かし「地上に達するまで妻の顔を振り向かない」という約束で妻を連れもどすこととなったが, 出口で約束を破ったためその希望を果せなかったという》.

Or·phic [ɔ́əfɪk | ɔ́:-] 〘(1678) ▭ L *Orphic-us* ▭ Gk *Orphikós* ← *Orpheús* (↑) : ⇨ -ic[1]〙 ― *adj.* **1 a** オルフェウス (Orpheus) の[に関する]. **b** (Orpheus を開祖とする)オルペウス教の : 〜 mysteries オルペウスの秘密儀式. **2** [しばしば o-] **a** 音調の美しい (melodious); (美しい音で)心を魅する(ような) (enchanting). **b** 神秘的な (mystic). **Ór·phi·cal·ly, o-** *adv.*

Ór·phi·cism [-fəsìzm | -fɪ-] *n.* =Orphism 1.

Or·phism [ɔ́əfɪzm | ɔ́:-] 〘← ORPH(IC) + -ISM〙 ― *n.* **1** オルペウス教《Orpheus を開祖とする神秘的な宗旨; 輪廻(りんね)・応報などを信じる》. **2** [時に o-] 〘▭ F *orphisme* ← *Orphée* Orpheus : ⇨ -ism〙〘美術〙オルフィスム《1912 年頃 cubism から発達した技法で, 華やかな色彩を用いて, 抽象的な中に叙情性を強調する; フランスの Delaunay はその代表的画家》. **Ór·phist** [-fɪst, -fəst | -fɪst] *n.*

or·phrey [ɔ́əfri | ɔ́:frɪ] 〘(*a*1300) *orfreis* ▭ OF (F *orfroi*) ▭ ML *aurifrigium* ← L *aurum* gold + *Phrygius* Phrygian : ME -*s* の脱落はこれを *pl.* の語尾と誤解したため〙 ― *n.* **1** 金の[精巧な]刺繡. **2** 金襴(きんらん)の帯《聖職者が法衣の上に着けるもの》.

or·pi·ment [ɔ́əpəmənt | ɔ́:pɪ-] 〘(*c*1395) ▭ (O)F 〜 ▭ L *auripigmentum* ← *aurum* gold + *pigmentum* 'PIGMENT'〙 ― *n.* **1** 〘鉱物〙雄黄(ゆうおう) (As_2S_3)《通例薄片の層をなした黄色の塊状で得られ, 黄色染料となる》. **2** 〘顔料〙雄黄から作った黄色顔料《有毒; King's yellow ともいう》.

or·pine [ɔ́əpɪn, -pən | ɔ́:pɪn] 〘(*a*1387) ▭ OF 〜《短縮》↑〙 ― *n.* (*also* **or·pin** [〜]) 〘植物〙ムラサキベンケイソウ (*Sedum telephium*)《ベンケイソウ属の多肉質の多年草》.

Or·ping·ton [ɔ́əpɪŋṭən | ɔ́:-] 〘OE *Orpedington*《原義》town of Orped's people〙 ― *n.* **1** イングランド Greater London 南東部の住宅都市; Bromley の一部. **2** オーピントン《同地原産の卵肉兼用の一品種のニワトリ》.

Orr, John Boyd *n.* ⇨ Boyd Orr.

or·ra [ɔ́(:)rə, ɑ́rə | ɔ́rə] 〘← ? Gael.〙 *adj.* 《スコット》**1** 臨時の, 半端の, 余分な (odd). **2** ひまな. **3** 〈人が〉なまけ者の, 役に立たない.

or·rer·y [ɔ́(:)rəri, ɑ́r- | ɔ́rərɪ] 〘(1713) ← *Charles Boyle, Earl of Orrery* (1676–1731 : 太陽系儀製作のパトロン)〙 ― *n.* **1** オーラリ《太陽・惑星・地球・月などの運動や位置を説明するための太陽系儀》. **2** 太陽系儀に類似の装置.

or·ris[1] [ɔ́(:)rɪs, ɑ́r-, -rəs | ɔ́rɪs] 〘(1701) *orrice, orace*《変形》? ME *orfreis* 'ORPHREY'〙 ― *n.* (18 世紀に衣類や家具の装飾によく使われた)金[銀]糸のブレード (braid) [レース].

or·ris[2] [ɔ́(:)rɪs, ɑ́r-, -rəs | ɔ́rɪs] 〘(1545) *oreys, oris, arras*《変形》? ← IRIS[2]〙 *n.* **1** 〘植物〙ニオイアヤメ, ニオイイリス, シロバナイリス (*Iris florentina*). **2** =orrisroot.

órris-pòwder *n.* ニオイアヤメの根茎 (orrisroot) の粉末《薬用または歯みがきの香料とする; cf. orrisroot》.

órris·ròot *n.* ニオイアヤメの根茎《乾燥すると芳香がある; 単に orris ともいう; cf. Florentine iris, orris-powder》.

Or·son [ɔ́əsn̩ | ɔ́:-] 〘▭ OF *Ourson*《原義》little bear〙 *n.* 男性名.

ort [ɔ́ət | ɔ́:t] 〘(1440) *ortys, ortus* (pl.) ▭ MLG *orte* : cf. Du《廃》*ooræte* ← *oor-* rejected, 《原義》out, from + *ete* food / OE *or-* out, *æt* food〙 ― *n.* 《方言・古》[通例 *pl.*] **1** 食べ残し (leavings). **2** 断片, くず, かす.

Or·te·gal [ɔ̀əṭɪgɑ́:l, -ṭə- | ɔ̀:tɪ- ; *Sp.* òrtegál], **Cape** *n.* オルテガル岬《スペイン北西部, Biscay 湾に臨む岬》.

Or·te·ga y Gas·set [ɔətéɪgəi:gɑ:sét | ɔ:- ; *Sp.* ortégaigasét], **José** *n.* オルテガ イ ガセット《1883–1955; スペインの哲学者・著述家・政治家; *La Rebelión de las Masas*「大衆の反逆」(1930)》.

orth. 《略》orthography; orthopedic; orthopedics.

or·th- [ɔəθ | ɔ:θ] (母音の前に来る時の) ortho- の異形.

or·thi·con [ɔ́əθɪkɑ̀n, -θə- | ɔ́:θɪkɔ̀n] 〘← ORTHO- + ICON(OSCOPE)〙 ― *n.* 〘電子工学〙オルシコン《二次電子による悪影響を避けた iconoscope; テレビ用撮像管の一種; cf. image orthicon》.

or·tho [ɔ́əθoʊ | ɔ́:θəʊ] 〘ORTHO- の独立用法〙 *adj.* 〘化

学》ベンゼン環 (benzene ring) の2個の置換が隣接している.

ortho. 《略》〖写真〗orthochromatic.

or·tho- [ɔ́əθo(ʊ), -θə | ɔ́:θə(ʊ)] 〖□F ～ □L ～ ← Gk *orthós* straight ← IE *werdh- to grow〗 ── 次の意味を表わす連結形: **1**「真直, 真, 正 (right, correct)」. **2** 〖化学〗「オルト」: **a** 加水度の最も高い酸を示す (cf. meta- 3 a). **b** ベンゼン環 (benzene ring) を有する化合物で 1, 2-位置換体(2個の置換基が隣接している)を示す (cf. meta- 3 b, para-¹ 2 b). ★ 母音の前では通例 orth- になる.

òrtho-amino·benzóic ácid *n.* 〖化学〗オルトアミノ安息香酸 (⇨ anthranilic acid).

òrtho·bóric ácid *n.* 〖化学〗正ホウ酸, オルトホウ酸 (H_3BO_3).

or·tho·cen·ter [ɔ́əθo(ʊ)sèntə, -θə- | ɔ́:θə(ʊ)sèntə(r)] *n.* 〖数学〗垂心《三角形の三垂線が合する点》.

òrtho·cephálic 〖← NL *orthocephalus* (⇨ ortho-, -cephalous)＋-IC¹〗〖人類学〗 ── *adj.* 正頭型の《長高示数が 57.7-62.5 ある; 生体に用いる; cf. brachycephalic, dolichocephalic》. ── *n.* 正頭型の人.

òrtho·céphalous *adj.* 〖人類学〗＝orthocephalic.

òrtho·céphaly *n.* 〖人類学〗正頭型.

òrtho·chromátic *adj.* 〖写真〗整色性の《赤色光以外の全ての可視光に感光する; cf. panchromatic》: an ～ plate [film] 整色乾板[フィルム].

or·tho·clase [ɔ́əθəklèɪs, -klèɪz | ɔ́:θə(ʊ)-] 〖□G *Orthoklas*: ⇨ ortho-, -clase〗 *n.* 〖鉱物〗正長石 ($KAlSi_3O_8$).

or·tho·clas·tic [ɔ̀əθo(ʊ)klǽstɪk, -θə- | ɔ̀:θə(ʊ)-] 〖□G *orthoklastisch*: ⇨ ↑, -ic¹〗 *adj.* 〖結晶〗(正長石のように)互いに直角の劈開(ᵏᵃⁱ)をもつ.

or·tho·dome [ɔ́əθədòʊm | ɔ́:θədəʊm] *n.* 〖結晶〗正軸底面(ʰᵃⁿ)《結晶の面で, 主軸と側軸とに交わるもの; cf. brachydome》.

or·tho·don·ti·a [ɔ̀əθədɑ́nʃɪə, -ʃə | ɔ̀:θə(ʊ)dɔ́nʃɪə, -ʃə] 〖← NL ～: ⇨ ortho-, -odont, -ia¹〗 *n.* 〖歯科〗＝orthodontics. **òr·tho·dón·tic** [-ṭɪk | -tɪk] *adj.*

or·tho·don·tics [ɔ̀əθədɑ́nṭɪks | ɔ̀:θə(ʊ)dɔ́nt-] 〖⇨ ↑, -ics〗 *n.* 〖歯科〗歯科矯正学[術].

òr·tho·dón·tist [-ṭɪst, -ṭəst | -tɪst] *n.* 歯科矯正医.

or·tho·dox [ɔ́əθədɑ̀ks | ɔ́:θədɔ̀ks] 〖《1581》□F *orthodoxe* // LL *orthodox-us* □Gk *orthódoxos* ← ORTHO-＋*dóxa* opinion (← *dokeîn* to seem, think (cf. doctor))〗 ── *adj.* **1** 〈宗教的信仰が〉正当な《大宗教会議で公認された信条を遵奉する》, 正統派の, 正教的な (cf. heterodox 1 a); 《米》三位一体説を信奉する. **2** [O-] **a** 東方正教会 (Greek Orthodox Church) の. **b** ユダヤ正教(徒)の. **3 a** 〈学説など〉正統派の古来学者によって支持されてきた: the ～ school 正統学派. **b** 一般に真正と認められた, 伝統的に承認された, 定評のある: in the ～ manner 仕来り通りに, 正式に. **c** 因襲的な, 月並の (conventional): an ～ pair of lovers 月並の[ありふれた]恋人. ── *n.* **1** 正統派の人. **2** [O-] 東方正教会の信者. **～·ly** *adv.*

Órthodox Chúrch *n.* [the ～] 〖キリスト教〗正(統)教会, 東方正教会 (⇨ Orthodox Eastern Church).

Órthodox Éastern Chúrch *n.* [the ～] 〖キリスト教〗東方正教会. ★ ローマ教皇と分かれ, Constantinople の総主教 (Patriarch) と一致・連携の下に, 各国語でビザンティン典礼を使用しているキリスト教会の総称; 公式には The Holy Orthodox Catholic Apostolic Eastern Church といい, 東ヨーロッパ・近東・エジプトにおける最大のキリスト教団体; 古くは Constantinople, Alexandria, Antioch, Jerusalem の4総主教管区から成っていたが, 今日では Church of Russia, Church of Greece, Church of Bulgaria などを加えた 14 の独立した教会から成っている; 単に Orthodox Church とも, また Byzantine Church ともいい, さらに Western Church に対し Eastern (Orthodox) Church とも, 文化的系統から Latin Church に対し Greek (Orthodox) Church ともいう.

Órthodox Jéw *n.* 正統派ユダヤ教徒《正統派ユダヤ教の教えを守る厳格なユダヤ教徒》.

Órthodox Júdaism *n.* 正統派ユダヤ教 (cf. Conservative Judaism, Reform Judaism).

órthodox sléep *n.* 〖心理〗正睡眠, オーソ睡眠, 徐波睡眠, ノンレム睡眠《睡眠の中で夢を見ず脳波が徐波を示す部分; cf. paradoxical sleep》.

or·tho·dox·y [ɔ́əθədɑ̀ksi | ɔ́:θədɔ̀ksi] 〖《1630》□LL *orthodoxia* □Gk *orthodoxía*: ⇨ orthodox, -y¹〗 ── *n.* **1** 正統的[正統派的]信仰; 正統派的学説. **2** 正統的[正統派的]慣行; 一般の説に従うこと. **3** [O-] **a** 東方正教会の信仰[教理, 慣行]. **b** 正統派ユダヤ教の信仰[教理, 慣行].

ór·tho·èp·ist [-pɪst, -pəst | -pɪst] *n.* 正音学者.

or·tho·e·py [ɔ́əθoʊèpi, ɔəθóʊəpi | ɔ́:θəʊèpɪ, ɔ:θə́ʊɪpɪ, ɔ̀:θəʊépɪ] 〖《1668》← NL *orthoepia* ← Gk *orthoépeia* ← ORTHO-＋*épos* word: ⇨ epic, -y¹〗 ── *n.* 正しく発音する法; 正音学. **or·tho·ep·ic** [ɔ̀əθoʊépɪk | ɔ̀:θəʊ-] *adj.* **òr·tho·ép·i·cal** *adj.* **òr·tho·ép·i·cal·ly** *adv.*

òrtho·fórmate *n.* 〖化学〗＝orthoformic ester.

òrtho·fórmic ácid 〖← ORTHO-＋*formic acid*〗 *n.* 〖化学〗オルト蟻酸 ($HC(OH)_3$)《遊離酸としては存在せず, エステルとしてのみ知られている》.

orthofórmic éster *n.* 〖化学〗オルト蟻酸エチル, オルト蟻酸エステル ($HC(OC_2H_5)_3$)《甘いにおいをもつ液体; アセタールの製造に用いる》.

òrtho·génesis 〖← NL ～: ⇨ ortho-, -genesis〗 ── *n.* **1** 〖生物〗定向進化《進化の過程は, 常に一定の方向に進行するという説; cf. orthoselection》. **2** 〖社会学〗系統発生説《社会進化が常に同一方向を取り同一段階を経て行なわれるという理論または学説》. **or·tho·gen·ic** [ɔ̀əθədʒénɪk | ɔ̀:θə(ʊ)-] *adj.* **òrtho·genétic** *adj.* **òrtho·genétically** *adv.*

or·thog·na·thous [ɔəθɑ́gnəθəs | ɔ:θɔ́g-] *adj.* 〖人類学〗正顎の, 口辺部が前方に突き出していない, 横顔がほとんど垂直な《あご示数が 98 以下についていう; ⇨ facial angle 挿絵》. **or·thóg·na·thìsm** [-θɪzm] *n.*

or·thog·na·thy [ɔəθɑ́gnəθi | ɔ:θɔ́gnəθɪ] *n.*

or·thog·o·nal [ɔəθɑ́gənḷ | ɔ:θɔ́g-] 〖← L *orthogōnius* (□Gk *orthogṓnios*: ⇨ ortho-, goni-)＋-AL¹〗 ── *adj.* 〖数学〗**1** 直角の, 直交する: an ～ section 直角に切った時の切り口 / ⇨ orthogonal projection. **2** 矩形の. **～·ly** *adv.* **or·thòg·o·nál·i·ty** [-nǽləṭi | -lətɪ, -lɪ-] *n.*

or·thog·o·nal·i·za·tion [ɔəθɑ̀gənəlɪzéɪʃən, -lə- | ɔ:θɔ̀gənəlaɪ-, -lɪ-] *n.* 〖数学・統計〗直交化《ベクトル・関数などを互いに直交するように修正すること》.

or·thog·o·nal·ize [ɔəθɑ́gənəlàɪz, -nḷ- | ɔ:θɔ́g-] *vt.* 〖数学・統計〗〈ベクトル・関数などを〉直交化させる.

orthógonal projéction *n.* 〖数学・地理〗＝orthographic projection 1.

orthógonal trajéctory *n.* 〖数学〗直交軌道《一群の曲線と直交する軌道》.

or·tho·grade [ɔ́əθəgrèɪd | ɔ́:-] *adj.* 〖動物〗直立歩行の (cf. pronograde).

or·tho·graph [ɔ́əθəgrǽf | ɔ́:θəgrɑ̀:f, -grǽf] *n.* **1** 〖数学〗正射影. **2** 〖建築〗(建物の平面図・立面図などという)図面《正射影図法によって描かれる》.

or·thog·ra·pher [ɔəθɑ́grəfə | ɔ:θɔ́grəfə(r)] *n.* **1** 正書法学者. **2** 綴字の正しい人.

or·tho·graph·ic [ɔ̀əθəgrǽfɪk | ɔ̀:θə(ʊ)-] *adj.* **1 a** 綴字法[正書法]の: ～ rules 綴字法の規則. **b** 〈綴りが〉正書法にかなった; 綴りの正しい. **2** 〖数学〗正射影の, 直角の: ⇨ orthographic projection. **òr·tho·gráph·i·cal** *adj.* **òr·tho·gráph·i·cal·ly** *adv.*

orthográphic projéction *n.* **1** 〖数学・地理〗正射影 (orthogonal projection). **2** 〖建築〗正射投影, 正射投影図.

or·thóg·ra·phist [-fɪst, -fəst | -fɪst] *n.* ＝orthographer.

or·thog·ra·phize [ɔəθɑ́grəfàɪz | ɔ:θɔ́g-] *vt.* 〈語を〉正しく綴る, 正書法に従って綴る. ── *vi.* 正しい綴り方に従う[を適用する].

or·thog·ra·phy [ɔəθɑ́grəfi | ɔ:θɔ́grəfɪ] 〖《*c*1450》□OF *orthografie* (F *orthographie*) □L *orthographia* □Gk *orthographía* correct writing: ⇨ ortho-, -graphy〗 ── *n.* **1 a** 正書法, 正しい綴字法 (cf. cacography 2): reformed ～ 改正綴字法. **b** 文字の綴り方: His ～ is shocking. 彼の綴字はめちゃくちゃだ. **2** 〖文法〗文字論, 綴字論. **3** 〖数学・地理〗＝orthografic projection 1.

òrtho·hexágonal áxes *n. pl.* 〖結晶・数学〗直六方軸.

òrtho·hýdrogen *n.* 〖物理・化学〗オルソ水素《2個の陽子のスピンが同方向を向く水素分子; cf. parahydrogen》.

or·tho·ker·a·tol·o·gy [ɔ̀əθo(ʊ)kèrətɑ́lədʒi | ɔ̀:θə(ʊ)kèrətɔ́lədʒɪ] 〖← ORTHO-＋KERATO-＋-LOGY〗 ── *n.* 〖眼科〗角膜矯正術《定期的にコンタクトレンズを変えていき, 角膜を変化させて視力を矯正する法》.

òrtho·molécular *adj.* 〖医学〗分子濃度調整論の[に基づいた]《生体内物質の分子濃度を適正化することで, 治療効果を収めようというアプローチによる》.

òrtho·mórphic projéction *n.* 〖地理〗＝conformal projection.

Or·tho·nec·ti·da [ɔ̀əθənéktədə | ɔ̀:θənéktɪ-] 〖← NL ～: ⇨ ortho-, necto-, -ida〗 ── *n. pl.* 〖動物〗直泳目, 直游目《中生動物門 (Mesozoa) に属し, 扁形動物や多毛類の組織に寄生する動物; cf. Dicyemida》.

òrtho·nórmal *n.* 〖数学〗正規直交の《いくつかのベクトルや関数のノルムがすべて 1 で, しかも互いに直交していることにいう》.

or·tho·pae·dic [ɔ̀əθəpí:dɪk | ɔ̀:θə(ʊ)-] *adj.* ＝orthopedic.

or·tho·pae·dics [ɔ̀əθəpí:dɪks | ɔ̀:θə(ʊ)-] *n.* ＝orthopedics.

or·tho·pae·dist [ɔ̀əθəpí:dɪst, -dəst | ɔ̀:θə(ʊ)pí:dɪst] *n.* ＝orthopedist.

or·tho·pae·dy [ɔ́əθəpì:di | ɔ́:θə(ʊ)pì:dɪ] *n.* ＝orthopedy.

òrtho·panchromátic *adj.* 〖写真〗オルソパンの《緑色光によく感じて肉眼に近い感じ方をするパンクロについていう》.

or·tho·pe·dic [ɔ̀əθəpí:dɪk | ɔ̀:θə(ʊ)-] 〖□F *orthopédique*: ⇨ orthopedy, -ic¹〗 ── *adj.* **1** 整形外科(学)の, 整形外科的な: an ～ hospital [surgeon] 整形外科病院[外科医] / ～ treatment 整形外科療法. **2** 奇形の, 肢体異常の: an ～ child. **òr·tho·pé·di·cal·ly** *adv.*

or·tho·pe·dics [ɔ̀əθəpí:dɪks | ɔ̀:θə(ʊ)-] 〖⇨ ↑, -ics〗 *n.* (子供の)整形外科(学).

or·tho·pe·dist [ɔ̀əθəpí:dɪst, -dəst | ɔ̀:θə(ʊ)pí:dɪst] 〖□F *orthopédiste*: ⇨ -ist〗 *n.* 整形外科医.

or·tho·pe·dy [ɔ́əθəpì:di | ɔ́:θə(ʊ)pì:dɪ] 〖□F *orthopédie* ← ORTHO-＋Gk *paideía* rearing of children (← *paîs* child: cf. paedo-)〗 *n.* ＝orthopedics.

òrtho·phósphate *n.* 〖化学〗正リン酸塩; 正リン酸エステル.

òrtho·phosphóric ácid *n.* 〖化学〗正リン酸, オルトリン酸 (H_3PO_4).

òrtho·phósphorous *adj.* 〖化学〗正亜リン酸の.

orthophósphorous ácid *n.* 〖化学〗正亜リン酸 (H_3PO_3)《高度リン酸肥料の製造に用いる》.

or·tho·phy·ric [ɔ̀əθəfáɪrɪk | ɔ̀:-] 〖← ORTHO-＋-PHYRE＋-IC¹〗 *adj.* 〖岩石〗正長斑岩状の.

or·thop·ne·a [ɔəθɑ́pniə, ɔ̀əθɑpní:ə | ɔ:θɔ́pnɪə, ɔ̀:θɔpní:ə] 〖□L *orthopnoea* □Gk *orthópnoia*: ⇨ ortho-, -pnea〗 ── *n.* (*also* **or·thop·noe·a** [～]) 〖医学〗起坐呼吸《心臓疾患などで, 寝床の上に起きて坐っていなければ十分に呼吸できない状態》.

or·tho·prax·y [ɔ́əθəprǽksi | ɔ́:θəprǽksɪ] 〖⇨ ortho-, praxis, -y¹〗 *n.* **1** 行為[慣習]の正当さ; 正当な慣習. **2** 〖医学〗奇形矯正.

òrtho·psychiátric *adj.* 精神病予防学の.

òrtho·psychiátrical *adj.* ＝orthopsychiatric.

òrtho·psychíatrist *n.* 精神病予防学者.

òrtho·psychíatry *n.* 〖精神医学〗(青少年の精神衛生や初期精神病に関する)精神病予防学.

or·thop·ter [ɔəθɑ́ptə | ɔ:θɔ́ptə(r)] 〖□F *orthoptère* ← ORTHO-＋Gk *pterá* ((pl.) ← *pterón* wing)〗 *n.* **1** 〖航空〗＝ornithopter. **2** 〖昆虫〗＝orthopteron.

orthoptera *n.* orthopteron の複数形.

Or·thop·ter·a [ɔəθɑ́ptərə | ɔ:θɔ́p-] 〖← NL ～ (pl.): ⇨ orthopteron〗 *n. pl.* 〖昆虫〗直翅(ˢ)目. **or·thop·ter·al** [ɔəθɑ́ptərəl | ɔ:θɔ́p-] *adj.* **or·thop·ter·an** [ɔəθɑ́ptərən | ɔ:θɔ́p-] *adj.*, *n.* **or·thop·ter·oid** [ɔəθɑ́ptərɔɪd | ɔ:θɔ́p-] *adj.* **or·thóp·ter·ous** [-rəs] *adj.*

or·thop·ter·on [ɔəθɑ́ptərən, -rɑ̀n | ɔ:θɔ́ptərən, -rɔ̀n] 〖← NL ～ ← ORTHO-＋Gk *pterón* wing〗 *n.* (*pl.* **-ter·a** [-rə]) 〖昆虫〗直翅(ˢ)目の昆虫.

or·thop·tic [ɔəθɑ́ptɪk | ɔ:θɔ́p-] *adj.* 〖医学〗正視を助ける: ～ exercises 視能訓練.

or·thop·tics [ɔəθɑ́ptɪks | ɔ:θɔ́p-] *n.* 〖医学〗視能訓練.

or·thop·tist [ɔəθɑ́ptɪst, -təst | ɔ:θɔ́ptɪst] *n.* 視能訓練士.

òrtho·rhómbic *adj.* 〖結晶〗斜方晶系の.

or·tho·scop·ic [ɔ̀əθəskɑ́pɪk | ɔ̀:θəskɔ́p-] *adj.* **1** 視力の正しい, (物が)正しく見える: an ～ person 視力の正しい人. **2** 〖光学〗歪曲(ʷᵃⁱᵏʸᵒᵏᵘ)のない, (物を)正しい比率で見せる, 平坦な視野を与える: an ～ lens 正視レンズ / an ～ eyepiece (高倍率望遠鏡の)広視野接眼レンズ / ～ points 歪曲のない光学系の入射瞳と射出瞳の中心.

òrtho·seléction *n.* 〖生物〗定向選択[淘汰]《適応進化を推進し, 定向進化 (orthogenesis) を促進させる自然選択》.

òrtho·státic *adj.* 〖医学〗起立性の, 直立(姿勢)の[によって生じる].

or·thos·ti·chy [ɔəθɑ́stəki | ɔ:θɔ́stɪkɪ] 〖← ORTHO-＋Gk *stíkhos* row, rank＋-Y¹〗 ── *n.* 〖植物〗(葉序・鱗片などの)直列, 直列配置 (cf. parastichy). **or·thós·ti·chous** [-kəs] *adj.*

órtho·stỳle *adj.* 〖建築〗**1** 〈円柱が〉一直線に並んだ, 直列の. **2** 直列に並んだ円柱を有する.

òrtho·tellúric ácid *n.* 〖化学〗オルトテルル酸 (⇨ telluric acid a).

or·thot·ics [ɔəθɑ́ṭɪks | ɔ:θɔ́t-] 〖← Gk *orthṓsis* straigtening: PROSTHETICS からの類推〗 ── *n.* 〖医学〗(支持具を用いた)筋・関節補強回復術. **or·thot·ic** [ɔəθɑ́ṭɪk | ɔ:θɔ́t-] *adj.* **or·thot·ist** [ɔəθɑ́ṭɪst, ɔ́əθəṭ-, -ṭəst | ɔ:θɔ́tɪst, ɔ́:θət-] *n.*

òrtho·tólidine *n.* 〖化学〗オルトトリジン ($(H_2NC_6H_3(CH_3))_2$)《織物の染色などに用いる》.

or·tho·tone [ɔ́əθətòʊn | ɔ́:θətəʊn] 〖□Gk *orthótonos* with the unmodified accent: ⇨ ortho-, tone〗 ── *adj.*, *n.* 〖詩学〗(ギリシャ語で疑問文中に用いられた不定代名詞や副詞が前後の語に吸収または合体されることなく)独立語としてアクセントをもつ(語) (cf. enclitic, proclitic).

or·tho·tro·pic [ɔ̀əθətróʊpɪk, -trɑ́p- | ɔ̀:θətrɔ́p-] *adj.* **1** 直交異方性の, 直交異方性の材料を用いた. **2** 〖植物〗〈根・茎など〉(生長発達が)直向性の, 真直ぐに伸びる[生える] (cf. plagiotropic). **òr·tho·tró·pi·cal·ly** *adv.*

or·thot·ro·pism [ɔəθɑ́trəpɪzm | ɔ:θɔ́t-] *n.* 〖植物〗(根や茎の)直生性, 直向性.

or·thot·ro·pous [ɔəθɑ́trəpəs | ɔ:θɔ́t-] 〖⇨ orthotropic, -ous〗 ── *adj.* 〖植物〗直生の, 直立の《胚珠が直立して, 珠柄と珠心が一直線をなすものについていう; cf. anatropous》: an ～ ovule 直生胚珠.

órtho·wàter *n.* 〖物理化学〗オルト水 (⇨ polywater).

òrtho-xýlene *n.* 〖化学〗オルトキシレン (⇨ xylene a).

or·thros [ɔ́əθrɔ(:)s, -θrɑs | ɔ́:θrɔs] 〖□LGk *órthros*, (Gk) dawn, sunrise: cf. ortho-〗 ── *n.* 〖東方正教会〗朝の日課, 朝の勤行(ᵍᵒⁿᵍʸᵒ)《ローマカトリックの賛課 (lauds) に似たもの》.

Or·thrus [ɔ́əθrəs | ɔ́:-] 〖□L ～ □Gk *Órthros*〗 *n.* 〖ギリシャ神話〗オルトロス《Geryon の飼っていた牛を守っていた双頭の怪物; Hercules に殺された》.

Órt·les Ránge [ɔ́ətleɪs- | ɔ́:t-; *It.* ɔ́rtles] *n.* [the ～] オルトレス連峰[山脈]《イタリア北部の Alps 山脈中の連峰; 最高峰 Ortles (3,899 m); ドイツ語名 Ortler [ɔ́ətlɐ]》.

or·to·lan [ɔ́əṭələn, -ṭḷ- | ɔ́:təl-, -tḷ-] 〖《1526》□F ～ □It. *ortolano* gardener < L *hortulānus* (adj.) ← *hortulus* (dim.) ← *hortus* garden: この鳥が庭によく来ることから〗 ── *n.* 〖鳥類〗**1** キノドアオジ (*Emberiza hortulana*)《ヨーロッパ産ホオジロの類の小鳥》. **2 a** 《英》＝wheatear. **b** ＝sora. **c** 《米》＝bobolink.

Or·ton [ɔ́ətn | ɔ́:-], **Joe** *n.* (1933-67) 英国の劇作家.

Or·tyg·i·a [ɔətídʒɪə, -dʒə | ɔ:tídʒɪə, -dʒə] *n.* オルティ

ジア《イタリア Sicily 島の南東部と運河をへだてて隣接する小島》.

O·ru·ro [ɔːrú(ə)rou, oːr- | ərúərəu, ɔːr-; *Sp.* orúro] *n.* オルロ《南米中部ボリビア西部の鉱山都市, もと同国の首都; 海抜 3,700 m; 人口 124,000》.

ORuss. 《略》Old Russian.

O·rus·si·dae [ɔːrʌ́sədiː, oːr- | ɔːrʌ́sɪ-] 〘← NL ～ ← *Orussus* (属名: ← Gk *orússein* to dig)＋-IDAE〙 *n. pl.* 〘昆虫〙ヤドリキバチ科.

Or·vie·to [ɔ̀əviéɪtou | ɔ̀ːvɪéɪtəu; *It.* orvjɛ́ːto] 〘原産地名〙 *n.* (*pl.* ～**s**) オルヴィエト(ワイン)《イタリア Umbria 産の白ぶどう酒》.

Or·ville [ɔ́əvɪl, -vəl | ɔ́ːvɪl] 〘⊏ OF ～《原義》golden town ← *or* gold＋*ville* town〙 *n.* 男性名.

Or·well [ɔ́əwel, -wəl | ɔ́ːwəl, -wel], **George** *n.* (1903–1950) 英国の小説家・評論家; *Animal Farm* (1945), *Nineteen Eighty-Four* (1949); 本名 Eric Arthur Blair.

Or·well·i·an [ɔəwéliən | ɔːwélɪ-] *adj.* George Orwell の[に関する, に似た]; Orwell の作風に似た, Orwell 風の.

or·y [ɔ́ːri, óːri | ɔ́ːrɪ] 〘← ORE＋-Y⁴〙 *adj.* 《古》鉱石 (ore) に似た, 鉱石を含む.

-o·ry¹ [ɔ̀ːri, òːri | (ə)rɪ] 〘ME *-orie* ⊏ AF *-ori* (F *-oir*) ⊏ L *-ōrius* (masc.): ⇨ -or², -y⁴〙 ― *suf.* 名詞・動詞に付いて「…のような, …の性質のある, …として」の意の形容詞を造る: declamatory, introductory, preparatory.

-o·ry² [ˊ-ɔ̀ːri, ˊ-òːri, ˊ(ə)ri | (ə)rɪ] 〘ME *-orie* ⊏ AF *-orie* (fem.) (F *-oire*) ⊏ L *-ōrium* (neut.): ↑〙 ― *suf.* 「ある目的のための場所・物」の意の名詞を造る: dormitory, factory, laboratory.

or·yx [ɔ́(ː)rɪks, óːr-, ɑ́r- | ɔ́r-] 〘(*c*1390) ← NL ～ ← L ～ ⊏ Gk *órux* pickaxe, antelope: 角がつるはしに似ていることから〙 ― *n.* (*pl.* ～**es**, ～) 〘動物〙オリックス《アフリカ産のオリックス属 (*Oryx*) の大型のレイヨウの総称; ベイサオリックス (*O. beisa*) など》.

o·ryz- [ɔːráɪz, oːr- | ɔːr-] (母音の前に来る時の) oryzo- の異形.

o·ry·zi- [ɔːráɪzi, oːr-, -zə | ɔːráɪzɪ] oryzo- の異形 (⇨ -i-).

o·ry·zo- [ɔːráɪzou, oːr- | ɔːráɪzə(u)] 〘← NL ～ ← L *oryza* rice ⊏ Gk *óruza*: cf. rice〙 ― 「米 (rice)」の意の連結形. ★ 時に oryzi-, また母音の前では通例 oryz- になる.

os¹ [ɑ́(ː)s | ɔ́s] 〘⊏ L *os*〙 *L. n.* (*pl.* **os·sa** [ɑ́sə | ɔ́sə]) 《解剖・動物》骨 (bone).

os² [óus, ɑ́(ː)s | ə́us, ɔ́s] 〘⊏ L *ōs*: ⇨ oral〙 *n.* (*pl.* **o·ra** [ɔ́ːrə, óːrə | ɔ́ːrə]) 〘解剖〙口, 穴: per ～ 経口の, 内用の.

os³ [óus | ə́us] 〘⊏ Swed. *ås* (pl. *åsar*) ridge < ON *āss* ← IE **om(e)so-s* shoulder (L *humerus* shoulder)〙 ― *n.* (*pl.* **o·sar** [óusɑə | ə́usɑː(r)] ★《英》では **os** (*sing.*), **osar** (*pl.*) よりも **osar** (*sing.*), **osars** (*pl.*) という方が普通) 〘地質〙オース, エスカ《氷河下の河流作用でできる砂礫(されき)の堆積(たいせき)物; 特に, 長い堤防状のもの; esker ともいう》.

Os 《記号》〘化学〙osmium.

OS, O.S. 《略》〘演劇〙offstage; Old Saxon; Old Series; out of stock.

o/s 《略》〘商業〙on sale; 〘商業〙out of service; out of stock; outsize; outstanding.

o.s. 《略》〘海事〙ocean station 洋上基地; 〘機械〙oil switch; only son; 〘銀行〙on spot 現物渡し; 〘商業〙on sample; 〘銀行〙outstanding 未払いの.

O.S. 《略》〘暦法〙Old Style (cf. N.S.); old school; 〘処方〙*L.* oculus sinister 左眼 (left eye); 〘海事〙ordinary seaman (＝O.D.); ordnance survey; Output Secondary; outsize.

O.S.A. 《略》*L.* Ōrdō Sānctī Augustīnī アウグスチノ会 (Order of St. Augustine).

O·sage¹ [ouséɪdʒ, ˊ-ˊ | əuséɪdʒ, ˊ-ˊ] *n.* [the ～] 米国 Kansas 州東部から東流して Missouri 川に合流する川 (800 km).

O·sage² [ouséɪdʒ, ˊ-ˊ | əuséɪdʒ, ˊ-ˊ] 〘⊏ N-Am.-Ind. (Osage) *Wazhazhe* (部族名)〙 ― *n.* (*pl.* ～, **O·sag·es**) **1 a** [the ～(s)] オーセージ族《もと Osage 河畔に住んでいたアメリカインディアン》. **b** オーセージ族の人. **2** オーセージ語《Siouan 語族に属する》. **3** 〘植物〙＝Osage orange.

Ósage órange [ápple] *n.* 〘植物〙米国 Arkansas 地方産のクワ科の木の一種 (*Maclura pomifera*)《生垣に用いる》; その実《食べられない》.

osar *n.* **1** os³ の複数形. **2** 《英》〘地質〙＝os³.

o·sa·zone [óusəzòun, ɑ́s- | ə́usəzəun, ɔ́s-] 〘← (GLUC)-OS(E)＋AZO-＋-ONE〙 ― *n.* 〘化学〙オサゾン《アルドースまたはケトースにフェニルヒドラジン2分子が作用して生じる化合物》.

O.S.B. 《略》*L.* Ōrdō Sānctī Benedictī ベネディクト会 (Order of St. Benedict).

Os·bert [ɑ́zbət | ɔ́zbət, -bəːt] 〘OE *Ōsbeorht* ← *ōs* god＋*beorht* 'BRIGHT'〙 *n.* 男性名. ★ 19 世紀に流行した.

Os·born [ɑ́zbən, -bɔən | ɔ́zbən, -bɔːn] 〘⊏ OE *Ōsbeorn* ← *ōs* god＋*beorn* man〙 *n.* 男性名.

Osborn, Henry Fairfield [fɛ́əfiːld | fɛ́ə-] *n.* (1857–1935) 米国の古生物学者.

Os·borne [ɑ́zbən, -bɔən, -boən | ɔ́zbən, -bɔːn], **John (James)** *n.* (1929–) 英国の劇作家・俳優, Angry Young Men の代表的人物の一人; *Look Back in Anger* (1956).

Osborne, Thomas Mott *n.* (1859–1926) 米国の刑務所改良家.

osc. 《略》oscillate; oscillating; oscillator.

Os·can [ɑ́skən, ɔ́(ː)s- | ɔ́s-] 〘← L *O(p)scī* the Oscans (pl.)《原義》worshipers of Ops ← *Ops* 'goddess of harvest, OPS': ⇨ -an¹〙 ― *n.* **1** オスク人《イタリア Campania 地方に住んでいた古代民族の人》. **2** オスク語《Italic 語派に属する》. ― *adj.* オスク人[語]の.

Os·car¹ [ɑ́skə | ɔ́skə(r); *F.* ɔskaːr, *G.* ɔ́skar] 〘OE *Osgar* ← *ōs* god＋*gār* spear〙 *n.* 男性名.

Os·car² [ɑ́skə | ɔ́skə(r)] 〘1: 映画芸術科学院の書記がこの小像を見て 'He reminds me of my Uncle *Oscar*.' と言ったことからとされる. 2: ← *John S. H. Oscar Asche* (1871–1936: オーストラリアの俳優): Asche と cash との押韻俗語〙 ― *n.* **1 a** オスカー《Hollywood において毎年その年度の最優秀の演出・演技・製作・撮影などに対し映画芸術科学アカデミー (AMPAS) から授与される金色の小像; cf. Academy award》. **b** (毎年授与される)最優秀賞. **2** 《豪》金 (money).

Oscar II *n.* オスカル二世《1829–1907; スウェーデン王 (1872–1907) 兼ノルウェー王 (1872–1905)》.

Os·ce·o·la [ɑ̀sióulə, òus- | ɔ̀sɪə́u-, ə̀us-] *n.* オシオーラ《1804?–38; アメリカインディアン Seminole 族の酋長》.

os·cil·late [ɑ́səlèɪt | ɔ́sɪ-] 〘(1726) ← L *ōscillāt-us* (p.p.) ← *ōscillāre* to swing ← *ōscillum* swing,《原義》a mask of Bacchus hung from a tree in a vineyard (dim.) ← *ōs* face, mouth: ⇨ -ate³〙 ― *vi.* **1 a** (振子のように周期的に)振動する (vibrate). **b** (2 点間を)行ったり来たりする[旅行する], 往復する. **2 a** 〈心・意見などが〉動揺する (fluctuate), ぐらつく (waver): ～ *between* two opinions 二つの意見の取捨に迷う / ～ *between* resignation and hope あきらめと希望の間を揺れ動く. **b** 〈情勢が〉変動する. **3** 〘物理〙〈振子が〉振動する. **4** 〘数学〙振動する. **5** 〘通信〙〈無線受信機が〉(故障または誤操作から)電磁波を輻(ふく)射する, 雑音を出す. **6** 〘電気〙発振する. ― *vt.* **1** 振動させる; 動揺させる. **2** 〘電気〙発振させる.

ós·cil·làt·ing cúrrent [-tɪŋ- | -tɪŋ-] *n.* 〘電気〙振動電流.

os·cil·la·tion [ɑ̀səléɪʃən | ɔ̀sɪ-] 〘(1658) ⊏ L *ōscillātiō(n-)*: ⇨ oscillate, -ation〙 ― *n.* **1** (周期的な)振動 (vibration); (振動の)ひと振り. **2** (心・意見などの)動揺, 変動; ためらい, 迷い. **3** 〘電気〙発振, 電気振動 (electric oscillation). **4** 〘数学〙**a** 振幅《関数の, ある区間における上限と下限との差》. **b** 振動《1 点を含む区間における振幅の, 区間の長さが 0 に近づいた時の極限; saltus ともいう》. **5** 〘物理〙振動. **～·al** [-ʃənl̩, -ʃnəl] *a.*

oscillátion circuit *n.* 〘電気〙発振回路.

ós·cil·là·tor [-tə | -tə(r)] 〘← NL ～: ⇨ oscillate, -or²〙 *n.* 〘電気〙振動子; 発振器.

Os·cil·la·to·ri·a·ce·ae [ɑ̀sələtɔ̀ːriéɪsiìː, -tòːr- | ɔ̀sɪlətɔ̀ːr-] 〘← NL ～ ← *Oscillatoria* (属名: (fem.) ← *ōscillātōrius* (↓))＋-ACEAE〙 ― *n. pl.* 〘植物〙(ネンジュモ目)ユレモ科. **òs·cil·la·tò·ri·á·ceous** [-ʃəs] *adj.*

os·cil·la·to·ry [ɑ́sələtɔ̀ːri, -tòːri | ɔ́sɪlət(ə)ri, -lèɪtəri] 〘← NL *ōscillātōrius* ← L *ōscillātus*: ⇨ oscillate, -ory¹〙 *adj.* 振動する; 動揺する.

óscillatory círcuit *n.* 〘電気〙振動性回路.

oscillatory cúrrent *n.* 〘電気〙＝oscillating current.

óscillatory díscharge *n.* 〘電気〙振動性放電.

os·cil·lo- [ɑsílo(u), əs-, ɑ́sə- | ɔsílə(u), ɔs-, ɔ́sɪ-] 〘← L *ōscillum* swing: ⇨ oscillate〙 ― 「(電流などの)振動, 波形」の意の連結形.

os·cil·lo·gram [ɑsíləgræ̀m, əs- | əsílə(u)-, ɔs-] 〘⇨ ↑, -gram〙 *n.* 〘電気〙オシログラム《オシログラフ (oscillograph) で記した図形》.

os·cil·lo·graph [ɑsíləgræ̀f, əs- | əsílə(u)grɑ̀ːf, ɔs-, -græ̀f] 〘⊏ F *oscillographe*: ⇨ oscillo-, -graph〙 ― *n.* **1** 〘物理〙オシログラフ, 振動記録器. **2** 〘電気〙オシログラフ《電流・電圧などの変化をブラウン管上の映像記録紙上の曲線などとして表示する装置》. **～·ic** [ɑsìləgrǽfɪk | ɔsìlə(u)-, ɔs-] *adj.* **os·cil·lo·gráph·i·cal·ly** *adv.* **os·cil·log·ra·phy** [ɑ̀səlɑ́grəfi | ɔ̀sɪlɔ́grəfɪ] *n.*

os·cil·lo·scope [ɑsíləskòup, əs- | əsílə(u)skə̀up, ɔs-] 〘← OSCILLO-＋-SCOPE〙 ― *n.* 〘電気〙**1** オシロスコープ《信号電圧の波形を観測する装置》. **2** ＝oscillograph 2. **os·cil·lo·scop·ic** [ɑsìləskɑ́pɪk, əs-, ɑ̀sələ- | əsìləskɔ́p-, ɔs-, ɔ̀sɪlə-] *adj.*

os·cine [ɑ́saɪn, ɑ́sn̩ | ɔ́saɪn] 〘← NL *Oscines* (pl.) ← L *oscin-*, *oscen* singing bird ← *os-* 'OB-'＋*canere* to sing〙 *adj., n.* 〘鳥類〙鳴禽(きん)類の(鳥).

os·ci·tant [ɑ́sətənt | ɔ́sɪt-] 〘⊏ L *ōscitant-em* (pres.p.) ← *ōscitāre* to gape, yawn ← *ōs* mouth＋*citāre* to move (freq.) ← *ciēre*〙 ― *adj.* **1** あくびする (yawning). **2** 眠い (drowsy); ぼんやりした (dull, inattentive). **os·ci·tan·cy** [ɑ́sətənsi | ɔ́sɪtənsɪ] *n.*

os·ci·ta·tion [ɑ̀sətéɪʃən | ɔ̀sɪ-] 〘⊏ L *ōscitātiō(n-)*: ⇨ ↑, -ation〙 *n.* **1** あくび; 眠け. **2** (眠気による)不注意 (inattention).

Ós·co-Úmbrian [ɑ́skou- | ɔ́skəu-] 〘*Osco-*:《連結形》← OSCAN〙 ― *n.* 〘言語〙オスクウンブリア語群《Italic 語派に属し Oscan 語・Umbrian 語を含む》.

oscula *n.* osculum の複数形.

os·cu·lant [ɑ́skjulənt | ɔ́s-] 〘⊏ L *ōsculant-em* (pres.p.) ← *ōsculārī* to kiss: ⇨ osculum〙 ― *adj.* **1** (2 者の)中間にある; (特に)〘生物〙2 種族に共通の特徴をもっている, (2 種族を結ぶ)中間的な: an ～ genus (二属を結ぶ)中間属. **2** 〘動物〙〈血管が〉吻合する.

os·cu·lar [ɑ́skjələ | ɔ́skjulə(r)] 〘← NL *ōsculār-is* ← L *ōsculum*: ⇨ osculum, -ar¹〙 ― *adj.* **1** 《戯言》キス[接吻]の[に関する]. **2 a** 〘動物〙osculum の. **b** 口の.

os·cu·late [ɑ́skjulèɪt | ɔ́s-] 〘(1656) ← L *ōsculāt-us* (p.p.) ← *ōsculārī* to kiss ← *ōsculum* 'OSCULUM'〙 ― *vt.* **1** 《古・戯言》キスする (kiss). **2** 〘数学〙(接点において)三つ以上の点を共有するように接させる. ― *vi.* **1** 《古・戯言》キスする. **2** 〘生物〙(中間属などによって)相接する. **3** 〘数学〙(曲線と曲線[面]とがそこで 3 点以上を共有するように)接する.

ós·cu·làt·ing círcle [-tɪŋ- | -tɪŋ-] *n.* 〘数学〙接触円《曲線に接触する円; 中心は法線上にあり, 半径は曲線の曲率半径に等しい》.

ósculating pláne *n.* 〘数学〙接触平面《曲線に接触する平面》.

os·cu·la·tion [ɑ̀skjuléɪʃən | ɔ̀s-] 〘(1658) ⊏ L *ōsculātiō(n-)*: ⇨ osculate, -ation〙 ― *n.* **1** キス[接吻]すること (kissing); キス, 接吻 (kiss). **2** 〘数学〙(そこで 3 点以上を共有するような)接し方: points of ～ 接点.

os·cu·la·to·ry [ɑ́skjulətɔ̀ːri, -tòːri | ɔ́skjulət(ə)ri, -lèɪtəri] 〘⊏ ML *ōsculātōri-um*: ⇨ osculate, -ory¹〙 ― *adj.* キス[接吻]の[に関する]. ― *n.* 〘カトリック〙親睦の抱擁 (pax).

os·cu·lum [ɑ́skjuləm | ɔ́s-] 〘⊏ L *ōsculum* little mouth, kiss (dim.) ← *ōs* mouth: ⇨ -cule〙 ― *n.* (*pl.* **-cu·la** [-lə]) 〘動物〙(海綿の)口, 排水孔; (条虫の)吸着器官, 吸盤.

O.S.D. 《略》*L.* Ōrdō Sānctī Dominicī ドミニコ修道会 (Order of St. Dominic).

-ose¹ [ˊ-òus, ˊous | ˊ-əus, ˊəus] 〘ME *-osus* ⊏ L *-ōsus* abounding in〙 ― *suf.* 「多い, もっぱら, …性の」の意の形容詞を造る: bellicose, jocose, verbose.

-ose² [ˊ-òus, ˊous, ˊ-òuz, ˊouz | ˊ-əus, ˊəus] 〘⊏ F ～: GLUCOSE からの類推〙 ― *suf.* 〘化学〙次の意味を表わす名詞を造る: **1** 「炭水化物, (特に)糖」: cellulose, fructose. **2** 「第一次加水分解によって生じたもの」: proteose.

O·see [óusi, -zi | ə́usɪ, -zɪ] *n.* (Douay Bible での) Hosea のラテン語式語形.

Ö·sel [*G.* øːzl] *n.* エーゼル《Saaremaa のドイツ語名》.

OSerb., O.Serb. 《略》Old Serbian.

-oses *suf.* -osis の複数形.

O.S.F. 《略》*L.* Ōrdō Sānctī Franciscī フランシスコ修道会 (Order of St. Francis).

Os·good [ɑ́zgud | ɔ́z-] 〘OE *Osgōd* ← *ōs* god＋*gōd* 'GOOD'〙 *n.* 男性名.

Osh·kosh [ɑ́ʃkɑʃ | ɔ́ʃkɔʃ] 〘← *Oshkosh* (1795–1850: Menominee 族の酋長)〙 *n.* オシュコシュ《米国 Wisconsin 州東部の都市; 人口 54,000》.

o·sier [óuʒə | ə́uʒə(r), -ʒɪə(r), -zjə(r), -zɪə(r)] 〘(?*a*1300) ⊏ (O)F ～ 'willow' < ML *ausēria* willow bed ← Gaul. **auesa* river-bed〙 ― *n.* **1 a** 〘植物〙ヤナギ《ヤナギ属 (*Salix*) の植物の総称; red osier など家具やバスケットに用いられる; cf. basket osier》. **b** ヤナギの枝《かご細工に用いる》. **2** 〘植物〙《米》＝dogwood. ― *attrib. adj.* ヤナギ(製)の; ヤナギ細工の: an ～ basket, chair, etc.

ósier-bèd *n.* ヤナギ畑.

O·sir·is [o(u)sáɪrɪs, -rəs | ə(u)sáɪərɪs, ɔs-] 〘⊏ L *Osiris* ⊏ Gk *Ósiris* ⊏ Egypt. *Ás-àr*: cf. Isis¹〙 ― *n.* 〘エジプト神話〙オシリス《古代エジプトの主神の一人; 冥界の神で, 死と復活を司る; Isis の夫で兄; 独特の縦長の冠をかぶった姿で表わされる》.

Osiris

-o·sis [óusɪs, -səs | ə́usɪs] 〘ME ⊏ L *-ōsis* ⊏ Gk〙 ― *suf.* (*pl.* **-o·ses** [-siːz], ～**es**) ギリシャ語系名詞語尾で多く病名や修辞学の術語に用いる (cf. -asis, -sis). **1** 過程・状態を表わす: metamorphosis, neurosis, tuberculosis. **2** 増加・形成を表わす: leukosis.

-os·i·ty [ɑ́səṭi | ɔ́sətɪ, ɔ́sɪ-] 〘⊏ F *-osité* // L *-ōsitātem*: ⇨ -ose¹, -ous, -ity〙 ― *suf.* -ose¹, -ous に終る形容詞に対応する名詞を造る: jocosity (← jocose) / luminosity (← luminous).

Os·kar [ɑ́skə | ɔ́skər; *G.* ɔ́skar] 〘⇨ Oscar¹〙 *n.* 男性名.

OSlav., O.Slav. 《略》Old Slavic.

Os·ler [óuslə, óuz- | ə́uzlə(r), ə́us-], Sir **William** *n.* (1849–1919) カナダの内科学者; 米国諸大学で教鞭をとり, のち Oxford 大学の名誉教授.

Os·lo [ɑ́zlou, ɑ́s- | ɔ́zləu, ɔ́s-; *Norw.* úslu] 〘⊏ Swed. ～ ← ON *oss* (《変形》← *āss* god)＋L *lūcus* sacred grove〙 ― *n.* オスロ《ノルウェー南東部の海港で同国の首都; 以前は Christiania といわれていたが 1925 年に改称; 人口 463,000》.

O.S.M. 《略》*L.* 〘カトリック〙Ōrdō Servōnum Mariae 聖母マリア下僕会 (Order of the Servants of Mary) (cf. Servite).

osm- [ɑzm | ɔzm] (母音の前に来る時の) osmo-¹ の異形.

-os·ma [ɑ́zmə, ɑ́s- | ɔ́z-] 〘← NL ～ ← Gk *osmḗ* smell〙 〘植物〙(分類上の属名に用いて)「…の(ような)香りをもつもの」の意の名詞連結形: Coprosma.

Os·man [ousmɑ́ːn | ɔz-, ɔs-; *Turk.* ɔ́sman] *n.* オスマン(一世)《1259–1326; オスマン帝国 (Ottoman Empire) の建国者で, ルームセルジューク朝から独立 (1299 頃)》.

Os·man·li [ɑzmǽnli, ɑs-, -mɑ́ːn- | ɔzmǽnlɪ, ɔs-, -mɑ́ːn-] 〘(1813) ⊏ Turk. ～ (adj.) ← *Osman* (↑)〙

— *n.* **1** オスマン帝国の人 (Ottoman). **2** ＝Turkish 1. — *adj.* **1** オスマン帝国の (Ottoman). **2** オスマントルコ語の.

os·mate [ázmət, -mɪt, -meɪt | ɔ́z-] 〖← OSM(IC)＋-ATE[1]〗 *n.* 〖化学〗 オスミウム[オスミン]酸塩, オスミウム[オスミン]酸エステル.

os·mat·ic [ɑzmǽṭɪk | ɔzmǽt-] 〖← OSMO-[1]＋-ATIC〗 *adj.* 〖動物〗 嗅(きゅう)覚で方向を知る (cf. optic): an ～ animal.

Os·mer·i·dae [ɑzmérədìː | ɔzmérɪ-] 〖← NL ～ ← *Osmerus* (属名: ← Gk *osmēros* odorous ← *osmḗ* smell)＋-IDAE〗 *n. pl.* 〖魚類〗 キュウリウオ科.

os·me·te·ri·um [àzmətí(ə)riəm | ɔ̀zmɪtíəri-] 〖← NL ～ ← Gk *osmḗ* smell〗 — *n.* (*pl.* **-ri·a** [-riə | -rɪə]) 〖昆虫〗 臭角 《アゲハチョウ科のチョウの幼虫の前胸部にある橙黄色のふくろ》.

os·mic [ázmɪk | ɔ́z-] 〖← OSM(IUM)＋-IC[1]〗 — *adj.* 〖化学〗 オスミウム (osmium) の, 高原子価のオスミウムを含む (cf. osmous): ⇨ osmic acid.

ósmic ácid *n.* 〖化学〗 オスミウム酸, オスミン酸 (H_2OsO_4) 《塩類, あるいは二酸化オスミウムの水和物として存在する》.

os·mics [ázmɪks | ɔ́z-] 〖← Gk *osmḗ* odor＋-ICS〗 *n.* 嗅覚学.

os·mi·dro·sis [àzmədróusɪs, -səs | ɔ̀zmɪdróusɪs] 〖← NL ～: ⇨ osmo-[1], -idrosis〗 — *n.* (*pl.* **-dro·ses** [-siːz]) 〖病理〗 臭汗症 (bromidrosis).

os·mi·ous [ázmiəs | ɔ́zmɪ-] *adj.* 〖化学〗 ＝osmous.

os·mi·rid·i·um [àzmərídiəm | ɔ̀zmɪrídɪ-] 〖⊏ G ～: ⇨ osmo-[1], iridium〗 *n.* 〖化学〗 ＝iridosmine.

os·mi·um [ázmiəm | ɔ́zmɪəm, -mjəm] 〖(1804) ← NL ～ ← Gk *osmḗ* 'smell, ODOR'＋-IUM: その四酸化物の強烈な臭気から〗 — *n.* 〖化学〗 オスミウム 《金属元素の一つ; 記号 Os, 原子番号 76, 原子量 190.2》.

ósmium tetróxide *n.* 〖化学〗 四酸化オスミウム (OsO_4) 《強力な酸化剤; 悪臭をもち有毒》.

os·mo-[1] [ázmo(ʊ) | ɔ́zmə(ʊ)] 〖⊏ Gk ～ ← *osmḗ* smell〗 次の意味を表わす連結形: **1** 「匂い, 香り (odor)」: *osmoscope*. **2** 〖化学〗 「オスミウム (osmium) を含む」: *osmophilic*. ★ 母音の前では通例 osm- になる.

os·mo-[2] [ázmo(ʊ) | ɔ́zmə(ʊ)] 〖← OSMOSE〗 〖生理・化学〗 「浸透(性のある)」の意の連結形: *osmometer*.

os·mo·lar [ɑzmóulə, ɑs- | ɔzmə́ulə(r, ɔs-] 〖← *osmol* (← os(MOSIS)＋MOL)＋-AR[1]〗 *adj.* 〖物理化学〗 ＝osmotic.

os·mom·e·ter [ɑzmɑ́məṭə, ɑs- | ɔzmɔ́mɪtə(r, -mə-] *n.* 〖物理化学〗 浸透圧計.

os·mom·e·try [ɑzmɑ́mətri, ɑs- | ɔzmɔ́mɪtrɪ, -mə-] *n.* 〖物理化学〗 浸透圧計測.

Os·mond [ázmənd | ɔ́z-] 〖OE *Osmund* ← *ōs* god＋*mund* protection〗 *n.* 男性名.

òsmo·regulátion *n.* 〖動物〗 浸透調節 《動物体内の浸透圧が常に一定に調節されていること》.

òsmo·régulatory *adj.* 〖生物〗 浸透(圧)調節性の.

os·mose [ázmous, ás-, ━ ━ | ɔ́zməʊs] 〖《廃》 *endosmose* 'ENDOSMOSIS' と 《廃》 *exosmose* 'EXOSMOSIS' の共通要素を取って造った T. Graham (19 世紀のスコットランドの化学者)の造語: cf. osmosis〗 — *n.* 〖物理化学〗 ＝osmosis 1. — *vt.* 〖化学〗 透析する. — *vi.* 〖物理化学〗 浸透する.

os·mo·sis [ɑzmóusɪs, ɑs-, -səs | ɔzmə́usɪs] 〖← NL ～ ← Gk *ōsmós* a thrusting (← *ōthein* to thrust)＋-OSIS〗 — *n.* (*pl.* **os·mo·ses** [-siːz]) **1** 〖物理化学〗 浸透 (cf. endosmosis, exosmosis). **2** 浸みこむこと; 浸透, 普及.

os·mo·tax·is [àzmətǽksɪs, -səs | ɔ̀zmə(ʊ)tǽksɪs] 〖← NL ～: ⇨ osmo-[2], -taxis〗 — *n.* 〖生物〗 走濃性, 走稠(ちゅう)性 《浸透圧が刺激となると考えられる走性 (taxis) の一種》.

os·mot·ic [ɑzmɑ́ṭɪk, ɑs- | ɔzmɔ́t-] *adj.* 〖物理化学〗 浸透の, 浸透性の. **os·mót·i·cal·ly** *adv.*

osmótic préssure *n.* 〖物理化学〗 浸透圧.

osmótic shóck *n.* 〖生物〗 浸透ショック 《急激に浸透圧を変えること》.

os·mous [ázməs | ɔ́z-] 〖← OSM(IUM)＋-OUS〗 — *adj.* 〖化学〗 オスミウム (osmium) の, 2 価のオスミウム (Os^{II}) の (cf. osmic).

os·mund [ázmənd | ɔ́z-] 〖(*c*1265) ⊏ AF *osmunde*＝(O)F *osmonde* ← ?〗 *n.* 〖植物〗 ＝royal fern.

Os·mun·da [ɑzmʌ́ndə | ɔz-] 〖← NL ～ ← ML ～ ← (O)F *osmonde* (↑)〗 — *n.* 〖植物〗 ゼンマイ 《シダ類ゼンマイ属 (*Osmunda*) の植物の総称; ゼンマイ (*O. japonica*), ヤマドリゼンマイ (*O. cinnamomea*) など; 若葉を食用》.

Os·mun·da·ce·ae [àzməndéɪsiìː | ɔ̀z-] 〖← NL ～: ⇨ ↑, -aceae〗 *n. pl.* 〖植物〗 (シダ植物)ゼンマイ科. **òs·mun·dá·ceous** [-ʃəs] *adj.*

os·mun·dine [ɑzmʌ́ndiːn | ɔz-] 〖⇨ Osmunda, -ine[3]〗 — *n.* 〖園芸〗 オズマンディン 《ラン類の鉢植えの際の定着剤として用いるシダ類ヤマドリゼンマイ (*Osmunda cinnamomea*) などの根》.

Os·na·burg [ázn əbə̀ːg | ɔ́znəbə̀ːg] 〖↑〗 — *n.* オスナブルグ 《粗布の一種; 本来は目の粗い黄麻布のことであったが, 現在は綿の粗い生地織物をいう; 芯地などに用いる》.

OSO 《略》 Orbiting Solar Observatory 太陽観測(無人)衛星 (cf. OGO).

o·so·ber·ry [óusəbèri, -b(ə)ri | ə́usəb(ə)rɪ] 〖(1884) ← Sp. *oso* bear (＜ L *ursum*)＋BERRY〗 — *n.* 〖植物〗 北米西部産のバラ科の低木 (*Osmaronia cerasiformis*); その青黒色のサクランボに似た核果.

o.s.p. 《略》 〖法律〗 *L.* obiit sine prōle 嗣子なくして死す (he died without issue).

os·prey [áspri, -preɪ | ɔ́sprɪ, -preɪ] 〖(*c*1460) *ospray(e)* ⊏ OF **osfraie* (F *orfraie*) ＜ L *ossifraga* 'bonebreaker, OSSIFRAGE'〗 — *n.* **1** 〖鳥類〗 ミサゴ (*Pandion haliaetus*) 《魚を捕食するタカの一種; fish hawk ともいう》. **2** (婦人帽子用)白さぎの飾り羽毛.

OSS, O.S.S. 《略》 〖軍事〗 Office of Strategic Services 戦略事務局; Overseas Service.

O.S.S. 《略》 Old Shakespeare Society 《1840 年英国に創設された学会; エリザベス朝演劇文献の刊行に当たった; 1853 年解散》.

ossa *n.* os[1] の複数形.

Os·sa [ásə | ɔ́sə] 〖⊏ L ～ ⊏ Gk *Óssa*〗 *n.* オッサ(山) 《ギリシャの Thessaly にある山 (1,978 m)》.

heap Pelion upon Ossa ⇨ Pelion 成句.

os·se·in [ásiɪn, ásiən | ɔ́siɪn] 〖← OSSI-＋-IN[1]〗 *n.* 〖生化学〗 骨素 《弱酸処理によって骨から無機質を取り除いた後の有機成分》.

os·se·let [ás(ə)lɪt, -lət | ɔ́s-] 〖⊏ F ～ 《原義》 small bone ← OF *ossel* (← *os* bone)＋-ET〗 — *n.* 〖獣医〗 **1** 馬の膝内面の外骨腫 《馬の膝の内側もしくはけづめ毛突起の外側に生じる硬い小瘤塊》. **2** 足根骨または手根骨を構成する小さい骨の一つ.

os·se·ous [ásiəs | ɔ́sɪəs, ɔ́sjəs] 〖(1682) ← L *osseus* bony ← *os* bone: ⇨ os[1], -ous〗 *adj.* **1** 骨から成る, 骨を含む; 骨に似た. **2** 〖魚類〗 ＝teleost. **～·ly** *adv.*

Os·set [ásɪt, ásət | ɔ́s-] *n.* オセット人 《Caucasus 中央部の, イスラム教とキリスト教の混交宗教を信奉するアーリア人》.

Os·se·tia [ɑsíːʃə, -ʃiə | ɔsíːsɪə, -ʃə] 〖⊏ Georg. *Owset'i* ← *As* (Sarmatia 地方に住んだ部族名)〗 — *n.* オセチア 《ソ連邦ロシヤ共和国と Georgia 共和国とにまたがる Caucasus の一地方》. **Os·sé·tian** [-ʃən, -ʃiən | -sɪən, -ʃən] *adj.*

Os·set·ic [əséṭɪk | ə(ʊ)sét-] *n.* オセット語 《オセット人の用いるイラン語系の言語》.

os·si- [ásə | ɔ́sɪ] 〖⊏ L *osse-*: ⇨ osseous〗 「骨(bone)」の意の連結形.

os·si·a [o(ʊ)síːə | ə(ʊ)-] 〖⊏ It. ～ ← *o sia* or let it be〗 *conj.* 〖音楽〗 あるいは次のように 《楽譜上の指示》.

Os·sian [áʃən, ásiən | ɔ́sɪən, -sjən] 〖⊏ Gael. *Oisín* (dim.) ← *os* fawn〗 — *n.* 〖アイルランド伝説〗 オシアン 《アイルランドおよびスコットランド高地の 3 世紀頃の伝説的人物; 詩人で勇士であったと言われる; 彼の詩の訳と称する叙事詩が James Macpherson によって発表された (1762?–63); cf. Oisin》.

Os·si·an·ic [àsiǽnɪk, àʃi- | ɔ̀sɪ-] *adj.* (James Macpherson の訳と称する)オシアン (Ossian) 風の; 表現の大げさな.

os·si·cle [ásɪkḷ, ásə- | ɔ́sɪ-] 〖⊏ L *ossicul-um* (dim.) ← *os* bone: ⇨ -cle〗 — *n.* **1** 〖解剖〗 小骨. **2** 〖動物〗 小片. **os·sic·u·late** [ɑsíkjulèɪt, əs- | ɔs-, əs-] *adj.*

os·si·cu·lar [ɑsíkjulə, əs- | ɔsíkjulə(r, əs-] *adj.*

Os·sie [ázi, ɔ́(ː)zi | ɔ́zɪ] 〖《変形》 ← AUSSIE〗 *n., adj.* 《英俗》 オーストラリア人(の).

Os·si·etz·ky [àsiétski, ɔ̀(ː)s- | ɔ̀siétskɪ; *G.* ɔsiétski], **Carl von** [kárl fɔn] *n.* オシエツキー (1889–1938; ドイツの平和主義者・著述家; 強制収容所に監禁中 Nobel 平和賞 (1936)).

os·sif·er·ous [ɑsífərəs | ɔs-] *adj.* 〈地層など〉骨を含んでいる, 化石骨を出す.

os·sif·ic [ɑsífɪk] 〖⇨ ↑, -fic〗 *adj.* 骨形成の, 骨を作る.

os·si·fi·ca·tion [àsəfɪkéɪʃən, -fə- | ɔ̀sɪfɪ-] 〖⇨ ossify, -fication〗 — *n.* **1** 〖生理〗 骨化(作用). **2** (感情・感覚・思考力・思想などの)硬化, 硬直化, 無感覚化, 固定(状態). **os·sif·i·ca·to·ry** [əsífɪkətɔ̀ːri, -fə-, -tɔ̀ːri | -fɪkèɪtəri, -kət-] *adj.*

ós·si·fìed *adj.* **1** 骨化した. **2** 硬化[硬直]した, 型にはまった, 古くさい.

os·si·frage [ásəfrɪdʒ, -frèɪdʒ | ɔ́sɪfrɪdʒ] 〖(1601) ⊏ L *ossifraga* sea-eagle (fem.) ← *ossifragus* bone-breaking ← *ossi-*, *os* bone＋*frag-* (← *frangere* to break): cf. osprey〗 — *n.* 〖鳥類〗 **1** ＝osprey. **2** ＝lammergeier.

os·si·fy [ásəfàɪ | ɔ́sɪ-] 〖(1713) ⊏ F *ossifi-er* ← L *ossi-*, *os* bone: ⇨ -fy〗 — *vt.* **1** 〖生理〗 骨化する. **2** 無情にする, かたくなにする; 因襲的にする, 保守的にする. — *vi.* **1** 〖生理〗 骨化する. **2** 無情になる, かたくなになる; 因襲的になる, 保守的になる.

Os·si·ning [ás(ə)nɪŋ, -sṇ- | ɔ́sɪn-] 〖⊏ N-Am.-Ind. (Delaware) *ossingsing* 《原義》 at the standing stone〗 *n.* 米国 New York 州南東部 Hudson 河畔の村, Sing Sing 刑務所の所在地; 旧名 Sing Sing; 人口 22000.

os·so bu·co [ɔ́(ː)sou-búːkou, ás- | ɔ́səu-búːkəu; *It.* ɔ́sobúːko] 〖⊏ It. ～ 'marrow bone'〗 — *It. n.* オッソブーコ 《子牛のすね肉をトマト入りのソースで煮込んだ料理》.

os·su·ar·y [áʃuèri | ɔ́sjuəri] 〖(1658) ⊏ LL *ossuāri-um* charnel house ← L (n.) ← *ossuārius* of bones ← OL *ossua* (pl.) ← *oss-*, *os* bone: ⇨ os[1], -ary: *mortuārium* 'MORTUARY' からの類推か〗 — *n.* **1 a** 納骨堂. **b** (主に中央アジアのゾロアスター教徒の)骨壺(こつ). **2** 古代人の遺骨が残されているほら穴.

Os·ta·de [ɔ(ː)stáːdə | ɔs-; *Du.* ɔstáːdə], **A·dri·aen van** [áːdriaːn vɑn] オスターデ (1610–85; オランダの風俗画家・エッチング画家; Frans Hals の弟子, Jan Steen の師, Isaac の兄).

Ostade, Isaac *n.* オスターデ (1621–49; オランダの風俗画家・エッチング画家; Adriaen の弟).

os·te- [ásti | ɔ́stɪ] (母音の前に来る時の) osteo- の異形.

os·te·al [ástiəl | ɔ́stɪ-] *adj.* **1** 骨の[に関する, のような] (bony); 骨に影響する. **2** たたくと骨のような音のする.

os·tec·to·my [ɑstéktəmi | ɔstéktəmɪ] *n.* 〖外科〗 ＝osteectomy.

os·te·ec·to·my [àstiéktəmi | ɔ̀stiéktəmɪ] *n.* 〖外科〗 骨切除(術).

Os·te·ich·thy·es [àstiíkθiìːz | ɔ̀s-] 〖← NL ～ ← os-TEO-＋Gk *ikhthúes* ((pl.) ← *ikhthúe* fish: cf. ichthus)〗 *n. pl.* 〖魚類〗 硬骨魚綱.

os·te·i·tis [àstiáɪṭɪs, -ṭəs | ɔ̀stiáɪtɪs] 〖← NL ～: ⇨ osteo-, -itis〗 *n.* (*pl.* **os·te·it·i·des** [-tíṭədìːz | -títɪ-]) 〖病理〗 骨炎.

Ost·end [ɑsténd, ━ ━ | ɔsténd] *n.* オステンデ 《ベルギー北西部の港市で保養地; 人口 130,000, フランダース語名 Oostende [*Flem.* oːsténdə]》.

os·ten·si·ble [ɑsténsəbḷ, əs- | ɔsténsə-, -sɪ-] 〖(1761–72) ⊏ F ～ ⊏ ML *ostensibilis* ← L *ostensus* (p.p.) ← *ostendere* to exhibit, show ← *os-* 'OB-'＋*tendere* to stretch〗 — *adj.* **1** 表向きの (professed), 表面上の (apparent); うわべだけの, 見せかけの (pretended): one's ～ object 表面上の目的. **2** 《古》 **a** 人前に出せる, 公表できる. **b** 明白な. **os·ten·si·bíl·i·ty** [-səbíləti, -sɪbílətɪ, -sɪbíl-, -lɪ-] *n.* **os·tén·si·bly** *adv.*

os·ten·sive [ɑsténsɪv | ɔs-] 〖(1605) ⊏ LL *ostensiv-us* ← L *ostensus*: ⇨ ostensible, -ive〗 *adj.* **1** はっきり示す, 直示的な. **2** うわべ(だけ)の. **～·ly** *adv.*

osténsive definítion *n.* 〖論理〗 直示的定義 《対象を直接指示する定義; cf. nominal definition, real definition》.

os·ten·so·ri·um [àstənsɔ́ːriəm, -sóːr- | ɔ̀stensɔ́ːrɪ-, -tən-] 〖⊏ ML *ostensōri-um* ← L *ostensus*: ⇨ ostensible〗 — *n.* (*pl.* **-ri·a** [-riə | -rɪə]) 〖カトリック〗 ＝monstrance.

os·ten·so·ry [ɑsténsəri | ɔsténsərɪ] *n.* 〖カトリック〗 ＝monstrance.

os·ten·ta·tion [àstəntéɪʃən | ɔ̀sten-, -tən-] 〖(1436) ⊏ (O)F ～ ⊏ L *ostentātiō(n-)* ← *ostentātus* (p.p.)[1] ← *ostentāre* to show off (freq.) ← *ostendere* to exhibit: ⇨ ostensible, -ation〗 — *n.* **1** 見栄, 見せびらかし, 誇示: out of ～ 見栄から, 見栄を張って. **2** (特に, 芸術上の)派手さ, けばけばしさ, 華美. **3** 《古》 展示.

os·ten·ta·tious [àstəntéɪʃəs | ɔ̀sten-, -tən-] *adj.* **1** 見栄を張る, これ見よがしの, 自慢する. **2** 人目を引く, けばけばしい, 華美な. **～·ly** *adv.* **～·ness** *n.*

os·te·o- [ástio(ʊ) | ɔ́stɪə(ʊ)] 〖← NL ～ ← Gk ～ ← *ostéon* bone〗 「骨 (bone)」の意の連結形. ★ 母音の前では通例 oste- になる.

òsteo·arthrítis *n.* 〖病理〗 骨関節炎.

os·te·o·blast [ástiəblæ̀st | ɔ́stɪə(ʊ)-] *n.* 〖解剖〗 造骨細胞, 骨芽細胞. **os·te·o·blas·tic** [àstiəblǽstɪk | ɔ̀stɪə-] *adj.*

os·te·oc·la·sis [àstiákləsɪs, -səs | ɔ̀stɪɔ́kləsɪs] 〖← NL ～: ⇨ osteo-, -clasis〗 — *n.* **1** 〖解剖〗 骨組織吸収[破壊]. **2** 〖外科〗 骨砕き(術), 人為的骨折(術) 《いったん骨折を起こさせて骨の変形を直す術》.

os·te·o·clast [ástiəklæ̀st | ɔ́stɪə(ʊ)-] *n.* **1** 〖解剖〗 破骨細胞. **2** 〖外科〗 砕骨器. **os·te·o·clas·tic** [àstiəklǽstɪk | ɔ̀stɪə(ʊ)-] *adj.*

os·te·o·cope [ástiəkòup | ɔ́stɪə(ʊ)kòup] 〖⊏ Gk *osteo-kóp-os* ← OSTEO-＋*kópos* beating, toil〗 — *n.* 〖病理〗 (特に, 夜に梅毒患者に起こる)骨の激痛, 梅毒性リューマチ.

os·te·o·cyte [ástiəsàɪt | ɔ́stɪə(ʊ)-] *n.* 〖解剖〗 骨細胞.

òsteo·génesis 〖← NL ～: ⇨ osteo-, -genesis〗 *n.* 〖生理〗 骨形成 (ossification).

Os·te·o·glos·si·dae [àstiəglásədìː | ɔ̀stɪə(ʊ)glɔ́sɪ-] 〖← NL ～ ← *Osteoglossum* (属名: OSTEO-＋Gk *glōssa* tongue)＋-IDAE〗 — *n. pl.* 〖魚類〗 オステオグロス科 《熱帯地方の大型の淡水魚 pirarucu などを含む》.

os·te·og·ra·phy [àstiágrəfi | ɔ̀stɪɔ́grəfɪ] *n.* 〖医学〗 骨に関する記述[図].

os·te·oid [ástiɔ̀ɪd | ɔ́stɪ-] *adj.* 骨のような, 骨状の. — *n.* 〖解剖〗 (石灰化前の)幼若骨組織.

òs·te·ól·o·gist [-dʒɪst, -dʒəst | -dʒɪst] *n.* 骨学者.

os·te·ol·o·gy [àstiálədʒi | ɔ̀stɪɔ́lədʒɪ] 〖(1670) ← NL *osteologia*: ⇨ osteo-, -logy〗 — *n.* 骨学 《解剖学の一分科》. **os·te·o·log·ic** [àstiəládʒɪk | ɔ̀stɪə(ʊ)lɔ́dʒ-] *adj.* **òs·te·o·lóg·i·cal** *adj.* **òs·te·o·lóg·i·cal·ly** *adv.*

os·te·o·ma [àstióumə | ɔ̀stɪə́u-] 〖← NL ～: ⇨ osteo-, -oma〗 *n.* (*pl.* **～s**, **～·ta** [～ṭə | ～tə]) 〖病理〗 骨腫(しゅ) 《骨組織からできる腫瘍》.

os·te·o·ma·la·ci·a [àstio(ʊ)məléɪʃiə, -ʃə | ɔ̀stɪə(ʊ)məléɪsɪə, -ʃɪə] 〖← NL ～: ⇨ osteo-, malaco-, -ia[1]〗 *n.* 〖病理〗 骨軟化症.

osteomata *n.* osteoma の複数形.

os·te·om·e·try [àstiámətri | ɔ̀stɪɔ́mɪtrɪ, -mə-] *n.* 骨計測; (特に, 人類学的な)骨格計測. **os·te·o·met·ric** [àstiəmétrɪk | ɔ̀stɪə(ʊ)-] *adj.* **òs·te·o·mét·ri·cal** *adj.*

òsteo·myelítis 〖← NL ～: ⇨ osteo-, myelitis〗 *n.* 〖病理〗 骨髄炎.

os·te·o·path [ástiəpæ̀θ | ɔ́stɪə(ʊ)-, -tjə-] 〖(1899) 《逆成》 ← OSTEOPATHY〗 *n.* 整骨療法家.

òs·te·óp·a·thist [-θɪst, -θəst | -θɪst] *n.* ＝osteopath.

os·te·op·a·thy [àstiápəθi | ɔ̀stɪɔ́pəθɪ] 〖(1857) ← NL *osteophathia*: ⇨ osteo-, -pathy: 1 の意は HOMEOP-

ATHY, ALLOPATHY などからの類推〛 ── *n.* 〘医学〙 **1** 整骨療法《身体構造の異常を調整すれば万病は回復するという説に基づき，薬剤・手術・食餌療法などを併用した療法》. **2** オステオパシー，胃障害，骨症. **os·te·o·path·ic** [àstiəpǽθɪk | ɔ̀stjə-, -tɪə(ʊ)-] *adj.* **òs·te·o·páth·i·cal·ly** *adv.*

os·te·o·pe·tro·sis [àstio(ʊ)pɪtróʊsɪs, -pə-, -səs | ɔ̀stɪə(ʊ)pɪtrə́ʊsɪs] 〚← NL ～ : ⇨ osteo-, petro-, -osis〛 *n.* 〘病理〙 大理石骨病，骨石化症.

os·te·o·phyte [ástiəfàɪt | ɔ́stɪə(ʊ)-] *n.* 〘病理〙 骨増殖体. **os·te·o·phyt·ic** [àstiəfítɪk | ɔ̀stɪə(ʊ)fít-] *adj.*

os·te·o·plast [ástiəplæ̀st | ɔ́stɪə(ʊ)-] *n.* ＝osteoblast.

os·te·o·plas·tic [àstiəplǽstɪk | ɔ̀stɪə(ʊ)-] *adj.* **1** 〘外科〙 骨形成性の，骨形成術の. **2** 〘生理〙 骨を生じる，骨形成(性)の. 「骨形成(術).

os·te·o·plas·ty [ástiəplæ̀sti | ɔ́stɪə(ʊ)plæ̀stɪ] *n.* 〘外科〙

òsteo·po·ró·sis [-pəróʊsɪs, -səs | -rə́ʊsɪs] 〚← NL ～ ← OSTEO- ＋ L *porus* ' PORE[1] ' ＋ -OSIS〛 *n.* 〘病理〙 骨粗鬆(しょう)症《骨質が多孔性でもろくなる病気》.

os·te·os·tra·can [àstiástrəkən, -trɪ- | ɔ̀stɪɔ́strə-] 〚← NL *Osteostraci* (← OSTEO- ＋ Gk *óstrakon* shell) ＋ -AN[1]〛 *n.* 〘古生物〙 ＝cephalaspid.

os·te·o·tome [ástiətòʊm | ɔ́stɪə(ʊ)tə̀ʊm] 〚← NL *osteotomus* : ⇨ osteo-, -tome〛 *n.* 〘外科〙 (切)骨刀，骨切りのみ.

òs·te·ót·o·mist [-mɪst, -məst | -mɪst] *n.* 切骨医.

os·te·ot·o·my [àstiátəmi | ɔ̀stɪɔ́təmɪ] 〚← NL osteotomia : ⇨ osteo-, -tomy〛 *n.* 〘外科〙 切骨[骨切り](術).

Ös·ter·reich [*G.* ǿːstəraɪç] *n.* エーステライヒ《Austria のドイツ語名》.

ostia *n.* ostium の複数形.

Os·tia [ástiə | ɔ́stɪə, -tjə ; *It.* ɔ́stja] *n.* オスティア《イタリア Latium の古都; Tiber 河口にあってローマの外港であった》.

os·ti·ar·y [ástièri | ɔ́stɪərɪ, -tjə-] 〚《c1400》 ▭ L *ōstiārius* (adj.) of a door, (n.) doorkeeper ← *ōstium* door, entrance ← *ōs* mouth : ⇨ -ary〛 ── *n.* **1 a** 門衛，門番. **b** 〘カトリック〙 守門，侍門《下級聖職階 (minor orders) の一つ; 聖堂の扉の開閉・鳴鐘などを行なう》. **2** 〘廃〙 河口 (estuary).

os·ti·na·to [àstɪnáːtoʊ, ɔ̀(ː)s-, òʊs- | ɔ̀stɪnáːtəʊ ; *It.* ɔstináːto] 〚▭ It. ～ 《原義》 stubborn < L *obstinātum* : ⇨ obstinate〛 〘音楽〙 ── *n.* (*pl.* **～s**) オスティナート(声部)《特徴のある短い楽句・音型が(特にバスで)反復して現われること》. ── *adj.* オスティナートの.

os·ti·ole [ástiòʊl | ɔ́stɪə̀ʊl] 〚▭ LL *ōstiolum* (dim.) ← L *ōstium* door : ⇨ ostiary, -ole[2]〛 *n.* 〘生物〙 小穴，小孔. **os·ti·o·lar** [ástiələ, -tiòʊ- | ɔ́stɪələ(r, -tɪə̀ʊ-] *adj.*

os·ti·um [ástiəm | ɔ́stɪ-] 〚← NL ～ ← L *ōstium* : cf. ostiary〛 *n.* (*pl.* **-ti·a** [-tiə | -tɪə]) 〘解剖・動物〙 **1** 卵管の口. **2** (節足動物の)心門.

ost·ler [áslə | ɔ́slə(r] 〚《c1390》 (*h*)*osteler* ▭ OF *hostelier* innkeeper : cf. hostel〛 *n.* ＝hostler.

ost·mark [óʊstmaək, ɔ́(ː)st-, ást- | ɔ́stmaːk ; *G.* ɔ́stmàrk] 〚▭ G ～ ← *Ost* east ＋ MARK[2]〛 ── *n.* **1** オストマルク《東ドイツの通貨単位; 100 pfennigs; 記号 OM,M》. **2** 1 オストマルク貨.

os·to·my [ástəmi | ɔ́stəmɪ] 〚《略》 ← COLOSTOMY〛 *n.* 〘外科〙 人工肛門形成(術). ★ 結腸の場合が多いので colostomy の語が多く用いられる.

-os·to·sis [astóʊsɪs, -səs | ɔstə́ʊsɪs] 〚← NL ～ : ⇨ osteo-, -osis〛 ── (*pl.* **-to·ses** [-siːz]) 「…の部分[程度]の骨化作用」の意の名詞連結形: ectostosis, hyperostosis, etc. 「ostraco- の異形.

os·trac- [ástrɪk, -trək | ɔ́strək] (母音の前に来る時の)

ostraca *n.* ostracon の複数形.

Os·tra·ci·i·dae [àstrəsáɪədiː | ɔ̀strəsáɪɪː] 〚← NL ～ ← *Ostracion* (属名: ← Gk *ostrákion* small shell (dim.) ← *óstrakon* shell) ＋ -IDAE〛 ── *n. pl.* 〘魚類〙 ＝Ostraciontidae.

Os·tra·ci·on·ti·dae [astrèɪsiɑ́ntədiː, -ʃi- | ɔstrèsɪɔ́ntɪ-, -ʃɪ-] 〚← NL ～ ← *Ostraciont-*, *Ostracion* (↑) ＋ -IDAE〛 *n. pl.* 〘魚類〙 ハコフグ科.

os·tra·cism [ástrəsɪzm, ɔ́(ː)s- | ɔ́s-] 〚《1588》 ← NL *ostracism-us* ▭ Gk *ostrakismós* ← *ostrakízein* (↓) : ⇨ -ism〛 ── *n.* **1** (古代ギリシャの)陶片追放，オストラキスモス，オストラシズム《危険人物を裁判によらず陶片を用いた公衆の投票によって 10 年(後に 5 年)間国外に追放した方法》. ★ かつて「貝殻追放」と邦訳されていたのは，Flavius Arrianus [æ̀riéɪnəs | æ̀rɪ-] (95?–175) の誤訳に基くという. **2** 追放，放逐: suffer social [political] ～ 社会的[政治的]追放を受ける[に葬られる].

os·tra·cize [ástrəsàɪz, ɔ́(ː)s- | ɔ́s-] 〚《1649》 ▭ Gk *ostrakízein* ← *óstrakon* 'earthen vessel, OSTRACON' : ⇨ -ize〛 ── *vt.* **1** (古代ギリシャで)陶片追放によって追放する. **2** 国外へ追放する; (社会から)追放する (banish), 排斥する (eject).

os·tra·co- [ástrɪko(ʊ), -trə- | ɔ́strəkə(ʊ)] 〚▭ Gk ～ ← *óstrakon* shell (↑)〛 「貝 (shell)」の意の連結形. ★ 母音の前では通例 ostrac- になる.

os·tra·cod [ástrəkàd | ɔ́strəkɔ̀d] 〚↓〛 *n.* 〘動物〙 2 枚の殻に包まれた小型甲殻類貝虫亜綱の動物の総称《ウミホタル (*Cypridina hilgendorfii*) など》.

Os·tra·co·da [àstrəkóʊdə, astrǽkə- | ɔ̀strəkə́ʊ-, ɔstrǽkə-] 〚← NL ～ ← Gk *ostrakṓdēs* : ⇨ ostracon, -ode[1]〛 *n. pl.* 〘動物〙 貝虫亜綱.

os·tra·co·derm [ástrɪko(ʊ)də̀ːm, -trə-, astrǽkə- | ɔ́strəkə(ʊ)də̀ːm, ɔstrǽkə-] 〚↓〛 *n.* 〘古生物〙 甲冑魚類の魚類の総称 (cf. heterostracan).

Os·tra·co·der·mi [àstrɪko(ʊ)də́ːmaɪ, -trə- | ɔ̀strəkə(ʊ)də́ː-] 〚← NL ～ : ⇨ ostracod, -derm〛 ── *n. pl.* 〘古生物〙 甲冑(かっちゅう)魚類《オルドビス～シルル～デボン紀にかけて生息した原始的な魚類; 両顎を欠き，よく発達した骨板か鱗の装甲で包まれる》.

os·tra·con [ástrəkàn | ɔ́strəkɔ̀n] 〚▭ Gk *óstrakon* : cf. os[1], oyster〛 ── *n.* (*pl.* **os·tra·ca** [-trɪkə, -trə- | -trə-]) (*also* **ostrakon**) **1** (古代ギリシャで，陶片[貝殻]追放の投票に用いた)陶片. **2** 〘考古〙 (古代エジプトで)高価なパピルスの代用として筆記材に使われた土器や石灰岩の剝片《ヒエラティック・デモティック・ギリシャ語・コプト語・アラビア語などで書かれている》.

os·tra·kon [ástrəkàn | ɔ́strəkɔ̀n] *n.* (*pl.* **os·tra·ka** [-trɪkə, -trə- | -trə-]) ＝ostracon.

O·stra·va [ɔ́(ː)strəvə, ás- | ɔ́s- ; *Czech.* ɔ́strava] *n.* オストラバ《チェコスロバキア中北部，Moravia 地方北部の都市; 人口 303,000》. 「異形.

os·tre- [ástri | ɔ́strɪ] (母音の前に来る時の) ostrei- の

Os·tre·a [ástriə | ɔ́strɪə] 〚← NL ～ ← L ～ ' OYSTER '〛 ── *n.* 〘貝類〙 カキ属《イタボガキ科の一属; ヨーロッパガキ (*O. edulis*) や日本に産するイタボガキ (*O. denselamellosa*) などを含む; cf. oyster 1 a》. **os·tre·a·ceous** [àstriéɪʃəs | ɔ̀strɪ-] *adj.*

os·tre·i- [ástriə | ɔ́strɪɪ] 〚▭ L ～ ← *ostrea* ' OYSTER '〛 ──「カキ (oyster)」の意の連結形. ★ 時に ostreo-, また母音の前では通例 ostre- になる. 「養殖.

os·tre·i·cul·ture [ástriəkʌ̀ltʃə | ɔ́strɪɪkʌ̀ltʃə(r] *n.* カキ

Os·tre·i·dae [astríːədiː | ɔstríːɪ-] 〚← NL ～ ← Os-TREA ＋ -IDAE〛 *n. pl.* 〘貝類〙 イタボガキ科.

os·tre·o- [ástrio(ʊ) | ɔ́strɪə(ʊ)] ostrei- の異形.

òstreo·dynamómeter *n.* (貝殻内の)カキ運動測定器《汚染された水中ではカキの貝殻の開閉運動が盛んになる原理を応用して水質汚染調査に用いる》.

os·trich [ástrɪtʃ, ɔ́(ː)s-, -trɪdʒ | ɔ́s-] 〚《?a1200》 *ostrice* ▭ OF *ostruce* (F *autruche*) < VL **avistrūthius* ← L *avis* bird ＋ LL *strūthiō* ostrich (▭ Gk *strouthíōn* ← *strouthós* sparrow : cf. struthious)〛 ── *n.* **1 a** 〘鳥類〙 ダチョウ (*Struthio camelus*). **b** ＝rhea[1]. **2** 事なかれ主義[傍観的，逃避的]の人.

bury one's head in the sand like an ostrich ⇨ head 成句. ***have the digestion of an ostrich*** 〚ダチョウは砂袋の働きを助けるために小石などを丸飲みにすることから〛 非常に胃腸が強い.

── *attrib. adj.* **1** 〚ダチョウは追いつめられると頭を砂に隠すという言い伝えから〛 ダチョウの(ような). **2** 事なかれ主義の，傍観的な: an ～ policy, belief, etc.

～·like *adj.* 「場.

óstrich-fàrm *n.* (羽毛採取のための)ダチョウ養殖

óstrich-fèather *n.* (装飾用の)ダチョウの羽毛.

óstrich fèrn *n.* 〘植物〙 北米産のシダの一種 (*Pterelis pennsylvanica*).

óstrich-plùme *n.* ＝ostrich-feather.

Os·tro·goth [ástrəgàθ | ɔ́strə(ʊ)gɔ̀θ] 〚《1647–48》 ▭ LL *Ostrogothī* (pl.) ← Gmc **austro-* eastward ＋ L *Gothus* ' GOTH '〛 ── *n.* **1** [the ～s] 東ゴート族《ゲルマン民族の一支族で 493 年イタリアに王国を建て 555 年に滅びた》. **2** 東ゴート族の人，東ゴート人. **Os·tro·goth·ic** [àstrəgáθɪk | ɔ̀strə(ʊ)gɔ́θ-] *adj.* **Os·tro·goth·i·an** [àstrəgáθiən | ɔ̀strə(ʊ)gɔ́θɪ-] *adj.*

Ost·wald [óʊstwɔːld | ɔ́st- ; *G.* ɔ́stvalt], **Friedrich Wilhelm** *n.* オストワルト《1853–1932; ドイツの物理化学者; Nobel 化学賞 (1909)》.

Os·ty·ak [ástiæ̀k | ɔ́stɪ-] *n.* **1** オスチャック人《シベリア西部とウラル地方に住むフィン族の支族オスチャック族の人》. **2** オスチャック語《Finno-Ugric 語族の一言語》. 「suline).

OSU 《略》 〘カトリック〙 *L.* Ōrdō Sanctī Ursulae (⇨ Ur-

Os·wald [ázwɔːld | ɔ́zwəld ; *G.* ɔ́svalt] 〚OE *Ōsweald* ← *ōs* god ＋ *weald* power〛 *n.* 男性名.

Os·wé·go téa [aswíːgoʊ- | ɔzwíːgəʊ-] 〚← *Oswego* (New York 州中央部を流れる川の名)〛 *n.* 〘植物〙 タイマツバナ (*Monarda didyma*) 《北米東部産のシソ科の草本; 花は真紅，花壇植に適する; bee balm ともいう》.

O's·wię·cim [ɔ(ː)ʃvjé(n)tsiːm, -vjén- | ɔʃ- ; *Pol.* ɔɕfjɛ́tɕim] *n.* オシフィエンチム《ポーランド南西部の工業都市，人口 39,600 ; ⇨ Auschwitz》.

OT, OT., O.T. 《略》 Old Testament.

O.T. 《略》 occupational therapist ; occupational therapy ; ocean transportation ; off time ; Old Teutonic ; overseas trade ; overtime.

ot- [out | əʊt] (母音の前に来る時の) oto- の異形.

-ot[1] [ət] 〚▭ F ～ (↓) : 本来は指小辞〛 *suf.* (主にロマンス語系の)名詞語尾: chariot, parrot.

-ot[2] [ət] 〚▭ F *-ote* ▭ L *-ōta*, *-ōtēs* ▭ Gk *-ṓtēs*〛 *suf.* 「…の種類の人; …の住民」の意の名詞語尾: idiot, patriot ; Cypriot.

O·ta·héi·te àpple [òʊtəhíːtɪ, -héɪ- | əʊtɑːhéɪtɪ, -tə-] *n.* **1** 〘植物〙 タマゴノキ，ニンメンシ (*Spondias cytherea*) 《ソシエテ群島 (Society Islands) 原産の白い花をつけるウルシ科の落葉高木; vi apple, ambarella ともいう》. **2** タマゴノキの実《黄色で食用》.

o·tal·gi·a [outǽldʒiə, -dʒə | əʊtǽldʒɪə, -dʒə] 〚← NL ～ ← Gk *ōtalgía* earache ← *ōt-*, *oûs* ear ＋ *álgos* pain〛 *n.* 〘病理〙 耳痛 (earache). 「療法.

o·tal·gic [outǽldʒɪk | əʊ-] *adj.* 耳痛の. ── *n.* 耳痛治

O·ta·ri·i·dae [òʊtəráɪədiː | əʊtəráɪɪː] 〚← NL ～ ← *Otaria* (属名: ⇨ oto-, -aria[1]) ＋ -IDAE〛 *n. pl.* 〘動物〙 アシカ科.

o·tar·i·oid [outé(ə)riɔɪd | əʊtéərɪ-] 〚⇨ ↑, -oid〛 *adj.*, *n.* 〘動物〙 アシカ科の(動物).

OTB 《略》 〘競馬〙 offtrack betting.

OTC 《略》 over-the-counter.

O.T.C. 《略》 〘米海軍〙 officer in tactical command 戦術指揮官，派遣任務部隊指揮官; 〘米陸軍〙 Officers' Training Camp 将校訓練所[野営]; 〘英陸軍〙 Officers' Training Corps 《今は C.C.F.》.

-ote [∸‐òut, ∸ət | ∸‐ə̀ut, ∸ət] ＝ -ot[2].

OTH, O.T.H. 《略》 〘軍事〙 ⇨ OTH radar.

O·thel·lo [əθélou, o(ʊ)- | ə(ʊ)θéləʊ, ɔ-] 〚▭ It. ～〛 ── *n.* **1** 男性名. **2 a** 「オセロ」《Shakespeare 作四大悲劇の一つ (1604)》. **b** オセロ《*Othello* の主人公であるムーア人の将軍; 悪臣 Iago にだまされ，貞淑な妻 Desdemona を殺したのち自殺》.

oth·er [ʌ́ðə | ʌ́ðə(r] 〚OE *ōðer* second, other < Gmc **anþeraz* (Du. & G *ander* / Goth. *anþar*) ← IE **anter-os* ← **an* (L *alter* / Skt *antara*) : cf. -ther〛 ── *adj.* ★ 3 以外では常に Attributive に用い，単数名詞も複数名詞も伴う (cf. another). **1** 他の，違った，別の: in ～ words 言い換えれば，換言すれば / in some ～ place どこか他の場所に / some ～ time いつか(そのうちに) / ～ things being equal 他の事[条件]が同じなら[仮に同じだとしたら] (cf. ceteris paribus) / Give me some ～ ones. 何か他のものを下さい.

2 その他の，その上の: screws, bolts, and ～ such items ねじくぎ，ボルトその他類似の品目 (cf. such *adj.* ★) / I found some ～ persons there. そこにほかにも数人の人がいた / Do you have any [Any] ～ question(s)? 他に質問はありませんか / There is no ～ use for it. それ以外にそれを利用する方法はない.

3 [通例(代)名詞のあとまたは Predicative に用いて] 〈…と〉同じでない，異なった 〈*than*, 《古》 *from*〉: I'll send there some boy ～ *than* yourself. そこへは君以外のだれかほかの男の子をやろう / The truth is quite ～ *than* you think. 事実は君の考えていることとは全然違う / I would not have it ～ *than* it is. そのままで十分，それ以外は望まない.

4 [the ～ または one's ～ で] (二者の中で)もう一方の，いま一つの; (二者以上の中で)これでない，残りの (remaining): *the* [*my*] ～ hand もう[私のもう]一方の手 / ⇨ *on the other* HAND / ⇨ *on* (*the*) *one* HAND…*on the other* (HAND) / *the* ～ side of the road 道路の向こう側 / *the* ～ party 〘法律〙 相手方，当事者 / *the* ～ thing その反対(のもの)，逆(のこと) / *the* ～ men その他(残り)の人々 / *the* ～ woman (妻に対し)愛人，二号 / *the* ～ two あとの二つ[二人] / How are *your* ～ children? ほかのお子さんたちはどうしていらっしゃいますか / ⇨ *the other* PLACE[1] / *the* ～ world ⇨ world 6.

5 [時間的に] **a** [the ～ ; day, night, evening, week などに付いて] この前の，せんだっての: *the* ～ day 先日 (cf. someday) / It was very warm *the* ～ night. この前の晩は大変暖かだった. **b** 以前の，昔の: men of ～ days 昔の時代の人々 / in ～ times 以前(は)，昔(は).

among other things ⇨ among 成句. ***every other*** ⇨ every 成句. ***none other than*** [***but***] ⇨ none[1] 成句.

── *pron.* (*pl.* **～s**) **1** [不特定なもの，または文脈上の特定のものをさして] **a** 他の何か[だれか]，他のもの[人]: that student and ～*s* あの学生とほかの学生たち / something [someone] or ～ 何[だれ]かかに[かれ]か / one or ～ of these houses これらの家のどれか一軒 / Give me some ～*s*, please. 何か他の物[別の]を下さい / If this size is too big, do you have any ～ [～*s*]? もしこの型が大き過ぎたらほかに別なのがありますか / How many ～*s* will come later? ほかにあと何人来ますか / Take this book, and read *no* ～. 《古》 この本を持って行って他の本は読むな / It was *no* ～ *than* this. それは結局これであった / I can do *no* ～ *than* accept. 引き受けるほかない. ★ 今は最後の 2 例における no other than …よりも nothing but…が普通. **b** 《古》 [～ of として; 複数扱い] …の中の他のもの[人]: ～ *of* his friends 彼のほかの友人たち. 「せ.

2 [*pl.*] 他の人々，他人: Do good to ～*s*. 他人に善を施

3 [the ～] いま一つ[一人]，残りの一つ[一人]; [the ～s] その他のもの[人々]，残りのもの[人々]全部: one above *the* ～ 重なって，重ねて / one or *the* ～ of us two 二人の中のどちらか一人 / Each praises *the* ～. 互いにほめ合う / One neutralizes *the* ～. 一方が他方を中和する / I must consult *the* ～*s*. あとの[残りの]人たちに相談しなければならない.

4 [the ～] 反対(のもの) (the opposite): Hate is *the* ～ of love. 憎しみは愛の反対.

among others ⇨ among 成句. ***A.N. Other*** ⇨ another *pron.* 4 b. ***each other*** ⇨ each *pron.* 成句. ***of all others*** 一切の中でも特に: on that day *of all* ～*s* 日もあろうに[よりによって]その日に / You are the man *of all* ～*s* for the work. 君こそその仕事をするにうってつけの人だ. ***some***…***or other***(***s***) ⇨ some *adj.* 1. ***the one***…***the other*** ⇨ one *pron.* 成句.

── *adv.* 〈…とは〉別のように (otherwise) 〈*than*〉: I could not read it ～ *than* cursorily. ざっとしか読めなかった / We cannot sell it ～ *than* by reducing the price. 値下げするより売りようがない (★ この文は We cannot sell it *except* by …とするほうが普通) / I could not do ～ *than* help him. 彼を助けるよりほかに仕方がなかった (★ この文は I *could not but* help. とするほうが普通).

óther-dirécted *adj.* **1**〘心理〙〈人が〉他律的目的[理想]をもった. **2**〘社会学〙他人志向型の《他人の考えている理想や人生目標に追随する》. (cf. inner-directed 2) **óther-diréctedness** *n.*

oth·er·gates [ʌ́ðəgèɪts | ʌ́ðə-] 〘(*a*1325)〙: ⇨ other (adj.), gate², -s² 1〙 *adv.* 《古・方言》それと違って, 別に.

óther·guèss 〘《変形》← OTHERGATES: 発音の変化した語尾に GUESS を当てたもの: cf. anotherguess〙 *adj.* 《廃》別種の. 「ているもの; 他者.

óth·er·ness *n.* **1** 異なっていること; 他性. **2** 異なっ

óther·whère 〘(*a*1325)〙 **—** *adv.* 《古・詩》他の所に, どこか別の所へ[で] (elsewhere).

óther·whères *adv.* =otherwhere.

óther·while 〘? lateOE *ōðerhwīle*〙 *adv.* 《古・方言》 **1** またある時には. **2** 時には, 時々 (sometimes).

óther·whiles *adv.* 《古・方言》=otherwhile.

oth·er·wise [ʌ́ðəwàɪz | ʌ́ðə-] 〘ME *othre wise* < OE (*on*) *ōðre wīsan* (in an)other way: ⇨ other, wise²〙 **—** *adv.* **1** その他の方法で, 別のやり方で; (それとは)違って, 別のように: Judas, ~ (called) Iscariot ユダまたの名はイスカリオテ / I think ~. 私はそうは考えない / This must be done quite ~. やり方を全然変えなければならない / I would rather stay here than ~. どちらかと言えばここに留まっていたい / I should not wish it ~. そうでないようには望まない, それでけっこう / You couldn't do it any ~.=You could do it no ~. とてもほかの方法ではできない, ほかにやりようがない. **2** [しばしば接続詞的に] そうでなければ (or else): Note down the number, ~ you may forget it. 番号をメモしておきなさい, でないと忘れるかもしれない / I went at once; ~ I should have missed him. 私はすぐ出かけたが, そうでなかったら彼に会えなかったろう / I might ~ have succeeded. そうでなかったら成功したかもしれない. **3** 他の点では: an ~ happy life その他の点では幸福な生活 / if you are not ~ engaged ほかに御用がおありでなかったら / He is talkative, but ~ all right. おしゃべりだけどほかに悪いところはない.
— *adj.* **1** [通例 Predicative に用いて] ほかのようで, 異なって (different); 〈…とは〉別で 〈*than*〉: Some are wise, some are ~. 《諺》賢い人もあるがそうでない人もある,「めくら千人目明き千人」/ How can it be ~ *than* fatal? 致命的でなくて何であろう. **2** [Attributive に用いて] もしそうでなかったら…の: their ~ usefulness もしそうでなかったとしたら役に立つはずの有用さ / his ~ equals こういうことがなかったとしたら彼と同じ部類の人々.
and otherwise (1) その他 (and others): succeed by friendly help *and* ~ 好意ある援助や何やで成功する / He helped me with advice *and* ~. 助言を与えてくれたり何やかや援助してくれた. (2) =*or* OTHERWISE (1). ***or otherwise*** (1) またはその反対: his merits *or* ~ 彼の美点や欠点 / I am not concerned with its accuracy *or* ~. それが正確であるか否かは私の関知するところでない. (2) =*and* OTHERWISE (1).

ótherwise-mínded *adj.* 性向[意見]の異なった, 好みの違う; 世論に反する.

óther·wórld 〘(1884)〙 *n.* **1** [the ~] 来世, あの世. **2** 空想[理想]の世界. **—** *adj.* =otherworldly.

óth·er·wórld·ly *adj.* **1** 来世の, あの世の. **2** 空想的な; 知的[想像的]な事に夢中の, 超世俗的な. **óth·er·wórld·li·ness** *n.*

O·thin [óuðɪn, -ðən | óuðɪn] *n.* 〘北欧神話〙=Odin.

Oth·man¹ [o(ʊ)θmáːn | ɔθ-] *n.* =Osman.

Oth·man² [o(ʊ)θmáːn | ɔθ-] *adj., n.* (*pl.* ~**s**) 《古》= Ottoman.

Oth·ni·el [áθniəl | ɔ́θnɪəl, -njəl] *n.* 〘聖書〙オテニエル《Israel の士師(し); cf. *Judges* 3: 9》.

O·tho I [óuθou- | óuθəu-] *n.* =Otto I.

OTH rádar 〘*OTH*: 《略》← *o*(*ver*)-*t*(*he*)-*h*(*orizon*)〙 *n.* 〘軍事〙超地平線レーダー《地平線下にまで覆域を延伸した特殊レーダー; O/H radar ともいう》.

o·tic [óuṭɪk, áṭ- | áut-, ɔ́t-] 〘⊏ Gk *ōtik-ós* ← *ōt-*, *oûs* ear: ⇨ -ic¹〙 *adj.* 〘解剖〙耳の (auricular).

-ot·ic¹ [áṭɪk | ɔ́t-] 〘⊏ F *-otique* // L *-ōticus* ⊏ Gk *-ōtikós* ← *-ōtes* (n. suf.), *-ōtos* (adj. suf.): ⇨ -ic¹〙 **—** *suf.* **1** -osis で終わる名詞に対応する形容詞・名詞を造り,「(病気に)かかっている; …を引き起こすような; …を増加させる」の意: hypn*otic*, narc*otic*, neur*otic*. **2**「…に似た」の意: Quix*otic* (← Quixote).

-ot·ic² [áṭɪk | ɔ́t-] 〘⇨ otic〙「耳の; 耳と…の関係ある骨[部位]の」の意の形容詞連結形: par*otic*, peri*otic*.

-o·ti·cal·ly [áṭɪk(ə)li, áṭə- | ɔ́tɪk(ə)li] 〘← -OTIC¹+-AL-LY〙 *suf.* -otic¹ に対応する副詞を造る: neur*otically*.

ótic vésicle *n.* 〘生物〙聴胞《脊椎動物の内耳の原基》.

O·tid·i·dae [o(ʊ)tídədiː | ə(ʊ)tídɪ-] 〘← NL ~ ← *Otid-*, *Otis* (属名: ← Gk *ōtís* 《原義》long-eared bird ← *oûs* ear)+-IDAE〙 *n. pl.* 〘鳥類〙(ツル目)ノガン科.

o·ti·ose [óuʃiòus, -ṭi- | áuʃiəus, -tɪ-] 〘⊏ L *ōtiōs-us* at leisure, unemployed ← *ōtium* leisure ← ?〙 **—** *adj.* **1** 暇な, 怠惰な. **2 a** むだな, 役に立たない: an ~ enterprise. **b** 余計な. **~·ly** *adv.* **o·ti·os·i·ty** [òuʃiásəṭi, òuṭi- | əuʃiɔ́sətɪ, -sɪtɪ] *n.* **~·ness** *n.*

O·tis [óuṭɪs, -ṭəs | áutɪs] 〘⊏ G *Otos* 《原義》keen of hearing〙 *n.* 男性名《異形 Otys》.

Otis, James *n.* (1725-83) 米国の政治家.

o·ti·tis [o(ʊ)táɪṭɪs, -ṭəs | ə(ʊ)táɪtɪs] 〘← NL ~: ⇨ oto-, -itis〙 *n.* 〘病理〙耳炎. **o·tit·ic** [o(ʊ)tíṭɪk | ə(ʊ)tít-] *adj.*

otítis ex·tér·na [-ekstə́ːnə | -tə́ː-] 〘← NL ~: ⇨↑, external〙 *n.* 〘病理〙外耳炎.

otítis in·tér·na [-ɪntə́ːnə | -tə́ː-] 〘← NL ~: ⇨ internal〙 *n.* 〘病理〙内耳炎. 「耳炎.

otítis média 〘← NL ~: ⇨ medial〙 *n.* 〘病理〙中

o·ti·um cum dig·ni·ta·te [óuʃiəm-kʌm-dìgnətéɪṭi, óuṭiùm-kum-dìgnətáːteɪ | áuʃɪəm-kʌm-dìgnɪtéɪtɪ, áutɪùm-kum-dìgnɪtáːteɪ] 〘L *ōtium cum dignitāte* leisure with dignity〙 *L.* 品格を伴った暇, 悠々(ゆう)自適.

O·to [óuṭou | áutəu] 〘← N-Am.-Ind. *Wat'ota* 《原義》the debauched〙 **—** *n.* (*pl.* ~**s**, ~) **1 a** [the ~(s)] オト族《もと米国 Nebraska 州南東部に, 今は Oklahoma 州に住むアメリカインディアン; Siouan 語族に属する》. **b** オト族の人. **2** オト語《Chiwere 語の方言》.

o·to- [óuṭo(ʊ), -ṭə | áutə(ʊ)] 〘← Gk *ōt-*, *oûs* 'EAR¹'〙「耳 (ear); 耳と…との」の意の連結形. ★ 母音の前では通例 ot- になる.

o·to·cyst [óuṭəsist | áutə-] 〘⊏ F *otocyste*: ⇨ oto-, -cyst〙 *n.* 〘動物〙耳嚢(のう), 聴胞, 平衡胞 (statocyst). **o·to·cys·tic** [òuṭəsístɪk | àutə-] *adj.*

otol. 《略》otological; otology.

òto·laryngólogy 〘← OTO-+LARYNGOLOGY〙 *n.* 耳咽喉(いんこう)科学. **òto·laryngológical** *adj.*

o·to·lith [óuṭəlìθ, -ṭḷ- | áutəl-] 〘⊏ F *otolithe*: ⇨ oto-, -lith〙 *n.* 〘解剖・動物〙耳石《内耳または平衡胞内にあって平衡感覚に関与する》.

o·tól·o·gist [-dʒɪst, -dʒəst | -dʒɪst] *n.* 耳科学者; 耳科(専門)医.

o·tol·o·gy [outálədʒi | əutɔ́lədʒɪ] 〘← OTO-+-LOGY〙 **—** *n.* 耳科学 (cf. audiology). **o·to·log·ic** [òuṭəládʒɪk, -ṭḷ- | àutəlɔ́dʒ-] *adj.* **ò·to·lóg·i·cal** *adj.* **ò·to·lóg·i·cal·ly** *adv.*

O·to·mac [òuṭəmáːk, -mǽk | àutə-] 〘⊏ Sp. *otomaco* ← Am.-Ind.〙 **—** *n.* (*pl.* ~**s**, ~) **1 a** [the ~(s)] オトマック族《南ベネズエラにかつて住んでいたが現在は絶滅した》. **b** オトマック族の人. **2** オトマック語.

o·to·plas·ty [óuṭəplæ̀sti | áutə(ʊ)plæ̀stɪ] *n.* 耳形成(術). **o·to·plas·tic** [òuṭəplǽstɪk | àutə(ʊ)-] *adj.*

ó·to·rhì·no·làr·yn·gól·o·gist [-dʒɪst, -dʒəst | -dʒɪst] *n.* 耳鼻咽喉科学者, 耳鼻咽喉科(専門)医.

óto·rhino·laryngólogy 〘← OTO-+RHINO-+LARYNGOLOGY〙 *n.* 耳鼻咽喉科学.

o·tor·rhe·a [òuṭəríːə | àutəríːə, -ríə] 〘← NL ~: ⇨ oto-, -rrhea〙 *n.* (*also* **o·tor·rhoe·a** [~]) 〘病理〙耳漏, 耳だれ.

òto·sclerósis 〘← NL ~: ⇨ oto-, sclerosis〙 *n.* 〘病理〙耳硬化(症)《内耳に海綿状骨が生成されて, 難聴をきたす疾患》.

o·to·scope [óuṭəskòup | áutəskəup] *n.* 〘医学〙 **1** 耳鏡. **2** オトスコープ《ゴム管と照明装置と拡大レンズを備え, 耳管と鼓膜を検査するための器具》. **o·to·scop·ic** [òuṭəskápɪk | àutəskɔ́p-] *adj.*

o·to·tox·ic [òuṭətáksɪk | àutətɔ́k-] *adj.* 〘生理〙聴覚[聴器]毒性のある. **o·to·tox·i·ci·ty** [òuṭətaksísəṭi | àutətɔksísətɪ, -sɪtɪ] *n.*

O·tran·to [o(ʊ)trǽntou, ɔ́(ː)trəntòu | ɔtrǽntəu, ɔ́trəntəu; *It.* ɔ́ːtranto], **the Strait of** *n.* オトラント海峡《イタリア南東部と Albania の間の海峡; アドリア海 (Adriatic Sea) とイオニア海 (Ionian Sea) を結ぶ; 幅 76 km》.

OTS, O.T.S. 《略》Officers' Training School 将校養成学校.

ott. 《略》〘音楽〙ottava.

ot·tar [áṭə | ɔ́tə(r)] *n.* =attar.

ot·ta·va [outáːvə | əu-; *It.* ottáːva] 〘⊏ It. ~: ⇨ octave〙 **—** *adv.* 〘音楽〙1 オクターブ高く[低く]《音符の上に書かれた時は「高く」を, 下に書かれた時は「低く」を意味する; 略 8 va; cf. loco⁴》.

ottáva ríma [-ríːmə; *It.* -ríːma] 〘(1820) ⊏ It. ~ 'eighth rhyme'〙 *n.* 〘詩学〙オッターヴァ リーマ, 八行詩体《本来イタリアの詩体で, 各行 11 音節(英詩では通例弱強調 10 音節)で ab ab ab cc と押韻する》.

Ot·ta·wa¹ [áṭəwə:, -wə, -wɔ̀ː | ɔ́təwə] 〘↓〙 **—** *n.* **1** カナダ Ontario 州の南東部にある同国の首都; 人口 303,000. **2** [the ~] カナダ南東部を流れて St. Lawrence 川に注ぐ川 (1,100 km).

Ot·ta·wa² [áṭəwàː, -wə, -wɔ̀ː | ɔ́təwə] 〘⊏ Canad.-F *Otaua* ⊏ N-Am.-Ind. (Algonquian) *otaawaa* merchant: cf. Cree *atáweu* trader〙 **—** *n.* (*pl.* ~**s**, ~) **1 a** [the ~(s)] オッタワ族《カナダの Superior 湖の近くに住んでいたアメリカインディアン》. **b** オッタワ族の人. **2** オッタワ語《Ojibwa 語の方言》.

ot·ter [áṭə | ɔ́tə(r)] 〘OE *otr*, *ot*(*o*)*r* < Gmc **otraz* (Du. & G *otter*) ← IE **aw*(*e*)- water, wet (L *lutra* otter)〙 **—** *n.* (*pl.* ~**s**, ~) **1** 〘動物〙カワウソ《ユーラシア, 北・中・南米, アフリカ産のカワウソ属 (*Lutra*) の動物の総称; カワウソ (*L. lutra*) など》. **2** カワウソの毛皮. **3** 〘釣〙毛鉤または餌を取り付けた短い板の一端におもりを付けて水中に立たせ岸からこの板を糸で繰って魚を釣る仕掛け. **4** 〘漁業〙=otter board. **5** (主に商船で使用する)防雷具 (paravane).

ótter bòard *n.* 〘漁業〙オッターボード, 拡網板《底引網の口を水の抵抗を利用して開かせるためにその両側に取り付けた板》.

Ot·ter·burn [áṭəbə̀ːn | ɔ́təbə̀ːn] 〘ME *Oterburn* ← *oter* 'OTTER'+*burn* stream〙 **—** *n.* イングランド北東部, Northumberland 州中部の村; この地の戦いで英軍がスコットランド軍に破れた (1388).

ótter-dòg *n.* =otterhound.

ótter·hòund *n.* オターハウンド《英国原産のカワウソ猟に役立つ水かきのある足をもった犬種のイヌ》.

ótter shrèw *n.* 〘動物〙カワウソジネズミ (*Potamogale velox*)《西アフリカ産のカワウソに似た主に水生の食虫動物》.

ótter-spèar *n.* カワウソ猟の槍.

ótter tràwl *n.* 〘漁業〙オッタートロール《水の抵抗を利用して網口を開かせるようにその両側に板 (otter board) を取付けたトロール網; cf. beam trawl》.

ótter tràwler *n.* 〘漁業〙オッタートローラー《オッタートロールを備えたトロール漁船》. 「*n.* 女性名.

Ot·til·i·a [o(ʊ)tíliə, -ljə | ɔtílɪə, ə(ʊ)-, -ljə] 〘⇨ Odile〙

Ot·ti·lie [áṭəli | ɔ́tɪli] 〘⇨ Odile〙 *n.* 女性名.

ot·to [áṭou | ɔ́təu] *n.* =attar.

Ot·to [áṭou | ɔ́təu; *G., Dan.* ɔ́to, *Swed.* ɔ̀tu] 〘⊏ OHG *Audo, Odo, Otho* ← *auda* rich // ⊏ It. ~ 《短縮》← *Ottavio* the eighth; cf. Octavia〙 *n.* 男性名.

Otto I *n.* オットー一世《912-73; ドイツ王 (936-73), 神聖ローマ帝国を創設しその皇帝となった (962-73); オットー大帝 (Otto the Great) と称される》.

Ótto cỳcle 〘← *N. A. Otto* (1832-91: ドイツの技師)〙 **—** *n.* 〘機械〙オットーサイクル《断熱圧縮, 定容加熱, 断熱膨張, 定容冷却の 4 ストロークから成る火花点火内燃機関のサイクル; cf. diesel cycle》.

Ótto èngine *n.* 〘機械〙オットー機関[エンジン]《オットーサイクル (otto cycle) を用いる内燃機関》.

ot·to·man [áṭəmən | ɔ́tə(ʊ)-] 〘⊏ F *ottomane* (fem.): ↓〙 **—** *n.* (*pl.* ~**s**) **1 a** 通例背のない厚く詰め物をした長椅子. **b** 厚い詰め物をした低い縁台式腰掛. **c** 厚く詰め物をした足載せ台. **2** オットマン《撚(よ)の強い糸を用い, 経(たて)うね織にした織物; 婦人服地》.

Ot·to·man [áṭəmən | ɔ́tə(ʊ)-] 〘(1600) ⊏ F ~ ⊏ It. *Ottomano* ⊏ Arab. *'Uthmānī* ← *'Uthmān* Osman: トルコのオスマン王朝創始者の名にちなむ〙 **—** *adj.* **1** オスマン朝の; オスマン帝国の. **2** オスマントルコ族の. **—** *n.* (*pl.* ~**s**) **1** オスマン帝国臣民. **2** オスマントルコ族の人.

Óttoman Émpire *n.* [the ~] オスマン帝国, オスマントルコ, トルコ帝国《1281-1924; Osman の創建以来 6 世紀にわたって, その版図は東南ヨーロッパ・西南アジア・北アフリカにまたがったが, 第一次大戦後に崩壊, 現在のトルコ共和国となった; 首都 Istanbul =Constantinople; Turkish Empire ともいう》.

Óttoman Túrkish *n.* =Turkish *n.* 1.

Ot·to·ni·an [ɑtóuniən | ɔtáunjən, -nɪən] *adj.* オットー朝の《神聖ローマ帝国皇帝として君臨した Otto I, II, III の治世 (936-1002) の》.

ot·tre·lite [átrəlàɪt | ɔ́t-] 〘⊏ F *ottrélite* ← *Ottrez* (ベルギーの地名): ⇨ -lite〙 *n.* 〘鉱物〙オットレ石 ((Fe, Mn, Mg)$Al_2SiO_5(OH)_2$)《マンガンに富む》.

Ot·way [átweɪ | ɔ́t-], **Thomas** *n.* (1652-85) 英国の劇作家; *Venice Preserved* (1682). 「versity.

O.U. 《略》official use; Open University; Oxford Uni-

oua·ba·in [wɑːbéɪɪn, -ən, wáːbeɪn | wɑːbéɪɪn, wáːbeɪn] 〘⊏ F *ouabaïne* ← *ouabaïo* ⊏ Somali *wabayo* (これが採れる木の原語名): ⇨ -ine³〙 **—** *n.* 〘化学〙オバイン, ウアベイン ($C_{29}H_{44}O_{12}$)《東アフリカ産のキョウチクトウ科のつる植物 *Strophanthus gratus* の実から採る有毒の強心性配糖体; 毒矢に用いられる》.

Ouach·i·ta [wáʃɪtɔː, wɔ́(ː)ʃ-, -ʃə- | wɔ́ʃɪ-] 〘⊏ F ~ ← N-Am.-Ind.〙 *n.* [the ~] 米国 Arkansas 州西部に発し Louisiana 州で Black River に注ぐ川 (973 kn).

Oua·ga·dou·gou [wɑ̀ːgədúːguː; *F.* wagadugu] *n.* ワガドグ《アフリカ西部オートボルタ (Upper Volta) 中部の都市で同国の首都; 人口 125,000》.

oua·ka·ri [wɑːkáːri | wəkáːrɪ] 〘⊏ Tupi ~〙 **—** *n.* 〘動物〙ウワカリ《南米産広鼻猿類オマキザル科 *Cacajao* 属の短尾ザルの総称; 白味あるいは黄味がかった長い体毛がある; ハゲウワカリ (*C. calvus*) など》.

oua·na·niche [wɑ̀ːnəníːʃ, -níʃ] 〘⊏ Canad.-F ~ ⊏ N-Am.-Ind. (Algonquian) *wananish* (dim.) ← *wanans* salmon〙 **—** *n.* (*pl.* ~) 〘魚類〙カナダ St. John 湖などにいる陸封型のタイセイヨウサケ (Atlantic salmon).

Ou·ban·gui-Cha·ri [*F.* ubɑ̃giʃari] *n.* ウバンギシャリ《Ubangi-Shari のフランス語名; Central African Republic の旧名》.

ou·bit [wúːbɪt, -bət | -bɪt] *n.* 〘昆虫〙=woolly bear.

ou·bli·ette [ùːbliét | -blɪ-] 〘(1819) ⊏ F ~ ← *oublier* to forget < VL **oblītāre* ← L *oblītus* (p.p.) ← *oblīvīscī* to forget: ⇨ oblivion, -ette〙 *n.* (中世の城内の最下部などにあった秘密の)土牢《壁に扉はなく, 天井の揚げぶたを開いて人を投げ込んだ》. 「いた.

ouch¹ [áutʃ] 〘(擬音語): cf. G *autsch*〙 *int.* 痛い, あ

ouch² [áutʃ] 〘(*c*1390) *nouche* ⊏ OF ⊏ OHG *nuskja* buckle ← ? Celt.: 今の形は ME *a nouche* → *an ouch* の異分析: cf. apron, ounce²〙 **—** *n.* 《古》 **1** (宝石などをちりばめた)飾り留金 (clasp), ブローチ (brooch). **2** (宝石をはめこむ)台, ふち.

oud [úːd] 〘⊏ Arab. *'ūd* 《原義》wood〙 *n.* ウード《マンドリンに似たアラビアの弦楽器》.

Oudh [áud] *n.* アウド《インド北部 Uttar Pradesh 州の一部; 面積 62,340 km²》.

O.U.D.S. 《略》Oxford University Dramatic Society.

ough [ú:x, ùx] 〘擬音語〙 *int.* **1** おお, いやだ《嫌悪(けんお)を表わす》. **2** うおー, ずどーん《野獣のほえ声・大砲の音などを表わす》.

ought¹ [ɔ́ːt] 〘OE *āhte* (pret.) ← *āgan* 'to possess, OWE'〙 **—** *auxil. v.* 《古》二人称単数直接法現在形

～est, ～st; 過去形 ～; 否定形 ～ **not,** 《口語》～**n't** [-tṇt], 《卑》 **didn't [hadn't]** ～) ★ *to*-infinitive を伴う. **1** [道徳上の義務] …すべきである: Parents ～ *to* be honored. 両親は尊敬すべきである / He said I ～ *to* pay my debts. 借金は返すべきだと彼は言った / You ～ *to* have helped yourself. 君は人を頼るべきではなかった(のにそうしたのは残念だ). ★ ought は should と同様に must や have to のような強制 (compulsion) の意味をもたない. **2** [妥当·正当·適当などの意味を含んで] …すべきである, …するのが適当である: *Ought* I *to* come?— Yes, I think you ～ (*to*). 来なくてはいけませんか―ええ, そう思いますよ / Tea ～ *to* be drunk hot. 紅茶は熱いうちに飲むのがよい / I ～ *to* be going. もうおいとましませんと / You ～ not to say so. そう言ってはいけない / You ～ *to* come with us. ぜひ一緒に行こう / You ～ *to* know better. 君はもっと分別がなければならん《こんな事をするとはけしからん》/ You ～ *to have* consulted him. 彼に相談すべきだった(しなかったのは悪かった) / The work ～ *to have* been done long ago. その仕事はとうの昔にしてあるべきはずだ(のに今もってなされていないとは不届きだ) / You ～ *to have* known such a thing. そんなことは知っていていいはずだったのに(知らなかったとはうかつだ) / You ～ *to have* seen it. 見るとよかったのに(見せたかった). ★《米》では否定文·疑問文で to を略すことがある: You ～n't smoke so much. そんなにたばこを吸っちゃいけないよ / *Ought* you drink so much? そんなに飲んでいいのかい. **3** [蓋然性] …はありそうである, …にきまっている: He ～ *to* know English, as he has learned it. 習ったのだから英語を知っているのは当たり前だ / Eclipse ～ *to* win. エクリプス(馬の名)が勝つにきまっている / He ～ *to have* arrived by this. 今ごろはもう到着していていいはずなのだ(がまだ到着しないとは変だ). **4** 《方言》 [had ～ の形で] …すべきであった: Rose *had* ～ *to* get married. ローズは結婚すべきだった.
— *n.* (道徳上の)義務: the social ～ 社会的な義務.

ought² [ɔ́ːt] 〖《1844》《異分析》← *a nought*: cf. apron〗 *n.* 《口語》零 (nought, cipher).

ought³ [ɔ́ːt] *n., adv.* ＝aught¹.

ought⁴ [ɔ́ː(x)t, ɑ́ː(x)t] 〖⇨ ought¹〗 *vt.* 《スコット》 **1** ＝owe. **2** ＝possess.

óught·ness *n.* 〖哲学〗当為.

ought·n't [ɔ́ːtṇt] 《口語》ought not の縮約形.

ou·gui·ya [wɑːgíːjə] 〖□F ～ □Arab. *waqíya*〗 *n.* ウギア《モーリタニアの通貨単位》.

oui [wíː; *F.* wi] *F. adv.* ＝yes.

Oui·da [wíːdə] 〖《転訛》? ← LOUISE〗 *n.* **1** 女性名. **2** Marie Louise de la RAMÉE の筆名.

Oui·ja [wíːdʒə, -dʒi | -dʒɑː, -dʒə] 〖《1904》← F *oui* yes ＋G *ja* yes〗 — *n.* 〖商標〗ウィージャ《霊応盤; アルファベットや色々の模様がついている板で, その上に仕掛けた planchette で占いが出るようになっている》.

ou·long [úːlɔ(ː)ŋ, -lɑŋ | -lɔŋ] *n.* ＝oolong.

ounce¹ [áuns] 〖《a1338》 *unce* □OF (F *once*) < L *unciam* twelfth part (of a pound or a foot) ← *ūnus* one ∽ OE *yn(d)se* □L *unciam*: INCH と二重語〗 — *n.* **1** オンス《重量の単位》: **a** 常用オンス《常衡 (avoirdupois); ＝$^1/_{16}$ pound, 16 drams, 437.5 grains, 28.3495 g; 略 oz, oz. av.》. **b** トロイオンス《金衡 (troy weight); ＝20 pennyweight, 480 grains, 31.103 g; 略 oz.t.》. **c** 薬用オンス《薬衡 (apothecaries' weight); ＝8 drams, 480 grains, 31.103 g; 略 oz.ap.》. **2** 液量オンス (fluidounce). **3** [an ～ of として] 少量, わずか: He hasn't got *an* ～ *of* courage. 少しも勇気がない / *An* ～ *of* practice is worth a pound of theory. 《諺》理論より実行.

ounce² [áuns] 〖《?a1300》 *once* □(O)F 《異分析》← *lonce* < VL **luncia* ← L *lynx* 'LYNX': OF で *l*- が脱落したのはそれが *l'*＝*le* the と誤まられたため〗 — *n.* 〖動物〗 **1** ＝snow leopard. **2** 《古》＝lynx 1.

O.U.P. 《略》Oxford University Press オックスフォード大学出版局.

ouph [áuf, úːf] 〖《変形》← OAF〗 *n.* (*also* **ouphe** [～]) 小妖精 (elf).

our [ɑə, auə, ɑ̀ə, àuə, ɑ́ə, áuə | auə(r, ɑː(r, àuə(r, ɑ̀ː(r, áuə(r, ɑ́ː(r] 〖OE *ūre* (短縮) ← *ūser* 'of us': cf. G *unser*〗 — *pron.* [we の所有格] **1** われわれの, 私たちの, わが…: ～ country わが国 / ～ school わが校 / ～ teacher われわれの先生 / *Our* Saviour われわれの救主(キリスト) / on ～ behalf われわれのために[代わりに] / They were very pleased with ～ consent. 彼らはわれわれの(した)承諾に大変喜んでいた / He was shocked by ～ punishment [dismissal]. 彼はわれわれの(受けた)刑罰[免職]に衝撃を感じた. **2** (話題の人[物]または特に互いの間に興味ある人[物]を指して)例の, わが: ～ gentleman in a black hat 例の黒帽子の人[人物]. **3** [Royal "we" および Editorial "we" の所有格 (cf. we 2)] **a** [国王が用いて]: given under *Our* Seal わが璽(じ)を印して. **b** [新聞記者·著者·講演者などが用いて]: ～ contemporary 同業紙 / in ～ opinion われわれの見解によれば.

-our *suf.* ＝-or¹.

ou·ra·ri [(j)urɑ́ːri | -rɪ] *n.* ＝curare.

ou·re·bi [ú(ə)rəbi | úərɪbɪ] *n.* 〖動物〗＝oribi.

Òur Fáther *n.* **1** (キリスト教の)神. **2** 主の祈り (Lord's Prayer) 《the Lord's Prayer はこの言葉で始まる》: say three ～*s* 主の祈りを3度唱える.

Òur Lády *n.* 聖母マリア《Virgin Mary の尊称》.

Òur-Lády's-bédstraw *n.* 〖植物〗キバナノカワラマツバ (⇨ yellow bedstraw).

-our·ous [-ərəs] (連結辞 -o- を伴った) -urous の異形.

ours [áuəz, ɑ́əz | áuəz, ɑ́ːz] 〖《a1325》 *ures, ur(i)s*: ⇨ our, -s² 4〗 — *pron.* [we に対する所有代名詞] **1** われわれ[私たち]のもの: Don't go to their party; come to ～. あの人たちのパーティーへ行かないでうちの方へいらっしゃい / The orchard became ～ by purchase. その果樹園は買い取ってわれわれのものとなった / How are your children?—*Ours* are all quite well. お子さんたちはどうしていらっしゃいますか―みんな元気でいます / *Ours* is a large family. うちは大家族です《★ *Our* family is a large *one*. よりも文語的》/ *Ours* is a time of loud disputes and weak convictions. 現代はいたずらに論争をことととし確信に乏しい時代だ. **2** […of ～ で] われわれ[私たち]の… (cf. mine¹ 1 b ★): *this* country [world] *of* ～ われわれのこの国[世界] / *an* old friend *of* ～ われわれの(一)旧友.

our·self [ɑəsélf, àuə- | àuə-, ɑː-] 〖《a1325》 *oure self*: ↓〗 — *pron.* [国王の公式用語またしばしば新聞社説の用語として用いて (cf. we 2)] ＝myself: What touches us ～ shall be last serv'd. わしの身に関したことは最後に処理しよう (Shak., *Caesar* 3. 1. 8) / We cannot persuade ～ that the Government is in earnest. 政府が本気であるとは納得できない. ★ あとの例のように Editorial "we" の再帰代名詞形として用いる用法は今日では仰々しいものと感じられ, ourselves によって代えられる傾向がある.

our·selves [ɑəsélvz, àuə- | àuə-, ɑː-] 〖《1495》《変形》(⇨ -s¹) ← ME *oure selven* 《変形》 *us selven* < OE *ūs selfum* (dat.) (*wē selfe* (nom.), *ūs selfe* (acc.)): cf. yourselves〗 — *pron.* [一人称複数複合代名詞: ⇨ oneself] **1** [強意用法] われわれ自身, (余人にあらず)われわれ; (一人でなく)われわれ: We ～ will see to it.＝We will see to it ～. 自分らでそれを何とか取り計らおう / Let us go ～. われわれ自身出向こう / That concerns ～, but nobody else. そのことはわれわれ自身に関係することで, ほかのだれにも関係はない / No one can do it better than ～. だれでもわれわれ自身ほどよくできるものはない / We are now living here *by*～. 今はこうやって(人と離れて)われわれだけで生活している / We do everything *for* ～. われわれは何事も(人を頼らず)自分たちでする. **2** [-ˊ-] [再帰用法]: We are capable of governing ～. われわれは自制の力を持っている / We betook ～ to an inn by the lake. 湖畔の宿屋にたどりついた / We are going to buy ～ a piano. 私たちは自分たちの(ために)ピアノを買おうとしている. **3** (肉体的·精神的に)いつもの[正常な]われわれ: We were not ～ for some time. しばらくは呆然(ぼう)としていた.

-ous [əs] 〖ME *-o(u)s* □AF & OF *-o(u)s* (F *-eux*) < L *-ōsus*: cf. -ose¹〗 — *suf.* **1** 「…の多い, …性の, …に似た, …の特徴を有する, …の癖のある」の意の形容詞語尾 (cf. -eous, -ious): danger*ous*, glamor*ous*, joy*ous*, polygam*ous*, rigor*ous*. **2** 〖化学〗「亜」の意の形容詞を造る《-ic の語尾をもつ場合より原子価が低い》: ferr*ous* oxide 酸化第一鉄 / nitr*ous* acid 亜硝酸.

Ouse [úːz] 〖OE *Ūse* ← Celt. **usso-* water: cf. otter〗 — *n.* [the ～] **1** イングランド North Yorkshire 州を南東に流れる川で, Trent 川と合流して Humber 川となる (73 km). **2** イングランド Northamptonshire 州と Lincolnshire 州を流れて The Wash に注ぐ川 (251 km) 《Great Ouse ともいう》.

ou·sel [úːzəl, -zl] *n.* 〖鳥類〗＝ouzel.

oust [áust] 〖《1588》□AF *oust-er* to remove ＝OF *oster* (F *ôter*) < L *obstāre* to obstruct ← OB-＋*stāre* 'to STAND': cf. obstacle〗 — *vt.* **1** 〔場所·地位などから〕〈人などを〉追い払う, (特に不正手段で)追い出す (expel, drive out) 〔*from*〕: ～ a person *from* a group 人を仲間から追い出す. **2** 〖法律〗〈人〉から〔世襲財産·権利などを〕奪う, 剥奪(はく)する (dispossess) 〔*of*〕.

oust·er [áustə | -tə(r] 〖《1531》□AF ～ (n.) ← (inf.) (↑): ⇨ -er³〗 — *n.* **1** 追い払う[出す]人; 放逐[剥奪]する人. **2** 〖法律〗(場所·地位などからの)放逐; (自由保有者からの土地の)占有剥奪; (特に)不法侵奪.

out [áut] 〖OE *ūt* < Gmc **ut-* (Du. *uit* / G *aus* / ON & Goth. *ūt*) ← IE **ŭd-* up, out (L *ūsque* all the way to / Gk *ústeros* later)〗 — *adv.* **1 a** 外へ[に], 外部へ[に]; 外へ出て, 戸外へ[に]; (家·岸などから)離れて, 不在で: run ～ 走り出る / drive [turn] ～ 追い出す / look ～ 外を見る / peep ～ 外をのぞく / pull ～ 引っ張り出す / lock ～ (戸外へ)締め出す / bow [hiss, smoke] a person ～ おじぎをして[しっしっと言って, 煙でいぶして]人を外へ出す / My sword was already ～. 剣は抜き放っていた / within and ～ 内も外も / He seldom goes ～ for a walk. めったに散歩に出ない / He arrived while I was ～. 私の留守中に到着した / I have been ～ for a walk. 今まで散歩に出かけていました / She has her Sundays ～. 日曜には外出することにしている / He went ～ from me. 私のもとから出て行った / Get ～ (of here)! 出て行け / The tide is ～ [going ～]. 潮が引いて[引きかけて]いる. **b** 旅行[狩猟場, 戦場]へ[に]: set ～ on a journey 旅に出かける / He set ～ for London. ロンドンへ旅立った / They were ～ hunting. 狩に出ていた / have a person ～ 人を決闘に連れ出す / The enemy are now coming ～. 敵軍は目下出動している. **c** 海上へ[に]; 外国へ[に], 植民地へ[に]; 遠方へ[に]: I met him on the voyage ～. 往航の途中彼と会った / be ～ at sea 航海中である, 沖へ出ている / row ～ 沖へ漕(こ)ぎ出る / The ship anchored some way ～. 船は港から少し離れて停泊した / He has gone ～ to America. 米国へ出かけた / Troops were sent ～ from the mother country. 軍隊は本国から派遣された / His son is ～ in India. 彼の息子はインドへ出かけている / ～ there あちらでは / They have settled ～ in New Zealand. (本国を後にして)ニュージーランドに定住した. **d** 〈陪審員が〉評決のため退廷して. **e** 〈囚人が〉(刑務所を)出所して: He's ～ now.

2 a (外へ)突き出て; (外へ)延びて: jut [shoot, stick] ～ 突き出る / hang ～ 下方へ突き出る / hold ～ one's hand 手を差し出す / stretch ～ one's arm 腕を延ばす. **b** 〈川·川水が〉(岸を)あふれ出て: The rain sent the waters ～. 雨で川水があふれた / The floods are ～. 大水が出た. **c** 〈令状が〉(当局から)〔…に〕出されて〔*against*〕.

3 a 他のものの中から(選び[取り])出して: pick ～ つまみ出す, えり出す / select ～ 選び出す / I will look ～ a good book for you. いい本を捜し出してあげよう / ⇨ SEARCH *out*, SEEK *out*. **b** 除外して: leave a word ～ 語を省く. **c** 〈酔っぱらいなど〉外へ追い出されて.

4 〔ある地点から〕離れて〔*from*〕; 向こうに: His house is two miles ～. 彼の家は 2 マイル先にある / He hit the ball 300 feet ～. ボールを 300 フィート向こうに飛ばした.

5 a 他人の手に(渡って); 貸し出されて: put ～ money at interest 利子を取って金を貸し付ける / let ～ horses 馬を貸す / ⇨ HIRE *out* / These lands are ～ upon leases of four years. これらの土地は 4 年の契約で貸されている / The book you want is ～. お求めの本は貸し出されています. **b** (多くの人に)分配して: deal [dole, share, portion] ～ 分かち与える / The waiter served ～ the first course. 給仕は最初の料理を配った.

6 a (正常な位置から)はずれて, 〈関節など〉はずれて, 〈歯が〉抜かれて: I fear your shoulder is ～. 君の肩の関節ははずれているらしい / He has had his shoulder put ～ at football. フットボールで肩の関節がはずれた / pull ～ a bad tooth 虫歯を抜く. **b** 〈とげ·しみなど〉除去されて: I wiped it until the stain was ～. しみが取れるまで拭った.

7 現職[政権]を離れて, 職を去って: The Conservatives are ～. 保守党は野党になった / The Republicans went ～, and the Democrats came in. 共和党が退いて民主党が政権を取った / The former member was turned ～. 前議員は議席を失った / His party was ～. 彼の党は野党だった.

8 仕事[学校]を休んで; ストライキをやって (on strike): He is ～ on account of illness. 病気で休んでいる / The miners are going ～ [are ～]. 坑夫はストライキをしようとしている[やっている].

9 a 〈火·ろうそくなど〉消えて: put [blow] ～ a candle ろうそくを消す[吹き消す] / The candle is ～. ろうそくが消えた / The light went ～. 明かりが消えた / The fire has burned ～. 火は燃え尽きた. **b** 見えなくなって; 品切れで; なくなって, 終わりになって: strike ～ (線を引いて)消す / pump ～ a well 井戸が涸れるまで水を汲み出す / The inscription has been painted ～. 碑文はペンキで塗りつぶしてある / The wine is [has run]～. 酒がなくなった / before the week is ～ この週が終らないうちに / The old family died ～. その旧家は死に絶えた / Our food supplies gave ～. 糧食は尽きた / My strength is ～. 精力が尽き果てた / The lease is ～. 契約期間が切れた. **c** 流行しなくなって; 〈魚·果物など〉季節[旬(しゅん)]はずれで: Frock coats have gone ～. フロックコートはすたれた / That style is ～. その型はもうはやらない.

10 a (調子が)狂って; (体の)具合が悪くて; 間違って; 損をして (↔ in): My watch is five minutes ～. 私の時計は 5 分狂っている / My eye is a bit ～ today. 今日は目の具合が少し悪い / My hand is ～. 手がきかない / I was 2% ～ in my calculations. 計算が 2 パーセント違っていた / There you are ～. そこが君の誤りだ / I am $5 ～ [～ $5]. 5 ドルの損だ. **b** (常態などを失って)混乱して, 困って: He was thrown ～ at the sight. その光景を見て度を失った / Nothing puts him ～. どんな事があっても度を失うことがない. **c** 〈考えなど〉問題[考慮]外で; 許されない, だめで: His proposal is definitely ～. 彼の提案は全く問題にならない / Cheating is strictly ～. カンニングは絶対だめだ. **d** 〔…と〕争って, 不和で (at odds) 〔*with*〕: ⇨ FALL *out* (1) / I am ～ *with* Jones.＝Jones and I are ～. ジョーンズとは仲たがいをしている.

11 《口語》ぐっすり寝込んで; 意識を失って, 気絶して: be ～ (cold) 気絶して[のびて]いる (cf. cold *adj.* 5 b) / After a few drinks he was dead ～. 二, 三杯飲むとすっかりのびてしまった / ⇨ *out like a* LIGHT¹.

12 a 〈星·発疹など〉現われ出て, 〈花など〉開いて; 〈ひなが〉孵(かえ)って; 〈旗など〉翻って: The stars were [came] ～. 星が出ていた[出た] / Leaves are ～. 葉が出た / The roses are ～. ばらの花が咲いた / The buds will be ～ in a few days. つぼみは二, 三日したら開こう / The chickens are ～. ひなが孵った / The eruption is ～ all over him. 発疹(しん)は体全体に現われた / His face comes ～ *in* pimples. 彼は顔ににきびがよく出る / a vessel with British colors ～ 英国旗を掲げた船. **b** 〈身体が〉(衣服の破れ目から)突き出して; 〈衣服が〉

破れて, すり切れて: Your knees are ~. 膝が出て[破れて]いる / His sweater is ~ at the elbow. セーターがひじが破れている / ⇨ *out at the* ELBOWS. **c** 〈事態など〉表面[現実]化して, 活発になって: open ~ a coal mine 炭山を開発する / A revolution burst ~ in India. インドに革命が勃発した / Cases of fever broke ~. 熱病患者が出た.
13 a 公にされて; 〈秘密など〉露見して; 〈書物が〉出版されて: The secret is [has got] ~. 秘密がばれた / The murder is ~. 殺人が露見した; 秘密がばれた (cf. *vi.* 1) / Is his new book ~ yet? 彼の新著はもう出ましたか. **b** 《古》 [be ~ で] 〈若い女性が〉社交界へ出て; 奉公[勤め]に出て: ⇨ BRING *out* (2), COME *out* (4). **c** [最上級+名詞+~ の形で] 世に出ているうちで (in existence): He is the *worst* teacher ~. 彼は世の先生のうちで最低だ / He is the *cleverest* juggler ~. 彼は世の手品師のうちで一番上手だ.
14 a 聞えるように, 声を出して (aloud); 大きな声で (loudly): call [cry, shout] ~ 叫ぶ / laugh ~ 吹き出す. **b** あからさまに, 腹蔵なく (frankly): Speak ~! 思い切ってはっきり言え / I told him right ~ what a fool he was. なんてばかなんだと彼に面と向かって言ってやった.
15 最後まで(すっかり), 十分, 徹底的に (completely): …し果たして, 仕上げて: fight it ~ 最後まで戦い抜く / have it ~ 結着を付ける / The case has not been tried ~. その事件は審理され尽くされていない / hear a person ~ 人の言うことを最後まで聞く / work ~ a puzzle 首尾よく謎を解く / wash ~ きれいに洗う, すっかり洗い落とす / ⇨ CLEAN *out* / She had her cry ~. 泣きたいだけ泣いた / I had my sleep ~. 眠りたいだけ眠った / Have you typed it ~ yet? タイプは打ち上がりましたか / I was tired ~. へとへとに疲れた.
16 《口語》〔…を〕目指して, 心掛けて, 〔…に〕熱中して (intent) 〔*for*〕; 〈…しようと〉努めて 〈*to do*〉: be ~ *for* happiness 幸福をつかもうとあせる / be ~ *for* some trouble [a row] もめごと[一騒動]を起こそうと企んでいる / They are ~ *to* restore the old regime. 旧制度の復活にやっきになっている.
17 a 〘野球・クリケット〙 アウトで, アウトになって, 打者が殺されて (cf. safe *adj.* 10); 〘クリケット〙 退場になって: The batter [batsman] is ~. / The player was bowled ~ at the first ball. その選手は第 1 球でアウトになった / The side [team] was all ~ for 361. そのチームは 361 点をあげて全員がアウトになった. **b** 〘球技〙 〈ボールが〉アウトになって (↔ in): The ball was declared ~. ボールはアウトを宣せられた.
18 〘ボクシング〙 ノックアウトになって: The boxer was ~ for the count. ボクサーは 10 秒数えるまで起き上がれなかった.
19 〘ゴルフ〙 アウト(最初の 9 ホール)を終了して〔*in*〕: He went ~ *in* 39. 39 ストロークでアウトを終えた.
20 (交互の送信・受信を繰り返す方式の無線の交信で)連絡終了, 交信終り. ★ over が 1 回の送話の終止をいうのに対して交信全体の終了を示す.
all out (1) 《口語》 すっかり, 全く. (2) 《口語》 全く間違って[食い違って]. (3) 《口語》 全力を出して, 総力で; 全速力で〔*in, for*〕 / 〈*to do*〉: go *all* ~ 総力をあげて(事に)当たる / The car is going *all* ~. 車は全速力で走っている. (4) 《口語》 すっかり参って, 疲れ果てて. (5) 《米》 入れ替え: *All* ~! 皆さん, 乗り換えです (《英》 All change (here, please)!). ***from this out*** ⇨ from 成句. ***out and about*** 〈病後の人など〉(元気になって)外で働けるようになって: He is ~ *and about* again. 彼はまた元気になって働いている. ***out and away*** 特にすぐれて, 群を抜いて: He is ~ *and away* the cleverest boy in the class. クラスで断然最優秀だ. ***out and home*** 往復共に. ***out and in*** =IN *and out*. ***out and out*** 全く, 全然 (thoroughly), 徹底的に (absolutely), 純粋に (genuinely) (cf. out-and-out). ***out for*** ⇨ 16. ***out from under*** ⇨ FROM *under*. ***out loud*** ⇨ out loud. ***out of*** ⇨ out of. ***out on one's feet*** ⇨ foot 成句. ***out with*** [命令文で] (1) …を(外へ)出せ: *Out with* him. 彼を追い出せ. (2) …を言え: *Out with* your answer. 返事をしたまえ / *Out with* it. 考えていることを言え.
— *attrib. adj.* **1** 外の, 外部の (external): the ~ edge 外のへり / the ~ side 外側. ★ 今は通例 outer, outside, external を用いるか, または *out*-edge のように複合語として用いる. **2** 外にある, 辺鄙(ぴ)な (outlying): ⇨ out island. **3** (クリケットなどで)ホームグラウンド以外の競技場で行なわれる, 遠征の (away); 守備側の: an ~ match 遠征試合 / the ~ side 守備側. **4** 〈型など〉並外れた, 特大の, 番外の (extra): an ~ size 特大型, 番外サイズ / She is rather an ~ size. 彼女はどちらかと言えばキングサイズだ. **5** 野党の, 在野の: ⇨ out-party. **6** 出て行く (outgoing): an ~ train 出て行く列車. **7** 〘ゴルフ〙 =front 3.
— *int.* 〘← (adv.): cf. OE *ūtian* to put out〙 **1** 出て行け (Begone!, Away!): *Out*, beast! 出て行け, 畜生め. ★ Go の省略から. **2** 《古・方言》 [憤慨・恐怖・悲嘆などを表わす]: *Out!* ~! I shall see her no more. ああああ, もう彼女には会えまい.
Out upon [*on*]*…!* 《古》 [嫌悪・非難などを表わす]: *Out upon* you! 何たるやつだ, このばかめ, けしからん.
— [aut, àut, áut] *prep.* **1** 《詩》 [*from* ~ として] …から: *from* ~ the azure main 青海より / *from* ~ a dungeon 地下牢から. **2** 《米》 …から. ★ 主として the door, the window を目的語として用いる: throw something ~ the window 窓から物を投げる / come ~ the door 戸口から出て来る / hurry ~ the door ドアから急いで出る / Stick your head ~ the window and call the children. 窓から顔を出して子供たちを呼んで下さい. **3** 《米》 …沿いの先へ[に]: He lives ~ Main Street. 本通りの端[はずれ]に住んでいる.
— *n.* **1 a** 外側: ⇨ *from* OUT *to out*. **b** 出っ張り, かど. **2** [通例 *pl.*] 地位[勢力]を失った人; [the ~s] 野党, 在野党 (↔ ins). **3 a** 逃げ口[道]; (責任などをのがれる)逃げ道; 言いわけ, 口実. **b** 解決策: It is difficult to find an ~ *for* inflation. インフレの解決策を見出すのは難しい. **4** [*pl.*] 〘競技〙 守備側 (↔ ins). **5 a** 〘野球〙 刺殺, アウト; アウトになった選手. **b** 〘球技〙 アウト《テニスなどでコートの外に出た打球》. **6** 品切れ品. **7** 《米口語》 欠点. **8** (昔の駅馬車の)屋上の乗客. **9** 〘印刷〙 植え落ち, 脱字: make an ~ 植え落とす. **10** 《方言》 遠出 (outing), 遠足 (excursion).
at* [*on the*] *outs 《口語》〔…と〕仲が悪い, 仲たがいをして〔*with*〕: The two were *at* ~*s*. 二人は仲たがいをしていた / She was *at* [*on the*] ~*s with* her parents. 両親と仲が悪かった. ***from out to out*** 端から端まで, 外法(ほう)で: The diameter is 20 inches *from* ~ *to* ~. 直径は外法で 20 インチだ. ***outs and ins*** =INS *and outs*. ***make a poor out*** 〈人が〉(何かしようとして)うまく行かない, 成功しない.
— *vi.* **1** 露見する, 現われる: Murder will ~. 《諺》 悪事は必ず露見する / Truth will ~ soon. 事実はすぐに判明するだろう. ★ この用法は副詞の out の前に be, come などの動詞が省かれたことによるものと解される. **2** (郊外へ遊びに)出かける (go out) (cf. *vt.* 2). **3** (テニスなどで)ボールをコートの外へ出す, ボールをアウトする. — *vt.* **1** 《口語》 追い出す: *Out* that man! あの男をたたき出せ. **2** [~ it として] 《口語》 出かける; (郊外などに)遊びに行く, ハイキングに行く (cf. *vi.* 2): We met dozens of pleasure boats ~*ing it*. たくさんの遊覧船が出ているのに出合った. **3** 《英俗》 ノックアウトする; 一撃をくらわせて気絶させる; (なぐり)殺す: He was ~*ed* in the first round. 彼は第一ラウンドでノックアウトされた. **4** 〘クリケット〙 〈打者を〉アウトにする. **5** (テニスなどで)〈ボールを〉コートの外へ出す, アウトする. **6** [Passive で] 〈女性が〉操を汚される. **7** 消す: ~ a candle. **8** 突き出す: ~ oars オールを突き出す.
out with 《口語》 (1) …を(持ち)出す: He ~*ed with* his purse. 彼は財布を出した. (2) …を口に出す, 言う (utter): He often ~*s with* his lie. 彼はよく嘘をつく. ★ cf. Out with ⇨ *adv.* 成句.

out- [àut-] 〘↑〙 — out の連結形: **1** 名詞・分詞・動詞などの前に付けて「外(側)の, 外からの; 外(側)に, 外国に」,「…より多く, …にまさって」などの意を表わす: *out*building, *out*patient, *out*bound, *out*cast; *out*do, *out*live, *out*run, *out*sell. **2** 〘Shakespeare の造語 OUT-HEROD からの類推〙 [固有名詞に付けて] 「(…である ことは)…をしのぐ」の意: *out*-Peter Peter / *out*-Zola Zola.

out·a [áuṭə | -tə] *prep.* 《米口語》 =out of.

òut·áct *vt.* **1** (演技で)〈人〉にまさる, しのぐ. **2** 〈人〉にまさる, 勝つ.

out·age [áuṭɪdʒ | -tɪdʒ] 〘← OUT+-AGE〙 — *n.* **1** 〘商業〙 **a** (運搬または貯蔵中に生じた商品の)減量, めべり (cf. innage 1). **b** (ドラム缶・瓶・樽などの容器と内容物との)隙間《内容物の膨張などによる容器の破裂を防ぐ》. **2 a** (電力などの)供給停止. **b** (電球・機械などの)機能停止[不全], 事故率. **3** 〘航空〙 (飛行によるタンク内の)燃料消費量 (cf. innage 2).

óut-and-óut 〘《c1325》〙 — *adj.* **1** 全くの (thorough), 純然たる, 徹底的な (absolute): an ~ fool 底抜けのばか. **2** 隠し立てしない, 公然たる (open).
— *adv.* =OUT *and out*.

óut-and-óut·er 〘《1812》: ⇨↑, -er[1]〙 *n.* 《口語》 **1** 徹底した人; 完全な見本, 典型. **2** 極端に走る人.

òut·árgue *vt.* 議論で負かす, 論破する.

out·back (豪) [⌐⌐] *n.* [通例 the ~; 時に O-] (沿海地方に対し)奥地, 内地: in the ~. — [⌐⌐] *adj.* 奥地の[にある]: ~ life. — [⌐⌐] *adv.* 奥地へ[に]: go [live] ~. **~·er** *n.*

òut·bálance *vt.* **1** …より重さでまさる, より重い. **2** (効果などの点で)…を上回る, まさる.

òut·bíd *vt.* (~; **-bid·den**, ~; **-bid·ding**) **1 a** (競売で)〈相手〉よりも高値をつける: ~ each other せり合う. **b** (何かを手に入れるために)〈相手〉よりもよい条件を示す〔*for*〕. **2** (誇張などで)〈相手を〉しのぐ, 上回る. **3** 〘トランプ〙 〈相手〉より高いビッドをする.

òut·bláze *vi.* 〈感情など〉燃え立つ[出る, 上がる].
— *vt.* **1** …より強く輝く; (より強い輝きで)…の光輝を奪う. **2** (より輝かしい才気などで)…をはるかにしのぐ, 顔色なからしめる.

òut·blúff *vt.* 〈相手〉に輪をかけたはったりをかける, はったりのかけ合いで負かす.

óut·bòard *adv.* **1 a** 〘海事〙 舷側の方へ, 舷側寄りに, 船外に (↔ inboard). **b** (宇宙船の)船外に. **2** 〘航空〙 (飛行機の)翼端(部)に[へ]. — *adj.* **1** 〘海事〙 **a** 舷側の方にある, 舷側寄りの; 船外にある. **b** (モーターを)船外[艇尾の外側]に取り付けた. **2** 〘航空〙 翼端に近い. — *n.* 〘海事〙 **1** =outboard motor. **2** 船外機付きボート.

óutboard mótor *n.* (ボートの)船外モーター, 船外発動機, 船外機.

óutboard prófile *n.* 〘造船〙 船外側面図《船体を測外面から見た図》.

óut·bònd *adj.* 〘石工〙 〈石・れんがが〉長手積みの (↔ inbond).

óut·bòund *adj.* 外国[外地]行きの (↔ inbound): an ~ ship 外国[外地]行きの船.

òut·bóx *vt.* 〘ボクシング〙 打ち負かす, 打ち合いで…に勝つ.

òut·bráve *vt.* **1** 大胆さ(など)でしのぐ, 圧倒する. **2** ものともしない (defy): ~ defeat. **3** 《古》 華麗さで〈人〉に優る.

óut·brèak *n.* **1 a** (怒り・戦争・流行病・火事などの)突発; (害虫などの)大発生: an ~ of typhoid fever 腸チフスの発生 / an ~ of fire 出火 / a volcanic ~ 火山の爆発 / since the ~ of the war 戦争が起こってから. **b** 突然の現われ[表面化]: the ~ of national feeling *against* …に対して突然現われた国民的反感. **2** 暴動, 一揆: an ~ of peasants *against* landowners 地主に対する百姓一揆. **3** 〘地質〙 (岩石・地層などの)露出.

out·breed *vt.* (**out·bred**) **1** [⌐⌐] 〘生物〙 …に異系交配をさせる (↔ inbreed). **2** [⌐⌐] 〘社会学〙 …に異部族結婚をさせる. **3** [⌐⌐] 〘生物〙 **a** …より早く繁殖する. **b** 〈不要な特性(角, 種子など)を〉交配によって除く. **~·er** *n.*

óut·brèeding *n.* **1** 〘生物〙 異系交配, 異系繁殖 (↔ inbreeding). **2** 〘社会学〙 異族[族外]結婚 (exogamy).

òut·búild *vt.* (**out·built**) **1** …よりもしっかり[多く]建てる. **2** …の外側に建てる[造る].

óut·bùilding *n.* (母屋の)付属建築物, 離れ家《納屋・鳥小屋・薪小屋・(肉類の)燻製場所など》.

óut·bùrst *n.* **1** 突発, 爆発: an ~ of terrorism テロの突発. **2** (火山の)爆発. **3** (感情・活力などの)激発, 爆発: an ~ of tears わっと泣き出すこと / many an ~ of "Banzai" 「万歳」の連呼 / We were shocked at his ~ of rage. 急に怒り出したのでびっくりした.

out·bye [uːtbáɪ] 〘《?a1400》: ⇨out, by[1] (adv.)〙 — *adv.* (*also* **out·by** [~]) 《スコット》 **1 a** 戸外で. **b** 外へ. **c** 少し[遠く]離れて. **2** (鉱山で)換気孔[出入口]の方へ. — *attrib. adj.* 戸外の, 外の.

óut·càst 〘《?a1350》 ← (p.p.) ← *outcaste*(*n*)〙 — *n.* **1 a** (社会・友人・家族などから)見捨てられた人, 社会の除け者; 追放者 (exile): a social ~ 社会から追放された人. **b** 浮浪者, 宿なし (vagabond). **2** 《古》 捨てられた物; 廃物, くず (refuse). **3** 《スコット》 喧嘩(けんか), 不和 (quarrel). — *adj.* **1 a** (社会・友人・家族などから)見捨てられた. **b** よるべのない, 宿なしの (homeless). **2** 軽蔑された, ばかにされた. **3** 捨てられた.

out·caste [⌐⌐] *n.* 《インド》 **1** 社会的地位[門地]のない人. **2** 四姓 (caste) 外の賤民 (pariah).
— [⌐⌐] *adj.* 社会的階級のない.
— [⌐⌐] *vt.* 社会から放逐する[葬る].

òut·cláss *vt.* 段違いの成績で…に勝つ, …に断然まさる.

óut-clèaring *n.* 《英》 〘金融〙 持出し手形; 持出し手形金額《手形交換所を経て銀行が支払を受けるべき手形の総額; ↔ in-clearing》.

óut-cóllege *adj.* 《英》 大学寮内に寄宿しない; 学寮外に下宿して通学する.

óut·còme 〘《?a1200》〙 *n.* **1 a** 結果, 成行き (result) 〔*of*〕. **b** (当然の)帰結; 結論. **2** はけ口 (outlet).

óut-cóuntry *n.* 奥地, 僻(へき)地. — *adj.* **1** 外国の (foreign). **2** 田舎の, 僻地特有の.

óut·cròp *n.* **1** 〘鉱山・地質〙 (鉱脈・地層などの)露出部, 露頭 (basset). **2** (急激な)出現, 表面化, 台頭, 突発.
— *vi.* **1** 〈地層などが〉露出する. **2** 表面に現われる; 表面化する, 出現する.

òut·cróss 〘生物〙 *vt.* 異系交配[外部交雑]させる.
— [⌐⌐] *n.* **1** 異系交配(を行なうこと). **2** 異系交配(による)雑種.

óut·cròssing *n.* 〘生物〙 異系統交配, 他配《遺伝子型が異なる配偶子間の交配》.

out·cry 〘《c1390》〙 — [⌐⌐] *n.* **1** 叫び声, 叫び; 悲鳴, わめき声, どなり声. **2** 激しい抗議〔*against*〕. **3** せり売り (auction); (大道商人などの)呼売り.
— [⌐⌐] *v.* — *vt.* 〈相手〉より大きな声をあげて聞えないようにする, やじり倒す. — *vi.* 大声で叫ぶ.

óut·cùrve *n.* 〘野球〙 アウトカーブ (↔ incurve).

òut·dánce *vt.* 〈人を〉ダンスで負かす; 〈人〉よりダンスがうまい.

òut·dáre *vt.* **1** 〈人〉より思い切ったことをする, …より以上に勇敢である. **2** 無視する, 物ともしない.

òut·dáte *vt.* 古臭くする; 時代遅れなものにする: It has been ~*d*. 旧式なものとなった; 時代遅れになった, 陳腐になった.

òut·dáted *adj.* 旧式の, 陳腐な, 時代遅れの (antiquated): an ~ building.

òut·dístance *vt.* (競走・競馬などで)〈相手〉よりずっと先に出る, 遠く引き離す; (競争などで)〈相手〉に勝つ.

òut·dó *vt.* (**out·did**; **-done**) **1** …にまさる, しのぐ (excel); …に勝つ (surpass). **2** 打ち負かす (defeat). **3** [~ *oneself* で] **a** 今までになくよく[熱心に]やる; 今まで以上の熱意を示す. **b** 懸命[必死]の努力をする.

out·door [⌐⌐, ⌐⌐] *adj.* [Attributive に用いて] (↔ indoor) **1 a** 戸外の, 屋外の, 野外の[でなされる]: ~ exercise 戸外運動 / an ~ game 屋外遊戯 / ~ labor 屋外労働 / an ~ life 野外生活 / an ~ (swimming) pool 屋外プール / an ~ theater 野外劇場. **b** 屋外[戸外]用の: ~ wear 室外着, 外出着. **2** 《英》 議院外の: ~ activities 院外活動. **3** 《英》 (もと救貧院の)院外

の: ～ paupers 院外貧民《救貧院外被救助貧民》.

outdoor relíef *n.* 《英》=out-relief.

out·doors [àutdɔ́ːəz, -dɔ́əz | -dɔ́ːz] 〘⇨ -s²〙 ── *adv.* 屋外で, 戸外で, 野外で; 屋外[戸外, 野外]へ: live ～ / go ～. ── *n.* [the ～; 単数扱い] **1** 戸外, 屋外, 野外: the freshness of (*the*) ～ 野外の新鮮さ[すがすがしさ] / Children love *the* ～. **2** 人間の住居から離れた世界, 人里離れた世界. ── *adj.* =outdoor.

outdóors·man [-mən] *n.* (*pl.* **-men** [-mən, -mèn]) **1** 野外[屋外]生活者; 野外生活を好む人. **2** (狩猟・魚釣りなどの)野外活動を好む人. **～·ship** *n.*

out·doors·y [àutdɔ́ːəzi, -dɔ́ə- | -dɔ́ːzi] *adj.* **1** 戸外の; 屋外用[向き]の. **2** 屋外での生活[活動]が大好きな.

òut·dráw *vt.* (**out·drew**; **out·drawn**) **1** …よりも人を引きつける, …よりも人気がある: The rock group *outdrew* politicians. そのロックグループは政治家より人気があった. **2** 〈相手〉よりも早くピストルを抜く.

「く[強く]飛ばす.

òut·dríve *vt.* (テニスなどで)〈ボールを〉…よりも遠

óut·dròp *n.* 〘野球〙アウトドロップ《打者に対して急に外角に落ちる変化球》.

「人, 遠隔地の住人.

òut·dwèller *n.* (ある場所から)遠く離れた所に住む

out·er¹ [áutə | -tə(r)] 〘《c1380》 *outter*: ⇨ out (adj.), -er²: cf. utter¹〙 ── *adj.* **1** 外の, 外方の, 外部の, 外側の (↔ inner): an ～ court 〘建築〙(建物の周囲の)外庭 / one's ～ garments 上着, 外套 / an ～ wall 外壁 / ⇨ outer city. **2** 〘哲学〙外的な, 客観的な.
── *n.* **1 a** 《クレー射撃》(標的の中心圏から最も離れた)圏外. **b** 圏外命中(弾). **2** 《豪》 **a** (競走路付近の)屋根のない部分. **b** (競馬場付近の)屋根のない賭け場所. **3** 〘電気〙非中性線《中性線以外の各相の線; outer wire ともいう》.
on the outer 〘競馬場で外側のトラックを走る馬のことから〙《豪俗》(1) 文無しで. (2) 人気がなく.

out·er² [áutə | -tə(r)] 〘← OUT (vt.)＋-ER¹〙 *n.* 〘ボクシング〙ノックアウトの強打 (knockout blow).

óuter automórphism *n.* 〘数学〙外部自己同形《内部自己同形でないような自己同形写像; cf. inner automorphism》.

óuter bár 〘法廷で判事の前の仕切り (bar) の中にはいることを許されないことから〙 ── *n.* [the ～; 集合的]《英》(勅選バリスター (King's Counsel) でない)普通バリスター団 (junior barristers) (cf. inner bar).

óuter bárrister *n.* 〘英法〙=utter barrister.

óuter cíty *n.* 《米》町はずれ; 郊外 (cf. inner city 1).

óuter·còat *n.* =overcoat.

óuter éar *n.* 〘動物〙(哺乳類・鳥類の)外耳.

óuter fórm *n.* 〘印刷〙表版《ページ物組版(ぱん)で, 第1ページと同じ側を印刷するための組版; outside form ともいう; cf. inner form》.

Óuter Hébrides *n. pl.* [the ～] ⇨ Hebrides.

Óuter Hóuse *n.* [the ～] (Edinburgh の)国会議事堂の中で民事控訴院 (Court of Session) の裁判官 (Lords Ordinary) が単独で審理する法廷.

óuter jíb *n.* 〘海事〙アウタージブ《船首三角帆 (head-sail) の一つで flying jib の後ろ, inner jib の前に張る》.

Óuter Lóndon *n.* ⇨ London 1.

óuter mán *n.* [the ～] **1** (inner man に対して)外なる人, 肉体 (the body) (cf. outward man). **2** 《戯言》風采, 身なり (dress): adorn *the* ～.

óuter márgin *n.* 〘印刷〙小口(あき)《図書のとじ目と反対側の余白; fore edge margin, outside margin ともいう》.

óuter márker *n.* 〘航空〙外側マーカー《計器着陸方式において滑走路端からの距離を知らせる外側(5ないし7マイル)のマーカー(ビーコン)》.

Óuter Mongólia *n.* 外モンゴル《Mongolian People's Republic の旧名》.

óuter·mòst 〘《1857》← OUTER＋-MOST: cf. uttermost, utmost〙 *adj.* 最も外部の, 一番はずれの.

óuter párt *n.* 〘音楽〙外声《3声部以上からなる多声音楽の最高および最低声部; 混声4部合唱ではソプラノとバス; outer voice ともいう; cf. innner part》.

óuter plánet *n.* 〘天文〙太陽系の中で小惑星帯 (asteroid belt) より外側を運行する惑星《太陽に近い方から順に木星 (Jupiter)・土星 (Saturn)・天王星 (Uranus)・海王星 (Neptune)・冥王星 (Pluto); ↔ inner planet; cf. superior planet》.

óuter próduct *n.* 〘数学〙外積 (⇨ vector product).

Óuter Séven *n.* [the ～] 〘経済〙アウターセブン, 外部7か国《EEC に対抗して1960年に EFTA を形成した英国・デンマーク・ノルウェー・スウェーデン・オーストリア・スイス・ポルトガルの7か国; 英国とデンマークは1973年脱退し EC に加盟; cf. Inner Six》.

óuter spáce *n.* **1** (地球の大気圏外の)空間. **2 a** (太陽系外の)空間. **b** (太陽系内の)惑星間空間.

óuter spéech fòrm 〘《なぞり》← G *äussere Sprachform*〙 ── *n.* 〘言語〙外部言語形式《外的に音声で表出され直接感覚によってとらえられる言語形式; ↔ inner speech form》.

óuter vóice *n.* 〘音楽〙外声 (⇨ outer part).

óuter·wèar *n.* [集合的] **1** 上着《他の衣類の上に着る dress, suit, sweater など》. **2** 外套《外出着用の coat, jacket など》.

「り.

óuter wóman *n.* [the ～] 《戯言》(女性の)服装, 身な

óuter wórld *n.* [the ～] **1** 外部の世界, 外界. **2** (自分と関係のない)世界の人々.

òut·fáce *vt.* **1** にらみつける; にらみつけて黙らせる[赤面させる]. **2** 〈相手〉に対して平気[大胆]に構える; ものともしない (defy).

「ぐち (cf. infall 3).

óut·fàll *n.* 河口, 流れ口; (特に, 下水の)落ち口, はけ

óut·field *n.* **1 a** (農場の外の)離れた畑[土地]. **b** 未踏の分野, 未知の世界. **2** [the ～] 〘野球・クリケット〙 **a** 外野 (↔ infield). **b** [集合的] 外野手 (outfielders).

óut·fielder *n.* 〘野球・クリケット〙外野手.

「す.

òut·fíght *vt.* (**out·fought**) …と戦って勝つ, 打ち負か

óut·fighting *n.* **1** (互いに)遠い距離をおいて行なう戦闘. **2** 〘ボクシング〙アウトファイティング《競技者が互いに距離を置きながら戦う戦法; ↔ infighting》.

óut·fìt *n.* **1** (探検・航海・旅行などの)支度, 準備, 装備. **2 a** (目的に合わせて作られた)上下一揃いの服: a skiing ～ スキー服 / an ～ *for* a bride 花嫁衣装. **b** (特に, 婦人の)調和のとれた服装一揃い, アンサンブル. **3** [集合的] 用品, 商売道具, 道具一式: a cooking ～ 調理用品 / a carpenter's ～ 大工道具 / a painter's ～ 画家用具《画架・椅子・絵具・パレットなど》/ a traveling ～ 旅行用具. **4** (精神的・肉体的な)能力, 素養, 教養. **5** 《口語》 **a** (採鉱・建設・牧畜などに従事する)一団, 一体となって働く人々. **b** グループ; 部隊; 探検隊, 旅行団体. **c** ジャズバンド. **6** (特定の産業・活動の)会社: a publishing ～.
── *v.* (**-fit·ted**; **-fit·ting**) ── *vt.* **1** …の支度を整える, 準備する: ～ an expedition 探検隊の支度を整える / ～ oneself for a journey 旅支度を整える. **2** …に〔支度品を〕供給する, 支給する (supply) 〔*with*〕 (cf. FIT¹ *out*): ～ each family *with* clothes 各家族に衣服を配給する. ── *vi.* 支度を整える, 準備する.

óutfit càr *n.* 〘鉄道〙=camp car.

óut·fìt·ter *n.* **1** 装身具商(人), 旅行用品商(人), 運動用具店: a gentlemen's ～ 紳士用装身具商 / an ～'s 装身具店. **2** (船の)艤装をする人.

òut·flánk *vt.* **1** 〈敵〉の翼側[側面]を迂(う)回する[を包囲する, に回る]. **2** 〈敵〉の裏をかく, 出し抜く, 計略にかける (outwit). **～·er** *n.*

óut·flòw *n.* **1 a** 流れ出ること, 流出 (↔ inflow): an ～ of blood. **b** (言葉・感情などの)ほとばしり: an ～ of language. **2** 流出物 (efflux); 流出量.

óut·flùx *n.* **1** =outflow. **2** =outlet.

òut·flý *v.* (**out·flew**, **-flown**) *vt.* …より以上に(早く)飛ぶ, 飛び越す; …より早く飛んで逃れる.

òut·fóot *vt.* **1** 〈船が〉〈他船〉より船足が早い. **2** 〈人〉より足が速い[強い], (レースなどで)〈相手を〉破る.

òut·fóx *vt.* 《口語》〈相手〉の裏をかく, 出し抜く.

òut·gàs *vt.* (**-gassed**; **-gas·sing**) **1** 〘電子工学〙…のガスを抜く《真空管の電極などに吸着されているガスを特殊な方法で排気する》. **2** 《俗用》…のガスを抜く[除去する]. ── *vi.* ガスが抜ける[を失う].

òut·géneral 〘cf. out-Herod〙 ── *vt.* (**-aled**, **-alled**; **-al·ing**, **-al·ling**) **1** 軍略で〈敵軍・敵将を〉負かす[破る]. **2** 〈相手〉に策略で勝つ, 術中に陥れる.

óut·gìving *n.* **1** 発表されるもの; (特に)公式発表[見解]. **2** [*pl.*] 使った金, 出費. ── *adj.* 差し控えることのない, あけっぴろげな, 外向的な.

out·go [⌐⌐] *n.* (*pl.* **～es**) **1** 出かけること, 外出, 退出; 出発 (departure). **2** 出費, 支出 (expenditure) (↔ income). **3** 流出. **4** 結果. ── [⌐⌐] 〘OE *ūtgān*: ⇨ out, go¹〙 *v.* (**out·went**; **-gone**) ── *vt.* **1** 《古》〈人々〉を追い越す, 〈人〉より早く行く. **2** 〈人〉にまさる, 打ち勝つ. **3** 〈ある程度を〉越す. ── *vi.* 《廃》外出する.

òut·gó·er 〘《c1390》〙 ── *n.* **1 a** 外に出て[去って]行く人; 外出者. **b** (土地を返して)小作人をやめて行く人. **2** 〘クレー射撃〙射手からそれていくように飛ぶクレー[的(まと)].

óut·gòing 〘《c1300》〙 (↔ incoming) ── *n.* **1** 外出, 出発. **2 a** 流出物; 流出量. **b** (心情などの)発露. **3** [*pl.*] **a** 出費, 支出: incomings and ～*s*. **b** 〘英法〙(不動産などの公租公課に当てる)維持費. ── *adj.* **1 a** 出て行く, 出発する; 去って行く: an ～ship 出船(ふね) / the ～ tide 引き潮 / an ～ letter 発信書状 / an ～ train 出発列車. **b** 辞任[退職]する, (地位などを)去って行く: an ～ minister 辞職する大臣. **2** 社交性に富んだ, 外向性の (extrovert): a warm and ～ person 心の暖かい外向的な人. **3** 《米》〈食品(の注文)が〉持ち帰り用の, テークアウトの (take-out). **～·ness** *n.*

óutgoing líne *n.* **1** 〘通信〙出線(せん)《電話交換機から出る回線》. **2** 〘電気〙引出し線 (cf. incoming line 2).

óut·gròup *n.* 〘社会学〙外集団《自己の属する集団以外の集団; they-group ともいう; ↔ ingroup》.

òut·grów *v.* (**out·grew**; **-grown**) *vt.* **1 a** 〈衣服〉より体のほうが大きくなって着られなくなる: The children have ～*n* their clothes. 子供たちが大きくなって着物が着られなくなった. **b** 〈家族(の数)が〉〈家・部屋など〉の収容力を追越す: Our family has ～*n* our house. うちでは家族がふえて家が狭くなった[住めなくなった]. **2** (年を取ったりして)…がなくなる, を脱する, 失う; …を必要としなくなる: He has ～*n* his usefulness. (年を取って)いっこう役に立たなくなった / ～ shyness [a bad habit] [年を取って]恥ずかしがらなくなる[悪い習慣が直る] / He *outgrew* his bad reputation. (その後行ないを改めて)悪名をすすいだ. **3** 〈人〉よりも早く成長する; …より大きくなる: ～ one's strength 〈子供が〉背ばかり伸びて体力が(伴わ)ない / John has ～*n* every one of his brothers. ジョンは兄弟のだれよりも大きくなった.

óut·gròwth *n.* **1** 自然の発達[成長]; 自然の結果: Revolution is a frequent ～ of tyranny. 革命はしばしば暴政の結果として起こる. **2** 派生物, 副産物. **3** 成長して生じたもの; 枝; ひこばえ; こぶ.

òut·guàrd *n.* 〘軍事〙外哨《前哨 (outpost) の配置する最前方の警戒隊》.

òut·guéss *vt.* 〈敵・チェスの相手・投手など〉の意図を見抜く; 〈市場など〉の先行きを正確に読む.

óut guíde *n.* 〘図書館〙(資料の)貸出表示カード.

òut·gún *vt.* (**-gunned**; **-gun·ning**) **1** …より火力[銃砲装備]でまさる. **2** 凌駕する, 敗かす (defeat).

óut·hàul *n.* 〘海事〙アウトホール, 張出し索(さく)《帆の頂部または下部を外方に引き出す綱; ↔ inhaul》.

òut-Hérod, out-h- 〘《1600》← OUT-＋*Herod*: Shakespeare の造語 (*Hamlet* 3. 2. 16)〙 ── *vt.* [～ Herod として] 残忍[暴虐, 放縦]さ(など)において(ユダヤ王) Herod にまさる: She ～*ed Herod* on that occasion. その際の彼女の暴虐ぶりはヘロデ王顔負けであった.

òut·hít *vt.* 〘野球〙〈敵チーム〉より多くヒットを打つ, …にヒット数でまさる.

óut·hòuse *n.* **1** =outbuilding. **2** 《米》屋外便所.

out·ing [-tɪŋ | -tɪŋ] 〘《1375》: ⇨ out (vi. 2), -ing¹〙 ── *n.* **1 a** 遠出, 遠足, 遊山旅行 (excursion): a family ～ 家族遠足 / go for an ～ 遠足に出かける. **b** [形容詞的] 遠出[散歩]用の: an ～ hat ピクニック帽. **2** (野外)運動会, 競技会, 試合. **3** 沖合い (offing).

óuting flánnel *n.* 《米》表裏をけば立てた柔らかい綿ネル《パジャマや子供服にする; flannelette ともいう》.

óut ísland *n.* 〘地理〙属島《諸島[群島]中の主島以外の島》.

「出し抜く.

òut·jóckey *vt.* 〈相手〉に奇計を用いて勝つ, だます,

òut·júmp *vt.* 〈相手〉よりも巧みに[高く]飛ぶ.

óut·lànd 〘OE *ūtland*: ⇨ out, land¹〙 ── *n.* **1** [*pl.*] 田舎; 地方 (provinces). **2** (昔の荘園や地主の囲地外の)飛地; 境に近い土地. **3** 《古》外国の土地, 外地.
── *adj.* **1** 境外の, 遠隔の (outlying): ～ districts. **2** 田舎の. **3** 《古》外国の (foreign).

óut·lànd·er 〘《1605》: ⇨ ↑, -er¹: Du. *uitlander* & G *Ausländer* foreigner にならった造語〙 ── *n.* **1** 外国人; 他国もの, 外来者 (alien). **2** 外部の人, 局外者 (outsider). **3** 〘▭ Du. *uitlander*〙 [O-] =Uitlander.

out·land·ish [àutlǽndɪʃ] 〘OE *ūtlendisc* foreign, exiled: cf. G *ausländisch*〙 ── *adj.* **1** 異国風の; 風変わりな, 奇怪な (grotesque, strange). **2** 〈土地など〉辺鄙(ぴ)な, 片田舎の (remote). **3** 《古》外国の, 異国の (cf. *Neh.* 13:26). **～·ly** *adv.* **～·ness** *n.*

òut·lást *vt.* …より長持ちする, より長く続く; …より長生きする (survive): You will ～ me. 君は私より長生きするだろう / This cloth will not ～ six months. この布地は6か月はもつまい.

out·law [áutlɔ̀ː] 〘lateOE *ūtlaga* ▭ ON *ūtlag-i* ← *ūtlagr* outlawed ← *ūt* 'OUT'＋**lagu* 'LAW¹'〙 ── *n.* **1 a** 不逞(てい)の輩(やから), 無法者; ならず者, やくざ, 無頼漢. **b** 常習犯; 社会の除け者. **2** 〘法律〙(もと) 法律上の恩典と保護とを奪われた者, 法益剥奪を受けた者. **3** 《米》手におえない動物; 気の荒い馬, あばれ馬.
── *vt.* **1** 法外者とする; 社会から葬る. **2** 《米》…の法律上の効力を消滅させる: an ～*ed* debt 時効にかかった負債. **3** 禁止する (prohibit); 非合法化する: ～ a player in a game 選手の競技出場を禁止する / ～ war 戦争を非合法化[追放]する. **4** …から法律上の恩典と保護を奪う, …の人権を喪失させる.

out·law·ry [áutlɔ̀ːri | -rɪ] 〘《c1390》《英語化変形》← AF *utlagerie* ∥ ML *utlagaria* ← OE *ūtlaga* (↑): ⇨ -ery〙 ── *n.* **1 a** 法律上の恩典と保護を奪うこと, 公権の剥奪. **b** 法律上の恩典と保護を奪われていること; 法益喪失. **2** 社会的追放. **3** 法律の無視, 無法行為. **4** 非合法化: the ～ of war 戦争の非合法化, 戦争不法論, (社会からの)戦争追放.

óutlaw stríke *n.* =wildcat strike.

out·lay [⌐⌐] *n.* **1** 支出, 出費. **2** 支出額.
── [⌐⌐] *vt.* (**out·laid**) 支出する, 費す: ～ money in improvement 改良工事に金を出す.

òut·léap *v.* (**～ed**, **-leapt**) *vt.* **1** 跳び越す. **2** …より余計跳ぶ. ── *vi.* 跳び出す (leap out).

out·let [áutlèt, -lɪt, -lət] 〘《c1250》〙 ── *n.* **1 a** 出口, 出道 (exit): through an ～ for smoke 煙の通気孔を通って. **b** (感情などの)はけ口 (vent): find an ～ *for* one's emotion 感情のはけ口を見つける / He wants an ～ *for* his energy. 精力のはけ口を求めている. **2 a** (池や湖からの)流出河川[水路]. **b** (河川の海や湖への)流出地点, 河口. **3** 〘商業〙販路, 〘河川の〙はけ口〔*for*〕; 小売店. **4** 《米》〘電気〙 **a** コンセント, アウトレット (《英》point): a wall ～ 壁に取り付けたコンセント. **b** =outlet box. **5 a** (ネットワーク傘下の)放送局. **b** (意見・作品などの)発表機関《雑誌など》.

óutlet bòx *n.* 《米》〘電気〙アウトレットボックス《コンセントを収めた金属などの箱》.

òut·líe *vi.* (**-lay**; **-lain**) **1** 戸外に寝る. **2** 伸びる, 広がる (extend). ── *vt.* …の向こうに横たわる[ある].

óut·lìer *n.* **1 a** 戸外に寝る[住む]人, 野宿者. **b** 職場などの外に居住する人; 所有地外居住者. **c** 囲い外の動物《鹿など》. **2 a** (本体から)離れているもの. **b** 離島, 孤立した山[林](など), 飛び地. **3** 〘地質〙離層 (↔ inlier). **4** 〘統計〙(標本の)孤立値《他からかけはなれた標本値》.

out·line [áutlàɪn] 〘《1662》: J. Evelyn の造語〙 ── *n.* **1 a** (物の外形を示す)外郭線. **b** [しばしば *pl.*] 輪郭, 外形 (contour). **2** 輪郭図, 略図 (sketch); 下書き:

draw a horse *in* ～ 馬の略画を描く / a picture *in* ～ 輪郭画, 線画 / a map of England *in* ～ 英国の略地図. **3 a** (書物・事件などの)梗概, 大要, あらまし: an ～ of English grammar 英文法の大要 / a biographical ～ 小伝, 略伝 / give an ～ of ...のあらましを述べる / *in* brief ～ かいつまんで(言えば). **b** [*pl.*] 要点, 眼目. **4** 計画案. **5** 〘印刷〙袋文字, アウトライン《外郭線だけから成る白抜きの文字》. **6** 〘釣〙ふせ鉤用の枝鉤を付ける主糸. **—** *vt.* **1 a** ...の輪郭[略図, 下絵]を描く: ～ the shape of a mountain 山の形の輪郭を描く. **b** ...の輪郭を引き立たせる, 際立たせる; はっきりさせる (define): The figure of a woman was ～*d against* the dim-lit hall. 薄明かりのホールを背に女性の姿が浮かび上がっていた / The affair began to ～ itself. 事態が次第にはっきりしてきた. **2** ...のあらましを述べる[記す], 略述する: ～ an argument 議論の要点を述べる.

óutline màp *n.* 白図, 白地図 (base map).

òut·líve *vt.* **1 a** 〈ある人(々)〉より長生きする, 生き延びる: ～ one's husband (by five years) 夫に先立たれ(て5年生きる). **b** 〈人・物事が〉〈ある時・期間など〉の後まで(生き)残る: ～ the century 次の世紀まで生き(延びる) / The patient ～*d* another month. 患者は更にひと月もった / His fame ～*d* him. 彼の名声は死後も残った / He has ～*d* his usefulness. 今ではもう役に立たなくなった. **2 a** 〈困難などを〉生き抜く, 乗り越える (live through): ～ much / ～ a storm 嵐をしのぐ[切り抜ける]. **b** (長い間に)〈汚名・過ちなどを〉すすぐ, (世間に)忘れさせる (live down): ～ (a) disgrace.

out·look [⸗⸗] 〘《1667》〙 **—** *n.* **1 a** (ある場所からの)眺め, 展望; 景色, 光景 (view): a picturesque ～ 絵のような眺め / a room with an ～ *on* [*over*] the sea 海の見晴らせる部屋. **b** 見晴らせる場所, 眺望のきく所. **2** 見解, 見地, 視野, 視点; 眼界 〔*on, upon*〕: a narrow [wide] ～ 狭い[広い]見解 / a man of broad ～ 視野の広い人 / a prejudiced ～ 偏見 / one's ～ *on* life 人生観. **3** 前途(の見込み), 見通し (prospect); (天気予報で)予想: The business ～ is good. 商況[景気]は先行き明るい / the financial ～ 財政上の見通し. **4** 見張り, 警戒 (lookout): be *on* the ～ *for* ...を警戒[用心]している. **—** [⸗⸗] 〘《1595》〙 *vt.* **1** ...より容姿の点でまさる. **2** 《廃》 =outstare 2.

òut lóud 〘《1844》〙 *adv.* 声を出して[立てて] (aloud): laugh [read, sing] ～ / think ～ ⇨ think *vi.* 1 / ⇨ *for* CRYING *out loud.*

òut·lỳing *adj.* **1 a** (ある地域から)遠く隔った, 中心を離れた; 本部[中央部]から遠い; 辺鄙(ぴ)な (remote): ～ troops (中央から)遠隔の地点にある軍隊 / an ～ area 僻地(ぴ). **b** 外辺にある: the ～ wings (本館の)両側にある翼部. **2** 範囲外の[にある]; 外的な, 局外的な; (非)本質的な: an ～ fact 局外的な事実.

òut·mán *vt.* **1** ...より人数が多い; ...に人数で勝つ. **2** 《古》...より男らしい, ...に男らしさでまさる.

òut·maneuver *vt.* **1** 策略で〈相手・敵〉の上手に出る, 策略で...に勝つ, 〈敵〉の裏をかく (outwit). **2** 〈他の航空機など〉に操縦性でまさる.

òut·márch *vt.* ...より早く[遠く]進む, 追い越す.

òut·márriage *n.* 異族[族外]結婚 (exogamy) (cf. inmarriage).

òut·márry *vt.* [～ one*self* で] 〈自分〉より身分の上の人と結婚する. **—** *vi.* 異族結婚する.

òut·mátch *vt.* ...よりまさる; ...に勝つ (surpass).

òut·méasure *vt.* ...に量[程度]でまさる.

óut-mìgrant *adj.* (他所へ)移住[移動]して行く, 転出して行く. **—** *n.* (他所への)移住者, 転出者; 移動して行く動物.

òut-mígrate *vi.* 移住[移動]する, 転出する. **òut-migrátion** *n.*

òut·móde *vt.* 流行[時代]遅れにする. **—** *vi.* 流行[時代]遅れになる, すたれる.

òut·móded 〘cf. F *démodé*〙 *adj.* 流行[時代]遅れの, 旧式な.

óut·mòst 〘《c1395》《変形》← ME *utemest* 'UTMOST': ⇨ out, -most〙 *adj.* =outermost; uttermost.

óut·ness 〘《1709》〙 *n.* 〘哲学〙(精神または意識の)外にあること, 外在性, 客観性, 客観的実在性, 顕在性.

òut·númber *vt.* ...に数でまさる, 数で圧倒する.

out of [àutə(v) | -tə(v)] *prep.* ★ into と同様に一語として機能する. **1 a** ...の中から外へ, ...の外に; ...を離れて: go ～ town 町から出て行く / be ～ doors [town] 戸外に[市外に]いる / ～ prison 出所して / It happened ～ England. それはイングランド外で起ったことだ / some seven miles ～ London ロンドンから7マイルばかり出た所に. **b** [命令文で] ...から出て行け: *Out of* my house, you dog! 出て行け, 畜生め / *Out of* the house *with* you! 出て行け. **2** ...の中[間]から: ～ many applicants 多くの志願者の中から / You must choose ～ these. この中から選ばなければなりません. **3** 〈物〉が不足して, なくなって: be ～ sugar 砂糖が切れている / run ～ pocket money 小づかい銭がなくなる. **4** 〈材料〉から, ...を使って, ...で (cf. from 10, of 4): She made it ～ a cigar box. それを葉巻の箱で作った / What did you make the basket ～? そのバスケットは何で作りましたか / Nothing can be made ～ nothing. 無からは何も作ることはできない. **5** 〈動機・理由〉のために, ...から: ～ curiosity [kindness] 好奇心[親切心]から / ～ ignorance 無知なために / ～ mischief いたずらから, いたずらに / ～ necessity 必要上 / I saved him ～ pity for his family. 家族がかわいそうと思って彼を救ってやった. **6** ...から(出た); ...の出[生れ]で: ～ one's own head 自分の考え[一存]で, 命令を待たず / The idea came ～ my own brain. その考えは私のこの頭から出たのです / a passage ～ Shakespeare シェークスピアの作品からの一節 / come ～ a poor family 貧しい家の出である. **7** 〈所有物〉を失って, ...から奪って: cheat a person ～ a thing 人をだまして物を奪い取る / get money ～ a person 人から金を取る / He was swindled ～ his money. 彼はだまされて金を取られた / I am ～ my watch. 時計をなくした. **8** 〈性質など〉を無くして, 〈職〉を失って: ～ reason 理不尽な, 法外な / ～ work 失業して[中で]. **9** 〈行動・影響など〉の範囲外に, ...外で: ～ hearing 聞えない所に / ～ reach 手の届かない所に / go ～ sight 見えなくなる / *Out of* sight, ～ mind. 《諺》「去る者は日々にうとし」. **10** 〈ある状態〉から脱して[はずれて]: ～ danger 危険を脱して / *Out of* debt, ～ danger. 《諺》借金がなくなれば, 危険もなくなる / ～ character 役割に当てはまらない, 不調和な, 似つかわしくない / ～ date 時代遅れで / go ～ fashion 廃れる, はやらなくなる / ～ breath 息が切れて / ～ patience 我慢できなくなって / ～ heart 意気消沈して / ～ humor 機嫌が悪く / ～ temper 立腹して / ～ keeping (周囲と)調和しないで / ～ one's reason 理性を失って / ～ one's senses [mind] 気が狂って / ～ sorts 気分が悪くて / ～ time おそ過ぎて; 調子はずれで / ～ touch with ...との緊密な関係を失って / ～ doubt 疑いもなく, 確かに / ～ the question 問題外で / ～ the way 邪魔にならないように / ～ one's way わき道にそれて. **11** 〘畜産・競馬〙〈(子)馬など〉...を母として(生れて) (cf. by[1] *prep.* 10 b).

out of it 《口語》 (1) (計画・もめごとなどに)加わっていない, 抜け出て, 無関係で: You are well ～ *it*. 君は手を引いていてよかった. (2) (会合などに)入れてもらえないで, 仲間はずれで, ひとりぼっちで: She felt rather ～ *it*. (取り残されたようで)ちょっとさびしい気持ちだった. (3) (勝負などに)勝目[見込み]がない, だめで. (4) (真相を)誤って, 間違って: You are absolutely ～ *it*! 君は全く見当違いだ.

óut-of-bóunds *adj.* **1** 〘球技〙コート外の, サイドライン[エンドライン]を越えた. **2** 〈考え・行動など〉度を越した, 自由奔放すぎる.

óut-of-dáte 〘《1628》〙 *adj.* 時代遅れの, 旧式な (old-fashioned); 古くさい, 今はすたれた (cf. up-to-date).

óut-of-dóor *adj.* =outdoor. **～·ness** *n.*

óut-of-dóors *adj.* =outdoor. **—** *n.* [単数扱い] = outdoors.

óut of dóors *adv.* =outdoors.

óut-of-pócket *adj.* 〈費用など〉現金支出の[を要する], 現金で払わねばならない: ～ expenses 現金支払経費.

óut-of-prínt *n.* 絶版 (略 O.P., O/P).

óut-of-séason *adj.* 季節はずれの.

óut-of-the-wáy *adj.* **1** (往来から)遠い, 奥まった, 人目につかない, 人里離れた, 辺鄙(ぴ)な (secluded): an ～ corner, place, restaurant, etc. **2** 異常な; 風変りな, 突飛な (eccentric): an ～ book, picture, etc.

óut-of-tówn·er *n.* 他市から来た者, 外来者, 外来の観光客.

óut-of-wórk *n.* 失業者, 失職者.

òut·páce *vt.* **1** ...より足[速度]が速い. **2** ...よりまさる, しのぐ (outdo).

óut·pàrish *n.* 都市区域外[田舎]の教会区 (parish); 僻地の教会区.

óut·pàrty *n.* 野党 (↔ in-party).

óut·pàtient *n.* (病院の)外来患者, 院外患者 (cf. inpatient).

óut·pènsion *n.* (慈善院・養護院などにはいっていない者の受ける)院外年金, 院外扶助料.

óut·pèn·sion·er *n.* 院外扶助料受給者.

òut·perfórm *vt.* 〈機械などが〉作業[運転]能力でしのぐ, ...より性能がすぐれている.

òut·pláy *vt.* 技において...にまさる; (競技で)負かす (defeat): be ～*ed* in tennis テニスで負ける.

òut·póint *vt.* **1** (試合で)点数で負かす. **2** 〘ボクシング〙〈相手〉に判定で勝つ. **3** 〘ヨット〙〈他船〉よりもさらに風上に切り上げ帆走する.

òut·póll *vt.* 〈他の候補者〉より多く得票する, 〈相手を〉得票数で破る.

óut·pòrt *n.* (cf. outside port) 〘海事〙 **1** 外港《内陸都市に港湾機能を与え, または河港のそれを強化するための(主に, 海)港; 中心都市・本港または税関庁から離れた所にある港; 英国では London 以外の港》. **2** 出港地, 仕立港; 輸出港. **3** (Newfoundland の) 小漁村.

óut·pòst *n.* **1 a** 辺境の植民[居留]地. **b** 最先端; 末端の出先機関. **2** 〘軍事〙 **a** 前哨《停止中または防御[戦闘]陣地にある部隊の主力を敵の探察・奇襲から護るため主力から少し離れて配置される警戒部隊》: ～ actions 前哨戦. **b** (条約・協定によって設けられた他国内の)前哨基地, 在外基地.

óut·pòur *n.* 流出 (outflow); 流出物. **—** [⸗⸗] *vt.* 流し出す; 吐露する: ～ one's heart 思いのたけを語る.

óut·pòuring *n.* **1** 流出; (感情などの)ほとばしり, 流露 (effusion). **2** [通例 *pl.*] ほとばしり出た(感情的な)言葉; 流出物: the ～*s* of a sentimental mind 感傷的な心情の吐露 / one's passionate ～*s* 熱情的な言葉.

òut·préach *vt.* ...より巧みに説教する, 〈他の説教者を〉説教でしのぐ.

òut·prodúce *vt.* 〈他社などを〉生産(量)で抜く.

òut·púll *vt.* =outdraw 2.

óut·pùt *n.* **1** 産出, 生産(活動・行為) (production). **2 a** (工場などの)(全)生産物[品]; (一定期間中の)生産高, 産額; (鉱山の)産出量; (発電所の)発電力: a monthly ～ 月産 / coal ～ 出炭量 / the ～ of a factory 工場の生産高. **b** (機械・アンプなどの)出力. **c** (光・熱などの)放射量: the sun's ～ of radiation 太陽の放射線量. **3** 知的生産物: the literary ～ of the year その年度の文芸作品(の総数). **4** 〘生理〙(心臓による血液の)拍出量; 排出量; (糞便以外の, 新陳代謝による)排泄物: urinary ～ 尿量. **5** 〘電気〙出力, (電気装置の)出力端子《output terminal ともいう》. **6** 〘電算機〙 **a** アウトプット, 出力(信号). **b** 出力装置; 出力された磁気(録音)テープ[パンチカード(など)]. **c** 出力操作[性能]《コンピューターより送り出される情報の転送; ↔ input》. **—** *vt.* (～, **-put·ted**; **-put·ting**) **1** 産出する (produce). **2** 〘電算機〙〈電算機が〉〈情報を〉出力する, アウトプットする.

óutput impédance *n.* 〘電気〙出力インピーダンス《出力端子から電源側を見たインピーダンス》.

óutput transfórmer *n.* 〘電気〙出力変成[変圧]器《電子回路と負荷との間に整合などの目的で用いる変成器》.

òut·ráce *vt.* ...より早く走る, ずっと抜く.

out·rage [áutreɪdʒ | -reɪdʒ, -rɪdʒ] 〘《c1300》⊏ OF ～, *oultrage* ← *outrer* to exceed ← *outre* beyond < L *ultrā*: ⇨ ultra-, -age: cf. outré〙 **—** *n.* **1** (はなはだしい)暴力(行為), 暴行: an act of ～ / ～*s* committed in war 戦争で行なわれる残虐行為 / commit an ～ *on* [*upon*] a woman 婦人に暴行を加える, 女を犯す. **2** (法律・権利・慣習・感情などの)蹂躙(じゅうりん), 不埒(ら)な振舞い, 無法, 侮辱: an ～ *on* 〔*upon, against*〕 a person's honor 人の名誉を傷つける行為, 人に対する侮辱 / an ～ *on* [*at*] decency 風俗を乱す[破廉恥な]行為. **3** 《米》(暴力・不埒などに対する)憤慨, 激しい怒り 〔*at, over*〕. **—** *vt.* **1 a** ...に暴行を加える, 乱暴を働く; 侮辱する. **b** 〈女性〉に暴行を加える, 〈女性を〉犯す. **2** 〈法律・正義・人道などを〉犯す, 踏みにじる. **3** 《米》憤慨させる, あきれさせる (shock): be ～*d* by injustice.

out·ra·geous [autréɪdʒəs] 〘《c1325》⊏ OF *outrageus* (F *outrageux*): ⇨ ↑, -ous〙 **—** *adj.* **1** 無礼な, 非礼な, 無法な (offensive); 不道徳な (immoral): ～ conduct, language, etc. **2 a** 法外な, 突飛な: an ～ price 法外な値段. **b** 異常な, 並はずれた. **3** 非道な, 残虐な, 極悪の: an ～ crime. **～·ly** *adv.* **～·ness** *n.*

ou·trance [u:trɑ́:(n)s, -trɔ́:(n)s, -trá:ns, -trɔ́:ns; *F.* utrɑ̃:s] 〘《a1420》⊏ (O)F ～ ← *outrer* to pass beyond + -ANCE: outré: cf. outrage〙 *n.* [at [to] (the) ～ として] (戦いなどの)最後 (end), 果て, どん詰まり (extremity): fight *at* [*to*] (*the*) ～ 最後まで[あくまで]戦う.

òut·ránge *vt.* **1** 射程[着弾距離]が...より大である, ...よりも射程においてまさる. **2** 〈艦船などが〉〈敵の大砲〉の射程外に出る. **3** ...にまさる (surpass).

òut·ránk *vt.* **1** ...より位[身分]が上である; ...より上位を占める. **2** (重要さにおいて)まさる.

ou·tré [u:tréɪ | ⸗⸗; *F.* utre] 〘《1722》⊏ F ～ 'exaggerated' (p.p.) ← *outrer* to exceed: ⇨ outrage〙 **—** *F. adj.* 常軌を逸した, 極端な (extreme); 奇異な, 突飛な (eccentric): an ～ costume.

òut·réach *vt.* **1 a** ...の先まで達する. **b** しのぐ, 上回る. **2** ...に策略で勝つ. **3** 《詩》〈手などを〉差し伸べる. **—** *vi.* **1** 度が過ぎる, 行き過ぎる. **2** 手(など)を差し伸べる. **—** [⸗⸗] *n.* **1 a** 手(など)を伸ばすこと; 手を伸ばした距離; 手の届く範囲. **b** 到達の範囲[程度] 〔*toward*〕. **2** (知識などの)探求 〔*toward*〕.

óut-relief *n.* 《英》(昔の)院外救助 (outdoor relief) 《養護院に収容されていない貧民に与えた援助》.

out·ride 〘《1460》〙 **—** [⸗⸗] *v.* (**out·rode**; **-ridden**) **—** *vt.* **1** ...より速く[遠くまで]乗って行く, ...に乗馬で勝つ. **2** 〈船が〉〈嵐を〉無事に乗り切る. **—** *vi.* **1** 野外で馬に乗る. **2** (馬車・自動車などの)先駆をする. **—** [⸗⸗] *n.* 〘詩学〙(sprung rhythm において)一定の詩脚に余分に付加された弱強勢の1–3音節《一種の破格; hanger ともいう》.

óut·rider 〘《1340》〙 **—** *n.* **1 a** (貴人の馬車の)乗馬従者, 前駆. **b** (馬車・自動車などの)先導者[車], 露払い. **2 a** 騎行者, 遠乗りをする人. **b** 《米》(家畜が群からはぐれないように群の周囲を巡回する)騎馬のカウボーイ; 偵察者, 斥候; 見張り人. **3** 《方言》地方回りのセールスマン[外交員].

out·rig [áutrɪ̀g] 〘《逆成》↓〙 *vt.* [通例 p.p. 形で] 〈船など〉に outrigger を付ける.

out·rig·ger [áutrɪ̀gə | -gə(r)] 〘《1748》〙 **—** *n.* **1** 〘海事〙 **a** 舷外浮(き)材《カヌーなどで舷外に突出した腕木の先に取り付けた安定用の浮材》. **b** (競走用ボートの舷外に出した鋼鉄製の)クラッチ受け; それの付いているボート. **c** 舷外張出し材《マストの支索などに根もとの開きを与え, また帆脚索(ほあしづな)を外方に引く支点を与える小円材》. **2 a** (馬車の長柄から横に出した)副え横木《余分の馬をつなぐためのもの》; 副え横木につないだ馬. **b** (余分の荷物を積むために荷車の横に設けた)張出し. **3 a** (航空機の)尾翼支柱《尾翼などを支えるため胴体から突出した支柱》. **b** (飛行船の)ゴンドラを支えるため船体から突出した支柱. **c** (ヘリコプターの)回転翼を支えるため

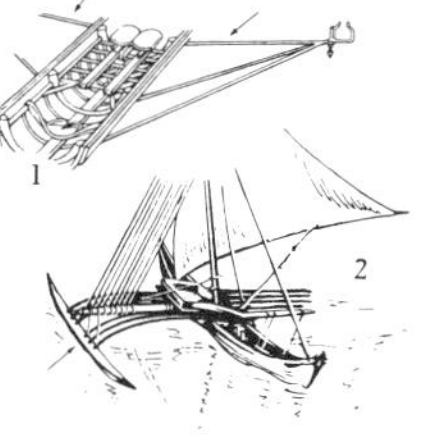

outriggers 1
1 racing boat with outriggers
2 sailing canoe with outrigger

胴体から突出した支柱. **4** 〘建築〙 **a** 桔(はね)出し《屋根や床の支持, また引上げ滑車用のために建物外壁から突出した梁》. **b** アウトリガー《起重機を安定させるために外に張出す支柱》. **óut·rig·gered** *adj.*

out·right 〘《c1300》〙 ── [ˋ-ˊ] *adv.* **1** 完全に, 徹頭徹尾, すっかり: be ~ lazy よくよくのなまけ者である. **2** 思う存分, むき出しに, あからさまに: laugh ~ 無遠慮に笑う. **3** すぐ, 即座に (on the spot): kill ~ ひと思いに殺す / be killed ~ 即死する / buy [sell] ~ 即金で買う[売る]. **4** 《古》まっすぐ前に(向かって). ── [ˋ-ˊ] *adj.* **1** 完全な; 全体の (total): an ~ loss 丸損 / the ~ cost of an undertaking 事業に要する総費用. **2** はっきりした, 率直な, 露骨な, 徹底的な (out and out): an ~ refusal はっきりした拒絶 / an ~ rogue 徹底した悪党 / give an ~ denial きっぱり断る. **3** 《古》〈道など〉まっすぐな. **~·ly** *adv.* **~·ness** *n.*

òut·ríng *v.* (**out·rang**; **-rung**) ── *vt.* …より大きな音で鳴る. ── *vi.* 鳴りひびく (ring out).

òut·ríval (-valed, -valled; -val·ing, -val·ling) *vt.* 競争で勝つ, 負かす (defeat).

òut·róar *vt.* …より大きな音で轟(とど)く[吠(ほ)える]; …より大きな音[声]で聞えなくする.

òut·róot *vt.* 根こそぎにする; 根絶する (eradicate).

òut·rún 〘《c1340》〙 ── *vt.* (**out·ran**; **-run**; **-run·ning**) **1** …より速く走る, 走って追い抜く[越す], …の先に走る. **2** 〈追手など〉から(走って)逃げる; 〈法律など〉から逃れる: ⇨ *outrun the* CONSTABLE. **3** …の先を越す, …をしのぐ. **4** …の範囲を超える, 超過する (exceed): let one's zeal ~ discretion 熱心の余り無分別なことをする / His fancy ~*s* the facts. 彼の想像は事実の範囲を超えている《ないことまでも想像する》. **5** 〈ライバルなど〉に得票数で勝つ.

óut·rùnner *n.* **1 a** 馬車の前または側を走って随行する人; 馬丁. **b** 長柄の外側に引き革につながれて走る添え馬. **c** (犬橇(そり)を引く犬の)先導犬. **2** 前駆(者).

òut·rúsh *n.* 噴出, 奔出 (outflow).

òut·sáil *vt.* **1** 〈船が〉追い抜く, …より速く帆走する. **2** 勝ち抜く, しのぐ (outstrip).

òut·scóre *vt.* …より多く得点する.

óut·sèam *n.* (手袋・靴などの)外側の縫目, 継目《2枚の端を合わせ表から縫った継目; prickseam ともいう》.

òut·séll *vt.* (**out·sold**) **1** 〈他のセールスマン〉より多く売る. **2** 〈他の物〉より早く[多く]売れる. **3** 《古》…よりよい値に売れる; …より価値がある.

out·sert [áutsə:t | -sə:t] 〘← OUT (adv.)+(IN)SERT〙 ── *n.* 〘製本〙外入れ《別の折丁の外側に, 綴じ目を境にして綴じられる2枚の連続紙葉; outset, wrap-around ともいう》.

óut·sèt *n.* **1** 着手, 手始め, 最初 (start): *at* [*in*] the ~ 最初に / *from* the ~ 最初から. **2** 〘製本〙=outsert.

óut·setting *n.* **1** 出発, 出立. **2** =outset 1.

óut·sèttlement *n.* 辺境の開拓部落.

óut·sèttler *n.* 辺境の開拓部落民; 僻地の人.

òut·shíne 〘《1596》: E. Spenser の造語〙 ── *v.* (**out·shone**) ── *vt.* **1** …よりよく光る, 〈他の光〉より光が強い. **2** …より光彩を放つ; 顔色なからしめる, よりすぐれている (excel): He ~*s* all his brothers. 兄弟の中で彼が一番光っている. ── *vi.* 光を放つ, 輝く.

out·shoot [ˋ-ˊ] *v.* (**out·shot**) ── *vt.* **1** …より射撃がうまい. **2** 〈的などを〉射抜く. **3** 〈穂・枝などを〉出す. ── *vi.* 〈穂・枝などが〉出る; 突き出る. ── [ˋ-ˊ] *n.* **1** 伸び出る[突き出る]こと. **2** 伸び出る[突き出る]もの. **3** 〘野球〙アウトシュート《打者の近くへ来て急に外方へ曲がる変化球; cf. inshoot》.

óut·shòt *n.* 《英方言》(母屋につぎ足した別棟の)建増し家屋, (本館に続く)別館《outshut ともいう》.

òut·shóut *vt.* **1** …よりも大声で叫ぶ, …より大声を出す. **2** (主義・主張で)…より強く論じる, 論破する.

óut·shùt *n.* 《英方言》=outshot.

out·side [àutsáid, ˋ-ˊ] 〘《1503》〙 (↔inside) ── *n.* **1** [通例 the ~] **a** 外側, 外面, 外部: *the* ~ of a box, house, watch, etc. / open the door from *the* ~ 外からドアを開く. **b** (歩道の)外側《車道に近い側》. **c** 《豪》奥地. **2 a** (内容と区別して)外面, 外観, 見かけ; 見せかけ, 表面, 皮相: One should not judge a thing by [from] the ~. 物事を外面で判断してはいけない / I know only the ~ of their business. 彼らの事業をただ表面的にだけ知っている. **b** (人の)外観, 顔つき, 見かけ: have a beautiful [rough] ~ 美しい[ごつい]顔つきをしている. **3** 外部の世界, (内界に対して)外界. **4** (グループなどの)局外, 部外: those *on* the ~ 局外者, 門外漢. **5** 《英》(昔の駅馬車などで無蓋の)屋上席(の乗客): ride on the ~ of a coach 駅馬車の屋上席に乗る / the ~*s*, the horses, and the coachman 屋上席の乗客と馬と御者. **6** [*pl.*] 〘製紙〙(一連 (ream) の紙の)上下外側の2帖; 格下げ品. **7** 〘野球〙外角, アウトサイド《ホームプレートの打者から見て外側》: a ball *on* the ~ 外角球. **8** 〘サッカー・ラグビー〙後衛, アウトサイド. **9** 〘フェンシング〙《構えた時の剣の》左側.

at the (***very***) ***outside*** 《口語》いくら多く見積もっても, 精々: There were not thirty applicants *at the very* ~. 志願者は精々30人ぐらいだった / He won't be there for more than a month *at the* ~. そこにはいくら長くてもひと月以上はいないだろう. ***outside in*** 表を裏に, 裏返しに: turn a sock ~ *in* 靴下を裏返す.

── *adj.* **1 a** 外部の[にある], 外側の, 外面の; 屋外で行なわれる: an ~ address (手紙の中の名宛 (inside address) に対して)封筒の表に書く名宛 / an ~ diameter 外径 (略 OD) / ~ measurements [dimensions] 外法(そとのり) / ~ noises 屋外の騒音 / My window affords no view of the ~ world. 私の部屋の窓からは外[外界]は全然見えない / ~ work 外[屋外]の仕事. **b** 《豪》奥地の[にある]. **2** 外部[外側]からの; 外部[外側]への: Give me an ~ line, please. (電話で)外線をお願いします. **3** 《英》(昔の駅馬車などで無蓋の)屋上席の: an ~ passenger 屋上席の乗客 / an ~ seat on a bus バスの屋上席. **4 a** ある団体[組合・協会(など)]に属さない; 局外の, 局外者としての; 議院外の: ~ influences (党派などに対する)外部からの圧迫 / an ~ opinion 局外者の意見; (特に)院外の人々の意見 / get ~ help (団体外の)外部からの助力を得る. **b** 〈仲買人が〉株式取引所の組合員でない: an ~ broker 場外仲買人. **5** 本業[本務]以外の, 余暇の; 授業(時)以外の: ~ interests 本業以外の関心事 / ~ activities 余暇の活動 / ~ reading 課外の読書[読物]. **6** 《口語》最高の, 最大限度の: an ~ estimate 精一杯の見積り / quote the ~ price 最高値段をつける. **7** 〈機会など〉ごくわずかな, とても起こりそうにない: an ~ possibility 万一の可能性 / an ~ chance of saving him 彼を救えるかも知れない万一の可能性. **8** 〘野球〙〈投球が〉外角の. **9** 〘球戯〙外側からの, 遠距離からの[から投げた]. **10** 〘サッカー・ラグビー・ホッケー〙〈選手が〉競技場の端に一番近いところ[フォワードの両側]に位置した: an ~ forward, left, three-quarter, etc. ── *adv.* **1 a** 外に[は], 外側に[は] (without); 戸外へ[で]: go [step] ~ (屋内から)外へ出る / paint a house white ~ 家の外側を白く塗る / It was dark ~ and in. 内も外も暗かった / Come ~! 外へ出ろ《特に, けんかを吹っかける時の言葉》/ *Outside!* 外へ出ろ[出せ] / from ~ 外[屋外]から / He's waiting ~ in the hallway. 外の廊下で待っている. **b** 外海(そとうみ)で: It is rough weather ~. 外海はしけている. **2** 《俗》出所して, 娑婆(しゃば)に出て.

get outside of (1) 《俗》…を飲(み込)む, を食べる (eat): *get* ~ *of* a good dinner たらふくご馳走を食べる / The snake *got* ~ *of* a frog. ヘビはカエルを飲み込んだ. (2) 《米俗》〈事〉を理解する. ***outside of*** (1) …の外側へ[に] (outside): footsteps ~ *of* a room 部屋の外に聞える足音. (2) 《米口語》…のほかに, …を除いて: *Outside of* him, I know no one here. =I know no one here ~ *of* him. 私がここで知っているのは彼だけだ. ***outside of a horse*** 《口語》馬に乗って: He looked better ~ *of a horse* than on his own legs. 彼は歩いている時より馬上姿の方がりっぱだった.

── 〘《略》← *outside of*〙 *prep.* **1** …の外に[へ], の外側に[へ] (cf. within): go ~ the house 戸外へ出る / wait ~ the gate 門の外で待つ. **2** …の範囲を超えて, …以外[以上]に: things ~ one's sphere 領分[専門]外の事 / That's ~ the question. それはこの問題と関係がない. **3** 《口語》…を除いて (except): No one knows it ~ one or two. 一, 二の人以外はそれを知っている者はない.

outside áir tèmperature *n.* 〘航空〙外気温度(略 OAT).

outside bróadcast *n.* 《英》〘ラジオ・テレビ〙スタジオ外放送.

outside édge *n.* **1** 〘スケート〙エッジを外側にしてする回転 (cf. edge 10). **2** 〘クリケット〙打者から遠い方のバットの縁.

outside fórm *n.* 〘印刷〙=outer form.

outside lóop *n.* 〘航空〙逆宙返り (cf. loop[1] 10).

outside márgin *n.* 〘印刷〙=outer margin.

outside pórt *n.* (cf. outport) 〘海事〙 **1** 外港, 離岸港, はしけ連絡港《ドック施設がないため, 荷役には専らはしけなどの小舟に頼る海港》. **2** 寄港省略港《ある航路の船が普通は立寄らない港》.

out·sid·er [àutsáidə | -də(r)] 〘《1800》〙 ── *n.* **1 a** 外部の人, 外の人; よそ者. **b** 団体[組合, 協会]外の人, 党外[院外]の人, 非会員, アウトサイダー (nonmember). **c** (事件などに)無関係な人, 部外者. **2 a** しろうと, 門外漢. **b** 〘証券〙しろうと筋. **3 a** 〘競馬〙本命でない馬, 穴馬. **b** (競技で)勝目のない選手[チーム]. **c** (ある事に)成功しそうもない人. **4 a** (社会の)のけ者; 反逆者. **b** (体制外の)独創的な作家(など). **c** 《英口語》下品[俗悪]な人間.

outside tráck *n.* (円形トラックの)外側走路, アウトコース, 外回りコース.

óut·sìght *n.* 外界の事物の観察; 外界の事物の知覚, 外部観察力.

òut·síng *v.* (**out·sang**; **-sung**) ── *vt.* **1** …よりうまく歌う; 〈他の人〉よりよい声で歌う. **2** 〈他の楽器〉よりよい音を出す. ── *vi.* 大声で歌う.

óut sìster *n.* (修道院内で修道生活をしながら)外部関係の仕事に従事する修道女 (extern).

òut·sít *vt.* (**out·sat**; **-sit·ting**) **1** …の時間[限度]が過ぎても留まって[起きて]いる: ~ midnight / ⇨ *outsit one's* WELCOME. **2** (会議などに)〈他の人〉より長くいる, 長居する, 居残る.

óut·size *n.* **1** (サイズの)特大, 番外; 特大品. **2** 特別大きな人[物]. ── *adj.* **1** 〈衣服など〉特大の. **2 a** 格別に大きい[重い]. **b** 大き過ぎる.

óut·sized 〘⇨ -ed 2〙 *adj.* =outsize.

óut·skìrt 〘《1596》: E. Spenser の造語〙 ── *n.* [通例 *pl.*] **1** (町などの)はずれ, 郊外, 場末: *on* [*in*] the ~*s* of a town 町はずれに / *on* the ~*s* of a forest 森林のはずれに. **2** 辺境; (問題などの)周辺: the ~*s* of civilization 文明の辺境 / the ~*s* of history 歴史の周辺.

òut·sléep *vt.* (**out·slept**) **1** 〈ある時刻〉より寝過す. **2** …が終わるまで眠る[目がさめない]: ~ a storm.

òut·smárt *vt.* **1** 《口語》出し抜く (outwit); …に勝つ. **2** [~ one*self* で] 自分で自分のしかけたわなにかかる.

òut·sóar *vt.* …より高く飛ぶ, 飛び越す.

óut·sòle *n.* (靴の)表底《地面に接する底》.

òut·spán 〘《1824》《なぞり》← Afrik. *uitspannen* ← *uit* out (adv.)+*spannen* to span, fasten〙《アフリカ南部》 ── *vt.* (**-spanned**; **-span·ning**) 〈牛などを〉車からはずす (unhitch), 軛(くびき)からはずす (unyoke). ── *vi.* (牛馬から)軛[馬具・鞍(くら)(など)]をはずす (unharness). ── *n.* (車馬の)解装; 解装地[時].

òut·spéak *v.* (**out·spoke**; **-spoken**) ── *vt.* **1** 〈人を〉しゃべり負かす; …より大声で[長く, 力強く]話す. **2** 大胆[率直]に言う. ── *vi.* 大声で話す.

òut·spéed *vt.* (**out·sped**) **1** 〈相手を〉スピードで負かす. **2** 追い越す.

òut·spénd *vt.* (**out·spent**) **1** …の限度以上に費す: ~ one's income. **2** …よりもよけい費す[消費する].

òut·spént *adj.* へとへとに疲れた (exhausted).

òut·spóken 〘《1808》〙 ── *adj.* **1 a** 〈言葉など〉率直な, 無遠慮な, あからさまな (frank): ~ criticism 忌憚ない[歯に衣(きぬ)着せぬ]批評. **b** 無遠慮に[ずけずけ]言う: He is ~ *in* his remarks. 言うことに遠慮がない. **2** 〈病気が〉疑う余地のない, ひと目でそれとわかる. **~·ly** *adv.* **~·ness** *n.*

òut·spréad 〘《c1340》〙 ── *v.* (~) ── *vt.* 広げる; 広める: with wings ~ 翼を広げて. ── *vi.* 広がる; 広まる. ── *adj.* **1** 広がった, 広げた: with ~ arms 腕を広げて[開いて]. **2** 広まった, 流布した. ── [ˋ-ˊ] *n.* **1** 広げる[がる]こと. **2** 広がったもの, 広がり.

òut·stánd *v.* (**out·stood**) ── *vi.* **1** 〈船が〉外洋へ出て行く. **2** 《古》目立つ. ── *vt.* **1** 《古》…より以上に耐える[ねばる]. **2** 《英方言》…に抵抗する.

out·stand·ing [àutstǽndɪŋ] 〘《1570》〙 ── *adj.* **1** 目立つ, 顕著な (prominent); 傑出した, 抜群の, すぐれた (excellent): an ~ figure [person] 目立つ人物, 傑物 / an ~ fact 顕著な事実. **2** 突き出た, 突出した: a high ~ tower. **3** 未決定[未解決]の (unsettled); 未払いの: leave a problem ~ 問題を未解決のままにしておく / ~ accounts [debts] 未払勘定[負債]. **4** 〈債券が〉未償還の, 〈株式が〉社外にある: ⇨ outstanding stock. ── *n.* [*pl.*] 〘金融〙未払負債; 未払勘定.

òut·stánd·ing·ly *adv.* 目立って, 著しく (conspicuously).

outstánding stóck *n.* 〘証券〙社外株《発行済株式から社内株 (treasury stock) を差引いた株式》.

òut·stáre *vt.* **1** 〈人〉とのにらみ合いで勝つ, にらみ倒す. **2** にらんで〈人を〉どぎまぎさせる[きまり悪がらせる].

óut·stàtion *n.* **1** (大都市・本部・本隊などから遠く離れた所にある)分遣所, 出張所, 支所; 場末[辺境]の駅. **2** 《豪》牧場本部から遠く離れた牧牛[牧羊]所.

òut·stáy *vt.* (**-stayed**, 《米》ではまた **-staid**) **1** 〈他の客〉より長居する. **2** 〈招待などの〉限度を越えて留まる[長居する]: ⇨ *outstay one's* WELCOME. **3** 〈相手より〉持久力でまさる; …に耐久力で勝つ.

òut·stép *vt.* 踏み越す[外す] (exceed), 〈度を〉越す: ~ decency 上品の域を踏み越える, 下品にわたる / ~ the truth 事実に尾ひれをつけて言う.

òut·strétch 〘《a1400》〙 ── *vt.* **1 a** 延ばす, 広げる: lie ~*ed* on the ground 地面に大の字に横たわる. **b** 〈限度などを〉越えて広がる. **2** 拡張する. **3** 《廃》緊張させる (strain).

òut·strétched *adj.* 広げた, 伸ばした: with ~ arms 腕を広げて.

òut·stríp 〘← OUT- + STRIP[1] 《廃》 to run〙 ── *vt.* (**-stripped**; **-strip·ping**) **1** …より速く行く, 追い越す: ~ the wind 風よりも速い; 非常に速く行く / The hare is sometimes ~*ped* by the tortoise. ウサギも時にはカメに負ける. **2 a** …より勝る (surpass). **b** (競争で)…に勝つ, はるかに後の方に置き去りにする; (数・量で)〈競争相手を〉凌(しの)ぐ, 〈競争相手〉に勝つ.

óut·stròke *n.* 〘機械〙外方へ向かっての動作; (ピストンの)外向き行程, 外衝程 (↔ instroke).

òut·swéar *vt.* (**out·swore**, 《古》 **-sware**; **-sworn**) **1** …より激しく悪口をいう[ののしる]. **2** 悪口で〈相手を〉打負かす.

óut·swìnger *n.* 〘クリケット〙アウトスウィンガー《右打者に対して内から外へカーブする投球; cf. inswinger》.

out·ta [áuṭə | -tə] *prep.* 《米口語》=outa.

óut·tàke *n.* **1** (空気などの)出口 (vent). **2** 取り[引き]出されるもの. **3** 〘映画〙上映用として使用されなかった撮影済フィルム.

òut·tálk *vt.* **1** しゃべり負かす. **2** 〈相手〉よりおしゃべりでまさる.

òut·téll *vt.* (**out·told**) **1** 終りまで語る, 全部話す. **2** はっきり話す, 公言する. **3** …より説得力がある.

òut·thínk *vt.* (**out·thought**) **1** 〈人〉より考えがすぐれている. **2** 〈相手を〉巧妙な考えで出し抜く.

òut·thrów 〘《a1300》〙 ── *vt.* (**out·threw**; **-thrown**) **1** 投げ出す; (急に)差し出す. **2** (野球などで)…よりも遠く正確に投げる. ── [ˋ-ˊ] *n.* **1** 投げ出す[出される]こと. **2** (活力などの)発出.

óut·thrùst 〘《c1385》〙 ── *n.* **1** 突き出たもの, 突出物. **2 a** 押すこと. **b** 〘建築〙推力《外方へ向っての圧力》, (外側への)横圧力. ── [ˋ-ˊ] *v.* ── *vt.* 突き出す. ── *vi.* 突き出る. ── *adj.* 突き出た, 差し出された.

òut·tóp *vt.* (**-topped**; **-top·ping**) **1** …より高い, より高くそびえる. **2** …よりまさる (surpass).

òut·trável *vt.* **1** 〈境界など〉より先[遠方]を旅行する. **2** 〈人〉より遠く[速く]旅(行)する.

óut·tray *n.* (事務室の机上に置く)送出[処理済]書類

入れ《通例 out と書く; cf. in-tray, pending-tray》.
óut·tùrn n. **1** 生産高, 産出額. **2** (一連の出来事の)成行き, 結果.
óut-tùrn n. 〖遊戯〗(カーリングで)石 (curling stone) の時計回りと反対の移動 (↔ in-turn).
òut·válue vt. …より値打がある.
òut·víe vt. (-vied; -vy·ing) 競争して勝つ, 負かす (defeat).
òut·vóte vt. 投票数で…に勝つ; …より多くの票を投じる.
òut·wáit vt. 〈相手〉より長い間待つ; 〈相手〉より忍耐力が強い.
òut·wálk vt. **1** 〈相手〉より早く[遠く, 長く]歩く; 歩き負かす. **2** …を越えて行く, 通り越す.
out·ward [áutwəd | -wəd] 〖OE *ūtweard*: ⇨ out, -ward〗 — adj. **1 a** 外へ向かう[行く]; 外方へ通じる; 外方向けの: an ~ road (中心から)外へ向かう道路 / an ~ voyage 往航, 外航. **b** 《古》外側の: an ~ room. **2 a** 肉体の; 外見上の: ~ beauty 美貌(ぼう) / one's ~ looks 顔つき. **b** 〈物事が〉外に表われた, 目に見える, (内心に対して)外面上の; 外面的な, うわべ(だけ)の: the ~ appearace of things 物の外見 / the ~ form of a man 人の外見[見かけ] / to ~ seeming 見たところ, 表面上(は) / to all ~ appearances 見たところどうも(…のようである) / His ~ attitude belied his inner feelings. 彼の表面上の態度は心の中とは違っていた / an ~ and visible sign of an inward and spiritual grace ⇨ sign 9. **3 a** (精神的に対して)肉体的な; 物質的な: the ~ eye (心眼 (mind's eye) に対して)肉眼. **b** (精神界に対して)外界の; 物質世界の: ~ things 外界の事物. **4** 〈薬など〉外用の (external): For ~ application only. 「外用薬」《飲んではいけない; 薬びんの上書き》. **5** 《古》直接関係[関心]のない.
— adv. **1** 外側に; 外へ向かって: the branches spreading ~ 外の方へ広がった枝. **2** 国外[海外]へ: a ship bound ~ 外国行きの船 / ~ and homeward 往航帰航とも, 往復とも. **3** 感情[意図]を表に出して, 明らかに, あからさまに. **4** 《廃》外面上, 外的に.
— n. **1** 外見, 外観. **2** [the ~] 外界, 物質世界. **3** 外側, 外面, 外部 (exterior).
óutward-bóund adj. 外国行きの, 外国向けの, 外航の: an ~ passenger, ship, voyage, etc.
óut·ward-bóund·er n. 外国行きの船, 外航船.
óut·ward·ly 〖《c1480》〗 adv. **1** 外見上, 表面上(は), 見たところ(は). **2 a** 外に対して, 外部的に (externally). **b** 外の方に, 外に向かって.
óutward mán n. **1** [the ~] 〖神学〗外なる人, 肉体的人間, (霊に対しての)肉体 (the body) (cf. 2 *Cor.* 4: 16; outer man). **2** 《戯言》風采; 衣服 (clothing).
óut·ward·ness 〖《1580》〗 n. **1 a** 外に向いていること. **b** 外面的であること; 外面性 (externality); 客観的存在(性), 客観性 (objectivity). **2** 外界への関心.
óut·wards [-wədz | -wədz] 〖OE *ūtweardes*: ⇨ -s² 1〗 adv. =outward.
óut·wàsh n. 〖地質〗氷河から流水により流された土砂[小石].
òut·wátch vt. **1** 〈人〉より長く見守る[見張る], 寝ずの番をする. **2** 見えなくなるまで[最後まで]見守る: ~ the setting sun 落日を見届ける / ~ the night 夜明けまで起きている.
òut·wéar vt. (-wore; -worn) **1** …より持ちがよい (outlast): Woolen ~s silk. 毛織物は絹より長持ちする. **2** (年を経て)〈悪い習慣・性質などを〉失う, 脱する (outgrow). **3 a** 着古す, 着つぶす (wear out); 使い古す, 擦り減らす. **b** 〈人を〉疲れ切らす (exhaust): He was *outworn with* disease [work]. 病気[仕事]ですっかり消耗していた. **4** 〈時を〉じりじりと過ごす.
òut·wéep vt. (-wept) **1** …より激しく泣く. **2** 《古・詩》〈涙などを〉どっと流す, 〈雨などを〉どっと降らす.
òut·wéigh vt. **1** …より目方がある[重い]. **2** (価値・重要さなどで)…よりまさる: The advantages ~ the drawbacks. 長所が欠点を十二分に補っている. **3** …に対して重味[負担]がかかり過ぎる.
óut·wìck 〖← OUT (adv.)+WICK¹〗 n. (カーリングで)他の石の外側に当てて標的 (tee) の方へ進める投げ方 (cf. inwick). — vi. outwick を投げる.
òut·wínd [-wínd] vt. 〈人・馬などを〉息切れさせる.
òut·wít vt. (-wit·ted; -wit·ting) **1** …の計略の裏をかく, 出し抜く, だます. **2** 《古》…より知恵がある.
out·with 〖← OUT (adv.)+WITH: cf. within, without〗 prep. 《スコット》=outside.
òut·wórk¹ 〖《c1250》〗 vt. (~ed, -wrought) **1** 〈人〉より仕事がうまい[早い]. **2** 完成する, 仕上げる.
óut·wòrk² n. **1** 外仕事《戸外・職場外の仕事》, 出張[出向]勤務. **2** 〖築城〗外堡(ほ), 外塁《城塁の外郭構築物》.
óut·wòrker n. 外勤者, 屋外勤務[労務]者.
òut·wórn 〖《1548》(p.p.) ← OUTWEAR〗 — adj. **1** 〈意見・言葉など〉古臭い, 鼻につく: an ~ quotation. **2** 〈制度・慣習など〉時代遅れの; すたれた (obsolete): an ~ custom. **3** 着古した, 擦り切れた; 使い古した: ~ machinery. **4** 体力[気力]のなくなった, 消耗した: an ~ long-distance runner 疲れ切った長距離選手.
òut·wríte vt. (-wrote; -written) **1** 〈人・相手〉より上手に[多く]書く. **2** 物を書いて〈寂しさ・憂鬱などを〉紛らす[追い払う].
ou·zel [úːzəl, -zl] 〖OE *ōsle* < **amsla* ← Gmc **ams-* (G *Amsel*) ← IE **ames-* blackbird (L *merula*, blackbird)〗 — n. 〖鳥類〗 **1** 《古》クロウタドリ (blackbird). **2** クロウタドリに似た数種のツグミの総称《クビワツグミ (ring ouzel), カワガラス (water ouzel) など》.
ou·zo [úːzou, -zɔː | -zəu, -zɔː] 〖▭ NGk *oúzon* ← ?〗 n. (pl. ~s) ウーゾ(酒)《アニス (anise) の実で味をつけたギリシャ産のリキュール》.
ov. 《略》ovary; over; overture.
Ov. 《略》Ovid.
o.v. 《略》observed velocity; orbiting vehicle.
ov- [ouv | əuv] (母音の前に来る時の) ovo- の異形.
ova n. ovum の複数形.
o·val [óuvəl | óu-] 〖《1570》▭ ML *ōvāl-is* ← L *ōvum* 'EGG¹': ⇨ -al¹〗 — adj. [しばしば複合形の第 1 構成素として]卵形の, 卵形体の; 長円形[体]の (elliptical): an *oval*-faced woman うりざね顔の女. — n. **1** 卵形, 卵形体; 長円形 (ellipse). **2 a** 長円形の競技場[運動場]. **b** [the O-] オーバル《ロンドン Lambeth 自治区の Kennington にある Surrey County Cricket Club の競技場; 正式名 Kennington Oval》.
ovals of Cassini 〖← *G.D. Cassini* (1625–1712: フランスの天文学者)〗〖数学〗カッシーニの卵曲線《2 定点 A, B よりの距離の積が一定な点の軌跡》.
~·ly [-vəli | -lɪ] adv. **~·ness** n.
ov·al·bu·min [òuvælbjúːmɪn, òuv-, -mən | əuvælbjúː-mɪn, əuv-] 〖← OVO-+ALBUMIN〗 — n. **1** 〖生化学〗オヴァルブミン《卵白蛋白質成分の約70%を占める蛋白質; 特に結晶化されたものを指す; cf. conalbumin》. **2** 乾燥卵白.
o·val·i·ty [ouvǽləṭi | əuvǽləti, -lɪ-] n. **1** 卵形であること; 卵形度. **2** 〖金属加工〗(引っ張った針金の断面形と円形との差を示す)ひずみ度, 楕円(だえん)率《楕円に近い断面の棒・線・管を孔型圧延する時の長短径比》.
óval kúmquat n. 〖植物〗=nagami kumquat.
Óval Óffice n. [the ~] (米国 White House 内の)大統領執務室.
óval wíndow n. 〖解剖〗(耳の)卵円[前庭]窓.
o·var- [ouvέ(ə)r | əuvέər] (母音の前に来る時の) ovario- の異形.
o·var·i- [ouvέ(ə)ri | əuvέəri] ovario- の異形 (⇨ -i-).
o·var·i·an [ouvέ(ə)riən | əuvέəri-] 〖← NL *ōvārium*: ⇨ ovary, -an¹〗 adj. 〖解剖・動物〗卵巣の; 〖植物〗子房の.
o·var·i·ec·to·my [ouvὲ(ə)riéktəmi, òuvəri- | əuvὲəri-éktəmi, əuvεəri-] 〖← NL *ōvāriectomia*: ⇨ ↓, -ectomy〗 n. 〖外科〗卵巣切除(術).
o·var·i·o- [ouvέ(ə)rio(u) | əuvέəriə(u)] 〖← NL ~ ← *ovarium* 'OVARY'〗 —「卵巣 (ovary); 卵巣と…との」の意の連結形. ★ 時に ovari-, また母音の前では通例 ovar- になる.
o·var·i·ole [ouvέ(ə)riòul | əuvέəriəul] 〖⇨ ↑, -ole〗 n. 〖動物〗卵巣小管, 卵巣管《昆虫類・線虫類などの卵巣を構成する細管状の構造》.
o·var·i·ot·o·my [ouvὲ(ə)riáṭəmi | əuvὲəriɔ́təmi, — — — — — —] 〖← NL *ovariotomia*: ⇨ ovario-, -tomy〗 n. 〖外科〗 **1** 卵巣切開(術). **2** =ovariectomy.
o·va·ri·tis [òuvəráiṭɪs, -ṭəs | əuvəráitɪs] 〖← NL ~: ⇨ ovario-, -itis〗 n. (pl. **o·va·rit·i·des** [-ríṭədìːz | -tɪ-]) 〖病理〗卵巣炎.
o·va·ry [óuv(ə)ri | óuvəri] 〖← NL *ōvāri-um* ← L *ōvum* egg〗 n. **1** 〖解剖・動物〗卵巣. **2** 〖植物〗子房.
o·vate [óuveɪt | óuveɪt, -vət, -vɪt] 〖▭ L *ōvāt-us*: ⇨ ovum, -ate²〗 — adj. **1** [しばしば複合形の第 1 構成素として] 卵形の (egg-shaped): *ovate*-oblong. **2** 〖植物〗〈葉が〉付根が広い卵形の: an ~ leaf.
o·va·tion [o(u)véɪʃən | ə(u)-] 〖《1533》▭ L *ovātiō(n-)* ← *ovāre* to rejoice ← **eu-* 《擬音語》: cf. Gk *euázein* to shout for joy, *euoi* exultant cry at the Bacchanalia〗 — n. **1** (大衆の)熱烈な歓迎, 大喝采; 激賞, 非常な人気. **2** (古代ローマの)小凱旋式 (cf. triumph 4).
~·al [-ʃənl, -ʃnəl] adj.
ov·en [ʌ́vən] 〖OE *ofen* < Gmc **oχwnaz* (Du. *oven* / G *Ofen*) ← IE **aukʷ(h)-* cooking pot (L *aulla* pot)〗 — n. **1** (料理用)オーブン, 天火(てんぴ), かまど: a baker's ~ パン焼きがま / hot from the ~ 焼きたてでほやほやの / a house as warm as an ~ 蒸されるように暑苦しい家. **2** 〖化学・冶金〗炉, かま, 乾燥器.
óven·bìrd n. 〖鳥類〗 **1** ジアメリカムシクイ (*Seiurus aurocapillus*)《米国産の鳴鳥; 地上に丸天井で oven 状の巣を作る》. **2** カマドドリ《南米産のカマドドリ属 (*Furnarius*) の鳥の総称; 泥でかまど型の巣をつくるアカカマドドリ (*F. rufus*) など》.
óven·próof adj. 〈皿など〉(オーブン用に)(強化)耐熱性の.
óven-réady adj. 〈食品が〉そのままオーブンに入れるように加工された.
óven·wàre n. [集合的] (天火にかける)耐熱食器[皿]《グラタン皿など》.
óven wòod n. たきぎ; (かまたき用の)粗朶(そだ) (brushwood).
o·ver 〖OE *ofer* < Gmc **uberi* (Du. *over* / G *ober*, *über* / Goth. *ufar*) < IE **uperi* ← **uper* (L *super* / Gk *hupér* / Skt *upari*): 本来 IE **upo* up from under の比較級: cf. super-, hyper-, above〗 *prep.* [òuvə | əuvə(r)] **1** [離れた位置] …の上方に[の] (above); …の頭上[真上]に[の]: the ceiling ~ one's head 頭上の天井 / live ~ a store 店の上に住む[下宿]する / The moon was ~ the tree. 月はその木の真上にあった / a bridge (thrown) ~ the river 川にかけてある橋 / warm one's hands ~ the fire / put a kettle ~ the fire / ~ (one's) signature [name] (文書などの)終わりに署名して.
2 [接触した位置] …の上をおおって: a shawl (thrown) ~ one's shoulders 肩に(投げ)掛けたショール / She put her hands ~ her face. 手で顔をおおった / I pulled the blanket ~ me. 私は毛布を引いて体にかけた / She wore a veil ~ her face. 顔をヴェールでおおっていた / The flood spread ~ the whole district. 洪水はその地方一体に広がった / The mud was splashed ~ the coat. 泥はコート一面にはねかかった.
3 [しばしば all ~ として (cf. *all* OVER)] **a** 〈ある地域〉一面に, …の諸所方々に: at various places ~ the country 国内至る所に / *all* ~ the world = *all* the world *over* 世界中至る所に《★ all the world over の語順では over は副詞とも解される; cf. 13: *all* OVER ⇨ *adv.* 成句》/ travel ~ Europe [Europe ~] ヨーロッパ中を旅行する / They travel *all* ~ the country [*all* the country ~]. 国中を旅して歩く / wander *over* the fields 野をさ迷い歩く. **b** …の全部を, …をすみずみまで: see [look] ~ a house 家をくまなく検分する / He went *all* ~ his notes. すべてのメモを入念に調べた.
4 (物がおおいかかるように)…の上へ, のしかかって; …へ突き出て, 張り出して; 〈変化など〉…に迫って, を襲って: with one's hat (pulled) ~ one's eyes 帽子を目深にかぶって / The cliff projects ~ the sea. 絶壁は海に向かって突き出ている / He leaned ~ the balustrade. 手すりにもたれかかった / A change came ~ the patient. 患者の容体に変化が起こった / A drowsy feeling came [stole] ~ me. 眠気が襲ってきた.
5 〈特定の高さ〉の上まで(つかって): ~ one's waist in water 腰の上まで水につかって / ⇨ *over* HEAD *and ears*.
6 …の上を (on): He hit me ~ the nose. 私の鼻をなぐった.
7 …(の上)を越えて: fall [jump] ~ a precipice 崖から落ちる[跳び降りる] / leap ~ a fence 垣根を跳び越える / go ~ a river 川を渡る / look ~ the hedge 生け垣越しに見る / look ~ a person's shoulder 人の肩越しに見やる / talk to a person ~ one's shoulder 顔だけ後ろに向けて人に話しかける / ⇨ HAND *over hand*, HEAD *over heels*.
8 〈海・川・境界・通りなど〉の向こう側に[の]: the grove ~ the river 川向こうの木立 / lands ~ the sea 海のかなたの国々 / the house [our neighbors] ~ the way [road] 通り[道路]の向こうの家[隣人たち].
9 [支配関係・優位・勝利] …を支配して; …の上位に; …を制して, …にまさって: reign [rule] ~ a land 国を支配する / They wanted a strong man ~ them. 強力な人物を上に戴きたいと思った / I have two people ~ me. 私には上司が二人いる / tyrannize ~ the weak 弱者をいじめる / preside ~ a meeting 司会する / have no command [control] ~ oneself [one's passion] 自制力[感情を制する力]がない / give a person the preference ~ everyone else ある人を他のだれよりも優先させる / He was victor [was victorious, gained the victory] ~ a superior foe. 優勢な敵に勝った / Virtue triumphs ~ vice in the end. 善は結局悪に勝つ.
10 [数量・程度] …より以上, …を越えて, …より多く (more than): ~ a thousand people 1,000 人以上の人 / a distance of ~ 700 yards 700 ヤード以上の距離 / stay at a place ~ a month ひと月以上滞在する.
11 a …の端から端まで: a free pass ~ a company's line of railroad 鉄道会社の無料乗車券. **b** 〈電線など〉を伝わって, 通して (on): A report has come ~ the wire that …という報道が入電した / I spoke to her ~ the telephone. 電話で彼女と話した / He heard the news ~ the radio. ラジオでそのニュースを聞いた.
12 〈他の物・時期〉と比べて, …よりも: This edition contains no innovations ~ those in the past. この版は過去の諸版と比べて少しも新味がない.
13 〈時期など〉の終わるまで; …を通して, …じゅう (all through): adjourn ~ the holidays (会議を)休暇が終わるまで延期する / last ~ the weekend 週末休暇が終わるまで続く / ~ a long term of years 長年にわたって / stay ~ the night 一泊する / Can you stay ~ Sunday? 日曜日は泊まっていけますか《月曜の朝まで滞在できるか》/ The payment spread ~ a series of years. 支払いは数年にわたった / the whole day ~ 一日中 / all the year ~ 一年中《★ 最後の 2 例の over は副詞とも解される; cf. 3 a》.
14 [関心・心配・考慮の対象を示して] …について, に関して (concerning): fret ~ a trifle つまらない事にやきもきする / laugh ~ the absurdity of it そのばかばかしさを笑う / quarrel ~ a matter ある事でけんかする / I talked ~ the matter with him. 彼とその事についてとくとくと話し合った (cf. *adv.* 6) / lose money ~ a bet 賭事で金を失う[損をする] / ⇨ CRY *over*.
15 …に従事して, …しながら: fall asleep ~ one's work 仕事をしながら居眠りをする / We discussed the matter ~ a cheerful glass. 楽しく一杯やりながらその事を論じた / They talked and laughed sitting ~ the fire. 炉を囲んで談笑した / Don't be long ~ your lunch. 昼食はぐずぐずしないで済ませなさい.
16 〖数学〗…で割って (divided by): A ~ B (=A/B) / eleven ~ seventeen (=$^{11}/_{17}$).
all over (1) ⇨ 3. (2) 《口語》〈異性〉をちやほやして, 夢中になって, …がひどく気に入って: He is *all* ~ her. ***all over oneself*** 《口語》すっかり喜んで; うぬぼれて (overconfident). ***have it (all) over a person*** ⇨ have¹ 成句. ***over all*** 端から端まで. ***over and above*** はるかに…以上; …に加えて (in addition to): ~ *and above* this これに加えて, なおこの上 / He earns a large sum ~ *and above* his salary by commissions. 彼は給料の上に手数料で大金をかせぐ. ***put it over on a person*** ⇨ PUT¹ *over* (3).
— [— —] *adv.* **1 a** 上(の方)に, 高く (above): A flock of birds flew ~. 鳥の群が頭上を飛んで行った. **b** 上

から下に(向かって), のしかかって; 突き出て, 張り出して: She bent ~. 身をかがめた / lean ~ ⇨lean² *vi.* 1.
2 一面に: be covered ~ with paint 一面ペンキで塗られている / The pond has frozen ~. 池が凍ってしまった.
3 a 越えて; 向こう[こっち]へ; 横切って, 通って, 渡って; (測定の)端から端まで, 外法(ほう)で…: go ~ to England 渡英する / come ~ to Japan 来日する / Don't go too near the edge of the precipice; you might fall ~. 崖っぷちに近づき過ぎると落ちるかもしれない / climb ~ into the garden (塀を)乗り越えて庭の中へはいる / Jump ~ and escape. 跳び越えて逃げろ / a circle two feet ~ 直径 2 フィートの円. **b** 自宅へ, 自分のところへ: I asked him ~ for a game of chess. チェスの手合わせをするために彼に来てもらった / When are you coming ~ to see us again? 今度はいつ来て下さいますか. **c** 〖軍事〗〈弾丸が〉標的を通り越して: The bullets fell short or went ~. 弾丸は届かなかったり標的を通り越したりした / *Over!* 遠し《遠弾に対する射弾観測の判定用語; cf. *n.* 1》.
4 a 離れた所に, 向こう[こっち]の方に; (街路などの)向こう側に: ~ by the hill 向こうの山の側に / ~ in Europe (かの地)ヨーロッパでは, あちらでは / He has been ~ in America for some time. 彼は暫くアメリカへ行っている / He is now ~ in America. 今アメリカへ渡っている / The ambulance will be ~ soon. 救急車が間もなく着くだろう / ~ yonder 向こうに, あそこに / ~ here こちらの方に, こちらでは / ⇨OVER *there.* **b** (特定の地点から)離れて (away): From two blocks ~ he could hear the wail. 2 丁先から泣き声が聞えた.
5 [移転・譲渡]他人へ, 他方へ: We delivered [handed] ~ the man to the police. その男を警察に引き渡した / ⇨GIVE *over* / He passed ~ the house to his brother. 弟に家を引き渡した / The malcontents went ~ to the enemy. 不平分子は変節して敵側に回った / *Over* (to you)! ⇨成句.
6 初めから終わりまで, 通して, すっかり (all through); 慎重に, とくと: He took the letter, and ran [read] it ~. 手紙を手に取って目を通した / Let's talk the matter ~. その事についてとくと話し合おう (cf. *prep.* 14) / I'll think it ~. よく考えてみよう.
7 繰り返して; もう一度, 再び (once more): many times ~ 何度も繰り返して / Try it ~. もう一度やって御覧 / ⇨(*all*) OVER *again*, OVER *and over* (*again*) / count ~ 数え直す / read ~ 読み返す (cf. 6).
8 さかさまに, ひっくり返して[って]; 折れて, 折って; 倒れて: fold ~ 折り返す / roll [turn] ~ and ~ ころころところがって行く / roll a thing ~ 物をころがす / turn ~ the pages (本の)ページをめくる / *Over.* 《米》裏面へ続く, 裏面を御覧下さい (P.T.O.) / turn an egg ~ (両面を焼くために目玉焼きの)卵を裏返しにする (cf. *adj.* 3) / ⇨*turn over a new* LEAF / knock a vase ~ 花びんを倒す / fall [tumble, topple] ~ 倒れる, 転倒する.
9 a (数・量を)越して, 超過して; 余分に, 余って: five dollars and ~ 5 ドル以上 / We have only three days ~. (あと) 3 日しか残っていない / Five goes into seven once with two ~. 7 を 5 で割れば 1 が立って 2 が残る. **b** 〈事物が〉残って, 未解決で: Will there be any paint ~ when you are finished? 終ったら幾らかペンキが残るだろうか / ⇨LEAVE¹ *over.*
10 終わって, 過ぎて (past), 済んで, 片付いて (finished): School is ~ at two. 学校は 2 時に終る / The war is ~. 戦争は終わった / The theater [play] is ~. 芝居がはねた / All is ~. 万事終わった, 万事は片付いた, 万事だめになった[休す] / The good old times are ~. 楽しい時代は昔のこと.
11 a (ある期間・地域を)通じて, …中: all the year ~ 一年を通じて, その年中 / the whole day ~ 一日中 (cf. *prep.* 13) / all the world ~ 世界中到る所に (cf. *prep.* 3 a). **b** 《米》(ある期間を)越えて, 延ばして: stay ~ till Monday 月曜日まで滞在する. **c** 後の時期まで, 次の季節まで.
12 [後続の形容詞・副詞を修飾して]過度に, 余りにも (too) (cf. over- 3): He is ~ polite. 丁寧すぎる / It's not ~ well done. 出来ばえが余りよくない《悪い》.
13 眠りかけて: The stuff sent him ~ quickly. その薬ですぐ寝ついた / I'm just going ~. 丁度眠りかけているところだ.
all over (1) 至る所に, 方々に, 一面に (everywhere) (cf. *prep.* 3): travel *all* ~ 漫遊する / search London *all* ~ ロンドン中を捜し回る. (2)《口語》すっかり, 全く; いかにも…らしい (thoroughly): He is a gentleman *all* ~. どこからどこまで紳士だ / That's you [him] *all* ~. いかにも君[彼]らしい(やり方だ). (3) すっかり終わって, 片付いて (finished) 〔*with*〕: It's *all* ~ now. もうすっかり終わった / It is *all* ~ *with* poor Tom. かわいそうにトムはもうだめだ[もう望みがない]. (4) 体中: I'm aching *all* ~. 体中が痛む / His face is *all* ~ soot. 顔中すすだらけだ. ***(all) over again*** 繰り返して, 今一度, もう一度: Begin *all* ~ *again.* もう一度やり直しなさい. ***over against*** (1) …の反対側に, と向かい合って, …の前に; …に接して: ~ *against* the school 学校の反対側に. (2) …と対照して: set one thing ~ *against* another 二つの物を(比較)対照する. ***over and above*** (1) なおその上 (besides). (2)《方言》[形容詞を強めて]ひどく(too much): The task was ~ *and above* tough. その仕事はすごく難しかった. ***over and out*** 〖通信〗交信終り. (cf. OVER (*to you*)!). ***over and over*** (***again***) 何度も何度も. ***over here*** こちらの方へ, こちらでは. ***over there*** (1) 向こうの方に: Do you see the smoke ~ *there?* 向こうの方に煙が見えるでしょう. (2)〖軍事〗戦地では. (3)《米口語》ヨーロッパでは, あちらでは (in Europe). ***Over*** (***to you***)***!*** (1)〖通信〗(交信で)応答どうぞ,「オーバー」(cf. OVER *and out*). (2)《口語》そちらの出方を待つ, さあどうする. ***twice*** (***or thrice***) ***over*** 2 度(3 度)繰り返して: She was a grandmother *twice* ~. 2 人の孫のいる祖母だった.

— [⌐—] *adj.* [通例, 複合語の第 1 構成要素として] **1** 上(部)の; 上位の; 外部の: the ~ crust 外皮, 外殻 / ⇨overlord, overcoat, overshoe. **2** 余分の; 過度の (surplus): an ~ copy 余分な 1 部 / ~ imagination 過度の想像力. **3**《米口語》〈卵が〉両面を焼いた (cf. *adv.* 8, sunny-side up): I ordered two eggs ~. 二つの卵でつくった目玉焼きの両面を焼いてくれと注文した.

— [⌐—] *n.* **1**〖軍事〗遠弾《標的を越えて弾着または炸裂する弾丸; cf. *adv.* 3 c》. **2**〖クリケット〗オーバー: **a** 一方の三柱門から投球される一連の投球数《通例 6 球; オーストラリアでは 8 球》. **b** その間に行なわれる競技《投手が前記一連の投球を終えると審判は 'over' とコールする; このコールにより反対の三柱門から投球が始まる》. **3** 跳び越えること;〖狩猟〗(垣根などの)跳越え. **4** 過度; 過剰, 余分 (extra). **5** [*pl.*]《英》〖印刷〗(刷り損じを見込んだ)歩増し紙.

— [⌐—] *vt.* **1** 越す, 越える; 跳び越す (leap over): ~ a tombstone 墓石を跳び越える. **2**《方言》…から回復する (recover from): He never ~*ed* the loss of his child. 子供の死から立ち直ることができなかった.

o·ver- [òuvə, ⌐—｜ə̀uvə(r, ⌐—] 〖OE *ofer-* (↑)〗 **—** over の意を表わす連結形 (↔under-). **1**「上にある, おおう, 越す, 超過する, 圧迫する」などの意味を含む名詞・形容詞・副詞を造る: *over*balance, *over*board, *over*coat, *over*load, *over*time, *over*weight / the *over*-50s 50 歳を越した人たち. **2** 自動詞に添えて他動詞化する: *over*come, *over*flow, *over*look, *over*run. **3** 自由に動詞・名詞・形容詞に付いて「過度に[な], 過剰に[な], 余りに」の意を加える (cf. over *adv.* 9 a): *over*estimate, *over*strain, *over*supply, *over*work, *over*bashful, *over*delicate.　「あり余る〔*in, with*〕.

òver·abóund 〖《*c*1390》〗 *vi.* 極度に多い; 多過ぎる,

òver·abúndance 〖《*c*1390》〗 **—** *n.* あり余るほどの多数[多量]; 過多, 過剰 (superfluity): An ~ *of* money will make one lazy. 金があり余ると人はなまけ者になる. **òver·abúndant** *adj.*

òver·achíeve 〖《逆成》↓〗 *vt.* 期待以上にりっぱに〈目的を〉達成する. **—** *vi.* 期待以上に好成績をあげる.

òver·achíever *n.* 標準[期待]以上の成功を収めた[成績をあげた]人[学生], 敏腕家, 腕っこき.

òver·áct *vt.* 〈役割などを〉誇張して演じる (overplay). **—** *vi.* **1** やり過ぎる, 極端に走る (overdo). **2** 誇張した演技をする, 演出過剰に陥る. **òver·áction** *n.*

òver·áctive *adj.* 余り活動し過ぎる, 活躍し過ぎる. **òver·actívity** *n.*

òver·áge¹ *adj.* **1** 制限[通常]年齢を越えた, 年を取り過ぎた: be ~ for the draft 徴兵年齢を越している. **2** 老朽の: an ~ ship (耐用年数を越えた)老朽艦[船].

o·ver·age² [óuv(ə)rɪdʒ｜ə́u-] 〖← OVER+-AGE〗 **—** *n.* **1** 商品の過剰生産量 (surplus); 過剰供給 (↔shortage). **2** 従来の在庫品記録を超過した生産分の見積り価格; 見積り以上の生産額.　「張り切りすぎる.

òver·aggréssive *adj.* 攻撃的すぎる; 積極的すぎる,

o·ver·all 〖OE *ofer ealle* (adv.) everywhere〗 **—** [⌐—⌐] *adj.* **1** 端から端までの, 全長の: the ~ length of a bridge [ship] 橋[船]の全長. **2** 一切を含む, 全部の, 総合的な: the ~ composition of a picture / ~ efficiency 全[総合]効率 / an ~ estimate 総合的な見積り, 総評価 / ~ inflation 全面的インフレ. **—** [⌐—⌐] *n.* **1** [*pl.*] **a** オーバーオール, つなぎ(服)《胸当てと肩紐付きのズボン; デニムなどしっかりした布地で作る》. **b**《古》(仕事をする時にズボンの上にはいたゆったりした)上ばきズボン. **c**《英》騎兵ズボン. **2**《英》(医師・実験員・婦人・子供などが衣服の上に着る)上張り, 仕事着, スモック (《米》 coveralls). **—** [⌐—⌐] *adv.* **1** どこ(で)でも (everywhere). **2** 全体として. **3** 端から端まで(で), 全体で, 全長で.

overall 1 a

óver-and-únder *n.* 銃身が上下に重なった二連銃.

òver·ánxious 〖《1741》〗 *adj.* 心配し過ぎる. **~·ly** *adv.* **òver·anxíety** *n.*

òver·árch *vt.* **1** …の上にアーチを掛ける[渡す]. **2** 支配する, …に対して決定権をもつ (dominate). **—** *vi.* (アーチのように)掛かる, 渡る.

òver·árching *adj.* **1** 頭上に(アーチ状に)掛かる. **2** すべてを従える, 支配的な (dominant).

óver·àrm *adj.* **1**〖野球・クリケット〗上手から投げおろす, オーバーハンドの[でする] (overhand)《腕を肩より上に上げて投げる; cf. round-arm, underhand》. **2**〖水泳〗抜手を使う: an ~ stroke 抜手 / the single [double] ~ stroke 片[両]抜手. **—** *adv.* **1**〖野球・クリケット〗オーバーハンドで. **2**〖水泳〗抜手で[を使って]. **—** *n.*〖機械〗上腕(うで), オーバーアーム《横フライス盤の主軸の上部にある腕》.

òver·asséssment *n.* **1** 過大査定[評価]. **2** 過大査定[評価]されること[ている状態].

òver·áwe 〖《1579》: E. Spenser の造語〗 *vt.* 威圧する, おどしつける: ~ a person *into* submission 人をおどして屈服させる.

over·balance [⌐—⌐—] *vt.* **1** …に重量[価値, 重要さ]でまさる (outweigh). **2** [しばしば ~ one*self* で] …の中心[平衡]を失わせる: He ~*d himself* and fell down. バランスを失くして倒れた. **—** *vi.* 平衡を失う, (平衡を失って)倒れる (fall). **—** [⌐—⌐—] *n.* 超過(量): the ~ of exports 輸出超過, 出超.

òver·béar 〖《*c*1390》〗 **—** *v.* (**-bore**; **-borne**) **—** *vt.* **1 a** (重み・力などで)押し付ける. **b** …に重圧を加える, 威圧する, 圧倒する (domineer); 負かす (overcome). **2** 〈意見・反対などを〉抑えつける, 捨てさせる, 変えさせる, ひっくり返す (overrule). **3** …に重要性[説得力, 性能]の点でまさる. **4**〖海事〗〈船が〉〈他船〉より帆の力が強く早く走れる. **—** *vi.* (健康をそこねるまでに)多産する; 〈果樹が〉(樹勢が衰えるほど)実る.

òver·béaring *adj.* **1 a** 威圧的な, 高圧的な. **b** 威張る, 横柄な (haughty), 横暴な (domineering). **2** 最も重要な, 最優先の (dominant). **~·ly** *adv.*

over·bid [⌐—⌐] *v.* (**-bid**; **-bid·ding**) **—** *vt.* **1** 〈人〉より高値をつける (outbid). **2** 〈物〉の値打ち以上の高値をつける. **3**〖トランプ〗**a** (ブリッジで)〈自分の手を〉オーバーに吹く[ビッドする]《自分の手で実際に取れそうなトリック (trick) 数より多めにビッドする》. **b**《誤用》=overcall 1. **—** *vi.* **1** (実際の値打ち以上に)高値をつける. **2**〖トランプ〗**a** (ブリッジで)オーバーに吹く (*cf. vt.* 3 a). **b**《誤用》=overcall 1. **—** [⌐—⌐] *n.* **1** (せりで他よりも上につける)高値. **2**〖トランプ〗**a** (ブリッジで)吹き過ぎ, 上げ過ぎ《高過ぎるビッド; ↔underbid》. **b**《誤用》=overcall 1.

òver·bídder *n.*〖トランプ〗(ブリッジで)常に高めのビッドをする傾向の人; 強気なプレイヤー.

óver·bìte *n.*〖歯科〗オーバーバイト《下顎前歯を上顎前歯が被蓋する咬み合わせの状態; その被蓋の程度》.

óver·blòuse *n.* オーバーブラウス《すそをスカートやスラックスのウエストバンドの外側に出して着る》.

òver·blów 〖《*c*1385》〗 **—** *v.* (**-blew**; **-blown**) **—** *vt.* **1** 〈風・砂・雪などが〉(吹きおおうように)…の上に吹きつける, の頭上を吹き通る, 吹き渡る. **2**〖音楽〗〈管楽器などを〉上音 (overtone) が出るように吹く; 〈管楽器などを〉強く吹き過ぎる. **3 a** 〈物語・話などを〉誇張する, (必要以上に)哀れっぽく[大げさに]話す. **b** 肥大させる (swell). **4**《古》〈雲などを〉吹き飛ばす, 吹き散らす. **—** *vi.* **1**〖音楽〗(上音が出るように)管楽器を強く吹く. **2**《古》〈嵐などが〉吹きやむ; 〈怒りなどが〉静まる, 〈危険が〉去る. **3**《古》〖海事〗〈風が〉(トップスル (topsail) も揚げられないほど)吹きすさぶ.

òver·blówn¹ 〖(p.p.) ↑〗 **—** *adj.* **1** 〈嵐などが〉吹きやんだ; 吹き飛ばされた. **2 a** 〈人の体など〉堂々として大きな, 恰幅(かっぷく)のよい, 肥満した. **b** ふくれ上がった; 〈言葉・文体など〉大げさな, 誇張した: an ~ oratory 大仰な弁舌. **c** えらそうにした, うぬぼれた.

òver·blówn² 〖← OVER-+*blown* ((p.p.) ← BLOW²)〗 *adj.* **1** 〈花が〉満開を過ぎた: ~ cherry blossoms. **2** 〈美貌が〉盛りを過ぎた.

óver·bòard 〖OE *ofer bord*: ⇨over, board〗 **—** *adv.* **1** 船外へ, 船外に (cf. board *n.* 11 a), (船から)水中[海中]へ: fall ~ 船から(水[海]中に)落ちる / jump [leap] ~ 船から水中に跳込む / A man ~! 人が落ちた. **2**《米》(列車から)車外へ.
go overboard《口語》(1) 極端に走る (go to extremes). (2) 〔…に〕熱中する, 〔…を〕やたら[オーバー]にほめる 〔*for, about, on*〕: The critics *went* ~ *for* his novel. 批評家は彼の小説をやたらにもてはやした. ***throw overboard*** (1) 船から(水[海]中に)投げ捨てる. (2) 〈規則・主義などを〉見捨てる, 放棄[遺棄]する (discard).

òver·bóld *adj.* 無鉄砲な, 軽率な (rash); 大胆過ぎる (too bold); ずうずうしい (impudent).

òver·bóok 〖← OVER-+BOOK (v.)〗 *vt.* 〈旅客機・ホテルなど〉に定員以上の予約をとる. **—** *vi.* 定員以上の予約を受付ける.

óver·bòot *n.* [通例 *pl.*] =OVERSHOES.

òver·bóught *adj.* 〈証券などが〉(買い過ぎの結果)異常に高値になった (cf. oversold): ~ stocks.

óver·brìdge *n.*《英》〖鉄道〗跨(こ)線橋 (overpass).

òver·brím *v.* (**-brimmed**; **-brim·ming**) **—** *vi.* 〈液体が〉(容器から)こぼれる (overflow); 〈容器が〉あふれる(ほど一杯になる): an ~*ming* cup なみなみとつがれた杯 / fill to ~*ming* こぼれそうになるほどつぐ. **—** *vt.* …からこぼれる; こぼれさせる, …にこぼれそうになるほどつぐ: The liquor ~*med* the cup. 酒がカップからあふれ出た.

òver·búild *v.* (**-built**) **—** *vt.* **1** …の上に建てる. **2 a** 〈ある地域〉に家を建て過ぎる: an *overbuilt* part of a town 都市の家屋の立て込んでいる地域. **b** [しばしば ~ one*self* で] …にとって必要以上に多く[大きく, りっぱに]建てる: Such a person is apt to ~ *himself.* そのような人はえてして身分不相応な家を建てたがる. **—** *vi.* 必要以上に家を建てる.

over·burden [⌐—⌐—] *vt.* …に〔荷・責任などを〕負わせ過ぎる〔*with*〕: trees ~*ed with* fruit 枝もたわわに実った木 / be ~*ed with* work 仕事が重すぎる. **—** [⌐—⌐—] *n.* **1** 過重の荷物, 重荷; 過度の負担. **2**〖鉱山〗表土, 被(かぶ)り《鉱床をおおう不要の土砂や岩石; capping ともいう》.

óver·búrdensome *adj.* 荷が重過ぎる, 過重の.
óver·búsy *adj.* (-bus·i·er ; -i·est) **1** 忙し過ぎる. **2** おせっかいきわまる, 干渉し過ぎる.
òver·búy 〘《c1430》〙 ── *v.* (**-bought**) ── *vt.* 多量に買い過ぎる ; 必要以上に買い込む : The market is *overbought.* 大量の投機買いで証券価格が過度に上っている. ── *vi.* (資力以上に)物[株]を買い過ぎる.
òver·cáll 〘トランプ〙 *vt.* **1** (ブリッジで)〈敵方または敵方のビッド (bid)〉にかぶせる, より高いビッドをする : ～ the North's 1 diamond with 2 clubs ノース(北家)のワンダイヤにかぶせてツークラブという. **2** 《英》 =overbid 3 a. ── *vi.* (敵方に)かぶせてビッドする. ── *n.* 《英》 **1** 〘トランプ〙 オーバーコール《ブリッジでオープンしない側の最初のビッドをいい, ある限度内の手の強さを示す; cf. open *vt.* 13》. **2** =overbid 2 a.
overcame *v.* overcome の過去形.
òver·cánopy *vt.* **1** …の上に天蓋を作る. **2** 天蓋でおおう ; (天蓋のように)…にかぶせる. 「生産能力.
òver·capácity *n.* 〘経済〙 (設備過剰などによる)過剰
òver·cápitalize *vt.* 〈会社〉にその収益力に比べて過大な資本をもたせる, 〈会社〉の資本を過大に評価する. **òver·capitalizátion** *n.*
óver·càre *n.* 過度の用心, 取越し苦労.
òver·cáreful *adj.* 案じ過ぎる, 取越し苦労の.
òver·cást[1] 〘《?a1200》〙 ── *v.* (～) ── *vt.* **1** [しばしば p.p. 形で] **a** 雲でおおい隠す (overcloud) : The sky was immediately ～. 空が急に曇ってきた. **b** 暗くする, 陰鬱にする (darken) : a face ～ *with* sorrow 悲しみで曇った顔. **2** 〘服飾〙 (布地の切り端がほつれないように)〈へりを〉斜めに糸でかがる. **3** 〘製本〙 **a** 〈折丁を〉重ねかがり綴じする. **b** 〈ペラものを〉からげ綴じする (whipstitch). **4** 〘釣〙 〈目標〉以上に釣糸を投げる. ── *vi.* 曇る, 暗くなる : It is ～*ing for* rain. 空が暗くなって一雨きそうだ.
over·cast[2] [ー⌒ー, ー⌒ー] 〘(p.p.) ↑〙 ── *adj.* **1 a** 〈空が〉一面に曇った : an ～ sky / an ～ night 空一面にかき曇っている夜. **b** 暗い (dark) ; 陰気な, 憂鬱な (sad) : an ～ countenance 暗い陰を宿した表情. **2** 〘気象〙 本曇りの《空が 95% 以上雲でおおわれた》. **3** 〘服飾〙 裁ち目をかがった. ── [ー⌒ー] *n.* **1 a** 一面に広がった雲. **b** 〘気象〙 曇り, 本曇り《天気図記号 ●》. **2 a** 高架道を支える支柱[アーチ]. **b** 〘鉱山〙 頭上の坑道をささえるアーチ形の構造. **3** 〘服飾〙 糸を斜めにかがること, 裁ち目かがり. **4** 〘釣〙 釣糸の投げ過ぎ.
óver·càsting *n.* 〘服飾〙 裁ち目かがり.
óvercast stítch *n.* 〘服飾〙 裁ち目かがり, (裁ち端がほつれないようにかがる装飾的な)ふちかがり.
òver·cáution *n.* 過度の用心, 用心のし過ぎ. 「*adv.*
òver·cáutious *adj.* 用心深過ぎる, 小心な. **～·ly**
òver·cértify *vt.* 〘銀行〙 〈小切手〉の過払いを保証する《銀行が勘定口座の預金残高を超過する銀行小切手を発行する》. **òver·certificátion** *n.*
over·charge 〘《c1303》〙 ── [ー⌒ー] *v.* ── *vt.* **1 a** 〈人・物〉に対して法外な代金を請求する : ～ a foreigner 外国人に物を高く売る. **b** 〈ある金額を〉付け掛けする. **2 a** …に〈荷を〉積み過ぎる (overload) ; 一杯にし過ぎる 〔*with*〕. **b** …に充電し過ぎる, 過充電する ; 〈銃砲〉に過装填する, 装薬し過ぎる. **3 a** 〈表現を〉誇張する ; 大げさに言う : ～ a lecture. **b** 《古》 〈描写など〉にこまごまとした事を入れ過ぎる. ── *vi.* **1** 法外な請求をする, ひどくふっかける. **2** 充電し過ぎる. **3** 荷を積み過ぎる. ── [ー⌒ー, ー⌒ー] *n.* **1** 法外な値段[高値]; 法外な請求, 過剰請求. **2 a** 積過ぎ ; 積荷過重. **b** (弾薬の)過装填 ; 超過装入. **c** 過充電.
óver·chèck[1] 〘← OVER (adj.)+*check*(*rein*)〙 *n.* (馬の頭の両耳の間を通して馬の首を下げさせないための)止め手綱.
óver·chèck[2] *n.* **1** 二重格子縞(ごうし)《二種の異なる格子模様が重り合っている柄》. **2** 二重格子縞の布地.
óver·clòthes *n. pl.* (他の着物の上に着る)外衣.
òver·clóud *vt.* **1** 曇らす. **2** 陰気にする, 〈人〉の心を暗くさせる ; ぼんやりさせる (obscure). ── *vi.* **1** 曇る ; 暗くなる. **2** 陰気になる.
óver·còat 〘《1848》〙 ── *n.* **1** 外套, オーバーコート. **2** (表面の保護・防錆のための)上塗り(塗料), オーバーコート. ── *vt.* …にオーバーコートを塗る.
óver·còating *n.* **1** 外套布地. **2** =overcoat 2.
o·ver·come [òuvəkʌ́m | àuvə-] 〘OE *ofercuman* : ⇨ over-, come : cf. Du. *overkomen* / G. *überkommen*〙 ── *v.* (**over·came** [-kéɪm] ; **-come**) ── *vt.* **1 a** 〈敵を〉征服する (conquer), 負かす (defeat) : be ～ by numbers 数[多勢に無勢]で負かされる. **b** 〈障害・反対・誘惑など〉に打ち勝つ, 克服する (surmount) : ～ temptations [difficulties] 誘惑[困難]に打ち勝つ / He was ～ by their entreaties. とうとう彼らに拝み倒されてしまった / Be not ～ of evil, but ～ evil with good. 悪に勝たるることなく善をもて悪に勝て (*Rom.* 12 : 21). **2** [通例 p.p. 形で] (精神的・肉体的に)圧倒する, 参らせる (overpower) 〔*with, by*〕 : be ～ *with* liquor 酔いつぶれる / be ～ *with* sorrow [grief] 悲嘆に暮れる / be ～ *by* hunger [lack of sleep] 飢え[寝不足]で参ってしまう. **3** 《古》 一面におおう (overspread). ── *vi.* **1** 勝つ (win). **2** 《方言》 (失神後)意識を取り
ò·ver·cóm·er *n.* 「戻す.
òver·commít *vt.* 過度に掛かり合う : ～ oneself 深入りしすぎる. **～·ment** *n.*
òver·cómpensate *vt.* …に過大な償いをする. ── *vi.* 〘精神分析〙 過(剰)補償をする.
òver·compensátion *n.* 〘精神分析〙 過補償, 過剰補償《パーソナリティーのある弱点を補うために他の特性を極度に発達させようと努力すること》. **òver·compénsatory** *adj.*
òver·cónfidence *n.* 自信過剰.
òver·cónfident *adj.* 自信があり過ぎる ; うぬぼれの強い. **～·ly** *adv.*
òver·cóoked *adj.* 煮過[焼き過]ぎた.
òver·corréct *vt.* **1** 過度に矯正[訂正]する. **2** 〘光学〙 〈収差を〉過修正する.
òver·corréction *n.* **1** 〘言語〙 直しすぎ (⇨ hypercorrection). **2** 〘光学〙 (レンズの収差の)過修正.
òver·credúlity *n.* 極端な軽信, 過信.
òver·crédulous *adj.* 余りにも軽々しく信じ込む.
òver·crítical *adj.* 極端に批判的な ; 酷評する (hypercritical). **～·ly** *adv.* 「地を〉疲れさせる.
òver·cróp *vt.* (**-cropped** ; **-crop·ping**) 連作して〈土
óver·cròssing *n.* =overpass 2. 「圧倒する.
òver·crów *vt.* **1** …に勝ち誇る. **2** …に打ち勝つ ;
òver·crówd *vt.* [通例 p.p. 形で] 〈狭い地域・場所など〉にはいり切れないほど人[物]を入れる, 超満員にする (cf. overcrowded) : ～ a bus バスをぎゅうぎゅう詰めにする / That part of the town is ～*ed.* 町のその部分は人口過密だ / Most professions are ～*ed.* たいていの職業は人が多すぎる / The garden was ～*ed with* sightseers. 庭園は観光客であふれるほどだった. ── *vi.* 余りに多くはいり込む, 込み合っている.
òver·crówded *adj.* **1** 込み合っている, 超満員の : an ～ train 鈴なりの列車 / an ～ theater 超満員の劇場. **2** 人[物]があふれている ; 人員過剰の : an ～ district, profession, etc. / one's ～ mind (頭の中が一杯で)ものを考えるゆとりもない心.
òver·crúst *vt.* 外皮[皮殻]で包む.
òver·cúrious *adj.* **1** 好奇心が強すぎる, 余りに穿鑿(せんさく)好きな. **2** 《廃》 気むずかし過ぎる. **òver·curiósity** *n.* **～·ly** *adv.* **～·ness** *n.*
óver·cùrrent *n.* 〘電気〙 過電流.
óver·cútting *n.* オーバーカット《レコードの録音で, 溝の切込み幅が隣りの溝に影響するほど大き過ぎること》.
òver·dáring *adj.* 大胆すぎる. **～·ly** *adv.*
óver·dàte *n.* **1** (もとの日付の跡がうかがえる貨幣面の)変更日付. **2** 変更日付の押された貨幣.
òver·déar 〘《1483》〙 *adj.* 極めて高価な ; 高過ぎて手が届かない.
òver·délicate *adj.* 微妙[敏感, 上品, 優雅, デリケート]過ぎる. **òver·délicacy** *n.*
òver·detérmined *adj.* **1** 決意の固過ぎる, 断固としすぎた. **2** 〘心理〙 重複決定の.
òver·devélop *vt.* **1** 過度に発達させる. **2** 〘写真〙 〈写真〉の現像を過度にする, かぶらせる. **～ment** *n.*
òver·dó 〘OE *oferdōn* : ⇨ over-, do[1]〙 ── *v.* (**-did** ; **-done**) ── *vt.* **1** [しばしば p.p. 形で] **a** 度を越してやり[使い]過ぎる, 極端に走らせる : His politeness is ～*ne.* 彼の丁寧さはばか丁寧というものだ / The joke [sarcasm] is ～*ne.* 冗談[皮肉]が過ぎる. **b** 〈役割などを〉誇張してやる ; 誇張する : ～ one's part 役を大げさにやる / The comic scenes were ～*ne.* 滑稽な場面はわざとらしかった[鼻についた]. **2** 〈精力などを〉精一杯に使う, 〈人・体・動物を〉無理に使う ; [通例 p.p. 形または ～ *oneself* で] へとへとにさせる, 疲労させる : ～ a horse 馬を酷使する / ～ *oneself* [one's strength] 心身を使い過ぎる, 無理をする / be ～*ne with* one's work 仕事をしてへとへとに疲れてしまう. **3** [通例 p.p. 形で] 煮過ぎる, 焼き過ぎる (cf. do[1] *vt.* 4). ── *vi.* やり過ぎる, 度を越す.
***overdo it* [*things*]** (1) 極端に走る ; (いや味のあるほど)誇張する. (2) 目的のためにはどんな事でもする. (3) 働き過ぎる, 過労になる.
òver·dóminance *n.* 〘生物〙 超優性《ある対立遺伝子の異型接合体が同型接合体よりもずっとよく適応した表現型を示すこと》. **òver·dóminant** *adj.*
òver·dóne 〘OE *oferdōn* (p.p.) : ⇨ overdo〙 ── *adj.* **1** 〈ステーキなど〉焼き過ぎた ; 煮過ぎた : an ～ steak. **2** 過度の, 誇張した (excessive) : an ～ smile 作り笑い. **3** 疲れ切った, へとへとになった (exhausted) : He looked rather ～. かなり疲れている様子だった.
óver·dòor *n.* 〘建築〙 戸[扉口]上部の装飾. ── *adj.* 戸[扉口]の上部にある : an ～ light.
òver·dósage *n.* 〘医学〙 (薬剤の)過剰投与, 過量服用.
over·dose [ー⌒ー] *n.* (薬剤の)過量 〔*of*〕.
── [ー⌒ー] *vt.* **1** 〈薬を〉過剰投与する. **2** 〈人・動物〉に薬を過剰投与する.
óver·dràft *n.* **1** (手形の)過振(かぶり), 当座貸越《銀行の許可の下に預金者が銀行あてにその預金高以上の手形を切ること》; 過振[当座貸越]額. ★ この意味では《英》でも overdraught の形を用いない. **2** 炉火の上方を通る通風. ★ 特にこの意味では《英》では overdraught の形を用いる. **3** (れんがを焼きのかまのように)炉の上部から底部へ通る通風 ; その装置. **4** 〘金属加工〙 圧延そり《上ロールの回転が下ロールよりも遅いため圧延されたものが上向きに曲がる現象; cf. underdraft》.
óver·dràpe *n.* 〘家具〙 オーバードレープ《薄地のカーテンの上に主として装飾用に使う厚地のカーテン》.
óver·dràught *n.* 《英》 =overdraft.
òver·dráw *v.* (**-drew** ; **-drawn**) ── *vt.* **1** 〈弓などを〉引き過ぎる. **2** 誇張して描く[述べる] ; 大げさに言う. **3** 〘金融〙 〈預金者が〉〈預金を〉過振(かぶり)する ; 〈預金〉の超過引出しをする : ～ an account (当座)預金の借り越しをする. ── *vi.* **1** 〈ストーブなどが〉吸込みが良すぎる. **2** 〘金融〙 過振をする, 当座借越しする. **3** 〘トランプ〙 (blackjack などで) どぼんになる《札を引きすぎて 21 を越えてしまう ; cf. bust[2] 3》.
òver·dráwn *adj.* **1** 〈話など〉誇張した, 大げさな : give an ～ description of …を大げさに述べる[書く]. **2** 〘金融〙 **a** 〈手形が〉過振(かぶり)の, 〈当座預金など〉貸越しの, 借り越しの, 貸越しの : an ～ account 当座貸越勘定. **b** 〈預金者が〉借り越しの : You are ～. あなた(の勘定)が貸越しになっています.
over·dress [ー⌒ー] *vt.* けばけばしく着飾る ; 過度に着せる : She often ～*es* herself. 彼女はよくきらびやかに着飾る / an ～*ed* lady けばけばしく盛装した婦人. ── *vi.* 過度に着(飾)る. ── [ー⌒ー] *n.* オーバードレス《下に着ている服を見せるように作ったドレス》.
òver·drínk 〘OE *oferdrincan* : ⇨ over-, drink〙 ── *v.* (**-drank** ; **-drunk**) ── *vt.* [～ *oneself* で] 飲み過ぎる, 飲み過ぎて体をこわす : He often ～*s himself.* よく飲み過ぎる. ── *vi.* 飲み過ぎる.
over·drive 〘OE *oferdrīfan* to drive away : ⇨ over-, drive〙 ── [ー⌒ー] *vt.* (**-drove** ; **-driven**) **1** 〈人を〉使い過ぎる ; 酷使する. **2** 〈自動車などを〉過度に駆使[運転]する. ── [ー⌒ー] *n.* 〘自動車〙 オーバードライブ, 増速駆動《エンジンの回転速度より高い回転速度をプロペラシャフトに伝達するギヤ》.
òver·dúb *vt.* (**-dubbed** ; **-dub·bing**) 多重録音する《一度録音したレコード・テープなどに, 別の音・声・音楽などを重ねて録音する》.
òver·dúe 〘《1845》〙 ── *adj.* **1 a** (支払いの)期限が過ぎた, 未払いの : an ～ check. **b** 〈列車・汽船など〉定刻に遅れた, 延着した (delayed). **c** 前から懸案になっている, 待つこと久しい, さんざんおあずけをくった. **2** 機が熟し過ぎた, 遅きに失した, 十二分に用意のできている. **3** 必要以上の, 過度の (excessive).
òver·dýe *vt.* (**-dyed** ; **-dye·ing**) **1** 染め過ぎる. **2** 染めかえる, 再染する. 「*adv.* **～·ness** *n.*
òver·éager *adj.* 熱心過ぎる : be ～ *for* study. **～·ly**
òver·éat 〘《1599》: cf. OE *oferǣt* (n.)〙 ── *v.* (**-ate** ; **-eat·en**) ── *vi.* 暴食する, 食べ[食い]過ぎる. ── *vt.* [～ *oneself* で] 食べ過ぎる, 食べ過ぎて体をこわす : I have only ～*en myself.* 食べ過ぎただけです.
òver·éducate *vt.* 必要な程度以上に教育する, …に高等教育をし過ぎる : ～*d* society 過剰教育社会.
òver·elábörate *adj.* 凝り過ぎた, 念入り過ぎる. ── *vt.* …に手を入れ過ぎる. ── *vi.* 凝り過ぎる, 文章を推敲(すいこう)し過ぎる.
～·ness *n.* **～·ly** *adv.* **òver·elaborátion** *n.*
òver·émphasis *n.* 過度の強調, 強調のし過ぎ.
òver·émphasize *vt.* …に過度の強調を置く, 過度に強調する. ── *vi.* 強調し過ぎる.
òver·éstimate *vt.* 過大に見積る ; 過大評価する, 買いかぶる : ～ one's abilities 自分の力量を過信する. ── *n.* =overestimation. 「買いかぶり.
òver·estimátion *n.* 過大見積り, 過大評価, 過大視,
òver·excíte *vt.* …に刺激を与え過ぎる, 過度に興奮させる. **～·ment** *n.*
òver·exért *vt.* [しばしば ～ *oneself* で] 過度に出す, 努力し過ぎる : Don't ～ *yourself.* 無理をするな. ── *vi.* 努力し過ぎる, 無理をする. **òver·exértion** *n.*
òver·expánsion *n.* 〘機械〙 過膨張. 「*n.*
òver·expóse *vt.* **1** さらし過ぎる. **2** 〘写真〙 露光[露出]し過ぎる, 過度に露光[露出]する.
òver·expósure *n.* 〘写真〙 露光過度, 露出過度.
òver·exténd *vt.* **1** 拡大[拡張]し過ぎる. **2** [～ *oneself* で] (投資・債務などで)経済的に, 手を広げ過ぎる. **òver·exténsion** *n.*
óver·fàll *n.* **1** (運河やダムの水位が一定の高さに達した時の)落水個所[装置]. **2** (海底の)急深個所. **3** [通例 *pl.*] 〘海洋〙 湍潮(たんちょう)《水流が海底の障害または反対の水流に衝突して生じる海面のひときわ目立つざわめき》. **4** 《廃》 滝 (cataract).
òver·fastídious *adj.* 余りに気むずかしい, やかまし過ぎる. **～·ly** *adv.* **～·ness** *n.*
òver·fatígue *vt.* 過度に疲れさす, へとへとにする. ── *n.* 過度の疲労, 過労. **òver·fatígued** *adj.*
òver·féed *v.* (**-fed**) ── *vt.* 〈動物など〉に食わせ過ぎる : ～ an animal 動物に餌をやり過ぎる / ～ oneself 食い過ぎる. ── *vi.* 食い過ぎる.
óver·fìeld *n.* 〘数学〙 =extension field.
òver·fíll 〘OE *oferfyllan* : ⇨ over-, fill〙 ── *vt.* **1** あふれ出るほど満たす. **2** 入れ過ぎる, 詰め込み過ぎる (surcharge). ── *vi.* あふれそうになる.
òver·físh *vt.* 〈漁業区域を〉乱獲する, …の魚を取り過ぎる : ～ a stream. ── *vi.* 魚を乱獲する.
óver·flìght *n.* (特定の区域の)上空侵犯 ; (他国の)上空通過 ; 特定[規定]の領域から飛び出ること.
over·flow [ー⌒ー] 〘OE *oferflōwan* : ⇨ over-, flow〙 ── *v.* (～**ed** ; **-flown**) ── *vi.* **1 a** 〈川などが〉氾濫する ; 〈水などが〉こぼれる, あふれる : The lake was ～*ing.* 湖の水はあふれていた. **b** 〈容器〉の中の水(など)があふれる : The bucket ～*ed.* **2 a** 〈会場などが〉超満員となる : The hall was full to ～*ing.* 会場は超満員だった. **b** 〈人などが〉(ある場所から)あふれ出る : The audience ～*ed into* the passage. 聴衆は通路にあふれ出た. **3 a** 〔収穫・資金などで〕満ちあふれている, あり余るほどたくさんある (superabound) 〔*with*〕 : Banks are now ～*ing with* deposits. 銀行は今

あり余るほど預金を抱えこんでいる. **b** 〔感情などで〕一杯である, あふれ出る〔*with*〕: He [His heart] was *~ing with* sympathy. 同情の気持で一杯だった / *~ing with* high spirits はち切れるばかりの元気で.
— *vt.* **1 a** 〈川などが〉…に氾濫する (inundate): The lake *~ed* the meadow. 湖水があふれて牧草地を水浸しにした / The Nile *~s* its banks every year. ナイル川は毎年氾濫する. **b** …からあふれ出る: Wine *~ed* the brim. 酒がグラスのふちからあふれた. **2** 〈物・人が〉(はいり切らないで)…からあふれ出る: The goods *~ed* the warehouses. 商品は倉庫にはいり切れなかった[倉庫からはみ出し(ていた)] / The crowd *~ed* the house into the street. 群衆は家の外の通りにまであふれ出た. **3** あふれ(出)させる.
— [⏤⏤] *n.* **1** (河川の)氾濫; (容器などからの)あふれ出し, 流出; 流出量: the annual ~ of a river 川の毎年の氾濫. **2** (人口・商品などの)過剰 (superabundance): an ~ of population [goods]. **3** あふれた[流出した]物; (中にはいれないで)あふれた聴衆(など). **4** 排水路[口]. **5** 〘機械〙 =overflow pipe. **6** 〘詩学〙 句またがり (enjambment).
— [⏤⏤] *attrib. adj.* あふれ出る; 超満員の.

òver·flówing 〘OE *oferflowende*: ⇨↑, -ing²〙 — *adj.* **1 a** あふれ出る: an ~ cup (なみなみと酒を注いで)あふれるばかりの杯. **b** みなぎりあふれる: an ~ audience 会場にあふれる聴衆. **2** 〈感情など〉あふれるばかりの (exuberant): with ~ gratitude 胸一杯に感謝の念をこめて. **~·ly** *adv.* **~·ness** *n.*

óverflow méeting *n.* (会場にはいり切れなかった人々のために設ける)別[第二]会場での集会.

óverflow pípe *n.* 〘機械〙 オーバーフローパイプ《タンク・貯水池などの水位を一定に保つため, 余分な水を排除する管》.

òver·flý *v.* (**-flew; -flown**) — *vt.* **1** 〈特定の区域・他国などの〉上空を飛ぶ; …の上空を侵犯する. **2** 飛び越す. **3** …より早く[高く, 遠く]飛ぶ. — *vi.* 特定の区域の上を飛ぶ, 上空を侵犯する.

òver·flýing ríghts *n. pl.* 〘国際法〙 領空通航権.

óver·fòld *n.* 〘地質〙 過褶曲, 転倒褶曲, 押しかぶせ褶曲.

òver·fónd *adj.* 〔…を〕好き過ぎて[る], 可愛がり過ぎて[る] 〔*of*〕.

óver·frèight *n.* **1** 過重荷(かじゅうか) (overload). **2** [通例 over freight] 〘海事〙 うわ積み貨物《貨物運送状に記載された貨物の上に, 追加してうわ積みした貨物》.

òver·fulfíll *vt.* 〈計画・目標などを〉十二分に満たす, 早期達成する: ~ the norm.

òver·fulfíllment *n.* 予定上回り, 早期達成.

òver·fúll 〘OE *oferfull*: ⇨over-, full¹〙 — *adj.* **1** 充満した, 一杯過ぎる; 余りに気を取られた〔*of*〕: His writings seem ~ *of* idioms. 彼の文章は慣用句を多く使い過ぎているようである. — *adv.* 過度に, 過分に.

óver·gàrment *n.* 上着.

òver·gíld 〘(?c1200)〙 *vt.* (~·**ed**, **-gilt**) …にすっかりめっきをかける; ぴかぴかにする (varnish).

óver·glàze *n.* 〘窯業〙 (下釉の上にかける)上釉, (仕上げの)釉. — *vt.* **1** 〘窯業〙 〈陶器〉に上釉をかける; 一面に釉薬をかける. **2** (欠点などを隠すために)…に上塗りする. — *adj.* 〘窯業〙 仕上げ釉の[として用いられる]: ~ color 上絵具《施釉品の上に用いる絵具》.

òver·góvern 〘(*a*1470)〙 *vt.* 規則で束縛し過ぎる, 統制し過ぎる. **~·ment** *n.*

òver·gráze *vt.* 〈牧草地〉に過度に放牧する.

òver·gròund *adj., adv.* **1** 地上の[に(ある)]: an ~ route 陸路 / be still ~ まだ生きている. **2** 公けの[に], 公然[公式]の[に]. **3** =aboveground 3.

òver·grów 〘(?c1390)〙 *v.* (**-grew; -grown**) — *vt.* **1** [しばしば p.p. 形で] 〈雑草などが〉一面に生えて〈庭・畑・道・穴などを〉覆う, …にはびこる: The garden is *~n with* weeds. 庭には雑草が一面にはびこっている. **2 a** (成長して)〈服など〉より大きくなる: ~ a coat 大きくなって上着が着られなくなる / ~ one's strength 体ばかり大きくなってひょろひょろである. **b** [~ oneself で] 成長し過ぎる, (実際の体力の伴わない)異常な成長をする: The plant *overgrew itself*. その植物は丈だけがひょろひょろ伸びた. — *vi.* **1** 生え過ぎる, 伸び過ぎる, 広がり過ぎる: an *~ing* boy 背丈ばかり伸びる子供 / an *~ing* city 発展し過ぎる都市. **2** 草ぼうぼうになる, 雑草が生い茂る.

òver·grówn 〘(*a*1398) (p.p.) ↑〙 — *adj.* **1** (雑草などが)一面に生い茂った, 一面に茂り過ぎた: an ~ garden. **2 a** (年齢・体力などと不釣り合いに)育ち過ぎた; (大き過ぎて)不恰好な, ぶざまな: an ~ girl. **b** 異常[過度]な発展をとげた: an ~ city.

óver·gròwth *n.* **1** (場所・物の上に)一面に生えたもの. **2** 繁茂, はびこり; 育ち過ぎ, 太り過ぎ. **3** 〘医学・植物〙 異常増殖, 異常生長.

óver·hànd 〘(1579)〙 — *adj.* **1** 手を上から当てて持った. **2 a** 〘球技〙 手を肩より上に上げて投げる[打つ], オーバーハンドの (cf. underhand, round-arm): ~ bowling 〘クリケット〙 オーバーハンドの投球 / ~ service 〘テニス〙 オーバーハンドサービス / an ~ throw [delivery, pitching] 〘野球〙 オーバーハンドの投球. **b** 〘水泳〙 抜き手の: an ~ stroke 抜き手. **3** 〘服飾〙 (2枚の布の切り端を)たてにかがった.
— *adv.* **1** 手を上から当てて, 上から支えて. **2** 〘球技〙 手を肩より上に上げて, オーバーハンドで; 〘水泳〙 抜き手で. **3** 〘服飾〙 細かくたてかがりにして.
— *n.* **1** (テニスなどの)オーバーハンド(による)ストローク. **2** 《方言》 有利な地歩[形勢], 優勢.
— [⏤⏤] *vt.* 《米》〘服飾〙 たてかがりにする (oversew).

òver·hánded *adj.* =overhand.

óverhand knót *n.* 一重結び.

over·hang — [⏤⏤] *v.* (**-hung**) — *vt.* **1 a** …の上に掛かる, 上から…に掛かる: A dark cloud is *~ing* the summit. 黒い雲が山頂に掛かっている. **b** …へ突き出る, 張り出す: The tree *overhung* the brook. その木は川へ張り出していた / a cliff *overhung with* creepers 蔓草の這っている崖. **2** 〈危険・災害などが〉…に差し迫る, 切迫する, 脅かす (menace): Danger *overhung* him. 危険が彼の身に迫っていた / A pestilence is *~ing* the land. 疫病が国内を脅かしている. **3** 〘建築〙 〈ドアなどを〉吊り下げ式にする.
— *vi.* **1** 上に掛かる, 張り出している, 突き出ている: an *~ing* rock 頭上に突き出た岩. **2** 差し迫る: an *~ing* danger 差し迫った危険. — [⏤⏤] *n.* **1** 突き出し, 張出し. **2** 〘海事〙 (船首・船尾の水線外の)突出部分. **3** 〘航空〙 張出し. **4** 〘建築〙 (屋根・バルコニーなどの)張出し, オーバーハング. **5** 〘登山〙 オーバーハング《山で岩, 雪の塊りなどが張り出しているところ》. **6** 張出し[突出, オーバーハング]の程度[角度].

òver·háppy *adj.* 幸福過ぎる.

òver·háste 〘(*c*1385)〙 *n.* 急ぎ過ぎ.

òver·hásty *adj.* 余りに気早い, あわて過ぎた. **òver·hástily** *adv.*

o·ver·haul 〘(1626): cf. G *überholen*〙 — [òuvəhɔ́ːl | ə̀uvə-] *vt.* **1 a** 〈機械を〉分解点検[修理, 調整]する, オーバーホールする: ~ an engine. **b** 〘海事〙 解放検査をする: ~ a ship (禁制品を積み込んではいないか)船内をくまなく調べる. **2 a** 〈物事を〉徹底的に調査する: ~ the state of a business 事業状況を精査する. **b** 〈医師が〉〈患者〉の精密検査をする: He was *~ed* by a doctor. 医師の精密検査を受けた. **3** …に追いつく, 追い越す[抜く]. **4** 〘海事〙 〈索などを〉ゆるめる: ~ a rope 索を(引いていたのを反対の方に)ゆるめる / ~ (the blocks of) a tackle (索をもどして)引き詰まった両滑車を引き離す. — [⏤⏤] *n.* **1** 分解点検[修理, 調整], オーバーホール: undergo an ~ オーバーホールを受ける. **2** 〘海事〙 解放検査.

over·head 〘(*a*1300): cf. OE *ofer hēafod* one with another〙 — [⏤⏤] *adv.* **1 a** 頭上に, 高い所に; 空に, 天頂に: *Overhead* was a cloud. 空には雲がかかっていた / The L [El] rumbles ~. 《米》 高架鉄道が頭上を轟々(ごうごう)と通る. **b** 階上に (upstairs). **2** 頭まで隠れるように: plunge ~ into the water 頭からざぶんと水の中へ飛び込む. — [⏤⏤] *adj.* **1 a** 頭上の; 頭上を通過する, 高架の: ~ wires 架空線 / ~ clearance 頭上空隙 / ⇨ overhead railway / the stars ~ 頭上の星. **b** 階上の: the people in the room ~ 階上の部屋の人たち. **2 a** 〘機械〙 頭上式の《駆動機構が被駆動部より上方にある》. **b** 《米》 〈ドアが〉捲上げ式の《車庫のシャッターなど》. **3** 〘会計〙 **a** 一切を含めた, 総… (general): ⇨ overhead costs. **b** 諸掛り込みの: ~ prices 総費用込み値段, 諸掛り込み値段. **4** (テニスなどで)オーバーハンドの, 頭上から振りおろす.
— [⏤⏤] *n.* **1** [《英》では *pl.*] 〘会計〙 =overhead costs. **2** 〘海軍〙 天井 (ceiling); (特に船室の)天井. **3** (テニスなどで)スマッシュ《頭上から振りおろす強打》. **4** 《米北・中部》 (納屋の)干草置場 (haymow).

óverhead condúctor *n.* 〘電気〙 架空電線, 架線.

óverhead cósts *n. pl.* 〘会計〙 =indirect costs.

óverhead éarth [gróund] wìre *n.* 〘電気〙 架空地線《送電鉄塔の先端などに張ったアース線》.

óverhead projéctor *n.* オーバーヘッドプロジェクター《講演者が透明なプラスチック板などの上にかかれた文字や図を自分の背後にある大きいスクリーンに写し出して聴衆に見せる装置》.

óverhead ráilway *n.* **1** 《英》 高架鉄道, 懸垂鉄道 (《米》 elevated railroad [railway]). **2** 《米》 他の線路の上を鉄橋によって交差する鉄道.

óverhead válve *n.* 〘自動車〙 頭上弁《シリンダーヘッドに設けた弁; 略 o.h.v.》.

òver·héar 〘OE *oferhīeran* 《廃》 not to listen, to disobey: 現在の意味は 16 世紀からで ← *hear over* (⇨ hear (v.) 成句) と思われる〙 — *v.* (**-heard**) — *vt.* 〈人の言葉を〉偶然に聞く, 〈人〉の話していることをふと聞く; (いつとはなしに)立聞きする: ~ a whisper / I *~d* him saying so. 彼がそう言っているところを偶然に聞いた. — *vi.* (偶然に)立聞きする.

òver·héat 〘(*a*1398)〙 — *vt.* **1** 熱し過ぎる, 過熱させる. **2** [通例 p.p. 形で] 過度に熱中させる, 異常に興奮させる. — *vi.* 〈機関などが〉過熱する. — *n.* **1** 過熱(状態), オーバーヒート. **2** 異常な熱情, 過度の興奮.

óver·hùng dóor *n.* 吊戸.

O·ver·ijs·sel [òuvəráisəl | ə̀u-; *Du.* óːvərɛisə(l)] *n.* オーヴェルアイセル(州)《オランダ東部の州; 人口 993,000, 面積 3,927 km², 首都 Zwolle [zwɔ́lə]》.

òver·indúlge *vt.* **1** 甘やかし過ぎる, 放任し過ぎる: ~ oneself わがままの放題をする, 放縦の限りを尽くす. **2** …に耽(ふけ)り過ぎる. — *vi.* **1** 思うまま[わがまま, 勝手]に振舞う. **2** 夢中にな(りすぎ)る〔*in*〕. **òver·indúlgent** *adj.*

òver·indúlgence *n.* 甘やかし過ぎ(ること), 過度の放任; わがまま, 放縦; ふけり過ぎ, 耽溺(たんでき).

òver·infórm *vt.* …に過剰な報告[情報]を提供する.

òver·insúrance *n.* 〘保険〙 超過保険.

òver·interpretátion *n.* 過剰解釈(による説明・演奏など), 拡大解釈.

òver·íssue *n.* **1** (紙幣・株券などの)乱発, 限外発行; 限外発行額. **2** 売れ残り[配り残り]印刷物(部数).
— *vt.* 〈紙幣・株券を〉乱発する, …の限外発行をする.

òver·jóy *vt.* [通例 p.p. 形で] 大いに喜ばせる (delight): be *~ed at* [*with*] the news その報道に狂喜する / The children were *~ed to* see me [*at* seeing me]. 子供らは私を見て大喜びした.

òver·jóyed *adj.* 大喜びの, うれしくてたまらない: ~ children.

òver·júmp *vt.* **1** 跳び越える. **2** …より遠くまで跳ぶ, 跳び過ぎる. **3** 略す (omit), 無視する (ignore).

over·kill [⏤⏤] *n.* **1 a** (核兵器保有国の)過剰殺戮(さつりく)[破壊](力); 殺戮[破壊]の過剰量. **b** 過剰殺害[殺戮]. **2** 過剰: a propaganda ~ 宣伝過剰 / an ~ *in* electric appliances 電気製品の過剰. **3** 《口語》 極端な処置.
— [⏤⏤] *vi., vt.* (…に対して)過剰殺戮[破壊]を行なう.

òver·kínd 〘(1476)〙 *adj.* 親切過ぎる, おせっかいをやき過ぎる. **~·ly** *adv.* **~·ness** *n.*

óver·knèe *adj.* 〈靴下・長靴など〉膝(ひざ)の上まで届く.

òver·lábor *vt.* **1** 過度に働かせる (overwork). **2** …に念を入れ過ぎる.

òver·láde 〘(*c*1386)〙 — *v.* (**-lad·ed; -lad·en, -lad·ed**) — *vt.* [通例 p.p. 形で] …に積み過ぎる〔*with*〕: a person *~n with* work し切れないほどたくさん仕事をしょい込んでいる人.

òver·láden 〘(15C) (p.p.) ↑〙 *adj.* (荷物など)積み過ぎた, (仕事などし切れないほど)しょい込んだ: an ~ horse 荷を積み過ぎた馬.

o·ver·land [óuvəlæ̀nd, -lənd, òuvəlǽnd | ə̀uvəlǽnd, ⏤⏤] *adv.* 陸上を[で], 陸路を[で]: travel ~ 陸路を行く. — [óuvəlæ̀nd, -lənd | ə́uvəlæ̀nd] *adj.* 陸上[陸路]の: an ~ journey 陸の旅. — [óuvəlæ̀nd, -lənd | ə́uvəlæ̀nd] 《豪》 *vt.* 〈羊などを〉追って陸路を行く. — *vi.* 羊などを追って陸路を進む.

ó·ver·lànd·er *n.* **1** 陸を行く者; 渡り鳥, 放浪者. **2** 《豪》 羊などを追って陸路を行く者.

óverland róute *n.* **1** [the ~] 《英》 陸上インド通路《昔喜望峰を回って行くのに対して, フランスを縦断して Marseilles に出て地中海を通って Suez に渡り, そこから紅海を通ってインドに達した経路》. **2** 《米》 Rocky 山脈を越えて大西洋岸から太平洋岸に至る通路. **3** (一般に)陸路.

óverland stáge *n.* 《米》 19 世紀中頃に米国西部地方へ旅客を運んだ駅馬車.

over·lap [⏤⏤] *v.* (**-lapped; -lap·ping**) — *vt.* **1** …に重なる, …の上におおい掛かる (overlie). **2** …と部分的に一致する, かちあう, 重複する: History and geography often ~ each other. 歴史と地理は互いに重複することが多い. — *vi.* **1** (空間的に)部分的に重なる. **2** (時間的に)部分的に一致する, かちあう, 重複する〔*with*〕: Your visit will just ~ *with* mine. 君と私の訪問はちょうど同じころになるだろう.
— [⏤⏤] *n.* **1** (瓦のような)重なり, 瓦合わせ; 部分的重複, 重複した部分. **2** 〘映画・テレビ〙 オーバーラップ《一画面が次の画面へ一部分重なって写ること; cf. dissolving view, lap dissolve》. **3** 〘地質〙 オーバーラップ《陸地の沈降・海面の上昇によって海岸線が陸方向に前進し, 古い堆積物の上を新しい堆積物が覆う現象; onlap ともいう; cf. offlap》.

òver·lárge *adj.* 大き過ぎる.

over·lay 〘(*a*1325)〙 — [⏤⏤] *vt.* (**-laid**) **1** 〈ある物を〉(他の物の)上に置く[載せる] (superimpose); 覆う (cover); (覆って)見えなくする. **2** [しばしば p.p. 形で] (装飾のために)…に上塗りする (coat); …に着せる, 張る; めっきする〔*with*〕: be *overlaid with* drapery 掛け布が掛けてある / wood richly *overlaid with* gold and ivory 金や象牙のりっぱな細工を張り付けた木材. **3** 《古》 圧倒する, 制圧する. **4** 〘印刷〙 上張りする, 胴むらとりする. **5** =overlie. — [⏤⏤] *n.* **1** 上敷き, 上掛け. **2** (装飾用の)上張り, きせ板, 張付け, めっき: an ~ of gold 金の上張り; 金めっき. **3** 上紙《写真などにかぶせて訂正・指示を書きこむ透明な紙》. **4** 《スコット》 ネクタイ, クラバット (cravat). **5** 〘印刷〙 上張り紙《圧胴の印圧を調節するめに, 胴ばり紙の上にはる紙; cf. interlay, underlay 3》. **6** 〘軍事〙 オーバーレイ《地図の上にかぶせて使う透明な被覆紙; 各地点に関する軍事上重要要項が記されている》.

òver·léaf 〘← OVER (prep.)+LEAF (n.)〙 *adv.* (本などの)裏ページに: continued ~ 次のページに続く / the diagram ~ 裏ページに掲げた図表.

òver·léap 〘OE *oferhlēapan*: ⇨ over-, leap〙 — *vt.* (**-leaped, -leapt**) **1** (向こう側へ)跳び越える, 跳び越す. **2** [~ oneself で] 余り遠くまで跳び過ぎる, 目標を跳び越えてしまう; やり過ぎてしくじる. **3** 無視する, とばす (ignore).

òver·léarn *vt.* 〘教育〙 …を過剰学習する.

òver·léarning *n.* 〘教育〙 過剰学習《反応を安定させ固定させるため学習の完成規準に達した後も訓練を続行させること》.

òver·léave *adv.* 休暇後に. — *adj.* 休暇後も欠勤して.

òver·líberal *adj.* 気前が良過ぎる, 大まか過ぎる. **~·ly** *adv.* **òver·liberálity** *n.*

òver·líe 〘? lateOE *oferliggen* < OE **oferlicgan*: 17-18 世紀に一時 OVERLAY にとって代られたが 19 世紀以降再び用いられるようになった: ⇨ over-, lie²〙 — *vt.* (**-lay; -lain**) **1 a** …の上に横たわる, の上になる. **b** 〈地層が〉〈他の地層〉の上にくる: a stratum *overlain* by a thick layer of mud 泥が厚くその上に乗った地層. **2** (眠りこけたりして)〈幼児〉の上に乗って窒息させる: ~ a child / an *overlain* child (添い寝の母親に)つぶされて死んだ子供. **3**〘商業〙〈担保, 権利など〉…より優先しない.

óver·lìne *n.* **1**〘印刷〙ネーム, 絵解き《新聞・雑誌のカット・写真・漫画などに付す説明語句》. **2**〘新聞〙(大見出しの上に添える)副見出し. **3**〘印刷・ジャーナリズム〙=kicker 9.

òver·líve 〘OE *oferlibban*: ⇨ over-, live¹〙《古》 **—** *vt.* **1**〈ある人〉より長生きする;〈ある時代など〉のあとまで生き延びる[残る]. **2** [~ *oneself* で] 適度[定命(じょうみょう)]以上に長生きする, 隠退すべきなのにまだ働き続ける. **—** *vi.* 生き長らえる; 長生きし過ぎる.

over·load [ˌ-ˌ-ˊ-] *v.* **—** *vt.* **1 a** …に荷を積み過ぎる, 負担をかけ過ぎる: ~ a ship / be *~ed with* duties 重すぎる任務を負わされる. **b**〈銃砲〉に弾薬をこめ過ぎる: ~ a gun. **2**〘電気〙…に負荷をかけ過ぎる, 過充電する. **—** *vi.* 荷物[手荷物]を多く持ちすぎる. **—** [ˊ-ˌ-] *n.* **1** 過重荷, 積過ぎ. **2**〘電気〙過負荷.

óverload swìtch *n.*〘電気〙(過負荷)電流自動遮断器.

óver·lòan *n.*〘経済〙貸出超過, オーバーローン《銀行の貸出額が預金額を超える状態》.

òver·lóng 〘《*c*1378》〙 *adj., adv.* 余りにも長い[く], 余りにも長い間(の).

over·look 〘《*c*1369》〙 **—** [ˌ-ˌ-ˊ-] *vt.* **1 a** (高所から)見降ろす, 見渡す; …の見晴らしがきく: The house on the hill *~s* half of the city. 丘の上の家からは町の半分が眺められる / We ~ the lake. 湖が見渡せる / a view *~ing* the sea 海を見降ろす景色. **b**〈建物・樹木などが〉…より高くそびえる: The tower *~s* the hill. 塔は丘より高くそびえ立っている. **2** 見落す, 見逃す (miss): ~ a mistake 誤りを見落す. **3 a**〈大事な事を〉無視する, ほっておく (ignore): His merits have been *~ed* for years. 彼の功績は何年も認められなかった. **b**〈過失などを〉大目に見る, 見て見ぬふりをする; 許す (forgive): ~ a fault / I will ~ your behavior for this once. 今度だけは君の行動を見逃してやろう. **4** 監督する, 監視する (watch): ~ the construction of a building 建築工事を監督する / ~ men at work 現場の監督をする. **5**《まれ》検閲する, 視察する; 調べる; 目を通す. **6**《古》〈人・動物を〉凶眼 (evil eye) でにらむ; (恐ろしい目でにらんで)魔力にかける (bewitch). **—** [ˊ-ˌ-] *n.* **1** 見落し (oversight). **2**《米》(下の景色が見降ろせる)高台; (高台からの)見晴らし. **3**《古》凶眼[恐ろしい目]でにらみつけ(て魔力にかけ)ること.

óver·lòoker 〘《*c*1385》〙 *n.* 監督 (overseer).

óver·lòrd 〘《?*c*1200》〙 **—** *n.* **1** (諸王の上に君臨する)大王, 大君主. **2** (実業界などの)巨頭, 大立者. **3** (1951–53 年の英国政府において)諸省の監督調整の任に当たった上院議員. **4** [O-] オーバーロード(作戦)《第二次大戦での, 1944 年の英米連合軍の北仏ノルマンディー侵入の作戦名; cf. D day》. **—** *vt.* 専制君主として[思うままに]統治[支配]する (domineer). **~·shìp** *n.*

òver·lústy *adj.* 元気[頑丈, 活発]過ぎる.

ó·ver·ly 〘OE *oferlīċe*: ⇨ over, -ly¹〙 **—** *adv.* **1** 余りにも, 非常に, ひどく (too, very): ~ anxious 心配し過ぎる / He was not ~ tired. そう大して疲れてはいなかった. **2**《古》表面的に, 軽く; 何気なく.

òver·lýing *adj.*〘商業〙〈担保・権利など〉優先順位が低い (cf. underlying).

óver·man [-mən, -mæ̀n | -mæ̀n] 〘《*c*1250》〙 **—** *n.* (*pl.* **-men** [1 では -mən, -mèn | -mèn; 2, 3 では -mèn]) **1** 監督 (overseer), 職工長, 職場頭 (foreman). **2**〘スコット法〙調停者, 裁決者 (arbiter, umpire). **3**〘哲学〙超人 (superman)《Nietzsche の *Übermensch* の英訳》. **—** [òuvəmǽn | ə̀uvə-] *vt.* (**-manned**; **-man·ning**) …に必要以上に人員を配置する: ~ a ship.

óver·màntel *n.* 壁付暖炉の上の装飾[構成]《鏡・彫刻物・絵画などを入れる》. **—** *adj.* 暖炉の上の[にある].

òver·mány *adj.* 多過ぎる.

òver·mást *vt.*〘海事〙〈船〉に不相応に長大な[重い]マストをつける. **~·ed** *adj.*

òver·máster 〘《1340》〙 *vt.* 圧倒する (overwhelm).

òver·mástering *adj.* 圧倒する, 支配的な: an ~ passion (抑え切れない)激しい情熱. **~·ly** *adv.*

òver·mátch 〘《*c*1375》〙 **—** *vt.* **1** …にまさる (excel), 勝つ, 圧倒する (outdo). **2**〈競技者を〉実力の上回る相手と試合させる, 上手(うわて)の者と戦わせる. **—** *n.* **1** 力のまさっている人, うわて, 強敵. **2** 勝負にならない取組, 優劣の差のはなはだしい勝負.

óver·màtter *n.*〘印刷・ジャーナリズム〙**1** 活字の組み過ぎ. **2** (雑誌などで)次号回しの過剰原稿[記事].

óver·mèasure *n.* 過度の見積もり[評価]; 過剰, 剰余.

òver·módest *adj.* 極端に内気な. **~·ly** *adv.*

òver·modulátion *n.*〘通信〙過変調《変調率が 100 % 以上になる変調》.

òver·múch 〘OE *ofermiċel*: ⇨ over, much〙 **—** *adj.* 多過ぎる, 過度の: ~ study. **—** *adv.* 過度に, ひどく (excessively): work ~ 働き過ぎる / be ~ particular 口やかまし過ぎる / I don't like it ~. 余り[大して]好きでない. **—** *n.* 過剰 (excess).

òver·níce 〘《*a*1333》〙 *adj.* 気むずかし[やかまし]過ぎる, 潔癖過ぎる. **~·ness** *n.* **òver·níce·ty** *n.*

over·night 〘《*c*1385》〙 **—** [ˌ-ˌ-ˊ-] *adv.* **1 a** 次の朝まで, 夜通し, 一晩中: stay ~ at his house / This fish won't keep ~. この魚は朝まではもつまい / It is just ~ from Paris by rail. 列車でパリから一晩で行ける. **b** 前の晩に, 前夜のうちに: Preparations were made ~ for an early start. 早立ちのために準備は前夜のうちに行なわれた. **2** 急(速)に, 不意に, 突然に. **—** [ˊ-ˌ-, ˌ-ˌ-ˊ-] *adj.* **1 a** 夜の間に起こる[なされる]; 夜通しの, 一泊の: an ~ conversation 夜通しの会談 / an ~ guest 泊り客 / an ~ journey [trip] 一泊旅行. **b** 一泊[短い]旅行用の: ⇨ overnight bag [case]. **2** 前夜の, 宵(よい)越しの: ~ money 宵越し貸金《前日の午後から当日の午前まで借用期間のもの》. **3** 一時的の: an ~ millionaire 一夜成金, にわか分限 / ~ call money 一夜貸しコール(マネー). **—** [ˊ-ˌ-, ˌ-ˌ-ˊ-] *n.* **1** [the ~]《古》前の晩, 前夜. **2**《米口語》(学生寮などの一晩の)外泊許可. **—** [ˊ-ˌ-, ˌ-ˌ-ˊ-] *vi.* 一泊する.

óvernight bàg [càse] *n.* 旅行用小鞄.

over·night·er [òuvənáɪtə | ə̀uvənáɪtə(r)] *n.* =overnight bag [case].

òver·nutrítion *n.*〘医学〙過栄養, 栄養過多.

òver·óptimism *n.* 超楽天主義. **òver·óptimist** *n.* **òver·optimístic** *adj.* **òver·optimístically** *adv.*

òver·órganize *vt.* 過度に組織化する. **—** *vi.* 過度に複雑な組織をとる. **òver·organizátion** *n.* **òver·órganizer** *n.*

over·pass 〘《*c*1300》〙 **—** [ˌ-ˌ-ˊ-] *v.* (**-passed, -past**) **—** *vt.* **1 a**〈地域を〉横切る;〈境界を〉越す;〈川などを〉渡る, 越す. **b**〈時期・経験などを〉通過する. **c**〈障害などを〉乗り越える. **2**〈限界などを〉越える, 犯す: ~ moral laws 道徳律を犯す. **3** …より以上に出る, 超過する, …にまさる: It *~es* endurance. それには我慢ができない. **4** 見逃す, 無視する. **—** *vi.* 渡る, 通過する. **—** [ˊ-ˌ-] *n.* **1** 高路交差 (cf. underpass). **2** (他の道路・鉄道・運河などの上にかかっている)高架道路橋, 跨線橋, ブリッジ《overcrossing ともいう》.

òver·pássed *adj.* =overpast.

òver·pást *adj.* すでに過ぎ去った, 過去の (past); すでに廃止された: Their love was ~. 二人の愛もすでに過去のものとなっていた.

òver·páy *vt.* (**-paid**)〈人・奉仕など〉に報酬をし過ぎる;〈金額などを〉余計に払う, 払い過ぎる: The joy *~s* the toil. この喜びは骨折を償って余りある. **~·ment** *n.*

òver·péopled *adj.* 人口過剰[過密]の (overpopulated).

òver·persuáde *vt.* **1** (説きつけて)引き入れる. **2**〈いやがる人などを〉無理やりに承知させる.

òver·persuásion *n.* 強引(ごういん)な説得.

òver·pítch *vt.* **1** 誇張する (exaggerate). **2**〘クリケット〙〈ボールを〉三柱門に近く投げ過ぎる.

òver·pítched *adj.* **1** 誇張された. **2**〘建築〙〈屋根などが〉勾配が急過ぎる: an ~ roof. **3**〘クリケット〙〈ボールが〉打者線 (popping crease) よりも遠く投げられた.

òver·pláy *vt.* **1**〈配役を〉誇張して演じる (overact). **2** …の価値[重要性]を強調しすぎる, 過大評価する. **3** [通例 ~ one's hand として] **a**〘トランプ〙〈自分の手〉の強さを過信して欲ばる. **b**〈自分の実力を〉過信する, 〈自分の資力〉以上の利得を得ようとする. **4**《古》(競技で)打ち負かす (outplay). **5**〘ゴルフ〙強く打ち過ぎて〈グリーン (putting green) を〉オーバーする. **—** *vi.* **1** 誇張した演技をする, 演技過剰になる (overact). **2**〘ゴルフ〙グリーンオーバーする.

óver·plùs 〘《*c*1400》(部分訳) ← (O)F *surplus* ‘SURPLUS’〙 *n.* 余分, 過剰; 過多.

òver·póise *vt.*《古》…に重さでまさる, …より重い; …より重要である.

òver·pópulate *vt.* [通例 p.p. 形で]〈都市などを〉人口過剰にする, 過密化させる: an *~d* city 過密都市.

òver·populátion *n.* 人口過剰[過密]; 剰余人口.

óver·potèntial *n.*〘電気〙=overvoltage 1.

òver·pówer *vt.* **1 a**〈相手〉に打ち勝つ, 圧倒する, 負かす (defeat): ~ one's enemy [opponent]. **b**〈狂人などを〉静める, 取り押える (subdue). **c** (より強い力で)〈物・性質・活動など〉の効果を失わせる, 無力にする, 圧倒する. **2** (精神的・肉体的に)圧倒する (overwhelm), 〈人〉に深い感銘[感動]を与える; 耐え切れなくする: be *~ed with* the beauty of the scene 景色の美しさに魂を奪われる / Her emotions *~ed* her. 彼女は自分の感情が制し切れなかった / He was *~ed by* the heat. 暑さでくたくたになった / They were *~ed by* [*with*] wine. 酒を飲んで全く自制力を失った[酒に飲まれた]. **3**〈機械など〉に必要以上の動力を与える.

òver·pówering *adj.* 圧倒的な, ものすごく強力な; 抗し難い, (耐えかねるほど)強烈な (irresistible): his ~ personality 彼の圧倒的な個性 / an ~ smell 強烈なにおい / ~ grief 耐え切れない悲しみ. **~·ly** *adv.*

over·praise 〘《*c*1400》〙 [ˌ-ˌ-ˊ-] *vt.* ほめ過ぎる. **—** [ˊ-ˌ-] *n.* ほめ過ぎ.

òver·prescríbe 〘医学〙 *vt.*〈薬剤を〉過量に処方する. **—** *vi.* 薬剤の処方を過量に指示する, 過量処方する.

òver·prescríption *n.*〘医学〙(医薬品の)過量処方.

óver·prèssure *n.* 過度の圧迫, 重圧.

òver·príce *vt.* …に高値を付け過ぎる: an *~d* article.

over·print [ˌ-ˌ-ˊ-] *vt.* **1**〘印刷〙(すでに印刷してある所へ)〈文字または色を〉刷り込む, 刷り重ねる; …に刷り加える〔*with*〕. **2**〈印刷物の部数を〉余分に刷る, 刷り過ぎる. **3**〘写真〙〈印画紙を〉焼き過ぎる. **4** (タイプライターの文字盤にない字・記号を打つために)〈幾つかの文字を〉重ねて打つ《! の代りに ' と . を重ねて打つなど》. **5**〘郵趣〙〈切手〉にさらに文字や図案を印刷する. **—** [ˊ-ˌ-] *n.* **1**〘印刷〙刷込み, 刷り重ね, 重ね刷り; (刷り過ぎによる)余り丁 (overrun). **2**〘郵趣〙加刷《額面変更などのため印刷された切手の上にさらに刷込んだ文字や図案》; 加刷のある切手《略 ovpt; cf. surcharge 7》.

òver·príze *vt.* 余りに高く見積もる; 過当に評価する (overvalue).

òver·prodúce *vt.* 過剰に生産する. **—** *vi.* 過剰生産する.

òver·prodúction *n.* 生産過剰, 過剰生産.

òver·pronóunce *vt.*〈単語などを〉余りに几帳面に発音する, 誇張して[気取って]発音する. **—** *vi.* 誇張して[気取って]発音する. **òver·pronunciátion** *n.*

òver·próof *adj.*〈酒など〉オーバープルーフの《標準強度のアルコール飲料 (proof spirit) よりアルコール分の多いものにいう; 略 o.p.; cf. proof *n.* 6; ↔ underproof》.

òver·propórtion *vt.* 不釣合いに大きくする[見積もる]; …の比率を過度に大きくする. **—** *n.* 不釣合い, 不均衡: the ~ *of* imports *to* exports 不均衡な入超. **òver·propórtionate** *adj.* **òver·propórtioned** *adj.* **òver·propórtionately** *adv.*

òver·protéct *vt.* 過度に保護する, 過保護にする: ~ children. **òver·protéctive** *adj.*

òver·protéction *n.* 保護過剰, 過保護.

òver·próud 〘OE *oferprūt*: ⇨ over-, proud〙 *adj.* 誇り[自慢し]過ぎる, 自慢たらたらの. **~·ly** *adv.*

òver·quálified *adj.* 資格過剰の, 採用に必要な最少限度の条件を越えている《例えば, 大学学部卒業で十分な場合に大学院修士課程を修了している, など》.

òver·quantificátion *n.*〘工学〙(価値体系における)数量過剰評価《数量に対する信頼過剰》.

òver·quíck *adj.* 早すぎる, せっかちな. **~·ly** *adv.*

òver·ráke *vt.*〘海事〙〈波が〉〈船〉の甲板全体にかぶさる[流れる].

òver·ráte *vt.* **1** 過大評価する, 買いかぶる (overestimate) (↔ underrate). **2**〘法律〙(地方税賦課の意図で)過大に評価する.

òver·réach 〘《*a*1325》〙 **—** *vt.* **1** …(以上)に広がる; 広く…に及ぶ: His influence *~ed* his audience. 彼の弁舌は聴衆全体を動かした. **2** [~ *oneself* で] 手足などを無理に伸ばす, 体を伸ばし過ぎてよろめく. **3 a**〈目標などを〉通り越す, 行き過ぎる (overshoot): ~ a target. **b** [~ *oneself* で] 無理に力を出してやりそこなう, 無理をして[欲張って]かえってしくじる;〈策士が〉策におぼれる. **4** だます (cheat), 出し抜く (outwit). **5**《廃》…に追いつく (overtake). **—** *vi.* **1 a** 遠くまで手を伸ばす, 無理に体を伸ばす. **b** 無理をする. **c** 過度にわたる; 誇張する. **2** 人をだます; 人をぺてんにかける. **3**〈馬が〉後肢のつま先で前肢のかかとを傷つける, 追突傷を負う. **4**〘海事〙上手回しをしないまま長く走り過ぎる. **~·er** *n.*

òver·reáct *vi.* 過度に[激しく]反応する: ~ *to* a stimulus. **òver·reáction** *n.*

òver·refíne *vt.* **1** 細かな区別を立て過ぎる. **2** 精製[精練]し過ぎる; 洗練しすぎる. **~·ment** *n.*

òver·represénted *adj.* 過度に代表された; (特に)比率以上の代議員を出す.

over·ride 〘OE *oferrīdan*: ⇨ over-, ride〙 **—** [ˌ-ˌ-ˊ-] *vt.* (**-rode**; **-rid·den**) **1 a**〈ある場所を〉乗り過ぎる, 乗り越す. **b** 馬に乗って〈人などを〉踏みつける;〈敵国を〉踏みにじる. **2 a**〈命令・権利などを〉踏みつける, 無視する; 無効にする, 取消す: ~ advice 忠告を無視する / ~ a person's authority 人の権威を踏みつける / ~ a decision [ruling] (前の)決定[裁定]をくつがえす / ~ one's commission 職権を濫用する / ~ a veto 拒否権を無効にする《米議会では大統領の拒否した法案は $^2/_3$ 以上の多数で再可決されれば法律となる》. **b** 支配する, 威圧する. **3**〈馬を〉乗り過ぎて疲れさせる, 乗りつぶす: an *overridden* horse. **4**《廃》…の向こう側へ渡って行く; …に広がる. **5**〘外科〙〈折れた骨が〉〈他の骨〉に重なる, 騎乗する. **6**《米》〘商業〙〈総代理人または取引責任者〉に(配下のあげた売上げに応じて)手数料[リベート]を払う. **7**〘狐狩〙〈(馬に乗った)狐狩りの人が〉〈猟犬〉の後に近付き過ぎる. **—** [ˊ-ˌ-] *n.*《米》〘商業〙(通常の報酬に)上積みして支払われる手数料[リベート].

òver·ríder *n.*《英》〘自動車〙オーバーライダー (⇨ bumper guard).

òver·ríding *adj.* **1** すべてに優先する (dominant); 最も重要な, 主要な. **2** =domineering.

òver·ríght *prep.*《英方言》…の反対側に, 真向かいに (directly opposite).

òver·rípe *adj.* **1** 熟し過ぎた. **2** 爛熟した, 爛熟して活気を失った; 退廃的な (decadent).

òver·rúff 〘トランプ〙 *vt., vi.* (ブリッジなどで)上切(うわぎ)りする《敵側が切った一巡の場札 (trick) をさらに高い切札を出して取る; overtrump ともいう; cf. uppercut 2》. **—** *n.* 上(うわ)切り.

òver·rúle *vt.* **1**〈人〉の提案[議論(など)]をはねつける[封じる] (disallow). **2**〈決定・決議などを〉(それ以上の権威によって)くつがえす, 無効にする (reverse); 破棄[却下]する: All the claims were *~d*. すべての請願は却下された / The judge *~d* the previous decision. 裁判官は前判決を無効と宣告した. **3**〈意志・行動などを〉支配する; 圧迫する, 威圧[制圧]する, 圧倒する: Conscience may be *~d* by passion. 良心も感情に支配されることがある. **—** *vi.* 支配する; 左右する.

over·run [ˌ-ˌ-ˊ-] 〘《*a*1395》: cf. OE *oferyrnan* to run over〙 **—** *v.* (**-ran**; **-run**) **—** *vt.* **1**〈国などを〉侵略する (invade), (侵略によって)荒廃させる (ravage): a territory ~ by enemy forces 敵軍に荒された領土.

2 [通例 p.p. 形で] **a** 〈害虫・害獣が〉…に群がる，(群がって)荒らす (swarm, infest): The barn was ～ *by* [*with*] mice. その納屋はねずみがかけずり回っていた. **b** 〈雑草が〉…にはびこる，〈樹木・花が〉…の一面にはえる[咲く]: The garden was ～ *with* weeds. 庭園には雑草がはびこっていた / The hedges are ～ *with* flowers. 生垣には花が一面に咲いている. **3** 〈病気などが〉…に蔓延する；〈新思想などが〉…に急速に広まる. **4 a** …より遠くまで走る，走り過ぎる. **b** [～ one*self* で] 走り過ぎて疲れる. **c** 〘野球〙〈ベースを〉走り越す，オーバーランする. **5** 越える，超過する，はみ出す (exceed): His speech *overran* the time allowed. 彼の演説は所定の時間を越えた / His zeal *overran* his discretion. 熱心過ぎて分別の度をはずした. **6** 〈川などが〉…に氾濫する. **7** 《古》 …を走り抜く (outrun)；(競走で)…に追いつく. **8** 〘印刷〙 **a** 〈文字・語句などを〉次行[欄，ページ]へ送る. **b** …の注文以上の部数を印刷する. **c** (異常な売行きで)大増刷する. **d** ＝overset *vt.* 4. **9 a** 〈船・航空機などが〉〈所定の停止位置を〉行過ぎる，オーバーランする. **b** 〈船が〉〈航海を〉(予定よりも)早く終える. **10** 〘機関〙〈機械を〉あらかじめ計画された正規の回転速度あるいは圧力・電圧以上の状態で運転する，オーバーランする. ― *vi.* **1** はびこる，広がる；あふれる. **2** 度を越す. **3 a** 〘機関〙機械を正規の回転速度あるいは圧力・電圧以上の状態で運転する. **b** 〘自動車〙オーバーランする.

overrun the constable ＝*outrun the* CONSTABLE (2).

― [ˊ‐‐ˋ] *n.* **1** あふれ，超過. **2** 繰越し(金額)，剰余(額) (surplus). **3** 〘印刷〙 送り，行[字]送り；余り丁. **4** 〘野球〙 オーバーラン. **5** 〘自動車〙 オーバーラン，過走《エンジンが車の慣性によって駆動されるなどして起こる過回転》. **6** 〘航空〙 オーバーランしても安全なよう滑走路前方に設けた平坦地.

òver·sáiling 〘← 《方言》 *oversail* (v.) to roof over ← OVER-＋F *saill(ir)* to project (cf. sally): cf. F *sursaillir* to project over〙 ― *adj.* 〘建築〙〈石・れんがが〉(壁面から)突き出た，さしかかった: an ～ upper floor.

― *n.* 〘建築〙〈建築物の部分が〉下部より突出した，オーバーハングした.

òver·scóre *vt.* 〈語句〉の上に線を引く；線を引いて消す. ― *n.* (消すために)語字などの上に引く線.

òver·scrúpulous *adj.* 余りに物堅い[良心的な]，余りに細心[綿密]な，周到過ぎる. **～·ly** *adv.* **～·ness** *n.*

over·sea [ˊ‐ˋ‐, ˊ‐ˋ‐] *adv.*, *adj.* ＝overseas.

over·seas [ˊ‐ˋ‐, ˊ‐ˋ‐] 〘← OVER (prep.)＋SEA＋-s[2] 1: cf. OE *ofersǣwisc* from over the sea, foreign〙 ― *adv.* 海を越えて[隔てて]，海外へ，外国に (abroad): go ～ 洋行する / from ～ 海外[外国]から.

― [ˊ‐ˋ‐] *attrib. adj.* **1** 海外向けの，外国行きの: an ～ broadcast program 海外向け放送番組 / an ～ edition (新聞などの)海外版 / ～ trade 海外貿易 / ～ travel 海外旅行. **2** 海外の，外国の (foreign)，海外にある: an ～ colony 海外植民地 / ～ lands 海外諸国 / ～ military service 海外駐屯(ちゅうとん)部隊 / ～ operations 渡洋作戦.

― *n. pl.* [単数扱い] 外国；海外領土.

óverseas càp *n.* 〘米軍〙(カーキ色ウール製でまびさしのない)略帽，舟型略帽 (garrison cap).

óverseas depártment *n.* 海外県《かつて植民地であったフランス領で，1947 年以降フランス本国の県に相当する地位を有する地域》.

óverseas térritory *n.* 海外領《かつて植民地であったフランスまたはポルトガル領で，本国より任命される総督または高等弁務官のもとで自治を認められているもの》.

òver·sée 〘OE *ofersēon*: ⇨ over-, see[2]〙 ― *vt.* (**-saw**; **-seen**) **1** 〈職人・仕事などを〉監督する，取り締まる. **2** こっそり見る，たまたま目撃する. **3** 《古》 見渡す (survey)，看視する. **4** 《古》 検査する.

óver·sèer *n.* **1** 監督，取締り (superintendent). **2** 《英》 ＝OVERSEER of the poor. **3** 《豪》 農場[牧場]監督.

overseer of the poor 《英》(昔の)教区民生委員《下級公吏で，主に貧民救済の任に当たった》.

òver·séll *v.* (**-sold**) ― *vt.* **1** 多量に売り過ぎる: The market is *oversold*. 大量の売りで相場が過度に下がっている. **2 a** …の良さを過度に強調する，極端に持上げる. **b** (…の良さを誇張して)〈人〉に強引に信じ込ませる，売り込む. **3** 〘証券・商業〙〈株式・商品などを〉空売する，売持ちにする. ― *vi.* **1** 多量に売る，売り過ぎる. **2** 過度に強調して売り込む[売り込もうとする]，極端にほめ立てる.

òver·sénsitive *adj.* 余りに敏感な，神経過敏な，鋭敏過ぎる. **～·ness** *n.*

over·set 〘ME *oversetten* 《廃》 to oppress, overcome < OE **ofersettan*〙 ― [ˊ‐ˋ] *v.* (～; **-set·ting**) ― *vt.* **1** 〈人を〉(肉体的に)不調にする；(精神的に)混乱させる，転倒させる: The news ～ him. その知らせに彼は狼狽(ろうばい)した. **2 a** 〈物を〉ひっくり返す，倒す: ～ a boat, chair. **b** 〈計画・政府・制度などを〉くつがえす，つぶす，倒す. **3** …に宝石などをちりばめる. **4** 〘印刷〙〈組版・行を〉(大き目，長目に)組み過ぎる，(活字を)込め過ぎる. ― *vi.* **1** 引っくり返る. **2** 〘印刷〙 組み[込め]過ぎになる. ― [ˊ‐ˋ] *n.* **1** くつがえすこと，転覆；混乱. **2** 〘印刷〙 組み過ぎ；込め過ぎ；残し版《量が多過ぎて，一部分が残ってしまった組版》.

óver·sèw *vt.* (**-sewed**, **-sewn**) **1** 〘服飾〙 …の裁ち目をかがる，かがり縫いする (overhand). **2** 〘製本〙 **a** ＝overcast[1] 3 a. **b** (機械で)重ねかがり綴じする，オーバーソーイングする.

òver·séxed *adj.* 過度に性的欲望[関心]を示す，性欲の激しい.

òver·shāde *vt.* **1** …に日陰[木陰]を与える，陰にする. **2** 暗くする.

òver·shádow 〘OE *ofersceadwian* 《なぞり》 ← L *obumbrāre* ← OB-＋*umbrāre* 'to SHADOW'〙 ― *vt.* **1 a** …に影を投げかける；暗くする；曇らせる (overcloud). **b** 〈喜び・幸福など〉に影を投じる，陰鬱にする: Their gaieties were ～*ed* by the sad news. その悲しい知らせに彼らの歓楽はしめっぽいものになった. **2** 影を投げかけて…より高くそびえる. **3** (比較によって)…の重要性[偉さ，声価]を奪う，かげを薄くする，顔色なからしめる (outweigh): He ～*s* all his comrades. 断然同僚を抜いている.

òver·shíne 〘OE *oferscīnan*: ⇨ over-, shine〙 ― *vt.* (**-shone**) **1** …よりも強く輝く；(強い光で)…の光を消す. **2** (優秀さで)…にまさる，圧する，顔色なからしめる (outshine).

óver·shìrt *n.* オーバーシャツ: **a** (特に，下着のシャツと区別していう)シャツ. **b** プルオーバー式のシャツ《裾をズボンやスカートの上に出して着る》.

óver·shòe 〘《1851》 ← OVER-＋SHOE: cf. G *Überschuh*〙 ― *n.* [通例 *pl.*] オーバーシューズ《防水・防寒用に靴の上にはくゴム，ビニールまたはフェルト製の靴；cf. galosh, rubber[1] B 2 g》: a pair of ～*s*.

òver·shóot 〘《c1369》〙 ― *v.* (**-shot**) ― *vt.* **1** (ねらいが高[遠]すぎて)〈目標を〉飛び越える，射越す，はずれる: ～ a target / ⇨ *overshoot the* MARK[1]. **2** [～ one*self* で] やり過ぎる，度を過ごす，大げさ過ぎる，やり過ぎてしくじる. **3** 射撃で…にまさる. **4** 〘航空〙 〈飛行機・飛行士が〉〈定められた着陸地点を〉通り過ぎてしまう，オーバーシュートする. ― *vi.* **1** 〈弓矢・弾丸などが〉高く[遠くまで]飛び過ぎる，〈人が〉射そこなう，ミスする. **2** 行過ぎる，度を越す.

― [ˊ‐ˋ] *n.* **1 a** 射過ぎ，撃ち過ぎ. **b** やり過ぎ；高望みによる失敗. **2** 〘航空〙 オーバーシュート. **3** 〘電気〙 行き過ぎ量《制御量が目標値を越えてから最初にとる過渡偏差の極値》.

óver·shòt *adj.* **1** 〈水車が〉上射式の (↔ undershot): an ～ wheel 上掛け水車. **2 a** 〈犬など〉上顎(うわあご)が下顎より突き出た. **b** 下顎より突き出た.

overshot wheel

over·side 〘《短縮》 ← *over the side*: cf. overboard〙 ― [ˊ‐ˋ, ˊ‐ˋ] *adv.* **1** 舷側から(海中へ)；舷側越しに(はしけや運貨船などへ). **2** (レコードの)裏面に. ― [ˊ‐ˋ, ˊ‐ˋ] *adj.* **1** 舷側で行なう[行なわれる]；舷側渡しの: ～ delivery 舷側直渡(じきわた)し. **2** (レコードの)裏面の[に吹込んだ].

― [ˊ‐ˋ] *n.* (レコードの)裏面.

óver·sìght 〘《a1325》〙 ― *n.* **1** 見落し；失策，手抜かり (slip, mistake): by [through] an ～ 誤って，うっかりして. **2** 監視，監督，取締り: have the ～ of children 子供のお守をする.

òver·sígned *n.* (記事・書類・報告書などの)冒頭署名者 (cf. undersigned).

òver·símple *adj.* 単純過ぎる，極度に単純な.

òver·simplificátion *n.* 極度の単純化，単純化過多《誤解・誤謬・歪曲を生むほどの単純化の行き過ぎ》.

òver·símplify *vt.* 〈問題などを〉(事実を歪めたり誤解を招きかねないほど)単純[簡素]化し過ぎる.

òver·síze *adj.* (型が)普通以上に大きい，特大の: an ～ cap. ― [ˊ‐ˋ] *n.* 特大型；特大型の物.

òver·sízed *adj.* ＝oversize.

óver·skìrt *n.* オーバースカート: **a** スカートやショーツの上に重ねて着るスカート. **b** 下のスカートを見せるためにドレープなどを入れた装飾的な上スカート.

o·ver·slaugh [óuvəslɔ̀: | ə́uvə-] 〘⊂ Du. *overslag* (n.) ← *overslaan* to pass over, omit ← 'OVER-'＋*slaan* to strike (cf. slay[1]): cf. G *überschlagen*〙 ― *n.* **1** 《米》(河中の航行を妨げる)浅瀬，砂洲(さす)《特に，Hudson 河中で Albany 付近のもの》. **2** 邪魔，妨害. **3** 〘英軍〙(現職より重要な任務につかせるための)特殊解任.

― *vt.* **1** 《米》(任命・昇進などの際)除外する，無視する. **2** 《米》〈議案など〉の通過を妨害する. **3** 〘英軍〙(現職より重い任務につけるために)解任する.

òver·sléep 〘《a1398》〙 ― *v.* (**-slept**) ― *vi.* 眠り過ぎる，寝過ごす. ― *vt.* **1** [～ one*self* で] 眠り過ぎる，寝過ごす. **2** 〈ある時刻〉以上に寝過ごす: ～ the fixed time 決まった時間に起きられず寝過ごす.

òver·slèeve *n.* (普通の袖の上に着ける)オーバースリーブ.

òver·slúng *adj.* 〘自動車〙 上架式の《ばねを車軸の上に乗せて取付けた；cf. underslung》: an ～ spring.

òver·smóke *vt.* [～ one*self* で] たばこを吸い過ぎる. ― *vi.* たばこを吸い過ぎる.

òver·sóld *adj.* 売り過ぎで価格が暴落した，売りすぎ安の (cf. overbought): ～ stocks.

òver·solícitous *adj.* 心配し過ぎる，余りに気をもむ；熱心過ぎる. **òver·solícitude** *n.*

óver·sòul 〘R.W. Emerson (1803–82) の造語〙 *n.* [the ～] 〘哲学〙 大霊；(宇宙に生命を与え，また全人類の霊魂の根源をなす)神.

òver·spárred *adj.* 〘海事〙(帆船の)帆柱や帆桁(ほげた)が長[重]過ぎる.

òver·specializátion *n.* 過度な専門[特殊]化.

òver·spéculate *vi.* 過度に投機する. **òver·speculátion** *n.*

over·speed [ˊ‐ˋ] *n.* 超過[違反]速度《標準[規準]速度を超えた速度》. ― [ˊ‐ˋ] *vt.* 超過[違反]速度で走らせる. ― *vi.* 超過速度で走る.

òver·spénd *v.* (**-spent**) ― *vi.* 資力以上に金を使う；金を浪費する. ― *vt.* **1 a** …以上に金を使う: ～ one's income 収入以上に金を使う. **b** [～ one*self* で] 資力以上に金を使う. **2** 《古》 [通例 p.p. 形で] 疲れ切らせる，消耗させる (exhaust): *overspent with* toil 労苦のために疲れ果てて.

óver·spìll *n.* **1 a** こぼれること，こぼし. **b** こぼしたもの. **2 a** 余分，余剰. **b** 《英》 過剰人口.

óver·spìn *n.* **1** 〘球技〙 ＝top spin. **2** 〘クリケット〙 オーバースピン《ボールが地面に接してから前に(進行方向に)加速するスピンを与えること》.

òver·spréad 〘OE *ofersprǣdan*: ⇨ over-, spread〙 ― *vt.* (～) **1** [通例 Passive で] …の上に(一面に)広げる；…にまき散らす〔*with*〕: bread ～ *with* butter 一面にバターを塗ったパン / The sky is ～ *with* clouds. 雲が空一面にかかっている / The ground was ～ *with* flowers. 地面に花が一面に咲いていた. **2** 〈物が〉…を一面におおう，おおい尽くす，…の上に(一面に)広がる: Weeds ～ the garden. 庭には雑草がおい茂っていた / Joy ～ her face. 喜色満面にあふれていた.

òver·stáff *vt.* …を人員過剰にする〔*with*〕: an ～*ed* government 人員過剰の官庁.

òver·stánd 〘《?c1300》〙 *vt.* (**-stood**) 〘海事〙〈船が〉〈マークより〉出過ぎる，走り過ぎる.

òver·státe *vt.* 大げさに言う，誇張して述べる: ～ one's case 自分の主張を大げさに述べる. **～·ment** *n.*

òver·stáy *vt.* **1** (約束などの)時間[限度]を越えて留まる[長居する]: ⇨ *overstay one's* WELCOME. **2** 《口語》〘商業〙 商品を売り惜んで〈商機・市場性を〉逸する: ～ one's market 売惜しみしてチャンスを逃がす.

òver·stáyed *adj.* 〘海事〙 **1** 〈マストが〉支索で前へ引っ張られ過ぎた. **2** 〈船が〉支索を張り過ぎた.

over·steer 〘自動車〙 [ˊ‐ˋ] *n.* オーバーステア《車が旋回運動をする時，ハンドル角を一定にして加速すると，後輪の横すべりが前輪のそれより大きく，旋回半径が速度とともに減少する性質[場合]をいう；cf. understeer》. ― [ˊ‐ˋ] *vi.* 〈車が〉オーバーステアである.

òver·stép 〘OE *ofersteppan*: ⇨ over-, step〙 ― *vt.* (**-stepped**; **-step·ping**) 〈境界を〉踏み越える；〈限度を〉越える (exceed): ～ the bounds of modesty 慎しみの限度を踏み越える.

óver·stìtch 〘服飾〙 *n.* 仕上げ縫い《布の端やへりをミシンで仕上げる》. ― *vt.* …に仕上げ縫いをする.

òver·stóck *vt.* **1 a** 〈店〉に商品を仕入れ過ぎる；…に過剰に供給する: The market is ～*ed*. 市場は在荷過剰である. **b** 〈農場〉に家畜を詰め込み過ぎる. **2** 〈乳牛を〉あまりに長く搾乳せずにおく. ― *vi.* 仕入れ過ぎる. ― *n.* 供給[仕入れ]過多；在荷過剰；過剰供給品.

óver·stòry *n.* 〘林業〙 上層木，上木.

òver·stówage *n.* 〘海事〙(船荷の)逆積み《先に荷揚げすべき荷物を下積みにしてしまうこと》.

òver·stówed *adj.* 〘海事〙〈先に揚げるべき積荷が〉逆積みになった《下積みになっていて取出せない》.

over·strain [ˊ‐ˋ] *vt.* **1** 張り過ぎる. **2** 過度に緊張させる，無理に使う: ～ one's nerves [brains] 神経[頭]を使い過ぎる / ～ oneself 働き過ぎる / The patient is ～*ed*. この患者は過労(状態)です. ― *vi.* 無理をする，過度に努力する.

― [ˊ‐ˋ, ˊ‐ˋ] *n.* 無理な努力 (overexertion).

over·stress [ˊ‐ˋ] *vt.* **1** …を強調し過ぎる. **2** 〘金属加工〙〈金属〉を弾性限度以上の大きな応力で永久変形させる，過大な応力を加える. ― [ˊ‐ˋ] *n.* 過度の強調.

òver·strétch 〘《a1338》〙 *vt.* **1** 伸ばし過ぎる，過度に広げる. **2** 〈橋などが〉…の上にかかる，またぐ.

òver·stréw (**-strewed**, **-strewn**) *vt.* …の上にまき散らす.

òver·stríct *adj.* 厳格過ぎる.

òver·stríde 〘《?a1200》〙 *vt.* (**-strode**; **-strid·den**) **1 a** …(の上)を乗り越える，またぐ. **b** またがる (bestride). **2** …にまさる. **3** …より速く[先へ]歩く.

over·strike 〘《1375》〙 ― [ˊ‐ˋ] *v.* (**-struck**) ― *vt.* 〘造幣〙〈貨幣〉に新たな意匠・金額・年代などを重ねて打つ；〈新たな意匠などを〉重ね打ちする.

― [ˊ‐ˋ] *n.* 重ね打ちされた貨幣《もとの意匠が完全に消えてはいないもの》.

òver·stríng *vt.* (**-strung**; **-strung**, 《まれ》 ～**ed**) **1** 〘音楽〙〈ピアノ〉に低音弦が高音弦と斜交するように弦を張る (cf. overstrung 2). **2** 〘アーチェリー〙〈弓を〉強く張り過ぎる，…に短かすぎる弦を張る.

òver·strúng *adj.* **1** 〈人・神経など〉緊張し過ぎた，過敏な: ～ nerves. **2** 〘音楽〙〈ピアノが〉弦の 1 列を他のそれの上へ斜めに張った (cf. overstring 1). **3** 〘アーチェリー〙 ＝high-strung 2.

òver·stúdy *vt.* [～ one*self* で] 勉強し過ぎる: He has *overstudied himself*. 彼は勉強し過ぎた. ― *vi.* 勉強し過ぎる. ― *n.* 過度の勉強 (overwork).

òver·stúff *vt.* **1** …に過度に詰め込む. **2** 〈椅子などに〉たっぷり詰め物をして外張りをする.

òver·stúffed *adj.* **1 a** 〈椅子など〉詰め物をたっぷり詰めた. **b** ふかふかし過ぎる. **2 a** 詰め込み過ぎた. **b** 冗長な，だらだらと長い. **3** 太った，肥満した.

òver·subscríbe *vt.* [通例 p.p. 形で] 〈証券などを〉募集額以上に申し込む: The new loan has been ～*d*. 新公債は申し込みが超過した.

òver·subscríption *n.* (証券などの)応募超過.

òver·súbtle *adj.* 余りに微妙[微細]な; 敏感過ぎる. **òver·súbtlety** *n.*

òver·supplý *n.* 供給過剰. — *vt.* 過剰に供給する.

òver·swáy *vt.* **1** 左右[支配]する (overrule). **2** 説得する, 得心させる.

òver·swéet *adj.* 甘味が強過ぎる, 甘過ぎる.

òver·swíng *vi.* (-swung) 〘ゴルフ〙(クラブを)大振りする.

overt [o(ʊ)vɔ́ːt, óʊvəːt, -vət | ə̀ʊvəːt, ə(ʊ)vɔ́ːt] 〘(?*c*1380) ▭ OF ~ (F *ouvert*) (p.p.) ← *ovrir* to open < VL **operire*=L *aperire* to open: cf. aperient〙 — *adj.* **1** はっきり見える; 明白な, 公然の, 隠し立てのない: ~ hostility 公然たる[あからさまな]敵意 / an ~ act 〘法律〙歴然たる犯行 / a market ~ 公開市場. **2** 〘紋章〙 **a** 開いた: a purse ~ 口のあいた財布. **b** 〈鳥が〉(飛び立とうとして)翼を広げた (outspread) (cf. displayed). **~·ly** *adv.*

o·ver·take [òʊvətéɪk | ə̀ʊvə-] 〘(?*a*1200)〙 — *v.* (-took [-tʊ́k]; -tak·en [-téɪkən]) — *vt.* **1 a** …に追いつく (catch up with): ~ a person on the road 道で人に追いつく. **b** 《英》〈人を〉追い抜く; 〈他の車を〉追い越す. **c** (進歩・成績・生産などで)…に追いつく, 追い抜く 〔*in*〕. **d** 〈遅れた仕事を〉取り戻す; 《英》〈期限の迫った仕事などを〉間に合わせる. **2** 〈嵐・災難・恐怖などが〉…に突然襲いかかる, 〈夕闇が〉…に急に迫る; …の不意を打つ: be ~*n* by disaster [a storm] 災害[暴風雨]に会う / be ~*n with* terror 恐怖の念に襲われる. **3** 《スコット》とりこにする, 夢中にさせる (captivate). **4** [通例 Passive で] 《古》酔わせる: be ~*n with* [*in*] drink 酔っ払っている. **5** 〘トランプ〙(打出し権を移行する必要のある時)〈味方の札を〉(自分の札で)かぶせて取る 〔*with*〕. — *vi.* 《英》追い越しをする: No *Overtaking* [掲示] 追越し禁止.

òver·tásk *vt.* …に無理な仕事をさせる, 過重な負担をかける; 酷使する.

òver·táx *vt.* **1** …に重税をかける: The country is ~*ed.* 国は重税に苦しんでいる. **2** …に無理を強いる, 無理な仕事をさせる, 酷使する: ~ one's strength 無理な努力をする / ~ oneself 過労になるようなことをする, 無理をする. **òver·taxátion** *n.*

òver·technólogize 〘(1970)〙 *vt.* 過度に専門技術化する, (非人間的な感じがするほど)高度に技術化する.

óver-the-cóunter *adj.* **1** 〈取引など〉店頭の[での], 店先の[での]: ~ sales 店先の商売[小売り]. **2** 〘証券〙(取引所でなく)証券業者の店先で取引される, 店頭売買の (略 OTC). **3** 〈薬品が〉医師の処方箋なしで売ってもよい (cf. prescription *adj.*). — *adv.* **1** 〘証券〙店頭売買で. **2** (合法的に)医師の処方箋なしで (略 OTC).

over·throw 〘(*c*1330)〙 — [ˌ——ˈ] *v.* (-threw, -thrown) — *vt.* **1 a** 引っくり返す (upset); 打ち倒す (knock down). **b** 破壊する, 取り壊す (demolish). **2** 打ち破る, 負かす, 征服する (vanquish); (繁栄の地位から)落とす; 〈政府・国家・制度などを〉暴力でくつがえす, 打倒する, 廃止する: ~ the government. **3** 《古》〈精神状態を〉乱す. **4 a** 〘クリケット〙〈ボールを〉遠くへ投げ過ぎる; 〈相手〉には受け止められないほど高く投げる. **b** 〘野球〙〈ベースを〉越える暴投をする. — *vi.* 高投する; 遠くへ投げ過ぎる.

— [ˈ——ˌ] *n.* **1** 征服; 打倒 (subversion); 転覆, 敗北 (defeat), 破壊, 破滅 (ruin): the ~ of the government 政府打倒 / the ~ of a dynasty 王朝の滅亡. **2 a** 〘クリケット〙(ボールの)投過ぎ《三柱門守備者へ投げ返されたボールが投過ぎのため受け止められず敵方に点を取られること》; (敵方の)投過ぎによって得る点数. **b** 〘野球〙(ボールの)高投, 高い暴投.

òver·thrów·al [-θróʊəl | -θrə́ʊ-] *n.* **~·er** *n.*

óver·thrùst *n.* 〘地質〙衝上断層《overthrust fault ともいう; cf. underthrust》.

over·time [ˈ——ˌ] *n.* **1** 規定外労働時間 (extra time) (↔ plain time); 時間外労働, 超過勤務. **2** 時間外労働[超過勤務]手当: earn [make] ~ 超過勤務手当をかせぐ. **3** 延長試合時間. — [ˈ——ˌ] *adv.* (規定)時間外に: work ~. — [ˈ——ˌ] *adj.* 時間外労働の, 超過勤務に対する: ~ pay 超過勤務手当 / ~ work 時間外労働, 超過勤務. — [ˌ——ˈ] *vt.* …に時間をかけ過ぎる: ~ the boiling of an egg 卵をゆでるのに時間をかけ過ぎる / ~ an exposure 〘写真〙露出をかけ過ぎる / The negative is ~*d.* その陰画は露出過度だ.

òver·tíre *vt.* 過労にする: ~ oneself 疲れ果てる. — *vi.* 疲れ果てる.

óver·tòne 〘(1862)《なぞり》← G *Oberton* 《短縮》← *Oberpartialton* upper partial tone〙 — *n.* **1** 〘音楽・音響・通信〙上音《一つの発音体の発する音の中, 振動数の最も少ない音を基音 (fundamental tone) といい, これより振動数の多い音を上音という; 上音のうち特に基音の整数倍の振動数をもつ音を倍音 (harmonic) という; cf. undertone 6》. **2** (思想・言語・出来事などの暗示力や連想による)付帯的な意味[意図, 動機], 含蓄 (implication): The word carries emotional ~*s.* その語には感情的なニュアンスがある. — *vt.* **1** 〈ある音が〉〈他の音を〉圧倒する. **2** 〘写真〙(陰画に手を加えて)〈陽画の色調を〉過度に濃くする.

òver·tóp *vt.* (-topped; -top·ping) **1** …の上にそびえる. **2** 〈権威などが〉〈人〉にまさる. **3** 〈法律などを〉(それ以上権威ある法律で)無効にする (override). **4** …にまさる, 凌(しの)ぐ (surpass). — *adv.* 頭上に[を].

òver·tráde *vi.* 資金以上の取引きをする; 無理買付けをする. — *vt.* 〈資力を〉超えた取引きをする.

òver·tráin *vt.* 〈スポーツ選手などを〉過度に訓練する過度の訓練で…の体調をくずす. — *vi.* 過度の訓練をする; 過度の訓練で体調をくずす.

óver·trìck *n.* 〘トランプ〙(コントラクト ブリッジ (contract bridge) で)超過組数, アップ数《宣言者 (declarer) が契約 (contract) した分を超える組 (trick) 数を獲得した時, その超過分の組数をいう; cf. undertrick》.

òver·trúmp 〘トランプ〙 *v., n.* =overruff.

o·ver·ture [óʊvətʃʊ̀ə, -tʃə, -t(j)ʊ̀ə | ə́ʊvətjʊ̀ə(r, -tjə(r, -tʃʊ̀ə(r, -tʃə(r] 〘(?*c*1380) ▭ OF ~ (F *ouverture*) < VL **opertūram*=L *apertūra* opening: ⇨ overt, -ure: APERTURE と二重語〙 — *n.* **1 a** [通例 *pl.*] 公式・非公式の提議[申込み], 予備交渉: an ~ of marriage 結婚の申込み / ~*s* of peace=peace ~*s* 講和の申入れ / make ~*s* to a person 人に交渉を申入れる[求める]. **b** 交渉の開始. **2** (詩・文の)序章. **3** 〘音楽〙序曲; 前奏曲 (prelude): ⇨concert overture. **4 a** (長老派教会で, 教義または教会政治に関する問題の)最高会議への提出. **b** (スコットランドの教会会議や教会法廷で)動議, 立法提案. — *vt.* 提案する; …に提議する.

over·turn 〘(?*a*1200)〙 — [ˌ——ˈ] *v.* — *vt.* **1 a** 〈組織・制度・勢力などを〉倒す, くつがえす. **b** 〈計画・目的などを〉挫く, 打ち負かす. **2** 引っくり返す. — *vi.* 引っくり返る, 倒れる (turn over). — [ˈ——ˌ] *n.* **1** 転覆, 打倒; 瓦解 (collapse), 滅亡, 革命 (revolution): the ~ of government 政府の打倒. **2** 〘地理〙 **a** 反転作用, 反転状態. **b** (冬に水面が結氷する湖[海]で通例春と秋に水温変化によっておきる)表面水の沈降と底層水の上昇.

òver-únder *n.* =over-and-under.

òver·úse [-júːz] *vt.* 過度に使用する, 使い過ぎる. — [-júːs] *n.* 過度の使用, 濫用.

òver·válue *vt.* 高く見積もり過ぎる, 買いかぶる, 過大評価する (overestimate). — *n.* 過大評価.

óver·vìew *n.* 概観, 概説 (survey).

óver·vóltage *n.* **1** 〘電気〙過電圧. **2** 〘物理〙(放射線計測用放電管の)超過電圧.

òver·wálk *vt.* **1** [~ *oneself* で]歩き疲れる. **2** 《古》「…の上を歩く.

òver·wátch *vt.* **1** 見張る, 監視する. **2** 〈友軍部隊の移動を〉援護射撃で支援する. **3** 《古》[通例 p.p. 形で] 見張りして[起きていて]疲れさせる: be ~*ed* 見張り[寝不足]で疲れる / ~*ed* eyes 長く起きていて眠そうな目.

òver·wéar *vt.* (-wore; -worn) 〈衣服などを〉着古す, 着破る, ぼろぼろになるまで着る.

òver·wéary *adj.* 過度に疲れた, 疲れ果てた. — *vt.* 過度に疲れさせる (tire out): be *overwearied*.

o·ver·ween [òʊvəwíːn | ə̀ʊvə-] 〘(*c*1303)〙 *vi.* 《古》うぬぼれる, 尊大に構える.

ò·ver·wéen·ing 〘(1340)〙 — *adj.* **1** 〈人が〉うぬぼれている (conceited), ばかに自信の強い (overconfident); 傲慢な (arrogant): an ~ squire 傲慢な地主. **2** 〈意見・気性・感情など〉極端な, 過度な: ~ confidence, pride, ambition, etc. **~·ly** *adj.* **~·ness** *n.*

òver·wéigh 〘(?*a*1200)〙 — *vt.* **1 a** (重味が)…以上である, …より重い. **b** (重要さなどで)…にまさる (outweigh). **2 a** (重味などで)押える, 動けなくする. **b** 〈気分などを〉沈ませる, 重くする (oppress).

over·weight [ˈ——ˌ] *n.* **1 a** 超過重量; 過重; 量目超過. **b** 体重過多[超過], 太り過ぎ, 太り過ぎの人. **2** 優位, 優勢 (preponderance). — [ˌ——ˈ] *adj.* **1** 規定の重量を超過した: ~ luggage [mail] 重量超過の手荷物[郵便物]. **2** 体重が多すぎる, 太り過ぎの. — [ˌ——ˈ] *vt.* **1** 〈ある事に重点を置き過ぎる, ウエートを掛け過ぎる. **2** [通例 p.p. 形で] …に余りにも重いものを積む, 積み過ぎる, 負担を加え過ぎる (overload) 〔*with*〕: an ~*ed* people 過重の負担を背負わされた国民 / The elevator was ~*ed with* too many people. エレベーターはたくさんの人が乗り過ぎて重量超過だった. **3** 重さで…にまさる.

o·ver·whelm [òʊvə(h)wélm | ə̀ʊvə-] 〘(*a*1338)〙 — *vt.* **1 a** (数や力で)圧倒する (overpower): be ~*ed* by superior forces 強大な軍勢に圧倒される. **b** 〈人〉の心を挫けさせる (crush); 苦しめる, 当惑させる, 閉口させる: be ~*ed* by grief 悲嘆に暮れる / He was really ~*ed* by the sad news. その悲報に全く途方に暮れた / He began ~*ing* me with inquiries. 彼は次から次へと私に尋問を浴びせかけてきた / Your kindness quite ~*s* me. ご親切にはお礼の申上げようもありません. **2** 水中に沈める, 地中に埋める: The boat was ~*ed* by the waves. 舟は波に呑まれた. **3** 《廃》打ち倒す.

ò·ver·whélm·ing *adj.* 圧倒的な, とてもかなわない (irresistible): an ~ disaster 不可抗的な災害 / He was elected by an ~ majority. 圧倒的大多数で当選した. **~·ly** *adv.* **~·ness** *n.*

òver·wínd [-wáɪnd] *vt.* (-wound [-wáʊnd]) 〈時計などの〉ねじを巻き過ぎる; 〈楽器など〉のねじを堅く締め過ぎる.

òver·wínter *vi.* (無事に)冬を過ごす, 越冬する. — *vt.* …に(無事に)冬を越させる. — *adj.* 冬の期間にかけて起こる.

óver·wìre *n.* 〘製本〙背付き螺旋綴本[アルバム, ノートブック].

óver·wòrd *n.* (歌などの)反復語[句] (refrain).

òver·wórk 〘OE *oferwiercan* (v.), *oferweorc* (n.): ⇨ over-, work〙 — *v.* (~ed, -wrought) — *vt.* **1 a** 過度に働かせる; 酷使する: ~ one's eyes 目を使い過ぎる / ~ a horse 馬をこき使う. **b** 〈人を〉過度[無理]な仕事で疲れ切らせる: ~ oneself 働き過ぎる, 無理をする, 過労になる / He is ~*ed.* 彼は過労だ. **c** [Passive で] 《古》さばききれないほど多くの仕事で〈生活などを〉一杯にする. **2** 〈語句などを〉使い過ぎる: ~ a simile, word, etc. **3** 〈人を〉過度に興奮させる (overexcite): He was nervously *overwrought.* 神経過労に陥っていた. **4** 〈作品など〉に凝り[苦心し]過ぎる (overelaborate). ★ 通例 p.p. 形 overwrought で用いる (⇨overwrought 2): His speech was always *overwrought.* 彼の演説はいつも凝ったものだった. **5** …一面に飾り[細工]を施す 〔*with*〕. — *vi.* 働き過ぎる; 過労に陥る. — [《米》ではまた ˈ——ˌ] *n.* **1** 過度の労働, 無理な仕事; 過労: get ill by ~ 過労のため病気になる. **2** [ˈ——ˌ] 余分の仕事, 超過労働.

òver·wórn *adj.* 疲れきった.

over·write [ˌ——ˈ] *v.* (-wrote; -writ·ten) — *vt.* **1** 〈他の文字・紙面など〉の上に書く, …に一面に書く. **2 a** …について書き過ぎる, 誇張して書く. **b** [~ *oneself* で] 〈作家などが〉書き過ぎてだめになる[体をこわす]. **3** 〘商業〙=override 6. — *vi.* **1** 〈作家などが〉書きなぐる, 乱作する. **2** 詳細に書き過ぎる, 凝り過ぎる. — [ˈ——ˌ] *n.* 〘商業〙=override.

òver·wróught 〘(p.p.) ← OVERWORK〙 — *adj.* **1 a** 働き過ぎた, 過労の, (過度の仕事で)疲れ果てた: an ~ student 過度の勉強で疲れ果てた学生. **b** 緊張[興奮]し切った: ~ nerves 興奮し切った神経. **2** 〈文体など〉凝り過ぎた, 念の入り過ぎた: a slightly ~ style 幾分凝り過ぎた文体. **3** 一面に飾り[細工]を施した.

òver·zéal *n.* 過度の熱心.

òver·zéalous *adj.* 熱心過ぎる. **~·ly** *adv.* **~·ness** *n.*

o·vi-[1] [óʊvɪ, -və | ə́ʊvɪ] ovo- の異形 (⇨ -i-): *ovicide.*

o·vi-[2] [óʊvɪ, -və | ə́ʊvɪ] 〘← L *ovis* sheep: ⇨ ewe〙「羊の」の意の連結形: *ovicide.*

o·vi·bos [óʊvəbɑ̀s, -bɔ̀ːs | ə́ʊvɪbɔ̀s, -bə̀ʊs] 〘← NL ~ ← OVI-[2]+L *bōs* 'cow'〙 *n.* 〘動物〙=musk-ox.

o·vi·cid·al [òʊvəsáɪdḷ | ə̀ʊvɪ-] *adj.* 〘薬学〙殺卵性の.

o·vi·cide[1] [óʊvəsàɪd | ə́ʊvɪ-] 〘← OVO- + -CIDE〙 *n.* 〘薬学〙殺卵作用.

o·vi·cide[2] [óʊvəsàɪd | ə́ʊvɪ-] 〘← OVI-[2] + -CIDE〙 *n.* 《戯言》羊殺し.

Ov·id [ɑ́vɪd, ɑ́vəd | ɔ́vɪd] *n.* オウィディウス, オヴィッド《43 B.C.–?A.D.17; ローマの詩人; Augustus 帝に追放され配所で死んだ; *Ars Amatoria*「愛の技巧」, *Metamorphoses*「変身譚」; ラテン語名 Publius Ovidius Naso [pʌ́bliəs ɑvídiəs néɪsoʊ, o(ʊ)v- | -lɪəs ɔvídɪəs néɪsəʊ, -ljəs, əʊv-, -djəs]》.

O·vid·i·an [ɑvídiən, o(ʊ)- | ɔvídɪən, ə(ʊ)-, -djən] *adj.* オウィディウス (Ovid) (風)の.

o·vi·duct [óʊvədʌ̀kt | ə́ʊvɪ-] 〘← NL *oviduct-us*: ⇨ ovo-, duct〙 *n.* 〘解剖・動物〙(輸)卵管, らっぱ管.

O·vie·do [òʊviéɪdoʊ | ɔ̀vɪéɪdəʊ; *Sp.* objéðo] *n.* オビエド《スペイン北西部の都市; 人口 1,095,000》.

o·vif·er·ous [oʊvíf(ə)rəs | əʊ-] *adj.* =ovigerous.

o·vi·form [óʊvəfɔ̀əm | ə́ʊvɪfɔ̀ːm] *adj.* 卵形の.

o·vig·er·ous [oʊvídʒ(ə)rəs | əʊ-] *adj.* 〘解剖・動物〙卵をになっている.

o·vine [óʊvaɪn, -viːn | ə́ʊvaɪn] 〘(1828) ▭ LL *ovīn-us* ← L *ovis* sheep: ⇨ -ine[1]: cf. ewe〙 *adj.* 羊の[に関する]; 羊のような (sheeplike).

o·vip·a·ra [oʊvíp(ə)rə | əʊ-] 〘← NL ~ (neut. pl.) ← L *ōviparus* 'OVIPAROUS'〙 *n. pl.* 卵生動物 (cf. vivipara).

o·vi·par·i·ty [òʊvəpǽrəṭi, -pér- | ə̀ʊvɪpǽrətɪ, -rɪ-] 〘⇨ ↓, -ity〙 *n.* 〘動物〙卵生.

o·vip·a·rous [oʊvíp(ə)rəs | əʊvíp-] 〘← L *ōviparus*: ⇨ovo-, -parus〙 — *adj.* 〘動物〙〈鳥類・魚類・爬虫類など〉卵生の (cf. ovoviviparous, viviparous). **~·ly** *adv.* **~·ness** *n.*

o·vi·pos·it [óʊvəpɑ̀zɪt, -zət, ˌ——ˈ— | ə̀ʊvɪpɔ́zɪt] 〘← ovo-+L *posit(us)* ((p.p.) ← *pōnere* 'to place, POSIT')〙 — *vi.* 〘動物〙〈昆虫が〉(産卵管で)卵を生みつける.

o·vi·po·si·tion [òʊvəpəzíʃən | ə̀ʊvɪ-] *n.*

ò·vi·pós·i·tor [-ṭə | -tə(r] *n.* 〘動物〙 **1** (昆虫の)産卵管 (piercer) (cf. gonapophysis; 右の挿絵のほかに ⇨insect 挿絵). **2** 産卵管《タナゴ類などの雌にある; この管を用いて生きた二枚貝の中に産卵する》.

1
2

ovipositor of a cricket
1 ovipositor; 2 eggs

o·vi·sac [óʊvəsæ̀k | ə́ʊvɪ-] *n.* 〘動物〙卵嚢(のう), 卵胞.

o·vism [óʊvɪzm | ə́ʊ-] *n.* 〘生物〙卵子論《受精前の卵子の中に将来の成体のすべてのものが含まれていると考えた昔の説; cf. spermism》.

ó·vist [-vɪst, -vəst | -vɪst] *n.*

o·vo- [óʊvoʊ, -və | ə́ʊvə(ʊ)] 〘← L *ōvum* egg〙「卵 (egg); 卵子 (ovum)」の意の連結形. ★ 時に ovi-, また母音の前では通例 ov- になる.

òvo·flávin *n.* 〘生化学〙オボフラビン (⇨ riboflavin).

òvo·génesis *n.* 〘生物〙卵形成 (oogenesis).

o·void [óʊvɔɪd | ə́ʊ-] 〘(1828) ▭ F *ovoïde*: ⇨ ovo-, -oid〙 *adj.* **1** 卵形の, 卵状の (egg-shaped). **2** 〈果物・葉が〉枝付きの方がふくれた. — *n.* 卵形物.

o·voi·dal [oʊvɔ́ɪdḷ | əʊ-] *adj.* =ovoid.

o·vo·lo [óʊvəlòʊ | ə́ʊvələ̀ʊ] 〘(1663) ▭ It. ~, *uovolo* (dim.) ← *(u)ovo* < L *ōvum* egg〙 — *n.* (*pl.* **o·vo·li**

[-lì:]〘建築〙オヴォロ，まんじゅう繰形《断面が四分の一円に突出した繰形；⇨ molding[1] 挿絵》.

òvo·téstis 〘← NL ～：⇨ovo-, testis〙 *n.* 〘生物〙卵精巣《哺乳類などの間性で，卵巣中にいくらかの精巣組織のまじっているもの》.

òvo·vitéllin *n.* 〘生化学〙＝vitellin.

òvo·vivipárity *n.* 〘動物〙卵胎生.

òvo·vivíparous *adj.* 〘動物〙卵胎生の.　**～·ly** *adv.* **～·ness** *n.*

ovpd. 《略》overpaid.

ovpt. 《略》〘郵趣〙overprint.

Ov·shín·sky effèct [ɑvʃínski-, ouv- | ɔvʃínskɪ-; *Russ.* afʃínskjij-] 〘*Ovshinsky*: ← *Stanford R. Ovshinsky* (1923-　: 米国の発明家)〙 **—** *n.* 〘電子工学〙オブシンスキー効果《半導体としての無定形のガラス膜の中にヒ素・ゲルマニウム・シリコン・テルリウムなどを入れた場合に現れる電気抵抗の非線形効果》.

o·vu·lar [óuvjulə | ɔ́uvjulə(r)] 〘← NL *ōvulār-is* ← *ōvulum* 'OVULE'：⇨ -ar[1]〙 *adj.* **1** [《米》ではまた -vju:lə] 〘植物〙胚珠の.　**2** 〘生物〙卵子の.

ov·u·late [ávjulèɪt, óuv-, -vju:-, -lət, -lɪt | ɔ́vju-, ɔ́uv-] 〘← NL *ōvulum* 'OVULE'＋-ATE[3]〙 **—** *vi.* 〘生物・生理〙排卵する.　**ov·u·la·tion** [àvjuléɪʃən, òuv- | ɔ̀v-, ɔ̀uv-] *n.*

ov·u·la·to·ry [ávjulətɔ̀:ri, óuv-, -tɔ̀:ri | ɔ́vjulèɪt(ə)ri, ɔ́uv-, -lət-] *adj.* 〘生物・生理〙排卵の.

ov·ule [ávju:l, óuv- | ɔ́uv-] 〘《1830》□ F ～ ← NL *ōvulum* (dim.) ← L *ōvum* egg：⇨↓, -ule〙 *n.* **1** 〘生物〙小卵.　**2** 〘植物〙胚珠《のちに種子となる器官》.

o·vum [óuvəm | ɔ́u-] 〘□ L *ōvum* 'EGG[1]'〙 *n.* (*pl.* **o·va** [-və]) **1** 〘生物〙卵 (egg)；卵子.　**2** 〘建築〙卵形装飾.

ow [áu] *int.* うっ《急激な苦痛・驚きを表わす》.

Ó-wàve *n.* 〘通信〙O 波 (⇨ ordinary wave).

owe [óu | ɔ́u] 〘ME *ōwe(n)* to own, owe < OE *āgan* to possess, own ← Gmc **aiȝ-* (ON *eiga* / Goth. *aigan*) ← IE **ēik-* to possess：cf. own, ought[1]〙 **—** *vt.* **1 a** [しばしば二重目的語を伴って] 支払う[返済する]義務がある，借りている〔*to*〕：I ～ Mr. Smith $10 [$10 *to* Mr. Smith]. スミス氏に 10 ドルの借金がある / I paid him what I ～*d* him. 借りている金は全部返した / We ～ some money *on* the TV. テレビの払いが幾らか残っている / She ～*d* her dressmaker *for* the winter coat. ドレスメーカーに冬のコートの代金が払ってなかった (cf. *vi.*).　**b** [直接目的語を省いて] …に借りがある：He does not ～ any man. 彼はだれにも借りがない.　**2 a** [しばしば二重目的語を伴って]〈成果・恩恵などを〉負うている，…のお陰をこうむっている〔*to*〕：I ～ it *to* you that I am still alive. 私がまだ生きているのは君のお陰だ / We ～ *to* Newton and Leibnitz the principle of differential and integral calculus. ニュートンとライプニッツのお陰で微積分の原理が発見されたのだ / I ～ him a great deal. 彼に負う所が多い，いろいろ世話になっている.　**b**〈原因に〉帰さなければならない，…のあるのは〔…の〕お陰である〔*to*〕：I ～ my success *to* mere good luck. 私の成功は全くの幸運によるものだ / She ～*s* her popularity *to* her parents' social influence. 彼女の人気は親の七光りのお陰だ.　**3 a** [しばしば二重目的語を伴って] …に〈感謝・敬意などを〉捧げなければならない〔*to*〕：I ～ you my best thanks. あなたにはよくよくお礼を申上げなければなりません《大変ご恩になっております》/ I ～ him thanks *for* my success. 私の成功に対しては彼に感謝しなければならない / I ～ no thanks *to* her. 彼女には何も礼を言うことはない《何の恩も受けていない》/ You ～ respect *to* your elders. 年長者には敬意を表すべきだ.　**b** [直接目的語を省いて] …に感謝しなければならない，恩顧を受けている：I ～ you *for* your services. ご尽力に対し感謝します.　**4** …に〈好悪の感情を〉抱く (bear).　★ 目的語は今は grudge を用いる：I ～ him a grudge. 彼には恨みがある.　**5** 《廃・方言》所有する，持つ (own).　**—** *vi.* 借りがある〔*for*〕(cf. *vt.* 1 a)：I still ～ *for* my typewriter. 私はまだタイプライターの代金を払ってない.

owe it to a person* [*oneself*] *to do …することが人[自分]に対する義務である，人[自分]のために当然である：We ～ *it to* our team *to* do our utmost in the game. 我々はチームのために試合で全力を尽くす義務がある / You ～ *it to* your*self to* cut out drinking. 君は当然酒をやめるべきだ.

Ow·en [óuɪn, -ən | ɔ́uɪn] 〘□ OWelsh *Owein* well-born one, young warrior：cf. Eugene〙 *n.* 男性名《異形 Owain》.　★ ウェールズに多い.

Owen, Robert *n.* (1771-1858) ウェールズ生れの英国の空想的社会主義者；*A New View of Society* (1813).

Owen, Wilfred *n.* (1893-1918) 英国の詩人，第一次大戦で戦死；*Poems* (1920).

Ów·en·ism [-nìzm] 〘← *Robert Owen*：⇨ -ism〙 *n.* オーエン主義《Robert Owen が唱道した共産労働主義》.　**Ów·en·ist** [-nɪst, -nəst | -nɪst] *n.*

Ow·en·ite [óuɪnàɪt, óuə- | ɔ́uɪ-] 〘⇨↑, -ite[1]〙 *n.* オーエン主義(支持)者.

Ówen Stánley *n.* [the ～] オーウェンスタンレー(山脈)《New Guinea 島南東部の連山；最高峰 Mt. Victoria (4,073 m)》.

ów·ing 〘《*a*1376》〙 **—** *adj.*〈物が〉借り[借金]となっている (owed)；〔…に〕支払うべき，未払いの (unpaid)〔*to*〕：the ～ $10 借りている 10 ドル / I paid what was ～. 借りは皆支払った / How much is ～ *to* him? 彼にはいくら借りがあるか.

owing to (1) …のために (on account of)：*Owing to* the drought, the crop was short. 日照りのため作は悪かった.　(2) …に基づいて，…のためで：His failure was ～ *to* ill health. 彼の失敗は不健康のためだった.　★ (2) の用法では due to の方がふさわしいとされる.

owl [ául] 〘OE *ūle* < Gmc **uwwalōn* (Du. *uil* / G *Eule*) ← IE **u-, *ul-* to howl《擬音語》〙 **—** *n.* **1** 〘鳥類〙フクロウ《フクロウ目の夜行性猛禽の総称；モリフクロウ (tawny owl)，メンフクロウ (barn owl)，アメリカワシミミズク (great horned owl)，アメリカオオコノハズク (screech owl)，アメリカフクロウ (barred owl) など》：(as) blind as an ～ 全く目が見えない / (as) stupid as an ～ きわめて愚鈍な / (as) grave [wise] as an ～ まじめくさって[賢こそうで].　**2** (頭がフクロウに似た)家バト《owl pigeon ともいう》.　**3** もったいぶる人，まじめくさった人；賢こそうに見えるばか者；ばか：Don't be such a silly ～. そんなばかなまねはするな.　**4** 夜出歩く人；夜ふかしをする人.

carry* [*send*] *owls to Athens 〘Athens の守護女神 Pallas Athene の象徴がフクロウであることから〙余計[無意味，むだ]なことをする，蛇(ᵈ)足を加える；(cf. *carry* COALS *to Newcastle*).　***fly with the owls*** 夜遊びをする.　***like* [*as*] *a boiled owl*** 《俗》ぐでんぐでんに酔っぱらって (quite drunk)：He got home (as) drunk *as a boiled* ～. へべれけに酔って帰宅した.

— *attrib. adj.* 深夜[終夜]運転の，深夜[終夜]営業の：an ～ show / ⇨ owl train.

ówl bùtterfly *n.* 〘昆虫〙フクロチョウ科のチョウの総称；(特に)フクロチョウ (*Caligo eurylochus*)《南米産の大型のチョウ，後羽にフクロウの目のような斑点がある》.

ówl·clòver *n.* 〘植物〙＝owl's clover.

owl·er [áulə | -lə(r)] 〘← OWL＋-ER[1]：フクロウの夜行性にちなむ〙 *n.* 《英》(昔)羊毛または羊を英国外へ密売した人，密輸出商 (smuggler)；その密輸出船.

owl·et [áulɪt, -lət | áulɪt, -let, -lət] *n.* 〘鳥類〙 **1** フクロウの子.　**2** 小さなフクロウ；(特に)コキンメフクロウ (*Athene noctua*).

ówlet lìght *n.* 《詩》＝owl-light.

ówlet mòth *n.* 〘昆虫〙＝noctuid.

owl·ing [áulɪŋ] 〘cf. owler〙 *n.* 《英》(昔の)羊毛または羊の密輸出.

ówl·ish [-lɪʃ] *adj.* フクロウのような；しかつめらしい顔をした；賢こそうでばかな.　**～·ly** *adv.*　**～·ness** *n.*

ówl-lìght *n.* (フクロウの現われる)薄明，薄暮.

ówl·lìke *adj.* フクロウのような.

ówl mònkey *n.* 〘動物〙＝douroucouli.

ówl pàrrot *n.* 《古》〘鳥類〙＝kakapo.

ówl's clòver *n.* 〘植物〙南および西北アメリカ産のゴマノハグサ科の植物の総称；(特に)ムラサキゴマノハグサ (*Orthocarpus purpurascens*)《California 州産》.

ówl tràin *n.* 《米口語》夜汽車，夜行列車 (night train).

own [óun | ɔ́un] 〘adj.：OE *āgen* own (p.p.) < Gmc **aiȝanaz* (Du. & G *eigen*) (p.p.) ← **aiȝan* 'to possess, OWE'.　— v.：OE *āgnian* ← *āgen* (adj.)〙 **—** *adj.* **1** [通例人称代名詞(または時に名詞)の所有格に伴って] **a** [所有の意を強調して] (他人のものでなく)自分自身の，それ自身の：one's ～ money (借りたのではない)自分自身所有の金 / love truth for its ～ sake 真理のために真理を愛する / This is not my ～ house. これは私の持ち家ではない《借家だ》/ Name your ～ price. いくらでも君自身の値を言いなさい《その値で買おう》/ I saw it with my ～ eyes. それをこの目で見たのだ / Virtue is its ～ reward. 善行の報いは善行それ自体の中にある.　**b** [独自性を強調して] (自分自身の)特有な，独特な：Cricket is peculiarly the Englishman's ～ game. クリケットは英国人特有の競技である.　★ 強調的に all one's ～ の形で名詞のあとに置かれることがある (cf. *of one's* OWN)：This book has a value *all its* ～. この本には独特の価値がある / The orange has a scent *all its* ～. オレンジには独特の香りがある.　**c** 大事な，最愛の：my ～ love 私の愛する者 / our ～ dear children かわいい子供たち.　**d** 自分独りでする，人の助けを借りない (unaided)；人の支配[干渉]を受けない，独自の (independent)：be one's ～ doctor 自分の病気は自分で直す / I am my ～ master [mistress]. 自分の身は自分の勝手《他の支配は受けない》/ be one's ～ man [woman] 自由の身である，主体性をもっている《自分の事には自分で責任をとる》/ build one's ～ house 自分の家を自分の手で建てる / cook one's ～ meals 自炊する / make one's ～ dress 自分の服を自分で作る / reap the harvest of one's ～ sowing 自らまいた種を刈り取る《自業自得》/ do a thing of one's ～ accord (人から言われたのでなく)自ら進んで事をする.　**2** [通例 an ～ または *pl.* で] (血族関係を表わして)実の (real)，本腹の，直接の：～ brothers [sisters] 実の兄弟[姉妹] / an ～ cousin 実のいとこ (first cousin) / one's ～ father 実の父親 / an ～ brother to the king 王のじかの兄[弟].　**3** [独立(名詞)用法] わが物，わが者，わが家族；いとしい者，独特のもの：my ～ (愛称的呼掛けとして)おまえ，君，いい子 / claim a thing as one's ～ ある物を自分のだと主張する / give a person his ～ 人を公平に扱う / He compared it with his ～. それを自分のと比べてみた / The book is entirely his ～. この本は全く彼独自のものである / And his ～ received him not. 彼の民(ᵗ)また彼を受けざりき (*John* 1:11) / May I have it for my (very) ～? それを私(だけ)の物としてもらってもいいのですか / I can do what I will with my ～. 自分のものはどうしようと勝手だ.

come into one's own (1) 当然自分の受けるべきもの(財産，権利など)を手に入れる.　(2)〈人・物事が〉(ついに)真価を認められる，当然の名声[声望・地位など]を得る：His painting has at last *come into its* ～. 彼の絵はやっと世に認められるに至った.　(3) 本領[才能]を発揮する：He *came into his* ～ toward the end of the race. 彼はレースの終わり近くで実力を発揮した.　***get* [*have*] *one's own back*** 《口語》〔人に〕仕返しする，復讐(ᶠᵏ)する (revenge oneself)〔*on*〕.　***hold one's own*** (1) (攻撃・逆境などにあって)自分の立場を守り通す，引けを取らない，事業(など)を続ける，面目を保つ：He can *hold his* ～ *against* [*with*] anyone in argument. 議論ではだれとでも対抗[太刀(ᵗ)打ち]できる.　(2)〈病人が〉力を保つ，頑張る：The patient is *holding his* ～. 病人はまだしっかりしている.　***in a class of* [*on*] *its* [*his*] *own*** ⇨ class 成句.　***of one's own*** 自分自身の(ものである)：I have a [no] house *of my* ～. 私には自分の持ち家がある[ない] / She has some property *of her* ～. 彼女は自分名義の財産を少し持っている.　***on one's own*** 《口語》(1) 独立して，独力で，自分で[から]：carry on business *on one's* ～ 自営で商売をする / give up drinking *on one's* ～ 自発的に酒をやめる / His son is *on his* ～ now. 彼の息子はもう独立している.　(2) ひとりで，ひとりぼっちで (alone)：The old woman is (all) *on her* ～. 老女は(全くの)ひとりぼっちだ.　(3) 他に並ぶものがなく，比類のない.

— *vt.* **1 a** (自分の物として)所有する，持つ (possess)：～ a car / The house is now ～*ed* by him. その家は今は彼のものとなっている.　**b** [p.p. 形で複合語の第 2 構成素として] …所有の：state-*owned* 国有の.　**2**〈罪・事実を〉認める (acknowledge)，認容する，承認する (admit)；自認する，打ち明ける (confess)：～ one's fault 自分の過失を認める / ～ the force of an argument 議論の論旨に服する / He ～*ed* himself in the wrong. 自分が間違っていたことを認めた / I ～ myself at a loss. 全く途方に暮れているわけです / He ～*s that* he has done wrong. 自分が悪かったと認めている / I ～ *to* you *that* I have a great fear. 打ち明けて申し上げますと私には大きな心配事があるのです.　**3**〈事・人〉と自分の関係を認める；自分のものと認知する：an old umbrella that nobody will ～ だれも自分のだと言わない古傘 / ～ the authorship of a book ある本の著者は自分だと認める / He ～*ed* the child *as* his son. その子を自分の息子と認知した / The people finally ～*ed* him *to* be their king. 国民はついに彼を自分たちの王と認めた.　**4** …の支配権を認める，権威に屈する；…に恭順の意を表する：They ～*ed* the conqueror. 彼らは征服者に恭順の意を表した.　**—** *vi.* 〔…を〕自ら認める，自白する，白状する (confess)〔*to*〕：～ *to* a sense of shame 恥ずかしいと言う / He ～*ed to* being doubtful [*having* doubts] about it. それを疑わしいと思うと白状した.

own up 《口語》すっかり[潔く]白状する〔*to*〕：You had better ～ *up* (*to* the theft). (盗みをしたと)すっかり白状した方が身のためだ.

ówn-bránd *adj.* 〘商業〙(製造元の名でなく)販売業者の名を商標名にした，販売業者の商標をつけた (cf. national brand, private brand).

ówn·er 〘《1340》〙 **—** *n.* **1** 持主，所有者 (proprietor)：an ～ of lost property 遺失主.　**2** 〘商業〙荷主：at ～*'s* risk 荷主の危険負担で《運送中の危険は荷主が引き受けるという条件で》.　**3** 《英俗》艦長，船長，艇長.

ówner-dríver *n.* 《英》オーナードライバー《車を所有しそれを自分で運転する人》.

ówner·less *adj.* 持主のない：an ～ cat 野良猫.

ówner occupátion *n.* 《英》持家住まい；自宅所有.

ówner óccupied *adj.* 《英》家主自身の住んでいる.

ówner óccupier *n.* 《英》持家に住んでいる人.

ówner·ship *n.* 持主であること，所有 (possession)；所有権：private ～ of land 土地の私有 / state ～ 国有 / change ～ 所有権を変更する.

ox [ɑ́ks | ɔ́ks] 〘OE *oxa* < Gmc **oχson* (Du. *os* / G *Ochs(e)*) ← IE **uksen-* male animal (Skt *ukṣan* ox, bull) ← ? **wegw-* wet (Gk *ugrós* wet / L *umor* moisture (cf. humor))〙 **—** *n.* (*pl.* **ox·en** [ɑ́ksən, -sn | ɔ́k-]; 3 ではまた **～·es**) **1** 牛；(特に)去勢雄牛《荷車用または食用：cf. bull[1] 1 a, bullock, cow[1], steer[2]》：(as) strong as an *ox* とても強い / ⇨ black ox.　**2** 〘動物〙ウシ《ウシ属 (*Bos*) の動物の総称》.　★ ラテン語系形容詞：bovine.　**3** 力の強い男，もさっとした人，愚鈍な男.

play the giddy ox ⇨ giddy 成句.　***plow with a person's ox*** ⇨ plow 成句.

ox-[1] [ɑks | ɔks] ＝oxy-[2].

ox-[2] [ɑks | ɔks] 〘化学〙(母音の前に来る時の) oxo- の異形.

ox·a- [ɑ́ksə | ɔ́k-] 〘化学〙〘《変形》← OXY-[1]〙〘化学〙「炭素に置き代わった酸素を含む」の意の連結形.

ox·a·cil·lin [ɑ̀ksəsílɪn, -lən | ɔ̀ksəsílɪn] 〘← (*is*)*oxa*(*zole*)＋(PENI)CILLIN〙 *n.* 〘化学〙オキサシリン ($C_{19}H_{19}N_3O_5S$) (O と N を環に含む五員環化合物).

oxal- [ɑ́ksəl, ɑksǽl | ɔ́ksəl, ɔksǽl] (母音の前に来る時の) oxalo- の異形.

ox·al·ac·e·tate [ɑ̀ksəlǽsətèɪt | ɔ̀k-] *n.* 〘化学〙オキサロ酢酸塩.

ox·al·a·ce·tic [ɑ̀ksələsí:tɪk | ɔ̀ksələsí:t-] *adj.* 〘化学〙オキサロ酢酸の.

oxalacétic ácid *n.* 〘生化学〙オキサロ酢酸 ($C_4H_4O_5$)《クエン酸 (citric acid) 回路中でリンゴ酸 (malic acid) から作られクエン酸になる》.

ox·a·late [ɑ́ksəlèɪt | ɔ́ksəlèɪt, -lət, -lɪt] 〖▭F ～: ⇨ oxalo-, -ate¹〗 n. 〘化学〙蓚酸(しゅうさん)塩[エステル].

ox·al·ic [ɑksǽlɪk | ɔk-] 〖《1791》▭F *oxalique*: ⇨ oxalis, -ic¹〗 adj. カタバミの[から採った].

oxálic ácid n. 〘化学〙蓚酸(しゅうさん) ($H_2C_2O_4·2H_2O$).

Ox·a·li·da·ce·ae [ɑksæ̀lədéɪsiìː | ɔksæ̀lɪ-] 〖← NL ～ ← *Oxalid-*, OXALIS (↓)＋-ACEAE〗 n. pl. 〘植物〙カタバミ科. **ox·àl·i·dá·ceous** [-ʃəs] adj.

ox·al·is [ɑksǽlɪs, ɑ́ksəl-, -ləs | ɔ́ksəlɪs] 〖← NL ～ ← L *oxalis* ▭ Gk *oxalís* sour wine, sorrel ← *oxús* sharp, sour, acid〗 ── n. 〘植物〙カタバミ《カタバミ属 (*Oxalis*) の各種の草本; cf. wood sorrel》.

ox·a·lo- [ɑ́ksəlo(ʊ), ɑksǽl- | ɔ́ksələ(ʊ), ɔksǽl-] 〖▭F ～ ← (*acid*) *oxalique* 'OXALIC (acid)'〗 〘化学〙「蓚酸(しゅうさん)の」の意の連結形. ★ 母音の前では通例 oxal- になる.

òxalo·ácetate n. 〘化学〙＝oxalacetate.

òxalo·acétic adj. 〘化学〙＝oxalacetic.

òxalo·succínic ácid n. 〘生化学〙オキサロコハク酸 ($C_6H_6O_7$)《生体内で脂肪・炭水化物の代謝中間産物として合成される》.

ox·az·e·pam [ɑksǽzəpæ̀m | ɔk-] 〖← (HYDR)OX(YL)＋(*di*)*azepam* (← DIAZO-＋*ep*(*oxide*) (⇨ epi-, oxide)＋-AM)〗 ── n. 〘薬学〙オキサゼパム ($C_{15}H_{11}ClN_2O_2$)《精神安定剤》.

ox·a·zine [ɑ́ksəziːn, -zɪn, -zən | ɔ́ksəziːn, -zɪn] 〖← OXA-＋AZINE〗 ── n. 〘化学〙オキサジン (C_4H_5NO)《O と N を環に含む六員環構造のもの; ortho-, meta-, para- の 3 種がある》.

óx bàll n. 1 〘動物〙(ウシの胃の中にしばしば見られる)毛の玉. 2 《米》(旗ざおの先の)飾り玉.

óx·bìrd n. 〘鳥類〙 1 ハマシギ (dunlin). 2 《英方言》ミユビシギ (sanderling). 3 ＝oxpecker.

óx·blòod n. (マホガニー色に近い)濃赤色.

óx·bòw [-bòʊ | -bəʊ] n. 1 (牛の)U字形くびき, はも. 2 (河流の)U字形彎曲部; U字形彎曲部に囲まれた土地. 3 ＝oxbow lake. ── adj. U字形に彎曲した: an ～ bend (河流の)U字形の彎曲部.

óxbow chèst n. ＝yoke-front chest.

óxbow frònt n. (箪笥(たんす)などの前部の) U字型曲面《中央がへこんでいる; cf. serpentine front》.

óxbow láke n. 三日月湖, 牛角湖《河道が直線化した時に残された河流の U 字形彎曲部が作る湖沼》.

Ox·bridge [ɑ́ksbrɪdʒ | ɔ́ks-] 〖《1849》《混成》← Ox(FORD)＋(CAM)BRIDGE: cf. Camford〗 《英》 ── n. 1 (古い歴史と伝統を持つものとしての)オックスフォード・ケンブリッジ両大学; オックスフォードまたはケンブリッジ大学 (cf. redbrick university). 2 a (この両大学を背景とした)英国の知的エリート社会. b オックスフォード・ケンブリッジ大学的な, 両大学学閥: an ～ attitude. ── attrib. adj. オックスフォード・ケンブリッジ両大学の: ～ graduates.

Ox·bridg·e·an [ɑksbrídʒiən, -dʒən | ɔksbrídʒɪən, -dʒən] n. オックスフォード大学またはケンブリッジ大学の学生[卒業生].

óx·càrt n. 牛車.

oxen 〖OE *oxan*〗 n. ox の複数形.

Ox·en·stier·na [ʊ́ksənʃɛ̀ənə, ɑ́k- | ʊ́ksənʃɛ̀ə-, ɔ́k-; *Swed.* ʊ́ksənʃæ̀ːna], Count **Ax·el** [ǽksəl] n. ウクセンシェルナ (1583–1654; スウェーデンの政治家).

ox·er [ɑ́ksə | ɔ́ksə(r] n. 《俗》＝ox fence.

óx·èye 〖《1400–50》*oxie*〗 ── n. 1 〘植物〙周辺花のあるキク科の各種植物の総称《フランスギク (oxeye daisy), キゾメカミルレ (field chamomile), キクイモモドキ属 (*Heliopsis*) の植物など》. 2 《英方言》〘鳥類〙ハマシギ (dunlin), イソシギ, クサシギの類のシギの総称 (sandpiper).

óx-èyed adj. (牛の目のように)大きな目をした.

óxeye dáisy n. 〘植物〙＝daisy 2 a.

Oxf. 《略》Oxford; Oxfordshire.

OX·FAM, Ox·fam [ɑ́ksfæm | ɔ́ks-] 《略》Oxford Committee for Famine Relief.

óx fènce n. 牛囲い《丈夫な生垣の一方に 1 本横木の柵を設け他方はしばしば溝 (ditch) になっている》.

Ox·ford [ɑ́ksfəd | ɔ́ksfəd] 〖OE *Oxnaford, Oxenaford* 《原義》ford for oxen〗 ── n. 1 イングランド南部, Oxfordshire 州にある同州の首都; Oxford University の所在地; London の北西方約 100 km; 人口 124,000. 2 ＝Oxfordshire. 3 ＝Oxford University. 4 ＝Oxford Down. 5 [o-] オックスフォードシューズ《一般に甲の上を紐で締める内羽根式デザインの浅い靴; 紳士靴に多く見られる; Oxford shoe ともいう》. 6 [o-] オックスフォード《比較的厚地の柔軟な光沢のあるななこ組織の織物; ワイシャツ・婦人服地などに用いる; Oxford cloth [shirting] ともいう》. ── attrib., adj. 英国オックスフォード(大学)の[に関係のある]: the ～ accent (オックスフォード大学の人々の話すような)学者らしく気取った言葉づかい / the ～ cap 大学帽[角帽] / an ～ don オックスフォード大学教授《学監・講師・指導教師》/ an ～ man オックスフォード大学学生[出身者].

Ox·ford [ɑ́ksfəd | ɔ́ksfəd], 1st Earl of n. ⇨ HARLEY.

Óxford and Ásquith, 1st Earl of n. ⇨ Herbert Henry ASQUITH.

Óxford bág n. 1 (ボストンバッグに似た)大型の鞄. 2 [*pl.*; 単数扱い] 《英》(男子用)たっぷりしたズボン.

Óxford blúe, o- b- n. 暗青色 (dark blue)《Oxford 大学の校色; cf. Cambridge blue》.

Óxford cláy n. 〘地質〙オックスフォード粘土層《英国 Oxfordshire 地方によく発達している上部ジュラ系の青色粘土層》.

Óxford córners n. pl. 〘印刷・製本〙オックスフォードコーナー《隅で交叉した輪郭罫が十字形になっているもの》.

Oxford corners

Óxford Dówn n. オックスフォードダウン《英国産の角のない肉用品種の羊》.

Óxford Énglish Díctionary n. [The ～, the ～] オックスフォード英語辞典《厳密な歴史的原理に基づく世界最大の英語辞書; *O.E.D.* と略称する; もと *A New English Dictionary on Historical Principles* (略 *N.E.D.*) と称した; 1884 年分冊刊行開始, 1928 年本巻 (10 巻) 完結, 1933 年 *Supplement* (全 1 巻) 刊行, 1972 年 *New Supplements* (全 4 巻)の第 1 巻, 1976 年第 2 巻刊行》.

Óxford fráme n. 《英》井桁額縁.

Óxford gráy, o- g- n. 1 濃灰色 (dark gray). 2 ＝Oxford mixture.

Óxford Gròuper n. オックスフォードグループ運動員.

Óxford Gròup mòvement n. [the ～] オックスフォードグループ運動《米国の Frank Buchman の主唱に始まる宗教運動; 少数の仲間による家庭的会合で各自の宗教的経験を語り合う; 英国では Oxford の共鳴者たち (the Oxford Group) がこの運動を起こした (1921–); cf. Buchmanism, Moral ReArmament》.

Ox·for·di·an [ɑksfɔ́ədiən | ɔksfɔ́ːdɪən, -djən] adj. 1 Oxford の. 2 オックスフォード説 (Oxford theory) の. 3 〘地質〙(中生代地層のうちの)オックスフォード魚卵状石灰岩 (oolite) の下層部の. ── n. 1 オックスフォード説支持者. 2 〘地質〙オックスフォード魚卵状石灰岩の下層部.

Óxford Índia pàper n. ＝India paper 1.

Óxford mòvement, O- M- n. [the ～] オックスフォード運動《1833–45 年に Oxford 大学を中心に Keble, Pusey, Newman などによって行なわれた信仰復興と教会改革の運動; 英国国教会内に教会主義・祭司主義・典礼主義を復興させようとした; 盛んに小冊子 *Tracts for the Times* を発行してその主張の宣伝に努めたので Tractarianism ともいわれる》.

Óxford rúle n. 〘印刷〙子持ち罫(けい)《1 本は太く 1 本は細い平行線から成る罫線》.

Óxford schòol n. [the ～] オックスフォード派《Oxford movement に参加した英国国教会の一派》.

Ox·ford·shire [ɑ́ksfədʃɪə, -ʃə | ɔ́ksfədʃə(r, -ʃɪə(r] 〖OE *Oxenafordscīr*: ⇨ Oxford, -shire〗 n. イングランド南部の州; 1974 年に旧 Berkshire 州北西部を加える; 人口 540,000, 面積 2,680 km², 首都 Oxford.

Óxford Strèet n. (London の)オックスフォード通り《繁華街》.

Óxford thèory n. オックスフォード説《1920 年に J. Thomas Looney が唱えた, Shakespeare の作品は第 17 代の Oxford 伯爵 Edward de Vere の書いたものであるとする説》.

Óxford Tràcts n. pl. [the ～] オックスフォード論説集 (cf. Tracts for the Times ⇨ tract²).

Óxford ùnit n. 〘生化学〙オックスフォード単位《ペニシリンの国際単位; 結晶物質の 0.606 マイクログラムに相当する》.

Óxford Univèrsity n. オックスフォード大学《英国 Oxford 市にあり Cambridge 大学と並ぶ英国最古の大学; 12 世紀創立; 現在 34 の正式の学寮 (college) がある》.

óx·gàll n. 1 牛胆汁エキス《薬用・塗料など》. 2 ＝light chrome yellow.

ox·gang [ɑ́ksgæŋ | ɔ́ks-] 〖OE *oxan* ((gen. sing.) ← *oxa* 'ox') or *oxena* (gen. pl.)＋*gang* a going: ⇨ gang¹〗 n. ＝bovate.

óx·gàte 〖← OX＋GATE²〗 n. ＝oxgang.

óx·gòad n. 牛追い棒.

Óx Hèart n. 〘園芸〙オックスハート《大果・多肉で心臓形をなす果実を産するナポレオン, イエロースパニッシュのような品種群甘果オウトウの通称》.

óx·hèrd 〖OE *oxanhyrde* ← *oxan* (gen. sing.) or *oxena* (gen. pl.)＋*herde, hyrde* 'HERD²'〗 n. 牛飼い (cowherd).

óx·hìde n. 雄牛の皮 (cf. cowhide).

ox·i·dant [ɑ́ksədənt, -dn̩t | ɔ́ksɪ-] 〖▭F 《廃》～ (F *oxydant*) (pres.p.) ← *oxider* 'to OXIDATE'〗 n. 〘化学〙 1 オキシダント (⇨ oxidizing agent). 2 酸化体.

ox·i·dase [ɑ́ksədèɪs, -dèɪz | ɔ́ksɪdèɪs] 〖← OXIDE＋-ASE〗 n. 〘生化学〙オキシダーゼ, 酸化酵素. **ox·i·da·sic** [ɑ̀ksədéɪsɪk, -zɪk | ɔ̀ksɪdéɪs-] adj.

ox·i·date [ɑ́ksədèɪt | ɔ́ksɪ-] 〖← F *oxid-er* (⇨ oxide)＋-ATE¹·³〗 vt., vi. 《古》＝oxidize. ── n. 〘地質〙オキシデート《層状マンガンや鉄鉱などの酸化堆積物》.

ox·i·da·tion [ɑ̀ksədéɪʃən | ɔ̀ksɪ-] 〖▭F 《廃》～ (F *oxydation*): ⇨ ↑, -ation〗 n. 〘化学〙酸化(作用).

oxidátion nùmber n. 〘化学〙＝oxidation state.

oxidátion-redúction n. 〘化学〙酸化還元反応.

oxidátion-redúction poténtial n. 〘化学〙酸化還元電位《酸化力の強さの尺度; 標準水素電極を一方の電極とする電池の起電力で表わす》.

oxidátion stàte n. 〘化学〙酸化状態, 酸化数.

ox·i·da·tive [ɑ́ksədèɪtɪv | ɔ́ksɪdèɪt-] adj. 酸化の; 酸化力のある. **～·ly** adv. **～·ness** n.

óxidative phosphorylátion n. 〘生化学〙酸化的リン酸化《酸化還元反応での電子伝達と共役して ADP から ATP を生成する過程》.

ox·ide [ɑ́ksaɪd, -sɪd, -səd | ɔ́ksaɪd] 〖《1790》▭F 《廃》*oxide* (F *oxyde*) ← *ox*(*ygène*) 'OXYGEN'＋(*ac*)*ide* 'ACID'〗 n. 〘化学〙酸化物. **ox·id·ic** [ɑksídɪk | ɔk-] adj.

ox·i·dim·e·try [ɑ̀ksədímətri | ɔ̀ksɪdímɪtri, -mə-] n. 〘化学〙酸化滴定. **ox·i·di·met·ric** [ɑ̀ksədɪmétrɪk, -də-, ɑksìdə- | ɔ̀ksɪdɪ-, ɔksìd-] adj.

ox·i·diz·a·ble [ɑ́ksədàɪzəbl̩ | ɔ́ksɪ-] adj. 〘化学〙酸化できる. **òx·i·dìz·a·bíl·i·ty** [-zəbíləti | -lɪti, -lɪ-] n.

ox·i·di·za·tion [ɑ̀ksədɪzéɪʃən, -də- | ɔ̀ksɪdaɪ-, -dɪ-] n. 〘化学〙＝oxidation.

ox·i·dize [ɑ́ksədàɪz | ɔ́ksɪ-] 〘化学〙 vt. 1 酸化させる; (酸化して)さびつかせる; 〈銀などを〉いぶす: ⇨ oxidizing agent. 2 〈金属〉の原子価を増す; (特に)…の陽イオンとしての原子価を増す. 3 〈原子・イオン〉から電子を除く. ── vi. 酸化する, さびる.

óx·i·dìzed óil n. 〘化学〙酸化油《空気中の酸素と反応して粘稠(ねんちゅう)になった不飽和油》; (特に) ＝blown oil.

óxidized sílver n. いぶし銀《メダルなどに用いる》.

óx·i·dìz·er n. 〘化学〙酸化剤.

óx·i·dìz·ing àgent n. 〘化学〙酸化剤《oxidant, oxidizer ともいう; cf. reducing agent》.

óxidizing flàme n. 〘化学〙酸化炎《ブンゼン灯などの炎の外側の部分で, 淡青色をし, 温度が最も高い; cf. reducing flame》.

ox·i·do·re·duc·tase [ɑ̀ksədo(ʊ)rɪdʌ́kteɪs, -rə-, -teɪz | ɔ̀ksɪdə(ʊ)rɪdʌ́kteɪs, -rə-] n. 〘生化学〙オキシドレダクターゼ, 酸化還元酵素《酸化還元反応を触媒する酵素》.

ox·ime [ɑ́ksiːm, -sɪm, -səm | ɔ́ksiːm, -sɪm] 〖← OXY-¹＋IM(ID)E〗 n. 〘化学〙オキシム《NOH の基を有する化合物》.

ox·im·e·ter [ɑksímətə | ɔksímɪtə(r, -mə-] 〖← OXO-＋-METER¹〗 n. 〘医学〙酸素濃度計.

ox·ine [ɑ́ksiːn, -sɪn, -sən | ɔ́ksiːn, -sɪn] 〖← OXY-¹＋-INE³〗 ── n. 〘化学〙オキシン (HOC_9H_6N)《白色の結晶, 金属の分離・定量に用いられる分析試薬》.

ox·lip [ɑ́kslɪp | ɔ́ks-] 〖OE *oxanslyppe* ← *oxan* ((gen. sing.) ← *oxa* 'ox')＋*slyppe* slime (⇨ slip³): cf. cowslip〗 n. 〘植物〙薄黄色の花の咲くサクラソウの一種 (*Primula elatior*) (cf. cowslip 1).

Ox·nard [ɑ́ksnɑəd | ɔ́ksnɑːd] n. 米国 California 州南西部, Los Angeles 北西にある都市; 人口 72,000.

ox·o [ɑ́ksoʊ | ɔ́ksəʊ] 〖↓〗 adj. 〘化学〙オキソ《酸素を含むの意; カルボニル基 ＝CO を示す》.

ox·o- [ɑ́kso(ʊ) | ɔ́ksə(ʊ)] 〖⇨ oxy-¹, -o-〗 〘化学〙「酸素を含む」の意の連結形. ★ 母音の前では通例 ox- になる.

òxo·ácid n. 〘化学〙オキソ酸, 酸素酸《硫酸・硝酸など酸素を含む無機の酸の総称; oxyacid ともいう》.

Ox·on [ɑ́ksɑn, -sən, -sn̩ | ɔ́ksən, -sn̩, -sɔn] 〖← ML *Oxonia* 'Oxford'〗 n. ＝Oxford; Oxfordshire.

Oxon. [ɑ́ksɑn, -sən, -sn̩ | ɔ́ksən, -sn̩, -sɔn] 《略》 *ML.* Oxoniēnsis (＝of Oxford): 1 Bishop of Oxford が署名に用いる (⇨ Cantuar. 2). 2 Oxford University 《通例, 学位のあとに付けて用いる》: John Smith, M. A., ～ オックスフォード大学修士ジョン スミス.

Ox·o·ni·an [ɑksóʊniən | ɔksə́ʊnjən, -nɪən] 〖《*c*1540》← ML *Oxonia* 'OXFORD'＋-AN¹: cf. Cantabrigian〗 ── adj. オックスフォード (Oxford) の; (Oxford) 大学の. ── n. Oxford の人; Oxford 大学生[出身者].

ox·o·ni·um [ɑksóʊniəm | ɔksə́ʊnjəm, -nɪəm] 〖← NL ～ ← OXY-¹＋-ONIUM〗 ── n. 〘化学〙オキソニウム基《OH_3 または H_3O で表わされる正 1 価の基; 水溶液中で水素イオン H^+ は水分子を結合した形で存在する; hydronium ともいう》.

oxónium còmpound n. 〘化学〙オキソニウム化合物《酸素を含む化合物を塩基として酸類との塩をいう; 例: $CH_3OCH_3·HCl$》.

oxónium íon n. 〘化学〙オキソニウム イオン (OH_3^+ または H_3O^+)《酸性水溶液中に存在》.

óxo pròcess [reàction] n. 〘化学〙オキソ合成法《オレフィンと一酸化炭素と水素から飽和アルデヒドを合成する方法; cf. hydroformillation》.

ox·o·trem·o·rine [ɑ̀kso(ʊ)trémərìːn, -rɪn, -rən | ɔ̀ksə(ʊ)trémərìːn, -rɪn] 〖← OXO-＋TREMOR＋-INE³〗 n. 〘薬学〙オキソトレモリン ($C_{12}H_{18}N_2O$)《神経興奮薬》.

óx·pècker n. 〘鳥類〙ウシツツキ《アフリカ産ウシツツキ属 (*Buphagus*) の鳥の総称; 牛などの皮膚の寄生虫を食う; キバシウシツツキ (*B. africanus*), アカハシウシツツキ (*B. erythrorhynchus*) など; rhinoceros bird ともいう》.

óx·tàil n. 牛の尾; (特に, スープ・シチュー用に皮をむいた)牛の尾.

ox·ter [ɑ́kstə | ɔ́kstə(r] 〖《16C》《変形》← OE *ōxta*, *ōhsta* ← IE **ag-* axis (L *axilla* armpit): cf. OE *ōxn* armpit / G *Achsel* shoulder〗 《スコット・北英》 ── n. 1 a 腋(わき)の下 (armpit); 上膊(はく)の内側. b 服のそでつけ. 2 腕. ── vt. 1 腕で[を取って]ささえる. 2 腋の下に入れる, かかえ込む (hug).

óxter plàte n. [通例 *pl.*] 〘造船〙オクスタープレート《船尾材に接する外板のうちの最上部のもの》.

óx·tòngue 〖《*c*1325》〗 n. 1 牛の舌; (食用としての)タン. 2 〘植物〙牛の舌のような形をした面の粗い葉をつけるの植物の総称《bugloss など》.

Ox·us [ɑ́ksəs | ɔ́k-] 〖▭L ～〗 n. [the ～] オクサス(川)《Amu Darya の古名; 今も用いられる》.

ox·y-¹ [ɑ́ksɪ, -sə | ɔ́k-] 〖▭F ～ ← *oxygène* 'OXYGEN'〗「酸素 (oxygen)」時には「水酸基 (hydroxy-)」の意の連結形: oxyaldehyde, oxyhydrogen.

ox·y-² [ɑ́ksɪ, -sə | ɔ́k-] 〖← Gk *oxús* sharp, keen〗 ── 次の意味を表わす連結形: 1「鋭い (sharp, acute)」: *oxycephalic*, *oxymoron*. 2「急速な (quick)」: *oxytocic*.

3「酸味のある, すっぱい (acid)」: oxyphile.
òxy·acétylene adj. 〖化学〗酸素アセチレンの: an ~ blowpipe [torch] (金属溶接用の)酸素アセチレン吹管[トーチ] / an ~ flame 酸素アセチレン炎 / ~ gas 酸素アセチレンガス ($O_2+C_2H_2$).
oxyacétylene wélding n. =oxygen-acetylene welding.
óxy·àcid n. オキシ酸, 酸素酸《正式名 oxoacid》.
òxy·áldehyde n. 〖化学〗オキシアルデヒド (⇨ hydroxy aldehyde).
òxy·cálcium adj. 〖化学〗酸素とカルシウムとの[を含む, に関する]: ~ light 石灰光.
òxy·cárpous adj. 〖植物〗先の尖った果実を生じる.
òxy·céllulose n. 〖化学〗オキシセルロース, 酸化繊維素, 酸化セルロース《セルロースの酸化崩壊生成物》.
òxy·céphaly 〖□G *Oxycephalie*: ⇨ oxy-[2], cephalo-, -y[1]〗 n. 〖病理〗塔状頭(蓋), 尖頭症《頭蓋骨が異常に高い状態》. **òxy·cephálic** adj. **òxy·céphalous** adj.
òxy·chlóride n. 〖化学〗オキシクロリド, 酸塩化物《-OH および -Cl 基を有する化合物または =O と -Cl 基を有する化合物; cf. acid chloride》.
ox·y·da·tion [ɑ̀ksədéɪʃən | ɔ̀ksɪ-] n. 〖化学〗=oxidation.
ox·y·gen [ɑ́ksɪdʒən, -sə- | ɔ́ksɪ-] 〖(1790) □F *oxygène* 《略》← *principe oxygène* acidifying principle *oxygène*, 《廃》*oxygine* ← Gk *oxús* sharp, acid (⇨ oxy-[2])+ *-gène, -gine* '-GEN': (フランスの化学者 A. L. Lavoisier の造語 (1777))〗 ── n. 〖化学〗酸素《記号 O, 原子番号 8, 原子量 15.9994》.
óxygen-acétylene wèlding n. 酸素アセチレン溶接.
óxygen ácid n. 〖化学〗オキシ酸, 酸素酸 (oxyacid).
ox·y·gen·ase [ɑ́ksɪdʒənèɪs, -sə-, -dʒə-, -nèɪz | ɔ́ksɪdʒɪnèɪs, -dʒə-] n. 〖生化学〗オキシゲナーゼ, 酸素添加酵素, 酸素化酵素《酸化還元酵素の一つで, 分子状の酸素の酸素原子が基質に結合する反応を触媒する》.
ox·y·gen·ate [ɑ́ksɪdʒɪnèɪt, -sə-, -dʒə-, ɑksídʒə- | ɔksídʒə-, ɔ́ksɪ-, -dʒɪ-] 〖← F *oxygéner* (← *oxygène* 'OXYGEN')+-ATE[3]〗 ── vt. 1 〖化学〗酸素で処理する, …に酸素を増し加える; 酸化する (oxidize): ⇨ oxygenated water. 2 〖生理〗呼吸によって〈血液〉に酸素を供給する. **ox·y·gen·a·tion** [ɑ̀ksɪdʒɪnéɪʃən, -sə-, -dʒə-, ɑksɪdʒə- | ɔ̀ksɪdʒə-, ɔksìdʒə-, -dʒɪ-] n.
ox·y·gen·àt·ed wáter [-ṭɪd-, -ṭəd- | -tɪd-, -təd-] n. 〖化学〗酸素飽和水.
óxygen cýcle n. 〖生態〗酸素の循環, 酸素サイクル《生物を通しての酸素化合物や酸素の循環》.
óxygen débt n. 〖生理〗酸素負債《激しい活動などでエネルギー源が欠乏した時, もとに戻るまでに平常以上の酸素を必要とする状態をいう》.
óxygen-hýdrogen wèlding n. 酸水素溶接《酸水素ガス (oxyhydrogen) を用いた溶接》.
ox·y·gen·ic [ɑ̀ksɪdʒénɪk, -sə- | ɔ̀ksɪ-] adj. 酸素の[に関する, を含む, を生じる, に似た]. **ox·y·gen·ic·i·ty** [ɑ̀ksɪdʒɪnísəṭi, -sə-, -dʒə- | ɔ̀ksɪdʒənísɪti, -dʒɪ-, -sɪti] n.
ox·y·gen·ize [ɑ́ksɪdʒɪnàɪz, -sə-, -dʒə-, ɑksídʒə- | ɔksídʒə-, ɔ́ksɪ-, -dʒɪ-] vt. =oxygenate.
óxygen lànce n. 〖機械〗酸素やり《一端を加熱し, 他端から酸素を送って鋼材を切断する細長い鋼管》.
óxygen màsk n. 酸素マスク.
ox·yg·e·nous [ɑksídʒənəs | ɔksídʒə-, -dʒɪ-] adj. =oxygenic.
óxygen tènt n. 〖医学〗(重症患者に酸素を補給する)酸素テント《小型の蚊帳(かや)のように患者を覆う》.
òxy·hémoglobin n. 〖生化学〗酸化ヘモグロビン《酸素と結合しているヘモグロビン; 記号 HbO_2》.
òxy·hýdrogen 〖化学〗 adj. 酸素に水素を混入した, 酸水素の: an ~ blowpipe [torch] 酸水素吹管[トーチ] / an ~ flame 酸水素炎. ── n. 酸水素ガス《酸素と水素との混合体; これを吹管に送れば約 3,000°C の高熱を発する; 金属の切断・溶接に用いる》.
ox·y·mel [ɑ́ksɪmèl, -sə- | ɔ́ksɪ-] 〖(a1398) □L ~ □Gk *oxúmeli* ← *oxús* sour + *méli* honey〗 n. 〖薬学〗酢蜜《蜂蜜を酢酸で薄めたもの; 去痰(たん)剤・賦形剤用》.
ox·y·mo·ron [ɑ̀ksɪmɔ́ːrɑn, -sə-, -mɔ́ːr- | ɔ̀ksɪmɔ́ːrɔn, -rən] 〖(1657) ← NL ~ ← Gk *oxúmōron* (neut.) ← *oxúmōros* pointedly foolish: ⇨ oxy-[2], moron, morose〗 ── n. (pl. **-mo·ra** [-rə], **~s**) 〖修辞〗撞着語法《両立しない言葉を組み合わせて修辞的効果を挙げようとする語法; 例: a wise fool / cruel kindness / faultily faultless / Make haste slowly.》.
òxy·néurine 〖← OXY-[1]+NEURO-+-INE[3]〗 n. 〖化学〗オキシノイリン (⇨ betaine).
ox·y·o·pi·a [ɑ̀ksióupiə | ɔ̀ksiə́upjə, -pɪə] 〖← NL ~: ⇨ oxy-[2], -opia〗 n. 〖医学〗視力鋭敏.
Ox·y·op·i·dae [ɑ̀ksiɑ́pədìː | ɔ̀ksiɔ́pɪ-] 〖← NL ~ ← *Oxyopes* (属名: ← Gk *oxuōpḗs* sharp-eyed (↑))+ -IDAE〗 n. pl. 〖動物〗ササグモ科.
ox·y·phil [ɑ́ksɪfɪl, -sə- | ɔ́ksɪ-] n., adj. 〖生物〗=oxyphile.
ox·y·phile [ɑ́ksɪfàɪl, -sə- | ɔ́ksɪ-] 〖生物〗 n. =acidophile. ── adj. =acidophilic.
ox·y·phil·ic [ɑ̀ksɪfílɪk, -sə- | ɔ̀ksɪ-] adj. 〖生物〗=acidophilic.
ox·yph·i·lous [ɑksífələs | ɔksífɪ-] adj. 〖生物〗=acidophilic.
óxy·sàlt n. 〖化学〗オキシ塩, 酸化物塩.
ox·y·some [ɑ́ksɪsòum, -sə- | ɔ́ksɪsəum] 〖← OXY-[1]+ -SOME[3]〗 n. 〖生物〗オキシゾーム《ミトコンドリアの内膜を形成する構造単位の一つ》.
òxy·súlfide n. 〖化学〗酸化硫化物.
òxy·tetracýcline n. 〖生化学〗オキシテトラサイクリン《抗生物質の一種; *Streptomyces rimosus* から得られる抗生物質で梅毒・リューマチ・細菌性伝染病などに効力がある》.
ox·y·to·ci·a [ɑ̀ksɪtóuʃiə, -sə-, -ʃə | ɔ̀ksɪtə́uʃɪə] 〖← NL ~: ⇨ ↓, -ia[1]〗 n. 〖医学〗短時間分娩.
ox·y·to·cic [ɑ̀ksɪtóusɪk, -sə- | ɔ̀ksɪtə́u-] 〖← Gk *oxutókion* medicine hastening childbirth (← *oxu-* 'OXY-[2]' + *tókos* childbirth)+-IC[1]〗 〖医学〗 ── adj. 分娩を促進させる. ── n. 分娩促進剤.
ox·y·to·cin [ɑ̀ksɪtóusn̩, -sə- | ɔ̀ksɪtə́usɪn] 〖⇨ ↑, -in[1]〗 ── n. 1 〖生化学〗オキシトシン《脳下垂体後葉ホルモンの一種; 子宮を収縮し陣痛促進の作用をする; cf. hypophamine》. 2 〖薬学〗オキシトシン剤 ($C_{43}H_{66}N_{12}O_{12}S_2$)《陣痛を促進し産後出血を抑制するホルモン剤; alpha-hypophamine ともいう》.
ox·y·tone [ɑ́ksɪtòun, -sə- | ɔ́ksɪtəun] 〖(1764) □F *oxyton* □Gk *oxútonos* having the acute accent: ⇨ oxy-[2], tone〗 〖ギリシャ文法〗 ── adj. 〈語が〉最終音節に鋭アクセントのある. ── n. 最終音節強勢語.
ox·y·u·ri·a·sis [ɑ̀ksɪjuráɪəsɪs, -səs | ɔ̀ksɪju(ə)ráɪəsɪs] 〖← NL ~ ← *Oxyuris* (⇨ Oxyuridae) + -ASIS〗 n. (pl. **-a·ses** [-sìːz]) 〖病理〗蟯虫(ぎょう)症.
ox·y·u·rid [ɑ̀ksɪjú(ə)rɪd, -rəd | ɔ̀ksɪjúərɪd] 〖↓〗 adj., n. 〖動物〗ギョウチュウ科の(動物).
Ox·y·u·ri·dae [ɑ̀ksɪjú(ə)rədìː | ɔ̀ksɪjúərɪ-] 〖← NL ~ ← *Oxyuris* (属名: ← OXY-[2] + URO-[2]) + -IDAE〗 n. pl. 〖動物〗(袋形動物門)ギョウチュウ科.
oy [ɔ́ɪ] 〖擬音語〗 int. うーん, ああ, 弱った《狼狽・苦痛・悲しみを表わす》.
oy·er [ɔ́ɪə | ɔ́ɪə(r)] 〖(c1400) □AF ~ =OF *oir* (F *ouïr*) to hear < L *audire* to hear: ⇨ -er[3]〗 ── n. 〖法律〗 1 (刑事事件の)審理 (hearing, trial). 2 =OYER and terminer.
oyer and terminer (1)《英》巡回裁判命令書《刑事事件を審理し, 裁判することを高等法院の裁判官に指令する国王の辞令》. (2)《米》(ある州の)高等刑事裁判所.
o·yez [oujéɪ, -jés, -jéz | əujéz, -jés, ─ ─] 〖(a1450) □AF ~ =OF *oyes* hear ye! (imper.) (↑)〗 (*also* **o·yes** [~]) int. 聞け, 謹聴, 静粛に《伝令使や廷吏などが布告, 法廷の宣告を読み上げる前に発する叫び声; 通例 3 度繰り返す》. ── n.「聞け[静粛に]」の叫び声.
oys·ter [ɔ́ɪstə | -tə(r)] 〖(1357–58) □OF *oistre* (F *huître*) □L *ostrea, ostreum* □Gk *óstreon*: cf. Gk *ostéon* bone & *óstrakon* shell〗 ── n. 1 〖貝類〗 a カキ《イボタガキ科の海産食用二枚貝の総称; *Ostrea virginica*, マガキ (Japanese oyster) など》: (as) close as an ~ 非常に口が堅い《決して秘密を漏さない》/ (as) dumb [silent] as an ~ 非常に無口な[で] / *Oysters* are only in season in the R [r] months. 牡蠣(かき)の季節は R の月だけ (cf. R month). b カキに類似する二枚貝の総称《真珠貝 (pearl oyster) など》: a pearl in the ~ (醜い)真珠貝の殻の中の(美しい)真珠,「泥中の蓮」(cf. Shak., *As Y L* 5. 4. 63). 2 a (鶏や七面鳥の)骨盤のくぼみの中の黒ずんだ肉の小片《美味なものとされている》. b 美味なもの, 珍味 (titbit). 3《口語》無口な人, 口の堅い人 (clam). 4 [通例 one's ~] a 利益[もうけ]の種; 思い通りになるもの,「かも」: The world is his ~. 世界は(もう)彼のものだ (cf. Shak., *Merry W* 2. 2. 2). b 大好きなもの, 好物, 趣味: Golf is his ~. ゴルフは彼の趣味だ. 5 =oyster white. ── vi. カキを採る.
óyster-bànk n. =oyster bed.
óyster bàr n. 1 (旅館や料理店の)牡蠣(かき)食堂, (バー式の)牡蠣料理店. 2《米南部》=oyster bed.
óyster bày n. 牡蠣(かき)[海産物]料理店.
óyster bèd n. 牡蠣(かき)の養殖場[繁殖].
óyster-bìrd n. 〖鳥類〗=oyster catcher.
óyster canòe n. (米国 Chesapeake 湾の)牡蠣(かき)取り舟.
óyster càtcher n. 〖鳥類〗ミヤコドリ (*Haematopus ostralegus*)《カキ・ハマグリなどを食べる大型のチドリ目の鳥; oyster plover,《英》sea pie ともいう》.
óyster cràb n. 〖動物〗カキの殻の中で生活するカクレガニの類の総称; (特に)カクレガニ (*Pinnotheres ostreum*)《雄は自由生活をする》.
óyster cràcker n.《米》(牡蠣(かき)のシチューやスープなどと共に出される)塩味の小さい丸いクラッカー.
óyster cùlture n. 牡蠣(かき)の養殖.
óyster-cùlturist n. 牡蠣(かき)養殖家[業者].
óyster drìll n. 〖貝類〗カキナカセガイ (⇨ drill[1] 5 a).
óys·tered adj. 〈家具など〉牡蠣(かき)殻(の内側に見られる)模様の(化粧板を張った) (cf. oystering).
óyster fàrm n. 牡蠣(かき)(人工)養殖場. **~·er** n
óyster-fìeld n. =oyster bed.
óyster·fish n. 〖魚類〗 1 =toadfish 1. 2 ベラ科の魚 (*Tautoga onitis*). 3 ハゼ科の魚 (*Gobiosoma bosci*).
óyster fòrk n. オイスターフォーク《叉が 3 本の細長いフォークで, 貝類を食べるのに用いる》.
oys·ter·ing [ɔ́ɪst(ə)rɪŋ] n. 1 a 牡蠣(かき)殻張り化粧板仕上げ《張り板の木目が牡蠣殻のような模様になるように仕上げた板張り》. b 牡蠣殻張り合板. 2 牡蠣(かき)取り(業).
óyster knìfe n. オイスターナイフ《牡蠣(かき)の殻を開けるのに用いる》.
óyster·man [-mən] n. (pl. **-men** [-mən, -mèn]) 1 牡蠣(かき)取り, 牡蠣養殖業者; 牡蠣売り. 2 牡蠣取り舟.
óyster pàrk n. =oyster bed.
óyster plànt n. 〖植物〗 1 バラモンジン (⇨ salsify). 2 ハマベンケイソウ (sea lungwort.
óyster plòver n. 〖鳥類〗=oyster catcher.
óyster ràke n. 牡蠣(かき)取り熊手.
óyster scàle n. 〖昆虫〗=oystershell scale.
óyster·shèll 〖(15C)〗 n. 砕いた牡蠣(かき)殻《鳥の飼料》.
óystershell scàle n. 〖昆虫〗リンゴカキカイガラムシ (*Lepidosaphes ulmi*)《樹木に大害を与える広く分布しているマルカイガラムシ科の昆虫; oyster scale ともいう》.
óyster slòop n. 〖海事〗=plunger 6.
óyster whíte n. 明るい灰色.
óyster·wife n.《古》=oysterwoman.
óyster·wòman n. 牡蠣(かき)売り女.
oz, oz. [áuns] 〖(a1548) □It *oz* 《短縮》← 《廃》*onza, onze* (pl.) (It. *oncia, once*) 'OUNCE[1]': -z については ⇨ viz.〗 ── n. (pl. **~, ozs, ozs.** [~ɪz, ~əz]) = ounce[1]: 2 lb. 5 *oz* 2 ポンド 5 オンス.
oz. ap. 《略》〖薬局〗apothecaries' ounce(s).
Oz·a·lid [ɑ́zəlɪd | ɔ́z-] n. 〖商標〗オザリッド《感光紙をアンモニア蒸気で現像する機械, 感光紙; その複写法》.
Ó·zark Móuntains [Plátèau] [óuzɑək- | ə́uzɑːk-] 〖*Ozark*: □F *aux Arcs* to the (region of the) Arc (Arkansas) Indians〗 ── n. pl. [the ~] オザーク高原《米国 Missouri 州南部・Arkansas 州北部・Oklahoma 州北東部にわたる低い丘陵地帯; Ozarks ともいう》.
Ó·zarks [óuzɑəks | ə́uzɑːks], **the Lake of the** n. オザーク湖《米国 Missouri 州中部, Osage 川のダムによって生じた人造湖; 長さ 200 km》.
oz. av. 《略》avoirdupois ounce(s).
o·ze·na [ouzíːnə | əu-] 〖← NL ~ ← L *ozaena* □Gk *ózaina* ← *ózein* to smell〗 n. 〖病理〗臭鼻症.
O·zen·fant [òuzɑ̃ː(m)fɑ́ː(ŋ), -zɔ̃ː(m)fɔ̃ː(ŋ), -zɑːmfɑ́ː(ŋ), -zɔ̃(ː)mfɔ̃(ː)ŋ | əu-; *F.* ɔzɑ̃fɑ̃], **A·mé·dée** [amede] n. オザンファン《1886–1966; フランスの画家, Le Corbusier と共に purism を唱えた》.
ó·zo·brome pròcess [óuzəbròum- | ə́uzəbrəum-] 〖*ozobrome*: ← OZO(NE)+BROM(IDE)〗 ── n. 〖写真〗オゾブローム法《銀画像印画からカーボン写真印画を製作する方法》.
o·zo·ce·rite [òuzo(u)sí(ə)raɪt, ouzóusəràɪt, o(u)zə́s- | ə(u)zə́usərɪt, ɔz-, -zə́s-, -ràɪt] 〖(1837) □G *Ozokerit* (↓)〗 n. 〖鉱物〗=ozokerite.
o·zo·ke·rite [òuzo(u)kí(ə)raɪt, o(u)zóukəràɪt | ə(u)zə́ukərɪt, ɔz-, -zɔ́k-, -ràɪt] 〖(1837) □G *Ozokerit* ← Gk *óz(ein)* to smell+*kēr(ós)* beewax (⇨ cero-)+G *-it* '-ITE[1]'〗 ── n. 〖鉱物〗オゾケライト, 地蠟《通例緑または黄褐色の蠟状の天然炭水化物; セレシン (ceresin) 製造に用いる; ader wax, earth wax ともいう》.
o·zon- [ouzóun | əuzə́un] (母音の前に来る時の) ozono- の異形.
o·zon·ate [óuzo(u)nèɪt, -zə- | ə́uzə(u)-] vt. 〖化学〗=ozonize.
o·zon·a·tion [òuzo(u)néɪʃən, -zə- | ə̀uzə(u)-] n. 〖化学〗(水道水の)オゾン処理, オゾン浄化法.
ó·zon·à·tor [-ṭə | -tə(r)] n. 〖化学〗=ozonizer.
o·zone [óuzoun | ə́uzəun, ─ ─] 〖(1840) □G *Ozon* □Gk *ózōn* (pres.p.) ← *ózein* to smell: ドイツの化学者 C. F. Schönkein の造語 (1840): cf. odor〗 ── n. 1 〖化学〗オゾン (O_3). 2 《口語》 a (海辺などの気分をさわやかにする)新鮮な空気 (fresh air). b 気を引き立てる力, 浮き浮きさせるもの.
ózone làyer n. 〖気象〗=ozonosphere.
ózone pàper n. 〖化学〗=ozone test paper.
o·zon·er [óuzounə | ə́uzəunə(r)] 〖← OZONO-+-ER[1]〗 n. 《米俗》ドライブイン(式)映画館 (drive-in theater).
ózone·sònde n. 〖気象〗オゾンゾンデ《上空 20–25 km 付近のオゾンの量分布を測るラジオゾンデ》.
ózone tèst pàper n. 〖化学〗オゾン試験紙《オゾンのような酸化剤に当てると変色する》.
o·zo·nic [ouzóunɪk, -zɑ́n- | əuzɔ́n-] adj. オゾンの(ような), オゾンを含む.
ozónic éther n. 〖化学〗過酸化水素の含水エーテル溶液.
o·zon·ide [óuzo(u)nàɪd, -zə- | ə́uzə(u)-] n. 〖化学〗オゾニド, オゾン化物《エチレン結合をもつ有機化合物にオゾンを作用させた時に生じる付加化合物; 爆発性がある》.
o·zo·nif·er·ous [òuzo(u)nífərəs, -zə- | ə̀uzə(u)-] adj. オゾンを含む[生じる].
o·zon·i·za·tion [òuzo(u)nɪzéɪʃən, -zə-, -nə- | ə̀uzə(u)naɪ-, -nɪ-] n. 〖化学〗オゾン化; オゾン分解.
o·zon·ize [óuzo(u)nàɪz, -zə- | ə́uzə(u)-] vt. 〖化学〗 1 オゾンで処理する, …にオゾンを飽和させる. 2 オゾン化する. ── vi. オゾン化する.
ó·zon·ìz·er n. 〖化学〗オゾン発生器, オゾン管.
o·zo·no- [ouzóuno(u), -nə | əuzə́unə(u)] 〖← OZONE〗「オゾン (ozone)」の意の連結形. ★母音の前では通例 ozon- になる.
o·zo·nol·y·sis [òuzo(u)nɑ́ləsɪs, -zə-, -səs | ə̀uzə(u)nɔ́ləsɪs, -lɪ-] n. (pl. **-y·ses** [-sìːz]) 〖化学〗オゾン分解.
o·zo·nom·e·ter [òuzo(u)nɑ́məṭə, -zə- | ə̀uzə(u)nɔ́mɪtə(r), -mə-] n. 〖化学〗オゾン計.
o·zo·no·sphere [ouzóunəsfɪə | əuzə́unəsfɪə(r)] n. [the ~] 〖気象〗オゾン層《地上 10–50 km の上空にある高温層でオゾンが多い》.
o·zon·ous [óuzo(u)nəs, -zə-, o(u)zóu- | ə́uzə(u)-, ə(u)zə́u-] adj. =ozonic.
o·zo·sto·mi·a [òuzəstóumiə | ə̀uzəstə́umɪə, -mjə] 〖← NL ~ ← Gk *ozóstomos* having foul breath ← *ozo-* bad smell (← *ózein* to smell)+*-stomos* '-STOMOUS'+ -IA[1]〗 ── n. 〖病理〗口臭.
o·zo·type [óuzətàɪp | ə́uzə(u)-] 〖← OZO(NE)+-TYPE〗 n. 〖写真〗オゾタイプ《オゾブローム印画法 (ozobrome process) に似た印画法》.
ozs, ozs. 《略》ounces.
oz. t. 《略》troy ounce(s).
Oz·zie [ɑ́zi | ɔ́zi] 〖← Oswald: ⇨ -ie〗 n. 男性名.

P

P, p [píː] 〘OE *P, p* ⊏ L (Etruscan を経由) ⊏ Gk *Π, π* (pî) ⊏ Phoenician 𐤐 : cf. Heb. פ (pē)《原義》mouth : ⇨ A ★〙 ── *n.* (*pl.* **P's, Ps, p's, ps** [~z]) **1** 英語アルファベットの第16字. **2** (活字・スタンプなどの) P または p 字. **3** [P] P 字形(のもの). **4** 文字 p が表わす音《pain, leap などの [p]》. **5** (連続したものの)第16番目(のもの); (J を数に入れない時は)第15番目(のもの): vitamin *P*. **6** [通例 P] 中世ローマ数字の 400. **7** 〘《略》← PASS¹〙《米》(学業成績の)合格(者).
***mind* [*be on, watch*] *one's p's* [*P's*] *and q's* [*Q's*]** 〘子供たちが *p* と *q* の文字を間違いやすいところからか〙行儀をよくする, 言行を慎む, たしなみに気をつける.

p 《略》pico-.

p, p. 《略》〘音楽〙*It.* piano (=soft, softly).

P 《略》parking; 〘チェス〙pawn; *F.* poids (=weight); 〘論理〙predicate; 〘歯科〙premolar; 〘軍事〙prisoner.

P 《記号》**1** 〘生物〙parental generation 親の代: P_1 親 / P_2 祖父母. **2** 〘貨幣〙pataca(s); 《英》(new) penny [pence]; peseta(s); peso(s); piaster(s). **3** 〘化学〙phosphorus. **4** 〘物理〙pico; poise; proton. **5** 〘文法〙predicate; predicate verb. **6 a** 〘米陸軍航空隊〙追撃機 (pursuit)《戦闘機と同義; 1947 年以降 F (fighter) に変更》: *P*-51. **b** 〘米海軍〙(対潜)哨戒機 (patrol plane): *P*-3. **7** 〘統計〙帰無仮説 (null hypothesis) が正しいとした場合に, 得られた値以上の値が得られる確率.

p. 《略》page (*pl.* pp.); pamphlet; paragraph; part; participle; particle; *L.* partim (=in part); pass; past; peak; pectoral; pedestrian; *L.* per (=by, for); perch; perishable; *F.* pied (=foot); pint; 〘野球〙pitcher; *L.* pius (=holy); plaster; *Sp., It.* poco (=little); polar; 〘常衡〙pole; population; *L.* post (=after); *F.* pouce (=inch); *F.* pour (=for); *L.* prīmus (=first); *L.* prō (=for); professional; purl.

p., P. 《略》park 駐車場; passed 合格; pastor; pipe; *L.* pondere (=by weight); port; post; president; 〘物理・機械〙pressure; priest; prince; 〘演劇〙prompter.

p. 《記号》〘海事〙passing showers; 〘気象〙squalls.

P. 《略》pale; 〘キリスト教〙*L.* Pāpa (=Pope); Paris; parson; 〘キリスト教〙*L.* Pater (=Father); 〘音楽〙Pedal; 〘音楽〙Percussion; perennial; 〘印刷〙period; person; personnel; pitch; *L.* pontifex (=a bishop); *L.* populus (=people); Portugal; 〘音楽〙*F.* Positif (=choir organ); positive; postage; posterior; Presbyterian; privy; probate; probation; proconsul; progressive; 〘キリスト教〙Protestant; province; public; pupil.

p- 《略》〘化学〙=para-¹ 2.

pa¹ [páː] 〘《1769》⊏ Maori *pà* (n.) ← *pà* to block up〙 *n.* New Zealand の Maori 族の砦(とりで)をめぐらした生活空間およびそこに住む人.

pa² [páː, pɔ́ː | páː] *n.* 《小児語・口語》=papa (cf. ma).

pa 《略》〘物理〙pascal(s).

Pa 《記号》〘化学〙protoactinium.

PA 《略》〘米郵便〙Pennsylvania (州).

PA 《記号》⇨ Pan Am.

Pa. 《略》〘物理〙pascal; Pennsylvania.

p.a. 《略》participial adjective; 〘海商〙particular average; *L.* per annum.

p.a., P.A. 《略》public address (system).

P.A. 《略》passenger agent 旅客係; personal appearance; personal assistant; post adjutant 守備隊[衛戍(えいじゅ)]副官; 〘電気〙power amplifier; press agent; Press Association; Press Attaché; product analysis; prosecuting attorney; 〘カトリック〙protonotary apostolic; purchasing agent 購買係.

P.A., P/A 《略》〘法律〙power of attorney; 〘銀行〙private account.

pa·'an·ga [pɑːáːŋ(g)ə] 〘⊏ Tongan ~《原義》seed〙 *n.* (*pl.* ~) **1** パアンガ《トンガの通貨単位; =100 seniti; 記号 T$》. **2** 1 パアンガ白銅貨[紙幣].

Paa·sen [páːsn̩; *Du.* páːsən], **Pierre van** *n.* (1895–1968) オランダ生れの米国のジャーナリスト・著述家.

PABA, pab·a [pǽbə, píːèɪbíːèɪ] *n.* 〘生化学〙=para-aminobenzoic acid.

Pa·blo [páːbloʊ | -bləʊ; *Sp.* páblo, *It.* páːblo] *n.* Paul¹ のスペイン・イタリア語形.

Pab·lum [pǽbləm] 〘↓〙 ── *n.* **1** 〘商標〙パブラム《幼児用の穀物を用いた離乳食品》. **2** [p-] **a** 心の糧(かて)[支え], 情熱をかきたてるもの. **b** 単純すぎて無味乾燥な考え[本], 子供だまし.

pab·u·lum [pǽbjʊləm] 〘《1678》⊏ L *pābulum* food < **pādhlom* ← **pā-* to feed (cf. *pānis* bread) + *-*dhlom* (instr. suf.): cf. pastor, pasture〙 ── *n.* **1** (動植物の生命の維持と成長に必要な)食物 (food), 栄養(物). **2** (精神的な)糧(かて): mental ~ 心の糧《読物など》. **3** =Pablum 2 b. **4** (議論・論文などの根拠となる)基礎資料. **pab·u·lar** [pǽbjʊlə | -lə(r)] *adj.*

PABX 《略》《英》〘電話〙Private Automatic Branch (Telephone) Exchange 構内(電話)自動交換(機).

pac [pǽk] 〘⊏ N-Am.-Ind. (Lenape) *pacu* a kind of shoe〙 ── *n.* **1** パック: **a** (アメリカインディアンの moccasin を深くしたような)油革靴. **b** ブーツの下にはくようにデザインされた moccasin 型の編上げ. **2** =shoepac.

PAC, P.A.C. [pǽk] 《略》Political Action Committee (of the Congress of Industrial Organizations) 政治活動委員会.

Pac. 《略》Pacific.

P.A.C. 《略》Pan-African Congress 全アフリカ会議; Pan-American Congress.

pa·ca [páːkə, pǽkə] 〘《1657》⊏ Port. & Sp. ~ ⊏ S-Am.-Ind. (Tupian) *páca*〙 ── *n.* 〘動物〙パカ (*Cuniculus paca*)《テンジクネズミに類する中南米産のウサギ大の齧歯(げっし)動物; 毛皮は茶褐色で白斑があり, 肉は食用; spotted cavy ともいう》.

PACAF 《略》Pacific Air Force (米国の)太平洋空軍.

pace¹ [péɪs] 〘*n.*: 《*c*1300》*pa(a)s* ⊏ (O)F *pas* ⊏ L *passum* step, 《原義》stretch (of the leg) ← *passus* (p.p.) ← *pandere* to stretch ← IE **pet-* to spread. ── v.: 《1513》← (n.)〙 ── *n.* **1** 歩(ほ), 1 歩 (step), ひと歩き, ひとまた (stride): make three ~*s* 3 歩歩く / One ~ forward. 1 歩前へ / walk ~ for ~ 1 歩 1 歩歩む. **2** 1 歩の距離: six ~*s from* the tree その木から 6 歩の距離. **3** 歩幅《普通歩行の場合は大人で約 2.5 フィート, 歩測の場合は約 3 フィート》: the military [regulation] ~ 〘軍事〙標準歩幅, 歩度《米では速歩(はやあし)30 インチ, 駆け足 36 インチ; 英ではそれぞれ 33, 40 インチ》/ an ordinary ~ 正常歩 / a (great) ~ =geometrical pace / ⇨Roman pace / There were only two ~*s* between them. 彼らの間は 2 歩幅しかなかった. **4** 歩速, 歩調; 速度 (speed); 足並み, ペース; (生活・仕事の)テンポ: ⇨ snail's pace / a ~ of three miles an hour 1 時間 3 マイルの歩速 / a rattling ~ ばたばた音を立てるほどの速足 / at a foot's ~ 並足で / at a good ~ 相当の速さで, 活発に / a fast ~ in walking 急ぎ足 / walk at a quick [great] ~ 急ぎ足で歩く / gather ~ しだいに速度をあげる / mend one's ~ 歩調を速める, 急ぐ. **5** 歩きぶり, 足取り (gait): an alderman's ~ 堂々とした[ゆったりとした]歩きぶり / at a halting ~ びっこをひいて. **6 a** (馬の)ペイス, 側対速歩(そくたいはやあし), 側対歩《片側の前後両脚を同時に挙げて 2 拍子で進む振動の少ない安定した歩法; cf. gait¹ 3》. **b** (馬の)歩様, 歩態 (gait). **7** 〘建築〙(階段の)踊り場, 広段. **8** 〘野球〙(投手の)球速. **9** 〘文学・映画〙(劇的効果のための)テンポ, 速度 (tempo). **10** 《廃》一群のロバ.
force the pace (競走で相手を疲れさせるために)無理にスピードを出す. ***go* [*hit*] *the pace*** 《英》(1) 大速力で歩く. (2) 放蕩な生活をする, 道楽する (live fast). ***go through one's paces*** 手並み[力]のほどを見せる. ***keep pace with*** …と同速力を保つ, 歩調をそろえる; (負けずに)…と肩を並べて行く: I cannot *keep* ~ *with* you. 君にはついて行けない. ***make one's pace*** 歩調を速める, 急ぐ. ***off the pace*** (競走・競争で)先頭を切って, 第一着となって. ***put a person through his paces*** 〘元来は馬の技術・耐久力などを試す意から〙〈人〉の力量[技量]をためす, 能力試験をする. ***set* [*make*] *the pace*** (1) 〔他の人のために〕(先頭に立って)歩調の模範を示す, 歩調をつける 〔*for*〕(cf. pacemaker); 速さを整調する. (2) 〔人に〕模範を示す 〔*for*〕. ***show one's paces*** 〈馬が〉歩様を示す; 〈人が〉(自分の)力量を示す, 腕前を見せる. ***stand* [*stay*] *the pace*** (1) 他人の歩調にあわせて行ける, 足取りについて行ける. (2) 他人に遅れをとらないようにして行ける. ***try a person's paces*** 人の力量を試す, 人物を見る.
── *vt.* **1** 〈部屋・ゆか・ホームなどを〉ゆっくり[歩調正しく]歩く[歩き回る]: ~ a room. **2** 歩いて測る, 歩測する 〈*off, out*〉: ~ *off* the distance between the houses. **3** 〈馬〉の歩調を慣らす. **4** 〈騎手・走者など〉に歩調を示す[をつける]; 〈漕ぎ手を〉整調する. **5 a** …に先行する. **b** …の先駆け[先例]となる (lead). **6** 〈馬が〉〈ある距離を〉一定の速度で走る, (特に)側対速歩で進む. ── *vi.* **1** ゆっくり歩調正しく歩む. **2** (落ち着かずにあちこちと)歩く: ~ up and down a room 部屋を行きつもどりつする. **3** 〈馬が〉側対速歩で歩く. **4** 歩調をつける, 整調する.

pa·ce² [péɪsi, páːkeɪ | péɪsi, páːkeɪ] 〘《1883》⊏ L *pāce* (*tuā*) '(by your) leave' (ablat.) ← *pāx* peace, leave〙 ── *L. prep.* [反対の意見を丁寧に述べる時に] 失礼ですが (by the leave of): ~ Mr. Jones ジョーンズ氏には失礼ですが… / ~ the Socialists 社会党の諸君のご意見には十分敬意を表しますが… / ~ tua [t(j)úːeɪ, túːaɪ | tjúːeɪ, túːaɪ] 失礼ながら (by your leave).

páce càr *n.* 〘自動車レース〙ペースカー《レース前のコース一周走行 (pace lap) において競技参加車を先導する自動車; レースには参加しない》.

paced *adj.* **1** [通例複合語の第 2 構成素として] …歩の, …足の, 歩みが…の: slow-*paced* 歩みののろい. **2** 足で測った, 歩測の. **3** 〘競馬〙整調者の定めた歩調の (cf. thorough-paced 1). **4** リズム[テンポ]の整った.

páce ègg, P- e- [péɪs-] 〘《1579》←《北英》*pace, pase*《変形》← *pask* 'PASCH, Easter'〙 *n.* 《英方言》=Easter egg.

páce làp *n.* 〘自動車レース〙ペースラップ《レース前にエンジンの暖機及び助走スタート (flying start) を可能にするため, レース参加車全部がコースを一周すること》.

páce·màker *n.* **1** 整調者, ペースメーカー: **a** 練習・競走などで先頭に立ってペースを作る走者. **b** 〘競馬〙他の馬の歩調を主導する馬またはその騎手. **2** 主導者, 指導者 (leader). **3 a** 〘解剖〙(心臓の)ペースメーカー, 歩調取り《静脈の洞房結節 (sinoatrial node) などにあって心搏を起動させる細胞群》. **b** 〘医学〙(心臓)ペースメーカー《心臓に電気的刺激を与えて心室収縮を起こさせる装置; artificial pacemaker, cardiac pacemaker ともいう》.

páce·màking *n., adj.* 歩調調整(の), 整調[速](の).

pác·er *n.* **1** 徐行者; 歩調をとって歩く人; 歩測者. **2** =pacemaker. **3 a** 側対速歩 (pace) で歩く馬. **b** (斜対速歩馬 (trotter) に対して) 側対速歩馬.

páce·sètter *n.* =pacemaker 1, 2.

pa·cha, P- [páːʃə, pǽʃə, pəʃáː, -ʃɔ́ː | páːʃə, pǽʃə, pəʃáː] *n.* =pasha.

pa·cha·lic [pəʃáːlɪk] *n.* =pashalik.

pa·chin·ko [pətʃíŋkoʊ | -kəʊ] 〘《1953》⊏ Jap.〙 *n.* (*pl.* ~**s**) (日本の)パチンコ (cf. pinball).

pa·chi·si [pətʃíːzi | -zɪ] 〘《1800》⊏ Hindi *pacīsī* (adj.) ← *pacīs* twenty-five (1 回の最高点) ← *pac* five〙 ── *n.* インドすごろく《タカラガイ (cowrie) の貝殻を振って十字型の盤上でこまを進める 4 人用の昔のゲーム》.

Pach·mann [páːkmən, -mɑːn; *Russ.* páxmən], **Vladimir de** *n.* パハマン《1848–1933; ロシヤのピアニスト》.

pach·ou·li [pǽtʃʊli, pətʃúːli | pǽtʃʊli, -lìː] *n.* 〘植物〙=patchouli.

Pa·chu·ca [pətʃúːkə; *Sp.* patʃúka] *n.* パチューカ《メキシコ中部, Hidalgo 州の首都; 人口 85,000》.

pa·chu·co [pətʃúːkoʊ | -kəʊ] 〘⊏ Mex.-Sp. ~ ← ? *El Paso* (Texas の町, 彼らの出身地)〙 ── *n.* (*pl.* ~**s**) (メキシコ人またはメキシコ系米人の)ちんぴら, よた者 (tough)《zoot suit を着て通例手首などにいれずみをした Los Angeles 地区の, 若い愚連隊の一員》.

pach·y- [pǽkɪ, -kə | -kɪ] 〘← NL ~ ← Gk *pakhús* thick ← IE **bhengh-* thick, fat〙「厚い (thick)」の意の連結形: *pachy*derm.

pach·y·derm [pǽkɪdə̀ːm, -kə- | -kɪdə̀ːm] 〘⊏ F *pachyderme* ⊏ Gk *pakhúdermos* thick-skinned: ⇨ ↑, -derm〙 ── *n.* **1** 〘動物〙 **a** (ゾウ・カバ・サイなどのような)厚皮動物. **b** ゾウ (elephant). **2** 鈍感な人, 鈍感な人.

pach·y·der·mal [pæ̀kɪdə́ːməl, -kə- | -kɪdə́ː-] *adj.* =pachydermatous.

pach·y·der·ma·tous [pæ̀kɪdə́ːmətəs, -kə- | -kɪdə́ː-mət-] *adj.* **1** 厚皮動物の. **2 a** 〈皮が〉肥厚した; 皮の厚い (thick-skinned). **b** 面の皮の厚い, 鈍感な.

pach·y·der·moid [pæ̀kɪdə́ːmɔɪd, -kə- | -kɪdə́ː-] 〘← PACHYDERM + -OID〙 *adj.* 厚皮動物に似ている.

pach·y·der·mous [pæ̀kɪdə́ːməs, -kə- | -kɪdə́ː-] *adj.* **1** =pachydermatous. **2** 厚い壁を有する.

pach·y·ne·ma [pæ̀kɪníːmə, -kə- | -kɪ-] 〘← NL ~: ⇨ pachy-, nema-〙 *n.* 〘生物〙パキネマ《厚糸期 (pachytene) の染色糸; cf. leptonema》.

pach·y·os·te·o·morph [pæ̀kiɑ́stio(ʊ)mɔ̀əf | -kɪɔ́s-tɪə(ʊ)mɔ̀ːf] 〘← NL ~: ⇨ pachy-, osteo-, -morph〙 ── *n.* 〘生物〙パキオステウス型《堅い骨をもったサメに似た化石魚類の特徴をもつ》.

pach·y·san·dra [pæ̀kɪsǽndrə, -kə- | -kɪ-] 〘← NL ~: ⇨ pachy-, -andra〙 ── *n.* 〘植物〙フッキソウ《ツゲ科フッキソウ属 (*Pachysandra*) の植物の総称; 半日陰地の植え込みに用いられる; フッキソウ (Japanese spurge) など》.

pach·y·tene [pǽkɪtìːn, -kə- | -kɪ-] 〘← PACHY- + -TENE〙 ── *n.* 〘生物〙厚糸期, パキテン期, 太糸(ふといと)期, 合体期《減数分裂前期の合糸期に続く時期; 集まった 2 本の相同染色糸が太く短くなる; cf. diplotene, leptotene》.

pa·cif·ar·in [pəsífərən | -rɪn] 〖← *pacif(ier)* + (HEP)ARIN〗 ── *n.* 〖病理〗パシファリン《有機体内に侵入した病原菌の生存は許すが発病は阻止する細菌由来物質》.

pac·i·fi·a·ble [pǽsəfàɪəbl, ⸗⸗⸗⸗⸗|-sɪ-] *adj.* なだめられる, 静められる.

pa·cif·ic [pəsífɪk] 〖《*a*1548》▭F *pacifique* ∥ L *pācificus* peacemaking ← *pāx* 'PEACE': ⇨ -fic: 4 の意味はその海上の穏やかさにちなんで Magellan が命名したもの〗 ── *adj.* **1** 和解的な, 融和的な (conciliatory): a ~ policy. **2** 平和的な[を好む], 好戦的でない (peaceable); 温和な, おとなしい (gentle): a ~ character, people, etc. **3** 平和な, 泰平な (peaceful), 平穏な (tranquil), 穏やかな: the ~ relation of the two countries. **4** [P-] 太平洋の, 太平洋岸の: the *Pacific* countries 太平洋沿岸諸国 / ⇨ Pacific States. ── *n.* [the P-] **1** 太平洋 (the Pacific Ocean): ⇨ PARADISE of the Pacific. **2** (米国の)「パシフィック」型急行旅客用蒸気機関車 (1910–13).

pa·cíf·i·cal [-fɪkəl, -fə- | -fɪ-] *adj.* 《まれ》=pacific.

pa·cíf·i·cal·ly *adv.* 友好的に, 平和的に, 穏やかに.

pa·cif·i·cate [pəsífəkèɪt | -fɪ-] 〖← L *pācificāt-us* (p.p.) ← *pācificāre* 'to PACIFY'〗 *vt.* =pacify.

pac·i·fi·ca·tion [pæ̀səfɪkéɪʃən, -fə- | -sɪfɪ-] 〖《1472》▭F ~ ▭L *pācificātiō(n-)*: ⇨ pacify, -fication〗 ── *n.* **1** 静める[まる]こと, 静められること; 鎮定. **2 a** 講和, 和解, 宥(ゆう)和 (reconciliation); (国などの)平和[平穏]を回復すること, 平定. **b** 講和[平和]条約 (treaty of peace). **3** (住民の移動や, 建物・食料品・穀物などゲリラ活動に役立つものの破壊などによる)ゲリラ[テロ]活動の排除.

pa·cif·i·ca·tor [pəsífəkèɪtə | -sífɪkèɪtə(r] 〖▭L *pācificātor*: ⇨ pacificate, -or²〗 *n.* 宥(ゆう)和者, 和解者, 調停者, 仲裁者 (peacemaker).

pa·cif·i·ca·to·ry [pəsífɪkətɔ̀ːri, -fə-, -tɔ̀ːri | pəsífɪkət(ə)rɪ, pæ-, -kèɪtərɪ, pæ̀sɪfɪkèɪtərɪ] 〖▭L *pācificātōri-us* establishing peace: ⇨ pacificate, -ory¹〗 ── *adj.* 宥(ゆう)和的な, 和解的な; なだめる.

pacífic blockáde *n.* 〖国際法〗(港湾の)平時封鎖《戦争に訴えることなく行なわれる国家間の報復; 報復の対象である国の船舶に対してのみなされ, 複数の国の協力が必要》.

Pacífic dógwood *n.* 〖植物〗北米西部産ミズキ科ハナミズキの一種 (*Cornus nuttallii*).

Pacífic hígh *n.* 太平洋高気圧.

Pacífic Íslands, the Trust Territory of the *n.* 太平洋信託統治諸島《西太平洋中の米国信託統治領; Micronesia に属し, Caroline, Marshall, Mariana などの諸島から成る; 人口 103,000, 面積 1,810 km²》.

pa·cíf·i·cìsm [-fəsìzm | -fɪ-] *n.* 《英》=pacifism.

pa·cíf·i·cist [-sɪst, -səst | -sɪst] *n.* 《英》=pacifist.

pa·ci·fi·co [pəsíːfɪkòʊ, -fə- | -fɪkəʊ; *Sp.* paθífiko] 〖▭Sp. ~ ▭L *pācificus*: cf. pacific〗 ── *Sp. n.* (*pl.* ~s [~z; *Sp.* ~s]) **1** 平和的[穏和]な人, 非抗戦派の人. **2** スペイン軍による占領に抵抗しなかったキューバ[フィリピン]人《スペイン人が呼んだ名》.

Pacífic Ócean *n.* [the ~] 太平洋《赤道によって the North Pacific と the South Pacific に分かれる; 面積 181,300,000 km²》.

Pacífic sálmon *n.* 〖魚類〗サケ (⇨ salmon 1 b).

Pacífic slópe *n.* [the ~] 太平洋斜面《例えば北米大陸で大陸分水界 (Continental Divide) 以西の地方》.

Pacífic stándard tìme *n.* =Pacific time.

Pacífic Státes *n. pl.* [the ~] (米国)太平洋沿岸諸州《Washington, Oregon, California の 3 州》.

Pacífic tìme *n.* 太平洋標準時《米国の標準時の一つで西経 120° 上の時刻, GMT より 8 時間遅い; 略 PT》.

Pacífic tómcod *n.* 〖魚類〗=tomcod b.

Pacífic trée fròg *n.* 〖動物〗北米西部産アマガエル科アマガエル属の樹上にすむカエル (*Hyla regilla*).

Pacífic Wár *n.* [the ~] 太平洋戦争《War in the Pacific ともいう》.

pác·i·fi·er *n.* **1** なだめる人, 調停者 (peacemaker). **2** 《米》(むずかる乳児に与える)ゴム製乳首, おしゃぶり (cf. dummy 7, teething ring).

pac·i·fism [pǽsəfìzm | -sɪ-] 〖《1901》▭F *pacifisme*〗 ── *n.* **1** 平和主義, 平和論, 戦争[暴力]反対主義[論] (cf. militarism). **2** (国際的紛争の)平和的解決政策, 平和政策支持.

pác·i·fist [-fɪst, -fəst | -fɪst] 〖《1906》▭F *pacifiste*〗 ── *n.* **1** 平和主義者[論者] (cf. militarist 1), 一切の戦争[暴力]に反対の人. **2** 兵役拒否者; (特に)=conscientious objector. **3** (暴力に対する)無抵抗[非暴力]主義者. ── *adj.* 平和主義的な, 平和主義者[論者]の (pacifistic); 無抵抗主義の: the ~ provision of the new Japanese Constitution 日本の新憲法の平和主義条項. **pàc·i·fís·ti·cal·ly** *adv.*

pac·i·fis·tic [pæ̀səfístɪk | -sɪ-] *adj.* =pacifist.

pac·i·fy [pǽsəfàɪ | -sɪ-] 〖《*c*1460》▭(O)F *pacifier* ∥ L *pācific-āre* ← *pāx* 'PEACE' + *facere* to make: ⇨ -ify〗 ── *vt.* **1** 〈激情などを〉落ち着かせる, 静める (quiet); 〈怒った人などを〉なだめる (calm): ~ the screaming baby 泣き叫ぶ赤ん坊をあやす. **2** 〈国を〉(武力によって)平穏な状態に戻す, 平定する, 〈国〉の平和を回復する; 〈占領地の暴徒などを〉鎮定[鎮圧]する (quiet). **3** 〈飢餓などを〉いやす, 〈食欲などを〉満たす (appease). ── *vi.* 静まる; 〈心が〉和らぐ. **pac·i·fi·a·ble** [pǽsəfàɪəbl, ⸗⸗⸗⸗⸗ | -sɪ-] *adj.*

pác·ing *n.* **1** 歩測. **2** 〖馬術〗=amble 1 a.

Pa·cín·i·an bódy [córpuscle] [pəsíniən- | -nɪ-] 〖*Pacinian*: ← *Filippo Pacini* (1812–83: イタリアの解剖学者)〗 ── *n.* 〖解剖〗層板小体, (ファーテル)パチニ氏小体.

Pa·cio·li [pɑːtʃóʊli | -tʃə́ʊlɪ; *It.* patʃɔ́ːli], **Lu·ca** [lúːkɑ] *n.* パチョーリ《1450?–?1520; イタリアの数学者・修道士; 簿記学の創始者》.

pack¹ [pǽk] 〖*n.*: 《?*a*1200》 *pakke* ▭(M)LG & (M)Du. *pak* ∥ (M)Flem. *pac* pack ← ?. ── v.: 《?*c*1380》▭(M)LG & (M)Du. *pakk-en* ← *pac*〗 ── *n.* **1 a** (人が背負いまたは荷馬車で運べる程度の)包み, 荷物, 束 (bundle), 梱(こり): a peddler's [mule's] ~ 行商人[らば]の荷. **b** 《豪》リュックサック. **c** 〖軍事〗(兵士が肩にかつぐ)雑嚢(のう); (軍馬で運ぶ)馬載物. **d** パック《落下傘の傘と吊索(ちょう)をたたみこんだ包》. **e** (物をきっちり格納する)容器 (container); (特に)製品を詰めるパッケージ[パック]. **2** (類似の目的・傾向をもつ)一団の人々, (特に, 悪人などの)同類, 一味 (gang): a ~ of fools / a ~ of robbers [thieves] 盗賊の一味, 盗人仲間. **3** [集合的] ボーイスカウト[ガールスカウト]の年少隊《cub scouts [Brownies] のグループ》. **4** 〖ラグビー〗 **a** [集合的] (1 チームの)前衛 (forwards). **b** スクラム (scrummage). **5** パック, こり《量目の単位; 羊毛・麻は 240 pounds, 穀粉は 280 pounds, 石炭は 3 bushels, 金箔は 500 枚》. **6** 《米》(巻きたばこなどの)一包み, 一箱 (《英》packet); 《英》(トランプの)一組 (set)《通例 52 枚》(《米》deck): a ~ of 20 cigaret(te)s 巻きたばこ 20 本入り一箱. **7** 〖写真〗(フィルム)パック《カメラに一回に装填(てん)するフィルムの一包み》. **8** [通例軽蔑的に] たくさん, どっさり (lot): a ~ of nonsense [lies] たわごとばかり[うそ八百] / It is all a ~ of troubles. 手の焼けることばかりだ. **9** (北極海・南極海の)浮氷群, 流氷 (ice pack); 叢(そう)氷 (pack ice). **10** (猟犬・狼・雷鳥・潜水艦などの)一群 (cf. flock¹ 1 a): a ~ of hounds (特に, 仕立てた)猟犬の一群 / Wolves hunt in large ~s. 狼は群れをなしてあさり歩く. **11** (市場向け商品の)荷造り, 包装法: a vacuum ~ 真空包装[パック]. **12** (果物・魚類などの年[季]間)総罐詰出荷高: this year's ~ of crab かにの罐詰の今年の生産高. **13** 〖鉱山〗ぼた積み壁; ぼた積み, 充塡. **14** 〖金属加工〗薬板(ぱん)《仕上り長さになっていない途中工程まで圧延された鋼板》. **15** 〖医学〗 **a** 湿布(療法), 罨法(あん). **b** (水治療法で患者に着せる)温布, 湿布, 乾布(など). **c** 湿[乾]布などを着せること. **d** 氷片を入れて折りたたんだタオル[布]; 氷嚢(のう) (ice bag). **16 a** (美顔用)パック《乾くまで顔に塗っておく美容塗布剤》. **b** 頭髪や頭部の皮膚の調子を整えるため油[クリーム]をつけること. **c** =mudpack. **17** 〖演劇〗(舞台脇に使用順にそろえて用意された)フラット (flats) の束. **18** 《古》卑しい者, ろくでなし.

── *vt.* **1** 包む, 束ねる, くるむ, 梱包(こん)する, (輸送・貯蔵などのため)荷造りする 〈*up*〉: ~ (*up*) clothes, goods, etc. / ~ clothes *into* a suitcase トランクに衣類を詰める. **2** 〈魚・果物・肉などを〉(市場に送るため)包装[荷造り]する; 《米》罐[箱]詰にする: meat, fish, and vegetables ~*ed in* cans / ⇨ packinghouse. **3** 〈トランクなど〉に(整理して)〈物を〉ぎっしり詰め込む〔*with*〕; 〈人などを〉〔狭い所に〕一杯に詰める〔*into*〕; 〈土などを〉(押し)固める; 〈観客が〉〈劇場など〉に一杯に入る: ~ one's trunk / ~ a suitcase *with* clothes トランクに衣類を詰める / a box ~*ed with* books 本がぎっしり詰まった箱 / ~ people *into* a room 人を部屋に詰め込む / ~*ed* like herrings [sardines] ぎっしり詰まって, すし詰めになって / be ~*ed* to the limit 満員である / The bus was ~*ed with* passengers. バスは満員だった / The crowd ~*ed* the stadium. 群衆がスタジアムを埋めつくした. **4** (空気・蒸気・水などが漏れないように)...に詰め物 (packing) をする; 〈割れ物など〉の周囲に詰め物を置く: ~ a joint in a water pipe 水道管の継ぎ目にパッキングを当てる. **5** 〈猟犬・トランプなどを〉一組[一群]にする. **6** 〈馬など〉に荷をつける, 積荷をする (load); 重荷を負わせる, ...の邪魔をする (encumber). **7 a** 〈人を〉(即座に)送り出す, (にべもなく)追い返す, 追い出す; 解雇する 〈*off*〉: They ~*ed* him *off* to his parents. 彼はさっさと両親のもとへ送り返された / ~ a person *off* 人を解雇する / ~ oneself *off* [*away*] 〈解雇された者が〉(荷物をまとめて)さっさと出て行く. **b** 〈仕事などを〉(さっさと)終える 〈*up, in*〉: ~ *up* the business. **8** 《俗》 **a** (常備品として)携帯する, 装備する: ~ a gun 拳銃を携帯する. **b** 《米西部》(包装して)運搬する; (背で)運ぶ (carry): ~ foodstuffs up to a mountain 食糧品を山に運ぶ. **9** 〖医学〗〈患者〉に湿布する, 温布[乾布, 湿布]を着せる (cf. packing-sheet 2). **10** 《俗》 **a** 〈打撃などを〉強烈に加える; 〈強打・衝撃などを〉与えることができる. **b** 特徴[力]として持って[備えて]いる.

── *vi.* **1** (保管・運搬などのために物を)荷造りする, 包装する 〈*up*〉: Let's ~ quickly. 急いで荷造りをしよう. **2** (旅の)荷物をまとめる[したくをする]: time to ~ and get to the station 荷物をまとめて駅へ駆けつける時刻. **3** 荷物をまとめて立ち去る[出て行く]. **4** 〈物が〉荷造り[包装]ができる, (箱などに)詰まる, 納まる: the articles that ~ conveniently うまく荷作りできる[詰まる]品物. **5** 〈土地・雪などが〉固まる, しまる: Ground ~*s* after a rain. 雨のあとは地面がしまる. **6 a** 〈人が〉群がる, 群れ集まる; 〈雷鳥・狼などが〉群れをなす. **b** 詰め込まれる. **7** 〖ラグビー〗スクラムを組む.

pack a punch* [*wallop*]** 《俗》(1) 一発強打の力をもつ, 強烈なパンチ力をもっている. (2) 強力な効果をもつ, ひどく効く. ***pack away (1) 〈食料などを〉貯える, 貯蔵する (store away). (2) 〈食物を〉食べる, 平らげる. ***pack in*** (*vt.*) (1) ⇨ *vt.* 7 b. (2) =PACK *up* (3). (3) 《口語》〈人〉の仕事をやめる, 〈人〉と縁を切る, 関係を絶つ. (4) 《口語》〈人気歌手などが〉〈客などを〉ぎっしり集める. (*vi.*) =PACK *up* (4). ***pack it up* [*in*]** 《俗》(1) やめる. (2) 《米》敗北を認める; 有利な立場をできるだけ利用する. ***pack off*** (*vt.*) ⇨ *vt.* 7 a. (*vi.*) あたふたと出て行く, 出奔する. ***pack on all sail*** 〖海事〗⇨ sail 成句. ***pack up*** (*vt.*) (1) ⇨ *vt.* 1. (2) ⇨ *vt.* 7 b. (3) 〈喫煙・飲酒・おしゃべり・不作法なことなどを〉やめる. (*vi.*) (1) ⇨ *vi.* 1. (2) (出発のために)荷物をまとめる. (3) 《口語》道具類などを片付ける, 仕事をおしまいにする. (4) 《俗》(競技・活動などから)引退する. (5) 《俗》〈エンジンが〉動かなくなる; 死ぬ. ***send a person packing*** 〈人を〉追っ払う; 〈人を〉即座に解雇する.

── *attrib. adj.* **1** 運送(用)の: a ~ mule 荷運びらば / ⇨ pack animal, packhorse 1. **2** 駄馬から成る: ⇨ packtrain. **3** ぎっしり詰まった (packed). **4** 荷造り用の, 包装用の: a ~ rope からげなわ.

~·a·ble *adj.* **pack·a·bil·i·ty** [pæ̀kəbíləṭi | -lɪtɪ] *n.*

pack² [pǽk] 〖← ? 《廃》*pact* to stipulate ← PACT: 語尾 -t の消失は活用語尾と解されたためか〗 ── *vt.* **1** 〈委員会など〉に自分に都合のいい者を集める, 抱き込む: ~ a jury 陪審員を自派の者で固める. **2** 《古》〈トランプの札を〉不正に積み込む. **3** 《米》(割引率を高くできるように)〈自動車の価格を〉不当につり上げる. ── *n.* **1** 《廃》たくらみ, 陰謀 (plot). **2** 《米》(自動車の価格の)不当なつり上げ.

pack³ [pǽk] 〖↑ の転用?〗 *adj.* 《スコット》〈獣が〉慣れた (tame); 〈人が〉親しい (intimate).

-pack [pæ̀k] 〖↓〗「(びん[罐]詰めビールなどの)一定本[個]数入り一箱」の意の名詞連結形.

pack·age [pǽkɪdʒ] 〖《1540》▭? Du. *pakkage* baggage ← *pak* 'PACK¹': ⇨ -age〗 ── *n.* **1 a** (小型・中型の)荷, 包み (parcel), 束 (bundle); 包装した商品: a ~ of books, manuscripts, etc. / an express ~ (郵送でない)急送小荷物. **b** 荷造り料, 包装費. **2** 包装紙[材]; (荷造り用)容器, パッケージ《箱・ケース・びん・かんなど》. **3 a** ひとまとまり[一切込み]のもの. **b** =package deal. **c** 〖ラジオ・テレビ〗(すぐ使用できるようにあらかじめ作成して売る)出来合い[セット]番組, パッケージプログラム. **d** 旅行パック. **e** 〖電算機〗既製プログラム. **f** (機械などで幾つかの部品から成る機構部分の)組立済ユニット, 単位[ユニット]完成品. **4** 〖経済・労働〗(交渉などで獲得する)ひとまとまりの契約条項, 契約上の組み合わせ利益. **5** 《口語》こぢんまりまとまったもの《小柄のかわいい女の子など》. **6** 《古》荷造り, 梱包, 包装: ~ paper 包装紙. ── *attrib. adj.* ひとまとめの, 一括の; パックの: a ~ proposal 一括[抱き合わせ]提案 / ⇨ package tour. ── *vt.* **1 a** 〈荷物を〉包みにする, 箱に入れる: ~ goods. **b** 〈人を〉〈車などに〉詰め込む〔*in*〕. **2** 〈商品を〉(客の目を引くようにきれいに)包装する; 〈商品など〉のパッケージを作る. **3 a** 〈関連したものを〉ひとまとめにする, 一括する. **b** 〖テレビ〗一括番組として制作[提供]する.

páckage dèal *n.* **1** (取捨選択を許さない)一括取り引き; 抱合わせ契約, セット販売. **2** 一括契約に含まれる対象物, 抱き合わせ商品.

páck·aged tóur *n.* =package tour.

páckage hòliday *n.* (旅行社企画の運賃・宿泊費など)一切込みの休日旅行.

páckage òffer *n.* =package deal.

páck·ag·er *n.* **1** 荷造り[包装]する人. **2** (テレビ番組などを作って売る)製作者.

páckage stòre *n.* 《米》(たる詰め・びん詰めなどの)酒類小売店《店内での飲酒は許されない》.

páckage tòur *n.* パック旅行, パッケージツアー, セット旅行《旅行社提供の運賃・宿泊費・食費など一切込みの旅行》.

páck·ag·ing *n.* **1** 個装《一商品単位の包装》. **2** (商品)包装; 商品を容器に入れること; その容器.

páck ànimal *n.* (牛・馬など)荷物を運ぶ動物.

Pack·ard [pǽkəd | -kɑːd], **Vance** (**Qakley**) *n.* (1914–) 米国の社会批評家・作家.

páck bàsket *n.* 背負いかご. 「木製[金属製]のわく.

páck bòard *n.* (荷物などを運ぶため肩帯のついた)

páck-clòth *n.* 荷造[包装]用布.

páck drill *n.* 〖軍事〗 **1** 駄(だ)馬教練, 輜重(しちょう)教練. **2** 懲罰軍装行進《完全行軍軍装のまま特定地域を行進して回らせる罰》. ***no names no pack drill*** 慎重であれば懲罰をこうむらない.

packed *adj.* **1** [しばしば複合語の第 2 構成素として] **a** 込み合った (crowded); 詰まった (stuffed). **b** 圧縮された, 固まった. **2** [~ *out* として]《口語》満員の.

pácked júry *n.* 自派で固められた陪審員.

pácked méal *n.* (調理して容器に入った一回分の)パック入り食品.

páck·er 〖ME〗 ── *n.* **1** 荷造り人, 包装[梱包(こん)]業者[会社]. **2** 《米》 **a** (食料品の)罐詰[塩づけ]業者; 罐詰工. **b** 食料品包装出荷業者, (特に)精肉出荷業者 (meat-packer). **3 a** 荷造り機械. **b** ごみ収集車. **4** 《米・カナダ・豪》牛・馬などで荷物を運ぶ人. **5 a** 《米西部・豪》馬方, 牛飼い. **b** 《豪》=pack animal.

pack·et [pǽkɪt, -kət] 〖《1530》← PACK¹ + -ET: F *pac-*

quet はこの語の借用〗 ― *n.* **1** **a** (手紙などの)束 (bundle), ひとくくり[塊り], 一群; 一回に配達される郵便物. **b** 小包, 小荷物. **c** 《英》(たばこなどの)一箱, 一包み (《米》 pack). **2** **a** (政府が用船契約をした)郵便船. **b** (郵便・旅客などを乗せて沿岸・運河などを定期的に通う)定期船; 旅客用運河船. **3** 〖トランプ〗(獲得した札やカットして二分された札などの)小分けした山. **4** 《口語》かなりの大金; (特に, 賭(か)けて得た[失った])相当な金額; 大量, 多数: It cost him a ~ but cured his disease. 大金がかかったがそれで彼の病気はなおった. **5** 荷; 重荷 (load). **6** 《英俗》(手痛い)打撃, (ひどい)肉体的[精神的]苦痛. **7** 《英》[通例 pay [wage] ~ として] 給料袋 (《米》 pay envelope).

buy* [*catch, cop, get, stop*] *a packet 《英俗》弾丸に当たる, 致命傷を受ける; ひどい目に会う.

― *vt.* **1** 小包[小荷物]にする. **2** 郵便船で送る.

pácket bòat *n.* =packet 2.

pácket dày *n.* 郵船出帆日; (郵船用)郵便物締切日.

pácket shìp *n.* =packet 2.

páck·hòrse 〖《15C》〗 *n.* **1** 駄馬(だ), 荷馬. **2** 《古》あくせく働く人 (drudge).

páck·hòuse *n.* **1** 倉庫. **2** (果物などの)包装作業場.

páck ìce *n.* 叢(そう)氷, 積氷, 流氷, パックアイス《浮氷が風に吹き寄せられて集まり凍りついた氷塊》.

páck·ing 〖《1389》 *pakking* ← *pakken* 'to PACK¹': ⇨ -ing¹〗 ― *n.* **1** 荷造り, 梱包(こんぽう); 包装: ~ charges 荷造料. **2** 荷造り[包装]法. **3** (人・駄馬などの背による荷物の)運搬. **4** **a** 荷造り材料; 包装用品. **b** (こわれ物などの)保護用の詰め物. **5** **a** (接ぎ目・漏れ口などに当てる)詰め物, パッキン《麻くず・古綿など》; 〖機械〗(締めつけをよくしたり気体・液体の漏れを防ぐ)パッキン. **b** 〖建築〗(石・れんがなどの目地を埋める)充塡材, 間詰(まづめ). **6** 《米》食料品包装出荷業, (特に)精肉出荷業 (cf. meat-packing, packinghouse); (肉・果物・野菜などの)罐詰, 罐詰業: ~ business 精肉出荷[卸売]業. **7** 〖印刷〗胴ばり, 胴巻き, パッキング《印刷機の圧胴の表面に巻きつけた紙・布・ゴムなど》. **8** 〖医学〗湿布.

pácking càse [bòx] *n.* **1** 荷箱, 包装箱; (特に)包装品の上にかける木わく. **2** 〖機械〗パッキン箱《stuffing box ともいう》.

pácking effèct *n.* 〖物理〗結合効果《原子核に質量欠損 (mass defect) があること》.

pácking fràction *n.* 〖物理・化学〗(原子核構成粒子1個あたりの)比質量偏差, パッキングフラクション《質量欠損を質量数で割ったもの》.

pácking glànd *n.* 〖機械〗=gland² 1.

pácking·hòuse *n.* 《米》精肉[果物, 野菜]包装出荷工場; 罐詰工場 (packing plant) (cf. packing 6).

pácking nèedle *n.* =pack needle.

pácking nùt *n.* 〖機械〗パッキン箱《stuffing nut ともいう》.

pácking-pàper *n.* 包み紙, 包装用紙.

pácking plànt *n.* 《米》=packinghouse.

pácking prèss *n.* 〖機械〗荷造りプレス《綿・干草などの荷造り圧縮用》.

pácking rìng *n.* 〖機械〗=piston ring.

pácking-shèet *n.* **1** 包装用布《ズックなど》; 包装紙. **2** 〖医学〗(水治療法用)湿布.

páck·man [-mən] *n.* (*pl.* **-men** [-mən]) 《古》行商人 (peddler).

páck nèedle *n.* (荷造り用)からげ針.

páck ràt *n.* **1** 〖動物〗モリネズミ (*Neotoma floridana*)《北米西部産の物を運んで巣の中にためる習性があるネズミ; wood rat ともいう》. **2** 《俗》渡り歩く探鉱者[案内人]. **3** 《米西部俗》こそどろ (petty thief). **4** 《俗》(不要なものでも)何でもかき集めため込む人.

páck ròlling *n.* 〖金属加工〗葉板圧延, パック圧延, 重ね圧延, 積層圧延《薄板を2枚以上重ねて圧延すること; 箔の製造に用いられる》.

páck·sàck *n.* 《米》旅行用リュックサック, 携帯袋.

páck·sàddle 〖《c1390》: ⇨ pack¹, saddle〗 *n.* (馬の)荷鞍(ぐら).

páck·stàff *n.* (*pl.* **-staves**) 《古》荷負い人の使う荷物のささえづえ.

páck·thrèad 〖《1341》: ⇨ pack¹, thread〗 *n.* (荷造用)ひも, からげひも[糸], 細引.

páck·tràin *n.* 《米》 **1** (荷馬車などの使えない地域で荷物を運ぶらばなどの)動物の列. **2** 〖軍事〗駄馬段列[縦列].

páck-twìne *n.* からげ糸.

pact [pǽkt] 〖《1429》 ▭ (O)F *pacte* ▭ L *pactum* (p.p.) ← *pacisci* to agree ← IE **păk-* to fasten (L *pāx* 'PEACE' / Gk *pēgnúnai* to fix / OE *fōn* to seize): cf. pagan, page¹, pay¹〗 ― *n.* **1** 約束 (agreement), 契約 (contract): ⇨ suicide pact. **2** (2国家間以上の)協定, 条約 (compact): a peace ~ 講和[平和]条約.

pacta illicita *n.* pactum illicitum の複数形.

pac·tion [pǽkʃən] 〖n.: 《1471》 ▭ (O)F ~ ▭ L *pactiō(n-)* agreement ← *pacisci* (↑). ― v.: 《1640》 ▭ F *paction-er* ← *paction*〗 ― *n.* =pact. ― *vi.* 《スコット》同意する (agree); 契約[協定]する. **~·al** [-ʃənḷ, -ʃnəl] *adj.* **~·al·ly** *adv.*

Pac·to·lus [pæktóuləs | -tə́u-] 〖▭ L *Pactōlus* ▭ Gk *Paktōlós*〗 ― *n.* 〖ギリシャ神話〗パクトーロス(川)《古代 Lydia の小川; その砂州から採れた金が国王 Croesus の富源となった; また Midas 王がこの川で水浴して, 触れたものがすべて金になる力が体から取り去られたという》.

pac·tum il·lic·i·tum [pǽktum-ɪlísətùm, -əl- | -ɪlísɪ-] 〖▭ L ~ 'unlawful agreement': ⇨ pact, illicit〗 ― *n.* (*pl.* **pac·ta il·lic·i·ta** [pǽktə-ɪlísəṭə, -əl- | -ɪlísɪtə]) 〖ローマ法〗不法な合意, 公序に反する合意《法が権利の発生を認めない合意》.

pad¹ [pǽ(ː)d] 〖《1554》 ▭ ? LG ~ 'sole of the foot'〗 ― *n.* **1** (摩擦・損傷などを防ぐための)当て物, クッション, (打物の下に敷く)まくら (bolster); 詰物; (いすなどの)敷き物, 座ぶとん. **2** (服の形を整えるための)パッド: a shoulder ~ 肩台, ショルダーパッド. **3** (球技などで使う)パッド《胸当て・すね当てなど》. **4** (傷口に当てる)ガーゼ, 綿; (月経の手当に使う各種の)パッド. **5** (はぎ取り式筆記用紙・吸取紙などの)一帳, 一つづり (tablet): a drawing ~ 画用紙帳 / a writing ~ 書簡用紙, 便箋 / a blotting ~. **6** スタンプ台, スタンプ印肉, パッド (stamp pad). **7** (馬の)鞍敷き《鞍の代わりに用いる座ぶとん; ⇨ saddle 挿絵》, 鞍褥, 鞍下あて (panel), ゼッケン. **8** **a** (イヌ・キツネなどの)足裏のふくらみ, 肉趾(にくし). **b** (キツネ・ウサギ・オオカミなどの)足. **c** (昆虫の足の)付着盤 (pulvillus). **9** 《米》(スイレンなどの水草の大きな)浮葉 (lily pad). **10** (特に, 羊毛または糸の)包み (package), 束 (bundle), 梱(こり). **11** **a** 《廃》(横になって寝られる)藁(わら)などの束. **b** 《俗》「ねぐら」《寝床・寝室・下宿・宿・家など》: hit the ~ 寝床にはいる, 寝る. **12** 〖極秘の綴り紙に収賄を受けた警察官の名を記すことから〗[the ~] 《米俗》(警察が暴力団などから受け取り署員間で山分けする)賄賂, 不正利得, そでの下. **13** **a** 〖航空〗(飛行機の)発着区域; (ヘリコプターの)発着所, 離着陸台. **b** 〖宇宙〗ロケットの発射台, 発射点 (launching pad). **14** 〖造船〗 **a** 甲板受木《木船の甲板を中高にするためビームの上に入れる枕木》. **b** 受台, 枕. **15** 〖海事〗船首防衝材. **16** 〖電気〗固定減衰器, パッド. **17** 〖木工〗刃先 (bit) を差し込む口. **18** 〖金属加工〗 **a** (溶接用金属の)肉盛り. **b** 鋳物の盛り上がった表面. **19** 交通信号灯を制御するために路面にはめこまれた車両の通過を感知する装置 (cf. vehicle-actuated). **20** 〖機械〗(各種の工具を取り付ける)柄, にぎり, ハンドル.

on the pad 《米俗》賄賂[そでの下]の分け前にあずかって.

― *v.* (**pad·ded**; **pad·ding**) ― *vt.* **1** …に詰物をする (stuff), 芯(しん)を入れる, 〈衣類など〉に綿[パッド]を入れる; 〈狂人の部屋などを〉しとね張りにする 〈*out*〉 (cf. padded 1). **2** 〈馬〉に鞍敷き[鞍下あて]を付ける, 当て物をする, 柔らかい敷物を付ける. **3** 〔不必要な事などを〕…に詰め込む; (特に)〔余計[的外れ, 無関係]な事柄などをつけ加えて〕〈文章・記事・演説などを〉引き伸ばす 〈*out*〉 〔*with*〕: ~ *out* a sentence *with* useless words. **4** 〈人員・勘定などを〉(帳簿で)水増しする: ~ the account, members, etc. / a ~*ded* bill 水増し請求書. **5** 〖金属加工〗…に肉盛りする. ― *vi.* 〖金属加工〗(肉盛りして)鋳造する.

pad² [pǽ(ː)d] 〖n.: 《1567》 ▭ Du. & LG ~ 'PATH'. ― v.: 《1553》 ← (n.) // ▭ LG *padden* & Du. *pad-en* to follow a path ← *pad*: もとは乞食・盗賊の隠語〗 ― *n.* **1** **a** 《古・英方言》道路, 通路 (path). **b** 《豪》…の通路: cattle-*pad* 家畜の通路. **2** 《古》追剝(おいはぎ) (footpad). **3** =padnag; (農馬・猟馬と区別して)道中馬 (road horse).

a gentleman* [*knight, squire*] *of the pad 《英古俗》(馬に乗った)追剝 (highwayman).

― *v.* (**pad·ded**; **pad·ding**) ― *vt.* **1** 〈道路などを〉徒歩で行く, ぶらぶら歩いて行く; 重い足どりで歩いて行く: ~ it 歩いて行く, てくる (tramp) / ~ the road (歩いて)足を棒にする. **2** 《古・英方言》踏みならす[固める] (tread). ― *vi.* **1** 歩く, 徒歩で行く 〈*along*〉. **2** (あまり音を立てないで)そっと歩く.

pad³ [pǽ(ː)d] 〖《1579》《変形》← 《英方言》 *ped*: cf. peddler〗 *n.* (果物・魚などを計るための)小かご.

pad⁴ [pǽ(ː)d] 〖《擬音語》: cf. pad² (v.)〗 *n.* (足音などの)重い[鈍い]音, どすん(という音).

Pa·dang [pɑ́ːdɑːŋ, ―́―] *n.* パダン《インドネシア Sumatra 島西部にある海港; 人口 197,000》.

pa·dauk [pədáuk] *n.* =Amboia wood.

pád·clòth *n.* 〖馬具〗=saddlecloth 2.

pád·ded *adj.* **1** 詰物をした[入れた], 綿入れにした; (狂人の部屋など)しとね張りにした: a ~ suit for football / a ~ cell [room] (患者の自殺などを防ぐために)しとね張りにした精神病患者室. **2** 《米俗》盗品を忍ばせて(いる).

pád·ding *n.* **1** 詰物をすること, 芯(しん)を入れること (stuffing). **2** 芯, 詰物《古綿・毛・わらなど》. **3** (新聞・雑誌などの)埋め草; (演説・文章を引き伸ばすための)不必要な挿入句. **4** 〖金属加工〗パッディング, 肉盛り《溶湯の押湯を効かせるため押湯近くの鋳物部分の肉を厚くする方法》.

pádding capàcitor [condènser] *n.* 〖電気〗パディングコンデンサー, 付加コンデンサー《容量調整用の固定または半固定コンデンサー》.

Pad·ding·ton [pǽdɪŋtən] 〖OE *Padintun* 《原義》'the village of the people of *Padda* (人名)': ⇨ -ing³, -ton〗 ― *n.* London 西部の旧自治区; 住宅地域; 現在は Westminster 区の一部; Devon, Cornwall 行き列車の始発[終着]駅 Paddington Station がある.

pad·dle¹ [pǽdḷ] 〖《1407》 *padell* small spade ← ?〗 ― *n.* **1** (カヌー用などの水をかく短い幅広の)櫂(かい) (cf. oar): ⇨ double paddle. **2** **a** =paddleboard. **b** 〖海事〗=paddle wheel. **3** (攪拌(かくはん)用の)櫂状の(金属)棒《錬鉄・ガラス製造で使用する》. **4** 〖動物〗(ウミガメ・ペンギン・クジラなどのひれ状の)櫂(かい)足 (flipper). **5** (paddle tennis 用などの)柄の短い櫂状のラケット, (卓球用)ラケット. **6** (洗濯用などの)櫂状の木片, へら. **7** (子供の尻を打つなど, 体罰用の)平たい木片, へら. **8** **a** (カヌーに乗って)水をかくこと; 一こぎ; (汽船などが)外輪で進むこと (paddling). **b** 《米口語》ぴしゃりと打つこと (cf. *vt.* 5). **9** **a** (水門の水量調節のため上下させる)板. **b** 製粉機の穀物投入口の調節板. **10** 《英方言》(雑草を掘り起こしたりすきの刃を掃除したりするのに用いる)長い柄の先に小さなすき状のものの付いた道具.

― *vi.* **1** (カヌーなどに乗って)水をかいて進む. **2** 〈汽船などが〉外輪で動く[進む]. **3** ゆっくり櫂を動かす, 静かにこぐ. ― *vt.* **1** 〈カヌーなどを〉櫂でこぐ. **2** (カヌーなどで)こいで運ぶ. **3** かき回す, 攪拌する (stir). **4** 〈球を〉ラケットで打つ. **5** 《米口語》〈人を〉(櫂で打つように)平手でぴしゃりと打つ (spank).

pad·dle² [pǽdḷ] 〖《1530》 ← ?: cf. LG *paddeln* to tramp about (freq.) ← *padden* 'to PAD² (v.)': ⇨ -le³〗 ― *vi.* **1** (浅瀬などで)水をばちゃばちゃさせる (dabble); 水遊びする. **2** 《古》〔…を〕いじる, いじくる 〔*in, on, about*〕. **3** (幼児のように)よちよち歩く (toddle).

páddle bàll *n.* **1** 《米》パドルボール《四面壁のコートで木製のラケット (paddle) を使って行なう squash racquets に似た球技》. **2** (それに用いる)ボール, 球.

páddle·bòard *n.* **1** (波乗りの)浮き板, サーフボード. **2** (汽船などの外輪の周囲につけた)水かき(板).

páddle·bòat *n.* 外輪船, 外車汽船.

páddle bòx *n.* (外輪船の)外輪おおい, 外輪[外車]囲い.

paddleboat

páddle·fìsh *n.* 〖魚類〗ヘラチョウザメ《ヘラチョウザメ科のへら型の長い吻(ふん)のあるチョウザメの総称》; (特に)ヘラチョウザメ (*Polyodon spathula*)《米国 Mississippi 川およびその支流に多い; spoonbill (cat) ともいう》.

pád·dler¹ [-dlə, -dḷə | -dḷə(r, -dl-] *n.* **1** カヌーをこぐ人[物, 装置]. **2** =paddle steamer.

pád·dler² [-dlə, -dḷə | -dḷə(r, -dl-] *n.* 水遊びする人.

páddle stèamer *n.* (昔の)外輪船, 外車汽船《paddler ともいう》.

páddle tènnis *n.* 《米》パドルテニス《木製のラケット (paddle) とスポンジボールで行なう一種のテニス》.

páddle whèel *n.* (汽船の)外輪, 外車《船体中央部の両側または船尾に取り付けた推進用の水かき車》.

páddle·whèel·er *n.* =paddleboat.

páddle wìng *n.* 〖海事〗=sponson 2.

pad·dock¹ [pǽdək, -dɪk | -dək] 〖《?a1300》 *paddoke* (dim.) ← lateOE *pad* toad ▭ ? ON *padda*: ⇨ -ock〗 ― *n.* 《古・英方言》〖動物〗 **1** カエル (frog). **2** ヒキガエル (toad).

pad·dock² [pǽdək, -dɪk | -dək] 〖《1622》《変形》← 《英方言》 *parrock* < OE *pearroc* enclosure, 《原義》fence ▭ ML *parricus*: PARK と二重語〗 ― *n.* **1** (馬小屋や人家近くの)小牧場用囲い地, 調教用馬場. **2** 〖競馬〗 **a** パドック, 下見所《競馬場付属の芝生の囲い地; 出走前に馬が集合する所》. **b** 小さな馬場, 小放牧場. **3** 《豪》(耕作・放牧のための)囲い地, 原っぱ. **4** 〖自動車レース〗(ピット (pit) 近くの)囲い地《レース前に自動車が集合する所》. ― *vt.* **1** 〈馬などを〉囲い地に囲う, パドックに入れる; 閉じ込める (confine). **2** 《豪》〈土地を〉囲う.

pad·dy¹ [pǽdi | -dɪ] 〖《1623》 ▭ Malay *pādī*〗 *n.* **1** 稲, 水稲. **2** 米; もみ. **3** 水田《paddy field ともいう》.

pad·dy² [pǽdi | -dɪ] 〖略〗 *n.* 〖鳥類〗=paddybird.

pad·dy³ [pǽdi | -dɪ] 〖略〗 *n.* =paddywhack 2.

Pad·dy¹ [pǽdi | -dɪ] 〖《1780》《転訛》← Ir. *Padraig* 'PATRICK': ⇨ -y²〗 ― *n.* **1** アイルランド人(特に, 労働者)《あだ名; cf. John Bull》: ~'s land アイルランド (Ireland). **2** [p-] 《俗》警官 (cop).

Pad·dy² [pǽdi | -dɪ] 〖(dim.) ← PATRICK〗 *n.* 男性名.

páddy·bìrd 〖← PADDY¹: 稲田に群集するところから〗 *n.* 〖鳥類〗 **1** =Java sparrow. **2** (インド産の)小サギ. **3** =sheathbill. **4** =ruddy duck.

páddy fìeld *n.* =paddy¹ 3.

pad·dy·mel·on [pǽdimèlən | -dɪ-] *n.* 〖動物〗=pademelon.

Páddy's húrricane [pǽdiz- | -dɪz-] 〖← PADDY¹〗 *n.* 〖海事〗(海上における)無風状態, 全くの凪(なぎ) (calm).

páddy wàgon 〖← PADDY¹ 2〗 *n.* 《米俗》(警察の)犯人護送車 (patrol wagon).

páddy·whàck 〖← PADDY¹+WHACK¹〗 ― *n.* **1** 《米口語》平手打ち, 殴打 (spanking). **2** 《英口語》激怒 (rage), 癇癪(かんしゃく): Don't get in such a ~ そう興奮するな, まあ落着け. **3** [しばしば P-] 《俗》アイルランド人. ― *vt.* 《口語》ぴしゃりと打つ, 殴打する, ぶんなぐる (spank).

pad·e·mel·on [pǽdimèlən | -dɪ-] 〖《1827》《変形》← Austral. 《土語》 *paddymala* ← *patagorang* kangaroo〗 ― *n.* 〖動物〗ヤブワラビー《オーストラリアおよびニューギニア産カンガルー科の, 特にヤブワラビー属 (*Thylogale*) の小カンガルー数種の総称; *T. eugenii* など; cf. wallaby》.

pademelon (*Thylogale eugenii*)

Pad·e·rew·ski [pæ̀dəréfski, -rév- | -révskɪ, -réf-; *Pol.* padɛréfski], **Ig·na·cy** [ignátsi] **Jan** *n.* パデレフスキー《1860–1941; ポーランドのピアニスト・作曲家・政治家; 首相・外相 (1919); フランス語名 Ignace Jan [iɲas jɑ̃]》.
pád èye 〖← PAD¹〗 *n.* 〖海事〗目付き板《鉄板面にフックを掛けたりするなどの手掛りとして溶接する小型 T 材で穴のあいているもの》.
pád fòot 〖← PAD¹〗 *n.* =club foot.
pad·i [pǽdi | -dɪ] *n.* =paddy¹.
pa·di·shah, P- [pɑ́:dɪʃɑ̀:, -də-, -ʃɔ̀: | -ʃɑ̀:] 〖《1612》□ Turk. *pādishāh* □ Pers. *pādshāh* ← *pād* master+*shāh* 'SHAH'〗 ― *n.* **1 a** 帝王, 皇帝 (Shah). **b** [しばしば P-] オスマン帝国の皇帝 (Sultan); 英国王が兼ねたインド皇帝 (Emperor). **2** 《米口語》…王, 大立者, 実力者. 「(hoe)(で耕す).
pa·dle [péɪdl] 〖⇨ paddle¹〗 *n., vt.* 《スコット》くわ
pad·lock [pǽdlɑk | -lɔk] 〖《15 C》← ? ME *pad* toad: cf. paddock¹: ⇨ lock²: 形が似ていることからか〗 ― *n.* 南京[えび]錠. ― *vt.* **1** …に南京[えび]錠をかける. **2** 〈言論などを〉抑制する, 統制する. **3** 〈ホテル・劇場・工場・店舗などを〉(条令などにより)立入[使用]禁止にする.
pádlock làw *n.* 《英》施錠閉鎖法《アルコール飲料の販売が原因で生活妨害 (liquor nuisance) が発生した場合, 裁判所がその営業場所を一定期間施錠して使用禁止命令を出しうることを規定している制定法》.
pád·nàg 〖← PAD² (n.) 1+NAG¹〗 *n.* 《古》側対歩[だく足]で歩く小馬; 年寄り馬.
pa·douk [pədáuk, -dú:k] *n.* =Amboina wood.
padóuk wòod 〖*padouk*: □ Burmese《土語》*padauk*〗 *n.* =Amboina wood. 「ア語名》.
Pa·do·va [*It.* pá:dova] *n.* パドヴァ《Padua のイタリ
pád prèss *n.* 〖金属加工〗すえ込みプレス.
pa·dre [pɑ́:dreɪ, -ri | -dreɪ, -drɪ; *It.* pá:dre, *Sp.* pádre, *Port.* pádrə, *Braz.* pádri] 〖《1584》□ Sp., Port. & It. ~ < L *patrem, pater* 'FATHER': cf.「バテレン」□ Port. *padre*〗 ― *n.* (*pl.* ~**s** [~z; *Sp.* ~s, *Port.* ~ʃ, *Braz.* ~s], **pa·dri** [-dri:; *It.* -dri]) **1** 神父. ★ 特に, イタリア・スペイン・ポルトガル・ラテンアメリカなどでカトリックの司祭を呼ぶ言葉. **2** 《口語》軍僧, 軍隊[軍艦]付牧師.
pa·dro·ne [pədróuni | pədráunɪ, pæ-; *It.* padró:ne] 〖□ It. ~ 'protector, owner' < L *patrōnum* 'PATRON'〗 ― *n.* (*pl.* ~**s** [~z], **pa·dro·ni** [-ni:; *It.* -ni]) **1** 主人, 親方 (boss). **2** 宿屋の主人 (innkeeper). **3** (地中海の沿海用小型船の)船長. **4** (*pl.* ~**s**) 《米》イタリア人移民労働者[人足]の請け負い元[元締め]. **5** (イタリアの)子供乞食や演歌師などの親分.
pa·dró·nism [-nɪzm] *n.* 昔イタリアで子供をかどわかし padrone の手下として乞食などをさせた慣習.
PADS 《略》Publication of the American Dialect Society 米国方言学会紀要《年 2 回刊行》.
pád sàw *n.* 〖木工〗小型回し挽き《使用しない時は柄の中へ刃を押し込んでおく回し挽きのこ; cf. compass saw》. 「plate).
pád stòne *n.* 〖建築〗梁受石; 桁(㊣)上根太受石 (tem-
Pad·u·a [pǽdʒuə, -duə | pǽdjuə, pɑ́:duə] *n.* パドヴァ《イタリア北東部, Venice 西方の都市; 人口 243,000; イタリア語名 Padova》. **Pád·u·an** [~n] *adj.*
pad·u·a·soy [pǽdʒuəsɔ̀ɪ | -djuə-] 〖《1663》*poudesoy* □ F *pou-de-soie* 'POULT-DE-SOIE': 今の形は *Padua say* (say¹ of Padua) との連想による変形〗 ― *n.* プードソア: **a** 衣服や家具用に使用される丈夫な畝織(㊣)絹織物. **b** それで作った衣服.
Pa·dus [péɪdəs] *n.* [the ~] パドゥス《Po 川の古名》.
pae·an [pí:ən] 〖《1592》□ L *paeān* □ Gk *paiân* hymn to Apollo under name of *Paiân* (=one who heals by a touch) ← *paiein* to strike: Homer が神々の医者, 後には Apollo に対して与えた名〗 ― *n.* **1** (古代ギリシャで, 神, 特に Apollo に対する)感謝の歌. **2** 戦勝歌, 勝ち歌, 歓呼の声; 賛歌, 喜びの歌. **3** 〖古典詩学〗=paeon.
paed- [pi:d, ped | pi:d] (母音の前に来る時の) paedo- の異形: *paed*agogic=pedagogic.
paed·er·ast [pédəræ̀st, pí:d-] *n.* =pederast.
pae·di- [pí:dɪ, pédɪ | pí:dɪ] paedo- の異形 (⇨ -i-).
pae·di·at·ric [pì:diǽtrɪk, pèd- | pì:dɪ-] *adj.* =pediatric.
pae·di·a·tri·cian [pì:diətríʃən, pèd- | pì:dɪ-] *n.* =pediatrician. 「diatrics.
pae·di·at·rics [pì:diǽtrɪks, pèd- | pì:dɪ-] *n.* =pe-
pae·di·at·rist [pì:diǽtrɪst, pèd-, -trəst | pì:dɪǽtrɪst] *n.* =pediatrician.
pae·do- [pí:do(ʊ), péd- | pí:də(ʊ)] 〖□ Gk *paid(o)-* ← *pais* child ← IE **pōu-* 'FEW¹, little'〗 ― (*also* **pedo-**)「子供 (child), 子孫 (offspring)」の意の連結形: *paedo*baptist=pedobaptist. ★ 時に paido-, paedi-, また母音の前では通例 paed- になる.
pàedo·génesis *n.* 〖動物〗幼生生殖. **pàedo·genétic** *adj.* **pàedo·génic** *adj.* 「dology².
pae·dol·o·gy [pi:dɑ́lədʒi, pə- | -dɔ́lədʒɪ] *n.* =pe-
pàedo·mórphic 〖← PAEDOMORPHOSIS: ⇨ -ic¹〗 *adj.* 〖生物〗幼形進化の, 幼形保有の.
pàedo·mórphism *n.* 〖生物〗幼形保有.
pàedo·mórphosis 〖← NL ~: ⇨ paedo-, -morphosis〗 *n.* (*pl.* **-phoses**) 〖生物〗幼形進化《形質変化が未成期に起こるもの; cf. fetalization》.

pae·do·phile [pí:dəfàɪl] *n.* =pedophile.
pae·do·phil·i·a [pì:dəfíliə | -lɪə] *n.* =pedophilia. **pae·do·phil·i·ac** [pì:dəfíliæ̀k | -lɪ-] *adj.* **pae·do·phil·ic** [pì:dəfílɪk] *adj.*
pa·el·la [pɑ:élə, pə-, pɑ:éɪ(l)jə; *Sp.* paéʎa, -éja] 〖□ Sp. & Catalan ~ 《原義》cooking pot □ OF *paelle* < L *patellam*: ⇨ patella〗 ― *n.* パエリヤ《スペインの米料理; 魚介類・鶏肉・ソーセージ・トマト・玉ねぎなどを加え, サフランで香りをつけたもの》.
pae·on [pí:ən, -ɑn | -ən] 〖□ L *paeōn* □ Gk (Attic) *paiōn* ← *paiān* hymn to Apollo: ⇨ paean〗 ― *n.* 〖古典詩学〗1 長 3 短格, 戦勝歌. **pae·on·ic** [pi:ɑ́nɪk | -ɔ́n-] *adj.*
pae·o·ny [pí:əni | píənɪ, pí:ə-] *n.* 〖植物〗=peony.
Paes·tum [péstəm, pés-] *n.* パエストゥム《イタリア南部海岸の古代ギリシャ都市; ギリシャ時代の神殿遺構がある; ギリシャ語名 Poseidonia [pòusaɪdóuniə, pɔ̀s- | pɔ̀usaɪdə́unjə, pɔ̀s-, -nɪə]》.
pa·gan [péɪgən] 〖《*c*1375》□ L *pāgān-us* civilian, peasant, (in eccles. L) heathen (キリスト教徒を *miles Christi* soldier of Christ と呼んだのに対して) ← *pāgus* canton, district, 《原義》landmark fixed in the earth ← IE **pāk-* to fasten (cf. pact): ⇨ -an¹〗 ― *n.* **1 a** (キリスト教の神を信じない)異教徒. **b** (古代のギリシャ教・ローマの)多神教徒. **c** (特に, キリスト教・ユダヤ教・イスラム教以外の)偶像信者. **2** 物欲にとらわれた人, 快楽主義者, 不信心者; 無宗教者; 蒙昧(㊣)な人. **3** 未開人 (barbarian). ― *adj.* **1** 異教(徒)の, 異教的な, 邪教の (heathen): ~ gods 異教の神々. **2 a** 偶像崇拝の (idolatrous); 不信心の (irreligious). **b** 快楽主義の. **c** 蒙昧な.
pá·gan·dom [-dəm] *n.* **1** [集合的] 異教徒 (pagans), 異教徒全体. **2** 異教世界, 異教圏 (pagan world).
Pag·a·ni·ni [pæ̀gəní:ni, pɑ̀:- | pæ̀gəní:ni:, -nɪ; *It.* pàganí:ni], **Nic·colò** *n.* パガニーニ《1782–1840; イタリアのバイオリニスト・作曲家》.
pá·gan·ish [-nɪʃ] *adj.* 邪教の, 異教を奉じる; 異教徒らしい[的な] (heathenish). **~·ly** *adv.*
pá·gan·ìsm [-nɪ̀zm] 〖《1433》□ LL *pāgānism-us*: ⇨ pagan, -ism〗 ― *n.* **1 a** 異教, 邪教, 邪宗門 (heathenism). **b** 異教信仰, 偶像崇拝; 官能礼賛. **2** 異教的傾向, 異教思想, 異教精神, 異教主義. **3** 異教徒であること; 無宗教. **pá·gan·ist** [-nɪst, -nəst | -nɪst] *n.*
pa·gan·ize [péɪgənàɪz] *vt.* 異教徒にする; 異教化する. ― *vi.* 異教徒になる; 異教徒的に振舞う. **pá·gan·ìz·er** *n.* **pa·gan·i·za·tion** [pèɪgənɪzéɪʃən, -nə- | -naɪ-, -nɪ-] *n.*
page¹ [péɪdʒ] 〖n.: 《1589》□ (O)F ~ □ L *pāgina* leaf, page ← *pangere* to fasten ← IE **pāk-* to fasten: ⇨ pact. ― v.: 《1628》← (n.)〗 ― *n.* **1** (本・手紙・原稿などの)ページ, 頁 (略 p., *pl.* pp.); (印刷物・書かれた物の) 1 丁[葉]《2 ページ分》, 1 枚. **2** 〖印刷〗1 ページの組版; 版面 (type page): a fat ~ 余白の多い[組みやすい]ページ / a full ~ 余白なしのページ. **3** [しばしば *pl.*] **a** (新聞などの)…欄, 面, ページ: the sports ~*s* スポーツ欄. **b**「ふみ」, 文書, 書き物 (writing), 書物 (book). **c** (書物・文学作品などの)一節. **d** 記録 (record), 年史 (annals): the ~*s* of history 歴史の記録. **4** (人生・一生の)挿話 (episode), (歴史上の注目すべき)事件, (他とはっきり区別される)時期: a glorious ~ in English history 英国史上の輝かしい一時期.
― *vt.* **1** =paginate. **2** 〈植字したものを〉ページに組む; 〈本を〉ぱらぱらとめくる. ― *vi.* 〔ページを〕ざっとめくる, 〔本などに〕ざっと目を通す〔*through*〕.
page² [péɪdʒ] 〖《?*a*1300》□ (O)F ~ □ It. *paggio* □ Gk *paidíon* boy, servant (dim.) ← *paid-, paîs* boy, child: ⇨ paedo-〗 ― *n.* **1** (昔, 貴人にかしずいた)小姓, 近習(㊣). **2** 騎士見習《騎士の従者となって騎士の道を学んだ少年または青年》. **3** (ホテル・劇場などで客の接待や用事を果す, 通例制服を着た)給仕, ボーイ, (放送局の)案内係《page boy ともいう》. **4** 《米》(米国議会で)議員の使い走りをする人, ボーイ《普通, 高校生ぐらいの若者で女子の場合もある》. **5** 結婚式で花嫁に付添う着飾った小さな男の子. ― *vt.* **1** ボーイとして仕える. **2** 〈人〉の名をボーイに呼ばせる; 〈ボーイなどが〉名を呼んで〈人を〉捜す: *Paging* Mr. Brown お呼び出し申し上げます, ブラウン様《ホテル・駅・デパートなどでの呼び出し放送の言葉》.
Page [péɪdʒ] 〖← (O)F ~ (↑)〗 *n.* 男性名.
Page, Thomas Nelson *n.* (1853–1922) 米国の小説家・外交官; *In Ole Virginia* (1887).
Page, Walter Hines [háɪnz] *n.* (1855–1918) 米国のジャーナリスト・駐英大使 (1913–18).
pag·eant [pǽdʒənt] 〖《*c*1390》*pagent, pagyn* □ ML *pāgina* movable scaffold, scene of a play ← L *pāgina* 'PAGE¹': *-t* は音便上の添加 (cf. ancient², peasant, tyrant)〗 ― *n.* **1** 美観, 盛観: The coronation of the new queen was a splendid ~. 新女王の戴冠式は一大盛儀だった. **2** (歴史的な場面を舞台に表わして見せる)見世物, 芝居, 野外劇, ページェント. **3** (時代衣装などをつけた)壮麗な行列; 練り歩き; (祭などの)山車(㊣) (float): a flag ~ 旗行列. **4** 虚飾, 見せびらかし: pomp and ~ 虚飾や見せびらかし. **5 a** (中世の宗教劇演出などに用いた)屋台車, 移動舞台. **b** 見世物を見せる)舞台. **6** 《古》劇.
pag·eant·ry [pǽdʒəntri | -rɪ] 〖《1607》: ⇨ ↑, -ry〗 ― *n.* **1** 見もの, 壮観; 華麗, 華美 (pomp): the ~ of aircraft 航空機の壮観. **2** こけおどし, 虚飾. **3** [しば

しば集合的] 見世物, 野外劇 (pageant(s)).
páge·bòy *n.* **1** ページボーイスタイル《肩までたらした髪の先を内巻にした女性の髪型》. **2** =page boy.
páge bòy *n.* 給仕, ボーイ (cf. page² 3).
páge gàuge *n.* 〖印刷〗ページ尺, メジョ.
páge hèad *n.* 〖印刷〗ページ見出し.
páge·hòod *n.* 小姓[近習]の身分.
páge pròof *n.* 〖印刷〗まとめ(組み)校正刷り, (新聞
páge·shìp *n.* 小姓[近習]の職務. 「の)大刷り.
Pag·et [pǽdʒɪt, -dʒət], **Sir James** *n.* (1814–99) 英国の外科医・病理学者.
Paget, Violet *n.* Vernon LEE の本名.
-pagi -pagus の複数形.
pag·i·nal [pǽdʒənl̩ | pǽdʒɪnl̩, péɪdʒ-] 〖□ LL *pāginālis* ← L *pāgina* 'PAGE¹'〗 ― *adj.* **1** ページの; ページからなる, ページ構成の. **2** 毎ページの, 対ページの, ページごとの: ~ transcription (1 ページを 1 ページに筆写する)対ページ転写. 「paginal.
pag·i·na·ry [pǽdʒənèri | pǽdʒɪnəri, péɪdʒ-] *adj.* =
pag·i·nate [pǽdʒənèɪt | pǽdʒɪ-, péɪdʒ-] 〖← L *pāgin(a)* 'PAGE¹' +-ATE³〗 *vt.* ページ付けをする, ノンブルを付ける; 丁付けをする.
pag·i·na·tion [pæ̀dʒənéɪʃən | pæ̀dʒɪ-, pèɪdʒ-] *n.* **1** ページ付け, ノンブル付け (page numbering). **2** ページ数を示す数字[記号]. **3** ページ数表示《目録や本の記述に示されたページ数・枚数・丁数表示》.
pág·ing *n.* =pagination.
Pa·gliac·ci [pæ̀liɑ́:tʃi, -ǽtʃi | -lɪɑ́:tʃɪ, -ǽtʃɪ; *It.* paʎʎátʃi], **I** [i:; *It.* i] 〖□ It. ~ 'The Players'〗 *n.*「道化師」《イタリアの R. Leoncavallo 作のオペラ (1892)》.
pagne [pɑ́:njə; *F.* paɲ] 〖《1698》□ F ~ □ Sp. *paño* < L *pannum* cloth: cf. pane〗 *n.* パニュ《アフリカ原住民などの着衣の一種; 胴に巻くまたは腰布用の長方形の布》.
Pa·gnol [pɑ:njɔ́(:)l | -njɔ́l; *F.* paɲɔl], **Marcel** *n.* パニョル《1895–1974; フランスの劇作家; *Marius*「マリウス」(1929)》.
pag·od [pǽgəd, pəgɑ́d | pǽgəd] 〖□ Port. *pogode* (↓)〗 *n.* **1** (極東の)神像, 仏像. **2** 《古》=pagoda 1.
pa·go·da [pəgóudə | -gə́u-] 〖《1618》□ Port. *pogode* idol temple □ Tamil *pagavadi* house belonging to a deity □ Skt *bhagavatī* (fem.) ← *bhagavat* divine ← *Bhagaḥ* god of wealth〗 ― *n.* **1** (東洋諸国の宗教建築の)塔, 宝塔, 仏塔, パゴダ. ★ ビルマ・タイ・中国など各国により形がやや異なる: a five-storied[-storeyed] ~ 五重の塔. **2** (新聞・たばこなどを売る)飾り屋台式の売店. **3** パゴダ《昔, インド亜大陸で用いられた金貨[銀貨]; 裏面に塔の模様があった》.
pagóda dógwood *n.* 〖植物〗=blue dogwood.
pagóda trèe *n.* **1** 〖植物〗塔状の樹冠をもった樹木の総称《エンジュ (Japanese pagoda tree), バンヤンノキ (banyan) など》. **2** (金貨 (pagoda) を落とすといわれた)架空の東インドの木; 《戯言》金のなる木.
shake the pagoda tree 《英》(インドや極東へ出かけて)短い間に[たちまちに]財産を作る《特に, 18–19 世紀の nabob についていう》.
pag·o·dite [pǽgədàɪt, pəgóudaɪt | pǽgədàɪt, pəgə́udaɪt] 〖□ F ~ ← *pagode* 'PAGODA': ⇨ -ite¹: 塔の模型を彫るのに用いることから〗 ― *n.* 〖鉱物〗パゴダイト (⇨ agalmatolite).
Pa·go Pa·go [pɑ́:ŋ(g)oupɑ́:ŋ(g)ou, pɑ́:goupɑ́:gou | pɑ́:ŋ(g)əupɑ́:ŋ(g)əu, pɑ́:gəupɑ́:gəu] *n.* (*also* **Pa·go·pa·go** [~]) パンゴパンゴ《米領 Samoa の Tutuila 島の港市; 海軍基地; 人口 2,500; Pango Pango ともいう》.
pa·gu·ri·an [pəgjú(ə)riən | -gjúərɪ-] 〖← NL *Pagūr-(us)* (属名: ← Gk *págouros* a kind of crab)+-IAN〗 〖動物〗 ― *adj.* ホンヤドカリ科の. ― *n.* ヤドカリ (hermit crab).
pa·gu·rid [pəgjú(ə)rɪd, pǽgjʊ-, -rəd | pəgjúərɪd, pǽgjʊ(ə)r-] 〖⇨ ↑, -id²〗 *n.* 〖動物〗=pagurian.
Pa·gu·ri·dae [pəgjú(ə)rədi: | -gjúərɪ-] 〖← NL ~ ← *Pagūrus* (⇨ pagurian)+-IDAE〗 *n. pl.* 〖動物〗ホンヤドカリ科.
-pa·gus [-pəgəs] 〖← NL ~ ← Gk *pagós* something fixed, fixation〗 (*pl.* **-pa·gi** [-pədʒàɪ:, -dʒàɪ]) 「結合体, 癒着奇形児」の意の名詞連結形.
pah¹ [pɑ́:, pɑ́:h, pɸ:] 〖擬音語〗 *int.* ふーん, ちょっ, えへん, ちぇっ《軽蔑・不快・不信などを表わす》.
pah² [pɑ́:] *n.* =pa¹.
Pa·hang [pəhǽŋ | -hɑ́ŋ, -hǽŋ] *n.* パハン《マレーシア中部の州; 人口 504,000, 面積 35,964 km², 首都 Kuantan [kwɑ́:ntɑ:ŋ]》.
Pah·la·vi¹ [pǽləvì:, pɑ́:l-, -vi | pɑ́:ləvɪ] 〖□ Pers. *Pahlawī* ← *Riza Shah Pahlawī* (1878–1944: イラン前王朝の始祖) (↓)〗 ― *n.* (*pl.* ~, ~**s**) (*also* **Pah·le·vi** [~]) **1** パフラビー朝《Riza Shah Pahlavi が 1925 年に建国したイランの王朝》. **2** =Mohammed Riza Pahlavi. **3** [p-] パフラビー: **a** イランの旧通貨単位; 1927 年発行の際は 20 rials, 1931 年発行の際は 100 rials; cf. dinar 2. **b** その金貨.
Pah·la·vi² [pǽləvì:, pɑ́:l-, -vi | pɑ́:ləvɪ] 〖《1777》□ Pers. *Pahlawī* Parthian ← *Pahlav* < OPers. *Parthava* 'PARTHIA'〗 ― *n.* **1** パフレヴィ語《3–9 世紀に行なわれたペルシャ語; Semitic 文字による拝火教経典の用語》. **2** パフレヴィ文字. 「〖植物〗=pahutan.
pa·ho [pɑ́:hou | -həu] 〖□ Tagalog *páho*〗 *n.* (*pl.* ~**s**)
pa·ho·e·ho·e [pəhóuihòui | -hə́uɪhə̀uɪ] 〖□ Hawaiian *pāhoehoe*〗 *n.* 〖地質〗パホイホイ《表面が滑らかでう

ねっている溶岩流; cf. aa》.
pahóehoe láva *n.* 〖地質〗表面が滑らかで, 波状や縄状の溶岩.
pa·hu·tan [pəhúːtɑːn] 〖□ Tagalog *pahútan*〗 ― *n.* 〖植物〗パフータン (*Mangifera altissima*)《フィリピン産のマンゴーの一種; 実は酢漬にされ, 材は家具に使われる》.
paid[1] [péɪd] 〖ME *paid, paied* (p.p.)〗 ― *v.* pay[1] の過去形・過去分詞. ― *adj.* **1** 給料[俸給]を受けた; 有給の (salaried): a highly-*paid* officer 高給官吏 / a ～ holiday [《米》 vacation] (その期間分の給料の支払いをあらかじめ受けている)有給休暇. **2** (給料の支払いを受けて)雇われた (hired): a ～ worker. **3** 支払い済みの, 換金済みの: a ～ check. **4** 〈仕事など〉報酬を受けた: ill-*paid* work 報酬の少ない[割の悪い]仕事. ***put paid to*** 〖「…に支払い済み ('paid') の判を押す」の意から〗《英口語》 (1) 〈事件など〉を片付ける, 解決する (dispose of); 〈人〉とけりをつける. (2) 〈希望・努力など〉を挫折させる, 水泡に帰せしめる (terminate).
paid[2] *vt.* pay[2] の過去形・過去分詞.
paid- [peɪd, paɪd] (母音の前に来る時の) paido- の異形 (⇨ paedo-).
páid-in 〖(p.p.) ← *pay in* (⇨ pay[1] (v.) 成句)〗 *adj.* 〈会員など〉(会費・入会金など)支払い済みの, 既済の.
páid-in súrplus *n.* 〖会計〗払込剰余金《狭義には, 株式払込剰余金を, 広義には払込資本を指す》.
pai·do- [péɪdo(ʊ), páɪ- | -də(ʊ)] paedo- の異形.
páid-ùp 〖(p.p.) ← *pay up* (⇨ pay[1] (v.) 成句)〗 ― *adj.* 〈会員など〉会費[入会金]を納入し終わった; 〈株式など〉(全額)払い込み済みの: a ～ member / ～ capital 払い込み済み資本 / ～ shares 全額払い込み株.
Pai-ho [pàɪhóʊ | -háʊ; *Chin.* páɪxɤ́] *n.* [the ～] 白河《中国河北省 (Hopeh) の川; Pei-ho ともいう》.
pai-hua [pàɪhwáː; *Chin.* páɪxuà] 〖□ Chin. *paihua* (白話)〗 *n.* 白話《近代口語に基づいた中国語の書き言葉》.
pail [péɪl] 〖OE *pægel* wine vessel (cf. G *Pegel* water gauge) □ ML *pāgella* measure < L *pāgella* small page (dim.) ← *pāgina* 'PAGE[1]': ME *payle, paille* は OF *paelle* 'PAELLA' の影響を受けた〗 ― *n.* **1** 手おけ, バケツ (bucket): ⇨ ice pail, slop pail. **2** 《米》(アイスクリームなど潤性食品の輸送に用いる)円筒型容器, 入れ物: ⇨ dinner pail. **3** (液体の)手おけ一杯(分) (pailful): a ～ of *water*.
pail·ful [péɪlfʊ̀l] *n.* (*pl.* ～**s**, ～) 手おけ[バケツ]一杯(分) 〔*of*〕《単に pail ともいう》.
pail·lasse [paɪ(j)ǽs, pæ̀liǽs, pæljǽs | pǽliæ̀s, pǽljæs, pæ̀lɪǽs, pæljǽs] *n.* ＝palliasse.
pail·lette [paɪ(j)ét, pɑːjét, peɪ(j)ét, pəlét | pæljét, pæ̀lɪét] 〖□ F ～ (dim.) ← *paille* (↑)〗 ― *n.* **1** パイエット: **a** (琺瑯(ほうろう)細工に用いる)金銀箔や光沢のある金属の薄片. **b** (衣服・垂れ幕などの装飾用の)ぴかぴかする金属片[ビーズ, 宝石など] (spangle); その装飾. **2** (パイエットをつけたような装飾をもつ)絹などの織物.
pail·lét·ted [-tɪd, -t̬əd | -tɪd, -təd] *adj.* パイエット[ぴかぴかする金属片]で飾った (spangled).
pail·lon [paɪ(j)ɔ́ː(ŋ), pɑːjɔ́ː(ŋ), paɪ(j)ɔ́(ː)ŋ, pɑːjɔ́(ː)ŋ; *F.* pɑjɔ̃, pa-] 〖□ F ～ 'metallic foil, handful of straw' ← *paille*: ⇨ paillette〗 ― *n.* (*pl.* ～**s** [～(z); *F.* ～]) 金属箔, エナメル箔, パイヨン《金・銀などの薄片からなる薄板で, 琺瑯(ほうろう)掛け・金めっきの装飾に用いる》.
pai-loo [pàɪlúː | -lúː] *n.* (*pl.* ～, ～**s**) 〖建築〗＝pai-lou.
pai-lou [pàɪlóʊ | -láʊ; *Chin.* p'áɪlóu] 〖□ Chin. *p'ai lou* (牌楼)〗 ― *n.* (*pl.* ～, ～**s**) 〖建築〗ぱいろう(牌楼)《中国の宮殿などに見られる三つもしくは五つの開口をもった装飾門》.
pain [péɪn] 〖《*c*1300》 *paine, peine* □ (O)F *peine* < L *poenam* penalty, pain □ Gk (Dorian) *poinā́*, (Attic) *poinḗ* expiation, penalty ← IE **kwei-t-* to pay, atone: ⇨ pine[1]〗 ― *n.* **1** (精神的・肉体的な)苦しみ; 悩み, 苦悩 (anguish), 心痛, 不安, 心配 (anxiety), 悲嘆 (grief) (↔ pleasure): the ～ of parting 別れのつらさ. **2** (局部的な)痛み (ache): I have a ～ in my head [stomach]. 頭[腹]痛がする / I woke *in* ～. 私は痛みで目がさめた. **3** [*pl.*] 骨折り, 労力, 苦労 (trouble): with great ～*s* 非常に骨折って / be at the ～*s* of doing＝be at ～*s to* do …する労を取る, …しようと骨を折る / spare no ～*s to* do …をするのに骨を惜しまない / take [go to] (much) ～*s* (大いに)骨を折る[気を配る], 全力を尽くす《★ (1) many pains とは言わない. (2) much pains というが主語には用いない》/ No ～*s*, no gains.＝No gains without ～*s*.《諺》骨折りなければ利得なし. **4** [*pl.*] 産みの苦しみ, 陣痛 (labor). **5** 《廃》罰, 刑罰 (punishment). **6** 《口語》不快な[厄介な]人[物] (nuisance): You are a real ～. 君は全く不愉快なやつだ.
feel no pain 《米口語》(ひどく)酔っ払っている (be intoxicated). ***for one's pains*** (1) 骨折り賃に, 骨折りの報いとして: He got little reward *for his* ～*s*. 骨折りも無益であった. (2) 《反語》骨折りがいもなく: I got a thrashing *for my* ～*s*. 骨折ってなぐられた. ***on*** [***upon, under***] ***pain of***… 違反すれば…の刑罰に処するとして, …の制裁(など)を覚悟の上で (cf. 5): *on* ～ *of* death. ***a pain in the neck*** 《口語》うんざり[いらいら, 退屈]させる人[もの] 〔*to*〕: give a person *a* ～ *in the neck* 人をいらいら[退屈, うんざり]させる. ***pains and penalties*** 刑罰 (cf. 5). ***put … out of*** (*his* [*its*]) ***pain*** 〈苦しんでいる人・動物を〉(楽にしてやるために)殺す.
― *vt.* **1** …に苦痛を与える, 苦しめる: My tooth doesn't ～ me now. 私の歯はもう痛まない. **2** 心痛させる, 心配させる (disquiet), 悲嘆に暮れさせる (grieve): Your disapproval ～*s* me more than I can say. 君の不賛成は私には口では言えないほどの苦痛だ / It ～*s* me greatly [I am greatly ～*ed*] to hear the news. その知らせを聞いて非常に心を痛めている.
― *vi.* 痛む (ache): It ～*ed*.
Paine [péɪn], **Thomas** *n.* (1737–1809) 英国生れの自由思想家・著述家・パンフレット作者 (pamphleteer); 独立前夜の米国および革命当時のフランスに移住; *Common Sense* (1776), *The Rights of Man* (1791–92).
pained 〖ME〗 ― *adj.* **1** 痛がって[苦しんで]いる: He looked ～. **2** 感情を傷つけられた(ような) (wounded), 苦々しげな, 腹立たしげな (offended): His face wore a ～ expression. 立腹の表情をしていた.
pain·ful [péɪnfəl] 〖《*c*1340》: ⇨ pain[1] (n.), -ful[1]〗 ― *adj.* **1** (肉体的・精神的に)苦痛を感じる, 痛い, 苦しい: a ～ cut, experience, etc. **2** 〈物・事が〉苦痛を与える, 苦しい, 骨の折れる, 困難な: ～ labors 骨の折れる苦労 / in ～ suspense とても気をもんで. **3** 《古》労を惜しまない, 勤勉な. **～·ly** *adv.* **～·ness** *n.*
páin·kìller *n.* **1 a** 鎮痛剤. **b** 苦痛を和らげるもの. **2** 《米俗》強い酒.
páin·kìlling *adj.* 痛みを和らげる, 鎮痛用の: a ～ drug.
páin·less *adj.* **1** 痛み[苦痛]のない: a ～ death 安らかな往生 / ～ childbirth 無痛分娩(ぶんべん). **2** 《口語》骨の折れない, 造作ない. **～·ly** *adv.* **～·ness** *n.*
Pain·le·vé [pɛ̃ː(n)ləvéɪ, pæn-; *F.* pɛ̃lve], **Paul** *n.* パンルベ《1863–1933; フランスの政治家・数学者》.
páin spòt *n.* 〖解剖〗(皮膚の)痛点, 疼痛点.
páins·tàker *n.* 骨惜しみをしない人, 勤勉家, 努力家.
páins·tàking 〖← *pains* (pl.) ← PAIN〗 ― *adj.* **1** 〈人が〉骨[労]を惜しまない, 勤勉な, 実直な, 丹精する[をこめた] (diligent): be ～ *with* one's work [students] 仕事[学生のこと]に骨身を惜しまない. **2** 〈物・事が〉骨の折れる; 〈作品など〉苦心した, 丹精をこらした: a ～ picture. ― *n.* 刻苦 (diligence); 苦心, 入念, 丹精. **～·ly** *adv.* **～·ness** *n.*
paint [péɪnt] 〖v.: 《*c*1250》 *peinte(n)* □ (O)F *peint(e)* (p.p.) ← *peindre* < L *pingere* to paint, adorn ← IE **peig-* to cut, mark (OE *fāh* / Gk *poikilos* variegated). ― n.: 《1602》 ← (v.)〗 ― *vt.* **1** …にペンキを塗る; [目的補語を伴って]〈…に〉塗る: ～ a house, wall, etc. / ～ a gate green 門を緑色に塗る. **2** (絵の具で)描く, 油絵[水彩画]で描く (cf. draw 13 a): ～ a picture, landscape, design, etc. **3 a** …に絵の具を塗る, 着色する, 彩色する, 彩る (color): The sun ～*s* the clouds. 太陽は雲を彩る. **b** 飾る; 美化する. **4** (紅・おしろいをつけて)〈顔など〉に化粧する: She ～*s* herself (an inch) thick. こてこてと厚化粧をする / She is (as) ～*ed* as a picture. こてこてと厚化粧をしている. **5** 塗って修正する, 塗って魅力的にする; 〈欠陥などを〉塗って隠す, 糊塗する: ～ one's defects. **6** (ありありと)描写する, (生き生きと)叙述する (describe); 〈人を〉(…に)表現する (represent): ～ a person's character, a scene, one's experiences, etc. / ～ a person in his proper colors 人をありのままに表現[批評]する. **7** 〔傷口などに〕〈薬液を〉塗る〔*on*〕; 〔薬液などを〕…に塗る〔*with*〕: ～ iodine *on* a cut / ～ the wound *with* iodine.
― *vi.* **1** 絵を描く: ～ in oils [water colors, Indian ink] 油絵[水彩画, 墨絵]を描く / ～ on china 陶器に絵を描く. **2** 化粧する: ～ heavily 厚化粧をする. **3** ペンキで塗る.
paint black 〖悪魔を黒く描いたことから〗〈人を〉悪く言う[評する]: He is not so *black* as he is ～*ed*. 彼は評判ほど悪い人間ではない. ***paint in*** (絵に)〈前景などを〉描き加える, 描き足す: ～ *in* the foreground. ***paint it red*** 《米俗》扇情的に書き立てる. ***paint out*** 〈落書きなどを〉ペンキで塗り消す[つぶす]. ***paint the town*** (***red***) ⇨ town 成句. ***paint up*** 〈家など〉にペンキを塗って美しくする.
― *n.* **1** (液状の)絵の具, 顔料 (pigment); 塗料, ペンキ, ペイント: a luminous [phosphorescent] ～ (硫化カルシウムから製した)発光塗料 / Wet ～. [掲示] ペンキ塗りたて《単に Paint. ともいう》/ (as) fresh as ～ みずみずしい, 健康で血色のよい / (as) smart as ～ すばらしくスマートな / (as) pretty as ～ 非常に美しい. **2** 化粧品; (特に)口紅, ルージュ (rouge): ～ and powder 紅おしろい. **3** 塗装, 着色, 彩色; 飾り (adornment), 虚飾. **4** 《略》← *paint horse*〗《米西部》(白黒の)まだら馬, 駁毛(ぶちげ)馬《pinto, paint horse, paint pony ともいう》. 「(pinto).
― *adj.* 《米西部》〈馬が〉(白黒の)まだらの, 駁毛の
páint bòx *n.* (画家などが使う)絵の具箱.
páint·brùsh *n.* **1** 絵筆, 絵の具ばけ. **2** 塗料[ペンキ]ばけ. **3** 〖植物〗**a** 米国の湿地に多いゴマノハグサ科カステラソウ属 (*Castilleja*) の草本の総称: ⇨ Indian paintbrush 1. **b** ＝orange hawkweed.
páint·ed [-tɪd, -t̬əd | -tɪd, -təd] 〖《*a*1325》〗 ― *adj.* **1** 描いた; 彩色した (colored): ～ glass [china] 着色ガラス[陶器]. **2** 絵の具[ペンキ]を塗った; 紅をつけた. **3** 《文語》人工的な (artificial), にせの, 偽りの (feigned), 虚飾的な, 空虚な, 誇張した: a ～ sepulcher ＝whited sepulcher. **4** 化粧した; (特に)厚化粧した. **5** [通例複合語の第 2 構成素として] 色彩の鮮やかな; 多色の: a brightly-*painted* butterfly.
páinted béauty *n.* 〖昆虫〗フタツメヒメアカタテハ (*Vanessa virginiensis*)《暗褐色の羽に大きな金色の斑点がある米国産タテハチョウ科のチョウ》.
páinted búnting *n.* 〖鳥類〗ゴシキノジコ (*Passerina ciris*)《米国南部およびメキシコに分布するホオジロ科の鳥; painted finch, nonpareil ともいう》.
páinted cúp *n.* 〖植物〗ゴマノハグサ科カステラソウ属 (*Castilleja*) の総称; (特に)＝Indian paintbrush 1.
Páinted Désert *n.* [the ～] 米国 Arizona 州北中部の浸食台地; 面積 19,400 km²; 露出した岩石の表面は色彩に富んでいる.
páinted fínch *n.* 〖鳥類〗＝painted bunting.
páinted lády *n.* **1** 〖昆虫〗ヒメアカタテハ (*Vanessa cardui*)《全世界に分布し, ヨーロッパでは北アフリカより大群で移動 (migrate) するので有名; 幼虫はハハコグサ, ゴボウなどキク科植物を食べる; thistle butterfly ともいう》. **2** 〖植物〗**a** ジョチュウギク (pyrethrum). **b** ＝painted trillium.
páinted pórt *n.* 〖海事〗(19 世紀中期から 20 世紀初期の間に商船に用いられた)偽装砲門《舷側に大砲の絵を描いた》.
páinted snípe *n.* 〖鳥類〗タマシギ《タマシギ科タマシギ属 (*Rostratula*) の鳥数種の総称》.
páinted tríllium *n.* 〖植物〗北米北東部産ユリ科エンレイソウ属の植物 (*Trillium undulatum*)《基部が紫紅色の白い花が咲く多年草》.
páinted túrtle *n.* 〖動物〗ニシキガメ (*Chrysemys picta*)《主として米国東部に産する色彩が美しいカメ》.
páinted wáke-ròbin *n.* 〖植物〗＝painted trillium.
páinted wóman *n.* **1** 厚化粧の女. **2** 売春婦; 乱交する女.
páint·er[1] [-t̬ə | -tə(r)] 〖《*c*1375》 □ OF *peintour* < VL **pinctōrem*＝L *pictōrem*, *pictor* painter ← *pictus* (p.p.) ← *pingere*: ⇨ paint (v.), -er[1]〗 ― *n.* **1** 画家 (artist), 絵師, 絵かき: a lady [female] ～ 女流[閨秀]画家 / a ～ in oils 油絵かき. **2** ペンキ屋: a house ～ / a ～ and decorator 塗装工. **3** 彩色[着色]者, 絵つけ師. **4** [the P-] 〖天文〗がか(画架)座 (⇨ Pictor).
páint·er[2] [péɪnt̬ə | -tə(r)] 〖《1487》 □ OF *pentoir* clothesline ← *pendre* to hang (< L *pendēre*)+-*oir* '-ORY[2]'〗 ― *n.* 〖海事〗(船の)もやい綱: a large [small] ～ 大[小]もやい綱 / ⇨ lazy painter.
cut [***slip***] ***the*** [*one's*] ***painter*** (1) もやい綱を解き放つ (set adrift). (2) 〈植民地が〉(本国との)関係を絶つ. (3) 《口語》さっさと行ってしまう, 逃げ去る (flee).
pain·ter[3] [péɪnt̬ə | -tə(r)] 〖《変形》← PANTHER〗 *n.* 《米南部》〖動物〗＝cougar.
páint·er·ly *adj.* **1 a** 画家の; ペンキ屋の; 彩色者の. **b** 画家特有の, 線より色彩を強調する. **2** 〖美術〗絵画芸術に特有の, 絵画的な. **páint·er·li·ness** *n.*
páinter's cólic *n.* 〖病理〗塗装工疝(せん)痛, 鉛(なまり)疝痛 (lead colic).
Páinter's Éasel *n.* [the ～] 〖天文〗がか(画架)座 (⇨ Pictor).
páinter-stáiner *n.* 《英》絵かき; 塗装工; 絵つけ師.
páint hòrse *n.* ＝paint *n.* 4.
páint-ìn 〖cf. teach-in〗 ― *n.* ペイントイン《荒廃した区域の様子を改善する(必要を示す)ために人々が建物などの外部をペンキで塗ったりすること; cf. sit-in, teach-in》.
páint·ing [-tɪŋ | -tɪŋ] 〖《?*a*1200》: ⇨ paint (v.), -ing[1]〗 ― *n.* **1 a** (絵の具で)絵をかくこと: a ～ room 画室 / take up ～ as a hobby 道楽に絵を始める. **b** 画法, 画業. **2** (絵の具による)絵画《油絵, 水彩画など; cf. drawing 1》: a ～ in oils [water colors] 油絵, 油彩[水彩]画 / a collection of old ～*s* 古画の収集. **3** [集合的] (様式などからみたある時代・地域の)絵画. **4 a** 彩色, 着色, (ペンキ)塗装. **b** (陶磁器の)絵付け; 紅をぬること. **5** 絵の具; ペンキ, 塗料.
páint pòny *n.* ＝paint *n.* 4.
páint·pòt *n.* ペンキ入れ.
páint pòt *n.* 〖地質〗火山地方にある泥を含む熱湯の吹き出し口.
paint·ress [péɪntrɪs, -trəs, -tres] 〖□ F *peintresse*: ⇨ painter, -ess[1]〗 *n.* 女流画家.
páint ròller *n.* 塗料[ペンキ]ローラー.
paint·y [péɪnti | -ti] *adj.* (**paint·i·er, -i·est; more ～, most ～**) **1** 絵の具の; 塗料の. **2** 〈絵など〉絵の具を塗り過ぎた; 絵の具で汚れた[だらけの]; ペンキのついた[だらけの].
pair [péə | péə(r)] 〖n.: 《*c*1250》 *peire, paire* □ (O)F *paire* < L *paria* (neut. pl.) ← *pār* equal ← IE **per* to grant, allot. ― v.: 《1603》 ← (n.)〗 ― *n.* (*pl.* ～**s**, ～) **1 a** (対をなすもの)二つ, 一対: a ～ of eyes, shoes, gloves, etc. / These stockings are not ～*s* [a ～]. この靴下はそろっていない / I have only one ～ of hands. 《口語》私には手が二つしかありません《忙し過ぎる》. **b** (対応する二部分から成るもの)一つ, 一丁, 一着(など): a ～ of compasses, scissors, spectacles, trousers, etc. ★ (1) a pair of… は単数扱い. (2) 複数詞や many, several, few などの後には今日でも単数形が用いられることもある: three ～(*s*) of shoes. **2** [通例複数扱い] 一組の男女, カップル, (特に)夫婦 (married couple), 婚約者(同士) (engaged couple): the happy ～ 新郎新婦. **3** (動物の)一つがい, 一個所につながれた二頭の馬 (team): a carriage and ～ 二頭立ての馬車. **4** (同じもの)二つ, 二人連れ: a ～ of rascals 二人組の悪党. **5** 〔対の物の〕一方, 〔靴・手袋などの〕片方

(fellow)〔*to*〕: Where is the ～ *to* this glove? この手袋の片方はどこにあるか. **6 a**《古・方言》(二つ以上のものの)組 (set): a ～ of arrows 三本組の矢 / a ～ of beads 一連の数珠(じゅず). **b**《米古・英》(階段などの)一続き (flight);《古》階 (floor): a ～ of stairs (一続きの)階段 (a flight of stairs) / a ～ of steps 段々; 脚立(きゃたつ) / up two [three] ～ of stairs 3[4]階に / ⇨ two-pair. **7**〖議会〗(欠席その他の方法である問題について)棄権を申し合わせる反対派の議員二人; その申し合わせ; その申し合わせに応じる人: I cannot find a ～. **8**〖機械〗(相互に制限されて働き合う)対偶, つがい《ピストンとシリンダー, ねじとナットなど》. **9**〖トランプ〗(ポーカーなどで)ペア《同位札 2 枚, 例えばクラブとダイヤのジャック 2 枚》: a ～ of sixes 6 の 2 枚ぞろい. **10**〖スポーツ〗二人の一組, ペア; [*pl.*] ダブルス(ゲーム). **11**〖クリケット〗=pair of spectacles (⇨ spectacle 5). **12** =pair-oar. **13**〖郵趣〗ペア《2 枚続きの切手》. **14**《卑》(形のいい)乳房.

in pairs [***a pair***] 二つ[二人]ずつ組んで. (***quite***) ***another*** [***a different***] ***pair of shoes*** [***boots***]《口語》(全く)別問題.

pair of colors [the ―]《英》〖軍事〗(連隊の護持する)「国旗と連隊旗.

pair of virginals ⇨ virginal².

― *vt.* **1** 結婚させる (match); つがわせる (mate)〔*with*〕. **2** (一)対にする, 二つ一組にする; 二つ[二人]ずつの組に分ける. **3**《米》(人種差別をなくすため)〈白人の学校と黒人の学校を〉組み合わせる. ― *vi.* **1** 一対になる, 配合する. **2** (対の)一方である[をなす]; (他のものに)見合う, つり合う. **3**〔…と〕夫婦になる, 一緒になる; つがう (mate)〔*with*〕: the ～*ing* season (鳥などの)交尾期. **4**〖議会〗反対派の一人と申し合わせて採決に加わらない (cf. unpaired 2).

pair off (*vt.*) (1)〈物を〉一対にする[して並べる];〈人を〉二人一組に分離する[並べる]. (2)《口語》〈動物を〉つがわせる. (*vi.*) (1)〈物が〉一対になる;〈人が〉二人ずつ組になる[分かれる]. (2)〔…と〕組む,《口語》〔…と〕結婚する (marry)〔*with*〕. (3)〈動物が〉つがう.

páir annihilàtion *n.*〖物理〗対消滅 (⇨ annihilation 3).

páir bònd *n.* 一雌一雄の結びつき.

páir bònding *n.* pair bond を作る行為[作った状態].

páir creàtion *n.*〖物理〗=pair production.

páired-assóciate lèarning *n.*〖教育〗対連合学習《外国語教育などで一方を覚えれば自然と他方を思い出すように互いに関連のあるような綴り字・数字・単語を対で覚えること》.

páir formàtion *n.*〖物理〗=pair production.

páir-hòrse *adj.* 二頭立ての, 二頭立て馬車用の.

pair·ing [pέ(ə)rɪŋ | pέər-] *n.*〖スポーツ〗**1** ペアリング《トーナメントで相対する二人[チーム]ずつに組み合わせること》. **2** [*pl.*] 組合わせ[取組み]表.

pairle [pέəl | pέəl]〖□F ～《変形》← ? OF *paile* mantle, pall < L *pallium* 'PALL¹'〗*n.*〖紋章〗=pall¹ 5.

páir màsts *n. pl.*〖海事〗ペアマスト《貨物船で用いられる対をなす短いマスト; cf. goal-post mast》.

páir-òar *n.* ペア《二人が各自一本のオールをこぐ二人乗りボート》. ― *adj.* =pair-oared.

páir-òared *adj.* (二人が各自一本ずつこぐ)一対のオールを備えた, ペアの.

páir prodùction *n.*〖物理〗対(つい)創成, 対発生, 対生成《高エネルギー粒子による衝突過程などで粒子とその反粒子との対が発生すること; pair creation, pair formation ともいう》.

páir róyal *n.* (*pl.* ～, **pairs r-**) 同種のもの 3 個一組 (three of a kind); (cribbage で)同位札 3 枚; 同一数を表わすさいころ 3 個(など).

pai·sa [paɪsάː]〖□Hindi *paisā*〗― *n.* **1** (*pl.* ～, ～**s**) パイサ《パキスタンの通貨単位; =$^1/_{100}$ rupee》; 1 パイサアルミ貨. **2** (*pl.* **pai·se** [-séɪ]) **a** パイサ《インド・ネパールの通貨単位; =$^1/_{100}$ rupee》; 1 パイサアルミ貨. **b** パイサ《バングラデシュの通貨単位; =$^1/_{100}$ taka》; 1 パイサアルミ貨.

pai·sa·no [paɪzάːnoʊ, -sάː- | -nəʊ]〖□Sp. ～□F *paysan* 'PEASANT'〗*n.* (*pl.* ～**s** [～z]) **1**《俗》仲間 (pal); 同国人, 同胞. **2**《米南西部》百姓, 田舎者 (rustic).

paise *n.* paisa 2 の複数形.

pais·ley, P- [péɪzli | -lɪ]〖↓〗― *n.* **1 a** ペーズリー《細かい曲線模様を織り込んだ柔らかい毛織物; スコットランドの Paisley 地方でショールなどに多く使われた》. **b** ペーズリー模様[柄]. **2** ペーズリー織物でできた製品《ショール・ドレスなど》. **3** (ペーズリー織地を模した)シルクなどのプリント. ― *adj.* ペーズリー織り[模様]の: a ～ shawl (インドの cashmere shawl を模倣した)ペーズリーショール.

Pais·ley [péɪzli | -lɪ]〖ME *Paisleth* □Gael. *paislig* □L *basilica* 'church, BASILICA': cf. MIr. *baslec* church (yard)〗― *n.* スコットランド南西部 Strathclyde 州の, Glasgow 西方の都市; 人口 96,000.

Pais·ley [péɪzli | -lɪ], **Ian** *n.* (1926–) 北アイルランドの政治家; プロテスタント系過激派の指導者.

Páis·ley·ism [-lìɪzm]〖↑〗*n.*〖キリスト教〗ペイズレイ運動《カトリックとプロテスタントの歩みよりに反対する北アイルランドの運動》.

Pai·ute [páɪ(j)uːt, ―́―]〖□N-Am.-Ind. (Shoshonean) *pah-ute*《原義》'water-UTE' ← *pah* water〗― *n.* (*pl.* ～**s**, ～) **1 a** [the ～(s)] パイウート族《米国西部の California, Nevada, Utah および Arizona の各州に住む Uto-Aztecan 系のインディアンの一部族; Southern Paiute ともいう; cf. Northern Paiute》. **b** パイウート族の人. **2** パイウート語《ショーショーニ語 (Shoshonean) 群に属する》.

pa·ja·ma [pədʒάːmə, -dʒǽmə | -dʒάːmə] *n.* =pajamas.

pa·já·maed *adj.* パジャマを着た[着けた].

pajáma pàrty *n.* =slumber party.

pa·ja·mas [pədʒάːməz, -dʒǽm- | -dʒάːm-]〖《1800》(pl.) ← Hindi *pā(e)jāma* ← Pers. *pā(e)* 'leg, FOOT'+*jāma* clothing〗― *n. pl.*《米》**1** パジャマ《ゆったりした上衣とズボンからなる寝間着やリゾートウェア;《英》では pyjamas と綴る》: a pair of ～. ★ 形容詞的用法では単数形: *pajama* trousers パジャマのズボン / a *pajama* top パジャマの上着. **2** (インド人・ペルシャ人などが着用する)ゆるいズボン.

Pak [pǽk] *n.* =Paki.

Pak.《略》Pakistan.

pa·ke·ha [pάːkəhὰː, -kiὰː, pǽkiə | pάːkɪhὰː, -kɪὰː, pǽkɪə]〖□Maori ～〗*n.* (*pl.* ～, ～**s**)《ニュージーランド》白人, (特に)白系のニュージーランド人.

pákeha Máori *n.* マオリ人として生活している白「人.

Pa·ki [pάːki, pǽki | -kɪ]〖略〗*n.*《英俗》パキスタン人 (Pakistani).

Pa·ki·stan [pæ̀kɪstǽn, pὰːkɪstάːn, -kə-, ―́―́― | pὰːkɪstάːn, pæ̀k-, -stǽn]〖《1933》←《古形》*Pakstan* ← *P(unjab)*+*A(fghan Frontier)*+*K(ashmir)*+*S(ind)*+*(Baluchis)tan*: cf. Urdu *pak* pure, holy, *stan* land〗― *n.* パキスタン《1947 年インド独立と同時に英国自治領になったイスラム教徒共和国; 1972 年インド南東側の East Pakistan は, Bangladesh として分離独立; 人口 75,280,000, 面積 803,944 km², 首都 Islamabad (以前は Rawalpindi, Karachi); 公式名 the Islamic Republic of Pakistan パキスタンイスラム共和国》.

Pa·ki·stan·i [pæ̀kɪstǽni, pὰːkɪstάːni, -kə- | pὰːkɪstάːnɪ, pæ̀k-]〖□Hindustani *Pākistānī* ← *Pākistān* 'PAKISTAN'〗*adj., n.* (*pl.* ～**s**, ～) パキスタンの(人).

pal [pǽl]〖《1681–82》□ (Eng.) Gypsy ～ = (Turk.) Gypsy *plal, pral* brother ← Skt *bhrātr̥* 'BROTHER'〗《口語》― *n.* **1 a** (通例, 男の)仲よし (chum), 仲間 (comrade): ⇨ pen pal. **b** (犯罪などの)同類, 共犯, 相棒 (accomplice). **2** =Old Pals Act.

― *vi.* (**palled**; **pal·ling**) [通例 ～ *up* として]〔…と〕親しくなる, 友だちになる; 親しくつきあう〔*with, to*〕.

PAL《略》〖電算機〗peripheral availability list;〖テレビ〗phase alternation by line パル方式《カラーテレビの一方式で, 色信号を一走査ごとに位相反転して安定化する方式; cf. NTSC》; Philippine Air Lines フィリピン航空会社 (記号 PR).

pal.《略》paleography; paleontology.

Pal.《略》Palestine.

pa·la·bra [pəlάːbrə; *Sp.* palάbra]〖《1594》□Sp. ～ 'word': cf. palaver〗*n.* (*pl.* ～**s** [～z; *Sp.* ～s]) **1** 語, 単語. **2** 話, 談話 (speech); おしゃべり (palaver).

pal·ace [pǽlɪs, -ləs]〖《*c*1300》*palais, paleis* □OF *paleis*, (F) *palais* □L *palātium* palace ← *Palātium* Palatine Hill〗― *n.* **1 a** 宮殿. **b**《英》(主教・大主教その他高官の)官邸. **2 a** 立派な邸宅, 館(やかた), 御殿. **b** (宴会・娯楽・保養用などの)豪華な建物, 大娯楽場, 殿堂, 大ホール: a movie ～ 大映画館. **3** [the ～] 宮廷[現政権]の有力者たち, 側近. **4**《英》=gin palace.

― *attrib. adj.* **1** 宮殿の, 宮殿に関する: a ～ garden. **2** 側近の: ～ politics 側近[宮殿]政治. **3** 豪華な, 贅沢な.

pálace càr *n.*〖鉄道〗(鉄道の)豪華な特別車.

pálace guàrd *n.* **1** 護衛兵; 親衛隊. **2** (国王・大統領などの)側近.

pálace revolùtion *n.* 側近[宮殿]革命《現政権の有力者によって行なわれるクーデター》.

Pa·la·cio Val·dés [pəlάːsiòʊ-vɑːldés | -siəʊ-; *Sp.* palάθjobaldés], **Ar·man·do** [armάndo] *n.* パラシオバルデス《1853–1938; スペインの小説家・批評家》.

pal·a·din [pǽlədn, -dɪn, -dən | -dɪn]〖《1592》□F ～ □It. *paladino* □L *palātīnus* 'PALATINE¹'〗― *n.* **1** (中世フランスの物語に出る) Charlemagne 宮廷の十二勇士 (douzepers) の一人 (cf. Oliver, Roland²). **2** 武者修行者, 武侠(ぶきょう)家, 義侠の士. **3** (主義・主張の)主唱[擁護]者.

pa·lae- [péɪli, pǽli | pǽlɪ, péɪlɪ] (母音の前に来る時の) palaeo- の異形 (⇨ paleo-).

Pa·lae·arc·tic [pèɪliάəktɪk, pæ̀l- | pæ̀lɪάːk-, pèɪl-] *adj.*〖生物地理〗旧北亜区[周北極地方]の (cf. holarctic 2): the ～ region 旧北亜区《動物地理学上の区分で北極地方を除くユーラシア大陸と Sahara 砂漠以北のアフリカを含む》.

pàlae·ethnólogy *n.* =paleethnology.

pa·lae·o- [péɪlio(ʊ), pǽl- | pǽlɪə(ʊ), péɪl-] =paleo-.

pàlaeo·anthrópic *adj.*〖人類学〗(ネアンデルタール人などの)旧人類の (cf. neanthropic).

pàlaeo·anthropólogy *n.* =paleoanthropology.

Pa·lae·o·cene [péɪliəsìːn, pǽl- | pǽlɪə(ʊ)-, péɪl-] *n.* =Paleocene.

pàlaeo·chronólogy *n.*〖考古〗先史年代学.

pàlaeo·enginéering *n.*〖工学〗先史工学, 古代工「学.

pàlaeo·génesis *n.*〖生物〗=palingenesis 4 a.

pàlaeo·genétic *adj.*〖生物〗原形発生[反復発生] (palingenesis) を示す.

pa·lae·og·ra·phy [pèɪliάgrəfi, pæ̀l- | pæ̀lɪɔ́grəfɪ, pèɪl-] *n.* =paleography.

Pa·lae·o·lith·ic [pèɪliəlíθɪk, pæ̀l- | pæ̀lɪə(ʊ)-, pèɪl-] *adj.*〖考古〗=Paleolithic.

pa·lae·on·tol·o·gy [pèɪliɑntάlədʒi, pæ̀l-, -liən- | pæ̀lɪɒntɔ́lədʒɪ, pèɪl-] *n.* =paleontology.

Pàlaeo·sibérian *n.*〖言語〗=Paleosiberian.

Pa·lae·o·the·ri·i·dae [pèɪlio(ʊ)θərάɪədìː, pæ̀l- | pæ̀lɪə(ʊ)θərάɪɪ-, pèɪl-]〖← NL ～ ← *Palaeotherium* (属名: ⇨ paleo-, therium-)+-IDAE〗― *n. pl.*〖動物〗(奇蹄目ウマ亜目)パラエオテリウム科.

Pa·lae·o·zo·ic, p- [pèɪliəzóʊɪk, pæ̀l- | pæ̀lɪə(ʊ)zə́ʊ-, pèɪl-] *adj., n.*〖地質〗=Paleozoic.

pa·laes·tra [pəléstrə | -lés-, -líːs-]〖《1412–20》□L ～ □Gk *palaístra* gymnasium, wrestling school ← *palaíein* to wrestle〗― *n.* (*pl.* ～**s**, **pa·laes·trae** [-triː]) **1** (古代ギリシャ・ローマの)体育場, (特に)レスリング道場. **2** 体育, (特に)レスリング. **pa·láes·tral** [-trəl] *adj.*

pal·a·fitte [pǽləfìt, -fìːt, ―́―́; *F.* palafit]〖□F ～ □It. *palafitta* ← *palo* stake (⇨ pole¹)+*fitto* fixed (⇨ fix)〗― *n.*〖考古〗杭上住宅 (pile dwelling)《湖の浅瀬に打ち並べた杭の上に建てられた古代住居; 特に, スイスや北イタリアの新石器時代の湖上住居をいう》.

pa·lag·o·nite [pəlǽgənàɪt]〖□G *Palagonit* ← *Palagonia* (Sicily 島の地名): ⇨ -ite¹〗*n.*〖岩石〗パラゴナイト《火山岩ガラスの変質物》.

pa·lais [pæléɪ; *F.* palɛ]〖□F ～ 'PALACE'〗*n.* (*pl.* ～ [～(z); F. ～], ～**es**) **1** 宮殿; 邸. ★ 主として公邸や政府の建物について使う. **2** =palais de danse.

palais de danse [-də-dάː(n)s, -dɔ́ː(n)s, -dάːns, -dɔ́ː(n)s; *F.* -dɑ̃ːs]〖□F ～《原義》dance palace〗*n.* (*pl.* ～) (広い豪華な)ダンスホール.

Pal·a·me·des [pæ̀ləmíːdiːz]〖□L *Palamēdēs* □Gk *Palamḗdēs*〗― *n.*〖ギリシャ伝説〗パラメデス《トロイ戦争 (Trojan War) の際のギリシャ側の知将; 度量衡とさい (die) の発明者》.

pal·an·quin [pæ̀lənkíːn, -kwín, pəlǽŋkwɪn, -kwən | pæ̀lənkíːn]〖□Port. *palanquim* □Jav. *pĕlaṅki* ← Skt *palyaṅka, paryaṅka* couch, bed〗(*also* **pal·an·keen** [pæ̀lənkíːn]) ― *n.* パランキーン《中国・インドで用いた一人乗りの駕籠(かご); 4 人[6 人]でかつぐ》: *in* a ～ / *by* ～. ― *vi.* パランキーンで旅行する.

palanquin 1

pal·at·a·ble [pǽlətəbl, -lɪt- | -tə-]〖《1669》← PALATE +-ABLE〗― *adj.* **1** 〈食物など〉口に合う, おいしい, 味のよい (savory): a ～ lunch. **2** 趣味にかなう, 気分に合う, 心地よい (pleasing). **pàl·at·a·bíl·i·ty** [-təbíləti | -təbílɪtɪ, -tɪ-] *n.* **pál·at·a·bly** *adv.* **～·ness** *n.*

pal·a·tal [pǽlətl | pǽlətl, pəléɪ-]〖《1828–32》□F ～ ← L *palātum* 'PALATE': ⇨ -al¹〗― *adj.* **1**〖解剖〗口蓋(こうがい)の. **2**〖音声〗(硬)口蓋音の: ～ consonants (硬)口蓋子音. ― *n.* **1**〖解剖〗口蓋骨. **2**〖音声〗(硬)口蓋音《硬口蓋と前舌面とで調音される音; [j], [ç], [ɲ], [ʎ], [i] など》. **～·ly** *adv.*

pál·a·tal·ism [-lìzm]〖⇨↑, -ism〗*n.*〖音声〗(硬)口蓋音性.

pal·a·tal·i·ty [pæ̀lətǽləti | -lətɪ, -lɪ-] *n.*〖音声〗=palatalism.

pal·a·tal·i·za·tion [pæ̀lətəlɪzéɪʃən, -lə-, -tḷ- | pæ̀lətəlaɪ-, pəlæ̀t-, pəlèɪt-, -təlɪ-, -tḷ-] *n.*〖音声〗(硬)口蓋(こうがい)(音)化《日本語の [i] の前の [p], [b], [m] 等にみられるように, ある子音の調音と同時に前舌面が硬口蓋に向かってもち上がる現象》.

pal·a·tal·ize [pǽlətəlàɪz, -tḷ- | pǽlətəl-, pəlǽt-, pəléɪt-, -tḷ-] *vt.*〖音声〗(硬)口蓋(こうがい)(音)化する (cf. velarize).

pál·a·tal·ìzed *adj.*〖音声〗(硬)口蓋(こうがい)(音)化した.

pal·ate [pǽlət, -lɪt]〖n.: 《*c*1390》*palat, palet* □L *palātum* ← ?. ― v.: 《1601》← (n.)〗― *n.* **1**〖解剖〗口蓋(こうがい), 上あご; 硬口蓋 (hard palate): an artificial ～ (口蓋裂治療用の)人工口蓋 / a false ～〖音声〗人工口蓋《実験音声学で舌の口蓋への接触部分を調べるのに用いる》/ the soft ～ 軟口蓋 / ⇨ cleft palate. **2** 味覚, 味感, (食物・味に対する)鑑識力; 好み (taste); 審美眼 (aesthetic taste): have a delicate ～ *for* foods 食べ物の好みがむずかしい / suit a person's ～ 口[好み]に合う.

pálate bòne *n.*〖解剖〗=palatine bone.

palatia *n.* palatium の複数形.

pa·la·tial [pəléɪʃəl | -ʃəl, -ʃɪəl]〖《1754》← L *palātium* 'PALACE'+-AL¹〗― *adj.* **1** 〈建物など〉宮殿の(ような). **2** 豪華な, 壮麗な, 広壮な, 堂々たる, 広大な. **～·ly** *adv.* **～·ness** *n.*

pa·lat·i·nate [pəlǽtənət, -nɪt, -nèɪt, -tn- | -tɪn-]〖⇨↓, -ate¹〗― *n.* **1** 宮中伯領[位, 職]. **2** [the P-] プファルツ《ドイツ語名 Pfalz》: **a** (昔の)ドイツ帝国内のライン川沿岸の一国; 通例選帝侯の一人であった count palatine が支配した; Rhine Palatinate ともいう. **b** (今の)西ドイツ Rhineland-Palatinate 州の一地方. **3** [P-] プファルツの住民. **4**《英》(Durham 大学の校色の)薄紫色, ラベンダー色; 薄紫色のブレザーコート.

pal·a·tine¹ [pǽlətàɪn]〖《1436》□(O)F ～ □L *palātinus* (adj.) belonging to the palace, (n.) palace officer ← *Palātium* Palatine Hill: ⇨ palace〗― *adj.* **1** 宮殿の(ような) (palatial). **2** 宮中伯(領)の, 自領内で王権の一部の行使を許された, 王権に等しい権限を持つ. **3** [P-] プファルツ (Palatinate) の. ― *n.* **1** 宮中伯, 王権伯《昔ドイツや英国で国王と同等の特権

を有していた領主): ⇨ count palatine, county palatine. **2** (フランク王国の)大宰相; (古代ローマの)宮内官; (後期ローマ帝国の)高官. **3** [*pl.*] (後期ローマ帝国の)野戦軍主力. **4** プファルツ (Palatinate) の住民. **5** [the P-] =Palatine Hill. **6** パラチン《17 世紀フランスで着られた毛皮などの短いケープ・ストール》.

pal·a·tine[2] [pǽlətàɪn] 〘(1656) ▭ F *palatin* ← L *palātum* ʻPALATEʼ: ⇨ -ine[1]〙 ― *adj.* 口蓋(こうがい)の, 上あごの (palatal). ― *n.* 〘解剖〙口蓋骨 (palatine bone).

pálatine bóne *n.* 〘解剖〙口蓋(こうがい)骨.

pálatine cánal *n.* 〘解剖〙口蓋管.

Pálatine eléctorate *n.* (ドイツの)プファルツ選帝侯領.

Pálatine Híll 〘(なぞり) ← L *Mons Palatinus*; cf. palatine[1]〙 ― *n.* [the ~] パラティヌスの丘《ローマの七丘 (Seven Hills) の中央の丘; その上にローマ最古の都市が築かれた》.

pálatine nérve *n.* 〘解剖〙口蓋神経.

pálatine súture *n.* 〘解剖〙口蓋縫線.

pálatine tónsil *n.* 〘解剖〙口蓋扁桃(へんとう).

pa·la·ti·um [pəléɪʃiəm, -ʃəm, -láːtiùm | -ʃɪəm, -ʃəm, -láːtiùm] 〘▭ L *palātium* ʻPALACEʼ〙 ― *n.* (*pl.* **-ti·a** [-ʃiə, -ʃə, -tiə | -ʃɪə, -ʃə, -tɪə]) (特に, 古代ローマ皇帝の)宮殿.

pal·a·to- [pǽlətoʊ | -tə(ʊ)] 〘← L *palāt-um* ʻPALATEʼ〙「口蓋(こうがい); 口蓋と…との」の意の連結形: *palato*dental.

pàlato·alvéolar *adj., n.* 〘音声〙(硬)口蓋歯茎音(の).

pal·a·to·gram [pǽlətəgræ̀m | pǽlətə(ʊ)-, pəlǽt-] *n.* 〘音声〙口蓋(こうがい)図《子音を発音する際に人工口蓋に残る舌の接触部分の図》.

Pa·láu Íslands [pəláʊ-] *n. pl.* [the ~] パラオ諸島《太平洋の Caroline 諸島の西部諸島で約百個の群島から成る; もと日本の委任統治下, 第二次大戦後は米国の信託統治下にあり, 1981 年自治政府ができて, ベラウ共和国 (the Republic of Belau) となる》.

pa·lav·er [pəlǽvə, -láːvə | -láːvə(r] 〘(1733) ▭ Port. *palavra* word < L *parabolam* ʻPARABLEʼ: cf. parole〙 ― *n.* **1** 《古》(特に, 19 世紀のアフリカの原住民とヨーロッパ商人または旅行者との)ちぐはぐな話合い, 交渉 (parley); 掛け合い, 商議, 談合 (conference). **2** 漫談, (さかんな)おしゃべり (chatter); 巧みな話, 甘言; おべっか (flattery): use ~ to …におべっかを使う. **3** 《俗》事, 用事 (affair).
― *vt.* うまいことを言う, 口車に乗せる (cajole), 〈人〉におべっかを言う (flatter). ― *vi.* 長々とおしゃべりをする, むだ話する; 商議する.

Pa·la·wan [pəláːwən, -wɑːn] *n.* パラワン(島)《フィリピン南西部の一島; 人口 280,000, 面積 11,785 km², 首都 Puerto Princesa [pwɛ́ətoʊ prɪnsésə | pwɛ́ətəʊ]》.

pa·laz·zo [pəláːtsoʊ | -tsəʊ; *It.* paláttso] 〘▭ It. ~ ▭ L *palātium* ʻPALACEʼ〙 ― *It. n.* (*pl.* **pa·laz·zi** [-tsiː; *It.* -ttsi]) パラッツォ《イタリアの中世からルネサンスにかけての広壮な貴族の邸宅》; 宮殿, 殿堂.

Palázzo Chí·gi [-kíːdʒiː; *It.* -kíːdʒi] 〘It. ~ ʻPalace Chigiʼ〙 *n.* [the ~] キージ宮《イタリア外務省》.

palázzo pajámas 〘「広々とした *palazzo* ではくのにふさわしいほど幅広な」の意〙 ― *n. pl.* パラッツォパジャマ《ゆったりした幅の広いズボンとジャケット[ブラウス]とを組み合わせた女性のセミフォーマルな服装; lounge wear ともいう》. 「pajamas).

palázzo pánts *n. pl.* パラッツォパンツ (⇨ palazzo

pale[1] [péɪl] 〘adj.: (*a*1325) ▭ OF ~ (F *pâle*) ▭ L *pallidum* pale (cf. pallid) ← IE **pel-* pale (Gk *peliós* livid). ― v.: (?*c*1380) ▭ OF *pal-ir* (F *pâlir*) ← *pale*〙 ― *adj.* (**pal·er; pal·est**) **1** 〈人・顔が〉血の気のうせた, 青白い, 青ざめた (wan): a ~ complexion 青ざめた顔色 / (as) ~ as death まるで死人のような青い顔をして / ~ with fright 驚いて真青になって / look ~ 顔色が悪い / turn ~ 青ざめる. **2** 〈色が〉薄い, 淡い (↔ dark)《★ どの色についても言えるが a pale red だけは言えない》; 〈酒が〉色の薄い: a ~ green 薄緑色 / ~ ale ⇨ ale 1 a / ~ sherry 薄色のシェリー酒《通例, 辛口》. **3** 〈光が〉薄暗い, かすかな, おぼろな (dim): a ~ moon. **4** 弱い, かすかな, 微弱な, 活気のない (faint). ― *vt.* 青ざめさせる; 薄くする, ほの暗くする. ― *vi.* 〈人・顔が〉青ざめる; 〈色・光などが〉薄く[淡く]なる; ほの暗くなる: ~ beside [before] …と比べると顔色がない[光を失う, 見劣りがする] / ~ *into* insignificance 存在が薄くなる, 意義がなくなる. **~·ly** [péɪlli | -ɪli] *adv.* **~·ness** *n.*

pale[2] [péɪl] 〘n.: (*a*1338) ▭ (O)F *pal* < L *pālum* stake: POLE[1] と二重語. ― v.: (*a*1338) ▭ (O)F *paler* ← *pal* (n.)〙 ― *n.* **1** (柵(さく)に用いる先の尖った)くい (stake). **2** 《古》柵 (fence). **3** [通例 the ~] 境界, 範囲 (boundary); 境内 (bounds); 一定区域, 領域: within *the* ~ of the shrine 神社の境内で / within [out of, outside, beyond] *the* ~ of …の範囲内[外]に / beyond *the* ~ (礼儀などの)範囲を越えた; 身のほどをわきまえない, もってのほかの. **4** 〘紋章〙ペイル《盾の中央約 ⅓ 幅の縦帯; ⇨ heraldry 挿絵 C》. **5** [the P-] ペイル《中世以後英国治下に加えられたアイルランドの東部地方; 正式には English Pale という》. **6** [the P-] (ロシアの)ユダヤ人強制集住地域. **7** 〘造船〙仮柱《造船の途中において甲板梁を一時的にその中央で支える柱》. **8** 〘植物〙禾穀(かこく)類の穎(えい).
in pale 〘紋章〙(1) 〈二つ以上の意匠が〉縦列をなす. (2) 〈一つの意匠が〉直立した. *party per pale* 〘紋章〙〈盾を〉縦に二分した (⇨ heraldry 挿絵).
― *vt.* **1** くいで囲む, …に垣[柵]をする (fence). **2** 取り巻く, 囲む (encircle). 「paleo- の異形.

pa·le- [péɪli, pǽli | pǽli, péɪli] (母音の前に来る時の)

pa·le·a [péɪliə | -lɪə, -ljə] 〘← NL ~ ← L ʻchaffʼ: cf. pallet[1], paillasse〙 ― *n.* (*pl.* **pa·le·ae** [-lìiː, -lìaɪ | -lìː, -lìaɪ]) 〘植物〙 **1** (イネ科の花の)内花穎(えい). **2** =pale[2] 8. **pá·le·al** [-liəl | -lɪəl] *adj.* **pa·le·a·ceous** [pèɪliéɪʃəs | -lɪ-] *adj.*

Pa·le·arc·tic [pèɪliáəktɪk, pæ̀l- | pæ̀lɪáːk-, pèɪl-] *adj.* 〘生物地理〙=Palaearctic.

pále corýdalis *n.* 〘植物〙北米産ケシ科ヤブケマン属の一年草または二年草 (*Corydalis sempervirens*)《黄色の縁取りのある桃色の花をつける; pink corydalis ともいう》.

paled *adj.* 柵(さく)をめぐらした, くいで囲った (fenced).

pàle·encéphalon 〘← NL ~: ⇨ paleo-, encephalon〙 *n.* 〘解剖〙旧脳《大脳皮質を除く全脳》.

pàle·ethnólogy *n.* 先史民族学. **pàle·ethnológic** *adj.* **pàle·ethnológical** *adj.* **pàle·ethnólogist** *n.*

pále-éyed *adj.* 目のどんよりした, 目に光のない.

pále·fàce *n.* 《戯言・軽蔑》白人 (white man)《アメリカインディアンが用いたといわれる呼称; cf. redskin》.

pále·fàced *adj.* 〈人が〉青白い顔をした: a ~ girl.

pále-héarted *adj.* 臆病な, 腰抜けの (cowardly).

Pále Hórse 〘cf. *Rev.* 6:8〙 *n.* [the ~] 《文学・聖書》青ざめた馬《死神の象徴》.

Pa·lem·bang [pɑ̀ːləmbáːŋ] *n.* パレンバン《インドネシア, Sumatra 島南東部の都市; 人口 583,000》.

Pa·len·que [pəléŋkeɪ] *n.* パレンケ《メキシコ Tabasco 州にある Maya 人の古都; 宗教的中心であった》.

pa·le·o- [péɪlioʊ, pǽl- | pǽlɪə(ʊ), péɪl-] 〘▭ Gk *palaio-* ← *palaiós* ancient, old〙 ― 《米》「古, 旧, 原始」の意の連結形: *Paleo*zoic, *Paleo*lithic. ★ 母音の前では通例 pale- になる.

pàleo·anthrópic *adj.* =palaeoanthropic.

pàleo·anthropólogy *n.* 古人類学《古代・化石時代の人類の研究》.

Pàleo-Asiátic *n.* **1** 古アジア族の人. **2** 〘言語〙旧アジア諸言語, 旧シベリア諸言語《シベリアの北部と東部の原住民の話す諸言語; Paleosiberian ともいう》. ― *adj.* 〘言語〙旧アジア[シベリア]諸言語の.

pàleo·biochémistry *n.* 〘古生物〙古生化学《化石になった動植物の生化学的成分を取扱う古生物学》.

pàleo·biólogist *n.* 純古生物学者.

pàleo·biólogy *n.* 純古生物学《化石動植物の発生・生態・遺伝・進化などを扱う; cf. paleontology》. **pàleo·biológic** *adj.* **pàleo·biológical** *adj.*

pàleo·bótanist *n.* 古植物学者.

pàleo·bótany *n.* 古植物学《地層内に化石として存在する植物を研究する学問》. **pàleo·botánic** *adj.* **pàleo·botánical** *adj.*

Pa·le·o·cene [péɪliəsìːn, pǽl- | pǽlɪə(ʊ)-, péɪl-] 〘← PALEO- + -CENE〙〘地質〙 ― *adj.* 暁新世[統]の: the ~ epoch [series] 暁新世[統]《第三紀の最古期》. ― *n.* [the ~] 暁新世[統] (cf. Eocene, Oligocene, Miocene, Pliocene).

pàleo·chronólogy *n.* =palaeochronology.

pàleo·clímate *n.* 古気候《先史時代の気候》.

pàleo·climatólogy *n.* 古気候学.

pàleo·ecólogy *n.* 古生態学. **pàleo·ecológical** *adj.* **pàleo·ecológic** *adj.* **pàleo·ecólogist** *n.*

pàleo·encéphalon *n.* 〘解剖〙=paleencephalon.

pàleo·enginéering *n.* =palaeoengineering.

pàleo·entomólogy *n.* 化石昆虫学.

pàleo·environméntal *adj.* 先史時代の環境に関する.

Pa·le·o·gene [péɪliədʒìːn, pǽl- | pǽlɪə(ʊ)-, péɪl-] 〘▭ G *Paläogen*: ⇨ paleo-, -gen〙〘地質〙 ― *adj.* (新生代初期の)古第三紀の (cf. Neogene): the ~ period [system] 古第三紀[系]. ― *n.* [the ~] 古第三紀.

pàleo·génesis *n.* 〘生物〙=palingenesis 4 a.

pàleo·genétics *n.* 古遺伝学《化石になった動植物の遺伝の研究》.

pàleo·geógraphy *n.* 古地理学《洪積世ないしそれ以前の気候・地形・地質などを研究する学問》. **pàleo·geográphic** *adj.* **pàleo·geográphical** *adj.* **pàleo·geográphically** *adv.*

pàleo·geólogy *n.* 古代地質学《ある特定の地質時代に陸上に分布している岩石の種類・分布などを調べる地質学の一分野》. **pàleo·geológic** *adj.*

pàleo·geomorphólogy *n.* 〘地質〙古地形学.

pàleo·geophýsics *n.* 古地球物理学.

pa·le·o·graph [péɪliəgræ̀f, pǽl- | péɪlɪəgrɑ̀ːf, pǽl-, -græ̀f] *n.* 古文書(こもんじょ) (ancient manuscript).

pa·le·og·ra·pher [pèɪliáɡrəfə, pæ̀l- | pæ̀lɪɔ́grəfə(r, pèɪl-] *n.* 古文書学者.

pa·le·og·ra·phy [pèɪliáɡrəfi, pæ̀li- | pæ̀lɪɔ́grəfɪ, pèɪl-] 〘(1818) ▭ F *paléographie* ← NL *palaeographia*: ⇨ paleo-, -graphy〙 ― *n.* **1** 古文書(こもんじょ)学《古代・中世の歴史・文学的写本の特徴を研究し, 書記法などを明らかにする; cf. diplomatics》. **2** 古字体; 古文書. **pa·le·o·graph·ic** [pèɪliəgrǽfɪk, pæ̀l- | pæ̀lɪ-, pèɪl-] *adj.* **pà·le·o·gráph·i·cal** *adj.*

pàleo·ichthyólogist *n.* 化石魚類学者《化石の魚を研究する魚類学者》.

pàleo·limnólogy *n.* 古陸水学《湖沼堆積物の研究から過去の気候変化などを論じる》.

pa·le·o·lith [péɪliəlɪθ, pǽl- | pǽlɪə(ʊ)-, péɪl-] 〘← PALEO- + -LITH〙 *n.* 旧石器.

Pa·le·o·lith·ic [pèɪliəlíθɪk, pæ̀li- | pæ̀lɪə(ʊ)-, pèɪl-] 〘(1865) ← PALEO- + -LITHIC〙 ― *adj.* [時に p-] 〘考古〙旧石器時代の (cf. Mesolithic, Neolithic): the ~ era 旧石器時代《地質時代の洪積世に属する人類文化最古の時代; 粗製の打器から進んで精製の刃器や骨角器をも用い, 彫刻や洞窟壁画も残している; 次の時代に細分される: Abbevillian (or Chellean), Acheulean, Mousterian, Aurignacian, Solutrean, Magdalenian》/ a ~ man 旧石器時代人《Pithecanthropus, Neanderthal など》.

pa·le·ol·o·gy [pèɪliáləʤi, pæ̀l- | pæ̀lɪɔ́ləʤɪ, pèɪl-] 〘← PALEO- + -LOGY〙 *n.* 古代[先史時代]の文化の研究[知識]; 古代学.

pàleo·mágnetism *n.* **1** 古地磁気《古い岩石に含まれた残留磁気》. **2** 古地磁気学. **pàleo·magnétic** *adj.* **pàleo·magnétically** *adv.* **pàleo·mágnetist** *n.*

paleont. 《略》paleontology.

pa·le·on·tog·ra·phy [pèɪliɑntágrəfi, pæ̀l- | pæ̀lɪɔntɔ́grəfɪ, pèɪl-] 〘▭ F *paléontographie*: ⇨ paleo-, onto-, -graphy〙 ― *n.* 古生物誌, 記述古生物学. **pà·le·on·to·gráph·i·cal** [-ɑ̀ntəgrǽfɪkəl, -fə- | -ɔ̀ntəgrǽfɪ-] *adj.*

pa·le·on·tol·o·gy [pèɪliɑntáləʤi, pæ̀li-, -liən- | pæ̀lɪɔntɔ́ləʤɪ, pèɪl-] 〘(1838) ▭ F *paléontologie*: ⇨ pale-, ontology〙 ― *n.* 古生物学《化石動植物の構造・分類上の位置・系統・分布などを扱う; cf. paleobiology; ↔ neontology》. **pà·le·on·to·lóg·i·cal** [-ɑ̀ntəlɑ́ʤɪkəl, -ʤə- | -ɔ̀ntəlɔ́ʤɪ-] *adj.* **pà·le·on·to·lóg·ic** *adj.* **pà·le·on·tól·o·gist** [-ʤɪst, -ʤəst | -ʤɪst] *n.*

pàleo·pathólogy *n.* 古病理学《化石生物の病理現象の研究》.

pàleo·pedólogy *n.* 古土壌学《古代[地質時代]の土壌を研究する学問》.

pàleo·psýchic *adj.* 古代[原始]心理学の.

pàleo·psychólogy *n.* 古代心理学, 原始心理学.

Pàleo·sibérian *n.* 〘言語〙=Paleo-Asiatic 2.

pàleo·témperature *n.* 古気温《化石推積物の化学成分の測定と分析によって得られた地質時代の海の気温状態》.

pàleo·trópical *adj.* 〘生物地理〙旧熱帯区の.

Pa·le·o·zo·ic [pèɪliəzóʊɪk, pæ̀l- | pæ̀lɪə(ʊ)zə́ʊ-, pèɪl-] 〘(1838) ← PALEO- + -ZOIC[2]〙〘地質〙 ― *adj.* 古生代の: the ~ era 古生代. ― *n.* [the ~] **1** 古生代《原生代 (Proterozoic) に続く地質年代で, Cambrian period (カンブリア紀), Ordovician period (オルドビス紀), Silurian period (シルリア紀), Devonian period (デボン紀), Carboniferous period (石炭紀), Permian period (二畳紀)を含む》. **2** 古生代の地層.

pàleo·zoogeógraphy *n.* 古動物地理学.

pàleo·zoólogy 〘▭ F *paléozoologie*: ⇨ paleo-, zoology〙 *n.* 古動物学. **pàleo·zoológical** *adj.*

Pa·ler·mo [pəlɛ́əmoʊ, -lɜ́ː- | -lɜ́ːməʊ, -lɛ́ə-; *It.* palɛ́rmo] *n.* パレルモ《イタリア Sicily 島北西部の港市で首都; 人口 662,000》.

Pa·les [péɪliːz] 〘▭ L *Palēs* (cf. *Palātium* Palatine Hill): ⇨ palace〙 *n.* 〘ローマ神話〙パレース《牧羊の女神》.

Pal·es·tine [pǽlɪstàɪn, -ləs-, -stìːn | -lɪs-, -ləs-, -les-] 〘▭ F ~ ▭ L *Palaestina* ▭ Gk *Palaistínē* ▭ Heb. *Pᵉléšeth* Philistia, land of the Philistines: ⇨ Philistine〙 ― *n.* パレスチナ《歴史的には Syria の南部の地中海に面する地方; 第一次大戦後英国の委任統治のもとで Jordan 川以西をさすようになった; 1948 年その一部にイスラエルが建国した; ユダヤ人の故郷であり the Holy Land とも Promised Land とも呼ばれ, 聖書でいう Canaan の地; Zionism および Israel では Eretz [ɛ́(ə)rets | ɛ́ər-] Israel (=Land of Israel) と呼ぶ》.

Pal·es·tin·i·an [pæ̀lɪstíniən, -ləs-, -njən | -lestínɪən, -lɪs-, -ləs-, -njən] *adj.* **1** パレスチナ (Palestine) の. **2** パレスチナ解放主義の. ― *n.* **1** パレスチナ人. **2** パレスチナ解放主義者.

pa·les·tra [pəléstrə | -lés-, -líːs-] *n.* (*pl.* **~s, pa·les·trae** [-triː]) =palaestra.

Pal·es·tri·na [pæ̀ləstríːnə, -ləs- | -les-, -lɪs-, -ləs-; *It.* palestríːna], **Gio·van·ni Pier·lui·gi da** [dʒovánni pjɛrluíːdʒi da] *n.* パレストリーナ《1525?–94; イタリアの宗教声楽曲作曲家》.

pa·let [peɪlét, pǽlɪt, -lət] 〘← L *palea* chaff + -ET〙 *n.* 〘植物〙=palea.

pal·e·tot [pǽlətòʊ, pǽltoʊ | pǽltəʊ; *F.* palto] 〘(1840) ▭ F ~ ← MF *paltoc* ▭ ME *paltok* ← ? *pal* ▭ L *pallium* cloak〙 ― *n.* **1** パルト《ゆるやかな外套》. **2** パルト: **a** 男性用のぴったりした外套. **b** 腰当て (bustle) またはクリノリン (crinoline) 付きの服の上に着る 19 世紀の婦人用のぴったりした上着.

paletot 2 b

pal·ette [pǽlɪt, -lɪt, -lət, -let] 〘(1622) ▭ F ~ ʻsmall shovelʼ (dim.) ← *pale* spade, shovel < L *pālam*: cf. L *pālus* ʻstake, PALE[2]ʼ: ⇨ -ette〙 ― *n.* **1** (画家の用いる)パレット, 調色板; (同様の目的に供した, ガラス・テーブルの上面などの)平らな表面. **2** (特定の画家が用いる)絵の具の(色彩)範囲[種類], (一そろいの)絵の具. **3** (金工用)胸当て (breastplate). **4** 〖甲冑〗(腋の下の隙間を防ぐ)腋の下当て(rondel). **5** 〖考古〗(古代エジプトの)パレット, 化粧板《目の周囲に塗る顔料を磨(す)る石板》. **～·lìke** *adj.*

pálette knìfe *n.* **1** パレットナイフ《パレット上で絵の具の調合用に用いる》. **2** パレットナイフ形の調理器具.

pále·wàys *adv.* 〖紋章〗=palewise.

pále wéstern cùtworm *n.* 〖昆虫〗ヨトウムシ(夜盗虫)の一種《カブラヤガの一種 *Agrotis orthogonia* の幼虫; 北米中部で穀物の害虫》.

pále·wìse 〖← PALE²+-WISE〗 *adv.* 〖紋章〗縦に, 縦の方向に.

Pa·ley [péɪli|-li], **William** *n.* (1743–1805) 英国の神学者・哲学者; *Moral and Political Philosophy* (1785).

pal·frey [pɔ́ːlfri | pɔ́ːlfri, pɔ́l-] 〖? lateOE *palefrai* ▭ OF *palefrei* < ML *palefrēdum*=LL *paraverēdus* ← Gk *pará* beside+L *verēdus* light horse (← Celt. (Welsh *gorwydd* horse / OIr. *riadaim* I ride)): ⇨ para-¹, ride〗 **—** *n.* 《古・詩》(軍馬と区別して)乗用馬 (riding horse); (特に)婦人用乗用馬 (woman's saddle horse).

pal·grave [pɔ́ːlgreɪv] *n.* =count palatine 1.

Pal·grave [pɔ́ːlgreɪv, pǽl-], **Francis Turner** *n.* (1824–97) 英国の批評家・詩人; Tennyson の友人; *The Golden Treasury of Songs and Lyrics* (1861, 1896) の編集者.

Pa·li [pɑ́ːli | -li] 〖《1800》▭ Skt *Pāli* 《略》← *pāli-bhāṣā* canon language ← *pāli* row, series (of Buddhist sacred texts)+*bhāṣā* language〗 **—** *n.* パーリ語《古代インドの Prakrit 語の一種; この語で小乗仏教経典が書かれている》.

pal·i- [pǽli, -lə | -li] 〖← Gk *pálin* again〗「病的反復」の意を表わす連結形.

Páli Cánon *n.* 〖仏教〗パーリ語聖典《三蔵》.

pal·i·kar [pǽləkɑ̀ə | -lɪkɑ̀ː(r)] 〖《1812》▭ Mod.Gk *pali-kár-i* boy (dim.) ← Gk *pállax* youth〗 *n.* (特に, 対トルコ独立戦争 (1821–28) 時の)ギリシャ国民兵.

pal·imp·sest [pǽlɪm(p)sèst, -ləm(p)-, pəlím(p)səst | pǽlɪm(p)sèst] 〖《1661》▭ L *palimpsest-us* ▭ Gk *palím-psēstos* scraped again ← *pálin* again+*psēstós* ← *psēn* to rub smooth: cf. pali-〗 **—** *n.* **1** パリンプセスト《最初書かれた一部または全部の文字を消してその上に別の文を書いたもの; 羊皮紙は高価であったので, 時々このように使われた》. **2** 裏面にもさらに文字を刻記した黄銅記念標. **—** *adj.* **1** 〈文書が〉最初書かれた一部または全部の文字を消した上に書かれた. **2** 〈黄銅の記念標が〉裏面にも文字を刻まれた.

pal·in·drome [pǽlɪndròum, -lən- | -lɪndrəum] 〖《*c*1629》▭ Gk *palíndrom-os* running back ← *pálin* again+-DROME: cf. pali-〗 **—** *n.* **1** 回文《前後いずれから読んでも同じ語句[詩行]; 例: eye / Madam, I'm Adam. / Able was I ere I saw Elba; cf.「たけやがやけた」; cf. ananym》. **2** 回文的数, 回同数《13531 のように逆にしても値の変らない数》. **—** *adj.* 〈語句など〉前から読んでも後から読んでも同じの. **pal·in·drom·ic** [pæ̀lɪndrɑ́mɪk, -lən-, -dróum- | -lɪndrɔ́m-, -dráum-] *adj.*

pál·ing [-lɪŋ] 〖ME: ⇨ pale² (v.), -ing¹〗 **—** *n.* **1** くい (pale) をめぐらすこと. **2** (柵(さく)などの先の尖った)くい; [集合的] くい (pales). **3** (くいで作った)囲い, 柵 (fence of pales).

páling bòard *n.* 背板 (slab).

pal·in·gen·e·sis [pæ̀lɪndʒénəsɪs, -lən-, -səs | -lɪn-dʒénɪsɪs] 〖▭ ML ～: ⇨ pali-, genesis〗 **—** *n.* **1** 〖哲学〗新生 (rebirth), 再生 (resurrection); 転生, 輪廻(りんね) (metempsychosis). **2** 洗礼 (baptism). **3** (一般的に)再生, 復活. **4** 〖生物〗**a** 原形発生, 反復発生《ある生物の個体発生で, 個体全体あるいは一定の原基の発生過程がその生物の祖先形の個体発生の過程と一致すること; paleogenesis ともいう; cf. cenogenesis》. **b** 《廃》自然発生《腐敗有機物から生物が自然に発生するという説》. **5** 〖地質〗再生(作用), パリンジェネシス (⇨ anatexis). **pal·in·ge·net·ic** [pæ̀lɪndʒənétɪk, -lən-, -dʒə- | -lɪndʒɪnét-] *adj.* **pàl·in·ge·nét·i·cal·ly** *adv.*

pàl·in·gén·e·sist [-sɪst, -səst | -sɪst] *n.* 再生[輪廻]論者; 原形[反復]発生論者.

pal·in·ode [pǽlənòud | -lɪnəud] 〖《1599》▭ LL *palin-ōdia* ▭ Gk *palinōidía* ← *pálin* again+*ōidé* song〗 **—** *n.* **1** パリノード, 改詠詩《前に書いた詩の内容を取り消す詩》. **2** 言変え; (特に, 正式の)取消し, 変改 (recantation). **pál·in·òd·ist** [-dɪst, -dəst | -dɪst] *n.*

Pal·i·nu·ri·dae [pæ̀lən(j)ú(ə)rədìː | -lɪnjúərɪ-] 〖← NL ← L *Palinūrus* (属名: Virgil の *Æneid* 中の就寝中海中に落ちたという Æneas の舵手の名から)+-IDAE〗 **—** *n. pl.* 〖動物〗イセエビ科.

pal·i·sade [pæ̀ləséɪd, ⸗⸗⸗ | -lɪ-] 〖▭ F *palissade* ← *palisser* to fence with pales ← *palis* paling ← L *pālus* 'PALE²'〗 **—** *n.* **1** (防衛のためくいを立て並べて作った)柵(さく), 矢来(やらい). **2** くい (pale, stake). **3** [*pl.*] 《米》(川辺などの)岩壁, 絶壁 (cf. Palisades). **—** *vt.* …に柵[矢来]をめぐらす, くいを打ちめぐらす.

pálisade céll *n.* 〖植物〗柵(さく)状細胞.

palisáde parénchyma *n.* 〖植物〗柵(さく)状組織.

Pal·i·sades [pæ̀ləséɪdz, ⸗⸗⸗ | -lɪ-] *n. pl.* [the ～] 米国 New York 州南東部と New Jersey 州北東部, Hudson 川下流の西岸に沿って標高 60–168 m で 68 km にわたる岩壁; 一部はパリセイド州立公園 (Palisades Interstate Park) に含まれる.

pal·i·sá·do crówn [pæ̀ləséɪdou- | -lɪséɪdəu-] *n.* 〖紋章〗=crown vallary.

pal·i·san·der [pǽləsæ̀ndə, ⸗⸗⸗ | pæ̀lɪsǽndə(r)] 〖▭ F *palisandre* ← ? Carib. 《土語》〗 *n.* 〖植物〗ブラジルシタン (⇨ Brazilian rosewood).

pál·ish [-lɪʃ] 〖《*a*1398》: ⇨ pale¹, -ish¹〗 *adj.* 少し青ざめた, 青白い.

Pa·lis·sy [pəlɪsí; *F.* palisi], **Bernard** *n.* パリシー (1510?–89; フランスの最も著名な発明家・地質学者・博物学者の一人で, 特に陶器製作家として有名).

pal·kee [pɑ́ːlki | -kɪ] 〖▭ Hindi *pālkī* ← Skt *palyaṅka*, *paryaṅka* bed: cf. palanquin〗 *n.* 《インド》=palanquin.

pálkee ghárry *n.* (インドの palanquin に似た)馬車, 車.

pal·ki [pɑ́ːlki | -ki] *n.* 《インド》=palkee.

pall¹ [pɔ́ːl] 〖OE *pæll* ▭ L *pall-ium* 'cloak, PALLIUM': cf. L *palla* robe, mantle〗 **—** *n.* **1** 棺衣, 墓おおい《通例黒・紫または白のビロード》. **2** 〖キリスト教〗**a** 聖杯蓋(がい). **b** (教皇・大司教などが着る)祭服 (pallium). **c** 《古》聖体布[おおい] (corporal). **3** 《古》(豪華な)外衣; (特に)外套 (mantle). **4** (暗いまたは陰気な)おおい, 幕, とばり: a ～ of darkness, fog, snow, etc. / cast a ～ over the company 一座の者を陰気にする. **5** 〖紋章〗Y 字形図形《honorable ordinaries の一つ; cf. shakefork 2; ⇨ heraldry 挿絵 C》: per ～ Y 字形に 3 等分した. **—** *vt.* **1** …に棺衣をかける, 棺衣でおおう. **2** おおう (cloak), 包む (wrap).

pall² [pɔ́ːl] 〖《*a*1393》 *palle(n)* to become dim 《頭音消失》← *appall* 'APPAL'〗 **—** *vi.* **1** 〈物事が〉〔…に〕飽きられる, つまらなくなる, 興味がなくなる 〔*on, upon*〕: Sensuous pleasures soon ～. 官能的な快楽はじきに飽きが来る / ～ *on* [*upon*] the mind [taste] 心[好み]に飽きを催させる / The puzzle ～*ed on* me. 私はパズルに飽きた. **2** 飽きる, うんざりする (be satiated). **—** *vt.* **1** 〈人を〉退屈させる, うんざりさせる (cloy). **2** 〈物事を〉飽きさせる, つまらなくさせる.

pall³ [pɔ́ːl] *n.* 〖機械〗=pawl 1.

pal·la [pǽlə] 〖▭ L ～: cf. pallium〗 **—** *n.* (*pl.* **pal·lae** [-liː]) **1** パラ《古代ローマの婦人が身体に巻きつけた外衣で, 長方形の大きな布; cf. pallium 1 a, toga 1 a》. **2** 〖キリスト教〗**a** 聖体布 (corporal). **b** 聖杯蓋 (chalice cover).

Palladia *n.* Palladium の複数形.

Pal·la·di·an¹ [pəléɪdiən, pæ- | -djən, -dɪən] 〖← L *palladi(us)* 'of PALLAS'+-AN¹〗 *adj.* **1** 女神パラス (Pallas) の. **2** [時に p-] 知恵の, 知識の, 学問の.

Pal·la·di·an² [pəléɪdiən, -lɑ́ːd- | -djən, -dɪən] 〖《1731》← *Andrea Palladio*+-IAN〗 **—** *adj.* **1** イタリアの建築家パラディオ (Andrea Palladio) の. **2** 〈建築様式が〉パラディオ式の《特に, 17 世紀の初期に Inigo Jones が英国に伝えたものについていう》. **—** *n.* パラディオ主義[信奉]者《特に, 18 世紀英国建築についていう》.

Pal·lá·di·an·ism [-nɪzm] *n.* 〖建築〗パラディオ主義《Andrea Palladio による古典建築を復活させた建築理論; 18 世紀英国で盛行》.

Palládian wíndow *n.* 〖建築〗パラディオ式窓《列柱を使う独特の窓で側窓を二つもつ; Venetian window ともいう; cf. Venetian door》.

pal·lad·ic [pəlǽdɪk, -léɪd-] 〖← PALLADIUM〗 *adj.* 〖化学〗パラジウムの, 4 価のパラジウム (Pd^{IV}) を含む.

pal·la·di·nize [pəlǽdənàɪz, -léɪd-, -dn̩-] *vt.* 〖化学〗パラジウム化する (palladiumize).

Pal·la·dio [pəlɑ́ːdiòu | -dɪəu; *It.* pallá:djo], **Andrea** *n.* パラディオ (1508–80; イタリアの建築家).

pal·la·di·um [pəléɪdiəm | -djəm, -dɪəm] 〖《1803》← NL ～ ← *Pallad* 'PALLAS'+-IUM: 当時発見された小惑星 Pallas にちなむ命名〗 **—** *n.* 〖化学〗パラジウム《白金属元素の一つ; 記号 Pd, 原子番号 46, 原子量 106.4》.

Pal·la·di·um [pəléɪdiəm | -djəm, -dɪəm] 〖《*c*1385》▭ L ～ ▭ Gk *Palládion* ← *Pallás* 'PALLAS'〗 **—** *n.* (*pl.* **-di·a** [-diə | -dɪə]) **1** 女神パラス (Pallas) の像《特に, Troy にあったもの; その像が存する限り Troy は安全と言い伝えられた》. **2** [p-] 守護(神), 保護, 守り, 防衛 (safeguard): the *palladium* of liberty.

pal·la·di·um·ize [pəléɪdiəmàɪz | -djə-, -dɪə-] *vt.* 〖化学〗=palladinize.

pal·la·dize [pǽlədàɪz] *vt.* =palladinize.

pal·la·dous [pəléɪdəs, pǽləd-] 〖⇨ palladium, -ous〗 *adj.* 〖化学〗2 価のパラジウム (Pd^{II}) を含む.

pallae *n.* palla の複数形.

Pal·las [pǽləs | -læs, -ləs] 〖▭ L ～ ▭ Gk *Pallás* 《原義》maiden (cf. Gk *pállax* youth, girl & *pallikári* 'PALIKAR')〗 **—** *n.* **1** 〖ギリシャ神話〗パラス: **a** Athens の守り神である女神 Athene の呼称の一つ; Pallas Athena [Athene] ともいう. **b** Triton の娘; 一緒に育てられた Athene は誤って死なせた彼女を神像に刻み, またその名を継いだ. **2** 〖天文〗パラス《小惑星 (asteroid) の第二番目の名; cf. Ceres 2, Juno 3》.

pal·las·ite [pǽləsàɪt] 〖← *Peter S. Pallas* (1741–1811: プロシアの博物学者)+-ITE¹〗 *n.* 〖岩石〗パラサイト, 石鉄隕石 (cf. siderite, aerolite).

páll·bèarer *n.* **1** 《古》棺衣持ち. **2** 棺に付き添ってこれをかつぐ人; 棺の付添い人《死者に特別に親しかった人がなる》.

pal·les·cent [pəlésn̩t, pæ-, peɪ-] 〖▭ L *pallescentem* (pres.p.) ← *pallescere* to become pale ← *pallēre* to be or look pale: ⇨ -ent〗 **—** *adj.* 青白くなる. **pal·lés·cence** [-sn̩s] *n.*

pal·let¹ [pǽlɪt, -lət] 〖《*c*1385》 *pail(l)et* ▭ AF *paillete* (dim.) ← (O)F *paille* straw < L *paleam* 'chaff, straw, PALEA'〗 **—** *n.* **1** わらぶとん. **2 a** 貧弱な寝床. **b** 《米南部》寝台代りに床(ゆか)の上に敷いた毛布, 間に合わせベッド.

pal·let² [pǽlɪt, -lət] 〖《1558》▭ (O)F *palette* 'PALETTE'〗 **—** *n.* **1** 〖機械〗つめ, (つめ車の)歯止め (click); (鎖ポンプの)汲(く)み板. **2** 〖時計〗(脱進機の)つめ, アンクル《がんぎ車とてんぷとの間にある部品; てんぷの振動を受けることによってがんぎ車の回転を制御する; lever ともいう》. **3** (オルガンの)空気調節弁. **4** (陶工の用いる)へら, (左官の)こて; (金箔(ぱく)を扱うための)平たいへら, こて. **5** 〖製本〗**a** いちょう《表紙に直線模様をつけるための装丁用具》. **b** 本の表紙裏の製本者の捺印. **c** =typeholder. **6** (画家の用いる)パレット (palette). **7** 〖窯業〗耐火物や建築用れんがを運搬するために用いる幅の広い小さな台あるいは梱包単位. **8** パレット《品物を運搬・貯蔵するための金属または木製の台; フォークリフトなどで運搬する》.

pal·let³ [pǽlɪt, -lət] 〖(dim.) ← PALE²〗 *n.* 〖紋章〗パレット《pale の $^1/_2$ 幅の縦帯》.

pal·le·tize [pǽlɪtàɪz, -lə-] *vt.* パレット (⇨ pallet² 8) の上に載せる; パレットで貯蔵[運搬]する. **pal·let·i·za·tion** [pæ̀lɪṭɪzéɪʃən, -lə-, -ṭə- | -lɪtaɪ-, -tɪ-] *n.* **pál·let·ìz·er** *n.*

pállet knìfe *n.* =palette knife.

pállet stàff *n.* 〖時計〗アンクル真(しん)《アンクルの軸》.

pal·lette [pǽlɪt, -lət] 〖《変形》← PALETTE〗 *n.* 〖甲冑〗=palette 4.

pallia *n.* pallium の複数形.

pal·li·al [pǽliəl | -lɪ-] 〖← L *pallium* 'cloak, PALLIUM'+-AL¹〗 *adj.* **1** 〖動物〗(軟体動物の)外套(とう)(膜)の. **2** 〖解剖〗(脳の灰白質の)外套[外皮]の.

pal·li·asse [pæ̀liǽs, pæljǽs | pǽlɪæs, -ljæs, pæ̀lɪǽs, pæljǽs] 〖《1506》▭ F ～ ← *paille* straw < L *paleam* chaff: ⇨ pallet¹〗 *n.* わら床, わらぶとん.

pal·li·ate [pǽlièɪt | -lɪ-] 〖《1548》← LL *palliāt-us* (p.p.) ← *palliāre* to cloak ← L *pallium* 'PALLIUM': ⇨ -ate³〗 **—** *vt.* **1** 〈病気・苦痛などを〉(一時的に)和らげる, 軽くする, 緩和する: ～ a disease. **2** 〈過失などを〉(弁解して)言い繕う, 軽く見せかける; …の弁解をする; 〈過失・罪科などを〉酌量する: ～ a fault. **3 a** 《廃》包む, おおう. **b** 《古》隠す. **pál·li·à·tor** [-ṭə | -tə(r)] *n.*

pal·li·a·tion [pæ̀liéɪʃən | -lɪ-] *n.* **1** (病気・痛みなどの)一時的緩和[軽減]. **2** 言い訳. **3** (罪の)軽減, 情状酌量.

pal·li·a·tive [pǽlièɪṭɪv, -liəṭ-, -ljəṭ- | -lɪət-, -ljət-] 〖《1543》▭ (O)F *palliatif*: ⇨ palliate, -ive〗 **—** *adj.* **1** (病気・痛みなどを)軽く[緩和]する (relieving); 一時抑えの; 〖医学〗〈治療法など〉待機的の, 姑(こ)息的な. **2** 言い繕う, 弁解する, 言い訳になる. **3** (罪などを)軽減する (extenuating). **—** *n.* **1** (病気の一時の)緩和剤. **2** 弁解, 言い訳. **3** 酌量すべき情状[事情]. **4** 一時のがれ[しのぎ], 姑息な手段. **～·ly** *adv.*

pal·lid [pǽlɪd, -ləd | -lɪd] 〖《1590》▭ L *pallid-us* ← *pallēre* to be or look pale: PALE¹ と二重語: ⇨ -id⁴〗 **—** *adj.* **1** 〈顔など〉色つやのない, 青ざめた, 青白い (pale), さえない, くすんだ. **2** 活気のない[乏しい], 面白くない. **～·ly** *adv.* **～·ness** *n.*

pal·li·dum [pǽlədəm | -lɪ-] 〖← NL ～ ← *pallidus* 'PALE¹'〗 *n.* 〖解剖〗(脳の)淡蒼球.

pal·li·um [pǽliəm | -lɪ-] 〖《1564》▭ L ～ 'bed cover-let, mantle' ← ?: cf. pall¹〗 **—** *n.* (*pl.* **-li·a** [-liə | -lɪə], **～s**) **1 a** (古代ギリシャ・ローマの男子が着用した)一種の外衣《ドレープを寄せて体にまとった長方形の布切れ》. **b** 〖カトリック〗パリュム《上祭服 (chasuble) の上に肩から掛ける一種の祭服; ⇨ vestment 挿絵; ローマ教皇が自分の最高教権の代理者として大司教たちに授ける白の羊毛製の輪形のベルト》. **2** 祭壇布, 祭壇前帳 (altar cloth). **3** 〖動物〗(軟体動物の)外套(とう)(膜) (mantle). **4** 〖解剖〗(脳の灰白質の)外套, 外皮 (cortex).

pallium 1 a

pall-mall [pélmél, pǽlmǽl, pɔ́ːlmɔ́ːl, pɑ́ːlmɑ́ːl] 〖《1568》▭ F 《廃》 *palle maille* ▭ It. *pallamaglio* ← *palla* ball+*maglio* mallet (< L *malleum* hammer)〗 **—** *n.* **1** ペルメル球技《昔行なわれた一種の打球技; 細長い球技場の片方に棒で鉄環を吊り, 片方からつちで球を打ってその環を通させる》. **2** ペルメル球技場.

Pall Mall [pélmél, pǽlmǽl, pɔ́ːlmɔ́ːl, pɑ́ːlmɑ́ːl | pǽlmǽl, pélmél] 〖↑: 昔ペルメル球技場があったのにちなむ〗 *n.* **1** ポールモール[ペルメル](街)《London の Trafalgar Square から St. James's Palace に至る街路; クラブ街として有名; 昔ペルメル球技場があった》. **2** 英国陸軍省《もと Pall Mall 街にあった》.

pal·lo·ne [pəlóuni | -láuni; *It.* palló:ne] 〖▭ It. ～ 'large ball' (aug.) ← *palla* ball〗 **—** *n.* パローネ《テニスに似たイタリアの球技; ボールは大きく重く固く, それを中央に握りのついた円板で打ってプレイする》.

pal·lor [pǽlə | -lə(r)] 〖▭ L ～ ← *pallēre* to be or look pale: ⇨ -or¹〗 *n.* (顔などの)青白さ, 蒼白; 血色の悪いこと.

pal·ly [pǽli | -lɪ] 〖← PAL+-Y⁴〗 *adj.* (**pal·li·er; -li·est**) 《口語》親しい, 仲のいい (friendly) 〔*with*〕.

palm[1] [pá:m, pá:lm | pá:m] 〖n.: 《15C》 *palme* ▭ L *palma* ∽ 《?c1380》 *paume* ▭ (O)F < L *palmam* ← IE **pelə-* flat; to spread (OE *folm* / Gk *palámē* palm of the hand / Skt *pāṇi* hand). —v.: 《1673》 ← (n.)〗 **—** *n.* **1** 手のひら, 掌(たなごころ), 掌(しょう)部. ★ ラテン語系形容詞: thenar, volar. **2** 掌尺(しょうしゃく), 手尺《幅約 7.6–10 cm, 長さ 18–25 cm》. **3** 掌状部; (手袋などの)たなごころの部分. **4** 〘海事〙(錨(いかり)の)つめ, (つめの)内面 (⇨ anchor 挿絵). **5** (腕木状のものの末端の)扁(へん)平部; オールの扁平部. **6** スキーの裏. **7 a** (シカの)枝角の掌状部. **b** (動物の)前脚の掌状部. **8** たなごころ皮《帆布を縫う時に針を押し通すために使う》. **9** 支柱の頭部にある取付け用平板. **10** (トランプなどを)手のひらに隠すこと, 釣り.
cross** a person's **palm ⇨ cross[1] *v.* 成句. ***grease** [**oil, tickle**] a person's [**the**] **palm*** 〖cf. F *graisser la patte*〗 (1) 人に〔金を〕つかませる, 人を買収する 〔*with*〕 (cf. palm oil 2). (2) 人にチップをやる. ***have an itching palm*** 欲が深い, 賄賂(わいろ)を欲しがる(cf. Shak., *Caesar* 4. 3. 10). ***in the palm of** one's **hand*** 〈人・物事を〉完全に支配して, 牛耳って. ***know like the palm of** one's **hand*** 〈人・物事を〉掌(たなごころ)を指すように知っている, 熟知している. ***read** a person's **palm*** 人の手相を見る.
— *vt.* **1** 掌(たなごころ)で触れる, 手のひらでなでる; 平手で打つ. **2** (手品などで)手のひらに隠す: ~ a coin, purse, etc. **3** 人目をかすめて拾い上げる, こっそり拾う. **4** だまして〔人に〕〈物を〉つかませる, ごまかす (impose) 〔*on, upon*〕: ~ something *on* [*upon*] a person. **5** 《米》…と握手する. **6** 〘バスケットボール〙ドリブルしながらちょっと〈ボールを〉つかむ《反則》.
palm off (1) 〈にせ物を〉〔人などに〕だまして通用させる, ごまかして押しつける〔*on, upon*〕: They ~ *off* such trash *upon* the public. こんな粉(まが)い物で世間をごまかしている. (2) [~ oneself *off* で] 自分が〔…であると〕偽る〔*as*〕: He ~*ed himself off as* a doctor. 彼は自分が医者であると偽った. (3) 〈人を〉だまして〔…を〕押しつける, 〔…で〕だます〔*with*〕.

palm[2] [pá:m, pá:lm | pá:m] 〖OE ~ ▭ L *palm-a* palm tree, palm of the hand: PALM[1] と同一語源で, その葉の形に着目したもの〗 **—** *n.* **1** 〘植物〙ヤシ《ヤシ科の植物の総称; キャベツヤシ (cabbage palmetto), ナツメヤシ (date palm), ココヤシ (coconut palm), ゾウゲヤシ (ivory palm), ギネアアブラヤシ (oil palm), ダイオウヤシ (royal palm), サトウヤシ (sugar palm), アンデスロウヤシ (wax palm), シュロ (hemp palm) など》. **2** ヤシ科に類似の樹木[低木]. **3** ヤシの葉[枝]《昔, 戦勝・歓喜の印として持ち歩いた》. **4** [the ~] 勝利, 戦勝 (victory); 栄誉 (honor); 賞 (prize): win *the* ~ 勝利[賞]を得る. **5** ヨーロッパ北部でヤシの代用とする諸種の樹枝《特に, Palm Sunday に使う柳の枝》.
bear** [**carry off**] **the palm 優勝者となる; 卓絶する.
yield** [**give**] **the palm to …に勝ちを譲る, 譲歩する; …に負ける.
— *adj.* ヤシ科植物の[に関する].

Pal·ma [pá:lmə | pǽl-; *Sp.* pálma] *n.* パルマ《地中海にあるスペイン領 Balearic 諸島中の Majorca 島の海港; 人口 287,000; 公式名 Palma de Mallorca》.

pal·ma·ceous [pælméɪʃəs, pɑ:(l)m- | pælméɪʃəs, -ʃɪəs] 〖← NL *Palmaceae* (科名: ⇨ Palmae) + -OUS: ⇨ -aceous〗 **—** *adj.* 〘植物〙ヤシ科 (Palmae) の; ヤシに似た.

pal·ma chris·ti, P- C- [pǽlmə-krísti, -taɪ | -tɪ] 〖《1548》 ▭ ML ~ 'PALM[1] of CHRIST': その葉の形から〗 **—** *L. n.* (*pl.* **pal·mae christi** [-mi:-]) 〘植物〙トウゴマ, ヒマ (castor-oil plant).

Pálma de Mallórca *n.* パルマ デ マリョルカ (⇨ Palma).

Pal·mae [pǽlmi:, pá:l-, -maɪ] 〖← NL ~ (pl.) ← L *palma* 'PALM[2]'〗 *n. pl.* 〘植物〙(ヤシ目)ヤシ科.

palmae christi *n.* palma christi の複数形.

Pal·ma·les [pælméɪli:z, pɑ:l-] 〖← NL ~ ← L *palma* 'PALM[2]' + -ALES〗 *n. pl.* 〘単子葉植物〙ヤシ目.

pal·mar [pǽlmə, pá:(l)mə | pǽlmə(r] 〖← NL *palmāris*: ⇨ palm[1], -ar[1]〗 *adj.* 手のひらの, 掌(たなごころ)の; 動物の前足の裏の《palmary ともいう》.

pal·ma·ry[1] [pǽlməri, pá:(l)m- | pǽlməri] 〖《1657》 ▭ L *palmāri-us* of or deserving the palm: ⇨ palm[2], -ary〗 **—** *adj.* (戦利・栄誉の印としての)ヤシの枝を受けるに値する; 称賛[注目]に値する, 最優秀の, 勝者の (triumphant); 主要な (principal).

pal·ma·ry[2] [pǽlməri, pá:(l)m- | pǽlməri] 〖▭ L *palmāris*: ⇨ palm[1], -ary〗 *adj.* = palmar.

Palmas, Las *n.* ⇨ Las Palmas.

pálma samandóca 〖▭ Mex.-Sp. ~〗 *n.* 〘植物〙メキシコ原産リュウゼツラン科の白い花が咲く木本状の植物 (*Samuela carnerosana*).

pal·mate [pǽlmeɪt, pá:(l)m- | pǽlmət, -mɪt, -meɪt] 〖《1760》 ▭ L *palmāt-us*: ⇨ palm[1], -ate[2]〗 **—** *adj.* **1** 掌状の, 手を開いたような. **2** 〘植物〙〈葉が〉手のひら状[掌状]の (⇨ venation 挿絵). **3** 〘動物〙水かきのある (web-footed); 掌状の. **4 a** 〈家具が〉ヤシの葉模様 (palmettes) のある. **b** (17 世紀の家具に)半円葉型帯模様を施した. **pál·mat·ed** [-meɪtɪd, -ṭəd | -tɪd, -təd] *adj.* **~·ly** *adv.*

pal·mat·i·fid [pælmǽṭəfɪd, pɑ:(l)m-, -fəd, -fɪd | -tɪfɪd] 〖⇨ ↑, -(i)fid〗 *adj.* 〘植物〙〈葉が〉掌状中裂の (cf. pinnatifid).

pal·ma·tion [pælméɪʃən, pɑ:(l)m- | pæm-] *n.* **1** 手のひらで触れること. **2** 〘植物〙掌状分裂[裂刻]; 掌状部.

Pálm Béach[1] *n.* 米国 Florida 州の南東海岸の避寒地, 海水浴場; 人口 9,000.

Pálm Béach[2] 〖↑〗 *n.* 〘商標〙パームビーチ《モヘア・絹・羊毛等と綿・化学繊維との混織の軽い夏服地》.

pálm bùtter *n.* (固まった状態の)ヤシ油 (palm oil).

pálm càbbage *n.* **1** 〘植物〙= cabbage palmetto. **2** = cabbage[1] 1 c.

pálm càt *n.* 〘動物〙= palm civet.

pálm chàt *n.* 〘鳥類〙ヤシドリ (*Dulus dominicus*) 《西インド諸島産ヤシドリ科の鳥; 数組の雌雄が共同で大きな巣を作る》.

pálm cìvet *n.* 〘動物〙**1** ヤシジャコウネコ (paradoxure). **2** ヤシジャコウネコ属 (*Paradoxurus*) に近縁の動物の総称《ハクビシン (*Payuma larvata*) など》. **3** (アフリカ産)キノボリジャコウネコ (*Nandinia binotata*).

pálm còurt *n.* 《英》パームコート《1920 年から 30 年代に流行した鉢植えのヤシの木の点在するホテルのラウンジ》: ~ music パームコートで奏せられたロマンチックな弦楽曲.

pálm cràb *n.* 〘動物〙ヤシガニ (⇨ purse crab).

palmed *adj.* [複合語の第 2 構成素として] …の手のひらのある: soft-*palmed* 手のひらの柔らかい.

Pal·mel·la·ce·ae [pælmeléɪsiì:] 〖← NL ~ ← *Palmella* (属名: ← Gk *palmós* quivering motion): ⇨ -aceae〗 **—** *n. pl.* 〘植物〙パルメラ科. **pàl·mel·lá·ceous** [-ʃəs] *adj.*

palm·er[1] [pá:mə, pá:lmə | pá:mə(r] 〖《?c1225》 *palmere* ▭ AF *palmer* = OF *palmier* < ML *palmārium* ← L *palma* 'PALM[2]': 参詣[巡礼]記念としてシュロ[ナツメヤシ]の枝または葉で作った十字架を持ち帰ったことから (cf. *John* 12: 13): ⇨ -er[1]〗 **—** *n.* **1** パレスチナ (Palestine) の聖地参詣[巡礼]者; 巡礼(者) (pilgrim): a ~'s staff 巡礼の杖(つえ). **2** 〘キリスト教〙貧しい生活を送る誓を立てた巡歴の修道士. **3** 〘昆虫〙= palmerworm. **4** 〘釣〙= palmer fly. **—** *vi.* 《スコット・北英》(旅から旅へと)さすらう; (ぶらりと)さまよう.

pálm·er[2] 〖← PALM[1] (v.) + -ER[1]〗 *n.* (トランプ・すごろくなどで)ごまかす人, いかさま師.

Pal·mer [pá:mə, pá:lmə | pá:mə(r], **Daniel David** *n.* (1845–1913) カナダの医師; 脊柱指圧療法の先駆者.

Palmer, George Herbert *n.* (1842–1933) 米国の教育家・哲学者・著述家.

Palmer, Harold E. *n.* (1877–1949) 英国の音声学者・語学教授法研究家; 来日 (1922–36) して oral method を導入, 英語教育改善に尽くした.

Palmer, Samuel *n.* (1805–81) 英国の風景画家.

Pálmer Archipélago *n.* パーマー諸島《南アメリカの Horn 岬の南方, 南極大陸近くの諸島; 旧名 Antarctic Archipelago》.

pálmer flỳ *n.* 〘釣〙パルマーフライ《羽根を螺旋(らせん)状に巻いた芋虫型の毛鉤; 単に fly ともいう》.

Pálmer Lànd *n.* パーマーランド《南極半島の南部》.

Pálmer Península *n.* [the ~] パーマー半島《Antarctic Peninsula の旧名》.

Pal·mer·ston [pá:məstən, pá:lmə- | pá:mə-], **Henry John Temple** *n.* (1784–1865) 英国の政治家・首相 (1855–58, 1859–65); 外相・首相として 30 数年間外交政策を指導; 称号 3rd Viscount Palmerston.

Pálmerston Nórth *n.* ニュージーランド北島南部の都市; 人口 59,000.

pálmer·wòrm *n.* 〘昆虫〙キバガの一種 *Dichomeris ligulella* の幼虫《一時に多数発生して果樹に大害を与える》.

pal·mette [pælmét, pɑ:(l)m- | pælm-] 〖《1850》 ▭ F ~: ⇨ palm[2], -ette〗 *n.* 〘考古〙(古くから建築や陶器などの装飾に用いる)ヤシの葉状の模様, パルメット.

pal·met·to [pælméṭou, pɑ:(l)m- | pɑ:métəu] 〖《1583》 ▭ Sp. *palmito* (dim.) ← *palma* < L *palmam* 'PALM[2]'〗 **—** *n.* (*pl.* **~s, ~es**) **1** 〘植物〙北米南部産の葉が扇状である小型のヤシ (fan palm) の総称; (特に)キャベツヤシ (cabbage palmetto). **2** ヤシの葉で編んだ帽子. **3** [P-] 米国 South Carolina 州人の愛称.

Palmétto Státe 〖↑: 同州の象徴〗 *n.* [the ~] 米国 South Carolina 州の愛称.

palm·ful [pá:mfʊ̀l, pá:lm- | pá:m-] *n.* (*pl.* **~s, palms·ful**) 手のひら一杯(分), 一握り 〔*of*〕.

pálm-gràss *n.* 〘植物〙**1** ササキビ (*Setaria palmifolia*) 《インド産イネ科エノコログサ属の丈の高い多年生観葉植物》. **2** ムツオレグサ, ミノゴメ (*Glyceria aquatica*) 《温帯・熱帯産のイネ科ドジョウツナギ属の湿地性雑草》.

pálm grèase *n.* 《俗》賄賂(わいろ)(の金); 心付け, チップ.

pálm hòney *n.* チリヤシ (coquito) から採れる精製シロップ.

pálm hòuse *n.* ヤシ栽培の温室.

pal·mi- [pá:mɪ, pá:lmɪ, -mə | pá:mɪ] 〖▭ L ~ ← *palma* 'PALM[1]'〗「手のひら (palm)」の意の連結形.

pal·mi·ped [pǽlməpèd, pá:(l)m- | pǽlmɪ-] 〖《1610》 ▭ L *palmiped-*, *palmipēs*: ⇨ ↑, -ped〗 (*also* **pal·mi·pede** [pǽlməpì:d, pá:(l)m- | pǽlmɪ-]) **—** *adj.* 足に水かきのある (web-footed). **—** *n.* 《古》水かきのある鳥 (web-footed bird), 遊禽(ゆうきん)類, 水鳥.

Pal·mi·ra [pɑ:lmí(ə)rə | -míərə; *Sp.* palmíra] 〖cf. Palmyra〗 *n.* コロンビア西部の都市; 人口 141,000.

pálm·ist [-mɪst, -məst | -mɪst] 〖《1886》《逆成》↓: -IST と連想〗 *n.* 手相見 (chiromancer).

palm·is·try [pá:mɪstri, pá:lm-, -məs- | pá:mɪstrɪ] 〖《c1420》 *pawmestry* ← *paume* 'PALM[1]' + *maistrie* 'MASTERY'〗 **—** *n.* **1** 手相術, 手相占い[判断] (chiromancy). **2** 《戯言》手先の器用(さ); 賄賂(わいろ); すり.

palmistry 1
A diagram showing lines
1 line of Heart; 2 line of Head; 3 line of Life; 4 line of Fate; 5 line of the Sun; 6 line of Health; 7 line of Mars; 8 girdle of Venus; 9 lines of Affection *or* Marriage; 10 rascettes *or* bracelets
B diagram showing mounts
1 Jupiter; 2 Saturn; 3 Apollo; 4 Mercury; 5 Lower Mars; 6 Plain of Mars; 7 Upper Mars; 8 Venus; 9 Luna

pal·mi·tate [pǽlmətèɪt, pá:(l)m- | pǽlmɪ-] 〖⇨ palmitin, -ate[1]〗 **—** *n.* 〘化学〙パルミチン酸塩[エステル].

pal·mit·ic [pælmíṭɪk, pɑ:(l)m- | pælmít-] 〖《1857》 ▭ F *palmitique*: ⇨ palmitin, -ic[1]〗 **—** *adj.* 〘化学〙パルミチン酸の, ヤシ(油)から採った.

palmític ácid *n.* 〘化学〙パルミチン酸 ($CH_3(CH_2)_{14}COOH$) 《cetylic acid ともいう》.

pal·mi·tin [pǽlmɪṭɪn, pá:(l)m-, -mə-, -ṭən | pǽlmɪtɪn] 〖▭ F *palmitine* ← ? *palmite* 'pith of the PALM[2]': ⇨ -ite[3], -in[1]〗 **—** *n.* 〘化学〙パルミチン《ヤシ油・バターなどに含まれる結晶性脂肪; 石鹸製造原料》.

pálm-kèrnel oìl *n.* 〘化学〙パーム核油《アブラヤシの果実の核から採る白または黄色の脂肪油; 石鹸・マーガリンなどの製造に用いる》.

pálm lèaf *n.* **1** ヤシの葉, (特に)オオギバヤシ (fan palm) の葉《扇・帽子などを作る》. **2** (古代美術に広く用いられる)ヤシの葉型のモチーフ《palm-leaf pattern ともいう》.

pálm·lìke *adj.* ヤシのような: a ~ leaf.

pálm òil *n.* **1** パーム油, ヤシ油《アブラヤシ (oil palm) の果肉から得られるバター状の脂肪で, 石鹸の原料・蠟燭などに用いる; 脂肪酸やグリセリン原料》. **2** 〖cf. *grease a person's palm* (⇨ palm[1] 成句)〗賄賂(わいろ) (bribe).

Pálm Springs *n.* 米国 California 州南東部の都市で保養地; 人口 21,000.

pálm stày *n.* 〘機械〙平手控え《ボイラーにおいて, 胴板を補強するために, 胴板の片面にリベット締めされたアングル材を貫いてねじ込む短い支え棒》.

pálm sùgar *n.* ヤシ糖《ある種のヤシの樹液から採れる砂糖》.

Pálm Súnday 〖OE *palmsunnandæg*: この時キリストが歩む路上に信者がシュロ[ナツメヤシ] (date palm) の枝をまいて祝ったことにちなむ; cf. *Matt.* 21: 8; *John* 12: 12–13〗 **—** *n.* 〘キリスト教〙しゅろの主日[日曜日], (東方正教会で)聖枝祭, (カトリックで)枝の主日, 御受難第二の主日《復活祭 (Easter) 直前の日曜日; キリストが受難を前にエルサレム (Jerusalem) にはいった記念日; cf. Passion Sunday》.

pálm wàrbler *n.* 〘鳥類〙北米産アメリカムシクイ科の鳥の一種 (*Dendroica palmarum*).

pálm wìne *n.* パーム酒, ヤシ酒《ヤシの樹液を発酵させて造る熱帯地方の酒》.

palm·y [pá:mi, pá:lmi | pá:mɪ] *adj.* (**palm·i·er; -i·est**) **1 a** ヤシの(ような); ヤシの多い, ヤシの茂った, ヤシの木陰になった. **b** ヤシから採った. **2** 繁栄する, 成功する; 勝利を得た, 意気揚々たる, 輝かしい (glorious): one's ~ days (過ぎ去った)全盛時代 / Rome in her ~ state 黄金時代のローマ.

pal·my·ra [pælmáɪrə | -máɪərə] 〖《1698》《廃》*palmeira, palmero* ▭ Port. *palmeira* palm-tree ← *palma* 'PALM[2]': 今の形は↓との混同による〗 **—** *n.* **1** 〘植物〙パルミラヤシ, オオギヤシ (*Borassus flabellifer*) 《熱帯アジア産の扇状葉をつけるヤシの一種; 葉と繊維に用途が多く, 樹液からは砂糖や酒を造る; palmyra palm [tree] ともいう; cf. sago palm》. **2** パルミラヤシの繊維《palmyra fiber ともいう》.

Pal·my·ra [pælmáɪrə | -máɪərə] 〖▭ L ~ ▭ Gk *Palmúra* 《なぞり》← Heb. *Tadhmōr* 'TADMOR'〗 **—** *n.* **1** パルミラ《シリアの古代遺跡; Solomon が建設したと伝えられる (cf. *2 Chron.* 8: 4); 聖書名 Tadmor, 現在の地名 Tudmur [tá:dmʊə | -mʊə(r)]》. **2** 〖← *Palmyra* (この島の発見者 Cap. Sawle が乗っていた船の名)〗太平洋中部 Kiribati に属する Line 諸島中の環状さんご島, もと米国領.

Pal·o Al·to [pǽlouǽltou | -ləuǽltəu] 〖▭ Sp. ~ 《原義》high pole, (Am.-Sp.) redwood〗 **—** *n.* **1** 米国 California 州西部の都市; Stanford 大学の所在地; 人口 57,000. **2** [pɑ:louá:ltou | -ləuá:ltəu; *Sp.* paloálto] 米国 Texas 州南部にあるメキシコ戦争の古戦場 (1846).

pa·lo·lo [pəlóulou | -láuləu] 〖▭ Samoan & Tongan ~〗 **—** *n.* 〘動物〙パロロ (*Palola siciliensis*) 《南太平洋のさんご礁の穴にすむイソメ科の多毛虫; 10 月と 11 月の下弦の直前に海面で群をなして産卵する; 原住民の貴重な食料となる; palolo worm ともいう》.

Pa·lo·ma [pəlóumə | -láu-] 〖▭ Sp. ~ 《原義》dove〗 *n.* 女性名.

Pal·o·mar [pǽləmɑ̀ə | -lə(u)mɑ̀:(r)], **Mt.** 〖← Sp. *pal-*

omar dovecote, place frequented by doves》 ── *n.* パロマー山《米国 California 州南西部の山峰 (1,871 m); 世界最大級の反射望遠鏡を備えた天文台がある》.

pal·o·met·a [pæ̀ləmétə | -tə] 〖◻ Sp. ～ (dim.) ← *paloma* dove〗 ── *n.* 〘魚類〙 **1** 太西洋にすむアジ科コバンアジ属の魚 (*Trachinotus goodei*). **2** イボダイ科の魚 (*Palometa media*).

pal·o·mi·no [pæ̀ləmíːnou | -nəu] 〖◻ Am.-Sp. ～ ← Sp. ～ 'of or like a dove' < L *palumbinum* ← *palumbēs* dove: ⇨ -ine[1]〗 ── *n.* (*pl.* **～s**) **1** パロミノ《品種ではなく毛色の一種; 主に米国南西部産のアラビア系の足の細い馬で, たてがみと尾が銀白色で, その他の被毛がクリーム色または淡黄褐色のものをいう》. **2** クリーム色, 淡黄褐色 (light tan).

pa·loo·ka [pəlúːkə] 〖Jack Conway (*d.* 1928: 米国の野球選手)の造語: cf. Sp. *peluca* (軽蔑を表わす語)〗 ── *n.* 《米口語》 **1** 〘スポーツ〙出ると負ける選手; (特に)成績の悪い[経験の浅い]拳闘選手. **2** 〘トランプ〙へぼ, とうしろ, 《まれ》つまらない持札. **3** 不器用な能なし, 凡人, 間抜け.

Pa·los [páːlous | -ləs; *Sp.* pálos] *n.* パロス《スペイン南西部の町で旧海港; Columbus の第一次西方航海の出発港 (1492); 人口 2,600》.

Pa·loú [pəlóu | -ləu; *Sp.* paló], **Francisco** *n.* パロ (1722?–?89; スペインのフランシスコ会の宣教師, Mexico から San Francisco Bay を探検した).

pal·o·ver·de [pæ̀lo(ʊ)vɜ́ːdi, pɑ̀ːl-, -vɜ́ːd | -ləuvɜ́ːdɪ, -vɜ́ːd] 〖◻ Mex.-Sp. ～ 'green tree' ← Sp. *palo* stick, pole＋*verde* green: ⇨ pale[2], verdure〗 ── *n.* 〘植物〙米南西部・メキシコ産マメ科のとげのある砂漠の低木 (*Cercidium torreyanum*)《種子から清涼飲料を作る》.

palp[1] [pælp] 〖◻ F *palpe* ◻ L *palpus* 'PALPUS'〗 *n.* 〘動物〙 ＝palpus.

palp[2] [pælp] 〖◻ L *palpāre* to stroke: ⇨ feel〗 *vt.* …に触れる, さわる.

pal·pa·ble [pǽlpəbl] 〖(*c*1380) ◻ LL *palpābil-is* ← L *palpāre* to touch: ⇨ feel, -able〗 ── *adj.* **1** さわって見られる, 触知できる (tangible): ～ darkness ⇨ darkness 1. **2** 〘医学〙触診できる, 触知できる. **3** 目立つ (noticeable), 顕著な; (きわめて)明らかな, 明白な, わかり切った: a ～ error, mistake, etc. / a ～ lie 見え透いたうそ / a very ～ hit きわめて明瞭な突き[当たり], まさに一本 (cf. Shak., *Hamlet* 5. 2. 296).

pàl·pa·bíl·i·ty [-pəbíləṭi | -lətɪ, -lɪ-] *n.* **pál·pa·bly** *adv.*

pal·pal [pǽlpəl] 〖← NL *palpālis* ← *palpus* 'PALPUS': ⇨ -al[1]〗 *adj.* 〘動物〙触鬚(しゅ) (palpus) の.

pal·pate[1] [pǽlpeɪt] 〖← L *palpāt-us* (p.p.) ← *palpāre* to touch, stroke〗 *vt.* **1** 触れてみる, 探る. **2** 〘医学〙触診する.

pal·pate[2] [pǽlpeɪt] 〖← NL *palpāt-us* ← *palpus* 'PALPUS': ⇨ -ate[2]〗 *adj.* 〘動物〙触鬚(しゅ) (palpus) のある.

pal·pa·tion [pælpéɪʃən] 〖(1483) ◻ (O)F ～ // L *palpātiō(n-)* ← *palpāre* to touch〗 *n.* **1** 触接, 触知. **2** 〘医学〙触診.

pal·pe·bra [pǽlpíːbrə, -péb-, pǽlpəb- | pǽlpɪb-, pælpíːb-, -péb-] 〖◻ L ～ 《原義》? that which moves quickly: cf. palpitate〗 *n.* 〘解剖〙眼瞼, まぶた (eyelid).

pal·pe·bral [pælpíːbrəl, -péb-, pǽlpəb- | pǽlpɪb-, pælpíːb-, -péb-] 〖(1840) ◻ LL *palpebrāl-is*: ⇨ ↑, -al[1]: cf. L *palpāre* to touch soothingly〗 ── *adj.* まぶたの(近くの).

pal·pe·brate [pælpíːbrət, -péb-, -brɪt, pǽlpəbrèɪt | pǽlpɪbrèɪt, pælpíːbrət, -péb-, -brɪt] 〖← NL *palpebrāt-us*: ⇨ palpebra, -ate[2]〗 *adj.* まぶたのある.

palpi 〖← NL ～ (pl.)〗 *n.* palpus の複数形.

pal·pi·tant [pǽlpəṭənt, -tnt | -pɪt-] 〖◻ F ～ // L *palpitant-em* (pres.p.) ← *palpitāre* (↓)〗 ── *adj.* **1** 動悸(き)が打つ[する] (palpitating). **2** 胸騒ぎのする, 胸をときめかせるような.

pal·pi·tate [pǽlpətèɪt | -pɪ-] 〖(1623) ← L *palpitāt-us* (p.p.) ← *palpitāre* to move quickly (freq.) ← *palpāre* to stroke, touch: cf. palpable〗 ── *vi.* **1 a** 〈脈が〉早く[強く]打つ (pulsate); (特に)〈心臓の動悸(き)がする (throb). **b** 胸騒ぎする, そわそわする, わくわくする (feel nervous): of *palpitating* interest 胸がわくわくするほど興味のある. **2** 〔…で〕震える (tremble) 〔*with*〕: ～ *with* terror, fear, pleasure, etc.

pal·pi·ta·tion [pæ̀lpətéɪʃən | -pɪ-] 〖(1604) ◻ L *palpitātiō(n-)*: ⇨ ↑, -ation〗 *n.* 鼓動; 動悸(き); 胸騒ぎ: ～ of the heart 〘病理〙心悸亢(こう)進.

pal·pus [pǽlpəs] 〖← NL ～ ← L 'feeler' ← *palpāre* to touch: cf. palpable〗 ── *n.* (*pl.* **pal·pi** [-paɪ, -piː]) 〘動物〙 **1** (節足動物・昆虫などの)触鬚(しゅ), ひげ《普通, 触覚・味覚をつかさどる; ⇨ mandible 挿絵》: a labial ～ 下唇鬚 (⇨ insect 挿絵) / a maxillary ～ 小腮鬚(さいしゅ) (⇨ insect 挿絵). **2** 多毛虫 (polychaete) の口器周辺にある感覚器官.

pals·grave [pɔ́ːlzgreɪv] 〖(1548) ◻ MDu. *paltsgrave* (Du. *paltsgraaf*) ← *palts* palatine (cf. palace)＋*grave* count: cf. G *Pfalzgraf* palace count〗 ── *n.* ＝count palatine 1.

pals·gra·vine [pɔ́ːlzgrəvìːn, ⌐⌐⌐] 〖◻ Du. *paltsgravin*: ⇨ ↑, -ine[4]〗 *n.* palsgrave の妻[未亡人].

pál·shìp *n.* 《米口語》仲よしであること, 親密な間柄.

pál·sied 〖(1550): ⇨ palsy (n.), -ed〗 *adj.* 中風にかかった, しびれている, 麻痺した, 半身不随の; 〈手足など〉震える.

pal·staff [pɔ́ːlstæf | -stɑ̀ːf] *n.* 〘考古〙 ＝palstave.

pal·stave [pɔ́ːlsteɪv] 〖(1851) ◻ Dan. *paalstav* < ON *pālstafr* ← *pāll* hoe＋*stafr* staff〗 ── *n.* 〘考古〙(イギリスの青銅器時代中期にみられた両側縁の鰭(ひれ)の発達した)青銅製の斧(おの) (celt)《木柄につけて用いた》.

pal·sy [pɔ́ːlzi | pɔ́ːlzɪ, pɔ́l-] 〖(*c*1300) *pa(r)lesie* ◻ OF *paralisie* (F *paralysie*) ◻ L *paralysis* ◻ Gk *parálusis* 'PARALYSIS'〗 ── *n.* **1** 手足のしびれ, (局部の軽い)中風, (軽症の)麻痺(状態): ⇨ cerebral palsy. **2** 〘比喩〙麻痺させるもの; (怖じ気づくなどして)前途の方途が立たなくなること, 手も足も出なくなること. ── *vt.* 麻痺させる, しびれさせる, (恐怖などで)身動きできなくする (paralyze).

pal·sy-wal·sy [pǽlziwǽlzi | -zɪwǽlzɪ] 〖(押韻加重) ? ← *palsy* pally ← *pals* (pl.) (← PAL)＋-Y[2,4]〗 《米俗》 *adj.* 〈態度など〉(きわめて)親しそうな. ── *n.* 親友.

pal·ter [pɔ́ːlṭə | pɔ́ːltə(r, pɔ́l-] 〖(1538) 《変形》? ← FALTER: cf. paltry〗 ── *vi.* **1** 〔人・物事などを〕いい加減にあしらう (trifle); ごまかす, 言葉を濁す (equivocate) 〔*with*〕: ～ *with* a person [facts] 人をいい加減にあしらう[事実をごまかす]. **2** 値切る; 駆け引きする, 掛合う: ～ *with* a person *about* a thing. **～·er** *n.*

pal·try [pɔ́ːltri | pɔ́ːltrɪ, pɔ́l-] 〖(1556) ◻ LG *paltrig* ← *palte* rubbish〗 ── *adj.* (**pal·tri·er**; **-tri·est**) **1** 〈物事など〉つまらぬ, くだらない, 無価値な. **2** 〈人が〉卑しむべき, 卑しい (contemptible). **3** 〈金額など〉わずかな, けちな (petty). **pál·tri·ly** [-trəli | -trəlɪ, -trɪ-] *adv.* **pál·tri·ness** *n.*

pa·lud- [pəlúːd, pǽljʊd | pəlúːd, -ljúːd, pǽljʊd] (主に母音の前に来る時の) paludi- の異形.

pa·lu·dal [pəlúːdl, pǽljʊ- | pəlúːd-, -ljúː-, pǽljʊ-] 〖(1818): ⇨ paludi-, -al[1]〗 ── *adj.* **1** 沼地の, 沢の多い (marshy); 湿地の. **2** 〈病気・毒気など〉沼地に[から]発生する. **3** マラリアの: ～ fever マラリア熱.

pa·lu·da·ment [pəlúːdəmənt | -lúː-, -ljúː-] *n.* ＝paludamentum.

pa·lu·da·men·tum [pəlùːdəméntəm | -lùːdəméntəm, -ljùː-] 〖◻ L *palūdāmentum*〗 ── *n.* (*pl.* **-men·ta** [-ṭə | -tə]) パルダメントゥム《古代ローマの皇帝や武将が用いたマント状の外衣; paludament ともいう》.

pa·lu·di- [pəlúːdə, pǽljʊ- | pəlúːdɪ, -ljúː-, pǽljʊ-] 〖← L *palūd-*, *palūs* marsh: ⇨ full[1]〗「沼 (marsh)」の意の連結形. ★ 母音の前では通例 palud- になる.

pal·u·dism [pǽljʊdìzm] 〖⇨ ↑, -ism: 沼沢地の毒気が病因と考えられたところから〗 *n.* 〘病理〙マラリア (malaria).

pal·u·dous [pǽljʊdəs, pəlúː- | pǽljʊ-, pəlúː-, -ljúː-] 〖◻ L *palūdōs-us*: ⇨ paludi-, -ous〗 *adj.* 沼(沢)地の, 湿地の (marshy).

Pal·u·drine [pǽljʊdriːn, -drɪn, -drən, pəlúːdrɪn, -drən | pǽljʊdriːn, -dràɪn, pəlúːdriːn, -ljúː-, -drɪn] 〖← PALUD(ISM)＋(ATAB)RINE〗 ── *n.* 〘商標〙パルドリン《chloroguanide の商品名; マラリア治療剤》.

pal·y[1] [péɪli | -lɪ] 〖← PAL(E)[1]＋-Y[4]〗 *adj.* (**pal·i·er**; **-i·est**) 《詩》青白い, 青ざめた (pale).

pal·y[2] [péɪli | -lɪ] 〖(1486) ◻ (O)F *palé* ← *pal* 'stake, PALE[2]'＋-*é* '-Y[3]'〗 *adj.* 〘紋章〙盾を縦に 4 以上の偶数に等分割した (⇨ heraldry 挿絵 E).

pály-béndy *adj.* 〘紋章〙盾を縦と斜めに 4 以上の偶数に等分割した.

pal·y·gor·skite [pæ̀ləgɔ́əskaɪt | -lɪgɔ́ː-] 〖← G *Paligorskit*: これが発見された Ural 山脈中の鉱山の名にちなむ〗 ── *n.* 〘鉱物〙山コルク, パリゴルスカイト ($(Mg_5, Al_2)Si_4O_{10}(OH)_2 \cdot H_2O$)《石綿の一種で, 柔皮に似た板状のもの; attapulgite, mountain leather ともいう》.

pal·y·nol·o·gy [pæ̀lənɑ́lədʒi | -lɪnɔ́lədʒɪ] 〖← Gk *palún(ein)* to (be)strew＋-(O)LOGY: cf. pollen〗 ── *n.* 花粉学. **pàl·y·no·lóg·ic** *adj.* **pal·y·no·log·i·cal** [pæ̀lənəlɑ́dʒɪkəl, -dʒə- | -lɪnəlɔ́dʒɪ-] *adj.* **pàl·y·no·lóg·i·cal·ly** *adv.* **pàl·y·nól·o·gist** [-dʒɪst, -dʒəst | -dʒɪst] *n.*

pam [pǽ(ː)m] 〖《略》← F *pamphile* ◻ L *Pamphilus* (人名) ◻ Gk *Pámphilos* 《原義》beloved of all〗 ── *n.* 〘トランプ〙 **1** (5 枚持ちの loo で) クラブのジャック《最高の切札》. **2** (クラブのジャックを最高の切札とする)ナポレオンに似たゲーム.

pam. [pǽ(ː)m] 《略》 pamphlet.

P.A.M., PAM, p.a.m. 《略》〘電気〙 pulse amplitude modulation.

pam- [pæm] 〖← NL ～ ← Gk ～ ← *pan-*: ⇨ pan-〗 「＝pan-.

pam·a·quine [pǽməkwàɪn, -kwɪ̀n] 〖← P(ENTYL)＋A(MINO)＋M(ETHOXY)＋-*a*- (連結辞)＋-*quine* (← QUINOLINE)〗 ── *n.* (*also* **pam·a·quin** [-kwɪn, -kwən | -kwɪn]) 〘薬学〙パマキン (⇨ aminoquin naphthoate).

Pam·e·la [pǽmələ | -mɪ-, -mə-] 〖← *Pamela* (Sir Philip Sidney の造語で *Arcadia* (1590) の登場人物の名) ← ? Gk *pân méli* all honey〗 ── *n.* **1** 女性名. **2 a** 「パメラ」(Samuel Richardson 作, 英国最初の書簡体小説 (1740, '41)). **b** パメラ《*Pamela* の女主人公》.

Pa·mir [pəmíə | -míə(r] *n.* ＝Pamirs.

Pa·mirs [pəmíəz | -míəz] *n. pl.* [the ～] パミール(高原)《アジア中部の高原; 最高峰 7,719 m, 「世界の屋根」(the roof of the world) と称せられる》.

Pám·li·co Sóund [pǽmlɪkòʊ-, -lə- | -lɪkàʊ-] *n.* パムリコ湾《米国 North Carolina 州の東海岸とその沖に並ぶ島々との間の海峡; 全長 130 km》.

pam·pa [pǽmpə; *Sp.* pámpa] 〖(1704) ◻ Am.-Sp. ～ ◻ Kechuan *pampa* field, plain〗 ── *n.* (*pl.* **～s** [～z, ～s | ～z; *Sp.* ～s]) **1** [通例 *pl.*] パンパス《南米 Amazon 川以南, 特に, アルゼンチンの樹木のない大草原; cf. llano, savanna》. **2** [P-] パンパスに住むインディアン; (特に)アラウカン人 (Araucanian).

pám·pas gràss [pǽmpəs-] *n.* 〘植物〙パンパスグラス, シロガネヨシ (*Cortaderia argentea*)《アルゼンチンのパンパスに生えるイネ科の多年草; ススキに似た銀白の穂が美しく, 日本でも庭園や生け花に用いる》.

pam·pe·an [pǽmpiən, pæmpíːən | pǽmpɪ-, pæmpíː-] 〖⇨ pampa, -ean〗 ── *adj.* **1** パンパス (pampas) の. **2** [P-] パンパス地方のインディアンの; アローケーニア人の (Araucanian).

pam·per [pǽmpə | -pə(r] 〖(*a*1380) *pampre(n)* ← ? LG: cf. WFlem. *pamperen* to pamper〗 ── *vt.* **1 a** 〈欲望などを〉満たす, 満足させる: ～ one's appetite / have a ～*ed* taste 口がおごっている. **b** 〈人などを〉大事にしすぎる, 甘やかす: ～ one's child / ～ oneself 気まま勝手に振舞う / a ～*ed* menial (増長して)わがままな召使. **2** 《古》飽食させる (glut). **～·er** [-pərə | -rə(r] *n.*

pam·pe·ro [pæmpé(ə)rou, pɑːm- | -péərəu; *Sp.* pampéro] 〖◻ Am.-Sp. ～ 《原義》pampean ← PAMPA〗 ── *n.* (*pl.* **～s** [～z; *Sp.* ～s]) 〘気象〙パンペロ(風)《南米 Andes 山脈から東北にパンパス(pampas)を横切って大西洋に吹きおろす強い寒風》.

pamph. 《略》 pamphlet.

Pam·phi·li·i·dae [pæ̀mfəláɪədìː | -fɪláɪɪ-] 〖← NL ～ ← *Pamphilius* (属名: ← ? Gk *pámphilos* beloved of all)＋-IDAE〗 *n. pl.* 〘昆虫〙(膜翅目)ヒラタハバチ科.

pam·phlet [pǽmflɪt, -flət] 〖(*c*1385) *pamflet* 《変形》 ← *Pamphilet* ← *Pamphilus, seu De Amore* Pamphilus, or About Love (12 世紀ラテン語の通俗恋愛詩の題名): ⇨ -(l)et〗 ── *n.* **1** パンフレット, (仮り綴(と)じの)小冊子. **2** 小論文; (特に, 宗教・政治など, 時事問題の)小論説, パンフレット.

pam·phle·teer [pæ̀mflɪtíə, -flə- | -tíə(r] 〖(1642): ⇨ ↑, -eer〗 ── *n.* **1** (政治・社会問題などの)パンフレット作者, 小冊子で意見を発表する人《文学史上では T. Paine などが有名》. **2** [しばしば軽蔑的に] パンフレット書き. ── *vi.* **1** 小論文[パンフレット]を書く, 小冊子を出版する, 小論説を公にする. **2** (パンフレット, 文学作品などで)世論を動かそうとする.

pam·phlet·ize [pǽmflɪtàɪz, -flə-] *vi.* パンフレット[小論文]を書く. ── *vt.* …についてパンフレット[小論文]を書く.

Pam·phyl·i·a [pæmfíliə | -lɪə, -ljə] *n.* パンフィリア《小アジア南部, 地中海沿岸にあった地域; ギリシャ人が植民し, のちローマ領となる》.

pam·ple·gi·a [pæmplíːʒiə, -ʒə | -ʒɪə, -ʒə] *n.* 〘病理〙全麻痺 (panplegia).

Pam·plo·na [pæmplóunə | -pláu-; *Sp.* pamplóna] *n.* パンプロナ《スペイン北部の都市; 人口 148,000》.

pam·pro·dac·tyl [pæ̀mpro(ʊ)dǽktḷ | -prə(ʊ)-] 〖↓〗 *adj.* 〘鳥類〙皆前趾(し)の《ネズミドリ・アマツバメのように足の指が全部前を向いている》.

pam·pro·dac·ty·lous [pæ̀mpro(ʊ)dǽktɪləs, -tə- | -prə(ʊ)dǽktɪ-] 〖← PAM-＋PRO-[2]＋-DACTYLOUS〗 *adj.* 〘鳥類〙 ＝pamprodactyl.

pan[1] [pǽ(ː)n] 〖OE *panne* < (WGmc) **panna* (Du. *pan* / G *Pfanne*) ◻ VL **panna* pan < L *patina* 'PATEN'. ── v.: (*a*1825) ← (n.)〗 ── *n.* **1 a** (通例浅く, 長い柄の付いた)鍋(なべ); 平鍋; (調理用の)皿: pots and ～*s* ⇨ pot 1 / ⇨ dripping pan, frying pan, saucepan, stewpan, warming pan. **b** 皿[鍋]の中身. **2** 皿状の器物: **a** 天秤(びん)の皿. **b** 蒸発皿. **c** (旧式の銃砲の)火皿《少量の発火用火薬を入れる所》. **d** 〘冶金〙金銀鉱を砕いてアマルガム法を行なうための鉄鍋. **e** 〘鉱山〙(砂金などを水でふるい分ける)パンニング皿, 椀, 採りばち. **3** 〘地質〙 ＝hardpan 1 a. **4 a** (水・泥などのたまった)皿状のくぼ地. **b** 塩または塩水のたまったくぼ地. **5** 蝶番(ちょうつがい)の穴; うけ, 落とし. **6** 〘海事〙小浮氷板. **7** 《米俗》顔, つら, 人相 (face). **8** 《米俗》酷評 (harsh criticism). **9** 《俗》〘野球〙ホームプレート. **10** 《廃・方言》頭蓋(がい) (brainpan); 膝蓋(しつがい)骨, 膝頭(の皿) (kneepan).

leap* [*fall*] *out of the pan into the fire 小難を逃れて大難に会う. ***put on the pan*** 手ひどくやっつける, こき下ろす. ***savor of the pan*** お里が知れる, 地金を表わす. ***shut one's pan*** 《俗》口をつぐむ, 黙っている.

── *v.* (**panned**; **pan·ning**) ── *vt.* **1** 〘鉱山〙 **a** 〔砂金などを採るために〕(パンニング皿や椀などで)〈土砂を〉パンニング[椀がけ]する 〔*for*〕 (cf. panning[1]): ⇨ PAN *out*. **b** 〈砂金を〉パンニング[椀がけ]してより別ける, 選別する. **2** 《米》鍋で煮る; 鍋料理にする. **3** 《口語》こっぴどくやっつける, こき下ろす, けなす. **4** 《米俗》手に入れる, 捕える, 得る (obtain). ── *vi.* 〘鉱山〙 **1** パンニング[椀がけ]する (cf. panning[1]). **2** 〈土砂などが〉砂金を出す 〈*out*〉.

be panned out 《米俗》力が尽きる, 破産する. ***pan out*** ＝ ***pan off*** (*vt.*) 〘鉱山〙(パンニング皿などでパンニング[椀がけ]して)〈砂金を〉洗い出す. (*vi.*) (1) ⇨ *vi.* 2. (2) 《口語》結果が出る (result); 成功する (succeed): ～ *out* well [badly] うまく行く[行かない] / How did it ～ *out*? どうでした?

pan[2] [pǽ(ː)n] 〖《略》← PANORAMA〗 〘写真・映画・テレビ〙 ── *v.* (**panned**; **pan·ning**) ── *vt.* (全景的効果

を得るために)〈カメラを〉左方または右方に水平回転させる, パンする;〈被写体を〉パンで写す: ～ a camera. ― *vi.* (パン撮影のために)〈カメラが〉左右に動く[動いて撮影する], パンする: The camera ～*s* to pick up the mob. 群衆の撮影のためカメラはパンする. ― *n.* パンすること.

pan[3] [pǽ(ː)n] 〘略〙 *adj.* 〘写真〙 ＝panchromatic.

pan[4] [pɑ́ːn] 〘⇨ Hindi *pān* ← Skt *parṇa* feather, leaf: cf. fern〙 *n.* **1** キンマ (betel) の葉. **2** キンマの葉で包んだ嚙(か)み物.

pan[5] [pǽ(ː)n] 〘⇨ F *pan* flap, section (of a wall) < L *pannum*: ⇨ pane〙 *n.* 〘建築〙 **1** 小間壁. **2** (ハーフティンバーの建築の)木材の間の壁部分.

Pan [pǽ(ː)n] 〘《1369》⇨ L *Pān* ⇨ Gk *Pán* 《短縮》← *Paúsōn* (cog. Skt *Pūṣan*- a Vedic God, 《原義》nourisher): cf. panic[1]〙 ― *n.* 〘ギリシャ神話〙 パン, 牧神《森・原・牧羊などの神; 頭に角があり足はヤギに似て葦笛を吹く; ローマ神話の Faunus に当たる; cf. Silvanus 1》.

Pan

PAN 《略》〘化学〙 peroxyacetyl nitrate; 〘化学〙 polyacrylonitrile.

Pan. 《略》 Panama.

pan- [pæn] 〘← Gk ～ ← *pân* (neut.) ← *pâs* all ← IE **keu-* to swell〙 ― 次の意味を表わす連結形: **1** 「全 (all) …, 汎(はん)…; 完全な」: *pan*chromatic, *pan*cultural, *pan*theism, *pan*ophobia. **2** [Pan-; 国籍・信条などを表わす語または -ism, -ist, -ic などを語尾とする派生語と結合して]「汎(はん)…; …連合」: *Pan*-American, *Pan*-Arabism, *Pan*hellenism. ★ (1) 国名または政治的結合[連合]などを意味する語と共に用いる場合は通例ハイフンを用いる. (2) 時に pano- になる.

pan·a·ce·a [pæ̀nəsíːə | -síə, -síːə] 〘《1548》⇨ L *panacēa* ⇨ Gk *panákeia* plant healing all diseases ← *panakḗs* all healing ← PAN- ＋ *akeîsthai* to heal〙 ― *n.* **1** 万病薬, 万能薬 (cure-all). **2** 万能の方策. **pàn·a·cé·an** [～n] *adj.*

Pan·a·ce·a [pæ̀nəsíːə | -síə, -síːə] 〘すべてを治癒する女神の意: ↑〙 *n.* 〘ギリシャ神話〙 パナケイア《治療の女神》.

pa·nache [pənǽʃ, -nɑ́ːʃ | pə-, pæ-] 〘《1553》⇨ F ～ ⇨ It. *pennacchio* < LL *pinnāculum* (dim.) ← *pinna* feather: ⇨ pinnacle: cf. pen[1]〙 ― *n.* **1** 〘甲冑〙 (かぶとの)羽飾り, 立物, 羽飾り差し. **2** 《まれ》〘鳥類〙 ＝web 5. **3** 見せびらかし (display), 気取り (pretension); 空威張り (swagger). **4** 〘紋章〙 パナッシュ《羽を束にした兜(かぶと)飾り》.

pa·na·da [pənɑ́ːdə, -néɪ-] 〘《1598》⇨ Sp. ～ < VL **panātām* ← L *pānis* bread: ⇨ pantry, -ade〙 ― *n.* パナーダ: **a** パンを牛乳などで煮て砂糖・香料などで調味したパンがゆ. **b** 小麦粉やパン粉を, 牛乳やだし汁で混ぜ合わせたもの; 詰め物やソースのつなぎに用いる.

Pàn-Áfrican 〘⇨ pan-〙 *adj.* 全アフリカの; 全アフリカ人の[に対する], 汎(はん)アフリカ主義の.

Pàn-Áfricanism *n.* 汎アフリカ主義《白人支配から脱却し, アフリカの政治的・経済的連合を目的とする》.

Pàn-Áfricanist *n., adj.* 汎アフリカ主義者(の)《アフリカのすべての国の政治的結合の主唱者[支持者](の)》.

Pa·na·gi·a [pɑ̀ːnɑjíːɑː] 〘⇨ Gk *Panagía* the Virgin (fem.) ← *panágios* all-holy ← PAN- ＋ *hágios* holy〙 ― *n.* 〘東方正教会〙 **1** パナギア《マリアのために献げられ祝別されたパン》. **2** [p-] ＝encolpion.

Pan Am [pǽnǽm] 《略》 Pan American (World Airways, Inc.) パンアメリカン航空会社, パンナム (記号 PA).

Pan·a·ma [pǽnəmɑ̀ː, -mɔ̀ː, ⌐ ⌐ ⌐ | pæ̀nəmɑ́ː, ⌐ ⌐ ⌐] *n.* **1** パナマ《中央アメリカ南部の共和国; 人口 1,777,000, 面積 75,650 km²; 公式名 the Republic of Panama パナマ共和国》. **2** パナマ市《パナマ共和国の首都, Panama 湾に臨む海港; 人口 428,000; Panama City ともいう》. **3** [時に p-] ＝Panama hat.

Panama, the Gulf of *n.* パナマ湾《Panama 地峡の太平洋側の屈曲部》.

Panama, the Isthmus of *n.* パナマ地峡《北米と南米との境にある》.

Pánama Canál *n.* [the ～] パナマ運河《Colón から Balboa まで Panama 地峡を貫き, 大西洋と太平洋を結ぶ; 1914 年に開通; 全長 64 km》.

Pánama Canál Zòne *n.* [the ～] ＝Canal Zone.

Pánama Cíty *n.* **1** 米国 Florida 州北西部の市; 人口 32,000. **2** ＝Panama 2.

Pánama hát, p- h- 〘《1833》: エクアドルの Jipijapa が原産地だが, その主な集散地 Panama にちなむ〙 ― *n.* パナマ帽《中南米産のパナマソウ (jipijapa) の若葉を裂いて編んで作る》.

Pánama hát plànt *n.* 〘植物〙 パナマソウ (⇨ jipijapa 1).

Pan·a·ma·ni·an [pæ̀nəméɪniən | -njən, -nɪən] *adj., n.* パナマの; パナマ人(の).

Pàn-Américan *adj.* (北米・中米・南米を含めた)全米の, 汎(はん)米[全米]主義の, 全米に対する (cf. inter-American): the ～ Congress 全米会議.

Pàn-Américan Dày *n.* 米州連合 (Pan American Union) 記念日《4 月 14 日》.

Pàn-Américanism *n.* 汎米[全米]主義, パンアメリカニズム《北米・中米・南米の政治的・経済的連合を目的とする》.

Pàn Américan Únion *n.* [the ～] 米州連合, 全米連盟《1890 年南北アメリカ 21 の共和国の親善と平和をはかるために設立; 1948 年以降は米州機構 (OAS) の中心機関; 略 P.A.U.》.

Pán·a·mint Móuntains [pǽnəmɪnt-, -mɪnt-, -mənt- | -mɪnt-, -mɪnt-] *n. pl.* [the ～] パナミント山脈《米国 California 州東部の山脈; Death Valley の西方にある; Panamint Range ともいう》.

Pàn-Ánglican *adj.* 全聖公会の, 全英国国教会系の; 全英国国教会の.

Pàn-Árabism *n.* 汎(はん)アラブ主義《アラブ民族の独立と統一を目指す思想・政治運動》. **Pàn-Árab** *adj., n.* **Pàn-Árabic** *adj., n.*

Pàn-Ásianism *n.* 汎(はん)アジア主義《アジアのすべての国の政治的結合を目指す運動・政策》.

Pàn-Ásianist *n.* 汎アジア主義者.

pan·a·tel·a [pæ̀nətélə] 〘⇨ Am.-Sp. ～ 'long thin biscuit' ⇨ It. *panatella* ← *panata* 'PANADA'〙 *n.* (*also* **pan·a·tel·la** [～]) (両端が細く尖った)細巻きの葉巻.

Pan·ath·e·nae·a [pæ̀næ̀θəníːə | -θɪ-] 〘⇨ L ～ ⇨ Gk *Panathḗnaia* (*hierá*) 《原義》all Athenian solemnities ← *Athḗnē* Athene: ⇨ pan-〙 ― *n.* [the ～] パンアテナイア祭《古代アテネの Athene 女神の祭; 年 1 回の例祭(4 年目ごとには大祭)で, アクロポリスへ行列し, 神に生けにえを捧げ, 各種競技[競演]が行なわれた》.

Pan·ath·e·na·ic, p- [pæ̀næ̀θənéɪɪk | -θɪ-] 〘⇨ L *Panathēnāic-us* ⇨ Gk *Panathēnaikós* ← *Panathḗnaia* (↑): ⇨ -ic[1]〙 *adj.* パンアテナイア祭の[に関する].

Pa·nay [pənáɪ] *n.* パナイ(島)《フィリピン中央部の一島; 人口 2,145,000, 面積 11,515 km², 中心都市 Iloilo》.

Pàn-Británnic *n.* 全英自治領の[に関する].

pán·bròil 〘← PAN[1] ＋ BROIL[2]〙 *vt.* (油をあまり使わずに)フライパンなどで焼く.

pán·càke [pǽn- | pǽn-, pǽŋ-] 〘《c1430》← PAN[1] ＋ CAKE: cf. MLG *pannekōke* (Du. *pannekoek*)〙 ― *n.* **1** パンケーキ《粉を使った生地を, 平たく丸く焼いたもの; 厚さはさまざま; 時には中身を入れて巻いたものをもいう; cf. griddle cake》: (as) flat as a ～ 《口語》平べったい. **2** 〘航空〙 平落ち着陸《着陸の時失速して水平に[機尾から]落下すること; pancake landing ともいう》. **3** 〘海洋〙 ＝pancake ice. **4** ＝pancake makeup. ― *vt., vi.* 〘航空〙 平落ち着陸させる[する].

Pan-Cake [pǽnkeɪk | pǽn-, pǽŋ-] 〘↑〙 *n.* 〘商標〙 パンケーキ《固形おしろいの一種の商品名》: ⇨ pancake makeup.

páncake còil *n.* 〘電気〙 平形コイル.

Páncake Dày 〘もとこの日に pancake を食べたことから〙 *n.* 懺悔(ざんげ)火曜日 (Shrove Tuesday).

páncake ìce *n.* 〘海洋〙 (洋上の)円形薄氷, 氷餅《極地方で, 新しく凍った氷で 30 cm-2 m 位のパンケーキ状になったもの; 単に pancake ともいう》.

páncake makeup *n.* 《米》パンケーキ化粧品《通例, スポンジを用いて使う固形おしろいの一種》.

Páncake Túesday *n.* ＝Pancake Day.

pan·chax [pǽnkæks, -tʃæks] 〘← NL *Panchax* (旧属名)〙 *n.* 〘魚類〙 パンチャックス《南アジア産 *Aplocheilus* 属の卵生メダカで観賞用小型熱帯魚》.

pan·cha·yet [pʌntʃɑ́ːjət, -tʃáɪət | pʌntʃáɪət, pæn-, pən-, -tʃɑ́ːjət] 〘⇨ Hindi *pañcāyat* ← Skt *pañca* five〙 ― *n.* (*also* **pan·cha·yat** [～]) 《インド》伝統的な村会《5 名またはそれ以上から成る》.

Pán·chen Láma [pɑ́ːntʃen-] 〘*Panchen*: ⇨ Chin. *pan ch'an* (北京)〙 ― *n.* パンチェンラマ(班禅喇嘛)《Dalai Lama に次ぐ地位で, ラマ教の副教主; Tashi [Teshu] Lama ともいう》.

pan·chet·to [pænkétou | -təu; *It.* pankétto] 〘⇨ It. ～ 'stool'〙 ― *n.* (*pl.* **～s**, *It.* **-chet·ti** [-tiː; *It.* -ti]) パンケット《3 本の外開きの脚と扇型の背板を座板にとりつけたイタリアルネサンス期の小椅子》.

pan·chres·ton [pænkréstn, -tən | -tṇ, -tən] 〘⇨ Gk *págkhrēston* (neut.) panacea, good for all (work)〙 ― *n.* あらゆる場合に当てはめ[役立て]ようとする説明[提案].

pàn·chromátic 〘← PAN- ＋ CHROMATIC〙 ― *adj.* 〘写真〙 〈フィルムなど〉全整色の, 全色の, パンクロの《可視光の全色に感光する; cf. orthochromatic》: a ～ film パンクロフィルム / a ～ plate 全整色乾板.

pàn·chrómatism *n.* 全整色(性), パンクロ.

pán convèyor *n.* 〘機械〙 パンコンベヤー《連続した鎖に, 順次重なり合うように一連の板をつけたコンベヤー》.

pàn·cósmism *n.* 〘哲学〙 物質宇宙説, 汎(はん)宇宙論《物質的構成をもつ宇宙が実在のすべてであるとする説》. **pàn·cósmist** *n.*

pancratia *n.* pancratium の複数形.

pan·cra·ti·ast [pænkréɪʃiæ̀st | -ʃɪ-] 〘⇨ L *pancratiastēs* ⇨ Gk *pagkratiastḗs*: cf. pancratium〙 *n.* (古代ギリシャの)パンクラシオン (pancratium) 競技者.

pan·crat·ic [pænkrǽtɪk | -tɪk] 〘1: ← PANCRATIUM ＋ -IC[1]. 2: ← PAN- ＋ Gk *krátos* strength ＋ -IC[1]〙 ― *adj.* **1** パンクラシオン (pancratium) の. **2** 〘光学〙 〈レンズ系が〉多種類の度[焦点距離, 倍率]をもつ, 可変焦点距離の; 〈顕微鏡の接眼レンズが〉倍率が自由に調節できる (cf. zoom lens).

pan·cra·tist [pǽnkrətɪst, -təst | -tɪst] *n.* ＝pancratiast.

pan·cra·ti·um [pænkréɪʃiəm | -ʃəm] 〘《1603》⇨ L ～ ⇨ Gk *pagkrátion* ← PAN- ＋ *krátos* strength ＋ -ion (neut. adj. suf.): ⇨ -ium〙 ― *n.* (*pl.* **-ti·a** [-ʃiə | -ʃɪə]) パンクラシオン《ボクシングとレスリングを兼ねたような古代ギリシャの格闘技》.

pan·cre·as [pǽŋkriəs, pǽn- | pǽŋkrɪəs] 〘《1578》← NL ～ ← Gk *págkreas* ← PAN- ＋ *kréas* flesh〙 *n.* 〘解剖〙 膵(すい)(臓) (cf. sweetbread).

pan·cre·at- [pǽŋkriət, pǽn- | pǽŋkrɪ-] (母音の前に来る時の) pancreato- の異形.

pan·cre·a·tec·to·mize [pæ̀ŋkriətéktəmàɪz, pæ̀n- | pæ̀ŋkrɪə-] *vt.* 〘外科〙 …の膵(すい)切除を行なう. **pàn·cre·a·téc·to·mìzed** *adj.*

pan·cre·a·tec·to·my [pæ̀ŋkriətéktəmi, pæ̀n- | pæ̀ŋkrɪətéktəmɪ] 〘← PANCREATO- ＋ -ECTOMY〙 *n.* 〘外科〙 膵(すい)切除(術).

pan·cre·at·ic [pæ̀ŋkriǽtɪk, pæ̀n- | pæ̀ŋkrɪǽt-] *adj.* 膵臓の.

pancreátic júice *n.* 〘解剖〙 膵(すい)液.

pan·cre·a·tin [pǽnkríːətɪn, pǽŋkriə-, pǽn-, -tən | pæŋkríːətɪn, pǽŋkrɪə-] 〘← PANCREATO- ＋ -IN[1]〙 ― *n.* 〘生化学〙 パンクレアチン, 膵(すい)液素《動物の膵臓中の酵素で作った一種の消化剤》.

pan·cre·a·ti·tis [pæ̀ŋkriətáɪtɪs, pæ̀n-, -təs | pæ̀ŋkrɪətáɪtɪs] 〘⇨ ↓, -itis〙 *n.* (*pl.* **-a·tit·i·des** [-títədìːz | -títɪ-]) 〘病理〙 膵(すい)(臓)炎.

pan·cre·a·to- [pǽŋkriətou, pǽn- | pǽŋkrɪətə(u)] 〘← Gk *págkreas* 'PANCREAS': ⇨ -o-〙「膵臓」の意の連結形. ★ 母音の前では通例 pancreat- になる.

pan·cre·a·tot·o·my [pæ̀ŋkriətɑ́təmi, pæ̀n- | pæ̀ŋkrɪətɔ́təmɪ] 〘⇨ ↑, -tomy〙 *n.* 〘外科〙 膵切開(術).

pan·cre·o·zy·min [pæ̀ŋkrio(u)záɪmɪn, pæ̀n-, -mən | pæ̀ŋkrɪə(u)záɪmɪn] 〘← *pancreo-* (← PANCREAS) ＋ ZYM(E) ＋ -IN[1]〙 ― *n.* 〘生理〙 パンクレオチミン《膵(すい)臓の外分泌を促進させる十二指腸粘膜内のホルモン》.

pan·cy·to·pe·ni·a [pæ̀nsàɪto(u)píːniə, -tə- | -tə(u)píːnjə, -nɪə] 〘← NL ～: ← PAN- ＋ CYTOPENIA〙 *n.* 〘病理〙 汎血球減少(症).

pan·da [pǽndə] 〘《1835》⇨ F ～ ← Nepali (土語)〙 ― *n.* **1** 〘動物〙 **a** ショウパンダ, (レッサー)パンダ (*Ailurus fulgens*) 《ヒマラヤおよびネパールにすむネコよりやや大きいアライグマ科の動物; lesser panda, bear cat, cat bear ともいう》. **b** オオパンダ, (ジャイアント)パンダ (*Ailuropoda melanoleuca*) 《中国西部およびチベットにすむアライグマ科の動物; 1936 年以前には捕獲されたことが少なく余り知られなかった; giant panda ともいう》. **2** 《英口語》 ＝panda car.

pánda càr 〘車体の白黒の配色がオオパンダに似ていることから〙 *n.* 《英》 パトロールカー《単に panda ともいう》.

pánda cróssing 〘道路に塗った白い縞とパンダの毛色との連想から: cf. pelican crossing〙 *n.* 《英》 押しボタン式横断歩道.

Pan·dal·i·dae [pændǽlədìː | -lɪ-] 〘← NL ～ ← *Pandalus* (属名) ＋ -IDAE〙 *n. pl.* 〘動物〙 タラバエビ科.

Pan·da·na·ce·ae [pæ̀ndənéɪsiìː] 〘← NL ～: ⇨ pandanus, -aceae〙 *n. pl.* 〘植物〙 (タコノキ目)タコノキ科. **pàn·da·ná·ceous** [-ʃəs] *adj.*

Pan·da·na·les [pæ̀ndənéɪliːz] 〘← NL ～: ⇨ ↓, -ales〙 *n. pl.* 〘植物〙 (単子葉植物)タコノキ目.

pan·da·nus [pændéɪnəs, -dǽn-] 〘← NL ～ ← Malay *pandan*〙 ― *n.* **1** 〘植物〙 タコノキ《タコノキ属 (*Pandanus*) の植物の総称; screw pine ともいう》. **2** タコノキの葉の繊維《むしろなどを編む》.

Pan·dar·e·us [pændέ(ə)riəs | -dέərɪ-] 〘⇨ Gk *Pandáreōs*〙 ― *n.* 〘ギリシャ神話〙 パンダレオース《Merope の子; ゼウス神殿の「黄金の番犬」を盗み Zeus により岩にされた》.

Pan·da·rus [pǽndərəs] 〘⇨ L ～ ⇨ Gk *Pándaros*〙 ― *n.* パンダロス: **1** 〘ギリシャ神話〙 (トロイ戦争で) Lycia 人の首領でトロイ援助に行った弓の名手. **2** (Chaucer および Shakespeare では) Cressida を Troilus に取り持った男 (cf. pander).

Pan·de·an [pǽndiən | pændíːən, -díən] 〘← PAN ＋ -EAN: *-d-* は音便上の挿入〙 *adj.* 牧神パーン (Pan) の(ような).

Pandéan pípe *n.* ＝panpipe.

pan·dect [pǽndekt] 〘《1531》⇨ LL *Pandect-es* the Digest, (L) book that contains everything ⇨ Gk *pandéktēs* all-receiver ← PAN- ＋ *dékhesthai* to receive: cf. decent〙 ― *n.* **1** 〘ローマ法〙 [the Pandects] 学説彙纂 (the Digest) 《ローマ法大全 (Corpus Juris Civilis) の主要部分; ローマ皇帝ユスティニアヌス一世の命令で 533 年に完成; 学説法を統一したもので 50 巻から成り, 40 人の法学者の学説を採録した》. **2** [*pl.*] 法典, 法規全集. **3** 総論, 総覧.

pan·de·mi·a [pændíːmiə | -mjə, -mɪə] 〘← NL ～ ← Gk *pandēmía* the whole people: ⇨ pandemic, -ia[1]〙 *n.* [時に P-] ＝pandemic.

pan·de·mi·an [pændíːmiən | -mɪən, -mjən] *adj.* ＝pandemic 4.

pan·dem·ic [pændémɪk] 〘《1666》← LL *pandēmus* ⇨ Gk *pándēmos* public, common ← PAN- ＋ *dêmos* people: ⇨ -ic[1]〙 ― *adj.* **1** 〈伝染病が〉全国[世界]的に広がる (cf. epidemic) (↔ endemic). **2** 〈病気が〉汎流行の; 流行性の. **3** 一般的な, 普遍的な. **4** [通例 P-] 〈愛情が〉肉感[肉欲]的な, 情欲的な. ― *n.* 全国[世界]的流行病, 汎(発)流行病 (pandemic disease).

Pan·de·mo·ni·um [pæ̀ndəmóuniəm | -dɪmə́unjəm, -nɪəm] 〘← PAN- ＋ DEMON[1] ＋ -IUM: Milton の造語〙 ― *n.* **1** (全部の悪魔が住むといわれる)伏魔殿, 万魔殿 (cf. Milton, *Paradise Lost* 1. 756). **2** 地獄 (hell);

悪の巣. **3** [p-] 大混乱の場所, 修羅(しゅら)場; 大混乱.

pan·der [pǽndɚ | -də(r] 〘n : ((1530)) ((変形)) ← ((古)) *pandar* < ME *Pandare* 'PANDARUS'. — v. : ((1600)) ← (n.) : cf. Shak., *Troilus* 3. 2. 210〙 — *n.* **1** 女を取り持つ男, 売春斡旋(あっせん)業者 (procurer) ; 女郎屋の主人 (pimp). **2** 悪事に力を貸す人 ; 弱味につけ込む人. — *vt.* ((古)) 〈売春・悪事などを〉取り持つ, 仲介する. — *vi.* **1** 〔人に〕(売春・悪事などの)仲介をする, 助けをする〔*to*〕. **2** 〔人に〕迎合する, 〔欲望を〕満たす〔*to*〕: The magazine ~*s to* the public interest in crime. その雑誌は犯罪に興味をもつ大衆におもねる記事ばかり載せている. **~·er** [-dərə | -rə(r] *n.*

pan·dic·u·la·tion [pæ̀ndìkjuléiʃən] 〘□ F ~ ← L *pandiculātus* (p.p.) ← *pandiculārī* to stretch oneself ← *pandere* to stretch : ⇨ -ation〙 — *n.* (目覚め時などの)手足の伸張動作, 伸び.

Pan·di·on [pǽndiɑ̀n | -dɪɒn] 〘□ Gk *Pandíōn*〙 — *n.* 〘ギリシャ神話〙 パンディオン : **1** Phineus と Cleopatra の子 ; 継母の讒訴(ざんそ)によって盲となる. **2** Athens の伝説上の王 ; Erechtheus, Procne, Philomela などの父.

pan·dit [pʌ́ndɪt, pǽn-, -dət | -dɪt] 〘□ Hindi *paṇḍit* ← Skt *paṇḍita* learned〙 — *n.* **1 a** (梵(ぼん)語・哲学・宗教・法学に通じたヒンズー教徒の)学者 ; 教師. **b** [P-] …先生, …師 ((名誉称号)). **2** = pundit 2.

Pan·dit [pʌ́ndɪt, -dət | -dɪt], **Madame Vi·ja·ya** [vɪdʒáɪə, və-, -dʒɑ́ːjə | vɪdʒɑ́ːjə] **Lak·shmi** [lɑ́ːkʃmi | -mɪ] *n.* パンディット ((1900–　; インドの婦人政治家・外交官 ; 国連総会議長 (1953–54) ; Jawaharlal Nehru の妹)).

P. and L., P. & L. ((略)) 〘会計〙 profit and loss.

P. & O. ((略)) Peninsular and Oriental (Steam Navigation Company, Limited).

pan·door [pǽnduə | -duə(r] *n.* = pandour.

pan·do·ra [pændɔ́ːrə, -dóːrə | -dɔ́ːrə] 〘((1597)) □ It. ~, *pandura* □ LL *pandūra* □ Gk *pandoûra* three-stringed musical instrument〙 *n.* = bandore.

Pan·do·ra [pændɔ́ːrə, -dóːrə | -dɔ́ːrə] 〘□ L ~ □ Gk *Pandṓra* ((原義)) all-gifted ← PAN- + *dōron* gift〙 — *n.* **1** 女性名. **2** 〘ギリシャ神話〙 パンドラ ((人類最初の女で Epimetheus の妻 ; Prometheus が天の火を盗んで人間に与えた罰として, Zeus はすべての悪を封入したパンドラの箱 (Pandora's box) を彼女に与え, 地上で結婚する時の贈物にするよう命じた ; 彼女の夫がこれを開けると, 中から人類の諸悪が逃げ出て世上に広がり, 希望だけが底に残ったという)). **3** [p-] 〘貝類〙 = pandora shell.

Pandóra's bóx *n.* **1** 〘ギリシャ神話〙 パンドラの箱 (⇨ Pandora 2). **2** (一見貴重そうに見える)呪われた贈物 ; 不測の難儀を生み出すもの, 災いの元.

pandóra shèll *n.* **1** 〘貝類〙 ネリガイ ((ネリガイ属 (*Pandora*) またはネリガイ科の貝の総称 ; 単に pandora ともいう)). **2** ネリガイの貝殻(かいがら).

pan·dore [pǽndɔə, -dóə, ⌐⌐ | pændɔ́ː(r, ⌐⌐] 〘((1612)) □ F ~ □ LL *pandūra* 'PANDORA'〙 = bandore.

pan·dour [pǽnduə | -duə(r] 〘((1747)) □ F ~ // G *Pandur* □ Serbo-Croat. *pàndūr* constable, infantryman □ ML *banderius* 'one who follows a BANNER'〙 — *n.* **1** パンズール兵 ((18 世紀に徴集された Croatia, Slavonia 農民から成る歩兵で, 後オーストリアの連隊に編入 ; 残忍と無規律で有名)). **2** 残忍な兵士, 略奪兵.

pan·dow·dy [pændáudi | -dɪ] 〘((変形)) ? ← ((廃・英方言)) *pan-doulde* custard : ⇨ pan¹〙 — *n.* ((米)) パンダウディ ((薄切りのりんごに, 香辛料・バター・糖蜜(とうみつ)かシロップを加え, 上にスポンジ生地を流して焼いたプディング ; apple pandowdy ともいう)).

p. & p. ((略)) ((英)) postage and packing.

P & S ((略)) 〘証券〙 purchases and sales record book ブローカー商社の売買記録帳.

pan·du·rate [pǽnd(j)urət, -rɪt, -rèɪt | -dju-] 〘← LL *pandūr(a)* 'PANDORA' + -ATE²〙 *adj.* 〘植物〙 〈葉など〉バイオリン形の, 軍配形の.

pan·du·ri·form [pænd(j)ú(ə)rəfɔ̀əm | -djúərɪfɔ̀ːm] 〘← NL *panduriform-is* : ⇨ ↑, -iform〙 *adj.* 〘植物〙 = pandurate.

pan·dy [pǽndi | -dɪ] 〘← ? L *pande* Hold out (your hand) (imper. sing.) ← *pandere* to open, stretch out〙 ((英口語)) — *vt.* (学校で罰としてつえや皮ひもなどで)〈人〉の手のひらを打つ. — *n.* (学校での罰に)手のひらを打つこと.

Pan·dy [pǽndi | -dɪ] 〘← Bengali *Pāndē* (Bengal によくある姓)〙 *n.* ((口語)) (インド暴動 (1857–59) 当時の)暴徒 (⇨ Indian Mutiny).

pándy·bàt *n.* ((英口語)) 学校で罰として生徒の手のひらをたたく厚くて堅い革帯.

pane¹ [péɪn] 〘((?a1300)) *pan(e)* piece of cloth, section, pane □ (O)F *pan* < L *pannum* piece of cloth〙 — *n.* **1** (ガラス窓に入れた)板ガラス, 窓ガラス(1 枚) : a ~ of glass 窓ガラス 1 枚. **2** (天井・戸・羽目板などに使う)鏡板(panel). **3** (市松模様の)一区画 ; (碁盤の)目 ; (ダイヤモンド・ボルトの止め金・ナットなどの)面. **4** (ガラス 1 枚分の)窓仕切り ; (障子・格子などの)わく. **5** 〘これらは窓ガラス 1 枚分に似ていることから〙〘郵趣〙 ペーン : **a** 切手シート ((200 面とか 400 面で印刷され, それが郵便局の窓口に出されるとき 50 面と 100 面に切られたもの ; このとき切手の印刷されていない gutter 部を切る)). **b** 切手帳 (stamp booklet) の 1 ページ分 ((完全な 1 リーフのこと ; ブックレットペーン (booklet pane) ともいう)). **6 a** (衣服などに用いる寄布細工の)小切れ. **b** [通例 *pl.*] (特に, 16 世紀の衣服の)スリット ((色の違う裏打ち布を見せるために作られた)). — *vt.* 〈窓〉に窓ガラスをはめる.

pane² [péɪn] 〘((変形)) ?〙 *n.*, *vt.* = peen.

pa·né [pɑːnéɪ ; F. pane] 〘□ F ~〙 *adj.* (食物に)パン粉[くず]をつけた[まぶした].

paned *adj.* **1** (特に, 色の違った)寄せ切れで作った. **2** [通例複合語の第 2 構成素として] …の窓ガラスをはめた : a six-*paned* window 6 枚ガラスの窓.

pan·e·gyr·ic [pæ̀nədʒírɪk, -dʒáɪr- | -nɪdʒír-, -nə-] 〘((1603)) □ F *panégyrique* □ L *panēgyricus* public eulogy ((形容詞の名詞用法)) □ Gk *panēgurikós* of public assembly ← PAN- + *agorá* assembly〙 — *n.* **1** (公式な場での)称賛の演説[文], 賛辞 (laudation) 〔*on, upon*〕. **2** (正式[公式]な)称賛, 推賞 〔*on, upon*〕. — *adj.* **1** 賛辞の. **2** 称賛的な. **pàn·e·gýr·i·cal** *adj.* **pàn·e·gýr·i·cal·ly** *adv.*

pan·e·gyr·ist [pæ̀nədʒírɪst, -dʒáɪr-, -rəst | pæ̀nɪdʒírɪst, -nə-, ⌐⌐⌐⌐] 〘((1605)) □ LL *panēgyrista* □ Gk *panēguristḗs* : ⇨ ↓, -ist〙 — *n.* 称賛の演説[文]の起草者 ; 賛辞を述べる人, 称賛者 (eulogist).

pan·e·gy·rize [pǽnədʒəràɪz | -nɪdʒɪ-, -nə-] 〘((1617)) □ Gk *panēgurízein* ← *panḗguris* public festival : ⇨ -ize〙 — *vt.* (称賛文を書いてまたは称賛演説をして)称賛する, 称揚する (eulogize), …に賛辞を述べる. — *vi.* 称賛文を書く, 称賛演説をする.

pan·el [pǽnl] 〘((a1325)) □ OF ~ (F *panneau*) < VL **pannellum* = L *pannulus* (dim.) ← *pannus* 'PANE¹' : ⇨ -el¹〙 — *n.* **1 a** パネル (compartment) ((壁・天井・窓などの一仕切り, 区画)). **b** (羽目板の)鏡板, 入り子, 壁板. **c** 平板状に作った(合板などの)大形の板(panelboard). **d** (窓)わく. **2** 〘絵画〙 **a** (カンバス代用の)画板. **b** (壁画などに対して)画板に描いた絵, パネル画, (長)四角の画. **3 a** パネル貼り写真 (panel photograph ともいう). **b** 〘写真〙 パネル(版) ((長方形の写真 ; 約 8.5×4 インチ)). **c** パネル ((写真印画を貼る板)). **4 a** 羊皮紙の一片 ((昔, 名簿などに用いた)). **b** 登録簿. **5** (垣の)横木 (fence rail). **6** 〘建築〙 トラスの同じ弦材上のとなり合う二節点間の部分. **7** 〘航空〙 **a** パネル ((飛行機の翼, 胴体の外板や隔壁などの構造の一部)). **b** 硬式飛行船の船体の一部. **c** (地面に広げる)信号用カンバス. **d** 機体のわく間. **8** パネル ((スカートなど衣服のデザインに使う縦にはぎ合わせる布切れ)). **9** 〘製本〙 (書籍の表紙または背の)パネル. **10 a** 鞍敷き, 鞍褥, 鞍下あて (saddle cloth). **b** ((古)) 鞍代わりに用いる座ぶとん (pad). **11** 〘法律〙 陪審員の名簿[顔ぶれ] ; (陪審員の構成する)陪審総員 (jury). **12** 〘スコット法〙 在廷(刑事)被告人. **13** ((英)) (かつて, 国民保険法の規定によって登録された)健康保険医名簿 : a ~ doctor (名簿に登録されている)健康保険医 / a ~ patient 国民保険患者 / on the ~ 〈医者が〉保険医名簿に登録されている / go on the ~ 保険医の診察を受ける. **14** (討論会・座談会・相談会などに予定された)講師団, (コンテストなどの)審査委員団, (特定問題の)研究班 ; その名簿[顔ぶれ] (list) ; その討論 (⇨ panel discussion) : a eight-man ~ 8 人委員会 / a ~ of educators 教育者の一団[委員会] / a ~ of consultants 諮問委員会. **15** 〘ラジオ・テレビ〙 (クイズ番組などの)解答者の顔ぶれ ((普通 3–4 人からなる)). **16** 〘経営〙 **a** パネル調査 ((同じ回答者に対し定期的・継続的に特定の調査を行ない, 消費者や商品の動きを確かめるマーケティング調査の一方法)). **b** パネル ((パネル調査の対象として選定される消費者, 卸売・小売商などの固定した標本の集団)). **17** 〘鉱山〙 (採炭・採鉱のため平板状に仕切られた)採炭・採掘区画 (cf. panelwork 2). **18** 〘機械〙 **a** パネル ((計器類を取り付ける盤)). **b** 電話交換台の盤. **c** 〘電気〙 配電盤の一区画. — *vt.* (**pan·eled, -elled ; -el·ing, -el·ling**) **1** 〈壁・天井など〉に鏡板をはめる[で飾る] ; 〈鏡板などを〉わくにはめる (set in a frame) : ~ a room / a ~(l)ed door 鏡板を入れたドア, 唐戸(からど). **2** 〈衣服など〉にパネルを入れる. **3** 〈馬〉に鞍敷きを当てる. **4** 〈陪審員を〉選定する (cf. impanel 2). **5** 〘スコット法〙 起訴する (indict).

pánel·bèater *n.* (自動車の)板金工.

pánel·bòard *n.* **1** 羽目板 ; (羽目板の)鏡板, 入子板 ; パネル材 ((合板・パネル板紙など)). **2** 〘電気〙 配電盤 ((distribution board ともいう)).

pánel discùssion *n.* パネルディスカッション, 公開討論会 ((予定された議題についてあらかじめ選ばれた数人の代表者[専門家]が聴衆の面前で行なう討論形式 ; 人々の間に関心を喚起し多くの意見を紹介する目的で行なう ; 単に panel ともいう ; cf. symposium 2 a)).

pánel dòor *n.* パネルドア, 框戸(かまちど) ((枠をもった羽目板張りのドア ; cf. flush door)).

páne·less *adj.* 〈窓など〉ガラスのない[入ってない].

pánel gàme *n.* **1** ((米)) 売春宿 (panel house) での盗み. **2** 〘テレビ・ラジオ〙 レギュラー出演者で放送するクイズ番組.

pánel hèating *n.* 〘建築〙 パネルヒーティング, 輻射暖房 ((床・壁・天井・羽目などを熱気管・電熱線などで裏面から暖め, その輻射によって暖房するようにしたもの ; radiant heating ともいう)).

pánel hòuse *n.* ((米)) (客の所持品を盗むために羽目板の一部が開く)売春宿.

pán·el·ing [-nəlɪŋ, -nl̩-] *n.* **1** [集合的] 鏡板, 羽目板 (panels). **2** 羽目板[鏡板]張り (panelwork). **3** 鏡板[羽目板]をはめること, 羽目張り.

pán·el·ist [-nəlɪst, -ləst, -nl̩- | -nəlɪst, -nl̩-] *n.* **1** パネルディスカッション出場[参加]者. **2** 〘ラジオ・テレビ〙 (クイズ番組などの)解答者, 出場者. **3** (商品テストなどの)回答者.

pánel lèngth *n.* 〘建築〙 パネル長さ, 格間長 ((トラスで弦材の上のとなり合う節点間の距離)).

pánel lìghting *n.* 〘照明〙 パネル照明 ((エレクトロルミネセンスなどを用いた面照明)).

pán·el·ling [-nəlɪŋ, -nl̩-] *n.* = paneling.

pánel phòtograph *n.* 〘写真〙 パネル貼り写真 ((panel ともいう)).

pánel pìn *n.* パネルピン ((指物業で用いられる細長い丸釘)).

pánel pòint *n.* 〘建築〙 節点, 格点 ((トラスの部材の接合点)).

pánel sàw *n.* 〘木工〙 (目の細かい)横引きのこ.

pánel shòw *n.* 〘ラジオ・テレビ〙 (レギュラーメンバーが解答する)クイズ番組, クイズショー.

pánel strìp *n.* 〘建築〙 目板, 羽目板 ((板の継目をおおう幅の狭い板)).

pánel thìef *n.* ((米)) 売春宿 (panel house) で盗みを働く者.

pánel trùck *n.* ((米)) (小荷物の運搬に使用する小型の有蓋)パネルトラック, ライトバン.

pánel·wòrk *n.* **1** 羽目板[鏡板]張り. **2** 〘鉱山〙 仕切り作業, 採掘区画内における作業 (cf. panel *n.* 17).

pan·en·the·ism [pænénθiìzm] 〘□ G *Panentheismus* ← PAN- + Gk *en* in + THEO- + -ISM〙 — *n.* 万有在神論 ((万物は絶対者としての神の心の中に存在するとする説 ; cf. pantheism)).

pan·e·tel·a [pæ̀nətélə | -nɪ-] 〘□ Sp. ~〙 *n.* (*also* **pan·e·tel·la** [~]) = panatela.

pan·e·tière [pæ̀nətjéə | -nɪtjéə(r ; *F.* panətjɛːr] 〘□ F ~ < OF *panetiere* ← *paneterie* bread room, pantry + *-iere* (fem.) (← *-ier* '-ER¹')〙 — *F. n.* (*pl.* **~s** [~z ; *F.* ~]) (フランスの地方の装飾的な)パン類[食料]貯蔵箱[戸棚].

pan·et·to·ne [pɑ̀ːnetóuni | -nɪtóuni ; *It.* pànettóːne] 〘□ It. ~ ← *panetto* (dim.) ← *pane* bread < L *pānem*〙 — *n.* (*pl.* **~s**, *It.* **-ni** [-ni | -nɪ ; *It.* -ni]) パネトーネ ((果物の砂糖漬けや干しぶどうなどを入れたイタリアのケーキのようなパン ; クリスマスや祭日に食べる)).

Pàn-Européan *adj.* 汎(はん)ヨーロッパの, 全ヨーロッパ的な.

pán-fìred téa *n.* 釜焙(ほう)じ茶 ((輸出用の日本の緑茶)).

pán·fish *n.* パンフィッシュ ((フライパンに入る位の淡水産食用小魚 ; サンフィッシュ科の sunfish, bluegill など)).

pán·frỳ *vt.* フライパンで(少量の油で)いためる (sauté).

pan·ful [pǽnfʊ̀l] *n.* 鍋(なべ)[皿]一杯(分) : a ~ *of* stew.

pang [pǽŋ] 〘((1526)) ← ? : cf. ME *prange, pronge* sharp pain〙 — *n.* **1** (突然の)劇痛, 差し込み, うずき (twinge) : the ~*s* of toothache きりきりする歯の痛み / the ~*s* of death 死[断末魔]の苦しみ. **2** (刺すような)心の苦しみ, 煩悶 ; 悲痛, 傷心, 痛恨 ; 渇望, 憧憬 (longing) : the ~*s* of conscience, regret, remorse, etc. / This book will stay their ~. この本はいつまでも彼らの憧れの書となるであろう. — *vt.*, *vi.* 苦しませる, 苦しむ, 痛む : My stomach ~*ed with* hunger.

pan·ga [pɑ́ːŋgə | pǽŋ-] 〘□ Afr. ~〙 *n.* (アフリカ原住民の用いる)大なた, パンガ刀 ((武器または密林のやぶ・バナナなどを切る道具として使用する)).

Pan·gae·a [pændʒíːə] 〘← PAN- + Gk *gaîa* earth, land : ドイツの地質学者 A. L. Wegener の造語〙 — *n.* 〘地球物理〙 パンゲア, 汎(大)陸 ((三畳紀(約 2 億年前)以前に地球上の全陸地が一塊になっていた仮想大陸)).

pan·gen·e·sis [pændʒénəsɪs, -səs | -nɪsɪs] 〘← NL ~ : ⇨ pan-, -genesis〙 — *n.* 〘生物〙 パンゲン説, 汎(はん)生説 ((遺伝に関する Darwin の仮説 ; 体細胞には自己増殖性の粒子があり, これが血管などにより生殖細胞に集まって子孫に伝えられるという ; cf. blastogenesis 2)). **pan·ge·net·ic** [pæ̀ndʒənétɪk, -dʒə- | -dʒɪnét-, -dʒe-, -dʒə-] *adj.* **pàn·ge·nét·i·cal·ly** *adv.*

Pàn-Gérman *adj.* 全ドイツ人の ; 全ドイツ[汎(はん)ゲルマン]主義の : the ~ League 全ドイツ連盟 ((ドイツの右翼国粋主義団体 ; 1891–1939)). — *n.* 全ドイツ[汎(はん)ゲルマン]主義者.

Pàn-Germánic *adj.* = Pan-German.

Pàn-Gérmanism 〘□ F *pangermanisme* ((なぞり)) ← G *Alldeutschtum* : ⇨ pan-, Germanism〙 — *n.* 全ドイツ主義, 汎(はん)ゲルマン主義 ((ドイツ語民族の統一を目指す)). **Pàn-Gérmanist** *n.*

Pang·fou [pɑ̀ːŋfúː ; *Chin.* pɑ̀ŋfù] *n.* 蚌埠(ほうふ) ((中国中東部, 安徽(あんき)省 (Anhwei) の都市 ; 人口 330,000)).

Pan·gloss·i·an [pænglɑ́siən, pæŋ-, -glɔ́(ː)s- | -glɒ́sɪ-] 〘← F *Pangloss* (Voltaire の *Candide* (1759) の登場人物) : ⇨ pan-, -glossa, -ian〙 — *adj.* 極端に楽天主義的な, 誤った楽天思想の. — *n.* 極端に楽天的な人.

pan·gó·la gràss [pæŋgóulə-, pæŋ- | -góu-] 〘*pangola* ← S-Afr. ((土語))〙 — *n.* 〘植物〙 パンゴラグラス (*Digitaria decumbens*) ((アフリカ南部原産のイネ科メヒシバ属の雑草)).

pan·go·lin [pǽŋgəlɪn, pæŋgóu-, pæŋ-, -lən | pǽŋgəlɪn, pæŋgóu-] 〘□ Malay *pĕngguling* roller ← *guling* to roll : 驚いた時に体を丸くする習性から〙 — *n.* 〘動物〙 センザンコウ ((有鱗目センザンコウ属 (*Manis*) の身

pangolin
(*P. longicaudatus*)

を守る堅いよろいのある動物の総称; オナガセンザンコウ (*M. longicaudatus*), インドセンザンコウ (*M. crassicaudata*) など; アリを食う; scaly anteater ともいう》.

Pan·go Pan·go [pɑ́ːŋ(g)oʊpɑ́ːŋ(g)oʊ | -ŋ(g)əʊpɑ́ːŋ(g)əʊ] *n.* =Pago Pago.

pán gràvy 〘⇨ pan¹〙 *n.* (料理中に出る)肉汁《通例, 調味し煮つめてソースとして用いる》.

pán·hàndle¹ 〘← PAN¹+HANDLE〙 ── *n.* **1** フライパンの柄. **2** [時に P-]《米》(フライパンの柄のように)他州の間に細長く突入している地域: the *Panhandle* of West Virginia, Texas, Oklahoma, Idaho, etc.

pán·hàndle² 〘《1904》《逆成》↓〙《米口語》 ── *vi.* 大道で(話しかけて)物乞いする. ── *vt.* **1** 〈人〉に大道で話しかけて物をねだる. **2** 大道で話しかけて(不幸な身上話などをして)〈金品を〉恵んでもらう.

pán·hàn·dler 〘《1899》← PANHANDLE¹+-ER¹: 差し出した手の形容〙 *n.* 《口語》物乞い, 乞食 (beggar).

Pánhandle Státe *n.* [the ~] 米国 West Virginia 州の俗称.

pán·hèad 〘← PAN¹: 裏返した鍋(㊥)の形容〙 *n.* (ねじ・鋲などの)鍋(頭)《円錐台状の形をした平頭》.

pán hèad *n.* 〘写真〙(三脚の)雲台《三脚につけてカメラを水平に回転できる装置》.

Pàn·hellénic *adj.* **1** 全ギリシャ(主義)の. **2** [時に p-]《米》ギリシャ文字クラブの (⇨ Greek-letter fraternity), 学生社交クラブの.

Pàn·héllenism *n.* 全ギリシャ主義, ギリシャ統一運動《19 世紀初めにおけるオスマン帝国支配からの独立解放を志したギリシャ人の運動》. **Pàn·héllenist** *n.*

pàn·húman *adj.* 全人類の[に関する].

pan·ic¹ [pǽnɪk] 〘《1603》□ F *panique* □ NL *pānicus* □ Gk *pānikós* 'of god PAN': 周章狼狽はパン神の突然の出現に原因するものと信じられた〙 ── *n.* **1** (わけのわからない強烈な)突然のおびえ[恐怖], 恐慌, パニック; 狼狽, 周章, 臆病風: be seized with (a) ~ 恐慌にとりつかれる. **2** (現出された)恐慌状態[期], パニック(現象)《現実のまたは仮想上の突発的危険によって起こる(群集の)混乱状態》. **3** 〘経済〙恐慌, パニック: get up a (financial) ~ (金融)恐慌を起こす. **4** 《俗》非常におかしな[滑稽な]人[もの]. **5** 市場の麻薬不足.

in panic 恐慌を起こして, あわてふためいて.

── *adj.* **1** 〈恐怖がいわれのない, 制しきれない, 度を越した: a ~ fear [fright] 恐慌, 狼狽, 臆病風. **2** 恐慌的な, 狼狽の, パニックの[による]: a ~ haste わけもない[ひどい]あわて方 / a ~ price 恐慌[底抜け]値段. **3** [P-] 牧神パーン (Pan) の. **4** 非常用の: ⇨ panic bolt, panic button.

── *v.* (**pan·icked**; **-ick·ing**) ── *vt.* **1** 恐慌を起こさせる, パニック[恐慌]状態にする[陥れる]. **2** 《米》〘演劇〙〈観客などを〉やんやと言わせる, 笑わせる. ── *vi.* 恐慌を来たす, パニックに陥る, びくびくする, あわてる.

pan·ic² [pǽnɪk] 〘OE □ L *pānic-um* ← *pānus* thread, ear of millet: cf. panicle〙 *n.* **1** 〘植物〙=panic grass. **2** その穀果《食用》.

pánic bòlt *n.* パニックボルト《内側から押せば開く非常口などのボルト》.

pánic bùtton 〘飛行機の非常ボタン[スイッチ]から〙 ── *n.* 《米口語》非常ボタン; 緊急の反応を引き起こすもの.

push [*press, hit*] *the panic button* 《米俗》(火急の際に)ひどくあわてふためく, 周章狼狽する.

pánic gràss 〘⇨ panic²〙 *n.* 〘植物〙キビ・ヌカキビなどキビ属 (*Panicum*) またはヒエ・イヌビエなどヒエ属 (*Echinochloa*) などのイネ科の雑草の総称.

pan·ick·y [pǽnɪki, -nə- | -nɪki] 〘《1869》〙 *adj.* **1** パニック[恐慌]的な, 恐慌状態の; 恐慌を起こしやすい. **2** びくびくした, 臆病風に吹かれた 〔*about*〕.

pan·i·cle [pǽnɪkḷ, -nə- | -nɪ-] 〘《1597》□ L *pānicul-a* tuft on plants (dim.) ← *pānus* a swelling, ear of millet〙 *n.* 〘植物〙円錐(㊥)花(序). **pán·i·cled** *adj.*

pánic-mònger *n.* (うわさをまき散らして)恐慌を引き起こす人.

pánic-strìcken *adj.* 恐慌に襲われた, 狼狽した, あわてふためいた; 恐慌[恐怖]が原因の.

pánic-strùck *adj.* =panic-stricken.

pa·nic·u·late [pənɪ́kjulət, -lɪt, -lèɪt] 〘← NL *paniculāt-us*: ⇨ panicle, -ate²〙 ── *adj.* 〘植物〙円錐(㊥)花序の. **pa·nic·u·lat·ed** [pənɪ́kjulèɪṭɪd, -ṭəd | -tɪd, -təd] *adj.* **~·ly** *adv.*

pan·i·cum [pǽnɪkəm, -nə- | -nɪ-] 〘← NL ~ ← L *pānicum* Italian millet〙 ── *n.* 〘植物〙キビ属 (*Panicum*) の植物の総称《キビ (*P. miliaceum*), ヌカキビ (*P. surpurascens*) など》.

pan·ier¹ [pǽnjə, -niə | -nɪə(r, -njə(r] *n.* =pannier¹.

pan·ier² [pǽnjə, -niə | -nɪə(r, -njə(r] *n.* =pannier².

pan·i·fi·ca·tion [pæ̀nəfɪkéɪʃən, -fə- | -nɪfɪ-] 〘《1779》□ F ~ ← *panifier* to make into bread ← L *pānis* bread: ⇨ -fication〙 *n.* パン化; パン製造.

Pa·ṇi·ni [pɑ́ːnɪniː, -nə-, -ni | -nɪniː, -nɪ; *Hindi* paṇyni] *n.* パーニニ《紀元前 5 世紀ないし 4 世紀頃のインドのサンスクリット文法学者》.

Pàn-Íslam *n.* =Pan-Islamism.

Pàn-Íslamism *n.* 汎(㊥)イスラム主義《19 世紀から 20 世紀にかけて「イスラム世界」の統一をうち立てようとした思想運動》. **Pàn-Islámic** *adj.*

Pan·ja·bi [pʌndʒɑ́ːbi, -dʒǽbi | -dʒɑ́ːbɪ] 〘□ Hindi *pañjābī*: ⇨ Punjabi〙 *n.* =Punjabi.

pan·jan·drum [pændʒǽndrəm | pæn-, pən-] 〘《1755》← *the Grand Panjandrum*: Samuel Foote 作の戯文中に用いられたラテン語をまねた無意味な造語による敬称: cf. conundrum, Trivandrum〙 ── *n.* **1** 大将, 御大(㊥), お偉方《有力なまたは偉ぶった官吏に対するあざけりの呼称》. **2** 威張った役人, 思い上がってえらぶる人.

Pank·hurst [pǽŋkhəːst | -həːst], **Emmeline** *n.* (1858–1928) 英国の婦人参政権運動家; 旧姓 Goulden [gúːldən].

Pankhurst, Estelle Sylvia *n.* (1882–1958) 英国の婦人参政権運動家; Emmeline Pankhurst の娘.

pan·leu·co·pe·ni·a [pænlùːkəpíːniə, -ko(ʊ)- | -lùːkə(ʊ)píːniə, -ljùː-, -njə] 〘← NL ~: ⇨ pan-, leucopenia〙 ── *n.* (*also* **pan·leu·ko·pe·ni·a** [~]) 〘獣医〙汎白血球減少症《白血球減少・嘔吐・高熱・呼吸困難を特徴とする猫の致死的ウイルス病; cat distemper, cat typhoid, feline distemper ともいう》.

pan·lo·gism [pǽnlədʒɪzm] 〘□ G *Panlogism-us*: ドイツの哲学者 J. E. Erdmann (1805–92) の造語: ⇨ pan-, logos, -ism〙 ── *n.* 〘哲学〙(ヘーゲル哲学等の)汎論理主義. **pán·lo·gist** [-dʒɪst, -dʒəst | -dʒɪst] *n.*

pan·lo·gis·tic [pænlədʒɪ́stɪk] *adj.* **pàn·lo·gís·ti·cal** *adj.* **pàn·lo·gís·ti·cal·ly** *adv.*

pan·mix·i·a [pænmɪ́ksiə | -siə] 〘← NL ~ ← PAN-+Gk *míxis* a mingling (of ancestral qualities)+-IA¹〙 ── *n.* 〘生物〙任意交配, パンミクシー《集団内の個体が特定の条件なしに自由に交配すること》. **pan·mic·tic** [pænmɪ́ktɪk] *adj.*

Pan·mun·jon [pɑ́ːnmʊ̀ndʒʌ́n] *n.* (*also* **Pan·mun·jom** [-dʒʌ́m]) 板門店(㊥)《北朝鮮と韓国との境界線にある村落; 朝鮮戦争の休戦協定調印地 (1953)》.

pan·nage [pǽnɪdʒ] 〘(*c*1380) *pownage* □ OF *pannage, pasnage* (F *panage*) < ML *pāstiōnāticum* ← L *pāstiō(n-)* pasture: ⇨ pasture, -age〙 ── *n.* **1** 〘英法〙 **a** (入会(㊥)地の)森林内の豚の放牧. **b** その放牧権または料金. **2** 放牧された豚が森林中で拾って食う木の実《どんぐり (mast, acorn) など》.

panne [pǽ(ː)n; *F.* pan] 〘□ (O)F ~ 'fur used for lining' < L *pennam* feather: cf. pen¹〙 *n.* パン《けばの平らな柔らかくてつやのある軽いビロードに似た服地》.

pánne vèlvet *n.* =panne.

panni *n.* pannus の複数形.

pan·nic·u·lus [pənɪ́kjuləs] 〘← NL ~ ← L ~ 'small piece of cloth'〙 *n.* (*pl.* **-u·li** [-làɪ]) 〘解剖〙組織層,《特に, 皮下脂肪の》膜層.

pan·nier¹ [pǽnjə, -niə | -nɪə(r, -njə(r] 〘(*c*1300) *painer* □ (O)F *panier* < L *pānārium* basket for bread ← *pānis* bread: ⇨ -ier¹〙 ── *n.* **1 a** 荷かご《馬・ろばなどの両側に掛ける》. **b** 自転車[オートバイ]につける荷かご. **2 a** (食糧などを運ぶ)大かご; 背負いかご. **b** (救急車に積んである)救急用医療器具[医薬品]箱. **3** パニアー, パニエ《婦人がスカートの両サイドをふくらませるために使用した鯨のひげ製などのわく》. **4** パニアースカート《18 世紀ごろ婦人がスカートの両サイドをふくらませるためにつけたオーバースカート》.

panniers 1 a

pan·nier² [pǽnjə, -niə | -nɪə, -njə] 〘《1823》□ ? L *pānārius* bread seller, (もと adj.) of bread (↑)〙 ── *n.* 《英口語》Inner Temple の食堂給仕.

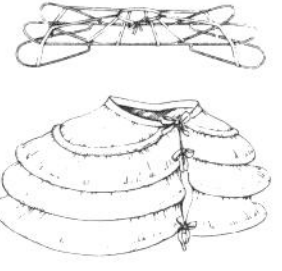

panniers 3

pan·ni·kin [pǽnɪkɪn, -nə-, -kən | -nɪkɪn] 〘《1823》← PAN¹+-KIN: cf. cannikin〙 ── *n.* **1** 小皿, 小鍋(㊥); 小さな金属製水飲み, 小金属杯 (cannikin). **2** pannikin の中身.

pánnikin bóss *n.* 《豪口語》(労働者の)監督者.

pán·ning¹ 〘← PAN¹ (v.)〙 ── *n.* 《米》〘鉱山〙パンニング, 椀がけ《川底の砂などをパンニング皿[椀]に入れて水中で揺り動かして底にたまった鉱物を選別する方法》.

pán·ning² 〘← PAN²〙 *n.* 〘写真・映画・テレビ〙(撮影中にカメラを)パンすること (cf. pan² *vt.*).

pannier¹ 4

Pan·ni·ni [pɑːníːni | -nɪ; *It.* panníːni], **Giovanni (Paolo)** *n.* パンニーニ《1692?–1765; イタリアの画家, ローマの廃墟を描いた》.

Pan·no·ni·a [pənóʊniə | -nə́ʊnjə, -niə] *n.* パンノニア《ヨーロッパ中央部の古国で古代ローマ領; Danube 川の南および西部にわたり, 現在は大部分ハンガリーとユーゴスラビアに含まれている》. **Pan·nó·ni·an** [-niən | -njən, -nɪən] *adj.*

pan·nose [pǽnoʊs | -nəʊs] 〘□ L *pannōs-us* ragged, raglike ← *pannus* cloth, rag: ⇨ -ose¹〙 *adj.* 〘紡織〙フェルト[ラシャ]地の, ラッグ状の.

pan·nus [pǽnəs] 〘← L ~ 'cloth'〙 *n.* (*pl.* **pan·ni** [-naɪ]) **1** 〘病理〙パンヌス《特に, トラコーマによって起こる角膜の血管増殖》. **2** 〘気象〙ちぎれ雲.

pan·o- [pǽnə] pan- の異形.

pa·no·cha [pənóʊtʃə | -nə́ʊ-] 〘□ Mex.-Sp. ~ (dim.) ← Sp. *pan* bread < L *pānem, pānis*〙 ── *n.* (*also* **pa·no·che** [pənóʊtʃi | -nə́ʊtʃɪ]) **1** (メキシコ産の)粗糖. **2** パノーチャ《黒砂糖・バターおよびミルクに刻んだ木の実を入れて作るファッジ (fudge)》.

pan·o·is·tic [pæ̀noʊɪ́stɪk | -nəʊ-] 〘← PAN-+*o*- (← Gk *ōión* egg)+-ISTIC〙 ── *adj.* 〘昆虫〙無栄養卵巣の《卵巣に栄養細胞がなくて, 卵細胞のみがある; cf. meroistic》.

pán·o·plied *adj.* **1** よろい・かぶとで身を固めた (completely armed). **2** 十分に防護された, 完全な.

pan·o·ply [pǽnəpli | -plɪ] 〘《1576》□ F *panoplie* // ← NL *panoplia* ← Gk *panopliā* complete suit of armor ← PAN-+*hópla* (pl.) arms: ⇨ -y¹〙 ── *n.* **1** よろい・かぶと一そろい, 具足一領, 総具足. **2** 防護のおおい, 当て. **3** 美しい装い; 立派な飾りつけ.

pan·op·tic [pænɑ́ptɪk | -nɔ́p-] 〘← Gk *panóptēs* all-seeing: ⇨ pan-, optic〙 ── *adj.* **1** 一目ですべて見える[を見せる], パノラマ的な. **2** すべてを見る, 全部の要素を考慮に入れた; 包括的な: a ~ survey of American democracy アメリカ民主主義の概観. **pan·óp·ti·cal** *adj.* **pan·óp·ti·cal·ly** *adv.*

pan·op·ti·con [pænɑ́ptəkɑ̀n | -nɔ́ptɪkɔ̀n] 〘《1768》← PAN-+Gk *optikón* ((neut.) ← *optikós* 'OPTIC')〙 ── *n.* **1** (囚人に知られずに周囲の独房が全部監視できる)円形刑務所《Jeremy Bentham の創案》. **2** 望遠顕微鏡《望遠鏡と顕微鏡とを合装した光学器械》.

pan·o·ram·a [pæ̀nərǽmə, -rɑ́ː- | -rɑ́ː-] 〘《1796》← PAN-+Gk *hórāma* view (← *horān* to see)〙 ── *n.* **1 a** パノラマ, 回転画. **b** 円形パノラマ (cyclorama) (cf. cosmorama). **c** パノラマ館. **2** 連続的に出現する光景, 絶えず移り変わる光景[事件の展開]; 走馬灯のように続く心像. **3** さえぎるものなく展開する眺望, 全景; (問題などの)概観, 全貌, 展望.

pan·o·ram·ic [pæ̀nərǽmɪk] *adj.* **1** パノラマ(式)の, 次々と繰広げられる. **2** 全部の景色が見える; 概観的な: a ~ view 全景. **pàn·o·rám·i·cal·ly** *adv.*

panorámic cámera *n.* パノラマ写真機, 全景写真機《レンズの後側節点を中心に, レンズを回転しながら露光溝孔またはフィルムを動かして, 左右 180 度近くから 360 度を写すカメラ》.

panorámic síght *n.* 〘軍事〙(砲の)全視照準《対物レンズがどの方向にも旋回し, 照準手は姿勢を変えずに広範囲の照準ができる》.

pan·or·nith·ic [pæ̀nɔənɪ́θɪk | -nɔː-] 〘← PAN-+ORNITHIC〙 *adj.* 〈病気が〉一種類の鳥に対して流行性の (cf. epidemic, epizootic).

Pa·nor·pi·dae [pənɔ́əpədiː | -nɔ́ːpɪ-] 〘← NL ~ ← *Panorpa* (属名 ← PAN-+? Gk *hárpē* sickle)+-IDAE〙 *n. pl.* 〘昆虫〙(長翅目)シリアゲムシ科.

Pàn-Pacífic *adj.* 全太平洋の, 汎(㊥)太平洋の.

pan·pipe, P- [pǽnpàɪp] 〘⇨ Pan〙 ── *n.* [しばしば *pl.*] パンの笛《長短の管を長さの順に並べて平らに束ねた原始的な吹奏楽器; 牧神 Pan が用いたと伝えられる; Pan's pipes, Pandean pipes, syrinx ともいう》.

pan·ple·gi·a [pænplíːdʒiə, -dʒə | -dʒɪə, -dʒə] *n.* 〘病理〙=pamplegia.

pan·psy·chism [pænsáɪkɪzm | -sáɪ-, -psáɪ-] *n.* 〘哲学〙汎(㊥)心論, 全心論. **pan·psy·chic** [pænsáɪkɪk | -sáɪ-, -psáɪ-] *adj.*

pan·psy·chist [pænsáɪkɪst, -kəst | -sáɪkɪst, -psáɪ-] *n.* 〘哲学〙汎(㊥)心論者, 全心論者. **pan·psy·chis·tic** [pæ̀nsaɪkɪ́stɪk | -saɪ-, -psaɪ-] *adj.*

Pàn-Slávism 〘□ G *Panslavism-us*: ⇨ pan-, Slav, -ism〙 *n.* 汎(㊥)スラブ主義, スラブ民族統一運動. **Pàn-Sláv** *adj.* **Pàn-Slávic** *adj.* **Pàn-Slávist** *n.*

pán·so·phìsm [-fìzm] 〘← Gk *pánsophos* all-wise+-ISM〙 *n.* 万有知識, 百科辞典的知識(の誇示).

pán·so·phist [-fɪst, -fəst | -fɪst] *n.* 百科の学に通じていると誇称する人.

pan·so·phy [pǽnsəfi | -fɪ] 〘← NL *pansophia* ← PAN-+Gk *sophia* wisdom〙 ── *n.* 万有知識, 百科辞典的知識; 万有知識の体系. **pan·soph·ic** [pænsɑ́fɪk | -sɔ́f-] *adj.* **pan·sóph·i·cal** *adj.*

pan·sper·ma·tism [pænspə́ːmətɪzm | -spə́ː-] *n.* 〘生物〙=panspermia.

pan·sper·mi·a [pænspə́ːmiə | -spə́ːmjə, -mɪə] 〘← NL ~ ← Gk *panspermia* mixture of all seeds: ⇨ pan-, sperm, -ia¹〙 *n.* 〘生物〙パンスペルミア説, 汎種説, 胚種広布説.

Pán's pípes *n. pl.* =panpipe.

pan·sy [pǽnzi | -zɪ] 〘(*a*1500)《古》*pensee, pensy* □ (O)F *pensée* pansy,《原義》thought (p.p.) ← *penser* < L *pēnsāre* to think: この花を見ると人を「想う」と言われる: cf. pensive〙 ── *n.* **1 a** 〘植物〙パンジー, サンシキスミレ (*Viola tricolor* var. *hortensis*) (cf. wild pansy). **b** サンシキスミレの花. **2** すみれ色. **3** 《口語》にやけた若者; 服装に凝った気取った男; 同性愛の男. ── *adj.* 《俗》〈人が〉にやけた, 気取った; 〈物が〉凝った, 粋な (chic). ── *vt.* 〈服装などを〉めかしたてる, 粋にする. ── *vi.* めかす, 粋になる.

Pan·sy [pǽnzi | -zɪ] 〘↑〙 *n.* 女性名.

pánsy bòy *n.* =pansy 3.

pant¹ [pǽnt] 〘v.: 《1440》□ AF **pant-er* ← OF *pantaisier* to be breathless < VL **phantasiāre* to have hallucinations ← L *phantasia* □ Gk *phantasía* appearance: cf. phantasm, fantasy. ── n.: 《1500–20》← (v.)〙

— *vi.* **1** あえぐ,(運動のあとなどに)息切れする;(激しく)動悸(ʼ)がする (throb). **2** 熱望する, 渇望する, 焦がれる (yearn): ~ *for* [*after*] liberty 自由を渇望する / ~ *to* do ひどく…したがる. **3** 〈列車などが〉(蒸気・煙などを)ぱっぱ[しゅっしゅっ]と吹く (emit). **4** 〘海事〙〈船の舷側が〉(縦揺れするときに圧力によって)膨らんだり縮んだりする. — *vt.* あえぎながら言う, 息を切らせながら述べる 〈*out, forth*〉. — *n.* **1** あえぎ, 息切れ, はあはあいうこと. **2** (胸などの)動悸(ʼ). 鼓動. **3** (蒸気機関の)しゅっしゅっ(という音). **~·er** [-ṭə | -tə(r)] *n.* 「(一着の) pants の片足.

pant[2] [pǽnt] *adj.* pants の[に関する]: ~ legs. — *n.*

pant[3] [pǽnt] 〘← ?〙 *n.* 《英北部》(公の)飲用水泉; 水たまり. 「pan-).

pant- [pǽnt] (母音の前に来る時の) panto- の異形 (⇨ **pan·ta-** [pǽnṭə | -tə] panto- の異形 (⇨ pan-).

pan·ta·graph [pǽnṭəgræ̀f | -təgrɑ̀ːf, -græ̀f] 〘《変形》← PANTOGRAPH〙 *n.* = pantograph.

Pan·ta·gru·el [pæ̀nṭəgrúːəl, pæntǽgruəl, -gruèl | pæ̀ntəgrúːəl, pæntǽgruəl, -gruèl; *F.* pɑ̃tagryɛl] 〘▭F ~ 《原義》all-thirsty ← *panta-* ʻPANTO-ʼ+? Arab. *gruel* thirsty: 15 世紀の神秘劇に出る海の悪鬼の名〙 — *n.* パンタグリュエル《Rabelais 作 *Pantagruel* (1532) に登場する巨人で Gargantua の息子; まじめな問題を皮肉交じりの豪放なユーモアで片づける快楽主義的な巨人; cf. Panurge》.

Pan·ta·gru·el·i·an [pæ̀nṭəgruéliən, pæntæ̀g- | pæ̀ntəgruéliən, pæntæ̀g-, -ljən] 〘⇨↑, -ian〙 *adj.* パンタグリュエル流の, 皮肉で豪放なユーモアのある.

Pàn·ta·grú·el·ìsm [-lɪzṃ] 〘▭F *pantagruélisme*: ⇨ Pantagruel, -ism〙 — *n.* パンタグリュエル流, 皮肉で豪放なユーモアのあること. **Pàn·ta·grú·el·ist** [-lɪst, -ləst | -lɪst] *n.*

pan·ta·lets [pæ̀nṭəléts, -ṭḷ- | -təl-, -tḷ-] 〘← PANTAL(OON)+-ET+-S[1]〙 — *n. pl.* (*also* **pan·ta·lettes** [~]) **1** (くるぶしのところにタックやレースなどを飾った)長いパンツ《19 世紀に婦人・少女がスカート下に着用した》. **2** (婦人下着用の)長いパンツ (drawers). **pàn·ta·lét·ted** [-tɪd, -təd | -tɪd, -təd] *adj.*

Pan·ta·lo·ne [pɑ̀ːnṭəlóuni, -ṭḷ- | -tələ́u-, -tḷ-; *It.* pantalóːne] *n.* = pantaloon 1.

pan·ta·loon [pæ̀nṭəlúːn, -ṭḷ- | -təl-, -tḷ-] 〘《c1590》▭F *pantalon* ▭It. *pantalone* buffoon ← *Pantalone* a Venetian ← *San Pantaleone* (Venice の守護神)〙 — *n.* **1** [P-] パンタローネ《古いイタリア喜劇 commedia dell'arte や英国のパントマイムで, 細いズボンをはいたやせこけた老いぼれ役の名; cf. Columbine 2, harlequin 1 a》. **2** [*pl.*] パンタロン, ズボン: **a** 《古》17–18 世紀の, ふくらはぎで留める男子用半ズボン. **b** 《古》19 世紀の, 脚にぴったりした長ズボン. **c** 現在の, 男女両用の長ズボン《膝下から裾にかけてフレアーを入れたものが多い; cf. pants 1》.

pan·ta rhei [pɑ̀ːntɑ(ː)réɪ, pæ̀nṭəréɪ | -tɑː-, -tə-] 〘▭Gk *pánta rheî* all things flow〙 *Gk.* 万物は流転す《古代ギリシャの哲学者 Heraclitus に帰せられる言葉》.

pánt·drèss *n.* **1** パンツドレス《キュロット (culottes) のついたワンピースドレス》. **2** = pantskirt《pants dress ともいう》.

pan·tech·ni·con [pæntéknɪkən, -nə-, -nəkɑ̀n | -nɪkən] 〘《1830》← *Pantechnicon* (19 世紀 London の美術品陳列販売所) ← PAN- + Gk *tekhnikón* ((neut.) ← *tekhnikós* artistic ← *tékhnē* art)〙 — *n.* 《英》 **1** 《古》家具販売所, 家具陳列場, 家具倉庫. **2** 家具運搬車, 家具用トラック (furniture van)《pantechnicon van ともいう》.

pan·tel·e·graph [pæntéləgræ̀f | -lɪgrɑ̀ːf, -græ̀f] 〘← PAN-+TELEGRAPH〙 *n.* パンテレグラフ《初期の模写電送装置 (facsimile telegraph)》.

Pan·tel·le·ri·a [pæ̀ntèlərìːə; *It.* pantellerí:a] *n.* パンテレリア(島)《Sicily 島と Tunisia との間にあるイタリア領の島; 人口 10,000, 面積 83 km²》.

Pàn-Téutonism *n.* = Pan-Germanism. **Pàn-Teutónic** *adj.*

pan·the·ism [pǽnθi(ː)ɪzṃ] 〘《1732》: ⇨↓, -ism〙 — *n.* **1** [P-] 〘哲学〙(スピノザ等の)汎(ʰ)神論, 万有神教《自然のすべてが神であるとする立場; cf. theism 2, deism》. **2** 多神教 (polytheism); 自然崇拝 (nature worship); アニミズム (animism).

pan·the·ist [pǽnθi(ː)ɪst, -əst | -ɪst] 〘《1705》← PAN-+THEO-+-IST: ⇨ theist〙 *n.* 汎(ʰ)神論者.

pan·the·is·tic [pæ̀nθi(ː)ístɪk] *adj.* 汎(ʰ)神論的な, 万有神教の; 多神崇拝の. **pàn·the·ís·ti·cal** *adj.* **pàn·the·ís·ti·cal·ly** *adv.*

pan·the·lism [pǽnθəlɪzm | -θɪ-] 〘← PAN- + Gk *thél(ein)* to will+-ISM〙 *n.* 〘哲学〙(特に, A. Schopenhauer の)万有意志論, 汎(ʰ)意論.

pan·the·on [pǽnθiɑ̀n, -θiən | pǽnθɪən, pænθíːən, -θíən] 〘《14C》 *Panteon* ▭ ML *Pant(h)eon* ▭ Gk *Pántheion* (*hierón*) (temple) for all the gods ← PAN- + *theîos* divine (← *theós* god)〙 — *n.* **1** 万神を祭る宮, 万神殿, パンテオン. **2** [the P-] パンテオン《ローマの万神殿; Agrippa が建立した (27 B.C.) ものを Hadrian が改築し (A.D. 120–24), 609 年以後は教会として用いられ, Santa Maria ad Martyres [mɑ́ːṭərìːz | mɑ́ːtɪ-] と呼ばれた》. **3** 一国の偉人を一緒に祭った神殿: the *Pantheon* パンテオン《Paris にある Sainte-Geneviève 教会を改称したもの》/ the British *Pantheon* = Westminster Abbey. **4** [集合的] (一国民の信じるまたは神話中の)神々, やおよろずの神. **5** (人人・個人にとっての)英雄[偶像]たち(の殿堂). **6** パンシアン《London の民衆娯楽場; 1772 年創設》.

pan·ther [pǽnθə | -θə(r)] 〘《15C》▭L *panthēra* ▭ Gk *pánthēr* ∽ ME *pantere* ▭ OF *pantere* (F *panthère*): cf. Skt *puṇḍarīka-* tiger〙 — *n.* (*pl.* ~, ~s) **1** 〘動物〙 **a** 大型で獰猛(ᵈᵒ)なヒョウの総称 (leopard). **b** 黒ヒョウ (black leopard). **c** ピューマ, (俗に)パンサー (*Felis concolor*) (⇨ cougar). **d** = jaguar. **2** 《口語》獰猛な人, 凶暴な人. **3** [P-] 《米》= Black Panther. — *adj.* 獰猛な, 凶暴な; 剽悍(ʰᵒ)な.

pan·ther·ess [pǽnθərəs, -rəs | -rɪs, -rès] *n.* panther の雌.

Pán·ther·ìsm [-θərìzm] *n.* (米国の)黒豹党 (Black Panthers) の過激[戦闘的]な主義.

pánther stràngler *n.* 〘植物〙= leopard's-bane 1.

pan·ti- [pǽnṭi | -tɪ] 〘↓〙「他の衣類とつながっているパンティー」の意の連結形: *panti*-slip パンティースリップ / *panti*-tights パンティータイツ.

pan·tie [pǽnṭi | -tɪ] 〘《1846》← PANTS+-IE〙 *n.* 《口語》 **1** [通例 *pl.*] (婦人・子供用)パンティー, パンツ (cf. drawer 3, scanties). **2** = pantie girdle.

pántie-bèlt *n.* 《英》= pantie girdle.

pántie gìrdle *n.* 《米》パンティーガードル《パンティー型のコルセット》.

pan·ti·hose [pǽnṭihòuz | -tɪhə̀uz] *n.* = panty hose.

pán·tile 〘← PAN[1]+TILE: cf. Du. *dakpan* roof-pan / G *Pfannenziegel* pan-tile〙 — *n.* 〘建築〙((断面が)S 字形をした)さんがわら, パンタイル. **pán·tiled** *adj.*

pantiles

pánt·ing [-tɪŋ | -tɪŋ] *n.* 〘医学〙 **1** 浅速呼吸. **2** (犬などの)熱あえぎ.

pant·i·soc·ra·cy [pæ̀nṭəsɑ́krəsi, -taɪ- | -tɪsɔ́krəsɪ] 〘《1794》← PANTO-+ISOCRACY〙 — *n.* (S. T. Coleridge などが考えた)理想的平等社会, 万民同権政体. **pant·i·so·crat·ic** [pæ̀ntaɪsəkrǽṭɪk, -tɪ- | -tɪsəkrǽt-] *adj.* **pànt·i·so·crát·i·cal** *adj.* **pànt·i·sóc·ra·tist** [-tɪst, -təst | -tɪst] *n.*

pant·ler [pǽntlə | -lə(r)] 〘ME *pantelere* 《変形》← *paneter* 《原義》baker ▭ (O)F *panetier* < VL **pānatārium* = LL *pānārius* bread-seller ← *pānis* bread: cf. butler〙 — *n.* 《古》(大邸宅の)食料調達[貯蔵室]用人(頭)[執事] (cf. pantryman).

pan·to [pǽntou | -təu] *n.* (*pl.* ~s) 《英口語》= pantomime 2.

pan·to- [pǽnṭo(u) | -tə(u)] 〘▭Gk *pant(o)-* ← *pantós* (gen.), *pâs* (masc.), *pân* (neut.) all: ⇨ pan-〙= pan-. ★ 時に panta-, また母音の前では通例 pant- になる.

Pan·toc·ra·tor [pæntɑ́krəṭə | -tɔ́krətə(r)] 〘▭ ML ~ ▭ Gk *pantokrátōr* ← PANTO-+*krátōr* ruler〙 *n.* (宇宙の)全能の支配者[主], パントクラトール《特にキリスト》.

pan·to·dont [pǽnṭədɑ̀nt | -dɔ̀nt] 〘← NL ~: ⇨↓, -odont〙 *n.* 〘動物〙全歯目の哺乳動物.

Pan·to·don·ta [pæ̀nṭədɑ́nṭə | -tədɔ́ntə] 〘← NL ~: ⇨ panto-, -odonta〙 *n. pl.* 〘動物〙全歯目.

pan·to·fle [pǽntoufḷ, -tɑ́fḷ, -túːfḷ, pǽnṭəfḷ | pæntɔ́fḷ, -túːfḷ, pǽntəfḷ] 〘《1494》▭ (O)F *pantoufle* ▭ OIt. *pantofola* ▭ Gk *pantóphellos* cork shoe ← PANTO- + *phellós* cork〙 — *n.* (*also* **pan·tof·fle** [~]) **1** (寝室用の)スリッパ (slipper). **2** パントフル《コルク底で甲は前部だけの高靴; 16 世紀ごろオーバーシューズ用に使った; cf. chopine》.

pan·to·graph [pǽnṭəgræ̀f | -təgrɑ̀ːf, -græ̀f] 〘《1723》▭ F *pantographe*: ⇨ panto-, -graph: 2 はその形の連想から〙 — *n.* **1** (図を拡大・縮少するときに用いる)縮図器, 写図器, パントグラフ. **2** 〘電気〙(電車・電気機関車の)集電器, パンタグラフ.

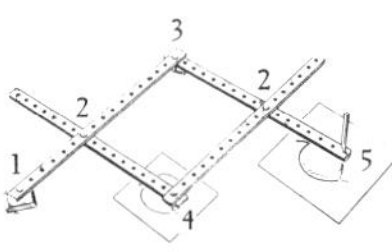

pantograph 1
1 fixed pivot; 2 adjustable pivots; 3 sliding pivot with ball foot; 4 ivory point; 5 pencil point

pan·to·graph·ic [pæ̀nṭəgrǽfɪk | -tə-] *adj.* **pàn·to·gráph·i·cal** *adj.*

pan·tog·ra·phy [pæntɑ́grəfi | -tɔ́grəfɪ] *n.* **1** 全写法, 縮写法. **2** 全図. **3** 総論.

pan·tól·o·gist [-dʒɪst, -dʒəst | -dʒɪst] *n.* (皮肉に)大物「知り.

pan·tol·o·gy [pæntɑ́lədʒi | -tɔ́lədʒɪ] 〘← NL *pantologia*: ⇨ panto-, -logy〙 — *n.* 万有百科の総合知識.

pan·to·log·ic [pæ̀nṭəlɑ́dʒɪk | -təlɔ́dʒ-] *adj.* **pàn·to·lóg·i·cal** *adj.*

pan·to·mime [pǽnṭəmàɪm, -mìːm | -təmàɪm] 〘《1589》▭L *pantomīm-us* ▭ Gk *pantómīmos* actor, mimic, 《原義》all-imitating: ⇨ panto-, mime〙 — *n.* **1** 無言劇, 黙劇, パントマイム (dumb show). **2** 《英》パントマイム, おとぎ芝居《クリスマス期に演じる芝居; 有名な昔話やおとぎ話などを狂言に仕組んで, にぎやかな大詰めの幕のあとには clown や Pantaloon の滑稽な所作や Harlequin と Columbine の舞踏が演じられる》. **3** (古代ローマの)無言劇俳優. **4** (無言で意味を込めた)身振り, 手まね: express oneself in [by] ~ 身振りで思うことを表現する. **5** 身振り[手まね]による(感情などの)表現[表出]術. — *vt.* 身振り[手まね]で〈意志を〉示す, 手まね[身振り]で表わす. — *vi.* 無言劇を演じる. **pan·to·mim·ic** [pæ̀nṭəmímɪk | -tə(ʊ)-] *adj.*

pántomime dàme *n.* パントマイムに出てくる下品で滑稽な女形《通例男が演じる》.

pan·to·mim·ist [pǽnṭəmìmɪst, -màɪm-, -məst | -təmàɪmɪst] *n.* パントマイムの役者[作者].

pànto·mórphic 〘← PANTO-+-MORPHIC〙 *adj.* あらゆる姿を表わす, 変幻自在の; あらゆる形態の.

pan·ton·al [pæntóunḷ | -tə́ʊ-] 〘← PAN-+TONAL〙 *adj.* 〘音楽〙汎(ʰ)調性の; 十二音技法による.

pan·to·nal·i·ty [pæ̀nṭo(ʊ)nǽləṭi | -tə(ʊ)nǽlətɪ, -lɪ-] *n.* 〘音楽〙汎(ʰ)調性; 無調性 (atonality), 十二音組織 (twelve-tone system).

Pan·top·o·da [pæntɑ́pədə | -tɔ́p-] 〘← NL ~: ⇨ panto-, -poda〙 *n. pl.* 〘動物〙= Pycnogonida.

pànto·pragmátic 〘← PANTO-+PRAGMATIC〙 *adj.* 何にでも関係[干渉]する; おせっかいな.

pan·to·scope [pǽnṭəskòup | -təskə̀ʊp] *n.* 〘写真〙 **1** パノラマ写真機. **2** 広角レンズ.

pan·to·scop·ic [pæ̀nṭəskɑ́pɪk | -təskɔ́p-] *adj.* **1** 全部の光景を見る; 〈レンズ・写真機など〉広角の: a ~ camera = panoramic camera / ~ spectacles = bifocals. **2** 視野[視界]の広い.

pan·to·then·ate [pæ̀nṭəθéneɪt, pæntɑ́θənèɪt | pæ̀ntəθéneɪt, pæntɔ́θɪnèɪt] *n.* 〘化学〙パントテン酸塩[エステル]《ビタミン B 複合体の一因子》.

pan·to·thén·ic ácid [pæ̀nṭəθénɪk- | -tə-] 〘*pantothenic*: ← Gk *pántothen* from every side+-IC[1]: ⇨ panto-〙 — *n.* 〘生化学〙パントテン酸 ($HOCH_2C(CH_3)_2CHOHCONHCH_2CH_2COOH$)《ビタミン B 複合体の一要素で, 補酵素 (coenzyme) A の構成成分の一つ》.

pan·to·there [pǽnṭəθɪ̀ə | -təθɪ̀ə(r)] 〘← NL *Pantotheria*: ⇨ panto-, -theria〙 *n.* 〘古生物〙汎獸類の動物[化石]《哺(ʰ)乳類の先祖》.

pan·tou·fle [pæntúːfḷ, -tɑ́fḷ, -túːfḷ, pǽnṭəfḷ | pæntɔ́fḷ, -túːfḷ, pǽntəfḷ] *n.* = pantofle.

pan·toum [pæntúːm] 〘▭F ~ ▭ Malay *pantun* ʻPANTUNʼ〙 — *n.* 〘詩学〙パントゥーン詩形《本来マラヤの詩形で, 各節は 4 行からなり, a b a b, b c b c, c d c d のように押韻して再び a の押韻で終わる》.

pan·tro·pic[1] [pæntróupɪk, -trɑ́p- | -trɔ́p-, -trə́ʊp-] 〘← PAN-+-TROPIC〙 — *adj.* 〘医学〙〈ウイルスが〉多くの組織に親和性のある, 汎親和性の (cf. neurotropic, organotropic).

pan·trop·ic[2] [pæntrɑ́pɪk | -trɔ́p-] 〘← PAN-+TROPIC[1]〙 *adj.* 汎(ʰ)熱帯的な, 全熱帯地域に分布する. **pan·tróp·i·cal** *adj.*

pan·try [pǽntri | -trɪ] 〘《a1300》*pan(e)trie* ▭ AF *panetrie* = OF *paneterie* bread closet ← *panetier* servant in charge of bread < ML *pānetārium* baker ← L *pānis* bread: ⇨ -(e)ry: cf. pantler〙 — *n.* **1** (台所または食堂に隣接する)食料貯蔵室 (cf. larder); 食器室 《butler's pantry, housemaid's pantry ともいう》. **2** (ホテル・船などの)配膳(ʰ)室.

pántry·man [-mən] *n.* (*pl.* **-men** [-mən, -mèn]) (ホテル・病院・船などの)配膳室係, その助手.

pants [pǽnts] 〘《1841》《略》← PANTALOONS〙 — *n. pl.* **1** 《口語》ズボン (trousers), スラックス (slacks), パンタロン (pantaloons). **2** (婦人・子供の)パンツ, パンティー; 《英》(紳士下着の)パンツ, ズボン下 (underpants): ⇨ hot pants. ★ この語は 1 着であっても These *pants* are pretty. のように複数扱い; 数える時は pair(s) of を用いるが, 商人の間では one pant, two pants ということもある. **3** 《米俗》〘航空〙(飛行機の車輪の)流線型覆い, スパッツ.

a kick in the pants ⇨ kick[1] 成句. ***bore* [*scare*] *the pants off*** 《俗》ひどく退屈させる[驚かす]. ***too big for one's pants*** ⇨ big[1] 成句. ***wear the pants*** ⇨ wear[1] *v.* 成句. ***with one's pants down*** 《俗》極めてまずいところを, 不用意のところを.

pánts drèss *n.* = pantdress.

pánt·shòes *n. pl.* パンタロンシューズ《裾が開いたズボンをはいた時に似合うようにデザインされた靴》.

pánt·skirt *n.* パンツスカート (culottes)《pants skirt ともいう; cf. pantdress》.

pánt·sùit *n.* パンツスーツ《ズボンと上着の揃いの婦人服; pants suit ともいう》.

pan·tun [pæntúːn] 〘▭ Malay ~〙 *n.* 〘詩学〙= pantoum.

pant·y [pǽnṭi | -tɪ] *n.* = pantie.

pan·ty- [pǽnṭi | -tɪ] = panti-.

pánty gìrdle *n.* = pantie girdle.

pánty hòse *n. pl.* パンティーストッキング.

pánty ràid *n.* 《米》大学の男子学生がパンティーをとるため女子寮に押し掛けること.

pánty·wàist *n.* **1** 《米》幼児用パンツつきシャツ《胴部にボタンで留め合わせるようになっている短いパンツとシャツ》. **2** 《米俗》子供のような男, にやけた(女みたいな)男, 意気地なし (sissy), 臆病者. — *adj.* **1** 《米口語》子供じみた (childish). **2** 《米俗》にやけた, 女みたいな, 意気地なしの (sissified).

Pan·urge [pǽnəːdʒ, pænúədʒ | pǽnəːdʒ, pænúədʒ; *F.* panyrʒ] 〘▭F ~ ← Gk *panoûrgos* ready to do anything ← PAN-+*érgon* work〙 — *n.* パニュルジュ《Rabelais 作の *Pantagruel* (1546) 中の人物で Pantagruel の家来; ずるくて, おしゃべりで, 頓(ʰ)知があって臆病》.

Panza *n.* ⇨ Sancho Panza.

pan·zer [pǽnzə, pɑ́ːntsə | pǽntsə(r, pǽnzə(r; *G.*

pántsɐ] 〘□G *Panzer*《原義》coat of mail < MHG *panzier* □ OF *panciere* □ OIt. *pancia* belly < L *panticem*, *pantex* ' PAUNCH '〙 ― *adj.* **1** 機甲の, 装甲の (armored). **2** 機甲部隊[師団, 兵団]の[より成る, による]: ～ forces 機甲[機械化]部隊. ― *n.* [通例 *pl.*] 機甲師団所属の装甲車両; (特に)戦車.

pánzer division 〘□G *Panzerdivision* ← *Panzer* (↑): ⇨ division〙 *n.* (ドイツ陸軍, 特に第二次大戦中の)機甲師団[部隊], 装甲機械化部隊[兵団].

Pão de A·çú·car [*Braz.* pẽũdʒiasúkar] *n.* パンデアスカル《Sugarloaf Mountain のポルトガル語名》.

Pa·o·lo [pɑ́:o(ʊ)lòʊ | pɑ́:əʊlàʊ; *It.* pá:olo] 〘□It. ～ ' PAUL '〙 *n.* 男性名.

Pa·o·loz·zi [pɑ̀:o(ʊ)lɔ́(:)tsi, -lɑ́t- | -ə(ʊ)lɔ́tsɪ; *It.* paolɔ́ttsi], **E·duar·do** [edwárdo] *n.* パオロッチ《1924– ; イタリアの彫刻家》.

Pao·shan [pàʊʃɑ́:n; *Chin.* pǎuʂān] *n.* 保山《中国雲南省 (Yünnan) 西部の小都市》.

Pao·ting [pàʊtíŋ; *Chin.* pǎutìŋ] *n.* 保定《中国河北省 (Hopeh) の都市; 旧名 Tsingyuan》.

Pao·t'ou [pàʊtóʊ | -táʊ; *Chin.* pāutʻóu] *n.* 包頭《中国内モンゴル自治区 (Inner Mongolian Autonomous Region) 中部の都市》.

pap[1] [pǽp] 〘《?*c*1200》 *pappe* ← ON (cf. Norw.《方言》& Swed.《方言》*pappe*) ←? IE **pap-* nipple《擬音語》: cf. papula〙 ― *n.* **1**《古・方言》乳首; 乳房 (breast). **2 a** 乳首[乳房]状のもの. **b** 円錐状の小山の頂き.

pap[2] [pǽp] 〘《*c*1430》 *pap(e)* □ (M)LG *pappe* □ ML **pappa* ← L *pāpa*, *pappa*《小児語》food ← IE **pā-* to feed〙 ― *n.* **1 a** (幼児・病人用の)パンがゆ《パンを牛乳や湯などで柔らかく煮たもの》: His mouth is full of ～. 彼はまだ乳臭い《子供だ》. **b** どろどろしたもの, すりつぶしたもの. **c**《アフリカ南部》とうもろこしがゆ. **2** (果物の)軟肉 (pulp). **3**《俗》(官公吏などの)役得. **4** (やさしくて歯ごたえがない)子供だまし(のような話[考え]); こくのない読み物.

pap[3] [pǽp] *n.*《米方言》= papa[1].

pa. p.《略》《文法》past participle.

pa·pa[1] [pɑ́:pə | pəpɑ́:] 〘《1670》□ F ～ □ LL *pāpa* □ Gk *páppas*《小児語》father: cf. pope[1]〙 ― *n.*《小児語》おとうちゃん (father) (cf. mamma[1] 1). ★ pa, pap, pop, paw などともいうが dad, daddy が最も普通.

pa·pa[2] [pɑ́:pə, pəpɑ́: | pəpɑ́:] 〘□ eccl. L *pāpa* ' bishop, (ML) the Bishop of Rome, POPE[1] '〙 ― *n.* **1**〘ギリシャ正教〙教区司祭 (parish priest). **2** [the P-]《古》(ローマまたはアレクサンドリアの)教皇 (the Pope).

pa·pa·ble [péɪpəbl] 〘□F ～ □ It. *papabile*: ⇨ pope[1], -able〙 *adj.* ローマ教皇職(papacy)につきうる[に選ばれうる].

pa·pa·cy [péɪpəsi | -sɪ] 〘《*a*1393》□ ML *pāpātia* ← eccl.L *pāpa*: ⇨ papa[2], -acy〙 ― *n.* **1** [the ～] ローマ教皇の職[任期, 地位]; 教皇(統治)権. **2** [P-] (ローマ教皇を最高権力とする)教皇政治, 教皇制度 (papal system). **3** 教皇の系列[継承]; 歴代教皇の全体.

pa·pa·ga·llo [pɑ̀:pəgáɪoʊ | -gáɪəʊ] 〘《変形》← Sp. *papagayo* parrot (*gallo* cock と連想?): 背びれの色・模様の突起がとさかに似ていることから〙 ― *n.*〘魚類〙= roosterfish.

Pap·a·go [pǽpəgòʊ, pɑ́:p- | -gəʊ] 〘□ Papago ～《原義》bean people〙 ― *n.* (*pl.* ～, ～**s**) **1 a** [the ～(s)] パパゴ族《米国 Arizona 州南西部およびメキシコ Sonora 州北西部のピマ族 (Pima) の一部族》. **b** パパゴ族の人. **2** パパゴ語.

pa·pa·in [pəpéɪɪn, -páɪ-, -ən | -ɪn] 〘← PAPA(YA) + -IN[1]〙 ― *n.* パパイン: **a**〘化学〙パパイア (papaya) の果実に含まれている一種の蛋白質分解酵素. **b** それから作った粉末《消化剤, 肉の軟化剤, ビールの混濁除去剤》.

pa·pal [péɪpəl] 〘《*c*1393》□ (O)F ～ □ ML *pāpālis* ← eccl.L *pāpa*: ⇨ papa[2], -al[1]〙 ― *adj.* **1** ローマ教皇の, 教皇政治[職, 地位, 任期]の: the *Papal* crown 教皇冠 (tiara) / a ～ delegate 教皇使節 / the *Papal* See = Apostolic See 1. **2** カトリックの, ローマカトリック教会の. **～·ly** *adv.* 「cross[1] 挿絵).

pápal cróss *n.* 教皇十字架《3本横木の十字架; ⇨

pápal infallibílity *n.*〘カトリック〙教皇不謬(ɕɪ)性《1870年に第1バチカン公会議 (Vatican Council) で決定されて教義となったもの; キリストの代表者ですべての真理において聖霊に導かれた者としての教皇が「ペトロの座から」(ex cathedra Petri) 信仰および道徳上の事に関して宣言することには決して誤りがないという説; cf. infallibility 2》. 「皇至上主義.

pá·pal·ìsm [-lɪzm] *n.* **1** 教皇制度, 教皇政治. **2** 教

pá·pal·ist [-lɪst, -ləst | -lɪst] 〘《1750》□ F *papaliste*: ⇨ papal, -ist〙 *n.* 教皇制擁護者, 教皇党の人, カトリック教徒. ― *adj.* 教皇制度[政治]の.

pa·pal·ize [péɪpəlàɪz] *vt.*, *vi.* 教皇政治化する; 教皇制を奉じる; カトリックに改宗する[させる].

Pápal Státes *n. pl.* [the ～] 教皇領《755年からイタリア統一(1870年)まで教皇が統治した中部イタリア; 1860年その一部はイタリアに編入; the States of the Church ともいう》.

Pa·pa·ni·co·laou tèst [pɑ̀:pəní:kəlàʊ-, pæ̀pəníkə-] 〘← *George N. Papanicolaou* (1883–1962: ギリシャ系米国人, 医学者)〙 ― *n.*〘医学〙パパニコロウ試験《癌(ɡ)の疑いのある腫瘍(ɕ)からの剝(ɕ)離細胞の染色標本 (smear) による癌(特に, 子宮頸癌)の診断法; Pap test ともいう》.

pa·pa·raz·zo [pɑ̀:pərɑ́:tsoʊ | -tsəʊ; *It.* pàparáttso] 〘□ It. ～《方言》buzzing insect: cf. F *paperassier* rummager in old papers〙 ― *It. n.* (*pl.* **-raz·zi** [-tsi:; *It.* -ttsi]) (有名人の行く所はどこにでもついて行き)センセーショナルなネタを執拗に捜し求める(特に, 自由契約の)報道写真家, フリーランスのルポカメラマン.

Pa·pav·er·a·ce·ae [pəpæ̀vəréɪsiì:] 〘← NL ～ ← *Papāver* (↓) + -ACEAE〙 *n. pl.*〘植物〙(ケシ目)ケシ科.

pa·pàv·er·á·ceous [-ʃəs] *adj.*

pa·pav·er·ine [pəpǽvərì:n, -v(ə)rɪn, -rən | -vəràɪn, -v(ə)rɪn] 〘← L *papāver* (↓) + -INE[3]〙 ― *n.* (*also* **pa·pav·er·in** [pəpǽv(ə)rɪn, -rən | -rɪn])〘化学〙パパベリン ($C_{20}H_{21}NO_4$)《阿片に含まれるアルカロイドの一種》.

pa·pa·ver·ous [pəpéɪv(ə)rəs] 〘← L *papāver* ' POPPY[1] ' + -OUS〙 *adj.* **1** ケシの; ケシのような (poppy-like). **2** 催眠の (soporific).

pa·paw 〘《1598》《変形》← Sp. *papayo* (↓)〙 ― *n.*〘植物〙**1** [pɑ́:pɔ:, pɔ́:-, pəpɔ́:] **a** ポポー (*Asimina triloba*)《北米温帯原産のバンレイシ科の果樹》. **b** ポポーの果実《果肉は美味》. **2** [pəpɔ́:, pɔ:- | pə-] = papaya.

pa·pa·ya [pəpáɪ(j)ə, -pɑ́:jə | -páɪə] 〘□ Sp. *papaya* the fruit of papaya & *papayo* the tree of papaya ← Carib《土語》〙 ― *n.* **1**〘植物〙パパイア (*Carica papaya*)《熱帯アメリカ原産の果樹; 熱帯各地に栽培される》. **2** パパイアの実. **pa·pá·yan** [～n] *adj.*

papaya

páp·bòat *n.* (幼児・病人用の)パンがゆなどを入れる舟型食器.

Pa·pe·e·te [pɑ̀:piéɪti, pəpéɪti, -pí:- | pɑ̀:pɪéɪtɪ, pəpéɪ-, -pí:-] *n.* パペーテ《太平洋の Society 諸島の Tahiti 島にある海港, French Polynesia の首都; 人口 26,000》.

pa·pe·le·ra [pɑ̀:pəlé(ə)rə | -léərə; *Sp.* pàpeléra] 〘□ Sp. ～ ← *papel* paper + *-era* (fem.) ' -ER[1] '〙 ― *n.* (*pl.* ～**s** [～z; *Sp.* ～s]) (書類・筆記具などを収納するスペインの)ルネサンス風の飾り棚.

pa·per [péɪpə | -pə(r)] 〘*n.*: 《*c*1385》 *papir* □ AF = (O)F *papier* □ L *papȳrus* paper □ Gk *pápūros* ' PAPYRUS ': PAPYRUS と二重語. ― *v.*: 《1594》← (*n.*)〙 ― *n.* **1** 紙: a piece of ～ 一片の紙 / a sheet of ～ 一枚の紙 (★ a piece of, a sheet of, a leaf of がつかなくても一片の紙, 一枚の紙, 一葉の紙を表わすことがある) / crape ～ ちりめん紙 / ruled ～ 罫(ɕ)紙 / ⇨ art paper, glass paper, Japanese paper, plotting paper, sensitive paper, tracing paper / commit to [put on] ～ 紙に書きつける / put pen to ～ 書き始める, 筆を執る; 書く / work with ～ and pencil [pencil and ～] 紙と鉛筆でこつこつ仕事をする. **2** 紙状のもの《papyrus など》. **3** 新聞, 新聞紙; (新聞に似た)定期刊行物: a daily ～ 日刊新聞 / a morning [an evening] ～ 朝[夕]刊(新聞) / today's ～ 今日の新聞 / be in the ～*s* 新聞に出ている / What ～ do you take? 君は何新聞を取っていますか / What do the ～*s* say? 新聞では何と言っているか / a trade ～ 業界紙. **4** 論文, 研究論文: a ～ on folklore 民俗学に関する論文 / read a ～ (before a learned society) (学会で)論文を読む, 研究発表[報告]をする / collected ～*s* 論文集. **5** 試験問題, 答案; 宿題, レポート: set a ～ in grammar 文法の問題を出す / examine the ～*s* 答案を調べる. **6** [通例 *pl.*] 書類, 文書, 記録, 資料 (documents): important ～*s* 重要書類 / sign a ～ 証書に署名する, 一札入れる / lay the ～*s* (大臣が議事報告のため)書類を卓上に出す. **7** [*pl.*] 身分証明書, 戸籍証明書; 船籍証明書; 資格認定証; 信任状 (creden tials); 辞表: state ～*s* 公文書 / ⇨ first papers, ship's papers / send [hand] in one's ～*s* (特に)〈陸海軍将校が〉辞表を提出する. **8** (政府機関が出す)刊行文書: ⇨ Green Paper, white paper. **9** 紙幣, 銀行券 (paper money). **10** [集合的にも用いて] 手形 (bill), 為替手形 (bill of exchange): a good ～ 支払確実の手形 / commercial ～ 商業手形 / a negotiable ～ 融通[流通]手形. **11**《俗》(劇場などの)無料入場券 (free pass); [集合的] 無料入場者 (cf. deadhead *n.* 1): The house was largely filled with ～. 会場は大部分無料入場者で満たされていた. **12** 紙包み, 紙袋: a ～ of pins ピン一包み / a ～ of tobacco たばこ一袋. **13** 壁紙 (wallpaper); 紙の掛物. **14** 便箋; 書簡箋 (stationery). **15** [*pl.*] = curlpapers.

get into papers 新聞に出る, 新聞種になる. ***go round the papers*** 新聞紙上に広く伝わる. ***on paper*** (1) (口ではなく)紙に書いて[印刷して]; (事実はともかく)紙上では, 書いた物[書類, 印刷物]の上では. (2) 理論[統計]上は; 仮定的には. (3) 立案[計画]中の.

― *attrib. adj.* **1 a** 紙の, 紙製の: a ～ box, cup, napkin, etc. / a ～ lantern ちょうちん / a ～ screen 障子 / a ～ window 障子窓. **b** 紙表紙の. **2** 紙のような (paperlike); (紙のように)薄い, もろい. **3** 紙上の; 手紙・論説・書物などで行なう[に関連する]; 書類仕事の, 事務上の: a ～ war [warfare] (新聞・小冊子・著書などでの)筆戦, 論戦 / ⇨ paper work. **4** 帳面づらだけの; 名[形]だけの, 空論の, 実施[実行]されない (unsubstantial): a ～ army (名前だけの)幽霊軍隊 / ～ strength (軍隊の)名目上の兵[戦闘]力 / a ～ farmer (実際を知らない)理論農業家 / a ～ plan (机上の)空論 / ⇨ paper blockade, paper profit. **5** 紙に書かれた, 印刷された; 紙幣として発行された: ～ currency = paper money. **6**《米俗》〈劇場など〉無料入場者が主な, 〈観客が〉無料で入場した: ～ audience / ⇨ paper house. **7**〈薄い織地が〉紙のようにさらりとなめらかな仕上げの. **8**〈結婚記念日など〉第一回の: ⇨ paper wedding.

― *vt.* **1**《古》紙に書く[記す]; 記述する, 筆に表わす. **2** 紙で包む; 〈窓・戸などを〉紙でおおう 〈*up*, *over*〉. **3** …に壁紙を張る: ～ a wall, room, etc. / a room ～*ed with* flowers 花模様の壁紙を張った部屋. **4** 紙で裏打ちする. **5** 紙やすりにかける. **6**《俗》〈劇場など〉に無料入場者を入れて大入りにする. ― *vi.* (壁に)壁紙を張る.

paper over (1) ⇨ *vt.* 2. (2)〈組織内の欠点・不一致などを〉隠す, 取り繕う, 糊塗(ɕ)する.

～·like *adj.*

páper·bàck *n.* **1** ペーパーバック, 紙表紙[紙装]本 (cf. hard-cover, hardback). **2** (紙装の)興味本位の本. ― *adj.* 〈本が〉紙表紙[紙装]の, ペーパーバック版の.

páper·bàcked *adj.* = paperback.

páper·bàrk máple *n.*〘植物〙ヒロハノカエデ (*Acer macrophyllum*)《北米西部産のサトウカエデの一種; 樹液から砂糖を採る; large-[broad-]leaved maple, Oregon maple ともいう》.

páper bírch *n.*〘植物〙アメリカシラカンバ (*Betula papyrifera*)《北米産のシラカンバ属の植物; その白い樹皮はかご細工などに用いる; cf. western paper birch》.

páper blockáde *n.* (宣言だけの)紙上封鎖.

páper·bòard *n.* (木材・化学パルプなどを原料とする)板紙; はり合わせ板紙 (pasteboard): a piece of ～. ― *adj.* 板紙(製)の; はり合わせ板紙(製)の.

páper bòards *n. pl.*〘製本〙板紙表紙装.

páper bòok *n.* 訴訟記録書《当該事件についての裁判書の記録 (record) の写本》.

páper·bòund *n.*〘製本〙紙表紙本, 紙装本. ― *adj.* 紙表紙の (cf. clothbound). 「boy).

páper·bòy *n.* 新聞売り子[配達人], 新聞少年 (news-

páper capácitor *n.*〘電気〙紙コンデンサー《誘電体として絶縁紙を用いる最も一般的なコンデンサー; paper condenser ともいう》.

páper chàse *n.*〘遊戯〙= HARE and hounds.

páper clìp *n.* 紙ばさみ, (ペーパー)クリップ.

páper condénser *n.*〘電気〙= paper capacitor.

páper còver *n.* 紙表紙本, 紙装本.

páper cùrrency *n.* = paper money.

páper cúrtain *n.*《米》紙のカーテン《官僚的かつ繁雑な手続きから生ずる, 実態究明等の妨げとなるもの》.

páper cùtter *n.* **1** (紙の)断截(ɕ)機, 截紙機《カッターの一種》. **2** = paper knife 1.

páper dóll *n.* 紙人形《子供のおもちゃ》; [通例 *pl.*] 折りたたんだ紙を切って作った一続きの人形.

pá·per·er [-pərə | -rə(r)] *n.* **1** = paperhanger. **2** 紙やすりでみがく人. 「テルペン (terpene).

páper fáctor *n.*〘化学〙バルサムモミ (balsam fir) の

páper-fìle *n.* 状差し, 紙ばさみ; (新聞の)綴じ込み.

páper·gìrl *n.* 新聞配達の少女.

páper gòld *n.*〘経済〙= Special Drawing Rights.

páper·hànger *n.* **1** 壁紙張り職人, 経師(ɕɪ)屋, 表具師. **2**《米俗》偽造[不渡り]小切手使い.

páper·hànging 〘《1693》〙 *n.* **1** 壁紙[表具]張り(業). **2** [*pl.*]《古》壁紙 (wallpaper).

páper hòuse *n.*《米俗》招待客[無料入場者]で満員の劇場[サーカスなど].

páper hùnt *n.* = HARE and hounds.

páper insulátion *n.*〘電気〙紙絶縁.

páper knìfe *n.* **1** (象牙・骨・金属・木製などの)紙切りナイフ, ペーパーナイフ《paper cutter ともいう》. **2** 紙の断截(ɕ)機の刃部. 「る.

páper·less *adj.* 紙を使わないで情報[資料]を伝達す

pa·per-mâ·ché [pèɪpəməʃéɪ, -mæ- | -pə-] *n.*, *adj.* = papier-mâché.

páper·màker *n.* 製紙業者.

páper·màking *n.* 製紙.

páper màtch *n.* = book match.

páper-mìll *n.* 製紙工場.

paper money [⌐–⌐– | ⌐–⌐–] 〘《1691》〙 *n.* **1** 紙幣, 銀行券 (cf. coin, specie[1]). **2** 有価証券《小切手・手形など》.

páper múlberry *n.*〘植物〙カジノキ (*Broussonetia papyrifera*)《クワ科のコウゾの類の落葉高木; 樹皮は和紙の原料, 南洋諸島ではタッパ布 (tapa) の原料とする》.

páper-mùslin *n.* つや付けモスリン布.

páper náutilus 〘薄くて白い紙のような貝殻をもつところから〙 ― *n.*〘動物〙アオイガイ《アオイガイ属 (*Argonauta*) のタコの総称; アオイガイ[カイダコ] (*A. argo*) など》.

páper plánt *n.*〘植物〙= papyrus 1.

páper prófit *n.*〘通例 *pl.*〙(まだ実現しない)帳簿上の利益.

páper pùlp *n.* 製紙用パルプ.

páper réed [rúsh] *n.*〘植物〙= papyrus 1.

páper·shéll *adj.* = paper-shelled. 「れた].

páper-shélled *adj.* ごく薄手の殻のある[でおおわ

páper-stàiner *n.* 壁紙製造人, 壁紙印刷[着色]業者.

páper stándard *n.*〘経済〙紙幣本位(制) (cf. gold standard, silver standard).

páper tápe *n.*〘電算機・通信〙紙テープ《電子計算機・電信機などの入力・出力鑽孔(ɕ)を記録するテープ; cf. tape 7》.

páper-thín *adj.* **1** 紙のように薄い, 非常に薄い (very

thin): The meat is cut ～. **2** 非常に狭い；紙一重の，かろうじての.
páper tíger *n.* 見かけだけのもの；こけおどし，張子の虎：He claims that the Navy is a ～.
páper trèe *n.* 〖植物〗＝paper mulberry.
páper wàsp *n.* 〖昆虫〗枯木の繊維を集めて唾液で練って紙質の巣を作るハチの総称《yellow jacket や hornet など》.
páper wédding *n.* 紙婚式《結婚1周年の記念式［日］；⇨ wedding 4》.
páper·wèight *n.* 文鎮，紙押え.
páper wòrk *n.* 文書業務，事務手続き，ペーパーワーク《ある仕事に付帯してなされる記録・書類の整理・保存などの仕事》.
pa·per·y [péɪp(ə)ri | -pəri] *adj.* **1** 紙状の，紙質の；薄い，弱い (thin, flimsy)：～ leaves. **2** 《俗》無料入場者で占める：The house was largely ～. 会場は大部分無料入場者だった. **pá·per·i·ness** *n.*
pap·e·terie [pǽpətri, pæ̀pətríː | pǽpɪtri, pæ̀pətríː; *F.* paptri] 〖□F ～ ← *papetier* paper maker, stationer ← *papier* 'PAPER'〗 *n.* 文具箱，(手)文庫 (stationery case).
Pa·phi·an [péɪfiən | -fi-] 〖← L *Paphi(us)* (← PAPHOS) + -AN¹〗 — *adj.* **1** パポス (Paphos) の：the ～ Goddess＝Aphrodite. **2** 女神アプロディーテー (Aphrodite) の. **3** (不義の)恋愛の，邪恋の；みだらな (erotic). — *n.* **1** パポスの人. **2** アプロディーテー崇拝者；[しばしば p-] 売春婦 (prostitute).
Paph·la·go·ni·a [pæ̀fləgóuniə, -njə | -gə́unjə, -niə] *n.* パプラゴニア《黒海に臨み，小アジア北部にあった古代の地域名；ギリシャ人が植民し，のちローマ領となる》.
Pa·phos [péɪfɑs | -fɔs] 〖□L ～ □Gk *Páphos*〗 *n.* パポス《Aphrodite の神殿のあった Cyprus 南西部の古都；Aphrodite 崇拝の中心地》.
Pa·pia·men·to [pɑ̀ːpjəméntou | -təu; *Sp.* pàpjaménto] 〖□Sp. ～ ← Papiamento *papia* talk + *-mento* -ment〗 *n.* パピアメント語《オランダ領西インド諸島の Curaçao 島のスペイン語と原住民の言語との混合語》.
pa·pier col·lé [pɑːpjéɪ-kɔːléɪ, pæp-; *F.* papjekɔle] 〖□F ～ 《原義》pasted paper〗 — *F. n.* (*pl.* **pa·piers col·lés** [～(z); *F.* ～]) 〖美術〗パピエコレ《画面に壁紙・色紙・新聞紙などを適宜に切って貼り付ける立体派[キュービズム]の絵画技法の一つ；cf. collage 1》.
pa·pier-mâ·ché [pèɪpəməʃéɪ, pæpjèɪ-, -mæ- | pæ̀pjeɪmǽʃeɪ, -pɪeɪ-, -mɑ́ːʃ-; *F.* papjemɑʃe] 〖《1753》□F ～ ← *papier* 'PAPER' + *mâché* chewed (← *mâcher* to chew < L *masticāre* 'to MASTICATE')〗 — *n.* 混凝紙《椀・盆などの製造に用いる張子[張抜き]の材料；どろどろにした紙にサイズ (size)・のり・樹脂 (resin)・油などを入れたもの》. — *adj.* **1** 張子の：a ～ mask / a ～ mold 〖印刷〗紙型. **2** 見掛け倒しの；まやかしの，欺瞞的な (false)：a ～ façade.
pa·pil·i·o·na·ceous [pəpìliənéɪʃəs | -lɪə-] 〖《1668》← NL *pāpiliōnāceus* ← L *pāpiliō(n-)* butterfly：⇨ -aceous〗 — *adj.* 〖植物〗**1** (マメ科の花に普通な)蝶形の，蝶形花冠のある：the ～ corolla 蝶形花冠. **2** マメ科の.
Pa·pil·i·on·i·dae [pəpìliánədìː | -lɪ́ɔnɪ-] 〖← NL ～ ← *pāpiliō(n-)* (↑) + -IDAE〗 *n. pl.* 〖昆虫〗(鱗翅目)アゲハチョウ科.
pap·ill- [pǽpəl, pəpíl | pǽpɪl, pəpíl] (母音の前に来る時の) papillo- の異形.
pa·pil·la [pəpílə] 〖《1693》← (N)L ～ 'nipple' (dim.) ← *papula* 'a swelling, PAPULA'〗 — *n.* (*pl.* **pa·pil·lae** [-liː]) **1** 《まれ》〖解剖〗乳頭 (nipple)；味蕾(みらい) (taste bud)；(歯根・毛根の)小乳頭状突起. **2** 〖植物〗乳頭突起，突起毛. **3** 吹き出物，おでき，にきび (pimple).
pa·pil·lar [pǽpələ, pəpílə | pəpílə(r)] *adj.* ＝papillary.
pap·il·lar·y [pǽpəlèri, pəpíləri | pəpíləri] 〖《1667》← PAPILLO- + -ARY〗 *adj.* 〖解剖〗乳頭の，乳頭状[性]の，小突起のある[でおおわれた].
pápillary múscle *n.* 〖解剖〗乳頭筋《心室の内壁から乳頭状に突出している筋》.
pap·il·late [pǽpəlèɪt, pəpílət, -lɪt | pəpílət, -lɪt] 〖← NL *papillātus*：⇨ papilla, -ate²〗 *adj.* 〖解剖〗乳頭状[性]の；乳頭(状突起)のある.
pa·pil·li·form [pəpíləfɔ̀ːm | -lɪfɔːm] *adj.* 〖解剖〗乳頭状の.
pap·il·li·tis [pæ̀pəláɪtɪs, -təs | -pɪláɪtɪs] 〖← NL ～ ← PAPILLO- + -ITIS〗 *n.* 〖病理〗乳頭炎.
pap·il·lo- [pǽpəlo(ʊ), pəpílo(ʊ) | pǽpɪlə(ʊ), pəpíl-] 〖← NL ～ ← L *papilla* 'PAPILLA'〗 「乳頭 (papilla)，乳頭の (papillary)，乳頭腫状の (papillomatous)」の意の連結形. ★ 母音の前では通例 papill- になる.
pap·il·lo·ma [pæ̀pəlóumə | -pɪlə́u-] 〖← NL ～：⇨ ↑, -oma〗 *n.* (*pl.* ～s, ～**·ta** [～tə | ～tə]) 〖病理〗**1** 乳頭腫(しゅ). **2** いぼ，うおの目. **～·tous** [～təs | ～təs] *adj.*
pap·il·lo·ma·to·sis [pæ̀pəlòumətóusɪs, -səs | -pɪlə̀umətə́usɪs] 〖← NL ～：⇨ ↑, -osis〗 *n.* 〖病理〗乳頭腫症.
pap·il·lon, P- [pɑ̀ːpijɔ́ː(ŋ), -jɔ́(ː)ŋ | pǽpɪljən; *F.* papijɔ̃] 〖□F ～ 《原義》butterfly □L *pāpiliō(n-)*：その耳の形から：cf. pavilion〗 — *n.* パピヨン《スペイン・イタリア・フランスなどで作出され，耳が頭に斜めにつき，チョウの羽根に似ているイヌ；犬種》.
pap·il·lote [pǽpəlòut | -pɪləut] 〖□F ～ ← *papillon* butterfly：⇨ papillon〗 — *n.* パピヨット：**a** (骨つき肉の骨の端に巻く)フリル状の紙飾り. **b** 材料を包んで焼くための油脂をひいた紙.

Pa·pi·ni [pɑpíːniː; *It.* papíːni], **Giovanni** *n.* パピーニ《1881–1956；イタリアの詩人・小説家・評論家；*Storia di Cristo*「キリストの生涯」(1921)》.
pa·pism [péɪpɪzm] 〖□F *papisme*：⇨ ↓, -ism〗 *n.* 《軽蔑》(ローマ)カトリック教皇制；カトリック教.
pa·pist, P- [péɪpɪst, -pəst | -pɪst] 〖《1534》□F *papiste* ← *pape* 'POPE¹'：⇨ -ist〗 — *n.* **1** ローマ教皇(政治)礼賛者. **2** 《軽蔑》カトリック[天主教]信徒 (Roman Catholic). — *adj.* カトリック[天主教]信徒の.
pa·pis·tic [pəpístɪk] 〖《1545》□?F *papistique*：⇨ ↑, -ic¹〗 *adj.* 《軽蔑》ローマ教会の，カトリックの，天主教の. **pa·pís·ti·cal** *adj.* **pa·pís·ti·cal·ly** *adv.*
pa·pist·ry [péɪpɪstri, -pəs- | -pɪstri] 〖← PAPIST + -RY〗 *n.* 《軽蔑》教皇制[制度]，カトリック的教義[儀式].
pa·poose [pæpúːs, pə- | pə-] 〖《1634》□N-Am.-Ind. (Narraganset) *papoòs* child, 《原義》very small〗 — *n.* アメリカインディアンの赤ん坊[幼児] (cf. squaw)：～ fashion (背負い板 (papoose board) で背負われた)インディアンの赤ん坊のように；後ろ向きに(背負われて).
papóose bòard *n.* (アメリカインディアンが赤ん坊を後ろ向きに固定して背負うのに使う)背負い板 (cradleboard).
papóose·ròot *n.* 〖植物〗＝blue cohosh.
pa·poosh [pəpúːʃ, pɑː-] 〖《1682》《古》*papucha* □F *papouch* □Pers. *pāpūsh* shoe ← *pā* foot + *pūsh* covering〗 — *n.* (*also* **pa·pouche** [～]) ＝babouche.
pa·po·va·vi·rus [pəpóuvəvàɪrəs | -pə́uvəvàɪər-] 〖← PA(PILLOMA) + PO(LYOMA) + *va(cuolation)* + VIRUS〗 — *n.* 〖病理〗パポーバ ウイルス《DNA をもつウイルスの一群で，腫瘍の原因になるものが多く含まれる》.

papoose board

pap·pen·hei·mer [pǽpənhàɪmə | -mə(r; *G.* pápənhàɪmɐ] 〖← *G. Heinrich, Graf zu Pappenheim* (1594–1632: 30年戦争時のドイツの貴族・将軍)〗 — *n.* パッペンハイマー剣《蔓飾りの柄付 rapier の一種；Walloon sword ともいう》.
pappi *n.* pappus の複数形.
pap·poose [pæpúːs, pə- | pə-] *n.* ＝papoose.
pap·pose [pǽpous | -pəus] 〖PAPPUS + -OSE¹〗 *adj.* 〖植物〗冠毛を形成する；冠毛のある，冠毛性の (downy).
pap·pous [pǽpəs] *adj.* 〖植物〗＝pappose.
pap·pus [pǽpəs] 〖《1704》□L ～ □Gk *páppos* down on seeds, 《原義》grandfather：cf. Gk *páppa(s)* father〗 — *n.* (*pl.* **pap·pi** [-paɪ, -piː]) 〖植物〗(タンポポ・アザミなどの種子の)冠毛，うぶ毛.
pap·py¹ [pǽpi | -pɪ] 〖← PAP² + -Y⁴〗 *adj.* (**pap·pi·er**; **-pi·est**) **1** パンがゆのような，乳状の (milky). **2** どろどろの (mushy)，汁の多い. **3** 柔らかな (soft).
pap·py² [pǽpi | -pɪ] 〖← PAPA¹ + -Y²〗 *n.* 《米南部》おとうちゃん (papa).
pa·preg [péɪpreg] 〖《混成》← PA(PER) + (*im*)*preg*(*nated*)〗 *n.* 樹脂をしみ込ませた紙を何枚も重ねて接着した引張り強度の高い材料.
pap·ri·ka [pəpríːkə, pæ-, pǽprɪ-, -rə- | pǽprɪkə] 〖□Hung. ～ □Serbian *pàprika* (dim.) ← *pàpar* pepper □Gk *péperi* 'PEPPER'〗 — *n.* **1** 〖植物〗シシトウガラシの類《トウガラシ (Spanish paprika) など》；その実. **2** パプリカ《トウガラシの実から製した香味料》. **3** トウガラシ色《赤味がかったオレンジ色》.
Páp tèst *n.* 〖医学〗＝Papanicolaou test.
Pap·u·a [pǽpjuə, pɑ́ːpuə | pɑ́ːpuə, pɑːpúə, pǽpjuə] 〖□Malay *pēpuah* 《原義》frizzled〗 *n.* **1** パプア(島)《New Guinea (島)の別名》. **2** パプア人 (Papuan).
Papua, the Gulf of *n.* パプア湾《New Guinea 南東岸にある Coral Sea 内の大きな湾》.
Papua, the Territory of *n.* パプア地区《New Guinea 島南東部および付近の諸島を含むオーストラリアの旧海外領土；現在は Papua New Guinea の一部；面積 234,397 km²，首都 Port Moresby；旧名 British New Guinea》.
Pap·u·an [pǽpjuən, pɑ́ːpu- | pɑ́ːpuən, pɑːpúən, pǽpjuən] *adj.* **1** パプア(島)の[に関する]. **2** パプア人の，ニューギニア (New Guinea) 原住民の. **3** パプア語群の. **4** 〖生物地理〗パプア亜区の. — *n.* **1** パプア人，ニューギニア原住民《Negroid 種の黒人》. **2** パプア語(群)《南西太平洋諸島，特に New Guinea, New Caledonia の言語》.
Pápua Néw Guínea *n.* パプアニューギニア《New Guinea 島東半分と Bismarck 諸島，Bougainville 島，Buka 島などの島々から成る英連邦内の共和国；北部のオーストラリア信託統治領 Territory of New Guinea と南部のオーストラリア領 Territory of Papua とが 1973 年自治領となり，'75 年独立；人口 2,910,000，面積 461,690 km²，首都 Port Moresby》.
pap·u·la [pǽpjulə] 〖← (N)L ～ 'pimple'：⇨ pap¹：cf. papilla〗 — *n.* (*pl.* **-u·lae** [-liː, -laɪ]) **1** 〖病理〗＝papule 1. **2** 皮鰓(ひさい)《棘皮動物の呼吸・排出の用をする体表の小突起》. **3** 〖植物〗＝papule 2. **pap·u·lar** [pǽpjulə | -lə(r)] *adj.*
pap·ule [pǽpjuːl] 〖← (N)L *papula* (↑)〗 *n.* **1 a** 〖病理〗丘疹(きゅうしん). **b** 吹き出物 (pimple). **2** 〖植物〗小隆起，いぼ (wart).
pap·u·lose [pǽpjulòus | -lə̀us] 〖← NL *papulōs-us*：⇨ ↑, -ose¹〗 *adj.* **1** 〖病理〗丘疹(きゅうしん)の；丘疹でおおわれた. **2** 小隆起のある.

pap·u·lous [pǽpjuləs] 〖← NL *papulōsus* (↑)：⇨ -ous〗 *adj.* ＝papulose.
pap·y·ra·ceous [pæ̀pəréɪʃəs | -pɪ-] 〖□L *papyrāceus*：⇨ papyrus, -aceous〗 *adj.* 〖生物〗＝papery 1.
papyri *n.* papyrus の複数形.
pa·pyr·o·graph [pəpáɪrəgræ̀f | -páɪ(ə)rəgrɑ̀ːf, -græ̀f] 〖← *papyro-* (《連結形》← PAPYRUS) + -GRAPH〗 *n.* パピログラフ《謄写版の一種》.
pap·y·rol·o·gy [pæ̀pərɑ́lədʒi | -pɪrɔ́lədʒɪ] 〖⇨ ↓, -logy〗 — *n.* パピルス古文書学. **pa·py·ro·log·i·cal** [pəpàɪrəlɑ́dʒɪkəl, -pìr-, -dʒə- | -pàɪ(ə)rəlɔ́dʒɪ-, -pìr-] *adj.* **pàp·y·ról·o·gist** [-dʒɪst, -dʒəst | -dʒɪst] *n.*
pa·py·rus [pəpáɪrəs | -páɪər-] 〖《c1390》□L *papȳrus* □Gk *pápūros* papyrus ← ?：PAPER と二重語〗 — *n.* (*pl.* ～**·es**, **pa·py·ri** [-riː, -raɪ | -raɪ]) **1** 〖植物〗パピルス，カミガヤツリ (*Cyperus papyrus*)《アフリカに産するカヤツリグサ属の大型の水草；昔はエジプトにも多く産した；paper plant, paper reed, paper rush ともいう》. **2** パピルス《カミガヤツリの髄で作った書写材；古代エジプト・ギリシャ・ローマで用いた》. **3** パピルス写本[文書]；パピルス巻子本[巻本].
par¹ [pɑ́ə | pɑ́ː(r] 〖《1622》□L *pār* equal：cf. pair〗 — *n.* **1** 同等 (equality)，同[等]価，同[等]位. **2** 〖商業〗平価，額面価額 (par value ともいう)；為替平価：at ～ 〈株が〉額面価格で；〈通貨が〉平価で / under ～ 額面以下で，平価以下で. **3 a** (程度・品質・数量などの)規準量[額]，標準. **b** 《口語》(健康などの)常態. **4** 〖ゴルフ〗パー《ホールまたはラウンドについての基準打数；cf. birdie 2, bogey¹ 3, eagle 6》.
above par (1) 額面以上で，平価以上で. (2) (量・程度・状態などが)標準[規準]以上で. (3) (健康が)快調で. ***below par*** (1) 額面以下で；平価以下で. (2) (量・程度・状態が)標準[規準]以下で：Their speeches were *below* ～. 彼らの演説のできは標準以下だった. (3) 《口語》(健康が)すぐれないで. ***on a par*** [...と]同等[同様]で [*with*]：The profits and loss are *on a* ～. 損益なし / His knowledge of English is *on a* ～ *with* mine. 彼の英語の知識は私と似たり寄ったりだ. ***up to par*** (1) ＝at PAR (⇨ *n.* 2). (2) 標準に達して. (3) 《口語》元気で：not feeling (quite) *up to* ～ いつもの元気がない. **par of exchange** [the ―] 為替平価.
— *adj.* **1** 平均の；標準の，常態の. **2** 〖商業〗平価の；額面の：⇨ par value. **3** 〖ゴルフ〗パーの.
— *vt.* (**parred**; **par·ring**) 〖ゴルフ〗〈ホールまたはラウンドを〉パーでとる.
par² [pɑ́ə | pɑ́ː(r] 〖《略》← PARAGRAPH〗 *n.* 《英口語》(新聞・雑誌などの)小記事，短評.
par³ [pɑ́ə | pɑ́ː(r] *n.* 〖魚類〗＝parr.
par⁴ [pɑ̀ə | pɑ̀ː(r] 〖□(O)F ～ < VL **pra*, **per ad*：⇨ per-, ad-〗 *prep.* …によって，…のために，…として《フランス語起源の成句を作る》：⇨ par excellence.
Pär [péə | péə(r; *Swed.* pǽːr] 〖□Swed. ～ 'PETER'〗 *n.* (スウェーデン系の)男性名.
PAR 《略》〖電子工学〗perimeter acquisition radar 周辺捕捉レーダー (cf. MSR)；precision approach radar 精測[精密]進入レーダー.
par. 《略》paragraph (*pl.* pars.)；parallax；parallel；parenthesis；parish.
par- [pær, per | pær] *pref.* (母音および h の前に来る時の) para-¹ の異形：*par*allel, *par*ody, *par*aldehyde, *par*odos.
pa·ra¹ [pɑ́ːrə] 〖《1687》□Turk. *pārah* □Pers. ～ 'piece, portion'〗 — *n.* (*pl.* ～**s**, ～) **1** パラ《トルコの旧通貨単位；＝$^1/_{40}$ piaster》；1 パラ貨幣. **2** パラ《ユーゴスラビアの通貨単位；＝$^1/_{100}$ dinar》；1 パラ貨幣.
par·a² [pǽrə, pérə | pǽrə] 〖略〗 *n.* 《口語》**1** ＝paragraph. **2** ＝parachutist.
Pa·rá¹ [pǽrə, pərɑ́ː] *n.* ＝Pará rubber.
Pa·rá² [pərɑ́ː; *Braz.* pará] *n.* **1** ＝Belém. **2** [the ～] パラ(川)《ブラジル北東部の大河口，Tocantins 川と Amazon 川の支流を受ける；長さ 320 km，幅 64 km》.
par·a-¹ [pǽrə, pérə | pǽrə] 〖ME □(O)F ～ // L & Gk ～ ← Gk *pará* (prep.) beside, beyond, amiss〗 — *pref.* **1** 「側，以上，以外，不正，不規則」などの意：*para*graph, *para*dox, *para*phrase. **2** 〖化学〗パラ：**a** 重合形を示す：*para*cymene. **b** ベンゼン環 (benzene ring) を有する化合物で 1,4- 位置換体を示す (cf. meta- 3 b, ortho- 2 b). ★ 通例イタリックで，また略して *p*- と書くこともある. **3** 〖病理〗「病的異状，擬似，副」の意：*para*noia, *para*typhoid. **4** 「…に関係がある，準…の (near, subordinate to)」の意：*para*church, *para*linguistic / *para*professional (＝subprofessional).
par·a-² [pǽrə, pérə | pǽrə] 〖《19C》□F ～ ← It. *para* (imper.) ← *parare* to defend against < L *parāre* 'to PREPARE'〗 *pref.* 「防護」の意：*para*chute, *para*sol.
par·a-³ [pǽrə, pérə | pǽrə] 〖← PARACHUTE〗 — 次の意味を表わす連結形：**1** 「飛行機からの落下傘(らっかさん)降下のために訓練・装備された」：*para*bomb, *para*marine. **2** 「落下傘兵の[による]，対落下傘兵の」：*para*operation, *para*stopper.
-pa·ra [⌐pərə] 〖□L ～ ← *parere* to bear, bring forth〗 — (*pl.* ～**s**, **-pa·rae** [⌐pəriː, -raɪ]) 次の意味を表わす名詞連結形：**1** 〖医学〗「…産婦」：multi*para*. **2** 〖生物〗「卵(子)をつくる…」：gyno*para* 産雌虫.
pàra·académic *adj.* 準[副]学術的な. — *n.* 似非(えせ)大学人.
pára-aminobenzóic ácid 〖⇨ para-¹〗 — *n.* 〖生化学〗パラアミノ安息香酸 ($H_2NC_6H_4COOH$)《ビタ

ミン B 複合体の一種; PABA, paba ともいう; aminobenzoic acid の一つ》.

pára-aminosalicýlic ácid 〘⇨ para-¹〙 *n.* 〘薬学〙 パラアミノサリチル酸 ($NH_2C_6H_3(OH)COOH$) 《結核の治療薬; PAS ともいう》.

pàra·bánking *n.* 銀行業務代行.

pa·rab·a·sis [pərǽbəsɪs, -səs | -sɪs] 〘《1820》 ◻ Gk *parábasis* ← *parabaínein* to go aside, step forward ← PARA-¹+*baínein* to step, stand (cf. come)〙 — *n.* (*pl.* **-a·ses** [-sìːz]) 〘ギリシャ喜劇〙 (観客に向かって呼びかける)合唱の主要部分.

pàra·biósis 〘← NL ～: ⇨ para-¹, -biosis〙 — *n.* (*pl.* **-oses**) 〘生物〙 **1** 並体結合, 並体癒(ゆ)合 《生きた二動物の個体が身体の一部で互いに[人工的に]結合している状態》. **2** 生命作用の一時停止. **3** 動物・鳥類などで異種のものが一緒に住むこと. **pàra·biótic** *adj.* **pàra·biótically** *adv.*

pàra·biosphéric *adj.* 準生物圏的な.

par·a·blast [pǽrəblæ̀st] 〘← PARA-¹+-BLAST〙 *n.* 〘生物〙 **1** 胚(はい)外質 《卵子の栄養となる卵黄》. **2** 原中杯葉細胞 (mesoblast); (特に)分胚葉 《後に脈管を形成する mesoblast の部分》. **par·a·blas·tic** [pæ̀rəblǽstɪk] *adj.*

par·a·ble [pǽrəbl̩, pér- | pǽr-] 〘《a1325》 *parabil* ◻ (O)F *parabole* ◻ LL *parabola* comparison, parable, speech ◻ Gk *parabolḗ* comparison ← *parabállein* to throw or set beside ← PARA-¹+*bállein* to throw: PALAVER, PAROLE と三重語〙 — *n.* **1** たとえ話, 寓話, 比喩(ゆ) (cf. fable 1 a); たとえ, 比喩: teach in ～*s* たとえ話で教える. **2** 《古》なぞ(のようなことば); 諺 (proverb); 講話, 説教 (discourse).

take up** one's **parable 《古》語り始める, 説教し出す (cf. *Num.* 23 : 7).

— *vi., vt.* たとえ話で話す[言い表わす]; たとえ話にする.

pa·rab·o·la [pərǽbələ] 〘《1579》 ← NL ～ ← Gk *parabolḗ* application (↑)〙 *n.* **1** 〘数学〙 放物線. **2** 放物線形のもの; パラボラアンテナ.

parabola 1
PP′ parabola;
X X-axis;
Y Y-axis;
V vertex;
F focus;
A point on parabola;
DD′ directrix;
AB＝AF

pa·rab·o·le [pərǽbəli | -lɪ] 〘◻ Gk *parabolḗ* comparison: ⇨ parable〙 — *n.* 〘修辞〙 比喩《特に, 現在の似かよった事象に喩える直喩の一種》.

par·a·bol·ic¹ [pæ̀rəbɑ́lɪk | -bɔ́l-] 〘《1449》 ◻ LL *parabolic-us* ◻ LGk *parabolikós* figurative ← *parabolḗ* 'PARABLE': ⇨ -ic¹〙 — *adj.* たとえ話の(ような), 寓話的な (allegorical). **pàr·a·ból·i·cal** *adj.* **pàr·a·ból·i·cal·ly** *adv.*

par·a·bol·ic² [pæ̀rəbɑ́lɪk | -bɔ́l-] 〘《1702》 ← PARABOL(A)+-IC¹〙 — *adj.* **1** 〘数学〙 放物線(状)の. **2** 放物面(状)の: a ～ antenna パラボラアンテナ. **pàr·a·ból·i·cal** *adj.*

parabólic cýlinder *n.* 〘数学〙 放物柱《平面上の放物線の各点でその平面に立てた垂線の全体によって作られる柱面》.

parabólic geómetry *n.* 〘数学〙 放物幾何学《ユークリッド幾何学 (Euclidean geometry) の別名; cf. elliptic geometry, hyperbolic geometry》.

parabólic refléctor *n.* 〘光学〙 放物面反射装置, 放物面鏡.

pa·rab·o·lize¹ [pərǽbəlàɪz] 〘← LL *parabola* 'PARABLE'+-IZE〙 *vt.* たとえ話にする, 寓話化する, 比喩で説明する.

pa·rab·o·lize² [pərǽbəlàɪz] 〘← PARABOLA+-IZE〙 *vt.* 放物体[面, 線](状)にする.

pa·rab·o·loid [pərǽbəlɔ̀ɪd] 〘← PARABOLA+-OID〙 *n.* 〘数学〙 **1** 放物面. **2** 放物体《放物線をその軸のまわりに回転してできる立体》.

paraboloid of revolution 回転放物面.

pa·rab·o·loi·dal [pərǽbəlɔ́ɪdl̩] *adj.*

pára·bòmb 〘← PARA-³+BOMB〙 *n.* (通例遅発信管を備えた)落下傘(さん)付き爆弾.

pára·bóok *n.* 似非(えせ)本, 本の名に価しない本.

pára·bràke 〘← PARA-³+BRAKE⁴〙 *n.* パラシュートブレーキ (⇨ drag chute).

pàra·caséin 〘← PARA-¹+CASEIN〙 *n.* 〘生化学〙 パラカゼイン (⇨ casein 1 c).

Par·a·cel·si·an [pæ̀rəsélsiən, -ʃən | -sɪən, -sjən] *adj., n.* Paracelsus の(信奉者), パラケルスス派(の).

Par·a·cel·sus [pæ̀rəsélsəs], **Philippus Aureolus** 〘? ← PARA-¹+L *celsus* high (本名 *von Hohenheim* 'of high dwelling' をなぞったものか) ∥ ← PARA-¹+*Aulus Cornelius Celsus* (25 B.C.–A.D. 50: *De medicina* などの医術論文の著述がある)〙 — *n.* パラケルスス (1493?–1541; スイス生れの医学者・錬金術師; ドイツ・フランス・イタリアなどを遊歴した; 本名 Theophrastus Bombastus [bɔmbǽstus] von Hohenheim [hóːənhàɪm]).

par·a·cen·te·sis [pæ̀rəsentíːsɪs, -səs | -sɪs] 〘◻ L *paracentēsis* ◻ Gk *parakéntēsis* ← *parakenteîn* to prick beside ← PARA-¹+*kenteîn* to prick, pierce〙 — *n.* (*pl.* **-te·ses** [-siːz]) 〘外科〙 穿(せん)刺(術), 穿開(術).

par·ac·et·al·de·hyde [pæ̀ræsətǽldəhàɪd, pèr- | pæ̀ræsɪ-] 〘← PARA-¹+ACETALDEHYDE〙 *n.* 〘薬学〙 ＝paraldehyde.

par·a·ce·ta·mol [pæ̀rəsíːtəmɔ̀(ː)l | -təmɔ̀l] 〘← PARA-¹+*acet(yl)*+*am(inophen)ol*〙 *n.* 〘薬学〙 パラセタモール (⇨ acetaminophen).

par·a·chor [pǽrəkɔ̀ə | -kɔ̀ː(r)] 〘← PARA-¹+Gk *khṓros* space〙 — *n.* 〘物理・化学〙 パラコール《表面張力に関係した物質定数で, 単位張力を生じる物質のモル体積に等しい》.

pa·rach·ro·nism [pərǽkrənɪ̀zm̩, pə-] 〘《a1641》 ← PARA-¹+CHRONO-+-ISM〙 — *n.* 年代の誤り, 時日後記《年代や年月日を実際より後に付けること; cf. anachronism 3, prochronism》.

pàra·chúrch *n.* 準教会《形成途上にある未来の教会》.

par·a·chute [pǽrəʃùːt, pér- | pǽrəʃùːt, ⌐⌐⌐] 〘《1785》 ◻ F ～ ← PARA-²+*chute* fall: ⇨ chute¹'²〙 — *n.* **1** 落下傘(さん), パラシュート: by ～ / ⇨ pilot parachute. **2 a** ＝parabrake. **b** 〘鉱山〙 (縦坑巻揚げ台の)傘(さん)形墜落止め. **c** 〘時計〙 (古い形式の)耐震装置 (parachute index ともいう). **3** 〘植物〙 風散種子《タンポポの種子のように冠毛で飛散する》. **4** 〘動物〙 (コウモリ・ムササビなどの)飛膜 (patagium). — *attrib. adj.* パラシュートの[による, で降下する], 落下傘で投下する: a ～ descent [drop] 落下傘降下 / ～ troops＝paratroops / ～ recovery (カプセルなどの)パラシュート回収. — *vt.* **1** 〈部隊・装備品などを〉落下傘で降ろす[投下する]. **2** 〈官吏などを〉〈民間会社に〉天下りさせる 〔*into*〕. — *vi.* 落下傘降下する.

párachute bràke *n.* ＝parabrake.

párachute flàre *n.* パラシュート照明弾, 落下傘(さん)付き(投下)照明弾.

párachute ìndex *n.* 〘時計〙 ＝parachute 2 c.

párachute mìne *n.* パラシュート爆弾.

pár·a·chùt·er [-tə | -tə(r)] *n.* ＝parachutist.

párachute spìnnaker *n.* 〘ヨット〙 超大型のスピネーカー[三角帆] 《追風の時にだけ張る艇首の三角帆で, パラシュートのように丸味をもってふくらむ帆; 競技用ヨットに用いる》.

pár·a·chùt·ist [-tɪst, -təst | -tɪst] *n.* 落下傘使用[降下]者; 落下傘兵, (空挺)降下隊員 (paratrooper); [*pl.*] 落下傘[空挺降下]部隊.

par·a·clete [pǽrəklìːt] 〘《c1450》 *paraclit* ◻ (O)F *paraclet* ◻ eccl.L *paraclētus* ◻ Gk *paráklētos* advocate, defender ← *parakaleîn* to call to one's aid ← PARA-¹+*kaleîn* to call (cf. claim): Gk 形はギリシャの教父たちによって *paraklḗtōr* comforter と連想された〙 — *n.* **1** 弁護者 (advocate), 仲裁人 (intercessor); 慰め手 (comforter). **2** [the P-] 〘神学〙 ＝comforter 5.

pàra·cólon 〘← NL ～: ⇨ para-¹, colon²〙 *n.* 〘細菌〙 パラコロン菌《大腸菌に似た細菌; paracolon bacillus ともいう》.

pàra·compáct *adj.* 比較的かさばらない, こぢんまりした.

pàra·cóumarone-índene résin *n.* 〘化学〙 パラクマロン樹脂 (⇨ coumarone-indene resin).

par·a·cu·si·a [pæ̀rək(j)úːʒiə, pèr-, -ʒə | pæ̀rək(j)úːzɪə, -zjə, -ʒɪə] 〘← NL ～ (⇨ para-¹, -acousia) ∥ ◻ Gk *parákousis* defect of hearing ← PARA-¹+*ákousis* hearing〙 *n.* 〘病理〙 錯聴(症), 聴覚性錯覚 (paracusis ともいう).

par·a·cu·sis [pæ̀rək(j)úːsɪs, pèr-, -səs | pæ̀rək(j)úːsɪs] *n.* 〘病理〙 ＝paracusia.

pàra·cyésis 〘← NL ～〙 *n.* 《廃》〘医学〙 外妊, 子宮外妊娠 (extrauterine pregnancy).

pàra·cýmene 〘← NL ～〙 *n.* 〘化学〙 パラシメン ($CH_3C_6H_4CH(CH_3)_2$) (cymene 中最も普通なもの).

pàra·cystítis 〘← NL ～: ⇨ para-¹ cystitis〙 *n.* 〘医学〙 膀胱(ぼうこう)周囲炎.

pa·rade [pəréɪd] 〘《1656》 ◻ F ～ ◻ Sp. *parada* ← *parar* < L *parāre* 'to PREPARE': ⇨ -ade〙 — *n.* **1** 観兵式, 観閲式, 閲兵(式): hold a ～ 観兵式[閲兵]を行なう / an undress ～ 略装観兵式 / ⇨ dress parade. **2** 観兵式場, 観閲式場, 閲兵場 (parade-ground ともいう). **3** 行列 (procession), パレード, 示威行進: a political ～ / a May Day ～ メーデーの行進. **4** 壮観, 盛観; 誇示, 見せびらかし (display): make a ～ of one's learning [wealth, happiness, pain] 学問[富, 幸福, 苦しみ]を見せびらかす. **5 a** (海岸などに設けた)遊歩場, 散歩道 (promenade); 広場 (public square). **b** 散歩する人たち. **6** 〘築城〙 (城の)中庭 (courtyard). **7** 〘フェンシング〙 受止め (parry); 防御の構え, 守勢 (guard). **8** (出来事などを)列挙して記述したもの, 連続的表示; (ヒット曲などを)次々と歌うこと: a ～ of popular songs ポピュラーソングパレード / ⇨ hit parade. **9** [P-] …街: North *Parade*.

on parade (1) 〈軍隊が〉観兵[閲兵]式の隊形で, 閲兵[観閲]を受けて. (2) 〈俳優・踊り子などが〉総出で, オンパレードで. (3) (よそ行きの態度をとるなどして)自分をひけらかして, これみよがしにふるまって.

— *vt.* **1** 閲兵する; (閲兵のために)整列させる: ～ troops. **2** 列をなして行進[分列]させる, (閲兵などのために)整列させる. **3** 〈街路などを〉練り歩く, 歩き回る. **4** 〈知識・長所などを〉見せびらかす, 誇示する (show off). — *vi.* **1** (列をなして)練り歩く. **2** 列をなして行進する; 閲兵のために整列する. **3** 気取って歩く, 見せびらかす (show off).

pa·rád·er *n.*

paráde àrmor *n.* 〘甲冑〙 儀式用甲冑.

paráde bèd *n.* (昔)朝の謁見が行なわれた王の寝台.

paráde-gròund *n.* ＝parade 2.

paráde rést *n.* 〘米軍〙 整列休め (普通の休め (at ease) でなく, 整列した兵士の儀式ばった休めで, 両脚間隔 12 インチ, 両手を背後で結び正面直視; 銃のある場合は銃尻を下にこれを右手で支え, 銃口を前方に傾け, 左手は腰の後ろに当てる); 「整列休め」(の号令).

pàra·dichlorobénzene *n.* 〘化学〙 パラジクロロベンゼン ($C_6H_4Cl_2$) (殺虫剤; 略 PDB).

par·a·did·dle [pǽrədɪdl̩, pér- | pǽr-] 〘《擬音語》: cf. diddle¹〙 *n.* 《俗》 ジャズドラムのどろどろ, (特に, 左右のばちによる)スネアドラム (snare drum) のどろどろき.

par·a·digm [pǽrədàɪm, pér-, -dɪ̀m | pǽrədàɪm] 〘《1483》 ◻ (L)L *paradigma* ◻ Gk *parádeigma* pattern ← *paradeiknúnai* to show side by side ← PARA-¹+*deiknúnai* to show (cog. L *dicere* to say)〙 — *n.* (*pl.* **～s, -a·dig·ma·ta** [-dɪgmətə | -tə]) **1** 〘文法〙 語形変化表《名詞・形容詞・動詞などの個々の形を格・人称・数・時制などの別に従って示した一覧表》; 語形変化(の例). **2** 範例 (example); 模範 (model).

par·a·dig·mat·ic [pæ̀rədɪgmǽtɪk, pèr- | pæ̀rədɪgmǽt-] 〘◻ LL *paradigmātic-us*: ⇨ ↑, -atic〙 — *adj.* **1** 模範の, 規範となる; 例証する (illustrative). **2** 〘文法〙 **a** 語形変化(表)の: a ～ set of forms. **b** 変化[屈折]する, 語尾変化の (inflectional). **3** 〘言語〙 〈単語・構成要素が〉パラディグマティックな, 系列的な選択関係にある (cf. syntagmatic). **pàr·a·dig·mát·i·cal** *adj.* **pàr·a·dig·mát·i·cal·ly** *adv.*

páradigm càse *n.* 〘論理・哲学〙 典型(事)例《問題となる表現の意味・用法を典型的に示す事例》.

Par·a·di·sae·i·dae [pæ̀rədaɪsíːədìː, pèr-, -zíːə- | pæ̀rədaɪsíːɪ-, -zíːɪ-] 〘← NL ～ ← *Paradisaea* (属名: ← LL *paradisus* 'PARADISE')+-IDAE〙 — *n. pl.* 〘鳥類〙 フウチョウ科.

par·a·di·sa·ic [pæ̀rədaɪséɪɪk, pèr-, -zéɪ- | pæ̀rədɪ-] 〘《1754》 ← PARADISE+-*aic* (cf. pharisaic, Judaic, Mosaic)〙 — *adj.* ＝paradisiacal. **pàr·a·di·sá·i·cal** *adj.* **pàr·a·di·sá·i·cal·ly** *adv.* 「＝paradisiacal.

par·a·dis·al [pæ̀rədáɪsəl, pèr-, -zəl, -sl̩, -zl̩ | pæ̀r-] *adj.*

par·a·dise [pǽrədàɪs, pér-, -dàɪz | pǽrədàɪs] 〘《a1175》 *paradis* ◻ (O)F *paradis* ◻ LL *paradisus* ◻ Gk *parádeisos* park, garden, Eden ◻ Aves. *pairidaēza* enclosure ← *pairi* 'around, PERI-'+*daēza* wall (cf. dough / Gk *teîkhos* wall)〙 — *n.* **1** パラダイス, 天上の楽園, 天国, 極楽(heaven). **2** (復活を待つ善人の亡霊がしばらくとどまると言われる)中間の楽園. **3** [the P-] エデンの園 (Garden of Eden); (天上の楽園に対して)地上の楽園 (earthly paradise). **4** 至楽境, 至福の状態) (supreme bliss); 絶景; 絶好の場所: a ～ *for* anglers 絶好の釣り場. **5 a** (特に, 東洋諸国の君主の)遊園 (pleasure garden). **b** (動物を飼養している)公園. **6** 〘建築〙 パラダイス《回廊によって囲まれた教会の前庭; cf. atrium 1 b》; 僧院の墓地や庭園; 《俗》 (劇場の)つんぼさじき. **7** [しばしば P-] 〘園芸〙 パラダイス (*Malus sylvestris*) 《台木として接木すると穂木を矮化(わいか)する効果があるリンゴの一種; paradise apple ともいう》. **8** [The P-] 「天国篇」《Dante 作の「神曲」(*The Divine Comedy*) の第三部》.

Paradise of the Pacific [the ―] 太平洋の楽園《米国 Hawaii 州の俗称》.

par·a·dis·e·an [pæ̀rədísiən, pèr-, -dáɪs-, -ziən | pæ̀rədɪsíːən, -dáɪs-, -zɪən] 〘《1647》 ← ML *paradise(us)* (↑)+-AN¹〙 *adj.* フウチョウ類の (cf. BIRD of papadise).

páradise àpple *n.* [しばしば P-] 〘園芸〙 ＝paradise 7.

páradise fìsh *n.* 〘魚類〙 **1** タイワンキンギョ, パラダイスフィッシュ (*Macropodus opercularis*) 《東南アジアの淡水にすむ美しい熱帯魚》. **2** *Macropodus* 属に近縁の魚 (*Belontia signata*).

Páradise Lóst *n.* 「失楽園」《John Milton 作の叙事詩 (1667); 天使との戦いに敗れた Satan に誘惑されて Adam と Eve が Eden の園を追われて行く物語》.

páradise trèe *n.* 〘植物〙 **1** 熱帯アメリカ産ニガキ科の高木 (*Simarouba glauca*). **2** ＝chinaberry 2.

par·a·dis·i·ac [pæ̀rədíziæ̀k, pèr-, -dís- | pæ̀rədɪsɪ-, -díz-] 〘《1632》 ◻ LL *paradisiac-us*: ⇨ paradise, -ac〙 *adj.* ＝paradisiacal.

par·a·di·si·a·cal [pæ̀rədɪsáɪəkəl, pèr-, -də-, -daɪ-, -záɪ- | pæ̀rədɪ-] 〘《1649》: ⇨ ↑, al¹〙 *adj.* 天国[楽園]の(ような); 至福の. **～·ly** *adv.*

par·a·dis·i·al [pæ̀rədísiəl, -ziəl | -zɪ-, -sɪ-] *adj.* ＝paradisiacal.

par·a·dis·i·an [pæ̀rədísiən, pèr-, -zi- | pæ̀rədízɪ-, -sɪ-] *adj.* ＝paradisiacal.

par·a·dis·ic [pæ̀rədísɪk, pèr-, -díz- | pæ̀rədíz-, -dís-] *adj.* ＝paradisiacal. **pàr·a·dís·i·cal** *adj.*

pára·dòctor 〘← PARA-³+DOCTOR〙 *n.* 落下傘(さん)医《孤立区域へ落下傘で到達する医者》.

pára·dòg *n.* 落下傘降下犬《警官と共に降下して犯人を捕える》.

par·a·dos [pǽrədɑ̀s, -dòʊs, -dòʊ | -dɔ̀s] 〘《1834–47》 F ～ ← PARA-²+*dos* back (< L *dorsum*: cf. dorsal¹)〙 — *n.* (*pl.* ～ [-dòʊz | -dɔ̀s], ～**·es**) 〘築城〙 背土, 背墻(はいしょう)《背後からの攻撃を防ぐための塹壕(ざんごう)の背後の堤》.

par·a·dox [pǽrədɑ̀ks, pér- | pǽrədɔ̀ks] 〘《1540》 ◻ L L *paradox-um* ◻ Gk *parádoxon* (neut.) ← *parádoxos* contrary to received opinion, incredible ← PARA-¹+*dóxa* notion, opinion: cf. dogma〙 — *n.* **1** 逆説, パラドックス《The child is father of the man. のように一見矛盾または不合理のようで実は正しい説》. **2** 奇説, 奇論. **3** 矛盾の論; 自家撞着(どうちゃく)の言, 屁理屈. **4** 背理(的なもの), つじつまの合わない事物[事情]; つじ

つまの合わないことを言う人.

pár·a·dòx·er *n.* ＝paradoxist.

par·a·dox·i·cal [pærədɑ́ksɪkəl, pèr-, -sə- | pærədɔ́ksɪ-] 〘(1581)〙 ── *adj.* **1** 一見誤っているようで実は正しい, 逆説の, 逆説的な. **2** 理屈に合わない (absurd); 屁理屈を言う, 奇弁を弄(ろう)する. **3** 普通でない, 通常とは異なる: ～ pulses. **par·a·dox·i·cal·i·ty** [pærədɑ̀ksɪkǽləṭi, pèr-, -sə- | pærədɔ̀ksɪkǽlətɪ, -lɪ-] *n.* **～·ly** *adv.* **～·ness** *n.*

paradóxical sléep *n.* 〘心理・生理〙 パラ睡眠, 逆説睡眠 《REM, 身体の小さな運動, 副交換神経系の機能低下などが見られる睡眠の相; この間に夢を見ることが多いとされる; REM sleep ともいう; cf. orthodox sleep》.

pár·a·dòx·ist [-sɪst, -səst | -sɪst] *n.* 逆説家.

par·a·dox·ure [pærədɑ́kʃə, pèr- | pærədɔ́kʃə(r] 〘← NL *paradoxūr-us* ← Gk *parádoxos* paradoxical ＋ *ourá* tail: ⇨ paradox〙 ── *n.* 〘動物〙 ヤシジャコウネコ, アライジャコウネコ (*Paradoxurus hermaphroditus*) 《東南アジア・マレー諸島産の樹上生活をするジャコウネコ; palm civet ともいう》.

par·a·dox·y [pǽrədɑ̀ksi, pér- | pǽrədɔ̀ksɪ] 〘□ Gk *paradoxía*: ⇨ paradox, -y[1]〙 *n.* 不合理, 逆説的なこと.

pára·dròp 〘← PARA-[3]＋DROP〙 ── *n.* (兵員の)落下傘降下; (補給品の)落下傘投下 (airdrop). ── *vt.* (**-dropped, -drop·ping**) 落下傘降下させる; 落下傘投下する (airdrop).

-parae -para の複数形.

par·aes·the·sia [pæresθíːʒə, -ʒiə | -rɪsθíːzjə, -riːs-, -rəs-, -zɪə, -ʒɪə, -ʒə] *n.* 〘病理〙 ＝paresthesia.

par·af·fin [pǽrəfɪn, pér-, -fən | pǽrəfɪn, -fiːn, pærəfíːn] 〘(1835) □ G *Paraffin* ← L *parum* not enough ＋ *affinis* having affinity, related: これが他の物質に対する親和力を欠いていることから; K. von Reichenbach (1788–1869) の造語〙 (*also* **pár·af·fine** [-fɪn, -fən, -fiːn | -fiːn]) ── *n.* **1** 《米》 **a** パラフィン 《白色または無色の炭化水素化合物の蠟(ろう)状物質で, 主に石油または地蠟から取る; 蠟燭・防水紙・防腐塗装などに用いる》. **b** パラフィン類. **2** 〘化学〙 **a** パラフィン 《メタン列炭化水素の総称; alkane ともいう》. **b** 固形パラフィン, パラフィン蠟[石蠟] 《石油を分留・精製したパラフィンの製品; 沸点約 300°C 以上; paraffin wax ともいう》. **3** 《英》 灯油 《paraffin oil ともいう》. ── *vt.* パラフィンで処理する, …にパラフィンを塗る [しみ込ませる]. **par·af·fin·ic** [pærəfínɪk, pèr- | pær-] *adj.*

par·af·fin·ize [pǽrəfɪnàɪz, pér-, -fə- | pǽrəfɪnàɪz, -fiːnaɪz, pærəfíːn-] *vi.* パラフィンで処理する, パラフィンをかぶせる.

par·af·fin·oid [pǽrəfɪnɔ̀ɪd, pér-, -fə- | pǽrəfɪnɔ̀ɪd, -fiːnɔɪd, pærəfíːn-] *adj.* パラフィン状の.

páraffin òil *n.* **1** パラフィン油, 鉱蠟(ろう)油. **2** 《英》 灯油 (kerosene). 「paraffin wax).

páraffin scàle *n.* 〘化学〙 パラフィン スケール (⇨

páraffin sèries *n.* 〘化学〙 パラフィン列 《C_nH_{2n+2} で表わされる炭化水素の一群; alkane series, methane series ともいう》.

páraffin wàx *n.* 〘化学〙 パラフィン蠟, 固形パラフィン 《単に paraffin, また paraffin scale ともいう》.

pára·fòil *n.* 操縦可能のパラシュート. 「hyde.

pàra·form [pǽrəfɔ̀ːm | -fɔ̀ːm] *n.* ＝paraformalde-

pàra·formáldehyde 〘← PARA-[1]〙 *n.* 〘化学〙 パラホルムアルデヒド ($(CH_2O)_3$) 《防腐用》.

par·a·ge·ne·si·a [pærədʒəníːʒiə, -ʒə | -dʒɪníːzɪə, -zjə, -ʒɪə, -ʒə] *n.* 〘地質〙 ＝paragenesis.

pàra·génesis 〘← NL ～ ⇨ para-[1], genesis〙 ── *n.* 〘地質〙 共生 《2 種またはそれ以上の鉱物が相関連する原因で生じ, 伴って産出する現象》. **pàra·genétic** *adj.* **pàra·genétically** *adv.*

par·a·geu·si·a [pærəgjúːʒiə, -ʒə, -ziə | -zɪə, -zjə] 〘← NL ～ ← PARA-[1]＋Gk *geûsis* taste ＋ -IA[1]〙 *n.* 〘精神医学〙 錯味(症), 味覚錯誤.

pára·glìder 〘← PARA-[3]＋*glider*〙 *n.* 〘宇宙〙 宇宙グライダー, パラグライダー 《parawing を使用したグライダー》.

par·a·glos·sa [pærəglɑ́sə, -glɔ́(ː)sə | -glɔ́sə] 〘← NL ～ ← PARA-[1]＋Gk *glôssa* tongue: cf. gloss[1]〙 *n.* (*pl.* **-glos·sae** [-siː]) 〘昆虫〙 (下唇の)副舌, 側舌.

pár·a·glyph prìnting [pǽrəglɪf-] 〘*paraglyph*: □ Gk *paraglúphein* to counterfeit〙 *n.* 〘写真〙 パラグリフ焼付け 《放射線写真のネガとポジを少しずらして重ねて焼付け, レリーフ効果を得る法》.

par·a·go·ge [pærəgòudʒi, ⌣⌣⌣⌣ | pærəgə́udʒɪ] 〘□ LL *paragōgē* □ Gk *paragōgḗ* a leading by, change, addition ← PARA-[1]＋*agōgḗ* carrying, leading〙 ── *n.* **1** 〘音声〙 語尾音添加 《言語のある歴史的過程において語尾に無意味の音が加わること; ME *amiddes* > ModE *amidst* / ME *amonges* > ModE *amongst*; cf. prosthesis, epenthesis》. **2** 〘詩学〙 後添 《語尾に一音または一音節を添加すること: daffodil → daffodilly / steep → steepy》. **par·a·gog·ic** [pærəgɑ́dʒɪk | -gɔ́dʒ-] *adj.* **pàr·a·góg·i·cal** *adj.* **pàr·a·góg·i·cal·ly** *adv.*

par·a·gon [pǽrəgɑ̀n, pér-, -gən | pǽrəgən] 〘(*a*1548) □ OF ～ (F *parangon*) □ OIt. *paragone* 《原義》 touchstone □ MGk *parakónē* whetstone ← Gk *parakonân* to rub against ← PARA-[1]＋*akónē* whetstone〙 ── *n.* **1** 模範, 手本, 師表, 典型, 鑑(かがみ); 非常に優秀な人, 逸材; 逸物, 逸品: a ～ of beauty [virtue] 美[徳]の化身, 絶世の美人[美徳の鑑] / Man is the ～ of animals. 人は万物の霊長 (cf. Shak., *Hamlet* 2. 2. 320). **2** **a** 〘宝石〙 パラゴン 《100 カラット以上の形の完全なダイヤモンド》. **b** 完全円形の特大真珠. **3** 〘活字〙 パラゴン 《20 ポイント; cf. type 10 ★》. ── *vt.* **1** 《廃》 模範とする. **2** 《詩》 〔…と〕比較する (compare) 〔*with*〕. **3** 《詩》 …に匹敵する (equal). **4** 《古》 …にまさる (surpass).

pa·rag·o·nite [pərǽgənàɪt, pǽrə- | pərǽg-, pǽrə-] 〘□ G *Paragonit* ← Gk *parágōn* ((pres.p.) ← *parágein* to mislead) ＋ -ITE[1]〙 ── *n.* 〘鉱物〙 ソーダ雲母 ($NaAl_3Si_3O_{10}(OH)_2$) 《カリウムの代わりにナトリウムを含む雲母の一種》. **pa·rag·o·nit·ic** [pərægənɪ́ṭɪk, pærə- | pərægənɪ́t-, pærə-] *adj.*

pàra·governméntal *adj.* 準政府的な.

par·a·graph [pǽrəgræ̀f, pér- | pǽrəgrɑ̀ːf, -græ̀f] 〘(1490) □ (O)F *paragraphe* // ML *paragraph-us* □ Gk *parágraphos* line to mark the change of persons in a dialogue: ⇨ para-[1], -graph〙 ── *n.* **1** 段落, 文節, パラグラフ 《文章の一区切り》. **2** (新聞・雑誌などの) 小記事, 小項目, 雑報 (short article): an editorial ～ 短い社説, 小論説. **3** 〘印刷〙 段標, パラグラフ (¶) 《段落のはじめを示す記号; 今は第 6 番目の参照符; cf. reference mark》. ── *vt.* **1** 〈文章を〉段落に分ける. **2** …について短い記事を書く; 小記事にする, 新聞種にする.

pár·a·gràph·er *n.* (新聞の) 小記事 (特に, 小論説・短評) の執筆者; 雑報記者.

par·a·graph·i·a [pærəgrǽfiə | -fɪə] 〘← NL ～ ← PARA-[1]＋Gk *graphía* writing: ⇨ -ia[1]〙 *n.* 〘精神医学〙 錯書(症).

par·a·graph·ic [pærəgrǽfɪk, pèr- | pær-] *adj.* **1** 段落の, 段落を構成する; 段落に分けた[かれた]. **2** 小[短評]記事の. **3** 錯書(症) (paragraphia) の. **pàr·a·gráph·i·cal** *adj.* **pàr·a·gráph·i·cal·ly** *adv.*

pár·a·gràph·ist [-fɪst, -fəst | -fɪst] *n.* ＝paragrapher.

páragraph lòop *n.* 〘スケート〙 パラグラフループ 《フィギュアスケートで描かれるループ; このループの途中いくつかの個所で一連のターンが行なわれる》.

Par·a·guay [pǽrəgwàɪ, pér-, -gwèɪ | pǽrəgwàɪ, -gwèɪ, pærəgwáɪ; *Sp.* pàraɣwái] *n.* **1** パラグアイ 《南米中部の共和国; 人口 2,800,000, 面積 406,752 km², 首都 Asunción; 公式名 the Republic of Paraguay パラグアイ共和国》. **2** [the ～] パラグアイ(川) 《ブラジル南部から発しパラグアイを貫流して Paraná 川に注ぐ川; 2,400 km》. **3** ＝Paraguay tea.

Par·a·guay·an [pærəgwáɪən, pèr-, -gwéɪ- | pær-] *adj.* パラグアイ(人)の. ── *n.* パラグアイ人.

Páraguay téa *n.* マテ茶 (⇨ maté 1 a).

pàra·heliótropism 〘← PARA-[1]〙 *n.* 〘植物〙 昼眠性 《過度の光線を避けるために日光投射と平行に葉を向ける性質》. **pàra·heliotrópic** *adj.*

pàra·hýdrogen 〘← PARA-[1]〙 *n.* 〘物理・化学〙 パラ水素 《水素分子の 2 個の陽子のスピンが逆方向を向くもの; cf. ortho-hydrogen》.

Pa·ra·í·ba [pærəíːbə; *Braz.* pàraíba] *n.* パライバ (州) 《ブラジル北東部の州; 人口 2,786,000, 面積 56,371 km², 首都 João Pessoa》.

pára·influènza vírus 〘*parainfluenza*: ← PARA-[1]＋INFLUENZA〙 ── *n.* 〘病理・獣医〙 パラインフルエンザウイルス 《パラミクソウイルス群に属し, 1–4 型その他数種がある; ヒトのほか馬・豚・牛に呼吸器疾患を起こす》.

pàra·institútion *n.* 準公共団体[施設].

pàra·jóurnalism 〘⇨ para-[1]〙 ── *n.* 準ジャーナリズム 《因襲にとらわれないミニコミやアングラ新聞; cf. UNDERGROUND press》. **pàra·jóurnalist** *n.* **pàra·journalístic** *adj.* 「事.

pàra·júdge 〘⇨ para-[1]〙 *n.* 《米》 (軽犯罪専門の) 準判事.

par·a·keet [pǽrəkìːt, pér- | pǽr-] *n.* 〘鳥類〙 ＝parrakeet.

par·a·kite [pǽrəkàɪt, pér- | pǽr-] 〘1: ← PARA-[3]＋KITE. 2: ← PARA-[1]＋KITE〙 ── *n.* **1** パラカイト 《自動車やモーターボートに引かせる凧(たこ)で, 人がこれに乗って空中を飛行する》. **2** (気象観測などに使う) 尾のない凧 《1896 年 G. T. Woglom の考案》.

pár·a·kit·ing [-ṭɪŋ | -tɪŋ] *n.* 〘スポーツ〙 パラカイティング 《parakite による空中飛行》.

pára·lànguage 〘← PARA-[1]＋LANGUAGE〙 *n.* 〘言語〙 パラ[準]言語 《身振りや表情などでの伝達を含む音声や文字によらない副次的言語》.

par·al·de·hyde [pərǽldəhàɪd | -dɪ-, -də-] 〘← PARA-[1]＋ALDEHYDE〙 *n.* 〘薬学〙 パラアルデヒド ($(CH_3CHO)_3$) 《催眠・鎮静剤》.

par·a·lei·pom·e·na [pærəlaɪpɑ́mənə | -pɔ́mɪ-] *n.* ＝paralipomena.

par·a·leip·sis [pærəláɪpsɪs, -léɪp-, -səs | -sɪs] 〘□ Gk *paráleipsis* a passing over ← PARA-[1]＋*leîpsis* (← *leípein* to leave behind): ⇨ -sis〙 ── *n.* (*pl.* **-leip·ses** [-siːz]) (*also* **par·a·lep·sis** [pærəlépsɪs, -səs | -sɪs]) 〘修辞〙 逆言法 《主題の重要事実を省略または看過するように装いながら, かえってその事実に注意を引こうとする技巧; 多くは I say nothing of… または not to mention などの筆法で始める; cf. apophasis》.

par·a·lex·i·a [pærəléksiə | -sɪə, -sjə] 〘← NL ～ ← PARA-[1]＋Gk *léxis* speech: ⇨ -ia[1]〙 *n.* 〘精神医学〙 錯読(症).

par·a·lim·ni·on [pærəlímniɑ̀n, -niən | -nɪɔ̀n, -nɪən] 〘← NL ～ ← PARA-[1]＋Gk *límnion* small lake ((dim.) ← *límnē* marshy lake)〙 ── *n.* 〘植物〙 水底に根を有する植物の占める湖の植生帯.

pàra·linguístic *adj.* 〘言語〙 パラ言語(学)の.

pàra·linguístics 〘(1958) ← PARA-[1]＋LINGUISTICS〙 ── *n.* 〘言語〙 パラ言語学, 超[副次, 周辺]言語学 《metalinguistics の一部をなし, 言語構造以外の伝達行為, 例えば声の調子や身ぶりなどを研究対象とする》.

par·a·li·pom·e·na [pærəlɪpɑ́mənə, -lə-, -laɪ- | -pɔ́mɪ-] 〘□ LL ～ □ Gk *paraleipómena* things omitted (neut. pl.) ← *paraleípein* to omit: cf. paraleipsis〙 ── *n. pl.* **1** 拾遺, 補遺. **2** (旧約聖書の) 歴代志略 (Chronicles) 《列王紀の補遺とされた》.

Par·a·li·pom·e·non [pærəlɪpɑ́mənɑ̀n, -lə-, -laɪ- | -pɔ́mɪnɔ̀n, -laɪ-] 〘□ LL ～ □ Gk *Paraleipoménōn* (gen. pl.) (↑)〙 ── *n.* (Douay Bible での) Chronicles のラテン語式語形.

par·a·lip·sis [pærəlípsɪs, -səs | -sɪs] *n.* (*pl.* **-lip·ses** [-siːz]) 〘修辞〙 ＝paraleipsis.

par·al·lac·tic [pærəlǽktɪk] 〘(1630) ← NL ～ ← Gk *parallaktikós* ← *parállaxis*: ⇨ parallax〙 *adj.* 視差の (⇨ parallax). **pàr·al·lác·ti·cal·ly** *adv.*

paralláctic ángle *n.* 〘天文〙 極頂対角 《天球上で天体において天の北極と天頂とが張る角》.

par·al·lax [pǽrəlæ̀ks, pér- | pǽr-] 〘(1594) □ F *parallaxe* □ Gk *parállaxis* change ← *parallássein* to alter, differ ← PARA-[1]＋*allássein* to change (← *állos* another: ⇨ else)〙 ── *n.* **1** 〘光学〙 視差, パララックス: **a** 目標を基準方向から見た場合と, 他の方向から見た場合との位置の相違. **b** 像面上の位置と焦点板またはクロスワイヤーの位置の光軸上における差異. **2** 〘天文〙 視差: diurnal ～ ＝geocentric parallax / ⇨ annual parallax. **3** 〘写真〙 (レンズとファインダーの) 視差, パララックス.

diurnal parallax of the moon
O observer; E center of the earth; M moon; E′ image of the earth; O′ image of the observer; P parallax

par·al·lel [pǽrəlèl, pér-, -ləl | pǽrəlèl, -ləl] 〘(1549) □ F *parallèle* // L *parallēl-us* □ Gk *parállēlos* beside one another ← PARA-[1]＋*allḗlōn* of one another (← *állos* (↑))〙 ── *adj.* **1** 〈線・平面など〉(互いに) 平行な; 〔…と〕平行の, 平行する 〔*to, with*〕: The two lines [rivers] run ～ *with* [*to*] each other. 両直線[二つの川]は平行している. **2** 〈方向・目的・傾向など〉(…と) 平行する, 同一方向の; 相似する, 対応する, 一致する; 類似した, 同様な 〔*to, with*〕: a ～ argument そっくりの議論 / a ～ instance [case] 同様の例[場合], 類例 / His prudence is ～ *to* his zeal. 彼の慎重さはその熱心さに劣らない. **3** 〘文法・修辞〙 並列の; 並列体の, 対句法の (cf. parallelism): a ～ clause 並列節. **4** 〘音楽〙 **a** 並進行の (cf. parallel motion); 並行進行の. **b** 同主調の 《例えばハ長調に対するハ短調》. **5** 〘電気〙 並列の: a ～ circuit [connection] 並列回路[接続]. **6** 〘電算機〙 並列の 《同一のデータ処理に関する二つ以上の演算を同一時に実行する》.

── *adv.* 〔…と〕平行に 〔*to, with*〕.

── *n.* **1** 平行線[面], 平行物. **2** 〔…との〕相似, 類似; 相似物, 匹敵物[者], 対等物[者] (counterpart) 〔*to*〕: bear a close ～ *to* …によく似ている / The incident is without (a) ～. ＝There is no ～ *to* this incident. この事件は類例がない. **3** (類似を示すための) 〔二者の〕対比, 比較 (comparison) 〔*between*〕: draw a ～ *between* 〈二者〉(の相似点) を比較する. **4** 〘軍事〙 (敵の防御陣地に平行に設ける) 平行壕(ごう). **5** [通例 *pl.*] 〘印刷〙 パラレル, 並行標[符] (‖) 《第 5 番目の参照符; cf. reference mark》. **6** 〘地理〙 (地図などに示された) 緯線[圏]; (仮想上の線としての) 緯線 《parallel of latitude ともいう》: the 38th ～ (of latitude) 38 度線 《朝鮮を南北に分割する》. **7** 〘電気〙 並列(式) 《回路など》 (↔ series). **8** 〘劇場〙 (舞台を支える) うま (trestle).

in parallel (1) 〔…と〕並行に 〔*with*〕; 〔…と〕同時に 〔*with*〕. (2) 〘電気〙 〔…と〕並列(接続)に 〔*with*〕 (↔ in series).

parallel of declination 〘天文〙 等赤緯圏 《天球上で赤緯の等しい小円; ⇨ declination 挿絵》.

parallel of latitude 〘地理〙 ＝parallel *n.* 6.

── *vt.* (**-al·leled; -lel·ing**) **1** 同様[類似]のものとして示す[挙げる]; 匹敵させる (match): You won't easily ～ that for friendliness. そういう親しさはめったにないでしょう. **2** **a** …に相当する, 対応する; …に匹敵する (equal): Is there anything which ～*s* that? それに匹敵するものがあるか. **b** …に匹敵するものを見出す[挙げる]. **3** …に平行させる, 類似[一致]させる; …に類似する: Your story closely ～*s* what he told me. 君の話は彼の話にたいへん似ている. **4** 〔…と〕比較する (compare) 〔*with*〕. **5** 《口語》 〈道などが〉 …に[と]平行する[して走る] (be parallel to): A canal ～*s* the railway. 運河が鉄道に平行している.

párallel áxiom *n.* 〘数学〙 ＝parallel postulate.

párallel bárs *n. pl.* [(the) ～] 〘体操〙 平行棒: *the* uneven ～ ＝uneven bars.

párallel cóusin *n.* 並行いとこ 《親同士が兄弟または姉妹の間柄のいとこ(の片方); cf. cross-cousin》: ～ marriage 並行いとこ婚 《双方の親が兄弟または姉妹の間柄のいとこ同士の結婚》.

párallel cút *n.* 〘電気〙 Y 板 《Y 軸に直角な主面をもつ水晶の圧電振動板; Y-cut ともいう》.

par·al·lel·e·pi·ped [pæ̀rəlèləpáɪpɪd, -píp-, -pəd, -leléрəpèd, -lə-l- | pæ̀rəlelépɪ-pèd, -lə-l-, -lèləpáɪped] 〘(1663)〙 ◻ Gk *parallēlepíped-on* body with parallel surfaces ← *parállēlos* ‘PARALLEL’ + *epipédon* plane surface (← EPI- + *pédon* ground)〙 ── *n.* 〘数学〙平行六面体. **par·al·lel·e·pip·e·dic** [pæ̀rəlèləpɪpíːdɪk] *adj.*

parallelepiped

par·al·lel·e·pip·e·don [pæ̀rəlèləpípədɑ̀n, -dn̩ | -pɪdɔ̀n, -dn̩] 〘(1570) ◻ Gk *parallēlepípedon* (↑)〙 *n.* 〘数学〙= parallelepiped.

párallel fórces *n. pl.* 〘物理〙平行力《作用線が互いに平行な数個の力の組合わせ》.

pár·al·lel·ism [-lɪ̀zm] 〘(1610) ◻ Gk *parallēlism-ós*: ⇨ parallel, -ism〙 ── *n.* **1** 平行. **2** 相似, 類似 (resemblance); 相等, 対応 (correspondence). **3** 比較 (comparison). **4** 〘哲学〙並行論: the psychophysical ~ 心身並行論, 身心並行論. **5** 〘生物〙並行現象. **6** 〘修辞〙(特にヘブライ詩の)並行体, 対句法《類似の思想の反復, 相反した思想の対照または二つの思想の総合などにより印象・効果を強める技巧》. **7** 〘文法〙並列法, 並列体《対応する統語構造を用いること またはその例》.

pár·al·lèl·ist [-lɪst, -ləst | -lɪst] *n.* **1** 比較をする[したがる]人. **2** 並行論者.

par·al·lel·is·tic [pæ̀rəlelístɪk, pè r-, -lə l- | pæ̀r-] *adj.* **1** 平[並]行性を有する, 平[並]行に関する. **2** 並行論(者)の; 並行論に通じる.

par·al·lel·ize [pǽrəlelàɪz, pér-, -ləl- | pǽr-] 〘◻ Gk *parallēlíz-ein*: ⇨ parallel, -ize〙 *vt.* 平行にする, 平行化する.

párallel míddle bódy *n.* 〘海事〙船体中央平行部《船体の横断面がすべて同形になる部分》.

párallel mótion *n.* **1** 〘機械〙平行運動[機構]. **2** 〘音楽〙平行, 並進行《2 声部が同一方向に進行すること; 進行の前後が同一音程のときを平行という; cf. contrary motion》.

par·al·lel·o·gram [pæ̀rəléləgræ̀m | -lə(ʊ)-] 〘(1570) ◻ F *parallélogramme* ◻ LL *parall(ē)logrammum* ◻ Gk *parallēlógrammon* bounded by parallel lines (neut.): ⇨ parallel, -gram〙 ── *n.* 〘数学〙平行四辺形. **parallelogram of accelerations [forces, momenta, velocities]** [the ─] 〘力学〙加速度[力, 運動量, 速度]の平行四辺形《二つの加速度[力, 運動量, 速度]の合成はそれらの加速度[力, 運動量, 速度]を表わすベクトルが作る平行四辺形の対角線を表わすベクトルによって表わされる》.

pàr·al·lèl·o·gram·mát·ic [-grəmǽtɪk | -tɪk] *adj.* **pàr·al·lèl·o·gram·mát·i·cal** *adj.* **pàr·al·lèl·o·grám·mic** [-grǽmɪk] *adj.*

parallélogram làw *n.* [the ~] 〘力学〙(ベクトル合成の)平行四辺形法則.

párallel operátion *n.* 〘電算機〙並列操作, 並行操作《一つのデータ処理に関する二つ以上の演算を同時に行なうこと; cf. serial operation》.

par·al·lel·o·pip·ed [pæ̀rələləpáɪpɪd, -píp-, -pəd | -páɪpɪd] *n.* 〘数学〙= parallelepiped.

par·al·lel·o·pip·e·don [pæ̀rələləpípədɑ̀n, -dn̩ | -lèlə(ʊ)pípɪdɔ̀n, -dn̩] *n.* 〘数学〙= parallelepiped.

párallel póstulate *n.* 〘数学〙平行(線)公準[公理]《Euclid の「原論」の第 5 公準のこと; parallel axiom ともいう》.

párallel projéction *n.* 〘数学〙平行射影《一つの平面上の図形を平行光線によって他の平面上に投影すること; また投影してできた図形》.

párallel résonance *n.* 〘電気〙並列共振.

párallel rúle [rúler] *n.* 平行定規.

párallel sáiling *n.* 〘海事〙距等圏航法《針路を真東または真西に取って船を進める航法》.

párallel stánce *n.* 〘ゴルフ〙= square stance.

párallel túrn *n.* 〘スキー〙= tempo turn.

párallel-véined *adj.* 〘植物〙〈葉が〉並行脈をもつ (cf. net-veined).

párallel víse *n.* 〘機械〙箱万力, 横万力, 平方万力.

pa·ra·lo·gi·a [pæ̀rəlóʊdʒiə, -dʒə | -lə́ʊdʒiə, -dʒə] 〘← NL ~: ⇨ para-¹, logo-, -ia¹〙 *n.* 〘精神医学〙錯論理(症).

pa·ral·o·gism [pərǽlədʒɪ̀zm] 〘(1565) ◻ F *paralogisme* // LL *paralogism-us* ◻ Gk *paralogismós* false reasoning ← *paralogízesthai* (↓): ⇨ -ism〙 ── *n.* **1** 〘論理〙 **a** 論過, 誤謬(ごびゅう)推理, 偽推理 (false reasoning) (cf. formal fallacy, sophism). **b** その結論. **2** 反理, 背理 (paradox); 誤った推論 (fallacy). **pa·rál·o·gist** [-dʒɪst, -dʒəst | -dʒɪst] *n.* **pa·ral·o·gís·tic** [pərælədʒístɪk] *adj.*

pa·ral·o·gize [pərǽlədʒàɪz] 〘◻ ML *paralogiz-āre* ◻ Gk *paralogízesthai* to mislead by false reasoning ← *parálogos* beyond reason: ⇨ para-¹, logos, -ize〙 ── *vi.* 論過を冒す, 誤った推論をする.

Par·a·lym·pics [pæ̀rəlímpɪks, pèr- | pæ̀r-] 〘← *Para(plegic)* + *(O)lympics*〙 *n. pl.* [the ~] パラリンピック《下半身障害者のための競技会; 1952 年より通例 4 年ごとにオリンピックの開催地で行なわれる》.

par·a·lyse [pǽrəlàɪz, pér- | pǽr-] *vt.* 〘英〙= paralyze.

pa·ral·y·sis [pərǽləsɪs, -səs | -lɪsɪs, -lə-] 〘(1525) ◻ L ~ ◻ Gk *parálusis* ← *paralúein* to disable on one side ← PARA-¹ + *lúein* to loosen: PALSY と二重語〙 ── *n.* (*pl.* **-y·ses** [-sìːz]) **1** 〘病理〙麻痺, 不随 (palsy): cerebral ~ 脳性麻痺 / facial ~ 顔面麻痺 / ⇨ general paralysis, infantile paralysis. **2** 機能停止, 停滞, 麻痺状態: moral ~ 道義心の麻痺 / a ~ of trade 取引の麻痺[停頓]状態. **3** 無力, 無能.

parálysis á·gi·tans [-ǽdʒətæ̀nz | -dʒɪ-] 〘← NL ~ ‘shaking palsy’〙 *n.* 〘病理〙振戦麻痺, パーキンソン病 (Parkinson's disease).

par·a·lyt·ic [pæ̀rəlítɪk, pèr- | pæ̀rəlít-] 〘(?c1380) *paralitike* ◻ (O)F *paralytique* (adj., n.) ◻ L *paralyticus* ◻ Gk *paralutikós*: ⇨ paralysis, -ic¹〙 ── *adj.* **1** 〈人が〉麻痺性の, 麻痺した. **2** 麻痺状態の. **3** 〘英俗〙泥酔した. **4** どうすることも出来ない, 無力な, 頼りない (helpless): ~ laughter. ── *n.* **1** 中風患者. **2** 〘英俗〙酔っ払い. **pàr·a·lýt·i·cal·ly** *adv.*

par·a·lyze [pǽrəlàɪz, pér- | pǽr-] 〘(1804) ◻ F *paralys-er* (逆成) ← *paralysie* ‘PALSY’: ⇨ paralysis, -ize〙 ── *vt.* **1** 麻痺させる, しびれさせる, 動けなくする: be ~*d* on [down] one side 半身不随である. **2** 無力にする, 活動できなくする; 無効にする, 役に立たなくする: ~ one's efforts 努力を無にする / be ~*d with* terror / Fear ~*d* my mind. 恐怖のため私は頭が働かなくなった. **pár·a·lỳz·er** *n.* **par·a·ly·za·tion** [pæ̀rəlɪzéɪʃən, pèr-, -lə- | pæ̀rəlaɪ-, -lɪ-] *n.* **pár·a·lỳz·ing·ly** *adv.*

pár·a·lỳzed *adj.* **1** 麻痺した. **2** 無力の; 無効の. **pár·a·lỳz·ed·ly** [-zɪdli, -zəd-, -zd- | -lɪ] *adv.*

pàra·màgnet 〘(逆成) ↓〙 *n.* 〘磁気〙常磁性体 (paramagnetic substance).

pàra·magnétic 〘(1851) ← PARA-¹ + MAGNETIC〙 〘磁気〙 ── *adj.* 常磁性の, 正磁気の (cf. diamagnetic, ferromagnetic): a ~ substance, body, etc. ── *n.* 常磁性体 (paramagnet). **pàra·magnétically** *adv.*

paramagnétic résonance *n.* 〘磁気〙常磁性共鳴《常磁性中心にある電子による磁気共鳴; electron spin resonance ともいう》. 「magnetism).

pàra·mágnetism *n.* 〘磁気〙常磁性, 正磁気 (↔ dia-

Par·a·mar·i·bo [pæ̀rəmǽrəbòʊ | -rɪbə̀ʊ] *n.* パラマリボ《南米北東岸の海港; スリナム (Surinam) の首都; 人口 103,000》.

Par·am·at·man [pɑ̀rəmɑ́ːtmən] 〘◻ Skt *paramātman* ‘highest ATMAN’〙 *n.* 〘ヒンズー教〙大我, 最高の我, 宇宙精神.

par·a·mat·ta [pæ̀rəmǽtə | -tə] 〘(1834) ← *Par(r)amatta* (オーストラリア New South Wales 州の都市でこの原産地)〙 *n.* パラマッタ織り《綿毛または絹毛の交織》.

paramecia *n.* paramecium の複数形.

par·a·me·cin [pæ̀rəmíːsn̩ | -sɪn] 〘⇨ ↓, -in¹〙 ── *n.* 〘生化学〙パラメシン《原生動物繊毛虫 *Paramecium aurelia* の遺伝形質キラーが生産する物質で, 他の系統に致死的作用を与える》.

par·a·me·ci·um [pæ̀rəmíːʃiəm, -ʃəm, -siəm | -siəm, -sjəm, -ʃiəm] 〘← NL ~ ← Gk *paramḗkēs* oblong ← PARA-¹ + *mēkos* length〙 ── *n.* (*pl.* **-ci·a** [-ʃiə, -ʃə, -siə | -siə, -sjə, -ʃiə], **~s**) 〘動物〙ゾウリムシ《繊毛虫綱に属する原生動物; 体はスリッパのようで, 全身に繊毛が生え, 大核と小核の別があるほか有性生殖として接合現象がみられる》.

pára·mèdic¹ 〘← PARA-³ + MEDIC²〙 ── *n.* **1** 〘軍事〙落下傘(らっかさん)部隊付衛生兵, パラシュート衛生兵. **2** 落下傘医 (paradoctor). ── *adj.* パラシュート衛生兵[落下傘医]の.

pàra·médic² 〘← PARA-¹ + MEDIC²〙 *n.* 〘口語〙医療補助員《技師・看護婦・看護人など》.

pàra·médical¹ *adj.* = paramedic¹.

pàra·médical² *adj.* パラメディカルの, 医療補助的な; 医療隣接部門の.

pàra·ménstruum 〘← PARA-¹ + MENSTRUUM〙 *n.* 〘産科〙パラ月経期《月経直前の 4 日と月経開始後の 4 日からなる 8 日間》. **pàra·ménstrual** *adj.*

par·a·ment [pǽrəmənt, pér- | pǽr-] 〘(c1385) ◻ OF ~ ◻ LL *parāmentum* ornament ← *parāre* to adorn, (L) to prepare: ⇨ pare, -ment〙 ── *n.* (*pl.* **~s, -a·men·ta** [pæ̀rəméntə, pèr- | pæ̀rəméntə]) [通例 *pl.*] **1** (つづれ織りのような)室内装飾品. **2** (装飾をほどこした)法衣, 祭服; 祭式装飾.

pa·ram·e·ter [pərǽmətə | -mɪtə(r, -mə-] 〘(1656) ← NL *parametr-um*: ⇨ para-¹, -meter¹〙 ── *n.* **1** 〘数学〙パラメーター, 媒介変数, 助変数. **2** 〘統計〙母集団特性値, 母数. **3** 〘結晶〙軸標《結晶面が結晶軸を切り取る長さ》. **4 a** パラメーターによって表わされるもの. **b** 《俗用》(不変の)特質, 要素, 要因; 限界, 範囲(など).

pa·ram·e·ter·ize [pərǽmətəràɪz | -mɪt-, -mət-] 〘⇨ ↑, -ize〙 ── *vt.* parameter で表わす. **pa·ram·e·ter·i·za·tion** [pəræ̀mətərɪzéɪʃən, -rə-, -trɪ-, -trə- | -mɪtəraɪ-, -mə-, -rɪ-] *n.*

par·a·me·tri·al [pæ̀rəmíːtriəl | -trɪ-] 〘← PARA-¹ + METRO-² + -IAL〙 *adj.* 〘解剖〙子宮傍(結合)組織の; 子宮近くにある.

par·a·met·ric [pæ̀rəmétrɪk, pèr- | pæ̀r-] 〘← PARAMETER + -IC¹〙 *adj.* **1** parameter の[に関する]. **2** 〘電気〙パラメトリックな《周期的時変定数を利用した》. **pàr·a·mét·ri·cal** *adj.* **pàr·a·mét·ri·cal·ly** *adv.*

paramétric ámplifier *n.* 〘電気〙パラメトリック増幅器《周期的時変定数を利用した増幅器》.

paramétric equátion *n.* 〘数学〙媒介変数表示方程式《点の座標を媒介変数によって表わした曲線や曲面の式》.

pa·ram·e·trize [pərǽmətràɪz | -mɪ-, -mə-] *vt.* = parameterize.

par·a·met·ron [pæ̀rəmétrɑn | -rɒn] 〘← PARAME(TER) + -TRON〙 ── *n.* 〘電算機〙パラメトロン, パラメトロン回路素子《パラメーター励振を利用する素子; 記憶素子・論理素子・分周器・倍周器として用いられる》.

pàra·mílitarism *n.* 準軍国主義《一般市民などで組織された準軍事的集団の軍国主義思想》.

pàra·mílitary 〘← PARA-¹ + MILITARY〙 *adj.* 〈団体など〉軍補助的の, 準軍事的(組織)の, 軍類似の: a ~ police force 準軍事的警察隊.

par·am·ne·sia [pæ̀ræmníːʒə, -rəm-, -rə(m)ní:-, -ʒiə | pæ̀ræmníːzjə, -zɪə, -ʒə] 〘← NL ~: ⇨ para-¹, amnesia〙 *n.* 〘心理〙記憶錯誤 (cf. déjà vu).

pa·ra·mo [pɑ́ːrəmòʊ | -mə̀ʊ; *Sp.* páramo] 〘◻ Am.-Sp. ~ = Sp. *páramo* barren plain〙 ── *n.* (*pl.* **~s** [~z; *Sp.* ~s]) パラモ(ス)《南米熱帯地方の, 特に Andes 山地の無樹の高山草原地帯》.

par·a·moe·ci·um [pæ̀rəmíːʃiəm, -ʃəm, -siəm | -siəm, -sjəm, -ʃiəm] *n.* 〘動物〙= paramecium.

par·a·morph [pǽrəmɔ̀əf | -mɔ̀ːf] 〘← PARA-¹ + -MORPH〙 ── *n.* 〘鉱物〙同質仮像《もとの鉱物の外形を残したままで, 化学成分は同じの別種の鉱物に変化したもの; cf. pseudomorph》. **par·a·mor·phic** [pæ̀rəmɔ́əfɪk | -mɔ́ː-] *adj.* **par·a·morph·ous** [pæ̀rəmɔ́əfəs | -mɔ́ː-] *adj.*

par·a·mor·phism [pæ̀rəmɔ́əfɪzm, pèr- | -mɔ́ː-] *n.* 〘鉱物〙同質仮像現象.

par·a·mount [pǽrəmàʊnt, pér- | pǽr-] 〘(1531) ◻ AF *paramont* above (adj. & adv.) ← (O)F *par* by (< L *per*) + *amont* upward, up (< L *ad montem* to the mountain): ⇨ per-, amount〙 ── *adj.* **1** 最高権力を有する: a ~ chief 君主 / the lady ~ 女君主; 射的に最高点を得た婦人 / the lord ~ 最高君主. **2** 至上の, 最高の (supreme); 主要な (chief); 卓絶した, 際立った (preeminent); 〔…に〕まさる (superior) 〔*to*〕: a matter of ~ importance 最大の重要事 / This duty is ~ *to* all the others. この義務は他のすべてに優先する[一番大事だ]. ★ 通例 most paramount とは言わない. ── *n.* 最高支配者, 首長, 大君主. **~·ly** *adv.*

par·a·mount·cy [pǽrəmàʊntsi, pér- | pǽrəmàʊntsɪ] *n.* 最高権力; 優越, 卓越 (supremacy).

par·a·mour [pǽrəmʊ̀ə, -mɔ̀ə, -mòə | pǽʊərəm(r, -mɔ̀ː(r] 〘(c1395) ← ME *par amour* by love ◻ OF *par amour*: ⇨ per-, amour〙 ── *n.* 〘古〙 **1** (有夫[妻]者の)愛人, 情人; 情夫, 姦夫, 間夫; 情婦 (mistress). **2** 恋人, 愛人 (lover).

par·am·y·lon [pərǽmələn, -lɑ̀n | -mɪlən, -lɔ̀n] *n.* 〘生物〙= paramylum.

par·am·y·lum [pərǽmələm | -mɪ-] 〘← NL ~: ⇨ para-¹, amylum〙 ── *n.* 〘生物〙パラミロン, パラミルム《ミドリムシの貯蔵物質で, 澱粉に似た不溶性炭水化物》.

pàr·a·mỳx·o·vírus [pæ̀rəmìkso(ʊ)- | -sə(ʊ)-] 〘← PARA-¹ + MYXO- + VIRUS〙 *n.* 〘病理〙パラミクソウイルス《ミクソウイルス (myxovirus) に属し, おたふくかぜや種々の呼吸器疾患の原因となるウイルスなど》.

Pa·ra·ná [pærənɑ́ː; *Braz.* pàrená, *Sp.* pàraná] *n.* **1** [the ~] パラナ(川)《ブラジル南部に発してウルグアイ東南境を経, アルゼンチン東部を貫流して Río de la Plata 川に注ぐ川; 2,900 km》. **2** パラナ(州)《ブラジル南部の州; 人口 10,275,000, 面積 199,554 km², 首都 Curitiba》. **3** パラナ(市)《アルゼンチン東部, Paraná 川に臨む都市, 旧首都 (1853–62); 人口 128,000》.

pàra·násal cávity [sínus] 〘*paranasal*: ← PARA-¹ + NASAL〙 *n.* 〘解剖〙副鼻腔.

par·an·drus [pərǽndrəs] 〘← NL ~ ← PARA-¹ + Gk *-andros* of a man (⇨ andro-)〙 *n.* カメレオンのように自由に体色を変えることのできる伝説上の雄ジカ.

par·a·neph·ros [pæ̀rənéfrəs, -rɑs | -rəs, -rɔs] 〘← PARA-¹ + Gk *nephrós* kidney: ⇨ nephro-〙 ── *n.* (*pl.* **-neph·roi** [-rɔɪ]) 〘解剖〙副腎(ふくじん) (adrenal). **par·a·neph·ric** [pæ̀rənéfrɪk] *adj.*

pa·rang [pɑ́ːræŋ] 〘◻ Malay ~〙 ── *n.* パラン《マライ・インドネシアなどで用いられる大型の重い短刀》.

parang

par·a·noe·a [pæ̀rəníːə, pèr- | pæ̀r-] *n.* 〘精神医学〙= paranoia.

par·a·noe·ac [pæ̀rəníːæk, pèr- | pæ̀r-] *adj.*, *n.* = paranoiac.

par·a·noi·a [pæ̀rənɔ́ɪə] 〘(1857) ← NL ~ ← Gk *paránoia* madness ← *paránoos* distracted ← PARA-¹ + *nóos* mind: ⇨ -ia¹〙 ── *n.* 〘精神医学〙パラノイア, 偏執(へんしゅう)病, 妄(もう)想症.

par·a·noi·ac [pæ̀rənɔ́ɪæk] 〘(1857): ⇨ ↑, -ac〙 〘精神医学〙 *adj.* パラノイアの. ── *n.* パラノイア患者.

par·a·noid [pǽrənɔ̀ɪd] 〘← PARAN(OIA) + -OID〙 *adj.* パラノイア[妄想症](患者)の. ── *n.* パラノイア[妄想症]患者.

páranoid schizophrénia *n.* 〘精神医学〙妄想分裂症, 妄想性(精神)分裂病.

pàra·nórmal *adj.* (今日の)科学では説明のつかない, 異常な, 超自然的な: ~ happenings. **pàra·nor·mál·i·ty** *n.* **~·ly** *adv.*

par·an·thro·pus [pærǽnθrəpəs, pæ̀rænθróʊ- | pærǽnθrə-, pæ̀rænθróʊ-]〘← NL ～ : ⇨ para-[1], -anthropus〙 ── *n.*〘人類学〙パラントロプス《猿人 (australopithecus) の一種; 初期洪積世に生存した人類の祖先型; 1938 年以降に南アフリカ共和国で多くの化石が発掘された; cf. Kromdraai ape-man, Swartkrans ape-man》.

Pa·rá nùt [pǽrə-, pərɑ́:-]〘← *Pará* (ブラジルの州・都市でその産地)〙 *n.*〘植物〙ブラジルナット(の実) (⇨ Brazil nut).

par·a·nymph [pǽrənìmf]〘《1593》▭ LL *paranymph-us* (masc.), *paranympha* (fem.) ▭ Gk *paránumphos*《原義》being beside the groom or bride : ⇨ para-[1], nymph〙 ── *n.* **1** 花婿[花嫁]の付添い. **2** (古代ギリシャの)花嫁を家へ案内する花婿の付添い; 嫁入りする花嫁の付添い.

pàra·parésis〘← NL ～ : ⇨ para-[1], paresis〙 *n.*〘病理〙(特に, 下肢の)不全対(ﾂｲ)麻痺.

par·a·pet [pǽrəpɪt, pǽr-, -pət, -pɛ̀t | pǽr-]〘《1590》▭ It. *parapett-o* ← PARA-[2] + *petto* (< L *pectum* breast)〙 ── *n.* **1** (屋上・露台・橋などの)欄干, ひめがき, 手すり(壁), パラペット. **2**〘軍事〙(塹壕(ｻﾞﾝｺﾞｳ)の前部に土や石を盛り上げた)胸壁, 胸墻(ｷｮｳｼｮｳ), 胸土 (breastwork); (城壁の上の)塁(ﾙｲ)壁 (⇨ bastion 挿絵). **pár·a·pet·ed** [-tɪd, -ṭəd | -tɪd, -təd] *adj.*

par·aph [pǽrəf, pərǽf]〘《1584》▭ ML *paraph-us*《短縮》← L *paragraphus* 'PARAGRAPH'〙 *n.* (署名の終わりの)花押, 書判(ｶｷﾊﾝ), 書き印.

pár·a·phase àmplifier [pǽrəfèɪz-]〘*paraphase* : ← PARA-[1] + PHASE[1]〙 *n.*〘電子工学〙正逆両相出力を得られる増幅器.

par·a·pha·si·a [pæ̀rəféɪʒiə, -ʒə | -rəféɪziə, -ræf-, -zɪə, -ʒɪə, -ʒə]〘← NL ～ : ⇨ para-[1], -phasia〙 *n.*〘病理〙錯語(症). **par·a·pha·sic** [pæ̀rəféɪzɪk] *adj.*

par·a·pher·na·lia [pæ̀rəfənéɪljə, -fə-, -liə | -fənéɪljə, -lɪə]〘《1651》▭ ML *paraphernālia* (*bona*) wife's own goods (neut. pl.) ← *paraphernālis* (adj.) ← L *parapherna* separate possessions of a married woman besides her dowry ▭ Gk *parápherna* ← PARA-[1] + *phernḗ* dowry〙 ── *n. pl.* [時に単数扱い] **1**〘英法〙妻の特有調度品《夫が与えた妻の服飾品その他の身の回り品の総称; dower とは別の個人的財産》. **2** (個人の)手回り品. **3 a** (あることに必要な)道具類(一式), 装置, 設備 (furnishings): camping ～ キャンプ用品 / the ～ of a circus サーカスの道具類. **b** (あることに)付随するもろもろのこと: all the ～ of the methodology その方法論に伴う一切のこと. **4**《俗》ヘロイン販売促進のために必要な付属品《ヘロインを入れる小さいグラシン紙の袋, ヘロインを薄める無害の粉末など》.

pàr·a·pher·ná·li·an [-liən | -ljən, -lɪən] *adj.* **par·a·pher·nal** [pæ̀rəfə́:nḷ | -fə́:-] *adj.*

par·a·phil·i·a [pæ̀rəfíliə | -lɪə]〘← NL ～ : ⇨ para-[1] 3, -philia〙 *n.* 性的倒錯. **par·a·phil·i·ac** [pæ̀rəfílɪæ̀k | -lɪ-] *adj., n.*

par·a·phras·a·ble [pǽrəfrèɪzəbḷ, pǽr-, ⌐–⌐–– | pǽrəfrèɪzəbḷ, ⌐–⌐––] *adj.* 言い替え[パラフレーズ]できる.

par·a·phrase [pǽrəfrèɪz, pǽr- | pǽr-]〘《1548》▭ F ～ // L *paraphrasis* ▭ Gk *paráphrasis* ← *paraphrázein* to tell in other words ← PARA-[1] + *phrázein* to show, tell : ⇨ phrase〙 ── *n.* **1 a** (わかりやすくするための)言い替え, パラフレーズ; 意訳 (free translation) (↔ metaphrase). **b** 言い替えられたもの, パラフレーズされたもの. **2** (スコットランド教会などの)聖書の文句を韻文に訳した賛(美)歌. ── *vt., vi.* (他の言葉でわかりやすく)言い替える, パラフレーズする, 敷衍(ﾌｴﾝ)する, 注釈する (interpret), 意訳する. **pár·a·phràs·er** *n.*

pa·raph·ra·sis [pərǽfrəsɪs, -səs | -sɪs]〘▭ L ～ (↑)〙 *n.* (*pl.* **-ra·ses** [-si:z]) ＝paraphrase.

par·a·phrast [pǽrəfræ̀st, pǽr- | pǽr-]〘▭ LL *paraphrast-ēs* ▭ Gk *paraphrastḗs* ← *paraphrázein* 'to PARAPHRASE'〙 *n.* パラフレーズする人, 釈義者.

par·a·phras·tic [pæ̀rəfrǽstɪk, pɛ̀r- | pæ̀r-]〘▭ ML *paraphrastic-us* ▭ Gk *paraphrastikós* : ⇨ ↑, -ic[1]〙 ── *adj.* パラフレーズの, 釈義的な, 言い替えの, 説明的な. **pàr·a·phrás·ti·cal** *adj.* **pàr·a·phrás·ti·cal·ly** *adv.*

par·a·phyl·li·um [pæ̀rəfíliəm | -lɪ-]〘← NL ～ : ⇨ para-[1], phyllo-, -ium〙 *n.* (*pl.* **-li·a** [-liə | -lɪə])〘植物〙ある種の蘚類の茎から側生する枝状物の一種.

pa·raph·y·sis [pərǽfəsɪs, -səs | -fɪsɪs]〘← NL ～ ← PARA-[1] + Gk *phúsis* growth〙 ── *n.* (*pl.* **-y·ses** [-si:z])〘植物〙側糸《菌類の子囊(ﾉｳ)層にある糸状またはらっぱ状で胞子を形成しない付属器官》.

par·a·ple·gi·a [pæ̀rəplí:dʒiə, -dʒə | -dʒɪə, -dʒə]〘《1657》← NL ～ ← Gk *paraplēgía* hemiplegia : ⇨ para-[1], -plegia〙 *n.*〘病理〙対(ﾂｲ)麻痺.

par·a·ple·gic [pæ̀rəplí:dʒɪk] *adj.* **1** 対(ﾂｲ)麻痺の[にかかった]. **2** 対麻痺患者の. ── *n.* 対麻痺患者.

par·a·po·di·um [pæ̀rəpóʊdiəm | -póʊdɪəm, -djəm]〘← NL ～ : ⇨ para-[1], -podium〙 ── *n.* (*pl.* **-di·a** [-diə | -dɪə, -djə])〘動物〙**1** (環形動物の)いぼ足《各体節の両側に突出する 1 対の葉状部で, 背肢 (notopodium) と腹肢 (neuropodium) に分かれ, 上下 2 葉から成る》. **2** (昆虫の幼虫の)亜脚, 側脚. **pàr·a·pó·di·al** [-diəl | -dɪəl, -djəl] *adj.*

pàra-police *adj.* 準警察的な.

pàra·polítical *adj.* 擬似政治的な.

parapraxes *n.* parapraxis の複数形.

par·a·prax·i·a [pæ̀rəprǽksiə | -sɪə]〘← NL ～ : ⇨ para-[1], praxis, -ia[1]〙 *n.*〘心理〙失錯行為《失言・度忘れ・書き違いなど》.

par·a·prax·is [pæ̀rəprǽksɪs, -səs | -sɪs]〘← NL ～ : ⇨ para-[1], praxis〙 *n.* (*pl.* **-prax·es** [-si:z]) ＝parapraxia.

pàra·proféssional *n.* (専門家, 特に先生の)助手《準看護婦・代用教員・助手など》. ── *adj.* 助手の, 助手としての役割を果たす.

pàra·prótein *n.*〘生化学〙副蛋白質《血清中のグロビンで異常なものの総称》.

pàra·psychólogy〘← PARA-[1] + PSYCHOLOGY〙 ── *n.* 超[擬似]心理学《千里眼などのように, 純正心理学の領域外の心霊現象を扱う》. **pàra·psychológical** *adj.* **pàra·psychólogist** *n.*

par·a·quat [pǽrəkwɑ̀t | -kwɔ̀t]〘← PARA-[1] + QUAT(ERNARY)〙 *n.*〘化学〙パラクワット ($C_{12}H_{14}N_2Cl_2$)《除草剤》.

par·a·quet [pǽrəkɛ̀t] *n.*〘鳥類〙＝parrakeet.

pàra réd〘← PARA-[1]〙 *n.* **1** ＝blood red. **2**〘化学〙パラレッド《赤色のアゾ染料》.

pàra·relígious *adj.* 擬似宗教的な.

pàra·réscue〘← PARA-[3] + RESCUE〙 *n.* 落下傘(ｻﾝ)による救助[救護]: a ～ team 落下傘救急班.

Pa·rá rhátany [pǽrə-, pərɑ́:-]〘← *Pará* (ブラジルの州・都市の名)〙 ── *n.* **1**〘植物〙ブラジルラタニア (*Krameria argentea*)《ブラジル産マメ科の低木》. **2** ブラジルラタニアの根《収斂(ｼｭｳﾚﾝ)剤として用いる》.

pàra·rosániline〘← PARA-[1] + ROSANILINE〙 *n.*〘化学〙パラローザニリン ($C(OH)(C_6H_4NH_2)_3$)《赤色のアニリン染料; 紙・繊維用》.

Pa·rá rúbber [pǽrə-, pərɑ́:-]〘← *Pará* (ブラジルの州・都市で, ゴムの産地)〙 ── *n.* **1** パラゴム《南米産のパラゴムノキから採ったゴム》. **2**〘植物〙パラゴムノキ (*Hevea brasiliensis*)《南米産トウダイグサ科の高木, これからパラゴムを採る; Pará rubber tree, rubber tree ともいう》.

pàra·rúminant *n.*〘動物〙準反芻動物.

par·as [pǽrəz, pǽr- | pǽr-] *n. pl.*《口語》＝paratroopers.

pàra·sáil〘← PARA-[3]〙 *n.* パラセール《曳(ｴｲ)行されて空中を航走する競技で使うパラシュート》. ── *vi.* パラセール競技をする.

par·a·sang [pǽrəsæ̀ŋ]〘《1594》▭ L *parasanga* ▭ Gk *parasángēs* ← Iran. (cf. Pers. *farsang* parasang)〙 ── *n.* パラサング《ペルシャの不定な距離単位; 古くは約 5 km に相当した》.

par·a·sce·ni·um [pæ̀rəsí:niəm | -njəm, -nɪəm]〘← NL ～ ← Gk *paraskḗnion* space at sides of stage : ⇨ para-[1], scene, -ium〙 *n.* (*pl.* **-sce·ni·a** [-niə | -njə, -nɪə])〘ギリシャ演劇〙パラスケニオン《舞台背面の両袖》.

par·a·se·le·ne [pæ̀rəsɪlí:ni, -sə- | -sɪlí:nɪ]〘← NL ～ ← PARA-[1] + Gk *selḗnē* moon〙 ── *n.* (*pl.* **-le·nae** [-ni:])〘気象〙幻月《月暈(ｹﾞﾂｳﾝ)に現われる光輪; mock moon ともいう; cf. parhelion》.

pàra·séxual *adj.*〘生物〙擬似有性的な《有性生殖を伴わないで, 遺伝的組みかえが起こる》. **pàra·sexuálity** *n.*

pa·ra·shah [pɑ́:rəʃɑ̀:]〘▭ Mish.Heb. *pārāšā*[h] section (of the Torah)〙 ── *n.* (*pl.* **pa·ra·shoth** [-ʃòʊθ, -ʃòʊt | -ʃəʊθ, -ʃəʊt], **pa·ra·shi·oth** [pɑ̀:rəʃióʊθ, -óʊt | -ʃɪə́ʊθ, -ə́ʊt])〘ユダヤ教〙**1** 安息日に会堂で朗読するため, その週の分として割当ててあるモーセ五書の一部分 (cf. haftarah). **2** 祭日に会堂で朗読されるモーセ五書の部分.

Par·a·shu·ra·ma [pæ̀rəʃʊrɑ́:mə]〘▭ Skt *Paraśurāma*〙 *n.*〘インド神話〙パラシュラーマ《斧を持った Rama; Vishnu の第六化身》.

par·a·sit- [pǽrəsàɪt, pǽr-, -sɪt | pǽr-] (母音の前に来る時の) parasito- の異形.

par·a·site [pǽrəsàɪt, pǽr- | pǽr-]〘《1539》▭ L *parasit-us* ▭ Gk *parásītos*《原義》one eating beside another ← PARA-[1] + *sîtos* food〙 ── *n.* **1** 居候(ｲｿｳﾛｳ), 食客, 寄食者, やっかい者: Beggars and tramps are ～*s* on society. 乞食や浮浪者は社会の寄生虫だ. **2 a**〘生物〙寄生生物; 寄生動物, 寄生虫 (cf. commensal 2); 寄生植物, やどりぎ (cf. host[2] 4 a, guild 3); 他の巣に卵を生む鳥. **b**《俗用》(樹木に巻きついたり壁などにはい上がる)つる植物: a ～ animal, plant, etc. **3** (古代ギリシャで, 他人の食席に列してへつらいや冗談を言うことを職業とした)伴食者, たいこ持ち, おべっか使い. **4**〘音声〙寄生音《ある音の前後に発音上の容易などのために生じた音; elm [éləm] の [ə], fence [fénts] の [t], ME nimel > ModE nimble [nímbḷ] の [b] など》.

párasite dràg *n.*〘航空〙有害抗力《飛行機全体の抗力から揚力に直接関係した誘導抗力を引いたもの; cf. drag *n.* 8 c》.

párasite resìstance *n.*〘航空〙＝parasite drag.

par·a·sit·i- [pæ̀rəsàɪṭɪ, pǽr-, -sɪṭɪ, -ṭə | pæ̀rəsàɪtɪ, -sɪtɪ] parasito- の異形 (⇨ -i-).

par·a·sit·ic [pæ̀rəsíṭɪk, pɛ̀r- | pæ̀rəsít-]〘《1627》▭ L *parasitic-us* ▭ Gk *parasitikós* ← *parásītos* 'PARASITE' : ⇨ -ic[1]〙 ── *adj.* **1**〘生物〙寄生する, 寄生植物[動物]の, 寄生虫の; 寄生体[質]の (cf. free-living 2, symbiotic): a ～ animal [plant] 寄生動物[植物] / a ～ volcano 側火山, 寄生火山 (⇨ volcano 挿絵). **2** 寄食[居候]する, うまい汁を吸う; おべっかを使う. **3** 〈病気が〉寄生虫性の, 寄生虫による. **4**〘電気〙渦流の: ～ loss 渦流損 (cf. loss 8). **5**〘ラジオ〙寄生(振動)の《共鳴回路以外からくる》: a ～ current 寄生電流 / ～ oscillation 寄生振動. **6**〘音声〙寄生音の (cf. parasite 4). ── *n.*〘ラジオ〙寄生振動, 空電, パラシチック (atmospherics).

pàr·a·sít·i·cal *adj.* **pàr·a·sít·i·cal·ly** *adv.*

parasític castrátion *n.*〘動物〙寄生去勢.

par·a·sit·i·cid·al [pæ̀rəsìṭəsáɪdḷ, pɛ̀r- | pæ̀rəsìtɪ-] *adj.* 寄生虫を殺す, 駆虫力のある.

par·a·sit·i·cide [pæ̀rəsíṭəsàɪd, pɛ̀r- | pæ̀rəsítɪ-]〘← PARASITO- + -I- + -CIDE〙 *n.* 寄生虫駆除薬, 駆虫剤, 虫下し.

Par·a·sit·i·dae [pæ̀rəsíṭədì: | -tɪ-]〘← NL ～ ← *Parasītus* (属名 : ⇨ parasito-) + -IDAE〙 *n. pl.*〘動物〙ヤドリダニ科.

parasític jáeger *n.*〘鳥類〙クロトウゾクカモメ (*Stercorarius parasiticus*)《北極圏で繁殖するトウゾクカモメ科の鳥》.

par·a·sit·ism [pǽrəsàɪtɪzm, pǽr-, -sə-, -sàɪtɪzm | pǽrəsɪtɪzm, -sàɪtɪzm] *n.* **1** 寄食, 寄生(生活), 居候生活. **2**〘生物〙寄生 (cf. commensalism 2, symbiosis 1). **3**〘病理〙寄生(状態); (寄生虫性)皮膚疾患.

par·a·si·tize [pǽrəsɪtàɪz, pǽr-, -sə-, -saɪ- | pǽrəsɪ-, -saɪ-] *vt.* [主に Passive で] …に寄生する; 〈鳥が〉〈他の鳥の巣〉に卵を生む. **par·a·sit·i·za·tion** [pæ̀rəsɪṭɪzéɪʃən, pɛ̀r-, -sə-, -ṭə- | pæ̀rəsɪtaɪ-, -saɪ-, -tɪ-] *n.*

par·a·sit·o- [pǽrəsàɪṭoʊ, pǽr-, -sɪṭ- | pǽrəsàɪtə(ʊ), -sɪt-]〘← NL ～ ← L *parasītus* 'PARASITE'〙 ──「寄生生物 (parasite)」の意の連結形. ★ 時に parasiti-, また母音の前では通例 parasit- になる.

par·a·sit·oid [pǽrəsɪtɔ̀ɪd, pǽrəsàɪtɔɪd, ⌐–⌐– | pǽrəsɪtɔ̀ɪd, pǽrəsàɪtɔɪd, ⌐–⌐–] *adj.* 寄生生物に似た; (特に)捕食寄生する. ── *n.*〘生物〙擬寄生虫; (特に)捕食寄生者《寄生バチや寄生バエのように幼虫期に寄生し, 宿主を捕食するもの》.

pár·a·sit·òid·ism [-dɪzm] *n.*〘生物〙捕食寄生《寄生バチ・寄生バエなどの昆虫の幼虫と宿主との間で見られる関係; 幼虫は宿主の体を順序良く食べ, 幼虫の発生が終わるまで宿主は生きている》.

pàr·a·si·tól·o·gist [-dʒɪst, -dʒəst | -dʒɪst] *n.* 寄生虫学者.

par·a·si·tol·o·gy [pæ̀rəsɪtɑ́lədʒi, pɛ̀r-, -sə-, -saɪ- | pæ̀rəsɪtɔ́lədʒɪ, -saɪ-] *n.* 寄生虫学, 寄生体学. **par·a·si·to·log·i·cal** [pæ̀rəsàɪṭəlɑ́dʒɪkəl, pɛ̀r-, -dʒə- | pæ̀rəsaɪtəlɔ́dʒɪ-] *adj.* **pàr·a·si·to·lóg·ic** *adj.*

par·a·sit·o·sis [pæ̀rəsɪtóʊsɪs, pɛ̀r-, -sə-, -saɪ-, -səs | pæ̀rəsɪtə́ʊsɪs, -saɪ-]〘← NL ～ : ⇨ parasito-, -osis〙 *n.* (*pl.* **-o·ses** [-si:z])〘病理〙寄生虫症, 寄生体疾患.

par·a·sol [pǽrəsɔ̀(:)l, pǽr-, -sɑ̀l | pǽrəsɔ̀l, ⌐–⌐]〘《1616》▭ F ～ ▭ It. *parasole* ← PARA-[2] + *sole* sun (< L *sōlem* : cf. solar[2])〙 ── *n.* **1** (婦人用)日傘, パラソル (sunshade). **2**〘航空〙パラソル型単葉機《主翼が胴体から離れて上方についている飛行機》.

párasol fìr *n.*〘植物〙＝umbrella pine 1.

párasol pìne *n.*〘植物〙**1** ＝stone pine. **2** ＝umbrella pine 1.

pàra·státal *adj.* 〈会社・団体など〉半官(半民)の, 準国営の. ── *n.* (間接的に国や政府のために働く)半官の会社[団体].

pàra·statístics *n.*〘物理〙パラ統計《素粒子論においてよく知られたフェルミ統計・ボーズ統計のいずれでもない新しい統計; 実在の粒子でパラ統計に従うものは知られていない》.

pa·ras·ti·chy [pərǽstəki | -tɪkɪ]〘← PARA-[1] + Gk *stíkhos* 'row, STICH[1]' + -Y[1]〙 *n.*〘植物〙(葉序・鱗(ﾘﾝ)片などの)斜列, 斜交, 斜列配置 (cf. orthostichy).

pàra·sympathétic *adj., n.*〘解剖・生理〙副交感神経(系)(の).

parasympathétic nérve *n.*〘解剖・生理〙副交感神経.

parasympathétic nérvous sỳstem *n.*〘解剖・生理〙副交感神経系《交感神経系 (sympathetic nervous system) と共に自律神経系 (autonomic nervous system) を構成; parasympathetic system ともいう》.

pàra·sympathomimétic〘⇨ para-[1]〙 *adj.*〘生理〙〈薬物が〉副交感神経刺激に類似した生理学的作用のある: ～ substance 副交感神経(様)作用[作働]物質.

pàra·sýnesis〘▭ Gk *parasúnesis* misunderstanding : ⇨ para-[1], synesis〙 ── *n.*〘文法〙(語の構成要素に関する)誤用《Chinese の [z] を複数語尾と考えて Chinee という単数形を作り出すことなど》.

pàra·sýnthesis〘← NL ～ : ⇨ para-[1], synthesis〙 ── *n.*〘文法〙並置総合《複合 (composition) と同時に派生 (derivation) による語形成; 例えば *tenderhearted* や *getatable* など》. **pàra·synthétic** *adj.*

par·a·tax·ic [pæ̀rətǽksɪk, pɛ̀r- | pæ̀r-]〘⇨ ↓, -ic[1]〙 *adj.*〘精神医学〙**1** 情動性反応障害の, 情緒不適応の. **2** 錯行動的な.

par·a·tax·is [pæ̀rətǽksɪs, -səs | -sɪs]〘《1842》← NL ～ ← Gk *parátaxis* arrangement : ⇨ para-[1], taxis〙 ── *n.* **1**〘文法〙並列《接続詞なしに文・節・句を並べること; 例: I came, I saw, I conquered. (cf. L *Vēni, vidi, vici.*) / He is a poet. I know that. (cf. I know that he is a poet.); ↔ hypotaxis; cf. asyndeton》. **2**〘精神医学〙情緒不適応, パラタクシス《形容詞形は parataxic》. **par·a·tac·tic** [pæ̀rətǽktɪk] *adj.* **pàr·a·tác·ti·cal** *adj.* **pàr·a·tác·ti·cal·ly** *adv.*

pàra·théater *n.* 準演劇《前衛的な舞踊を主体とする》.

pa·rath·e·sis [pərǽθəsɪs, -səs | -θɪsɪs, -θə-]〘← NL ～ ← Gk *paráthesis* a putting beside ← PARA-[1] + *thésis* 'a setting, THESIS'〙 ── *n.* (*pl.* **-e·ses** [-si:z])《廃》**1**〘文法〙＝parenthesis 1. **2**〘修辞〙同格挿入(法) (cf. parenthesis).

par·a·thi·on [pæ̀rəθáɪɑn, -ɑn | -ən, -ɔn]〘← PARA-[1]

+*thio*(*phosphate*)+-ON¹〗 ── *n.* 〖薬学〗パラチオン ($C_{10}H_{14}NO_5PS$)《淡黄色無臭の油状液体合成農薬で殺虫用; 猛毒; cf. malathion》.

Par·a·thor·mone [pærəθɔ́əmoun, pèr- | pærəθɔ́ː-məun] 〖《商標》← PARATH(YROID)+(H)ORMONE〗 *n.* 〖商標〗パラトルモン《parathyroid extract の商品名》.

pàra·thýroid 〖← PARA-¹+THYROID〗 *n., adj.* 〖解剖〗副甲状腺(の), 上皮小体(の).

pàra·thyroidéctomy 〖⇨↑, -ectomy〗 *n.* 〖外科〗副甲状腺[上皮小体]摘出(術).

parathýroid éxtract *n.* 〖薬学〗副甲状腺[上皮小体]エキス.

parathýroid glànd *n.* 〖解剖〗副甲状腺, 上皮小体.

pàra-tolúidine *n.* 〖化学〗パラトルイジン ($CH_3C_6H_4NH_2$)《白色で光沢があり水に難溶する軽い固体; 染料などの原料》.

par·a·troop [pǽrətrùːp, pér- | pǽr-] 〖《逆成》← PARATROOPS〗〖軍事〗*adj.* 落下傘(さん)[空挺]部隊の. ── *n.* **1** =paratroops. **2** =paratrooper.

par·a·troop·er [pǽrətrùːpə, pér- | pǽrətrùːpə(r)] *n.* 〖軍事〗落下傘兵[部隊員], 空挺部隊兵[員], (空挺)降下隊員 (paratroop).

par·a·troop·ing [pǽrətrùːpɪŋ, pér- | pǽr-] 〖← PARA-³+TROOP (v.)+-ING¹〗 *n.* 〖軍事〗落下傘降下.

par·a·troops [pǽrətrùːps, pér- | pǽr-] 〖← PARA-(CHUTE)+*troops*〗 *n. pl.* 〖軍事〗落下傘(さん)[空挺]部隊.

par·a·troph·ic [pæ̀rətrǽfɪk, pèr- | pæ̀rətrɔ́f-] 〖← PARA-¹+-TROPHIC〗 *adj.* 〖生物〗寄生栄養の.

pàra·tubérculin *n.* 〖獣医〗=johnin.

pàra·tuberculósis 〖← NL ～: ⇨ para-¹, tuberculosis〗 *n.* 〖獣医〗パラ結核病 (⇨ Johne's disease).

pára·tỳpe *n.* 〖生物〗副模式標本, 従基準標本《正基準標本と共に同時に引用されている標本で, 正基準標本の重複した標本である同基準標本を除いたもの; cf. isotype》.

pàra·týphoid 〖病理〗*adj.* パラチフスの. ── *n.* = paratyphoid fever.

paratýphoid fèver *n.* 〖病理〗パラチフス.

par a·vance [pɑ̀ːrævɑ́ː(n)s, -vɔ̃ː(n)s, -vɑ́ːns, -vɔ́(ː)ns; *F.* paravɑ̃ːs] 〖□F ～ 'in advance'〗 *F. adv.* 先を見越して, あらかじめ (by anticipation).

par·a·vane [pǽrəvèɪn] 〖← PARA-¹+VANE〗 ── *n.* 〖海事〗防雷具, パラベーン《機雷の綱を切断させるために艦船が艦首から綱索で曳航(えいこう)する飛行機型の一種のブイで, 鋼索を両側へ広げるためのもの》.

par·a·vent [pǽrəvènt, pér- | pǽr-] 〖□F ～ 'against wind' □ It. *paravento* ← PARA-²+*vento* (< L *ventus* 'WIND¹')〗 *n.* 風防スクリーン, 風よけ.

par a·vion [pɑ̀ːrævjɔ̃ː(ŋ), -vjɔ́(ː)ŋ; *F.* paravjɔ̃] 〖□F ～ 'by airplane'〗 *F. adv.* 航空便で《航空郵便物の表記》.

pára·wìng *n.* 〖宇宙〗ブースタロケットの回収のために考案された軽量薄膜の三角翼付グライダー.

par·ax·i·al [pæræ̀ksiəl, per- | pærǽksiəl, -sjəl] 〖← PARA-¹+AXIAL〗 *adj.* 〖光学〗近軸の: ～ rays 近軸光線.

pàra-xýlene 〖← PARA-¹+XYLENE〗 *n.* 〖化学〗パラキシレン (⇨ xylene b).

par·a·zo·an [pæ̀rəzóuən | -zə́u-] 〖← NL *parazoān-us*: ⇨ para-¹, -zoa, -an¹〗〖動物〗 *n.* 側生動物《海綿動物門 (Porifera) をいう》. ── *adj.* 側生動物の.

par·bleu [pɑəblə́ː | pɑː-; *F.* parblø] 〖□F ～《転訛》← *pardieu* by God ← *par* by (< L *per*)+*dieu* God (< L *deum*)〗 ── *F. int.* 実際, 神かけて, おや, まあ《驚き・怒りなどを上品に表わし, または意味を強める》.

par·boil [pɑ́əbɔ̀ɪl | pɑ́ː-] 〖《c1430》*parboyle(n)* to boil thoroughly □ OF *parbouill-ir* < LL *perbullire* to boil fully: ⇨ per-, boil²〗 ── *vt.* **1** 〖PART と BOIL² の混成語とみた誤解による: cf. purblind〗(調理前の下ごしらえとして)〈肉・野菜などを〉湯通しする, ゆがく, 軽くゆでる. **2 a** 熱し過ぎる (overheat); 〈太陽・熱などが〉〈皮膚を〉焦がす. **b** 《戯言》〈人〉に汗を出させる, 熱くしていたたまれなくする.

pár·boiled ríce *n.* パーボイルドライス《もみのまま蒸して乾かした後に脱穀精白した米》.

par·buck·le [pɑ́əbʌ̀kl | pɑ́ː-] 〖《1626》*parbunkel* ← ?: 今の形は 18C から BUCKLE との連想による〗 ── *n.* 〖海事〗**1** 丸太がけ《たる・丸太・砲身などをころがしながら上下する綱の使い方; 綱の中央を固定し両端を左右に離し丸太などの下にくぐらせて引きまたはゆるめる》. **2** 丸太がけ吊り綱, 掛けなわ, 上下索. ── *vt.* 丸太がけ[掛けなわ]で(ころがして)上げる[下げる]〈*up, down*〉.

Par·cae [pɑ́əkaɪ, -siː | pɑ́ː-] 〖□L ～ (pl.) ← *Parca*《原義》goddess of birth ← *parere* to bring forth: cf. parent: 後に *pars* part との連想によって, ギリシャ神話の運命の女神 *Moira*《原義》part, fate と同一視された〗 ── *n. pl.* (*sing.* **Par·ca** [-kə])〖ギリシャ・ローマ神話〗運命の三女神 (Fates).

par·cel [pɑ́əsəl, -sl | pɑ́ː-] 〖*n.*: 《c1370》□(O)F *parcelle* < VL **particellam* ← L *particula* 'PARTICLE'. ── *v.*: 《1584–85》← (n.)〗 ── *n.* **1** 包み, 小包, 小荷物 (package): wrap up a ～ 小包をつくる. **2** 《米》ではまた pæ̀s-]《軽蔑》(人・物の)一群, 一隊, 一組, 一かたまり (group): a ～ of girls 一群の少女たち / a ～ of rubbish がらくたの一かたまり. **3** 〖法律〗(広い地所の分割した)一区画, 一筆(ひつ)の土地: a ～ of land. **4** (商品などの)一口, 一組(合わせ), 一山; 一回の取引高; 〖商業〗(貨物の)一個口: a ～ of diamonds. **5** 《古》一部分 (portion).

by parcels 少しずつ (by piecemeal). ***part and parcel*** ⇨ part 成句.

── *vt.* (**par·celed, -celled; -cel·ing, -cel·ling**) **1** (小部分・束・包みに)分ける, 区分[区分け]する (divide); 分配する (distribute)〈*out*〉: ～ off *into* districts 区に分割する. **2** 〈品物などを〉包みにする, 小包にする; 一まとめにする〈*up*〉. **3** 〖海事〗細長い帆布で〈甲板の継ぎ目などを〉目張りする; 細長い帆布で〈綱を〉(巻きゲートルのように)巻く.

── *adv.* 《古》部分的に, 幾分(か) (partly): ～ blind 半めくらの (cf. purblind 1) / ～ drunk 少し酔った.

── *adj.* **1** 部分的な, 幾分かの (partial): He is a ～ poet. 詩人らしいところがある. **2** パートタイムの.

párcel gìlding *n.* (家具表面の装飾彫刻に施した部分的な)金めっき.

párcel-gìlt *adj., n.* (特に, 杯の内側などだけ)部分金「めっきをした(器).

pár·cel·ing [-s(ə)lɪŋ, -sḷɪŋ | -səl-, -sḷ-] *n.* (*also* **pár·cel·ling**) **1** 〖海事〗parcel すること; parcel するのに用いる細長い帆布 (⇨ parcel *vt.* 3). **2** 包むこと. **3** 分配, 区分け.

párcel pàper *n.* 包み紙.

párcel pòst *n.* **1** 小包郵便(略 P.P., p.p.): send (by) ～ 小包郵便で送る. **2** 郵便小包.

párcel pòst zóne *n.* =zone 4 a.

párcels pòst *n.* =parcel post.

par·ce·nar·y [pɑ́əsənèri, -sṇ- | pɑ́ːs(ɪ)nəri] 〖□AF *parcenarie*=OF *parçonerie* ← *parçonier* (↓): ⇨ -ary〗 *n.* 〖法律〗共同相続, 相続財産共有 (joint heirship).

par·ce·ner [pɑ́əsənə, -sṇə | pɑ́ːs(ɪ)nə(r)] 〖《c1300》*parciner* partner □ AF *parcener*=OF *parçonier* < VL **partiōnārium* ← L *partitiō(n-)* 'PARTITION'〗 ── *n.* 〖法律〗共同法定相続人 (coheir), 相続財産共有者.

parch [pɑətʃ | pɑːtʃ] 〖《a1398》□? ONF *perch-ier* (F *percer*) 'to PIERCE'《逆成》? ← PARCHMENT〗 ── *vt.* **1** 〈豆・穀物などを〉炒(い)る, あぶる (roast), 焦がす (scorch). **2** 〈太陽・熱・風などが〉乾き切らす (dry up); 〈病熱・暑気などが〉〈人〉に渇きを覚えさせる, 焼くように感じさせる: be ～*ed with* thirst 渇き切っている, のどがからからである. **3** 〈寒気などが〉干からびさせる, しなびさせる (shrivel). ── *vi.* **1** 〈土地などが〉乾き切る, 干上がる〈*up*〉. **2** 〈口・舌・のどなどが〉渇く, (熱で)焼ける, 焦げる〈*up*〉: I am ～*ing with* the heat. 暑さでのどがからからだ. **～·a·ble** [～əbl] *adj.*

parched 〖《c1440》〗 *adj.* **1** 乾き切った, 干からびた: a ～ mouth. **2** 焦げた, 焼けた (scorched), 炒った, あぶった (roasted): ～ peas 炒り豆.

Par·chee·si [pɑətʃíːzi, pə- | pɑːtʃíːzi, pə-, -sɪ] 〖《変形》← PACHISI〗 ── *n.* 〖商標〗パチージ《インドすごろく (pachisi) を真似たすごろく; さいころを振って十字型の盤上のこまを進める遊戯》.

párch·ing *adj.* 乾かす (drying), 干からびさす; 焼くような (burning), 焦がすような (scorching): ～ heat 炎暑. ── *adv.* 焼けつくように: ～ hot. **～·ly** *adv.*

par·chi·si [pɑətʃíːzi, pə- | pɑːtʃíːzɪ, pə-, -sɪ] *n.* = pachisi.

parch·ment [pɑ́ətʃmənt | pɑ́ːtʃ-] 〖《a1325》*parchemin* □(O)F < VL **particamīnum*《混成》← L *pergamīna* (*charta*) '(paper) of Pergamum (初めてこの紙を製造した小アジアの Mysia の都市)'+*Parthica pellis* Parthian skin (赤色に染めた皮革): *-t* (15 C) は -MENT との混同および ML *pergamentum* の影響〗 ── *n.* **1** 羊皮紙, パーチメント《書写・製本材としてなめした羊・山羊などの皮革; 上質のものは vellum という》: ⇨ virgin parchment. **2** 羊皮紙[パーチメント]文書[証書, 写本]; 免許状 (charter), (大学の)卒業証書 (graduation diploma)(など). **3** パーチメント《羊皮紙に似せた紙; 硫酸紙など》: ⇨ parchment paper, vegetable parchment. **4** 羊皮紙のような物質; (特に)コーヒーの実の皮. **5** 薄黄緑色, 灰味黄色.

parch·ment·ize [pɑ́ətʃməntàɪz | pɑ́ːtʃ-] *vt.* 〈紙などを〉(特に, 硫酸で処理して)羊皮紙状にする, パーチメント化する.

párchment pàper *n.* パーチメントペーパー《防水・防脂用の硫酸紙; ⇨ vegetable parchment》.

párchment wòrm *n.* 〖動物〗(多毛綱)ツバサゴカイ科の虫.

parch·ment·y [pɑ́ətʃmənti | pɑ́ːtʃməntɪ] *adj.* 羊皮紙の, 羊皮紙に関する; 羊皮紙に似た, 羊皮紙のような.

par·ci·mo·ny [pɑ́əsəmòuni | pɑ́ːsɪmənɪ] 〖□F *parcimonie* 'PARSIMONY'〗 *n.* 《古》=parsimony.

par·close [pɑ́əklòuz | pɑ́ːklə̀uz] 〖《14C》□ OF *parclos(e)* (p.p.) ← *parclore* ← *par-* 'PER-'+*clore* (< L *claudere* 'to CLOSE¹')〗 ── *n.* 〖建築〗衝立, 柵《教会の一般部分と礼拝堂との間の隔壁》.

pard¹ [pɑəd | pɑːd] 〖《a1325》□ OF ～ □ L *pardus* □ Gk *párdos* ← *párdalis* panther (東洋起源?): cf. Skt *pṛdākus* tiger, panther / Pers. *pārs* panther / Heb. *bārōdh* spotted (animal)〗 ── *n.* 《古・詩》〖動物〗ヒョウ (leopard).

pard² [pɑəd | pɑːd] 〖《略》← PARDNER〗 *n.* 《米俗》仲間, 相棒 (mate).

par·dah [pɑ́ːdə | pɑ́ː-] *n.* =purdah.

par·da·lote [pɑ́ədəlòut, -dḷ- | pɑ́ːdələ̀ut, -dḷ-] 〖← NL *Pardalot-us* (属名) ← Gk *pardalotós* spotted like a leopard〗 ── *n.* 〖鳥類〗オーストラリアに生息するハナドリ科ホウセキドリ属 (*Pardalotus*) の鳥類の総称《ホウセキドリ (*P. punctatus*) など; diamond bird ともいう》.

par·die [pə(ː)díː, pɑə- | pə(ː)-, pɑː-] 〖《c1300》*parde* □ OF *par dé* (F *pardieu*, 《口語》*pardi*) by God < L *per* *Deum* (⇨ per, Deus): cf. parbleu〗 (*also* **par·di** [～]) ── 《古》*adv.* まことに, 全く, 本当に, 実際 (indeed). ── *int.* へえ, ほんと, まあ《軽いののしりを表わす》.

pard·ner [pɑ́ədnə | pɑ́ːdnə(r)] 〖《転訛》← PARTNER〗 *n.* 《米方言》**1** [直接の呼び掛け]君, 仲間. **2** 相棒.

par·don [pɑ́ədṇ | pɑ́ː-] 〖*v.*: 《c1430》□ OF *pardoner* (F *pardonner*) to forgive < ML *perdōnāre* to grant, concede ← PER-+L *dōnāre* to give: ⇨ donate. ── *n.*: 《c1300》□ OF *pardun* ← *pardoner* (v.)〗 ── *vt.* **1** 〈人・罪などを〉(公に)容赦する (forgive), 許す, 勘弁する, 大目に見てやる: I hope you will ～ me *for saying* so.=*Pardon* my *saying* so. 私がそう言ったことはご勘弁願います / *Pardon* me *for* interrupt*ing* you. お邪魔してすみません / There is nothing to ～. どう致しまして / *Pardon* me.=I beg your pardon (⇨ *n.* 成句). ★ いずれも形式ばった言い方で日常語では I am sorry. など他の表現を用いる. **2** 〖法律〗〈罪・罪人を〉赦免する, 特赦する: Criminals were ～*ed*.

── *n.* **1** 容赦, 許し (forgiveness); 勘弁 (forbearance), 寛容, 寛大 (indulgence): ask a person's ～ 容赦[許し]を乞う / ask ～ *for* an offense 罪の許しを乞う / A thousand ～*s for* stepp*ing* on your foot! お足を踏んだことは幾重にもお許し願います. **2** 〖法律〗**a** 恩赦, 赦免; 恩赦状: particular [special] ～ 特赦 / general ～ 大赦. **b** 罪の酌量[軽減]. **3** 〖カトリック〗(中世の)教皇の免罪; 贖宥(しょくゆう), 免罪符.

I beg your pardon. (1) [下降調で] ご免なさい《思わず犯した小さな過失・無礼などに対する詫び言葉》. (2) [降昇調で] 失礼ですが《相手と意見を異にした場合に自説を述べるとき, または見知らぬ人に話しかけるとき》: *I beg your* ～ for disturb*ing* you. お邪魔して済みません. (3) [上昇調で] もう一度言って下さい《相手の言葉が聞き取れなくて問い返すときの決まり文句; Beg your pardon, Beg pardon. または単に Pardon. ともいう》.

par·don·a·ble [pɑ́ədnəbl, -dṇ- | pɑ́ːdṇə-, -dn-] *adj.* 許せる; 容赦できる, 勘弁できる, 大目に見られる, 無理もない: a ～ mistake. **pár·don·a·bly** *adv.* **～·ness** *n.*

pár·don·er [-dnə, -dṇə | -dnə(r, -dn-] 〖《a1376》□ AF ～: ⇨ pardon, -er¹〗 ── *n.* **1** 許す人, 赦罪者. **2** 〖カトリック〗(中世のローマ教皇の)免罪符[贖宥(しょくゆう)]売り[取扱人]. **～·less** *adj.*

par·dy [pə(ː)díː, pɑə- | pə(ː)-, pɑː-] *adv., int.* 《古》=pardie.

pare [pέə | pέə(r)] 〖《?a1300》□(O)F *par-er* to prepare, trim, peel < L *parāre* 'to PREPARE': PARRY と二重語〗 ── *vt.* **1 a** (ナイフで)〈チーズ・果物・じゃがいもなど〉の皮をむく (cf. peel¹ 1). **b** …の皮をはぎ取る, 切り取る; 〈爪を〉切る; 〈ふち・かど・不要部分などを〉削り[そぎ]取る〈*off, away*〉: ～ nails to the quick 深爪を切る. **2** (少しずつ)減らす, 削減する, 〈出費などを〉(だんだんと)切り詰める〈*away, down*〉: ～ *down* expenses.

pare and burn (灰肥を造るために)芝生を掘り起こして焼く.

Pa·ré [pɑːréɪ; *F.* pare], **Ambroise** *n.* パレ (1510?–90; フランスの外科医; 「近代外科の父」と呼ばれる).

pa·re·cious [pəríːʃəs] *adj.* 〖植物〗=paroicous.

pa·reg·me·non [pərégmənɑ̀n | -nɔ̀n] 〖← NL ～ ← Gk *parēgménon* derived one (neut. perf. pass. p.p.) ← *parágein* to bring side by side: ⇨ par-, paragon〗 ── *n.* 〖修辞〗同根派生語並置《例: politics and politicians》.

par·e·gor·ic [pæ̀rəgɔ́(ː)rɪk, -gɑ́r- | -gɔ́rɪk, -rɪ-] 〖《1684》□ F *parégorique* // LL *parēgoric-us* □ Gk *parēgorikós* encouraging, soothing ← *parḗgoros* consoling ← PARA-¹+*agorá* assembly: ⇨ -ic¹〗 ── *adj.* 痛みを和らげる, 鎮痛の: a ～ elixir 鎮痛チンキ. ── *n.* **1** 鎮痛剤 (anodyne). **2** (小児用)下痢止め薬. **pàr·e·gór·i·cal** *adj.*

pa·rei·ra [pəré(ə)rə | -rέərə] 〖□ Port. *parreira* vine (on a trellis)〗 ── *n.* パレーラ《ブラジル産ツヅラフジ科のツル植物パリエラ (*Chondrodendron tomentosum*) の根; アルカロイドを含み利尿剤に用いられた; また原住民は矢じりに塗って毒矢を作る; cf. curare》.

paréira brá·va [-brɑ́ːvə, -bréɪ-] 〖□ Port. ～ 'wild vine' (↑)〗 *n.* =pareira.

paren. 《略》parenthesis.

pa·ren·chy·ma [pəréŋkəmə | -kɪ-] 〖《1651》← NL ～ ← Gk *parégkhuma* something poured in besides ← PARA-¹+*égkhuma* infusion: 内臓の組織はその臓器の血管によって注ぎ込まれて出来ると信じられていたことから〗 ── *n.* **1** 〖解剖〗(臓器の)実質 (cf. stroma). **2** 〖生物〗柔[軟]組織. **pa·ren·chy·mal** [pəréŋkəməl, pæ̀rɪŋkáɪ-, -rən- | pəréŋkɪ-, pæ̀rɪŋkáɪ-] *adj.*

par·en·chym·a·tous [pæ̀rɪŋkímətəs, pèr-, -rən-, -káɪ- | pæ̀reŋkímətəs, -káɪ-] *adj.* **pàr·en·chým·a·tous·ly** *adv.*

par·en·chyme [pǽrɪŋkàɪm, -rən- | pǽrɪn-] *n.* = parenchyma.

parens. 《略》parentheses.

par·ent [pέ(ə)rənt, pǽr- | pέər-] 〖《1413》□(O)F ～ < L *parentem*, *parēns* (nom.) parent (pres.p.) ← *parere* to beget: 15 C 以後本来語の ELDER¹ に代わり一般化〗 ── *n.* **1** 親《実父[実母]または義父[義母]》; [*pl.*] 両親. **2** 先祖 (progenitor): our first ～*s* アダムとエバ. **3** (動植物その他有機物の)親, 母体. **4** 守護者, 保護者 (guardian). **5** 根源となる者 (author); 根源, 源, 元 (origin), 原因 (cause); 創始[創業]の組織[団体]: Latin is the ～ of the modern Romance languages. ラテン

語は近代ロマンス語の母体である / Ignorance is the ～ of many evils. 無知は多くの罪悪の元である. ― *adj.* 親の, 親種の; 根源の: a ～ cell 親[母]細胞 / a ～ stem 原種 / a ～ bird [company, ship, tree] 親鳥[会社, 船, 木] / a ～ plane (誘導ミサイルを発射する)親飛行機, 母機 / ⇨ parent language. ― *vt.* …の親となる, 生み出す (produce). **～·like** *adj.*

par·ent·age [péə(ə)rəntɪdʒ, pǽr- | péərənt-] 〖《15C》▭(O)F ～: ⇨↑, -age〗 ― *n.* **1** (子に対して)親である関係, 親であること (parenthood). **2** 生れ (birth), (…の)出, 出身 (origin); 血統; 家柄, 素性: a man of mean [noble] ～ 卑しい[高貴な]生れの人 / He comes of good ～. 彼は家柄[素性]がよい.

pa·ren·tal [pəréntl | -tl] 〖《1623》▭L *parentāl-is* of parents ← *parēns* 'PARENT': ⇨ -al¹〗 ― *adj.* **1** 親の, 親である, 親としての, 親らしい (cf. paternal, maternal, filial): ～ love / the ～ relation 親子関係 / ～ authority [obligation] 親としての権威[義務]. **2** 〘生物〙(雑種の)親の, 親子の関係を有する. **～·ly** *adv.*

paréntal generátion *n.* 〘生物〙親世代《交雑における親の世代; 記号 P》.

paréntal hóme *n.* 問題児矯正学校(parental school).

Par·en·ta·li·a [pɛ̀(ə)rəntéɪliə | pɛ̀ərəntéɪljə, -lɪə] 〖《1706》▭L *parentālia*《原義》parental things or rites (neut. pl.) ← *parentālis*: ⇨ parental〗 ― *n. pl.* (古代ローマの)パレンタリア祭《死者の追善供養期, 2月13–21日; この最後の日に祭 (Feralia) が行なわれた》.

paréntal schóol *n.* ＝parental home.

párent cómpany *n.* 親会社 (cf. daughter company, subsidiary company).

párent cómpound *n.* 〘化学〙親化合物.

párent élement *n.* 〘物理〙親元素《原子核の崩壊や反応過程において, 過程の起こる前の原子核よりなる元素のこと; 過程後に生じた原子核よりなる元素を娘元素 (daughter element) という》.

par·en·ter·al [pæréntərəl | -tə-] 〖← PARA-¹+ENTERON+-AL¹〗 *adj.* 〘医学〙腸管外の, 非経口的な (↔ peroral). ― *n.* 非経口薬品. **～·ly** *adv.*

pa·ren·the·sis [pərénθəsɪs, -səs | -θɪsɪs, -θə-] 〖《1564》▭LL ～ ▭Gk *parénthesis* ← *parentithénai* to insert, put in besides: ⇨ para-¹, en-², thesis〗 ― *n.* (*pl.* **-the·ses** [-sìːz]) **1** 〘文法〙挿入語句《本文と文法的関係がなく, 単に説明・注解的に文中に挿入された語・句・節; 普通括弧やコンマまたはダッシュで本文から区分し, 話す場合は音調で区別する; parenthetic expression という方が普通》. **2** [*pl.*] パーレン, 括弧《一般に丸括弧 (round brackets) をいう; 単数形で (,) の両方をさすことがある; bracket(s) ともいう》: in *parentheses*＝in ～ 括弧に入れて, 付加的に; ちなみに / by way of ～ ちなみに, ついでながら. **3** 間劇, 間の狂言, 挿話; 幕間(ま), 休憩時間 (interval).

pa·ren·the·size [pərénθəsàɪz | -θɪ-, -θə-] *vt.* **1** 挿入語句[挿話]として入れる; …に挿入句[挿話]をさしはさむ. **2** 括弧の中に入れる, 括弧でくくる: ～ the pronunciation.

par·en·thet·ic [pæ̀rənθétɪk, pɛ̀r- | pæ̀rənθét-] 〖《1776》▭ML *parenthetic-us*: ⇨ parenthesis, -ic¹〗 ― *adj.* **1** 〘文法〙挿入(語)句の, 挿入句的な, 挿話的な (episodic). **2** 挿入句を含む[使った], 挿入句の多い: a ～ expression 挿入語句 (⇨ parenthesis 1). **3** 弧形の, 弓形の (curved). **pàr·en·thét·i·cal** *adj.*

pàr·en·thét·i·cal·ly *adv.* 挿入句的に[として]; 付加的に言えば, ちなみに.

parenthétical márk *n.* 〘文法〙挿入(的)符号《コンマ, ダッシュ, セミコロンなど》.

párent·hòod *n.* (子に対して)親であること (parentage); 親の身分.

pa·ren·ti·cide [pəréntəsàɪd | -tɪ-] 〖← PARENT＋-ICIDE〗 *n.* **1** 親殺し《人》(cf. parricide, matricide). **2** 親殺し《行為》.

párent-in-làw *n.* (*pl.* **parents-**) 義父[母].

párent lánguage *n.* 〘言語〙祖語, 共通基語 (cf. Ursprache).

párent·less *adj.* 親のない.

párent matérial *n.* 〘土壌〙母材《土壌生成の素材となる風化破砕された微小な岩石物質》.

párent métal *n.* 〘金属加工〙＝base metal 3.

párent·shìp *n.* ＝parenthood.

párent-téacher associàtion *n.* 〘教育〙父母と教師の会, ピーティーエー (略 P.T.A., PTA).

par·er [pɛ́(ə)rə | pɛ́ərə(r)] *n.* 皮をむく[はぐ]人; 皮むき[はぎ]器, 削り刀.

par·er·gon [pərə́ːgɑn | -rə́ːgɔn] 〖《1601》▭L ～ ▭Gk *párergon* ← PARA-¹+*érgon* 'WORK'〗 *n.* (*pl.* **-er·ga** [-gə]) **1** 副次[付随]的なもの; アクセサリー. **2** 副業.

Pares [pɛ́əz | pɛ́əz], Sir **Bernard** *n.* (1867–1949) 英国の歴史家; *History of Russia* (1926), *Russian Monarchy* (1935).

pa·re·sis [pəríːsɪs, pǽrə-, -səs | pərí:sɪs, pǽrɪ-] 〖《1693》← NL ～ ← Gk *páresis* slackening, paralysis ← *pariénai* to let fall at the side ← PARA-¹+*hiénai* to let go〗 ― *n.* (*pl.* **pa·re·ses** [pəríːsiːz, pǽrəsìːz | pəríːsiːz, pǽrɪsìːz]) 〘病理〙不全麻痺 (partial paralysis); 梅毒性進行麻痺: ⇨ general paresis.

par·es·the·sia [pæ̀rɪsθíːʒə, -rəs-, -res-, -ʒiə | -rɪsθíːzjə, -riːs-, -res-, -zɪə, -ʒɪə, -ʒə] 〖← NL ～: ⇨ para-¹, esthesia〗 ― *n.* **1** 〘病理〙知覚異常(症), 感覚性錯覚《皮膚などの感覚が普通と違いしびれ感があったり, ちくちくしたりすること》. **2** 性感異常; 倒錯性欲《正式には paresthesia sexualis》.

par·es·thet·ic [pæ̀rɪsθétɪk, -rəs-, -res- | -rɪsθét-, -riːs-, -res-] *adj.* 知覚異常(性)の.

pa·ret·ic [pərétɪk | -tɪk] 〖⇨ paresis, -ic¹〗〘病理〙 *adj.* 不全麻痺(性)の. ― *n.* 不全麻痺患者, 進行麻痺患者. **pa·rét·i·cal·ly** *adv.*

Pa·re·to [pəréɪtou | -təu; *It.* paré:to], **Vil·fre·do** [vilfré:do] *n.* パレート《1848–1923; スイスに居住したイタリアの経済学者・社会学者》.

pa·ret·ta [pərétə | -tə] 〖← ?〗 *n.* 〘石工〙(面に小石の出た)荒塗り (cf. roughcast).

pa·re·u [pɑ́ːriùː; pɑ́ːreiùː] 〖← Tahitian《土語》〗 *n.* パレウ《主として南洋諸島, 特に Tahiti 島の原住民が着ける長方形の更紗(さらさ)の腰布》.

pa·re·ve [pɑ́ːrəvə, pɑ́əvə | pɑ́ːrəvə] 〖▭Yid. *parev*〗 *adj.* (ユダヤ教で)肉類と乳製品抜きの, 精進料理の.

par ex·cel·lence [pɑːrèksəlɑ̃́ː(n)s, -lɔ̃́ː(n)s, -lɑ́ːns, -lɔ́ː(ː)ns, ―⏝―⏝ | pɑːréksəlɑ̃ː(n)s, -se-, -lɔ̃ː(n)s, -lɑ̀ːns, -lɔ̀ː(ː)ns; *F.* parɛksɛlɑ̃ːs] 〖▭F ～《原義》by excellence〗 ― *F. adv.* 一段すぐれて; 特に抜きんでて (preeminently); 特に, ことに, とりわけ: London is called 'Town' ～. ロンドンは特に「タウン」と呼ばれる.

par ex·em·ple [pɑ̀ːregzɑ̃́ː(m)pl | -zɔ̃́ː(m)-, -zɑ́ːm-, -zɔ́(ː)m-; *F.* parɛgzɑ̃ːpl] 〖▭F ～ 'for example'〗 *F. adv.* 例えば (for example). ― *int.* まあ, 何て(いうことを)《驚き・怒りの表現》.

par·fait [pɑəféɪ, ―⏝ | pɑːféɪ, ―⏝; *F.* parfɛ] 〖▭F ～《原義》something perfect〗 ― *n.* パフェ(ー): **a** 泡立てた生クリーム・卵・砂糖などで作ったアイスクリームに似た凍菓. **b** アイスクリームを背の高いグラスに入れてシロップや果物を加えたデザート.

parfáit glàss *n.* パフェグラス《パフェを供するのに用いる足の短い細長いグラス》.

par·fleche [pɑ́əfleʃ, ―⏝ | pɑ́ːfleʃ, ―⏝; *F.* parflɛʃ] 〖▭Canad.-F *parflèche* ← F *parer* to parry＋*flèche* arrow〗 ― *n.* **1** (野牛などの)生皮《灰汁と水にひたして毛を取った後で乾燥したもの》. **2** その毛皮で作った箱[袋].

par·fo·cal [pɑəfóukəl | pɑːfə́u-] 〖← L *pār* equal＋FOCAL〗 ― *adj.* 〘光学〙〈顕微鏡・レンズなど〉同一焦点面をもつ[にそろえた]《ピント調節が要らない》. **par·fo·cal·i·ty** [pɑ̀əfo(u)kǽləṭi | pɑ̀ːfə(u)kǽlətɪ, -lɪ-] *n.* **～·ize** [pɑəfóukəlàɪz | pɑːfə́u-] *vt.*

par·ga·na [pəgɑ́nə | pə-] 〖▭Hindi *pargana* division, district ▭Pers. *parganah*〗 ― *n.* 《インド》パルガナー《徴税のためにいくつかの町村を集めて作った地区; zillah の下の単位》.

par·gas·ite [pɑ́əgəsàɪt | pɑ́ː-] 〖▭G *Pargasit* ← *Pargas* (Finland の町)＋-*it* '-ITE¹'〗 *n.* 〘鉱物〙パーガス角閃(せん)石.

parge [pɑ́ədʒ | pɑ́ːdʒ] 〖《略》← PARGET〗 *vt.* 〈石壁など〉にモルタル[漆喰(しっくい)]で薄い塗りをかける.

par·get [pɑ́ədʒɪt, -dʒət | pɑ́ː-] 〖《c1390》▭OF *pargeter*, *parjeter*《*par*- 'PER-' の影響による変形》← L *prōjectāre* 'to throw out, PROJECT²'〗 ― *n.* **1** 漆喰(しっくい), プラスター (plaster). **2** 漆喰[プラスター]塗り. **3** (外壁などの)浮彫式飾り塗り. **4** 《廃》石膏(せっこう) (gypsum). ― *vt.* (**par·get·ed, -get·ted; -get·ing, -get·ting**) (漆喰やモルタルなどで)〈外壁など〉に浮彫り風に飾り塗りする.

pár·get·ing [-ṭɪŋ | -tɪŋ] *n.* (*also* **par·get·ting** [～]) **1** (以前家屋の装飾に行なわれた)浮彫り風の飾り塗り. **2** 漆喰(しっくい)[プラスター]を塗ること; (煙突の煙道などに)モルタルや漆喰を塗ること.

par·get·ry [pɑ́ədʒɪtri, -dʒət- | pɑ́ːdʒɪtrɪ, -dʒət-] 〖← PARGET＋-(E)RY〗 *n.* ＝pargework.

párge·wòrk *n.* (壁面・天井などに施す)漆喰(しっくい)装飾, 石膏(せっこう)細工《地方色豊かな素朴なものをいう》.

párg·ing 〖《c1390》: ⇨ parge, -ing¹〗 *n.* 化粧塗り, 上塗り《石[れんが]造りなどにかけるモルタルや漆喰(しっくい)の薄い塗り》.

par·gy·line [pɑ́ədʒəlìːn | pɑ́ːdʒɪ-] 〖← (*pro*)*pargyl*＋-INE³〗 *n.* 〘化学〙パルギリン ($C_{11}H_{13}N$)《モノアミン酸化酵素阻害剤, 抗鬱(うつ)剤》.

parhelia *n.* parhelion の複数形.

par·he·li·a·cal [pɑ̀əhɪláɪəkəl, -hə-, -hiː-, -he- | pɑ̀ː-hɪ-, -hiː-, -he-] 〖← PARHELI(ON)＋-ACAL〗 *adj.* 〘気象〙＝parhelic.

par·he·lic [pɑəhíːlɪk, -hél- | pɑː-] *adj.* 〘気象〙幻日の.

parhélic círcle [ríng] *n.* 〘気象〙幻日環.

par·he·lion [pɑəhíːljən, -liən | pɑːhíːljən, -lɪən, -lɪɔ̀n] 〖《1648》▭L *parēlion* ▭Gk *parḗlion*, *parḗlios* ← PARA-¹＋*hḗlios* sun: -*h*- は Gk *hḗlios* から〗 ― *n.* (*pl.* **-li·a** [-ljə, -liə | -ljə, -lɪə]) 〘気象〙幻日《空が巻層雲におおわれている時, 太陽の両側に見られる一見太陽のような光象; mock sun ともいう》(cf. paraselene).

par·i- [pǽrə | pǽrɪ] 〖▭OF ～ ▭(M)L *pari-*, *pār* 'equal, PAR¹'〗〘生物〙「等しい (equal)」の意の連結形: *pari*pinnate.

pa·ri·ah [pəráɪə | pǽrɪə, pəráɪə] 〖《1613》▭Tamil *paṛaiyar* (pl.) ← *paṛaiyan*《原義》drummer ← *paṛai* festival drum: この階級から祭りの鼓手が出たことにちなむ〗 ― *n.* **1** [しばしば P-] パーリア (cf. caste 1): **a** インド南部およびビルマで四姓の下の階級の人. **b** 四姓以外の階級の人. **2** 社会ののけ者, 宿なし, 浮浪人 (outcast). **3** ＝pariah dog.

paríah dòg *n.* パリアドッグ《南アジア・北アフリカで, のごみためをあさるのら犬》.

Par·i·an [pɛ́(ə)riən | pɛ́ərɪ-] 〖← L *Pari(us)* of the island of Paros＋-AN¹〗 ― *adj.* **1** (エーゲ海中の)パロス島 (Paros) の: ～ marble パロス島産の白色大理石《良質で知られる》. **2** (Paros 島産の)白色大理石のような. **3** パリアン(磁器)の. **4** パロス島民の[に似た]. ― *n.* **1** パロス島民. **2** [p-] ＝Parian ware.

Párian cemént *n.* 〘窯業〙パリアンセメント (⇨ keene's cement).

Párian wàre *n.* パリアン(磁器)《無釉の締焼磁器の一種; 主として装飾品などで, その色調や光沢が Paros 島産の大理石の彫刻に類似; 単に parian ともいう》.

Pa·ri·cu·tín [pɑrìːkətíːn; *Sp.* parikutín] *n.* パリクチン(山)《メキシコ中西部, Mexico City 西方の火山; 1943年畑から噴火して誕生した; 標高 2,808 m》.

Par·i·dae [pǽrədìː | -rɪ-] 〖← NL ～ ← *Parus* (属名: ← L *parus* titmouse)＋-IDAE〗 *n.* 〘鳥類〙シジュウカラ科.

par·i·es [pɛ́(ə)riìːz | pɛ́ər-] 〖← NL ～＝L *pariēs* wall ← ?〗 ― *n.* (*pl.* **-i·e·tes** [pəráɪəṭìːz | -ráɪɪ-]) **1** [通例 *pl.*] 〘動物〙(臓器または体腔の)壁(へき)《血壁壁・胃壁・腟(ちつ)壁など》. **2** 〘植物〙子房壁.

pa·ri·e·tal [pəráɪəṭl | -ráɪɪtl, -ráɪə-] 〖《1506》▭(M)F *pariétal* ▭LL *parietālis* ← L *pariēs* (↑): ⇨ -al¹〗 ― *adj.* **1** 〘解剖〙**a** 壁の, 体壁の; 壁在の, 壁側の. **b** 頭頂(部)の. **2 a** 顱頂(ろちょう)の. **b** 〘植物〙側壁の, 子房壁の, 墻(しょう)壁の. **3** 《米》大学内居住に関する, そこに住む者の生活と秩序に関する[を管理する], 学内の. ― *n.* **1** 〘解剖〙頭頂部. **2 a** 〘動物〙顱頂部. **b** 〘植物〙側壁部. **3** 学寮居住者の異性寮生訪問に関する規則.

paríetal bòne *n.* 〘解剖〙頭頂骨 (cf. occipital bone; ⇨ skull¹ 挿絵).

paríetal cèll *n.* 〘解剖〙壁細胞《胃酸分泌細胞; cf. chief cell》.

Pa·ri·e·ta·les [pəràɪətéɪliːz] 〖← NL ～ (pl.): ⇨ parietal〗 *n. pl.* 〘植物〙側膜胎座目《双子葉植物の一目》.

paríetal éye *n.* 〘動物〙顱頂(ろちょう)眼, 顱頂器《円口類・硬骨魚・爬虫類(特に, トカゲ類)で見られる間脳の一部がふくらんでできた眼のようなもの》.

paríetal lòbe *n.* 〘解剖〙(脳の)頭頂葉.

parietes *n.* paries の複数形.

par·i-mu·tu·el [pæ̀rɪmjúːtʃuəl, -tʃul | -rɪmjúːtjuèl, -tjuəl; *F.* parimytɥɛl] 〖▭F *pari mutuel*《原義》mutual bet〗 ― *F. n.* (*pl.* **～s** [～z], *1* ではまた **par·is-mu·tu·els** [～]) **1** (競馬などで)勝者[馬]に賭けた人人が手数料と税金を差し引いた賭け金全部を分配する一種の賭け; この方式での勝馬投票 (cf. totalizator). **2** (競馬などの)賭け率計算器《pari-mutuel machine ともいう》.

par·ing [pɛ́(ə)rɪŋ | pɛ́ər-] 〖《c1390》: ⇨ pare, -ing¹〗 *n.* **1** 皮をむく[はぐ]こと, むか[はが]れること. **2** [*pl.*] 切り[むき]くず, はぎ[削り]皮; 小麦粉の篩(ふるい)くず: potato ～*s*. **3** わずかな貯え, へそくり.

páring chìsel *n.* 〘木工〙つきのみ, つばのみ.

páring gòuge *n.* 〘木工〙丸のみ.

páring iron *n.* (獣医・蹄鉄工の用いる)つめ切り刀, 削蹄刀.

páring knìfe *n.* (皮をむくための)果物ナイフ.

pa·ri pas·su [pǽri-pǽsuː, pɑ́ːri-pɑ́ː- | -rɪ-] 〖▭L *pari passū* with or at equal step: ⇨ pair, pace¹〗 ― *L. adv., adj.* **1** 同一歩調で(の), 歩調正しく[正しい]; 相並んで[だ]; 同時に[の]. **2** 不公平なく[のない], 一様[均等]に[な], むらなく[のない] (equably).

par·i·pin·nate [pæ̀rəpíneɪt, -nət, -nɪt | -rɪ-] 〖← PARI-＋PINNATE〗 *adj.* 〘植物〙偶数羽状の: a ～ compound leaf 偶数羽状複葉.

Par·is¹ [pǽrɪs, pér-, -rəs | pǽrɪs] 〖▭F ～ < LL *Parisiī* ← L (*Lūtētia*) *Parisiōrum* 'Lutetia (Cité 島にあった古市名) of the *Parisii* (Gaul のケルト系部族の一つ: ← ? Celt.)'〗 ― *n.* パリ《フランスの首都; 人口 2,318,000》.

Paris of America [the ―] 米国 Cincinnati 市の異名.

plaster of Paris ⇨ plaster.

Par·is² [pǽrɪs, pér-, -rəs | pǽrɪs] 〖▭L ～ ▭Gk *Páris*〗 ― *n.* 〘ギリシャ神話〙パリス《Troy 王 Priam と Hecuba の王子; Sparta の王 Menelaus の妃 Helen を奪ったため, トロイ戦争 (Trojan War) が起こった; cf. APPLE of discord》.

Par·is [pǽrɪs, pér-, -rəs | pǽrɪs], **Matthew** *n.* ⇨ Matthew of Paris.

Páris blúe *n.* 〘化学〙**1** ＝Prussian blue. **2** 可溶性プルシャンブルー ($KFe[Fe(CN)_6]$).

Páris Cómmune *n.* [the ～] ＝COMMUNE¹ of Paris.

Páris dóll *n.* 《古》(婦人服屋が使う)マネキン人形, 人台(じんだい) (lay figure).

Páris gréen *n.* 〘薬学・顔料〙パリスグリーン, パリ緑, 花緑青 ($3Cu(AsO_3)_2 \cdot Cu(CH_3CO_2)_2$)《酢酸銅と亜ヒ酸銅から成る有毒な鮮緑色顔料・船底塗料および殺虫剤; copper acetoarsenite, Schweinfurt green, Imperial green ともいう》.

par·ish [pǽrɪʃ, pér- | pǽr-] 〖《c1300》*parissche*, *paro(s)che* ▭OF *paroche*, (O)F *paroisse* < eccl.L *parochiam* (L *parochus* purveyor との連想による変形) ← *paroeciam* parish ▭LGk *paroikíā* ecclesiastical district, 《原義》dwelling beside ← *pároikos* Christian, (Gk) stranger ← PARA-¹＋Gk *oîkos* dwelling〗 ― *n.* **1** 〘キリスト教〙教会区, 小教区, 牧会区, (牧師の)管轄区; 〘カトリック〙聖堂区; 教区《diocese の下位区分で教会とその牧師を持つ宗教上の一区域; 日本ではどの教派においても明確に規定されていない》; 教会とその活動範囲. **2** 《英》行政教区, 教区《county の下位区分で通例教会の教会区をもととした最小行政単位;

もと poor law のために設けられた救貧区; civil parish ともいう》. **3** [the ~; 集合的]《英》一教区の住民, 教区民;《米》一教会の全信者. **4** (米国 Louisiana 州で) 郡 (⇨ county[1] 2). **5** (カーリング (curling) で) =house 13.

on the parish《英》(1) 〈貧民が〉教区の世話になって: go *on the* ~ (昔, poor law のもとで) 教区の世話になる, 公費救助を受ける (cf. *on the* TOWN). (2)《口語》あてがい[供給]の少ない, わずかばかり支給されて.

párish chúrch *n.* 〘キリスト教〙教区教会, 司祭管轄教会《一教会区 (parish) を管轄する教会》.

párish clérk *n.* 教会(庶務)役員, 教会書記《特に,(以前)礼拝式などで司祭に応誦してその手助けをする》.

párish cóuncil *n.*《英》(行政)教区会《行政教区 (parish) の自治機関》.

párish hòuse *n.* **1** パリッシュハウス, 教区会館《行政や社会的目的に教会が使う建物》. **2** (ローマカトリック教会の)司祭の住居.

pa·rish·io·ner [pəríʃ(ə)nə | -nə(r] 〘《1471》← ME *parishion, paroschian* parishioner ▭ OF *parochien, paroissien* ← *paroche* 'PARISH'+*-ien* '-IAN': -ER[1] は人格表現をより明確にするため英語において付加されたもの〙 ── *n.* 教会区の信者, 教会区民.

párish lántern *n.*《英》月 (moon).

párish mínister *n.* 〘キリスト教〙牧師, 司祭, (教会区を委託された)教区(付き)司祭《parish church の牧師》.

párish príest *n.* 〘キリスト教〙(教会区を委託された)教区(付き)司祭, (聖堂区)主任司祭《parish church の司祭》.

párish-púmp *adj.*《英》地方的興味[観点]からの, 井戸端会議的な: ~ politics. 「場所」.

párish púmp *n.*《英》村の共同井戸《井戸端会議の

párish régister *n.* 教会区戸籍[記録]簿《教区の教会に保存されている出生・洗礼・婚姻・埋葬などに関する記録》.

párish-rìgged *adj.*《俗》〈船が〉不充分な艤(ぎ)装の.

Pa·ri·sian [pəríʒən, -ríːʒ- | -ríziən, -zɪən, -ʒɪən, -ʒən] 〘▭ F *parisien*: ⇨ Paris[1], -ian〙 *adj.* パリ(風)の, パリ人的な. ── *n.* パリ人, パリっ子, パリジャン.

Pa·ri·si·enne [pərìːzién | -zɪ-; F. parizjɛn] 〘▭ F ~ (fem.) ← *parisien* (↑)〙 *n.* パリ婦人, パリ女[娘], パリジェンヌ.

paris-mutuels *n.* pari-mutuel の複数形.

Páris whíte *n.* 〘化学〙精製白亜(ᵃ), 胡(ᵍ)粉《炭酸カルシウムから成る顔料》.

páris yéllow, P- y- *n.* 明るい鬱金(ᵘᶜʰⁱ)色 (light chrome yellow).

pàri·syllábic 〘《1656》← PARI-+L *syllaba* 'SYLLABLE'+-IC[1]〙 ── *adj.* 〈ギリシャ語・ラテン語の名詞が〉(すべての格で)同数の音節を有する, 同数音節の.

par·i·ty[1] [pǽrəṭi, pér- | pǽrətɪ, -rɪ-] 〘▭ L *paritāt-em, paritās* ← *pār* 'equal, PAR[1]': ⇨ -ity〙 ── *n.* **1** (量・質・価値・格付けなど)同等であること, 等価, 等質, 等額; 同格, 同位 (equivalence): ~ of treatment 同等の待遇 / be on ~ with... と均等である / stand at ~ 同位[同格]である. **2** 著しい類似, 同様 (similarity); 一致 (correspondence): by ~ of reasoning 類推で. **3** 〘貿易・金融〙 **a** (他国の通貨との)等価, 平価: the official dollar ~ of the yen 円の公定ドル交換比率 / purchasing power ~ 購買力平価. **b** (種々の鋳貨の)比価. **4**《米》〘経済〙平衡(価格), パリティ《農家の生産物価格と生活必需品価格との比率; 米国では 1909 年 8 月から 1914 年 7 月までのそれを基準とする》: a ~ index [ratio] パリティ指数[比率] / a ~ price パリティ価格《この比率に応じて定められた農作物の価格》. **5** 〘数学〙パリティ《2 つの整数の間の '偶奇が一致する' という関係》. **6** 〘物理〙パリティ, 反転性, 偶奇性《波動関数の対称性を示す量》.

par·i·ty[2] [pǽrəṭi, pér- | pǽrətɪ, -rɪ-] 〘← L *par(ere)* to bring forth+-ITY: ⇨ -parous, parent〙 *n.* 〘産科〙出産経歴[児数].

párity bìt *n.* 〘電算機〙パリティビット《parity check のために付加したビット》.

párity chèck *n.* 〘電算機〙パリティチェック, 奇偶検査《一連のビットに対して付加ビットを付けて誤りを検査すること》.

park [pάːək | pάːk] 〘*n.*: 《*c*1200》▭ (O)F *parc* park, enclosure (for animals) < ML *parricum* ← ? Gmc (cf. G *Pferch* fold, pen / OE *pearroc* enclosure): PADDOCK[2] と二重語?. ── *v.*: 《1526》← (*n.*)〙 ── *n.* **1 a** 公園; (公益のため国有地として保存された)自然公園: ⇨ national park. ★ 固有名詞の一部として用いるときは通例無冠詞: ⇨ Central Park. **b** [the P-]《英》=Hyde Park《もとは St. James's Park を指して言う》: the (Royal) *Parks* (ロンドンの)王立公園《英国王の管理下にある St. James's Park, Green Park, Hyde Park, Kensington Gardens, Regent's Park などの公園》. **c**《米》遊園地(《英》funfair). **2**《英》猟園《遊猟のために勅許を得て設けた広大な囲い地; ここに自然のままに猟獣を放し飼いする; cf. chase[1] *n.* 3, forest 4, warren 3》. **3**《英》(地方豪家の)私園, 大庭園《邸宅を取り囲む池や森のある広大な敷地》. **4**《米》**a** 運動場: a baseball ~ 野球場. **b** =ball park. **5**《米西部》(山に囲まれた高原性の)平野, 盆地; 林間の平野. **6** (自動変速機付自動車の)駐車装置. **7**《米》(自動車・馬車などを一時置く)置場, 駐車場, (飛行機などの)駐機場; 駐車してある自動車[馬車, 飛行機など]: ⇨ car park. **8** 〘軍事〙 **a** 集結所, 廠(ˢʰᵒᵘ); 〘空軍〙(航空機)駐留区域《車両・戦車・航空機・火砲・弾薬・各種資材などの補給・整備・保管を行なう区域》: a gun ~ 砲廠 / a vehicle ~ 車廠. **b** (そこに整備された)車両, 戦車, 火砲, 弾薬, 資材など; 〘空軍〙駐機. **9** かき養殖場 (oyster park).

── *vt.* **1** 公園[猟園]にする, 公園[猟園]として囲う. **2** 〈自動車などを〉(ある場所に一時)留めて置く, 駐車する. **3** (集結所に)〈車両・戦車・火砲・航空機・弾薬・資材などを〉集結する, 整置する. **4**《口語》**a** 〈物・人を〉置く (put), 置いておく (leave); 〈子供などを〉(人に)一時預ける: *Park* your hat on the table. **b** [~ *oneself* で]《俗》(しばらく)留まる, 腰を落ち着ける: *Park yourself* here. ここにいたまえ. ── *vi.* **1** 自動車[自転車など]を留めて置く, 駐車する. **2**《口語》駐車して車中で性交をする, カーセックスをする〔*with*〕.

Park [pάːək | pάːk], **Mun·go** [mʌ́ŋgou | -gəu] *n.* (1771-1806) スコットランド生れのアフリカ探検家.

par·ka [pάːəkə | pάː-] 〘▭ Aleutian ~ 'skin, outer garment' ▭ Russ. 'pelt of a reindeer' ← Samoyed〙 ── *n.* **1** パーカ《エスキモーなどが着用するフードのついた膝ないし太もも丈の毛皮製ジャケットまたはプルオーバー》. **2** パーカ《防水・防風性布地で作られたフード付きスポーツ用ジャケット; anorak ともいう》.

parka 2

Párk Ávenue *n.* 米国 New York 市 Manhattan 中央部の繁華街《流行の中心地》.

Park Chung Hee [pάːək-tʃʊ̀ŋ-híː | pάːk-] *n.* 朴正熙(ᵖᵃᵏᵘ)(1917-79; 大韓民国の軍人・政治家, 大統領 (1963-79); 暗殺された).

Par·ker [pάːəkə | pάːkə(r] 〘lateOE *Parch(i)er*, ~ ▭ AF *Parker* = OF *Parchier*《原義》park keeper: ⇨ park, -er[1]〙 *n.* 男性名.

Parker, Charles *n.* (1920-55) 米国のジャズ・アルトサックス奏者.

Parker, Dorothy (**Rothschild**) *n.* (1893-1967) 米国の女流詩人・短編作家; *Collected Poems: Not So Deep as a Well* (詩集) (1936), *Here Lies* (短編集) (1939).

Parker, Sir **Gilbert** *n.* (1862-1932) カナダ生れの英国の小説家・政治家.

Parker, Matthew *n.* (1504-75) 英国の聖職者; カンタベリーの大主教 (⇨ Bishops' Bible).

Parker, Theodore *n.* (1810-60) 米国のユニテリアン派牧師・神学者, 奴隷廃止論者, 社会改良家.

Párker Hòuse ròll 〘← *Parker House* (米国 Massachusetts 州 Boston にあるホテル)〙 ── *n.* パーカーハウスロール《イースト入りの円形の生地に折り目をつけ, 二つ折りにして焼いた小形のパン》.

Par·ke·ri·a·ce·ae [pὰːəkriéɪsiìː | pὰːkɪrɪ-] 〘← NL ~ ← *Parkeria* (属名: ← C. S. Parker (19 世紀の発見者))+-ACEAE〙 *n. pl.* 〘植物〙ミズワラビ科.

Parkes [pάːəks | pάːks], Sir **Harry Smith** *n.* (1828-85) 英国の外交官・駐日公使 (1865-83), 中国駐在公使 (1883-85).

Park·hurst [pάːəkhəːst | pάːkhəːst] *n.* (英国の Wight 島にある)既決囚刑務所.

Párkhurst príson *n.* =Parkhurst.

par·kin [pάːəkɪn, -kən | pάːkɪn] 〘← ? *Parkin, Perkin* (dim.) ← *Per* 'PETER'〙 ── *n.*《スコット・北英》パーキン《オートミール・糖蜜・ベーキングパウダーで作ったしょうが風味のケーキ》.

párk·ing *n.* **1 a** (公園内などの)緑地帯. **b**《米北部・西部》沿道緑地帯; (緑地化された)道路中央分離帯. **2** (自動車などの)駐車; 駐車許可: No ~ (here). [掲示] 駐車禁止. **3** (公衆用)駐車場[所]: a ~ attendant 駐車場の係員. **4** 駐車場[ガレージ]管理(業務). **5**《口語》駐車中の車中でのセックス, カーセックス.

párking lìght *n.* (自動車の)駐車灯, パーキングライト.

párking lòt *n.*《米》駐車場 (《英》car park).

párking mèter *n.* (駐車場の)駐車時間自動表示器, 駐車計; 駐車料金自動徴収器, パーキングメーター.

párking òrbit *n.* 〘宇宙〙中継軌道《最終目標の軌道に載せる前の一時的軌道》.

párking ràmp *n.* 〘航空〙エプロン, 駐機場 (apron)《飛行場の建物・格納庫に隣接した舗装した広場》.

párking spàce *n.*《米》自動車駐車場.

párking tìcket *n.* 駐車違反呼出し状[カード].

par·kin·so·ni·an [pὰːəkənsóuniən, -njən | pὰːkɪnsə́unjən, -nɪən] *adj.* 〘病理〙パーキンソン病(様疾患)の.

par·kin·son·ism [pάːəkənsənìzm, -sn- | pάːkɪn-] 〘↓〙 *n.* 〘病理〙パーキンソニズム, パーキンソン症候群《運動減少筋硬直をきたす一連の疾患で, パーキンソン病・ウイルソン病なども含まれる》.

Pár·kin·son's disèase [pάːəkənsnz- | pάːkɪn-] 〘← *James Parkinson* (1755-1824: 英国の外科医・古生物学者)〙 ── *n.* 〘病理〙パーキンソン病, 振戦麻痺 (shaking palsy).

Párkinson's láw 〘← *C. N. Parkinson* (1909- : 英国の経済学者)〙 ── *n.*《戯言》パーキンソンの法則《1957 年以来発表された「役人の数は仕事の量に関係なく一定率で増える」「仕事というものは割り当てられた時間いっぱいまで延びる」という多分に皮肉な社会経済法則》.

párk·ish [-kɪʃ] *adj.* 公園のような, 公園風の.

párk kèeper *n.* 公園管理人《公園の保存や規則を守らせることなどをする役人》.

párk·lànd *n.* **1** (半乾燥地域に多い)ところどころにまばらな樹林のある草地; (家を建てさせない)風致地区. **2**《カナダ》**a** Rocky 山脈山麓から大平原にひろがる地域. **b** Barren Grounds から大平原にかけての森林地帯.

párk·lìke *adj.* 公園のような, 公園に似た.

Park·man [pάːəkmən | pάːk-], **Francis** *n.* (1823-93) 米国の歴史家; *The Oregon Trail* (1849).

Párk Ránge *n.* [the ~] パーク山脈《米国 Colorado 州の Rocky 山系中の山脈》.

párk·wày *n.* **1**《米》あき地に街路樹や芝生を設けた大通り, 公園道路, 大遊歩道 (broad boulevard); (特に)パークウェー《公園や緑地帯の中に設けられた乗用自動車専用道路; superhighway の一種》. **2**《米北部・中部》=parking 1 b.

park·y[1] [pάːəki | pάːkɪ] 〘《1898》← ? PARK (*n.*)+-Y[4]: 公園の空気の感じからか〙《英俗・英方言》*adj.* 〈風・気温が〉ひやりとする, 冷たい (chilly).

park·y[2] [pάːəki | pάːkɪ] 〘《略》: ⇨ -y[2] ★ (3)〙 *n.* = park keeper.

Parl. 《略》Parliament; Parliamentary.

par·lance [pάːələns | pάː-] 〘《1579-80》▭ OF ~ ← *parler* to speak: ⇨ -ance: cf. parley〙 ── *n.* **1** 話振り, 口調, (特有な)語法, 用語法 (diction): military [newspaper] ~ 軍隊[新聞]語調[口調] / in legal [medical, vulgar, common] ~ 法律上の[医学上の, 卑俗な, 普通の]言葉で(言えば). **2**《古》話合い, 談合 (talk); (特に公式の場での)会談, 談判 (parley).

par·lan·do [pὰːəlάːndou | pɑːlάːndəu; *It.* parlándo] 〘▭ It. ~ (ger.) ← *parlare* to speak: ⇨ parle〙 *adv.*, *adj.* 〘音楽〙話すように[な], 朗読調に[の].

par·lan·te [pɑəlάːnteɪ | pɑː-; *It.* parlánte] 〘▭ It. ~ (pres.p.) ← *parlare* (↑)〙 *adj.* 〘音楽〙=parlando.

par·lay [pάːəleɪ, -li | pάːlɪ] 〘▭ F *paroli* ▭ It. (Neapolitan) *paroli* (pl.) ← *parolo* a set of dice (dim.) ← *paro* equal < L *pār* 'PAR[1]': cf. pair〙《米》 ── *vt.* **1** 〈元金およびもうけ金を〉次の試合[勝負, 馬]に賭ける. **2** 増大する (augment); 拡大する (magnify); 変える, 転換する〔*into*〕: ~ a small fortune *into* a business empire / ~ a freighter *into* a fleet 貨物船を増やして一つの船団に編成する. **3**《口語》〈資金・才能などを〉(大きな利得・富を得る手段として)利用する. ── *vi.* **1** 元金[もうけ金]を次の試合[勝負, 馬]に賭ける. **2** 資金[才能]を徹底的に利用する. ── *n.* **1** (試合, 馬などへの)賭け(金). **2** (資金, 才能などの)徹底的利用.

parle [pάːəl | pάːl] 〘*v.*: ▭ (O)F *parl-er* to speak: ⇨ parley〙 *n.*, *v.*《古》=parley. 「ment 4.

par·le·ment [pάːələmənt | pάː-] *n.*《廃》=parlia-

par·le·men·taire [pὰːələmɑ̃ː(n)téə, -mɔ̃ː(n)-, -mɑːn-, -mɔː(n)- | pɑ̀ː-, -téə(r; *F.* paʀləmɑ̃tɛːʀ] 〘▭ F ~: ⇨ parliamentary〙 *F. n.* (白旗を掲げる)軍使, 停戦[休戦]旗の旗手.

par·ley [pάːəli | pάːlɪ] 〘《1570》▭ OF *parlee* speech (fem. p.p.) ← *parler* to speak < ML *parabolāre* ← LL *parabola* 'PARABLE'〙 ── *n.* 討議 (discussion), 商議 (conference); (特に戦場で敵と降服条件などについて行なう非公式な)(和平)交渉, 談判, 会談: a cease-fire ~ 停戦交渉 / beat [sound] a ~ (太鼓またはらっぱを鳴らして)敵軍に(和平)交渉を申し込む / hold a ~ *with* ...と交渉[談判]する. ── *vi.* **1** 〔敵と〕(戦場で降伏条件などについて非公式に)会談する, 談判する, (休戦旗をあげて)交渉する〔*with*〕. **2**《古》話す, 語る (talk); 商議する (confer). ── *vt.* **1**《口語》(特に)〈外国語などを〉話す, ぺらぺらしゃべる (speak). **2**《古》交渉する, 会談する. **~·er** *n.*

par·ley-voo [pὰːəlivúː | pɑ̀ːlɪ-] 〘《1754》《転訛》← F *parlez-vous (français)?* 'do you speak (French)?'〙《戯言》 ── *n.* **1** フランス語. **2** [通例 P-] フランス人. ── *vi.* フランス語を話す; 英語以外の語を話す.

par·lia·ment [pάːələmənt, -ljə- | pάːlə-, -lɪ-, -ljə-] 〘《*c*1300》*parlement*, ~ ▭ (O)F *parlement*《原義》speaking ← *parler* to speak: ⇨ parley, -ment: 今の *-lia-* (15 C) は Anglo-L *Parliamentum* による〙 ── *n.* **1** [通例 P- で無冠詞] **a** (英国の)議会, 国会《the (House of) Lords および the (House of) Commons の二院から成る; cf. congress 2, diet[1] 2》: a member of *Parliament* 下院議員 (略 M.P.) / an Act of *Parliament* (議会を通過し国王の裁可を経た)国会制定法, 法律 / enter [go into] *Parliament* 下院議員になる / be in *Parliament* 下院議員である / stand for *Parliament* 国会議員に立候補する / the King [Queen, Crown] in *Parliament* 議会内国王, 議会と共にある国王《英国制の大原則で, 立法・課税などの重要権限は君主個人に存するものではなく, 議会の同意を得なければ無効であるという考え》/ ⇨ Long Parliament, Short Parliament. **b** (英国保護領または植民地の)議会; (英国以外のある国々の)国会, 立法府. **2** 議会, 国会: convene [summon] a ~ 議会を召集する / dissolve a ~ 議会を解散する / open a ~ 議会の開会を宣する / open *Parliament* (国王が)議会の開会を宣言する. **3** 下院議員, 国会議員. **4 a** (1789 年以前のフランスの)高等法院. **b** (1707 年までの)スコットランドの議会. **c** (1800 年までの)アイルランドの議会. **5**《古》(公の問題について討議する)会議, 会合. **6** =parliament cake. **7** 〘トランプ〙=fan-tan 1.

High Court of Parliament [the ─] ⇨ high court.

Párliament Àct *n.* [the ~] (英国の)国会法《上院の拒否権 (veto) を制限し, 下院の優位を確認した法律; 1911 年および 1949 年に制定され, 歴史的に確立してきた》.

par·lia·men·tar·i·an [pɑ̀ːələmentέ(ə)riən, -ljə-, -mən- | pɑ̀ːləmentέəriən, -lɪ-, -ljə-, -mən-] 〘(1613): parliament, -arian〙 ― *adj.* 議会(派)の; 議会政治の. ― *n.* **1 a** 議院法学者. **b** 議院法規通. **2** (老練な)議会政治家, 議会人: a ~ of 20 years' experience 20 年の経験を持つ議会人. **3** [時に P-]《英》下院議員. **4** [しばしば P-]〘英史〙(Charles 一世に反対して議会を支持した)議会党員, 議会派議員《Roundhead ともいう; cf. royalist 2》.

pàr·lia·men·tár·i·an·ìsm [-nìzm] *n.* =parliamentarism.

pàr·lia·mén·ta·rìsm [-tərìzm | -tərìzm, -trɪzm] *n.* 議会政治, 議院制度.

par·lia·men·ta·ry [pɑ̀ːələméntəri, -ljə-, -tri | pɑ̀ːləmént(ə)ri, -lɪ-, -ljə-] 〘(1616) ← PARLIAMENT+-ARY: cf. F *parlementaire*〙 ― *adj.* **1** 議会の, 国会の, 議院の: require ~ approval 国会の承認を必要とする. **2** (特に英国の)議会で制定された: a ~ act. **3** 議会制度をもつ, 議会のある, 議会制[政治]の; (特に)議院内閣制の. **4** 議会の法規・慣行に基づいた, 議院法による: an old ~ hand 議会法規通, 議会での駆け引きの上手な人 / ~ proceedings 議事 / ~ procedure 議事運営手続[方式] / ~ rules 議事法. **5** (議会の手続のように)慎重な (deliberate), 緩慢な (slow): a ~ motion. **6** 〈言葉・行動など〉議会で使用を許された, 議会に適した, 暴言などを用いない;《口語》礼儀正しい, 丁重な (polite): ~ language 議会言葉, よそ行きの言葉.

Parliamentary Commissioner for Administration [the ―]《英》行政府管理委員《政府に対する一般市民の苦情を処理する; cf. ombudsman》.

parliaméntary ágent *n.*《英》政党顧問弁護士, 議院[議会]代弁人《提出議案の起草や庶務の代弁などをする》.

parliaméntary bórough *n.*《英》国会議員選挙区 (constituency) (cf. Congressional district).

parliaméntary góvernment *n.* 議会政治《人民の選ぶ代議員が構成する議会によって国家の意思が決定される政治方式; cf. presidential government》.

parliaméntary láw *n.* 国会(その他の審議機関)の手続についての法規・慣行の総称.

Parliaméntary Prívate Sécretary *n.*《英》議員私設秘書.

Parliaméntary Sécretary *n.*《英》政務次官.

parliaméntary sýstem *n.* 議会制度.

parliaméntary tráin *n.*《英》(19 世紀の)労働者割引列車《もと各鉄道会社が労働者のため, 三等列車を 1 マイル 1 ペニー以下の率で少なくとも一日一回運転するよう法令で定められた》.

Parliaméntary Ùnder-Sécretary *n.* =Parliamentary Secretary.

párliament càke *n.* しょうが入りの薄いクッキー《単に parliament ともいう》.

Párliament Hìll *n.* **1** カナダの首都 Ottawa の国会議事堂のある丘. **2** カナダ議会.

párliament hìnge *n.*〘建築〙長羽蝶番(ちょうつがい).

párliament hòuse *n.* 国会議事堂.

párliament màn *n.*《英方言》下院議員 (member of Parliament).

par·lor,《英》**par·lour** [pɑ́ːələ | pɑ́ːlə(r)] 〘(?*a*1200) ▭ AF *parlur* = OF *parleor* ← *parler* to speak: ⇨ parley, -ory²〙 ― *n.* **1**《米》客間; 居間《米英とも今は sitting [living] room の方を多く用いる》. **2** (官邸・銀行・教会・修道院などの)応接間 (reception room): a mayor's ~ (市役所内の)市長応接室. **3**《米》(ある種の商売の)営業室, 撮影室, 診察室, 施術室, …院, …店 (shop): a billiard ~ 玉突き場 / a dental ~ 歯科診療所 / a hairdresser's ~ 理髪店 / a beer ~ ビアホール / an ice cream ~ アイスクリームパーラー / ⇨ beauty parlor. **4** (ホテル・旅館・クラブ・マンション・女子修道院などのラウンジと別に設けられた)特別休憩[談話]室 (private room)《lobby や lounge のように開放的でない》; [通例 *pl.*] (二部屋以上の)応接間. **5** 搾乳場. ― *attrib. adj.* **1** 客間の: a ~ clock 客間の時計 / ~ tricks 隠し芸; [通例軽蔑的に] お座敷芸. **2** 客間に適した, お上品な; 空理の, 実行の伴わない: a ~ socialist お上品な[口先だけの]社会主義者.

párlor bòarder *n.* **1**《英》(高い謝礼を出して校長の家族と共に住む)特別寄宿生. **2**《俗》(家庭内で)特に優遇される人.

párlor càr *n.*《米》(贅沢な)特等客車, パーラーカー (《英》saloon)《座席は個別に独立している: cf. day coach, lounge car, Pullman car》.

párlor gàme *n.* 室内に適したゲーム《クイズなど》; 室内遊戯[ゲーム].

párlor grànd *n.* 室内用グランドピアノ《演奏会用よりも奥行が短いグランドピアノ》.

párlor hòuse *n.*《米》(豪華な応接間などのある)高級売春宿.

párlor·màid *n.* (家庭で食事の給仕・来客の接待などをする住み込みの)お手伝い, (部屋付き)メイド (cf. chambermaid).

parlour *n., adj.* =parlor.

par·lous [pɑ́ːələs | pɑ́ː-] 〘(1380) *perlous*, ~ (変形) ← PERILOUS〙 ― *adj.* **1**《古・戯言》危ない, 危険な; 当てにならない; 不安な (precarious); 困った (perplexing): the ~ economy / in a ~ state 危ない状態で[に] (Shak., *As Y. L.* 3. 2. 45). **2**《口語・方言》抜け目のない, 利口な (shrewd). **3**《古》非常な (very great), ひどい (very bad). ― *adv.*《古・戯言》きわめて, ひどく (extremely): ~ strange. **~·ly** *adv.* **~·ness** *n.*

parl. proc.《略》parliamentary procedure.

Par·ma [pɑ́ːəmə | pɑ́ː-; *It.* párma] *n.* **1** パルマ《イタリア北部 Emilia-Romagna 州の都市; もとこの地にあったパルマ公国の首都 (1545–1860); 人口 178,000》. **2** 米国 Ohio 州北東部の都市, Cleveland の郊外; 人口 101,000.

Párma víolet *n.*〘園芸〙ニオイスミレの品種名《花は香り高く, 薄紫色で八重咲; cf. sweet violet》.

Par·men·i·des [pɑəménədìːz | pɑːménɪ-] *n.* パルメニデス《紀元前 5 世紀ごろのイタリア生れのギリシャの哲学者; エレア学派 (Eleatic school) の祖》. **Par·me·nid·e·an** [pɑ̀əmənídiən | pɑ̀ːmənídɪ-] *adj.*

Par·me·san¹ [pɑ́əmɪzɑ̀ːn, -mə-, -zæ̀n, -zn̩ | pɑ̀ːmɪzǽn, ⸗⸗⸗] 〘(1519) ▭ F ~ ▭ It. *Parmigiano* of Parma〙 *adj.* (イタリアの) Parma 市の, 旧 Parma 公国の.

Pár·me·san² [pɑ́əmɪzɑ̀ːn, -mə-, -zæ̀n, -zn̩ | pɑ̀ːmɪzǽn, ⸗⸗⸗] 〘↑〙 ― *n.* パルメザン(チーズ)《脱脂乳から作る堅いイタリアのチーズ; すりおろしてパスタ (pasta) やスープなどにふりかける; Parmesan cheese ともいう》.

par·mi·gia·na [pɑ̀əmɪdʒɑ́ːnə | pɑ̀ː-; *It.* pàrmidʒáːna] 〘▭ It. *parmigiana* (fem.) ← *Parmigiano* of Parma〙 ― *adj.* (*also* **par·mi·gia·no** [-nou | -nəu; *It.* -no]) パルメザンチーズを用いた[ふりかけた]: eggplant ~ パルメザンチーズ入りなす料理.

Par·na·í·ba [pɑ̀ənaíːbə | pɑ̀ː-; *Braz.* pàrnaíba] *n.* (*also* **Par·na·hi·ba** [~]) [the ~] パルナイバ(川)《大西洋に注ぐブラジル北東部の川 (1,448 km)》.

Par·nas·si·an [pɑənǽsiən, -sjən | pɑːnǽsiən, -sjən] 〘adj.: (*a*1644) ← L *Parnassius* ← *Parnassus* 'PARNASSUS'+-AN¹. ― 3: (1882) ▭ F *Parnassien* ← *Parnasse* 'PARNASSUS': この派の最初の詩集 *Le Parnasse contemporain* (1866) にちなむ〙 ― *adj.* **1** (ギリシャの) パルナッソス (Parnassus) 山の. **2** 詩神 Muses の, 詩歌の. **3** 高踏派[パルナシアン] (Parnassian school) の. **4**〘昆虫〙ウスバシロチョウ属 (*Parnassius*) の. ― *n.* **1** フランス高踏派詩人: the ~*s*=Parnassian school. **2** 詩人. **3**〘昆虫〙ウスバシロチョウ (parnassius). **Par·nás·si·an·ism** [-nìzm] *n.*

Parnássian schòol 〘↑〙 ― *n.* [the ~]〘文芸〙高踏派, パルナシアン《1860 年頃 Gautier, Baudelaire を先駆として Leconte de Lisle, Heredia, Sully-Prudhomme, Mendès などがフランス詩壇に起こした一派で, 情緒よりも形姿を重んじた; the Parnassians ともいう》.

par·nas·si·us [pɑənǽsiəs | pɑːnǽsɪəs, -sjəs] 〘← NL ~ ← L *Parnassius* 'belonging to PARNASSUS'〙 ― *n.*〘昆虫〙ウスバシロチョウ《アゲハチョウ科ウスバシロチョウ属 (*Parnassius*) の昆虫の総称; アポロウスバシロチョウ (*P. appollo*) など 30 余種を含む》.

Par·nas·sus [pɑənǽsəs | pɑː-] 〘(1600): ↓〙 ― *n.* **1** [集合的] 詩歌・文芸, 詩人[壇](の象徴): the English ~ イギリス詩壇 / (try [strive] to) climb ~ 詩歌の道にいそしむ. **2** (昔の)詩集・文集(の表題). **3** 詩歌・芸術活動の中心(地).

Parnassus, Mount 〘(*c*1395) ▭ L ~ ▭ Gk *Parnassós, Parnāsós*〙 ― *n.* パルナッソス(山)《ギリシャ中央部(昔の Phocis), Corinth 湾の北岸にある山 (2,457m); Apollo および Muses がこの山にこもったと伝えられ, 南麓に Delphi の神殿がある》.

Par·nell [pɑənél, pɑ́ən̩l | pɑːnél, pɑ́ːnl̩, -nəl], **Charles Stewart** *n.* (1846–91) アイルランドの民族運動指導者; アイルランド国民同盟盟首 (cf. Land League).

Parnell, Thomas *n.* (1679–1718) アイルランド生れの英国の詩人, Swift および Pope の友人.

Par·nell·ism [pɑənélɪzm | pɑ́ːnelɪzm, -nəl-] 〘← *Charles Stewart Parnell*: ⇨ -ism〙 ― *n.* パーネル主義《1880 年から 1891 年まで C. S. Parnell らが唱道したアイルランド自治政策》.

Par·nell·ite [pɑənélaɪt | pɑ́ːnelàɪt, -nəl-] *n.* パーネル派の人, アイルランド国民同盟員.

pa·ro·chi·aid [pəróukièɪd | -rə́ukɪ-] 〘← PAROCHI(AL)+AID〙 *n.*《米》教区(付属)学校 (parochial school) に対する政府の援助.

pa·ro·chi·al [pəróukiəl, -kjəl | -rə́ukjəl, -kɪəl] 〘(1393) ▭ AF *parochiel* = OF *parochial* ▭ LL *parochiālis* of a parish ← *parochia* 'PARISH': ⇨ -al¹〙 ― *adj.* **1** 教(会)区 (parish) の. **2** 教区付属の. **3**《米》(特に, カトリック宗教団体の経営になる)教区付属の (denominational): ⇨ parochial school. **4** 〈関心・感情・問題など〉一教区内に限られた; 局地的な (local), 狭い, 偏狭な: a ~ viewpoint. **~·ly** *adv.*

Paróchial Chúrch Cóuncil, p- c- c- *n.*〘英国国教会〙教区教会協議会《牧師・教会委員・一般選出民からなる教会区管理組織》.

pa·ró·chi·al·ism [-lìzm] *n.* **1** 一教区内に限られていること; 狭く限られていること; (関心や視野の)狭いこと, 偏狭. **2** (小教区を単位とした)(小)教区制, 町村制. **pa·ró·chi·al·ist** [-lɪst, -ləst | -lɪst] *n.*

pa·ro·chi·al·i·ty [pəròukiǽləti | -rə̀ukɪǽlɪti, -lɪ-] *n.* =parochialism.

pa·ro·chi·al·ize [pəróukiəlàɪz, -kjə- | -rə́ukjə-, -kɪə-] *vt.* **1** 教区に統合[分割]する, …に教区制をしく. **2** 局地的にする, 偏狭にする. ― *vi.* 教区内で働く. **pa·ro·chi·al·i·za·tion** [pəròukiəlɪzéɪʃən, -kjəl-, -lə- | -rə̀ukjəlaɪ-, -kɪəl-, -lɪ-] *n.*

paróchial schòol *n.*《米》教区(付属)学校《特に, カトリック宗教団体が維持経営する初等・中等学校》.

pa·rod·ic [pərɑ́dɪk | -rɔ́d-] 〘▭ Gk *parōdik-ós*: ⇨ parody, -ic¹〙 *adj.* もじり詩文的な, もじり風の, パロディー的な. **pa·ród·i·cal** *adj.*

pár·o·dist [-dɪst, -dəst | -dɪst] 〘(1742) ▭ F *parodiste* ← *parodie* 'PARODY'〙 *n.* もじり詩文作者, 替え歌[パロディー]の作者.

par·o·dis·tic [pæ̀rədístɪk, pèr- | pæ̀r-] *adj.* もじり(詩文)の, パロディー風の.

par·o·dos [pǽrədɑ̀s | -dɔ̀s] 〘▭ Gk *párodos* passage, side entry ← PARA-¹+*hodós* way〙 ― *n.* (*pl.* **-o·doi** [-dɔ̀ɪ]) **1** (古代ギリシャの galley 船の)舷(げん)門 (gangway). **2**〘古代ギリシャ劇〙**a** 舞台背面と観客席の間の入口《ここから合唱隊が出入りした》. **b** 合唱隊の登場. **c** (劇の初めに歌う)合唱歌.

par·o·dy [pǽrədi, pér- | pǽrədi] 〘n.: (1598) ▭ L *parōdia* ▭ Gk *parōidía* burlesque poem ← PARA-¹+*ōidḗ* 'song, ODE': ⇨ -y¹. ― v.: (*a*1745) ← (n.)〙 ― *n.* **1** パロディー, もじり詩文, 狂文 (travesty)《ある作家・作品の作風や文体を風刺または嘲弄(ちょうろう)的に模倣した滑稽な作り替え詩文》. **2** (真面目なことの)滑稽なまね, 猿まね, 下手な模倣[戯画], 茶化し. **3**〘音楽〙**a** パロディー《ある楽曲の歌詞や楽器編成を変更し, 音楽自体にも手を加えて新しく作り直すこと; その曲》. **b** =parody mass. ― *vt.* **1** 〈作家・詩文などを〉風刺的にもじる, …のパロディーを作る: ~ a poem, an author, etc. **2** 茶化す, 滑稽にまねる, …をパロディー化する. **3** 猿まねする.

párody máss, p- M- *n.*〘音楽〙もじりミサ, パロディーミサ《16 世紀にモテット, マドリガルなどの構成法を写しとって作曲されたミサ》.

pa·roe·cious [pəríːʃəs] *adj.*〘植物〙=paroicous.

pa·roi·cous [pərɔ́ɪkəs] 〘▭ Gk *pároikos* dwelling beside ← PARA-¹+*oîkos* a dwelling: ⇨ -ous〙 ― *adj.*〘植物〙〈コケなど〉雌雄併生の《雌雄の生殖器官が併生している》.

par·ol [pǽrəl, pér-, pəróul | pəróul] 〘(1474) ▭ AF ~ =(O)F *parole* 'PAROLE'〙 ― *n.*〘法律〙**1**《古》訴答書面 (pleadings). **2** 言葉; 口頭の申告, 口頭の証拠. ★ 次の句で: *by* ~ 口頭で. ― *adj.* 口頭の (oral) (↔ documentary): ~ evidence 証言, 口頭の証拠.

párol còntract *n.* 口頭の契約《捺(なつ)印証書 (deed) 以外の書面 (writing, document, note, memo) による場合を含む》.

pa·role [pəróul | -rə́ul] 〘(*a*1616) ▭ (O)F ~ 'word' < VL **paraulam* < L *parabolam* 'PARABLE': cf. parle, palaver〙 ― *n.* **1** 誓言 (solemn pledge). **2**〘軍事〙**a** (釈放後も一定期間戦闘に参加しないとか逃亡しないという捕虜の)解放[釈放]宣誓, 恭順宣誓《parole of honor ともいう》: a prisoner on ~ 宣誓捕虜 / break one's ~ 宣誓を破る. **b** (捕虜の)宣誓釈放期間. **3**〘軍事〙(警衛将校や日直将校が用いる)合言葉 (password) (cf. countersign 2); 暗号 (watchword). **4**《英》**a** 仮釈放, 仮出獄許可証 (cf. TICKET of leave). **b** 仮釈放期間: a criminal on ~ 仮釈放中の罪人 / put a person on ~ 人を仮釈放する. **5** 執行猶予. **6** (米国の移民法で)特別の理由による外国人の臨時入国許可. **7**〘法律〙=parol 2. **8**〘言語〙パロール, 運用言語《個人によって行使された langue》; (実際の)発話 (cf. langue). ― *adj.* **1** 宣誓釈放の. **2**《米》仮出獄[釈放](者)の. ― *vt.* **1**〘軍事〙〈捕虜を〉宣誓(の上)釈放する. **2** 〈囚人を〉仮出獄させる, 仮釈放する. **3** (米国で)条項に基づき〈外国人〉に臨時入国を許可する. **pa·ról·a·ble** [-ləbl̩] *adj.*

pa·rol·ee [pəròulíː, ⸗⸗⸗, pæ̀rəlíː | pərə̀ulíː, ⸗⸗⸗] 〘⇨↑ (v.), -ee¹〙 *n.* 仮釈放者, 仮出獄者.

par·o·no·ma·si·a [pæ̀rəno(u)méɪʒiə, pæ̀rənə-, -ʒə | -nə(u)méɪsjə] 〘(1579) ▭ L ~ ▭ Gk *paronomasía* a figure of speech ← *paronomázein* to call by a different name ← PARA-¹+*ónoma* 'NAME': ⇨ -ia¹: cf. onomatopoeia〙 ― *n.*〘修辞〙掛詞(かけことば), 地口, しゃれ (pun). ★ 特に, 同音異義語をもじったものをいう; 例: Here lies one who often lied before, But now he lies here he lies no more. **pàr·o·no·má·si·al** [-ʒiəl, -ʒəl | -sjəl] *adj.* **par·o·no·mas·tic** [pæ̀rəno(u)mǽstɪk | -nə(u)-] *adj.* **pàr·o·no·más·ti·cal·ly** *adv.*

par·o·nych·i·a [pæ̀rənɪ́kiə | -kɪə] 〘▭ L *parōnychia* ▭ Gk *parōnukhía* whitlow ← PARA-¹+*ónux* nail: ⇨ -ia¹〙 ― *n.*〘病理〙瘭疽(ひょうそ)《日常的には felon, whitlow などという》. **pàr·o·ných·i·al** [-kiəl | -kɪəl] *adj.*

par·o·nym [pǽrənɪm] 〘▭ Gk *parṓnum-on* (neut.) ← *parṓnumos* (↓)〙 ― *n.* **1**〘文法〙同源[同根]語, パロニム. **2** 語源・綴り・語義の異なる同音語《例えば hair と hare, sole と soul など; cf. homophone》. **par·o·nym·ic** [pæ̀rənɪ́mɪk] *adj.*

pa·ron·y·mous [pərɑ́nəməs, pæ- | -rɔ́nɪ-] 〘(1661) ▭ Gk *parṓnumos* derivative ← PARA-¹+*ónuma*, *ónoma* 'NAME': ⇨ -ous〙 ― *adj.* **1**〘文法〙〈語が〉同根の, 同語源の (conjugate). **2** 同音で語源・つづり・意義が違う. **3** 形を全く[ほとんど]変えないで外国語から英語に借入された (L *canalis* と canal など).

par·o·quet [pǽrəkèt, pér- | pǽr-] *n.*〘鳥類〙=parrakeet.

Par·os [pέ(ə)rɑs | pέərɔs] 〘▭ Gk *Páros*〙 *n.* パロス(島)《エーゲ海中のギリシャ領 Cyclades 諸島の島; 大理石で有名; 人口 7,000, 面積 195 km²》.

pa·ro·tic [pəróutɪk, pæ-, -rɑ́t- | -rə́ut-, -rɔ́t-] 〘← NL *parotic-us* ← PARA-¹+Gk *ōtikós* 'of the ear, OTIC'〗 *adj.*〖解剖・動物〗耳の付近の, 耳辺の, 耳下の.

pa·rot·id [pərɑ́tɪd, -təd | -rɔ́tɪd]〖《1681》← NL *parōtid-*, *parōtis* parotid gland, (L) tumor near the ear ▭ Gk *parōtís* ← PARA-¹+*ōt-*, *oûs* 'EAR¹': ⇨ -id³〗〖解剖〗 ── *n.* =parotid gland. ── *adj.* 耳辺の, 耳下の; 耳下腺の: the ～ nerve 耳下神経.

parótid dùct *n.*〖解剖〗耳下腺管.

parótid glànd *n.*〖解剖〗耳下腺. ⌈parotitis.

pa·rot·i·di·tis [pərɑ̀tədáɪtɪs, -təs | -rɔ̀tɪdáɪtɪs] *n.* =

par·o·ti·tis [pæ̀rətáɪtɪs, -təs | -tɪs]〖← NL ～: ⇨ parotid, -itis〗 *n.*〖病理〗(流行性)耳下腺(炎)炎, おたふくかぜ (mumps). **par·o·tit·ic** [pæ̀rətítɪk | -tɪk] *adj.*

pa·ro·toid [pəróutɔɪd | -rə́u-]〖⇨ parotid, -oid〗〖解剖・動物〗 ── *adj.* **1** 耳下腺(炎)に似た. **2** (ヒキガエルのように)耳下にいぼ状突起のある. ── *n.* 耳下腺 (parotoid gland).

par·ous [pǽrəs, pé(ə)r- | pǽr-, péər-]〖↓〗 *adj.*〖医学〗子を生んだ: a ～ woman 経産婦.

-pa·rous [-⌐pərəs]〖▭L *-parus* ← *parere* to bring forth: ⇨ -ous〗「生み出す (bringing forth); 分泌する (producing)」の意の形容詞連結形: bi*parous*, ovi*parous*, pupi*parous*, vivi*parous*.

Par·ou·si·a [pɑ̀ːruːsíːə, pərúːziə, pæ-, -siə, -ʒiə, -ʒə, -ʃiə, -ʃə | pɑ̀ːruːsíːə, pərúːziə, pæ-, -zjə]〖▭Gk *parousía* the Advent, 《原義》 presence ← *pareînai* to be present〗 ── *n.* (キリストの)再臨 (Second Advent).

par·ox·ysm [pǽrəksɪzm, pərɑ́ksɪzm | pǽrəksɪzm]〖《1604》▭ ML *paroxysm-us* ▭ Gk *paroxusmós* irritation ← *paroxúnein* to provoke ← PARA-¹+*oxúnein* to sharpen (← *oxús* sharp): cf. oxy-²〗 ── *n.* **1**〖病理〗(間欠的で激烈な)発作 (violent fit); 痙攣(ʼ); (脳波の)突発活動: have a ～ of coughing 激しい咳の発作に襲われる. **2** (感情の)激発: a ～ of fear, laughter, anger, etc. / fall into a ～ of sobbing 急によよとむせび泣く. **3** 発作的活動[努力]. **par·ox·ys·mal** [pæ̀rəksízməl] *adj.* ⌈(症).

paroxýsmal tachycárdia *n.*〖病理〗発作性頻拍

par·ox·y·tone [pærɑ́ksɪtòun, -sə- | pərɔ́ksɪtəun, pæ-]〖《1764》← NL *paroxyton-us* ← Gk *paroxútonos*: ⇨ para-¹, oxytone〗 ── *adj., n.*〖ギリシャ文法〗最後から二番目の音節に鋭アクセント (acute accent) のある(語). **par·ox·y·ton·ic** [pæ̀rəksɪtɑ́nɪk, -sə- | pərɔ̀ksɪtɔ́n-, pæ-] *adj.*

par·pen [pɑ́ːəpən | pɑ́ː-]〖《15C》▭ OF *parpain*: ⇨ perpend²〗 *n.*〖建築〗=perpend².

par·quet [pɑːəkéɪ, ⌐⌐ | pɑ́ːkeɪ, -kɪ, -kɪt, -kət]〖《1816》▭ (O)F ～ (dim.) ← *parc* 'enclosure, PARK': ⇨ -et〗 ── *n.* **1** 寄木細工の床(ʼ). **2** 《米》〖劇場〗平土間, 一階 (《英》 stalls) 《orchestra ともいう; cf. parquet circle》. **3** (フランスなどヨーロッパ諸国の)検察庁, 検事室. ── *vt.* 〈部屋〉に寄木細工の床を張る.

párquet círcle *n.* 《米》〖劇場〗一階の後方と周囲に彎曲線に設けた二階さじき下の席 (《英》 pit) 《orchestra circle または parterre ともいう》.

par·que·try [pɑ́ːəkətri | -kɪtri, -kə-]〖▭F *parqueterie*: ⇨ parquet, -ery〗 ── *n.* (床や羽目などに用いる)寄木細工, (床の)寄木張り.

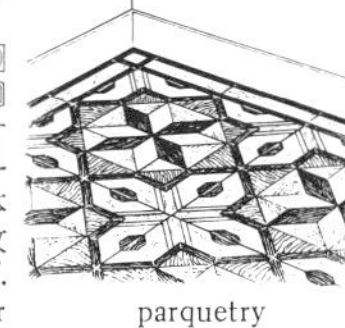

parquetry

parr [pɑ́ːə | pɑ́ː(r)]〖← ?〗 ── *n.* (*pl.* ～, ～s)〖魚類〗 **1** 海に下る以前の川にすむタイセイヨウサケ (Atlantic salmon) の幼魚《体側に暗色の楕円形の斑紋 (parr marks) がある; cf. smolt》. **2** 斑紋 (parr marks) のある時期のサケ科魚類. **3** タラなどの幼魚.

Parr [pɑ́ːə | pɑ́ː(r)], **Catherine** *n.* (1512–48) 英国王 Henry 八世の第六王妃で同王の最後の王妃.

Parr, Thomas *n.* (1483?–1635) 'Old Parr' として知られる英国の長命者; Westminster Abbey に葬られた.

par·ra·keet [pǽrəkìːt, pér- | pǽr-]〖《1581》*parroket*, *paraquito* ▭ OF *paroquet* (F *perroquet*) ▭ It. *parrocchetto* 《原義》 little priest (dim.) ← *parroco* parish priest: cf. parish〗 ── *n.*〖鳥類〗 **1** インコ《オウム科の小型で細い尾をしているインコ類の総称; セキセイインコ (budgerigar), カロライナインコ (carolina parrakeet), grass parrakeet など》. **2** =puffin.

par·ral [pǽrəl] *n.*〖海事〗=parrel.

par·ra·mat·ta [pæ̀rəmǽtə | -tə] *n.* =paramatta.

par·rel [pǽrəl]〖《1485》*perell*, *parle* 《頭音消失》← *aparail* 'APPAREL'〗 ── *n.*〖海事〗ヤードやガフの上部の軽帆桁(ʼ)をマストに取り付けて滑らして上下できるようになっている索・鎖・鉄帯など.

par·ri·cide [pǽrəsàɪd | -rɪ-]〖1, 2: 《1554》▭F ～ // L *parricīd-a* murderer of a near relative ← ? *par(r)i-* (cf. Gk *paós* relative)+*-cīda* '-CIDE'. ─3: 《1570》▭ F ～ // L *parricīd-ium* crime of parricide: 前半の要素をローマ人は *pater* 'FATHER', *parēns* 'PARENT' と連想した〗 ── *n.* **1 a** 父親殺し; 親殺し《人》(cf. patricide, matricide, filicide). **b** 近親殺人者. **c** 《まれ》尊長者殺し. **2** (国家への)反逆者 (traitor). **3** 親殺し[近親殺人, 《まれ》尊長者殺し]の行為[罪]; (国家への)反逆(罪). **par·ri·ci·dal** [pæ̀rəsáɪdḷ, pèr- | pæ̀rɪ-] *adj.*

Par·ring·ton [pǽrɪŋtən], **Vernon L(ouis)** *n.* (1871–1929) 米国の文学史家; *Main Currents in American Thought* (1927–30).

Par·ris [pǽrɪs, pér-, -rəs | pǽrɪs], **Samuel** *n.* (1653–1720) 英国生れの米国の会衆派牧師.

Par·rish [pǽrɪʃ, pér- | pǽr-], **Max·field** [mǽksfiːld] *n.* (1870–1966) 米国の画家・挿絵画家. ⌈様.

párr màrk *n.* サケの稚魚の体側にある小判型の模

par·ro·ket [pǽrəkèt, pér- | pǽr-] *n.*〖鳥類〗=parrakeet. ⌈rakeet.

par·ro·quet [pǽrəkèt, pér- | pǽr-] *n.*〖鳥類〗=par-

par·rot [pǽrət, pér- | pǽr-]〖《*c*1525》▭? F *perrot* 《方言形》← *perroquet* 'PARAKEET' // ? F *P(i)errot* (dim.) ← *Pierre* 'PETER': もと POPINJAY と呼ばれた〗 ── *n.* **1**〖鳥類〗オウム《オウム目に属する各種の熱帯産の鳥類の総称》; (特に)ヨウム (gray parrot)《教えるとよく物まねをする習性がある; cf. cockatoo 1, parrakeet, macaw 1, lory》: learn [repeat] like a ～ おうむ返しに覚える[繰り返す]. ★ 日本で普通いう「オウム」はキバタン (sulphur-crested cockatoo). **2** 意味がわからずに他人の言葉を繰り返す人; 人の考えを受け売りする人, 他人の行為をまねる人. ── *vt.* **1** (オウムのように)機械的にまねる[繰り返す]; 空読みする. **2** 〈人の言葉などを〉機械的に繰り返させる, つけて言わせる[練習させる]. ── *vi.* (オウムのように)機械的に繰り返す, おうむ返しをする. **～·lìke** *adj.*

párrot-crỳ *n.* **1** 口癖に繰り返す言葉[不平など]. **2** 合言葉, スローガン. ⌈psittacosis).

párrot disèase [fèver] *n.*〖獣医〗おうむ病 (⇨

párrot fìsh *n.*〖魚類〗ブダイ《色やくちばしがオウムに似たブダイ科の魚の総称》.

par·rot·let [pǽrətlɪt, pér-, -lət | pǽr-] *n.*〖鳥類〗ルリハインコ《南米に生息するオウム科ルリハインコ属 (*Forpus*) の小型のインコの総称》.

par·rot·ry [pǽrətri, pér- | pǽrətri]〖← PARROT+-(E)RY〗 *n.* (意味がわからないままの)物まね, おうむ返し, 卑屈な模倣, 受け売り.

párrot-fàshion *n.* (オウムの言葉のように)繰り返すこと, (機械的に)人まねすること.

párrot's-bèak[-bìll] *n.*〖植物〗=glory pea.

párrot's-fèather *n.*〖植物〗=water milfoil; (特に)オオフサモ (*Myriophyllum brasiliense*)《南米原産アリノトウグサ科フサモ属の多年生水草; 日本に帰化》.

par·ro·ty [pǽrəṭi, pér- | pǽrətɪ] *adj.* オウムのような.

par·ry [pǽri, péri | pǽri]〖《1672》▭? F *parez* (imper.) ← *parer* ▭ It. *parare* to ward, defend a blow < L *parāre* 'to PREPARE': cf. pare〗 ── *vt.* **1** 〈突き・打撃・武器などを〉受け流す (ward off), はずす (turn aside); 〈議論(のほこ先など)を〉そらす, 避ける (avert). **2** 〈質問などを〉受け流す, ごまかす, …の言い逃れをする: ～ a question. ── *vi.* **1** 突きを受け流す. **2** 質問(など)を受け流す. ── *n.* **1** 受け流し, かわし; (フェンシングなどの)受けの構え[動作]. **2** ごまかし, 言逃れ, 逃げ口上 (evasion).

Par·ry [pǽri, péri | pǽri]〖▭ OWelsh *Ap-Harry* 'son of HARRY¹'〗 *n.* 男性名.

Parry, Sir C(harles) Hubert H(astings) *n.* (1848–1918) 英国の作曲家・音楽史家. ⌈北極探検家.

Parry, Sir William Edward *n.* (1790–1855) 英国の

pars. [pɑ́əz | pɑ́ːz]《略》paragraphs.

parse [pɑ́əs, pɑ́əz | pɑ́ːz]〖《*a*1553》← ? L *pars* part (cf. *pars ōrātiōnis* part of speech)〗 ── *vt.*〖文法〗 **1** 〈文を〉解剖[分析]する (analyze). **2** 〈語・語群〉の品詞・語尾変化・文法的関係を説明する. **pārs·er** *n.*

par·sec [pɑ́əsèk | pɑ́ː-]〖《混成》← PAR(ALLAX)+SEC(OND)²〗 *n.*〖天文〗パーセク《天体の距離を示す単位で, 年周視差が 1 秒になる距離; 3.259 光年に当たる》.

Par·see [pɑ́əsiː, ⌐⌐ | pɑːsíː] *n.* =Parsi.

Par·see·ism [pɑ́əsiːɪzm, pɑəsíːɪzm | pɑːsíːɪzm] *n.* =Parsiism.

Pár·shall flúme [pɑ́əʃəl- | pɑ́ː-]〖← *Ralph L. Parshall* (1881–1959: 米国の土木工学者・水力学者)〗 ── *n.*〖土木〗パーシャルフリューム《水路を局部的に狭めて水頭の差を求めて, 流量を測定する方法》.

Par·si [pɑ́əsiː, ⌐⌐ | pɑːsíː]〖《1615》▭ Pers. *Pārsī* Persian ← *Pārs* 'PERSIA'〗 ── *n.* **1** パルシー教徒《イスラム教徒の迫害を避けるため 8 世紀ごろインドに逃げたペルシャ系のゾロアスター教 (Zoroastrianism) の一派の人》. **2** パルシー語《パルシー教典に用いられたペルシャ語》.

Par·si·fal [pɑ́əzɪfɑ̀ːl, -fɔ̀ːl | pɑ́ːsɪfəl, -fɑ̀ːl, -fæ̀l; G. pάrzifàl] *n.* =Perceval.

Par·si·ism [pɑ́əsiːɪzm, pɑəsíːɪzm | pɑːsíːɪzm] *n.* パルシー教《ゾロアスター教の一宗派》.

par·si·mo·ni·ous [pɑ̀əsəmóuniəs, -njəs | pɑ̀ːsɪmə́uniəs, -nɪəs]〖《1598》: ⇨ ↓, -ous〗 ── *adj.* **1** 〈人が〉極度に倹約する; けちな, しわんぼうの, しみったれな (niggardly). **2** 〈物が〉みすぼらしい, 貧弱な (poor). **～·ly** *adv.* **～·ness** *n.*

par·si·mo·ny [pɑ́əsəmòuni | pɑ́ːsɪməni]〖《1432–50》▭ L *parsimōnia* frugality ← *parsus* (p.p.) ← *parcere* to spare: ⇨ -mony〗 ── *n.* **1** つましすぎること, 極度の倹約; けち, 吝嗇(ʼ), 物惜しみ (niggardliness). **2** (ある目的達成のための)手段の使用をつとめて控えること; (論理的思考で)最少限の仮定しか立てないこと: ⇨ LAW¹ of parsimony.

párs·ing *n.*〖文法〗 **1** (文の)分析, 解剖 (cf. parse). **2** 語や語群の品詞・語尾変化・文法的関係を説明すること.

Par·sism [pɑ́əsɪzm | pɑ́ː-] *n.* =Parsiism.

pars·ley [pɑ́əsli | pɑ́ːslɪ]〖《*c*1390》 *persely* 《混成》← OF *peresil* (F *persil*) (< VL **petrosilium*)+OE *petersilie* (▭ VL **petrosilium*=L *petroselinum* ▭ Gk *petroselinon* ← *pétrā* rock+*sélīnon* celery)〗 ── *n.*〖植物〗 **1 a** パセリ (*Petroselinum crispum*)《セリ科の栽培植物》. **b** パセリの葉《料理のつま・調味料用》. **2** [通例限定詞を伴って] セリ科植物の総称: ⇨ fool's parsley, stone parsley. ── *adj.* **1** パセリの[状の]. **2** パセリをあしらった[で風味をつけた]: ～ potatoes.

pársley fèrn *n.*〖植物〗 **1** ミヤマメシダ (lady fern). **2** ヨーロッパ・アジア西部の山岳部に生えているシダ (*Cryptogramma crispa*)《冠毛のある葉と短い匍匐(ʼ)性地下茎をもつ》.

pársley pìert [-pìət | -pìət]〖← PARSLEY+《方言》*piert* 'PERT': 《通俗語源》← F *perce-pierre* 《原義》 piercestone (⇨ pierce)〗 ── *n.*〖植物〗ハゴロモグサの一種 (*Alchemilla arvensis*)《扇形の葉と小さな黄緑色の花をもつバラ科の一年草》.

pársley sáuce *n.* パセリソース《パセリを加えて作ったソース》.

pars·nip [pɑ́əsnɪp, -nəp | pɑ́ːsnɪp]〖《*a*1398》 *pasnepe* (後半部は ME *nepe* 'NEEP' の影響) ▭ OF *pasnaie* (F *panais*) < L *pastinācam* parsnip, carrot: 今の形はさらに turn*ip* との連想〗 ── *n.*〖植物〗 **1** パースニップ, アメリカボウフウ (*Pastinaca sativa*)《セリ科の栽培植物; 多肉の根は食用》: Fair [Fine] words butter no ～s. ⇨ word 2. **2** [*pl.*] パースニップの根.

par·son [pɑ́əsn̩ | pɑ́ː-]〖《*c*1250》 *person(e)* ▭ OF *persone* < L *persōnam* person, (ML) parson: PERSON と二重語〗 ── *n.* **1** (特に, 英国国教会・英国国教会派の)教会区司祭, 主任司祭 (rector)《教会区聖職給 (parochial benefice) を受領している教区聖職者》. **2** 《口語》(プロテスタント教会の)牧師, 教役者 (clergyman, minister). **3** 黒い動物. **pár·son·ish** [-sn̩ɪʃ, -sn-] *adj.* **～·lìke** *adj.*

par·son·age [pɑ́əsn̩ɪdʒ, -sn- | pɑ́ːsn-, -sn-]〖《*c*1400》▭ OF *personage*: ⇨ parson, -age〗 ── *n.* **1** 牧師館, 司祭館, 教会区牧師館 (parson's house)《教会堂に付属する牧師の住宅》. **2** 教会区牧師の聖職禄(ʼ).

párson bìrd *n.*〖鳥類〗エリマキミツスイ (⇨ tui).

par·son·ic [pɑəsɑ́nɪk | pɑːsɔ́n-] *adj.* 教区牧師の; 牧師らしい (clerical). **par·són·i·cal** *adj.*

Par·sons [pɑ́əsn̩z | pɑ́ː-], **Sir Charles Algernon** *n.* (1854–1931) 英国の技師; 蒸気タービンの発明者.

Parsons, Talcott *n.* (1902–79) 米国の社会学者; *Social System* (1951), *The Structure of Social Action* ⌊(1937).

párson's nóse *n.* 《口語》=pope's nose.

part [pɑ́ət | pɑ́ːt]〖*n.*: OE ～ ▭ L *part-em*, *pars* portion, part // ▭ (O)F ～ < L *partem*, *pars*. ─ *v.*: 《*c*1275》 *parte(n)* ▭ (O)F *part-ir* < L *partīre*, *partīrī* to divide ← *part-*, *pars*〗 ── *n.* **1 a** (全体のうちの)部分: the thick ～ *of* the hand 手の厚い部分 / the upper ～ *of* the face 顔の上部 / *in* this ～ *of* the country この地方で / in the middle ～ *of* the 19th century 19 世紀の中ごろに / the ～ *of* the house where they used to live その家の彼らが住んでいた部分 / The greater ～ *of* my apple trees have no fruit this year. 今年はうちのりんごの木の大部分は実がならない / She divided the cake into three (equal) ～*s*. 彼女はそのケーキを三(等)分した. **b** [しばしば不定冠詞を省いて] 一部分, 一部: *Part of* the congregation slept throughout the sermon. 一部の会衆は説教中眠り続けた / I lost ～ *of* my money. 金をいくらかなくした / He walked ～ *of* the way home. 家へ帰るのに途中いくらか歩いて行った / He is living with them as ～ of the family. 家族の一員として彼らと同居している. **c** (全体から分離した)一部分, 一片, 断片 (piece): broken ～*s* of a vase 花瓶のこわれた破片. **d** [形容詞的に, または複合語の第 1 構成素として] 一部の, 幾分かの, 部分的な (partial): a ～ truth 部分的真実 / a *part*-collie mongrel コリー種の血の幾分まじった雑種犬 / ⇨ part owner, part payment. **e** [しばしば不定冠詞を省いて] 肝要な部分, 要素, 必要な属性: the better ～ *of* a man's nature 人の善性 / Our experiences are ～*s* of ourselves. 経験は人格の要素である. **2 a** [基数詞[冠詞]+序数詞に伴って] 等分した(一)部分, …分の 1: A minute is *a sixtieth* ～ *of* an hour. 1 分は 1 時間の 60 分の 1 / This ruler will measure *one-fiftieth* ～ *of* an inch. この定規は 1 インチの 50 分の 1 まで測れる. **b** [基数詞に伴って] (全体のうち他の部分に対する)割合, 部: Take 5 ～*s of* flour, 4 *of* sugar, and 1 *of* ground rice. 小麦粉 5, 砂糖 4, 米粉 1 の割にせよ / Gold content is *five* ～*s* per million. 金の含有率は 100 万分の 5 である / ⇨ *three* PARTS. **3**〖数学〗 **a** 因数, 約数 (aliquot, submultiple). **b** 部分分数 (partial fraction). **4 a** (身体の)局部, 器官 (member): the inner ～*s* 内臓 / the chief ～*s* of the digestive system 主な消化系器官. **b** (身体の)部分, 箇所 (spot): bathe the affected ～ with warm water 患部を湯に浸す. **c** [通例 *pl.*] 陰部 (genitals)《private parts, privy parts ともいう》. **5** (機械・器具の)一部分, 部分品; 予備部分品 (spare part): automobile ～*s* 自動車部品. **6 a** (書物・戯曲・物語・詩などの)部, 編 (division) (cf. volume 2): H. Sweet's "A New English Grammar," *Part* I H. Sweet 著「新英文法」第 1 巻《Part 1 はしばしば Pt. I または P. I と略される》/ the first ～ *of*

"King Henry the Fourth"「ヘンリー四世」第1部 / a novel *in* three ~*s* 3部作小説. **b** (続き物文学作品の)分冊; (新聞などの連載物の)回; (ドラマ放送などの)回: three volumes sold *in* ~*s* by subscription 予約購読者に分冊発売される3巻本 / ⇨ part work.
7〖音楽〗(合唱[奏]曲または和声の)一声部, パート; 一声[音]部分の総譜; 楽曲の一部《楽章など》: the soprano ~ ソプラノ声部 / the horn ~ ホルン声部 / sing *in* three ~*s* 三部合唱をする.
8 [しばしば *pl.*] 地域, 地方 (district), 地区, 辺り (quarter): a stranger in foreign ~*s* 外地に初めて来た人 / How long have you been staying in these ~*s*? この辺にはどの位ご滞在ですか / Was there any earthquake in your ~ of the country? あなたの住んでいる地方では地震がありましたか.
9 a 関係, 関与, かかわり (concern): I had no ~ *in* these events. 私はこれらの事件には全然関係がない / She wanted no ~ *in* the affair. その件にかかわりたがらなかった / He took an active ~ *in* the plan. その計画で積極的な役割を果たした / ⇨ *take* PART *in*. **b** (なすべき仕事などの)分担 (lot); 役目, 本分 (duty): It is not my ~ to interfere. 私の干渉すべき事でない / Everyone must do his ~. だれもみなその本分を尽くさなければならない.
10 a (俳優の)役割, 役 (role); 役割: play [take] the ~ of Hamlet ハムレットの役を演じる / He played a noble [an unworthy] ~. 立派な役割を果たした[卑しく振舞った] / Hormones are known to play a ~ *in* breast cancer. ホルモンが乳癌の発生に関与することが知られている / Chance often plays a very large ~ *in* life. 偶然が人生において往々重大な役割を果たす / ⇨ *act a* PART, *act the* PART. **b** (個々の俳優の)せりふ; (台本の)書抜き: learn one's ~ 自分のせりふを覚える / The director handed him the ~. 監督は彼に書抜きを渡した.
11 [pɑ̀ət | pɑ̀ːt] (論争・協定などで相対立する)一方, 側, 方 (side): There is no objection *on* our ~. 我々の側には[我々としては]異論はない / An agreement was reached between Jones *on* the one ~ and Brown *on* the other (~). ジョーンズ側とブラウン側との間に協定が成立した / He took my ~ [took the ~ of my brother] in the disagreement. 彼はそのけんかでは私の側[私の兄の側]についた / ⇨ *take* PART *with*.
12 a [通例 *pl.*]《文語》資質, 才能, 才幹 (talents): one's natural ~*s* 資質, 人柄 / a man of varied [good, many] ~*s* 多才の人. **b** [*pl.*] すぐれた資質[才能]: The doctor was a man of ~*s* and rural prominence in his day. 博士は若いころには有能で田舎では名士だった.
13《米》(頭髪の)分け目 (parting).
act a part (1) (劇で)役を演じる. (2) (演出をするように)見せかけの振舞いをする, 装う, 人目をあざむく(ような行為をする) (pretend). ***act the part*** (1) (劇で)〔…の〕役を演じる; 〔…の〕役割[務め]を果たす〔*of*〕: *act the* ~ *of* Ophelia in "Hamlet"「ハムレット」でオフィーリアの役を演じる / I temporarily *acted the* ~ *of* hostess. 臨時にホステス役を勤めた. (2) (特定の役[任]としての)本領を発揮する. ***for one's part*** …(として)は, …だけは: I *for my* ~ don't care. 私のほうは構わない. ***for the most part*** (1) 大部分は, 多くは, 大体は (mostly): These goods, *for the most* ~, are made in America. これらの品は大概米国製だ. (2) 大抵は, 普段は (usually): Tom is *for the most* ~ a well-behaved boy. トムは普段は行儀のよい子だ. ***have neither*** [***no***] ***part nor lot in***《古》…に何の関係もない (cf. *Acts* 8:21). ***in bad*** [***ill***] ***part*** 悪意に (unfavorably) (↔ in good part). ***in good part*** (1) 善意に, きげんよく (favorably), 怒らないで (without offense): take a joke *in good* ~ 冗談を善意に取る[別に気にとめない, 腹を立てない]. (2) ＝*in large* PART. ***in large*** [***great***] ***part*** 大いに (largely). ***in part*** 一部分, 幾分 (↔ in whole): The house was built *in* ~ of brick. 家は一部分れんがでできていた. ***in parts*** (1) 分けて; 分冊で (cf. *n.* 6 b). (2) ところどころ. ***on one's part*** ＝*for one's* PART. ***on the part of a person*** ＝***on a person's part*** (1) …の側で[の], の方で[の], …としては (cf. *n.* 11). (2) …がなした, …に責任のある, によって (by): It was the lapse *on the* ~ *of* my wife. それは妻の間違いでした / The agreement was broken *on my* ~. 契約は私の方から破棄した. ***part and parcel*** 本質的[重要]な部分, 眼目 (essential part): Hospitality is ~ *and parcel* of the national makeup. 他国人に対する歓待がその国民性の根本にある / These words are now ~ *and parcel* of the English language. これらの語は今日では英語の肝要な語彙の一部となり切っている. ***play a part*** (1) ⇨ *n.* 10 a. (2) ＝*act a* PART (2). ***take part in*** …に加わる, 参加する; …に力を貸す, …を援助する: He was charged with *taking* ~ *in* the plan. その計画に加担したかどで告発された / He *took* ~ *in* found*ing* the society. その協会の創設に力を尽くした. ***take part with*** …に加担する, …の肩を持つ. ***three parts*** (1) 4分の3 (three quarters) (cf. *n.* 2 b): mix flour with *three* ~*s of* water 小麦粉に水を4分の3の割で混ぜる. (2) [副詞的に] ほとんど (almost): He was *three* ~*s* mad with terror. 恐怖のためほとんど気も狂わんばかりだった.
part of speech〖文法〗品詞 (word class): be careful of one's ~*s of speech* 語法や文体に注意する.
— *adv.* 一部(分), 幾分 (partly), ある程度 (to some extent) (cf. *n.* 1 d): a lie that is ~ truth 幾分の真実を含むうそ / She is ~ gipsy. 彼女は幾分ジプシーの血を受け継いでいる.
— *vt.* **1 a** (各部分に)分ける, 分割する; 切り分ける (sever); 分岐させる: A smile ~*ed* her lips. 彼女はくちびるをほころばせた / She ~*ed* the curtain an inch. ちょっとカーテンを(真ん中から)開けてみた / I ~*ed* the flaps of the box. その箱の揚げぶたを開けた / An islet ~*s* the stream *into* two branches. 小島が流れを二分している. **b**〖海事〗〈綱・錨・鎖などを〉断ち切らす, 切れそうにする: The hawser was ~*ed* in the gale. その疾風にあって太綱が断ち切れた. **c** 〈髪を〉分ける: ~ one's hair in the middle 髪を頭の真ん中で分ける / with his gray hair sharply ~*ed* 灰色の髪をくっきりと分けて. **2 a** 切り離す, 引き離す (separate)〔*from*〕: till death us do ~ 死してわれらが別るるまで (*Prayer Book*, 'Solemnization of Matrimony') / The war ~*ed* many men *from* their families. 戦争で多くの男たちは家族から引き離された / A strait ~*s* the island *from* the mainland. 海峡で島は本土から切り離されている. **b**《口語》…に〔…を〕手放させる, 〔金を〕払わせる〔*from*〕: He's not easily ~*ed from* his money. 彼から中々金は引き出せない. **c** 〈格闘者などを〉引き分ける, …の仲にはいる: He tried to ~ the fighting dogs. けんかしている犬を引き分けてやろうとした. **d** 〈交際関係などを〉終え(て互いに別れ)る. ★ 主に次の成句で: ⇨ *part* COMPANY. **3**〖冶金〗分金する《金銀の合金から金と銀を分ける》. **4**《古》分配する, 配分する (apportion)〔*among*〕. **5 a**《古》去る, 出発する (leave). **b**《英方言》放棄する (relinquish).
— *vi.* **1 a** 分かれる, 離れる (separate); 裂ける, 割れる (cleave); (別々の方向に)分岐する: The clouds ~*ed* and the sun shone. 雲が切れて日が照り出した / The stream ~*ed* in the field. 小川は野原で分かれていた / His lips ~*ed* in a grin. 苦笑いをしてくちびるが開いた《歯が見えた》. **b**〖海事〗〈綱などが〉ほぐれる, ゆるむ, 解ける (get loose). **2** 〈人と〉別れる (take leave)〔*from*, 《まれ》*with*〕; (互いに)別れを告げる: ~ *from* a friend 友と別れる / Let us ~ (*as*) friends. 仲よく別れよう / The best of friends must ~. いかに親しい友でも別離の時がある《友人だからといって気を許してはならない》. **3 a** 〈財産などを〉手放す, 〈権利などを〉放棄する, 〈金を〉払う〔*with*, 《まれ》*from*〕: I had to ~ *with* some of my treasured books. 秘蔵書の何冊かを手放さなければならなかった / They are forbidden to ~ *with* information. 彼らは情報を洩らさぬように命じられている / She made me ~ *with* money for her objects of charity. 彼女は私に慈善目的のために金を出させた. **b**《口語》金を払う (pay): He won't ~, if I know him. 私の見るところでは彼は金を出すようなことはしまい. **4**《古》**a** 去る, 出発する (depart)〔*from*〕. **b** 死ぬ (die) (cf. parting *adj.* 2).
part.《略》〖文法〗participial; 〖文法〗participle; particular; partner.
part. adj.《略》〖文法〗participial adjective.
par·tak·a·ble [pɑətéɪkəbḷ, pə- | pɑː-] *adj.* 〈物が〉共にすることができる.
par·take [pɑətéɪk, pə- | pɑː-]〖《1561》《逆成》← PARTAKER〗 **—** *v.* (**par·took** [-túk]; **par·tak·en** [-téɪkən]) **—** *vi.* **1** 〔…を〕共にする; 〔…に〕参加する, あずかる (participate)〔*of, in*〕: ~ *in* each other's joys ＝ ~ *in* joys *with* each other 喜びを分けあう. **2** 〔…の幾分を〕飲む[食べる], 相伴する〔*of*〕: He *partook of* our fare. 彼は私たちと食事を共にした. **3**《口語》すっかり飲む[食べる]〔*of*〕. **4** 〈物・事が〉幾分〔…の〕性質を帯びる, 〔…の〕気味がある (smack)〔*of*〕: His manner ~*s of* insolence. 彼の態度には横柄の気味がある / The poem ~*s* somewhat *of* the nature of an epic. その詩は多少叙事詩的な調子がある. **—** *vt.*《古》**1** …を共にする, …にあずかる (take part in). **2** 〈飲食〉の相伴をする (share).
par·ták·er〖《1547》← ME *part taker*《なぞり》← L *particeps* participant〗 *n.* 〔…の〕分担者, 相伴者; 関係[参加]者; 〔苦楽などを〕共にする人, 分け合う人〔*of, in*〕.
par·tan [pɑ́ətṇ | pɑ́ː-]〖《*c*1425》⊏ Sc.-Gael. ~ ← ?〗 *n.*〖動物〗カンケルパグルス (*Cancer pagurus*)《ヨーロッパ産イチョウガニ科のカニ; しばしば食用》.
párt bòok *n.*〖音楽〗パートブック: **a** 多声音楽を声部別に筆写または印刷したもの. **b** 各方向から演奏者が読めるように, 全声部が声部別に見開き一頁に印刷された楽譜.
párt·ed [-tɪd, -təd | -tɪd, -təd]〖ME〗 **—** *adj.* **1** 分かれた; 裂けた, 割れた (cleft); 離れた (separated): ~ hair 分けた頭髪. **2**〖植物〗〈葉が〉深く裂けた, 深裂の (cf. divided 3, cleft[1] 2): the three-*parted* corolla 三つに裂けた花冠. **3**〖スコット〗〖紋章〗(盾を)二分した: double-*parted* and fretty 平行する2線が他の平行2線と交互に直角に交叉した. **4**《古》死んだ, 故人の (deceased): his ~ soul 亡(な)き彼の霊.
párt·er [-tə | -tə(r)]〖ME〗 *n.* 分ける人, (特に, 包み・伝票の)区分けをする人.
par·terre [pɑətéə | pɑːtéə(r); *F.* partɛːr]〖《*a*1639》⊏ F ~ ← *par terre* on the ground ← *par* by, on (< L *per*) + *terre* earth (< L *terram*)〗 **—** *n.* **1** 色々な形に花壇と路を配置した庭園. **2**《米》〖劇場〗＝parquet circle.
párt exchànge *n.* (商品の)下取り.
par·then- [pɑ́əθən | pɑ́ːθɪn] (母音の前に来る時の) partheno- の異形.
par·the·no- [pɑ́əθəno(ʊ) | pɑ́ːθɪnə(ʊ)]〖⊏ Gk ~ ← *parthénos*「処女」の意の連結形: *parthenogenesis*. ★ 母音の前では通例 parthen- になる.
par·the·no·car·py [pɑ́əθəno(ʊ)kɑ̀əpi | pɑ́ːθɪnə(ʊ)kɑ̀ːpɪ]〖← PARTHENO- + -CARP + -Y[1]〗 **—** *n.*〖植物〗単為結実. **pàrtheno·cárpic** *adj.* **pàrtheno·cárpically** *adv.*
pàrtheno·génesis〖《1849》← NL ~: ⇨ partheno-, -genesis〗 **—** *n.*〖生物〗単為[単性]生殖, 処女生殖, 単為発生: artificial ~ 人工単性生殖. **pàrtheno·génic** *adj.* **pàrtheno·genétic** *adj.* **pàrtheno·génitive** *adj.* **par·the·nog·e·nous** [pɑ̀əθənɑ́dʒənəs | pɑ̀ːθɪnɔ́dʒɪ-] *adj.* **pàrtheno·genétically** *adv.*
par·the·no·gen·one [pɑ̀əθənɑ́dʒənòʊn | pɑ̀ːθɪnɔ́dʒɪnəʊn, -dʒə-]〖← NL ~: ⇨ partheno-, -gen, -one〗 *n.*〖生物〗単為生殖生物.
par·the·nog·e·ny [pɑ̀əθənɑ́dʒəni | pɑ̀ːθɪnɔ́dʒɪnɪ] *n.*〖生物〗＝parthenogenesis.
Par·the·non [pɑ́əθənɑ̀n, -nən | pɑ́ːθɪnən, -θə-, -nɔ̀n]〖⊏ L ~ ⊏ Gk *Parthenṓn* ← *Parthénos* Athene the Virgin, 《原義》virgin〗 **—** *n.* [the ~] パルテノン《ギリシャの Athens の Acropolis 丘上にある女神 Athene の神殿; 447 B.C. に着工し, 438 B.C. に完成したドリス式建築の粋》.
Par·the·no·pae·us [pɑ̀əθəno(ʊ)píːəs | pɑ̀ːθɪnə(ʊ)-]〖⊏ L ~ ⊏ Gk *Parthenopaîos*〗〖ギリシャ神話〗パルテノパイオス (⇨ SEVEN against Thebes).
Par·then·o·pe [pɑəθénəpìː | pɑːθénəpɪ]〖⊏ L *Parthenopē* ⊏ Gk *Parthenópē*〗 **—** *n.*〖ギリシャ神話〗パルテノペー《Ulysses を歌で誘惑しそこねて自ら水死した the Sirens の一人》. **Par·then·o·pe·an** [pɑ̀əθənəpíːən | pɑ̀ːθɪ-] *adj.*
Par·the·nop·i·dae [pɑ̀əθənɑ́pədìː | pɑ̀ːθɪnɔ́pɪ-]〖← NL ~ ← *Parthenopē* (属名: ↑) + -IDAE〗 *n. pl.*〖動物〗ヒシガニ科.
Par·the·nos [pɑ́əθənɑ̀s, -nòʊs | pɑ́ːθɪnɔ̀s]〖⊏ Gk *parthénos* virgin: ⇨ Parthenon〗 **—** *n.* パルテノス《ギリシャの女神, 特に Artemis あるいは Athene の形容語として用い,「処女」を意味する》.
par·the·no·spore [pɑ́əθənəspɔ̀ə, -spòə | pɑ́ːθɪnə(ʊ)spɔ̀ː(r)]〖← PARTHENO- + SPORE〗 *n.*〖植物〗単為胞子.
Par·thi·a [pɑ́əθiə | pɑ́ːθjə, -θɪə]〖⊏ L ~ ⊏ Gk *Parthía*〗 *n.* パルティア《カスピ海の南東の古国; 現在はイラン(北東部)の一部; 中国語名安息》.
Par·thi·an [pɑ́əθiən | pɑ́ːθjən, -θɪən] *adj.* **1** パルティアの, パルティア人の. **2** (パルティア騎兵の戦法として)逃げながら後ろ向きに射る, 最後の: a ~ arrow [shot, shaft] 逃げながら馬上から射る矢, 最後の一矢; (別れ際の)捨てぜりふ / a ~ glance 最後の[別れの]ひと目. **—** *n.* **1** パルティア人. **2** パルティア人の用いたイラン語.
pár-thrée *adj.*〖ゴルフ〗パースリーの《7-40 エーカーの広さで, tee から cup までの長さが150ヤード, 18ホールの小規模のコースにいう; cf. pitch-and-putt》.
par·ti[1] [pɑətíː | pɑː-; *F.* parti]〖⊏ F ~ 'match, party, part' ← *parti* (p.p.) ← *partir* to divide〗 **—** *F. n.* (*pl.* ~**s** [~(z); *F.* ~]) (結婚の相手として)願ったりかなったりの人: a good [an eligible] ~ 好配偶 / She is quite a ~.
par·ti[2] [pɑətíː, ⌐⌐ | pɑːtíː; *F.* parti]〖⊏ F ~ 'task assigned' (↑)〗 *n.*〖建築〗(建築の)基礎的設計(案).
par·ti-[1] [pɑ́əṭi | pɑ́ːtɪ]〖←《廃》*party* parti-colored < ME *parti* ⊏ OF *parti* striped < L *partitum* (p.p.) ← *partīrī* 'to PART'〗「種々の (various)」の意の連結形.
par·ti-[2] [pɑ́əṭi | pɑ́ːtɪ]〖⊏ L ~ ← *part-*, *pars* 'PART'〗「部分 (part)」の意の連結形.
par·tial [pɑ́əʃəl | pɑ́ː-]〖《*c*1420》*parcial* ⊏ OF (F *partial, partiel*) ⊏ LL *partiālis* ← L *pars* 'PART': ⇨ -al[1]〗 **—** *adj.* **1 a** 一部分の, 部分的な, 局部の (↔ total); 部分をなす (constituent): ~ shade 半日陰 / make a ~ payment 内払いをする / The rain was only ~. 雨は一部に降っただけだった. **b** 不完全な, 生半可な (incomplete): The play was only a ~ success. 劇は(受けたところもあったが)とても成功したとは言えない / I have only a ~ knowledge of the matter. その事は余りよく知らない. **2** 〈判断・見解など〉不公平な (unfair), 片寄った, 偏頗(へんぱ)な (biased) (↔ impartial): a ~ judge, opinion, etc. / be ~ in one's judgment 判断が片寄る[公平でない]. **3** 〔物を〕特に好きな; 〔人を〕えこひいきする〔*to*〕: He is too ~ *to* tobacco. たばこを吸い過ぎる / Don't be ~ *to* one child as a parent. 親として1人の子だけをえこひいきしてはいけない. **4**〖植物〗副の, 付属の. **5** 構成要素の, 成分の. **—** *n.* **1**〖音楽〗＝partial tone. **2**〖トランプ〗＝part-score. **~·ness** *n.*
pártial-áwning-deck vèssel *n.*〖海事〗部分覆甲板(おおいかんぱん)船 (cf. awning deck).
pártial cléavage *n.*〖動物〗部分割, 部分卵割, 部割, 不完全卵割.
pártial correlátion *n.*〖統計〗偏相関《3個以上の変量がある場合, そのうち2つの相関のことをいう》.
pártial dénture *n.*〖歯科〗部分床義歯, 部分入れ歯.
pártial derívative *n.*〖数学〗偏導関数《2つ以上の独立変数をもつ関数の, 1つの変数に関する導関数》.
pártial differéntial *n.*〖数学〗偏微分《2変数以上の関数のある変数に関する偏導関数に, その変数の微分を乗じたもの》.
pártial differéntial equátion *n.*〖数学〗偏微分方程式《未知関数の偏導関数を含む微分方程式; cf.

ordinary differential equation》.
pártial differentiátion *n.*〘数学〙偏微分法《偏導関数 (partial derivative) を求めること》.
pártial eclípse *n.*〘天文〙部分食 (cf. total eclipse).
pártial fráctions *n. pl.*〘数学〙部分分数《分数をより簡単ないくつかの分数の和に分けた時の後者のすべてのこと》.
par·ti·al·i·ty [pɑ̀ɚʃiǽləṭi, pɑɚʃǽl- | pɑ̀:ʃiǽləti, -lɪ-]〘《1422》 *parcial(i)te* ⇐ OF (F *partialité*) ⇐ ML *partiālitātem* : ⇨ partial, -ity〙 ── *n.* **1** 部分的なこと, 局部性. **2** 〔人に対する〕不公平, えこひいき 〔*to, toward*〕: treat all the students without ～. **3** 〔…を〕特別に好くこと, 偏愛 〔*for*〕: She had a ～ *for* candy [poetry]. お菓子が大好物[詩が大好き]だった.
par·tial·ize [pɑ́ɚʃəlàɪz | pɑ́:-] *vt.* 片寄らせる, 偏頗(へんぱ)にする, …に偏見を与える; 局限する.
pártial lóss *n.*〘保険〙分損《被保険物の一部の損害; cf. total loss》.
pár·tial·ly [-ʃəli | -lɪ] *adv.* **1** 部分的に, 一部; ある程度, 少し (⇨ partly ★): a ～ closed shutter 一部閉じたシャッター. **2** 不公平に, 片寄って.
pártially órdered sét *n.*〘数学〙半順序集合 (cf. totally ordered set, well-ordered set).
pártial negátion *n.*〘文法〙部分否定 (↔ total negation).
pártial órdering *n.*〘数学〙半順序.
pártial préssure *n.*〘物理·化学〙分圧.
pártial próduct *n.*〘数学〙部分積《数列の初項から第 *n* 項までの積; そのようなものの極限値が存在すれば, その数列からえられた無限乗積は収束するという》.
pártial scóre *n.*〘トランプ〙= part-score.
pártial súm *n.*〘数学〙部分和《数列の初項から第 *n* 項までの和; そのようなものの極限値が存在すれば, その数列から得られた無限級数は収束するという》.
pártial tòne *n.*〘音楽·音響〙部分音: an upper ～ 上音.
pártial vérdict *n.*〘法律〙(陪審の)一部(有罪の)評決《罪名の一部について有罪と認めるもの》.
par·ti·ble [pɑ́ɚṭəbl | pɑ́:tə-, -tɪ-]〘《1540》 ⇐ LL *partibil-is* ← L *partīre*, *partīrī* 'to divide, PART': ⇨ -ible〙 ── *adj.* (特に)〈遺産が〉〔…に〕分けられる, 分割できる 〔*among*〕. **par·ti·bil·i·ty** [pɑ̀ɚṭəbíləṭi | pɑ̀:tɪbíləti, -tə-, -lɪ-] *n.*
par·ti·ceps cri·mi·nis [pɑ́ɚṭəsèps-krímənɪs, -nəs | pɑ́:tɪsèps-krímɪnɪs]〘⇐ L *particeps criminis* 'one who PARTICIPATES in a CRIME'〙 ── *L. n.*〘法律〙共犯者, 従犯 (accessory).
par·tic·i·pa·ble [pɑɚtísəpəbl, pɑɚ- | pɑ:tísɪ-, -sə-]〘⇐ LL *participābil-is*〙 *adj.* 関与されうる, 分かちもたれうる, 参加できる.
par·tic·i·pance [pɚtísəpəns, pɑɚ- | pɑ:tísɪ-, -sə-] *n.* = participation.
par·tic·i·pan·cy [pɚtísəpənsi, pɑɚ- | pɑ:tísɪpənsɪ, -sə-] *n.* = participation.
par·tic·i·pant [pɚtísəpənt, pɑɚ- | pɑ:tísɪ-, -sə-]〘《1549》 ⇐ L *participānt-em* (pres.p.) ← *participāre*: ⇨ participate, -ant〙 ── *adj.* 関与する, あずかる, 携わる, 関係する, 共にする (participating). ── *n.* 〔…の〕参加者, 関係者, 参与者, 出場者, 仲間, 協同者 〔*in*〕.
partícipant demócracy *n.*〘政治〙参加民主主義, 直接(参加の)民主政治 (participatory democracy).
partícipant observátion *n.*〘文化人類学·社会学〙参与観察《調査者が異質の文化·集団と実際に行動を共にしながら観察を行なう研究法》.
partícipant obsérver *n.*〘文化人類学·社会学〙参与観察者.
par·tic·i·pate [pɚtísəpèɪt, pɑɚ- | pɑ:tísɪ-, -sə-]〘《1531》 ← L *participāt-us* (p.p.) ← *participāre* to partake of ← *particeps* participant, partaking ← *pars* 'PART' + *capere* to take: ⇨ -ate[3]〙 ── *vi.* **1 a** 〔…を〕共にする; 〔…に〕あずかる, 関係する 〔*in*〕: ～ *in* the benefits [pleasures] of a club [society] クラブ[会]の利益[楽しみ]を共に受ける / I ～ *with* you *in* your gains. 私は君と利益を共にする / ～ *in* a crime 犯罪に関係する. **b** 〔…に〕加入する, 参加する (share) 〔*in*〕: ～ *in* a discussion 討議に加わる. **2** 〈物·事が〉〔…の性質を幾分かもつ, 気味がある 〔*of*〕: His poem ～ *of* the nature of satire. 彼の詩は諷刺的な調子をおびている. ── *vt.* 〈人と〉…にあずかる, 〈苦労などを〉共にする, 共に分かつ (share) 〔*with*〕: ～ another's suffering [suffering *with* another] 人と苦しみを共にする. **par·tic·i·pa·tive** [pɚtísəpèɪṭɪv, pɑɚ- | pɑ:tísɪpèɪt, -sə-] *adj.*
partícipating insùrance *n.*〘保険〙《米》利益配当付き保険.
partícipating preférred *n.*〘証券〙参加的優先株《所定の優先配当のほかに, 余分な利益があった時, 普通株と共に追加的な配当にあずかる条件のもの》.
par·tic·i·pa·tion [pɚtìsəpéɪʃən, pɑɚ- | pɑ:tìsɪ-, pɑ:-tɪs-, -sə-]〘《*c*1380》 *participacioun* ⇐ LL *participātiō(n-)*: ⇨ participate, -tion〙 ── *n.* **1 a** 〔事件などに〕関係, 参加, 協同 〔*in*〕: international ～ 国際参加《国際会議·競技などへの参加》. **b** 〔利益などに〕あずかること 〔*in*〕; 分け前. **2**〘哲学〙共有, 分有.
par·tic·i·pá·tion·al [-ʃənl, -ʃnəl] *adj.* 〈芝居など〉観衆[聴衆]参加の: ～ exhibits.
par·tíc·i·pà·tor [-ṭə | -tə(r)]〘⇐ LL *participātor*: ⇨ participate, -or[2]〙 *n.* 〔…の〕関係者, 参与者, 協同者, 仲間 (participant); 〔苦労などを〕共にする人 〔*in*〕.
par·tic·i·pa·to·ry [pɚtísəpəṭɔ̀:ri, pɑɚ-, -tòːri | pɑ:tísɪpət(ə)rɪ, -sə-, -pèɪtərɪ] *adj.* 直接参加の[による]: ⇨ participant democracy.
partícipatory demócracy *n.*〘政治〙= participant democracy.
partícipatory théater *n.*〘演劇〙観客参加の演劇.
par·ti·cip·i·al [pɑ̀ɚṭəsípiəl | pɑ̀:tɪsípɪəl, -pjəl]〘⇐ L *participiāl-is* ← *participium* 'PARTICIPLE': ⇨ -al[1]〙〘文法〙 ── *adj.* 分詞の, 分詞から出た: a ～ noun 分詞名詞《例: the fatigue of *marching*》/ a ～ preposition 分詞前置詞《during, past など現在分詞·過去分詞に由来する前置詞》/ a ～ construction 分詞構文《(意味上の主語+)分詞の形で副詞的機能をもつ》. ── *n.* **1** 分詞形容詞 (participial adjective). **2** 《古》= participle.
participial ádjective *n.*〘文法〙分詞形容詞《例: following, interesting, wounded, well-known》.
par·ti·cip·i·al·ize [pɑ̀ɚṭəsípiəlàɪz | pɑ̀:tɪsípɪə-, -pjə-] *vt.* 分詞(形)にする.
pàr·ti·cíp·i·al·ly [-piəli | -pɪəlɪ, -pjə-] *adv.* 分詞的に, 分詞として.
par·ti·ci·ple [pɑ́ɚṭəsìpl, -səpl | pɑ́:tɪsɪ-]〘《*c*1390》 ⇐ OF ～, *participe* ⇐ L *participium* a sharing《なぞり》← Gk *metokhḗ* sharing, participle) ← *participāre* 'to PARTICIPATE': OF における -*l*- の添加については, cf. manciple, principle, treacle〙 ── *n.*〘文法〙分詞: a past [present] ～ 過去[現在]分詞 / an absolute ～ 独立分詞 / ⇨ dangling participle.
pár·ti·cì·pled *adv.* 《俗》実に, ばかに, おそろしく: They are so ～ sentimental. 彼らはいやに感傷的だよ. ★ damned, confounded などのように分詞形容詞で強意語として用いられる語に対する婉曲的な代用語 (cf. qualified 3).
par·ti·cle [pɑ́ɚṭɪkl, -ṭə- | pɑ́:tɪ-]〘《1380》 ⇐ L *particul-a* (dim.) ← *pars* 'PART': ⇨ -cle〙 ── *n.* **1 a** (微)分子, 粒子, 微片: a ～ *of* dust. **b** 少量, 極少, みじん (tittle): a ～ *of* food 極微量の食物 / without a ～ *of* feeling [truth] みじんの感情[いささかの真実]もなく / He has not a ～ *of* virtue. 彼には美徳はつめのあかほどもない. **2**〘物理〙**a** 物質を構成する微細な粒, 粒子《分子·原子·素粒子など》. **b** = elementary particle 1. **3**〘物理·機械〙質点. **4**〘文法〙**a** 不変化詞, 小詞《語形変化のない冠詞·前置詞·接続詞·副詞·間投詞など》. **b** 小辞《接頭辞·接尾辞》. **c** 語幹. **5** 《古》(書類の)条, 項 (article). **6**〘カトリック〙(ミサ聖祭用)ホスチア[聖餅(せいへい)]の小片; 聖体拝領者に与えるホスチアの小片 (cf. Host).
párticle accélerator *n.*〘物理〙粒子加速器 (accelerator).
párticle bòard *n.* パーティクルボード, チップボード《木材剛片を合成樹脂などで固めた建築用合板》.
párticle phýsicist *n.* 素粒子物理学者.
párticle phýsics *n.* 素粒子物理学《high-energy physics ともいう》.
párticle velòcity *n.*〘物理〙粒子運動 (cf. group velocity, phase velocity).
párti-còlored [pɑ́ɚṭi- | pɑ́:tɪ-]〘《1535》 ← PARTI-[1] + COLORED〙 ── *adj.* **1 a** 〈花など〉雑色の, まだらの. **b** 〈衣服など〉染め分けの, まだら染めの: a ～ costume **2** 〈物語など〉変化の多い, 波乱の多い, 多彩な.
par·tic·u·lar [pɚtíkjʊlɚ, pə-, pɑɚ- | pətíkjʊlə(r)]〘《*a*1387》 *particuler* ⇐ OF ⇐ L *particulāris* of part ← *particula* 'PARTICLE': ⇨ -ar[1]〙 ── *adj.* **1 a** (ある)特定の, 特別の, 特殊の (special), 特有の, 独特の (peculiar) (↔ general): my own ～ weakness 私独特[だけ]の弱点 / a ～ characteristic of a skunk スカンクの特性 / for no ～ reason 特にこれという理由もなく. **b** 特に親しい: a ～ friend of his 特に親しい彼の友人. **2** [指示形容詞のあとにつけて] (数ある中で)特にこの[その]…, ほかでもない…, …に限って: on *that* ～ day [morning] (他ではない)特にその日[朝], その日[朝]に限って. **3** 個々の, 個別(的)の (distinct); 各自の (individual); 個人としての (personal): every ～ item 各項目 / my ～ interests 私個人の利益. **4** 著しい; 目立った; 格別の (especial), 異常な: of no ～ importance 格別重要でない / take ～ trouble [notice] 並々ならぬ労を取る[格別注意する] / I have nothing ～ to do. 格別これと言ってする仕事はない. **5** 詳細な, 精密な: give a full and ～ account (of the game) (その競技を)細大漏らさず説明[記述]する. **6** [通例 Predicative に用いて] **a** きちょうめんな. **b** 好みがやかましい, 気難しい (fastidious): be ～ *about* one's dress [*as to* what one eats] 着物[食べ物]にやかましい[やかましくいう] / Mr. *Particular*《戯言》うるさ方, 「おやかま氏」. **7**〘論理〙特殊的な (↔ general); 特称的な (↔ universal): a ～ proposition 特称命題. **8**〘英法〙部分不動産権の《残余権 (remainder), 復帰権 (reversion) に先行する不動産権; 生涯[定期]不動産権など; ⇨ ESTATE for life [years]》.
── *n.* **1 a** 事項, 件, 点, 個条 (item): exact in every ～ あらゆる点で正確な, 寸分たがわない. **b** [しばしば *pl.*] 個々の事柄, 個別的な例. **2** [*pl.*] 明細, 詳細の事項, 委細の点 (details) (↔ general): give ～*s* 詳述する / go [enter] into ～*s* 詳細にわたる, 詳細な点に立ち入って話す[説明する, 論じる] / For further ～*s* apply to Mr. Harris. 委細はハリス氏へ問い合わされたし. **3** 特色, (人の)特質 (characteristic), (ある土地の)名物: ⇨ London particular. **4** [通例 the ～]〘論理〙特称, 特殊 (cf. general *n.* 4); 特称命題 (↔ universal): reason from the general to *the* ～ 全称[一般, 普遍]から特称[特殊]を推論する.
in particular (1) 特に, とりわけ: He mentioned one case *in* ～. 彼は特に一例を挙げた. (2) 詳細に. (3) 《古》個々に, 個別的に (individually).
partícular affírmative *n.*〘論理〙特称肯定(「若干の s は p である」(例えば「ある人間は正直である」)という形式の命題; 記号 I, i; cf. particular negative).
partícular áverage *n.*〘海商〙単独海損《共同海損以外の海損; 特に, 分損である単独海損をいう; cf. general average》.
Partícular Báptist *n.*〘キリスト教〙特定バプテスト, 特別浸礼教徒《カルヴァン的な特殊贖罪(しょくざい)説 (particularism) を信奉する浸礼派の人; cf. General Baptist》.
partícular inténtion *n.*〘カトリック〙⇨ intention 7.
par·tic·u·lar·ism [pɚtíkjʊlərìzm, pə-, pɑɚ- | pə-]〘《1824》 ⇐ F *particularisme*: ⇨ particular, -ism〙 ── *n.* **1** (特定の興味·主題·党派などに)専念[専心, 熱中]すること; …中心主義, 自党中心主義, 自派心. **2** (連邦の)各州自主独立主義. **3**〘神学〙特殊神寵(しんちょう)[贖罪(しょくざい)]説, 特定人選定論《神の恩寵または贖罪が人類全体に及ぶものでなく, 特別に選ばれた個人に限られるという説》. **4** (複雑な社会現象などの)一元的説明. **par·tíc·u·lar·ist** [-rɪst, -rəst | -rɪst] *n.* **par·ti·cu·lar·is·tic** [pətìkjʊlərístɪk, pə-, pɑɚ- | pə-] *adj.* **par·tic·u·lar·ís·ti·cal·ly** *adv.*
par·tic·u·lar·i·ty [pətìkjʊlǽrəṭi, pə-, pɑɚ- | pətìkjʊlǽrətɪ, -rɪ-]〘《1528》 ⇐ (O)F *particularité* // ⇐ LL *particulāritātem* ← *particulāris* 'PARTICULAR': ⇨ -ity〙 ── *n.* **1** 特別, 独特 (peculiarity); 特殊[特異]性; 特性, 特徴. **2** 委細, 詳細; 精密, 入念; (叙述·描写などの)詳しさ. **3** 気難しさ, やかましさ; 几帳面(きちょうめん), 潔癖, 細心. **4** [しばしば *pl.*] 委細の点, 詳細の事項 (particulars); 特殊な事柄. **5** 私事, 内輪事.
par·tic·u·lar·ize [pətíkjʊləràɪz, pə-, pɑɚ- | pə-]〘《1588》 ⇐ OF *particulariser*〙 ── *vt.* **1** 特別[特殊]化する. **2** 個別的に述べる, 詳細に述べる, 詳述する. **3** 特に記述する, 特筆する, 取りたてて言う. **4** 列挙[枚挙]する (enumerate). ── *vi.* **1** 一々述べる, 詳しく述べる. **2** 列挙する. **par·tic·u·lar·i·za·tion** [pətìkjʊlərɪzéɪʃən, pə-, pɑɚ-, -rə- | pətìkjʊləraɪ-, -rɪ-] *n.* **par·tíc·u·lar·ìz·er** *n.*
par·tíc·u·lar·ly〘《1398》〙 ── *adv.* **1** 格別に, 特別に (specifically); 個々に (individually). **2** 特に, とりわけ (especially); 著しく (remarkably): with ～ great interest 異常な興味で / I am not ～ sorry to hear it. それを聞いて別に悔しいとも思わない / He did not care ～ for Paris. 彼は特にパリが好きなわけではなかった. **3** 詳しく (in detail): I cannot go into it ～ now. 今それを詳説することはできない.
partícular négative *n.*〘論理〙特称否定(「若干の s は p でない」(例えば「ある人間は正直でない」)という形式の命題; 記号 O, o; cf. particular affirmative).
partícular pártner *n.*〘法律〙= special partner.
partícular pártnership *n.*〘法律〙特殊組合《ある一つの取引, ある一回限りの仕事を行ない, その利益を分配することを目的とするもの; special partnership ともいう》.
partícular quántifier *n.*〘論理〙= existential quantifier.
partícular solútion *n.*〘数学〙特殊解《微分方程式の一つの解; cf. general solution》.
par·tic·u·late [pətíkjʊlət, pə-, pɑɚ-, -lɪt, -lèɪt | pə-]〘← NL *particulāt-us*: ⇨ particle, -ate[2]〙 ── *n., adj.* (個々の)微粒子(物の), 粒子(の), 因子(の): radioactive ～*s* 放射性粒子.
par·tie car·rée [pɑəṭí-kɑ:réɪ | pɑ:-; *F.* partikaʀe]〘⇐ F ～《原義》party of square〙 *F. n.* (特に, 2 組の男女からなる) 4 人 1 組.
par·ti·men [pɑ̀əṭəmén | pɑ̀:tɪ-]〘⇐ Prov. ～《原義》division: ⇨ part, -ment〙 *n.*〘詩学〙パルティマン《tenson をさらに技巧的にした対話形式の論争詩》.
párt·ing [-ṭɪŋ | -tɪŋ]〘《*c*1250》: ⇨ part, -ing[1,2]〙 ── *n.* **1 a** 告別, 別離, 別れ: a last ～ 最後の別れ / on [at] ～ 別れに臨んで. **b** 《古》出発, 旅立ち (departure); 死去 (decease). **2** 分割, 分離 (separation). **3 a** 頭髪の分け目 (《米》part). **b** 分かれ道, 分割線 (dividing line): ⇨ *the* PARTING *of the ways*. **4** 物を分割する[分離させる]もの, 分離物. **5 a**〘鉱山·地質〙(2 層を分離する)薄層, はさみ, 夾(きょう)層. **b**〘鉱物〙裂開 (fissure). **6 a**〘冶金〙分金《金銀の合金から金を分離すること》. **b**〘金属加工〙見切り, 型合わせ目すじ《鋳造用割り型の分割部》; 分断加工《プレス加工品を二つ以上に切り離す作業》.
the parting of the ways (1) 道路の分岐点, 分れ道. (2) (選択の)岐路, (その後の発達過程を決定する)分岐点 (cf. *Ezek.* 21 : 21).
── *adj.* **1** 別れの際の, 告別の (farewell), 最後の, 臨終の (final): one's ～ remark 別れ際に言った言葉 / a ～ request 別れ際の願い / a ～ kiss 別れのキス / a ～ present [gift] 餞別(せんべつ) / drink a ～ cup 名残りの杯をくむ. **2** 去り行く, 消え行く, 暮れて行く; 死なんとする: the ～ day 夕まぐれ / a ～ soul 今まさに死なんとしている人. **3** 分ける, 分割する, 分離する.
párting gàte *n.*〘金属加工〙(鋳造型の)普通堰(せき).
párting lìne *n.*〘金属加工〙見切り線, 分れ線, 分離線《鋳造用割り型の分割部にできる線[筋]》.
párting pùlley *n.*〘機械〙= split pulley.
párting shòt *n.* (別れ際の)捨てぜりふ.
párting strìp [slìp] *n.*〘建築〙仕切り板《上げ下げ窓の分銅のスペースを仕切るもの》.
par·ti pris [pɑ́əṭi·prí: | pɑ́:tɪ-; *F.* paʀtipʀi]〘⇐ F ～《原義》taken course〙 ── *F. n.* (*pl.* **par·tis pris** [～])

先入観, 先入主 (prejudice), 偏見 (bias), 既定の結論 (foregone conclusion) : come to the question without ~ 先入観を持たずに問題に当たる.

par·ti·san¹ [pɑ́ətɪzən, -zn, -tə-, -sən, -sn | pɑ̀ːtɪzǽn, ⌐―⌐] 〖(1556) ◻ OF *partizane* ◻ OIt. *partigiana* (fem.) ← *partigiano* (↓) : ある partisans の武器であったことから〗 ― *n.* **1** (16–17 世紀に用いられた)両棘のほこ, パルチザン. **2** ほこ兵.

partisans 1

par·ti·san² [pɑ́ətɪzən, -tə-, -zn, -sən, -sn | pɑ̀ːtɪzǽn, ⌐―⌐] 〖(1555) ◻ (M)F ~ ◻ OIt. *partigiano* ← *parte* part, party < L *partem* 'PART'〗 ― *n.* (*also* **partizan**) **1 a** 一味の人, 徒党, 同類. **b** (党派・主義・人などの)熱心な支持者, 党派心の強い者, 熱烈な党員. **2** パルチザン, 別働兵, 遊撃兵, ゲリラ隊員 (guerrilla)《破壊・放火・サボタージュなどによって占領軍を撹乱(ｶｸﾗﾝ)する ゲリラ隊員》. ― *adj.* **1** 党派心の強い : ~ spirit 党派根性, 党派心 / ~ strife 派閥争い. **2** パルチザンの, 別働[遊撃]隊の, ゲリラ隊の. 「動.

pár·ti·san·ìsm [-nìzm] *n.* 党派性, 徒党[党派]的行

pártisan·shìp *n.* **1** 党派心, 党人根性. **2** 盲目的加担, 偏見. **3** 党派的態度[行動], 派閥行動.

par·ti·ta [pɑətíːtə | pɑːtíːtə ; *It.* partíːta] 〖◻ It. ~ (fem.) ← *partito* divided : ⇨ party〗 ― *n.* (*pl.* **~s, -ti·te** [-teɪ ; *It.* -te])〖音楽〗パルティータ《17–18 世紀の組曲 (⇨ suite 3) または一連の変奏曲の名称》.

par·tite [pɑ́ətaɪt | pɑ́ː-] 〖◻ L *partit-us* (p.p.) ← *partīrī* 'to divide, PART (v.)'〗 ― *adj.* **1**〖植物〗〈葉が〉(基部まで)深裂した (cf. bipartite 3, tripartite 4). **2** [通例複合語の第 2 構成要素として] (特定の数に)分裂した ; 部分から成る : a tri*partite* pact 三国協定.

par·ti·tion [pətíʃən, pɑə- | pɑː-, pə-] 〖(1430) *particioun* ◻ (O)F *partition* ◻ L *partitiō(n-)* division ← *partītus* (↑) : ⇨ -tion〗 ― *n.* **1** 仕切ること, 仕切り, 区画, 区分 ; 分離 (separation). **2** 区画線, 境, 仕切り壁 ; 仕切られた部屋 : a glass ~ (刑務所の面会室などの)ガラスの仕切り. **3**〖生物〗隔壁, 隔膜 (dissepiment). **4** 分割, 分配, 配分 (distribution)〔*of*〕: the ~ *of* a man's wealth. **5**〖法律〗共有の土地・財産の分割[分配]. **6** (統一国家の)政治的分割[分裂] ; 分裂状態, 分裂国家[政体]. **7** (分割された)部分 (part). **8**〖論理〗分割法《ある概念の特性または属性を組織的に明らかに取り出す論理的分析の形式》. **9**〖数学〗分割 : a ~ of numbers 数の加法的分割. **10**〖修辞〗主題分割《一般的主題を区分して簡単に述べること》. ― *vt.* **1** 〈家・部屋などを〉仕切る, 仕切り(壁)をつける, 区画する, (区画して)分離する〈*off*〉: ~ *off* a part of a room 部屋の一部を仕切る / ~ a house *into* rooms 家を仕切って幾部屋かにする. **2**〖法律〗〈地所またはその売上げを〉共有者間で分割[分配]する. **3** 〈国家を〉政治的に分割[分離]する. **~ed** *adj.* **~·er** [-ʃ(ə)nə | -nə(r)] *n.* **~·ment** *n.*

partítion búlkhead *n.*〖造船〗仕切隔壁.

par·tí·tion·ist [-ʃ(ə)nɪst, -nəst | -nɪst] *n.* 政治的分離[分割]主義者.

partítion lìne *n.*〖紋章〗(盾の)分割線.

partítion-wàll *n.* (家の中の)仕切り壁, 間仕切り壁.

par·ti·tive [pɑ́ətətɪv | pɑ́ːtɪt-] 〖(1520) ◻ ML *partitīv-us* : ⇨ partite, -ive〗 ― *adj.* **1** 区分[分配, 分配]する (dividing). **2**〖文法〗部分を示す : the ~ genitive 部分属格《物の一部分を表わす属格 ; 近代英語では普通 'of'-phrase で代用する : one *of* my friends / Take [Eat] (some) *of* the fruit.》/ a ~ adjective 部分形容詞《some, few, any など》/ the ~ article 部分冠詞《any, some》/ the ~ numeral 部分数詞《one third のように分数を表わす数詞》. ― *n.*〖文法〗部分を示す語, 部分語, 部分数詞. **~·ly** *adv.*

par·ti·zan [pɑ́ətɪzən, -tə-, -zn | pɑ̀ːtɪzǽn, ⌐―⌐] *n.*, *adj.* =partisan¹ ². **~·shìp** *n.*

part·let [pɑ́ətlɪt, -lət | pɑ́ːt-] 〖(1519)《転訛》← ME *patelet* ◻ OF *patelette* band of stuff (dim.) ← *patte* paw : ⇨ -let : *par-* は ↓ の類推〗 ― *n.* パートレット《16 世紀に流行したローネックのドレスなどにつけるフリル・刺繍などのある襟つき胸飾り》.

Part·let, p- [pɑ́ətlɪt, -lət | pɑ́ːt-] 〖(*c*1390) *Pertelote, pertelote* (Chaucer の *Nun's Priest's Tale* に出る雌鶏の名) ◻ (O)F *Pertelote* (女性名)〗 ― *n.* [しばしば Dame Partlet として] **1**《古》めんどりさん. ★ 雌鶏の擬人名. **2**《戯言》おばさん (woman).

párt·ly 〖(1523)〗 ― *adv.* (全体に対して)部分的に, 一部(分) ; 少しは, 幾分か, ある程度, 一つには : ~ all《米俗》ほとんど皆. ★ partly は全体に対して部分を強調するのに対し, partially は状態や程度に力点をおく : *partly* destroyed 破損した, 半潰(ﾊﾝｶｲ)れの / *partly* by force, *partly* by persuasion 力ずくやら説得やらで / a *partially* bald head はげかかった頭.

párt mùsic *n.*〖音楽〗(通例無伴奏の)多声合唱音楽.

part·ner [pɑ́ətnə | pɑ́ːtnə(r)] 〖(*c*1300) *partener*《変形》← PARCENER : PART との連想による. ― n. 5 : (pl.) ← OF *pautonier* servant : cf. carling(s)〗 ― *n.* **1**〖法律〗共同出資[経営]者, 組合員, 社員 : an acting [an active, a working] ~ 業務担当社員 / a predominant ~《英》優先社員 / a silent [dormant] ~ =secret partner / ⇨ general partner, limited partner, special partner. **2**〔…の〕仲間, 共同者, 連れ, 相棒 ; 〔悲しみ・喜びなどを〕共にする人〔*in, of*〕: a ~ *with* a person *in* crime ある人との共犯者 / be ~ *with* a person 人と共同して事をする. **3** 連合い, 配偶者《夫または妻》: one's ~ in life [life ~] 配偶者, 夫[妻]. **4** パートナー, (ダンスなどの)相手 ; (組んで行なう競技の)組む人, 相棒, 味方. **5** [通例 *pl.*]〖海事〗パートナー《マストなどが甲板を貫く穴の周囲を補強する強固な木わく》. ― *vt.* **1** 〔…と〕仲間にする, 組み合わせる〈*off*〉/〔*with*〕. **2** (トランプ・ダンスなどで)…と組む. **3** …の組合員[社員]である. ― *vi.* 〔人と〕組を組む〈*off*〉/〔*with*〕.

pártner·less *adj.* 組合員[仲間, 相手, 配偶者]のない.

pártner pláte *n.*〖海事〗マストを立てる穴のある重い金属板の甲板部.

pártner·shìp *n.* **1** 共同, 協力, 提携, 連合 (participation, association) : He proposed a ~ to find the jewels. 彼は一緒に(隠してある)宝石を捜さないかともちかけた. **2**〖法律〗**a** 組合契約 ; 共同経営[事業]組合, 合名会社, 商会 : an unlimited ~ 合名会社 / ⇨ general partnership, limited partnership / enter into ~ with …の組合に加入する ; …と共同経営を始める / take a person into ~ 人を組合に入れる ; 共同経営者にする. **b** [the ~ ; 集合的] 提携関係にある者, 組合員, 社員. **3**〖クリケット〗パートナーシップ《2 人の打者の内いずれかがアウトになるまでの期間または状態 ; 通例その間における得点》.

in partnership with 〈人など〉と共同[連合, 協力]して ; …と合資[合名]で.

par·ton [pɑ́ətɑn | pɑ́ːtɒn] 〖← PART (n.) + -ON²〗 *n.*〖物理〗パートン《米国の R. P. Feynman によりハドロン (hadron) の構成要素として提唱された仮説の粒子》.

partook *v.* partake の過去形. 「(co-owner).

párt ówner *n.*〖法律〗(特に, 船舶の)共有者, 合有者

párt páyment *n.* 分割払い ; 内払い, 内金.

par·tridge [pɑ́ətrɪdʒ | pɑ́ː-] 〖(*c*1300) *pertrich, partrich*,《北英・スコット》*partrick* ◻ OF *perdriz* (F *perdrix*)《変形》← *perdiz* < L *perdicem*, *perdix* ◻ Gk *pérdix* : cf. Gk *pérdesthai* to break wind (飛び上がる時の羽音にちなむ?) : [tʃ] → [dʒ] は knowledge, sausage, Greenwich などと同じ〗 ― *n.* **1** (*pl.* ~, **~s**)〖鳥類〗**a** ヤマウズラ, イワシャコ《ヨーロッパ・アジアに生息する主にヤマウズラ属 (*Perdix*), イワシャコ属 (*Alectoris*) の猟鳥の総称 ; ヨーロッパヤマウズラ (common partridge), アカアシイワシャコ (red-legged partridge), ハイイロシャコ (Greek partridge) など》: ~ shooting シャコ猟《英国では毎年 9 月に始まる》. **b** (New England で) エリマキライチョウ (ruffed grouse). **c**《米南部》コリンウズラ (bobwhite). **d** [限定詞を伴って] コリンウズラに近縁の鶉鶏(ｼﾞｭﾝｹｲ)類の猟鳥 : ⇨ mountain partridge. **e** (中南米産の)シギダチョウ (tinamou) に似た鳥の総称. **2**〖植物〗=partridgewood. **3** 黄褐色. **~·lìke** *adj.*

partridge 1 a
(*Alectoris rufa*)

Par·tridge [pɑ́ətrɪdʒ | pɑ́ː-], **Eric** (**Honeywood**) *n.* (1894–1979) ニュージーランド生まれの英国の辞書編集者・著述家 ; *A Dictionary of Slang and Unconventional English* (1937–61).

partridge·bèr·ry [-bèri, -b(ə)ri | -b(ə)rɪ] *n.*〖植物〗**1** ツルアリドオシ (⇨ twinberry 1). **2** ツルアリドオシの赤い実《北米産で食用になるが, まずい ; checkerberry, running box ともいう》.

pártridge dóve *n.*〖鳥類〗中南米熱帯に生息する小型の地上生のハト (*Geotrygon montana*).

pártridge·wòod *n.* **1 a**〖植物〗熱帯アメリカ産マメ科 *Andira* 属の木《特に, *A. americana*》. **b** その斑(ﾌ)入り赤色の堅材《ステッキ・家具などに用いる》. **2** カビの一種 *Stereum frustulosum* によってできたカシその他の斑入り材《ヤシ・シャラなど》; その材.

párt-scóre *n.*〖トランプ〗(ラバー・ブリッジで)パートスコア, 足《スコア表の下欄 (below the line) に記入される得点のうちゲーム点に満たないもの ; partial, partial score ともいう ; cf. game¹ *n.* 4 b, line² *n.* 23》.

párt sìnging *n.*〖音楽〗(特に, 無伴奏の)重唱.

párt-sòng *n.*〖音楽〗パートソング《ホモフォニー様式の合唱曲で, 主旋律は通常最上声部にくる ; 四部で無伴奏のものが多い ; cf. madrigal》.

párt-tìme *adj.* **1** (全日でなく)ある時間だけ勤務[出席]する, パートタイムの, 非常勤の (cf. full-time, half-time) : a ~ job パートタイムの仕事, アルバイト / a ~ teacher 時間[非常勤]講師 / a ~ help 時間ぎめの雇人. **2** 定時制の : a ~ high school 定時制高等学校. ― *adv.* パートタイムで : work ~.

párt tìme *n.* 平常時間の一部, パートタイム.

párt-tìm·er *n.* **1** ある時間だけ勤務する人, パートタイマー《時間講師・時間ぎめ雇い人など ; cf. full-timer, half-timer》. **2** 定時制学校生徒.

par·tu·ri·ent [pɑət(j)ʊ́(ə)riənt | pɑːtjʊ́ərɪ-] 〖(1592) ◻ L *parturient-em* (pres.p.) ← *parturīre* to be in labor ← *partus* (p.p.) ← *parere* to bring forth : ⇨ parent, -ent〗 ― *adj.* **1** 子を産む, 出産の迫った, 陣痛中の. **2** 出産に関する, 分娩(ﾌﾞﾝﾍﾞﾝ)の. **3** (思想などを)包蔵している, (作品などを)生み出そうとしている ; 創意に富む. ― *n.* 産婦. **par·tú·ri·en·cy** [-ənsi | -ənsɪ] *n.*

par·tu·ri·fa·cient [pɑət(j)ʊ̀(ə)rəféɪʃənt | pɑːtjʊ̀ərɪ-] 〖⇨ ↑, -facient〗〖医学〗*adj.* 分娩を促進する. ― *n.* 分娩促進剤, 催娩剤.

par·tu·ri·tion [pɑ̀ətəríʃən, -tʃə-, -tju- | pɑ̀ːtju(ə)r-, -tjər-] 〖(1646) ◻ L *parturītiō(n-)* a bringing forth ← *parturītus* (p.p.) ← *parturīre* to be in labor : ⇨ parturient〗 ― *n.* 分娩(ﾌﾞﾝﾍﾞﾝ), 出産 : the month of ~ 臨月.

párt·wáy *adv.* **1** ある距離[中途]まで, 半ば. **2** ある程度(まで), 幾分 ; 一部(分) (partly).

párt wòrk *n.* 分冊物, 分冊刊行物 (cf. fascicle 2).

par·ty [pɑ́əti | pɑ́ːtɪ] 〖(*c*1300) *parti(e)* ◻ (O)F *partie* part, side in a contest < VL **partitam* (fem. p.p.) ← L *partīr* 'to PART'〗 ― *n.* **1 a** 派, 党派, 分派 ; 政党 : a religious [political] ~ 宗派[政党] / the Republican [Democratic] *Party* 共和[民主]党 / enter [leave] a ~ 入党[脱党]する / the *Party* (特に)共産党. **b** 政党制度. **2** 派閥(意識), 党派心 (partyism). **3** (園遊会・夜会・晩餐会などの)社交会, パーティー : a dancing [reading, fishing, sketching] ~ 舞踊[読書, 魚釣, 写生]会 / a theater ~ 観劇会 / a Christmas ~ クリスマスパーティー / ⇨ dinner party, garden party, tea party / give [hold, have] a ~ 会を催す / throw a ~《口語》会をやる. **4** (ある目的のために集まった)一行, パーティー, 連中, 仲間 : Dr. Smith and his ~ スミス博士一行 / He formed [organized] a ~ to go to South America. 彼は南米行きの団体を組織した / be of the ~ 一行に加わっている. **5**〖軍事〗(特別の任務を帯びた)分遣隊 (detachment) ; 分隊, 部隊, 隊 : a foraging ~ (糧食)徴発隊 / ⇨ firing party, landing party. **6**〖法律〗**a** (訴訟)当事者《原告または被告》; (婚姻または契約などの)相手方, 当事者 : the contracting *parties* in a marriage 婚姻当事者《新郎新婦》/ a ~ adducing evidence 挙証者 / a ~ entitled to recourse 求償権者. **b** (証文・証書などの)署名者 (signatory). **c** 〔…の〕連累者, 共犯者 (accomplice)〔*to*〕: He is (a) ~ *to* the conspiracy. 彼は共謀の一味だ / He was (a) ~ *to* the affair. 彼はその事件に関係した. **7** 関係者, 当事者 : the *parties* (concerned) 当事者 / a ~ interested =an interested ~ 利害関係人 / a disinterested ~ = third party 1 / He refused to be a ~ *to* the agreement. その協定に加わるのを断った / Here's your ~. =Your ~'s on the telephone. 相手の方がお出になりました《電話交換手の言葉》. **8**《口語・戯言》人, 手合い (person) : a cheery [dismal] ~ 愉快な[陰気な]人 / an old ~ with spectacles 眼鏡をかけた老人. **9** 性交 ; 乱痴気パーティー, お祭り騒ぎ (orgy). **10 a** [前に動作を表わす語(句)を伴い] (…会とでも言える)…し合い[騒ぎ] : a dish-throwing ~ 皿の投げ合い(の騒ぎ). **b** (不穏な動きなどの)盛ん(になりそう)な状勢. 「くする.

make one's party good 自分の主張を通す[立場をよ

― *adj.* **1** [Predicative に用いて] 〔…と〕関係する, 〔…に〕関与する〔*to*〕. **2** [Attributive に用いて] 共有の, 共同の : a ~ verdict 共同意見[答申] / ⇨ party line. **3** [Attributive に用いて] 政党の, 党派の : the ~ system 政党組織 / a ~ leader 党首 / ~ discipline 党(の規)則 / ⇨ party politics, party spirit. **4** [Attributive に用いて] **a** パーティー用の[向きの, にふさわしい] : a ~ dress / a ~ cake. **b** 〈人が〉パーティー[社交]に熱中する : ⇨ party boy, party girl. **5** 〖(1486) ◻ (O)F *parti* (p.p.)〗〖紋章〗(盾を)二分した (parted).

― *vi.*《米》**1**《口語》パーティーに(いつも)出る ; (いつも)パーティーを催す. **2**《俗》パーティーなどに出て遊び暮らす, とことんまで楽しむ. ― *vt.* パーティーでもてなす.

par·ty- [pɑ́əti | pɑ́ːtɪ] parti-¹ の異形. 「年].

párty bòy *n.*《米俗》パーティー[遊び]好きの学生[青

párty càll *n.* (もてなしを受けた人が間もなくする) パーティーのお礼の訪問.

párty-còlored *adj.* =particolored.

párty-còlumn bàllot *n.* =Indiana ballot.

párty gìrl *n.* **1** (パーティーなどで)客の接待に雇われる(水商売の)女, パーティーガール ; (特に)売春婦. **2**《米俗》パーティー[遊び]好きの女学生[(若い)女].

párty·gòer *n.* パーティーによく出入りする人.

párty gòvernment *n.* 政党政治 ; 政党内閣.

pár·ty·ism [-tiìzm | -ti-] *n.* **1** 派閥(意識), 党派心 ; 党派根性, 分派主義. **2** [しばしば複合語の第 2 構成素として] 政党制 : one-*partyism* 一党制. **pár·ty·ist** [-tiɪst, -tiəst | -tiɪst] *n.*

párty lìne *n.* **1**〖電話〗共同(加入)線《party wire ともいう》. **2** (屋敷・地所などの)境界線. **3** [⌐―⌐] **a** (政党の)政策, 政治路線 : The vote was strictly along ~*s*. (党の)表決は厳格に政策にそっていた. **b** [通例 the ~] (共産党の)党路線. 「線に忠実な人.

párty-lìner *n.* 党の政策に忠実な人 ; (特に)共産党路

párty lìne télephone *n.*〖通信〗共同加入電話.

párty màn *n.* 政党員, 党人, (特に)忠実な党員.

párty òrgan *n.* 政党機関紙.

párty plàtform *n.* 政党綱領, 政綱.

párty pòlitics *n.* 党派政治, 党利党略の政治《党派の立場だけから行なう, 特に, 公職を獲得する活動》.

párty pòoper *n.*《米俗》座興をそぐ人 (killjoy).

párty spìrit *n.* **1** [通例軽蔑的に] 党派心, 党人気質[根性], 党派根性. **2** パーティーへの熱中, パーティー熱.

pàrty-spírited *adj.* 党派心の強い, 党人気質[根性]の.
párty vóte *n.* 政党の路線にそった投票.
párty wáll *n.* 〘法律〙(隣接営造物の)境界壁, 隔壁, 共有壁.
párty whíp *n.* 〘政治〙 =whip 4.
párty wìre *n.* 〘電話〙 =party line 1.
Pa·ru·li·dae [pərú:lədì: | -lɪ-] 〘← NL ～ ← *Parula* (属名: ← L *parus* titmouse＋-*ula*²)＋-IDAE〙 *n. pl.* 〘鳥類〙 アメリカムシクイ科.
pa·ru·lis [pərú:lɪs, -ləs | -lɪs] 〘← NL ～ ← Gk *paroulís* ← PARA-¹＋-*oulis* (← *oúlon* gum)〙 ― *n.* (*pl.* **-ru·li·des** [-lədì:z | -lɪ-]) 〘歯科〙 パルーリス, 歯肉下膿瘍(のう) (gumboil).
pa·rure [pərúə | -rúə(r ; *F.* pary:r] 〘□F ～ 《原義》 adornment ← *parer* to prepare, adorn : ⇨ pare, -ure〙 *n.* (身につける)一そろいの宝石 : a ～ of rubies.
pár válue *n.* (証券などの)額面価額 《face value または単に par ともいう》.
par·va·nim·i·ty [pὰəvənímәṭi | pὰ:vənímətɪ, -mɪ-] 〘← L *parv*(*us*) small, little＋(MAGN)ANIMITY〙 *n.* 気の小さいこと, 小心.
Par·va·ti [pá:əvəṭi | pá:vətɪ] 〘□ Skt *Pārvatī*〙 *n.* 〘ヒンズー教〙 パールヴァティー 《Siva の配偶神; Shakti, Durga, Kali など多くの異名をもつ》.
par·ve [páəvə | pá:-] *adj.* =pareve.
par·ve·nu [páəvən(j)ù:, ‿‿ ́ | pá:vənjù: ; *F.* parvəny] 〘《1802》□F ～ (n.) ← *parvenir* to arrive < L *pervenīre* to come up, arrive ← PER-＋*venīre* 'to COME'〙 ― *n.* 成金, 成上がり者 (upstart). ― *adj.* **1** 成金の, 成上がり者の. **2** 成金式の ; 成上がり風の. ★ 女性をさす時は parvenue [～] を用いることが多い.
par·vis [páəvɪs, -vəs | pá:vɪs] 〘《c1387–95》□ OF *parevis* (F *parvis*) < VL **paravisum* 《変形》 ← LL *paradisus* court in front of St. Peter's in Rome : PARADISE と二重語〙 ― *n.* (*also* **par·vise** [～]) **1** 教会の前庭. **2** (教会の入口前の)柱廊 (portico). **3** (教会の)入口前の柱廊の二階.
par·vo·line [páəvəlì:n, -lɪn, -lən | pá:vəlì:n, -làɪn] 〘← L *parv*(*us*) small＋-OL¹＋-INE³〙 *n.* 〘化学〙 パルボリン ($(CH_3)_4C_5HN$).
par·vule [páəvju:l | pá:-] 〘□ L *parvul-us* (↓)〙 *n.* 〘薬学〙 小丸薬, 小顆粒.
par·vu·lus [páəvjələs | pá:-] 〘□ L ～ 'very small' (dim.) ← *parvus* (↓)〙 *n.* (*pl.* **-vu·li** [-làɪ]) 〘処方〙 小児 (infant).
par·vus [páəvəs | pá:-] 〘□ L ～ 'small, little'〙 *adj.* 〘処方〙 小[少](しょう)の (little).
par·y·lene [pǽrəlì:n | -rɪ-] 〘《短縮》 ← PARAXYLENE〙 *n.* 〘化学〙 パリレン 《パラキシレン (paraxylene) から作られたプラスチック》.
Par·zi·val [*G.* pártsivàl] 〘□ (OH)G ～ ← □ OF *Perceval* 《原義》 he that breaks through the valley ← *percer* 'to PIERCE'＋*val* 'VALE¹, valley'〙 ― *n.* パルツィヴァル 《Perceval のドイツ語形》.
pas [pá: ; *F.* pɑ] 〘□F ～ < L *passum* 'step, PACE¹'〙 ― *F. n.* (*pl.* ～ [～(z) ; *F.* ～]) **1** 先行権, 優先権, 先だち, 上席 (precedence) : dispute the ～ 先を争う / give the ～ to …に先[上席]を譲る, …を上席につかせる / take [have] the ～ of …に先んじる, …の上席につく. **2 a** 〘バレエ〙 パ 《バレエのステップの総称》. **b** 舞踏.
PAS, P.A.S. 〘← *p*(*ara*-)*a*(*mino*)*s*(*alicylic acid*)〙 *n.* 〘薬学〙 パス (⇨ para-aminosalicylic acid).
Pas·a·de·na [pæ̀sədí:nə] 〘□ N-Am.-Ind. (Ojibwa) ～ 《原義》 valley town〙 ― *n.* **1** 米国 California 州南西部 Los Angeles の近くの都市 ; 人口 109,000. **2** 米国 Texas 州南東部 Houston の近くの都市 ; 人口 113,000.
Pa·sar·ga·dae [pəsá:əgədì: | -sá:-] *n.* パサルガデー 《イラン南部の廃都 ; 古代ペルシャ初期の首都 ; Cyrus 大王の墓がある》.
Pa·say [pá:saɪ] *n.* パサイ 《フィリピンの Luzon 島南部, Manila 湾に臨む都市 ; 人口 241,000》.
pas·cal [pæskǽl, -ká:l, pǽskəl ; *F.* paskal] 〘← *Blaise Pascal*〙 *n.* 〘物理〙 パスカル 《圧力の単位 ; =10 μ bar ; 略 Pa》.
Pas·cal [pæskǽl, -ká:l, pǽskəl ; *F.* paskal] 〘□ (O)F ～ (9 世紀の教皇の名) ← LL *paschālis* 'PASCHAL'〙 *n.* 男性名.
Pascal, Blaise [blɛ:z] *n.* パスカル 《1623–62; フランスの哲学者・数学者・物理学者; *Pensées*「パンセ」(1670)》.
pascal célery, P- c- 〘← ?〙 *n.* 〘園芸〙 長い緑色の柄をそなえた栽培セロリ.
Pascál's láw 〘← *Blaise Pascal*〙 *n.* 〘物理〙 パスカルの法則 《密閉した流体の一部に加えられた圧力は, 増減なしに流体内のすべての部分に伝達される》.
Pascál's théorem *n.* 〘数学〙 パスカルの定理 《円錐(すい)曲線に内接する六辺形の相対する辺の交点は一直線上にある》.
Pascál's tríangle *n.* 〘数学〙 パスカルの三角形 《$(a+b)^n$ を展開して得られる係数を n=0, 1, 2, … の順に上から下へと三角形状に並べた図式》.
Pasch [pǽ(:)sk] 〘《a1131》 *pasche, paske* □ OF *pasche, pasque* (F *pâque*) < VL **pascua*＝LL *pascha* □ Gk *páskha* □ Heb. *pésaḥ* Passover ← *pāsáḥ* to pass over〙 ― *n.* **1** 〘ユダヤ教〙 過ぎ越しの祝い, 過越祭[節] (Passover). **2** 〘キリスト教〙 =Easter.
pas·chal [pǽskəl | pá:s-, pǽs-] 〘《1427》□ (O)F *pascal* □ LL *paschālis* of the Passover or Easter ← *pascha* (↑) : ⇨ -al¹〙 ― *adj.* **1** 過ぎ越しの祝い (Passover) の : the ～ supper (paschal lamb を食べる)過ぎ越しの祝いの晩餐. **2** 〘キリスト教〙 復活祭 (Easter) の.
páschal cándle *n.* 〘キリスト教〙 復活祭の蠟燭(ろうそく) 《聖土曜日 (Holy Saturday) に教会の祭壇に立てられ, キリスト昇天祭 (Ascension Day) の日に消される ; Easter candle ともいう》.
páschal flòwer *n.* 〘植物〙 =pasqueflower.
páschal lámb 〘《c1430》〙 *n.* **1** 〘ユダヤ教〙 過ぎ越しの小羊 《ユダヤ人が過ぎ越しの祝い (Passover) に供える小羊》. **2** [the P- L-] **a** イエスキリスト (Jesus Christ). **b** =Agnus Dei. **3** 〘紋章〙 神の子羊 《紋章図形としては歩行姿勢 (Passant) の子羊が頭上に光輪を戴き, セントジョージ旗 (penon of St. George) の付いた十字の付いた杖をかつぐ形で描かれる》.
páschal létter *n.* 復活日書簡 《初期キリスト教の patriarch, archbishop または bishop が牧師に宛てた次の復活祭の期日を告げる書簡》.
Pá·schen-Báck efféct [pá:ʃənbá:k- ; *G.* páʃənbák-] 〘← *Friedrich Paschen* (1865–1947) & *Ernst Back* (1881–　　) : これを発見したドイツの物理学者〙 ― *n.* 〘物理〙 パッシェンバック効果 《非常に強い磁場でのゼーマン効果 (Zeeman effect)》.
Páschen sèries 〘↑〙 *n.* 〘物理〙 パッシェン系列 《水素スペクトル (hydrogen spectrum) のうち赤外線領域に現われる一組の線》.
pásch flòwer [pǽsk-] *n.* 〘植物〙 =pasqueflower.
Pas·cua [*Sp.* páskwa], **Is·la de** [ízla de] *n.* パスクワ島 《Easter Island のスペイン語名》.
pas d'ac·tion [pá:-dæksjɔ̃:(ŋ), -sjɔ́(:)ŋ ; *F.* padaksjɔ̃] 〘□ F ～ 《原義》 step of action〙 *n.* (*pl.* ～) 〘バレエ〙 パダクション 《バレエの劇中のパントマイムの場面》.
pas de basque [pá:-də-bá:sk ; *F.* padbask] 〘□F ～ 《原義》 Basque step〙 ― *n.* (*pl.* ～) 〘バレエ〙 パドゥバスク 《横へ移動する技の一つで, 3拍子で行なう4つの動きの組合せ; Basque 地方の民族舞踊からとり入れられた》.
pas de bour·rée [pá:-də-bu:réɪ ; *F.* padbure] 〘□F ～ 《原義》 bourrée step〙 ― *n.* (*pl.* ～) 〘バレエ〙 パドブーレ 《爪先で立って踏み変えるようなステップ ; 一般的な舞踊的な歩き方》.
Pas-de-Ca·lais [pá:dəkɑ:léɪ, -kæ- ; *F.* padkalɛ, pa-, -ka-] *n.* パドカレー(県) 《フランス北部のイギリス海峡および Dover 海峡に臨む県 ; 人口 1,403,000, 面積 6,672 km², 首都 Arras》.
Pas de Ca·lais [pá:dəkɑ:léɪ, -kæ- ; *F.* padkalɛ, pa-, -ka-] *n.* カレー海峡 《Strait of DOVER のフランス語名》.
pas de chat [pá:-də-ʃá: ; *F.* padʃa] 〘□F ～ 《原義》 cat's step〙 ― *n.* (*pl.* ～) 〘バレエ〙 パドシャ 《空中へ軽やかに跳ね, 第五ポジションか第四ポジションで床に下りる》.
pas de che·val [pá:-də-ʃəvǽl ; *F.* padʃəval] 〘□F ～ 《原義》 horse's step〙 ― *n.* (*pl.* ～) 〘バレエ〙 パドシュバル 《バレエのステップの一つ ; 馬がひづめで地面をかくような動きのステップ》.
pas de cô·té [pá:-də-koutéɪ | -kəu- ; *F.* padkote] 〘□ F ～ 《原義》 step sideways〙 *n.* 〘馬術〙 =two-track.
pas de deux [pá:-də-dɜ́:, -dú: ; *F.* paddø] 〘□F ～ 《原義》 step of two〙 ― *n.* (*pl.* ～) 〘バレエ〙 **1** パドドゥー, 対舞, 二人舞踏 (cf. pas seul, pas de trois). **2** グランパドドゥー, パドドゥー 《クラシックバレエで, アダージョ (adagio), ヴァリアシオン (variation), コーダ (coda) の形式をもつ男女のソリスト 2 名による踊りの構成》.
pas de trois [pá:-də-trwá: ; *F.* padətrwɑ] 〘□F ～ 《原義》 step of three〙 *n.* (*pl.* ～) 〘バレエ〙 パドトロワ, 三人舞踏 (cf. pas seul, pas de deux).
pas du tout [pá:-dju-tú: ; *F.* padytu] 〘□F ～ 'not at all'〙 *F. adv.* 少しも…で[し]ない.
pa·se [pá:seɪ ; *Sp.* páse] 〘□ Sp. ～ 《原義》 a pass, feint ← *pase* let him pass (3rd sing. pres. subj.) ← *pasar* 'to PASS¹'〙 ― *n.* パセ 《闘牛士による, 牛を誘いその突進をあやつる赤い布の動き》.
pa·se·ar [pà:seɪáə | -á:(r ; *Sp.* pàseár] 〘□ Sp. ～ 'to take a walk' ← *paso* step〙 *n., vi.* 《米南西部俗》 散歩(する).
pa·se·o [pəséɪou, pɑ:- | -séɪəu ; *Sp.* paséo] 〘□ Sp. ～ ← *pasear* (↑)〙 *n.* (*pl.* **～s**) **1** 散策, 遠足. **2** 散歩道, 並木路. **3** (闘牛士の正式の)入場行進.
pas glis·sé [pá:-gliséɪ ; *F.* pɑglise] 〘□F ～ 《原義》 slided step : cf. glissade〙 *n.* 〘バレエ〙 パグリセ 《床の上を滑りながら両足の位置を換えるステップ》.
pash¹ [pǽ(:)ʃ] 〘《a1376》 *passche*(*n*) : 《擬音語》?〙 《英方言》 ― *vt.* **1** 投げつける, ぶつける (dash). **2** こなごなにする (shatter). ― *vi.* 激しくぶつかる. ― *n.* **1** 激しくぶつかること ; どしんと落ちること. **2 a** 豪雨[雪]. **b** 軟い[どろどろの]塊り.
pash² [pǽ(:)ʃ] 〘← ?〙 *n.* 《スコット》 頭 (head).
pash³ [pǽ(:)ʃ] 〘《略》 ← PASSION〙 *n.* 《俗》 熱心, 熱狂 ; 女学生的熱中 (crush) 〔*for*〕.
pa·sha, P- [pá:ʃə, pǽʃə, pəʃá:, -ʃɔ́: | pá:ʃə, pǽʃə, pəʃá:] 〘《1646》□ Turk. *paşa* 《変形》? ← *başa* ← *baş* head, chief : cf. bashaw〙 ― *n.* パシャ 《オスマン帝国の文武高官の称号》: the ～ of one tail [two tails, three tails] 一[二, 三]本尾のパシャ 《馬の尾を旗じるしにした ; 三本尾は最高級》/ a ～'s standard パシャの旗じるし.
pa·sha·lik [pəʃá:lɪk] 〘□ Turk. *Paşalik* title or rank of pasha ← *paşa* (↑)＋-*lik* (性状を示す接尾辞)〙 *n.* (*also* **pa·sha·lic** [～]) パシャ (pasha) の管轄区[権].
pash·im [pǽʃi:m] *n.* =pashm.
pashm [pǽʃm] 〘□ Pers. *pašm* wool〙 *n.* パシーム 《チベットやぎなどの下腹の毛 ; カシミヤショールなどを作る》.
pash·mi·na [pʌʃmí:nə] *n.* =pashm.
Pash·to [pǽʃtou | -təu] 〘□ Pers. *pashtu* □ Afghan *paxtō*〙 ― *n.* (*also* **Pash·tu** [pǽʃtu:]) パシュト語 《アフガニスタンの公用語 ; 東部イラン方言の一つ ; Afghan ともいう》.
Pa·siph·a·ë [pəsífəì:] 〘□ L ～ □ Gk *Pāsiphāē* ← *pāsiphaēs* shining for all ← *pâsi* for all＋*pháos* (n.) light〙 ― *n.* **1** 〘ギリシャ神話〙 パシファエー 《Minos の妻で Ariadne の母 ; 海神 Poseidon から Minos に授けられた白い雄牛と交わって Minotaur を生んだ》. **2** 〘天文〙 パシファエー 《木星 (Jupiter) の第 8 衛星》.
pas·mo [pǽzmou | -məu ; *Sp.* pázmo] 〘□ Am.-Sp. ～ ← Sp. *pasmo* temporary paralysis < L *spasmum* 'cramp, SPASM'〙 ― *n.* (*pl.* **～s**) 〘植物病理〙 (子嚢菌類の *Mycosphaerella linorum* による)アマの病気 《種子・茎・葉などが犯され, 繊維の収穫に大害を受ける》.
pa·so do·ble [pá:sou-dóublеɪ | -səu-dəu- ; *Sp.* pásodóble] 〘□ Sp. ～ 《原義》 double pace〙 ― *Sp. n.* (*pl.* **～s, pa·sos do·bles** [pá:sous-dóubleɪs | -səus-dəu- ; *Sp.* pásosdóbles]) **1** パソドブレ, パソドーブル 《スペインの行進曲風の ⁶/₈ 拍子の舞曲 ; 闘牛場で行進曲として演奏される》. **2** その舞曲による社交ダンス.
Pas·qua·le [pæskwá:li | -lɪ ; *It.* paskwá:le] 〘□ It. ～ ← LL *paschālis* 'PASCHAL'〙 *n.* 男性名.
Pas·qua·li·na [pæ̀skwəlí:nə ; *It.* pàskwalí:na] 〘□ It. ～ : ⇨ ↑, -ina²〙 *n.* 女性名.
pásque·flòwer [pǽsk-] 〘← *Pasque* (《変形》 ← PASCH)＋FLOWER ∞ 《古》 *passeflower* □ F *passefleur* surpassing flower : 本草学者 John Gerarde の命名による変形〙 ― *n.* 〘植物〙 オキナグサ 《キンポウゲ科オキナグサ類の数種の総称》; (特に)セイヨウオキナグサ (*Anemone pulsatilla*) 《paschal flower ともいう》.
pas·quil [pǽskwɪl, -kwəl | -kwɪl] 〘← NL *pasquill-us* □ It. *pasquillo* (dim.) ← *Pasquino* (↓)〙 *n.* =pasquinade.
pas·qui·nade [pæ̀skwənéɪd | -kwɪ-] 〘□F ～ □ It. *pasquinata* ← *Pasquino* (1501 年ローマで掘り出された像の名で一年に一度これを飾り立てて落首(らくしゅ)をはりつけた)〙 ― *n.* **1** (目立つ所に掲げた)風刺, 落首 (lampoon). **2** (通例政治的な)風刺, 皮肉 (satire). ― *vt.* 風刺する (lampoon), 皮肉る (satirize).
pàs·qui·nád·er *n.* 風刺家, 皮肉屋.
pass¹ [pǽ(:)s | pá:s] 〘v. : 《c1300》 *passe*(*n*) □ (O)F & AF *pass-er* < VL **passāre* ← L *passus* 'PACE¹'. ― n. : 《1481》 *passe* □ (O)F *passe* ← *passer* (v.) : 一部は v. の転用〙 ― *vi.* **1 a** [しばしば方向の副詞語句を伴って] 通る, 通って行く (move on) ; 通り過ぎる, 渡って行く (go by) ; 〈道路・川などが〉通じる, 走る : Just let me ～. ちょっと通して下さい / Please call if you are ～*ing*. お通りの折はお立ち寄り下さい / The river ～*ed through* the town. その川が町を貫いて流れていた / There was a road ～*ing around* the hill. 丘をめぐって一本の道路が通じていた / The procession has just ～*ed* (*by*). たった今行列が通った / *Pass along* [*down*], please. 中ほどへお進み下さい 《バスの車掌が乗客に言う言葉》/ A cloud ～*ed across* the sky. 一片の雲が空をよぎって行った / An extremely startled look ～*ed over* his face. 実にはっとしたような面持ちが彼の顔を走った. **b** 〈車が〉(他の車を)追い越して行く : A sports car ～*ed* on the left. スポーツカーが左側を追い越して行った / No ～*ing* permitted. 追越し禁止.
2 a 〈時間・年月などが〉経(た)つ, 過ぎる (elapse) : How quick time ～*es*! 時の経つのは何と早いことだろう. **b** 立ち去る (go away), 消え去る, 終わる (cease) 〈*away*〉 : Wait until the typhoon ～*es*. 台風が止(や)むまでお待ちなさい / The matter had ～*ed from* my memory. その事は私の記憶から消え失せていた. **c** 世を去る, 死ぬ (die) ; 滅亡する : He ～*ed* hence [from among us]. 彼はこの世を去った[我々の中から消え去った] / Kingdoms and nations ～. 王国も国民も一度は滅びる. ★ 通例 die に代わる婉曲表現として, PASS *on*, PASS *away*, PASS *over* を用いる.
3 a 〈言葉などが〉出る, 発せられる : The words ～*ed* unnoticed. その言葉にはだれも気に留めなかった. **b** 〈言葉・手紙などが〉交わされる (be interchanged) 〔*between*〕 : Many letters ～*ed between* us. たくさんの手紙が我々の間に交わされた. **c** 《文語》 〈事が〉起こる, 生じる (happen) : What has ～*ed* between them? 彼らの間に何があったのか.
4 推移する, 変化する, 変形する (change) : Water will ～ *from* a liquid *to* a gaseous state. 水は液体から気体に変わる / Daylight was ～*ing into* darkness. 昼の明かりが失せて暗闇になって来ていた.
5 〈財産所有権などが〉(法的に)移行する, 渡る (be transferred) ; 〔…の〕管轄[所有]に移る, 〔…へ〕移管される 〔*to, into*〕 : The title of the house ～*ed to* a bank. その家の所有権は銀行の手に渡った / The farm ～*ed to* his son [*into* the hands of the state]. 農場は彼の息子の所有となった[州の管轄に移された] / The institution has ～*ed from* county *to* state control. その施設は郡から州へ移管された.

6 a (人から人へ)次々に受け渡される, 回る, 言いふらされる;(場所から場所へ)転々とする: The wine ~*ed from* hand *to* hand [~*ed* around the table]. ぶどう酒が手から手へと[次々と食卓のまわり全体へ]回された / The news ~*ed through* the crowd within minutes. そのニュースは数分のうちに群衆中に伝わった. **b** 〈貨幣などが〉通用する (be current): A note of the Bank of England used to ~ anywhere. イングランド銀行紙幣は以前はどこでも通用したものだ.
7 a 〔実際でないものに〕見なされる, (誤って)認められる〔*as, for*〕;〔…の名で〕通る〔*by, under*〕: It would ~ *as* an ancient relic. それは古代の遺物として通用しよう / She could ~ *for* five years younger. 彼女は実際より五つも若く見られた / They ~*ed for being* a very devoted couple. 世間では彼らは心から愛し合っている夫婦として通っていた / He ~*ed by* [*under*] the name of Bloggs. 一般にブロッグズという名前で知られていた / ⇨ pass CURRENT. **b** (代用として)何とか役立つ, 間に合う〔*for*〕: His morning coat is somewhat shabby, but it will ~. 彼のモーニングはちょっと着古してはあるが, 何とか間に合おう / These loan words have ~*ed for* English. これらの借入語も英語として通用してきている. **c** 《米》〈黒人の血を引く者が〉白人として通る.
8 〈言動などが〉大目に見られる, 不問に付される (go unchallenged): That won't ~. それは承認[無視]できない / Let the insult ~. 失敬な言動だがほうって置け[大目に見よう] / The statement was allowed to ~. その言葉[声明]は不問に付された.
9 〈議案などが〉通過する, 可決される: The proposal ~*ed* by unanimous vote. その提議は全員賛成で可決された.
10 〈受験者・学生が〉合格する, 及第する (↔ fail);(検査・テストなどに)パスする: He took the annual examination and barely ~*ed*. 学年試験を受けてすれすれのところで合格した.
11 『法律』**a** 〈陪審員が〉検分[検死]に立ち会う; 審理に立ち会う〔*on, upon*〕: A jury ~*ed on* the issue. 陪審がその問題の審理に立ち会った. **b** 〈陪審員が〉判決[裁決]に立ち会う[陪席する]〔*between*〕. **c** 評決[判決]を下す, 裁決する (adjudicate)〔*on, upon*〕: The jury found it difficult to ~ *on* the case. 陪審はその件について評決することが困難であると考えた. **d** 判定[鑑定]を下す, 見解を述べる〔*on, upon*〕: He ~*ed on* the authenticity of the handwriting. その書の真正性の鑑定をした. **e** 〈陪審員が〉〔陪審の〕一員として法廷に出る,〔陪審の〕職責をつとめる〔*on, upon*〕: He undertook to ~ *on* the jury. その陪審員の一人になることを引き受けた. **f** 〈判決が〉宣告される, 言い渡される: The judgment ~*ed for* 〔*against*〕 the plaintiff. 原告に有利[不利]な判決が言い渡された.
12 〈便が〉排泄(はいせつ)される.
13 『トランプ』パスする《自分の番にビッドやプレーの権利を放棄して次の番へ回す》;(ポーカーで)下りる, 手を引く.
14 (フットボール・バスケットボール・アイスホッケーで)ボール[パック]を(味方の選手に)パスする.
15 《廃》『フェンシング』突きを入れる (make a thrust).
— *vt.* **1 a** 通り過ぎる[越す] (go by);(同一方向へ向かって)追い越す[抜く]: Have we ~*ed* Kyoto yet? 京都はもう通過しましたか / I ~*ed* him in the street. 通りで彼のそばを追い越して行った[彼とすれ違った] (cf. PASS *by* (*vi.*)) / John ~*ed* the other runners in the homestretch. ジョンはホームストレッチで他の走者を追い抜いた. **b** 〈境界・段階などを〉通過する;〈飲食物が〉〈…のくちびるを〉通る;〈言葉が〉〈…のくちびる〉から発せられる: Those people had not ~*ed* the barbaric stage yet. それらの人々はまだ未開人の段階を脱していなかった / We have ~*ed* that page. そのページは済んだ / For the past four days neither food nor drink has ~*ed* his lips. この4日間食べ物も飲み物も全然彼の口を通ることがなかった / Not a word ~*ed* my lips. 一言も口にしなかった.
2 通過させる; 行進して通らせる: They readily ~*ed* us *through* the customs. 彼らはすぐ我々に税関を通らせてくれた / The general ~*ed* the troops in review. 将軍は部隊を分列[観閲]行進させた[閲兵した].
3 a …の中を通る, 越える (go through): They succeeded in ~*ing* the enemy lines. 彼らは無事に敵の前線を突破した. **b** 《古》横切る, 渡る (cross, traverse).
4 [目的語+前置詞付きの句を伴って] 〈手などを〉動かす;〈目を〉ざっと通す (run);〈縄などを〉掛ける, 巻く;〈針などを〉通す: He ~*ed* his hand *over* his head. 手で頭をなでた / ~ one's eye *over* a document 文書にざっと目を通す / ~ a cloth *over* the top of a table テーブルの上にクロスを敷く / *Pass* the rope *over* the pulley. 滑車に縄を掛けなさい / He ~*ed* a comb *through* his hair. 髪をくしけずった / ~ the liquid *through* a filter その液体を濾過(ろか)器に流し込む / He ~*ed* his card *across* the table. 名刺をテーブルの上にぐっと押しやった / ~ a rope *around* the cask たるに縄を掛ける.
5 a [しばしば二重目的語を伴って] (順に)渡す, 回す: Please ~ the butter. バターをお回し下さい / *Pass* me the sugar, please. 砂糖を取って下さい / Read this and ~ it *on* [*round*] *to* Dick. これを読んで順にディックの所まで回して下さい / ⇨ *pass the* HAT. **b** (次々に)移転[移動]させる, 送る (transfer), 伝える (convey): ~ the word (順々に)命令を伝える / The mental flaw was ~*ed to* her presumably by her mother. その精神異常は恐らく母親から彼女に受け継がれたものだろう. **c** 『スポーツ』〈ボール・パックを〉〔チーム仲間へ〕パスする〔*to*〕: ~ the ball forward (ラグビーで)ボールを前方パスする.
6 『法律』〈財産所有権などを〉譲渡する (transfer): ~ title to an estate 土地の所有権を譲渡する.
7 a [しばしば二重目的語を伴って] 〈にせ金などを〉流通[通用]させる: ~ counterfeit money にせ金を流通させる / He ~*ed* me a bad check. 彼は私に不渡り小切手を振り出した. **b** 〈うわさなどを〉流布する, 広める: Somebody ~*ed* malicious gossip about the neighborhood. だれか近所に悪意のあるうわさを流した者がいた.
8 a 〈日時を〉過ごす (spend);(特に, 退屈しないで)〈時を〉過ごす: ~ the time by reading a book 本を読んでその時間を過ごす / How did you ~ the summer vacation? 夏休みはどうお過ごしでしたか. **b** 《まれ》経験する, …の目に会う (undergo).
9 (…の範囲・限界を)越える, 超過する (exceed);(程度・性質において) しのぐ, …にまさる (excel)〔*in*〕: It ~*ed* all expectations. 全く思いもかけぬことだった / ~ one's understanding 人の理解を超える, 人に理解できない / He ~*ed* his rival *in* the polls. 票数で彼は対抗馬を上回った.
10 a 承認する, 認可する:〈法案などを〉可決する, 認定する (authorize): The Commons ~*ed* the Bill. 下院は法案を可決した / The Rural Development Act was ~*ed* by Congress in 1968. 田園開発法案は1968年に国会を通過した / He always ~*es* the final proofs of the magazine personally. 彼はいつも雑誌の最終校正に自ら目を通して校了とする. **b** 〈法案などが〉…で可決される, 通過する: The bill ~*ed* the committee [Commons]. 議案は委員会[下院]を通過した.
11 a 〈受験者・答案などを〉合格させる: The examiners ~*ed* him [his performance]. 試験官は彼[彼の演技]を合格とした / The doctor ~*ed* me (*as*) fit for work. 医者は勤めに出かけても大丈夫だと言ってくれた. **b** 《まれ》見逃す, 見過ごす, 大目に見る (overlook). **c** 〈試験官(の試験)・検査など〉に合格する: ~ degree 〔英大学〕(優等でなく)大学を卒業する (cf. pass degree) / That year I took the bar examination and ~*ed* it. その年私は弁護士試験を受けて合格した / ⇨ *pass* MUSTER.
12 a 〈判決を〉宣告する (pronounce);〈判断・評価を〉下す,〈意見を〉述べる (give)〔*on, upon*〕: ~ sentence *on* the convicted man 有罪と決まった男に判決を言い渡す / You will have to wait 30 or 50 years before ~*ing* judgment *on* this novelist. この小説家に価値判断を下すには30年ないし50年を待たねばなるまい. **b** 〈言葉を〉発する, 述べる (utter): Let me ~ a remark [comment] *on* your latest work. 近作についてひとこと言わせてもらおう.
13 〈便を〉出す, 排泄(はいせつ)する (void): ~ water 小便をする / ~ blood 血便をする.
14 a 〈配当〉の支払いを抜かす (cf. dividend 1). **b** 〈書物・物語の一部などを〉飛ばす, 抜かす (leave out): Let's ~ the preface and go on to the first chapter. 序説は飛ばして第1章にはいることにしましょう.
15 《古》誓って言う,〈誓いを〉立てる (pledge): ~ one's word *to* do … [*that* one will do …] …すると誓約する / ~ one's oath 誓いを立てる.
16 『野球』フォアボールで〈打者を〉一塁に歩かせる.
17 『テニス』〈相手を〉パスする《ネットの相手のサイドを抜くこと; cf. passing shot》.
18 (手品で)〈トランプ札など〉の位置を変える, すり変える; 手品を使って〈人を〉欺く.
pass away (*vi.*) (1) 終わる, 止む (pass off); 消え去る, 消滅する (vanish) (cf. *vi.* 2 b); 死ぬ (die) (cf. *vi.* 2 c): Embarrassment was ~*ing away*. 気まずい思いも次第に消え去って行った / That night she ~*ed away*. その夜彼女は息を引き取った. (2) 〈時が〉過ぎ去る, たつ (elapse). (3) 《古》立ち去る (depart). (*vt.*) 〈時を〉(楽しく)過ごす (spend): I ~*ed* the evening *away* watching the television. その晩はテレビを見て過ごした.
pass by (*vi.*) (そば[前]を)通り過ぎる (go past);〈建物など〉の前を通り過ぎる (cf. *vt.* 1 a): ~ *by* on the other side 困っている人を見て見ぬふりをする《助けようとしない》/ She ~*ed* right *by* my door. 彼女は私の家のすぐ前を通って行った. (*vt.*) 目もくれずに通り過ぎる, …の前を素通りする; 無視する (ignore);〈難しい個所などを〉飛ばす, 抜かす (omit), 避ける (avoid): He ~*ed* me *by* without even a nod. 会釈もしないで私の前を通り過ぎて行った / He felt as if life was ~*ing* him *by*. 人生が(機会を与えず)自分の前を素通りして行っているように感じた / You must not ~ the problem *by*. その問題を避けて通ってはならない.
pass off (*vi.*) (1) 〈感覚などが〉次第に消えうせる, 弱まる, 止(や)む (cease): The pain is ~*ing off*. 苦痛はだんだん弱まって来た / The storm soon ~*ed off*. 嵐は間もなく止んだ. (2) 〈手続き・会合などが〉(うまく)行なわれる,(無事に)終了する, 済む: The meeting ~*ed off* smoothly. 会合は順調に行なわれた / The evening ~*ed off* without an untoward incident. 夜会は終始滞りなく進行した. (*vt.*) (1) 〈にせ物などを〉出回らせる, 売りつける, つかませる (palm off);〈にせ者などを〉だまして通用させる: He ~*ed off* the picture *on* her *as* a genuine Rembrandt. 彼は彼女にその絵が本当のレンブラント作だと言って売りつけた. (2) [~ *oneself off* で]〈人が〉にせ者[替玉]で通る,〔…に〕なりすます〔*as*〕: He ~*ed himself off as* a poet. 彼は詩人になりすました. (3) 〈人の言葉などを〉さりげなくかわす, 受け流す: I ~*ed off* the accusation with a laugh. その非難を笑って受け流した. ***pass on*** (*vi.*) (1) 先へ進む, 前進する (preceed).〔…に〕移行する (move on);〔人手に〕渡る〔*to*〕: Let us now ~ *on to* the next subject. さて次の主題に進むこととしましょう. (2) 死ぬ (die) (cf. *vi.* 2 c). (*vt.*) (1) (順に)伝える,〔次へ〕回す (hand on)〔*to*〕 (cf. *vt.* 5 a). (2) 〈生産費節減など〉の恩恵に浴させる,〈生産費高など〉のとばっちりを受けさせる〔*to*〕: Some of the saving should be ~*ed on to* the public in lower fares. その節約分のいくらかは公衆に運賃低減という形で返って来るべきものだ. ***pass out*** (*vi.*) (1) 立ち去る (depart);《比喩》消えてしまう, 消滅する (die). (2) 《口語》意識を失う, 気絶する (faint); 酔いつぶれる: Three of the girls ~*ed out* from heat exhaustion. 少女たちのうち3人が熱射病で倒れた. (3) 《英》(特に, 陸軍士官学校を)卒業する (graduate). (*vt.*) (1) (無料で)配布する, 配る (distribute). (2) 《英》〈陸軍士官学校の卒業生を〉部隊に配置する. (3) 『トランプ』パスアウトする: ~ *out* the deal その回を流す《配られた手を4人ともパスして勝負なしにする》.
pass over (*vi.*) (1) 《まれ》死ぬ (die) (cf. *vi.* 2 c). (2) …を復習する, 総ざらいする (review). (3) …を避けて通る, 回避する (avoid): ~ *over* a problem 問題を避けて通る. (*vt.*) (1) 見て見ぬふりをする, 無視する (disregard): I've decided to ~ it *over* in silence. 黙ってそれを無視することにした / The murder was soon ~*ed over* in the press for more thrilling topics. その殺人事件は新聞では間もなく無視されてより扇情的な話題のかげに姿を没するようになった (2) (採用・昇進などから)はずす, 除外する (leave out): I was always being ~*ed over* for promotion. いつも昇進からははずされてばかりいた. (3) 〈機会などを〉取り逃がす, 見逃がす (pass up). ***pass through*** (1) (泊まらずに)〈町など〉をざっと見て行く, (…を)素通りする: I'm just ~*ing through* (this town). (この町を)素通りしようとしているだけです. (2) 〈学校・養成所など〉の課程を修了する, …を出る. (3) 〈試練の歳月・逆境など〉を経験する, 切り抜ける: They have ~*ed through* the difficult years. 彼らはその困難な歳月を切り抜けて来た. ***pass up*** (1) (上にいる人に)持ち上げて渡す, 上へ取ってやる. (2) 《口語》〈申し出などを〉断わる, 辞退する (decline);〈機会などを〉放棄する, 逸する, 逃がす (let go by): ~ *up* a chance for promotion 昇進の機会を取り逃がす / Don't ~ *up going* there. 次の機会にはぜひそこへ行って見たまえ.
— *n.* **1** 通行, 通過 (passage). **2 a** 通行[入場, 入国, 入港]許可証; 無料入場[乗車]券, パス (free ticket): a free ~ 無料乗車[入場]券 / a season ~ *to* the theater シーズン中有効のその劇場の入場券. **b** 『軍事』(軍事施設や前線陣地の)出入許可証, 通行証;(下士官兵に対する普通72時間以内の)外出許可(証). **3** (窮迫した)形勢, (困難な)状況 (predicament), 危機 (crisis): Things have come to a (strange [pretty]) ~. 困った事態に立ち至った / at a critical ~ きわどい羽目に. **4 a** (試験・教科課程の)合格; 合格点, 及第点, 合格証: a ~ grade 合格点. **b** 《英》(大学での優等でない)及第, 合格: ⇨ pass degree. **5 a** 『フェンシング』突き (thrust): make a ~ ひと突きする. **b** 《口語》(特に, 的に届かない)手での突き (jab). **6** 『航空』(ある地点・地域の)上空通過(飛行);(目標をめがけての)急降下飛行: The plane made a few low ~*es* over the city. その飛行機は市の上空を数回低空飛行した. **7 a** 努力, 試み, 一当たり (effort, try): Let's make a ~ *at* it. ひとつやって見よう. **b** 《口語》(異性に)いやらしく[なれなれしく]近寄ること, 色目を使うこと (amatory gesture): make a ~ *at* a girl 女の子に言い寄る / A woman somewhat advanced in years was making a ~ *on* a shy young man. 幾分年増の女が恥ずかしそうにしている若者にしきりに秋波を送っていた. **8 a** (奇術で物の上[前]などへ)手をやる[回す]こと (manipulation);(催眠術での)手の動き. **b** (手品での)品物のすりかえ; 手品, トリック (jugglery). **9** 『機械』パス《工作物の表面を切削工具により一定の切込みで一回削り終わること》. **10** 『野球』フォアボール, 四球 (base on balls). **11** 『球技』**a** パス; パスしたボール[パック]: a forward ~ 前方パス. **b** (テニス・パドルボールで)相手のサイドを抜くボール, パス. **12** 『トランプ』パス, パスという宣言 (⇨ pass *vi.* 13). **13** 『遊戯』(クラップス (craps) で)勝ちとなるさいのふり, さいの目の組合せ. **14** 『闘牛』=pase. **15** 《古》(機智の)ひらめき, 当意即妙 (ingenious sally).
bring to pass 引き起こす; 実現[成就]させる (fulfill): *bring* a reconciliation *to* ~ 和解を成立させる. ***come to pass*** 〈事が〉起こる (happen);〈予想などが〉実現する (be fulfilled): It *came to* ~ that …ということになった《★ 欽定英訳聖書 (A.V.) の説話体常套語法》.
pass[2] [pǽ(ː)s | pɑ́ːs] 〘(*a*1325)〙 *pas* □ (O)F *pas* < L *passum* 'PACE[1]': 現在の語形は PASS[1] (v.) の影響〙 — *n.* **1 a** (障壁などを通じる)狭い通路. **b** 『軍事』隘路(あいろ). **c** 山路, 山道, …越え, …峠: the Simplon *Pass* (イタリア・スイス間の)シンプロン山道 / the Khyber *Pass* (インド・アフガニスタン間の)カイバル峠. **2** (河口・三角州などの)船の通れる道, 水道, 水路; 渡し (ferry);

渡河点, 渡し場 (ford). **3** 横道, 小路 (byway). **4** (ダムに設けてある)魚道 (fishway).
hold the pass 主義[利益]を擁護する. *sell the pass* (1) 地位を譲る. (2) 主義に背く[を裏切る].

pass. 《略》passage; passenger; passim; 〖文法〗passive.

pass·a·ble [pǽsəbl | pɑ́:s-] 〚(1413) □ (O)F ～ ← *passer* 'to PASS¹': ⇨ -able〛 ── *adj.* **1** 〈道など〉通れる, 通行できる, 越せる; 〈川など〉渡れる: a ～ stream, road, forest, etc. / The river is ～ in boats. その川はボートで渡れる. **2** どうにか合格させれる; まずまずの, 間に合う, 普通の: a ～ knowledge of science. **3** 〈貨幣など〉通用する, 流通する: a ～ coin. **4** 〈法案など〉可決[通過]できる: a ～ bill. **～·ness** *n.*

páss·a·bly [-səbli | -blɪ] *adv.* ほどほどに, まずまず.

pas·sa·ca·glia [pɑ̀:sɑkɑ́:ljə, pæ̀səkǽl- | pæ̀səkɑ́:ljə, -lɪə; *It.* pàssakáʎʎa] 〚□ F *passacaille* □ Sp. *pasacalle* ← *pasar* 'to PASS¹'+*calle* streets: 街頭で演奏されたことから: 今の形は It. *passagaglia* (□ Sp. *pasacalle*) の影響〛 ── *n.* 〖音楽〗パッサカリア: **a** 3拍子の落ち着いたスペイン起源のイタリアの舞曲; 数小節の低音部主題が全曲にわたって反復演奏される変奏曲となった. **b** その舞踏.

pas·sade [pəséɪd] 〚□ F ～ □ It. *passata* ← *passare* 'to PASS¹': ⇨ -ade〛 ── *n.* **1** 〖馬術〗パッサード, 回転歩《馬が同一個所を往復かけ回ること》. **2** 〖フェンシング〗=passado. **3** 《俗》束の間の情事, いちゃつき.

pas·sa·do [pəsɑ́:doʊ | -dəʊ] 〚《変形》← F *passade* // Sp. *pasada*: ⇨ -ado〛 *n.* (*pl.* ～s, ～es) 《廃》〖フェンシング〗(片足を前に出してする)突き.

pas·sage¹ [pǽsɪdʒ] 〚(*c*1300) □ (O)F ～ ← *passer* 'to PASS¹': ⇨ -age〛 ── *n.* **1** 通行, 通過 (passing): No ～ this way! こちらは通行禁止 / a point of ～ 〖軍事〗渡河点, 通過点. **2** (鳥などの)移動, 移住, 移棲(せい): ⇨ BIRD of passage. **3** (海または空の)輸送, 運搬 (transportation). **4** 旅行 (journey); 渡航, (ある港から次の港までの)航海 (voyage); 空の旅: make a ～ 航海する / have a rough ～ 難航する, 海が荒れる / take ～ in the second cabin [on (board) the Queen Mary] 二等室[クイーンメリー号]に乗って渡航する. **5** 通行の自由; 通行権, 通行許可; (乗客として)乗船[搭乗]する権利: give [refuse] a ～ through the country 国内通過を許す[拒む] / give safe ～ abroad [out of the country] 〈犯人などを〉無事に国外へ逃がしてやる / book [engage, take] one's ～ 乗船券の予約をする. **6** 通行料, 船賃, 乗車賃: pay one's ～ 船賃を払う / ⇨ *work one's* PASSAGE. **7** (事件などの)進行 (progress), (時間などの)経過, (時の)流れ (lapse); 転変, 変遷, 推移 (transition): I didn't notice the ～ of time. 私は時が経つのがわからなかった. **8 a** (狭い)通路, 道 (way); 抜け道, 細道: cut a ～ 道を切り開く / force a ～ through a crowd 群衆の中を押し分けて進む / a ～ through a thicket やぶの抜け道. **b** 入口 (entrance), 出口 (wayout), 出入口: a ～ into a bay 湾への入口. **c** 水路 (channel), 航路. **9** (人体内の)導管, 輸送管; 気管支: ⇨ back passage, front passage. **10** 廊下 (corridor). **11** 出来事, 事件 (incident), エピソード (episode). **12** なぐり合い, 打ち合い (combat); 討論, 論戦 (dispute): have stormy ～s with …と激しく言い合う. **13** [*pl.*] 話し合い, 秘密の取りかわし, 密談. **14** (引用・抜粋された詩文の)一節, 一句: memorable ～s from Shakespeare シェークスピアの名句(集) / ⇨ purple passage. **15** (議案の)通過, 可決. **16** 〖医学〗 **a** 便通, 排便 (evacuation). **b** (病原体などの)継代接種. **c** (カテーテル (catheter) などの)挿入, 挿管. **17** 〖音楽〗パッセージ: **a** 経過句《一般にまとまった楽想をもたず, 多分に装飾的な楽句》. **b** 楽句, 楽節《曲の一部分を指す時に用いる》. **18** 〖美術〗(技法から見た, 作品の)ある個所, 部分, 細部. **19** 《まれ》(物を)通らせる[渡らせる]こと; 譲渡 (transference). **20** 《廃》死去 (death).
a passage of [*at*] *arms* 戦闘, 渡り合い (combat); 論戦, 論争, 言い合い (dispute). *on passage* 〖海運〗(荷を積んで目的地に)航海[輸送]中. *work one's passage* 乗船中船賃代わりに働く: He *worked* his ～ to America. 船賃代わりに働きながらアメリカへ渡った.
── *vi.* **1** 〈船などが〉進む; 横切る (cross); 通過する (pass); 航海する. **2** なぐり合う, 渡り合う; 言い合う, 論戦する. ── *vt.* 通過させる; 濾過させる.

pas·sage² [pǽsɪdʒ, pəsɑ́:ʒ; *F.* pɑsa:ʒ] 〚□ F *passager* 《通俗語源》← *passéger* □ It. *passeggiare* to pace, walk ← *passare* < VL* *passāre* 'to PASS¹'〛〖馬術〗 ── *vi.* 〈馬が〉パッサージュで進む; 〈騎手が〉馬をパッサージュで進める. ── *vt.* 〈馬を〉パッサージュで進める. ── *n.* パッサージュ《速歩(はやあし)の一種; 歩幅をできるだけ狭め, 弾力をつけた分だけ跳躍する》.

pássage bìrd *n.* =BIRD of passage.

pássage cèll *n.* 〖植物〗通過細胞《維管束植物の内皮に見られる木化しないで残る柔組織; transfusion cell ともいう》.

pássage hàwk *n.* **1** 初めての渡り時期の若い鷹. **2** 〖鷹狩〗最初の渡りの時期に捕えた鷹.

pássage-mòney *n.* 船賃, 乗車賃, 運賃; 通行料.

pássage sàil *n.* 〖海事〗貿易風帯用の帆.

pássage·wày *n.* **1** 廊下 (gallery), 歩廊 (corridor). **2** (建築現場や吊り橋などの)狭い通路 (passage).

pássage-wòrk *n.* 〖音楽〗パッセージワーク: **a** 主題と主題の間をつなぐ経過的な部分. **b** その演奏.

Pas·sa·ic [pəséɪɪk] 〚← N-Am.-Ind. (Delaware) *pas-sajeck* valley〛 *n.* 米国 New Jersey 州北東部の都市; 人口 56,000.

Pas·sal·i·dae [pəsǽlədì: | -lɪ-] 〚□ NL ～ ← *Passalus* (属名 ← Gk *pássalos* peg)+-IDAE〛 *n. pl.* 〖昆虫〗(鞘翅目)クロツヤムシ科. 「回覧.

páss·alòng *n.* 物を次々に他の人に渡して行くこと;

Pas·sa·ma·quód·dy Báy [pæ̀səməkwɑ́dɪ- | -kwɔ́dɪ-] 〚*passamaquoddy*: □ N-Am.-Ind. (Algonquian) ～《原義》plenty of pollack〛 ── *n.* パサマクワディー湾《米国 Maine 州とカナダ New Brunswick 州の間にある Fundy 湾の入江で, St. Croix 川の河口をなす》.

pas·sa·ment [pǽsəmənt] *n.* =passement.

pas·sant [pǽsn̩t, -sənt] 〚(*c*1385) □ (O)F ～ (pres.p.) ← *passer* 'to PASS¹': ⇨ -ant〛 ── *adj.* 〖紋章〗〈ライオンなど猛獣が〉歩いている姿勢の (cf. rampart): a lion ～ 前 (dexter) を向いて歩いているライオン / a lion ～ gardant 正面を向いて歩いているライオン.

pas·sa·rée bòom [pæ̀səri:- | -] *n.* 〖海事〗=placery boom.

páss·bànd *n.* 〖電気〗通過帯域《フィルターなどの, 通過させようとする周波数帯域》.

páss-band filter *n.* 〖電気〗=band-pass filter.

páss·bòok *n.* **1** 通帳; 銀行通帳. ★米国では今は主に普通預金口座に用いられる. **2** 掛売り通帳. **3** 〖アフリカ南部〗(南アフリカ共和国政府が非白人に携行させる)身分証明書. 「check).

páss-chèck *n.* 入場券 (ticket); 再入場券 (return

páss degrèe *n.* 〖英大学〗(優等でない)普通卒業学位《poll, poll degree とも呼ばれる; cf honours degree》.

pas·sé [pæséɪ, ─ ─ | pɑ́:seɪ, pǽs-; *F.* pɑse] 〚(1775) □ F ～ (p.p.) ← *passer* 'to PASS¹'〛 ── *F. adj.* **1** 古めかしい, 時代遅れの (out-of-date). **2** 過去の (past). **3** 〈人が〉盛りを過ぎた; 色香のあせた (faded) (cf. passée). ── *n.* 〚「技から技へ移る」の意から〛〖バレエ〗パッセ《第5ポジションから始める技術; 一方の支えの脚の膝の部分に他方の脚の膝を外側に開き爪先をもっていく》.

passed 〚(15C)〛 *adj.* **1** 過ぎ去った, 通過した. **2** (試験に)合格した. **3** 〖海軍〗進級試験に合格して進級待機中の. **4** 〖証券〗〈配当が〉無配の.

pássed báll *n.* 〖野球〗(捕手の)パスボール, 逸球.

pássed máster *n.* =past master 2.

pássed páwn *n.* 〖チェス〗行手をさえぎる敵のポーンのないポーン.

pas·sée [pæséɪ, ─ ─ | pɑ́:seɪ, pǽs-; *F.* pɑse] 〚□ F ～ (fem. p.p.) ← PASSÉ〛 *F. adj.* 〈女が〉盛りを過ぎた: a ～ belle 年増美人, うば桜.

passe·garde [pǽsgɑ̀:d | pɑ́:sgɑ̀:d] 〚← PASS¹ (n. 5 a)+GUARD〛 *n.* 〖甲冑〗(馬上槍試合 (tilt) のよろいの)左ひじ補強具.

pas·sel [pǽsəl, -sl̩] 〚《転訛》← PARCEL〛 *n.* 《米》多くの数, (大きな)集団[群]: a ～ of kids 多くの子供たち.

passe·ment [pǽsmənt] 〚□ F ～ 'lace' ← *passer* 'to PASS¹'〛 *n.* パスマン《金・銀・絹糸などで作られた装飾用ブレードやテープ》.

passe·men·terie [pæsméntri, -təri | -trɪ; *F.* pɑsmɑ̃tri] 〚□ F ～ ← *passement* (↑): ⇨ -ery〛 ── *F. n.* (金・銀・絹糸, ビーズ・刺繍(しゅう)などで作られた)ブレード, モール, 飾り《ドレスや家具の装飾に使う》.

pas·sen·ger [pǽsəndʒə | pǽsɪndʒə(r, -sən-, -sn-] 〚(*c*1300) *passager* □ (O)F ← *passag(i)er* passing (adj.) ← *passage* 'PASSAGE¹'+-*ier* '-ARY': -*n*- は harbinger, messenger などと同じく音便上の挿入〛 ── *n.* **1** 旅客, 乗客; 船客, 搭乗客: ⇨ deck passenger. **2** 旅人 (wayfarer), 通行人 (passerby): ⇨ foot passenger. **3** 《俗》 **a** (チームなどの)無能選手, (体重に見合うだけの漕ぐ力のない)無能ボート選手. **b** 能なし, いて邪魔になる人, 足手まとい, 「お客さん」, 「お荷物」: The cabinet carries a few ～s. 内閣には足手まといになる無能閣僚が二, 三いる. ── *attrib.adj.* 旅客の, 旅客用の: a ～ agent 《米》乗客係 / a ～ boat 客船, 乗合船 / a ～ transport 〖航空〗旅客(輸送)機 / a ～ machine 〖航空〗旅客機 / a ～ train 旅客列車. 「用自動車, 乗用車.

pássenger càr *n.* **1** 客車. **2** (通例9人以下の)乗

pássenger lìner *n.* 定期客船.

pássenger lìst *n.* (旅客機・客船の)乗客名簿.

pássenger-mìle 〖航空〗*n.* 旅客マイル《旅客輸送量の計量単位; 旅客1名を1マイル運んだ時の輸送量を1旅客マイルとする; cf. seat mile》.

pássenger pìgeon *n.* 〖鳥類〗リョコウバト (*Ectopistes migratorius*)《今は絶滅した北米産のハト》.

pássenger sèat *n.* (特に, 自動車の)助手席.

pássenger sèrvice *n.* 旅客輸送.

passe-par·tout [pæ̀s-pətú:, -pɑə- | pæ̀spɑ:tù:, pɑ̀:s-, -pə-, ─ ─ ─; *F.* pɑspartu] 〚(1675) □ F *passe partout* 《原義》pass everywhere〛 ── *n.* (*pl.* ～s [～(z); *F.* ～]) **1 a** (写真用などの)絵だけの大きさを切り抜いた台紙. **b** パスパルツー, はさみ額ぶち《台紙と写真を表ガラスと裏板ではさんで紙などでへりを張りつけた額ぶち》. **c** その縁をはる糊のついたもの(テープ). **2** はさみ額ぶちに使う用紙. **3** 一つでどこにでも間に合うもの; 親鍵 (master key). ── *vt.* 〈絵・写真を〉台紙に入れる; パスパルツーで飾る.

passe·pied [pɑ̀:spjéɪ, pæs-; *F.* pɑspje] 〚□ F ～《原義》pass (the) foot: ⇨ pass¹, -ped〛 ── *n.* (*pl.* ～s [～(z); *F.* ～]) 〖ダンス〗パスピエ《17-18世紀にフランスの農民から出た活発な舞曲》.

páss·er 〚(*c*1390)〛 *n.* **1** 通行人; 旅人. **2** 試験合格者. **3** 〖スポーツ〗ボールをパスする人. **4** (製品の)合格検査係[証]. **5** 《米俗》にせ金使い. 「人.

pásser·bý *n.* (*pl.* passers·by) 通りがかりの人, 通行

Pas·ser·es [pǽsəri:z] 〚← NL ～ (pl.) ← L *passer* (↓)〛 *n. pl.* 〖鳥類〗スズメ目.

pas·ser·ine [pǽsəràɪn, -rɪn, -rən, -rì:n | -ràɪn] 〚(1776) □ L *passerīn-us* of a sparrow ← *passer* sparrow: ⇨ -ine¹〛〖鳥類〗 ── *adj.* **1** スズメ目の: a ～ bird. **2** スズメ位の大きさの. ── *n.* スズメ目の鳥.

pas seul [pɑ́:-sɑ́:l, -sʌ́l; *F.* pɑsœl] 〚□ F ～《原義》solo step: ⇨ pace¹, solo〛 ── *n.* (*pl.* ～s [～(z); *F.* ～]) 〖バレエ〗パスル, 独舞 (solo dance) (cf. pas de deux, pas de trois).

páss-fáil *adj.* 〈大学の成績評価が〉合否記録方式の. ── *n.* 合否記録方式. 「Sydney WEBB.

Pass·field [pǽsfi:ld | pǽs-, pɑ́:s-], 1st Baron *n.* ⇨

páss·guàrd *n.* 〖甲冑〗=passegarde.

pas·si·bil·i·ty [pæ̀səbílət̬i | -sɪbílətɪ, -sə-, -lɪ-] 〚(*c*1340) □ LL *passibilitāt-em* ← *passibilis* (↓): ⇨ -ity〛 *n.* (特に, 宗教的)感受性, 感動性.

pas·si·ble [pǽsəbl̩ | -sɪ-, -sə-] 〚(*c*1340) □ LL *passibil-is* ← L *passus* (p.p.) ← *patī* to suffer: ⇨ patient, -ible〛 ── *adj.* (特に, 宗教的に)感動しやすい, 感受性の強い (sensible).

Pas·si·flo·ra·ce·ae [pæ̀səflɔréɪsiì:, -flɔ:r-, -flo:r- | -sɪflɔ:r-] 〚□ NL ～ ← *Passiflōra* (属名: ← L *passio(n-)* 'PASSION'+*flōr-*, *flōs* 'FLOWER')+-ACEAE〛 ── *n. pl.* 〖植物〗(双子葉植物スミレ目)トケイソウ科. **pàs·si·flo·rá·ceous** [-réɪʃəs] *adj.*

pas·sim [pǽsəm, pɑ́:s-, -sɪm | pǽsɪm] 〚(1803) □ L ～ ← *passus* spread about (p.p.) ← *pandere* to spread out〛 ── *L. adv.* (引用した書の)諸所に, 至る所に, 各所に, 散見して. ★学術書の脚注に用いるが, 最近は余り用いられない: N. Chomsky, *Aspect of the Theory of Syntax*, ～.

pas·sim·e·ter [pæsímət̬ə | -mɪtə(r, -mə-] 〚← PASS¹+-I-+-METER¹〛 *n.* **1** 《英》乗車券自動販売機, 自動券売機. **2** 歩数計.

páss·ing 〚(n.: *a*1325; adj.: *a*1338; adv.: *a*1387): ⇨ pass¹, -ing¹·²〛 ── *n.* **1** 通行, 通過 (passage): the ～ of a procession 行列の通過. **2** 推移, 移行, 転換; (時日の)経過 (lapse): with the ～ of the years 年がたつにつれて. **3** (議案の)通過, 可決, 実施 (enactment); (試験の)合格, 及第: the ～ *of* an amendment 修正案の可決 / a ～ grade 合格[及第]点. **4** 流通, 通用. **5** 〖球技〗(ボール・パックの)パス: forward ～ 前方パス. **6** 渡し(の便(びん)); 渡河点 (ford): a ～ place 渡し場. **7** 消滅(すること); 死.
in passing 〚《なぞり》← F *en passant*〛 通りがかりに; ついでに(言えば) (by the way).
── *adj.* **1** 通行する, 通過する, 通りがかりの; 経過する, 過ぎ行く: a ～ man [taxi] 通りがかりの人[タクシー] / this ～ life この移り行く人の世 / with each ～ month ひと月ひと月と経って行くにつれて. **2** 目の前の, 差当りの, 現に起こっている, 現在の (current): ～ events 時事 / the ～ day 現在 / the ～ time 現代 / ～ history 現代史. **3** 一時的の, つかの間の (transitory): the ～ moment つかの間 / ～ joys つかの間の喜び / No one gave it more than ～ thought. その事を一時的にちょっと考えてみる以上のことをする者はいなかった. **4** 偶然の, ふとした (casual); おおまかな, ざっとした (cursory): a ～ mention ふと口に出す[触れる]こと / bear a ～ resemblance to …にどことなく似ている. **5** 《古》すぐれた (surpassing), 非常な (exceeding). 「ceedingly).
── *adv.* 《古》すばらしく (surpassingly), きわめて (ex-

pássing bèll *n.* **1** 死を報じる鐘, 臨終の鐘《もと人の死んだ折や臨終に鐘を鳴らして死後の幸福を祈るように人々に促したもの》; 弔鐘 (funeral bell). **2** 終焉(えん)を告げるもの.

pássing hóllow *n.* 〖時計〗=crescent 7.

páss·ing·ly *adv.* **1** 一時的に. **2** 一通り, ざっと (cursorily). **3** 《古》はなはだ, いたく (surpassingly).

pássing modulátion *n.* 〖音楽〗経過的転調《transient modulation ともいう》. 「tone ともいう》.

pássing nòte *n.* 〖音楽〗経過音《《米》では passing

pássing òff *n.* =unfair competition 2.

pássing shòt *n.* 〖テニス〗パッシング(ショット), パス《ネット際の相手のサイドを抜くショット》.

pássing sprìng *n.* 〖時計〗金ばね《クロノメーター脱進機に用いられる金製のばね》.

pássing tòne *n.* 《米》〖音楽〗=passing note.

pas·sion [pǽʃən] 〚(*c*1175) □ (O)F ～ □ LL *passiō(n-)* suffering, affection 《なぞり》← Gk *páthos*〛 ← *passus* (p.p.) ← *patī* to suffer: ⇨ patient, -tion〛 ── *n.* **1 a** 激しい感情, 激情, 情念: one's ruling ～ 主情, いちずに思いつめる情. **b** [the ～s; 集合的] (理性と対比して)感情, 情感 (feelings and emotions). **2** (ある事に対する)熱, 熱心 (enthusiasm), 熱狂: a ～ *for* gardening 園芸熱 / He has a ～ *for* fishing. 彼は魚釣りが大好きだ. **3** [a ～] 感情の激発; 癇癪(かんしゃく), 激怒 (fury), 激動: be in *a* ～ 癇癪を起こしている / fall [get] into *a* ～ 癇癪を起こす / fly into *a* ～ かっと怒り出す / put a person into *a* ～ 人を怒らせる / break [burst] into *a* ～ of tears わっと泣き出す / into *a* towering ～ 非常に激しい怒りに(かき立てられて) (Shak., *Hamlet* 5. 2. 80). **4 a** 熱烈な恋愛, 恋情: tender ～ 恋愛(感情), 恋ごころ / be filled with ～ for …を熱烈に恋している.

b [しばしば *pl.*] 情欲, 色情, 性欲. **5** 熱望するもの; 好きでたまらないもの[人]: Music is her ~. **6** [the P-] **a** (十字架上の, または最後の晩餐から死までの)キリストの受難. **b** (聖書の中の)キリスト受難の記事 (cf. *Matt.* 26–27, *Mark* 14–15). **c** =Passion music. **d** =passion play. **e** 受難図, キリスト受難の絵. **7** 《古》殉教者の受難, 殉教 (martyrdom). **8** 《廃》受動《外からの作用[影響]に従う[屈する]こと》; 受動的属性. **9** 《古》病気, 病苦 (suffering).
— *vi.* 《詩》情熱を感じる; 情熱を表わす.

pás·sion·al[1] [-ʃənḷ, -ʃnəl] 〘□ ML *passiōnāle* ← (neut.) ← LL *passiōnālis* (↓)〙 *n.* 聖人殉教者受難物語《その聖人の祭日に読まれる》.

pás·sion·al[2] [-ʃənḷ, -ʃnəl] 〘□ LL *passiōnāl-is* ← *passiō(n-)* '**PASSION**': ⇨ -al[1]〙 *adj.* 《まれ》情熱の, 情熱的な; 熱情[激情]による, 情欲の, 恋愛の: ~ crimes.

pás·sion·àr·y [-ʃənèri | -ʃ(ə)nəri] 〘《c1475》□ ML *passiōnāri-um* ← *passiō(n-)* '**PASSION**': ⇨ -ary〙 *n.* = passional[1].

pas·sion·ate [pǽʃ(ə)nət, -nɪt] 〘《c1450》 *passionat* □ ML *passiōnāt-us* ← *passiō(n-)* '**PASSION**': ⇨ -ate[2]〙 — *adj.* **1** 怒りやすい, 短気な (quick-tempered). **2** 感情に支配される, 情にもろい, 多情多感の. **3** 熱心な, 熱烈な; 熱情的な, 激しい (vehement): a ~ speech, argument, etc. / ~ love, hatred, loyalty, etc. / a ~ advocate of democracy 民主主義の熱心な唱道者 / She was ~ *about* him. 彼女は彼に熱を上げていた. **4** 情欲に駆られた, きわめて官能的な. **~·ly** *adv.* **~·ness** *n.*

Pássion cróss *n.* 〘紋章〙パッションクロス《横木が短く, 縦が長い十字架; cross of passion, Latin cross, long cross ともいう》.

pássion·flòwer 〘《1633》《なぞり》← NL *flōs passiōnis*: この花の副花冠がキリストのいばらの冠に似ているところから〙 — *n.* 〘植物〙トケイソウ, パッションフラワー《トケイソウ属 (*Passiflora*) の植物の総称; トケイソウ (*P. caerulea*), チャボトケイソウ (wild passionflower) など》. ★ 米国 South Dakota 州の州花.

pássion frùit *n.* オオナガミクダモノトケイソウ (*Passiflora quadrangularis*), クダモノトケイソウ (*P. edulis*) などの食用になる果実 (cf. granadilla).

Pás·sion·ist [-ʃ(ə)nɪst, -nəst | -nɪst] 〘□ It. *passionista* ← *passione* '**PASSION**'+*-ista* '**-IST**'〙 — *n.* 〘カトリック〙 **1** [the Passionists] 御受難修道会《18 世紀の初めにイタリアに創始されたキリスト受難に対する信心を広めるために創設; 正式名は the Congregation of the Passion》. **2** 御受難修道会の司祭.

pássion·less *adj.* 熱情のない, 感情に動かされない; 冷静な, 落ち着いた (calm). **~·ly** *adv.* **~·ness** *n.*

Pássion mùsic *n.* 〘音楽〙受難曲《キリスト受難物語を歌詞としたオラトリオの一種》.

pássion nàil *n.* 〘紋章〙4 角錐の釘の図形《キリストの受難 (the Passion) を象徴する》.

pássion pìt *n.* 《米俗》乗り入れ式の映画館; 映画館.

pássion plày *n.* **1** 宗教界・精神界の偉大な指導者の受難劇. **2** [しばしば P- p-] キリスト受難劇 (cf. Oberammergau).

Pássion Súnday 〘《c1395》《なぞり》← ML *Dominica in Passiōne*〙 — *n.* 〘カトリック〙御受難の主日, 御受難第一の主日《復活祭の前々日曜日で四旬節 (Lent) の第五日曜日; 1956 年以降, 御受難の主日は二つとなり, Passion Sunday がその第一の主日と呼ばれる (cf. Palm Sunday); 英国国教会では Passion Sunday を通常大斎第五主日と呼んでいる》.

Pássion·tide *n.* 御受難節, 受難の聖節《御受難の主日 (Passion Sunday) から聖土曜日 (Holy Saturday) までの四旬節 (Lent) の最後の 2 週間》.

Pássion Wèek 〘《?c1400》《なぞり》← ML *hebdomada passiōnis*〙 — *n.* **1** 受難週, 聖週(間)《復活祭の前週; Holy Week ともいう》. **2** 受難週の前週《Passion Sunday と Palm Sunday の間の一週間》.

pas·siv·ate [pǽsɪvèɪt, -sə- | -sɪ-] 〘⇨ ↓, -ate[3]〙 — *vt.* 〈金属を〉不動態化する; 化学的に反応しにくいように〈金属〉の表面を処理する. **pas·siv·a·tion** [pæ̀sɪvéɪʃən, -sə- | -sɪ-] *n.* **pás·siv·à·tor** [-ṭə | -tə(r)] *n.*

pas·sive [pǽsɪv] 〘《c1385》□ L *passīv-us* capable of feeling ← *passus* (p.p.) ← *pati* to suffer: ⇨ passion, -ive〙 — *adj.* **1** 他から働きかけられる, 受身の, 受動の; 外からの力[作用]によって起こる[生じる]. **2** 〘文法〙〈態・動詞が〉受動の, 受身の; 受動構文の (↔ active): a ~ participle 受動分詞《past participle のこと; cf. perfect participle》/ a ~ verb 受身動詞《例: L *portātur* he [she, it] is carried》/ the ~ voice 受動態, 受身形《例: He is [gets] carried.》/ in a ~ sense 受動(態)的な意味で. **3** (積極的には)手出しをしない, 守勢の; 無抵抗の, 言いなりになる, 従順な (submissive): a ~ mind, disposition, etc. / ⇨ passive obedience. **4** **a** 活動的でない (inactive); 活気のない (inert). **b** 手ごたえのない (unresponsive). **5** **a** 〘化学〙不動の, 容易に化合しない: the ~ state 不動態. **b** 〘冶金〙〈金属が〉不動態の《ある液体中で予期される化学反応性を失った状態》. **6** 〘医学〙受身の, 虚性の, 非活性の (↔ active). **7** 〘航空〙 **a** 発動機を用いない: a ~ balloon, flight, etc. **b** 〈宇宙船などの装置が〉受動型の. **8** 〘電子工学〙受動の《エネルギー源をもたない; cf. active》. **9** 〈証券など〉無利息の: a ~ bond. **10** 〘物理〙 **a** 受動的な《エネルギー源を内部にもたない; ↔ active》. **b** エネルギー衝撃を(記録したり増幅したりせずに)反射するために用いられる.
— *n.* [the ~] 〘文法〙受動態, 受身形 (passive voice); 受動構文 (略 pass.; ↔ active): in *the* ~ 受動態[受身]で. **~·ly** *adv.* **~·ness** *n.*

pássive hóming *n.* 〘航空〙受動型ホーミング《敵機の高温排気を赤外線で追蹤(ついしょう)するホーミング(目標追蹤)方式など; cf. active homing》.

pássive immúnity *n.* 〘医学〙受動[受身]免疫, 《抗原抗体反応の産物を生体に与えて免疫を高めること; cf. active immunity》.

pássive intellect *n.* 〘哲学〙受動的知性 (⇨ passive reason).

pássive nétwork *n.* 〘電気〙受動回路網《内部に電源を含まない回路網; cf. active network》.

pássive nóun *n.* 〘文法〙受動名詞《動作の受け手を表わす examinee, addressee などの名詞》.

pássive obédience *n.* **1** 〘電気〙オーム抵抗《反作用をもつリアクタンス分のない抵抗》. **2** 無抵抗[絶対]服従, 黙従.

pássive réason *n.* 〘哲学〙(アリストテレス哲学の)受動的理性《能動的理性の働きかけをまって現実化される可能的資料としての理性; passive intellect ともいう; cf. active reason》.

pássive resístance *n.* 消極的抵抗《暴力その他積極的抗争の手段によらず, 義務の不履行と一切の非協力によって政治的権力に対して行なう反抗》.

pássive resíster *n.* 消極的抵抗者 (⇨ passive resistance).

pássive sátellite *n.* 〘電子工学〙受動衛星《無線機を積載せずに, 単にその表面その他を反射体として電波を中継する通信衛星》.

pássive tránsfer *n.* 〘医学〙受動伝達《抗体・リンパ球などの注射で免疫性を付与すること》.

pássive vocábulary *n.* 〘教育〙受容語彙(い) (⇨ receptive vocabulary).

pás·siv·ìsm [-vɪzm] *n.* **1** 受動性. **2** 受動的(生活)態度, 受動[消極]主義. **pás·siv·ist** [-vɪst, -vəst | -vɪst] *n.*

pas·siv·i·ty [pæsívəṭi | pæsívɪti, pə-, -vɪ-] 〘《1659》: ⇨ -ity〙 *n.* **1** 受動性, 受動的行為. **2** **a** 消極性, 不活動. **b** 無抵抗, 黙従. **3** 〘化学〙不動態. **4** 忍耐力.

páss·kèy 〘← PASS[1]+KEY[1]〙 *n.* **1** (特殊の目的のための)私用の鍵. **2** =master key. **3** =skeleton key. **4** =latchkey.

páss·less *adj.* **1** 道のない, 通路のない. **2** 通行許可証のない, 旅券のない.

páss·màn [-mæ̀n, -mən] *n.* (*pl.* **-men** [-mèn, -mən]) 〘英大学〙(pass degree をとって卒業する)普通及第生 (cf. classman).

páss màrk *n.* 合格[及第]点.

pas·som·e·ter [pæsɑ́məṭə | -sɔ́mɪtə(r, -mə-] 〘← L *passus* 'step, **PACE**[1]'+-o-+-**METER**[1]〙 *n.* =passimeter.

Pass·o·ver [pǽsòuvə | pɑ́ːsəuvə(r] 〘《1530》← *pass over* (⇨ pass[1] (v.) 成句): Heb. *pāsáh* (=to passover) に対する Tyndale の訳語: cf. Pasch〙 — *n.* **1** 〘ユダヤ教〙過ぎ越しの祝い《災いの天使がエジプトを襲い, エジプト人の長子を殺した夜, イスラエル人の家には天使が素通りして災いを下さなかったことを記念して祝うユダヤ人の祭; cf. *Exod.* 12:27, *Lev.* 23:5–6》. **2** [p-] **a** 過ぎ越しの小羊《過ぎ越しの祝いに供える小羊 (paschal lamb); cf. *Exod.* 12:21》. **b** キリスト (cf. *1 Cor.* 5:7).

Pássover brèad [càke] *n.* 過ぎ越しの祝いのパン.

páss pòint *n.* 〘測量〙標定点《写真測量の評定に必要な位置と高さのわかっている点》.

pass·port [pǽspɔ̀ət, -pɔ̀ət | pɑ́ːspɔ̀ːt] 〘《?c1500》□ (O)F *passeport* 《原義》permission to leave or enter a port ← *passer* 'to **PASS**[1]'+*port* '**PORT**[1]'〙 — *n.* **1** (政府が外国旅行をする国民に与える)旅券, パスポート: pass through Spain on false ~*s* にせの旅券でスペインを通過する. **2** (戦時中中立国の船舶に与える)通航証, 航海許可証 (sea letter). **3** **a** 通行券[権] (safe-conduct). **b** 入場券[権]; 許可証. **4** 〔愛顧・尊敬などを〕(得る)手段, 保障 (security); 〔世間に〕(認められるための)取柄 〔*to*〕: Flattery is the ~ *to* his favor. へつらいは彼に取り入る手段である / Good looks and good manners are a ready ~ *to* society. 容貌と作法がよければ社交界にすぐはいっていける.

páss-thròugh 〘← *pass through* (⇨ pass[1] (v.) 成句)〙 *n.* **1** 台所と食堂の間などの壁にあけた食事などの通し窓. **2** 原料の値上がりを消費者に負担させること.

pas·sus [pǽsəs] 〘□ ML ~, (L) step: ⇨ pace[1]〙 *n.* (*pl.* ~, **~·es**) (物語や詩の)節, 編 (canto).

páss·wòrd 〘《c1817》〙 *n.* **1** (敵味方を見分けるための)合い言葉 (watchword). **2** 通行[入り込む]手段.

Pas·sy [pǽsiː, pɑː-; *F.* pasi], **Frédéric** *n.* パシー《1822–1912; フランスの政治家・経済学者; Nobel 平和賞 (1901)》.

Passy, Paul Édouard *n.* パシー《1859–1940; フランスの音声学者; 国際音声学協会 (International Phonetic Association) 創設の功労者; F. Passy の子》.

past [pǽ(ː)st | pɑ́ːst] 〘adj.: 《1340》*passed*, ~ (p.p.) ← *passen* to '**PASS**[1]'. — n.: 《1590》← (adj.). — prep.: 《c1305》← (p.p.)〙 — *adj.* **1** [Predicative に用いて] 過ぎ去って; 終わって (over): His youth is ~. 彼の青春時代は過ぎ去った / The dream is ~. 夢に終わった. **2** 過去の, 昔の, 過ぎ去った, 過去に生じた (cf. future, present[1]): ~ sorrows 過ぎ去った悲しみ / in ages ~ and gone 過ぎ去った昔の時代に / His ~ life has been sinful. 彼のこれまでの生活は罪深いものだった. **3** 過ぎたばかりの (just passed): He has been for the ~ two years in Italy. 彼はこの 2 年間イタリアにいた / I have for some time ~ neglected my religion. ここ暫くの間宗教をなおざりにしてきた / the ~ century 前世紀 / in the ~ month 先月に / this ~ summer この夏, 今年の夏《★ 秋になってから言う》/ the year just ~ つい昨年 / during the ~ week 先週の内に. **4** 《古》先月の: I received yesterday your letter of the 30th ~. 去る 30 日付のお手紙昨日受取りました. **5** (特に)〈組合・協会などの役員が〉任期を終わった, 前の, 元の: a ~ chairman / the ~ governor 前知事 / ⇨ past master 1. **6** 今から…前 (ago): It was built 50 years ~. 50 年前の建築です / some time ~ つい先頃 / above five years ~ 約 5 年前. **7** 〘文法〙過去の (cf. present[1] 4, future 3): ⇨ past participle, past perfect, past tense.
— *n.* **1** [通例 the ~] 過去, 既往 (cf. future 1, present[1] 1): The story goes far back in *the* ~. 話は古い昔にさかのぼる / *the* remote ~ 遠い昔 / in *the* ~ 過去に, 昔は, もとは. **2** 過ぎ去ったこと, 昔の話: Rome had a glorious ~. ローマには輝かしい過去があった / Let us think of the future as we cannot undo the ~. 過去のことは取返しがつかないのだから将来のことを考えよう. **3** **a** 過去の生活, 履歴, 経歴 (career). **b** 秘められた経歴[過去]; (特に)いかがわしい経歴[過去], 「過去」: a man with a long ~ 長い経歴を持った人 / a woman with a ~ 過去のある女. **4** 〘文法〙過去時制; 過去形.
— *prep.* **1** (時間が)…を過ぎて, 〈何時〉(…分)過ぎ (《米》after) (↔ to); (年齢など)…を越して, …する年を過ぎて: The time is half ~ three. 3 時半だ (⇨ half *n.* 2 ★) / till ~ two 2 時過ぎまで / an old man ~ seventy 70 歳を過ぎた老人 / ~ middle age 中年を過ぎた / She is ~ playing with dolls. もう人形で遊ぶ年ではない / I am ~ dancing. もうダンスをする年ではない / He is now ~ fifty. 50 歳を過ぎている / be ~ due 到着時刻[支払期日]を過ぎている. **2** 〈場所〉の先に, …を通り越して (farther than): the house ~ the hospital 病院の先の家 / walk [go] ~ a house 家の前を通り過ぎる / He lives in the first house ~ the corner. 町角の先の最初の家に住んでいる. **3** **a** [主に動作名詞を目的語として] …の及ばない (cf. within), …以上 (more than): a matter ~ belief [comprehension] 信用[了解]できない事柄 / ~ sight 見えなくなって / pains ~ bearing [endurance] とても我慢できない苦しみ / be ~ hope of recovery [cure] 回復[治療]の見込みがない / He is ~ praying for. 彼はとても改心の見込みがない《救えない》. **b** [人を目的語として] 《口語》…の能力を越えて: It's ~ parsons to console us. 私たちを慰めることは牧師さんにもできない.
get past (1) …のそばを通る, 通り抜ける. (2) 《口語》…の目を逃れる (escape notice of). ***not put it past a person*** (***to do***) ⇨ put[1] 成句. ***past it*** 《俗》年を取って無能になって; 長年の使用で役に立たなくなって: I used to be a good swimmer, but now I am ~ *it*. 昔は泳ぎがうまかったが今はもうだめだ.
— *adv.* 通り越して, 過ぎて (by): go [walk] ~ すれちがう / hasten [run] ~ 急いで[走って]通り過ぎる.

pas·ta [pɑ́ːstə] 〘□ It. ~ < LL *pastam*: ⇨ paste[1]〙 *n.* **1** パスタ《イタリアのめん類の総称; (硬質)小麦粉を用いた生地, 及びそれを用いて造った macaroni, spaghetti, ravioli など; paste ともいう》. **2** パスタ料理.

pas·tance [pǽstəns] 〘← (O)F *passe-temps* ← *passer* 'to **PASS**[1]'+*temps* time〙 *n.* 《古》娯楽, 気晴らし (pastime).

pást défìnite *n.* 〘文法〙定過去《過去のある時期に完了した一時的な動作を主として表わす時制; 歴史的記述・客観的説話に多く用いられるので past historic, narrative preterit とも呼ばれる》.

paste[1] [péɪst] 〘n.: 《c1378》□ OF ~ (F *pâte*) < LL *pastam* □ Gk *pástē* barley porridge ← *pássein* to sprinkle ← IE **kwēt-* to shake. — v.: 《1561–62》← (n.)〙 — *n.* **1** (物を張り付ける)のり; のり状の物. **2** **a** (小麦粉などの)生地, ペースト《特に, パイ皮やペーストリー (pastry) に使われる》. **b** ペースト《魚肉・レバー・果肉などをすりつぶしたり煮つめたりした, 柔らかくなめらかな状態の食品》: fish ~ / almond ~ / anchovy ~ / bean ~ 味噌. **c** =pasta 1. **3** 〘宝石〙 **a** ペースト《人造宝石を作るのに用いる光度の高い鉛ガラス; strass ともいう》. **b** 人造宝石. **4** ペースト状のもの: **a** 軟膏. **b** 練り歯みがき (toothpaste). **c** (魚の餌(え)に用いる)練り餌. **5** **a** 陶磁器(特に磁器)として造られた素地; ⇨ hard paste. **b** (製陶用の)練土(ねりつち).
scissors and paste ⇨ scissors.
— *vt.* のり付けする 〈*together*〉; のりで〔…に〕貼る[貼り付ける] 〈*up*〉〔*on*〕; 〔…で〕のり付けしておおう 〈*up*〉〔*with*〕: ~ (*up*) paper *on* a wall = ~ (*up*) a wall *with* paper 壁に紙をのりで貼る. — *vi.* のりで貼る.
paste in 書物の中に貼り込む.

paste[2] [péɪst] 〘《変形》← **BASTE**[3]〙 — *vt.* 《俗》〈顔面などを〉(激しく)打つ, なぐる (beat); 攻撃する; (激しく)爆撃する (plaster). — *n.* 《俗》(顔面などの)強打.

páste·bòard 〘《1548–49》: ⇨ paste[1], board: cf. 《廃》*pasted paper* 《16C》〙 — *n.* **1** はり合せ板紙, ボール紙. **2** 《俗》 **a** カード (card). **b** 名刺 (visiting card).

c トランプ札 (playing card). d (劇場・映画館などの)切符, 入場券 (ticket). 3 パンこね台; 経師屋ののり付け台. — *attrib. adj.* 1 ボール紙で造った, 厚紙製の. 2 実質のない, 見せかけだけの (unsubstantial); まがいの, にせの (sham): a ～ pearl 人造真珠.
páste·dòwn *n.* 〘製本〙効き紙, 力紙《見返しのうちで, 表紙の内側に貼った紙; cf. endpaper》.
páste gràin *n.* 模造モロッコ革《製本用》.
páste jòb *n.* =pastiche 1.
pas·tel[1] [pæstél, ⸗–|pæstél, pǽstel, -təl, -tl; *F.* pastɛl] 〘(1662) □ F ～ □ It. *pastello* < LL *pastellum* (↓)〙 — *n.* 1 パステル《チョークに顔料を入れてアラビアゴムの溶液 (gum water) で練ったもの》; (パステルで作った)クレヨン. 2 a パステル画; パステル画法《パステルを用いて描く絵画技法》. b (パステル風の)柔らかな淡い色彩[色合い]. 3 小品文, 漫筆. — *adj.* 1 パステルによる, パステル画(法)の. 2 (パステル風の)柔らかな(優美な)色彩の, パステル調の: ～ shades パステル調(の淡い色合い).
pas·tel[2] [pæstél, ⸗–|pæstél, pǽstel, -təl, -tl] 〘(1578) □ (O)F ～ □ Prov. < LL *pastellum* woad (dim.) ← *pasta* 'PASTE[1]'〙 — *n.* 1 〘植物〙ホソバタイセイ (dyer's woad). 2 ホソバタイセイの葉から製した青色染料, 大青.
pastél còlor *n.* パステル調の淡い色合い, パステルカラー.
pas·tel·ist [pæstélɪst, -ləst, ⸗––|pǽstəlɪst] 〘← PASTEL[1] + -IST〙 *n.* (*also* **pas·tel·list** [pæstélɪst, -ləst, ⸗–– | pæstélɪst, pǽstəlɪst]) パステル画家.
páste mòld 〘← PASTE[1] (n.)〙 *n.* 〘ガラス製造〙ペースト型《炭素で裏打ちし, 湿らせてガラス器を吹製する場合に用いる金属型》.
pást·er *n.* 1 のり付きテープ; (切手・ラベルなどのように裏にゴムのりを塗った)貼りつけ用紙, ステッカー (sticker). 2 a 貼りつける人. b のりを塗布する機械.
pas·tern [pǽstən|-tə:n] 〘(*c*1343) *pastron* □ OF *pasturon* (F *pâturon*) ← *pasture* 'PASTURE'「放牧中の家畜にかける足かせ」の意から〙 — *n.* 1 (馬・犬の)つなぎ《けづめとくるぶしとの間の骨部分; ⇨ dog, horse 挿絵》: ⇨ pastern bone, pastern joint. 2 《廃》(あばれ馬などの)足かせ (hobble).
Pas·ter·nak [pǽstənæ̀k|-tə-; *Russ.* pəstjirnák], **Boris Le·o·ni·do·vich** [ljianjídəvjitʃ] *n.* パステルナーク《1890-1960; ソ連の詩人・小説家; Nobel 文学賞 (1958) (辞退); *Doctor Zhivago* (1956)》.
pástern bòne *n.* (馬の)あくと《けづめ毛 (fetlock) とひづめの間の部分》: the great ～ 大つなぎ, 上部[第一]趾骨 / the small ～ 小つなぎ, 下部[第二]趾骨.
pástern jòint *n.* (馬の)つなぎ関節.
páste-ùp *n.* 1 〘印刷〙=mechanical 2. 2 (二つ以上の写真のあちこちを)貼り合わせて作った写真. 3 のりとはさみでつぎはぎした文学作品[論文, 文書].
Pas·teur [pæstə́:|pæstə́:(r, pɑ:s-; *F.* pastœ:r], **Louis** *n.* パスツール《1822-95; フランスの化学者・細菌学者; 狂犬病予防接種法の発見者》.
Pastéur effèct 〘↑〙 *n.* 〘生化学〙パスツール効果《酵素の発酵過程(一般的には, 無気呼吸)に対する抑制作用または効果》.
pas·teu·rel·la [pæ̀stərélə] 〘← NL ～: ⇨ Louis Pasteur, -ella〙 — *n.* (*pl.* ～s, -rel·lae [-li:]) 〘細菌〙パスツレラ属 (*Pasteurella*) の(小桿(かん))菌《代表種の一つにペスト菌 (*P. pestis*) がある》.
pas·teu·rel·lo·sis [pæ̀stərəlóusɪs, -səs | -lə́usɪs] 〘← NL ～: ⇨ ↑, -osis〙 *n.* (*pl.* -lo·ses [-si:z]) 〘獣医〙パスツレラ症《hemorrhagic septicemia ともいう》.
pas·teur·i·za·tion [pæ̀stʃərɪzéɪʃən, -stər-, -rə-|pæ̀stəraɪ-, pɑ̀:s-, -stju(ə)r-, -stʃər-, -stər-, -rɪ-] *n.* 1 〘医学〙低温殺菌(法), パスツリゼーション《63°C 位で 30 分間あるいは特定の時間処理する》. 2 冷殺菌《放射線による果物・魚など生鮮食料品の殺菌》.
pas·teur·ize [pǽstʃəràɪz, -stər- | pǽstər-, pɑ́:s-, -stju(ə)r-, -stʃər-, -stər-] 〘(1881) ← (Louis) *Pasteur* + -IZE〙 — *vt.* 1 〈食品・血清など〉に低温殺菌法を行なう: ～d milk 殺菌牛乳. 2 《廃・古》…にパスツール接種を施す, 狂犬病予防接種を施す.
pás·teur·ìz·er *n.* パスツール殺菌器, 低温殺[滅]菌器.
pást históric *n.* 〘文法〙歴史的過去(⇨ past definite).
pas·tic·cio [pæstí:tiòu, pɑ:s-, -tʃou | -tʃiə̀u, -tʃəu; *It.* pastíttʃo] 〘(1752) □ It. ～ 'pasty, pie, hodgepodge' < VL **pasticium* ← LL *pasta* 'PASTE[1]'〙 — *n.* (*pl.* -tic·ci [-tʃi:; *It.* -tʃi], ～s) =pastiche.
pas·tiche [pæstí:ʃ, pɑ:s- | pæstí:ʃ, ⸗–; *F.* pastiʃ] 〘(1878) □ F ～ □ It. *pasticcio* (↑)〙 — *n.* 1 (模倣文, 模写画, 混成曲など他人の作品をまねた)模倣作品, 模造. 2 〘音楽〙パスティッチョ: a 複数の作曲家により(1 楽章ずつ)作曲された合作曲. b 有名なオペラ旋律を集めた 18 世紀のメドレー. 3 (雑多な)寄せ集め, ごった混ぜ (hodgepodge). — *vt.* 〈いろいろな作品・スタイルなどを〉模倣して混ぜ合わせる.
pas·ti·cheur [pæ̀stiʃə́:, pɑ̀:s- | -tɪʃə́:(r; *F.* pastiʃœ:r] 〘□ F ～ ← *pasticher* to make pastiches ← *pastiche* (↑)〙 — *n.* 1 パスティッチョ作家[編者]. 2 剽窃(ひょうせつ)者, 模倣作家.
pas·tie [pǽsti | -tɪ] *n.* =pasty[2].
past·ies [péɪstiz | -tɪz] 〘← PASTE[1] (v.)〙 *n. pl.* 乳首かくし《ストリッパーなどが用いる(一対の)スパンコールなどの首のおおい》.
pas·til [pǽstɪl, -təl | -tɪl] *n.* =pastille.
pas·tille [pæstí:l, -tíl | pǽstəl, -tl, -tɪl, -ti:l, pæstí:l; *F.* pastij] 〘(*a*1648) □ F ～ □ L *pastillus* little loaf, lozenge (dim.) ← **pasnis, pānis* loaf: cf. Sp. *pastilla*〙 — *n.* 1 (円錐(すい)形に作った脱臭用の)ねり香. 2 錠剤; (薬剤を入れた)香錠, トローチ. 3 火輪花火. 4 パステル (pastel); (パステル製の)クレヨン. 5 パスティル《果物などの香りをつけた小球状の糖菓》.
pas·time [pǽstàɪm|pɑ́:s-] 〘(*c*1489)《なぞり》← (O)F *passe-temps*: ⇨ pass[1], time〙 *n.* 娯楽, 遊戯, 慰み, 気晴し: play baseball for a [by way of] ～ 気晴しに野球をする.
pást·i·ness *n.* のり状であること.
pást·ing 〘← PASTE[2]〙 *n.* 《俗》激しくたたくこと; 猛攻撃[爆撃].
pást máster 〘1: ← PAST (adj.) + MASTER[1]. 2: 《変形》← *passed master*: ⇨ passed〙 — *n.* 1 (組合・協会などの)前支部長, 前会頭, 前会長 (略 P.M.). 2 名手, 達人, 巨匠, 老練家 (略 P.M.): a ～ *in* the art of writing [*in* diplomacy] 文筆[外交]の大家[老練家].
pást místress *n.* 女性の past master.
pást·ness *n.* 1 過去性. 2 記憶の主観性.
Pas·to [pɑ́:stou | -təu; *Sp.* pásto] *n.* 1 パスト《南米 Colombia 南西部の都市; 人口 128,000》. 2 パスト(山)《同市近くの火山 (4,267 m)》.
pas·tor [pǽstə | pɑ́:stə(r] 〘(*a*1376) *pastour* □ AF = OF *pasto(u)r* (F *pasteur*) < L *pāstōrem* ← *pāstus* (p.p.) ← *pāscere* 'to feed, PASTURE': ⇨ -tor〙 — *n.* 1 (教会または教区を受け持つ)牧師 (minister); 〘カトリック〙牧者, 主任司祭《英国では主に国教会以外の牧師をいう》. 2 精神的[宗教的]指導者: ～s and masters 精神[宗教]的指導者 (*Prayer Book*). 3 〘鳥類〙バライロムクドリ (*Sturnus roseus*)《ヨーロッパ・中近東産ムクドリ属の鳥》. 4 [pɑ:stɔ́ə | -tɔ́:(r] 《米南西部》羊飼い. — *vt.* 〈教会など〉の牧師[主任司祭]を務める.
pas·tor·age [pǽst(ə)rɪdʒ | pɑ́:s-] *n.* =pastorate.
pas·to·ral [pǽst(ə)rəl | pɑ́:s-, pǽs-] 〘adj.: (1432-50) □ L *pāstōrāl-is* of shepherd ← *pāstor* shepherd: ⇨ pastor, -al[1]. — n.: (1584) ← (adj.)〙 — *adj.* 1 a 牧羊者 (shepherd) の. b 羊[牛]の群れの. 2 〈土地が〉牧畜に適した, 牧畜用の. 3 田園生活の, 田舎の, 牧歌的な (rural); ひなびた, 野趣に富んだ (rustic): ～ life. 4 〈詩・絵画など〉田園[牧羊]生活を描いた: a ～ poem 牧歌, 田園詩 / a ～ elegy 牧歌調悲歌《田園を場面として全部または一部が牧羊者の対話からなる死者哀悼の詩》. 5 牧師(職)の[としての]; キリスト教徒を導く[牧する], 牧会の: ～ dignity 牧師としての威厳 / pastoral theology. — *n.* 1 a 牧歌, 田園詩 (bucolic), 牧歌劇《純朴な牧羊・田園生活を扱ったもので古典詩以来の伝統がある》. b 田園画. c 〘《米》ではまた pæ̀stərɑ́:l, -rǽl〙〘音楽〙=pastorale 1 a. 2 牧師の職責を論じた一文[書]. 3 =pastoral letter. 4 〘キリスト教〙=pastoral staff. **pás·to·ral·ly** *adv.* **～·ness** *n.*
pas·to·rale [pæ̀stərɑ́:l, -rǽl, -rɑ́:li | -rɑ́:lɪ, -rɑ́:l] 〘□ It. ～ < L *pāstōrālis* (↑)〙 — *n.* (*pl.* ～s) 1 a 〘音楽〙(器楽または声楽のための)パストラル, 牧歌曲, 田園曲. b (16-17 世紀の)牧歌バレエ. 2 =pastoral 1 a.
Pástoral Epístle *n.* 牧会書簡《St. Paul が Timothy および Titus に寄せて牧師の職責を論じた新約聖書中の *1 & 2 Timothy* および *Titus* のうちの一つ》.
pás·to·ral·ìsm [-lɪzm] *n.* 1 牧歌的なこと, 田園情趣[趣味]. 2 牧農主義. 3 牧歌体.
pás·to·ral·ist [-lɪst, -ləst | -lɪst] *n.* 1 田園詩人. 2 《豪》牧羊者, 牛飼い.
pas·to·ral·i·ty [pæ̀stərǽləti | pɑ̀:stərǽlətɪ, pæ̀s-, -lɪ-] *n.* 文芸上の田園的情趣, 田園風.
pas·to·ral·ize [pǽst(ə)rəlàɪz | pɑ́:s-, pǽs-] *vt.* 1 田園化[風, 的]にする. 2 田園詩(など)にとり入れる[にする].
pástoral létter *n.* 1 司教[主教]教書, 教書《Bishop が, 教区の全聖職者または全信徒に与える公式文書》. 2 教書《牧師が会衆に与える文書》.
pástoral práyer *n.* 〘教会〙牧会祈禱《礼拝式の主要な祈り; 感謝・嘆願・執り成しなどを含む》.
pástoral stáff *n.* 〘キリスト教〙牧杖, 司教[主教]杖 (crosier).
Pástoral Sýmphony *n.* [The ～] 1 田園交響曲《Beethoven 作曲の交響曲第 6 番 (1808)》. 2 「田園交響楽」《André Gide 作の小説 *La Symphonie pastorale* (1919) の英訳名》.
pástoral theólogy *n.* 牧会(神)学.
pas·tor·ate [pǽst(ə)rət, -rɪt | pɑ́:stər-] 〘(*a*1795) ← ML *pastōrātus*: ⇨ pastor, -ate[1]〙 — *n.* 1 a 〘プロテスタント〙牧師の職務[身分, 任期, 管区]. b 〘カトリック〙牧者[主任司祭]の職務[身分, 任期, 管区]. 2 《米》[the ～; 集合的] 牧師たち. 3 =parsonage 1.
pas·to·ri·um [pæstɔ́:riəm, -tó:r- | -tɔ́:rɪ-] 〘← NL ～ (neut. adj.) ← L *pastōrius* belonging to a shepherd: ⇨ pastor, -orium〙 — *n.* 《米南部》1 〘プロテスタント〙牧師館. 2 〘カトリック〙司祭館 (parsonage).
pástor·shìp *n.* 1 〘プロテスタント〙牧師の職務[地位, 任期, 管区]. 2 〘カトリック〙牧者[主任司祭]の職務[身分, 任期, 管区].
pást párticiple *n.* 〘文法〙過去分詞(形) (cf. present participle).
pást pérfect 〘文法〙*n.* 1 過去完了時制 (pluperfect ともいう; cf. present perfect, future perfect). 2 過去完了形《had started など》. — *adj.* 過去完了の.
pas·tra·mi [pəstrɑ́:mi | -mɪ] 〘□ Yid. ～ □ Rumanian *pastramă* ← *păstra* to preserve < VL **parsitāre* to save ← L *parcere* to spare〙 — *n.* 《米》パストラーミ《香辛料をきかせた牛の燻製肉; 通例肩肉を用いる》.
past·ry [péɪstri | -rɪ] 〘(1539) ← PAST(E)[1] + -(E)RY〙 *n.* ペーストリー: a (主に生地に小麦粉を使った)焼き菓子の総称《pie, tart など》. b その生地.
pástry bàg *n.* 絞り出し袋 (⇨ pastry tube).
pástry·còok *n.* 1 (ホテルやレストランなどで雇われている)ペーストリー造りの職人. 2 ペーストリーの製造業者.
pástry tùbe *n.* (絞り出し袋 (pastry bag) の先端にとりつけて使う)口金《クリームなどを絞り出してケーキなどの装飾に使う》.
pást ténse *n.* 〘文法〙過去時制.
pas·tur·a·ble [pǽstʃərəbl | pɑ́:stʃər-, -tju(ə)r-, -tjər-] *adj.* 〈土地が〉牧畜[牧場]に適した, 牧場向きの.
pas·tur·age [pǽstʃərɪdʒ | pɑ́:stjur-, -tjər-, -tʃər-] 〘(*a*1533) □ OF ～ (F *pâturage*) ← *pasturer* (↓): ⇨ -age〙 — *n.* 1 牧草. 2 牧草地, 牧場. 3 放牧, 牧畜(業). 4 〘スコット法〙放牧権.
pás·tur·al [-tʃərəl | -tʃər-, -tju(ə)r-, -tjər-] *adj.* 牧草(地)の[に関する].
pas·ture [pǽstʃə | pɑ́:stʃə(r, -tjuə(r, -tjə(r] 〘n.: (*a*1325) □ OF ～ (F *pâture*) < L *pāstūram* pasture ← *pāstus* (p.p.) ← *pāscere* to graze: ⇨ -ure. — v.: (*a*1393) □ OF *pastur-er* (F *pâturer*) ← *pasture* (n.)〙 — *n.* 1 牧草地. 2 牧場, 放牧場 (cf. meadow). 3 牧草. — *vt.* 1 a 〈牛・羊を〉放牧する, 〈家畜〉に牧場の草を食わせる. b 〈土地が〉〈家畜〉の牧場となる. 2 〈家畜が〉〈土地〉の牧草を食う. 3 〈土地を〉牧場にする; 〈牧草を〉育てる. — *vi.* 1 〈羊などが〉牧場の草を食う[はむ] (graze). 2 放牧する. 3 〈土地が〉牧場となる.
put out to pasture (1) 〈家畜を〉放牧する. (2) 〈人を〉(仕事[職]から)退かせる.
pásture·lànd *n.* 牧草地, (放)牧場.
pás·tur·er [-tʃərə | -tʃərə(r, -tju(ə)r-, -tjər-] *n.* 放牧者, 牧場主.
pásture ròse *n.* 〘植物〙北米東部産のピンクの花の咲くノバラ (*Rosa carolina*).
past·y[1] [péɪsti | -tɪ] 〘(1607) ← PASTE[1] + -Y[4]〙 — *adj.* (**past·i·er, -i·est; more ～, most ～**) 1 のりの(ような), ペーストリーのような (doughy). 2 ゆるんだ, 気力のない, だれた (flabby). 3 〈顔が〉さえない, 青ざめた. — *n.* [*pl.*] ⇨ pasties.
pas·ty[2] [pǽsti | -tɪ] 〘(*a*1300) *pastee* □ OF *pasté(e)* (F *pâté*) ← *paste* 'PASTE[1]'〙 *n.* 《英》パスティ《肉・ポテト・玉ねぎなどを包み, 型に入れずに焼いたパイ》.
pást·y-fáced [péɪsti- | -tɪ-] *adj.* (不健康に)生っ白(ちろ)い顔色の.
PÁ [P.Á., p.á.] sỳstem *n.* 〘電気〙=public-address system.
pat[1] [pǽt] 〘n.: (*c*1400) *patte* ? 《擬音語》. — v.: (1567) ← (n.)〙 — *v.* (**pat·ted; pat·ting**) — *vt.* 1 軽くたたく[打つ]: ～ the dough *into* a flat cake 小麦粉の生地をたたいて平たい塊にする. 2 〈床などに〉軽い足音を立てる. 3 a 〈髪などを〉なでつける 〈*down*〉. b (かわいがってまたは賛意を示して頭などを)なでる, 愛撫(ぶ)する: ～ a dog. — *vi.* 1 a 〔…を〕軽くたたく〔*upon*〕. b 足で軽く素早くたたく《jig を踊る時など》. 2 (床などの上を)軽い足音で歩く[走る].
pat a person on the back (ほめて, 賛成して, 勇気づけた)人の背を軽くたたく; 人になれなれしくする (cf. *a* PAT *on the back*). ***pat oneself on the back*** 独りで悦に入る.
— *n.* 1 a 軽くたたくこと. b なでること, さすること: give a ～. 2 (平らな物で)軽くたたく音. 3 軽い足音. 4 (軽くたたいたり丸めたりして形をとったバターなどの)小さな塊 (cf. butter pat 1).
a pat on the back 《口語》(励まし・元気づけ・賛同などの)一言をかけてやること: give [get] *a* ～ *on the back* ほめる[られる] / give oneself *a* ～ *on the back* 独りで悦に入る.
pat[2] [pǽt] 〘(1578)《転用》↑〙 — *adj.* 1 あつらえ向きの, 絶好の, ぴったり合った, しっくりした; うまい (apt), 適切な, 好都合の (opportune) 〔*to*〕: a ～ reply 適切な答え / a ～ hand 〘トランプ〙(ポーカーで)ごきげんな手《draw する必要のない完璧な手》. 2 舌がなめらか[口がまめ]過ぎる (glib); 〈話が〉うま過ぎる. 3 (十二分に)こなれて[身について]いる. 4 〘英方言〙a 快活な (lively). b 生意気な (pert 1).
— *adv.* 1 (ぴったり)合って, ちょうど具合よく: The story came ～ *to* the occasion. 話がぴったりその場合に合った / The dancer's feet fall ～ *to* the music. 踊り手の足取りが音楽にぴったりと合う. 2 うまく, すらすらと; すぐ. 3 完全に, すっかり (thoroughly).
have down pat 《米口語》〈文句などを〉すっかり覚えている. ***know [have] (off) pat*** 《口語》〈真相などを〉すっかり知っている, 完全に自分のものにしている: *have* a lesson *off* ～ 学課をすらすらと覚えている. ***stand pat*** (1) 《口語》〔改革などに対して〕現状維持を主張する; 〔決意・方針などに〕執着する, 固守する〔*on*〕 (cf. standpatter). (2) 《米》〘トランプ〙(ポーカーで)手なりでゆく《初めに配られた手のままで続ける》.
～·ness *n.*
Pat[1] [pǽt] 〘1: (dim.) ← PATRICK. 2: (dim.) ← PATRICIA〙 *n.* 1 男性名. 2 女性名.
Pat[2] [pǽt] 〘(dim.) ← Patrick (Saint Patrick にちなむ名でアイルランドに多い): cf. Paddy[1]〙 *n.* アイルランド人 (Irishman) の愛称.
PAT 《略》〘アメリカンフットボール〙point after touchdown.
pat. 《略》patent; patented; patrol; pattern.
Pat. 《略》Patent.
p.a.t. 《略》〘文法〙past tense.
pa·ta·ca [pətɑ́:kə] 〘□ Port. ～ □ Arab. *ábū ṭāqah* 《原

義》 father of the window』 *n.* パタカ《マカオの通貨単位；＝100 avos；記号 P》；1 パタカニッケル貨.

pat-a-cake [pǽṭəkèɪk | -tə-] 〖この遊戯で歌う童謡の起句から〗 ── *n.* パタケイキ《Pat a cake, pat a cake, baker's man! に始まる童謡を歌いながら手をたたいたり, パンを焼くまねをする幼児の遊戯》.

pa·ta·gi·um [pətéɪdʒiəm | -dʒɪ-] 〖《(1826)》← NL ～ (L) gold edging on a woman's tunic ⇐ Gk *patageîon* ← *pátagos* clatter《擬音語》〗 ── *n.* (*pl.* **-gi·a** [-dʒiə | -dʒɪə]) 〘動物〙(コウモリ・ムササビなどの)飛膜, 翼膜 (parachute).

Pat·a·go·nia [pæ̀ṭəgóunjə, -niə | -təgə́unjə, -nɪə] 〖← Sp. *patagon* large clumsy foot：⇨ -ia¹〗 ── *n.* パタゴニア：**1** アルゼンチン南部の台地地方. **2** Andes 山脈から大西洋にのび, アルゼンチン・チリ両国にまたがる南米大陸の南端地方.

Pat·a·go·nian [pæ̀ṭəgóunjən, -niən | -təgə́unjən, -nɪən] *adj.* **1** パタゴニアの. **2** パタゴニア人の. ── *n.* パタゴニア人《極めて背丈(せい)の高い種族とされているインディアン；cf. Tehuelche》；(特に)パタゴニア人の血を引く人.

Pa·tañ·ja·li [pətándʒəli | -lɪ] *n.* パタンジャリ《紀元前2世紀ごろのインドのサンスクリット文法学者；一説によるとヨーガ学説の確立者と同じ人物》.

pat·a·phys·ics [pæ̀ṭəfízɪks | -tə-] 〖⇐ F *pataphysique* ← *pata-* (META- にならった恣意的接頭辞)＋(*méta*)*physique* 'METAPHYSICS'：フランスの作家 A. Jarry の造語〗 ── *n.* 科学的・学問的な思想[著作]を諷刺し, 例外を支配する法則を求める空想科学；科学のパロディー化を目指す複雑で奇抜なナンセンス論議. **pà·ta·phýs·i·cal** *adj.*

pat·a·vin·i·ty [pæ̀ṭəvínəṭi | -təvínəti, -nɪ-] 〖《(1607)》⇐ L *patavinitātem* ← *Patavium* (Padua 市の古名)：⇨ -ine¹, -ity〗 ── *n.* **1** イタリア Padua 市の方言の特色《史家 Livy (59 B.C.–A.D. 17) の文体に見られる》. **2** 方言の使用.

pát·bàll *n.* **1** パットボール《野球に似た英国の球技；rounders ともいう》. **2** 下手なクリケット[テニス].

patch¹ [pǽtʃ] 〖《(c1390)》*pacche*《変形》? ← *peche* ⇐ AF **peche*＝OF *pieche, p(i)ece* (F *pièce*) 'PIECE'. ── v.: 《c1500》← (n.)〗 ── *n.* **1** (衣類・帆布などの)つぎはぎ, つぎ：some ～*es* on a sail. **2** (修理用の)あてがね；(石壁などの)補修材, あて板；(修理または装飾のための)あて布, パッチ. **3** 付けぼくろ, パッチ《17–18 世紀の婦人が顔の美しさを引き立たせたり, 傷跡などを隠すため顔に張りつけた黒絹の小切れ・絆創膏など》. **4 a** (傷につける一張りの)膏薬, 傷をおおう布切れ, 絆創膏. **b** 眼帯：wear a ～ over the eye. **5** 大きな不規則な斑点：a ～ of sunlight on the floor / ～*es* of blue sky 雲間にのぞく青空 / a bald ～ 禿(は)げた所. **6 a** (耕作した)小地面, 一枚の畑, 一区画 (plot)；一畑の作物：a ～ of beans 一枚の豆畑 / a potato ～ 一枚のジャガイモ畑 / a ～ of ground 小さな土地. **b** (警官などの)パトロール区域. **7 a** 破片, くず, 断片, 残片 (fragment)；布切れ. **b** (文の)一節 (passage)：⇨ purple patch. **8** 《英》(時間の)一区切り. **9** 《米》〘軍事〙(所属部隊を示すために軍服の袖につける布の)部隊記章；(衣服に縫いつけた)飾り布, 記章. **10** 〘電算機〙パッチ《プログラムをつぎはぎして修正すること》. **11** 〘通信〙一時的な接続.

in patches (1) 別々の場所に. (2) 別々の時間に. ***not a patch on*** 《口語》…とは比べものにならない, …の足もとにも寄りつけない, …よりはるかに劣る (far inferior to). ***strike a bad patch*** 《英》不運な目に会う, 憂き目を見る.

── *vt.* **1 a** …につぎを当てる, つぎはぎする；つぎ合わせる 〈*up*〉：faded and ～*ed* in places 色があせ所所つぎはぎした. **b** 〈布切れなどを〉つぎとして当てる；〈物が〉…のつぎ布[あて布, 補修材]として使われる. **2 a** (あて布・補修材などで)(一時的に)修繕する；ざっと直す 〈*up*〉：～ (*up*) a fence, wall, roof, etc. **b** 〈物を〉寄せ集める, 寄せ集めて作る；間に合わせに作る, 一時取り繕う 〈*together, up*〉：～ *up* a rule 間に合わせに規則を作り上げる / ～ things *up* for the moment その場を取り繕う. **3** 〈事件・けんかなどを〉(一時的に)静める, おさめる；〈意見の相違などを〉調停する, なくする 〈*up*〉：～ (*up*) their quarrel, difference, etc. **4** [主に passive で] 〈表面を〉とりどりに彩る, 変化を与える；[通例 Passive で] 〈顔を〉付けぼくろで飾る. **5** 〘通信〙〈回線を〉パッチコード (patch cord) で結ぶ. **6** 〘電算機〙〈プログラムを〉つぎはぎして修正する.

～·er *n.* **～·less** *adj.*

patch² [pǽtʃ] 〖《(1549)》《通俗語源による変形》? ← It. 《方言》*paccio* fool：↑ との連想による〗 ── *n.* **1** 《古》(王侯貴族おかかえの)道化師. **2** 《口語》間抜け, のろま, 無骨者. **3** 《米俗》法律家, 弁護士 (lawyer).

pátch·bòard *n.* 〘電算機〙配線盤, パッチボード《電算機やその他の電子装置の移動可能のパネル；短い接続コードで配線できるように多くの電気端子を備えている；patch panel ともいう》.

pátch bòlt *n.* 〘機械〙パッチボルト《ボイラーや船舶の修理用の皿頭ボルト；頭の頂上の四角棒をつかんで締め込み, 締付十分になると四角棒がねじ切れる》.

pátch còrd *n.* 〘電気〙パッチコード《2 つの回線または装置を結ぶ両端にプラグのついたコード》.

patch·er·y [pǽtʃ(ə)ri | -rɪ] 〖← PATCH¹ (n.)＋-ERY〗 *n.* **1** つぎはぎ細工, パッチワーク；つぎはぎ材料. **2** 一時的な取り繕い.

patch·ou·li [pǽtʃʊli, pətʃú:li | pǽtʃʊlɪ, -lì:, pətʃú:lɪ] 〖《(1845)》⇐ Tamil *pacculi* ← *pachai* green＋*ilai* leaf〗 ── *n.* (*also* **patch·ou·ly** [～]) **1** 〘植物〙パチョリ (*Pogostemon cablin*)《東南アジア産のシソ科の一年草；香りのよい油を採るため熱帯各地で栽培する》. **2** 〘化学〙＝patchouli oil.

pátchouli òil *n.* 〘化学〙パチョリ油(ゆ)《patchouli の葉から蒸留して得られる；香料用》.

pátch pànel *n.* 〘電算機〙＝patchboard.

pátch pócket *n.* 縫い付けポケット, 張り付けポケット, パッチポケット《衣服の外側に張り付ける》.

pátch rèef *n.* 斑点さんご礁(しょう)《オーストラリア大堡礁の南半分の部分などに多い, ごく小さく形の不規則なテーブル状の礁》.

pátch tèst *n.* 〘医学〙パッチテスト, 貼(ちょう)布試験《アレルギーの皮内反応の代わりに小布片に抗原をつけて皮膚に貼り, 発赤の有無などを調べる試験；cf. scratch test 1, intracutaneous test》.

pátch·ùp *adj.* **1** 間に合わせの, 一時しのぎの：a ～ meal. **2** 改善的な, 矯正的な；補修的な：～ work.

pátch·wòrk *n.* **1** パッチワーク, 寄せ布[皮]細工《色や形の異なった布や皮を種々な模様にはぎ合わせたもの》. **2** 寄せ集め物 (jumble), ごたまぜ (medley).

patch·y [pǽtʃi | -tʃɪ] *adj.* (**patch·i·er**；**-i·est**) **1** つぎだらけの；寄せ集めの：His knowledge is ～. **2** 〈構成など〉不統一な, 不調和な (incongruous). **3** 小さな土地を寄せ集めた：a ～ garden, land, etc. **pátch·i·ly** [-tʃɪli, -tʃə- | -lɪ] *adv.* **pátch·i·ness** *n.*

patd. 《略》patented.

pate [péɪt] 〖《(c1305)》← ?〗 ── *n.* 《古・口語》**1 a** 頭 (head)：a bald ～ はげ頭. **b** 脳天 (crown). **2** 《軽蔑》頭脳 (brains)：a shallow [an empty] ～ 浅薄な[空っぽの]頭(の人). 「**2** ＝paste¹ 5.

pâte [pá:t；F. pɑ:t] 〖⇐ F ～ 'PASTE¹'〗 *n.* **1** のり.

pâ·té [pɑ:téɪ, pæ- | pǽteɪ, pá:t-, -tɪ；F. pɑte] 〖《(1704)》⇐ F ～ < OF *pasté* ← *paste* 'PASTE¹'：cf. pasty², patty〗 ── *n.* **1** パテ：**a** すりつぶしてなめらかにした肉類(特にレバーなど)に香辛料・酒などで調味して火を通した料理：⇨ pâté de foie gras. **b** 鳥獣肉・魚肉などを入れた小型のパイ. **2** 〘築城〙(市門などの)馬蹄(てい)状防護堡.

pâte à chou [pà:tɑ:ʃú:；F. pɑtaʃu] 〖⇐ F ～《原義》cabbage paste〗 *F. n.* ＝cream puff paste.

pat·ed [péɪṭɪd | -tɪd, -təd] 〖← PATE＋-ED 2〗 ── *adj.* 〖通例複合語の第 2 構成素として〗頭が…の：empty-*pated* / bald*pated* / addle*pated* / long-*pated* 賢い, 抜け目ない / shallow-*pated* 浅はかな, ばかな.

pâté de foie gras [pɑ:téɪ-də-fwá:-grá:, pæt- | pǽteɪ-；F. pɑtedəfwagrɑ] 〖⇐ F ～《原義》'PASTE¹ of fat liver'：⇨ foie gras〗 ── *F. n.* (*pl.* **pâtés d-** [-téɪ(z)- | -teɪ(z)；F. ～]) パテドフォワグラ《フォワグラ (foie gras) のすり身を調味して火を通した食品・料理》.

pa·tel·la [pətélə] 〖《(1671)》⇐ L ～ (dim.) ← *patina* dish, pan：⇨ patina², paten〗 ── *n.* (*pl.* **pa·tel·lae** [-li:, -laɪ], ～**s**) **1** 〘解剖〙膝蓋(しつがい)(骨), 膝頭(ひざがしら) (kneecap) (⇨ fibula 挿絵). **2 a** 〘動物〙杯状部. **b** 〘昆虫〙小盤《ゲンゴロウの雄の前肢跗節が変化して盤状となったもの》. **c** 〘植物〙球状裸子器. **3** 〘考古〙小皿. **pa·tel·lar** [pətélə | -lə(r)] *adj.*

patéllar réflex *n.* 〘医学〙＝knee jerk.

pa·tel·late [pətélət, -lɪt, -leɪt] *adj.* **1** patella のある；吸盤を有する. **2** 〘生物〙＝patelliform.

Pa·tel·li·dae [pətélədi: | -lɪ-] 〖← NL ～：⇨ patella, -idae〗 *n. pl.* 〘貝類〙ツタノハガイ科.

pa·tel·li·form [pətéləfɔ̀əm | -lɪfɔ̀:m] 〖← PATTELLA＋-I-＋-FORM〗 *adj.* 〘生物〙小皿状の, 小盤状の, 陣笠状の.

pat·en [pǽtn | -tən, -tn̩] 〖《(c1300)》*pateyne* ⇐ AF **pateine*＝(O)F *patène* ⇐ ML *patina, patena* plate for the Eucharist, (L) shallow dish ⇐ Gk *patánē* pan：cf. patina²〗 ── *n.* **1** 〘キリスト教〙(金・銀製のミサ聖祭・聖餐用)聖(パン)皿, パテナ, パテン. **2** (金属製の)平皿.

pat·en·cy [pǽtn̩si, péɪt- | péɪtənsi, pǽt-, -tn̩-] 〖⇨ ↓, -cy〗 *n.* **1** 明白；開放. **2** 〘医学〙開存性, 開通性.

pat·ent [pǽtn̩t | péɪtn̩t, pǽt-, -tn̩t] 〖n.：《(?c1300)》⇐ AF *patente* ← *patent* ：⇨ letter². ── adj.：《(a1387)》⇐ (O)F ～ ⇐ L *patent-, patēns* (pres.p.) ← *patēre* to lie open ← IE **pet-* to spread：cf. fathom〗 ── *n.* **1 a** 特許(権), パテント：take out [obtain, get] a ～ *for* [*on*] an invention 発明の特許を受ける / manufacture *under* ～ 特許によって製造する / *Patent* applied for. ＝*Patent* pending. [標示] 特許出願中. **b** 特許証. **c** (専売)特許品, 特許物件. **2** (爵位・称号などの)特許状 (⇨ letters patent)：a ～ of nobility 爵位の特許状. **3** 《米》公有地譲渡証書；譲渡公有地. **4 a** 特権, 特典 〔*for, on*〕. **b** (ある事に対する)資格のしるし, (ある特質をもつ)しるし, 特徴：He has a ～ of benevolence in his face. 彼は慈悲の色をたたえている.

── *vt.* **1 a** …の(専売)特許を受ける；特許品として売り出す. **b** …の(専売)特許を許す, 特許する；免許する. **2** 《米》〈公有地〉の譲渡証書を受ける；〈公有地を〉譲渡する. **3** 〈技術などを〉創案して一手に収める：the golfing technique ～*ed* by him 彼一流のゴルフの技法. **4** 〘冶金〙〈鋼線〉にパテンティングをする《冷間引き抜きによって作られた鋼線に必要な性質を与えるための一種の熱処理をすることにいう》.

── *adj.* **1 a** (専売)特許の[に関する]；〈物が〉特許権のある[を受けた] (patented)：a ～ attorney [lawyer, 《米》agent] (特許)弁理士 / ～ laws 特許法. **b** 〈薬剤・食品など〉商標名登録の：⇨ patent medicine. **2** [《米》ではまた péɪt-] 明白な, わかり切った, はっきりした (evident)：a ～ error, fact, etc. / a ～ absurdity 全く[明らかに]ばかげたこと / It is ～ (*to* us) that it is a forgery. (我々には)それがにせ物だということは明らかである. **3** 《口語》新奇な, 巧妙な, 新案の；独特の, まねのできない：a ～ method / a ～ device 新案(物). **4** [《米》ではまた péɪt-] 〘医学〙開存(性)の (open, unobstructed). **5** [《米》ではまた péɪt-] 《古》〈場所など〉開放されている, 〈戸・通路など〉開いている (open)；利用できる (available)；接近できる (accessible). **b** 〈文書が〉開封の, 公開の (overt) (cf. close 13). ★ 今は通例次の表現に用いる：⇨ letters patent. **6** [《米》ではまた péɪt-] 〘生物〙開いた, 広がった, 開出した (patulous).

pat·ent·a·ble [pǽtn̩təbl̩ | péɪtənt-, pǽt-, -tn̩t-] 〖⇨ ↑, -able〗 *adj.* 特許を受けられる, 特許できる. **pàt·ent·a·bíl·i·ty** [-təbíləṭi | -lətɪ, -lɪ-] *n.*

pátent ambigúity *n.* 〘法律〙明白な意味不明瞭《ある部分が空白のままであるなど書面上の文言そのものの不明確から生じる意味不明瞭；cf. latent ambiguity》.

pátent ánchor *n.* 《俗用》〘海事〙無斧錨(むふびょう)《錨のこうがい (stock) のない方式のもの；もとは特許製品》.

pátent blúe, P- B- *n.* 〘化学〙パテントブルー《酸性染料の商品名》.

pátent-cùt jíb *n.* 〘海事〙＝mitered jib.

pat·en·tee [pæ̀tn̩tí: | pèɪtən-, pæ̀t-, -tn̩-] 〖《(15C)》：⇨ patent, -ee¹〗 *n.* 専売特許権所有者[団体, 法人].

pátent flóur *n.* 《米》上質小麦粉《もとは特許製品》.

pátent forámen ovále 〖⇨ foramen ovale〗 *n.* 〘病理〙卵円孔開存《胎生時の卵円孔 (foramen ovale) が出生後閉鎖されずに残るもの》.

pátent ínsides *n. pl.* (内側のページだけ印刷された)裏刷り紙 (cf. boiler plate, patent outsides).

pátent léather *n.* パテントレザー《表面を鏡様に強い光沢がでるように塗装仕上げした革；もとは特許製品》：～ shoes.

pátent lóg *n.* 〘海事〙特許測程器 (⇨ taffrail log).

pát·ent·ly *adv.* **1** 明らかに, 明白に (obviously)：He was ～ wrong. **2** 《古》公然と (openly).

pátent médicine *n.* (特許をもつ製薬会社が販売する)(特許)医薬品, 売薬《proprietary ともいう》.

pátent òffice, P- O- *n.* 特許局, 特許庁.

pat·en·tor [pǽtn̩tə, pæ̀tn̩tɔ́ə | péɪtəntə(r, pǽt-, -tn̩t-, ←←tɔ́:(r] 〖← PATENT＋-OR²〗 *n.* **1** (専売)特許認可者. **2** ＝patentee.

pátent óutsides *n. pl.* (第 1 ページと第 4 ページの外側だけ印刷した)表刷り紙《新聞の内側のページは空白で, 地方記事などに当てられる；cf. boiler plate, patent insides》.

pátent rìght *n.* (発明などに対する)特許権.

pátent ròlls *n. pl.* 《英》年間(専売)特許登記簿, 開封勅許状 (letters patent) 簿.

pátent slip *n.* 《英》〘海事〙＝slipway 1 b.

pátent stíll *n.* パテントスチル《連続式蒸留器で, ポットスチルより高濃度で不純物の少ない蒸留酒が得られる；bourbon whiskey はこれによって製する；cf. pot still》.

pátent théater *n.* 《英》勅許劇場《London の Drury Lane Theatre や Covent Garden Theatre のように勅許によって設立されたもので, もとは種々の特権が与えられた》.

pa·ter 〖1：《(1728)》⇐ L ～ 'FATHER'. 2：《(a1338)》《略》← PATERNOSTER〗 ── *n.* **1** [péɪṭə | -tə(r)] 《英俗》おやじ, 父 (father) (cf. mater 1). **2** [péɪṭə, pǽṭə, pá:tɛə | péɪtə(r, pǽt-] [しばしば P-] 主の祈り (Paternoster, the Lord's Prayer)；主の祈りを唱えること.

Pa·ter [péɪṭə | -tə(r)], **Walter** (**Horatio**) *n.* (1839–94) 英国の批評家・小説家；*Studies in the History of the Renaissance* (1873), *Marius the Epicurean* (1885).

pat·er·a [pǽṭərə | -tə-] 〖⇐ L ～ ← *patēre* to lie open：⇨ patent〗 *n.* (*pl.* **-er·ae** [-rì:]) 〘建築〙皿飾り, パテラ《円形または楕円形の浮き彫り装飾》.

pa·ter·fa·mil·i·as [pèɪṭəfəmíliəs, pà:-, -liæ̀s | pèɪtəfəmílìæs, -lɪəs, -ljəs] 〖⇐ L *paterfamiliās* ← *pater* 'FATHER'＋*familiās* ((old gen.) ← *familia* 'FAMILY')〗 ── *n.* **1** (*pl.* ～**·es**) 《戯言》(男の)家長, 戸主 (cf. materfamilias). **2** (*pl.* **pa·tres·f-** [péɪtri:z-, pá:treɪs-]) 〘ローマ法〙家父長；父権 (patria potestas) から解放された成年男子.

pa·ter·nal [pətə́:nl̩ | -tə́:-] 〖《(1605)》⇐ LL *paternāl-is* ← L *paternus* fatherly ← *pater* 'FATHER'：⇨ -al¹〗 ── *adj.* **1** 父の, 父としての, 父(親)らしい (fatherly) (cf. maternal 1, parental 1)：～ love 父性愛 / take ～ care of …父のように世話する, 父親としての面倒をみる / bid adieu to one's ～ roof 父のひざもとから去る, 独立する. **2 a** 〈親戚など〉(血縁が)父方の, 父系の：a ～ grandmother＝a grandmother on the ～ side 父方の祖母 / be related on the ～ side 父方の親類である. **b** 〘文化人類学・社会学〙父親中心の, 父権の (cf. maternal 2 b)：a ～ family 父親中心家族, 父権家族《家族内の権威が父親あるいは男性の長によって保持されている家族の型》. **3** 父から得た, 父譲りの, (父から)世襲の：the ～ acres 世襲の土地. **4** 〈政

府・立法など)(父の子に対するような)善意に基づいて規制[制限, 干渉]する; 温情主義の. **~·ly** *adv.*

patérnal árm *n.* 〘紋章〙父方直系の紋章《西洋の紋章は妻が相続人であれば, その生家の紋章を夫の紋章に加え, 代々継承されるので, 父方の直系の紋章を特に original arm とも呼んで区別する》.

pa·tér·nal·ìsm [-nəlɪzm, -nḷ-] *n.* (政治・経済・雇用関係などで)(父の子に対するような)善意に基づく配慮[統制, 干渉]; 温情主義, 家族主義的経営[統治]. **pa·tér·nal·ist** [-nəlɪst, -ləst, -nḷ-|-nəlɪst, -nḷ-] *n.* **pa·ter·nal·ís·tic** [pətə̀ːnəlístɪk, -nḷ- | -tə̀ː-] *adj.* **pa·tèr·nal·ís·ti·cal·ly** *adv.*

pa·ter·ni·ty [pətə́ːnəṭi | -tə́ːnətɪ, -nɪ-] 〘((1432-43)) ⊏ (O)F *paternité* ∥ LL *paternitātem* ← L *paternus*: ⇨ peternal, -ity〙 ── *n.* **1** 父であること, 父性 (fatherhood); 父としての権利[義務], 父権. **2** 父系; 父方の血筋. **3 a** 著作者であること (authorship). **b** (著作・事件などの)起源, もと, 元祖 (origin).

patérnity tèst *n.* 〘法律〙(特に, 未婚の女性が生れた子の父親に対してする)実父確定の科学的検査《血液検査 (blood grouping) など》.

pa·ter·nos·ter [pǽṭənɑ̀stə, pɑ̀ːṭənɑ́stə, -tɛə- | pæ̀tənɔ́stə(r] 〘OE ⊏ L *pater noster* Our Father (ラテン語訳の「主の祈り」の起句)〙 ── *n.* **1** [または P-]〘宗教〙主の祈り, (特に, ラテン語の)主禱(ᵗᵒ)文 (Lord's Prayer); その読唱. **2 a** (数珠の)主の祈りの珠(ᵗᵃᵐᵃ)《普通の珠 10 個ずつの間に置いてある大珠; 珠をつまぐりながら祈りつつこの珠に来た時主の祈りを繰り返す》. **b** 〘古〙数珠(ᵈᵘ), ロザリオ (rosary). **3** 祈りの言葉, 呪文: the black ~ 悪魔に祈る言葉, 呪い / the white ~ 悪魔から逃れることを祈る言葉 / say the devil's ~ ⇨ devil's paternoster. **4** (主としてヨーロッパの)循環エレベーター《扉のない箱が連続して上下し続ける昇降機》. **5 a** 数珠形の物. **b** 〘釣〙= paternoster line. **c** 〘建築〙連珠紋《pearl molding ともいう》.

Pa·ter Nos·ter [pǽṭə-nɑ́stə, pɑ́ːṭ-, -tɛə- | pǽtə-nɔ́stə(r] 〘↑〙 *n.* (特に, ラテン語の)主の祈り (Lord's Prayer).

páternoster líne *n.* 〘釣〙一定間隔に釣鉤とおもりを付けた釣糸《単に paternoster ともいう》.

Pa·ter Pa·tri·ae [péɪṭə-péɪtrìiː, pɑ́ːtɛə-pɑ́ːtrìaɪ | péɪtə-, -péɪtrìiː] 〘⊏ L ~ 'father of his country': 紀元前 63 年 Catiline の陰謀を鎮圧した Cicero に与えられた称号〙 ── *L. n.* 国父 (Father of his country).

Pat·er·son [pǽṭəsn | -tə-] 〘← *Wm. Paterson* (1745-1806: 州知事)〙 *n.* 米国 New Jersey 州北東部の都市; 人口 153,000.

Pat·er·son [pǽṭəsn | -tə-], **William** *n.* (1658-1719) スコットランドの実業家; イングランド銀行の創設者.

pâte-sur-pâte [pɑ́ːt-səː-pɑ́ːt | -sə̀ː-; *F.* pɑtsyrpɑt] 〘⊏ F ~ 《原義》paste on paste〙 ── *n.* 〘窯業〙パートシュルパート《浅浮彫りを粘土・泥漿(ᵈᵉⁱˢʰᵒ) (slip) を用いて手描きでつけた陶器の装飾法》.

path [pǽ(ː)θ, pɑ́ːθ | pɑ́ːθ] 〘OE *pæþ* < (WGmc) **paþa* way (Du. *pad* / G *Pfad*) ← IE **pent-* to tread, go〙 ── *n.* (*pl.* **~s** [pǽ(ː)ðz, pǽ(ː)θs, pɑ́ːðz, pɑ́ːθs | pɑ́ːðz]) **1 a** (人や動物に踏まれて自然に出来た)道, (車が通れないほどの)小道, 細道 (footway): a ~ *through* a wood [*across* fields] 森[畑]の中の小道[野道] / ⇨ beaten path. **b** (人が歩くための)歩道 (footpath), (庭園・屋敷内の)通用路. **2** (徒歩・自転車などの)競走路. **3** 通り道, 進路; 飛行経路 (course): the ~ of a comet [a bird in the air] 彗(ˢᵘⁱ)星の軌道[鳥の飛ぶ道] / come across a person's ~ 人に出会う. **4 a** (人として歩むべき)道, 人生行路: smooth a person's ~ 人の進行を容易にしてやる / follow in the ~ of a person 人の踏んで来た道をたどる, 人の方針に従って行く / The ~*s* of glory lead but to the grave. 栄光の道も行きつく果ては墳墓に外ならない (T. Gray, *Elegy Written in a Country Church-yard*, 36). **b** (文明・思想・行動などの)方向, 進路; やり方, 方針; (議論の)筋道: the ~ of duty [loyalty] 義務[忠義]の道 / the ~ *to* peace [success] 平和[成功]への道. **5** 〘数学〙道《点や図形が与えられた条件の下で動いた時にできる道》. **6** 〘物理〙(物体や粒子の通る)行路: ⇨ mean free path. **7** 〘解剖〙(神経系の)路(ʳᵒ); 索.

a path strewn with roses バラの花を敷いた道; 歓楽の生活. ***beat a path*** 〔…へ〕大急ぎで行く〔*to*〕. ***blaze a path*** ⇨ blaze³ 成句. ***break a path*** (困難を排して)新しい道を切り開く[開拓する] (cf. pathbreaking). ***cross a person's path*** (1) 人の行く手を横切る, 人に出会う. (2) 人(の計画など)を邪魔[妨害]する. ***take the wrong path*** ⇨ wrong 成句. ***the narrow path*** 狭い道, 正義 (cf. *Matt.* 7 : 14).

path. 《略》pathological; pathology.

path- [pæθ] (母音の前に来る時の) patho- の異形.

-path [⌐-pæθ] 次の意味を表わす名詞連結形: **1** 〘⊏ G ~ 《逆成》← *-pathie* '-PATHY'〙「…療法医」: allo*path*. **2** 〘← Gk *-pathēs* ← *pāthos* suffering: ⇨ pathos〙「…病患者」: psycho*path*.

Pa·than [pətɑ́ːn, péɪθən | pətɑ́ːn] 〘⊏ Hindi *Paṭhān*〙 *n.* パターン人《パキスタン北西部及びアフガニスタン南東部に住む》.

páth·brèaker *n.* (新しく)道を切り開く人; (新分野の)開拓者, 先達.

páth·brèak·ing *adj.* 新しい道を切り開く, 開拓者的な, 先達的な.

Pa·thé [pɑːtéɪ, pæ-; *F.* pate], **Charles** *n.* パテ《1863-1957; 映画初期のフランスの企業家・製作者・興行家; ニュース映画と小型映画の創始者》.

pa·thet·ic [pəθéṭɪk | -tɪk] 〘((1598)) ⊏ F *pathétique* ⊏ LL *pathēticus* ⊏ Gk *pathētikós* sensitive ← *páskhein* to suffer: ⇨ pathos, -ic¹〙 ── *adj.* **1** 感動させる, 人の心を動かす (touching); 哀れを誘う (pitiful), 哀愁に満ちた, 悲しい, 痛ましい: a ~ story 哀話 / a ~ scene (芝居の)愁嘆場. **2** 感情[情緒]の[に関する]. **3** 《口語》かわいそうなほどだめな[うまく(行か)ない, 足りない], ひどく不つり合いの[そぐわない]. ── *n.* **1** [the ~] 感傷的なもの. **2** [*pl.*] (喜怒哀楽の)情[激情]の研究; 喜怒哀楽の情にひたる[をあらわにする]こと, 悲しげな表情. **pa·thét·i·cal** *adj.* **pa·thét·i·cal·ly** *adv.* **pa·thét·i·cal·ness** *n.*

pathétic fállacy *n.* 感傷的虚偽[誤謬]《詩人が慣習的に自然・無生物などを人間同様の感情をもつものとして扱うこと; Ruskin が *Modern Painters* の中で用いた語; 例: the angry wind》.

Pa·thet Lao [pɑ́ːθɪt-lɑ́ːoʊ, -θət- | -lɑ́ːaʊ] *n.* パテトラオ《中国と結ぶラオスの親共派》.

páth·finder *n.* **1 a** (未開地の)新道路開拓者, 探検者. **b** (学問などの)新分野開拓者(の草分け), 先導者, 先覚者, パイオニア. **2** 〘軍事〙**a** 誘導機《照明弾・発煙弾その他の手段で飛行編隊を目標地点に誘導する》. **b** 降下[降着]誘導員, 誘導降下員《空挺作戦であらかじめ降下して, 主力の降下を誘導するための空地通信などに任じる者》; (航法支援用の)機上レーダー(装置). **3** 《米俗》(警察の使う)内偵者, 密偵, スパイ.

páth·fìnd·ing *n., adj.* 新しい道を切り開く(こと), 草分け(的な).

-path·i·a [pǽθiə | -θɪə] 〘← NL ~ : ⇨ -pathy〙《廃》= -pathy 2.

path·ic [pǽθɪk] 〘⊏ L *pathic-us* ⊏ Gk *pathikós*〙 *n.* **1** = catamite. **2** = victim.

-path·ic [pǽθɪk] 〘⇨ -pathy, -ic¹〙 -pathy で終わる名詞に対応する形容詞連結形.

páth·less *adj.* 道のない; 前人未踏の; 人跡の絶えた (untrodden): a ~ jungle. **~·ness** *n.*

path·o- [pǽθo(ʊ) | -θə(ʊ)] 〘← NL ~ ← Gk *páthos* suffering, emotion: ⇨ pathos〙「苦しみ (suffering); 病気 (disease); 感情 (passion)」の意の連結形. ★ 母音の前では通例 path- になる.

pátho·cùre 〘⇨ ↑, cure〙 *n.* 〘精神医学〙器質性疾患の発生による神経症の治癒.

path·o·for·mic [pæ̀θəfɔ́əmɪk | -fɔ́ː-] 〘← PATHO- + -FORM + -IC¹〙 *adj.* 〘病理〙(特に, 精神病の)疾病発端の.

path·o·gen [pǽθədʒɪn, -dʒən, -dʒèn] 〘← PATHO- + -GEN〙 *n.* (*also* **path·o·gene** [pǽθədʒìːn]) 病原体, 病原.

pàtho·génesis 〘← PATHO- + -GENESIS〙 *n.* 〘病理〙**1** 疾病(ᵖʸᵒ)の成立ち, 病因. **2** 病因論, 疾病発生論. **pàtho·genétic** *adj.*

path·o·gen·ic [pæ̀θədʒénɪk] 〘← PATHO- + -GENIC〙 *adj.* 病原[病因]となる, 病原性の(ある): ~ bacteria 病原菌. **pàth·o·gén·i·cal·ly** *adv.*

path·o·ge·nic·i·ty [pæ̀θo(ʊ)dʒɪníṣəṭi, -dʒə- | -θə(ʊ)-dʒɪnísətɪ, -dʒə-, -sɪ-] *n.* 病原(性).

pa·thog·e·nous [pəθɑ́dʒənəs, pæ- | -θɔ́dʒɪ-] *adj.* = pathogenic.

path·og·no·mon·ic [pæ̀θə(g)no(ʊ)mɑ́nɪk | -nə(ʊ)-mɔ́n-] 〘⊏ Gk *pathognōmonik-ós* indicating a particular disease: ⇨ patho-, gnomon, -ic¹〙 ── *adj.* 〘医学〙(疾病)特徴的な. **pàth·og·no·món·i·cal** *adj.* **pàth·og·no·món·i·cal·ly** *adv.*

pa·thog·no·my [pəθɑ́gnəmi, pæ- | -θɔ́gnəmɪ] 〘← PATHO- + -GNOMY〙 *n.* **1** 〘医学〙症候学. **2** (表情などからの)感情[激情]の考察[認識].

pa·thog·ra·phy [pəθɑ́grəfi, pæ- | -θɔ́grəfɪ] 〘← PATHO- + -GRAPHY〙 *n.* 〘病理〙パトグラフィー, 病跡(学), 病誌.

pathol. 《略》pathological; pathology.

path·o·log·ic [pæ̀θəlɑ́dʒɪk | -lɔ́dʒ-] 〘((1656)) ⊏ F *pathologique* ⊏ Gk *pathologikós*: ⇨ pathology, -ic¹〙 *adj.* = pathological.

path·o·log·i·cal [pæ̀θəlɑ́dʒɪkəl, -dʒə- | -lɔ́dʒɪ-] 〘((1688)): ⇨ ↑, -al¹〙 ── *adj.* **1** 病理学(上)の, 病理学的な: ~ experiments, studies, etc. **2** 異常な, 病的な (morbid) (↔ physiological): a ~ liar 病的な虚言者. **3** 病気に関する, 治療の.

pathológical anátomy *n.* 病理解剖学.

pàth·o·lóg·i·cal·ly *adv.* 病(理)的に: He is ~ shy. 病的(なほど)に内気だ.

pa·thól·o·gist [-dʒɪst, -dʒəst | -dʒɪst] 〘((1650)): ⇨ ↓, -ist〙 *n.* 病理学者.

pa·thol·o·gy [pəθɑ́lədʒi, pæ- | -θɔ́lədʒɪ] 〘((1611)) ⊏ F *pathologie* ∥ ← NL *pathologia* ← Gk *pathologia* study of disease: ⇨ patho-, -logy〙 ── *n.* **1** 病理学: general [special] ~ 病理学総論[各論] / ⇨ plant pathology. **2** 病理; 病状, 病気の経過. **3** 異常, 変異 (abnormality); (病的)逸脱 (deviation).

pa·thom·e·ter [pəθɑ́məṭə, pæ- | -θɔ́mɪtə(r, -mə-] 〘← PATHO- + -METER¹〙 *n.* 〘電気〙(人体)電気伝導度測定器.

pàtho·morphólogy *n.* 〘医学〙病理形態学. **pàtho·morphológical** *adj.* **pàtho·morphológic** *adj.*

pàtho·neurósis 〘← NL ~ : ⇨ patho-, neurosis〙 *n.* 〘精神医学〙疾病因性神経症.

pàtho·physiólogy 〘← PATHO- + PHYSIOLOGY〙 *n.* 〘医学〙病態生理学. **pàtho·physiológical** *adj.* **pàtho·physiológic** *adj.*

pa·thos [péɪθɑs, -θɔ(ː)s, -θoʊs | -θɔs] 〘((1579)) ⊏ Gk *páthos* emotion, suffering ← *páskhein* to suffer: cf. Gk *pénthos* grief〙 ── *n.* **1** (言語・音楽・人生の経験などで)哀れを誘う力[調子], 哀感, 悲哀, ペーソス (cf. bathos); あわれみの情: There is abundant ~ in her words. 彼女の言葉には哀れを誘うところが多い. **2** 〘哲学〙パトス《人間精神の能動的・エトス的・理性的契機と対照させられる受動的・感情的・情意[情緒]的契機; cf. logos 2, ethos 3》. **3** 《まれ》悲痛, 苦難.

páth·wày *n.* 小道, 細道; 歩道, 通路 (path).

-pa·thy [⌐-pəθi | -θɪ] 〘⊏ Gk *-pátheia* suffering, feeling ← *páskhein* to suffer: ⇨ pathos, -Y¹〙 ── 次の意味を表わす名詞連結形: **1**「苦痛 (suffering); 感情 (feeling)」: anti*pathy*, sym*pathy*. **2**「病気 (disease)」: neuro*pathy*, psycho*pathy*. **3**「療法」: allo*pathy*, homeo*pathy*, hydro*pathy*.

Pa·ti·a·la [pʌ̀ṭiɑ́ːlə, pæ̀ṭ- | -tɪ-] *n.* **1** パチアラ(州)《インド北西部の旧州; 現在 Punjab 州の一部》. **2** パチアラ《インド北西部 Punjab 州の都市; 人口 152,000》.

pa·tience [péɪʃəns] 〘((?*a*1200)) *pacience* ⊏ (O)F ~, OF *pacience* ⊏ L *patientia* ← *patientem*: ⇨ patient, -ence〙 ── *n.* **1** 忍耐, 我慢, 辛抱; 我慢して待つこと: Have ~ a little longer. もう少し辛抱なさい, 気長に待ちなさい / in ~ 辛抱強く, 根気よく / sit like ~ on a monument 忍耐の権化のように坐っている (Shak., *Twel N* 2. 4. 114). **2** 忍耐力, 堅忍持久, 辛抱強さ, 頑張り, 根気 (perseverance); たゆまない[うまない]こと, 精励 (diligence): the ~ of Job ⇨ job 2 / work hard with ~ 根気よくせっせと働く. **3** 《英》〘トランプ〙ペイシェンス, 一人遊び[占い] (《米》solitaire). **4** 〘植物〙ワセスイバ (*Rumex patientia*)《ヨーロッパ原産のタデ科の多年草; 食用になる; patience dock ともいう》. **5** 《廃》寛容 (sufferance), 許容 (permission).

have no patience with (人・行動など)に我慢ができない. ***lose one's patience with*** [***toward***] …に我慢し切れなくなる, 腹を立てる. ***My patience!*** 《俗》おやおや《驚きを表わす》. ***out of patience with*** …に我慢ができなくなって, 愛想をつかして.

Pa·tience [péɪʃəns] 〘((17 C)) ↑: cf.「しのぶ」〙 *n.* 女性名《愛称形 Patty》. ★ Puritans に好まれ, 現在も地方で多くみられる.

pa·tient [péɪʃənt] 〘adj.: ((*c*1340)) *pacient* ⊏ (O)F *patient* ⊏ L *patient-*, *-ēns* (pres.p.) ← *pati* to suffer: ⇨ -ent. ─ n.: ((*c*1385)) *pacient* ⊏ (O)F *patient* ← (adj.)〙 ── *adj.* **1** 忍耐[辛抱, 我慢]強い, 根気のよい, 気長な: be ~ *to* [*with*] a person 人に対して辛抱強い / more ~ than Job ヨブより辛抱強い, 非常に我慢強い. **2** 勤勉な (diligent), たゆまず働く (laborious). **3** 《古》〔圧迫・緊張などに〕耐え得る〔*of*〕: be ~ *of* toil, hunger, sufferings, etc. **4** 《古》〔解釈などを〕許す, 〔…の〕余地がある〔*of*〕: The facts are ~ *of* two interpretations. その事実には二つの解釈が可能だ. **5** 《まれ》受動的な, 受身の (passive). ── *n.* **1** (医者から見た)患者, 病人; (美容院などの)客 (customer): a ~ of his [Dr. Mill's] 彼[ミル先生]の患者. **2** 受動者 (↔ agent). **3** 《古》受難者; 苦悩者; 犠牲者 (sufferer).

pá·tient·ly 〘((*c*1340))〙 *adv.* 忍耐[辛抱]強く, 根気よく, 気長に, じっと.

pat·in [pǽṭn | -tɪn, -tn] *n.* = paten.

pat·i·na¹ [pǽṭənə, pǽṭnə, pətíːnə | pǽtɪnə] 〘((1748)) ⊏ It. ~ 《原義》? tarnish formed on a metal dish ⊏ L *patina* (↓)〙 ── *n.* (*pl.* **~s, -i·nae** [pǽṭənìː, -tn-, -naɪ, pətíːniː | pǽtɪnìː]) **1** (青銅器などの)古さび, 緑青: a ~ of rust 鉄さび. **2** (木工品・家具・手すりなどの時代のついた)古つや. **3** 〘美術〙古色, さび.

pat·i·na² [pǽṭənə, pǽṭnə, pətíːnə | pǽtɪnə] 〘((1857)) ⊏ L ~ 'dish': cf. patella, paten〙 ── *n.* (*pl.* **~s, -i·nae** [pǽṭənìː, -tn-, pətíːniː | pǽtɪnìː]) **1** (古代ローマ人の用いた)大ばち, 平なべ (pan). **2** 〘キリスト教〙= paten 1.

pat·i·nate [pǽṭənèɪt | -tɪ-] 〘← PATINA¹ + -ATE³〙 *vt.* [主に p.p. 形で] …に古さび[緑青]を生じる. ── *vi.* 古さび[緑青]が出る.

pat·i·na·tion [pæ̀ṭənéɪʃən | -tɪ-] *n.* **1** = patina¹ 2. **2** (骨董(ᵏᵒᵗᵒ)的価値を出すために)人工的に古つや[さび]をつけること.

pa·tine [pætíːn, pə-] *n.* **1** = paten. **2** = patina¹. ── *vt.* 古さび[緑青]でおおう.

pat·i·nous [pǽṭənəs | -tɪ-] *adj.* さび[古つや]のある, 古色をつけた, 時代がついた.

pa·ti·o [pǽṭiòʊ, pɑ́ːṭ- | pǽtɪəʊ, pɑ́ːt-, péɪʃiəʊ; *Sp.* pátjo] 〘⊏ Sp. ~ ← ? L *pat(ē)re* to lie open: ⇨ patent〙 ── *n.* (*pl.* **~s** [~z; *Sp.* ~s]) **1** (スペインやラテンアメリカで家屋の)中庭, パティオ (inner court). **2** 《米》(スペイン風の家の)パティオ, テラス《家屋寄りの庭を食事などができるようにコンクリートや石畳にしたもの》.

pa·tis·se·rie [pətísəri | pətíːs(ə)rɪ, pæ-; *F.* pɑtisri, pa-] 〘⊏ F *pâtisserie* ← ML *pasticium* pastry (← *pasta* 'PASTE¹') + *-erie* '-ERY'〙 ── *n.* **1** = French pastry. **2** 菓子製造販売店; (特に) French pastry を売る店.

Pat·more [pǽtmɔə, -moə | -mɔː(r], **Coventry** (**Kersey Dighton**) *n.* (1823-96) 英国の詩人; *The Angel in the House* (1854-62).

Pat·mos [pǽtməs, -mɑs | -mɔs] *n.* パトモス(島)《小アジア南西方沿岸沖にある Dodecanese 諸島の一島 (28 km²); St. John がここに流されたと伝えられる; cf. *Rev.* 1 : 9》. **Pat·mi·an** [pǽtmiən | -mɪ-] *adj.*

Pat·na [pʌ́tnə, pǽt- | pǽt-; *Hindi* pəṭna] *n.* パトナ

《インド北東部, Ganges 河畔の都市, Bihar 州の首都; 人口 473,000》.

Pátna ríce n. パトナ米《インド産の細長い硬質の米; カレーライスやピラフなどに用いる》.

pa·tois [pǽtwɑː, páː-t- | pǽtwɑː, -twɔː; F. patwa] 〖《1643》□ F ～ ← ? OF *patoier* to handle clumsily (← *patte* paw)+-*ois* '-ESE' (cf. F《北部方言》*françois* =F *français* French): ぎこちない話し方から〗 ── n. (pl. ～ [～z; F. ～]) **1** (特に, 小地域の)方言, 俚語(りご) (dialect). **2** (ある職業・グループによる)特殊用語, 職業語 (jargon). **3**《英》田舎言葉, 国なまり《時に敵意をこめて使用された場合についていう》.

Pa·ton [péɪtn], **Alan** (**Stewart**) n. (1903–) 南アフリカ共和国の小説家; *Tales from a Troubled Land* (1961).

pa·tonce [pətáns | -tɔ́ns] 〖□ ? (O)F *potencé* having arms like a crutch ← POTENCE²〗 ── adj. 〘紋章〙〈十字架が〉各先端が三つに分かれた葉の形をした《イングランドの初期の紋章に多く見られる》.

pat. pend. 《略》 patent pending.

patr- [pætr, peɪtr] (母音の前に来る時の) patri- の異形.

Pa·tras [pətrǽs, pǽtrəs | pətrǽs] n. パトレ, パトラス《ギリシャ Peloponnesus 半島北西部, Gulf of Patras に臨む港市; 人口 113,000》.

patresfamilias n. paterfamilias の複数形.

pat·ri- [pǽtrɪ, péɪt, -rə | -trɪ] 〖ME □ L ～ ← *patr-, pater* 'FATHER'〗 ──「父 (father)」の意の連結形 (cf. matri-): *patri*lineal. ★ 時に patro-, また母音の前では通例 patr- になる.

pa·tri·al [péɪtriəl | péɪtrɪ-, pǽt-] 〖□ F《廃》 ～ // ML *patriāl-is* ← *patria* fatherland ← *pater* (↑): ⇨ -al¹〗 ── adj. **1** 祖国の[に関する]. **2** 〈語が〉国の地名から出た. **3**《英》(親が英国生れであるため)英国在住権をもつ. ── n. 《英》(親が英国生れであるために)英国在住権をもつ人.

pa·tri·al·i·ty [pèɪtriǽləṭi | -triǽlətɪ, -lɪ-] 〖⇨ ↑, -ity〗 n. 生粋[生え抜き]の国民であること[状態].

pa·tri·a po·tes·tas [páːtriə-po(ʊ)téstæs | -trɪə-pəʊ-] 〖□ L ～ 《原義》 paternal power〗 n. 〘ローマ法〙 父権, 家父長権.

pa·tri·arch [péɪtriɑ̀ək | -triɑ̀ːk] 〖? lateOE *patriarc* □ (O)F *patriarche* □ eccl.L *patriarcha* □ Gk *patriárkhēs* head of family ← *patriá* family (← *patḗr* 'FATHER') + *árkhēs* leader: ⇨ -arch¹〗 ── n. (cf. matriarch) **1** 家長, 族長. **2** 〘聖書〙 **a** [the ～s] イスラエル族の先祖である Abraham, Isaac, Jacob およびその父祖たち. **b** [the twelve ～s] イスラエル12支族の祖先である Jacob の12人の子 (cf. *Acts* 7: 8). **3 a** 気品[風格]のある老人. **b** (ある社会・団体などの)長老, 元老, 古老 (elder): a village ～ 村の古老. **c** (動植物などの同種類の中で)最も古い[年を経た]もの, 最古のもの. **4** (学派・宗派・種族などの)創始者, 開祖 (founder); 大御所. **5** 父権制社会の長. **6** (初期キリスト教会で)司教の尊称《後には特に, Antioch, Rome, Jerusalem などの司教の尊称》. **7** 〘東方正教会〙 総主教《古代 Constantinople, Alexandria, Antioch, Jerusalem の, また近代はロシヤ・ルーマニア・セルビアなどの主教; このうち Constantinople の主教は最高位で ecumenical patriarch と尊称する》. **8** [しばしば the P-] 〘カトリック〙 **a** ローマ教皇 (the Pope)《正式には the Patriarch of the Occident [West] という》. **b** (教皇の次に位する)総大司教. **9** 〘モルモン教〙 祝福師《メルキゼデク神権 (Melchizedek Priesthood) の職の一つ》. **10** (東洋のコプト教会 (Coptic Church), ネストリオス派 (Nestorianism) およびアルメニアの教会などヨーロッパの教会から分離している教会の)主教. **pa·tri·ar·chic** [pèɪtriɑ́əkɪk | -triɑ́ː-] adj. **pà·tri·ár·chi·cal** adj. **pà·tri·ár·chi·cal·ly** adv.

pa·tri·ar·chal [pèɪtriɑ́əkəl | -triɑ́ː-] 〖《1570》□ LL *patriarchāl-is*: ⇨ ↑, -al¹〗 ── adj. **1 a** 家長[族長]の; 家長[族長]制の. **b** 父権制(社会)の. **2** 家長[族長]のような, 長老[古老]らしい; 高齢の; 〈老人が〉品位[風格]のある (venerable). **3** 〈動植物など〉(同種のものの中で)最も古い[年を経た], 最古の (oldest). **4** patriarch の. **～·ly** adv.

patriárchal cróss n. 総主教(の)十字架《総主教が用いる横棒の2本ある十字架; cf. lorraine cross》.

pa·tri·ar·chal·ism [pèɪtriɑ́əkəlìzm | -triɑ́ː-] n. 家長[族長]制政治; 父権社会組織[形態].

pa·tri·arch·ate [péɪtriɑ̀əkət, -kɪt, -kèɪt | -triɑ̀ːk-] 〖《1617》← ML *patriarchāt-us*: ⇨ patriarch, -ate¹〗 ── n. **1** 〘キリスト教〙 patriarch の位[職務, 任期, 管区, 邸宅]. **2 a** 〘文化人類学・社会学〙 =patriarchy 1. **b** 父権社会(機構). **3** 族長の地位.

pa·tri·ar·chy [péɪtriɑ̀əki | -triɑ̀ːkɪ] 〖《1561》□ Gk *patriarkhía* ← *patriárkhēs* 'PATRIARCH': ⇨ -y¹〗 ── n. 〘文化人類学・社会学〙 **1 a** 父権制《家族内において父が権力をもち, 社会・政治において男性が権力をもつ制度; 前者の場合を父家長制ともいう》; 父権政治. **b** 男性による政治[支配]. **2** 父権社会 (patriarchate).

patrices n. patrix の複数形.

Pa·tri·cia [pətríʃə, -tríː- | -tríʃə, -ʃɪə] 〖《18C》□ L ～ (fem.) ← *Patricius* 'PATRICK'〗 n. 女性名《愛称形 Pat, Patsy, Patti, Patty》.

pa·tri·cian [pətríʃən] 〖n.: 《c1400》 *patricion* □ (O)F *patricien* ← L *patricius* (adj.) of a noble father, (n.) patrician ← *patrēs* fathers, senators (pl.) ← *pater* 'FATHER': ⇨ -ician. ── adj.: 《1615》□ F *patricien*〗 ── n. **1** (古代ローマの)貴族 (cf. plebeian, plebs). **2** (ローマ帝国の)代官, 地方執政官, 総督《Constantine 大帝の創設; イタリアおよびアフリカ諸州に駐在》. **3 a** (中世イタリア都市国家の)世襲貴族. **b** (中世ドイツ自由都市の)市会議員有資格者, 支配階級の市民. **4** 貴族, 名門家. ── adj. **1** (特に, 古代ローマの)貴族の: ～ rank 貴族の地位 / the ～ class 貴族階級. **2** 貴族的な (aristocratic), 名門の, 貴族らしい: ～ features, arrogance, etc.

patrícian·shìp n. (特に, 古代ローマの)貴族であること, 貴族の身分.

pa·tri·ci·ate [pətríʃiət, -ʃiɪt, -ʃièɪt | -ʃɪət, -ʃɪɪt, -ʃièɪt] 〖← ML *patriciāt-us*: ⇨ patrician, -ate¹〗 n. **1** 貴族身分[社会]. **2** 貴族の地位.

pat·ri·cide [pǽtrəsàɪd | pǽtrɪ-, péɪt-] 〖← PATRI-+-CIDE: cf. parricide〗 ── n. **1** 父親殺し《行為》. **2** 父殺し《犯人》(cf. matricide, parricide, fratricide). **pat·ri·cid·al** [pæ̀trəsáɪdl | pæ̀trɪ-, pèɪt-] adj.

Pat·rick [pǽtrɪk] 〖□ OIr. *Patricc* (Ir. *Pādraigo*) ← L *patricius* 'nobleman, PATRICIAN': cf. Patricia〗 ── n. 男性名《愛称形 Paddy, Pat, Patsy, Rick; スコットランド語形 Padruig, アイルランド語形 Padraic, Padraig, ウェールズ語形 Padrig》.

Pat·rick [pǽtrɪk], **Saint** n. (389?–?461) イギリスの伝道師でアイルランドの司教; アイルランドの守護聖人, 七守護聖人 (Seven Champions of Christendom) の一人;「アイルランドの使徒 (Apostle of Ireland)」とも呼ばれる; 祝日 3月17日.

pátri·láteral 〖← PATRI-+LATERAL〗 adj. 父方の.

pàtri·líneage n. 父系, 男系 (↔ matrilineage).

pàtri·líneal 〖← PATRI-+LINEAL〗 adj. 父系の, 父系制の, 父方の; 父系主義の (↔ matrilineal): ～ ancestry, rights, etc. **～·ly** adv.

pàtri·línear adj. =patrilineal. **～·ly** adv.

pat·ri·li·ny [pǽtrəlàɪni, péɪt- | -trɪlàɪnɪ] 〖← PATRI-LIN(EAL)+-Y¹〗 n. 父系制《系譜関係や地位の継承, 財産相続などが, 父からなされる制度; ↔ matriliny》.

pàtri·lócal 〖← PATRI-+LOCAL¹〗 ── adj. 〘文化人類学・社会学〙 夫方居住の《夫婦が夫の両親と住む婚姻様式にいう; virilocal ともいう; cf. matrilocal》. **pàt·ri·locálity** n.

pat·ri·mo·ni·al [pæ̀trəmóuniəl, -njəl | -trɪmə́ʊnjəl, -nɪəl] 〖□ (O)F ～ □ LL *patrimōniālis* ← *patrimōnium* (↓): ⇨ -al¹〗 ── adj. 世襲財産の; 先祖伝来の, 父子相伝の, 世襲の (hereditary). **～·ly** adv.

pat·ri·mo·ny [pǽtrəmòuni | -trɪmənɪ] 〖《1340》 *patremoine* □ (O)F □ L *patrimōnium* paternal estate ← PATRI-+-*mōnium* '-MONY': 今の形は L にならったもの〗 ── n. **1** 世襲財産, 相伝財産; 家督 (inheritance); [集合的]全財産. **2** 親譲りのもの[性質] (heritage); 伝承, 過去の遺産 (tradition). **3** 寺院基本財産, 教会財産: the *Patrimony* of St. Peter (かつてのイタリアの)教皇領 (Papal States).

pa·tri·ot [péɪtriət, -ɑ̀t | pǽtriət, péɪt-, -ɔ̀t] 〖《1596》□ (O)F *patriote* □ LL *patriōta* □ Gk *patriṓtēs* fellow countryman ← *pátrios* of one's fathers ← *patr-, patḗr* 'FATHER'〗 ── n. 愛国者, 志士, 憂国の士.

pa·tri·ot·eer [pèɪtriətíə | pæ̀trɪətíə(r, pèɪt-] 〖⇨ ↑, -eer〗 n. えせ愛国者.

pa·tri·ot·ic [pèɪtriɑ́tɪk | pæ̀triɔ́t-, pèɪt-] 〖《1757》□ LL *patriōtic-us* □ Gk *patriōtikós* ← *patriṓtēs* 'PATRIOT': ⇨ -IC¹〗 ── adj. 愛国の, 愛国的な, 憂国の, 愛国心の強い. **pà·tri·ót·i·cal·ly** adv.

pá·tri·ot·ìsm [-triətìzm | -trɪ-] 〖《1726》← PATRIOT+-ISM〗 n. 愛国心, 憂国, 報国心.

Pátriots' Dày n. 《米》 愛国者記念日《4月19日; 米国独立戦争当時の Lexington と Concord の戦 (1775) を記念した Maine 州と Massachusetts 州の法定祝日; Boston では Paul Revere Day ともいう》.

Pat·ri·pas·si·an·ism [pæ̀trəpǽsiənìzm, pèɪt- | -trɪpǽsɪə-, -sjə-] 〖← *patripassian* □ LL *patripassiān-us* ← L *pater* 'FATHER'+*passus* having suffered: ⇨ passion, -ian, -ism〗 ── n. 〘神学〙 天[聖]父受難説, 父難説《初代教会の異端説の一つで, 天父も子(キリスト)と同じく受難したとする説; cf. Modalism, Sabellianism》.

pàtri·po·téstal 〖← PATRI-+POTESTAL〗 adj. 〘文化人類学・社会学〙 父権(制)の (↔ matripotestal).

pa·tris·tic [pətrístɪk] 〖《1837–39》← PATRI-+-ISTIC〗 adj. **1** (初期キリスト教の)教父の. **2** 教父の遺書(研究)の. **pa·trís·ti·cal** adj. **pa·trís·ti·cal·ly** adv.

pa·tris·tics [pətrístɪks] 〖⇨ ↑, -ics〗 n. 教父(神)学《教父 (Fathers of the Church) の教理・思想を扱う学問; patrology ともいう》.

pa·trix [péɪtrɪks] 〖← NL ～ ← PATRI- + (MATR)IX〗 n. (pl. **-tri·ces** [-trəsìːz | -trɪ-], **～·es**) 〘印刷〙 (活字母型を作るための)父型, パトリックス.

pa·tro- [pǽtrə] patri- の異形.

Pa·tro·clus [pətróukləs, -trɑ́k- | -trɔ́k-] 〖□ L ～ □ Gk *Pátroklos*〗 ── n. 〘ギリシャ神話〙 パトロクロス《英雄 Achilles の友; Hector に殺されたが, Achilles がそのあだを討った》.

pa·trol [pətróul | -trə́ʊl] 〖n.: 《1664》□ G *Patrolle* □ F *patrouille* ← *patrouiller*. ── v.: 《1691》□ F *patrouiller* to patrol, 《原義》 to paddle in mud ← *patte* paw +《方言》(*gad*)*rouille* mud〗 ── n. **1 a** 巡回, 巡視, 巡察, 偵察, 斥候, 哨(しょう)戒 (perambulation), パトロール: on ～ 巡回[警羅(ら)]中; 哨戒中 / ～ duty 巡察[斥候, 哨戒]任務[勤務]. **b** (天文現象などの)毎日決まって行なう観察. **2 a** (斥候などの)巡視[偵察, 巡察, 哨戒, パトロール]隊. **b** 巡回者, 巡視人, 巡査: a police ～. **3** 巡回船, 哨戒艦艇; 哨戒機; パトロールカー. **4** =patrol wagon. **5 a** (ボーイスカウトの)班《2名以上から成る》. **b** (ガールスカウトの)班《6-8名から成る》. ── v. (**pa·trolled**; **-trol·ling**) ── vi. **1** 〈巡査などが〉巡視する, 巡回する, 巡察する, パトロールする. **2** 哨戒する. ── vt. **1** 〈陣営・町内などを〉巡視する, 巡回する: ～ the streets [grounds]. **2** 〈街路などを〉行進する, 練り歩く: Bands of unemployed ～*led* the town. 失業者が隊を組んで町を練り歩いた.

patról bòat n. 哨(しょう)戒艇, 哨艇, 巡視船.

patról càr n. 警察巡回自動車, パトロールカー, パトカー (《米》 squad car, 《英》 panda car).

pa·tról·ler n. 巡回者, 巡視者, 巡察者.

patról·man [-mən | -mən, -mæ̀n] n. (pl. **-men** [-mən | -mən, -mèn]) **1** 《米》 パトロール[巡回]巡査; 巡査 (《英》 police constable) (⇨ police 1 ★). **2** 高圧線巡視[巡察]員. **3** (森林などの)防火巡視隊員.

pa·trol·o·gy [pətrɑ́lədʒi | -trɔ́lədʒɪ] 〖《1600》← NL *patrologia*: ⇨ patri-, -logy〗 ── n. 〘キリスト教〙 **1** 教父学《本来は教父 (Fathers of the Church) の著作・伝記を扱う学問; 今日では一般に patristics と同義に用いられる》. **2** 教父遺書[原典]集(成). **pat·ro·log·i·cal** [pæ̀trəlɑ́dʒɪkəl, -dʒə- | -lɔ́dʒɪ-] adj. **pa·tról·o·gist** [-dʒɪst, -dʒəst | -dʒɪst] n.

patról plàne n. (阻止)哨(しょう)戒機.

patról torpèdo bòat n. 〘米海軍〙 =PT boat.

patról wàgon n. 《米》 **1** 犯人[囚人]護送車 (《英》 prison-van, 《口語》 Black Maria). **2** (火災保険会社の防火班などの用いる)軽運搬車.

pa·tron [péɪtrən | péɪt-, pǽt-] 〖《c1300》 *patroun* □ (O)F *patron* □ L *patrōnus* protector ← *pater* 'FATHER': PATROON, PADRONE, PATTERN と四重語〗 ── n. **1** (人・主義・芸術・事業・催し物などの)後援者, 支援者, 保護者, ひいき筋, 賛助者, パトロン (sponsor). **2 a** (商店・旅館などの)ひいき客, お得意 (regular customer). **b** 図書館(特に公立図書館)の利用者. **3** (芸術家などの)保護者, パトロン《著作者はその著書・著作の中に彼への献呈辞を記し, 画家はその作品中に彼の肖像を示す》. **4** =patron saint. **5** (古代ローマの) **a** (法廷における)弁護人(advocate). **b** (奴隷が解放された後, その保護者として立つ)旧主人; 被護民(client)を保護した貴族. **c** (征服された他民族の保護者となる)将軍. **6 a** (官職などの)任命権所有者. **b** 〘英国国教会〙 聖職授与権者, 聖職推挙権者, 聖職禄献納者.

Patrons of Husbandry [the ―] 《米》 農民共済組合 (⇨ grange 3 a).

pat·ron·age [pǽtrənɪdʒ, péɪt- | pǽt-] 〖《1412》□ (O)F ～: ⇨ ↑, -age〗 ── n. **1** (芸術家などに対する)保護 (protection); 支援, 後援, 賛助, 奨励 (encouragement): under the ～ of ...の後援[賛助]のもとに, ...御用. **2** (商店などに対する客の)ひいき, 引き立て, 愛顧: give one's ～ to a shop 店をひいきにする. **3** 恩着せがましい態度, 恩人振ること: with an air of ～ 恩着せがましい態度で. **4 a** (政党員を官職や党の役員に任じる)任命権, 叙任権; (その権限内の)官職, 役職: He has a great deal of ～ in his hands. 彼は大なる任命[登用]権を握っている. **b** 〘英国国教会〙 聖職授与権[推挙権], 牧師推薦権.

Pátronage Sécretary n. 《英》 官吏選考長官《大蔵省の委員》.

pa·tron·al [péɪtrənl, pǽt-, pətróu- | pətráu-, pæ-] 〖《1611》□ F ～ // LL *patrōnāl-is*: ⇨ patron, -al¹〗 ── adj. **1** 守護聖人の: a ～ festival 守護聖人祭. **2** 保護[後援]者の.

pa·tron·ess [péɪtrənɪs, -nəs | péɪtrənɪs, pǽt-, -nès, -nəs] 〖《c1420》: ⇨ patron, -ess¹〗 n. 女性の patron.

pa·tron·ize [péɪtrənàɪz, pǽt- | pǽt-] 〖《1589》□ F *patronis-er* // ML *patroniz-āre*: ⇨ patron, -ize〗 ── vt. **1** 保護する, 後援[支援]する (support), 奨励する; 引き立てる, 愛顧する (favor). **2** ...に対し恩人振る, ...に恩を着せる. **3** 〈商店などを〉ひいきにする, ...の得意客になる; 〈施設などを〉大いに利用する, にしばしば行く: a poorly ～*d* store (得意)客の少ない店. **pa·tron·i·za·tion** [pèɪtrənɪzéɪʃən, pæ̀t-, -naɪ- | pæ̀trənaɪ-, -nɪ-] n. **pá·tron·ìz·er** n.

pá·tron·ìz·ing adj. **1** 愛顧する. **2** 恩着せ顔の, もったいをつける; (目下の者に)横柄な. **～·ly** adv.

pátron sáint n. **1** (ある人・職業・土地の)守護聖人; 守護神. **2** 守護聖人[守護神]のような人; (政党などの)創始者; (いつも買物に来てくれる)お得意客.

pat·ro·nym·ic [pæ̀trənímɪk] 〖adj.: 《1669》□ LL *patrōnymic-us* □ Gk *patrōnumikós* pertaining to one's father's name ← *patr-, patḗr* 'FATHER'+*ónuma* (Doric) 'NAME'+-*ikos* '-IC¹'. ── n.: 《1612》□ LL *patrōnymic-um* (neut.)〗 ── adj. **1** 父の名を採った, 父祖の名から出た《特に, 父系を示す接頭辞または接尾辞をつけた; cf. matronymic》. **2** 〈接頭辞・接尾辞が〉父祖の名を示す. ── n. **1** 父の名を採った名, 父祖の名から出た名, 父称《父祖の名に接頭辞または接尾辞をつけて作る: *MacArthur* (=son of Arthur), *Williams* (=son of William), *Williamson* (=son of William), *O'Connor* (=son of Connor), *FitzGerald* (=son of Gerald), *Powell* (← *Ap Howell* = son of Howell), etc.》. **2** 姓, 名字 (surname).

pa·troon [pətrúːn] 〖《1758》□ Du. ～ □ F *patron* 'PATRON'〗 ── n. 〘米史〙 (昔, オランダ治下にあった New York 州と New Jersey 州で)荘園的特権を有していた土地所有者《1850年ごろ廃止》. **～·shìp** n.

pat·sy [pǽtsi | -sɪ] 〘← ? It. *pazzo* insane person: PATSY 1 との連想による変形〙 — *n.* 《米口語》 **1** お人よし, だまされ易い人, かも. **2** 笑いの種にされる人, あざけりの的. **3** 貧乏くじを引く人, 責任を負わされる人.

Pat·sy [pǽtsi | -sɪ] 〘1: (dim.) ← PATRICK. 2: (dim.) ← PATRICIA〙 *n.* **1** 男性名. **2** 女性名.

pat·tée [pətéɪ] 〘《1486》 ⊏ (O)F (*croix*) *pattée* pawed (cross) ← *patte* (↓): ⇨ -ee¹〙 — *adj.* 〘紋章〙 十字の各腕 (arm) がカーブを描きながら先端で広がった《formé, formée, formy ともいう; ⇨ cross¹ 挿絵》.

pat·ten [pǽtn̩] 〘《1390》 *paten* ⊏ (O)F *patin* ← *patte* paw, foot < ? VL **pattam*《擬音語》: ⇨ -ine¹〙 — *n.* **1** [通例 *pl.*] **a** パッテン, 靴台《もと泥道などを歩く時や背を高くみせるために, 木底やコルクなどをつけた靴, またはオーバーシューズ; cf. chopine》. **b** 木靴, (木の)サンダル (cf. sabot 1). **2** 〘建築〙 (柱や壁の)脚部.

pattens 1 a

pat·ter¹ [pǽtə | -tə(r] 〘v.: 《c1380》 ← PATER 2: ロザリオを繰りながら PATERNOSTER を早口で唱えることから. — n.: 《1758》 ← (v.)〙 — *n.* **1** 大道商人や手品師の唱える早口の文句: conjuror's ～ 手品師の使う呪文. **2** (特別な商売または社会だけに通じる)わけのわからない言葉, 隠語 (lingo): thieves' ～ 泥棒の符牒. **3** 《口語》 早口, おしゃべり (gabble): a ～ of excuse 早口の言いわけ. **4** 《口語》 **a** (オペレッタの)早口で歌う滑稽歌 (patter song). **b** その歌にはさむ早口のおしゃべり[言葉]. — *vt.* **1** 〈祈り・詩などを〉早口に唱える. **2** 早口にしゃべる. — *vi.* **1** (ほとんど意味を考えずに)早口に話す, ぺらぺらしゃべる. **2** 早口に祈りを唱える. **3** 《俗》 わけのわからない言葉[隠語]をしゃべる. **～·er** [-tərə | -tərə(r] *n.*

pat·ter² [pǽtə | -tə(r] 〘v.: 《1611》 (freq.) ← PAT¹ (v.): ⇨ -er⁴〙 — *vi.* **1** 〈雨などが〉ぱらぱらと降る, ぱたぱたと音を立てる: the rain ～*ing* on the roof ぱらぱらと屋根を打つ雨. **2** 〈小児・ネズミなどが〉ぱたぱたと走る 〈*about, around*〉: ～ *along* the hard floor 堅い床をぱたぱたと走って行く. — *vt.* …にぱたぱたと音を立てさせる. — *n.* (足音・雨などの)ぱたぱた[ぱらぱら, ばらばら]いう音; ぱたぱた(音が)する[(音を)させる]こと: the ～ of rain on one's shoulders.

pát·ter³ [-tə | -tə(r] *n.* 軽くたたく人, 軽い足音を立てる人.

pat·tern [pǽtən | -tn̩, -tən] 〘《1369》 *patro(u)n* ⊏ (O)F *patron* 'PATRON, model, pattern': 今の形は 16C から: cf. 《方言》 *apern* apron, *childern* children〙 — *n.* **1** 模範, 手本: a ～ *of* propriety 礼儀の手本 / She is a ～ *of* womanly virtue. 彼女は貞節の鑑(かがみ)だ. **2 a** (思考・行動・文などの)型 (type), 様式 (style), 思考[行動]様式, パターン: sentence [verb] ～*s* 文[動詞]型 / ⇨ behavior pattern / a ～ *for* living 生活様式 / a bicycle of an old ～ 旧式な型の自転車 / an army trained *after* Western ～ 西洋式に訓練された軍隊. **b** (服などの)原型, 型紙, 模型 (model): a paper ～ *for* a dress = a dress ～ 婦人服の型紙. **3** (陶器・織物などの)図案, 模様, 柄, デザイン (design); (建築の)文様, ひな型, 作例: ～*s on* [*of*] wallpaper, china, fabrics, etc. **4** (服地などの)見本 (sample): a bunch of ～*s* 見本帖. **5** 《米》 (ドレスなどの)一着分の生地 (cf. dress length). **6** 〘テレビ〙 テストパターン (test pattern). **7** 〘冶金〙 (鋳型を作る木や金属の)原型, 木型, 金型; ひな型. **8** 〘貨幣〙 (本発行承認前の)改正[原]デザイン見本(貨幣), 試鋳貨. **9** 〘航空〙 (空港)着陸進入路; その図形. **10** 射弾散布型, 散布帯型《同一条件での砲の連続射撃で散布された射弾の示す特定の型》. **11** 機構, 組織 (setup). **12** (アイルランドの)守護聖人の日; その祭典.
run to pattern 型にはまっている.
— *attrib. adj.* 模範的な, 手本となる, 理想的な: a ～ wife 模範的な細君.
— *vt.* **1** 型取って作る (model), 模造する: ～ a thing *after* [*on, upon*] a design デザインに基づいて物を造る. **2** …に模様をつける, 紋形を置く: a carpet [dress] ～*ed with* flowers. **3** 《英方言》 **a** 模範とする, まねる (imitate): ～ oneself *after* [*on*] …を模倣する. **b** …に匹敵する[させる] (match). — *vi.* **1** (一定の)型を成す, パターンを描く. **2** 〈火器が〉的に射弾散布型を描く. **3** 《まれ》 〔…の〕例[範]にならう, まねる 〔*after, by, on, upon*〕.
～ed *adj.*

páttern bòmbing *n.* 〘軍事〙 パターン爆撃, 一斉爆撃《爆撃機編隊が, ある目標地域上空をおおってから一斉に爆撃を開始, 全弾をその地域に均等分布させる方法; cf. area bombing, carpet bombing, precision bombing, saturation bombing》.

páttern bòok *n.* 柄見本帳.

pát·tern·ing *n.* **1 a** 模造, 模倣; 企画, デザイン. **b** 芸術的パターン, 特定の型にならって描かれた模様. **2** 〘社会学〙 (慣習などの)様式. **3** 〘医学〙 パタニング《フィードバック機構を利用して, 筋の神経支配を回復させる方法》.

pat·tern·ize [pǽtənàɪz | -tən-, -tn̩-] *vt.* 《まれ》 型に合わせる; 型を成すようにする, 定型化する.

páttern·less *adj.* **1** 並ぶもののない, 比類のない, 無比の. **2** 無定型の.

páttern·màker *n.* (織物・刺繍(しゅう)などの)図案家; 模型[鋳型]製作者.

páttern plàte *n.* 〘印刷〙 = caster 4 b.

páttern pràctice *n.* (英語の)文型練習, パターンプラクティス.

páttern ròom [shòp] *n.* (鋳物工場などの)木型製作室.

pátter sòng *n.* = patter¹ 4.

Pat·ti [pǽti | -tɪ] 〘(dim.) ← PATRICIA〙 *n.* 女性名.

Pat·ti [pǽti, pɑ́ːti | -tɪ; *It.* pátti], **A·de·li·na** [àdelíːnə] *n.* パッティ《1843–1919; Madrid 生れのイタリアのソプラノ歌手; 通称 Baroness Cederström [*Swed.* séːdərstrœm]》.

Pat·ton [pǽtn̩], **George Smith** *n.* (1885–1945) 米国の将軍.

pat·tu [pɑ́tuː] 〘⊏ Hindi *paṭṭū* ← Skt *paṭṭa* strip of cloth: cf. puttee〙 *n.* (Punjab や Kashmir 地方の)山羊の毛の手織ラシャ《ショールなどにする》.

pat·ty [pǽti | -tɪ] 〘《1710》 ← PÂTÉ: PASTY² との連想による変形〙 — *n.* **1** パッティー, 小型パイ, パテ (pâté). **2** = patty shell. **3** 《米》 (ひき肉などを)小さな平たい形に作った料理. **4** 小粒で偏平なキャンデー.

Pat·ty [pǽti | -tɪ] 〘(dim.) ← MARTHA, MATILDA, PATRICIA, PATIENCE〙 *n.* 女性名.

pátty-càke *n.* **1** = pat-a-cake. **2** = patty 1.

pátty·pàn *n.* **1** パッティー (patty) を焼く平たい鍋. **2** 〘園芸〙 = pattypan squash.

páttypan squásh *n.* 〘園芸〙 = cymling.

pátty shèll *n.* パイ生地で作った殻, ケース《肉・魚貝類・野菜・果物などを詰める; 単に patty ともいう》.

pat·u·lin [pǽtʃʊlɪn, -lən | -tjʊlɪn] 〘← (*Penicillium*) *patul*(*um*) + -IN¹〙 *n.* 〘医学〙 パツリン ($C_7H_6O_4$)《*Penicillium patulum* というかびから得られる抗生物質》.

pat·u·lous [pǽtʃʊləs | -tjʊ-] 〘⊏ L *patulus* lying open ← *patēre* to be open, extend: ⇨ patent, -ous〙 — *adj.* **1** 開いている, 口を開いている, 広がっている; 放射状に広がった. **2** 〘植物〙 〈枝が〉広がっている (spreading); 〈萼(がく)が〉少し開いている; 〈花梗(こう)が〉ところどころに花をつけている. **～·ly** *adv.* **～·ness** *n.*

pat·y [pǽti | -tɪ] *adj.* 〘紋章〙 = pattée.

Pau [póu | páʊ; *F.* po] *n.* ポー《フランス南西部の避寒都市, Pyrénées-Atlantiques 県の首都; 人口 86,000》.

P.A.U., PAU 《略》 Pan American Union.

pau·a [páuə] 〘⊏ Maori ～〙 — *n.* **1** 〘貝類〙 ヘリトリアワビ (*Haliotis iris*)《ニュージーランド産; 肉は食用, 殻は装飾品加工として珍重される》. **2** その貝殻で作った釣鉤.

pau·ci- [pɔ́ːsɪ, -sə | -sɪ] 〘⊏ L ～ ← *paucus* 'FEW¹, little'〙「少し, 少数 (few)」の意の連結形.

pau·cis ver·bis [pɔ́ːsɪs-vɚ́ːbɪs, -səs-, -bəs, páukɪs-vɛ́əbɪs | pɔ́ːsɪs-vɜ́ːbɪs] 〘⊏ L *paucis verbis*: ⇨ ↑, verb〙 *L. adv.* 数語で, 簡単に (in a few words).

pau·ci·ty [pɔ́ːsəti | -sɪti, -sɪ-] 〘《c1425》 *paucite* ⊏ (O)F *paucité* // L *paucitātem* fewness ← *paucus* 'FEW¹': ⇨ -ity〙 — *n.* 《文語》 **1** 少数, 少量. **2** 払底, 不足 (scarcity): ～ of material, food, etc.

Paul¹ [pɔːl; *F.* pɔl, *G., Flem., Du.* pául] 〘《13C》 ⊏ L *Paul-us*《原義》 little // Gk *Paûl-os*〙 *n.* 男性名.

Paul² [pɔːl] *n.* [(Saint) ～] 〘聖書〙 パウロ《?–?67; キリストの使徒; 初期の偉大な伝道者; 新約聖書中の書簡の著者》.
rob [*borrow from*] *Peter to pay Paul* ⇨ Peter 成句.

Paul [páut; *G.* pául], **Hermann** *n.* パウル《1846–1921; ドイツの言語学者; その著 *Prinzipien der Sprachgeschichte*「言語史の原理」(1880) は Neo-grammarian 学派の理論を代表する》.

Paul [páut; *G.* pául], **Jean** [ʒɑ̃] *n.* パウル《J. P. F. Richter の筆名》.

Paul I *n.* **1** [Saint ～] パウルス[パウロ]一世《?–767; 教皇 (757–767); フランク王 Pepin の友》. **2** パーベル一世《1754–1801; ロシヤ皇帝 (1796–1801)》.

Paul III *n.* パウルス[パウロ]三世《1468–1549; イタリアの聖職者; 教皇 (1534–49); 英国王 Henry 八世を破門した (1538); 本名 Alessandro Farnese》.

Paul V *n.* パウルス[パウロ]五世《1552–1621; イタリアの聖職者; 教皇 (1605–21); 本名 Camillo [kamíllo] Borghese》.

Paul VI *n.* パウルス[パウロ]六世《1897–1978; イタリアの聖職者; 教皇 (1963–78); 本名 Giovanni Battista Montini [montíːni]》.

Pau·la [pɔ́ːlə] 〘⊏ G ～ (fem.) ← PAUL〙 *n.* 女性名.

Pául and Virgínia *n.* **1 a**「ポールとヴィルジニー」《フランスの Bernardin de Saint-Pierre の田園詩的小説 Paul et Virginie [virʒini] (1787) の英訳名》. **b** その主人公たち. **2** 年若い恋人たち.

Paul-Bon·cour [pɔ́ːlbɔ̀ː(ŋ)kúə, -bɔ(ː)ŋ- | -kúə(r; *F.* pɔlbɔ̃kuːr], **Joseph** *n.* ポール ボンクール《1873–1972; フランスの政治家; 首相 (1932–33)》.

Paul Bun·yan [pɔ́ːl bʌ́njən] *n.* **1** 〘米伝説〙 ポールバニヤン《五大湖地方および北西部の木材切出し地方の伝説的なきこり; 大力無双の巨人で数々の力業(ちからわざ)が伝えられている》. **2** 大力無双の大男.

Paul·ding [pɔ́ːldɪŋ], **James Kirke** [kɚ́ːk | kɜ́ːk] *n.* (1778–1860) 米国の作家.

paul·dron [pɔ́ːldrən] 〘《1465》 *polron*《頭音消失》 ← OF *espauleron* ← *espaule* (F *épaule*) shoulder (cf. epaulet): -*d*- は後の添加〙 *n.* 〘甲冑〙 (鎧(よろい)の)肩当て, 肩甲 (shoulderpiece) (⇨ armor 挿絵).

Pau·lette [pɔːlét] 〘(fem.) ← PAUL: ⇨ -ette〙 *n.* 女性名.

Pau·li [páuli | -lɪ; *G.* páuli], **Wolfgang** *n.* パウリ《1900–58; オーストリア生れで第二次大戦中米国に在住したが, スイスに帰化した原子核物理学者; Nobel 物理学賞 (1945); cf. exclusion principle》.

Páuli exclúsion prìnciple *n.* 〘物理〙 パウリの排他原理 (⇨ exclusion principle).

Pau·li·na [pɔ(ʊ)líːnə | pɔ(ʊ)-; *It.* políːna] 〘⊏ L *Paulina* (fem.) ← *Paulinus* ← *Paul* 'PAUL¹': ⇨ -ina²〙 *n.* 女性名.

Pau·line¹ [pɔːlíːn | pɔːlíːn, ⌐—] 〘⊏ F ～ ⊏ ML *Paulina* (↑): ⇨ -ine⁴〙 *n.* 女性名.

Pau·line² [pɔ́ːlaɪn, -liːn | -laɪn] 〘《a1376》 ⊏ ML *Paulin-us* ← LL *Paulus* 'PAUL¹': ⇨ -ine¹〙 — *adj.* 使徒パウロ (Paul) の; パウロ書簡の, パウロの教説の: the ～ Epistles (新約聖書中の)パウロの書簡. — *n.* (London の) St. Paul's School の生徒[卒業生].

Páuline prívilege *n.* [the ～] 〘カトリック〙 パウロの特権《結婚後に帰依して, 未受洗の配偶者と宗教上の慣習で折り合わない者に与えられる婚姻解消の権利》.

Pau·ling [pɔ́ːlɪŋ], **Linus** (**Carl**) *n.* (1901–) 米国の化学者; Nobel 化学賞 (1954), Nobel 平和賞 (1962).

Pau·lin·ism [pɔ́ːlənɪzm | -lɪ-] *n.* パウロ主義, 使徒パウロの(ものとされる)教説, パウロ神学. **Páu·lin·ist** [-nɪst, -nəst | -nɪst] *n.* **Pau·lin·is·tic** [pɔ̀ːlənístɪk | -lɪ-] *adj.*

Páuli prínciple *n.* 〘物理〙 パウリの原理 (⇨ exclusion principle).

Paul·ist [pɔ́ːlɪst, -ləst | -lɪst] *n.* 1858 年カトリックの聖職者たちによって New York に設立された使徒パウロ伝道会 (Missionary Society of St. Paul the Apostle) の一員.

Pául Jónes 〘⇨ John Paul JONES〙 *n.* ポールジョーンズ: **a** 一定の動作に従ってパートナーを変えてゆくダンスの一種. **b** そのダンスでパートナーを変えること.

páu·lo-pòst-fúture [pɔ́ːləpòʊst- | -lə(ʊ)pə̀ʊst-] 〘《1824》 ← NL *paulō post futūrum* future a little after《なぞり》 ← Gk *ho met' olígon méllōn* the future after a little〙 — *n.* **1** 〘ギリシャ文法〙 未来完了時制 (future perfect tense). **2** 《戯言》 近い未来: a ～ effect. **3** 〘言語・文法〙 近未来.

pau·low·ni·a [pɔːlóʊniə | -láʊnjə, -nɪə] 〘← NL ～ ← *Anna Paulovna* (1795–1865: ロシヤの Paul 一世の皇女で, オランダの王妃となる): ⇨ -ia¹〙 — *n.* 〘植物〙 キリ, キリノキ《ゴマノハグサ科キリ属 (*Paulownia*) の植物の総称》; (特に)キリ (princess tree).

Paul Pry [pɔ́ːl-práɪ] 〘英国の喜劇作家 J. Poole (1786?–1879) 作の喜劇 (1825) に出る人物〙 *n.* 詮索好きな人.

Pául Revére Dày *n.* ⇨ Patriots' Day.

Paul·sen [páʊtzən, -zn̩; *G.* páulzn], **Friedrich** *n.* パウルゼン《1846–1908; ドイツの哲学者》.

Pau·lus [pɔ́ːləs; *G.* páulus] 〘⊏ L ～: ⇨ Paul〙 *n.* 男性名.

Pau·mó·tu Archipélago [paʊmóʊtuː- | -máʊ-] *n.* [the ～] パウモツ諸島 (⇨ Tuamotu Archipelago).

paunch [pɔ́ːntʃ, pɑ́ːntʃ | pɔ́ːntʃ] 〘《1375》 *pa(u)nche* ⊏ ONF *panche* = OF *pance* (F *panse*) ← L *panticēs* (pl.), *pantex* (pl.) bowels, paunch〙 — *n.* **1** 腹 (belly); 胃 (stomach). **2** 〘動物〙 こぶ胃 (⇨ rumen). **3** 太鼓腹 (potbelly): get a ～ 布袋腹になる. **4** 〘海事〙 **a** = paunch mat. **b** = rubbing paunch. — *vt.* …の腹を切り裂く, 内臓を取除く. **～ed** *adj.*

páunch màt *n.* 〘海事〙 (すり切れるのを防ぐ)当てむしろ, パウンチマット.

paunch·y [pɔ́ːntʃi, pɑ́ːn- | pɔ́ːntʃɪ] *adj.* (**paunch·i·er**; **-i·est**) 太鼓腹の. **páunch·i·ness** *n.*

pau·per [pɔ́ːpə | -pə(r] 〘《1516》 ⊏ L *pauper* 'POOR': ⇨ few¹〙 — *n.* **1** (自活力がなくて公共団体または慈善団体の)生活保護を受けている人; (救貧法 (poor law) による)生活保護受給者. **2** 貧乏人, 貧民; 乞食. **3** 〘法律〙 (司法扶助を受ける)貧民.
pauper's grave 無縁墓.
— *adj.* 貧民の, 貧困な; 貧困者のための: ～ children / a ～ school.

pau·per·age [pɔ́ːpərɪdʒ] *n.* 生活保護受給者であること; 貧民であること.

páuper còsts *n. pl.* 《古》〘英法〙 (司法扶助を受ける)貧民の支払う訴訟費用 (cf. Dives costs).

páu·per·dom [-dəm] *n.* **1** 貧困, 貧窮. **2** [集合的] 貧民, 細民階級.

páu·pered *adj.* 貧民化した, 落ちぶれた.

páu·per·ìsm [-pərɪzm] *n.* **1** (極度の)貧窮, 貧困: be reduced to ～ 困窮のどん底に陥る. **2** [集合的] 生活保護受給者; 貧民 (paupers). **3** 一国内(など)の貧民の割合.

pau·per·ize [pɔ́ːpəràɪz] *vt.* **1** (非常な)貧困に陥れる, (極度に)窮乏させる (impoverish). **2** 生活保護を与える. **pau·per·i·za·tion** [pɔ̀ːpərɪzéɪʃən, -rə- | -raɪ-, -rɪ-] *n.*

Pau·ro·me·tab·o·la [pɔ̀ːro(ʊ)mətǽbələ | -rə(ʊ)me-] 〘← NL ～: ⇨ ↓, Metabola〙 *n. pl.* 〘昆虫〙 漸進変態類, 少変態類.

pàu·ro·me·táb·o·lìsm [-lìzm] *n.* 〘昆虫〙 漸進変態, 少変態《直翅目や半翅目のように, 脱皮ごとに翅芽が発達する変態をいう》.

pàu·ro·me·táb·o·lous [-ləs] 〘← Gk *paûros* small, slight + *metabólos* changeable: ⇨ -ous〙 *adj.* 〘昆虫〙 漸進変態の, 少変態の.

Pau·rop·o·da [pɔːrɑ́pədə | -rɔ́p-] 〘← NL ～ ← Gk *paûros* small + -PODA〙 *n. pl.* 〘動物〙 (節足動物門)少脚綱.

Pau·ro·pod·i·dae [pɔ̀ːrəpɑ́dədiː | -pɔ́dɪ-] 〘← NL ～: ⇨ ↑, -idae〙 *n. pl.* 〘動物〙ヤスデモドキ科.

paus·al [pɔ́ːzəl, -zl̩] *adj.* 休止の, 句切りの.

Pau·sa·ni·as [pɔːséɪniəs | -séɪniæ̀s, -njəs, -nɪəs] *n.* パウサニアス《紀元 2 世紀のギリシャの地理学者・旅行家; *Description of Greece*》.

pause [pɔ́ːz] 〘n.: 《1440》□ (O)F ～ // L *pausa* □ Gk *paûsis* cessation ← *paúein* to cause to cease (cf. pose[1]). — v.: 《1526》□ ? LL *pausāre* to stop ← L *pausa* (n.)〙 — *n.* **1** (話・行動などの一時的な)中止, 休止: the ～ of the wind 風の休み間 / without a single ～ ちょっとの休みもなく / make a ～ 休止する; 息をつぐ; 立ち止まる; 途切らす, 一息つく. **2** 躊躇(ちゅうちょ) (hesitation); 途切れ (suspense): in ～*s* of conversation 話の切れ目に. **3** 句切り, 句読; 段落. **4** 〘詩学〙(行末・行間での)休止, 行間休止 (caesura). **5** 〘音楽〙フェルマータ (fermata)《𝄐 または 𝄑》.
give [*put*] *pause to* 〈人の話・行動〉を中止させる; 〈人〉を躊躇させる (cf. Shak., *Hamlet* 3. 1. 68). *in* [*at*] *pause* 中止[休止]して, じっとして; 躊躇して.
— *vi.* **1** 休止する, 休む (rest), 中止する, 途切れる (intermit); 止めて待つ〔*for*〕: ～ *for* breath 止まって一息つく, ちょっと休んで息をつぐ. **2** 〔…について〕思案する, ためらう (linger)〔*upon*〕: ～ *upon* a word ちょっと言葉を考える. **3** 〘音楽〙〔…の個所で〕(音を)続ける, 延ばす〔*on, upon*〕. — *vt.* 止めさせる, 休ませる.
páus·er *n.* **páus·ing·ly** *adv.*

páuse·less *adj.* 中止しない; 止まらない. **～·ly** *adv.*

Paus·si·dae [pɔ́ːsədiː | -sɪ-] 〘← NL ～ ← *Paussus* (属名)+-IDAE〙 *n. pl.* 〘昆虫〙(鞘翅目)ヒゲブトオサムシ科.

pav·age [péɪvɪdʒ] 〘《1324-25》□ (O)F ～ ← *paver* 'to PAVE': ⇨ -age〙 — *n.* **1** 舗装 (paving), 舗装工事. **2** 〘英法〙(公道舗装のための)舗道税, 通行税; 舗道税[通行税]徴収権.

pav·ane [pəvɑ́ːn, -vǽn | pǽvən, pəvǽn, -vɑ́ːn; *F.* pavan] 〘《1535》□ F *pavane* □ Sp. *pavana* ← *pavon* peacock < L *pāvōnem*〙 — *n.* (*also* **pav·an** [pəvɑ́ːn, -vǽn, pǽvən | pǽvən, pəvǽn, -vɑ́ːn]) **1** 〘ダンス〙パバーヌ《16 世紀に流行した偶数拍子の優美な宮廷舞踊》. **2** 〘音楽〙パバーヌ舞曲《2 拍子のゆっくりしたテンポで, 通例, 3 拍子の速いガリアルダ (galliard) 舞曲が続く》.

pave [péɪv] 〘《c1310》 *pave(n)* □ (O)F *pav-er* < VL *pavāre =L *pavīre* to beat down ← IE *pēu- to cut, strike〙 — *vt.* **1** 〈石・木・れんが・瓦などを〉〈街路や床〉に敷く, 舗装する〔*with*〕: ～ a street *with* asphalt 街路をアスファルトで舗装する / a path ～*d with* cobbles [moss] 玉石を敷いた[こけの生えた]小道. **2** (舗装のように)〔…で〕しっかり[すっかり]おおう[固める]〔*with*〕: ～*d with* good intentions 善意で固められて.
pave the way for [*to*] ⇨ way[1] 成句.

pa·vé [pævéɪ, pǽveɪ | pǽveɪ; *F.* pave] 〘□ F ～ (p.p.) ← *paver* (↑)〙 — *F. n.* **1** 舗装, 舗道 (pavement). **2** 〘宝石〙(金属をおおい隠すように)宝石を密接してはめ込むこと. — *adv.* 〘宝石〙=paved 2.

paved *adj.* **1** 舗装された. **2** 〘宝石〙〈宝石が〉(金属を隠すように一面に)密接してはめ込まれた《pavé ともいう》.

pave·ment [péɪvmənt] 〘《c1300》□ (O)F ～ < VL *pavāmentum =L *pavīmentum* beaten floor: ⇨ pave, -ment〙 — *n.* **1** 舗装, 敷き石, 石畳, 舗床. **2** 舗道: **a** 《米》車道. **b** 《英》(舗装した)歩道, 人道 (《米》sidewalk). **3** 《米》舗装面. **4** 舗装材料《石・れんが・ブロックなど》. **5** 〘動物〙(鮫などの)舗石状の歯列.
hit the pavement 《俗》(1) (ナイトクラブなどから)ほうり出される. (2) 解雇される, 首になる. *on the pavement* 往来を歩いて; 宿無しで, 捨てられて (abandoned). *pound the pavement* 〘口語〙(仕事などを求めて)街を歩き回る.

pávement àrtist *n.* **1** 《英》=sidewalk artist 1. **2** 《米》歩道の上に絵画などを展示する人.

pávement light *n.* 舗道窓 (⇨ vault light).

páv·er 〘《1477》〙 *n.* **1 a** 舗工者. **b** 舗装機械, ペーバー《舗装用コンクリートミキサー》. **2** 舗装材料《石・れんがなど》; 舗石. **3** ひきうすの床石.

Pa·vi·a [pəvíːə, pɑː-, -víə; *It.* paviːa] *n.* パビーア《イタリア北部の都市; 人口 91,000》.

pav·id [pǽvɪd, -vəd | -vɪd] 〘□ L *pavid-us* trembling ← *pavēre* to quake with fear (cf. L *pavīre* 'to strike, PAVE'): ⇨ -id[4]〙 — *adj.* 恐れている, 臆病な; おずおずした.

pa·vid·i·ty [pəvídəti | -dɪti, -dɪ-] *n.* 《まれ》臆病, 小心 (timidity).

pa·vil·ion [pəvíljən | -ljən, -lɪən] 〘《c1300》 *pavilloun* □ (O)F *pavillon* < L *pāpiliōnem* tent, 《原義》butterfly ← ?〙 — *n.* **1** (園遊会や運動会などで用いる)大テント. **2** (庭園・公園などの)亭, 休憩場, 余興場, パビリオン; (海岸の)海の家. **3 a** 《英》(クリケット競技場などの)観覧席, 選手席. **b** (舞踏会の)舞踏者席. **4** (博覧会の)展示館, パビリオン, …館. **5** (病院・療養所などの)病棟, 分棟. **6** 〘建築〙(大建築物の前面や横に突き出た)装飾的な翼部, 翼廊, 展望台, 小塔. **7** 《文語》天蓋(てんがい), 天空, 蒼穹(そうきゅう) (canopy). **8** 《まれ》〘解剖〙耳介, 耳翼 (auricle). **9** 〘宝石〙パビリオン《ブリリアント型宝石の下部の斜面; girdle と culet の間の部分; ⇨ brilliant cut 挿絵》. — *vt.* **1** …に大テントを張る[備える]. **2** テントに収容する; テントのようにおおう. **3** 《比喩》おおい包む.

pavílion ròof *n.* 〘建築〙(ピラミッド状の)方形屋根.

pavílion sỳstem *n.* 〘建築〙(病院・図書館などの)分棟式, 分館式.

pa·vil·lon [pɑ̀ːvijɔ́ː(ŋ), -jɔ́(ː)ŋ; *F.* pavijɔ̃] 〘□ F ～ 'PAVILION'〙 *n.* 〘音楽〙朝顔《管楽器先端のじょうご形開口部》.

pav·in [pǽvɪn, -vən | -vɪn] *n.* =pavane.

páv·ing 〘《1426-27》〙 *n.* **1** 舗装(工事), 舗設. **2** 舗装材料. **3** 舗道, 舗床 (pavement).

páving brìck *n.* 舗道れんが《建築用のものよりやや大型》.

páving stòne *n.* (舗装用)敷石, 舗石.

pav·ior, 《英》**pav·iour** [péɪvjər | -vjə(r, -vɪə(r] 〘《1426》 *pavier* 《変形》← PAVER: ⇨ -ier[1], -ior[2]〙 *n.* **1** 舗装工; 舗床器. **2** 舗装用材; 堅焼きの建築用れんが.

pav·is [pǽvɪs, -vəs | -vɪs] 〘ME *paveis* □ OF *pavais, pavese* (F *pavois*) □ (O)It. *pavese* pavis, 《原義》'of Pavia (その製造地)'〙 — *n.* (*also* **pav·ise** [～]) (中世の歩兵や弓兵が用いた全身をおおう)大盾.

pav·i·sor [pǽvəsə | -vɪsə(r] 〘ME〙 *n.* (*also* **pav·is·er** [～]) 大盾 (pavis) を持つ人.

Pav·len·ko [pɑːvléŋkoʊ | -kəʊ; *Russ.* pavljénkə], **Pëtr Andreevich** *n.* パヴレンコ《1899-1951; ソ連の小説家》.

Pav·lov [pɑ́ːvlɔ(ː)f, pǽv-, -lɔ(ː)v | pǽvlɒv, -lɒf; *Russ.* pávləf], **Ivan Petrovich** *n.* パヴロフ《1849-1936; ロシヤの生理学者; Nobel 医学生理学賞 (1904)》.

Pa·vlo·va [pǽvləvə, pævlóʊ- | pǽvləvə, pɑ́ːv-, pævlə́ʊ-; *Russ.* pávləvə], **Anna** *n.* パブロヴァ《1881-1931; ロシヤのバレリーナ; 「瀕死の白鳥」は特に有名》.

Pa·vlov·i·an [pævlɔ́(ː)viən, -vlóʊv-, -vlɔ́(ː)f- | -vlɔ́vɪ-, -vlə́ʊ-, -vlɔ́f-] 〘← *I. P. Pavlov*+-IAN〙 *adj.* パブロフ(学説)の, 条件反射(説)の.

Pa·vlóv·i·an·ìsm [-nìzm̩] 〘⇨ ↑, -ism〙 *n.* パブロフ[条件反射]学説.

Pa·vlo·vich [pɑ́ːvləvɪtʃ; *Russ.* pávləvjitʃ] 〘□ Russ. ～ 《原義》'son of *Pavel* (=PAUL[1])'〙 *n.* 男性名.

Pa·vo [péɪvoʊ | -vəʊ] 〘□ L *pāvō* peacock〙 *n.* 〘天文〙くじゃく(孔雀)座《南天の星座; the Peacock ともいう》.

pav·o·nine [pǽvənàɪn, -nɪn, -nən | -nàɪn, -nɪn] 〘《1656》□ L *pāvōnīn-us* ← *pāvō* (↑): ⇨ -ine[1]〙 — *adj.* **1** クジャクの(ような). **2** 〈色が〉クジャクの羽根のような虹色の, 玉虫色の.

paw[1] [pɔ́ː] 〘n.: 《?a1300》 *pawe* □ OF *powe* < VL *pautam □ Gmc *pauta (Du. *poot* / G *Pfote*). — v.: 《1604》← (n.)〙 — *n.* **1** (犬・猫などの鉤爪(かぎづめ)のある)足, 手 (cf. hoof); 動物の足. **2** 〘口語〙人の手 (human hand); 《古》筆跡. **3** (毛皮くずを縫い合わせた)毛皮: a mink ～. — *vt.* **1** 〈動物が〉前足で打つ[たたく], 爪で引っ掻く; 〈馬が〉〈地を〉(ひづめで)打つ, 掻く: ～ the ground 前足で地面を掻く / ～ the air 両手を振り回す. **2 a** 手で触れる[さわる, なでる]. **b** 〈物などを〉手荒く[ぞんざいに]扱う, 無器用にいじる; 〈女性〉にさわる, みだらな振舞に及ぶ. — *vi.* **1** 〈犬・猫などが〉前足でさわる[打つ, たたく]; 〈馬が〉ひづめで地を打つ[掻く]. **2** 無器用にいじる[さわる], 手荒く[ぞんざいに]扱う〔*over, about, around*〕.

paw[2] [pɔ́ː] 〘《転訛》← PA[2]〙 *n.* 〘口語・方言〙おやじ.

paw·ky [pɔ́ːki | -kɪ] 〘《1676》← ? 《スコット》*pawk* trick, artifice+-Y[4]〙 — *adj.* (**paw·ki·er**; **-ki·est**) 《スコット・英方言》**1** 抜け目のない (shrewd), ずるい (sly); (まじめくさっていて)滑稽な, ひょうきんな. **2 a** 生意気な (saucy), 出しゃばる (forward). **b** 気難しい, しかつめらしい (squeamish). **páw·ki·ly** [-kɪli, -kə- | -lɪ] *adv.* **páw·ki·ness** *n.*

pawl [pɔ́ːl] 〘《1626》□ ? Du. *pal* pawl ← *pal* (adj.) immobile □ ? L *pālus* stake〙 — *n.* **1** 〘機械〙(歯車の逆回転を防ぐ)つめ, 歯止め (click) (⇨ ratchet wheel 挿絵). **2** 〘海事〙キャプスタン[車地]や揚錨機の歯止め (⇨ capstan 挿絵). — *vt.* 〈歯車などを〉歯止めで止める.

páwl bìtt [**pòst**] *n.* (巻揚機の)逆止めつめ柱.

pawn[1] [pɔ́ːn, pɑ́ːn | pɔ́ːn] 〘《1369》 ME *poun(e)* □ AF *poun* =OF *peon* (F *pion*) < ML *pedō(n-)* foot soldier ← L *pēs* 'FOOT'〙 — *n.* **1** 〘チェス〙ポーン (略 P; ⇨ chessman; chess[1] 挿絵). **2** (人の)手先, お先棒 (cat's-paw): He will make a ～ of you. 彼は君を手先に使うだろう.

pawn[2] [pɔ́ːn, pɑ́ːn | pɔ́ːn] 〘n.: 《1496》□ OF *pan(d)* pledge, security, 《原義》piece of cloth < (WGmc) *panda (Du. *pand* / G *Pfand*): cf. L *pannus* piece of cloth: 抵当に衣服を取っておく習慣から. — v: 《1567》← (n.)〙 — *n.* **1** 質, 質物, 質草, 担保, 抵当物 (pledge). **2** 人質 (hostage). **3** 質入れ, 人質: be *in* [*at*] ～ 質にはいって[かたに取られて]いる / give [put] something *in* ～ 物を質に入れる[置く] / take [get, redeem] *out of* ～ 質受けする. **4** 誓約, 公約 (pledge). **5** 《俗》=pawnbroker.
— *vt.* **1** 質に入れる[置く]: ～ one's diamond *for* $500 500 ドルでダイヤを質に入れる. **2** 〈生命・名誉を〉かける (stake), …にかけて誓う[保証する]: ～ one's good name, honor, etc. / ～ one's word 言質(げんち)を与える.
～·a·ble [-nəbl] *adj.*

pawn·age [pɔ́ːnɪdʒ, pɑ́ːn- | pɔ́ːn-] *n.* 質入れ, 入質.

páwn·bròker 〘《1687》← PAWN[2]+BROKER〙 *n.* 質屋(を営む人), 質商: a ～'s shop 質店 (cf. golden balls).

páwn·brò·ker·age [-k(ə)rɪdʒ] *n.* 質屋業.

páwn·brò·ker·y [-bròʊk(ə)ri | -brə̀ʊk(ə)rɪ] *n.* **1** =PAWNBROKER's shop. **2** =pawnbroking.

páwn·bròking *n.* 質屋業.

pawn·ee[1] [pɔːníː, pɑː- | pɔː-] 〘← PAWN[2] (v.)+-EE[1]〙 *n.* 質物[質草]を取る人, 質権者.

paw·nee[2] [pɔːníː, pɑː- | pɔː-] 〘□ Hindi *pānī* water ← Skt *pānīya* drink〙 *n.* 《インド》水 (water).

Paw·nee [pɔːníː, pɑː- | pɔː-] 〘← ? Pawnee *parika* horn // ← ? N-Am.-Ind. (Algonquian) *pani* slave〙 — *n.* (*pl.* ～, ～**s**) **1 a** [the ～(s)] ポーニー族《Caddoan 語族のアメリカインディアン; もと Nebraska 州 Platte 川の流域に住んでいたが, 今は Oklahoma 州北部に移った》. **b** ポーニー族の人. **2** ポーニー語.

páwn·er *n.* (*also* **paw·nor** [pɔ́ːnə, pɑ́ːnə, pɔːnɔ́ə, pɑːn- | pɔ́ːnə(r, pɔːnɔ́ː(r]) 質を入れる人, 質入主, 入質者.

páwn·shòp *n.* =PAWNBROKER's shop.

páwn tìcket *n.* 質札.

paw·paw [pɔ́ːpɔː, pəpɔ́ː | pɔ́ːpɔː, pəpɔ́ː] *n.* 〘植物〙=papaw 1.

Paw·tuck·et [pətʌ́kɪt, pɔː-, -kət] 〘□ N-Am.-Ind. (Algonquian) ～ 《原義》little falls〙 *n.* 米国 Rhode Island 州北東部の都市; 人口 77,000.

pax [pǽks, pɑ́ːks | pǽks] 〘《c1375》□ ML *pāx* =L 'PEACE'〙 — *n.* **1** 〘カトリック〙**a** 親睦(しんぼく)の接吻, 接吻礼《通例, 肩を抱くだけの儀礼的なもの》. **b** 接吻牌(はい), 聖像牌《キリストの磔(はりつけ)または聖母マリアなどの像を描いた牌で, もとミサ聖祭に司祭および信者がこれに親睦の接吻をした》. **2** 《英学生語》友だち (friend); 仲良し (good friend): make ～ *with* …と仲良しになる / We are good ～. 我々は仲良しだ. **3** [P-] (強国などの支配による)国際的な平和時代: ⇨ Pax Romana, Pax Americana.
— *int.* 《英学生語》静かに (silence!); もうけんかはよそう (truce!). *cry pax* 和を請う(など).

Pax [pǽks, pɑ́ːks | pǽks] 〘□ L *pāx* peace〙 *n.* 〘ローマ神話〙パークス《平和の女神; ギリシャ神話の Irene に当たる》.

P.A.X. 《略》《英》private automatic (telephone) exchange 私設(電話)交換台.

Páx Americána 〘← NL ～ 'American peace'〙 *n.* (関係国に対して)米国の支配による平和 (cf. Pax Romana).

Páx Bri·tán·ni·ca [-brɪtǽnɪkə, -brə-, -nə- | -brɪtǽnɪ-] 〘← NL ～ 'British peace'〙 *n.* (特に, 19 世紀の)英国の支配による平和 (cf. Pax Romana).

páx in bél·lo [-béloʊ | -ləʊ] 〘□ L *pāx in bellō* 'peace in war': cf. belligerent〙 *L. n.* 戦時の平和; 戦時の寛容.

Páx Ro·má·na [-ro(ʊ)méɪnə, -mɑ́ː- | -rə(ʊ)mɑ́ː-] 〘← NL ～ 'Roman peace'〙 — *n.* **1** ローマの支配による平和. **2** 強国による押し付けの平和.

Páx So·vi·ét·i·ca [-sòʊviétɪkə, -t̬ə- | -sə̀ʊviétɪ-] 〘← NL ～ 'Soviet peace'〙 *n.* ソ連の支配による平和 (cf. Pax Romana).

Pax·ton [pǽkstən], Sir **Joseph** *n.* (1801-65) 英国の技師, 建築家; 水晶宮 (Crystal Palace) の設計者.

pax vo·bis [pǽks-vóʊbɪs, pɑ́ːks-, -bəs | -vɔ́ʊbɪs] 〘□ L *pāx vōbīs* 'peace be with you'〙 *L.* 〘カトリック〙おん身らの平安を祈る《聖職者の挨拶言葉》.

páx vo·bís·cum [pǽks-voʊbɪ́skəm, pɑ́ːks-voʊbɪ́skʊm | -vəʊ-] 〘□ L *pāx vōbīscum* 'peace be with you'〙 *L.* =pax vobis.

pax·wax [pǽkswæ̀ks] 〘《1440》《変形》← ME *faxwax* ← OE *feax* hair+*weaxe growth (← WAX[2]): cf. G *Haarwachs*〙 — *n.* 《方言》〘解剖〙項靱(こうじん)帯 (neck ligament).

pay[1] [péɪ] 〘v.: 《?a1200》 *paye(n)* 《廃》to satisfy □ (O)F *pay-er* < L *pācāre* to pacify, (ML) to pay ← *pāx* 'PEACE': pay の意味の発達は 'pacify a creditor' から. — n.: 《?a1300》□ (O)F *paie* ← (v.)〙 — *v.* (**paid** [péɪd], (7 では) **payed** とも綴る) — *vt.* **1 a** 〈人に〉俸給[賃金, 代金]を支払う, …に報酬を払う: ～ a teacher [one's servant, one's creditor] 教師に俸給[召使に給金, 債権者に借金]を払う / ～ one's college 苦学して大学を卒業する / Have you *paid* your tailor yet? もう洋服屋への払いは済みましたか / The practice was ～*ing* the proprietress of the hospital handsomely. その病院の開業[診療]で女医院長には十分な収入があった / They didn't ～ me *for* the work. 彼らはその仕事の謝礼をしてくれなかった / ⇨ *pay the* PIPER. **b** [目的語+*to* do を伴って]〈人〉に金を与えて…させる, 雇って…させる: You couldn't ～ him *to* do it. 彼はいくら金をもらってもそれをしまい.
2 a [しばしば二重目的語を伴って]〈金銭・賃金・負債などを〉支払う, 弁済する; 〈費用などを〉支弁する (defray): ～ one's debts [a bill] 借金[勘定]を支払う / ～ wages 給金を支払う / ～ one's son's school expenses 息子の学費を出してやる / ～ the price *for* …の代金を払う / I'll ～ you three pounds *for* the book. その本代として 3 ポンドを上げます / I *paid* the money *to* your wife. その金は奥さんにお払いしました. **b** 〔銀行・口座などに〕払い込む, 預け入れる; 納入する〔*into*〕: ～ money *into* the Exchequer 国庫に金を納入する / My monthly salary is *paid into* the bank by my employers. 月々の給料は雇主の方から銀行に振り込まれる / ⇨ PAY *in*, *put* PAID[1] *to*.
3 《比喩》〈代償を〉払う; 〈報い・罰を〉受ける: ～ a high price *for* one's carelessness 不注意のために痛い目にあう / ～ the penalty 罰を受ける.
4 a …の償いをする, 償う (recompense): Your trou-

ble shall be well *paid*. ご苦労には十分な償いを致します. **b** …に返報する, 応酬する; 懲らしめる (punish): ～ a person home 人にいやというほど仕返しをする / ～ kindness *with* evil 恩を仇(あだ)で返す / ～ a person's sarcasm in kind 皮肉に応じるのに皮肉をもってする / ～ a person (back) in his own coin 人に返報[しっぺい返しを]する. ★ この意味では通例 PAY *back*, PAY *off*, PAY *out* を用いる. **c** 《古・方言》打ちすえる (thrash).
5 a …に利益を与える, …のためになる, …に引き合う: It won't ～ the store to stay open evenings. 夜も開店したのでは店も引き合うまい / Submission will ～ you better. 服従する方がためになるだろう. **b** 利益として生じる: The investment has *paid* ten percent. 投資は 10 パーセントの利潤をあげた.
6 [時に二重目的語を伴って]〈注意・尊敬・敬意などを〉払う; 〈訪問などを〉する: ～ (close) attention *to* business 仕事に(綿密に)注意する / ～ one's respects [homage] *to* a person 人に敬意を表する / ～ a compliment *to* a person 人に賛辞を呈する[お世辞を言う] / ～ court *to* a prince 君主にこびへつらう / ～ one's attentions [addresses] *to* a young lady (求婚の目的で)若い女性の歓心を求める / ～ a visit *to* the southern island 南の島を訪れる / ～ a call on a person ⇨ call *n.* 6 a / I'll ～ you a visit one of these days. 近いうちにお訪ねします.
7 (**payed**) [～ *out* または ～ *away* として]〘海事〙〈綱を〉ゆるめて繰り出す: ～ *out* [*away*] a sheet 帆脚索(ほあし)を繰り出す.
8 《廃》…の心をなだめる, 満足させる (gratify).
— *vi.* **1** 支払う, 代金を払う; 借金を返す, 債務を果たす; 支弁する; 弁済[弁償]する〔*for*〕: ～ *for* board 食費を払う / ～ well *for* a person's labor 人の仕事に対し給与を十分払う / ～ *for* one's son's education 息子の学費を出してやる / ～ *for* the damage 損害の弁償をする / ～ by check 小切手で支払う / Have those articles been *paid for*? その品の代金はいただきましたでしょうか / ⇨ *pay through the* NOSE. **2** 〈仕事などが〉もうかる, 引き合う; 〈行為などが〉骨折りがいがある, 報いられる: This profession ～*s* well. この職業はもうかる / Honesty surely ～*s*. 正直は確かに損にはならない / It ～*s* to be patient. 辛抱すれば報いられる. **3** 償いをする (make amends); 罰を受ける (be punished)〔*for*〕: Sometimes you must ～ dearly *for* mistakes. 時々過ちのために痛い目に合わなければならないことがある / We are ～*ing for* the fine autumn *with* the nasty winter. すばらしい秋だった代わりに今じめじめしたいやな冬に見舞われている.
pay as one goes 《米》(信用借りなどせず)その都度払いを済ます; 出費を実際の収入内に制限する, 借金しないでやって行く; 所得税を源泉徴収で支払う. ★ 通例 pay as you go の形で用いる (cf. pay-as-you-go): It is best to ～ *as you go*. 現金払いでやって行くのが一番よい. ***pay away*** 〘海事〙 ⇨ *vt.* 7. ***pay back*** (1) [しばしば二重目的語を伴って]〈借金などを〉返す, 払い戻す (repay); 〈人〉に返金する: He *paid* me *back* all the money he owed me. 私から借りているお金を全部返してくれた. (2) 〈人〉に(相応の)返報をする, お返しをする (requite); 〈人〉に仕返しをする, しっぺい返しをする (retaliate upon) (cf. *vt.* 4 b): I'd try my best to ～ you *back for* all your kindness. 数々のご親切には極力お報いできるよう努めたいと思います / He cheated me. I'll ～ him *back* with interest. 彼は私をだました, 今にたっぷり利息をつけてお返しをさせてもらおう. ***pay down*** (1) 即金で支払う. (2) (月賦購買などの場合)内金として払う. ***pay in*** (銀行預金口座に)払い込む, 納入する. ***pay off*** (*vt.*) (1) 〈債務を〉完済する; 〈債権者〉に負債を皆済する: ～ *off* one's debts / ～ *off* a mortgage 抵当を皆済する / ～ *off* the last of the furniture instalments 家具代の分割払いの最終分を払い終わる. (2) 給料を払って〈雇人・乗組員などを〉解雇する; 料金を払って〈タクシーなどを〉返す: She *paid off* the taxi in small money. 小銭で料金を払ってタクシーを降りた. (3) 《俗》(おどしを止めさせ, 悪事を他言させぬなどのため)〈人を〉買収する (bribe). (4) 《口語》〈人・仕打ち〉に仕返しをする, …に恨みを晴らす (cf. *vt.* 4 b): He wanted to ～ me *off for* doing it. 彼はその事で私に仕返しをしたいと思っていた / ～ *off* old scores 古い恨みを晴らす, 仇(あだ)をすっかり返す. (5) 〘海事〙〈船〉の船首を風下に向ける. (6) 〈糸・綱を〉糸巻き[巻胴]からほどく (unwind). (*vi.*) (1) 十分な報いを受ける; 損を被る. (2) 《口語》利益を産む, 引き合う (be profitable); 思い通りの結果を収める, うまく行く (succeed): It's a risk, but it'll ～ *off* in the long run. 冒険だが結局はうまく行こう. (3) 〘海事〙〈船が〉風下に向かう (swing to leeward). ***pay out*** (1) 〈金銭・給料などを〉配分する, 払い渡す (hand out); 〈積立て金などを〉払い戻す: An awful lot of money got *paid out to* those people. 恐ろしく多額の金があの連中のために支払われた. (2) 《口語》〈人〉に腹いせをする, 懲らしめる (punish) (cf. *vt.* 4 b): I was more than *paid out for* a few indiscretions. わずかばかり軽率な事をしたばっかりにいやというほど痛い目に会った. (3) 〘海事〙 ⇨ *vt.* 7. ***pay over*** (謝礼などとして)納付する, 手渡す: ～ *over* a large sum *to* the lawyer その弁護士には多額の金を払う. ***pay up*** (*vt.*) 〈借金・税金・会費などを〉皆済する, 完納する (cf. paid-up). (*vi.*) 要求通りに支払う, 請求額を(全額)支払う. ***pay one's way*** ⇨ way[1] 成句.
— *n.* **1** 給料[賃金]を支払うこと, 支払い (payment); 給料支払い期: at full [half] ～ 在[休]職給で, 全額[半]俸で. **2** 給料, 俸給 (salary); 給金, 賃金 (wages); 報酬, 手当 (remuneration); (特に, 軍隊での兵士への)給料: good ～ 相当の給料, 高給 / without ～ 無報酬の[で], 名誉の (honorary) / travel ～ 出張手当, 旅費 / ⇨ severance pay. **3** 《古》報い (reward), 報復 (requital), 罰 (punishment). **4** (負債の支払い具合から見た)支払い者: He is good [bad] ～. 彼は支払いがいい[悪い]. **5** (特に, 買収されての)雇用, 手先 (paid employ). ★ 通例次の句で: *in the* ～ *of* the enemy 敵に雇われて[使われて]. **6** (採算の取れる)鉱脈, (特に)金鉱脈; (砂地などの)石油層. **7** 《廃》満足 (satisfaction).
— *attrib. adj.* **1** 支払いの: a ～ clerk 給料支払い係, 経理係. **2** 有料の: a ～ library [school] 有料図書館[(私立)学校] / a ～ student 奨学金を受けない学生. **3** 料金払い込み装置のある: a ～ toilet 有料トイレ / ⇨ pay telephone, pay station. **4** 〈鉱石・土地など〉採鉱上もうかる: ～ rock / ⇨ pay dirt, pay gravel.
pay[2] [péɪ] 〘《1627》⊂ F 《廃》*pei-er* < L *picāre* to cover with pitch ← *pix* 'PITCH[1]'〙 — *vt.* (**payed,** 《まれ》**paid** [péɪd]) 〘海事〙〈船底・甲板の継ぎ目など〉にタールなどを流し込む.
pay·a·ble [péɪəbḷ] 〘《15C》⊂ OF *paiable*: ⇨ pay[1] (v.), -able〙 — *adj.* **1** 〈手形など〉支払うべき (due); 支払える: ～ at the bank 銀行払いの / ～ in currency 通貨で支払うべき / be ～ tomorrow 明日が支払日である / a bill ～ 支払い手形 (↔ bill receivable). **2** 〈鉱山・事業など〉採算の取れる, もうかりそうな, 有望な (profitable). **3** 〘法律〙〈借金など〉(債務者に)即時支払い義務を課する, 支払い満期の (due); 有価物で弁済できる: ⇨ account payable.
pay·a·bly [-bli | -blɪ] *adv.* 割に合って, 有利に.
páy-as-you-éarn *n.* 《英》 = pay-as-you-go 《pay-as-you-earn system ともいう; 略 P.A.Y.E.》.
páy-as-you-énter *n.* 乗車[入場]時料金支払い方式 (略 P.A.Y.E.).
páy-as-you-gó 〘← *pay as one goes* (⇨ pay[1] (v.) 成句)〙 《米》 — *n.* **1** 即金主義, 現金払い主義. **2** (所得税の)源泉課税(制度) (《英》 pay-as-you-earn).
— *attrib. adj.* 現金払い[源泉課税]主義の: on a ～ basis 現金払い[源泉課税]方式で[に].
pay-as-you-sée *attrib. adj.* 〈テレビが〉有料の: ～ TV [television] = pay-TV.
páy bèd *n.* 《英》(個人負担患者の)有料ベッド (cf. amenity bed).
páy·bòok *n.* 〘米軍〙個人給料支払い簿.
páy·bòx *n.* 《英》(劇場の)切符売場; 出納係室.
páy·chèck *n.* 《米》 **1** 給料支払い小切手. **2** 賃金, 給料. **3** 後援者 (backer); ラジオ番組の広告主 (sponsor).
páy clàim *n.* 賃上げ要求.
páy·dày *n.* **1 a** (週または月の)給料日, 俸給日, 支払い日. **b** 《俗》最良の日[時]. **2** 《英》 = account day.
páy dìrt *n.* **1** 《米》引き合う採掘地, 有望な鉱脈[山]. **2** 《米口語》掘出物, 金づる, 貴重な情報[成功]のきっかけ, やま: hit [strike] ～ 掘出物をする, やまを当てる. **3** 《俗》(フットボール場の)エンドゾーン (end zone).
P.A.Y.E., PAYE 《略》《英》pay-as-you-earn; pay-as-you-enter.
pay·ee [peɪíː] 〘← PAY[1] (v.) + -EE[1]〙 *n.* 〘商業〙(手形・小切手などの)被支払人, 受取人.
páy ènvelope *n.* 《米》 **1** 俸給[給料]袋. **2** 俸給, 給料.
páy·er 〘ME〙 *n.* 支払人; (特に, 手形・証書などの)支払人, 払渡人.
páy·gràde *n.* 〘軍事〙(法定俸給表による軍人の)給与等級.
páy gràvel *n.* = pay dirt 1, 2.
pay·ing 〘《15C》〙 *n.* 支払い: a ～ book 支払帳.
— *adj.* **1** (金を)支払う: a ～ teller (銀行の)支払係. **2** 金のもうかる, 引き合う: a ～ investment.
páying guèst *n.* 《婉曲》(特に, 素人下宿の)下宿人 (boarder).
páying-in bóok *n.* 《英》銀行通帳 (bankbook).
páying-in slìp [fórm] *n.* 《英》〘銀行〙預入伝票 (《米》 deposit slip).
páying lòad *n.* 〘航空・宇宙〙 = payload 2.
páy·list *n.* = payroll.
páy·lòad *n.* **1** (工場・会社などの)給料負担《給料として支払うべき経常負担金》. **2** 〘航空・宇宙〙 **a** ペイロード, 有料荷重, 換価荷重《商業用航空機の積載しうる重量のうち, 収益をもたらす乗客とその手荷物・郵便物・貨物などの重量》. **b** ペイロード《ロケットや宇宙飛行などでその目的に直接結びついた観測機器や乗員など(の有効搭載量); paying load ともいう》. **3** (装薬・信管・容器を含めてミサイルの)弾頭.
Paym. 《略》〘軍事〙paymaster.
páy·màster *n.* **1** (会社・官庁などの)会計係, 給料支払係, 勘定方. **2** 〘軍事〙主計官 (略 P.M., Paym.; cf. purser 2).
páymaster géneral *n.* (*pl.* **paymasters g-**) **1** [通例 P- G-] 《英》 **a** (大蔵省)主計長官. **b** 本務は名儀だけでしばしば他の特別の任務を委任された大臣 (略 P.M.G.). **2** 《米》陸軍[海軍]主計総監.
páy·ment 〘《?c1380》⊂ (O)F *paiement*: ⇨ pay[1], -ment〙 — *n.* **1** 支払い, 支弁; 納付, 払い込み: ～ in advance 前払い / ～ in [at] full 全額払い, 皆済 / ～ in part 内払い, 一部払い (partial payment) / on a partial ～ plan 分割払いで / ～ in kind 現物払い / ～ on account [by installment] 分割払い / make ～ 支払う, 払い込みをする / suspend ～ 〈会社などが〉(破産のため)支払いを停止する. **2** 支払い金額, 支払高; 報酬 (reward). **3** 弁償, 償還 (compensation). **4** 報復, 復讐, 仕返し (revenge); 《古》懲罰 (punishment).
páyment bìll *n.* 〘金融〙支払い手形.
Payne [péɪn], **John Howard** *n.* (1791–1852) 米国の俳優・劇作家; "Home, Sweet Home" (1823) の作詞者.
pay·nim [péɪnɪm, -nəm | -nɪm] 〘《c1275》*painime* ⊂ OF *pai(e)ni(s)me* < LL *pāgānismum* paganism ← L *pāgānus* 'PAGAN'〙 — *n.* 《古》 **1** 邪教徒, 異教徒 (pagan); (特に)十字軍当時のイスラム教徒. **2** 邪教国, 異教国 (heathendom).
payn·ize [péɪnaɪz] 〘← *Payne* (その方法の発明者): ⇨ -ize〙 *vt.* 《まれ》(木材の硬化防腐のために)硫酸鉄・塩化カルシウムなどの薬液を注入する.
páy·òff 〘← *pay off* (⇨ pay[1] (v.) 成句)〙 — *n.* **1** 給料支払い; 給料負債の支払い日; 使用人に給料を全部支払って解雇すること; 解雇時. **2 a** (一切の)清算 (settlement). **b** 《米俗》賭けの利益[不正利得, 盗品]の分配. **3** 《口語》利益, もうけ (profit); 報い, 報酬 (reward); 返報 (retribution). **4** 《口語》献金, 贈賄 (bribe): political ～*s* 政治献金 / the Lockheed ～ scandal ロッキード疑獄事件 / The company had given millions of dollars in ～*s* to public officials in Europe and elsewhere. その会社はヨーロッパおよびその他の国々の役人に数百万ドルの賄賂を贈っていた. **5 a** 《口語》(特に, 思いがけない)結末; (事件などの)クライマックス (climax); (物語などの)やま (denouement). **b** 《口語》決定的事実[要素], 決め手. **c** 《米俗》(野球などでの)最終回の得点.
— *attrib. adj.* 《口語》(最後に)結果を生じる; 決定的な, 最後的な (decisive): a ～ play that was to give his team its chance 味方に勝利の機会を与えることになった決定的な(だめ押しの)プレー.
páy òffice *n.* 支払いを管理担当する部門; (特に, 公債利子の)支払い局.
páy·òfficer *n.* **1** 〘軍事〙主計将校, 経理部将校. **2** 支払担当者.
pay·o·la [peɪóʊlə | -óʊ-] 〘《戯言的造語》← PAY[1] + *-ola* (cf. pianola, Victrola)〙 — *n.* 非合法な支払(金), 不正リベート, 賄賂(の金品)《歌などを宣伝してもらうため, ディスクジョッキーなどに間接的に出す》.
páyout ràtio *n.* 〘証券〙配当支出割合, 配当性向《会社の純利益のうち配当に支出される割合》.
páy pàcket *n.* 《英》 = pay envelope.
páy pàuse *n.* 《英》賃金の凍結 (wage freeze).
páy phòne *n.* = pay telephone.
páy·ròll *n.* **1 a** (会社・工場・官庁などの)給料支払い名簿, (給料を受けている)従業員名簿: on the ～ 雇われて / off the ～ 失業して, 首になって (fired). **b** 従業員総数: reduce ～ 従業員数を減らす. **2** (従業員の)支払い給料総額.
pay·sage [péɪsɪdʒ, pèɪzáːʒ | *F.* pe(j)izaːʒ] 〘⊂ F ～ ← *pays* country + -AGE: cf. pagan〙 — *n.* 風景, 山水 (landscape); 風景画 (landscape picture): the heroic [ideal, historic] ～ 〘美術〙風景画; (特に, 17 世紀フランスの Poussin, Lorrain などの)理想的風景画《実景にギリシャ神話中の人物などをあしらったもの》.
páy·sa·gist [-dʒɪst, -dʒəst | -dʒɪst] *n.* (*also* **pay·sa·giste** [pèɪzɑːʒíːst; *F.* pe(j)izaʒist]) 風景画家.
páy shèet *n.* 《英》給料支払い名簿 (《米》 payroll).
páy slìp *n.* (給料の)支給[支払]明細書.
páy stàtion *n.* 《米》(ボックス型の)公衆電話.
payt., pay't 《略》payment.
páy tèlephone *n.* (主にホテル・アパートなどの)有料電話 (cf. pay station).
páy télevision *n.* = pay-TV.
Pay·ton [péɪtn] 〘(dim.) ← PAT[1]〙 *n.* 男性名.
páy tòne *n.* 〘電話〙(有料自動電話で)「料金追加(せよ)」の合図音.
páy-TV *n.* 有料テレビ《pay-as-you-see TV ともいう; cf. subscription television》.
pa·zazz [pəzǽz] *n., adj.* = pizzazz.
Pb 《記号》〘化学〙lead (← *L.* plumbum).
P.B. 《略》passbook; 〘社会学〙pattern of behavior; permanent base 永久基地; *L.* Pharmacopoeia Britannica (= British Pharmacopoeia) 英国薬局方; *L.* Philosophiae Baccalaureus (= Bachelor of Philosophy); picketboat; Plymouth Brethren; pocket book; Prayer Book; premium bond; Primitive Baptists; push button.
PBA 《略》Public Buildings Administration (米国の)公有建築物管理局.
PBI 《略》〘医学〙the protein-bound iodine in the blood 蛋白結合ヨウ素.
P.B.I. 《略》《英口語》poor bloody infantry 歩兵.
PBS 《略》public broadcasting service 公共放送; 《米》Public Broadcasting System《各州の公共テレビで組織している連絡機構》.
PBX, P.B.X. 《略》〘通信〙private branch-exchange 構内(電話)交換(機).
PC [píːsíː] 〘← *p(atrol) c(raft)*〙 *n.* 〘米海軍〙(艦船の種別記号の一つで, 総称的に各種の)哨(しょう)戒艦艇.
P/C, p/c, p.c. 《略》petty cash; price(s) current.
pc. 《略》pica; piece; price(s).
p.c. 《略》percent; percentage; *F.* point de congélation (= freezing point); postal card; post card; *L.* post cibum 〘処方〙食後に (after meals).
P.C. 《略》Panama Canal; Parish Council; Parish Councillor; Past Commander; *L.* Patres Conscripti

(＝Senators); Peace Commissioner 平和委員; Philippines Constabulary; Photographic Club; 《英》Police Constable; Post Commander; Preparatory Commission 準備委員会; Press Club 記者クラブ; 《英》Prince Consort; Prison Commission; 《英》Privy Council; Privy Councillor.

PCB *n.* 〖化学〗ピーシービー, ポリ塩化ビフェニル (⇨ polychlorinated biphenyl).

P-Céltic *n.* 〖言語〗P ケルト語《原インド・ヨーロッパ語の k^w 音が *p* で現れているケルト語派の Brythonic 派》.

pCi 《略》〖物理〗picocurie.

P.C.M., PCM, p.c.m. 《略》〖電気〗pulse code modulation.

PCP 《略》〖化学〗pentachlorophenol; 《米俗》〖薬学〗phencyclidine.

pcs 《略》punched card system パンチカードシステム.

pcs. 《略》pieces.

Pct 《略》precinct (警察)管区.

pct. 《略》percent.

PCV 《略》〖機械〗positive crankcase ventilation ポジティブ クランクケース ベンチレーション《シリンダーとピストンの間からクランクケースに漏れ出た(未燃炭化水素を含んでいる)ブローバイ ガスを大気中に放出しないで燃焼させるため吸気系統に戻す通気方式》.

P.C.V. 《略》Peace Corps Volunteers 平和部隊.

Pd 《記号》〖化学〗palladium.

pd. 《略》paid; passed; *F.* pied (＝foot); pound.

p.d. 《略》*L.* per diem (＝by the day); port dues; position doubtful 位置不詳; potential difference; printer's devil.

P.D. 《略》*L.* Pharmaciae Doctor (＝Doctor of Pharmacy); 〖天文〗Polar Distance; Police Department; Postal Distict (London); preventive detention; Procurement Demand; production department 生産局.

PDA 《略》public display of affection.

P.D.A. 《略》〖処方〗*L.* Parti dolenti applicandum (＝to be applied to painful part); *F.* pour dire adieu (＝to say good-bye).

PDB 《略》〖化学〗paradichlorobenzene.

PDD 《略》past due date 支払期日[満期日]超過.

Pd.D. 《略》*L.* Pedagogiae Doctor (＝Doctor of Pedagogy).

pdl 《略》〖物理〗poundal.

P.D.M., PDM, p.d.m. 《略》〖電気〗pulse duration modulation.

P.D.Q., PDQ, p.d.q., pdq 〖← *p*(*retty*) *d*(*amned*) *q*(*uick*)〗 *adv.* 《俗》速く (quickly), すぐ (immediately).

PDT, P.D.T. 《略》《米》Pacific Daylight Time.

pe [péɪ] 〖⊏ Heb. *pē*《原義》mouth: cf. P, p〗 *n.* ペー《ヘブライ語アルファベット 22 字中の第 17 字: פ (ローマ字の P に当たる); ⇨ alphabet 表》.

P/E 《略》Port of Embarkation 乗船[積込み]港; 〖証券〗price-earnings ratio.

p.e. 《略》personal estate; *F.* point d'ébullition (＝boiling point); printer's error.

P.E. 《略》Petroleum Engineer; *L.* Pharmacopoeia Edinensis (＝Edinburgh Pharmacopoeia) エディンバラ薬局方; physical education; pocket edition; Port Elizabeth; 〖キリスト教〗Presiding Elder Professional Engineer 専門技術者; printer's error; 〖キリスト教〗Protestant Episcopal.

pea[1] [píː] 〖《(1611)》《逆成》← PEASE: 語尾 -*s*(*e*) を複数と思い誤ってできたもの〗 — *n.* (*pl.* **~s,** 《古・英方言》 **pease** [píːz]) **1** 〖植物〗 **a** エンドウ (*Pisum sativum*). **b** [通例 *pl.*] エンドウ豆 (cf. bean): green ~*s* 青エンドウ, グリーンピース《料理用》/ ⇨ split pea / be (as) like as two ~*s* (in a pod) 瓜二つ《非常によく似ている》/ (as) easy as shelling ~*s* いとも簡単に, おちゃのこさいさいで. **2 a** [限定詞を伴って]〖植物〗エンドウに似た植物の総称: ⇨ beach pea. **b** その豆. — *adj.* **1** エンドウ豆のような. **2** 〈石炭など〉豆粒状の, 豆粒大の: ~ coal 小粒の石炭.

pea[2] [píː] 〖《略》← PEAK[1]〗 *n.* 〖海事〗錨(いかり)のつめ.

péa àphid *n.* 〖動物〗エンドウヒゲナガアブラムシ (*Acyrthosiphon pisum*)《エンドウ・クローバーなどのマメ科植物に寄生する害虫》.

péa bèan *n.* 〖植物〗小粒のインゲン豆《通例白色》.

Pea·bod·y [píːbədi, -bɑdi | -bɔdi], **Elizabeth Palmer** *n.* (1804–94) 米国の教育家; 米国で最初の幼稚園の設立者 (1860 年, Boston).

Peabody, George *n.* (1795–1869) 英国で活躍した米国の商人・銀行家・博愛家.

Peabody, Josephine Preston *n.* (1874–1922) 米国の女流詩人・劇作家; *The Piper* (1909).

péabody bird, P- B- 〖← *peabody*《擬音語》〗 *n.* 〖鳥類〗＝white-throated sparrow.

peace [píːs] 〖《c1154》*pais, pes* ⊏ AF *pes*＝OF *pais* (F *paix*) < L *pācem, pāx* peace: cf. L *pacīsci* to agree, contract: ⇨ pact〗 — *n.* **1** 平和 (↔ war): armed ~ 武装平和 / ~ at any price (主として英国議会での)絶対平和主義 / in ~ and war 平時にも戦時にも / ~ in our time 戦争のない(生涯の)平和 (*Prayer Book*, 'Morning Prayer'). **2** 平穏, 静穏, 太[泰]平; 無事, 治安, 安寧: disturb the ~ of the household 家庭の平和を乱す / a breach of the ~ 治安妨害 / ~ and plenty 平穏で満ち足りた状態 / public ~ (and order) 公安, 治安 / the piping time(s) of ~ 泰平の世 (cf. Shak., *Rich III* 1. 1. 24) / the king's [queen's] ~ (法によって維持される一国の)治安[社会の秩序] / *Peace* be with you! 君の無事を祈る (cf. pax vobis) / *Peace* to his ashes [memory, soul]! = *Peace* be on his ashes! (死者に対して)願わくば彼の霊よ安らかなれ. **3** [しばしば P-] 講和 (reconciliation); 講和条約; 和親, 和睦: the *Peace* of Paris, Utrecht, etc. **4** (人々・グループ間の)和解, 仲直り, 和合: ⇨ *make one's* PEACE *with*. **5** 安心; 平静, 平安: ~ of mind [conscience] 心の平静[良心の安らかさ] / Do let me have a little ~. しばらく邪魔しないでくれ / give a person no ~ 人をうるさく急(せ)き立てる / ~ and quiet (喧騒などの後の)静けさ, 静穏. **6** 静寂; 沈黙 (silence): The shot broke the ~ of the morning. 銃声が朝の静寂を破った.

at peace (1) 平和に; 〔…と〕戦争をせずに, 仲よく〔*with*〕(↔ at war): We are *at* ~ *with* all the world. わが国は世界各国と平和状態にある. (2) ことなく, 静穏に; 安心して. ***be sworn of the peace*** 治安判事[保安官]に任命される. ***hold*** [***keep***] ***one's peace*** 沈黙を守る, 黙っている, 抗議しない. ***in peace*** 平和に, 安心して, 静かに, 黙って: May his soul rest *in* ~! 彼の霊よ安かれ (< L *requiescat in pace*) / leave a person *in* ~ 人の邪魔をしない / let a person go *in* ~ 人を放免する. ***keep the peace*** 治安を維持する. ***make peace*** (1) (戦争の終わりに)〔…と〕講和する〔*with*〕. (2) 〔仲違いの人・集団などを〕和解させる〔*between*〕. ***make one's peace with*** …と和解[仲直り]する. (*a*) ***peace with honor*** 名誉ある平和[和平] (cf. Shak., *Corio* 3. 2. 49–50). ***swear the peace against** a person* 〖法律〗(ある人に危害を加えられ, または殺害される恐れがあると)(治安判事に)宣誓して保護を願い出る. ***win the peace*** 平和をかちとる《戦後の再建に成功する》.

peace of God [the —] (1) (神の賜物としての)心の平安 (*Philip.* 4 : 7). (2) 〖《なぞり》← ML *Pax Dei*〗 [P- of G-] 神の平安《封建時代の教会が, すべての聖職者・教会堂, さらに巡礼・貧困者などに与えた戦火からの保護; cf. TRUCE of God》.

Peace of Westphalia [the —] ウェストファーレン条約《1648 年調印の三十年戦争 (Thirty Years' War) を終結させ, 近代ヨーロッパの政治的情勢の基礎を定めた一連の条約》.

— *int.* **1** [沈黙・静粛を要求して] 黙れ, 静かに: *Peace* there! おい静かに. **2** [歓迎・歓送の意を表わして] ようこそ, 無事に: *Peace!*

peace·a·ble [píːsəbl] 〖《a1338》*pe*(*i*)*sible* ⊏ OF *peisible* (F *paisible*): ⇨ ↑, -able〗 — *adj.* **1** 〈人・性格・行動など〉平和な, 平和を好む; 温良な, おとなしい: a ~ temper 穏やかな気質 / ~ intentions 平和的意図. **2** 平和の, 講和のための: a ~ conference 平和[講和]会議 / a ~ treaty [pact] 平和[講和]条約, 不戦協定 (⇨ peace talks). **3** 太平[泰平]な, 無事な, 穏やかな: ~ reign 平和の治世, 泰平の御代. **~·less** *adj.* **~·ness** *n.* **péace·a·bly** *adv.*

péace·brèaker *n.* 平和を破る人 (cf. peacemaker 2); 治安妨害者.

Péace Còrps *n.* [the ~] (米国の)平和部隊《J. F. Kennedy 大統領の提唱によって 1961 年に発足した, 米国から開発途上国に産業・農業・教育などの援助者たちを派遣する組織》.

Péace Còrpsman *n.* 平和部隊 (Peace Corps) の隊員.

péace dòve *n.* 《口語》平和主義の人, (特に)ハト派議員.

péace estàblishment *n.* 〖軍事〗平時編制[編成] (peace footing) (cf. war footing, organization 1).

péace fèeler *n.* (通例, 外交ルートによる)平和打診.

péace fòoting *n.* (軍隊の)平時編制[編成] (peace establishment); 平時体制: move toward a ~ 平時体制に向かう.

peace·ful [píːsfəl] 〖《a1300》*paisful, pesful*: ⇨ peace, -ful[1]〗 — *adj.* **1** 〈時代・国など〉平和な, 太平[泰平]な; 平穏な (tranquil): a ~ country [land] 太平の国 / ~ times 平和[太平]の世 / ⇨ peaceful coexistence. **2** 〈心・表情など〉穏やかな, 温和な, なごやかな (mild); 平和を好む: a ~ face, scene, landscape, etc. / a ~ death 安らかな死[臨終]. **3** 平和のための, 平和的な, 平時用の: ~ penetration 平和的侵透 (⇨ penetration 5) / ~ picketing スト破りの見張り / a ~ solution 平和的解決 / the ~ settlement of a dispute 紛争の平和的解決 / the ~ uses of atomic energy 原子力の平和(的)利用. **~·ly** *adv.* **~·ness** *n.*

péaceful coexístence *n.* (対立する両陣営などの)平和共存.

péace·kèeper *n.* 和平調停者[国].

péace·kèeping *n.* 平和の維持; (特に, 国際的和平維持のための)和平[休戦]の監視.

péace-lòving *adj.* 平和を好む, 平和的な.

péace·màker 〖《1436》《なぞり》← L *pācificus* 'PACIFIC': Tyndale によって広まった (*Matt.* 5 : 9)〗 — *n.* **1** 調停者, 仲裁人, 和解者. **2** 平和条約の調印者 (reconciler) (cf. peacebreaker). **3** 《戯言》平和維持用具《ピストル・軍艦など》.

péace·màking *n., adj.* 調停(の), 仲裁(の), 和解(の): Their ~ efforts collapsed. 彼らの調停工作が挫折した.

péace màrcher *n.* (政府の所在地などに向かって)平和行進する人.

péace·mònger *n.* 《米・軽蔑》平和屋, 平和論者 (cf. warmonger).

peace·nik [píːsnɪk] 〖← PEACE＋-NIK: cf. beatnik〗 *n.* 《米俗・軽蔑》平和運動に没頭している人, 平和族.

péace offénsive *n.* 平和攻勢.

péace òffering 〖《1535》《なぞり》← Heb. *šélem* thank offering: Coverdale の訳語〗 — *n.* **1** (古いユダヤの習慣で)酬恩祭のいけにえ (cf. *Lev.* 3); 謝恩の供物. **2** 和解の贈り物.

péace òfficer *n.* 治安官《sheriff, constable など》; 警官.

péace pìpe *n.* ＝PIPE of peace.

Péace Ríver 〖この川のほとりで, アメリカインディアンの Cree 族と Beaver 族が和平協定を結んだことにちなむ〗 — *n.* [the ~] ピース川《カナダ British Columbia 州および Alberta 州を流れ Athabaska 湖に注ぐ川 (1,715 km)》.

péace sìgn *n.* **1** ピースサイン《人差し指と中指を立てて V 字型にして爪を自分の方に向けるサイン; 平和の願いや別れなどを示す》. **2** ＝peace symbol.

péace sỳmbol *n.* 平和の象徴として用いられている ☮ マーク《peace sign ともいう》.

péace tàlks *n. pl.* 和平会談.

péace·tìme *n., adj.* 平時(の) (↔ wartime): ~ industries 平時産業.

peach[1] [píːtʃ] 〖《c1460》*peche*(*n*)《廃》to impeach《頭音消失》← ME *apeche*(*n*) ⊏ AF **apech-er*＝OF *empechier* 'to IMPEACH'〗《口語・古》 — *vi.* (特に, 自分の共犯者を)密告する, 告発する (betray): ~ *against* [*on, upon*] one's accomplice. — *vt.* 密告する, 裏切る. **~·er** *n.*

peach[2] [píːtʃ] 〖《c1380》*peche* ⊏ OF *pe*(*s*)*che* (F *pêche*) < ML *pessicam*＝L *persicum* (*mālum*) Persian (apple) ← *Persia* 'PERSIA': ⊂ OE *persic, persoc* ⊏ L〗 — *n.* **1 a** 〖植物〗モモ (*Prunus persica*). **b** その果実. **2** (黄色がかった)桃色, ピンク色. **3** 《口語》いい人[物], すてきな人[物]; きれいな少女, 美人: a ~ of a girl すてきな女の子. **4** [形容詞的に] 桃色の, ピンク色の: ~ color.

peaches and cream [Predicative に用いて] (1) きめの細かい(顔の)肌にうぶ毛のある桃色のほお. (2) 《口語》すばらしい, すてきな: All is ~*es and cream*. すべてがすばらしい.

~·like *adj.*

péa chaparràl *n.* 〖植物〗＝chaparral pea.

péach bèlls *n.* (*pl.* ~) 〖植物〗カンパニュラ, モモノハギキョウ (*Campanula persicifolia*)《ヨーロッパ原産キキョウ科ホタルブクロ属の多年草; 花は淡青色で観賞用》.

péach blòom *n.* 〖窯業〗桃花紅(とうかこう)《中国で 1662–1722 年に造られた紅色磁器釉; 酸化銅の還元焔焼成で得られる; peachblow ともいう》.

péach blòssom *n.* **1** 桃の花. ★ 米国 Delaware 州の州花. **2** 桃色, ピンク.

péach·blòw 〖← PEACH[2]＋BLOW[2] (n.)〗 *n.* **1** 〖窯業〗＝peach bloom. **2** (薄い)紫紅色, 黄味ピンク色.

péach brándy *n.* ピーチブランデー《桃の果汁を発酵させ, 蒸留して造ったブランデー》.

péach còlor *n.* ＝peach[2] 2. **~ed** *adj.*

péa·chìck 〖← PEA(COCK)＋CHICK[1]〗 *n.* **1** クジャク (peafowl) のひな. **2** 見えを張る若者.

péach lèaf cúrl *n.* 〖植物病理〗モモの縮葉(しゅくよう)病《縮葉病菌 (*Taphrina deformans*) による》.

péach Mél·ba, p- m- [-mélbə] 〖《なぞり》← F PÊCHE MELBA〗 — *n.* ピーチメルバ《バニラアイスクリームに桃のシロップ煮をのせ, キイチゴのソースをかけたデザート》.

péach trèe bòrer *n.* 〖昆虫〗モモ・スモモ・アンズなどバラ科の果樹の幹に穿孔するガの幼虫の総称; (特に)スカシバガ科の一種 (*Sanninoidea exitiosa*) の幼虫.

péach twìg bòrer *n.* 〖昆虫〗キバガ科の蛾 (*Anarsia lineatella*) の幼虫《桃その他果樹の小枝に穴をあける》.

peach·y [píːtʃi | -tʃi] *adj.* (**peach·i·er; -i·est**) **1** 〈人・物など(の色・形など)〉桃のような; 〈ほおなど〉桃色の, 桜色の. **2** [反語的にも用いて]《口語》すてきな, 美しい. **péach·i·ness** *n.*

péach yéllows *n. pl.* [通例単数扱い] 〖植物病理〗桃黄化病《ウイルスによるモモの病気; 葉が黄変して実が萎縮する》.

péa còat *n.* ＝pea jacket.

pea·cock [píːkɑ̀k | -kɔ̀k] 〖《a1300》*pecok, pocok* ← ME **pe*, **po* (< OE *pēa, pāwa* ⊏ L *pāvō* peacock)＋COCK[1]〗 — *n.* (*pl.* **~s,** ~) **1** クジャク (peafowl); 雄のクジャク (↔ peahen): a ~ in his pride 羽を広げたクジャク《見えを張った人》/ (as) proud as a ~ ⇨ proud 1 / play the ~ 見えを張る, 威張る. ★ ラテン語系形容詞: pavonine. **2** 虚栄家, 見え坊. **3** [the P-] 〖天文〗くじゃく(孔雀)座 (⇨ Pavo). **4** ＝peacock blue. — *vt.* **1** [~ oneself または ~ it で] (クジャクが尾を広げるように)見せびらかす, 誇る (plume). **2** 《豪俗》…の土地の部分部分を買い上げその間の土地を無価値にする; (ある地域で)(最良の)〈土地を〉入手する. — *vi.* **1** 見えを張る, 尊大振る; 威張って歩く: ~ up and down (これ見よがしに)威張って歩く. **2** 見せびらかす (show off).

Pea·cock [píːkɑk | -kɔk], **Thomas Love** *n.* (1785–1866) 英国の風刺小説家・詩人; *Nightmare Abbey* (1818).

péacock blúe *n.* (クジャクの頸の羽毛のように)光沢のある緑色を帯びた青色《単に peacock ともいう》.

péacock bútterfly *n.* 〖昆虫〗クジャクチョウ (*Inachus io*)《後翅にクジャクの羽にある紋に似た眼状紋がある; 日本からヨーロッパに至る寒冷地に広く分布する; Io, Io butterfly ともいう》.

pea·cock·er·y [píːkɑ̀kəri | -kɔ̀kəri] 〖← PEACOCK＋-ERY〗 *n.* めかし (foppery); 見せびらかし.

péacock flòwer *n.* 〖植物〗＝royal poinciana.

péa·còck·ish [-kɪʃ] *adj.* クジャクのような; 虚栄心の強い, 見えっぱりの, 派手な. **~·ly** *adv.*

péacock òre *n.* 〘鉱物〙 くじゃく銅鉱, 斑(はん)銅鉱 《bornite ともいう》.

Péacock Revolútion *n.* [the ～] ピーコック革命 《第二次大戦後男性が今までの伝統的な暗い色の服装を打ち破り, クジャクのようにカラフルな色を身につけ始めたこと》.

pea·cock·y [píːkɑ̀ki | -kɔ̀ki] *adj.* (**-cock·i·er**; **-i·est**) **1** 〈色が〉クジャクのような; クジャク色の. **2** 見せびらかす; 威張る, 尊大ぶる (peacockish).

péa cràb *n.* 〘動物〙 カクレガニ《カクレガニ科の小型のカニの総称; 雌は二枚貝の中にすむ; cf. oyster crab》.

péa·fòwl 〘← PEA(COCK)＋FOWL〙 *n.* (*pl.* ～**s**, ～) クジャク《東南アジア・インド産クジャク属 (*Pavo*) の鳥の総称; 雌雄共にいう》.

peag [píːg] 〘▭ N-Am.-Ind. (Algonquian) (*wampum-*) *peage* (white) string of beads〙 *n.* (*also* **peage** [～]) ⌊=wampum 1.

péa gréen *n.* 黄緑色, 青豆色.

pea·hen [píːhèn] 〘(*c*1378) *pehenne, pohenne* ← **pe*, **po* (⇨ peacock)＋HEN〙 *n.* 雌のクジャク (↔ peacock).

péa jàcket 〘(1725) (なぞり) ← Du. *pij-jekker* ← *pij* a kind of coarse cloth＋*jekker* jacket〙 ― *n.* 《米》 ピージャケット《厚手ウールのダブルのジャケット; 通例水夫が用いる; pea coat ともいう》.

peak[1] [píːk] 〘*n.*: (1530) 《変形》 ← PIKE[2]. ― *v.*: (1577) 《転用》 ← (*n.*) // 《頭音消失》 ← APEAK〙 ― *n.* **1** (屋根などの)尖った先, 尖(せん)端, 尖頭, 突出部. **2 a** (尖った)山頂 (summit). **b** 孤峰, ある山地の最高峰. **c** (口ひげ・髪などの)先, 先端. **3 a** 絶頂, 頂点, 最高点[度], 極大値: the ～ of one's career, happiness, etc. **b** (変動する量の)山, ピーク (cf. trough): the ～ of traffic 最大交通量 / ⇨ off-peak. **4** (帽子の)ひさし, まびさし. **5** ＝widow's peak. **6** 《まれ》 岬 (promontory). **7** 〘cf. LG *piek*〙 〘海事〙 **a** (縦帆の)上外端, (斜桁(しゃこう)の)外端. **b** (船首・船尾のまたは船倉の)狭尖部: ⇨ afterpeak, forepeak. **c** (錨のつめの)先端 (bill) (cf. pee[2]): the ～ of an anchor 錨のつめの尖端. **8** 〘電気・機械〙 ピーク《波形の最大値, 尖頭値》: a voltage ～ ピーク電圧.

― *adj.* 絶頂の, 最高点[度]の: the ～ year (統計・消費量などの)最高記録の年 / ⇨ peak hour, peak load.

― *vi.* **1** 最高[最大限]になる, 最高度[最高値, ピーク]に達する. **2** 尖る, そびえる. **3** 〈鯨が〉尾を揚げる.

― *vt.* **1** 最高[最大限]にする, 最高度[最高値]に到達させる. **2** 〈鯨が〉(垂直に没入する時)〈尾を〉揚げる. **3** 〘海事〙 **a** 〈帆桁(ほげた)を〉(後端をあげて)直立させる. **b** (艇員休息の時など)〈オールを〉組む《各オールの握りを反対舷(げん)の下に差し入れ, 水かきを斜めに揚げておく》.

peak[2] [píːk] 〘(1509) ← ?: cf. peaked[2]〙 ― *vi.* **1** やせこける, 病みやつれる: ～ and pine (恋わずらいなどで)やつれる (cf. Shak., *Macbeth* 1. 3. 23). **2** 〈物事が〉先細りになる; 活気がなくなる, 衰える 〈*out*〉.

Peak [píːk], **The** 〘OE *Pēac(land)* ← **pēac* hill, peak: cog. Du. *pôk* dagger / Norw. *pauk* stick〙 *n.* イングランド Derbyshire 州 Peak District の最高峰 (636 m).

Péak Dìstrict *n.* [the ～] イングランドの Derbyshire 州北部, Pennine 山脈の南端にある高原地帯; 国立公園.

Péak Dìstrict Nátional Párk *n.* ピークディストリクト国立公園《英国 Derbyshire および Staffordshire, Cheshire, Greater Manchester, West Yorkshire, South Yorkshire の一部にわたる; 石灰岩の台地・森林・渓谷で有名; 1951 年指定; 面積 1,400 km²》.

peaked[1] [píːkt, píːkɪd, -kəd | píːkt] 〘(*c*1450) *peked*: ⇨ peak[1], -ed 2〙 *adj.* **1** 〈屋根など〉尖った, 尖(せん)頂の. **2** 〈帽子が〉ひさしのある.

peak·ed[2] [píːkɪd, píːk-, -kəd | píːkt] 〘(p.p.) ← PEAK[2]〙 *adj.* 《口語》 やせた (thin), やつれた (emaciated).

peaked·ness [píːktnɪs, píːkɪd-, -kəd-] *n.* **1** 尖っていること. **2** 〘統計〙 ＝kurtosis. 「の: ～ mail.

péak-hóur *adj.* (交通量などの)ピーク時の, 最高時

péak hòur *n.* **1** (交通量・電力消費などの)ピーク時, 最高時: industry's ～*s* 工場の電力消費量のピーク時. **2** (テレビなどの)ゴールデンアワー (cf. prime time).

péak·ing capàcity *n.* 〘電気〙 ピーク出力《発電所のピーク時の発電能力》.

péaking còil *n.* 〘電気〙 ピーキングコイル《増幅器の帯域を広くするためのコイル》.

péak lòad *n.* **1 a** 〘電気・機械〙 (発電所の)ピーク[尖頭(せんとう)]負荷, 絶頂荷重. **b** 〘鉄道〙 (一定期間内の)最大輸送量. **2** (一定期間内の)最大重圧[荷重, 負担].

péak tànk *n.* 〘海事〙 ピークタンク, 船首尾槽.

péak vàlue *n.* (底値に対して)最高値.

péak vòltmeter *n.* 〘電気〙 波高電圧計《crest voltmeter ともいう》.

peak·y[1] [píːki | -kɪ] 〘← PEAK[1]＋-Y[4]〙 *adj.* (**peak·i·er**; **-i·est**) **1** 峰の多い; 峰をなす, 峰のような. **2** 尖った.

peak·y[2] [píːki | -kɪ] 〘← PEAK(ED[2])＋-Y[4]〙 ― *adj.* (**peak·i·er**; **-i·est**) **1** 《俗》 弱々しく見える, やつれた (peaked). **2** 《米俗》 腐れかかった. **péak·i·ly** [-kɪli, -kə- | -lɪ] *adv.* **péak·i·ness** *n.*

peal[1] [píːl] 〘*n.*: (*c*1378) *pele* 《頭音消失》 ← *apele* 'APPEAL'. ― *v.*: (1632) ← (*n.*): cf. ME *peal, pell* to strike, beat〙 ― *n.* **1 a** 鳴り響く鐘の音: The bells rang (out) a merry ～. 鐘が陽気に鳴り響いた. **b** (雷・大砲・笑声・拍手などの)大きな響き, とどろき: a ～ of artillery 砲声のとどろき / a ～ of thunder 雷の音, 雷鳴 / a ～ of applause 喝采(かっさい)[歓呼]の声 / a ～ of laughter どっと起こる笑声. **2** (音楽的に組み合せた)一組の鐘; 鐘楽 (carillon): a wedding ～ 結婚式の鐘の調べ / ring a ～ 鐘楽を奏する.

in peal 〈鐘声が〉調子を合わせて, 旋律にのって.

― *vt.* **1** 〈鐘などを〉響かす, 鳴りとどろかす 〈*out*〉: ～ (*out*) a bell / ～ one's fame / The gong ～*ed* a call to lunch. どらが鳴って食事の時を告げた. **2** 〈うわさなどを〉広める. **3** 《廃》 …の耳をろうする. ― *vi.* 〈鐘・雷などが〉鳴り響く, とどろく 〈*out*〉.

peal[2] [píːl] 〘← (*Salmon*) *pele* ← ?〙 *n.* 《英》 ＝grilse.

Peale [píːl], **Charles Willson** *n.* (1741–1827) 米国の肖像画家. 「の弟.

Peale, James *n.* (1749–1831) 米国の画家, C.W. Peale

Peale, Raphael *n.* (1774–1825) 米国の画家, C. W. Peale の息子.

Peale, Rembrandt *n.* (1778–1860) 米国の画家, Raphael Peale の弟.

péa·lìke *adj.* **1** (大きさ・形・固さなど)エンドウ豆に似た. **2** 〘植物〙 〈花が〉はなやかで蝶(ちょう)形の.

péal rìnging *n.* ＝change ringing.

pe·an[1] [píːən] *n.* ＝paean.

pean[2] [píːn] 〘▭ OF *pene* 《原義》 feather ＜ L *pennam* 'PEN[1]'〙 *n.* 〘紋章〙 ピーン《黒地に金の毛皮模様のあるもの; cf. ermine 4》.

Pe·a·no [piáːnou | piúːnəu; *It.* peáːno], **Giuseppe** *n.* ペアノ《1858–1932; イタリアの数学者; 自然数論・記号論理学・曲線論などの研究で知られる》.

pea·nut [píːnʌ̀t, -nət | -nʌ̀t] 〘(1835) ← PEA[1]＋NUT〙 *n.* **1** 〘植物〙 **a** ナンキンマメ (*Arachis hypogaea*) 《南米原産マメ科の一年草》. **b** ピーナッツ, 南京豆, 落花生《食用・油採取用の種子》. **2** 《米俗》 つまらぬ人物. **3** [*pl.*] 《俗》 ちっぽけな[取るに足りない]もの; すずめの涙(ほどの金), わずかな報酬[金額]. ― *adj.* 《口語》 瑣末な, つまらない (petty): a ～ politician.

peanut 1

péanut bùtter *n.* ピーナッツバター.

péanut gàllery *n.* 《米口語》 **1** 劇場のバルコニーの一番後の座席. **2** つまらない批評の出所.

péanut òil *n.* 落花生油《食用, 石鹸(せっけん)原料; arachis oil ともいう》.

péanut wòrm *n.* 〘動物〙 ＝sipunculid. 「cod[2] 2).

péa·pòd[1] 〘← PEA[1]＋POD[1]〙 *n.* エンドウのさや (cf.

péa·pòd[2] 〘《転用》 ↑: 外形の比喩?〙 *n.* (米国 Maine 州で)イセエビ捕獲用小船《斜桁(しゃこう)帆で走らせる舷側が鎧(よろい)張りの漁船》.

pear [péə | péə(r)] 〘OE *pere, peru* ▭ L *pir-um* pear & *pir-us* pear tree ← ?〙 ― *n.* 〘植物〙 **1 a** セイヨウナシ (*Pyrus communis*) 《pear-tree ともいう》. **b** セイヨウナシの実. **2** セイヨウナシに似た果実をつける植物の総称《avocado, anchovy pear, ウチワサボテン (prickly pear) など》. 「(など)

péar dròp *n.* (セイヨウナシ型の)宝石, キャンデー

péar hàw [**hàwthorn**] *n.* 〘植物〙 (北米東部・南部海岸に産する)サンザシ属のセイヨウナシ型の実をつける植物 (*Crataegus uniflora*) 《blackthorn ともいう》.

pearl[1] [pə́ːl | pə́ːl] 〘(*a*1376) *perle* ▭ (O)F ＜ VL **per(nu)lam* (dim.) ← L *perna* a kind of mussel, 《原義》 ham (その形から): cf. OE *pærl* ▭ VL **perla*〙 ― *n.* **1** 真珠 (⇨ birthstone): a black [pink] ～ 黒[桃色]真珠 / an artificial [false, imitation] ～ (装飾用の)人造真珠 / a culture(d) ～ 養殖真珠 / throw [cast] ～*s* before swine 豚に真珠を与える (cf.「猫に小判」; *Matt.* 7: 6) / a ～ of great price 非常に高価なもの (cf. *Matt.* 13: 46). **2** [*pl.*] 真珠のネックレス. **3** 真珠層 (mother-of-pearl). **4** (真珠のように)貴重な人[物], 逸品; (…の)花, 精華, 典型: a ～ among women / the ～ of courtesy. **5** (光沢・形などが)真珠に似た物《露・涙・歯・丸薬・カプセルなど》; (米・麦などの)丸い小粒, 微粒. **6** 真珠貝色《pearl blue, pearl white ともいう》. **7** 〘活字〙 パール《活字の大きさの古い呼称; 5 アメリカンポイント相当; ⇨ type 10 ★》. **8** 〘病理〙 ＝epithelial pearl.

― *vt.* **1 a** 真珠で飾る, …に真珠をちりばめる. **b** 〔露などを〕…に玉のようにくっつける 〔*with*〕; 〈汗などが〉…から玉のようにしたたる: be ～*ed with* dew 露の玉を飾っている. **2** 真珠のよう(な形・色)にする, 真珠状にする. **3** 〈米・麦などを〉精白する. ― *vi.* **1** 〈露などが〉真珠のよう(な玉)になる. **2** 真珠色になる. **3** 真珠を採取する(ために潜る). **4** 〈サーフボードが〉頭を先にして波くぼ (trough) に突っ込む.

― *adj.* **1** 真珠の, 真珠製の. **2** 真珠光の, 真珠色の (nacreous). **3** 真珠をちりばめた. **4** 〈米・麦など〉丸い小粒の, 真珠状の: ⇨ pearl barley, pearl tapioca.

～**·lìke** *adj.*

pearl[2] [pə́ːl | pə́ːl] 〘《変形》 ← PURL[1]〙 *n.* **1** 《英》 ＝picot 1. **2** ＝purl[1] 4. ― *vt.* ＝picot.

Pearl [pə́ːl | pə́ːl] 〘← PEARL[1]: cf. Margaret〙 *n.* 女性名. ★ 米国では男性名にも用いられる.

péarl àsh *n.* 〘化学〙 真珠灰《粗製炭酸カリ》.

péarl bárley *n.* (精白)丸麦, つき麦《特に, スープに用いる; cf. pearl[1] *adj.* 4, pot barley》.

péarl blúe *n.* ＝pearl[1] 6.

péarl-bútton *n.* 真珠貝のボタン.

péarl cùlture *n.* ＝pearl farming.

péarl dánio *n.* 〘魚類〙 パールダニオ (*Brachydanio albolineatus*) 《東南アジア原産コイ科の観賞用熱帯魚; 美しい光沢をもつ; cf. danio》.

péarl dìver *n.* **1** 真珠貝採取潜水夫 《pearl-fisher, pearler ともいう》. **2** 《俗》 皿洗いの人.

pearled 〘(*a*1393)〙 ― *adj.* **1** 真珠で飾った, 真珠をちりばめた. **2** 真珠のような玉になった; 露が振りかかった; 小粒になった. **3** 真珠のような, 真珠の色[光沢]を帯びた. **4** 精白した.

pearl·er [-lə | -lə(r)] *n.* **1** ＝pearl diver 1. **2** 真珠採取業者. **3** 真珠貝採取船.

pearl·es·cent [pəːlésn̩t | pəː-] 〘← PEARL[1]＋-ESCENT〙 *adj.* 真珠光沢をもつ. **pearl·es·cence** [pəːlésn̩s | pəː-] *n.*

péarl èssence *n.* 擬真珠粉《模造真珠の製造に用いられる魚のうろこの粉》.

péarl èye *n.* 〘魚類〙 ハダカイワシ目デメエソ科の魚類の総称《眼に発光器があり歯は大きい; 北米太平洋岸産深海魚デメエソ科の一種 (*Benthal bella dentata*) など》. **péarl-èyed** *adj.*

péarl fàrming *n.* 真珠養殖(業) 《pearl culture ともいう》.

péarl·fìsh 〘真珠貝・ナマコなどの外套腔にすむことから〙 *n.* 〘魚類〙 カクレウオ科の魚類の総称.

péarl-fìsher *n.* 真珠貝採取業者.

péarl-fìshery *n.* **1** 真珠採取業. **2** 真珠貝採取場.

péarl-fìshing *n.* 真珠採取業. 「色).

péarl gráy *n.* 真珠色《ほんのり青味がかった淡灰

Péarl Hárbor *n.* **1** 真珠湾《米国 Hawaii 州の Oahu 島にある Honolulu 近くの湾; 1941 年 12 月 7 日(日本では 8 日)日本海軍がここの米海軍基地を奇襲》. **2** [時に p- h-] (真珠湾攻撃のような破壊的)奇襲.

pearl·ite [pə́ːlaɪt | pə́ː-] 〘← PEARL[1]＋-ITE[1]〙 ― *n.* **1** 〘冶金〙 パーライト《ferrite と cementite との共析晶》. **2** 〘岩石〙 ＝perlite 1. **pearl·it·ic** [pəːlítɪk | pəːlít-] *adj.*

pearl·ized [pə́ːlaɪzd | pə́ː-] 〘← PEARL[1]＋-IZE＋-ED〙 *adj.* 真珠層のような, 真珠光沢の (iridescent), 真珠で⌊飾った.

péarl làmp *n.* つや消し電球.

péarl mìllet *n.* 〘植物〙 パールミレット, トウジンビエ (*Pennisetum glaucum*) 《アフリカ・近東では食用穀物として, 米国南部ではまぐさ用に栽培される; African millet, cattail millet, Indian millet ともいう》.

péarl mòlding *n.* 〘建築〙 ＝paternoster 5 c.

péarl òníon *n.* (白い)小粒のタマネギ《ピクルス用》.

péarl òyster *n.* 真珠貝《真珠の母貝となる貝; 通例アコヤガイ (*Pinctada martensi*), シロチョウガイ (*P. maxima*), クロチョウガイ (*P. margaritifera*) など》.

péarl-pòwder *n.* 鉛白《一種のおしろい; pearl white ともいう》.

Péarl Ríver *n.* [the ～] **1** パール川《米国 Mississippi 川の中流部から分れてメキシコ湾に注ぐ川; 789 km》. **2** ＝Chu-Kiang.

péarl ságo *n.* (真珠のように)丸い小粒にしたサゴヤシなどの澱粉 (cf. sago).

péarl shèll *n.* ＝pearl oyster.

péarl spàr *n.* 〘鉱物〙 白雲石の一種《真珠光沢を有す⌊る》.

péarl·stòne *n.* 〘岩石〙 ＝perlite 1.

péarl tapióca *n.* 小球状タピオカ (⇨ tapioca 1).

péarl tùbercle *n.* 〘獣医〙 (牛の, 特に漿膜の)真珠結節, 結核結節 (⇨ grape 5 b).

péarl twìst *n.* 〘植物〙 ＝ladies' tresses.

péarl wédding *n.* 真珠婚式《結婚 30 周年の記念式[日]; ⇨ wedding 4》.

péarl·wèed *n.* 〘植物〙 ＝pearlwort.

péarl-whíte *n.* **1 a** (魚の)うろこの粉《人造真珠製造用》. **b** ＝pearl-powder. **2 a** ＝pearl[1] 6. **b** [形容詞的に] 真珠のように白い, 真珠のような.

péarl·wòrt *n.* 〘植物〙 ツメクサ《ナデシコ科ツメクサ属 (*Sagina*) の植物の総称; cf. sealwort》.

pearl·y [pə́ːli | pə́ːlɪ] 〘(*a*1430): ⇨ pearl[1], -y[4]〙 ― *adj.* (**pearl·i·er**; **-i·est**) **1** (形・色・光沢が)真珠のような: ～ buttons. **2** 真珠で飾った. **3** 〈貝が〉真珠を生じる, 真珠層をもつ; 真珠の多い. ― *n.* 《英》 **1** [通例 *pl.*] (昔, 呼売商人などが特別な場合に身につけた)真珠貝のボタン付きの衣服. **2** ＝costermonger. **3** 《俗》 歯. **pearl·i·ness** *n.*

pearly everlásting *n.* 〘植物〙 ヤマハハコ (*Anaphalis margaritacea*) 《北温帯産キク科の多年草, 真珠のような白色の総苞をもつ》.

pearly gáte *n.* [通例 *pl.*] **1** 《口語》 真珠の門《天国の 12 の門がそれぞれ 1 個の真珠でできていた; cf. *Rev.* 21: 21》. **2** 《俗》 歯.

péarly kíng *n.* 《英》 祝祭時などに真珠貝のボタン付きの衣装 (pearlies) を着る(ロンドンの)呼売商人.

péarly náutilus *n.* 〘動物〙 四鰓頭足類オウムガイ属 (*Nautilus*) の軟体動物の総称; (特に)オウムガイ (*N. pompilius*) 《インド洋や太平洋沿岸に生息する》.

péarly quéen *n.* 《英》 pearly king の妻.

pear·main [péəmeɪn | páːmeɪn, péə-, ―⌐] 〘(*c*1425) *parmayn* ▭ OF *parmain* pear ＜ VL **Parmānum* Parmesan ← L *Parma* 'PARMA'〙 ― *n.* 〘園芸〙 ペアメイン《果実が長めでセイヨウナシの型をした一群のリンゴの種類》.

péar òil *n.* 〘化学〙なし油：**a** =amyl acetate 1. **b** =isoamyl acetate.

péar psỳlla *n.* 〘昆虫〙ヨーロッパナシキジラミ (*Psylla pyricola*)《半翅目キジラミ科の昆虫；しばしばナシに害を与える；羽と跳躍に適した後ろ脚をもつ》.

Pears [píəz | píəz], **Peter** *n.* (1910–) 英国のテノール歌手.

Pearse [píəs | píəs], **Pa·draic** [pɑ́ːdrɪk] **Henry** *n.* (1879–1916) アイルランドの愛国者・詩人；1916 年 Belfast での復活祭蜂起 (Easter Rebellion) の指導者で，鎮圧後処刑された.

péar-shàped *adj.* **1** セイヨウナシ形の. **2** 〈声音が〉柔らか味のある豊かさの；朗々とした.

péar slùg *n.* 〘昆虫〙膜翅目のナシハバチ (*Caliroa cerasi*) の幼虫《ナシ・モモ・サクラ等の葉を食べる害虫》.

Pear·son [píəsn̩ | píə-], **Drew** *n.* (1897–1969) 米国の政治評論家；本名 Andrew Russell Pearson.

Pearson, Karl *n.* (1857–1936) 英国の数学者・統計学者・優生学者.

Pearson, Lester B(owles) [bóʊlz | báʊlz] *n.* (1897–1972) カナダの政治家・外交官・首相 (1963–68)；Nobel 平和賞 (1957).

peart [píət | píət] *adj.* 《米南部・中部》元気のよい，活発な；陽気な，愉快な (lively). **~·ly** *adv.*

Pea·ry [pí(ə)ri | píəri], **Robert Edwin** *n.* (1856–1920) 米国海軍技校・探検家；北極点に到達 (1909).

Péary Lànd *n.* パーリー半島《Greenland 北部の起伏の多い半島》.

peas·ant [péznt] 〘(1475) *paissaunt* ▭ AF *paisant* (F *paysan*) ← OF *païs* country < LL *pāgēnsem* (adj.) ← L *pāgus* district：cf. paysage, pagan：⇨ -ant〙 **—** *n.* **1** (ヨーロッパ諸国などの)小作人，小百姓，小作農 (petty farmer)，農場労働者 (farm laborer) (cf. farmer 1). ★ 主として発展途上国に見られ，今は米・英・豪・カナダでは存在しない；《米》では sharecropper，《英》では smallholder ともいう. **2** 田舎者 (rustic). **3** 《口語》単純な人，無知で粗野な振舞いをする人. **—** *adj.* **1** 小作人[小百姓，小自作農]の：~ art 農民芸術 / a ~ farmer 小百姓，小自作農 / ~ folk 小農民 / a ~ girl 田舎娘，百姓娘. **2** (衣服が)百姓[農民]風の.

péasant àrt *n.* 農民芸術.

Péasant Bárd *n.* [the ~] 農民詩人《スコットランドの国民詩人 Robert Burns の異名》.

péasant propríetor *n.* 小自作農.

péasant propríetorship *n.* 小農制度.

peas·ant·ry [péznṭri | -tri] 〘(1553) ← PEASANT＋-ERY〙 **—** *n.* **1** [the ~；集合的] 小作人，小百姓，小作農 (peasants)；小作人階級，小作農層. **2** 小作人の地位[身分]. **3** 粗野，田舎風.

Péasants' Revólt *n.* [the ~] ワット タイラーの乱《1381 年イングランド南東部で人頭税賦課などに反対して起こった農民一揆(⁴)；主謀者の名をとって (Wat) Tyler's Rebellion ともいう；cf. John BALL》.

Péasants' Wár *n.* [the ~] (1524–25 年ドイツ南部に起こった)農民戦争.

péas·còd *n.* 《古》=peasecod.

pease [píːz] 〘OE *peose, pise* ▭ LL *pisa* =L *pisum* ▭ Gk *píson* pulse, pea：cf. pea[1]〙 **—** *n.* (*pl.* **peas·es**) 《英古》 **1** エンドウ (pea). **2** [*pl.*；集合的] エンドウ (peas). **3** pea[1] の複数形. ★ 現在では形容詞的にのみ用いる：⇨ pease pudding.

péase·còd 〘(*a*1376)：⇨↑, cod[2]〙 **—** *n.* 《古》 **1** =peapod[1]. **2** ピーズコッド《16 世紀のダブレット (doublet) でエンドウ豆のさや状に詰め物やキルティングをして前に突き出した部分》.

peasecod 2

péase-mèal *n.* 《英》エンドウ豆の粗粉.

péase púdding *n.* 《英》ピーズプディング《乾燥豆で作ったもので，肉料理などに添える》.

péase-sòup *n.* 《英》=pea soup.

péa·shòoter *n.* **1** 豆鉄砲. **2** 《俗》小口径のピストル.

péa sóup *n.* **1** エンドウ豆のスープ《干しエンドウ豆を煮て裏ごしして作る濃いスープ》. **2** 《英口語》(特に，London の)黄色の濃霧 (pea-souper, pea-soup fog ともいう；cf. London particular).

péa-sóuper *n.* **1** 《英口語》=pea soup 2. **2** 《カナダ俗》フランス系カナダ人 (French-Canadian).

péa-sóupy *adj.* 〈霧が〉黄色で濃い.

péa-stìck *n.* エンドウの支柱.

peat[1] [píːt] 〘(1333) *pete* ▭ ML *peta* piece of turf ← Celt. **pett-* (Welsh *peth* thing)：cf. piece〙 *n.* **1** 〘地質〙泥炭，ピート；泥炭塊《燃料用》. **2** =peat moss 1.

peat[2] [píːt] 〘← ?〙 *n.* **1** おてんば. **2** 《古・軽蔑》女，娘：a proud ~ 気位の高い女. **3** 《廃》(女に用いて)かわいい人，お前 (darling).

péat bànk *n.* 〘地質〙泥炭発掘地《peatery ともいう》.

péat bòg *n.* 〘地質〙泥炭沼，泥炭地《peatery, peat moor ともいう》.

peat·er·y [píːṭəri | -təri] 〘← PEAT[1]＋-ERY〙 *n.* 〘地質〙 **1** =peat bank. **2** =peat bog.

péat hàg *n.* 〘地質〙泥炭(保蔵)地.

péat·lànd *n.* 〘地質〙泥炭の豊富な土地.

péat mòor *n.* 〘地質〙=peat bog.

péat mòss *n.* **1** 〘植物〙ピートモス，泥炭ゴケ《泥炭の主成分》；(特に)ミズゴケ (sphagnum). **2** (ミズゴケなどの堆積より成る)泥炭，ピートモス《植物の根おおいなどに用いる》. **3** 《英》〘地質〙=peat bog.

péa trèe *n.* 〘植物〙マメ科の植物数種の総称：**a** シロゴチョウ (*Agati grandiflora*)《熱帯アジア原産ツノクサネム属の小高木；赤または白の花が咲く》. **b** オオムレスズメ (*Caragana arborescens*)《シベリア原産の低木；黄色の観賞用の花が咲く》. **c** キングサリ (*Laburnum anagyroides*) (⇨ laburnum).

péat-rèek *n.* **1** 泥炭の煙. **2** (泥炭を燃料として蒸留した)ウイスキー；その特有のかおり.

peat·y [píːṭi | -ti] *adj.* (**peat·i·er**; **-i·est**) 泥炭質の，泥炭のような[の多い].

peau de soie [póʊ-də-swɑ́ː | páʊ-；*F.* podswa] 〘▭ F ~ 《原義》skin of silk〙 *n.* ポードソア《鈍い光沢のあるしゅす風の柔らかなうね織り絹[人絹]地》.

pea·vey [píːvi | -vi] 〘← (*Joseph*) *Peavey* (その考案者)〙 **—** *n.* (*also* **pea·vy** [~])《米》(丸太材を回転させて取扱うのに用いる先の尖った)かぎてこ[ざお] (cf. cant hook).

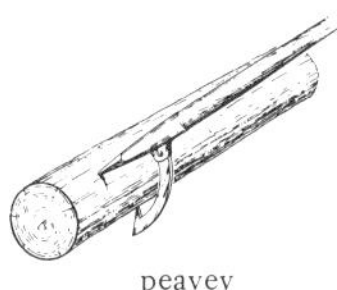

peavey

péa wèevil *n.* 〘昆虫〙エンドウマメゾウムシ (*Bruchus pisorum*)《鞘翅目マメゾウムシ科のエンドウマメの種子に食い入る害虫》.

peb·ble [pébl̩] 〘(*c*1300) *pobble, pubel, pibbil* < OE *popel-, papol*(*stān*) pebble-stone ∥ *pyppel*(*rīpig*) pebble-stream〙 **—** *n.* **1 a** (水の作用で削られて丸くなった)小さい玉石，小石 (cf. gravel, stone, rock). **b** 〘地質〙中礫(⁽ᵗ⁾)《径 4–64 mm くらいの丸味をおびたもの；cf. boulder 2, breccia, cobble 3, granule 5》. **2** (特に，川などに礫状で産する)めのう (agate)，各種の宝石. **3 a** 水晶 (rock crystal)《めがねのレンズなどに用いる無色透明のもの》. **b** 水晶製のめがねのレンズ. **c** 《口語》厚いめがねレンズ. **4 a** =pebble leather. **b** (皮・紙などの)小石模様，ペブル.

not the only pebble on the beach (1) あなどり難い競争相手がいないわけではなくて. (2) 明日という日がないわけではなくて，またの機会も残されて.

— *vt.* **1** …に小石を投げつける，小石で打つ. **2** 小石でおおう，小石で舗装する. **3** 〈皮革・紙など〉のきめをあらくする，〈なめし革など〉に石目[小石模様]をつける《革の銀面に砂礫(⁽ˢᵃʳᵉᵏⁱ⁾)状の凹凸をつける》.

péb·bled *adj.*

pébble dàsh *n.* 〘建築〙=rock dash.

pébble hèater *n.* 〘機械〙耐火れんが熱交換器《耐火れんがを積重ねた煙道に高温の気温の気体を通し，気体から熱を奪う熱交換器》.

pébble lèather *n.* 石目革《モロッコ革のように銀面に砂礫(⁽ˢᵃʳᵉᵏⁱ⁾)状の凹凸をつけた革；単に pebble ともいう》.

pébble pòwder *n.* (燃焼速度を遅くした)塊状火薬，「粗粒火薬.

pébble·stòne 〘OE *papolstān*：⇨ pebble, stone〙 *n.* [集合的にも用いて] 小石.

pébble·wàre *n.* ペブルウェア《坏土(⁽ʰᵃⁱᵈᵒ⁾)に異なった色の粘土を加えて造った表面が斑点模様のウェッジウッド器 (Wedgewood) の一種》.

peb·bly [pébli, -bli | -bḷi, -blɪ] *adj.* (**peb·bli·er**; **-bli·est**) **1** 小石の多い，小石だらけの：a ~ beach, road, etc. **2** 石目の. **3** 〈声など〉調子はずれの，耳ざわりの (rough).

pé·brine [peɪbríːn；*F.* pebrin] 〘▭ F ~ ▭ Pr. *pebrino* ← *pebre* pepper < L *piper* 'PEPPER'〙 **—** *F. n.* 〘動物〙(蚕の)微粒子病《病原体は胞子虫綱，微[小]胞子虫亜綱に属する *Nosema bombycis* で，養蚕に重大な被害を与える》.

pe·can [pɪkɑ́ːn, pə-, -kǽn, píːkæn | pɪkǽn] 〘▭ N-Am.-Ind. (Algonquian) *pakan* hard-shelled nut〙 **—** *n.* **1** 〘植物〙ペカン (*Carya pecan*)《北米産のクルミ科ヒッコリー属の高木》. **2** その堅果《果実は殻が薄く，食用・製菓用に栽培》.

pec·ca·ble [pékəbl̩] 〘(1604) ▭ F ~ ▭ ML *peccābilis* ← L *peccāre* (↓)：⇨ -able〙 **—** *adj.* (道徳的な)過ちを犯しやすい，過ちやすい. **pèc·ca·bíl·i·ty** [-kəbíləṭi | -lɪtɪ, -lɪ-] *n.*

pec·ca·dil·lo [pèkədíloʊ | -laʊ] 〘(1591) ▭ Sp. *pecadillo* (dim.) ← *pecado* sin < L *peccātum* (p.p.) ← *peccāre* ⇨ peccant〙 **—** *n.* (*pl.* **~es, ~s**) 微罪；ちょっとした過ち，小さな落度.

pec·can·cy [pékənsi | -sɪ] 〘▭ LL *peccantia*：⇨↓, -ia[1]〙 *n.* **1** 道徳的にまちがっていること；堕落. **2** 違反；落度.

pec·cant [pékənt] 〘(1604) ▭ L *peccant-em* (pres.p.) ← *peccāre* to sin, stumble ← ? **peccus* missing one's footing ← *pēs* 'FOOT'：⇨ -ant〙 **—** *adj.* **1** (道徳的に)罪のある，罪[を犯す]；よこしまな，堕落した；犯罪の. **2** 落度のある，誤った (erroneous). **3** 《まれ》〘病理〙病的な (morbid)；病気を起こす. **~·ly** *adv.*

pec·ca·ry [pékəri | -rɪ] 〘(1613) ▭ Carib. 《土語》*pakira*〙 **—** *n.* (*pl.* **~, -ca·ries**) **1** 〘動物〙ペッカリー，ヘソイノシシ《Texas 以南の南北アメリカ大陸産のイノシシ亜目ペッカリー科の群居性の動物；クビワペッカリー (collared peccary)，クチジロペッカリー (white-lipped peccary) の 2 種がある》. **2** ペッカリ一革《高級手袋革に用いる；peccary leather ともいう》.

pec·ca·to·pho·bi·a [pəkèɪṭəfóʊbiə, -kɑ̀ː- | -təfə́ʊbjə, -bɪə] 〘← L *peccāt*(*um*) sin＋-o-＋-PHOBIA：cf. peccadillo〙 *n.* 〘精神医学〙罪悪恐怖(症).

pec·ca·vi [pekɑ́ːviː, -wiː, -kéɪvaɪ | -kɑ́ːviː] 〘▭ L *peccāvī* I have sinned：cf. peccant〙 **—** *L.* われ罪を犯せり《ダビデ (David) 王の告白》；私が悪かった (It is my fault.). **—** *n.* 罪の告白[自認]，謝罪：cry ~ 罪を自白する，謝罪する.

pêche Mel·ba [píːtʃ-mélbə, péʃ-, péɪʃ- | péʃ-, péɪʃ-；*F.* pɛʃmɛlba] 〘▭ F ~ ← *pêche* 'PEACH[2]'＋(*Dame Nellie*) *Melba*〙 **—** *F. n.* (*pl.* **pêch·es Mel·ba** [píːtʃɪz-, -tʃəz-, péʃ-, péɪʃ- | péʃ-, péɪʃ-；*F.* ~]) = peach Melba.

Pe·chen·ga [pətʃéŋgə；*Russ.* pjétʃingə] *n.* ペチェンガ《ソ連邦ロシヤ共和国北西部，北極海に臨む不凍港；1944 年フィンランドから割譲；旧フィンランド語名 Petsamo》.

Pe·cho·ra [pɪtʃɔ́ːrə, pə-, -tʃóːrə | petʃɔ́ːrə；*Russ.* pjitʃórə] *n.* [the ~] ペチョラ(川)《ソ連邦ロシヤ共和国の，ウラル山脈中西部に源を発し，北に流れペレンツ海ペチョラ湾に注ぐ (1,809 km)》.

peck[1] [pék] 〘(*c*1300) *pek* ▭ AF ← ?：cf. F *picotin* measure of oats〙 **—** *n.* **1** ペック《穀物などの乾量の単位；=8 quarts, 2 gallons；略 pk.》：**a** 《米》537.605 立方インチ，8.809 リットル. **b** 《英》554.84 立方インチ，9.092 リットル. **2** 1 ペックます. **3** 《口語》多量，どっさり：a ~ of dirt たくさんのほこり[ごみ] / a ~ of trouble(s) 多くの苦労[ごたごた].

peck[2] [pék] 〘(*c*1390) *pekke*(*n*) 《変形》? ← *piken* 'to pierce, PICK[1]' ∥ ▭ MLG *pekk-en* to peck with the beak ← ?〙 **—** *vt.* **1** (嘴(⁽ᵏᵘᶜʰⁱᵇᵃˢʰⁱ⁾)で)つつく，ついばむ：A hen ~*s* corn. **2** 《口語》〈額・頬(⁽ʰᵒᵒ⁾)など〉に急いで[申しわけに]キスする. **3** 〈穴などを〉つついて掘る：Woodpeckers ~ holes in trees. **4** 《口語》(食欲が無いせいなどで)〈食物・食事を〉いやいや少しずつ[だけ]食う. **5 a** (つるはしなどで)くだく，割る，つきくずす〈*up, down*〉. **b** (石のみなどで)しるす，刻む，刻み込む. **6 a** つつき出す〈*out*〉；つついて拾う〈*up*〉：~ something out of a hole 穴から物をつつき出す. **b** (タイプで)〈文字などを〉たたき出す〈*out*〉：~ *out* a note on a typewriter. **—** *vi.* [通例 ~ *at* として] **1** 〔…を〕つつく，つつこうとする. **2** 〔…を〕咎(⁽ᵗᵒᵍᵃ⁾)める，あらを捜す，こづき回していじめる，怒る，がみがみ言う (carp). **3** 《口語》(食欲が無いせいなどで)〈食物・食事を〉いやいや少しずつ[だけ]食う：~ *at* one's food. **4** 〔タイプのキーなどを〕ぽんぽんたたく.

— *n.* **1** 嘴(⁽ᵏᵘᶜʰⁱᵇᵃˢʰⁱ⁾)などでつつくこと，つつき. **2** つついてできた穴[くぼみ]. **3** 《口語》おざなりの[気の進まない]キス. **4** 《俗》食物 (food).

peck[3] [pék] 〘《変形》← PICK[3]〙 **—** *vt.* **1** 《口語》〈石などを〉投げつける (shy). **2** 《方言》ぽいと投げる (pitch). **—** *vi.* **1** 〈馬が〉(跳躍してつま先で着地後)よろめく，つまずく. **2** 《口語》石などを投げつける〔*at*〕. **—** *n.* 《口語》(石などを)投げつけること.

péck·er 〘(1587) ← PECK[2]＋-ER[1]〙 **—** *n.* **1** つつく鳥[人]；(特に)キツツキ (woodpecker). **2** つるはし (pickaxe). **3** 《俗》嘴(⁽ᵏᵘᶜʰⁱᵇᵃˢʰⁱ⁾) (beak)；(人間の)鼻 (nose). **4** [one's ~] 《英俗》元気，勇気 (courage)：Keep *your* ~ up. 元気を出せ《★ 米国では 5 の意味にとられるから注意が必要》. **5** 《米俗》=penis.

pécker·wòod 〘《変形》← WOODPECKER〙 **—** *n.* 《米南部》 **1** キツツキ (woodpecker). **2** 《軽蔑》(特に，Georgia および Florida の山地に住む)貧しい白人 (cracker, poor white)，南部未開地の人 (hillbilly). **3** =peckerwood mill.

péckerwood mìll [**sàwmill**] *n.* 《米南部》携帯用「小型丸のこ《製材用》.

péck·ing òrder *n.* [the ~] =peck order.

péck·ish [-kɪʃ] 〘← PECK[2]＋-ISH[1]〙 *adj.* **1** 《口語・方言》腹のすいた (hungry)：feel ~. **2** 《口語》怒りっぽい，口[小]やかましい，がみがみ言う.

péck òrder *n.* [the ~] **1** 〘鳥類〙つつきの順位《鳥の社会で個体間の優劣関係で定まるつつく，つつかぬの順位制；cf. cannibalism 4》. **2** 《口語》(人間社会の)序列，順序；社会のおきて.

Péck's Bád Bóy [péks-] *n.* 《米》思慮分別なしに行動する人，非常識な言動で人を当惑させる人.

Peck·sniff [péksnɪf] 〘cf. 《英方言》*picksniff* a paltry, contemptible person〙 **—** *n.* **1** ペックスニフ《Dickens 作の小説 *Martin Chuzzlewit* 中の善行を吹聴する偽善的人物》. **2** 自分の善行を吹聴する偽善者.

Peck·sniff·i·an, p- [peksnífiən | -fɪən] *adj.* ペックスニフ (Pecksniff) 流の；偽善的な.

peck·y [péki | -kɪ] 〘← PECK[2]＋-Y[4]〙 *adj.* (**peck·i·er**; **-i·est**) **1** 〈木が〉(病菌による)斑(⁽ʰᵃⁿ⁾)点[小孔]のある. **2** 斑入りの，しみのある：~ rice.

pe·co·ri·no [pèkəríːnoʊ | -nəʊ；*It.* pekoríːno] 〘▭ It. ~ ← *pecora* ewe〙 *n.* (*pl.* **~s, -ri·ni** [-niː；*It.* -ni]) ペコリノ(チーズ)《羊乳から造るイタリア産のチーズの一種》.

Pe·cos [péɪkəs, -koʊs | -kəs, -kəʊs] 〘▭ N-Am.-Ind. ~：その上流に住む部族の名から〙 **—** *n.* [the ~] 米国 New Mexico 州北部から南東流し，Texas 州西部を貫き，Rio Grande 川に注ぐ川 (1,480 km).

Pécos Bíll *n.* 《米伝説》ペーコスビル《米国南西部の伝説に現れる巨人カウボーイ；カウボーイたちに種々の知識を授け，Rio Grande 川を掘り，六連発銃を発明したと伝えられる；cf. Paul Bunyan, Tony Beaver》.

Pécs [péɪtʃ; *Hung.* pé:tʃ] *n.* ペーチ《ハンガリー南西部の都市; 人口 165,000》.

pec·tase [pékteɪs, -teɪz | -teɪs] 〖← PECT(IN)+-ASE〗 *n.* 〖生化学〗ペクターゼ《凝結作用を起こす酵素で, 果実から得られる》.

pec·tate [pékteɪt] *n.* 〖化学〗ペクチン酸塩[エステル].

pec·ten [péktɪn, -tən] 〖《*a*1400》□ L ～ 'comb, pubic hair'〗 ── *n.* (*pl.* 1, 2 では ～s, **pec·ti·nes** [péktənì:z | -tɪ-], 3 では通例 ～s) **1** 〖解剖〗恥骨. **2** 〖動物〗櫛(くし)状突起, 櫛状部, 膜櫛, 櫛状器官. **3** イタヤガイ・ホタテガイ類 (scallop).

pec·tic [péktɪk] 〖《1831》□ Gk *pēktik-ós* congealing, curdling ← *pēktós* solid ← *pēg-* (← *pēgnúein* to make solid): ⇨ -ic¹〗 *adj.* 〖生化学〗ペクチンの.

péctic ácid *n.* 〖化学〗ペクチン酸《ペクチン質を構成する多糖類; D-ガラクツロン酸 (galacturonic acid) が重縮合した構造のもの; 白色粉末》.

pec·tin [péktɪn, -tən | -tɪn] 〖← PECT(IC)+-IN¹〗 *n.* 〖生化学〗ペクチン《りんご・さくらんぼなど熟れた果実のしぼり汁の中にある酵(こう)素》.

pec·tin- [péktən, péktɪn | péktɪn, pektín] (母音の前に来る時の) pectini- の異形.

pec·tin·a·ceous [pèktənéɪʃəs | -tɪ-] 〖⇨ pectini-, -aceous〗 *adj.* 〖生化学〗ペクチン (pectin) の[を含む].

pec·tin·ase [péktɪnèɪs, -tə-, -nèɪz | -tɪnèɪs] 〖⇨ pectini-, -ase〗 *n.* 〖生化学〗ペクチナーゼ《ペクチンおよびペクチン様物質を分解する酵素の総称》.

pec·ti·nate [péktənèɪt | -tɪ-] 〖《1793》□ L *pectināt-us* comblike: ⇨ pecten, -ate²〗 ── *adj.* 〖生物〗櫛(くし)状の, 櫛歯状の. **pec·ti·nat·ed** [péktənèɪtɪd, -ṭəd | -tɪnèɪtɪd, -təd] *adj.*

pec·ti·na·tion [pèktənéɪʃən | -tɪ-] *n.* **1** 〖生物〗櫛(くし)(歯)状構造. **2** くしけずること (combing).

pectines 〖□ L *pectinēs*〗 *n.* pecten の複数形.

pec·tin·es·ter·ase [pèktənéstərèɪs, -rèɪz | -tɪnéstərèɪs] 〖← PECTIN+ESTERASE〗 ── *n.* 〖生化学〗ペクチンエステラーゼ《ペクチンを加水分解してペクチン酸とメチルアルコールを生成する反応を接触する酵素》.

pec·ti·ni- [péktənɪ, pektínɪ, -nə | péktɪnɪ, pektínɪ] 〖← NL ～ ← L *pecten* comb〗 ──「櫛状部・ホタテガイ(pecten)」の意の連結形. ★ 母音の前では通例 pectin- になる.

pec·ti·nid [péktənɪd, -nəd | -tɪnɪd] 〖← NL *Pectinidae* (↓): ⇨↑, -id²〗 〖貝類〗 *adj.* イタヤガイ科の. ── *n.* イタヤガイ・ホタテガイ科の貝.

Pec·tin·i·dae [pektínədì: | -nɪ-] 〖← NL ～: ⇨ pectini-, -idae〗 *n. pl.* 〖貝類〗イタヤガイ科.

pec·tin·o·gen [pektínədʒɪn, -dʒən, -dʒèn] 〖← PECTIN+-O-+-GEN〗 *n.* 〖生化学〗=pectose.

pec·tin·ose [péktənòʊs | -tɪnəʊs] 〖← PECTIN+-OSE²〗 *n.* 〖化学〗ペクチノース (⇨ arabinose).

pec·tize [péktaɪz] 〖← Gk *pēktós* congealed+-IZE: ⇨ pectic〗 ── *vt., vi.* 膠(こう)質化する; 固まる. **péc·tiz·a·ble** [-zəbl̩] *adj.* **pec·ti·za·tion** [pèktɪzéɪʃən, -tə- | -taɪ-, -tɪ-] *n.*

pec·to·lite [péktəlàɪt] 〖□ G *Pectolith* ← Gk *pēktós* congealed: ⇨ -lite〗 *n.* 〖鉱物〗曹灰針石(そうかいしんせき) ($NaCa_2H(SiO_3)_3$).

pec·to·ral [pékt(ə)rəl | -tər-] 〖《1440》□ OF ～ □ L *pectorālis* of breast ← *pectus* breast: ⇨ -al¹〗 ── *adj.* **1** 胸の: ⇨ pectoral muscle. **2** 胸のための; 肺結核の, 肺結核[呼吸器疾患]にきく: a ～ remedy 肺結核の薬. **3** 胸につける, 胸を飾る. **4** 個人の経験・感情から出た, 主観的な (subjective). **5** 〈声が〉腹から出るような, 豊かな (full). ── *n.* **1 a** (防御・装飾用などの)胸当て, 胸飾り; (特に, ユダヤの高僧が着用した)胸当て (breastplate). **b** 〖キリスト教〗=pectoral cross. **2 a** 〖魚類〗=pectoral fin. **b** 〖解剖〗=pectoral muscle. **3** 肺結核の薬. **～·ly** *adv.*

péctoral árch *n.* 〖解剖〗=pectoral girdle.

péctoral cróss *n.* 〖キリスト教〗佩(はい)用十字架《司教・主教・監督・大修道院長などが胸につける, または首から下げる貴金属の十字架; 単に pectoral ともいう; ⇨ vestment 挿絵》.

pectorales *n.* pectoralis の複数形.

péctoral fín *n.* 〖魚類〗(魚の)胸びれ《単に pectoral ともいう; ⇨ fish¹ 挿絵》.

péctoral gírdle *n.* 〖解剖〗(脊椎動物の)胸弓, 胸帯; (人間の)肩帯《pectoral arch ともいう》.

pec·to·ral·is [pèktəréɪlɪs, -réɪl-, -rá:l-, -ləs | -lɪs] 〖← NL ～ ← L *pectorālis* 'PECTORAL'〗 ── *n.* (*pl.* **-ral·es** [-li:z]) 〖解剖〗胸筋 (pectoral muscle): ～ major 大胸筋 / ～ minor 小胸筋.

péctoral múscle *n.* 〖解剖〗胸筋《単に pectoral ともいう》.

péctoral sándpiper 〖雄鳥が雌鳥に近づく時胸をふくらませることから〗 *n.* 〖鳥類〗アメリカウズラシギ (*Colidris melanotos*)《米国海岸地方産のハマシギの一種; grass snipe, jacksnipe ともいう》.

pec·tose [péktous, -touz | -təʊs] 〖← PECT(IC)+-OSE²〗 *n.* 〖生化学〗ペクトーゼ《未熟の果実中などにある多糖類》.

pec·tous [péktəs] 〖← PECT(IN)+-OUS〗 *adj.* 〖生化学〗ペクチン (pectin) 様の, ペクトーゼ (pectose) の.

pec·u·late [pékjʊlèɪt] 〖← L *pecūlāt-us* (p.p.) ← *pecūlāri* to embezzle ← *pecūlium* private property ← *pecu* cattle, property: ⇨ -ate³: cf. peculiar〗 ── *vt.* 〈公金・受託金を〉私消する, 使い込む (embezzle); 〈委託品を〉横領する. ── *vi.* 公金を私有する, 使い込みをする, 委託物を横領する.

pec·u·la·tion [pèkjʊléɪʃən] 〖《1658》□ LL *peculātiō(n-)*: ⇨↑, -ation〗 *n.* 公金[委託金]私消, 横領 (embezzlement); 委託品横領; 官物[受託物]私用.

péc·u·là·tor [-tə | -tə(r)] 〖□ L *pecūlātor*: ⇨ peculate, -or²〗 *n.* 公金私消者, 受託金横領者; 委託品横領者; 官物私用者.

peculia *n.* peculium の複数形.

pe·cul·iar [pɪkjú:ljə, pə- | -ljə(r, -lɪə(r] 〖《*c*1460》 *peculier* □ L *pecūliār-is* of private property ← *pecūlium* ← *pecu(s)* cattle, property: ⇨ -ar¹: cf. pecuniary〗 ── *adj.* **1** 独特の, 持ち前の, 固有の, 〔…に〕特有の 〔*to*〕: a ～ flavor 特有の味 / expressions ～ *to* English 英語に特有[英語独特]の表現 / Language is ～ *to* mankind. 言語は人間特有のものだ. **2 a** 特別の, 特殊な; 目立った (marked): receive ～ attention 特別注意される. **b** 〖法律〗特殊管轄権に服する《通常の僧正区裁判所の取り扱わない》. **3** 一個人の, 個人特有の, 自己一流の: one's own ～ property 私有財産 / He has his own ～ temperament. 彼には彼一流の気質がある. **4** 妙な, 変な, 一風変わった, 異常な (uncommon): He is a little ～. 彼は少し変わっている. ── *n.* **1** (人の)特有[固有]のもの, 私有財産, 特権. **2** (他教区の bishop の支配下にある)特殊教会, 特殊教区. **3** [P-] Peculiar People 派の人. **4** [*pl.*] 《英》〖印刷〗= arbitraries.

pecúliar gálaxy *n.* 〖天文〗特異銀河《非常に異常な形・性状の銀河系外星雲》.

pecúliar institútion *n.* [the ～] (南北戦争前の南部の)奴隷制度.

pe·cu·li·ar·i·ty [pɪkjù:liǽrəṭi, pə-, -liér-, -ljǽr-, -ljér- | -liǽrəti, -rɪ-] 〖《1610》□ LL *pecūliāritātem*: ↑, -ity〗 ── *n.* **1** 特有, 独特; 独自性, 特殊性 (distinctiveness). **2** 特有の性格, 特色, 特性, 持前, 癖 (individuality). **3** 異様さ, 風変わり, 奇習, 奇態: He affects ～ in dress. 彼は服装の奇をてらう.

pe·cu·liar·ize [pɪkjú:ljəràɪz, pə- | -ljə-, -lɪə-] *vt.* …に特性[特色]を与える, 独特にする.

pe·cú·liar·ly 〖《1561》〗 ── *adv.* **1** 特に, 格別に (specially); 特徴的に (characteristically): He is ～ sensitive to colors. 色彩には格別敏感だ. **2** 奇妙に, 異様に: behave ～ 奇異な振舞をする. **3** 自分だけについて言えば, 一個人として, 個人的に (personally).

pecúliar péople *n.* [the ～] **1** (神の選民としての)ユダヤ人 (Jews). **2** キリスト教徒 (God's elect)《キリスト教徒が世の人々と異なることを強調して自らを呼ぶ呼称》. **3** [the P- P-] 1838 年英国に起こったプロテスタントの一小派《*James* 5: 14 に基づいて, 祈りと受膏(こう)のみで病気を直し得ると信じた》.

pe·cu·li·um [pɪkjú:liəm, pə- | -ljəm, -lɪəm] 〖□ L *pecūlium* private property: ⇨ peculiar〗 ── *n.* (*pl.* **-li·a** [-lɪə | -ljə, -lɪə]) **1** 私有財産 (private property). **2** 〖ローマ法〗家長から家族に[主人から奴隷に]与えられた財産.

pe·cu·ni·ar·y [pɪkjú:nièri, pə-, -njəri | pɪkjú:njəri, -nɪə-] 〖《1502》□ L *pecūniāri-us* of money ← *pecūnia* money ← *pecu(s)* cattle: ⇨ fee, -ary〗 ── *adj.* **1** 金銭の, 金銭上の; 金銭での, 財政上の: ～ losses [assistance] 金銭上の損失[補助] / ～ considerations [reward] 金銭の報酬 / ～ embarrassment [policy] 財政困難[政策] / ～ resources 資力. **2** 〈犯罪が〉罰金を科せらるべき, 罰金刑相当の: a ～ offense 科料[罰金]を科せられる犯罪 / a ～ penalty 罰金, 罰金刑. **pe·cu·ni·ar·i·ly** [pɪkjù:niérəli, pə-, ─ ─ ─ ─ ─ ─ | pɪkjú:njərəli, -nɪə-, -rɪ-] *adv.*

ped [péd] 〖□ Gk *péd-on* earth, ground〗 *n.* 〖土壌〗ペッド《自然の土壌生成過程で形成された団粒などの土壌粒子の集合体; cf. clod 1 a》.

ped. 《略》pedal; pedestal; pedestrian.

ped-¹ [ped, pi:d] (母音の前に来る時の) pedi-¹ の異形.

ped-² [ped] (母音の前に来る時の) pedo-² の異形.

ped-³ [pi:d, ped | pi:d] (母音の前に来る時の) pedo-³ の異形 (⇨ paedo-).

-ped [─ pèd, pəd | pèd] 〖□ L *-ped-a* ← *pēs* 'FOOT'〗「足 (foot)」の意の名詞連結形: soli*ped*, quadru*ped*. ★ 時に -pede になる.

ped·a·gese [pèdəgí:z, -gí:s | -gí:z] *n.* =pedaguese.

ped·a·gog [pédəgɑ̀g | -gɔ̀g] *n.* 《米》=pedagogue.

ped·a·gog·ic [pèdəgɑ́dʒɪk, -góʊdʒ-, -gɑ́g- | -gɔ́dʒ-, -gɔ́g-, -gə́ʊdʒ-] 〖《1781》□ Gk *paidagōgik-ós* ← *paidagōgós* 'PEDAGOGUE': ⇨ -ic¹〗 ── *adj.* **1** 教育学(pedagogy) (上)の, 教授法の. **2** 教育者の, 先生の; 学者ぶる, 衒学(げん)的な (pedantic). **pèd·a·góg·i·cal** *adj.* **pèd·a·góg·i·cal·ly** *adv.*

ped·a·gog·ics [pèdəgɑ́dʒɪks, -góʊdʒ-, -gɑ́g- | -gɔ́dʒ-, -gɔ́g-, -gə́ʊdʒ-] 〖← PEDAGOGY+-ICS〗 *n.* 教育学(pedagogy), 教授法.

péd·a·gòg·ism [-gɑ̀gɪzm | -gɔ̀g-] *n.* [通例軽蔑的に] 児童[青少年]教授法; 先生気取り[かたぎ], 教師根性, 衒学(げん).

ped·a·gogue [pédəgɑ̀g | -gɔ̀g] 〖《*a*1387》□ OF *pedagoge* (F *pédagogue*) □ L *paedagōgus* □ Gk *paidagōgós* trainer and teacher of boys ← *paid-, pāis* boy+*agōgós* leading (← *ágein* to lead)〗 ── *n.* **1** 《古・軽蔑》児童[青少年]教育者 (instructor); 先生 (schoolmaster). **2** 衒(げん)学者 (pedant), 学者ぶる先生.

péd·a·gò·gu·ism [-gɑ̀gɪzm | -gɔ̀g-] *n.* =pedagogism.

ped·a·go·gy [pédəgòʊdʒi, -gɑ̀dʒi, -gɑ̀gi | -gɔ̀dʒɪ, -gɔgɪ, -gəʊdʒɪ] 〖《1583》□ F *pédagogie* □ Gk *paidagōgia* education: ⇨ pedagogue, -y¹〗 ── *n.* **1** 教育, 教授. **2** 教育学, 教授法; 教職.

ped·a·guese [pèdəgí:z, -gí:s | -gí:z] 〖← PEDA(GO)-GUE+-ESE〗 *n.* 《米俗》先生ことば, 教育者の使うやたらとむずかしい用語.

ped·al [pédl̩] 〖adj.: 《1625》□ L *pedāl-is* of foot ← *ped-, pēs* 'FOOT': ⇨ -al¹. ── n.: 《1611》□ F *pédale* □ It. *pedale* organ pedal, tree trunk < L *pedālem* (adj.)〗 ── *adj.* **1** [pédl̩, pí:dl̩] 〖動物・解剖〗(特に, 軟体動物の)足の: ～ extremities 足. **2** 踏板の, ペダルの; ペダルから成る. **3** 〖数学〗**a** 垂足の: a ～ triangle 垂足三角形. **b** 垂足線の: a ～ curve [surface] 垂足線[面]. ── *n.* **1** (自転車・ミシンの)ペダル, 踏子, 踏板 (treadle). **2 a** (ピアノやハープの)ペダル: ⇨ damper pedal, loud pedal, soft pedal. **b** (オルガンの)足鍵盤, ペダル (cf. manual 3). **3** 〖音楽〗=pedal point. **4** 〖数学〗垂足線, 垂足面. ── *v.* (**ped·aled, -alled; -al·ing, -al·ling**) ── *vi.* 〈人が〉ペダルを使う[踏む]; ペダルを踏んで奏楽する; 自転車のペダルを踏んで走る 〈*away, up, down*〉: ～ *up* a hill [*along* a road] 自転車で丘を上る[道路を走る]. ── *vt.* ペダルで運転する; (ペダルを踏んで)走らせる: ～ a bicycle.

pédal bòat *n.* =pedalo.

pédal dìsk *n.* 〖生物〗足盤(そくばん)《腔腸動物のポリプが物に付着するために板状に広がった部分》.

pe·dal·fer [pɪdǽlfə, pə-, -fɛə | pɪdǽlfə(r] 〖← Gk *péd(on)* ground+L *al(ūmen)* (⇨aluminum)+*fer(rum)* iron〗 ── *n.* 〖土壌〗ペダルファー《鉄アルミナ土壌》.

ped·al·fer·ic [pèdælférɪk] *adj.*

pédal gánglion *n.* 〖動物〗足神経節《軟体動物の皮部神経中枢の一つ》.

Pe·da·li·a·ce·ae [pədèɪliéɪsiì: | -lɪ-] 〖← NL ～ ← *Pedalium* (属名) ← Gk *pēdálion* rudder ← *pēdón* oar blade: ⇨ -aceae〗 ── *n. pl.* 〖植物〗(シソ目)ゴマ科.

pe·dà·li·á·ceous [-ʃəs] *adj.*

pédal kèyboard *n.* (パイプオルガンなどの)足鍵盤.

pédal-nòte *n.* 〖音楽〗 **1** =pedal point. **2** (パイプオルガンの)ペダル音. **3** コントラバス音《通常のバス声部よりさらに 1 オクターブ低い音域にあり, 和声の基礎を補強する音》.

ped·al·o [pédəlòʊ, -dl̩- | -dələʊ] 〖← PEDAL+-O〗 ── *n.* (*pl.* ～s) ペダルで動かす外輪つきいかだ[ボート]《水かき車を付けた, 自転車式にペダルを踏んで走る乗物, 特にスポーツまたは遊戯用のもの; pedal boat ともいう》.

pédal piáno *n.* ペダルピアノ《昔の足鍵盤付きピアノ》.

pédal pòint *n.* 〖音楽〗オルゲルプンクト, 保続音《作曲技法上の用語で, バス声部が長く同じ音にとどまること; その音; organ point ともいう》.

pédal pùsher *n.* 《米》 **1** 自転車乗り《人》, 自転車競走選手. **2** [*pl.*] ペダルプッシャー《婦人・子供用ふくらはぎ丈のストレートなスポーツ用ズボン; もとサイクリング用に着用した》.

ped·ant [pédn̩t, -dənt] 〖《1594》□ F *pédant* □ It. *pedante* schoolmaster (《短縮》) ← *pedagogante* < LL *paedagōgantem* (pres.p.) ← *paedagōgāre* to educate: cf. pedagogue〗 ── *n.* **1** 学者ぶる人, 衒(げん)学者, 学問を鼻にかける人; 形式的な規則にひどくうるさい人, 杓(しゃく)子定規の人. **2** 空論家; 変人学者 (crank). **3** 《廃》家庭教師; 学校教師, 先生 (teacher).

pe·dan·tic [pɪdǽnṭɪk, pə- | pɪdǽntɪk, pe-] 〖《?*c*1600》: ⇨↑, -ic¹〗 ── *adj.* **1** 学者[物知り]ぶる, 衒(げん)学(趣味)の, 知ったかぶりの. **2** 学問の世界にとじこもった. **3** 想像力の乏しい, つまらない. **4** 細事にひどく拘泥する; 形式にとらわれる, 形式主義的な. **pe·dán·ti·cal·ly** *adv.*

pe·dán·ti·cìsm [-ṭəsìzm | -tɪ-] *n.* =pedantry.

ped·ant·ism [pédn̩tìzm, -dn̩- | pédəntìzm, -dn̩-, pɪdǽntɪzm, pe-] *n.* =pedantry.

ped·ant·ize [pédn̩tàɪz, -dn̩-] *vi.* 学者ぶる; 学者ぶった口を利く[物を書く]. ── *vt.* 衒(げん)学者にする, 学者気取りの人間にする.

ped·an·toc·ra·cy [pèdn̩tɑ́krəsi, -dn̩- | -tɔ́krəsɪ] 〖□ F *pédantocratie*: ⇨ pedant, -o-, -cracy〗 *n.* **1** 衒(げん)学者たちの支配. **2** [集合的] 支配する衒学者連.

ped·ant·ry [pédn̩tri, -dən- | -trɪ] 〖《1612》□ F *pédanterie* // It. *pedanteria*: ⇨ pedant, -ery〗 ── *n.* **1** 学者ぶること, 物知りぶること, 知ったかぶり; 衒(げん)学, 学問自慢, 学者臭い考え方[言い方]. **2** 規則[学説, 先例]にこだわること, 杓(しゃく)子定規.

ped·ate [pédeɪt, -dət, -dɪt] 〖□ L *pedāt-us* having feet ← *ped-, pēs* 'FOOT': ⇨ -ate³〗 ── *adj.* **1** 〖動物〗足のある (↔apodal); 足状の, 足の用をする. **2** 足指のように分れている. **3** 〖植物〗〈葉が〉鳥足状の. **～·ly** *adv.*

pe·dat·i- [pɪdǽṭə, pə-, -déɪṭə | pɪdǽtɪ, -déɪtɪ] 〖← L *pedāt-us* (↑)〗「足状の (pedate)」の意の連結形.

pe·dat·i·fid [pɪdǽṭəfɪd, pə-, -déɪṭ- | pɪdǽtɪ-, -déɪt-] 〖⇨↑, -fid〗 *adj.* 〖植物〗鳥足状に深裂した葉をもった.

ped·dle [pédl̩] 〖《1532》(逆成) ↓: vi. 2 は PIDDLE との混同からか〗 ── *vi.* **1** 行商をする, 売り歩く. **2** つまらないことにあくせくする (trifle). ── *vt.* **1** …の行商をする, 呼売りする (hawk): ～ candy. **2** 小売りする (retail). **3 a** 〈うわさなどを〉受売りする, ばらまく. **b** 〈知識・思想・見解などを〉切り売りする, 広める: ～ out English 英語の知識を切り売りする.

péd·dler [pédlə | -lə(r] 〖《*c*1378》 *pedlere* ← *pedder(e)* ← *pedde* basket (← ?)+-ER¹: *-l-* の添加は cf. 《方言》

tinkler (← tinker)〛 — *n.* **1** 行商人, 大道商人; 呼売り商人 (hawker): a dope ~ 麻薬売り. **2 a** (うわさなどの)受売りをする人, 金棒引き. **b** (知識などを)切り売りする人. **3** 《米俗》(各駅停車の)のろい列車.

péddler's Frénch *n.* 《古》 **1** 泥棒や乞食の合言葉[隠語]. **2** ちんぷんかんぷん (gibberish).

ped·dler·y [pédləri | -rɪ] *n.* 《古》 **1** 行商, 呼売り商売. **2** 行商品; 安ぴか物 (trumpery).

ped·dl·ing [pédlɪŋ, -dl-] *adj.* **1** 行商の. **2** [《米》ではまた pédlɪn, -lən] 気の小さい, 細かなことに気を使う, つまらない, くだらない: ~ details くだらない細かな点. — *n.* 行商すること.

-pede [←̶ pì:d] 〚▭ F *-pède* ▭ L *-peda*〛 -ped の異形: centi*pede*.

ped·er·ast [pédəræ̀st, pí:d-] 〚▭ Gk *paiderastés* 《原義》 lover of boys ← *paid-* 'PAEDO-'+*erastés* lover: cf. erotic〛 *n.* (特に, 少年を対象とする)男色者.

ped·er·as·tic [pèdəræ̀stɪk, pì:d-] *adj.* 男色の. **pèd·er·ás·ti·cal·ly** *adv.*

pe·der·as·ty [pédəræ̀sti, pí:d- | -tɪ] *n.* (特に, 少年を対象とする)男色.

pedes *n.* pes の複数形.

ped·es·tal [pédɪstl, -dəs- | -dɪs-] 〚《1563》▭ F *piédestal* ▭ It. *piedestallo* ← *piè* 'FOOT'+*di* of+*stallo* 'STALL¹'〛 — *n.* **1 a** 台座, 柱脚(base). **b** (胸像などの)台, 台石. **2** (花瓶・ランプなどを載せる)台. **3** 両袖机の脚. **4** 《機械》軸受(台). **5** 基礎; 根拠 (foundation). **6** 《電気》ペデスタル《信号波形で A の上に B を重ねた形の場合の A をいう》.

pedestal 1 a
1 base; 2 cap; 3 dado; 4 pedestal; 5 plinth; 6 necking; 7 astragal

knock** a person **off** his **pedestal 〈人を〉尊敬されている立場から引きずりおろす. ***put*** [***set***] *a person* ***upon*** [***on***] *a* ***pedestal*** 〈人を〉尊敬する, 崇拝する; 理想化する, 偶像化する (idolize).

— *vt.* (**-es·taled, -talled; -tal·ing, -tal·ling**) **1** 台に載せる, …に台を付ける, 土台で支える. **2** 〈人を〉祭り上げる.

pédestal dèsk *n.* 両袖机.

pédestal tàble *n.* ペデスタルテーブル, 一脚テーブル《中央に一本の台脚のあるテーブル》.

pe·des·tri·an [pɪdéstriən, pə- | -trɪ-] 〚adj.: 《1716》 ← F *pédestre* // L *pedester* going on foot, written in prose (← *pēs* 'FOOT')+-IAN. — n.: 《1793》 ← (adj.)〛 — *adj.* **1** 徒歩の, 歩行の, 歩行する; 歩行者の: ~ traffic 通行人の往来 / ~ exercise 徒歩運動 (cf. EQUESTRIAN exercises). **2** 〈文体など〉散文的な, 粗雑な, 詩趣のない (prosaic); 〈講義など〉つまらない, 平凡な (trite). — *n.* **1** 徒歩[歩行]者, 徒歩通行人. **2** 足の丈夫な人; 徒歩競走者, 徒歩主義者. **3** 散歩好きの人; 健康のために散歩する人.

pedéstrian brídge *n.* 横断歩道橋.

pedéstrian cróssing *n.* 横断歩道 (cf. zebra crossing).

pedéstrian ìsland *n.* 歩行者用安全地帯.

pe·dés·tri·an·ism [-nìzm] *n.* **1 a** 徒歩, 徒歩主義. **b** (運動として[健康のため]の)徒歩, 散歩. **2** (文体などの)詩趣のなさ, 散文体; 平凡, 単調.

pe·des·tri·an·i·za·tion [pɪdèstriənɪzéɪʃən, pə-, -nə- | -trɪənaɪ-, -nɪ-] *n.* 歩行者専用道路に変えること.

pe·des·tri·an·ize [pɪdéstriənàɪz, pə- | -trɪə-] *vi.* 徒歩旅行をする, 徒歩で行く, 歩く. — *vt.* 〈道路などを〉歩行者専用道路に変える, 〈道路など〉に車を通さないようにする.

pedéstrian précinct *n.* 車両通行禁止区域, 「歩行者天国」.

péde window [pí:d-] 〚*pede*: ← L *ped-*, *pēs* (↓)〛 *n.* (教会の)足元窓《キリストの肉体を象徴する十字架状の教会平面の足元にあたる西端部の窓》.

ped·i-¹ [pédɪ, pí:dɪ | -dɪ] 〚← L *ped-*, *pēs* 'FOOT'〛 「足 (foot)」の意の連結形. ★ 時に pedo-, また母音の前では通例 ped- となる.

ped·i-² [pédi | -dɪ] (母音の前に来る時の) pedio- の異形.

pe·di·at·ric [pì:diǽtrɪk, pèd- | pì:dɪ-, pèd-] 〚← PAEDO-+-IATRIC〛 *adj.* 小児科(医)の: a ~ nurse.

pe·di·a·tri·cian [pì:diətrɪ́ʃən, pèd- | pì:dɪ-, pèd-] *n.* 小児科医.

pe·di·at·rics [pì:diǽtrɪks, pèd- | pì:dɪ-, pèd-] 〚⇨ pediatric, -ics〛 *n.* 小児科(学).

pe·di·at·rist [pì:diǽtrɪst, pèd-, pi:dáɪət-, -trəst | pì:dɪǽtrɪst] *n.* =pediatrician.

ped·i·cab [pédɪkæ̀b, -də- | -dɪ-] 〚← PEDI-¹+CAB¹〛 *n.* (東南アジアなどで用いられる)乗客用三輪自転車, 輪タク《trishaw ともいう》.

ped·i·cel [pédəsèl | -dɪ-] 〚《1676》← NL *pedicell-us* (dim.) ← L *pediculus* 'PEDICLE'〛 — *n.* **1** 《植物》(花柄から分岐した)小花柄, 小花梗(こう) (cf. peduncle 1). **2** 《動物・解剖》肉茎(peduncle), 小柄, 小柄状部[器官]; (触角の)梗節. **3** 《外科》茎, 柄, 移植弁. **ped·i·cel·lar** [pèdəsélə | -dɪsélə(r)] *adj.*

ped·i·cel·lar·i·a [pèdəselέ(ə)riə | -dɪsəléəriə] 〚← NL ~ ← *pedicellus* (↑)+-ARIA¹〛 — *n.* (*pl.* **-lar·i·ae** [-riì:]) 《動物》はさみとげ, 叉棘(さきょく)《棘皮動物の体表のとげの変化したもので物をつかんだり, 武器になったりする》.

ped·i·cel·late [pèdəsélət, -lɪt, -leɪt | -dɪ-] 〚← NL *pedicellus* (↑)+-ATE²〛 *adj.* **1** 《植物》小花柄のある. **2** 《動物》肉茎[小柄]のある.

ped·i·cle [pédɪkl, -də- | -dɪ-] 〚《1626》▭ L *pedicul-us* (dim.) ← *ped-*, *pēs* 'FOOT': ⇨ -cle〛 *n.* =pedicel. **péd·i·cled** *adj.*

pe·dic·u·lar [pɪdíkjulə, pə- | pɪdíkjulə(r, pe-] 〚▭ L *pediculār-is* ← *pediculus* (dim.) ← *pedis* louse: ⇨ -ar¹〛 *adj.* シラミの; シラミだらけの (lousy).

pe·dic·u·late [pɪdíkjulət, pə-, -lɪt, -lèɪt | pɪ-, pe-] 〚adj. (1): ↓. — adj. (2): ← NL *pediculātus* ← L *pediculus* footstalk (⇨ pedicle)+-ATE²〛 — *n.* 《魚類》アンコウ目の魚. — *adj.* **1** 《魚類》アンコウ目の. **2** 《植物・動物》=pedicellate.

Pe·dic·u·la·ti [pɪdìkjuléɪtaɪ, pə- | pɪ-, pe-] 〚← NL *Pediculāti* (pl.) ← *pediculātus* (↑)〛 *n. pl.* 《魚類》アンコウ目.

pe·dic·u·li·ci·dal [pɪdìkjuləsáɪdl, pə- | pɪdìkjulɪ-, pe-] *adj.* シラミを殺す.

pe·dic·u·li·cide [pɪdíkjuləsàɪd, pə- | pɪdíkjulɪ-, pe-] 〚← L *pedicul(us)* louse+-I-+-CIDE〛 *n.* シラミ撲滅剤.

pe·dic·u·lid [pɪdíkjulɪd, pə-, -ləd, -lìd | pɪdíkjulɪd, pe-] 〚⇨ ↓, -id²〛 《昆虫》 *adj.* ヒトジラミ(科)の. — *n.* ヒトジラミ《ヒトジラミ科の昆虫の総称》.

Ped·i·cu·li·dae [pèdəkjú:lədì: | -dɪkjú:lɪ-] 〚← NL ~ ← *Pediculus* (属名: ← L *pediculus* (↓))+-IDAE〛 *n. pl.* 《昆虫》(シラミ目)ヒトジラミ科.

pe·dic·u·lo·sis [pɪdìkjulóusɪs, pə-, -səs | pɪdìkjulóu-sɪs, pe-] 〚← NL ~ ← L *pediculus* (↓)+-OSIS〛 *n.* (*pl.* **-lo·ses** [-si:z]) 《病理》=phthiriasis.

pe·dic·u·lous [pɪdíkjuləs, pə- | pɪ-, pe-] 〚▭ L *pediculōs-us* lousy ← *pediculus* louse: ⇨ pedicular, -ous〛 *adj.* =pedicular.

ped·i·cure [pédɪkjùə, -də- | -dɪkjùə(r] 〚《1842》▭ F *pédicure* ← PEDI-¹+L *cūra* 'remedy, CURE': cf. manicure〛 — *n.* **1** 足の治療. **2** 足治療医 (chiropodist). **3** ペディキュア《足の美爪(そう)術; cf. manicure 1》. — *vt.* (うおのめ・まめ・たこなどを除いて)〈足〉の治療をする.

péd·i·cùr·ist [-kjù(ə)rɪst, -rəst | -kjùərɪst] *n.* 足(治療)専門医.

ped·i·form [pédəfɔ̀əm | -dɪfɔ̀:m] *adj.* 〈昆虫の付属器官など〉足状の, 足のような: ~ feelers.

ped·i·gree [pédəgrì: | -dɪ-] 〚《1410》 *pedegru* ▭ OF *pie de grue (F *pied de grue*) 《原義》 foot of crane: 系図の形をつるの足に見立てたもの〛 — *n.* **1** 系図: a family ~ 家の系図. **2** 家系, 家柄, 系統, 血統 (lineage); 古い家柄, 旧家: a family of ~ 旧家 / He is by ~ a nobleman. 彼は生まれは貴族だ. **3** (純粋種家畜の)血統簿. **4 a** (言語の)由来, 起源 (derivation); 語源 (etymology). **b** (事物の)由来, 来歴, 故事来歴. **5** 《米俗》(警察にある)犯人の身元調書, 前科の経歴.

— *attrib. adj.* =pedigreed: a ~ dog 血統書付きの犬.

péd·i·grèed *adj.* 〈純粋種家畜が〉血統の明らかな, 血統書つきの: a ~ dog, cat, poodle, etc.

pédigree thèory *n.* 《言語》=family-tree theory.

ped·i·ment [pédəmənt | -dɪ-] 〚《1592》 *periment* 《転訛》 ← PYRAMID: 今の形は通俗語源 (← PEDI-¹+-MENT) による変形: cf. L *pedāmentum* prop for a vine〛 — *n.* **1** 《建築》ペディメント《古典建築の三角形の切妻壁; ⇨ vase 挿絵》. **2** 〚? ▭ It. *pedamento* flooring ▭ L *pedāmentum*〛 土台, 基盤; ふもと (foot). **3** 《地質》ペディメント, 山麓緩斜面.

ped·i·men·tal [pèdəméntl | -dɪméntl] *adj.* pediment (のある建築様式)の.

ped·i·ment·ed [pédəmèntɪd, -təd | -dɪmènt-, -mənt-] *adj.* pediment のある.

ped·i·o- [pédiou | -dɪə(u)] 〚▭ Gk ~ ← *pedíon* plain〛 「平面 (flat surface), 平原 (plain); 足裏 (sole)」の意の連結形. ★ 時に pedi- になる.

pèdio·cóccus 〚← NL ~: ⇨ ↑, -coccus〛 — *n.* (*pl.* **-cocci**) 《細菌》ペジオコックス《球菌属 (*Pediococcus*) の小球菌; ビールや麦芽汁に濁りや酸を生じさせる》.

ped·i·palp [pédɪpæ̀lp, -də- | -dɪ-] 〚← NL *Pedipalpus*: ⇨ pedi-¹, palpus〛 *n.* 《動物》脚鬚(きゃくしゅ)《鋏角類の頭部付属肢の第 2 対の片方》.

Ped·i·pal·pi [pèdɪpǽlpaɪ, -də- | -dɪ-] 〚⇨ ↑, -i〛 *n. pl.* 《動物》=Pedipalpida.

ped·i·pal·pid [pèdɪpǽlpɪd, -də-, -pəd | -dɪpǽlpɪd] 〚⇨ ↓, -id²〛 *adj.*, *n.* 《動物》ムチサソリ[脚鬚]目の(動物).

Ped·i·pal·pi·da [pèdɪpǽlpədə, -də- | -dɪpǽlpɪ-] 〚← NL ~: ⇨ pedipalp, -ida〛 *n. pl.* 《動物》(蛛形綱)ムチサソリ[脚鬚]目.

ped·lar [pédlə | -dlə(r] *n.* =peddler.

pédlar's Frénch *n.* 《古》=peddler's French.

ped·lar·y [pédləri | -rɪ] *n.* =peddlery.

ped·ler [pédlə | -lə(r] *n.* =peddler.

ped·o-¹ [pédou, pí:d- | -də(u)] pedi-¹ の異形.

ped·o-² [pédou | -də(u)] 〚▭ Gk ~ ← *pédon* soil〛 「土壌 (soil)」の意の連結形. ★ 母音の前では通例 ped- になる.

pe·do-³ [pì:do(u), péd- | -də(u)] 《米》=paedo-.

pe·do·bap·tism [pì:do(u)bǽptɪzm | -də(u)-] 〚← NL *paedobaptism-us*: ⇨ paedo-, baptism〛 *n.* 《キリスト教》幼児洗礼 (infant baptism).

pe·do·bap·tist [pì:do(u)bǽptɪst, -təst | -də(u)bǽptɪst] *n.* 幼児洗礼論者.

ped·o·cal [pédəkæ̀l] 〚← PEDO-²+L *calx* lime〛 *n.* 《土壌》ペドカル土《石灰土壌》. **ped·o·cal·ic** [pèdəkǽlɪk] *adj.*

pe·do·don·ti·a [pì:do(u)dánʃiə, -ʃə | -də(u)dɔ́nʃɪə, -ʃə] 〚← NL ~: ⇨ paedo-, odonto-, -ia¹〛 *n.* =pedodontics.

pe·do·don·tics [pì:do(u)dántɪks | -də(u)dɔ́nt-] *n.* 小児歯科学.

pe·do·don·tist [pì:do(u)dántɪst, -təst | -də(u)dɔ́ntɪst] 〚← PEDODONT(IA)+-IST〛 *n.* 小児歯科医.

pèdo·génesis¹ *n.* 《動物》=paedogenesis.

pèdo·génesis² 〚← NL ~: ⇨ pedo-², -genesis〛 *n.* 《土壌》土壌生成論. **pèdo·génic** *adj.* **pèdo·genétic** *adj.*

ped·o·log·ic¹ [pèdəládʒɪk, -dl- | -dəlɔ́dʒ-, -dl-] *adj.* 土壌学の. **pèd·o·lóg·i·cal** *adj.*

pe·do·log·ic² [pì:dəládʒɪk, -dl- | -dəlɔ́dʒ-, -dl-] *adj.* 児童研究の, 育児学の. **pè·do·lóg·i·cal** *adj.*

pe·dol·o·gist¹ [pɪdálədʒɪst, pe-, -dʒəst | -dɔ́lədʒɪst] *n.* 土壌学者.

pe·dol·o·gist² [pi:dálədʒɪst, pə-, -dʒəst | -dɔ́lədʒɪst] *n.* 児童[育児]学者.

pe·dol·o·gy¹ [pɪdálədʒi, pe- | -dɔ́lədʒɪ] 〚▭ Russ. *pedologiya*: ⇨ pedo-², -logy〛 *n.* ペドロジー, 基礎土壌学 (cf. soil science, edaphology).

pe·dol·o·gy² [pi:dálədʒi, pə- | -dɔ́lədʒɪ] 〚← PAEDO-+-LOGY〛 *n.* **1** 児童学[研究], 育児学. **2** =pediatrics.

pe·dom·e·ter [pɪdámətə, pə- | pɪdɔ́mɪtə(r, pe-, -mə-] 〚《1723》▭ F *pédomètre*: ⇨ pedi-¹, -o-, -meter¹〛 *n.* 歩数計, 万歩計, 歩程[歩数]記録計.

pèdo·morphósis *n.* 《生物》=paedomorphosis.

pe·do·phile [pì:dəfàɪl] 〚← PAEDO-+-PHILE〛 *n.* 《精神分析》小児愛者.

pe·do·phil·i·a [pì:dəfíliə | -lɪə] 〚← PAEDO-+-PHILIA〛 — *n.* 《精神分析》小児愛, ペドフィリー《幼児のみを性的欲求の対象とする傾向》. **pe·do·phil·i·ac** [pì:dəfíliæ̀k | -lɪ-] *adj.* **pe·do·phil·ic** [pì:dəfílɪk] *adj.*

péd·ràil [péd-] 〚《1902》← PEDI-¹+RAIL¹〛 *n.* 無限軌道(車).

pe·dro [pí:drou | -drəu] 〚← Sp. *Pedro* ← *Sancho-pedro*〛 — *n.* (*pl.* ~**s**) 《トランプ》 **1** ペドロ《auction pitch の一種で, 切札の 5 を 5 点に数えるもの》. **2** (このゲーム all fives, cinch などで)切札の 5.

Pe·dro [péɪdrou, péd-, pí:d- | -drəu; *Sp.* pédro, *Port., Braz.* pédru] 〚▭ Sp. & Port. ~ 'PETER'〛 *n.* 男性名.

Pedro I *n.* ペドロ一世《1798–1834; ブラジル初代皇帝 (1822–31); ポルトガルから独立を宣言 (1822)》.

Pedro II *n.* ペドロ二世《1825–91; ブラジル二代目の皇帝 (1831–89); 奴隷廃止を行なった (1888)》.

pe·dun·cle [pí:dʌŋkl, pɪdʌ́ŋ- | pɪdʌ́ŋkl] 〚《1753》← NL *peduncul-us* (dim.) ← L *ped-*, *pēs* 'FOOT': ⇨ -uncle〛 — *n.* **1** 《植物》花柄, 花梗(こう) (flower stalk) (cf. pedicel 1); (キノコの)柄部. **2** 《動物》肉茎, 肉柄. **3** 《解剖》足, 脚: the ~ of the brain 大脳脚. **4** 《病理》(腫瘍などの)茎, 柄. **pe·dun·cu·lar** [pɪdʌ́ŋkjulə | -lə(r] *adj.*

pé·dun·cled *adj.* 《植物・動物》=pedunculate.

pe·dun·cu·late [pɪdʌ́ŋkjulət, -lɪt, -lèɪt] 〚← NL *pedunculāt-us*: ⇨ peduncle, -ate²〛 — *adj.* **1** 《植物》花柄[花梗]のある; 花柄[花梗]に生じる. **2** 《動物》肉茎のある, 肉柄のある. **pe·dun·cu·la·tion** [pɪdʌ̀ŋkjuléɪʃən] *n.*

pe·dun·cu·lat·ed [pɪdʌ́ŋkjulèɪtɪd, -təd | -tɪd, -təd] *adj.* 《植物・動物》=pedunculate.

pee¹ [pí:] 〚《婉曲・小児語》← P(ISS)〛 《口語》 *vi.* 放尿する (urinate). — *n.* **1** 尿. **2** 放尿.

pee² [pí:] 〚← PEAK¹ 7: 語尾の -k を落とした船員の発音から〛 *n.* 《海事》錨の爪の先端 (anchor bill).

pee³ [pí:] *n.* P [p] 字.

Peeb. 《略》 Peeblesshire.

Pee·bles [pí:blz] *n.* **1** =Peeblesshire. **2** Peeblesshire 州の首都.

Pee·bles·shire [pí:bl(z)ʃɪə, -ʃə | -ʃə(r, -ʃɪə(r] 〚← *Peebles* ← Welsh *pebyll* ((pl.) ← *pabell*)+-s¹〛 — *n.* スコットランド南部の旧州; 現在は Borders 州の一部; Peebles ともいう.

Pee Dee [pí:-dì:, ←̶ ←̶] 〚▭ N-Am.-Ind. ~ (もと部族名)← ?〛 *n.* [the ~] 米国 North Carolina 州の中央部と South Carolina 州北東部を流れ大西洋に注ぐ川 (690 km); 上流の North Carolina 州では Yadkin [jǽdkɪn, -kən | -kɪn] という.

peek [pí:k] 〚《c1385》 *pike(n)* 《異化》? ← *kike(n)* to peep ▭ LG *kiken*〛 — *vi.* (…を)かいま見る, そっとのぞく 〈*in, out*〉/〈*at*〉. — *n.* かいま見, のぞき見: take a ~ *at* …をちらっと見る.

peek·a·boo [pí:kəbù:] 〚《1599》← PEEK (v.)+-*a-* (連結辞)+BOO¹ (int.)〛 — *n.* 《米》=bopeep. — [←̶ ←̶] *adj.* **1 a** ピーカブーの《ドレス・ブラウスなどの胸やわきをアイレットエンブロイダリー[刺繍]などで飾ったことにいう》. **b** すいて見える生地で作った. **2** ピーカブー式の《情報復元システムにおいて検索カードの特定の位置にあけた穴を通る光によって, 求める書類を確認することにいう》. — *int.* ばぁー《通例子供をびっくりさせるための声》.

peel¹ [pí:l] 〚v.: 《c1303》 *pele(n)*, *pile(n)* 《変形》 ← PILL²: PEEL¹ と PILL² の分離には (O)F *peler* to peel (< L *pilāre*) や *piller* to pillage (⇨ pill²) の影響が考えられる. — n.: 《1583》← (v.)〛 — *vt.* **1** 〈ジャガイモ・果物など〉の皮をむく: ~ banana, potato, stick, etc. **2** 〈木の皮などを〉はぐ, はがす 〈*off*〉: ~ the bark *off* a tree 木の皮をはぐ. **3** 《口語》〈衣服などを〉脱ぐ, 脱がす 〈*off*〉: ⇨ PEEL *off*. **4** 《古》〈領土などを〉略奪する, 奪い取る. **5** 《クロッケー》〈他のプレーヤーのボールを〉(自分の打ったボールをぶつけて)不利な位置に追いやる. — *vi.* **1 a** 〈皮・紙・ペンキなどが〉はげて

落ちる,〈壁などが〉はげる〈*off*〉. **b**〈果物・体などが〉皮がむける,〈ヘビなどが〉脱皮する. **2**《口語》(運動などのために)衣服を脱ぐ (undress).

keep** one's **eyes peeled ⇨ eye 成句. ***peel it*** 《米俗》全速力で走る. ***peel off*** (vi.) (1) (行進などの)グループから離れる. (2)《航空》(襲撃または着陸のため)編隊を離れて降下姿勢に移る, 編隊から離れる. (3)《海軍》(潜水艦攻撃などのため)〈護衛艦が〉護送船団から離れる. (vt.) (1) ⇨ vt. 2. (2) ⇨ vt. 3. ★ しばしば目的語を略して用いることもある: As it's very warm, you had better ~ *off* (your coat). 暑いから上着を脱いだほうがよい / Tom ~*ed off* and went to bed. トムは衣服を脱いで床についた. (3)《俗》〈金を〉与える (give): He ~*ed off* one. 札を一枚くれた. ***peel out*** 《米俗》タイヤの跡が道路に残るほどものすごくアクセルを踏む. ***peel rubber*** [***tires***]《俗》(drag race などで)車を急速に加速する.

— *n.* **1** (果物の)皮 (rind); (若枝などの)皮: candied ~ (オレンジ・レモンなどの)砂糖づけの果皮. **2**《古生物》印像剝(はく)片《植物化石などの表面の微細構造を顕微鏡で調べるため, 化石表面にコロジオン液を塗り, 乾固したのちに薄膜としてはがしたもの; 凸凹の逆の像が得られる》.

~·a·ble [-ləbl] *adj.*

peel[2] [píːl] 〖《*a*1400》 *pele* ▭ OF (F *pelle*) shovel < L *pālam* spade〗 *n.* 長柄の木べら《パン屋がかまどにパンを出し入れするのに用いる》.

peel[3] [píːl] 〖《*c*1303》 *pel(e)* castle, stake ▭ AF *pel*= OF *piel* (F *pieu*) stake < L *pālum* 'PALE[2]'〗 — *n.* (16 世紀にイングランドとスコットランドの境界地方にあった)小城《石造で塔をもつ》.

peel[4] [píːl] 〖《異形》← PEAL[2]〗 *n.*《英》《魚類》=peal[2].

Peel [píːl] 〖← PEEL[3]〗 *n.* 英国 Man 島の西岸の海港; 古城があり, 保養地; 人口 3,000.

Peel [píːl], **Sir Robert** *n.* (1788–1850) 英国の政治家; 内相時代の 1828 年英国の警察制度を完備した (cf. bobby, peeler[1]); 首相 (1834–35, 1841–46) (cf. Peelite).

Peele [píːl], **George** *n.* (1558?–?97) 英国の劇作家; *The Arraignment of Paris* (1581?).

peel·er[1] [píːlə | -lə(r] 〖《1817》← *Sir Robert Peel*: ⇨ -er[1]〗 — *n.* **1** (昔の)アイルランドの警官《Sir Robert Peel がアイルランド総督 (1812–18) 当時始めた; cf. bobby》. **2**《古英俗》巡査 (policeman).

péel·er[2] [-lə | -lə(r] 〖ME〗 — *n.* **1 a** はぐ[むく]人; 丸太の皮むき職人. **b** はぐ[はがす, むく]物; 皮はぎ器, 皮むき器. **2 a** 脱ぐ人. **b**《米口語》ストリッパー. **3**《米》脱皮期のカニ[エビ]. **4** 活動家, がんばり屋 (hustler). **5** むきベニヤ材《軟木, 特にアメリカトガサワラ (Douglas fir) の丸太で直径 24 インチ以上のもの; peeler log ともいう》.

péel·ing [-lɪŋ] *n.* **1** 皮をむく[むかれる]こと, 皮むき, 皮はぎ: a potato ~. **2** [通例 *pl.*] (ジャガイモ・果物などのむいた)皮. **3**《窯業》**a** 釉の膨張係数が素地のそれよりも小さすぎるために, 素地から釉層が飛び散ること. **b** 耐火物のスラグ (slag) の付着した面が飛び散ること. **c** 金属から琺瑯(ほうろう)が比較的広い部分にわたって離れ落ちる欠点.

Peel·ite [píːlaɪt] 〖← *Sir Robert Peel*: ⇨ -ite[1]〗 *n.* ピール党員, ピール支持派議員《英国で 1846 年 Sir Robert Peel の穀物法廃止法案に賛成した保守党員》.

peen [píːn] 〖《古形》*pen* ← ? Scand. (cf. Norw. *penn* / Swed. *pen* peen)〗 — *n.* 金槌(づち)のとがった端《普通に使う平らな面(face)の反対の一端で用途によってさまざまな形をしたもの》. — *vt.* **1** 金槌のとがった端で打つ. **2** shot peening で処理する.

Pee·ne·mün·de [pèɪnəm(j)úːndə; G. pèːnəmýndə] *n.* ペーネミュンデ《東ドイツ北東部の小島の村; 第二次大戦中のドイツのロケット・ミサイル研究の中心地》.

peep[1] [píːp] 〖v.: 《*c*1400》 *pepe(n)*《変形》? ← *piken* 'to PEEK'. — n.: 《1530》← (v.)〗 — *vi.* **1** 〔すき間などから〕のぞく〔*out of, through*〕; こっそり[そっと]見る, 盗み見する〔*into, at, over*〕(cf. peer[1] 1). **2 a** そっと姿を表わす, 現われる; 〈草花・太陽などが〉顔を出す〈*out*〉〔*through, from*〕. **b**〈性質などが〉(思わず)出る, 地金が出る〈*out*〉: The inherent meanness of the man was always ~*ing out*. あの男の持ち前の下劣さが始終地金を出していた. — *vt.* 〈頭などを〉少し出す, のぞかす, 突き出す〈*out*〉. — *n.* **1** すき見, のぞき見; ちらと見ること, 一瞥(べつ): take a ~ through a keyhole 鍵穴からのぞく / Let me get [have, take] a ~ at the letter. 手紙をちょっと見せてごらん. **2** (朝日などの)見え始め, 最初の現われ[出現]: the ~ of day [dawn, morning] 夜明け / at ~ of day 夜明けに. **3** のぞき穴 (peephole).

peep[2] [píːp] 〖v.: 《?1420》 *pepe(n)*《擬音語》: cf. OF *piper* / L *pīpāre* / Du. & G *piepen*. — n.: 《1423》← (v.)〗 — *vi.* **1**〈ひな鳥・ハツカネズミなどが〉ぴーぴー鳴く, ちゅーちゅー鳴く (chirp). **2** 小声で話す, 力なげに話す. **3**《英俗》自動車の警笛を鳴らす. — *n.* **1 a** ぴーぴー, ちゅーちゅー(鳴く声). **b** 小声; 小言, 泣き言: hear a ~ from [out of] a person 人から小言[泣き言]を聞く. **2** ぴーぴー鳴く小鳥《sandpiper など》. **3**《英俗》(自動車の)警笛: give (it) a ~ 警笛を鳴らす / give a person a ~ 警笛を鳴らして人に注意する.

peep[3] [píːp] 〖JEEP と押韻による変形〗 *n.*《米陸軍俗》=jeep.

peep-bo [píːpbòʊ | -bàʊ] *n.* =bopeep.

pee·pee [píːpìː] *n.*《幼児語》=pee[1].

péep·er[1] *n.* **1** ぴーぴー鳴く鳥, ちゅーちゅー鳴く動物; (鶏・鳩などの)ひな鳥. **2**《米》アマガエル科の金切声で鳴くカエルの総称; (特に)ジュウジアマガエル (spring peeper).

péep·er[2] *n.* **1** のぞき見する人, (特に)窃視癖のある人 (Peeping Tom). **2** 穿鑿(せんさく)好きな人. **3** [通例 *pl.*] **a**《俗》目 (eyes). **b** 眼鏡 (spectacles). **c**《米俗》サングラス (sunglasses). **4**《米俗》私立探偵.

péep·hòle *n.* (ドアなどの)のぞき穴, すき穴; ふし穴.

Péep·ing Tóm, p- T- 〖伝説上の 11 世紀の Coventry の仕立屋: Lady Godiva が住民の減税の訴願のため Coventry を裸で馬に乗って通るのをのぞき見し, 目がつぶれたという〗 — *n.* **1** のぞき見[すき見]する人, (特に, 性的好奇心から)のぞき見する好色男, 「出歯亀(でばかめ)」, 窃視者, 観淫者 (voyeur). **2** 穿鑿(せんさく)好きな人. **~·ism** [-mɪzm] *n.*

Péep-o'-Dáy Bòys *n. pl.* [単数扱い]《キリスト教》=Peep-of-Day Boys.

Péep-of-Dáy Bòys 〖← *peep of day* (⇨ peep[1] *n.* 2)〗 — *n. pl.* [単数扱い]《キリスト教》ピープ オブ デイ ボイズ《18 世紀の末ごろ北アイルランドにあったプロテスタントの一団; 武器探索のため未明にカトリック教徒の家々を調べて回った》.

péep shòw *n.* **1** (通例, 拡大鏡で見せる)のぞきからくり. **2**《俗》**a** (通例, 壁などの穴を通して見せる)卑猥な見世物. **b** =burlesque 3 b.

péep sìght *n.*《銃砲》穴照門, 覘孔(てんこう)照尺《小火器の後部の照門が穴型になったもの; cf. open sight》.

péep-tòe *n.* (破れて)足指の見える靴. — *adj.* (靴が)足指の見える. **péep-tòed** *adj.*

pee·pul [píːpəl] *n.*《植物》=bo tree.

peer[1] [píə | píə(r] 〖《16C》《変形》? ← ME *pire(n)* (cf. LG *pīren*) // 《頭音消失》? ← APPEAR〗 — *vi.* **1** 〈人・物を〉(はっきり見分けようとして)じっと見る, つくづく見る, 熟視する, 凝視する〔*into, at*〕(cf. peep[1] 1): ~ *at* the tag to read the price 値段を見ようと正札をのぞきこむ / ~ *through* one's mail 郵便物に目を通す. **2 a**〈太陽などが〉かすかに現われる: The sun ~*ed* through the clouds. 雲間から日がかすかに現われた. **b**《古》見えてくる (come in sight).

peer[2] [píə | píə(r] 〖n.: 《*c*1300》 *p(i)er* ▭ OF *pe(e)r* (F *pair*) < L *parem, pār* equal. — v.: 《1375》 *pe(e)re(n)* ← (n.): ⇨ pair〗 — *n.* **1** (公民として)同等の地位にある人, 対等同格の市民, (法的な)対等者; 同輩, 同僚: jury of his ~*s* 同輩陪審. **2** (技能・才知など)匹敵する人, 同等者: without a ~ 無比の, 無類の / You will not find his ~. 彼のような人物はまたと見られないだろう. **3 a** (世襲の)貴族, 華族 (nobleman)《通例 duke, marquis, earl, viscount, baron のいずれか; cf. commoner》: ~*s* of the blood royal 王族上院議員 / ~*s* of the realm [the United Kingdom] 上院に列する資格をもつ貴族階級 / spiritual ~*s* (英国の)聖職貴族 (lords spiritual) / temporal ~*s* (英国の)世俗貴族 (lords temporal). **b** (一般に)貴族, 華族. **4**《廃》友達, 同僚 (companion). — *adj.* (年齢・社会的地位など)同じグループに属する, 仲間の, 同輩の: ⇨ peer group. — *vt.* **1**《古》…に比肩[匹敵]する (equal). **2**《英》貴族に列する. — *vi.*《古》〔…と〕肩を並べる, 対等である (rank)〔*with*〕.

peer·age [píə)rɪdʒ | píər-] 〖《1454》 *perage*: ⇨ ↑, -age〗 — *n.* **1** [the ~; 集合的] (一国の)貴族 (peers); 貴族階級, 貴族社会 (nobility): be raised on [to] *the* ~ 貴族に列せられる. **2** 貴族の爵位[地位, 身分]. **3** (系図・小伝などを記した)貴族名鑑.

peer·ess [píə)rɪs, -rəs | píərəs, -res, -rɪs] 〖《1689》← PEER[2]+-ESS[1]〗 *n.* **1** 貴族夫人. **2** (自らが爵位をもつ)有爵婦人: a ~ in her own right 有爵婦人, 婦人貴族.

péer gròup *n.*《社会学》**1** (同じ社会的背景・階級・地位などをもつ者の)仲間集団. **2** 同輩集団, 同年齢集団 (age-group).

Peer Gynt [píə-gínt | píə-; *Norw.* péːr-gýnt, -jýnt] *n.* ペール ギュント《Henrik Ibsen 作の同名の戯曲 (1867) の主人公; 優柔不断で利己的な人物; Edvard Grieg 作曲の組曲 (1876) でも知られる》.

péer·less 〖《?*a*1325》 *pereles*: ⇨ peer[2], -less〗 *adj.* 無比の, 比類のない, 無類の, 無双の (matchless). **~·ly** *adv.* **~·ness** *n.*

peet·weet [píːtwìːt] 〖《擬音語》〗 *n.*《鳥類》=spotted sandpiper.

peeve [píːv] 〖《1913》《逆成》← PEEVISH〗《俗》— *vt.* じらす, 悩ます, 怒らせる. — *vi.* じれる, 怒る. — *n.* **1** じらすもの, やっかいもの (annoyance). **2** いらいら, ぷりぷり(していること).

peeved 〖《1918》: ⇨ ↑, ed〗 *adj.*《俗》いらいらしている, すねている, 怒った (sulky). **péev·ed·ly** [-vɪdli, -vəd- | -lɪ] *adv.*

pee·vish [píːvɪʃ] 〖《?*a*1387》 *pevysh* silly, spiteful ← ?: ⇨ -ish[1]〗 — *adj.* **1** だだをこねる, 不平を言う; すねる, 気難しい, 怒りっぽい (irritable); わがままな (selfwilled). **2**《廃》片意地な, 強情な (stubborn); つむじ曲がりの (perverse). **~·ly** *adv.* **~·ness** *n.*

pee·wee [píːwìː] 〖《擬音語》//《加重》← WEE[1]〗 — *n.* **1**《鳥類》=pewee. **2**《米口語》非常に小さな物[子供], ちび (runt). ★ しばしば背の低い人のニックネームに用いることもある. **3**《方言》小さな(通例安物の)ビー玉 (marble). — *adj.*《米口語》非常に小さい, ちっぽけな (tiny).

pee·wit [píːwɪt, -wət, pjúːɪt, -ət | píːwɪt] *n.*《鳥類》=pewit.

peg [pég] 〖n.: 《1440》 *pegge* ▭ ? MDu. *pegge*: cf. L *baculum* staff. — v.: 《1543》← (n.)〗 — *n.* **1 a** (板などの穴をふさぐ)栓(せん). **b** (たるの)栓 (plug). **c** =dowel. **2 a** (物を掛ける)くぎ, 止めくぎ, (帽子の)掛けくぎ; (テントの)杭(くい), ペグ (tent peg): a hat ~ 帽子掛け. **b** (土地の境界などを示す)杭. **c** (登山用ザイルの)ハーケン, 杭. **3**《英》洗濯ばさみ (clothespin). **4** (バイオリンなどの弦を張る)糸巻き (pin) (⇨ violin 挿絵). **5** (議論などの)きっかけ, 理由 (reason); 言い訳, 口実 (pretext): a ~ to hang a discourse [sermon, claim] on 議論[説教, 要求]のきっかけ[口実, 主題]. **6** (位・評価などの)級, 段 (degree): be several ~*s* above …より数段上である. **7** (商品・株価などくぎ付けされる)値段. **8**《口語》**a** 脚 (leg), 足 (foot). **b** (木製の)義足 (peg leg). **9** (エビ・カメなどを捕えたり, トウモロコシの皮などを引きはがすための)かぎ. **10**《英》(ウイスキーなどの) 1 杯 (a drink). **11**《口語》《野球》(野手が走者をアウトにするための)投球, 送球 (throw). **12**《トランプ》(cribbage などで点取り用の, 小さな丸い木の)ピン. **13**《新聞》=news peg.

a square peg (***in a round hole***)=***a round peg in a square hole*** 不適任者, 不適切なもの. ***come down a peg*** 〖昔, 船旗を木くぎ (peg) を使って上げ下げしていたが, 木くぎを一段下げることはそれだけ体面を落とすと考えられたことから〗 (1) やりこめられる, へこむ (be humbled). (2) (人の)値打ちが下がる. ***off the peg*** 出来合いで, ぶらさがりで: buy a suit *off the* ~ 出来合いの服を買う. ***take*** [***bring, let***] ***a person down a peg*** (***or two***) 〖⇨ *come down a peg* (成句)〗〈人を〉へこませる, やりこめる, 〈人〉の鼻柱を折る.

— *attrib. adj.* =peg-top.

— *v.* (**pegged; peg·ging**) — *vt.* **1** …に木くぎ[杭(くい), 栓(せん)]を打つ; 木くぎ[杭, 栓(せん)]で締める[止める]. **2** くぎ[杭]でしるしをつける; 〈採鉱権利地・家屋・庭園などの〉境界を杭で明らかにする〈*out*〉: ~ *out* claims *in* the new area 新しい領域の所有[占有]権を主張して杭でしるしをつける. **3**《英》〈洗濯物を〉洗濯ばさみで止める, 物干し綱につける. **4 a**《証券》(きまった値段で売買して)〈株価などを〉くぎ付けにする: ~ the market. **b** (法規などによって)〈物価や通貨価値などを〉安定させる, くぎ付けにする. **5**《口語》〈新聞記事・話などを〉〔…を踏まえて, …にひっかけて〕書く[言う], 〔…で〕裏付けする〔*on*〕. **6**《口語》〔…と〕見極める (identify), 〔…に〕格付けする〔*as*〕: ~ him *as* a man of honesty 彼を正直な人と見定める. **7**《口語》《野球》**a** 素早く〈球を〉投げる: ~ the ball to first base. **b** 送球してアウトにする〈*out*〉. **8**《狩猟》〈犬が〉〈獲物(の落下地点)を〉指示する. **9**《トランプ》(cribbage で点数盤上にピンを進めて)〈得点を〉つける (cf. *n.* 12).

— *vi.* **1** ボールを投げる (throw)〔*at*〕. **2** 〔仕事などを〕一生懸命にやる, せっせと働く〈*away*〉〔*at*〕: ~ *away at* one's work. **3** 急ぐ (hustle)〈*down, along*〉: ~ *down* the steps. **4**《クロッケー》木くぎを打つ.

peg down (vt.) (1)〈テントを〉綱張り杭[ペグ]を打って固定する. (2)〈人を〉〔ある規準に〕しばる, 言質(げんち)を実行させる〔*to*〕. (vi.) ⇨ vi. 3. ***peg out*** (vi.) (1)《俗》尽きる, なくなる, 終わる: Our supply of sugar is ~*ging out*. 砂糖がなくなってきた. (2)《俗》〈人が〉力が尽き果てる; くたばる, 往生する (die). (3)《クロッケー》(一勝負の打止めに球を)標杭に打ち当てて勝つ. (vt.) (1) ⇨ vt. 2. (2)《クロッケー》〈打止めの球を〉標杭に当てて一つの勝負を終わらせる.

~·less *adj.* **~·like** *adj.*

Peg [pég] 〖(dim.) ← MARGARET〗 *n.* 女性名.

Peg·a·se·an [pègəsíːən, pɪɡéɪsiən, pə- | pègəsíːən, pɪɡéɪsɪən, pə-] 〖← L *Pēgasēius* like Pegasus: ⇨ Pegasus, -ean〗 *adj.* **1** ペガソス (Pegasus) の; ペガソスに似た, 足の早い. **2** 詩的霊感の; 想像力に富む.

peg·a·sid [pégəsɪd, -səd, -sìd | -sɪd] 〖⇨ ↓, -id[2]〗 *n.*《魚類》ウミテング科の魚.

Pe·gas·i·dae [pɪɡǽsədìː, pə- | -sɪ-] 〖← NL ~ ← *Pegasus* (属名: ↓)+-IDAE〗 *n. pl.*《魚類》ウミテング科.

Peg·a·sus [pégəsəs] 〖《16C》 ▭ L *Pēgasus* ▭ Gk *Pḗgasos* ← *pēgḗ* fount, spring〗 — *n.* **1**《ギリシャ神話》ペガソス, ペガサス, ペガスス《Perseus が Medusa を切り殺したときその血から生れ出た翼のある天馬; この馬のひとけりで Helicon 山に Muses と詩に関係の深い Hippocrene という泉が噴出した》. **2** ペガサス《詩神 Muses の乗馬》. **3** 詩的感興, 詩才. **4**《天文》ペガスス座《北天の Andromeda 近くの星座; the Winged Horse ともいう》.

pég·bòard *n.* **1**《トランプ》(cribbage などのゲームに用いる)点数盤《盤上の穴に peg を差して得点を示す》. **2** 道具などを掛ける[商品展示などの]ために壁に貼りつけた大きな穴あきボード. **3** 構図版.

pég·bòx *n.* 糸倉《弦楽器の糸巻きのある頭の部分; ⇨ violin 挿絵》.

pegged *adj.* **1** 予め定めた価格[水準, 比率]に落ちついている, 変動の少ない. **2**《服飾》=peg-top.

Peg·gy [pégi | -gɪ] 〖《変形》← PEG+-Y[2]〗 *n.* 女性名《愛称形 Peg》.

pég lèg *n.* **1** (木製の)義足. **2** 義足の人.

pég-lèg·ged *adj.* 義足をつけた.

peg·ma·tite [pégmətàɪt] 〖▭ F ~ ← Gk *pēgmat-*, *pēgma* something fastened together+-ITE[1]〗 — *n.*《岩石》ペグマタイト, 巨晶花崗(こう)岩《粗粒完晶質の岩石; cf. graphic granite》. **peg·ma·tit·ic** [pègmətítɪk | -tɪk] *adj.*

pég pànts *n.* [*pl.*]《米》《服飾》=PEG-TOP trousers.

pég-tóp *adj.* 〘服飾〙先細の《ギャザーやプリーツなどを入れて上部を太く下部を急に細くしたものにいう》: ~ trousers こま形ズボン / a ~ skirt こま形スカート.
pég tòp 〘← PEG (n.)+TOP[2] (n.)〙 *n.* **1** (金属製心棒のイチジク[セイヨウナシ]形の)木製こま. **2** 〘服飾〙 **a** [*pl.*] =PEG-TOP trousers. **b** =PEG-TOP skirt.
Pé·guy [peɪgíː; *F.* pegi], **Charles** (**Pierre**) *n.* ペギー《1873-1914; フランスの評論家・詩人; 雑誌 *Les Cahiers de la quinzaine*「半月手帖」(1900-14) の主宰者》.
peh [péɪ] *n.* =pe.
Peh·le·vi [péləvìː, péɪ-] *n.* =Pahlavi[2].
peh-tsai [pèɪtsáɪ] *n.* =pe-tsai.
P.E.I. 《略》Prince Edward Island.
Pei-ching [pèɪʧíŋ] *n.* =Peking.
pei·gnoir [peɪnwáə, pen-, -wɔ́ə, ⌐⌐ | péɪnwɑː(r, -wɔː(r; *F.* pɛɲwaːr] 〘□ F ~ ← *peigner* to comb < L *pectināre* to comb〙 ― *n.* 〘服飾〙ペニョワール: **a** 化粧着, 化粧ケープ《婦人のゆったりしたガウンまたはケープ; もと湯上りまたは結髪の時に着用された》. **b** 豪華なネグリジェ (negligee).
Pei-ho [pàɪhóu | -háu; *Chin.* páɪxý] *n.* =Pai-ho.
pein [píːn] *n.*, *vt.* =peen. 「苦痛.
peine [péɪn; *F.* pɛn] 〘□ F ~ '**PAIN**'〙 ― *F. n.* 罰;
peine forte et dure [*F.* pɛn fɔrt e dyːr] 〘□ F ~ 'very severe and hard pain'〙 苛酷拷問《昔重罪で訴追されながら沈黙して答えない罪人に課した罰で, 答えなければ死ぬまで独房での拘禁, 食事減少, 鉄での殴打などを続けた; 1772 年廃止》.
Pei·ping [pèɪpíŋ; *Chin.* pěɪpʻíŋ] *n.* 北平《北京 (Peking) の中華民国当時の名》.
Pei·pus [*G.* páɪpus], **Lake** *n.* パイプス湖《ソ連邦ロシヤ共和国西部とエストニア共和国との境にある湖; 面積 3,550 km²; 平均深度 15 m; ロシヤ語名 Chudskoye Ozero》.
Pei·rae·us [paɪríːəs | -ríːəs, -ríəs] *n.* =Piraeus.
Peí·raí·évs [*Gk.* pìrɛéfs] *n.* ピレエフス《Piraeus のギリシャ語名》.
Peirce [pə́ːs, píəs | pɔ́ːs, píəs], **Benjamin** *n.* (1809-80) 米国の数学者・天文学者.
Peirce, Charles Sanders *n.* (1839-1914) 米国の論理学・数学・物理学・哲学者; プラグマティズムの創始者 (cf. synechism); Benjamin の息子.
peise [péɪz, píːz] 〘《*a*1376》□ OF *peis-*, *peser* < L *pensāre* to weigh: cf. poise[1]〙《英方言》 ― *vt.* **1** (はかりなどで)はかる. **2** …に負担をかける. ― *vi.* **1** 重さがある. **2** (重さなどで)押す.
Pei·sis·tra·tus [paɪsístrətəs, pɪ-, pə- | paɪsístrət-, pɪ-] *n.* ⇨ Pisistratus.
pe·jer·rey [pèɪhəréɪ; *Am. Sp.* pèherréi] 〘□ Sp. ~ ← 《方言》*peje* fish (< L *piscis*)+*rey* king (< L *rex*)〙 ― *n.* (*pl.* **pej·erre·yes** [-réɪjeɪs; *Sp.* -rréjes], ~**s**) 〘魚類〙ペヘレイ《南米海岸にすむトウゴロイワシ科 silversides の類の小魚の総称》; (特に)食料として重要な大きな種類の魚 (*Basilichthys bonariensis*).
pej·o·ra·tion [pèdʒəréɪʃən, pìːdʒ- | piːdʒ-, pèdʒ-] 〘□ ML *pējōrātiō(n-)* ← LL *pējōrātus* (p.p.) ← *pējōrāre* to make or grow worse ← *pējor* worse: ⇨ -ation〙 ― *n.* **1** (価値の)下落, 悪化, 堕落. **2** 〘言語〙語義の堕落 (depreciation) (cf. melioration).
pe·jo·ra·tive [pɪdʒɔ́(ː)rətɪv, -dʒɑ́r-, pédʒ(ə)r-, píːdʒ-, -dʒərèɪt- | píːdʒ(ə)rət-, pɪdʒɔ́rət-, pə-] 〘《1882》□ F *péjoratif*, *-ive* ← LL *pējōrātus* (↑)+-**IVE**〙 ― *adj.* **1** 価値を下げるような, 改悪するような (↔meliorative). **2** 非難・軽蔑の意味を与える, 軽侮的な (depreciatory): a ~ suffix 軽侮的接尾辞《-aster など》. ― *n.* 〘文法〙蔑称, 軽侮語, 軽蔑的接尾辞《例えば grammaticaster (文法屋), poetaster (へぼ詩人) など》. **~·ly** *adv.*
pek·an [pékən] 〘□ Canad.-F *pékan* □ N-Am.-Ind. (Abnaki) *pékané*〙 *n.* 〘動物〙フィッシャー (⇨ fisher 4); フィッシャーの毛皮.
peke, P- [píːk] *n.* 《口語》=Pekingese 2.
pe·kin[1], **P-** [píːkìn, ⌐⌐ | ⌐⌐] 〘□ F *pékin* ← *Pékin* □ Chin. *Peking* (北京)〙 ― *n.* **1** ペキン織り《一種のしゅす地の絹織物》. **2** [P-] [《米》pɪkín, píːkɪn] =Peking duck.
pe·kin[2] [piːkín; *F.* pekɛ̃] 〘□ F *pékin* ← Prov. *pequin* sickly ← *pec* simple, foolish < L *pecus* cattle, beast: ⇨ peculiar〙 ― *n.* 《俗》市民, 民間人 (civilian). ★ Napoleon 一世指揮下の軍人が軽蔑的に軍人以外の者を呼んだ語.
Pe·kin [piːkín] *n.* =Peking.
Pe·kin·ese [piːkɪníːz, -kə-, -níːs | -kɪníːz] *adj.*, *n.* (*pl.* ~) =Pekingese.
Pe·king [piːkíŋ; *Chin.* pěɪʧíŋ] *n.* 北京《中国北部の都市; 1949 年以来中華人民共和国の首都; 人口 8,500,000》.
Pekíng dúck [pɪkíŋ-, píːkɪn- | piːkín-] *n.* ペキンダック《中国原産のペキン種のアヒル; 主に食用》.
Pe·king·ese [piːkɪŋíːz, -kə-, -ŋíːs | -kɪŋíːz] 〘← PEKING+-ESE〙 ― *adj.* 北京の. ― *n.* (*pl.* ~) **1 a** 北京人. **b** 北京方言, 北京語《かつて北京官話と呼ばれた》. **2** ペキニーズ《中国原産の犬種のイヌ; 8 世紀の唐朝に神聖視された》.
Péking mán *n.* 〘人類学〙北京原人 (*Homo erectus pekinensis*)《1927 年およびその後北京南西方の周口店 (Choukoutien) で発見された人骨から想像される有史前の人類で, ジャワ原人 (Java man) とほぼ同時代のものと推定される; 旧学名 *Sinanthropus pekinensis*》.
Pè·king·ól·o·gist [-dʒɪst, -dʒəst | -dʒɪst] *n.* (*also* **Pè·kin·ól·og·ist** [-dʒɪst, -dʒəst | -dʒɪst]) 中国政策研究家, 中国問題専門家, 中国通.
Pe·king·ol·o·gy [piːkɪŋɑ́lədʒi | -ŋɔ́lədʒɪ] 〘← PEKING+-O-+-LOGY〙 ― *n.* (*also* **Pe·kin·ol·o·gy** [piːkɪnɑ́lədʒɪ, -kə- | -kɪnɔ́lədʒɪ]) 中国(政策)研究, 北京学《中国政府の政策・施政等を研究する学問; cf. Kremlinology》.
pe·koe [píːkou | -kəu] 〘《1712》□ Chin. 《厦門方言》*pek-ho* (白毫)〙 *n.* ペコー《インド・セイロン・ジャワ産の上等紅茶》.
pel- [pel, piːl] (母音の前に来る時の) pelo- の異形.
pel·age [pélɪdʒ] 〘《1828-32》□ F ~ ← *poil* < L *pilum* hair: ⇨ -age〙 *n.* (四足獣の)毛皮, 毛.
pe·la·gi·an [pɪléɪdʒiən, pə-, -dʒən | peléɪdʒɪən, pɪ-, -dʒən] 〘← L *pelagi-us* of the sea □ Gk *pelágios* ← *pélagos* open sea: ⇨ -an[1]〙 ― *adj.* 遠洋の; 外洋性の生物の. ― *n.* 〘生態〙外洋性の生物.
Pe·la·gi·an [pɪléɪdʒiən, pə-, -dʒən | peléɪdʒɪən, pɪ-, -dʒən] 〘《1449》□ eccl. L *Pelegiān-us* ← *Pelagius*: ⇨ -an[1]〙 ― *adj.* ペラギウス (Pelagius) の. ― *n.* ペラギウス主義者; [the ~s; 集合的] ペラギウス派.
Pe·lá·gi·an·ìsm [-nìzm] *n.* ペラギウス主義《原罪説を否定して人間意志の自由と責任とを強調した》.
pe·lag·ic [pɪlǽdʒɪk, pə- | pe-, pɪ-] 〘《1656》□ L *pelagic-us* □ Gk *pelagikós* of the open sea ← *pélagos* open sea: ⇨ -ic[1]〙 ― *adj.* **1** 遠洋の, 外洋の (cf. demersal, littoral). **2** 〈漁業など〉遠洋で行なう: ~ fishery 遠洋漁業 / ~ whaling [sealing] 遠洋捕鯨[オットセイ猟]. **3** 〘海洋・生態〙〈地域・生物が〉外洋性の, 漂泳性の (cf. demersal, neritic, oceanic 4, bathypelagic, thalassic): ~ fish 浮魚(うきうお), 遊泳魚.
Pe·la·gi·us [pɪléɪdʒiəs, pə-, -dʒəs | -dʒɪəs] *n.* ペラギウス《360?-?420; 英国の修道士・神学者; Augustine との論争で有名; cf. Pelagianism》.
pel·ar·gón·ic ácid [pèlɑəgɑ́nɪk-, -góun- | -lɑːgɔ́n-, -gə́un-] 〘⇨ ↓, -ic[1]〙 *n.* 〘化学〙ペラルゴン酸 ($C_9H_{18}O_2$).
pel·ar·go·ni·um [pèlɑəgóuniəm, -lə- | -ləgə́unjəm, -nɪəm] 〘← NL ~ ← Gk *pelargós* stork+(GERA)NIUM〙 ― *n.* 〘植物〙フウロソウ科テンジクアオイ属 (*Pelargonium*) の植物の総称《Martha Washington geranium など; geranium ともいう》.
Pel·as·gi [pɪlǽzdʒaɪ, pə- | pelǽzgaɪ, pɪ-, -dʒaɪ] 〘□ L ~ □ Gk *Pelasgoí* (cf. *pélagos* sea)〙 *n. pl.* =Pelasgian 1 a.
Pe·las·gi·an [pɪlǽzdʒiən, pə-, -dʒən, -giən | pelǽzgɪən, pɪ-, -gjən] 〘← L *Pelasg-us* □ Gk *Pelasgós* (adj.) ← *Pelasgoi* (↑): ⇨ -an[1]〙 ― *adj.* ペラスギ族[語]の. ― *n.* **1 a** [the ~s] ペラスギ族《有史前ギリシャ・小アジアおよび地中海東部諸島に住んだ人種》. **b** ペラスギ族の人. **2** ペラスギ語.
Pe·las·gic [pɪlǽzdʒɪk, -gɪk | pelǽzgɪk, pi-, -dʒɪk] 〘□ L *Pelasgic-us*: ⇨Pelasgi, -ic[1]〙 *adj.* =Pelasgian: ~ architecture [building] ペラスギ建築, 自然石建築《ギリシャに建てられた石造建築物の最古の形式の総称》.
Pe·las·gus [pɪlǽzgəs, pə- | pe-, pɪ-] *n.* 〘ギリシャ神話〙ペラスゴス《Lycaon の子; 古代ギリシャの原住民 Pelasgi 族の王》.
pele [píːl] *n.* =peel[3].
Pel·e·can·i·dae [pèləkǽnədìː | -lɪkǽnɪ-] 〘← NL ~ ← *Pelecanus* (属名: ⇨ pelican)+-IDAE〙 *n. pl.* 〘鳥類〙ペリカン科.
Pel·e·can·i·for·mes [pèləkænəfɔ́əmiːz | pèlɪkænɪfɔ́ː-] 〘← NL ~ ← *Pelecanus* (↑)+-*iformes* '-FORM'〙 *n. pl.* 〘鳥類〙ペリカン目.
pe·lec·y·pod [pɪlésəpɑ̀d, pə- | pɪlésɪpɔ̀d, pe-] 〘↓〙 *adj.*, *n.* 斧足(ふそく)綱の(貝類).
Pel·e·cyp·o·da [pèləsɪ́pədə | -lɪ-] 〘← NL ~ ← Gk *pélekus* ax+-PODA〙 *n. pl.* 〘貝類〙斧足綱.
pel·e·cyp·o·dous [pèləsɪ́pədəs | -lɪ-] 〘⇨ ↑, -ous〙 *adj.* 〘貝類〙=lamellibranchiate.
Pe·lée [pəléɪ; *F.* pəle], **Mount** *n.* ペレ山《西インド諸島の Martinique 島の火山 (1,397 m); 1902 年噴火》.
pel·er·ine [pèlərí:n, péləɪn, -rən | pélərìːn] 〘《1744》□ F *pèlerine* (fem.) ← *pèlerin* pilgrim < L *peregrīnum* wandering: ⇨ pilgrim: 巡礼が着用していたことから〙 ― *n.* ペルリーヌ《婦人用の細長い布または毛皮などのケープ; 両端が前で長く下がる》.

pelerine

Péle's háir [péɪleɪz-, píːliːz-] 〘《なぞり》← Hawaiian *lauoho-o Pele*: *Pele* は火山の女神の名〙 ― *n.* 〘地質〙火山毛, ペレーの毛《噴出した泡の多い溶岩が引きのばされて急冷してできた毛状の火山ガラス》.
Péle's téars [-tíəz | -tíəz] 〘↑〙 *n. pl.* 〘地質〙火山涙, ペレーの涙《噴出した溶岩の飛沫が固結したガラス質の粒》.
Pe·le·us [píːliəs, -lìəs | -ljuːs, -ljəs, -lɪəs] 〘□ L *Pēleus* □ Gk *Pēleús*: cf. Gk *pállein* to brandish (the spear)〙 ― *n.* 〘ギリシャ神話〙ペーレウス《Myrmidons の王; Aeacus の子で, 海の女神 Thetis を妻として, Achilles の父となる》.
pelf [pélf] 〘《*a*1350》《廃》'booty' □ ONF **pelfe* 《変形》← OF *pelfre* spoil ← ?: cf. pilfer〙 ― *n.* **1** 《戯言》[通例軽蔑的に] 金銭 (money); 悪銭, 不浄財. **2** 《古》略奪品, 分捕品 (booty). **3** 《英》くず, 廃物 (refuse); 《英方言》何の役にも立たない人.
Pel·ham [péləm] 〘← ?: 人名から〙 *n.* 〘馬具〙(馬のくつわの)大勒銜(たいろくぐつわ) (⇨ bit[1], bridle 挿絵).
Pel·ham [péləm], **Henry** *n.* (1696-1754) 英国の政治家; 首相 (1743-54); Newcastle 公 (Thomas Pelham-Holles) の弟.
Pel·ham-Hol·les [péləmhɑ́lɪs, -ləs | -hɔ́lɪs], **Thomas** *n.* (1693-1768) 英国の政治家; 首相 (1754-56, 57-62); 弟 Pelham の後を継いで首相になったが, この兄弟の時代は最も堕落した時代とされる; 称号 1st Duke of Newcastle.
Pe·li·as [píːliəs | píːlɪæs, -lɪəs, pélɪæs] 〘□ L *Peliās* □ Gk *Pelíās* 《原義》gray one〙 *n.* 〘ギリシャ神話〙ペリアス《海神 Poseidon の子; 甥(おい)の Jason を追い払うために Argonauts の一行と共に金の羊毛 (Golden Fleece) 探検に出したが, 後に Medea に謀殺された》.
pel·i·can [pélɪkən, -lə- | -lɪ-] 〘OE *pellican* (cf. (O)F *pélican*) □ LL *pelicānus*, *pelecānus* □ Gk *pelekán* ← ? *pélekus* axe: 嘴(くちばし)の形容からか〙 ― *n.* **1** 〘鳥類〙ペリカン《ガランチョウ科ペリカン属 (*Pelecanus*) の水鳥の総称; 嘴の下が袋状にふくれる; アメリカシロペリカン (*P. erychrorhynchos*) (white pelican), モモイロペリカン (*P. onocrotallus*), カッショクペリカン (brown pelican) など; 米国 Louisiana 州の紋章に描かれている》: a ~ in her piety 〘紋章〙自分の胸に傷を付け, 血を餌にして雛に与えるペリカン《聖餐の象徴として聖職者の紋章に見られる》. **2** ペリカン《蒸留器の一種》.

pelican in her piety

pélican cróssing 〘← *pe(destrian) li(ght) con(trolled) crossing*: *-con* を pelican の *-can* としたもの: cf. panda crossing, zebra crossing〙 ― *n.* 《英》押しボタン式横断歩道.
pélican flòwer *n.* 〘植物〙ペリカンバナ (*Aristolochia grandiflora*)《熱帯地方産ウマノスズクサ科のペリカンの嘴に似た花の咲くつる性低木》.
pélican hòok *n.* =slip hook.
pélican vúlning *n.* 〘紋章〙胸に傷をつけ血を流すペリカン《pelican in her piety と同じことを意味するが, 図形には雛の姿がない》.
Pélican Státe 〘州の紋章の図案にちなむ〙 *n.* [the ~] 米国 Louisiana 州の俗称.
Pe·li·des [pɪláɪdiːz, pə- | pɪ-] 〘□ L *Pēlides* □ Gk *Pēleídēs*〙 *n.* 〘ギリシャ神話〙 **1** Peleus の父系の子孫. **2** Achilles および Neoptolemus の父称.
Pe·li·on [píːliən | -lɪən, -ljən], **Mount** *n.* 〘□ Gk *Pḗlion*〙 *n.* ペーリオン山《ギリシャの東海岸 Thessaly 州にある山 (1,547 m); ⇨ Ossa》.
heap* [*pile*] *Pelion upon Ossa 〘巨人達が天へよじ登ろうとして, Ossa 山の上に Pelion 山を重ね, さらにそれを Olympus 山の上に積み重ねたが無駄であったとのギリシャ神話から (*Odyssey*, 11.315)〙 困難に困難を重ねる; 不可能な難事に挑む.
pe·lisse [pɪlíːs, pə-, pe- | pe-, pɪ-, pə-; *F.* pəlis] 〘《1718》□ F ~ < LL *pelliciam* fur garment (fem.) ← *pellicius* made of skins ← L *pellis* 'PELL': cf. pilch〙 ― *n.* **1** ペリース: **a** (もと男女共用いた)衿つきマント《毛皮製または毛皮のふちどりがある》. **b** (婦人・子供用)軽いマント《毛皮のふちどりがある》. **2** (軽騎兵 (hussar) の将校が略装に用いる)毛裏付きのマント[外套].
pe·lite [píːlaɪt] 〘← PELO-+-ITE[1]〙 *n.* 〘岩石〙粘土質岩 (clay rock) (cf. psephite, psammite). **pe·lit·ic** [pɪlítɪk, pə- | piːlít-] *adj.*
pell [pél] 〘《?*a*1300》□ AF ~, *peal*=OF *pel* (F *peau*) < L *pellem*, *pellis* 'skin, parchment, FELL[1]'〙 ― *n.* 羊皮紙の巻物 (parchment roll)《特に, 英国の大蔵省が昔, 歳出歳入を記録するために用いたもの》.
Pel·la [pélə] *n.* ペラ《ギリシャ北部の廃都; 古代 Macedonia の首都; Alexander 大王の出生地》.
pel·lag·ra [pəlǽgrə, -léɪg-, -lɑ́ːg- | pɪ-, pə-] 〘《1811》□ It. ~ ← *pelle* skin (< L *pellem*: ⇨ pell)+(POD)AGRA〙 ― *n.* 〘病理〙ペラグラ《ビタミン B 群に属するニコチン酸の欠乏による皮膚その他の全身病; ヨーロッパ南部・米国南部などに多い》.
pellágra-prevéntive fáctor *n.* 〘生化学〙ピーピー因子《ペラグラ (pellagra) を予防するビタミン B_2 複合剤; PP factor ともいう》.
pel·lag·rin [pəlǽgrɪn, -léɪg-, -lɑ́ːg-, -grən | -grɪn] 〘⇨ pellagra: cf. -in[1], -ine[1]〙 *n.* ペラグラ病患者.
pel·lag·rous [pəlǽgrəs, -léɪg-, -lɑ́ːg-] *adj.* 〘病理〙ペラグラ (pellagra) の[にかかった]: ~ patients.
pel·late [péleɪt] 〘← L *pellere* to drive: ⇨repel, -ate[3]〙 *vi.* 《まれ》〈二つ以上のものが〉分離する傾向を示す, 相互に反発する, 反発しあう. **pel·la·tion** [peléɪʃən] *n.*
Pel·lé·as et Mé·li·sande [pèliǽs-eɪ-mèlizɑ́ːnd | pèlɪ-, -mèlɪ-; *F.* pɛleasemelizɑ̃ːd] *n.* 「ペレアスとメリザンド」《Maeterlinck 作の劇 (1892); それを作曲した Debussy の歌劇 (1902)》.
pel·le·kar [péləkɑ̀ə | -lɪkɑ̀ː(r] *n.* =palikar.
Pel·les [péliːz], **King** *n.* 〘アーサー王伝説〙ペレス《Elaine (Galahad の母) の父》.
pel·let [pélət, -lɪt] 〘《*a*1376》*pelet* □ (O)F *pelote* < VL **pilottam* (dim.) ← L *pila* 'ball, PILL[1]': ⇨ -et: cf. peloton, platoon〙 ― *n.* **1 a** (紙・蠟(ろう)・パンなどを丸めた)小球《おもちゃの紙鉄砲などに詰める》. **b** 小丸薬, 粒剤 (pill). **c** (鳥などの)粒状のえさ. **2** (昔, 用いた投石器の)石つぶて, 鉛丸; (旧式な)球形砲弾; 銃弾, 小弾丸; (猟銃などの)散弾; (散弾中の小さな)弾

子, ばら弾. **3**《米俗》野球[ゴルフ, サッカー]用ボール. **4**(貨幣の表面などの)球形の浮彫. **5 a** ペリット, 吐出塊《肉食性の鳥が骨などの不消化物を塊状に吐き出したもの》. **b**(ねずみ, うさぎなどの)小さく丸い糞: a fecal ～ 糞粒, 糞塊, 糞球. **6**《紋章》黒の小円 (cf. roundel 7). **—** *vt.* **1** …に(紙などの)小球をぶつける. **2** 小球形にする. **3**《農業》殺菌剤・生長ホルモン・殺虫剤などを含む粘着性の物質を〈種子〉に塗る. **～·al** [-tl | -tl] *adj.*

pél·let bòmb *n.*《軍事》=fragmentation bomb.

pel·let·ize [pélətàɪz] *vt.* **1** 小球(形)にする[作る]. **2**《鉱業》〈粉鉱に砕いた鉄鉱石を〉(固めて)球状にする, ペレタイジングを施す: a *pelletizing* plant ペレタイジングプラント. **pel·let·i·za·tion** [pèlətɪzéɪʃən, -tə- | -taɪ-, -tɪ-] *n.* **pél·let·ìz·er** *n.*

péllet mòlding *n.*《建築》円板繰形(くりがた), 連珠[弾丸]繰形.

pel·let·y [pélɪti, -lə- | -lɪtɪ]〘⇨ pellet, -y⁴〙*adj.*《紋章》小球で飾られた.

-pel·lic [pélɪk]〘← Gk *pélla* wooden bowl,《原義》? vessel made of skin＋-IC¹: cf. pelvis〙「…の骨盤を持った」の意の形容詞連結形.

pel·li·cle [pélɪkl, -lə- | -lɪ-]〘《1541》□ F *pellicule* □ L *pellicula* (dim.) ← *pellis* 'PELL': ⇨ -cule〙 **—** *n.* **1**《動物》薄膜, 薄皮, 上皮, 膜皮. **2**《医学》周皮, 薄皮; 薄膜; 菌膜. **pel·lic·u·lar** [pəlíkjulə | -lə(r)] *adj.* **pel·lic·u·late** [pəlíkjulət, -lɪt, -lèɪt] *adj.*

Pel·liot [peɪljóu | -ljáu; *F.* peljo, pɛ-], **Paul** *n.* ペリオ《1878–1945; フランスの東洋学者》.

pel·li·to·ry¹ [pélətɔ̀:ri, -tɔ̀:ri | -lɪtəri]〘《1533》《変形》← ME *peletre* □ OF *pele(s)tre*《異化》← *peretre* □ L PYRETHRUM: 語尾の変形は cf. fumitory〙 **—** *n.*《植物》ピレトリウム (*Anacyclus pyrethrum*)《Algeria 地方産のキク科植物でその根茎は局部刺激剤に用いる; pellitory-of-Spain ともいう》.

pel·li·to·ry² [pélətɔ̀:ri, -tɔ̀:ri | -lɪtəri]〘《1548》《異化》← ME *paritorie* □ AF *paritarie*＝OF *paritaire* (F *pariétaire*) □ LL (*herba*) *parietāria* plant of walls ← *pariēs* wall〙 **—** *n.*《植物》イラクサ科ヒカゲミズ属 (*Parietaria*) の植物の総称《ヒカゲミズ (wall pellitory) など; pellitory-of-the-wall ともいう》.

pell-mell [pélmél]〘《1579》□ F *pêle-mêle* < OF *pesle mesle*《加重》? ← *mesle* (imper. sing.) ← *mesler* to mix: cf. meddle, mix〙 **—** *adv.* **1** 乱雑に, めちゃくちゃに, ごっちゃに (confusedly). **2** あわてふためいて, 早急に (precipitately); 向こう見ずに, がむしゃらに (recklessly). **—** *adj.* **1** 乱雑な, ごった返しの, めちゃくちゃの. **2** 早急な, がむしゃらな: a ～ rush 盲めっぽうの突進. **—** *n.* **1** 混雑, 混乱, てんやわんや (confusion). **2** ごちゃまぜ (medley). **3** 乱闘, 混戦 (melee). **—** *vt.* 〔…と〕ごちゃまぜにする〔*with*〕. **—** *vi.* 大あわてで…する, あたふたと行く, 散を乱して逃げる.

pel·lu·cid [pəlú:sɪd, peljú:-, -səd | pelú:sɪd, pɪ-, -ljú:-]〘《1619》□ L *pellūcid-us* transparent ← PER-＋*lūcidus* 'LUCID'〙 **—** *adj.* **1** 透明の, 澄んだ (transparent): a ～ stream. **2**〈言葉・文体・意味など〉明白な, 明瞭な, わかりやすい (lucid): a ～ explanation. **3**〈頭脳が〉明晰な, 冴えた. **pel·lu·cid·i·ty** [pèljusídəti | -dɪtɪ, -dɪ-] *n.* **～·ly** *adv.* **～·ness** *n.*

Pel·man·ism [pélmənìzm]〘← *Pelman Institute* (1898 年 London に創設された記憶術の特殊学校)＋-ISM〙 **—** *n.* **1** ペルマン式記憶法. **2**《トランプ》神経衰弱 (concentration).

Pel·man·ize [pélmənàɪz]〘⇨ ↑, -ize〙*vt.* ペルマン式記憶法で覚える[暗記する].

pel·met [pélmɪt, -mət]〘《1821》《変形》← F *palmette* conventional palm-leaf design on cornices (dim.) ← *palme* 'PALM²'〙 **—** *n.* (カーテンの)金具おおいの垂れ壁[垂れ布]《箱形の一種の valance》.

pel·o- [pélo(u), pí:l- | -lə(u)]〘□ Gk *pēlo-* ← *pēlós* mud, clay〙「泥 (mud)」の意の連結形. ★ 母音の前では通例 pel- になる.

pel·o·bat·id [pèlo(u)bǽtɪd, pì:l-, -təd | -lə(u)bǽtɪd]〘↓〙*n.*《動物》スキアシガエル科の両性動物.

Pel·o·bat·i·dae [pèlo(u)bǽtədì:, pì:l- | -lə(u)bǽtɪ-]〘← NL ～ ← *Pelobates* (属名: ⇨ pelo-, -bates)＋-IDAE〙*n. pl.*《動物》スキアシガエル科.

pel·o·bat·oid [pèlo(u)bǽtɔɪd, pì:l- | -lə(u)-]〘← NL *Pelobat(es)* (↑)＋-OID〙*adj.*《動物》スキアシガエル科に類した[似ている].

pel·oid [pélɔɪd]〘《20C》← PELO-＋-OID〙*n.*《医学》(治療に用いる)泥土(でいど).

Pel·o·me·du·si·dae [pèlo(u)mɪd(j)ú:sədì:, -mə- | -lə(u)mɪdjú:sɪ-, -me-, -mə-]〘← NL ～ ← *Pelomedusa* (属名: ⇨ pelo-, Medusa)＋-IDAE〙 **—** *n. pl.*《動物》ヨコクビガメ科.

Pe·lop·i·das [pəlɑ́pədəs | pelɔ́pɪ-, pə-] *n.* ペロピダス《?–364 B.C.; 古代ギリシャ Thebes の将軍・政治家》.

Pel·o·pon·nese [péləpənì:z, -nì:s | péləpənì:s, ⌐—·—⌐] *n.* [the ～] =Peloponnesus.

Pel·o·pon·ne·sian [pèləpəní:ʒən, -ʃən | -ʃən, -ʃɪən]〘← L *Peloponnēsi(us)* (← Gk *Pelopónnēsos* 'PELOPONNESUS'＋-AN¹〙 **—** *adj.* ペロポネソス (Peloponnesus) 半島の. **—** *n.* ペロポネソス(半島)の人.

Peloponnésian Wár *n.* [the ～] ペロポネソス戦争《スパルタ・アテネ間の戦役 (431–404 B.C.); 戦後ギリシャの支配権は一時スパルタに帰した》.

Pel·o·pon·ne·sus [pèləpəní:səs]〘□ L *Peloponnēsus* □ Gk *Pelopónnēsos* 'the island of PELOPS'〙 **—** *n.* (*also* **Pel·o·pon·ne·sos** [～]) [the ～] ペロポネソス(半島)《ギリシャ南部の半島; 初期 Mycenae 文明の中心地, 古代ギリシャの有力な都市国家 Argos, Sparta などの所在地; 中世には Morea とも呼ばれた》.

Pe·lops [pí:lɑps, pél- | pí:lɔps]〘□ L ～ □ Gk *Pélops*《原義》dark eye or face〙*n.*《ギリシャ神話》ペロプス《Tantalus の子; 父に殺されてその肉は神々の食卓に上ったが, のち Hermes によって復活させられた》.

pe·lo·ri·a [pəlɔ́:riə, -lɔ́:r- | pelɔ́:rɪə, pə-]〘← NL ～ ← Gk *pélōros* monstrous (← *pélōr* monster)＋-IA¹〙 **—** *n.*《植物》ペロリア《不整斉花の整斉変態》. **pe·lor·ic** [pəlɔ́(:)rɪk, -lɑ́r- | pelɔ́r-] *adj.* **pe·lo·ri·an** [pəlɔ́:riən, -lɔ́:r- | pelɔ́:rɪ-, pə-] *adj.*

pel·o·rize [péləràɪz] *vt.*《植物》ペロリア化させる. **pel·o·ri·za·tion** [pèlərɪzéɪʃən, -rə- | -raɪ-, -rɪ-] *n.*

pe·lo·rus [pəlɔ́:rəs, -lɔ́:r- | pelɔ́:r-, pə-]〘← ? L *Pelōrus* (Hannibal の水先案内人の名)〙 **—** *n.*《海事》方位盤《船から見た物体の方位を, 船の中心線を基準として正確に測定するもので, 磁針がなく方位のみが盤に書かれている; dumb compass ともいう》.

pe·lo·ta [pəlóutə | -lɔ́tə, -lɔ́tə; *Sp.* pelóta]〘《1895》□ Sp. ～《原義》ball □ (O)F *pelote*: ⇨ pellet〙 **—** *n.* **1 a** ペロタ《スペインや中南米で行なわれるハイアライ (jai alai) に似た球技》. **b** ハイアライ. **2** ペロタ[ハイアライ]用のボール[球].

pe·lo·ton [pèlətɔ̃:(ŋ), -tɔ́(:)ŋ, -tɑ́n | -tɔ̃:(ŋ), -tɔ́(:)ŋ, -tɔ́n; *F.* pəlɔtɔ̃]〘□ F ～ (dim.) ← *pelote* (↑)〙 **—** *n.* ペロトン, ペロトンガラス《表面にまだらに金属被膜つけし, しゅす光沢処理し, 対照色のガラス繊維 (strand) をかぶせたヨーロッパの装飾用ガラス; peloton glass ともいう》.

pelt¹ [pélt]〘《*a*1500》□ ? (O)F *pelot-er* to strike with a ball ← *pelote* (↑) // 《短縮》? ← PELLET〙 **—** *vt.* **1** 〔…に〕〈飛道具・石・雨などを〉(続けざまに)打ちつける〔*at, on*〕; …に〔石などを〕(続けざまに)投げつける〔*with*〕: ～ stones *at* a person＝～ a person *with* stones 人に石を投げつける / The clouds ～*ed* rain *upon* us. その雲から雨が我々にたたきつけるように降った. **2** 〔質問・悪口などを〕〈人〉に浴びせかける〔*with*〕: ～ a person *with* incessant questions 矢つぎ早に人に質問を浴びせかける. **3**(石などを投げつけて)〈動物を〉追い立てる. **—** *vi.* **1 a**(石などを)投げ[たたき]つける〔*at*〕. **b** 乱射する〔*at*〕. **2**〈雨などが〉たたきつけるように降る: The rain came ～*ing down.* / It's ～*ing* cats and dogs. 土砂降りの雨だ / a ～*ing* rain [shower] 土砂降り. **3**《まれ》悪口を浴びせる. **4** どんどん行く[進む]; 走る, 疾走する〈*along, out, down*〉. **—** *n.* **1 a** 投げつける[たたきつける]こと; 強打. **b** 乱射; 土砂降り. **2** 急速度, 速力 (speed): (at) full ～ 全速力で. **3**《英方言》激怒 (rage).

pelt² [pélt]〘《1425》(i)《逆成》← PELTRY // (ii) ←《古》*pellet* □ OF *pel(e)ete* (dim.) ← *pel* 'PELL'〙 **—** *n.* **1 a**(山羊または羊の)毛皮. **b**(柔毛の生えた動物の)仕上げ前の毛皮. **2** 裸皮《石灰漬等で脱毛した生皮 (rawhide)》. **3**《戯言》(特に毛だらけの)人間の皮膚: in one's ～ 裸の. **4**《廃》皮衣(かわごろも). **—** *vt.* 〈動物〉の皮をはぐ.

pel·ta [péltə | -tə]〘□ L ～ 'small shield' □ Gk *péltē* small leather shield: cf. L *pellis* skin, hide〙 **—** *n.* (*pl.* **pel·tae** [-ti:, -taɪ]) **1**(枝組みに革を張った古代ギリシャの)小円盾. **2**《植物》=PELTATE leaf.

pel·tast [péltæst]〘□ L *peltasta* □ Gk *peltastḗs* ← *péltē* (↑): ⇨ -ist〙*n.* (pelta と投槍で武装した古代ギリシャの)軽装歩兵.

pel·tate [pélteɪt]〘《1760》← NL *peltāt-us* (cf. L *peltāt-us* armed with a light shield): ⇨ pelta, -ate²〙 **—** *adj.*《植物》〈葉が〉盾状の (cf. scutate 2): the ～ leaf 盾状葉《ハスの葉のように葉柄が葉の裏の中央についているもの》. **～·ly** *adv.*

pélt·er¹ [-tə | -tə(r)] *n.* **1** 飛道具(石など)を投げつける人[物]. **2**《戯言》鉄砲 (gun), ピストル. **3**《口語》土砂降り(の雨); 乱射. **4**《米》足の速い馬; 足の遅い(老いた)馬. *in a pelter*《英方言》激昂して. **—** *vt., vi.* =pelt¹.

pélt·er² [-tə | -tə(r)] *n.* **1** 小動物の皮をはぐ人. **2** 皮を利用するために飼育される小動物.

pelt·er·er [péltərə | -tərə(r)]〘← PELT²＋(FRUIT)ERER〙*n.* 皮革商人.

Pél·tier effèct [péltjeɪ; *F.* pɛltje-]〘← *J. C. A. Peltier* (1785–1845: フランスの物理学者)〙 **—** *n.*《電気》ペルチエ効果《異種の金属の接触点を電流が流れる時, 熱の発生または吸収の起こる現象》.

Péltier hèat *n.*《物理》ペルチエ熱《ペルチエ効果により吸収または発生する熱》.

pélt·ing [-tɪŋ | -tɪŋ]〘←《廃》*peltry* refuse, trash《変形》? ← PALTRY: ⇨ -ing³〙*adj.*《古》つまらない (paltry), 取るに足らない, けちな (mean).

Pél·ton whèel [péltn-, -tən- | -tn-, -tən-]〘← *L. A. Pelton* (1829–1908: 米国の技術者)〙*n.* ペルトン水車《高落差の水力発電所に用いられる水力タービン》.

pelt·ry [péltri | -trɪ]〘《1436》□ AF *pelterie*＝OF *peleterie* ← *peletier* furrier ← *pel* 'skin, PELL': ⇨ -ry〙 **—** *n.* **1** [集合的] 裸皮 (pelts), 生皮, 毛皮 (skins). **2**(一枚の)毛皮 (pelt).

pelv- [pelv] (母音の前に来る時の) pelvo- の異形.

pelves *n.* pelvis の複数形.

pel·vi- [pélvɪ, -və | -vɪ] pelvo- の異形 (⇨ -i-).

pel·vic [pélvɪk]〘⇨ pelvis, -ic¹〙*adj.*《解剖・動物》骨盤 (pelvis) の: the ～ wall 骨盤壁.

pélvic árch *n.*《解剖・動物》=pelvic girdle.

pélvic fín *n.*《魚類》腹びれ (ventral fin) (⇨ fish¹ 挿絵).

pélvic gírdle *n.*《解剖・動物》腰帯, 骨盤帯.

pel·vis [pélvɪs, -vəs | -vɪs]〘《1615》← NL ～ 'pelvis, (L) basin': ⇨ -pellic: cf. Skt *pālavi* vessel〙 **—** *n.* (*pl.* **～·es, pel·ves** [-vi:z]) **1**《解剖・動物》骨盤: the ～ major 仮骨盤, 大骨盤 / the ～ minor 真骨盤, 小骨盤. **2 a** 盤状物. **b** 腎臓の腔.

pel·vo- [pélvo(u) | -və(u)]〘← NL *pelvis* (↑)〙「骨盤 (pelvis); 骨盤と…との (pelvic and …)」の意の連結形. ★ 時に pelvi-, また母音の前では通例 pelv- になる.

pel·y·co·saur [pélɪkəsɔ̀ə, -lə- | -lɪkəsɔ̀:(r)]〘↓〙*n.*《古生物》盤竜《盤竜目の初期の哺乳類型爬虫類》.

Pel·y·co·sau·ri·a [pèlɪko(u)sɔ́:riə, -lə- | pèlɪkə(u)sɔ́:rɪə]〘← NL ～ ← Gk *pelik-, pélux* wooden bowl＋-O-＋-SAUR＋-IA²〙 **—** *n. pl.*《古生物》ペリコサウルス目, 盤竜目《ペルム紀に繁栄した初期の哺乳類型爬虫類; Theromorpha ともいう》.

Pem·ba [pémbə] *n.* ペンバ(島)《アフリカの Tanzania 北東部東海岸近くの島; 人口 165,000, 面積 984 km²》.

pem·bí·na càrt [pembí:nə, pémbə- | pembí:-, pémbɪ-]〘*pembina*: □ Canad.-F *pimbina* □ N-Am.-Ind. (Cree) *nipiminān*《原義》berry growing by the water〙*n.* カナダ初期の植民者が用いた荷車の一種.

Pem·broke [pémbrouk, -bruk | -bruk] *n.* **1 a** =Pembrokeshire. **b** 旧 Pembrokeshire 州の首都. **2** =Pembroke table. **3** ペンブルック《Penbrokeshire からウェールズをへて繁殖された耳の先が尖っていて尾の短い犬種のイヌ; Pembroke Welsh corgi ともいう; cf. Welsh corgi》.

Pem·broke·shire [pémbroukʃɪə, -bruk-, -ʃə | -brukʃə(r), -ʃɪə(r)]〘《1219》*Penbrocsira* ← *Pennbro* □ Welsh *penfro* end land ← *pen* end, head＋*bro(g)* land: ⇨ -shire: cf. penguin〙 **—** *n.* ウェールズ南西部の旧州; 現在は Dyfed 州の一部; 西部の沿岸地帯は Pembrokeshire Coast National Park; 面積 1,590 km², 首都 Pembroke.

Pémbrokeshire Cóast Nátional Párk *n.* ペンブロークシャーコースト国立公園《英国ウェールズ Dyfed 州西海岸地域; 岩の多い海岸美と有史前の遺物で有名, 1952 年指定; 面積 582 km²》.

Pémbroke tàble〘← *Pembroke* (英国の名家の一つ)〙 **—** *n.* ペンブロークテーブル《両側に垂れている翼を上げて広げられるテーブル; 単に Pembroke ともいう; cf. butterfly table, drop table》.

pem·mi·can [pémɪkən, -mə- | -mɪ-]〘《1791》□ N-Am.-Ind. (Cree) *pimikân* ← *pimii* fat〙 **—** *n.* (*also* **pem·i·can** [～]) **1** ペミカン: **a** もとアメリカインディアンの料理《細かく砕いた乾燥肉・果物に, 溶かし脂を混ぜて固めた保存食品》. **b** これに類似した現代の(携帯用)非常食品. **2**(書き物の)摘要, 綱要.

pem·o·line [péməlì:n, -lɪn, -lən | -lì:n, -lɪn]〘? P(H)E(NYL)＋(I)M(INO-)＋(*oxaz*)*ol*(*idinone*)＋-INE³〙 **—** *n.* **1**《薬学》ペモリン ($C_9H_8N_2O_2$)《興奮剤》. **2** =magnesium pemoline.

pem·phi·gus [pémfɪgəs, -fə-, pemfáɪ- | pémfɪ-, pemfáɪ-]〘← NL ～ ← Gk *pemphīg-, pémphix* bubble＋-*us* (n. suf.)〙 **—** *n.* (*pl.* **～·es, -phi·gi** [-fɪgàɪ, -fáɪgaɪ])《病理》天疱瘡(てんぽうそう)《皮膚に大水疱を次々に生じる皮膚病》. **pem·phi·gous** [pémfəgəs | -fɪ-] *adj.*

pen¹ [pén]〘n.: 《*a*1325》*penne* □ (O)F < LL *pennam* 'pen, (L) FEATHER': cf. pin. —v.: 《1490》← (n.)〙 **—** *n.* **1 a** ペン先. **b**(ペン先とペン軸を含めた)ペン; 鵞(が)ペン (quill); (特に)ボールペン (ball-point pen), 万年筆 (fountain pen): write with ～ and ink インク[ペン]で書く / ⇨ drawing pen. **2 a**(表現・著作の手段としての)ペン, 筆: drive a ～ 書く, 執筆する. **b** [the ～, one's ～] (著述業としての)文筆, 文章; [the ～] 文筆業 (cf. brush¹ 2 b): live [make one's living] by *one's* ～ 文筆で生計を立てる / draw *one's* ～ against …を文筆で攻撃する / men of *the* ～ 作家達 / wield *one's* ～ 文筆を揮(ふる)う, 著述に従事する / *The* ～ is mightier than the sword.《諺》ペンは剣よりも強し, 文は武よりも強い. **3** 筆致, 文体: a fluent ～ 流麗な文体. **4** 文筆業者, 作家 (writer): the best ～*s* of the day 当代第一流の作家達. **5** イカの甲 (cuttlebone). **6**《古》**a** 羽 (feather); 羽茎 (quill). **b** [*pl.*] 翼 (wings).

dip one's pen in gall ⇨ gall¹ 成句.

pen and ink 筆墨; 著述 (cf. 1 b).

— *vt.* (**penned; pen·ning**)〈手紙などを〉(ペンで)書く (write); 〈作品などを〉作る, 著わす.

pen² [pén]〘n.: OE *penn* ← ?. —v.: 《?*a*1200》*penne(n)* < OE *-pennian* ← *penn* (n.): cf. pent〙 **—** *n.* **1**(豚・羊・牛などを入れる)おり, 囲い (sty). **2** [the ～; 集合的] おりの中の動物. **3** 小さな囲い; (食料品などの)貯蔵所, 貯蔵室[箱]: ⇨ bullpen. **4**(防空設備のある)潜水艦修理ドック《submarine pen ともいう》. **5** =playpen. **6**《ジャマイカ》牧場. **—** *vt.* (**penned, pent** [pént]; **pen·ning**) おり[囲い]に入れる; 閉じ込める, 監禁する (confine)〈*in, up*〉.

pen³ [pén]《略》*n.*《米俗》刑務所 (penitentiary).

pen⁴ [pén]〘← ?〙*n.* 雌のハクチョウ (cf. cob¹ 2).

Pen [pén]〘(dim) ← PENELOPE〙*n.* 女性名.

Pen., pen.《略》peninsula; penitent; penitentiary.

P.E.N. [pén]《略》(International Association of) Poets,

Playwrights, Editors, Essayists, and Novelists 国際ペンクラブ《1922 年 London に創設》.

pen-[1] [pi:n] (母音の前に来る時の) pene- の異形.

pen-[2] [pen] penta- の異形.

pe·nal [pí:nl] 〚《1439》⊏ (O)F *pénal* // L *poenāl-is* of punishment ← *poena* 'punishment, PAIN': ⇨ -al[1]〛 ── *adj.* **1** 刑罰の, 刑の. **2** 刑法(上)の, 刑事上の (criminal). **3** 罰を受けるべき, (法定の)刑罰に相当する (punishable): a ～ offense 刑事犯罪. **4 a** 刑罰[懲罰]として課せられる: ⇨ penal servitude. **b** 刑罰[懲罰]の代わりに賦課[徴集]される: ～ taxation 懲罰課税. **c** 刑場としての: a ～ colony [settlement] 囚人の流刑地 (cf. Botany Bay, Devil's Island). **～·ly** [-nəli, -nḷi | -nəli, -nḷi] *adv.*

pénal còde *n.* [the ～]〚法律〛刑法(典).

pe·nal·ize [pí:nəlàɪz, pén-, -nḷ- | pí:n-] 〚《1868》: ⇨ penal, -ize〛 ── *vt.* **1** 〈行為などを〉罰する; 〈人を〉有罪であると宣告する. **2** 〈あることが〉〈人を〉不利な立場におく, 窮地に追いやる, 困らせる. **3**〚スポーツ〛〈反則者〉に罰則を適用する, ペナルティーを課す. **4** 〈行為を〉法的処罰の対象にする, 法による処罰ができるようにする. **pe·nal·i·za·tion** [pì:nəlɪzéɪʃən, pèn-, -lə-, -nḷ- | pì:nəlaɪ-, -lɪ-, -nḷ-] *n.*

pénal làw *n.* 刑罰法規, 刑法.

pénal sérvitude *n.*〚法律〛(強制労働を伴う)懲役《1853 年英国およびその自治領で流刑に代わって行われるようになった; 1948 年廃止; 略 P.S.》: do ～ 懲役をつとめる / The judge gave him eight years' ～. 判事は彼を 8 年の懲役に処した.

pénal súm *n.*〚商業〛罰金; 違約金.

pen·al·ty [pénḷti | -tɪ] 〚《1512》⊏ AF *penalte* = (O)F *pénalité* ⊏ ML *poenalitāt-*, *poenalitās*: ⇨ penal, -ty[2]〛 ── *n.* **1** 刑罰, 処罰: the maximum [extreme] ～ for speeding [tax evasion] スピード違反[脱税]に対する最高刑 / impose the death ～ 死刑に処する. **2** 罰金, 科料 (fine), 違約金: pay the ～ 罰金を払う, 罰[報い]を受ける. **3** (義務の不履行などによって課せられる)因果, 応報, ばち, 祟(たた)り (retribution): The ～ of despotism is isolation. 専制の報いは孤立である. **4** (ある行為・状態に伴う)不利, 不利益, 不利な条件: the *penalties* of old age 年寄りという不利な条件. **5**〚スポーツ〛ペナルティー《反則に対する減点その他の不利益》; (前回の勝者につけられる)ハンディキャップ (handicap). **6** [しばしば *pl.*]〚トランプ〛(ブリッジで)ダウン点《契約 (contract) 数を下まわるトリック (undertrick) について課せられる罰点で相手方の得点となる; cf. premium》.

on [*under*] *penalty* 犯せば罰するという条件で: be forbidden *on* [*under*] ～ of $5 [death] 違約すれば 5 ドルの罰金に処せられる[死刑になる]条件で禁止される.

pénalty àrea *n.*〚サッカー〛ペナルティーエリア《この区域内で重要な反則があった場合相手チームに penalty kick が与えられる》.

pénalty bòx *n.*〚アイスホッケー〛ペナルティー ボックス, 罰則席《一定時間退場する反則者および計時員などの役員が控える, リングサイドの席》.

pénalty bùlly *n.*〚ホッケー〛ペナルティーブリー《ゴール前 5 ヤードの地点からの bully》.

pénalty càrd *n.*〚トランプ〛(ブリッジで)反則札《不注意で開いたため, 卓上にさらし, それを出せる最初の機会に出さなければならないカード; cf. exposed 2 b》.

pénalty clàuse *n.* (penalty envelope などに印刷された)私的使用に対する処罰の警告文.

pénalty còrner *n.*〚ホッケー〛ペナルティーコーナー《ゴールポストから 10 ヤードのゴールライン上でのフリーヒット》.

pénalty dòuble *n.*〚トランプ〛(ブリッジで)ペナルティ ダブル《相手がビッドした時, その contract が達成不可能であると判断して相手の失点を倍加させるためのダブル; cf. takeout double》.

pénalty ènvelope 〚濫用に対する罰則が刷ってあることから〛 *n.*《米》公用封筒 (cf. on His Majesty's Service ⇨ service 2).

pénalty gòal *n.*〚ラグビー・サッカー〛ペナルティーゴール《penalty kick によって得られた点》.

pénalty kìck *n.* ペナルティーキック: **1**〚サッカー〛penalty area 内での重大な局面における反則のために相手チームに許されるゴール前 12 ヤードの地点からのシュート. **2**〚ラグビー〛相手チームの反則によって与えられるフリーキック.

pénalty lìne *n.*〚サッカー〛ペナルティーライン《penalty area の線》.

pénalty-shòt *n.*〚アイスホッケー〛ペナルティーショット《相手チームの反則によって与えられるフリーショット》.

pénalty stròke *n.*〚ゴルフ〛ペナルティーストローク, 罰打.

pen·ance [pénəns] 〚《c1300》 *penaunce* ⊏ OF *penance* < L *paenitentiam* 'PENITENCE'〛 ── *n.* **1** 懺悔(ざんげ), 苦行; (罪滅しの)難行: do ～ 罪滅し[罪業消滅]の苦行をする, 悔い改める. **2**〚カトリック・東方正教会〛(contrition, confession, satisfaction, absolution の全段階を含む)告解[悔悛(かいしゅん)]の秘跡). ── *vt.* …に償いを課する[させる]; 罰する (punish). **pén·an·cer** *n.*

pén-and-ink *adj.* ペンで書いた: a ～ drawing [sketch] ペン画. ── *n.* ペン画.

Pe·nang [pɪnǽŋ, pə-] *n.* ペナン: **1** Malay 半島の西岸にある島; 面積 280 km². **2** Malaysia 北西部の州, Penang 島と本土の一部とを含む; 人口 777,000, 面積 1,033 km², 首都 Penang. **3** Penang 島北東部にある海港で Penang 州の首都; 人口 270,000; 旧名 Georgetown.

pe·náng-láwyer [pínǽŋ-, pə-] 〚《転訛》? ← Malay *pinang láyor* fire-dried areca: cf. Penang〛 ── *n.* **1** 頭にこぶのあるステッキ《東南アジア産ウチワヤシ属の小型のヤシの木の幹で作る》. **2**〚植物〛その(材をとる)ヤシの木 (*Licuala acutifida*).

pen·an·nu·lar [penǽnjulə | -lə(r] 〚← L *paene* nearly, almost + ANNULAR〛 ── *adj.* ほとんど環状[輪状]をなした, 準環[輪]状の (cf. annular).

pe·na·tes [pɪnéɪti:z, pə-, -ná:- | pená:teɪs, pɪ-, pə-, -néɪti:z] 〚《1513》⊏ L (*dī*) *penātēs* (deities) of the inside of the dwelling ← *penus* store of victuals, important part of a temple (cf. *penitus* within): cf. penetrate〛 ── *n. pl.* **1** [しばしば P-]〚ローマ神話〛ペナーテース《家庭(特に, 物置)の守護神 (household gods); 通例 lares と共にあがめられる》. **2** 大切にしている家具[造作].

pence 〚《1399》 *pens*, *penis* < OE *penegas* (pl.): ⇨ penny: 今の形は 16 C から〛 *n.* penny の複数形. ★ 用法その他については ⇨ penny 1 ★.

pen·cel [pénsl] 〚《c1300》⊏ AF ～ = OF *penoncel* (dim.) ← *penon* 'PENNON'〛 *n.* = pennoncel.

pen·chant [péntʃənt | pá:(n)ʃá:(ŋ), pɔ̃:(n)ʃɔ̃:(ŋ), pá:nʃa:ŋ, pɔ́:nʃɔ:ŋ, péntʃənt; *F.* pɑ̃ʃɑ̃] 〚《1672》⊏ F ～ (pres.p.) ← *pencher* to incline, slope < VL **pendicāre* ← L *pendēre* to hang: cf. pendent〛 ── *n.* 〔…に対する〕強い傾向; 偏好 (partiality); 趣味, 好み (liking) 〔*for*〕: the British ～ *for* investing overseas 英国人の海外投資を好む強い傾向.

Pen·chi [pʌ̀ntʃí:; *Chin.* pə̌ntʃʰì] *n.* 本渓《中国東北部, 遼寧省 (Liaoning) の都市》.

pen·cil [pénsl] 〚n.: 《c1385》 *pencel* ⊏ OF *pincel* (F *pinceau*) < VL **pēnicellum* = L *pēnicillum* painter's brush (dim.) ← *pēnis* 'tail, PENIS'. ── v.: 《c1532》 ← (n.)〛 ── *n.* **1** 鉛筆《色鉛筆・石筆なども含む》: write *in* [*with* a] ～ 鉛筆で書く / Neither pen nor ～ can express. 筆紙では尽くせない / work with ～ and paper ⇨ paper *n.* 1. **2**《古》画筆 (paintbrush). **3**《文語・比喩》画法, 画風: the masterly ～ of Rembrandt レンブラントの偉大な画風[筆致]. **4** 鉛筆形の物: **a** (薬用の)硝酸銀棒. **b** (棒状の)まゆ墨, 口紅: ⇨ eyebrow pencil. **c** = pencil diamond. **d**《卑》ペニス (penis). **5**〚光学〛光線束, 光束 (pencil of rays): a homocentric ～ 共心光(線)束 / an astigmatic ～ 非点光(線)束. **6**〚数学〛直線[平面]束.

── *vt.* (**pen·ciled**, **-cilled**; **-cil·ing**, **-cil·ling**) **1** 鉛筆で書く[描く]; 鉛筆でしるし[色]をつける; 画筆で書く: some annotations ～*ed* in English 英語で鉛筆書きした注釈. **2** 試みに[仮に]書く. **3** [特に p.p. 形で](細い鉛筆[絵筆]を用いて)線描で細密に描く. **4** まゆ墨で〈まゆを〉引く: ～ the eyebrows. **5**〚医学〛〈傷口などに〉(毛筆などで)塗剤を塗る. **6**《英》〚競馬〛〈ブックメーカーが〉賭け台帳に〈馬の名・賭金を〉記入する, 記帳する.

péncil bèam *n.*〚物理〛ペンシルビーム《アンテナによる電波の放射電力分布の形で, 単一方向に鋭い方向性をもったもの》.

péncil-càse *n.* 鉛筆入れ.

péncil cèdar *n.*〚植物〛材質が鉛筆を作るのに適した数種のビャクシン (juniper) の総称《エンピツビャクシン (red cedar), オニヒバ (incense cedar) など》.

péncil còmpass *n.* 鉛筆をつけるコンパス.

péncil díamond *n.* (木の柄のついた鉛筆状の)ガラス切り.

pén·ciled *adj.* **1** 細い線を引いた. **2** 鉛筆[まゆ墨]で書いた: a ～ line / ～ eyebrows 引き[かき]まゆ. **3** 上品に書かれた, 優美に彩色された. **4**〚生物〛房毛のある (penicillate). **5**〚光学〛光(線)束状の.

péncil flòwer *n.*〚植物〛マメ科 *Stylosanthes* 属の植物の総称《管状の小さな花をつける》.

péncil gàte *n.*〚金属加工〛(鋳型の)雨堰(あまぜき), 雨湯口(あまゆぐち) (⇨ shower gate).

péncil gàting *n.*〚金属加工〛雨堰を使うこと.

pen·cil·i·form [pensíləfɔ̀əm | -lɪfɔ̀:m] 〚⇨ -i-, -form〛 *adj.* **1** 鉛筆のような形をした, 鉛筆状の. **2** 〈線・光線が〉(ほぼ)並行な.

pén·cil·ing [-s(ə)lɪŋ, -sḷ-] *n.* **1** 鉛筆書き; 細線書き. **2** 鉛筆で書いたような模様.

pén·cil·ler [-s(ə)lə, -sḷə | -s(ə)lə(r, -sḷ-] *n.* **1** 鉛筆で書く人. **2**《英》〚競馬〛賭け帳簿記入係, ブックメーカー《鉛筆で賭帖に記入する人》.

péncil pùsher *n.*《口語》(作家・書記・記者のように)筆記を必要とする職業の人; 事務員; 記者.

péncil shàrpener *n.* (回転式の)鉛筆削り(器).

péncil skètch *n.* 鉛筆で描いたスケッチ.

péncil strìpe *n.* ペンシルストライプ《暗い地に白またはパステル調の細い縦縞からなる布地模様》.

P.E.N. Clùb [pén-] *n.* = P.E.N.

pén·cràft *n.* **1** 書法, 筆法; 筆跡. **2** 文体. **3** (仕事としての)著述, 著述業 (authorship).

pend [pénd] 〚⊏ (O)F *pend-re* (↓)〛 ── *vi.* **1**《文語》ぶら下が(っている) (hang). **2** 未決定のままである, 係争中である (cf. pending). **3**〚《頭音消失》← DEPEND〛《廃・方言》依存する, 頼る (depend). ── *vt.* 未決定のままにしておく.

pen·dant [péndənt] 〚《1322》 *pendaunt* ⊏ (O)F *pendant* ← *pendre* to hang: ⇨ pendent, -ant〛 ── *n.* **1** (首輪・耳輪・腕輪などに付けた)垂れ飾り, ペンダント. **2**〚建築〛(天井からの)釣束(つりづか)飾り, 垂れ飾り, 降り花. **3** [または pɑ̃:(n)dɑ̃:(ŋ), pɔ̃:(n)dɔ̃:(ŋ), pɑ:ndá:ŋ, pɔ(:)ndɔ́(:)ŋ | ⌐⌐; *F.* pɑ̃dɑ̃] 〔絵画などの〕対の一方, 組; 〔…の〕相手 (match), 〔…と〕並ぶもの (parallel) 〔*to*〕. **4** 首《懐中時計のケースの一部; りゅうずを取り付けるほか, 首環やリングを付けることができる》. **5** ペンダント《天井から吊り下げる照明設備》, 吊りランプ, シャンデリア (chandelier). **6** [《海》pénənt]〚海事〛**a** = pennant 2. **b** (英海軍の)三角旗 (pennant). **7** [または pɑ̃:(n)dɑ̃:(ŋ), pɔ̃:(n)dɔ̃:(ŋ), pɑ:ndá:ŋ, pɔ(:)ndɔ́(:)ŋ | ⌐⌐; *F.* pɑ̃dɑ̃] 付録, 付属物. **8** (懐中時計の)りゅうずの輪. ── *adj.* = pendent: ～ from the ceiling 天井からぶら下がって.

pendant 2

péndant clòud *n.*〚気象〛漏斗雲 (⇨ tuba 4).

péndant pòst *n.*〚建築〛持ち送り釣束(つりづか), 釣束, 受木(うけぎ).

péndant swìtch *n.*〚電気〛= cord switch.

péndant tàckle *n.*〚海事〛ペンダント テークル《マストの先端とか帆桁のはしなどからロープをとる場合に役立つように, そこに短索を付け, その先端にさげてある滑車》.

Pen·del·i·kon [pèndeli:kɔ́(:)n | -kɔ́n] *n.* ペンデリコン(山)《ギリシャの Attica 地方, Athens の北東の山; 大理石で有名; 標高 1,109 m; Pentelikon ともいう》.

pen·de·loque [pɑ̃:(n)dəlɔ́k, pɔ̃:(n)-, pɑ̀:n-, pɔ̀(:)n-, -lɔ́(:)k | -lɔ́k; *F.* pɑ̃dlɔk] 〚⊏ F ～《混成》← 《廃》*pendeler* to dangle ((dim.) ← *pendre* to hang: ⇨ pendent) + BRELOQUE〛 ── *n.* ガラス製垂れ飾り《通例セイヨウナシ形で, ランプやシャンデリアの装飾用》.

pen·den·cy [péndənsi | -sɪ] 〚⇨ pendent, -cy〛 ── *n.* **1** 垂下, 懸垂. **2** 未決, 未定, 宙ぶらりん: during the ～ of … が未定の間に. **3**〚法律〛訴訟係属, 係争中.

Pen·den·nis [pendénɪs, -nəs | -nɪs] *n.* **1**「ペンデニス」《Thackeray 作の小説 (1848–50)》. **2** ペンデニス《*Pendennis* の主人公》.

pen·dent [péndənt] 〚《c1600》 L *pendent-em* (pres.p.) ∽ 《c1400》 *pendaunt* ⊏ (O)F *pendant* (pres.p.) ← *pendre* < VL **pendere* = L *pendēre* to hang (cf. L *pendere* to cause to hang, weigh / *pondus* weight) ← IE **(s)pen-(d)-* to draw, stretch, spin〛 ── *adj.* **1** 垂れ下がっている, 懸垂する (hanging): the ～ branches of willow / a ～ lamp 吊りランプ. **2** 〈崖(がけ)など〉張り出て[出して]いる (overhanging): a roof with ～ eaves 軒の張り出している屋根. **3** 〈危険など〉今にも来そうな; 差し迫った, 切迫した (impending). **4** 宙ぶらりんの, 未決定の, 係争中の (undecided): The lawsuit remains ～. 訴訟は未決のままである. **5**〚文法〛不完全構文の; 〈分詞が〉懸垂的な (dangling) (cf. dangling participle). ── *n.* = pendant. **～·ly** *adv.*

pen·den·te li·te [pendénti-láɪti | -tɪ-láɪtɪ] 〚← NL ～《原義》pending the suit〛 *L. adv.*〚法律〛審問中, 訴訟係属中 (during litigation).

pen·den·tive [pendéntɪv | -tɪv] 〚《1727–41》⊏ F *pendentif* ← L *pendentem* (pres.p.) ← *pendēre* to hang: ⇨ pendent, -ive〛 ── *n.*〚建築〛ペンデンティブ, 穹隅(きゅうぐう)《ドームを築くために方形の空間の四隅に築いた三角形状の球面壁体》.

in pendentive〚印刷〛〈活字が〉逆三角形組みの.

── *adj.* ペンデンティブ(状)の.

péndent nóminative *n.*〚文法〛懸垂主格《述部動詞を伴わない主格のこと》.

pend·ing [péndɪŋ] 〚《1642》《部分訳》← F *pendant* in suspense (pres.p.): ⇨ pendent, -ing[2]〛 ── *adj.* **1**《まれ》突き出て[出して]いる (overhanging): ～ rocks 突き出ている岩. **2**《まれ》差し迫っている, 切迫した (impending): a ～ disaster 差し迫っている不幸 / A climax was ～. クライマックスが差し迫っていた. **3** 未定の, 未決の, 懸案の, 係争中の (undecided): Patent ～. 特許出願中 / a ～ question 懸案(の問題) / A suit was ～. 訴訟は係争中だった. ── *prep.* **1** …の間, …中 (during): ～ the negotiations 協商[交渉]中に. **2** …まで (until); …を待ちながら (while awaiting): ～ the completion of the new building 新しい建物が完成するまで / *Pending* his return, Mary was shown into a dining room. 彼が帰るまでメアリは食堂に通されて待たされた.

pénding-trày *n.* (事務室の机上に置く)未決書類入れ (cf. in-tray, out-tray).

Pend O·reille [pá:ndəréɪ] 〚← ? N-Am.-Ind.: F *pendant d'oreille* earing との連想による変形か〛 ── *n.* **1** [the ～] パンドレイユ(川)《米国 Idaho 州北部および Washington 州北東部を流れる川; Pend Oreille 湖に発し, Columbia 川に注ぐ (1,600 km)》. **2** パンドレイユ(湖)《米国 Idaho 州北部の湖; 面積 324 km²》.

pen·drag·on [pendrǽgən] 〚《a1470》⊏ Welsh ～ ← *pen* head + *dragon* dragon (⊏ L *dracō(n-)* 'DRAGON'): 首領の軍旗には竜の図柄が配されていたことから〛 ── *n.* [しばしば P-] 古代 Britain または Wales の首長の称号 (cf. Uther).

pendrágon·shìp *n.* [しばしば P-] pendragon の身分[地位].

pén·drìver *n.* 1 書記, 筆生 (clerk). 2 記者, 作者.
pen·du·lar [péndʒʊlə, -d(j)ʊ- | -djʊlə(r] 〖← PENDULUM+-AR¹〗 *adj.* 1 振子の[と関係のある]. 2 振子の運動(に似た動き)をする.
pen·du·late [péndʒʊlèɪt, -d(j)ʊ- | -djʊ-] 〖(1698) ← NL PENDUL(UM)+-ATE³〗 — *vi.* 1 (振子のように)振れる, 揺れる, ぶらぶらする (swing). 2 心が定まらない, ためらう (hesitate).
pen·du·line [péndʒʊlɪn, -d(j)ʊ-, -lən, -làɪn | -djʊlɪn, -làɪn] 〖□F ~ ← L *pendulus* (↓): ⇨ -ine¹〗 — *adj.* 1 〈鳥の巣が〉懸垂した (suspended). 2 〈鳥が〉懸垂した巣を作る《南欧産のシジュウカラなどについていう》.
pen·du·lous [péndʒʊləs, -d(j)ʊ- | -djʊ-] 〖(1605) ← □L *pendul-us* hanging ← *pendēre* to hang: ⇨ pendent, -ous〗 — *adj.* 1 〈耳・乳房・鳥の巣・花など〉ぶら下がる, 懸垂した, だらりと垂れ(下がっ)た, しだれた. 2 (振子のように)振動する, ゆらゆらする. 3 〈心が〉ぐらつく; 未決の, 未定の. **~·ly** *adv.* **~·ness** *n.*
pen·du·lum [péndʒʊləm, -d(j)ʊ- | -djʊ-] 〖(1660) ← NL ~ ← L 'anything hanging' (neut.) ← *pendulus* (↑)〗 — *n.* 1 a (時計などの)振子《振りざおと振り玉とからなる》: a compensated ~ =compensation pendulum / a compound ~ =physical pendulum / ⇨ simple pendulum. b 〘機械〙 ねじり振子《金属の棒または針金の先におもりをつけ, おもりの振動につれて棒または針金がねじれる振子; torsion pendulum ともいう》. 2 a (世論など振子のように)相対する両端の間を揺れ動くもの. b 心の定まらない人. 3 吊りランプ, シャンデリア (chandelier).
the swing of the pendulum ⇨ swing 成句.
péndulum wàtch *n.* 振子を用いた携帯時計.
pe·ne- [píːnɪ, pénɪ, -nə | -nɪ] 〖□L *paene-*, *pene-* ← *paene* almost〗「ほとんど (almost)」の意の連結形: *peneplain*. ★ 母音の前では通例 pen- になる.
pène·contemporáneous *adj.* 〘地質〙 準同時期の.
Pe·nel·o·pe [pɪnéləpi, pə- | -pɪ] 〖□L *pēnelopē* □Gk *Pēnelópē*〗 — *n.* 1 女性名《愛称形 Pen, Pennie, Penny》. 2 〘ギリシャ伝説〙 ペーネロペー《Odysseus の妻; 夫の 20 年におよぶ不在中貞節を守り続けた》. 3 貞節な妻 (faithful wife), 貞女.
a Penelope's web 〖義父の棺衣を織り上げるまでと求婚者たちを 20 年間も待たせたことから〗 一見進行しているように見えるが決して終わることのない仕事.
pe·ne·plain [píːnɪplèɪn, pén-, -nə-, ⌐⌐⌐ | -nɪ-] 〖← PENE-+PLAIN¹〗 〘地質〙 *n.* ペネプレーン, 準平原《かつて山地または丘陵地であったところが浸食作用のためほとんど平原状になった土地》. — *vt.* (浸食作用で)準平原にする.
pe·ne·pla·na·tion [pìːnəplənéɪʃən, pèn- | -nɪ-] *n.* 〘地質〙 準平原化作用. 「*vt.* =peneplain.
pe·ne·plane [píːnɪplèɪn, pén-, -nə-, ⌐⌐⌐ | -nɪ-] *n.*,
penes 〖□L *pēnēs*〗 *n.* penis の複数形.
pen·e·tra·bil·i·ty [pènətrəbíləti | -nɪtrəbílɪtɪ, -lɪ-] 〖□F *pénétrabilité* ← *pénétrable* □L *penetrābilis* (↓): ⇨ -ity〗 *n.* 入り込め[まれ]ること; 透徹性, 浸透性.
pen·e·tra·ble [pénətrəbl | -nɪ-] 〖(15C) □(O)F *pénétrable* □L *penetrābilis* ← *penetrāre* 'to PENETRATE': ⇨ -able〗 — *adj.* 1 入り込める, 浸透できる, 貫通できる. 2 見抜かれる, 看破できる. 3 〔…を〕理解できる; 〔…に〕感動しうる 〔*to*〕: ~ *to* reason 道理のわかる / ~ *to* pity あわれみを知る. **pén·e·tra·bly** *adv.* **~·ness** *n.*
pen·e·tra·li·a [pènətréɪliə | -nɪtréɪljə, -lɪə] 〖(1668) □L *penetrālia* (pl.) ← *penetrāle* inner part ← *penetrāre* 'to PENETRATE': ⇨ -al², -ia²〗 — *n. pl.* 1 (場所などの)内部, 深奥部; (神殿・宮殿などの)奥の聖域, 奥の院 (innermost shrine). 2 秘密 (secrets), 私事.
pen·e·tra·li·um [pènətréɪliəm | -nɪtréɪljəm, -lɪəm] 〖(逆成) ↑: datum-data との類推〗 *n.* もっとも秘密の[隠された]部分 (cf. penetralia).
pen·e·tram·e·ter [pènətrǽmətə | -nɪtrǽmɪtə(r, -mə-] 〖← PENETRA(TION)+-METER¹〗 — *n.* 〘物理〙 (X 線の)硬度計《X 線の透過度を測る器械; penetrometer ともいう》.
pen·e·trance [pénətrəns | -nɪ-] 〖⇨ ↓, -ance〗 — *n.* 1 浸透作用. 2 〘生物〙 (遺伝子の)浸透度《ある遺伝子に支配される形質が表現型として現われる度合をパーセントで表わした値; cf. expressivity 1》.
pen·e·trant [pénətrənt | -nɪ-] 〖adj.: □F *pénétrant* // L *penetrānt-em* (pres.p.) ← *penetrāre* (↓)〗 — *n.* 1 入り込む[浸透する]者[物]. 2 〘動物〙 (腔腸動物の)(貫通)刺胞. 3 浸透剤, 浸潤剤《水の表面張力を低下させ濡れやすくする働きの物質》. 4 皮膚浸透剤《化粧液・クリームなど》. — *adj.* =penetrating.
pen·e·trate [pénətrèɪt | -nɪ-] 〖(1530) ← L *penetrāt-us* (p.p.) ← *penetrāre* to enter ← *penitus* inner (cf. *intus* / *intrāre*) ← *penes* within: ⇨ -ate³〗 — *vt.* 1 a …の内部に入り込む, 侵入する. b 〈液体などが〉…にしみ込む, 浸透する (permeate). 2 a 突き通す, 貫通する (pierce): No knife or bullet could ~ its thick hide. その厚い皮はナイフも弾も通さなかった. b (人中などを)無理に押し[突き]進む: ~ a forest. c 〈女性〉の腟に陰茎を挿入する. 3 〈眼・光などが〉…に透徹する, 見透す; 〈光・声などが〉…の中を通る: No human eye can ~ such darkness. 人間の目はそんな闇を通して見ることはできない. 4 a 〈理解力などが〉〈真理・意味などを〉看破する. b 〈人が〉見抜く, 悟る, 了解する (comprehend): The human mind cannot ~ the mystery of the infinite. 無限という神秘は人知では解けない. 5 a 〈一国の文化が〉〈他国の生活など〉に(穏やかに)影響を及ぼしていく; 〈政治勢力などが〉…に浸透する. b 〈思想などが〉〈人の心〉にしみ込む; 理解される: My meaning did not ~ his thick skull. 彼の鈍感な頭には私の意味が通じなかった / New ideas ~ the mind of most men but slowly. 新思想は大概の人には徐々にしか理解されない / He is thoroughly ~*d with* discontent. 彼は不満が骨の髄までしみ込んでいる. 6 〈人の心・感情などを〉強く動かす, 深く感動させる[印象づける]. — *vi.* 1 a 〔…の中へ〕入る, 入り込む, ひろがる 〔*into*〕; 〔…を通して〕浸み込む 〔*through*〕. b (障害・限界を越えて)〔…まで〕突き進む, 貫入する 〔*to*〕: The knife ~*d to* his heart. ナイフは彼の心臓まで達した. c 〈政治勢力などが〉浸透する. 2 (目・心で)見通す, 見抜く. 3 頭に入る, 理解される; 心[感情など]を強く動かす, 深く感動させる: My hint did not ~. それとなく言ったが通じなかった.
pén·e·tràt·ing [-tɪŋ | -tɪŋ] 〖(1598): ⇨ ↑, -ing²〗 — *adj.* 1 浸透する, 貫通する. 2 よく見抜く, 見識のある, 洞(ど)察力のある, 鋭い (acute); 賢明な (sagacious): a ~ mind / a ~ survey 実態を鋭くえぐり出した調査. 3 〈声など〉よく通る, 甲高い (shrill): a ~ voice, cry, note, etc. 4 〈風など〉身にしみる; 〈傷が〉(内臓に達するほど)深い. 5 深い感動を与える, 感動的な, ひどく印象的な. **~·ly** *adv.* **~·ness** *n.*
pen·e·tra·tion [pènətréɪʃən | -nɪ-] 〖(1623) □L *penetrātiō(n-)*: ⇨ penetrate, -ation〗 — *n.* 1 a 入り込むこと, 侵入; 浸透; 貫通, 透過. b 侵入力, 透徹(力). c (浸透して)影響を及ぼすこと. 2 頭の鋭さ, 眼識 (discernment), 看破, 洞察(力) (insight): a man of great ~ 非常に頭の鋭い人. 3 〘砲術〙 (弾丸などの)貫徹力, 侵徹深度. 4 〘光学〙 透過: ~ depth 吸収物体中に入射した光の強度が $^1/e$ になる深さ. 5 〘政治〙 勢力浸透[伸長]《一国の勢力を他国に伸ばすために行なう文化工作; peaceful penetration ともいう》. 6 〘土木〙 (アスファルト・ピッチなどの)針入度. 7 〘軍事〙 (敵の防御網などの)突破; (敵陣深く攻め入る)侵入, 進攻, 侵透; 突破口; 突破部隊.
pen·e·tra·tive [pénətrèɪtɪv, -trət- | -nɪtrət-, -trèɪt-] 〖(1477) □(O)F *pénétratif* // ML *penetrātīv-us*: ⇨ penetrate, -ive〗 — *adj.* 1 入り込む, 浸透する, 浸透性の. 2 眼力の鋭い (discerning); 鋭敏な. 3 身にしむ, 感銘的な (impressive). **~·ly** *adv.* **~·ness** *n.*
pén·e·trà·tor [-tə | -tə(r] 〖□LL *penetrātor*: ⇨ penetrate, -or²〗 *n.* 1 入り込む人. 2 侵攻者. 3 洞(ど)察者, 看破者.
pen·e·trom·e·ter [pènətrɑ́mətə | -nɪtrɔ́mɪtə(r, -mə-] 〖← PENETR(ATE)+-O-+-METER¹〗 — *n.* 〘物理〙 1 針入度計, 濃度計《アスファルト・ピッチなどに針が浸透する深さによってその濃度を測定する》. 2 =penetrameter.
Pe·ne·us [pɪníːəs, pə-] 〖□L *Pēnēus* □Gk *Pēneiós*〗 *n.* [the ~] ペーネイオス(川)《Piniós の古名》.
pén fèather *n.* 〘鳥類〙 1 正羽, ペン羽《翼羽や尾羽のように quill のよく発達した羽で, 正羽の最も典型的なもの; 昔はその軸を切りそいでペンに用いた》. 2 =pinfeather.
pén-frìend *n.* =pen pal.
pen·ful [pénfʊ̀l] *n.* ペン一杯(のインク).
Peng·hu [pʌ̀ŋhúː; *Chin.* pʰə́ŋxú] 〖□Chin. *P'êng-hu* (澎湖)〗 *n.* 澎湖(ほう)(島)《Pescadores の中国語名》.
pen·gö [péŋgəː; *Hung.* péŋgø] 〖□Hung. ~ (原義) sounding (pres.p.) ← *pengeni* to sound〗 — *n.* (*pl.* ~, ~s) 1 ペンゴー《1925–45 年間のハンガリーの通貨単位 (=100 fillér); 今は forint を用いる》. 2 1 ペンゴー銀貨《のちにアルミ貨》.
pen·guin [péŋgwɪn, péŋ-, -gwən | péŋgwɪn] 〖(1578) □? Welsh *pengwyn* white head ← *pen* head+*gwyn* white: cf. F *pingouin*〗 — *n.* 1 〘鳥類〙 ペンギン《南半球(多くは南氷洋)産の海鳥の総称; emperor penguin, king penguin など》. 2 (廃) 〘鳥類〙 オオウミガラス (great auk). 3 〘航空〙 練習用地上滑走飛行機.
pénguin sùit *n.* (俗) 宇宙服.
pén·hòlder *n.* 1 ペン軸. 2 ペン掛け, ペン置き台.
pénholder grìp *n.* 〘卓球〙 ペンホルダー(グリップ)《ペンを持つようなラケットの握り方; cf. shakehand grip》.
-pe·ni·a [píːniə | -nɪə, -njə] 〖← NL ~ ← Gk *penía* poverty, need〗「…の不足[欠乏] (deficiency of)」の意の名詞連結形.
pe·ni·al [píːniəl | -nɪ-] 〖□F *pénial* ← *pénis*: ⇨ penis, -al¹〗 *adj.* 陰茎の, ペニスの.
pen·i·cil [pénəsɪl, -səl | -nɪsɪl] 〖□L *pēnicill-us* 'paint brush, PENCIL'〗 *n.* 〘動物〙 (毛虫などの)房毛.
pen·i·cil·la·mine [pènəsíləmìːn | -nɪ-] 〖← PENICILL(IN)+AMINE〗 — *n.* 〘生化学〙 ペニシラミン ($C_5H_{11}NO_2S$)《ペニシリンから得られるアミノ酸の一種; システィン尿症や重金属中毒症の治療に用いられる》.
pen·i·cil·late [pènəsílət, -lɪt, -lèɪt | penɪsɪléɪt, -lət, -lɪt] 〖← L *pēnicillus*: ⇨ pencil, -ate²〗 — *adj.* 〘生物〙 1 房毛の生えた. 2 (鉛筆・絵筆でかいたような)縞のある. **~·ly** *adv.* **pen·i·cil·la·tion** [pènəsəléɪʃən | -nɪsɪ-] *n.*
penicillia *n.* penicillium の複数形.
pen·i·cil·li·form [pènəsíləfɔ̀ːm | -nɪsílɪfɔ̀ːm] 〖← NL *penicilliform-is*: ⇨ pencil, -form〗 *adj.* 〘生物〙 =penicillate.
pen·i·cil·lin [pènəsílɪn, -lən | -nɪsílɪn] 〖(1929) ← PENICILL(IUM)+-IN¹: Sir Arthur Fleming の造語〗 — *n.* 〘生化学〙 ペニシリン《*Penicillium notatum* から作り出した強力な抗生物質》: ~ G [II] 〘薬学〙 = benzylpenicillin.
pen·i·cil·lin·ase [pènəsílɪnèɪs, -lə-, -nèɪz | -nɪsílɪnèɪs] 〖⇨ ↑, -ase〗 *n.* 〘生化学〙 ペニシリナーゼ《ペニシリンを加水分解してその抗菌力を失わせる酵素》.
pen·i·cil·ló·ic ácid [pènəsəlóʊɪk- | -nɪsɪlə́ʊ-] 〖*penicilloic*: ← PENICILL(IN)+-OIC〗 — *n.* 〘生化学〙 ペニシロ酸 (RCONH(C_6H_{10}NS) (COOH)$_2$)《ペニシリンをアルカリで処理するか, またはペニシリナーゼによって分解して得られる生成物》.
pen·i·cil·li·um [pènəsíliəm | -nɪsílɪ-] 〖(20C) ← NL ~ ← L *pēnicillus* small brush, (原義) small tail+-IUM: cf. pencil: その子柄の先が房状になっていることから〗 — *n.* (*pl.* ~s, -li·a [-liə | -lɪə]) 〘植物〙 ペニシリウム, アオカビ《ペニシリウム属 (*Penicillium*) のカビの総称; その一種 *P. notatum* はペニシリンの原料; cf. Camembert, patulin》. 「=penial.
pe·nile [píːnaɪl, -nl | -naɪl] 〖← PEN(IS)+-ILE¹〗 *adj.*
pe·nin·su·la [pɪnín(t)s(ə)lə, pə-, -ʃʊlə | pɪnínsjʊlə, pə-, pe-, -ʃʊlə] 〖(1538) □L *paeninsula* ← PENE-+*insula* 'ISLE'〗 — *n.* 1 半島 (略 Pen., pen.). 2 [the P-] a 〘Peninsular War にちなむ〙 イベリア半島 (Iberian Peninsula); スペインおよびポルトガル. b 米国 Virginia 州南東部, York 川と James 川との中間地帯《南北戦争の戦場》. c =Gallipoli.
pe·nin·su·lar [pɪnín(t)s(ə)lə, pə-, -ʃʊlə | pɪnínsjʊlə(r, pə-, pe-, -ʃʊlə(r] 〖⇨ ↑, -ar¹〗 — *adj.* 1 半島(状)の. 2 半島の, 半島にある. 3 [P-] イベリア半島[スペイン・ポルトガル]の; 半島戦争の. — *n.* 1 半島の住民. 2 [P-] 半島戦争 (Peninsular War) の従軍軍人.
pe·nin·su·lar·i·ty [pɪnìns(ə)lǽrəti, pə-, -ʃʊl- | pɪnìnsjʊlǽrɪtɪ, pə-, pe-, -ʃʊl-, -rɪ-] 〖⇨ -ity〗 *n.* 1 半島状[性]. 2 偏狭, 島国根性 (cf. insularity).
Penínsular Stàte *n.* [the ~] 米国 Florida 州の俗称 (cf. Sunshine State).
Penínsular Wàr *n.* [the ~] 半島戦争《1808–14; Wellington が英軍を率いてスペイン・ポルトガル軍と連合し, Napoleon のフランス軍をイベリア半島から駆逐した》.
pe·nin·su·late [pɪnínsəlèɪt, pə-, -ʃʊ- | pɪnínsjʊ-, pə-, pe-, -ʃʊ-] 〖← PENINSULA: cf. insulate〗 *vt.* 〈土地を〉半島に変える, 半島化する.
pe·nis [píːnɪs, -nəs | -nɪs] 〖(1693) □L *pēnis* penis, tail < **pesnis* ← IE **pes-* penis (Gk *péos* / Skt *pasas* / OE *fæsl* progeny / G *Fasel* brood): cf. pencil, pendant〗 — *n.* (*pl.* **pe·nes** [píːniːz], ~·es) 〘解剖〙 陰茎, ペニス.
pénis ènvy *n.* 〘精神分析〙 ペニス羨(せん)望《女性[女児]がペニスを持たないことから男性に対して抱く潜在的な劣等感情》.
pen·i·tence [pénətəns, -tns | -nɪtəns, -tṇs] 〖(?a1200) □(O)F *pénitence* □L *paenitentia*: ⇨ ↓, -ence〗 — *n.* 〘自分の犯した罪に対する〙 後悔 (repentance), 悔い改め, 懺悔(ざん), 贖罪(しょく) (contrition) 〔*for*〕.
pen·i·tent [pénətənt, -tnt | -nɪtənt, -tṇt] 〖adj.: (c1375) □(O)F *pénitent* □L *paenitentem* repenting (pres.p.) ← *paenitēre* to repent. — n.: (1412–20) ← (adj.)〗 — *adj.* 〈自分の犯した罪に対して〉深く悔いる (contrite); 後悔している, 悔い改めた (repentant) 〔*for*〕. — *n.* 1 深く罪を悔いる人, 悔悟者 (contrite sinner). 2 〘カトリック〙 a 犯した罪を司祭に告白し悔悛の秘跡を受ける人. b 相互の苦行修行と善行功徳のため連盟した諸修道会の会士. **~·ly** *adv.*
Pen·i·ten·te [pènəténteɪ, -ti | -nɪténteɪ, -tɪ] 〖□Am.-Sp. ~ 'penitent' (sing.) ← (*Los Hermanos*) *Penitentes* The Penitent Brothers (Mexico に創設されたキリスト教団体)〗 — *n.* (米国の)贖(しょく)罪的鞭打(べん)苦行運動・団体の会員《主として New Mexico 州などのスペイン系人から成る(特に)聖週中に自己をむち打つ狂信的団体の人; cf. flagellant 2 b》.
pen·i·ten·tial [pènəténʃəl | -nɪ-] 〖(1508) □LL *paenitentiāl-is*: ⇨ penitent, -ial〗 — *adj.* 1 悔悟[後悔]の, 改悛(しゅん)(的)の, 懺悔(ざん)の: the ~ psalms 悔悛[贖罪]詩編《*Psalms* 6, 32, 38, 51, 102, 130, 143 の総称》. 2 贖(しょく)罪的苦行の. — *n.* 1 =penitent. 2 〘カトリック〙 悔罪総則(書). **~·ly** *adv.*
pen·i·ten·tia·ry [pènəténʃ(ə)ri | -nɪténʃəri] 〖(?1421) □ML *paenitentiāri-us* ← L *paenitentia* 'PENITENCE': ⇨ -ary〗 — *n.* 1 〘カトリック〙 聴罪師, 教誨(かい)師; (教皇庁の)内赦院: the Grand [High, Chief] *Penitentiary* 内赦院長. 2 悔罪所, 苦行所. 3 (米) a 懲治監, 感化院 (reformatory). b (重罪者を収容する州または連邦)刑務所. 4 (19 世紀英国の)売春婦更生所. — *adj.* 1 悔罪の, 悔悟の (penitential). 2 a 罪人訓戒のための, 懲治用の. b (米) 〈犯罪が〉懲治監に入れるべき, 刑務所行きになる: a ~ offense.
Pen·ki [pʌ̀ntʃíː; *Chin.* pə̀ntʃíː] *n.* =Penchi.
pén·knife 〖(15C)〗 *n.* 小[懐中]ナイフ, 小刀《もとは鵞(が)ペンを削るために用いた》. 「形懐中電灯》.
pén·light *n.* (*also* **pen·lite** [~]) ペンライト《万年筆
pén·man [-mən] 〖(1591) ← PEN¹+MAN¹〗 — *n.* (*pl.* **-men** [-mən]) 1 字のうまい人, 書家; 習字の先生: a good ~ 字のうまい人, 能筆家. 2 文士, 文人, 作家 (writer). 3 筆記を業とする人, (職業的)筆記者, 書記.
pénman·shìp *n.* 1 書法, 書道, 習字; 筆跡. 2 《ま

れ》作品 (literary composition).

Penn [pén], Sir **William** *n.* (1621-70) 英国の海軍提督；第一次・第二次の Dutch War などに従軍；Pepys の上司.

Penn, William *n.* (1644-1718) アメリカで Pennsylvania 植民地を開いた英国のクエーカー教徒・著述家・政治家；Sir William Penn の子.

Penn. 《略》Pennsylvania.

pen·na [pénə] 〖⊏L ～ 'feather': ⇨ pen¹〗 *n.* (*pl.* **pen·nae** [-niː, -naɪ | -niː]) 〖鳥類〗(綿毛などと区別して)正羽(せいう), 本羽(ほんう)《背・翼・尾の表面にある堅く強い羽》.

Penna. 《略》Pennsylvania.

pen·na·ceous [penéɪʃəs, pə- | pe-] 〖← NL *pennaceus*: ⇨ penna, -aceous〗 *adj.* 〖鳥類〗正羽(せいう)の(ような).

pennae *n.* penna の複数形.

pén nàme 〖《なぞり》← NOM DE PLUME〗 *n.* 筆名, 雅号, ペンネーム (literary pseudonym).

pen·nant [pénənt] 〖《1611》《混成》← PENDANT＋PENNON〗 ── *n.* **1** 〖海事〗長旗 (pennon)《就役艦が掲げる St. George's cross を旗頭に配した細長い三角旗；先端は分かれていない》；小旗 (cf. flag³ 1 a): the broad ～ 代将[先任]旗 / a homeward-bound ～ 帰航旗 / the meal ～ 食事旗. **2** 〖海事〗(下檣(かしょう)頭や桁(けた)端から垂下する端に滑車などの付いた)短索 (pendant). **3** 《米》(運動競技の)優勝旗, ペナント；選手権: the ～ chasers プロ野球団 / the ～ race ペナントレース / the ～ winner 優勝旗獲得者, 優勝者 / clinch the ～ (勝率をあげて)優勝を決定する / win the ～ 優勝する. **4** 〖音楽〗＝hook 6.

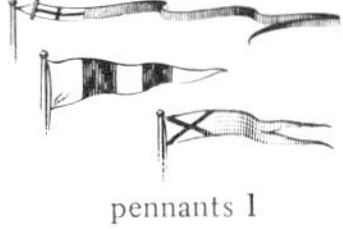

pennants 1

pen·nate [péneɪt] 〖⊏L *pennāt-us*: ⇨ pen¹, -ate²〗 *adj.* 〖動物〗羽のある, 翼のある.

pen·nat·ed [pénettɪd, -təd | -tɪd, -təd] *adj.* ＝pennate.

Pen·nat·u·la·ce·a [pənætʃuléɪʃiə | -tjuléɪʃɪə] 〖← NL ～ ← *Pennatula* (属名: ⇨ pennate, -ula¹)＋-ACEA〗 *n. pl.* 〖動物〗(八放サンゴ亜綱)ウミエラ目.

pen·nat·u·la·cean [pənætʃuléɪʃən | -tju-] *adj., n.* 〖動物〗ウミエラ目の(動物).

Pen·nell [pénḷ, pənél], **Joseph** *n.* (1857-1926) 米国のエッチング画家・挿絵画家・作家；*A Canterbury Pilgrimage* (1885), *The Alhambra* (1896).

Pen·ney [péni | -nɪ], Sir **William George** *n.* (1909-) 英国の原子物理学者.

pen·ni [péni | -nɪ] 〖⊏Finn. ～ ⊏? G *Pfennig*: ⇨ penny〗 ── *n.* (*pl.* **-ni·a** [-niə | -nɪə], ～**s**) **1** ペニ《フィンランドの通貨単位; ＝$^1/_{100}$ markka》. **2** 1 ペニアルミ貨.

Pen·nie [péni | -nɪ] 〖《dim.》← PENELOPE〗 *n.* 女性名.

pén·nied 〖← PENNY＋-ED 2〗 *adj.* 小銭を持った: a ～ boy.

pen·nif·er·ous [penɪ́f(ə)rəs] 〖← L *penna* 'feather, PEN¹'＋-I-＋-FEROUS〗 *adj.* 羽を生じる; 羽のある.

pen·ni·form [pénəfɔ̀ːm | -nɪfɔ̀ːm] 〖← L *penna* (↑)＋-I-＋-FORM〗 *adj.* 羽状の (feather-shaped).

pen·ni·less [pénɪlɪs, -nə-, -ləs, -nḷ- | -nɪlɪs, -ləs, -lès] 〖《c1310》*peniles*: ⇨ penny, -less〗 *adj.* 無一文の, ひどく貧乏な. **～·ly** *adv.* **～·ness** *n.*

pen·nill [pénɪł, -nəł | -nɪł] 〖⊏Welsh ～ 'verse, stanza' ← *penn* head: cf. penguin〗 ── *n.* (*pl.* **pen·nil·lion** [penɪ́ljən]) (ウェールズの芸術祭 (eisteddfod) などで)竪琴を伴奏に歌う即興詩；その一節.

pen·nine [pénɪn, -nən, -naɪn | -nɪn, -naɪn] *n.* 〖鉱物〗＝penninite.

Pén·nine Álps [pénaɪn-] *n. pl.* [the ～] ペンニンアルプス《スイス・イタリア国境の山脈；最高峰 Monte Rosa (4,638 m) や Matterhorn, Weisshorn がある》.

Pénnine Cháin [**Ránge**] *n.* [the ～] ペンニン山脈《イングランド北部の山系；Cheviot Hills の南から Derbyshire 州の Peak District に走る；the backbone of England の名がある；最高峰 Cross Fell (893 m)；Pennines ともいう》.

Pen·nines [pénaɪnz] *n. pl.* [the ～] ＝Pennine Chain.

pen·ni·nite [pénənàɪt | -nɪ-] 〖← G *Pennin* Pennine Alps (その発見地)＋-ITE¹〗 *n.* 〖鉱物〗苦土緑泥石 ($(Mg, Fe, Al)_6(Si, Al)_4O_{11}(OH)_8$).

pen·non [pénən] 〖《1375》*penon* ⊏ (O)F (aug.) ← *penne* ＜ L *pennam* 'feather, PEN¹': ⇨ -oon〗 ── *n.* **1 a** (中世の knight bachelor が用いた)長三角旗, 小燕(つばめ)尾旗. **b** (近世の槍(やり)騎兵が用いた)槍旗. **2** 〖海事〗＝pennant 1. **3** 旗, 幟(のぼり) (banner). **4** 《詩》翼 (wing).

pen·non·cel [pénənsèl] 〖《a1393》⊏ OF *penoncel* (dim.) ← *penon* (↑)〗 *n.* 《古》(槍先につける細長い三角状の)小旗《pencel, pensil ともいう》.

pén·noned *adj.* 長三角旗をつけた[掲げた].

penn·'orth [pénəθ | -nəθ] *n.* 《英口語》＝pennyworth.

Penn·syl·va·nia [pènsɪlvéɪnjə, -səl-, -sḷ-, -niə | -njə, -nɪə] 〖← *William Penn* (この植民地の創設者)＋NL -*sylvānia* woodland (← L *silvānus* 'SYLVAN'): ⇨ -ia¹〗 ── *n.* 米国東部の州 (⇨ United States of America 表).

Pennsylvánia chést *n.* ペンシルバニアチェスト《18-19 世紀 Pennsylvania 地方で造られた婚礼用の素朴な長持；正面のパネルにチューリップなどの花模様・果物・鳥などが描かれている；cf. hope chest》.

Pennsylvánia Dútch *n.* **1** [the ～；集合的] ペンシルベニアダッチ《ドイツ南西部から 17-18 世紀に米国 Pennsylvania 南東部に移住した南部ドイツ人とスイス人の子孫》. **2** 主に東部 Pennsylvania 州で話される英語交りのドイツ語. **3** (家具などの)ペンシルベニアのオランダ風《ペンシルベニアダッチの民俗的工芸・装飾の様式》. **Pennsylvánia-Dútch** *adj.*

Pennsylvánia Dútchman *n.* ＝Pennsylvania Dutch 2.

Pennsylvánia Gérman *n.* ＝Pennsylvania Dutch

Penn·syl·va·nian [pènsɪlvéɪnjən, -səl-, -sḷ-, -nɪən | -njən, -nɪən] *adj.* **1** (米国) Pennsylvania 州(人)の. **2** 〖地質〗ペンシルベニア紀[系]の: the ～ period [system] ペンシルベニア紀[系]. ── *n.* **1** Pennsylvania 州人. **2** [the ～] 〖地質〗ペンシルベニア紀[系]《北米の石炭紀の前半期；cf. Mississippian》.

Pennsylvánia trúss *n.* 〖建築〗ペンシルベニアトラス, ペンシルベニア構《上弦材が弓形をした Pratt truss；長い径間を張り渡すのに適する》.

pen·ny [péni | -nɪ] 〖OE *penig*, *pen(n)ing* ＜ Gmc **panningaz*, **pandingaz* (Du. *penning* / G *Pfennig*) ← **pand-* 'PAWN²'＋*-*ing-* '-ING³' (cf. shilling)〗 ── *n.* (*pl.* **pen·nies** [～z], **pence** [péns]；3 では **pen·nies**). **1 a** (英国の) 1 ペニー(青銅)貨. **b** 1 ペニー(価). ★ (1) 1971 年以前は 1 penny＝$^1/_{12}$ shilling, $^1/_{240}$ pound；記号 d.；1971 年の通貨単位の改革 (⇨ Decimal Day) 以後, $^1/_{100}$ pound で新ペニー (new penny) として区別する；新ペニーは p と略され [píː] と呼ばれることがある: $^1/_2$p [hæ̀fpéni, hæ̀fpíː, héɪp(ə)ni | hɑ́ːfpénɪ, hɑ́ːfpíː, héɪp(ə)nɪ] / 4p [fɔ́əpéns, fɔ́əpíː, fɔ́əpəns, fɔ́ə- | fɔ́ː-]. (2) 以前は《英》では halfpence [héɪpəns], twopence [tʌ́pəns], threepence [θrépəns, θríp-, θrʌ́p-, θrúp-], fourpence から twelvepence までおよび twentypence は一語につづり [pəns] と弱く, その他はすべて eighteen pence のように 2 語につづり [péns] と発音されていたが, 新ペニーになってからは次第に halfpence [hɑ́ːfpéns] または [hɑ́ːfpíːs], twopence [túːpéns] または [túːpíː], threepence [θríːpéns] または [θríːpíː], twelvepence [twélvpéns] または [twélvpíː] と呼ばれるようになった. (3) 個々の貨幣をいう時, 複数形は pennies になり, 単位を示す時の複数形は pence: Give me two *pennies* for two pence worth. 2 ペンス分にペニー(貨幣) 2 枚くれ / a ～ plain and twopence colored 色なし一銭で色つき二銭(の安版画など)《安ぴか物の冷やかし言葉》/ In for a ～, in for a pound. 《諺》やりかけたことは終わりまでやり通せ《乗りかけた船だ後へは引けない》/ A ～ saved is a ～ gained [got, earned]. 《諺》一銭たまれば一銭のもうけ. **2** ペニー《オーストラリア・ニュージーランドの通貨単位》. **3** 《米・カナダ口語》1 セント貨幣 (cent) (cf. nickel 2). **4 a** 金(銭) (money): cost a pretty [fine] ～ 《口語》大金がかかる / make a pretty ～ of it 大金をもうける. **b** [主に否定構文で] 無価値な小銭, びた一文；ほんのわずか: *not* worth a ～ 少しの価値もない / *not* a ～ the worse 前より少しも悪くならずに[損害を受けないで] / I have *not* a ～ to bless myself with. 私にはびた一文(もん)もない《昔 1 ペニー銀貨で幸福を祈って手のひらに十字を切ったことから》. **5** 〖聖書〗(古代ローマの)デナリウス銀貨 (denarius).

a penny for your thoughts [《俗》***for 'em***] 〖'I would give you something to know what you are thinking about.' の意から〗何を考え込んでいるの. ***in penny numbers*** 〖1 ペニーで買える探偵小説の定期刊行一回分から〗一度に少しずつ, 切れ切れに. ***pennies from heaven*** 思いがけない幸い, 棚からぼたもち. ***pinch pennies*** 〔…に〕ひどくけちをする, 節約する 〔*on*〕(cf. pinchpenny). ***spend a penny*** 〖硬貨を使う有料公衆便所から〗《英口語》大[小]便をする,「用を足す」. ***take care of the pence*** 僅かな出費にも気をつけて節約する: *Take care of the pence*, and the pounds will take care of themselves. 《諺》小事をゆるがせにしなければ大事はおのずからうまくゆく. ***the penny drops*** 〖自動販売機で硬貨が入った意から〗《英口語》うまくゆく；了解できる, 意味がわかる. ***think one's penny silver*** うぬぼれる. ***turn*** [***earn***] ***an honest penny*** 正直に働いて金をもうける, まじめにかせぐ. ***turn up like a bad penny*** 〈うるさい人が〉来てもらいたくない時に(限って)やってくる[現われる]. ***two*** [***ten***] (***for***) ***a penny*** 《英》ありふれた, 平凡な；値打ちのない (《米》a dime a dozen).

── *adj.* **1** 1 ペニーの. **2** 安物の, つまらない: a ～ whistle 安物[おもちゃ]の呼子笛 / a ～ book 《口語》安っぽい冒険小説.

Pen·ny [péni | -nɪ] 〖《dim.》← PENELOPE〗 *n.* 女性名.

pénny-a-líne *adj.* **1** 1 行 1 ペニーで書く, 安原稿の. **2** 〈原稿・著作など〉文学的価値の低い, 安っぽい, 貧弱な (inferior).

pénny-a-líner *n.* (1 行いくらで書く)三文文士 (hack writer).

pénny-ánte *adj.* 《口語》取るに足らない, 安い (cheap): a ～ salary 安月給.

pénny ánte *n.* 《米》**1** 〖トランプ〗一文ポーカー《参加料が 1 セントであるようなポーカー；きわめて低い賭金しか動かないポーカー》. **2** 《口語》取るに足らない金額の取引.

pénny arcáde *n.* (一種類 1 ペニーの料金で各種の遊びができる, お祭りの場所などに設けられた)娯楽場, ゲームセンター.

pénny blóod *n.* 《英俗》＝penny dreadful.

pénny·crèss 〖《変形》← PENNY GRASS: CRESS の影響による〗 ── *n.* 〖植物〗グンバイナズナ (*Thlaspi arvense*)《ヨーロッパ産アブラナ科 *Thlaspi* 属の植物；fanweed, field pennycress, Frenchweed, penny grass ともいう》.

pénny dréadful *n.* 《英口語》通俗物の安小説, 三文小説；扇情的なかすとり雑誌《ビクトリア朝末期の英国で 1 冊 1 ペニーで売られて人気を呼んだ；cf. dime novel, shilling shocker》.

pénny-fárthing *n.* 《英口語》ペニーファージング《前輪が大きく後輪が小さくて 1870-90 年ごろ普及した旧式自転車の一種》.

pénny gáff *n.* 《英》＝gaff².

pénny gràss 〖《a1387》*penigres*: 円型のさやの形から: ⇨ penny, grass〗 *n.* 〖植物〗＝pennycress.

pénny-in-the-slót 〖← '(*Put a*) *penny in the slot*' (この器械の使用法指示文)〗《英》 ── *n.* ペニー自動販売器《1 ペニーを入れると自動的に切符などが出る装置》. ── *adj.* 自動販売機で売っている, コインで操作できる: a ～ machine 自動販売機, 自動体重測定器.

pénny-pìnch 〖《逆成》↓〗 *vt.* 《米口語》けちけちする. **～·ing** *n., adj.*

pénny pìncher *n.* 《米口語》けちんぼう (niggard).

pénny-pláin *adj.* 《英》色や飾りの付かない；(変哲もなく)ありふれた.

pénny pòst *n.* 《英》1 ペニー郵便制《書状の郵便料金が 1 ペニーであった昔の郵便制度》.

pen·ny·roy·al [pènirɔ́ɪ(ə)ł, pénirɑ̀ɪł | pénɪrɔ̀ɪ(ə)ł] 〖《1530》*peneryall*, *penyryall*《変形》← (15 C) *pulyole ryale* ⊏ AF *puliol reall* ← OF *po(u)liol* thyme (《変形》← L *pūle(g)ium*)＋*real* 'ROYAL': 今の形は PENNYWORT との連想〗 ── *n.* **1** 〖植物〗**a** ペニロイアルハッカ, メグサハッカ (*Mentha pulegium*)《地中海地方産の刺激性の芳香がある葉のあるハッカ属の一種》. **b** 北米産のハッカの一種 (*Hedeoma pulegioides*)《ハッカに似た薬用植物；精油がとれる》. **2** はっか油.

pénny stòck *n.* 《米》〖証券〗投機的低位株《1 株の価格が 1 ドル未満の株式》.

pénny wédding *n.* 会費制結婚式《昔スコットランド・ウェールズなどで行なわれた風習》.

pénny·wèight 〖《a1398》〗 ── *n.* **1** ペニーウェイト《英国の金衡の単位；＝24 grains, 0.05 ounce, 1.555 g；略 dwt., pwt.》. **2** 《米俗》宝石類, (特に)ダイヤ: a ～ job 宝石盗み.

pénny whìstle *n.* **1** ブリキ製の小さな 6 穴横笛. **2** おもちゃの呼び子.

pénny wísdom *n.* 一文惜しみ (cf. penny-wise).

pénny-wíse 〖← PENNY＋WISE¹〗 *adj.* 一文惜しみの (cf. penny wisdom): ～ and pound-foolish 一文惜しみの百失い, 安物買いの銭失い.

pénny·wòrt 〖《c1400》: ⇨ penny, wort²〗 ── *n.* 〖植物〗丸い葉をもつ数種の植物の総称《ルリソウ (navelwort), ツタガラクサ (Kenilworth ivy), チドメグサ類など》.

pen·ny·worth [péniwə̀ːθ | pénəθ, pénɪwəθ, -wə̀ːθ] 〖OE *penigwurð*: ⇨ penny, worth¹ (n.)〗 ── *n.* (*pl.* ～, ～**s**) **1** 1 ペニー分(で買えるだけの量): a ～ of apples 1 ペニー分のりんご. **2** 小額；少量: not a ～ 少しも…でない. **3** 取引(高), 買い物 (bargain): a good [bad] ～ 有利[不利]な取引き, 得な[損な]買物. **4** 《廃》**a** 1 ペニーで買ったもの[買えるもの]. **b** [*pl.*] 返報, 仕返し (requital).

one half pennyworth of bread to an intolerable deal of sack 大事なものがちょっぴりで[無くて]もいいものがうんとたくさん (cf. Shak., *1 Hen IV* 2. 4. 592).

Pe·nob·scot [pənɑ́bskɑt, -skət | penɔ́bskət, pə-] 〖⊏ N-Am.-Ind. (Algonquian) ～《原義》? it forks on the white rocks〗 ── *n.* (*pl.* ～, ～**s**) **1** [the ～] 米国の Maine 州北部を南流して Penobscot 湾に注ぐ川 (560 km). **2 a** [the ～(s)] ペノブスコット族《Penobscot 川および Penobscot 湾の両岸に住む Algonquian 系のアメリカインディアンの一種族》. **b** ペノブスコット族の人. **3** ペノブスコット語.

Penóbscot Báy *n.* ペノブスコット湾《米国 Maine 州南岸の小島の散在する湾》.

pe·no·che [pənóutʃi | -nóutʃɪ] *n.* ＝penuche.

pe·no·log·i·cal [pìːnəlɑ́dʒɪkəl, -dʒə-, -nḷ- | -nəlɔ́dʒɪ-] *adj.* **1** 行刑学の. **2** 刑罰学の, 典獄学の, 刑務所管理学の. **～·ly** *adv.*

pe·nol·o·gy [pɪnɑ́lədʒi, pə-, piː- | piːnɔ́lədʒɪ] 〖《1838》← Gk *poinḗ* penalty＋-LOGY: ⇨ pain〗 ── *n.* **1** 行刑学. **2** 刑罰学, 典獄学, 刑務所管理学. **pe·nól·o·gist** [-dʒɪst, -dʒəst | -dʒɪst] *n.*

pen·on [pénən] *n.* ＝pennon.

pen·on·cel [pénənsèl] *n.* ＝pennoncel.

pén pàl *n.* 《口語》文通友達, ペンフレンド (pen-friend).

pén pìcture *n.* **1** ペン画. **2** (人・事件などについての)簡単な記述, おおまかな描写.

pén·pòint *n.* 《米》**1** ペン先 (nib). **2** ボールペンの先.

pén pòrtrait *n.* ＝pen picture.

pén·pùsher *n.* 《俗》＝pen-driver.

pén·ràck *n.* ペン(軸)掛け, 筆台.

Pen·sa·co·la [pènsəkóulə | -kóu-] 〖⊏ N-Am.-Ind. (Choctaw) ～ 'hair people' ← *pansha* hair＋*okla* people: cf. Oklahoma〗 ── *n.* 米国 Florida 州北西部, メキシコ湾内の小湾 Pensacola 湾に臨む海港；海軍航空隊所在地；人口 60,000.

Pensacóla Báy *n.* ペンサコーラ湾《米国 Florida 州北西部, メキシコ湾内の小湾》.

pen·sée [pɑ̃ː(n)séɪ, pɔ̃ː(n)-, pɑːn-, pɔ(ː)n-; *F.* pɑ̃se] 〚1 : (《*c*1410》) ▭ (O)F ~ ← *penser* to think. 2 : (《1886》) ▭ F ~〛 ── *F. n.* **1** 思想 (thought), 思索, 沈思 (meditation), 回想 (reflection). **2** 随想録, 金言, 警句 (aphorism) : Pascal's *Pensées* パスカルのパンセ[冥想録].

pén shèll *n.* 〘貝類〙 ハボウキガイ《ハボウキガイ科 (Pinnidae) の貝の総称》.

pen·sil [pénsl̩] *n.* = pennoncel.

pen·sile [pénsaɪl, -səl, -sl̩ | -saɪl] 〚《1603》▭ L *pēnsilis* ← *pēnsus* (p.p.) ← *pendēre* to hang : ⇨ pendent, -ile[1]〛 ── *adj.* **1** ぶらりと下がった, 垂れ下がった; 揺れる (swaying). **2** 〈鳥が〉垂れ下がった巣を造る; 〈鳥の巣が〉懸垂した (penduline).

pen·sion [pénʃən] 〚《*a*1376》▭ (O)F ~ ▭ L *pēnsiō(n-)* payment ← *pēnsus* (p.p.) ← *pendere* to pay, weigh : ⇨ pendent, -sion〛 ── *n.* **1** 年金, 恩給, 老齢[養老]年金, 遺族[寡婦]年金 : old-age ~ 老齢年金《疾病および一定の年齢以上の人に毎週支給される》/ a soldier's ~ 軍人恩給 / be granted [draw] a ~ 年金をもらう / retire on a ~ 恩給がついて[年金をもらって]退職する / I am outside the nation's ~ plan. 私は恩給はもらえない / He had a ~ bestowed on him. 彼は年金を下賜された. **2** (芸術家・科学者などに支給される)年金, 補助金, 助成金, 奨励金 (bounty). **3** (雇人などの臨時の)手当. **4** [pɑ̃ː(n)sjɔ̃ː(ŋ), pɔ̃ː(n)-, pɑːnsióː(ŋ), pɔ̃ː(n)-, pɑ̃ː(n)sjɔ̃ː(ŋ), pɔ̃ː(n)-, pɑːnsjɔ́ː(n), pɔ(ː)n- | ＝＝; *F.* pɑ̃sjɔ̃] **a** 宿泊料と食費. **b** (ヨーロッパ大陸で)ホテル[下宿]の宿泊設備, 宿泊と食事. **c** ペンション《ヨーロッパ大陸の下宿屋または下宿式のホテル; pensione ともいう》. **d** 寄宿舎; 寄宿学校 (boarding school) : live en ~ ⇨ en pension. **5** London の Gray's Inn 法学院の評議員会.
── *vi.* 下宿する. ── *vt.* **1** …に恩給[年金など]を与える. **2** 年金を与えて解雇する[退職させる] 〈*off*〉.

pen·sion·a·ble [pénʃ(ə)nəbl̩] *adj.* 〈勤務・仕事・地位・年齢など〉恩給・年金などを受ける資格[権利]のある : a ~ job.

pén·sion·ar·y [-ʃənèri | -ʃ(ə)nəri] 〚《*a*1548》▭ ML *pēnsiōnāri-us* : ⇨ pension, -ary〛 ── *adj.* **1** 恩給・年金などを受けている[で生活している]. **2** 恩給・年金などの[に関する]. ── *n.* **1** 恩給[年金]受給者 (pensioner). **2** 金で雇われる人; 雇人, 雇兵, 手下 (tool). **3** (15 世紀末以後オランダの)都市・州の官職《主に法律を専門とし, 議会において都市・州を代表した; 17 世紀頃には政治的実権をにぎった》.

pen·sio·ne [pènsióuneɪ | -sjóu-; *It.* pensjóːne] 〚▭ It. ~ ▭ (O)F *pension* 'PENSION'〛 *It. n.* (*pl.* **-sio·ni** [-niː; *It.* -ni]) = pension 4 c.

pén·sion·er [-ʃ(ə)nə | -nə(r)] 〚《1429–30》▭ AF *pensionner* = OF *pensionnier* : ⇨ pension, -er[1]〛 ── *n.* **1** 恩給[年金]受給者, (特に)老齢年金受給者. **2** 《英》(Cambridge 大学の)自費生 (cf. commoner 3). **3** 〚▭ F *pensionnaire*〛(フランス・ベルギーなどの寄宿学校の)寄宿生. **4** 《廃》**a** (英国王の)儀仗(ぎじょう)の衛士 (gentleman-at-arms). **b** 護衛兵[人]; 家臣 (retainer).

pénsion fùnd *n.* 恩給[年金]基金.

pénsion-fùnd *adj.*

pensioni *n.* pensione の複数形.

pénsion·less *adj.* 恩給[年金など]のない; 〈官職など〉恩給権のない.

pen·sion·naire [pɑ̃ː(n)sjɔ(ː)néə, pɔ̃ː(n)-, pɑːn-, pɔ(ː)n-sjə- | -sɪənéə(r; *F.* pɑ̃sjɔnɛːr] 〚▭ F ~ 'PENSIONER'〛 ── *F. n.* **1** ペンションに住む[下宿する]人, (特に)寄宿生. **2** ペンショネール《Paris の Comédie Française などで歩合制でなく固定給で働く下級俳優; cf. sociétaire》.

pénsion trùst *n.* 年金組合.

pen·sive [pénsɪv] 〚《*c*1375》▭ (O)F *pensif* ← *penser* to think ▭ L *pēnsāre* to weigh, consider, ponder ← *pēnsus* : ⇨ pension, -ive〛 ── *adj.* **1** 〈人が〉考え込んでいる; 黙想している; 憂いに沈んだ, 物思わしげな (melancholy). **2** 〈気分・音楽など〉物悲しい, 哀愁的な : a ~ lay 哀愁歌. **~·ly** *adv.* **~·ness** *n.*

pen·ste·mon [penstíːmən, pénstə- | penstíː-, pénstɪ-] *n.* 〘植物〙 = pentstemon.

pen·ster [pénstə | -stə(r)] 〚← PEN[1] + -STER〛 *n.* 三文文士 (hack writer).

pen·stock [pénstɑ̀k | -stɔ̀k] 〚← PEN[2] 《廃》 milldam + STOCK[2]〛 ── *n.* **1** (水力発電所などの)水圧管. **2** **a** 水門 (floodgate). **b** 《米》(水門から水車や水力発電所へ水を引く)樋(ひ), 水路. **3** 《米》消火栓 (hydrant).

pent [pént] 〚《*a*1550》 (p.p.) ← 《廃》 *pend* 《変形》 ← PEN[2] (v.)〛 *vt.* pen[2] の過去形・過去分詞. ── *adj.* 閉じ込められた, 幽閉された 〈*in, up*〉 (cf. pent-up).

pent. 《略》〘数学〙 pentagon; 〘詩学〙 pentameter.

Pent. 《略》〘聖書〙 Pentateuch; Pentecost.

pent- [pent] (母音の前に来る時の) penta- の異形.

pen·ta- [péntə | -tə] 〚▭ Gk ~ ← *pénte* five〛 ── 次の意味を表わす連結形: 〘化学〙 **1** 「ある元素が化合物中に五原子含まれる」. **2** (原子価が)「五価の」. **3** 「ある基が化合物中に 5 個含まれる」. ★ 時に pen-, 母音の前では通例 pent- になる.

pènta·bórane 〚← PENTA- + BOR(ON) + -ANE[2]〛 *n.* 〘化学〙 ペンタボラン (B_5H_9) 《水素化ホウ素ボラン族の一つ; 粘り気のある液体》.

pènta·chlorophénol *n.* 〘化学〙 ペンタクロロフェノール (C_6Cl_5OH) 《農薬; 白色結晶で木材の防腐剤や殺菌剤として用いる; 略 PCP》.

pen·ta·chord [péntəkɔ̀əd | -tɔ̀ːd] 〚▭ Gk *pentakhord-on* ← *pentakhordos* five-stringed ← PENTA- + *khordḗ* '-CHORD'〛 ── *n.* **1** 五弦琴. **2** 〘音楽〙 五音音階 (cf. heptachord 2, hexachord).

pen·ta·cle [péntɪkl̩, -tə- | -tə-] 〚《1594》▭ ML *pentacul-um* : ⇨ penta-, -cle〛 ── *n.* **1** 五角の星形, 星形五角形《昔この形には神秘的な力があるとされ魔よけに用いた; pentagram ともいう; cf. magic circle》. **2** 五角の星形に似たいくつかの星形の図形; (特に) hexagram.

pen·tad [péntæd] 〚《1653》▭ Gk *pentad-, pentás* a group of five : ⇨ penta-, -ad[1]〛 *n.* **1** 五; 五個一組. **2** 5 日間; 5 年間. **3** 〘化学〙 五価元素.

pen·ta·dac·tyl [pèntədǽktɪl, -təl, -tl̩ | -tədǽktɪl] 〚▭ L *pentadactyl-us* ▭ Gk *pentadáktulos* : ⇨ penta-, dactyl〛 ── *adj.* (手・足に)五本の指がある. **pen·ta·dac·tyl·ic** [pèntədæktílɪk | -tə-] *adj.*

pen·ta·dac·ty·late [pèntədǽktəlèt, -lɪt, -lèɪt | -tə-] 〚⇨ ↑, -ate[2]〛 *adj.* = pentadactyl.

pèn·ta·dác·tyl·ism [-təlɪzm, -tl̩- | -təl-] 〚⇨ pentadactyl, -ism〛 *n.* (手足に)指が五本あること; 五指状.

pen·ta·dec- [pèntədék | -tə-] (母音の前に来る時の) pentadeca- の異形.

pen·ta·dec·a- [pèntədékə | -tə-] 〚▭ L ~ ▭ Gk *pentadeka-* ← *pentekaideka* fifteen ← PENTA- + *kaí* and + *déka* ten〛 ──「15」の意の連結形. ★ 母音の前では通例 pentadec- になる.

pen·ta·dec·a·gon [pèntədékəgɑ̀n | -tədékəgən] 〚⇨ ↑, -gon〛 *n.* 〘数学〙 15 角形.

pen·ta·di·ene [pèntədáɪiːn, ＝＝＝＝ | -tə-] 〚← PENTA- + -DIENE〛 *n.* 〘化学〙 ペンタジエン (C_5H_8); (特に) ピペリレン (piperylene).

pènta·erýthritol *n.* 〘化学〙 ペンタエリトリット, ペンタエリトリトール ($C(CH_2OH)_4$) 《白色の結晶状粉末; アルキド樹脂の原料, 爆薬の製造などに用いる》.

pentaerýthritol tetranítrate *n.* 〘薬学〙 四硝酸ペンタエリトリット ($C(CH_2ONO_2)_4$) 《炸(さく)薬としての外に, 狭心症の治療にも用いる; 略 PETN》.

pen·ta·gon [péntəgɑ̀n, -tɪ- | -təgən] 〚《1570》▭ F *pentagone* ∥ LL *pentagōn-um* ▭ Gk *pentágōnon* (neut.) ← *pentágōnos* five-angled : ⇨ penta-, -gon〛 ── *n.* **1** 〘数学〙 五角[辺]形 : a regular ~ 正五角形. **2** 〘築城〙 五稜堡(りょうほ), 五稜郭. **3** [the P-] **a** ペンタゴン《米国 Virginia 州 Arlington にある外郭五角形の官庁建築; この中に陸軍司令部その他陸海空軍および国防総省の事務所がある》. **b** 米国国防総省, ペンタゴン; 米国軍当局.

pen·tag·o·nal [pentǽgənl̩] *adj.* 五角[辺]形の : a ~ dodecahedron 〘結晶〙 五角十二面体 (pyritohedron) (⇨ dodecahedron 挿絵) / a ~ pyramid 〘数学〙 五角錐. **~·ly** *adv.*

Pen·ta·gon·ese [pèntəgəníːz, -tɪ-, -níːs | -təgəníːz] 〚⇨ Pentagon, -ese〛 *n.* 《米口語》 軍事特殊用語; (特に)米国軍官庁用語, (米国の)国防総省式文体[用語].

Pen·ta·go·ni·an [pèntəgóuniən, -tɪ-, -njən | -təgóu-njən, -nɪən] 〚⇨ Pentagon, -ian〛 《米》 ── *n.* ペンタゴンで働いている人. ── *adj.* ペンタゴン[米国防総省]の[に関する].

pen·tag·o·noid [pentǽgənɔ̀ɪd] 〚⇨ pentagon, -oid〛 *adj.* 五角[辺]形状の, 幾分五角形の.

pen·ta·gram [péntəgrǽm | -tə-] 〚《1833》▭ Gk *pentágrammon* figure consisting of five lines : ⇨ penta-, -gram〛 ── *n.* **1** = pentacle 1. **2** 〘数学〙 五線星形《五線分から成る星形の図形》.

pentagram

pen·ta·graph [péntəgrǽf | -təgrɑ̀ːf, -grǽf] *n.* = pantograph.

pen·tag·y·nous [pentǽdʒənəs | -dʒɪ-] 〚← PENTA- + -GYNOUS〛 *adj.* 〘植物〙 5 本の雌蕊(しずい)をもつ.

pen·ta·he·dron [pèntəhíːdrən | -təhéd-, -híːd-] 〚← NL ~ : ⇨ penta-, -hedron〛 ── *n.* (*pl.* **~s**, **-he·dra** [-drə]) 〘数学・結晶〙 五面体. **pèn·ta·hé·dral** [-drəl] *adj.* **pèn·ta·hé·dri·cal** [-drɪkəl, -drə- | -drɪ-] *adj.* **pèn·ta·hé·drous** [-drəs] *adj.*

pènta·hýdrate 〚← PENTA- + HYDRATE〛 *n.* 〘化学〙 ペンタ水和物 ($KMoO_4 \cdot 5H_2O$) 《結晶水の 5 分子をもつ水和物》.

pènta·hýdric *adj.* 〘化学〙 〈アルコール類・フェノール類が〉(分子中に) 5 個の水酸基を含む (cf. pentahydroxy).

pen·ta·hy·drox·y [pèntəhaɪdrɑ́ksi | -təhaɪdrɔ́ksɪ] 〚← PENTA- + HYDROXY〛 *adj.* 〘化学〙 (分子が) 5 個の水酸基を含む, 五価アルコールの.

pen·tam·er·ous [pentǽmərəs] 〚← NL *pentamerus* : ⇨ penta-, -merous〛 ── *adj.* **1** 五個から成る; 五個に分れる. **2** 〘植物〙 〈花が〉五数花の《しばしば 5-merous と表記する; cf. hexamerous 2》. **3** 〘動物〙 五関節[五部分]から成る. **pen·tám·er·ism** [-rɪzm] *n.* **pen·tam·er·y** [pentǽməri | -rɪ] *n.*

pen·tam·e·ter [pentǽmətə | -mɪtə(r, -mə-] 〚《1546》▭ L ~ ▭ Gk *pentámetron* : ⇨ penta-, -meter[2]〛 ── *n.* 〘詩学〙 **1** (英詩の)五歩格(の詩) 《1 行 5 詩脚からなる詩行; cf. meter[2] 1 b》; (特に)弱強五歩格 (iambic pentameter) (cf. heroic verse 2, blank verse). **2** (古典詩の)長短々[長長]五歩格《本来 elegiac couplet の第 2 行に用いられた》. ── *adj.* 五歩格の.

pènta·méthylene 〚← PENTA- + METHYLENE〛 *n.* 〘化学〙 ペンタメチレン (⇨ cyclopentane).

pentamèthylene·diámine 〚⇨ ↑, diamine〛 *n.* 〘生化学〙 = cadaverine.

pen·tan·drous [pentǽndrəs] 〚← PENTA- + -ANDROUS〛 *adj.* 〘植物〙 5 本の雄蕊(ゆうずい)をもつ.

pen·tane [péntein] 〚← PENTA- + -ANE[2]〛 *n.* 〘化学〙 ペンタン (C_5H_{12}) 《メタン系炭化水素の一つ》.

péntane làmp *n.* ペンタン灯《光量測定用の基準としてかつて用いられた》.

pen·tan·gle [péntæŋgl̩] 〚《? *c*1390》▭ ? ML *pentangulum* (L *angulus* 'ANGLE[1]' の影響による変形) ← *pentaculum* 'PENTACLE'〛 *n.* = pentacle 1.

pen·tan·gu·lar [pentǽŋgjulə | -lə(r)] *adj.* 五角の[を有する].

pen·ta·nol [péntənɔ̀(ː)l, -nòul | -tənɔ̀l] 〚← PENTANE + -OL[1]〛 *n.* 〘化学〙 ペンタノール ($C_5H_{11}OH$) 《異性体がある; amyl alcohol ともいう》.

pen·ta·none [péntənòun | -tənəun] 〚← PENTANE + -ONE〛 ── *n.* 〘化学〙 ペンタノン ($C_5H_{10}O$) 《炭素原子 5 個のケトン; 2-ペンタノン (methyl propyl ketone), 3-ペンタノン (diethyl ketone) がある》.

pènta·péptide *n.* 〘生化学〙 ペンタペプチッド《五つのアミノ酸がペプチッド結合したもの》.

pen·ta·ploid [péntəplɔ̀ɪd | -tə-] 〚← PENTA- + -PLOID〛 〘生物〙 *adj.* 〈細胞・核など〉(染色体数が)五倍性の, 五倍体の. ── *n.* 五倍体.

pen·ta·ploi·dy [péntəplɔ̀ɪdi | -təplɔ̀ɪdɪ] *n.* 〘生物〙 五倍性《基本数 (n) の 5 倍の染色体数をもつ》.

pen·tap·o·dy [pentǽpədi | -dɪ] 〚← PENTA- + (DI)PODY〛 *n.* 〘詩学〙 五歩格, 五脚律 (pentameter).

pen·tap·o·lis [pentǽpəlɪs, -ləs | -lɪs] 〚▭ L ~ ▭ Gk *pentápolis* group of five cities (PENTA- + *pólis* city)〛 ── *n.* 〘聖書〙 ペンタポリス, 五府市地方《五つの町の結合・同盟・まとまり》.

pénta·prìsm *n.* 〘光学〙 ペンタプリズム, 五角プリズム (pentagonal prism) 《内部で 2 回反射し, 入射光と射出光が 90° の定偏光をなす五角形のプリズム》.

pen·ta·quine [péntəkwìːn | -tə-] 〚← PENTA- + QUI(NOLINE)〛 *n.* 〘薬学〙 ペンタキン ($C_{18}H_{27}N_3O$) 《マラリア治療剤》.

pen·tarch [péntɑək | -tɑːk] 〚← PENTA- + -ARCH[2]〛 *adj.* 〘植物〙 五原型の.

pen·tar·chy [péntɑəki | -tɑːkɪ] 〚▭ Gk *pentarkhía* : ⇨ penta-, -archy〛 *n.* **1** 五頭政治; 五頭政府. **2** 五国連合. **pen·tar·chi·cal** [pentɑ́əkɪkəl, -kək- | -tɑ́ːkɪ-] *adj.*

pen·ta·stich [péntəstɪk | -tə-] 〚← NL *pentastich-on* ← Gk *pentástikhon* : ⇨ penta-, stich[1]〛 *n.* 〘詩学〙 五行連(句) (cinquain).

Pen·ta·stom·i·da [pèntəstɑ́mədə | -təstɔ́mɪ-] 〚← NL *Pentastomum* (属名 : ⇨ penta-, -stomus) + -IDA〛 *n. pl.* 〘動物〙 舌形動物門.

pen·ta·style [péntəstàɪl | -tə-] 〚← PENTA- + -STYLE[1]〛 *adj.* 〘建築〙 〈portico など〉(正面に) 5 本の円柱を持つ, 五柱式の (cf. distyle).

pènta·súlfide *n.* 〘化学〙 五硫化物.

pen·ta·syl·la·ble [péntəsɪləbl̩, ＝＝＝＝＝ | -tə-] 〚← PENTA- + SYLLABLE〛 *n.* 5 音節語[詩脚]. **pen·ta·syl·lab·ic** [pèntəsɪlǽbɪk, -sə- | -təsɪ-] *adj.*

Pen·ta·teuch [péntət(j)ùːk | -tətjùːk] 〚《1530》▭ eccl. L *Pentateuch-us* ▭ Gk *pentáteukhos* 《原義》 consisting of five books ← PENTA- + *teûkhos* implement, book〛 ── *n.* [the ~] 〘聖書〙 モーセの五書《旧約聖書の最初の五書 (Genesis, Exodus, Leviticus, Numbers, Deuteronomy); Torah ともいう; cf. Hexateuch, Heptateuch, Octateuch》. **Pen·ta·teu·chal** [pèntət(j)úːkəl | -tətjúː-] *adj.*

pen·tath·lete [pentǽθliːt] 〚▭ Gk *pentathlētḗs* ← *péntathlon* (↓)〛 *n.* 〘スポーツ〙 五種競技の選手 (cf. decathlete).

pen·tath·lon [pentǽθlən, -lɑn | pentǽθlən, -lən] 〚▭ Gk *péntathlon* ← PENTA- + *âthlon* game : ⇨ athlete〛 ── *n.* 〘スポーツ〙 **1** 五種競技《古代ギリシャでは走り幅跳び・短距離競走・レスリング・円盤投げ・やり投げ, 以前のオリンピックでは走り幅跳び・やり投げ・200 メートル競走・円盤投げ・1500 メートル競走の 5 種目; cf. decathlon》. **2** = modern pentathlon.

pen·ta·tom·ic [pèntətɑ́mɪk | -tətɔ́m-] 〚← PENTA- + ATOMIC〛 *adj.* 〘化学〙 五原子の.

pen·ta·tom·id [pèntətɑ́mɪd, -məd | -tətɔ́mɪd] 〚↓〛 〘昆虫〙 *adj.* カメムシ(科)の. ── *n.* カメムシ《カメムシ科の昆虫の総称》.

Pen·ta·tom·i·dae [pèntətɑ́mədìː | -tətɔ́mɪ-] 〚← NL ~ ← *Pentatoma* (属名 : ← PENTA- + *tomus* cut, segmented) + -IDAE : ⇨ tome〛 ── *n. pl.* 〘昆虫〙 (半翅目) カメムシ科.

pen·ta·ton·ic [pèntətɑ́nɪk | -tətɔ́n-] 〚← PENTA- + TONIC〛 *adj.* **1** 〘音楽〙 五音の. **2** 五音音階の.

pentatónic scále *n.* 〘音楽〙 五音音階, ペンタトニック.

pen·ta·ton·ism [péntətòunɪzm | -tətəu-] *n.* 〘音楽〙 五音音階の使用, 五音音階主義.

pen·ta·tron [péntətrɑ̀n | -tətrɔ̀n] 〚← PENTA- + -TRON〛 *n.* 〘電子工学〙 ペンタトロン《共通陰極の双三極管》.

pen·ta·va·lent [pèntəvéɪlənt | -tə-] 〚← PENTA- + -VALENT〛 〘化学〙 *adj.* 五価の. ── *n.* 五価の原子.

pen·taz·o·cine [pentǽzəsìːn] *n.* 〘薬学〙 ペンタゾシン ($C_{19}H_{27}NO$) 《鎮痛薬》.

Pen·te·cost [péntɪkɔ̀(ː)st, -tə-, -kɑ̀st | -tɪkɔ̀st] 〚OE *Pentecosten* ▭ eccl.L *Pentēcostē* ▭ Gk *Pentēkostḗ* (*hēmérā* or *heortḗ*) fiftieth (day or feast) ← *pentḗkonta* fifty ← PENTA- + *-konta* tens〛 ── *n.* **1** 〘ユダヤ教〙

a ペンテコステ, 五旬節[祭]《過ぎ越しの祝い (Passover) の2日目から数えて50日目で, この日を Moses が Sinai 山で律法を授かった日として祝う; Shabuoth ともいう》. b Moses が Sinai 山で律法を授かった記念の日を祝うユダヤ教会の儀式. 2 〘キリスト教〙五旬節, 聖霊降臨日[節] (Whitsunday)《聖霊がペンテコステの日に使徒たちの上に降臨したのを記念するキリスト教会の祝日; 復活祭 (Easter) 後第七の日曜日; cf. *Acts* 2》.

Pen·te·cos·tal [pèntɪkɑ́stl̩, -tə-, -kɔ́(ː)s- | -tɪkɔ́s-] 〘(*a*1663) ▭ eccl.L *pentēcostāl-is* : ⇨ ↑, -al[1]〙 ── *adj.* 1 ペンテコステ (Pentecost) の. 2 ペンテコステ派の《20 世紀初頭米国に始まった fundamentalist に近い一派についていう; 聖霊の会衆への直接の感応を説き, 各人が清浄を達成してペンテコステの使徒にあやかろうとし, またその恍惚(ｺｳ)を舌がかり (gift of tongues) 的に表出する》. ── *n.* ペンテコステ(宗)派の一員. **Pèn·te·cós·tal·ism** [-təlìzm, -tl̩-] *n.*

pen·te·cos·ta·ri·on [pèntɪkɔ(ː)stέ(ə)riɑn, -tə-, -kɑs- | -tɪkɔstέəriən] 〘▭ (L)Gk *pentēkostárion* ← *Pentēkostḗ* 'PENTECOST'+-*arion* (n. suf.)〙 ── *n.* (*pl.* ~**s**, **-ri·a** [-riə | -rɪə]) 〘東方正教会〙ペンテコスタリオン《復活祭から聖霊降臨日後の最初の日曜日(三位一体主日)までの期間のための祈禱(ｷﾄｳ)書》.

Pen·tel·i·cus [pentélɪkəs, -lə- | -lɪ-] *n.* ペンテリカス(山)《Pendelikon のラテン語名》. **Pen·tel·ic** [pentélɪk] *adj.*

Pen·tel·i·kon [pentélɪkən, -lə-, -kɑ̀n | -lɪkən, -kɔ̀n] *n.* ＝Pendelikon.

pen·tene [péntiːn] 〘← PENTA-+-ENE〙 *n.* 〘化学〙ペンテン (C_5H_{10})《1-ペンテンと 2-ペンテンがある; 二重結合 1 個をもつ》.

Pen·the·us [pénθiəs, -θuːs | -θjuːs] 〘▭ L ~ ▭ Gk *Pentheús*〙 ── *n.* 〘ギリシャ神話〙ペンテウス《Thebes の王, Cadmus の孫; Bacchus 神の祭祀を許可しなかったため母と姉妹に殺された》.

pént·hòuse [pént-] 〘(1530)《変形》↓: 現在の語尾は HOUSE との連想による変形〙 ── *n.* 1 差掛け屋根; (窓やドアの上の)ひさし, 霧よけ. 2 塔屋《ビルの屋上の小建物で中にエレベーター機械・換気装置・水槽などがある》; 屋上階; (高級な)屋上家屋. 3 (court tennis の) コートを囲む 3 つの壁に設けられた差掛け屋根型の段.

make a penthouse of the eyebrows まゆを八の字によせる.

── *vt.* …に差掛け屋根[ひさし, 霧除け]をつける; …に塔屋を設ける.

pen·tice [péntɪs, -təs | -tɪs] 〘(*c*1325) *pentis* ▭ AF **pentis* (頭音消失) ← OF *apentis* ▭ ML *appenticium* penthouse = LL *appendicium* appendage ← L *appendere* 'to APPEND'〙 ── *n.* 《古》＝penthouse.

pen·ti·men·to [pèntəméntou | -tɪméntəu; *It.* pèntiménto] 〘▭ It. ~ 'correction, repentance' ← *pentire* to repent+-*mento* '-MENT': ⇨ penitence〙 ── *n.* (*pl.* **-men·ti** [-tiː; *It.* -ti]) 〘絵画〙ペンティメント《制作中に多少の変更があって, もとの下描きや構図[線]がうっすらとその跡を現わすこと》.

Pént·land Fírth [péntlənd-] [the ~] *n.* ペントランド海峡《スコットランドと Orkney 諸島との間の海峡》.

pent·land·ite [péntləndàɪt] 〘▭ F ~ ← *J. B. Pentland* (?-1873: アイルランドの鉱物学者): ⇨ -ite[1]〙 ── *n.* 〘鉱物〙ペントランド鉱, 硫鉄ニッケル鉱 ($(Fe, Ni)_9S_8$)《ニッケルの主要鉱石》.

pen·to·bar·bi·tal [pèntəbɑ́ːəbətɔ̀ːl, | -tə(ʊ)bɑ́ːbɪtæ̀l] 〘← PENTA-+-O-+BARBITAL〙 ── *n.* 〘薬学〙ペントバルビタール ($C_{11}H_{18}N_2O_3$)《短期間型の鎮静剤・鎮痙(ｹｲ)剤・麻酔[催眠]剤》.

pentobárbital sódium *n.* 〘薬学〙ペントバルビタールナトリウム ($C_{11}H_{17}N_2O_3Na$)《短期間型の鎮静剤・催眠剤・鎮痙(ｹｲ)剤》.

pen·to·bar·bi·tone [pèntəbɑ́ːəbətòun | -təbɑ́ːbɪtəun] 〘← PENTA-+-O-+BARBITONE〙 *n.* 《英》〘薬学〙＝pentobarbital.

pen·tode [péntoud | -təud] 〘← PENTA-+-ODE[2]〙 *n.* 〘電子工学〙五極真空管, 五極管 (cf. tetrode).

pen·tom·ic [pentɑ́mɪk | -tɔ́m-] 〘← PENTA-+(AT)OMIC〙 ── *adj.* 〘軍事〙 1 〈陸軍の師団が〉5 個戦闘団の[からなる]. 2 ペントミック編成の《従来の師団編成を核装備の 5 個戦闘団に改編したものにいう》: a ~ division ペントミック師団.

Pen·ton·ville [péntənvɪl | -tən-] *n.* London 北部 Islington 区の地域; ここに男囚の独房組織で有名な Pentonville Prison (1842 年建設)がある.

pen·to·san [péntəsæ̀n | -tə-] 〘← PENTOSE+-AN[2]〙 *n.* 〘化学〙ペントサン《植物・腐土などにある多糖類で加水分解により pentose を生じる》.

pen·to·sane [péntəsèɪn | -tə-] *n.* 〘化学〙＝pentosan.

pen·tose [péntous, -touz | -təus] 〘← PENTA-+-OSE[2]〙 *n.* 〘化学〙ペントース, 五炭糖.

péntose nucléic ácid *n.* 〘生化学〙ペントース核酸; (特に)リボ核酸 (ribonucleic acid).

pen·to·side [péntəsàɪd | -tə-] 〘← PENTOSE+-IDE[2]〙 *n.* 〘化学〙ペントシド《ペントースとプリンまたはピリミジン塩基がグリコシド結合したもの》.

Pén·to·thal Sódium [péntəθɔ̀(ː)l- | -təθɔ̀l-] 〘《商標》← PENTA-+-O-+*th*(*iobarbiturate*) (⇨ thio-, barbiturate)+-AL[3] (cf. barbital)〙 ── *n.* 〘商標〙ペントタールナトリウム《麻酔・催眠剤 thiopental の商品名; しばしば単に Pentothal ともいう; cf. sodium pentothal》.

pent·ox·ide [pentɑ́ksaɪd, -sɪd, -səd | -tɔ́ksaɪd] 〘← PENTA-+OXIDE〙 *n.* 〘化学〙五酸化物. 「ともある」.

pén tràу *n.* ペン皿《インクスタンドの一部をなすこ

pént ròof 〘*pent*: 《略》← PENTHOUSE〙 *n.* 〘建築〙片流れ屋根, 差し掛け屋根《一方にだけ勾配がある; shed roof ともいう》.

pent·ste·mon [pentstíːmən, péntstəmən | pentstémən, -stíːm-, péntstɪmən] 〘← NL ~ ← PENTA-+Gk *stḗmōn* thread〙 ── *n.* 〘植物〙ペンステモン《ゴマノハグサ科イワブクロ属 (*Pentstemon*) の植物の総称; 袋状の花の中に 5 本の雄蕊と 1 本の雌蕊がある; 特に, その中の園芸種をさす; イワブクロ (*P. frutescens*) など》.

pént-úp *adj.* 閉じ込められた, はけ口のない, 鬱積した (confined); 押えつけられた: ~ desire 欲求不満 / ~ excitement 抑えていた興奮 / ~ fury うっぷん.

pen·tyl [péntɪl, -təl, -tl̩ | -tɪl] 〘← PENTA-+-YL〙 *n.* 〘化学〙ペンチル ($CH_3(CH_2)_3CH_2$)《アルキル基の一つ》.

pen·tyl·ene·tet·ra·zol [pèntəliːnétrəzɔ̀(ː)l, -tl̩-, -zòul | -tɪliːnétrəzɔ̀l] 〘← PENT(A)-+(METH)YLENE+TETRA-+AZO-+-OL[2]〙 ── *n.* 〘薬学〙ペンチレンテトラゾール ($C_6H_{10}N_4$)《強心剤, 呼吸および血管運動中枢興奮剤, バルビツール酸系睡眠剤の解毒剤, また精神病の痙攣(ｹｲﾚﾝ)療法や中毒・仮死の状態の治療に使う薬品名》. 「panocha.

pe·nu·che [pənúːtʃi | -tʃɪ] *n.* (*also* **pe·nu·chi** [~]) ＝

pe·nuch·le [píːnʌkl̩] *n.* 〘トランプ〙＝pinochle.

pe·nuck·le [píːnʌkl̩] *n.* 〘トランプ〙＝pinochle.

pe·nult [píːnʌlt, pɪnʌ́lt | penʌ́lt, pɪ-, pə-] 〘(1539)《略》← L *paenultima* (↓)〙 ── *n.* 1 終わりから 2 番目のもの. 2 〘音声・詩学〙末尾第二音節《語末から 2 番目の音節; 例: conduct の con-; cf. ultima》. ── *adj.* ＝penultimate.

pe·nul·ti·ma [pɪnʌ́ltəmə, pə- | penʌ́ltɪ-, pɪ-, pə-] 〘(1589) ▭ L *paenultima* (*syllaba*) penultimate (syllable) (fem.) ← *paenultimus* ← PENE-+*ultimus* last〙 ── *n.* 〘音声・詩学〙＝penult.

pe·nul·ti·mate [pɪnʌ́ltəmət, pə-, -mɪt | penʌ́ltɪ-, pɪ-, pə-] 〘(1677) ▭ *paenultimus* (↑): ⇨ ULTIMATE〙 ── *adj.* 1 終わりから 2 番目の: the ~ chapter of the book. 2 〘音声・詩学〙末尾第二音節の《語末から 2 番目の音節の; cf. antepenultimate》. ── *n.* ＝penult. **~·ly** *adv.*

pe·num·bra [pɪnʌ́mbrə, pə- | pɪ-, pe- pə-] 〘← NL ~ ← PENE-+L *umbra* shade, shadow〙 ── *n.* (*pl.* **pe·num·brae** [-briː, -braɪ | -briː], ~**s**) 1 〘天文〙 a 半影《日食, 月食などで部分的に影に入る領域; cf. umbra 4 a》. b (太陽黒点周辺の)半影部, 半影 (cf. umbra 4 b). 2 〘絵画〙濃淡相交わる部分, 明暗濃淡の境. 3 (意味などの)周辺部, 境界領域; (疑念や不安の)陰影, 暗影. **pe·núm·bral** [-brəl] *adj.* **pe·núm·brous** [-brəs] *adj.*

pe·nu·ri·ous [pɪn(j)ú(ə)riəs, pə- | pɪnjúəri-, pe-, pə-] 〘▭ ML *pēnūriōs-us*: ⇨ ↓, -ous〙 ── *adj.* 1 貧乏な, 窮乏した; 〔…に〕欠乏した (lacking) 〔*of*〕. 2 《まれ》貧弱な, 僅少な. 3 吝嗇(ﾘﾝｼｮｸ)な, けちな. **~·ly** *adv.* **~·ness** *n.*

pen·u·ry [pénjəri | -ju(ə)rɪ] 〘(1432–50) ▭ L *pēnūria* want, scarcity: ⇨ -y[1]: cf. L *paene* almost / Gk *peniā* poverty, need〙 ── *n.* 1 貧乏, 貧困, 貧窮: reduced to ~ ひどく困って, 窮迫して. 2 欠乏 (dearth), 不足.

Pe·nu·ti·an [pənúːtiən | -tɪən, -tjən] 〘← N-Am.-Ind. (Wintun) *pen* two+(Miwok) *uti* two+-AN[1]〙 ── *n.* ペヌーテ大語族《アメリカインディアンの語族の一つ; Yakima, Nez Percé, Klamath, Tsimshian など》.

pén·wìpe *n.* ペンふき.

pén·wòman 〘(1748) ← PEN[1]+WOMAN: cf. penman〙 *n.* 女流作家.

Pen·za [pénzə; *Russ.* pjénzə] *n.* ペンザ《ソ連邦ロシヤ共和国中部, ゴーリキー南方の工業都市; 人口 443,000》.

Pen·zance [penzǽns, pən-, (現地では) pənzɑ́ːns] 〘ME *Pensans*《原義》holy promontory ← Corn. *pen* cape, head+*sans, sant* holy〙 ── *n.* イングランド南西部 Cornwall 州の海港; 保養地; 人口 20,000.

pe·on[1] [píːɑn, píːən, peɪóun | -ən] 〘(1826) ▭ Port. *peão* ‖ Sp. *peón* < ML *pedōnem* foot soldier ← L *pēs* 'FOOT': cf. pawn[1]〙 ── *n.* 1 (*pl.* ~**s**, **pe·o·nes** [piːóuneɪs | -óu-]) (中南米諸国で)日雇い労務者; 不熟練労働者. 2 (*pl.* ~**s**) (メキシコや米国南西部で)借金返しに奴隷的に働かされる人, 債務労働者.

pe·on[2] [píːɑn, píːən | pjuːn, píːən] 〘(1609) ▭ Port. *peão* ‖ F *pion* foot soldier, pedestrian, day laborer (↑)〙 *n.* 《インド》 1 歩兵 (foot soldier); 土民兵 (native soldier). 2 従者, 従僕, 小使. 3 闘牛士の助手.

pe·on·age [píːənɪdʒ] 〘← PEON[1]+-AGE〙 ── *n.* 1 (メキシコや米国南西部で)借金の返済に奴隷[強制]的に働かせること, 借金返しの半奴隷制度. 2 《米南東部》(囚人の)奴隷的服役.

peones *n.* peon[1] の複数形.

pe·on·ism [píːənɪzm] *n.* ＝peonage.

pe·o·ny [píːəni | píːənɪ, píːə-] 〘OE *peonie* ▭ L *paeōnia* ▭ Gk *paiōnía* ← *Paiṓn* (神々の医者): ME で OF *peone, pioine* (F *pivoine*) の影響をうけた: この植物が薬用とされたことから〙 ── *n.* 〘植物〙 a シャクヤク (*Paeonia albiflora*). b ボタンの類《キンポウゲ科シャクヤク属の植物の総称; ボタン (Japanese tree peony) など》: blush like a ~ 顔を真赤にする.

Pe·o·ny [píːəni | píːənɪ] 〘↑〙 *n.* 女性名.

peo·ple [píːpl̩] 〘*n.*: (*c*1275) *peple* ▭ AF *poeple* = OF *pople* (F *peuple*) < L *populum* people ←? Etruscan. ── *v.*: (*c*1489) ▭ (O)F *peupl-er* ← *peuple* (n.)〙 ── *n.* 1 [複数扱い] a [通例修飾語句を伴って] 人々: I met lots of [all sorts of] ~ on the travel. 旅行中大勢の[いろんな種類の]人々に会った / I see very few ~ here. ここで滅多に人に会うことがない / Many ~ think so. そう考えている人が多い. ★ people は不特定の人々を集合的にさすが, persons は個々の人に重きを置き比較的少数の人をさすのに用い, people よりも形式ばっている: There were thirteen *persons* in the hall. 広間には 13 人の人がいた. b [単独に用いて](漠然と)世間の人々: as ~ go 世間並から言えば / Never mind what ~ say. 世間の口は気にするな. c (動物と区別して)人間: I saw some dogs but no ~. 数匹の犬が見えたが人影は見えなかった. 2 [複数扱い; 修飾語句または the を伴って](特定の土地・階級・団体・職業・民族などに属する)人々: village ~ 村民 / country ~ 田舎の人たち / literary ~ 文人連 / theater ~ 演劇人 / academic ~ 学究たち / *the* ~ here この土地の人々 / *the* best ~ 《口語》上流社会の人々 / *the* English ~ ＝*the* ~ of England 英国民. 3 [複数扱い; one's ~ として] (君主などに対して)臣民 (subjects); 家来, 従者, 部下 (followers); 労働者; (牧師の下にある)教(会)区民 (parishioners): the king [clergyman] and *his* ~ 国王と臣民[牧師と教区民] / The foreman spoke for *his* ~. 職工長は職工たちの代弁をした. 4 [複数扱い; one's ~ として] a 家族 (family), 親族 (relations); 祖先 (forefathers): *My* ~ have lived here for generations. 私のうちは代々ここに住んでいる. b 《口語》近親の人, 両親 (parents). 5 [複数扱い] a [the ~] 平民, 庶民; 下層階級: a man of *the* ~ 庶民, 下層の人 / *the* ~ and the nobility 庶民と貴族. b [通例 P-; 所有格で用いて]プロレタリア, 人民; (特に)社会[共産]主義者: the Bulgarian *People's* Republic ブルガリア人民共和国 / ⇨ people's front. 6 (文化的・社会的にみた人々の一集団としての)国民, 民族, 種族 (cf. nation[1], race[2], tribe): a warlike ~ 好戦国民[民族] / the English-speaking ~*s* 英語(を話す)国民 / The Japanese are a hardworking ~. 日本人は勤勉な国民である / Some European nations are populated by several distinct ~*s*. ヨーロッパの諸国家にはそれぞれ異なった数か国民が居住しているものもある. 7 [the ~; 通例複数扱い](選挙権をもつ)人民, 選挙民(全体) (electorate): Parliament is elected by *the* ~. 議会は人民によって選出される / government of *the* ~, by *the* ~, for *the* ~ 人民の, 人民による, 人民のための政治《Lincoln の *Gettysburg Address* 中の名句》. 8 [通例複数扱い] (通例特定の環境にすむ)動物, 生きもの: the bee ~ 蜜蜂(の一族) / the little ~ 小妖精(ども). 9 《米》〘法律〙(刑事裁判での)検察[検事]側, 訴追側: *People* v. John Smith (検察側対)ジョンスミス事件 (cf. versus 1) / *People's* Exhibit G 検察側証拠物件第 7 号.

go to the people 〘← (n.) 7〙〈政党の首領が〉国民投票に訴える, (総)選挙施行の手続きを取る.

── *vt.* 1 …に人を住まわせる, 植民する (populate); …に〔生物などを〕すまわせる, 入れる, 満たす (stock) 〔*with*〕: memoirs ~*d with* imaginary creatures 想像的生物がふんだんに出てくる回想録. 2 [特に p.p. 形で] …に住む (inhabit), 占める (occupy): a thickly-[sparsely-]*peopled* country 人口密度の濃い[薄い]国 / The land was being ~*d* by crowds of settlers. その国には大勢の開拓民が入り込んで来ていた.

péople·hòod *n.* 1 国民[民族]であること. 2 国民[民族]意識.

péople·less [-pl̩(l)-] *adj.* 人のいない.

péople mòver *n.* 人間輸送機関《二つの場所の間をすばやく人間を輸送する市電より小型の機関の総称》.

péo·pler [-pl̩ə, -plə | -plə(r, -pl-] 〘⇨ people (v.), -er[1]〙 *n.* 移民, 開拓者 (colonizer); 住民 (inhabitant).

Péople's Chárter *n.* [the ~] 〘英史〙人民憲章 (⇨ Chartism).

Péople's Cómmissar *n.* (ソ連の)人民委員 (⇨ commissar).

péople's cómmune *n.* (中国の)人民公社.

péople's frónt *n.* 人民戦線 (⇨ popular front).

péople snìffer *n.* 嗅覚性人間探知機《隠れている人間の匂いをかぎ当ててその存在を探知する電子装置; cf. olfactronics》.

péople's párk *n.* 《米》(使用について当局から規制を受けずに自由に使用できる)庶民の公園.

Péople's Párty *n.* [the ~] 〘米史〙人民党《1891 年農民・労働団体により結成された政党で, 通貨増発・鉄道電信などの公有・土地所有の制限などを主張した; 1908 年以降消滅; 通称を Populist Party といい, その党員を Populist と呼んだ》.

Pe·o·ri·a [piɔ́ːriə, -óːr- | pɪɔ́ːrɪə] 〘▭ F *Peouarea* (部族名) ▭ N-Am.-Ind. (Algonquian) *piwarea*《原義》he comes carrying a pack on his back〙 ── *n.* 米国 Illinois 州中央部の都市; 人口 126,000.

pep [pép] 〘(1912)《略》← PEPPER〙 《口語》 ── *n.* 気力, 元気, 精力 (cf. pepper 4): full of ~ 元気一杯の, 闘志満々の. ── *v.* (**pepped**; **pep·ping**) ── *vt.* 元気づける, 〈人〉の気をひきたてる (invigorate) 〈*up*〉:

He ～ped himself (up). 自分の気をひきたてた. ― vi. [～ up として]《口語》元気づく.
P.E.P. 《略》《英》Political and Economic Planning.
pep·er·i·no [pèpəríːnou | -nəu] 〘□It. ～ ← pepere < L piper 'PEPPER'〙 ― n. (pl. ～s) 〘岩石〙ペペリノ《Rome 付近で採掘される一種の凝灰岩 (tuff); Rome では重要な建築材料》. **pep·er·ine** [pépərɪn, -rən, -ràɪn | -ràɪn, -rɪn] adj.
pep·er·o·ni [pèpəróuni | -rə́uni] n. =pepperoni.
Pép·in the Shórt [pépɪn-, -pən- | -pɪn-] n. (小)ピピン《714?–68; Charles Martel の子で Charlemagne の父, Frank 国王 (751–68), Carolingian の祖; フランス語名 Pépin le Bref [pepɛ̃ləbrɛf], ドイツ語名 Pippin der Kleine [pɪpíːn deːɐ kláɪnə]》.
Pe·pi·ta [pəpíːtə | pepíːt-, pə-] 〘□Sp. ～ (fem.) ← Pepe (=Joseph): cf. Josephine〙 n. 女性名.
pepla n. peplum の複数形.
pep·los [pépləs, -lɑs | -ləs, -lɔs] 〘□L peplus // Gk péplos upper garment〙 ― n. ペプロス《古代ギリシャ婦人の外衣; からだの回りにひだをよせ肩のところでとめた長方形の布でできている》.
pep·lum [pépləm] 〘□L ～ ← peplus □ Gk péplos (↑)〙 ― n. (pl. ～s, pep·la [-lə]) **1** ペプラム《ブラウスやジャケットのウエストから切り替えた短いスカートのような部分; 通例フレア, プリーツまたはラッフルのデザイン》. **2** 《廃》= peplos. **～ed** adj.

peplos

pep·lus [pépləs] n. =peplos.
pe·po [píːpou | -pəu] 〘□L pepō melon, pumpkin □ Gk pépōn a kind of gourd or melon (eaten when ripe), 《原義》ripe〙 ― n. (pl. ～s) 〘植物〙ウリ状果《ウリ科植物の果実; ヒョウタン・トウナス・メロン・キュウリ など; cf. fruit 1 a》.
pep·per [pépə | -pə(r)] 〘OE piper < (WGmc) (Du. peper / G Pfeffer) □ L piper □ Gk péperi pepper □ ? Skt pippal- peppercorn 《擬音語》〙 ― n. **1 a** 〘植物〙コショウ (Piper nigrum) 《コショウ科の常緑多年生つる植物; black pepper ともいう》. **b** こしょう《その種子を原料とする香辛料; 黒こしょう (black pepper), 白こしょう (white pepper) など》: ～ and salt (一対になっている)こしょう入れと食塩入れ. **2** 〘植物〙コショウに類した実をつける他科の植物の総称《サンショウ (Japanese pepper), ミツバハマゴウ (wild pepper) など》. **3** 〘植物〙トウガラシ属 (Capsicum) の各種の植物の総称《トウガラシ (C. frutescens) など; cf. sweet pepper》. **4** 辛辣さ (pungency), 痛烈な批評, 酷評 (cf. pep). **5** 《口語》短気 (hot temper). **6** 〘← PEP (v.)+-ER[1]〙〘野球〙ペッパー《軽いトスバッティングの一種; 近めからの投球を打者が, バントなども含めて軽く打ち, 野手にさばかせ, 次々にまた投球に回させる試合前の練習[ウォームアップ]; pepper game ともいう》.

peplum

― vt. **1** …にこしょうをふりかける; こしょうで味つけする. **2** (こしょうのように)…にふりかける; 散らばらせる〔with〕: ～ed with freckles そばかすだらけの. **3** 《口語》〔石・矢・弾丸・質問などを〕…に乱発する, 連打する, 浴びせかける〔with〕: The speaker was ～ed with awkward questions. 演説者は厄介な質問を浴びせかけられた. **4** 《まれ》あざける, ののしる; 攻撃する; ひどくこらしめる, こっぴどくやっつける: ～ a person well 人をうんと打ちすえる.
～·er [-pərə | -rə(r)] n.
pépper-and-sált n., adj. 〈服地が〉霜降り(の); 〈頭髪が〉ごま塩の.
pépper·bòx n. **1** (振りかけ用)こしょう入れ[びん] 《pepper caster, pepper shaker ともいう》. **2** 《英》円筒状の小塔[やぐら]. **3** ペパーボックス《18 世紀後半に用いられたピストル; 5 または 6 個の回転式銃身をもっていた》. **4** 《口語》短気者 (hot-tempered person).
pépper·bùsh n. 〘植物〙=sweet pepperbush.
pépper càster n. =pepper box 1.
pépper·còrn 〘OE piporcorn: ⇨ pepper, corn[1]〙 ― n. **1** 干したコショウの実. **2** ちっぽけな物, つまらない物 (trifle). **3** =peppercorn rent. ― adj. 〈頭髪が〉螺旋(らせん)状に濃い茂みをなして生えた.
péppercorn rént n. **1** (中世に)地代の代わりに領主に納めた干したコショウの実. **2** 名義だけの地代[家賃].
pép·pered móth n. 〘昆虫〙オオシモフリエダシャク (Biston betularia)《シャクガ科の昆虫; 黒の斑点のある白い翅をもつ; 英国では工業暗化現象を起こすので有名》.
Pépper Fòg n. 〘商標〙ペパーフォッグ《pepper gas の商品名》.
pépper gàme n. 〘野球〙=pepper 6.
pépper gàs n. (のど・鼻などを刺激する)暴動鎮圧用ガス.
pépper·gràss 〘(c1475): そのぴりっとした味から〙 ― n. 〘植物〙アブラナ科マメグンバイナズナ属 (Lepidium) の植物の総称; (特に)コショウソウ (garden cress) 《サラダ用野菜》.
pep·per·idge [pép(ə)rɪdʒ] 〘← ?〙 n. 〘植物〙**1** 《米》ニッサ (tupelo). **2** 《英方言》ヒロハヘビノボラズ (common barberry).
pép·per·i·ness 〘← PEPPERY + -NESS〙 n. **1 a** (こしょうのように)辛いこと. **b** 辛辣. **2** 短気, 怒りっぽさ. **3** こしょうの多いこと.
pépper mìll n. こしょう碾(ひ)き, ペパーミル.
pep·per·mint [pépəmìnt, -mənt | -pə-] 〘← PEPPER + MINT[1]〙 ― n. **1** 〘植物〙セイヨウハッカ (Mentha piperita) 《地中海地方原産のシソ科ハッカ属の芳香をもつ多年草》. **2 a** はっか油 (peppermint oil). **b** = peppermint spirit. **c** はっかドロップ; はっか錠剤. **3** 《豪》〘植物〙**a** =peppermint gum. **b** =willow myrtle. **pep·per·min·ty** [pépəmìnti | -pəmìntɪ] adj.
péppermint cámphor n. 〘化学〙はっか脳 (⇨ menthol).
péppermint geránium n. 〘植物〙ゼラニウムの一種 (Pelargonium tomentosum)《アフリカ南部産フウロソウ科のビロード状の葉と白い花をつける低木》.
péppermint gùm n. 〘植物〙ユーカリ属の数種の植物の総称《葉に芳香がある Eucalyptus amygdalina, E. microcorys, E. piperita など》.
péppermint òil n. 〘化学〙はっか油.
péppermint spìrit n. はっか精, ペパーミント《はっか油をアルコールに溶かした液で, グリーンとホワイトがある》.
pep·per·o·ni [pèpəróuni | -rə́unɪ] 〘□It. peperoni (pl.) ← peperone pepper plant (aug.) ← pepe 'PEPPER'〙 ― n. ペパローニ《牛肉と豚肉を用い, 香辛料をきかせたドライソーセージの一種》.
pépper pòt n. **1** =pepperbox. **2 a** チリとうがらしやカイエンヌペパー (cayenne pepper) で調味した西インド諸島のシチュー《牛肉または魚肉と野菜がはいっている》. **b** (牛や羊など反芻(すう)動物の胃 (tripe) と野菜などを用い粒こしょうで調味した)辛いスープの一種《Philadelphia pepper pot ともいう》. **3** 《俗》怒りっぽい人, 短気者. **4** 《口語》ジャマイカ人.
pépper·ròot n. 〘植物〙=toothwort 2.
pépper shàker n. (金属製の)こしょう入れ (pepperbox) 《振りかけ用容器》.
pépper·shrike 〘← PEPPER + SHRIKE〙 n. 〘鳥類〙カラシモズ《アメリカ産モズモドキ科の鳥で, Cyclarhis gujanensis, C. nigrirostris の 2 種がある》.
pépper shrùb n. 〘植物〙New Zealand 産シキミモドキ科の植物 (Drimys aromatica)《樹皮と葉は薬用》.
pépper spòt n. 〘植物病理〙クローバーの斑点病《子嚢菌類の Pseudoplea trifolii 菌によるクローバーやムラサキウマゴヤシ (alfalfa) の病気; 葉に黒い斑点ができ落葉する》.
pépper·trèe n. 〘植物〙**1** コショウボク (Schinus molle) 《中南米産のウルシ科の高木; 乾燥地によく育ち, 砂防用に栽培, 赤い実は辛い; mastic tree, lentisc ともいう》. **2** =pepper shrub.
pépper·wòrt n. 〘植物〙**1** コショウソウ (peppergrass). **2** シダ植物《デンジソウ科の水生シダ; 水田などに生える》.
pep·per·y [pép(ə)ri | -pəri] 〘← PEPPER + -Y[4]〙 ― adj. **1** こしょうの, こしょうのような; 辛い, ぴりっとする. **2** 〈言葉など〉辛辣な, 人を刺すような; 熱烈な (hot). **3** 〈人が〉短気な, 怒りっぽい, いらいらする. **4** こしょうの豊富な. **pép·per·i·ly** [-pərəli | -rəlɪ, -rɪ-] adv.
pép pill 〘⇨ pep〙 n. 《俗》(丸薬・錠剤になっている)覚醒剤, 刺激[興奮]剤 (cf. amphetamine).
pep·py [pépi | -pɪ] 〘← PEP + -Y[4]〙 adj. (**pep·pi·er**; **-pi·est**) 《米口語》元気一杯の, 張り切っている. **pép·pi·ness** n.
pép rally n. (競技会を前に学生が催すような)気勢をあげるための集会, 激励[決起]集会, 壮行会.
-pep·sia [pépʃə, -siə | -siə, -sjə] 〘□L ～ ← Gk pépsis digestion ← péptein to ripen, cook〙「消化 (digestion)」の意の名詞連結形: brady*pepsia*.
pep·sin [pépsɪn, -sən | -sɪn] 〘(1844) □G Pepsin ← Gk pépsis (↑): ⇨ -in[1]: cf. peptic〙 n. 〘生化学〙ペプシン, 胃液素《胃液中にある蛋白質消化酵素》; ペプシン剤.
pep·sin·ate [pépsənèɪt | -sɪ-] 〘⇨ ↑, -ate[3]〙 vt. ペプシンで処理する, …にペプシンを調合する[混ぜる].
pep·sin·o·gen [pepsínədʒɪn, -dʒən, -dʒèn] 〘← PEPSIN + -O- + -GEN〙 n. 〘生化学〙ペプシノゲン《ペプシンのもととなる酵素原質》.
pép·tàlk 《口語》vi. 激励演説をする. ― vt. 激励演説で励ます.
pép tàlk n. 《口語》激励演説: give a ～ to …に激励演説をする.
pep·tic [péptɪk] 〘(1651) □L peptic-us □ Gk peptikós able to digest ← peptós cooked: cf. -pepsia, peptize〙 ― adj. **1** 消化の, 消化を助ける (digestive). **2** 消化力のある. **3** 〘生化学〙ペプシン[胃液素] (pepsin) の. ― n. **1** 消化剤, 健胃剤 (digestive). **2** [pl.] 《戯言》消化器官 (digestive organs).
péptic úlcer n. 〘病理〙(胃・十二指腸の)消化性潰瘍(かいよう).
pep·ti·dase [péptədèɪs, -dèɪz | -tɪ-] 〘⇨ ↓, -ase〙 n. 〘生化学〙ペプチダーゼ《蛋白質分解酵素のうちでペプチッド結合を加水分解する酵素; protease ともいう》.
pep·tide [péptaɪd, -tɪd, -təd | -taɪd, -tɪd] 〘← PEPT(ONE) + -IDE[2]〙 n. 〘生化学〙ペプチッド《二または二以上のアミノ酸が結合した化合物; cf. polypeptide》.
pep·tid·ic [peptídɪk] adj. **pep·tíd·i·cal·ly** adv.
péptide bònd [lìnkage] n. 〘生化学〙ペプチッド結合《アミノ酸同士がアミノ基と炭酸基とで -NH-CO- 結合していること》.
pep·ti·do·gly·can [pèptədo(u)gláɪkæn | -tɪdə(u)-] 〘← PEPTIDE + -O- + glycan〙 ― n. 〘生化学〙ペプチッド配糖体《ペプチッド (peptide) に多糖類が結合したもの; 細菌壁物質のひとつ》.
pep·ti·do·lyt·ic [pèptədo(u)lítɪk | -tɪdə(u)lít-] 〘← PEPTIDE + -O- + -LYTIC〙 adj. 〘生化学〙ペプチッド分解の.
pep·tize [péptaɪz] 〘← Gk péptein to digest, cook + -IZE〙 ― vt. 〘化学〙コロイド状溶液にする, 解膠(こう)する. **pep·ti·za·tion** [pèptɪzéɪʃən, -tə- | -taɪ-, -tɪ-] n. **pép·tiz·er** n.
pep·to·lyt·ic [pèptəlítɪk | -tɪk] 〘⇨ ↓, -lytic〙 adj. 〘生化学〙ペプトン分解の.
pep·tone [péptoun | -təun] 〘(1860) □G Pepton □ Gk peptón (neut.) ← peptós cooked, digested: cf. peptic〙 ― n. 〘生化学〙ペプトン《蛋白質がペプシンによって加水分解したもの》. **pep·ton·ic** [peptánɪk | -tɔ́n-] adj.
pep·to·nize [péptənàɪz] 〘⇨ ↑, -ize〙 ― vt. 〘生化学〙**1** ペプトン化する. **2** ペプシンなどで加水分解する. **3** 〈食物を〉ペプシンなどを混ぜて消化しやすいものにする. **pep·to·ni·za·tion** [pèptənɪzéɪʃən, -nə- | -naɪ-, -nɪ-] n.
Pepys [piːps, péps, pépɪs, -pəs | piːps], **Samuel** n. (1633–1703) 英国の海軍官吏・日記作家《文民官吏として英海軍の近代化に大きな足跡を残す一方, 風俗や日常生活を克明に記した Diary で有名; それは 1660 年 1 月 1 日から 1669 年 5 月 31 日までの記録で, 速記符号のような暗号で書かれている》. **Pépys·i·an** [-siən | -sɪ-] adj.
Pe·quot [píːkwɑt | -kwɔt] 〘(略) ← N-Am.-Ind. (Algonquian) Paquatanog 《原義》destroyers〙 ― n. (pl. ～s, ～) (also **Pe·quod** [-kwɑd | -kwɔd]) **1 a** [the ～(s)] ピクォート族《17 世紀初頭米国 New England 南部に住んでいた好戦的な Algonquian 族インディアン》. **b** ピクォート族の人. **2** ピクォート語《ピクォート族の用いたアルゴンキアン語》.
per [pə; pə̀ː, pə́ː | pə(r; pə̀ː(r, pə́ː(r] 〘□L ～ 'through, by': ⇨ for〙 ― prep. **1** …で, …によって: ～ post [rail, steamer] 郵便[鉄道, 汽船]で / ～ bearer 人に持参させて. **2** …につき (for), …ごとに (for each): ～ second 毎秒 / ～ hour 毎時 / ～ second ～ second 毎秒毎秒 / a dollar ～ man 一人につき 1 ドル / The allowance was three pounds ～ day. 手当は一日 3 ポンドだった. ★ 主に商業英語で用い, 日常英語では a が好まれる. **3** …の通りに (according to): ～ list price 定価表通りに / ～ instructions 指示通りに. **4** 〘紋章〙…に分けて《紋章の分割図形を表現する用語》: ⇨ per FESS[1].
as per …により (according to): *as* ～ enclosed account 同封の計算書により / The work was done *as* ～ his instructions. 仕事は彼の指示通りに行なわれた / ⇨ *as per* USUAL.
― adv. 《米俗》一つ[一人](につき) (apiece): These skirts are five-fifty ～. これらのスカートは一着 5 ドル 50 セントです.
as per 《米俗》いつもの通り: She was by herself, *as* ～, reading. 一人ぼっちで例によって読書していた.
PER 《略》〘証券〙price-earnings ratio.
per. 《略》period; person.
Per. 《略》Persia; Persian.
per- 〘□(O)F ～ // □L ～ ← per (prep.) through, by: cf. per〙 ― pref. ラテン語または同系の語に付いて次の意味を表わす. **1** [pə, pəː | pə(r, pəː(r] 「…を通して, …じゅうに」: *per*colate, *per*vade. **2** [pə, pəː | pə(r, pəː(r] 「完全に, 非常に」: *per*fect, *per*fervid, *per*vert. **3** [pəː, per | pəː(r, per] 「除去, 破壊」: *per*fidy, *per*ish. **4** [pəː, pɛə, pə | pəː(r] 〘化学〙「過…」「ペル…」(「完全に」または「非常に」を意味する, 例えば元素または基が最高または比較的高い酸化数をもつことを示す): *per*boric acid 過硼酸 / *per*carbonic acid 過炭酸 / *per*oxide 過酸化物.
Per·a [pérə | píərə] n. ペラ《Beyoglu の旧名》.
Per·a·car·i·da [pèrəkǽrədə | -rɪdə] 〘← NL ～ ← Gk pḗra bag + -carida (← Gk karid-, karis shrimp)〙 n. pl. 〘動物〙フクロエビ上目.
pèr·ácid [pəː-, pɛ̀(ə)r- | pə̀ːr-] 〘← PER- 4 + ACID〙 n. 〘化学〙過酸《-O-O- 結合を含む酸のことで, ペルオキソ酸 (peroxo acid) の総称》.
pèr·acídity [pəː-, pɛ̀(ə)r- | pə̀ːr-] n. (胃などの)酸過多.
pèr·acúte [pəː-, pɛ̀(ə)r- | pə̀ːr-] 〘□L peracūt-us: ⇨ per-, acute〙 adj. 〘病理〙〈病気が〉最急性の, 非常に激烈な, 超急性の.
per·ad·ven·ture [pə́ː(r)ədvèntʃə, pér-, ―――― | p(ə)rədvéntʃə(r, pə̀ːr-, pèr-] 〘adv.: (c1300) peraventure □OF per or par aventure by chance: ⇨ per, par[4], adventure: 今の形は L にならったもの. ― n.: (a1450) ← (adv.)〙《古・戯言》― adv. **1** 偶然に, 万一 (by chance) (cf. adventure n. 5.): if [lest] ～ もしかして…することがあると[ないように]. **2** ひょっとして, 多分, 恐らく (maybe). ― n. **1** 疑い, 疑問: The future life is a great ～. 来世は一大疑問である / beyond [without] (all [a]) ～ 確かな[に], 必ず, きっと. **2** 偶然; 不安, 不定 (uncertainty).
Pe·rae·a [pəríːə] 〘□L ～ □Gk Peraía 《原義》region beyond〙 n. ペレア《Jordan 川および死海の東方, 古

代 Palestine の一地方; 古代 Gilead とほぼ同地域》.

Pe·rak [pérə, pí(ə)rə, péræk | péərə, píərə, pərǽk, pɪ-, pe-] *n.* ペラク《マレーシア西部の州; 人口 1,563,000, 面積 20,798 km², 首都 Ipoh [íːpoʊ | -paʊ]》.

per·am·bu·late [pərǽmbjʊlèɪt] 〖《1568》← L *perambulāt-us* (p.p.) ← *perambulāre* ← PER- + *ambulāre* 'to walk, AMBULATE'〗 — *vt.* **1** 〈地方・街路などを〉歩く, 歩き回る, 歩いて通る: ～ a town [streets] 町[街路]を歩き回る. **2** 巡回する, 巡視する; 巡歴する; 〈国境などを〉踏査する: ～ an estate 地所を巡回[巡視]する. **3** 巡回して[教区などの]境界を正式に定める. **4** 〈赤ん坊を〉乳母車に乗せて行く. — *vi.* 歩き回る, ぶらぶら歩く; ぶらつく (stroll).

per·am·bu·la·tion [pəræ̀mbjʊléɪʃən] 〖《1472》□ AF ～ ∥ ML *perambulātiō(n-)* ← L *perambulāre* (↑)〗 — *n.* **1** 歩き回ること, ぶらつき, 漫遊, 徒歩旅行. **2** 巡回, 巡視, 巡歴, 踏査. **3** 巡回[踏査, 測量]区. **4** 踏査報告書.

per·ám·bu·là·tor [-tə | -tə(r] 〖《1611》□ ML *perambulātor*: ⇨ perambulate, -or²〗 — *n.* **1** [p(ə)rǽm-] 《英》乳母車 (《口語》 pram, 《米・カナダ》 baby buggy). **2** 《まれ》巡回[巡行, 巡視]者. **3** (測量技師が用いる) 車輪付距離測定器.

per·am·bu·la·to·ry [pərǽmbjʊlətɔ̀ːri, -tòːri | -t(ə)rɪ] 〖← PERAMBULAT(E) + -ORY¹〗 *adj.* 巡回[巡視, 踏査]の, 巡り歩く.

Per·a·mel·i·dae [pèrəmélədiː | -lɪ-] 〖← NL ～ ← *Perameles* (属名: ← Gk *pḗra* bag + L *mēlēs* marten) + -IDAE〗 *n. pl.* 〖動物〗(有袋目)バンディクート科 (cf. bandicoot).

per an. 《略》 per annum.

per ann. 《略》 per annum.

per an·num [pərǽnəm, pəː(r)ǽn- | pə(ː)(r)ǽn-] 〖□ L ～ 'by the year'〗 *adv.* 一年につき, 一年ごとに, 年…(cf. per diem, per mensem).

pèr·bórate [pəː-, pɛə- | pəː-] 〖← PER- 4 + BORATE〗 *n.* 〖化学〗過ホウ酸塩[エステル].

pèr·bórax [pəː-, pɛə- | pəː-] 〖← PER- 4 + BORAX⁴〗 *n.* 〖化学〗過ホウ砂 (⇨ sodium perborate).

per·bóric ácid [pəː-, pɛə- | pəː-] *n.* 〖化学〗過ホウ酸, ペルオキソホウ酸 (HBO_3).

pèr·brómate [pəː-, pɛə- | pəː-] 〖← PER- 4 + BROMATE〗 *n.* 〖化学〗過臭素酸塩[エステル].

pèr·brómic ácid [pəː-, pɛə- | pəː-] 〖← PER- 4 + BROM(INE) + -IC¹〗 *n.* 〖化学〗過臭素酸 ($HBrO_4$)《最高の酸化の状態である＋7 価の臭素のオキソ酸》.

Per·bu·nan [pəːb(j)úːnən, pɛə- | pəː-] *n.* 〖商標〗ペルブナン《Farbenfabriken [fárbənfabrìːkən] Bayer A.G. 製のブタジエンとアクリロニトリルを共重合して造ったゴムの商品名》.

per·cale [pəːkéɪl, ⌐—, pəkǽl | pəːkéɪl, ⌐—] 〖□ F ～ □ Pers. *pargālah*〗 *n.* パーケル《目の細かい綿布; かなきん・ハンカチなど》.

per·ca·line [pəːkəlíːn | pəː-] 〖□ F ～ (dim.) ← *percale* (↑)〗 *n.* パーケリン《裏地用の一種の綿織物》.

per cap·i·ta [pə(ː)kǽpətə | pə(ː)kǽpɪtə] 〖□ L ～ 'by heads'〗 — *adv., adj.* 頭割りで[の], 一人当たり(の), 個人別に[の]: an annual ～ consumption of beer 年間 1 人当たりのビールの消費量.

per cap·ut [pə(ː)kǽpət | pə(ː)-] 〖□ L ～ 'by head' (↑)〗 *adv., adj.* ＝per capita.

pèr·cárbonate [pəː-, pɛə- | pəː-] 〖← PER- 4 + CARBONATE〗 *n.* 〖化学〗過炭酸塩[エステル].

per·ceiv·a·ble [pəsíːvəbl | pə-, pəː-] 〖《*c*1450》□ (O)F *percevable*〗 — *adj.* 感知[知覚]できる; 認知できる. **per·cèiv·a·bíl·i·ty** [-vəbíləṭi | -lətɪ, -lɪ-] *n.* **～·ness** *n.*

per·céiv·a·bly [-vəbli | -blɪ] *adv.* 感知できるほどに; はっきりと, わかりやすく.

per·ceive [pəsíːv | pə-] 〖《*a*1325》□ OF **perceiv-re* (F *percevoir*) < L *percipere* to seize, receive, understand ← PER- + *capere* to take〗 — *vt.* **1** 知覚する, 感知する; 気づく: I ～*d* him come [his coming]. 彼が来るのに気がついた. **2 a** 看取する, 識別する (discern). **b** 理解する, 了解する, 認識する; 〈意味・真相などを〉つかむ (grasp): I ～*d* him (to be) a kind man. ＝I ～*d* that he was a kind man. 彼はやさしい人であるとわかった. **per·céiv·er** *n.* **per·céiv·ed·ly** [-vɪdli, -vəd-, -vd- | -lɪ] *adv.*

per·céived nóise décibel *n.* 感覚騒音デシベル《騒音の質と大きさに基づいた測定単位; 略 PNdB, PNdb》.

per·cent [pəsént | pə-] 〖《1568》← *per cent.* 《略》← L *per centum* by the hundred: ⇨ per, cent〗 — *n.* (*pl.* ～, ～s) **1** パーセント, 百分《記号 %; 略 p.c., per. ct.》; 百分率 (percentage) (cf. cent 1): cent ～ ＝CENT *per cent* / an increase of 10 ～ 10 パーセントの増加. ★ 数詞と結合して形容詞句, 副詞句を作る: get 3 ～ interest ＝get interest at 3 ～ 3 分の利子を得る / I agree with you a hundred ～. 全面的に賛成だ, 全く同意見. **2** [*pl.*] 《英》(昔の)(分)利付公債: invest money in the three ～*s* 三分利公債に投資する. — *adv.* 百に対して, 百につき; 百分の一だけ, …パーセントだけ. **～·al** [-ṭl | -tl] *adj.*

per cent [pə-sént | pə-] *n., adv.* ＝percent.

per·cent·age [pəséntɪdʒ | pəsént-] 〖《1789》: ⇨ ↑, -age〗 — *n.* **1** 百分率, 百分比, パーセント: a ～ of 6 百分の六. **2** 割合, 歩合, 率: a high [good] ～ 高い[かなりの]確率 / Only a small ～ of books are worth reading. 書物の中で読む価値のあるものはきわめて小部分だ. **3** (百分率で表わした)手数料, 口銭, 割引額, 利率: a ～ contract 歩合請負. **4** 《口語》利益, 利得 (gain); 分け前. **5** [通例 *pl.*] **a** 〖スポーツ〗(実績による)確率. **b** (成功の)見込み, 勝率. — *attrib. adj.* 〖スポーツ〗 **1** 確率内でプレーする, 控え目な: ～ golf / a ～ player. **2** (所期の)成果をほぼ上げる: a ～ shot, shooter. **per·cént·aged** *adj.* 「と].

percéntage·wise *adv.* パーセントで言うと[示す

per·cen·tile [pəséntaɪl, -tl | pəséntaɪl] 〖← PERCENT + -ILE²: cf. bissextile〗 *n.* 〖統計〗百分位数《centile ともいう; cf. decile, quartile》.

per cen·tum [pə-séntəm | pə-séntəm, pəː-] *n.* 《まれ》＝percent (cf. per mill).

per·cept [pə́ːsept | pə́ː-] 〖□ L *percept-um* (neut. p.p.) ← *percipere* 'to PERCEIVE'〗 — *n.* 〖哲学〗(知覚作用に対して)知覚されたもの; 知覚の対象; 知覚によって作られる表象.

per·cep·ti·bil·i·ty [pəsèptəbíləṭi | pəsèptəbílətɪ, -tɪ-, -lɪ-] *n.* **1** 知覚[感知, 認知]できること[状態, 性質]. **2** 《まれ》知覚(力) (perception); 理解力.

per·cep·ti·ble [pəséptəbl | pəsépta-, -tɪ-] 〖《1551-70》□ LL *perceptibil-is*: ⇨ percept, -ible〗 — *adj.* **1** 認知[感知]される, 知覚可能な. **2** 気づかれる; それと気付くほどの, 目立った, かなりの (appreciable): a ～ change / quite a ～ time かなり長い時間. **per·cép·ti·bly** *adv.* **～·ness** *n.*

per·cep·tion [pəsépʃən | pə-] 〖《1483》□ (O)F ～ ∥ L *perceptiō(n-)* a taking, apprehension: ⇨ percept, -tion〗 — *n.* 《文語》 **1** (五感・知性による)知覚(作用), 知覚力: a man of the keenest ～ 知覚の鋭い人《目がよく見え耳がよく聞える》. **2 a** (音声・色彩などの)認知, 認識 (cognition); 識別 (discernment). **b** (真実・美などに対する)直観, 直覚: a keen aesthetic ～ 鋭い美的鑑識力. **3** (知覚作用に対して)知覚されるもの, 知覚対象 (percept). **4** 〖哲学〗知覚. **5** 〖法律〗(賃借料・収穫物などの)取立高. **～·al** [-ʃənḷ, -ʃnəl] *adj.*

percéption dèafness *n.* 〖病理〗感音(性)難聴, 知覚性難聴.

per·cep·tive [pəséptɪv | pə-] 〖《1656》□ ML *perceptīv-us*: ⇨ perception, -ive〗 — *adj.* **1** 知覚の[に関する]; 知覚力のある. **2** 知覚の鋭い, 明敏な. **～·ly** *adv.* **～·ness** *n.*

per·cep·tiv·i·ty [pəsèptívəṭi, pəːsep- | pəːseptívətɪ, pəsép-, -vɪ-] *n.* 知覚[感知](できること), 知覚; 知覚力の鋭いこと, 明敏さ.

per·cep·tu·al [pəséptʃuəl, -tʃʊl | pəséptjuəl, -tjʊl, -tʃuəl, -tʃʊl] 〖← PERCEPT(ION) + (CONCEPT)UAL〗 *adj.* 知覚(力)の, 知覚のある. **～·ly** *adv.*

Per·ce·val [pə́ːsəvəl | pə́ːsɪ-] *n.* 〖アーサー王伝説〗ペルスヴァル《聖杯 (Holy Grail) 探求に出かけた Arthur 王宮廷の騎士; その運命はフランスの Chrétien de Troyes, ドイツの Wolfram von Eschenbach, R. Wagner が描いている》.

perch¹ [pə́ːtʃ | pə́ːtʃ] 〖n.: 《*c*1300》 *perche* □ (O)F < L *perticam* pole, measuring rod. — v.: 《*c*1380》□ (O)F *perch-er* ← *perche* (n.)〗 — *n.* **1** (鳥の)とまり木 (roost); とまり木になる木の枝(など): take one's ～ ＝alight on one's ～ とまり木にとまる. **2 a** (馬車の狭くて高い)御者台 (box). **b** (馬車などの前に長く出た)轅(ながえ). **c** (弾薬車の)車尾. **d** 野球場の座席. **3** 《口語》高い位置[地位]; 安全な居場所; 居心地よい席. **4** (織物を掛けて検査するための)とまり木, 布掛け台. **5** 〖海事〗澪標(みおつくし), みおじるし《船が通れる深さの水路すなわち, みお筋を示す立標》. **6** (spring carriage の前輪部と後輪部とを連結する)連桿(かん). **7 a** (軽わざ用の)長い棒. **b** 《廃・方言》棒 (rod), さお. **8** 《英》 **a** パーチ (⇨ rod 4 b). **b** 平方パーチ (square perch) (⇨ rod 4 c). **c** 石材などの体積単位《通例 $16^1/_2$ ft.×$1^1/_2$ ft.×1 ft.》.

Come off your perch. 《口語》お高くとまるのはよせ. ***hop*** [***tip*** (***over***), ***drop off***] ***the perch*** 《口語》くたばる, 死ぬ (die). ***knock a person off his perch*** (1) 〈人を〉負かす, やっつける (do for). (2) 〈人〉の高慢を改めさせる, 得意の鼻を折る.

— *vi.* **1** 〈鳥が〉とまる (alight): A bird ～*ed* on a twig. **2** (鳥がとまり木にとまるように)坐る, 腰をすえる, 落ち着く: ～ on a high stool 高い腰掛にちょこんと腰をかける. — *vt.* **1** 〈鳥を〉とまり木にとまらせる. **2** [しばしば ～ *oneself* または Passive で] (高くてあぶなそうに見える所などに)置く, 乗せる, すえる: a church ～*ed* on a hill 丘の上(に乗っかっている ような格好)の教会. **3** 〈織機からはずした布を〉とまり木[布掛け台]にかけて検査する.

perch² [pə́ːtʃ | pə́ːtʃ] 〖《?*a*1300》 *perche* □ (O)F < L *percam* □ Gk *pérkē* perch: cf. Gk *perknós* dark-coloured〗 — *n.* (*pl.* ～, ～·es) 〖魚類〗 **1 a** パーチ (*Perca fluviatilis*)《ヨーロッパ産パーチ属の食用淡水魚》. **b** ＝yellow perch. **2** その他スズキ類パーチ科, サンフィッシュ科などの硬骨魚の総称.

per·chance [pətʃǽns | pətʃáːns, pəː-] 〖《*c*1380》 *par chaunce, per chance* □ AF *par chance* ← (O)F *par* 'by, PER' + *chance* 'CHANCE'〗 — *adv.* 《詩・古》 **1** 偶然に. **2** あるいは, 恐らく, 多分 (maybe).

Perche [péəʃ | péəʃ; *F.* pɛrʃ] *n.* ペルシュ《フランス北部の旧地方; Percheron で有名》.

pérch·er 〖← PERCH¹ + -ER¹〗 *n.* **1** 高い所にとまる人[もの], 高い所に置かれる物; (特に)木にとまる鳥. **2** 織物検査員. **3** 《俗》死にかけている人.

Per·che·ron [pə́ːtʃərɑ̀n, pə́ːʃə- | pə́ːʃərɔ̀n; *F.* pɛrʃərɔ̃] 〖□ F ～ ← *Perche*〗 *n.* ペルシュロン《フランス北部 Perche 産の一品種の馬; 大型で足の速い荷馬》. 「異形.

per·chlor- [pəklɔ́ːr, -klóːr | pəːklɔ́ːr] perchloro- の

pèr·chlórate [pəː-, pɛə- | pəː-] 〖⇨ perchloro-, -ate¹〗 *n.* 〖化学〗過塩素酸塩[エステル].

per·chlóric ácid [pəː-, pɛə- | pəː-] 〖← PER- 4 + CHLOR(INE) + -IC¹〗 *n.* 〖化学〗過塩素酸 ($HClO_4$).

pèr·chlóride [pəː-, pɛə- | pəː-] 〖⇨ ↑, -ide²〗 *n.* 〖化学〗ペルクロロ化物.

pèr·chlórinate [pəː-, pɛə- | pəː-] 〖← PER- 4 + CHLORINATE〗 *vt.* 〖化学〗過塩素化[ペルクロロ化]する.

per·chlo·ro- [pəklɔ́ːroʊ, pɛə-, -klóːr- | pəːklɔ́ːrəʊ] 〖← PER- 4 + CHLORO-〗 〖化学〗「ペルクロロ」の意の連結形: *perchloro*methane.

perchlòro·éthylene *n.* 〖化学〗ペルクロロエチレン (⇨ tetrachloroethylene).

perchlòro·méthane *n.* 〖化学〗ペルクロロメタン (⇨ carbon tetrachloride).

perchlòro·pérazine 〖← PERCHLORO- + (PI)PERAZINE〗 — *n.* 〖薬学〗ペルクロルペラジン ($C_{20}H_{24}ClN_3S$)《マレイン酸塩等として鎮静剤および吐き気止め用として使用する》.

pèr·chrómate [pəː-, pɛə- | pəː-] 〖⇨ ↓, -ate¹〗 *n.* 〖化学〗過クロム酸塩[エステル].

per·chrómic [pəː-, pɛə- | pəː-] 〖← PER- 4 + CHROMIC〗 *adj.* 〖化学〗過クロム酸の.

perchrómic ácid *n.* 〖化学〗過クロム酸.

Perch·ta [péəktɑː, péəx- | péək-, péəx-] *n.* (南ドイツの民間信仰で)ペルヒタ《冬, 年末年始の時期に死霊を率いて徘徊し, 面をかぶった若者がこれを追払うことができるとされている; 姿は伝説のホレ (Holle) ばあさんに似ている》.

Per·ci·dae [pə́ːsədiː | pə́ːsɪ-] 〖← NL ～ ← *Perca* (属名: ⇨ perch²) + -IDAE〗 *n. pl.* 〖魚類〗(スズキ目)パーチ科.

per·cip·i·ence [pəsípiəns | pəsípɪəns, -pjəns] 〖⇨ percipient, -ence〗 *n.* 知覚, 感知, 認知(力).

per·cíp·i·en·cy [-ənsi | -sɪ] *n.* ＝percipience.

per·cip·i·ent [pəsípiənt | pəsípɪənt, -pjənt] 〖□ L *percipient-em* (pres.p.) ← *percipere* 'to PERCEIVE'〗 — *adj.* 《文語》知覚力のある; 知覚[感知]する. — *n.* **1** 知覚者. **2** 〖心霊〗千里眼, 鑑識眼; (精神感応術の)霊通者, 霊能者, 感霊者 (cf. agent 7).

Per·ci·val [pə́ːsəvəl | pə́ːsɪ-] 〖□ (O)F *Perceval* 《原義》one who rushes through the valley ← *percer* 'to PIERCE' + *val* 'valley, VALE¹'〗 — *n.* **1** 男性名. **2** (*also* **Per·ci·vale** [～]) 〖アーサー王伝説〗＝Perceval.

per·close [pə́ːkloʊz | pə́ːkləʊz] *n.* 〖建築〗＝parclose.

per·coid [pə́ːkɔɪd | pə́ː-] 〖↓〗〖魚類〗 *adj.* **1** スズキ亜目の. **2** パーチ (perch) に似た. — *n.* スズキ亜目の魚.

Per·coi·de·a [pəːkɔ́ɪdiə | pəːkɔ́ɪdɪə] 〖← NL ～ ← L *perca* 'PERCH²' + -OIDEA: ⇨ -oid〗 *n. pl.* 〖魚類〗スズキ亜目.

per·coi·de·an [pəːkɔ́ɪdiən | pəːkɔ́ɪdɪ-] 〖⇨ ↑, -an¹〗 *adj., n.* 〖魚類〗＝percoid.

per·co·late [pə́ːkəlèɪt | pə́ː-] 〖《1626》← L *percōlāt-us* (p.p.) ← *percōlāre* ← PER- + *cōlāre* to filter, strain (← *cōlum* sieve): ⇨ -ate³〗 — *vt.* **1** 〈液を〉こす, 濾(ろ)過する, しみ出させる (filter). **2** (パーコレーターで)〈コーヒーを〉いれる. **3** 〈液が〉…に浸透する, しみ出る. **4** …に行き渡らせる, 広める. — *vi.* **1** しみ出る, にじみ出る (ooze) 〔*through*〕; 〔…に〕しみ[行き]渡る, 徐々に広がる 〔*into*〕: Many Americanisms have ～*d into* British Engligh. 多くの米語がイギリス英語の中に広まった. **2 a** (パーコレーターの中の)〈コーヒーが〉出る. **b** 《口語》盛んに[活発に]なる, 活気づく. — [-lèɪt, -lət, -lɪt] *n.* 〖薬学〗浸出液. **per·co·la·ble** [pə́ːkələbl | pə́ː-] *adj.*

pér·co·làt·ing filter [-ṭɪŋ- | -tɪŋ-] *n.* 〖土木〗＝trickling filter.

per·co·la·tion [pəːkəléɪʃən | pəː-] 〖□ L *percōlātiō(n-)*: ⇨ percolate, -ation〗 — *n.* **1** 浸出, 浸透, 濾(ろ)過. **2** パーコレーション《percolator によるコーヒーのいれ方》. **3** 〖薬学〗パーコレーション《生薬中に浸出剤を通過させて可溶性成分を浸出すること》.

pér·co·là·tor [-tə | -tə(r] 〖← PERCOLATE + -OR²〗 — *n.* **1** パーコレーター《ポット形のコーヒー沸し器; 濾(ろ)過器に繰り返し熱湯を通してコーヒーを浸出させるしくみのもの; cf. dripolator》. **2** 濾過する人[物], 濾過器; (薬の)濾過浸出器.

per con·tra [pəːkɑ́ntrə, pɛə-, -kɔ́(ː)ntrɑː, -kóʊn- | pəːkɔ́ntrə] 〖□ L ～ 'on the contrary, on the opposite side'〗 — *adv.* **1** これに反して. **2** 〖会計〗(取引所などの)相手方で[の], 先方で[の]: ～ account 対照勘定《割引手形見返勘定と割引手形勘定のように, 二つの勘定が一組となって一方の勘定の借方と, 他方の勘定の貸方に同じ金額が記入される勘定》.

per cu·ri·am [pəkjʊ́(ə)riəm | pəkjʊ́ərɪ-, pəː-] 〖□ ML ～ 'by the court'〗 — *adv., adj.* 〖法律〗全裁判官による《個々の裁判官の意見ではなく, 裁判官全員の一致した意見であるの意》.

per·cur·rent [pəkə́ː(r)ənt, pɛə- | pəkʌ́r-] 〖□ L *percurrent-em* (pres.p.) ← *percurrere* to run through ← PER- + *currere* to run: ⇨ current〗 — *adj.* 〖植物〗〈葉の中肋が〉基部から頂点まで伸びている.

per·cuss [pəkʌ́s | pə-] 〖□ L *percuss-us* (p.p.) ← *per-*

cutere to strike through ← PER-＋*quatere* to shake〗 ── *vt.* **1** (衝撃などを起こすように)たたく. **2**〘医学〙打診する.

per·cus·sion [pəkʌ́ʃən | pə-]〘(1544) ▭ (O)F ～ // L *percussiō(n-)*: ⇨↑, -sion〙 ── *n.* **1** 衝撃, 衝突 (impact). **2**〘音楽〙**a** 楽器を打って音を出すこと. **b** [the ～] (オーケストラの)打楽器部, [集合的] 打楽器 (percussion instruments). **c** [the ～; 集合的] (オーケストラの)打楽器部奏者 (percussionists). **3**〘軍事〙撃発《衝撃による装薬の爆発, 特に, 撃鉄による起爆薬の爆発》; 着発《弾着と同時に破裂すること》;「着発」《時限信管を着発に切り換える時の号令》. **4** (衝突による)震動, 激動 (shock). **5** 音が耳に響くこと. **6**〘医学〙打診(法) (tapping) (cf. auscultation 1).

percússion càp *n.* 撃発雷管《小火器発射のための起爆薬をおさめた小型金属キャップ》.

percússion fùse *n.* (爆弾の)着発信管.

percússion ìnstrument *n.* **1** 打楽器《太鼓・シンバル・木琴・カスタネットなど》. **2** [the ～s] **a** 打楽器類. **b** (オーケストラの)打楽器部.

per·cús·sion·ist [-ʃ(ə)nɪst, -nəst | -nɪst] *n.* (オーケストラの)打楽器奏者.

percússion lòck *n.* (近代的な銃の)撃発機構[装置]; (その機構の)撃発銃, (撃発)雷管式銃 (cf. flintlock).

percússion wèlding *n.* ＝percussive welding.

per·cus·sive [pəkʌ́sɪv | pə-]〘← PERCUSS(ION)＋-IVE〙 *adj.* **1** 〈楽器・音など〉衝撃の[による]. **2**〘医学〙打診の. **～·ly** *adv.* **～·ness** *n.*

percússive wélding *n.*〘金属加工〙衝撃溶接《接合する二つの金属端を互いに突き合わせ, 瞬間的にアークを発生させて溶融状態になった時, 衝撃的に加圧接合する溶接方法; percussion welding ともいう; cf. seam welding》.

pèr·cutáneous [pə̀ː-, pɛ̀ə- | pə̀ː-]〘← PER-＋CUTANEOUS〙 *adj.*〘医学・外科〙経皮(的)の. **～·ly** *adv.* **～·ness** *n.*

Per·cy [pə́ːsi | pə́ːsɪ]〘▭ NF *Perci* (もと家族名) ← *Perci* (Normandy の地名) ←? OF *percer* 'to PIERCE'＋*haie* hedge〙 *n.* 男性名.

Percy, Sir **Henry** *n.* (1364–1403) 英国の武人; 初め Henry 四世の即位 (1399) に貢献したが, のち同王に反逆して Shrewsbury 付近で戦死; 異名 Hotspur.

Percy, Thomas *n.* (1729–1811) 英国の聖職者・文人; *Reliques of Ancient English Poetry* (1765) の編者.

Percy, Walker *n.* (1916–) 米国の小説家; *Love in the Ruins* (1971).

Per·di·do [pədíːdou | pə(ː)díːdəu; *Sp.* perdído], **Mon·te** [mónte] *n.* ペルディド山《スペイン北東部, Pyrenee 山脈の山 (3,354 m); フランス語名 Mont Perdu》.

per·die [pəːdíː, pɛə- | pəː-] *adv., int.* ＝pardie.

per di·em [pəːdíːəm, -dáɪəm | pəːdáɪem, -díːem]〘▭ L ～ 'by the day'〙 ── *adv., adj.* 一日につき, 一日当たりで[の], 日割で[の] (by the day) (cf. per mensem, per annum). ── *n.* (出張等について支給される)日給, 日当, 旅費日当; 一日当たりの賃借[貸賃]料.

Per·di·ta [pə́ːdɪtə | pə́ːdɪtə]〘← L ～ (fem.) ← *perditus* lost (↓): Shakespeare の *The Winter's Tale* の heroine 名〙 *n.* 女性名.

per·di·tion [pə(ː)dɪ́ʃən | pə-]〘(*c*1340) ▭ OF *perdiciun* (F *perdition*) // LL *perditiō(n-)* act of destroying ← *perditus* (p.p.) ← *perdere* to lose, throw away ← PER-＋*dare* to give〙 ── *n.* **1**《古》(完全な)破滅, 滅亡, 全滅. **2** (完全な)精神的な破滅, 永遠の死, 地獄落ち. **3**《文語》地獄: Go to ～! この死にぞこないめ, 罰当たりめ.

per·du [pəːd(j)úː, pɛə- | pəːdjúː; *F.* pɛrdy]〘(1591) ▭ F ～ (p.p.) ← *perdre* to lose < L *perdere* (↑)〙 ── *adj.* **1** 見えない; 〈情報・スパイなど〉隠れた, 潜伏した: lie ～ 隠れる, 潜伏する, ひそむ. **2**《廃》〘軍事〙〈歩哨(ʰ)など〉隠密に行動する: a sentinel ～. ── *n.* [pə́ːd(j)uː, ─ ─ | pəːdjúː]《廃》**1** 極めて危険な任務につく[ついた]兵士, 決死隊員. **2** 歩哨; 隠密斥候, 偵諜.

Per·du [pɛəd(j)úː | pɛədjúː; *F.* pɛrdy], **Mont** [mɔ̃] *n.* ペルデュ山《Monte PERDIDO のフランス語名》.

per·due [pəːdjúː, pɛə- | pəːdjúː] *adj., n.* ＝perdu.

per·du·ra·bil·i·ty [pə(ː)d(j)ʊ̀(ə)rəbɪ́ləṭi | pə(ː)djʊ̀ərəbɪ́lətɪ, -lɪ-] *n.* **1** 持ちのよいこと. **2** 長続き, 耐久性.

per·du·ra·ble [pə(ː)d(j)ʊ́(ə)rəbl | pə(ː)djʊ́ər-]〘(*c*1275) ▭ OF ～ ▭ LL *perdūrābilis* ← L *perdūrāre* to last, hold out ← PER-＋*dūrāre* to last: ⇨ dure², -able〙 ── *adj.* 持ちのよい; 長続きする, 不変の, 耐久性の (permanent). **per·dú·ra·bly** *adv.*

per·dure [pə(ː)d(j)ʊ́ə | pə(ː)djʊ́ə(r)]〘(*c*1450) ▭ OF *perdur-er* ▭ L *perdūrāre* (↑)〙 *vi.* 続く, 耐える.

per·dy [pəːdíː | pəː-] *adv., int.* ＝pardie.

père [pɛ́ə | pɛ́ə(r; *F.* pɛːr]〘▭ F ～ < L *patrem, pater* father〙 ── *F. n.* (*pl.* ～**s** [～z; *F.* ～]) **1** 父 (father)《フランス人の同名の父子を区別するために senior の意味で父の姓に添える; cf. fils¹》: Dumas ～ 大デュマ. **2** [P-] 神父・霊的指導者の名に付けて用いる: *Père* Hyacinthe.

Père Dávid déer [pɛ́ə-déɪvɪd-, -vəd- | pɛ́ə-déɪvɪd-; *F.* pɛrdavid-]〘← *Père Armand David* (*d.* 1900: フランスの神父・博物学者)〙 ── *n.*〘動物〙シフゾウ (*Elaphurus davidianus*)《中国原産のシカ科シフゾウ属の大型の動物; 今は動物園でしか見られない》.

per·e·grin [pérəgrɪn, -grən | -rɪgrɪn, -rəg-] *adj., n.* ＝peregrine.

per·e·gri·nate [pérəgrɪnèɪt, -grə- | -rɪgrɪ-, -rəg-]〘(1593) ▭ L *peregrīnāt-us* (p.p.) ← *peregrīnārī* to travel abroad ← *peregrīnus* 'foreign, PEREGRINE'〙 ── *vi.*《古・戯言》遊歴する, 遍歴する, 旅行する. ── *vt.* 〈土地を〉横切る, 横断する (traverse). **pér·e·gri·nà·tor** [-ṭə | -tə(r] *n.*

per·e·gri·na·tion [pèrəgrɪnéɪʃən, -grə- | -rɪgrɪ-, -rəg-]〘(1523) ▭ F *pérégrination* // L *peregrīnātiō(n-)* travel: ⇨↑, -ation〙 ── *n.* **1**《文語》遊歴, 遍歴. **2** (通例, 徒歩の一つの)旅程, 旅行. **3** 旅行記.

per·e·grine [pérəgrɪn, -grən, -griːn, -gràɪn | -rɪgrɪn, -rə-, -grìːn]〘(*c*1395) ▭ L *peregrīn-us* coming from abroad, (n.) foreigner ← *peregrē* abroad ← PER-＋*ager* territory, country: ⇨ acre, -ine¹: cf. pilgrim〙 ── *adj.* **1 a** 〈流浪性の鳥など〉移住する. **b**〘生物〙広く分布している. **2**《古》**a** 外国の; 外来の, 舶来の. **b** 旅行中の, 遍歴中の; 巡回の. ── *n.* **1**〘鳥類〙＝peregrine falcon. **2 a**《古》旅行者, 遍歴者. **b** 外地滞在者. **c** (古代ローマの)ローマ以外の共同体の市民.

Per·e·grine [pérəgrɪn, -grən | pérɪgrɪn, -rə-]〘↑〙 *n.* 男性名《愛称形 Perry》. ⌈*grinus*) (cf. tiercel).

péregrine fálcon *n.*〘鳥類〙ハヤブサ (*Falco pere-*

péregrine tòne *n.*〘音楽〙トーヌス ペレグリーヌス, 外格旋法《グレゴリオ聖歌の例外的な旋法で, 中間終止の前後で保持音が変わる》.

pe·rei·ra [pərɛ́(ə)rə | -rέərə] *n.* ＝pereira bark.

peréira bàrk〘← (*Jonathan*) *Pereira* (1804–53: 英国の薬学者)〙 ── *n.* **1**〘植物〙ブラジルスオウ (*Geissospermum vellosii*)《ブラジル産キョウチクトウ科の植物》. **2** ペレイロ皮(ʰ)《ブラジルスオウの皮; 強壮剤や解熱剤としてブラジルで用いられた》.

pe·rei·rine [pərɛ́(ə)riːn, -rɪn, -rən | -rέəriːn, -rɪn]〘⇨↑, -ine³〙 ── *n.*〘化学〙ペレイリン ($C_{19}H_{24}ON_2$)《ペレイロ皮 (pereira bark) の成分, アルカロイドの一種; 褐色の無晶形粉末, キニーネの代用に用いる》.

Per·el·man [pérəlmən, pə́ː(r)əl-, pə́ːl- | pérəl-, pə́ːrəl-, pə́ːl-], **S**(idney) **J**(oseph) *n.* (1904–79) 米国のユーモア作家. ★ 作家自身の発音は [pérəlmən].

per·emp·to·ry [pərém(p)t(ə)ri | pərém(p)t(ə)rɪ, pɪ-, pérəm-]〘(1513) ▭ LL *peremptōri-us* decisive, (L) destructive ← L *peremptus* (p.p.) ← *perimere* to prevent, destroy ← PER-＋*emere* to take, buy: ⇨ -ory¹〙 ── *adj.* **1** 〈命令など〉拒絶・反対・嘆願などを許さない, 厳然たる, 断固とした. **2**〘法律〙**a** 討議・質問を許さない, 最終的な, 決定的な; 絶対命令の, 強制的な, 必行的な: a ～ decree 最終判決 / a ～ term 不変[確定]期間 / a ～ writ 絶対[無条件的]令状. **b** 絶対に必要な, 不可欠な. **c** 専断的な: ⇨ peremptory challenge. **3** 〈人・態度・言葉など〉横柄な, 専横な; 圧制的な. **pe·rémp·to·ri·ness** *n.* **per·emp·to·ri·ly** [pərém(p)t(ə)rəli, pèrəm(p)tɔ́ːrəli, -tóːr-, ─ ─ ─ ─ | pərém(p)t(ə)rəlɪ, pɪ-, pérəm-, -rɪlɪ] *adv.*

perémptory chállenge *n.*〘法律〙専断的忌(ˢ)避《理由を示すことを要しない特定の陪審員の忌避, 刑事被告人の絶対的権利》. ⌈ry exception.

perémptory defénse [**defénce**] *n.* ＝perempto-

perémptory excéption *n.*〘法律〙決定的答弁, 棄却答弁《実体法上の理由による答弁で, 相手方の主張事実を否認するもの, 相手方の主張事実は認めるがそこからは法律効果が発生しないとして新事実を主張するものとを含む; cf. dilatory defense》.

perémptory mandámus *n.*〘法律〙絶対的[必行的]職務執行令状 (cf. alternative mandamus).

perémptory pléa *n.* ＝peremptory exception.

per·en·nate [pérənèɪt, pərénert | pérənèɪt, pərénert, pɪ-]〘← L *perennāt-us* (p.p.) ← *perennāre*: ⇨↓, -ate³〙 ── *vi.* 多年続く, 永続する. **per·en·na·tion** [pèrənéɪʃən] *n.*

pe·ren·ni·al [pəréniəl, -njəl | pərénjəl, pɪ-, -nɪəl]〘(1672) ← L *perenni(s)* lasting through the year (← PER-＋*annus* year)＋-AL¹〙 ── *adj.* **1** 〈流れ・泉など〉一年中枯れない, 四季やむ時のない. **2** 多年続く, 不断の, 永久の (everlasting); (規則的に)繰り返し起こる, 始終起こる (recurrent): ～ youth 永遠の若さ / a ～ problem しょっちゅう起こる問題. **3**〘植物〙多年生の, 宿根の (cf. annual 4): a ～ herb [plant] 多年生草本[植物]. ── *n.* **1**〘植物〙多年生植物, 宿根植物. **2** 繰り返し起こること[問題, 話題]. **per·èn·ni·ál·i·ty** [-niǽləṭi | -niǽlətɪ, -lɪ-] *n.* **～·ly** *adv.*

perénnial péa *n.*〘植物〙＝everlasting pea.

perénnial phlóx *n.*〘植物〙＝garden phlox.

perénnial ryégrass *n.*〘植物〙ペレニアルライグラス, ホソムギ (*Lolium perenne*)《ヨーロッパ原産イネ科ドクムギ属の多年草で, 牧草や芝地用に植える; English ryegrass ともいう》.

perf.《略》perfect;〘郵趣〙perforated; perforation; performance.

pérf·bòard [pə́ːf- | pə́ːf-]〘← *perf*(*orated*)＋BOARD〙 *n.* ハンガーボード《器具などを掛けるための穴のあいたパネル板》.

per·fect [pə́ːfɪkt | pə́ː-] [adj.: (1526) ▭ L *perfect-us* (p.p.) ← *perficere* to complete ← PER-＋*facere* to do ∞ (*c*1300) *parfit(e)* ▭ OF *parfit* (F *parfait*) ▭ L *perfectus*. ── v.: (*a*1398)〙 ── *adj.* **1 a** 完全な (complete); 完璧の, (完全)無欠の: a ～ gentleman, wife, etc. / a ～ crime 完全犯罪 / ～ in form 形の完全な. **b** 申し分のない, 欠点のない (faultless): The weather has been ～ these few days. ここ数日間天候は理想的だ / a ～ day (十分に楽しんだ)申し分のない一日 / a ～ day *for* running 駆け足にもってこいの日. **2** 完全に修得した, 通暁した; 熟達した〔*in*〕: a ～ tennis player テニスの名人 / He is ～ *in* every branch of science. 科学は何でもよく知っている. **3** ぴったり合った, 原物通りの; 極めて正確な: a ～ circle 真円 / a ～ square 正方形 / a ～ copy 本物通りの写し. **4** [Attributive に用いて] 全くの, 純粋の, 混ぜ物のない (unmixed): ～ strangers 見ず知らずの人, 赤の他人 / in ～ silence おし黙って, 一言も口を聞かないで / ～ blue 真青. **5**《口語》徹底した, よくよくの, 全くの (utter): a ～ fool, rogue, etc. **6**〘植物〙**a** 完全花の, 両性花の (monoclinous)《部分を完全に備えた》. **b** 〈多形態の菌類が〉完全(型)の《有性的な胞子を生じる時期を示す》: ⇨ perfect fungus. **7**〘文法〙〈時制が〉完了の[を示す]: the ～ tenses 完了時制. **8**〘音楽〙**a** 完全な《属和音から主和音へ基本位置でソプラノ声部が主音をとり, 強拍部へ進行して終止する; ↔ imperfect》. **b** 〈音程が〉完全協和音の, 完全音程の《1 度, 8 度, 5 度, 4 度の協和音程について用いられる; cf. augmented, diminished 2》: the ～ fifth 完全 5 度. **9**〘製本〙無線とじの: ⇨ perfect binding. **10**〘機械・建築〙＝complete 9. **11**《廃》確信のある, 確かな (certain). ── *n.*〘文法〙完了時制 (perfect tense); 完了形: the future [present, past] ～ 未来[現在, 過去]完了.
── [pəfékt, pə́ːfɪkt | pəfékt, pəː-, pə́ːfɪkt] *vt.* **1 a** 完全無欠にする. **b** 仕上げる, 完成[成就]する, 遂行する: ～ an invention, one's plans, etc. **2** 〔…に〕熟達させる, 習熟させる〔*in*〕: He has ～*ed* him*self in* English. 彼は英語をすっかり身につけた[ものにした]. **3** 改善する, 改良する. **4**〘印刷〙〈既に印刷された紙〉の裏面を印刷する.

per·fec·ta [pəféktə | pə-, pəː-]〘▭ Am.-Sp. (*quiniela*) *perfecta* perfect (quiniela)〙 ── *n.*《米》〘競馬・ドッグレース〙連勝単式《賭けの一種で, 一着と二着をその順序で当てた者が勝つ; exacta, correcta ともいう; cf. quiniela, triple 5》.

pérfect bínding *n.*〘製本〙無線とじ《糸や針金を用いず接着剤のみで接合させるとじ方》.

pérfect cádence *n.*〘音楽〙完全終止《full cadence ともいう; cf. imperfect cadence 1》.

pérfect competítion *n.*〘経済〙完全競争 (cf. imperfect competition). ⌈*adv.*

per·féct·ed *adj.* 完成された, 出来上がった. **～·ly**

per·féct·er〘(15C)〙 *n.* **1** 完成者; 改良者. **2**〘印刷〙＝perfecting press.

pérfect flówer *n.*〘植物〙完全花, 両性花.

pérfect fórm *n.*〘植物〙有性生殖期をそなえたカビ.

pérfect fúngus *n.*〘植物〙完全形のカビ.

pérfect gáme *n.* **1**〘野球〙完全試合, パーフェクトゲーム《相手チームに一人の走者も許さない試合; cf. NO-HIT game》. **2**〘ボーリング〙パーフェクト《12 投全部ストライクになったもの, 得点は 300 点》.

pérfect gás *n.*〘物理化学〙完全気体, 理想気体 (⇨ ideal gas).

per·fect·i·bil·i·ty [pəfèktəbɪ́ləṭi | pəfèktɪbɪ́lətɪ, pəː-, -tə-, -lɪ-] *n.* **1** 道徳的向上の可能性; 進歩性. **2** ＝perfectionism. **3** ＝perfection.

per·fect·i·ble [pəféktəbl̩ | pəféktə-, pəː-, -tɪ-]〘(1635) ▭ F ～ ▭ ML *perfectibilis*: ⇨ perfect, -ible〙 *adj.* 完全にする[なる]ことができる, 完成できる, 円満になれる.

pérfect indúction *n.*〘論理〙完全帰納法 (⇨ enumerative induction).

per·féct·ing prèss *n.*〘印刷〙両面刷印刷機《表裏両面を同時に印刷する機械》.

pérfect ínterval *n.*〘音楽〙完全音程《音程を構成する 2 音の振動数の比が 1:1, 3:4, 2:3 または 1:2 となるもの, 各々完全 1・4・5・8 度と呼ぶ》.

per·fec·tion [pəfékʃən | pə-]〘(?*a*1200) *perfeccioun* ▭ (O)F *perfection* ▭ L *perfectiō(n-)*: ⇨ perfect, -tion〙 ── *n.* **1** 完成していること; 完全にすること, 仕上げ, 完成: bring a thing to ～ 物を完成する. **2** 完全無欠であること, 完璧; 完備; 円満: Don't expect ～ in a servant. 召使に完全を期待するな / You will find ～ of accommodation at the hotel. あのホテルは設備が完備している. **3** 〔技芸などにおける〕熟達, 熟練, 習熟〔*in*〕: ～ *in* art, music, etc. **4** [*pl.*]《文語》才芸, たしなみ, 美点 (accomplishments). **5** 完成の極致[極点]; 優秀: attain the highest ～ 極致に達する / The blossoms are at their full ～. 花は今が真っ盛りだ. **6** [the ～] 〔…の〕完全の域に達した人[物]; 典型; 代表〔*of*〕: the ～ *of* rudeness 無作法の標本.
come [***bring***] ***to perfection*** 完成する[させる], 円熟する[させる]. ***to perfection*** 完全に (perfectly): do a thing *to* ～ 事を完全に(この上なく見事に)する / She cooks *to* ～. 彼女の料理は完璧だ《申し分ない》.

per·féc·tion·ism [-ʃənɪzm] *n.* **1** 完全論《現世で人は道徳・宗教・社会・政治上完全の域に達することができるという種々の学説》. **2** [P-] 完全主義[論, 観] (cf. Oneida Community). **3** 完全[完璧]主義, 完全癖, 凝り性《仕事などで完全が期せられないかぎり失敗と考える完全への止みがたい性向》.

per·féc·tion·ist [-ʃ(ə)nɪst, -nəst | -nɪst] *n.* **1** 完全論者. **2** [P-] オナイダ共産村 (Oneida Community) の会員. **3** [通例軽蔑的に] (仕事上などの)完全主義者, 凝り性の人. ── *adj.* 完全論者の; 完全[完璧]主義者の. **per·fec·tion·is·tic** [pəfèkʃənɪ́stɪk | pə-] *adj.*

per·fec·tive [pəféktɪv, pə́:fɪk- | pəfék-, pə:-, pə́:fɪk-] 〘(1596) ▭ ML *perfectīv-us*: ⇨ perfect, -ive〙 ― *adj.* **1** 《古》完全になる[する]; 向上[進歩]の途上にある. **2** 〘文法〙(ロシヤ語などで)完了[完結]相の (↔ imperfective): a ~ verb. ― *n.* 〘文法〙 **a** 完了相, 完結相 (perfective aspect). **b** 完了[完結]相の動詞. **~·ness** *n.* **per·fec·tiv·i·ty** [pəfèktívəti, pə̀:fɪk- | pə̀:fɪk-tívəti, pəfèk-, -vɪ-] *n.* **~·ly** *adv.*

perféctive áspect *n.* 〘文法〙(ロシヤ語などの)完了相, 完結相《momentaneous aspect または単に perfective ともいう; ↔ IMPERFECTIVE aspect》.

per·fec·tiv·ize [pəféktɪvàɪz | pəfék-, pə:-] *vt.* 〘文法〙完了[完結]相にする.

pér·fect·ly [-k(t)li | -lɪ] 〘(*c*1303) *parfitly*: ⇨ perfect, -ly¹〙 *adv.* **1** 完全に, 申し分なく, 非常によく. **2** 全然, すっかり (altogether).

pér·fect·ness 〘(*c*1340) *parfitnesse*: ⇨ perfect, -ness〙 *n.* 完全; (特に)道徳的完成, 十全, 円満.

pérfect númber *n.* 〘数学〙完全数《約数の総和が自分自身の 2 倍に等しいような整数; complete number ともいう; cf. deficient number, abundant number》.

per·fec·to [pəféktou | pəféktəu, pə:-] 〘▭ Sp. ~ 'PERFECT'〙 *n.* (*pl.* **~s**) 《米》両端のとがった中型の葉巻たばこ.

per·féc·tor prèss *n.* 〘印刷〙 =perfecting press.

pérfect párticiple *n.* 〘文法〙完了分詞《past participle のこと; cf. PASSIVE participle》.

pérfect pítch *n.* 〘音楽〙絶対音感 (absolute pitch).

pérfect rádiator *n.* 〘物理〙黒体 (black-body).

pérfect réam *n.* =printer's ream.

pérfect rhýme *n.* 〘詩学〙 **1** 完全脚韻《脚韻の条件を十分にみたしているもので, masculine rhyme と feminine rhyme に分かれる; ↔ imperfect rhyme》. **2** 同音[同綴]脚韻《bare: bear / lie (偽り): lie (横たわる)のように同音または同綴りで意味の違うもの》.

pérfect squáre *n.* 〘数学〙完全平方.

pérfect stáge *n.* 〘植物〙有性生殖期《コウジカビ科などに見られる有性生殖を営む時期》.

pérfect yéar *n.* [the ~] 〘ユダヤ暦〙355 日の平年; 385 日の閏年.

per·fer·vid [pə:fə́:vɪd, pɛə-, -vəd | pə:fə́:vɪd] 〘(1856) ← NL *perfervid-us*: ⇨ per-, fervid〙 ― *adj.* 《文語》 **1** きわめて熱い, 灼熱の (glowing). **2** 非常に熱心な, 熱烈な (ardent).

per·fid·i·ous [pə(:)fídiəs | pə(:)fídɪəs, -djəs] 〘(1598) ▭ L *perfidiōs-us* ← *perfidia* (↓): ⇨ -ous〙 ― *adj.* 《文語》〈人・行為など〉不信な, 不実な, 不誠実な (↔ true); 裏切りの; 二心のある (treacherous): ~ Albion ⇨ Albion. **~·ly** *adv.* **~·ness** *n.*

per·fi·dy [pə́:fədi | pə́:fɪdɪ] 〘(1592) ▭ L *perfidia* faithlessness ← *perfidus* faithless ← PER- 3 + *fidēs* 'FAITH': ⇨ -y¹〙 ― *n.* 不信, 不誠実; 背信, 不義, 裏切り (treachery): an act of ~.

per·fo·li·ate [pə:fóuliət, pɛə-, -lɪɪt, -lièɪt | pə:fə́ulɪət, -lɪɪt, -lɪèɪt] 〘← NL *perfoliāt-us*: ⇨ per-, foliate〙 ― *adj.* 〘植物〙つき抜きの, 茎が葉を貫いているように見える: a ~ leaf 貫生葉, 貫穿(せん)葉. **per·fo·li·a·tion** [pə:fòuliéɪʃən, pɛə- | pə:fə̀ulɪ-] *n.*

perfoliate leaves

per·fo·rate [pə́:fərèɪt | pə́:-] 〘(1538) ← L *perforāt-us* (p.p.) ← *perforāre* to bore, pierce through ← PER- + *forāre* to bore: ⇨ -ate³〙 ― *vt.* **1** …に穴をあける, 鑽孔(さんこう)する. **2** 〈小切手など〉に(数字・すかし字などを)打ち抜く; (特に)〈紙〉にミシン目を入れる; 〘郵趣〙〈切手〉に目打ちを入れる: ~ checks, stamps, etc. **3** 〈紙テープなど〉に穿孔する. **4** (きりなどで)貫く, うがつ, 貫通する (pierce). ― *vi.* 〔…に〕穴をあける, 〔…を〕貫く, うがち入る 〔*into, through,* etc.〕. ― [-f(ə)rət, -rɪt, -fərèɪt | -fərət, -rɪt] *adj.* =perforated.

per·fo·ra·ble [pə́:f(ə)rəbl | pə́:-] *adj.*

pér·fo·ràt·ed [-tɪd, -təd | -tɪd, -təd] *adj.* **1** 貫通された, 穴のあいた: a ~ ladle [spoon] 穴のあいた杓子[スプーン] / ~ check 金額が打ち抜き文字になっている小切手. **2** 〘郵趣〙目打ちされた (略 perf.; ⇨ perforation 3). **3** 〘紋章〙=pierced 3. **4** 〘病理〙穿孔した: a ~ appendix.

per·fo·ra·tion [pə̀:fəréɪʃən | pə̀:-] 〘(*a*1450) ▭ (O)F ~ ▭ ML *perforātiō(n-)*: ⇨ perforate, -ation〙 ― *n.* **1** 穴をあけること, 打抜き, 目打ち鑽孔(さんこう); 貫通. **2** (打抜き, 貫通などによりあいた)穴(の一つ); (フィルムの)送り穴, パーフォレーション; ミシン目, 孔線. **3** 〘郵趣〙 **a** (切手の周囲につけられている)目打ち (cf. roulette 4); (シートから一片ずつ切離した時の)ぎざぎざ. **b** 目打数《20 ミリ内にあけられた穴の数を示すとき, 例えば 13 の穴があれば Perf. 13 と示す》.

per·fo·ra·tive [pə́:fərèɪtɪv | pə́:fərèɪt-] 〘▭ F ~: ⇨ perforate, -ative〙 ― *adj.* **1** 穴をあける(力のある), うがつ, 貫く. **2** (たやすく)穴のあく, (容易に)貫通できる. **3** 〘病理〙穿孔性の: ~ peritonitis 穿孔性腹膜炎.

pér·fo·rà·tor [-tə | -tə(r)] 〘← PERFORATE + -OR²〙 *n.* **1** 穴をあける人; 穴あけ(機), 鑽孔(さんこう)機; 目打ち機; 打抜き器. **2** 切符切りばさみ.

per·force [pəfɔ́əs, -fɔ́əs | pə(:)fɔ́:s] 〘(?*a*1330) *par force* ▭ OF 《原義》by force: ⇨ par⁴, per-, force¹: cf. perchance〙 ― *adv.* **1** 否応なしに, やむをえず, 必然的に. **2** 無理に, 強制的に. ― *n.* 《まれ》必然; 強制. ★ 主に次の句で: of [by] ~ 強制的に, 必然的に.

per·form [pəfɔ́əm, pə- | pəfɔ́:m] 〘(*a*1375) *performe(n)* ▭ AF *parfourm-er* 《OF *forme* 'FORM' の影響による変形》 ← OF *parfournir* ← *par-* 'PER-' + *fournir* 'to FURNISH'〙 ― *vt.* **1** する, 行なう (do); 〈任務などを〉成し遂げる; 〈命令・約束などを〉履行する, 実行する: ~ wonders [miracles] 奇跡を行なう / ~ a task 仕事を成し遂げる / ~ a surgical operation 手術を行なう / ~ Divine Service 礼拝式を執り行なう. **2** 〈芝居を〉上演する, 〈劇を〉演じる, 〈役を〉勤める; 〈音楽・楽器を〉演奏する: ~ Ophelia in 'Hamlet' ハムレット劇で Ophelia の役を勤める. **3** 《廃》完全にする, 補足する. ― *vi.* **1 a** する, 行なう, 成し遂げる; 〈約束などを〉実行する, 果たす. **b** 〈機械が〉働く. **2** (聴衆の前で)演じる, 演奏[独唱]する: ~ on the piano ピアノを弾奏する. **3** 〈動物などが〉(人前で)芸をする. **4** 《口語》セックスを(巧みに)する; 〈同性が〉フェラチオ[クンニリングス]をする. **per·for·ma·to·ry** [pəfɔ́əmətɔ̀:ri, pə-, -tɔ̀:ri | pəfɔ́:mətərɪ] *adj.*

per·form·a·ble [pəfɔ́əməbl, pə- | pəfɔ́:m-] 〘⇨ ↑, -able〙 *adj.* することができる; 実行[成就, 上演, 演奏]できる.

per·for·mance [pəfɔ́əməns, pə- | pəfɔ́:-] 〘(1494): ⇨ perform, -ance〙 ― *n.* **1** する[行なう]こと (doing); 実行, 履行, 成就: ~ of one's duty 義務の履行 / promise and ~ 約束と履行. **2 a** 仕事, 作業 (work), (ある特定の)行動, 行為, 動作. **b** (発動機などの)運転 (operation). **c** 善行, 功績. **3 a** (登場人物の)役を演ずる[に扮(ふん)する]こと. **b** 上演, 公演, 興行: an afternoon ~ 午後の興行 (matinee) / a public ~ 公演 / give a ~ of… を上演する / There are two ~s a day. 1 日 2 回興行です. **c** 演奏, 奏楽, 弾奏. **d** 演技, 手ぎわ, 離れ技, 見もの; (動物などの)芸 (feat): a fine [wretched] ~ (of the player etc.) 上[不]出来 / ~ in [of] horsemanship 曲馬, 馬術 / put a dog through its ~s 犬にいろいろの芸をやらせる. **4** 《口語》とんだ見世物, 愚行. **5 a** 遂行能力: assess a man's ~ in office 人の業務遂行能力を評定する. **b** (機械の)性能, 能率. **c** (投資などの)成果, 成績. **6** 〘言語〙言語運用《言語の現実的使用; cf. competence 6》.

perfórmance bònd *n.* 〘法律〙当事者が契約履行を保証する金銭債務証書 (cf. contract bond).

perfórmance tèst *n.* **1** (機械・装置などの)性能試験, 作動試験. **2** 〘心理〙動作性検査.

per·for·ma·tive [pəfɔ́əmətɪv, pə- | pəfɔ́:mət-] 〘← PERFORM + -ATIVE〙 〘言語〙 ― *n.* 遂行的発言《希望・命令・計画などに関してその行為の実行を表わす表現; cf. constative》. ― *adj.* 遂行的な: a ~ verb 遂行的動詞《announce, promise, say などの動詞》.

per·fórm·er *n.* **1** する[行なう]人, 執行者, 履行[遂行, 成就]者, 行為者: a good promiser, but a bad ~ よく約束するが実行しない人《言行不一致》. **2** 熟達した人, 一芸に秀でた人, 名人: a good ~ at the wicket クリケットの名手 / He is quite a ~ with the knife and fork. 彼はナイフとフォークの使い方が堂に入っている. **3** 役者, 芸人; 演奏者, 歌い手; 軽業師: a ~ *on* the banjo バンジョー奏者. **4** 芸をする動物.

per·fórm·ing *adj.* **1** 実行する, 履行する, 成就する. **2** (特に)〈動物が〉芸を仕込まれた, 芸当をする: ~ dogs. **3** 公演を要する, 演芸をする: ⇨ performing arts.

perfórming árts *n. pl.* 舞台[公演]芸術.

perf. part. 《略》〘文法〙perfect participle.

per·fume 〘n.: (1533) ▭ F *parfum* ← *parfumer* ← *par-* 'PER-' + *fumer* to smoke: ⇨ fume. ― v.: (1538) ▭ F *parfum-er*〙 ― [pə́:fju:m, pə(:)fjú:m | pə́:fju:m] *n.* **1** 香水, 香料. **2** 匂(にお)い, 芳香, 香り. ― [pə(:)fjú:m, pə́:fju:m, pə́:fju:m | pə́:fju:m] *vt.* [しばしば p.p. 形で] **1** …に〔…で〕香水[香り]をつける〔*with*〕: ~ one's handkerchief *with* eau de Cologne ハンカチにオーデコロンをつける. **2** 〈花などが〉〈部屋などを〉匂わせる, 芳香で満たす: Flowers ~ the room.

pérfume·less *adj.* 香りのない; 香水のつけてない.

per·fúm·er 〘← PERFUME (v., n.) + -ER¹: cf. F *parfumeur*〙 *n.* **1** 香料商, 調香師, パーヒューマ. **2** 芳香を匂(にお)わす人[物], よい匂いのする人[物].

per·fum·er·y [pə(:)fjú:m(ə)ri, pə-, pə́:fju:m- | pə(:)-fjú:m(ə)rɪ] 〘← PERFUM(E) (n.) + -ERY〙 ― *n.* **1** [集合的] 香水類, 香料. **2** 《米》香水 (perfume). **3** 香水[香料]製造[調合](法). **4** 香水[香料]製造所[販売店].

per·fum·i·er [pə(:)fjú:miə | pə(:)fjú:mɪə(r, -mjə(r)] 〘⇨ -ier²〙 *n.* =perfumer 1.

per·func·to·ry [pəfʌ́ŋ(k)t(ə)ri | pə(:)fʌ́ŋ(k)t(ə)rɪ] 〘(1581) ▭ LL *perfunctōri-us* ← L *perfunctus* (p.p.) ← *perfungi* to perform ← PER- + *fungi* to busy oneself with (cf. function): ⇨ -ory¹〙 ― *adj.* **1** 〈仕事など〉お座なりの, 義理一片の, お役目だけの; 機械的な, なおざりの, ぞんざいな, うわべだけの (superficial): a ~ inquiry [examination, inspection] 形式的な尋問[試験, 視察] / a ~ rendering of the Church Service 礼拝式のお座なり的な勤め方. **2** 〈人が〉やる気のない, 熱のない, 無関心の. **per·fúnc·to·ri·ly** [-rəli | -rəlɪ, -rɪ-] *adv.* **per·fúnc·to·ri·ness** *n.*

per·fuse [pə(:)fjú:z | pə(:)-] 〘← L *perfūs-us* (p.p.) ← *perfundere* to besprinkle ← PER- + *fundere* 'to pour out, FOUND³': cf. fuse¹〙 ― *vt.* **1** 〔…で〕満たす, みなぎらす, 一面に広げる[おおう]〔*with*〕: ~ a room *with* light 部屋に光を満たす / cheeks ~*d with* a blush 紅潮したほお. **2** 〈液・色などを〉一面にまき散らす, 散布する: ~ a thing with water [water over a thing] 物に水を振りまく. **3** 〘医学〙灌流[灌注]する.

per·fu·sion [pə(:)fjú:ʒən | pə(:)-] 〘▭ L *perfūsiō(n-)*: ⇨ ↑, -sion〙 ― *n.* **1** まき散らす[される]こと, ふりかけること. **2** 〘キリスト教〙注水(洗礼), 散水(洗礼)《頭部に水を振りかけて行なう洗礼の一形式; cf. immersion》. **3** 散布液. **4** 〘医学〙灌(かん)流, 灌注.

per·fu·sive [pə(:)fjú:sɪv, -zɪv | pə(:)fjú:s-] 〘← L *perfūs(us)* (⇨ perfuse) + -IVE〙 *adj.* 振りまける, そそげる, 散水用の.

Per·ga·mene [pə́:gəmì:n | pə́:-] 〘▭ L *Pergamēn-us* ▭ Gk *Pergamēnós* ← *Pergamos* Pergamum〙 *adj.* **1** ペルガモンの[に関する]. **2** 〘建築〙(紀元前 200 年代から 100 年代にかけて栄えた)ペルガモン建築様式の.

per·ga·me·ne·ous [pə̀:gəmí:niəs | pə̀:gəmí:nɪəs, -njəs] 〘← L *pergamēn(a)* 'PARCHMENT' + -EOUS〙 *adj.* 羊皮紙(製)の, 羊皮紙のような.

Per·ga·mum [pə́:gəməm | pə́:-] *n.* ペルガモン: **1** 小アジア南西部のヘレニズム時代の王国. **2** その王国の古都; 古代 Mysia の首都; 現在の Bergama に当たる.

per·gan·a [pəgǽnə | pə-] *n.* =pargana.

per·go·la [pə́:gələ, pəgóulə | pə́:gələ] 〘(1654) ▭ It. ~ < L *pergulam* shed, vine arbour ← ? *pergere* to stretch forward〙 ― *n.* パーゴラ《屋根にツタ・バラなどの植物をまとわせたフジ棚のようなあずまや》; そのような木造りの棚, つる棚.

pergola

Per·go·le·si [pɛ̀əgəléɪzi | pə̀:gəléɪzɪ, pɛ̀ə-; *It.* pɛrgolé:si], **Giovanni Battista** *n.* ペルゴレージ《1710–36; イタリアの作曲家; *La Serva Padrona*「奥様になった女中」(1733), *Stabat Mater*「悲しみの聖母」(未完成)》.

per·gun·nah [pə:gʌ́nə | pə:-] 〘《変形》⇨ PARGANA〙 *n.* =pargana.

perh. 《略》perhaps.

pèr·halogenátion [pə̀:-, pɛ̀ə- | pə̀:-] *n.* 〘化学〙過ハロゲン化.

per·haps [pəhǽps, p(ə)rǽps | pəhǽps, prǽps] 〘(1528) ← PER- + *haps* ((pl.) ← HAP¹) ∽ ME *by happ(es)* by chance(s): cf. perchance〙 ― *adv.* あるいは, ひょっとすると (possibly); 多分, 恐らく (probably): *Perhaps* I'll come, ~ I won't. 事によったら参りますが, 事によったら参りません / If you are good boys, ~ you shall have a half holiday. おとなしくしていると昼から休みにして上げるかもしれないよ. ― *n.* 仮定, 偶然の事 (contingency): These are all ~*es*. これは皆どうなるやらわからないことばかりだ.

pèr·hydrógenate [pə̀:-, pɛ̀ə- | pə̀:-] 〘← PER- + HYDROGENATE〙 *vt.* 〘化学〙ペルヒドロ化する, 完全に水素化する.

pèr·hydrógenize [pə̀:-, pɛ̀ə- | pə̀:-] 〘← PER- + HYDROGENIZE〙 *vt.* 〘化学〙=perhydrogenate.

pe·ri [pí(ə)ri | píərɪ] 〘(1777) ▭ Pers. *peri, pari* fairy ← Aves. *pairikā* female demon〙 ― *n.* **1** 〘ペルシャ神話〙ペリ《悪魔に対し人間の味方をする親切で美しい妖精; 空中の高所にいて花の香で生きると想像される》. **2** かわいくて美しい人[女].

per·i- [pérɪ, -rə | -rɪ] 〘▭ L & Gk ~ ← Gk *peri, péri* (adv., prep.) around, about (cog. Skt *pari*): cf. per-〙 ― *pref.* **1**「回りの[に], 周囲に」の意: periscope, perineurium. **2**「近くに」の意: perihelion.

péri ácid [péri- | -rɪ-] *n.* 〘化学〙ペリ酸, α-ナフチルアミンスルホン酸 ($H_2NC_{10}H_6SO_3H$)《アゾ染料の原料》.

pe·ri·a·gua [pèriá:gwə, -ǽg- | -rɪ-] *n.* =piragua.

Per·i·an·der [pèriǽndə | -rɪǽndə(r)] *n.* ペリアンドロス《625–585 B.C.; 古代ギリシャの Corinth の僭(せん)主; ギリシャ七賢人の一人; cf. Seven Sages》.

per·i·anth [périæ̀nθ | -rɪ-] 〘(1706) ← NL *perianthium*: ⇨ peri-, antho-, -ium〙 ― *n.* 〘植物〙花被《特に萼(がく)と花冠とが見分けにくいもの》. **per·i·an·thi·al** [pèriǽnθiəl | -rɪǽnθɪ-] *adj.*

per·i·ap·sis [pèriǽpsɪs, -səs | -rɪǽpsɪs] *n.* (*pl.* **-ap·si·des** [-sədì:z | -sɪ-]) 〘天文〙=pericenter (cf. apoapsis).

per·i·apt [périæ̀pt | -rɪ-] 〘(1584) ▭ F *périapte* ▭ Gk *períapton* hung around ← PERI- + *háptein* to fasten〙 *n.* お守り, 護符 (amulet).

pèri·arterítis 〘← NL ~: ⇨ peri-, arteritis〙 *n.* 〘病理〙動脈周囲炎.

periarterítis no·dó·sa [-noudóusə | -nəudə́u-] 〘← NL ~ ← L *nōdōsa* (fem.) ← *nōdōsus* 'knotty, NODOSE'〙 *n.* 〘病理〙結節性動脈周囲炎.

per·i·as·tron [pèriǽstrən, -trɑn | -rɪǽstrən, -trɔn] 〘← NL ~ ← PERI- + Gk *ástron* 'STAR'〙 *n.* (*pl.* **-as·tra** [-trə]) 〘天文〙近星点 (cf. apastron).

per·i·au·ger [pèriɔ́:gə | -rɪɔ́:gə(r)] *n.* 《古》=piragua.

per·i·blast [pérəblæ̀st | -rɪ-] *n.* 〘生物〙 **1** 周縁質《鳥類・魚類のような多黄卵で, 胚盤の周囲にあり, 卵黄塊との境界部の多核の細胞質》. **2** 核外膜《硬骨魚類の発生中に現われる黄色の原形質の薄層》.

per·i·blem [pérəblèm | -rɪ-] 〘▭ G *Periblem* ▭ Gk *períblēma* anything thrown or put around ← PERI- + *blēma* a casting (← *bállein* to throw)〙 ― *n.* 〘植物〙原皮層《のちに内皮となる頂端分裂組織の一部》.

pe·rib·o·los [pəríbəlɑs, -lɑ̀s | -ləs, -lɔ̀s] 〘▭ LL *peribolus* ∥ Gk *peribolos* enclosure ← PERI- + *bállein* (↑)〙

— n. (pl. -o·loi [-lɔ̀ɪ]) 《古》神殿や教会の周りの囲い地[庭](を囲む壁).

pe·rib·o·lus [pərɪ́bələs] n. (pl. -o·li [-làɪ, -lìː]) =peribolos.

pèri·cámbium 〖← NL ～: ⇨ peri-, cambium〗 n. 《植物》周囲形成層 (⇨ pericycle).

pericardia n. pericardium の複数形.

pèri·cárdiac adj. 《解剖》=pericardial.

pèri·cárdial 〖← PERICARDI(UM)+-AL¹〗 adj. 《解剖》心膜の, 心嚢(のう)の, 心包の; 心臓周囲の: the ～ glands 囲心腺(せん).

pèri·cardítis 〖(1799): ⇨ ↓, -itis〗 n. 《病理》心嚢(のう)炎, 心膜炎.

per·i·car·di·um [pèrəkɑ́ːdiəm | -rɪkɑ́ːdjəm, -diəm] 〖(1576) ← NL ～ ⊏ Gk perikárdion near the heart ← PERI-+kardía 'HEART'〗 — n. (pl. -di·a [-diə | -djə, -dɪə]) **1** 《解剖》心膜, 心嚢(のう), 心包. **2** 《動物》囲心腔, 囲心洞.

per·i·carp [pérəkɑ̀ːp | -rɪkɑ̀ːp] 〖← NL pericarp-ium ⊏ Gk perikárpion pod, husk: ⇨ peri-, -carp〗 — n. 《植物》果皮《外果皮 (epicarp), 中果皮 (mesocarp), 内果皮 (endocarp) に分れている》. **per·i·car·pi·al** [pèrəkɑ́ːpiəl | -rɪkɑ́ːpɪəl, -pjəl] adj.

per·i·ce·men·tum [pèrəsɪméntəm, -sə- | -rɪsɪméntəm] 〖← NL ～: ⇨ peri-, cementum〗 n. 《歯科》=periodontal membrane.

per·i·cen·ter [pérəsèntə, ⌐⌐⌐ | pérɪsèntə(r, ⌐⌐⌐] 〖← PERI-+CENTER〗 n. 《天文》近心点《天体が第二の天体のまわりを公転する時, その軌道上で第二の天体からの距離が極小となる点; cf. apocenter》.

per·i·chae·ti·um [pèrəkíːtiəm | -rɪkíːtiəm, -tjəm] 〖← NL ～ ← PERI-+Gk khaítē mane, foliage+-IUM〗 — n. (pl. -ti·a [-tiə | -tɪə, -tjə]) 《植物》花葉(か)《蘚(せん)類の造卵器を囲む》.

per·i·chon·dri·um [pèrəkɑ́ndriəm | -rɪkɔ́ndrɪ-] 〖← NL ～: ⇨ peri-, chondri-¹, -ium〗 n. (pl. -dri·a [-driə | -drɪə]) 《解剖》軟骨膜. **pèr·i·chón·dri·al** [-driəl | -drɪ-] adj. **pèr·i·chón·dral** [-drəl] adj.

per·i·clase [pérəklèɪs, -klèɪz | -rɪ-] 〖← NL periclasia ⊏ Gk periklasis a breaking round ← PERI-+kláein to break+-SIS〗 — n. 《鉱物》ペリクレース (MgO)《dolomite が熱分解した時などにできる鉱物》.

Per·i·cle·an [pèrəklíːən | -rɪ-] 〖⇨ ↓, -an¹〗 adj. (Athens の全盛期である) Pericles 時代の.

Per·i·cles [pérəklìːz | -rɪ-] n. ペリクレス《495?-429 B.C.; Athens の全盛時代 (the Age of Pericles) を現出した古代ギリシャの政治家・将軍》.

Péricles, Prínce of Týre n. 「ペリクリーズ」《Tyre の領主 Pericles を主人公にした Shakespeare の作とされるロマンス劇 (1607-08)》.

per·i·cli·nal [pèrəkláɪnl | -rɪ-] 〖← Gk periklin(ḗs) sloping on all sides+-AL¹〗 — adj. **1** 《植物》並層の《器官の周縁に平行であることにいう; cf. anticlinal 3》. **2** 《植物》〈キメラ (chimera) が〉周縁の《一つの組織が他の種類の組織に完全に取り巻かれている組織をもった; cf. sectorial 2》. **3** 《地質》=quaquaversal.

per·i·cline [pérəklàɪn | -rɪ-] 〖⊏ Gk periklin-ḗs (↑)〗 n. **1** 《鉱物》ペリクリン《曹(そう)長石の一種》. **2** 《植物》並層細胞膜.

pe·ric·o·pe [pərɪ́kəpi, -pìː | pərɪ́kəpɪ, pɪ-, pe-] 〖(1658) ⊏ L pericopē ⊏ Gk perikopḗ a cutting of a book ← PERI-+kopḗ a cutting (cf. kóptein to cut)〗 — n. (pl. ～s, -o·pae [-pìː, -pàɪ]) **1** (引用・抜粋などの)短章句, 節 (passage). **2** 《キリスト教》聖書抜抄[抜粋]句, 奉読章句, ペリコーペ《ミサ聖祭[聖餐式]などの朗読用として, 福音書または書簡から抜粋した章句》.

per·i·cra·ni·um [pèrəkréɪniəm | -rɪkréɪnjəm, -nɪəm] 〖(1541) ← NL ～ ⊏ Gk perikránion (neut.) ← perikránios around the skull: ⇨ peri-, cranium〗 — n. (pl. -ni·a [-niə | -njə, -nɪə]) **1** 《解剖》頭骨骨膜. **2** 《古・戯言》頭蓋(がい)骨 (skull), 頭 (brain). **3** 知力, あたま. **pèr·i·crá·ni·al** [-niəl | -njəl, -nɪəl] adj.

per·i·cy·cle [pérəsàɪkl | -rɪ-] 〖⊏ Gk períkukl-os all around: ⇨ peri-, cycle〗 — n. 《植物》内鞘(しょう)《中心柱の最も外側にある1層から数層にわたる細胞膜; pericambium ともいう》. **per·i·cy·clic** [pèrəsáɪklɪk, -sík- | -rɪ-] adj.

per·i·cyn·thi·on [pèrəsínθiən | -rɪsínθɪ-] n. 《天文》=perilune.

per·i·den·tal [pèrədéntl | -rɪdéntl] 〖← PERI-+DENTAL〗 adj. 《歯科》=periodontal.

peridéntal mémbrane n. 《歯科》=periodontal membrane.

per·i·derm [pérədə̀ːm | -rɪdə̀ːm] 〖← NL peridermis: ⇨ peri-, -derm〗 — n. 《植物》周皮. **per·i·der·mal** [pèrədə́ːməl | -rɪdə́ː-] adj. **per·i·der·mic** [pèrədə́ːmɪk | -rɪdə́ː-] adj.

peridia n. peridium の複数形.

Per·i·din·i·a·ce·ae [pèrədɪ̀niéɪsiìː | -rɪdɪnɪ-] 〖← NL ～ ← Peridinium (属名: ← Gk peridī́nēs whirled around)+-ACEAE〗 — n. pl. 《植物》(渦藻類)ペリジニウム科. **pèr·i·dìn·i·á·ceous** [-ʃəs] adj.

peridiola n. peridiolum の複数形.

pe·rid·i·ole [pərɪ́diòʊl | -dɪəʊl] 〖← NL peridiol-um (↓): ⇨ -ole²〗 n. 《植物》小皮子《散布体の一種》.

pe·rid·i·o·lum [pərɪ̀diə́ʊləm | -dɪə́ʊ-] 〖← NL ～ (dim.) ← peridium (↓)〗 n. (pl. -o·la [-lə]) 《植物》=peridiole.

pe·rid·i·um [pərɪ́diəm | pərɪ́dɪ-, pɪ-, pe-] 〖← NL ～ ⊏ Gk pērídion (dim.) ← pḗra leather pouch, wallet〗 — n. (pl. -i·a [-diə | -dɪə]) 《植物》子殻 (cf. endoperidium, exoperidium). **pe·ríd·i·al** [-diəl | -dɪ-] adj.

per·i·dot [pérədòʊt, -dɑ̀t | -rɪdɔ̀t] 〖(?c1380) peritot ⊏ OF (F péridot) ← ?〗 — n. 《鉱物》ペリドット《濃緑色透明の橄欖(かんらん)石; cf. olivine, chrysolite》.

peridot of Ceylon 《鉱物》セイロンペリドット《蜜黄色または黄緑色の電気石; 宝石に用いる》.

per·i·do·tic [pèrədóʊtɪk, -dɑ́t- | -rɪdə́ʊt-, -dɔ́t-] adj.

pe·rid·o·tite [pərɪ́dətàɪt, pérədoʊt-, -dɑt- | pərɪ́dətàɪt, pɪ-, pe-, pérɪdɔt-] 〖⊏ F péridotite: ⇨ ↑, -ite¹〗 — n. 《岩石》橄欖(かんらん)岩《深成岩の一種; cf. dunite》. **pe·ri·do·tit·ic** [pərɪ̀dətɪ́tɪk, pèrəd- | pərɪ̀dətɪ́t-, pèrɪd-] adj.

per·i·ge·al [pèrədʒíːəl | -rɪ-] adj. 《天文》=perigean.

per·i·ge·an [pèrədʒíːən | -rɪdʒíːən, -dʒíən] adj. 《天文》近地点の.

perigéan tíde n. [the ～] 《天文》近地点潮《月が近地点付近にあり, 潮差が最も大きくなる潮汐》.

per·i·gee [pérədʒìː | -rɪ-] 〖(1594) ⊏ F périgée ‖ NL perigēum ⊏ Gk perígeion around the earth ← PERI-+gē earth〗 — n. 《天文》近地点《月や人工衛星などの軌道中, 地球に最も近い点; cf. perilune; ↔ apogee; ⇨ apogee 挿絵》.

per·i·gla·cial [pèrəgléɪʃəl | pèrɪgléɪsjəl, -sɪəl, -ʃɪəl, -ʃəl, -glǽsɪəl, -sjəl] 〖← PERI-+GLACIAL〗 adj. 《地質》氷河周辺の, 周氷河の.

per·i·gon [pérəgɑ̀n | -rɪgɔ̀n] 〖← PERI-+-GON〗 n. 周角《360 度の角; round angle ともいう》.

per·i·gone [pérəgoʊn | -rɪgəʊn] 〖⊏ F périgone ‖ NL perigonium (↓)〗 n. 《植物》=perigonium.

per·i·go·ni·um [pèrəgóʊniəm | -rɪgə́ʊnɪəm, -njəm] 〖← NL ～: ⇨ peri-, gon-, -ium〗 n. (pl. -ni·a [-niə | -nɪə, -njə]) 《植物》(コケ類の)花被.

Per·i·gor·di·an [pèrəgɔ́ːdiən | -rɪgɔ́ːdɪ-] adj. 《考古》ペリゴール文化の《フランス南部の, 特に Périgord [pèrəgɔ́ə | -rɪgɔ́ː(r; F. perigɔːr] 近辺に見られる旧石器時代の特徴をもった文化にいう》.

pe·rig·y·nous [pərɪ́dʒənəs | pərɪ́dʒɪ-, pɪ-, pe-] 〖← NL perigynus: ⇨ peri-, -gynous〗 — adj. 《植物》**1** 子房周位の, 子房中位の《雄蕊が雌蕊の周囲にある》. **2** 〈花が〉(そのような)子房周位型の《桜, 桃など》.

pe·rig·y·ny [pərɪ́dʒəni | pərɪ́dʒɪni, pɪ-, pe-] 〖← PERI-+-GYNY〗 n. 《植物》子房周位, 子房中位.

per·i·he·lion [pèrəhíːljən, -liən | -rɪhíːljən, -lɪən] 〖(1666) 《変形》← NL perihelium ← PERI-+Gk hḗlios sun〗 — n. (pl. -li·a [-ljə, -liə | -ljə, -lɪə], ～s) 《天文》近日点《惑星または彗(すい)星の軌道中, 太陽に最も近い点; ↔ aphelion; ⇨ aphelion 挿絵》. **pèr·i·hé·lial** [-ljəl, -liəl | -ljəl, -lɪəl] adj.

per·i·kar·y·on [pèrəkǽriɑ̀n, -ən | -rɪkǽrɪɔ̀n, -ən] 〖← NL ～ ← PERI-+Gk káruon nut〗 — n. 《生物》(神経細胞の)細胞体, 周核体. **pèr·i·kár·y·al** [-riəl | -rɪ-] adj.

per·il [pérəl | -rəl, -rɪl] 〖(?a1200) ⊏ (O)F péril < L periculum trial, danger ← *per- to try, 《原義》lead across (cf. fear, experience)+-culum '-CLE'〗 — n. 危険, 冒険, 危難 (danger, risk); 危険[危難, 危害]を招くもの: at all ～s どんな危険を冒してでも / His life is in ～.=He is in ～ of his life. ⇨ in PERIL of / in the hour [time] of ～ いざという時に.

at one's peril [警告・命令などに用いて](無視・不服の場合は)身に危険があるものと思って, 責任を負うつもりで: You do it *at your* ～! やるなら責任を覚悟でやれ / Resist *at your* ～! 反抗すると危いぞ. ***at the peril of*** …をかけて: Do it *at the* ～ *of* your life. 命をかけてそれをせよ. ***by [for] the peril of my soul*** 神にかけて, 誓って. ***in peril of*** …の[が]危険にさらされて: He is *in* ～ *of* his life. 彼の生命は危い / The ship was *in* imminent ～ *of* being wrecked. 船は今にも難破しようとしていた.

perils of the sea [the —] 海に固有の危険《嵐や海難など》.

— vt. (per·iled, -illed; -il·ing, -il·ling) 危険にさらす, 危うくする (imperil), 賭(と)する (risk).

pe·ril·la [pərɪ́lə] 〖← NL ～ (dim.) ← pēra bag, wallet〗 — n. 《植物》シソ《アジア産のシソ属 (Perilla) の植物の総称; アカジソ (P. frutescens), チリメンジソ (P. frutescens var. crispa) など》.

perílla òil n. えの油(ゆ)《エゴマの種子から採る乾性油; ニス, 印刷インキ等の製造及び東洋では食用》.

per·il·ous [pérələs | -rə-, -rɪ-] 〖(c1300) ⊏ OF perillous, perilleus (F périlleux) < L perīculōsum ← perīculum 'PERIL': ⇨ -ous〗 — adj. **1** 危険な, 危い; 冒険的な: a ～ journey / The crisis remained ～. 危機はまだ続いていた. **2** 差し迫る危険にさらされた, 危機に瀕した. **～·ly** adv. **～·ness** n.

péril pòint n. 《米》《経済》臨界点, 臨界税率《国内産業を阻害しない限度の最低関税率》.

per·i·lune [pérəlùːn | -rɪ-] 〖← PERI-+L lūna moon: cf. lunar〗 n. 《天文》近月点《人工衛星がその軌道上で月に最も近くなる点; cf. perigee; ↔ apolune》.

per·i·lymph [pérəlɪ̀mf | -rɪ-] n. 《解剖》外リンパ《耳の膜迷路と骨迷路の間の液; cf. endolymph》. **per·i·lym·phat·ic** [pèrəlɪmfǽtɪk | -rɪlɪmfǽt-] adj.

pe·rim·e·ter [pərɪ́mətə | pərɪ́mɪtə(r, pɪ-, pe-, -mə-] 〖(1592) ⊏ F périmètre ‖ L perimetr-os ⊏ Gk perímetros: ⇨ peri-, -meter¹〗 — n. **1 a** 《数学》(平面図の)周囲, 周辺; (多角形などの)周辺の長さ. **b** 周囲 (circuit), 周界 (boundary): the ～ of a garden. **c** (野営陣地・要塞・空港などの)周辺, 周辺地域. **2** 《軍事》(ある地区周辺の)防御線, 防御地帯: ～ defense (敵の攻撃に対して暴露している側面がないように, 防御を固めた)周辺防御(陣地). **3** 《眼科》(周辺)視野計. **per·i·met·ric** [pèrəmétrɪk | -rɪ-] adj. **pèr·i·mét·ri·cal** adj. **pèr·i·mét·ri·cal·ly** adv.

pe·rim·e·try [pərɪ́mətri | pərɪ́mɪtrɪ, pɪ-, pe-, -mə-] n. 《眼科》(視野計による)(周辺)視野測定[計測](法).

per·i·morph [pérəmɔ̀əf | -rɪmɔ̀ːf] — n. 《鉱物》外包鉱物《他の鉱物を包み込んでいる鉱物; ↔ endomorph》. **per·i·mor·phic** [pèrəmɔ́əfɪk | -rɪmɔ́ː-] adj. **pèr·i·mór·phous** [-mɔ́əfəs | -mɔ́ː-] adj.

per im·pós·si·bi·le [pɛ̀ə-ɪmpɑ́səbəleɪ, pə̀ː-ɪmpɑ́sɪbəlɪ | pə̀ː(r)-ɪmpɔ́sɪbəlèɪ] 〖⊏ L ～ 'through the impossible'〗 adv. 事実上不可能な手段によって.

per·i·my·si·um [pèrəmɪ́ziəm, -ʒiəm | -rɪmɪ́zɪ-] 〖← NL ～ ← PERI-+Gk mûs 'MUSCLE'+-IUM〗 — n. (pl. -si·a [-ziə, -ʒiə | -zɪə]) 《解剖・動物》筋鞘(しょう), 筋周膜, 筋繊維鞘.

per·i·na·tal [pèrənéɪtl | -rɪnéɪtl] — adj. 《医学》(小児科で)周生期の, 出生周辺期の; (産科で)周産期の《産前産後をさす》: ～ death 周生期[周産期]死亡 / ～ period.

per in·cú·ri·am [-ɪnkjú(ə)riəm, -ən-, -ɪŋ-, -əŋ- | -ɪnkjúərɪ-, -ɪŋ-] 〖⊏ L per incūriam by oversight (of the judge)〗 — adv. 《法律》過失で, 不注意で《裁判官が判決に当たって関連法令等を不注意で失念した場合など》.

perinea n. perineum の複数形.

per·i·ne·al [pèrəníːəl | -rɪ-] adj. 《解剖》会陰(えいん)(perineum) の: ～ laceration 会陰裂傷.

per·i·ne·um [pèrəníːəm | -rɪ-] 〖← NL ～ ⊏ Gk perínaion ← PERI-+ináein to evacuate〗 n. (pl. -ne·a [-níːə]) 《解剖》会陰(えいん)(部)《肛門と陰部との間の部分》.

per·i·neu·ri·tis [pèrənu(ə)ráɪtɪs, -təs | -rɪnju(ə)ráɪtɪs] n. 《病理》神経周囲炎.

per·i·neu·ri·um [pèrən(j)ú(ə)riəm | -rɪnjúərɪ-] 〖← NL ～: ⇨ peri-, neuro-, -ium〗 n. (pl. -ri·a [-riə | -rɪə]) 《解剖》神経周膜, 神経外鞘(しょう).

per·i·nu·cle·ar [pèrən(j)úːkliə | -rɪnjúːklɪə(r] 〖← PERI-+NUCLEAR〗 n. 《生物》核の周辺にある.

pe·ri·od [pí(ə)riəd | píərɪ-] 〖(1413) paryode ⊏ (O)F période ⊏ L periodus ⊏ Gk períodos a going round, period ← PERI-+hodós way〗 — n. **1** (ある一定の)期間: I lived in London for a ～ (of time). しばらくロンドンに住んだことがある / by ～s 周期的に / for a ～ of ten years=for a ten-year ～ 10 年間 / at stated [fixed] ～s 一定の期間を隔てて; 一定の時期に. **2 a** (ある特色をもつ)時期, 時代, 御代 (cf. age 6): the ～ of Queen Victoria ビクトリア女王時代 / the Restoration Period 王政復古時代 / at no ～ いつかいかなる時代にも(…したことが)ない. **b** (発達過程の)期, 段階 (stage): the youthful ～ of Shakespeare シェークスピアの青年時代 / the ～s of civilization 文明の諸段階期. **3** [the ～] 現代, 当世; 問題としている時代: the costume [catchwords] of *the* ～ 当世の服装[流行語] / the girl of *the* ～ 当世娘《19 世紀に軽薄な娘を呼んだ名》. **4** 末期, 終結, 結末 (end): come to a ～ 終わる / bring something to a ～ あることを終わらせる. **5** (ほぼ同一の事が繰り返される)一期間, 周期; (時間を測る単位となる)一定時間. **6** 《天文・物理》周期: ⇨ natural period, sidereal period. **7** 月経 (menses); 《卑》月経閉止. **8** 《医学》**a** (病気の)過程; (特色ある)段階, 期: the incubation ～=the ～ of incubation 潜伏期. **b** (発作の繰り返される)期間, 周期. **9** 《地質》紀《地質時代区分の中級の単位; 一つの紀に, いくつかの世 (epoch) を含み, またいくつかの紀が合わさって代 (era) となる》: the Devonian ～. **10** 《文法》**a** 文の終結; その句切り, 休止. **b** (文の完結または語の省略を示す)終止符, ピリオド (.) (cf. full stop). **11** 《数学》**a** (循環小数の)周期, 循環節. **b** (周期関数の)周期. **12** (桁数の大きい数字読取りの便宜のために打つ)コンマで区切られた一組の数字. **13** 《修辞》**a** 完成[完全]文《数節から成り終止符で完結する堂々とした文》. **b** [pl.] 美辞, 美文 (rhetorical language): flowing ～s 流麗な美文. **c** =periodic sentence. **14** 《古典詩学》二つまたは二つ以上の colon からなる韻律単位. **15** (一学科一回分の)授業時間, 時限, こま (class hour) (cf. hour 6 a): the second ～ 第2時限 / a 100-minute ～ 100 分授業のひとこま. **16** 《化学》(元素の)周期. **17** 《競技》試合の一区切り《前半・後半など》. **18** 《音楽》(楽式構造の)楽節《あるひとつの完結した楽想を表現する区切り; 図式的には 8 小節の楽節は 4 小節の楽句 (phrase) 2 つに分かれ, 各々さらに 2 小節の動機 (motif) に分割できるものが多いとされている; sentence ともいう》.

put a period to …に終止符を打つ, …にけりをつける (cf. *put a* STOP *to*).

— attrib. adj. ある(過去の)時代の, 時代物の: ～ furniture, costume, catchwords, etc. / Lovely ～ house for sale. [広告]きれいな昔風の家売ります / a ～ novel [play] 時代小説[劇] / ⇨ period piece.

— int. 《口語》[発話の「完結」を強調のために言葉で表わして](以上)終わり. ★ 文の終わりに通例前にコンマまたはダッシュを置いて用いる; 前文と独立して用いることもある.

pèr·iodate [pə̀ː-, pɛ̀(ə)r- | pə̀ː(r)-] 〖← PERIOD(IC²)+-ATE¹〗 n. 《化学》過ヨウ素酸塩[エステル].

pe·ri·od·ic¹ [pì(ə)riɑ́dɪk | pɪ̀ərɪɔ́d-] 〖(1642) ⊏ F périodique ‖ L periodic-us ⊏ Gk periodikós: ⇨ period, -ic¹〗 — adj. **1 a** 周期的の[に起こる]: a ～ wind 《海事》季節風 / at ～ intervals 周期的な間隔をおいて.

b 定期(的)の, 定時(的)の (cyclical): ～ checkups 定期検診. **2** 間欠的な, 断続的な. **3**〘物理・天文〙周期的の, 周期運動をする: a ～ time 一周期間. **4**〘修辞〙**a** 完成[完全]文の; 美文の (cf. period 13 a, b). **b**〈文が〉掉(ち)尾文の: ⇨ periodic sentence.

pèr·iódic[2] [pə̀ː-, pɛ̀(ə)r- | pə̀ː(r)-]〘← PER-+IODIC〙 *adj.*〘化学〙過ヨウ素酸の[から誘導した].

periódic ácid *n.*〘化学〙過ヨウ素酸 ($HIO_4·2H_2O$).

pè·ri·ód·i·cal [-dɪkəl, -də- | -dɪ-]〘adj.:《(1601)》← L *periodic(us)* 'PERIODIC[1]' + -AL[1]. — n.:《(1798)》← (adj.)〙 — *adj.* **1**〈雑誌など〉定期刊行の; 定期刊行物[雑誌]の. **2** =periodic[1]. — *n.* (日刊以外の)定期刊行物, 雑誌. **～·ly** *adv.*

periódical cicáda *n.*〘昆虫〙=seventeen-year locust.

periódic fúnction *n.*〘数学〙周期関数《一定の周期で同じ値を繰り返す関数》.

pe·ri·o·dic·i·ty [pɪ̀(ə)riədísəṭi | pɪ̀əriədísətɪ, -rɪɔ-, -sɪ-]〘《(1833)》⊏ F *périodicité*: ⇨ periodic[1], -ity〙 — *n.* **1 a** 定期的に繰り返すこと, 定期性, 周期性. **b** 周期数; 周律. **2**〘天文〙周期性《一定の周期で現われる[起こる]こと》. **3**〘医学〙(発作などの)周期性. **4**〘化学〙(元素の)周期性. **5**〘電気〙周期波, 周期性.

periódic láw *n.* [the ～]〘化学〙周期律《元素の性質の周期性に関する法則; Mendeleev's law ともいう》.

periódic mótion *n.*〘物理〙周期運動.

periódic ophthálmia *n.*〘獣医・病理〙=moon blindness.

periódic séntence *n.*〘修辞〙掉(ち)尾文《文尾に至るまで文意の完成しない文; 荘重な文語体に多い; cf. loose sentence》.

periódic sýstem *n.*〘化学〙周期系《周期律に基づいて配列分類された元素の体系》.

periódic táble *n.* [the ～]〘化学〙(元素)周期表.

pèr·íodide [pə̀ː-, pɛ̀(ə)r- | pə̀ːr-]〘← PERIOD(IC[2])+-IDE[2]〙 *n.*〘化学〙過ヨウ化物, ペルヨウド化物.

pe·ri·od·i·za·tion [pɪ̀(ə)riədɪzéɪʃən, -də- | pɪ̀əriədaɪ-, -dɪ-]〘← PERIOD+-IZE+-ATION〙 *n.* 時代に区分すること.

per·i·o·don·tal [pèrio(ʊ)dάnṭl | -rɪə(ʊ)dɔ́ntl]〘← PERI-+ODONT-+-AL[1]〙 *adj.*〘歯科〙歯周の, 歯を取り巻く. **～·ly** *adv.*

periodóntal mémbrane [lígament] *n.*〘歯科〙歯根膜《歯根と歯槽骨の間を埋め歯を支持し栄養を補給する組織》.

periodóntal pócket *n.*〘歯科〙歯周ポケット, 盲嚢《歯と歯肉の間にできたやや深い溝》.

periodontia *n.* periodontium の複数形.

per·i·o·don·tics [pèrio(ʊ)dάnṭɪks | -rɪə(ʊ)dɔ́nt-]〘⇨ periodontium, -ics〙 *n.* 歯周病学《歯周疾患の治療を研究する》.

per·i·o·don·tist [pèrio(ʊ)dάnṭɪst, -ṭəst | -rɪə(ʊ)dɔ́ntɪst]〘⇨ periodontium, -ist〙 *n.*〘歯科〙歯周病専門医, 歯槽膿漏症専門医.

per·i·o·don·ti·tis [pério(ʊ)dαntáɪṭɪs, -ṭəs | -rɪə(ʊ)dɔntáɪtɪs]〘← NL ～: ⇨ periodontium, -itis〙 *n.*〘歯科〙歯周炎.

per·i·o·don·ti·um [pèrio(ʊ)dάnʃiəm, -ʃəm | -rɪə(ʊ)dɔ́nʃɪəm]〘← NL ～: ⇨ peri-, -odont, -ium〙 *n.* (*pl.* **-don·ti·a** [ʃiə-, -ʃə | -ʃɪə])〘歯科〙歯周組織《歯肉・歯槽骨・歯根膜・セメント質からなる歯を支持する組織》.

per·i·o·don·tol·o·gy [pèrio(ʊ)dαntάlədʒi | -rɪə(ʊ)dɔntɔ́lədʒɪ]〘⇨ ↑, -ology〙 *n.*〘歯科〙=periodontics.

périod pìece *n.* (小説・画・家具・音楽などの)時代物《過去のある時代を題材にした作品, またその時代の特徴を示す作品》.

per·i·o·nych·i·a [pèrio(ʊ)níkiə | -rɪə(ʊ)níkɪə]〘← NL ～: ⇨ ↓, -ia[1]〙 *n.*〘病理〙ひょうそ, 爪床周囲炎, 爪囲炎.

per·i·o·nych·i·um [pèrio(ʊ)níkiəm | -rɪə(ʊ)níkɪ-]〘← NL ～ ← PERI-+Gk *ónux* nail+-IUM〙 *n.* (*pl.* **-nych·i·a** [-kiə | -kɪə])〘解剖〙爪床縁表皮.

per·i·ost- [pèriάst | -rɪɔ́st] (母音の前に来る時の) periosteo- の異形.

per·i·os·te- [pèriάsti | -rɪɔ́stɪ] periosteo- の異形.

periostea *n.* periosteum の複数形.

per·i·os·te·al [pèriάstiəl | -rɪɔ́stɪ-]〘⇨ ↓, -al[1]〙 *adj.* 骨膜の.

per·i·os·te·o- [pèriάstio(ʊ) | -rɪɔ́stɪə(ʊ)]〘← NL *periosteum* (↓)〙「骨膜 (periosteum); 骨膜と…との (periosteal and …)」の意の連結形. ★ 時に perioste-, また母音の前では通例 periost- になる.

per·i·os·te·um [pèriάstiəm | -rɪɔ́stɪ-]〘← NL ～ ⊏ Gk *periósteon* (neut.) round the bones ← PERI-+*ostéon* bone〙 *n.* (*pl.* **-te·a** [-tiə | -tɪə])〘解剖〙骨膜.

per·i·os·ti·tis [pèriαstáɪṭɪs, -ṭəs | -rɪɔstáɪtɪs]〘← NL ～: ⇨ periosteo-, -itis〙 *n.*〘病理〙骨膜炎. **per·i·os·tit·ic** [-rɪαstíṭɪk | -rɪɔstítɪk] *adj.*

per·i·os·tra·cum [pèriάstrəkəm | -rɪ́ɔs-]〘← NL ～ ← PERI-+Gk *óstrakon* shell〙 — *n.* (*pl.* **-tra·ca** [-kə]) 殻(かく)皮[外殻]層《ある種の軟体動物の貝殻の最外層として分泌されるキチン質の層》.

per·i·o·tic [pèrióʊṭɪk, -άṭ- | -rɪə́ʊt-, -ɔ́t-]〘← PERI-+-OTIC[2]〙 *adj.*〘解剖〙**1** 内耳を取り巻く, 内耳周辺の. **2** 囲耳骨の.

Per·i·pa·tet·ic [pèrəpəṭéṭɪk | -rɪpətét-]〘《(?*a*1425)》 *perypatetik* ⊏ (O)F *péripatétique* // L *peripatētic-us* ⊏ Gk *peripatētikós* walking about ← PERI-+*patein* to walk: ⇨ -ic[1]〙 — *adj.* **1**〘哲学〙ペリパトス学派の, 逍遙(しょうよう)[アリストテレス]学派の《Aristotle がアテネの Lyceum の園を逍遙しつつ門弟に教えたことから》. **2** [p-] 歩き回る, 渡り歩く: a *peripatetic* preacher 巡回説教師. — *n.* **1**〘哲学〙ペリパトス[逍遙]学派(の学徒), アリストテレスの門人. **2** [p-]《戯言》**a** 歩き回る人; 行商人, 旅商人. **b** [*pl.*] 往復の旅, 行ったり来たり. **pèr·i·pa·tét·i·cal·ly** *adv.*

Pèr·i·pa·tét·i·cism [-ṭəsɪzm | -tɪ-] *n.* **1** ペリパトス[逍遙(しょうよう)], アリストテレス]学派の哲学. **2** [p-] 逍遙(癖), 散策; 遍歴, 巡回.

pe·rip·a·tus [pərípəṭəs | pərípətəs, pɪ-, pe-]〘← NL ～ (属名) ← Gk *perípatos* ← PERI-+*pátos* path (cf. *patein* to walk)〙 — *n.*〘動物〙カギムシ《環形動物から節足動物へ進化の過程にある動物で, 芋虫状; 熱帯, 亜熱帯地方に約 70 種あり, 有爪動物門を形成する》.

per·i·pe·tei·a [pèrəpəṭíː(j)ə, -táɪə | -rɪpɪ-]〘⊏ Gk *peripéteia* sudden reversal ← PERI-+*pet- to fall (cf. *píptein* to fall)+-IA[1]〙 — *n.* (*also* **per·i·pe·ti·a** [pèrəpətáɪə | -rɪpɪ-]) **1** (戯曲・小説等で)事情の激変, 筋の急転回 **2** 運命の急変, 有為転変.

pe·rip·e·ty [pərípəṭi | pərípətɪ, pɪ-, pe-] *n.* =peripeteia.

pe·riph·er·ad [pərífəræ̀d | pə-, pɪ-, pe-]〘← PERIPHERY+-AD[3]〙 *adv.*〘解剖〙末梢方向へ向けて.

pe·riph·er·al [pəríf(ə)rəl | pərífər-, pɪ-, pe-]〘《(1808)》← PERIPHERY+-AL[1]〙 — *adj.* **1** 周囲[外囲, 外面] (periphery) の, 周辺部にある: a ～ area. **2** 本質に触れない, 上っ面の[をなでるだけの], 枝葉の. **3**〘解剖〙(神経の)末梢(まっしょう)の. **4**〘生理〙(視野などの)中心を外れた, 周辺の. **5 a** 補助的な, 補足的な: a ～ equipment 補助機器. **b**〘電算機〙周辺の, 周辺装置の (cf. central 8): a ～ availability list 利用できる周辺装置のリスト(略 PAL). — *n.*〘電算機〙周辺装置, 周辺機器《磁気テープ・高速度印刷機・鍵盤・表示装置など》. **～·ly** *adv.*

perípheral nérve *n.*〘解剖〙末梢(まっしょう)神経.

perípheral nérvous sỳstem *n.*〘解剖・生理〙末梢神経系.

perípheral vísion *n.* 周辺視野[力], 周辺視(覚).

pe·riph·er·y [pəríf(ə)ri | pərífərɪ, pɪ-, pe-]〘《(1571)》⊏ F *périphérie* ⊏ LL *peripheria* ⊏ Gk *periphéreia* circumference, carrying around ← PERI-+*phérein* 'to BEAR[2]': ⇨ -y[1]〙 — *n.* **1**〘数学〙(円・長円などの)周囲, 円周 (circumference). **2 a** (物体の)外面, 外囲 (outer surface); 胴回り. **b** 周辺: *on* the ～ *of*…の周辺に. **3**〘解剖〙末梢(まっしょう)《血管・神経など》.

per·i·phon·ic [pèrəfάnɪk | -rɪfɔ́n-]〘← PERI-+PHONIC〙 *adj.* 全方向的[多スピーカー]音響システムの.

per·i·phrase [pérəfrèɪz | -rɪ-]〘⊏ F *périphrase*-r ← *périphrase* ⊏ L *periphrasis* (↓)〙 *vt., vi.* 回りくどく[遠回しに]言う. — *n.* =periphrasis.

pe·riph·ra·sis [pərífrəsɪs, -səs | pərífrəsɪs, pɪ-, pe-]〘《(1533)》⊏ L ～ ⊏ Gk *períphrasis* circumlocution ← PERI-+*phrázein* to speak+-SIS〙 — *n.* (*pl.* **-ra·ses** [-sìːz]) **1**〘修辞〙迂(う)言法 (circumlocution)《言葉数を多く使って間接的に遠回しに表現すること; cf. tautology 1, pleonasm》. **2**〘文法〙迂言(法)《一つの文法形態に対して 2 語以上の語を用いて表わすこと》. **3** 遠回しの言い方; 回りくどい言い回し.

per·i·phras·tic [pèrəfrǽstɪk | -rɪ-]〘《(1805)》⊏ Gk *periphrastik-ós*: ⇨ ↑, -ic[1]〙 — *adj.* **1**〘文法・修辞〙迂(う)言的な: ～ comparison 迂言的比較変化《原級の前に more, most を添えて比較級・最上級を作るもの》/ ～ conjugation 迂言的活用《助動詞の助けを借りる動詞の活用; 例えば went の代わりの did go など》/ the ～ genitive 迂言的属格《語尾変化によらずに前置詞 of によって示す属格で, 前置詞属格 (prepositional genitive) ともいう; 例えば *Caesar's* wife に対する the wife *of Caesar*》. **2** 回りくどい, 遠回しの, 冗長な. **pèr·i·phrás·ti·cal·ly** *adv.*

pe·riph·y·ton [pərífəṭὰn | pərífɪtɔ̀n, pɪ-, pe-]〘← NL ～ ← PERI-+Gk *phutón* plant〙 — *n.*〘生態〙付着藻類, 植物表面生物. **pe·ri·phyt·ic** [pèrəfíṭɪk | -rɪfít-] *adj.*

per·i·plast [pérəplæ̀st | -rɪ-]〘← PERI-+-PLAST〙 — *n.* **1**〘生物〙原形質膜 (plasma membrane). **2**〘動物〙単位膜《特に, ミドリムシ属 (*Euglena*) の原生動物の原形質膜の下部にある蛋白質性の層》.

per·i·plus [pérəplὰs, -pləs, -plùːs | -rɪ-]〘⊏ L ～ // Gk *períplous* ← PERI-+*ploûs* voyage〙 — *n.* (*pl.* **per·i·pli** [-plàɪ, -pliː]) **1** 周辺航海, 周航; 周辺旅行. **2** 周航記, 周辺旅行記.

per·ip·neu·stic [pèrɪpn(j)úːstɪk, -rəp- | -rɪpnjúː-]〘← PERI-+Gk *pneustikós* of breathing (← *pnéein* to breathe)〙 *adj.*〘動物〙側気門式の, 周縁気門式の.

per·i·proct [pérəprὰkt | -rɪprɔ̀kt]〘← PERI-+Gk *prōktós* anus〙 *n.*〘生物〙囲肛部《棘皮(きょくひ)動物など無脊椎動物の肛門を囲む部分》.

pe·rip·ter·al [pərípt(ə)rəl | pə-, pɪ-, pe-]〘← L *peripteros* peristylar ⊏ Gk *perípteros* flying around ← PERI-+*pterón* feather, row of columns: ⇨ -al[1]〙 — *adj.*〘建築〙〈古代神殿など〉周囲に一列の円柱を建て連ねた, 周柱式の, 周翼式の (cf. pseudoperipteral).

pe·rip·ter·os [pəríptərὰs | pəríptərɔ̀s, pɪ-, pe-]〘← NL ～ ⊏ L *peripteros* (↑)〙 *n.*〘建築〙周柱式建築 (peripteral building).

pe·rip·ter·y [pərípt(ə)ri | pərípt(ə)rɪ, pɪ-, pe-]〘← Gk *perípteros* (↑)+-Y[1]〙 — *n.* **1**〘建築〙=peripteros. **2** ペリプタリー《運動する物体の周りで空気が影響を受け, 風が起こる範囲》.

pe·rique [pəríːk]〘⊏ Louisiana-F *périque* ← ? *Périque* (この品種を導入した米国のたばこ栽培業者 Pierre Chenet のあだ名)〙 — *n.* ペリーク《米国 Louisiana 州産の刻み用たばこの一種; 黒色で香りが強く繊維のあらい品種》.

per·i·sarc [pérəsὰək | -rɪsὰːk]〘← PERI-+Gk *sark-*, *sárx* flesh〙 *n.*〘動物〙(腔(こう)腸動物の)囲皮, 包皮.

per·i·scope [pérəskòʊp | -rɪskə̀ʊp]〘《(1899)》《逆成》↓〙 *n.* (潜水艦などの)潜望鏡, 展望鏡, ペリスコープ.

per·i·scop·ic [pèrəskάpɪk | -rɪskɔ́p-]〘《(1804)》← Gk *periskopein* to look around: ⇨ peri-, -scope, -ic[1]〙 — *adj.* **1** 潜望[展望]鏡(用)の. **2**〈レンズが〉四方を見渡す, 展望のよくきく, 斜めが見える. **pèr·i·scóp·i·cal** *adj.*

periscópic léns *n.*〘光学〙凹凸(おうとつ)レンズ《絞りについては対称においた 2 枚の凹凸レンズで構成されている初期の写真レンズの一種》.

periscope

per·i·se·lene [pèrəsəlíːni, -sə- | -rɪsɪlíːnɪ, -sə-]〘← PERI-+-selene (← Gk *selḗnē* moon)〙 *n.*〘天文〙=perilune.

per·i·se·le·ni·um [pèrəsəlíːniəm, -sə- | -rɪsɪlíːnjəm, -sə-, -nɪəm]〘← NL ～: ⇨ ↑, -ium〙 *n.*〘天文〙=perilune.

per·ish [pérɪʃ]〘《(*c*1275)》*perisse(n)* ⊏ (O)F *periss-* (stem) ← *périr* to perish < L *perire* to pass away ← PER-+*īre* to go〙 — *vi.* **1** (飢え・暴力などのために)死ぬ, 倒れる: ～ in battle 戦死する / ～ by [on] the way 旅行の途中で[業半ばにして]死ぬ / ～ *of* starvation [hunger] 餓死する / ～ by the sword 剣にて亡ぶ, 剣難にあう (cf. *Matt.* 26: 52). **2** 崩壊する, 崩れる; 朽ち果てる: The whole city ～*ed* in the earthquake. 地震で全市が崩壊した. **3** 滅びる, 消滅する; 失われる, 消え去る: The sailors ～*ed* in the sea. 水夫たちは海の藻屑と消え去った. **4** (精神的に)腐敗する, 堕落する. — *vt.* **1 a**《方言》〈寒さなどが〉〈植物を〉痛める, 枯らしてしまう: The heat [frost] has ～*ed* all vegetation. 暑さ[霜]で植物が皆枯れてしまった. **b**《古》殺す, 滅ぼす. **2** [通例 Passive で] 非常に困らせる (incommode), 苦しめる, 傷つける, 弱らせる: We *were* ～*ed with* cold [hunger]. 寒さ[空腹]で大弱りした. **3**《スコット》浪費する (squander), 浪費する (waste).
be perishing for《口語》…したくてたまらない (be dying for). ***Perish the thought!***《文語》[激しい不快や反対を表わして] よしてくれ, とんでもない《★ perish は自動詞で仮定法》.
— *n.*《豪口語》窮乏状態: do a ～ (飢え・渇きなどのため)死ぬ, 死にそうになる.
～ed *adj.*

per·ish·a·ble [pérɪʃəbl]〘《(1611)》: ⇨ ↑, -able〙 — *adj.* **1** 消滅しやすい, 永続しない. **2** 腐敗しやすい. **3**〈鉱物など〉分解しやすい. — *n.* [*pl.*] 腐敗し[だめになり]やすい物; (特に)生鮮食品. **pèr·ish·a·bíl·i·ty** [-ʃəbíləṭi | -lətɪ, -lɪ-] *n.* **～·ness** *n.*

pér·ish·er *n.* **1** 死滅する[させる]もの[人]. **2**《英俗》**a** 向こう見ずのばくち打ち. **b** いやな奴, ばか.

pér·ish·ing〘《(?*a*1425)》: ⇨ perish, -ing[2]〙 — *adj.* **1** 死ぬ, 滅びる, 枯れる, 腐る. **2**《口語》〈寒さなど〉ひどい: in ～ cold. **3**《英俗》ひどい, たまらない, べらぼうな. — *adv.*《口語》ひどく (perishingly). **～·ly** *adv.*

per·i·sperm [pérəspə̀ːm | -rɪspə̀ːm]〘← PERI-+SPERM: cf. F *périsperme*〙 *n.*〘植物〙外胚乳, 外乳 (cf. endosperm).

per·i·sphere [pérəsfɪə | -rɪsfɪə(r)]〘← PERI-+-SPHERE〙 *n.*〘物理〙影響圏《物体の作る動場や電場・磁場が他の物体に影響を与えうる範囲》.

per·i·spom·e·non [pèrəspάmənὰn, -spóum-, -nὰn | -rɪspə́ʊmɪnən, -nɔ̀n]〘《(1818)》⊏ Gk *perispṓmenon* (neut. pres. pass. p.) ← *perispān* to draw round, mark with the circumflex ← PERI-+*spân* to draw〙《ギリシャ文法》 — *adj.* 語尾に揚抑音符のある. — *n.* (*pl.* **-spom·e·na** [-nə]) 語尾に揚抑音符のある語.

per·i·spore [pérəspɔ̀ə, -spɔ̀ə | -rɪspɔ̀ː(r)]〘← PERI-+-SPORE〙 *n.*〘植物〙胞子膜.

pe·riss- [pərís | pə-, pɪ-, pe-] (母音の前に来る時の) perisso- の異形.

per·is·sad [pərísæd, -sæd]〘PERISSO-+-AD[1]〙 *n.*〘化学〙奇価元素《奇数の原子価を有する元素; cf. artiad 1》.

pe·ris·so- [pəríso(ʊ) | pərísə(ʊ), pɪ-, pe-]〘← Gk *perissó-s* uneven〙「奇数の; 重複した」の意の連結形. ★ 母音の前では通例 periss- になる.

perísso·dàctyl〘《(1849)》← NL *perissodactyl-us*: ⇨ perisso-, dactyl〙〘動物〙 — *adj.* 奇数の足指のある. — *n.* 奇蹄(てい)目の動物《バク・サイ・ウマなど; cf. artiodactyl》.

Pe·ris·so·dac·ty·la [pərìsədǽktələ | -tɪ-]〘⇨ ↑, -a[2]〙 *n. pl.*〘動物〙奇蹄目《後足の指(と蹄)が 1 または 3 の奇数の有蹄獣; cf. Artiodactyla》.

pe·ris·so·dac·ty·late [pərìsədǽktələt, -lɪt | -tɪ-] *adj.*〘動物〙=perissodactyl.

pe·ris·so·dac·tyle [pərìsədǽktl, -taɪl | pərìsə(ʊ)dǽktaɪl, pɪ-, pe-] *adj., n.*〘動物〙=perissodactyl.

pe·ris·ta·lith [pərístəlɪθ | pə-, pɪ-, pe-]〘← Gk *peristat(os)* standing round (← *peri-+histēmi* I stand) +-LITH〙 *n.*〘考古〙墓の周囲に輪形にめぐらした石柱.

per·i·stal·sis [pèrəstɔ́ːlsɪs, -stάːl-, -stǽl-, -səs | -rɪstǽlsɪs] 〘← NL ～ ← PERI-＋Gk *stálsis* compression (← *stéllein* to put in order＋-SIS)〙 ── *n.* (*pl.* **-stal·ses** [-siːz]) 〘生理〙(消化管などの)蠕(ぜん)動.

per·i·stal·tic [pèrəstɔ́ːlṭɪk, -stάːl-, -stǽl- | -rɪstǽlt-] 〘(1655) □ Gk *peristaltik-ós* : ⇨↑, -ic¹〙 *adj.* 〘生理〙蠕動性の. **pèr·i·stál·ti·cal·ly** *adv.*

per·is·ter·on·ic [pèrəstərάnɪk | -rɪstərɔ́n-] 〘← Gk *peristerṓn* dovecot (← *peristerá* dove)＋-IC¹〙 *adj.* ハトの[に関する].

per·i·stome [pérəstòum | -rɪstə̀um] 〘← NL *peristoma* : ⇨ peri-, -stoma¹〙 ── *n.* (*also* **pe·ris·to·ma** [pərístəmə | -rɪstə́u-]) **1** 〘植物〙(コケ類の)朔(さく)歯, 歯毛. **2** 〘動物〙囲口部, 口縁, 口周. **per·i·sto·mi·al** [pèrəstóumiəl | -rɪstə́umɪəl, -mjəl] *adj.* **per·i·sto·mat·ic** [pèrəsto(u)mǽṭɪk | -rɪstə(u)mǽt-] *adj.*

per·i·style [pérəstàɪl | -rɪ-] 〘(1612) □ F *péristyle* □ L *peristȳlum* □ Gk *peristūlon* (neut.) ← *peristūlos* having columns all around : ⇨ peri-, -style¹〙 ── *n.* 〘建築〙 **1** (建物または中庭などを囲む)柱列, 列柱廊, 周柱式. **2** ペリスタイル《古代ローマの富豪の住宅に見られるような柱をめぐらした中庭など》. **per·i·sty·lar** [pèrəstáɪlə | -rɪstáɪlə(r)] *adj.*

per·i·tec·tic [pèrətéktɪk | -rɪ-] 〘← PERI-＋Gk *tēktikós* able to dissolve (← *tḗkein* to melt : cf. thaw) : ⇨ -ic¹〙 *adj.* 〘岩石・化学〙包晶の, 包析晶の.

per·i·tec·toid [pèrətéktɔɪd | -rɪ-] 〘⇨↑, -oid〙〘化学・冶金〙 ── *adj.* 包析の. ── *n.* 包析晶《結晶が溶液と平衡に存在する時, 溶液の他の成分が元の結晶を包み込んだ形の結晶; cf. eutectoid》.

per·i·the·ci·um [pèrəθíːʃiəm, -siəm | -rɪθíːsɪəm, -sjəm] 〘← NL ～ ← PERI-＋Gk *thēkíon* ((dim.) ← *thḗkē* case)〙 ── *n.* (*pl.* **-ci·a** [-ʃiə, -siə | -sɪə, -ʃɪə]) 〘植物〙(菌類の)被子器. **pèr·i·thé·cial** [-ʃəl, -ʃiəl, -siəl | -sɪəl, -sjəl] *adj.*

per·i·the·li·um [pèrəθíːliəm | -rɪθíːljəm, -lɪəm] 〘← NL ～ ← PERI-＋(EPI)THELIUM〙 ── *n.* (*pl.* **-li·a** [-liə | -ljə, -lɪə]) 〘解剖〙周皮細胞, (血管)外皮細胞《毛細血管の外膜をなす細胞》.

periti *n.* peritus の複数形.

per·i·ton- [pèrəṭən, -tn̩- | -rɪtə(u)n] (母音の前に来る時の) peritoneo- の異形.

per·i·to·nae·um [pèrəṭəníːəm, -tn̩- | -rɪtə(u)níːəm, -níəm] *n.* (*pl.* **～s, -nae·a** [-níːə, -níːə | -níːə, -níə]) 〘解剖〙＝peritoneum. **pèr·i·to·náe·al** [-níːəl, -níːəl | -níːəl, -níəl] *adj.*

per·i·to·ne- [pèrəṭəníː, -tn̩- | -rɪtən-] peritoneo- の異形.

peritonea *n.* peritoneum の複数形.

per·i·to·ne·al·ize [pèrəṭəníːəlàɪz, -tn̩- | -rɪtə(u)níːəl-, -níəl-] *vt.* 〘外科〙腹膜で被覆する; 腹膜化する.

per·i·to·ne·o- [pèrəṭəníːo(u), -tn̩- | -rɪtə(u)níːə(u)] 〘← LL *peritonēum* (↓)〙「腹膜 (peritoneum); 腹膜と…との (peritoneal and…)」の意の連結形. ★ 時に peritone-, また母音の前では通例 periton- になる.

per·i·to·ne·um [pèrəṭəníːəm, -tn̩- | -rɪtə(u)níːəm, -níəm] 〘(1541) □ LL *peritonēum* □ Gk *peritónaion* stretched over ← PERI-＋*teínein* to stretch (cf. tone)〙 ── *n.* (*pl.* **～s, -ne·a** [-níːə, -níːə | -níːə, -níə]) 〘解剖〙腹膜. **pèr·i·to·né·al** [-əl] *adj.* **pèr·i·to·né·al·ly** *adv.*

per·i·to·ni·tis [pèrəṭənáɪṭɪs, -tn̩-, -ṭəs | pèrɪtə(u)náɪtɪs] 〘← NL ～ : ⇨↑, -itis〙 *n.* 〘病理〙腹膜炎.

per·i·trich [pérətrɪ̀k | -rɪ-] 〘↓〙 *n.* 〘動物〙周毛目[縁毛目]の繊毛虫.

Pe·rit·ri·cha [pərítrɪkə, -trə- | -trɪ-] 〘← NL ～ : ⇨ peri-, tricho-, -a²〙 ── *n. pl.* 〘動物〙(原生動物の繊毛虫綱)周毛目, 縁毛目《*Vorticella* 属のツリガネムシ, *Epistylis* 属などが属する; Peritrichida ともいう》.

pe·rit·ri·chate [pərítrɪkət, -trə-, -kɪt, -kèɪt | -trɪ-] 〘← PERI-＋TRICHO-＋-ATE²〙 *adj.* ＝peritrichous.

per·i·trich·ic [pèrətríkɪk | -rɪ-] *adj.* 〘動物〙＝peritrichous.

Peri·trich·i·da [pèrətríkədə | -rɪtríkɪ-] 〘← NL ～ ← PERI-＋TRICHO-＋-IDA〙 *n. pl.* 〘動物〙＝Peritricha.

pe·rit·ri·chous [pərítrɪkəs, -trə- | -trɪ-] *adj.* 〘動物〙周毛目の, 縁毛目の **～·ly** *adv.*

pe·ri·tus [períːṭəs | -təs] 〘← NL ～ ← L *perītus* experienced, skilled〙 ── *L. n.* (*pl.* **-ri·ti** [-tiː]) **1** 専門の練達家, エキスパート (expert). **2** (練達の)顧問神学者《公会議などで司教の助言者の役を果す神学者》.

per·i·vis·cer·al [pèrəvísərəl | -rɪ-] 〘← PERI-＋VISCERAL〙 *adj.* 〘解剖〙内臓周囲の.

per·i·wig [pérɪwɪ̀g, -rə- | -rɪ-] 〘(1529) 《変形》← 《古》*perwike* 《異形》← PERUKE〙 *n.* かつら (wig) 《特に, 17-19 世紀初期, 男子が用いた髪粉を振りかけたもの》.

per·i·win·kle¹ [pérɪwɪ̀ŋkl̩, -rə- | -rɪ-] 〘(16C) ∽ ME *pervenke, perwynke* □ AF *pervenke* ＝(O)F *pervenche* ＜ LL *pervincam* ← PER-＋*vincīre* to bind : cf. OE *perwince* □ LL *pervinca* : 今の形は ↓ の影響か〙 ── *n.* **1** 〘植物〙観賞用に栽培されるキョウチクトウ科ニチニチソウ属 (*Vinca*) の諸種の植物の総称《ニチニチソウ (Cape periwinkle), ツルニチニチソウ (*V. major*) (large periwinkle), ヒメツルニチニチソウ (myrtle) など》. **2** ＝periwinkle blue.

per·i·win·kle² [pérɪwɪ̀ŋkl̩, -rə- | -rɪ-] 〘(1530) ∽ OE *pīnewincle* ← L *pīna* a kind of mussel＋OE *-wincle* (cf. Dan. *vinkel* snail shell / OE *wincel* corner)〙 ── *n.* 〘貝類〙 **1** ヨーロッパタマキビ (*Littorina littorea*) 《タマキビガイ科の巻貝の総称》. **2** 《米》小さな巻貝.

périwinkle blúe *n.* 赤みがかった青色 (reddish-blue) 《単に periwinkle ともいう》.

per·jure [pə́ːdʒə | pə́ːdʒə(r)] 〘(1477) □ (O)F *parjurer*, 《廃》*perjur-er* □ L *perjūrāre* ← PER-＋*jūrāre* to swear : ⇨ jury¹〙 ── *vt.* **1** [～ *oneself* で] 偽誓する, 偽証する: The witness ～*d himself*. **2** [Passive で] 偽誓[偽証]罪を犯す.

pér·jured 〘(15C)〙 *adj.* 偽誓[偽証]した; 〈証人が〉偽証罪を犯した: ～ evidence / a ～ witness 偽証した証人.

pér·jur·er [-dʒ(ə)rə | -rə(r)] *n.* 偽誓[偽証]者.

per·ju·ri·ous [pə(ː)dʒú(ə)riəs | pə(ː)dʒúərɪ-] 〘□ L *perjūriōs-us* : ⇨↓, -ous〙 *adj.* 《まれ》偽誓の, 偽証の, 偽証罪を犯した. **～·ly** *adv.*

per·ju·ry [pə́ːdʒ(ə)ri | pə́ːdʒ(ə)rɪ] 〘(*c*1385) □ AF *perjurie* ＝OF *parjurie* (F *parjure*) □ L *perjūrium* ← *perjūrāre* 'to PERJURE' : ⇨ -y⁵〙 ── *n.* **1** 〘法律〙偽誓, 偽証; 偽証罪: commit ～ 偽証罪を犯す, 偽誓する. **2** 偽り, 大うそ.

perk¹ [pə́ːk | pə́ːk] 〘(*c*1380) □ ? ONF *perque-r* ← *perque* ＜ L *perticam* 'PERCH¹'〙 ── *vi.* **1 a** (自信あり気に[尊大な態度で])背筋をぴんと伸ばす, 反り身になる, 肩をそびやかす; 気取る (smarten), つんとすます. **b** 〈動物・鳥などが〉耳[尾, 首]をぴんと立てる. **2** 出しゃばる. **3** (病気や落胆した後に)元気を取り戻す 〈*up*〉. **4** 《英》おしゃれをする, めかす (preen).
── *vt.* **1** [～ *oneself up* で] 気取る, 意気揚々とする. **2** 〈頭・耳などを〉つんともたげる 〈*up*〉. **3** 〈衣服などを〉めかして着る 〈*out*〉. **4** 〈物事が〉…に元気[生気]を取り戻させる, …の気を引き立てる 〈*up*〉.
perk it 反り身になる, 威張る; 出しゃばる. *perk up* (*vi.*) (1) ⇨ *vi.* 3. (2) 関心を示す, 興味を起こす. (3) 活発になる, 活気づく (live up). (*vt.*) (1) ⇨ *vt.* 2. (2) ⇨ *vt.* 4. (3) [～ *oneself up* で] 小ぎれいにする, めかす.
── *adj.* 《まれ》＝perky.

perk² [pə́ːk | pə́ːk] *n.* [通例 *pl.*] 《英口語》＝perquisite.

perk³ [pə́ːk | pə́ːk] 《口語》 *vi.* **1** 〈コーヒーが〉パーコレーターの中でぶくぶく音を立てる. **2** ＝percolate.
── *vt.* ＝percolate.

Per·kin [pə́ːkɪn, -kən | pə́ːkɪn], Sir **William Henry** *n.* (1838-1907) 英国の化学者; 合成染料の発明者 (1856).

Per·kins [pə́ːkɪnz, -kənz | pə́ːkɪnz], **Frances** *n.* (1882-1965) 米国の女性社会運動家; 労働長官 (1933-45).

perk·y [pə́ːki | pə́ːkɪ] 〘(1855) ← PERK¹＋-Y⁴〙 ── *adj.* (**perk·i·er; -i·est**) **1** 元気のいい, 意気揚々とした, 自信満々の. **2** 無遠慮な, 気取った, 生意気な. **pérk·i·ly** [-kɪli, -kə- | -lɪ] *adv.* **pérk·i·ness** *n.*

Perle [pə́ːl | pə́ːl] 〘□ F ～ 'PEARL'〙 *n.* 女性名.

per·lid [pə́ːlɪd, -ləd | pə́ːlɪd] 〘↓ : ⇨ -id²〙〘昆虫〙 *adj.* カワゲラ(科)の. ── *n.* カワゲラ《カワゲラ科の昆虫の総称》.

Per·li·dae [pə́ːlədìː | pə́ːlɪ-] 〘← NL ～ ← *Perla* (属名 : ⇨ pearl¹)＋-IDAE〙 *n. pl.* 〘昆虫〙(襀翅(せんし)目)カワゲラ科.

Per·lis [pə́ːlɪs, -ləs | pə́ːlɪs] *n.* ペルリス(州)《マレーシア北西部の州; 人口 122,000, 面積 795 km², 首都 Kangar [kάːŋgɑr | -gɑː(r)]》.

per·lite [pə́ːlaɪt | pə́ː-] 〘□ F ～ : ⇨ pearl¹, -ite¹〙 ── *n.* **1** 〘岩石〙真珠岩《火山岩ガラスの一種》. **2** 〘建築〙パーライト《真珠岩から作る軽量建築材料》. **per·lit·ic** [pəːlíṭɪk | pəːlít-] *adj.*

Per·lon [pə́ːlɑn | pə́lɔn] 〘← PER-＋(NY)LON〙 *n.* 〘商標〙パーロン《西独 Enka [éŋkə] 社のナイロンの商品名》.

per·lu·ci·dus [pəlúːsədəs | pə(ː)lúːsɪ-] 〘← NL ～ : ⇨ per-, lucid〙 *adj.* 〘気象〙〈雲が〉すきまのある, すきま雲の.

per·lo·cu·tio·nar·y [pə̀ːləkjúːʃənèri | pə̀ːləkjúːʃ(ə)nəri] 〘(1955) ← PER- 'by' (*by saying*「…と言うことによって」などにおける *by* の機能に関して)〙 ── *adj.* 〘哲学・言語〙表現から結果する, 発語媒介的な (cf. illocutionary): a ～ act 表現遂行[発語媒介]的行為 《locutionary act を遂行することが結果的に別の行為を遂行することになるような行為; 例: He persuaded me to shoot her.》.

perm¹ [pə́ːm | pə́ːm] 〘略〙《口語》 ── *n.* パーマ (permanent wave): go for a ～ パーマをかけに行く.
── *vt.* 〈髪〉にパーマをかける: have one's hair ～*ed*.
── *vi.* パーマをかける.

perm² [pə́ːm | pə́ːm] 〘略〙《英口語》 *n.* ＝permutation 3. ── *vt.* (サッカー賭博で)〈勝ちチーム名などを〉選んで組合せる.

Perm [pə́ːm, péəm | pə́ːm, péəm; *Russ.* pjérmj] 〘← ? Finn. *perämaa* remote country〙 ── *n.* ペルミ《ソ連邦ロシヤ共和国 Ural 山脈西方 Kama 河畔の都市; 人口 972,000》.

perm. 《略》permanent; permission; permutation.

per·ma·frost [pə́ːməfrɔ̀(ː)st, -frɑ̀st | pə́ːməfrɔ̀st] 〘(20C) ← PERMA(NENT)＋FROST〙 *n.* (北極・亜北極地方における)永久氷結土, 永久凍土層.

Per·mal·loy [pə́ːmælɔɪ | pə́ː-] 〘← PERM(EABLE)＋ALLOY〙 *n.* 〘商標〙パーマロイ《鉄とニッケルの永久磁石用合金の商品名》.

per·ma·nence [pə́ːm(ə)nəns | pə́ː-] 〘(1432) □ (O)F ～ // ML *permanentia* : ⇨ permanent, -ence〙 ── *n.* いつまでも変わらないこと, 永続; 永続性, 耐久度: There is no ～ about it. それには永続性がない.

per·ma·nen·cy [pə́ːm(ə)nənsi | pə́ːm(ə)nənsɪ] 〘⇨↓, -ency〙 ── *n.* **1** ＝permanence. **2** 永続的なもの[人]; 終身官, 終身雇用, 永久事業(など): I cannot offer you a ～. 君に一生の仕事はやれない / I should not like it for a ～. それを一生やっていたくはない.

per·ma·nent [pə́ːm(ə)nənt | pə́ː-] 〘(*c*1400) □ (O)F ～ // L *permanent-em* (pres.p.) ← *permanēre* to endure, continue ← PER-＋*manēre* to remain〙 ── *adj.* **1** 永続する, 永久的な (perpetual), 不変の (↔ transient); 耐久の, 〈傷害など〉一生消えない, 一生残る: ～ residence 永住 / ～ home 永住地 / ～ peace 恒久の平和 / one's ～ address 本籍 / a ～ resident 《米》(ホテルなどの)長期滞在者 / His wife had an illness which left her a ～ invalid. 彼の妻はかかった病気のせいで一生を病身で送った / ⇨ permanent tooth. **2** 常設の, 常置の (standing) (↔ temporary): a ～ committee 常任委員 / a ～ office 終身官 / ⇨ permanent UNDERSECRETARY. **3** 〘植物〙＝persistent 4.
Permanent Court of Arbitration [the ～] 常設仲裁裁判所《1899 年のハーグ国際平和会議の結果, 1901 年オランダの The Hague に設立; 1921 年国際連盟の Permanent Court of International Justice の開設により自然消滅; 通俗には the Hague Tribunal と呼んだ》.
Permanent Court of International Justice [the ～] 常設国際司法裁判所《国際連盟規約に基づいて 1921 年 The Hague に設立; 1946 年国際連合の International Court of Justice に改組; 通俗には the World Court と呼んだ》.
── *n.* 《口語》＝permanent wave. **～·ness** *n.*

pérmanent ássets *n. pl.* 〘会計〙固定資産 (fixed assets).

pérmanent cúrrent *n.* 〘物理〙永久電流.

pérmanent dípole *n.* 〘物理〙永久分極.

pérmanent écho *n.* 〘電子工学〙固定反射《レーダーなどの反射のうち地表・建物などからのもの》.

pérmanent gás *n.* 〘化学〙永久ガス《酸素・水素・窒素などのように液化できないと思われていた気体》.

pérmanent hárdness *n.* 〘化学〙永久硬度, 非炭酸塩硬度《カルシウム・マグネシウムの硫酸塩など非炭酸塩による水の硬度で, 加熱によって硬度が減少しない; cf. temporary hardness》.

pér·ma·nent·ly 〘(1471)〙 *adv.* **1** 永久に, (永久)不変に: a ～ neutral state 永世中立国. **2** 常任的に, 終身官[事業, 職業]として.

pérmanent mágnet *n.* 〘物理〙永久磁石. 「留磁気.

pérmanent mágnetism *n.* 〘物理〙永久磁性, 残留磁気.

pérmanent préss *n.* 〘紡織〙pp 加工, 耐久プレス加工 (⇨ durable press). **pérmanent-préss** *adj.*

pérmanent réd *n.* ＝blood red.

pérmanent sécretary *n.* 《英》＝permanent UNDERSECRETARY.

pérmanent sét [stréss] *n.* 〘物理〙永久ひずみ, 残留ひずみ《弾性限度を越えて物体に荷重を加える時, その荷重を取去っても残るひずみ》.

pérmanent tíssue *n.* 〘植物〙永久組織 (cf. meristem).

pérmanent tóoth *n.* 永久歯 (cf. milk tooth).

pérmanent wáve *n.* パーマネントウェーブ, パーマ《《口語》では permanent, perm という》.

pérmanent wáy *n.* [the ～] 《英》(完成された鉄道の)軌道.

pérmanent wílting *n.* 〘植物〙永久しおれ, 永久的凋萎(ちょうい)《飽和水蒸気中でもしおれの回復しない状態》.

per·man·ga·nate [pəːmǽŋgənèɪt, pəə- | pəːmǽŋgənèɪt, pə-, -nət, -nɪt] 〘⇨↓, -ate¹〙 ── *n.* 〘化学〙過マンガン酸塩[エステル]: ～ of potassium＝potassium permanganate.

per·man·gan·ic [pə̀ːmæŋgǽnɪk, pə̀ə-, -mæŋ- | pə̀ːmæŋ-, pə-] 〘← PER-＋MANGANIC〙 *adj.* 〘化学〙過マンガン酸の.

permangánic ácid *n.* 〘化学〙過マンガン酸 ($HMnO_4$).

per·ma·tron [pə́ːmətrɑ̀n | pə́ːmətrɔ̀n] 〘← PERMA(NENT)＋-TRON〙 ── *n.* 〘電子工学〙パーマトロン《外部からの磁界により電子流を制御する二極の放電管または真空管》.

per·me·a·bil·i·ty [pə̀ːmiəbíləṭi | pə̀ːmjəbílətɪ, -mɪə-, -lɪ-] 〘⇨↓, -ity〙 ── *n.* **1** 浸透性, 透過性. **2** 〘物理〙 **a** 導磁性, 透磁率《magnetic permeability ともいう》. **b** 透過性. **3** 〘航空〙(気球・飛行船ガスの)滲出量.

per·me·a·ble [pə́ːmiəbl̩ | pə́ːmjə-, -mɪə-] 〘(*c*1400) □ LL *permeābil-is* : ⇨ permeate, -able〙 ── *adj.* 〔気体・液体を〕浸透[透過]させる, 透過性の〔*to*〕: ～ *to* water 水を通す. **～·ness** *n.* **pér·me·a·bly** *adv.*

per·me·a·me·ter [pə́ːmiəmìːṭə, pə̀ːmiǽmə- | pə́ːmjəmìːtə(r, -mɪə-, pə̀ːmɪǽmɪ-, -mə-] 〘← PERMEA(BILITY)＋-METER¹〙 *n.* 透磁率計.

per·me·ance [pə́ːmiəns | pə́ːmjəns, -mɪəns] 〘⇨ permeate, -ance〙 *n.* **1** 浸透, 透過. **2** 〘物理〙パーミアンス, 導磁度.

per·me·ant [pə́ːmiənt | pə́ːmjənt, -mɪənt] 〘□ L *permeant-em* (pres.p.) ← *permeāre* (↓)〙 *adj.* しみ通る, 浸透する, 浸徹する.

per·me·ase [pə́ːmièɪs, -èɪz | pə́ːmɪéɪs] 〘← PERME(ATE)＋-ASE〙 *n.* 〘生化学〙パーミアーゼ, 透過酵素《生体膜の選択的透過に関係する蛋白質成分》.

per·me·ate [pə́ːmièɪt | pə́ːmɪ-] 〘(1656) ← L *permeāt-us* (p.p.) ← *permeāre* to pass through ← PER-＋*meāre* to go, pass : ⇨ -ate³〙 ── *vt.* **1** 〈液体などが〉(すき間・小穴・毛穴などから)浸透する, 透過する, …にしみ込む (penetrate): Water ～*s* the soil. 水は地面にしみ込む. **2** …に広がる, 立ちこめる, 充満する (saturate): A powerful scent ～*s* the room. 強烈なにおいが部屋中に立ちこめる. **3** 〈思想・感化などが〉…に

広がる (pervade), 行き渡る, 普及する. ── *vi.* **1** 〔…にしみ渡る〔*into, through*〕. **2** 〔…に〕行き渡る, 普及する〔*among*〕. **per·me·a·tion** [pə̀ːmiéɪʃən | pə̀ː-mɪ-] *n.* **per·me·a·tive** [pə́ːmièɪtɪv | pə́ːmɪèɪt-] *adj.*

per men·sem [pə(ː)ménsəm, pɛə-, -sem | pə(ː)-] 〘◻L *per mēnsem* per month〙 *adv.* 一か月につき, 月…, 月に, 月ごとに (cf. per annum, per diem).

Per·mi·an [pə́ːmiən, pέə- | pə́ːmɪən, pέə-, -mjən] 〘《1841》← *Perm* (この地層が生じたロシヤ東部の地名)＋-IAN〙 ── *adj.* 〘地質〙(古生代の最終期)二畳紀[系]の: the ～ system [period] 二畳系[紀]. ── *n.* **1** ペルミ語派 (Finno-Ugric 語族の一派). **2** [the ～] 〘地質〙二畳紀[系].

per mill [pə(ː)míl | pə(ː)-] 〘◻L *per mille* in(to) or by the thousand〙 *adv.* 千につき, 千分の (per thousand)《per mille, per mil, per M ともつづる》.

per·mil·lage [pə(ː)mílɪdʒ | pə(ː)-] 〘⇨↑, -age: PERCENTAGE にならった造語〙 *n.* 千分率.

per·mis·si·ble [pəmísəbl | pəmísə-, -sɪ-] 〘《1426》◻ML *permissibil-is* ← L *permissus* (p.p.) ← *permittere* 'to PERMIT[1]': ⇨ -ible〙 ── *adj.* **1** 許される, 差しつかえない(程度の) (allowable). **2** (爆発物について)所持[購入, 販売]を許された[認められた] (permitted).

per·mìs·si·bíl·i·ty [-səbíləṭi | -sɪbílətɪ, -sə-, -lɪ-] *n.* **per·mís·si·bly** *adv.*

per·mis·sion [pəmíʃən | pə-] 〘《*c*1400》◻(O)F ～ // L *permissiō(n-)*: ⇨ permit[1], -sion〙 ── *n.* **1** 許容, 許諾; 〈…する〉許可, 許し〈*to do*〉: a written ～ 許可書 / with your ～ 御免をこうむって / without ～ 許可なしに, 無断で / by ～ of …の許可により[よる] / ask for ～ 許可[許し]を願う / grant [give] ～ 許可を与える / You have my ～ *to* go. 出て行ってよろしい / Ask ～ of your teacher (*to* use it). 先生に(使用の)許可をもらいなさい. **2** 免許 (licence). 「missivist.

per·mís·sion·ist [-ʃ(ə)nɪst, -nəst | -nɪst] *n.* ＝per-

per·mis·sive [pəmísɪv | pə-] 〘《*c*1420》◻(O)F ～: ⇨↑, -ive〙 ── *adj.* **1** 〈規則など〉許す, 許可する (permitting). **2** 〈人など〉(普通なら許されないような行動・態度・言語などに対して)大目に見る, ゆるやかな, 寛大な (lenient): a ～ society (性や道徳上の規制の)寛大な社会 / ～ remarks about marijuana and premarital sex マリファナや婚前交渉についての物分りのよい発言. **3** 許された; 自由裁量を許す, 随意の, 任意の. ── *n.* ＝permissivist. **～·ly** *adj.* **～·ness** *n.*

permissive legislátion *n.* 〘法律〙消極的立法《特定の権限を付与するが, その行使を命じない制定法》.

per·mís·siv·ist [-vɪst, -vəst | -vɪst] *n.* 寛大主義者《容認されないような行動・態度・言語などに対しても極端に寛大だと思われている人; permissive, permissionist ともいう》. **per·mís·siv·ìsm** [-vìzm] *n.*

per·mit[1] 〘《1489》◻L *permitt-ere* to let go through, allow ← PER-＋*mittere* to send: ⇨ mission〙 ── [pəmít | pə-] *v.* (**per·mit·ted**; **-mit·ting**) ── *vt.* **1** 許す; 〈人〉に〈…することを〉許す, 許可する〈*to do*〉: *Permit* me to ask you a question.＝*Permit* my asking you a question. 一つ質問させて下さい / *Permit me to* say. まあ聞いて下さい / Appeals are ～*ted*. 控訴は許される. ★次のように不定詞を省略して用いることもある: May I ～ him (to come) in for a few minutes? 彼を2, 3分中に入れてよろしいですか. **2** 構わずに…させる (suffer), …させて置く〈*to do*〉; 〈ある行為などを〉黙認する, 黙許する, 放任する: ～ a plan *to* be altered 計画が改変されるままに任せる / No infringement will be ～*ted*. 違背は許さない. **3** 可能にする, …の機会を得る[与える], いれる (admit of): These vents ～ the escape of gases. この穴のためにガスが漏れる / The words hardly ～ doubt. その言葉には疑問の余地がない. ── *vi.* [物事を主語として] **1** 許す (allow): so [as] far as health ～*s* 健康の許す限り / when time ～*s* 時間が許せば, 暇が出来たら / ⇨ WEATHER *permitting*. **2** 〔…を〕認める, いれる (admit) 〔*of*〕: The situation ～*s of* no delay. 事態は遅滞を許さない / It ～*s of* no excuse. それには言い訳が立たない. ── [pə́ːmɪt, pəmít | pə́ːmɪt] *n.* **1** 許可証, 免許状: an export ～＝a ～ for export 輸出認可書 / a police ～ 警察の許可証 / a learner's ～ ⇨ learner 1 b. **2** 許可, 免許. **3** ＝indicia 2.

per·mit[2] [pə́ːmɪt, pəmít | pə́ːmɪt] 〘《通俗語源》← PALOMETA〙 *n.* 〘魚類〙カリブ海に生息するアジ科コバンアジ属の魚 (*Trachinotus falcatus*).

per·mít·ter [-ṭə | -tə(r)] *n.* 許可者, 認可者.

per·mit·tiv·i·ty [pə̀ːmɪtívəṭi, -mə- | pə̀ːmɪtívətɪ, -vɪ-] *n.* 〘電気〙誘電率 (dielectric constant).

per·mut·a·ble [pəmjúːṭəbl | pəmjúːt-] 〘◻LL *permūtābil-is*: ⇨↓, -able〙 *adj.* **1** 変更[交換, 置き換え]できる (interchangeable). **2** 〘数学〙置換できる.

per·mu·tate [pə́ːmjutèɪt, -mjuː-, pə(ː)mjúːteɪt | pə́ːmjuːtèɪt, -mjʊ-, pə(ː)mjúːteɪt] 〘← L *permūtāt-us* (p.p.) ← *permūtāre* 'to PERMUTE'〙 ── *vt.* **1** 順列を入れ替える. **2** いろいろな順序に並べる.

per·mu·ta·tion [pə̀ːmjutéɪʃən, -mjuː- | pə̀ːmjuː-, -mjʊ-] 〘《*a*1376》*permutacioun*《廃》exchange, alteration ◻(O)F *permutation* // L *permūtātiō(n-)* a changing: ⇨ permute, -ation〙 ── *n.* **1** 〘数学〙順列, 置換: ～*s* and combinations 順列および組合わせ《change, arrangement ともいう; cf. combination 6》; 順列の総数. **2** (順序の)交換, 交替, 互換. **3** 〘英口語〙(サッカー賭博で)選んだ勝ちチーム名などの組合わせ.

permutátion gròup *n.* 〘数学〙置換群《一つの集合の置換全体の作る群の部分群》.

permutátion màtrix *n.* 〘数学〙置換行列《ベクトルの成分の置換を引き起こす行列》.

per·mute [pəmjúːt | pə-] 〘《*c*1378》◻L *permūt-āre* to change ← PER-＋*mūtāre* to change: ⇨ mutate〙 ── *vt.* **1** 変更する, 交換する, …の順序を変える, 入れ替える. **2** 〘数学〙〈順序を〉並べ替える, 置換する.

pern [pə́ːn | pə́ːn] 〘← NL *pern-is* ◻Gk *pérnēs* 《誤形》← *ptérnis* a kind of hawk〙 *n.* 〘鳥類〙ハチクマ (honey buzzard).

Per·nam·bu·co [pə̀ːnəmb(j)úːkou, pɛ̀ənəmbúː- | pə̀ːnæmbúːkəʊ, -nəm-; *Braz.* pèrnẽmbúku] 〘◻Sp. ～ ← Tupi (Guarani) *paraná* sea＋*pucu* large〙 ── *n.* **1** ＝Recife. **2** ペルナンブコ(州)《ブラジル東部の州; 人口 6,608,000, 面積約 98,280 km², 首都 Recife》.

per·nan·cy [pə́ːnənsi | pə́ːnənsɪ] 〘《変形》← AF *pernance* 《変形》← OF *prenance* ← *prendre* to take ＜ L *prehendere*: cf. apprehend: ⇨ -ancy〙 ── *n.* 〘法律〙土地収益取得. 「する.

perne [pə́ːn | pə́ːn] 〘←?〙 *vi.* 〘英方言〙螺旋(らせん)回転

per·ni·cious [pəníʃəs | pə(ː)-] 〘《1521》◻L *perniciōs-us* ← *pernicies* destruction ← PER-＋*nex* death: ⇨ -ious〙 ── *adj.* **1** 〔…に〕有害な, 有毒な〔*to*〕; 命にかかわる, 致命的な (fatal): a climate ～ *to* health 健康に有害な気候 / ～ doctrines 人心を害する教義. **2** 《文語》邪悪な (wicked). **～·ly** *adv.* **～·ness** *n.*

pernícious anémia *n.* 〘病理〙悪性貧血《ビタミン B_{12} の欠乏による; 欧米に多く日本ではまれ》.

per·nick·e·ty [pəníkəṭi | pəníkətɪ, -kɪ-] 〘《1808》《変形》? ← PARTICULAR: cf.《スコット》*knickknack* personal peculiarity: ⇨ -y[4]〙 ── *adj.* 《口語》 **1** 〈人・態度・行動が〉細事に拘泥する, こせこせした (fussy), 小心翼々とした; 気難しい (fastidious). **2** 〈事が〉面倒な, 扱いにくい, 骨の折れる, 細心の注意を要する (ticklish). **per·níck·e·ti·ness** *n.*

Per·nik [pɛ́ənɪk | pɛ́ə-; *Bulg.* pérnik] *n.* ペルニク《ブルガリア西部, Struma 川に臨む市; 人口 82,000》.

per·noc·ta·tion [pə̀ːnɑktéɪʃən | pə̀ːnɔk-] 〘《1633》◻LL *pernoctātiō(n-)* passing the night ← PER-＋*noct-, nox* 'NIGHT': ⇨ -ation〙 ── *n.* 徹夜; (特に)通夜(つや)勤行(ごんぎょう).

Per·nod [pɛənóu, pəː- | pɛ́ənəʊ; *F.* pɛrno] 〘◻F ～ (商標名)〙 ── *n.* 〘商標〙ペルノー《アニスで風味をつけたフランス製の芳香のあるリキュール; 主にアペリチフ用》.

per·nor [pə́ːnə, -nɔə | pə́ːnə(r), -nɔː(r)] 〘《1485》◻AF *pernour* 《変形》← OF *preneor* ← *prendre* to take: cf. pernancy〙 *n.* 〘法律〙(土地収益取得の)受領者.

Pe·rón [peróun, pə- | perɔ́n; *Am.Sp.* perón], **Juan Domingo** *n.* ペロン《1895–1974; アルゼンチンの政治家; 大統領 (1946–55, 1973–74); 死後夫人の María Estella Martínez de Perón (Isabel と呼ばれる) (1931–) が大統領 (1974–76) となる》.

per·o·ne·al [pèro(u)níːəl, pəróuni- | pèrə(u)níː-, pərə́ʊnɪ-] 〘← NL *perone* fibula (◻Gk *perónē* pin, brooch)＋-AL[1]〙 *adj.* 〘解剖〙腓(ひ)骨の, 腓骨部にある.

Pe·ron·ism [pəróunɪzm, peɪ- | perɔ́n-] 〘← *Juan Domingo Perón*: ⇨ -ism〙 *n.* ペロン主義《J. D. Perón のファシスト的政策》. 「*n.* ＝Peronism.

Pe·ro·nis·mo [pèrənízmou | -məʊ; *Sp.* peronízmo]

Pe·rón·ist [-nɪst, -nəst | -nɪst] 〘⇨ Peronism, -ist〙 *n.* ペロン支持者, ペロン主義者. ── *adj.* ペロンの, ペロン支持[主義]の. 「ist.

Pe·ro·nis·ta [pèrənístə; *Sp.* pèronísta] *n.* ＝Peron-

Per·o·no·spo·ra·ce·ae [pèrəno(u)spəréɪsiìː | -nə(ʊ)-] 〘← NL ～ ← *Peronospora* (属名: ← *perone* fibula＋-SPORA)＋-ACEAE〙 ── *n. pl.* 〘植物〙ツユカビ科.

pèr·o·no·spo·rá·ceous [-ʃəs] *adj.*

per·o·ral [pərɔ́ːrəl, per-, -róːr-, -rɑ́r- | pərɔ́ːr-, per-] 〘← PER-＋ORAL〙 *adj.* 〘医学〙経口(的)の (↔ parenteral). **～·ly** *adv.*

per·o·rate [pérərèɪt, pə́ː(r)-, -ro(u)- | pérərèɪt, -rə-] 〘《1603》← L *perōrāt-us* (p.p.) ← *perōrāre* to speak at length ← PER-＋*ōrāre* to speak: ⇨ -ate[3]〙 ── *vi.* **1** (演説で)結びの言葉を述べる, (型通りの)結論をつける, 締めくくる. **2** 詳述する, 縦横に論じる, 熱弁を振るう. **pér·o·rà·tor** [-ṭə | -tə(r)] *n.*

per·o·ra·tion [pèrəréɪʃən, pə̀ː(r)-, -ro(u)- | pèrəréɪʃən, -rə-] 〘《*c*1440》◻L *perōrātiō(n-)*: ⇨↑, -ation〙 ── *n.* **1** (講演・論説などの)結論, (力を込めた)結びの言葉, 締めくくり. **2** 大げさな[美辞麗句を連ねた]演説. **～·al** [-ʃənl, -ʃnəl] *adj.*

pe·ro·sis [pəróusɪs, -səs | pərə́ʊsɪs, pɪ-, pe-] 〘← NL ← Gk *pērós* maimed＋-OSIS〙 ── *n.* (*pl.* **pe·ro·ses** [-siːz]) 〘獣医〙飛節症《微量元素の欠乏による鶏の発育不全症; 餌にコリン (choline) を入れて食べさせるとほとんど直る; slipped tendon ともいう》. **pe·rot·ic** [pərɑ́ṭɪk | pərɔ́t-, pɪ-, pe-] *adj.* 「oxide.

per·ox·id [pərɑ́ksɪd, -səd | -rɔ́ksɪd] *n.* 〘化学〙＝per-

per·ox·i·dase [pərɑ́ksədèɪs, -dèɪz | -rɔ́ksɪdéɪs] 〘⇨↓, -ase〙 ── *n.* 〘生化学〙ペルオキシダーゼ, 過酸化酵素《過酸化水素を分解して活性酸素を作る酵素; cf. catalase》.

per·ox·ide [pərɑ́ksaɪd | -rɔ́k-] 〘← PER-＋OXIDE〙 ── *n.* 〘化学〙 **1** 過酸化物: ～ of hydrogen＝hydrogen ～ 過酸化水素. **2** 《俗用》過酸化水素 (hydrogen peroxide); 過酸化水素水《消毒・漂白用》. ── *attrib. adj.* 〈頭髪など〉過酸化水素で漂白した: a ～ blonde 《軽蔑》過酸化水素で漂白した金髪(の女). ── *vt.* 〈髪を〉過酸化水素で漂白する. **per·ox·id·ic** [pərɑ̀ksídɪk | -rɔ̀k-] *adj.*

per·ox·i·dize [pərɑ́ksədàɪz | -rɔ́ksɪ-] *vt., vi.* 〘化学〙過酸化物にする[なる].

per·ox·i·some [pərɑ́ksəsòum | -rɔ́ksɪsə̀ʊm] 〘← PEROXI(DE)＋-SOME[3]〙 ── *n.* 〘生物〙ペルオキシゾーム《過酸化水素を分解するカタラーゼなどの酸化酵素を含んでいる細胞質内の小顆粒》. **per·ox·i·som·al** [pərɑ̀ksəsóuməl | -rɔ̀ksɪsə́ʊ-] *adj.*

per·ox·o- [pərɑ́kso(u) | -rɔ́ksə(ʊ)] 〘← PER-＋OXO-〙 ＝peroxy-. 「基を含む過酸).

peróxo ácid *n.* 〘化学〙ペルオキソ酸 (–C(O)OOH

peróxo·disulfúric ácid *n.* 〘化学〙ペルオキソ二硫酸 ($H_2S_2O_8$)《白色の結晶で酸化力・吸湿性が大きい; persulfuric acid ともいう》.

peròxo·mòno·sulfúric ácid *n.* 〘化学〙ペルオキソ一硫酸 (H_2SO_5). 「NO_4).

peròxo·nítric ácid *n.* 〘化学〙ペルオキソ硝酸 (H-

per·ox·y [pərɑ́ksi | -rɔ́ksɪ] 〘← PER-＋OXY-[1]〙 *adj.* 〘化学〙ペルオキシの, 過酸化の.

per·ox·y- [pərɑ́ksi | -rɔ́ksɪ] 〘↑〙〘化学〙「ペルオキシ基の《2 価の基 O-O を含む》」の意の連結形.

peròxy·acétyl nítrate 〘⇨↑, acetyl〙 *n.* 〘化学〙ペルオキシアセチルニトラート《スモッグの中に存在すると考えられる刺激性成分; 略 PAN》.

peròxy·bórate *n.* 〘化学〙＝perborate.

peroxy·bóric ácid 〘← PEROXY-＋BORIC〙 *n.* 〘化学〙過ホウ酸 (HBO_3).

peróxy gròup [rádical] *n.* 〘化学〙ペルオキシ基《過酸化水素から誘導される 2 価の基》.

perp. 《略》perpendicular; perpetual.

per·pend[1] [pə(ː)pénd | pə-] 〘《1527–28》◻L *perpendere* ← PER-＋*pendere* to weigh: cf. pendent〙《古》 ── *vt.* つくづく考える, 熟慮する, 熟考する, 勘考する. ── *vi.* 熟考する, 熟慮する.

per·pend[2] [pə́ːpənd | pə́ː-] 〘《*c*1429》*perpoynt* ◻OF *parpain* (F *parpaing*) ＜? LL *perpannium* ← PER-＋*pannus* section of wall: -*d* は *pend* の影響: cf. parpen〙 ── *n.* 〘建築〙壁を貫いて両側に現われる石, 突き抜け石, つなぎ石 (bondstone).

per·pen·dic·u·lar [pə̀ːpəndíkjulə | pə̀ːpəndíkjʊlə(r)] 〘《1555》◻L *perpendiculār-is* ← *perpendiculum* plumb line ← *perpendere* ← PER-＋*pendere* to hang ∽《1391》*perpendiculer* ◻OF ◻L: ⇨ -ar[1]〙 ── *adj.* **1** 垂直な, 鉛直な, 直立した (vertical). **2** 〘数学〙〈与えられた面[線]に対し〉直角をなす〔*to*〕: a ～ line 垂線 / draw a line ～ *to* a given line 与えられた線に垂線を引く. **3** [P-]〘建築〙垂直様式の, まっすぐな (upright): *Perpendicular* architecture [style] 垂直式建築[様式]《英国の末期ゴシック様式; cf. Gothic》. **4** 〈坂・山などが〉切り立った, 非常に険しい. **5** 《戯言》〈人が〉直立している, 突っ立っている, 立ったままの. ── *n.* **1** 垂線; 垂直面. **2** 垂直(の位置, 姿勢, 状態など): out of (the) ～ 傾いて, 傾斜して. **3** ＝plumb line. **4** 急斜面 (steep), 絶壁 (precipice). **5** 〘海事〙(船首または船尾の)垂線. **6** 品行方正 (rectitude). **7** 《英俗》立食い[飲み], 立食パーティー (stand-up meal). **～·ly** *adv.*

per·pen·dic·u·lar·i·ty [pə̀ːpəndìkjulǽrəṭi | pə̀ːpəndìkjʊlǽrətɪ, -rɪ-] *n.* 垂直, 直立. 「*adj.* 3.

Perpendícular stýle *n.* 〘建築〙⇨ perpendicular

per·pent [pə́ːpənt | pə́ː-] *n.* 〘建築〙＝perpend[2].

per·pe·tra·ble [pə́ːpətrəbl | pə́ːpɪ-, -pə-] *adj.* 悪事(など)を遂行できる, 罪を犯すことができる.

per·pe·trate [pə́ːpətrèɪt | pə́ːpɪ-, -pə-] 〘《1547》← L *perpetrāt-us* (p.p.) ← *perpetrāre* to effect ← PER-＋*patrāre* to carry out, 《原義》perform as father (← *pater* 'FATHER')〙 ── *vt.* **1** 〈悪事・過失などを〉〈人に対して〉働く, しでかす, やらかす〔*on, upon*〕; 〈罪を〉犯す: ～ a crime 罪を犯す. **2** 下手くそにやる[作る]: ～ a pun [joke] 《口語》(場所柄も考えずに)だじゃれを飛ばす.

per·pe·tra·tion [pə̀ːpətréɪʃən | pə̀ːpɪ-, -pə-] 〘《*c*1450》◻(O)F ～ // LL *perpetrātiō(n-)*: ⇨↑, -ation〙 *n.* 悪事を犯す[しでかす]こと, 悪事, 犯行.

pér·pe·trà·tor [-ṭə | -tə(r)] 〘◻L *perpetrātor*: ⇨ perpetrate, -or[2]〙 *n.* 悪事を行なう人; (特に)加害者, 犯罪人, 犯人, 下手人.

Per·pet·u·a [pəpétʃuə | pəpétʃuə, pə-, -tjuə] 〘◻L ～ (fem.) ← *perpetuus* (↓): 3 世紀の殉教者 St. Perpetua にちなむ〙 ── *n.* 女性名. ★カトリック信者に見られる.

per·pet·u·al [pəpétʃuəl, -tʃul | pəpétʃuəl, -tʃul, -tjuəl, -tjul] 〘《16C》◻L *perpetuālis* universal, general ← *perpetuus* unbroken, permanent ← PER-＋*petere* to go, seek ∽《*c*1340》*perpetuel* ◻(O)F *perpétuel* ◻L〙 ── *adj.* **1** 永久に続く, 永遠の, 無窮の (everlasting): heaven's ～ bliss 天の永遠の恵み / ～ damnation 未来永劫の天罰. **2** やむことのない, 絶え間ない (incessant), 不断の (constant): the ～ stream of traffic 引きも切らない通行の流れ / ～ snows 万年雪 / the ～ ebb and flow of the tide 不断の潮の干満 / The house demands ～ care. 家屋は不断の手入れが必要だ. **3 a** 〈認可など〉有効期間に期限のない, いつまでも有効な. **b** 〈官職・懲役など〉終身の (permanent): ～ punishment 終身刑 / a ～ annuity 終身年金. **4** 《口語》〈小言・けんかなど〉頻繁な, 繰り返す (repeated), 度々の

(frequent): ～ quarreling, chatter, questions, etc. **5** 〖園芸〗四季咲きの (perennial): a ～ rose.
— *n.* 四季咲きばら (perpetual rose).
～·ly [-tʃuəli, -tʃuli | -tʃuəli, -tʃuli, -tjuəli, -tjuli] *adv.*

perpétual adorátion *n.* 〖カトリック〗絶え間ない聖体礼拝《日夜間断のない聖体礼拝》.

perpétual cálendar *n.* 万年暦《何年分もの全日付の曜日名を示しうる早わかり表, または卓上器(械)》.

perpétual chéck *n.* 〖チェス〗パペチュアルチェック, 永久王手《双方が互いに同じ手を繰返すためいつまでもチェック(王手)が続いてしまう場合で, 引分けとなる; cf. 将棋の「千日手」》.

perpétual léase *n.* 永代借地権.

perpétual mótion *n.* (機械の)永久運動《エネルギーを全く消費しないで永久に動く運動; それを実現する機械を永久機関 (perpetuum mobile) という; 一時これを求めて研究が行なわれたが, 実現し得ないことが明らかになった》.

perpétual scréw *n.* 〖機械〗ウォームねじ (endless screw).

per·pet·u·ance [pəpétʃuəns | pəpétʃu-, pəː-, -tju-] 〖⊏F *perpétuance*〗 *n.* ＝perpetuation.

per·pet·u·ate [pəpétʃuèɪt | pəpétʃu-, pəː-, -tju-] 〖(1530) ← L *perpetuāt-us* (p.p.) ← *perpetuāre* ← *perpetuus*: ⇨ perpetual, -ate³〗 — *vt.* 永続させる, 永存させる, 不朽にする, 不滅にする: ～ one's regime 政権を永続させる / ～ one's name in history 名を歴史に残す.

per·pet·u·a·tion [pəpètʃuéɪʃən | pəpètʃu-, pəː-, -tju-] 〖(1395) ⊏ ML *perpetuātiō(n-)*: ⇨ ↑, -ation〗 — *n.* 永続させること, 不朽[不滅]にすること.
perpetuation of testimony 〖法律〗証言の証拠保全《証人が老齢・疾病などの時に行なわれる》.

per·pét·u·à·tor [-tə | -tə(r] 〖← PERPETUATE＋-OR²〗 *n.* 永続[永存]させる人.

per·pe·tu·i·ty [pəːpət(j)úːəti | pəːpɪtjúːəti, -pə-, -tjúə-, -ɪti] 〖(1406) *perpetuite* ⊏ (O)F *perpétuité* ⊏ L *perpetuitātem*: ⇨ perpetual, -ity〗 — *n.* **1** 永遠, 永久. **2** 永久に続くこと, 永続, 永存, 不滅 (↔ temporality): in [to, for] ～ 永久に, 無窮に, 不朽に; 無期限に. **3** 永続する物, 永代続く物. **4** 〖法律〗 **a** (不動産の)永久拘束《一定期間以上にわたる譲渡禁止》: a rule against ～ 永久権禁止法則. **b** 永代所有権, 永代財産: a lease in ～ 永代借地権. **5** 終身位階. **6** 〖会計〗永久[終身]年金. **7** 単利が元金と同一になる年数.

per·pet·u·um mo·bi·le [pəpétʃuəm móubəliː, -lèɪ | pə(ː)pétʃuum-máubɪlèɪ, -tju-, -lɪ] 〖← NL ～ 'perpetual moving (thing)'〗 — *n.* **1** 〖機械〗永久機関 (cf. perpetual motion). **2** 〖音楽〗ペルペトゥウムモビレ, 無窮動, 常動曲《初めから終わりまで同一の速い動きで進行する曲; moto perpetuo ともいう》.

per·phe·na·zine [pəːfíːnəziːn, pə̀ː-, -fén- | pəː-] 〖← PER-＋PHEN(OTHI)AZINE〗 — *n.* 〖薬学〗ペルフェナジン ($C_{21}H_{26}ClN_3OS$)《結晶性粉末; 精神安定剤に用いる》.

per·plex [pəpléks | pə-] 〖(1594) ← ME *perplex* (adj.) involved ⊏ L *perplex-us* entangled, confused ← PER-＋*plexus* ((p.p.) ← *plectere* to plait, weave: ⇨ ply¹)〗 — *vt.* **1** 〈人・心などを〉困らせる, 当惑させる, 途方に暮れさせる (embarrass); 迷わせる, まごつかせる (distract): ～ a person, one's mind, etc. **2** 〈問題などを〉複雑にする, 込み入らせる, 混乱させる (complicate). **3** [p.p. 形で]《古》からみ合わせる (entangle). **4** 《廃》悩ます (vex).

per·pléxed 〖(1477) ← ME *perplex* (↑): ⇨ -ed〗 — *adj.* **1** 〈人など〉困った, 途方に暮れた, まごついた (bewildered): with a ～ expression 困った表情をして. **2** 〈問題など〉複雑な, 面倒な, 込み入った (intricate): a ～ question, account, etc. **per·pléx·ed·ly** [-sɪdli, -səd-, -st- | -lɪ] *adv.* **per·pléx·ed·ness** [-sɪdnɪs, -səd, -st-, -nəs] *n.*

per·pléx·ing 〖← PERPLEX＋-ING²〗 — *adj.* 〈問題など〉困惑させる, 当惑させる; 込み入らせる, 複雑な, ややこしい (intricate): the ～ situation どう処理[解釈]してよいかわからない状勢. **～·ly** *adv.*

per·plex·i·ty [pəpléksəti | pəpléksɪti, -sɪ-] 〖(*c*1300) ⊏ (O)F *perplexité* ∥ LL *perplexitāt-em*: ⇨ perplex, -ity〗 — *n.* **1** 困惑, 当惑, 困却 (bewilderment): in ～ 当惑[困却]して, とまどって. **2** 困却させるもの, 込み入った状況, 難局 (dilemma): the *perplexities* of life 人生のもろもろの難問題. **3** 《古》からみ合っていること, もつれていること, 紛糾, 錯雑, 混乱.

per pro. 《略》〖ローマ法・英法〗per procurationem.

per proc. 《略》〖ローマ法・英法〗per procurationem.

per procurátion [pə(ː)- | pə(ː)-] *adv.* 〖ローマ法・英法〗＝per procurationem.

per proc·u·ra·ti·o·nem [pə(ː)-prɑ̀kjurèɪʃióunem, pɛə-prɑ̀kərɑ̀ːtióu- | pə(ː)-prɔ̀kjurèɪʃiə́u-, pɛə-prɔ̀kərɑ̀ːtiə́u-] 〖⊏L *per prōcūrātiōnem*: ⇨ per, procuration〗 — *adv.* 〖ローマ法・英法〗代理で, 代理人により, 代理を通して (by proxy) (略 per pro., per proc., p.p.).

per·qui·site [pə́ːkwəzɪt, -zət | pə́ːkwɪzɪt] 〖(*c*1450) ⊏ ML *perquisīt-um* (neut. p.p.) ← L *perquīrere* to seek for ← PER-＋*quaerere* to inquire〗 — *n.* **1** (正規の俸給[賃金]以外の)職務に付随する特典[特権], 臨時収入, 役得. **2** (雇い人などがもらう)心づけ, チップ (tip). **3** 〖英法〗荘園領主の不定期利得. **4** 独り占めにしている物.

per·qui·si·tion [pə̀ːkwɪzíʃən, -kwə- | pə̀ːkwɪ-] 〖(1461) ⊏ (O)F ～ ∥ LL *perquisitiō(n-)*: ⇨ ↑, -tion〗 *n.* 徹底調査.

Per·rault [pəróu, pe- | pérəu; *F.* pɛro], **Charles** *n.* ペロー《1628-1703; フランスの批評家・詩人・童話作家; *Les Contes de ma mère l'Oye*「ガチョウおばさんの話」(1697)》.

Per·rin [pərǽ(ŋ), pe-, -rǽŋ; *F.* pɛrɛ̃], **Jean Baptiste** *n.* ペラン《1870-1942; フランスの物理学者; Nobel 物理学賞 (1926)》.

per·ron [pérən, perɔ́ː(ŋ), -rɔ́(ː)ŋ; *F.* pɛrɔ̃] 〖(?*a*1400) *peroun* ⊏ (O)F *perron* (aug.) ← *pierre* rock < L *petram* stone ⊏ Gk *pétra*: ⇨ petro-〗 — *n.* 〖建築〗 **1** (大建築の玄関前または段庭の)階段《特に, 建築的に技巧を凝らしたものをいう》. **2** (階段を登った)玄関前. **3** (玄関前に敷かれる)大きな石塊.

per·ru·qui·er [pərúːkiə, pèrukíə, -kjéɪ | pərúːkɪə(r, pɪ-, pe-, -kjə(r, pèrukíə(r, -kjéɪ; *F.* perykje] 〖⊏F ～: ⇨ peruke, -ier¹〗 *n.* ＝peruker.

per·ry [péri | -rɪ] 〖(*a*1333) *pereye* ⊏ OF *peré* (F *poiré*) < VL **pirātum* ← L *pirum* 'PEAR': ⇨ -y³〗 — *n.* 《英》ペリー《セイヨウナシ (pear) の果汁を発酵させて造る飲料》.

Per·ry [péri | -rɪ] 〖ME (*de*) *Peri*(*e*)《原義》(from) the pear-tree < OE *pirige* ? LL **pirea* ← L *pirum* (↑): もと家族名〗 *n.* 男性名.

Perry, Matthew Cal·braith [kǽlbreɪθ] *n.* (1794-1858) 米国海軍代将; 1853 年東インド艦隊長官として浦賀に来て開港を求め, 翌年日米和親条約の締結に成功; O. H. Perry の弟.

Perry, Oliver Hazard *n.* (1785-1819) 米国の海軍士官.

Perry, Ralph Barton *n.* (1876-1957) 米国の哲学者.

pers. 《略》person; personal; perspective.

Pers. 《略》Perseus; Persia; Persian.

per·salt [pə́ːsɔ̀ːlt, pə́ə- | pə́ːsɔ̀ːlt, -sɔ̀lt] 〖← PER- 4＋SALT¹〗 *n.* 〖化学〗過酸塩.

per sal·tum [pə(ː)-sɔ́ːltəm, pɛə-sɑ́ːl- | pə(ː)-sɔ́ːlt-] 〖⊏L ～ 'by a bound': ⇨ per, saltation〗 *adv., adj.* 一足飛びに, 一躍して (at a leap); 突然 (all at once).

perse [pə́ːs | pə́ːs] 〖(*c*1380) ⊏ (O)F ～ < ML *persum* ← ? L *Persa* Persian〗 *n., adj.* 《古》濃青[濃紫]色(の), 灰青色(の).

per se [pə(ː)-séɪ, pɛə-, pə(ː)-síː | pəː-séɪ, -síː] 〖⊏L *per sē* in itself: cf. ampersand〗 *adv.* 自ら, それ自体が[で], 本質的に (intrinsically).

per·se·cute [pə́ːsɪkjùːt, -sə- | pə́ːsɪ-] 〖(*c*1477) ⊏ (O)F *persécut-er*《逆成》← *persécuteur* ⊏ LL *persecūtor* ← L *persecūtus* (p.p.) ← *persequī* to pursue ← PER-＋*sequī* to follow〗 — *vt.* **1** (特に, 信仰・主義・人種の相違などから)〈人を〉迫害する, しいたげる. **2** 〈人〉につるさく求める[追る], せがむ (importune). **3** 〔質問などで〕〈人を〉苦しめる, うんざりさせる, 悩ます〔*with*, *by*〕: ～ a person *with* questions 質問で攻め立てる.

per·se·cu·tion [pə̀ːsɪkjúːʃən, -sə- | pə̀ːsɪ-] 〖(*c*1340) ⊏ (O)F *persécution* ⊏ L *persecūtiō(n-)* pursuing, (LL) persecution: ⇨ ↑, -tion〗 — *n.* **1** (宗教的)迫害. **2** 迫害, 責め立て; しつこく求める[求められる]こと, ねだり. **～·al** [-ʃənl, -ʃnəl] *adj.*

persecútion còmplex *n.* 〖精神医学〗被害[迫害]妄(もう)想.

per·se·cu·tive [pə́ːsɪkjùːtɪv, -sə- | pə́ːsɪkjùːt-] 〖← PERSECUT(ION)＋-IVE〗 *adj.* 苦しめる, いじめる, 迫害する.

pér·se·cù·tor [-tə | -tə(r] 〖(1484) ⊏ (O)F *persécuteur* ⊏ LL *persecūtōrem*: ⇨ persecute, -or²〗 *n.* 責め立てる人, 迫害者, 虐待者.

per·se·cu·to·ry [pə́ːsɪkjutɔ̀ːri, -sə-, -tɔ̀ːri, -kjùːtəri, pəsékjutɔ̀ːri, -tɔ̀ːri | pə́ːsɪkjùːtəri] *adj.* ＝persecutive.

Per·se·ids [pə́ːsiɪdz, -siədz | pə́ːsiɪdz] 〖← NL *Perseïdes* (pl.) ← Gk *Perseïdēs* (pl.) ← *Perseïs* 'daughter of PERSEUS'〗 — *n. pl.* [the ～]〖天文〗ペルセウス座流星群《毎年 8 月 11 日ごろに現われる》.

Per·seph·o·ne [pəséfəni | pəséfənɪ] 〖⊏L *Persephonē* ⊏ Gk *Persephónē*〗 — *n.* **1** 〖ギリシャ神話〗ペルセポネー《Zeus と Demeter の娘, 下界の神 Hades (＝Pluto) にかどわかされてその妻となり, 下界の女王となる; のち Zeus の仲介により春から秋までは地上に戻り, 残りの半年は地下で暮らすこととなったという; Kore ともいう; ローマ神話の Proserpina に当たる》. **2** 春の女神.

Per·sep·o·lis [pəsépəlɪs, -ləs | pəsépəlɪs] *n.* ペルセポリス《古代ペルシャ帝国の首都; Darius 一世がアケメネス朝の首都として建設, Alexander 大王により焼かれ廃墟となった; その遺跡はイラン南西部の Shiraz 近くにある》.

Per·seus [pə́ːsuːs, -siəs | pə́ːsjuːs, -sjəs, -sɪəs] 〖⊏L ～ ⊏ Gk *Perseús*〗 — *n.* **1** 〖ギリシャ神話〗ペルセウス《Zeus と Danaë との間に生れた英雄; 女怪 Medusa を退治し, のち Andromeda を海の怪物から救って妻にした; ⇨ Andromeda 挿絵》. **2** 〖天文〗ペルセウス座《北天の星座, その β 星は有名な変光星 Algol; the Champion, the Rescuer ともいう》.

Perseus 1

per·se·ver·ance [pə̀ːsəvíərəns | pə̀ːsɪvíər-] 〖(*c*1340) ⊏ (O)F *persévérance* ⊏ L *persevērantia* steadfastness, constancy ← *persevērāre* 'to PERSEVERE': ⇨ -ance〗 — *n.* **1 a** 頑張ること, 根気強いこと, 不屈(の努力). **b** 忍耐, 堅忍, 不抜; 固執; 忍耐力. **2** 〖キリスト教〗堅忍恩恵, (Calvin 神学でいう)究極救済: ～ of the saints 究極救済, 堅忍恩恵.

per·se·ver·ant [pə̀ːsəví(ə)rənt | pə̀ːsɪvíər-] 〖(1340) ⊏ (O)F *persévérant* ⊏ L *persevērantem* (pres.p.) (↓): ⇨ -ant〗 *adj.* 堅忍不抜の, 辛抱強い.

per·sev·er·ate [pəsévərèɪt | pə(ː)-] 〖← L *persevērāt-us* (p.p.) ← *persevērāre* to 'PERSEVERE': ⇨ -ate³〗 — *vi.* **1** 〖心理〗固執する. **2** 並外れて長時間にわたって活動を続ける.

per·sev·er·a·tion [pəsèvəréɪʃən | pə(ː)-] 〖⊏L *persevērātiō(n-)*: ⇨ ↑, -ation〗 — *n.* 〖心理〗固執, 保続(症)《一つの行動が始められると, それにこだわって, 他の行動に移りにくくなる傾向; 病的な場合には保続と呼ばれる》.

per·se·vere [pə̀ːsəvíə | pə̀ːsɪvíə(r] 〖(*c*1385) ⊏ (O)F *persévérer* ⊏ L *persevērāre* to continue steadfastly ← *persevērus* very strict: ⇨ per-, severe〗 — *vi.* **1 a** 頑張る, 辛抱する, 耐える. **b** 〔努力・仕事などを〕たゆまず[屈せず]やり続ける, ねばる〔*in*, *with*〕: ～ *in* doing / ～ *with* one's task. **2** (議論などで)自説を強く主張する, あくまで固執する.

pèr·se·vér·ing [-ví(ə)rɪŋ | -víər-] 〖⇨ ↑, -ing²〗 *adj.* 根気のよい, 辛抱[忍耐]強い, 不撓(ふとう)不屈の, 堅忍の. **～·ly** *adv.*

Per·shing [pə́ːʃɪŋ, -ʒɪŋ | pə́ːʃɪŋ], **John Joseph** *n.* (1860-1948) 米国の将軍; 特に, 'General of the Armies' の称号を受けた; 第一次大戦の米国海外派遣軍の司令官; Black John Pershing.

Per·sia [pə́ːʒə | pə́ːʃə, -ʒə] 〖⊏L *Persia*, *Persis* ⊏ Gk (*hē*) *Persís* ⊏ OPers. *Pārsa*〗 *n.* ペルシャ: **1** ＝Persian Empire. **2** Iran の旧称; 1935 年改称.

Per·sian [pə́ːʒən | pə́ːʃən, -ʒən] 〖(*c*1380) ⊏ OF *Persien* ⊏ ML **Persiānus* ← L *Persia* (↑): ⇨ -ian〗 — *adj.* **1** ペルシャの. **2** ペルシャ人の, ペルシャ語の. — *n.* **1** ペルシャ語《印欧語族の一種; イラン語派に属する》. **2 a** (柱の代用の)男像柱 (cf. telamon). **b** [*pl.*] ＝Persian blinds. **3** ＝Persian cat.

Pérsian blínds *n. pl.* ペルシャブラインド《日よけよろい戸; Persians, persiennes ともいう; cf. Venetian blinds》.

Pérsian cárpet *n.* ＝Persian rug.

Pérsian cát *n.* ペルシャネコ《長い絹毛と太い尾をもつ家猫; しばしば Angora cat と混同される》.

Pérsian Émpire *n.* [the ～] ペルシャ帝国《西アジアに位置した王国で, 最盛期には Indus 川から小アジア, エジプトまで統治した; 紀元前 6 世紀に Cyrus 大王によって建国され, 紀元前 331-327 年に Alexander 大王によって滅亡》.

Pérsian Gúlf *n.* [the ～] ペルシャ湾《アラビア半島とイランの間の湾でアラビア海の一部; アラブ諸国は Arabian Gulf と呼ぶ; 全長 990 km》.

Pérsian Gúlf Státes *n. pl.* [the ～] ペルシャ湾沿岸諸国《アラビア半島北東部ペルシャ湾南岸に沿った Bahrain, Qatar および United Arab Emirates》.

Pérsian lámb *n.* **1** ペルシャ子羊《Bukhara 地方産のカラクル羊 (karakul) の子》. **2** ペルシャ子羊の毛皮《毛が黒く縮れている; karakul ともいう》.

Pérsian lílac *n.* 〖植物〗＝chinaberry 2.

Pérsian mélon *n.* 〖植物〗ペルシャメロン《大型のマスクメロンの一種; 肉はオレンジ色》.

Pérsian órange *n.* 濃いオレンジ色.

Pérsian réd *n.* 〖顔料〗＝Indian red 3.

Pérsian rúg *n.* ペルシャじゅうたん《手織りの高級品; Persian carpet ともいう》.

Pérsian wálnut *n.* 〖植物〗＝English walnut 1.

Pérsian whéel *n.* 一種の揚水車.

per·si·car·i·a [pə̀ːsəkέ(ə)riə | pə̀ːsɪkέəriə] 〖⊏ ML *persicāria* (↓)〗 — *n.* 〖植物〗タデ科タデ属 (*Polygonum*) の数十種の植物の総称《ハルタデ (lady's thumb), ヤナギタデ (water pepper) など; サナエタデ属 (*Persicaria*) として独立させることもある》.

per·si·car·y [pə́ːsəkèri | pə́ːsɪkəri] 〖(*a*1400) ⊏ ML *persicāria* peach tree ⊏ L *persicum* 'PEACH²': ⇨ -ary〗 *n.* 〖植物〗＝persicaria.

per·si·ennes [pə̀ːziénz, -si- | pə̀ːsɪ-, -zɪ-; *F.* pɛrsjɛn] 〖⊏F ～ (fem. pl.) ← *persien* (adj.) Persian〗 *n. pl.* ＝Persian blinds.

per·si·flage [pə́ːsəflɑ̀ːʒ, pέə- | pə́ːsɪflɑ̀ːʒ, pὲə-, ⸗⸗; *F.* pɛrsiflaːʒ] 〖(1757) ⊏F ～ ← *persifler* to banter ← PER-＋*siffler* to whistle, hiss (< L *sifilāre*, *sibilāre*: cf. sibilant)〗 — *n.* **1** 軽口, 茶化し, 冗談, からかい, 冷やかし (banter). **2** 軽薄さ, 不真面目.

per·sim·mon [pəsímən | pə(ː)-] 〖(1612) ⊏ N-Am.-Ind. (Algonquian) *pasiminan* (artificially) dried fruit〗 — *n.* **1** 〖植物〗カキ《カキノキ科カキ属 (*Diospyros*) の高木または低木の総称; 北米産の高木でブドウぐらいの大きさの実がなるアメリカガキ (*D. virginiana*), カキ (Japanese persimmon) など》. **2** カキの実.

Per·sis [pə́ːsɪs, -səs | pə́ːsɪs] 〖⊏Gk *Persís*《原義》Persian woman: cf. *Rom.* 16:12〗 *n.* 女性名.

per·sist [pəsíst, -zíst | pəsíst] 〖(1538) ⊏ (O)F *persister* ⊏ L *persistere* to continue steadfastly ← PER-＋*sistere* to stand firm (← *stāre* 'to STAND')〗 — *vi.* **1** 頑固に[あくまで]続ける〔*in*〕: ～ *in* a bad habit (警告

にもかかわらず)悪い習慣を絶対に捨てない. **2** 〔反対・抗議・要求などを〕押し通す, 固執する; 〔意見・質問などを〕主張する, 言い張る 〔*in*〕: ～ *in* one's project, purpose, resolution, opinion, etc. / He ～*ed in* denying his knowledge of it. あくまでそれを知らないと主張した. **3** 〈現象などが〉持続する (last); 〈制度・習慣などが〉存続する, 残存する, 生き残る (survive): His fever ～*ed* for three more days. 高熱は(しつこくも)さらに3日間続いた / The tendency [friendship] still ～*s*. その傾向[友情]はまだ残って[続いて]いる. **～·er** *n.*

per·sis·tence [pəsístəns, -zís-, -tn̩s | pəsís-] 〖▭ OF ～ (F *persistance*): ⇨ ↑, -ence〗 ── *n.* **1** 固執, しつこさ, ねばり; 頑固: *Persistence* is the road to accomplishment. 物事を成就するにはねばりが肝心. **2** 永続, 持続(性), 耐久力; (影響などが)後まで残ること.
persistence of vision 〖光学〗残像《光の刺激が急になくなっても 1/10 秒は光覚があり, この刺激が消えた後, なお残っている感覚をいう》.

per·sis·ten·cy [pəsístənsi, -zís-, -tn̩- | pəsístənsɪ, -tn̩-] 〖⇨ ↓, -ency〗 ── *n.* **1** 〖保険〗継続《被保険者の死亡または保険期間の切れるまで生命保険の効力が続くこと》. **2** (牛が牛乳を出すように)動物が有益成分を長期にわたって出す能力.

per·sis·tent [pəsístənt, -zís-, -tn̩t | pəsís-] 〖▭ L *persistent-em* (pres.p.): ⇨ persist, -ent〗 ── *adj.* **1 a** あくまで目的を遂げようとする, 不屈の, 根気強い (persevering). **b** 固執する, しつこい (persisting). **2** 強情な, 頑固な (dogged). **3** 〈病気など〉度々繰り返す, しつこい, 連続性の; 〈香りなど〉なかなか消えない, 持続性の, 耐久性の. **4** 〖植物〗〈花・萼(がく)など〉(散らないで)永続[宿存]する (permanent); 〈葉が〉落ちない, 常緑の (↔ deciduous, fugacious, caducous). **5** 〖動物〗〈歯・えら・角が〉(機能・構造を変えずに)存続する (↔ deciduous). **6** 〈有毒化学薬品, 特に殺虫剤が〉分解しにくい, 効力が長持ちする, 安定した: ～ pesticides. **7** 〖細菌〗〈ウイルスなど〉保菌生物の潜伏期間を過ぎても伝染性を持続している. **～·ly** *adv.*

Per·sius [pə́ːʃəs, -ʃiəs | pə́ːsɪəs, -sjəs, -ʃɪəs] *n.* ペルシウス《34-62; ローマの風刺詩人; Aulus [ɔ́ːləs] Persius Flaccus [flǽkəs]》.

per·snick·e·ty [pəsníkəṭi | pəsníkɪtɪ, -kə-] 〖《変形》← PERNICKETY〗 *adj.* (*also* **per·snick·i·ty** [～]) ＝pernickety.

per·son [pə́ːsn̩ | pə́ː-] 〖《?*a*1200》▭ OF *perso(u)ne* (F *personne*) < L *persōnam* player's mask, character acted, human being (▭ ? Etruscan *phersu* mask)《なぞり》← Gk *prósōpon* face, mask〗 ── *n.* **1 a** 人, 人間: ⇨ young person 1 / a private ～ 私人 / I thought him a pleasant ～. あの人は愉快な人だと思った. ★ 複数形では persons より people のほうが普通. **b** [複合語の第2構成素として] …に従事[関係]する人. ★ 女性解放運動に関連して, -man を差別語として避け, chairman, salesman などの代わりに chairperson, salesperson などを用いる人もいる. **2** 人物, 人格, 人柄, 個性 (personality); 個人: He is in love with her purse and not her ～. 彼は女の財産にほれているのでその人柄にほれているのではない. **3** [通例修飾語を伴って] 重要人物 (personage): chief ～s of the State 国家の主要人物 / the ～s of the time 時の人々. **4** 《軽蔑》者, やつ (fellow): Who is this ～? こいつはだれだ / that stupid ～ あの鈍物. **5 a** 体, 身体: if there is the remotest danger to his ～ 彼の身にわずかの危険でもあるのならば / all over one's ～ 体一面に. **b** 《婉曲》性器: expose one's ～. **c** 《古》風采(ふうさい), 容姿: a woman of an agreeable ～ 容姿のよい婦人 / He has a fine ～. 立派な風采をしている. **6** 〖法律〗人《権利義務の主体として認められる自然人または法人》: a ～ adjudged incompetent 禁治産者 / a ～ of capacity 能力者 / ⇨ fictitious person, juristic person, natural person. **7** 〖哲学〗(物体, 動植物等から区別された)人, 理性人 (rational being); 人格. **8** 《古》(劇・小説の)役割 (part), 人物 (character): ～*s* of the play 登場人物. **9** [しばしば P-] 〖神学〗位, 位格, ペルソナ《神の存在様式; cf. Trinity 1》: the three ～*s* of the Godhead 神の三位《父 (First Person) と子 (Second Person) と聖霊 (Third Person)》. **10** 〖文法〗人称: the first [second, third] ～ 第一[二, 三]人称 / the generic ～ 総称人称. **11** 〖動物〗個体, 個員 (cf. zooid 1).
accept persons 《古》えこひいきする (cf. *Job* 13: 10). ***accept the person of*** 《古》〈人〉をえこひいきする (cf. *Gal.* 2: 6). ***in person***＝***in one's own*** (***proper***) ***person*** (1) (代理でなく)自分で, 自ら (by oneself), 親しく. (2) その人自身は, (写真などに対して)実物は. ***in the person of*** …という人となって: A rescuer appeared *in the* ～ *of* Jones. ジョーンズという救い手が現われた / I found a friend *in the* ～ *of* the landlord. 宿の主人という友が出来た. ***on one's person*** 身につけて, 携帯して.

per·so·na [pəsóunə, -nɑː | pə(ː)sə́ʊ-] 〖▭ L *persōna* character, person (↑)〗 ── *n.* (*pl.* **-so·nae** [-niː, -naɪ], ～**s**, 2 では ～**s**) **1** 人 (person): ⇨ in propria persona. **2** 〖心理〗(C. G. Jung の分析心理学で)ペルソナ, 外的人格 (cf. anima 3 a). **3** [*pl.*] (劇などの)登場人物 (dramatis personae).

per·son·a·ble [pə́ːsnəbl̩, -s(ə)n- | pə́ː-] 〖《*a*1450》: ⇨ person, -able〗 ── *adj.* 容姿[器量]のよい, 品のある, 感じのよい: a ～ banker. **pér·son·a·bly** *adv.*

～·ness *n.*

personae *n.* persona の複数形.

personae gratae *n.* persona grata の複数形.

personae non gratae *n.* persona non grata の複数形.

per·son·age [pə́ːsnɪdʒ, -s(ə)n- | pə́ː-] 〖《1461》▭ (O)F *personnage*: ⇨ person, -age〗 ── *n.* **1** 名士, 著名人, 要人. **2** 人, 人物: a very singular ～ ひどい変人. **3** (劇・小説などの中の)登場人物: the ～ of Hamlet ハムレットの役. **4** 人格化, 化身, 権化 (impersonation): represent the ～ of virtue 貞節の権化(ごんげ)[化身]である. **5** 《古・戯言》容姿, 風采(ふうさい).

persóna grá·ta [-grǽṭə, -grɑ́ː- | -grɑ́ːtə, -gréɪ-] 〖▭ L *persōna grāta* person that is well liked〗 ── *L. n.* (*pl.* **personae gra·tae** [-tiː, -taɪ], ～) 意にかなう人, お気に入り; (特に, 外交官で駐在国の元首または政府に)好ましい[好評の]人物 (↔ persona non grata): be a ～ to [with] …のお気に入りとなる[にかわいがられる] / Tokyo declared him ～. 日本政府は彼を好ましい人物であると公表した.

per·son·al [pə́ːsnl̩, -sn̩l, -snəɫ | pə́ː-] 〖《*a*1387》▭ OF *perso(n)nel* (F *personnel*) ▭ LL *persōnālis*: ⇨ person, -al[1]〗 ── *adj.* **1** 一個人の, 自分の, 当人(だけ)の, 一身(上)の, 私の (private) (↔ public): ～ matters [affairs] 私事 / ～ tastes 個人個人の趣味 / for ～ reasons 一身上の理由[都合]で / seek ～ glory 身の栄誉を求める / to suit one's ～ convenience 自分自身の便宜にかなうように / My ～ opinion differs from yours. 私個人の意見は君たちのとは違う / This is purely ～ to myself. これは全く私の一身上のことです. **2** 自分で行なう, 本人(直接)の: a ～ interview 直接面接 / a ～ acquaintance 直接面識のある人 / a ～ call 直接訪問; (電話の)指名通話 (cf. person-to-person). **3 a** 個人に関する, 個人を目当てにした: a ～ error 個人的誤差 / a ～ column (新聞の)私事広告欄, 個人消息欄. **b** 他人の私事に関する, 人身攻撃の: ～ abuse [remarks] 人身攻撃 / become ～ in a dispute 論争で人身攻撃を始める / Don't be too ～. あまり私事にわたることは言うな[聞くな]. **4** 個人に宛てた, 〈手紙が〉親展の: a ～ letter 親展書, 私信《表に Personal と書かれる》. **5 a** 身体の: ～ ornaments 装身具. **b** 風采(ふうさい)の, 容姿の: ～ appearance 人品, 風采 / ～ beauty 容姿の美しさ / ～ injury 身体への侵害行為, 身体傷害. **6** (物や抽象と区別して)人の, 人らしい; 人格的な, 人格表現の: a ～ God 人格神 / a ～ name 人名 (cf. place-name). **7** 〖文法〗 **a** 人称の, 人称を示す: ～ endings of verbs 動詞語尾の人称変化《例: *L.* portō I carry / portās you carry / portat he [she, it] carries における -ō, -s, -t》/ ⇨ personal pronoun. **b** 人称代名詞の[を示す]. **8** 〖法律〗〈財産など〉人に属する, 人的な, 可動の (movable) (↔ real).
── *n.* [*pl.*] **1** 〖法律〗動産 (personal property). **2** 《米》 **a** (新聞などの)人事欄, 個人消息欄. **b** 個人広告欄. **3** 《俗》〖映画〗(映画俳優の)お目見え, ご挨拶《宣伝のため行なう》. **4** 人物批評.

pérsonal áction *n.* 〖法律〗対人訴訟《物自体の回復でなく特定の人に対して, その負担している債務または義務の強行を求める訴訟; cf. real action》.

pérsonal assístant *n.* 《英》(secretary より責任ある仕事をする)高級秘書.

pérsonal efféects *n. pl.* 〖法律〗個人的財産, 所持品, 身の回り品《日用の家具・家財》.

pérsonal equátion *n.* **1** 〖天文〗(観測上の)個人差. **2** (解釈や方法上の)個人的傾向, 個性.

pérsonal estáte *n.* 〖法律〗＝personal property.

pérsonal fóul *n.* 〖バスケットボール〗パーソナルファウル《プレー中相手との間に起こした不当な身体接触によるファウル; ホールディング (holding), プッシング (pushing), ハッキング (hacking) など; cf. technical foul》.

per·so·na·lia [pə̀ːsənéɪljə, -sn̩-, -liə | pə̀ːsənéɪljə, -sn̩-, -lɪə] 〖← NL ～ ← LL (neut.pl.) ← *persōnālis* 'PERSONAL'〗 ── *n. pl.* **1** 個人に属する[関する]もの(ごと), 個人的な事柄. **2** 人物を伝える挿(そう)話[余録], (回想的)人物論[余話].

pérsonal ídealism *n.* 〖哲学〗＝personalism.

pér·son·al·ìsm [-s(ə)nəlìzm, -sn̩-, -nl̩-] 〖← PERSONAL＋-ISM〗 *n.* 〖哲学〗人格主義《人格とその自立性および陶冶等に最高の価値をおく哲学思想》.

pér·son·al·ist [-s(ə)nəlɪst, -sn̩-, -ləst, -nl̩- | pə́ːs(ə)nəlɪst, -sn̩-, -nl̩-] *n.* **1** 人物論筆者. **2** 〖哲学〗人格主義者.

per·son·al·i·ty [pə̀ːsənǽləṭi, -sn̩- | pə̀ːsənǽlətɪ, -sn̩-, -lɪ-] 〖《*c*1390》▭ (O)F *personnalité* // LL *persōnālitāt-em*: ⇨ personal, -ity〗 ── *n.* **1** 人であること, 人としての存在; (性格を具えた)人間, 人 (person). **2 a** 個性; (他人の目に映じる)性格, 人格, 人柄 (personal character). **b** (個人と同様にみた集団・国家などの)性格: a man with little ～ ほとんど個性のない人 / a man of strong ～ 個性の強い人 / a pleasing [sympathetic] ～ 人好きのする[同情心に富んだ]性格[人物] / She has ～. 彼女には個性がある. **3** (ある個性をもった)人物; (特に, 芸能界などの)有名人, 名士 (celebrity): a movie [TV] ～ 映画界[テレビ]の有名人 / noted literary *personalities* 知名の文士連. **4 a** (批評などが)個人に向けられていること. **b** [通例 *pl.*] 人物批評; (特に)人身攻撃: indulge in *personalities* 人身攻撃をする. **5** 〖心理〗(複雑な精神内容の統一体としての)性格, 人格, 人格性: double [dual, alternating] ～ 二重人格 / multiple ～ 多重人格. **6** 〖地理〗(ある地域の)特性, 地勢. **7** 《まれ》〖法律〗＝personal property.

personálity cùlt *n.* 個人を盲目的に崇拝すること; (特に, かつてのソ連の Stalin 崇拝のような)個人崇拝.

personálity disórder *n.* 〖精神医学〗人格異常.

personálity ìnventory *n.* 〖心理〗人格目録, パーソナリティーインベントリー《多くの質問項目に対して○×式回答で得られる人格テスト; cf. Minnesota Multiphasic Personality Inventory》.

personálity tèst *n.* 〖心理〗人格テスト, 性格[情意]検査.

per·son·al·ize [pə́ːs(ə)nəlàɪz, -sn̩- | pə́ː-] 〖← PERSONAL＋-IZE〗 ── *vt.* **1 a** 個人化する, 私人[個人]のものとする, 個人専用にする; …に自分の名前[頭文字など]をつける. **b** 〈言葉などを〉自分に当てつけたものと思う. **2** 人間[人格]化する, 擬人化する (personify). **per·son·al·i·za·tion** [pə̀ːs(ə)nəlɪzéɪʃən, -sn̩-, -lə- | pə̀ːs(ə)nəlaɪ-, -sn̩-, -lɪ-] *n.*

pérsonal líberty *n.* 〖法律〗人身の自由《身体を拘束されない自由; 最も基本的な自由権の一つで, 奴隷的拘束・苦役・人身売買および刑事手続における不当な刑事拘束などからの自由》.

pér·son·al·ly [-snəli, -sn̩- | -lɪ] 〖《*a*1398》: ⇨ personal, -ly[1]〗 ── *adv.* **1** 自ら, 親しく, 直接会って (in person): The writ was served on him ～. 令状は直接彼に手渡された. **2** [通例文頭に用いて] 自分としては: *Personally*, I don't like it. 私としてはそれは嫌いだ. **3** [文中または文尾に用いて] 個人的に: I don't hate him ～. 私は彼を個人的に憎んではいない / I am ～ responsible for it. それに対しては私個人で責任をもつ. **4** 個人的に当てつけて, 自分に向けられたように: Do you take his remarks ～? 彼の言葉を当てつけと思うのか. **5** 一個の人間として (as a person): a God existing ～.

pérsonal prónoun *n.* 〖文法〗人称代名詞《例えば, 英語における一人称 I, we; 二人称 you, 《古》thou, ye; 三人称 he, she, it, they およびそれらの所有格や目的格》.

pérsonal próperty *n.* 〖法律〗動産, 人的財産《もと対人訴訟 (personal action) の保護を受けた財産; cf. real estate》.

pérsonal represéntative *n.* 〖法律〗人格代表者《遺言執行者 (executor) または遺産管理人 (administrator)》.

pérsonal ríghts *n. pl.* 人的権利《人の身体・名誉・人身の自由などの保護される権利》.

pérsonal sérvice *n.* 〖法律〗交付送達《郵送や公示送達ではなくて現実に交付すること》.

pérsonal shópper *n.* (デパートなどの)お買物(見つくろい)係, 買物相談係《客の品物の見立ての相手をし, 外注には自ら見つくろう》.

pérsonal stáff *n.* 〖軍事〗専属幕僚《幕僚長を通じることなく司令官に直属する幕僚で, 例えば副官; cf. general staff, special staff》.

pérsonal táx *n.* 〖財政〗人税《direct tax ともいう》.

per·son·al·ty [pə́ːsn̩lti, -snl̩ti, -snəɫ- | pə́ːsn̩ltɪ, -snl̩-, -snəɫ-] 〖《*a*1481》▭ AF *personalté* ▭ LL *persōnālitāt-em* 'PERSONALITY'〗 *n.* 〖法律〗＝personal property.

persóna nòn grá·ta [-grǽṭə, -grɑ́ː- | -grɑ́ːtə, -gréɪ-] 〖▭ L *persōna nōn grāta* unacceptable person〗 ── *L. n.* (*pl.* **personae non gra·tae** [-tiː, -taɪ], ～) (特に, 外交官として駐在国の政府にとって)好ましくない人物 (↔ persona grata).

per·son·ate[1] [pə́ːsənèɪt, -sn̩- | pə́ː-] 〖《1591》← PERSON＋-ATE[3]〗 ── *vt.* **1** (演劇で)〈ある人物〉の役を勤める[演じる]. **2 a** (欺す目的で)〈他人〉の風を装う, …といつわる, …の名をかたる. **b** 《英》(不正投票のために)〈他人名義を〉詐称する. **3** (詩などで)人格[擬人]化する. ── *vi.* (劇で)役を勤める[演じる].

per·son·ate[2] [pə́ːsənət, -nɪt, -nèɪt, -sn̩- | pə́ː-] 〖▭ L *persōnāt-us* masked ← *persōna* actor's mask: ⇨ person, -ate[2]〗 ── *adj.* **1** 《古》仮装[変装]した; 見せかけの (feigned). **2** 〖植物〗 **a** 〈唇形花冠が〉(キンギョソウ (snapdragon) の花のように)仮面状の (masked): a ～ corolla 仮面状花冠. **b** 〈花が〉仮面状花冠をもっている. **3** 〖昆虫〗〈幼虫が〉偽装した.

per·son·a·tion [pə̀ːsənéɪʃən, -sn̩- | pə̀ː-] 〖← PERSONATE[1]＋-ATION〗 ── *n.* **1** (劇の役を)演じること, 役に扮すること (impersonation). **2** (身分の)詐称, 偽称: false ～ 〖法律〗姓名[身分]詐称. **3** 擬人化.

per·son·a·tive [pə́ːsənèɪṭɪv, -sn̩- | pə́ːsənèɪt-, -sn̩-] 〖⇨ -ative〗 *adj.* 役割を勤める[演じる].

pér·son·à·tor [-ṭə | -tə(r)] 〖← PERSONATE[1]＋-OR[2]〗 *n.* **1** 扮装者; 役を演じる者, 俳優. **2** 詐称者, 偽称者.

pérson-dày *n.* 〖統計〗人(にん)日《1人の人が普通の行動をする平均的な1日を示す時間の単位》.

pérson·hòod *n.* 個人的であること, 個性 (individuality).

per·son·i·fi·ca·tion [pəsɑ̀nəfɪkéɪʃən, -fə- | pəsɔ̀nɪfɪ-, pə-] 〖《1755》: ⇨ personify, -fication〗 ── *n.* **1** 擬人(化), 人格化. **2** (美術・文学などで)人間の姿で表わすこと, 具現: an artistic ～ of beauty 美の芸術的具現. **3** (神・架空の人物について)〔抽象物などを〕擬人化したもの 〔*of*〕: Neptune is the ～ *of* the sea. ネプトゥーヌスは海を擬人化したものである. **4** [通例 the ～] (現実の人・物について)〔性質・観念などの〕権化, 化身, 典型 〔*of*〕: *the* ～ *of* patriotism, youth, joy, evil, etc. 5〘修辞〙擬人法. 6〘精神医学〙人間化, 擬人化《自然物などに感情移入し, 人間としてとらえること》.

per·són·i·fì·er 〘⇨↓, -er¹〙 *n.* 1 擬人法を使う人. 2 体現する人[もの], 化身.

per·son·i·fy [pəsɑ́nəfàɪ | pəːsɔ́nɪ-, pə-] 〘《1727–41》□ F *personnif-ier*: ⇨ person, -(i)fy〙 —— *vt.* 1 〈無生物を〉擬人化する, 人とみなす: Primitive peoples ~ natural phenomena. 原始人は自然現象を擬人化する. 2 〈特質などを〉人間の形で表現[象徴]する, 人格化する: ~ justice *as* a blindfold woman 目隠しした女性の姿で正義を表わす. 3 a [しばしば p.p. 形で] 体現する, 具現する (emboby): She is chastity *personified*. 彼女は貞節の鑑だ. b 象徴する (typify), …の化身[典型]である: He *personifies* law. 彼は法の象徴[化身]である / Satan *personifies* evil. 悪魔は悪の象徴である. 4《まれ》〈他人〉のふりをする, 装う.

per·son·nel [pə̀ːsənél, -sn̩- | pə̀ː-] 〘《1857》□ F ~ 'PERSONAL' (形容詞の名詞的用法)〙 —— *n.* (*pl.* ~, ~s) 1 a [集合的] (官庁・軍隊・事業所など各種公共団体の)総人員, 職員 (cf. matériel 1): the ~ of the new cabinet 新内閣の顔触れ / the bureau of ~ 人事局. b [複数扱い]《米》人々 (persons): ten ~ 10人 (ten people). 2 人事部[局, 課]. —— *adj.* 職員の, 兵員の; 人事の: a ~ division [section] 人事部[課] / a ~ officer 人事係将校.

personnél càrrier *n.* 武装兵員輸送車.

personnél depàrtment *n.* (会社の)人事部, 人事課.

personnél dirèctor [mànager] *n.* 1 (会社の)人事担当取締役. 2《米》(大学の)就職指導主事.

pérson-to-pérson *adj.* 1 (長距離電話で)指名(通話)の (cf. station-to-station): a ~ call from New York ニューヨークからの指名通話. 2 個人対個人の, 直接の, 膝づめの. —— *adv.* 1 (長距離電話で)指名(通話)で. 2 個人対個人で, 差し向いで, 膝づめで.

per·sorp·tion [pəsɔ́əpʃən, -zɔ́əp- | pəsɔ́ːp-, -zɔ́ːp-] 〘← PER-+(AD)SORPTION〙 *n.* 〘物理化学〙過吸着 (cf. sorption).

persp. 《略》perspective.

per·spec·tiv·al [pəspéktɪvəl | pə-, pəː-] *adj.* 透視[遠近]画法の[に関する]; 透視[遠近]画法を用いた.

per·spec·tive [pəspéktɪv | pə-, pəː-] 〘n.: 《a1387》《廃》'optics, optical instrument' □ ML (*ars*) *perspectīva* (science) of optics (fem.) ← LL *perspectīvus* ← L *perspectus* (p.p.) ← *perspicere* to look through ← PER-+*specere* to look. — adj.: 《c1400》'optical' □ LL *perspectīv-us*〙 —— *n.* 1 〘□ F ~ □ It. *prospettiva*〙 a 透視画法, 遠近画法; 〘数学〙透視図法, 中心投象法: ⇨ aerial perspective, angular perspective / linear [isometric, parallel] ~ 直線[等長, 平行]透視画法[図法] / bird's eye ~ 鳥瞰(かん)的遠近法 / in [out of] ~ 遠近法にかなって[からはずれて]. b 透視画. 2 (物事の見た上の)釣合い, 配合, 相関関係: see things in ~ 物事を正しい釣合いで見る, 釣合いの取れたものの見方をする. 3 釣合いの取れたものの見方(ができること). 4 遠景 (distant view), 通景, 眺め (vista). 5 a 物の見方, 考え方, 見解: view an evidence from a slightly altered ~ 証拠をちょっと違った視点から眺める. b (ある観点から見た)事物の様相, 面. c (将来の)見通し, 見込み, 展望 (mental prospect): a new ~ on …に関する新しい見通し. —— *adj.* 透視画法の; 遠近法によった配景の: ~ representation [drawing] 透視画法, 遠近画法. **~·ly** *adv.*

per·spéc·tiv·ìsm [-tɪvɪ̀zm, -tə- | -tɪ-] 〘⇨↑, -ism〙 —— *n.* 〘哲学〙遠近法主義: a (Leibniz のモナドロジーのように)世界は各自に固有の透視の立場から相互に他を眺め合う無数の実有より成っているとする考え. b (Nietzsche のように)認識は各人の世界に関する観方と相対的で, 真に個的な実在の内面は看過されがちだとする考え.

per·spec·tiv·i·ty [pə̀ːspektívəṭi | pə̀ːspektívətɪ, -vɪ-] 〘⇨ -ity〙 *n.* 〘数学〙配景(性), 配景の位置にあること.

Per·spex [pə́ːspeks | pə́ː-] *n.* 〘商標〙パースペックス (⇨ polymethyl methacrylate).

per·spi·ca·cious [pə̀ːspəkéɪʃəs | pə̀ːspɪ-] 〘《1616–61》← L *perspicāc-*, *perspicāx* clear-sighted ← *perspicere* to look through: ⇨ perspective, -acious〙 —— *adj.* 1 洞(どう)察力のある; わかりの早い, 明敏な. 2《古・まれ》目の鋭い, よく目の見える (clear-sighted). **~·ly** *adv.* **~·ness** *n.*

per·spi·cac·i·ty [pə̀ːspəkǽsəṭi | pə̀ːspɪkǽsətɪ, -sɪ-] 〘《1548》□ LL *perspicācitāt-em*: ⇨↑, -ity〙 —— *n.* 1 明敏 (acuteness), 眼識 (discernment), 洞(どう)察力 (penetration). 2《古・まれ》すぐれた視力, 目の鋭さ.

per·spi·cu·i·ty [pə̀ːspəkjúːəṭi | pə̀ːspɪkjúːətɪ, -kjúə-, -ɪtɪ] 〘《1477》□ L *perspicuitāt-em*: ⇨↓, -ity〙 —— *n.* 1 (表現・論述などの)明快さ (lucidity), わかりやすさ. 2《口語》= perspicacity.

per·spic·u·ous [pəspíkjuəs | pəspíkjuəs, pəː-] 〘《1477》← L *perspicu-us* transparent, evident ← *perspicere* to look through: ⇨ perspective, -ous〙 —— *adj.* 1 〈陳述など〉わかりやすい, 明快な (lucid). 2 〈人が〉言うことがはっきりした, はきはきした. 3《まれ》= perspicacious. **~·ly** *adv.* **~·ness** *n.*

per·spi·ra·tion [pə̀ːspəréɪʃən | pə̀ː-] 〘《1611》□ F ~ ← *perspirer* (↓)〙 —— *n.* 1 発汗 (sweating), 発汗作用. 2 汗: His face was streaming with ~. 彼の顔からは汗が流れていた. ★ sweat より上品な言い方. 3 (汗の出るほどの)大骨折り, 努力. **per·spir·a·to·ry** [pəspáɪrətɔ̀ːri, pə́ːsp(ə)rə-, -tɔ̀ːri | pəspáɪərətəri] *adj.*

per·spire [pəspáɪə | pəspáɪə(r)] 〘《1646》□ F *perspirer* □ L *perspīr-āre*《原義》to breathe through ← PER-+*spīrāre* to breathe (cf. spirit): '発汗する' の意は NL から〙 —— *vi.* 汗が出る, 汗をかく, 発汗する (sweat). —— *vt.* 1 汗にして出す, 発散する. 2 にじみ出させる (exude). 3 〈運動選手・馬など〉に運動で汗をかかせる.

per stir·pes [pəstə́ːpiːz, pɛəstíəpeɪs | pə(ː)stə́ːpiːz, pɛəstíəpeɪs] 〘□ L *per stirpēs*《原義》by stock〙 —— *L. adv., adj.* 〘法律〙代襲による[の]《財産を相続すべき人が死亡の場合, その子がその人の相続分の相続にあずかる》.

per·suad·a·ble [pəswéɪdəbl̩ | pə-] *adj.* = persuasible.

per·suade [pəswéɪd | pə-] 〘《1513》□ L *persuād-ēre* ← PER-+*suādēre* to advise (cf. suasion)〙 —— *vt.* 1 〈人〉にすすめて…させる, 説得する (induce) 〔*into, out of*〕/ 〈*to do*〉 (cf. dissuade): ~ a person *to* do [*into* doing] すすめて人にさせる / I ~*d* him *out of* his plan. 彼を説得して計画を断念させた (cf. reason *vt.* 3). ★ 次のように不定詞を省略して用いることもある: He ~*d* me (to come) in to shelter from the storm. 彼は私にあらしを避けて家の中に入るように説きつけた. 2 …に〔…を〕信じさせる, 思い込ませる, 納得させる (convince) 〔*of*〕/ 〈*that*〉: ~ a person [*oneself*] *of* [*that*] …を人に信じさせる[自分で信じる] / I am ~*d of* his innocence [*that* he is innocent]. 彼の無罪を信じる. 3 説き勧める, 促す (urge) 〈*to do*〉. —— *vi.* 1 説得する; 説き勧める. 2 (説得されて)信じる, 思い込む: He ~*s* easily.

per·suád·er *n.* 1 説得する人, 勧誘してさせる人[物]. 2《俗》a 強制する時に用いるもの; ピストル, むち. b [*pl.*] 拍車 (spur): clap in the ~*s* (馬に)拍車をかける.

per·sua·si·ble [pəswéɪzəbl̩, -sə- | pəswéɪzə-, -zɪ-, -sə-, -sɪ-] 〘《c1390》'persuasive' □ L *persuāsibil-is* ← *persuāsus*: ⇨↓, -ible〙 —— *adj.* 説き伏せられる, 説得[納得]できる; 説得に服する.

per·sua·sion [pəswéɪʒən | pə-] 〘《c1390》□ L *persuāsiō(n-)* conviction, opinion ← *persuāsus* (p.p.) ← *persuādēre* 'to PERSUADE': ⇨ -sion〙 —— *n.* 1 説得(すること), 説きつけ: solve a problem not by force but by ~ 問題を強制によってではなく説得によって解決する. 2 説得力, 口説(ど)き上手. 3 確信, 信念, 定見: It is my private ~ that he is mad. 彼は狂人だというのが私の意見だ. 4 信仰 (belief); (宗教上の)信条. 5 宗旨, 教派 (sect): men of various ~*s* / a man of the Christian [Jewish] ~ キリスト[ユダヤ]教徒. 6《口語・戯言》種類 (sort), 階級 (class), 性別 (sex), 人種: a man of the artist ~ 美術家 / the male ~ 男性, 男.

per·sua·sive [pəswéɪsɪv, -zɪv | pə-] 〘□ F *persuasif, -ive* // ML *persuāsīv-us* ← L *persuāsus*: ⇨↑, -ive〙 —— *adj.* 1 説得力のある, 人を納得させる, 説得的な: His argument is ~. 2 口のうまい. —— *n.* (人を)説得[信服]させるもの, 動機 (motive), 誘因 (inducement). **~·ly** *adv.* **~·ness** *n.*

pèr·súlfate [pə̀ː-, pɛ̀ə- | pə̀ː-] 〘← PER- 4+SULFATE〙 *n.* 〘化学〙過硫酸塩.

pèr·súlfide [pə̀ː-, pɛ̀ə- | pə̀ː-] *n.* 〘化学〙= persulphide.

per·sulfúric ácid [pə̀ː-, pɛ̀ə- | pə̀ː-] 〘*persulfuric*: ← PER- 4+SULFURIC〙 *n.* 〘化学〙過硫酸 ($H_2S_2O_8$)《正式名 peroxodisulfuric acid》.

pèr·sulphide [pə̀ː- | pə̀ː-] 〘← PER- 4+SULFIDE〙 *n.* 〘化学〙過硫化物.

pert [pə́ːt | pə́ːt] 〘《c1250》《頭音消失》← (i) OF *apert* open □ L *apertus* (p.p.) ← *aperīre* to open // (ii) OF *a(s)pert* expert < L *expertum* (⇨ expert)〙 —— *adj.* (~·er, ~·est; more ~, most ~) 1 生意気な, 小癪(しゃく)な (impertinent); ずぶとい, でしゃばりな, 無作法な (impudent). 2 〈衣服など〉きりっとあか抜けのした (chic), スマートな, いきな (jaunty). 3《口語》活発な, 元気な (lively); 丈夫な (healthy). 4《廃》賢い (clever). **~·ly** *adv.* **~·ness** *n.*

PERT [pə́ːt | pə́ːt] 〘《頭字語》← *P(rogram) E(valuation and) R(eview) T(echnique)*〙 —— *n.* 〘経営〙パート方式《ネットワーク・プランニングの代表的なもの; 周期的報告に基づいて計画・分析・制御・管理を行ない, 大規模なプロジェクトをできるだけ合理的・迅速・経済的に完成する方法》.

pert. 《略》pertaining.

per·tain [pətéɪn | pəː-, pə-] 〘《a1375》*parte(i)ne(n)*, *parte(i)ne(n)* □ (O)F *parten-ir* < L *pertinēre* to extend, relate: ⇨ pertinent〙 —— *vi.* 1 〔…に〕固有である, 属する, 付属する 〔*to*〕: the infirmities ~*ing to* old age 老年に付きものの疾患. 2 〔…に〕適切[穏当]である, 似合う 〔*to*〕: It does not ~ *to* me to instruct you. 君に教えるなど私の分でない. 3 〔…に〕関係する, かかわる 〔*to*〕: information ~*ing to* the case この事件に関する情報 / That remark hardly ~*s to* the matter in hand. その言葉は当面の問題にほとんど無関係だ.

Perth [pə́ːθ | pə́ːθ] 〘cf. Welsh *perth* bush, copse〙 —— *n.* 1 スコットランド中央部の旧州, 現在の Tayside 州西部; 面積 6,457 km^2; Perthshire ともいう. 2 Tayside 州中南部の Tay 川に臨む港市; 旧 Perth 州の首都, 人口 45,000. 3 オーストラリア南西部の都市, Western Australia 州の首都; 人口 93,000.

perth·ite [pə́ːθaɪt | pə́ː-] 〘← *Perth* (カナダ Ontario 州の地名)+-ITE¹〙 *n.* 〘鉱物〙ペルト長石, パーサイト《曹長石を葉片状に含む正長石や微斜長石》.

Perth·shire [pə́ːθʃɪə, -ʃə | pə́ːθʃə(r, -ʃɪə(r] *n.* = Perth 1.

per·ti·na·cious [pə̀ːṭənéɪʃəs, -tn̩- | pə̀ːtɪn-] 〘《1626》□ L *pertināc-*, *pertināx* holding firmly ← PER-+*tenāx* 'TENACIOUS'〙 —— *adj.* 1 〈人・行動・信念など〉根気強い, 不屈の, 堅忍不抜の, 頑固な, 強情な. 2 〈病気が〉(ひどく)しつこい: a ~ cough. **~·ly** *adv.* **~·ness** *n.*

per·ti·nac·i·ty [pə̀ːṭənǽsəṭi, -tn̩- | pə̀ːtɪnǽsətɪ, -sɪ-] 〘《1504》□ (O)F *pertinacité* □ LL *pertinācitātem* ← L *pertināx*: ⇨↑, -acity〙 —— *n.* 1 根気強さ, 不屈 (persistency). 2 押しの強さ, 強情, しつこさ.

pér·ti·nence [-ṭənəns, -tn̩-, -tn- | -tɪn-] 〘《c1400》'appendage' □ (O)F ~: ⇨ pertinent, -ence〙 *n.* = pertinency.

per·ti·nen·cy [pə́ːṭənənsi, -tn̩-, -tn- | pə́ːtɪnənsɪ] *n.* 適切, 適当 (relevance).

per·ti·nent [pə́ːṭənənt, -tn̩-, -tn- | pə́ːtɪn-] 〘《c1390》□ (O)F ~ // L *pertinēnt-em* (pres.p.) ← *pertinēre* to extend, belong, relate ← PER-+*tenēre* to hold: ⇨ -ent〙 —— *adj.* 1 〔…と〕関係のある, 関連する (relevant); 〔…に〕属する 〔*to*〕: ~ examples, evidence, etc. / the point ~ *to* the question その問題に関連する要点. 2 〔…に〕適切な 〔*to*〕; 要領を得た: a ~ question [remark] 的を射た質問[言葉]. —— *n.* [通例 *pl.*]〘スコット法〙付属物[品] (accessory): parts and ~*s*. **~·ly** *adv.*

per·tu·ba·tion [pə̀ːtʃubéɪʃən | pə̀ːtju-] 〘← L *per tubam* through a tube+-ATION〙 *n.* 〘医学〙卵管通気(法).

per·turb [pətə́ːb | pətə́ːb, pəː-] 〘《c1385》□ (O)F *perturber* □ L *perturbāre* to confuse ← PER-+*turbāre* to disturb: ⇨ turbid〙 —— *vt.* 1 …の心を騒がせる, 狼狽(ばい)させる, うろたえさせる (disconcert). 2 混乱させる, かき乱す (confuse). 3〘天文・物理〙摂動 (perturbation) を起こさせる. **~·a·ble** [-bəbl̩] *adj.*

per·tur·ba·tion [pə̀ːṭəbéɪʃən, -təː- | pə̀ːtə(ː)-] 〘《c1380》□ (O)F ~ □ L *perturbātiō(n-)* confusion: ⇨↑, -ation〙 —— *n.* 1 心の動揺, 狼狽(ばい), 不安: in some ~ of mind いささか狼狽して. 2 不安の原因, 心配の種. 3〘天文〙摂動《惑星などがその引力によって他の惑星などの運動を乱すこと》. 4〘物理〙摂動《物理系の状態や運動を論じる時, 小さな二次的効果をさすのに用いる》. **~·al** [-ʃnəl, -ʃənl̩] *adj.*

per·tur·ba·tive [pə́ːṭəbèɪṭɪv, -təː-, pətə́ːbəṭ- | pə́ːtə(ː)bèɪt-, pə(ː)tə́ːbət-] 〘□ LL *perturbātīv-us* ← L *perturbātus* (p.p.) ← *perturbāre* 'to PERTURB': ⇨ -ative〙 —— *adj.* 1《古》乱す, 動揺させる, 騒がせがちな (perturbing). 2〘天文・物理〙摂動 (purturbation) の.

per·túrbed *adj.* 心のかき乱された (agitated); 不安な, 当惑した. **per·túrb·ed·ly** [-bɪdli, -bəd-, -bd- | -lɪ] *adv.*

per·túrb·ing *adj.* (心を)乱す, 動揺させる: a ~ rumor. **~·ly** *adv.*

per·tus·sis [pətʌ́sɪs, -səs | pətʌ́sɪs, pəː-] 〘← NL ~ ← PER-+L *tussis* cough〙 *n.* 〘病理〙百日咳(ぜき) (whooping cough). **pur·tús·sal** [-səl, -sl̩] *adj.*

Pe·ru [pərúː | pə-, pɪ-; *Sp.* perú] 〘← ?《土語》*Pirù*《変形》← *Birù*《原義》water, stream: 川の名からスペイン人が命名したもの〙 —— *n.* ペルー《南米西岸の共和国; 人口 16,580,000, 面積 1,285,215 km^2, 首都 Lima; 公式名 the Republic of Peru ペルー共和国》.
from China to Peru ⇨ China 成句.

Peru. 《略》Peruvian.

Perú bálsam *n.* 〘植物〙= BALSAM of Peru.

Perú Cúrrent *n.* [the ~] ペルー海流《南米大陸の太平洋岸を北流する寒流; the Peruvian Current, the Humboldt Current ともいう》.

Pe·ru·gia [pərúːdʒiə, peɪ-, -dʒə | pərúːdʒɪə, pɪ-, pe-, -dʒə; *It.* perúːdʒa] *n.* ペルージャ《イタリア中央部 Umbria 州の都市; 人口 137,000》.

Pe·ru·gi·no [pèrudʒíːnou | -ruːdʒíːnəu, -ru-; *It.* perudʒíːno], **Il** [iːl; *It.* il] *n.* ペルジーノ《1446–1524; イタリアの画家; Perugia に長く住んでいたのでこう呼ばれた; 本名 Pietro Vannucci [vannúttʃi]》.

pe·ruke [pərúːk | pə-, pɪ-, pe-] 〘《1547》□ F *perruque* □ It. *perrucca* ← ?: cf. periwig〙 *n.* = periwig.

pe·ruk·er [pərúːkə | pərúːkə(r, pɪ-, pe-] 〘□ F *perruquier*: ⇨↑, -er¹〙 *n.* (also **pe·ru·ki·er** [-kiə | -kɪə(r, -kjə(r)]) かつら師 (wigmaker).

pe·rus·al [pərúːzəl, -zl̩ | pə-, pɪ-, pe-] 〘《1593》: ⇨↓, -al¹〙 *n.* 1 通読; 熟読, 精読; 読むこと, 読書. 2 精査, 吟味, 調査.

pe·ruse [pərúːz | pə-, pɪ-, pe-] 〘《1479》'to use up' □ ? AL *perūs-āre ← PER- 1+ML *ūsāre* to use often: ⇨ use¹〙 —— *vt.* 1 通読する; 熟読する, 精読する. 2 読む. ★ 今はしばしば急いで多少ともざっと読む場合に用いられる. 3 〈人の顔などを〉注意深く見る, 熟視する. 4《古》精査する, 吟味する (examine). **pe·rús·a·ble** [-zəbl̩] *adj.* **pe·rús·er** *n.*

Pe·rutz [pərúːts], **Max Ferdinand** *n.* ペルーツ《1914– ; オーストリア生れの英国の生化学者; Nobel 化学賞 (1962)》.

Peruv. 《略》Peruvian.

Pe·ru·vi·an [pərúːviən | pərúːvjən, pɪ-, pe-, -vɪən] 〘← NL *Perūvia* Peru+-AN¹〙 —— *adj.* ペルーの; ペルー人の. —— *n.* 1 ペルー人. 2 (スペイン人渡来以前の)古代 Inca 帝国時代の原住民.

Perúvian bárk *n.* キナ皮 (⇨ cinchona 2).

Perúvian Cúrrent *n.* [the ~] = Peru Current.

Perúvian dáffodil *n.* 〘植物〙中南米産ヒガンバナ

科ヒメノカリス属 (*Hymenocallis*) の観賞用植物の総称《ペルー産の *H. amancaes* など》.

Perúvian rhátany *n.* **1** 〘植物〙 ペルーラタニア (*Krameria triandra*)《ペルー産マメ科の低木》. **2** ペルーラタニアの根《収斂剤として用いる; knotty rhatany ともいう》.

per·vade [pəvéɪd | pəvéɪd, pɜː-] 〚《1653》□ L *pervādere* to spread through ← PER-+*vādere* to go〛 ── *vt.* **1** 〈力・活動・影響などが〉…の一面に広がる, …に行き渡る, 普及する: The love of peace ~*d* the world. 平和を愛する心が世界に充満した. **2** 〈匂い・感情・気分などが〉…にしみ込む, 浸透する: The odor of pines ~*d* the air. 松の香が空にみなぎっていた / There was a *pervading* smell of paint. ペンキの匂いが充満していた. **3** 《古》〈場所を〉くまなく通る. **per·vád·er** *n.* **per·va·sion** [pəvéɪʒən | pə-, pɜː-] *n.*

per·va·sive [pəvéɪsɪv, -zɪv | pəvéɪsɪv, pɜː-] 〚《*c*1750》← L *pervās(us)* ((p.p.) ← *pervādere* (↑)) + -IVE〛 ── *adj.* 広がる, 行き[満ち]渡る, 普及する; しみ透る (permeative). **~·ly** *adv.* **~·ness** *n.*

per·ve·ance [pɜ́ːviəns | pɜ́ːvjəns, -vɪəns] 〚□ F *pervéance*〛 *n.* 〘電気〙 パービアンス《電子管の陽極電流と陽極電圧の 1.5 乗との比例係数》.

per·verse [pəvɜ́ːs, pɜː-, pɜ́ːvəːs | pəvɜ́ːs, pɜː-] 〚《1369》□ (O)F *pervers(e)* // L *pervers-us* (p.p.) ← *pervertere* to overthrow: ⇨ pervert〛 ── *adj.* **1** 〈人・性質など〉(理も非もなく)強情を張る, 天邪鬼(あまのじゃく)の, 片意地な, いこじな (willful); 手に負えない (intractable). **2** つむじ曲がりの, ねじけた, ひねくれた, 怒りっぽい (cross). **3 a** 〈行為など〉正道を踏みはずした (perverted), 誤っている, よこしまな (wicked). **b** 〘法律〙〈陪審員の評決が〉不当な, (裁判官の説示・証拠に)反する: a ~ verdict (裁判官の説に反する)評決. **4** 〈情況など〉思い通りにならない, (予想・期待に)反する: ~ weather. **5** 〘精神医学〙(性)倒錯 (perversion) の[にかかっている], 変質の. **~·ly** *adv.* **~·ness** *n.*

per·ver·sion [pəvɜ́ːʒən, -ʃən | pəvɜ́ːʃən, pɜː-, -ʒən] 〚《*c*1395》□ L *perversiō(n-)*: ⇨ ↑, -sion〛 ── *n.* **1** (意味などの)曲解, こじつけ. **2** 誤用, 悪用, 逆用 (misapplication). **3** 悪化, 低下 (debasement). **4** 背教, 変節. **5** 〘病理〙 異状, 変態. **6** 〘精神医学〙 倒錯(症); 性倒錯(症), 変態性欲 (sexual perversion).

per·ver·si·ty [pəvɜ́ːsəti, -sti | pəvɜ́ːsɪti, pɜː-, -sɪ-] 〚□ (O)F *perversité* // L *perversitāt-em*: ⇨ perverse, -ity〛 ── *n.* **1** いこじ, 強情, 横紙破り: the inherent ~ of human nature 人間性のもつ固有の強情さ. **2** つむじ曲がり, ひねくれ. **3** よこしま, 邪悪.

per·ver·sive [pəvɜ́ːsɪv, -zɪv | pəvɜ́ːsɪv, pɜː-] 〚⇨ perverse, -ive〛 *adj.* **1** 〔…を〕邪道に導く, 誤らせる, 曲解する〔*of*〕. **2** 〘精神医学〙 倒錯的な.

per·vert 〚《*c*1375》□ (O)F *pervert-ir* □ L *pervertere* to overthrow ← PER-+*vertere* to turn: ⇨ version. ── n.: 《1661》←《廃》*pervert* (adj.)《短縮》← *perverted*: 或いは convért (v.)─cónvert (n.) との類推によるものか〛 ── [pəvɜ́ːt, pɜ́ːvəːt | pəvɜ́ːt, pɜː-] *vt.* **1** 〈言葉などを〉(わざと)誤解する, 曲解する (misconstrue): ~ a person's words 人の言葉を曲解する. **2** 誤用する, 悪用する. **3** 〈判断・信仰などを〉誤らせる; 〈人を〉邪道に陥らせる, 堕落させる (corrupt). **4** 〘病理〙 異常にする. **5** 〘精神医学〙〈性欲を〉倒錯させる.
── [pɜ́ːvəːt | pɜ́ːvəːt] *n.* **1** 邪道に陥った人, 堕落者; 背教者 (cf. convert). **2** 変質者. **3** 〘精神医学〙(特に, 性)倒錯者.

per·vért·ed [-tɪd, -təd | -tɪd, -təd] *adj.* **1** 〘病理〙 異常の, 変態の (abnormal): a ~ appetite 異常[変態]食欲. **2** 〘精神医学〙(性)倒錯に陥った[起因した]. **3** 正道をそれた, 邪道に踏み込んだ, 誤った. **4 a** 悪用された, ゆがんだ: a ~ idea of justice ゆがんだ[誤った]正義観念. **b** 曲解された. **~·ly** *adv.* **~·ness** *n.*

per·vért·er [-tə | -tə(r)] 〚← PERVERT+-ER[1]〛 *n.* **1** 曲解者. **2** 邪道に誘う人, 壊乱者. **3** 誤用[悪用]者.

per·vert·i·ble [pəvɜ́ːtəbl̩, pɜ́ːvəːt- | pəvɜ́ːtə-, pɜː-, -tɪ-] 〚《1611》□ (O)F ~: ⇨ pervert, -ible〛 ── *adj.* **1** 曲解される, 錯誤されやすい. **2** 悪用できる. **3** 誤らすことができる, 邪道に導きうる.

per·vi·ous [pɜ́ːviəs | pɜ́ːvjəs, -vɪəs] 〚《1614》← L *pervi-us* ← PER-+*via* 'way, VIA[1]': ⇨ -ous〛 ── *adj.* **1** 〔物・光などを〕透す, 透過する, 通らせる〔*to*〕: Glass is ~ *to* light. ガラスは光を通す. **2** 〔道理・議論などが〕通じる, わかる, 感じる〔*to*〕: a mind ~ *to* reason [new ideas] 道理のわかる[新思想をいれる]心. **3** 〔影響などを〕受ける〔*to*〕. **~·ly** *adv.* **~·ness** *n.*

pes [píːz] 〚← (N)L *pēs* 'FOOT'〛 *n.* (*pl.* **pe·des** [píːdiːz, péd-]) **1** 〘解剖・動物〙 足, 足部, 足状部分[器官]. **2** (古代ローマの) 1 フィート (foot) (cf. uncia).

Pe·sach [péɪsɑːx] *n.* 〘ユダヤ教〙 =Pasch 1.

pe·sade [pəséɪd, -zéɪd, -zɑ́ːd] 〚□ F ~《変形》←《廃》*posade* □ It. *posata* a halt ← *posare* □ LL *pausāre* 'to PAUSE': ⇨ -ade〛 *n.* 〘馬術〙 プサード, 躍上(やくじょう)《高等馬術の地上運動の一つで, 前足を上げて後足で立つこと》.

Pe·sah [péɪsɑːx] *n.* 〘ユダヤ教〙 =Pesach.

Pes·ca·do·res [pèskədɔ́ːriːz, -dɔ́ːr-, -rɪs, -rəs | -dɔ́ːrɪz] *n. pl.* [the ~] 澎湖(ほうこ)諸島《台湾海峡にある小群島; 1945 年中国に返還された旧日本領, 現在は台湾政府の支配下にある; 中国語名 Penghu》.

Pe·schit·ta [pəʃíːtə | -tə] *n.* =Peshitta.

pe·se·ta [pɪséɪtə, pə-, pe- | pəséɪtə, pɪ-, -sétə; *Sp.* peséta] 〚《1811》□ Sp. ~ (dim.) ← *pesa* weight: cf. peso〛 ── *n.* (*pl.* **~s** [~z; *Sp.* ~s]) **1** ペセタ《スペインの通貨単位; =100 centimos; 記号 Pta, P》. **2** 1 ペセタアルミ青銅貨.

pe·se·wa [pɪséɪwə, pə-, pe-] 〚← Ghana《土語》〛 *n.* (*pl.* **~s**, ~) **1** ペセワ《ガーナの通貨単位; =1/100 cedi》. **2** 1 ペセワ青銅貨.

Pe·sha·war [pəʃɑ́ːwə, pe-, -ʃáuə | -ʃɔ́ːə(r), -ʃáuə(r)] *n.* ペシャワル《パキスタン North-West Frontier Province 州の首都; 人口 273,000》.

Pe·shi·to [pəʃíːtou | -təu] *n.* =Peshitta.

Pe·shit·ta [pəʃíːtə | -tə] 〚□ Syriac *peshīṭtā*《原義》the simple《略》← *mappaqtā peshīṭtā* the simple version: 逐語訳だったことからか〛 ── *n.* ペシタ《シリア語訳の公認聖書》.

Pesh·wa, P- [péɪʃwɑː] 〚□ Hindi & Marathi *peśvā* □ Pers. *peshwā* chief ← *pesh* before〛 *n.* ペーシュワー《インドの Marathas 族の世襲的宰相》.

pes·ky [péski | -kɪ] 〚《混成》← *pesty* (← PEST)+RISKY〛 ── *adj.* (**pes·ki·er**; **-ki·est**)《米口語》厄介な (troublesome); いやな, うるさい (annoying). **pés·ki·ly** [-kɪli, -kə- | -lɪ] *adv.* **pés·ki·ness** *n.*

pe·so [péɪsou, pés- | péɪsəu; *Sp.* péso] 〚□ Sp. ~《原義》weight < VL **pēsum*=L *pēnsum* (neut. p.p.) ← *pendere* to weigh〛 ── *n.* (*pl.* **~s** [~z; *Sp.* ~s]) **1** ペソ: **a** スペインドル (piece of eight)《16 世紀の中頃から発行された 8 レアル銀貨》. **b** メキシコドル《18 世紀初頭につくられた 8 レアル銀貨; 発行を止めてからも極東ではメキシコペソとして流通した》. **2 a** ペソ (=100 centavos; 記号 $): キューバ, アルゼンチン, メキシコ, チリ, ギニアビサウ, ボリビア (記号 $B), コロンビア (記号 $, P), ドミニカ共和国 (記号 RD$), フィリピン (記号 P), ウルグアイ (=100 centimos; 記号 $) の通貨単位. **b** 1 ペソ硬貨.

péso bolivíano *n.* (*pl.* **pesos bolivianos**) **a** ボリビアペソ《ボリビアの通貨単位 (peso); =100 centavos; 1965 年以後採用》. **b** 1 ボリビアペソ《ニッケル張りスチール貨》.

pes·sa·ry [pésəri | -rɪ] 〚《*a*1400》□ LL *pessāri-um* ← *pessus* pessary □ Gk *pessós* oval stone used in a game: ⇨ -ary〛 ── *n.* 〘医学〙 **1** (子宮転位を直す)子宮圧定器, ペッサリー, ペーサール. **2** (避妊用)ペッサリー, 閉塞ペッサリー, 子宮栓(せん). **3** 膣(ちつ)坐薬.

pes·si·mal [pésəməl | -sɪ-, -sə-] 〚← L *pessimus* worst: ⇨ pessimum, -al[1]〛 *adj.* 最悪の (↔ optimal).

pes·si·mism [pésəmɪzm, péz- | -sɪ-, -sə-] 〚《1794》□ F *pessimisme* ← L *pessimus* (↑)+*-isme* '-ISM': cf. pejorative〛 ── *n.* **1** 悲観, 悲観主義, 悲観論[説]. **2** 〘哲学・倫理〙 厭(えん)世観, 最悪観, 厭世主義, ペシミズム《世界は悪に満ち, 万事は悪の方向に向かっていて, この世界で真の幸福を得ることは不可能だとする説; cf. meliorism; ↔ optimism》.

pés·si·mist [-mɪst, -məst | -mɪst] 〚《1836》□ F *pessimiste*: ⇨ ↑, -ist〛 *n.* 悲観論者, 厭世家, 厭世主義者, ペシミスト (↔ optimist).

pes·si·mis·tic [pèsəmístɪk, pèz- | -sɪ-, -sə-] 〚《1868》: ⇨ ↑, -ic[1]〛 ── *adj.* 〔…に〕悲観的な, 悲観[厭世]主義の〔*about*, *of*〕(↔ optimistic): take a ~ view *of* …を悲観的に見る, 悲観する. **pès·si·mís·ti·cal·ly** *adv.*

pes·si·mize [pésəmàɪz, péz- | -sɪ-, -sə-] 〚← PESSIM(ISM)+-IZE〛 *vi.* 悲観する; 厭世感を抱く (↔ optimize).

pes·si·mum [pésəməm, péz- | -sɪ-, -sə-] 〚□ L ~ (neut.) ← *pessimus* worst: cf. pejorative〛 ── *n.* 最悪[最も不利]な度合[量, 数(など)]; (特定の目的・工程などに対する)最悪の[最も不利な]条件[環境] (↔optimum).

pest [pést] 〚《1568》□ F *peste* // L *pest-is* plague, disease ← ?〛 ── *n.* **1** 害虫: a garden ~ 植物寄生虫 / insect ~*s* 害虫. **2 a** 厄介者, 困り者: He's a regular ~ of the neighborhood. 彼は近所の厄介者だ. **b** 迷惑(な物) (nuisance). **3 a** 《古》疫病 (pestilence): *Pest* on [upon] him! 疫病にでも取りつかれろ《ののしりの言葉》. **b** ペスト (plague)《ペスト菌 *Pasteurella pestis* による危険な急性熱性伝染病》.

Pest [pést; *Hung.* pɛ́ʃt] *n.* ペスト (⇨ Budapest).

Pes·ta·loz·zi [pèstəlɑ́tsi | -lɔ́tsɪ; *G.* pɛ̀stalɔ́tsi, *It.* pèstalɔ́ttsi], **Johann Heinrich** *n.* ペスタロッチ《1746-1827; スイスの教育改革家》.

Pes·ta·loz·zi·an [pèstəlɑ́tsiən | -lɔ́tsɪ-] 〚⇨ -an[1]〛 *adj.* ペスタロッチ式(初等)教育の; 実物教授法の. ── *n.* ペスタロッチ式教育法信奉者.

pes·ter [péstə | -tə(r)] 〚《頭音消失》← OF *empestrer* (F *empêtrer*) to hobble (a horse) < VL **impastōriāre* ← IN-[1]+**pastōria* tether (← LL *pāstūra* 'PASTURE'): 後に PEST と連想された〛 ── *vt.* (つきまとって)悩ます, 困らす, 苦しめる (torment): be ~*ed with* midges ブユに苦しめられる / ~ a person *with* questions 人を質問で悩ます / ~ the life out of ⇨ life 1 b / He ~*ed* me for money. 金をくれとうるさくせがんだ. **~·er** [-tərə | -tərə(r)] *n.*

pes·ter·ous [pést(ə)rəs] 〚⇨ ↑, -ous〛 *adj.* 悩ませ[困らせ]たがる, うるさい (troublesome).

pést·hòle *n.* 伝染病の発生しやすい場所.

pést·hòuse *n.* 伝染病病院, 避病院, 伝染病隔離舎.

pest·i·cide [péstəsàɪd | -tɪ-] 〚《20C》← PEST+-I-+-CIDE〛 *n.* 殺虫剤. **pes·ti·ci·dal** [pèstəsáɪdl̩ | -tɪ-] *adj.*

pes·tif·er·ous [pestíf(ə)rəs] 〚《1458》← L *pestifer-us* plague-bringing: ⇨ pest, -ferous〛 ── *adj.* **1** (ネズミなど)病菌を運ぶ, 疫病を起こす (pestilential). **2** 有害な, 害毒を流す (pernicious); 危険な (dangerous); (道徳的に)害毒を流す, 不健全な. **3** 《口語》いたずらな (mischievous); うるさい, 厄介な. **4** 《古》伝染病[疫病]にかかった. **~·ly** *adv.* **~·ness** *n.*

pes·ti·lence [péstələns | -tɪ-] 〚《*c*1303》□ (O)F ~ // L *pestilentia*: ⇨ ↓, -ence〛 ── *n.* **1** 疫病, 悪疫, (悪質な)流行病: ~, war and famine (人類を破滅に追いやる)疫病と戦争と飢饉. **2** 腺ペスト (bubonic plague). **3** (道徳・平和などの)敵, (社会の)害毒, 害虫; (学説・影響などの)弊害, 害毒.

pes·ti·lent [péstələnt | -tɪ-] 〚《1432》□ L *pestilent-em* infectious, unhealthy ← *pestis* 'PEST': ⇨ -ent〛 ── *adj.* **1** 〈病気が〉感染する, 伝染病の (infectious); 悪疫を生じる. **2** 非常に危険な, 致命的な. **3** 〈主義・教説・思想など〉(社会に)害悪を流す, 弊害の多い, 有害な. **4** 《口語》厄介な, うるさい. **~·ly** *adv.*

pes·ti·len·tial [pèstəlénʃəl | -tɪ-] 〚《*a*1398》□ ML *pestilentiāl-is*: ⇨ ↑, -ial〛 ── *adj.* **1** 悪疫(性)の. **2** 疫病を生じる[伝える], 悪疫にかかった; (特に)ペスト性(の), ペストに似た. **3** 〈思想・教説など〉有害な, 害悪を流す (pernicious). **4** 《口語》厄介な, うるさい (irritating), いやな. **~·ly** *adv.* **~·ness** *n.*

pes·tle [pésl̩, -səl, -stl̩ | -sl̩, -stl̩] 〚《1327》*pestel* □ OF □ L *pistillum* pounder ← *pinsere* to pound ← IE **p(e)is-* to crush (Gk *ptissein* to winnow): PISTIL と二重語〛 ── *n.* **1 a** (mortar の中で物をすりつぶすのに用いる)乳棒. **b** すりこ木, きね. **2** 《英方言》(食用動物の)脚 (leg). ── *vt.* (pestle で)する, つく, こねる. ── *vi.* pestle でする, つく, pestle を使う.

pes·tol·o·gy [pestɑ́lədʒi | -tɔ́lədʒɪ] 〚← PEST + -O- + -LOGY〛 *n.* 害虫学. **pes·to·log·i·cal** [pèstəlɑ́dʒɪkəl, -dʒə- | -lɔ́dʒɪ-] *adj.*

pet[1] [pét] 〚《1508》《もとスコット・北英方言》《逆成》? ← ME *pety* 'small, PETTY'〛 ── *n.* **1** 愛玩動物, ペット《手飼いの羊の子・愛犬・愛鳥など》: a perfect ~ 全くかわいいもの / She makes a ~ of a puppy. 彼女は子犬をかわいがっている. **2 a** 甘やかされて駄目になった子供. **b** 寵児, お気に入り (favorite), 大事な人[物]. **3** [呼掛け] いい子 (darling). ── *adj.* **1** 愛玩の, 手飼いの, ペットの; 愛玩動物(用)の: a ~ dog 愛玩犬 / a ~ shop 愛玩動物店 / ~ food 愛玩動物用飼料. **2** 愛している, 甘やかされている, 寵愛の: a ~ child かわいがっている子供 / one's ~ aversion ⇨ aversion. **3** 《口語》〈考えなど〉得意の, おはこの (favorite): a ~ theory [plan] 持論[得意の案]. **4** 愛情を示す: a ~ name (人・動物・物などの)愛称《愛情・親密を表わす呼び名》. ── *v.* (**pet·ted**; **pet·ting**) ── *vt.* **1** ペットにする, かわいがる (fondle), 甘やかす (pamper). **2** 《口語》ペッティングをする, 〈異性を〉抱いたりなでたりする, 抱き締める (caress). ── *vi.* 《口語》ペッティングをする. **pét·ting** *n.*

pet[2] [pét] 〚《1590》← ?: 動詞句 *take the pet* で初出〛 ── *n.* 不機嫌; すねる[じれる]こと, むずかり: be in a ~ すねている / take the ~ 理由もなく怒る, すねる, じれる. ── *vi.* (**pet·ted**; **pet·ting**) すねる, ふくれる, むずかる.

pet. 《略》 petroleum.

Pet. 《略》 Peter (新約聖書の)ペテロ書; Peter's U.S. Supreme Court Reports ピーター米国最高裁判所判例集.

Pé·tain [peɪtɛ̃ː(ŋ), -tǽŋ; *F.* petɛ̃], **Henri Philippe** *n.* ペタン《1856-1951; 第一次大戦で活躍したフランスの将軍・元帥; 第二次大戦中の Vichy 政権の国家首席 (1940-44); 戦後反逆罪で死刑を宣告されたが, のちに終身刑》.

pet·al [pétl̩ | -tl̩] 〚《1726》← NL *petal-um* petal, (ML) metal plate □ Gk *pétalon* 'leaf, PETALON'〛 *n.* 〘植物〙 花弁, 花びら (cf. corolla). **~·like** *adj.*

-pe·tal [⌐ pətl̩ | ⌐ pətl̩, ⌐⌐ piːtl̩, ⌐⌐ píːtl̩] 〚← NL *-petus* (← L *petere* to seek)+-AL[1]〛「…へ向かう; …を求める」の意の形容詞連結形: acro*petal*.

petala *n.* petalon の複数形.

pét·aled *adj.* (*also* **pét·alled**) [複合語の第 2 構成素として] 花弁のある; …弁の: many-[single-]*petaled* 多[単]弁の / six-*petaled* 6 弁の.

pétal fàll spráy *n.* 〘農業〙 =calyx spray.

pet·al·if·er·ous [pètəlíf(ə)rəs, -tl̩- | -təl-] 〚← PETAL +-(I)FEROUS〛 *adj.* 花弁のある.

pet·al·ine [pétəlàɪn, -lɪn, -lən, -tl̩- | -təlàɪn] 〚← NL *petalin-us*: ⇨ petal, -ine[1]〛 *adj.* 花弁の, 花弁状の.

pet·al·ite [pétəlàɪt, -tl̩- | -təl-] 〚□ G *Petalit*: ⇨ petal, -ite[1]〛 *n.* 〘鉱物〙 葉長石 ($LiAl(Si_2O_5)_2$)《白色の鉱物; リチウム塩の原料》.

pet·a·lo·dy [pétəlòudi, -tl̩- | -təlàudɪ] 〚← Gk *petalṓd(ēs)* leaflike+-Y[1]: ⇨ petal, -ode[1]〛 ── *n.* 〘植物〙 弁化《八重咲きの花で雄蕊(ずい)などが花弁に変態すること》.

pet·al·oid [pétəlɔ̀ɪd, -tl̩- | -təl-] 〚← PETAL+-OID〛 *adj.* 花弁状の; 花弁から成る.

pet·a·lon [pétəlɑ̀n, -tl̩- | -təlɔ̀n] 〚□ Gk *pétalon* metal plate, leaf (neut.) ← *pétalos* outspread ← IE **pet-* to spread out (L *patēre* to lie open / fathom): cf. petal〛 ── *n.* (*pl.* **-a·la** [-tələ, -tl̩ə | -tələ]) (ユダヤの高僧の法冠の前部につける)黄金板.

pet·al·ous [pétələs, -tl̩- | -təl-] *adj.* 花弁のある.

-pet·al·ous [pétələs, -tl̩- | -təl-]「…花弁の」の意の形容詞連結形: poly*petalous*.

pe·tard [pɪtɑ́ə(d), pə-|petɑ́:d, pɪ-]〘《1598》□F *pétard* ← *péter* to break wind, explode ← *pet* fart < L *pēditum* (p.p.) ← *pēdere* to break wind: cf. pedicular〙— *n.* **1** 城門爆破砲《城門に砲口をあてて発砲する臼形の砲》. **2** 爆竹, 花火 (firecracker). ***hoist with* [*by*] *one's own petard*** (他人を陥れるために仕掛けた)わなに自分が掛かって[落ちて] (cf. Shak., *Hamlet* 3. 4. 207).

petard 1

pet·a·sos [pétəsəs|-tə-]〘《1599》□L ~ □Gk *pétasos* broad brimmed hat ← IE **pet-* to spread: ⇨ petalon〙— *n.* (*also* **pet·a·sus** [~]) **1** (古代ギリシャ・ローマ人の)山の低いつば広の帽子 (⇨ chlamys 挿絵). **2**〘ギリシャ神話〙Hermes のかぶった翼のある帽子.

pe·tau·rist [pɪtɔ́:rɪst, pə-, -rəst|petɔ́:rɪst, pɪ-]〘← NL *Petaurista* ← L 'ropedancer' □Gk *petauristḗs* tumbler ← *pétauron* springboard used by acrobats: cf. Gk *pétesthai* to fly〙— *n.*〘動物〙フクロモモンガ《有袋目ユビムスビ科フクロモモンガ属 (*Petaurus*) の空を飛ぶことができる動物の総称《オーストラリアに生息するオオフクロモモンガ (*P. australis*), フクロモモンガ (*P. norfolcensis*) など; flying phalanger ともいう》.

pét·còck [pét-] *n.* (蒸気機関などの排気用)豆コック, 「小栓(せん).

pete [pí:t]〘《短縮》← PETER 4〙*n.*《米俗》金庫 (safe).

Pete [pí:t]〘(dim.) ← PETER〙*n.* 男性名.
for Pete's sake ⇨ sake[1].

pe·te·chi·a [pɪtí:kiə, pə-, -ték-|pɪtí:kiə, -ték-]〘← NL ~ □It. *petecchia* speck < ? VL **peticulam* (dim.) ← L *petigo* scab〙— *n.* (*pl.* **-chi·ae** [-kiàɪ, -kiì:|-kiì:])〘病理〙(皮膚・粘[漿(しょう)]膜などに見られる)点状出血, 溢(いっ)血点.

pe·te·chi·al [pɪtí:kiəl, pə-, -ték-|pɪtí:kɪ-, -ték-]〘← NL *petechial-is*: ⇨ ↑, -al[1]〙*adj.*〘病理〙点状出血の[に関する]: ~ hemorrhages 点状出血.

pe·te·chi·ate [pɪtí:kiət, pə-, -ték-, -kiɪt, -kièɪt|pɪtí:kɪət, -ték-, -kiɪt, -kɪèɪt] *adj.*〘病理〙点状出血のある[の認められる].

pete·man [pí:tmən]〘← PETE + MAN[1]: 盗賊の隠語から〙*n.* (*pl.* **-men** [-mən, -mèn])《俗》強盗 (cracksman), 金庫破り (safeblower).

pe·ter[1] [pí:tə|-tə(r)] *n.*〘海事〙= blue peter.

pe·ter[2] [pí:tə|-tə(r)]〘← PETER 1〙*n.*《卑》= penis.

pe·ter[3] [pí:tə|-tə(r)]〘*v.*: 《1812》← ?〙— *vi.*《口語》**1**〈水流・鉱脈などが〉次第に薄く[細く]なる, 消えうせる〈*away, off, out*〉. **2**〈精力・勢力などが〉次第に衰えてなくなる, 先細りになる, 竜頭蛇尾になる, 尽きる〈*away, off, out*〉: His enthusiasm for the project has completely *~ed out.* この計画に対する彼の熱意は完全に消え去っていた. **3**〘トランプ〙エコー (echo) を送る. — *n.*〘トランプ〙= echo 9.

Pe·ter [pí:tə|-tə(r; *Dan.* pé:'dər, *Du., Flem.* pé:tər, *G.* pé:tɐ, *Swed.* pé:tər]〘ME □L *Petr-us* □Gk *Pétros*《原義》stone, rock《なぞり》← Aram. *kēphā*〙— *n.* **1** 男性名《愛称形 Pete》. **2**〘聖書〙**a** [(Saint) ~] ペテロ《十二使徒の一人; もとガリラヤの漁夫; ペテロ書の著者と伝えられる; 祝日 6 月 29 日; もと Simon Peter と呼ばれた; cf. *Mark* 3: 16, *Matt.* 4: 18》. ★ ラテン語系形容詞: Petrine. **b** (新約聖書中の)ペテロ書, ペテロの手紙 (The Epistles General of Peter)《前・後二書から成る; 略 Pet.》. **3** [p-]《俗》**a** 監房. **b** 財布, トランク, 金庫 (safe).
rob* [*borrow from*] *Peter to pay Paul (1) 一方から奪って[借りて]他方に与える[返す], 借金を別の借金で返す. (2) 一方を犠牲にして他方の利益をはかる.

Peter I *n.* **1** ピョートル一世《1672–1725; ロシヤ皇帝 (1682–1725); Peter the Great (大帝); ロシヤ語名 Pëtr Alekseevich》. **2** ペタル一世《1844–1921; セルビア国王(1903–21); セルビア語名 Petar Karadjordjević [pétar karadzɔ́:rdzɛvitç]》.

Peter II *n.* ペタル二世《1923–70; ユーゴスラビア国「王 (1934–1945)》.

Peter III *n.* ピョートル三世《1728–62; ロシヤ皇帝 (1762); Catherine 二世の夫; ロシヤ語名 Pëtr Feodorovich》.

Pe·ter·bor·ough [pí:təbə̀:(r)ə, -bə̀:(r)oʊ, -b(ə)rə|pí:təb(ə)rə, -bàrə]〘ME *Petreburgh*《原義》St. Peter's town: ⇨ Peter, borough〙— *n.* イングランド中部 Cambridgeshire 州北部の Soke of Peterborough にある都市; 大聖堂がある; 人口 119,000.

Peterborough, the Soke of [sóʊk|sə́ʊk]〘⇨soke〙*n.* イングランド Cambridgeshire 州北部の行政区; 人口 119,000, 面積 218 km².

Péter Fúnk〘← *Peter Funk*: 特定の個人を指すのでなく, ただ一般的な固有名詞から〙*n.*《米俗》(競売などの)「さくら」(by-bidder).

péter·man [-mən]〘1: ← PETER 2 (ペテロが漁夫だったことから). 2: ← PETER 4〙— *n.* (*pl.* **-men** [-mən, -mèn]) **1** 漁夫 (fisherman). **2**《俗》金庫破り(人) (safecracker).

Pé·ter·mann Péak [péɪtəmɑ̀:n-|-tə-] *n.* ペーテルマン山《Greenland 東部の山 (3,050 m)》.

Péter Pán [-pǽ(:)n] *n.* **1** ピーターパン《James M. Barrie 作の同名の劇 (1904) の主人公; いつまでも成人しない勇敢な少年》. **2** [時に軽蔑的に] いつまでも子供の夢をもつ大人. **3** = Peter Pan collar.

Péter Pàn cóllar *n.* ピーターパンカラー《襟腰のない丸い婦人・子供用カラー》.

Péter pènce *n.* = Peter's pence.

Péter-pènny *n.* = Peter's pence.

Péter Prínciple〘← *L. J. Peter* (1919– : 米国の教育学者)〙— *n.* [the ~]〘経営〙ピーターの法則《階層社会の各構成員は各自の力量に応じて無能のレベルに達する傾向があり, 分相応に出世したらそれ以上の出世は望まないに限るというもの》.

Pé·ter·sen cóil [pí:təsn-|-tə-]〘← ? *Waldemar Petersen* (1880–?: ドイツの電気技師)〙— *n.*〘電気〙ペテルゼンコイル, 消弧リアクトル《高圧回路に用いる消弧用のリアクトル》.

Péter's físh *n.*〘魚類〙= John Dory.

pe·ter·sham [pí:təʃæ̀m, -ʃəm|-təʃəm]〘← *Viscount Petersham* (1780–1851: 4th Earl of Harrington)〙— *n.* ピーターシャム: **a** 厚いうね織りラシャの一種; それで作った外套《19 世紀初期に流行》. **b** 丈夫なうね織りの絹[綿]リボン《帽子のリボンなどにする》.

Péter's pénce〘《?*a*1200》*Peterespens* (pl.) ← *Peterespeny*《なぞり》← ML *dēnārius* (*Sancti*) *Petri*〙— *n. pl.* [単数扱い] **1** 昔 St. Peter の祝日に各所帯主がローマ教皇庁へ納めた 1 ペニーの献金. **2** (1860 年以後カトリック教徒が任意に行なう)教皇への献金.

Péter's pénny *n.* = Peter's pence.

Péter the Gréat Báy *n.* ピョートル大帝湾《ソ連邦シベリア沿海地方の日本海の湾; 湾内に Vladivostok がある》.

Péter the Hérmit *n.* 隠修士ペトルス, 隠者ピエール《1050?–1115; フランスの隠修士; 第一次十字軍の説教師; Peter of Amiens (ラテン語名 Petrus Ambianensis) ともいう》.

peth·i·dine [péθədì:n, -dɪn, -dən|-θɪdì:n, -dɪn]〘《混成》? ← PIPERIDINE + ETHYL〙— *n.*〘薬学〙ペチジン ($C_{15}H_{21}NO_2$)《塩酸塩として鎮静剤に使用する; meperidine ともいう》.

pet·i·o·lar [pètióʊlə, ←—|pétɪəʊlə(r)]〘← NL *petiolār-is*: ⇨ petiole, -ar[1]〙*adj.*〘植物〙葉柄の; 葉柄から生じる.

pet·i·o·late [pétiəlèɪt, pètióʊlət, -lɪt|-tɪəlèɪt]〘← NL *petiolāt-us*: ⇨ petiole, -ate[2]〙*adj.* **1**〘植物〙葉柄を有する, 有柄の. **2**〘動物〙肉柄[肉茎]を有する.

pet·i·o·lat·ed [pétiəlèɪtɪd, -təd|pétɪəlèɪt-] *adj.*〘植物・動物〙= petiolate.

pet·i·ole [pétiòʊl|-tɪəʊl]〘《1753》← NL *petiōl-us* ← *petiōlus* little foot, fruit stalk《変形》← *pediculus* 'PEDICLE'〙— *n.* **1**〘植物〙葉柄 (leafstalk). **2**〘動物〙肉柄, 肉茎, 柄部 (peduncle); (特に)幹節, 腹柄, 柄節《蜂・蟻などの胸部と腹部との間の細い環節》. **pét·i·òled** *adj.*

pet·i·o·lu·late [pètiɑ́ljulèɪt, -lət, -lɪt|-tɪɔ́l-] *adj.*〘植物〙小葉柄のついた[をもっている].

pet·i·o·lule [pétio(ʊ)lù:l, -ljù:l, pètióʊlju:l|pétɪə(ʊ)lù:l, -ljù:l, pètɪɔ́ulju:l]〘← NL *petiolūl-us*: ⇨ petiole, -ule〙— *n.*〘植物〙小葉柄. **pet·i·o·lu·lar** [pètióʊljulə|-tɪɔ́ljulə(r)] *adj.*

pet·it [péti, -tɪt, -tət, pətí:|pétɪ; *F.* pəti]〘《*a*1376》□(O)F ~ 'little': PETTY と二重語〙— *adj.* [今は法律用語の複合語の第 1 構成素として] 小さい (small), つまらない (trifling) (cf. petty): ⇨ petit jury, petit sergeanty, petit treason.

pe·tit bour·geois [pətí:-buəʒwɑ́:, péti-|pətí:-bʊ́əʒwɑ:, pétɪ-; *F.* pətiburʒwa]〘□F ~: ⇨ petit, bourgeois〙— *n.* (*pl.* **pe·tits bour·geois** [~z; *F.* ~]) **1** 小市民(的中間)階級の人, プチブル(ジョア), 小市民. **2** = petite bourgeoisie. — *adj.* プチブル(ジョア)の.

pe·tite [pətí:t; *F.* pətit]〘《1712》□F ~ (fem.): ⇨ petit〙*adj.* (特に)〈婦人が〉小柄できゃな. — *n.* 小柄な婦人用の衣服サイズ. **~·ness** *n.*

petite bourgéoise〘□F ~ (fem.): ⇨ petit bourgeois〙*n.* (*pl.* **petites bourgeoises**) プチブル(ジョア)の婦人.

petite bourgeoisíe〘□F ~〙— *n.* 小市民(的中間)階級, プチブルジョア, プチブル, 小ブルジョア, 小市民《中産階級の中では最も貧しく勢力としても弱い階層》.

petite mar·mite [-mɑ́əmaɪt|-mɑ́:-; *F.* pətimarmit]〘□F ~ 'small kettle'〙— *n.* **1** プティットマルミット《野菜に鶏または牛肉を入れたスープ; マルミットに入れて出す》. **2** = marmite 1 b.

petites bourgeoises *n.* petite bourgeoise の複数形.

pe·tit feu [pətí:-fə́:; *F.* pətifø]〘□F ~《原義》small fire〙— *n.*〘窯業〙小焚き, プティフォー (cf. full fire): **a** 陶磁器を低温度 (600–800°C) で焼くこと. **b** マッフル窯で低温度で焼成される陶磁器の彩色. **c** 繊細な顔料を用いて低温で焼成する方法.

pe·tit four [péti-fɔ́ə, pətí:-, -fɔ́ə, -fʊ́ə|pétɪ-fʊ́ə(r, -fɔ́:(r; *F.* pətifu:r]〘□F ~《原義》little oven〙— *F. n.* (*pl.* **pe·tits fours** [~z; *F.* ~], **petit fours**) プチフール《いろいろな形をした一口大のケーキやクッキー; 手の込んだ仕上がりのものが多い》.

pét·it·grain òil [pétigrèɪn-|-tɪ-]〘*petitgrain*: □F *petit grain* unripe bitter orange: ⇨ petit, grain[1]〙— *n.*〘化学〙プチグレン油《ダイダイ (sour orange) の葉や小枝から得られる黄色の精油; 香水・化粧品に用いる》.

pe·ti·tion [pɪtíʃən, pə-]〘*n.*: 《*a*1338》□(O)F *pétition* □L *petītiō(n-)* ← *petere* to seek. — *v.*: 《1607》← (n.)〙— *n.* **1** 請願, 嘆願, 陳情, 申請: on ~ 請願によって[があれば] / a ~ for retrial 再審請求 / the right of ~ 請願権 / grant a ~ 請願を許す / lodge [hand in, send in] one's ~ to…に嘆願する / make (a) ~ to…に請願する. **2** 請願書, 申し立書, 嘆願書: file a ~ for [against] liquidation 清算[清算反対]の申し立書を提出する / present [submit] a ~ to the Government for higher wages 政府に賃金値上げの請願書を提出する. **3**〘法律〙請願, 申請, 申し立(書): a ~ of appeal 上訴申立書 / a ~ of revision 訂正申請書 / a ~ in [of] bankruptcy 破産(申し立)書. **4** (神などに対する)祈願, 哀願, 嘆願: put up a ~ to heaven 天に祈願する.
Petition of Right [the —] (1)〘英史〙権利請願《1628 年議会から国王 Charles 一世に提出してその承認を得た人権の宣言》. (2) [p- of r-]〘英法〙対国王権利回復訴願《1947 年廃止》.
— *vt.* **1** …に請願書を出す, 請願する: ~ the king [a court of law] for sanction 国王[裁判所]に裁可を申請する / They *~ed* the mayor to take immediate measures. = They *~ed* the mayor that immediate measures (should) be taken. 市長に至急善処してくれるようにと申請した. **2** (申し立書で)…を願う, 請う〈*that*〉. **3**〈欲しいものを〉懇願する, 嘆願する, 哀願する, 願う (beg). — *vi.* **1** 願う, 請う (ask humbly): ~ *for* pardon 許しを請う / ~ *to* be allowed to go 行かせて下さいと願う. **2** 請願書を出す.

pe·ti·tion·ar·y [-ʃənèri|-ʃ(ə)nəri]〘□ML *petitiōnāri-um*: ⇨ ↑, -ary〙*adj.* **1** 祈願の; 請願の, 嘆願の, 哀願の. **2**《古》嘆願する, 哀願する.

pe·tí·tion·er [-ʃ(ə)nə|-nə(r)]〘《1414》: ⇨ petition, -er[1]〙— *n.* **1** 祈願者, 請願[申請]者, 訴願人; (特に, 離婚訴訟の)申し立人, (エクイティー裁判所における)原告. **2** [the Petitioners] 議会召集請願派《1680 年英国王 Charles 二世に対して議会召集の請願書を提出した民党, 後の Whigs; the Addressers ともいう; cf. Country Party, abhorrer 2》.

pe·ti·ti·o prin·ci·pi·i [pətí:ṭiòʊ-prɪŋkípiì:, pətíʃiòʊ-prɪnsípiàɪ, petí:tsiòʊ-prɪntʃí:piì:|pɪtíʃɪəʊ-prɪnkípɪàɪ]〘□ML *petītiō principiī* postulation of the beginning〙— *n.*〘論理〙論点先取[窃取], 先決問題の要求 (begging the question)《論証を必要とする論点をすでに論証されたものとして前提する一種の虚偽または誤謬推理; 例えば, うさぎは狩られることを好むからうさぎ狩は残酷でないといった類》.

pét·it júror [péti-|-tɪ-] *n.*〘法律〙= petty juror.

pétit júry *n.*〘法律〙= petty jury.

pétit lárceny *n.*〘法律〙= petty larceny 1.

pe·tit-maî·tre [pətí:méɪtr(ə); *F.* pətimɛtr]〘□F ~ 'small master'〙*n.* (*pl.* **petits-maîtres, ~s**) ハイカラ男, だて男, しゃれ者 (dandy, fop).

pe·tit mal [péti-mæ̀l, -mɑ̀:l, ←—|pétɪ-mǽl; *F.* pətimal]〘□F ~ 'small illness'〙*n.*〘病理〙(癲癇(てんかん)の)小発作 (cf. grand mal).

pe·tit point [péti-pɔ̀ɪnt|pətí:-pwɛ̃́:(ŋ), -pwǽŋ; *F.* pətipwɛ̃]〘□F ~ 'small stitch'〙— *n.* **1** プチポワン《小さいテントステッチを用いた区限刺繍; cf. gros point 1》. **2** = tent stitch.

petits bourgeois *n.* petit bourgeois の複数形.

pe·tits che·vaux [pətí:-ʃəvóʊ|-vɔ́ʊ; *F.* pətiʃəvo]〘□F ~ 'small horses'〙*n. pl.* [単数扱い] 8 頭の玩具の馬を回してその勝ち馬に賭ける賭博の機械.

pétit sérgeanty〘□AF ~ 'small sergeanty'〙— *n.*〘英国中世法〙小奉仕による不動産保有《不動産保有の対価として弓・剣などの小武器を毎年王に供する奉仕を行なう; cf. grand sergeanty》.

petits fours *n.* petit four の複数形.

petits-maîtres *n.* petit-maître の複数形.

pe·tit sou·per [pətí:-su:péɪ; *F.* pətisupe]〘□F ~ 'small supper'〙*F. n.* (少数の親しい友人だけの)略式夕食.

pe·tits pois [pətí:-pwɑ́:; *F.* pətipwɑ, -pwa]〘□F ~ 'small peas'〙*F. n. pl.* 小粒のグリンピース.

pe·tits soins [pətí:-swɛ̃́:(ŋ), -swǽŋ; *F.* pətiswɛ̃]〘□F ~ 'small attentions'〙*F. n. pl.* 細かい心遣い.

pétit tréason〘《変形》← *petty treason*〙*n.*〘英法〙小反逆罪《主殺し・夫殺し・僧職者殺しなど目上の者を殺す行為; 1828 年廃止, 現在は通常の謀殺 (murder) とされる; cf. high treason》.

pe·tit verre [pətí:-véə|-véə(r; *F.* pətivɛ:r]〘□F ~ 'small glass'〙*F. n.* 小型グラス, リキュール杯.

PETN《略》〘化学・薬学〙pentaerythritol tetranitrate.

pét·nàpper〘⇨↓, -er[1]〙*n.*《米》ペットさらい《人》.

pét·nàpping〘← PET[1] + (*kid*)*napping*〙*n.* (*also* **pét·nàping**)《米》ペットさらい[誘拐]《売り飛ばすために犬猫などをさらうこと》.

Pe·tő·fi [pétəfi|-təfɪ; *Hung.* pétø:fi], **Sán·dor** [ʃɑ́:ndɔr] *n.* ペテーフィ《1823–49; ハンガリーの国民詩人; 本名 Sándor Petrovics [ʃá:ndɔr pɛ́trovitʃ]》.

Pëtr [pjóʊtr(ə)|pjə́ʊ-; *Russ.* pjótr]〘□Russ. ~ 'PETER'〙*n.* 男性名.

pe·tr- [petr] (母音の前に来る時の) petro- の異形.

Pe·tra [pí:trə, pét-] *n.* ペトラ《Jordan 南西部の古都; 雑色の成層岩で作られた建築遺跡がある》.

Pe·trarch [pí:trɑək, pét-|pétrɑ:k] *n.* ペトラルカ

《1304-74; イタリアの詩人・人文主義者; イタリア文芸復興の主唱者; *Canzoniere*「詩歌集」(1350); イタリア語名 Francesco Petrarca [petrárka]》. **Pe·trar·chal** [pɪtrɑ́ːkəl, piː-, pe- | petrɑ́ː-] *adj.* **Pe·trar·chan** [pɪtrɑ́ːkən, piː-, pe- | petrɑ́ː-] *adj.* **Pe·trar·chi·an** [pɪtrɑ́ːkiən, piː-, pe- | petrɑ́ːkjən, -kɪən] *adj.*

Petrárchan sónnet *n.* ＝Italian sonnet.

Pé·trarch·ism [-kɪzm̩] *n.* ペトラルカ流[調]詩体.

Pé·trarch·ist [-kɪst, -kəst | -kɪst] *n.* ペトラルカ亜流詩人《特に, 16 世紀から 17 世紀初頭にかけて Petrarch の詩体をまねた英国詩人を軽蔑的に呼んだ名》.

pet·rel [pétrəl, píːt- | pét-] 〖《1676》 *pitteral* ← ?: ← PETER＋-(E)REL (St. Peter のように海上を歩行するように見えるため: cf. *Matt.* 14: 29) という説もある〗 ― *n.* **1** 〖鳥類〗ウミツバメ《ウミツバメ科の小鳥およびシロハラミズナギドリ (*Pterodroma hypoleaca*), sooty petrel など小型のミズナギドリ類の鳥の総称》; (特に)ヒメウミツバメ (storm petrel). **2** その人が来れば何か悪い事が起こると想像される人, 厄病神.

pet·ri- [pétrɪ, -rə | -rɪ] petro- の異形 (⇨ -i-).

Petriburg. 《略》 *ML.* Petriburgēnsis (＝of Peterborough) 《Bishop of Peterborough が署名に用いる; ⇨ Cantuar. 2》.

Pet·ri·col·i·dae [pètrəkɑ́lədìː | -rɪkɔ́lɪ-] 〖← NL ～ ← *Petricola* (属名: ← PETRO＋-COLA)＋-IDAE〗 *n. pl.* 〖貝類〗イワホリガイ科.

pé·tri dìsh, P- d- [píːtri- | -trɪ-] 〖*petri*: ← *R. J. Petri* (*d.* 1921: ドイツの細菌学者)〗 ― *n.* ペトリ皿, (蓋付き)シャーレ《細菌培養用の蓋付きの浅いガラス皿; cf. plate culture》.

Pe·trie [píːtri | -trɪ], Sir (**William Matthew**) **Flinders** [flíndəz | -dəz] *n.* (1853-1942) 英国のエジプト学者・考古学者; Giza の Pyramid や先王朝時代諸遺跡の調査研究で有名.

pet·ri·fac·tion [pètrəfǽkʃən | -trɪ-] 〖《1646》: ← PETRIFY＋-FACTION〗 *n.* **1** (化)石化(作用); 石化物, 化石 (fossil). **2** 茫然(ぼう)自失, びっくり仰天.

pet·ri·fac·tive [pètrəfǽktɪv | -trɪ-] *adj.* (化)石化する, 石化力のある.

pet·ri·fi·ca·tion [pètrəfɪkéɪʃən, -fə- | -rɪfɪ-] 〖《1611》 ▭ F *pétrification*: ⇨ petro-, -fication〗 *n.* ＝petrifaction.

Pét·ri·fied Fórest [pétrəfàɪd- | -rɪ-] *n.* [the ～] 石化林, 化石の森《米国 Arizona 州東部にある天然記念物; 鉱物質含有水の作用で石化した森林; 面積 100 km²》.

Pétrified Fórest Nátional Párk *n.* ペトリファイドフォーレスト国立公園《米国 Arizona 州中東部にあり, 石化林 (Petrified Forest) で有名, 1962 年指定; 面積 381 km²》.

pet·ri·fy [pétrəfàɪ | -rɪ-] 〖《1594》 ▭ F *pétrifi-er*: ⇨ petro-, -fy〗 ― *vt.* **1** 〈動植物などを〉石化する. **2 a** 無感覚[無神経]にする (benumb), 鈍麻させる (deaden): ～ a person's mind 人の心を麻痺させる. **b** 〈驚き・恐怖などで〉立ちすくませる, びっくり仰天させる, 茫(ぼう)然自失させる (paralyze): ～ a person *with* fear [shyness] 恐怖で[恥ずかしくて]身動きもできなくさせる / stand *petrified* 驚いて棒立ちになる. **3 a** 硬直させる, こわばらせる (harden). **b** 〈法則などの〉融通[弾力]性を失わせる. ― *vi.* **1** 石化する, 石になる. **2 a** 麻痺する. **b** 立ちすくむ, 茫然自失する. **3 a** 硬直する. **b** 融通がきかなくなる, 硬直化する.

pét·ri·fỳ·ing 〖⇨ ↑, -ing²〗 *adj.* **1** 石に化する. **2** 立ちすくんで動けなくする, びっくり仰天させる.

Pe·tri·na [pətríːnə | pɪ-, pə-] 〖(fem.) ← PETER: ⇨ -ina²〗 *n.* 女性名.

Pe·trine [píːtraɪn, -trɪn, -trən | -traɪn] 〖← LL *Petrus* 'PETER'＋-INE¹〗 *adj.* 使徒ペテロ (Peter) の(説いた, 書いた).

Pétrine prívilege *n* [the ～] 〖カトリック〗ペテロの特権《結婚時に, 一方のみが受洗者であり, 後に信仰生活の上で困難が生じた時の, 教皇による婚姻解消; privilege of the faith ともいう; cf. Pauline privilege》.

pet·ro- [pétro(ʊ) | -rə(ʊ)] 〖← NL ～ ← Gk *pétrā* rock or *pétros* stone〗 次の意味を表わす連結形: **1** 「石, 岩」. **2** 「石油の, 石油(および…)を含む」. ★ 時に petri-, また母音の前では通例 petr- になる.

Pet·ro·bru·sian [pètro(ʊ)brúːʒən, -ʃən | -rə(ʊ)-] 〖▭ ML *petrobrusiān-us* ← *Petrus Brusius* Pierre de Bruys (12 世紀フランスの宗教改革者): ⇨ -an¹〗 ― *n.* ペトロブリュイス派の人《12 世紀フランスの異端的一派; 幼児洗礼・ミサ・死者のための祈禱・十字架崇敬・教会の建設などを拒否する》.

pètro·chémical 〖← PETRO- 2＋CHEMICAL〗 ― *n.* 〖化学〗石油化学製品《石油または天然ガスから分離合成した化学薬品またはその誘導体》. ― *adj.* 石油化学(製品)の.

pètro·chémistry 〖← PETRO- 2＋CHEMISTRY〗 *n.* **1** 石油化学, 岩石化学. **2** 石油化学製品の製造.

pétro·dòllar 〖← PETRO- 2＋DOLLAR〗〖経済〗 ― *adj.* オイルダラーの. ― *n.* [*pl.*] オイルダラー《産油国が, 石油売却によって獲得したドル資金; ドル以外の通貨を含める時は petromoney という》.

petrog. 《略》 petrography.

pètro·génesis 〖← NL ～: ⇨ petro-, -genesis〗 *n.* 〖地質〗 **1** 岩石成因論. **2** 岩石の起源. **pètro·genétic** *adj.*

pe·trog·e·ny [pɪtrɑ́dʒəni, pə- | -trɔ́dʒɪni, -dʒə-] 〖← PETRO-＋-GENY〗 *n.* 〖地質〗＝petrogenesis.

pet·ro·glyph [pétrəglìf] 〖▭ F *pétroglyphe*: ⇨ petro- 1, glyph〗 *n.* 〖考古〗(先史時代または未開民族の)岩面彫刻. **pet·ro·glyph·ic** [pètrəglífɪk] *adj.*

Pet·ro·grad [pétrəgrӕd | -rə(ʊ)grӕd, -grɑ̀ːd; *Russ.* pjɪtrəgrát] *n.* ペトログラード《Leningrad の旧名 (1914-24)》.

pet·ro·gram [pétrəgrӕm] 〖← PETRO- 1＋-GRAM〗 *n.* 〖考古〗(先史時代または未開民族の描いた)岩面(上の)線画[彫刻].

pet·ro·graph [pétrəgrӕf | -grɑ̀ːf, -grӕf] 〖← PETRO- 1＋-GRAPH〗 *n.* 〖考古〗 **1** 岩石彫刻文字[像]. **2** ＝petroglyph.

pe·trog·ra·pher [pɪtrɑ́grəfə, pə-, pe- | -trɔ́grəfə(r)] 〖⇨ ↓, -er¹〗 *n.* 記載岩石学者, 岩石分類学者.

pe·trog·ra·phy [pɪtrɑ́grəfi, pə-, pe- | -trɔ́grəfɪ] 〖《1651》 ← NL *petrographia*: ⇨ petro- 1, -graphy〗 ― *n.* 記載岩石学, 岩石分類 (cf. petrology). **pet·ro·graph·ic** [pètrəgrǽfɪk] *adj.* **pèt·ro·gráph·i·cal** *adj.* **pèt·ro·gráph·i·cal·ly** *adv.*

pet·rol [pétrəl, -rɑl | -rəl, -rɔl] 〖《1585》 ▭ F *pétrole* ▭ ML *petroleum* 'PETROLEUM'〗 ― *n.* **1** 《英》ガソリン (《米》gasoline): a ～ filling station ガソリンスタンド. **2** 《古》石油. ― *vt.* (**pet·rolled; -rol·ling**) 《英》ガソリンで掃除する.

pet·ro·la·tum [pètrəléɪtəm, -lɑ́ːt̬- | -léɪt-] 〖← NL ～: ⇨ petroleum, -ate¹〗 ― *n.* 〖化学〗 **1** ペトロラタム《石油から採る半固体状の蠟(ろう); petroleum jelly ともいう; cf. mineral jelly》. **2** 鉱油 (mineral oil).

pétrol bòmb *n.* 《英》びんの中にガソリンと灯心を入れた爆弾; 火炎びん.

pet·ro·lene [pétrəlìːn, ⸗⸗⸗] 〖▭ G *Petrolen*: ⇨ petroleum, -ene〗 ― *n.* 〖化学〗ペトローレン《アスファルトの油状成分; パラフィン・ナフサ・ヘキサンに溶け, アスファルテン・カーベンからは遊離している物質》.

pétrol éngine *n.* 《英》ガソリン機関.

pe·tro·le·um [pɪtróʊliəm, pə-, -ljəm | -tráʊljəm, -lɪəm] 〖《1526》 ▭ ML ～ ← PETRO-＋L *oleum* 'OIL': PETROL と二重語〗 ― *n.* 石油: a ～ product 石油製品 / raw ～ 原油.

petróleum ásphalt *n.* 〖化学〗石油アスファルト.

petróleum bénzine *n.* 〖化学〗石油ベンジン《石油の沸点 35-80°C 留分; 溶剤》.

petróleum cóke *n.* 〖化学〗石油コークス.

petróleum éngine *n.* ＝gasoline engine.

petróleum éther *n.* 石油エーテル.

petróleum jélly *n.* 〖化学〗＝petrolatum 1.

petróleum spírit *n.* [通例 *pl.*] 〖化学〗石油スピリット《ペンキ・ワニスなどの溶剤用の工業ガソリンの一種》.

petróleum wáx *n.* 〖化学〗石蠟《石油から精製されたパラフィン蠟; 蠟燭(ろうそく)・パラフィン紙製造用; cf. microcrystalline wax》.

pé·tro·leur [pètrəlɚ́ː | -lɜ́ː(r); *F.* petrɔlœːr] 〖▭ F ～ ← *pétrole* 'PETROL'＋*-eur* '-ER¹'〗 ― *n.* 石油放火人《特に, 1871 年 5 月 Paris で政府軍の侵入に際し石油を用いて官公署に放火したパリ革命政府 (Commune of Paris) の支持者》.

pé·tro·leuse [pètrəlɜ́ːz; *F.* petrɔløːz] 〖▭ F ～ (fem.): ↑〗 *n.* 女性の pétroleur.

pe·trol·ic [pɪtrɑ́lɪk, pə- | -trɔ́l-] 〖← PETROL(EUM)＋-IC¹〗 *adj.* 石油の, 石油に似た, 石油から作った; 《英》ガソリンの.

pet·ro·lif·er·ous [pètrəlíf(ə)rəs] 〖← PETROL(EUM)＋-I-＋-FEROUS〗 *adj.* 石油を産出する: ～ countries 産油国.

pet·ro·lif·ic [pètrəlífɪk] 〖⇨ ↑, -fic〗 *adj.* ＝petroliferous.

pe·tról·o·gist [-dʒɪst, -dʒəst | -dʒɪst] *n.* 岩石学者.

pe·trol·o·gy [pɪtrɑ́lədʒi, pə-, pe- | -trɔ́lədʒɪ] 〖《1876》 ← PETRO- 1＋-LOGY〗 ― *n.* 岩石学 (cf. petrography). **pet·ro·log·ic** [pètrəlɑ́dʒɪk | -lɔ́dʒ-] *adj.* **pèt·ro·lóg·i·cal** *adj.* **pèt·ro·lóg·i·cal·ly** *adv.*

pétrol pùmp *n.* 《英》＝gasoline pump.

pétrol stàtion *n.* 《英》ガソリンスタンド.

pétro·mòney *n.* 〖経済〗⇨ petrodollar.

pet·ro·my·zon·id [pètro(ʊ)maɪzɑ́nɪd | -rə(ʊ)maɪzɔ́n-] *adj., n.* 〖魚類〗ヤツメウナギ科の(魚).

Pet·ro·my·zon·i·dae [pètro(ʊ)maɪzɑ́nədìː | -rə(ʊ)maɪzɔ́nɪ-] 〖↓〗 *n. pl.* 〖魚類〗ヤツメウナギ科.

Pet·ro·my·zon·ti·dae [pètro(ʊ)maɪzɑ́nt̬ədìː | -rə(ʊ)maɪzɔ́ntɪ-] 〖← NL ～ ← *Petromyzont-, Petromyzon* (属名: ← PETRO-＋*myzon* (← Gk *múzein* to suck))＋-IDAE〗 ― *n. pl.* 〖魚類〗＝Petromyzonidae.

pet·ro·nel [pètrənél, pétrənəl] 〖《1577》 ▭ F *petrinal* 《変形》 ← *poitrinal* 《原義》 for the breast (adj.) ← *poitrine* chest ＜ VL **pectorina* ← L *pectus* chest: 射撃する際その銃座を胸に当てがうため〗 ― *n.* 16 世紀に用いた大形ピストル.

Pet·ro·nel·la [pètrənélə] 〖▭ L ～ (fem. dim.) ← *Petrōnius* (ローマの氏族名) ← ? *petra* stone: PETER の女性形として用いられた〗 *n.* 女性名.

Pe·tro·ni·us [pɪtróʊniəs, pə- | -tráʊnjəs, -nɪəs], **Gaius** *n.* ペトロニウス《?-66; ローマ皇帝 Nero の廷臣; *Satyricon*「サチュリコン」の作者とされている; arbiter elegantiae (arbiter of taste) といわれた; 異名 Petronius Arbiter》.

pe·tro·sal [pɪtróʊsəl, pə-, -sl̩ | -tráʊ-] 〖← NL *petrosa* ((fem.) ← L *petrōsus* stony)＋-AL¹: cf. petrous〗 〖解剖〗 *adj.* ＝petrous 2. ― *n.* (側頭骨の)錐(すい)体部.

pet·rous [pétrəs, píːt-] 〖▭ (O)F *petreux* ▭ L *petrōsus* ← *petra* rock: ⇨ petro-, -ous〗 ― *adj.* **1** 岩の[で出来ている, のように堅い]. **2** 〖解剖〗岩様の, 岩状(部)の, (側頭骨の)錐(すい)体部の.

Pe·tro·vich [pɪtróʊvɪtʃ | -tráʊ-; *Russ.* pjɪtróvjɪtʃ] 〖▭ Russ. ～ 《原義》 'son of PETR'〗 *n.* 男性名.

Pet·ro·za·vodsk [pètrəzəvɑ́tsk | -vɔ́tsk; *Russ.* pjɪtrəzavótsk] *n.* ペトロザボーツク《ソ連邦ロシヤ共和国西部, Karelia 自治共和国の首都, 人口 220,000》.

pe-tsai [pèɪtsáɪ] 〖▭ Chin. 《福建方言》 *pe ts'ai* (白菜)〗 *n.* 〖園芸〗＝Chinese cabbage.

Pet·sa·mo [pétsəmòʊ | -məʊ; *Finn.* pétsɑmɔ] *n.* ペツァモ《Pechenga の旧フィンランド語名》.

pet·ta·ble [pét̬əbl̩ | -tə-] 〖← PET¹＋-ABLE〗 *adj.* 〈動物が〉ペットにできる.

Pet·ten·ko·fer [pét̬ənkòʊfə, -tn̩- | -tənkəʊfə(r), -tn̩-; *G.* pɛ́tn̩kòːfɐ], **Max von** *n.* ペッテンコーファー《1818-1901; ドイツの衛生学者》.

petti *n.* petto の複数形.

pet·ti·coat [pét̬ikòʊt | -tɪkəʊt] 〖《1412-20》 *petycote* 《廃》 'small coat': ⇨ petty, coat〗 ― *n.* **1** ペチコート: **a** 昔, ドレスの一部として用いたスカート. **b** ドレープ入りスカートの下に, 見せる目的で着た装飾的なスカート. **c** 下着としてのスカート; ラッフルやレース飾りがある. **2** [*pl.*] **a** [集合的] (アンダー)スカート類: wear ～*s* 女性[子供]である. **b** ((アンダー)スカートを用いた)幼少[子供]時代: I have known him ever since he was in ～*s.* 私は彼をまだほんの子供の時分から知っている. **3** 紳士・男児用の短いスカート (kilt, fustanella など). **4 a** 婦人, 女; 少女. **b** [*pl.*] 女性, 女の社会: She is a Cromwell in ～*s.* 彼女は女クロムウェル[女傑]だ. **5** スカート型の物[おおい]. **6** 〖電気〗＝petticoat insulator. ― *attrib. adj.* 婦人の, 女流の; 女性的な (feminine): a ～ affair 婦人(の情事)に関係のある事柄, つや話 / ～ government (家庭内の)女天下, 嬶(かかあ)天下; 婦人政治 / His life has been ruined by ～ influence. 彼の一生は女性(細君)に抑えられて台無しになった.

pétticoat brèeches *n. pl.* ペチコートブリーチズ《スカートのようにゆったりした短いズボンでリボン飾りなどがある; 17 世紀後半, 英国の男性が用いた》.

pét·ti·còat·ed [-t̬ɪd, -t̬əd | -tɪd, -təd] 〖← PETTICOAT＋-ED 2〗 *adj.* ペチコートを着けた.

pétticoat ínsulator *n.* 〖電気〗はかま型碍子(がいし).

pét·ti·còat·ism [-tɪzm̩] *n.* 女の勢力, 女天下, 嬶(かかあ)天下.

pétticoat·less *adj.* ペチコートを着けていない.

pétticoat narcíssus *n.* 〖植物〗＝hoop-petticoat daffodil.

pet·ti·fog [pét̬ifɔ̀(ː)g, -fɑ̀g | -tɪfɔ̀g] 〖《1611》 《逆成》 ↓〗 ― *vi.* (**pet·ti·fogged; -fog·ging**) **1** 三百代言をやる. **2** いかさまをはたらく, ごまかしをやる. **3** 屁(へ)理屈を言う, (くだらないことで)言い争う.

pet·ti·fog·ger [pét̬ifɔ̀(ː)gə, -fɑ̀gə | -tɪfɔ̀gə(r)] 〖《1564》 ← PETTY＋《廃》 *fogger* pettifogger ← ? *Fugger* (15-16 世紀に活躍したドイツの豪商)〗 ― *n.* **1** 三百代言, いんちき弁護士. **2** ぺてん師, いかさま師. **3** 屁(へ)理屈を言う人 (quibbler).

pet·ti·fog·ger·y [pét̬ifɔ̀(ː)g(ə)ri, -fɑ̀g- | -tɪfɔ̀gərɪ] *n.* ＝pettifogging.

pét·ti·fòg·ging 〖⇨ pettifog, -ing¹,²〗 ― *adj.* **1** 三百代言的な, ずるい (crafty), ごまかしの; 卑劣な. **2** つまらない, くだらない, 安っぽい (paltry). ― *n.* 三百代言(式のやりかた), ごまかし弁護, 言い抜け.

pét·ting pàrty [-t̬ɪŋ- | -tɪŋ-] 〖cf. pet¹ (v.)〗 *n.* 《米俗》(1 回の)ペッティング(行為).

pét·ti·pànts [pét̬i- | -tɪ-] *n. pl.* ももの中途まで来る女子用パンティー.

pet·tish [pét̬ɪʃ | -tɪʃ] 〖← ? PET²＋-ISH¹〗 *adj.* 〈人が〉すねた, 気難しい, 怒りっぽい; 〈言葉・行動など〉腹立ちまぎれの: a ～ reply. **～·ly** *adv.* **～·ness** *n.*

pet·ti·skirt [pét̬iskə̀ːt | -tɪskɜ̀ːt] 〖← PETTI(COAT)＋SKIRT〗 *n.* ＝petticoat 1 c.

pet·ti·toes [pét̬itòʊz | -tɪtəʊz] 〖《1555》 (pl.) ← 《廃》 *pettytoe* ▭ F *petite oie* little goose: PETTY＋*toes* ((pl.) ← TOE) に異分析された〗 ― *n. pl.* **1** (食品としての)豚の足. **2** 人の足; (特に)子供の足.

pet·tle [pét̬l̩ | -tl̩] 〖← PET¹＋-LE³〗 *vt.* 《スコット・北英》かわいがる, 愛撫する (fondle).

pet·to [pétoʊ | -təʊ; *It.* pétto] 〖▭ It. ～ ＜ L *pect-um* breast〗 *It. n.* (*pl.* **pet·ti** [-tiː; *It.* -ti]) 胸: ⇨ in petto.

pet·ty [péti | -tɪ] 〖《?*a*1387》 *pety* 《廃》 'small' 《異形》 ← PETIT〗 ― *adj.* (**pet·ti·er; -ti·est**) **1** ささいな, 取るに足らない, つまらない: ～ theft / ～ affairs つまらない事柄 / ～ expenses 雑費. **2** 心の狭い, 心根の卑しい, けちな: ～ minds, jealousy, etc. **3** 劣った, 従属の (subordinate); 小規模の: a ～ prince 小国王; 弱小国の君主 / ～ current deposit 小口当座預金 / a ～ dealer [farmer] 小商人[農夫] / a ～ official 下級官吏, 小役人. **4** 〖法律〗軽微な, 小さな: ⇨ petty jury, petty larceny, petty sessions, petty treason. ― *n.* [*pl.*] 《英方言》便所. **pét·ti·ly** [-t̬əli, -t̬ə-, -t̬l̩i | -tɪlɪ, -tə-] *adv.* **pét·ti·ness** *n.*

pétty bourgeóis *n.* ＝petit bourgeois.

pétty cásh *n.* (事務の雑費に充てる)小口現金, 小払資金; 小口現金払い[小払い]の項目.

pétty cáshbook *n.* 小口現金出納帳, 小払資金出納帳.

pétty júror *n.* 〘法律〙小陪審(員).

pétty júry *n.* 〘法律〙小陪審《12 人の陪審員で構成され公判に立ち会って民事・刑事の訴訟事実問題を審理し, 有罪・無罪の評決 (verdict) を与える; 陪審一致 (12 人の一致)の原則は, 英国では 1967 年 12 人中 10 人という特別多数に変更された; 米国では連邦憲法で小陪審の審理を受ける権利が保障されている(修正 6·7 条); petit jury ともいう; ⇨ grand jury》.

pétty lárceny *n.* **1** 〘法律〙軽窃盗(罪)《petit larceny ともいう; cf. grand larceny》: **a** (コモンローで) 1827 年以前の英国で 1 シリングより少ない物の窃盗罪; 1827 年に petty larceny と grand larceny の区別は廃止. **b** (米国法で)規程の額(10 ドルから 200 ドルの間で変動)より少ない物の窃盗罪. **2** 《米俗》〘野球〙盗塁.

pétty offénse *n.* 〘法律〙**1** 小罪《警察犯(我が国の軽犯罪に当たる)で陪審なしで審理できる犯罪》. **2** 軽罪《正式起訴の対象とされない犯罪》.

pétty ófficer *n.* **1** 〘海軍〙下士官《陸軍の noncommissioned officer に当たる; 略 P.O.》: a ~ first [second, third] class 一[二, 三]等海曹. **2** 《古》下級官吏, 小役人.

pétty sèssions *n. pl.* 〘英法〙小治安裁判所[法廷]《陪審なしに治安判事によって開かれ, 軽微な事件を取り扱う; cf. special session 2, general sessions 1》.

pétty tréason *n.* 〘英法〙=petit treason.

pet·u·lance [pétʃələns | -tju-] 〘《1610》□F *pétulance* □L *petulantia* impudence, petulance: ⇨ petulant, -ce〙 **—** *n.* **1** 癇癪(かんしゃく), 怒りっぽい気分, むずかり, すねること, 不機嫌 (ill humor); 短気な言動. **2** 《まれ》横柄, 生意気. 「《古》=petulance.

pet·u·lan·cy [pétʃələnsi | -tjulənsɪ] 〘⇨↓, -cy〙 *n.*

pet·u·lant [pétʃələnt | -tju-] 〘《1599》□F *pétulant* □L *petulantem* saucy, petulant ← *petere* to fall on, attack〙 **—** *adj.* **1** 〈人・態度など〉(小さな事に)いらいらする, 短気な, 怒りっぽい, むずかる; せっかちな (impatient); 気まぐれな (capricious). **2** 《まれ》出しゃばりの, 生意気な (pert). **~·ly** *adv.*

pe·tu·ni·a [pɪt(j)úːniə, pə-, -njə | -tjúːnjə, -nɪə] 〘← NL ~ ← F《廃》*petun* tobacco (□Tupi *petyn*)+-IA¹〙 **—** *n.* **1** 〘植物〙ペチュニア《熱帯アメリカ原産ナス科ペチュニア[ツクバネアサガオ]属 (*Petunia*) 観賞用植物の総称; 色の鮮やかな花をつけるペチュニア (*P. hybrida*) など》. **2** 濃紫色.

pe·tun·tse [pətúntsə | pɪtʌ́ntsɪ, -tún-; *Chin.* páitǔntsɪ] 〘□Chin. *pai-tuntze* (白木子):「小さなれんが」の意〙 **—** *n.* (*also* **pe·tun·tze** [~]) 白木(ぼく)子《中国の景徳鎮で雲母質粘土と長石とを混合し精製して造った磁器原料》.

peu à peu [pǿː-ɑː-pǿː-; *F.* pøapø] 〘□F ~ 'little by little'〙 *F. adv.* 少しずつ.

peu de chose [pǿː-də-ʃóuz | -ʃə́uz; *F.* pødʃoːz] 〘□F ~ 'small matter'〙 *F. n.* 些細なこと.

Pevs·ner [pévznə, péfsnɛə | pévznə(r, péfsnɛə(r; *Russ.* pjéfsnjir, *F.* pɛfsnɛːr], **Antoine** *n.* ペフスネル《(1886–1962; ロシヤ生れのフランスの彫刻家・画家; Naum Gabo の兄)》.

pew [pjúː] 〘《?a1387》*puwe* □OF *puie* balcony < L *podia* (pl.) ← *podium* elevated balcony: ⇨ podium〙 **—** *n.* **1** (教会のベンチ形の)座席, 腰掛 (⇨ church 挿絵). **2** (箱形に仕切った小さな戸をあけて出入りする教会の)家族専用席. **3** [*pl.*] 《まれ》座席に座っている人々, 会衆 (congregation): the ~s and the pulpit 会衆と牧師. **4** 《口語》椅子 (chair), 席 (seat): Take a ~. (客に向かって)お座り下さい. **—** *vt.* 座席を備えつける; (教会の家族席のように)囲う. **~·less** *adj.*

pew·age [pjúːɪdʒ] 〘⇨↑, -age〙 *n.* =pew rent.

péw cháir *n.* (教会の座席 (pew) に取り付けた)折り畳み式補助椅子.

pe·wee [píːwiː] 〘擬音語〙 *n.* 〘鳥類〙北米産タイランチョウ科ヒタキの類の小鳥の総称; (特に) =wood pewee.

péw·hòlder *n.* (教会の)座席 (pew) 借用人[所有者].

pe·wit [píːwɪt, -wət, pjúːɪt, -ət | píːwɪt] 〘《a1529》《擬音語》〙 *n.* 〘鳥類〙**1** タゲリ (⇨ lapwing); タゲリの鳴声. **2** =pewee. **3** 《俗用》=pewit gull.

péwit gùll *n.* 〘鳥類〙ユリカモメ (*Larus ridibundus*) 《laughing gull ともいう》.

péw-òpener *n.* (教会の)座席案内人.

péw rènt *n.* 教会の座席料.

pew·ter [pjúːtə | -tə(r] 〘《1370》*peutre* □OF < VL **peltrum* ← ?〙 **—** *n.* **1** ピューター, しろめ《スズと鉛, しんちゅうまたは銅の合金》; はんだ (solder). **2** [集合的にも用いて] しろめ製の器物(類)《皿・鉢・杯など》. **3** 《英俗》賞金, (スポーツ競技などの)カップ, トロフィー; 《米俗》金銭. **—** *adj.* しろめ製の.

péw·ter·er [-tərə | -tərə(r] 〘《1348》*peautrer* □OF *peautrier*: ⇨↑, -er¹〙 *n.* しろめ製器物の製造職人.

pex·i·a [péksiə | -sɪə] 〘⇨↓, -ia¹: cf. -pexy〙 *n.* 〘外科〙=pexis. 「固定(術) (fixation).

pex·is [péksɪs, -səs | -sɪs] 〘← NL ~ (↓)〙 *n.* 〘外科〙

-pex·y [pèksi | -sɪ] 〘← NL *-pexia* ← Gk *-pēxia* ← *pēxis* solidity ← *pēgnúnai* to fix〙「固定 (fixation)」の意の名詞連結形.

pe·yo·te [peɪ(j)óuti | peɪə́utɪ, pɪ-; *Sp.* pejóte] 〘□Mex.-Sp. ~ □Nahuatl *peyotl* caterpillar〙 **—** *n.* (*pl.* **~s** [~z; *Sp.* ~s]) **1** 〘植物〙米国南西部およびメキシコ北部産のウバタマ属 (*Lophophora*) の球形サボテンの総称; (特に)ウバタマ (mescal). **2** ペイヨーテ, パオタ《ウバタマの頭 (mescal button) から得られるアルカロイドを含む幻覚剤》.

pe·yót·ism [-tɪzm] *n.* ペイヨーテを宗教行為として服用するアメリカインディアンの宗教の一つ.

pey·otl [peɪ(j)óutl | peɪə́utl, pɪ-] *n.* =peyote.

pey·tral [péɪtrəl] 〘《?a1300》□AF *peitrel*=OF *peitral* < L *pectorāle* 'PECTORAL'〙 **—** *n.* (*also* **pey·trel** [~]) 〘甲冑〙(馬よろいの)胸当, 鞅(むながい)《poitrel ともいう; ⇨ caparison 挿絵》.

Pez·i·za·ce·ae [pèzəzéɪsiː | -zɪ-] 〘← NL ~ ← *Peziza* (属名: 《変形》← L *pezica* puffball □Gk *pézis*)+-ACEAE〙 *n. pl.* 〘植物〙チャワンタケ科.

pf, P.F. 《略》〘電気〙picofarad; 〘電気〙power factor.

pF [píːéf] 〘← *p* (=logarithm)+*F* (《略》← *free energy*)〙 *n.* 〘農業〙pF 価《土壌の含水量を表わす指数》.

Pf, Pf. 《略》pfennig. 「proof.

pf. 《略》perfect; pianoforte; 〘証券〙preferred 優先の;

p.f. 《略》〘音楽〙*It.* più forte (=a little louder); *F.* pour féliciter (=to congratulate); pro forma.

P.F. 《略》〘写真〙panchromatic film; 〘スコット法〙Procurator Fiscal.

Pfalz [*G.* pfálts] *n.* プファルツ《Palatinate のドイツ語名; ⇨ palatinate 2》.

PFC, Pfc, Pfc. 《略》Private First Class.

pfd. 《略》〘証券〙preferred 優先の.

pfen·nig [fénɪg, -nɪk | pfén-, fén-; *G.* pfénɪç] 〘《1547》□G ~: cf. penny〙 **—** *n.* (*pl.* **~s, pfen·ni·ge** [*G.* pfénɪgə]) **1** ペニッヒ《ドイツの通貨単位; 西ドイツでは =$^1/_{100}$ Deutsche mark, 東ドイツでは =$^1/_{100}$ ostmark》. **2** 1 ペニッヒ硬貨.

pfft [fːt] 〘擬音語〙 *int.* ちょん, しゅーっ, ぷすん《突然の[あっけない]終わり・消滅などを表わす擬音語》.

pfg. 《略》pfennig(s).

PFLP 《略》Popular Front for the Liberation of Palestine パレスチナ解放人民戦線《パレスチナゲリラの中で過激な左翼組織; 1970–71 年のヨルダン内戦後ハイジャックや無差別テロなどの戦術を展開した; cf. PLO》. 「modulation.

P.F.M., PFM, p.f.m. 《略》〘電気〙pulse frequency

pfu·i [fúːi | fúːɪ] *int.* =phooey.

Pfúnd sèries [fʌ́nd-, pfúnd-; *G.* pfúnt-] *n.* 〘物理〙プント系列《赤外線領域に見られる水素スペクトルの系列》.

PG 〘《略》← *p(arental) g(uidance)*〙 *n., adj.* 《米》〘映画〙(両親の許可により)未成年でも成人同伴で入場できる(映画)《映倫の年齢制限の表示; cf. G², R², X²》.

PG 《略》〘生化学〙prostaglandin.

PG, P.G. 《略》paying guest; postgraduate.

pg., pg 《略》page.

Pg. 《略》Portugal; Portuguese.

P.G. 《略》Past Grand (Master) (クラブの)前会長; *L.* Pharmacopoeia Germanica (=German Pharmacopoeia) ドイツ薬局方; Preacher General; Procurator General.

PGA 《略》Professional Golfers' Association; 〘生化学〙

ph 《略》phase. 「pteroylglutamic acid.

pH [píːéɪtʃ] 〘← *p(otential of) H(ydrogen)*〙 *n.* 〘化学〙ピーエイチ, ペーハー水素イオン指数《水素イオン濃度[グラムイオン数]の逆数の常用対数》.

Ph 《記号》〘化学〙phenyl.

ph. 《略》phase; phone.

P.H., PH, ph 《略》〘野球〙pinch hit(s); pinch hitter; public health; (Order of the) Purple Heart 《米》パープルハート勲章, 名誉戦傷勲章. 「米国住宅局.

PHA, P.H.A. 《略》Public Housing Administration

phac·o·lite [fǽkəlàɪt] 〘← Gk *phako-* (← *phakós* lentil)+-LITE〙 **—** *n.* **1** 〘鉱物〙ハァコライト《斜方沸石 (chabazite) の一種で, 無色六角形のもの》. **2** 〘地質〙=phacolith.

phac·o·lith [fǽkəlɪθ] 〘← *phaco-* (↑)+-LITH〙 *n.* 〘地質〙弧盤《褶曲した地層の背斜・向斜部に迸入したレンズ状火成岩体》.

Phae·a·cia [fiːéɪʃə] 〘□L *Phaeācia* □Gk *Phaiakía*〙 **—** *n.* 〘ギリシャ伝説〙パイアーキア《Troy 陥落後 Ulysses が訪れた国; 今の Corfu 島に当たるという》. **Phae·a·cian** [fiːéɪʃən] *adj., n.*

Phae·do [fíːdou | -dəu] 〘□L *Phaedo(n)* □Gk *Phaidōn*〙 **—** *n.* パイドン, ファイドン《紀元前 4 世紀初頭のギリシャの哲学者; Plato の「対話編」(*Dialogues*) に出て来る; Phaedon ともいう》.

Phae·don [fíːdɑn | -dɒn] *n.* =Phaedo.

Phae·dra [fíːdrə] 〘□L ~ □Gk *Phaidra*〙 **—** *n.* 〘ギリシャ神話〙ファイドラ《Minos と Pasiphaë との間の娘, Ariadne とは姉妹, Theseus の妻; 義理の子 Hippolytus に恋したが拒絶されたために, 彼を夫に讒訴(ざんそ)し, 自殺した》.

Phae·drus [fíːdrəs] *n.* パイドロス, ファイドロス: **1** 紀元前 5 世紀のギリシャの哲学者; Socrates, Plato と同時代人. **2** 紀元 1 世紀ごろのローマの寓(ぐう)話作者; *Fabulae Aesopiae*; Gaius Julius Phaedrus.

phaen- [fiːn] (母音の前に来る時の) phaeno- の異形 (⇨ pheno- 1).

phaen·o- [fíːno(u) | -nə(u)] =pheno- 1.

phae·o- [fíːo(u) | -ə(u)] 〘□Gk *phaio-* ← *phaiós* dusky, gray〙「焦げ茶の (dun-colored)」の意の連結形.

phàeo·mélanin 〘← PHAEO-+MELANIN〙 *n.* 〘生化学〙フェオメラニン《赤褐色から黄褐色のメラニン近似の色素; cf. eumelanin》.

Phae·o·phy·ce·ae [fìːo(u)fáɪsiː, -fís- | -ə(u)-] 〘← NL ~: ⇨ phaeo-, -phyceae〙 *n. pl.* 〘植物〙褐藻類.

phae·o·phy·cean [fìːo(u)fíʃən | -ə(u)-] *adj., n.* 〘植物〙褐藻類の(藻).

Phae·oph·y·ta [fiːɑ́fəṭə | -ɔ́fɪtə] 〘← NL ~: ⇨ phaeo-, -phyte〙 *n. pl.* 〘植物〙褐藻植物綱.

phae·o·plast [fíːəplæ̀st | fíːə(u)-] 〘← PHAEO- + -PLAST〙 *n.* 〘生物〙褐色体《褐藻類・珪藻類などの細胞に含まれている褐色の色素体; cf. rhodoplast》.

Pha·ë·thon [féɪəθən, -θɑn | féɪəθən, féɪɪ-] 〘□L *Phaëthon* □Gk *Phaéthōn* 《原義》a shining ← *phaéthein*, *pháein* to shine ← *pháos* light〙 **—** *n.* 〘ギリシャ神話〙ファエトン《太陽神 Helios の子; 1 日だけ父に許されて日輪の車を駆ったが, 未熟練のため車が地球に接近して危うく世界を大火事にしようとしたので, これを見た Zeus は雷を放って彼を殺し, 災禍を未然に防いだという》.

pha·e·ton [féɪətn, féɪtn | féɪtn] 〘《1593》□F *phaéton* □L *Phaëthon* (↑)〙 **—** *n.* **1** 通例二座席の軽二頭[一頭]立て四輪馬車. **2** =touring car 1. **3** (初期の)フェートン型オープンカー《二つの横席を前後に設けたほろ型自動車》.

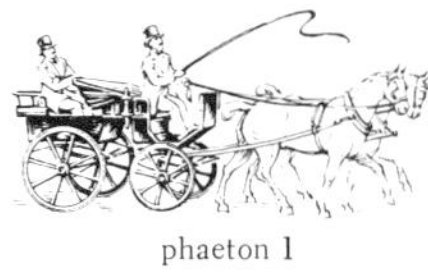
phaeton 1

phag- [fæg] (母音の前に来る時の) phago- の異形.

-phag [fæg] 〘□Gk ~ ← *phagein* to eat〙 *n.* =-phage.

phage [féɪdʒ, fɑ́ːʒ] *n.* 〘医学〙=bacteriophage.

-phage [fèɪdʒ, fɑ̀ːʒ] 〘□Gk *-phagos*: ⇨ -phagous〙「食 (eating)」の意の名詞連結形.

phag·e·de·na [fæ̀dʒədíːnə | -dʒɪ-] 〘□L *phagedaena* □Gk *phagédaina* eating ulcer ← *phagein* to eat: ⇨ -phagous〙 **—** *n.* (*also* **phag·e·dae·na** [~]) 〘病理〙侵食(性)潰瘍(かいよう). **phag·e·den·ic** [fæ̀dʒədénɪk, -díːn- | -dʒɪ-] *adj.*

-pha·gi·a [féɪdʒiə, -dʒə | -dʒɪə, -dʒə] =-phagy.

phag·o- [fǽgo(u) | -gə(u)] 〘□Gk ~ ← *phagein* to eat: ⇨ -phagous〙「食う (eating); 食細胞 (phagocyte)」の意の連結形. ★ 母音の前では通例 phag- になる.

phag·o·cyte [fǽgəsàɪt | -gə(u)-] 〘⇨↑, -cyte〙 **—** *n.* 〘解剖〙食細胞《細菌・異物・老廃細胞などを捕食する作用のある細胞》. **phag·o·cyt·ic** [fæ̀gəsíṭɪk | -gə(u)sít-] *adj.* 「理〙=phagocytose.

phag·o·cy·tize [fǽgəsətàɪz, -saɪ- | -sɪ-, -saɪ-] *vt.* 〘生

phag·o·cy·tose [fǽgəsətòus, -saɪ-, -tòuz | -sɪtə̀us, -saɪ-] 〘《逆成》↓〙 *vt.* 〘生理〙食菌する, 食(どん)食する, 捕食する.

phag·o·cy·to·sis [fæ̀gəsɪtóusɪs, -sə-, -saɪ-, -səs | -gə(u)sɪtə́u-, -saɪ-] 〘← NL ~: ⇨ phagocyte, -osis〙 **—** *n.* (*pl.* **-to·ses** [-siːz]) (食細胞の)食作用, 食菌作用, 貪食活動[現象]. **phag·o·cy·tot·ic** [fæ̀gəsɪtɑ́ṭɪk, -sə-, -saɪ- | -gə(u)sɪtɔ́t-, -saɪ-] *adj.*

phag·o·some [fǽgəsòum | -sə̀um] 〘← PHAGO- + -SOME³〙 *n.* 〘生物〙ファゴソーム, 食作用胞《細胞の食作用の結果生じた内部に摂取した固形物を含む液胞》.

-pha·gous [ー fəgəs] 〘□L *-phagus* □Gk *-phagos* ← *phagein* to eat ← IE **bhag-* to share out (Skt *bhajati* he assigns)〙→「食う (eating)」の意の形容詞連結形: anthropo*phagous*, sarco*phagous*.

Pha·gun [fɑ́ːgʊn] 〘□Hindi *phāgun* ← Skt *phālguna*〙 *n.* パーグン(の月)《ヒンズー暦の月名の一つで, 太陽暦の 2–3 月に当たる; cf. Hindu calendar》.

-pha·gy [ー fədʒi | -dʒɪ] 〘□Gk *-phagiā* (↑): ⇨ -y¹〙「常食 (feeding on)」の意の名詞連結形: anthropo*phagy*.

pha·i·no·pep·la [feɪàɪno(u)péplə, fàɪno(u)- | -nə(u)-] 〘← NL ~ ← Gk *phaeinós* shining (← *pháein* to shine) + *péplos* robe〙 **—** *n.* 〘鳥類〙米国南西部およびメキシコ産の羽冠のある *Phainopepla* 属の黒色の小鳥の総称《キヌゲレンジャク (*P. nitens*) など》.

pha·lange [féɪlændʒ, fəlǽndʒ, feɪ- | fǽlændʒ] 〘《1560》□F ~ ← NL *phalang-*, *phalanx* 'PHALANX'〙 **—** *n.* 〘解剖・動物〙(手の)指(節)骨, (足の)趾(し)(節)骨 (phalanx): distal [middle, proximal] ~ 末[中, 基]指[趾](節)骨.

pha·lan·ge·al [fèɪləndʒíːəl, fæ̀l-, fəlǽndʒiəl, feɪ-, -dʒəl | fəlǽndʒɪəl, fæ-, -dʒəl] 〘⇨↑, -al¹〙 **—** *adj.* **1** 〘解剖・動物〙指[趾(し)](節)骨の: a ~ joint 指関節. **2** ファランクス (phalanx) の.

pha·lan·ger [fəlǽndʒə, feɪ- | fəlǽndʒə(r, fæ-] 〘← NL ~ ← *phalang-*, *phalanx* 'PHALANX'〙 **—** *n.* 〘動物〙有袋目クスクス科クスクス属 (*Phalanger*) のフクロネズミの総称《セレベスからオーストラリア, ニューギニア, タスマニアまで分布するハイイロクスクス (*P. orientalis*), ブチクスクス (*P. maculatus*) など》.

Phal·an·ger·i·dae [fæ̀ləndʒérədiː | -rɪ-] 〘← NL ~: ⇨↑, -idae〙 *n. pl.* 〘動物〙クスクス科.

phalanges [□L *phalangēs*] *n.* phalanx の複数形.

Pha·lan·gi·da [fəlǽndʒədə | -dʒɪ-] 〘← NL ~ ← *phalangium* (□Gk *phalággion* spider: cf. phalanx)+ -IDA〙 *n. pl.* 〘動物〙メクラグモ目, ザトウムシ目.

phal·an·ste·ri·an [fæ̀lənstí(ə)riən | -stíərɪ-] 〘← PHALANSTERY + -AN¹〙 **—** *n.* **1** ファランステール (phalanstery) の一員[提唱者]. **2** ファランステール主義[組織]. **3** =Fourierist. **—** *adj.* ファランステールの; ファランステール主義[組織]の.

phàl·an·sté·ri·an·ìsm [-nìzm] *n.* ファランステール (phalanstery) 主義[組織] (⇨ Fourierism).

phal·an·ster·y [fǽlənstèri | -st(ə)rɪ] 〖▭F *phalanstère* 《混成》← *phalange* 'PHALANX' + *monastère* 'MONASTERY'〗 *n.* **1 a** ファランステール《フランスの社会主義者 Fourier (1772–1837) の主唱にかかる社会主義的共同生活団体; 一団約 1,800 名》. **b** その団体の住居群または建物群. **2** これに類した団体(の建物).

pha·lanx [féɪlæŋks, fǽl- | fǽl-] 〖(1553) ▭L *phalang-, phalanx* ▭Gk *phálagx* bone of finger, line of battle: ⇨ balk〗 ― *n.* (*pl.* **~·es, pha·lan·ges** [fəlǽndʒiːz, feɪ- | fæ-, fə-], *4, 5* では **phalanges**) **1 a** (古代ギリシャの, 盾・槍を持った重装歩兵の)ファランクス, 密集方陣. **b** 密集軍[部隊]. **2** (人・動物などの)集結: solid *~es* of guards and policemen 護衛と警官からなる水も洩らさぬ警戒陣 / The lawyers opposed in ~. 弁護士連は結束して反対した. **3** 同志の集まり, 結社. **4** ファランクス《Fourier の社会主義による共同生活の一単位; cf. phalanstery》. **5** 〘解剖・動物〙指(節)骨, 趾(ʼ)(節)骨《phalange ともいう》. **6** 〘植物〙雄蕊束. ― *vt.* 密集[集結]させる: *~ed* troops. ― *vi.* 〘印刷〙調整して仕事を均等配分する.

pha·lar·i·ca [fəlǽ(ə)rɪkə | -lέər-] *n.* =falarica.

phal·a·rope [fǽləròup | -ròʊp] 〖▭F ← ← NL *Phalaropus* (属名: ← Gk *phalāris* coot (← *phalós* white, shining) + *poús* foot)〗 ― *n.* 〘鳥類〙ヒレアシシギ《ヒレアシシギ科ヒレアシシギ属 (*Phalaropus*) のアカエリヒレアシシギ (northern phalarope), ハイイロヒレアシシギ (red phalarope), アメリカヒレアシシギ (Wilson's phalarope) の3種の水鳥の総称; 足指にみずかきがついていて, 1年の半分以上を海上で過ごす》.

Phal·a·ro·pod·i·dae [fæ̀ləro(ʊ)pάdədiː | -rə(ʊ)pɔ́dɪ-] 〖←NE ~: ⇨↑, -idae〗 *n. pl.* 〘鳥類〙ヒレアシシギ科.

phal·er·a [fǽlərə] 〖▭L ~ ▭Gk *phálara* (pl.)〗 *n.* (*pl.* **·er·ae** [-rìː, -ràɪ]) **1** (古代の鎧(ʼ)に付けた金属製の)飾り円盤. **2** (古代の馬面の)額金(ʼ).

phall- [fæl] (母音の前に来る時の) phallo- の異形.

Phal·la·ce·ae [fəléɪsiìː] 〖← NL ~ ← *Phallus* (属名: ⇨ phallus) + -ACEAE〗 *n. pl.* 〘植物〙スッポンタケ科. **phal·lá·ceous** [-ʃəs] *adj.*

phalli *n.* phallus の複数形.

phal·lic [fǽlɪk] 〖(1789) ▭Gk *phallik-ós*: ⇨ phallus, -ic¹〗 ― *adj.* **1** 陰茎[男根] (phallus) の, 陰茎像の. **2** 男根崇拝の. **3** 〘精神分析〙男根期の (genital): the ~ phase ファルス期, 男根段階 / ~ worship. **phál·li·cal** *adj.* **phál·li·cal·ly** *adv.*

phál·li·cìsm [-ləsìzm | -lɪ-] *n.* (生産力の象徴としての)男根崇拝; 生殖器崇拝.

phál·li·cist [-ləsɪst, -səst | -lɪsɪst] *n.* 男根崇拝者.

phál·lism [-lɪzm] *n.* =phallicism.

phál·list [-lɪst, -ləst | -lɪst] *n.* =phallicist.

phal·lo- [fǽlo(ʊ) | -lə(ʊ)] 〖← Gk *phallós* (↓)〗「陰茎」の意の連結形. ★ 母音の前では通例 phall- になる.

phal·lus [fǽləs] 〖(1613) ▭L ~ ▭Gk *phallós* membrum virile, penis ← IE **bhel-* to swell: ⇨ bull¹〗 ― *n.* (*pl.* **phal·li** [fǽlaɪ, -liː], **~·es**) **1** 男根像《造化の生産力の象徴として宗教的に崇拝し, 古代の Dionysus [Bacchus] 祭ではこれをかつぎ回った; 通例勃起した形で表わされる; cf. lingam 1 a, yoni》. **2** 〘解剖〙陰茎 (penis), 男根, ファルス; (特に)勃起陰茎; 陰核 (clitoris). **3** 〘精神分析〙男根《小児性欲の発達段階における快感感受の対象としての陰茎》.

Pha·nar·i·ot [fənǽ(ə)riət, -riὰt, -nέəriət, -riɔ̀t] 〖▭NGk *Phanariṓt-ēs* ← *Phanári* Phanar《原義》lighthouse + *-ṓtēs* inhabitant〗 ― *n.* ハァナリオット: **a** トルコの首都 Istanbul のギリシャ人地区である Phanar [fǽnəˑ | -ə(r] 地区に住むギリシャ人. **b** 同地区に住むギリシャ人官吏.

phan·a·tron [fǽnətrὰn | -trɔ̀n] *n.* 〘電気〙=phanotron.

-phane [⌐ — feɪn] 〖← Gk *phanḗs* ← *phaínein* to show: cf. fancy〗「擬似」の意の名詞連結形: cellophane, hydrophane.

phan·er- [fǽnər, fənér] (母音の前に来る時の) phanero- の異形.

phan·er·o- [fǽnəro(ʊ), fənér- | -rə(ʊ)] 〖▭Gk ~ ← *phanerós* visible ← *phaínein* to show〗 ―「目に見える (visible), 明らかな (manifest)」の意の連結形. ★ 母音の前では通例 phaner- になる.

phànero·crystalline 〖⇨↑, crystalline〗 *adj.* 〘岩石〙顕晶質の《結晶が肉眼で認められる大きさにいう; cf. cryptocrystalline, microcrystalline》.

phan·er·o·gam [fǽnərəgæ̀m, fənér- | -rə(ʊ)-] 〖▭F *phanérogame* (↓)〗 ― *n.* 〘植物〙顕花植物 (cf. cryptogam, spermatophyte). **phan·er·o·gam·ic** [fæ̀nərəgǽmɪk, fənèr- | -rə(ʊ)-] *adj.* **phan·er·og·a·mous** [fæ̀nərάgəməs | -rɔ́g-] *adj.*

Phan·er·o·gam·i·a [fæ̀nərəgǽmiə, fənèr-, -géɪm- | -rə(ʊ)gǽmɪə, -géɪm-] 〖← NL ~: ⇨ phanero-, -gamy〗 ― *n. pl.* 〘植物〙顕花植物門《生殖器官としての花をもつ植物群; 現在は種子植物門 (Spermatophyta) と呼ぶ; cf. Cryptogamia》.

phan·er·o·gen·ic [fæ̀nəro(ʊ)dʒénɪk, fənèr- | -rə(ʊ)-] 〖← PHANERO- + -GENIC〗 *adj.* 〘医学〙既知の原因による (cf. cryptogenic).

phan·er·o·phyte [fǽnərəfàɪt, fənér- | -rə(ʊ)-] 〖← PHANERO- + -PHYTE〗 ― *n.* 〘植物〙地上植物《低温や乾燥時を耐える芽の位置が地上約 30 cm 以上にある多年生植物; cf. chamaephyte, geophyte》.

Pha·ner·o·zo·ic [fæ̀nərəzóuɪk, fənér- | -rə(ʊ)zóʊ-] 〖← PHANERO- + -ZOIC²〗 〘地質〙 ― *n.* 顕生代《古生代 (Paleozoic), 中生代 (Mesozoic), 新生代 (Cenozoic) から成る》. ― *adj.* [しばしば p-] 顕生代の.

phan·er·o·zo·nate [fæ̀nərəzóuneɪt, fənèr- | -rə(ʊ)zóʊ-] 〖← NL *Phanerozonia* (↓) + -ATE²〗 *adj.* 〘動物〙顕帯目の.

Phan·er·o·zo·ni·a [fæ̀nərəzóuniə, fənèr- | -rə(ʊ)zóʊnɪə, -njə] 〖← NL ~ ← PHANERO- + *zṓnē* 'girdle, ZONE' + -IA²〗 *n. pl.* 〘動物〙(真ヒトデ綱)顕帯目.

phan·o [fǽnou | -nə(ʊ)] *n.* (*pl.* **~s**) 〘キリスト教〙= fanon.

phan·o·tron [fǽnətrὰn | -trɔ̀n] 〖← ? Gk *phano-* showing (← *phaínein* to show) + -TRON〗 *n.* 〘電気〙ファノトロン《整流用二極放電管の一種》.

phan·si·gar [pάːnsɪgὰə, fάːn- | -gὰː(r] 〖▭Hindi *phāsīgār* ← *phāsī* noose + Pers. *-gār* doer, doing〗 *n.* 《インド》= thug.

phan·tasm [fǽntæzm] 〖(?a1200) *fantasme* ▭(O)F ▭L *phantasma* ▭Gk *phántasma* ← *phantázein* to make visible ← *phaínein* to show ← IE **bhā* to shine: PHANTOM と二重語: cf. fantasy〗 ― *n.* **1** 幻(ʼ), 幻影, 幻想 (fantasy): follow the *~s* of truth 真理の幻を追う. **2** 亡霊, 幽霊: a ~ of the dead. **3** (死者・不在者の)幻影, 幻像. **4** 《古》幻覚, 錯覚 (illusion).

phan·tas·ma [fæntǽzmə] 〖▭It. *fantasma* ‖ L *phantasma* (↑)〗 *n.* (*pl.* **~·ta** [~ṭə | ~tə], **~s**) = phantasm.

phan·tas·ma·go·ri·a [fæntæ̀zməgɔ́ːriə, -gɔ́ːr- | fæntæ̀zməgɔ́rɪə, -tæz-, -gɔ́ːr-] 〖(1802) ▭F *fantasmagorie* ← *fantasme* 'PHANTASM' + *-agorie* (← ? Gk *ageírein* to assemble)〗 ― *n.* **1** 魔術幻灯《幻灯の仕掛けの一種で影像が急速に近づいたり遠ざかったりその他さまざまに変化する; 1802 年 London で始めて実演された》. **2** 変幻きわまりない光景, 走馬灯的光景. **3** (心中に去来する)さまざまな幻想, (夢の中に見る)一連の幻影. **phan·tàs·ma·gó·ri·al** [-riəl | -rɪ-] *adj.* **phan·tàs·ma·gó·ri·an** [-riən | -rɪ-] *adj.* **phan·tàs·ma·gó·ri·al·ly** *adv.*

phan·tas·ma·gor·ic [fæntæ̀zməgɔ́ːrɪk, -gɔ́ːr-, -gάr- | fæntæ̀zməgɔ́r-, -tæz-, -gɔ́ːr-] *adj.* 幻影の; 変幻きわまりない. **phan·tàs·ma·gór·i·cal·ly** *adj.*

phan·tas·ma·go·ry [fæntǽzməgɔ̀ːri, -gὸːri | fæntǽzməgərɪ] *n.* = phantasmagoria.

phan·tas·mal [fæntǽzməl] 〖← PHANTASM + -AL¹〗 *adj.* **1** 幻(ʼ)[幻影](のような); 幽霊(のような) (spectral). **2** 錯覚的な, 非現実的な; 空想的な. **~·ly** *adv.*

phantasmata *n.* phantasma の複数形.

phan·tas·mic [fæntǽzmɪk] *adj.* =phantasmal. **phan·tás·mi·cal** *adj.*

phan·tast [fǽntæst] *n.* =fantast.

phan·tas·tron [fæntǽstrən | -trɔn] 〖← PHANTAS(M) + (PHANO)TRON〗 *n.* 〘電子工学〙ファンタストロン《五極管を用いたパルス発生回路》.

phan·ta·sy [fǽntəsi, -zi | -təsɪ, -zɪ] *n., v.* = fantasy. **phan·tas·tic** [fæntǽstɪk, fən-] *adj.*

phan·tom [fǽnṭəm | -təm] 〖(a1325) *fanto(s)me* ▭OF (F *fantôme*) < L *phantasmam* apparition: PHANTASM と二重語〗 ― *n.* **1** 幻(ʼ), 幻影 (vision); 影像 (image), 現われ. **2** 幽霊, お化け. **3** 恐怖を起こさせるもの, 恐怖の種, ぞっとするもの. **4** 実体のない物[人], 外見だけの物[人]: He was only a ~ of a king. 彼は全く影のような[名のみの]王様だった. **5** 錯覚, 妄(ʼ)想. **6** 〘絵画〙幽霊画法《人物その他の輪郭と同時にその内部骨格の構造などまで透視できるように描く画法; 超現実主義絵画の表現などにいう》. **7** 〘物理・生物〙人体模型, ファントム《人体と同じように作った模型で放射線の吸収具合を計るために用いられる》. **8** 〘電気〙= phantom circuit. ― *adj.* **1** 幽霊の: ⇨ phantom ship. **2 a** 幻[幻影]の. **b** 錯覚の. **3** 外見上の, 見せかけの: a ~ chief 名目だけの頭(ʼ) / ~ prosperity 見せかけの繁栄. **4** 〘電気〙重信回線(phantom circuit) の. **5** 〘絵画〙幽霊画法の. **~·like** *adj.*

phántom accelerátion *n.* 〘宇宙〙幻の加速度《コリオリの力 (Coriolis force) などによるロケットの加速度》.

phántom círcuit *n.* 〘電気〙重信回線《2 対の実回線を利用して新たな線を設けずに作る第 3 の回線》.

phántom límb *n.* 〘精神医学〙幻影[幻想]肢, 幻(覚)肢《手足が切断された場合など, 存在しないのにあたかも実在しているように感じる手足》: ~ pains 幻(影)肢痛.

phántom prégnancy *n.* 想像妊娠.

phántom shíp *n.* 幽霊船 (cf. Flying Dutchman).

phántom túmor *n.* 〘病理〙幽霊腫脹(ʼ)《一時的に腫瘍のような固まりが出来てまた消えてしまうもの; 腸内ガスや糞塊などによるものが多い》.

phántom wíre *n.* 〘電気〙幽霊線路, 仮想線路《重信回線 (phantom circuit) の通る実在しない線路》.

-pha·ny [⌐ fəni | -nɪ] 〖▭LGk *-phán(e)ia* ← *phaínein* to show: cf. -phane〗「(超自然的なものの)出現 (appearance), 顕現 (manifestation)」の意の名詞連結形: Christophany, epiphany.

Phar., phar. 《略》pharmaceutical; pharmacist; pharmacopoeia; pharmacy.

Phar·aoh [fé(ə)rou | féərəʊ] 〖OE *Pharaon* ▭LL *Pharaō(n-)* ▭Gk *Pharaṓ* ▭Heb. *par'ōʰ* ▭Egypt. *pr-'ȝ* great house: 今の語尾の *h* は Heb. から〗 ― *n.* **1** ファラオ《古代エジプト王の称号; 旧約聖書(日本語訳「パロ」)では冠詞をつけずに固有名詞として扱い, 特に Joseph がその保護支援を受けた王, イスラエル人がひどくその圧迫を受けた王 (Rameses II?) またはその迫害をのがれてエジプトを出国した時の王をいう》. **2** [しばしば p-] 専制的な国王, 酷使者《taskmaster の代称》. **Phar·a·on·ic, p-** [fὲ(ə)reɪάnɪk, -ri- | fεərɔ́n-] *adj.* **Phàr·a·ón·i·cal, p-** *adj.*

Pháraoh ànt, p- a- *n.* 〘昆虫〙イエヒメアリ (*Monomorium pharaonis*)《熱帯や亜熱帯に広く分布, 屋内にすみ近年日本内地にも侵入したごく普通の小さいアカアリで, 家庭の害虫; Pharaoh's ant ともいう》.

Pháraoh's sérpent *n.* 蛇玉《ロダン化水銀を棒状に固めたもの; 火をつけるとくねくねと蛇のように伸びて行く花火のようなおもちゃ》.

Phar. B. 《略》《米》*L.* Pharmacīae Baccalaureus (= Bachelor of Pharmacy).

Phar. D. 《略》《米》*L.* Pharmacīae Doctor (= Doctor of Pharmacy).

Phar·i·sa·ic [fæ̀rəséɪɪk, fèr- | fæ̀rɪséɪ-, -zéɪ-] 〖▭LL *Pharisaic-us* ▭Gk *Pharisaikós*: ⇨ Pharisee, -ic¹〗 ― *adj.* **1** パリサイ人 (Pharisees) の. **2** [しばしば p-] 〘ユダヤ教〙= pharisaical.

phàr·i·sá·i·cal, P- [-ɪkəl, -əkəl | -ɪkəl] *adj.* 〘ユダヤ教〙パリサイ主義の; 宗教的形式にこだわる, 虚礼を重んじる; 自らを正しいとする (self-righteous), 偽善の (hypocritical). **~·ly** *adv.* **~·ness** *n.*

Phar·i·sa·ism [fǽrəseɪɪzm, fér- | fǽrɪ-] 〖← NL *pharisaism-us* ▭↓, -ism〗 ― *n.* **1** パリサイ人 (Pharisees) の奉じた教義, パリサイ人の慣習[式典, 特性]. **2** [しばしば p-] 〘ユダヤ教〙(宗教的)形式主義 (formalism); 偽善 (hypocrisy).

Phar·i·see [fǽrəsiː, fér- | fǽrɪ-] 〖(c1390) *pharise, farise* ▭OF ▭LL *Pharisēus* ▭Gk *Pharisaîos* ▭Aram. *pʻrīšayyā* (pl.) ← *pʻrīš* separated ∞ OE *fariseus* ▭LL *Pharisēus*〗 ― *n.* **1** パリサイ人, パリサイ派の人《Hasidim の精神を継ぎ, 紀元前 2 世紀から 1 世紀まで活動した, 口伝律法を重んじて成文律法を自由に解釈し, 伝承や儀式を厳守した》. **2** [しばしば p-] (パリサイ人風の)独善家, 形式主義者, 偽善者 (hypocrite).

Phár·i·sèe·ism [-ɪzm] *n.* = Pharisaism.

Pharm., pharm. 《略》pharmaceutical; pharmacist; pharmacopoeia; pharmacy.

Phar. M. 《略》《米》*L.* Pharmaciae Magister (= Master of Pharmacy).

phar·ma·ceu·tic [fὰəməsúːṭɪk | fὰːməs(j)úːt-, -kjúː-] 〖▭LL *pharmaceutic-us* ▭Gk *pharmakeutikós* ← *pharmakeutḗs* druggist ← *pharmakeúein* to give drugs ← *phármakon* drug〗 ― *adj.* 《まれ》= pharmaceutical. ― *n.* [通例 *pl.*] ⇨ pharmaceutics.

phar·ma·ceu·ti·cal [fὰəməsúːṭɪkəl, -ṭə- | fὰːməs(j)úːtɪ-, -kjúː-] 〖⇨↑, -al¹〗 ― *adj.* **1** 調剤上の, 製薬の; 薬剤師の: a ~ society 薬剤師協会 / ~ chemistry 調剤[製薬]化学. **2** 薬物の, 薬物を用いる, 薬物販売の: ~ treatment 薬物治療. ― *n.* 薬, 調合薬. **~·ly** *adv.*

pharmacéutical chémist *n.* 《英》薬剤師.

phar·ma·ceu·tics [fὰəməsúːtɪks | fὰːməsjúːt-, -kjúːt-] 〖⇨ pharmaceutic, -ics〗 *n.* 薬剤学, 製剤学, 調剤学, (製)薬学 (pharmacy).

phàr·ma·céu·tist [-tɪst, -ṭəst | -tɪst] *n.* = pharmacist.

phár·ma·cist [-sɪst, -səst | -sɪst] 〖← PHARMACY + -IST〗 *n.* 薬剤師; 製薬者.

phar·ma·co- [fάəməko(ʊ) | fάːməkə(ʊ)] 〖▭Gk *pharmako-* ← Gk *phármakon* drug: cf. pharmacy〗「薬 (drug)」の意の連結形: *pharmacology*.

phàrmaco·dynámics 〖⇨↑, dynamics〗 ― *n.* 薬効学, 薬力学, 薬理学. **phàrmaco·dynámic** *adj.* **phàrmaco·dynámical** *adj.* **phàrmaco·dynámically** *adv.*

phàrmaco·genétics *n.* 薬理遺伝学, 遺伝薬理学《薬物の遺伝に対する影響を調べる学問》. **phàrmaco·genétic** *adj.*

phar·ma·cog·no·sy [fὰəməkάgnəsi | fὰːməkɔ́gnəsɪ] 〖⇨ pharmaco-, gnosis, -y¹〗 ― *n.* 生薬学, 薬物学. **phar·ma·cog·nos·tic** [fὰəməkagnάstɪk | fὰːməkɔgnɔ́s-] *adj.* **phàr·ma·cog·nós·ti·cal** *adj.* **phàr·ma·cóg·no·sist** [-sɪst, -səst | -sɪst] *n.*

phàrmaco·kinétics *n.* 薬物動態学, 薬物速度論. **phàrmaco·kinétic** *adj.*

pharmacol. 《略》pharmacology.

phar·mac·o·lite [fɑəmǽkəlàɪt, fάəmə- | fɑːmǽkə-, fάːmə-] 〖▭G *Pharmakolith*: ⇨ pharmaco-, -lite〗 ― *n.* 〘鉱物〙毒石, ファマコライト ($CaH(AsO_4)\cdot 2H_2O$)《白色または灰色の絹糸状の繊維をなした鉱物》.

phàr·ma·cól·o·gist [-dʒɪst, -dʒəst | -dʒɪst] *n.* 薬理学者.

phar·ma·col·o·gy [fὰəməkάlədʒi | fὰːməkɔ́lədʒɪ] 〖← NL *pharmacologia*: ⇨ pharmaco-, -logy〗 ― *n.* 薬理学. **phar·ma·co·log·ic** [fὰəməkəlάdʒɪk | fὰːməkəlɔ́dʒ-] *adj.* **phàr·ma·co·lóg·i·cal** *adj.* **phàr·ma·co·lóg·i·cal·ly** *adv.*

phàrmaco·mánia 〖⇨↓, -mania〗 *n.* 〘精神病理〙薬物狂.

phar·ma·co·poe·ia [fὰəməkəpíː(j)ə | fὰːməkə(ʊ)píːə, -píə] 〖(1621) ← NL ~ ← LGk *pharmakopoiïa* art of preparing drugs ← PHARMACO- + *-poios* making ← *poieîn* to make〗 ― *n.* (*also* **phar·ma·co·pe·ia** [~]) **1** 薬局方《薬品を列挙しその性能・用途・用法などを記載した政府出版物; 通例 P と略す; cf. dispensatory》: the Japanese *Pharmacopoeia* 日本薬局方. **2** 薬種, 薬物類. **phàr·ma·co·póe·ial** [-əl] *adj.* **phar·ma·co·poe·ic** [fὰəməkəpíːɪk | fὰː-] *adj.*

phàrmaco·psychósis *n.* 〘精神医学〙薬物(性)精神病.

phàrmaco·thérapy 〘← PHARMACO-＋THERAPY〙 *n.* 〘医学〙薬物療法.

phar·ma·cy [fɑ́ːəməsi | fɑ́ːmәsɪ] 〘(c1385) *fermacie* ▭ OF *farmacie* (F *pharmacie*) ▭ LL *pharmacīa* ▭ Gk *pharmakeíā* practice of a druggist ← *phármakon* drug〙 ── *n.* **1** 薬学; 調剤(術). **2** 薬局 (dispensary); 薬屋, 薬店 (cf. drugstore). **3** ＝pharmacopoeia 2.

Pharm. D. 《略》《米》＝Phar. D.

phar·mic [fɑ́ːəmɪk | fɑ́ː-] 〘← PHARM(ACY)＋-IC[1]〙 *adj.* 薬学[薬剤]の[に関する].

Pha·ros [fɛ́(ə)rɑs | fɛ́ərɔs] 〘▭ L ～ ▭ Gk *Pháros*〙 ── *n.* **1** ファロース《エジプト北部 Alexandria の小半島; 古くは湾内の小島; 紀元前 3 世紀ここに大理石の灯台が建てられた》. **2** ファロース灯台 (⇨ SEVEN Wonders of the World). **3** [p-] 灯台, 灯標, 航路標識 (beacon); 望楼.

Phar·sa·la [fɑ́ːəsələ | fɑ́ː-] *n.* ファルサラ (⇨ Pharsalus).

Phar·sa·lus [fɑəséɪləs | fɑː-] *n.* ファルサロス《ギリシャ中部 Thessaly の古都; 紀元前 48 年ここで Pompey が Caesar に破れた; 今は Pharsala という》.

pha·ryng- [fərɪ́ŋ | fə-, fæ-, fɛə-] (母音の前に来る時の) pharyngo- の異形.

pha·ryn·gal [fərɪ́ŋgəl | fə-, fæ-, fɛə-] 〘(1835) ← NL *pharyng-*, *pharynx* 'PHARYNX'＋-AL[1]〙 *adj.* 〘解剖・音声〙＝pharyngeal.

pha·ryn·gal·i·za·tion [fərɪ̀ŋgəlɪzéɪʃən, -lə- | fərɪ̀ŋgəlaɪ-, fær-, fɛər-, -lɪ-] *n.* 〘音声〙＝pharyngealization.

pha·ryn·gal·ize [fərɪ́ŋgəlàɪz | fə-, fæ-, fɛə-] *vt.* 〘音声〙＝pharyngealize.

phar·yn·ge·al [fæ̀rɪndʒíːəl, -rən-, fərɪ́ndʒiəl, -dʒəl | fæ̀rɪndʒíːəl, fɛ̀ər-, -dʒíəl, fərɪ́ndʒɪəl, fæ-, fɛə-] 〘(1828) ← NL *pharynge-us* (← *pharyng-*, *pharynx* 'PHARYNX')＋-AL[1]〙 ── *adj.* **1** 〘解剖〙咽(いん)頭の: the ～ artery 頸(けい)動脈. **2** 〘音声〙咽頭音の. ── *n.* 〘音声〙咽頭音.

phar·yn·ge·al·i·za·tion [fæ̀rɪndʒiəlɪzéɪʃən, -rən-, fərɪ̀ndʒ(i)əl-, -lə- | fæ̀rɪndʒiəlaɪ-, fɛ̀ər-, -dʒɪəl-, fərɪ̀ndʒɪəl-, fær-, fɛər-, -lɪ-] *n.* 〘音声〙咽頭(音)化.

phar·yn·ge·al·ize [fæ̀rɪndʒíːəlàɪz, -rən-, fərɪ́ndʒ(i)əl- | fæ̀rɪndʒíːəl-, fɛ̀ər-, -dʒíəl-, fərɪ́ndʒɪəl-, fæ-, fɛə-] *vt.* 〘音声〙咽頭(音)化する.

phar·yn·gec·to·my [fæ̀rɪndʒéktəmi, -rən- | fæ̀rɪndʒéktəmɪ, fɛ̀ər-] 〘← PHARYNGO-＋-ECTOMY〙 *n.* 〘外科〙咽(いん)頭切除(術).

pharynges 〘▭ L *pharyngēs*〙 *n.* pharynx の複数形.

phar·yn·gi·tis [fæ̀rɪndʒáɪtɪs, fɛ̀r-, -rən-, -təs | fæ̀rɪndʒáɪtɪs, fɛ̀ər-] 〘← NL ～: ⇨ ↓, -itis〙 *n.* (*pl.* **-yn·git·i·des** [-dʒɪ́tədìːz | -tɪ-]) 〘病理〙咽(いん)頭炎 (sore throat).

pha·ryn·go- [fərɪ́ŋgo(ʊ) | fərɪ́ŋgə(ʊ), fæ-, fɛə-] 〘▭ Gk *pharungo-* ← *phárugx* throat: cf. pharynx〙 ──「咽(いん)頭 (pharynx); 咽頭と…との (pharyngeal and…)」の意の連結形. ★ 母音の前では通例 pharyng- になる.

pha·ryn·go·cele [fərɪ́ŋgəsìːl | fə-, fæ-, fɛə-] 〘⇨ ↑, -cele[1]〙 *n.* 〘病理〙咽(いん)頭瘤.

phar·yn·gol·o·gy [fæ̀rɪŋgɑ́lədʒi, fɛ̀r-, -rəŋ- | fæ̀rɪŋgɔ́lədʒɪ, fɛ̀ər-] 〘← PHARYNGO-＋-LOGY〙 *n.* 咽(いん)頭(病)学; 咽頭科 (cf. otorhinolaryngology).

pha·ryn·go·scope [fərɪ́ŋgəskòʊp | fərɪ́ŋgəskəʊp, fæ-, fɛə-] 〘← PHARYNGO-＋-SCOPE〙 *n.* 咽(いん)頭鏡.

phar·yn·gos·co·py [fæ̀rɪŋgɑ́skəpi, fɛ̀r-, -rəŋ- | fæ̀rɪŋgɔ́skəpɪ, fɛ̀ər-] *n.* 咽(いん)頭鏡検査(法).

phar·yn·got·o·my [fæ̀rɪŋgɑ́təmi, fɛ̀r-, -rəŋ- | fæ̀rɪŋgɔ́təmɪ, fɛ̀ər-] 〘← PHARYNGO-＋-TOMY〙 *n.* 〘外科〙咽(いん)頭切開(術).

phar·ynx [fǽrɪŋks, fér- | fǽr-, fɛ́ər-] 〘← NL *pharyng-*, *pharynx* ← Gk *phárugx* throat ← IE **bher-* to cut: cf. Gk *pháragx* cleft, chasm / bore〙 ── *n.* (*pl.* **pha·ryn·ges** [fərɪ́ndʒiːz | fə-, fær-, fɛər-], ～·**es**) 〘解剖〙咽(いん)頭 (cf. epiglottis, larynx).

Phas·co·lom·i·dae [fæ̀skəlɑ́mədìː | -lɔ́mɪ-] 〘← NL ～ ← *Phascolomis* (属名: ← Gk *pháskōlos* pouch＋*mûs* mouse)＋-IDAE〙 ── *n. pl.* 〘動物〙ウォンバット科 (cf. wombat).

Phas·co·lo·my·i·dae [fæ̀skələmáɪədìː | -máɪɪ-] 〘← NL ～ ← *Phascolomys*＝*Phascolomis* (↑)〙 *n. pl.* 〘動物〙＝Phascolomidae.

phase[1] [féɪz] 〘(1812) ▭ F ～ // 《逆成》← *phases* (pl.) ← PHASIS〙 ── *n.* **1** (目または心に映る変化する物の)相, 面, 現われ (aspect): the most attractive ～ of her character 彼女の人柄で最も人を引きつけるところ / a problem with many ～*s* 多くの面をもつ[多方面にわたる]問題. **2** (変化・発達の)段階 (stage), 様相, 状勢, 形勢: enter on [upon] a new ～ 新段階[局面]に入る / reach the critical ～ 〈物・事が〉重大な局面に達する. **3** 〘天文〙(天体の)象, 相; (月の)象, 位相: the ～ of an eclipse 食の位相 / a ～ of the moon 月の位相《new moon, half-moon, full moon など》/ ～ difference 位相差. **4** 〘物理・電気〙(光波・電流などの変動の)位相, 相, フェーズ. **5** 〘化学〙相, 状相: a gas [liquid] ～ 気[液]相. **6** 〘生物〙(細胞分裂の)期; (動物の)体色変化期 (cf. color phase). **7** 〘医学〙相; 期; 位相; 反応時期. **8** 〘測量〙目標板の両面の不均等な照明. ***in phase*** (1) 〘物理〙〔…と〕同位相で〔*with*〕. (2) 同調して, 同時性で, 一致して〔*with*〕. ***out of phase*** (1) 〘物理〙位相を異にして. (2) 調和しないで, 同調的でなく, 非同時性で, 不一致で.
── *vt.* **1** 〘物理〙調整して…の位相を等しくする. **2 a** 同調[順応]させる, 調整する〔*with*〕. **b** (計画によって)段階的に行なう, 実行する: a ～*d* withdrawal of troops 軍隊の段階的撤退. **3** (段階的に)〔…に〕導入する〔*into*〕(cf. PHASE *in*). **4** 〈過程・操業・商品などを〉必要に応じうるように予定[手配]する.
phase down 段階的に縮小[削減]する. ***phase in*** 段階的に採り入れる[導入する, 投入する]. ***phase out*** (1) 漸次廃止する, 段階的に除去する: ～ *out* restrictions, controls, etc. (2) 漸次除かれる; 〔…へ〕次第に移行する〔*into*〕.
～**·less** *adj.*

phase[2] [féɪz] *vt.* ＝faze.

phàse advàncer *n.* 〘電気〙進相機《系統の力率改善や電圧降下の軽減のため進相無効電力をとる回転機》.

phàse àngle *n.* **1** 〘天文〙位相角《惑星から太陽および地球に向かって引いた両直線のなす角》. **2** 〘物理〙位相角.

pháse contròl *n.* 〘電気〙位相制御.

pháse-còntrast *adj.* 位相差を強度差に変える.

pháse-còntrast mìcroscope *n.* 位相差顕微鏡.

pháse convèrter *n.* 〘電気〙相数変換機.

pháse cùrrent *n.* 〘電気〙相電流.

phásed-arrày *adj.* 〘電気〙フェーズドアレイの《機械的に回転するアンテナの代わりに電子的に放射方向を制御できる複合アンテナの[を用いた]》: a ～ radar.

pháse distòrtion *n.* 〘電気〙位相ひずみ《増幅器などの位相特性が信号の周波数によって変わるために生じる信号のひずみ》.

pháse·dòwn *n.* (計画・作戦などの)段階的縮小[削減] (cf. phasein).

pháse·ìn *n.* (計画・作戦などの)段階的採用[導入, 投入] (cf. phasedown, phaseout).

pháse ìndicator *n.* 〘電気〙位相計.

pháse invèrter *n.* 〘電気〙位相反転器.

pháse mìcroscope *n.* ＝phase-contrast microscope.

pháse modulàtion *n.* 〘電気〙位相変調.

pháse·òut *n.* (計画・作戦などの)段階的廃止[除去, 撤退] (cf. phasein).

pháse rùle *n.* 〘物理化学〙相律(そうりつ)《相と相の間の平衡条件を決める法則》.

phases *n.* phasis の複数形.

pháse sèquence *n.* 〘電気〙相順.

pháse shìfter *n.* 〘電気〙移相器.

pháse spàce *n.* 〘物理〙位相空間《力学系の運動の状態を表わす空間で, 一般化座標とそれに共役な一般化運動量を座標軸とする》.

pháse splìtter *n.* 〘電気〙分相器.

pháse velòcity *n.* 〘物理〙(電波・海波などの)位相速度《wave velocity ともいう; cf. group velocity》.

pháse vòltage *n.* 〘電気〙相電圧 (cf. line voltage).

-pha·si·a [féɪʒiə, -ʒə | -zjə, -zɪə, -ʒiə, -ʒə] 〘← NL ～ ← Gk *phásis* speech ← *phánai* to speak〙「(ある種の)言語障害 (speech disorder)」の意の連結形: a*phasia*.

pha·si·an·id [fèɪziǽnɪd, -éɪn-, -nəd | -nɪd] *adj.*, *n.* 〘鳥類〙キジ科の(鳥).

Pha·si·an·i·dae [fèɪziǽnədìː, -si-, -éɪn- | -zɪǽnɪ-, -sɪ-, -éɪn-] 〘← NL ～ ← *Phasianus* (属名: ← L *phāsiānus* 'PHEASANT')＋-IDAE〙 *n. pl.* 〘鳥類〙キジ科.

pha·sic [féɪzɪk] 〘⇨ ↓, -ic[1]〙 *adj.* **1** 局面の, 形勢の; 段階的に作用する. **2** 〘天文〙象の, 位相の. **3** 〘物理〙位相の, 相の.

pha·sis [féɪsɪs, -səs | -sɪs] 〘(1660) ← NL ～ ← Gk *phásis* appearance, phase ← *phaínein* to show: cf. -phane〙 ── *n.* (*pl.* **pha·ses** [-siːz]) **1** 相, 面 (phase). **2** 存在様式.

pha·sor [féɪzə, -zɔə | -zə(r)] 〘← PHAS(E)[1]＋(VECT)OR〙 *n.* 〘電気〙フェーザー, ベクトル《電圧・電流などの振幅と位相に対応するベクトル》.

phásor dìagram *n.* 〘電気〙ベクトル図 (vector diagram).

-pha·sy [-fəsi | -sɪ] ＝-phasia.

phat [fǽt] 〘《変形》← FAT〙〘印刷〙 *n.* ＝fat *n.* 8. ── *adj.*

phat·ic [fǽtɪk | -tɪk] 〘← Gk *phat-ós* spoken＋-IC[1]〙 ── *adj.* 〈言葉など〉(機能上)話しかけのための, 交感的な《内容を伝えるより社交のためのものにいう》: ～ language 社交的な言葉 (⇨ phatic communion).
phát·i·cal·ly *adv.*

phátic commúnion 〘B. Malinowski の造語〙 *n.* 〘言語〙交感的言語使用《知的情報の伝達というよりは, 社交的雰囲気を作るために言語を用いること; 特に, 沈黙のぎこちなさを避けるために用いる挨拶の言葉や決まり文句など; 例: How do you do? / Nice day!》.

Ph. B. 《略》《米》*L.* Philosophiae Baccalaureus (＝Bachelor of Philosophy).

Ph. C. 《略》《英》Pharmaceutical Chemist.

Ph. D. [píːèɪtʃdíː] 《略》*L.* Philosophiae Doctor (＝Doctor of Philosophy) (哲学)博士. ★ 米国では大学の博士課程修了者に与えられ, 一般に日本の「博士号」「博士号所有者」に当たる; 姓名の後に用いて Robert Brown, *Ph. D.* のように用いる; D. Phil. とも略す.

pheas·ant [féznt] 〘(1299) *fesaunt* ▭ AF＝(O)F *faisan* < L *phāsiānum* ▭ Gk *phāsiānós* (adj.) 《原義》Phasian bird ← *Phâsis* (黒海沿岸 Colchis にあった川の名, この鳥の原産地といわれる)〙 ── *n.* (*pl.* ～, ～**s**) 〘鳥類〙 **1** キジ《アジアの温帯地方に最も多いが全世界に分布する通例長い尾をもったキジ科の鳥の総称; 日本産のキジ (Japanese pheasant), 高麗キジ (ring-necked pheasant), キンケイ (golden pheasant), ニジキジ (Impeyan pheasant), 日本特産のヤマドリ (*Syrmaticus soemmerringii*) など》. **2** 《米南部・中部》エリマキライチョウ (ruffed grouse). **3** キジやヤマドリに似た鳥類の総称.

phéasant-éyed *adj.* 〘植物〙〈花が〉キジの目状の模様のついた.

pheas·ant·ry [féznṭri | -trɪ] 〘⇨ pheasant, -ry〙 *n.* キジ飼い場.

phéasant's-èye *n.* (*pl.* ～**s**) 〘植物〙 **1** アキザキフクジュソウ (*Adonis annua*) 《ヨーロッパ原産フクジュソウ属の植物》. **2** ＝poet's narcissus.

Phe·be [fíːbi | -bɪ] [⇨ Phoebe] *n.* 女性名《異形 Phoebe》.

Phec·da [fékdə] 〘▭ Arab. *fárqad* calf (of the leg)〙 *n.* 〘天文〙フェクダ《大熊座 (Ursa Major) の γ 星, 2.4 等星》.

Phei·di·as [fáɪdiəs | -dɪæs] *n.* ＝Phidias.

Phei·dip·pi·des [faɪdɪ́pədìːz | -pɪ-] *n.* ペイディッピデス (⇨ marathon 1).

phel·lan·drene [fəlǽndriːn] 〘← NL *phellandrium*＋-ENE〙 ── *n.* 〘化学〙フェランドレン ($C_{10}H_{16}$) 《種々の精油中に含まれるテルペン炭化水素の一つ; 次の二種がある》: **a** α フェランドレン ($C_3H_7C_6H_6CH_3$) 《ういきょう油・しょうが油等に含まれる無色の液体》. **b** β フェランドレン ($C_3H_7C_6H_7{=}CH_2$) 《ういきょう油・テレビン油等に含まれる特有の匂いのある液体》.

phel·lem [féləm, -ləm] 〘← Gk *phellós* (↓)＋(PHLO)EM〙 *n.* 〘植物〙コルク組織 (⇨ cork 3).

phel·lo·derm [féləd̀əːm | -dɜ̀ːm] 〘← Gk *phellós* cork＋-DERM〙 *n.* 〘植物〙コルク皮層, 緑皮層. **phel·lo·der·mal** [fèlədə́ːməl | -dɜ́ː-] *adj.*

phel·lo·gen [félədʒɪn, -dʒən, -dʒèn | -dʒɪn, -dʒèn] 〘← Gk *phelló-s* cork＋-GEN〙 *n.* 〘植物〙コルク[木栓(せん)]形成層. **phel·lo·gen·et·ic** [fèlədʒənétɪk, -dʒə- | -dʒɪnét-] *adj.* **phel·lo·gen·ic** [fèlədʒénɪk] *adj.*

phe·lo·ni·on [fəlóʊniən | fɪlə́ʊnɪ-, fə-] 〘▭ LGk *phelṓnion* ← L *paenula* cloak: cf. Gk *phainólēs* garment〙 ── *n.* (*pl.* ～**s**, **-ni·a** [-niə | -nɪə]) 〘東方正教会〙フェロニオン, 上祭服《カトリック教会や英国国教会の chasuble に相当する》.

Phelps [félps] 〘(1570): ⇨ Philips〙 *n.* 男性名.

Phelps [félps], **William Ly·on** [láɪən] *n.* (1865–1943) 米国の教育者・文芸批評家; Yale 大学教授; 大学での文学の教材に現代文学を取り入れることに貢献.

-phe·mi·a [fíːmiə | -mɪə, -mjə] 〘← NL ～ ← Gk *-phēmiā* ← *phḗmē* speech ← *phēmí*, *phánai* to speak: cf. -phasia〙 ──「…の言語障害[失語症] (speech disorder)」の意の名詞連結形 (cf. -lalia): a*phemia*.

phen- [fiːn] (母音の前に来る時の) pheno- の異形.

phe·na·caine [fíːnəkèɪn, fén-] 〘← PHENO-＋A(CET)-＋(CO)CAINE〙 *n.* (*also* **phenocain**) 〘薬学〙フェナカイン ($C_{18}H_{22}N_2O_2$) 《局部麻酔薬》.

phe·nac·e·tin [fɪnǽsətn̩, fən-, -tɪn, -tən | fɪnǽsɪtɪn, fe-, fə-, -sə-] 〘← PHENO-＋ACETO-＋-IN[1]〙 *n.* 〘薬学〙フェナセチン (⇨ acetophenetidin).

phen·a·cite [fénəsàɪt] *n.* 〘鉱物〙フェナサイト (⇨ phenakite).

phén·a·cyl chlóride [fénəsɪl-, -sɪ̀ːl-] 〘*phenacyl*: ← PHENO-＋AC(ET)YL〙 *n.* 〘化学〙塩化フェナシル (⇨ chloroacetophenone).

phen·a·kite [fénəkàɪt, fíːn-] 〘▭ Swed. *phenakit* ← Gk *phénak-*, *phénax* cheat, imposter＋-ITE[1]: 水晶と間違えやすいことから〙 ── *n.* 〘鉱物〙フェナカイト (Be_2SiO_4) 《時に宝石として用いる; phenacite ともいう》.

phe·nan·threne [fɪnǽnθriːn, fə- | fɪ-, fe-, fə-] 〘← PHENO-＋ANTHRA-＋-ENE〙 *n.* 〘化学〙フェナントレン ($C_{14}H_{10}$).

phenànthrene·quinóne *n.* 〘化学〙フェナントレンキノン ($C_6H_4COCOC_6H_4$) 《赤色結晶; 染料の原料》.

phen·ár·sa·zine chlóride [fɪnɑ́ːəsəzìːn-, fə- | fɪnɑ́ː-, fe-, fə-] 〘*phenarsazine*: ← PHENO-＋ARS(ENIC)＋AZINE〙 *n.* 〘化学〙フェナルサジン塩酸塩 (⇨ adamsite).

phe·nate [fíːneɪt, fén-] 〘← PHENO-＋-ATE[1]〙 *n.* 〘薬学〙＝phenolate.

phen·a·zine [fénəziːn, -zɪn, -zən | -ziːn] 〘← PHENO-＋AZINE〙 *n.* 〘化学〙フェナジン ($C_{12}H_8N_2$).

phe·naz·o·cine [fɪnǽzəsìːn, fə-, -sɪn, -sən | fɪnǽzəsìːn, fe-, fə-] 〘← PHENO-＋AZO(I)C＋-INE[3]〙 ── *n.* 〘薬学〙フェナゾシン ($C_{22}H_{27}NO$) 《モルヒネより強力でそれほど癖がつかない合成鎮痛剤》.

phen·cy·cli·dine [fensɪ́klɪdìːn, -sáɪk-, -klə-, -dɪn, -dən | -dìːn, -dɪn] 〘← PHENO-＋CYCLIC＋-IDINE〙 *n.* 〘薬学〙フェンサイクリジン ($C_{17}H_{25}N$) 《麻酔薬の一種; 時に不法に幻覚剤として使用される; cf. PCP》.

phen·el·zine [fénl̩zìːn, -zɪn, -zən | -zìːn, -zɪn] 〘← PHENO-＋E(THY)L＋(HYDRA)ZINE〙 ── *n.* 〘生化学〙フェネルジン ($C_8H_{12}N_2$) 《モノアミン酸化酵素阻害剤の一つ; 抗鬱剤として用いる》.

phe·neth·i·cil·lin [fenèθəsɪ́lɪn, fə-, -lən | -θɪsɪ́lɪn] 〘← PHENO-＋ETH(O)-＋(PEN)ICILLIN〙 ── *n.* 〘生化学〙フェネシシリン《合成ペニシリン; 呼吸器系感染症に径口的に用いる》.

phen·éth·yl álcohol [fenéθɪl-, -θəl- | -néθɪl-, -níːθaɪl-] 〘*phenethyl*: ← PHENO-＋ETHYL〙 *n.* 〘化学〙＝phenylethyl alcohol.

phe·net·ic [fɪnétɪk, fə- | fɪnétɪk, fe-, fə-] 〘← PHENO-＋-ETIC〙 ── *adj.* 〘生物〙表型的な《生物分類の際に, 測定可能な表現型 (phenotype) に基づいて行なう場合などにいう; cf. cladistic》.

phe·net·ics [fɪnétɪks, fə- | fɪnétɪks, fe-, fə-] 〘⇨ ↑, -ics〙 ── *n.* 〘生物〙表現的分類《数量分類学者が行なう測定可能な変量の類似性に基づく分類》. **phe·nét·i·cist** [-təsɪst, -səst | -tɪsɪst] *n.*

phe·net·i·dine [fɪnétədìːn, fə-, -dɪn, -dən | fɪnétɪdìːn, fe-, fə-] 〘← PHENET(OLE)＋-IDINE〙 ── *n.* (*also* **phe·net·i·din** [-dɪn, -dən | -dɪn]) 〘化学〙フェネチジン ($C_6H_4(NH_2)(OC_2H_5)$) 《o, m, p の 3 異性体がある; 染料中間体》.

phen·e·tole [fénətò(ː)l, -tòl | -nɪtòl] 〘← PHENO-＋ET(HYL)＋-OLE[1]〙 ── *n.* 〘化学〙フェネトール ($C_6H_5OC_2H_5$)《芳香のある無色の液体; phenyl ethyl ether ともいう》.

phen·for·min [fenfɔ́ːmɪn, -mən | -fɔ́ːmɪn] 〘← PHENO-＋FORM(ALIN)＋-IN[1]〙 *n.* 〘薬学〙フェンホルミン ($C_{10}H_{15}N_5$)《経口血糖降下剤》.

phen·gite [féndʒaɪt] 〘▭G *Phengit* ▭L *phengītēs* ▭Gk *pheggítēs* ← *phéggos* light : ⇨ -ite[1]〙 *n.* 〘鉱物〙フェンジャイト《少量の鉄・マグネシウムを含む白雲母》.

phé·nic ácid [fíːnɪk-, fén-] 〘▭F *acide phénique* : ⇨ pheno-, -ic[1], acid〙 *n.* 〘化学〙＝phenol.

Phe·ni·cia [fəníʃə, -níː-, -ʃiə | fɪníʃɪə, fiː-, -ʃə, -sɪə, -sjə] *n.* ＝Phoenicia.

Phe·ni·cian [fəníʃən, -níː- | fɪníʃɪən, fiː-, -ʃən, -sɪən, -sjən] *n., adj.* ＝Phoenician.

phe·nix [fíːnɪks] *n.* ＝phoenix.

phen·met·ra·zine [fenmétrəziːn] 〘← PHENO-＋ME(THYL)＋(TE)TRA-＋(OXA)ZINE〙 *n.* 〘薬学〙フェンメトラジン ($C_{11}H_{15}NO$)《交感神経興奮剤》.

phe·no- [fíːno(ʊ) | -nə(ʊ)] 〘▭Gk *phaino-* shining ← *phaínein* to make visible, shine〙 ── 次の意味を表わす連結形: **1** 「見えている, 見える」. **2** 〘化学〙「ベンゼン (benzene) (から)の; フェニル基 (phenyle) を含む」. ★ 母音の前では通例 phen- になる.

phèno·bárbital 〘← PHENO-＋BARBITAL〙 *n.* 〘薬学〙フェノバルビタル ($C_{12}H_{12}O_3N_2$)《催眠剤; phenylethylmalonylurea, また《英》では phenobarbitone という》.

phèno·bárbitone 〘← PHENO-＋BARBITONE〙 *n.* 《英》〘薬学〙フェノバルビトン (⇨ phenobarbital).

phe·no·cain [fíːnəkèɪn, fén-] *n.* 〘薬学〙＝phenacaine.

phe·no·cop·y [fíːnəkɑ̀pi | -kɔ̀pi] 〘← PHENO(TYPE)＋COPY (n.)〙 ── *n.* 〘生物〙表現模写, 擬他表現型化《環境の影響のため, 本来その因子がないにもかかわらず, 他の因子型 (genotype) をもつものと同様の表現型 (phenotype) を示すこと》.

phe·no·cryst [fíːnəkrɪst, fén-] 〘▭F *phénocryste* : ⇨ pheno-, crystal〙 *n.* 〘岩石〙斑(はん)晶 (cf. groundmass). **phe·no·crys·tic** [fìːnəkrístɪk, fèn-] *adj.*

phèno·genétics 〘← PHENO(TYPE)＋*genetics*〙 *n.* 表現遺伝学, 発生遺伝学.

phe·nol [fíːnoʊl, -nɔ(ː)l, -nɑl, fɪnóʊl, -nɔ́(ː)l | fíːnɔl] 〘《1852》← PHENO-＋-OL[1]〙 ── *n.* 〘化学〙フェノール, 石炭酸 (C_6H_5OH)《消毒剤・防腐剤; carbolic acid, hydroxybenzene, phenic acid, phenylic acid ともいう》.

phe·no·late [fíːnəlèɪt, -lət, -lɪt, -nḷ-] 〘⇨↑, -ate[1,3]〙 ── *n.* 〘薬学〙フェノラート, フェノール塩《石炭酸[フェノール]と塩基性化合物の塩; phenate, phenoxide ともいう》. ── [-lèɪt] *vt.* 〘免疫〙フェノールで処理する, フェノールを混和する, フェノールで飽和する.

phé·no·làt·ed [-tɪd, -təd | -tɪd, -təd] 〘⇨↑, -ed〙 *adj.* 〘化学〙フェノラート化した.

phénol coefficient *n.* 〘化学〙フェノール係数《フェノール[石炭酸]を標準にして表わした殺菌剤の効力の指数》.

phe·no·lic [fɪnóʊlɪk, fiː-, fə-, -nɑ́l- | fiːnɔ́l-, fɪ-] 〘← PHENOL＋-IC[1]〙〘化学〙── *adj.* フェノール系[含有]の: ～ acid フェノール酸 / ⇨ phenolic resin. ── *n.* ＝phenolic resin.

phenólic résin *n.* 〘化学〙フェノール樹脂《アルデヒド・フェノール基から作る合成樹脂》.

phe·no·lize [fíːnəlàɪz] 〘← PHENOL＋-IZE〙 *vt.* 〘免疫〙＝phenolate.

phe·nól·o·gist [-dʒɪst, -dʒəst | -dʒɪst] *n.* 生物気候学者.

phe·nol·o·gy [fɪnɑ́lədʒi, fə- | fɪnɔ́lədʒɪ] 〘《略》← PHEN(OMEN)OLOGY〙 ── *n.* 生物季節学, 生物気候学《気候と生物との関係を研究する学問》. **phe·no·log·i·cal** [fìːnəlɑ́dʒɪkəl, -nḷ-, -dʒə- | -lɔ́dʒɪ-] *adj.* **phè·no·lóg·i·cal·ly** *adv.*

phe·nol·phthal·e·in [fìːnɔlθǽliɪn, -noʊl-, -nɔ(ː)l-, -nɑl-, -θéɪl-, -fθǽl-, -fθéɪl-, -liən, -liːn | fìːnɔlfθǽliːn] 〘← PHENOL＋PHTHALEIN〙 ── *n.* 〘薬学〙フェノールフタレイン ($C_{20}H_{14}O_4$)《アルカリ性指示薬; 下剤》.

phénol réd *n.* 〘薬学〙フェノールレッド ($C_{19}H_{14}O_5S$)《腎臓機能の診断薬・酸塩基指示薬として用いる赤色の結晶》.

phe·nom [fɪnɑ́m, fə- | fənɔ́m, fɪ-] 〘《短縮》← PHENOMENON〙 *n.* 《米俗》すばらしい物[人], 驚嘆すべき事[人]; 天才, 神童.

phenomena *n.* phenomenon の複数形. ★《口語》ではしばしば単数扱い.

phe·nom·e·nal [fɪnɑ́mənḷ, fə- | fənɔ́mɪ-, fɪ-] 〘← PHENOMEN(ON)＋-AL[1]〙 ── *adj.* **1 a** 自然現象の. **b** (思考・直感によらず)五感[直接経験]によって知ることができる, 知覚できる, 認知できる (perceptible): the ～ world 現象の世界, 現象[自然]界. **2** 《俗用》現象だけの; 知覚できるだけの: merely [only] ～. **3** (仮説でなく)自然現象に関する, 観察資料に基づく: a ～ science 現象科学. **4** 異常な, 珍しい, すばらしい; 驚くべき, 巨大な (prodigious): ～ weather / a ～ harvest, memory, etc. / a ～ success すばらしい成功. ── *n.* [the ～] 知覚できるもの. **～·ly** *adv.*

phe·nóm·e·nal·ism [-nəlɪzm, -nḷ- | -nəl-] *n.* **1** 〘哲学〙現象論[主義], 唯現象論《知識の対象を現象に限り, 物自体等の仮定を否定するか, または知識から除外する立場; cf. representationalism 1》. **2** 実証主義, 経験主義 (cf. positivism 1 a).

phe·nóm·e·nal·ist [-nəlɪst, -ləst, -nḷ- | -nəlɪst] *n.* 現象論者[主義者].

phe·nom·e·nal·is·tic [fɪnɑ̀mənəlístɪk, fə-, -nḷ- | fənɔ̀mɪnəl-, fɪ-] *adj.* 現象論的な, 実証[経験]主義的な. **phe·nòm·e·nal·ís·ti·cal·ly** *adv.*

phe·nom·e·nal·ize [fɪnɑ́mənəlàɪz, fə-, -nḷ- | fɪnɔ́mɪnəl-, fə-] 〘← PHENOMENAL＋-IZE〙 ── *vt.* 〘哲学〙現象化する, 現象的に扱う, 現象として考える, 現象として示す.

phe·nom·e·nism [fɪnɑ́mənɪzm, fə- | fənɔ́mɪ-, fɪ-] 〘← PHENOMEN(ON)＋-ISM〙 *n.* ＝phenomenalism.

phe·nóm·e·nist [-nɪst, -nəst | -nɪst] *n.* ＝phenomenalist. 「*adj.* ＝phenomenalistic.

phe·nom·e·nis·tic [fɪnɑ̀mənístɪk, fə- | fɪnɔ̀mɪ-, fə-]

phe·nom·e·nize [fɪnɑ́mənàɪz, fə- | fənɔ́mɪ-, fə-] *vt.* 〘哲学〙＝phenomenalize.

phe·nom·e·nol·o·gy [fɪnɑ̀mənɑ́lədʒi, fə- | fənɔ̀mɪnɔ́lədʒɪ, fɪ-] 〘⇨↓, -logy〙 ── *n.* 〘哲学〙 **1** 現象論[主義]《超経験的存在よりも人知の直接の対象としての現象とその考察を重視する哲学的立場の総称; cf. ontology 1》. **2** 現象学《E. Husserl らの唱導した純粋な意識体験の記述の学説》. **phe·nom·e·no·log·ic** [fɪnɑ̀mənəlɑ́dʒɪk, -nḷ- | fənɔ̀mənəlɔ́dʒ-, fɪ-, -nḷ-] *adj.* **phe·nòm·e·no·lóg·i·cal** *adj.* **phe·nòm·e·no·lóg·i·cal·ly** *adv.* **phe·nòm·e·nól·o·gist** [-dʒɪst, -dʒəst | -dʒɪst] *n.*

phe·nom·e·non [fɪnɑ́mənɑ̀n, fə-, -nən | fənɔ́mɪnən, fɪ-] 〘《1576》▭LL *phaenomenon* ▭Gk *phainómenon* (neut. sing. pres.p.) ← *phaínesthai* to appear (pass.) ← *phaínein* to show : cf. phantom, -phane〙 ── *n.* **1** (*pl.* **-e·na** [-nə]) 現象, 事象, 事件: the *phenomena* of nature 自然界の現象 / social and political *phenomena* 社会的・政治的事象. **2** (*pl.* 通例 **～s**, 時に **-e·na**) 特異現象; 不思議 (wonder); 珍品, 絶品. **3** (*pl.* **～s**) 《口語》非凡人, 天才: an infant ～ 神童. **4** (*pl.* **-e·na**) **a** 現象. **b** 〘カント哲学〙(物自体に対して)現象(界), 現われ, 外象 (cf. noumenon).

phe·no·plast [fíːnəplæ̀st] 〘← PHENO-＋-PLAST〙 *n.* 〘化学〙＝phenolic resin. **phe·no·plas·tic** [fìːnəplǽstɪk] *adj.*

phèno·sáfranine 〘← PHENO-＋SAFRANINE〙 *n.* 〘化学〙フェノサフラニン ($C_{18}H_{15}ClN_4$)《緑色結晶; 減感色素; 古く染料に用いられた》.

phèno·thíazine 〘← PHENO-＋THIAZINE〙 *n.* 〘薬学〙フェノチアジン ($C_{12}H_9NS$)《寄生虫駆除剤》.

phe·no·type [fíːnətàɪp] 〘▭G *Phänotypus* : ⇨ pheno-, -type〙 ── *n.* 〘生物〙 **1** 表現型《肉眼で見える生物の形質; cf. genotype 1 a》. **2** 共通の表現型を持つ個体群. **phe·no·typ·ic** [fìːnətípɪk] *adj.* **phè·no·týp·i·cal** *adj.* **phè·no·týp·i·cal·ly** *adv.*

phe·nox·ide [fɪnɑ́ksaɪd, fə-, -sɪd, -səd | fɪnɔ́ksaɪd, fe-, fə-] 〘← PHENO-＋OXIDE〙 *n.* 〘薬学〙フェノキシド (⇨ phenolate).

phe·nox·y [fɪnɑ́ksi, fə- | fɪnɔ́ksɪ, fe-, fə-] 〘↓〙 *adj.* 〘化学〙フェノキシ《フェノールから誘導される 1 価の基 C_6H_5O- を含むことにいう》.

phe·nox·y- [fɪnɑ́ksi, fə- | fɪnɔ́ksɪ, fe-, fə-] 〘← PHENO-＋OXY-[1]〙〘化学〙「フェノキシ基 (C_6H_5O-)」の意の連結形.

phenòxy·bénzamine 〘← PHENOXY-＋*Benzamine*〙 *n.* 〘薬学〙フェノキシベンザミン ($C_{18}H_{22}ClNO$)《血圧降下剤》.

phen·tol·amine [fentɑ́ləmìːn, -mɪn, -mən | -tɔ́ləmìːn, -mɪn] 〘← PHENO-＋TOL(UIDINE)＋AMINE〙 *n.* 〘薬学〙フェントラミン ($C_{17}H_{19}N_3O$)《交感神経遮断薬, 抗高血圧剤, クロム親和(性)芽細胞腫の診断薬》.

phen·yl [fénḷ, fíːnḷ | -nɪl] 〘▭F *phényle* : ⇨ pheno-, -yl〙 *n.* 〘化学〙フェニル基 (C_6H_5)《記号 Ph》.

phènyl·acetáldehyde 〘← PHENYL＋ACETALDEHYDE〙 ── *n.* 〘化学〙フェニルアセトアルデヒド ($C_6H_5CH_2CHO$)《ヒヤシンス様の香気を有する液体; 香料に用いる; hyacinthin ともいう》.

phényl ácetate *n.* 〘化学〙酢酸フェニル ($CH_3COOC_6H_5$)《無色で水に溶けない液体; 溶剤》.

phènyl·álanine *n.* 〘生化学〙フェニルアラニン ($C_6H_5CH_2CH(NH_2)COOH$)《必須アミノ酸の一種》.

phènyl·ámine *n.* 〘化学〙＝aniline 1.

phènyl·bénzene *n.* 〘化学〙＝biphenyl.

phènyl·bú·ta·zone [-bjúːtəzòʊn | -təzòʊn] 〘← PHENYL＋BUTO-＋(PYR)AZ(OL)ONE〙 *n.* 〘薬学〙フェニルブタゾン ($C_{19}H_{20}N_2O_2$)《鎮痛剤, 解熱剤, 抗炎症薬》.

phènyl·cárbinol *n.* 〘化学〙＝benzyl alcohol.

phényl cýanide *n.* 〘化学〙シアン化フェニル (⇨ benzonitrile).

phen·yl·di·eth·a·nol·a·mine [fènḷdaɪèθənóʊləmìːn, fìːnḷ-, -nɔ́(ː)l-, -nɑ́l-, -mɪn, -mən | -nɪldaɪèθənɔ́ləmìːn, -nóʊl-, -mɪn] 〘← PHENYL＋DI-[1]＋ETHANOL＋AMINE〙 ── *n.* 〘化学〙フェニルジエタノールアミン ($C_6H_5N(CH_2CH_2OH)_2$)《染料の製造に用いる》.

phen·yl·ene [fénəlìːn, fíːn-, -nḷ- | -nɪlìːn] 〘⇨ phenyl, -ene〙 *n.* 〘化学〙フェニレン基 (C_6H_4).

phénylene gròup [ràdical] *n.* 〘化学〙フェニレン基《$-C_6H_4-$ を有する》.

phen·yl·eph·rine [fènḷéfriːn, fìːnḷ-, -rɪn, -rən | -nɪléfriːn, -rɪn] 〘← PHENYL＋(EPIN)EPHRINE〙 ── *n.* 〘薬学〙フェニレフリン ($C_9H_{13}NO_2$)《塩酸塩の形で鼻粘膜の血管収縮剤に用いる》.

phènyl·éthyl álcohol 〘*phenylethyl* : ← PHENYL＋ETHYL〙 ── *n.* 〘化学〙フェニルエチルアルコール ($C_6H_5CH_2CH_2OH$)《無色の液体; バラ油の主成分; 香料に用いる; phenethyl alcohol ともいう》.

phènyl·éthylene 〘← PHENYL＋ETHYLENE〙 *n.* 〘化学〙フェニルエチレン (⇨ styrene).

phényl éthyl éther *n.* 〘化学〙フェニルエチルエーテル (⇨ phenetole).

phen·yl·eth·yl·mal·o·nyl·u·re·a [fènḷéθəlmæ̀lənɪljʊríːə, fìːnḷ- | -nɪléθɪlmæ̀lənɪlju(ə)ríːə, -ríə] 〘← PHENYL＋ETHYL＋*malon*(*ic ester*)＋-YL＋UREA〙 ── *n.* 〘薬学〙＝phenobarbital.

phényl gròup *n.* 〘化学〙フェニル基《C_6H_5- を含む; phenyl radical ともいう》.

phènyl·hýdrazine *n.* 〘化学〙フェニルヒドラジン ($C_6H_5NHNH_2$)《アルデヒド・ケトン・糖類固定用試薬として有用》.

phe·nýl·ic ácid [fɪnílɪk-, fə- | fɪ-, fe-, fə-] 〘*phenylic* : ← PHENYL＋-IC[1]〙 *n.* 〘化学〙＝phenol.

phényl isocýanate *n.* 〘化学〙イソシアン酸フェニル (C_6H_5NCO)《アニリンにホスゲンを作用させて得られる無色の液体; アルコール・アミンの検出用試薬に用いる》.

phènyl·ke·ton·ú·ri·a [-kìːtən(j)ʊ́(ə)riə, -tṇ- | -kìːtənjʊ́ərɪə] 〘← NL ～ : ⇨ phenyl, ketonuria〙 ── *n.* 〘病理〙フェニルケトン尿症《先天性白痴で, フェニルピルビン酸を尿中に排泄する; 略 PKU》.

phènyl·ke·ton·ú·ric [-kìːtən(j)ʊ́(ə)rɪk, -tṇ- | -kìːtənjʊ́ər-] 〘⇨↑, -ic[1]〙 *n.* フェニルケトン尿症患者.

phényl mercáptan *n.* 〘化学〙フェニルメルカプタン (⇨ thiophenol).

phènyl·méthane 〘← PHENYL＋METHANE〙 *n.* 〘化学〙フェニルメタン (⇨ toluene).

phényl·mèthyl·cárbinyl ácetate 〘*phenylmethylcarbinyl* : ← PHENYL＋METHYL＋*carbinyl* (? ← G《廃》*karbin* methyl (⇨ carbo-)＋-YL)〙 ── *n.* 〘化学〙フェニルメチルカルビニルアセテート (⇨methylphenylcarbinyl acetate).

phényl méthyl kétone *n.* 〘化学〙フェニルメチルケトン (⇨ acetophenone).

phènyl·própyl ácetate 〘*phenylpropyl*: ← PHENYL＋PROPYL〙 ── *n.* 〘化学〙フェニルプロピルアセテート ($CH_3COOCH_2CH_2CH_2C_6H_5$)《無色の液体; 香料に用いる; propylphenyl acetate ともいう》.

phényl ràdical *n.* 〘化学〙＝phenyl group.

phényl salícylate *n.* 〘化学〙サリチル酸フェニル ($HOC_6H_4COOC_6H_5$)《白色粉末; 医薬の原料; salol ともいう》.

phènyl·thiocárbamide 〘← PHENYL＋THIOCARBAMIDE〙 *n.* 〘生化学〙フェニルチオカルバミド (⇨ phenylthiourea).

phènyl·thiouréa 〘← PHENYL＋THIOUREA〙 ── *n.* 〘生化学〙フェニルチオ尿素 ($C_6H_5NHCSNH_2$)《針状晶の化合物; 人によって苦味を感じたり感じなかったりするので遺伝学上味盲現象の検査に用いられる; phenylthiocarbamide ともいう》.

phènyl·úrethane 〘← PHENYL＋URETHANE〙 ── *n.* 〘化学〙フェニルカルバミン酸エステル ($C_6H_5NHCOOR$) の総称; (特に)フェニルウレタン ($C_6H_5NHCOOC_2H_5$)《芳香性のある白色の結晶》.

phényl válerate *n.* 〘化学〙吉草酸フェニル ($C_4H_9COOC_6H_5$)《液体, 香料などに用いられる》.

phe·o·chro·mo·cy·to·ma [fìːo(ʊ)kròʊməsɪtóʊmə, -sə-, -saɪ- | -ə(ʊ)kràʊmə(ʊ)sɪtə́ʊ-, -saɪ-] 〘← PH(A)EO-＋CHROMO-＋CYTO-＋-OMA〙 ── *n.* (*pl.* **-s, -ma·ta** [～tə | ～tə]) 〘病理〙クロム親和(性)芽細胞腫, 好クローム性細胞腫, 褐色芽細胞腫.

phe·on [fíːɑn | -ən] 〘《1486》*feon* ← ?〙 ── *n.* **1** 〘紋章〙内側に波形のある矢じり《主として投げ矢に使用した; cf. broad arrow 2》. **2** 《英》(昔権威の標章として携帯した)小槍.

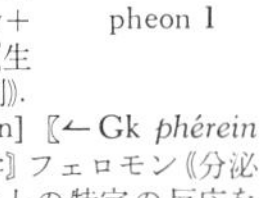
pheon 1

-pher [fə | fə(r)] 〘← Gk *phérein* to carry〙「運搬するもの」の意の連結形: tel*pher*.

phe·ren·ta·sin [fəréntəsɪn, -sən | -təsɪn] 〘← Gk *phérein* to carry＋*éntāsis* tension : ⇨ -in[1]〙 ── *n.* 〘生化学〙フェレンタシン《血圧抑制剤》.

pher·o·mone [férəmòʊn | -mə̀ʊn] 〘← Gk *phérein* (↑)＋(HOR)MONE〙 ── *n.* 〘生化学〙フェロモン《分泌して同種の他の個体に行動や発生上の特定の反応を引き起こさせる化学情報物質; cf. exohormone》.

pher·o·mon·al [fèrəmóʊnḷ | -mə́ʊ-] *adj.*

phew [《1604》: 口笛の擬音語] ── [ɸː, ɸ̃ː, pɸ̃ː, ɸuː, ɸ̃uː, fjuː] *int.* ちぇっ《いら立ち・不快・嫌悪・驚きなどを表わす》. ── [fjúː] *vi.* 「ちぇっ」と言う.

Ph. G. 《略》《米》Graduate in Pharmacy.

phi [fáɪ] 〘▭Gk *phî* < 《古形》*pheî*〙 *n.* **1** フィー《ギリシャ語アルファベット 24 字中の第 21 字: Φ, φ; ⇨ alphabet 表》. **2** 〘物理〙＝phi meson.

phi·al [fáɪəl, fáɪl] 〘《?c1380》*fyole* ▭(O)F *fiole*＝OProv. *fiola* ▭LL *phiala* ▭Gk *phiálē* broad flat vessel〙 *n.* 小型ガラスびん (vial); (特に)薬びん.

Phi Be·ta Kap·pa [fáɪ-béɪtə-kǽpə | -bíːtə-] 〘《頭字語》← Gk *philosophía bíou kubernḗtēs* philosophy the guide of life (そのモットー)〙 ── *n.* **1** [the ～] ファイベータカッパクラブ《大学の優等生で組織する米国最古の学生友愛会 (fraternity); 1776 年 William and Mary

College に創設；終身会員制；cf. Greek-letter fraternity》. **2** その会員：He was a ～ at Harvard University.

Phi Bete [fáɪ-béɪt | -bíːt] 〖《略・変形》↑〗《米口語》*n.* ファイベータカッパクラブ (Phi Beta Kappa) 会員. ― *vi.* 勉強する.

Phid·i·an [fídiən | fídɪ-, fáɪd-] 〖⇨↓, -an¹〗*adj.* フェイディアス (Phidias) の, フェイディアス風の.

Phid·i·as [fídiəs | fídɪæs, fáɪd-] 〖▭L *Phīdias* ▭Gk *Pheidías*〗 ― *n.* フェイディアス《紀元前5世紀のアテネ最盛期(Pericles 時代)のギリシャの彫刻家；Parthenon の造営・彫刻で有名》.

Phi·dip·pi·des [faɪdípədìːz | -pɪ-] *n.* =Pheidippides.

Phil [fíl] 〖(dim.) ← PHILIP〗 *n.* 男性名.

phil. 《略》philological; philology; philosopher; philosophical; philosophy.

Phil. 《略》Philadelphia; Philemon (新約聖書の)ピレモン書; philharmonic; Philip; Philippians (新約聖書の)ピリピ書; Philippines; Philosophy.

phil- [fɪl-] (母音および h の前に来る時の) philo- の異形：*phil*anthrope.

-phil [fɪl] =-phile.

-phi·la [⌐fələ | -fɪ-] 〖← NL ～ ← L ～ (fem. sing. & neut. pl.) ← *-philus*: ⇨ philo-〗 ― 〘生物〙「…に親和性をもつもの」の意の名詞連結形《生物分類で用いられる》.

Phila. 《略》Philadelphia.

phil·a·beg [fíləbèg, fíːl- | fíl-] *n.* =fillebeg.

Phil·a·del·phia [fìlədélfjə, -fiə | -fjə, -fɪə] 〖▭LL ～ ▭Gk *Philadélpheia* ← *philos* loving + *adelphós* brother (Lydia の都市の名：cf. *Rev.* 1:11; 3:7)：《原義》city of *Philadelphus* (Pergamum の王 Attalus 二世の呼称'愛兄王'；この王が先王であり兄である Eumenes を愛していたことから)〗 ― *n.* 米国 Pennsylvania 州南東部 Delaware 河畔の大都市；米国独立宣言の行なわれた所 (1776年7月4日)；もと米国の首都 (1790–1800)；人口 1,816,000；俗称 the City of Brotherly Love, the Quaker City. **Phil·a·dél·phian** [-fjən, -fiən | -fjən, -fɪən] *adj., n.*

Philadélphia láwyer 〖植民地時代 Philadelphia の法律家が敏腕だったことから〗 *n.* 《米口語・軽蔑》腕利きの法律家, すご腕の弁護士.

philadélphia pépper pòt *n.* =pepper pot 2 b.

phil·a·del·phus [fìlədélfəs] 〖← NL ～ ← Gk *philádelphon* mock orange (neut.) ← *philádelphos* loving one's brother: cf. Philadelphia〗 ― *n.* 〘植物〙ユキノシタ科バイカウツギ属 (*Philadelphus*) の植物の総称《mock orange など》.

Phi·lam·mon [fɪlǽmən, fə- | fɪlǽmɒn] *n.* 〘ギリシャ神話〙ピラムモン《Apollo と Chione との息子；予言者・音楽家・詩人》.

phi·lan·der [fɪlǽndə, fə- | fɪlǽndə(r)] 〖《1737》← (n.) 《廃》lover ▭Gk *phílandr-os* loving men ← PHILO- + *andr-, anḗr* man：後に詩・劇・小説で恋人の名として用いられた〗 ― *vi.* 〈男が〉恋を漁る, 女につきまとう；〔女に〕じゃらつく, いちゃつく〔*with*〕.

phi·lan·der·er [-dərə | -rə(r)] *n.* 恋愛遊戯にふける人, 恋を漁る人, 漁色家, 女にいちゃつく男, 女たらし.

phil·an·thrope [fílənθròʊp | -θrəʊp] 〖▭F ～ ▭Gk *philánthrōp-os* loving mankind ← PHILO- + *ánthrōpos* man: cf. anthropo-〗 *n.* =philanthropist.

phil·an·throp·ic [fìlənθrɑ́pɪk | -θrɒ́p-] 〖《1789》▭F *philanthropique*: ⇨↑, -ic¹〗 ― *adj.* **1** 博愛の, 仁慈の, 情深い (benevolent)；博愛主義の (cf. misanthropic). **2** 慈善事業[活動]に携わっている. **phìl·an·thróp·i·cal** *adj.* **phìl·an·thróp·i·cal·ly** *adv.*

phi·lán·thro·pism [-pɪzm] *n.* 博愛主義, 仁愛.

phi·lán·thro·pist [-pɪst, -pəst | -pɪst] 〖《1730》← PHILANTHROPY + -IST〗 ― *n.* 博愛家, 博愛主義者；慈善家 (cf. misanthrope). **phi·lan·thro·pis·tic** [fɪlæ̀nθrəpístɪk, fə- | fɪ-] *adj.*

phi·lan·thro·pize [fɪlǽnθrəpàɪz, fə- | fɪ-] 〖⇨ -ize〗 *vi.* 仁慈を施す；慈善事業に従事する. ― *vt.* …に博愛的に接する, …に慈善を施す.

phi·lan·thro·poid [fɪlǽnθrəpɔ̀ɪd, fə- | fɪ-] 〖《混成》← PHILANTHROP(IST) + (ANTHROP)OID〗 *n.* 《米口語》慈善[博愛]団体の幹部役員.

phi·lan·thro·py [fɪlǽnθrəpi, fə- | fɪlǽnθrəpɪ] 〖《1608》▭LL *philanthrōpia* ▭Gk *philanthrōpía*: ⇨ philanthrope, -y¹〗 ― *n.* **1** 博愛(主義), 慈善 (cf. misanthropy). **2** 慈善活動, 博愛行為；慈善[博愛]事業[団体]：A hospital is a useful ～. 病院は人類に幸福をもたらすものだ.

phil·a·tel·ic [fìlətélɪk] 〖《1865》← PHILATELY + -IC¹〗 ― *adj.* 切手集めの；切手収集癖のある, 切手研究の, 郵趣の. **phìl·a·tél·i·cal** *adj.* **phìl·a·tél·i·cal·ly** *adv.*

phi·lát·e·list [-təlɪst, -ləst, -tḷ- | -təlɪst] 〖▭F *philatéliste*: ⇨↓, -ist〗 *n.* 郵趣家, 切手研究家；切手収集家.

phi·lat·e·ly [fɪlǽtəli, fə-, -léɪt-, -tḷi | fɪlǽtəlɪ] 〖《1865》▭F *philatélie* ← PHILO- + Gk *atéleia* exemption from tax or charge (← A-⁷ + *télos* tax：切手を貼って出せば受取人が料金を払わずに済むことからか)〗 ― *n.* 郵趣, 切手趣味《郵便切手, 消印, はがき等の収集および研究》；切手収集.

-phile [fàɪl] 〖⇨ philo-〗 **1**「…を愛する (loving)；愛する人 (lover)」の意の形容詞・名詞連結形 (↔ -phobe)：Anglo*phile*, biblio*phile*. **2** 〘化学〙「…に親和力をもつ物」の意の名詞連結形：electro*phile*.

Philem. 《略》Philemon (新約聖書の)ピレモン書.

Phi·le·mon [fɪlíːmən, fə-, faɪ- | fɪlíːmɒn, faɪ-, -mən] 〖▭L *Philēmōn* ▭Gk *Philḗmōn*《原義》affectionate ← *phileîn* to love〗 ― *n.* **1** 〘ギリシャ神話〙ピレモン (⇨ Baucis). **2** (新約聖書の)ピレモン(への)書, ピレモンへの手紙 (The Epistle of Paul to Philemon) (略 Philem., Phil.). **3** ピレモン《Paul の親しい弟子》.

phil·har·mon·ic [fìləmɑ́nɪk, fìlhɑə- | fìlɑːmɒ́n-, -ləm-, fìlhɑːm-] 〖《1762》▭F *philharmonique* ▭It. *filarmonico*: ⇨ philo-, harmonic〗 ― *adj.* 音楽を好む, 音楽愛好の：a ～ society 音楽協会 / a ～ concert (音楽協会の催す)音楽会. ― *n.* **1** 音楽愛好家, 音楽好き. **2** 音楽協会, (音楽協会の催す)音楽会. **3** [P-; 音楽団体の名称として] 交響楽団：the Vienna *Philharmonic* ウィーンフィルハーモニー管弦楽団.

philharmónic pítch *n.* 〘音楽〙演奏会用標準調子(音高)《a=440 (英国では 439)；London Philharmonic Society が 1846–54 年に用いたのは a が毎秒 452.5 振動であったが, 19 世紀末, a=439 が new philharmonic pitch として採用された；cf. diapason normal》.

phil·hel·lene [fìlhéliːn | ⌐⌐⌐, –⌐⌐] 〖▭Gk *philéllēn* ← PHILO- + *Héllēn* a Greek: ⇨ Hellenic〗 ― *n.* [または P-] ギリシャ愛好[崇拝]者, ギリシャ人の友；(特に)ギリシャ独立賛助者《1821–29 年にギリシャがトルコの支配を脱しようとした運動を賛助した人；philhellenist ともいう》. ― *adj.* ギリシャびいきの；ギリシャの独立主義(者)の. 「きの[愛好の].

phil·hel·len·ic [fìlhəlénɪk | -líːn-] *adj.* ギリシャびい

phil·hel·len·ism [fìlhélənìzm | -lɪ-] *n.* ギリシャびいき[愛好]；ギリシャ独立主義[政策].

phil·hél·len·ist [-nɪst, -nəst | -nɪst] *n.* =philhellene.

Phil. I. 《略》Philippine Islands.

-phil·i·a [fíliə | -lɪə, -ljə] 〖← NL ～ ← Gk *philía* affection ← *phílos* loving: ⇨ philo-〗 ― 〘病理〙次の意味を表わす連結形：**1**「…の傾向」：spasmo*philia*. **2**「…の病的愛好[渇望]」：alcohol*ophilia*.

-phil·i·ac [fíliæ̀k | -lɪ-] 〖⇨↑, -ac〗〘病理〙次の意味を表わす連結形：**1**「…の傾向がある者」：hemo*philiac*. **2**「…の病的愛好[渇望]者」：alcohol*philiac*.

phil·i·beg [fíləbèg, fíːl-, -lə- | fílɪ-] *n.* =fillebeg.

Phi·li·bert [fíːlɪbɛ̀ə | -bɛ̀ə(r); *F.* filibɛːr] 〖▭F ～ 'FULBERT'〗 *n.* 男性名.

-phil·ic [fílɪk] 〖← -PHILE + -IC¹〗 次の意味を表わす形容詞連結形 (↔ -phobic)：**1**「…好きな」：photo*philic*. **2** 〘化学〙「求…の, 親…の」：electro*philic*, hydro*philic*.

Phi·lin·i·dae [fɪlínədìː, fə- | fɪlínɪ-] 〖← NL ～ ← *Philine* (← ?) + -IDAE〗 *n. pl.* 〘貝類〙キセワタガイ科.

Phil·ip [fílɪp, -ləp | -lɪp] 〖▭L *Philipp-us* ▭Gk *Phílippos* lover of horses ← *phílos* loving + *híppos* horse〗 ― *n.* **1** 男性名《愛称形 Phil, Pip》. **2** [(Saint) ～] 〘聖書〙ピリポ《十二使徒の一人；祝日 5 月 1 日；cf. *Mark* 3:18; *John* 1:43–48, 6:5–7》. **3** 〖← PHILIP II 1〗★次の成句で：***appeal from Philip drunk to Philip sober*** 〖酒に酔っていた Macedonia 王 Philip 二世の裁断を不服として, その酔いの醒めるのを待って再び訴えると言った婦人の言葉に基づく〗醒めての上の御分別をと願う《ある意見・判断などが気まぐれだということを匂わす句》.

Philip, King *n.* ⇨ King Philip.

Phil·ip [fílɪp, -ləp | -lɪp], **Prince** *n.* (1921–) 英国現女王 Elizabeth 二世の夫君；Philip Mountbatten, Duke of Edinburgh.

Philip. 《略》Philippians (新約聖書の)ピリピ書.

Philip II *n.* **1** フィリッポス二世《382–336 B.C.；Macedonia の王 (359–336 B.C.)；Alexander 大王の父》. **2** フィリップ二世《1165–1223；フランス国王 (1180–1223)；Philip Augustus (尊厳王)》. **3** フェリペ二世《1527–98；スペイン国王 (1556–98) および(Philip I として)ポルトガル国王 (1580–98)；英国攻撃に無敵艦隊 (Armada) を派遣し敗北した；イングランド女王 Mary 一世の夫；通称 the Prudent》.

Philip III *n.* **1** フィリップ三世《1245–85；フランス国王 (1270–85)；Philip the Bold》. **2** フェリペ三世《1578–1621；スペイン国王 (1598–1621)》.

Philip IV *n.* フィリップ四世《1268–1314；フランス国王 (1285–1314)；Philip the Fair；フランス語名 Philippe le Bel (美王)》.

Philip V *n.* フェリペ五世《1683–1746；スペイン国王 (1700–46)；フランス国王 Louis 十四世の孫；彼の即位はスペイン継承戦争を起こした；スペイン・ブルボン朝の創始者；Philip the Tall》.

Philip VI *n.* フィリップ六世《1293–1350；フランス国王 (1328–50)；Valois 王朝の始祖》.

Phi·lipp [fíːlɪp; *G.* fíːlɪp] 〖▭G ～ 'PHILIP'〗 *n.* 男性名.

Phil·ip·pa [fílɪpə, fə- | fɪ-] 〖▭L ～ (fem.) ← *Philippus* 'PHILIP'〗 *n.* 女性名《愛称形 Phil, Pippa》.

Phi·lippe [fɪlíːp; *F.* filip] 〖▭F ～ 'PHILIP'〗 *n.* 男性名.

Phi·lip·pi [fíləpàɪ, fɪlípaɪ, fə- | fɪlípaɪ, fílɪpàɪ] *n.* フィリッピ, ピリピ《ギリシャ北東部 Thrace の古都；Philip II が建設 (356 B.C.), Octavian と Mark Antony が Brutus と Cassius とを破った所 (42 B.C.)；St. Paul がヨーロッパ最初のキリスト教会を建てた場所 (*Acts* 16:12)》.
meet at Philippi 危険な会合の約束をたがえずに守る (cf. Shak., *Caesar* 4.3.283). ***Thou shalt see me at Philippi.*** 今にかたきをとってやるぞ (Shak., *Caesar* 4.3.283).

Phi·lip·pi·an [fɪlípiən, fə- | fɪlípɪən, -pjən] 〖⇨↑, -an¹〗 *n., adj.* フィリッピ (Philippi) の(人).

Phi·lip·pi·ans [fɪlípiənz, fə- | fɪlípɪənz, -pjənz] *n. pl.* [the ～；単数扱い] (新約聖書の)ピリピ(人への)書, ピリピ人への手紙 (The Epistle of Paul to the Philippians) (略 Phil., Philip.).

Phi·lip·pic [fɪlípɪk, fə- | fɪ-] 〖《1592》▭F *philippique* ▭L *philippica* ← *ōrātiōnēs philippicae*《なぞり》← *Philippikoì lógoi* speeches against Philip〗 ― *n.* **1** [the ～s] **a** フィリップ王攻撃演説《紀元前 4 世紀にアテネの雄弁家 Demosthenes が Macedonia 王 Philip 二世をギリシャの敵として攻撃した十二の演説》. **b** ローマの雄弁家 Cicero が Mark Antony を攻撃した演説. **2** [p-] 厳しい攻撃演説, 罵倒演説；痛罵.

phil·ip·pine [fíləpìːn | -lɪ-, -lə-] 〖《変形》← G *Vielliebchen* sweetheart ← *viel* much + *Liebchen* ((dim.) ← *lieb* dear)：cf. Du. *filippine* / F *philippine*〗 ― *n.* (*also* **phil·ip·pi·na** [fìləpíːnə | -lɪ-, -lə-]) **1** 核が 2 個あるくるみ類. **2** フィリピン《食後の果物の中から philippine を取って他人(通例異性)に核を 1 個与え, 次回に会った時最初に 'Philippine' と言った者が相手から贈物をもらうドイツ起源の一種の遊戯または慣習》；その贈り物.

Phil·ip·pine [fíləpìːn, ⌐⌐⌐ | fílɪpìːn, -lə-] 〖▭Sp. (*Islas*) *Filipinas* (the islands of) Philip：スペイン王 Philip 二世にちなむ：⇨ -ine¹〗 ― *adj.* フィリピン諸島[人]の.

Phil·ip·pine Íslands [fìləpìːn-, ⌐⌐⌐ | fílɪpìːn-, -lə-] 〖⇨ Philippine〗 ― *n. pl.* [the ～] フィリピン諸島《7,083 個の小島から成る西太平洋上の群島；⇨ Philippines 2》.

Philippíne mahógany *n.* **1** 〘植物〙フィリピンマホガニー《lauan, red lauan, white lauan, tanguile などマホガニーに似た材質のフィリピンや東南アジア原産のラワン類の樹木の総称》. **2** フィリピンマホガニー《ラワン類の木材の米国市場での呼称》.

Phil·ip·pines [fíləpìːnz, ⌐⌐⌐ | fílɪpìːnz, -lə-] *n. pl.* [the ～] **1** =Philippine Islands. **2** [通例単数扱い] フィリピン《太平洋西部の Philippine 諸島から成る共和国；もと米国の保護領であったが 1946 年独立；人口 45,030,000, 面積 300,000 km², 首都 Quezon City；公式名 the Republic of the Philippines フィリピン共和国》. ★「フィリピン人」は Filipino.

Philippíne Séa *n.* [the ～] フィリピン海《西太平洋の一部で, Philippine 諸島と Mariana 諸島の間の海》.

Phil·ips [fílɪps, -ləps | -lɪps] 〖⇨ Philip〗 *n.* 男性名.

Phil·ips [fílɪps, -ləps | -lɪps], **Ambrose** *n.* (1675?–1749) 英国の詩人・劇作家；'namby-pamby' は彼につけられたあだ名から出た語.

Philips, John *n.* (1676–1709) 英国の詩人；*Cyder* (1708).

Phílip the Góod *n.* フィリップルボン《1396–1467；Burgundy 公 (1419–67)；フランス語名 Philippe le Bon；百年戦争中 Henry 五世と Troyes 条約を結ぶ》.

Phil. Is. 《略》Philippine Islands.

Phi·lis·ti·a [fɪlístiə, fə- | fɪlístjə, -tɪə] 〖▭ML ～ ▭Gk *Philistía* ▭Heb. *Pᵉléseth*〗 *n. pl.* **1** ペリシテ《紀元前 12–4 世紀頃に Palestine の西部海岸地方にあったペリシテ人の国》. **2** 教養のない俗物の住む所.

Phil·is·tine [fíləstìːn, fɪlístɪn, fə-, -stən, -tiːn | fílɪstàɪn] 〖《c1390》▭LL *Philistīnī* (pl.) ▭Gk *Philistînoi* ▭Heb. *Pᵉlištīm* ← *Pᵉléseth* (↑)：cf. Palestine. 2: 《1824》《なぞり》← G *Philister*〗 ― *n.* **1** ペリシテ人, フィリステア人《紀元前 12 世紀ごろより Palestine 南西海岸に定住した非セム族の戦闘的な民族の人で, 多年にわたってイスラエル人を圧迫した；cf. Goliath 1》. **2** [しばしば p-] (文学・芸術などに理解のない)実利主義者, 教養のない俗物《M. Arnold が *Culture and Anarchy* で唱えたところから》. **3** 《戯言》容赦しない敵《執達吏・批評家など》.
fall into the hands of the Philistines = ***fall among the Philistines*** (執達吏・批評家などに)ひどい目に会わされる (cf. *Judges* 16:5–30).
― *adj.* **1** ペリシテ人の. **2** [しばしば p-] 実利的な, 凡俗の；無趣味な (prosaic), 教養のない.

Phil·is·tin·ism, p- [fíləstiːnìzm, fɪlístɪn-, fə-, -stən-, -tiːn- | fílɪstɪn-] 〖《1831》：⇨↑, -ism：Carlyle の用語〗 *n.* 俗物根性；凡俗性, 実利主義；無趣味, 無教養.

Phil·li·da [fílədə | -lɪ-] 〖⇨ Phyllis〗 *n.* 女性名.

Phil·lip [fílɪp, -ləp | -lɪp] 〖⇨ Philip〗 *n.* 男性名.

phil·li·peen [fìləpíːn, ⌐⌐⌐ | fílɪpìːn, -lə-] *n.* =philippine.

Phil·lips [fílɪps, -ləps | -lɪps] 〖← *H. F. Phillips* (?–1958：米国人でその発明者)〗 *n.* 〘商標〙フィリップス《十字ねじおよび十字ねじ回し》.

Phil·lips [fílɪps, -ləps | -lɪps], **David Graham** *n.* (1867–1911) 米国の小説家；*Susan Lenox* (1917).

Phillips, Stephen *n.* (1868–1915) 英国の詩人・劇作家；*Paolo and Francesca* (1900).

Phillips, Wen·dell [wéndḷ] *n.* (1811–84) 米国の演説家・社会改革家・奴隷制反対論者.

Phíllips cúrve 〖← *A. W. H. Phillips* (1914– ：英国の経済学者)〗 *n.* 〘経済〙フィリップス曲線《失業率と賃金変化率もしくはインフレ率との関係を示す曲線》.

Phíllips héad 〖⇨ Phillips〗 *n.* 十字ねじ頭.

Phil·lis [fílɪs, -ləs | -lɪs] *n.* =Phyllis.

Phill·potts [fílpɑts | -pɒts], **Eden** *n.* (1862–1960) 英

国の小説家・劇作家；*Widecombe Fair*（小説, 1913), *The Farmer's Wife*（戯曲, 1917).

phil·lú·men·ist [-nɪst, -nəst | fɪlúːmɪnɪst, -ljúː-] 〖← PHILO+L *lūmen* light+-IST〗 *n.* マッチ箱ラベル収集家.

phil·lu·me·ny [fɪlúːməni, fə-, -ljúː- | fɪlúːmənɪ, -ljúː-] 〖PHILO-+L *lūmen* light+-Y¹〗 *n.* マッチ箱ラベル収集趣味.

Phil·ly [fíli | -lɪ] 〖← PHIL(ADELPHIA)+-Y²〗 *n.* 《米俗》米国 Philadelphia 市の愛称. ― *adj.* Philadelphia 市の.

Phi·lo [fáɪlou | -ləʊ] *n.* ピロン, フィロン《30 または 20? B.C.-A.D. 40 または 45?; Alexandria のユダヤ系ギリシャ哲学者; 折衷派哲学者の一人; Philo Judaeus ともいう》.

phil·o- [fílo(ʊ) | -lə(ʊ)] 〖□F ~ // L ~ □Gk ~ ← *philos* loving (cf. *philein* to love) ← ?〗 ―「愛する (loving); …びいきの」の意の連結形 (↔ miso-). ★ 母音および h の前では phil- になる.

phil·o·bib·lic [fìləbíblɪk] 〖← Gk *philóbiblos* (← PHILO-+*biblos* book: cf. Bible)+-IC¹〗 *adj.* 本[文学]好きの: 愛書癖のある; 聖書研究に没頭する. 「書家, 集書家.

phil·o·bib·list [fìləbíblɪst, -báɪb-, -ləst | -lɪst] *n.* 愛

Phil·oc·te·tes [fìləktíːtiːz | -lɒk-, -lək-] 〖□L *Philoctētēs* □Gk *Philoktḗtēs*《原義》he who loves to possess ← PHILO-+*ktáomai* I get〗 ― *n.* 〘ギリシャ伝説〙ピロクテーテース《Hercules のよろい持ちで弓の名手; トロイ戦争で Paris を射殺した》.

phil·o·den·dron [fìlədéndrən] 〖← NL ~ ← PHILO-+Gk *déndron* tree: ⇨ -dendron〗 ― *n.* (*pl.* **~s**, **-den·dra** [-drə])〘植物〙フィロデンドロン《熱帯アメリカ原産サトイモ科ビロードカズラ属 (*Philodendron*) の蔓植物の総称; ビロードカズラ (*P. andreanum*) など室内の観葉植物として栽培される》.

phi·lóg·y·nist [-nɪst, -nəst | -nɪst] 〖← Gk *philogúnēs* fond of women (↓)+-IST〗 *n.* 女好きな人 (cf. misogynist).

phi·log·y·ny [fɪládʒəni, fə- | fɪlɔ́dʒɪnɪ] 〖□Gk *philoguniā* ← PHILO-+*gunḗ* woman〗 *n.* 女好き (cf. misogyny). **phi·lóg·y·nous** [-nəs] *adj.*

philol. 《略》philological; philology.

phil·o·log [fíləlɑ̀g, -lɔ̀(ː)g | -lɒ̀g] *n.* =philologue.

phi·lol·o·ger [fɪlálədʒə, fə- | fɪlɔ́lədʒə(r] 〖《1588》← F *philologie* 'PHILOLOGY'+-ER¹〗 *n.* =philologist.

phil·o·lo·gi·an [fìləlóudʒiən | -lə́ʊdʒɪən] *n.* =philologist 2.

phil·o·log·ic [fìləládʒɪk | -lɔ́dʒ-] *adj.* =philological.

phil·o·log·i·cal [fìləládʒɪkəl, -dʒə- | -lɔ́dʒɪ-] 〖《1621》〗 *adj.* 言語学(上)の, 言語学的な; 文献学(上)の, 文献学的な. **~·ly** *adv.*

phi·lól·o·gist [-dʒɪst, -dʒəst | -dʒɪst] 〖《1648》: ⇨ philology, -ist〗 ― *n.* **1** 文献学者. **2** (史的または比較) 言語学者, 言語研究者 (cf. philology 2).

phi·lol·o·gize [fɪlálədʒàɪz, fə- | fɪlɔ́l-] *vt.* 言語学的に論じる[考察する] ― *vi.* 言語学[文献学]を研究する.

phi·lo·logue [fíləlɑ̀g, -lɔ̀(ː)g | -lɒ̀g] 〖《1594》□F ~ □L *philologus* □Gk *philólogos*: ↓〗 *n.* =philologist.

phi·lol·o·gy [fɪlálədʒi, fə- | fɪlɔ́lədʒɪ] 〖《1614》□F *philologie* □L *philologia* □Gk *philología* love of learning, literature and language: ⇨ philo-, -logy〗 ― *n.* **1** 《米》文献学. **2** 言語学. ★ 今は通例史的または比較的に研究する言語学を指し, 共時的に研究する言語学は linguistics という: comparative ~ 比較言語学 / English ~ 英語学. **3** 《古》学問[文学]愛好.

phil·o·math [fíləmæ̀θ] 〖□Gk *philomath-ḗs* ← PHILO-+*máthē* ← *manthánein* to learn〗 *n.* 学問好きの人; (特に)数学好きの人.

phil·o·mel, P- [fíləmèl | -lə(ʊ)-] 〖《1579》*philomele* □L *Philomēla* (↓)〗 *n.* 《詩》=nightingale.

Phil·o·me·la [fìləmíːlə | -lə(ʊ)-] 〖□L *Philomēla* □Gk *Philomḗlē*《原義》? lover of song ← ? PHILO-+*mélos* song ∽ 《c1386》*philomene* □ML *Philomena*《変形》← L *Philomēla*: Gk *Melpoménē* the singing muse との連想による変形〗 ― *n.* **1**〘ギリシャ神話〙フィロメラ, ピロメーラー《アテネの王 Pandion の娘; 姉 Procne の夫の Tereus に暴行され, 人に言えないように舌を切られたが, 姉はこの秘密を知って妹と相談し, 実子 Itys を殺してその肉を夫 Tereus に食べさせた; Tereus に捕えられようとしたとき, Philomela は神々に祈り燕(ローマ神話ではナイチンゲール)に化身した》. **2** [しばしば p-]《詩》=nightingale.

Phil·o·me·na [fìləmíːnə | -lə(ʊ)-] 〖↑〗 *n.* 女性名.

phil·o·pe·na [fìləpíːnə] *n.* =philippine.

phil·o·pro·gen·i·tive [fìləpro(ʊ)dʒénətɪv | -prə(ʊ)dʒénɪt-] 〖← PHILO-+PROGENITIVE〗 *adj.* **1** 多産の, 子の多い (prolific). **2** 子供好きの; (特に)自分の子を

phìl·o·pro·gén·i·tive·ness *n.* 子煩悩. 「愛する.

Phil·op·ter·i·dae [fìlɑptérədìː | -lɒptérɪ-] 〖← NL ~ ← *Philopterus* (属名: ← PHILO-+-*pterus* (⇨ -pterous)+-IDAE〗 ― *n. pl.*〘昆虫〙(食毛目)チョウカクハジラミ科.

philos. 《略》philosopher; philosophical; philosophy.

phi·los·o·phas·ter [fɪlɑ̀səfǽstə, fə- | fɪlɔ̀səfǽstə(r] 〖□LL ~ ← L *philosophus* 'PHILOSOPHER': ⇨ -aster¹〗 *n.* 哲学者気取りの人, えせ[でも]哲学者.

phi·los·o·phate [fɪlásəfèɪt, fə- | fɪlɔ́s-] *n.* 〘カトリック〙哲学院(期間)《神学研究前に 2 年ないし 3 年間哲学研究を行なう期間, あるいはその場所》.

phil·o·sophe [fìːləzɔ́(ː)f, -lo(ʊ)zɑ́f | -lə(ʊ)zɔ́f; *F.* filɔzɔf] 〖□F ~ (↓)〗 ― *n.* (*pl.* **~s** [~s; *F.* ~]) **1** フィロゾフ《18 世紀にフランスで人気のあった自由思想家・百科全書派・啓蒙思想家; Diderot, Rousseau, Voltaire など》. **2** えせ哲学者.

phi·los·o·pher [fɪlás(ə)fə, fə- | -lɔ́səfə(r, -lɔ́z-] 〖《c1325》□AF *philosophre* = (O)F *philosophe* □L *philosophus* □Gk *philósophos*《原義》lover of wisdom ← PHILO-+*sóphos* wise, learned (cf. sophist): ⇨ -er¹〗 ― *n.* **1 a** 哲学者, 哲学研究者: a moral ~ 倫理学者 / ⇨ natural philosopher. **b** 哲学専攻生. **2** 哲人, 賢人, 達人, 知者; 悟りを開いた人, ものに動じない人: take things like a ~ 世の中を達観する《むやみに喜んだり悲しんだりしない》/ You're a ~. 君は偉いよ, 君はあきらめがよい(など). **3** (時として皮相な)哲学を述べる[説を立てる]人 (philosophizer). **4** (昔の)錬金術師 (alchemist); 秘術師.

philósopher kíng *n.* (Plato の理想国家で)哲学者の統治者, 哲人王《哲学的理想をもつ者が民衆を導くべきだとする考えに由来する》.

philósophers' stóne 〖《c1395》《なぞり》? ← ML *lapis philosophōrum*〗 ― *n.* **1** [the ~] 賢者の石, 哲学者の石《昔, 錬金術師が求めて得なかった霊石で, 鉛などの卑金属を金銀に変える力があると考えられた; cf. elixir》. **2** (理想的ではあるが実現不可能な)起死回生の妙案.

philósopher's stóne *n.* =philosophers' stone.

phil·o·soph·ic [fìləsɑ́fɪk, -zɑ́f- | -sɔ́f-, -zɔ́f-] 〖《1644》□L *philosophic-us* □Gk *philosophikós*: ⇨ philosopher, -ic¹〗 *adj.* =philosophical.

phil·o·soph·i·cal [fìləsɑ́fɪkəl, -zɑ́f-, -fə- | -sɔ́fɪ-, -zɔ́f-] 〖《c1385》← L *philosophicus* (↑)+-AL¹〗 ― *adj.* **1** 哲学の, 哲理的な: ~ studies 哲学研究. **2** 哲学に通じた, 哲学を研究する: a ~ student. **3** 哲学者らしい; 理性的な, 賢明な, 深慮のある; 節度を保った, 冷静な (serene), 達観した: with ~ resignation (哲学的)諦観(ていかん)をもって; 諦めて. **4** 《古》理学の, 物理学上の: ~ instruments 物理機械 / a ~ toy 理学応用のおもちゃ. **~·ly** *adv.*

philosóphical análysis *n.* 〘哲学〙哲学的分析《人間の言語現象や振舞いに着目して哲学的問題の解決を図る方法[運動, 立場]; 特に現代英米の哲学に顕著な傾向; cf. analytic philosophy, linguistic analysis》.

philosóphical anthropólogy *n.* (哲学的)人間学.

philosóphical grámmar *n.* 〘言語〙哲学的文法 (⇨ universal grammar).

phi·lós·o·phism [-səfɪzm | -sə-, -zə-] 〖□F *philosophisme*: ⇨ philosopher, -ism〗 *n.* **1** 哲学的思索. **2** えせ哲学; 曲学, 詭(き)弁 (sophistry).

phi·lós·o·phist [-səfɪst, -fəst | -səfɪst, -zə-] 〖□F *philosophiste*: ⇨ -ist〗 *n.* えせ哲学者, 曲学の徒, 詭(き)弁家 (sophist).

phi·los·o·phize [fɪlɑ́səfàɪz, fə- | -lɔ́s-, -lɔ́z-] 〖《1594》: ⇨ -ize〗 ― *vi.* **1** 思索する, 哲学する (speculate): ~ *about* life and death 生と死について思索する. **2** (しばしば浅薄な)理論を立てる, 理論に走る; 哲学者ぶる. ― *vt.* 哲学化する; 哲学的に扱う[見る]. **phi·lós·o·phiz·er** *n.*

phi·los·o·phy [fɪlás(ə)fi, fə- | -lɔ́səfi, -lɔ́z-] 〖《c1300》□(O)F *philosophie* □L *philosophia* □Gk *philosophíā* ← *philosophós* 'PHILOSOPHER': ⇨ -y¹〗 ― *n.* **1** 哲学, 哲学体系: association ~ (Hume, Mill などの)連想哲学 / Baconian ~ ベーコン哲学 / deductive [inductive] ~ 演繹(えき)[帰納]哲学 / dogmatic ~ 独断哲学 / empirical [a priori] ~ 経験 [(Kant の)先験]哲学 / experimental ~ 実験哲学 / intuitive ~ (Bergson などの)直観哲学 / mental ~ 心理学 / metaphysical ~ 形而(じ)上学 / practical ~ 実践哲学 / positive ~ (Auguste Comte の)実証哲学 / transcendental ~ (Kant の)先験哲学, 超越的哲学 / There are more things in heaven and earth, Horatio, Than are dreamt of in your ~. この天地にはな, ホレーショー, 例の哲学とやらには思いも及ばんことがたくさんあるんだ (Shak., *Hamlet* 1. 5. 166-7) / ⇨ critical philosophy, First Philosophy, second philosophy, speculative philosophy, synthetic philosophy. **2** 形而(じ)上学; 道徳哲学, 倫理学; 《廃》自然哲学, 物理学: the three *philosophies* 三哲学《自然学・倫理学・哲学》. **3 a** 哲理, 原理(研究): the ~ of grammar [history] 文法の原理[歴史哲学]. **b** 高等な学問: Doctor of *Philosophy* =Ph. D. **4** 人生哲学, 人生観, 世界観: a ~ of living 処世哲学, 処世法 / ⇨ PHILOSOPHY of life. **5** 哲学的精神, 哲人的態度; 冷静, 沈着 (composure); 悟り, 諦念, 諦め (resignation): with ~ 運命と諦めて, 冷静に, 自若として. **6** 哲学書, 哲学論文.

philosophy of life (1) 人生哲学, 人生観. (2) 〖《なぞり》← G *Lebensphilosophie*〗〘哲学〙生の哲学《人間の生とその探究を重視し, 第一の課題とする Dilthey, Bergson などの現代哲学の立場》.

phil·o·tech·nic [fìlətéknɪk] *adj.* 工芸を愛好する.

-phi·lous [-fələs | -fɪ-] 〖← Gk *philos* loving: ⇨ philo-, -ous〗「愛する; …に親和的な」の意の形容詞連結形 (cf. -phily): photo*philous*.

phil·ter, 《英》**phil·tre** [fíltə | -tə(r] 〖《?1587》□F *philtre* □L *philtrum* □Gk *philtron* love, charm ← *phílos* loving (⇨ philo-)+-TRON〗 ― *n.* **1** ほれ薬, 媚薬(びやく) (love-potion). **2** 魔法の薬 (magic potion). ― *vt.* 《古》ほれ薬でほれさせる[魅する].

phil·trum [fíltrəm] 〖← NL ~ ← Gk *philtron* (↑)〗 *n.* (*pl.* **phil·tra** [-trə]) **1** 〘解剖〙人中《鼻と口との間の縦溝; cf. nasolabial sulcus》. **2** =philter.

-phi·lus [-fələs | -fɪ-] 〖← NL ~ ← L 'loving' □Gk *philos*〗〘生物〙(属名に用いて)「…の食物[環境]を好む傾向をもつ生物」の意の名詞連結形: Sermo*philus*.

-phi·ly [-fəli | -fɪlɪ] 〖⇨ -philia, -y¹〗「…の好み, …の類縁[親和力]」の意の名詞連結形. ★ 主に生物学・化学用語に用いる (cf. -philous): necro*phily*, photo*phily*, toxo*phily*, zoo*phily*.

Phil·y·dra·ce·ae [fìlədréɪsiìː | -lɪ-] 〖← NL ~ ← *Philydrum* (属名: ← PHILO-+*húdōr* 'WATER')+-ACEAE〗 ― *n. pl.* 〘植物〙(ツユクサ目)タヌキアヤメ科. **phìl·y·drá·ceous** [-ʃəs] *adj.*

phí méson *n.* 〘物理〙ファイ中間子《質量が 1020 MeV/C² で電荷ゼロの非常に不安定で寿命の短い中間子; 単に phi ともいう; 記号 φ》.

phi·mo·sis [faɪmóusɪs, fɪ-, fə-, -səs | faɪmə́ʊsɪs, fɪ-] 〖← NL ~ ← Gk *phīmōsis* a muzzling ← *phimós* muzzle〗 ― *n.* (*pl.* **-mo·ses** [-siːz]) 〘病理〙包茎.

phi·mot·ic [faɪmɑ́tɪk, fɪ-, fə- | faɪmɔ́t-, fɪ-] *adj.*

Phin·e·as [fíniəs | -niæ̀s, -nɪəs] 〖□LL ~ □Gk *Phineés* □Heb. *Pīnᵉḥās* □Egypt. *pꜣ-nḥśj*《原義》the negro〗 *n.* 男性名.

Phin·e·us [fíniəs | -nɪəs] 〖□L *Phineus* □Gk *Phineús*〗 ― *n.* 〘ギリシャ神話〙フィーネウス: **1** Cadmus と Europa の兄弟. **2** Andromeda のおじ; 彼女を妻にしようとして, Perseus のため Medusa の首によって石に変えられた.

phí phenòmenon *n.* 〘心理〙ファイ現象《ある対象に次いで同一の対象が短い休止時間をおいてずれた場所に呈示される時に, その対象があたかも元の位置から移動したかのように見える運動視の現象》.

phit [fít] 〖《1894》《擬音語》〗 *n.* (銃弾の)ひゅーん[ぴゅーん]という音.

phiz [fíz] 〖《短縮》← PHYSIOGNOMY〗 *n.* 《口語・戯言》面相, 顔つき; 表情, 顔: a ~ snapper 《米俗》写真師.

phleb- [fliːb, fleb] (母音の前に来る時の) phlebo- の異形.

phle·bi·tis [flɪbáɪtɪs, flə-, fliː-, fle-, -təs | flɪbáɪtɪs, fliː-, fle-] 〖← NL ~: ⇨ ↓, -itis〗 *n.* (*pl.* **phle·bit·i·des** [-bítədìːz | -tɪ-]) 〘病理〙静脈炎. **phle·bit·ic** [flɪbítɪk, flə-, fliː-, fle- | flɪbítɪk, fliː-, fle-] *adj.*

phleb·o- [flébo(ʊ) | -bə(ʊ)] 〖ME *fleb(o)-* □OF □LL *phleb(o)-* □Gk *phleb(o)-* ← *phléps* vein〗「静脈」の意の連結形. ★ 母音の前では通例 phleb- になる.

phlèbo·clýsis 〖← NL ~ ← PHLEBO-+CLYSIS〗 *n.* 〘医学〙静脈(内)注射.

phle·bo·gram [flíːbəgræ̀m, fléb-] 〖← PHLEBO-+-GRAM〗 *n.* 〘医学〙静脈(脈)波(曲線).

phle·bog·ra·phy [flɪbɑ́grəfi, flə-, fliː-, fle- | flɪbɔ́grəfɪ, fliː-, -fle-] 〖PHLEBO-+-GRAPHY〗 ― *n.* 〘医学〙静脈造影[撮影](法). **phle·bo·graph·ic** [flìːbəgrǽfɪk, flèb-] *adj.* 「〘解剖〙静脈様の.

phle·boid [flíːbɔɪd, féb-] 〖← PHLEBO-+-OID〗 *adj.*

phlèbo·sclerósis 〖← PHLEBO-+SCLEROSIS〗 *n.* 〘病理〙静脈硬化(症). **phlèbo·sclerótic** *adj.*

phlèbo·thrombósis 〖← NL ~ ← PHLEBO-+THROMBOSIS〗 *n.* 〘病理〙静脈血栓症.

phle·bot·o·mize [flɪbɑ́təmàɪz, flə-, fliː-, fle- | flɪbɔ́t-, fliː-, fle-] 〖《1596》□F *phlebotomis-er* □ML *flebotomizāre*: ⇨ phlebotomy, -ize〗〘外科〙 ― *vt.* 静脈切開する, 瀉(しゃ)血する; 〈患者〉の血を取る, 放血させる. ― *vi.* 静脈切開する.

phle·bót·o·mus féver [flɪbɑ́təməs-, flə-, fliː-, fle- | flɪbɔ́t-, fliː-, fle-] 〖*phlebotomus*: ← NL ~ ← LL 'lancet'〗 *n.* 〘病理〙パパタシ熱 (⇨ sandfly fever).

phle·bot·o·my [flɪbɑ́təmi, flə-, fliː-, fle- | flɪbɔ́təmɪ, fliː-, fle-] 〖《a1400》*flebotomie* □OF (F *phlébotomie*) □LL *phlebotomia* □Gk *phlebotomía*: ⇨ phlebo-, -tomy〗 ― *n.* 〘外科〙静脈切開 (venesection), 瀉(しゃ)血, 放血 (bloodletting)《ひじ関節の静脈を刺して悪血をとる》. **phle·bo·tom·ic** [flìːbətɑ́mɪk, flèb- | -tɔ́m-] *adj.* **phlèb·o·tóm·i·cal** *adj.*

Phleg·e·thon [flégəθɑ̀n, flédʒ- | -gɪθɒ̀n, -θən] 〖《a1393》□L *Phlegethōn* □Gk *phlegéthōn*《原義》burning, blazing: ↓〗 ― *n.* **1** 〘ギリシャ神話〙プレゲトーン《冥界 (Hades) の火の川》. **2** [しばしば p-] 火の川, 火のように光る川.

phlegm [flém] 〖《16C》LL *phlegm-a* ∽《a1387》*fleume* □OF (F *phlegme*) < LL *phlegmam* □Gk *phlégma* flame, clammy humor ← *phlégein* to burn〗 ― *n.* **1** 〘生理〙痰(たん). **2** 〘古生理〙粘液《これが多過ぎるといわゆる粘液質 (phlegmatic) になると信じられた; ⇨ humor 5》. **3** 粘液的性質; 遅鈍, 無感覚 (apathy), 冷淡, 無気力. **4** 冷静, 沈着. **~·less** *adj.*

phleg·mat·ic [flegmǽtɪk | -tɪk] 〖《1340》*fleumatike* □OF *fleumatique* (F *flegmatique*) □LL *phlegmaticus* □Gk *phlegmatikós*: ⇨ ↑, -ic¹〗 ― *adj.* **1 a** 粘液質の: a ~ temperament 粘液質 / The choleric drinks, the melancholic eats, the ~ sleeps. 《諺》胆汁質の者はよく飲み, 黒胆質の者はよく食べ, 粘液質の者はよく眠る. **b** 鈍重な, 無感覚な; 鈍感な, 無気力な (dull). **c** 沈着な, 冷静な (cold). **2** 痰(たん)の多い; 粘液性の. **phleg·mát·i·cal** *adj.* **phleg·mát·i·cal·ly** *adv.* **phleg·mát·i·cal·ness** *n.*

phleg·ma·tized [flégmətàɪzd] 〖⇨ phlegmatic, -ize〗 *adj.* 〘化学〙〈爆発物が〉減感された, 感度の低い.

phleg·mon [flégmɑn | -mɔn] 〖《1398》 flegmone ⊏ L *phlegmona* ⊏ Gk *phlegmonḗ* inflammation: ⇨ phlegm〗 *n.* 〖病理〗フレグモーネ, 蜂巣炎; 蜂窩(ほう)織炎, 急性結締(てい)(組)織炎. **phleg·mon·ic** [flegmɑ́nɪk | -mɔ́n-] *adj.* **phlég·mon·ous** [-mənəs] *adj.*

phlegm·y [flémi | -mɪ] *adj.* (**phlegm·i·er**; **-i·est**) 痰(たん)の(ような), 痰を含む[生じる].

phle·o·my·cin [flìːəmáɪsn̩ | -sɪn] 〖← *phleo-* (連結形) ← NL *phleum* a kind of marsh plant)+-MYCIN〗 — *n.* 〖生化学〗フレオマイシン《青色粉末の銅を含む抗生物質; 多くの細菌および腫瘍細胞に働く; 細胞の DNA 合成を抑制するといわれる》.

phlo·em [flóuem | flə́u-] 〖⊏ G ～ ← Gk *phlóos* bark〗 *n.* 〖植物〗師(し)部, 靭(じん)皮部 (cf. xylem).

phlóem fíber *n.* 〖植物〗師部繊維, 靭皮繊維 (cf. xylem fiber).

phlóem necrósis *n.* 〖植物病理〗師部ネクローシス《ジャガイモ・チヤ・ニレなどの病害; 高等植物の組織中の師部がウイルス・菌などに犯され変色・変形・枯死などを起こす》.

phlóem parénchyma *n.* 〖植物〗師部柔細組織 (cf. ray parenchyma, wood parenchyma).

phlóem rày *n.* 〖植物〗師部放射組織 (cf. xylem ray).

phlo·gis·tic [flo(u)dʒístɪk | flɔdʒís-, -gís-] 〖1: ? ← NL *phlogistic-us* (↓). 2: ← Gk *phlogistós* (↓)+-IC[1]〗 — *adj.* **1** 〖古化学〗燃素[フロギストン]の. **2** 《廃》〖病理〗炎症の (inflammatory).

phlo·gis·ton [flo(u)dʒístən | flɔdʒístən, -gís-, -tɔn] 〖《1733》← NL ～ ← Gk *phlogistós* burnt, inflammable ← *phlog-*, *phlóx* flame: cf. phlox〗 — *n.* 〖古化学〗燃素, 熱素, フロギストン《酸素の発見前まで可燃物の主成要素と信じられていた》.

phlog·o·pite [flɑ́gəpàɪt | flɔ́g-] 〖⊏ G *Phlogopit* ← Gk *phlogōpós* fiery-looking ← *phlóx* flame+*ṓps* eye: ⇨ -ite[1]〗 *n.* 〖鉱物〗金雲母 ($KMg_3AlSi_3O_{10}(OH)_2$).

phlo·ri·zin [flɔ́ːrəzɪn, flóːr-, flərάɪzn̩ | flɔ́ːrɪzɪn, flərάɪz-] 〖← Gk *phlóos* bark+*rhíza* root+-IN[1]〗 — *n.* (*also* **phlo·rid·zin** [flɔ́ːrədzɪn, flóːr-, flərάɪd-, -zn̩ | flɔ́ːrɪdzɪn, flərάɪd-]) 〖化学〗フロリジン ($C_{21}H_{24}O_{10}$) 《リンゴなどの果樹の根の皮から採る白色苦味のある配糖体》.

phlo·ro·glu·cin [flɔ̀ːrəglúːsn̩, flòːr- | flɔ̀ːrəglúːsɪn] *n.* 〖化学〗フロログルシン (⇨ phloroglucinol).

phlo·ro·glu·cin·ol [flɔ̀ːrəglúːsənɔ̀(ː)l, flòːr-, -nòul, -sn̩- | flɔ̀ːrə(u)glúːsɪnɔ̀l] 〖← PHLOR(IZIN)+-o-+GLUCO-+-IN[1]+-OL[1]〗 — *n.* 〖化学〗フロログルシノール ($C_6H_3(OH)_3$) 《タンニンや植物樹脂に含まれる; 合成品は現像薬に用いる; 1, 3, 5-トリヒドロキシベンゼン; phloroglucin ともいう》.

phlox [flɑ́ks | flɔ́ks] 〖《1706》← NL ～ ← L ～ 'flower' ⊏ Gk *phlóx* 《原義》 flame ← *phlégein* to burn〗 〖植物〗 — *n.* (*pl.* ～, ～·**es**) **1** フロックス《ハナシノブ科クサキョウチクトウ属 (*Phlox*) の一年草または多年草の総称; クサキョウチクトウ (garden phlox) など》. **2** フロックスの花. — *adj.* ハナシノブ科の植物の.

phlyc·tae·na [flɪktíːnə] *n.* (*pl.* **-tae·nae** [-niː]) 〖病理〗=phlyctena.

phlyc·te·na [flɪktíːnə] 〖← NL ～ ← Gk *phlúktaina* blister ← *phlúein* to swell〗 *n.* (*pl.* **-te·nae** [-niː]) 〖病理〗(目の)フリクテン; 小疱(ほう), 小膿(のう)疱.

phlyc·ten·ule [flɪkténjuːl, -tín-, flíktən(j)ùːl | flɪkténjuːl, -tín-, flíktɪnjùːl] 〖← NL *phlyctenula* (dim.): ⇨↑, -ule〗 — *n.* 〖病理〗小水疱, フリクテン《特に, 眼球結膜または角膜に生じるもの》.

Ph. M. 《略》Master of Philosophy.

Phnom Penh [(p)nɔ̀(ː)mpén, (p)nɑ̀m- | nɔ̀m-] *n.* = Pnom-Penh. 「異形.

phob- [foub | fəub] (母音の前に来る時の) phobo- の

-phobe [fòub | fəub] 〖⊏ F ～ ⊏ L *-phobus* fearing ⊏ Gk *phóbos* fear〗 ─「…を恐れる(者), …恐怖症の(人); …を嫌う(者)」の意の形容詞・名詞連結形 (↔ -phile) (cf. -phobia): Anglo*phobe*, Franco*phobe*.

pho·bi·a [fóubiə | fə́ubjə, -bɪə] 〖↓〗 *n.* 恐怖症, 病的恐怖, 病的嫌悪: Inflation is a national ～ now. インフレは今や国民的恐怖症の原因だ.

-pho·bi·a [fóubiə | fə́ubjə, -bɪə] 〖← NL ～ ← LL ～ ⊏ Gk *-phobía* ← *phóbos* fear, dislike: cf. -phobe〗 ─「(病的)恐怖, …恐怖症; …嫌い」の意の名詞連結形 (cf. -phobe, -mania): Anglo*phobia*, hydro*phobia*, xeno*phobia*.

pho·bic [fóubɪk | fə́u-] 〖⇨↑, -ic[1]〗 *adj.* 恐怖症の, 恐怖症的な. — *n.* 恐怖症の人.

-pho·bic [fóubɪk | fə́u-] 〖↑〗 次の意味を表わす形容詞連結形 (↔ -philic): **1**「恐怖を表わす, …を恐れる; …を嫌う」. **2** 〖化学〗「…に強い親和力をもたない」.

phóbic reàction *n.* 〖精神医学〗恐怖反応.

pho·bo- [fóubo(u) | fə́ubə(u)] 〖← LL ← Gk *phóbos* fear〗「恐怖 (fear); 忌避 (avoidance)」の意の連結形. ★ 母音の前では通例 phob- になる.

Pho·bos [fóubɑs, fɑ́b- | fə́ubɔs, fɔ́b-] 〖⊏ Gk *Phóbos* 'PHOBUS'〗 — *n.* **1** 〖ギリシャ神話〗=Phobus. **2** 〖天文〗フォボス《火星 (Mars) の第 1 衛星で, 大きい方の衛星; cf. Deimos》.

pho·bo·tax·is [fòubətǽksɪs, -səs | fə̀ubə(u)tǽksɪs] 〖← NL ～ ← *phob-* (← Gk *phóbos* fear)+-TAXIS〗 — *n.* 〖生物〗フォボタクシス, 驚走性《不快な刺激に反応して起こす無方向な逃避反応; ゾウリムシなどの単細胞生物が物体に衝突した時などに見られる》.

-pho·bous [∸ fəbəs] 〖⇨ -phobic, -ous〗 =-phobic.

Pho·bus [fóubəs | fə́u-] 〖⊏ L ～ ⊏ Gk *Phóbos* 《原義》 panic fear〗 *n.* 〖ギリシャ神話〗フォボス《恐怖の神; 争いの女神 Ares の息子で Deimos と兄弟》.

Pho·cae·ni·dae [fo(u)síːnədìː | fə(u)síːnɪ-] 〖← NL ～ ← *Phocaena* (属名: ← Gk *phṓkaina* porpoise)+-IDAE〗 *n. pl.* 〖動物〗ネズミイルカ科.

Pho·ci·dae [fóusədìː | fə́usɪ-] 〖← NL ～ ← *Phoca* (属名: ⊏ L *phōca* seal ⊏ Gk *phṓkē*)+-IDAE〗 *n. pl.* 〖動物〗アザラシ科.

pho·cine [fóusaɪn, -sɪn, -sn̩ | fə́usaɪn] 〖← NL *Phoca* (↑)+-INE[1]〗 *adj.* アザラシ (seals) の(ような).

Pho·ci·on [fóusiɑ̀n, -siən | fə́usjən, -sɪən, -sɪɔ̀n] *n.* フォキオン《402?–317 B.C.; アテネの将軍・政治家》.

Pho·cis [fóusɪs, -səs | fə́usɪs] *n.* フォキス《古代の中部ギリシャにあった地域; Delphi の Apollo 神殿があった》.

pho·co·me·li·a [fòukəmíːliə | fə̀ukəmíːljə, -lɪə] 〖← NL ～ ← Gk *phṓkē* seal+-MELIA〗 — *n.* 〖病理〗(サリドマイドなどによる)アザラシ症, 短肢症. **pho·co·me·lic** [fòukəmíːlɪk | fə̀u-] *adj.*

phoe·be [fíːbi | -bɪ] 〖《変形》← PEWEE: PHOEBE にならった変形〗 *n.* 〖鳥類〗北米産タイランチョウ科 *Sayornis* 属の小鳥の総称 (*S. phoebe* など).

Phoe·be [fíːbi | -bɪ] 〖⊏ L *Phoebē* ⊏ Gk *Phoíbē* (fem.) ← *phoîbos* pure, bright: ⇨ Phoebus〗 — *n.* **1** 女性名《異形 Phebe》. **2** 〖ギリシャ神話〗フォイベー《月の女神としての Artemis の名》. **3** 《詩・文語》月 (の擬人) (cf. Phoebus 2). **4** 〖天文〗フェーベ《土星 (Saturn) の第 9 衛星》.

Phoe·be·an [fíːbiən, fiːbíːən | fíːbɪən, -bjən, fiːbíːən] 〖← L *Phoebē-us* Phoebean+-AN[1]〗 *adj.* フォイボス (Phoebus) の.

Phoe·bus [fíːbəs] 〖ME ⊏ L *Phoeb-us* ⊏ Gk *Phoîbos* 《原義》 bright〗 — *n.* **1** 〖ギリシャ神話〗フォイボス《太陽神 (sun god) としての Apollo の名; Phoebus Apollo ともいう》. **2** 《詩》日輪, 太陽(の擬人) (cf. Phoebe 3): ～' brand 輝く日光.

Phoe·ni·cia [fɪníʃə, -níː-, -ʃiə | fɪníʃɪə, fiː-, -ʃə, -sɪə, -sjə] 〖⊏ L *Phoenicia*, *Phenicē* ⊏ Gk *Phoiníkē* 《原義》 dyed crimson ← Sem.: cf. phoenix〗 — *n.* フェニキア《シリア沿岸の Tyre, Sidon などの古代の都市連合国家; 商業・航海にすぐれ, Carthage などの植民地を建設》.

Phoe·ni·cian [fɪníʃən, -níː- | fɪníʃɪən, -ʃən, -sɪən, -sjən] 〖《a1387》← L *phoenīci-us* ← *Phoenīcia* (↑): ⇨ -IAN〗 — *adj.* **1** フェニキア(の植民地)の. **2** フェニキア人[語]の. **3** フェニキア文字の. — *n.* フェニキア人; フェニキア語.

Phoe·ni·cop·ter·i [fìːnəkɑ́ptəràɪ | -kɔ́p-] 〖← NL ～ (pl.) ← *Phoenicopterus* (属名) ⊏ L *phoenicopterus* flamingo ⊏ Gk *phoinikópteros* red-feathered ← *phoînix* red, purple+*-ptero* '-PTEROUS'〗 — *n. pl.* 〖鳥類〗フラミンゴ目.

Phoe·ni·cop·ter·i·dae [fìːnəkɑptérədìː | -kɔptérɪ-] 〖← NL ～ ← *Phoenicopterus* (↑)+-IDAE〗 *n. pl.* 〖鳥類〗フラミンゴ科.

phoe·nix [fíːnɪks] 〖OE *fēnix* ⊏ ML *phēnix* ⊏ L *phoenix* ⊏ Gk *phoînix* phoenix, Phoenician, date palm, purple, crimson: cf. Gk *phoinós* purple, blood-red, *phónos* murder, *theínein* to strike: ⇨ defend〗 — *n.* (*also* **phenix**) **1 a** [しばしば P-] (エジプト神話の) 霊鳥, 不死鳥, フェニックス《アラビア砂漠に住む鳥で, 500 年または 600 年間ごとに自分で香木を積み重ねて焼死し, その灰の中からまた若い姿となって現われるといわれる; 「不死」「永生」の象徴とされる》: Faithful friend is like a ～. 《諺》誠実な友は不死鳥のようである, 「頼み難きは人心」. **b** 破滅[破壊]の中から再び立ち直った人[物]. **2** 不世出の人, 大天才; 絶世の美人; 絶品, 典型 (paragon). **3** [the P-] 〖天文〗ほうおう(鳳凰)座《南天の星座》. **4** =fèng huang.

rise like a phoenix from the ashes ⇨ ash[2] 成句.

～·lìke *adj.*

Phoe·nix [fíːnɪks] 〖↑: インディアンの廃墟から phoenix のごとくよみがえった新しい都市の意で命名されたもの〗 — *n.* 米国 Arizona 州中部の都市で同州の首都; 人口 679,000.

Phóenix Íslands *n. pl.* [the ～] フェニックス諸島《太平洋の中央に散在する八つの小島; ⇨ Gilbert Islands》.

pho·la·did [fóulədɪd, -dəd | fə́ulədɪd] 〖↓〗 *adj., n.* 〖貝類〗ニオガイ科の(カイ).

Pho·lad·i·dae [fo(u)lǽdədìː | fə(u)lǽdɪ] 〖← NL ～ ← *Pholad-*, *Pholas* (属名: ← Gk *phōlás* stone-boring mollusk)+-IDAE〗 *n. pl.* 〖貝類〗ニオガイ科.

pho·las [fóuləs | fə́u-] *n.* 〖貝類〗=piddock.

phol·cid [fɑ́lsɪd, -səd | fɔ́lsɪd] 〖↓〗 *adj., n.* 〖動物〗ユウレイグモ科の(クモ).

Phol·ci·dae [fɑ́lsədìː | fɔ́lsɪ-] 〖← NL ～ ← *Pholcus* (属名: Gk *pholkós* bandy-legged)+-IDAE〗 *n. pl.* 〖動物〗ユウレイグモ科.

Phol·i·do·ta [fɑ̀lədóutə | fɔ̀lɪdə́utə] 〖← NL ～ ← Gk *pholidōtós* covered with scales ← *pholís* scale〗 *n. pl.* 〖動物〗有鱗目《センザンコウ (pangolin) の類を含む》.

-pho·lis [∸ fəlɪs, -ləs | -lɪs] 〖← NL ～ ← Gk *pholís* scale〗「ある種の鱗 (scale) をもった有機体」の意の連結形.

phon [fɑ́(ː)n | fɔ́n] 〖⊏ Gk *phōnḗ* voice〗 — *n.* 〖物理〗ホン, フォン《音の強さの単位; 健康な人間の耳で聞える一番小さい音が 0 ホン》: An airplane engine registers 120 ～*s*. 飛行機の爆音は 120 ホンである.

phon. 《略》phonetic; phonetics; phonology. 「異形.

phon- [foun | fəun] (母音の前に来る時の) phono- の

phon·as·the·ni·a [fòunəsθíːniə | fə̀unæsθíːnjə, -nɪə] 〖← NL ～: ⇨ phon, asthenia〗 *n.* 〖病理〗音声衰弱[無力](症)《声がしゃがれ, または弱くなる症状》.

pho·nate [fóuneɪt | fə(u)néɪt] 〖← PHONO-+-ATE[3]〗 — *vi.* 声を出す, 発声[発音]する. — *vt.* 発声する; 発音する, 言葉に出す. **pho·na·to·ry** [fóunətɔ̀ːri, -tɔ̀ːri | fə́unət(ə)rɪ, fə(u)néɪtərɪ] *adj.*

pho·na·tion [fo(u)néɪʃən | fə(u)-] *n.* 〖音声〗発声《言語音をつくる際に声門が呼気に対して行なう働き》.

phone[1] [fóun | fə́un] 〖略〗《口語》 — *n.* **1** 〖《1884》〗 電話(機) (telephone): You are wanted on the ～. 君に電話がかかっている / make a ～ call 電話をかける / get a person on the ～ 電話で呼び出す / put down the ～ 受話器を下に置く. **2** イヤホン (earphone); =headphone. — *vt.* **1** …に電話をかける, 電話で呼び出す 〈*up*〉: ～ the doctor. **2** 電話で知らせる 〈*off*〉: ～ a message *to* a person / He ～*d* me the news. 電話でそのことを私に知らせてくれた. — *vi.* 電話する 〈*up*〉: I ～*d* to tell her the news. そのニュースを彼女に知らせるために電話をかけた.

phone in (1) (自宅などに)電話を入れる[かける]. (2) 〈情報などを〉電話で知らせる. (3) (ラジオ・テレビで) 〈視聴者が〉〈意見や質問を〉(スタジオに)電話する (cf. phone-in).

phone[2] [fóun | fə́un] 〖《1890》⊏ Gk *phōnḗ* (↓)〗 *n.* 〖音声〗 **1** 言語音, 単音《一つの母音または子音》. **2** = allophone.

-phone [∸ fòun | -fəun] 〖← Gk *phōnḗ* voice, sound ← IE **bhā-* to speak〗 ─ 次の意味を表わす名詞連結形: **1** [特に, 器械名に用いて]「音 (sound)」: gramo*phone*, micro*phone*, tele*phone*. **2** 「電話」: inter*phone*. **3** 「…語を用いる人」: anglo*phone*.

phóne bòok *n.* 《米口語》電話帳.

phóne bòoth *n.* 《口語》(公衆)電話ボックス.

phóne-in 〖⇨ phone[1], -in[2]〗 〖ラジオ・テレビ〗 — *n.* (スタジオに電話して来る視聴者の意見や質問を放送する)視聴者参加番組 (《米》 call-in). — *attrib. adj.* 〈番組が〉電話による視聴者参加の (《米》 call-in): a ～ show.

pho·ne·mat·ic [fòunɪmǽtɪk, -nə- | fə̀unɪmǽt-, -niː-] 〖← PHONEME+-ATIC〗 *adj.* 〖音声〗音韻論の, 音素論の.

pho·ne·mat·ics [fòunɪmǽtɪks, -nə- | fə̀unɪmǽt-, -niː-] 〖⇨↑, -ics〗 *n.* 音韻論, 音素論 (phonemics).

pho·neme [fóuniːm | fə́u-] 〖《1923》⊏ F *phonème* ⊏ Gk *phṓnēma* sound ← *phōneîn* to speak〗 — *n.* 〖音声〗音素, 音韻《一つの言語において意味を区別する働きをする音声上の最小単位; /t/, /s/ のように / / で囲んで示す; cf. diaphone 3》.

phóne·mèter *n.* (電話の)通話度数計.

pho·ne·mic [fəníːmɪk, fo(u)- | fə(u)-] 〖← PHONEME +-IC: PHONETIC にならった造語〗 — *adj.* **1** 音素の, 音韻の (cf. phonetic): a ～ system / ～ symbols 音素[音韻]記号. **2** 音素学[音韻論] (phonemics) の. **3** 音素的な, 別個の音素を形成する; 意義の区別に役立つ (distinctive): a ～ contrast / The contrast between [d] and [ð] is ～ in English but not in Spanish. [d] と [ð] の対照は英語では意義の区別に役立つ[別個の音素に属する]が, スペイン語ではそうではない.

pho·né·mi·cal·ly *adv.* 「韻]学者.

pho·ne·mi·cist [-məsɪst, -səst | -mɪsɪst] *n.* 音素[音

pho·ne·mi·ciz·a·tion [fənìːməsɪzéɪʃən, fo(u)-, -sə- | fə(u)nìːmɪsaɪ-, -sɪ-] *n.* 音素分析; 音素表記(化); 音素的にすること.

pho·ne·mi·cize [fəníːməsàɪz, fo(u)- | fə(u)níːmɪ-] 〖← PHONEMIC+-IZE〗 *vt.* 〈音声を〉音素に分析する; 音素表記する; 音素的にする.

pho·ne·mics [fəníːmɪks, fo(u)- | fə(u)-] 〖← PHONEME+-ICS〗 *n.* **1** 音素論, 音韻論 (⇨ phoneme). **2** (ある言語の)音素体系[組織]; 音素体系の記述.

phonémic sýmbol [**sígn**] *n.* 〖音声〗音素記号.

phonémic transcríption *n.* 〖音声〗音素表記《一つの音素に対して一つの音素記号を用いる表記方式; / / で囲んで示す; 例: little /lítəl/, 日本語のハ /ha/, ヒ /hi/, フ /hu/, ヘ /he/, ホ /ho/; cf. phonetic transcription》.

phóne nùmber *n.* 《口語》電話番号.

pho·nes·theme [fo(u)nésθiːm | fə(u)-] 〖《混成》← PHONEME+(A)ESTHETIC〗 — *n.* 〖言語〗一群の音表象語 (symbolic words) に共通して現われる音的特徴. **pho·nes·the·mic** [fòunesθíːmɪk | fə̀u-] *adj.*

phonet. 《略》phonetic; phonetics.

pho·net·ic [fənétɪk, fo(u)- | fə(u)nét-] 〖《1826》← NL *phonetic-us* ← Gk *phōnētikós* ← *phōnḗ* sound: ⇨ -ic[1]〗 — *adj.* 音声(上)の; 音声を表わす; 音声学の (cf. phonemic 1): ～ spelling 表音式綴り(法) / ⇨ phonetic change. — *n.* (漢字の表意要素 (radical) とともに用いられる)表音要素.

pho·nét·i·cal [-tɪkəl, -tə- | -tɪ-] *adj.* =phonetic.

pho·nét·i·cal·ly *adv.* 発音通りに; 音声学的に[学上].

phonétic álphabet *n.* 音声字母《音声表記に使用される文字[記号]体系》.

phonétic chánge *n.* 音声変化.

pho·ne·ti·cian [fòunətíʃən, fɑ̀n- | fə̀unɪ-, fɔ̀n-, -nə-, -ne-] 〖《1848》← PHONETIC+-IAN〗 *n.* 音声学者.

pho·nét·i·cìsm [-ṭəsìzṃ | -tɪ-] *n.* 表音式綴り字主義.
pho·nét·i·cist [-ṭəsɪst, -səst | -tɪsɪst] *n.* **1** ＝phonetician. **2** ＝phonetist.
pho·net·i·cize [fənéṭəsàɪz, fo(ʊ)- | fə(ʊ)nétɪ-] *vt.* 音声的に表わす；〈綴りを〉表音式にする.
phonétic láw 〘cf. G *Lautgesetz*〙 *n.* 〘言語〙(史的言語学の)音法則《Grimm's law や Verner's law など》.
pho·net·ics [fənéṭɪks, fo(ʊ)- | fə(ʊ)nét-] 〘《1841》: ⇨ phonetic, -ics〙 *n.* **1** 音声学, 発音学. **2** (一言語の)音声組織 (cf. phonology 3).
phonétic sýmbol [sígn] *n.* 〘音声〙音声記号.
phonétic transcríption *n.* **1** 〘音声〙音声表記《一つの音声記号で一つの音を示す方式；[ ] で囲んで示す；例：little [líṭḷ | -tḷ], 日本語の ハ [ha], ヒ [çi], フ [ɸɯ], ヘ [he], ホ [ho]；cf. phonemic transcription, broad *adj.* 7 b, narrow *adj.* 7 a》. **2** 発音表記.
phonétic válue *n.* 〘音声〙音価《文字や音声記号とそれが表わす実際の音との相互関係；例えば i は mix [míks] と mine [máɪn] とにおいて [ɪ] と [aɪ] の二つの音価をもつ；単に value ともいう》.
pho·ne·tist [fóunəṭɪst, -ṭəst | fə́unɪtɪst, -ne-] *n.* 音声学者；表音式綴り字法主義者《phoneticist ともいう》.
Phone·vi·sion [fóunvìʒən | fə́un-] 〘← PHONE[1]＋(TELE)VISION〙 ── *n.* 〘商標〙フォーンビジョン《お互いに見ながら通話ができる電話線応用の有料テレビの一方式》.
pho·ney [fóuni | fə́unɪ] *adj.* (**pho·ni·er**; **-ni·est**), *n.* ＝phony.
-pho·ni·a [fóuniə | fə́unjə, -nɪə] ＝-phony.
pho·ni·at·rics [fòuniǽtrɪks | fə̀unɪ-] *n.* 発音矯正法.
phon·ic [← PHONO-＋-IC[1]] *adj.* **1** [fɑ́nɪk | fə́un-, fɔ́n-] 音の；音声の, 発音上の. **2** [fɑ́n-, fóun- | fə́un-, fɔ́n-] 初歩発音学の[に関する]. **phón·i·cal·ly** *adv.*
phon·ics *n.* **1** [fɑ́nɪks | fə́un-, fɔ́n-] フォニックス《初歩的な綴り字と発音との関係を教える教科》. **2** [fɑ́n-, fóun- | fə́un-, fɔ́n-] 音響学.
phónic whéel [fɑ́nɪk- | fə́un-, fɔ́n-] *n.* 〘電気〙ホニック車《同期式多重電信で送信側と受信側で同期回転している車》.
pho·no [fóunou | fə́unəu] *n.* (*pl.* ~**s**) ＝phonograph.
pho·no- [fóuno(ʊ) | fə́unə(ʊ)] 〘□ L ~ □ Gk *phōn(o)-* ← *phōnḗ* voice, sound : ⇨ -phone〙 ──「声 (voice)；音 (sound)；発音」の意の連結形. ★ 母音の前では通例 phon- になる.
phòno·angiógraphy *n.* 〘医学〙血管音検査(法)《血液の流れの音を調べて行なう血管検査》.
phòno·cárdiogram 〘← PHONO-＋CARDIOGRAM〙 *n.* 〘医学〙心音図.
phòno·cárdiograph 〘⇨↑, -graph〙 *n.* 〘医学〙心音計. **phòno·cardiográphic** *adj.*
phòno·cardiógraphy *n.* 〘医学〙心音図検査(法).
phonog. 《略》phonography.
pho·no·gen·ic [fòunədʒénɪk | fə̀unə(ʊ)-] 〘← PHONO-＋-GENIC〙 *adj.* 快い響きをもっている；〈ホールなど〉音響効果のよい.
pho·no·gram [fóunəgræ̀m | fə́u-] 〘《1860》← PHONO-＋-GRAM〙 ── *n.* **1** 表音文字 (cf. ideogram 1)；(Pitman 式の) 表音速記文字[記号]. **2** 《廃》蓄音機のレコード (phongraph record). **3** 〘TELEGRAM からの類推〙〘通信〙電話電報《telephone telegram ともいう》. **pho·no·gram·mic** [fòunəgrǽmɪk | fə̀u-] *adj.* **phò·no·grám·mi·cal·ly** *adv.*
pho·no·graph [fóunəgræ̀f | fə́unəgrɑ̀:f, -græ̀f] 〘《1877》← PHONO-＋-GRAPH〙 ── *n.* 蓄音機, レコードプレーヤー (《英》gramophone)；(昔の)蠟(ろう)管の旧式蓄音機. ── *vt.* **1** 蓄音機に吹き込む. **2** 〈音を〉プレーヤーで出す.
pho·nog·ra·pher [fənɑ́grəfə, fo(ʊ)- | fə(ʊ)nɔ́grəfə(r)] *n.* **1** 表音速記者, (Pitman 式の) 速記者. **2** 蓄音機技師.
pho·no·graph·ic [fòunəgrǽfɪk | fə̀u-] 〘⇨ phonograph(y), -ic[1]〙 ── *adj.* **1** 蓄音機の[による]. **2** 表音[Pitman 式]速記(術)の, 速記文字で書いた (⇨ phonography 2). **phò·no·gráph·i·cal·ly** *adv.*
pho·nóg·ra·phist [-fɪst, -fəst | -fɪst] *n.* ＝phonographer.
pho·nog·ra·phy [fənɑ́grəfi, fo(ʊ)- | fə(ʊ)nɔ́grəfɪ] 〘《1701》← PHONO-＋-GRAPHY〙 ── *n.* **1** 表音式綴り[書き]方. **2** (1837 年に Sir Isaac Pitman が考案した) 表音速記法[術]. **3** 蠟(ろう)管式録音器による録音.
phonol. 《略》phonology.
pho·no·lite [fóunəlàɪt, -nḷ- | fə́unəl-] 〘□ F ~ □ G *Phonolith* : ⇨ phono-, -lite〙 ── *n.* 〘岩石〙響岩(きょうがん), 響石《アルカリ火山岩の一種；clinkstone ともいう》. **pho·no·lit·ic** [fòunəlɪ́ṭɪk, -nḷ- | fə̀unəlɪ́t-] *adj.*
pho·no·log·ic [fòunəlɑ́dʒɪk, fɑ̀n-, -nḷ- | fə̀unəlɔ́dʒ-] *adj.* 音韻論の；音韻論的な；音韻体系[組織]の.
phò·no·lóg·i·cal [-dʒɪkəl, -dʒə- | -dʒɪ-] *adj.* ＝phonologic. **~·ly** *adv.*
pho·nól·o·gist [-dʒɪst, -dʒəst | -dʒɪst] *n.* 音声学者, 発音学者；音韻学者.
pho·nol·o·gy [fənɑ́lədʒi, fo(ʊ)- | fə(ʊ)nɔ́lədʒɪ] 〘《1799》← PHONO-＋-LOGY〙 ── *n.* **1** (史的)音韻論；(phonemics の意味での)音韻論[学]《主にヨーロッパ学界での用語》. **2** (ある言語のある時代を対象とした)音韻論. **3** (ある言語のある時代の)音韻体系[組織]；音韻体系の記述.
pho·non [fóunɑn | fə́unɔn] 〘← PHONO-＋-ON[2]〙 *n.* 〘物理〙フォノン, 音子《弾性振動の量子》.
pho·no·phile [fóunəfàɪl | fə́u-] 〘← PHONO-＋-PHILE〙 *n.* レコード愛好者[収集家].
pho·no·pho·bi·a [fòunəfóubiə | fə̀unəfə́ubjə, -bɪə] 〘← NL ~ ← PHONO-＋-PHOBIA〙 *n.* 〘精神医学〙恐音症, 談話恐怖症.
pho·no·phore [fóunəfɔ̀ə, -fɔ̀ə | fə́unəfɔ̀:(r] 〘← PHONO-＋-PHORE〙 ── *n.* 〘電気〙電信電話共通装置《電信線で電信・電話を同時に障害なく通じさせる；phonopore ともいう》. **pho·no·phor·ic** [fòunəfɔ́(:)rɪk, -fɑ́r- | fə̀unəfɔ́r-] *adj.*
pho·no·pore [fóunəpɔ̀ə, -pɔ̀ə | fə́unəpɔ̀:(r] *n.* 〘電気〙＝phonophore. **pho·no·por·ic** [fòunəpɔ́:rɪk, -pɔ́:r- | fə̀unəpɔ́r-] *adj.*
phòno·recéption 〘← PHONO-＋RECEPTION〙 *n.* 〘生理・生物〙音受容, 音覚感受《音の生理的感受》.
phòno·recéptor *n.* 〘動物〙音受容器(官)；(特に)耳胞 (otocyst).
phóno·rècord *n.* レコード(盤) (phonograph record).
pho·no·tac·tics [fòunətǽktɪks | fə̀u-] 〘← PHONO-＋TACTICS〙 ── *n.* 〘言語〙音素配列論《ある言語の音素の結合様式を取扱う分野》. **pho·no·tac·tic** [fòunətǽktɪk | fə̀u-] *adj.*
pho·no·type [fóunətàɪp | fə́unə(ʊ)-] 〘← PHONO-＋-TYPE〙 *n.* 表音活字[印字], 表音記号活字；その印刷物.
phó·no·tỳp·ist [-pɪst, -pəst | -pɪst] *n.* 表音速記[印刷]者.
pho·no·typ·y [fóunətàɪpi | fə́unə(ʊ)tàɪpɪ] 〘← PHONOTYPE＋-Y[1]〙 *n.* (特に, Sir Isaac Pitman 案出の)表音速記[印刷]法.
pho·ny [fóuni | fə́unɪ] 〘《1902》《変形》? ← *fawney* gilt ring (泥棒の隠語) ← Ir. *fāinne*〙《俗》 ── *adj.* (**pho·ni·er**; **-ni·est**) にせの, まがいの, 偽りの, いんちきな (fraudulent). ── *n.* **1** にせ物, まやかし物, いんちき (fake)；まがいもの[にせ]の宝石：a ~ man にせ宝石売り. **2** いかさま師, 詐欺師. **phó·ni·ly** [-nəli, -nḷi | -nɪli, -nə-] *adv.* **phó·ni·ness** *n.*
-pho·ny [∸ fəni, ∸∸ fòuni | ∸ fəni, ∸∸ fə̀uni] 〘ME *-phonie* □ OF □ L *-phōnia* □ Gk *-phōnia* ← *phōnḗ* sound, voice : ⇨ -y[1]〙 ──「音 (sound)；声 (voice)；(ある種の)言語障害」の意の名詞連結形 (cf. -phone)《-phonia ともいう》：poly*phony*, tele*phony*.
phóny dísèase [péach] *n.* 〘植物病理〙モモの矮小病《モモ・アンズなどのウイルスによる病害；幹の生長が止まり, 葉は暗緑色, 果実は減少し成熟しない》.
phóny wár *n.* [the ~] 奇妙な戦争《第二次大戦勃発直後から独軍のオランダ, ベルギー, ルクセンブルク侵攻まで, 西部戦線で英仏連合軍も独軍も軍事作戦行動に出なかった期間 (1939 年 9 月–1940 年 5 月)》.
phoo·ey [fú:i | fú:ɪ] 〘《擬音語》: cf. phew, fie〙 *int.* ぺっ, ちぇっ, なぁーんだ, くそくらえ《軽蔑・嫌悪などを表わす》.
-phor [∸∸ fɔ̀ə | -fɔ̀:(r] ＝-phore.
-pho·ra [∸ f(ə)rə] 〘← NL ~ ← (fem. sing. & neut.pl.) ← Gk *-phóros* bearing : ⇨ -phore〙「…の構造をもつ生物」の意の名詞連結形.
pho·rate [fɔ́:reɪt, fóː- | fɔ́r-] 〘《短縮》← *pho(spho)r(odithio)ate* ← PHOSPHORO-＋DITHIO-＋-ATE[1]〙 *n.* 〘薬学〙ホレート ($C_7H_{17}O_2PS_3$)《有機リン系殺虫農薬》.
Phor·cids [fɔ́əsɪdz, -sədz | fɔ́:sɪdz] 〘□ Gk *Phorkídes* : ⇨↓, -id[1]〙 *n. pl.* 〘ギリシャ神話〙 **1** フォルキデス《Phorcys の娘たち》. **2** ＝Graeae.
Phor·cys [fɔ́əsɪs, -səs | fɔ́:sɪs] 〘□ L ~ □ Gk *Phórkos*〙 ── *n.* (*also* **Phor·cus** [fɔ́əkəs | fɔ́:-]) 《ギリシャ神話》フォルキュス《海神で, Gorgons および Graeae の父；cf. Phorcids》.
-phore [∸∸ fɔ̀ə, -fɔ̀ə | -fɔ̀:(r] 〘← NL *-phorus* ← Gk *-phóros* bearing ← *phérein* 'to BEAR[2]' : cf. -phora〙「…を支えるもの；…を運ぶもの」の意の名詞連結形：carpo*phore*, galacto*phore*, sema*phore*.
-pho·re·sis [fəríːsɪs, fo(ʊ)-, -səs | fə(ʊ)ríːsɪs] 〘← NL ~ ← Gk *-phórēsis* (↓)〙 (*pl.* **-re·ses** [-siːz]) 「…伝達 (transmission)」の意の名詞連結形.
phor·e·sy [fɔ́(:)rəsi, fɑ́r- | fɔ́rɪsɪ] 〘← NL *phoresia* ← Gk *phórēsis* (n.) being carried ← *phoreîn* to carry along ← *phérein* : ⇨ -phore〙 ── *n.* 〘動物〙運搬《片利共生の一つで, 片方だけが相手から運搬してもらう利益を得ているもの》.
Phor·i·dae [fɔ́(:)rədiː, fɑ́r- | fɔ́rɪ-] 〘NL ~ ← *Phora* (属名：□ Gk *phṓr* thief)＋-IDAE〙 *n. pl.* 〘昆虫〙(双翅目)ノミバエ科.
phor·mi·um [fɔ́əmiəm | fɔ́:mɪ-] 〘← NL ~ ← Gk *phormíon* woven or plaited mat, a kind of plant (dim.) ← *phormós* basket ← *phérein* 'to BEAR[2]'〙 ── *n.* 〘植物〙ニュージーランド原産ユリ科マオラン属 (*Phormium*) の植物の総称《ニュウサイラン (New Zealand flax) などから繊維を採る》.
pho·rone [fɔ́:roun, fóː- | fɔ́:rəun] 〘← (CAM)PHOR＋-ONE〙 *n.* 〘化学〙ホロン ($[(CH_3)_2C{=}CH]_2CO$)《アセトンの縮合で得られる；主に溶剤として用いられる》.
pho·ro·nid [fəróunɪd, -nəd | -rə́unɪd] 〘↓〙 *adj., n.* 〘動物〙ホウキムシ綱の(動物).
Pho·ro·nid·e·a [fɔ̀:rənídiə, fɔ̀:r- | fɔ̀:rənídɪə] 〘← NL ~ ← *Phoronis* (属名：□ ? L *Phorōnis* a name of Io)＋-IDEA〙 *n. pl.* 〘動物〙(触手動物門)ホウキムシ綱.
Phor·o·rhac·i·dae [fɔ̀:rərǽsədiː, fɔ̀:r- | fɔ̀:rərǽsɪ-] 〘← NL ~ ← *Phorhacos* (属名：← Gk *phṓr* thief＋*rhákos* rag)＋*idae* (⇨ -id[2])〙 *n. pl.* 〘鳥類〙フォロラコス科.
-pho·rous [∸ fərəs] 〘← NL *-phorus* ← Gk *-phóros* bearing : ⇨ -phore : cf. -ferous〙 ──「…を支える；…を運ぶ(carrying)」の意の形容詞連結形：antho*phorous*, phyllo*phorous*.
phos- [fɑs | fɔs] 〘← Gk *phōs-* ← *phṓs* light ← IE **bhā-* to shine〙「光 (light)」の意の連結形.
phos·gene [fɑ́sdʒiːn | fɔ́z-, fɔ́s-] 〘⇨↑, -gene〙 ── *n.* **1** 〘化学〙ホスゲン ($COCl_2$)《塩素置換剤・染料合成用・毒ガスに用いる；carbonyl chloride, chloroformyl chloride ともいう》. **2** 〘軍事〙毒ガス.
phos·gen·ite [fɑ́sdʒənàɪt, -dʒən- | fɔ́zdʒiːn-, fɔ́s-, -dʒɪn-] 〘□ G *Phosgenit* : ⇨↑, -ite[1]〙 *n.* 〘鉱物〙角鉛鉱, ホスゲン石 ($Pb_2Cl_2CO_3$). 「の異形.
phos·ph- [fɑsf | fɔsf] (母音の前に来る時の) phospho-
phos·pha·gen [fɑ́sfədʒɪn, -dʒən, -dʒèn | fɔ́s-] 〘← PHOSPHA(TE)＋(GLYCO)GEN〙 ── *n.* 〘化学〙ホスファゲン《有機物のリン酸化合物で, リン酸を解離する時, エネルギーを出すもの；phosphocreatine, phosphoarginine などの総称》.
phos·pham·i·don [fɑsfǽmədɑ̀n | fɔsfǽmɪdɔ̀n] 〘← PHOSPH(ATE)＋AMID(E)＋*-on* (← ?)〙 *n.* 〘薬学〙ホスファミドン ($C_{10}H_{19}ClNO_5P$)《有機リン系殺虫農薬》.
phos·pha·tase [fɑ́sfətèɪs, -tèɪz | fɔ́sfətèɪs] 〘⇨↓, -ase〙 ── *n.* 〘生化学〙ホスファターゼ, リン酸酵素《リン酸エステルを加水分解する酵素；phosphomonoesterase, phosphodiesterase などの型がある》.
phos·phate [fɑ́sfeɪt | fɔ́sfeɪt, -fət, -fɪt] 〘《1795》□ F ~ : ⇨ phospho-, -ate[1]〙 ── *n.* **1** 〘化学〙リン酸塩；リンエステル：calcium ~ リン酸カルシウム / ~ of lime リン酸石灰. **2** リン酸鉱物；リン酸肥料. **3** (少量のリン酸を含む)炭酸水《清涼飲料》. ── *vt.* 〘化学〙リン酸[リン酸塩]で処理する (phosphatize).
phósphate gròup *n.* 〘化学〙リン酸基《リン酸 (H_3PO_4) から水素原子を 1–3 個除いた基の総称》.
phósphate róck *n.* 〘岩石〙燐鉱, 燐灰岩.
phos·phat·ic [fɑsfǽṭɪk, -féɪṭ- | fɔsfǽt-, -féɪt-] 〘⇨ phosphate, -ic[1]〙 *adj.* リン酸塩の, リン酸塩を含む：~ manure リン酸肥料.
phos·pha·tide [fɑ́sfətàɪd | fɔ́s-] 〘← PHOSPHATE＋-IDE[2]〙 *n.* 〘生化学〙リン脂質, ホスファチド《複合脂質の一種；phospholipid ともいう》. **phos·pha·tid·ic** [fɑ̀sfətídɪk | fɔ̀s-] *adj.*
phosphatídic ácid *n.* 〘化学〙ホスファチジン酸 ($(RCOO)_2C_3H_5OPO_3H_2$)《リン脂質の一種；広く動植物組織中に存在；脂肪酸 RCOOH としてはリノール酸, リノレイン酸, パルミチン酸などが多い》.
phos·pha·ti·dyl [fɑ̀sfətáɪdḷ, fɑsfǽṭə- | fɔ̀sfətáɪ-, fɔsfǽtɪ-] 〘← PHOSPHATIDE＋-YL〙 ── *n.* 〘化学〙ホスファチジン酸 (phosphatidic acid) から導かれる一価の基 ($(RCOO)_2C_3H_5OPO(OH)$-).
phos·pha·tize [fɑ́sfətàɪz | fɔ́s-] *vt.* 〘化学〙 **1** リン酸塩にする. **2** ＝phosphate. **phos·pha·ti·za·tion** [fɑ̀sfəṭɪzéɪʃən, -ṭə- | fɔ̀sfətaɪ-, -tɪ-] *n.*
phos·pha·tu·ri·a [fɑ̀sfət(j)ú(ə)riə | fɔ̀sfətjúərɪə] 〘← NL ~ ← *phosphatum* 'PHOSPHATE'＋-URIA〙 ── *n.* 〘病理〙燐酸塩尿(症). **phos·pha·tu·ric** [fɑ̀sfət(j)ú(ə)rɪk | fɔ̀sfətjúər-] *adj.*
phos·phene [fɑ́sfiːn | fɔ́s-] 〘← PHOS-＋*-phene* (← Gk *phaínein* to show): cf. pheno-〙 ── *n.* 〘生理〙光視《つぶった眼球を圧する時などに網膜が刺激されて起こる光感》.
phos·phide [fɑ́sfaɪd, -fɪd, -fəd | fɔ́sfaɪd] 〘← PHOSPHO-＋-IDE[2]〙 *n.* 〘化学〙リン化物：hydrogen ~ リン化水素.
phos·phine [fɑ́sfiːn, -fɪn, -fən | fɔ́sfiːn] 〘← PHOSPHO-＋-INE[3]〙 ── *n.* 〘化学〙ホスフィン：**1** リン化水素 (PH_3). **2** リン化水素の有機誘導物. **3** アクリジン系塩基性染料の一つの染料名. **phos·phin·ic** [fɑsfínɪk] *adj.*
phos·phite [fɑ́sfaɪt | fɔ́s-] 〘□ F ~ ← PHOSPHO-＋-ITE[3]〙 *n.* 〘化学〙亜リン酸塩.
phos·pho- [fɑ́sfo(ʊ) | fɔ́sfə(ʊ)] 〘□ F ~ : ⇨ phosphorus〙「リン酸 (phosphoric acid)；リン酸塩 (phosphate)；リン (phosphorus)」の意の連結形. ★ 母音の前では通例 phosph- になる.
phòspho·árginine 〘生化学〙アルギニンリン酸 ($C_6H_{13}N_4O_2PO_3H_2$)《無脊椎動物の筋肉中に見出され体内でのエネルギーリン貯蔵, 運搬体となる》.
phòspho·créatine 〘⇨ phospho-, creatine〙 ── *n.* 〘生化学〙クレアチンリン酸, フォスフォクレアチン ($C_4H_8N_3O_2PO_3H_2$)《筋肉中に見出される；creatine phosphate ともいう》.
phòspho·di·és·ter·ase [-daɪéstərèɪs, -rèɪz | -rèɪs] 〘← PHOSPHO-＋DIESTER＋-ASE〙 ── *n.* 〘生化学〙ホスホジエステラーゼ《核酸のようなリン酸のジエステル結合を解離する酵素；cf. phosphomonoesterase》.
phóspho·ènol·pyrúvate 〘← PHOSPHO-＋ENOL＋PYRUVATE〙 *n.* 〘化学〙エノルピルビン酸-2-リン酸塩[エステル]《phosphopyruvate ともいう》.
phóspho·ènol·pyrúvic ácid 〘⇨↑, -ic[1]〙 *n.* 〘化学〙エノルピルビン酸-2-リン酸 ($CH_2{=}C(OPO_3H_2)$-$COOH$)《炭水化物の解糖代謝の際の中間体》.
phóspho·frùcto·kínase 〘← PHOSPHO-＋FRUCTO(SE)＋KINASE〙 *n.* 〘生化学〙ホスホフルクトキナーゼ《果糖に加リンさせる酵素；解糖系で重要な酵素》.
phóspho·glùco·mútase 〘PHOSPHO-＋GLUCO-＋*mutase* (← L *mūtāre* to change＋-ASE)〙 ── *n.* 〘生化学〙ホスホグルコムターゼ《グルコース-6-リン酸を

グルコース-1-リン酸に変える酵素；炭水化物代謝に大切な酵素》.

phòspho·glyceráldehyde 〘← PHOSPHO-＋GLYCER(OL)＋ALDEHYDE〙 *n.* 〘化学〙グリセルアルデヒドリン酸エステル.

phòspho·glycéric ácid 〘← PHOSPHO-＋*glyceric*〙 ― *n.* 〘化学〙ホスホグリセリン酸 ($HOOCC_2H_3(OH)OPO_3H_2$)《解糖, アルコール発酵に関与する中間体》.

phòspho·kínase 〘PHOSPHO-＋KINASE〙 *n.* 〘生化学〙ホスホキナーゼ《リン酸の結合・解糖を触媒する酵素；単に kinase ともいう》.

phòspho·lípase 〘← PHOSPHO-＋LIPASE〙 *n.* 〘生化学〙 **1** ＝lecithinase. **2** ＝lysolecithinase.

phòspho·lípid *n.* 〘生化学〙リン脂質《グリセリンリン酸に脂肪酸など脂質が結合した複合脂質の総称》.

phòspho·molýbdic ácid 〘*phosphomolybdic*：← PHOSPHO-＋MOLYBDIC〙 ― *n.* 〘化学〙リンモリブデン酸《アルカロイド蛋白質などの沈澱剤；($H_3[P(Mo_{12}O_{40})]_nH_2O$) など；正式名 molybdophosphoric acid》.

phòspho·mòno·ésterase 〘← PHOSPHO-＋MONO-＋ESTERASE〙 ― *n.* 〘生化学〙ホスホモノエステラーゼ《モノエステルを加水分解する反応を接触する酵素, cf. phosphodiesterase》；(特に) ＝phosphatase.

phos·phón·ic ácid [fɑsfɑ́nɪk | fɔsfɔ́n-] *n.* 〘化学〙ホスホン酸 (H_2PHO_3)《従来, 亜リン酸 (phosphorous acid) と呼ばれていた》.

phos·pho·ni·um [fɑsfóuniəm | fɔsfə́uniəm, -njəm] 〘← NL ～ ← PHOSPHO-＋(AMM)ONIUM〙 *n.* 〘化学〙ホスホニウム《構造がアンモニウム類似のリン化水素基 (PH_4^+)》.

phosphónium íodide *n.* 〘化学〙ヨウ化ホスホニウム (PH_4I)《無色透明で水溶性の正方晶系結晶》.

phòspho·núclease 〘← PHOSPHO-＋NUCLEASE〙 *n.* 〘生化学〙＝nucleotidase.

phòspho·prótein 〘← PHOSPHO-＋PROTEIN〙 *n.* 〘生化学〙リン蛋白質《複合蛋白質の一つ》.

phòspho·pyrúvate 〘← PHOSPHO-＋PYRUV(IC)＋-ATE[1]〙 *n.* 〘化学〙＝phosphoenolpyruvate.

phos·phor [fɑ́sfə, -fɔə | fɔ́sfə(r] 〘▭ F *phosphore*：⇨ phosphorus〙 ― *n.* **1** 《古》リン (phosphorus). ★ 今では, 特に phosphor bronze の形でしか用いない. **2** 〘化学〙蛍リン光体, 蛍光体, リン光体；(特に, 紫外線放射によって発光する)発光性合成物, (ブラウン管の蛍光面に塗る)蛍光体[物質]. **3** 《文語》燐光を放つもの. ― *adj.* 《古》燐光を発する (phosphorescent).

Phos·phor [fɑ́sfə, -fɔə | fɔ́sfə(r] 〘▭ L *Phōsphor-us* ▭ Gk *Phōsphóros*：⇨ phosphorus〙 ― *n.* **1** 〘ギリシャ神話〙フォースフォロス《明けの明星の擬人》. **2** 《詩》＝Lucifer 1.

phos·phor- [fɑ́sfər | fɔ́s-] (母音の前に来る時の) phosphoro- の異形.

phos·pho·rate [fɑ́sfərèɪt | fɔ́s-] 〘← PHOSPHORO-＋-ATE[3]〙 *vt.* 〘化学〙 **1** リンと化合させる, …にリンを加える[含ませる]. **2** …にリン光を出させる.

phósphor brónze *n.* 〘鉱物〙燐銅, 燐青銅.

Phos·phore [fɔ́sfɔə, -fɔə | fɔ́sfɔː(r] *n.* ＝Phosphor.

phos·pho·resce [fɑ̀sfərés | fɔ̀s-] 〘(1794) 《逆成》? ← PHOSPHORESCENT：⇨ -esce〙 *vi.* 燐のように光る, 燐光を発する.

phos·pho·res·cence [fɑ̀sfərésns | fɔ̀s-] 〘⇨↓, -ence〙 ― *n.* **1** 燐光を発すること；青光り. **2** 〘物理・化学〙リン光《ある物質に光を当ててこれを取り去った後に残る発光；cf. fluorescence, luminescence》.

phos·pho·res·cent [fɑ̀sfərésnt | fɔ̀s-] 〘(1766) ← PHOSPHORO-＋-ESCENT〙 ― *adj.* 燐光を発する, 青光りする；燐光性の (cf. fluorescent)：a ～ substance 燐光性物質, 燐光体. **～·ly** *adv.*

phos·phor·et·ed [fɑ́sfərètɪd, -tәd | fɔ́sfərèt-] *adj.* (*also* **phos·phor·et·ted** [～]) 〘化学〙＝phosphureted.

phosphori *n.* phosphorus の複数形.

phos·phor·ic [fɑsfɔ́(ː)rɪk, -fɑ́r-, fɑ́sf(ə)r- | fɔsfɔ́r-] 〘(1784) ▭ F *phosphorique* ← *phosphore* 'PHOSPHOR'：⇨ -ic[1]〙 ― *adj.* 〘化学〙リンの, 五価のリン (P^V) を含む.

phosphóric ácid *n.* 〘化学〙リン酸《正リン酸 (H_3PO_4)・メタリン酸 (HPO_3)・ピロリン酸 ($H_4P_2O_7$) の各種があるが, 普通は正リン酸のこと；肥料に用いる》.

phosphóric anhýdride *n.* 〘化学〙無水リン酸 (⇨ phosphorus pentoxide).

phos·pho·rism [fɑ́sfərìzm | fɔ́s-] 〘← PHOSPHORO-＋-ISM〙 *n.* 〘病理〙(特に, 慢性の)燐中毒.

phos·pho·rite [fɑ́sfəràɪt | fɔ́s-] 〘← PHOSPHORO-＋-ITE[1]〙 ― *n.* 〘鉱物〙 **1** (塊状の)燐灰石 (apatite)《リンの主要鉱石鉱物で肥料用》. **2** 燐鉱, 燐灰岩 (phosphate rock). **phos·pho·rit·ic** [fɑ̀sfərítɪk | fɔ̀sfərít-] *adj.*

phos·pho·rize [fɑ́sfəràɪz | fɔ́s-] 〘▭ F *phosphoriser*：⇨ phosphor, -ize〙 ― *vt.* 〘化学〙＝phosphorate. **phos·pho·ri·za·tion** [fɑ̀sfərɪzéɪʃən, -rə- | fɔ̀sfəraɪ-, -rɪ-] *n.*

phos·pho·ro- [fɑ́sfəro(ʊ) | fɔ́sfərə(ʊ] 〘← PHOSPHORUS〙 ―「リン (phosphorus)；リン酸 (phosphoric acid)」の意の連結形. ★ 母音の前では通例 phosphor- になる.

phos·pho·ro·graph [fɑ́sfərəgræ̀f | fɔ́sfərə(ʊ)grɑ̀ːf, -græ̀f] 〘⇨↑, -graph〙 *n.* (燐光を発する塗料で描いた)燐画.

phos·pho·rol·y·sis [fɑ̀sfərɑ́ləsɪs, -səs | fɔ̀sfərɔ́lɪsɪs, -lə-] 〘← NL ～ ← PHOSPHORO-＋-LYSIS〙 ― *n.* 〘化学〙加リン酸分解《加水分解の際, リン酸が水の働きをしてリン酸塩となる分解反応；特に, グリコシド結合の解裂反応》. **phos·pho·ro·lyt·ic** [fɑ̀sfəro(ʊ)lítɪk | fɔ̀sfərə(ʊ)lít-] *adj.*

phos·phor·o·scope [fɑsfɔ́(ː)rəskòʊp, -fɑ́r- | fɔsfɔ́rəskə̀ʊp] 〘← PHOSPHORO-＋-SCOPE〙 *n.* 〘物理・化学〙リン光計.

phos·pho·rous [fɑ́sf(ə)rəs, fɑsfɔ́ːr-, -fóːr- | fɔ́sf(ə)r-] 〘(1777) ← PHOSPHOR(US)＋-OUS〙 *adj.* **1** 〘化学〙リンの, 三価のリン (P^{III}) を含む. **2** ＝phosphorescent.

phósphorous ácid *n.* 〘化学〙亜リン酸 (H_3PO_3).

phos·pho·rus [fɑ́sf(ə)rəs | fɔ́s-] 〘(1629) ← NL ～ ← L *Phōsphorus* morning star ▭ Gk *phōsphóros* light-bringer ← *phôs* light＋*-phóros* '-PHORE'〙 ― *n.* (*pl.* **-pho·ri** [-fəràɪ]) **1** 〘化学〙リン《非金属元素；記号 P, 原子番号 15, 原子量 30.97376》. **2** 《まれ》燐光性物質, 燐光体. **3** [P-] ＝Phosphor.

phósphorus 32 [-θə́ːṭi-túː | -θə́ːtɪ-] *n.* 〘化学〙リン 32《リンの放射性同位体；化学・生化学の研究におけるトレーサー (tracer) として病気の診断・治療に使われる；記号 ^{32}P》.

phósphorus necrósis *n.* 〘病理〙燐壊死(えし)《燐を扱う労働者があごの骨を冒される病気；俗に phossy jaw という》.

phósphorus oxychlóride *n.* 〘化学〙オキシ塩化リン ($POCl_3$)《空気中で発煙する揮発性の液体》.

phósphorus pentachlóride *n.* 〘化学〙五塩化リン (PCl_5)《白色または微黄色の結晶で, 刺激臭がある；有機合成の際の塩素化剤として用いられる》.

phósphorus pentóxide *n.* 〘化学〙五酸化リン, 無水リン酸 ($(P_2O_5)_x$)《無色固体；水と激しく反応しリン酸になる；乾燥, 脱水剤；phosphoric anhydride ともいう》.

phósphorus sesquisúlfide *n.* 《俗用》〘化学〙三硫化四リン, 三硫化リン (P_4S_3)《燃えやすい黄色の結晶質化合物；主にマッチ製造に用いられる》.

phósphorus trichlóride *n.* 〘化学〙三塩化リン (PCl_3)《空気中で発煙する揮発性の液体；主に有機合成化学における塩素化剤として用いられる》.

phos·pho·ryl [fɑ́sfərɪ̀l | fɔ́s-] 〘← PHOSPHORO-＋-YL〙 *n.* 〘化学〙ホスホリル《PO で表わされる 3 価の基》.

phos·phor·y·lase [fɑsfɔ́(ː)rəlèɪs, -fɑ́r-, fɑ́sfərɪ-, -rə-, -lèɪz | fɔsfɔ́rɪlèɪs, fɔ́sfərɪ-] 〘⇨↑, -ase〙 ― *n.* 〘生化学〙ホスホリラーゼ《動植物の組織中に存在し, 二糖[多糖]類にリン酸が加わって単糖リン酸を分解する反応(またはその逆反応)を触媒する酵素の総称；澱粉およびグリコーゲンの合成および分解にあずかる》.

phos·phor·y·late [fɑsfɔ́(ː)rəlèɪt, -fɑ́r-, fɑ́sfərɪ-, -rə- | fɔsfɔ́rɪ-, fɔ́sfərɪ-] 〘⇨↑, -ate[3]〙 *vt.* 〘生化学〙加リン酸反応(作用)をする.

phos·phor·y·la·tion [fɑsfɔ̀(ː)rəléɪʃən, -fɑ̀r-, fɑ̀sfərɪ-, -rə- | fɔsfɔ̀rɪ-, fɔ̀sfərɪ-] *n.* 〘生化学〙リン酸化, 加リン酸反応《有機化合物の OH 基か NH 基にリン酸が結合する反応；生体内のリン酸化合物の生成に重要な反応》.

phósphoryl gròup *n.* 〘化学〙ホスホリル基《PO で表わされる陽性の基》.

phòspho·túngstic ácid 〘← PHOSPHO-＋TUNGSTIC〙 ― *n.* 〘化学〙リンタングステン酸《リン酸とタングステン酸から生じるヘテロポリ酸 ($H_3[P(W_{12}O_{40})]$) など；正式名 tungstophosphoric acid》.

phos·phu·ret·ed [fɑ́sfjʊrèṭɪd, -təd | fɔ́sfjʊrèt-] 〘← 《廃》*phosphuret* phosphide (-*u*- は F *phosphure* の影響)＋-ED 2〙 ― *adj.* (*also* **phos·phu·ret·ted** [～]) 〘化学〙リンと化合した：～ hydrogen リン化水素.

phos·sy [fɑ́si | fɔ́sɪ] 〘← *phos*- (《略》← PHOSPHORUS)＋-Y[2]〙 *adj.* 《俗》燐の, 燐による.

phóssy jáw *n.* 《口語》＝phosphorus necrosis.

phot [fóut, fɑ́t | fɔ́t, fə́ut] 〘▭ Gk *phōt*-, *phôs* light〙 *n.* 〘光学〙ホト《照度の単位；1 cm^2 につき 1 lumen の照度, すなわち 10,000 luxes に等しい》.

phot. 《略》photograph; photographer; photographic; photography; photostat.

phot- [fout | fəut] (母音の前に来る時の) photo- の異形.

pho·tal·gia [foutǽldʒə, -dʒiə | fəutǽldʒə, -dʒɪə] 〘← PHOTO-＋-ALGIA〙 *n.* 〘医学〙光痛症.

pho·tic [fóuṭɪk | fə́ut-] 〘← PHOTO-＋-IC[1]〙 ― *adj.* **1** 光の, 光に関する. **2** 〘生物〙 **a** (生物による)発光(性)の, 発光による刺激の. **b** (特に, 太陽の)光が透過する：⇨ photic zone. **phó·ti·cal·ly** *adv.*

phótic région *n.* 〘生物〙＝photic zone.

pho·tics [fóuṭɪks | fə́utɪks] 〘⇨ photic, -ics〙 *n.* 光学.

phótic zóne *n.* 〘生物〙透光層, 有光層《海面からおよそ 600 m 位の深さまでの光が透入する部分》.

pho·tism [fóutɪzm | fə́u-] 〘▭ G *Photismus* ▭ Gk *phōtismós* illumination ← *phōtízein* to illuminate：⇨ photo-, -ism〙 ― *n.* 〘精神医学〙幻視, フォティズム《聴覚・味覚・嗅覚・触覚などによって生じる視覚的な知覚》.

pho·to [fóutou | fə́utəu] 〘(1870) 《略》← PHOTOGRAPH〙 ― *n.* (*pl.* ～**s**) 写真：take a ～ 写真を撮る / have [get] one's ～ taken 写真を撮ってもらう. ― *adj.* ＝photographic 1. ― *v.* 《口語》 ― *vt.* …を写真に撮る, 撮影する. ― *vi.* **1** 写真を撮る. **2** 写真の写りが…である：She always ～*s* well [badly]. 彼女はいつも写真写りがよい[悪い].

pho·to- [fóuṭo(ʊ) | fə́utə(ʊ)] 〘▭ Gk *phōt(o)*-, *phôs* light〙 ― 次の意味を表わす連結形：**1** 「光 (light)；写真 (photograph), 写真の (photographic)」: *photo*chemical, *photo*genic, *photo*graphy, *photo*film, *photo*type. **2** 「光(こう)電子の (photoelectric)」: *photo*current. **3** 「光子, 光量子 (photon)」: *photo*meson. **4** 「光化学の (photochemical)」: *photo*product. ★ 母音の前では通例 phot- になる.

phòto·acóustic spectróscopy *n.* 光音響分光法《光照射により試料中に発生する音波により行なう分析法；略 PAS》.

phòto·actínic *adj.* 〘写真〙(感光物に対して)化学変化を与える, 光活性の.

phòto·áctive *adj.* 〘生物〙光活性のある, 光能動的な.

phòto·áutotroph *n.* 〘生物〙光合成的独立栄養生物, 光学的自己栄養生物《光合成によって無機物から細胞成分を合成しうる緑色植物・ある種の細菌など；cf. phototroph》.

phòto·autotróphic *adj.* 〘生物〙〈緑色植物・ある種の細菌など〉光合成的独立栄養の (cf. chemoautotrophic). **phòto·autotróphically** *adv.*

phóto bàse *n.* 〘測量〙主点基線《写真上の航空基地》.

pho·to·bath·ic [fòuṭo(ʊ)bǽθɪk | fə̀utə(ʊ)-] 〘← PHOTO-＋BATHO-＋-IC[1]〙 *adj.* 〈海水が〉太陽光線の届く深さの.

phòto·bíology 〘← PHOTO-＋BIOLOGY〙 ― *n.* 光生物学《光の生物に及ぼす影響を研究する生物学の一分野》. **phòto·biológic** *adj.* **phòto·biológical** *adj.* **phòto·biólogist** *n.*

phòto·biótic 〘← PHOTO-＋BIOTIC〙 *adj.* 〘生物〙(生存に)光を必要とする.

phòto·bótany 〘← PHOTO-＋BOTANY[1]〙 *n.* 光植物学《光の植物に与える影響を研究する植物学の一分野》.

phòto·catálysis 〘← NL ～：⇨ photo-, catalysis〙 ― *n.* 〘物理化学〙光化学触媒作用, 光触媒作用《光の吸収により直接反応が促進されるか, または光を吸収した物質が反応を促進させる作用》.

phòto·cátalyst *n.* 〘物理化学〙光触媒, 光化学触媒《光化学反応において, 光を吸収しないが触媒の働きをする物質》.

phòto·cáthode *n.* 〘電子工学〙光電陰極, 光陰極《光の照射により電子を放出する陰極》.

phóto·cèll *n.* ＝photoelectric cell.

phòto·cerámics *n.* 写真術または写真平板術(photolithography) を用いて装飾した陶磁器製品.

phòto·chémical *adj.* 光化学の. ― *n.* 光化学物質《光の物質に与える作用によって作られるもの》. **～·ly** *adv.*

photochémical óxidant *n.* 光化学オキシダント《汚染大気の光化学反応で生じる酸化性物質の総称》.

photochémical smóg *n.* 光化学スモッグ《汚染大気中の炭化水素と窒素酸化物から太陽光線によって光化学的に発生するスモッグ》.

phòto·chémistry *n.* 光化学. **phòto·chémist** *n.*

phòto·chrómic 〘← PHOTO-＋CHROM-＋-IC[1]〙 〘写真〙 ― *adj.* 〈物質が〉ホトクロミズム (photochromism) の：～ glass [film] ホトクロミックガラス[フィルム]. ― *n.* ホトクロミズム物質《光の照射で変色し, 暗所で元の色に戻る物質》.

phòto·chrómism *n.* ホトクロミズム, 光色性《ある種の物質が光の照射を受けると着色し, 照射をやめると再び元の色に戻る性質》.

pho·to·chro·my [fóuṭəkròumi | fə́utə(ʊ)krə̀ʊmɪ] 〘← PHOTO-＋CHROME＋-Y[1]〙 *n.* 《古》天然色写真術.

phòto·chrónograph *n.* **1** 動体記録写真 (chronophotograph). **2** 動体記録写真機. **3** (動体)写真記録秒器, フォトクロノグラフ.

phòto·chronógraphy *n.* 動体写真法《一定の時間間隔で写真を写し, 変化を記録する方法》.

phòto·coágulating *adj.* 〘眼科〙光凝固(術) (photocoagulation) を起こさせる.

phòto·coagulátion *n.* 〘眼科〙(網膜の)光凝固(術). **phòto·coágulative** *adj.*

phòto·compóse *vt.* 〘印刷〙〈活字を〉写真植字する.

phòto·compóser *n.* 写真植字機.

phòto·composítion *n.* 〘印刷〙写真植字.

phòto·condúction *n.* 〘電子工学〙(セレニウムなどに見られる)光伝導.

phòto·condúctive *adj.* 〘電子工学〙光(こう)導電性の, 光伝導の.

photocondúctive céll *n.* 〘電子工学〙光(こう)導電セル《photoelectric cell ともいう》.

phòto·conductívity *n.* 〘電子工学〙光(こう)伝導(現象), 光導電性.

phòto·condúctor *n.* 〘電子工学〙光伝導体.

phóto·còpier *n.* 写真複写機.

phóto·còpy *n.* フォトコピー, 複写[複製]写真. ― *vi.* フォトコピーする, 写真複写する. ― *vt.* 〈記録などを〉写真複写する.

phóto·cùbe *n.* 〘写真〙写真立方体《透明なプラスチックの立方体；各面の内側に写真を 1 枚ずつ外から見えるように入れられるようにするため, 普通中にスポンジ質の物質が入っている》.

phóto·cùrrent *n.* 〘電子工学〙光(こう)電流《光(こう)電子の運動による電流；photoelectric current ともいう》.

phòto·decomposítion *n.* 〘物理化学〙光分解《光照射による分解反応》.

phòto·detéctor *n.* 〘電子工学〙光検出器《光の変化を電流変化に変換することによってその強度を測定する装置》.

phòto·díode *n.* 〘電子工学〙フォトダイオード, 光ダイオード《光電変換素子の一種》.

phòto·disintegrátion *n.* 〘物理〙(原子核の)光(こう)分解, 光崩壊《原子核が光子を吸収し核子または核子の集団を放出すること》.

phòto·dissociátion *n.* 〘物理・化学〙光(こう)解離, 光分解《放射エネルギーの吸収によって起こる化合物(または原子や原子核)の解離》. **phòto·dissóciate** *vt.* **phòto·dissóciative** *adv.*

phóto·dràma *n.* 映画劇. **phòto·dramátic** *adj.*

phòto·dúplicate *n., v.* ＝photocopy.

phòto·duplicátion *n.* 写真複製(法).

phòto·dynámic *adj.* 光力学的な. **phòto·dynámical** *adj.*

phòto·dynámics 〘← PHOTO-＋DYNAMICS〙 *n.* 光力学《植物の運動に対する光の作用を研究する》.

phòto·elástic *adj.* 〘物理〙光(こう)弾性の.

phòto·elastícity *n.* 〘物理〙光(こう)弾性《セルロイドなどの透明な等方性弾性体に外力を加えることによって内部に生じた応力のため, 異方性が生じ複屈折を示す現象》.

phòto·eléctric *adj.* 〘電子工学〙 **1** 光による電気[電子]の作用の, 光(こう)電子の. **2** 光電子写真装置の. **phòto·eléctrically** *adv.*

photoeléctric céll *n.* **1** 〘電子工学〙光電管 (⇨ phototube). **2** 〘電子工学〙＝photoconductive cell. **3** 〘電気〙＝photovoltaic cell.

photoeléctric cúrrent *n.* 〘電子工学〙＝photocurrent.

photoeléctric efféct *n.* 〘電気〙光電効果, 電気的光分解 (cf. photomagnetic effect).

photoeléctric emíssion *n.* 〘電気〙＝photoemission.

phòto·electrícity *n.* **1** 光(こう)電気. **2** 光(こう)電子学.

photoeléctric méter *n.* 〘写真〙(光電管を用いた)露出計.

photoeléctric thréshold *n.* 〘電子工学〙光電限界《光電子を解放するのに必要な最小限の光のエネルギーまたは振動数》.

photoeléctric túbe *n.* 〘電子工学〙光電管 (⇨ phototube).

phòto·eléctron *n.* 〘電子工学〙光(こう)電子. **phòto·electrónic** *adj.*

photoeléctron spectróscopy *n.* 光電子分光法《光照射により発生する電子のエネルギーを分析することにより物質を同定する方法; 略 PES》.

phòto·eléctrotype *n.* 写真電鋳版(画).

phòto·emíssion *n.* 〘電気〙 **1** 光電子放出《光を照射することによって物質の表面から電子が放出される現象; cf. field emission, thermionic emission》. **2** 光電流.

phòto·emíssive *adj.* **1** 〘電子工学〙光電子放出性の, 光電子を放出する. **2** 光電池の.

phòto-enámel *n.* 琺瑯(ほうろう)写真.

photoeng. 《略》 photoengraving.

phòto·engráve *vt.* …の写真凸版を作る. **phòto·engráver** *n.*

phòto·engráving *n.* 写真凸版; 写真彫刻法《金属板に写真法で耐水性の像をつくり, 腐食して凹凸像の印刷用版を造る法》.

phòto-éssay *n.* 〘写真〙随筆的な写真表現(作品).

phòto·fabricátion *n.* 〘写真〙フォトファブリケーション《写真腐蝕を利用して, 金属版画・道具・集積回路などを作製すること》.

phóto fínish *n.* **1** 〘競馬〙写真判定決勝《決勝点で写真判定を必要とする激戦; cf. phototimer 2》. **2** 《口語》大接戦, きわどい勝負. **phóto-fínish** *adj.*

phòto·fínishing *n.* (写真の)仕上げ《フィルムの現像・焼付・引伸しなど》.

phòto·físsion *n.* 光(こう)核分裂《γ 線による核分裂》.

phóto·flàsh *n.* (写真用)閃(せん)光電球, フラッシュランプ, (フラッシュ)バルブ (flashbulb).

phótoflash lámp *n.* ＝photoflash.

phótoflash photógraphy *n.* ＝flash photography.

phótoflash sýnchronizer *n.* 〘写真〙フラッシュ[閃(せん)光]同調装置.

phóto·flòod *n.* 〘写真〙白熱タングステン灯, (撮影用)溢(いっ)光灯, 写真電球, フラッド《photoflood lamp ともいう》.

pho·to·flu·o·ro·gram [fòuṭəflú(ə)rəgræ̀m | fə̀utə(u)flúər-] 〘← PHOTO-＋FLUO-＋-GRAM〙 *n.* X 線螢光撮影像.

phòto·fluorógraphy *n.* X 線透視(法), X 線螢光撮影(法). **phòto·fluorográphic** *adj.*

pho·tog [fətάg | -tɔ́g] 〘《略》← *photographer*〙 *n.* 《口語》写真を撮る人, 写真家.

photog. 《略》 photograph; photographer; photographic; photography.

phòto·gélatin *adj.* 写真[感光]ゼラチンの.

photogélatin pròcess *n.* 写真[感光]ゼラチン法《ゼラチン膜を版面とする写真製版印刷法の総称; 米国では collotype のことをいうこともある》.

pho·to·gen [fóuṭədʒèn | fə́utə-] 〘← PHOTO-＋-GEN〙 ― *n.* **1** (泥板岩を乾留して取る)一種の軽油. **2** 〘生物〙発光動物[植物]の発光源.

pho·to·gene [fóuṭədʒìːn | fə́utə-] 〘← PHOTO-＋-GENE〙 *n.* 〘眼科〙(網膜上の)残像 (afterimage).

pho·to·gen·ic [fòuṭədʒénɪk, -dʒíːn- | fə̀utə(u)-] 〘← PHOTO-＋-GENIC: cf. phonogenic〙 ― *adj.* **1** 〘生物〙光[燐光]を生じる, 発光する, 発光性の (phosphorescent): ～ fungi 発光菌. **2** 〈ある種の癲癇(てんかん)・皮膚炎など〉光の作用による, 光で生じる. **3** 〈人・顔など〉(芸術)写真に適する, 写真向きの[写りのよい] (cf. radiogenic 2, telegenic). **4** ＝photographic. **phò·to·gén·i·cal·ly** *adv.*

phòto·geólogy 〘← PHOTO-＋GEOLOGY〙 *n.* 写真地質学. **phòto·geológic** *adj.* **phòto·geológical** *adj.*

pho·to·glyph [fóuṭəglɪf | fə́utə-] *n.* 写真彫刻板. **pho·to·glyph·ic** [fòuṭəglífɪk | fə̀utə-] *adj.*

pho·to·gram [fóuṭəgræ̀m | fə́utə-] 〘← PHOTO-＋-GRAM〙 ― *n.* **1** 〘写真〙フォトグラム《感光紙と光源との間にそれぞれ透明・半透明・不透明の物体を置いてレンズを用いずにつくる影絵的な写真》. **2** (通例, 絵画調の)写真.

pho·to·gram·met·ric [fòuṭəgrəmétrɪk, -græ- | fə̀utə(u)-] *adj.* 写真測量の.

phò·to·grám·me·trist [-trɪst, -trəst | -trɪst] *n.* 写真測量技術者.

pho·to·gram·me·try [fòuṭəgrǽmətri | fə̀utəgrǽmɪtrɪ, -mə-] 〘⇨ photogram, -metry〙 *n.* (主に空中撮影による)写真測量法, 写真製図法.

pho·to·graph [fóuṭəgræ̀f | fə́utəgrɑ̀ːf, -græ̀f] 〘(1839) ← PHOTO-＋-GRAPH: Sir John Herschel によって PHOTOGRAPHIC, PHOTOGRAPHY と共にこの年に初めて用いられた: cf. G *Photographie*〙 ― *n.* 写真: a souvenir ～ 記念写真 / take a ～ (of a person) (人の)写真を撮る, 撮影する / have [get] one's ～ taken＝sit for one's ～ 写真を撮ってもらう[撮らせる]. ― *vt.* **1** 撮影する, 写真に撮る. **2** 鮮明に言葉に表わす; …の印象を深く刻む[記憶に残す]. ― *vi.* **1** 写真を撮る. **2** 写真の写りが…である: I always ～ badly [well]. 私はいつも写真写りが悪い[いい]. **～·a·ble** [-fəbl] *adj.*

pho·tog·ra·pher [fətάgrəfə, fo(u)- | fətɔ́grəfə(r)] *n.* 写真撮影者, カメラマン; 写真家, 写真屋.

pho·to·graph·ic [fòuṭəgrǽfɪk | fə̀utə-] 〘(1839)〙 ― *adj.* **1** 写真の, 写真用[製]の; 写真術の: a ～ album 写真帳, アルバム / ～ engraving 写真彫刻(術) / a ～ studio 撮影所, (フォト)スタジオ. **2** 〈描写・叙述など〉写真のような, 精密な, 写実的な: with ～ accuracy 写真のように精密に. **3** 機械的に模倣した, 芸術味のない.

phò·to·gráph·i·cal [-fɪkəl] *adj.* ＝photographic 1. **～·ly** *adv.*

photográphic páper *n.* 印画紙, 感光紙, 写真印画紙.

pho·tog·ra·phy [fətάgrəfi, fo(u)- | fətɔ́grəfɪ] 〘(1839) ← PHOTO-＋-GRAPHY〙 *n.* **1** 写真を撮ること, 写真撮影: No ～. [掲示] 撮影禁止. **2** 写真(術).

phòto·gravúre 〘(1879) □ F ～: ⇨ photo-, gravure〙 ― *n.* **1** グラビア(印刷), 写真凹(おう)版, フォトグラビア. **2** グラビア版(plate). **3** グラビア写真. ― *vt.* グラビア印刷にする, 写真凹版で複写する.

phòto·hálide *n.* 〘化学〙光化ハロゲン塩《感光作用により, 銀分に富んだハロゲン化銀》.

phòto·héliograph *n.* 〘天文〙太陽写真機 (⇨ heliograph 3). **phòto·heliográphic** *adj.* **phòto·heliógraphy** *n.*

phòto·indúced *adj.* 〘光学・写真〙(光の作用によって)誘起された, 引き起こされた.

phòto·indúction *n.* (生物に対する)光誘導(法). **phòto·indúctive** *adj.*

phòto·ionizátion *n.* 〘物理〙光(こう)電離, 光イオン化.

phòto·isomerizátion 〘← PHOTO-＋ISOMER＋-IZATION〙 *n.* 〘化学〙光(こう)異性化《分子が光を吸収することによって化学構造を変じて他の異性体に変化すること》.

phòto·jóurnalism *n.* フォトジャーナリズム, 写真ジャーナリズム《記事よりも写真を主体にした新聞・雑誌・グラフ》. **phòto·jóurnalist** *n.* **phòto·journalístic** *adj.*

phòto·kinésis 〘← NL ～: ⇨ photo-, -kinesis: cf. kinetic〙 *n.* 〘生理〙光線運動. **phòto·kinétic** *adj.*

phóto làyout *n.* 〘ジャーナリズム〙＝picture spread.

phòto·lítho 〘《略》〙《口語》 *n.* (*pl.* ～s) **1** ＝photolithography. **2** ＝photolithograph. ― *adj.* ＝photolithographic.

phòto·líthograph *n.* 写真平版, 写真石版(画). ― *vt.* 写真平版[石版]にする. **phòto·lithógrapher** *n.*

phòto·lithógraphy *n.* 写真平版[石版](術). **phòto·lithográphic** *adj.* **phòto·lithográphically** *adv.*

phòto·líthoprint *n., vt.* ＝photolithograph.

phòto·luminéscence *n.* 〘光学〙光ルミネッセンス《光を照射することによって生じる螢光》. **phòto·luminéscent** *adj.*

pho·tol·y·sis [fo(u)tάləsɪs, -səs | fə(u)tɔ́ləsɪs, -lɪ-] 〘← NL ～: ⇨ photo-, -lysis〙 ― *n.* (*pl.* **-y·ses** [-sìːz]) 〘化学〙光(こう)分解《光による化学分解; cf. radiolysis》. **pho·to·lyt·ic** [fòuṭəlíṭɪk | fə̀utəlít-] *adj.*

pho·to·lyze [fóuṭəlàɪz, -ṭl- | fə́utəl-] 〘← PHOTO-＋-LYZE〙 〘化学〙 ― *vt.* 光(こう)分解 (photolysis) を起こさせる. ― *vi.* 光分解を起こす. **phó·to·lỳz·a·ble** [-zəbl] *adj.*

photom. 《略》 photometrical; photometry.

phòto·mácrograph *n.* **1** 低倍率の顕微鏡写真. **2** 接写写真, 拡大写真, マクロ写真《等倍から 20-50 倍; cf. photomicrograph》.

phòto·macrógraphy *n.* 低倍率の顕微鏡写真術.

phòto·magnétic efféct *n.* 〘電気〙磁気光学効果, 磁気的光(こう)分解 (cf. photoelectric effect).

phóto·màp *n.* 写真地図, フォトマップ《航空機撮影による多数の写真を継ぎ合わせて作る》. ― *v.* (**photo·mapped; -map·ping**) ― *vt.* …の写真地図を作る: ～ a city, district, etc. ― *vi.* 写真地図を作製する: be skilled in ～*ping*.

phòto·mechánical *adj.* 写真製版法の. **～·ly** *adv.*

photomechánical prócess *n.* 写真製版(法).

pho·tom·e·ter [fo(u)tάməṭə | fə(u)tɔ́mɪtə(r), -mə-] 〘← PHOTO-＋-METER[1]〙 *n.* **1** 〘物理〙測光器, 光度計. **2** 〘写真〙露出計 (exposure meter).

pho·to·met·ric [fòuṭəmétrɪk | fə̀utə-] *adj.* 〘物理〙測光(法) (photometry) の; 測光器 (photometer) の; 光度測定の: ～ units 測光単位. **phò·to·mét·ri·cal** *adj.* **phò·to·mét·ri·cal·ly** *adv.*

pho·tóm·e·trist [-trɪst, -trəst | -trɪst] *n.* 光度測定者.

pho·tom·e·try [fo(u)tάmətri | fə(u)tɔ́mɪtrɪ, -mə-] 〘← PHOTO-＋-METRY〙 *n.* 〘物理〙測光(法), 測光学; 光度測定(法)《光度・光束・照度等, 光の強度の測定》.

phòto·mícrograph *n.* 顕微鏡写真 (cf. photomacrograph 2).

phòto·micrógraphy *n.* 顕微鏡写真術. **phòto·micrográphic** *adj.* **phòto·micrográphical** *adj.*

phòto·míscroscope *n.* 顕微鏡写真撮影装置.

phòto·micróscopy *n.* ＝photomicrography.

phòto·montáge *n.* 〘写真〙 **1** (フォト)モンタージュ《しばしば美的効果を狙って, 数枚の写真を 1 枚に組み合わせること》. **2** モンタージュ写真.

phòto·morphogénesis *n.* 〘植物〙光線のような放射エネルギーによって制御される形態発生. **phòto·morphogénic** *adj.*

phòto·mosáic *n.* モザイク(写真), 集成写真《連続して写した空中写真を貼り合わせて 1 枚の写真図としたもの》.

phóto·mòunt *n.* 写真用台紙[板].

phòto·múltiplier *n.* 光電子増倍管.

phòto·múral 〘← PHOTO-＋MURAL〙 *n.* (装飾・展示用に拡大した)壁面写真.

pho·ton [fóutɑn | fə́utɔn] 〘← PHOTO-＋-ON[2]〙 ― *n.* 〘物理〙光子, 光量子, フォトン《光のエネルギー; light quantum ともいう》. **pho·ton·ic** [fo(u)tάnɪk | fə(u)tɔ́n-] *adj.*

Pho·ton [fóutɑn | fə́utɔn] 〘↑〙 *n.* 〘商標〙フォートン《一種の写真植字機》.

pho·to·nas·ty [fóuṭo(u)næ̀sti | fə́utə(u)næ̀stɪ] 〘← PHOTO-＋-NASTY〙 *n.* 〘植物〙傾光性.

phòto·négative *adj.* **1** 〘物理〙光の吸収によって電気伝導度が低下する. **2** 〘生物〙(ミミズなどのように)負の走光性の, 走暗性の.

phòto·néutron *n.* 〘物理〙光(こう)中性子《原子核に光子を当てた時放出される中性子》.

phòto·núclear *adj.* 〘物理〙光(こう)核(反応)の: ～ reaction 光核反応.

phòto-óffset 〘印刷〙 *n.* 写真(平版)オフセット印刷. ― *vt.* (**-set; -set·ting**) 写真(平版)オフセット印刷にする.

phòto·oxidátion *n.* 〘物理・化学〙光酸化《光照射によって起こる酸化》. **phòto·óxidative** *adj.*

pho·top·a·thy [fo(u)tάpəθi | fə(u)tɔ́pəθɪ] 〘← PHOTO-＋-PATHY〙 ― *n.* **1** 〘生物〙成光性; (特に, 生物が示す顕著な)負の走光性や屈光性. **2** 〘病理〙光線障害, 光線性疾患.

phòto·périod *n.* 〘生物〙光周期《1 日のうちで生物が(日の)光を受ける時間; 光を受けない暗期との組み合わせが植物などの生育を左右する; cf. thermoperiod》. **phòto·periódic** *adj.* **phòto·periódical** *adj.* **phòto·periódically** *adv.*

phòto·periodícity *n.* 〘生物〙光周期性, 光周性.

phòto·périodism *n.* 〘生物〙光周期現象《朝夕・四季などによる明暗・日照量の周期的変化に応じて生物の行動が周期的に変化する現象; cf. thermoperiodism》.

pho·to·phil·ic [fòuṭo(u)fílɪk | fə̀utə(u)-] *adj.* 〘生物〙＝photophilous.

pho·toph·i·lous [fo(u)tάfələs | fə(u)tɔ́fɪ-] 〘← PHOTO-＋-PHILOUS〙 *adj.* 〘生物〙〈植物など〉光を好む, 好光性の《強い光線の中に育つことにいう》.

pho·toph·i·ly [fo(u)tάfəli | fə(u)tɔ́fɪlɪ, -fə-] *n.* 〘生物〙好光性.

pho·to·pho·bi·a [fòuṭəfóubiə | fə̀utəfə́ubjə, -bɪə] 〘← PHOTO-＋-PHOBIA〙 *n.* 〘病理〙羞明(しゅうめい), まぶしがり(症)《光線に対する異常な不耐性》.

pho·to·pho·bic [fòuṭəfóubɪk | fə̀utəfə́u-] *adj.* **1** 〘生物〙〈昆虫など〉光を避ける, 負の屈光性の《暗くした所で最もよく育つことにいう》. **2** 〘病理〙羞明(しゅうめい)の, まぶしがりの.

phòto·phòne *n.* 光線電話, 光(こう)電話 (radiophone)《光波によって通信を行なう装置》.

pho·to·phore [fóuṭəfɔ̀ə, -fɔ̀ə | fə́utəfɔ̀ː(r)] 〘← PHOTO-＋-PHORE〙 *n.* 〘魚類〙発光胞《深海魚などの発光器官》.

phòto·phorésis 〘← NL ～: ⇨ photo-, -phoresis〙 ― *n.* 〘物理〙フォトフォレシス, 光(こう)泳動《光の照射によってほこりなどの微粒子が光の進む方向または逆方向に進むこと》.

phòto·phosphorylátion 〘← PHOTO-＋*phosphorylation*〙 ― *n.* 〘生化学〙光リン酸化, 光合成的リン酸化《光エネルギーによって酸化還元反応が起こり, それに共役して ATP が合成されること》.

pho·to·pi·a [fo(u)tóupiə | fə(u)tə́upjə, -pɪə] 〘← PHOTO-＋-OPIA〙 ― *n.* 〘眼科〙明所視 (↔ scotopia). **phot·o·pic** [fo(u)tóupɪk, -tάp- | fə(u)tə́u-, -tɔ́p-] *adj.*

phòto·pígment *n.* 〘生化学〙光色素 (visual pigment)《光の作用によってその特質が変化する色素》.

phóto·plày *n.* 映画劇 (photodrama); 映画劇の台本[スクリプト].

phóto·plàyer *n.* 映画俳優.

phóto·plàywright *n.* 映画劇作者.
phòto·polarímeter *n.* 〖光学〗惑星面·太陽面の光の偏光状態を測定するための望遠鏡と偏光計の働きを兼ねた器械.
phòto·pólymer *n.* 〖印刷〗感光性樹脂《版を作るのに用いる感光性の高分子化合物》.
phòto·polymerizátion *n.* 〖化学〗光(ᵓᵅ)重合《光照射によって引き起こされる重合》.
phòto·pósitive *adj.* **1** 〖物理〗光の吸収によって電気伝導度の増大する. **2** 〖動物〗(ガなどのように)正の走光性の.
phóto·prìnt *n.* **1** 写真印画, 写真プリント. **2** フォトプリント《写真製版法による印刷物》. **~·er** *n.* **~·ing** *n.*
phòto·próduct *n.* 〖化学〗光分解生成物, 光化学生成物.
phòto·prodúction *n.* 〖物理·化学〗光反応生成物.
phòto·próton *n.* 〖物理〗光(ᵓᵅ)陽子《光核反応で放出される陽子》.
phòto·rádiogram 〖← *Photoradiogram* (商標名) ← PHOTO＋RADIOGRAM〗 *n.* 無線電送写真.
phòto·reactivátion *n.* 〖生化学〗光回復《紫外線障害が可視光で回復すること》. **phòto·reáctivating** *adj.*
phòto-réalism *n.* 〖美術〗写真的リアリズム《写真の映像のように迫真的な描写; 特に, 人生の悲惨な現実をそのまま描く手法》. **phòto-réalist** *n.*
phòto·récce 〖《短縮》← *photorec(onnaissan)ce*〗 *n.* 《米軍俗》＝photoreconnaissance.
phòto·recéption *n.* 〖生物·生理〗光(ᵓᵅ)受容. **phòto·recéptive** *adj.*
phòto·recéptor *n.* 〖生物·生理〗光(ᵓᵅ)受容体.
phòto·recónnaissance *n.* 〖軍事〗航空写真偵察(飛行), 写真偵察.
phòto·recórder *n.* 記録写真作製機《カメラなど》.
phòto·recórding *n.* 記録写真作製.
phòto·redúction *n.* 〖光学〗光還元《光化学反応による還元》.
phòto·resíst *n.* 〖光学〗光硬化性樹脂《受ける光の強さによっていろいろな程度に堅くなるプラスチック; 特に集積回路を作製する場合にシリコン薄片の表面につける微小図形を印写するのに用いる》.
phòto·respirátion *n.* 〖植物〗光呼吸, 明呼吸《光合成中の二酸化炭素の放出と同時に行なう呼吸》.
phòto-retóuch *vt.* 〖写真〗〈写真のネガまたはポジを〉ブラシ[鉛筆, ナイフなど]で修整する.
phóto·scàn 〖← PHOTO-＋SCAN (v.)〗〖医学〗 *n.* 光学スキャナー(による)写真. **—** *vt., vi.* (…を)光学スキャナーで検査[診断]する. **phòto·scánning** *n.*
phòto·scánner *n.* 〖医学〗光学スキャナー《診断のために体内に注入された放射性アイソトープの分布を X 線フィルムに記録する装置》.
phòto·sénsitive *adj.* 感光性の.
phòto·sensitívity *n.* 感光性.
phòto·sensitizátion *n.* **1** 感光性を与えること. **2** 感光性を与えられた状態. **3** 〖医学〗光(ᵓᵅ)感作(ᵓ).
phòto·sénsitize *vt.* …に感光性を与える. **phòto·sénsitizer** *n.*
phòto·sénsor *n.* 感光素子, 感光装置.
phóto·sèt *vt.* 〈原稿を〉写真植字する.
phóto·sètting *n.* 写真植字.
phòto·spéctroscope *n.* 写真分光器 (cf. spectrograph 1).
pho·to·sphere [fóutəsfìə, -tou- | fə́utə(u)sfìə(r] *n.* 〖天文〗光球《太陽·恒星の最も光輝の強い通常丸く見える部分》. **pho·to·spher·ic** [fòutəsférɪk, -tou-, -sfí(ə)r- | fə̀utə(u)sfér-] *adj.*
phóto·stàge *n.* 〖植物〗感光期《植物の生長過程において, 特に光の影響の顕著な段階》.
Pho·to·stat [fóutəstæ̀t, -tou- | fə́utə(u)-] 〖← PHOTO-＋-STAT〗 **—** *n.* **1** 〖商標〗フォトスタット《書画·地図·文書などをフィルムを使わずに直接感光紙に連続的に迅速に写す複写写真機》. **2** [時に p-] フォトスタットによる複写写真. **—** *vt., vi.* [時に p-] フォトスタットで複写する.
pho·to·stat·ic [fòutəstǽtɪk, -tou- | fə̀utə(u)stǽt-] *adj.* フォトスタット (Photostat) の[による, を使う].
phòto·súrface *n.* 〖写真〗感光面.
pho·to·syn·thate [fòutousínθeɪt | fə̀utə(u)-] 〖⇨ ↓, -ate¹〗 *n.* 光(ᵓ)合成物.
phòto·sýnthesis 〖← NL ～: ⇨ photo-, synthesis〗 **—** *n.* 〖植物〗(炭水化物などの)光合成《緑色植物が光のエネルギーで炭酸ガスから有機物質を得る作用; cf. chemosynthesis》.
phòto·sýnthesize 〖植物〗 *vi.* 光合成する[を行なう]. **—** *vt.* 〈蛋白質などを〉光合成で作り出す.
phòto·synthétic 〖⇨ photosynthesis, -ic¹〗 *adj.* 光合成の. **phòto·synthétically** *adv.*
photosynthétic rátio *n.* 〖植物生理〗光合成比.
pho·to·tax·is [fòutətǽksɪs, -səs | fə̀utə(u)tǽksɪs] 〖← NL ～: ⇨ photo-, -taxis〗 **—** *n.* (*pl.* **-tax·es** [-si:z]) 〖生物〗走光性 (cf. heliotaxis, phototropism): positive [negative] ～ 正の[負の]走光性, 向[背]光性. **phò·to·tác·tic** [-tǽktɪk] *adj.*
pho·to·tax·y [fóutətæ̀ksi | fə́utə(u)tæ̀ksɪ] *n.* 〖生物〗＝phototaxis.
phòto·télegraph *n.* 写真電送機; 電送写真 (cf. facsimile 2 a). **—** *vt.* 〈写真を〉電送する. **—** *vi.* 写真を電送する.
phòto·telegráphic *adj.* 写真電送の. **phòto·telegráphical** *adj.*
phòto·telégraphy *n.* **1** (日光反射信号法 (heliography) などの)光による通信法. **2** 写真電送(術) (cf. facsimile 2).
phòto·télephone *vt.* 〈写真·文書などを〉電話ファックスで電送する.
phòto·téléscope *n.* 写真望遠鏡《星などを観測しながら撮影する器械》.
phòto·theódolite *n.* 〖測量〗セオドライト《ロケットの光学的追跡装置》.
phòto·therapéutics *n.* 〖医学〗＝phototherapy. **phòto·therapéutic** *adj.*
phòto·thérapy *n.* 〖医学〗光線療法. **phòto·thérapist** *n.*
phòto·thérmal *adj.* 光熱の; 光と熱に関する.
phòto·thérmic *adj.* ＝photothermal.
phóto·tìmer *n.* **1** (カメラの)自動露出調整器. **2** (勝者判定用)レース決勝場面撮影装置 (cf. photo finish 1).
pho·tot·o·nus [foutátənəs, -tn- | fə(u)tɔ́tən-] 〖← NL ～: ⇨ photo-, tonus〗 *n.* 〖生物〗 **1** (葉などの)感光性. **2** 原形質が特定の強さの光に対して反応すること. **pho·to·ton·ic** [fòutətánɪk | fə̀utətɔ́n-] *adj.*
phòto·topógraphy *n.* ＝photogrammetry. **phòto·topográphic** *adj.*
phòto·transístor 〖商標名〗 *n.* 〖電子工学〗フォトトランジスター《光信号で電流を制御できるトランジスター》.
pho·to·troph [fóutətrὰf | fə́utətrɔ̀f] 〖⇨ photo-, tropho-〗 **—** *n.* 〖生物〗光栄養生物《特に光エネルギーを用いて有機物を合成する独立栄養細菌; cf. photoautotroph》.
pho·to·tro·pic [fòutətróupɪk, -tráp- | fə̀utətrɔ́p-] *adj.* 〖植物〗向日性の, 屈光性の (cf. heliotropic). **phò·to·tróp·i·cal·ly** *adv.*
pho·tot·ro·pism [fo(u)tátrəpɪzm | fə(u)tɔ́t-] *n.* 〖植物〗屈光性 (cf. heliotropism, phototaxis): positive [negative] ～ 正[負]の屈光性, 陽[陰]性屈光性.
pho·tot·ro·py [fo(u)tátrəpi | fə(u)tɔ́trəpɪ] 〖← PHOTO-＋-TROPY〗 *n.* 〖化学〗ホトトロピー, 光同素, 光互変《光を当てると可逆的変色を起こす現象》.
phóto·tùbe *n.* 〖電子工学〗光電管《光により生じる光電子を利用する電子管; photoelectric tube ともいう》.
phóto·tỳpe 〖《1859》〗 **—** *n.* 〖印刷〗 **1** フォトタイプ; 写真凸版(法); 写真凸版の印刷物. **2** 《廃》＝collotype.
pho·to·typ·ic [fòutətípɪk | fə̀utə-] *adj.* **phò·to·týp·i·cal·ly** *adv.*
phòto·týpesetting *n.* ＝photocomposition. **phò·to·týpesetter** *n.*
phòto·typógraphy *n.* 〖印刷〗写真凸(ᵓ)版術(の一般的な呼称); 写真凸版印刷術. **phòto·typográphic** *adj.*
pho·to·typ·y [fóutə(u)tàɪpi | fə́utə(u)tàɪpɪ] *n.* 〖印刷〗フォトタイプ(製版)法, 写真凸版術.
phòto·voltáic *adj.* 〖電気〗光電池の.
photovoltáic céll *n.* 〖電気〗光電池《二種の物質の接合部に光を照射した時に生じる電池; 写真の露出計などに用いられる》.
photovoltáic efféct *n.* 〖電気〗光(ᵓᵅ)起電力効果.
phòto·zincógraphy *n.* 〖印刷〗写真亜鉛凸(ᵓ)版術.
p.h.p. 《略》pounds per horsepower; pump horsepower.
phpht [ft] 〖擬音語〗 *int.* ＝pht.
phr. 《略》phrase.
phrag·mo·plast [frǽgmo(u)plæ̀st | -mə(u)-] 〖← *phragmo-* (← NL *phragma* (← Gk *phrágma* hedge, fence ← *phrássein* to fence in)＋-o-)＋-PLAST〗 **—** *n.* 〖植物生理〗隔膜形成体.
phras·al [fréɪzl, -zəl] *adj.* 句の, 句から成る: ～ verbs 句動詞《一般には 'go away', 'put off' のような動詞·副詞結合をいう》. **~·ly** *adv.*
phrase [fréɪz] 〖《1530》□ L *phrasis* □ Gk *phrásis* speech, phraseology, expression ← *phrázein* to speak: L *phrasēs* (pl.) からの逆成とも考えられる〗 **—** *n.* **1** 句: **a** 〖文法〗意味·機能上一単位をなし, 文 (sentence) および節 (clause) 構成の一要素として用いられる二語またはそれ以上の集合体 (cf. word); (変形文法では)句構造文法の単位《NP, VP など》: a noun ～ 名詞句 / an adjective [adjectival] ～ 形容詞句 / an adverb(ial) ～ 副詞句. **b** 〖言語〗(構造言語学で)語群中最小の文法単位《前後を末尾連接によって区切られ, ただ一つの第一次強勢を有する》. **2** 熟語, 成句, 慣用句: a set ～ 成句, 決まり文句. **3** 話し[言い]方, 言い回し, 言葉遣い, 辞句 (phraseology): rhythmical ～ なだらかな辞句, 律語 / felicity of ～ 句法[言葉遣い]のうまさ / in simple ～ 簡単な言い方[言葉]で(言えば) / in Eliot's ～ エリオットの言い方によれば. **4** 簡潔(で適切)な言い回し; 寸言, 警句 (epigram), 名句: coin a ～ 名句[打ってつけの表現]を考え出す. **5** (演説で二つの休止間の)強調的語句. **6** [*pl.*] くだらない文句, 空言: We have had enough of ～*s.* 空論はもうたくさんだ. **7** 〖音楽〗楽句, フレーズ《旋律の区切り, または楽曲構成上の単位で, 一応それ自体まとまった意味をもつもの; 動機 (motive) と楽節 (sentence, period) の間に位置する》. **8** 〖ダンス〗フレーズ《一つの型を構成する一連の動作単位》.
to coin a phrase 《戯言》(私の)独創的な言い方をすれば《実際には決まり文句などを使う時に用いる》.
— *vt.* **1** 言葉で表わす, 述べる, 言い表わす: Thus he ～*d* it. それを彼はこういう風に言い表わした. **2** 〖音楽〗(演奏で)〈フレーズを〉はっきり浮かび上がらせる; 〈旋律を〉フレーズに区切る. **3** 〈使用頻度の高い語句を〉速記法で書く. **4** 《北英·スコット》ほめる, こびる (flatter). **—** *vi.* 〖音楽〗(旋律を楽想の一定のまとまりのフレーズに)区切る.
phráse bòok *n.* (母国語訳付きの外国語の)熟語[成句]集.
phráse·màker *n.* **1** 語句創造[警句作り]の上手な人, うまい言い回しをする人: a superb ～. **2** (空虚な)美辞麗句を並べ立てる人. **phráse·màking** *n.*
phráse màrker *n.* 〖文法〗句構造標識《通例, 枝分かれ図 (tree diagram) か標示付きかっこ区分 (labeled brackets) で示される文の構造を示す標識; P-marker ともいう》.
phráse·mònger *n.* ＝phrasemaker 2.
phra·se·o·gram [fréɪziəgræ̀m | -zɪə-] 〖← PHRASE＋-O-＋-GRAM〗 *n.* (速記術などで)句を表わす符号, 連語記号.
phra·se·o·graph [fréɪziəgræ̀f | -zɪəgrɑ̀:f, -græ̀f] 〖⇨ ↑, -graph〗 *n.* **1** (速記術などでの)符号 (phraseogram) の表わす句. **2** ＝phraseogram.
phra·se·o·log·i·cal [frèɪziəlɑ́dʒɪkəl, -dʒə-| -zɪəlɔ́dʒɪ-, -zjə-] *adj.* 言葉遣い[言い回し]の, 語法[句法]の; 語句の. **~·ly** *adv.*
phrà·se·ól·o·gist [-dʒɪst, -dʒəst | -dʒɪst] *n.* **1** 言葉遣いの研究家, 語句研究者. **2** (空虚な)大げさな語句を使う人.
phra·se·ol·o·gy [frèɪziɑ́lədʒi, freɪzúl- | frèɪzɪɔ́lədʒɪ] 〖《1664》← NL *phraseologia*: ⇨ phrase, -logy〗 **—** *n.* **1** 言葉遣い, 言い回し (wording); 語[句]法 (diction), 文体 (style). **2** 術語, 専門語: the ～ of lawyers 法律用語 / in grammatical ～ 文法用語で言えば. **3** [集合的] 語句 (phrases), 表現 (expressions).
phráse strùcture *n.* 〖文法〗句構造《文を形造っている要素の構造(を示しているもの)》.
phráse-strùcture grámmar *n.* 〖言語〗句構造文法《変形生成文法 (transformational-generative grammar) において, 深層構造 (deep structure) を生成するとされる句構造規則から成る文法》.
phráse-strùcture rúle *n.* 〖言語〗句構造規則.
phrás·ing *n.* **1** 言葉遣い, 言い回し, 語法 (phraseology); (話し言葉の)区切り方. **2** 〖音楽〗フレージング《旋律を phrase に区切ること》.
phra·tor [fréɪtə, -tɔə | -tə(r, -tɔ:(r] 〖□ Gk *phrā́tōr* (異形) ← *phrā́tēr* clansman: cf. brother〗 *n.* phratry の一員.
phra·try [fréɪtri | -trɪ] 〖□ Gk *phrātría* clan, brotherhood: ↑〗 **—** *n.* **1** (古代ギリシャの)氏族《phyle を小分したもの》. **2** 〖社会学〗フラトリー, 胞族《氏族 (clan) のような単系の親族集団の集合体》. **phra·tric** [-trɪk] *adj.* **phrá·tral** [-trəl] *adj.*
phre·at·ic [fri:ǽtɪk | -ǽt-] 〖← Gk *phréāt-*, *phréār* well, cistern＋-IC¹〗 *adj.* 〖地質〗(地下水の)滞水した.
phre·at·o·phyte [fri:ǽtəfàɪt | -ǽt-] 〖← Gk *phréāt-* (↑)＋-O-＋-PHYTE〗 **—** *n.* 〖植物〗地下水面あるいはその直上の部分から水を吸う根を地中深くもった植物. **phre·at·o·phyt·ic** [fri:ǽtəfítɪk | -təfít-] *adj.*
phren. 《略》phrenological; phrenology.
phren- [fren] (母音の前に来る時の) phreno- の異形.
phre·net·ic [frɪnétɪk, frə- | frɪnét-, fre-, frə-] 〖□ L *phrenēticus*: ⇨ frenetic〗 **—** *adj.* 《英》＝frenetic. **—** *n.* 《古》狂乱者, 熱狂者 (madman). **phre·nét·i·cal·ly** *adv.* **~·ness** *n.*
phre·ni- [fríːnɪ, -nə | -nɪ] phreno- の異形 (⇨ -i-).
-phre·ni·a [frí:niə | -njə, -nɪə] 〖← NL ～: ⇨ ↓, -ia¹〗 〖精神医学〗「心的機能の障害状態」の意の名詞連結形: schizo*phrenia*.
phren·ic [frénɪk, frí:n- | frén-] 〖← NL *phrenicus* ← Gk *phrḗn* diaphragm, mind〗 *adj.* **1** 〖解剖〗横隔膜の. **2** 〖生理〗精神的な (mental).
phre·ni·tis [frɪnáɪtɪs, frə-, -təs | frɪnáɪtɪs, fre-, frə-] 〖□ LL *phrenītis* □ Gk *phrenîtis* ← *phrḗn* (↑)＋-ITIS〗 **—** *n.* 〖病理〗 **1** 脳炎 (brain fever); (脳炎による)譫妄(ᵓᵅ), 錯乱 (delirium). **2** 横隔膜炎. **phre·nit·ic** [frɪnítɪk, frə- | frɪnít-, fre-, frə-] *adj.*
phren·o- [fréno(u) | -nə(u)] 〖□ L ～ □ Gk ～ ← *phrḗn* diaphragm, mind〗 **—**「横隔膜 (diaphragm); 精神 (mind)」の意の連結形. ★ 時に phreni-, また母音の前では通例 phren- になる.
phrèno·gástric *adj.* 〖解剖〗横隔膜胃の.
phre·nól·o·gist [-dʒɪst, -dʒəst | -dʒɪst] *n.* 骨相学者.
phre·nol·o·gy [frɪnɑ́lədʒi, fre-, frə- | frɪnɔ́lədʒɪ, fre-, frə-] 〖《1815》← PHRENO-＋-LOGY〗 **—** *n.* (頭蓋(ᵓᵅ))骨相学 (cf. craniology). **phren·o·log·i·cal** [frènəlɑ́dʒɪkəl, fri:-, -nḷ-, -dʒə- | frènəlɔ́dʒɪ-] *adj.* **phrèn·o·lóg·ic** [-dʒɪk] *adj.* **phrèn·o·lóg·i·cal·ly** *adv.*
phren·sy [frénzi | -zɪ] *n., v.* ＝frenzy.
Phrix·us [fríksəs] 〖□ L ～ □ Gk *Phríxos*〗 **—** *n.* 〖ギリシャ神話〗プリクソス《テーベ (Thebes) の王 Athamas の息子; 妹の Helle と共に継母 Ino の手から逃れるため金の羊毛 (Golden Fleece) をもった雄羊に乗って Colchis に渡り, 羊毛をそこの王 Aeëtes に与えた》.
phro·ne·sis [frouní:sɪs, -səs | frəuní:sɪs] 〖□ Gk *phrónēsis* thinking ← *phroneîn* to think ← *phrḗn* mind: ⇨ -sis〗 **—** *n.* 〖哲学〗実践知《思慮分別ある生活を送るための道徳的な知恵》.
Phryg·a·ne·i·dae [frìgəní:ədì: | -ní:ɪ-] 〖← NL ～ ← *Phryganea* (属名: ← Gk *phrúganon* dry stick)＋-IDAE〗 *n. pl.* 〖昆虫〗(毛翅目)トビケラ科.
Phryg·i·a [frídʒiə, -dʒə | -dʒɪə] 〖□ L ～ □ Gk *Phrugía*〗 *n.* フリギア《小アジアの中央および北西部にまたがる地方; 前 2000 年紀末, フリギア人が侵入し建国》.
Phryg·i·an [frídʒiən, -dʒən | -dʒɪən] 〖□ L *Phrygiān-*

us: ⇨↑, -an[1]〛 ── *adj.* フリギア (Phrygia) の; フリギア人の. ── *n.* フリギア人; フリギア語.

Phrýgian cáp [bónnet] *n.* **1** (昔, フリギア人がかぶった)先が前に折れ下がる三角キャップ. **2** =liberty cap.

Phrygian cap 1

Phrýgian móde *n.* 〚音楽〛フリギア旋法(第 3 旋法; ⇨ mode[1] 6 a).

Phry·ma·ce·ae [fraɪméɪsiː] 〚← NL ~ ← *Phryma* (属名) + -ACEAE〛 *n. pl.* 〚植物〛(シソ目)ハエドクソウ科.

PHS, P.H.S. 《略》 Public Health Service.

pht [ft] 〚擬音語〛 *int.* ちえっ, ふん《軽い怒りやいら立ちを表わす》.

phthal- [θæl, fθæl | θæl] (母音の前に来る時の) phthalo- の異形.

phthal·ate [θǽleɪt, fθǽl- | θǽl-] *n.* 〚化学〛フタル酸塩[エステル].

phthal·az·ine [θælǽziːn, -léɪz-, -zɪn, -zən | θælǽziːn, -léɪz-, -zɪn] 〚← PHTHALO- + AZINE〛 *n.* 〚化学〛フタラジン ($C_8H_6N_2$).

phthal·e·in [θǽliɪn, θéɪl-, fθǽl-, fθéɪl-, -liən, -liːn | fθǽliɪn, -liːn] 〚← PHTHALO- + -IN[1]〛 ── *n.* 〚化学〛フタレイン《無水フタル酸とフェノール(類)を濃硫酸中で加熱して得た化合物; その誘導体は重要な染料》.

phthal·ic [θǽlɪk, θéɪl-, fθǽl-, fθéɪl- | fθǽl-] 〚(1857) ← NAPHTHAL(INE) + -IC[1]〛 *adj.* 〚化学〛フタル酸の.

phthálic ácid *n.* 〚化学〛 **1** フタル酸 ($C_6H_4(COOH)_2$). **2** =isophthalic acid. **3** =terephthalic acid.

phthálic anhýdride *n.* 〚化学〛無水フタル酸 ($C_6H_4(CO)_2O$)《ナフタリンを酸化して造る白色針状結晶; 染料中間物・合成樹脂などを造るのに用いる》.

phthal·im·ide [θælímaɪd, fθæl-, -mɪd, -məd | fθælímaɪd, -mɪd] 〚← PHTHALO- + IMIDE〛 ── *n.* 〚化学〛フタルイミド ($C_6H_4(CO)_2NH$)《主にアミノ化剤, アントラニル酸の原料として用いられる》.

phthal·in [θǽlɪn, fθǽl-, -lən | fθǽlɪn] 〚← PHTHALO- + -IN[1]〛 ── *n.* 〚化学〛フタリン《フタレイン類を還元して得られる化合物の俗称》.

phthal·o- [θǽlo(ʊ), fθǽl- | fθǽlə(ʊ)] 〚← PHTHAL(IC) + -O-〛「フタル酸 (phthalic acid) (に近似の)」の意の連結形. ★ 母音の前では通例 phthal- になる.

phthàlo·cýanine 〚⇨↑, cyanine〛 ── *n.* 〚化学〛 **1** フタロシアニン ($C_{32}H_{18}N_8$)《非常に安定した染料となる青色化合物》. **2** 金属フタロシアニン: ~ blue フタロシアニンブルー《青色の有機顔料, 銅フタロシアニン》/ ~ green フタロシアニングリーン《緑色の有機顔料, フタロシアニンブルーのポリクロロ誘導体》.

phthi·o·col [θáɪəkɔ̀(ː)l, fθáɪ-, -kòul | fθáɪəkɔ̀l, θáɪ-] 〚← PHTHI(SIS) + -O- + *c* (挿入音) + -OL[1]〛 ── *n.* 〚生化学〛フチオコール ($C_{11}H_8O_3$)《結核菌中にある黄色色素の一種; ビタミン K と同様な出血を防ぐ作用があり, 抗結核性もある》.

Phthir·a·car·i·dae [θìrəkǽrədìː | θìrəkǽrɪ-, fθìr-] 〚← NL ~ ← *Phthiracarus* (属名: ← Gk *phtheír* louse + NL *Acarus* ← Gk *akarí* mite[2]) + -IDAE〛 ── *n. pl.* 〚動物〛イレコダニ科.

phthi·ri·a·sis [θɪráɪəsɪs, θə-, θaɪ-, -səs | fθaɪráɪəsɪs, θaɪ-] 〚(1598) ▭ L *phthiriāsis* ▭ Gk *phtheiríāsis* ← *phtheiriân* to be lousy ← *phtheír* louse: ⇨ -asis〛 ── *n.* (*pl.* **-a·ses** [-sìːz]) 〚病理〛しらみ[寄生]症《特にケジラミ (crab louse) による; pediculosis ともいう》.

phthises *n.* phthisis の複数形.

phthis·ic [tízɪk, θáɪs-, táɪs- | θáɪsɪk, fθáɪs-, táɪs-] 〚(*a*1400) (*p*)*tisike* ▭ OF (*p*)*tisique* (F *phtisie*) < VL *(*ph*)*thisicam* (n.) ← (fem. adj.) ← L *phthisicus* ▭ Gk *phthisikós* consumptive: ⇨ phthisis, -ic[1]〛 《古》〚病理〛 ── *n.* =phthisis. ── *adj.* 肺結核の, 肺癆(ろう)の, 結核にかかった. **phthís·i·cal** *adj.*

phthis·ick·y [tízɪki | θáɪsɪki, fθáɪs-, táɪs-] *adj.* 《古》 **1** 結核(性)の (tubacular). **2** 喘息(性)の (asthmatic).

phthi·sis [θáɪsɪs, táɪ-, θís-, tís-, -səs | θáɪsɪs, fθáɪ-, táɪ-] 〚(1543) ▭ L ▭ Gk *phthísis* ← *phthíein* to waste away ← IE **gzwhi-* to perish (Skt *kṣiṇāti* he destroys)〛 ── *n.* (*pl.* **phthi·ses** [-sìːz]) 〚病理〛 **1** 消耗. **2** 癆(ろう)《肺癆など》; 肺結核 (consumption), 結核症 (tuberculosis): pulmonary ~.

phu·goid [fjúːgɔɪd] 〚← Gk *phugḗ* flight + -OID〛 *adj.* 〚宇宙・航空〛フゴイド振動の《大気中における航空機・ロケットの長周期縦揺れ運動についていう》.

phut [ft, fʌt] 〚(1892) 《擬音語》 (cf. phit): cf. Hindi *phatna* to explode〛 ── *int., n.* (*also* **phutt** [~]) ぱん, ぽん《ふくれた物が張り裂ける音, または小銃弾などの当たる音》.

go* [*be gone*] *phut 《口語》 (1) 〈タイヤが〉パンクする. (2) ひしゃげる, だめになる, 参ってしまう, 疲れる.

phyc- [faɪk] (母音の前に来る時の) phyco- の異形.

-phy·ce·ae [fáɪsiː, fɪs-] 〚← NL ~ ← Gk *phûkos* seaweed ▭ Heb. *pūkh* stibium, lye: cf. fucus〛 ── 〚植物〛「藻(そう)類 (algae)」の意の複数名詞連結形: Schizo*phyceae*. ★ 藻類の分類上の科名に用いられる.

phy·co- [fáɪko(ʊ) | -kə(ʊ)] 〚▭ Gk *phuko-* ← *phûkos* (↑)〛「海藻, 藻類 (algae)」の意の連結形: *phyco*chrome. ★ 母音の前では通例 phyc- になる.

phy·co·chrome [fáɪkəkròum | -kə(ʊ)kràum] *n.* **1** 〚生化学〛フィコクローム《ある種の藻類に見られる青緑色の複合色素》. **2** 〚植物〛=blue-green alga.

phỳco·cólloid *n.* 〚生化学〛藻膠質《褐・紅藻類からの多糖類粘液》.

phỳco·cýan *n.* 〚生化学〛フィコシアン (⇨ phycocyanin).

phỳco·cýanin 〚← PHYCO- + CYAN- + -IN[1]〛 ── *n.* 〚生化学〛フィコシアニン, 藻藍素《藍藻類の葉緑体中に含まれる藍(らん)色の色素蛋白; phycocyan ともいう》.

phy·co·er·y·thrin [fàɪko(ʊ)érɪθrɪn, -érə-, -ɪríθ-, -rən | -kə(ʊ)érɪθrɪn, -eríθ-, -ɪr-] *n.* 〚生化学〛フィコエリトリン《紅藻類の葉緑体中に存在する赤色色素蛋白》.

phy·cól·o·gist [-dʒɪst, -dʒəst | -dʒɪst] *n.* 藻類学者.

phy·col·o·gy [faɪkɑ́lədʒi | -kɔ́lədʒi] 〚← PHYCO- + -LOGY〛 *n.* 藻(そう)類学 (algology). **phy·co·log·i·cal** [fàɪkəlɑ́dʒɪkəl, -dʒə- | -lɔ́dʒɪ-] *adj.*

phy·co·my·cete [fàɪko(ʊ)máɪsiːt, ⌐ ─ ─ ─ ⌐ | -kə(ʊ)-] 〚← NL *phycomycetes*: ⇨ phyco-, -mycete〛 ── *n.* 〚植物〛藻菌綱に属する菌《真菌類のうち担子菌と子嚢菌を除いた残りの総称》.

Phy·co·my·ce·tes [fàɪko(ʊ)maɪsíːtiːz | -kə(ʊ)-] 〚↑〛 *n. pl.* 〚植物〛藻菌綱.

Phyfe [fáɪf], **Duncan** *n.* (1768–1854) スコットランド生れの New York で活躍した米国の家具製作家 (cf. Duncan Phyfe).

phyl- [faɪl] (母音の前に来る時の) phylo- の異形.

-phyl [⌐ ─ fìl] =-phyll.

phyla[1] *n.* phylum の複数形.

phyla[2] *n.* phylon の複数形.

phy·lac·ter·y [fɪlǽkt(ə)ri, fə- | fɪlǽktəri] 〚(1548) ▭ LL *phylactēri-um* ▭ Gk *phulaktḗrion* outpost, safeguard, amulet ← *phúlax* guard (cf. phylaxis) ∽ ME *philaterie* ▭ ML *philatēri-um* 《変形》 ← LL〛 ── *n.* **1** [the phylacteries] 〚ユダヤ教〛聖句箱《羊皮紙に旧約聖書からの文句を記したものを納めた二つの革の小箱; ユダヤ人が祈りの時, 一つを左腕に他の一つは額に結びつけて律法を守ることを忘れないようにする; tefillin ともいう; cf. *Deut.* 6: 8; 11: 18》. **2** (通例これ見よがしの)律法[宗教的掟]の順守. **3** (キリスト教初期に)聖人の遺物を入れた聖箱[容器]. **4** 《まれ》お守り, 護符 (amulet), 魔よけ (charm). **5** 思い出させる人[物]. **6** (中世の絵で, 人の言葉を示すために口から出したり手に持っている)字を書いた巻物. **7** ふち飾り, 房へり飾り.

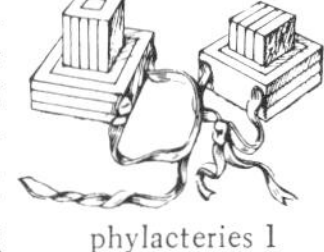

phylacteries 1

make broad the phylactery [***phylacteries***] 聖句箱を幅広くする; 道徳家ぶる (cf. *Matt.* 23: 5).

phy·lac·tic [fɪlǽktɪk, fə- | fɪ-] 〚▭ Gk *phulaktik-ós* preservative (↓)〛 *adj.* 〚医学〛感染防御の[に関する].

Phy·lac·to·lae·ma·ta [fɪlæ̀ktəlíːmətə, fə- | fɪlæ̀ktəlíːmətə] 〚← NL ~ ← *phylacto-* (← Gk *phulaktós* guarding ← *phúlax* guard) + *laem-* (← Gk *laimós* throat) + -ATA〛 ── *n. pl.* 〚動物〛掩喉(えんこう)亜綱, 被口綱.

phylae *n.* phyle の複数形.

Phy·la·ko·pi [fìːləkóupiː | -kəu-] *n.* フィラコピ《ギリシャ領 Cyclades 諸島の Melos 島北岸にあるキクラデス文化の代表的遺跡》.

phy·lar [fáɪlə, -lɑə | -lə(r, -lɑː(r] 〚⇨ phyle, -ar[1]〛 *adj.* phylum の.

phy·lax·is [fɪlǽksɪs, fə-, -səs | fɪlǽksɪs] 〚← NL ~ ← Gk *phúlaxis* ← *phulássein* to guard〛 *n.* 〚医学〛感染防御, 感染に対する抵抗力.

phy·le [fáɪli:] 〚▭ Gk *phūlḗ* tribe ← *phúein* to bring forth〛 ── *n.* (*pl.* **phy·lae** [-liː]) (古代ギリシャの)部族 (tribe)《仮想的親縁関係で民族を分類した政治的大単位; これを小分けしたものを phratry という》. **phy·lic** [fáɪlɪk] *adj.*

phy·le·sis [fɪlíːsɪs, fáɪlə-, -səs | faɪlíːsɪs, fáɪlɪ-] 〚← NL ~: ⇨↑, -esis〛 *n.* 〚生物〛系統.

phy·let·ic [faɪlétɪk | -tɪk] 〚← Gk *phūletik-ós* tribal: ⇨↑, -ic[1]〛 *adj.* 〚生物〛門 (phylum) の; 系統発生の (phylogenic); 種族の. **phy·lét·i·cal·ly** *adv.*

phyll- [fɪl] (母音の前に来る時の) phyllo- の異形.

-phyll [⌐ ─ fìl] 〚▭ F *-phylle* ← Gk *phúllon* leaf〛「葉 (leaf); 植物内の…色素」の意の名詞連結形: chloro*phyll*, clado*phyll*.

phyl·la·ry [fíləri | -rɪ] 〚← NL *phullari-um* ← Gk *phullárion* (dim.) ← *phúllon* leaf〛 *n.* 〚植物〛キリ科の頭状花の外側の総苞を形成する一つの苞(ほう).

Phyl·lis [fílɪs, -ləs | -lɪs] 〚▭ L ~ ▭ Gk *Phullís* 《原義》 leaf: cf. *phúllon* (↑)〛 ── *n.* **1** 女性名《愛称形 Phil; 異形 Phillis, Phillida》. **2** ピュリス《Virgil 作 *Eclogues* 中の田舎娘》. **3** きれいな田舎娘, 恋人《牧歌的名称》.

phyl·lite [fílaɪt] 〚← PHILLO- + -ITE[1]〛 *n.* 〚岩石〛千枚岩, フィライト《やや変成した粘板岩》. **phyl·lit·ic** [fɪlítɪk, fə- | fɪlít-] *adj.*

phyl·lo- [fílo(ʊ) | -lə(ʊ)] 〚▭ Gk ~ ← *phúllon* leaf: cf. L *folium* leaf〛 ──「葉 (leaf); 葉状体の部分[物]; 葉緑素 (chlorophyll)」の意の連結形. ★ 母音の前では通例 phyll- になる.

Phyl·lo·car·i·da [fìlo(ʊ)kǽrədə | -lə(ʊ)kǽrɪ-] 〚← NL ~ ← PHYLLO- + *-carida* (← Gk *karís* shrimp)〛 *n. pl.* 〚動物〛コノハエビ上目.

phyl·lo·clade [fíləklèɪd] 〚← NL *phyllocladium* (↓)〛 ── *n.* 〚植物〛(サボテンのような)偏平枝, 葉状茎 (cladophyll). **phyl·lo·cla·di·oid** [fìləklédiɔ̀ɪd | -dɪ-] *adj.*

phyl·lo·cla·di·um [fìlo(ʊ)kléɪdiəm | -lə(ʊ)kléɪdiəm, -djəm] 〚← NL ~ ← PHYLLO- + CLADO- + -IUM〛 *n.* (*pl.* **-di·a** [-diə | -dɪə, -djə]) 〚植物〛=phylloclade.

phyl·loc·la·dous [fɪlɑ́klədəs, fə- | fɪlɔ́k-] *adj.* 〚植物〛偏平枝[葉状茎]を有する.

phyl·lode [fíloud | -ləud] 〚← NL *phyllodi-um*〛 *n.* 〚植物〛葉状茎, 仮葉, 偽葉. **phyl·lo·di·al** [fɪlóudiəl, fə- | fɪláudɪ-] *adj.*

phyl·lo·di·um [fɪlóudiəm, fə- | fɪláudiəm, -djəm] 〚← NL ~ ← Gk *phullṓdēs* leaflike: ⇨ phyllo-, -ode[1]〛 *n.* (*pl.* **-di·a** [-diə | -dɪə]) 〚植物〛=phyllode.

Phyl·lo·doc·i·dae [fìlədɑ́sədìː | -dɔ́sɪ-] 〚← NL ~ ← *Phyllodoce* (属名: ← L *Phyllodocē* (海のニンフの名)) + -IDAE〛 *n. pl.* 〚動物〛(多毛綱)サシバゴカイ科.

phyl·lo·dy [fílədi | -dɪ] 〚← PHYLLO- + -ODE[1] + -Y[1]〛 *n.* 〚植物〛葉化《萼(がく)・花弁等が葉の形に変化すること》.

phyl·loid [fílɔɪd] 〚← PHYLLO- + -OID〛 *adj.* 葉状の.

phyl·lo·ma·ni·a [fìləméɪniə | -njə, -nɪə] 〚← NL ~: ⇨ phyllo-, -mania〛 *n.* 〚植物〛茎の異状発生.

phyl·lome [fíloum | -ləum] 〚← NL *phylloma* foliage ← Gk *phúllōma* ← *phúllon* leaf: ⇨ phyllo-, -ome〛 ── *n.* 〚植物〛 **1** 葉 (leaf). **2** 葉状組織, 葉状体. **phyl·lo·mic** [fɪlóumɪk, fə-, -lɑ́m- | fɪláum-, -lɔ́m-] *adj.*

phyl·loph·a·gous [fɪlɑ́fəgəs, fə- | fɪlɔ́f-] 〚← PHYLLO- + -PHAGOUS〛 *adj.* 〚動物〛葉食の, 草食性の.

phyl·lo·phore [fíləfɔ̀ə, -fòə | -fɔ̀ː(r] 〚← PHYLLO- + -PHORE〛 *n.* 〚植物〛頂生芽; (特に)ヤシの幹の先端.

phyl·lo·pod [fíləpɑ̀d | -pɔ̀d] 〚← NL *phyllopoda* (↓)〛 〚動物〛 *n.* 葉脚亜綱の動物《ミジンコなど》. ── *adj.* =phyllopodan. **phyl·lop·o·dous** [fɪlɑ́pədəs, fə- | fɪlɔ́p-] *adj.*

Phyl·lop·o·da [fɪlɑ́pədə, fə- | fɪlɔ́p-] 〚← NL ~: ⇨ phyllo-, -poda〛 *n. pl.* 〚動物〛葉脚亜綱《以前の分類名で, 鰓脚(さいきゃく)亜綱 (Branchiopoda) に同じ》.

phyl·lop·o·dan [fɪlɑ́pədən, fə- | fɪlɔ́p-] 〚動物〛 *adj.* (遊泳用の)葉状の足をもつ, 葉脚亜綱の. ── *n.* =phyllopod.

phỳllo·quinóne 〚← PHYLLO- + QUINONE〛 *n.* 〚生化学〛フィロキノン (⇨ vitamin K_1).

phỳllo·sílicate 〚← PHILLO- + SILICATE〛 ── *n.* 〚鉱物〛フィロケイ酸塩, 層状ケイ酸塩《SiO_4 四面体の頂点の共有が二次元的に広がった層状構造を成しているもの; sheet-silicate ともいう; cf. cyclosilicate》.

phyl·lo·so·ma [fìləsóumə | -sáu-] 〚← NL ~: ⇨ phillo-, soma[1]〛 ── *n.* 〚動物〛フィロソマ, (俗に)ガラスエビ《イセエビ・ウチワエビなどの長い胸肢をもつ平たくて透明な幼生》.

Phyl·lo·sto·mat·i·dae [fìlɑsto(ʊ)mǽtədìː | -stə(ʊ)mǽtɪ-] 〚← NL ~ ← *Phillostomus* (属名: ← PHILLO- + -STOMUS) + -IDAE〛 *n. pl.* 〚動物〛ヘラコウモリ科.

phyl·lo·stome [fíləstòum | -stàum] *n.* 〚動物〛ヘラコウモリ科のコウモリの総称; =leaf-nosed bat.

phyl·lo·tac·tic [fìlətǽktɪk] *adj.* phyllotaxis の[に関する]. **phỳl·lo·tác·ti·cal** *adj.*

phyl·lo·tax·is [fìlətǽksɪs, -səs | -sɪs] 〚← NL ~: ⇨ phyllo-, -taxis〛 *n.* (*pl.* **-tax·es** [-siːz]) 〚植物〛葉序; 葉序学[研究] (phyllotaxy ともいう). **phyl·lo·tax·ic** [fìlətǽksɪk] *adj.*

phyl·lo·tax·y [fílətæ̀ksi | -sɪ] *n.* 〚植物〛=phyllotaxis.

-phyl·lous [fíləs] 〚← NL *-phyllus* ← Gk *-phull-os* ← *phûllon* leaf: ⇨ -ous〛「葉が…の, …の葉をもった」の意の形容詞連結形: di*phyllous*, mono*phyllous*.

phyl·lox·e·ra [fìlɑksí(ə)rə, -lək-, fɪlɑ́ksərə, fə- | fìləksíərə, fɪlɔ́ksərə] 〚← NL ~ ← PHYLLO- + *-xera* (← Gk *xērós* dry (cf. xero-))〛 ── *n.* (*pl.* **-e·rae** [-riː], **~s**) 〚昆虫〛ネアブラムシ属 (*Viteus*) の昆虫の総称; (特に)ブドウネアブラムシ (*V. vitifolii*)《ブドウの大害虫》.

Phyl·lox·er·i·dae [fìlɑksérədìː | -lɔksérɪ-] 〚← NL ~: ⇨↑, -idae〛 *n. pl.* 〚昆虫〛(半翅目)ネアブラムシ科.

phy·lo- [fáɪlo(ʊ) | -lə(ʊ)] 〚← Gk *phûlon* race, tribe: cf. phyle〛「種族 (tribe), 人種 (race); (分類の)門 (phylum)」の意の連結形. ★ 母音の前では通例 phyl- になる.

phỳlo·génesis *n.* 〚生物〛=phylogeny 1.

phỳlo·genétic *adj.* **1** 系統発生[系統学]の. **2** 系統の, 系統分類の. **3** 系統発生の過程で獲得した; 種族の (racial). **phỳlo·genétically** *adv.*

phy·log·e·ny [faɪlɑ́dʒəni | -lɔ́dʒɪnɪ, -dʒə-] 〚(1870) ▭ G *Phylogenie*: ⇨ phylo-, -geny〛 ── *n.* **1** 〚生物〛系統発生 (cf. ontogeny). **2** 系統発生(の研究), 系統学. **3** (無形の物の)系統発生《言語・風習などの史的発展》. **phy·lo·gen·ic** [fàɪlədʒénɪk] *adj.* **phy·lóg·e·nist** [-dʒənɪst, -nəst | -dʒɪnɪst, -dʒə-] *n.*

phy·lon [fáɪlɑn | -lən] 〚← NL ~ ← Gk *phûlon* (↓)〛 *n.* (*pl.* **phy·la** [-lə]) 〚生物〛種族 (tribe, race)《発生的に親縁関係にある集団》.

phy·lum [fáɪləm] 〚(1876) ← NL ~ ← Gk *phûlon* race, tribe: cf. phyle〛 ── *n.* (*pl.* **phy·la** [-lə]) **1** 〚生物〛(動植物分類上の)門 (cf. classification 1 b). **2** 〚言語〛語族 (cf. family 3 c).

phy·ma [fáɪmə] 〚▭ L *phȳma* ▭ Gk *phûma* swelling, tumor ← *phúein* to bring forth〛 *n.* (*pl.* **~s**, **-ma·ta** [~ṭə | ~tə]) 〚病理〛腫瘤(しゅりゅう), 瘤腫, 瘤《増殖傾向の強い結節》.

Phy·mat·i·dae [faɪmǽtədìː|-tɪ-] 〚← NL ～ ← *Phymata* (属名: ← L *phymat-, phȳma* (↑))+-IDAE〛 *n. pl.* 〘昆虫〙(半翅目)ヒゲブトカメムシ科.

-phyre [←−fàɪə|-fàɪə(r] 〚□ Gk *-phur* ← *pórphuros* purple〛「斑(はん)岩 (porphyritic rock)」の意の名詞連結形: grano*phyre*.

phys. 《略》 physical; physician; physicist; physics; physiological; physiology.

physes *n.* physis の複数形.

Phys·e·ter·i·dae [fìsətérədìː|-rɪ-] 〚← NL ～ ← *Physeter* (属名: ← L *phȳsētēr* sperm whale □ Gk *phūsētḗr* a blower)+-IDAE〛 ── *n. pl.* 〘動物〙マッコウクジラ科.

phys·i- [fízi|-zɪ] (母音の前に来る時の) physio- の異形.

phys·i·at·rics [fìziǽtrɪks|-zɪ-] 〚← PHYSIO-+-IATRICS〛 ── *n.* **1** 自然療法. **2 a** =physical medicine. **b** =physical therapy. **phys·i·at·ric** [fìziǽtrɪk|-zɪ-] *adj.* **phỳs·i·át·ri·cal** *adj.*

phys·i·at·rist [fìziǽtrɪst, -rəst|-ziǽtrɪst] 〚⇨↑, -ist〛 *n.* 物理療法専門医.

phys·ic [fízɪk] 〚《c1300》 *fisyke* □ OF *phisike* (F *physique*) □ L *physica* natural science, (ML) medical science □ Gk *phusikḗ* (*epistḗmē*) ← *phúsis* nature: ⇨ -ic²: cf. physique〛 ── *n.* **1 a** 《口語》 薬, 医薬: a dose of ～ 薬一服. **b** 下剤 (purgative). **2** 医術, 医業. **3** 《廃》自然科学 (natural science) (cf. physics 4). ── *vt.* (**phys·icked; -ick·ing**) **1** …に薬を服用させる, 投薬する (dose); …に下剤を施す, 下す. **2** 治す, 癒(いや)す(cure): No remedy can ～ his mind. 彼の心を癒す薬はない. ── *adj.* **1** 自然科学の[に関する]. **2** 《古》天然の, 自然の (natural).

phys·i·cal [fízɪkəl, -zə-|-zɪ-] 〚《1447》 □ ML *physicāl-is* ← L *physica* (↑): ⇨ -ical〛 ── *adj.* **1** 天然の, 自然(界)の; 物質界の, 物質(的)の (material), 有形の, 形而(じ)下の (↔ spiritual): the ～ world 物質界. **2** 身体の, 肉体の (↔ spiritual). ★ bodily よりやや間接的で曖昧な語: ～ beauty 肉体美 / a ～ checkup 健康診断 / ～ constitution 体格 / ～ drill 教練, 体力の訓練 / ～ exercise 体操, 運動 / ～ strength [force] 体力[腕力] / ⇨ physical examination. **3** 物理の, 物理学上の, 物理(学)的な (cf. physics): a ～ change 物理的変化. **4** 自然の法則による; 自然科学の: ～ explanations of miracles 奇跡の自然科学的な説明 / It is a ～ impossibility for the sun to rise in the west. 太陽が西から昇ることは自然の法則上不可能な事だ / a ～ philosopher 自然科学者. **5** 肉欲にふける, 好色の (carnal). ── *n.* 《米》 =physical examination.

phýsical anthropólogy *n.* 自然人類学, 形質人類学 (cf. cultural anthropology). **phýsical anthropólogist** *n.*

phýsical chémistry *n.* 物理化学《化学的材料を物理的手法を用いて研究する学問; 略 phys. chem.》.

phýsical círcuit *n.* 〘電気〙実回線 (⇨side circuit).

phýsical cúlture *n.* 身体文化《個人衛生, 自然力(太陽・空気・水)による組織的な身体の鍛練, 運動手段(各種の身体的トレーニング法・体操・遊戯・スポーツ・旅行)などが含まれる; cf. physical education》.

phýsical dóuble stár *n.* 〘天文〙=binary star.

phýsical educátion *n.* 体育《心身の発達や発育の助成を目的とした身体運動を通しての教育; cf. physical training》. ★ 科目名として用い, 通例衛生・運動各種スポーツの教育を含む.

phýsical examinátion *n.* 身体検査, 体格検査; 「理学的検査.

phýsical geógraphy *n.* 自然地理学, 地文(ちもん)学.

phýsical házard *n.* 〘保険〙物的危険 (cf. moral hazard).

phýs·i·cal·ìsm [-lìzm] 〚□ G *Physikalismus*: ⇨ physical, -ism〛 ── *n.* 〘哲学〙物理主義《物理的言語をもって科学の共通普遍語とみなそうとする立場; 全自然科学の物理学への還元を主張する立場》.

phýs·i·cal·ist [-lɪst, -ləst|-lɪst] 〘哲学〙 *n.* 物理主義者. ── *adj.* =physicalistic.

phys·i·cal·is·tic [fìzɪkəlístɪk, -zə-|-zɪ-] *adj.* 〘哲学〙物理主義の, 物理主義的な. **phỳs·i·cal·ís·ti·cal·ly** *adv.*

phys·i·cal·i·ty [fìzɪkǽləti, -zə-|-zɪkǽlətɪ, -lɪ-] *n.* **1** (身体の)激しい運動[適応]能力. **2** (特異な)体質. **3** 即物性, 動物性, 物欲.

phýsical jérks *n. pl.* 《英口語》体操, 運動: do ～.

phýs·i·cal·ly 〚《1581》 ← PHYSICAL+-LY¹〛 ── *adv.* **1** 自然の[物理的]法則に従って; 自然科学[物理学]的に: It's ～ impossible. それは物理的に不可能だ. **2** 物質的に (↔ spiritually). **3** 身体上, 体格では (↔ mentally): ～ strong 身体強健な / ～ and mentally 心身共に.

phýsical médicine *n.* 物(理)療(法)学, 物療科《理学的方法で診断・治療する医学の一分科》; (特に)物理療法 (physical therapy).

phýsical meteorólogy *n.* 物理気象学《大気現象を物理学的方法で説明しようとする分野; cf. dynamic meteorology》.

phýsical óptics *n.* 物理光学《電磁波としての光の性質を究明する光学の一部門; cf. geometrical optics》.

phýsical péndulum *n.* 〘物理〙実体振り子, 物理振り子《剛体が水平な固定軸によって吊り下げられた振り子; compound pendulum ともいう; cf. simple pendulum》.

phýsical phonétics *n.* 物理的音声学.

phýsical próperty *n.* 物理的性質, 物理性.

phýsical scíence *n.* (生物分野を除く)自然科学《物理学・化学・天文学》; (特に)物理学. **phýsical scientist** *n.*

phýsical thérapist *n.* 物理療法家, 自然療法家《physiotherapist ともいう》.

phýsical thérapy *n.* 物理[理学]療法.

phýsical tráining *n.* 身体訓練《身体, 体力の機能, 技術向上の目的をもって行なう練習または訓練; cf. physical education》.

phýsic gàrden *n.* 薬草園.

phy·si·cian [fɪzíʃən, fə-|fɪ-] 〚《?a1200》 *fisicien* □ OF (F *physicien*) ← *phisike* 'PHYSIC': ⇨ -ian〛 ── *n.* **1** 医師, 医者 (doctor); 内科医 (cf. surgeon): ⇨ family physician / consult a ～ 医者にかかる / *Physician*, heal thyself. 医者よ, みずからおのれを医(いや)せ《*Luke* 4:23; cf.「医者の不養生」》. **2** (魂などを)救う人, (悩みなどを)癒(いや)す人, 直す人, 救済者, 治療者 (healer). **3** 《廃》=natural philosopher.

phy·sí·cian·ly 〚⇨↑, -ly²〛 *adj.* 内科医の; 医者の(ような); 「る).

physícian·shìp *n.* 医師の職[地位]《特に, 任命によ

phys·i·cism [fízəsìzm|-zɪ-] *n.* 物理(的)宇宙観, 宇宙機械観 (mechanism); 唯物観 (materialism).

phys·i·cist [fízɪsɪst, -zə-, -səst|fízɪsɪst] 〚《1716》〛 *n.* **1 a** 物理学者. **b** 《古》自然科学者. **2** 機械論者, 唯物論者; (特に)物活論者 (hylozoist).

phys·ick·y [fízɪki, -zə-|-zɪkɪ] *adj.* 薬の味[におい, 性質]のする; 薬から生じる.

phýsic nùt *n.* 〘植物〙 **1** ナンヨウアブラギリ (*Jatropha curcas*)《熱帯アメリカ産トウダイグサ科の落葉大低木》. **2** ナンヨウアブラギリの種子《薬剤・機械油などに利用される》.

phys·i·co- [fízɪko(ʊ), -zə-|-zɪkə(ʊ)] 〚← NL ～ ← L *physicus* □ Gk *phusikós* natural, physical〛 ── 次の意味を表わす連結形: **1**「自然の, 自然研究に基いた」: *physico*theology 自然神学. **2**「身体の, 肉体の; 身体と…との」: *physico*mental 心身の. **3**「物理学に関連した」: *physico*chemical.

phỳsico·chémical *adj.* 物理学と化学に関する; 物理化学に関する, 物理化学的な. **～·ly** *adv.*

phys·ics [fízɪks] 〚《1589》 (pl.) ← PHYSIC: ⇨ -ics〛 ── *n.* **1** 物理学; (特定の一部門の)物理学. **2 a** 物理的過程, 物理的現象. **b** 物理的性質, 物理的組成. **3** 物理学書[論文]. **4** 《古》自然科学 (natural science).

Phys·i·dae [físədìː, fáɪs-|-sɪ-] 〚← NL ～ ← *Phyra* (属名: ← Gk *phûsa* bellows)+-IDAE〛 *n. pl.* 〘貝類〙サカマキガイ科.

phys·i·o- [fízio(ʊ)|-ziə(ʊ)] 〚□ Gk *phusio-* ← *phúsis* nature: cf. physic〛 ──「天然 (nature), 天然の (natural), (精神に対して)肉体の; 物理学の (physical); 生理学の (physiological)」の意の連結形. ★ 母音の前では通例 physi- になる.

phys·i·oc·ra·cy [fìziάkrəsi|-ziɔ́krəsɪ] 〚□ F *physiocratie* 《原義》 rule of nature: ⇨↑, -cracy〛 *n.* 〘経済〙重農主義《François Quesnay 等が唱えた説》.

phys·i·o·crat [fíziəkræ̀t|-zɪ-] 〚□ F *physiocrate*: ⇨ physio-, -crat〛 *n.* 重農主義者. **phy·si·o·crat·ic** [fìziəkrǽtɪk|-zɪəkrǽt-] *adj.*

phys·i·og·nom·ic [fìziə(g)nάmɪk|-zɪənɔ́m-, -zjə-] 〚□ LL *physiognomic-us*: ⇨ physiognomy, -ic¹〛 *adj.* **1** 人相学の, 観相術の. **2** 人相の. **3** 外面的な, 外形的な. **phỳs·i·og·nóm·i·cal** *adj.* **phỳs·i·og·nóm·i·cal·ly** *adv.*

phỳs·i·óg·no·mist [-mɪst, -məst|-mɪst] *n.* 人相学者, 観相家.

phys·i·og·no·my [fìziά(g)nəmi|-ziɔ́nəmɪ] 〚《1569》 □ LL *physiognomia* □ LGk *phusiognōmía* = Gk *phusiognōmonía* the judging of one's nature ← PHYSIO-+Gk *gnṓmōn* one who knows, a judge ← IE **gen-* 'to KNOW¹' ⇨ 《a1393》 *fisonomie* □ OF *phisonomie* (F *physionomie*) □ ML *phisonomia*: ⇨ -y¹〛 *n.* **1** 人相学, 観相術. **2** 人相, 相貌 (features). **3** 《俗》顔, 顔つき (phiz). **4** (物の)外面的特色[特徴]; (土地などの)外形, 形状, 地相: the ～ of a country 国の地勢.

physiográphic clímax *n.* 〘生態〙地文的極相《地形など自然地理学的な条件で決まる極相; cf. edaphic climax》.

phys·i·og·ra·phy [fìziάgrəfi|-ziɔ́grəfɪ] 〚《1828》 ← ? NL *physiographia* // □ F *physiographie*: ⇨ physio-, -graphy〛 ── *n.* **1** 地文学, 自然地理学 (physical geography). **2** 《米》地形学 (geomorphology). **3** 記述的自然科学. **phys·i·og·ra·pher** [fìziάgrəfə|-ziɔ́grəfə(r] *n.* **phys·i·o·graph·ic** [fìziəgrǽfɪk|-zɪ-] *adj.* **phỳs·i·o·gráph·i·cal** *adj.* 「gy.

physiol. 《略》physiological; physiologist; physiolo-

phys·i·ol·a·try [fìziάlətri|-ziɔ́lətrɪ] 〚← PHYSIO-+-LATRY〛 ── *n.* 自然崇拝 (nature worship). **phys·i·ol·a·ter** [fìziάlətə|-ziɔ́lətə(r] *n.* **phys·i·ol·a·trous** [fìziάlətrəs|-ziɔ́l-] *adj.*

phys·i·o·log·ic [fìziəlάdʒɪk|-zɪəlɔ́dʒ-, -zjə-] *adj.* =physiological.

phys·i·o·log·i·cal [fìziəlάdʒɪkəl, -dʒə-|-zɪəlɔ́dʒɪ-, -zjə-] 〚《1610》 ← LL *physiologicus*: ⇨ physiology, -ical〛 ── *adj.* **1** 生理学(上)の. **2** (身体の状態が)正常の《病理的でないことにいう; ↔pathological》, 生理的な. **～·ly** *adv.*

physiológical phonétics *n.* 生理音声学 (⇨ articulatory phonetics).

physiológical psychólogy *n.* 生理(学的)心理学《心理事象を生理学的に解明しようとする心理学の一部門; psychophysiology ともいう》.

physiológical sáline *n.* 〘生化学〙生理的食塩水《血液と同浸透圧にした食塩水で, 人に対しては 0.85 % の食塩水; physiological saline solution ともいう》.

physiológical sált solùtion *n.* 〘生化学〙=physiological saline.

physiológic fórm *n.* 〘生物〙生理型 (cf. physiologic race).

physiológic ráce *n.* 〘生物〙生理的品種, 生理品種《形態学的に同一種と認められるものの中で生理的に異なる品種; cf. morphospecies》.

physiológic specializátion *n.* 〘生物〙生理学的分化《同一種または同一品種内に種々の生理学的品種が分化すること》.

phỳs·i·ól·o·gist [-dʒɪst, -dʒəst|-dʒɪst] *n.* 生理学者.

phys·i·ol·o·gy [fìziάlədʒi|-ziɔ́lədʒɪ] 〚《1564》 □ F *physiologie* // L *physiologia* □ Gk *phusiologíā* natural science: ⇨ physio-, -logy〛 ── *n.* **1** 生理学. **2** 生理, 生理機能.

phỳsio·pathólogy 〚← PHYSIO-+PATHOLOGY〛 *n.* 生理病理学. **phỳsio·pathológic** *adj.* **phỳsio·pathológical** *adj.*

phỳsio·thérapist *n.* =physical therapist.

phỳsio·thérapy 〚← NL *physiotherapia*: ⇨ physio-, therapy〛 *n.* =physical therapy.

phy·sique [fɪzíːk, fə-|fɪ-, fiː-] 〚《1826》 □ F ～ 'physical' □ L *physicus* □ Gk *phusikós*: cf. physic〛 ── *n.* **1** (主に男性の)体格 (physical structure): be of fine ～ 立派な体格をしている. **2** 地形: the ～ of the area その地域の地形. **phy·síqued** [～t] *adj.*

phy·sis [fáɪsɪs, -səs|-sɪs] 〚□ Gk *phúsis* origin, natural form of a thing〛 ── *n.* (*pl.* **phy·ses** [-siːz]) **1** 自然成長の原則; (成長源としての)自然. **2** 成長するもの.

phy·so·clist [fáɪsəklɪ̀st] 〚← NL *Physōclisti* (属名: ← Gk *phûsa* bellows+*-clisti* ← Gk *kleistós* closed)〛 ── *adj.* 〘魚類〙鰾(うきぶくろ)と腸管と相通じない, 鰾のふさがった. 「類〙=physoclist.

phy·so·clis·tous [fàɪsəklístəs] 〚⇨↑, -ous〛 *adj.* 〘魚

phy·so·stig·mine [fàɪso(ʊ)stígmiːn, -mɪn, -mən|-sə(ʊ)stígmiːn] 〚← NL *Phȳsostigma* (← Gk *phûsa* bellows+STIGMA)+-INE³〛 ── *n.* 〘薬学〙フィソスチグミン ($C_{15}H_{21}N_3O_2$)《アフリカ産のカラバルマメ (Calabar bean) の中にある有毒アルカロイド; 縮瞳剤; eserine ともいう》.

phy·so·stom·a·tous [fàɪso(ʊ)stάmətəs, -stóʊm-|-sə(ʊ)stɔ́mətəs, -stə́ʊm-] *adj.* 〘魚類〙=physostomous.

phy·sos·to·mous [faɪsάstəməs|-sɔ́s-] 〚← NL *Phȳsostomi* (← Gk *phûsa* bellows+-STOMI)+-OUS〛 *adj.* 〘魚類〙(魚が)鰾(うきぶくろ)と腸管と相連絡した.

phyt- [faɪt] (母音の前に来る時の) phyto- の異形.

phy·tane [fáɪteɪn] 〚← PHYTO-+-ANE²〛 *n.* 〘化学〙フィタン ($C_{20}H_{42}$)《化石化した植物中に見出されるイソプレン系炭化水素》.

-phyte [fàɪt] 〚← Gk *phutón* plant ← IE **bheu-* to be, grow: cf. physio-〛 ── 次の意味を表わす名詞連結形: **1**「…の習性[生育地]をもつ植物」: epi*phyte*, sapro*phyte*. **2** 〘病理〙「…増殖体」: osteo*phyte*.

-phyt·ic [fítɪk|fít-] 〚⇨↑, -ic¹〛「植物に類似の」の意の形容詞連結形: holo*phytic*, epi*phytic*.

phý·tic ácid [fáɪtɪk-|-tɪk-] *n.* 〘化学〙フィチン酸 ($C_6H_6(OPO(OH)_2)_6$)《広くフィチン (Phytin) として植物中に存在する帯黄色液体》.

Phy·tin [fáɪtn̩|-tɪn] 〚⇨↓, -in¹〛 ── *n.* 〘商標〙フィチン ($Ca_5Mg(C_6H_{12}O_{24}P_6 \cdot 3H_2O)_2$)《植物の果実・塊茎・根茎に含まれるイノシット (inosite) のリン酸エステル (phytic acid) のカルシウム, マグネシウム塩; 白い粉末; イノシトールの出発物質》.

phy·to- [fáɪṭo(ʊ)|-tə(ʊ)] 〚← NL ～ ← Gk *phutón* plant: cf. -phyte〛「植物 (plant)」の意の連結形. ★ 母音の前では通例 phyt- になる.

phỳto·aléxin 〚⇨↑, alexin〛 *n.* 〘植物生理〙植物性アレキシン《植物の有害微生物の感染防止に役立つ物質》.

phỳto·bézoar *n.* 〘獣医〙植物胃石《牛・羊等が飲み込んだ毛や植物が胃内で凝固した塊; hair ball ともいう》.

phỳto·biólogy *n.* 植物生態学《植物とその生育環境との関係を扱う分野》.

phỳto·chémical *adj.* 植物化学の. **～·ly** *adv.* 「n.

phỳto·chémistry *n.* 植物化学. **phỳto·chémist**

phy·to·chrome [fáɪtəkròʊm|-tə(ʊ)krəʊm] *n.* 〘生化学〙フィトクローム, 植物性クロモプロテイン《環境の光条件を感知して生長とか開花などを調節する植物ホルモンの一つ》. 「らす (plant-killing).

phy·to·cid·al [fàɪṭəsáɪdl̩|-tə-] *adj.* 植物[草木]を枯

phỳto·climatólogy *n.* 植物気候学.

phỳ·to·coe·nó·sis [-siːnóʊsɪs, -səs|-nə́ʊsɪs] 〚← NL ～: ⇨ phyto-, coeno-, -osis〛 *n.* (*pl.* **-no·ses** [-siːz]) 〘植物〙植物共同体, 全層群落《ある地域の植物のすべての総称》.

Phỳto·flagelláta 〚← NL ～: ⇨ phyto-, Flagellata〛 ── *n. pl.* 〘動物〙(原生動物門鞭毛虫綱)植物性鞭毛虫亜綱 (Phytomastigina ともいう). 「late.

phỳto·flágellate 〚↑〛 *n.* 〘動物〙=plantlike flagel-

phỳto·génesis 〚← NL ～: ⇨ phyto-, -genesis〛 *n.* 植物発生(論). **phỳto·genétic** *adj.* **phỳto·genétical** *adj.* **phỳto·genétically** *adv.*

phỳto·génic *adj.* 〘地質〙 植物起源の[に関係ある]; 植物から成る, 植物性の.
phy·tog·e·ny [faɪtάdʒəni | -tɔ́dʒɪnɪ] *n.* =phytogenesis.
phytogeog. 《略》 phytogeography.
phỳto·geógraphy *n.* 植物地理学. **phỳto·geo·gráphic** *adj.* **phỳto·geográphical** *adj.* **phỳ·to·geográphically** *adv.* 「物学者.
phy·tog·ra·pher [faɪtάgrəfə | -tɔ́grəfə(r)] *n.* 記述植
phy·tog·ra·phy [faɪtάgrəfi | -tɔ́grəfɪ] 〘《1696》← NL *phytographia*: ⇨ phyto-, -graphy〙 *n.* 記述植物学.
phỳto·hemagglútinin 〘← PHYTO-＋HEMAGGLUTININ〙 *n.* (*also* **phỳto·haemagglútinin**) 〘免疫〙(植物性)(赤)血球凝集素, フィトヘムアグルチニン《インゲンマメからの抽出物》.
phỳto·hórmone *n.* 〘植物生理〙 植物ホルモン (⇨ plant hormone).
Phy·to·lac·ca·ce·ae [fàɪtəlækéɪsiiː | -tə-] 〘← NL ~ ← *Phytolacca* (属名: ⇨ phyto-, lac[1])＋-ACEAE〙 — *n. pl.* 〘植物〙(アカザ目)ヤマゴボウ科. **phỳ·to·lac·cá·ceous** [-ʃəs] *adj.*
phy·tol·o·gy [faɪtάlədʒi | -tɔ́lədʒɪ] 〘← NL *phytologia*: ⇨ phyto-, -logy〙 — *n.* 《廃》 植物学 (botany).
phy·to·log·ic [fàɪtəlάdʒɪk, -ṭl- | -təlɔ́dʒ-] *adj.* **phỳ·to·lóg·i·cal** *adj.* **phỳ·to·lóg·i·cal·ly** *adv.*
Phy·to·mas·ti·gi·na [fàɪṭo(ʊ)mæ̀stədʒáɪnə | -tə(ʊ)mæ̀stɪ-] 〘← NL ~ ← PHYTO-＋Gk *mástix* whip＋-INA[1]〙 *n. pl.* 〘動物〙 =Phytoflagellata.
phy·to·mer [fáɪṭəmə | -təmə(r)] 〘← NL *phytomeron* ← PHYTO-＋-*meron* (← Gk *méros* part)〙 *n.* 〘植物〙 植物体の構造単位となる部分例芽をもった節.
phy·tom·e·ter [faɪtάməṭə | -tɔ́mɪtə(r, -mə-] *n.* 植物計, フィトメーター《環境の及ぼす生理的反応の変化量をみるためにその環境内におかれる植物(群)》.
phy·ton [fáɪtαn | -tɔn] 〘← NL ← Gk *phutón* plant: cf. phyto-〙 — *n.* 〘植物〙 フィトン: **a** 葉とその基部の茎とからなる植物の構成単位. **b** さし木などで新植物に発達できる葉・茎・根の最小部分.
phy·ton·ic [faɪtάnɪk | -tɔ́n-] *adj.*
phy·to·na·di·one [fàɪṭo(ʊ)nədáɪoʊn | -tə(ʊ)nədáɪəʊn] 〘← PHYTO-＋*na*(*phthoquinone*)＋-DIONE〙 *n.* 〘生化学〙 フィトナジオン (⇨ vitamin K_1).
phỳto·páthogen *n.* 〘植物病理〙 植物生病原生物《寄主である植物を犯す生物》. **phỳto·pathogénic** *adj.*
phỳto·pathólogy *n.* 植物病理学. **phỳto·pathológic** *adj.* **phỳto·pathológical** *adj.*
Phy·toph·a·ga [faɪtάfəgə | -tɔ́f-] 〘← NL ~: ⇨ phyto-, -phage〙 — *n. pl.* **1** 〘昆虫〙 食葉群. **2** 〘動物〙 **a** 草食有袋類《二門歯亜目 (Diprotodontia) に当たる旧分類名; cf. Zoophaga》. **b** 食草有袋類《有袋類中の一群; 菜食性で門歯は上顎に3対, 下顎に1対》.
phy·toph·a·gous [faɪtάfəgəs | -tɔ́f-] 〘← PHYTO-＋-PHAGOUS〙 *adj.* 〘動物〙 植物を食する, 草食性の.
phy·toph·a·gy [faɪtάfədʒi | -tɔ́fədʒɪ] *n.* 「plankter).
phỳto·plánkter *n.* 〘生物〙 プランクトン植物 (⇨
phỳto·plánkton *n.* 〘生物〙 植物プランクトン (cf. zooplankton). **phỳto·planktónic** *adj.*
phy·to·plasm [fáɪṭəplæ̀zm | -tə-] *n.* 植物原形質.
phỳto·serólogy *n.* 植物血清学.
phỳto·sociólogy *n.* 植物社会学, 植物群落学.
phy·tos·ter·ol [faɪtάstərɔ̀(ː)l, -ròʊl | -tɔ́stərɔ̀l] 〘← PHYTO-＋(CHOLE)STEROL〙 — *n.* 〘生化学〙 植物ステリン(C_{29} のシトステロール; 動物・植物・菌類などに見られる; cf. zoosterol).
Phy·to·tom·i·dae [fàɪṭətάmədiː | -tətɔ́mɪ-] 〘← NL ~ ← *Phytotoma* (属名: ← PHYTO-＋Gk *tomḗ* 'a cutting, -TOME')＋-IDAE〙 *n. pl.* 〘鳥類〙 クサカリドリ科.
phy·tot·o·my [faɪtάṭəmi | -tɔ́təmɪ] 〘← PHYTO-＋-TOMY〙 *n.* 植物解剖学. 「な.
phỳto·tóxic *adj.* 植物毒素の[を含んだ]; 植物に有毒
phỳto·tóxicant *n.* 植物にとって有毒な物質.
phỳto·toxícity *n.* 〘薬学〙 植物毒性《植物への有害作
phỳto·tóxin *n.* 植物毒素. 用》.
phy·to·tron [fáɪṭətrὰn | -tətrɔ̀n] 〘← PHYTO-＋-TRON〙 *n.* ファイトトロン《植物の生長の研究用に種々の条件を自在に調節できる環境調節室》.
phy·to·zo·on [fàɪṭəzóʊαn | -təzə́ʊɔn] 〘← NL ~: ⇨ phyto, -zoon〙 *n.* (*pl.* **phy·to·zo·a** [-zóʊə | -zə́ʊə]) 〘生物〙 =zoophyte.
pi[1] [páɪ] 〘1: ▭ Gk *pî* < 《古形》 *peî* ▭ Sem. (Heb. *pē* 《原義》 mouth). 2: 《1841》← Gk *p*(*eriphéreia*) 'PERIPHERY' // *p*(*erímetros*) 'PERIMETER'〙 — *n.* **1** パイ《ギリシャ語アルファベット24字中の第16字: *Π*, *π* (ローマ字の P, p に当たる); ⇨ alphabet 表》. **2** 〘数学〙 パイ (*π*) 《円周率 (=約 3.1416) を表わす記号》; 円周率.
pi[2] [páɪ] 〘《変形》← PIE[3]〙 — *n.* (*pl.* **pies** [~z], **pis** [~z]) **1** **a** 乱雑にされた活字, ごっちゃ活字. **b** 外字. **2** ごったがえし, 混乱: make *pi* of ...をごっちゃにする. — *adj.* **1** (組付けが悪いため)印刷されない. **2** (ライノタイプなどの母型庫にない)外字の: *pi* characters 外字. — *v.* (**pied**; **pi·ing**) — *vt.* 〈活字・組版を〉ごっちゃにする, 乱雑にする. — *vi.* ごっちゃになる, 乱雑になる.
pi[3] [páɪ] 〘《略》← PIOUS〙 *adj.* 《英学生俗》 信心深い, 宗教的な (pious): a *pi* jaw お説議, お説教. — *n.* 信心
pi. 《略》 piaster. ぶった話, お説教.
P.I. 《略》 Pasteur Institute パスツール研究所; *L.* Pharmacopoeia Internationālis 国際薬局方 (International Pharmacopoeia); Philippine Islands; *F.* Protocol International 国際外交慣礼 (International Protocol).
P.I., PI 《略》 programmed instruction.
Pi·a [píːə] 〘▭ L ~ ← *pius* pious〙 *n.* 女性名.
Pia·cen·za [pjɑːtʃéntsə, pìːə- ; *It.* pjatʃéntsa] *n.* ピアチェンツァ《イタリア北部 Po 河畔の都市; 人口 110,000》.
pi·ac·u·lar [paɪǽkjʊlə | -lə(r)] 〘《1610》▭ L *piāculāris* ← *piāculum* propitiatory sacrifice ← *piāre* to appease ← *pius* 'PIOUS': ⇨ -ar[1]〙 — *adj.* **1** 贖(しょく)罪の, 罪滅しの. **2** 贖罪を必要とする; 罪深い (sinful). **3** 言語道断の, ひどい. **~·ly** *adv.* **~·ness** *n.*
pi·affe [pjǽf | pɪǽf, pjǽf] 〘↓〙 〘馬術〙 — *vi.* 〈馬が〉ピヤッフェをする; 〈乗り手が〉馬にピヤッフェをさせる. — *vt.* 〈馬〉にピヤッフェをさせる. — *n.* ピヤッフェ, 信地速歩(はや)《高等馬術の修練歩法の一つで, その場で行なう短縮速歩; だく足より少し鈍い足踏み》.
piaf·fer [pjǽfə | pɪǽfə(r, pjǽf-] 〘▭ F ~ 'to paw the ground'〙 *n.* 〘馬術〙 =piaffe.
Pia·get [pjɑːʒéɪ, pjæ-, pìːə- ; *F.* pjaʒɛ], **Jean** *n.* ピアジェ《1896– ; スイスの児童心理学者》.
Pia·get·ian [pjɑːdʒéɪən, pjæ-, pìːə-] *adj.* Jean Piaget の, 子供の成長に関する Piaget の学説の. — *n.* Jean Piaget (の学説)の支持者.
pi·al [páɪəl, píː-] 〘← *pia* (*mater*) (↓)＋-AL[1]〙 *adj.* 〘解剖〙 (脳)軟膜 (pia mater) の[に関する].
pi·a ma·ter [páɪə-méɪṭə, píːə-mάː- | -tə(r)] 〘《*a*1400》 ▭ ML ~ 'tender mother' 《なぞり》 ← Arab. *al-umm al-raqīqa*[h]: cf. dura mater〙 — *n.* **1** 〘解剖〙 軟膜, 脳軟膜 (cf. dura mater). **2** 知恵.
pi·an [piǽn, -άːn, pjάːn | prǽn, -άːn, pjάːn] 〘▭ F ~ ← Tupi 《土語》〙 *n.* 〘病理〙 =yaws.
pi·a·nette [pìːənét | pɪə-, pjæ-, pɪæ-] 〘← PIANO[1]＋-ETTE〙 *n.* 《方言》 =pianino.
piani *n.* piano[2] の複数形.
pi·a·ni·no [pìːəníːnoʊ | pɪəníːnəʊ, pjæ-, pɪæ- ; *It.* pjaníːno] 〘▭ It. ~ (dim.) ← PIANO[1]〙 *n.* (*pl.* **~s**) ピアニーノ《低い竪型ピアノ》.
pi·a·nism [piǽnɪzm, piǽnɪzm | píənɪzm, pjǽn-, pɪǽn-] *n.* **1** ピアノ演奏, ピアノ演奏の技巧[手腕]. **2** ピアノ用編曲.
pi·a·nis·si·mo [pìːənísəmòʊ | pjænísɪməʊ, pìæ-, pjɑː-, pìɑː-, pɪə-, pjə- ; *It.* pjaníssimo] 〘▭ It. ~ (superl.) ← PIANO[2]〙 〘音楽〙 — *adv., adj.* ピアニッシモ, きわめて弱く[弱い] (略 pp). — *n.* (*pl.* **~s** [~z], **-si·mi** [-miː ; *It.* -mi]) ピアニッシモの楽節[楽句, 楽章].
★ 英国のプロの音楽家の間では [pjɑː-, pìɑː-, pɪə-] の発音が多い.
pi·an·ist [piǽnɪst, píːən-, -nəst | píənɪst, pjǽn-, pɪǽn-] 〘▭ F *pianiste* ▭ It. *pianista* ← PIANO[1]＋-*ista* '-IST'〙 — *n.* ピアニスト, ピアノ演奏家. ★ 英国のプロの音楽家の発音は [píənɪst] が普通.
pi·a·nis·tic [pìːənístɪk | pɪə-, pjæ-, pɪæ-] *adj.* ピアノの, ピアノ的な; ピアノで演奏する(に適した). **pi·a·nís·ti·cal·ly** *adv.*
pi·an·o[1] [piǽnoʊ, -nə | pɪǽnəʊ, pjǽn-, pjάːn-, pɪάːn-] 〘《1803》▭ It. ~ 《略》 ← PIANOFORTE, *fortepiano*〙 — *n.* (*pl.* **~s**) ピアノ: ⇨ cottage piano, grand piano, concert grand piano, player piano, upright piano / perform [play] the ~ ピアノを弾く. ★ 英国のプロの音楽家の間では [pjάːnəʊ, pɪάː-] の発音が多い.
pia·no[2] [piάːnoʊ | pjάːnəʊ, pɪάː- ; *It.* pjáːno] 〘▭ It. ~ < LL *plānus* smooth, flat: PLAIN[1], PLAN と二重語〙 〘音楽〙 — *adv., adj.* ピアノの[で], 弱音の[で] (略 p, p.; ↔ forte). — *n.* (*pl.* **~s**, **-ni** [-niː ; *It.* -ni]) ピアノと指定された楽節[楽句].
piáno accórdion *n.* ピアノアコーディオン《初期のボタン式に対し鍵盤式の普通のアコーディオン》.
piáno bàr *n.* ピアノバー《生のピアノ音楽の聞けるカクテルバー》.
piáno duét *n.* 〘音楽〙 ピアノ二重奏(曲)《2台のピアノによる二重奏または連弾》.
pi·a·no·for·te [piǽnəfɔ̀ət, piάːn-, -fɔ̀əṭ, -fɔ̀əṭi, -fɔ̀əṭi, ─ ─ ─ (─) | pjæ̀nə(ʊ)fɔ́ːtɪ, pjɑ̀ːn-, pìæ̀-, pɪɑ̀ːn-, (─) ─ ─ ─ ; *It.* pjànofɔ́rte] 〘《1767》▭ It. ~ ← *pian*(*o*) *e forte* soft and strong: ⇨ piano[2], fort〙 — *n.* ピアノ《形式的な用語で, 今は通例 piano と略称する》.
piáno hìnge *n.* 〘機械〙 ピアノヒンジ《扉, ふた等一辺の全長にわたって配列され, 一本の細い針金で貫かれている蝶番(ちょうつがい); continuous hinge ともいう》.
pi·a·no·la [pìːənóʊlə | pɪənə́ʊ-, pjæ-, pìə-, pìæ-] 〘↓〙 *n.* **1** 〘トランプ〙 (ブリッジで)楽にできる手, 楽勝の手. **2** 処理しやすい事柄, 楽な仕事 (cinch).
Pi·a·no·la [pìːənóʊlə | pɪənə́ʊ-, pjæ-, pìə-, pìæ-] 〘(dim.) ← PIANO[1]〙 *n.* 〘商標〙 ピアノラ《自動ピアノの一種》. 「脚 (pudgy legs).
piáno lèg *n.* **1** ピアノの脚. **2** [*pl.*] 《米口語》 大根
pia·no no·bi·le [piάːnoʊ-nóʊbɪleɪ | pjάːnəʊ-nə́ʊ-, piάːn- ; *It.* pjáːnonɔ́bile] *n.* 〘建築〙 ピアノノビーレ, 主階《イタリア(風)建築で, 主要な応接室の設けられる階; 通例 2 階に当たる》. 「ン.
piáno òrgan *n.* (barrel organ に似た)手回しオルガ
piáno plàyer *n.* 〘音楽〙 **1** ピアノ演奏者[家], ピアニスト. **2** 自動ピアノ (player piano).
piáno quartét *n.* 〘音楽〙 ピアノ四重奏(曲)《ピアノと3つの弦楽器(バイオリン, ビオラ, チェロ)》; ピアノ四重奏団.
piáno quintét *n.* 〘音楽〙 ピアノ五重奏(曲)《ピアノと3つの弦楽器(第1バイオリン, 第2バイオリン, ビオラ, チェロ)》; ピアノ五重奏団.
piáno scòre *n.* 〘音楽〙 **1** ピアノ楽譜. **2** ピアノスコア《管弦楽・オペラ・合唱曲などをピアノで弾けるように2段譜表に書き換えたもの》.
piáno-stòol *n.* ピアノ(用の)椅子.
piáno wìre *n.* ピアノ線《張力の強い炭素鋼鋼線》.
pias 《略》 piaster.
pi·as·sa·va [pìːəsάːvə] 〘▭ Port. ~ ▭ S-Am.-Ind. (Tupi) *piaçába*〙 — *n.* (*also* **pi·as·sa·ba** [pìːəsάːbə]) **1** **a** 〘植物〙 ブラジルゾウゲヤシ (*Attalea funifera*) 《ブラジル産》; ピアサバヤシ (*Leopoldinia piassaba*) 《レオポルドヤシの一種》. **b** ピアサバ《ブラジルゾウゲヤシやピアサバヤシから採るあらい繊維; 縄・ブラシなどを作る》. **2** **a** 〘植物〙 サケラフィア (*Raphia venifera*) 《アフリカ産のヤシの一種》. **b** サケラフィアのあらい繊維.
pi·as·ter, 《英》 **pi·as·tre** [piǽstə, -άːs- | pɪǽstə(r), -άːs-] 〘《1611》▭ F *piastre* ▭ It. *piastra* thin metal plate, coin ← L *emplastrum* 'PLASTER'〙 — *n.* **1** ピアストル《エジプトアラブ共和国・スーダン・シリア・レバノンの通貨単位; =$^1/_{100}$ pound; 記号 P》; 1 ピアストル硬貨. **2** =PIECE of eight. **3** ピアストル《1955年から1975年までの南ベトナムの通貨単位; 1954年まで旧仏領インドシナの通貨単位; =100 cents; 記号 VN$, Pr; cf. dong[2]》; 1 ピアストル紙幣.
pi·at [páɪæt] 〘《頭字語》← *p*(*rojector*) *i*(*nfantry*) *a*(*nti*)-*t*(*ank*)〙 *n.* 《英》 歩兵用対戦車砲, 対戦車歩兵砲.
Pia·ti·gor·sky [pjɑ̀ːtɪgɔ́əski, pjæ̀ṭ- | -tɪgɔ́ːskɪ; *Russ.* pjitjigórskjij], **Gregor** *n.* ピアティゴルスキー《1903–76; ソ連生れの米国のチェロ奏者》.
Piau·í [pjaʊíː, piaʊ- | pjaʊ-, pɪaʊ- ; *Braz.* pjawí] *n.* ピアウイ《ブラジル北東部の州; 人口 2,306,000, 面積 250,934 km^2, 首都 Teresina》.
piaz·za [piǽtsə, piάːtsə | pɪ- ; *It.* pjáttsa] 〘《1583》▭ It. ~ < VL *plattеam*=L *platēam*: ⇨ place[1]: cf. plaza〙 — *n.* (*pl.* **~s** [~z], *It.* **piaz·ze** [-tseɪ ; *It.* -tse]) **1** ピアッツァ; (特にイタリア都市の)広場, 市場. **2** [piǽzə, piάː- | pɪ-] 《米・カナダ》 ベランダ (verandah). **3** 《英》 (広場の周囲や建物前面の屋根付きの)歩廊 (arcade), 回廊 (gallery).
Piaz·zet·ta [pjɑːtséṭə; *It.* pjattsétta], **Giovanni Battista** *n.* ピアツェッタ《1682?–1754; イタリアの Tiepolo 以後のベニス派バロック美術の代表的画家》.
PIB 《略》 〘経済〙 Prices and Incomes Board (cf. NBPI).
pi·bal [páɪbəl] 〘《短縮》← *pi*(*lot*) *bal*(*loon*)〙 — *n.* 〘気象〙 **1** =pilot balloon. **2** パイボール観測, 測風気球観測《小型気球を経緯儀で追跡して行なう高層風の観測; cf. rabal》.
pib·corn [píbkɔən | -kɔːn] *n.* =pibgorn.
pib·gorn [píbgɔən | -gɔːn] 〘▭ Welsh ~ ← *pib* pipe ＋*gorn* horn (cf. corn[2])〙 — *n.* ピブコーン《昔, ウェールズで用いたホーンパイプに似た木管楽器》.
pi·broch [píːbrɑk, -brɑx | -brɔk, -brɔx] 〘《1719》▭ Sc.-Gael. *piobaireachd* pipe music, art of playing a bagpipe ← *piobair* piper ← *pìob* 'bagpipe' ▭ E *pipe* 'PIPE'〙 — *n.* ピーブロック(曲)《主に, もとスコットランド高地人が bagpipe で奏した(勇壮な)曲》.
pic[1] [pík] 〘《略》← PICTURE〙 *n.* (*pl.* **~s**, **pix** [píks]) 《米俗》 **1** 写真 (photograph). **2** 映画 (motion picture): a ~ mob 映画の観衆.
pic[2] [pɪk, píːk; *Sp.* pík] 〘▭ Sp. *pica* ← *picar* to prick〙 *n.* ピカドール (picador) の槍(やり).
pic[3] [pík] 《略》 *n.* 《米》 =picayune.
pic[4] [píːk] 〘▭ F ~: ⇨ pique[2]〙 *n.* =pique[2].
pic. 《略》 pictorial.
pi·ca[1] [páɪkə] 〘《1497》▭ ? ML *pica* 'PIE[4]': 典式規則書にこの活字が用いられたことから〙 — *n.* **1** **a** 〘印刷〙 パイカ《12 ポイント; ⇨ type 10 ★》. **b** =em pica. **2** パイカ《12 ポイントのタイプライター活字; 1インチに10文字入る》.
pi·ca[2] [páɪkə] 〘《1563》← L *pīca* magpie: カササギの雑食性にちなむ〙 *n.* 〘病理〙 異食(症).
pic·a·dor [píkədɔə, ─ ─ ─ | píkədɔ̀ː(r, ─ ─ ─; *Sp.* pìkaðór] 〘《1797》▭ Sp. ~ 'pricker' ← *picado* (p.p.) ← *picar* to prick < VL **piccāre* 'to PRICK': ⇨ -or[2]〙 — *n.* (*pl.* **~s**, **pic·a·do·res** [pìkədɔ́ːriːz, -dɔ́ːr-, -reɪs | -dɔ́ːr- ; *Sp.* pìkaðóres]) ピカドール《スペインの闘牛の突き手; 2–3人で槍(やり)で牛を突き怒らせて闘牛を開始させる騎手; cf. matador 1, toreador》.
pic·a·mar [píkəmὰə | -mὰː(r)] 〘▭ G *Picamar, Pikamar* 《原義》 bitter pitch ← L *pic-*, *pix* pitch＋*amārus* bitter: ドイツの物理学者 Karl von Reichenbach (1788–1869) の造語〙 — *n.* 〘化学〙 ピカマール油《木タールから採った一種の苦い油; 香料に用いられる》.
pi·ca·ra [píːkərὰː, -kɑː- ; *Sp.* píkara] 〘(fem.) ← PICARO〙 *n.* (*pl.* **~s** [~z; *Sp.* ~s]) 女ごろつき, 女やくざ.
Pi·card [piːkάə, -kάːd | -kάː(r; *F.* pikaːr], **Charles Emile** *n.* ピカール《1856–1941; フランスの数学者》.
Pic·ar·dy [píkədi | -kədɪ, -kɑː-] 〘▭ F *Picardie* ← *Picard* (? cf. OF *pic* pike)〙 *n.* ピカルディー《フランス北部の地方; もと県》.
Pícardy thírd, p- t- 〘《なぞり》← F *tierce de Picardie*: Picardy 地方の教会音楽でよく用いられるところから〙 — *n.* 〘音楽〙 ピカルディー 3 度《短調の曲の終止で短3和音の代わりに用いられる長3和音》.
pic·a·resque [pìkərésk] 〘《1810》 F ~ ▭ Sp. *picaresco* roguish ← PICARO: ⇨ -esque〙 — *adj.* 〈小

説など)悪党を主題とする，ピカレスク風の《特に，スペイン起源の小説に用いる》: a ～ novel 悪党小説《Gil Blas などが代表的》. ── *n.* **1** (文学の一形態としての)悪党小説[もの]，ピカレスク(風)《悪党を主題とする写実小説の一様式で，中世ロマンスに対する反動として起こり 16-19 世紀に流行した》. **2** (ピカレスクに出るような)悪党，山師.

pi·ca·ro [píːkəròu, -kɑː- | -rəʊ; *Sp.* píkaro] 〚▭ Sp. ～ ← *picar* to prick : ⇨ picador〛 *n.* (*pl.* ～**s** [～z; *Sp.* ～s]) 悪党，やくざ，山師 (adventurer).

pic·a·roon [pìkərúːn] 〚《(1624)》▭ Sp. *picarón* (aug.) ← PICARO : ⇨ -oon〛 *n.* **1 a** 盗賊(thief). **b** 海賊(pirate); 海賊船. **2** ＝picaro. ── *vi.* 盗賊[海賊]を働く.

Pi·cas·so [pɪkɑ́ːsou, -kǽs- | -kǽsəʊ; *Sp.* pikáso], **Pablo** *n.* ピカソ《1881-1973; スペイン生れのフランスの画家・彫刻家; 立体派 (Cubism)・超現実派の祖; *Guernica*「ゲルニカ」(1936)》.

pic·a·yune [pìki(j)úːn, -kə- | -kə-] 〚《(1805)》▭ F *picaillon* ▭ Prov. *picaioun* old copper coin of Piedmont ← *picaio* money ← *pica* to prick, jingle < VL **piccāre* 'to prick, PICK¹'〛《米》 ── *n.* **1** ピキューン《昔，米国 Florida, Louisiana 州などで流通したスペインの $^1/_2$ real 貨幣，初め $6^1/_4$ セント，後には 5 セントに相当した; cf. real²》. **2** 小銭《5 セント銀貨など》. **3** 《口語》つまらない物[人]: not worth a ～ 全然無価値で. ── *adj.* ＝picayunish.

pìc·a·yún·ish [-nɪʃ] 〚⇨ ↑, -ish¹〛 *adj.* 《口語》つまらない，無価値の; ささいな，ちっぽけな (petty); あら捜しの; 偏見をもった.

Pic·ca·dil·ly [pìkədíli | -lɪ] 〚《(17C)》← *Piccadilly Hall* ← *pickadilly* edging, ruff ▭ F *picadille* (cf. Du. *pickedil*) (← ? Sp. *picado* (⇨ picador)＋F *-ille* (dim. suf.)) ▭ Sp. **picadillo*〛 ── *n.* ピカデリー《London の Hyde Park Corner と Haymarket の間の大通り; 高級店が軒を並べるので有名》.

Piccadìlly Círcus 〚⇨ ↑, circus 3〛 *n.* ピカデリー サーカス《London の Piccadilly 通りの東端にある(円形)広場，繁華街の中心》.

pic·ca·lil·li [pìkəlíli, ーーーー | píkəlìlɪ, ーーーー] 〚《古形》 *piccalillo* Indian pickle 《変形》? ← PICKLE¹〛 ── *n.* ピカリリ《東インド起源の香辛料をきかせたピクルスの一種; 数種の刻んだ野菜を用いる》.

pic·ca·nin·ny [píkənìni, ーーーー | -nɪ] *n.*, *adj.* 《英》 ＝pickaninny.

Pic·card [piːkɑ́ə, -kɑ́əd | -kɑ́ː(r; *F.* pikáːr], **Auguste** *n.* ピカール《1884-1962; スイスの地球物理学者; 気球によって 16,940 m の高度に達し (1932), また bathyscaphe を考案して深海潜水実験を行なった》.

Piccard, Jacques *n.* ピカール《1922- ; A. Piccard の息子で，ベルギー生れのスイスの海洋学者》.

Piccard, Jean Félix *n.* ピカール《1884-1963; A. Piccard の双生児兄弟で，スイス生れの米国の化学者・航空技術者; 気球によって 17,550 m の成層圏上昇記録を樹立 (1934)》.

pic·co·lo [píkəlòu | -ləʊ] 〚《(1856)》▭ It. ～ 'small (flute)'〛 ── *n.* (*pl.* ～**s**) **1** ピッコロ《flute より 1 オクターブ高い音域をもつ横笛; octave flute ともいう》. **2** ピッコロ奏者. **3** 《卑》(fellatio の対象としての)陰茎. ── *adj.* 〈楽器が〉普通のサイズより小さい; ピッコロ…: a ～ cornet ピッコロコルネット.

píc·co·lò·ist [-ɪst, -əst | -ɪst] *n.* ピッコロ奏者.

pice [páɪs] 〚《(1615)》▭ Hindi *paisā* ← ? *pā'ī* 'PIE⁵'〛 ── *n.* (*pl.* ～) **1 a** パイス《1955 年までのインドの旧通貨単位; ＝3 pies, $^1/_4$ anna, $^1/_{64}$ rupee》. **b** ＝paisa. **2** 1 パイス銅貨.

pic·e·ous [písiəs, páɪs- | -sɪ-] 〚《(1646)》▭ L *piceus* pitchy ← *pic-*, *pix* 'PITCH¹': ⇨ -ous〛 ── *adj.* **1** ピッチ (pitch) の，ピッチ状の. **2** 《英》可燃性の. **3** 〖動物〗真っ黒な，光沢のある黒褐色の.

pich [pítʃ] 〚▭ Am.-Sp. ～ ← Am.-Ind.〛 ── *n.* 〖植物〗西インド諸島産マメ科ベニゴウカン属の低木 (*Calliandra portoricensis*)《夜間白い花が咲く; ゴム状の樹脂を採る》.

pich·i·ci·a·go [pɪ̀tʃisiɑ́ːgou, -éɪg- | -sɪɑ́ːgəʊ, -éɪg-] 〚▭ S-Am.-Sp. *pichiciego* ← Guarani *pichey* small armadillo＋Sp. *ciego* blind (< L *caecum*)〛 ── *n.* (*pl.* ～**s**) 〖動物〗ヒメアルマジロ (*Chlamydophorus truncatus*)《南米南部産》.

Pi·ci [páɪsaɪ] 〚← NL ～ ← L ～ (pl.) ← *picus* woodpecker〛 *n. pl.* 〖鳥類〗キツツキ目.

Pic·i·dae [písədiː, páɪs- | -sɪ-] 〚← NL ～ ← *Picus* (属名: ↑)＋-IDAE〛 *n. pl.* 〖鳥類〗キツツキ科.

pick¹ [pík] 〚《(c1300)》《混成》? ← OE **pic(i)an* to prick ＋OF *piqu-er* to prick, pick < VL **piccāre* (cf. pike¹): cf. MDu. *picken*, *pecken* to prick, pick / G *picken*〛 ── *vt.* **1 a** (つるはしなどで)突く，つつく，突いて[つついて]掘る，突き砕く，…に穴をあける: ～ the road with a pickax つるはしで道路をこつこつ掘る. **b** (つるはしなどで)つついて〈穴を〉あける: ～ a hole *in* the safe 金庫に穴をあける / ⇨ *pick* HOLES *[a hole] in a person's coat [character]*. **c** 〈欠点を〉あばこうとする，捜す: ～ faults / ～ faults *in* …のあら捜しをする. **2 a** 〈歯・鼻・耳などを〉ほじる: ～ one's nose / ～ one's teeth with a toothpick 爪楊枝(つまようじ)で歯をほじくる. **b** 〈綿・ひもなどを〉指で[先のとがった道具を使って]ほどく，ほぐす: ～ the shoestring 靴ひものもつれをほどく / ～ oakum まいはだを作る《昔の囚人などの仕事; ⇨ oakum》; 苦役をつとめる，臭い飯を食う. **3 a** 〈骨など〉から肉をしゃぶり[つつき]取る; 〔骨から〕〈肉を〉しゃぶり[つつき]取る 〔*from*〕: ～ meat *from* bones / The dog ～*ed* the bone clean. 犬は骨の肉をきれいにしゃぶり取った. **b** 〈とげなどを〉抜き取る: ～ a thorn *out of* one's finger 指からとげを抜き取る / ～ a cigarette *from* the packet 箱のたばこを 1 本抜き取る. **c** (料理のため)〈鳥〉の羽毛をむしり取る: ～ a fowl, goose, etc. **4 a** [時に二重目的語を伴って]〈花・果物などを〉(木などから)摘む (cull), もぐ (pluck), 採集する (gather): ～ wild flowers, fruit, cotton, etc. / She ～*ed* only the ripest berries. 一番熟していそうな実だけを摘み取った / I ～*ed* her a rose. 彼女にばらを摘んでやった. **b** 〈木・果樹園など〉から果物[実]を摘み取る: They ～*ed* the whole field in one day. 彼らは畑全部の摘み取りを一日で済ました. **5 a** 〈鳥が〉〈餌(え)を〉拾う，ついばむ (peck); 〈他の鳥などを〉つっつく: The parrot was ～*ing* its seed. オウムが実をついばんでいた. **b** 〈人が〉少しずつ食う，ちびちび[いやいや]食べる: ～ a bit 少し食べてみる. **6 a** (入念に)よる，選ぶ 〈*out*〉: *Picking* his words carefully he said, … 慎重に言葉を選びながら…と言った / ～ a winner 勝ち馬を選ぶ; 《口語》有望な人[物]を選び当てる / ⇨ PICK *and choose*. **b** [～ one's way [steps] として] (一歩一歩道を拾うように)気をつけて歩いて行く: He ～*ed his way* cautiously *through* the swamp [*across* the muddy field]. その沢地を[ぬかるみの畑の中を]そーっと足を運びながら通って行った. **7** (鋭利な道具・針金・合い鍵などを使って)〈錠を〉こじ[ねじ]あける，ひそかにあける: ～ a lock. **8** …の中味を盗む; …からすり取る (cf. pickpocket 1): ～ pockets 懐中物をする，すりを働く / I had my pocket [purse] ～*ed*. 懐中物をすられた / ⇨ *pick a person's* BRAINS. **9** 〈喧嘩など〉のきっかけを作る，わざと吹っ掛ける 〔*with*〕: ～ a quarrel [fight] *with* a person 人に喧嘩を吹っ掛ける. **10** 《米》〈弦楽器(の弦)を〉かき鳴らす，つまびく (pluck); (弦楽器で)〈曲を〉弾く(play): ～ (the strings of) a guitar ギターをかき鳴らす / ～ a tune on one's banjo バンジョーで一曲かなでる. ── *vi.* **1** 突く，突いて掘る，つっつく，ほじる. **2 a** (果実・花などを)摘み取る，採集する (harvest): They've gone (fruit) ～*ing*. 彼らは(果物の)摘み取りに出かけました. **b** 〈果物などが〉摘める，もげる: Grapes ～ easily. ぶどうは摘みやすい. **3 a** 〈鳥が〉餌をついばむ: I saw some chickens ～*ing* about the yard. 数羽のひよこが庭の辺りで餌をついばんでいるのが見えた. **b** 〈人が〉〔食物などを〕(いやいや，またはたしなみながら)少しずつ食べる 〔*at*〕: She just ～*ed at* the pudding. そのプディングにちょっとさじをつけただけだった / He was ～*ing* listlessly *at* his lunch. 気乗りのしない様子で昼食を一口一口食べていた. **4** (入念に，またはより好みをして)選ぶ (select). ★ 次の成句で用いる: ⇨ PICK *and choose*. **5** 盗む，くすねる (pilfer). ★ 主として次の成句で用いる: ⇨ PICK *and steal*. **6** 《米》(ギター・バンジョーなどの)弦楽器をかき鳴らす[つまびく]. **7** 《口語》〔人・物事の〕あら捜しをする，小言を言う，がみがみ言う (carp) 〔*at*, *about*〕: You ～ *at* me day and night. しょっちゅう私に小言ばかりを言う / She's always ～*ing about* something. 彼女はいつも何かあら捜しをしている.

pick and choose よりすぐる，より好みする: There is no time to ～ *and choose*. より好みなどしている余裕はない / You could ～ *and choose* your subjects. 主題の選択をしようと思えばすることができる.
pick and steal こっそり盗む: He was always ～*ing and stealing*. いつもこそ泥みたいなまねをしていた.
pick apart ＝*pick to* PIECES. ***pick at*** (1) …をひっつかもうとする，ひったくる; …にさわる (touch); …をいじくる (finger): My grandson loves to ～ *at* my glass frames. 孫は私の眼鏡の縁をいじくりたがる. (2) ⇨ *vi.* 3 b. (3) …に何となくとりかかる，…を興味なさそうに扱う. (4) ⇨ *vi.* 7. ***pick in*** (絵画に)〈陰などを〉描き込む: The shadows are ～*ed in*. 陰が描き込まれている. ***pick off*** (1) 〈…を〉(…から)抜き取る，ねじり取る，もぎ取る; (嘴(くちばし)で)くわえ取る: ～ a thorn *off* one's coat 上衣からとげを抜き取る. (2) 〈敵兵・獲物などを〉一人[一匹，一羽]ずつ狙い撃ちする[打ち止める，襲い倒す]: He ～*ed* the ducks *off* one by one. かもを一羽ずつ狙い撃ちにした. (3) 〖野球〗〈投手・捕手が〉〈走者を〉牽制(けんせい)してアウトにする (cf. pick-off 1 a). (4) 〖球技〗〈相手のパスを〉途中でさえぎる《ボールを奪う》，インターセプトする (intercept): ～ *off* a pass. ***pick on*** (1) (特別な目的・理由のために)〈人・物を〉選ぶ，選定する，指名する: The teacher always ～*ed on* her *to* read the book. 先生はいつも彼女を指名して本を読ませた. (2) 《口語》(いつも槍(やり)玉にあげて)〈人〉をいじめる (tease), …のあら捜しをする，…を非難する: Why ～ *on me* every time? なぜいつもいつも私ばかりしかられるのか. ***pick out*** (1) 掘り出す，つつき出す，ほぐし取る (peck out). (2) (多数の中から)選ぶ，選び出す (select); 抜擢(ばってき)する (cf. *vt.* 6 a). (3) (周囲のものと)区別する (distinguish), 見分ける，聞き分ける，見てとる: I could easily ～ *out* his face in the crowd. 人込の中からすぐ彼の顔を見分けることができた. (4) 〈意味を〉探り出す，くみ取る，悟る (make out). (5) くっきりと浮き立てる，きわ立たせる; (特に)〔地色と異なった色で〕〈輪郭・へりなどを〉引き立たせる 〔*in*, *with*〕: The glow of the streetlamps ～*ed out* the skeletal frame of the ruined castle. 廃墟(はいきょ)となった城の骨格が街灯の光でひときわ浮き立っていた / The color scheme of the room was brown, with the moldings ～*ed out in* orange. 部屋全体の色彩は褐色を主としていたが繰り形はオレンジ色で引き立っていた. (6) 〈曲を〉聞き覚えのまま奏する，一音ずつ弾く: Sitting on the music stool, he ～*ed out* a tune softly with one finger. ピアノの椅子(いす)に腰を降ろすとそっと 1 本の指である曲を弾き出した. ***pick over*** (1) 〈多くの物〉の中から(よく吟味して最上のものを)より出す; (不要なものを取り除くために)点検する: The women were ～*ing over* the skirts on the bargain table. 女たちは特売の台にあるスカートを引っかき回して選んでいた. (2) (特に)〈不快なことを〉話し[考え]続ける: Don't keep ～*ing over* our old quarrels. 昔のもめ事などをいつまでも考えるのはよそう. ***pick to pieces*** ⇨ piece 成句. ***pick up*** (*vt.*) (1) 〈地面を〉掘り上げる，掘り起こす (take up). (2) 拾い上げる，取り上げる: He bent to ～ *up* the stone. かがんでその石ころを拾い上げた / ～ *up* the receiver [phone] 《米》受話器を取り上げる. (3) [～ *oneself up* で] 起き上がる; 立ち直る: He was knocked down but quickly ～*ed himself up*. なぐり倒されたが素速く立ち上がった. (4) (地面から離れるように)〈足を〉上げる. (5) 〈遭難者などを〉(海中から)救い上げる: The shipwrecked sailors were ～*ed up* by the lifeboat [helicopter]. 難破した船乗りたちは救助艇[ヘリコプター]に救い上げられた. (6) (途中で)〈乗客・貨物を〉車[船]に乗せる[乗せて行く] (cf. pickup *n.* 2 a); 〈車〉に乗って行く，拾う: ～ *up* a hitchhiker ヒッチハイカーを便乗させる / Please ～ me *up* at the hotel. ホテルへ来て私を乗せて行って[拾って]下さい / The bus ～*ed up* three persons at the next stop. 次の停留所では 3 人の人がバスに乗った / Then I ～*ed up* a ride and got to where I could get a bus. それから通りかかった車に乗せてもらってバスに乗れる所まで行った / There several persons were waiting to ～ *up* taxis. そこで数人の人がタクシーに乗ろうとして待っていた. (7) 《口語》(偶然)手に入れる，買う (buy); 〈金を〉(特に，数個所で働いて)もうける，稼ぐ (earn), 稼いで貯める (cf. pickup *n.* 3): ～ *up* a livelihood その日暮らしをする / ～ *up* a bargain 偶然掘出物をする / He ～*ed up* 500 dollars doing odd jobs. 手間仕事をして 500 ドル稼いだ. (8) 〈知識・芸事などを〉(偶然に)聞き覚える，身につける; 〈話・うわさなどを〉耳にする; 〈習慣・考えなどを〉(身に)つける，抱く; 〈病気などに〉にかかる (catch): Where did you ～ *up* the habit [your excellent English]? どこでその習慣がついた[そのすばらしい英語を勉強した]のか / He ～*ed up* the bronchitis as a miner. 炭鉱夫をしている時にその気管支炎にかかった. (9) 〈預け物などを〉要求して受け取る (claim): Don't forget to ～ *up* your clothes at the cleaners. クリーニング店で服を受け取って来るのを忘れないでね. (10) 《口語》(通例，関係を結ぶために)〈女性〉に近付きになる (cf. pickup *n.* 4): He went home with a girl he had ～*ed up* at the bar. その酒場で近付きになった少女と一緒に家に帰った. (11) 《俗》連行する，拘引する，逮捕する (arrest) (cf. pickup *n.* 5): The police ～*ed up* the suspect [fugitive]. 警察は容疑[脱走]者を逮捕した. (12) 〈逃亡者・獲物の跡を〉かぎつけ(て追跡す)る: They ～*ed up* the outlaw's trail. 彼らは(手がかりをつかんで)その無法者を追跡し始めた / The dog is intent on ～*ing up* the scent of its prey. その犬は躍起となって獲物の臭跡をかぎつけようとする. (13) 〈道具などを〉片付ける，まとめる: Let's ～ *up* the tools and go home. さあ道具を片付けて帰るとしよう. (14) 《米》〈部屋などを〉整頓する，きれいにする. (15) 《口語》あり[間に]合わせのもので〈食事〉の用意をする: She ～*ed up* a quick dinner at noon. お昼に大急ぎで簡単な食事を用意した. (16) 《口語》〈勘定を〉(引き受けて)支払う: He offered to ～ *up* the check [tab]. 彼は自分が勘定を払うと申し出た / The government should ～ *up* the bill for the damaged building. 政府が破損した建物の補修費をもつべきだ. (17) 〈信号・足跡などを〉発見する，認める; (無線・探照灯などで)捕える; 〈電波などを〉傍受する; …の放送を無線で接受する: They ～*ed up* signals for help from the burning plane. 彼らは火災の起きた飛行機からの救難信号を受信した / I ～*ed up* Cairo on my radio last night. 昨夜ラジオでカイロ放送を受信した[にカイロ放送が入った]. (18) 〖競技〗〈ある距離を〉跳び越える: He ～*ed up* a few yards on the last play. 最後の演技で数ヤード跳び越えた. (19) 〈他チームの選手など〉を(交渉などによって)獲得する，引き抜く. (20) 《俗》〈金目の品などを〉盗む，かすめる. (21) 〈人を〉元気づける，…の元気を回復させる; 〈勇気・健康・力・能率などを〉回復する: ～ *up* one's health [spirits, courage] 健康[元気，勇気]を取り戻す / ～ *up* flesh (病後などに)肉がもとのようについてくる / A bite of something will ～ you *up*. 何か一口でも食べれば元気が出ますよ (cf. pick-me-up). (22) 〈見失った道など〉へ再び出る: ～ *up* the lost path / He ～*ed up* the main road back into the city center. 再び市の中心部に通じる大通りへ出た. (23) …の速度[テンポ]を増す; 〈速度を〉出す: The train ～*ed up* speed as it reached the open country. 列車は開けた田園にはいると速力を増した. (24) 〈物語・活動・関係などを〉(中断後)また始める，再開する (cf. *pick up the* THREADS):

We ~*ed up* the discussion after an interruption. 我我は一旦止めてからまた議論を続けた. (25)〘服飾〙〈編物の目を〉ひろう: ~ *up* a dropped stitch. (26)〘競技〙〈味方〉の選手に守られるように動く; 〈相手方選手を〉守備する位置につく. (*vi.*) (1)〈人が〉病気が治る, 元気を取り戻す; 上達する; 〈健康・元気などが〉回復する (recover); 〈市場・株価などが〉立ち直る, 景気づく (cf. pickup *n.* 6); 〈天気が〉よくなる (improve); 〈エンジンなどが〉再び動き[運転し]出す: Perhaps he'll ~ *up* when the spring comes. 恐らく春になれば快くなるでしょう / Business has [Sales have] begun to ~ *up*. 景気が立ち直り[売れ行きがよくなり]出した / World demand for petroleum will ~ *up* again. 世界の石油の需要がまたもち直すだろう / The port engine ~*ed up* again. 左舷のエンジンがまた作動し出した. (2) 速力を増す (cf. pickup *n.* 7): The car ~*ed up* once it was on the highway. 車はひと度大通りに出るとスピードを上げた. (3)〘口語〙〔いかがわしい人と〕近付きになる, (特に)〔知らない女と〕親しくなる〔*with*〕: He is liable to ~ *up with* any man in a pub. 彼は酒場で会ったどんな(変な)男ともすぐ懇意になる. (4)〘口語〙荷物をまとめる, 出て行く支度をする: You couldn't just ~ *up* and leave. 今すぐ荷物をまとめて出て行くというわけにも行くまい. (5)〘米〙部屋(など)を片付ける[整頓する]: I'm always ~*ing up after* the boy. いつもあの子には後片付けをさせられている. (6) (一旦止めた話などを)また続ける: Let's ~ *up* where we left off yesterday. きのう止めたところからまた続けよう. (7)〘ゴルフ〙(特に, 自分の負けを認めて)ボールを拾ってしまう. (8)〘競技〙(攻撃側・守備側などの)側を交替で選ぶ. ***pick upon*** = PICK *on* (1).

— *n.* **1** (つるはしなどでの)一つつき, 一打ち, 一突き: at the first ~ of the pickax つるはしの最初の一突きで. **2 a** [通例 one's ~, the ~] 選択; 選択権〔*of*〕: You can take *your* ~. 好きなのを選び取っていい / I had *the* [*my*] ~ of those jobs. それらの職業に対する選択権があった / have the first ~ of ...を最初に選べる権利をもっている / give a person *his* ~ *of*... 人に...の選択権を与える. **b** 選ばれた人[物]: Mr. Jones is our ~ for chairman. ジョーンズ氏は我々が会長に推している人です. **c** [the ~] 精選された人[物], 精鋭〔*of*〕: *the* ~ *of* the aviators [army] 航空士[陸軍]中の精鋭 / *the* ~ *of* the basket より抜き, 精選品. **3** (ある時期に)摘み取った農作物, 一度に取り入れた収穫量: the first ~ of apples 初物のりんご(の摘み取り). **4**〘方言〙少量の食事; 一口, 少量. **5**〘絵画〙繕い, 書き込み. **6**〘印刷〙(印刷物の)しみ; (活字などの)よごれ; 白むら. **7**〘バスケットボール〙= screen 14.

pick[2] [pík] 〘(1340) *pic, pikk*《変形》← PIKE[2]〙 — *n.* **1** つつく道具; (特に)つるはし (pickax); 氷割り (ice pick). **2** ほじる道具; 錠前こじあけ道具 (picklock); 爪楊枝 (toothpick). **3** ピック, つめ (plectrum)《弦楽器の弦を弾くためのプラスチックまたは金属製などの小薄片》. **4** ピック《フィギュアスケートのブレード前方のギザギザの一つ》. **5** (髪のセットの際, カールを止める)ピン.

pick[3] [pík] 〘《古形》*picke*《変形》← ME *picche(n)*: ⇨ pitch[2]〙 — *vt.* **1**〘英方言〙投げる, ほうる (throw); 〈乾草などを〉ほうり上げる (pitch). **2**〘紡織〙〈杼(ひ) (shuttle) を〉打つ (cast). — *n.* **1**〘英方言〙投げる[ほうる]こと; 投げられた[ほうられた]もの. **2**〘紡織〙**a** 杼を打つ数《これで織工程の遅速を決める》. **b** (織物の精粗を調べるための)緯糸(よこいと)の数; 緯糸.

pick·a·back [píkəbæ̀k] 〘(1565)《変形》←《古形》*a pick-back, on* (or *a*) *pick-pack* ← *pick-pack*《加重》← PACK[1]: cf. piggyback〙 — *n., adv., adj.*〘英〙= piggyback.

píckaback plànt *n.*〘植物〙北米西部産ユキノシタ科の多年草 (*Tolmiea menziesii*)《観葉植物として栽培される》.

píck-and-shóvel *adj.* (つるはしとシャベルの仕事のように)単調で骨の折れる.

pick·a·nin·ny [píkənìni, ←―← | -nɪ] 〘(1657)《土語》← Port. *pequeno* child (dim.) ← *pequeno* little, small〙 — *n.* **1**〘米・西インド〙[通例軽蔑的に] 黒人の子供. **2**〘アフリカ南部・豪〙原住民の子供. **3**〘英戯言〙子供. **4** 黄褐色. — *adj.* 非常に小さい, ちっぽけな.

pick·ax [píkæ̀ks] 〘《変形》← ME *picois* ▭ OF ← *pic* PIKE[1]: 現在の形は PICK[2] + AX の連想による〙 (*also* **pick·axe** [~]) — *n.* つるはし. — *vt.* 〈地面などを〉つるはしで掘る. — *vi.* つるはしを振るう[使う].

píck clòck *n.*〘紡織〙ピッククロック《織られた布の長さを示すため織機に取り付けられる一種の測長機》.

picked[1] [píkt] 〘(p.p.) ← PICK[1]〙 — *adj.* **1 a** 〈花・果実など〉摘み取った, もいだ: ~ fruit. **b** 〈骨が〉肉を取り除いた; 〈鶏など〉羽毛をむしり取った: ~ bones, chicken, etc. **2** 精選した, より抜きの, 最上の: ~ soldiers 選抜兵, 精兵, 精鋭.

pick·ed[2] [píkɪd, -kəd, píkt] 〘← PICK[2] + -ED 2〙 *adj.*〘古・方言〙とげのある, 針のある; とがった.

pick·eer [pɪkíə | -kíə(r)] 〘《変形》? ← F *picor-er* to maraud,《原義》to steal sheep ← OF *pecore* sheep ← L *pecor-, pecus* cattle: ⇨ -eer〙 — *vi.*〘廃〙(部隊の先遣隊として)軽戦[小戦]を混じえる; 斥候をする, 偵察する (reconnoiter).

pick·el [píkəl] 〘▭ G *Pickel*: cf. MHG *pic* prick, stitch〙 *n.*〘登山〙ピッケル (⇨ ice ax).

pick·el·hau·be [píkəlhàubə; G. píkəlhàubə] 〘▭ G *Pickelhaube*《変形》← MHG *beckelhūbe, beckenhūbe* ← *becken* basin + *hūbe* cap: PICKEL との連想による〙 — *n.* (*pl.* **-hau·ben** [-bən; G. -bən], ~**s**)〘軍事〙(19 世紀ドイツ兵の)スパイクつきかぶと, 角(つの)かぶと.

pickelhaube

Pick·ens [píkɪnz, -kənz], **Andrew** *n.* (1739–1817) 米国の独立戦争当時の将軍.

Pick·ens [píkɪnz, -kənz], **Fort** *n.* ピッケンズ要塞《米国 Florida 州北西部の Pensacola 湾口にあった要塞》.

píck·er 〘← PICK[1] + -ER[1]〙 — *n.* **1** 突く[つつく, ほじくる]人[もの], つるはしを使う人; ついばむ鳥. **2** [通例複合語の第 2 構成素として] 摘み手, 採集者: a hop [fruit, cotton] ~ ホップ[果実, 綿]摘み(人) / ⇨ ragpicker. **3**〘金属加工〙(鋳物から原型を取り外すための先のとがった)突き棒. **4**〘紡織〙**a** (綿や羊毛の)開毛機, ピッカー; 綿摘み機. **b** (織機の)杼(ひ)を打つ道具. **c** 開毛機操作者.

pick·er·el [pík(ə)rəl] 〘(1338) *pykerel*: ⇨ pike[4], -rel〙 — *n.* (*pl.* ~, ~**s**) **1 a**〘魚類〙北米産のカワカマス科カワカマス属 (*Esox*) の比較的小型の淡水魚数種の総称. ★ 通例修飾語を伴う: ⇨ chain pickerel. **b**〘方言・英〙カワカマス (pike) の幼魚. **2**〘魚類〙= walleye 5.

píckerel·wèed *n.*〘植物〙水中に生じる単子葉植物の総称: **a** 米国沼地産ミズアオイ属 (*Pontederia*) の水草の総称; 特に浅い水に生える青い *P. cordata*. **b** ヒルムシロ《池などの静水に生えるヒルムシロ属 (*Potamogeton*) の水草の総称》.

Pick·er·ing [pík(ə)rɪŋ | -kər-], **Edward Charles** *n.* (1846–1919) 米国の物理学者・天文学者.

Pickering, William Henry *n.* (1858–1938) 米国の天文学者; E. C. Pickering の弟.

pick·et [píkɪt, -kət] 〘(1690) ▭ F *piquet* pointed stake, military picket (dim.) ← *pic* 'PICK[1] (n.)' + -ET: 語義の一部は *piquer* to prick, pierce との連想による〙 — *n.* **1** とがった杭《柵(さく)にしたり馬などを縛るのに用いる》. **2**〘軍事〙**a** 小哨(しょう), 哨兵《本隊を守る前哨部隊から派遣される第一線の警戒部隊》; 警戒隊: an inlying ~ 小哨交替兵 / an outlying ~ 小哨, 前哨隊. **b** (守備隊駐屯都市で警察業務を行なう)守備隊衛兵. **3** (労働争議中スト破りを警戒するために組合が配置する)見張人(の一団), ピケ(ット); (反政府デモなどでデモ隊の先頭に立つ)ピケ隊(員); デモ参加者. **4**〘海軍・空軍〙哨艦, 哨艇, 哨機. **5** 杭刑《昔, 軍隊で罪人を片足でとがった杭の上に立たせた刑罰》; それに用いるとがり杭. **6** 先の長くとがった一種の弾丸. **7**〘米俗〙歯 (teeth). — *vt.* **1** ...に柵をめぐらす, 杭で固める. **2** 〈馬などを〉杭につなぐ (tether). **3 a**〘軍事〙...に小哨を配置する; 〈夜営地などを〉(警戒隊員として)守る, 警戒する. **b** 〈人を〉歩哨に立てる, 見張りに立てる. **4** (スト中に)〈工場などを〉見張りを立て監視する, 〈工場など〉にピケ[見張人]を配置する; ...の見張り役を勤める. **5** (昔の)杭刑に処する (cf. *n.* 5). — *vi.* **1**〘軍事〙小哨になる; 警戒兵勤務をする. **2** (労働争議で)見張り役を勤める. ~**·er** *n.*

pícket·bòat *n.* 哨(しょう)艇, 警戒船.

pícket fénce *n.* 杭垣《横木に間隔を置いてとがった杭を打ちつけた塀・柵》.

pícket lìne *n.* **1**〘軍事〙小哨(しょう)線, 哨線《本隊を守る前哨部隊から派遣される第一線の警戒部隊による》; (警戒隊を配置した)警戒線. **2** (労働争議中に組合が配置する)見張り線, ピケ(ットライン). **3** 馬をつなぐ綱 (tether).

pícket pìn *n.* 繋馬杭[索].

pícket·shìp *n.*〘軍事〙ミサイル監視[警戒]船.

Pick·ett [píkɪt, -kət], **George Edward** *n.* (1825–75) 米国南北戦争当時の南軍の将軍.

Pick·ford [píkfəd | -fəd], **Mary** *n.* (1893–　) 米国の無声映画時代の女優.

píck·ing 〘ME: ← PICK[1] + -ING[1]〙 — *n.* **1** (つるはしなどで)掘る[られる]こと, つっつき; (指先などでの)ほじくり; 摘取り, 採集; 摘取り物[高], 採集物[高]. **2** [*pl.*] (鶏の餌になる食べ物などの)残り, 残り[余り]物 (scraps); 摘み残り, 落ちこぼれ (gleanings). **3** [*pl.*]〘口語〙**a** 盗品, 分捕り品(の分け前). **b** (特に, 不当な)報酬, 役得, もうけ: There are some easy ~*s* to be made in that job. その仕事からは労せずして役得にありつける. **4** なま焼けれんが《野積み焼れんがの外部に窯壁として用いる》.

pick·le[1] [píkl] 〘(15C) *pykyle, pekile* ▭ MDu. & MLG *pekel*: cf. G *pökel* brine: ピクルスの製造法を試みた 14 世紀オランダの漁師 *Willem Beukelz* にちなむ〙 — *n.* **1** 漬け汁《魚・肉・野菜類などを保存や風味付けのために漬ける, 主に塩や酢などで作った液体》. **2** [しばしば *pl.*] ピクルス, 漬物, 塩漬け物; (特に)きゅうりの漬物: mixed ~*s* 寄せ漬け; 寄せ集め. **3**〘冶金〙(金属の酸洗い用の)希薄酸水. **4** [a ~; しばしば修飾語を伴って]〘口語〙困った[まずい, 不快な]立場, 窮境, 当惑, 困却: He is *in a* (sad [sorry, nice, pretty]) ~. (全く)困っている, (ひどい)苦境に陥っている. **5 a**〘英口語〙いたずら者[っ子]: a regular young ~ 全く手に負えぬいたずら小僧. **b**〘口語〙(にこりともしない)ぶすっとした人. **6**〘米俗〙酔いつぶれ, 乱酔, 泥酔. ***in pickle*** 用意している, 準備ができた; 貯えて[た]: have a rod *in* ~ for a person 人を懲(こ)らしめようと構えている[手ぐすね引いている].

— *vt.* **1** 〈魚・肉・野菜類を〉漬け汁に漬ける. **2**〘冶金〙〈金属製品を〉酸洗いする. **3** (ごまかすために)〈絵〉に古色を帯びさせる. **4**〘海事〙(罰として)むち打ったあげく〈人の背中に塩や酢をなすりつける.

pick·le[2] [píkl] 〘← ?《廃・方言》*pickle* to pick in a small way: ⇨ pick[1], -le[1,3]〙 — *n.* **1** 穀粒 (grain). **2** [形容詞的に]〘方言〙微量, 少量: a ~ meal 少量の食事. ***Many a pickle makes a mickle.*** ⇨ mickle *n.*

píck·led *adj.* **1** 塩[酢]漬けの, 漬物にした: ~ onions. **2** [Predicative に用いて]〘俗〙酔っ払った.

píckle-hèrring *n.* 塩漬けにしん.

píckle·wòrm *n.*〘昆虫〙ウリ科の植物のつるを食害する米国産メイガ科の黄褐色のガ (*Diaphania nitidalis*) の幼虫.

píck·lòck 〘← PICK[1](v.) + LOCK[2]〙 *n.* **1** 錠前をこじあける道具. **2** 錠前をこじあける人; 泥棒 (thief).

píck·man [-mən] *n.* (*pl.* **-men** [-mən, -mèn]) (つるはしを使う)工事人夫.

píck-màttock *n.* つるはし《mattock の一種; ⇨ mattock 挿絵》.

píck-me-ùp 〘← *pick* (*me*) *up* (⇨ pick[1] (v.) 成句)〙 — *n.*〘口語〙**1** 気付けに飲むアルコール飲料《通例ウイスキー》; 元気回復のための飲食物《コーヒーなど》. **2** 刺激剤, 強壮剤 (tonic).

píck-òff 〘← *pick off* (⇨ pick[1] 成句)〙 — *n.* **1 a**〘野球〙牽制(けんせい)プレー, ピックオフ(プレー)《投手または捕手が走者を牽制球でアウトにするプレー》. **b**〘バスケットボール〙ピックオフ《攻勢に出ているチームが守勢側のバックめがけて突進し, プレーができないようにし, 攻勢チームのプレーヤーが仲間からのフォーワードパスを受けられるようにすること; できるだけ偶然に発生したかのように見せる反則行為》. **2**〘航空〙ピックオフ《飛行の安定を自動的に正す電気装置》.

píck·pòcket 〘(1591) ← PICK[1] (v.) + POCKET〙 *n.* **1** すり《人》. **2**〘植物〙= shepherd's purse.

píck·próof *adj.* 〈錠前が〉こじあけられないように作られた.

píck·pùrse 〘(*c*1385) *pykepurs*: ⇨ pick[1] (v.), purse〙 *n.* **1**〘古〙すり《人》. **2**〘植物〙= shepherd's purse.

Píck's disèase [píks-] 〘1: ← *Arnold Pick* (1851–1924: チェコスロバキアの医者). 2: ← *Friedel Pick* (1867–1926: チェコスロバキアの医者). 3: ← *Ludwig Pick* (1868–1935: ドイツの医者)〙 — *n.*〘病理〙**1** ピック病《進行性痴呆と失語症を招く大脳皮質の萎縮》. **2** ピック病《心嚢(のう)炎による仮性肝硬変》. **3** ニーマンピック病《脂質蓄積症の一種》.

píck·some [píksəm] 〘← PICK[1] (n.) + -SOME[1]〙 *adj.* えり好みする, 気難しい (fastidious).

píck·thànk 〘← *pick a thank* to seek someone's favor: ⇨ pick[1] (v.), thank〙 *n.*〘英古〙おべっか使い (sycophant).

píck·ùp 〘← *pick up* (⇨ pick[1] (v.) 成句)〙 — *n.* **1**〘球技〙ピックアップ: **a**〘クリケット〙ショートバウンドのボールを打つこと (half volley). **b**〘野球〙打球をショートバウンドですくい上げること: He made a good ~ and throw from third base. うまくピックアップして 3 塁から投球した. **2 a**〘貨物・商品・郵便物などの〙(トラックへの)積込み〔*of*〕; (タクシー・列車・船などが)(止まって)乗客を乗せる[乗せて行く]こと, 便乗させること: the ~ and delivery *of* farm produce 農作物の積込みと発送. **b** 車[船]に乗せた人[貨物, 積み荷, 積送品], (タクシーの)乗客; 〘口語〙便乗者, ヒッチハイカー (hitchhiker): Every day the cab drivers have lots of ~*s* at this airport. 毎日この空港ではタクシーの運転手たちが大勢の客を乗せる. **c** (側部の低い無蓋の荷台の付いた)商品集配用小型トラック《pickup truck ともいう》. **3**〘口語〙稼ぎ, もうけ: A ten-pound Christmas bonus isn't a bad ~. クリスマスのボーナスに 10 ポンドもらえるとは悪くはない. **4**〘口語〙**a** ふとした知り合い[近付き]: He made a smooth ~. 難なくいい女と懇意となった. **b** ふとしたことから近付きになった人《通例, 女》, かりそめの恋人: your street ~*s* 君が街で仲よくなった女たち. **5**〘俗〙逮捕, 拘引 (arrest). **6**〘口語〙**a** (健康などが)よくなること, 改善; (景気などの)好転, 回復: a ~ in business [sales] 事業[売れ行き]の好転 / The stock market has registered a good ~. 株式市場がよい持ち直りのきざしを示している. **b**〘米口語〙強壮剤, 刺激剤 (pick-me-up); 刺激. **7** (特に, 自動車の)急加速能力; 加速: a car with good ~ 出足の速い車. **8**〘通信〙**a** (送波機で電波に変えるための)音波の受信; その装置. **b** (音波受信への)干渉, 妨害. **9 a**〘テレビ〙ピックアップ《撮像機で光のエネルギーを電気のエネルギーに変えること》; (ピックアップのための)送像装置. **b**〘ラジオ・テレビ〙(スタジオ外の)放送(現場), 実況放送; その中継設備: This program is a live ~ from the theater. この番組は劇場からの生放送です. **10**〘音響〙**a** ピックアップ《機械的振動を電気信号などに変換する装置》. **b** (レコードプレーヤーの)ピックアップ《レコードの音溝をたどる針の振動を電圧[音圧]変化として取り出す装置; cartridge ともいう》. **c** = pickup arm. **11**〘金属加工〙焼付き, かじり, ピックアップ《galling, fouling ともいう》. **12**〘ジャーナリズム〙新しい原稿と一緒に使用できるように保存されている活字組版. **13**〘会計〙(特に, 機械簿記での)繰越額. **14**〘音楽〙上拍《楽句を導入する無強勢の音または音群; cf. anacrusis 2》. **15** ピックアップ《穀物や干し草の刈束を拾い上げるための収穫機用付属機). ── *attrib. adj.* 《口語》〈料理など〉あり[間に]合わせのもので用意した, 即席の；〈チーム・楽団など〉寄せ集め式に作った, 急ごしらえの：a ～ meal あり合わせ[即席]料理 / a ～ ballgame 寄せ集めのチームでする野球.
píckup àrm *n.* ＝tone arm.
píckup cúrrent *n.* 『電気』引上電流《継電器の接点が接触し始める電流》.
píck-up-stìcks *n. pl.* [単数扱い]《米》木片を使って遊ぶ jackstraws.
píckup tòngs *n. pl.* 『金属加工』つまみやっとこ, ひょうたんやっとこ《鍛造品をつまみ上げる》.
píckup trùck *n.* 《米》＝pickup 2 c.
píckup vòltage *n.* 『電気』＝pickup current.
pick·wick[1] [píkwɪk] 『もと商標名: PICKWICK にちなむ?』 *n.* 《英古》安価な葉巻たばこの一種.
pick·wick[2] 『← PICK[1]＋WICK[1]』 *n.* オイルランプの灯心をつまみ上げる物.
Pick·wick [píkwɪk], Mr. (**Samuel**) 『Bath 町の御者屋の名にちなむ: cf. *Pickwick* (Wiltshire 州の村の名)』 ── *n.* ピックウィック《Dickens の小説 *Pickwick Papers* (1836) の主人公; Pickwick Club を創設した親切で純情な肥満体の人物; その陽気な人柄のために滑稽な事件の中心人物になる》.
Pick·wick·i·an [pɪkwíkiən | -kɪən, -kjən] 『⇨↑, -ian』 ── *adj.* **1** 〈人・場面など〉ピックウィックのような, 善意と滑稽に富んだ. **2** 〈言葉など〉普通の意味でなく特殊な, しゃれた滑稽な意味の, その場だけの意味の：in a ～ sense (文字通りの意味でなく)しゃれた意味で. ── *n.* **1** (Pickwick が会長の) Pickwick Club 員. **2** *Pickwick Papers* の愛読者.
pick·y [píki | -kɪ] 『← PICK[1]＋-Y[4]』 ── *adj.* (**pick·i·er**; **pick·i·est**) 《米口語》(つまらないことを)いやに気にする, ひどくこせこせした, 小心の (finnicky)；えり好みする, 気難しい (choosy).
pic·lo·ram [píklərӕm, páɪk-] 『← PIC(OLINE)＋(CH)LOR-＋AM(INE)』 *n.* 『薬剤』ピクロラム ($C_6H_3Cl_3N_2O_2$)《特効性の除草剤》.
pic·nic [píknɪk] 『《1748》□ G *Picknick* ∥ F *piquenique* (加重)? ← *piquer* 'to PICK[1], peck[2]'：第二要素は《廃》F *nique* trifle との連想による』 ── *n.* **1 a** ピクニック, 遊山, 遠足, 行楽：go out *on* [*for*] a ～ ピクニックに行く / a ～ ground ピクニック用地. **b** [形容詞的に]：a ～ party 遠足[遊山]会 / a ～ lunch ピクニックの弁当. **2** (特に, 郊外や自宅の庭などで行なう)軽い戸外の食事, 野外食事パーティー. **3** 《口語》楽しい経験[時間], 愉快なこと, 楽な仕事：It's no ～. 遊びごと[生易しいこと]じゃない. **4** 《豪俗》いやな経験, 困ったこと. **5** (豚の)肩肉, ピクニック《燻製にしたもの; picnic ham, picnic shoulder ともいう; ⇨ pork 挿絵》. **6** (缶詰めの)標準型缶. ── *vi.* (**pic·nicked**; **-nick·ing**) **1** 遠足[遊山]する, ピクニックに参加する. **2** (戸外で)ピクニックの弁当を食べる, 野外食事パーティーをする：～ *on* food 野外で食事する.
pícnic hàm *n.* ＝picnic *n.* 5.
pícnic hàmper *n.* 《英》(食料品を入れる)ピクニック用大型バスケット.
píc·nick·er *n.* ピクニックに行く[来た]人, 行楽者；(ピクニックで)戸外で弁当を開いている人.
pic·nick·y [píknɪki | -kɪ] *adj.* ピクニック式の, 遊山のような, 行楽的な.
pícnic shòulder *n.* ＝picnic *n.* 5.
pic·nom·e·ter [pɪknɑ́mətə | -nɔ́mɪtə(r, -mə-] *n.* 『物理』＝pycnometer.
pi·co- [páɪko(ʊ) | -kə(ʊ)] 『← Sp. *pico* odd number, peak ← *picar* to prick：cf. It. *piccolo* small』 ── 次の意味を表わす連結形：**1** 『物理』「ピコ」《マイクロマイクロと同じで 10^{-12} (one trillionth) を意味する》：*pico*curie ピコキュリー《極微少放射能の単位; 毎秒 3.7×10^{-2} の壊変の起こる放射能; 略 pCi》. **2** 「非常に小さい」.
Pi·co del·la Mi·ran·do·la [píːkoʊdèləmɪrǽndələ, -mə-, -ráːn- | -kəʊ-, -mɪrǽn-, -ráːn-; *It.* píːkodélːamirándola], Count **Giovanni** *n.* ピコ デラ ミランドラ《1463–94; イタリアの人文主義者・著述家》.
Pi·co de Tei·de [*Sp.* píkodetéide] *n.* [the ～] ⇨ Teide.
pìco·fárad *n.* 『電気』ピコファラド《静電容量の単位; 1 兆分の 1 ファラド; 略 pf, PF》.
píco·gràm *n.* ピコグラム《1 兆分の 1 g》.
pic·ol [píkəl] *n.* ＝picul.
pic·o·line [píkəlìːn, páɪk-, -lɪn, -lən | -lìːn, -lɪn] 『← L *pic-, pix-* 'PITCH[1]'＋-OL[2]＋-INE[3]』 ── *n.* (*also* **pic·o·lin** [píkəlɪn, -lən | -lɪn]) 『化学』ピコリン, メチルピリジン (C_6H_7N)《α, β, γ の異性体があり, 溶剤に用いられる; methylpyridine ともいう》.
píco·mèter *n.* ピコメートル《1 兆分の 1 m》.
pi·cor·na·vi·rus [piːkɔ̀ːnəváɪrəs | -kɔ̀ːnəváɪər-] 『← PICO-＋RNA＋VIRUS』 *n.* 『医学』ピコルナウイルス《リボ核酸を含む一群のウイルス》.
pìco·sécond 『← PICO-＋SECOND[2]』 *n.* ピコセカンド《1 兆分の 1 秒; 略 psec》.
pi·cot [píːkoʊ, ─⌐ | píːkəʊ, piːkáʊ, pɪ-; *F.* piko] 『□ F ～ (dim.) ← *pic* pick, something pointed ← *piquer* to prick：cf. pike[1,2]』 ── *n.* **1** ピコ《リボン・レース・編物などの両端につけられたループ状の飾りまたはふちの始末》. **2** ピコステッチ《へり始末の一種でミシンでかけられたヘムステッチの中間を切って作る》. ── *vt.* ...にピコで始末する. ── *vi.* ピコを作る.
pic·o·tee [pìkətíː] 『《1727》□ F *picoté* (p.p.) ← *picoter* to mark with pricks or spots ← *picot* (↑)』 ── *n.* ピコティー, ふくりん花《バラ・チューリップ・カーネーションなどで縁が色変わりの花弁を有する園芸品種の花》.
pic·quet[1] [píkɪt, -kət] *n.* ＝picket 2 a.
pic·quet[2] [píkɪt, -kət] *n.* 『トランプ』＝piquet[1].
picr- [pɪkr] (母音の前に来る時の) picro- の異形.
pic·rám·ic ácid [pɪkrǽmɪk-] 『*picramic*: ← PICRO-＋AMIC』 ── *n.* 『化学』ピクラミン酸 ($C_6H_2(NO_2)_2(NH_2)OH$)《赤色の針状晶; 主にアゾ染料を作るのに用いる》.
pic·rate [píkreɪt] 『← PICRO-＋-ATE[1]』 *n.* 『化学』ピクリン酸塩[エステル].
pic·ric ácid [píkrɪk-] 『《1838》 *picric*: ← PICRO-＋-IC[1]』 ── *n.* 『薬学』ピクリン酸 ($C_6H_2(NO_2)_3OH$)《かつて染料または爆薬として用いられた黄色結晶; carbazotic acid ともいう》.
pic·rite [píkraɪt] 『□ F ～: ⇨ picro-, -ite[1]』 *n.* 『岩石』ピクライト《輝石, 橄欖(かんらん)石を多く含む火成岩》.
pic·ro- [píkro(ʊ) | -rə(ʊ)] 『□ F ～ ← Gk *pikrós* bitter ← IE **peig-* to cut, mark』 ──「苦い (bitter); ピクリン酸 (picric acid)」の意の連結形. ★ 母音の前では通例 picr- になる.
pic·rol [píkrɔ(ː)l, -roʊl | -rɔl] 『← PICRO-＋-OL[1]』 *n.* 『薬学』ピクロール《水およびアルコールに可溶の無色の結晶性粉末; 薬品の中に防腐剤として用いられる》.
pic·ro·tox·in [pìkrətɑ́ksɪn, -sən | -tɔ́ksɪn] 『← PICRO-＋TOXIN』 ── *n.* 『化学』ピクロトキシン ($C_{30}H_{34}O_{13}$)《ツヅラフジ科の植物 *Anamirta cocculus* の果実中にある猛毒物質; 中毒による解毒剤》.
Pict [pɪkt] 『《*a*1387》 *Pictes* (pl.) □ LL *Pict-ī* (原義)? painted or tattooed people ← L *pictī* (p.p. pl.) ← *pingere* 'to PAINT' ∞ ME *Peght(t)es* < OE *Peohtas, Pihtas* □ L: LL の形は Celt. の通俗語源による変形とも考えられる』 ── *n.* **1** [the ～s] ピクト族《スコットランドの北東部に 3 世紀末から 9 世紀ごろまで定住し, 845 年スコット族 (Scots) に征服された民族》. **2** ピクト人.
pict. 《略》 pictorial; picture.
Pict·ish [-tɪʃ] *adj.* ピクト族 (Picts) の. ── *n.* ピクト語.
pic·to·gram [píktəgrӕm] *n.* ＝pictograph.
pic·to·graph [píktəgrӕf | -tə(ʊ)grɑ̀ːf, -grӕf] 『← L *pict-us* painted (⇨ picture)＋-o-＋-GRAPH』 ── *n.* **1** 絵文字, 象形文字. **2** 絵[象形]文字で記した記録. **3** 『統計』絵画図表《統計数値の比較を示すのに絵画を用いるもの》. **pic·to·graph·ic** [pìktəgrǽfɪk | -tə(ʊ)-] *adj.* **pic·to·gráph·i·cal·ly** *adv.*
pic·tog·ra·phy [pɪktɑ́grəfi | -tɔ́grəfɪ] 『⇨↑, -y[1]』 *n.* 絵文字による記述; 絵[象形]文字記述法 (cf. picture writing).
Pic·tor [píktə | -tə(r] 『□ L ～ 'painter': ↓』 *n.* 『天文』がか(画架)座《南天の小星座; the Painter, the Painter's Easel ともいう》.
pic·to·ri·al [pɪktɔ́ːriəl, -tóːr- | -tɔ́ːrɪ-] 『《1646》 ← LL *pictōri-us* (← L *pictor* painter ← *pictus*)＋-AL[1]: ⇨ picture』 ── *adj.* **1** 絵の; 絵で表わす：the ～ art 画術, 絵画 / a ～ record 絵記録 / a ～ puzzle 絵捜し, 判じ絵. **2** 絵を思わせるような, 絵に描いたような. **3** 説明絵入りの, 挿絵入りの (illustrated)：a ～ magazine 画報 / a ～ map 絵地図. ── *n.* **1** 画報; 絵入雑誌[新聞]; 絵を主体に編集された定期刊行物. **2** 絵画切手, 絵切手《図柄が絵を中心とするもの》. **～·ly** *adv.* **～·ness** *n.*
pic·tó·ri·al·ìsm [-lìzm] *n.* 絵を用いること, 映像を創り出すこと.
pic·to·ri·al·ize [pɪktɔ́ːriəlàɪz, -tóːr- | -tɔ́ːrɪ-] *vt.* 絵に表わす[描く], 絵に描いたように示す. **pic·to·ri·al·i·za·tion** [pɪktɔ̀ːriəlɪzéɪʃən, -tòːr-, -lə- | -tɔ̀ːrɪəlaɪ-, -lɪ-] *n.*
pic·tur·a·ble [píktʃərəbl] *adj.* (絵に)描くに適した; 描かれる, 図示できる. **～·ness** *n.*
pic·ture [píktʃə | -tʃə(r] 『*n.*: 《*c*1420》 *pycture* □ L *pictūra* ← *pictus* (p.p.) ← *pingere* 'to PAINT'. ── v.: 《*c*1487》 ← (n.): cf. F *peinture*』 ── *n.* **1** 絵, 画, 絵画; 画像, 肖像 (portrait); 活人画：sit for one's ～ 肖像画を描いてもらう / give a ～ of ...を描写する. **2** 写真：a souvenir ～ 記念写真 / get [have] one's ～ taken 写真を撮ってもらう. **3 a** 映画：a silent ～ 無声映画. **b** [the ～s] 《英》(興行として行なう)映画：go to *the* ～*s* 映画を見に行く / see it in *the* ～*s* 映画でそれを見る / break into ～*s* 《米俗》(俳優として)映画界に入る. **4 a** (鏡・望遠鏡などに映る)映像 (image)：recall a ～ of the event その事件を思い浮かべる / the ～ in a mirror 鏡に映った像. **b** 心像. **5** (写実的)描写, 写実：give a ～ of ...を生き生きと描写する / realistic ～*s* of Japanese life 日本人の生活の写実的な描写. **6 a** 絵のような物[人, 光景], 美観, 風景：She is perfectly a ～. 彼女は全く絵のように美しい. **b** (絵のように)美しい物：Her hat is a ～. 彼女の帽子はとてもきれいだ. **7** [通例 the ～] 生き写し, そっくりの物 (copy); (目に見えるように)具現されたもの, 権化(ごんげ), 極致：He is *the* ～ of his father. 父親にそっくり[生き写し]だ / He is [looks] *the* very ～ of health [misery]. 健康[悲惨]そのものだ / His face was a ～ of confusion. 彼の顔には狼狽の色がありありと現われていた. **8** [通例 the ～] 状況, 事態; 状況を把握していること：*the* employment ～ 就職状況 / get *the* [a] ～ 事態をのみこむ. **9** (テレビ・映画の)映写スクリーン[幕], 画面; (テレビの)画像：a 14-inch ～ 14 型のテレビの画面. **10** 『医学』病像, 臨床像 (clinical picture), 容体《臨床症状の総合的な様子》.
come into the picture 問題になる, 関連をもって来る; 面白くなって[目立って, 勢力をもって]来る. ***in the picture*** (1) 居合わせて. (2) 目立って; 問題になって, 関連をもって, 重要で. (3) 十分に知らされて, 熟知して. ***out of the picture*** お門[筋]違いで, 見当はずれの. ***paint a rosy*** [***black***] ***picture of*** ...を楽観[悲観]的に述べる.
── *vt.* **1** 描く (draw), 絵で示す, 絵に描く (paint). **2** 表わす, 示す; 絵画的に叙述する, 生き生きと描写する：feelings that are ～*d* on one's face 顔に表われている感情 / The speaker ～*d* the sufferings of the poor. 演説者は貧困者の苦しみを生々しく伝えた. **3** 絵で飾る. **4** 撮影する, 映画にする. **5** 絵のように見えさせる; 心に描く, 想像する (imagine)：*Picture* that. そのことを考えても見たまえ / It is hard to ～ life a hundred years ago. 百年前の生活を想像することは難しい / ～ oneself flying through the air 空中を飛んでいる自分を心に描く.
picture to oneself (絵に見るように)心に描く, 想像する (imagine)：Just ～ *to yourself* the war and its horrors. あの戦争とその悲惨さを想像してごらん.
pícture bòok *n.* (特に子供用の)絵本, 絵草紙.
pícture càrd *n.* **1** (トランプの)絵札 (face card). **2** ＝picture postcard.
píc·ture·dom [-dəm] 『⇨ -dom』 *n.* 映画界 (filmdom).
píc·ture·drome [píktʃədròʊm | -tʃədrəʊm] 『⇨ -drome』 *n.* ＝picture palace.
pícture èlement *n.* 『テレビ』画素, 絵(え)素, 像素, 画点《テレビ画面を構成する単位要素》.
pícture-fràme *n.* **1** 額縁. **2** 《米俗》絞首台.
pícture frèquency *n.* 『電気』画像[映像]周波数《テレビなどの画像通信の画像信号の周波数》.
pícture gàllery *n.* **1** 絵画陳列室, 画廊, 美術館. **2** 絵画コレクション.
pícture·gòer *n.* 《英》映画ファン (《米》moviegoer).
pícture hàt *n.* ピクチャーハット《顔をおおうように幅の広い縁でリボン・花・羽毛などの飾りがついた婦人帽子; Gainsborough, Reynolds などの絵に見られる》.
pícture hòuse *n.* ＝picture palace.
pícture làyout *n.* 『ジャーナリズム』＝picture spread.
pícture·less *adj.* 〈本など〉絵のない.
pícture màrriage *n.* 写真結婚《別の国に住む者同士などが写真の交換をしただけで行なう結婚》.
pícture mòld [mòlding] *n.* 『建築』額長押(なげし)《絵を掛けるように壁面の上方に取りつけた長押のような蛇腹; cf. molding[1] 3 b》.
pícture pàlace *n.* 《英》映画館 (cinema)《picture-drome, picture house, picture-theatre ともいう》.
Pic·ture·phone [píktʃəfòʊn | -tʃəfəʊn] *n.* 『商標』ピクチャーホン《videophone の商品名》.
pícture plàne *n.* 『数学』画面《投影図法における投影面》.
pícture-plày *n.* 映画劇.
pícture pòstcard *n.* 絵葉書《picture card ともいう》.
pícture pùzzle *n.* はめ絵 (⇨ jigsaw puzzle).
pícture ràil *n.* 『建築』＝picture mold.
pícture ràtio *n.* 『テレビ』画面(像)比《画面の縦横比; cf. aspect ratio》.
pícture shòw *n.* 《米口語》 **1** 絵画展覧会, 画展. **2** 映画興行, 映画. **3** 映画館.
pícture sìgnal *n.* 『テレビ』映像信号, ビデオ信号, 画像信号《video signal ともいう; cf. audio signal 1》.
pícture sprèad *n.* 『ジャーナリズム』(新聞や雑誌などの)通例 3 段以上にわたる写真・挿絵などを中心とした記事 (cf. spread 8 a).
pic·tur·esque [pìktʃərésk] 『《1703》 (変形) ← F *pittoresque* □ It. *pittoresco* ← *pittore* painter < L *pictōrem* ← *pictus*: フランス語からの変形は PICTURE との連想による: ⇨ picture, -esque』 ── *adj.* **1** 絵のような, (絵のように)美しい; 色彩に富んだ, 画趣に富む：a ～ costume 華やかな衣服. **2** 〈言語・文体が〉生き生きした, 写実的な：one's ～ speech. **3** 〈人が〉個性の強い, 独創的な (original), 面白い (interesting). ── *n.* [the ～] 絵のように美しいもの; (特に)ある時代の雰囲気・環境・生活様式などを髣髴(ほうふつ)させる美的特質. **～·ly** *adv.* **～·ness** *n.*
pícture telégraphy *n.* 『通信』写真電送《phototelegraphy, telephotography ともいう》.
pícture télephone *n.* テレビ電話 (videophone).
pícture-thèatre *n.* ＝picture palace.
pícture tùbe *n.* 『テレビ』受像管, ブラウン管 (Braun tube) (cf. kinescope 1).
pícture wìndow *n.* 『建築』ピクチャー ウインドー《大型の一枚ガラスはめ殺し窓》.
pícture wrìting *n.* (事件・事実などの)絵画記録(法)《文字使用以前に行なわれた》; 絵文字, 象形文字 (cf. pictography).
pic·tur·i·za·tion [pìktʃərɪzéɪʃən, -rə- | -raɪ-, -rɪ-] *n.* **1** 絵画化; (特に)映画化. **2** 絵画[映画]化されたもの.
pic·tur·ize [píktʃəràɪz] *vt.* **1** 絵で示す[飾る]. **2** 絵画化する; (特に)映画化する.
pic·ul [píkəl] 『□ Malay *pikul* a man's load ← *pikul* (v.) to carry a full load』 ── *n.* **1** ピクル《東洋諸国で用いる重量の単位; ＝100 catties》. **2** (中国の)担(たん)《＝100 catties, 60.48 kg; 現在は 50 kg に換算》.
pic·u·let [píkjʊlɪt, -lət] 『← L *pīcus* woodpecker＋-LET: cf. pike[1]』 ── *n.* 『鳥類』南米・アフリカ・東イン

ド諸島産キツツキ科キツツキモドキ属 (*Picumnus*) の小型の鳥類の総称.

pícul stìck *n.* かつぎ棒.

Pi·cus [páɪkəs] 〖□ L ～: ⇨ piculet〗 *n.* 《ローマ神話》 ピークス《古代イタリアの農業の神; Circe の愛を拒んだためキツツキに変えられたともいわれる》.

pid·dle [pídl] 〖《1545》《変形》? ← PEDDLE: LG *piddeln* との連想による〗 — *vi.* **1** だらだらと働く, のらくらする. **2** 〖《1796》《混成》? ← PI(SS)+(PU)DDLE〗《卑・小児語》おしっこする (make water). — *vt.* 《英》〈時間を〉無駄に過ごす 〈*away*〉.

pid·dling [pídlɪŋ, -lɪn, -lən, -dl̩-|pídlɪŋ, -dl̩-] 〖⇨ ↑, -ing²〗 *adj.* 《口語》ささいな, つまらない (trifling).

pid·dock [pídək, -dɪk|-dək] 〖← ?: cf. OE *puduc* wart〗 *n.* 《貝類》ニオガイ《ニオガイ科 *Pholas* 属の二枚貝の総称; 岩石や木材に穿孔(せんこう)して生活する》.

pidg·in [pídʒɪn, -dʒən|-dʒɪn] 〖《1850》《転訛》← BUSINESS〗 — *n.* **1** 《口語》仕事, 用事. **2** 《口語》(指定の)商売, 取引; (特定の)事柄 (particular affair): That's your ～. それは君の仕事だ《私の知ったことではない》. **3** [one's ～] 《英》(特別の)関心事, 興味の対象: Golf is *my* ～. **4** 《言語》ピジン《異なった言語の話し手の間で意思疎通のために用いる(国際)補助言語; 主に一つの言語を基盤に, 単純化した文法, 限られた混成的な語彙を用いる; cf. Creole 2》.

pídgin Énglish *n.* 《言語》ピジン英語: **a** 英語に中国語・ポルトガル語・マライ語などを混合した中国の通商英語; 中国人が外国人と取引するのに港町で用いられた; Chinese pidgin English ともいう (cf. beach-la-mar). **b** メラネシア・オーストラリア・アフリカなどにおける同様の混成語 (jargon) (cf. lingua franca).

pidg·in·ize [pídʒɪnàɪz, -dʒə-|-dʒɪ-] *vt.* 〈言語を〉ピジン (pidgin) 化する. **pid·gin·i·za·tion** [pɪ̀dʒɪnɪzéɪʃən, -dʒə-, -nə-|-dʒɪnaɪ-, -nɪ-] *n.*

pí-dòg [páɪ-] 〖《短縮》? ← Anglo-Ind. *pariah dog*〗 *n.* =pye-dog.

pie¹ [páɪ] 〖《1303》《転用》? ↓: なんでもかでも集めて来るカササギ (magpie) の習性にちなむ?〗 — *n.* **1** パイ《果物・肉・野菜などを小麦粉の生地に入れて焼いたもの》: I like ～. / ⇨ apple pie, mince pie, pumpkin pie. **2 a** レイヤーケーキ (layer cake); クリームサンド, ジャムサンド: ⇨ Washington pie. **b** パイのようなもの: a mud ～ (子供の作る)泥饅頭(まんじゅう). **3** 《米口語》**a** とてもいいもの; ぼろい[造作ない]もの. **b** (公務員などの)不正利得, 汚職 (graft), 賄賂(わいろ) (bribe); 政治献金. **c** (皆で分け合える)恩恵, 利益(など) (cf. cake 5).

(*a*) ***pie in the sky*** 〖← *you'll get pie in the sky when you die* (Joe Hill, *The Preacher and the Slave* (c1906) 中の一節)〗《口語》(1) (当てにならない)先の楽しみ[幸福, 報酬(など)] (cf. JAM¹ *tomorrow*). (2) (この世では実現されそうにもない)ユートピア的な事柄[思いつき]. (***as***) ***easy as pie*** 《口語》とても容易で[な]. (***as***) ***nice*** [***good***] ***as pie*** 《米口語》とても機嫌[愛想]がいい. ***cut a pie*** 《米口語》突っつき回す, (余計な)手出しをする, おせっかいする. ***eat humble pie*** ⇨ humble pie 成句. ***have*** [***put***] ***a finger in the pie*** ⇨ finger 成句. ***put one's finger in another's pie*** ⇨ finger 成句.

～·like *adj.*

pie² [páɪ] 〖《c1250》□(O)F ～ < L *pīcam* magpie ← IE *(*s*)*pīko-* woodpecker, magpie (L *pīcus* woodpecker)〗 — *n.* **1** 《鳥類》**a** カササギ (magpie). **b** 《英》= rain-pie. **c** =sea pie 2. **2** まだら[雑色]の動物. **3** 《古》おしゃべり《人》.

pie³ [páɪ] 〖《1659》《転用》? ← PIE¹〗 *n.*, *v.* (**pied**; **pie·ing**) =pi².

pie⁴ [páɪ] 〖《1477》《転用》? ← 'PIE²': cf. pica¹〗 *n.* 《キリスト教》(英国で宗教改革以前に使った)日課規則書, 日課表.

pie⁵ [páɪ] 〖《1859》□ Hindi *pā'ī* ← Skt *pādikā* quarter ← *pāda* 'quarter, FOOT': cf. pice〗 — *n.* パイ《インドとパキスタンの旧通貨単位; =$^1/_{192}$ rupee》; 1 パイ銅貨.

pie·bald [páɪbɔ̀ːld] 〖《1589》← PIE² (cf. pied)+BALD〗 — *adj.* **1 a** 〈馬など〉白黒まだらの, ぶちの, 青駁毛の《黒の多いもの》, 駁青毛の《白の多いもの》. **b** = skewbald. **2** 混合した, 入り混ざった. — *n.* **1** (白黒)まだら馬, 青駁毛, 駁青毛; 白黒まだらの動物. **2** 混血の人[動物]. ★ 路上でまだら馬に会うと縁起が悪いという迷信がある.

píebald skín *n.* 《病理》斑状皮膚, 白斑(はくはん), (部分的な)白皮症.

piece [píːs] 〖*n.*: 《?c1200》 *pece* □ AF=OF *piece* (F *pièce*) < VL **pettiam* fragment, piece of land □ Gaul. **petia* (Welsh *peth* quantity, part / Breton *pez* piece): cf. patch¹ / F *petit*〗 — *n.* **1** 片, 断片, 破片 (fragment): in ～*s* 切れ切れに, ばらばらに / break [tear] something in [to, into] ～*s* 物を粉々に壊す[裂く] / cut a thing in [to, into] ～*s* 物を寸断する / fall [come, tumble] to ～*s* ばらばらになる, くずれる, 〈計画・健康などが〉駄目になる. **2** (まとまったものの)一部, 部分 (portion); (機械の)部分品, パーツ: cost ten cents a ～ 1 個 10 セントかかる / a set of dishes of 100 ～*s* 100 個一組の皿 / take a machine to ～*s* 機械を分解する, 解体する, ばらばらにする. **3** [物質名詞・抽象名詞などと共に助数詞として] 一片, 一個, 一編, 一首, 一節, 一枚, 一門, (ぶどう酒などの)一たる(など); (動作・状態・性質などの)一例 (specimen): a ～ of bread, chalk, cloth, wood, etc. / a ～ of paper 紙切れ, 紙片, (一定の形のない)紙一枚 (cf. sheet¹ 4 a) / a ～ of furniture 家具一品 / a ～ of ordnance 大砲一門 / a ～ of good luck 好運な出来事 / a strange ～ of news 変なニュース / a useful ～ of advice 有益な忠告 / a ～ of impudence ずうずうしい言語[動作] / What a ～ of folly! 何というばかなことだ. **4 a** (ひとまとまりをなした)一部, 一区画, (量の一定した物の)一片: a ～ of ground [land] 一区画の土地 / a bad ～ of road 道路の悪い個所 / a ～ of water 小さな湖(水). **b** (商品の売買などの)単位量: a ～ of calico [cambric, linen, muslin] 一反《キャラコは 28 ヤード, 麻布は 13 ヤード, リンネルは 13 ヤード, モスリンは 10 ヤード》/ a ～ of wallpaper 壁紙一巻き《12 ヤード》/ sell (cloth) by the ～ 反いくらで売る / ⇨ *by the* PIECE. **c** (分量的にみた)一仕事(分); [the ～] 仕事の出来高: ⇨ *a* PIECE *of work*. **5 a** (文学・芸術・音楽上の)作品, 作; (短い)詩文, 脚本; (暗誦用の)一節; 楽曲, 小曲: a fine ～ of painting [sculpture] 見事な絵[彫刻] / an animal ～ 動物画 / a sea ～ 海の絵 / a violin ～ バイオリンの曲 / ⇨ night piece / speak a ～ (学校で)朗読[暗誦]する. **b** 《米》(新聞・雑誌の)記事. **6** 《まれ》火器, 銃砲 (firearm); 小銃, 拳銃, 大砲, 砲: a field ～ 野砲 / a fowling ～ 鳥撃ち銃. **7** 硬貨 (coin): a ～ of money 硬貨 / a five-cent [penny] ～ 5 セント白銅貨[ペニー銅貨] / a ～ of gold=a gold ～ 金貨 / ⇨ PIECE of eight. **8 a** (チェス・チェッカーなどの)駒《チェスでは pawn 以外の駒》: ～*s* and pawns. **b** 《俗》トランプ(の 1 枚). **9** お守り, 護符 (charm). **10** 《米方言》簡単な昼飯; (間食の)一口 (snack): eat a ～ 間食する. **11** 《(略) ← *a piece of flesh*, etc.》[通例軽蔑的に] 人, やつ, 女. **12** 《古・方言》**a** 一定時間, しばらく. **b** 《米中部》ちょっとした距離: My house is just a ～ up the road. 私の家はその道をほんの少し向こうに行った所だ. **13** 《米俗》分け前, 歩合 (share). **14** 《俗》**a** (性交渉の相手としての)女. **b** 《卑》性行為.

all of a piece 分割できない, 一続きの; 首尾一貫した. ***all to pieces*** (1) すっかりばらばらに, こなごなに. (2) 全く気が抜けたようになって, 自制力を失って, ぼんやりして: ⇨ *go* (*all*) *to* PIECES (2). (3) 《俗》十分に, すっかり: You know me *all to* ～*s*. ***a piece of a*** …のようなもの: He is *a* ～ *of a* poet. 彼はあれでも詩人のはしくれだ. ***a piece of cake*** 《口語》容易な[楽しい]仕事[事柄]. ***a piece of flesh*** (1) 人間. (2) (特に, 女・子供に対して)やつ, しろもの. ***a piece of goods*** 《口語》(1) [形容詞を伴って] 人, 男. (2) (いい)女. ***a piece of resistance*** =pièce de résistance. ***a piece of the action*** 《米俗》(仕事・もうけ(口)などへの)便乗, 一口, 分け前. ***a piece of work*** (1) (ひとまとまりの)仕事; 作品. (2) 困難な仕事. (3) 騒ぎ. (4) =*a* PIECE *of goods*. ***be cut off the same piece of goods*** 《米口語》同じ種類のものである, 同類である. ***by the piece*** (支払いなどが)仕事の出来高で: paid *by the* ～. ***give a person a piece of one's mind*** ⇨ mind 成句. ***go*** (***all***) ***to pieces*** (1) 〈物が〉ばらばら[めちゃめちゃ]になる, くずれる. (2) (精神的・肉体的に)参る, だめになる; 取乱す. (3) 〈計画などが〉だめになる, 失敗する. (4) 〈組織体などが〉崩壊する, 混乱に陥る. ***in one piece*** (1) 継目なしに[の], 一かたまりに[の]; 単一のものから成る. (2) 無事に, 無傷で: He'll come back (all) *in one* ～. やつは無事戻って来るさ. ***knock to pieces*** (1) 〈物を〉(打って)めちゃめちゃにする, ぶち壊す. (2) 〈議論などを〉たたきつぶす, 論破する. ***like a piece of chewed string*** 《英口語》くたくたに疲れて. ***of a*** [***one***] ***piece*** (1) 〔…と〕同種類の, 同型の 〔*with*〕. (2) 〔…と〕一致した, 調和した 〔*with*〕: His conduct is (all) *of a* ～ *with* his character. 彼の行為は彼の性格と一致している. ***on the piece*** =*by the* PIECE. ***pick to pieces*** (1) 分解する, ばらばらにする; ずたずたに裂く. (2) 《口語》(吟味して)〈人・議論など〉のあら捜しをする, 酷評する. ***pick up the pieces*** 《口語》事態を収拾する, 後始末をする. ***piece by piece*** 少しずつ; 漸次. ***pull to pieces*** (1) ずたずたに引き裂く. (2) 酷評する. ***say*** [***speak***] ***one's piece*** (1) 意見[見解]を率直に述べる. (2) 予め用意した申し立てを行なう.

piece of eight [a —] スペインドル[ペソ]《16 世紀の初め, 東方およびスペイン植民地との交易のために発行された 8 reals の銀貨; 表面に 8R という文字が記された; dollar の記号 $ の起源だともいわれる; cf. peso 1 a》.

— *attrib. adj.* [複合語の第 2 構成素として] 〈楽器・家具・食器などが〉…一組の: a six-*piece* band 6 重奏団 / a fifty-*piece* orchestra 50 人編成のオーケストラ / a three-*piece* furniture 3 点セットの家具.

— *vt.* **1** 継ぐ, 継いで直す, 繕う; 継ぎ合わせる 〈*together, up*〉. **2** 接合する (join up), 合わせる (fit) 〈*together*〉. **3** 〈証拠などを〉総合する, 〈話などを〉(継ぎ合わせて)まとめる 〈*together, out*〉: ～ evidence *together* / ～ the story *out* 物語の筋が通るようにまとめる. **4** 〈織糸などを〉つなぐ 〈*up*〉. — *vi.* 《口語・方言》間食する, つまむ.

piece in はさみ込む, 差し加える: ～ *in* some troops with the regiment 連隊に部隊を加える. ***piece on*** (相対物の)上に合う, 接合する: The upper lip ～*s on* to the lower one. ***piece out*** (1) 継ぎ足す; 補う (eke out). (2) ⇨ *vt.* 3.

pièce de ré·sis·tance [piés-də-rɪzìːstɑ́ː(n)s, -rə-, -reɪ-, -zɪs-, -tɑ́ːns, -tɔ̃ː(n)s, -tɑ́ːns, -tɔ́(ː)ns; *F.* pjɛsdəʀezistɑ̃ːs] 〖□ F ～ 《原義》piece of resistance〗 — *F. n.* (*pl.* **pièces de ré·sist·ance** [～]) **1** (ディナーなどの)主料理, 第一のごちそう. **2** (収集物・連続物などの中の)白眉, ぴかいち, 呼び物, 主要行事(など).

pièce d'oc·ca·sion [piés-dɔ(ː)kɑːzjɔ̃ː(ŋ), -zjɔ́(ː)ŋ|pɪ-; *F.* pjɛsdɔkazjɔ̃] 〖□ F ～ 'piece of occasion'〗 — *F. n.* (*pl.* **pièces d'oc·ca·sion** [～]) 取って置きの品物; 掘り出し物 (bargain).

píece-dỳe *vt.* 〈反物を〉織ってから染める, 後染め[反染め, 布染め]にする (cf. yarn-dye 1).

píece-dỳed *adj.* 〈反物が〉織ってから染めた, 後染めの (cf. wool-dyed 1).

píece gòods *n. pl.* ヤードやメートルなどの単位で切り売りされる布地[反物]《特に, イングランド Lancashire の綿織物; yard goods ともいう》.

piece·meal [píːsmìːl] 〖《c1300》 *pecemele* ← *pece* 'PIECE'+*-mele* '-MEAL': cf. OE *styccemǣlum* piecemeal〗 — *adv.* **1 a** 少しずつ, ちびちびと, 断片的に. **b** 漸次. **2** ばらばらに(なって). — *adj.* かけらの, 断片的な, ばらばらの: ～ reforms. — *n.* ★ 通例次の成句で: by ～ =piecemeal *adv.*

píec·er *n.* (織物で)糸をつなぐ人.

píece ràte *n.* [通例 *pl.*] 出来[仕上]高払い, 請負単価 (cf. piecework).

piece·wìse 〖← PIECE+-WISE〗 *adv.* 《口語》それぞれの部分に関して[から見て].

píece·wòrk *n.* 出来高払いの仕事, 手間[請負, 賃]仕事 (cf. task wage, timework).

píece·wòrker *n.* 出来高払いの労働者[職人], 手間取人夫.

píe chàrt 〖⇨ pie¹〗 *n.* 《統計》パイ図表《円を半径で仕切って比較数値の比較を示す図表; circle graph ともいう》.

Pieck [píːk; *G.* píːk], **Wilhelm** *n.* ピーク《1876–1960; 東ドイツの政治家; 大統領 (1949–60)》.

píe·crùst *n.* **1** パイ皮用の生地. **2** パイ皮, 殻: Promises are, like ～, made to be broken. 《諺》約束とパイ皮は破れるもの / (as) short as ～《米口語》非常に気短かで[怒りっぽくて]. — *adj.* (パイ皮のように)すぐ壊れる: a ～ pledge [promise] すぐに破れる誓約[約束].

píecrust tàble *n.* (18 世紀に英米で流行した天板の縁が貝殻状に象(かたど)られた)柱脚式の小型円テーブル《tip-toe table の一種》.

piecrust table

pied [páɪd] 〖《1382》← PIE²+-ED 2: magpie の羽の色が黒と白のぶちであることにちなむ〗 — *adj.* **1** 〈鳥・獣など〉まだらの, 雑色の. **2** まだら染めの: a ～ coat. **3** まだら服を着た: ⇨ Pied Piper.

pied-à-terre [piéɪṭɑtéə, -tɑː-, pjéɪ-, -də-, -dɑː-|pjéɪtɑːtéə(r, pjét-, -dɑː-; *F.* pjetatɛːʀ] 〖□ F ～ 《原義》foot on land〗 — *n.* (*pl.* **pieds-à-terre** [～]) **1** (出張の多い人が出張先に設けた)一時休息所, 仮宿泊所. **2** 足場, 足がかり (foothold).

píed-billed grébe *n.* 《鳥類》オビハシカイツブリ (*Podilymbus podiceps*)《北米産の白い嘴に黒い帯のあるカイツブリ; hell-diver ともいう》.

pied-de-biche [piéɪdəbíːʃ|pɪ-; *F.* pjedbiʃ] 〖□ F ～《原義》doe's foot〗 *n.* (*pl.* **pieds-de-biche** [～]) (家具の)ひづめ足 (⇨ hoof foot).

pi·ed·fort [piéɪfɔ̀ə, pjéɪ-|-fɔ́ː(r; *F.* pjefɔːʀ] 〖□ F ～ ← *pied* foot+*fort* strong〗 — *n.* 《造幣》ピエフォール《普通より厚手の試鋳貨で, フランス・ボヘミア・低地諸国では流通貨として用いられた》.

pied·mont [píːdmɑnt|píːdmənt, -mɔnt] 〖↓〗 *n.* 山麓(ろく)地帯. — *adj.* 山麓の, 山脈に沿った.

Pied·mont [píːdmɑnt|píːdmənt, -mɔnt] 〖□ It. *Piedmonte* 《原義》foothill (region)〗 — *n.* **1** ピードモント(平原)《米国の Appalachian 山脈と沿岸平野との間の高原; Piedmont Plateau ともいう》. **2** ピエモンテ(州)《イタリア北西部の州; 人口 4,462,000, 面積 25,399 km², 首都 Turin; イタリア語名 Piemonte [pjemónte]》.

Pied·mon·tese [pìːdmɑntíːz, -tíːs|-mɑntíːz, -mɔn-] 〖← PIEDMONT+-ESE〗 *adj.* (イタリアの)ピエモンテの. — *n.* (*pl.* ～) ピエモンテの住人.

pied·mont·ite [píːdmɑntàɪt|-mən-, -mɔn-] 〖← PIEDMONT+-ITE¹〗 *n.* 《鉱物》紅簾(れん)石.

pied noir [pjéɪ-nwɑ́ə, pjéɪ-|-nwɑ́ː(r; *F.* pjenwaːʀ] 〖□ F ～ 《原義》black foot〗 *F. n.* (*pl.* **pieds noirs** [～]) アルジェリアのフランス人定住者, その子孫.

píe-dòg *n.* =pye-dog.

Pied Píp·er [páɪd-páɪpə|-pə(r] 〖R. Browning の詩 *The Pied Piper of Hamelin* (1842) の題名から〗 — *n.* **1** 《ドイツ伝説》(まだら服を着た)ハーメルンの笛吹き《ねずみの襲来に困っていた Hameln の町から, 笛の妙音でねずみを誘い出して Weser 川におぼれさせたが, 約束の報酬を町がしなかった腹いせに笛で町の子供たちを山中に隠してしまったという伝説の人物》. **2** [p- p-] 言葉巧みに相手を信用させる勧誘者. **3** [p- p-] 実現不可能なことを約束する指導者.

píed wágtail *n.* 《鳥類》ハクセキレイ (*Motacilla alba yarrellii*).

píe-éyed *adj.* 《俗》酔っ払った, とろんとした.

píe-fáced *adj.* 《口語》丸いのっぺりした顔の.

pi·e·fort [piéɪfɔ̀ə, pjéɪ-|-fɔ́ː(r] *n.* 《造幣》=piedfort.

Pie·gan [piːgǽn] *n.* (*pl.* ～, ～*s*) ピーガン《アメリカインディアンのブラックフット族 (the Blackfeet) の南端部の一支族》.

pie·man [páɪmən] *n.* (*pl.* **-men** [-mən, -mèn]) **1** パイ製造人. **2** (街路を触れ歩く)パイ売商人.

pie·plànt 〘← PIE[1]+PLANT〙 *n.* 《米方言》〘植物〙ショクヨウダイオウ (*Rheum rhaponticum*)《その酸味のある葉茎を砂糖で煮てパイの材料にする; cf. rhubarb 1》.

pie·pou·dre [páɪpaʊdə | -də(r] 〘《1399》 *pipoudre* ▭ AF *piepuldrus* traveler, peddler=F *pied-poudreux* =ML *pedepulverōsus* dusty-footed (man) ← L *pēs* 'FOOT'+*pulver-, pulvis* 'dust, POWDER[1]'〙 — *n.* 《古》行商人 (peddler): the court of ~ (昔, 英国で定期市 (fair) 内に付設された)簡易裁判所《市場の管理人 (steward) が裁判長となって取引きに関して起こった事件を即決した; 現在も Bristol に一つ残存》.

pier [píə | píə(r] 〘《c1150》 *per(e)* ▭ ML *pera* ← ?: cf. L *petra* stone & *podium* raised platform〙 — *n.* **1** 桟橋, 埠(ふ)頭 (wharf); 突堤: ⇨ floating pier / a landing ~ 上陸用桟橋. **2** 遊歩桟橋. **3** 防波堤. **4** 橋脚, 橋台; 迫持(せりもち)台. **5** 〘建築〙(アーチとアーチの間の)支柱, 角柱, 扶壁 (⇨ Gothic 挿絵); (窓の中間の)窓間壁; (扉を付ける)門柱; ピア, 簇(ぞく)柱《複雑な断面形をした太い柱》. **6** 石[コンクリート, 鋼鉄]製の支え台. **7** 〘歯科〙支台 (abutment)《ブリッジの固定源》.

pier·age [pí(ə)rɪdʒ | píər-] 〘⇨ ↑, -age〙 *n.* 桟橋[埠(ふ)頭]使用料, 桟橋[埠頭]税.

pierce [píəs | píəs] 〘《c1300》 *perce(n)* ▭ (O)F *perc-er* < VL **pertūsiāre* (freq.) ← L *pertūsus* (p.p.) ← *pertundere* to beat through ← PER-+*tundere* to beat, thrust ← IE *(*s*)*teu-* to push, thrust: ⇨ stint[2]〙 — *vt.* **1** 〈とがった物・弾丸などが〉刺し通す, 突き通す (stab), 貫通する 〈*through*〉: The arrow [bullet] ~*d* the soldier (*through*). **2** …に穴をあける, 貫く (perforate): have the ears ~*d* (イヤリングをつけるために)耳に穴をあける. **3** 突入する, 通り抜ける: ~ the enemy's lines 敵の戦線に突入する / A tunnel ~*s* the Alps. **4** 洞察する, 見抜く, 見破る, 察知する (discern): ~ the mysteries of nature, the cause for complaint, etc. **5 a** 〈寒さ・痛みなどが〉〈人・体などに〉強くこたえる, 刺す, 〈身に〉しみる. **b** 感動させる (move): Sorrow ~*d* her heart.=Her heart was ~*d by* [*with*] sorrow. 悲しみが彼女の心を貫いた. **6** 〈悲鳴などが〉〈静寂を〉つんざく, 突き破る: A shriek ~*d* the stillness. 激しい叫び声があたりの静けさを破った. — *vi.* **1** 入る (enter); 通る, 貫く, 貫通する (penetrate) 〔*into, through*〕. **2** 心に徹する, 身にしみる.

Pierce [píəs | píəs] 〘《変形》← PETER: cf. F *Pierce* (姓)〙 *n.* 男性名《異形 Piers》.

Pierce [píəs | píəs], **Franklin** *n.* (1804–69) 米国の第 14 代大統領 (1853–57).

pierced *adj.* **1** 穴のある; (特に)飾り穴のある. **2** 耳たぶに(イヤリングのための)穴がある. **3** 〘紋章〙突き通した, 穴をあけた (perforated).

pierced dóllar *n.* =holey dollar.

pierced éarring *n.* 《米》ピアス《穴をあけた耳たぶに通すように作られたイヤリング》.

pierc·er 〘《15C》 *persour, percer* ▭ AF *perceour, persour*: ⇨ pierce, -er[1]〙 — *n.* **1** 刺し通す人[物]. **2** 穴あけ器, 錐; 〘鉱山〙穿(せん)孔機. **3** 《俗》鋭い目. **4** 〘動物〙産卵管 (ovipositor), (虫の)針 (sting).

Piérce's disèase [píəsɪz-, -səz- | píəs-] 〘← *Newton B. Pierce* (1856–1917: 米国の植物病理学者)〙 — *n.* 〘植物病理〙ピアース病《ブドウのウイルス病の一種; 葉は斑点とむれ病を起こして早落し, 果実は早熟, 生長が遅れ結果的に株は枯死する》.

pierc·ing 〘《15C》: ⇨ -ing[2]〙 — *adj.* **1** 刺し通す (penetrating): a ~ shriek 金切声. **2** 身にしみる: the ~ cold 刺すような寒気. **3** 射るような, 鋭い; 察知する[している], 洞察力のある (perceptive): a ~ glance 刺すような[鋭い]一瞥(べつ) / a ~ eye 慧(けい)眼, 鋭い眼力. **4** 辛辣な, 痛烈な; 手きびしい (cutting). — *n.* 穴抜き, 穴あけ; 〘鉱山〙突刺し探鉱, 穿(せん)孔: ⇨ jet-piercing. **~·ly** *adv.* **~·ness** *n.*

píer glàss *n.* 大きくて高い鏡; (特に, 窓と窓の間の壁面に掲げる)姿見 (cf. pier table).

píer·hèad lìne *n.* 〘土木〙埠(ふ)頭法線《ピヤー[突堤式埠頭]突端を結ぶ線》.

Pi·e·ri·a [paɪí(ə)riə, -ér- | -íəriə, -ér-] 〘▭ L *Pieria* ▭ Gk *Pieríā*〙 — *n.* ピエリア《古代 Macedonia の沿岸地域; Olympus 山がこの区域内にあり, Orpheus および Muses の生地と伝えられる》.

Pi·e·ri·an [paɪí(ə)riən, -ér- | -íəri-, -ér-] 〘⇨ ↑, -an[1]〙 — *adj.* **1** 〘ギリシャ神話〙ピーエリデス(Pierides)の, ミューズの神々 (Muses) の[に関する]. **2** ピエリア (Pieria) 地方の[に関する]. **3** 学問・詩歌の[に関する]; (詩的)霊感の.

Piérian spríng *n.* [the ~] ピエリアの泉《Olympus 山のふもとにあったという Muses の泉; その水を飲む者は詩想に恵まれたという》; 詩の源泉.

pi·er·id [páɪərɪd, paɪér-, -rəd | -rɪd] 〘↓〙 *adj.* 〘昆虫〙シロチョウ(科)の. — *n.* シロチョウ《シロチョウ科の昆虫の総称》.

Pi·er·i·dae [paɪérədìː | -rɪ-] 〘← NL ~ ← *Pieris* (属名: ⇨ Pieria)+-IDAE〙 — *n. pl.* 〘昆虫〙(鱗翅目)シロチョウ科. **pi·er·i·dine** [paɪérədìːn, -dɪn, -dən | -érɪdìːn, -dɪn] *adj.*

Pi·er·i·des [paɪí(ə)rədìːz, -ér- | -íərɪ-, -ér-] 〘▭ Gk *Pierídes* (pl.) ← *Píeris* a Muse〙 — *n. pl.* 〘ギリシャ神話〙ピーエリデス: **1** ミューズの神々(Muses). **2** Thessaly 王 Pierus [paɪí(ə)rəs, -ér- | -íər-, -ér-] の 9 人の娘; Muses の名を取って名づけられたが本当の Muses と音楽の腕比べをして負けて小鳥にされたという.

pie·ro·gi [pɪróʊgi, pə- | pɪrə́ʊgɪ] *n. pl.* =piroshki.

Pierre[1] [píə | píə(r] 〘← *Pierre Chonteau* (開拓期の皮商人, この地に交易市場を作った)〙 — *n.* 米国 South Dakota 州の州都, Missouri 川に臨む; 人口 9,700.

Pierre[2] [piɛ́ə | piɛ́ə(r; *F.* pjɛːr] 〘▭ F ~ 'PETER'〙 *n.* 男性名.

Pier·rot, p- [píːəròʊ, pí(ə)roʊ | píərəʊ, pjér-, pjíər-; *F.* pjɛro] 〘《1741》 ▭ F ~ (dim.) ← *Pierre* 'PETER'〙 — *n.* (*pl.* **~s** [~z; *F.* ~]) **1** ピエロ《昔のフランス黙劇の道化役; 顔におしろいを塗り, 円錐形の帽子をかぶり, 大きなボタンのついただぶだぶの白服を着る》. **2** [p-] (ピエロの扮装をした)芸人, 道化役, 仮装舞踏者.

Piers Plow·man [píəz-pláʊmən | píəz-] *n.* 農夫ピアズ《William Langland の作と伝えられる英国 14 世紀末の宗教寓意詩; その主人公; 詩の正式名 *The Vision of William concerning Piers the Plowman*, 略称 *The Vision of Piers Plowman*》.

píer tàble *n.* (通例 pier glass の下の)窓間壁にすえる低い小テーブル.

pies *n.* pi[2], pie の複数形.

pi·et [páɪɪt, -ət] 〘ME *piot*: ⇨ pie[2], -et〙 *n.* **1** 《古》〘鳥類〙カササギ(magpie). **2** 《スコット・北英》おしゃべりな人.

Piet [píːt; *Du.* piːt] 〘cf. Pieter〙 *n.* 男性名.

Pie·tà, p- [pìːeɪtáː, pjeɪ-, piéɪtə, pjéɪ- | pìetáː; *It.* pjetáː] 〘《1644》 ▭ It. ~ 《原義》 pity < L *pietātem* 'PIETY': cf. pity〙 — *n.* ピエタ《聖母マリアがキリストの死体をひざの上に抱き嘆いている図または像》.

pi·e·tas [páɪətæ̀s | páɪə-, páɪɪ-] 〘▭ L *piet-ās* 'PIETY'〙 *n.* 先祖[先駆者]への敬意[尊敬].

Pie·ter [píːtə | -tə(r; *Du.* píːtər] 〘▭ Du. ~ 'PETER'〙 *n.* 男性名.

Pie·ter·mar·itz·burg [pìːtəmǽrɪtsbə̀ːg, -rəts- | pìːtəmǽrɪtsbə̀ːg] *n.* ピーターマリッツバーグ《南アフリカ共和国東部の Natal 州の首都; 人口 159,000》.

Pi·e·tism [páɪətɪzm | páɪə-, páɪɪ-] 〘《1697》 ▭ G *Pietism-us* ∥ ← NL *pietism-us*: ⇨ piety, -ism〙 — *n.* **1** 敬虔主義《17 世紀末ドイツのルター派教会に起こった運動で, その正統主義に対して信仰の内面化と魂の敬虔を力説する》. **2** [p-] 篤信, 敬虔(けん) (piety). **3** [p-] 信心ぶること, 偽善的敬虔.

Pí·e·tist [-tɪst, -təst | -tɪst] 〘▭ G ~: ⇨ ↑, -ist〙 *n.* **1** 敬虔主義の信者. **2** [p-] 信心家; 信心ぶった人.

pi·e·tis·tic [pàɪətístɪk | pàɪə-, pàɪɪ-] 〘⇨ -ic[1]〙 *adj.* 敬虔(けん)な (devout); 敬虔を装う. **pì·e·tís·ti·cal** *adj.* **pì·e·tís·ti·cal·ly** *adv.*

Pie·tro [piéɪtroʊ, pjéɪ- | piéɪtrəʊ, pjéɪ-; *It.* pjɛ́ːtro] 〘▭ It. ~ 'PETER'〙 *n.* 男性名.

pi·e·ty [páɪəti, páɪɪ-] 〘《a1310》 ▭ OF *piete* (F *piété*) < L *pietātem* dutifulness ← *pius* 'PIOUS': PITY と二重語〙 — *n.* **1** 敬虔(けん), 敬神, 信心 (godliness). **2** (親・長上・故国などに対する)敬愛, 忠敬, 恭順; 孝心, 愛国心: ⇨ filial piety. **3** 信心深い言行.

pi·e·zo- [piéɪzoʊ, -éɪtsoʊ; paɪìːzo(ʊ) | paɪìːzə(ʊ)] 〘← Gk *piézein* to press ← IE **pi-s(e)d-* to sit upon, press ← **epi* on+**sed-* 'to SIT': ⇨ -o-〙 —「圧力 (pressure)」の意の連結形: *piezometer.*

pièzo·chémistry *n.* 高圧化学.

pièzo·cóupler *n.* 〘電気〙圧電結合器.

pièzo·eléctric *adj.* 〘電気〙圧電気の, ピエゾ電気の: ~ effect 圧電気効果《ある種の結晶内で圧電気によって生じる効果》. — *n.* 圧電材料. **pièzo·eléctri·cally** *adv.*

pièzo·electrícity *n.* 〘電気〙圧電気, ピエゾ電気; 圧電現象《力をかけると電気を発生する現象およびそれによって発生する電気; ガス器具の点火のための電気火花発生装置などに用いられる》.

piezoeléctric óscillator *n.* 〘電気〙圧電発振器《圧電素子を用いた発振回路》.

pi·e·zoid [paɪíːzɔɪd] *n.* 〘電子工学〙圧電素子.

pi·e·zom·e·ter [pìːəzɑ́mətə, pàɪə- | pàɪɪzɔ́mɪtə(r, -mə-] *n.* 〘物理〙圧度計, 水圧測深器, ピエゾメーター《液体の圧縮率を測定する器械》.

pi·e·zom·e·try [pìːəzɑ́mətri, pàɪə- | pàɪɪzɔ́mɪtri, -mə-] *n.* 圧度測定; 静水学的水圧測定. **pi·e·zo·met·ric** [pièɪzoʊmétrɪk, -èɪtsoʊ-, paɪìːzo(ʊ)- | paɪìːzə(ʊ)-] *adj.* **pi·è·zo·mét·ri·cal** *adj.*

pièzo résonator *n.* 〘電気〙圧電共振子 (piezoelectric oscillator).

Pif·fer [pífə | -fə(r] 〘← *P(unjab) I(rregular) F(rontier) F(orce)*+-ER[1]〙 *n.* 《俗》パンジャブ不正規国境軍の一員.

pif·fle [pífl] 〘《1847》《混成》? ← PI(DDLE)+(TRI)FLE: cf. OE *pyff* puff〙 《俗》 — *n.* ばか話, たわごと: talk ~. — *vi.* ばかげたことをする, たわごとをしゃべる. — *int.* ばかな. **píf·fler** [-flə, -flə | -flə(r, -fl-] *n.*

pif·fling [píflɪŋ, -fl-] 〘⇨ ↑, -ing[2]〙 *adj.* 《口語》つまらない, ささいな (trivial).

pig[1] [píg] 〘《?a1200》 *pigge* < OE **picga* (cf. OE *picbrēd* swine-food) ← ?: cf. OE *docga* 'DOG' & *frocga* 'FROG[1]' / LG & Du. *bigge, big* young pig: その突き出た鼻との連想から, PICK[2], PIKE[2] と同語源とする説もある〙 — *n.* (*pl.* **~s, ~**) **1** 豚 (cf. hog, swine, boar, sow[2]). ★ ラテン語系形容詞: porcine. **2** 《米》(重さ 120 ポンド以下の)子豚. ★《米》では pig は通例この意味に用い, 成長した「豚」には hog を用いる. **3** 食用の豚肉 (pork): ~ between sheets《米》ハムサンドイッチ / roast ~ 焼豚. **4 a** 《口語》豚のような人間 [動物]; 薄汚い人; むっつり屋; 食いしん坊; 欲張り; 頑固者. **b** 《米俗》自堕落な女, ふしだらな女. **5** 《俗》ポリ公, 豚野郎. **6** 〘鋳床に鋳型を並べた所が子豚の乳を飲む様に似ているところから〙 **a** 〘金属加工〙金属銑, 鉛]の鋳塊, 生子(なまこ); 鋳床 (pig bed) の型 (cf. sow[2] 4). **b** =pig iron. **c** =pig lead. **7** 《米俗》機関車 (railroad locomotive).

a pig in a poke [***bag***] 調べもせず[よく知らず]に買った物; 安請合い: buy *a* ~ *in a poke* 物を見ないで買う, めくら買いをする. ***bleed like a*** (***stuck***) ***pig*** (突き刺された豚のように)たくさんの血を流す, 大出血する. ***bring*** [***drive***] ***one's pigs to a fine*** [***a pretty, the wrong***] ***market*** 見当違いをする, やまがはずれる, しくじる. ***go to pigs and whistles*** 《俗》道楽する. ***in a pig's eye*** 《俗》決して…ない (certainly not). ***in pig*** 〈雌豚が〉(子を)はらんでいる (pregnant). ***make a pig of oneself*** (豚のように)大食する, 欲張る. ***Pigs might*** [***may***] ***fly.*** (この世には)不思議なことも起こりかねない; 《反語》(ありそうもない話を聞いて)そんなことは信じられない, そんなことあるものか. ***please the pigs*** 《戯言》(ふざけて please God の代用として)都合よくゆけば, 場合によったら.

pigs in blankets (1) =angels-on-horseback. (2) (フランクフルト)ソーセージをパイ皮などで包んで焼いたオードブル.

— *v.* (**pigged; pig·ging**) — *vt.* **1** 〈豚が〉〈子を〉生む; 豚のように〈子を〉生む (litter). **2** [~ it として] =*vi.* 2. — *vi.* **1** 〈豚が〉子を生む. **2** 豚のように群がる, ごちゃごちゃいる, (豚小屋の中のような)雑居生活をする 〈*together*〉.

pig[2] [píg] 〘《15C》← ?: cf. piggin〙 *n.* 《スコット》陶器のつぼ[かめ].

píg bèd *n.* **1** 豚の寝床. **2** 〘金属加工〙(砂場上に)銑鉄を流す型, 鋳床 (cf. pig[1] 6).

píg·bòat 〘船首を補給船につけている様が乳を飲む子豚に似ているところから〙 *n.* 《米軍俗》潜水艦.

píg bòiling *n.* 〘冶金〙=wet pudding.

píg bùcket *n.* (豚の食料を入れる)残飯桶.

pi·geon[1] [pídʒən | -dʒɪn, -dʒən] 〘《a1399》 *peion pijon, pigeon* ▭ OF *pijon* young bird, young dove (F *pigeon*) < VL **pibiōnem*=LL *pīpiōnem* young cheeping bird ← L *pīpīre* to chirp ← IE **pīp(p)-* to peep《擬音語》: cf. pipe〙 — *n.* (*pl.* **~s, ~**) **1** 〘鳥類〙ハト《ハト科の鳥の総称》; (特に)イエバト《カワラバト (rock pigeon) を改良したハト; 伝書バト (homing pigeon, carrier pigeon) など》. ★ dove より大きく,「野生鳩」「家鳩」のどちらにもいう. **2** 《口語》だまされやすい人 (gull), のろま (simpleton): pluck a ~ のろまから金(など)をだまし取る. **3** 乙女, 若い女. **4** 〘射撃〙=clay pigeon. **5** 《俗》〘トランプ〙(stud poker で)決め札《最後に配られた札で勝ちが決まる場合にいう》. — *vt.* **1** 欺く, だます; …から〔…を〕だまし取る〔*of*〕. **2** 鳩を使って〈通信を〉送る.

pi·geon[2] [pídʒən | -dʒɪn, -dʒən] *n.* =pidgin.

pígeon·bèr·ry [-bèri | -bèrɪ, -bərɪ] *n.* 〘植物〙アメリカヤマゴボウ (⇨ poke weed).

pígeon blòod *n.* (ルビーの)ピジョンブラッド, 鳩血色 (dark red).

pígeon brèast *n.* 鳩胸 (chicken breast).

pígeon-brèasted *adj.* 鳩胸の.

pígeon Énglish 〘《転訛・代用形》← PIDGIN〙 *n.* 《俗用》=pidgin English.

pígeon·gràm [-græ̀m] 〘← PIGEON[1]+-GRAM〙 *n.* 伝書鳩の運ぶ信書.

pígeon gràpe *n.* 〘植物〙=summer grape.

pígeon guíllemot *n.* 〘鳥類〙ウミバト (*Cepphus columba*)《北太平洋に生息するウミスズメ科ウミバト属の鳥》.

pígeon hàwk *n.* 〘鳥類〙 **1** コチョウゲンボウ (*Falco columbarius*)《旧北区, 北米産の小型のハヤブサの一種; merlin ともいう》. **2** アシボソハイタカ (sharp-shinned hawk).

pígeon-héarted *adj.* 気の弱い, 臆病な; おとなしい (cf. lionhearted).

pígeon·hòle 〘《1592》〙 — *n.* **1** 鳩小屋[鳩の巣箱など]の出入穴; 巣房《鳩小屋の中に巣皿を置くためにつくる多くの仕切りの一つ》. **2** (机・小だんすなどの)書類入れ仕切り, 整理棚, 分類棚, 区分け棚. **3** 頭の中で物事を整理して記憶しておくところ. **4** 〘印刷〙白穴《あきすぎの語間; white hole ともいう》. — *vt.* **1** …に整理棚[仕切り]を取り付ける[設ける]. **2 a** 〈書類などを〉整理棚に入れる; 分類整理する. **b** (頭の中に整理して)記憶にとどめておく. **3** 一時[仮に]整理棚(など)に入れて置く, 〈計画・草案などを〉後回しにする, 棚上げする (shelve).

pígeon hòuse *n.* 鳩小屋, 鳩(きゅう)舎 (pigeonry).

pi·geon·ite [pídʒənàɪt | -dʒɪ-, -dʒə-] 〘← *Pigeon (Point)* (米国 Minnesota 州北東部にある岬で, その産地)+-ITE[1]〙 *n.* 〘鉱物〙ピジオン輝石.

pígeon-lívered *adj.* 《まれ》優しい, おとなしい (gentle, meek).

pígeon mílk *n.* =pigeon's milk.

pígeon páir *n.* 《英》男女の双生児; (一家で男女の)ふたりっ子.

pígeon pèa *n.* 〘植物〙 **1** キマメ, リュウキュウキマメ (*Cajanus indicus*)《熱帯地方原産のマメ科の低木; 花は黄色, 種子は円形で一端が扁平; dhal ともいう》. **2** キマメの種子《食用・薬用》.

pígeon pòx *n.* 〘獣医〙鳩(きゅう)痘《鳩の痘瘡》.

pi·geon·ry [pídʒənri | -dʒɪnrɪ, -dʒən-] 〘⇨ pigeon[1], -ry〙 *n.* =pigeon house.

pígeon's blòod *n.* =pigeon blood.

píɡeon's mílk *n.* **1** 鳩(ﾊﾄ)乳, 嗉嚢(ｿﾉｳ)乳《鳩がひな鳥を養うためにその嗉嚢 (crop) から出す乳状液; crop-milk ともいう》. **2**《英戯言》(All Fools' Day に)子供をだまして取りにやらせる仮想の物.

píɡeon-tóed *adj.* 足指が内に曲がった; 内股の.

píɡeon·wìng *n.*《米》鳩翼型, ピジョンウィング: **a**《スケート》(フィギュアスケートで)鳩が飛び立つような図形. **b**《ダンス》仮装ダンスの変形ステップの一種で, 飛び上がって両足を打ちつける.

píɡ-èyed *adj.* 小さなくぼんだ目をした.

píɡ·fìsh〘水中から引き上げられるときに豚のような鳴き声を出すところから〙 ― *n.* (*pl.* ～, ～·es)《魚類》**1** 米国の南大西洋岸に産するイサキ科の食用魚 (*Orthopristis chrysopterus*). **2** その他イサキ科の魚類の総称.

píɡ·ger·y [píɡəri | -rɪ]〘← PIG¹+-ERY〙 *n.* **1** 豚飼養所; 豚小屋, 豚舎 (pigsty). **2** 豚小屋のような所, 汚い[不潔な]場所; 不潔. **3**[集合的] 豚 (pigs).

píɡ·ɡie [píɡi | -ɡɪ]〘⇨ -ie〙 *n., adj.* (**pig·gi·er**; **-gi·est**) =piggy.

píɡ·ɡin [píɡɪn, -ɡən | -ɡɪn]〘← ? PIG²〙 *n.*《方言》(長「柄のついた)片手桶.

píɡ·ɡish [-ɡɪʃ] *adj.* **1** 豚のような. **2** (豚のように)強欲な (greedy), 利己的な. **3** 不潔な. **4** 強情な, 頑固な. **～·ly** *adv.* **～·ness** *n.*

píɡ·ɡy¹ [píɡi | -ɡɪ]〘←PIG¹+-Y²〙 *n.* **1** 子豚. **2**《小児語》幼児の手[足]指. **3**《英》棒打ち遊び (tipcat).

píɡ·ɡy² [píɡi | -ɡɪ]〘← PIG¹+-Y⁴〙 *adj.* (**pig·gi·er**; **-gi·est**) **1**《口語》=piggish. **2**〈雌豚が〉はらんでいるらしい.

píɡɡy·bàck〘《変形》← PICKABACK〙《米》― *n.* **1** 背負って[背に乗せて]運ぶこと. **2** ピギーバック方式の輸送《鉄道による貨物トレーラーでの物資輸送; cf. birdyback, fishyback》. ― *adv.* **1** 肩車で, おぶって, おぶさって, 背負って, 肩に乗って: carry ～ 背負って行く / ride ～ (on a person) (人の)肩車に乗る, おんぶする. **2** ピギーバック方式(の輸送)で. ― *adj.* **1** 肩車での, 背負っての: a ～ ride. **2** ピギーバック方式(輸送)の: ～ cars, service, etc. **3**《宇宙》主衛星にくっつけて運ばせる. **4**《テレビ・ラジオ》抱き合わせコマーシャルの, 相乗り広告の. ― *vt.* **1** 背負って運ぶ. **2**〈貨物トレーラーを〉鉄道で運ぶ. ― *vi.* 貨物トレーラーを鉄道で運ぶ. ★ *n., adv., adj.* では《英》pickaback.

píɡɡyback càr *n.*《米》《鉄道》ピギーバック車《標準的なコンテナやトレーラーを乗せる長物車》.

píɡɡy bànk *n.* (豚の形をした小児用)貯金箱.

píɡ·ɡy-wìɡ·ɡy [píɡiwìɡi | -ɡɪwɪɡɪ]〘《加重》← PIGGY〙 *n.*《小児語》小豚, 子豚, ぶうちゃん; 汚らしい子供.

píɡ·héaded〘← PIG¹+HEADED〙 *adj.* 強情な, つむじ曲がりの. **～·ly** *adv.* **～·ness** *n.*

píɡ ìron〘⇨ pig¹ 6〙 *n.*《金属加工》鋳物用銑鉄.

Píɡ Íslander [píɡ-] *n.*《豪俗》=New Zealander.

Píɡ Íslands〘Captain Cook がこの地に初めて豚をもたらしたことから〙 *n. pl.*《豪俗》=New Zealand.

píɡ-jùmp *vi.*《豪俗》〈馬が〉四足を挙げて飛ぶ.

Píɡ Làtin, p- L- *n.* ピグラテン《子供の遊びに使う隠語; 語の最初の子音をその語の後に移して -ay [eɪ] を加える; 例: Pig Latin を Igpay Atinlay》.

píɡ lèad [-lèd]〘⇨ pig¹ 6〙 *n.*《金属加工》鉛地金(ﾅﾏﾘ), なまこ鉛 (lead ingot).

píɡ·let [píɡlɪt, -lət]〘⇨ -let〙 *n.* 子豚, 小豚.

píɡ·lìke *adj.* 豚に似た, 豚のような.

píɡ·linɡ [píɡlɪŋ]〘⇨ -ling¹〙 *n.* =piglet.

píɡ mèat *n.* 豚肉; ハム, ベーコン.

píɡ·ment〘(*a*1398) ◻ L *pigment-um* ← *pingere* 'to PAINT': ⇨ -ment: PIMENTO と二重語〙 ― [píɡmənt] *n.* **1** 絵の具, 顔料 (paint). **2**《生物》色素. ― [-mənt, -ment | -mənt] *v.* ― *vt.* …に彩色する; に色を加える. ― *vi.* 色が着く[のる], 着色を起こす.

píɡ·men·tal [pɪɡméntḷ | -tl] *adj.* =pigmentary.

píɡ·men·tar·y [píɡməntèri | -tərɪ]〘◻ L *pigmentāri-us* ← *pigmentum*: ⇨ pigment, -ary〙 *adj.* 絵の具[色素]の; 色素を分泌する.

píɡ·men·ta·tion [pìɡməntéɪʃən, -men-]〘← LL *pigmentāt-us* painted (⇨ pigment)+-ATION〙 *n.*《生物》(皮膚などの)色どり; 顔料化, 着色; 色素沈着[形「成].

píɡment cèll *n.*《生物》色素細胞.

píɡ·ment·ed [píɡməntɪd, -mentɪd, -tɪd | -ment-] *adj.*〈レーヨンが〉原液着色された.

píɡment pròcess *n.*《印刷》カーボン印画法《クロムゼラチンの感光性を利用した写真印画法の一種》.

píɡ mètal *n.* 金属塊, 地金.

Píɡ·my [píɡmi | -mɪ] *n., adj.* =Pygmy.

pi·ɡno·lia [pìːnjóʊliə | -njɔ́ljə, -liə; *It.* piɲɲɔ́ːlja]〘← It. *pignolo* (< VL **pineolus* (dim.) ← L *pineus* 'of the PINE²')+-IA¹〙 ― *n.* (いわゆる) nut pine の食用の種子, (俗に)松の実.

pi·ɡnon [píːnjɑn | -njɔn]〘◻ F ～ < VL **pineo* ← L *pineus* (↑)〙 ― *n.*《植物》**1** (stone pine など)数種の松の食用の種子, (俗に)松の実. **2** ナンヨウアブラギリの種子 (physic nut).

piɡnora *n.* pignus の複数形.

piɡ·no·rate [píɡnərèɪt]〘← L *pignerāt-us, pignorāt-us* (p.p.) ← *pignerāre, pignorāre* to pledge: ⇨ -ate³〙 *vt.* 質に入れる (pawn).

piɡ·nus [píɡnəs]〘◻L ～ 'pledge, gage'〙 *n.* (*pl.* **pig·no·ra** [-nərə])《ローマ法》**1** 質, 担保. **2** 質物, 担保物.

píɡ·nùt *n.*《植物》**1** ヨーロッパ産セリ科の植物 (*Conopodium denudatum*) の塊茎. **2** 北米産のクルミ科ペカン属の高木でヒッコリー (hickory) 類の数種の別名《*Carya glabra, C. ovalis* など》; その実《豚の飼料; pignut hickory ともいう》.

Piɡ·ou [píɡuː], **Arthur Cecile** *n.* (1877–1959) 英国の経済学者; 厚生経済学 (welfare economics) の創始者; J. M. Keynes の論敵でもあった.

Píɡou effèct *n.*《経済》ピグー効果《物価変動が実質資産価値に変化を与え, その結果消費行動に変化を生じること; asset effect, real balance effect ともいう》.

píɡ·pèn〘⇨ pen²〙 *n.*《米》**1** 豚小屋, 豚舎 (pigsty). **2** (豚小屋のように)汚い部屋, むさ苦しい住家.

píɡ ràt *n.*《動物》オニネズミ (bandicoot).

píɡ·skìn *n.* **1** 豚の皮[革]: a ～ brief case 豚革の書類かばん. **2**《口語》鞍 (saddle). **3**《米口語》フットボールのボール《当初は豚革で造られていた》.

píɡ·stìck〘《逆成》← PIGSTICKING〙 *vi.* (馬に乗り槍を持って)いのしし狩に行く.

píɡ·stìcker *n.* **1** (槍で)いのしし狩をする人; その狩用に慣らした馬. **2**《口語》大型ポケットナイフ; 剣.

píɡ·stìckinɡ〘(1848) ← PIG¹+STICK²+-ING¹〙 *n.* **1** 馬に乗って槍を使ういのしし狩. **2** 豚の屠殺.

píɡ·stỳ〘⇨ sty¹〙 *n.*《英》=pigpen 1.

pígsty bùlwark *n.*《海事》下部に排水口をもつ船の手すり板.

píɡ's wàsh *n.* =pigwash 1.

píɡ swìll *n.* =pigwash 1.

píɡ·tàil〘豚の尾に似ているところから〙 ― *n.* **1** (昔, 船乗りや中国人の間に普通であった)弁髪; (少女の)おさげ. **2** 弁髪をつけた人, (清(ｼﾝ))朝時代の)中国人. **3** 細くねじり巻いたたばこ, よりたばこ. **4**《電気》ピグテール《電流を通ずるための柔らかい裸銅線をより合わせた銅線または編銅線》.

píɡ-tàiled *adj.* **1** 弁髪のある[に結った]. **2**〈たばこが〉細くねじり巻いた.

píɡ·wàsh *n.* **1** (台所の残り物・醸造かすなどに汁を混ぜた)豚の餌. **2** 薄いまずいスープ[コーヒー(など)].

píɡ·wèed〘⇨ weed¹〙 ― *n.*《植物》**1** ヒユ科ヒユ属 (*Amaranthus*) の植物の総称《アオゲイトウ (*A. retroflexus*) と *A. hybridus* はしばしば香味用野菜, またその種子は食用にされる》. **2** アカザ科アカザ属 (*Chenopodium*) の雑草の総称; (特に)シロザ, アカザ (lamb's-quarters).

pí-jàw *n.*《英俗》お説教, お談儀 (cf. pi³).

pi·ka [páɪkə]〘◻ Tungusic *piika*〙 ― *n.*《動物》ナキウサギ《北半球の高山にすむナキウサギ科 *Ochotona* 属の小さな動物の総称; シベリアナキウサギ (*O. alpina*) など》.

pi·ka·ke [píːkəkèɪ]〘◻ Hawaiian *pikake*〙 *n.*《植物》マツリカ(茉莉花) (Arabian jasmine).

pike¹ [páɪk]〘(1511) ◻ (O)F *pique* ← *piquer* to prick, pierce < VL **piccāre* ← **piccus* woodpecker = L *picus* ← IE **(s)peiko-* woodpecker, magpie: cf. pie², pike²〙 ― *n.* (葉またはダイヤモンド形の穂先をした)矛(ﾎｺ), 槍《重装歩兵の武器として古代から近世まで用いられた》.

trail a pike《古》(矛を武器として用いた時代に)兵士を勤める, 軍隊生活をする.

― *vt.* 矛で刺す[傷つける, 刺し殺す].

pike² [páɪk]〘OE *pīc* a pick, point (i) ◻ ? (O)F *pic* 'PICK²' // (ii) ← Celt. (cf. Sc.-Gael. *pic* pickax / Breton *pik* pitchfork): cf. pike¹〙 ― *n.* とがった先; (矛・槍などの)穂先, 矢尻.

pike³ [páɪk]〘(*c*1250) ← ? ON (cf. Norw.《方言》*pik* pointed (mountain)) ← ?: cf. OE *hornpic* pinnacle〙 ― *n.*《英方言》(イングランド湖畔地方の)峰のとがった山, とがった峰, 尖峰. ★ 特に, 地名に用いる: Langdale Pikes. **piked** *adj.*

pike⁴ [páɪk]〘(1314) ← PIKE²: 口先がとがっていることから〙 ― *n.* (*pl.* ～, ～**s**)《魚類》**1** カワカマス (*Esox lucius*)《ヨーロッパ・北米産の食用淡水魚で釣りの対象として有名, 極めて貪食; アジア北部にも近縁種を産する; 米国では northern pike, ヨーロッパでは common pike ともいう》. **2** (muskellunge, pickerel 等を含めた)カワカマス科の魚の総称.

pike⁵ [páɪk]〘(1837)《略》← TURNPIKE〙 *n.* **1** 有料(高速)道路; 料金所. **2** 通行税, (高速道路の)料金. **3** 鉄道路線; 模型鉄道路線.

pike⁶ [páɪk]〘← ME *pyke(n)*《原義》to furnish oneself with a pike or pilgrim's staff: ⇨ pike¹〙 ― *vi.*《俗》**1 a** さっさと行く, 急に去る (depart). **b** 進む〈*along*〉. **2** 死ぬ (die).

pike on《口語》おずおず引っ込む[退く].

pike⁷ [páɪk]〘《逆成》← PIKER〙 *vi.*《米俗》(大金をかけた人の次などに)少しずつ(おずおず)かける.

pike⁸ [páɪk]〘《転用》? ← PIKE⁴〙 *n.* (ダイビング・体操で)蝦(ｴﾋﾞ)型《身体を腰の部分で2つに折り曲げつま先と膝を伸ばした蝦のような形; cf. layout 7, tuck¹ 5》.

Pike [páɪk], **Kenneth L.** *n.* (1912–　) 米国の言語学者・音声学者; tagmemics の創始者.

Pike, Zebulon Montgomery *n.* (1779–1813) 米国の将軍, 西部地方探検家.

pike·let¹ [páɪklɪt, -lət]〘《短縮・変形》← 《廃》*bara-picklet* ← Welsh *bara pyglyd* pitchy bread〙 *n.*《英北部》=crumpet 1.

pike·let² [páɪklɪt, -lət]〘← PIKE⁴+-LET〙 *n.*《魚類》若い[小さい]カワカマス (pike).

píke·man¹ [-mən]〘1: ← PIKE¹+-MAN. 2: ← PIKE⁵+-MAN〙 ― *n.* (*pl.* **-men** [-mən, -mèn]) **1** (16–17 世紀の)槍[ほこ]兵. **2** 通行税取立て所の番人, (有料道路の)料金所の係員.

pikeman¹ 1

píke·man² [-mən]〘← 《廃》*pike* 'PICK²'+MAN¹〙 *n.* =pickman.

píkeman's pót *n.*《甲冑》=pot 15.

píke pèrch *n.*《魚類》ヨーロッパ産スズキ目パーチ科の淡水魚の一種 (*Stizostedion lucioperca*)《大型になる食用魚; 釣用として重要; cf. walleyed pike, sauger, blue pike 1》.

píke pòle *n.* **1** 鉤棒, 刺し叉(ｻｽﾏﾀ)《電柱を立てる時にまっすぐに支えたりする道具》. **2** 鳶口(ﾄﾋﾞｸﾞﾁ).

pík·er [páɪkə | -kə(r)]〘← *pike* (《変形》← pick¹ (v.)) // ← *Pike* (Missouri 州の地名; ここから California へ多数の移住者が出たという)+-ER¹〙 ― *n.*《米俗》**1** 用心深いけちな賭博(ﾄﾊﾞｸ)人. **2** こそこそ立ち働く人, けちんぼう (niggard); (株を小口売りする)まばら連, 小口筋.

Píkes Péak [páɪks-]〘← *Zebulon M. Pike*〙 *n.* 米国 Colorado 州の Rocky 山脈中の山 (4,301 m).

píke·stàff〘(1356): ⇨ pike¹, staff¹〙 ― *n.* (*pl.* **-staves**) 槍の柄; 錫杖(ｼｬｸｼﾞｮｳ)《昔, 巡礼や旅人などの用いたとがった石突きのある杖》: (as) plain as a ～ きわめて明白な, わかりきった.

pil-¹ [paɪl] (母音の前に来る時の) pilo-¹ の異形.

pil-² [paɪl, pɪl] (母音の前に来る時の) pilo-² の異形.

pila *n.* pilum の複数形.

pi·laf [pɪlάːf, pə-, -lǽf, píːlɑːf, -læf | pílæf, ─́─]〘(1612) ◻ Turk. & Pers. *pilāw*〙 ― *n.* (*also* **pi·laff** [～]) ピラフ《いためた米に, だし汁・肉・野菜・干しぶどう・香辛料などを加えて煮た中近東起源の米料理》.

pi·lar [páɪlə | -lə(r)]〘← NL *pilār-is* ← L *pilus* hair: ⇨ -ar¹〙 *adj.* 毛髪の, 毛に関する; 毛の多い (hairy).

pi·las·ter [pɪlǽstə, pɪlǽstə, pə-, paɪ- | pɪlǽstə(r)]〘(1575) ◻ (O)F *pilastre* ◻ It. *pilastro* ◻ ML *pīlastrum* ← L *pīla* 'PILLAR, PILE²': ⇨ -aster¹〙 ― *n.*《建築》付柱(ﾂｹﾊﾞｼﾗ), ピラスター, 柱形, 片蓋柱《壁の一部を平面的に張り出して作った柱; cf. half column》.

pi·lás·tered *adj.*《建築》付柱をもった[でもたせた].

pilaster màss *n.*《建築》扶壁(ﾌﾍｷ), 控壁柱《壁体に角柱を埋め込んだもの; 構造を実際に支持し, pilaster と異なり, 通例柱頭をもたない; cf. pier 5》.

pilaster

pilaster strìp *n.*《建築》(壁からの突出の少ない)扶壁柱.

pil·as·trade [pìləstrèɪd, ─́─́]〘◻ It. *pilastrata*: ⇨ pilaster, -ade〙 *n.*《建築》(一連の)付柱(ﾂｹﾊﾞｼﾗ).

Pi·late [páɪlət], **Pon·tius** [pάnʃəs, -tiəs | pɔ́ntjəs, -tɪəs, -tʃəs, -ʃəs]〘◻ L *Pilatūs*《原義》armed with javelins ← *pīlum* javelin: cf. pile²〙 ― *n.* ピラトゥス, ピラト《Palestine の Judea を支配した (26–36?) ローマの総督; キリストの処刑を許可した; cf. *Mark* 15, *Matt.* 27》: ～'s voice ピラトの声, 威厳のある大声.

pi·la·to·ry [pɪlétəri, pə- | pɪléɪtəri]〘← L *pilus* hair: ⇨ -atory〙 *adj.* 毛髪の成長を刺激する. ― *n.* 養毛剤.

Pi·la·tus [piːlάːtuːs | pɪlάːtəs; *G.* piláːtʊs]〘← *Pontius Pilate*: その死体が埋められているという伝説から〙 ― *n.* ピラトゥス(山)《スイス中部 Lucerne 近くにあるアルプス山脈中の山 (2,128 m)》.

pi·lau [pɪláʊ, pə-, -lɔ́ː, -lóʊ, píːlaʊ, -lɔː, -loʊ | pɪláʊ] *n.* =pilaf.

pi·law [pɪlɔ́ː, pə-, -lɔ́ː, píːlɔː, -lɔː | pílɔː, ─́─] *n.* =「pilaf.

pilch [pɪltʃ]〘OE *pyl(e)ce* robe of skin ◻ ML *pellicea* fur garment (fem.) ← L *pelliceus* (adj.) made of skins ← *pellis* 'skin, FELL¹': cf. pelisse / G *Pelz* fur〙 ― *n.* (フランネルの)三角形のおむつカバー.

pil·chard [píltʃəd | -tʃəd]〘(1530) *pylcher* ← ?: -d は添加音〙 ― *n.*《魚類》**1** サーディン (*Sardinia pilchardus*)《西ヨーロッパ沿岸産のイワシの一種でニシンによく似た魚; 幼魚はサーディン (sardine) といい重要な食用魚》. **2** サーディンに近縁の数種の魚: **a** =California sardine. **b** (マ)イワシ (*Sardinops sagax*)《太平洋産》.

pil·cher¹ [píltʃə | -tʃə(r)]〘《変形》← PILCH〙 *n.*《製紙》ピルチャ《積み重ねた湿紙の水分を取るために上に乗せる毛布》.「《魚類》=pilchard.

pil·cher² [píltʃə | -tʃə(r)]〘《変形》← PILCHARD〙 *n.*《古》

Pil·co·ma·yo [pìlkəmáɪ(j)oʊ | -(j)əʊ; *Sp.* pilkomájo] *n.* [the ～] ピルコマヨ(川)《南米のボリビア南部に発しパラグアイとアルゼンチンの国境を南東に流れて Asunción で Paraguay 川に注ぐ川 (1,600 m)》.

pile¹ [páɪl]〘n.: (1440) ◻ (O)F ～ 'heap (of stone)' < L *pīlam* 'PILLAR, pier, mole of stone'. ― v.: (*c*1358) ← (n.)〙 ― *n.* **1** (物の)積み重ね, 堆積, 山 (heap): a ～ of logs, stones, books, etc. **2**《口語》**a** 多数, 大量, どっさり (a lot)〔*of*〕: a ～ [～s] *of* money, work, etc. **b** 大金, 富, 財産 (fortune): make a [one's] ～ 大金をもうける, 財産を作る. **3** 大建築物(群): a magnificent ～ (of bricks) 堂々たる(れんが)建築. **4** 火葬用の積み薪(まき)[薪の山]; 火刑[いけにえ]用薪材: a funeral ～. **5** 叉(さ)銃: a ～ of arms 叉銃. **6** 〘電気〙 **a** 電堆(たい)《通例 volta's [voltaic, galvanic] pile という》. **b** 電池 (battery): a dry ～ 乾電池. **7** 〘原子力〙 パイル, 原子炉 (atomic pile)《主に石墨を減速剤として用いたもの》. **8** 〘冶金〙 =fagot 3.

— *vt.* **1** 〈土・石などを〉積む, 積み重ねる, 積み上げる (heap) 〈*up, together, on*〉; 〈荷物などを〉詰め込む 〈*in*〉: ～ (*up*) stones, logs, etc. / ～ plates *together* / ～ all the baggage *in* 荷物を全部詰め込む / The porters were *piling* luggage *on* the bus. ポーターは荷物をバスに積んでいた. **2** 蓄積する (accumulate) 〈*up*〉: ～ (*up*) money / ～ *up* a lot of trouble 面倒なことを山と抱え込む. **3** …に[…を]山と積む 〔*with*〕: ～ a cart *with* hay (= ～ hay on a cart) 荷馬車に干し草を山と積む / The docks were ～*d* high *with* sandbags. 埠(ふ)頭には土嚢がうず高く積んであった. **4** 〘軍事〙〈通例 4 人が〉〈銃を〉組む: ～ arms 叉(さ)銃する / *Pile arms!* [号令] 組め銃(つつ). **5** 〘海事〙〈船を〉海岸[暗礁, 浅瀬(など)]に乗り上げさせる, 擱(かく)座[座礁]させる 〈*up*〉. **6** 〘原子力〙 原子炉で処理する, 原子炉に入れる 〈*up*〉. — *vi.* **1** 〈金・雪・借金・仕事・証拠などが〉たまる, 積もる 〈*up*〉. **2** 〘口語〙(混雑の中などを)どやどやと押し掛ける[入る, 立ち去る, 出る(など)] 〈*in, off, out, etc.*〉: ～ *into* [*out of*] the room どやどやと部屋に入る[から出る] / ～ *on* [*down, off*] (the bus) どやどやと(バスに)乗る[(バスから)降りる].

pile in (*vt.*) ⇨ *vt.* 1. (*vi.*) (1) ⇨ *vi.* 2. (2) [通例命令形で]〈人などが〉(乗物などの)中に詰める: *Pile in!* 中程にお進み下さい. (3) 〘口語〙(敵を)激しく攻撃する; (食物を)がつがつ食う. ***pile it on*** 〘口語〙 誇張する, 強調する (cf. LAY[1] *it on* (3)). ***pile on*** (*vi.*) ⇨ *vi.* 2. (*vt.*) (1) ⇨ *vt.* 1. (2) 〘口語〙〈話などを〉誇張する, 強調する (cf. PILE *it on*). ***pile up*** (*vt.*) (1) ⇨ *vt.* 1, 2, 5, 6. (2) 〈車両・航空機を〉衝突させる. (*vi.*) (1) ⇨ *vi.* 1. (2) 〈車が〉(玉突き)衝突する (cf. pileup).

pile[2] [páɪl] 〘OE *pīl* pointed stake ▭ L *pīl-um* heavy javelin, pestle ← IE **pis-* to crush: cf. G *Pfeil* / Du. *pijl* dart〙 — *n.* **1** (建物の基礎工事のために打ち込む木材・鋼鉄・コンクリートなどの)基礎杭, パイル: drive [raise, draw] ～*s* 杭を打ち込む[抜く] / a house on ～*s* (南方原住民などの)杭を打ってその上に建てた家. **2** 〘紋章〙 パイル《盾の約 1/3 幅の逆三角形; ordinaries の一つで, 極めて多くの応用図形がある; ⇨ heraldry 挿絵 C》. **3** 草の葉 (blade). **4** 〘アーチェリー〙 パイル, 矢尻《矢の先端部; ⇨ arrow 挿絵》.

— *vt.* …に杭を打ち込む, 杭を打って固める.

pile[3] [páɪl] 〘《1486》 ▭ AF *pyle* 《異形》 ← *peil* kind of cloth=(O)F *poil* // L *pilus* hair ← IE **pi-lo-* hair (Gk *pîlos* felt (cap))〙 — *n.* **1** (柔らかい細い)毛 (hair), むく毛, 綿毛 (down). **2** 羊毛 (wool); 毛皮. **3 a** (ビロード・じゅうたんなどの)けば. ★ 普通のラシャなどのけばは nap. **b** (タオル地の)わな. **4** けばのある織物, パイル織物. — *vt.* …にけばをつける.

pile[4] [páɪl] 〘《?c1450》 *pyle* ▭ L *pila* ball: cf. pill[1]〙 *n.* [通例 *pl.*; 単数扱い] 痔 (hemorrhoid) (cf. pilewort 1): blind ～*s* いぼ痔.

pile[5] [páɪl] 〘ME ▭ (O)F ～: ⇨ pile[1]〙 *n.* 《英古》 貨幣の裏面: ⇨ CROSS[1] *and pile*.

pilea *n.* pileum の複数形.

pi·le·ate [páɪliət, píl-, -liɪt, -lièɪt | páɪlɪət, -lɪɪt, -lɪèɪt] 〘▭ L *pileāt-us* capped ← *pileus* 'PILEUS': ⇨ -ate[2]: cf. pile[3]〙 — *adj.* **1** 〘生物〙〈キノコなど〉傘のある. **2** 〘鳥類〙〈鳥が〉(頭頂に)冠毛を有する. 「pileate.

pi·le·at·ed [páɪlièɪtɪd, píl-, -t̬əd | páɪlɪèɪt-] *adj.* =

píleated wóodpecker *n.* 〘鳥類〙 カンムリクマゲラ (*Dryocopus pileatus*)《北米産の赤い冠毛のあるクマゲラ属のキツツキ》.

píle bènt *n.* 〘土木〙 杭橋脚《地中に打込んだ杭を橋脚としたもの》.

piled 〘← PILE[3]+-ED 2〙 *adj.* (ビロードのように)けばのある: ⇨ three-piled[1].

píle dràwer *n.* 杭抜き機.

píle drìver *n.* **1** 杭打ち機《pile engine ともいう》. **2** 杭打ち機の運転者. **3** ものすごい力で打つ[叩く]人. 「活者, 湖上住民.

píle dwèller *n.* (先史時代の)湖上住宅[水上家屋]生

píle dwèlling *n.* (水中に杭を打ってその上に建てた先史時代の)湖上住宅, 水上家屋.

píle èngine *n.* =pile driver 1.

píle hàmmer *n.* 杭打ちハンマー《杭打ち機の一部で杭頭に衝撃力を与える》.

pilei *n.* pileus の複数形.

pi·le·ous [páɪliəs, píl- | páɪlɪəs] 〘← L *pīle-us* 'PILEUS'+-OUS〙 *adj.* (柔らかい細い)毛の; 毛深い.

pi·le·um [páɪliəm, píl- | páɪlɪəm] 〘← NL ～ ← L *pileum*: ⇨ pileus〙 *n.* (*pl.* **pi·le·a** [-liə | -lɪə]) 〘鳥類〙 頭頂《額から後頸までの部分》.

píle·ùp 〘← *pile up* (⇨ pile[1] (v.) 成句)〙 — *n.* **1** (いやな仕事や伝票などの)堆積, 山. **2** 〘口語〙《通例数台の車の》衝突(事故), 多重[玉突き]衝突. **3** 〘アメリカンフットボール〙 パイリングアップ《ボール所持者に故意に重なり合ってタックルすること; 反則》.

pi·le·us [páɪliəs, píl- | páɪlɪəs] 〘← NL ～ ← L *pileus, pileum* felt cap: ⇨ pile[3]〙 — *n.* (*pl.* **pi·le·i** [-liàɪ | -lɪ-]) **1** (古代ギリシャ・ローマ人がかぶった)フェルトの頭巾. **2** 〘植物〙 菌傘(きん), (キノコの)かさ (cap). **3** 〘鳥類〙 =pileum. **4** 〘動物〙 クラゲのかさ (umbrella). **5** 〘気象〙 ずきん雲《積雲型の雲の上に現われる帽子や頭巾の形をした雲》.

píle·wòrt 〘← PILE[4]+WORT[2]〙 — *n.* 〘植物〙 **1** = lesser celandine《その根は痔 (piles) の治療に用いられた》. **2** =carpenter's square 2 b. **3** ホナガアオゲイトウ (prince's-feather). **4** ダンドボロギク (*Erechtites hieracifolia*)《北米産キク科の茎を抱く線状披針形の葉をもつ一年草》.

pil·fer [pílfə | -fə(r] 〘《1548》 ▭ OF *pelfrer* to pillage, rob ← *pelfre* booty ← ?: PILL[2] との連想による変形: cf. pelf〙 — *vt.* **1** 少量盗む, くすねる. **2** 〔…から〕抜き荷する 〔*from*〕. — *vi.* こそこそ盗む, くすねる, こそ泥を働く (filch). **～·er** *n.*

pil·fer·age [pílf(ə)rɪdʒ, -fər- | 〘⇨ ↑, -age〙 *n.* **1** 少量盗むこと, ちょろまかし, こそ泥 (petty theft). **2** 盗品. **3** 〘海上保険〙 抜き荷.

pil·gar·lic [pɪlgáəlɪk | -gáː-] 〘《1529》 ← *pilled* peeled (← PILL[2])+GARLIC〙 — *n.* **1** (病的な)はげ頭 (baldhead); はげ頭の人. **2** 〘軽蔑・戯言〙 哀れなやつ.

pil·gar·lick·y [pɪlgáəlɪki | -gáːlɪkɪ] *adj.*

pil·grim [pílgrɪm, -grəm | -grɪm] 〘《?a1200》 *pilegrim* ▭ Prov. *pelegrin*=OF *peligrin* (F *pèlerin*) ▭ eccl.L *pelegrinum* 《変形》 ← L *peregrinum* foreigner, peregrine ← *peregrē* from abroad ← *per* through+*ager* field (⇨ acre): *l* は *r-r* の異化: cf. peregrine〙 — *n.* **1** 巡礼者 (cf. palmer[1] 1): a ～ to the Holy Land 聖地巡礼者 / Canterbury ～*s* / a ～*'s* staff 巡礼者の杖(つえ), 錫杖(しゃくじょう) / a ～*'s* pouch 巡礼のしるしに与えた鉛その他の袋形の記念品《pilgrim sign の一種》. **2** 放浪者, 旅人: ～*s* on earth この世の旅人. **3 a** [P-] Pilgrim Fathers の一員. **b** [the Pilgrims] =Pilgrim Fathers. **4 a** 《米》(ある地方への)最初の移住者. **b** 《米西部》(ある地方, 特に西部への)新参者, 新来動物 (newcomer). — *attrib. adj.* 巡礼の; 放浪者の; 巡礼者から成る: a ～ life, route, train, center, etc. — *vi.* 巡礼する, 行脚(あんぎゃ)する; 流浪する, 流れ歩く.

pil·grim·age [pílgrəmɪdʒ | -grɪ-] 〘《c1275》 *pelrimage, pilegrimage* ▭ Prov. *pilgrinatge*=OF *pelerinage*: ⇨ ↑, -age〙 — *n.* **1** 巡礼, 霊地[聖地]詣(もう)で, 行脚(あんぎゃ): go on (a) ～ 霊地[聖地]詣でに出る / make one's ～ to …に参詣に出かける. **2** (名所・旧跡などを訪ねる)行脚, 長途の旅行, 長い旅: go on a ～. **3 a** (人生の)行路; 生涯のある時期: life's ～. **b** 精神的遍歴. — *vi.* 巡礼する, 霊地[聖地]詣でに出る, 行脚[長い旅]に出る.

pílgrim bòttle *n.* 扁平な円形状の水筒《頸部の二個の環にひもを通し肩にかける》.

Pílgrim Fáthers *n.* [the ～] 〘米史〙 ピルグリムファーザーズ《米国 Massachusetts 州の Plymouth 植民地建設団; 英国国教会に不満を抱き, 1620 年 Mayflower 号に乗って渡米, Plymouth に居を定めた英国の Separatist の一団; 102 名》.

pil·grim·ize [pílgrəmàɪz | -grɪ-] *vi.* 巡礼に行く. — *vt.* 巡礼者にする.

pílgrim's bóttle *n.* =pilgrim bottle.

pílgrim scállop *n.* 聖地巡礼の記念章として身につけたほたて貝の殻(に似たざる貝などの殻)《pilgrim's scallop shell または pilgrim's shell ともいう》.

pílgrim sìgn *n.* 巡礼のしるし, 巡礼記念《聖地で巡礼者に与える各種の記念品・メダルなど》.

pílgrim's scállop shèll *n.* =pilgrim scallop.

pi·li[1] [piːlíː] 〘▭ Tagalog *pili*〙 — *n.* 〘植物〙 **1** フィリピン産カンラン科のカナリヤの木の一種ピリーナッツツリーの核果《脂肪に富み美味; pili nut ともいう》. **2** ピリーナッツツリー (*Canarium ovatum*) 《その木》.

pili[2] 〘▭ L *pilī*〙 *n.* pilus の複数形.

pil·i- [páɪli, píl-, -lə | -lɪ] 〘⇨ pilo-[1]〙 pilo-[1] の異形 (⇨ -i-): *piliferous*.

Pil·i·dae [píləd̬iː | -lɪ-] 〘← NL ～ ← *Pila* (属名: ← L *pila* ball)+-IDAE〙 *n. pl.* 〘貝類〙 タニシモドキ科.

pi·lid·i·um [paɪlídiəm | -dɪ-] 〘← NL ～ ← Gk *pilidion* (dim.) ← *pîlos* felt cap: ⇨ pile[3]〙 — *n.* (*pl.* **pi·lid·i·a** [-diə | -dɪə]) 〘動物〙 ピリディウム《紐形動物の間接発生をするものの浮遊性幼生型で, 帽子状をしている; cf. LARVA of Desor》.

pi·lif·er·ous [paɪlíf(ə)rəs] 〘← PILO-[1]+-FEROUS〙 *adj.* 〘植物〙 毛のある, 毛の生えている.

pil·i·form [píləfɔ̀əm | -lɪfɔ̀ːm] 〘← NL *piliform-is*: ⇨ pilo-[1], -form〙 *adj.* 毛のような, 毛のように細い, 毛状の.

píl·ing [-lɪŋ] 〘← PILE[2]+-ING[1]〙 *n.* **1** 杭打ち; 杭打ち工事. **2** 杭を打って組立てた構造物; [集合的] 杭 (piles).

píli nùt *n.* 〘植物〙 =pili[1] 1.

Pil·i·pi·no [pɪləpíːnou, pìːl- | -lɪpíːnəu] 〘▭ Tagalog ～ 《変形》 ← Sp. 《廃》 *Philippino* 'FILIPINO'〙 — *n.* ピリピーノ語《タガログ語 (Tagalog) がフィリピンの公式国語として改称されたもの (1959); Filipino language ともいう》.

pill[1] [píl] 〘n.: 《1484》 ▭ MDu. & MLG *pille* (Du. *pil*) ▭ L *pilula* 'PILULE'〙 — *n.* **1** 丸薬 (cf. tablet 5): sleeping ～*s* 眠り薬 / a ～ to cure an earthquake「天井から目薬」, 姑息な手段. **2** [the ～, the P-] ピル, 経口避妊薬. **3** (不愉快だが受入れ[我慢し]なければならない)いやなこと, (必要だが)いやな物[人]. **4** [通例単数形] 《俗》 いやな人, うるさいやつ (bore). **5 a** 丸薬状のもの, 小球. **b** 《俗》〘スポーツ〙(野球などの)球, ゴルフボール. **c** 《俗・戯言》 大砲[小銃]の弾丸, 爆弾. **6** [*pl.*] 《英俗》 =billiards. **7** 《俗用》 カプセル. **8 a** 《俗》(両切りの)巻きたばこ. **b** 吸飲用のあへん. **c** 《米俗》 覚醒剤. **9** [しばしば *pl.*] 〘口語〙 医者.

gild* [*sugar, sweeten*] *the pill (1) 丸薬を金色に塗る[砂糖をまぶす]. (2) (不愉快だが受け入れなければならない)いやな物を我慢しやすくする[よさそうに見せる]. ***swallow a bitter pill*** いやな事を我慢する, 苦言をこらえて聞く.

— *vt.* **1** 丸薬にする; …に丸薬を飲ませる. **2** 《俗》…に反対投票する (blackball), 排斥する, 落選させる; 〈クラブ員などを〉除名する. — *vi.* 〈織物が〉(けば立つなどで)小球を成す, 毛玉ができる.

pill[2] [píl] 〘(i) ME *pil(i)e(n)* < OE **pilian* to rob ▭ ? L *pilāre* to deprive of hair ← *pilus* hair (⇨ peel[1]) // (ii) ME *pille(n)* ▭ (O)F *pill-er* to plunder < VL **pilleāre* ← L *pilleus* felt cap (cf. pile[3])〙 — *vt.* **1** 《英古》 略奪する. **2** 《古・方言》 むく, はがす (peel).

pil·lage [pílɪdʒ] 〘《a1393》 ▭ (O)F ～ ← *piller* (↑): ⇨ -age〙 — *n.* **1** 略奪, 強奪. **2** 略奪品, 分捕り品 (booty). — *vt.* (特に)〈軍隊・ギャングなどが〉〈列車・町・人など(の物)を〉略奪する, 強奪する: ～ a train, town, etc. — *vi.* 略奪する. **píl·lag·er** *n.*

pil·lar [pílə | -lə(r] 〘《?a1200》 *pilere* ▭ AF *piler*=(O)F *pilier* < VL **pīlāre* ← L *pīla* 'pillar, PILE[1]': -*ar* の形は 14C から〙 — *n.* **1** 柱; 台脚: a compound ～ 簇柱(ぞくちゅう), 束柱, 寄せ柱 / an inserted [embedded] ～ 埋め柱. **2** 柱状物; (特に)柱状の碑, (火・水・砂埃などの)柱: a ～ of a cloud [of fire] 雲[火]の柱, 神の指導 (cf. *Exod.* 13:21; *Ps.* 105:39). **3** (国家・社会などの)柱, 柱石, 中心勢力[人物]: a ～ of the state [of society] 国家[社会]の柱となる人 (cf. J. Milton, *Paradise Lost* II. 300–2) / a ～ of the faith 信仰の礎(いしずえ). **4** 〘鉱山〙 鉱柱《上部の岩盤を支えるために柱状に掘り残した鉱石[鉱柱]または炭層[炭柱]》. **5** 〘時計〙(上板 (upper plate) と下板 (lower plate) とを隔てている)柱.

from pillar to post =《古》 ***from post to pillar*** (あてもなく)ここかしこへ, 次から次へ: be driven *from* ～ *to post* あちらこちらと追いやられる, 次々と窮地へ追い込められる.

Pillars of Hercules 〘《なぞり》 ← L *Columnae Herculis* (Gk *Hērekleíou stêlai*)〙 [the ～] ヘラクレスの柱《Gibraltar 海峡東端の両岸にそびえ立つ二つの海角; ヨーロッパ岸の Rock of Gibraltar (古名 Calpe) とアフリカ岸の Jebel Musa (古名 Abyla); Hercules が引き裂いてできたと伝えられている》.

— *vt.* 柱で支える[飾る]; …の柱石となる.

píllar-and-bréast *adj.* 〘鉱山〙 =room-and-pillar.

píllar-bòx *n.* 《英》(赤い円柱形の)郵便ポスト《pillar post ともいう; cf. mailbox 1》: ～ red (英国の)郵便ポストの鮮やかな赤色.

píllar cràne *n.* ポスト形ジブクレーン, 柱クレーン《柱を中心として回転できるようにしたクレーン》.

píl·lared *adj.* 柱のある; 柱状になった.

pil·lar·et [pìlərét] 〘⇨ -et〙 *n.* 小柱.

píllar fìle *n.* 平角(ひらかく)やすり.

píllar pòst *n.* =pillar-box.

píllar sàint *n.* 〘キリスト教史〙 柱頭行者 (⇨ stylite 1).

píll·bòx 〘← PILL[1]+BOX[2]〙 — *n.* **1** (ボール紙製の浅くて丸い)丸薬容器. **2** 《英俗》 小箱のような馬車[自動車, 家]. **3** 〘軍事〙 トーチカ《鉄筋コンクリートの低い円形の構築物で, 中に機関銃や対戦車兵器を備える》. **4** (丸薬入れに似た形の)クラウンの平らな円形のふちなしの婦人帽.

píll bùg *n.* 〘動物〙 ワラジムシ (wood louse).

pil·let [pílɪt, -lət] 〘《変形》 ← ME *pelet* 'PELLET'〙 *n.* 小丸剤, ピレット剤.

píll-hèad *n.* 《俗》(amphetamine, barbiturate などの)覚醒剤・催眠剤の常用者.

pil·lion [píljən | -ljən, -lɪən] 〘《1503》 *pilgane, pyllyon* ▭ Sc.-Gael. *pillean* & Ir.-Gael. *pillin* (dim.) ← *peall* cushion ▭ L *pellis* 'skin, FELL[1]'〙 — *n.* **1** (同乗する婦人用に鞍のすぐ後部につけた)添え鞍. **2** (オートバイなどの)後部座席: a ～ passenger オートバイ同乗者. — *adv.* (オートバイなどの)後部座席に乗って: ride ～ 相乗りする.

pil·li·winks [píləwɪŋks | -lɪ-] 〘《1397》 *pyrwykes, pyrewinkes* ← ?〙 *n. pl.* [単数または複数扱い] 〘スコット史〙 手指を押しつぶす責め道具 (cf. thumbscrew 1).

pil·lo·ry [píl(ə)ri | -lərɪ] 〘《1274》 ▭ (O)F *pilori* < ? ML *pilōrium* ← ? L *pīla* 'PILLAR': ⇨ -ory[2]〙 — *n.* **1** さらし台《昔, 罪人の首と手とを板の間にはさんでさらし物にした刑具; cf. stock[2] 3 c》: put in the ～ さらし台にさらす. **2** 汚名, もの笑い, あざけり: be in the ～ もの笑いになる. — *vt.* **1** 〈罪人を〉さらし台にさらす. **2** 〈人を〉もの笑いの(種)にする.

pillory 1

pil·low [pílou, -lə | -ləu] 〘ME *pylwe* < OE *pylu, pyle* <(W) Gmc *pulwi(n)* (G *Pfühl* / Du. *peluw*) ▭ L *pulvīnus* cushion, pillow ← ?〙 — *n.* **1** 枕 (⇨ bolster 挿絵). **2 a** 枕のような用をするもの. **b** 〘機械〙 =pillow block. **3** 手編みレース (pillow lace) の台[クッション]. **4** 〘海事〙(やりだし (bowsprit) の)受け台.

take counsel with* [*of*] *one's pillow*=*consult* (*with*) *one's pillow 一晩(寝てじっくり)考える.
— *vt.* **1** 〈人が〉枕に載せる, 枕代わりにして〈頭などを〉載せる; 枕で支える: ~ one's head on one's arm 腕を枕にする. **2** 〈物が〉…の枕となる: The earth shall ~ my head tonight. 今夜は野宿するとしよう.
— *vi.* 枕をする,(枕をして)もたれる.

píllow blòck *n.* 〖機械〗軸受け.

píllow·càse *n.* 枕掛け[カバー, 袋].

píllow fìght *n.* **1** (子供が就寝前にする)枕の投げ合い. **2** 模擬戦; つまらない議論.

píllow làce *n.* 手編みレース《クッション台の上でボビンを使って作る; bobbin lace ともいう》.

píllow làva *n.* 〖岩石〗枕状溶岩, 俵状溶岩.

píllow shàm *n.* 装飾用の枕掛け.

píllow slìp *n.* =pillowcase.

píllow swòrd *n.* (17 世紀の)枕剣《枕元にぶら下げておく剣》.

píllow tàlk *n.* 恋人同士の寝床での語らい, 睦言(むつごと).

pil·low·y [pílouɪ | -ləuɪ] *adj.* 枕のような; 柔らかい (soft), 押せば引っこむ (yielding).

píll pòol *n.* 〖玉突〗=Kelly pool.

pil·lu·lar [píljulə | -lə(r] *adj.* =pilular.

pil·lule [pílju:l] *n.* =pilule.

píll·wòrt 〖← PILL¹+WORT²〗 *n.* 〖植物〗テンジソウ科 *Pilularia* 属の水生シダ類の総称; (特に)ヨーロッパ産の *P. globulifera*.

pi·lo-¹ [páɪlo(ʊ) | -lə(ʊ)] 〖← L *pilus* hair: cf. pile³〗「毛 (hair)」の意の連結形. ★ 時に pili-, また母音の前では通例 pil- になる.

pi·lo-² [páɪlo(ʊ), píl- | -lə(ʊ)] 〖▭ Gk ~ ← *pîlos* felt〗「毛氈(もうせん) (felt)」の意の連結形. ★ 母音の前では通例 pil- になる.

pi·lo·car·pi·dine [pàɪləkáəpədi:n, pɪl-, -dɪn, -dən | -lə(ʊ)ká:pɪdi:n, -dɪn] 〖← NL *Pilocarpus* (⇨ pilo-², -carp)+-IDINE〗 *n.* 〖薬学〗ピロカルピジン ($C_{10}H_{14}N_2O_2$)《jaborandi の葉から得られるアルカロイド》.

pi·lo·car·pine [pàɪləkáəpi:n, pɪl-, -pɪn, -pən | pàɪlə(ʊ)ká:pɪn, -paɪn] 〖← NL *Pilocarpus* (↑)+-INE³〗 *n.* 〖薬学〗ピロカルピン ($C_{11}H_{16}N_2O_2$)《発汗・利尿剤》.

pi·lon [pi:lóʊn | -lɔ́n] 〖▭ Mex.-Sp. *pilón* ▭ Sp. *pilón* mortar, sugar loaf < L *pīla* mortar〗 — *n.* 《米南西部》(大量の買物などをした客に与えられる)おまけ, 景品 (cf. lagniappe).

pi·lo·ni·dal [pàɪlənáɪdl] 〖← PILO-¹+NID(US)+-AL¹〗 *adj.* 〖病理〗毛巣の《皮様嚢腫または皮膚深層に毛を有する》.

pi·lose [páɪlous | -ləʊs] 〖《1753》▭ L *pilōs-us* ← *pilus* 'hair, PILE³': ⇨ -ose¹〗 *adj.* 軟毛[柔毛]でおおわれた, 有毛の; 毛の多い.

pi·los·i·ty [paɪlɑ́səṭi | -lɔ́sətɪ, -sɪ-] 〖← ML *pilōsitāt-em* ← L *pilōsus* (↑)+-ITY〗 *n.* 〖生物〗多毛性, 有毛.

pi·lot [páɪlət] 〖《1530》▭ (O)F *pilote* ▭ It. *pilota* 《変形》← 《廃》*pedoto* ▭ MGk **pēdṓtēs* steersman ← Gk *pēdón* oar, rudder ← IE **ped-* 'FOOT'〗 *n.* **1** 水先案内人, 水先人: a licensed ~ 免許水先案内人. **2** 《古》舵(だ)手, 操舵員 (steersman). **3 a** 水路誌, 航路案内書. **b** 羅針儀修正器. **c** =pilot lamp. **4** 〖航空〗飛行機[船]操縦者, 操縦士, パイロット: an apprentice ~ 見習い操縦者 / a chief ~ 首席操縦者, 機長 / ⇨ test pilot. **5 a** 指導者 (leader); 案内人, 猟区案内人: drop the ~ 大切な指導者[忠告者]を退ける《*Punch* に載った Bismarck を解任する Kaiser の漫画から》. **b** 《比喩》(問題解決の)指南, 指針. **6** 《米》**a** =cowcatcher 1. **b** (正規の機関士の不案内な軌道の運転を助ける)補助機関士. **7** 〖機械〗(端中ぐりなどの)案内先き棒. **8** =pilot film. **9** 《米》(野球の)監督.
— *vt.* **1** 〈船〉の水先案内をする: ~ a boat down [up] a river 船の水先案内をして川を下る[のぼる] / ~ a ship in [out] 水先案内して入港[出港]する / ~ a boat through a channel 水路を通って船の水先案内をする. **2** 〈険路・人など〉の道案内をする; 《比喩》〈人を〉導く: ~ a person through a forest [difficulties] 人を案内[指導]して森の中[窮境]を通り抜け[切り抜け]させる. **3** 操舵(だ)する; 〈自動車・航空機などを〉操縦する (steer): ~ a car adroitly through the traffic 行き交う車の間を巧みに車を走らせる.
— *attrib. adj.* **1** 指導[案内]の; 表示[指標]の: ⇨ pilot cell, pilot lamp. **2** (大掛かりな企業・製造などを始める前に行なう)試験的な, 予備的な (trial): a ~ dye,medicine, test, etc. / ⇨ pilot plant.

pi·lot·age [páɪləṭɪdʒ | -tɪdʒ] 〖▭ F ~: ⇨ ↑, -age〗 — *n.* **1** 水先案内, 航空機操縦(術). **2** 指導. **3 a** 水先案内料. **b** 《米》操縦士の給料[手当]. **4** 〖海事〗=pilot station 1. **5** 〖航空〗=contact flight.

pílot ballòon *n.* 〖気象〗測風気球.

pílot bìrd *n.* 〖鳥類〗アンナイドリ (*Pycnoptilus floccosus*)《オーストラリア産の高い声でさえずる小鳥》.

pílot bìscuit *n.* (船用)堅パン (hardtack).

pílot bòat *n.* 水先船《水先案内人を乗せて, 入港する船の要請を待つ小型船》.

pílot brèad *n.* =pilot biscuit.

pílot bùrner *n.* (ガスストーブなどの)口火《pilot flame, pilot light ともいう》.

pílot cèll *n.* 〖電気〗表示電池《全電池の特性を代表させるために選んだ少数の電池》.

pílot chàrt *n.* 〖海事〗パイロットチャート《航海に役立つ気象・海象の概要を全般にわたって記した海図》.

pílot chùte *n.* 〖航空〗(主落下傘が開くのを助ける小型の)補助パラシュート, 補助傘.

pílot clòth *n.* (水夫の外套用の)紺色の粗ラシャ.

pílot èngine *n.* (線路故障などを確かめるための)先駆機関車.

pílot fìlm *n.* 見本フィルム, パイロットフィルム《スポンサーに売込む目的で企画中の番組の一部分を編集して作る見本フィルム; ビデオテープに撮る番組の場合は pilottape という》.

pílot fìsh 〖しばしば鮫を伴って泳ぐことから〗 — *n.* 〖魚類〗**1** ブリモドキ (*Naucrates ductor*)《ブリに似た外洋魚》. **2** =banded mackerel. **3** ホワイトフィッシュの一種 (*Prosopium quadrilaterale*)《北米五大湖からアラスカにかけての深い湖にすむ淡水魚》. **4** (「案内」する者のように)サメや船にまつわり付く習性の魚の総称《コバンザメ (remora) など》.

pílot flàg *n.* 〖海事〗水先旗《水先人を求める船が掲げる国際信号旗(G 旗), あるいは船内に水先人を有する時に掲げる旗(H 旗)》.

pílot flàme *n.* =pilot burner.

pílot·hòuse *n.* 〖海事〗操舵(だ)室, 舵(だ)取室《wheelhouse ともいう》.

pi·lo·ti [pɪlɑ́ṭi | -lɔ́tɪ] 〖▭ F *pilotis* ← *pilot* (⇨ pile¹)+ -*is* (collective suf.)〗 *n.* 〖建築〗ピロティ《建物を地表から持ち上げ地面を通行に開放する方式の支柱》.

pi·lot·ing [-ṭɪŋ | -tɪŋ] *n.* 〖航空・海事〗操縦, (操縦上の)指示《海事に関しては航海術の一部をなし, 航路標識や電波標識などによって船位を求め将来の針路を決定すること》.

pílot jàck *n.* 〖海事〗=pilot flag.

pílot-jàcket *n.* =pea jacket.

pílot làdder *n.* 〖海事〗=Jacob's ladder 3.

pílot làmp *n.* 表示灯 (indicator light), パイロットランプ《スイッチなどの位置を示す時や, ある装置が可動状態にあることを表わす時に点灯される豆電球; 単に pilot ともいう》.

pílot·less *adj.* 水先案内[操縦者, 指導者]のいない, 〈航空機が〉自動操縦の: a ~ plane 自動操縦飛行機, 無人機.

pílot lìght *n.* **1** =pilot lamp. **2** =pilot burner.

pílot mòtor *n.* 〖電気〗パイロットモーター《電気回路を制御するために用いる小型電動機》.

pílot nùt *n.* 〖機械〗パイロットナット《橋桁等のピン接合において穴にピンが入り易いようにピンの先端にねじ込んで使用する先のとがったナット》.

pílot òfficer *n.* 《英》空軍少尉.

pílot pàrachute *n.* 〖航空〗=pilot chute.

pílot plànt *n.* (新生産方法などをあらかじめ試す)試験[実験]工場, パイロットプラント.

pílot prodùction *n.* 試験的生産.

pílot ràise *n.* 〖鉱山〗先進切上り《後に切り広げて大きな立坑や切上り[小立坑]にすること》.

pílot schème *n.* (計画などの)予備テスト.

pílot sìgnal *n.* 〖海事〗水先信号: **a** 水先人を要求している信号. **b** 水先人が乗船していることを示す信号.

pílot stàtion *n.* 〖海事〗**1** 水先人常駐所, パイロットステーション《pilotage ともいう》. **2** 水先船巡航区域.

pílot stùdy *n.* 予備[試験]的研究.

pílot·tàpe *n.* ⇨ pilot film.

pílot vàlve *n.* 〖機械〗パイロット弁《油圧装置の圧力制御において規定の圧力になるとパイロット弁が先に自動的に開いて主弁の開きを誘発する》.

pílot wàters *n. pl.* 〖海事〗水先強制海域.

pílot whàle 〖牡のリーダーが群を導くことから〗 *n.* 〖動物〗ゴンドウイルカ, ゴンドウクジラ (blackfish).

pi·lous [páɪləs] *adj.* =pilose.

Pil·sner, p- [pílznə, píls-; G. pílznɐ] 〖▭ G ~ 《原義》of Plzeň (原産地名): ⇨ -er¹ 1〗 — *n.* (*also* **Pil·se·ner, p-** [pílz(ə)nə, píts-| pílznə(r, píts-; G. pílzənɐ]) **1 a** ピルゼンビール《Plzeň 産のホップのきいた色の薄いラガービール》. **b** ピルゼン風ビール《我が国の普通のビールはこの種のもの》. **2** ピルゼングラス《ビール用の底が先細で細長い脚つきのコップ; Pilsner glass ともいう》.

Pil·sud·ski [pɪtsú:tski, -zú:t- | -skɪ; *Pol.* piłsútski], **Jó·zef** [jú:zɛf] *n.* ピウスーツキ《1867–1935; ポーランドの政治家・陸軍元帥; 大統領 (1918–22), 首相 (1926–28, 1930)》.

Pílt·down màn [píltdaun-] *n.* 〖人類学〗ピルトダウン人《1912 年英国 Sussex 州 Lewes 近くの Piltdown で発見された頭蓋(ずがい); 洪(こう)積世最古の人類と想像され, *Eoanthropus dawsoni* と命名されたが, 1953 年後期洪積世および現代人の頭蓋と現代のチンパンジーの下顎骨に加工・彩色した偽物であることが立証された》.

pil·u·lar [píljulə | -lə(r] 〖⇨ ↓, -ar¹〗 *adj.* 丸薬の, 丸薬状の.

pil·ule [pílju:l] 〖《1543》▭ F ~ ▭ L *pilula* 'PILL¹'〗 *n.* 丸薬, 小丸薬 (little pill).

pil·u·lous [píljuləs] 〖← PILULE+-OUS〗 *adj.* =pilular.

pi·lum [páɪləm] *n.* (*pl.* **pi·la** [-lə]) (古代ローマ兵の)投槍(なげやり).

pi·lus [páɪləs] 〖▭ L ~: cog. Gk *pîlos* felt (cap)〗 *n.* (*pl.* **pi·li** [-laɪ]) 〖生物〗毛 (hair).

pil·y¹ [páɪlɪ | -lɪ] 〖← PILE³+-Y⁴〗 *adj.* (**pil·i·er; -i·est**) 綿毛[けば]のある; 綿毛[けば]のような, 柔らかい, ふくふくした.

pil·y² [páɪlɪ | -lɪ] 〖← PILE²+-Y⁴〗 *adj.* 〖紋章〗パイル (pile) の形で盾を等分割した.

Pi·ma [pí:mə] 〖▭ Sp. ~ ← N-Am.-Ind.: 宣教師が no の意の土語を誤用したもの〗 — *n.* (*pl.* ~, ~**s**) **1 a** [the ~(s)] ピマ族《米国 Arizona 州南部・メキシコ北部に住むインディアンの一族種》. **b** ピマ族の人. **2** ピマ語《ピマ族が用いる Uto-Aztecan 語族の一言語》.

Pí·ma cótton, p- c- [pí:mə-, pímə-] *n.* ピマ綿《米国南西部で作られる良質綿; シャツやネクタイ用》.

Pi·man [pí:mən] *adj.* ピマ族 (Pima) の; ピマ語の.

pi·mél·ic ácid [pɪmélɪk-, paɪ-, -mí:l-] 〖*pimelic*: ← *pimel-* (← Gk *pimelḗ* lard)+-IC¹〗 — *n.* 〖化学〗ピメリン酸 ($HOOC(CH_2)_5COOH$)《ひまし油の酸化によって得られる結晶》.

pi·men·to [pɪménṭou, pə- | -méntəu] 〖《1690》▭ Sp. *pimienta* pepper ▭ LL *pigmenta* (pl.) ← *pigmentum* plant juice ← L 'PIGMENT' (ML spiced drink, spice)〗 — *n.* (*pl.* ~**s**, ~) **1** (=pimiento 1. **2 a** 〖植物〗ピメント (⇨ allspice 1). **b** =allspice 2. **3** 鮮紅色.

piménto chéese *n.* =pimiento cheese.

piménto òil *n.* ピメント油(ゆ)《ピメントを蒸留して得られる; 香料》.

pi-méson [páɪ-] 〖← PI¹+MESON²〗 — *n.* 〖物理〗パイ中間子《電子質量の約 270 倍の静止質量をもつ中間子; 電荷をもつパイ中間子は 2.6×10^{-8} sec の寿命でミュー粒子 (μ-muon) と中性微子 (neutrino) に崩壊する, そのため primary (一次的)の頭文字をとって π-meson と命名された; 中性パイ中間子は 8.3×10^{-17} sec の寿命で, 2 個の光子に崩壊する; 記号 π; pion ともいう》.

pi·mien·to [pɪm(j)énṭou, pə- | pɪmjéntəu] 〖▭ Sp. ~: ⇨ pimento〗 — *n.* (*pl.* ~**s**) **1** ピメント《ヨーロッパ原産のアマトウガラシ; 野菜または薬味に使う》. **2** 〖植物〗トウガラシ (*Capsicum anuum*); その実. **3** =pimento 2.

pimiénto chéese *n.* ピメントチーズ《ピメントの粉入りチーズ; pimento cheese ともいう》.

pim·o·la [pɪmóulə, pə- | pɪmə́u-] 〖▭ Sp. ~ ← PIM(IENTO) + *ol*(*iv*)*a* 'OLIVE'〗 *n.* 赤いアマトウガラシ (sweep pepper) を詰めたオリーブの実.

pimp [pímp] 〖《1607》← ?: cf. (O)F *pimper* to allure // OPr. *pimpar* to dress up〗 — *n.* **1** 女を取り持つ人, 売春の手引きをする者, ポン引き, 女郎屋[売春宿]の主人; (売春婦などの)ひも. **2** 悪党, やくざ者. **3** 《豪》密告者, スパイ (informer). — *vi.* **1** […に]売春の手引きをする, ポン引きをする, 女を取り持つ (pander) 〔*for*〕. **2** 《豪》密告する, スパイを働く.

pim·per·nel [pímpənèl, -nl | -pə-] 〖《14C》▭ (O)F *pimprenelle* < VL **piperinellam* ← **piperinus* pepper-like ← L *piper* 'PEPPER' ∞ OE *pipeneale*: その実が peppercorn に似ているところから〗 — *n.* 〖植物〗サクラソウ科ルリハコベ属 (*Anagallis*) の草本の総称; (特に)ベニバナルリハコベ (scarlet pimpernel).

pimp·ing [pímpɪŋ] 〖← ?: cf. 《方言》*pimp* a small faggot, *pimpey* weak watery cider / G *pimpelig* womanish〗 — *adj.* **1** 小さい, ちっぽけな (puny); けちな, 卑しい (mean). **2** 病弱な, 弱々しい (feeble).

pim·ple [pímpl] 〖《c1400》*pinple* ← ?: cf. OE *pipli-an* to be pimpled / L *papula* swelling, pimple & *papilla* nipple〗 — *n.* **1** 丘疹(きゅうしん) (papule), 吹出物, にきび. **2 a** にきびのようなふくれ[腫れ物]. **b** 少し高くなった地面, 塚.

pím·pled *adj.* 〈人・顔など〉吹出物だらけの, にきびのある.

pímple mètal 〖その表面の様子から〗 *n.* 〖冶金〗77–79% の銅を含むマット (matte).

pim·ply [pímpli, -plɪ | -plɪ] *adj.* (**pim·pli·er; -pli·est**) =pimpled.

pin [pín] 〖*n.*: OE *pinn* peg, pin (cf. Du. *pin* / G *Pinne*) ← IE (i) **bend-* protruding point (⇨ pen²) // (ii) **pet-* to rush, fly (L *pinna* feather, pinnacle: ⇨ pen¹). — v.: 《c1378》← (n.)〗 — *n.* **1** ピン, 止め針, 飾り針: a hat ~ (帽子を頭髪に刺し止める)帽子ピン / ⇨ safety pin, (*as*) *neat as a* (*new*) PIN / stick ~**s** into a person 《口語》人を刺激する[じらす, 悩ます] / A ~ might be heard to drop. ピンが落ちても聞えるくらい(の静けさ)だ. **2** ピン状のもの: **a** 栓(せん) (peg). **b** ピン門(かんぬき). **c** くさび, 輪止め (linchpin). **d** =wrest pin. **e** (バイオリンなどの)糸巻き (peg). **f** 干し物止め (clothespin). **g** 麺(めん)棒, のし棒 (rolling pin). **h** 錠にはいる鍵の心棒. **i** 〖海事〗(belaying pin などのようにロープなどを一時固定させる)栓, くさび, 小型の杭; 滑車の軸. **3 a** ピンつきの記章, バッジ: a class ~ クラスの記章. **b** えり留め, ブローチ. **c** =bobby pin. **d** ヘアピン (hairpin). **4 a** (標的の)図星, 中心. **b** 〖ボウリング〗ピン, 標柱. **c** 〖ゴルフ〗(ホールの位置を示す)旗竿, ピン. **d** 〖チェス〗ピン《ある駒が動くと自分からチェックになるように駒の動きを縛ってしまうこと》. **e** 〖外科〗ピン《骨折骨端を固定する釘》. **f** 〖木工〗(蟻継(ありつぎ))ぎの枘(ほぞ); 千切(ちぎり)《板を継ぐときに埋め込む鼓形の木片》. **5** [通例 *pl.*] 《口語》脚 (leg): be on one's ~**s** 立っている; 健康[達者]でいる / be quick on one's ~**s** 足が速い; ぴちぴちしている / be on one's last ~**s** 死にかかっている. **6** 〖レスリング〗フォール (fall). **7** [通例 a ~; 通例否定構文で] つまらない物 (trifle), わずか, 少量: *not* worth *a* ~ 少しの価値もない / *not* care *a* ~ ちっとも構わない / There is *not a* ~ to choose between them. 大差がない / The man did*n't* care two ~**s** for her. 男は彼女に何の関心ももたなかった.
(as) neat as a (new) pin (1) (とても)こざっぱりして, こぎれいで, きちんとした. (2) きらきら輝いて, ぴかぴかして. ***at a pin's fee*** [通例否定構文で] ピン

の価値ほどにも：I do not set my life *at a* ～*'s fee.* 命なんぞちっとも惜しくはない (Shak., *Hamlet* 1. 4. 65). ***for two pins***《口語》(ちょっとしたきっかけがあれば)早速,(もうちょっとのところで)わけなく：*For two* ～*s* I'd dismiss him. (何かちょっとしたことがあれば)あいつをわけなく首にしてやる / *For two* ～*s* they could have prosecuted him. もう少しのところで彼を起訴できるところだったのに. ***in* [*on*] *a merry* [*jolly*] *pin*** 陽気にはしゃいで, 上機嫌で. ***pins and needles*** 手足のしびれが直りかけてちくちくする感じ：have ～*s and needles* 手足がしびれている / be on ～*s and needles* (どうなるかと)びくびく[ひやひや]している (cf. *on* TENTERHOOKS). ***put in the pin***《口語》やめる；(特に)酒をやめる.

― *adj.* **1** ピンの. **2**〈皮が〉(ピンの頭を思わせるような)銀面 (grain) のある.

― *v.* (**pinned**; **pin·ning**) ― *vt.* **1**〔…に〕ピンで止める, 栓[釘, ボルト]で止める[接合する]〈*down, up, together*〉/〔*on, to*〕;〈毛髪を〉ヘアピンで止める[押える]：～ a flower *on* [*to*] one's coat 花を上着にピンで止める / ～ *up* a notice 掲示をピンで張る / ～ *up* a picture of beautiful girls きれいな女の子の写真をピンで張る (cf. pinup) / ～ the papers *together* 書類をピンでとじ合わせる. **2**〔壁などに〕押えつける, 釘付けにする, 身動きできなくさせる〈*down*〉/〔*against, to*〕：The fallen tree ～*ned* him (*down*) *to* the ground. 倒れた木のために彼は地面に釘付けになった. **3 a**〔約束などに〕縛りつける, 束縛する (bind)〈*down*〉/〔*to, on, upon*〕; 決心を迫る：～ a person (*down*) *to* a promise [an admission] 人を約束で動きのとれないようにする[人をはっきり承認させる] / ～ one's faith [hopes] *on* [*upon, to*] a person 人に心からの信頼を置く[希望をかける] / ⇨ *pin one's judgement on* [*upon*] *a person's* SLEEVE. **b**《口語》〔人に〕〈犯罪など〉の責任を負わせる,〈証拠などを〉突きつけて責任を問う〈*down*〉〔*on, upon*〕：～ (*down*) a theft *on* a person 人に盗みの罪を着せる. **4**〈ピンなどを〉刺し通す (transfix). **5**《俗》取り押える, 捕縛する (seize). **6**《米学生俗》(婚約のしるしに)〈相手の女性〉に友愛会 (fraternity) のピンを与える. **7**〖チェス〗ピンする (cf. *n.* 4 d). **8**〖レスリング〗フォールする. ― *vi.*〈やすりが〉目づまりする.

pin down (1) ⇨ *vt.* 1, 2, 3. (2)〈人〉に自分の立場[意向]を述べさせる. (3)〈問題など〉に明確な定義を与える, ピンダウンする. ***pin in***〈野石積み〉のすき間に石の小片をさし込む. ***pin up*** (1) ⇨ *vt.* 1. (2)〈石材を〉くさびの打込みにより水平または垂直に固定する.

pi·ña [píːnjə; *Sp.* píɲa]〚□Sp. ～□L *pinea* pine cone ← *pinus*：⇨ pine[2]〛*Sp. n.* **1** ＝pineapple. **2**《南米》パイナップル飲料.

pin·ac- [pínək] (母音の前に来る時の) pinaco- の異形.

Pi·na·ce·ae [paɪnéɪsiiː]〚← NL ～ ← *Pinus* (属名：⇨ pine[2]) ＋ -ACEAE〛*n. pl.*〖植物〗マツ科. **pi·ná·ceous** [-ʃəs] *adj.*

piña clòth *n.* ピーニャ布《パイナップルの葉の繊維で織った薄い布; スカーフ・ハンカチなどに使う; pineapple cloth ともいう》.

pin·a·co- [pínəko(ʊ)|-kə(ʊ)]〚□L *pinaco-* picture □Gk *pínak-, pinako-* board, picture ← *pínax* slab〛―「平板 (tablet)」の意の連結形. ★ 母音の前では通例 pinac- になる.

pin·a·coid [pínəkɔ̀ɪd]〚⇨↑, -oid〛*n.*〖結晶〗卓面《互いに平行で, 対称関係をもつ一対の面》.

pin·a·col [pínəkɔ̀(ː)l, -kòʊl|-kɔ̀l]〚← PINACO- ＋ -OL[1]〛― *n.*〖化学〗ピナコール《エチレングリコールの置換体; 一般式 $R_2C(OH)\text{-}C(OH)R_2$ のものをいう》.

pinacoid

pi·nac·o·lone [pɪnǽkəlòʊn, pə-, pìnəkóʊloʊn | pɪnǽkələʊn, pìnəkə́ʊləʊn]〚← PINACOL ＋ -ONE〛― *n.*〖化学〗**1** ピナコロン, ピナコリン, t-ブチルメチルケトン ($(CH_3)_3COCH_3$)《ピナコールよりピナコール転位によって生じるケトン; 液体》. **2** R_3CCOR のケトン (ketone).

pin·a·fore [pínəfɔ̀ə, -fɔ̀ə | -fɔ̀ː(r)]〚《1782》← PIN (v.) ＋ AFORE (adv.)：初めエプロンを上衣の前身頃にピンで止めたため〛― *n.* **1** ピナフォア《子供用エプロン》. **2** ピナフォアドレス《袖なしのラップ式ドレス; 後ろで結ぶかボタン留めのものが多い》.

pín·a·fòred *adj.* ピナフォアを掛けた; ピナフォア(ドレス)を着た.

pínafore drèss *n.* ＝pinafore 2.

Pi·na·les [paɪnéɪliːz, pɪ-, pə- | paɪ-, pɪ-]〚← NL ～ ← *Pinus* (⇨ pine[2]) ＋ -ALES〛*n. pl.*〖植物〗マツ目.

pi·nas·ter [paɪnǽstə, ⌐ ─ ─ | -stə(r)]〚《1562》□L *pinaster* wild pine ← *pinus* 'PINE[2]'：⇨ -aster[1]〛― *n.*〖植物〗カイガンショウ, フランスカイガンショウ (*Pinus pinaster*)《南欧, 特に地中海沿岸地域産のマツ; cluster pine ともいう》.

pi·ña·ta [piːnjáːtə | -tə; *Sp.* piɲáta]〚□Sp. ～ 'pot' □It. *pignatta* ← *pigna* pinecone □L *pinea* ← *pinus* pine tree〛― *Sp. n.* (*pl.* ～**s** [～z; *Sp.* ～s]) ピニャータ《菓子・果物・おもちゃなどを入れた陶器のつぼで, メキシコなどでクリスマスに上から吊して, 目隠しした子供が棒で割って中の物を出す》.

pín·bàll *n.*〖遊戯〗**1** ピンボール《玉がばねではね飛ばされ, ガラス張りの中の斜面をのぼって落ちて来る途中ピンを倒すか, または穴に落ち, 豆電球がついて示す数で勝負を決める仕掛けのもの》. **2** ピンボールの玉.

pínball machìne [**gàme**] *n.* ピンボールマシン (《英》pin table).

pín blòck *n.* (ピアノの)ピン板《調律ピンをこの板に打ち込んで保持する》.

pín·bòne *n.*〖動物〗(特に, 四足獣の)寛骨, 無名骨 (hipbone).

pín·bòy *n.*〖ボウリング〗＝pinsetter.

pince-nez [pǽ̃ː(n)sneɪ, pǽns-, píns-, ─ ⌐; *F.* pɛ̃sne]〚《1880》□F ～ ← *pincer* to pinch ＋ *nez* nose〛― *n.* (*pl.* ～ [～z; *F.* ～]) 鼻眼鏡, パンスネ：put on a [one's] ～ / She is wearing [in] (a) ～. **～ed** [～d] *adj.*

pince-nez

pin·cer [pínsə | -sə(r)]〚↓〛― *n.*〖軍事〗はさみ打ち(作戦), 挟(きょう)撃(作戦), 両側面攻撃作戦. ― *attrib. adj.* はさみ打ちの：a ～ attack 挟(きょう)撃 / a ～ movement 挟撃(作戦). **～·lìke** *adj.*

pin·cers [pínsəz | -səz]〚《1338》*pynceours* □AF **pincers, -ours* ← OF *pincier* 'to PINCH'：cf. -er[1]〛― *n. pl.* [単数または複数扱い] **1** [《米》ではまた píntʃə(r)z] やっとこ (nippers), 釘抜き, 食い切り, 毛抜き：a pair of ～ ペンチ一丁. **2**〖動物〗(カニ・エビなどの)はさみ (chela).

píncers mòvement *n.*〖軍事〗＝pincer.

pin·cette [pɛ̃ː(n)sét, pæn-; *F.* pɛ̃sɛt]〚《*c*1532》□(O)F ～ ← *pincier* 'to PINCH' ＋ -ETTE〛*F. n.* ピンセット (tweezers).

pinch [píntʃ]〚《*a*1300》□AF & ONF **pinch-ier*＝OF *pincier* (F *pincer*) < VL **pīnctiāre*《混成》← **punctiāre* to prick, pierce (← L *punctum* point) ＋ VL **piccāre* to pick：cf. punctum, pick[1]〛― *vt.* **1 a** (指・歯・爪・はさみなどで)つめる, つまむ, かむ, はさむ (nip); はさみつぶす：have [get] one's fingers ～*ed* in a door ドアに指をはさむ. **b**〈粉などを〉一つまみ入れる. **2**〈若芽などを〉摘む, はさみ切る, 摘心する〈*back, down, off, out*〉;〈霜などが〉〈植物の芽を〉枯らす：～ *back* the buds on a plant 植物の芽を摘む. **3**〈手袋・靴などが〉締めつける (compress, constrict)：The shoe [glove] ～*es* the foot [hand]. 靴[手袋]がきつくて足[手]が痛い. **4** (狭い隅などに)押しつける[込める]. **5** (苦痛・困惑などのために)〈顔など〉をひきつらせる. **6** [通例 Passive で] **a**〔寒さ・苦しみなどで〕縮み上がらせる〔*with*〕：be ～*ed with* cold 寒さで震え上がる. **b** 困窮させる, 難儀させる, 苦しめる〔*with*〕：be ～*ed with* poverty 貧にやつれる. **c**〈人〉に〔食物・金などを〕切り詰めさせる〔*in, of, for*〕：be ～*ed for* food [money] 食物[金]に窮する, 食う[金]に困る. **d** 支障を来たさせる, 不自由させる〔*for*〕. **7**《俗》**a**〈物を〉巻き上げる, 盗む;〔人から〕奪う〔*from, out of*〕：～ money *from* [*out of*] a person 人から金を巻き上げる. **b**〈人〉に盗みを働く. **8**《俗》捕縛する, 拘引する (arrest). **9** 減らす, 切り詰める (stint). **10**《英》〖競馬〗〈馬を〉早く走らせる, せきたてる (urge). **11**〖海事〗〈帆船を〉風上に一杯に詰める《できるだけ船首を風上に向ける》. **12**〈重い物を〉てこで動かす. ― *vi.* **1** 締めつける, 締まる (compress)：New shoes ～. 新しい靴はきつい / ⇨ *where the* SHOE *pinches.* **2** 切り詰める, けちけちする：～ and save [scrape] けちけちして金を貯める. **3** 苦痛[困難]を生じる：when thirst ～*es* のどが乾いて困る時 / a ～*ing* want 差し迫った窮乏. **4**〖鉱山〗〈鉱脈などが〉狭くなる, 細くなる〈*out*〉. **5**〖海事〗切り上げ過ぎる《帆走中の船の船首が風上に向かい過ぎる; cf. *vt.* 11》.

― *n.* **1 a** つねる[つまむ, はさむ, かむ]こと; つねり, つまみ, はさみ, かみ (nip)：give a ～. **b** (靴など)きつくて痛いこと. **2** 一つまみ, 少量：a ～ of salt, snuff, etc. / ⇨ *with a pinch of* SALT[1]. **3** 切迫 (pressure), 難儀 (straits), 困難; 危機, 危急, ピンチ (emergency)：feel the ～ of poverty 貧乏の苦しみを感じる / when [if] it comes to the ～ 切羽詰まったら, まさかの時には / in [at, on, upon] a ～ 危急の場合は, 切羽詰まれば (★《米》では in,《英》では at の方がやや普通). **4** 刺すような痛み, 激痛. **5** ＝pinch bar. **6**《英口語》警察の手入れ; 捕縛. **7**《英口語》盗み. **8**〖鉱山〗ピンチ《鉱脈が狭くなった所》.

― *attrib. adj.* **1** 代わりの：⇨ pinch runner, pinch hitter. **2** ピンチヒッターの[による]：⇨ pinch hit.

～·a·ble [-tʃəbl] *adj.*

pínch bàr *n.* こじり棒, 台付きてこ.

pínch·bèck〚《1734》← *Christopher Pinchbeck* (?–1732：これを発明した London の時計製造人)〛― *n.* **1** ピンチベック, 金色銅《銅・亜鉛の合金で模造金として使う》. **2** にせ物; 安宝石類. ― *adj.* **1** ピンチベック製の, 金まがいの. **2** にせの, まがいの; 安ぴかの (flashy)：a ～ hero いんちき英雄.

pínchbeck brówn *n.*〖顔料〗＝burnished gold 2.

pínch·bòttle *n.* (液体を入れる)胴のへこんだびん.

pínch·còck *n.* (ゴム管などから出る水量を調節する)つまみコック, はさみ止め, ピンチコック.

pín·chèck *n.* **1** ピンチェック《極めて小柄な格子縞(じま)》. **2** (作業服を作る)丈夫な綿織物. ― *adj.* ピンチェック模様の.

pinched *adj.* **1** 引き締めた, 締めつけられた, 窮屈な. **2** (貧乏などで)やつれた; (財政的に)困窮した.

pínch effèct *n.*〖電気〗ピンチ効果《液体や気体導体中に電流が流れると電磁力により導体断面積が小さくなる現象; これにより放電電流などが断続することがある》.

pínch·er *n.* **1** つまむ[つむ, はさむ]人[物]. **2** [*pl.*] ＝pincers.

pín chèrry *n.*〖植物〗米国産の野生のサクラの一種 (*Prunus pensylvanica*); その実.

pinch-hit〚《逆成》← *pinch hitter*〛― *v.* (**pinch-hit**; **-hit·ting**)《米》― *vi.* **1**〖野球〗代打を勤める. **2**〔…の〕代役を勤める〔*for*〕. ― *vt.* ピンチヒッターとして〈安打を〉打つ. 「ターの放った安打.

pinch hit〚《逆成》↑〛*n.*《米》代打安打, ピンチヒッ

pínch hítter〚《1912》〛*n.*《米》**1**〖野球〗代打(者), ピンチヒッター. **2** (危急の場合の)代役, 身代わり.

pínch·pènny *n., adj.* けちん坊(の), しみったれ(の) (cf. *pinch pennies* ⇨ penny 成句).

pínch plèat *n.* (カーテンの)つまみひだ.

pínch ròller *n.* (テープレコーダーの)ピンチローラー《テープをキャプスタン (capstan) に押えつけて駆動する仕掛のローラー》.

pínch rúnner *n.*〖野球〗ピンチランナー, 代走(者).

Pinck·ney [pínkni | -nɪ], **Charles Cotes·worth** [kóʊtswəːθ | kə́ʊtswəːθ] *n.* (1746–1825) 米国の政治家; 特に, 外交で活躍.

pín cùrl *n.* ピンカール《髪を水またはローションでぬらして捲きこれをピンやクリップで留めるカール》.

pín·cùshion〚《1632》〛*n.* 針差し, 針山.

píncushion distòrtion *n.*〖光学〗(光学機械・テレビ受像機などの画面の)糸巻き形ひずみ (cf. barrel distortion).

Pin·dar [píndə, -dɑə | -də(r)]〚□Gk *Píndar-os*〛*n.* ピンダロス《518?–?438 B.C.; ギリシャの合唱歌詩人; *Epinicia*「祝勝歌」》.

Pin·da·ri [pɪndáːri | -rɪ]〚□Hindi *piṇḍārā* & Marathi *peḍhārī* ← ? *Paṇḍhār* (地名)〛*n.* ピンダーリー《18 世紀から 19 世紀初めにかけていたインドの馬賊》.

Pin·dar·ic [pɪndǽrɪk]〚《古形》*pindarick* □L *Pindaricus* □Gk *Pindarikós*：⇨ Pindar, -ic[1]〛― *adj.* **1** ピンダロス (Pindar) の; ピンダロス風の. **2** 韻律格調の凝った[整った]. ― *n.* **1**〖詩学〗＝Pindaric ode. **2** [通例 *pl.*] (英詩で)行の長さや脚韻が不規則な叙情詩, 複雑な韻律の叙情詩.

Pindáric óde *n.*〖詩学〗ピンダロス風オード《ギリシャの詩人 Pindar が得意とした凱旋歌の形式に倣ったもの; regular ode ともいう》.

pin·dling [pín(d)lɪn, -lən, -lɪŋ, -dl̩]〚《変形》? ← SPINDLING〛*adj.*《米方言》ちっぽけな (puny); 病弱な.

pín·do pàlm [píndoʊ- | -dəʊ-]〚*pindo*：□Am.-Sp. *pindo* □Guarani *pindó*〛― *n.*〖植物〗ピンドジョオウヤシ(女王椰子) (*Cocos australis*)《パラグアイ原産で観葉植物として温室内で栽培される》.

Pín·dus Móuntains [píndəs-] *n. pl.* [the ～] ピンドス山脈《ギリシャ中央部の山系; 最高峰 2,637 m》.

pine[1] [páɪn]〚OE *pīnian* to torture ← **pīne* torture, pain □ML *pena*＝L *poena* penalty：cf. pain / Du. *pijn(e)* / G *Pein* torture〛― *vi.* **1**〔…に〕恋い焦がれる, 恋い慕う〔*for,*《まれ》*after*〕;〈…することを〉切望する〈*to do*〉：～ *for* one's home ふるさとを恋い慕う / She ～*d to* see her mother. 彼女は母に会いたがった. **2** 思いわずらう; やつれる, やせ衰える〈*out, away*〉. **3**《古》愚痴をこぼす, 泣き言を言う. ― *vt.*《古》悲しむ. ― *n.*《古・スコット》恋い焦がれ, 思慕.

pine[2] [páɪn]〚OE *pīn* □L *pīn-us* pine ← IE **pey(e)-* to be fat, swell (L *pītuīta* gum (cf. pituitary) / Gk *pítus* pine / Skt *pītudārus*《原義》resin-tree)〛― *n.*〖植物〗**1 a** マツ《マツ属 (*Pinus*) の樹木の総称》. **b** マツ材. **2** オーストラリアの数種の針葉樹：**a** カリトリスロンボイデア (*Callitris rhomboidea*). **b** ナンヨウスギ属 (*Araucaria*)・シダレイトスギ属 (*Cupressus*) などの木; その材. **3** ＝pineapple. ― *adj.* マツ科の.

pi·ne·al [páɪniəl, paɪníːəl | páɪnɪ-, paɪníː-]〚□F *pinéal* ← L *pīnea* pine cone ← *pīnus* (↑)：⇨ -al[1]〛*adj.* **1** 松毬状の. **2**〖解剖〗松果腺(せん)の, 松果体の.

pineal apparátus *n.* **1**〖生物〗松果眼(体). **2**〖動物〗**a** 顱頂(ろちょう)眼(器). **b** ＝parietal eye.

pineal bódy *n.*〖解剖〗松果体, 松果腺(せん)《pineal gland ともいう; ⇨ brain 挿絵》.

pineal éye *n.* (下等脊椎動物の)松果腺眼.

pineal glánd *n.*〖解剖〗＝pineal body.

pine·ap·ple [páɪnæ̀pl]〚《*a*1398》*pinappel* pinecone：⇨ pine[2], apple：形が松笠に似ていることから〛― *n.* **1 a**〖植物〗パイナップル (*Ananas comosus*)《熱帯アメリカ原産のパイナップル科の二年草》. **b** パイナップル《果実》：canned [tinned] ～ 缶詰めのパイナップル. **2**《軍俗》爆弾, 手榴弾. **3**《廃・方言》松笠. ― *adj.* パイナップル科の.

pineapple cáctus *n.*〖植物〗＝devil's-pincushion.

pineapple clòth *n.* ＝piña cloth. 「荒地[砂地].

píne bárren *n.*《米南部》松の木しか生えない不毛の

píne-bèauty *n.*〖昆虫〗＝pine carpet.

Pine Blúff〚⇨ pine[2], bluff[1]〛*n.* 米国 Arkansas 州中部, Arkansas 川に臨む都市; 人口 45,000.

píne càrpet *n.*〖昆虫〗幼虫がマツの木を食害するジュウタンガ (carpet moth) の一種 (*Thera firmata*).

píne·còne *n.* 松の実, 松笠.

píne·dròps *n.* (*pl.* ～)〖植物〗**1** 北米産イチヤクソウ科の植物 (*Pterospora andromedea*)《マツの根に寄生

する)》. **2** =beechdrops.

píne fìnch *n.* 〘鳥類〙 シマヒワ (pine siskin).

píne grósbeak *n.* 〘鳥類〙 ギンザンマシコ (*Pinicola enucleator*) 《北半球北方地帯に生息するギンザンマシコ属の鳴鳥》.

píne lìzard *n.* 〘動物〙 カキネハリトカゲ (*Sceloporous undulatus*) 《米国東部産のタテガミトカゲ科のトカゲ》.

píne màrten *n.* 〘動物〙 **1** マツテン (*Martes martes*) 《ブナテン (stone marten) より大きいヨーロッパ産のテン》. **2** アメリカテン (*Martes americana*) 《ヨーロッパ産のクロテン (sable) に近縁のテン》.

pi·nene [páɪniːn] 〘← PINE²+-ENE〙 *n.* 〘化学〙 ピーネン ($C_{10}H_{16}$) 《テルペン (terpene) の一種》.

píne nèedle *n.* **1** [通例 *pl.*] 松葉. **2** 〘植物〙 =alfilaria.

píne nùt *n.* **1** 毬果(きゅうか), 松笠 (pinecone). **2** 松の実 《nut pine の実; 食用》.

píne oìl *n.* 〘化学〙 松根油, パイン油.

Pi·ne·ro [pɪní(ə)rou, pə-, -nér-｜pɪníərəu], **Sir Arthur Wing** *n.* (1855–1934) 英国の劇作家; *The Second Mrs. Tanqueray* (1893), *Trelawny of the Wells* (1898).

pin·er·y [páɪn(ə)ri｜-nəri] 〘← PINE²+-ERY〙 *n.* **1** パイナップル栽培園. **2** 松林.

Pines [páɪnz], **the Isle of** *n.* ピノス島 《Cuba 島西南方にある Cuba 領の小島; 人口 31,000, 面積 3,060km²》.

píne·sàp 〘⇨ pine², sap¹〙 *n.* 〘植物〙 シャクジョウソウ (*Monotropa hypophithys*) 《北米産イチヤクソウ科の腐生植物》.

píne sìskin *n.* 〘鳥類〙 シマヒワ (*Carduelis pinus*) 《北米の松林にすむヒワ》.

píne snàke *n.* 〘動物〙 =bull snake.

píne spìttlebug *n.* 〘昆虫〙 北米産の松を食害するアワフキムシ科 *Aphrophora* 属の昆虫.

píne stràw *n.* 《米中部》(乾燥した)松葉.

pineta *n.* pinetum の複数形.

píne tàr *n.* 松根タール, パインタール《松材を乾溜(かんりゅう)して採る; 皮膚病および感冒薬》.

píne-trèe móney *n.* 松の木貨幣《1652–62 年に松の木を刻印して Massachusetts 州で鋳造した貨幣; shilling, sixpence, threepence の種類があった》.

píne-trèe shílling *n.* 松の木銀貨《銀貨で旧英貨 1 シリングに相当; ⇨ pine-tree money》.

Píne Trèe Stàte *n.* [the ~] 米国 Maine 州の俗称《その紋章に由来する》.

pi·ne·tum [paɪníːtəm｜-təm] 〘▭ L *pīnēt-um* pine grove: ⇨ pine², -etum〙 *n.* (*pl.* **pi·ne·ta** [-tə｜-tə]) (各種の松の木を集めた)松栽培園, 松樹園.

píne wàrbler *n.* 〘鳥類〙 マツアメリカムシクイ (*Dendroica pinus*) 《米国南西部の松林に多いマダラムシクイ属の鳴鳥》.

píne·wòod *n.* **1** [しばしば *pl.*; 単数または複数扱い] 松林. **2** 松材.

pine·y [páɪni｜-nɪ] *adj.* (**pin·i·er, pin·i·est; more ~, most ~**) =piny.

pín·fèather *n.* 筆毛《生え始めたばかりで, まだ羽鞘に収まっている羽毛; cf. pen feather 1》. **pín·fèathered** *adj.* **pín·fèathery** *adj.*

pín·fìre *adj.* **1** 〈弾薬筒が〉撃針付きの《撃鉄の打撃によって点火させる撃針が弾薬筒についている方式にいう》: a ~ cartridge 撃針付き弾薬筒. **2** 〈火器が〉撃針付き弾薬筒使用の. — *n.* 撃針付き弾薬筒使用火器. — *vt.* (患部に麻酔をし電気針を刺して)〈脚の病気にかかっている)馬を〉治療する.

pín·fìsh *n.* (*pl.* ~, ~·es) 〘魚類〙 ピンフィッシュ (*Lagodon rhomboides*) 《南大西洋・メキシコ湾などにすむ背に鋭いとげがあるタイ科の小魚》.

pín·fòld 〘《15C》 *pyn(d)fold* 《変形》 ← OE *pundfald* ← *pund-* 'POUND²' + *fald* 'FOLD²': *u* → y の変形は 《廃》 *pind* < OE *pyndan* to put in a pound ← *pund* 'POUND²' および PIN (v.) の影響: cf. pen²〙 — *n.* **1** (迷い出た家畜を入れる)檻(おり); 家畜檻 (fold). **2** 監禁場所. — *vt.* 檻[監禁場所]に入れる, 閉じ込める.

ping [píŋ] 〘《1856》 〘擬音語〙〙 — *n.* **1** ぴゅー《弾丸の飛ぶ音》; ぴしっ《弾丸の当たる音》. **2 a** ちん《卓上ベルなどの音》. **b** 〘放送〙 ポーン《時報の最後の音》. **3** 予めセットした時刻に従ってベルを鳴らす仕掛け. — *vi.* ぴゅー[ぴしっ, ポーン]と音がする.

pin·ga [píŋgə] 〘← ?〙 *n.* 《米卑》 陰茎.

ping·er 〘← PING+-ER¹〙 *n.* 〘海洋〙 ピンガ《海中の物標や地形の状況などの探査のための音波発振器》.

pin·go [píŋgou｜-gəu] 〘← Eskimo〙 — *n.* (*pl.* ~**es**, ~**s**) 《アラスカ・カナダ》 ピンゴ《地下水の凍結によって出来た小さな丘》.

Ping-Pong [píŋpɑ̀ŋ, -pɔ̀(ː)ŋ｜-pɔ̀ŋ] 〘《1900》: DING-DONG などにならった加重形で PING (n.) からの造語〙 — *n.* **1** 〘商標〙 ピンポン《卓球用具の商品名》. **2** [ping-pong] 卓球 (table tennis).

pin·guid [píŋgwɪd, -gwəd｜-gwɪd] 〘《1635》 ▭ L *pingu-is* fat+-ID⁴〙 — *adj.* 《戯言》 **1** 油のような, 油を含んだ, 油ぎった, 油っこい (greasy). **2** 〈土が〉肥えた. **pin·guid·i·ty** [pɪŋgwídəti｜-dəti, -dɪ-] *n.*

pin·guin [píŋgwɪn, -gwən｜-gwɪn] 〘《1696》 ← ?: 西インド諸島の土語名から: cf. L *pinguis* fat〙 — *n.* 〘植物〙 熱帯アメリカ産パイナップル科の植物(*Bromelia pinguin*) 《葉からは有用な繊維を採り, 果実は食用》; その果実.

pín·hèad *n.* **1** ピンの頭. **2** ささいな[つまらない]もの. **3** 《米口語》 ばか者, 間抜け.

pín·héaded 〘⇨ -ed 2〙 *adj.* 《米口語》 頭の悪い, ばかな (stupid). **~·ness** *n.*

pín-hìgh *adj.* 〘ゴルフ〙 〈ボール〉からホールまでの距離がピンの高さと同じの (cf. hole-high).

pín·hòlder *n.* (切った花をさす)剣山(けんざん).

pín·hòle *n.* **1** 針で突いて作った小穴; 針を差すための穴. **2** 小さな穴; 塗膜の針穴.

pínhole cámera *n.* ピンホールカメラ《レンズの代わりに暗箱に小穴をあけた箱型カメラ》.

pín insulator *n.* 〘電気〙 ピン碍子(がいし) 《磁気絶縁体を鋼製ピンで電柱などの腕木に取り付ける碍子》.

pin·ion¹ [pínjən｜-njən, -nɪən] 〘《c1440》 ▭ (O)F *pignon* (pl.) wing-feathers (F gable) < VL **pinniōnem* (aug.) ← L *pinna* feather, wing: cf. pennon〙 — *n.* **1** 鳥の翼の先端部《腕骨・掌骨・指骨の部分》. **2 a** 羽. **b** [集合的] 風切羽(かざきりばね) (flight feathers). **3** 《詩》 翼 (wing). **4** 前翼《翼の前腕に当たる部分》. — *vt.* **1** (飛べないように)〈鳥〉の一方の翼の先端[風切羽]を切る; 〈両翼を〉縛る. **2** 〈人〉の両手を縛る, 〈両腕を〉〈胴体に〉くくりつける (bind); 〈人などを〉〔…に〕くくる, 縛る〔*to*〕. **3** …の自由を束縛する. **pín·ioned** *adj.*

pin·ion² [pínjən｜-njən, -nɪən] 〘《1659》 ▭ F *pignon* 《変形》 ← ? *peignon* ← *peigne* comb < L *pectinem*: cf. pectinate〙 — *n.* 〘機械〙 ピニオン, 小歯車 《gear wheel とかみ合っている小さい歯車; ⇨ rack 挿絵》: ⇨ lazy-pinion.

pin·ion³ [pínjoun, -njən, -njən, pɪnjóun｜pínjəun, -njən, -njən, pɪnjə́un] *n.* =piñon.

Pi·niós [piːnjɔ́(ː)s｜-njɔ́s; *Mod. Gk.* pinjós] *n.* [the ~] ピニオス(川) 《ギリシャ東部, Thessaly 地方を東に流れて Salonika 湾に注ぐ川 (201 km); Salambria ともいう; 古名 Peneus》.

pi·nite [píːnaɪt] 〘▭ G *Pinit* ← *Pini* (Saxony の鉱山): ⇨ -ite¹〙 *n.* ピニ石(菫(きん))青石 (cordierite) から変質してできた絹雲母と緑泥石の微粒集合物》.

pi·ni·tol [páɪnətɔ̀(ː)l, -tòul｜-nɪtɔ̀l] 〘← 《廃》 *pinite* pinitol (▭ F ~: ⇨ pine²)+-OL¹〙 — *n.* 〘化学〙 ピニット, ピニトール ($C_6H_6(OH)_5OCH_3$) 《マツ科植物の心材などから抽出される甘味の強い結晶》.

pink¹ [píŋk] 〘《1573》《略》? ← 《廃》 *pink eye* 《原義》 small eye ← Du. 《古形》 *pinck oogen* small eyes ← *pinck* small (Du. *pink* the little finger) (← ?)+*ooghen* ((pl.) ← *ooghe* eye): cf. F *œillet* the pink (dim.) ← *œil* eye〙 — *n.* **1** 〘植物〙 **a** ナデシコ, セキチク《カーネーションなどナデシコ属 (*Dianthus*) の多年草または一年草の総称; セキチク (china pink), タツタナデシコ (garden pink), ビジョナデシコ (sweet william) など》. **b** ナデシコの花. **2** 石竹色, 桃色, とき色, ピンク: ⇨ rose pink, salmon pink. **3 a** (特に, 狐狩をする人の)深紅色の上着(の服地); 狐狩をする人. **b** [*pl.*] (米陸軍将校が着用する準正装用冬服の)明るい色のずぼん. **4** 《俗・軽蔑》 左翼がかった人, 共産思想をもっている人, シンパ (cf. red¹ 5). **5** 〘魚類〙 カラフトマス (pink salmon). **6** [通例 the ~] 《戯言》 典型, 精華, 精粋; 絶頂, 極致 (acme): *the* ~ of girls 娘の典型 / *the* ~ of fashion 流行の粋 / *the* ~ of health [elegance, perfection] 健康[優雅, 完全]の極致. **7** おしゃれ, めかしや (fop).
in the pink (*of condition*) 《口語》 非常に健康[元気]で.
— *adj.* **1** 〘植物〙 ナデシコ科の. **2** 石竹色[桃色, とき色, ピンク]の: a ~ ribbon. **3** 《口語・軽蔑》 左翼がかった, シンパの (cf. red¹ 4). **4 a** 感動した, 興奮した; 立腹した: get ~. **b** [しばしば強意副詞として用いて] ひどく: You're scared ~ of me. あなたは私にひどく脅えている.
~·ness *n.*

pink² [píŋk] 〘《1471》 *pinck* ▭ MDu. *pin(c)ke* fishing boat ← ?〙 — *n.* 〘海事〙 **1** (以前用いられた船尾の細くなった)オランダの釣船 (pinkie ともいう). **2** 船尾が細く突き出ている小舟.

pink³ [píŋk] 〘《*a*1307》 ▭ ? LDu.: cf. LG *pinken* to strike, peck: cf. OE *pynca* a point〙 — *vt.* **1** 刺す (stack), 突き通す (pierce): ~ a man *through* the arm 人の腕を貫く. **2** (ほつれを止めるため, または装飾として)〈切地の端を〉ぎざぎざに切る: ⇨ pinking shears. **3** 〈布・皮などに〉飾り穴をあける 〈*out*〉. **4** (酷評などして)〈プライドなどを〉傷つける. **5** 飾る (adorn) 〈*out, up*〉. — *n.* 《古》 小穴, 飾り穴 (eyelet).

pink⁴ [píŋk] 〘《変形》 ← 《古形》 *penk* ← ?: cf. 《方言》 G *Pinke* minnow, small salmon〙 — *n.* 《英》 〘魚類〙 **1** タイセイヨウサケ (salmon) の子. **2** 《方言》 ヒメハヤ (minnow).

pink⁵ [píŋk] 〘擬音語〙 *vi.* 〈エンジンなどが〉(異常爆燃のため)ノッキングを起こす, がたがたいう (knock).

pink⁶ [píŋk] 〘← ?〙 *n.* 黄味がかったレーキ顔料.

pink bóllworm *n.* 〘昆虫〙 ワタキバガ (*Pectinophora gossypiella*) の幼虫《綿の種子や花の子房を食う害虫; 綿栽培地に広く分布する; bollworm ともいう》.

pink cóat *n.* (狐狩りで着る)深紅色の乗馬服 (pink).

pink cóckatoo *n.* 〘鳥類〙 クルマサカオウム (*Kakatoe leadbeateri*) 《ユーラシア大陸産オウム属の鳥》.

pink córal *n.* 桃色さんご色《濃い桃色から黄色の強い桃色までの色; cf. coral pink》.

pink corýdalis *n.* 〘植物〙 =pale corydalis.

pink disèase *n.* **1** 〘植物病理〙 赤衣病《*Corticium salmonicolor* 菌による病気で幹・枝が桃色の菌糸におおわれる》. **2** 〘病理〙 =acrodynia.

pink élephants *n. pl.* 大量の酒や麻薬等による色々な幻覚.

pink·en [píŋkən] *vi.* 石竹色[桃色]になる.

Pink·er·ton [píŋkətn̩, -tən｜-kətn̩, -tən] 〘← *Allan Pinkerton* (1819–84: スコットランド生れの米国の私立探偵)〙 *n.* 《米俗》 私立探偵 (private detective).

pínk·èye 〘⇨ pink¹〙 *n.* **1** 《口語》 伝染性結膜炎, はやり目. **2** 〘獣医〙 *Moraxella bovis* 菌による牛の伝染性角結膜炎.

pink gín *n.* ピンクジン《アンゴスツラビターズ (angostura bitters) で香味付けしたピンク色のジン; 《米》では通例 gin and bitters という》.

Pin·kiang [pìnkiάːŋ, -kjάːŋ｜-kiάːŋ, -kjάːŋ; *Chin.* pīntʃiāŋ] *n.* 濱江《Harbin の旧名》.

pin·kie¹ [píŋki｜-ki] 〘▭ ? MD *pinkje* small pink (dim.) ← *pink* 'PINK²': ⇨ -ie〙 *n.* 〘海事〙 =pink² 1.

pin·kie² [píŋki｜-kɪ] 〘▭ ? Du. *pinkje* (dim.) ← *pink* little finger: cf. pink¹〙 *n.* 《米・スコット》 小さなもの; (特に)小指.

pink·ing 〘← PINK³+-ING¹〙 — *n.* ピンキング《布・革などをほつれ止めまたは装飾のためにピンキングばさみを使ってぎざぎざや波形に切ること》.

pinking shèars [scissors] *n. pl.* ピンキング(用)ばさみ, ジグザグばさみ《布・革のほつれ止めなどにぎざぎざに切るはさみ》.

pínk·ish [-kɪʃ] *adj.* 石竹色がかった, 薄桃色の, 淡紅色の; (特に)左翼的傾向の. **~·ness** *n.*

pink lády *n.* ピンクレディー《ジン・ブランデー・レモンジュース・グレナディンと卵の白味に氷片を加えてシェークしたカクテル》.

pínk·ly *adv.* 石竹色に, 桃色に, とき色に.

pin knòt *n.* 〘木工〙 ピン節目(ふし) 《木材の小さな節; 《米》では直径 1/2 インチ以下, 《英》では直径 1/4 インチ以下のもの》.

pink·o [píŋkou｜-kəu] 〘← PINK¹+-O〙 *n.* (*pl.* ~**s**, ~**es**) 《俗》 左翼がかった人 (cf. pink¹ 4).

pink rhododéndron *n.* 〘植物〙 モモイロシャクナゲ(*Rhododendron macrophyllum*) 《米国太平洋岸に多いシャクナゲの一種; California rosebay ともいう》.
★ 米国 Washington 州の州花.

pínk·ròot *n.* 〘植物〙 **1** セッコンソウ(赤根草) 《フジウツギ科セッコンソウ属 (*Spigelia*) の数種の草本の総称》; (特に)メリランドセキチク (*S. marilandica*) 《米国産の林地に生え時に栽培され, 黄の混じる赤い花をつける植物》. **2** セッコンソウの根《駆虫剤》.

pink sálmon *n.* 〘魚類〙 カラフトマス (⇨ humpback salmon).

pink sált *n.* 〘化学〙 ピンク塩 ($(NH_4)_2SnCl_6$) 《植物繊維染色の媒染剤に用いられた白色結晶》.

pink slíp *n.* 《米口語》 解雇通告.

pink spót *n.* 〘尿分析で試験紙にピンク色の斑点として現われることから〙 — *n.* 〘医学〙 ピンクスポット《幻覚剤メスカリン (mescaline) と近縁の物質で, 精神分裂病の際に尿中に証明される》.

Pink·ster [píŋkstə｜-stə(r)] 〘▭ Du. *pinkster* Easter < MDu. *pinxter* 《変形》 ← *pinxten* ▭ Goth. *paintēkustē* ▭ Gk *pentēkostē* 'PENTECOST': cf. G *Pfingsten*〙 — *n.* 《米方言》 =Whitsuntide.

pínk·ster flòwer [píŋ(k)stə-｜-stə-] *n.* 〘植物〙 =pinxter flower.

pink stérn 〘⇨ pink²〙 *n.* 〘海事〙 とがった船尾.

pink téa *n.* 《米口語》 **1** (極度に儀式ばった)公式のお茶の会; 派手なもてなし. **2** しゃれた人.

pink·y¹ [píŋki｜-kɪ] 〘← PINK¹+-Y⁴〙 *adj.* (**pink·i·er; -i·est**) 石竹色の, 薄桃色の.

pin·ky² [píŋki｜-kɪ] *n.* =pinkie².

pin·ky³ [píŋki｜-kɪ] 〘▭ Du. *pinkje* (dim.) ← *pink* 'PINK²': ⇨ -y²〙 — *n.* (英国の Essex 州や米国 Massachusetts 州で造られる)船尾のとがったスクーナー型帆船.

pin lèver escàpement *n.* 〘時計〙 =pin pallet escapement.

pín màrk *n.* **1** 〘印刷〙 ピンマーク《活字の側面上部にある円形の浅いくぼみ; ⇨ type 挿絵》. **2** 針跡(はりあと) 《ほうろう器物を金属製焼台に載せて焼成するためにその部分にできる小傷》.

pín mòney 〘《1697》〙 — *n.* **1** 小遣銭 (pocket money); (特に, 衣類などを買うために妻や娘などに与える)小遣銭. **2** 女性に対する年払いの被服手当. **3** 妻が自分で稼ぐ小遣銭.

pinn- [pɪn] (母音の前での) pinni- の異形.

pin·na [pínə] 〘← NL ~ ← L ~ 'feather, wing, fin' 《変形》 ← *penna* 'feather, PEN¹'〙 — *n.* (*pl.* **pin·nae** [-niː, -naɪ], ~**s**) **1** 〘植物〙 羽片(うへん) 《羽状複葉の一片》. **2** 〘動物〙 **a** 羽, 翼 (wing), (ミミズクなどの)耳翼. **b** ひれ (fin), ひれ足 (flipper). **3** 〘解剖〙 耳介(じかい) 《auricle ともいう》. **pin·nal** [-nl] *adj.*

pin·nace [pínɪs, -nəs] 〘《1546》 ▭ OF *pinace* (F *péniche*) ▭ OSp. *pinaza* pinnace, 《原義》 a thing made of pinewood ← *pino* 'PINE²'〙 — *n.* **1** ピンネース《艦載の中型ボート; cutter と launch の中間の大きさ》; 小艇. **2** (親船に付属する)縦帆艇《通報艦・哨(しょう)戒艇として, また乗員陸揚用として以前用いられた》. **3** 〘造船〙 ピンネース《普通のカッター (cutter) より大型の, 帆走もできるオール用の 2 本マストの艇》.

pin·na·cle [pínɪkl̩, -nə-] 〘《*c*1330》 ▭ OF *pin(n)acle* (F *pinacle*) ▭ LL *pindruculum* (dim.) ← L *pinna* 'feather, wing, PINNA': ⇨ -cle: cf. pin〙 — *n.* **1** 〘建築〙 (屋上に突き出した)小尖(せん)塔, ピナクル (⇨ Gothic 挿絵). **2** 高峰; (とがった)頂上, 尖峰. **3** [the ~] 〔…の〕頂点, 頂上〔*of*〕: the ~ *of* prosperity [power] 繁栄[権勢]の極点 / He was once on [at] the ~ *of* fame.

かつては名声の絶頂にあった / *The Tale of Genji* is the highest ~ *of* Japanese literature.「源氏物語」は日本文学の最高峰だ. **— *vt.*** **1** 高所に置く, 高く掲げる. **2** …に小尖塔を取りつける, 小塔で飾る.

pín·na·cled *adj.* 小尖塔のある; 高所にある.

pinnae *n.* pinna の複数形.

pin·nate [píneɪt, -nət, -nɪt | -nət, -nɪt, -neɪt] 〘《1727》← NL *pinnāt-us* ← L *pinnātus* feathered, pinnate ← *pinna* 'PINNA': ⇨ -ate²〙 **—** *adj.* **1** (形などが)羽に似た. **2** 〘植物〙〈葉が〉羽状の: a ~ leaf 羽状葉, 羽状複葉 / abruptly ~ 偶数羽状の (paripinnate). **3** 〘動物〙翼・ひれの類をもつ, 羽状の. **~·ly** *adv.*

pin·nat·ed [píneɪtɪd, -təd | -tɪd, -təd] *adj.* = pinnate.

pinnated grouse *n.* 〘鳥類〙ソウゲンライチョウ (prairie chicken).

pin·nat·i- [pɪnǽtə, pə- | pɪnǽtɪ] 〘← NL ~ ← *pinnātus* 'PINNATE'〙「羽状の (pinnate)」の意の連結形.

pin·nat·i·fid [pɪnǽtəfɪd, pə-, -fəd, -fìd | pɪnǽtɪfɪd] 〘← NL *pinnātifid-us*: ⇨ pinnati-, -fid〙 *adj.* 〘植物〙〈葉が〉羽状中裂の (cf. palmatifid). **~·ly** *adv.*

pinnàti·lóbate 〘← PINNATI- + LOBATE〙 *adj.* 〘植物〙〈葉が〉羽状浅裂の.

pin·nat·i·lobed [pɪnǽtəlòubd, pə- | pɪnǽtɪləubd] *adj.* 〘植物〙= pinnatilobate.

pin·na·tion [pɪnéɪʃən, pə- | pɪ-] 〘← PINNATE + -ATION〙 *n.* 〘植物〙羽状組織.

pinnàti·pártite 〘← PINNATI- + PARTITE〙 *adj.* 〘植物〙「〈葉が〉羽状深裂の.

pin·nat·i·ped [pɪnǽtəpèd, pə- | pɪnǽtɪ-] 〘← PINNATI- + -PED〙 *adj.* 〘鳥類〙弁足 (lobate feet) のある.

pin·nat·i·sect [pɪnǽtəsèkt, pə- | pɪnǽtɪ-] 〘← PINNATI- + -SECT〙 *adj.* 〘植物〙〈葉が〉羽状分裂の.

pín·ner 〘⇨ pin, -er¹〙 **—** *n.* **1** 《古》ピンを作る人. **2** 〘《変形》? ← PINAFORE〙《方言》= pinafore. **3** [通例 *pl.*] (18 世紀に使われた垂れぶたが両側についた)婦人用キャップ.

pin·ni- [pínɪ, -nə | -nɪ] 〘□ L ~ : ⇨ pinna〙「羽毛 (feather); ひれ (fin)」の意の連結形. ★ 母音の前では通例 pinn- になる.

Pin·ni·dae [pínədìː | -nɪ-] 〘← NL ~ ← *Pinna* (属名: ← L *pinna* □ Gk *pínna*) + -IDAE〙 *n. pl.* 〘貝類〙ハボウキガイ科《pen shell など》.

pin·ni·grade [pínəgrèɪd | -nɪ-] 〘← NL *Pinnigrada* ← PINNI- + L *-grada* (neut. pl.) ← *-gradus* ← *gradi* to walk: ⇨ -grade〙〘動物〙 **—** *adj.* (アザラシ・セイウチのように)ひれ足 (flipper) で動く (cf. digitigrade, plantigrade). **—** *n.* ひれ足動物.

pin·ni·ped [pínəpèd | -nɪ-] 〘↓〙〘動物〙 *adj.* 鰭(き)脚亜目の. **—** *n.* 鰭脚亜目の動物《オットセイ・アザラシ・セイウチなど》.

Pin·ni·pe·di·a [pìnəpíːdiə | -nɪpíːdɪə, -djə] 〘← NL ~ ← PINNI- + -PED + -IA²〙 *n. pl.* 〘動物〙鰭(き)脚亜目.

pin·ni·pe·di·an [pìnəpíːdiən | -nɪpíːdɪən, -djən] *adj.*, *n.* 〘動物〙= pinniped.

pin·no·tere [pínətɪ̀ə | -tɪə(r] *n.* 〘動物〙= pinnothere.

pin·no·there [pínəθɪ̀ə | -θɪə(r] 〘↓〙 *n.* 〘動物〙= pinnotheres.

pin·no·the·res [pìnəθí(ə)riːz | -θíər-] 〘← NL ~ ← L *pinot(h)ērēs* crab living in the mantle cavity of the pen shell □ Gk *pinotḗrēs* ← *pino-* (← *pínē* pen shell) + *-tērēs* (← *tēreîn* to guard)〙 **—** *n.* 〘動物〙カクレガニ《カクレガニ科カクレガニ属 (*Pinnotheres*) の非常に小型で半寄生性のカニの総称; ムラサキガイに寄生する *P. pisum* など》.

pin·nu·la [pínjulə] 〘← NL ~ ← L ~ 'small feather, small fin' (dim.) ← *pinna* 'feather, fin, PINNA': ⇨ -ule〙 **—** *n.* (*pl.* **-nu·lae** [-lìː, -làɪ | -lìː]) **1** 〘植物〙= pinnule 1. **2** 〘動物〙= pinule 2. **3** 〘鳥類〙羽枝 (barb). **pin·nu·lar** [pínjulə | -lə(r] *adj.*

pin·nu·late [pínjulèɪt] 〘⇨ ↑, -ate²〙 *adj.* **1** 〘植物〙小羽片のある. **2** 〘動物〙小びれのある.「pinnulate.

pin·nu·lat·ed [pínjulèɪtɪd, -təd | -tɪd, -təd] *adj.* =

pin·nule [pínjuːl] 〘⇨ pinnula〙 *n.* **1** 〘植物〙(二回羽状複葉の)小葉. **2** 〘動物〙小びれ (finlet); (ウミユリの)腕の羽状に分かれた小枝. **3** 〘測量〙(アリダードの (alidade) の)後視準ばん.

pin·ny [píni | -nɪ] 〘《短縮・変形》← PINAFORE: ⇨ -y²〙 *n.* 《小児語・口語》= pinafore.

pín òak *n.* 〘植物〙ピンオーク (*Quercus palustris*)《米国東部産の高さ 25–40 m になるカシの一種; 生成期には枝がピラミッド型になり, 葉は羽状に深裂する》.

Pi·noc·chio [pɪnóukiòu, pə- | pɪnɔ́kɪəu, -náu-, -kjəu; *It.* pinɔ́kkjo] *n.* ピノキオ《イタリアの児童文学者 Collodi 作の *Le Avventure di Pinocchio* (The Adventures of Pinocchio) (1883) の主人公; 木の人形であったが, 最後に人間の子になる》.

pi·noch·le [píːnʌkl] 〘《1864》《変形》←《古形》*binochle* □ ? Swiss-G *Binokel* □ Swiss-F *binocle* ← F *binocle* eyeglasses ← NL *binoculus* 'BINOCULAR'〙 **—** *n.* 《米》〘トランプ〙ピノクル《我が国の花札遊びに似たゲームの総称で, 基本的には 2–8 を除く 24 枚のトランプ 2 組を用い, 2–4 人で手役, 出来役, また獲得した札による得点を競う》; (このゲームの役の一つとして)スペードのクイーンとダイヤのジャックの組合わせ.

pinochle rúmmy *n.* 〘トランプ〙= five hundred rum.

pin·o·cy·to·sis [pìnəsɪtóusɪs, pàɪn-, -sət-, -saɪt-, -səs | -nə(u)saɪtə́usɪs] 〘← NL ~ ← *pino-* (← Gk *pínein* to drink) + CYTO- + -OSIS〙 **—** *n.* (*pl.* **-to·ses** [-siːz]) 〘生物〙飲細胞活動, ピノシトーシス《細胞が液体を外界から取り込む働き》.

pin·o·cy·tot·ic [pìnəsaɪtɑ́tɪk, pàɪn-, -sə-, -saɪ- | -nə(u)saɪtɔ́t-] *adj.* 〘生物〙飲細胞活動の[に関する]. **pin·o·cy·tót·i·cal·ly** *adv.*

pi·nol [páɪnɔ(ː)l, -noul | -nɔl] 〘← PIN(ENE) + -OL²〙 *n.* 〘化学〙ピノール ($C_{10}H_{16}O$)《樟脳に似た臭いの液体》.

pi·no·le [pɪnóuli, pə- | pɪnə́ulɪ; *Sp.* pinóle] 〘□ Am.-Sp. ~ □ Nahuatl *pinolli*〙 **—** *n.* ピノーレ《乾燥させたトウモロコシか小麦の粗挽き粉に本来甘味をもっている mesquite の豆の粉を混ぜ合わせた携帯食品; メキシコおよび米国の南西部で用いる》.

pi·ñon [pínjoun, -njan, -njən, pɪnjóun | pínjəun, -njɔn, -njən, pɪnjə́un; *Sp.* piɲón] 〘□ Am.-Sp. *piñón* = Sp. *piñón* pine nut ← *piña* pine cone □ L *pinea*: cf. pineal〙 **—** *n.* (*pl.* **~s, pi·ño·nes** [pɪnjóuniːz | -njə́u-; *Sp.* piɲónes]) 〘植物〙Rocky 山脈南部地方産の実が食用になる数種のマツ類の総称《*Pinus monophylla*, *P. cembroides*, *P. edulis* など》; そのマツの実.

piñon bird [jày] *n.* 〘鳥類〙マツカケス (*Gymnorhinus cyanocephalus*)《米国西部産の青色のカケス》.

piñones *n.* piñon の複数形.

Pi·not [piːnóu | -nə́u; *F.* pino] 〘□ F ~ ←《方言》*pine* pine cone: その房の形から〙 **—** *n.* **1** ピノー《California 州産のぶどう酒用の紫または白のぶどう》. **2** ピノー(ワイン)《ピノー種のぶどうで造る赤ぶどう酒 (Pinot noir) または白ぶどう酒 (Pinot blanc)》.

pín pàllet escàpement *n.* 〘時計〙ピン レバー脱進機《アンクルのつめに鋼製のピンを使った脱進機; pin lever escapement ともいう》.

pín plàte *n.* 〘土木〙ピンプレート《ピン継手において ピン穴まわりに付加する鋼板》.

pín·pòint 〘《1849》〙 **—** *n.* **1 a** ピンの先. **b** (ピンの先ほどの)極く小さな点: ~*s* of light (ピンの先ほどの)小さな光. **2** 小さな物; つまらない事柄 (trifle): argue about ~*s* つまらない[ささいな]事を論議する. **3** 〘軍事〙 **a** 精密照準点《きわめて小さな目標の位置する精密に確認された点》. **b** (直接地上を観測して決定された航空機の)地上位置. **—** *vt.* **1** …の地図上の位置をピンを刺して示す. **2** 正確に…の位置を示す; 正確に定める. **3** 〘軍事〙位置を精密に決定する; 精密に射撃する, 精密照準爆撃をする. **—** *adj.* **1** ピンの先(ほど)の: little ~ bugs ペンの先のようなちっちゃな虫. **2** 正確に狙いをつけた; 正確な, 精密な: ~ landing 正確な着陸 / ~ bombing 〘軍事〙精密(照準)爆撃 / ~ accuracy (狙いなどの)非常な正確さ. **3** 〈的が〉小さくて正確な爆撃を必要とする.

pín·prìck 〘《1862》〙 **—** *n.* **1** 針で一刺し刺すこと. **2** 小うるさいこと, ちょっとした意地悪; 小うるさくいら立たせるもの: a ~ policy いやがらせ政策. **—** *vt., vi.* 針で刺す; ちくりと突く[攻撃する].

pín·ràil *n.* **1** 〘劇場〙舞台上部のレール《大道具を操作する綱が固定されている》. **2** 〘海事〙帆船でデッキ側面に設けた belaying pin を通すための強いレール.

pín sèal 〘*pin*: ⇨ pin: 革の表面にピンの頭状のぼつぼつがあることから〙 *n.* (自然の銀面の)アザラシ革.

pín·sètter *n.* 《米》〘ボウリング〙ピンセッター《レーン上にピンをセットする機械[人]; pinspotter ともいう》.

pín·spòt *vt.* 〘演劇〙ピンスポットで照らす.

pín spòt *n.* 〘演劇〙ピンスポット《舞台の小さな局所を照明するスポット》.

pín·spòtter *n.* 〘ボウリング〙= pinsetter.

pín·stripe *n.* (服地中の)ピンストライプ《細い縦縞》; 細い縦縞模様の織物. **pín-strìped** *adj.*

pint [páɪnt] 〘《1384》□ (O)F *pinte* □ ? ML *pincta* painted mark = VL **pincta* (fem.) ← **pinctus* painted《変形》← L *pictus* (p.p.) ← *pingere* 'to PAINT': 容量を示すために着色した液で容器に印をつけたところから〙 **—** *n.* **1** パイント《液量の単位; = 4 gills, $^1/_2$ quart; 略 pt.》: **a** 《米》28.875 立方インチ, 0.473 リットル. **b** 《英》34.678 立方インチ, 0.568 リットル. **2** パイント《乾量の単位; = $^1/_2$ quart; 略 pt.》: **a** 《米》33.600 立方インチ, 0.550 リットル. **b** 《英》34.678 立方インチ, 0.568 リットル. **3** 1 パイント入り容器. **4** 《英》1 パイントのビール[飲料, 牛乳].

pin·ta¹ [píntə, -tɑː | -tə, -tɑː; *Sp.* pínta] 〘□ Am.-Sp. ~ = Sp. ~ 'spot, mark' < VL **pinctam* (↑)〙 **—** *n.* 〘病理〙ピンタ《メキシコおよび中南米に多い熱帯性皮膚病の一種; 皮膚にさまざまな色の斑点が生じる》.

pint·a² [páɪntə | -tə] 〘《短縮》← *pint of*: *drinka pinta milka day* = drink a pint of milk a day という宣伝文句から: cf. cuppa〙 **—** *n.* 《英口語》1 パイント (pint) の飲物《特に, 牛乳・ビール》.

Pin·ta [píntə | -tə; *Sp.* pínta] *n.* [the ~] ピンタ号《Columbus がアメリカ発見の航海に用いた三隻の帆船キャラベル (caravels) のうちの一隻; cf. Martín Alonso PINZÓN, Santa Maria, Niña》.

pín tàble *n.* 《英》= pinball machine.

pin·ta·do [pɪntɑ́ːdou | -dəu] 〘《1602》□ Port. ~ 'guinea-fowl',《原義》painted (p.p.) ← *pintar* to paint < VL **pinctāre* ← **pinctus* (p.p.) = L *pictus* ← *pingere* 'to PAINT'〙 **—** *n.* (*pl.* **~s, ~es**) **1** 〘魚類〙= cero. **2** 〘鳥類〙 **a** = pintado petrel. **b** ホロホロチョウ (guinea fowl).「Cape pigeon).

pintádo pétrel *n.* 〘鳥類〙マダラフルカモメ (⇨

pín·tàil *n.* (*pl.* **~, ~s**) 〘鳥類〙尾の中羽が長く突き出たさまざまな鳥の俗称: **a** オナガガモ (*Anas acuta*). **b** アカオタテガモ (ruddy duck). **c** ホソオライチョウ (sharp-tailed grouse). **d** = pin-tailed sandgrouse.

pín-tàiled *adj.* 尾の中羽が長く突き出た: a ~ duck = pintail a.

pín-tailed sándgrouse *n.* 〘鳥類〙ノドグロサケイ (*Pterocles alchata*)《ヨーロッパ・アフリカ・アジア産のサケイの一種》.

pin·ta·no [pɪntɑ́ːnou | -nəu] 〘□ Am.-Sp. ~〙 *n.* (*pl.* **~s**) 〘魚類〙= cow pilot.

Pin·ter [píntə | -tə(r], **Harold** *n.* (1930–) 英国の劇作家・俳優; 本名 da Pinta.

pin·tle [píntl̩ | -tl̩] 〘OE *pintel* penis ← **pint* (← Gmc **pin-* ← IE **bend-* protruding point) + -LE¹: cf. LG & Du. *pint* / G *Pint* penis〙 **—** *n.* **1** (蝶番(ちょうつがい)などをつぼ金に差し込む)軸, 軸針, 棒, ピントル. **2** 牽引かぎ《牽引車の後部に砲・トレーラーを取りつけるための掛け金つきのかぎ》. **3** 〘造船〙ピントル, 舵(だ)軸, 舵の軸針.

pin·to [píntou, píːn- | -təu] 〘□ Am.-Sp. ~ ← Sp. *pinto* (adj.) spotted, mottled < VL **pinctum* painted: cf. pint〙 **—** *adj.* (白黒)まだらの, 駁毛の, ぶちの, 斑(ふ)入りの. **—** *n.* (*pl.* **~s, ~es**) 《米西部》 **1** まだら馬, 駁毛馬. **2** 〘植物〙= pinto bean.

pínto bèan *n.* 〘植物〙米国で栽培されるインゲンマメ (kidney bean) の類の植物《単に pinto ともいう》.

pínt pót *n.* (通例しろめ (pewter) 製の) 1 パイント入り容器[ジョッキ].

Píntsch gás [píntʃ-] 〘← *Richard Pintsch* (1840–1919: ドイツの発明家)〙 *n.* ピンチガス《頁(けつ)岩油や石油から製した照明用ガス》.

pínt-sìze *adj.* 《口語》小さな, 小型の (small).

pínt-sìzed *adj.* = pint-size.

pín tùck *n.* 〘服飾〙ピンタック《ピンのように細い装「飾的なタック》.

pín-tỳpe ínsulator *n.* 〘電気〙= pin insulator.

pín·ùp 〘← *pin up* (⇨ pin (v.) 成句)〙 **—** *n.* **1** 《口語》(ピンで壁に止める)美人[有名人]の写真, ピンナップ (cf. pin *vt.* 1). **2** 《口語》ピンナップ(向き)の美人. **3** (部屋の)壁にかけるよう設計されたランプ(など). **—** *adj.* **1** 《口語》(魅力的で)ピンナップに適する: a ~ picture / ⇨ pinup girl. **2** (部屋の)壁にかけるよう設計された: a ~ lamp 壁ランプ.

pínup gìrl *n.* 《口語》 **1** ピンナップガール《ピンナップ向きの魅力的な美人》. **2** = pinup 1.

pín·wàle *adj.* 〈コール天などの織物が〉ごく細うねの.

pín·wèed *n.* 〘植物〙 **1** ハンニチバナ科 *Lechea* 属の多年草の総称. **2** オランダフウロ (alfilaria).

pín·whèel *n.* **1** 〘機械〙ピン歯車. **2** 火輪花火, 回転花火《点火すると支軸を中心に急回転する》. **3** 《米》(おもちゃの)風車 (windmill).

pín·whèeling *n.* 《米》〘海事〙その場回頭《いくつかの機関の一部を逆に駆動させる多軸船の急転回》.

pín·wòrk *n.* 〘服飾〙ピンワーク《ニードルポイントレースで模様の表面から浮いたステッチ》.

pín·wòrm *n.* **1** 〘動物〙ギョウチュウ(蟯虫) (*Enterobius vermicularis*)《寄生虫》. **2** 〘昆虫〙植物組織に寄生する細長い昆虫の幼虫の総称; (特に)米国西部のトマトの害虫であるキバガ科のガ (*Keiferia lycopersicella*) の幼虫.

pín wrènch *n.* ピン付きスパナ.

pinx. 《略》pinxit.

pinx·it [píŋ(k)sɪt, -sət | -sɪt] 〘□ L *pinxit* he or she painted it (3rd. sing. perf.) ← *pingere* 'to PAINT'〙 **—** *L. vt.* …写す, …描く, …作《画家が作品の署名に添える; 略 pinx., pxt.; cf. sculpsit, fecit》.

Pinx·ter [píŋ(k)stə | -tə(r] *n.* = Pinkster.

pínx·ter flòwer [píŋ(k)stə- | -stə-] *n.* 〘植物〙米国産の淡紅色の花をつけるツツジ (*Rhododendron nudiflorum*).

pin·y [páɪni | -nɪ] 〘⇨ pine², -y⁴〙 *adj.* (**pin·i·er; -i·est**) **1** 松のおい茂った; 松から成る. **2** 松の(ような).

Pin·yin [pínjín; *Chin.* p'īnīn] 〘《1974》← Chin. *p'inyin* (拼音)〙 *n.* ピンイン式《中国語のローマ字表記法; 1979 年以降 Wade system に代り固有名詞の表記に用いられている》.

pí·nyon jày [pínjoun-, -njan-, -njən- | -njəun-, -njɔn-, -njən-] 〘□ Am.-Sp. *piñón* 'PIGNON'〙 *n.* 〘鳥類〙マツカケス (piñon bird).

Pin·zón [pɪnzóun, piːnθɔ́(ː)n | pɪnθɔ́n; *Sp.* pinθón], **Mar·tín** [martín] **Alonso** *n.* ピンソン《1440?–?93; Columbus に同行したスペインの航海家; Pinta 号の船長》.

Pinzón, Vicente Yá·ñez [jáɲeθ] *n.* ピンソン《1460?–?1524; Columbus の同行者; M. A. Pinzón の弟, のちにギアナ, Amazon 河口, ブラジル海岸を発見 (1500)》.

pi·o·let [pìːəléɪ; *F.* pjɔlɛ] 〘□ F ~ (dim.) ← *piola* small ax ← Gmc.〙 *n.* 〘登山〙ピッケル (ice ax).

pi·on [páɪɑn | -ɔn] 〘短縮〙 *n.* 〘物理〙= pi-meson.

pi·o·neer [pàɪəníə | -níə(r] 〘n.: 《1523》*pioner* □ F *pionnier* < OF *paonier*, *peon(n)ier* ← *paon*, *peon* foot soldier: ⇨ peon², -eer: cf. pawn¹. — v.: 《1780》← (n.)〙 **—** *n.* **1** (未開地などの)開拓者 (explorer). **2** 新分野の開拓[開発]者, 草分け; 先駆者, 首唱者: early ~*s* in Japanese education 日本教育(界)の先駆者たち. **3** 〘軍事〙(本隊の移動を助け, 敵部隊の行動を妨害する土工作業・爆破などをする)工作兵, 工兵. **4** 〘生態〙先駆生物《動植物の無生息地帯にうまくすみついた動物[生えた植物]》: a ~ plant 先駆植物. **5** [P-] 〘宇宙〙パイオニア《米国の一連の月および惑星探査機の名》. **6** [P-] (ソ連の)少年[少女]同盟員, ピオネール《満 10–15 歳の少年[少女]を対象とした組織; cf. Komsomol, Octobrist 2〗. ── *vi.* 開拓者になる; 率先する: do ～*ing* work on …に関する先駆的業績を残す. ── *vt.* **1** 開拓する, 〈道路などを〉開く. **2** 〈新分野を〉切り開く, 開拓する, …の開拓[率先]者となる: ～ a new technique [way of life] 新しい技術[生活方法]を開拓する. **3** 指導する, 導く. ── *attrib. adj.* **1** (ある分野の)草分けの, 最初の: a ～ study 草分け的研究 / in the ～ days of the cold war 冷たい戦争の最初の頃に. **2** (特に, 開拓者時代の)開拓者の[に関する], 開拓者的な: the ～ spirit 開拓者精神. **3** 〈人が〉開拓者である; 先駆的な: ～ settlers 開拓民 / a ～ physicist 新分野を切り開く物理学者.

Pionéer Dày *n.* 開拓者の日《7月24日; 1847年 Brigham Young が Salt Lake City に到着した日を祝って Utah 州で設けられた法定休日》.

pi·on·ic [paɪɑ́nɪk | -ɔ́n-] 〚← PION＋-IC[1]〛 *adj.* 〘物理〙 パイ中間子 (pi-meson) の, パイ中間子による.

Pi·o·phil·i·dae [pàɪəfɪ́lədìː | -lɪ-] 〚← NL ～ ← *Piophila* (属名: ← *pio-* fat (□ Gk *píōn-*)＋-PHILA)＋-IDAE〛 *n. pl.* 〘昆虫〙(双翅目)チーズバエ科.

pi·os·i·ty [paɪɑ́səti | -ɔ́sətɪ, -sɪ-] 〚← PIOUS＋-ITY: RELIGIOUS と RELIGIOSITY からの類推による〛 *n.* 神聖ぶること, 信心ぶること.

piou·piou [pjúːpjúː; *F.* pjupju] 〚□ F ～ 'small chicken' 《擬音語》: 幼児語〛 *n.* 《俗》(典型的な)フランス歩兵.

pi·ous [páɪəs] 〚(1600–01) □ L *pi-us* dutiful < ? IE **pwīyos* ← **peu-* to clean (L *purus* 'PURE'): ⇨ -ous〛 ── *adj.* **1** 信心深い, 篤信の, 敬虔(けん)な (religious, devout). **2** 宗教的動機からの; 宗教にかこつけた, 偽善的な (hypocritical): a ～ founder 宗教的動機から大学などを創立する人 / a ～ fraud (宗教的動機などによる)善意の偽り[うそ], 方便の偽り[うそ]. **3** 宗教的な, 宗教上の (sacred) (↔ secular): ～ literature, poetry, etc. **4** 立派な, 感心な: a ～ effort 殊勝な努力 / a ～ hope (折角ながら)望み薄の希望. **5** 《古》(近親者などに)義理堅い, (特に)親孝行な (filial). **～·ly** *adv.* **～·ness** *n.*

pip[1] [píp] 〚(1598) 《略》 ← PIPPIN〛 ── *n.* **1** (リンゴ・ナシ・ミカンなどの)種子(seed). **2** 《米俗》すばらしい人[物](pippin): You're really a ～. ── *vt.* 〈果実〉の種子を取り除く.

pip[2] [píp] 〚(1593–94) *peep* ← ?〛 ── *n.* **1** (トランプやさいの上の)点, 星, 目. **2** (英国陸軍士官が肩章につける金色の)星《大尉3個, 中尉2個, 少尉1個》. **3** 〘園芸〙(特に, スズランの)根株 (rootstock); (シャクヤク・アネモネなどの)根茎. **4** 〘植物〙(パイナップルの表皮の)小仕切り. **5** 〘植物〙房状の花の中の一輪.

pip[3] [píp] 〚(*c*1450) *pippe* □ MDu. *pippe* & MLG *pip* < (WGmc) **pipit* (OHG *pfiffiʒ* / G *Pips*) □ ? VL **pip(p)ita* 《変形》 ← L *pituita* phlegm, nasal mucus ← IE **pey(ə)-* to be fat, swell〛 ── *n.* **1** 〘獣医〙家禽(きん)の舌病《舌に偽膜が生じ, のどに粘液がたまる》. **2** 《俗》**a** (不消化・風邪などの)軽い病気. **b** [the ～] 不機嫌, ふさぎこみ, 嫌悪: have *the* ～ 気分[機嫌]が悪い / give a person *the* ～ 人を不機嫌にする.

pip[4] [píp] 〚← PIP[2] // PIP[1]: 「小球」の意からか〛 ── *v.* (**pipped**; **pip·ping**) 《英俗》 ── *vt.* **1** …に黒票を投じる, 排斥する, 反対する. **2** 〈計画などを〉くじく, 邪魔をする. **3** 打ち負かす, へこます, 出し抜く: ～ one's opponent at the post 最後の瞬間において相手を打ち負かす. **4** 殺す. ── *vi.* [通例 ～ out で] 死ぬ.

pip[5] [píp] 〚《擬音語》: cf. peep[2]〛 ── *v.* (**pipped**; **pip·ping**) ── *vi.* 〈ひながぴよぴよ鳴く; 〈ひなが〉殻を破って出る[かえる]. ── *vt.* 〈ひなが〉〈殻を〉破って出る. ── *n.* ちっちっ, ちゅっちゅっ《小鳥の鳴声》.

pip[6] [píp] 〚《擬音語 ?》〛 *n.* ＝blip 1.

pip[7] [píp] 〚《擬音語》〛 *n.* 《英》ピッという音: the three ～*s* of the time signal 時報のピッピッピッ / *Pip*, ～, ～, ping! ピッピッピッ, ポーン《時報の音》.

Pip [píp] 〚(dim.) ← PHILIP〛 *n.* 男性名.

pi·pa [píːpə] 〚□ Du. ～ ← Galibi〛 *n.* 〘動物〙コモリガエル, ピパ (⇨ Surinam toad).

pip·age [páɪpɪdʒ] 〚← PIPE (n.)＋-AGE〛 *n.* **1** (水・ガス・油などの)パイプ輸送. **2** [集合的] 輸送管. **3** (パイプ輸送による)輸送料.

pi·pal [píːpʌl, -pəl] 〚□ Hindi *pīpal* ← Skt *pippala*: cf. pepper〛 *n.* 〘植物〙インドボダイジュ (⇨ bo tree) 《pipal tree ともいう》.

pipe [páɪp] 〚n.: OE *pīpe* < Gmc **pīpa* (Du. *pijp* / G *Pfeife*) □ VL **pīpa* 《逆成》 ← L *pīpāre* to pipe, chirp ← IE **pīp(p)-* to peep (Gk *pippízein* to chirp): 《擬音語》. ── v.: OE *pīpian* ← *pīpe* (n.)〛 ── *n.* **1 a** (液体・ガス・石油などを送る)管, 導管, 筒 (tube), パイプ: an air ～ 空気管 / a closed [an open] ～ 閉[開]管 / a collective ～ 集管 / a distributing ～ 配水管 / ⇨water pipe. **b** (人体内の)管状器官, 導管, 脈管. **c** [*pl.*] 《口語》気管, のど (windpipers); 呼吸器. **2** (火山の噴火口・間欠泉の噴出路などの)管状部分, 管状路. **3** (刻みたばこ用)パイプ, マドロスパイプ, きせる (cf. cigarette-holder); (刻みたばこの)一服, (一服の)たばこ: fill [charge, stuff] a ～ パイプにたばこをつめる / light one's [a] ～ 一服つける / puff a ～ パイプを吹かす / smoke [have] a ～ 一服吸う. **4** 《米俗》**a** ＝pipe dream. **b** 骨の折れない[楽な]仕事[課業(など)]: That's a ～. それは朝飯前だ. **5** 〘音楽〙**a** (パイプオルガンの)音管 (organ pipe). **b** 管楽器. **c** パイプ《英国で中世に用いられた左手のみで奏する3穴の小笛; cf. tabor》. **d** 《古》単管楽器, 笛: ⇨ pitch pipe. **e** [*pl.*] ＝bagpipe. **f** [*pl.*] ＝panpipe. **g** [*pl.*] (総称的に)木管楽器. **h** [通例 *pl.*] (歌に使う)声帯. **6** 《古》鋭い音[声, 歌声], 笛の音, (鳥などの)鳴き声, 金切声. **7** [□ OF ～ 'pipe, cash' < VL **pippa*＝*pīpa*] **a** (ぶどう酒・油用の)大だる. **b** 大だる一杯の液量《通例 105 gallons; cf. octave 2》. **8** 〘鉱山〙管状鉱脈, 鉱巣. **9** 〘海事〙**a** (水夫長・掌(しょう)帆長の)号笛, 呼子. **b** 号笛の音《召集や作業始めの合図》. **10** 〘植物〙茎 (stem). **11** 〘冶金〙鋳塊の頭の中心に起こる凹地(ひけ).

dance to a person's pipe ⇨ dance 成句. ***put a person's pipe out*** 〚「他人のたばこの火を消す」の意味から〛人の成功の邪魔をする; 人の顔色をなからしめる. ***Put that in your pipe and smoke it.*** 《口語》(小言を言ったあとなどに)今言ったことをよく考えてできれば言ったようにしなさい.

pipe of peace [the ―] (アメリカインディアンが吸い合う)平和のきせる (calumet) 《peace pipe ともいう》: smoke *the* ～ *of peace* 和親のしるしとしてたばこを飲み回す.

── *vi.* **1** 笛を吹く. **2** 〈鳥が〉ぴーぴー鳴く[さえずる] (peep); 〈風が〉ひゅーひゅー鳴る; きーきー声で話す, 金切声を立てる. **3** 泣く (weep). **4** 〘海事〙号笛を吹いて命令する, 号笛を吹いて命令[号令]を伝える: ⇨ PIPE *away*. **5** 〘鉱山〙円筒形に掘る. **6** 〘冶金〙鋳造後の冷却で頭に円錐形の凹地(ひけ)ができる.

── *vt.* **1** 〈水・ガス・石油などを〉パイプ[管]で通す[送る]. **2** 〈建物などに〉パイプをつける, 管を設備する. **3** 〈衣服〉にパイピングを施す: ～ a dress *with* red 服に赤いパイピングを付ける. **4** 〈ケーキなど〉にクリームや砂糖衣を絞り袋の口金から絞り出して飾る. **5** (笛で)吹く; 管楽器で奏する: ～ a song [tune] 歌[曲]を吹奏する. **6** 笛を吹いて…させる: ～ a person asleep [*into* good spirits] 笛を吹いて人を眠らせる[元気づける]. **7** 金切声で言う[歌う]. **8** 《俗》見る, 目にする. **9** 〘海事〙〈船員を〉(号笛で)呼ぶ, 命令する 〈*up*〉: ～ all hands *to* a meal [*to* work] 号笛を吹いて総員を食事[作業]につかせる. **10** 〘ラジオ・テレビ〙〈番組を〉有線放送する; 同軸ケーブルで送信する: ～ music in a hall / ～*d* TV 閉回路テレビ, 有線テレビ.

pipe away 〘海事〙号笛を鳴らして〈ボート〉に出発の合図をする. ***pipe down*** (1) 《米俗》低い声で話す; [しばしば命令形で] 黙る, 静かに[おとなしく]なる. (2) 〘海事〙(号笛を吹いて)水夫などを甲板の仕事から解散させる, 水夫に終業を命ずる. ***pipe in*** (1) 〈ガス・水などを〉パイプで送り入れる. (2) 〈言葉・音楽などを〉電送する. ***pipe up*** (*vt.*) (1) パイプで〈水などを〉汲み上げる. (2) 吹奏し[歌い]始める. (3) ⇨ *vt.* 9. (*vi.*) (1) 《口語》声を張り上げる, きーきー声で話す. (2) 吹奏し[歌い]始める. (3) 《口語》〈風などが〉勢いを増す, つのる.

～·less *adj.* **～·like** *adj.*

pipe·age [páɪpɪdʒ] *n.* ＝pipage.

pipe-clày *vt.* **1** パイプクレーで漂白する, 〈白靴・軍装品など〉に白土を塗る. **2** みがき立てる; 整頓する, 整理する.

pipe clày *n.* **1** パイプクレー《焼成色の白いケイ酸質粘土; たばこのパイプ製造のほか軍人の帯皮類みがきに用いる》. **2** (軍隊で部下の服装や教練に対して)非常に厳格なこと.

pipe clèaner *n.* (先に房がついている)たばこパイプの柄(の内部)の掃除具.

pipe cùtter *n.* 〘機械〙パイプカッター, 管切り.

pipe dìe *n.* 〘機械〙パイプダイス, オスター《管用ねじ (pipe thread) を切るためのダイス》.

pipe drèam *n.* (あへん吸入によって起こるような)空想的な考え (daydream), 突飛な話, 大風呂敷.

pipe·fìsh *n.* (*pl.* ～, ～·es) 〘魚類〙ヨウジウオ(楊子魚)《管状の吻と角張った細長い体をもつタツノオトシゴの類のヨウジウオ亜科の数種の魚の総称; ヨウジウオ (*Syngnathus schlegeli*) など》.

pipe fìtter *n.* (冷暖房敷設などの)配管工.

pipe fìtting *n.* **1** 管敷設用具, 管具. **2** 管敷設作業.

pipe·ful [páɪpfùl] *n.* パイプ一杯, 一服分(のたばこ).

pipe hànger *n.* 〘機械〙管つり《天井などから管を吊下げるために用いる》.

pipe kèy *n.* 中が空になっている鍵《barrel key ともいう》.

pipe·làyer *n.* **1** 水道管[ガス管]敷設工, 水道屋, 配管工. **2** 《米》路線を敷く人, 計画の推進者; (特に)政治家.

pipe·làying *n.* 《米》＝wire-pulling.

pipe lìght *n.* きせるに詰めた煙草に火をつけるつけ木[こより].

pipe·lìne *n.* **1** (ガソリン・ガスなどの)配管系, 管路, 管線, 輸送管路, 送油管, パイプライン. **2 a** 《米口語》(機密)情報ルート, 経路. **b** 商品供給ルート.

in [***into***] ***the pipeline*** 〈品物・提案など〉運送[実行]されようとして; 準備[完成]の途中で, 進行[発展]中で: "Any other books *in the* ～?" 何か他の著作が進んでいますか.

── *vt.* 輸送管路で輸送する[を配備する]. ── *vi.* 輸送管路を取付ける.

pipe·lòad *n.* パイプ一杯の量: ten ～*s* of tobacco.

pipe màjor *n.* **1** 〘音楽〙(bagpipe 隊の)主席バグパイプ奏者. **2** 〘英軍事〙連隊付バグパイプ隊の隊長《下士官》.

pip em·ma [píp émə] 〚P.M. の通信用呼び名から: cf. Emma[2]〛 *n., adv.* 《英口語》午後 (p.m.) (↔ ack emma).

pipe òrgan 〚(1895)〛 *n.* パイプオルガン (cf. reed organ).

pip·er[1] 〚OE *pīpere*: ⇨ pipe, -er[1]〛 ── *n.* **1 a** 笛を吹く人; (特に) ＝bagpiper. **b** 若鳩《笛を吹くような声から》. **2** 〘捕えられた時, 笛のような音を出すことから〙〘魚類〙フランス近海に生息するヨーロッパ産ホウボウ科の魚 (*Trigla lyra*) 《食用にならない》. **3** 息切れのする馬, 喉鳴りのする馬. **4** (おどけた動作で野鳥をわなにおびき寄せる)おとりの犬.

(***as***) ***drunk as a piper*** 《口語》たわいなく酔っ払って.

pay the piper (1) (娯楽などの)費用を負担する: He who *pays the* ～ calls [may call] the tune. 《諺》笛吹きに金を払う者が曲を注文する権利がある, 費用を受け持つものに支配権がある (cf. *call the* TUNE). (2) 自分が蒔(ま)いた種を自分で刈る, (やったことの)責めを負う.

pi·per[2] [páɪpə | -pə(r)] 〚《頭字語》 ← *p*(*retty*) *i*(*mportant*) *per*(*son*)〛 *n.* 《俗》かなり偉い人 (cf. VIP).

Pip·er·a·ce·ae [pìpəréɪsiìː, pàɪp-] 〚← NL ～ ← *Piper* (属名: ← L *piper* 'PEPPER')＋-ACEAE〛 ── *n. pl.* 〘植物〙(コショウ目)コショウ科. **pìp·er·á·ceous** [-ʃəs] *adj.*

pipe ràck *n.* (パイプを並べておく)パイプ掛け.

Pip·er·a·les [pìpəréɪliːz, pàɪp-] 〚← NL ← *Piper* (属名: ⇨ Piperaceae)＋-ALES〛 *n. pl.* 〘植物〙(双子葉植物)コショウ目.

pi·per·a·zine [paɪpérəzìːn, pɪ-, pə-, pípərə- | paɪpérə-, pɪ-] 〚《混成》 ← PIPERIDINE＋AZO-〛 ── *n.* 〘化学〙ピペラジン ($(C_2H_4NH)_2$) 《窒素2原子を環に含む結晶; 家畜用駆虫剤, 殺虫剤に用いる》.

pipe rèamer *n.* 〘機械〙パイプリーマー《パイプの端部内径に沿って面とりしたり, まくれを除去するために用いる多条の錐状工具》.

pi·per·i·dine [paɪpérədìːn, pɪ-, pə-, pípərɪ-, -dn̩ | paɪpérɪdìːn, pɪ-] 〚《混成》 ← PIPERINE＋-IDE[2]〛 ── *n.* 〘化学〙ピペリジン ($C_5H_{11}N$) 《無色アンモニア臭の液体; 有機合成・医薬原料に用いる》.

pip·er·ine [pípəriːn, -rɪn, -rən | -riːn] 〚← *piper-* (← L *piper* 'PEPPER')＋-INE[3]〛 *n.* 〘化学〙ピペリン ($C_{17}H_{19}NO_3$) 《オトギリソウなどに含まれる成分》.

pípe ròll 〚(1612): この書類が筒の中に納められていたことから〛 *n.* 〘英史〙(1131–1831 年の)国庫年報, 財務府記録簿.

pi·per·o·nal [paɪpérənæ̀l, pɪ-, pə- | paɪ-, pɪ-] 〚□ G ～: ⇨ piperine, -one, -al[3]〛 *n.* 〘化学〙ピペロナール ($(CH_2O_2)C_6H_3CHO$) 《ニセアカシアなどの花の精油; 香水原料; heliotropin ともいう》.

pi·pér·o·nyl butóxide [paɪpérənɪ̀t-, pɪ-, pə-, -nl̩- | paɪ-, pɪ-] 〚*piperonyl*: ← PIPERON(AL)＋-YL〛 ── *n.* 〘薬学〙ピペロニルブトキシド ($C_{19}H_{30}O_5$) 《淡褐色の液体; 殺虫剤の効力増強剤として用いる》.

pi·per·y·lene [paɪpérəlìːn, pɪ-, pə- | paɪpérɪ-, pɪ-] 〚← PIPER(IDINE)＋-YLENE〛 *n.* 〘化学〙ピペリレン ($CH_3CH{=}CHCH{=}CH_2$) 《1,3-ペンタジエンともいう》.

pipe smòker *n.* 《米》あへん中毒患者.

pipe snàke *n.* 〘動物〙パイプヘビ (*Cylindrophis rufus*) 《セイロンに生息するパイプヘビ属の無毒のヘビ; 胴体は円筒形で地中にすむ》.

pipe·stèm *n.* **1** たばこパイプの軸, (きせるの)羅宇(ラウ). **2** 《口語》やせた細い脚[腕].

pipe stìll *n.* 〘化学〙パイプスチル《加熱炉内の多数のパイプを油が通過する際に連続的に蒸留される装置; コールタールの蒸留に用いる》.

pipe·stòne *n.* 硬赤粘土《アメリカインディアンがパイプ作りに使う》.

pipe stòp *n.* (オルガンの)ストップ, 音栓(せん).

pi·pet [paɪpét | pɪ-] *n., vt.* (**pi·pet·ted**; **-pet·ting**) ＝pipette.

pipe thrèad *n.* 〘機械〙管用ねじ《管類の接続に用いる細かいピッチのねじ》.

pi·pette [paɪpét | pɪ-] 〚(1839) □ F ～ (dim.) ← PIPE: ⇨ -ette〛 ── *n.* ピペット《極少量の液体またはガスを移すのに用いる化学実験用の小管》: ⇨ absorption pipette. ── *vt.* 〈液体などを〉ピペットで移す[取る].

pipe vìne *n.* 〘植物〙ウマノスズクサ属 (*Aristolochia*) の蔓性植物の総称《パイプの型に似た花をつける》; (特に) ＝Dutchman's-pipe.

pipe vìse *n.* 〘機械〙パイプ万力《管または丸棒用の万力》.

pipe·wòrk *n.* (オルガンの)管機構; (ある音栓に属する)一組のパイプ.

pipe wrènch *n.* 〘機械〙パイプレンチ, 管回し, 管用レンチ (⇨ wrench 挿絵).

Pip·i·dae [pípədìː | -pɪ-] 〚← NL ～ ← *Pipa* (属名: ⇨ pipa)＋-IDAE〛 *n. pl.* 〘動物〙コモリガエル科.

píp·ing 〚⇨ pipe, -ing[1,2]〛 ── *n.* **1 a** 笛を吹くこと; 管楽器の吹奏. **b** 管楽 (pipe music). **2** 笛の音; 鳥の(甲高い)鳴き声[さえずり]; 甲走った声; 泣くこと, 泣き声: the ～ of birds in the meadows 牧場に響く鳥の鳴き声. **3** [集合的] 管 (pipes); (水道管などの)管組織[系統], 配管. **4** 管状になったもの. **5** パイピング《バイヤス状の細いテープ; 中に細いコードを入れたりする》; その飾り. **6** ケーキなどの絞り袋の口金から絞り出された装飾用のクリームや砂糖衣など. **7** 〘土木〙パイピング, 貫孔作用《土の中の浸透水により水みちができる土粒子の移動現象》.

dance to a person's piping ⇨ dance 成句.

── *adj.* **1** 笛を吹く, 管楽を奏する; (平和な)笛の音のする; 平和な, 穏やかな (tranquil): the ～ time(s) of peace ⇨ peace 2. **2** 鋭い音を出す, ぴーぴーいう. **3** [副詞的に; 通例 ～ hot で]《口語》(焼き[煮え]たてで)しゅーしゅー音を立てて: be ～ *hot* 〈食物などが〉しゅーしゅー煮立つ(ほど熱い), ほやほやの, 焼きたての / a ～ *hot* shower.

píping crów *n.* 《鳥類》カササギフエガラス (*Gymnorhina tibicen*)《オーストラリア産フエガラス属の物真似のうまい, 小さなカラスぐらいの黒と白の鳥》.

pip·is·trelle [pìpɪstrél, -pəs-, ーーー | pìpɪstrél] 〚《1771》□ F ～ □ It. *pipistrello* (変形) ← *vipistrello* < VL **vespertillium*=L *verspertiliō* bat, 《原義》 belonging to the evening ← *vesper* 'evening, VESPER'〛 ── *n.* 《動物》アブラコウモリ, イエコウモリ《アブラコウモリ属 (*Pipistrellus*) の小型のコウモリの総称》; (特に)ヨーロッパアブラコウモリ (*P. pipistrellus*)《英国で最も普通の種類》.

pip·it [pípɪt, -pət | -pɪt] 〚《1768》《擬音語》〛 ── *n.* 《鳥類》タヒバリ《セキレイ科タヒバリ属 (*Anthus*) の鳥類の総称; マキバタヒバリ (meadow pipit) など; titlark ともいう》.

pip·kin [pípkɪn, -kən | -kɪn] 〚← ? PIPE (n. 11)+-KIN〛 ── *n.* **1** 《窯業》(1個または2個の取手のついた, 耐熱器で造られた)小さなシチュー鍋《ミルク, ソース, その他液状食物などを加熱するのに用い, 内面だけが施釉されている》. **2** 《方言》片手桶(おけ) (piggin).

pip·less 〚⇨ pip¹〛 *adj.* 種のない (cf. pippy).

Pip·pa [pípə; *It.* píppa] 〚《イタリア語形》← PHILIPPA〛 *n.* 女性名.

pip·per [pípə | -pə(r] 〚← PIP²+-ER¹〛 *n.* (銃の環状の穴照門の中心にある)照星, 照準器の十字線の中心.

pip·pin [pípɪn, -pən | -pɪn] 〚《a1325》 *pepin, pipin* □ (O)F *pépin* seed of fruit ← VL **pipp-* ← ?: もとは粒の小ささを表わす擬音語か: cf. Sp. *pepita* / It. *pippolo*〛 ── *n.* **1** 《英》=pip¹ 1. **2** リンゴの実生樹またはその栄養系. **3** 《俗》すばらしい物[人] (pip). **4** 生食に向けられる質のよいリンゴの総称《普通果皮は黄または緑黄色で赤味がさし, さびも少ない; cf. codling¹》. ［=good-bye.

pip-pip [pìppíp] 〚警笛を表わす擬音語か〛 *int.* 《英》

pip·py [pípi | -pɪ] 〚⇨ pip¹, -y⁴〛 *adj.* (**pip·pi·er; -pi·est**) 〈リンゴ・オレンジなど〉種子の多い.

Pip·ri·dae [píprədì: | -rɪ-] 〚← NL ～ ← *Pipra* (属名: ← Gk *pípra* woodpecker)+-IDAE〛 *n. pl.* 《鳥類》マイコドリ科.

pip·sis·se·wa [pɪpsísəwɔ̀:, -wə | -wə] 〚《1789》□ N-Am.-Ind. (Cree) *pipisisikweu* 《原義》 it (i.e., its juice) breaks it (i.e., a gallstone) into fragments〛 ── *n.* 《植物》ウメガサソウ《イチヤクソウ科ウメガサソウ属 (*Chimaphila*) の植物の総称》; (特に)オオウメガサソウ (*C. umbellata*)《葉は薬用; prince's pine, wintergreen ともいう》.

píp-squèak 〚*pip*: 《擬音語》: ⇨ pip²〛 ── *n.* **1** 《軍事》(第一次大戦でドイツ軍が用いた)ピップーというような音を立てる小砲弾. **2** 《俗》つまらない人, 成上がり (upstart); 取るに足らない物, 下らない物.

Pi·pun·cu·li·dae [pàɪpʌŋkjú:lədì:, -pʌŋ- | -lɪ-] 〚← NL ～ ← *Pipunculus* (属名)+-IDAE〛 *n. pl.* 《昆虫》(双翅目)アタマアブ科.

pip·y [páɪpi | -pɪ] 〚← PIPE+-Y⁴〛 *adj.* (**pip·i·er; -i·est**) **1** 管[円筒]状の. **2** ぴーぴーいう (piping); きーきー声の, 甲走った (shrill).

pi·quant [pí:kənt, -kɑ:nt, -kænt, píkwənt | pí:kənt, -kɑ:nt] 〚《1521》 *pickande, -ante* □ (O)F *piquant* (pres.p.) ← *piquer* 'to prick, sting, PICK¹'〛 ── *adj.* **1** 〈味など〉快くぴりっとする, 刺すような. **2 a** 〈言葉など〉きびきびした, 痛快な; ぴりっとする, 気のきいた, 小気味よい: ～ sarcasm. **b** 〈文学作品など〉興味[好奇心]をそそる, 興味津津たる: a ～ anecdote. **3** 《古》(人の感情を)刺激する (stinging), いら立たせる; 刺すような, 痛烈な (sharp). **pi·quan·cy** [pí:kənsi, píkwən- | pí:kənsɪ] *n.* **～·ly** *adv.* **～·ness** *n.*

pique¹ [pí:k] 〚《1532》 *pyke, picke* □ F ～ ← *piquer* to prick < VL **piccāre* 'to PICK¹': cf. pike¹〛 ── *n.* **1** (個人間の)悪感情, 敵意 (enmity): take a ～ against a person 人に悪感情を抱く. **2** 立腹, 憤激(ふんげき), 癇(かん); 不興, 不機嫌 (displeasure): in a (fit of) ～=out of ～ 腹立ち紛れに. ── *vt.* **1** (自尊心などを傷つけて)〈人を〉憤慨させる (resent), 〈人〉の癇にさわる (irritate): be ～*d at* a refusal 拒絶されて癇にさわる. **2** 〈誇り・虚栄心などを〉傷つける. **3** 〈好奇心・興味などを〉そそる, かき立てる (arouse). **4** 《古》誇る (pride): ～ *oneself* (*up*)*on* [《まれ》 *at, in*] …を鼻にかける[自慢する]. **5** 《廃》《航空》…に向かって急降下する. ── *vi.* 腹を立てさせる, 癇にさわる.

pique² [pí:k] 〚□ (O)F *pic* prick, sting, game of piquet ← *piquer* (↑)〛 ── *n.* (piquet で)手役とプレーの総合得点で相手を30対0に抑えること《ボーナスとしてさらに30点加算される; cf. repique》. ── *vt., vi.* (相手を)30対0に抑える.

pi·qué [pɪkéɪ, pə-, pí:keɪ | pí:keɪ; *F.* pike] 〚《1852》□ F ～ (p.p.) ← *piquer*: ⇨ pique¹〛 (*also* **pi·que** [～]) ── *n.* (*pl.* **～s** [～z; *F.* ～]) **1** ピケ《太いうね織り綿布》. **2** 《バレエ》ピケ《膝を曲げないでつま先で踊るステップ》. ── *adj.* **1** (手袋の縫い目などの)布の端を重ねて縫いとじた. **2** =inlaid.

pi·quet¹ [pɪkéɪ, pə-, -két | pɪkét] 〚□ F ～ (dim.) ← *pic* 'PIQUE²': ⇨ -et〛 ── *n.* 《トランプ》ピケット, ピケ《pinochle 系の古いフランスのゲーム; 2から6までを除く32枚のカードを用い, 二人が12枚の手札で手役の宣言と獲得した組数等により得点を競う; cf. pique²》.

pi·quet² [píkɪt, -kət] 〚《異形》← PICKET〛 *n.* =picket.

pi·ra·cy [páɪrəsi | páɪərəsɪ, pír-] 〚《1552》□ ML *pirāti-a* □ LGk *peirāteia* ← Gk *peirātḗs* 'PIRATE': ⇨ -cy〛 ── *n.* **1** 《法律》公海における略奪(暴行)《陸上であれば重罪 (felony) に当たる行為; 国籍不明の土地に対して海から襲撃する場合も含まれる》. **2** 海賊行為; 海上・海岸での不法行為. **3** 著作[特許]権侵害, 偽作: literary ～ 著作の剽窃(ひょうせつ), 海賊版の出版. **4** 《地理》=capture 5.

Pi·rae·us [paɪrí:əs | -ríəs, -rí:əs] *n.* ピレエフス, ピレウス《ギリシャ南東部, アテネ (Athens) の海港; 人口188,000; Peiraeus ともいう; ギリシャ語名 Peiraiévs》.

pi·ra·gua [pɪrá:gwə, pə-, -rǽg- | pɪ-] 〚《1609》□ Sp. ～ □ W-Ind. (Carib.) ～ 'dug-out': cf. pirogue〛 *n.* **1** =pirogue 1. **2** 二本マスト平底の小帆船.

Pi·ran·del·lo [pìrəndélou | -ləu; *It.* pirandɛ́llo], **Luigi** *n.* ピランデルロ《1867–1936; イタリアの劇作家・小説家・詩人; Nobel 文学賞 (1934); *Sei personaggi in cerca d'autore* 「作者を捜す六人の登場人物」(1921)》.

pi·ra·nha [pɪrǽnjə, pə-, -rá:n- | pɪrá:nə] 〚□ Port. ～ □ Tupi ～ 《原義》 toothed fish ← *pirá* fish+*sainha* tooth〛 ── *n.* 《魚類》ピラニア《南米産カラシン科 *Serrasalmo* 属の体高が高く側扁し両顎に鋭い歯をもつ熱帯魚の総称; 貪食で川を渡る牛や遊泳者を食い殺すことがある; caribe ともいう》.

Pi·rá·ni gàuge [pɪrá:ni-, pə- | pɪrá:nɪ-] 〚← *Marcello St. Pirani* (1880–　: ドイツ生れの英国の物理学者)〛 ── *n.* 《電気》ピラニ真空計, ピラニゲージ《真空度による冷却効果を熱線の電気抵抗で検出する方式の真空計》.

pi·ra·ru·cu [pɪrà:rəkú:, pə- | pɪ-] 〚□ Port. ～ □ Tupi *pirá-rucú* 《原義》 red fish〛 ── *n.* 《魚類》ピラルク (*Arapaima gigas*)《南米北部地方に産する4.5mにも達する骨舌目の世界最大の淡水魚; 現地では食用にする; arapaima ともいう》.

pirarucu

pi·rate [páɪrət, -rɪt | páɪər-] 〚《1426》□ L *pīrāt-a* □ Gk *peirātḗs* ← *peirān* to attempt ← *peîra* attempt, trial ← IE **per-* to try, risk (L *peric(u)lum* danger, *experīrī* to try)〛 ── *n.* **1** 海賊 (sea robber). **2** 海賊船. **3** 剽窃(ひょうせつ)者 (plagiarist), 著作[特許]権侵害者, 海賊版の出版者: a literary ～ 剽窃者, 著作権侵害者 / a ～ copy 海賊版(の本) / a ～ publisher 海賊版発行者. **4** 盗む人, 略奪者 (plunderer): a ～ listener 《通信》盗聴者. **5** 《英》 **a** 無法なバス《他社の線を荒らしたり法外の料金を取ったりする》. **b** 海賊放送局[者]《違法な放送局》: a ～ radio station. **6** 《地理》他の川の上流部を争奪した川 (cf. capture 5). ── *vt.* **1** …に海賊を働く, 略奪する. **2** 剽窃する (plagiarize), …の著作権を侵害する, 〈版権書を〉無断で出版する, …の海賊版を出す: a ～*d* edition 盗版, 海賊版. ── *vi.* 海賊を働く, 海賊行為に出る.

pírate pèrch *n.* 《魚類》北米産サケスズキ目アフレドデルス科の淡水魚 (*Aphredoderus sayanus*)《原始的な硬骨魚類と高等な硬骨魚類との中間の形態的な特徴を備えている点で, 系統上重要な魚の一つ》.

pi·rat·ic [paɪrǽtɪk, pə-, paɪ- | paɪrǽt-, pàɪər-] *adj.* =piratical.

pi·rat·i·cal [paɪrǽtɪkəl, pə-, paɪ-, -tə- | paɪrǽtɪ-, pàɪər-] 〚《1565》← OF *piratique* // L *piraticus* (□ Gk *peirātikós*)+-AL¹: ⇨ pirate〛 ── *adj.* **1** 海賊の; 海賊行為をする. **2** 剽窃(ひょうせつ)の, 著作[特許]権侵害の: ～ editions 海賊版. **～·ly** *adv.*

Pire [píə | píə(r; *F.* pi:r], **Dominique Georges** *n.* ピール《1910–69; ベルギーの聖職者, 社会事業家; Nobel 平和賞 (1958)》.

pir·i·for·mis [pìrəfɔ́əmɪs, -məs | -rɪfɔ́:mɪs] 〚← NL ～ 《原義》 pear-shaped 《変形》 ← *pyriformis* ← ML *pyrum* (L *pirum* pear)+-*formis* '-FORM'〛 ── *n.* (*pl.* **～·es, -for·mes** [-mi:z]) 《解剖》梨状筋.

pir·i·pi·ri [pìrəpíri | -rɪpírɪ] 〚□ Maori ～〛 *n.* 《植物》ニュージーランド産バラ科のいが (bur) のついた多年生雑草 (*Acaena sanguisorbae*).

Pi·rith·o·üs [paɪríθouəs | -θəu-] 〚□ L ～ □ Gk *Peirithoos*〛 ── *n.* 《ギリシャ神話》ペイリトオス《Lapithae 族の王; Theseus と共に黄泉(よみ)の国 (Hades) に下って Persephone を連れ出そうとして果たさずに倒れた》.

pirn [pə́:n, píən | pə́:n, píən] 〚← ?〛 ── *n.* 《スコット》 **1** (緯糸(よこいと)を巻き取る)緯糸木管, パーン《これを杼(ひ) (shuttle) の中に入れる》. **2** (釣竿の)リール (reel).

pi·ro·gen [pɪróugən, pə- | pɪrə́u-] *n. pl.* =piroshki.

pi·ro·gi [pɪróugi, pə- | pɪrə́ugɪ] *n. pl.* =piroshki.

pi·rogue [pí:roug, pír-, pɪróug, pə-, pi:- | pí:rəug, ーー] 〚《1666》□ F ～ □ Sp. *piragua*: ⇨ piragua〛 ── *n.* **1** (原住民の)丸木舟 (piragua ともいう). **2** カヌー式の小舟. **3** =piragua 2.

Pi·ro·la·ce·ae [pàɪrəléɪsiì: | pàɪər-] 〚← NL ～: ⇨ Pyrolaceae〛 *n. pl.* 《植物》=Pyrolaceae.

pir·o·plasm [pírəplæzm] 〚↓〛 ── *n.* 《動物》ピロプラズマ《胞子虫綱ピロプラズマ亜綱に属する原生動物; 主に哺乳動物の赤血球に寄生し, 時に大きな被害を与える; babesia ともいう》.

pir·o·plas·ma [pìrəplǽzmə] 〚← NL ～ ← ? L *pirum* pear+-O-+-PLASMA〛 *n.* (*pl.* **～·ta** [～tə | ～tə]) 《動物》=piroplasm.

pir·o·plas·mo·sis [pìrəplæzmóusɪs, -səs | -mə́usɪs] 〚← NL ～ ← *Piroplasma* (← ? L *pirum* (↑)+-O-+-PLASMA)+-OSIS〛 ── *n.* 《獣医》ピロプラズマ病《バベシア科およびタイレリア科の原虫によって起こる家畜の病気》.

pi·rosh·ki [pɪrɑ́ʃkí:, pɪrɔ́(:)ʃki, pə-, -rʌ́ʃ- | pɪrəʃkí:, pɪrɔ́ʃkɪ; *Russ.* pʲɪroʃkʲí] 〚□ Yid. *pirozshke* (sing.) // Russ. *pirozhki* (pl.) ← *pirozhok* small pocket of pastry (dim.) ← *pirog* small filled pastry ← ? *pir* banquet〛 ── *n. pl.* ピロシキ《小麦粉の生地に刻んだ肉・魚・卵・野菜などを包んで揚げたロシア風のパイ》.

pir·ou·ette [pìruét | -ru-] 〚《1706》□ F ～ < OF *pirouet* teetotum, top < VL **piro* peg □ Gk *peírein* to pierce weather-vane〛 ── *n.* **1** 《ダンス・スケート》ピルエット, つま先[片足]旋回: turn [perform, give] a ～ つま先[片足]で旋回する. **2** 《馬術》ピルーエット, 後肢旋回《後躯を軸に体長を半径として前躯をそのまわりに回転させる360°の旋回》. ── *vi.* つま先[片足]旋回をする, 旋回舞踏をやる.

Pi·sa [pí:zə; *It.* pí:sa] *n.* ピサ《イタリア北西部, Tuscany 地方の Arno 河畔の都市; 斜塔 (Leaning Tower) で有名; 人口104,000》.

Leaning Tower of Pisa [the ―] ⇨ leaning tower.

pis al·ler [pì:zæléɪ, -zə-, pì:zǽleɪ | pì:zǽleɪ; *F.* pizale] 〚《1676》□ F ～ 《原義》 to go worst ← *pis* worst+*aller* to go〛 ── *F. n.* (*pl.* **pis allers** [～(z); *F.* ～]) 最後の手段; 応急策, 応急手段 (makeshift).

Pi·san [pí:zn̩] *adj.* **1** ピサ (Pisa) の, ピサ独特の. **2** ピサの住民の[に特有の]. ── *n.* ピサ生れの人, ピサの住民.

Pi·sa·nel·lo [pì:sɑ:nélou | -ləu; *It.* pisanɛ́llo], **Antonio** *n.* ピサネロ《1395?–1456; イタリアのルネサンス期の肖像・鳥獣画家, メダル彫刻家; Vittore Pissano ともいう》.

Pi·sa·no [pɪsɑ́:nou, -zɑ́:- | -nəu; *It.* pisá:no], **Andrea** *n.* ピサーノ《1270?–1349; イタリアのピサ派の彫刻家》.

Pisano, Giovanni *n.* ピサーノ《1245–?1320; イタリアの彫刻家・建築家》.

Pisano, Nicola *n.* ピサーノ《1220?–78; イタリアの彫刻家・建築家; Giovanni Pisano の父》.

Pi·sau·ri·dae [pɪsɔ́:rədì:, pə- | pɪsɔ́:rɪ-] 〚← NL ～ ← *Pisaura* (属名: ← L *Pisaurum* Pesaro (イタリアの地名))+-IDAE〛 *n. pl.* 《動物》キシダグモ科.

pis·ca·ry [pískəri | -rɪ] 〚1: 《1474》□ ML *piscāri-a* fishing rights (neut. pl.) ← L *piscārius* of fish ← *piscis* fish: ⇨ -ary. 2: 《a1625》□ ML *piscāria* (fem.) ← L *piscārius*〛 ── *n.* **1** 《法律》(特別漁区内での)漁業権: the common of ～ (他人所有の河川における)入会(いりあい)漁業権. **2** 漁場 (fishing place).

pis·ca·tol·o·gy [pìskətɑ́lədʒi | -tɔ́lədʒɪ] 〚← L *piscāt-us* ((p.p.) ← *piscārī* to fish ← *piscis* fish)+-O-+-LOGY〛 *n.* 《まれ》漁撈学.

pis·ca·tor [pɪskéɪtə, pəs-, pískeɪ- | pɪskéɪtə(r, ーーー] 〚□ L *piscātor*: ⇨ ↑, -or²〛 *n.* 漁夫, 魚釣りの人.

Pis·ca·tor [pɪskɑ́:təə, pəs- | pɪskɑ́:tɔ:(r; *G.* pɪská:tɔr], **Erwin** (**Friedrich Max**) *n.* ピスカートル《1893–1966; ドイツの演劇監督・演出家》.

pis·ca·to·ri·al [pìskətɔ́:riəl, -tɔ́:r- | -tɔ́:rɪ-] 〚《1828》← L *piscātōri-us* of fishermen: ⇨ piscator, -ory¹, -al¹〛 *adj.* =piscatory. **～·ly** *adv.*

pis·ca·to·ry [pískətɔ̀:ri, -tòri | -t(ə)rɪ] 〚《1631》□ L *piscātōri-us* (↑)〛 *adj.* **1** 魚釣りの, 魚釣り好きの; 漁業(上)の, 漁夫(について)の. **2** 漁業を業とする.

Pis·ce·an [písiən, páɪs-, pískiən | písi:ən, písɪən, -sjən, pískɪən, -kjən] 〚← PISCES+-IAN〛 《占星》 ── *n.* =Pisces 3 b. ── *adj.* 魚座生れの人の. ★ 英国の占星術者の発音は [páɪsɪən, -sjən].

Pis·ces [páɪsi:z, pís-, pískeɪs | písi:z, píski:z] 〚1: 《1841》← NL ～ ← L *piscēs* (pl.) ← *piscis* 'FISH¹'. 2: 《c1400》□ ML *piscēs* a constellation (pl.) ← *piscis*〛 ── *n.* **1** [複数扱い]《魚類》魚上綱. **2** [単数扱い]《天文》うお(魚)座《北天の星座; the Fishes ともいう》. **3** [単数扱い]《占星》 **a** 双魚宮, 魚座《黄道12宮の第12宮; the Fishes ともいう; cf. zodiac》. **b** (*pl.* ～) 魚座生れの人《2月19日から3月20日までに生れた人》. ★ 英国の占星術者の発音は [páɪsi:z].

pi·sci- [páɪsɪ, -sə, písə, pís(k)ɪ, -s(k)ə | pɪsɪ] 〚□ L ～ ← *piscis* 'FISH¹'〛「魚 (fish)」の意の連結形.

pis·ci·cide [páɪsəsàɪd, pís(k)ə- | pɪsɪ-] 〚← PISCI-+-CIDE〛 *n.* (特に, 一定の地域の)魚の皆殺し[根絶]. **pis·ci·ci·dal** [pàɪsəsáɪdl̩, pìs(k)ə- | pìsɪ-] *adj.*

pis·ci·cul·ture [páɪsəkʌ̀ltʃə, pís(k)ə-, ーーー | písɪkʌ̀ltʃə(r] 〚□ F ～: ⇨ pisci-, culture〛 *n.* 養魚(法). **pis·ci·cul·tur·al** [pàɪsəkʌ́ltʃ(ə)rəl, pìs(k)ə- | pìsɪ-] *adj.* **pis·ci·cúl·tur·al·ly** *adv.*

pis·ci·cul·tur·ist [pàɪsəkʌ́ltʃ(ə)rɪst, pìs(k)ə-, -rəst, ーーーー | pìsɪkʌ́ltʃərɪst, ーーーーー] *n.* 養魚家.

pis·ci·form [páɪsəfɔ̀əm, pís(k)ə- | písɪfɔ̀:m] 〚← PISCI-+-FORM〛 *adj.* 魚の形をした.

pis·ci·na [pɪsí:nə, pə-, -sáɪ-, (カトリック教徒はまた) -ʃí:- | pɪ-] 〚《1599》□ L *piscīna* fishpond ← *pisci-s* fish+*-īna* '-INE²'〛 ── *n.* (*pl.* **～s, -ci·nae** [-sí:naɪ, -sáɪni:]) **1 a** (古代ローマ人の)水泳用の池. **b** 養魚

池. 2 〖⊏ eccl.L *piscīna*〗〖キリスト教〗(石造の)聖杯洗盤, 手洗い盤《ミサの前またはその間に司祭が手を洗ったり使用後の聖杯などを洗うため, 祭壇近くの壁に取りつけてある》. **pis·cí·nal** [-nl] *adj.*

pi·scine[1] [páisi:n, pís(k)aɪn | písaɪn] 〖⊏ L *piscin-us* : ⇨ pisci-, -ine[1]〗 *adj.* 魚(類)の[に関する].

pis·cine[2] [pɪsí:n, pə- | písi:n, ―⌐] 〖ME ⊏ (O)F ～ : ⇨ piscina〗 *n.* (水泳用)プール.

Pis·cis Aus·tri·nus [pisɪs-ɔ:stráɪnəs, -səs-, pískɪs-, -kəs- | písɪs-əs-, pískɪs-, -ɔ:s-] 〖← NL *Piscis Austrinus*《原義》southern fish〗 ― *n.*〖天文〗みなみのうお(南の魚)座《南天の星座: the Southern Fish ともいう》.

Píscis Vólans 〖← NL *Piscis Volāns*《原義》flying fish〗 *n.*〖天文〗とびうお(飛魚)座 (⇨ Volans).

pi·sciv·o·rous [pisív(ə)rəs, paɪ-, paɪ- | pɪ-] 〖← PISCI- + -VOROUS〗 *adj.* 〈鳥など〉魚を食う.

pis·co [pískou, pí:s- | -kəu] 〖⊏ Sp. ～ ← *Pisco* (ペルーの生産地名)〗 *n.* (*pl.* ～**s**) ピスコ《Peru で造られるブランデー; しばしばカクテルに用いられる》.

pi·sé [pi:zéɪ; *F.* pize] 〖《1797》⊏ F ～ (p.p.) ← *piser* to pound ⊏ L *pi(n)sāre* to pound, stamp down〗 ― *n.* (*pl.* ～**s** [～z; *F.* ～])〖建築〗(建築材料としての)日干しれんが, ピゼ《土を練って型に入れ, 乾燥したもの》.

Pis·gah [pízgə | -gə, -gɑ:], **Mount** 〖⊏ Heb. *Pisgāh*《原義》? cleft〗 ― *n.* ピスガの山《死海の北端の東方にある山の背; この山頂 Mt. Nebo から Moses が死の直前に約束の地 Canaan を遥か望見したという; cf. *Deut.* 3:27; 34:1-4》: ⇨ Pisgah sight.

Písgah sìght *n.* (望んでいながら得られないものの)遠くからの眺め[望見].

pish 〖《1592》《擬音語》〗 ― [pʃ, píʃ] *int.* へん, ふん《軽蔑・じれったさなどを表わす》. ― [píʃ] *n.* へん[ふん]という声. ― [píʃ] *vi., vt.* (…に)へん[ふん]と言う: ～ *away* [*down*]「ふん」とけなす, 鼻であしらう, 一笑に付する.

pi·shogue [pɪʃóug, pə- | pɪʃáug] 〖⊏ Ir.-Gael. *piseog* sorcery〗 *n.*《アイル》1 金言, 格言 (aphorism). 2 魔術, 魔法 (sorcery). 3 まじない, 呪(じゅ)文 (spell).

Pi·sid·i·a [pɪsídiə, paɪ- | paɪsídiə, -djə] *n.* ピシディア《小アジア南部にあった古国; 後にローマ領》.

pi·si·form [páɪsəfɔ̀əm, -zə- | -sɪfɔ:m] 〖← NL *pisiform-is* ← *pis-* (← L *pisum* pea) + -FORM〗 ― *adj.* 1 えんどう豆型[大]の. 2〖解剖・動物〗豆状の, えんどう状の: the ～ bone (手首の)豆状骨. ― *n.*〖解剖・動物〗豆状骨.

Pi·sis·tra·tus [paɪsístrətəs, pɪ-, pə- | paɪsístrət-, pɪ-] *n.* ペイシストラトス《605?-527 B.C.; アテネの政治家・僭(せん)主 (tyrant), 文学の興隆に尽くした》.

pis·mire [písmaɪə, píz- | písmaɪə(r)] 〖《c1386》*pissemyre* ← *pisse* 'PISS' + *mire* ant ← ON *maurr* ← IE **morwi-* ant (Gk *múrmēx* / L *formīca*): 蟻塚のにおいから〗 ― *n.*《方言》アリ (ant).

pís·mo clàm, P- c- [pízmou- | -məu-] 〖← *Pismo Beach* (California 州)〗 *n.*〖貝類〗メキシコハマグリ (*Tivela stultorum*)《北米南西海岸でとれる食用の貝》.

pi·so·lite [páɪsəlaɪt, pís-, -zə-] 〖← NL *pisolith-us* ← Gk *písos* pea + -LITE〗 ― *n.*〖岩石〗豆石《同心円構造をもった大豆くらいの大きさの石で, 泥質水成岩などの中に見いだされる》. **pi·so·lit·ic** [pàɪsəlítɪk, pìsə-, -zə- | -tɪk] *adj.*

piss [pís] 〖《c1300》⊏ OF *piss-ier* (F *pisser*) < VL **pissiāre*《擬音語》〗《卑》 ― *vi.* 小便をする, 放尿する: ～ and shit / *Piss* and fart, a sound heart.《諺》小便をして放屁する人は心臓が健康である. ― *vt.* 1 〈血などを〉小便とともに排泄(はい)する. 2 小便でぬらす. 3 [～ oneself で]腹をかかえて笑う.

be pissed up to the eyebrows ぐでんぐでんに酔っ払っている. ***piss about*** [***around***] ぼやぼやする, ぐずぐずする, ふざけ回る. ***piss away*** 〈金などを〉むだ使いする (waste). ***piss off*** (1) [通例命令形で]行ってしまう, 失せる. (2) [通例 p.p. 形で]怒らせる (anger), うんざり[くさくさ]させる (disgust): be ～*ed off* at [with] a person 人に腹を立てる[うんざりする]. (3) [通例 p.p. 形で]酔っ払わせる: be ～*ed off* 酔っ払っている. 「安ビール.

― *n.* 1 尿, 小便 (urine): take [have, do] a ～. 2 *a piece of piss* しごく簡単なこと. ***take the piss out of*** 〈人・考えなど〉をからかう.

― *int.* ちぇっ《嫌悪を表わす》.

Pis·sar·ro [pɪsá:rou, pə- | pɪsá:rəu; *F.* pisaro], **Camille** *n.* ピサロ《1830-1903; フランスの印象派画家》.

pissed [píst] *adj.*《俗》1 怒った (angry), うんざり[くさくさ]した (disgusted). 2 酔っ払った (drunk): ～ out of one's head [mind] ひどく酔っ払った.

píss·er *n.*《卑》1 = penis. 2 いやなやつ.

pis·soir [pɪswɑ́ə, pi:s- | -swɑ́:(r; *F.* piswa:r] 〖⊏ F ～ ← *pisser* 'to PISS'〗 *F. n.* (*pl.* ～**s** [～]) 公衆小便所.

píss-pòt *n.*《俗》室内尿器, しびん (chamber pot).

pis·tache [pɪstǽʃ, pəs- | pɪs-; *F.* pistaʃ] 〖⊏ F ～: ↓〗 *n.* = pistachio.

pis·tach·i·o [pɪstǽʃiòu, pəs-, -tɑ́:ʃ-, -ʃou | pɪstɑ́:ʃiəu, -tǽʃ-, -tǽtʃ-] 〖《1598》*pistaccio* ⊏ It. *pistacchio* ⊏ L *pistācium* ⊏ Gk *pistákion* pistachio nut (dim.) ← *pistákē* pistachio tree ⊏ Pers. *pistah* ← ? ∞ 《1420》*pistache* ⊏ OF *pistace* (F *pistache*) ⊏ L *pistācium*〗 ― *n.* (*pl.* ～**s**) 1〖植物〗ピスタチオノキ (*Pistacia vera*)《南欧および小アジア産ウルシ科の小木; 実は食用》. 2 = pistachio nut. 3 ピスタチオの香味. 4 (ピスタチオの実のような)淡黄緑色.

pistáchio nùt *n.* ピスタチオ《ピスタチオノキの実; 核の中の多肉の子葉; 食用にもなり, すりつぶして食品の香料ともする》.

pis·ta·reen [pìstərí:n] 〖(dim.) ← ? PESETA: cf. peso〗 ― *n.* ピスタレーン《昔のスペインの小銀貨で, 名目上は2レアル相当; 18世紀に米国や西インド諸島で使われた》. ― *adj.* 無価値の, つまらない.

piste [pí:st; *F.* pist] 〖⊏ F ～ ⊏ It. *pista* ← *pistare* to beat: ⇨ piston〗 *n.* ピスト, ピステ《しっかり固めた雪のスキー滑走路[小路]》.

pis·til [pístl | -tɪl, -tl] 〖《1578》⊏ F *pistile* // NL *pistill-um* ← L: PESTLE と二重語〗 ― *n.*〖植物〗1 雌蕊(しずい), めしべ (cf. stamen): open [united] ～ 展開[合生]雌蕊. 2 [集合的] 雌蕊群[圏]《一花の中の全雌蕊》.

pis·til·lar·y [pístəlèri | -ləri] *adj.*

pis·til·late [pístələt, -lət, -lɪt | -tɪ-] 〖← PISTIL + -ATE[2]〗 *adj.*〖植物〗1 雌蕊のある. 2 (雄蕊がなくて)雌蕊だけある (cf. staminate): a ～ flower 雌花.

pis·til·lif·er·ous [pìstəlíf(ə)rəs | -tɪ-] 〖⇨ ↑, -ferous〗 *adj.*〖植物〗雌蕊のある (cf. staminiferous).

pis·til·line [pístəlàɪn, -lɪn, -lən | -tɪlàɪn] 〖← NL *pistill-um* (⇨ pistil) + -INE[1]〗 *adj.*〖植物〗雌蕊の, 雌蕊を有する.

pis·til·lo·dy [pístəlòudi | -tɪləudi] 〖← NL *pistillōdium*: ⇨ pistil〗 *n.*〖植物〗1 他の器官が変形してできた雌蕊. 2 退化した役に立たない雌蕊.

Pis·to·ia [pɪstɔ́ɪə, -tóujə | -tɔ́ɪə, -táujə; *It.* pistó:ja] *n.* (*also* **Pis·to·ja** [～]) ピストーヤ《イタリア北部, Tuscany 州 Florence の北西方の都市; 人口 95,000》.

pis·tol [pístl] 〖《c1570》⊏ F *pistole* dagger, pistol ⊏ G *Pistole* ⊏ Czech *pišt'al*《原義》pipe《擬音語》?: cf. It. *pistolese* dagger made at Pistoia〗 ― *n.* 1 ピストル, 拳(けん)銃《片手照準で発射されるようになっている軽火器; 現在は revolver か automatic pistol の型が普通; 特に, revolver と区別して弾倉が銃把の中にあるものだけをいうこともある》: a revolving ～ 輪胴式ピストル / hold a ～ to a person's head ピストルを人の頭に突きつけて脅す, 脅して強制する. 2 (一発ずつこめて撃つ旧式の)短銃, 単発拳銃. ― *vt.* (**pis·toled, -tolled; -tol·ing, -tol·ling**) ピストルで撃つ. **～-lìke** *adj.*

pis·tole [pɪstóul, pəs- | pɪstául, ⌐―] 〖《1592》⊏ (O)F ～《逆成》? ← *pistolet* small pistol (dim.) ← *pistole* (↑): ピストルが火縄銃より小さいように, スペイン硬貨がフランス硬貨よりも小さいことからふざけてこう呼んだもの〗 ― *n.* 1 ピストール(金貨)《16世紀の初めに造られたスペインの金貨; フランスのルイ金貨の原型であるとともに, プファルツやスイスの諸州もこれを模した; のちのドイツの5ターレル金貨やその他の国の同種の古金貨》. 2 **a** William 3世が1701年, スコットランドのために造った12ポンド金貨. **b** 1642年のアイルランド金貨.

pis·tol·eer [pìstəlíə | -líə(r] 〖⊏ F *pistolier*: ⇨ pistol, -eer〗 *n.* ピストル使用者; (特に)ピストルを持った軍人.

pístol grìp *n.* (のこぎりなどの)ピストル型の握り, (小銃銃床のピストル型の)握り, 銃把.

pis·tol·o·gy [pɪstɑ́lədʒi, pəs- | pɪstɔ́lədʒɪ] 〖← Gk *pístis* faith + -LOGY〗 *n.*〖神学〗信仰論《キリスト教の信仰内容を解明する神学の一部門》.

pístol-pòint *n.* ピストルの銃口: at ～ ピストルを突きつけて (cf. *at* GUNPOINT). 「の.

pístol-próof *adj.* ピストルの弾丸の通らない, 防弾

pístol shòt *n.* 1 拳銃射程距離. 2 拳銃の名手. 3 ピストルの射撃.

pístol shrìmp 〖その鋏で鋭い音を出すことから〗 *n.*〖動物〗テッポウエビ (⇨ snapping shrimp).

pístol-whìp *vt.* (**-whipped, -whip·ping**) ピストルでたたく; (特に)ピストルの側面で続けざまに〈人〉の頭や顔をたたく.

pis·ton [pístən | -tən, -tn, -tɪn] 〖《1704》⊏ F ～ ⊏ It. *pistone* pestle (aug.) ← *pistare* to pound < ML *pistāre* (freq.) ← L *pinsere* to pound ← IE **pis-* to crush: cf. pestle〗 ― *n.* 1〖機械〗ピストン: a dummy ～ = balance piston / a counter ～ 逆ピストン. 2〖音楽〗= piston valve.

Pis·ton [pístən | -tən, -tn, -tɪn], **Walter** *n.* (1894-1976) 米国の作曲家; 現代米国音楽先駆者の一人.

píston displàcement *n.*〖機械〗行程容積, ピストン排出量, ピストン排除容積.

píston drìll *n.*〖機械〗ピストン鑿(さく)岩機.

píston èngine *n.*〖機械〗ピストン機関[エンジン].

píston·hèad *n.*〖機械〗ピストンヘッド《流体圧を受けるピストンの頭部》. 「棒を結合するピン》.

píston pìn *n.*〖機械〗ピストンピン《ピストンと連接

píston pùmp *n.*〖機械〗ピストンポンプ《シリンダー内のピストンの往復運動によって吸水・吐出を行なうポンプ》.

píston rìng *n.*〖機械〗ピストンリング《ピストンとシリンダーとのすき間を埋める輪》.

píston ròd *n.*〖機械〗ピストン棒.

píston sprìng *n.*〖自動車〗ピストンスプリング, ピストンばね《ピストンリングを支えるためのばね》.

píston vàlve *n.* 1〖機械〗ピストン弁. 2〖音楽〗(金管楽器の)ピストン(弁)《自然倍音だけでなく半音階も吹奏できるようにした装置; 単に piston ともいう》.

pit[1] [pít] 〖OE *pytt* < (WGmc) **putti*, **puttja* (Du. *put* / G *Pfütze*) ⊏ L *puteus* a well, pit,《原義》something dug? ← IE **pēu-* to cut, strike.〗 ― *n.* 1 **a** (地面に出来た[作った])穴 (hole), くぼみ. **b** (冬期保蔵用の根菜などを入れておく)穴; (穴を掘って苗木などを囲う)霜よけ用フレーム. 2 採掘坑, 採掘場: a chalk ～ チョーク採掘場 / a gravel ～ 砂利採り場. 3 **a** 立坑 (shaft); 炭坑. **b** 縦穴《垂直方向に発達した石灰洞》. **c** (建築現場の)根(ね)切り. 4 **a** 落し穴 (pitfall): dig a ～ for a person 人を陥れようと企てる (cf. *Eccles.* 10:8). **b** 不慮の危険. 5 [the ～]〖文語〗地獄 (hell), 地獄の底; 大苦難: *the* (bottomless) ～ (底無しの)穴, 奈落(地獄) / *the* ～ of darkness = *the* ～ of hell 地獄. 6 床[地面]より低い場所. 7 [通例 the ～]〖劇場〗**a**《英》一階席, 平土間《特に19世紀半ば以降は一階の後方, 二階下の無指定席の部分 (《米》parquet circle) をいう》; 一階席の観客達. **b**《米》楽団席 (orchestra pit): ⇨ pit band. 8 (一段低くしてある闘犬・闘鶏などの)囲い; 闘鶏場 (cockpit): shoot [fly] the ～ 〈闘鶏・人などが〉逃げ出す. 9《米》(穀物取引所などの立会場における特定商品の)取引場所: the grain ～ / ⇨ wheat pit. 10 ピット: **a** 自動車修理所などに設けられた床より低い長方形のくぼみで油差し・修理用の場所《grease pit ともいう》. **b** [しばしば the pits]〖自動車レース〗コースわきに設けられた給油・修繕のための場所. 11 ピット《昇降機などの通路で最下階より低位の空間部》. 12〖陸上競技〗= jumping pit. 13〖ボウリング〗ピット《レーン (alley) 末端の, 打ち倒されたピン (pin) を後方で受け集める場所》. 14 **a** わきの下 (armpit): at [in] the ～ of the stomach みぞおちに. **b** (膿疱 (pustule) の)跡; あばた, 痘痕(とうこん) (pockmark). **c** (虫歯の)穴. **d**〖植物病理〗(植物の)表面のくぼみ. 15〖植物〗膜孔, 孔紋, 紋孔《肥厚した細胞膜の所々に残る小孔》: ⇨ bordered pit, simple pit. 16 [通例 one's ～]《英俗》寝床; 寝室.

― *v.* (**pit·ted; pit·ting**) ― *vt.* 1 [特に p.p. 形で]へこみを作る; …穴ぼこだらけにする, くぼみ[あばた]を作る; …に跡をつくる: a face ～*ted with* smallpox 天然痘であばたの出来た顔. 2 〈鶏・犬などを〉(闘鶏[犬]場で)〔…と〕戦わせる; 〈人を〉〔…に〕取り組ませる, 対抗させる〔*against*〕: ～ a dog [hen] *against* another. 3 (保蔵のために)〈根菜などを〉穴の中に埋める[入れる]. ― *vi.* 1 くぼみ[あばた]が出来る. 2 (指で押した後, 皮膚がしばらく)くぼんだままになっている.

pit[2] [pít] 〖⊏ Du. ～ < MDu. *pitte, pit* < (WGmc) **piþ(þ)on* 'pit, PITH'〗《米》― *n.* (モモ・スモモ・アンズなどの)核, さね (stone). ― *vt.* (**pit·ted; pit·ting**) 〈果物〉の核を除く.

pi·ta[1] [pí:tə | -tə] 〖⊏ Sp. & Port. ～ ⊏ Quechua ～ 'fine thread'〗 ― *n.* 1〖植物〗繊維の採れる植物の総称《アオノリュウゼツラン (century plant), イトラン (yucca), 野生のパイナップルの一種 (*Ananas magdalenae*) など》. 2 ピタ麻, アロー繊維《同上から採れる繊維; 綱・細工物類などに用いる》. 3 イストレ (istle) 繊維.

pi·ta[2] [pi:tɑ́:] 〖⊏ ModHeb. *pitā* (dim.) ← *pat* loaf〗 *n.* ピーター《中東諸国で食料とする平たく丸い大麦[小麦]粉のパン》.

pit·a·ha·ya [pìtəhɑ́ɪə | -tə-] 〖⊏ Am.-Sp. ～ ⊏ Taino ～〗 *n.*〖植物〗1 米国南西部・メキシコ産の汁の多い食用の実がなるサボテン数種の総称 (*Lemaireocereus thurberi, Acanthocereus pentagonus* など); (特に)ベンケイチュウ (saguaro). 2 その実《果汁は鮮紅色でしばしばモモの実大になる》.

pi·tan·ga [pɪtǽŋgə, pə- | pɪ-] 〖⊏ Port. ～ ← Tupi〗 *n.*〖植物〗ピタンガ (⇨ Surinam cherry).

pit-a-pat [pìtɪpǽt, -tə-, ⌐―⌐ | -tə-] 〖《1522》《擬音語》〗 ― *adv.* ぱたぱたと; どきどきして: go ～ ぱたぱたする, 小走りする; (どきどきと)動悸(き)を打つ. ― *n.* 1 ぱたぱたすること[音]. 2 (心臓の)どきどき, 動悸. ― *vi.* (**pit-a-pat·ted; -pat·ting**) 1 ぱたぱたする. 2 〈心臓が〉どきどきする.

pít bànd *n.*《米》(劇場の)楽団席で演奏するオーケストラ (cf. pit[1] *n.* 6 b).

Pít·cairn Ísland [pítkɛən- | pɪtkɛ́ən-, ⌐―] *n.* ピトケアン島《南太平洋, Tuamotu 諸島南東方にある英領の小島; Bounty 号の反乱者が住みついた (1790-1808); 人口 100, 面積 518 km²》.

pitch[1] [pítʃ] 〖OE *pic* ⊏ L *pic-, pix* pitch ← IE **pey(e)-* sap, juice, pitch (Gk *píssa*)〗 ― *n.* 1 ピッチ《原油・石油タール・木タールなどを蒸留した後に残る黒色のかす; 防水や道路の舗装に用いる》: coal-tar ～ コールタールピッチ / wood ～ 木ピッチ / (as) black [dark] as ～ 真っ黒[暗]な (cf. pitch-black, pitch-dark) / ～ black [darkness] 真っ暗闇 / He who touches ～ shall be defiled therewith. = You can't touch ～ without being defiled.《諺》朱に交われば赤くなる / touch ～ 悪友と交わる, 悪事に関係する. 2 歴青物質: ⇨ mineral pitch. 3 松脂(やに); 樹脂 (resin). 4 ピッチ状の物質. ― *vt.* …にピッチ[松脂]を塗る. **～-like** *adj.*

pitch[2] [pítʃ] 〖lateOE **piċċ(e)an* to prick ← **pician* 'to PICK[1]': cf. OE *piċung* stigmata〗 ― *vt.* 1 **a** [通例, 目的語＋方向の副詞語句を伴って]投げる, ほうる (throw); 〈槍などを〉投げ飛ばす; 投げ捨てる; (特に)〈干し草を〉(フォークで)ほうり上げる[込む] (hurl): The farmers were ～*ing* hay *onto* a wagon. 農夫たちは干し草を荷車にほうり込んでいた / He ～*ed* the letter *into* the fire. 手紙を火中に投げ込んだ. ★ しばしばいら立ちなどの感情を伴う場合に用いる: *Pitch* him *out* (*of* our house)! この男を(家から)つまみ出せ.

b (遊戯で標的目がけて)〈銭(ぜ)・鉄輪(かな)などを〉ほうる: ～ pennies [quoits] ペニー(銅貨)[輪]をほうる. **2 a**〘野球〙〈投手が〉〈打者に〉〈ボールを〉投げる〔*to*〕: The pitcher ～*ed* a fast ball *to* him and he struck out. 投手は彼に速球を投げて三振に打ち取った. **b**〘クリケット〙〈投手が〉〈ボールを〉(例えばある地点目がけて)ほうる. **c**〘野球〙(通例, 先発投手として)登板させる. **d**〘野球〙〈試合〉で投手を勤める[として投げる]: ～ a no-hitter [a perfect game] ノーヒットゲーム[完全試合]をやってのける / He ～*ed* the first four innings. 最初の4イニングを投げた. **3 a**〈テントなどを〉張る, 立てる (set up) (↔ strike): ～ a tent [camp] テント[キャンプ]を張る / ～ one's tent 住居を定める. **b**〘クリケット〙〈三柱門を〉(地面に)立てる: ～ wickets (ゲームの始まる前に)三柱門を立ててその上に横木 (bails) を渡す. **c**《まれ》〈杭などを〉打ち込む[据える], 埋め込む (embed): ～ stakes. **4**〈道路を〉小石で舗装する. **5**〈陣列などを〉敷く, 整備する (arrange). ★ p.p. 形で次の用例に用いる以外は《廃》: ⇨ pitched battle. **6** [副詞語句を伴って] **a**〘音楽〙〈声を〉あるピッチ[音の高さ]にする;〈旋律・楽器など〉の高さを調整する: She sang, ～*ing* her voice too high. 歌ったが声の調子を高くしすぎた / *Pitch* the song *in* a lower key. 歌をもっと低い調子に合わせなさい. **b**〈希望・物語などを〉ある調子[程度, 気分]に調節する: ～ one's expectations [hopes, aspirations] 期待[希望, 願い]を高く掲げる, 高望みする / ～ a story *in* a sentimental strain 感傷的な調子で物語る / ～ one's speech *at* a very simple level 話の調子をずっと下げる[やさしいものにする] / ～ the conversation *along* idealistic lines 会話を理想的方向に進ませる / You ～ it hot [strong] again! 《口語》また大げさなことを言う. **7**《口語》**a**《英》〈話などを〉語る, 物語る (narrate): ～ a yarn ほら話[作り話]をする. **b** 調子よく[大げさに, きざっぽく]言う: I don't like the line she ～*es*. 調子のよい[きざっぽい]話しぶりはいやだ. **8** [目的補語を伴って]〈屋根などを〉〈ある角度に〉傾ける: The roof of the house was ～*ed* too steep. その家の屋根の傾斜は急すぎるものだった. **9**〘口語〙**a**《英》〈商品を〉店頭に陳列する, 市場に出す. **b**〈商品を〉(強引に)売り込む, 宣伝する. **10**〘トランプ〙**a**〈あるスーツ (suit) の札を〉打ち出す (lead). **b** (打ち出すことによって)〈切札〉として定める (square). **11**〘ゴルフ〙〈ボールを〉ピッチショット (pitch shot) する. **12**〘石工〙〈石を〉直線や平面をもつように切る (square).

— *vi.* **1** 投げる, ほうる (throw). **2 a**〘野球〙投球する; 投手を勤める, 登板する. **b**〘クリケット〙〈ボールが〉地面に当たる. **3** [副詞語句を伴って] 前向きに倒れる, つんのめる; 真っ逆さまに落ちる: ～ *on* one's head 真っ逆さまに落ちる / ～ *over* the railing 手すりから真っ逆さまに落っこちる / My foot caught in a creeper and I ～*ed forward*. つる草に足をからめてつんのめった. **4** [副詞語句を伴って] (前方または下方に)傾く (slope);〈鉱脈などが〉傾斜する, ちょっと下がる (dip): The roof of the house ～*es* sharply. その家の屋根は急角度に傾斜している / The vein of ore ～*ed* 35 degrees west. その鉱脈は西の方へ35度に傾いていた. **5 a**〈船・飛行機・ミサイル・宇宙船が〉縦に揺れる, 縦揺れする (cf. roll *vi.* 8, rock[2] *vi.* 1): The ship was ～*ing* and rolling in the storm. 船はあらしで縦に横に揺れていた. **b**〈車などが〉急に傾く, ぐらりと揺れる (lurch). **c**〈馬などが〉急にはね上がる. **6 a** テントを張る, (テントを張って)野宿する. **b**《古》住居を定める, 定住する (settle). **7**〘ゴルフ〙ピッチショット (pitch shot) をする.

in there pitching〘← 野球用語 (cf. vi. 2 a)〙《米口語》(困難にめげず)頑張って, 奮闘して, 懸命に立ち働いて: Whatever happens, you must stay *in there* ～*ing*. どんなことがあっても頑張り通さなければならない. ***pitch in***《口語》(1) 勢いよく(仕事に)取りかかる; 勢いよく食べ始める. (2) (共同出資に)寄付する (chip in); 援助する, 協力する: They ～*ed in* with an offer to meet advertising costs. 彼らは広告費は出そうと申し出て来た. ***pitch into***《口語》(1) …を激しく攻撃する, …に殴りかかる; …をひどくしかる (reprimand). (2)〈仕事〉をせっせとやり出す, …に勢いよく取りかかる;〈食物を〉勢いよく食べ始める, …にかぶりつく. ***pitch on*** [***upon***] (よく考えずに)…を選ぶ, …を決める: They ～*ed on* the husband *as* the guilty party. 彼らは夫を犯人と決めてかかった. ***pitch out*** (1) ⇨ *vt.* 1 a ★. (2)〘野球・アメリカンフットボール〙ピッチアウト (pitchout) する.

— *n.* **1 a** [a ～] (ひと)投げ (a throw): ⇨ pitch-and-toss. **b**〘野球〙(打者に対する)投球, ピッチング, 投げたボール; 投球振り; (投手としての)登板(の番): take a ～ 投球を見送る / The first ～ was fouled off. 第1球はファウルとなった / It's your ～ now. 今度は君の登板だ. **c**〘アメリカンフットボール〙=pitchout 2. **2 a** (自分のものとして定めた)居場所, (割り当てられた)持ち場; (特に)《英》(露天商・辻音楽師・競馬の賭元・乞食などの)決まった居場所, 店張り場: The performer took up his ～ at the corner of the street. 芸人は街角のいつもの場所に出て来た. **b**《英》(市場・店頭に)陳列した商品(の量). **3 a** (強さ・高さの)程度: maintain a high ～ *of* anger at the event その事件に対して強い怒りを抱き続ける / He was at the highest ～ *of* honor. 名誉の絶頂にあった / The storm rose to a deafening ～. あらしは耳もつぶれるほどに強く吹き荒れた / The affairs reached such a ～ that… 事態は…する程に至った. **b** [the ～]《古》頂点, 極点 (top): cry out at *the* ～ *of* one's voice 声を限りに叫ぶ. **c**〘鷹狩〙(鷹が獲物を目がけて降りて来る前に)飛び上がる高さ: fly (at) a high ～〈鷹が〉高々と飛び上がる;《比喩》高いものに憧れる, 高望みをする. **4 a**〘音楽〙音高, 調子, ピッチ: a high [low] ～ 高[低]調 / the standard ～ 標準調子 / ⇨ absolute pitch, concert pitch, international pitch, philharmonic pitch. **b**〘音響・音声〙音調の高さ, ピッチ《基音の周波数; cf. stress 5》. **5 a** 傾斜度, 勾(こう)配 (slope), 角度 (angle); 傾斜: the ～ of a roof [a stair] 屋根[階段]の傾斜度 / a road ascending [descending] at a steep ～ 急な傾斜をなして登って[下って]いる道. **b**〘地質・鉱山〙(褶曲地層や鉱体の)傾斜 (dip). **c**〘航空〙(プロペラの)羽根角 (blade angle). **d** (のこぎりの)目の荒さ. **e** 傾斜面, (急な)坂 (declivity): The milestone stood on the ～ of the hill. その里程標は丘の傾斜面に立っていた. **6 a**〘機械〙ピッチ, 刻み《歯車の隣り合う歯と歯, ねじの隣り合うねじ山同士など, 機械部品で同じものが繰返し存在する時, 相隣る対応2点間の距離》: the axial ～ 軸方向ピッチ / the circular ～ 円周ピッチ / the circumferential ～ 周ピッチ / the divided ～ 小割りピッチ, 割付け / the normal ～ 垂直ピッチ. **b**〘航空〙ピッチ《プロペラの羽根の断面がねじのように固体の中を1回転すると仮定した時の進み; effective pitch ともいう》. **c**〘紡織〙ピッチ《じゅうたんの織り目の繊細度を測る単位》. **7** (船・飛行機・ロケット・ミサイルの)縦揺れ (cf. roll A 2, scend, yaw[1]). **8**〘ゴルフ〙=pitch shot. **9 a** [the ～]〘クリケット〙ピッチ《その間に球が投げられる三柱門と三柱門との中間のならされた部分; クリケット場の中心部; cf. end[1] 8 b》; (バウンドさせる)ボールの投げ方. **b**《英》(クリケット・サッカーなどの)競技場, 試合場 (field). **10**《米俗》**a** (セールスマンなどの)強引な売込み口上《sales pitch ともいう》; 宣伝, 広告 (advertisement). **b** 推薦, 後援: make a ～ for …を推す(発言をする), …のために一席弁じる. **c** (問題に取組む)やり口, 角度; 情勢, 状況 (situation): What's the ～? 状況はどうだ. **11**〘トランプ〙**a** ピッチ《打出しの札を切札とする seven-up の一種; auction pitch の前身》. **b** = auction pitch. **12**〘石工〙石の平らな面.

queer** a person's **pitch = ***queer the pitch for*** *a person*〘← (n. 2 a)〙《俗》(よからぬ手段で)〈人〉の計画[成功の機会]をぶち壊す.

pitch àccent *n.*〘音声〙高さアクセント《中国語・日本語など; cf. stress accent》.

pítch-and-pútt *adj.*〘ゴルフ〙ピッチアンドパットの《通例5-20エーカーの広さで, tee から cup までの長さがおよそ50ヤード, 9ホールの小規模コースにいう; cf. par-three》.

pítch-and-rún *n.*〘ゴルフ〙=pitch-and-run shot.

pítch-and-rún shòt *n.*〘ゴルフ〙=chip shot 1.

pítch-and-tóss *n.*〘遊戯〙投銭遊び, 銭投げ《銭を標的に投げ, その一番近くに投げた者がすべての銭を取って空中に投げ, 落ちた銭の内で表面の出たものを自分のものとする; toss and catch ともいう; cf. chuck-farthing》: play ～.

pítch-bláck〘⇨ pitch[1]〙*adj.* ピッチ[アスファルト]のように黒い, 真っ黒の, 真っ暗の《pitch-dark ともいう》. **～·ness** *n.*

pitch·blènde〘《部分訳》← G *Pechblende*: ⇨ pitch[1], blende〙*n.* ピッチブレンド, 瀝青ウラン鉱《ウラニウムとラジウムの主要原鉱》.

pitch chàin *n.*〘機械〙=power chain.

pitch chàmber *n.*〘植物〙(膜孔の)室.

pitch círcle *n.*〘機械〙ピッチ円, 刻み円《ピッチ面を歯車の軸に直角な平面で切断した仮想的円; cf. pitch line, addendum circle》.

pitch còal *n.* 瀝青炭, 有煙炭 (bituminous coal).

pitch còne *n.*〘機械〙ピッチ円錐(すい)《かさ歯車のピッチ面を成す円錐》.

pítch-dárk *adj.* =pitch-black. **～·ness** *n.*

pitch diàmeter *n.*〘機械〙ピッチ円直径.

pitched〘← PITCH[2] (v.)+-ED ∽ ME *pyȝt, pight* (p.p.) ← *piche(n)*〙**—** *adj.* **1**〈ボールなど投げた, ほうった: a well ～ ball うまい投球. **2**〈屋根など〉傾斜した, 勾(こう)配のある: a ～ roof.

pitched báttle *n.* **1**〘軍事〙(遭遇戦などでなくしっかり陣形を整えた)両軍の対戦[会戦] (cf. skirmish) (cf. pitch[2] *vt.* 5). **2 a** (全力をあげての)戦い, 総力戦, 激戦. **b** (議論などの)大衝突, 大論戦.

pitch·er[1]〘《1707》← PITCH[2] (v.)+-ER[1]〙**—** *n.* **1** 投げる人; (特に)〘野球〙投手, ピッチャー: the ～'s mound ピッチャーズマウンド / play as a ～ ピッチャーをやる. **2** (舗装用)敷石. **3**〘ゴルフ〙ピッチャー, 7番アイアン《number seven iron ともいう》.

pitch·er[2] [pítʃə | -tʃə(r] 〘《c1300》*picher* ⊏ OF *pichier* (cf. F *pichet*) < VL **piccārium*《異形》= ML *bicarium* 'goblet, BEAKER': cf. Egypt. *bik* oil vessel〙**—** *n.* **1** 水差し《通例一つの取手と口がついている; 昔のものには耳 (ear) が二つついたものもあった; cf. jug[1]》: Little ～*s* have long [wide] ears.《諺》小さい水差しに長い[大きな]耳[取手]がある, 「子供は早耳」/ You are a little ～! 君は耳が早い / *Pitchers* have ears.《諺》「壁に耳あり」/ The ～ goes (once too) often to the well but is broken at last. 長続きの成功[悪事]も最後にはしくじる[ばれる]. **2**〘植物〙(ウツボカズラなどの, 虫を捕えるための)袋状葉, 嚢(のう)状葉; つぼ状器官 (ascidium). **～·like** *adj.*

pitcher[2] 1

pitch·er·ful [pítʃəfùl | -tʃə-] *n.* (*pl.* **～s, pitch·ers·ful**) 水差し一杯分(の量)〔*of*〕.

pitcher plànt *n.*〘植物〙**1** 袋葉植物《サラセニア属 (*Sarracenia*), ウツボカズラ属 (*Nepenthes*), ユキノシタ属 (*Cephalotus*), ダーリントニア属 (*Darlingtonia*) など, つぼ型になった葉の中に虫を捕える食虫植物の総称》. **2** =Indian pitcher.

pitcher's plàte *n.*〘野球〙ピッチャーズプレート

pitch·er·y [pítʃəri | -rɪ] *n.*〘植物〙ピチュリー (⇨ pituri 1).

pítch-fáced *adj.*〘石工〙〈石積みが〉江戸切りの《目地に沿った部分だけ平滑に仕上げ, 他の部分は荒く残した石積みにいう》.

pitch-fàrthing *n.*〘遊戯〙=chuck-farthing.

pitch·fòrk〘← PITCH[2]+FORK ∽ ME *pic-forck, pick-fork* (⇨ pick[1], fork)〙**—** *n.* **1** 干し草用フォーク: It rains ～*s*.《口語》雨が土砂降りに降る. **2**〘音楽〙音叉(さ). **—** *vt.* **1** (フォークで)ほうり上げる. **2** (不意にまたは無思慮に)〈人を〉〔ある地位に〕押し込む〔*into*〕: His father ～*ed* his son *into* his own firm. 父が息子を無理やりに自分の会社に引き入れた.

pitchfork 1

pitch·ing〘ME *picching*: ⇨ pitch[2], -ing[1]〙**—** *n.* **1**〘野球〙投球(法), ピッチング: a ～ board (練習用)投球板 / a ～ machine (打撃練習用)ピッチングマシーン. **2** ピッチング《船・航空機の縦揺れ; 船[航空機]の左右軸の回りに船[機]首を上げたり下げたりする運動; cf. rolling 2》. **3** (傾斜面の)石積み; (道路の)敷石, 石畳.

pitching chìsel *n.*〘石工〙(石工の)平たがね.

pitching mòment *n.*〘航空〙(航空機の)縦揺れモーメント.

pitching nìblick *n.*〘ゴルフ〙ピッチングニブリック《頭が鉄のクラブで, その面は pitcher より多く傾斜し, niblick より傾斜の少ないもの; number eight iron ともいう》.

Pitch Làke *n.* [the ～] 西インド諸島の Trinidad 島にある天然アスファルト沈積層.

pitch lìne *n.*〘機械〙ピッチ線, 刻み線 (cf. pitch circle).

pitch·man [-mən]〘⇨ pitch[2] (n.)〙**—** *n.* (*pl.* **-men** [-mən, -mèn]) **1**《米口語》(縁日などに路傍で小間物などを売る)露天商人 (cf. pitch[2] *n.* 2 a). **2**《米俗》(テレビなどに出る)売込みの強引なセールスマン[商品宣伝係] (cf. pitch[2] *n.* 10 a).

pitch·òut〘← *pitch out* (pitch[2] (v.) 成句)〙**—** *n.* **1**〘野球〙ピッチアウト《盗塁またはスクイズを防ぐために捕手からのサインでコースを遠く高くはずれるようにほうる投球》. **2**〘アメリカンフットボール〙ピッチアウト《スクリメージラインの後で行なわれるバックス間の横後へのパス》.

pitch pìne *n.* **1**〘植物〙リギダマツ (*Pinus rigida*)《米国東部に多く松脂(やに)を取る》. **2** リギダマツ材.

pitch pìpe *n.* (弦楽器の基音を定める)調子笛.

pitch pòcket *n.*〘林業〙脂嚢(のう)《木材の細胞間隙に樹脂がたまったもの》.

pitch pòint *n.*〘機械〙ピッチ点, 刻み点《2つのピッチ円の接する点》.

pitch·pòle *vi.*〈小舟などが〉波であお向けにひっくり返る.

pitch ràtio *n.*〘機械〙ピッチ直径比, ピッチ比.

pitch shòt *n.*〘ゴルフ〙ピッチショット《ボールをグリーンに乗せるため地上で転がらないようにバックスピンをかけたショット; cf. chip shot 1》.

pitch·stòne〘《なぞり》← G *Pechstein*: ⇨ pitch[1], stone〙*n.* 瀝青岩, 松脂岩, ピッチストーン《黒曜岩に似たガラス質火山岩》.

pitch sùrface *n.*〘機械〙ピッチ面, 刻み面《一対の歯車において, それぞれの歯車と同じ回転速度で回転すると考えられる仮想的摩擦車の表面; ピッチ面では両車の接触点においてすべりがない》.

pitch·y [pítʃi | -tʃɪ]〘⇨ pitch[1], -y[4]〙**—** *adj.* (**pitch·i·er, -i·est; more ～, most ～**) **1** ピッチの多い. **2** ピッチで汚れた. **3** ピッチのような; (ピッチのように)粘る. **4** 真っ黒な, 真っ暗な. **pitch·i·ness** *n.*

pit còal *n.*《英》石炭 (cf. charcoal 1).

pit dwèlling *n.* (主に先史・原始時代の)竪穴住居.

pit·e·ous [pítiəs | -tɪəs, -tjəs]〘《a1325》*pite(o)us* (⇨ pity, -ous) ∽ 《c1300》*pitous* ⊏ AF=OF *pitos, piteus* < VL **pietōsum* ← L *pietās* 'PIETY'〙**—** *adj.* **1** 哀れな, 痛ましい, 気の毒な, 悲しげな. **2**《古》情深い (compassionate). **～·ly** *adv.* **～·ness** *n.*

pit·fàll〘《a1305》: ⇨ pit[1] (n.), fall (n.)〙*n.* **1** (動物などの)落し穴. **2** 落し穴, 魔の手, 誘惑; 陥りやすい過ち.

pit gràve *n.*〘考古〙=pit tomb.

pith [píθ]〘OE *piþa* < (WGmc) **piþ(þ)on* (Du. *pit* pith) ← ?〙**—** *n.* **1**〘植物〙**a** 髄; (丸太などの)樹心, 木髄. **b** 中果皮《オレンジ・グレープフルーツなどの皮の内側の白い粗鬆質》. **2**〘解剖・動物〙髄 (marrow); 脊髄 (spinal cord); 毛髄. **3** 真髄, 核心, 要点: the ～ and marrow of …の最重要部分[核心, 心髄] / the ～ of

one's speech 演説の要点. **4** 《文語》体力, 精力, 気力, 元気 (vigor); (文章などの)力, 勢い: a man of ～ 精力家 / a speech full of ～ 力のこもった演説. **5** 重要さ, 重み; 実質[実(じつ)](のあること): a matter of ～ and moment 至極重大な問題 (cf. Shak., *Hamlet* 3.1.86). ***to the pith*** 髄まで, 完全に, すっかり.
— *vt.* **1** 〈植物〉の髄を取り去る. **2** 〈カエルなど〉の脊髄[脳]を(針を刺して)つぶす. **3** 〈牛など〉の脊髄を切断して殺す. 「地[建物].

pít·hèad *n.* 《鉱山》立坑坑口(こうこう); そのすぐ近くの土

pith·ec- [píθɪk, -θək | -θɪk] (母音の前に来る時の) pitheco- の異形.

pith·e·can·thrope [pìθɪkǽnθroup, píθɪkənθròup, -θə- | pìθɪkǽnθrəup, píθɪkənθrəup] 《(1876)》: ⇨ pithecanthropus》 *n.* 《人類学》=pithecanthropus.

pithecanthropi *n.* pithecanthropus の複数形.

pith·e·can·throp·ic [pìθɪkænθrápɪk, -θə- | -θɪkæn-θrɔ́p-] *adj.* 《人類学》猿人の, ピテカントロプスの.

pith·ec·an·thro·pine [pìθɪkǽnθrəpàɪn, -θə- | -θɪ-] 《人類学》 *adj.* =pithecanthropic. **—** *n.* =pithecanthropus.

pith·e·can·thro·poid [pìθɪkǽnθrəpɔ̀ɪd, -θə- | -θɪ-] 《⇨↓, -oid》《人類学》 **—** *adj.* 猿人の, ピテカントロプスの. **—** *n.* 猿人[ピテカントロプス]に似た哺乳動物[化石].

Pith·e·can·thro·pus [pìθɪkǽnθrəpəs, -θəkænθróupəs | pìθɪkænθrə́upəs, ⁼⁼⁼⁼—] 《(1876) ← NL *pithēcanthrōpus* (E.H. Haeckel が 1868 年に想定上の猿人につけた命名): ⇨ pitheco-, anthropo-》 **—** *n.* 《人類学》ピテカントロプス属《中期洪積世に生存していた原始人類の旧属名; ジャワ原人 (Java man) に命名された名; 今はヒト属 (*Homo*) に包含される》.

pith·e·co- [píθɪko(ʊ), -θə- | -θɪkə(ʊ)] 《← Gk *píthēkos* ape ← ? IE **bhidh-* dreadful ← **bhoi-* to be afraid (L *foedus* ugly)》 **—**「サル (ape, monkey)」の意の連結形. ★ 母音の前では通例 pithec- になる.

píth hèlmet [hàt] *n.* =sola topi.

píth·less *adj.* **1** 髄のない. **2** 気力[精力]のない. **～·ly** *adv.*

pithoi *n.* pithos の複数形.

pít·hòle *n.* 《古・方言》 **1** 小穴; 小さいくぼみ. **2** あばた. **3** 《鉱山》坑. **4** 墓 (grave).

Pith·om [páɪθəm] *n.* 《聖書》ピトム《イスラエル人がエジプト捕囚中に Pharaoh のために建設した二つの都市の一つ; cf. *Exod.* 1:11》.

pi·thos [páɪθɑs | -θɔs] **—** *n.* (*pl.* **pi·thoi** [-θɔɪ]) 《考古学》(ギリシャ時代の)大がめ《極めて大型の広口のかめで, 主に大量の穀物や酒・油などの貯蔵に, 時には棺としても使われた》.

píth ràY *n.* 《植物》=medullary ray.

pith·y [píθi | -θɪ] 《⇨ pith, -y[1]》 **—** *adj.* (**pith·i·er, -i·est; more ～, most ～**) **1** 髄の, 髄のある[多い]; 髄のような. **2** 〈表現など〉力のこもった, 含蓄のある, 簡潔な, きびきびした: a ～ opinion 説得力のある意見. **píth·i·ly** [-θɪli, -θə- | -lɪ] *adv.* **píth·i·ness** *n.*

pit·i·a·ble [pítiəbl | -tɪəbl, -tjə-] 《(1456) *piteable* ← OF *piteable, pitiable* ← *pite* (F *pitié*) 'PITY': ⇨ able》 **—** *adj.* **1** 哀れな, かわいそうな, みじめな, 情けない: in a ～ fright 見るも哀れにおびえて. **2** 哀れむべき, 卑しむべき, 浅ましい. **pít·i·a·bly** *adv.* **～·ness** *n.*

pít·i·er *n.* 哀れむ人, 気の毒がる人.

pit·i·ful [pítɪfəl, -ṭə- | -tɪ-] 《(1449) *petefull*: ⇨ pity, -ful[1]》 **—** *adj.* **1** 哀れを催す, かわいそうな, みじめな. **2** 軽蔑に値する, 哀れむべき, 卑しむべき, くだらない: a ～ ambition. **3** 《古》〈人が〉哀れみ[情け]深い, 同情的な. **～·ly** *adv.* **～·ness** *n.*

pit·i·less [pítɪlɪs, -ṭə-, -ləs, -tḷ- | -tɪl-] 《(*a*1412) *piteeles*: ⇨ pity, -less》 **—** *adj.* 哀れみの心のない, 無慈悲な, 無情な, 薄情な, 冷酷な: ～ criticism. **～·ly** *adv.* **～·ness** *n.*

pit·man [pítmən] 《⇨ pit[1]》 *n.* **1** (*pl.* **-men** [-mən, -mèn]) 坑夫; (特に)炭坑夫 (collier). **2** (*pl.* **～s**) 《米》《機械》=connecting rod.

Pit·man [pítmən], **Sir Isaac** *n.* (1813–97) ピットマン式速記術を考案した英国人 (cf. phonography 2, phonotypy).

pit mèmbrane *n.* 《植物》閉鎖膜《植物細胞の膜孔部分をなす細胞膜; closing membrane ともいう》.

Pi·to·cin [pɪtóusɪn, pə-, -sən | pɪtə́usɪn] *n.* 《商標》ピトシン《oxytocin の薬品名》.

pi·tom·e·ter [pɪtámətə, pə- | pɪtɔ́mɪtə(r, -mə-] 《← *pito(t)* (⇨ Pitot tube) + -METER[1]》 **—** *n.* 《物理》ピトーメーター《2 本のピトー管をそれぞれ上流と下流に向けて流速を測定する計器》.

pi·ton [píːtɑn, páɪ-, -tɔ̃ː(ŋ), -tɔ(ː)ŋ, —⁼ | píːtɔ̃ː(ŋ), -tɔ(ː)ŋ, -tɔn; *F.* pitɔ̃] 《⊏ F ～ 'peak (of a mountain)': cf. Sp. *pitón* protuberance, prominence》 **—** *n.* (*pl.* **～s** [～z; *F.* ～]) **1** 《登山》ハーケン, ピトン《頭部に穴のある鋼鉄製の釘; ザイルを通したりする; carabiner, hammer とともに岩登りの三つ道具》. **2** 険しい峰.

Pítot-stàtic tùbe, p- t- [píːtou-, piːtóu- | píːtəu-, piːtə́u-] 《↓》 *n.* 《航空》ピトー静圧管《対気速度計の受感部の一種》.

Pi·tot tùbe, p- t- [píːtou- | -təu-] 《← F (*tube de*) *Pitot* ← *Henri Pitot* (1695–1771: フランスの物理学者・技師で, これを発明した)》 **—** *n.* **1** 《物理》ピトー管《流体の流速測定に用いられる管》. **2** 《航空》=Pitot-static tube.

pit·pan [pítpæn] 《⊏ Miskito *pitban* boat》 *n.* (中央アメリカで使う)丸木舟 (dugout).

pit-pat [pítpæ̀t] *n., adv., vi.* =pit-a-pat.

pít pòny *n.* 《英》(昔, 坑内で石炭運搬に使用した)坑内用ポニー.

pít·pròp *n.* 《鉱山》坑道支柱, 坑木.

pít sàmple *n.* 《冶金》溶けた鋼を鋳塊にするために型に注ぐ時に, 化学分析用にとられる試料.

pít sàw *n.* 二人びき大のこぎり《一人は丸太の上で, 一人はその下または製材のために地中に穿(うが)たれた木びき穴 (sawpit) の中でひく》.

pít sàwing *n.* pit saw によるのこぎりのひき方.

pít sàwyer *n.* 下びき人 (⇨ bottom sawyer).

Pitt [pít], **William** *n.* **1** (1708–78) 英国の政治家; 首相 (1766–68); 通称 the Elder Pitt (大ピット), the Great Commoner; 七年戦争を勝利に導いた功労者; 称号 1st Earl of Chatham. **2** (1759–1806)「大ピット」の次子, 英国の政治家; 首相 (1783–1801, 1804–06); 通称 the Younger Pitt (小ピット); Tory 党の近代化を図り, また反ナポレオン派の急先鋒としてその打倒に努めたが, Austerlitz の敗戦のショックで病没.

pit·ta [pítə | -tə] 《← NL ～ ← Telugu *piṭṭa* bird》 **—** *n.* 《鳥類》ヤイロチョウ《主に東南アジア・アフリカ・オセアニアに生息するヤイロチョウ属 (*Pitta*) の鳥の総称; 地上性で色彩が美しい; ムネアカヤイロチョウ (*P. erythrogaster*) など》.

Pit·ta·cus [pítəkəs | -tə-] 《⊏ L ～ ⊏ Gk *Pittakós*》 *n.* ピッタコス (650?–?570 B.C.; Mytilene の政治家; ギリシャの七賢人 (Seven Sages) の一人).

pit·tance [pítns | -təns, -tns] 《(?*a*1200) ⊏ OF *pi(e)tance* pity ⊏ ML *pietantia* pious donation ← L *pietās* 'PITY': ⇨ -ance》 **—** *n.* **1** わずかのあてがい[支給], わずかの収入: live *on* a small ～ わずかな手当[収入]で暮らす. **2** [通例 a mere ～ として] 僅少, 少量. **3** (修道士の)あてがい扶持(ぶち).

pít·ted[1] [-tɪd, -ṭəd | -tɪd, -təd] 《OE *pytted*: ⇨ pit[1], -ed 2》 *adj.* くぼみ[あばた]のある: a ～ surface.

pít·ted[2] [-tɪd, -ṭəd | -tɪd, -təd] 《⇨ pit[2]》 *adj.* (果物の)核[さね]を除いた.

pit·ter-pat·ter [pítəpæ̀ṭə | -təpæ̀tə(r] 《(*c*1425) 《擬音語》》 *n.* ぱたぱた, ぱらぱら《雨の降る音など》. **—** *adv.* ぱらぱら[ぱたぱた]と(音を立てて): His heart went ～. 心臓がどきどきした. **—** *vi.* ぱらぱら[ぱたぱた]音をさせながら降る[来る](など).

Pit·ti·dae [píṭədiː | -tɪ-] 《← NL ～ ← *Pitta* (属名: ⇨ pitta) + -IDAE》 *n. pl.* 《鳥類》ヤイロチョウ科.

pít·ting [-tɪŋ | -tɪŋ] *n.* **1** 穴[くぼみ]ができること, へこむこと; くぼみ《ペンキの表面の穴》; 点食《金属面の腐食》. **2** 《木工》枘(ほぞ)穴あけ, 仕口(しぐち). **3** 闘鶏を(闘鶏場で)戦わせる[けしかける]こと.

pit·tite [pítaɪt] 《← PIT[1] + -ITE[1]》 *n.* 《英》(劇場の)一階後方無指定席 (pit) の観客.

Pit·tite [pítaɪt] 《← *William Pitt* (1759–1806): ⇨ -ite[1]》 *n.* ピット党員[支持者].

pít tòmb *n.* 《考古》竪穴式墳墓《墓の形式の一種; pit grave ともいう》.

Pit·to·spo·ra·ce·ae [pìṭəspəréɪsiì: | -tə(ʊ)-] 《← NL ～ ← *Pittosporum* (属名: Gk *pitto-* 'PITCH[1]' + NL *-sporum* (⇨ -spora)) + -ACEAE》 **—** *n. pl.* 《植物》(バラ目)トベラ科. **pìt·to·spo·rá·ceous** [-ʃəs] *adj.*

Pitts·burgh [pítsbəːg | -bəːg] 《← *William Pitt* (1708–78) + -s[2] + -BURGH》 **—** *n.* 米国 Pennsylvania 州南西部の鉄工業都市; Allegheny 川と Monongahela 川とが合流して Ohio 川となる地点に位置する; 人口 459,000. 「=pit-a-pat.

pit·ty-pat [pítipæ̀t | -tɪ-] 《⇨ pit-a-pat》 *adv., n., vi.*

pi·tu·i·tar·y [pɪt(j)úːətèri, pə- | pɪtjúɪt(ə)rɪ, -tjúːɪ-, -tjúə-, -tjúːə-] 《(1615) ⊏ L *pituitārius* ← *pītuita* phlegm ← IE **pī-* juice, food ← **pey(ə)-* to be fat, swell: ⇨ -ary》 **—** *adj.* **1** 《解剖》 **a** 下垂体(性)の. **b** 《古》粘液の[を分泌する] (mucous). **2** (下垂体機能亢進による)先端肥大を伴う異常発達の. **—** *n.* **1** 《解剖》=pituitary body. **2** 《薬学》下垂体剤. 「physis).

pitúitary bòdy [**glànd**] *n.* 《解剖》下垂体 (hypo-

pi·tu·i·tous [pɪt(j)úːəṭəs, pə- | pɪtjúɪt-, -tjúːɪ-, -tjúə-, -tjúːə-] 《⊏ L *pītuītōs-us* ← *pītuīta* phlegm: ⇨ pituitary, -ous》 **—** *adj.* 《古》 **1** 粘液の多い, 粘液の(ような) (mucous). **2** 粘液を出す (phlegmatic): the ～ membrane 《古》鼻粘膜.

Pi·tu·i·trin [pɪt(j)úːətrɪn, pə-, -trən | pɪtjúɪtrɪn, -tjúːɪ-, -tjúə-, -tjúːə-] 《← PITUITARY + -IN[1]》 *n.* 《商標》ピツイトリン《脳下垂体後葉ホルモンの一種》.

pit·u·ri [pítʃəri | -tjʊrɪ] 《← Austral. 《土語》》 **—** *n.* 《植物》 **1** ピチュリー (*Duboisia hopwoodii*)《オーストラリア産ナス科の低木; ニコチンを含み, 原住民はこれから興奮剤を作る; pitchery ともいう》. **2** ピチュリー《ピチュリーから採る興奮剤》.

pít vìper *n.* 《動物》米大陸・アジアなどに生息するマムシ亜科の毒ヘビの総称《上あごの両側にピット器官と呼ばれる温度を感知するくぼみをもつ; ハブ (*Trimeresurus flavoviridis*), マムシ (*Agkistrodon halys*), ガラガラヘビ (rattlesnake) など》.

pít·wòod *n.* 《鉱山》坑木《木材; cf. pitprop》.

pit·y [píti | -tɪ] 《*n.*: (?*a*1200) *pite* ⊏ OF (F *pitié*) < L *pietātem* piety ← *pius* 'PIOUS'. — *v.*: 《(1515)》 ← (*n.*): ME *pite* pity, *piete* piety はいずれも初め compassion, 後に piety の意味で用いられたが, 1600 年ごろ以降現在のような形態・意味の区別が確立した》 **—** *n.* **1** (他人の不幸などに対する)哀れみ, 同情 (compassion): I cannot help feel*ing* ～ *for* her. 彼女を同情せずにはいられない / have [take] ～ on [upon] …を哀れむ, 気の毒に思う / in ～ of …を気の毒に思って / out of ～ (for) (…を)気の毒に思って / *Pity* is akin to love. 《諺》かわいそうだと思う心は愛情に近い, 可哀想だたぁ惚れたって事よ / It is [was] ～ of them. 《古》彼らが気の毒だ[だった]. **2** 哀れみの心, 同情(する)心. **3** 遺憾の原因, 惜しい[残念な]事: It is a ～ (that) [a thousand *pities*] you cannot come. 君が来られないのは残念[遺憾(いかん)千万]だ. ★《口語》では *Pity* you cannot come. のようにもいう / The ～ is that …ということは遺憾なことだ / more's [the more's] the ～ それだけかえって[ますます]残念だ / What a ～! 何と気の毒な[惜しい]ことだろう / The ～ of it! まったく残念 / for ～'s sake [挿入句的に]哀れと思って, 後生だから. **—** *vt.* かわいそう[気の毒]に思う: He is to be *pitied*. 彼は気の毒な男だ / I ～ you if you think so. 君がそう考えるとは情けない人だ. **—** *vi.* 気の毒に思う, 哀れむ. 「*adv.*

pít·y·ing [⇨↑, -ing[2]] *adj.* 哀れむ, 同情する. **～·ly**

pit·y·ri·a·sis [pìṭəráɪəsɪs, -səs | -tɪráɪəsɪs] 《← NL ～ ← Gk *pitūríasis* branlike eruption ← *pítūron* bran ← ?: ⇨ -iasis》 **—** *n.* **1** 《病理》粃糠疹(ひこうしん). **2** 《獣医》粃糠疹《家畜の皮膚病の一種で, 乾燥した(うろこ状に脱落する)鱗片形成を特徴とする疾病》.

pit·y·roid [pítərɔ̀ɪd | -tɪ-] 《← Gk *pitūr-on* (↑) + -OID》 *adj.* 《病理》粃糠(ひこう)様の.

più [pjúː, piúː | pjúː; *It.* pjúː] 《⊏ It. ～ < L *plūs* more: cf. plus》 *adv.* 《音楽》もっと, 一層 (more): ～ allegro もっと速く / ～ forte もっと強く.

pi·u·ri [pi(j)ú(ə)ri | pɪ(j)úərɪ] 《⊏ Hindi *piyūrī*: cf. Skt *pīta* yellow》 *n.* (*pl.* **～s**) 《絵画》=Indian yellow 2 a.

Pi·us II [páɪəs-] 《cf. pious》 **—** *n.* ピウス[ピオ]二世 (1405–64; イタリアの聖職者・著述家; 教皇 (1458–64); *Euryalus and Lucretia* (小説, 1444); 本名 Enea Silvio de' Piccolomini [eníːa sílvjo de pikkolɔ́ːmini], 文学者としては Aeneas Silvius [síːlviəs | -vɪəs, -vjəs]).

Pius V, **Saint** *n.* ピウス[ピオ]五世 (1504–72; イタリアの聖職者; 教皇 (1566–72); 英国の Elizabeth 一世を破門した (1570); 祝日 5 月 5 日; 本名 Michele Ghislieri [mikéːle gizljɛ́ːri]).

Pius VII *n.* ピウス[ピオ]七世 (1740–1823; イタリアの聖職者; 教皇 (1800–23); 本名 Luigi Barnaba Chiaramonti [bárnaba kjàramónti]).

Pius IX *n.* ピウス[ピオ]九世 (1792–1878; イタリアの聖職者; 教皇 (1846–78); 無原罪懐胎説 (1854) や教皇無謬説 (1870) を教理と定めた; 本名 Giovanni Maria Mastai-Ferretti [màstaiferrétti]).

Pius X, **Saint** *n.* ピウス[ピオ]十世 (1835–1914; イタリアの聖職者; 教皇 (1903–14); 祝日 9 月 3 日; 本名 Giuseppe Sarto [sárto]).

Pius XI *n.* ピウス[ピオ]十一世 (1857–1939; イタリアの聖職者; 教皇 (1922–39); 本名 Achille Ratti [akílle rátti]).

Pius XII *n.* ピウス[ピオ]十二世 (1876–1958; イタリアの聖職者; 教皇 (1939–58); 本名 Eugenio Pacelli [eudʒɛ́ːnjo patʃɛ́lli]).

Pi·ute [páɪ(j)uːt, —⁼] *n.* =Paiute.

piv·ot [pívət] 《⊏ (O)F ～ ← ?: cf. OProv. *pua* tooth of a comb < ? VL **pugam* ← ? L *pungere* to prick》 **—** *n.* **1** 《機械》 **a** ピボット, 旋回支軸, 尖(せん)軸, 枢(すう)軸: the antifriction ～ 減摩ピボット / the conical ～ 円錐ピボット. **b** 軸の尖(せん)端. **2** 《軍事》軸兵, 嚮導(きょうどう)《行進・教練・戦術機動中に隊列の方向変換の軸となる個人またはグループ》. **3** 肝心かなめの人, (決定権などをもった)重要人物; (論議・事実などの)中心, かなめ, 要点. **4 a** 《球技》軸となるプレーヤー(の位置). **b** 《バスケットボール》相手のゴール下に入ってリターンパスをしたり, シュートをしたりするプレーヤー(センターなど)の位置. **c** 《バスケットボール》ピボット(プレー)《片足を軸にして他方の足だけを動かして身体の向きを変えること》. **d** 《ゴルフ》(打球の際の)腰のひねり. **5** 《歯科》(歯根に人工歯冠を継ぐ)金属小棒. **6** 《ダンス》ピボット《片足を軸足にして他の足に体重を移しかえるようにして踏みかえながら回るステップ》. **—** *adj.* **1** 軸になる. **2** =pivotal. **—** *vt.* 枢軸上に置く; …に枢軸をつける. **—** *vi.* **1** 枢軸で旋回する; (あおり戸のように)〔…を軸にして〕動く[回転する]〔*on, upon*〕: ～ *on* one's heel. **2** 〔…によって〕決まる, 〔…に〕かかる (turn)〔*on, upon*〕.

piv·ot·al [pívəṭḷ | -tḷ] 《⇨↑, -al[1]》 *adj.* **1** 枢軸の(ような). **2** 中枢[枢要]の, 重要な: a ～ event. **～·ly** *adv.*

pívot bèaring *n.* 《機械》ピボット軸受.

pívot brìdge *n.* ピボット旋開橋《鉛直軸の回りに上部構造が回転する可動橋》. 「軸足 (cf. pivot 4 c).

pívot fòot *n.* 《バスケットボール》ピボットフット,

pív·ot·ing [-tɪŋ | -tɪŋ] *n.* 《歯科》合釘(ごうてい)継続歯装着《継ぎ歯を歯根に装着する》.

pívot jòint *n.* 《解剖》滑車関節.

pívot·màn [-mæ̀n] *n.* (*pl.* **-men** [-mèn]) **1** 《軍事》(隊列の方向変換の軸となる)軸兵, 嚮導(きょうどう). **2** 《球技》ピボットマン《軸となるプレーヤー》; (特に)バスケットボールのセンター.

pívot tòoth *n.* 《歯科》継続歯《金属棒 (dowel) により歯根に継ぐ人工歯冠; pivot crown, dowel crown ともいう》.

pix[1] [píks] *n.* =pyx 2. **—** *vt.* =pyx.

pix[2] [píks] 《(短縮) ← *pictures*》 *n.* pic[1] の複数形.

pix·el [píksəl, -sḷ] 《(略) ← *pix*[2] *el(ement)*》 *n.* 《テレ

ピ〕絵(ᵉ)素, 絵画素《テレビの画像を作り上げる映像単位》.

pix·ie [píksi|-sɪ] 〘《c1630》← ? : cf. Swed. *pysk* little fairy〙 — *n.* **1** (特に, イングランド南西部に伝承されるいたずらっぽい)妖精, 小妖精 (elf). **2** いたずら者. — *adj.* いたずらの, いたずらっぽい, ふざけ(たが)る. **～·ish** [-siɪʃ] *adj.*

pixie 1

píxie hàt *n.* とがり帽子.

píxie hòod *n.* とがり頭巾.

pix·i·lat·ed [píksəlèɪtɪd, -ṭəd|-sɪlèɪt-] 〘《変形》← *pixy led* led astray by pixie : *elated, titillated* などとの類推による変形〙 — *adj.* **1 a** 頭が少しおかしい; とぼけた, ばかげた; 風変わりでおかしい: a ～ comedy. **b** 混乱した, 首尾一貫しない. **2** 少し酔っ払った. **pix·i·la·tion** [pìksəléɪʃən|-sɪ-] *n.* 「**píx·i·ness** *n.*

pix·y [píksi|-sɪ] *n., adj.* ＝pixie. **～·ish** [-siɪʃ] *adj.*

pi·zaine [píːzeɪn] 〘← OF *piz* breast (< L *pectus*)＋ *-aine* (n. suf.)〙 *n.* 〘甲冑〙(14 世紀に鎖帷子(くさりかたびら)と共に用いた)鎖えり巻.

Pi·zar·ro [pɪzáːrou, pə-|pɪzáːrəu; *Sp.* piθárro, *Am. Sp.* pisárro], **Francisco** *n.* ピサロ《1471 (または 1475)–1541; スペインの軍人; 南米ペルーにあったインカ帝国 (Incaic Empire) を滅ぼした (1524–33)》.

pi·zazz [pɪzǽz, pə-|pɪ-] *n., adj.* ＝pizzazz.

pizz. 《略》〘音楽〙pizzicato.

piz·za [píːtsə, pítsə; *It.* píttsa] 〘□ It. ～ < VL **piceam* (cf. MGk *pítta* cake, pie＝Gk *pítta* pitch¹) ← L *piceus* of pitch ← *pic-, pix* ' PITCH¹ '〙 — *n.* ピッツァ, ピザ(パイ)《円形に伸ばしたイースト入りの生地の上にトマトソースとチーズの他に, ベーコン・アンチョビー・オリーブなどをのせて焼いた平たいイタリアのパイの一種》. 「を供する店」.

pízza pàrlor *n.* ピッツァパーラー《ピッツァ[ピザ]

piz·zazz [pɪzǽz, pə-|pɪ-] 〘擬音語?〙《米俗》 — *n.* **1** 元気, 活気. **2** 冴(さ)え, ひらめき; 粋(いき), 派手さ, けばけばしさ. — *adj.* 〈車など〉かっこいい, 派手な, スマートな.

piz·ze·ri·a [pìːtsəríːə, pìtsə-; *It.* pittserí:a] 〘□ It. ～ : ⇨ pizza, -ery〙 *n.* ピッツァ (pizza) の製造所[料理店].

piz·zi·ca·to [pɪtsɪkáːtou, -tsə-|-tsɪkáːtəu; *It.* pittsiká:to] 〘《1845》□ It. ～ (p.p.) ← *pizzicare* to pick, twang ← *pizzare* to sting, prick ← *pizzo* point, edge〙〘音楽〙 — *adv., adj.* ピッツィカート, つまびきで[の] (略 pizz.; cf. arco). ★ 弦楽器の奏者への指示として用いる. — *n.* (*pl.* **-ca·ti** [-tiː; *It.* -ti], **～s**) ピッツィカートの曲[楽節, 楽句, 楽章].

piz·zle [pízl] 〘《1523》 *peezel, pysell* □ LG *pēsel* & Flem. *pēzel* (dim.) ← MLG *pēse* & MDu. *pēze* (Du. *pees* sinew, penis) □ ? L *pēniculus* (dim.) ← *pēnis* ' PENIS ' : ⇨ -le¹〙 — *n.* 《卑》獣(特に, 雄牛)の陰茎; (昔)それで作ったむち. 「Judge, Probate Judge.

P.J. 《略》〘法律〙Police Judge, Police Justice; Presiding

pj's [píːdʒèɪz] 〘← P(A)J(AMA)S〙 *n. pl.* 《米口語》＝pajamas.

pk 《略》peck(s).

PK 《略》psychokinesis.

pk. 《略》pack; park; peak; peck; pike.

pkg. 《略》package; packing.

pkge. 《略》package.

pkt. 《略》packet; pocket.

PKU 《略》〘病理〙phenylketonuria.

pkwy. 《略》parkway.

Pl 《略》Place.

pl. 《略》〘数学〙place; plain; plate; platoon; plural.

P.L. 《略》Paradise Lost; 〘保険〙partial loss 分損; paymaster lieutenant; L. Pharmacopoeia Londinensis (＝Pharmacopoeia of London); 〘海事〙Plimsoll line; Poet Laureate; 〘海事・航空〙position line; private line; public law; public library.

PL/1 [píːèlwʌ́n] 〘← *P(rogramming) L(anguage Version) One*〙 *n.* 〘電算機〙ピーエルワン《簡単なプログラム用言語》. 「軍.

PLA 《略》Palestine Liberation Army パレスチナ解放

P.L.A. 《略》《英》Port of London Authority ロンドン港管理部.

plac- [plæk] (母音の前に来る時の) placo- の異形.

plac·a·ble [plǽkəbl̩, pléɪk-] 〘《c1450》'pleasing' □ OF ～ □ L *plācābilis* ← *plācāre* to please : ⇨ -able: cf. placate¹〙 — *adj.* なだめられる, なだめやすい, 懐柔しやすい (appeasable); 温和な, 寛容な. **plàc·a·bíl·i·ty** [-kəbíləṭi|-lɪtɪ, -lɪ-] *n.* **plác·a·bly** *adv.*

plác·a·ble·ness *n.* 《古》＝placability.

plac·ard [plǽkəd -kɑəd|-kɑːd] 〘《1481》 *plakart, placquart* □ OF *placquart* (F *placard*) ← *plaquier* (F *plaquer*) to lay flat, plaster □ MDu. *placken* to patch, paste ← ? : ⇨ -ard〙 — *n.* **1 a** (公示・広告などの)張り紙, 掲示, ポスター (poster), プラカード: put up a ～ 掲示する. **b** 標札, 名札, 荷札. **2** 小カード, 小(金属)板. **3** 《古》〘甲冑〙(胸と腹を二枚はぎにした胴の腹部に当てる)腹当の板. — [《米》-kɑəd, -kəd] *vt.* **1** 〈場所〉に張り紙[広告]を掲示する[張る]: ～ a wall. **2** …の掲示を出す, 〈商品などを〉張り紙で広告する; 張り紙として掲示する[張る]: ～ a bill. **～·er** *n.*

pla·cate¹ [pléɪkeɪt, plǽk-|pləkéɪt, pleɪ-] 〘《1678》← L *plācāt-us* (p.p.) ← *plācāre* to appease ← IE **plā-k-* to be flat : cf. please〙 — *vt.* なだめる, 慰める; 懐柔する. **pla·ca·tion** [pleɪkéɪʃən, plæ-|plə-, pleɪ-] *n.*

plac·ate² [plǽkeɪt, -kət, -kɪt] 〘《異形》← PLACARD〙 *n.* 〘甲冑〙＝placard 3.

pla·cat·er [pléɪkeɪṭə, plǽk-|pləkéɪtə(r, pleɪ-] 〘← PLACATE¹＋-ER¹〙 *n.* なだめる人, 慰める人; (特に)調停者 (mediator).

pla·ca·tive [pléɪkeɪṭɪv, plǽk-|pləkéɪt-, pleɪ-] 〘← PLACATE¹＋-IVE〙 *adj.* ＝placatory.

pla·ca·to·ry [pléɪkətɔ̀ːri, plǽk-, -tɔ̀ri|pləkéɪtəri, pleɪ-] 〘□ LL *plācātōri-us* ← L *plācātus* : ⇨ placate¹, -ory¹〙 — *adj.* 〈言動など〉なだめる, 和解的な, 懐柔的な (conciliatory): ～ policies.

place¹ [pléɪs] 〘n.: 《?a1200》□ (O)F ～ 'open space in a city, locality' < VL **plattjam*＝L *platea* street, open space □ Gk *plateîa* (*hodós*) broad way (fem.) ← *platús* broad ← IE **plat-* to spread (Skt *prathati* he spreads out) ∞ OE *plæce, plætse* □ L *platea.* — v.: 《1548》← (n.): PLAZA, PIAZZA と三重語: cf. plate¹〙 — *n.* **1 a** (特定の)場所, 所: We cannot be in two ～*s* at a time. 一時に二つの場所にいることはできない / This is the ～ where we first met. ここが私たちが最初に会った所です. **b** 《文語》(抽象概念としての)場所, 空間 (cf. time *n.* 1 a): time and ～ 時間と空間, 時空. **c** 《古》(ある人・物の占める)空間: Only in the world I fill up a ～. 私はただこの世の穴を埋めているだけです (Shak., *As Y L* 1. 2. 191). **d** [some [any, no] ～ として, 副詞的に用いて]《米》＝somewhere; anywhere; nowhere: He wished he could go *some* ～. どこかへ行ければよいと思った.

2 (特定の目的に使用される)場所, 建築物, …場, …所: a ～ of amusement 娯楽場 / a ～ of business 営業所 / a ～ of worship 礼拝所, 教会 / a ～ of arms 《古》軍隊集合場《退却地としての要塞またはその増築部》/ the high ～ 祭壇; 偶像 / the holy ～ 聖所 / holy ～*s* 聖地《キリストまたは殉教者の遺跡》/ ⇨ meeting-place.

3 a (物の表面の特定の)部分, 個所 (spot): a rough ～ in the road 道路のでこぼこの所 / a worn ～ in the carpet じゅうたんの擦り切れた個所 / a sore ～ on the arm 腕の痛む個所. **b** (書物などの)個所, 節 (passage); 読みさしの個所: find [lose, keep, mark] one's ～ 読みかけていた所を見つける[を見失う, を忘れないようにしておく, に印を付ける] / She always cried *at* the sad ～*s*. 哀れな所へくるといつも泣いた.

4 a 地域, 地方, 土地 (region); 市, 町, 村: one's native ～ 故郷 / He has traveled to a great many distant ～*s* in the world. 世界の多くの遠い国々へ旅行している. **b** 土地の環境[雰(ふん)囲気]: He had a sense of ～. 土地の雰囲気に敏感だった.

5 [P-; 通例, 固有名詞に用いて] **a** (都市の)広場 (square) (cf. place²): Gloucester *Place* (London の)グロスタープレース. **b** 短い通り; 路地: University *Place* (New York の) 大学通り.

6 《口語》**a** [しばしば one's ～] 住居, 家: They had a party at *their* ～. 彼らは家でパーティーをやった. **b** (田舎の)家敷 (country house): He has a nice ～ in the country. 田舎にすてきな家敷をもっている. **c** [P-; 固有名詞に用いて] (広い土地の付いた)田舎屋敷: Penshurst *Place* ペンズハースト荘. **d** 《米》農園, 農場: the black girls *on* the ～ 農場の黒人女たち.

7 a (人・物の)いる[ある]べき場所, あり[置き]場所; つくべき位置: slide the door of the safe back *into* ～ 金庫の扉を元通りに閉める / Find a ～ *for* this picture. この絵を掛ける場所を捜してくれ / It is no ～ *for* you. 君のいるべき所でない / Take your ～*s* for the next dance. 皆次の踊りの位置につきなさい. **b** (順番を待つ人の列などでの)番, 場所: Would you please hold my ～ for a minute? ちょっと番をとっておいて下さいませんか. **c** [*pl.*]〘演劇〙(各出演者のつくべき)位置: *Places!* 位置について《俳優に対する開幕直前の合図》. **d** 適当な場所[機会]; ふさわしい環境: A dinner party is not the ～ *for* an argument. 晩餐会は議論にはふさわしい場でない / It was no ～ *to* educate a boy. そこは子供を教育するような環境ではなかった / This is not the ～ *to* discuss such a subject. 今はそのような問題を議論する場合ではない. **e** 《廃》(もっともな)根拠, 理由 (ground): There is no ～ *for* doubt. 疑いの余地がない.

8 a (乗物・劇場などの)座席, 立ち席: change ～*s* (*with* a person) (人と)席を交換する / Please take three ～*s* in the bus. バスの席を 3 人分取ってください. **b** (食卓での)席; 一席分の膳(ぜん)立て: lay [set] a ～ for one's friend 友人のために 1 人前の膳を用意する / There were two empty ～*s* at the table. その食卓には 2 人分席が空いていた.

9 立場 (position): *in* a tight ～ 苦境にあって / if I were *in* your ～ もし君の立場にあったら.

10 地位, 身分, 分限, 位置; (成績・重要性などでの)順位: keep people *in* their ～*s* 人をそれぞれ適した地位につけておく / put a person *in* his ～ 出過ぎた[うぬぼれた]者をたしなめる / know one's ～ 〈召使・従業員などが〉身のほどを知る, 出過ぎたことをしない / teach a person his ～ 人に身のほどを知らせる / the ～ of Minamoto-Yoritomo in Japanese history 日本史において占める源頼朝の位置 / His last work will take its ～ among the most important novels of this century. 彼の近作は今世紀における最も重要な小説の一つとしての位置を占めるだろう / He was always *in* a high ～ at school. 学校では常に高い席次を占めていた.

11 a 官職, 役, 勤め口; (特に)官公吏の職, 公職: persons *in* high ～*s* in government 政府高官 / He decided to take a ～ as a servant. 召使として勤めに就こうと決心した / He was offered a ～ on the board [on the *Times*]. 理事のポスト[タイムス社勤務の口]を提供された. **b** [集合的] 高官の地位, 高位; 官職(の威信): a corrupt use of ～ 高官の職権濫用. **c** (運動チームなどの)一員としての資格[地位] (membership): get a ～ in a team チームの一員になる.

12 本分 (duty), 役目, 職務: It's not my ～ to watch them. 彼らを見張っているのは私の仕事ではない.

13 空位, 空席; 代理: His son went *in* his ～. 息子が父に代わって行った / ⇨ *in* PLACE *of, take the* PLACE *of.*

14 (物事を列挙する場合の)順位, 段階 (step): ⇨ *in the first* PLACE / *in* the second ～ 第二に, 次に(は).

15 a 〘スポーツ〙(競馬などの)先着順位. ★《米》では一, 二着(通例二着); 《英》では一着から三着まで; 特に, 二, 三着 (cf. win¹ 3, show 9): get a ～ 《米》二着になる; 《英》三着以内に入る. **b** (競技などで)受賞[入選, 合格]の順位: He took first ～ in the oratorical contest. その弁論大会で一等となった / She won a second ～ in the division of popular songs. 歌謡曲の部で 2 位に入選した. **c** 〘競馬〙複勝式勝馬投票《英では三着まで, 米では二着まで》.

16 〘数学〙桁(けた), 位 (略 pl.); (特に小数点以下)…位: a three ～ number 3 桁の数 / the tens ～ 10 の桁, 10 位 / Calculate the division to three decimal ～*s* [to the third decimal ～]. その割算を小数点以下 3 位まで計算せよ.

17 〘演劇〙場所の一致 (cf. unity 9).

18 〘天文〙(天体の)位置.

19 《廃》〘鷹狩〙＝pitch² *n.* 3 c. ★ 今は次の成句にのみ用いる: ⇨ PRIDE *of place.*

all over the place 《口語》(1) その辺り一体に, 所きらわず, 至る所に: Restaurants sprang up *all over the* ～. その辺至る所に料理店が出来た. (2) 乱雑にして, 取り散らして: He's left his papers spread *all over the* ～. 書類を雑然と広げたままにしている. ***another place*** (1) 他の所, よそ. (2) 《英》あちら, 他院《下院では上院を, 上院では下院をさしていう》. ***fall into place*** (1) 正しい場所に収まる, ぴったりはまる. (2) 〈話などが〉辻褄が合う, ぴったりする. ***from place to place*** 転々と, あちらこちらに, 所々に. ***give place to*** …に席[地位]を譲る; …に代えられる: It's time you *gave* ～ *to* a younger man. 後進に道を譲ってもよい時だ. ***go places*** 《口語》(1) いろいろな所へ行く; 遊び回る: *go* ～*s* and see things 方々を見て回る. (2) (どんどん)成功する, 出世する: The writer will *go* ～*s*. あの作家はどんどん伸びるだろう / He is *going* ～*s* in business. 商売でどんどん成績を上げている. ***have place*** 場を占める, 存在[位置]する 〔*in, among*〕. ***in place*** (↔ out of place) (1) 決まった[正しい, もとの]場所に, 整頓されて, きちんとして: Everything was *in* ～. 何もかもきちんと用意していた. (2) 適所に, 所を得て; 適当[適切]な: The proposal is not quite *in* ～. その提案はどうもあまり時宜にかなっていない. ***in place of*** …の代わりに (cf. *n.* 13): Use cotton *in* ～ *of* silk. 生糸の代わりに木綿を使いなさい. ***in places*** 所々に[で]. ***in the first place*** (1) 第一に(は), 先ず. (2) 初めは[から], もとは. ***in the next place*** (順次に話して)次に(は), 第二に. ***make place for*** 《古》引き下がって…を入れる[通す], 余地を作って…を取り入れる. ***out of place*** (↔ in place) (1) いつもの[正しい]場所にない, 置き違えた. (2) 場違いの; 不適当な: I felt somewhat *out of* ～ in their company. 彼らの前に出て何か場違いの感があった. (3) 失業して: a young schoolmaster *out of* ～ 失業中の若い教師. ***supply the place of*** …に代わる, …の代わりになる. ***take place*** 起こる, 開催される: The meeting will *take* ～ next Monday. 会は来週の月曜日に催される. ***take the place of*** …の代理をする, …に代わる: Electric trains have *taken the* ～ *of* steam trains. 電車が汽車にとって代わった. ***the other place*** 《英戯言》あちら向こう(の大学)《Cambridge と Oxford 両大学がそれぞれお互いをさしていう》.

— *vt.* **1** [副詞語句を伴って] **a** 置く, 載せる, 据える (set): The picture was ～*d* too high *on* the wall. その絵は掛かっている所が高すぎた / She ～*d* the ham over the vegetables. 野菜にハムを載せた / I'm going to ～ an advertisement *in* the newspaper. 新聞に広告を載せようと思っている. ★ 一般的な語の put に対し, place は特に望ましい場所に注意深く, または正確に置く場合に用いる. **b** 配置する, 配列する, 整理する (arrange): She began to ～ the silverware *on* the table. 彼女は銀の食器を食卓に並べ始めた / *Place* the books *in* right order. 本を正しく整頓しなさい.

2 a 〈信頼・希望などを〉かける, 寄せる, 〈重要性などを〉認める 〔*in,* (*up*)*on*〕: ～ one's faith *in* science 科学を信頼する / He ～*s* too much importance *on* correct grammar. 正確な文法を重視し過ぎている. **b** 〈議題・問題などを〉持ち出す, 提起する 〔*before*〕: This debate must be ～*d before* a larger audience. この議題はもっと多くの聴衆の前に提起すべきである. **c** 〈爆弾などを〉〈既定の目標などに〉目がけて投じる, 狙い撃ちする 〔(*up*)*on*〕: The bombs appeared to have been ～*d* directly *upon* the spot. 爆弾はその地点を直撃しようとしたものらしかった.

3 a 〈資金を〉投資する (invest): ~ one's money *in* bonds 公債に投資する / ~ the capital *in* plane production 資本を飛行機生産に投じる / He agreed to ~ all the interest *with* his broker. 利子は全部ブローカーの手にまかせることに同意した. **b** 〔然るべき人に〕提出する, 届ける〔*with*〕; 〈商品などを〉売りさばく; …の処置·配布を手配する: ~ a shipment 出荷の手配を済ます / ~ evidence *with* the district attorney 検察官に証拠を申し出る. **c** 〔商会などへ〕〈注文を〉出す (give)〔*with*〕; …の注文を出す, 申し込む, 依頼する (apply for): He ~*d* an order *for* 1,000 pairs of shoes *with* the firm. その商会に靴千足の発注をした / ~ a bet かけを申し出る / ~ a telephone call 電話をかける / ~ one's insurance *with* the company 保険会社に保険加入を申し込む.

4 a [前置詞付きの句を伴って]〈人·物を〉〈ある状態に〉置く: He was endeavoring to ~ the company *in* a better financial position. 会社の財政を立て直そうと努力していた / ~ a suspect *under* surveillance 容疑者を監視する. **b** [目的語＋前置詞または *as* 付きの句を伴って] 〈人を〉〈ある地位·職に〉就ける, 任じる, …に勤務を命じる (assign): The president was intending to ~ her *in* a key position. 社長は彼女を要職に就けようと考えていた / He was ~*d in* command of the fleet. 彼は艦隊司令官に任命された / They decided to ~ him *as* rector. 彼を教区牧師に任じることに決定した.

5 a [しばしば目的語＋前置詞または *as* 付きの句を伴って] 〈人〉に仕事[勤め口]を見つけてやる; 〈孤児など〉に家[里親]を世話する: Can you ~ this girl *as* a typist? この少女にタイピストの職を世話してくれませんか / All physically handicapped persons should be ~*d in* remunerative positions. 身体障害者はすべて十分な報酬の得られる職に就けるようにすべきである / The agency will ~ you *with* a good firm. その周旋所は君によい商会を世話してくれるだろう / The homeless children were ~*d in* charge [*for* adoption]. 孤児たちは保護者に[養子として]預けられた. **b** 〈小説·劇など〉に出版社[演出家]を世話する.

6 (特徴から)突き止める (identify); (特に)〈以前に会った[聞いた]ことのある人[物]を〉だれ[何]だと思い出す: The gentleman looked familiar but I couldn't ~ him. 確かにその紳士には見覚えがあったが, だれだったか思い出せなかった / I couldn't quite ~ his face. 彼の顔を見てどうもだれだったかよく思い出せなかった / I tried to listen and ~ the sounds. 耳を澄ましてその音が何の音なのか突き止めようとした.

7 [通例, 目的語＋副詞語句または補語を伴って] **a** …の等級を定める, (…に)位するとみなす: Of many factors this may be ~*d first*. 多くの要因のうちでもこれが第一のものだろう / You can ~ health *among* the greatest gifts of life. 健康は人生最大の賜とみなされうる. **b** 評価する, 値踏みする (estimate): He ~*d* the value of the house too high [*at* five million dollars]. その家の価値を高く評価しすぎた[500万ドルと踏んだ]. **c** …の年代[範疇(ちゅう)]を推定する: He has ~*d* the find *as* Neolithic [*to* the Jomon period]. その出土品を新石器[縄文]時代のものと推定した. **d** …の範疇に属させる[含める].

8 …に(競技などの)出場の資格を得させる, 出場させる: ~ players *on* the Olympic team 選手をオリンピックに出場させる / Our college ~*d* two students *in* the Intercollegiate Oratorical Contest. 我々の大学は大学連合弁論大会に学生二人を送った.

9 〈競走者·競技者〉の順位を判定する; [通例 Passive で]〈競走馬·競走者などを〉一[二, 三]着と判定する, 《米》二着と判定する (cf. *n.* 15 a): be ~*d* 《米》二着に入る, 《英》三着以内に入る / The horse *was* ~*d* first [second]. その馬は一[二]着となった.

10 a 〖野球〗〈ボールを〉野手のいない所に打つ (cf. place hitter). **b** 〖ラグビー〗〈ゴールを〉プレースキック (placekick) で陥れる.

11 〈声楽家·演説者が〉(声量や音域を考慮に入れて)〈声を〉調節する.

— *vi.* 《米》 **1** (競技などで)入賞する; [first, second, last などの副詞を伴って]〈ある順位〉になる: He ~*d* second *in* the chess tournament. チェスの勝抜き戦で二等となった. **2** (競馬·競走などで)三着以内に入る, (特に)二着になる (cf. win¹ *vi.* 1, show *vi.* 4).

place² [plɑ́ːs; *F.* plas] 〖□F ~ (↑)〗 *n.* (都市の)広場 (square) (cf. plaza 1). ★ 特に, 固有名詞に用いる (cf. place¹ *n.* 5 a): the *Place* de la Concord.

pláce bèt *n.* 〖競馬〗複勝式の賭け (cf. place¹ *n.* 15 c).

pla·ce·bo [pləsíːbou | pləsíːbəu, plæ-] 〖《?*a*1200》← L *placēbō* I shall please ← *placēre* 'to please, PLACATE¹': ラテン語訳聖書 (Vulgate) *Ps.* 114:9 の文頭語から〗 — *n.* (*pl.* ~**s**, ~**es**) **1** [《米》ではまた plɑːtʃéɪbou] 〖カトリック〗死者のために唱える聖務の晩課. **2** 〖医学〗プラシーボ, 偽薬《有効な薬効成分を含まぬもの》. **3** 気休めの言葉[行為], 慰め; お世辞 (flattery).

placébo effèct *n.* 〖医学〗プラシーボ効果《placebo による治療効果で, 薬理作用以外による効果; 心理的なものなど》.

pláce brìck *n.* (野積み焼でできた)極めて品質の悪い建築用れんが (cf. picking 4).

pláce càrd *n.* (公式の宴会席などでの)座席札; その「宴会.

pláce hìtter *n.* 〖野球〗プレイスヒッター《野手のいないところを狙って打てるバッター》.

pláce·hòlder *n.* 〖数学〗プレース ホールダー《式の中の文字のうち, 定められた集合の要素の名前を代入しうるもの》.

pláce-hùnter *n.* 求職者; 猟官運動者.

pláce·kìck 〖ラグビー·サッカー·アメリカンフットボール〗 *n.* プレースキック《ボールを地に置いて蹴ること; cf. dropkick 1, punt³》. — *vt.* 〈ボールを〉プレースキックする; プレースキックで〈点を〉あげる. — *vi.* プレースキックをする. **~·er** *n.*

pláce·less *adj.* 適当な場所のない. **~·ly** *adv.*

pláce·man [-mən] *n.* (*pl.* **-men** [-mən]) 《英·軽蔑》役人, 官吏《特に, 18世紀英国の通例政治家の力などで任命された人》; 猟官運動者.

pláce màt *n.* 食卓マット《ナイフ·フォークなどの下に敷く》.

pláce·ment 〖← PLACE¹＋-MENT〗 — *n.* **1** 布置, 配置, 配合〔*of*〕: the ~ *of* lights 光の配合, 彩光の具合. **2** (学力成績による学生の)クラス[コース]分け. **3** 《米》(職業安定所などで行なう)求職者の配置, 職業紹介, 授産: a ~ agency [office] 職業紹介所. **4 a** 〖アメリカンフットボール〗プレースキック (placekick) をするためにボールを地面に置くこと; そのボールの位置. **b** = placekick. **c** プレースキックによる得点. **5** 狙ったところへボールを打つこと; (特に, テニス·バドミントンで)プレースメント, 配球《相手が取りにくい, またはまず取れない場所へのショット》.

plácement tèst *n.* 《米》(新入生などのクラス分けのために行なう)学力テスト, クラス分け試験.

pláce-nàme *n.* 地名 (cf. PERSONAL name).

pla·cen·ta [pləsénṭə | -tə] 〖《1677》← NL ~ ← L ~ 'cake' □ Gk *plakóenta* (acc.), *plakóeis* flat cake ← *pláx* flat surface ← IE **plā-k-* to be flat: cf. placate¹〗 — *n.* (*pl.* ~**s**, **-cen·tae** [-tiː]) **1** 〖動物·解剖〗(哺(ほ)乳類の)胎盤; (哺乳類以外の)胎盤. **2** 〖植物〗胎座《子房内にある胚珠が付着する部分》.

pla·cen·tal [pləsénṭl | -tl] *adj.* 〖動物·解剖〗胎盤 (placenta) のある: a ~ mammal 胎盤哺(ほ)乳類.

pla·cen·tate [pləsénteɪt] 〖← NL *placentāt-us* ← *placenta*: ⇨ placenta, -ate²〗 *adj.* 胎盤[胎座]を有する.

plac·en·ta·tion [plæ̀səntéɪʃən, -sn-, pləsèn-] 〖□F ~: ⇨↑, -ation〗 *n.* **1** 〖動物·解剖〗胎盤形成, 胎盤構造, 胎盤排列. **2** 〖植物〗胎座排列, 胎座式.

plac·er¹ [pléɪsə | -sə(r)] 〖《1579》← PLACE¹＋-ER¹〗 — *n.* **1** (物を)セットしたり配列したりする人. **2** …位の人[馬(など)]: the fifth ~ in the contest コンテストでの第5位(入賞者).

plac·er² [plǽsə | -sə(r)] 〖□Am.-Sp. ~ 'deposit, shoal' ← Sp. *plaza* place〗 *n.* 〖鉱山〗 **1** 沖積鉱床, 砂鉱床, 含金砂利 (cf. lode 1). **2** 砂金採取場, 砂鉱.

plácer gòld [plǽsə- | -sə-] *n.* 〖鉱山〗砂金.

plácer mìner [plǽsə- | -sə-] *n.* 〖鉱山〗砂金鉱夫.

plácer mìning [plǽsə- | -sə-] *n.* 〖鉱山〗砂鉱(床)採鉱, 砂金採取.

plá·cer·y bòom [pléɪsəri- | -rɪ-] 〖*placery*: 《変形》? ← *passaree* □ F *passeresse* (fem.) ← *passeur* passer〗 — *n.* 〖海事〗両側に増設した横帆のすそを張り出すためのブーム《昔の帆船が用いた》.

pláce·sèekers *n. pl.* 猟官連, 地位を求める人たち.

pláce sètting *n.* **1** プレースセッティング《食卓で個人別に並べる皿やナイフ·フォークなどの一揃い》. **2** (販売単位としての)プレースセッティング.

pla·cet [pléɪsɪt, -sət | -set, -sɪt, -sət] 〖《1572》□ L ~ 'it pleases' ← *placēre* 'to PLEASE'〗 — *n.* (placet という語を用いて示す)賛成(表明)《★ 英国の大学や教会で票決の際に用いられる文句》; 賛成投票: non ~ 不賛成, 反対投票 / The ~*s* were in the majority. 賛成が大多数だった.

pláce vàlue *n.* 〖電算機〗桁の値《例えば 532 で 3 のある桁の値は 10 であり, 数字そのものは 30 を示す》.

plac·id [plǽsɪd, -səd | -sɪd] 〖《1626》□F ~ // L *placid-us* pleasing, smooth ← *placēre* 'to PLEASE': ⇨ -id⁴〗 — *adj.* **1** 穏やかな, 静かな, 静穏な: a ~ stream 波を立てずに静かに流れる水. **2 a** 静かで落ち着いた, 温和な, 冷静な: a ~ mood [temper] 落ち着いた気分[気質] / a ~ smile 静かなほほえみ. **b** 満足した. **pla·cid·i·ty** [plæsídəti, plə- | -dɪti, -dɪ-] *n.* **~·ly** *adv.* **~·ness** *n.*

Plac·id [plǽsɪd, -səd | -sɪd], **Lake** 〖↑〗 *n.* プラシッド湖《米国 New York 州北東部, Adirondack 山脈中の湖; 全長 6 km》.

Plá·ci·do's dísk [plɑ́ːsədòuz- | -sɪdəuz-] 〖← *A. Placido* (19世紀のポルトガルの眼科医)〗 *n.* 〖眼科〗プラシド角膜計.

plác·ing *n.* (競技などの)順位: He failed to get even a sixth ~ in any of the throwing events. 投擲(てき)競技ではどれをとっても6位にすら入賞できなかった.

plácing-òut *n.* 里子制度 (boarding-out system).

plack·et [plǽkɪt, -kət] 〖《1546》《変形》? ← *plackerd* 'PLACARD': ⇨ -et〗 — *n.* **1** (衣服の着脱のための)あき《placket-hole ともいう》. **2** 《古》(スカートの)ポケット. **3** 《古》 **a** = petticoat. **b** = woman.

plac·o- [plǽko(ʊ) | -kə(ʊ)] 〖□Gk *plak-*, *plako-* ← *pláx* flat surface〗「平板 (flat table, tablet)」の意の連結形. ★ 母音の前では通例 plac- になる.

plac·ode [plǽkoud | -kəud] 〖⇨↑, -ode¹〗 *n.* 〖動物〗プラコード《胎児器官の原基を形成する外胚葉の肥厚》.

Plac·o·der·mi [plæ̀kədə́ːmaɪ | -də́ː-] 〖← NL ~: ⇨ placo-, -derm〗 *n. pl.* 〖魚類〗板皮綱.

plac·oid [plǽkɔɪd] 〖← PLACO-＋-OID〗 *adj.* 〖動物〗〈魚が〉板金状のうろこのある; 〈うろこが〉板金状の.

placque [plǽk | plɑ́ːk] 〖□F *plaque*: ⇨ plaque〗 *n.* 〖紋章〗プラーク《紋章官の官服 (tabard); 仕える王·領主などの紋章を衣服一杯にデザインしたもの》.

pla·fond [plæfɔ́ː(ŋ), -fɔ́(ː)ŋ; *F.* plafɔ̃] 〖《1705》□ F ~ ∞《1664》*platfond* □ OF ← *plat* flat＋*fond* bottom: ⇨ plate¹, fund〗 — *n.* **1** 〖建築〗(装飾を施した)天井, 飾り天井. **2** 〖トランプ〗プラホンド《contract bridge の前身; 20世紀初めフランスで行なわれた》.

pla·ga [pléɪgə] 〖□ L ~ 《原義》stripe: cf. Gk *plēgḗ* stroke〗 *n.* (*pl.* **pla·gae** [-giː]) 〖動物〗まだら, ぶち, しま.

pla·gal [pléɪgəl] 〖《1597》□ ML *plagāl-is* ← *plaga* plagal mode 《逆成》? ← *plagius* □ MGk *plágios* plagal (Gk 'oblique') ← Gk *plágos* side〗 — *adj.* 〖音楽〗変格の (cf. authentic 4): **a** 教会旋法で主音が音域 (ambitus) の中央に位する. **b** 下属和音から主和音へ終止する: ⇨ plagal cadence.

plágal cádence [**clóse**] *n.* 〖音楽〗変格終止(法)《属和音以外の和音(特に, 下属和音)から主和音に終止すること》.

pla·gate [pléɪgeɪt] 〖← PLAGA＋-ATE²〗 *adj.* 〖動物〗ぶちの, まだらがある, しまのある.

plage [plɑ́ːʒ; *F.* plaːʒ] 〖□F ~ □ It. *piaggia* < LL *plagiam* beach, shore □ Gk *plágios*: cf. plagal〗 — *F. n.* **1** 浜辺; (特に, 多くの人で賑わう)海浜. **2** 〖天文〗プラージュ《太陽彩層中の現象の一種で, 黒点周辺の明るく輝線を発する部分; flocculus ともいう》.

pla·gi- [pléɪdʒi | -dʒɪ] (母音または h の前に来る時の) plagio- の異形.

pla·gia·rism [pléɪdʒərìzṃ, -dʒiə- | pléɪdʒɪə-, -dʒə-] 〖《1621》← PLAGIARY＋-ISM〗 — *n.* **1** 他人の文章·思想·考案などを盗み取って自分のものと称すること, 剽窃(ひょうせつ), 盗作. **2** 剽窃物, 盗作(したもの).

plá·gia·rist [-rɪst, -rəst | -rɪst] 〖《1674》〗 *n.* 剽窃(ひょうせつ)者. **pla·gia·ris·tic** [plèɪdʒərístɪk, -dʒiə- | -dʒɪə-, -dʒə-] *adj.* **plà·gia·rís·ti·cal·ly** *adv.*

pla·gia·rize [pléɪdʒəràɪz, -dʒiə- | -dʒɪə-, -dʒə-] 〖《1716》〗 — *vt.* 〈他人の文章·思想·考案などを〉盗み取って自分のものと称する, 剽窃(ひょうせつ)する. — *vi.* 他人の文[思想, 考案など]を剽窃する. **plá·gia·rìz·er** *n.*

pla·gi·ar·y [pléɪdʒièri, -dʒəri | -dʒɪəri, -dʒə-] 〖《1597》□ L *plagiāri-us* kidnapper ← *plagium* kidnapping ← *plaga* net: ⇨ -ary: cf. placate¹〗 — *n.* 《古》 **1** = plagiarism. **2** = plagiarist.

pla·gi·o- [pléɪdʒio(ʊ), plǽdʒ- | -dʒɪə(ʊ)] 〖□Gk ~ ← *plágios* oblique ← *plágos* side: cf. plagal〗 —「斜めの (oblique)」の意の連結形. ★ 母音および h の前では通例 plagi- になる.

plàgio·céphaly 〖⇨↑, -cephaly〗 *n.* 〖医学〗斜頭(症). **plàgio·cephálic** *adj.* **plàgio·céphalous** *adj.*

pla·gi·o·clase [pléɪdʒ(i)əklèɪs, plǽdʒ- | -dʒɪə(ʊ)-] 〖□ G *Plagioklas* ← PLAGIO-＋Gk *klásis* fracture ← *klân* to break: cf. clastic〗 — *n.* 〖鉱物〗斜長石《Na·Ca を主成分とする長石の一種》.

pla·gi·o·clas·ite [pléɪdʒ(i)əklèɪsaɪt, plǽdʒ- | -dʒɪə(ʊ)-] 〖⇨↑, -ite¹〗 *n.* 〖岩石〗斜長石岩.

pla·gi·o·he·dral [plèɪdʒio(ʊ)híːdrəl, plæ̀dʒ- | -dʒɪə(ʊ)-héd-, -híːd-] 〖結晶〗 *adj.* 偏形の《水晶に見られるような角を斜めに切り落としたような形にいう》. — *n.* 偏形の面.

pla·gi·o·stome [pléɪdʒiəstòum, plǽdʒ- | -dʒɪəstə̀um] 〖↓〗 *adj.* 〖魚類〗横口亜綱の.

Pla·gi·os·to·mi [plèɪdʒiɑ́stəmàɪ, plæ̀dʒ- | -dʒɪɔ́s-] 〖← NL ~: ⇨ plagio-, -stomus〗 *n. pl.* 〖魚類〗横口亜綱 (Elasmobranchii の以前の分類名).

pla·gi·o·tro·pic [plèɪdʒio(ʊ)tróupɪk, plæ̀dʒ-, -trɑ́p- | -dʒɪə(ʊ)trɔ́p-] *adj.* 〖植物〗〈根·茎など〉(生長発達が)斜生の, 斜行する, 斜斜屈性の (cf. orthotropic 2). **plà·gi·o·tróp·i·cal·ly** *adv.*

pla·gi·ot·ro·pism [plèɪdʒiɑ́trəpìzṃ, plæ̀dʒ- | -dʒɪɔ́t-] *n.* 〖植物〗斜斜屈性.

pla·gi·ot·ro·pous [plèɪdʒiɑ́trəpəs, plæ̀dʒ- | -dʒɪɔ́t-] *adj.* 〖植物〗= plagiotropic.

plague [pléɪg] 〖《*c*1390》*plage* □ OF *plague* □ L *plāga* blow, stroke, LL pestilence □ ? Gk (Doric) *plāgā*, (Attic) *plēgḗ* stroke ← IE **plāk-* to strike (L *plangere* / Gk *plḗssein*)〗 — *n.* **1 a** 猛烈な伝染病, 悪疫, 疫病 (pestilence): ⇨ white plague. **b** [the ~] ペスト (pest). ★ ペスト菌 *Pasteurella pestis* による猛烈な伝染病; 数種類あるが the pest と言えば通例, 腺ペスト (bubonic plague) をさす; ヨーロッパでは有史以来数回大流行を見, 中世に黒死病 (Black Death) と呼ばれた流行病はこれとされる: the pneumonic [pulmonary] ~ 肺ペスト / the London ~ = Great Plague. **2 a** (神のたたりによる)不幸, 天災, 災難; 呪い: A ~ *on* [*upon*] it [him, etc.]! 《古》= *Plague* take it [him, etc.]! いまいましい, 畜生 / A ~ *on* [o'] both your houses! 《米》[喧嘩を止めようとしない2人に嫌悪を示して] いい加減にしろ, よせったら / What the [a] ~! 一体全体; まあ. **b** 《口語》(有害動物の)異常[大量]発生, (いなご·ばったなどの)大襲来: a ~ of locusts. **3** 《口語》厄介な物[人] (nuisance), 面倒なこと (trouble).

avoid like the plague 〈人を〉(まるでペストにでもかかっているように)忌避する.

— *vt.* **1** 疫病にかからせる. **2** …に災いする, 悩ます, いじめる, 苦しめる (pester): Political unrest ~*d* the country. その国は政治不安に見舞われた. **3** 《口語》〔質問・要求などで〕〈人を〉うるさく困らす, うるさがらせる (bother)〔*with*〕: Stop *plaguing* me *with* your problems. 私に質問はやめてくれ / I am ~*d* to death. 死ぬほどうるさい思いだ. **plá·guer** *n.*

plágue gráss·hopper [**lócust**] *n.* 異常発生するイナゴ類; (特に)オーストラリアに生息する *Chortoicetes terminifera* と *Austroicetes cruciata* の二種をさす.

plágue pìt *n.* (London の大疫病 (Great Plague) の犠牲者たちをまとめて埋葬した)疫病の穴.

plague·some [pléɪgsəm] *adj.* 《口語》厄介な, うるさい (troublesome).

plágue spòt *n.* **1** (腺(せん)ペストの時の皮膚の)斑(はん)状出血. **2** 疫病流行地. **3** 堕落の地[兆し].

plágue-strìcken *adj.* 悪疫が流行している: a ~ district [region] 悪疫流行地.

plagu·ey [pléɪgi | -gɪ] 〘← PLAGUE + -Y⁴〙《口語》 — *adj.* **1** 厄介な, うるさい; 腹立たしい, 癪にさわる. **2** はなはだしい, ひどい. — *adv.* 癪にさわるほど, うるさく; ひどく, やけに: He was ~ glad to get back again. 帰って来て彼は無性に喜んだ.

plagu·i·ly [pléɪgɪli, -gə- | -lɪ] 〘⇨↑, -ly¹〙 *adv.* = plaguey.

plagu·y [pléɪgi | -gɪ] *adj., adv.* =plaguey.

plaice [pléɪs] 〘《1280》▭OF *plaïz, plaïs* (F *plie*)▭LL *platessam* flatfish ← Gk *platús* broad: ⇨ place¹〙 — *n.* (*pl.* ~, **plaic·es**) 《魚類》 **1** 大西洋産アカガレイ属の重要食用魚 (*Hippoglossoides platessoides*). **2** 大西洋産ツノガレイ属の魚 (*Pleuronectes platessa*).

plaid [plǽ(ː)d] 〘《1512》▭Sc.-Gael. *plaide*=Ir. *ploid* blanket, plaid ← ?〙 — *n.* **1** 格子柄の織物; 格子織柄 (cf. check 8 b): ⇨ TARTAN¹ plaid. **2** (スコットランド高地で冬季に外套の代わりにする)格子柄の肩掛け (⇨ kilt 挿絵). — *adj.* 格子柄の織物でできた; 格子柄の.

pláid·ed 〘⇨↑, -ed 2〙 *adj.* **1** 格子柄の肩掛け (plaid) を着た. **2** 格子柄の布で作った. **3** 格子柄の.

plain¹ [pléɪn] 〘adj.: 《?*a*1300》▭(O)F ~ < L *plānum, plānus* flat ← IE **pelə-* flat (Gk *plάx* the plain). — n.: 《*c*1300》▭OF ~ < L *plānum* a plain (neut.) ← *plānus* flat: cf. flat¹, field, piano², plane²〙 — *adj.* (**~·er**; **~·est**) **1** 平らな, 平坦な; 広々とした: ~ fields 平野 / in ~ sight さえぎるものもなくよく見えて. **2** はっきり見える[聞える], はっきり[すっきり]した: ~ print, writing, etc. **3 a** 明白な; 分かりやすい, 平明な, 平易な: ~ writing 平明な文章 / in ~ English 平易な英語で / in ~ everyday language=in ~ words [terms] 分かりやすい言葉で, 平たく言えば / I will make my meaning ~ to you. 意味をはっきりさせよう / (as) ~ as a pikestaff きわめて明白な / (as) ~ as Salisbury 《英》(Salisbury Plain にかけて)きわめて明瞭な. **b** 符牒[符号, 暗号]で記したのではない. **4** 〈人・言動など〉率直な, 飾り[ごまかし]のない, 腹蔵のない (frank): ~ speaking 直言 / to be ~ with you 率直に話しますと / with ~ displeasure あからさまに嫌な顔をして. **5** 全くの, 徹底した (sheer): ~ folly, nonsense, etc. **6** 威張らない, 気取らない; 無骨な; 普通の, 平凡な: ⇨ Plain People. **7** 〈生活など〉質素な, 地味な, 粗末な, 簡素な: ~ living and high thinking 質素な生活と高邁(こう)な思考, 低所高志 (W. Wordsworth, *Written in London, September, 1802*). **8** 無装飾の, 凝っていない; 模様[意匠, 彩色]のない, 無地の; 平織の (untwilled) (↔ fancy): ~ tile 平[板]がわら / ~ cloth 無地織, 平織 / ⇨ plain clothes, plain paper. **9** 混ざり物のない, 純の. **10** 〈食物など〉あっさりした, 味をつけていない; 簡単に調理した: ~ food, cooking, etc. / ~ rice 白い御飯 / ~ chocolate ミルクを加えていないチョコレート / a ~ diet 簡易食. **11** 《婉曲》〈女が〉美しくない, 不器量な (homely): a plump girl with a ~ face 太って義理にも美人とは言えない娘. **12** 〖トランプ〗切札でない; 絵札でない: a ~ card 平札; 数札 (cf. court card).

— *adv.* **1** はっきりと; (発音など)明瞭に (articulately); 分かりやすく: write [speak] ~ 平明に書く[話す]. **2** あからさまに, 率直に. **3** 《口語》全く, すっかり (absolutely): a ~ silly person / This summer was (just) ~ hot. この夏は(ほんとうに)全く暑かった.

— *n.* **1 a** 平原, 平野. **b** [the Plains] =Great Plains (cf. Plains Indian). **2** 《詩》戦場 (field). **3** 〘《なぞり》← F *la Plaine*〙 [the P-] 平原党《フランス革命当時の穏和党; 議院内で低い座席を占めていたところから; cf. mountain 3》. **4** 《米》無地の織物. **5** 〖編物〗= plain stitch.

plain² [pléɪn] 〘ME *plei(g)ne(n)*▭(O)F *plaindre* to mourn < L *plangere* to beat (breast), lament (⇨ plague): cf. plaint〙 — *vi.* 《古・詩・英方言》 **1** 不平を言う (complain); 嘆く, 悲しむ (lament). **2** 悲しげに歌う[泣く].

pláin bèaring *n.* 〖機械〗平軸受.

pláin·chànt 〘▭F *plain-chant* 《原義》plain song〙 *n.* 〖キリスト教〗=plainsong 1.

pláin·clóthes *adj.* 平服の, 私服の.

pláin clóthes *n. pl.* (制服に対して)私服, 平服, 通常服 (cf. mufti, uniform): in ~ 〈警官が〉私服の[で].

pláin·clóthes·man [-mən, -mæ̀n] *n.* (*pl.* **-men** [-mən, -mèn]) 私服警官; (特に)私服刑事.

pláin cóncrete *n.* 無筋コンクリート《補強鉄筋などを含まないコンクリート》.

pláin-déaler *n.* 率直[淡白]な人; 正直な人.

pláin déaling *n.* 淡白, 率直; 正直, 公明正大: *Plain dealing* is a jewel. 《諺》正直は宝石,「正直は一生の宝」. — *adj.* 淡白な, 率直な; 正直な, 公明正大な.

pláin·ing *n.* 〖ガラス製造〗清澄(せいちょう) (⇨ refining).

pláin-Jáne *adj.* 《口語》普通の, ありふれた (ordinary).

pláin Jáne *n.* 普通の女, ありふれた女性.

pláin knít *n.* メリヤス編み (stockinette).

pláin knítting *n.* **1** ガーター編み (garter stitch). **2** メリヤス編み《plain knit, stockinette ともいう》.

pláin-láid 〘← PLAIN¹+*laid* (p.p.) ← LAY¹〙 *adj.* 〖海事〗〈綱が〉平撚(よ)りの, 普通撚りの《3本の平撚りの索を右撚りにした; cf. cable-laid》: a ~ rope.

pláin lánguage *n.* 〖通信〗(暗号を使用しない)普通の言葉.

pláin-lòoking *adj.* 《米》器量のよくない, 無器量な (↔ good-looking).

pláin·ly 〘《*c*1375》: ⇨ plain¹, -ly¹〙 *adv.* **1** 明らかに, 明白に; 平明に. **2** 率直に, 飾らずに, ありのままに. **3** 質素に, 簡素に, 簡易に.

pláin·ness 〘ME *play-, pleynesse*▭OF *plai(g)nesse* flatness < L *plānitiēs* flat surface ← *plānus* flat: 後に PLAIN¹+-NESS と連想された〙 — *n.* **1** 明白, 平明. **2** 率直. **3** 質素, 簡素, 簡易. **4** 無器量.

pláin pàper *n.* **1** 無罫(けい)紙. **2** 〖写真〗 **a** 食塩紙. **b** 感光層などの塗布していない紙, 普通紙.

Pláin Pèople *n.* **1** 〖キリスト教〗プレーンピープル, 簡素派《簡素な生活をし, 古い習慣を守るアマン派 (Amish)・メノー派 (Mennonites)・ダンカー派 (Dunkers) の信徒》. **2** [p- p-] 平民, 普通の人.

Plains [pléɪnz] 〘《略》← *Plains Indian*〙 *adj.* 平原インディアン (Plains Indian) (の文化)の.

pláin sàil *n.* 帆船のいつも使う帆, 普通の帆.

pláin sáiling *n.* **1 a** 順調な航行. **b** (事の)滞りない進行, とんとん拍子に運ぶこと: It's all ~. 至極順調に行っている. **2** 〖海事〗=plane sailing 1.

pláin-sàw *vt.* 〖木工〗=tangent-saw.

pláin séam *n.* 〖服飾〗平縫い(の縫目)《2枚の布端を合わせて縫う縫目》.

pláin sérvice *n.* 略式礼拝.

Pláins Ìndian *n.* 平原インディアン《もと Great Plains に住み, 野牛を狩猟して生活をたてたアメリカインディアン; Buffalo Indian ともいう》.

pláins·man [-mən] 〘← (*Great*) *Plains*+MAN〙 *n.* (*pl.* **-men** [-mən, -mèn]) 平原の住民; (特に)平原児.

Pláins of Ábraham *n. pl.* [the ~] アブラハム高原《カナダの Quebec 市西部の高原; Wolfe 指揮下の英軍が Montcalm 指揮下のフランス軍を破った古戦場 (1759)》.

pláin·sòng 〘《1513》《なぞり》← ML *cantus plānus*〙 — *n.* **1** 〖キリスト教〗(古くから教会で用いられている)単旋律聖歌; 礼拝の音楽; グレゴリオ聖歌 (Gregorian chant) 《plainchant ともいう》. **2** (対位法的展開のもととなる)定旋律 (cantus firmus). **3** 素朴な旋律[歌調].

pláin·spóken *adj.* 〈人が〉率直な言い方をする, あからさまな; 〈言葉など〉露骨な, むき出しの. **~·ness** *n.*

pláin stítch *n.* =knit stitch.

pláin sùit *n.* 〖トランプ〗=side suit.

plaint [pléɪnt] 〘《?*a*1200》▭(O)F *plainte* ← (p.p.) ← *plaindre* 'to PLAIN²' // OF *plaint, pleint* < L *planctum* lamentation ← (p.p.) ← *plangere* to lament: ⇨ plain²〙 — *n.* **1** 《文語》悲しみ, 嘆き, 悲嘆 (lamentation). **2** 苦情. **3** 〖法律〗訴訟申立書, 告訴, 告訴状.

pláin tàble *n.* 〖測量〗=plane table.

pláin téa *n.* プレーンティー (《米》low tea)《お茶とバター付きパンだけが出るティー; cf. high tea》.

pláin·tèxt *n.* 普通の言葉で述べられている暗号のもとの文 (clear text) (cf. cyphertext).

plaint·ful [pléɪntfəl] 〘ME〙 *adj.* 《文語》悲しみに沈んだ.

plain·tiff [pléɪntɪf, -ṭəf | -tɪf] 〘《*a*1400》▭(O)F *plaintif* (n.): ⇨ plaintive〙 *n.* 〖法律〗(第一審の)原告, 提訴者 (cf. appellant; ↔ defendant).

pláin tíme *n.* 規準内労働時間 (↔ overtime).

plain·tive [pléɪnṭɪv | -tɪv] 〘《*a*1393》▭(O)F *plaintif*, (fem.) *plaintive* ← *plaint(e)* 'PLAINT': ⇨ -ive〙 — *adj.* もの悲しい, 哀れを誘う, 哀れな; 泣言を言う: a ~ voice / a ~ melody 哀調. **~·ly** *adv.* **~·ness** *n.*

pláin trípe *n.* プレイントライプ (⇨ tripe 1 a).

pláin wéave [**wéaving**] *n.* 平織り《経糸(たていと)と緯糸(よこいと)が交互に 1 回ごとに交錯した最も単純な織り方》.

plais·ter [plǽstə, pléɪs- | plάːstə(r] *n., vt.* =plaster.

plait [pléɪt, plǽt | plǽt] 〘《15C》▭OF *pleit* folding < VL **plic(i)tum* ← L *plicitus* (p.p.) ← *plicāre* 'to fold, PLY¹'〙 — *n.* **1** (布などの)ひだ (pleat). **2** (髪・麦わらなどの)編んだもの, (ひと)お下げ, 麦わらさなだ (braid). — *vt.* **1** 〈布など〉にひだをとる, 畳む. **2** 〈髪などを〉編む; 〈むしろなどを〉編む, 編んで作る: ~*ed* work 編み細工. **~·er** [-ṭə | -tə(r] *n.*

pláit·ing [-ṭɪŋ | -tɪŋ] 〘⇨↑, -ing¹〙 — *n.* **1** (髪・わらなどを)編むこと; 弁髪. **2** ひだ, プリーツ (pleat). **3** (紐・リボン・革紐などを)組むこと; 組み紐, 打ち紐 (braiding).

plan [plǽ(ː)n] 〘《1678》▭F ~ 'ground-plan' 《変形》← 《廃》*plant* (cf. It. *pianta*) ← *planter* 'to PLANT': F *plan* ← *plant* の変形は *plan* 'PLANE²' の影響による〙 — *n.* **1** 計画, プラン; 画策, 計略: a ~ of attack [campaign, operations] 攻撃[作戦]計画 / form [lay] a ~ 計画を立てる. **2** 計画表, 予定表. **3** やり方, 方法; 流儀, 式 (way): The better ~ is to peel them after boiling. それは煮てから皮をむいた方がいい / ⇨ American plan, European plan. **4** 図面 (diagram), 設計図, 輪郭図 (design); 〖建築〗平面図 (floor plan): a raised ~ 投影図, 正面図 / a working ~ 工作図, 施工図 / in ~ 平面図として. **5** (市街などの)地図, 案内図 (map): a town ~. **6** 透視画法.

according to plan (1) 予定通り: Everything will go *according to* ~. 何もかも予定通りに行くだろう. (2) 《皮肉》当初の計画通り: We always retreated *according to* ~. 退却するときはいつも「当初の計画により」だった.

— *v.* (**planned**; **plan·ning**) — *vt.* **1** 〈地面・建物など〉の図面を作る. **2** …の計画[プラン]を立てる, 計画する, 画策する, 立案する, もくろむ 〈*out*〉; 〈…しようと〉思う, 〈…する〉つもりである 〈*to do*〉: ~ (*out*) a tour, book, etc. / I'm ~*ning to* visit London. ロンドンに行ってみようと思っている. **3** …の設計図を画く; 設計する: ~ a house. **4** [通例 ~ *oneself* で] (専門家と協力して)総合的に設計する, 計画する. **5** (経済計画・学術研究などの目標実現の)大規模な計画構想を練る. — *vi.* **1** 〔…の〕計画を立てる〔*for*〕: ~ ahead 前もって計画を立てる / ~ *for* a party. **2** [~ on で] 《口語》〔…しようと〕思う, 〔…する〕つもりである: I'm ~*ning on* going abroad. 外国へ行こうと思う / They ~*ned on* my preparing the arrangement. 彼らは私にその手配をさせるつもりであった.

plan-¹ [pleɪn] (母音の前に来る時の) plano-¹ の異形.

plan-² [plæn] (母音の前に来る時の) plano-² の異形.

pla·nar [pléɪnə, -nɑə | -nə(r] 〘▭LL *plānār-is*: ⇨ plane², -ar¹〙 *adj.* 平面の; 平らの, 平坦な.

pla·nar·i·a [plənέ(ə)riə | -nέərɪə] 〘← NL *Plānāri-a* (fem.) ← L *plānārius* flat, level ← *plānus* 'flat, PLAIN¹': ⇨ -aria¹〙 — *n.* 〖動物〗プラナリア属 (*Planaria*) の二眼をもった扁形動物の総称; =planarian.

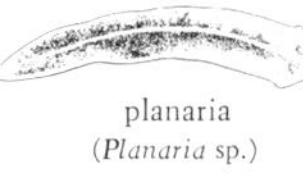

planaria
(*Planaria* sp.)

pla·nar·i·an [plənέ(ə)riən | -nέərɪ-] 〘↑〙 *n.* 〖動物〗Planariidae 科の渦虫類の動物の総称.

Plan·a·ri·i·dae [plænəráɪədìː | -ráɪɪ-] 〘← NL ~: ⇨ planaria, -idae〙 *n. pl.* 〖動物〗扁形動物三岐腸目の淡水産のウズムシ類を表わす科名.

plánar strúcture *n.* 〖地質〗面構造 (cf. linear structure, lineation 5).

pla·nate [pléɪneɪt] 〘▭LL *plānāt-us* (p.p.) ← *plānāre*: ⇨ plane², -ate²〙 *adj.* 平面をした; 平たい.

pla·na·tion [pleɪnéɪʃən, plə-] 〘⇨↑, -ation〙 *n.* 〖地質〗平坦化作用, 均平作用《浸食により平面の生じること》.

planch [plǽntʃ | plάːnʃ] 〘ME *plaunche*▭(O)F *planche* 'PLANK'〙 *n.* (エナメルがまの)敷台《金属板・耐火れんがなど》.

plan·chet [plǽntʃɪt, -tʃət | plάːnʃɪt, -ʃət] 〘⇨↑, -et〙 *n.* 貨幣地板《型押しする前の貨幣の形をした平金》.

plan·chette [plænʃét | plɑːn-, plɔ̃ː(n)-, plɔ(ː)n-; *F.* plɑ̃ʃɛt] 〘《1860》▭F ~ (dim.) ← *planche* 'PLANK': ⇨ -ette〙 — *n.* **1** プランセット《心臓形の小板に 2 個の脚輪と垂直に一本の鉛筆を付けたもの; 指を軽くその上に載せると自動的に文字が書けると信じられているもの; cf. Ouija》. **2** 〖測量〗=circumferentor.

Planck [plάːŋk, plǽŋk | plάːŋk; *G.* pláŋk], **Max** *n.* プランク (1858–1947; ドイツの理論物理学者; 量子論 (quantum theory) の確立者; Nobel 物理学賞 (1918)).

Plánck cónstant *n.* 〖物理〗=Planck's constant.

Plánck·i·an radiátion [plǽŋkiən- | plǽŋkɪ-, plάːŋ-] 〘*Planckian*: ← *Max Planck*+-IAN〙 *n.* 〖物理〗プランクの放射 (⇨ blackbody radiation).

Plánck radiátion làw *n.* 〖物理〗プランクの放射の法則《プランクが熱放射の理論中に導入した量子論の基本となるもの》.

Plánck's cónstant 〘*Planck's*: ← *M. Planck*+'s¹〙 — *n.* 〖物理〗プランクの定数《プランクの放射の法則において導入され, 量子力学の基本となる定数; 記号 *h*; Planck constant ともいう》.

Plánck's radiátion làw *n.* 〖物理〗=Planck radiation law.

plane¹ [pléɪn] 〘《*c*1390》▭(O)F ~ < L *platanum*▭Gk *plátanos* ← *platús* broad: その広い葉の形から〙 *n.* 〖植物〗=plane tree.

plane² [pléɪn] 〘n.: 《1570》▭L *plān-um* level ground ← *plānus* 'PLAIN¹'. — adj.: 《1570》▭L *plān-us*: PLAIN¹ をラテン語風の綴りにかえて幾何学的用法に当てたもの. — v.: 《*a*1325》▭(O)F *plane-r* < LL *plānāre* to plane³ ← L *plānus*〙 — *n.* **1** 平面, (結晶体の)面: a horizontal ~ 水平面 / an inclined ~ 斜面 / the ~ of a lake 湖面. **2** 〖数学〗平面《その上のどの 2 点を結ぶ直線もそれにすっかり含まれてしまう面》: in ~ 平面図で. **3** 薄く平らな物; テーブルの甲板(など). **4** (発達・達成などの)程度, 水準 (level), 段階 (stage): a high ~ of civilization 高度の文明 / be on another ~ 趣きを異にしている / His super-

stition places him *on* the same ~ as the savage. 彼は迷信を信じているので野蛮人と同列だ. **5** 〘《略》← AIRPLANE〙 飛行機, 水上機: go by ~ 飛行機で行く. **6** 〘航空〙 翼板, 翼: ⇨ monoplane. **7** 〘鉱山〙 水平坑道.
reflect in a plane 〘数学〙 面対称移動をする《空間内の図形を与えられた面に関して面対称な図形に移す》.
plane of incidence 〘光学〙 入射面.
plane of polarization 〘光学〙 偏光面 (cf. linear polarization).
plane of projection 〘数学〙 投影平面.
plane of symmetry (1) 〘結晶〙 対称面. (2) 〘航空〙 対称面《飛行機の前後軸および上下軸を含む平面; 飛行機は通常この面に関して対称にできている》.
— *adj.* **1** 〈面が〉平らな (flat): a ~ surface 平面 / a ~ figure 平面図形 / a ~ mirror 平面鏡. **2** 平面図形の: ⇨ plane geometry.
— *vi.* **1** 〈飛行機・グライダーが〉滑空する 〈*down*〉. **2** (競走ボートなど速度を増すにつれて)水面から浮き上がり気味となる; 〈水上機が〉離水する. **3** 《口語》 飛行機で旅行する.
plane[3] [pléɪn] 〘《1349–50》□ (O)F ~ 《変形》← OF *plaine* < LL *plānam* planing instrument ← *plānāre* to level, make flat (↑)〙 — *n.* **1** かんな, 平削り盤. **2** (れんがの型にはいった粘土をならす)ならしごて. — *vt.* **1** …にかんなをかける, かんなで削る 〈*away, off, down*〉: ~ wood, metal, irregularities, etc. **2** 《古》 平らに[滑らかに]する, ならす: ~ the way 道をならす. — *vi.* **1** かんなをかける. **2** 削れる: This tool ~*s* well.

planes 1
1 lever cap; 2 back iron; 3 cutter; 4 lateral adjustment lever; 5 handle; 6 adjustment screw; 7 body
A jack plane; B router plane; C block plane

pláne ángle *n.* 〘数学〙 (平)面角《相交わる2平面のなす角》.
pláne chárt *n.* (緯線も径線もみな平行線で表わした)平面海図《plane sailing はこの海図によって行なわれる》.
pláne cúrve *n.* 〘数学〙 平面曲線.
pláne fígure *n.* 〘数学〙 平面図形.
pláne geómetry *n.* 〘数学〙 平面幾何学.
pláne íron *n.* かんなの刃.
pláne·lóad *n.* 飛行機に一杯(の荷) 〔*of*〕.
pláne·màker *n.* 《米》 航空機製造業者[メーカー].
pláne·ness *n.* 平ら, 平担 (flatness).
pláne-pòst *vt.* 《英》 〈手紙などを〉航空便で送る.
pláne pòst *n.* 《英》 航空便 (air mail).
plán·er 〘⇨ plane[3], -er[1]〙 — *n.* **1** かんな工. **2** 〘機械〙 平削り盤, プレーナー; 〘木工〙 かんな盤, 機械かんな, 自動木工用かんな盤. **3** 〘印刷〙 ならし木, 平らし木《活字組版を平らにするための厚板》.
pláner trèe *n.* 〘植物〙 ミズニレ (*Planera aquatica*)《米国南部の湿地に産するニレ科の小高木; water elm ともいう》.
pláne sáiling *n.* **1** 〘海事〙 平面航法《地球面上の狭い範囲で船が平面上を走っているものと見て船位を決定する方法; cf. plane chart, spherical sailing》. **2** =plain sailing 1.
pláne·shèar *n.* 〘造船〙 =plank-sheer.
pláne·sìde *n., adj.* 飛行機ぎわ[のそば](の).
pláne survéying *n.* 〘測量〙 平面測量, 平地測量, 局地測量《地表面を平面とみなして行なう狭い区域の測量; cf. geodetic surveying》.
plan·et[1] [plǽnɪt] 〘《c1300》□ (O)F *planète* □ LL *planēta* □ Gk *planḗtēs* wanderer, planet ← *planâsthai* to wander (pass.) ← *planân* to lead astray ← IE **pelə-* to spread〙 — *n.* **1** 〘天文〙 **a** 惑星《太陽の周りを公転する9個の大形天体の一つ; 小惑星にもいう; cf. fixed star, star 1 b, sun 3》: primary ~*s* 惑星 / secondary ~*s* 衛星 / ⇨ inferior planet, major planet, minor planet, superior planet / on this ~ 地球上において, この世で. **b** (太陽以外の恒星の周りを公転すると推測される)惑星. **c** [the ~] 地球. **2** 〘占星〙《人間の運命・人事を左右するものと考えられた》運星: It rains by ~*s*. 《諺》 星回りで雨が降る, 場所によって降ったり降らなかったりする. **3** 運星のような働きをするもの, 重要人物, 重大事.
plan·et[2] [plǽnɪt, -nət] *n.* 〘教会〙 =chasuble.
pla·ne·ta [plənìːtə | -tə] 〘□ ML *planēta* chasuble □ ? Gk *planḗtēs* (↑)〙 *n.* 〘教会〙 =chasuble.
pláne-tàble 〘測量〙 *adj.* 平板の: a ~ survey 平板測量. — *vt., vi.* (…を)平板で測量する.
pláne tàble *n.* 〘測量〙 平板《三脚の上に載せた平板; 測量しながらその上で図を引く》.
pláne·tàbler *n.* 〘測量〙 平板測量者[士].
plan·et·al [plǽnɪtl̩, -nə- | -nɪtl] *adj.* =planetary.
plan·e·tar·i·um [plæ̀nətɛ́(ə)riəm | -nɪtɛ́ərɪ-] 〘《1774》 ← PLANET[1]+-ARIUM〙 — *n.* (*pl.* **~s, -i·a** [-riə | -rɪə]) **1** プラネタリウム, 星座投影機, 天象儀《太陽系内の各天体の運行を説明するための模型; 近年は太陽系に限らず種々の天象を再現して見せるために作られた精巧な投影装置》. **2** プラネタリウム《上記を観客に見せる天文館》.
plan·e·tar·y [plǽnətèri | -nɪt(ə)ri] 〘《1593》□ LL **planētāri-us* of planets: ⇨ planet[1], -ary〙 — *adj.* **1** 惑星の; 惑星のような: ~ year 惑星年 / ~ aberration 惑星光行差 / the ~ system 太陽系 / ~ motion 惑星運動. **2** 〘占星〙 惑星に影響される. **3** さまよう, 漂浪する (wandering): a ~ tramp. **4** この世の, 俗世の (mundane); 世界的な (global). **5** 〘機械〙 〈自動車の伝動装置など〉遊星運動装置の.
plánetary géar [géaring] *n.* 〘機械〙 遊星(歯)車装置.
plánetary hóur *n.* 〘天文〙 惑星時間《日の出から日没まで[日没から日の出まで]の時間の十二分の一》.
plánetary nébula *n.* 〘天文〙 惑星状星雲《銀河系内星雲の一種》.
plánetary precéssion *n.* 〘天文〙 惑星歳差《他の惑星の引力により地球黄道面が変動することに起因する歳差》.
plan·e·tes·i·mal [plæ̀nətésəməl, -téz- | -nɪtésɪ-] 〘← PLANET[1]+(INFINIT)ESIMAL〙 *n., adj.* 〘天文〙 微小惑星体(の).
planetésimal hypóthesis [théory] *n.* 〘天文〙 微惑星説《太陽系に属する惑星や衛星は無数の微小な天体が次第に集まって出来たという説》.
plánet gèar *n.* 〘機械〙 =planet wheel.
plan·et·oid [plǽnətɔ̀ɪd | -nɪ-] 〘← PLANET[1]+-OID〙 *n.* 小惑星 (asteroid). **plan·et·oi·dal** [plæ̀nətɔ́ɪdl̩ | -nɪ-] *adj.*
Pla·net·o·khod [plənétəkɔ̀(ː)d, -xɔ̀(ː)d | -təkɔ̀d, -xɔ̀d; *Russ.* planjitaxót] 〘□ Russ. ~ ← *planet* 'PLANET[1]' + (*lun*)*okhod* 'LUNOKHOD'〙 — *n.* プラネットホート《ソ連の惑星探査車; cf. Lunokhod, Marsokhod》.
plan·e·tol·o·gy [plæ̀nətɑ́lədʒi | -nɪtɔ́lədʒɪ] 〘← PLANET[1] + -LOGY〙 — *n.* 惑星学. **plan·e·to·log·i·cal** [plæ̀nətəlɑ́dʒɪkəl, -tl̩-, -dʒə- | -təlɔ́dʒɪ-] *adj.* **plàn·e·tól·o·gist** [-dʒɪst, -dʒəst | -dʒɪst] *n.*
pláne trèe 〘⇨ plane[1]〙 — *n.* 〘植物〙 プラタナス, スズカケノキ《スズカケノキ属 (*Platanus*) の木の総称; 単に plane ともいう》; (特に)スズカケノキ (Oriental plane)《日本で普通に植えられる種類》; アメリカスズカケノキ (*P. occidentalis*)《米国では buttonwood または sycamore と呼ばれる》.
pláne trigonómetry *n.* 〘数学〙 平面三角法[術].
plánet-stricken *adj.* **1** 凶運の惑星の邪気に当てられた, 呪われた (blasted). **2** 恐怖を来たした.
plánet-strùck *adj.* =planet-stricken.
plánet whèel *n.* 〘機械〙 遊星輪.
pláne wàve *n.* 〘物理〙 平面波.
plán·fòrm *n.* 〘航空〙 平面図, 上から見た機の輪郭.
plan·gent [plǽndʒənt] 〘《1822》□ L *plangent-em* (pres.p.) ← *plangere* to beat, strike, lament: ⇨ -ent: cf. plague, plain[2]〙 — *adj.* **1** (どーどーと)鳴り響く (resounding), 騒がしい (noisy). **2** 〈波など〉打ち寄せる; (特に)〈鐘など〉もの悲しい響きの. **plán·gen·cy** [-dʒənsi | -sɪ] *n.* **~·ly** *adv.*
plán·hòlder *n.* 年金受給資格保有者.
pla·ni- [pléɪnɪ, -nə | -nɪ] 〘□ L ~ ← *plānus* 'PLAIN[1], PLANE[2]'〙「平らな (flat); 平面 (plane)」の意の連結形.
pla·ni·form [pléɪnəfɔ̀ːm, plǽn- | -nɪfɔ̀ːm] *adj.* 平らな形をした, 平らな, 扁平な.
pla·ni·gram [pléɪnəgræ̀m, plǽn- | -nɪ-] *n.* 〘医学〙 身体断面図《放射線図》.
pla·nig·ra·phy [plənígrəfi | -fɪ] *n.* 〘医学〙 断層撮影(法), プラニグラフィー.
pla·nim·e·ter [pleɪnímətə, plə- | plænímɪtə(r, plə-, -mə-] 〘□ F *planimètre*: ⇨ plani-, -meter[1]〙 — *n.* プラニメーター, 測面器《不規則な図形の面積を測る面積計》: a compensation ~ 補正プラニメーター / a disc [polar] ~ 円盤[定極]プラニメーター.
pla·ni·met·ric [plèɪnəmétrɪk, plæ̀n- | -nɪ-] *adj.* **1** プラニメーターの[に関する]. **2** (等高線などで起伏を表現していない)平面図の. **plà·ni·mét·ri·cal** *adj.*
pla·nim·e·try [pleɪnímətri, plə- | plænímɪtrɪ, plə-, -mə-] 〘《a1393》□ ? ML *plānimetria*: ⇨ plani-, -metry〙 *n.* 面積測定, 測面法 (cf. stereometry).
pláning hùll *n.* 〘海事〙 プレーニング向きの船体《ある速度以上ではさらに浮上する傾向のある船体; cf. displacement hull》.
pláning machìne *n.* 〘機械〙 **1** 平削り盤, プレーナー (planer). **2** かんな盤, 機械かんな. **3** 自動式木工用かんな. **4** 石板削り機.
pláning mìll *n.* 木材切削所[工場].
plan·ish [plǽnɪʃ] 〘《1580》□ OF *planiss-* (stem) ← *planir* (F *aplanir*) to flatten ← *plan* smooth, level: ⇨ plane[2], -ish〙 — *vt.* **1** 〈金属板などを〉(ハンマーやローラーで)平ら[滑らか]にする. **2** 〈金属・紙などを〉つや出しして仕上げる, みがく. **~·er** *n.*
pla·ni·sphere [pléɪnɪsfɪə, plǽn-, -nə- | plǽnɪsfɪə(r] 〘《16C》□ (O)F *planisphère* ∽ 《a1393》 *planisperie* □ ML *plānisphaeri-um*: ⇨ plani-, -sphere〙 — *n.* **1** 平面球形図. **2** 〘天文〙 星座早見, 平面天体図. **pla·ni·spher·ic** [plèɪnɪsférɪk, plæ̀n-, -nə-, -sfí(ə)r- | plæ̀nɪsfér-] *adj.*
plank [plǽŋk] 〘n.: 《c1303》□ ONF *planke*=(O)F *planche* < LL *plancam* board ← L *plancus* flat ← IE **plā-k-* to be flat (Gk *pláx* flat): cf. plain[1]. — v.: 《c1420》 ← (n.): cf. planch〙 — *n.* **1 a** 板. **b** = planking 1. **c** 〘木工〙 厚板《board より厚く, 通例軟木で厚さ 2–4 インチ, 幅 8 インチ以上》, 盤. **d** 《米》 (しずくが切れるように溝のつくってある)料理板《料理してそのまま食卓に出す》. **2** 板材. **3** 支持物, 頼みとなるもの. **4** (政党綱領などの)一項目, 原則 (cf. platform 9): put in a ~ in the platform 政綱の一綱領として掲げる. **5** 《米俗》 〘野球〙 安打 (hit).
walk the plank (1) 舷(げん)側から突き出した板を目隠しして歩かされる《17 世紀ごろ海賊がこうして捕虜を殺した》. (2) 強制的に辞任[退職]させられる, 詰腹を切らされる.
— *vt.* **1** …に板を張る, 張板でおおう. **2** 《口語》 置く, どしん[どさっ]と置く (slam down) 〈*down*〉. **3** すわる: ~ oneself in the chair どしんと椅子にすわる. **4** 《口語》 すぐ支払う 〈*down, out*〉: You'll have to ~ *down* six months' rent in advance. 6 か月分の家賃を前払いしなければならない. **5** 《米》 〈魚・鶏などを〉料理板に載せて焼いてそのまま食卓に出す. **6** 《米俗》 〘野球〙 〈ボールを〉打つ (bat). **7** [~ it として] 板の間に寝る, 板の上に横になる.
plánk bèd *n.* (刑務所などのふとんなしの)板床(ゆか), 板寝台.
plánk·er 〘← PLANK+-ER[1]〙 *n.* **1** 《米》 〘造船〙 木造船建造の外板張り担当の船大工. **2** 浮き板.
plánk-fràme *adj.* 〘建築〙 枠(わく)組み板張りでできた《柱・梁・貫きなどを構造材にして厚板を打ちつけて作り上げた》.
plánk·ing 〘⇨ -ing[1]〙 *n.* **1** 板を張る[はめる]こと, 板張り. **2** [集合的] (床(ゆか)などの)板 (planks), 敷き板, 床(ゆか)板; (特に) 〘造船〙 (船体)外板.
plánk-shèer 〘《変形》 ← 《廃》 *plancher* □ (O)F *plancher* floor ← *planche* 'PLANK': PLANK, SHEER[2] との連想による〙 *n.* 〘造船〙 (木造船の)船鍔(ふなつば), 舷縁材.
plank·ter [plǽŋ(k)tə | -tə(r] 〘□ Gk *plangktḗr* wanderer: ⇨ plankton〙 — *n.* 〘生物〙 プランクトン生物《プランクトンを構成する個々の生物; プランクトン動物 (zooplankter) とプランクトン植物 (phytoplankter) がある》.
plank·tol·o·gy [plæŋ(k)tɑ́lədʒi | -tɔ́lədʒɪ] 〘⇨ ↓, -logy〙 浮遊生物学.
plank·ton [plǽŋ(k)tən, -tɑn | plǽŋtən, -tɔn] 〘《1892》□ G *Plankton* □ Gk *plagktón* (neut.) ← *plagktós* wandering ← *plázesthai* to wander ← IE **plāk-* to strike (⇨ plague): ドイツの生理学者 Viktor Hensen (1835–1924) の命名〙 — *n.* [通例集合的] 〘生物〙 浮遊生物, プランクトン (cf. benthos 2, nekton): a ~ net プランクトン採集用の網 / Some ~ are plants, and others are animals. **plank·ton·ic** [plæŋ(k)tɑ́nɪk | plæŋtɔ́n-] *adj.*
plán·less *adj.* **1** 図面のない. **2** 方案[工夫]のない, 無計画の, プランのない, 行き当たりばったりの. **~·ly** *adv.* **~·ness** *n.*
plánned *adj.* 計画にそって遂行される, 計画的な.
plánned ecónomy *n.* 〘経済〙 計画経済《生産手段を国有とし, 生産・流通・消費・信用を全面的に国家の一元的な運営の下に置く経済体制; cf. free economy》.
plánned obsoléscence *n.* 《米》 計画的陳腐化《機能的なものと心理的なものとあり, 前者は技術革新, 後者はモデルチェンジなどによって行なわれる》.
plánned párenthood *n.* (産児制限による)家族計画, 計画産児; 産児制限, 産制 (birth control).
plán·ner 〘← PLAN (v.)+-ER[1]〙 *n.* **1** 計画者, 立案者. **2** 社会経済計画統率者[参与者, 唱導者].
plán·ning 〘← PLAN+-ING[1]〙 *n.* 計画の立案; (特に, 経済計画・学術研究などの目標実現の)大規模な構想[方針]の確立: in the ~ stage 計画段階で.
plánning bòard *n.* 《米》 (都市拡張などのための)計画[企画]委員会《市民からなる》.
pla·no-[1] [pléɪnoʊ | -nə(ʊ)] 〘← L *plānus* 'PLANE[2]'〙「平面 (plane); 平たく (flatly)」の意の連結形. ★ 母音の前では通例 plan- になる.
plan·o-[2] [plǽno(ʊ) | -nə(ʊ)] 〘← Gk *plános* wandering: cf. planet[1]〙「動く, 動くことができる」の意の連結形: *plano*gamete. ★ 母音の前では通例 plan- になる.
plan·o·blast [plǽnəblæ̀st | -nə(ʊ)-] 〘⇨ plano-[2]〙 *n.* 〘動物〙 (腔腸動物ヒドロ虫目の)くらげ型.
plàno-concáve [plèɪno(ʊ)- | -nə(ʊ)-] 〘⇨ plano-[1]〙 *adj.* 〘光学〙 〈レンズが〉平凹(へいおう)の《一面が平らでもう一面が凹であること; ⇨ lens 挿絵》.
plàno-convéx 〘⇨ plano-[1]〙 *adj.* 〘光学〙 〈レンズが〉平凸(へいとつ)の《一面が平らでもう一面が凸であることにいう; ⇨ lens 挿絵》.
plan·o·ga·mete [plǽnəgəmìːt] 〘⇨ plano-[2]〙 — *n.* 〘生物〙 運動性配偶子, 動配偶子《鞭毛(べんもう)または繊毛で水中を遊泳する配偶子; zoogamete ともいう; cf. aplanogamete》.
pla·no·graph [pléɪnəgræ̀f, plǽn- | -grɑ̀ːf, -græ̀f] 〘⇨ plano-[1]〙 〘印刷〙 *vt.* 平版印刷する. — *n.* 平版印刷物.
pla·no·graph·ic [plèɪnəgrǽfɪk, plæ̀n-] *adj.* 平版印刷の, 平版の.
pla·nog·ra·phy [pleɪnɑ́grəfi, plə- | -nɔ́grəfɪ] 〘⇨ plano-[1]〙 *n.* 〘印刷〙 平版印刷(術)《平らな版面を使って印刷する方法; surface printing ともいう》.
pla·nom·e·ter [pleɪnɑ́mətə, plə- | -nɔ́mɪtə(r, -mə-] 〘⇨ plano-[1], -meter[1]〙 *n.* 〘機械〙 プラノメーター, 平面計 (surface plate).
pla·no·mil·l·er [pléɪnəmɪlə | -nə(ʊ)mɪlə(r] 〘←

PLANO-[1]＋MILLER〗 *n.* 〘機械〙平削りフライス盤, プラノミラー, キカ保全.

plá·no·mill·ing machìne [pléɪnəmìlɪŋ- | -nə(ʊ)-] *n.* 〘機械〙＝planomiller.

Pla·nor·bi·dae [plənɔ́ːəbədìː | -nɔ́ːbɪ-] 〘← NL *Planorbis* (属名 : L *plānus* 'PLANE[2]'＋*orbis* ring : ⇨ orb)＋-IDAE〙 *n. pl.* 〘貝類〙ヒラマキガイ科.

pla·no·sol [pléɪnəsɔ̀ːl, plǽn-, -sɔ̀(ː)l | -sɔ̀l] 〘← PLANO-[1]＋L *sol-um* ground, soil : cf. solum〙 *n.* 〘土壌〙プラノゾル《緻密(ちみつ)になった高い粘土含量をもつ土壌》.

plan·o·spore [plǽnəspɔ̀ə, -spɔ̀ə | -spɔ̀ː(r)] 〘⇨plano-[2]〙 *n.* 〘植物〙遊走子 (zoospore).

plán posítion ìndicator *n.* 〘電子工学〙＝PPI.

plant [plǽnt | plɑ́ːnt] 〘n. : OE *plante* ▭ L *planta* a sprout, shoot《逆成》? ← **plantāre* to plant,《原義》tread in saplings with the sole of the foot ← *planta* sole of the foot ← IE **plat-* to spread : ⇨ place[1]. — v. : OE *plantian* ▭ (L)L *plantāre*〙 ― *n.* **1 a** 植物, 草木 (vegetable) (cf. herb) : light-loving ～*s* 好日性植物 / a pot(ted) ～ 鉢植えの植物, 盆栽 / a parasitic ～ 寄生植物 / ⇨ flowering plant, sensitive plant. **b** (樹木に対して)草本 (herb). **2** 苗木 (seedling), さし木苗 : cabbage ～s キャベツの苗. **3 a** 作物 (crop). **b** (作物などの)生長 : in ～ 生長して; 葉が出て / lose ～ 枯れる / miss [fail in] ～ 芽が出損なう, 生え損なう. **4 a** (道具・機械類・取付品, 時には土地・建物をも含めた)生産設備, プラント; (製造)工場 (factory) : an automobile ～ 自動車工場 / a manufacturing ～ 製造工場 / a hydraulic power ～ 水力発電所 / ～ export プラント輸出 / ～ and equipment investment 設備投資 / ⇨ pilot plant. **b** (機械作用を果たす)装置[装備, 設備](一式). **c** (研究所・大学などの)設備, 建物, 施設. **d** 〘豪〙家畜商人や牧場の設備. **5** (立った)姿勢, 態度. **6** 《俗》 **a** (隠した)盗品; (盗品の)隠し場所. **b** ごまかし, 手管 (trick), 詐欺, (計画的な)強盗. **c** (犯罪者などを)わなにかける[おびき寄せる]策略, おとりの品物, 落し穴. **d** スパイ, 回し者; (劇場などで拍手する)さくら. **7** 〘演劇〙伏線となる台詞(せりふ)[人物, 事件(など)]. ― *vt.* **1** 〈若木などを〉植える, 〈種を〉まく; 〈土地に〉木を植え込む : ～ cabbages, trees, seeds, etc. / ～ a garden *with* roses＝～ roses *in* a garden 庭にバラを植える / ～ over 植えかえる. **2 a** …の種をまく. **b** 〈思想・感情などを〉(…に)植えつける (implant) 〔*in*〕; 〈主義・学説などを〉樹立する. **3** (植木鉢・苗床などから)移[定]植する (transplant). **4** 〈動物を〉(繁殖させるためにある土地に)入れる (stock); 〈魚を〉放流する; 〈かき貝を〉養殖する; 〔魚を〕〈川に〉放流する〔*with*〕: ～ fish *in* a river＝～ a river *with* fish. **5 a** 〔…に〕打ち込む, さし込む, 突き刺す〔*in, on*〕: ～ a stake *in* the ground 杭を地面に打ち込む / ～ a dagger *in* a person's heart 短刀を人の胸に突き刺す. **b** 〈弾丸を〉撃ち込む. **6** 置く, 据える, 立てる; 位置させる; 〈人を〉ある位置に置く, 部署につかせる : ～ cannon against a fort 要塞攻撃に砲を据える / ～ oneself 立ちはだかる; (どっかと)座り込む, 腰を下ろす; (確固たる)地位を占める. **7** 〈都市・植民地・教会などを〉建設する, 創設する. **8** 〈人を〉定住させる, 植民させる; 〔人を〕…に植民する〔*with*〕: ～ people as settlers *in* a colony / ～ a colony *with* settlers. **9** 〘演劇〙〈(人物・道具など)伏線となるものを〉劇に入れる. **10** 〈パンチなどを〉一発食らわす, かます : ～ a punch (狙って)パンチを食らわす. **11** 《口語》〈スパイを〉配置する : ～ a spy *in* a factory / ～ a bugging device *in* a room 部屋に盗聴器を仕掛ける. **12** 《俗》(ある魂胆から新聞などに)〈情報を〉流す. **13** 《俗》(相手に発見させてだましたり陥れたりするために)〈物を〉こっそり置いておく. **14** 《俗》 **a** 前もって用意する, 示し合わす. **b** 〈悪事を〉たくらむ. **15** 《俗》 **a** 〈盗品などを〉隠す. **b** 《米》〈物・死体などを〉埋める (bury). **c** (鉱山の値打ちをごまかすため)〈砂金などを〉埋めておく. **16** 《俗》〈人を〉見捨てる (desert). **17** 〘木工〙〈木材に繰形などを〉(接着材や釘などで)取付ける.

plant on 《口語》(1) 〔人に〕〈偽物などを〉つかませる : ～ sham jewelry *on* a person 人に偽の宝石をつかませる. (2) 〔人に〕〈ありがたくないものを〉押しつける : He tried to ～ the work on me. ***plant out*** (1) (苗床などから)地面に移[定]植する; 〈苗を〉適当な間隔を置いて植えつける. (2) 〘造園〙樹木で目隠しする.

plant·a·ble [plǽnṭəbl | plɑ́ːnt-] *adj.* 〈植物が〉植えられる; 〈土地が〉耕作できる (arable).

Plan·tag·e·net [plæntǽdʒ(ə)nɪt, -nət | -tǽdʒ(ə)nɪt, -dʒɪn-, -nət, -nèt] 〘▭(O)F ～《原義》spring of broom ← L *planta* 'sprig, PLANT'＋L *genista, genesta* broom plant (← ? Etruscan)〙〘英史〙 ― *n.* **1** プランタジネット家《Henry 二世から Richard 二世に至るまでの英国王家 (1154-1399); 朝祖 Anjou 伯 Geoffrey が帽子にエニシダ (planta genista) の小枝をはさんでいたことから出た名; the House of Plantagenet ともいう》. **2** プランタジネット家の人《Angevin ともいう》. *adj.* プランタジネット家の.

plán·ta genísta [plǽnṭə- | -tə-] 〘← NL ～ : ↑〙 *n.* 〘紋章〙エニシダ (⇨ Plantagenet).

Plan·ta·gi·na·ce·ae [plæ̀nṭədʒənéɪsiìː | -tədʒɪ-] 〘← NL *Plantagin-, Plantago* (属名 : ← L *plantāgō* (⇨ plantain[1]))＋-ACEAE〙 *n. pl.* 〘植物〙オオバコ科. **plàn·ta·gi·ná·ceous** [-ʃəs] *adj.*

Plan·ta·gi·na·les [plæ̀nṭədʒənéɪliːz | -tədʒɪ-] 〘← NL *Plantagin-, Plantago* (↑)＋-ALES〙 *n. pl.* 〘植物〙オオバコ目.

plan·tain[1] [plǽntṇ, -tɪn, -ṭən, -teɪn | plǽntɪn, plɑ́ːn-] 〘《a1393》▭ OF ～ ＜ L *plantāginem, plantāgō* ← *planta* sole of the foot : その地面をはう幅広い葉の形から : cf. plant〙 ― *n.* 〘植物〙オオバコ《温帯産オオバコ科オオバコ属 (*Plantago*) の植物の総称》; (特に)オオバコ (*P. major*).

plan·tain[2] [plǽntṇ, -tɪn, -ṭən, -teɪn | plǽntɪn, plɑ́ːn-] 〘《1555》《混成》← Sp. *plá(n)tano* plantain, plane tree＋Carib *palatana* banana : ⇨ plane[1]〙 ― *n.* 〘植物〙バショウ属の料理用バナナ (*Musa paradisiaca*) の若干の品種群; その実《生食する banana と異なり, 大形で料理して食べる》.

plántain lìly *n.* 〘植物〙ギボウシ (⇨ hosta).

plánt anátomy *n.* 植物解剖学.

plan·tar [plǽnṭə, -tɑə | -tə(r)] 〘▭ L *plantār-is* of the sole ← *planta* sole of the foot : ⇨ -ar[1] : cf. plant〙 ― *adj.* 〘解剖・動物〙足底の, 足の裏 (sole) の : the ～ arch 足底弓; (足の)土踏まず.

plántar rèflex *n.* 〘医学〙足底反射《足底を刺激すると足の指が屈曲するごく普通の反射現象; cf. Babinski reflex》.

plan·ta·tion [plæntéɪʃən | plæn-, plɑːn-] 〘《c1450》▭ L *plantātiō(n-)* a planting : ⇨ plant, -ation〙 ― *n.* **1 a** 栽培場, 農園. **b** プランテーション《熱帯または亜熱帯地方で大規模にチャ・ゴム・ワタ・タバコなどの一種類だけを栽培する大農園; 通例, 場内居住の労働者が仕事に当たる》: a coffee [rubber, sugar] ～ コーヒー[ゴム, 砂糖]園 / the ～ system (米国南部諸州において 1840 年ごろまで続いた)大農園制度 / ⇨ plantation song. **2** 植林地; 造林地, 植込み. **3** 《まれ》栽植, 栽培 (planting). **4 a** (植民地などの)創設, 建設; 植民. **b** [しばしば P-] 植民地, 新開拓地 (colony).

plantátion rùbber *n.* 栽培ゴム《Malay 半島, インドネシアなどで主にパラゴム樹を栽培して採取する生ゴム》.

plantátion sòng *n.* 《米》プランテーションソング《南部農園の黒人労働歌の総称》.

plánt bùg *n.* 〘昆虫〙メクラカメムシ《メクラカメムシ科の昆虫の総称; 植物害虫が多い; ミドリメクラガメ (tarnished plant bug) など》.

plánt cùtter 〘嘴に葉などを切るのに役立つ歯状の構造があるところから〙 ― *n.* 〘鳥類〙 **1** クサカリドリ《南米産のマシコに似たクサカリドリ科の鳥の総称》. **2** エボシドリ (towaco).

plánt·er [-ṭə | -tə(r)] 〘《c1390》: ⇨ plant, -er[1]〙 ― *n.* **1 a** 植えつける[種をまく]人. **b** 種まき機, 播(は)種器. **2** 栽培[耕作]者; 耕地主, 農園主 : a coffee [sugar] ～ コーヒー[砂糖]園主. **3 a** 植民者; 米国の初期の開拓移民. **b** 17 世紀にアイルランドの没収地へ移住したイングランドとスコットランドの移民. **4** 《米》川床に深く突入した木, 隠れ木 (cf. sawyer 2). **5** プランター《植物などを植えたり入れたりする箱・鉢など》.

plánter's púnch *n.* プランターポンチ《ラム・レモン[ライム]ジュース・砂糖などに氷片を加えてシェークした飲み物》.

plánt fàctor *n.* 〘電気〙発電所利用率《発電所の機械の定格出力の合計に対する平均負荷の比》.

plánt fòod *n.* 〘園芸〙＝fertilizer 2.

plánt hòrmone *n.* 〘植物生理〙植物ホルモン《植物細胞により生産されるホルモンの作用がある有機化合物; auxin など; phytohormone ともいう》.

plan·ti·grade [plǽnṭəgrèɪd | -tɪ-] 〘《1831》▭ F ～ ← NL *plantigradus* ← L *planta* sole of the foot＋*-gradus* walking : ⇨ plant, -grade〙〘動物〙 ― *adj.* 足裏を地につけて歩く, 足裏歩きの, 蹠(しょ)行の. ― *n.* 蹠行動物《ヒト・サル・クマなど; cf. digitigrade, pinnigrade.》

plánt·ing [-tɪŋ | -tɪŋ] 〘OE *plantung* : ⇨ plant, -ing[1]〙 *n.* **1** 植え付け, 栽培; 造林, 植林, 種まき. **2** 〘建築〙(組織造りの)基礎底層.

plánt kìngdom *n.* [the ～] (博物学上の)植物界《vegetable kingdom ともいう; cf. animal kingdom, mineral kingdom》.

plant·let [plǽntlɪt, -lət | plɑ́ːnt-] 〘⇨ -let〙 *n.* 小植物 (little plant); 苗木, 苗 (sapling).

plánt·lìke *adj.* (サンゴのように)〈動物が〉植物のような.

plántlike flágellate *n.* 〘動物〙植物性鞭毛(べんもう)虫類.

plánt lòuse *n.* 〘昆虫〙アリマキ (aphid) など, 植物にたかる種々の小さな虫.

plan·toc·ra·cy [plæntɑ́krəsi | plɑːntɔ́krəsi] 〘← PLANT(ER)＋-O-＋-CRACY〙 ― *n.* **1** (もと, 西インドにあったような支配階級としての)栽培業者たち, 大農園経営者たち. **2** 植民者政治.

plánt pathòlogy *n.* 植物病理学.

plánt physiòlogy *n.* 植物生理学.

plánt sociòlogy *n.* 植物社会学 (phytosociology).

plan·u·la [plǽnjʊlə] 〘← NL ～ (fem. dim.) ← L *plānus* 'flat, PLANE[2]'〙 ― *n.* (*pl.* **-u·lae** [-lìː]) 〘動物〙プラヌラ (幼生)《腔(こう)腸動物の幼生》. **plán·u·lar** [plǽnjʊlə | -lə(r)] *adj.* **plán·u·làte** [-lèɪt] *adj.* **plán·u·loid** [plǽnjʊlɔ̀ɪd] *adj.*

plán vìew *n.* **1** 上から眺めた景色. **2** 〘航空〙＝planform.

planx·ty [plǽŋksti | -tɪ] 〘← ?〙 *n.* 〘音楽〙プランクスティ《アイルランドの三拍子のハープ曲; それに合わせて行なうダンス》.

plaque [plǽk | plɑ́ːk, plǽk] 〘《1848》▭ F ～ ▭ Du. *plak* flat board ← *plakken* to stick ← ? : cf. placard / G *Placken* spot, patch〙 ― *n.* **1** (壁や家具などに取りつける金属・陶器・象牙などで作った)飾り板[額]; (事件・人物を記念する, または史跡を示す)銘板, 刻板, 記念額. **2** (名誉の標示として用いる)小板状の胸飾り, 小牌(はい), ブローチ, バッジ (brooch). **3** 〘解剖・動物〙丸く平たい出来物, 板(ばん); 丸く盛り上がった斑(はん)点; 血小板 (blood platelet). **4** 〘医学〙斑. **5** 〘歯科〙歯垢, 歯苔, プラーク. **6** 〘細菌〙プラク, 溶菌斑.

pla·quette [plækét | plæ-, plɑː-] 〘▭ F ～ : ⇨ ↑, -ette〙 *n.* 小飾り板, メダルの浮彫り.

-plases -plasis の複数形.

plash[1] [plǽʃ] 〘OE *plæsc*《擬音語》: cf. splash / MDu. *plasschen* (Du. *plassen*)〙 ― *n.* **1** (水が砕けて)ざぶざぶ[ざあざあ, ぴちゃぴちゃ](いう音) : the ～ of oars. **2** 浅い小池, 水たまり. ― *vi.* **1** 〈水が〉はねる. **2** ざぶざぶ[ざあざあ, ばしゃばしゃ]いう. ― *vt.* **1** 〈水を〉はね飛ばす. **2** ざぶざぶ[ばしゃばしゃ]いわせる.

plash[2] [plǽ(ː)ʃ] 〘▭ OF *pla(i)ss-ier* ＜ VL **plectiāre* ← L *plectere* to plait ← IE **plek-* to plait : cf. pleach〙 ― *vt.* **1** (生垣や木陰道を作るために)〈木の枝などを〉(曲げたり切ったりして)織りかわす : ～ branches *into* a hedge, an arbor, etc. **2** 《英》木の枝を織りかわして〈生垣などを〉作る[修理する] (pleach).

plash·y [plǽʃi | -ʃɪ] 〘⇨ plash[1], -y[4]〙 *adj.* (**plash·i·er**; **-i·est**) **1** 水たまりの多い (marshy); じめじめした; 泥だらけの. **2** ざあざあ[ざぶざぶ]音がする.

-pla·si·a [pléɪʒiə, -ʒə | -zjə, -zɪə] 〘← NL ～ ← Gk *plásis* molding : ⇨ ↓, -ia[1]〙「形成 (formation); 生長, 生成, 発達 (growth)」の意の名詞連結形 : hypo*plasia*.

-pla·sis [pléɪsɪs, -səs | -sɪs] 〘← NL ～ ← Gk *plásis* a molding ← *plássein* to mold ← IE **pelə-* flat : cf. plasma〙 ― (*pl.* **-pla·ses** [-siːz])「造形 (molding)」の意の名詞連結形.

plasm [plǽzm] *n.* ＝plasma.

plasm- [plæzm] (母音の前に来る時の) plasmo- の異形.

-plasm [⌐‐plæzm] 〘↓〙〘生物〙「形成されたもの」の意の名詞連結形 : meta*plasm*, neo*plasm*, proto*plasm*.

plas·ma [plǽzmə] 〘《1712》← NL ～ ← LL ～ 'a form, mold' ▭ Gk *plásma* something molded ← *plássein* to form, mold : ⇨ -plasis : cf. plastic〙 ― *n.* **1** 〘解剖・生理〙血漿(けっしょう) (blood plasma), プラスマ; リンパ漿. **2** 〘生物〙原形質 (protoplasm). **3** 乳漿(にゅうしょう) (whey). **4** 〘▭ G ～〙半透明の緑玉髄. **5** 〘物理〙プラズマ《自由に動きうる正負の荷電粒子の集まり》: gaseous ～ 気体プラズマ / metallic ～ 金属プラズマ. **plas·mat·ic** [plæzmǽṭɪk | -tɪk] *adj.* **plás·mic** [plǽzmɪk] *adj.*

-plas·ma [plǽzmə] 〘↑〙＝-plasm.

plásma árc cùtting *n.* 〘金属加工〙プラズマ溶断.

plásma árc wèlding *n.* 〘金属加工〙プラズマアーク溶接《プラズマアークまたはプラズマジェットを利用する溶接法》.

plásma cèll *n.* 〘生物〙形質細胞, プラスマ細胞.

plas·ma·cyte [plǽzməsàɪt] *n.* 〘生物〙＝plasma cell.

plásma·gèl *n.* 〘生物〙プラスマゲル《細胞の表層にあるゲル状の原形質》.

plas·ma·gene [plǽzmədʒìːn] 〘← PLASMA＋-GENE〙 *n.* 〘生物〙プラスマジーン, 細胞質内遺伝子. **plas·ma·ge·nic** [plæ̀zmədʒíːnɪk, -dʒén-] *adj.*

plásma jèt *n.* **1** 〘物理〙プラズマジェット《気体放電で生じたプラズマを小孔から噴出させて作った高温のプラズマ気流》. **2** 〘宇宙〙 **a** プラズマジェット《気体にエネルギーを与えてプラズマとし, 噴出した流れをいう》. **b** プラズマジェットを作る装置.

plas·ma·lem·ma [plæ̀zməlémə] 〘← NL ～ ← PLASMA＋Gk *lémma* husk〙 *n.* 〘生物〙プラスマレンマ《細胞質の表層部》.

plas·mal·o·gen [plæzmǽlədʒɪn, -dʒən, -dʒèn] 〘← PLASMO-＋AL(KALI)＋-O-＋-GEN〙 ― *n.* 〘生化学〙プラスマロゲン《動物細胞中にあるビニルエーテル結合をもつグリセロリン脂質の総称》.

plásma mémbrane *n.* 〘生物〙原形質膜, 形質膜《細胞原形質の表面の層; cell membrane, ectoplast ともいう》.

plas·ma·pause [plǽzməpɔ̀ːz] *n.* [the ～] 〘地球物理〙プラズマ境界面《大気とプラズマスフェア (plasmasphere) の境界面》.

plas·ma·pher·e·sis [plæ̀zməférəsɪs, -səs | -rɪsɪs] 〘← NL ～ ← PLASMA＋Gk *aphaíresis* a taking away : cf. aphaeresis〙 ― *n.* 〘医学〙血漿瀉血, 血漿搬出, プラスマフェレーゼ.

plásma phýsics *n.* プラズマ物理学. **plásma phýsicist** *n.*

plásma·sòl 〘← PLASMA＋SOL[4]〙 *n.* 〘生物〙プラスマゾル《細胞質内にあるゾル状の原形質; 流動していることもある》.

plas·ma·sphere [plǽzməsfɪ̀ə | -sfɪ̀ə(r)] *n.* 〘地球物理〙[the ～] プラズマスフェア《惑星の周りの高度にイオン化したガスの集まり; cf. plasmapause》.

plásma spràying *n.* 〘金属加工〙プラズマ溶射《プラズマを用いて高融点材料を溶融し, 高速で吹きつけ被覆を行なう方法》.

plásma thromboplástin compònent *n.* 〘生化学〙血漿トロンボプラスチン成分 (⇨ Christmas factor).

plásma tòrch *n.* 〘金属加工〙プラズマトーチ《プラズマを用いて高温ガスを発生させる装置》.

plas·mid [plǽzmɪd, -məd | -mɪd] 〘← PLASMO-＋-ID[1]〙 *n.* 〘生物〙＝episome.

plas·min [plǽzmɪn, -mən | -mɪn] 〘← PLASMO-＋-IN[1]〙

— n. 〘生化学〙プラスミン《動物の組織のみに見られるフィブリン塊を分解して可溶性にするもの; fibrinolysin ともいう》.
plas·min·o·gen [plæzmínədʒɪn, -dʒən, -dʒèn] 〘← PLASMIN+-O-+-GEN〙 n. 〘生化学〙プラスミノーゲン《プラスミンの前駆物質》.
plas·mo- [plǽzmo(ʊ) | -mə(ʊ)] 〘▭F ～: ⇨ plasma〙「血漿」の意の連結形. ★ 母音の前では通例 plasm- になる.
Plas·mo·chin [plǽzməkɪn, -kən | -kɪn] 〘⇨↑, quin(ine)〙 n. 〘商標〙プラスモキン《マラリア治療剤 pamaquine の商品名》.
plas·mo·cyte [plǽzməsàɪt | -mə(ʊ)-] n. 〘解剖〙形質細胞, プラスマ細胞《plasma cell ともいう》.
plas·mod- [plǽzmo(ʊ)d, plæzmóʊd | plǽzmə(ʊ)d, plæzmɔ́ʊd] (母音の前に来る時の) plasmodio- の異形.
plas·mo·desm [plǽzmədèzm] 〘↓〙 n. 〘生物〙 = plasmodesma.
plas·mo·des·ma [plæ̀zmo(ʊ)dézmə] 〘← NL ～ ← PLASMO-+Gk *désma* a bond: ⇨ desmo-〙 — n. (pl. **-ma·ta** [～tə | ～tə], **～s**) 〘生物〙原形質連絡; 原形質糸, 細胞間橋. **plàs·mo·dés·mal** [-məl] adj. **plas·mo·des·mic** [plæ̀zmədézmɪk] adj.
plas·mo·di- [plæ̀zmo(ʊ)dáɪ, plæzmóʊdi | plæ̀zmə(ʊ)dáɪ, plæzmɔ́ʊdɪ] (母音の前に来る時の) plasmodio- の異形.
plasmodia n. plasmodium の複数形.
plas·mo·di·o- [plæ̀zmo(ʊ)dáɪo(ʊ), plæzmóʊdio(ʊ) | plæ̀zmə(ʊ)dáɪə(ʊ), plæzmɔ́ʊdɪə(ʊ)] 〘⇨ plasmodium〙 — 〘生物〙「変形体 (plasmodium)」の意の連結形. ★ 母音の前では通例 plasmodi-, または plasmod- になる.
Plas·mo·di·oph·o·ra·ce·ae [plæ̀zmo(ʊ)daɪɒ̀fəréɪsiìː | -mə(ʊ)daɪɔ̀f-] 〘← NL ～ ← *Plasmodiophora* (属名: ⇨↑, -phora)+-ACEAE〙 — n. pl. 〘植物〙プラスモジオフォラ科《藻菌類の一科; ネコブキンなど》. **plàs·mo·di·òph·o·rá·ceous** [-ʃəs] adj.
plas·mo·di·um [plæzmóʊdiəm | -mɔ́ʊdjəm, -dɪəm] 〘← NL ～ ← PLASMA+-ODE[1]+-IUM〙 — n. (pl. **-di·a** [-diə | -djə, -dɪə]) **1** 〘植物〙変形体《変形菌類の栄養体で, 多核の原形質塊》. **2** 〘動物〙プラスモデューム, マラリア原虫《胞子虫綱住血胞子虫目に属する *Plasmodium* 属の原生動物の総称; 人間を含む脊椎動物の赤血球に寄生し, 一生の間に世代の交代や宿主の変換があり生活史は複雑》.
Plas·mod·ro·ma [plæzmádrəmə | -mɔ́d-] 〘← NL ～ ← PLASMO-+-*droma*: ⇨ -drome〙 n. pl. 〘動物〙形走亜門.
plas·mog·a·my [plæzmágəmi | -mɔ́gəmɪ] n. 〘生物〙プラスモガミー《(生殖)細胞の合体の際の, 核融合 (karyogamy) が起こる以前の細胞質融合の段階》.
plas·mol·y·sis [plæzmáləsɪs, -səs | -mɔ́ləsɪs, -lɪ-] 〘← NL ～: ⇨ plasmo-, -lysis〙 — n. (pl. **-y·ses** [-sìːz]) 〘植物〙原形質分離. **plas·mo·lyt·ic** [plæ̀zməlíṭɪk | -tɪk] adj. **plàs·mo·lýt·i·cal·ly** adv.
plas·mo·lyze [plǽzməlàɪz] 〘⇨↑, -ize〙 〘植物〙 vt. 原形質分離を起こす. — vi. 原形質分離が起こる. **plas·mo·lyz·a·ble** [plǽzməlàɪzəbl, ╴–╴–╴–] adj.
plas·mon [plǽzmɑn | -mɔn] 〘← PLASMA+-ON[2]〙 n. 〘物理〙プラズモン《プラズマ振動またはプラズマ波に付随する量子》.
plas·mop·ty·sis [plæzmáptəsɪs, -səs | -mɔ́ptɪsɪs] 〘← NL ～ ← PLASMO-+-PTYSIS (← Gk *ptúein* to spit)〙 n. (pl. **-ty·ses** [-sìːz]) 〘生物〙原形質吐出.
plas·mo·quine [plǽzməkwàɪn, -kwìːn, -kwɪn, -kwən | -kwàɪn, -kwìːn] n. 〘薬学〙 = pamaquine.
plas·mo·some [plǽzməsòʊm | -sɔ̀ʊm] n. 〘生物〙プラスモソーム, 真正仁《細胞の核内の仁; 染色体が凝縮してできた染色仁 (karyosome) に対して使う語》.
Plas·sey [plǽsi | -sɪ] n. プラッシー《インド West Bengal 州 Calcutta の北約 130 km にある村; Robert Clive がここで Bengal 軍を破り (1757 年), インドにおける英国勢力を確立した》.
-plast [╴–plæ̀st] 〘← Gk *plast-ós* formed, molded ← *plássein* to form, mold: cf. plasma〙 — 〘生物〙「形成されたもの」の意の名詞連結形: bio*plast*, chloro*plast*.
plas·ter [plǽstə | plɑ́ːstə(r)] 〘OE ～ ▭ ML *plastr-um* 《短縮》 ← L *emplastrum* ▭ Gk *émplastron* salve ← *emplássien* to daub on, stuff in ← *em-* 'EN-[2]' + *plássein* to mold (↑)〙 — n. **1** プラスター, 漆喰(しっくい), 壁土. **2** 焼き石膏 (plaster of Paris): a ～ figure 石膏像[模型]. **3** 膏薬, 硬膏: adhesive [sticking] ～ 絆創膏 / ⇨ court plaster, mustard plaster, porous plaster.
plaster of Paris 〘Paris 付近にある沈積物から取れることから〙焼き石膏(せっこう) ($CaSO_4{}^1/_2H_2O$ または $2CaSO_4H_2O$)《水を加えればすぐに固まる石膏; cf. gypsum 1, selenite[1] 1》.
— vt. **1** …に漆喰を塗る 〈*down, over, up*〉. **2 a** …に膏薬を張る. **b** …を膏薬のように張る. **3 a** …に〔バターなどを〕(こってりと)塗り立てる (besmear) 〈*down*〉〔*with*〕; …に〔ポスターなどを〕一面に張りつける〔*with*〕: be ～*ed with* mud [butter, pomade] 泥[バター, ポマード]を一面に[こてこてと]塗ってある / a wall ～*ed with* posters 一面にビラを張った壁 / ～ labels on a parcel 小包にレッテルを張る. **b** …に〔称賛などを〕過剰に与える〔*with*〕: ～ a person *with* praise 人をやたらにほめ立てる / a stout middle-aged woman ～*ed with* diamonds ダイヤモンドで飾りたてたでっぷり太った中年女性. **c** 滑らかに[平らに]する, 〈髪を〉(ポマードなどで)なでつける: hair ～*ed down* on one's head. **4 a** 〈人の感情などを〉和らげる, なだめる. **b** 〘戯言〙(怪我などに対して)慰謝料[膏薬代]を払う. **5** 焼き石膏 (plaster of Paris) で処理する: ～ wine (酸性中和のため)ぶどう酒に焼き石膏(粉末)を混和させる. **6** 〘俗〙 **a** (集中攻撃などで)徹底的にたたく, 猛爆[猛撃]する: The town was ～*ed* (*with* bombs). **b** したたか[ぺしゃんこ]にやっつける, 完敗させる.
plaster on (バターなどを)…に塗りつける. ***plaster over*** [***up***] (1) ⇨ vt. 1. (2) 〈悪い所を〉塗りつぶす, 糊塗する, ごまかす.
pláster·bòard n. プラスターボード, 石膏(せっこう)板《石膏を心にした板紙; 壁下地に用いる》.
pláster cást n. **1** 〘彫刻〙石膏(せっこう)による模作[像]. **2** 〘医学〙ギプス(包帯); ギプスコルセット《患部の動くのを防ぐためにその上を包む石膏を含ませたガーゼ; 単に cast ともいう》.
plás·tered adj. 〘俗〙酔っ払った.
plás·ter·er [-t(ə)rə | -rə(r)] n. **1** 漆喰(しっくい)屋, 左官. **2** 石膏(せっこう)細工人.
plás·ter·ing [-t(ə)rɪŋ] n. **1** 漆喰(しっくい)塗り; 漆喰[左官]工事; [集合的] 石膏(せっこう)細工. **2** 膏薬を張ること. **3** (ぶどう酒の)焼き石膏処理 (cf. plaster vt. 5). **4** 〘俗〙猛爆, 猛撃; 完敗, 惨敗.
pláster mòld n. 〘植物病理〙 **1** プラスター黴(かび)《ツクリタケ栽培の床に発生する *Papulaspora byssina* などの不完全糸状菌で, 床の表面に白または褐色の菌糸が石膏(せっこう)を流したように広がる》. **2** プラスター黴による床の異変.
pláster sáint n. 聖人君子(と考えられる人).
pláster·wòrk n. 左官工事.
plas·ter·y [plǽst(ə)ri | plɑ́ːst(ə)rɪ] 〘⇨ plaster, -y[4]〙 adj. **1** 漆喰(しっくい)のような. **2** 膏薬(こうやく)に似た.
plas·tic [plǽstɪk | plǽs-, plɑ́ːs-] 〘(1632) ▭F *plastique* // L *plastic-us* ▭ Gk *plastikós* that may be molded ← *plastós* molded (p.p.) ← *plássein* to mold ← IE **pelə-* to spread: ⇨ plain[1], -ic[1]: cf. plasma〙 — adj. **1** 形成力のある, 形成的な (formative), 創造的な: the ～ force of nature 自然の創造力. **2** こねて物を造れる, 塑造できる, 可塑性の, (思うように)形作れる: ～ substances 可塑物質《粘土・合成樹脂など》/ ⇨ plastic clay. **3** 〘美術〙 **a** 塑造した; 塑像(術)の: ～ figures [images] 塑像. **b** 造形的な. **c** (絵画の)二次元的表現の. **4** 〈性格・精神など〉柔軟な, 従順な (pliant), 感化されやすい, 教えやすい: a ～ mind, character, etc. **5** 〘生物・病理〙生活組織を形成する, 成形的な: ～ elements 成形素 / ～ exudation 成形浸出[分泌]物. **6** 〘外科〙形成の, 成形の: ⇨ plastic operation. **7 a** プラスチック(製)の (cf. plastics): a ～ cup, straw, etc. **b** 〘口語〙人工的な, 不自然な; まやかしの (bogus): a ～ smile 情味のない[人形のような]微笑 / the ～ horrors of the film その映画の不自然な恐怖の場面. — n **1 a** プラスチック, 合成樹脂《ガラス・木材・金属の代用品で, 尿素樹脂・石炭酸樹脂・ビニール樹脂などがある》. **b** (材質としての)プラスチック: The toy is (made of) ～. **2** [*pl.*] ⇨ plastics. **3** 〘バレエ〙 = plastique 2. **plás·ti·cal·ly** adv.
-plas·tic [plǽstɪk] 〘↑〙 — **1**「形成する, 促進する」の意の形容詞連結形: xylo*plastic*. **2** -plast, -plasty, -plasm に終わる名詞に対応する形容詞連結形: proto*plastic*, neo*plastic*.
plástic árt n. **1** 造形芸術《彫刻・製陶術など》. **2** 空間芸術.
plástic bínding n. 〘製本〙プラスチック綴(と)じ.
plástic bómb n. プラスチック爆弾《粘着性のあるパテのような物質からなり, テロ活動やゲリラ戦に使用》.
plástic cláy n. 塑性粘土.
plástic crédit 〘このカードが通例プラスチック製であることから〙 n. 〘口語〙クレジットカードによる信用.
plástic deformátion [flów] n. 〘力学〙塑性変形《外力を除去しても元に戻らない弾性限界を越えた変形》.
plástic fóam n. 〘化学〙 = expanded plastic.
Plas·ti·cine [plǽstəsìːn | plǽstɪ-, plɑ́ːs-] 〘← PLASTIC+-INE[3]〙 — n. 〘商標〙プラスティシン《工作用粘土の商品名; すぐ乾いて固まらないところから学用品として多く使用される》.
plas·tic·i·ty [plæstísəṭi | plæstísətɪ, plɑːs-, -sɪ-] 〘← PLASTIC+-ITY: cf. F *plasticité*〙 — n. **1** 塑性, 可塑性, 柔粘性. **2** 柔軟性 (pliability), 適応性 (adaptability). **3** 〘生物〙可塑性, 塑性《異なった環境条件に適応できる生物の能力》.
plastícity index n. 〘土壌〙塑性指数《液性限界と塑性限界との差》.
plas·ti·cize [plǽstəsàɪz | plǽstɪ-, plɑ́ːs-] vt., vi. 成形[可塑]的にする[なる]; 柔軟にする[なる]. **plas·ti·ci·za·tion** [plæ̀stəsəzéɪʃən, -saɪ- | plæ̀stɪsaɪ-, plɑ̀ːs-, -sɪ-] n.
plás·ti·cìz·er n. **1** 〘化学〙可塑剤《プラスチック・合成ゴムに塑性を与えるために加える物質》. **2** 〘建築〙可塑剤, 減水剤《塗壁材料やコンクリートの塑性を増すための混和剤》.
plástic mémory n. 塑性復原《一度きちんとした形をしたプラスチックを溶かしてしまってもそれが冷えると元の形状に戻る傾向[性向]》.
plástic operátion n. 形成手術.
plas·tics [plǽstɪks | plǽs-, plɑ́ːs-] 〘⇨ -ics〙 n. **1** 合成樹脂化学. **2** = plastic surgery. — *attrib. adj.* プラスチック(製)の (plastic): a ～ factory プラスチック製造工場 / ～ materials プラスチック素材.
plástic súrgeon n. 形成外科医.
plástic súrgery n. 形成外科.
Plástic Wóod n. 〘商標〙プラスチックウッド《スチロール樹脂などに発泡剤を入れて形成した擬似木材; 家具・調度品の成形部材として使用する》.
plástic wráp n. 〘米〙(通例食物を包む)厚いプラスチック製の包装紙.
plas·tid [plǽstɪd, -təd | -tɪd] 〘▭G *Plastide* ← Gk *plastós* formed ← *plássen* to mold: cf. plastic, -idium: ドイツの生物学者 E. H. Haeckel (1834–1919) の命名〙 — n. 〘生物〙 **1** 原形質体の単位, 細胞. **2** プラスチド, 色素体《植物細胞の原形質中にある小体》.
plas·tique [plæstíːk; *F.* plastik] 〘▭F ～: ⇨ plastic〙 — n. **1** = plastic bomb. **2** 〘バレエ〙プラスティク《ゆっくりと抑えた動きや彫像のようなポーズを修得するためのバレエの技術》.
plas·ti·sol [plǽstəsɔ̀ːl, -sɒ̀(ː)l | -tɪsɔ̀l] 〘← PLASTIC+SOL[4]〙 n. 〘物理化学〙プラスチゾル《成形用の樹脂と可塑剤を混合したペースト状の液体》.
plas·to- [plǽsto(ʊ) | -tə(ʊ)] 〘← Gk *plastó-s* formed〙 — 次の意味を表わす連結形: **1**「形成 (formation), 発達」: *plasto*chron. **2**「可塑性」: *plasto*meter. **3**「細胞質 (cytoplasm)」. **4**「プラスチド (plastid)」: *plasto*gene.
plas·to·chron [plǽstəkrɑ̀n | -krɔ̀n] 〘← PLASTO-+Gk *khrón-os* time: cf. plastic, chrono-〙 n. 〘植物〙葉間期《苗の初葉から次葉に至る期間》.
plas·to·gene [plǽstədʒìːn] 〘← PLASTO- + -GENE〙 — n. 〘植物〙プラストジーン《植物細胞原形質中にあってその生理作用および遺伝現象に関係があると信じられている超顕微鏡的因子》.
plas·to·mer [plǽstəmə | -mə(r)] n. 〘化学〙プラストマー《可塑性に富む高分子物質; cf. elastomer》.
plas·tom·e·ter [plæstáməṭə | -tɔ́mɪtə(r), -mə-] 〘← PLASTO-+-METER[1]〙 n. 可塑度計, プラストメーター《物体の流動度・可塑性を測定する機械》.
plàsto·quinóne 〘← PLASTO-+QUINONE〙 — n. 〘生化学〙プラストキノン《緑色植物や藻類にあるパラベンゾキノン誘導体; 単一の成分でなく A, B, C, D の類似物がある; ビタミンと関連があり光合成に役立つ》.
plas·to·type [plǽstətàɪp | -tə(ʊ)-] n. 〘生物〙模式標本から直接型取りした人工標本《化石など》.
plas·tral [plǽstrəl] 〘⇨↓, -al[1]〙 adj. **1** プラストロン (plastron) の. **2** 〘動物〙腹甲 (plastron) の.
plas·tron [plǽstrən] 〘(1506) ▭F ～ ▭ It. *piastrone* (aug.) ← *piastra* breastplate ▭ L *emplastrum* 'PLASTER'〙 — n. **1** プラストロン《衣服の胸当ての部分または別布の胸当て》: **a** 婦人ドレスの胸当てのような飾り. **b** 男子用シャツの胸 (dickey). **2 a** (フェンシング用の)胸当て. **b** (連隊を色別した槍騎兵用の)胸おおい. **c** (中世武士が鎖かたびらを補強した)鋼鉄製の胸当て. **3** 〘動物〙(カメなどの)腹甲 (cf. carapace).
-plas·ty [╴–plæ̀sti | -tɪ] 〘▭F *-plastie* ▭ Gk *-plastia* ← *-plastos* '-PLAST': ⇨ -y[1]〙「形成 (formation)」の意の名詞連結形: auto*plasty*, dermato*plasty*.
-pla·sy [╴–plèɪsi, ╴–plæ̀si, ╴pləsi | -sɪ] = -plasia.
plat[1] [plǽt] 〘(異形) ← PLOT〙 — n. **1** 〘米〙(土地の)図面, 地図; (特に)市街地図. **2** 〘古〙地所, (花壇などに用いる)小地面. — vt. (**plat·ted; plat·ting**) 〘米〙…の図面[地図]を作る.
plat[2] [plǽt] 〘(変形) ← PLAIT〙 n., vt. (**plat·ted; plat·ting**) = plait.
plat[3] [plɑ́ː; *F.* pla] 〘▭F ～ 《原義》'plate[1]'〙 *F.* n. (pl. **～s** [～(z); *F.* ～]) 料理の一皿: ⇨ plat du jour.
plat. 《略》plateau; platform; platinum; platonic; platoon.
plat- [plæt] 〘⇨ platy-〙 = platy-.
Pla·ta [plɑ́ːṭə | -tə; *Sp.* pláta], **the Rí·o de la** [ríːoʊdə-lə- | ríːəʊ-, ríəʊ-; *Sp.* rríodela-] 〘▭Sp. ～ 《原義》silver〙 n. ラプラタ(川)《南米の南東部, Uruguay 川と Paraná 川によってアルゼンチンとウルグアイの間に出来た三角江 (estuary); 長さ 274 km, 幅 32–195 km; 英語名 the River Plate》.
Plat·a·can·tho·my·i·dae [plæ̀ṭəkænθəmáɪədìː | -təkænθəmáɪɪ-] 〘← NL ～ ← *Platacanthomys* (属名: PLATY-+ACANTHO-+-*mys* (← Gk *mûs* 'MOUSE'))+-IDAE〙 — n. pl. 〘動物〙トゲヤマネ科.
Pla·tae·a [plətíːə | -tíːə, -tíə] n. (*also* **Pla·tae·ae** [-tíːiː]) プラテーエ《Athens の北西部の古代都市; ギリシャ連合軍がペルシャ軍を破った戦跡 (479 B.C.)》.
Plat·a·le·i·dae [plæ̀ṭəlíːədìː | -təlíːɪ-] 〘← NL ～ ← *Platalea* (属名: ← L *platalea* spoonbill ← Gk *platús* broad)+-IDAE: cf. plane[1]〙 n. pl. 〘鳥類〙ヘラサギ科.
plat·an [plǽtn | -tən] 〘(c1390) ▭L *platan-us* plane tree: ⇨ plane[1]〙 n. 〘植物〙 = plane tree.
Plat·a·na·ce·ae [plæ̀ṭənéɪsiìː, -tṇ- | -tən-] 〘← NL ～ ← *Platanus* (属名: ← L *platanus* plane tree (↑))+-ACEAE〙 — n. pl. 〘植物〙(バラ目)スズカケノキ科. **plàt·a·ná·ceous** [-ʃəs] adj.
Plat·a·nis·ti·dae [plæ̀ṭənístədìː, -tṇ- | -tənístɪ-] 〘← NL ～ ← *Platanista* (属名: ← L *platanista* a fish of the Ganges ← Gk *platús* broad)+-IDAE〙 — n. pl. 〘動物〙カワイルカ科.
plat·a·nus [plǽṭənəs | -tə-] 〘← NL ～ ← L ～: ⇨ plane[1]〙 n. 〘植物〙 = plane tree.
plát·bànd 〘(1696) ▭F *plate-bande* 《原義》flat band〙 n. **1** 〘建築〙平縁(ひらぶち); (装飾的な)扉口の楣(まぐさ). **2** 花縁(はなぶち), 芝縁(しばぶち).
plat du jour [plɑ́ːdəʒúə, plǽd-, -d(j)ʊ- | -djuʒúə(r); *F.* pladyʒuːr] 〘▭F ～ 'dish of the day'〙 — *F.* n. (pl. **plats du jour** [～; *F.* ～]) (レストランの)その日のおすすめ料理.
plate[1] [pléɪt] 〘(c1300) ▭ OF ～ 'thin sheet of metal' ← (fem.) ← *plat* flat < VL **plattus* flat ▭ Gk *platús*

broad ← IE **plat-* to spread : cf. place¹〕 ── *n.* **1** (金属などの)板, 平板; 板金. **2** 磨き板ガラス (plate glass). **3** (姓名などを書いた)標札, (各種の)銘板; (特に)医者の看板: put up one's ~ 看板を出す; (特に)医者を開業する / ⇨ coffin plate, doorplate, nameplate. **4**〖写真〗感光板, 種板 (cf. roll film): ⇨ dry plate 1, wet plate. **5 a**〖印刷〗版, 鉛版, 電鋳版; その印刷物. **b**〖郵趣〗切手を印刷する実用版. **6** 図版, ページ大挿絵 (cf. cut *n.* 4 a): in *Plate* 3 第3図(版)に / ⇨ fashion plate 1. **7** (本の表紙裏に張る)蔵書票 (bookplate). **8** (爬(ʰ)虫類・魚などの)甲. **9** =plate armor 2. **10** [しばしば *pl.*] **a**〖歯科〗義歯床 (dental plate). **b**《口語》義歯, 入れ歯 (denture). **11**〖野球〗**a** 本塁, ホームプレート (home plate). **b** 投手板, プレート (pitcher's plate). **12 a**〖解剖・動物〗薄板, 薄層 (lamina). **b**〖細菌〗(培養に用いる)平板. **13 a** (主に陶磁器製の浅く丸い)皿, 銘々皿; (料理を取り分ける)大皿: on a ~ 皿にのせて / a cake ~ (大形の)ケーキ皿 / a dessert ~ デザート皿 / a tea ~ お茶の時の銘々皿 / a place ~ (食卓の)位置皿 / ⇨ bread-and-butter plate, dinner plate, service plate, soup plate. **b** [集合的] 鍍金した金属(のもの); (金・銀(めっき)製の)食器類 (cf. silverware): a piece of ~ 金・銀(めっき)の食器一個 / family ~ 家紋を刻印した金・銀食器《家伝の宝物》/ ⇨ gold plate, silver plate. **14 a** 一皿の料理, 料理一皿(分) (cf. plateful): a ~ of dessert [meat] デザート[肉料理]一皿 / clear one's ~ 一皿分全部を平らげる. **b**《米》(料理の)一品, 一皿 (course); (一皿に盛りつけた)メーンコース; (資金集めのパーティーで出る一皿盛りの)料理一人前: a fruit ~ / a dinner at [costing] $100 a ~ 1人前100ドルの食事. **c**《豪》(バザーなどに, 婦人が持ち寄る)一皿(づつ)(の菓子やサンドイッチ). **15 a** (競馬・競技などの)金[銀]賞杯 (prize cup). **b** =plate race. **16** (教会で使う)献金皿; 献金; (慈善などのための)募金: put ten dollars in the ~ 10ドルを喜捨する. **17**〖建築〗(間柱の上下の)横材: roof-*plate* / window-*plate* / ⇨ wall plate 1. **18**《米》〖電気〗極板; (電子管の)陽極 (anode), プレート: a positive ~ 陽極板. **19** =petri dish. **20** (牛の)バラ肉, 三枚肉 (⇨ beef 挿絵). **21**〖紋章〗銀の小円 (cf. roundel 7). **22**《英》〖鉄道〗=plate rail 2. **23** [*pl.*] =PLATES *of meat.* **24**《俗》=fashion plate 2. **25**〖地球物理〗プレート《地球の最表部を構成している岩板; プレート造構論 (plate tectonics) によれば, それが水平方向に大きく動くと大陸の分裂・移動や海洋底の移動が起こると考えられている》. **26**〖競馬〗蹄鉄.

on a plate (1) ⇨ 13 a. (2)《英口語》=*on a* (*silver*) PLATTER. ***on one's plate***《口語》(仕事などを)抱えていて, やることになっていて (cf. plateful 2): I have enough [too much] on *my* ~. やるべきことが十分にある[あり過ぎる]. ***plates of meat***《英俗》足 (feet).

── *vt.* **1** 〈金属〉に(金・銀・ニッケルなど)薄くかぶせる, めっきをする. **2** 板金でおおう, 〈軍艦など〉に装甲を施す, …に板金よろいを着せる. **3**〖冶金〗〈鋳塊を〉板型に鍛造する. **4**〖印刷〗…の版を作る, ステロ[電鋳]版にする[を作る]. **5**〖製紙〗(ローラーなどで)〈紙〉にプレート光沢仕上げをする. **6**〖野球〗〈得点を〉加える. **~·less** *adj.*

plate² [pléɪt]〖⊏ OF ~ & OSp. *plata* silver : PLATE¹ の特殊用法〗*n.*《廃》貨幣 (coin); (特に)銀貨.

Plate [pléɪt], **the River** *n.* =the Río de la PLATA.

pláte àrmor *n.* **1** (軍艦・要塞などの)装甲板. **2** (14世紀以後の)板金よろい (cf. mail¹ 1); よろい.

plat·eau [plætóu, ˌ ˌ | plǽtəu, ─ ˌ]〖(1791) ⊏ F ~ < OF *platel* flat object (dim.) ← *plat* flat : ⇨ plate¹〗── *n.* (*pl.* **~s, plat·eaux** [~z]) **1 a** 台地, 高原, プラトー. **b** 海台. **2** 上昇も低下もしない比較的変動の少ない時期, 景気の高原 (cf. trough 7): The industrial output has reached a ~. **3 a** (グラフの)平坦域, プラトー. **b**〖心理〗高原, 高平部. **c**〖教育〗学習高原《学習曲線の上昇が停滞して水平的に進む状態》. **4** 頂の平らな婦人帽. **5** (ダイニングテーブルの中央部にのせた低脚つきの)飾り台. ── *vi.* 比較的変動の少ない時期[景気の高原]に達する (cf. *n.* 2).

pláte-bàsket *n.*《英》(粗ラシャで裏張りした)食器かご《スプーン・フォークなどを入れる》.

pláte bàttery *n.*〖電気〗陽極電池 (⇨ B battery).

pláte blòck *n.*〖郵趣〗原版番号が印刷されている部分を含んだブロック (block).

pláte calènder *n.*〖製紙〗プレートカレンダー《枚葉紙に光沢をつけるための機械》.

pláte cìrcuit *n.*〖電気〗陽極回路《電子管回路で陽極電流の流れる部分》.

pláte clùtch *n.*〖自動車〗板クラッチ (⇨disk clutch).

pláte còlumn *n.*〖化学〗=plate tower.

pláte cùlture *n.*〖細菌〗平板培養《ペトリ皿 (petri dish) を使用して行なう細菌培養法》.

pláte cùrrent *n.*〖電気〗陽極電流《電子管の陽極回路を流れる電流》.

plát·ed [-ṭɪd, -ṭəd | -tɪd, -təd]〖(p.p.) ← PLATE¹〗── *adj.* **1** 表と裏の色や材質が異なるように編まれた: ~ knit fabric. **2**〖軍事〗装甲の. **3** [しばしば複合語の第2構成素として]めっきした (cf. solid 8 a): ~ spoons 銀めっきしたさじ / silver-*plated* 銀めっきした.

pláted amberína *n.*〖ガラス製造〗炎光または白色の裏打ちの上をアンバリーナで包んだ工芸ガラス.

pláted stém *n.*〖海事〗=fashion plate stem.

plate·ful [pléɪtfʊ̀l] *n.* (*pl.* **~s, plates·ful**) **1** 皿一杯, 一皿(分). **2**《口語》手一杯の仕事 (cf. *on one's* PLATE¹).

pláte gìrder *n.*〖土木〗プレートガーダー《鋼板および形鋼を組み合わせてI型とした桁(ᵏ)》.

pláte·glàss〖現代の英国の大学の建造物に板ガラスが多く使われていることから〗── *adj.* (1960年代に建てられた)英国大学の, 現代英国大学に関する (cf. redbrick, whitetile).

pláte gláss *n.* 磨き板ガラス《表面を研磨し艶出しした平らな板ガラス; cf. sheet glass》.

pláte·hòlder *n.*〖写真〗乾板取枠《写真乾板を入れてカメラに取付ける遮光容器》.

pláte kèel *n.*〖海事〗平板キール, 平板竜骨《現在大部分の船に使われている平板形のキール; cf. bar keel》.

pláte·làyer *n.*《英》線路工夫, 保線夫 (《米》track-layer).

plate·let [pléɪtlɪt, -lət]〖← PLATE¹ + -LET〗*n.*〖解剖〗血小板, 栓球《正式には blood platelet という》.

pláte·like *adj.* 皿状の, 皿板に似た.

pláte·màker *n.*〖印刷〗(特に, オフセット)製版機. **pláte·màking** *n.*

pláte màrk *n.* **1** (金銀器につけた)刻印 (hallmark)《製造者名, 純度証印など》. **2**〖印刷〗プレートマーク《銅版画などの版面のまわりにできた紙のへこみ》.

pláte-màrked móunt *n.* へりに押模様のある写真台紙.

pláte màtter *n.* (連合通信から地方新聞に提供されるような)ステロ版のニュース.

pláte modulàtion *n.*〖電気〗陽極変調《真空管の陽極回路での振幅変調》.

plat·en [plǽtn̩ | -tən, -tn̩]〖(*c*1450) *plateyne* ⊏ (O)F *platine* a flat plate ← *plat* flat : ⇨ plate¹〗── *n.* **1** 圧盤《手引き印刷機・平圧印刷機の紙を版面に押しつけるための平らな盤》. **2**〖印刷〗(円圧印刷機の)圧胴. **3** (平削り盤などの)テーブル. **4**〖機械〗(引張試験機の試験片に力を与えるための)つかみ. **5** (タイプライターの)プラテン《印字するために紙を巻く円筒》.

pláte nùmber *n.*〖郵趣〗プレートナンバー: **a** 切手のシートの耳, 時に切手の印面に印刷された実用版の番号[文字]. **b** それのついた切手[ブロック (block)].

pláte·pòwder *n.* (銀食器などの)みがき粉.

pláte prèss *n.* 凹版印刷機.

pláte prìnting *n.* 凹版印刷. **pláte prìnter** *n.*

pláte pròof *n.*〖印刷〗鉛版校正.

plát·er [-ṭə | -tə(r)]〖← PLATE¹ + -ER¹〗── *n.* **1** めっき工 (gilder); 金属版工, 鉄板工. **2**〖製紙〗=plate calender. **3**〖競馬〗**a** (主に金[銀]杯の出るレースに出場する)劣った競走馬; (特に)劣等馬. **b** 装蹄師.

pláte ràce *n.*《英》金[銀]杯の出る競馬[競技]; (ステークスと異なり, 競馬基金によって所定の賞が保証されている)一般レース.

pláte-ràck *n.*《英》(水を切って乾かすため, もしくは「保管用の)皿かけ.

pláte ràil *n.* **1**〖建築〗(装飾用皿類を飾るために壁の上部に細い桟で作った)皿棚, プレートレール. **2**〖鉄道〗板レール《車輪がはずれないように外側が立ち上がった鉄板で作った昔のレール》.

pláte resìstance *n.*〖電子工学〗=anode resistance.

plat·er·esque [plæ̀ṭərésk | -tə-]〖⊏ Sp. *plateresco*《原義》resembling the work of silversmiths ← *platero* silversmith ← *plata* silver ⊏ VL *platta* flat : ⇨ -esque : cf. plate¹〗── *adj.*〖建築〗プラテレスク様式の《16世紀のスペインルネサンス建築の極度に技巧的な銀細工式の装飾法にいう》.

pláte·ròom *n.*《英》(銀)食器保存室.

pláte shòp *n.*〖造船〗鉄板を熱を加えないで工作する工事場《structural shop ともいう》.

pláte sỳstem *n.* 平面製氷方式《直接膨張式冷却管に鋲止めされた板が凍結面の役目をする製氷方式》.

pláte tectónics *n.*〖地球物理〗プレートテクトニクス, プレート造構論《地球の表層部を構成しているいくつかの大きな岩板 (plate) が水平方向に移動することによって種々の地殻変動が起こるとする学説》.

pláte tòwer *n.*〖化学〗棚段塔, 段塔, プレート塔《塔内に多くの段板を設けてガスと液とが十分接触するようにした石油分留などのための装置; plate column ともいう》.

pláte tràcery *n.*〖建築〗プレートトレーサリー《ゴシック建築初期の, 石の版をくり抜いて作ったトレーサリー》.

pláte vàlve *n.*〖機械〗板弁《流体圧力の変化に応じて平板に穴があいた形の弁体が弁座上を上下運動する弁; 高速運転に適し圧縮機の重要部をなす》.

pláte vòltage *n.*《米》〖電気〗陽極電圧《電子管の陽極にかかる電圧》.

pláte·wòrk *n.* 板金仕事.

plat·form [plǽtfɔəm | -fɔːm]〖(1550) ⊏ F *plat-forme*《原義》flat form or area : ⇨ plate¹, form〗── *n.* **1** (講演・公演などの)舞台, 壇; 演壇, 教壇, 講壇; (建物の)基壇. **2** (駅の)乗降場, (プラット)ホーム: ~ 4 4番ホーム / a departure [an arrival] ~ 発車[到着]ホーム. **3**《米》客車後部の乗降口, デッキ (vestibule): an observation ~ (列車最後部の)展望台. **4** (階段の)踊り場 (landing). **5**〖建築〗(基礎に用いる)井桁(ᵍᵉᵗᵃ). **6**〖軍事〗砲床, 砲座; (砲の周囲についている砲手用の)操作台. **7**〖海事〗船艙甲板《周囲より一段高い小面積の甲板; platform deck ともいう》. **8** 高台, 台地. **9** (政党の)政綱, 綱領 (cf. plank *n.* 4): accept [adopt] the socialist ~ 社会党の政綱を採る / support the ministerial ~ 与党の政綱を支持する. **10**《米》(候補者を指名する政党の大会などでの)政綱発表, 綱領宣言. **11** (決心・行動などの)根拠, 拠り所, 基本方針; (討論・思想などの)水準, 標準, めど. **12 a** 討論会(場). **b** [the ~] 講演, 演説. **13**《まれ》宗教教義などの体系. **14 a** =platform sole. **b** =platform shoe. **15**〖宇宙〗プラットホーム《ロケット・宇宙船の位置の規準となるジャイロテーブル》. ── *vt.* 台の上に置く. ── *vi.* 壇上から演説する.

plátform bàlance *n.* =platform scale.

plátform càr *n.*《米》〖鉄道〗=flatcar.

plátform fràme *n.*〖建築〗お神楽(ᵏᵃᵍᵘʳᵃ), 太神楽(ᵈᵃⁱᵏᵃᵍᵘʳᵃ)《通し軸組み《上階までの通し柱をもたず, 各階ごとに間柱をたてる軽量木構造; western frame ともいう; cf. balloon frame》.

plát·form·ing pròcess *n.*〖化学〗プラットホーミング法《白金触媒を用いるガソリン改質法の一つ》.

plátform ròcker *n.* 台付き揺り椅子.

plátform scàle *n.* 台ばかり《platform balance ともいう》.

plátform shòe *n.* プラットフォームシューズ《platform sole つきの靴》.

plátform sòle *n.* プラットフォームソール《木・コルクなどで作り, 革巻きした中底》.

plátform tènnis *n.*《米》プラットフォームテニス《大型の卓球ラケットでボールを打つ paddle tennis に似たスポーツ》.

plátform tìcket *n.*《英》(駅の)入場券.

Plath [plǽ(ː)θ], **Sylvia** *n.* (1932-63) 米国の女流詩人・小説家; *The Colossus and Other Poems* (1960), *The Bell Jar* (小説, 1963).

plat·in- [plǽṭən, -tn̩ | -tɪn, -tn̩] (母音の前に来る時の) 「platino- の異形.

pla·ti·na [plətíːnə, plǽṭənə, -tn̩ə | plǽtɪnə, plətíːnə]〖(1750) ⊏ Sp. ~ (dim.) ← *plata* silver : ⇨ platinum〗── *n.*〖化学〗プラチナ《白金と palladium, iridium, osmium などの自然合金; cf. platinum 1》. ── *adj.* プラチナ色の.

plat·i·nate [plǽṭənèɪt, -tn- | -tɪn-]〖← PLATINO- + -ATE¹〗〖化学〗*n.* 白金酸塩[エステル]. ── *vt.* = platinize.

plát·ing [-tɪŋ | -tɪŋ]〖← PLATE¹ + -ING¹〗── *n.* **1** めっき, 金・銀きせ, 金・銀めっき. **2**〖金属加工〗コーティング, 表面被覆; めっき層金属, 表面被覆材. **3** (軍艦の)装甲. **4**〖金属加工〗焼きつけ (coating). **5 a** 懸賞競馬[競技], 競馬の一般レース. **b** 装蹄 (horse shoeing).

plat·i·ni- [plǽṭəni, -nə-, -tn̩- | -tɪnɪ, -tn̩ɪ] platino- の「異形 (⇨ -i-).

pla·tin·ic [plətínɪk]〖← PLATIN(A) + -IC¹〗*adj.*〖化学〗白金の; (特に)四価の白金 (Pt^{IV}) を含む, 第二白金の (cf. platinous).

platínic ácid *n.*〖化学〗白金酸 ($H_2Pt(OH)_6$)《淡黄「色の粉末》.

platínic chlóride *n.*〖化学〗塩化第二白金, 塩化白金 (IV), 四塩化白金 ($PtCl_4$)《白金酸を塩素中で加熱して得られる赤褐色の結晶》.

plat·i·nif·er·ous [plæ̀ṭənɪ́f(ə)rəs, -tn- | -tɪn-]〖← PLATINO- + -FEROUS〗*adj.* 白金を含む[生じる].

plat·i·ni·rid·i·um [plæ̀ṭənɪrídiəm, -nɪr-, -nər-, -tn- | -tɪnaɪrídɪəm, -nàɪər-, -nɪr-, -djəm]〖← NL ~ : ⇨ platino-, iridium〗── *n.*〖鉱物〗白金イリジウム《万年筆のペン先などに用いる極めて硬質の鉱物》.

plat·i·nize [plǽṭənàɪz, -tn- | -tɪn-, -tn̩-] *vt.* …に白金を着せる, 白金と合金にする. **plat·i·ni·za·tion** [plæ̀ṭənɪzéɪʃən, -nə-, -tn- | -tɪnaɪ-, -nɪ-, -tn̩-] *n.*

plat·i·no- [plǽṭəno(ʊ), -tn- | -tɪnə(ʊ), -tn̩-]〖⇨ platinum〗──「白金, プラチナ (platinum), 白金酸 (platinic acid)」の意の連結形. ★ 時に platini-, また母音の前では通例 platin- になる.

plàtino·cyánic ácid *n.*〖化学〗シアン化白金酸 (⇨ tetracynoplatinic acid).

plàtino·cýanide *n.*〖化学〗白金シアン化物《cyano-「platinite ともいう》.

plat·i·noid [plǽṭənɔ̀ɪd, -tn- | -tɪn-, -tn̩-]〖⇨ -oid〗── *adj.* 白金状の, 白金に似た[まがいの]. ── *n.*〖化学〗**1** 白金合金《白金と合金される palladium, iridium など》. **2** プラチノイド《一種の洋銀; 銅・亜鉛・ニッケルの合金に少量のタングステンまたはアルミニウムを加えたもの; 装飾または電気抵抗線に用いる》.

plat·i·no·tron [plǽṭənoʊtrɑ̀n, -tn- | -tɪnətrɔ̀n, -tn̩-]〖⇨ -tron〗*n.*〖電子工学〗プラチノトロン《マグネトロンと同様の磁界を利用したマイクロ波増幅管》.

plat·i·no·type [plǽṭəno(ʊ)tàɪp, -tn- | -tɪnə(ʊ)-, -tn̩-]〖⇨ -type〗*n.*〖写真〗(鉄塩の感光性を利用する)白金写真(版[法]).

plat·i·nous [plǽṭənəs, -tn- | -tɪn-, -tn̩-]〖← PLATIN(A) + -OUS〗── *adj.*〖化学〗白金の; 二価の白金 (Pt^{II}) を含む, 第一白金の (cf. platinic): ~ chloride 塩化第一白金, 塩化白金 (II) ($PtCl_2$).

plat·i·num [plǽṭənəm, -tn- -tn- | -tɪnəm, -tn̩-]〖(1812) ← NL ~ ← Sp. *platina* ← *plata* silver < VL **plattus* flat: cf. plate¹〗── *n.* **1**〖化学〗白金, プラチナ《記号 Pt, 原子番号 78, 原子量 195.09; cf. platina》. **2** プラチナ色《銀色より幾分青味がかった灰白金属色》.

plátinum bláck *n.*〖化学〗白金黒《触媒用粉末》.

plátinum blónde *n.*《口語》**1** プラチナブロンド《薄い白金色の髪をした女; 染めていることが多い》. **2** プラチナブロンドの髪の色.

plátinum métal *n.*〖化学〗白金属《platinum, palladium, iridium, osmium など》.

plat·i·tude [plǽṭət(j)ùːd | -tɪtjùːd]〖(1812) ⊏ F ~ ← *plat* flat: LATITUDE, ALTITUDE にならった造語: ⇨ plate¹, -tude〗── *n.* **1** 単調 (flatness); 平凡, 陳腐. **2** (事新しそうに, または意味深げにいう)平凡[陳腐]

な話, 月並みな言葉, 常套(とう)文句: talk ~s.
plat·i·tu·di·nal [plæ̀tət(j)ú:dənḷ, -dṇḷ | -tɪtjú:dɪnl] 〘cf. latitudinal〙 adj. ＝platitudinous.
plat·i·tu·di·nar·i·an [plæ̀tət(j)ù:dənέ(ə)riən, -dn- | -tɪtjù:dɪnέərɪ-] 〘⇨↑, -arian : cf. latitudinarian〙 adj., n. 陳腐な事を得意に話す(人), 平凡[陳腐]な(人).
plat·i·tu·di·nize [plæ̀tət(j)ú:dənàɪz, -dn- | -tɪtjú:dɪn-] vi. 平凡[陳腐]なことを言う, 自明の説を得意そうに述べる. **plàt·i·tú·di·nìz·er** n.
plat·i·tu·di·nous [plæ̀tət(j)ú:dənəs, -dn- | -tɪtjú:dɪn-] 〘← PLATITUDE＋-OUS : cf. multitudinous〙 ―― adj. **1** くだらないことを言う. **2** 平凡な, 単調な, つまらない. **~·ly** adv. **~·ness** n.
Pla·to [pléɪtou | -təu] 〘□L ~ □Gk *Plátōn*《原義》? broad-shouldered ← *platús* broad (肩幅が広いのにちなんだ呼び名か): cf. platy-〙 ―― n. プラトン《427?–?347 B.C.; ギリシャの大哲学者; 本名は Aristocles; *Dialogues* (*Symposium, Republic*, etc.)》.
Pla·ton·ic [plətɑ́nɪk, pleɪ- | -tɔ́n-] 〘《1533》□L *Platōnic-us* □Gk *Platōnikós* : ⇨↑, -ic¹〙 ―― adj. **1** プラトン (Plato) の; プラトン哲学[学派]の: ~ philosophy プラトン哲学. **2** プラトン的な愛 (Platonic love) の[に関する]. **3** [p-] 純精神的恋愛を実践する: ⇨ Platonic love. **4 a** [p-] 純理的な, 名目だけの (nominal), 実行を伴わない, 観念的な. **b** 実害のない, 無害な. ―― n. **1** プラトン学派の人 (Platonist); プラトン哲学研究者. **2** [しばしば p-] 精神的恋愛の実践者. **3** [しばしば p-; 通例 pl.] 精神的恋愛に基づく言行[感情]. **~·ly** adv.
Pla·tón·i·cal [-nɪkəl, -nə- | -nɪ-] adj. 《まれ》＝Platonic.
platónic bódy n. 〘数学〙＝platonic solid.
Platónic lóve, p- l- 〘《c1645》〙 ―― n. **1** プラトン的な愛《地上における肉体との結合を離れて, 超越的な理想である真善美のイデアとの結合に向かわせる動因, 憧憬としての普遍的な愛》. **2** (男女間の肉欲を超越した)純精神的恋愛, プラトニックラブ.
platónic sólid n. 〘数学〙プラトンの立体《五種の正多面体の一つ; platonic body ともいう》.
Platónic yéar n. 〘天文〙プラトン年《歳差運動が一巡するおよそ 25,800 年の周期; great year ともいう》.
Pla·to·nism [pléɪtənɪ̀zm, -tn- | -tə(u)n-] 〘《1570》← NL *platonism-us* : ⇨ Plato, -ism〙 ―― n. **1 a** プラトン哲学; (特に, Plato の唱道した)イデア論, 理想主義的観念論. **b** プラトン主義《Plato および彼の伝統に立つ後代の哲学》: ⇨ Cambridge Platonism, Neoplatonism. **2** [しばしば p-] ＝Platonic love.
Plá·to·nist [-nɪst, -nəst | -nɪst] 〘《1549》□ML *platonist-a* : ⇨ Plato, -ist〙 ―― adj., n. プラトン学派の(人), プラトン哲学を奉じる(人), プラトン主義者(の).
Pla·to·nis·tic [plèɪtənɪ́stɪk, -tn- | -tə(u)n-] adj.
Pla·to·nize [pléɪtənàɪz, -tn- | -tən-] 〘□F *platoniser* □LGk *platōnízein* : ⇨ Plato, -ize〙 ―― vi. **1** プラトン説[哲学]を奉じる. **2** プラトン流に論じる. ―― vt. **1** プラトン哲学を論拠として説く. **2** プラトン的にする.
pla·toon [plətú:n, plæ- | plə-] 〘《1637》□F *peloton* small ball, group of people (dim.) ← *pelote* 'PELLET' : ⇨ -oon〙 ―― n. **1** 〘軍事〙(歩兵・工兵などの)小隊《隊長は lieutenant; cf. army 3》; 《米》警察小隊. **2** (人の)集団, 一団. **3** プラトーン: **a** 〘アメリカンフットボール〙攻撃専門あるいは防御専門に鍛えられたチーム; 攻撃が終わって守備に移る際には攻撃チーム全部が退き, 防御専門のチームと交代する; こういう制度を(ツー)プラトーンシステム ((two-)platoon system) という. **b** (野球などで)一つのポジションを交互に併用するように組合せた二人(以上)のプレーヤー. **4** 《古》一斉射撃隊.
―― vt. **1** 小隊編成にする, 小隊に分ける. **2** (野球などで, 二つのポジションに)〈プレーヤーを〉(他のプレーヤーと交互に)併用する. ―― vi. **1** (同一のポジションを)代わりのプレーヤーと変える. **2** (同一のポジションに二人以上のプレーヤーを)交互に併用する, (ツー)プラトーンシステム ((two-)platoon system) を用いる.
platóon sérgeant n. 〘米陸軍〙一等軍曹, 小隊軍曹 (sergeant first class) (略 PSG; ⇨ sergeant 1).
platóon sỳstem n. **1** 〘警察〙プラトンシステム《大都市を 24 時間態勢で警備できるよう警官を組に分け, 時間別に配置する制度》. **2** 〘アメリカンフットボール〙プラトーンシステム (⇨ platoon 3 a).
Platt·deutsch [plɑ́tdɔ̀ɪtʃ, plɑ́:t- | plɑ́:t-; G. plátdɔʏtʃ] 〘□G ~ □Du. *Platduitsch* ← *platt* flat (□OF *plat*) ＋*duitsch* German〙 ―― n. (北ドイツの)低地ドイツ語方言 (Low German) (cf. Hochdeutsch).
Platte [plǽt] 〘□F (*Rivière*) *Platte* flat (river)〙 ―― n. [the ~] 米国 Nebraska 州の中央を, North Platte, South Platte 両河の合流点から東に流れて Omaha 市の南で Missouri 川に注ぐ支流 (500 km).
plat·te·land [plɑ́:təlɑ̀:nt | -tə-] 〘□Afrik. ~ □Du. ~ 《原義》flatland〙 n. ＝backveld.
plat·ter [plǽtə | -tə(r)] 〘《?a1300》□AF *plater* ← (O)F *plat* flat, dish : ⇨ plate¹〙 ―― n. **1** 《英古・米》(通例長円形をした, 肉などを盛る浅い)大皿, 鉢. **2** プラター《クラウン[帽体]が低く皿を伏せたような婦人帽; platter hat ともいう》. **3** 《口語》〘競馬〙＝plater 3. **4** 《米俗》**a** レコード, 音盤; 録音盤 (transcription record). **b** 〘野球〙本塁 (home base).
on a (silver) platter 《米口語》据膳(すえぜん)で, 楽々と, 努力しないで (《英口語》on a plate): have *on a* ~ …を苦もなく手に入れる / I'll give it to you *on a* ~. のしをつけてあげますよ.
Plátt Nátional Párk [plǽt-] 〘← *O. H. Platt* (1827–1905: 米国の上院議員)〙 ―― n. プラット国立公園《米国 Oklahoma 州南部にあり, 硫黄泉で有名; 1906 年指定; 面積 3.7 km²》.
Platts·burgh [plǽtsbə:g | -bə:g] 〘← *Z. Platt* (初期の植民者): ⇨ -s², -burgh〙 ―― n. (*also* **Platts·burg** [~]) 米国 New York 州北東部, Champlain 湖畔の都市; 英侵攻軍撃退の地 (1814); 人口 19,000.
plat·y¹ [pléɪti | -tɪ] 〘← PLATE¹＋-Y⁴〙 adj. (**plat·i·er; plat·i·est**) **1** 薄く平らに裂ける. **2** 〘地質〙〈鉱物・地層・溶岩など〉板状の.
plat·y² [plǽti | -tɪ] 〘← NL *Platy*(*poecilus*) (属名: PLATY-＋-*poecilus* (□Gk *poikílos* mottled))〙 ―― n. (pl. ~, ~s, **plat·ies**) 〘魚類〙プラティ (*Xiphophorus maculatus*)《メキシコ原産カダヤシ科の熱帯魚; 体色が多種多様で美しい; platyfish ともいう; cf. swordtail 3》.
plat·y- [plǽtɪ, -tə | -tɪ] 〘□LL *plat-* ← Gk *platús* broad : cf. plate¹〙「広い (broad, wide); 平らな (flat)」の意の連結形.
plàty·cephálic 〘← PLATY-＋-CEPHALIC〙 adj. 〘人類学〙頭蓋(がい)骨が平らの, 扁平頭蓋の《長高示数が 70 以下のものにいう》.
Plat·y·ce·phal·i·dae [plæ̀təsɪfǽlədì:, -sə- | -tɪsefǽlɪ-, -sɪ-] 〘← NL ~ ← *Platycephalus* (属名: ⇨ platy-, -cephalous)＋-IDAE〙 n. pl. 〘魚類〙コチ科.
plàty·céphalous adj. 〘人類学〙＝platycephalic.
pláty·fish n. 〘魚類〙＝platy².
Plat·y·gas·ter·i·dae [plæ̀təgæstérədì: | -tɪgæstérɪ-] 〘← NL ~ ← *Platygaster* (属名: ⇨ platy-, -gaster)＋-IDAE〙 n. pl. 〘昆虫〙(膜翅目)ハラビロヤドリバチ科.
plat·y·hel·minth [plæ̀təhélmɪnθ, -mənθ | -tɪhélmɪnθ] 〘↓〙 ―― n. (pl. ~s, ~·es) 扁形動物 (flatworm). **plat·y·hel·min·thic** [plæ̀tɪhelmɪ́nθɪk, -mɪ́ntɪk | plæ̀tɪhelmɪ́nθɪk, -mɪ́nt-] adj.
Plat·y·hel·min·thes [plæ̀təhelmɪ́nθi:z | plæ̀tɪ-] 〘← NL ~ ← *Platyhelmintha* ← PLATY-＋Gk *hélminth-, hélmins* worm : 複数語尾 -*a* を英語化したもの: ⇨ helminth〙 ―― n. pl. 〘動物〙扁形動物門.
pláty jòint n. 〘地質〙板状節理《火山岩によく見られる平板状の規則正しい割れ目》.
plat·y·kur·tic [plæ̀təkə́:tɪk | -tɪkə́:t-] 〘← PLATY-＋*kurt-* (← Gk *kurtós* bulging, swelling)＋-IC¹〙 ―― adj. 〘統計〙緩尖の《度数分布曲線のとがり方が緩い》.
plat·y·kur·to·sis [plæ̀tɪkə:tóusɪs, -səs | -tɪkə:táusɪs] 〘← NL ~ : ⇨↑, -osis〙 n. 〘統計〙緩尖であること.
Platy·pez·i·dae [plæ̀təpézədì: | -tɪpézɪ-] 〘← NL ~ ← *Platypeza* (属名: PLATY-＋Gk *peza* foot (cf. -ped))＋-IDAE〙 n. pl. 〘昆虫〙(双翅目)ヒラタアシバエ科.
platypi n. platypus の複数形.
plat·y·pod [plǽtəpɑ̀d | -tɪpɔ̀d] adj., n. 〘動物〙平足類の(動物).
Pla·typ·o·da [plətɪ́pədə] 〘← NL ~ : ⇨ platy-, -poda〙 n. pl. 〘動物〙平足類.
Plat·y·pod·i·dae [plæ̀təpɑ́dədì: | -tɪpɔ́dɪ-] 〘← NL ~ : ⇨↑, -idae〙 n. pl. 〘昆虫〙(鞘翅目)ナガキクイムシ科.
plat·y·pus [plǽtəpəs, -pʊ̀s | -tɪpəs] 〘《1799》← NL ~ ← Gk *platúpous* flat-footed ← PLATY-＋Gk *poús* 'FOOT'〙 ―― n. (pl. ~·es, **-y·pi** [-pàɪ]) 〘動物〙カモノハシ, プラティパス (*Ornithorhynchus anatinus*)《オーストラリア産で卵生の哺乳動物; duckbill ともいう》.

platypus

Plat·yr·rhi·na [plæ̀tərάɪnə | -tɪ-] 〘← NL ~ ← PLATY-＋Gk -*rrhina* (pl.) ← -*rrhin* -nosed ← *rhís* nose : cf. rhine〙 n. pl. 〘動物〙広鼻(猿)類.
plat·yr·rhine [plǽtəràɪn, -rɪn, -rən | -tɪràɪn, -rɪn] 〘動物・人類学〙 ―― adj. 広鼻型の《鼻示数が 85 以上のものにいう; cf. leptorrhine》. ―― n. **1** 鼻の幅が広く低い人. **2** 広鼻(猿)類のサル (cf. catarrhine).
plat·yr·rhi·ny [plǽtɪràɪni | -tɪràɪnɪ] n.
plat·yr·rhin·i·an [plæ̀tərɪ́niən | -tɪrɪ́nɪən] adj., n. 〘動物・人類学〙＝platyrrhine.
pla·tys·ma [plətɪ́zmə] 〘← NL ~ ← Gk *plátusma* flat piece, plate ← *platúnein* to widen, flatten : cf. platy-〙 n. (pl. ~s, ~·ta [~tə | ~tə]) 〘解剖〙広頸筋.
Plat·y·ster·ni·dae [plæ̀təstə́:nədì: | -tɪstə́:nɪ-] 〘← NL ~ ← *Platysternon* (属名: PLATY-＋Gk *stérnon* chest, breast (cf. sterno-))＋-IDAE〙 ―― n. pl. 〘動物〙オオアタマガメ科.
plau·dit [plɔ́:dɪt, -dət | -dɪt] 〘《1624》《変形》← L *plauditē* applaud ye! (2nd pers. pl. imper.) ← *plaudere* 'to APPLAUD, clap' : cf. plausible〙 ―― n. [通例 pl.] 喝采(さい), 拍手; 賞賛.
plau·si·ble [plɔ́:zəbl | -zə-, -zɪ-] 〘《1541》□L *plausibil-is* deserving applause ← *plausus* (p.p.) ← *plaudere* to applaud : ⇨ -ible : cf. plaudit〙 ―― adj. **1** 〈言葉・陳述など〉もっともらしい, まことしやかな, なるほどと思わせる (specious): ~ explanations / on a ~ pretext もっともらしい口実をもうけて. **2** 〈人が〉口先のうまい, もっともらしい口をきく. **plau·si·bil·i·ty** [plɔ̀:zəbɪ́ləti | -zəbɪ́lɪti, -zɪ-, -lɪ-] **~·ness** n. **pláu·si·bly** adv.
plau·sive [plɔ́:zɪv, -sɪv | -sɪv] 〘← L *plaus-us* (↑)＋-IVE〙 adj. **1** 喝采(さい)する. **2** 《廃》愉快な, 楽しい.
Plau·tus [plɔ́:təs | -təs], **Titus Mac·ci·us** [mǽksiəs | -sɪəs] n. プラウトゥス《254?–184 B.C.; ローマの喜劇作家; *Miles Gloriosus*「空(から)威張り軍人」》.
play¹ [pléɪ] 〘v.: OE *pleg(i)an* to play < ? (WGmc) **plegan* to pledge for, risk, exercise oneself (MDu. *pleien* to dance / G *pflegen* to take care of) ← ?. ―― n.: OE *plega, plæga* exercise, sport〙 ―― vi. **1 a** 遊ぶ, 遊戯をする (sport); 慰みごとをする; 〈子供・動物などが〉ふざける, 戯れる (frolic) 〔*with*〕: ~ indoors [in the street] 屋内[通り]で遊ぶ / ~ *with* one's dolls 人形と遊ぶ / a kitten ~*ing with* a ball ボールに戯れる子猫. **b** 遊び半分に[ふざけて]振舞う: ⇨ PLAY *at* (3) / They're only ~*ing*. 遊び半分にやっているだけだ. **c** (異性と)遊ぶ, 性的関係をもつ: ⇨ PLAY *around* (2). **d** 《英方言》(仕事をしないで)遊ぶ, 休む; ストライキをする (strike).
2 もてあそぶ (toy), いじくる (finger); いい加減に扱う, ばかにする (trifle) 〔*with*〕: ~ *with* matches / ~ *with* a woman's affections 女性の愛情をもてあそぶ / ~ *with* edged tools 危険[無謀]なことに手を出す / He ~*ed with* the idea of working in films. 映画界に入って仕事をしてみようかとあれこれ考えた / He's not a man to be ~*ed with*. からかえる相手ではない.
3 a 競技[プレー]する, 競技に出る, トランプ(など)をする; (トランプなどで)札を出す, こまを動かす; (クリケットなどで)ある打ち方をする: ⇨ PLAY *at* (1) / ~ *against* ...と対戦する / ~ in a set of tennis テニスを 1 セットする (★ 今は通例 in を省く; cf. vt. 1) / ~ for two innings 2 イニングに出る / ~ for England 英国の代表選手となる / ~ as goalkeeper ゴールキーパーをする / ~ *with* a boys' baseball team 少年野球チームの選手をする / ~ back [forward] 〘クリケット〙〈打手が〉(三柱門[投手]の方へ)一歩下がって[踏み出して]打つ / *Play!* 試合[勝負]始め / It's your turn to ~. 君の番だ. **b** ある部署に(ある仕方で)つく: ~ deep [in the outfield] 深く[外野を]守る. **c** 〈クリケット競技場・テニスコート・球場などが〉球技[プレー]をするのに〈ある状態に〉ある: ~ fast [slowly] 〈コートが〉速い[遅い] / The stadium ~*s* well. 競技場の状態は良好だ.
4 勝負事をする; 賭博をする, 賭ける (gamble): ~ high [low] 大博奕(ばくち)[少しの金でけちな博奕]を打つ / ~ *for* money [love] 金を賭けて[賭けないで]勝負事をする / ~ *for* kingdom [empire] 天下取りの博奕を打つ.
5 a [形容詞・副詞を伴って](ある仕方で)振舞う, 行なう: ~ fair 尋常に勝負する, 公明正大に振舞う / ~ foul [false] 不正な勝負をする; 〔...に〕卑劣に振舞う, 〔...を〕だます 〔*with*〕 (cf. vt. 4 b). **b** [形容詞を伴って] (...であるような)ふりをする: ~ dead, dumb, sick, etc. **c** 協力する, 同調する 〔*with*〕: ⇨ PLAY *along* (1).
6 a 〔楽器などを〕演奏する, 吹奏する 〔*on, upon*〕: a band ~*ing* at a distance 遠くで演奏している楽隊 / ~ *on* the piano ピアノを弾く / Will you ~ for us? 演奏[伴奏]して下さいませんか. ★ play the piano etc. と play (*up*)*on* the piano etc. とでは今は前者の方が普通 (cf. vt. 5). **b** 〈音楽・楽器が〉奏せられる, 鳴る: The music began to ~. / The flutes are ~*ing*. フルートが鳴っている. **c** 〈ラジオ・レコード・テープレコーダーなどが〉音を出す, かかる: The radio ~*s* badly. ラジオの調子が悪い, よく鳴らない / The phonograph stopped ~*ing*. レコードプレーヤーが止まった.
7 a 芝居をする, 演じる, 役をつとめる (act); 〔観客などに〕受けるように演ずる, 迎合する 〔*to*〕: ~ in a drama / The actor ~*s* well. あの俳優は演技がうまい / ⇨ PLAY *up to* (1), *play to the* GALLERY. **b** 〈劇・映画などが〉上演[放映]される (run): What's ~*ing* on television [at the theater] tonight? 今夜テレビ[劇場]で何が放映[上演]されるか. **c** 〈脚本・場面などが〉上演[放映]に適する, 上演できる: a drama that does not ~ well 上演にはあまり向かないドラマ.
8 〈動物などが〉飛び[はね]回る (frisk), 飛び交う (flit); 〈物が〉軽やかに[不規則に]動く, 遊動する, はためく (flutter); 〈光・色などが〉きらめく, ちらつく, ゆらめく, 色を変える; 〈波などが〉軽く寄せる; 〈風が〉そよぐ; 〈微笑などが〉浮かぶ 〔*about, round, on, over*〕: Bees ~ *about* [*among*] flowers. 蜂は花から花へ飛び回る[花の間を飛び交う] / The waves ~*ed on* the beach. 波が浜辺に打ち寄せた / His fancy ~*ed round* the idea. その考えをめぐって空想が働いた.
9 〈機械の一部が〉(ある範囲内で)自由に動く: A piston rod ~*s* within a cylinder. ピストン棒はシリンダーの中で運転する / The molars ~ vertically on each other. 臼歯は互いに上下にかみ合う.
10 砲を発射する, 〈砲などが〉続けざまに発射される; 水[光など]を放射する[浴びせる], 〈ホース・照明などが〉向けられる, 〈水などが〉放射される, 噴出する 〔*on, over, along*〕: The fountains ~ on Sunday. 噴水は日曜日に噴出する / a light ~*ing along* [*over*] a wall 塀を照らす照明.
11 《俗》要求された通りに行動する: He wouldn't ~. なかなか言うことをきかなかった.
―― vt. **1 a** 〈遊戯・競技などを〉する, ...をして遊ぶ[楽しむ]: ~ chess, bridge, tag, hide-and-seek, billiards, catch, baseball, football, etc. / ~ a golf course ゴルフコースでゴルフをする / ~ a good [poor] game 試合[勝負]が上手[下手]だ / ⇨ *play the* GAME¹ / ~ a match *against* a person 人と試合をする / ~ a set of tennis テニスを 1 セットする (cf. vi. 3 a) / I'll ~ a

game of chess *with* [*against*] you.＝I'll ～ you a game of chess. 君とチェスをしよう. **b** [時に *that*-clause または Gerund を伴って] …であるふり[…のまね]をして遊ぶ, …ごっこをする (cf. PLAY *at* (2)): ～ soldiers [cowboy, school, shops, house] 兵隊ごっこ[カウボーイごっこ, 学校ごっこ, お店ごっこ, ままごと]をして遊ぶ / The boys ～*ed* (*that* they were) pirates. 男の子たちは海賊ごっこをして遊んだ / The children ～*ed* go*ing* to work by car [*that* the street was a river]. 車で出勤する遊びをした[通りを川に見立てて遊んだ].
2 (競技・勝負事などで)…と勝負[試合]をする, 相手になる; 〈相手〉に対抗する(位置につく): England ～*ed* Scotland *for* the championship. イングランドは選手権を賭けてスコットランドと対戦した / We ～*ed* their best team *in* [*at*] football. 彼らの最強チームとフットボールの試合をした.
3 a (遊戯・試合などで)〈あるポジションを〉勤める, 守る: ～ first base, shortstop, fullback, the outfield, a position, etc. **b** 〈競技者・選手などを〉試合に出す; 起用する: ～ a swimmer *for* championship 選手権獲得のために水泳選手を競技に参加させる / ～ Smith *at* first base [*as* goalkeeper] 一塁に[ゴールキーパーとして]スミスを起用する.
4 a [時に間接目的語を伴って] (戯れに)〈いたずらなどを〉する, 〈詐欺などを〉働く (perform): ～ a person a trick 人に悪ふざけ[ひどい仕打ち]をする / ～ tricks *with* …を(下手に)いじくりまわす / ～ a practical joke *on* a person 人にいたずらをする. **b** 〈相手〉に対してある振舞いをする: ～ a person false [foul] 人を勝負でだます; 人を裏切る[だます] / His memory ～*s* him false here. この点で彼は記憶違いをしている (cf. *vi.* 5 a). **c** (クリケットなどで)〈打撃を〉行なう (cf. *vt.* 10 a): ～ a stroke (一発)打つ. **d** 〈破壊などを〉もたらす: ～ havoc *with* ⇨ havoc.
5 a 〈楽器を〉演奏する, 弾く; [時に間接目的語を伴って]〈楽曲・作品を〉演奏する, 〈作曲家〉の作品を演奏する: ～ the piano [horn] ピアノを弾く[ホルンを吹く] (cf. *vi.* 6 a) / ～ the first violin (管弦楽で)第一バイオリンを弾く / ～ a concerto 協奏曲を演奏する / ～ a tune *on* the piano [flute] ある曲をピアノで弾く[フルートで吹く] / *Play* us some more Chopin.＝*Play* some more Chopin *for* [*to*] us. もう少しショパンを弾いて下さい **b.** [時に間接目的語を伴って]〈ラジオ・レコードなどを〉かける; (ラジオ・レコードなどで)〈音楽を〉かける: He ～*ed* his radio [some popular music]. ラジオ[ポピュラー音楽]をかけた. **c** 音楽を演奏して〈人などを〉案内する[送り出す]〈*in, out*〉: The organist ～*ed* the congregation *out*. オルガン演奏者がオルガンを奏して会衆を外に送り出した / ～ the New Year *in with* a tune on the bagpipes バグパイプを演奏して新年を迎える.
6 a 〈劇を〉上演する (perform): ～ 'Othello' [a tragedy] 「オセロ」[悲劇]を公演する. **b** (芝居で)…の役を演じる, …に扮する: ～ a leading part 主役を演じる / ～ a great part *in* …で大役を勤める, 重要な役割を果たす / ～ (the part of) Hamlet ハムレットの役を演じる. **c** 〈…の役を〉勤める; まねる (mimic), …となりすます, …ぶる: ～ the host [hostess] 亭主[主婦]役を勤める / ～ the hypocrite 猫をかぶる / ～ the man 男らしく振舞う / ～ the fool 馬鹿みたいに振舞う / ～ truant 学校[勤務]をサボる / ～ the deuce [the devil, the mischief, Hell and Tommy] with …をめちゃめちゃに壊す, 台無しにする. **d** 〈劇団・役者などが〉〈ある場所〉で公演[興行]する; 〈劇・映画などが〉…で上演[上映]される: ～ the large houses [London] 大劇場[ロンドン]で興行する / ～ the principal cities 主要都市を巡業する / The film was booked to ～ two theaters in New York. その映画をニューヨークの二つの映画館で上映する契約がなされた.
7 a 賭(か)ける (bet); 《米》…に賭ける (bet on): ～ ten dollars / ～ the horses [races] 競馬に賭ける. **b** 〈相場〉に手を出す: ～ the market 株式相場をやる. **c** 〈勘・運など〉に頼る: ～ a hunch 直観で行動する.
8 a 『トランプ』〈手札を〉出す, 使う (use): ～ one's last card 最後の[とっておきの]札を使う; 万策尽きる. **b** 『チェス』〈駒を〉動かす (move), 対局する.
9 a 〈人などを〉〔ある目的のために〕使う, 利用する (exploit); 〔…として〕扱う, 考える〔*for*〕: ～ a person *for* a fool 人を馬鹿扱いする. **b** (意図があって)敵対させる, 張り合わせる (pit): ⇨ PLAY *off* (*vt.*) (2) / He ～*ed* his two opponents *against* each other. 自分に反対する者を互いに張り合わせた. **c** [しばしば it を伴って]《口語》〈物事などを〉(ある仕方で)取り扱う, 処理する (treat): ～ *it* cool ⇨ cool *adv.*
10 a 『球技』〈球を〉ある方向へ[ある打ち方で]打つ; 〈球を〉リバウンドさせる: He ～*ed* the ball *into* [*over*] the net. ボールをネットに[越しに]打った. **b** 〈打球を〉捕える, さばく. 「かせる〔*on, over*〕.
11 遊動させる, ゆらめかせる, ちらつかせる, ひらめ
12 〈砲などを〉続けざまに発射[放出]する; 〈ホース・照明などを〉向ける, 〈噴水などを〉噴出させる; 〈水・光などを〉放つ, 浴びせる〔*on, over, along*〕: ～ cannon *upon* a fort 要塞に大砲を発射する / ～ water [a hose] *on* a burning house 燃えている家に水を掛ける[ホースを向ける] / ～ a searchlight *upon* a ship [*over* the courtyard, *along* the road] サーチライトを船[中庭, 道路]に向ける / She ～*ed* many smiles and glances *upon* him. しきりに男に微笑や秋波を送った.
13 〈針に掛かった魚を〉あちこちと泳ぎ回らせて疲れさせる, 遊ばせる, あやなす: ～ a fish on a line.
14 (自由に)振り回す, 振るう (wield): ～ a good stick 剣術がうまい / ～ (a good) knife and fork 盛んにナイフとフォークを動かす, よく食べる.
15 『新聞』〈記事・写真などを〉特定の場所に入れる: ～ the news big on the front page そのニュースを第一面に大きく扱う.
play about ＝PLAY *around*. ***play along*** (1) 〔…と〕調子を合わせていく, 〔…に〕協力する〔*with*〕. (2) (返事などをしないで)〈人を〉待たせる, …の気をもませる. ***play around*** (1) 遊び[とび]回る. (2) (仕事などを)遊び半分にやる; 〔大事な物・危険物や考えなどを〕もてあそぶ, いいかげんに扱う; 〔…と〕(異性交遊をして)遊ぶ, 性的関係をもつ〔*with*〕. ***play at*** (1) 〈競技など〉をする, …に加わる: ～ *at* hockey / What are you ～*ing at*? (いたずらをしている子供などに向かって)一体何をしているの《そんなことをしてはいけません》. (2) 〈子供などが〉…のまねをして遊ぶ, …ごっこをする: ～ *at* soldiers [keep*ing* shop] 兵隊[店屋]ごっこをする. (3) …を遊び半分にする; …に興味があるようなふりをする: He is ～*ing at* business [be*ing* a solicitor]. 遊び半分に商売[弁護士]をしている. ***play away*** (1) 博打(ばくち)で〈金を〉失う, 〈身上を〉つぶす. (2) 遊んで〈時間を〉過ごす. ***play back*** (*vt.*) (1) 〈録音したテープ・レコード・会話・音楽などを〉再生する (cf. playback). (2) 〈ボールを〉返す, 返送する. (*vi.*) ⇨ *vi.* 3 a. ***play one's cards well*** [*badly*] ⇨ card[2] 成句. ***play down*** (1) 軽視する, (実際より)低く評価する (minimize); 強調[宣伝]しない (cf. PLAY *up* (*vt.*) (1)). (2) 〔相手に〕合わせて調子を落とす〔*to*〕. (3) (演技の)調子を下げる. ***play fast and loose*** ⇨ fast[2] 成句. ***play for time*** ⇨ time 成句. ***play hard*** 〈選手が〉力強くプレーする. ***play hard to get*** (自分の立場を強めるために)相手(の考え)に関心のないふりをする, 近づき難い風を装う. ***play in*** (1) ⇨ *vt.* 5 c. (2) [～ one*self* in で] (ゲームなどで)徐々に調子を出す, 腕を慣らす. ***play into*** …に好都合である, …の価値を高める. ***play it low down on a person*** ⇨ low[1] 成句. ***play it on a person*** 《口語》人をだます; 人に悪ふざけをする. ***play (it) safe*** ⇨ safe *adv.* ***play off*** (*vt.*) (1) 〈延期または中断中のゲームなどを〉行なって終了させる. (2) (自分の利益のために)張り合わせる (oppose): ～ *off* a person *against* another 甲を乙に張り合わせて漁夫の利を占める. (3) …に恥をかかせる. (4) 《古》〈偽物を〉つかませる. (5) 〈悪ふざけなどを〉する, 行なう (do): ～ *off* tricks. (6) 発射する: ～ *off* fireworks 花火を上げる. (*vi.*) (1) (同点または引き分けゲームの)決勝戦をする (cf. play-off): ～ *off* …とプレーオフを行なう. (2) ふりをする, 装う: The man is not ill, he is ～*ing off*. 病気ではない, 仮病をつかっているんだ. (3) 『ゴルフ』ティーからプレーする. ***play on*** (*vi.*) (1) プレー[演奏]を続ける. (2) 〈恐怖心・信頼心など〉をむやみにかき立てる, 利用する, 〈弱点など〉につけ込む (3) 〈物事が〉…に影響を与える. (4) 『クリケット』〈打者が〉打った球を三柱門に当ててアウトになる: ～ *on* (to one's own wicket). (5) ⇨ *vi.* 6 a. (*vt.*) (1) 『アメリカンフットボール』〈選手を〉オンサイド (onside) に入れる. (2) ⇨ *vt.* 5 a. ***play out*** (*vt.*) (1) 最後まで演じる[競技する]: ～ a comedy *out* 喜劇を最後まで演じる. (2) 〈争いなどを〉終える, 仕終える (finish). (3) [通例 Passive で] へとへとにさせる; 使い尽くす[古す] (exhaust) (cf. played-out). (4) 〈感情などを〉行動に表わす. (5) 〈綱などを〉繰り出す. (6) ⇨ *vt.* 5 c. (*vi.*) (1) 尽きる, すたれる, だめになる. (2) 〈綱などが〉かなり繰り出る. ***play out time*** ⇨ time 成句. ***play over*** (1) ＝PLAY *through* (1). (2) 繰り返して〈レコードなどを〉かける. ***play through*** (1) 〈曲を〉完全に演奏する, 〈テープなどを〉最後までかける. (2) 『ゴルフ』(プレーの遅い)先発グループを追い越させてもらう. ***play up*** (*vi.*) (1) (演奏などを)始める, ますます強く弾奏する. (2) [通例命令形で] 《学生俗》(競技などで)頑張る: *Play up!* しっかりやれ. (3) 談話などに加わる. (4) (演技の)調子を上げる. (5) 《英口語》〈子供などが〉面倒を起こす, うるさくする; 〈古傷・身体の一部などが〉痛む, うずく; 〈機械が〉調子がよくない. (6) 〈馬が〉あばれる. (*vt.*) (1) …に重点を置く, 重視する; 強調する, 宣伝する (cf. PLAY *down* (1)). (2) 〈子供が〉〈人を〉悩ます, いらだたせる; 〈人を〉なぶりものにする. ★ ～ *up on* a person という言い方もある. ***play upon*** ＝PLAY *on* (*vi.*) (1), (*vt.*) (1). ***play upon*** [*on*] ***words*** ⇨ word 成句. ***play up to*** (1) (演芸などで)〈相手〉に調子を合わせる, 〈人〉の相手役を勤める, 助演する. (2) 〈人〉に取り入る, こびへつらう. (3) 〈人・考えなど〉を支持する. ***play with fire*** ⇨ fire 成句. ***play with oneself*** 《婉曲》自慰をする.
— *n.* **1** 遊び, 戯れ, 遊戯 (frolic), (特に, 子供の生来の)遊び(の行為); 気晴らし, 娯楽: The boys are at ～. 子供たちは遊んでいる / ⇨ child's play.
2 a 遊戯[競技](をすること), 勝負, 試合(の進行): during ～ プレー中に / *Play* begins at 3 p.m. 試合は午後 3 時に始まる. **b** [通例 *pl.*] 《古》(個々の)ゲーム, 競技.
3 勝負[競技]の順番: It's your ～. 君の番だ.
4 a 遊戯[勝負]のやり方, 演技[試合]振り, わざ; 《米》(競技などの)ある動き, プレー: fine ～ 美技, ファインプレー / pretty [rough] ～ きれいな[荒い]演技 / a hit-and-run ～ ヒットエンドラン / make a clever ～ at chess チェスで巧妙な手を使う. **b** やり方, 手; 《米》(特に, 試合での)計算した動き, 策動 (maneuver): a poor ～ for such a situation そういう事態に対処するにはまずいやり方 / ⇨ *make a* [*one's*] PLAY *for*.
5 (人に対する)行為, 仕打ち (conduct). ★ 今は次のような句以外には用いない: foul ～ 卑劣な行為, 裏切り行為 / ⇨ fair play.
6 賭事, 賭博, 博打(ばくち): lose money [a fortune] at ～ 賭博で金[身代]を失う / a high [deep] ～ 大博打.
7 いたずら, 戯れ, 冗談 (joke); しゃれ (pun): I said it only *in* ～. 冗談に言っただけだ / a ～ of words 《古》詭(き)弁 / a ～ *on* [*upon*] words しゃれ, 地口.
8 戯曲, 劇, 脚本 (drama); 芝居, 演劇: a benefit ～ 慈善興行 / put on a ～ 劇を上演する / see an amusing ～ 面白い芝居を見る / go to [be at] the ～ 芝居見物に行く[見物中である].
9 (物の)軽快な[すばやい]動き; (光・色などの)ゆらめき, ひらめき, ちらつき: the ～ of light and shadow *upon* the grass 草原の上の光と影のゆらめき / the ～ of colors (オパールなどの)七色閃(せん)転, 遊色 / the ～ of expression in a face 顔の表情の動き.
10 a 自由自在の動き, 随意運動; (機械などの)運転: the ～ of one's muscles 筋肉の(随意)運動 / the ～ of the piston ピストンの動き. **b** (機械の)運動の範囲[余地], 遊び, がた: Give the wheel more ～ on the axle. 車輪と軸をもっとゆるめにしなさい[にもう少し遊びをもうけなさい].
11 a (自由な)活動 (activity), 働き, 運用 (operation): the lively ～ of fancy 空想の活発な働き / be in full ～ 十分活動している / hold [keep] a person in ～ (特に, 時間をかせぐため)人を働かせておく. **b** 活動の自由[余地]: give [allow] full ～ to one's imagination [thoughts] 想像力[思考]を十分働かせる / give ～ to the fish 針に掛かった魚を(急に引き上げずに)自由に遊ばせる.
12 (新聞・報道などでの)強調, 宣伝; (一時的な)注目, 関心: receive [get] a big ～ 大々的に報道される.
13 事業, 取引き (venture).
14 [しばしば複合語の第 2 構成素として] 武器を操る[振るう]こと: ⇨ swordplay.
15 レコードをかけること.
16 a 『トランプ』プレー, 競技《ビッド (bid) などののち, 実際に札を出して勝負を争う過程; cf. deal[2] 3 d》. **b** 『チェス』駒を動かすこと, 対局をすること: a piece ～ 駒さばきを主とする戦法 / a positional ～ 陣形戦法.
17 《英方言》失業, 休み, (ストライキ中の)休業 (cf. playday 2).
18 男女のたわむれ; 《廃》性交.
as good as a play (芝居を見るように)面白くてたまらない. ***bring*** [*call*] ***into play*** …を活動させる[活用する]. ***come into play*** 活動し[働き, 作用し]始める. ***in play*** (1) ⇨ 7, 11. (2) (試合で)〈ボールが〉生きて, セーフで; ライン内で (cf. *out of* PLAY (1)): The ball is *in* ～. ボールはインプレーである. (3) 『トランプ』(競技中) 〈カードが〉まだ生きている《場札として使える, など》. ***make a*** [*one's*] ***play for*** 《米口語》(1) (手練手管を用いて)〈異性〉を誘惑しようとする. (2) …を引きつけ[手に入れ]ようと努める. ***make play*** (1) 効果的にやる; (競馬や狩で)率先する, 追手を悩ます; (ボクシングで)相手を積極[効果]的に打つ. (2) 盛んに働く; せく, せいて走る. ***make play with*** …を効果的に[これ見よがしに]用いる, 強調する: *make* great ～ *with* the contrast between …の間の差異をはでに強調する. ***play upon*** [*on*] ***words*** ⇨ word 成句. ***out of play*** (1) (試合で)〈ボールが〉死んで, アウトで (cf. *in* PLAY (2)): go *out of* ～ 〈ボールが〉ラインから外へ出る. (2) 『トランプ』〈カードが〉おみそとなる《場札として使えない, など》. ***the state of play*** ⇨ state 成句.

pla·ya [pláɪə] 〘□ Sp. ～ 'shore, beach' □ ML *plagia* hillside □ ? Gk *plágia* sides (neut. pl.) ← *plágios* ← *plágos* side: cf. plagal〙 — *n.* **1** 『地理』プラヤ《砂漠のくぼ地に粘土・塩・石膏などの沈積物がたまってできた平野; 雨期には浅い湖になる; cf. bolson》. **2** 《米南西部》(スペインの, ホテルや大きい行楽地が近くにある)砂浜, 海岸.

play·a·ble [pléɪəbḷ] 〘《1483》: ⇨ play, -able〙 — *adj.* **1** 〈楽曲・劇など〉演じられる, 〈楽器など〉奏せられる, 上演[演奏]がきく. **2** 〈競技など〉行なえる; 〈競技場など〉競技のできる; 『クリケット』〈ボールが〉打つことができる. **plày·a·bíl·i·ty** [-bíləṭi | -lɪti, -lɪti] *n.*

pláy·àct 〘《逆成》← *playacting*〙 — *vi.* **1** 〈子供が〉まねて遊ぶ; (オーバーに)見せかける, お芝居をする. **2** 劇で演ずる, 演技する. — *vt.* 劇的に表現する, ドラマ化する. **pláy·àct·ing** *n.*

pláy-action páss *n.* 『アメリカンフットボール』アクションパス《クォーターバックがボールをハンドオフするように見せかけてからのパスプレー》.

pláy·àctor *n.* 《軽蔑》俳優, 役者.

pláy àgent *n.* 『演劇』＝playbroker.

pláy·bàck *n.* **1** プレーバック, 録音[録画]の再生; (特に, 試聴時の)再生(録)音. **2** (レコード・録音テープの)再生装置《turntable, playback machine ともいう》. **3** 巻き戻しボタン.

pláy·bìll *n.* **1** 芝居のビラ[番付] (cf. daybill). **2** 《米》芝居[演劇]のプログラム.

pláy·bòok *n.* **1** (エリザベス朝演劇で)演出用台本. **2** 脚本(集). **3** プレーブック《アメリカンフットボールチームの攻撃や守備のシグナルプレーを解説した図解入りノートブック》.

pláy·bòx *n.* 《英》(特に)寄宿学校の生徒が自宅から菓子や本などを入れて持って行く木箱.

pláy·bòy 〖《1630》'school-boy actor'〗 *n.* **1** 道楽者, 遊び人, プレイボーイ; 陽気な男. **2** 《アイル》道化者 (buffoon); ずるい人.

pláy·bròker *n.* 〘演劇〙脚本仲買人《劇作者と興行人などとの間の仲介をする》.

pláy-by-pláy 《米》 *adj.* **1** 〈試合などの放送が〉実況放送の. **2** 〈記事・報告など〉詳細な (detailed). ― *n.* (試合・競技などの)実況放送.

pláy·clòthes *n. pl.* レジャーウェア, スポーツウェア.

pláy·dày *n.* **1** (学校の)休日 (holiday). **2** (炭坑夫などの)休業日 (cf. play *n.* 17). **3** 《米》(参加校何校かの選手で編成されたチーム間の)非公式試合, 対抗競技会.

pláy dèbt *n.* 《古》賭博で出来た借金.

pláy dòctor *n.* 〘演劇〙上演前に脚本の手入れを頼まれる人.

pláy·dòwn *n.* 《カナダ》(異なったリーグ[地方]からの勝利チームの間で行われる)決勝シリーズ戦の一つ.

pláyed-óut *adj.* **1** 〈人など〉へとへとになった, 疲れ切った: a ~ old man. **2** 使い尽くした; 〈言葉など〉使い古した, 陳腐な: a ~ joke.

pláy·er 〖OE *plegere*: ⇨ play, -er¹〗 ― *n.* **1** 遊ぶ人[動物]. **2** ゲームをする人, 競技者, 選手, 勝負師: a ~ *at* tennis = a tennis ~ / He's a very good ~. プレーが大変上手だ; 大変すぐれた選手だ. **3** 《英》(クリケット・サッカーなどの)職業的選手, プロ: *Players* versus Gentlemen. **4** 演奏者, 弾奏者, 吹奏者: a ~ *on* a violin = a violin ~ バイオリン奏者. **5** 演技者; 俳優: a strolling ~ 旅役者. **6 a** (自動ピアノ (player piano) などの)自動演奏装置. **b** = record player. **7** なまけ者; 道楽半分にやる人: a ~ *at* farming 道楽に農業をやる人. **8** 博打(ばくち)打ち (gambler).

pláyer piáno *n.* 自動ピアノ.

pláy·fèllow *n.* = playmate.

pláy·fìeld *n.* (野外) 運動場, 競技場.

pláy·ful [pléɪfəl] 〖ME *pleiful*: ⇨ play, -ful¹〗 ― *adj.* **1** 〈人・動物など〉遊び好きな, いたずらな; ふざける, はしゃぐ, 陽気な: be (as) ~ as a kitten 子猫のようによくじゃれる / in a ~ mood いたずら気分で. **2** 〈言葉・行為など〉冗談の, 滑稽な, おどけた: a ~ remark, discussion, kiss, shove, etc. **~·ly** *adv.* **~·ness** *n.*

pláy·gàme *n.* 遊戯, 児戯: It is a ~ in comparison. それに比して児戯に等しい.

pláy·gìrl *n.* 遊び好きな女, プレイガール.

pláy·gòer 〖《1822》〗 *n.* 芝居の常連, 芝居ファン, 演劇通.

pláy·gòing *n.* 芝居見物.

pláy·gròund 〖《1794》〗 ― *n.* **1** (学校付属の)運動場: in a ~. **2** (特に, 遊戯施設のある)遊び場, 公園(など). **3** 行楽地: The *Playground* of Europe スイスの異名. **4** (ある)活動の場[領域]: Reading is her personal ~. 読書が彼女個人の活動の領域です.

pláyground báll *n.* = softball.

pláy·gròup *n.* 決まった所で大人に監督されて遊ぶ幼児の集団; (一種の)無認可保育所.

pláy·hòuse 〖OE *pleghūs*: ⇨ play, house〗 *n.* **1** 劇場, 芝居小屋 (theater). **2** 子供の家《小型で中で遊ぶためのもの》; 小型の遊戯館. **3** 《米》おもちゃの家 (toy house).

pláy·ing *n.* play すること: There was some good ~. 「よいプレー[演奏]だった.

pláying càrd *n.* トランプ(の一枚), カルタ.

pláying fìeld *n.* **1** 運動場, 競技場《特に, フィールドのうち実際にプレーをする部分》; 球技場 (ball park) **2** (子供の)遊び場.

pláying trìck *n.* 〘トランプ〙(ブリッジで)勝札《攻撃側 (declarer またはその partner) が所有する有力な札; cf. defensive trick》.

pláy·lànd *n.* **1** (児童)遊園地. **2** 行楽[観光]地, プレイランド, 観光都市.

pláy·let [pléɪlɪt, -lət] 〖⇨ -let〗 *n.* 短い芝居, 小劇.

pláy·lìst *n.* 〘ラジオ〙放送録音テープリスト.

pláy·màker *n.* 〘スポーツ〙(バスケットボールなどで)攻撃を組み立てるプレーヤー.

pláy·màte *n.* 遊び仲間; (特に, 子供時代の)遊び友達 (play fellow).

pláy·òff 〖← *play off* (⇨ play (v.) 成句)〗 ― *n.* 〘スポーツ〙 **1** (引き分け・同点の時の)決勝試合, 再試合, 延長戦, (優勝)決定戦 (cf. runoff 1). **2** プレーオフ《特に, 同一リーグ内におけるチャンピオンを決めるシリーズ戦》.

pláy·pèn 〖⇨ pen²〗 *n.* ベビーサークル《格子(こうし)で囲った赤ん坊の遊び場》.

pláy·pìt *n.* 《英》くぼんだ形の子供の遊び場《砂の入っている場合もある》.

pláy·rèader *n.* 〘演劇〙(脚本の採否判定のための)脚本閲覧者.

pláy·ròom *n.* 《米》遊戯室 (rumpus room).

pláy schòol *n.* 幼稚園, 保育所.

play scrìpt *n.* 脚本の原稿.

play·some [pléɪsəm] 〖⇨ -some¹〗 *adj.* じゃれつく, 戯れる (sportive).

pláy·sùit *n.* (婦人・子供の)遊び着《ショートパンツ・スカート・シャツなどの組み合わせ服[つなぎ]》.

pláy thèrapy *n.* 〘精神医学〙遊戯療法, 遊び療法.

pláy·thìng *n.* **1** 遊び道具, おもちゃ (toy). **2** おもちゃ扱いにされる人, 慰みもの: a ~ of fate.

pláy·tìme *n.* **1** 遊び時間; 休息時間. **2** 興行時間.

pláy·wèar *n.* プレーウェア, カジュアルウェア《レジャー用などの活動的でくつろいだ感じの服》.

play·wright [pléɪràɪt] 〖← PLAY (n.) + WRIGHT〗 *n.* 劇作家, 脚本家, 脚色者 (dramatist).

play·wright·ing [pléɪràɪtɪŋ | -tɪŋ] 〖《変形》← PLAY-WRITING: ↑〗 *n.* = playwriting.

play·wright·ry [pléɪràɪtri | -trɪ] 〖← PLAYWRIGHT + -RY〗 *n.* 《まれ》= playwriting.

play·writ·ing [pléɪràɪtɪŋ | -tɪŋ] 〖← PLAY (n.) + WRITING〗 *n.* 劇作; 劇作家稼業, 劇作業.

pláy yàrd *n.* 《米》= playground 1.

pla·za [plǽzə, plɑ́:zə | plɑ́:zə, plǽzə] 〖《1683》□ Sp. ~ < VL **platteam* = L *platea*: ⇨ place¹: cf. piazza〗 ― *n.* **1** (特に, スペインの都市の)広場, 広辻; 市の立つ広場: a shopping ~ 買物広場 (cf. place²). **2** 商店[ビル]街; ショッピングセンター. **3** サービスエリア《高速道路沿いの駐車・整備などのための広場》.

pla·za de to·ros [plɑ́:zə-deɪ-tó:rous, -tó:r- | -tó:-rəʊs; *Sp.* plɑ́θadetóros] 〖□ Sp. ~《原義》plaza of bulls〗 *Sp. n.* 闘牛場 (bullring).

-ple [pl] 〖□ F ~ □ L *-plex* or *-plus*〗 *suf.* 「重, 倍」の意 (cf. -fold, -ply): tri*ple*, quadru*ple*.

plea [plí:] 〖《*c*1215》*plai* □ AF *ple*, *plai* = OF *plait*, *plaid* agreement □ ML *placitum* court, plea, L opinion, decision, 《原義》that which is agreeable ← *placitus* (p.p.) ← *placēre* 'to PLEASE'〗 ― *n.* **1** 嘆願 (entreaty), 請願, 訴願: make a ~ *for* mercy [help] 慈悲[助け]を懇願する. **2** 申し立て, 言い訳, 弁解, 言抜け (pretext): on [under] the ~ of [that] …を口実として, …にかこつけて. **3** 〘法律〙抗弁; 弁護, 弁論, (民事被告人の)答弁(書) (answer); (原告または被告の)申し立て; (衡平法で)特殊答弁 (special plea); (刑事訴訟で)起訴認否手続 (arraignment) における被告人の答弁: a foreign ~ 権限外の申し立て. **4** 《廃》訴訟 (suit): hold a ~ 裁判する.

cop a plea 《俗》罰を軽くしようと(重罪の方を避けて)軽い方の罪を申し立てる. 「続 (cf. common pleas).

pleas of the crown [the ―] 〘英法〙刑事訴訟, 刑事手

pléa bárgaining *n.* 〘法律〙有罪答弁取引《例えば, 有罪答弁 (plea of guilty) と引き換えに, 被告人にはこれまで刑務所に拘置されていた期間に相当する刑を言渡すまという検察・弁護士・裁判所間の一種の取引; 無罪よりも自由を望む被告人の心理に向けられる取引》.

pleach [plí:tʃ, pléɪtʃ | plí:tʃ] 〖《*a*1398》□ ONF *plechier* = OF *ple(i)ssier*, *pla(i)ssier* 'to PLASH²'〗 ― *vt.* **1** (生垣・木陰道などを作るため)〈枝やつるを〉からませる, 組み合わせる (entwine). **2** (枝やつるをからませて)〈生垣などを〉作る, 新しくする: ~ a hedge. **3** 〈髪などを〉編む.

plead [plí:d] 〖《*c*1250》*plaide(n)*, *plede(n)* □ AF *pleder* = OF *plaidier* (F *plaider*) to go to law ← *plaid* 'PLEA'〗 ― *v.* (~·ed, 《米》**pled** [pléd]) ― *vt.* **1** (理由・言い訳として)主張する, 申し立てる, 申し開きをする: ~ ignorance 知らなかったと言う / ~ poverty [headache] 貧乏な[頭痛の]ためと弁解する. **2** …のために弁じる, 弁護する: ~ the rights of the unemployed 失業者の権利を擁護する. **3** 〘法律〙〈訴訟事実などを〉申し立てる; 〈訴訟を〉弁護する; 訴答として提出する; 弁護の引合いに出して弁護[抗弁]する: ~ one's cause / ~ one's case 事件を弁護する / ~ insanity 精神異常を理由として弁じる. ― *vi.* **1** 嘆願する, 懇願する (entreat): ~ *for* the postponement of …の延期を嘆願する / ~ (*with* a person) *for* (one's) life (人に)助命を請う / He ~*ed with* her not *to* go. 彼女に行かないでくれと頼んだ. **2** 弁じる, 抗弁する: ~ *for* one's friend 友人のために弁じる[とりなす] / ~ *against* the oppression 圧迫に対して抗弁[抗議]する. **3** 〈事が〉言い訳になる: His youth ~*s for* him. 彼は若さが言い訳になる, 若いのでと言えば申し開きが立つ. **4** 〘法律〙 **a** 弁論する, (相手方の訴答に)答弁する: ~ *for* the defendant 被告の弁護をする / ~ *against* the plaintiff 原告に反論する / ~ guilty [not guilty] 〈刑事被告人が〉身に覚えがある[ない]という, 罪を認める[無罪を申し立てる]《★ 通俗には plead innocent [innocence] (身の潔白を主張する)のようにも用いられる》. **b** 弁護人として法廷で弁護する. **c** 《廃》訴訟を起こす, 起訴する.

plead·a·ble [plí:dəbl] 〖ME *pledable* □ OF *pleidable*: ⇨ ↑, -able〗 *adj.* 弁解[申し開き, 抗弁]できる.

pléad·er 〖《15C》*pleder* ∽ 《*c*1275》*playdur* □ OF *plaideor* (F *plaideur*): ⇨ plead, -er¹〗 *n.* 〘法律〙弁論者, 抗弁者, 申し立て人; 弁護士 (advocate); 嘆願者.

pléad·ing 〖ME: ⇨ plead, -ing¹〗 ― *n.* **1** 弁論, 弁解, 申し開き. **2** 〘法律〙 **a** 弁護, 抗弁. **b** 訴答手続き, 訴訟書類の作成. **c** [*pl.*] (原告と被告とが交互に提出する)訴答書面, 訴答《書面内容は次の通り: statement of claim, defense, reply [replication], rejoinder, surrejoinder, rebutter, surrebutter》. ― *adj.* 嘆願する, 懇願する. 「して.

pléad·ing·ly 〖⇨ ↑, -ly¹〗 *adv.* 訴えるように, 嘆願

pleas·ance [plézns, -zəns] 〖《*c*1340》□ (O)F *plaisance* pleasure ← *plaisant* (pres.p.): ⇨ pleasant, -ance〗 ― *n.* **1** (主に大邸宅に付属する)遊園(地). **2 a** 愉快(なこと). **b** 《古》楽しみ(の種) (pleasure).

Pleas·ance [plézns, -zəns] 〖↑〗 *n.* 女性名.

pleas·ant [pléznt, -zənt] 〖《1375》*plesaunt* □ (O)F *plaisant* (pres.p.) ← *plaisir* 'to PLEASE': ⇨ -ant〗 ― *adj.* (**more ~, most ~; ~·er, ~·est**) **1** 愉快な, 面白い, 心地よい, 気持ちのよい (agreeable); 天気のよい: a ~ companion, walk, evening, etc. / ~ *to* the eye [taste] 見た目に美しい[味わってうまい] / have a ~ time 愉快に遊ぶ, 面白く時を過ごす / It was a ~ surprise. それは思いがけない喜びだった / It is ~ *for* me. / The book is ~ *to* read. その本は読んで楽しい本だ. **2** 〈人・態度・気立てなど〉陽気な, 快活な; 人好きのする, 愛想のよい: He has a ~ manner. 彼の態度は見ていて気持ちがいい / make oneself ~ (*to*) (…に)如才なく振舞う, 好かれるようにする. **3** 《古》おかしい, 滑稽な, ひょうきんな. **~·ly** *adv.* **~·ness** *n.*

Pleas·ant [pléznt, -zənt] 〖↑〗 *n.* 男性名.

Pléasant Ísland *n.* プレザント島《Nauru の旧名》.

pleas·ant·ry [plézntri, -zən- | -trɪ] 〖□ F *plaisanterie*: ⇨ pleasant, -ry〗 ― *n.* **1** (座談・会話での)滑稽味, ひょうきんさ, ふざけ. **2** おどけ(た所作), 滑稽(な言い草), 冗談 (jest); (社交上の)言辞: exchange two or three *pleasantries* 二, 三儀礼的な言葉を交わす.

pléasant-vóiced *adj.* 感じのよい声の.

please [plí:z] 〖《*a*1325》*pleise(n)*, *plese(n)* □ OF *plaisir* (F *plaire*) < L *placēre* to be agreeable, please ← IE **plā-k-* to be flat (L *plācāre* to calm / Gk *pláx* level): cf. flake¹·²〗 ― *vt.* **1 a** 喜ばす, 楽します; 満足させる, …の気に入る (gratify): a picture that ~*s* the eye 見て楽しめる絵 / He is hard to ~. 彼は気難しい / She is easily ~*d* by flattery. 彼女はお世辞に弱い. **b** [p.p. 形で, 形容詞的に]喜ぶ, 気に入る (cf. pleased): I'm ~*d with* him. 彼が気に入った / He was ~*d with* himself. (自分のしたことに)満足していた, 悦に入っていた / She was ~*d with* [《米》*at*, by] the gift. その贈り物が気に入った / He was ~*d at* being elected chairman. 議長に選ばれて満足だった / She was ~*d about* his success. 彼の成功を喜んだ / They were ~*d with* [*at*] the news. その知らせを喜んだ / I shall be ~*d to* come. 喜んで参ります / I am very (much) ~*d* (*that*) you have agreed. 御賛同を得て大変うれしく思います / I shall be very ~*d* if you will come. おいで頂ければ大変うれしく思います. **2** [it を主語として]《文語》…の要望を満たす, 気に入る: (May *it*) ~ your honor. 《古》恐れながら申し上げます / May *it* ~ the court *to* admit this as evidence. なにとぞ法廷がこれを証拠としてお認め下さいますように / *It* ~*s* her *to* ask her friends to tea. 彼女は友だちをお茶に呼ぶのが好きだ. **3** [~ *oneself* で] **a** 満足する: I read to ~ *myself*. 自分の楽しみで読書する. **b** 《口語》好きなようにする, 勝手にやる: You may ~ *yourself* (*about* that). (そのことは)どうでも好きなようにしなさい. **4** [as, what などの導く関係詞節内で]…したいと思う, よいと思う: Take as many *as* you ~. いくつでも好きなだけ取りなさい / I do *what* I ~. 自分のしたいことをします.

― *vi.* **1** 喜び[満足]を与える, 喜ばれる, 気に入られる, 好感を与える: a play intended merely to ~ 面白さだけを狙った芝居 / He is anxious to ~. 人に気に入られたがっている / She never fails to ~. 決して人をそらさない. **2** したいと思う, 好む (like) (cf. *vt.* 4): Do *as* you ~. 好きなように[勝手に]しなさい / He will come when he ~*s*. 気が向いたら来るだろう. **3** [命令文などに添えて副詞的に] どうぞ, すみません(が): This way, ~. どうぞこちらへ / Two coffees, ~. コーヒーを2つ下さい / What's your name, ~? お名前をどうぞ / *Please* be seated. どうぞおかけ下さい / *Please* don't forget to call me up. 忘れないでお電話を下さいね / *Please*, sir [ma'am], I don't understand. 先生, すみませんがわかりません / I want you to ~ be quiet. 恐れ入りますがお静かに願います / Will you ~ shut the door? ドアを閉めていただけませんか. ★ (1) please はまた依頼・要求などの意を含まない疑問文に添えて, これを依頼・要求とする: Can you go now, ~? 今出かけて下さいませんか (cf. Can you go now? 今出かけられますか) (2) 独立しても用いられる: "Will you have another cup?" "*Please* (= Yes, ~)." 「もう1杯いかがですか」「お願いします」. **4** 《古・文語》喜んで…する, どうぞ(…して)下さい (be willing) 〈*to* do〉: *Please* not to interrupt me. どうぞ口を出さないで下さい / Will you ~ *to* remember this? どうかこのことを忘れないで下さい / Subscribers will ~ *to* note the following terms. 予約される方は次の条件に御留意願います.

be pleased to do (1) …してうれしい: I *am* very ~*d to* see you here. ここで君に会えてとてもうれしい. (2) 喜んで…する: ⇨ *vt.* 1 b / We *are* ~*d to* send you a bale of cotton. 綿花1梱(こり)お送り申し上げます《★ 商業文で敬語として》. (3) …したもう; …して下さる: Her Majesty *was* graciously ~*d to* pay a visit. 《文語》女王陛下にはかしこくも行幸あらせられた / You *are* ~*d to* doubt my sincerity. あなた様は私の誠意をお疑い遊ばされるわけですか《皮肉的敬語》. ***if you please*** 〖cf. F *s'il vous plaît*〗 (1) どうぞ, 何とぞ. ★ 単に please と言うより丁寧な言い方: Do so, *if you* ~. (2) ご免こうむって, お許しを得て: I will take another cup, *if you* ~. 失礼してもう1杯頂きましょう. (3) [皮肉な口調] 驚いたことには, あきれた話だが: And now, *if you* ~, he blames me for it! そしてどうでしょう, あの人はそれを私のせいにするんですよ / He was, *if you* ~, a thief. あの男はあきれるじゃありませんか泥棒だったんです. ***please God*** ⇨ God 成句.

pléas·er *n.*

pleased 〖《*c*1390》〗 ― *adj.* 〈人が〉喜び[満足]を感じている, うれしい; うれしそうな, 満足げな (cf. please *vt.* 1 b): a ~ look 満足げな様子 / feel ~ 満足に思う / look ~ うれしそうに見える, 満足そうである / (as) ~ as Punch ⇨ punch⁴. **pléas·ed·ly** [-zɪdli, -zəd-, -zd- | -lɪ] *adv.* **~·ness** [-zd-] *n.*

pléas·ing 〘(c1390)：⇨ please, -ing²〙 — *adj.* (人に)喜びを与える, 楽しい, 愉快な, 快い；好ましい, 人好きのする；満足な：a ~ performance 胸のすく演技 / ~ taste 舌に心地よい味 / a ~ result 満足すべき結果 / a ~ young girl with ~ manners 気持よい作法を身につけた感じのいい娘 / ~ *to* the eye [ear] 見て[聞いて]快い / The view was very ~ *to* us. 景色は我々を大いに楽しませてくれた. **~·ly** *adv.* **~·ness** *n.*

plea·sur·a·ble [plέʒ(ə)rəbl̩, pléɪʒ- | plέʒ-] 〘(1579)：⇨↓, -able〙 — *adj.* 愉快な, 楽しい, うれしい (pleasant)；気持のよい (agreeable)：a ~ experience 愉快な経験 / Good printing would make the book more ~ to read. 印刷がよければこの本は一層楽しく読めたであろう. **plèa·sur·a·bíl·i·ty** [-rəbíləṭi | -lətɪ, -lɪtɪ] *n.* **~·ness** *n.* **pléa·sur·a·bly** *adv.*

plea·sure [plέʒə, pléɪʒə | plέʒə(r] 〘(c1370) *plesir* ⊏ (O)F *plaisir* (不定詞の名詞用法)：⇨ please, -ure〙 — *n.* **1** 愉快, 喜び, 楽しさ (↔ pain)；満足；快感：the ~(s) and pain(s) of growing up 大人になる喜びと悲しみ / It will give me great ~ to oblige you. 御希望に添えれば幸甚です. **2** (世俗の)慰み, 娯楽；快楽, 放縦：a life of ~ = a life given (up) to ~ 逸楽の生活 / a man [woman] of ~ 道楽者[自堕落女] / seek ~ 快楽を追い求める, 悦楽に耽る. **3** 楽しい事, 楽しみ(の種)；(むしろ)喜んでする[した]事：My chief ~ at the time was reading. その当時の私の何よりの楽しみは読書でした / He has many ~*s* in life. 彼には人生の楽しみがたくさんある / It has been a ~ to talk to you. お話しできて愉快でした / Thank you for your information.—My ~ [It was a ~]. 教えて頂いてありがとう—どういたしまして / It's a ~ to meet you.—The ~ is mine. お会いできて光栄です—こちらこそ. **4** [社交的な常套句に用いて]：Will you do me *the* ~ *of dining* with me? 御会食願えましょうか / May I have *the* ~ *of* the next dance with you? (ダンスパーティーで)次の曲に御相手をさせて頂けましょうか / I have *the* ~ *of* presenting our lecturer. 本日の講師を御紹介申し上げます / Mr. Jones requests *the* ~ *of* the company of Miss Smith at... スミス様に何卒...へ御列席の栄を賜わりたくジョーンズより御案内申し上げます《招待状の文句》. **5** [特に所有代名詞を伴って] 意志 (will), 望み (desire), 好み (choice)：make known one's ~ 自分の意志を伝える / ask a person's ~ 人の希望[来意(など)]を聞く / consult a person's ~ 人の都合を聞く / What is your ~, madam? 何をお見せしましょうか《店員の言葉》/ It is our ~ to do... [that...] 朕(ちん)は...することを望む《勅語の文句》；《皮肉》おれなら喜んで...する.
at* (*a person's*) *pleasure (人の)都合で[によって]：It can be altered *at* (your) ~. (御)都合次第で変更できます. ***during a person's pleasure*** 人が望む間：hold office [be detained] *during* Her Majesty's ~ 女王より沙汰(さた)のあるまで職に留まる[拘留される]. ***for pleasure*** 楽しみに, 娯楽として：travel for ~. ***take* (*a*) *pleasure*** 〔...を〕好む, 喜ぶ〔*in*〕：He *takes* (*a*) ~ *in* contradicting [contradiction]. 彼は人の言うことに逆らうのが好きだ. ***take one's pleasure*** 《古》(官能的に)楽しむ, 享楽する：The Englishmen *take their* ~ sadly. 英国人は楽しむときも控え目だ[あまり嬉しそうにしない]. ***with pleasure*** (1) 喜んで, 楽しんで：do one's work *with* ~ 喜んで仕事をする. (2) [快諾の返事] いいですとも, 喜んで："Could you help me?" "(Yes,) *with* ~." 「手を貸していただけませんか」「(ええ)いいですとも」.
— *vt.* 《古》喜ばす, 満足させる (please)；(特に)...に性的な快楽を与える. — *vi.* **1** 楽しむ, 満足する〔*in*〕. **2** 《口語》(休暇などを取って)遊ぶ, 楽しむ.

pléasure bòat [cràft] *n.* 遊覧船；娯楽[レジャー]用の舟[ボート].

pléasure dòme *n.* 歓楽宮；行楽地, 盛り場 (resort).

plea·sure·ful [plέʒəfəl, pléɪʒ- | plέʒə-] *adj.* 非常に楽しい, 十分満足できる.

pléasure gròund *n.* 遊園地 (recreation ground)；「公園 (park).

pléasure·less *adj.* 楽しみのない[を与えない].

pléasure prìnciple *n.* 〘精神分析〙快楽原則《人間は本来不快や苦痛を避けて快楽を追求する傾向があるという原理；cf. reality principle》.

pléasure-sèeker *n.* 快楽を求める人；(特に)行楽客.

pléasure-trìp *n.* 遊覧(旅行), 回遊 (excursion).

pleat [plíːt] 〘(1581) *plete* 《異形》← PLAIT〙 — *n.* (服などにつける)ひだ, プリーツ (plait)：⇨ inverted pleat. — *vt.* ...にひだを入れる[つける], 畳む：a ~*ed* skirt プリーツスカート. **~·less** *adj.*

pléat·er [-tə | -tə(r] 〘⇨↑, -er¹〙 *n.* **1** ひだを取る人. **2** (ミシンの)ひだ取り用付属器《tucker ともいう》.

pleb [pléb] 〘《略》← PLEBEIAN：cf. plebs〙 *n.* **1** 《俗》平民, 庶民. **2** 《米軍》= plebe 1.

pleb·by [plébi | -bɪ] *adj.* 《英俗》野卑[下品]な (plebeian).

plebe [plíːb] 〘⊏F *plèbe* ⊏ L *plēbs* (↓)〙 *n.* **1** 《口語》《米軍》(士官学校・兵学校の)新入生. **2** [the ~；集合的]《廃》**a** (古代ローマの)平民. **b** 庶民, 大衆.

ple·be·ian [plɪbíːən, plə- | plɪbíːən, -bíən] 〘(1533) ← L *plēbēius* belonging to plebs (← *plēb(ē)s* common people, multitude ← IE **plē-* ← **pel-* to fill (Gk *plēthos* people, great number / L *plēnus* full)) + -AN¹〙 — *n.* **1** (古代ローマの)平民, 下層民 (commoner) (cf. patrician). **2 a** 庶民, 下賤な人. **b** 野卑[下品]な人. — *adj.* **1 a** (古代ローマの) 平民[下層民]の. **b** 庶民の. **2 a** 粗野な, 俗悪な, 下品な. **b** ありふれた, 平凡な (commonplace). **~·ness** *n.*

ple·bé·ian·ìsm [-nɪzm] *n.* 庶民気質[気風]；俗悪, 卑俗.

ple·be·ian·ize [plɪbíːənàɪz, plə- | plɪbíːən-, -bíən-] *vt.* 粗野[下品]にする.

plebes 〘⊏L *plēbēs*〙 *n.* plebs の複数形.

pleb·i·scite [plébəsàɪt, -sɪt, -sət, -siːt | -bɪsɪt, -bə-, -sàɪt] 〘(1533) ⊏ OF ~ ⊏ L *plēbiscītum* ← *plēbi-*, *plēb(ē)s* (⇨ plebeian) + *scītum* decree (neut. p.p.) ← *scīscere* to seek to know, vote for (cf. science)〙 — *n.* **1** (憲法または国家主権などに関する)国民投票, 一般投票 (cf. referendum 1 a)：by ~. **2** 世論[総意]の表明. **3** 〘ローマ法〙(元老院にかけないで)一般投票で制定する法. **ple·bis·ci·tar·y** [plebísətèri, plɪ-, plə-, plèbəsáɪṭəri | plɪbísɪtəri, ple-] *adj.*

plebs [plébz] 〘⊏L *plēb(ē)s*：⇨ plebeian〙 — *n.* (*pl.* **ple·bes** [plíːbiːz, plébeɪs]) [the ~；集合的] **1** [単数または複数扱い] (古代ローマの)平民, 庶民 (commons) (↔ patrician). **2** [複数扱い] 大衆, 民衆 (populace) (cf. pleb).

Ple·cop·ter·a [plɪkάptərə, plə- | plɪkɔ́p-] 〘← NL ~ ← *pleco-* (← Gk *plékein* to plait) + *-ptera* (⇨ ptera-)〙 *n. pl.* 〘昆虫〙積翅(せき)目, カワゲラ目.

plect- [plekt] (母音の前に来る時の) plecto- の異形.

plec·to- [pléktoʊ | -təʊ] 〘← Gk *plektó-s* twisted ← *plékein* to plait, twist〙 「撚れた, からみ合った, 屈曲した (twisted)」の意の連結形. ★ 母音の前では通例 plect- になる.

plec·tog·nath [pléktɑgnæ̀θ, -tæg- | -tɔg-] 〘← NL *Plectognathi* (pl.) ← PLECTO- (↑) + *gnáthos* jaw (cf. gnathic)〙 *adj., n.* 〘魚類〙癒顎(ゆがく)目の(魚).

Plec·tog·na·thi [plektάgnəθàɪ | -tɔ́g-] 〘↑〙 *n. pl.* 〘魚類〙癒顎(ゆがく)目.

Plec·top·ter·a [plektάptərə | -tɔ́p-] 〘← NL ~ ← PLECTO- + *-ptera* (⇨ ptera-)〙 *n. pl.* 〘昆虫〙= Ephemerida.

plectra 〘⊏L *plēctra*〙 *n.* plectrum の複数形.

plec·tron [pléktrɑn | -trɔn] 〘⊏Gk *plēktron*：↓〙 *n.* (*pl.* **~s, plec·tra** [-trə]) = plectrum.

plec·trum [pléktrəm] 〘(1626) ⊏ L *plēctr-um* ⊏ Gk *plēktron* striking instrument ← *plḗssein* to strike + -TRON〙 — *n.* (*pl.* **-tra** [-trə], **~s**) **1 a** (マンドリンなどの)ピック, つめ. **b** (チェンバロの)つめ, プレクトラム. **2** 〘動物〙垂《ヒトの口蓋垂》, 桴《ばちに似た棒状の器官；カエルの耳小柱桿など》.

pled 〘(15C) *pladde, pled*〙 *v.* 《米口語》plead の過去形・過去分詞.

pledge [plédʒ] 〘n.：(a1387) *ple(g)ge* ⊏ OF *plege* (F *pleige*) < LL *plevium, plebium* ← *plebīre* to warrant 《混成》? ← Frank. **plegan* to guarantee (< (WGmc) **plegan* to pledge for (OHG *pflegan* to care for)) + L *praebēre* to grant. — v.：(c1450) *plegge(n)* ⊏ OF *plegi-er* (F *pleiger*) ← *plege* (n.)：cf. plight¹〙 — *n.* **1** 質入れ, 抵当 (mortgage)；質物, 質草, 抵当物, 担保品 (pawn)：be [lie] in ~ 担保に[入質]してある / give to [lay in, put in] ~ 担保に入れる；質に置く / hold in ~ 質[担保, 抵当]に取ってある / put in [take out of] ~ 質入れ[質受け]する. **2** 保証, かた (earnest)；印 (token)：as a ~ of fidelity [friendship] 忠誠[友情]の印[保証]として / Christ's rising is the ~ of our resurrection. キリストの昇天は我々の復活の保証である / in ~ of good faith 信義の印として. **3** (「愛のかたみ」の)子供：a ~ of (conjugal) affection (夫婦の)愛のかたみ(である子供) / They had two fair ~*s* (of their love [union]). 彼らには二人の美しい子供(女の子)があった. **4** 誓約, (政党などの)公約；言質(げんち)：under (the) ~ of secrecy 秘密の誓いを立てて / give a ~ 誓約をする；言質を与える / take a ~ 誓う / the *Pledge* of Allegiance (米国の)忠誠の誓い (" I pledge allegiance to the flag " で始まる) / the *Pledge* to the Flag 《米》国旗に対する誓約《その成文は国旗礼の一部として用いられる》. **5** [the ~] (通例書面による)禁酒の誓約：keep *the* ~ 禁酒の誓いを守る / sign [take] *the* ~ 禁酒の誓いをする. **6** (乾杯して示す)支援[親善]の保証；(健康・成功などを祝しての)乾杯, 祝杯 (toast). **7** 《米》(クラブ・友愛会などへの)入会約束；入会約束者, 非公認会員. **8** 定期的支払を約束した寄付(金). **9** 《廃》**a** 人質 (hostage). **b** 保釈保証人.
— *vt.* **1** 質に入れる, 抵当に入れる (pawn). **2 a** ...にかけて誓う[誓約する]〔*to*〕/〈*to do*〉：~ one's word (*to* it) (それに対して)言質(げんち)を与える, (それを)保証する / ~ one's honor (*that*...) 名誉にかけて(...である)ことを)誓う / ~ one's life *that* ... であることに絶対に間違いないと言う. **b** 〈人〉に誓約させる, 誓約して...させる〔*to*〕/〈*to do*〉：~ a person [oneself] *to* secrecy [*to* keep a secret] 秘密(を守ること)を人に誓わせる[(自分で)誓う]. **c** ...(すること)を誓う〈*to do*〉：~ one's support / ~ *to* curb inflation インフレ抑制を誓う. **3** ...のために祝杯をあげる, 〈人の健康・成功を〉祝して乾杯する (toast)：Let's ~ his health. 彼の健康を祝して乾杯しよう. **4** 《米》〈人を〉仮入会させる. **5** ...の寄付を申し込む. — *vi.* **1 a** 誓約する, 誓う. **b** 保証人になる〔*for*〕. **2** 乾杯する.

pledge·a·ble [plédʒəbl̩] *adj.* **1** 質[抵当]に入れられる, 保証できる. **2** 誓約できる. **3** 祝杯を挙げられる, 祝すべき.

pledg·ee [plèdʒíː] 〘⇨ -ee¹〙 *n.* 質権者, 質取人 (pawnee).

plédg·er *n.* **1** 質入れ人. **2** 〘法律〙動産質入れ者 (cf. pledgee). **3** (禁酒などの)誓約者. **4** 乾杯する人.

pledg·et [plédʒɪt, -dʒət] 〘(c1540) *plaget, pleggat* ← ?：cf. ML *plāgella* lint plug for a wound〙 — *n.* **1** 〘医学〙(傷口に当てる外科用)綿撒糸(めんさんし), ガーゼ. **2** 〘海事〙(ボートの水もれを防ぐ)まいはだ, 索状オーカム.

pledg·or [plédʒə, pledʒɔ́ə | plédʒə(r, pledʒɔ́ː(r] 〘⇨ -or²〙 *n.* = pledger.

-ple·gi·a [plíːdʒiə, -dʒə | -dʒɪə, -dʒə] 〘← NL ~ ← Gk *-plēgiā* ← *plēgḗ* blow, stroke ← *plḗssein* to strike ← IE **plāk-* to strike (L *plangere* to strike)：cf. plaint〙 — 〘医学〙「麻痺 (paralysis)」の意の名詞連結形：hemi*plegia*, para*plegia*.

-ple·gy [plíːdʒi | -dʒɪ] 〘↓〙〘医学〙= -plegia.

Ple·iad [plíːəd, -æd | pláɪəd] 〘1：⊏L *Plēias* ⊏ Gk *Pleiás* (sing.) (↓)：⇨ -ad¹. 2：⊏F *Pléiade* < L *Plēias*〙 — *n.* **1** 〘ギリシャ神話〙プレ(ー)イアス《Pleiades の一人》. **2 a** [p-] (普通 7 人[個]から成る)輝かしい[華やかな]一団, 七名士. **b** [the ~] プレイヤード[七星]詩派《16 世紀フランスで詩壇における Ronsard, J. du Bellay ら 7 人の詩人；フランス語名 la Pléiade [plejad]》.

Ple·ia·des [plíːədìːz | pláɪə-] 〘⊏L *Plēiades* ⊏ Gk *Pleiádes* ← *Peleiádes* 《原義》constellation of the dove ← *peleiádes* (pl.) ← *peleiás* dove, 《原義》the gray bird：cf. fallow²〙 — *n. pl.* [the ~] **1** 〘ギリシャ神話〙プレイアデス《Atlas の 7 人の娘, Alcyone, Celaeno, Electra, Maia, Merope, Sterope [Asterope], Taygete のこと；Orion に追われて星になったという；そのうち Merope は人間を愛したことを恥じて姿を隠したので the Lost Pleiad と呼ばれ, そのためプレアデス星団には星が 6 個しか見えないのだという；cf. Hyades 1》. **2** 〘天文〙プレアデス, すばる《おうし(牡牛)座中の散開星団；the Seven Sisters ともいった》.

Ple·i·dae [plíːədìː | plíːɪ-] 〘← NL ~ ← *Plea* (属名：⊏Gk *plein* to sail, float) + -IDAE〙 *n. pl.* 〘昆虫〙(半翅目)マルミズムシ科.

plein air [pleɪnέə, plen- | -έə(r; *F.* plɛ̃nɛːr] 〘⊏F ~ 《原義》full air〙 — *F. n.* **1** 大気；(特に)外光. **2** 〘美術〙外光. — *adj.* 〘美術〙(フランスに 1865 年頃起こった)外光派の.

plein·air·ism [pleɪnέ(ə)rɪzm | -έər-] 〘⊏F *pleinairisme*：⇨↑, -ism：戸外で絵を描いたところから〙 — *n.* (*also* **plein·air·isme** [plènerí:sm; *F.* plɛnɛrism]) 〘美術〙(1870 年ごろフランスに起こった)外光派, 戸外主義《印象主義にほぼ同じ》.

plein·áir·ist [-rɪst, -rəst | -rɪst] 〘⊏F *pleinairiste*：⇨↑, -ist〙 *n.* (*also* **plein·air·iste** [plènerí:st; *F.* plɛnɛrist]) 〘美術〙外光派画家.

plei·o- [pláɪoʊ | pláɪə(ʊ)] 〘← Gk *pleíōn* more (comp.) ← *polús* (⇨ poly-)：cf. plus〙「もっと多くの (more)」の意の連結形.

Plei·o·cene [pláɪəsìːn | -ə(ʊ)-] *adj., n.* 〘地質〙= Pliocene.

plei·om·er·y [plaɪάməri | -ɔ́mərɪ] 〘← PLEIO- + -MERY〙 — *n.* 〘植物〙増数性, 多数性《一つの節に生じる葉の数が茎の上部へ向かうに従って増加すること；萼片, 花弁, 雄蕊などの花葉の増加の場合にも使う；cf. pleiophylly》.

Ple·i·o·ne [pliːάɪəniː] 〘⊏L *Plēionē* ⊏ Gk *Plēiónē*〙 *n.* 〘ギリシャ神話〙プレーイオネー《Atlas の妻で Pleiades の母》.

plei·o·phyl·ly [pláɪəfɪli | -lɪ] 〘← PLEIO- + -PHYLL + -Y¹〙 — *n.* 〘植物〙増葉性, 多葉性《一つの節につく葉の数や複葉の場合の小葉の数が正常のものに比べて増加している現象；cf. pleiomery》.

plei·o·tax·y [pláɪətæ̀ksi | -sɪ] *n.* 〘植物〙多数軸.

plei·o·tro·pic [plàɪətróʊpɪk, -trάp- | -trɔ́p-] 〘← PLEIO- + -TROPIC〙 — *adj.* 〘生物〙多面発現の《一つの遺伝子が二つ以上の形質を支配することにいう》. **plèi·o·tró·pi·cal·ly** *adv.*

plei·ót·ro·pìsm [-pɪzm] *n.* 〘生物〙多面発現(状態).

plei·ot·ro·py [plaɪάtrəpi | -ɔ́trəpɪ] *n.* 〘生物〙(遺伝子の)多面発現(性).

Pleis·to·cene [pláɪstəsìːn | -tə(ʊ)-] 〘← *pleisto-* (⊏ Gk *pleîsto-* most (superl.) ← *polús* many) + -CENE〙 — *adj.* 〘地質〙更新[洪(こう)積]世[統]の：the ~ epoch [series] 更新[洪積]世[統]《第四紀の前期；しばしば氷河におおわれ, 人類が出現した時期》. — *n.* [the ~] 更新[洪積]世[統].

Ple·kha·nov [plɪkάːnɔ(ː)f, plə-, -nɔ(ː)v | plɪkάːnɔf, -nɔv; *Russ.* pljixánəf], **Ge·or·gi Va·len·ti·no·vich** [gjiórgjij vəljintjínəvjitʃ] *n.* プレハーノフ《1856–1918；ロシヤのマルクス主義の哲学者・政治学者》.

plen. 《略》plenipotentiary.

plena *n.* plenum の複数形.

ple·na·ry [plíːnəri, plén- | plíːnərɪ] 〘(1517) *plenarie* ⊏ LL *plēnāri-us* ← L *plēnus* ∞ (c1300) *plener, plenar* ⊏ AF *plener* = (O)F *plénier* < LL *plēnārium*：⇨ plenum, -ary〙 — *adj.* **1** 十分な, 完全な；無条件の, 絶対的な；全権を有する, 全権の：~ power [authority] 絶対権, 全権 / ⇨ plenary inspiration. **2** 〈会議など〉全員出席の, 全体構成の：a ~ meeting [session] 本会議, 総会 / ⇨ plenary council. **3** 〘法律〙**a** 〈手続きなど〉正式の, 本式の (cf. summary 3). **b** 〈訴訟など〉完全な (regular)《他の訴訟に付随せず, 独立していて, それ自体で完結できることにいう》. **ple·na·ri·ly** [plíːnərəli, plén-, plɪnér-, plə- | plíːnərəlɪ, -rɪ-] *adv.*

plénary cóuncil *n.* 〘キリスト教〙全国[全域]教会会議.

plénary indúlgence *n.* 〘カトリック〙全免償, 大赦, 全贖宥(しょくゆう).

plénary inspirátion *n.* 〘神学〙十全霊感[神感(説)]《聖書中のあらゆる観念はみな神感によるとする考え; cf. verbal inspiration》.

plench [plénʧ] 〘《混成》← PL(IER)＋(WR)ENCH〙 ── *n.* 〘機械〙プレンチ《プライヤーとレンチを組み合わせた工具; ハンドルを握ることにより, 栓を引抜いたりねじを回したりできる》.

ple·nip·o·tent [plɪnípətənt, plə- | plɪnípət-] 〘◻ LL *plēnipotent-em* ← L *plēnus* 'FULL[1]'＋*potent-, potēns* 'POTENT[1]'〙 *adj.* 全権を有する.

plen·i·po·ten·ti·a·ry [plènəpəténʃ(ə)ri, -ʃièri | plènɪpə(ʊ)ténʃ(ə)ri, -ʃɪə-] 〘《1645》◻ ML *plēnipotentiāri-us* ← LL *plēnipotentem* (↑): ⇨ -ary〙 ── *adj.* **1** 〈人が〉全権を有する: ⇨ minister plenipotentiary / an ambassador extraordinary and ～ 特命全権大使. **2** 〈命令・職権などが〉全権を与える. **3** 〈権力など〉絶対的な, 完全な (complete). ── *n.* 全権使節[委員], 全権大使.

plen·ish [plénɪʃ] 〘◻ OF *pleniss-* (pres.p. stem.) ← *plenir* to fill ← *plein, plen* < L *plēnum* 'FULL[1]'〙 ── *vt.* **1** **a** 満たす. **b** 《方言》補充する (replenish). **2** **a** 《英》〈家〉に造作をつける, 家具を備えつける. **b** 《スコット》〈農場〉に家畜を入れる (stock). **～·ment** *n.*

plén·ish·ing *n.* 《スコット》家具, 家財.

plen·i·tude [plénət(j)ùːd | -nɪtjùːd] 〘《1432》◻ OF ∥ L *plēnitūd-ō* ← *plēnus* 'FULL[1]': ⇨ -tude〙 ── *n.* **1** **a** 充満, 充実, 十分; 完全(さ). **b** (権力・活力などの)絶頂. **2** (あり余るほどの)豊富(さ) (abundance): a ～ of natural resources, theories, etc. **3** 〘紋章〙満月.

plen·i·tu·di·nous [plènət(j)úːdənəs, -dṇ- | -nɪtjúːdɪn-] 〘⇨ ↑, -ous〙 *adj.* **1** 充実した, 完全な, 豊富な. **2** 恰幅(ぷく)のよい, 太った (portly).

ple·no ju·re [plíːnoʊ-dʒʊ́(ə)ri, plénoʊ-jú(ə)ri | plíːnəʊ-dʒʊ́əri, plénəʊ-júəri] 〘◻ L *plēnō jure* with full authority〙 *L.* 全権をもって (with full right).

plen·te·ous [plénṭiəs | -tjəs, -tɪəs] 〘《*c*1300》 *plentifous, -ivous* ◻ OF *plentivous* ← *plentif* abundant: ⇨ plenty, -ous〙 ── *adj.* 《詩》豊富な, 潤沢な; 実り豊かな (plentiful): ～ crops. **～·ly** *adv.* **～·ness** *n.*

plen·ti·ful [plénṭɪfəl, -ṭə- | -tɪ-] 〘《*a*1470》: ⇨ -ful〙 ── *adj.* 豊富な, 十分な, たくさんの, 豊富にある[生じる]: a ～ harvest 豊作 / (as) ～ as blackberries ⇨ blackberry 2. **～·ly** *adv.* **～·ness** *n.*

plen·ti·tude [plénṭət(j)ùːd, plénə- | -tɪtjùːd] *n.* 「plenitude.

plen·ty [plénṭi | -tɪ] 〘《?*a*1200》 *plente(th)* ◻ OF *plente(t)* < L *plēnitātem* fullness ← *plēnus* 'FULL[1]': ⇨ -ty〙 ── *n.* **1** たくさん, 豊富 (abundance), 潤沢 (opulence): a year of ～ 豊年 / Here is cake in ～. 菓子がたくさんある / the horn of ～＝cornucopia 1 / *Plenty* breeds [brings, causes] pride. 《諺》豊富は傲慢のもの,「富みてはおごる」. **2** [通例 ～ of の形で]十分なあてがい, 十分 (sufficiency). ★ (1) 数・量ともに用い, 否定文では many, much, 疑問文では enough を用いるのが普通 (cf. lot 8). (2) 前に a を添えるのは今は《米》: (*a*) ～ *of* food [money, books] 十分な食糧[金, 書籍] / There is [We have, We are in] ～ *of* time. 遅れる心配はない. ── *adj.* [通例 Predicative に用いて] 《口語・方言》たくさんの, 十分な (plentiful): (as) ～ as blackberries ⇨ blackberry 2 / This is ～. これで十分です. ── *adv.* 《口語》十分に (fully), 非常に, 大変 (very): It is ～ long enough. 長さはたっぷりだ / There's ～ more. まだたくさんある.

ple·num [plíːnəm, plén- | plíːn-] 〘《1678》← NL *plēnum* ← L ～ (neut.) ← *plēnus* (↑)〙 ── *n.* (*pl.* **～s, ple·na** [-nə]) **1** 物質が充満した空間 (cf. vacuum 1); 充満, 充実. **2** 高圧《周囲よりも大きい圧力で空気その他の気体を満たした空間(の状態)》. **3** 全員出席の会議, 全体会議, 総会. ── *adj.* プレナム(利用)の.

plénum chàmber *n.* 〘建築〙プレナムチャンバー《空調設備[装置]において, 送風のために気圧を高めた空気だまり(用の小区画室)》.

plénum ventilàtion [**sỳstem**] *n.* 〘建築〙(plenum chamber を用いた)空調設備[方式].

ple·o- [plíːo(ʊ) | plíː(ə)ʊ] ＝pleio-.

plèo·chróic 〘← PLEIO-＋-CHROIC〙 *adj.* 〘結晶〙〈異方性結晶が〉多色性の (cf. dichroic, trichroic).

pleochróic hálo *n.* **1** 〘鉱物〙多色(性)ハロー. **2** 〘物理〙多色ハロー.

ple·och·ro·ism [pliːákroʊìzm | -ɔ́krəʊ-] *n.* 〘結晶〙多色性《結晶を透過する光の色が方向によって異なる性質; 二色性と三色性の総称; cf. dichroism, trichroism》.

plèo·mórphic 〘← PLEIO-＋-MORPHIC〙 *adj.* **1** 〘植物〙多形態性の. **2** 〘昆虫〙多形(現象)の.

plèo·mórphism *n.* **1** 〘植物〙多形態性, 多態性《一つの細菌などが生活環において種々の顕著に異なる形態を示す性質》. **2** 〘生物〙＝polymorphism 2.

plèo·mórphous *adj.* 〘植物・昆虫〙＝pleomorphic.

ple·o·nasm [plíːənæ̀zm | plíə(ʊ)-, plíːə(ʊ)-] 〘《1586》◻ LL *pleonasm-us* ◻ Gk *pleonasmós* ← *pleonázein* to add superfluously ← *pleíōn* more (compar.) ← *polú* much: cf. pleio-〙 ── *n.* 〘修辞〙冗言法, 冗語句《必要以上の語を用いて表現すること; その表現(語句); 例: a false lie / hear with one's ears; cf. periphrasis 1》.

ple·o·nas·tic [plìːənǽstɪk | plìə(ʊ)-, plìːə(ʊ)-] 〘《1778》: ⇨ ↑, -ic[1]: SPASM—SPASTIC の類推から〙 *adj.* 〘修辞〙冗言の. **plè·o·nás·ti·cal·ly** *adv.*

ple·o·pod [plíːəpɑ̀d | -pɔ̀d] 〘← PLEIO-＋-POD〙 *n.* 〘動物〙(甲殻類の)腹脚, 遊泳脚 (swimmeret).

pler·er·gate [plɪrɜ́ːgeɪt | plɪ(ə)rɜ́ː-] 〘← Gk *plḗrēs* full＋*ergate* ◻ *ergátēs* worker (⇨ erg)〙 *n.* 〘昆虫〙膨腹職蟻(ぎ) (⇨ replete).

ple·ro·cer·coid [plì(ə)ro(ʊ)sɜ́ːkɔɪd | plìərə(ʊ)sɜ́ː-] 〘← *plero-* (← Gk *plḗr-ēs* full)＋*cerc-* (← Gk *kérk-os* tail)＋-OID〙 ── *n.* 〘動物〙プレロケルコイド, 擬充尾虫《裂頭条虫の第二中間宿主体内における幼生》.

ple·rome [plí(ə)roʊm | plíərəʊm] 〘◻ G *Plerom* ◻ LL *plērōma* fullness ◻ Gk *plḗrōma* that which fills ← *plēroûn* to make full ← *plḗrēs* full〙 ── *n.* 〘植物〙原中心柱《原組織説において茎および根端の中心柱の起原となるとした初生組織》.

ple·si- [plíːsi, -zi | -sɪ] (母音の前に来る時の) plesio- の異形.

ple·si·o- [plíːsio(ʊ), -zio(ʊ) | -sɪə(ʊ)] 〘← NL ～ ← Gk *plēsio-* ← *plēsios* ← *pélas* near〙 ──「接近した(close), 近い (near)」の意の連結形. ★ 母音の前では通例 plesi- になる.

ple·si·o·saur [plíːsiəsɔ̀ə, -ziə- | -sɪə(ʊ)sɔ̀ːr, -sjə-] 〘《1839》: ↓〙 *n.* 〘古生物〙＝plesiosaurus.

plesiosauri *n.* plesiosaurus の複数形.

Ple·si·o·sau·ri·a [plìːsiəsɔ́ːriə, -ziə- | -sɪə(ʊ)sɔ́ːrɪə, -sjə-] 〘← NL ～: ⇨ ↓, -ia[2]〙 *n. pl.* 〘古生物〙長頸竜亜目, プレシオサウルス亜目.

ple·si·o·sau·rus [plìːsiəsɔ́ːrəs, -ziə- | -sɪə(ʊ)-, -sjə-] 〘《1825》← NL *Plēsiosaur-us*: ⇨ plesio-, -saurus: W. D. Conybeare (1787–1857) の造語〙 ── *n.* (*pl.* **-sau·ri** [-raɪ]) 〘古生物〙長頸竜, プレシオサウルス《長頸竜亜目 *Plesiosaurus* 属に代表される中生代海生爬虫類の総称; 鰭(ひれ)状に発達した巨大な四肢をもつ》.

ples·sor [plésə | -sə(r)] *n.* 〘医学〙＝plexor.

Pleth·o·don·ti·dae [plèθədɑ́nṭədìː | -dɔ́ntɪ-] 〘← NL ～ ← *Plethodont-, Plethodon* (← *pletho-* (← Gk *plêthosm* ass (↓))＋-ODON)＋-IDAE〙 ── *n. pl.* 〘動物〙(脊椎動物門両生綱)プレトドン科.

pleth·o·ra [pléθərə] 〘《1541》◻ LL *plēthōra* ◻ Gk *plēthṓrē* fullness ← *plḗthein* to become full ← IE **pel-* to fill: ⇨ full[1]〙 ── *n.* **1** 過多, 過度 (overfullness): make an acceptable choice from a ～ of material あり余る材料の中から妥当な選択をする. **2** 〘病理〙充満症; 多血(症), 赤血球過多(症).

ple·thor·ic [plɪθɔ́(ː)rɪk, plə-, ple-, -θɑ́r-, pléθər- | pleθɔ́r-, plɪ-] 〘《1620》◻ LL *plēthōric-us* ◻ Gk *plēthōrikós*: ⇨ ↑, -ic[1]〙 ── *adj.* **1** 赤血球過多の, 多血症の. **2** 過多な; 膨れ上がった. **ple·thór·i·cal·ly** *adv.*

ple·thys·mo·gram [pleθízmәgræ̀m, plɪ-, plə-, -θís- | ple-, plɪ-] 〘⇨ ↓, -gram〙 *n.* 〘医学〙体積曲線, プレチスモグラム.

ple·thys·mo·graph [pleθízmәgræ̀f, plɪ-, plə-, -θís- | pleθízmәgrɑ̀ːf, plɪ-, -θís-, -græ̀f] 〘← *plethysmo-* (◻ Gk *plēthūsmós* multiplication ← *plēthū́s* mass: cf. plethora)＋-GRAPH: cf. It. *pletismografo*〙 ── *n.* 〘医学〙(肢(し))体)容積計, 体積(変動)記録器, 血量計, プレチスモグラフ. **ple·thys·mo·graph·ic** [pleθìzməgrǽfɪk, plɪ-, plə-, -θɪs- | ple-, plɪ-] *adj.* **ple·thỳs·mo·gráph·i·cal·ly** *adv.* **ple·thys·mog·ra·phy** [plèθɪzmɑ́grəfi, -θəz-, -θɪs-, -θəs- | -θɪzmɔ́grəfɪ, -θɪs-] *n.*

pleur- [plʊ(ə)r | plʊər] (母音の前に来る時の) pleuro- の異形.

pleu·ra[1] [plʊ́(ə)rə | plʊ́ərə] 〘《1664》◻ ML ～ ◻ Gk *pleurá* side, rib ← ?〙 *n.* (*pl.* **pleu·rae** [-riː, -raɪ | -riː], **～s**) 〘解剖〙肋(ろく)膜, 胸膜.

pleura[2] *n.* pleuron の複数形.

pleu·ral [plʊ́(ə)rəl | plʊ́ər-] 〘⇨ pleura[1], -al[1]〙 *adj.* **1** 〘解剖〙肋(ろく)膜[胸膜] (pleura) の: ～ effusion [fluid] 胸水. **2** 〘動物〙側板 (pleuron) の, 側片 (pleurite) の.

pléural cávity *n.* 〘解剖〙胸腔, 胸膜腔.

pléural gánglion *n.* 〘動物〙側神経節, 体側神経節《軟体動物の皮部神経中枢の一つ》.

pleu·ri- [plʊ́(ə)ri, -rə | plʊ́ərɪ] pleuro- の異形 (⇨-i-).

pleu·ri·sy [plʊ́(ə)rəsi | plʊ́ərəsi, -rɪ-] 〘《1398》 *pluresy, pleresie* ◻ OF *pleurisie* (F *pleurésie*) ◻ LL *pleurisis* ◻ Gk *pleurîtis* ← *pleurá* 'PLEURA[1]'〙 ── *n.* 〘病理〙肋(ろく)膜[胸膜]炎: dry [exudative, moist] ～ 乾性[湿性]肋膜炎. **pleu·rit·ic** [plʊríṭɪk, plə- | plʊərít-] *adj.*

pléurisy ròot *n.* **1** 〘植物〙ヤナギトウワタ (⇨ butterfly weed 1). **2** ヤナギトウワタの根《肋(ろく)膜炎の民間薬に用いた》.

pleu·rite [plʊ́(ə)raɪt | plʊ́ər-] 〘⇨ ↓, -ite[1]〙 *n.* 〘動物〙側片《節足動物の側板が 2 個以上に分れている時, その各々をいう》.

pleu·ro- [plʊ́(ə)ro(ʊ), -rə | plʊ́ərə(ʊ)] 〘← NL ～ ← L ～ ← Gk *pleurá* 'PLEURA[1]': cf. pleuron〙 ──「側腹 (side); 肋(ろく)膜 (pleura); 肋膜と…との (pleura and…)」の意の連結形. ★ 時に pleuri-, また母音の前では通例 pleur- になる.

plèuro·cárpous *adj.* 〘植物〙〈蘚(せん)類が〉側果の《雌雄の生殖器官が短い側枝上に生じる; cf. acrocarpous》.

pleu·ro·dont [plʊ́(ə)rədɑ̀nt | plʊ́ərədɔ̀nt] 〘← PLEURO-＋-ODONT〙 〘動物〙 ── *adj.* 側生歯の[を有する] (cf. acrodont). ── *n.* 側生歯動物《ある種の両生類・爬(は)虫類などのように歯が顎(がく)骨の側面に生じる動物》.

pleu·ro·dyn·i·a [plʊ̀(ə)rədíniə | plʊ̀ərədínɪə] 〘← NL ～: ⇨ pleuro-, -odynia〙 ── *n.* 〘病理〙 **1** 胸膜痛, 側胸痛, 胸部筋痛, 胸間筋痛. **2** ＝epidemic pleurodynia.

pleu·ron [plʊ́(ə)rɑn | plʊ́ərɔn] 〘← NL ～ ← Gk *pleurón* side: cf. pleura[1]〙 *n.* (*pl.* **pleu·ra** [-rə]) 〘動物〙(甲殻類などの)側板, 甲側《体の側部が硬質化したもの》.

Pleu·ro·nec·ti·dae [plʊ̀(ə)rənéktədìː | plʊ̀ərə(ʊ)néktɪ-] 〘← NL ～ ← *Pleuronectes* (属名: PLEURO-＋*nectes* ◻ Gk *nḗktēs* swimmer ← *nḗxein* to swim)＋-IDAE〙 ── *n. pl.* 〘魚類〙カレイ科.

plèuro·peritonéum 〘← NL ～: ⇨ pleuro-, peritoneum〙 *n.* 〘解剖〙胸腹膜.

plèuro·pneumónia 〘← NL ～: ⇨ pleuro-, pneumonia〙 *n.* 〘病理〙肋膜肺炎.

pleuropneumónia-lìke órganism *n.* 〘生物〙牛肺疫菌様微生物, マイコプラスマ《*Mycoplasma* 属の病原体; 家畜の不妊症をひきおこす; 略称 PPLO》.

pleu·rot·o·my [plʊrɑ́ṭəmi | plʊərɔ́təmɪ] 〘← PLEURO-＋-TOMY〙 *n.* 〘外科〙胸膜切開(術).

Pleu·ro·trem·a·ta [plʊ̀(ə)rətrémәṭə, -tríːm- | plʊ̀ərə(ʊ)trémәtə, -tríːm-] 〘← NL ～: ⇨ pleuro-, -trema〙 *n. pl.* 〘魚類〙サメ目.

pleus·ton [plúːstən, -tɑn | -tən, -tɔn] 〘← *pleus-* (← Gk *pleûs-is* sailing ← *pleîn* to sail ← IE **pleu-* 'to FLOW')＋(PLANK)TON〙 ── *n.* 〘生態〙浮漂植物, プロイストン《ウキクサのように水中または水面に浮漂する植物》. **pleus·ton·ic** [pluːstɑ́nɪk | -stɔ́n-] *adj.*

Plev·en [plévən; *Bulg.* plɛ́vɛn] *n.* プレベン, プレブナ《ブルガリア北部の都市; 露土戦争の戦跡 (1877); 人口 39,000; Plevna [plévnɑː] ともいう》.

plew [plúː] 〘◻ Canad.-F *pelu* hairy ◻ F ～, *poilu* ← *poil hair* ◻ L *pilus*: ⇨ pile[3]〙 *n.* 《米西部・カナダ》ビーバーの皮 (beaver skin).

plex·i·form [pléksəfɔ̀əm | -sɪfɔ̀ːm] 〘← PLEX(US)＋-FORM〙 *adj.* 叢 (plexus) の, 網状の; 込み入った.

Plex·i·glas [pléksɪglæ̀s, -sə- | -sɪglɑ̀ːs] 〘↓〙 *n.* 〘商標〙プレキシガラス《plexiglass の商品名; cf. polymethyl methacrylate》.

plex·i·glass [pléksəglæ̀s | -sɪglɑ̀ːs] 〘← PL(ASTIC)＋(FL)EXI(BLE)＋GLASS〙 ── *n.* プレキシガラス《メタクリル酸メチルの熱可塑性重合体; アクリル酸ガラスの一種; 透明度高く加熱によって自在な形に加工できる; 飛行機の窓その他用途が多い》.

plex·im·e·ter [pleksímәṭə | -símɪtə(r, -mə-] 〘← Gk *plêxis* a striking＋-METER[1]〙 ── *n.* 《廃》〘医学〙打診板《通例象牙の薄板でこの板を打診すべき所に当て, その上を打診つち(plexor) で打診する》. **plex·i·met·ric** [plèksəmétrɪk | -sɪ-] *adj.*

plex·or [pléksə | -sə(r)] 〘← NL ～ ← Gk *plêxis* (↑)＋-OR[2]〙 *n.* 〘医学〙打診つち (plessor).

plex·us [pléksəs] 〘《1682》← NL ～ ← L ～ 'network' ← (p.p.) ← *plectere* to plait: ⇨ ply[1]〙 ── *n.* (*pl.* **～·es, ～**) **1** **a** 〘解剖〙(神経・血管または腺維などの)叢(そう), 網状組織 (network): the spinal ～ 脊椎(せき)静脈叢 / ⇨ pulmonary plexus, solar plexus. **b** 〘動物〙集網, 叢. **2** 網, 網細工 (network). **3** (考え・感情・事件などの)もつれ, 錯雑 (complication).

plf. 《略》〘法律〙plaintiff.

plff. 《略》〘法律〙plaintiff.

pli·a·bil·i·ty [plàɪəbíləṭi | -lətɪ, -lɪ-] 〘⇨ ↓, -ity〙 *n.* **1** 柔軟性. **2** 従順な性質, 素直, 柔順.

pli·a·ble [pláɪəbḷ] 〘《1483》◻ (O)F ～ ← *plier* 'to bend, PLY[1]': ⇨ -able〙 ── *adj.* **1** 〈物が〉曲げやすい, 柔軟な, しなやかな. **2** 〈心・性質など〉柔順な, 素直な, 言いなりになる, 融通のきく (↔ rigid). **plí·a·bly** *adv.* **～·ness** *n.*

pli·an·cy [pláɪənsi | -sɪ] 〘⇨ ↓, -cy〙 *n.* ＝pliability.

pli·ant [pláɪənt] 〘《?*c*1380》 *plyande, pleaunt* ◻ (O)F *pliant* (pres.p.) ← *plier*: ⇨ pliable〙 ── *adj.* **1** 柔軟な, しなやかな. **2** 言いなりになる, 柔順な. **3** 適応できる, 順応性に富む. **～·ly** *adv.* **～·ness** *n.*

pli·ca [pláɪkə] 〘← NL ～ 'fold, plait' ← L *plicāre* to fold: cf. ply[1]〙 ── *n.* (*pl.* **pli·cae** [-kiː, -siː]) **1** 〘解剖・動物〙褶襞(しゅうへき), ひだ (fold). **2** 〘病理〙糾髪(きゅうはつ)病《ポーランド地方の風土病; ダニと剝離した頭皮で頭髪が乱れる; plica polonica [pəlɑ́nɪkə, -nə- | -lɔ́nɪ-] ともいう》. **3** 〘音楽〙プリカ《中世音楽の主に経過音に用いられた装飾音記号》.

pli·cate [pláɪkeɪt, -kət, -kɪt] 〘◻ L *plicāt-us* (p.p.) ← *plicāre* to fold (↑): ⇨ -ate[2]〙 ── *adj.* 〘生物〙ひだのある, 扇だたみの, 褶襞(しゅうへき)のある (folded): a ～ leaf 褶畳葉. **～·ly** *adv.* **～·ness** *n.* 「plicate.

pli·cat·ed [pláɪkeɪṭɪd, -ṭəd | -tɪd, -təd] *adj.* 〘生物〙＝

pli·ca·tion [plaɪkéɪʃən] 〘ME ◻ OF ～ ∥ ML **plicātiō(n-)*: ⇨ plicate, -ation〙 ── *n.* **1** 折畳み (folding). **2** ひだ, 褶襞(しゅうへき) (fold); ひだ[褶襞]状態. **3** 〘医学〙皺襞形成(術).

plic·a·ture [plíkəʧʊ̀ə, pláɪk-, -ʧə | -tjʊ̀ə(r)] 〘◻ L *plicātūra* ← *plicātus*: ⇨ plicate, -ure〙 *n.* ＝plication.

pli·é [pliːéɪ; *F.* plie] 〘◻ F ～ (p.p.) ← *plier* to bend: ⇨ ply[1]〙 *F. n.* (*pl.* **～s** [～z; *F.* ～]) 〘バレエ〙プリエ《膝を曲げること》.

pli·er [pláɪə | pláɪə(r)] 〘← PLY[1]＋-ER[1]〙 ── *n.* **1** ply する人[物]. **2** [*pl.*; しばしば単数扱い] プライヤー (small pincers): a pair of ～*s* ペンチ一丁 / ⇨ cutting pliers.

plight[1] [pláɪt] 〘*n.*: OE *pliht* danger, risk ← Gmc **plexʷ-* ((M)Du. *plicht* / G *Pflicht* duty) ← **plegan* to pledge for, risk. ── *v.*: OE *plihtan* to endanger ← (*n.*)〙《古》 ── *n.* 誓い, 契り (pledge); 婚約 (engagement). ── *vt.* **1** 誓う, 堅く約束する: ～ one's faith [promise, troth, word, honor] 堅く約束する. **2** [通例

p.p. 形または ~ oneself で]〔…と〕婚約する〔*to*〕: ~ one's troth 婚約する / She ~*s herself to* a young scholar. 彼女は若い学者と婚約している / ~*ed* lovers 堅く誓い合った恋人同士. **~·er** [-ṭə | -tə(r] *n.*

plight[2] [pláɪt] 〖(*a*1375) *plit, plyt* ◻ AF *plit*=OF *pleit* 'fold, PLAIT'〗 **—** *n.* **1** 有様, 状態 (state), 立場 (situation); [通例悪い意味に用いて] ざま, 苦境, 窮状, 羽目: in a miserable [evil, hopeless, piteous, sorry, strange] ~ 窮状で / Their ~ only worsened. 彼らの立場は悪化の一途をたどった / What a ~ to be in! とんだことになったものだ. **2** 体調 (physical condition).

plim [plím] 〖(変形)? ← (方言) *plum* < ME *plume*(*n*) to swell, rise〗 **—** *v.* (**plimmed**; **plim·ming**) 《英方言》 **—** *vi.* 膨れる (swell); 太る 〈*out*〉. **—** *vt.* 膨らます; 太らせる.

plim·soll [plímsəl, -sɔ(:)l, -sɑl | -səl, -sɔl] 〖← *Plimsoll mark*: 靴底の泥よけの上端が Plimsoll mark に似ているところからか〗 **—** *n.* (*also* **plim·sol** [~], **plim·sole** [-səl, -sòul | -səl, -səul]) [通例 *pl.*] 《英》(安価な)ゴム底のズック靴 (《米》sneakers).

Plim·soll [plímsəl, -sɔ(:)l, -sɑl | -səl, -sɔl], **Samuel** *n.* (1824–98) 英国の政治家; 下院議員として船員の生活擁護に尽くし, 満載喫水線改革の提唱者で, 商船条例 (1876) を成立させた; 通称 the Sailors' Friend.

Plímsoll màrk [**lìne**] 〖↑〗 **—** *n.* 〖海事〗プリムソル標, 乾舷(けん)標《商船の船側中央部に白ペンキで描いた線や円のマーク; 満載喫水線標 (load line) の通称, このマークが没入するほど貨物を積載してはならない; 商船条例 (1876 年) で英国商船はこれをつけるように規定されたのに始まる; cf. draft mark》.

plink [plíŋk] 〖擬音語〗《米》 **—** *vi.* **1** (並んでいる物などを)めくら撃(う)ちする, 物を投げつける. **2** ちりんちりん鳴る[音を立てる]; 楽器をかき鳴らす. **—** *vt.* **1** …をめくら撃ちする, …に物を投げつける. **2** 〈鈴などを〉ちりんちりん鳴らす; 〈曲を〉かき鳴らす: A harp ~*ed* the theme. ハープがそのテーマ曲をかき鳴らしていた. **—** *n.* ちりんちりん[楽器の]鳴る音.

plinth [plínθ] 〖(1611) ◻ F *plinthe* // L *plinth-us* ◻ Gk *plínthos* brick ← ?: cf. OE *flint*〗 *n.* 〖建築〗 **1** (円柱の下の四角な)台座, 方形台座; (銅像の台石 (pedestal) の中間の主要部 dado の下で最底部をなす)台座 (⇨ pedestal 挿絵). **2** (煉瓦壁など基底部をなす)土台回り《端部を斜めに切り落とした形の煉瓦; plinth course ともいう》. **3** (銅像の台石に使う)角石: the ~ of a statue. **4** (部屋の内壁の)幅木(はばき). **5** (家具の)台輪.

plin·thite [plínθaɪt] 〖← PLINTH+-ITE[1]〗 *n.* 〖地質〗(Antrim と Hebrides 諸島のトラップ (trap) の間にでる)一種の赤れんが色の粘土.

Plin·y [plíni | -nɪ] *n.* プリニウス: **1** (23–79) ローマの博物学者・百科辞典編集者・著述家; the Elder「大プリニウス」; Gaius Plinius Secundus. **2** (62?–113) ローマの著述家・政治家; 前者の甥(おい); the Younger「小プリニウス」; Gaius Plinius Caecilius Secundus.

pli·o- [pláɪo(ʊ) | pláɪə(ʊ)] =pleio-.

Pli·o·cene [pláɪəsìːn | -ə(ʊ)-] 〖(1833) ← PLEIO-+-CENE〗 〖地質〗 **—** *adj.* 鮮新世[統]の: the ~ epoch [series] 鮮新世[統]《第三紀の最新期》. **—** *n.* [the ~] 鮮新世[統].

Pli·o·film [pláɪəfɪlm] 〖← PLI(ABLE)+FILM〗 *n.* 〖商標〗プライオフィルム《包装用透明防水シートの商品名》.

pli·que-à-jour [plíːkɑːʒúə | -ʒúə(r; *F.* plikaʒuːr] 〖◻ F ~ 《原義》braid letting in daylight〗 *n.* 〖窯業〗省胎七宝(しょうたいしっぽう)《あらかじめ模様を金属線でつくり, 着色琺瑯(ほうろう)をその中に入れて溶かし, 両側を研磨する; 光を通すとステンドグラスの効果を示す; 《英》では open-work plait ともいう》.

plis·kie [plíski | -kɪ] 〖← ?〗 *n.* (*also* **plis·ky** [~]) 《スコット》いたずら, 悪ふざけ.

Pliss [plís] *n.* 〖宇宙〗=PLSS.

plis·sé [pliːséɪ; *F.* plise] 〖◻ F ~ ← (p.p.) ← *plisser* to pleat: cf. ply[1]〗 **—** *n.* (*also* **plis·se** [~z; *F* ~]) 〖紡織〗 **1** プリセ《クレープを化学的に出した織物》; ひだ. **2** プリセ織りの生地《綿・レーヨン・ナイロンなど》. **—** *adj.* プリセ加工を施した.

P.-L.-M. 《略》Paris-Lyon-Méditerranée (鉄道名).

PLO 《略》Palestine Liberation Organization パレスチナ解放機構《1964 年アラブ首脳会議の決議により結成されたパレスチナアラブ人の反イスラエル解放組織の統一戦線; cf. PFLP》.

plo·ce [plóusiː | plə́u-] 〖(古形) *ploche* ◻ LL *plocē* ◻ Gk *plokḗ* plaiting ← *plékein* to plait: cf. ply[1]〗 **—** *n.* 〖修辞〗強調反復《強調のため語句を反復すること: I am that I am. 我は有りて在る者なり (*Exod.* 3: 14)》.

Plo·ce·i·dae [plo(ʊ)síːədiː | plə(ʊ)síːɪ-] 〖← NL ~ ← *Ploceus* (属名: ◻ Gk *plokeús* braider, plaiter ← *plékein* (↑))+-IDAE〗 *n. pl.* 〖鳥類〗ハタオリドリ科.

plod [plɑ́(ː)d | plɔ́d] 〖(1562) 擬音語〗 **—** *v.* (**plod·ded**; **plod·ding**) *vi.* **1** (道などを)とぼとぼ歩く (trudge): ~ wearily *along* [*on*] the road 疲れた足を引きずって歩く. **2** こつこつ働く[勉強する], 苦しい[いやな]仕事をする (drudge): ~ *away at* one's books こつこつ読書する / ~ *through* a task 骨を折って仕事をやり通す / He's ~*ding away* day and night. 日夜こつこつやっている. **—** *vt.* 〈道を〉とぼとぼ歩く: ~ one's way とぼとぼと道をたどる. **—** *n.* **1** 足の重たそうな歩行, たどたどしい歩み, 重たげな足音. **2** こつこつ働く[勉強する]こと; 苦しい仕事.

plód·der *n.* **1** とぼとぼ歩く人; こつこつ働く人, 地味な努力家. **2** 圧出機《石鹸の乾燥チップを圧縮し固状の石鹸に変える機械》.

plód·ding 〖⇨ plod, -ing[2]〗 **—** *adj.* **1** とぼとぼ歩く. **2** こつこつ働く[勉強する]: a ~ genius こつこつやる努力型の天才. **3** 〈仕事など〉単調な, 退屈な (dull). **~·ly** *adv.* **~·ness** *n.*

Plo·es·ti [plɔ(ː)jéʃt(ɪ) | plɔujéʃtɪ; *Russ.* plajéʃtji] *n.* プロエシテ《ルーマニア南東部の都市; 人口 200,000》.

-ploid [plɔɪd] 〖← Gk *-plóos* -fold (← IE **pel-* 'to FOLD[1]')+-OID〗 〖生物〗染色体数を示す形容詞連結形: di*ploid*, ha*ploid*.

ploi·dy [plɔ́ɪdi | -dɪ] 〖⇨ ↑, -y[1]: cf. diploidy〗 *n.* 〖生物〗倍数性《近縁の種または変種間において染色体数に増減の見られる現象》.

Plo·mer [plúːmə, plʌ́mə | -mə(r], **William** (**Charles Franklyn**) *n.* (1903–73) 南アフリカ共和国生まれの英国の小説家・詩人.

plonk[1] [plɑ́ŋk, plɔ́(ː)ŋk | plɔ́ŋk] *v., n., adv.* =plunk.

plonk[2] [plɑ́ŋk, plɔ́(ː)ŋk | plɔ́ŋk] 〖(変形)? ← F *blanc* white〗 *n.* 《英俗》安ぶどう酒.

plop [plɑ́p | plɔ́p] 〖(1833) 擬音語〗 **—** *v.* (**plopped**; **plop·ping**) **—** *vi.* **1** ぽちゃん[ぽとん]という[落ちる]. **2** (栓(せん)などを抜くときに)ぽんと音がする (pop). **3** (どさん[どたり]と)落ちる. **—** *vt.* **1** ぽちゃん[ぽとん]と落とす; ぽんと音を立てる. **2** (どさんと)落とす. **—** *n.* ぽちゃん[ぽとん]と落ちること[音]: with a ~. **—** *adv.* **1** ぽちゃん[ぽとん]と; ぽんと: fall ~ into the water ぽちゃんと水の中に落ちる / The cork came out ~! コルクがぽんと音を立てて抜けた. **2** だしぬけに, 不意に.

plo·sion [plóuʒən | plə́u-] 〖(略) ← EXPLOSION, IMPLOSION〗 *n.* 〖音声〗(閉鎖音の)破裂 (explosion).

plo·sive [plóusɪv, -zɪv | plə́u-] 〖(1909)(略) ← EXPLOSIVE, IMPLOSIVE: cf. F *plosive*〗 〖音声〗 **—** *n.* 破裂音, 閉鎖音 (stop)《[p] [b], [t] [d], [c], [ɟ], [k] [g], [ʔ]; cf. continuant 1》. **—** *adj.* 破裂音の: ~ consonants 破裂子音.

plot [plɑ́t | plɔ́t] 〖*n.*: OE *plot*(*t*) ← ? (cf. F *pelote* clod) 《略》← COMPLOT. — *v.*: (1588) ← (n.)〗 **—** *n.* **1** (通例悪意をもった)計画, たくらみ, 計略, 陰謀, 謀略 (stratagem): ⇨ Gunpowder Plot / hatch a ~ (*against*) (…に対し)陰謀をたくらむ / be privy to a ~ 陰謀にあずかる. **2** (詩・小説・脚本などの)筋, 構想, 仕組, プロット: The ~ thickens. 事[話]が面白くなる. **3 a** 小区域の地所, 小地面 (patch); そこで取れる作物: a garden ~ 野菜畑, 菜園 / a ~ of barley 一畑の大麦. **b** 〖建築〗敷地, 画地: a ~ plan 配置図. **4** 《米》(敷地・建物などの)図面, 図. **5** 表 (diagram); 〖軍事〗(砲兵射撃目標の位置・移動経路などの図上での)表示, 図示. **6** (いくつかの)点を結ぶことによって浮かび出てくる曲線[図形]. **7** 《廃》(芝居などの上演[上映]用の)割り付け[振り](表).

— *v.* (**plot·ted**; **plot·ting**) **—** *vt.* **1** たくらむ, ひそかに図る, …の陰謀をめぐらす (conspire); 計画する (plan), 立案する 〈*to do*〉: ~ a person's assacination [*to* assacinate a person] 人の暗殺を図る. **2** 〈小説・脚本など〉の筋を作る, 構想を練る. **3** …の区画[分割計画を立てる, 分ける 〈*out*〉: ~ *out* one's time 時間を割り当てる. **4** 〈土地を〉小地面に分ける, 小区画する, 敷地割りをする 〈*out*〉. **5** 〈建物・敷地など〉の図面[地図]を作る, 地取りをする. **6** (海図などに)〈自船の位置・航路などを〉記入する; 〈砲兵射撃目標の位置・移動経路などを〉(図上で)表示する. **7** 〖数学〗プロットする: **a** 方眼紙などに寸法・座標によって〈点を〉きめる. **b** きめた点を結んで〈曲線を〉描く. **c** 曲線で〈式を〉表示する. **8** (芝居などの上演[上映]用の)割り付け[振り]表を作る. **9** グラフで〈計算を〉する: ~ a calculation. **—** *vi.* **1** 〔…に対し〕陰謀を企てる, 徒党を組む (conspire) 〔*for, against*〕: ~ *against* a person's life 人の殺害を企てる. **2** (小説などの)筋を作る, 構想を練る. **3** 〈データなどが〉(方眼紙などに座標によって)位置がきまる.

Plo·ti·nism [plo(ʊ)táɪnɪzm, plóuṭənɪzm, -tṇ- | plə(ʊ)táɪnɪzm, plə́utɪnɪzm] 〖← *Plotinus*+-ISM〗 *n.* 〖哲学〗プロティノス (Plotinus) 主義.

Plo·ti·nist [-táɪnɪst, plóuṭən-, -nəst, -tṇ- | plə(ʊ)táɪnɪst, plə́utɪn-] *n.* 〖哲学〗プロティノス (Plotinus) 派の人.

Plo·ti·nus [ploutáɪnəs | plə(ʊ)-] *n.* プロティノス《204 または 205–269 または 270; エジプト生れのギリシャ・ローマの新プラトン派哲学者》.

plót·less 〖⇨ plot, -less〗 *adj.* 計画のない; 〈小説など〉プロットのない. **~·ness** *n.*

Plo·to·si·dae [ploutóusədiː | plə(ʊ)tə́usɪ-] 〖← NL ~ ← *Plotosus* (属名: ← ? Gk *plōtós* floating, swimming ← *pleîn* to sail, float)+-IDAE〗 **—** *n. pl.* 〖魚類〗ゴンズイ科《ゴンズイ (*Plotosus anguillaris*) などを含む》.

plot·tage [plɑ́ṭɪdʒ | plɔ́t-] 〖← PLOT+-AGE〗 *n.* 敷地.

plót·ter [-ṭə | -tə(r] 〖← PLOT+-ER[1]〗 **—** *n.* **1** 陰謀者, 共謀者. **2** プロッター《分度器のような器具》. **3** 計画者 (contriver). **4** 〖電算機〗プロッター《データを図面化する出力装置》. **5** 地図や表示板の上に飛行中の飛行機の位置をマークする人.

plót·ting [-ṭɪŋ | -tɪŋ] *n.* 製図; 〖建築〗敷地割り.

plótting bòard *n.* **1** 〖軍事〗標定板, 表示板, 射撃板, 位置測定板《砲兵射撃の目標と味方の砲との関係位置を縮尺で板上に示し, 正しい標定を可能にする装置》. **2** 〖海事〗位置記入図板.

plótting pàper *n.* 方眼紙, グラフ用紙 (graph paper).

plot·ty [plɑ́ṭi | plɔ́ti] 〖← PLOT+-Y[4]〗 *adj.* 《口語》筋の込み入った, 手の込んだ, 複雑な.

plotz [plɑ́ts | plɔ́ts] 〖◻ Yid. ~ ◻ G *platzen* to burst〗 *vi.* 《米口語》 **1** 崩れる, 倒れる; 破裂する, かっとなる. **2** 散々に失敗する.

plough [pláu] *n.*, *v.* 《英》=plow. **~·er** *n.*

plóugh·lànd *n.* 《英》 **1** =plowland 1. **2** =hide[3].

plóugh·man [-mən, -mæ̀n | -mən] *n.* (*pl.* **-men** [-mən, -mèn | -mən]) =plowman.

Plov·div [plɔ́(ː)vdɪf, -dɪv | plɔ́v-; *Bul.* plɔ́vdif] *n.* プローブディフ《ブルガリア南部, Maritsa 河畔の都市; 人口 125,000》.

plov·er [plʌ́və, plóuvə | plʌ́və(r] 〖(1312–13) ◻ AF ~ =OF *plovier* (F *pluvier*) < VL **ploviārius* rain-bird ← L *pluvia* rain (⇨ pluvial)[1]〗 **—** *n.* (*pl.* ~, ~**s**) 〖鳥類〗チドリ《チドリ科の鳥の総称; フタオビチドリ (killdeer), タゲリ (lapwing) など; cf. golden plover》.

plóver pàge *n.* 《スコット》〖鳥類〗チドリ (plover) について飛ぶイソシギ・クサシギなど小型のシギ類の総称; (特に)ハマシギ(dunlin)《plover's page ともいう》.

plow, 《英》**plough** [pláu] 〖*n.*: lateOE *plōh* plowland ◻ ON *plōg-r* < Gmc **plōʒaz* (Du. *ploeg* / G *Pflug*): cf. L *plōvus, plōvum* plow. — *v.*: (*c*1420) ← (n.)〗 **—** *n.* **1** (耕作用の)すき, 犂. ★ しばしば農業の象徴として使われる: follow [hold] the ~ 農業に従事する / be at the ~ 農業をやっている / The ~ goes before the oxen. 《諺》すきが牛の前を進む,「本末転倒」(cf. *put the* CART *before the horse*). **2** (形・用途が)すきに似た物: **a** 除雪機 (snowplow). **b** 〖木工〗溝鉋(みぞかんな) (plough). **c** 〖印刷〗(昔の)仕上げ鉋《活字の脚部 (foot) の溝 (groove) を掘る道具》. **d** 〖製本〗プラウ《手動の小口裁断器》. **3** 耕作された土地, 田畑: fifty acres of ~ 50 エーカーの耕地. **4** [the P-] 〖天文〗**a** 北斗七星《おおぐま(大熊)座 (the Great Bear) 中の七つの主星; Charles's Wain, the Big Dipper ともいう》. **b** おおぐま座. **5** [plough で] 《英俗》落第 (flunk).

put [***set***] ***one's hand to the plow*** ⇨ hand 成句. ***under the plow*** 〈土地が〉耕作されて.

— *vt.* **1** すきで耕す, すく: ~ the fields / ~ *down* weeds 雑草をすき倒す / ~ manure *in* [*into*] the land 土に肥料をすき込む / ~ *out* roots 根をすき[掘り]出す / ~ *up* potatoes じゃがいもを掘り起こす[出す]. **2 a** (すいて)…に溝[あぜなど]を作る (furrow); (すいたように)…にしわを作る: ~ the road after the snow 雪が降ったあと道路の雪かきをする / a face ~*ed with* sorrow 悲しみのしわが刻まれた顔. **b** (すいて)〈溝・あぜを〉作る: ~ furrows. **c** 〈車などが〉〈道路などを〉掘り返す: ~ the streets *into* quagmire 〈車が〉街路を泥沼のようにする. **3 a** 〈波を〉切って進む; 波を切って〈海などを〉行く: ~ the waves [ocean] 波を切って[大洋を]航行する. **b** [~one's way として] 骨折って前進する: I ~*ed my way through* (the crowd). (人込みの中を)やっとのことで進んだ. **4** 〖木工〗…に溝を掘る; 〖製本〗〈紙を〉截(た)つ, 〈本の小口を〉裁断する. **5** 〈資本などを〉つぎ込む, 投下する 〔*into*〕. **6** [plough で] 《英俗》〈学生・試験を〉落とす (flunk): be ~*ed in* English 英語で落ちる.

— *vi.* **1** すきで耕す. **2** 〈土地が〉耕される, すけ具合が…である: The land ~*s hard* after the drought. 日照りの後は土地が堅くなってすきにくい. **3** (すきですくように)骨折って進む, なんとか乗り切る; 苦労して読む: ~ *along* [*ahead*] 苦労して進む / ~ *across* the ocean 大洋を航行する / ~ *through* the snow [high seas] 雪の中を骨折って進む[荒海を突き進む] / ~ *through* one's work [a negotiating session] こつこつと仕事を進める[交渉をなんとか乗り切る] / ~ *through* a dull book 退屈な本をとにかく読み通す. **4** 《米》衝突する, 突っ込む; 勢いよく取りかかる: ~ *into* a parked car [one's work]. **5** [plough で] 《英俗》試験に落ちる.

plow back (1) 〈草などを〉また元の畑にすき込む. (2) 〈利益を〉再投資する (cf. plowback): ~ *back* profits (*into* equipment) 利潤を(設備に)再投資する. ***plow under*** (1) (肥料として)〈草などを〉土の中にすき込む; 〈土地を〉耕して草(など)をすき込む; (過剰生産にならぬよう)〈未収穫の作物を〉埋める. (2) 《口語》破壊する, 抹殺する, 埋もれさせる. ***plow up*** (1) ⇨ *vt.* 1. (2) 〈土・道路などを〉掘り起こす[返す]. (3) …に(深い)傷をつける. ***plow with a person's heifer*** [***ox***] 他人の妻[物]を利用する (cf. *Judges* 14: 18).

~·a·ble [~əbl] *adj.*

plów·bàck *n.* 〖経済〗利益の再投資; 再投資金.

plow bèam *n.* 〖馬具〗犁柱(ちゅう), プラウビーム (⇨ whippletree 挿絵).

plów·bòy *n.* **1** 耕作用牛馬の手綱を取る若者. **2** 農村の若者.

plów·er *n.* =plowman.

plów·hèad *n.* すきの U リンク (⇨ clevis).

plow hòrse *n.* (馬耕用の)農馬.

plów·lànd 〖(*c*1300)〗 *n.* **1** 耕地, 田畑. **2** [plough- land で] =hide[3].

plów·man [-mən, -mæ̀n | -mən] 〖(1271)〗 *n.* (*pl.* **-men** [-mən, -mèn | -mən]) 耕夫, 農夫; 田舎者.

plówman's-spíkenard *n.* 〖植物〗黄色い花をつけるヨーロッパ産キク科の草本 (*Inula squarrosa*).

Plow Mónday 〖この日もと英国ではみんなですきを引きながら行列して耕作始めを祝う慣習があったことから〗 *n.* Epiphany (1 月 6 日)後の第一月曜日.

plów pàn *n.* 〖農業〗=plow sole.

plów·shàre 〖(*c*1400): ⇨ share[2]: cf. G *Pflugschar*〗 *n.* すき先.

plów-shòe 〖(1377–78)〗 *n.* [通例 *pl.*] 〖農業〗プラウ

シュー《すき先を保護するもの》.

plów sòle *n.* 〘農業〙耕盤《plow pan ともいう》.

plów·stàff 〘《1297》〙 *n.* **1** 棒の先に小さなすきのようなものを付けた道具《すき先についた土を取り除くのに使う》. **2** すきの柄.

plów stèel *n.* 〘冶金〙鋼線用の鋼《0.5–0.9% 炭素を含む》.

plów·tàil 〘⇨ tail[1]〙 *n.* すきの後部; すきの柄: at the ~ 耕作[農業]に従事して.

plów wind *n.* 《米口語》(まっすぐに)切り進むような局地的スコール, 突風.

plów·wright *n.* すき製作職人.

ploy[1] [plɔ́ɪ] 〘《頭音消失》? ← DEPLOY: cf. MF *ployer* deploy〙 ── *n.* 《口語》(ゲームや会話で人をしのぐための)策略, 術策, 手. ── 《古》〘軍事〙 *vt.* 縦列に並べる《正面を縮少するため》. ── *vi.* 縦列に並ぶ. **~·ment** *n.*

ploy[2] [plɔ́ɪ] 〘《頭音消失》? ← EMPLOY〙 *n.* 《口語》 **1** 遠征 (expedition). **2** 仕事, 職業 (job); 《英学生俗》課業(task). **3** 遊び, 楽しみ (pastime); いたずら (trick).

P.L.P. 《略》 Parliamentary Labour Party (英国)議会労働党.

P.L.R. 《略》 Public Lending Right.

PLSS [plís] 〘《頭字語》← *p(ersonal)* [*p(ortable)*] *l(ife) s(upport) s(ystem)*〙 *n.* 〘宇宙〙携帯型[用]生命維持装置 (Pliss).

plu. 《略》 plural.

pluck [plʌ́k] 〘v.: OE *ploccian, pluccian* to pull out < Gmc **plukkōn*, **plukkōjan* (Du. *plukken* / G *pflücken*) ⊂ VL **piluccāre* to remove the hair, pick ← L *pilus* 'hair, PILE[3]'. — n.: 《c1435》← (v.)〙 ── *vt.* **1** 〈鳥など〉の毛をむしる; 〈鳥の毛・果実・花などを〉むしる, もぎ取る, 摘む (pick): ~ a fowl / ~ feathers, flowers, fruit, etc. **2** ぎゅっと引く, 引っぱる (pull, snatch) 〈*away, down, off, out, up, etc.*〉: ~ *out* a thorn とげを引き抜く / ~ a letter *from* one's pocket ポケットから手紙を引っぱり出す / ⇨ PLUCK *up*.. **3** 〈人を〉高い地位から引き下ろす. **4** 〈楽器を〉かき鳴らす. **5** 《口語》〈金などを〉〈人〉からひったくる, 奪う, かすめる (swindle): ~ a pigeon ⇨ pigeon[1] 2. **6** 《英古》落第させる, はねる (reject): be [get] ~*ed* 落第する, はねられる. **7** 《卑》…と性交する. ── *vi.* **1** 〔…を〕ぐいと引く (tug) 〔*at*〕. **2** 〔…を〕つかもうとする (snatch) 〔*at*〕. **3** 楽器をかき鳴らす. **4** 《廃》(果実などを)もぎ取る (pick): *Pluck* not where you never planted. 《諺》労せずして甘い汁だけ吸おうとするな.

pluck down 《古》 (1) (地位から)引き(ずり)下ろす. (2) 取り壊す. (3) 〈人の〉高慢の鼻を折る (humble). ***pluck up*** (1) 引き抜く, 根こそぎにする (uproot): ~ *up* weeds. (2) 〈勇気・元気などを〉奮い起こす (rouse): ~ *up* (one's) courage [heart, spirits] 勇気[元気]を出す. (3) 元気を出す, 朗かになる (cheer up).

── *n.* **1** むしること; (ぎゅっと)引く[引っぱる]こと (pull): give a ~ (*at*) (…を)ぎゅっと引く. **2** 勇気, 元気, 胆力: a man of ~. **3** 臓物《食用にする動物の心臓・肝臓・肺臓など》. **4** 《英古》落第. **~·er** *n.*

plucked [plʌ́kt] 〘← PLUCK (n.)+-ED 2〙 ── *adj.* **1** [通例複合語の第2構成素として]《口語》勇気のある: a well-[good-]*plucked* one 大いに勇気のある人 / hard-*plucked* 無慈悲な, 無情な. **2** 羽をむしった: a ~ chicken. **3** 《英古》落第した.

plúck·less *adj.* 勇気のない, 元気のない.

pluck·y [plʌ́ki | -kɪ] 〘← PLUCK+-Y[4]〙 ── *adj.* (**pluck·i·er; -i·est**) 胆力のある, 勇気のある, 元気のいい, 断固とした. **plúck·i·ly** [-kɪli, -kə- | -lɪ] *adv.* **plúck·i·ness** *n.*

plug [plʌ́g] 〘n.: 《1618》⊂ MD *plugge* (Du. *plug*) plug, peg 《擬音語》?: cf. G *Pflock* / Dan. & Norw. *plugg*. — v: 《1630》← (n.): cf. MLG & Du. *pluggen*〙 ── *n.* **1 a** 栓(せん), 楔(くさび) (peg), つめ (stopper). **b** 〘病理〙(導管などを閉塞する)凝固物, 結成体, 栓. **2 a** 消火栓 (fireplug). **b** 《口語》(水洗便所の)放水栓. **3** 棒たばこ (cf. plug tobacco); かみたばこ. **4** 《米俗》廃馬, やくざ馬 (jade); くだらぬ物. **5** 《米口語》店ざらし品, 売れ残り物: an old ~. **6** 《口語》しつこい宣伝[広告, 推薦]; (ラジオ・テレビ番組の中や新聞・雑誌記事中に無料でさしはさむ, 人物または製品などの)推薦[宣伝, 広告, 売込み]. **7** 《俗》 **a** 一なぐり (punch). **b** 狙い撃ち (shot): take a ~ *at* a bird. **8** 《米俗》=plug hat. **9** (メロンなどの熟し具合を調べるために切り取った)小片, 試食品. **10** (内燃機関の)点火栓 (spark plug). **11 a** 〘電気〙差込み, プラグ. **b** 《口語》ソケット (socket). **12** 〘歯科〙詰め物, 充填(じゅうてん)物 (filling). **13** 〘石工〙(壁面に埋める)埋め木, プラグ《釘をきかすためのもの》. **14** 〘金属加工〙プラグ, 芯金《管の内側に挿入される工具》; 押抜き具, 穴あけ具 (punch); (鋳型の)突出部; (打抜き型の)対向ポンチ. **15** 〘釣〙プラグ《小魚などの型に似せたルアー (lure); いかり鉤がつく》. **16** 〘地質〙プラッグ《火道 (vent) 中で固結した迸(へい)出岩体 (extrusive mass)》.

not care a plug 《古》少しも構わない: I don't *care a* ~ what you do. 私をどうしようと構わない.

── *v.* (**plugged; plug·ging**) ── *vt.* **1** …に栓をする, ふさぐ, 詰める; (詰め物をして)きっちりさせる 〈*up*〉: ~ a hole 穴をふさぐ / ~ a wall *up* 壁の穴をふさぐ / ~ a tooth (虫)歯に詰め物をする. **2** 《口語》…に拳固を食わす (punch); …に弾丸を打ち込む, 撃つ (shoot). **3** 《口語》(講演・テレビなどで繰り返し)ほめる, 推奨する; 鳴物入りで広告する, しつこく売り込む: ~ a song *on* the audience 歌を聴衆にしつこく聞かせてはやらせようとする. **4** 〈メロンなど〉の小片を切り取って熟し具合を試食する. ── *vi.* **1** 《口語》こつこつ[根気よく]働く, 頑固に(仕事を)続ける (plod) 〈*away, along*〉: ~ (*away*) *at* a task こつこつ仕事をやる[続ける]. **2** 〔…を〕拳固で打つ (strike) 〔*at*〕; (銃で)撃つ (shoot).

plug in (*vt.*) 〘電気〙〈器具を〉(プラグでコンセントに)つなぐ. (*vi.*) (1) 〘電気〙(差し込みにより)つながる. (2) 《卑》性交する. ***plug into*** (1) 〈物を〉…に差し込む: ~ one's hands *into* one's pockets 両手をポケットに突っ込む. (2) (コンセントでつなぐように)〈情報ルートなどを〉…に連絡する[引き入れる].

plug and feather 〘石工〙矢割《石に穴を並べてあけそこに石鑿(のみ) (plug) を打ち, 楔(くさび) (feather) を打って石材を割る》.

~·ga·ble [-gəbl] *adj.* **~·less** *adj.* **~·like** *adj.*

plúg·bòard *n.* 〘電気・電算機〙配線盤.

plúg càsting *n.* 〘釣〙擬餌鉤(ぎじばり)投げ[釣]《プラグを使ったキャスティング》.

plúg còck *n.* 〘機械〙プラグコック《円錐形の栓を回して開閉する水道用コック; 樽の穴に押し込む円錐形の栓》.

plúg fùse *n.* 〘電気〙プラグヒューズ《プラグ状のねじ込み式ヒューズ》.

plúg gàge *n.* 〘機械〙プラグゲージ, 栓ゲージ《丸い穴の寸法測定に用いられる》.

plugged 〘← PLUG (n.)+-ED 2〙 *adj.* **1** (栓などで)ふさがれた. **2** 〈貨幣が〉詰め物をした《一枚の貨幣から一部の金属を取り去って安い金属を詰めた》.

plúg·ger *n.* **1** 〘歯科〙充填(てん)器, プラガー. **2** 《口語》勉強家, がっつき屋. **3** 《口語》しつこく宣伝[広告]する人; (競技などの)熱心なファン.

plúg·ging *n.* **1** 栓をすること. **2** 〘歯科〙充填(てん). **3** [集合的] 栓類; 栓[充填]材料.

plúg hàt *n.* 《米口語》=top hat.

plúg·hòle *n.* 〘船舶〙栓(せん)穴.

plúg-ìn *n., adj.* 〘電気〙差込み(式の), プラグイン(の).

plúg-in ùnit *n.* プラグインユニット《電子装置の一部; 差しかえて種々の機能に使うための部分》.

plúg mìll *n.* 〘金属加工〙プラグミル《継目なし管製造用のプラグの付いた圧延機》.

plug·o·la [plʌgóʊlə | -gə́ʊ-] 〘《混成》← PLUG+*payola* (《変形》← PAY-OFF)〙 ── *n.* 《米俗》 **1** テレビ・ラジオの番組の中で製品などの宣伝をしてもらうように放送者に贈られる賄賂. **2** 片寄ったニュース報道.

plúg switch *n.* 〘電気〙差込み[プラグ]スイッチ.

plúg tobàcco *n.* 棒状に圧搾したかみたばこ.

plúg-ùgly 〘《1856》← *plug-ugly gang* (19 世紀の New York のギャングの一味で plug hat をかぶっていた)〙 *n.* 《米俗》ならず者 (tough), 暴漢 (ruffian).

plúg wèld *n.* 〘金属加工〙栓(せん)溶接, 穴溶接, プラグ溶接《重ね継手の一方の平板に穴をあけて溶着金属を充填する》.

plum[1] [plʌ́m] 〘OE *plūme* < (WGmc) **pruma* (Du. *pruim* / G *Pflaume*) ⊂ ML *prūna* ← (pl.) ← L *prūnum* ⊂ Gk *proûmnon* ← ?: PRUNE[1] と二重語〙 ── *n.* **1 a** 〘植物〙セイヨウスモモ, プラム《バラ科スモモ類の果樹の総称; damson, greengage, prune など》. **b** プラム《セイヨウスモモの果実》. **2** プラム状の実をつける植物の総称 (テリハタマゴノキ (hog plum) など); その果実. **3 a** (ケーキやプディングに使う)干しぶどう (raisin). **b** =sugar plum 1. **4** 〘建築〙埋め石《コンクリート打ちの時, コンクリート量の節約のために埋め込む大きな石; displacer ともいう》. **5** 深紫色 (deep purple). **6** 《口語》一番よいもの, 最良部, 逸品, 精粋 (the pick); きわめてよい地位, 収入のよい職. **7** (思わぬ)もうけ物. **8** 《英古》10 万ポンド(の金); 10 万ポンドの持主. ── *adj.* **1** 深紫色の. **2** 《口語》きわめて望ましい, すばらしい: a ~ job.

plum[2] [plʌ́m] *adj., adv.* =plumb.

plum·age [plú:mɪdʒ] 〘《1481》⊂ (O)F ~: ⇨ plume, -age〙 ── *n.* **1** 〘動物〙羽衣(う) (feathers)《鳥類の羽毛の集合的な名称》: winter ~ 冬衣. **2** 《米・戯言》(きらびやかな)凝った[儀式ばった]服装.

plum·aged 〘⇨ ↑, -ed 2〙 ── *adj.* [しばしば複合語の第2構成素として] …の羽毛のある (feathered): bright-*plumaged* 羽毛の鮮やかな / full-*plumaged* 羽が生えそろった (full-fledged).

plu·mas·sier [plù:məsíə, plu:mæsìèɪ, -síə | plù:məsíə(r, plu:mǽsièɪ, -sɪə(r; *F.* plymasje] 〘⊂ (O)F ~ ← 《廃》*plumasse* great plume: ⇨ plume, -ier[2]〙 ── *F. n.* 羽毛細工商.

plu·mate [plú:meɪt, -mət, -mɪt] 〘← NL *plūmāt-us* covered with feathers ← L *plūma* down: ⇨ plume, -ate[2]〙 *adj.* 〘動物〙羽毛状の: ~ hair 羽状毛.

plumb [plʌ́m] 〘《a1325》⊂ OF *plombe* (F *plomb*) sounding-lead < L *plumbum* lead ← ?: cf. Gk *mólubdos* & *mólibos* lead〙 ── *n.* **1 a** 鉛錘, 下げ振り, おもり (plumb bob). **b** 〘海事〙(水深を測る)測鉛 (sounding lead). **2** 鉛直, 垂直 (perpendicularity): off [out of] ~ 垂直でない, ゆがんでいる. ── *adj.* **1** 垂直の (vertical). **2** 〘クリケット〙〈三柱門が〉水平の (level). **3** 《口語》徹底した, 全くの (sheer): ~ nonsense, ignorance, etc. ── *adv.* **1** 垂直に (vertically): hang ~ 垂直にかかる / fall ~ down 垂直に落下する. **2** 正確に, きちんと (precisely): ~ in the face of … の真向かいに / ~ in the middle まん真中に / ~ southward 真南に. **3** 《米俗》すっかり, 全然 (absolutely): ~ crazy すっかり気が違って. ── *vt.* **1** 下げ振り糸 (plumb line) で…の垂直さを調べる: ~ a wall. **2** 垂直にする 〈*up*〉. **3** 〘造船〙=horn *vt.* 5. **4** 〈海などを〉測鉛線で測量する, 〈水深を〉計る (fathom). **5 a** 見通す, …の真相を見抜く: ~ a mystery 謎(の事件)を究明する / ~ the depths of the spirit 精神の深奥部を探求する. **b** 〈極端な逆境などを〉経験する, …を窮める: ~ the depths of despair 絶望のどん底に陥る. **6** 〘cf. vi. 2〙《口語》…に配管工事をする, 水道[ガス管, 下水]工事をする; 鉛管工として…に加工する[細工をする]; 給排水系の一部として設置する. ── *vi.* **1** 垂直にぶらさがる[垂れる]. **2** 〘《逆成》← PLUMBER〙《口語》配管工事をする, 水道[ガス管, 下水]工事をする; 鉛管工をする. **~·a·ble** [-məbl] *adj.*

plumb 1 a

plumb- [plʌmb] (母音の前に来る時の) plumbo- の異形.

Plum·bag·i·na·ce·ae [plʌmbæ̀dʒənéɪsiì: | -dʒɪ-] 〘← NL ~ ← *Plumbāgin-, Plumbāgō* (属名: ⇨ plumbago) +-ACEAE〙 ── *n. pl.* 〘植物〙イソマツ科. **plùm·bag·i·ná·ceous** [-ʃəs] *adj.*

Plum·bag·i·na·les [plʌmbæ̀dʒənéɪli:z | -dʒɪ-] 〘← NL ~ ← *Plumbagin-, Plumbāgō* (属名: ⇨ plumbago)+-ALES〙 *n. pl.* 〘植物〙(双子葉植物)イソマツ目.

plum·bag·i·nous [plʌmbǽdʒənəs | -dʒɪ-] 〘⇨ ↓, -ous〙 *adj.* 黒鉛から成る[を含んだ, 黒鉛に似た].

plum·ba·go [plʌmbéɪgoʊ | -gəʊ] 〘《1612》⊂ L *plumbāgō* lead ore ← *plumbum* lead ← ?: cf. plumb〙 ── *n.* (*pl.* **~s**) **1 a** 〘化学〙黒鉛, 石墨 (⇨ graphite). **b** 黒鉛[石墨]で描いた絵[図]. **2** 〘← NL ~〙〘植物〙イソマツ《イソマツ科イソマツ属 (*Plumbago*) の植物の総称; ハワイでは生垣として栽培されている; ルリマツリ (*P. capensis*) など》.

plum·bate [plʌ́mbeɪt] 〘← PLUMBO-+-ATE[1]〙 *n.* 〘化学〙鉛酸塩《酸化鉛と塩基性酸化物とから成る塩》.

plúmb bòb *n.* =plumb *n.* 1 a.

plum·be·ous [plʌ́mbiəs | -bɪəs] 〘← L *plumbeus* (← *plumbum* lead)+-EOUS〙 ── *adj.* **1** 鉛の, 鉛でできた, 鉛のような (leaden). **2** 鉛色の, どんよりした. **3** 〘窯業〙〈陶磁器が〉鉛釉(ゆう)を掛けた (lead-colored).

plumb·er [plʌ́mə | -mə(r] 〘《1385–86》*plomber, plummer* ⊂ OF *plommier, plombier* < L *plumbārius* ← *plumbum* lead: ⇨ -er[1]: cf. plumb〙 ── *n.* **1** 鉛管(敷設)工, 配管工. **2** 《廃》鉛工, 鉛細工職人.

plúmber blòck *n.* 軸(受け)台, 軸受け (plummer).

plúmber's fríend [hélper] *n.* 《口語》=plunger 4.

plúmber's snàke *n.* パイプ通し《詰まったパイプを通すためのバネ形の弾力のある金属棒》.

plumb·er·y [plʌ́məri | -rɪ] 〘《15C》*plomerye* ⊂ OF *plommerie* leadwork: ⇨ plumber, -y[1]〙 *n.* **1** =plumbing 1. **2** 鉛工場, 鉛管製造所.

plum·bic [plʌ́mbɪk] 〘← PLUMBO-+-IC[1]〙 ── *adj.* **1** 〘化学〙鉛の, 鉛を含む; (特に)四価の鉛 ($Pb^{(IV)}$) を含む, 第二鉛の: ~ chloride [oxide] 塩[酸]化鉛. **2** 〘病理〙鉛毒による.

plum·bif·er·ous [plʌmbíf(ə)rəs] 〘← PLUMBO-+-I-+-FEROUS〙 *adj.* 鉛を含む[生じる].

plumb·ing [plʌ́mɪŋ] ── *n.* **1** 配管職, 鉛管職; 配管, 衛生工事, 鉛管敷設[修繕]: ~ equipment 衛生設備. **2** [集合的] 鉛管類; (一建築物内の)水道[ガス, 下水]管; 給排水系統: ~ work 給排水工事. **3** 水深測量, 鉛錘(すい)測量, 建入れ.

plum·bism [plʌ́mbɪzm] 〘← PLUMBO-+-ISM〙 *n.* 〘病理〙(慢性)鉛中毒(症), 鉛毒(症) (lead poisoning).

plum·bite [plʌ́mbaɪt] 〘← PLUMBO-+-ITE[3]〙 *n.* 〘化学〙亜ナマリ(鉛)酸塩《酸化鉛をアルカリの水溶液に溶解した溶液中に存在する》.

plúmb jòint *n.* 鉛詰め継手, ハンダ接手, ろう接手.

plúmb·less *adj.* (測鉛で)測量不可能の.

plúmb lìne *n.* **1** 下げ振り糸[線]; 下げ墨(すみ) (plumb rule). **2** 垂直線, 鉛直線 (vertical line). **3** 測深線 (sounding line).

plúmb·ness *n.* 鉛直, 垂直.

plum·bo- [plʌ́mboʊ | -bəʊ] 〘← L *plumbum*: ⇨ plumbum〙「鉛 (lead)」の意の連結形. ★母音の前では通例 plumb- になる.

plum·bous [plʌ́mbəs] 〘⊂ L *plumbōs-us*: ⇨ ↑, -ous〙 *adj.* 〘化学〙鉛の[を含む]; (特に)二価の鉛 ($Pb^{(II)}$) を含む.

plúmb rùle *n.* 〘木工〙下げ墨(すみ), 下げ振り, 下げ振り定規.

plum·bum [plʌ́mbəm] 〘⊂ L ~ 'lead' ← ?〙 *n.* 〘化学〙=lead.

plúm càke 〘《1635》〙 *n.* 干しぶどう入りケーキ《婚礼などに用いる》.

plúm dúff *n.* 干しぶどう入りプディング《小麦粉の生地に干しぶどうを加え, 布袋に入れてゆでたもの》.

plume [plú:m] 〘n.: 《1399》⊂ (O)F ~ < L *plūmam* down ← IE **pleus-* to pluck out (cf. fleece) ∽ OE *plūm* ⊂ L *plūma*. — v.: 《1399》⊂ (O)F *plum-er* to pluck ← (n.)〙 ── *n.* **1** (特に, 長くて目立つ)羽毛 (feather): a cock's [an eagle's] ~ / ⇨ borrowed plumes. **2** 柔らかでふわふわした羽毛. **3** (帽子・かぶとなどの)羽飾り. **4** 名誉[栄誉]のしるし. **5 a** 〘昆虫〙羽状毛 (plumate hair). **b** 〘動物〙羽毛状の構造. **6** 〘植物〙羽状部, (タンポポなどの)冠毛. **7** 《詩》=plumage. **8** 羽毛状のもの: **a** むくむく立ち上る煙[雲]: a ~ of smoke. **b** 山に積った雪が風に飛ばされて生じる雪煙. **c** (核爆弾の水中爆発による)円錐(すい)状の水柱. **9** 〘地質〙地球深部に生じると考えられている上昇流《mantle plume ともいう》.

plume of ostrich feather〖紋章〗駝鳥の羽 3 本を冠の中に立てた Prince of Wales の badge (cf. SHIELD for peace).

— *vt.* **1**〈鳥が〉(嘴で)〈羽毛を〉整える, 羽づくろいをする (preen): Cocks ～ themselves [their feathers]. おんどりは羽かきをする. **2** …に羽毛をつける, 羽毛で飾る; 借り着で飾る: ～ oneself 着飾る. **3** …の羽毛をむしり取る. **4** [～ *oneself* で]〔…に〕得意になる, (特に)〔つまらない事, そうする資格[いわれ]もない事を〕自慢する (pride)〔*on, upon*〕: He ～*s himself upon* being able to speak French. 彼はフランス語が話せるというので自慢している.

plum·er·y [plúːməri | -rɪ] *n.* **～·like** *adj.*

plumed〖(p.p.) ↑〗*adj.* 羽毛のある[の飾りのある].

plúme·less *adj.* (飾り)羽毛のない.

plume·let [plúːmlɪt, -lət]〖← PLUME＋-LET〗*n.* **1** 小羽毛 (small plume). **2**〖植物〗＝plumule 2.

plúme pòppy *n.*〖植物〗アジア産ケシ科タケニグサ属の多年草 (*Macleaya cordata*).

plum·i·corn [plúːməkɔ̀ːn | -mɪkɔ̀ːn]〖← L *plūma* 'PLUME'＋-I-＋*cornu* 'HORN'〗*n.*〖鳥類〗フクロウの耳の羽毛.

plum·mer [plʌ́mə | -mə(r)]〖← ? *Plummer* (人名): cf.《方言》*plum* to rise, swell〗*n.* 軸受け台, 軸受け《plummer block ともいう》.

plum·met [plʌ́mɪt, -mət]〖《*c*1395》*plomet* ◻ OF *plommet, plombet* (dim.) ← *plomb* lead: ⇨ plumb, -et〗— *n.* **1** ＝plumb *n.* 1. **2**〖木工〗下げ振り糸 (plumb line); 下げ墨(すみ), 下げ振り定規 (plumb rule). **3** 重し, おもり (weight); (釣糸の)おもり. **4** 心の重荷, 負担, 重圧. — *vi.* **1** (まっすぐに)落ちる, 飛び込む: The airplane ～*ed* to the sea. 飛行機はまっすぐ海に落ちて行った. **2**〈物価などが〉下がる, 落ち込む.

plum·my [plʌ́mi | -mɪ]〖← PLUM[1]＋-Y[4]〗— *adj.* (**plum·mi·er; -mi·est**) **1 a** プラムの多い; プラムのような. **b**〈頬など〉ふっくらした, 丸ぽちゃの. **2** 干しぶどうのたくさん入った. **3**《口語》結構な, 上等な, すてきな (desirable); 金持ちの (rich). **4**《口語》〈声が〉豊かで柔らかみのある, 朗々とした.

plu·mose [plúːmous | -məus]〖◻ L *plūmōs-us* downy, feathered ← *plūma* 'down, PLUME': ⇨ -ose[1]〗— *adj.* **1** 羽毛をつけた (plumaged). **2** 羽毛状の. **plu·mos·i·ty** [pluːmɑ́səṭi | -mɔ́sətɪ, -sɪ-] *n.* **～·ly** *adv.* **～·ness** *n.*

plump[1] [plʌ́mp]〖《1481》*plompe*《廃》dull, rude ◻ (M)Du. *plomp*《原義》falling suddenly & MLG *plump* blunt, thick, rude: ↓〗— *adj.* (～·er; ～·est) **1** (生き生きとして)まるまる太った, 肉付きのいい; (特に)〈女性が〉ふくよかな, 太り肉(じし)の (cf. fat, stout 2): a ～ woman, dog, face, etc. **2**〈財布など〉膨らんだ, 中身の詰まった: a ～ purse (中味で)膨らんだ財布. — *vi.* 太る〈*up, out*〉. — *vt.* 太らせる;〈果物を〉熟して膨らませる,〈風船などを〉膨らませる〈*up, out*〉: ～ *up* a pillow 枕を膨らます.

plump[2] [plʌ́mp]〖(*v.*: ? *a*1300; *n.*: *a*1450) ◻ (M)LG *plump-en* & (M)Du. *plomp-en* to fall into water《擬音語》〗— *vi.* **1**〔…に〕どしんと落ちる〔*into, upon*〕: ～ overboard 水中へざぶんと落ちる / ～ *into* a chair 椅子などにどしんと腰を下ろす. **2 a**《英》(連記投票権がある時)〔一人に〕だけ投票する〔*for*〕. **b**〔…に〕絶対的に賛成する;《口語》〔…を〕選ぶ〔*for*〕: ～ *for* a tax increase 増税を絶対的に支持する / He ～*ed for* a boarding school for his son. 息子のために寄宿学校を選んだ. **3**《米》出しぬけに来る[行く], 突然やって来る[出発する]. — *vt.* **1** どさんと落とす[投げる]. **2** 出しぬけ[ぶっきらぼう]に言う〈*out*〉. **3** …に好意的な[ひいきをした]言及をする, ほめる.

plump down (*vi.*) どしんと落ちる,〔椅子などに〕どしんと坐る〔*into, on*〕. (*vt.*)〔…に〕どしんと落とす[降ろす]〔*into, on*〕.

— *n.* どしんと落ちること; どしんと落ちる音.

— *adv.*《口語》**1** どしんと, どさんと, ざぶんと, ぱったりと: fall ～ どしんと落ちる / He sat down ～. どしんと腰を下ろした. **2** まっすぐに, 真下に. **3** 出しぬけに, 不意に (abruptly). **4** 率直に, むきだしに, ぶっきらぼうに (bluntly): Say it out ～! さっさと言ってしまえ / He lied ～. あいつは真赤なうそをついた. — *adj.*《口語》〈言葉など〉無遠慮な, ぶっきらぼうな, ずばりと言う: a ～ refusal 頭からの拒絶 / a ～ lie 大うそ / ～ and plain 露骨な.

plump[3] [plʌ́mp]〖《15C》*plumpe, plomp* ← ?〗*n.* 《古・方言》(人・物などの)仲間, 組, 一団 (company): a ～ of spears 槍部隊.

plump·en [plʌ́mpən]〖← PLUMP[1]＋-EN[1]〗*vi., vt.* 《まれ》＝plump[1].

plúmp·er[1]〖⇨ plump[1]〗*n.* **1** 太る[太らせる]物. **2** (口にくわえて頬を形よく見せる)含み物.

plúmp·er[2]〖⇨ plump[2]〗*n.* **1** (急に)どしんと落ちること. **2**《英》一人の候補者に全票を与えること[投票する人]. **3**《俗・方言》大うそ (downright lie).

plúmp·ish [-pɪʃ] *adj.* 太り気味の; 体格のよい.

plúmp·ly[1] *adv.* ぽっちゃりした, 丸々とした.

plúmp·ly[2] *adv.* 率直な態度で, 単刀直入に.

plúmp·ness[1] *n.* ふくよかさ, 丸々としていること.

plúmp·ness[2] *n.* 率直さ, 単刀直入 (forthrightness).

plúm púdding *n.* **1** プラム プディング《小麦粉・パン粉・スエット・干しぶどう・すぐり・卵・香辛料, 時にブランデーなど酒類で作った濃厚な味のプディング; 英国では Christmas pudding ともいう》. **2** (普通の)干しぶどう入りスエットプディング.

plúm-pùdding stóne *n.*〖岩石〗礫(れき)岩.

plump·y [plʌ́mpi | -pɪ]〖← PLUMP[1]＋-Y[4]〗*adj.* (**plump·i·er; -i·est**) 膨れた, (はち切れそうに)膨らんだ, 肉付きのいい《古》.

plu·mu·la·ceous [plùːmjʊléɪʃəs]〖⇨↓, -aceous〗*adj.* 綿毛[幼芽]に関する[に似た] (plumular).

plu·mu·late [plúːmjʊlèɪt]〖⇨↓, -ate[2]〗*adj.* 立派な羽毛をつけた, 羽毛の華やかな.

plu·mule [plúːmjuːl]〖《1727》← NL *plūmula* ← L (dim.) ← *plūma* 'PLUME': ⇨ -ule〗— *n.* **1**〖鳥類〗綿毛 (down feather). **2**〖植物〗幼芽, 幼茎《胚(はい)の一部》. **plu·mu·lar** [plúːmjʊlə | -lə(r)] *adj.*

plu·mu·lose [plúːmjʊlòus | -ləus]〖← NL *plumulos-us*: ⇨↑, -ose[1]〗*adj.*〖鳥類〗綿毛 (plumule) 状の.

plum·y [plúːmi | -mɪ]〖← PLUME＋-Y[4]〗*adj.* (**plum·i·er; -i·est**) **1** 羽毛のある (feathery), 羽毛に似た. **2** 羽毛で飾った: a ～ helmet. **3** 羽毛状の.

plun·der [plʌ́ndə | -də(r)]〖*v.*: 《1632》◻ G *plündern* < MHG *plundern* to pillage,《原義》to rob of household effects ← *plunder, blunder* bedclothes, household effects ← ?: cf. Du. *plunje* clothes〗— *vt.* **1**〈侵略軍などが〉〈都市などを〉略奪する (despoil): ～ a village [coast] 村[沿岸]を荒らす. **2** …から〔…を〕強奪する, 分捕る (spoil)〔*of*〕: ～ a person *of* his money 人から金を奪う. **3** 盗む (steal), 私消する (embezzle). — *vi.* 略奪する, 分捕る (pillage). — *n.* **1** 略奪, 強奪, 分捕り (pillage). **2** 強奪品, 分捕品 (loot); 盗品, 横領物. **3**《口語》利益, もうけ, 役得 (booty). **4**〖《1805》◻ ? Du. *plunje* baggage〗《米口語》**a** 動産, 家財. **b** 手荷物.

plun·der·a·ble [plʌ́nd(ə)rəbl] *adj.* **1** 略奪されうる, 略奪を受ける. **2** 略奪に値する.

plun·der·age [plʌ́nd(ə)rɪdʒ] *n.* **1** 略奪, 強奪 (plundering). **2**〖法律〗船荷横領; 横領(した)船荷.

plún·der·er [-d(ə)rə | -rə(r)] *n.* 略奪者, 強奪者 (pillager); 盗賊 (robber).

plun·der·ous [plʌ́nd(ə)rəs]〖← PLUNDER＋-OUS〗*adj.* 略奪を好む, 略奪的な.

plunge [plʌ́ndʒ]〖《1375》◻ OF *plung-ier* (F *plonger*) < VL **plumbicāre* ← L *plumbum* 'lead, PLUMB'〗— *vt.* **1**〔…(の中)に〕(ぐっと)突っ込む, 突き刺す, 沈める〔*into, in*〕: ～ a dagger *into* a person's heart 短剣を人の心臓に突き刺す / ～ one's head *into* a bucket of water バケツの水の中に頭をつける. **2**〔ある状態・境遇などに〕突っ込む, 陥れる, 沈める, 投じる〔*into, in*〕: ～ a nation *into* bad inflation 国を悪性のインフレに陥れる / ～ one's family *into* poverty 家族を貧困に沈める / ～*d into* gloom [silence] ふさぎ[黙り]込んで / He is ～*d into* philosophical thoughts. 哲学的思弁に耽っている. **3**〖園芸〗〈植木鉢を〉へりまで地中に埋める. **4**〖測量〗〈トランシット[測距儀]の望遠鏡を〉反転させる. — *vi.* **1**〔…に〕飛び込む, 落ち込む, 潜る〔*in, into*〕: ～ *into* the river. **2**〔…に〕突進する〔*into, to, through*〕: ～ *into* a room [*through* a doorway] 部屋[戸口]へ飛び込む / ～ *down* [*up*] the stairs 階段を転がるようにして降りる[駆け上る] / ～ *into* the crowd 群衆の中へ躍り込む / ～ *into* the business world 実業界に投ずる. **3**〔ある状態に〕飛び込む, 陥る, 性急に[突然]やり出す〔*into*〕: ～ *into* war [discussion] 戦争に突入する[急いで討論に入る] / ～ *into* debt [grief, dissipation] 借金する[悲哀に沈む, 道楽にふける] / The temperature ～*d* below freezing. 温度が急に氷点下に下がった. **4**〈崖・道などが〉急に下り坂になる, 急勾配になる. **5 a**〈船が〉船首を下にして縦にひどく動揺する (pitch). **b**〈馬が〉後脚を上げてとび上がる. **6**《口語》大博打(ばくち)を打つ, 無茶な賭け方をする; 借金をつくる. **7**〈婦人服の襟などが〉深く[V 字型に]刳(く)られている: ⇨ plunging neckline.

— *n.* **1** 突っ込む[飛び込む]こと (plunging); 潜り (diving), 水泳: take a ～ *into* the water. **2** (向こうみずな)突進, 突入: take a ～ *into* danger 危険に突入する / There are risks in Japan's headlong ～ *into* the consumer society. 日本が一気に消費社会に変貌を遂げることには危険がある. **3 a** 船が縦に揺れること. **b** 馬が後脚を上げて飛ぶこと. **4**《口語》大博打, 大投機, 無茶賭け; 思い切った手段: take the ～ 思い切って乗り出す, 冒険をやる; 結婚する. **5** 飛び込みができたり泳げたりする場所《プールなど》; 深み.

plúnge bàsin *n.* (大)滝つぼ.

plúnge bàth *n.* (飛び込みができたり全身を浸せるほどの)大浴槽(そう).

plúnge nèckline *n.*〖服飾〗＝plunging neckline.

plúng·er [⇨ plunge, -er[1]〗— *n.* **1 a** 飛び込む人, 潜水者. **b**《口語》無謀な賭博[相場]師, 向こう見ずの相場師. **2**〖機械〗(押上げポンプ・水圧機などのピストンの)プランジャー (⇨ cam 挿絵). **3**〖自動車〗(タイヤのバルブの棒状の)プランジャー. **4** プランジャー, ラバーカップ《排水の滞りを直すための管用掃除具》. **5** (後装銃の)撃針. **6**〖海事〗(米国太平洋岸の)カキ運搬船《キャットリグ帆装 (cat rig) のものが多い; oyster sloop ともいう》.

plúnger pùmp *n.*〖機械〗プランジャーポンプ《往復ポンプの一種; シリンダー中のプランジャーが流体を吸入・排出する; force pump ともいう》.

plúng·ing *adj.* **1** 飛び込む (leaping); 突進する. **2**〖軍事〗拝み撃ちの, 瞰射(かんしゃ)の: ⇨ plunging fire.

plúnging fíre *n.*〖軍事〗拝み撃ち, 瞰射(かんしゃ)《高所から見下ろして砲火などを浴びせること》.

plúnging néckline *n.*〖服飾〗プランジング ネックライン《婦人服に見られる深く刳(く)られたまたは V 字型のネックライン; plunge neckline ともいう》.

plunk [plʌ́ŋk]〖擬音語〗— 《口語》*vt.* **1**〈弦・弦楽器などを〉ぽつんと鳴らす, 弾く (twang): ～ a guitar. **2 a** どすんとほうり出す, ぽんと押す[置く], ぐいと突く: ～ a book onto the table 本をひょいと机の上に置く. **b**《米》(鉄砲で)不意に打つ, (こぶしで)なぐりつける. — *vi.* **1** ぽつんと鳴る (twang). **2** (弦楽器・ピアノなどを)ぽろんぽろん弾く〈*away*〉. **3** どすんと落ちる (plump)〈*down*〉. **4** 支持する (support)〔*for*〕.

plunk down《口語》(*vi.*) (1) どすんと落ちる. (2) どっかりと身を[腰を]落ちつける. (*vt.*) (1) どすんと[どしん]と置く. (2) [～ *oneself* down で] どっかりと身を落ちつける. (3)〈金を〉さっさと支払う.

— *n.* **1**《口語》どすんと落ちる[投げる]こと[音]. **2**《口語》ぽんと鳴らすこと[鳴る音]. **3**《米口語》ぴしゃりと打つこと, 痛打. **4**《米俗》1 ドル.

— *adv.*《口語》**1** どすん[ぽつん]と(音をたてて). **2** きっかり, ちょうど, まさに.

plúnk·er *n.* **1** ぽつんと[どすんと]音を立てる人[物]. **2**〖釣〗擬餌(ぎじ)鉤.

Plún·ket Society [plʌ́ŋkɪt-, -kət-]〖← *Lady Plunket* (協会の初代会長)〗— *n.* プランケット協会《ニュージーランドの児童福祉協会; The Royal New Zealand Society for the Health of Women and Children の旧名》.

plup.《略》〖文法〗pluperfect.

plu·per·fect [plùːpə́ːfɪkt, -fekt | plùːpə́ːfɪkt, ˌ-ˈ-ˈ-]〖《1530》← NL *plūsperfect-um* ← L (*tempus praeteritum*) *plūs quam perfectum* (past tense) more than perfect《なぞり》← Gk (*khrónos*) *hupersuntelikós*: ⇨ plus, perfect〗〖文法〗*adj.* 大過去[過去完了]の (cf. preterit 1): the ～ tense 大過去, 過去完了時制. — *n.* 過去完了時制, 大過去, 過去完了形《past perfect の方が普通; 略 plup., plupf.》.

plupf.《略》〖文法〗pluperfect.

plu·ral [plú(ə)rəl | plúər-]〖《*c*1378》*plurel* ◻ OF (F *pluriel*) ◻ L *plūrālis* ← *plūr-, plūs* more: ⇨ plus, -al[1]〗— *adj.* **1**〖文法〗複数の (cf. singular 4): the ～ number 複数. **2** 二個以上から成る, 複数の; 複数の一つをなす: ～ livings [offices] 一人がついている二つ以上の聖職禄(ろく)[職務], 兼職 / ⇨ plural marriage, plural vote. — *n.*〖文法〗複数 (plural number); 複数形(の語): in the ～ 複数形で.

plu·ra·li·a tan·tum [pluːréɪliə-tǽntəm | plʊ(ə)rάː-lɪə-, -ljə-]〖◻ L *plūrālia tantum* only plural〗— *n.* *pl.* (*sing.* **plu·ra·le tantum** [-leɪ-])〖文法〗絶対複数《特定の語で, またその意味により, 常に複数形で用いられるもの; 例: news, riches, thanks, etc》.

plú·ral·ism [-lɪzm] *n.* **1** 複数(性). **2 a** 二つ以上の職務についていること, 兼職. **b**〖キリスト教〗＝plurality 4 a. **3** 多元的文化《一国内において, 人種・宗教・文化などを異にする雑多な集団が共存する社会状態》; 多元的文化を支持する主義[政策]. **4**〖哲学〗多元論 (cf. monism, dualism 2). **plu·ral·is·tic** [plʊ̀(ə)rəlístɪk | plʊ̀ər-] *adj.* **plù·ral·ís·ti·cal·ly** *adv.*

plú·ral·ist [-lɪst, -ləst | -lɪst] *n.* **1** 二つ以上の職務をもつ人, 兼職者;〖キリスト教〗数個の教会の聖職禄を兼領する人. **2**〖哲学〗多元論者 (cf. monist, dualist).

plu·ral·i·ty [plʊ(ə)rǽləṭi | pluəræ̀lətɪ, -lɪ-]〖《*a*1376》◻ (O)F *pluralité* ◻ LL *plūrālitātem*: ⇨ plural, -ity〗— *n.* **1** 複数[多数]であること; 多数 (multitude). **2** 大多数, 過半数 (majority). **3**《米》〖政治〗相対多数; 投票数の開き, 超過得票数《特に, 最高得票者が次点得票者よりも多く得た票数; cf. majority 4》. **4**〖キリスト教〗**a** 数教会の聖職禄兼領 (pluralism ともいう). **b** 兼領している聖職禄(の一つ), 兼職.

plu·ral·ize [plú(ə)rəlàɪz | plúər-] *vt.* 複数(形)にする; 複数(形)で示す. — *vi.* **1** 複数になる. **2**《英》〖キリスト教〗数職を兼務する; 数教会の聖職禄を兼領する. **plu·ral·i·za·tion** [plʊ̀(ə)rəlɪzéɪʃən, -ləz- | plʊ̀ərəlaɪz-, -lɪz-] *n.*

plú·ral·ly [-rəli | -lɪ]〖《*a*1425》: ⇨ plural, -ly[1]〗*adv.* 複数(形)で, 複数として; 複数的に, 複数の意味で.

plúral márriage *n.* 一夫多妻.

plúral society *n.*〖社会学〗(複数民族から成る)複数社会.

plúral vóte *n.* (二つ以上の選挙区で投票できる)複投票(権)《plural voting ともいう》.

plúral vóter *n.* 複投票権所有者.

plúral vóting *n.* ＝plural vote.

plúral wífe *n.* 一夫多妻の妻の一人 (cf. plural marriage).

plu·ri- [plú(ə)rɪ, -rə | plúərɪ]〖◻ L ～ ← *plūr-, plūs* more: cf. plus〗「多数の (several, many), 複数の, 多くの… (multi-)」の意の連結形.

plùri·áxial〖⇨↑, axial〗*adj.*〖植物〗複軸の.

plùri·líteral〖← PLURI-＋LITERAL〗*adj.*〖ヘブライ文法〗3 文字以上を含む.

plu·rip·o·tent [plʊ(ə)rípətənt | pluərípət-] *adj.*〖生物〗〈胚域が〉分化可能の (cf. totipotent).

plùri·présence *n.*〖神学〗同時に 2 個所以上に臨在すること, 遍在 (cf. omnipresence).

plu·ri·syl·lab·ic [plʊ̀(ə)rəsɪlǽbɪk, -sə- | plʊ̀ərɪsɪ-] *adj.*〈語が〉(2 音節以上の)多音節の[から成る] (cf. monosyllabic, polysyllabic).

plu·ri·syl·la·ble [plʊ́(ə)rəsɪləbl, ˌ-ˌ-ˈ-ˌ- | plúərɪsìləbəl] *n.* (2音節以上の)多音節語 (cf. monosyllable, polysyllable).

plur·ry [plə́ː(r)i | plʌ́ri] 〘《転訛》← BLOODY〙 *adj.* 《豪俗》=bloody 4.

plus [plʌ́s] 〘《1615》◻ L *plūs* more ← IE **pel-* to fill (L *plēnus* full / Gk *polús* much, many, *pléōn* more)〙 (↔ minus) — *adj.* **1 a** プラス(+)の, プラスを示す; 正の (positive); 加法の: ⇨ plus sign / a ~ quantity 正量, 正数. **b** 〘電気〙陽の (positive): the ~ terminal 〘電気〙陽極. **c** 〈温度が〉0度を超える. **2** 〘植物〙〈菌糸体が〉陽性の, 雄性の. **3** 《口語》余分の, その上の (extra): a ~ benefit 余分の恩典 / a ~ value 余分の価値. **4** [名詞の後に用いて] **a** 標準以上の, その上の (and more): 100 ~ 100以上 / style ~ 並以上のスタイル / She has personality ~. 彼女には個性プラス *α* がある. **b** (ある範囲の中で)上位の: B ~ Bプラス, 乙の上 / a grade of B ~ in English Bの上の英語の評点. **5** 〘ゴルフ〙ハンディキャップを付けられた: a ~ player.

— *prep.* **1** …をプラスして, …を加えると, …の上に (besides): Four ~ three equals seven (4+3=7). / The salary is £500, ~ commissions. 俸給は500ポンド, それに歩合金付き. **2** [通例 be 動詞の後に用いて] 《口語》…を加えて, …を付けて, …をもうけて: He *was* ~ a coat. 上着を着ていた / I'm ~ a dollar. 1ドル得した[もうけた] / He *was* minus a big toe-nail, and ~ a scar upon the nose. 彼は親指の爪を失い, 鼻には傷跡がついていた.

— *adv.* [接続詞的に] 《口語》その上に (in addition): He has the time ~ he has the money. 彼にはその暇もあるしその上金もある.

— *n.* (*pl.* ~·es, ~·ses) **1** 〘数学〙プラス記号, 加号, 正(符)号 (plus sign) (+); 正量, 正数 (plus quantity). **2** プラス(になるもの); 剰余 (surplus), 利益 (gain); 好条件: The clear weather was a ~ for the baseball match. その野球の試合にとって晴天はプラスだった. **3** [数字を伴って] 〘ゴルフ〙ハンディ(キャップ)…: ~ one [two] ハンディ1[2]点.

— *vt.* 《口語》加える; 増加する: We are planning to ~ our sale. 売り上げを増やすことを計画している.

plús fóurs 〘ニッカボッカー (knickerbockers) よりも4インチ長いことから〙 *n. pl.* プラスフォー《スポーツ, 特にゴルフなどに着用される》.

plush [plʌ́ʃ] 〘《1594》◻ OF *peluche* (n.) ← *peluchier* to pluck < VL **pilūccāre* to remove the hair ← L *pilāre* to remove the hair ← *pilus* hair: cf. pluck〙 — *n.* **1** プラシ天《velvet よりけばがやや長目の絹・綿・毛・レーヨンなどの生地》. **2** [*pl.*] (馬丁などの)プラシ天のズボン. — *adj.* **1** プラシ天製の. **2** 《俗》 **a** 〈家具・建物など〉超エレガントな, 豪華な (luxurious); 気取った (grandiose); ハイカラな (stylish): a ~ chair, sofa, hotel, etc. **b** 〈仕事など〉楽な (easy): a ~ job.

plush·y [plʌ́ʃi | -ʃɪ] 〘⇨ ↑, -y⁴〙 *adj.* (**plush·i·er; -i·est**) **1** プラシ天の(ような). **2** 《俗》贅沢(ぜいたく)な, 豪華な (luxurious), 派手な (showy). **plúsh·i·ness** *n.*

plús júncture *n.* 〘言語〙プラス連接 (⇨ open juncture).

plus·sage [plʌ́sɪdʒ] 〘← PLUS+-AGE〙 *n.* 他より超えた額[量].

plusses *n.* plus の複数形.

plús sìght *n.* 〘測量〙正視《水準測量における後視》.

plús sign *n.* 〘数学〙プラス記号 (+); 加号; 正(符)号 (positive sign) (↔ minus sign).

plut- [plu:t] (母音の前に来る時の) pluto- の異形.

Plu·tarch [plú:tɑək | -tɑ:k] 〘◻ L *Plutarch-us* ◻ Gk *Ploútarkhos*〙 — *n.* プルタルコス, プルターク《46?–?120; ギリシャの伝記作家・道徳哲学者; *Parallel Lives*「対比列伝(プルターク英雄伝)」》.

Plu·tarch·i·an [plu:tɑ́əkiən | -tɑ́:kjən, -kɪən] 〘⇨ ↑, -ian〙 *adj.* **1** プルタルコスの[に関する]. **2** プルタルコスの(書いた)伝記[の描いた人物]風の.

plu·tar·chy [plú:tɑəki | -tɑ:kɪ] 〘← Gk *ploûtos* wealth+-ARCHY: cf. Pluto¹〙 *n.* =plutocracy.

plute [plú:t] 〘《短縮》← PLUTOCRAT〙 *n.* 《米俗》富豪階級の人 (plutocrat).

plutei *n.* pluteus の複数形.

Plu·tel·li·dae [plu:télədi: | -télɪ-] 〘← NL ~ ← *Plutella* (属名: ? Gk *ploûtos* wealth+-ELLA)+-IDAE〙 — *n. pl.* 〘昆虫〙マエヒゲガ科, コナガ科《広義のスガ科に含めることもある》.

plu·te·us [plú:ṭiəs | -tjəs, -tɪəs] 〘◻ L ~ 'shelf, backrest': 画架の形状をしているところから〙 — *n.* (*pl.* **-te·i** [-ṭiài | -tɪ-], ~·es) **1 a** (古代ローマ建築の)円柱の間を閉じた低い塀(へい)[手すり]. **b** (古代ローマの)読書机, 書類置き. **2** 〘動物〙プルテウス《ウニ類およびクモヒトデ類の嚢胚に続く浮遊性幼生》.

Plu·to¹ [plú:ṭou | -təu] 〘◻ L *Plūtō(n)* ◻ Gk *Ploútōn* =*Ploutodótēs* 《原義》giver of riches ← *ploûtos* riches +*dótēs* giver〙 — *n.* **1** 〘ギリシャ・ローマ神話〙プルートーン, プルートー: **a** 黄泉(よみ)の国 (Hades) の王 (cf. Dis 1). **b** Tantalus の母である nymph. **2** 〘天文〙冥(めい)王星《太陽系中の惑星で, 現在太陽から最も遠いとされているが1979年1月から'99年3月までは海王星 (Neptune) が最も遠くなる; 1930年発見; 衛星 Charon》.

Plu·to² [plú:tou | -təu] 〘《頭字語》← *P(ipe) l(ine) u(nder) t(he) o(cean)*〙 *n.* 《米》プルートー《イギリス海峡の下を通っている英仏間の送油管》.

plu·to- [plú:ṭo(u) | -tə(u)] 〘◻ Gk *plouto-* ← *ploûtos* wealth: cf. Pluto¹〙「富; 金権」の意の連結形: *pluto*cracy. ★母音の前では通例 plut- になる.

plu·toc·ra·cy [plu:tɑ́krəsi | -tɔ́krəsɪ] 〘《1652》◻ Gk *ploutokratiā*: ⇨ pluto-, -cracy〙 *n.* **1** 富豪政治, 金権政治; 金権主義. **2** [the ~] 富豪階級, 財閥.

plu·to·crat [plú:ṭəkræ̀t | -tə(u)-] 〘《1850》↑: ARISTOCRACY—ARISTOCRAT の類推から〙 *n.* **1** 富豪政治家, 金権主義者. **2** 《口語》財閥家, 富豪, 金持.

plu·to·crat·ic [plù:ṭəkrǽṭɪk | -tə(u)krǽt-] *adj.* 金権主義(者)の, 富豪政治(家)の; 財閥の. **plù·to·crát·i·cal** *adj.* **plù·to·crát·i·cal·ly** *adv.*

plùto·demócracy 〘PLUTO-+DEMOCRACY〙 *n.* 《軽蔑》(ヨーロッパの)金権民主主義(国).

plu·tol·a·try [plu:tɑ́lətri | -tɔ́lətrɪ] 〘⇨ PLUTO-+-LATRY〙 *n.* 黄金崇拝, 拝金(主義).

Plú·to mónkey [plú:ṭou- | -təu-] 〘⇨ Pluto¹ 1〙 *n.* 〘動物〙ブルーモンキー (*Cercopithecus mitis*)《西アフリカ産の尾長ザルの一種》.

plu·ton [plú:tɑn | -tɔn] 〘《逆成》← PLUTONIC〙 *n.* 〘地質〙プルトン《深成岩体の総称》.

Plu·to·ni·an [plu:tóuniən | -tə́unjən, -nɪən] 〘← L *Plūtōni-us* (◻ Gk *Ploutónios*) + -AN¹: ⇨ Pluto¹〙 — *adj.* **1** 〘ギリシャ・ローマ神話〙プルートーン (Pluto) の. **2** [しばしば p-] 地獄の (infernal). **3** [しばしば p-] 〘地質〙=Plutonic 2. **4** 〘天文〙冥(めい)王星の.

Plu·ton·ic [plu:tɑ́nɪk | -tɔ́n-] 〘《1796》← Gk *Ploútōn* 'PLUTO¹'+-IC¹: cf. F *plutonique*〙 — *adj.* **1** 〘ギリシャ・ローマ神話〙=Plutonian 1. **2** [しばしば p-] 〘地質〙 **a** 火成論の: the *plutonic* theory =plutonism. **b** 深成(岩)の (cf. Neptunian 3, effusive 3).

plutónic róck *n.* 〘岩石〙深成岩《火成岩の一種; 地下深所でマグマがゆっくり冷却してできる粗粒完晶質岩石(花崗岩など); abyssal rock ともいう》.

plu·to·nism [plú:ṭənìzm, -tn- | -tən-] *n.* 〘地質〙深成作用, 火成論《岩石はみな岩漿から生じたとする論; plutonic theory ともいう; cf. neptunism》.

plú·to·nist [-ṭənɪst, -nəst, -tn- | -tənɪst] *n.* 火成論者.

plu·to·ni·um [plu:tóuniəm | -tə́unjəm, -nɪəm] 〘← NL ~ ← Gk *Ploútōn* 'PLUTO¹'+-IUM: URANUS—URANIUM, NEPTUNE—NEPTUNIUM からの類推: Glenn Theodore Seaborg (1912–) ならびに Arthur Charles Wahl (1917–) の造語〙 — *n.* 〘化学〙プルトニウム《核分裂性の放射性元素; 記号 Pu, 原子番号 94; 1941年 Seaborg たちが加速器による核反応で生成, 後に原子炉中で大量生成され, 原子爆弾の材料となった》.

plu·tón·o·mist [-mɪst, -məst | -mɪst] *n.* 政治経済学者; 経済学者.

plu·ton·o·my [plu:tɑ́nəmi | -tɔ́nəmɪ] 〘← PLUTO-+-NOMY〙 — *n.* 政治経済学 (political economy); 経済学 (economics). **plu·to·nom·ic** [plù:ṭənɑ́mɪk | -tənɔ́m-] *adj.*

Plu·tus [plú:ṭəs | -təs] 〘◻ L *Plūt-us* ◻ Gk *Ploûtos* 'PLUTO¹'〙 *n.* 〘ギリシャ神話〙プルートス《富を司る盲目の神; Demeter の息子》.

plu·vi- [plú:vɪ, -və | -vɪ] (母音の前に来る時の) pluvio- の異形.

plu·vi·a- [plú:viə | -vɪə, -vjə] pluvio- の異形.

plu·vi·al¹ [plú:viəl | -vjəl, -vɪəl] 〘《1656》◻ L *pluviālis* ← *pluvia* rain ← *pluvius* rainy ← *pluere* to rain ← IE **pleu-* 'to FLOW'〙 — *adj.* **1** 雨の, 雨の多い (rainy). **2** 〘地質〙雨成の, 雨の作用による. — *n.* 雨期.

plu·vi·al² [plú:viəl | -vjəl, -vɪəl] 〘◻ ML *pluviāle* rain-cloak ← (neut.) ← L *pluviālis* (↑)〙 *n.* 《古》〘キリスト教〙=cope² 1.

plu·vi·o- [plú:vio(u) | -vɪə(u)] 〘← L *pluvia* rain: ⇨ pluvial¹〙「雨 (rain)」の意の連結形. ★時に pluvia-, また母音の前では通例 pluvi- となる.

plu·vi·o·graph [plú:viəgræ̀f | -vɪəgrɑ̀:f, -græ̀f] *n.* 自記雨量計 (rain gage).

plu·vi·om·e·ter [plù:viɑ́məṭə | -vɪɔ́mɪtə(r, -mə-] *n.* 雨量計.

plu·vi·o·met·ric [plù:viəmétrɪk | -vɪə-] *adj.* 雨量計の, 雨量測定の.

plù·vi·o·mét·ri·cal *adj.* =pluviometric. **~·ly** *adv.*

plu·vi·om·e·try [plù:viɑ́mətri | -vɪɔ́mɪtrɪ, -mə-] *n.* 雨量測定(法).

plu·vi·ose [plú:viòus | -vɪəus] 〘↓〙 *adj.* 〈地域・時など〉(豪)雨の多い.

Plu·viôse [plú:viòus | -vɪəus; *F.* plyvjo:z] 〘◻ F ~ ◻ L *pluviōsus* rainy (↓)〙 *n.* 雨月《フランス革命暦の第5月; ⇨ Revolutionary calendar》.

plu·vi·ous [plú:viəs | -vjəs, -vɪəs] 〘《c1450》◻ L *pluviōs-us* rainy ← *pluvia* rain: ⇨ pluvial¹, -ous〙 *adj.* 雨の; 雨の多い (rainy); 雨による.

ply¹ [plái] 〘n.: 《c1470》◻ (O)F *pli* ← *plier* to fold, bend < L *plicāre* to fold ← IE **plek-* to plait (Gk *plékein* to twist). — v.: 《c1375》◻ (O)F *pli-er* to fold, bend〙 — *n.* **1** (ベニヤ板・カラー布などの)重ね (fold), 層 (layer), 厚さ (thickness). **2** (綱の)一撚(よ)り, 撚り (strand): a single ~ 一子(こ)[撚り] / a 2-[3-]*ply* rope 二子(ふたこ)[三子(みこ)]撚りの綱. **3** 傾向, 癖, 傾き: take a ~ 傾向をもつ, 癖がつく. **4** =plywood. — *vt.* 《方言》曲げる (bend), 畳む (fold).

ply² [plái] 〘《?c1380》*plie(n)*《頭音消失》← ME *applie(n)* 'to APPLY'〙 — *vt.* **1** …に精を出す, 勉強する (work at); 営む (carry on): ~ one's book こつこつ本を読む / ~ a trade 商売に励む / ~ the water *with* one's oars オールでせっせと水を漕(こ)ぐ, 力漕する. **2 a** 〈道具などを〉せっせと働かす, 使う (use): ~ one's needle せっせと針を動かす / ~ one's oars 熱心にかいを漕ぐ, 力漕(りき)する. **b** 〈知恵などを〉働かす. **3** 〔まきなどを〕〈火〉に盛んにくべる〔*with*〕: ~ the fire *with* fresh fuel. **4 a** 〔酒・食物などを〕…にうるさくあてがう, 強いる, しつこく勧める〔*with*〕: ~ a person *with* drink 人に酒を強いる / ~ horses *with* a whip 馬にしきりにむちを当てる. **b** 〔議論・質問などを〕…に盛んに吹き掛ける, 盛んに攻撃する, せがむ (importune)〔*with*〕: ~ a speaker *with* questions 演説者に質問を浴びせる. **5** 〈川・道などを〉往復することを仕事とする, 定期的に通う. — *vi.* **1** 〈船・馬車などが〉〔…の間を〕定期的に往復する, 通う〔*between*〕: the steamer that *plies between* Hongkong and Yokohama 香港横浜間通いの汽船 / ~ for hire 料金を取って往復する. **2** 〈船頭・車屋・タクシーなどが〉客を待つ〔*at, in*〕: a ~*ing* cab 流しタクシー / a taxi ~*ing in* the streets 町を流して歩くタクシー. **3** せっせと[まめに]働く〔*at, with*〕: ~ *at* one's business 仕事に精を出す / ~ *with* the oars 熱心に漕ぐ. **4** 《詩》〈船が〉舵を取って進む. **5** 〘海事〙間切る (tack), 風上に詰めて進む (beat).

-ply [plài] *suf.* ply¹ (1, 2) の意の形容詞を造る (cf. -ple): three-*ply*, four-*ply*, six-*ply*.

plý·er *n.* **1** =plier. **2** [*pl.*] 可動橋 (drawbridge) を上下するために用いられる平衡輪の一種.

Plym·outh [plíməθ] 〘ME *Plummuth* 《原義》'the MOUTH of the river *Plym*' (《逆成》← *Plympton* < OE *Plȳm(an)tūn* 'PLUM-tree TOWN')〙 *n.* **1** 米国 Massachusetts 州南東部の港; 1620年 Pilgrim Fathers の建設した New England 地方最古の都; 人口 19,000. **2** イギリス海峡に臨むイングランド Devon 州南西部の港市, 海軍基地がある; Mayflower 号の出航地 (1620); 人口 260,000.

Plýmouth Bróther *n.* (*pl.* **P- Brethren**) 〘キリスト教〙 **1** [*pl.*] プリマスブレズレン, プリマス同胞教会派《1830年代に英国人 John Darby が Plymouth, Bristol および Dublin に創始した Calvin 主義と敬虔主義との折衷とみられる一派; 1849年比較的自由な Open Brethren とその反対の Exclusive Brethren との二派に分かれた; Darbyites ともいう》. **2** プリマスブレズレンの一員.

Plýmouth Clóak 〘航海から英国の Plymouth 港に帰ってきた者が(笞(むち)打ちをさけるため?)外套代わりに杖をもって歩き回ったことから〙 — *n.* 《戯言》杖 (staff), 棍棒 (cudgel).

Plýmouth Còlony *n.* [the ~] プリマス植民地《Pilgrim Fathers が1620年 Massachusetts 州南東部に開き, 1691年 Massachusetts Bay 植民地に併合された; the New Plymouth Colony ともいう》.

Plýmouth Róck *n.* **1** 米国 Massachusetts 州の Plymouth 港にある岩; 1620年 Pilgrim Fathers がそこから上陸したと伝えられる. **2** プリマスロック《米国原産の卵肉兼用品種のニワトリ》.

plý ròlling *n.* 〘金属加工〙=pack rolling.

plý·wòod 〘← PLY¹+WOOD¹〙 *n.* プライウッド, (ベニヤ)合板《建築・家具・細工などに使う; cf. veneer》: a ~ door 張合せ戸.

Plzeň [plʌ́lzen, -njə; *Czech* pl̩zeɲ] *n.* プルゼニ《チェコスロバキア, Bohemia 西部の都市; 人口 148,000; ドイツ語名 Pilsen [pílzn̩]》.

Pm 《記号》〘化学〙promethium.

PM, P.M., p.m. 《略》〘電気〙phase modulation.

pm. 《略》paymaster; premium; 〘解剖・歯科〙premolar.

p.m. [pí:ém] 〘《略》← P(OST) M(ERIDIEM)〙 *adj.* 午後…(after noon) (⇨ a.m.): 3 *p.m.* 午後3時.

p.m. 《略》〘化学〙*F.* poids moléculaire (=molecular weight).

p.m., P.M. 《略》〘医学・法律〙postmortem (examination).

P.M. 《略》Pacific Mail; Parachute Mine; Past Master; Paymaster; Peculiar Meter; *L.* Piae Memoriae (=of pious memory); Police Magistrate; Pope and Martyr; Postmaster; Prime Minister; product manager; 〘陸軍〙provost marshal.

P-màrker [pí:-] *n.* 〘文法〙=phrase marker.

P.M.G. 《略》Pall-Mall Gazette; Paymaster General; Postmaster General; Provost-Marshal General 憲兵司令官.

p.m.h., pmh 《略》per man hour 1人1時間当たり.

P.M.H., p.m.h. 《略》production per man hour 1人1時間当たりの生産高.

pmk 《略》postmark.

pmkd 《略》postmarked.

PMLA 《略》Publications of the Modern Language Association of America 米国近代語学文学協会の研究発表雑誌.

P.M.O. 《略》Principal Medical Officer.

pmt 《略》payment.

PN 《略》practical nurse.

p.n. 《略》please note.

p.n., P/N 《略》〘金融〙promissory note.

PNA 《略》〘生化学〙pentose nucleic acid.

PNdB, PNdb 《略》perceived noise decibel(s).

-pne·a [(p)ní:ə | (p)ní:ə, (p)níə] 〘← NL ~ ← Gk *pnoé* breath ← *pneîn* to breathe〙「呼吸 (breath), 呼吸法 (breathing)」の意の名詞連結形: poly*pnea*.

P.N.E.U. 《略》Parents' National Educational Union (英国の)全国父母教育連盟.

pneum- [n(j)ú:m | njú:m] (母音の前に来る時の) pneumo- の異形.

pneu·ma [n(j)ú:mə | njú:-] 〘◻ Gk *pneûma* wind, breath ← *pneîn* to blow ← IE **pneu-* to breathe 《擬音語》〙 — *n.* **1** (ギリシャ末期の哲学・キリスト教的古代哲学でいう)生命原理, 精神, 霊 (spirit). **2** 〘神学〙聖霊 (Holy Ghost). **3** 〘音楽〙=neume b.

pneu·mat- [n(j)úːmət, n(j)uːmǽt | njúːmət, njuːmǽt] (母音の前に来る時の) pneumato- の異形.

pneu·mat·ic [n(j)umǽtɪk, n(j)uː- | njuːmǽt-, njʊ-] 〘((1659)) ▭ F *pneumatique* ∥ L *pneumatic-us* ▭ Gk *pneumatikós* ← *pneûma* : ⇨ pneuma, -ic[1]〙 ── *adj.* **1** 気学 (pneumatics) の, 気学上の. **2** 空気の; 気体の (gaseous) (cf. hylic). **3** 空気作用による, 空気で動く: a ～ brake 空気ブレーキ / a ～ pump 気圧ポンプ / a ～ drill 空気ドリル / a ～ tube fire alarm system 空気管式火災警報装置 / ⇨ pneumatic dispatch, pneumatic pump, pneumatic tube. **4** 空気を含む; 空気入りの, 圧搾空気を満たした: a ～ tire 空気入りタイヤ / a ～ cushion 空気クッション[座ぶとん] / ⇨ pneumatic trough. **5** 空気入りタイヤ付きの: a ～ bicycle. **6** 〘動物〙 空気を含む; 気腔(ぅ)[気嚢(ぅ)]を有する. **7** 〈女性が〉均斉のとれた; (特に)胸の豊かな. **8** 《まれ》〘神学〙 霊的な (spiritual).
── *n.* **1** 空気入りタイヤ (pneumatic tire). **2** 《古》空気タイヤ付き自転車[自動車].
pneu·mát·i·cal·ly *adv.*

pneumátic árchitecture *n.* 〘建築〙 空気構造, ニューマチック建築《気密性の膜を空気によって膨らませた構造物; airhouse ともいう》.

pneumátic cáisson *n.* 〘土木・建築〙 ニューマチックケーソン, 空気ケーソン《圧縮空気を入れて水の侵入を防ぐようにした水中基礎工事などにおけるケーソンの一種》.

pneumátic convéyor *n.* 〘機械〙 空気コンベヤー《管路の中の空気の流れに穀粒などを載せて運搬する装置》.

pneumátic dispátch *n.* 気送《書状・小包などを圧縮空気で伝送する装置》.

pneumátic dúct *n.* 〘魚類〙 浮袋気管, 鰾(ぅきぶくろ)気管《チョウザメ・アユ・コイ・フナ・ウナギ・メダカなどにみられる浮袋と消化管をつなぐ細管》.

pneumátic hámmer *n.* 〘機械〙 ＝air hammer.

pneu·ma·tic·i·ty [n(j)ùːmətísəṭi | njùːmətísətɪ, -sɪ-] 〘⇨ -ity〙 *n.* **1** 空気を含むこと[状態], 空気入り. **2** 〘動物〙 含気性.

pneumátic píle *n.* 〘建築〙 ニューマチックパイル, 気圧杭《水面下に打ち込む中空の杭; 中空部分を減圧して大気圧によって杭を押し込む》.

pneumátic púmp *n.* 押揚げ[圧水]ポンプ (force pump).

pneu·mat·ics [n(j)umǽṭɪks, n(j)uː- | njuːmǽt-, njʊ-] 〘⇨ pneumatic, -ics〙 *n.* 気学, 気(体)力学 (pneumodynamics ともいう).

pneumátic tróugh *n.* ガス採取用の水槽(そう)[液槽].

pneumátic túbe *n.* **1** 気送管《気送 (pneumatic dispatch) に用いられる管》. **2** 〘化学〙 気送管《気体の圧力で試料を送り込む装置; 原子炉で照射する試料を輸送するために使われる》.

pneu·ma·to- [n(j)úːməṭoʊ, n(j)uːmǽṭ- | njúːmətə(ʊ), njuːmǽt-] 〘▭ (L)Gk *pneumat-*, *pneûma* 'PNEUMA'〙 ──「空気 (air); 呼気 (breath); 精神 (spirit)」の意の連結形. ★ 母音の前では通例 pneumat- になる.

pneu·ma·to·cyst [n(j)úːməṭoʊsɪst | njúːmətə(ʊ)-] 〘← PNEUMATO-＋-CYST〙 *n.* 〘動物〙 気胞.

pneu·ma·to·graph [n(j)úːməṭoʊgræf | njúːmətə(ʊ)grɑːf, -græf] *n.* 〘医学〙 ＝pneumograph.

pneu·ma·to·lit·ic [n(j)ùːməṭəlíṭɪk, n(j)uːmæ̀ṭ-, -ṭl- | njùːmətə(ʊ)lít-, njuːmæ̀t-] *adj.* ＝pneumatolytic.

pneu·ma·tol·o·gy [n(j)ùːmətɑ́ləʤi | njùːmətɔ́ləʤɪ] 〘← NL *pneumatologia* : ⇨ pneumato-, -logy〙 ── *n.* **1** 霊物学. **2** 〘神学〙 聖霊論. **3** 《古》＝psychology. **4** 《廃》＝pneumatics. **pneu·ma·to·log·ic** [n(j)ùːməṭəlɑ́ʤɪk, n(j)uːmæ̀ṭ- | njùːmətə(ʊ)lɔ́ʤ-, njuːmæ̀t-] *adj.* **pnèu·ma·to·lóg·i·cal** *adj.*

pneu·ma·tol·y·sis [n(j)ùːmətɑ́ləsɪs, -səs | njùːmətɔ́ləsɪs, -lɪ-] 〘← NL ～: ⇨ pneumato-, -lysis〙 ── *n.* 〘地質〙 気成作用《マグマ (magma) から放散した高温ガスによる鉱物の晶出や変質》.

pneu·ma·to·lyt·ic [n(j)ùːməṭəlíṭɪk, n(j)uːmæ̀ṭ- | njùːmətə(ʊ)lít-, njuːmæ̀t-] *adj.* 〘地質〙 〈鉱物・鉱石が〉気成作用で出来た, 気成の.

pneu·ma·tom·e·ter [n(j)ùːmətɑ́məṭə | njùːmətɔ́mɪtə(r, -mə-] *n.* 〘生理〙 **1** 呼吸圧計. **2** 肺活量計 (spirometer).

pneu·mat·o·phore [n(j)umǽṭəfɔ̀ə, n(j)uː-, -fɔ̀ə, n(j)úːməṭ- | njuːmǽtəfɔ̀ː(r, njʊ-, njúːmət-] *n.* **1** 〘植物〙 呼吸根. **2** 〘動物〙 気胞体, 浮嚢. **pneu·mat·o·phor·ic** [n(j)umæ̀ṭəfɔ́(ː)rɪk, n(j)uː-, n(j)ùːməṭ-, -fɑ́r- | njuːmæ̀təfɔ́rɪk, njʊ-, njùːmət-] *adj.* **pneu·ma·toph·o·rous** [n(j)ùːmətɑ́f(ə)rəs | njùːmətɔ́f-] *adj.*

pnèumato·therapéutics *n.* 〘医学〙 ＝aerotherapeutics.

pnèumato·thérapy *n.* 〘医学〙 空気療法.

pneu·mec·to·my [n(j)uméktəmi, n(j)uː- | njuːméktəmɪ, njʊ-] 〘← PNEUMO-＋-ECTOMY〙 *n.* 〘医学〙 肺切除(術).

pneu·mo- [n(j)úːmoʊ | njúːmə(ʊ)] 〘← Gk *pneúmōn* lung: ⇨ pneuma〙「肺 (lung)」の意の連結形. ★ 母音の前では通例 pneum- になる.

pnèumo·bacíllus 〘⇨ ↑, bacillus〙 *n.* (*pl.* **-cilli**) 〘細菌〙 肺炎桿(かん)菌 (*Klebsiella pneumoniae*).

pnèumo·cóccus 〘← PNEUMO-＋-COCCUS〙 ── *n.* (*pl.* **-cocci**) 〘細菌〙 肺炎(双)球菌 (*Diplococcus pneumoniae*). **pnèumo·cóccal** *adj.* **pnèumo·cóc·cic** *adj.*

pneu·mo·co·ni·o·sis [n(j)ùːmoʊkòʊnióʊsɪs, -səs | njùːmə(ʊ)kəʊnɪə́ʊsɪs] 〘← PNEUMO-＋Gk *koní-a* dust＋-OSIS〙 *n.* 〘病理〙 肺塵(じん)(症) (cf. silicosis).

pnèumo·dynámics *n.* ＝pneumatics.

pnèumo·encephalítis 〘← NL ～: ⇨ pneumo-, encephalitis〙 *n.* 〘獣医〙 鶏脳炎 (⇨ Newcastle disease).

pnèumo·encéphalogram 〘← PNEUMO-＋ENCEPHALOGRAM〙 *n.* 〘医学〙 気脳図《気脳造影法で撮ったレントゲン写真》.

pnèumo·encephalógraphy *n.* 〘医学〙 気脳造影[撮影](法), 気体脳造影[撮影](法)《脳室内に気体を注入して脳のレントゲン写真を撮ること》.

pnèumo·gástric 〘← PNEUMO-＋GASTRIC〙 〘解剖〙 *adj.* **1** 肺と胃との. **2** ＝vagal.

pneumogástric nérve *n.* 〘解剖〙 ＝vagus nerve.

pneu·mo·gram [n(j)úːməgræ̀m, njúː-] 〘← PNEUMO-＋-GRAM〙 *n.* 〘医学〙 気体造影[撮影]写真《器官に空気注入後のレントゲン写真; aerogram ともいう》.

pneu·mo·graph [n(j)úːməgræ̀f | njúːməgrɑ̀ːf, -græ̀f] *n.* 〘医学〙 呼吸(曲線)記録器.

pneu·mog·ra·phy [n(j)uːmɑ́grəfi | njuːmɔ́grəfɪ] 〘← PNEUMO-＋-GRAPHY〙 *n.* 〘医学〙 **1** 気体注入撮影法. **2** 呼吸[曲線]描写[撮影](法).

pneu·mon- [n(j)úːmən | njúː-] (母音の前に来る時の) pneumono- の異形.

pneu·mo·nec·to·my [n(j)ùːmənéktəmi | njùːmə(ʊ)néktəmɪ] 〘← PNEUMONO-＋-ECTOMY〙 *n.* 〘医学〙 肺切除(術).

pneu·mo·nia [n(j)umóʊnjə, n(j)uː-, -niə | njuːmə́ʊnjə, njʊ-, -nɪə] 〘((1603)) ← NL ～ ← Gk *pneumonía* disease of the lungs ← *pneúmōn* lung 《変形》← *pleúmōn* lung < IE **pl(e)u-mon-* lung(s), 《原義》floater ← **pleu-* to flow: *pl-* から *pn-* への変化は Gk *pneîn* to breathe との連想による〙 ── *n.* 〘病理〙 肺炎: double [single] ～ 両側[片側]肺炎 / acute ～ 急性肺炎 / croupous ～ クループ性肺炎 / ⇨ catarrhal pneumonia, lobar pneumonia, lobular pneumonia, septic pneumonia, bronchial pneumonia.

pneu·mon·ic [n(j)umɑ́nɪk, n(j)uː- | njuːmɔ́n-, njʊ-] 〘← NL *pneumonic-us* ← Gk *pneumonikós* ← *pneúmōn* (↑): ⇨ -ic[1]〙 ── *adj.* **1** 肺の (pulmonary). **2** 肺炎 (pneumonia) の, 肺炎に冒された.

pneumónic plágue *n.* 〘病理〙 肺ペスト.

pneu·mo·ni·tis [n(j)ùːmənáɪtɪs, -ṭəs | njùːmənáɪtɪs] 〘← NL ～: ⇨ ↓, -itis〙 ── *n.* (*pl.* **-mo·nit·i·des** [-nítədìːz | -tɪ-]) 〘病理〙 **1** 肺臓炎, 肺実質炎. **2** 肺炎 (pneumonia).

pneu·mo·no- [n(j)úːmənoʊ | njúːmənə(ʊ)] 〘← Gk *pneúmōn* lung: ⇨ pneumonia〙「肺 (lung)」の意の連結形. ★ 母音の前では通例 pneumon- になる.

pneu·mo·no·co·ni·o·sis [n(j)ùːmənoʊkòʊnióʊsɪs, -səs | njùːmənə(ʊ)kəʊnɪə́ʊsɪs] *n.* ＝pneumoconiosis.

pneu·mo·no·ul·tra·mi·cro·scop·ic·sil·i·co·vol·ca·no·co·ni·o·sis [n(j)úːmənoʊʌ̀ltrəmàɪkrəskɑ̀pɪk-sílɪkoʊvɑlkéɪnoʊkòʊnióʊsɪs, -sílə-, -səs | njúːmənə(ʊ)ʌ̀ltrəmàɪkrəskɔ̀pɪk-sílɪkə(ʊ)vɔlkéɪnə(ʊ)kəʊnɪə́ʊsɪs] 〘← NL ～ ← PNEUMONO-＋ULTRAMICROSCOPIC＋SILICO-＋VOLCANIC＋-o-＋Gk *koní-a* dust＋-OSIS〙 ── *n.* 〘病理〙 肺塵(じん)症《顕微鏡で見えないほどの微細なケイ粉末・石英粉末を絶えず吸入するために起こるもので pneumoconiosis の一種; 鉱夫などに多い; cf. silicosis》. ★ この辞典の中の英語語彙の中で最も長い語.

pnèumo·thórax 〘← NL ～: ⇨ pneumo-, thorax〙 *n.* 〘病理〙 気胸: artificial [spontaneous] ～ 人工[自然]気胸.

pneu·mo·tro·pic [n(j)ùːmətróʊpɪk, -trɑ́p- | njùːmətrɔ́p-] *adj.* 〘生理〙 肺向性の, 肺親和性の.

pneu·mot·ro·pism [n(j)umɑ́trəpɪzm, n(j)uː- | njuːmɔ́t-, njʊ-] *n.* 〘生理〙 肺向性, 肺親和性.

p-n̄ jùnction [píːén-] *n.* 〘電子工学〙 PN 接合《半導体の単結晶中の P 型と N 型との移り変わりの部分》.

PNM, P.N.M., p.n.m. 《略》〘電気〙 pulse number modulation パルス密度変調.

-pnoe·a [(p)níːə] ＝-pnea.

Pnom-Penh [(p)nɔ̀(ː)mpén, (p)nɑ̀m- | nɔ̀m-] *n.* (*also* **Pnompenh** [～]) プノンペン《カンボジア南部 Mekong 河畔にある同国の首都; 人口 600,000》.

PNR 《略》 point of no return 〘航空〙 帰還不能地点.

pnxt. 《略》 pinxit.

Pnyx [(p)níks] *n.* プニックス《ギリシャの Athens の Acropolis 近くにある丘; 古代アテネの集会の場》.

po [póʊ | pə́ʊ] 〘((19C)): F *pot* (＝pot) の発音から〙 *n.* (*pl.* **～s**) 《口語》 おまる (chamber pot).

Po [póʊ | pə́ʊ; *It.* pɔ́ː] *n.* [the ～] ポー(川)《Alps に発し北西部を東流してアドリア海に注ぐイタリア最大の川; 652 km; 古名 Padus》.

Po 《記号》〘化学〙 polonium.

po. 《略》 pole.

po., p.o. 《略》〘野球〙 putout(s) アウト.

P.O., p.o. 《略》 personnel officer 職員; 〘海軍〙 petty officer; pilot officer; postal order (cf. P.O.O.); post office; post office box; Province of Ontario 《米》(カナダの)オンタリオ州; public office [officer]; purchase order; putout.

po·a [póʊə | pə́ʊə] 〘← NL ～ ← Gk *póa* grass〙 ── *n.* 〘植物〙 イネ科イチゴツナギ属 (*Poa*) のほぼ全世界に広く分布している雑草の総称《スズメカタビラ (*P. annua*), イチゴツナギ (*P. sphondylodes*), ナガハグサ (*P. pratensis*) など》.

Po·a·ce·ae [poʊéɪsiìː | pəʊ-] 〘▭ NL ～: ⇨ ↑, -aceae〙 *n. pl.* 〘植物〙 イネ科 (Gramineae). **po·á·ceous** [-ʃəs] *adj.*

poach[1] [póʊʧ | pə́ʊʧ] 〘((c1430)) *pocche(n)* ▭ OF *pochier* (F *pocher*) 《原義》 to enclose in a bag ← *poche* pouch ▭ Frank. **pokka* bag, pocket ← IE **beu-* to swell: cf. poke[1], pouch: 卵の白味が黄味をつつむ袋とみなされたため〙 ── *vt.* 〈魚などを〉(沸騰直前の温度で)軽くゆでる, 湯煮する, ミルクでゆでる; 〈割った卵を〉壊さないで熱湯に入れてゆでる, ポーチする: ⇨ poached egg.

poach[2] [póʊʧ | pə́ʊʧ] 〘((1528)) ▭ F *poch-er* < OF *pochier* to tread upon, poach into ▭ MHG *bochen, puchen* to strike upon: cf. poke[2]〙 ── *vi.* **1** (密猟するために他人の土地に)侵入する, (他人の土地・猟場・漁場などで)密猟[密漁]する: ～ *on* [*upon*] another's preserves 他人の狩猟地で密猟する; 他人の縄張りを荒らす / ～ *for* pheasants [salmon] (他人の猟場[漁場]に入って)キジ[サケ]を密猟[密漁]する. **2** (他人の領域などに)踏み込む; (他人の権利などを)横取りする: ～ *in* other people's business 他人の縄張りを荒らす / ～ *for* fresh ideas (他人の著書などから)新しい考えをあさる. **3** (競走などで)不正手段を用いる. **4** (テニスなどで)ポーチする《普通ならパートナーが取る球を横からとび出して打つ》. **5** (歩きながら)泥にはまる, (泥道を)骨折って進む. **6** (地面・道などが踏みにじられて)ぬかる. ── *vt.* **1** (他人の土地に侵入して)密猟[密漁]する; (不正に侵入して)〈猟場などを〉荒らす: ～ pheasants, salmon, etc. / ～ preserves, a river, etc. **2** **a** 〈他人の権利などを〉侵害する, 侵し取る. **b** 不正手段で取る, 盗む; (他社から)〈人を〉引き抜く, スカウトする: ～ ideas from another 他人の思想を盗む. **c** (競走で)不正手段で〈有利な地歩を〉得る: ～ a start in a race スタートをごまかして先に出る. **3** (テニスなどで)〈パートナーが打つべき球を〉ポーチする《横からとび出して打つ》: ～ one's partner's ball. **4** 《英》〈棒・指などを〉突き入れる (thrust); 踏み込んで〈芝地など〉に穴をあける, 踏んでぬかるみにする: The cattle have ～*ed* the meadow. 牛に踏まれて牧場はぬかるみだらけだ. **5** 〈粘土などを〉水を混ぜて均質にねる.

póached égg *n.* 落とし卵, ポーチドエッグ.

póach·er[1] 〘← POACH[1]＋-ER[1]〙 *n.* **1** 落とし卵用鍋《二重底の中間に卵を一つずつ落とし入れる受け皿があり, 下からの蒸気で加熱する》. **2** (魚などを)ゆでる鍋.

póach·er[2] 〘← POACH[2]＋-ER[1]〙 ── *n.* **1** 猟区侵入者, 密猟[密漁]者. **2** 他人のお得意を横取りする商人, (商売の)縄張り荒らし. **3** 〘鳥類〙 ＝baldpate 2. **4** 〘魚類〙 ＝sea poacher.

poach·y [póʊʧi | pə́ʊʧɪ] 〘← POACH[2]＋-Y[4]〙 *adj.* (**poach·i·er; -i·est**) 〈土地が〉水浸しになった, ぬかった; 湿地の, 水気の多い (swampy). **póach·i·ness** *n.*

P.O.B., POB 《略》 Post-Office Box 郵便私書箱.

P.Ó. bòx [*P.O.*＝post office: 電信に用いられたため] *n.* 〘電気〙 PO 箱《中抵抗測定用の抵抗ブリッジ箱; 電池・検流計・被測定抵抗を接続して測定する》.

po' boy [póʊ-bɔ̀ɪ | pə́ʊ-] 〘((変形)) ← *poor boy*: 米国南部方言の発音から〙 *n.* ＝hero sandwich.

P.O.C., p.o.c. 《略》 port of call.

Po·ca·hon·tas [pòʊkəhɑ́nṭəs | pə̀ʊkəhɔ́ntəs] *n.* ポカホンタス (1595?–1617; アメリカインディアンの酋長 Powhatan の娘で Captain John Smith を処刑から救ったと伝えられる; 後に英国人と結婚して Rebecca Rolfe といった).

po·chard [póʊʧəd, -kəd | pə́ʊʧəd, pɔ́ʧ-] 〘((1552)) ←?: cf. F *pocher* 'to pocket, POACH[2]'〙 ── *n.* (*pl.* **～s**, **～**) 〘鳥類〙 **1** ホシハジロ (*Aythya ferina*) 《雄の頭部が栗色の潜水ガモ; アメリカホシハジロ (redhead) に似ている; 《英》ではまた dunbird ともいう》. **2** ハジロ属 (*Aythya*) の鳥の類の海ガモの総称.

po·chette [poʊʃét | pɒ(ʊ)-; *F.* pɔʃɛt] 〘▭ F ～ (dim.) ← *poche*: cf. pocket〙 *F. n.* **1** ポシェット《小さなポケット》. **2** ハンドバッグ (handbag).

Po Chü-i [póʊʧúːíː | pə́ʊ-; *Chin.* pó ʧỳì] *n.* 白居易 (772–846; 中国唐代の詩人, 字(あざな)は楽天).

pock [pɑ́k | pɔ́k] 〘OE *poc(c)* ← Gmc **pukno-* (Du. *pok* / G *Pocke*) ← IE **beu-* to swell: cf. pox〙 ── *n.* **1** 〘病理〙 膿疱(のうほう) (pustule); 痘瘡(とうそう), 痘疹, 疱瘡. **2** 痘瘡の跡, あばた. **3** 《卑》 梅毒, かさ. ── *vt.* あばた(状)にする: be ～*ed* with …であばた(状)になっている.

pock·et [pɑ́kɪt, -kət | pɔ́k-] 〘*n.*: ((1280)) ▭ AF *poket(e)* (F *pochette*) (dim.) ← *poke* 'POKE[1]'. ── *v.*: ((1589)) ← (*n.*): ⇨ -et〙 ── *n.* **1** ポケット; 小袋, 金入れ: an inside ～ 内ポケット / pay out of one's own ～ 自腹を切って払う / pick a ～ 懐中を掏(す)る (cf. pickpocket). **2** **a** (ポケットの中の)銭, 小遣い銭 (pocket money): an empty ～ 無一文(の人) / ～ expenses 小遣銭. **b** 資力, 財力 (means): a deep ～ 十分な資力 / It is beyond my ～. 財布に合わない, 手が届かない. **3** **a** (体表面の)くぼみ; くぼみ, くぼ地; 囲まれた場所. **b** 袋小路 (blind alley). **c** 《米》山間(さんかん), 谷間. **4** (地図などを入れるための本の内表紙の)ポケット, ブックポケット; (レコードアルバムなどの同様の)袋. **5** (窓枠などの)凹(くぼ)所, 戸袋, サッシポケット, 空洞《窓を上下するための分銅を吊すところなど》. **6** (スーツケースのふたの裏側の)物入れ; (自動車の扉の内側の)物入れ, ポケット. **7** (玉突き台の角の)玉受け, ポケット. **8** 《英》(ホップ・羊毛などの) 1 袋(の

量)(168-224 ポンド). **9 a** 〖地質〗鉱石塊; 鉱穴, 鉱嚢(のう), 鉱脈瘤(りゅう). **b** 〖鉱山〗投鉱台. **10 a** 〖動物〗(カンガルーなどの)袋. **b** 〖野球〗(ミットの)凹(くぼ)所, ポケット. **11 a** (周囲から孤立した異質の)小地区[集団]: a ~ of poverty / There are rural ~s even round London. ロンドンの近くでもひなびた土地はまだ残っている. **b** 〖軍事〗(敵に完全にまたはほとんど包囲された)孤立地帯, ポケット地帯, 孤立した戦闘地域, 孤立した部隊: mop up enemy ~s [~s of resistance] ポケット地帯の敵部隊を掃討する. **12** 〖航空〗=air pocket. **13 a** 〖陸上競技〗ポケット《他の選手に囲まれて思うように進めない状態》. **b** 〖アメリカンフットボール〗ポケット《前パスを行なうクォーターバックなどを相手のチャージから守るために作る地域》. **c** 〖競馬〗ポケット《他の馬に前方と側方を邪魔されて前進を阻まれる位置》. **14** 〖ボウリング〗ポケット《二つのピンの間の空間; 特に, 1番ピンとそのすぐ後のいずれかのピンとの間をいう》. **15** 〖海事〗バッテン通し《縦帆の後端に帆布を縫い付けて作った長い小袋; 帆をぴんと張らせるために当木などをこれにはめて止める》. **16** (柱などに穿(うが)たれた梁の)承口(うけぐち). **17** 〖劇場〗=stage pocket.
have** a person [thing] **in** one's **pocket 〈人・物を〉手のうちに押えている, …完全に支配している. ***in** a person's (**hip**) **pocket*** (1) 人にぴったりと付き添われて. (2) 人と親密で. (3) 人の言うなりになって. ***in pocket*** 手元に持って; (商売で)もうけて: I am 5 dollars *in* ~.=I am *in* ~ by 5 dollars. ***line** one's **pockets*** ⇨ line[3] *vt.* 3. ***out of pocket*** (1) (商売で)損をして. (2) 資金なしで, 金に窮して. ***put** one's **pride** [**anger**] **in** one's **pocket*** 自尊心[怒り]を押える, 恥を忍ぶ. ***save** one's **pocket*** 懐を痛めない, 損をしない. ***suffer in** one's **pocket*** 懐を痛める, 損をする.
— *attrib. adj.* **1** ポケットに入れられる; ポケット用の; 小型の, ポケット型の: a ~ dictionary 小型辞書. **2** 局地的な, 孤立した (isolated): a ~ war 局地戦争.
— *vt.* **1 a** ポケット[懐]に入れる; (ポケットの中などに)隠す, しまい込む. **b** [通例 Passive で] 閉じ込める, 囲む. **2** (通例不正に)〈金を〉もうける, 着服する, くすねる (embezzle): He ~*ed* a nice sum over the transaction. 彼はその取引でたんまりもうけた. **3** 〈侮辱などを〉こらえる(tolerate); 〈感情を〉顔に表わさない, 隠す (conceal): ~ an insult 侮辱を忍ぶ, 泣寝入りする / ~ one's pride (目的を遂げるために)自尊心を押える, 雌伏する. **4** 《米》〈大統領・州知事が〉〈議案などを〉握りつぶす (⇨ pocket-veto). **5** 〖玉突〗〈球を〉玉受け[ポケット]に入れる. **6** 〖機械〗箱[穴]に入れる. **7** (競馬などで進ませないように)〈相手を〉邪魔する (hem in). **8** [主に Passive で] …にポケットをつける. **9** 〖軍事〗〈敵を〉ポケット地帯に包囲する.
~·like *adj.*

pock·et·a·ble [pákɪṭəbl, -kəṭ- | pɔ́kɪt-, -kət-] *adj.* **1** ポケットに入れられる, 懐中にできる; 私用にされる: a ~ book. **2** 隠すことができる.

pócket báttleship *n.* (第二次大戦でドイツ海軍が Versailles 条約の制限内で造った1万トンの)袖珍(しゅうちん)戦艦, 豆戦艦, 小型戦艦.

pócket billiards *n. pl.* [通例単数扱い] =pool[2] 2 b.

pócket·bòok *n.* **1 a** 紙入れ, 金入れ; 《米》ハンドバッグ (handbag). **b** 懐具合, 収入, 資力, 財源 (pecuniary resources): hurt one's ~ 自分の懐を痛める, 自腹を切る / The prices were beyond the average ~. 一般の人々には買えない値段だった / The price suited my ~. 値段は私の予算に手頃だった / The laws go deep into the ~s of the citizens. これらの法律は市民の懐に深く影響する. **2** 《米》=pocket book. **3** 《英》手帳 (notebook).

pócket bòok *n.* ポケット型廉価版, 文庫本; (特に)ペーパーバック (paperback).

pócket bòrough *n.* 〖英史〗ポケット選挙区, 懐中選挙区《国会議員選出の実権が特定の有力者や顔役一族の手中にあった選挙区; 1832年の選挙法改正で廃止; cf. rotten borough 1》.

pócket chàmber *n.* 〖物理〗ポケット線量計.

pócket edition *n.* =pocket book.

pock·et·ful [pákɪtfʊ̀l, -kət- | pɔ́k-] *n.* (*pl.* ~**s**, **pock·ets·ful**) **1** ポケット一杯(分) 〔*of*〕. **2** 《口語》たくさん, 一杯: a ~ *of* money 大金.

pócket glàss *n.* (懐中用)小型鏡《pocket mirror ともいう》.

pócket gòpher *n.* 〖動物〗ホリネズミ, ポケットゴファ (⇨ gopher[1] 1 a).

pócket-hándkerchief *n.* **1** (ポケットに入れておいて手や顔を拭く)ハンカチ. **2** (ポケットに入るような)小さな物; 狭い土地.

pócket·knife *n.* (*pl.* **-knives**) 小刀, ポケットナイフ《折り畳み式小型ナイフ》.

pócket·less *adj.* ポケットのない.

pócket mìrror *n.* =pocket glass.

pócket mòney 〖(1632)〗 — *n.* **1** 《英》(主に子供に与える1週間分の)小遣い銭《単に pocket ともいう》. **2** (小支出用の)小遣い銭, ポケットマネー (spending money).

pócket mòuse *n.* 〖動物〗ポケットネズミ《米国南西部・メキシコ北部に生息するポケットネズミ科 *Perognathus* 属の齧歯(げっし)動物の総称; 穴に住み夜活動する; えさを集めるためのほお袋がある》.

pócket pìece *n.* (お守りに懐中に入れる)縁起銭《多くは古銭》.

pócket pìstol *n.* **1** (懐中用)小型ピストル. **2** 《戯言》(ウイスキーなどの)懐中壜(びん).

pócket ràt *n.* 〖動物〗ほお袋のある種々の齧歯(げっし)動物の総称《カンガルーネズミ (kangaroo rat), ホリネズミ (pocket gopher), ポケットネズミ (pocket mouse) など》.

pócket ròt *n.* 〖建築〗うつろ, 虚(うろ)《木材の内部に生じた腐朽による空洞》.

pócket-sìze *adj.* ポケット型の; 小型の: a ~ camera.

pócket-sized *adj.* =pocket-size.

pócket-vèto *vt.* 《米》〈大統領・州知事が〉〈議案を〉握りつぶす.

pócket vèto *n.* 《米》(大統領の)議案握りつぶし《議会閉会前10日以内に署名を求められた議案を閉会日まで大統領が保留すること; 事実上の拒否に等しい》; (州知事などの)議案握りつぶし (⇨ pocket *vt.* 4).

pock·et·y [pákɪṭi, -kə- | pɔ́kɪtɪ, -kə-] 〖← POCKET+-Y[4]〗 — *adj.* **1** 〖鉱山〗(鉱石が広く全般的でなく所々)鉱穴状に存在する, 鉱脈瘤(りゅう)の. **2** ポケットのような; 閉じ込められた (pent in), うっとうしい (close).

póck·màrk 〖⇨ mark[1]〗 — *n.* **1** あばた, 痘痕(とうこん)《天然痘の直った跡》. **2** あばたに似た跡. — *vt.* **1** あばたにする. **2** 〈地面など〉にあばたのような穴を作る: ~ a field, road, etc.

póck·màrked *adj.* あばたのある; あばたのように穴のできた.

póck púdding *n.* 《スコット》 **1** 太った大食家の人. **2** 《軽蔑》イングランド人 (Englishman).

pock·y [páki | pɔ́ki] 〖ME: ⇨ pock, -y[4]〗 — *adj.* (**pock·i·er**; **-i·est**) **1** あばただらけの. **2** 《古》あばたの(ある). **3** 《卑》梅毒にかかった. **póck·i·ly** [-kɪli, -kə- | -lɪ] *adv.*

po·co [póukou | páukəu; *It.* pɔ́:ko] 〖□ It. & Sp. ~ 'little' < L *paucum* few〗 — *adv.* 〖音楽〗少し, やや (somewhat): ~ allegro やや速く, いくらか快活に / ~ largo [presto] やや遅く[速く].

po·co a po·co [póukou-ɑ:-póukou | páukəu-ɑ:-páukəu; *It.* pɔ:koapɔ́:ko] 〖□ It. ~ 'little by little' (↑)〗 *adv.* 〖音楽〗徐々に, 少しずつ (gradually).

po·co·cu·ran·te [pòukouk(j)urǽnti | pàukəukju(ə)rǽntɪ] 〖□ It. *poco curante* ← *poco* little+*curante* caring < L *cūrantem* (pres.p.) ← *cūrāre* to care ← *cūra* 'care, CURE[1]'; cf. curious〗 — *adj.* のん気な (easygoing), 平気な, 無頓着な (indifferent). — *n.* 無頓着者, のん気者 (trifler).

pò·co·cu·rán·tism [-tɪzm] *n.* のん気, 無頓着; 冷淡.

Pó·co·no Móuntains [póukənòu- | páukənàu-] 〖*Pocono*: ← N-Am.-Ind. ← ?〗 — *n. pl.* [the ~] ポコノ山脈《米国 Pennsylvania 州東部, アパラチア山脈 (the Appalachians) の一部》.

po·co·sin [pəkóusn̩, póukə- | pəkáu-, páukə-] 〖□ N-Am.-Ind. (Delaware) *pâkwesen* ← *pâkw* shallow+*-sen* (suf. of location)〗 — *n.* (*also* **po·co·sen** [~], **po·co·son** [~]) 《米南東部》海岸地帯の台地に分布する楕(だ)円形の沼地.

pod[1] [pá(:)d | pɔ́d] 〖(1688) 《逆成》? ← 《方言》*podware*, *podder* field crops, plants having pods 《変形》? ← 《(14C-17C)》 *codware* (⇨ cod[2], ware[1]): c → p の変化は PEA との連想か〗 — *n.* **1** (エンドウなどの)さや (seed vessel); (豆の入っている)さや. **2** さやの形をしたもの: **a** カマス (pike) の子; (イナゴの細長い)卵袋; (蚕(かいこ)の)繭(まゆ). **b** (首の締まった)ウナギ網. **3** 《俗》太鼓腹 (potbelly). **4** 〖植物〗裂開果実. **5** 〖航空〗ポッド《燃料・ジェットエンジン・荷物・武器などを納めるための胴体[翼]下に取り付ける流線型の容器》. **6** 〖宇宙〗計器配線の干渉保護のために固定剤を施すこと. ***in pod*** 《俗》妊娠して (pregnant).
— *v.* (**pod·ded**; **pod·ding**) — *vi.* **1** さやになる, さやを生じる 〈*up*〉: Beans are ~*ding* early this year. **2 a** (さやのように)膨れる. **b** [~ up として] 《俗》(妊娠して)〈腹が〉膨れる (shell). — *vt.* …のさや[殻]をむく.
~·like *adj.*

pod[2] [pá(:)d | pɔ́d] 〖《転用》? ↑: 鳥・鯨・アザラシなどがちょうどさやに入ったエンドウのように群をなす習性があるところからか〗 — *n.* (アザラシ・鯨などの)小群; (小鳥の)小群. — *vt.* (**pod·ded**; **pod·ding**) 〈アザラシなどを〉追い集めて群にする.

pod[3] [pá(:)d | pɔ́d] 〖《異形》? ← PAD[1]: cf. OE *pād* covering〗 — *n.* 〖木工〗 **1** (木工錐(きり) (auger) などの)縦溝 (groove). **2** (繰り子錐 (brace and bit) の)錐の受け口 (socket).

P.O.D. 《略》pay on death 死後払い; 〖商業〗pay on delivery 現物引換払い (cf. C.O.D.); Pocket Oxford Dictionary; Post Office Department 《米》郵政省《1971年までの》.

pod- [pɑd | pɔd] (母音の前に来る時の) podo- の異形.

-pod[1] [pɑ̀d | pɔ̀d] 〖□ Gk *-pod-os*, *-pod-on* ← *pod-*, *poús* 'FOOT'〗 — 「足のある (footed); …足の動物[人]」の意の形容詞・名詞連結形 (cf. -podous): cephalo*pod*.

-pod[2] [pɑ̀d | pɔ̀d] 〖← NL *pod-ium* foot: ⇨ podium〗 =-pode.

-po·da [-pədə] 〖← NL ~ ← Gk ~ (neut.pl.) ← *-podos*: ⇨ -pod[1]〗 — 〖動物〗「多くの足をもった動物」の意の名詞連結形《動物学の分類名の綱に用いる》: Cephalo*poda* 頭足綱.

po·da·gra [po(u)dǽgrə, pə-, pádəg- | pə(u)dǽg-, pɔ-, pɔ́dəg-] 〖(a1398) □ L ~ □ Gk *podágrā* ← PODO-+*ágrā* a seizure ∽ (c1300-1578) *podagre* □ OF □ L *podagra*〗 — *n.* 〖病理〗足部痛風; 痛風 (gout).

po·dag·ral [po(u)dǽgrəl, pə-, pádəg- | pə(u)dǽg-, pɔ-, pɔ́dəg-] 〖⇨ ↑, -al[1]〗 *adj.* 〖病理〗=podagric.

po·dag·ric [po(u)dǽgrɪk, pə-, pádəg- | pə(u)dǽg-, pɔ-, pɔ́dəg-] 〖□ L *podagric-us* □ Gk *podagrikós*: ⇨ podagra, -ic[1]〗 — *adj.* 〖病理〗痛風の, (足指)痛風にかかった (gouty).

po·dag·rous [po(u)dǽgrəs, pə-, pádəg- | pə(u)dǽg-, pɔ-, pɔ́dəg-] *adj.* 〖病理〗=podagric.

po·dal·gia [po(u)dǽldʒə, -dʒiə | pə(u)dǽldʒɪə, -dʒə] 〖← PODO-+-ALGIA〗 *n.* 〖病理〗足痛.

po·dal·ic [po(u)dǽlɪk | pə(u)-] 〖← *podal* of the feet (⇨ podo-, -al[1])+-IC[1]〗 *adj.* 足の[に関する].

Po·dar·gi·dae [pədɑ́ədʒədì: | -dɑ́:dʒɪ-] 〖← NL ~ ← *Podargus* (属名: ← Gk *podárgos* swift-footed, white-footed ← PODO-+*argós* shining, white, swift (⇨ argent))+-IDAE〗 — *n. pl.* 〖鳥類〗ガマグチヨタカ科.

pód còrn *n.* 〖園芸〗有稃(ふ)種トウモロコシ (*Zea mays* var. *tunicata*)《稃(ふ)がよく発達した稃でおおわれたトウモロコシ (Indian corn) の一変種》.

pód·ded 〖← POD[1]+-ED[2]〗 *adj.* **1** さや (pod) を生じる; さやにできる; 豆類の (leguminous). **2** [フランス語法] 暮らし向きのよい, 裕福な (well-off).

pod·dy [pádi | pɔ́di] 〖← ?〗 *n.* 《豪》(乳離れしたばかりの)子牛, 子羊.

-pode [pòud | pə̀ud] 〖⇨ -pod[1]〗 次の意味を表わす名詞連結形: **1** 「足のような部分」: psudo*pode*. **2** 「足 (foot)」: mono*pode*. **3** 〖動物〗=-podite.

po·de·sta [pòudəstɑ́: | pə̀u-; *It.* pòdestá:] 〖(1548) □ It. *podestà*, *potestà* < L *potestātem* power ← *potis* able ← IE **poti-s* powerful; lord〗 — *n.* **1** イタリアの自治都市の行政官; 中世イタリアの都市長官. **2** 〖イタリア史〗ファシスト党から任命されたイタリアの市長《ただしローマとナポリを除く》.

po·de·ti·um [po(u)dí:ʃiəm, -ʃəm | pə(u)dí:ʃɪəm, -ʃəm] 〖← NL ~ ← PODO-+*-etium* (← ?)〗 — *n.* (*pl.* **-ti·a** [-ʃiə, -ʃə | -ʃɪə, -ʃə]) 〖植物〗子器柄《地衣類の裸子器にある柄》.

podge [pá(:)dʒ | pɔ́dʒ] 〖(1833) 《異形》← PUDGE〗 *n.* 《口語》ずんぐりした人[動物, 物].

Pod·gor·ny [pədgɔ́əni | pədgɔ́:ni; *Russ.* padgórnij], **Nikolai Vik·to·ro·vich** [vjíktərəvjitʃ] *n.* ポドゴルヌイ《1903-　; ソ連の政治家, 最高会議幹部会議長(元首) (1965-77)》.

podg·y [pádʒi | pɔ́dʒɪ] 〖← PODGE+-Y[4]: cf. pudgy〗 — *adj.* (**podg·i·er**; **-i·est**) 《英口語》〈人など〉ずんぐりした (pudgy), 〈顔など〉丸ぽちゃの: a ~ finger, leg, etc. **pódg·i·ly** [-dʒɪli, -dʒə- | -lɪ] *adv.* **pódg·i·ness** *n.*

podia 〖□ L ~〗 *n.* podium の複数形.

po·dí·a·trist [-trɪst, -trəst | -trɪst] *n.* 《米》足病医 (chiropodist).

po·di·a·try [pədáɪətri, po(u)- | pə(u)dáɪətrɪ] 〖← PODO-+-IATRY〗 *n.* 《米》足病学; 足病治療 (chiropody). **po·di·at·ric** [pòudiǽtrɪk | pə̀udɪ-] *adj.*

Pod·i·ci·ped·i·dae [pàdəsɪpédədì:, -sə- | pɔ̀dɪsɪpédɪ-] 〖← NL ~ ← *Podiciped-*, *Podicipes* (L *pōdic-*, *pōdex* rump+*pes* foot)+-IDAE〗 — *n. pl.* 〖鳥類〗カイツブリ科.

pod·ite [pádaɪt | pɔ́d-] 〖← PODO-+-ITE[1]〗 *n.* 〖動物〗(節足動物の)肢節 (podomere). **po·dit·ic** [pədítɪk | pɔdít-] *adj.*

-po·dite [-pədàɪt] 〖← POD-+-ITE[1]〗 〖動物〗「肢節」の意の名詞連結形.

po·di·um [póudiəm | páudɪəm, -djəm] 〖(1789) □ L ~ 'elevated place, balcony' □ Gk *pódion* (dim.) ← *pod-*, *poús* foot: ⇨ podo-, -ium〗 — *n.* (*pl.* ~**s**, **-di·a** [-diə | -dɪə, -djə]) **1** 〖建築〗 **a** 基壇, ポディウム《古代神殿建築などが建つ高い石造の土台》. **b** (古代の円形劇場の貴賓席下の)闘技場 (arena) の周囲の低い腰壁; (舞台と観客席の)仕切り壁. **c** 大広間などの周囲の壁の下部を突き出して作った腰掛け. **2** 〖動物〗(下等動物の)足; (特に)棘皮動物の管足. **3** 〖植物〗葉柄 (footstalk). **4 a** (オーケストラの)指揮台 (dais). **b** 演壇. **c** 聖書台.
take** [**mount**] **the podium 《米》オーケストラの指揮をとる; 聴衆に話しかける.

-po·di·um [póudiəm | páudɪəm, -djəm] 〖← NL ~ (↑)〗 「…の足をもつもの; 足状 (footlike) の部分(をもつもの)」の意の名詞連結形.

pod·o- [pádo(u) | pɔ́də(u)] 〖□ Gk ~ ← *pod-*, *poús* foot〗 「足」の意の連結形. ★母音の前では通例 pod- になる.

Pod·o·car·pa·ce·ae [pàdo(u)kɑəpéɪsiì: | pɔ̀də(u)kɑ:-] 〖← NL ~ ← *Podocarpus* (属名: ↓)+-ACEAE〗 *n. pl.* 〖植物〗マキ科《裸子植物》.

pod·o·car·pus [pàdo(u)kɑ́əpəs | pɔ̀də(u)kɑ́:-] 〖← NL ~: ⇨ podo-, -carpus〗 — *n.* 〖植物〗イヌマキ《マキ科イヌマキ属 (*Podocarpus*) の高木の総称; マキ (*P. macrophyllus*) など; 材はシロアリに強く建材用》.

pod·o·dyn·i·a [pàdədíniə | pɔ̀dədínɪə] 〖← PODO-+-ODYNIA〗 *n.* 〖病理〗=podalgia.

Po·dolsk [pədɑ́lsk, -dɔ́(:)lsk | pədɔ́lsk; *Russ.* padóljsk] *n.* ポドリスク《ソ連邦ロシヤ共和国西部, Moscow の南方にある都市; 人口 193,000》.

pod·o·mere [pádəmɪə | pɔ́dəmɪə(r)] *n.* 〖動物〗肢節《節足動物の手足の関節; podite ともいう》.

podophylli *n.* podophyllum の複数形.

pod·o·phyl·lin [pàdəfílɪn, -lən | pɔ̀dəfílɪn] 〖⇨ ↓, -in[1]〗 *n.* ポドフィリン《薬用植物ポドヒルム (podophyllum) から採った黄色樹脂; 下剤用》.

pod·o·phyl·lum [pàdəfíləm | pɔ̀d-] 〖← NL ~ ← PODO-+Gk *phúllon* leaf (⇨ -phyll)〗 — *n.* (*pl.* **-phyl·li** [-laɪ], ~**s**) 薬用植物ポドヒルム (mayapple) の乾燥地下茎《podophyllin の原料》.

Pod·o·ste·ma·ce·ae [pɑ̀dəstəméɪsiìː | pɔ̀dəstɪ-] 〖← NL ～ ← *Podostemon* (属名: ← PODO-+Gk *stḗmōn* thread-warp (⇨ stamen))+-ACEAE〗 — *n. pl.* 〘植物〙 =Podostemonaceae.

Pod·o·ste·mo·na·ce·ae [pɑ̀dəstìːmənéɪsiìː | pɔ̀d-] 〖← NL ～: ↑〗 *n. pl.* 〘植物〙 カワゴケソウ科.

Pod·o·ste·mo·na·les [pɑ̀dəstìːmənéɪliːz | pɔ̀d-] 〖← NL ～ ← *Podostemon* (⇨ Podostemaceae) + -ALES〗 *n. pl.* 〘植物〙 (双子葉植物)カワゴケソウ目.

pod·o·the·ca [pɑ̀dəθíːkə | pɔ̀d-] 〖← NL ～: ⇨ podo-, theca〗 *n.* (*pl.* **-the·cae** [-θíːsiː]) 〘動物〙 肢殻脚鞘 《鳥類や爬虫類の足をおおう角質の外皮》.

-po·dous [-pədəs] 〖← -POD+-OUS〗 「…の足をもった, …足の」の意の形容詞連結形 (cf. -pod[1], -pode).

pod·sol [pɑ́dsɔ(ː)l, -sɑl | pɔ́dsɔl] 〘地質〙 =podzol. **pod·sol·ic** [pɑdsɑ́lɪk, -sɔ́(ː)l- | pɔdsɔ́l-] *adj.* **pod·sol·i·za·tion** [pɑ̀dsɔ(ː)lɪzéɪʃən, -sɑl-, -lə- | pɔ̀dsəlaɪ-, -lɪ-] *n.*

pod·sol·ize [pɑ́dsɔ(ː)làɪz, -sɑl- | pɔ́dsɔ-] 〘地質〙 *vt., vi.* =podzolize.

Po·dunk [póʊdʌŋk | pə́ʊ-] 〖《転用》← *Podunk* (米国 Massachusetts 州と Connecticut 州のある地名) ← N-Am.-Ind. (Algonquian) 《原義》 a neck or corner of land〗 — *n.* 《米・戯言》 **1** (平凡・単調な)田舎町. **2** 名もないちっぽけな所, 寒村.

Po·du·ri·dae [pədj(ú(ə)rədìː | -djúərɪ-] 〖← NL ～ ← *Podura* (属名: ⇨ podo-, -ura)+-IDAE〗 *n. pl.* 〘昆虫〙 (粘管目)ミズトビムシ科.

pod·zol [pɑ́dzɔ(ː)l, -zɑl | pɔ́dzɔl; *Russ.* padzól] 〖⊏ Russ. ～ alkaline ashes ← *pod* bottom, ground (⇨ -pod[2])+*zola* ashes〗 — *n.* 〘土壌〙 ポドゾル 《上部は灰白色, 下部は淡茶色で酸性の強い森林土; 北米北部およびロシヤ北部に広がる耕作に不適な不毛の土壌》. **pod·zol·ic** [pɑdzɑ́lɪk, -zɔ́(ː)l- | pɔdzɔ́l-] *adj.*

pod·zol·i·za·tion [pɑ̀dzɔ(ː)lɪzéɪʃən, -zɑl-, -lə- | pɔ̀dzəlaɪ-, -lɪ-] *n.* 〘地質〙 ポドゾル化作用.

pod·zol·ize [pɑ́dzɔ(ː)làɪz, -zɑl- | pɔ́dzəl-] 〖← PODZOL+-IZE〗 *vt., vi.* 〘地質〙 ポドゾル化[灰色土壌化]する.

po·e [póʊi | pə́ʊɪ] 〖⊏ Tahitian ～ 《原義》 pearl beads: Captain Cook による命名; この鳥が喉に2つの羽毛の房をつけているところから, この語を earring の意だと考え命名したという〗 — *n.* (*also* **po·ë** [～]) 〘鳥類〙 エリマキミツスイ (⇨ tui).

Poe [póʊ | pə́ʊ], **Edgar Allan** *n.* (1809–49) 米国の詩人・短編小説家・批評家; *The Raven* (1845), *Tales of the Grotesque and Arabesque* (1840).

P.O.E., POE 《略》 port of embarkation 仕出港, 船積港; 《米》 port of entry 通関(空)港, 手続港, 輸入港.

póe bird *n.* 〘鳥類〙 =tsui.

poe·cil- [píːsəl | -sɪl] (母音の前に来る時の) poecilo- の異形.

poe·cil·i·id [piːsíliɪd, -liəd | -liɪd] 〖↓〗 *adj., n.* 〘魚類〙 カダヤシ科の(魚).

Poe·ci·li·i·dae [pìːsəláɪədìː | -sɪláɪɪ-] 〖← NL ～ ← *Poecilia* (属名: ⇨ poikilo-)+-IDAE〗 *n. pl.* 〘魚類〙 カダヤシ科.

poe·ci·lo- [píːsəlo(ʊ) | -sɪlə(ʊ)] =poikilo-.

po·em [póʊɪm, póʊəm, póʊem | pə́ʊ-] 〖《1548》⊏ (O)F *poème* // L *poēm-a* ⊏ Gk *poíēma* something made, poem ← *poieîn* to make ← IE **kwei-* to pile up, make ∽ (*a*1387) *poesy*: cf. poesy〗 — *n.* **1** (一編の)詩 (cf. prose, verse[1]): a lyric [epic] ～ 叙情[叙事]詩. **2** 詩のような作品, 美文; 詩的なこと[もの], 詩趣に富むもの: a prose ～ 散文詩 / Their lives are a ～. 彼らの生活はさながら一編の詩である.

poe·nol·o·gy [piːnɑ́lədʒi | -nɔ́lədʒɪ] *n.* =penology.

po·e·sy [póʊɪzi, póʊə-, -si | pə́ʊɪzɪ, -ezɪ] 〖《*a*1387》⊏ (O)F *poésie* < VL **poēsium*=L *poēsis* ⊏ Gk *pó(i)ēsis*, *poíēsis* a making, poetry ← *poieîn* to make: ⇨ poem〗 — *n.* **1** 《詩・古》 作詩(法) (poetic writing). **2** [集合的] 詩, 詩歌 (poetry), 韻文 (verse). **3** 《廃》 **a** 詩(の一つ) (poem). **b** 銘 (motto); (特に)指輪に刻んだ銘 (posy). **4 a** 詩的霊感, 創造[想像]力. **b** 詩才.

po·et [póʊɪt, póʊət | pə́ʊɪt, pə́ʊet] 〖《*a*1325》⊏ (O)F *poète* ⊏ L *poēta* ⊏ Gk *poiētḗs* maker: ⇨ poem〗 — *n.* **1** 詩人, 歌人: a minor ～ 小詩人. **2** 詩人のような(思考力・想像力・創造力・表現能力を備えた)人; 詩人肌の人.

poet. 《略》 poetic; poetical; poetically; poetics; poetry.

po·et·as·ter [póʊɪtæ̀stə, póʊə- | pə̀ʊɪtǽstə(r, pə̀ʊə-] 〖《1599》← NL ～: ⇨ poet, -aster[1]〗 *n.* へぼ詩人, 三文詩人.

po·et·ess [póʊɪṭɪs, -ṭəs | pə́ʊɪtɪs, pə́ʊə-, -tès, -təs] 〖⇨ poet, -ess[1]〗 *n.* 女流詩人 (woman poet).

po·et·ic [poʊéṭɪk | pəʊét-] 〖《1530》⊏ (O)F *poétique* ⊏ L *poēticus* ⊏ Gk *po(i)ētikós* inventive, ingenious: ⇨ poet, -ic[1]〗 — *adj.* **1** 詩の, 韻文の (cf. prosaic 1): a ～ drama 詩劇. **2** 詩に適する[用いられる], 詩題[詩材]になる: (a) ～ imagination [inspiration] 詩的想像力[霊感] / a ～ subject [theme] 詩題 / ⇨ poetic diction. **3** 〈場所など〉詩で有名な. **4** 詩人の(ような), 詩人的な, 詩人肌の; 想像力に富んだ: ～ genius [faculty] 詩才. **5** 詩のような, 詩的な, 詩趣に富んだ, ロマンティックな (romantic): ～ descriptions of natural scenery 風景の詩的描写. — *n.* =poetics.

po·ét·i·cal [-ṭɪkəl, -ṭə- | -tɪ-] 〖《*c*1380》← L *poētic-us* (↑)+-AL[1]〗 — *adj.* =poetic: a ～ romance 伝奇物語詩 / ～ works 韻文の作品, 詩集 / ～ prose 詩的な散文 / a ～ person 詩人肌の人. ★ poetic と poetical の厳密な区別はないが, 一般に poetic は詩の本質や内容に関して, poetical は詩の形式に関して用いられる. **～·ly** *adv.* **～·ness** *n.*

poétic díction *n.* 詩語法 《日常の談話や散文の用法と区別して, 詩に特有な用語や語法; 例: even (=evening), beauteous (=beautiful) など》; (陳腐な)詩的用語 《特に18世紀英国の擬古典主義の詩に多い》.

po·ét·i·cìsm [-ṭəsɪzṃ | -tɪ-] *n.* (散文中の)詩的語法, 古風な表現.

po·et·i·cize [poʊéṭəsàɪz | pəʊétɪ-] 〖⇨ poetic, -ize〗 — *vt.* **1** 詩によむ[作る], 詩に歌う; 詩的に言う. **2** 詩化する, 美化する. — *vi.* 詩を作る, 作詩する. **po·ét·i·cìz·er** *n.*

poétic jústice *n.* (善人は栄え悪人は滅びるという詩や小説に現われる)理想的正義, 因果応報, 勧善懲悪.

poétic lícense *n.* 詩的許容 《詩的効果をあげるために韻律・文法・論理・事実などに関する破格や逸脱が許されること》.

po·et·ics [poʊéṭɪks | pəʊét-] 〖《1724》: ⇨ -ics〗 — *n.* [通例単数扱い] **1** 詩論, 詩学. **2** 韻律学, 韻律研究. **3** 一般文学理論, 文学の構造的研究. **4** [the Poetics] 「詩学」《劇詩を中心とした Aristotle の文学・芸術論》. **5** (特定の詩人の)詩風[詩的実践, 詩論]: Chaucer's [Victorian] ～. **6** 詩的感情; 詩的表現.

po·et·i·cule [poʊéṭəkjùːl | pəʊétɪ-] 〖← POET+-I-+-CULE〗 *n.* =poetaster.

po·et·ize [póʊɪtàɪz, póʊə- | pə́ʊɪ-, pə́ʊə-] 〖⊏ (O)F *poétis-er*: ⇨ poet, -ize〗 *vt., vi.* =poeticize.

póet láureate 〖《*c*1395》 *lauriat poete*〗 — *n.* (*pl.* **poets l-, ～s**) **1** 《古》 (詩神 Muses の月桂冠をいただくに値する大詩人の意で)有名詩人に与えられた称号. **2** 桂冠詩人 《英国の王室付き詩人として終身任命され, 王室および国家の行事や重大事件について国民感情を表明する詩を作ることを任務とする; 最初の桂冠詩人は Ben Jonson, 正式に任命されたのは Dryden が最初といわれる》. **3** 《米》 州出身[定住]の代表的詩人(に与えられる称号). **4** (昔)大学などから詩人にその詩業をたたえて与えられた称号.

po·et·ry [póʊɪtri, póʊə- | pə́ʊɪtrɪ, pə́ʊə-] 〖《*c*1380》⊏ OF ⊏ ML *poētria*: ⇨ poet, -ry〗 — *n.* **1** (文学の一形式としての)詩; 韻文, 詩歌 (verse) (cf. prose 1 a, drama 1, fiction 2 a): didactic [erotic, satiric] ～ 教訓[恋愛, 風刺]詩 / epic [lyric] ～ 叙事[叙情]詩 / historical [dramatic] ～ 史[劇]詩 / prose ～ 散文詩 / a piece of ～ 一編の詩 (a poem). **2** (作品としての)詩: write ～ 詩を作る. **3** (ある詩人の)作風, 詩風. **4** [集合的] 詩的作品, 詩 (poems), 詩集: Tennyson's ～ / English ～. **5** 詩を思わせるような物[事, 事情, 場面], さながら一編の詩のようなもの. **6** 詩趣, 詩的感興, 詩情 (poetic feeling); 歌心, 詩心 (poetic spirit). **7** [P-] 詩神 (the Muse).

Póets' Córner 〖《1765》〗 — *n.* [the ～] **1** 詩人記念隅, 文人顕彰コーナー 《London の Westminster Abbey の南(右)袖廊 (transept) の一区画; Chaucer 初め有名な詩人や文学者の墓や記念碑がある》. **2** 《戯言》 (新聞などの)詩歌欄.

póet's narcíssus [dáffodil] *n.* 〘植物〙 クチベニズイセン (*Narcissus poeticus*) (cf. narcissus).

pó-fáced [póʊ- | pə́ʊ-] 〖*po*: 《変形》← POT chamber pot: F *pot de chambre* の *pot* の発音 [po] から: 意味の上で POKER-FACED の影響を受けた〗 — *adj.* 《口語》 まじめくさったばかづらの, ポーカーフェースの.

pogge [pɑ́(ː)g | pɔ́g] 〖← ?〗 *n.* 〘魚類〙 ヨロイトクビレ (*Agonus cataphractus*) 《大西洋産トクビレ科の体が骨質板におおわれた魚; armed bullhead ともいう》.

po·gie [póʊgi | pə́ʊgɪ] 〖《異形》← POGY〗 — *n.* 〘魚類〙 **1** ヨーロッパの海岸に生息するウミタナゴ (surf fish) の類の魚 (*Embiotoca jacksoni*). **2** 米国太平洋の浅い海に生息するウミタナゴ亜目の卵胎生魚 (*Holconotus rhodoterus*).

po·go [póʊgoʊ | pə́ʊgəʊ] 〖← ?〗 — *n.* (*pl.* **～s**) **1** ポーゴー 《棒の先にばねのついた一本棒の竹馬に似た遊び道具; ホッピングの一種; pogo stick ともいう》. **2** (それに乗って飛び歩く)ポーゴー遊び.

POGO [póʊgoʊ | pə́ʊgəʊ] 〖《頭字語》← *P*(*olar*) *O*(*rbiting*) *G*(*eophysical*) *O*(*bservatory*)〗 *n.* 極軌道地球観測衛星.

po·gon- [póʊgən | pə́ʊ-] (母音の前に来る時の) pogono- の異形.

po·go·nia [pəgóʊnjə, -niə | -gə́ʊnjə, -nɪə] 〖← NL ～ 'bearded plant' ← Gk *pōgōníās* bearded ← *pṓgōn* beard: 黄色の毛が花弁をおおっているところから〗 — *n.* 〘植物〙 トキソウ 《ラン科トキソウ属 (*Pogonia*) のランの総称; 《トキソウ (*P. japonica*), ヤマトキソウ (*P. minor*), snakemouth など》.

pog·o·nip [pɑ́gənɪ̀p | pɔ́g-] 〖← N-Am.-Ind. (Shoshonean) ← *pagina-* cloud, fog+*-pi* (n. suf.)〗 *n.* 《米西部》 (Sierra Nevada 山脈に特有の) 氷霧 (ice fog).

po·go·no- [póʊgəno(ʊ) | pə́ʊgənə(ʊ)] 〖← NL ～ ← Gk *pōgōno-* ← *pṓgōn* beard: ⇨ pogonia〗 「鬚(ひげ), あごひげ; あごひげに似たもの」の意の連結形. ★ 母音の前では通例 pogon- になる.

po·go·nol·o·gy [pòʊgənɑ́lədʒi | pə̀ʊgənɔ́lədʒɪ] 〖← NL *pogonologia*: ⇨ ↑, -logy〗 *n.* (あご)ひげ学.

po·go·noph·o·ran [pòʊgənɑ́fərən | pə̀ʊgənɔ́f-] 〖← POGONO-+-PHORE+-AN[1]〗 — *n.* 〘動物〙 有鬚(ひげ)動物門の海産動物の総称 《背部に管状の神経索があり, 外面は多毛類に似る》.

po·go·not·o·my [pòʊgənɑ́ṭəmi | pə̀ʊgənɔ́təmɪ] *n.* ひげ剃り (shaving).

po·go·not·ro·phy [pòʊgənɑ́trəfi | pə̀ʊgənɔ́trəfɪ] 〖⊏ Gk *pōgōnotrophía*: ⇨ pogono-, -trophy〗 *n.* (あご)ひげが生えること.

pógo stìck *n.* =pogo 1.

po·grom [pəgrɑ́m, póʊgrəm, pɑ́g- | pɔ́grəm, -grɔm, pəgrɔ́m; *Russ.* pagróm] 〖⊏ Yid. ～ ⊏ Russ. *pogrom* destruction, 《原義》 like thunder ← *po-* like, next to (← IE **apo-* off, away) + *grom* thunder (← IE **ghrem-* angry): cf. off, grim〗 — *n.* (被圧迫少数民族に対する組織的・計画的な)虐殺 (massacre), ポグロム; (帝政ロシヤ時代にしばしば行なわれた)ユダヤ人虐殺. — *vt.* 集団虐殺する.

po·gróm·ist [-mɪst, -məst | -mɪst] *n.* (ユダヤ人)集団虐殺の指導者[加担者].

po·gy [póʊgi | pə́ʊgɪ] 〖《短縮》← N-Am.-Ind. (Algonquian) *pauhaugen*〗 *n.* (*pl.* **～, pogies**) 〘魚類〙 **1** =menhaden. **2** 《まれ》 =porgy. **3** =pogie.

poh [póʊ | pə́ʊ] *int.* =pooh.

Po·hai [pòʊhάɪ | pə̀ʊ-; *Chin.* póxǎɪ] (*also* **Po Hai**), **the Gulf of** *n.* 渤(ぼっ)海 《中国東北部, 山東半島北側の黄海の湾; 旧名 the Gulf of Chihli》.

po·hu·tu·ka·wa [po(ʊ)hùːṭəkάːwə | pə(ʊ)hùːt-] 〖⊏ Maori ～〗 — *n.* 〘植物〙 **1** ニュージーランド産フトモモ科ムニンフトモモ属の紅の花と銀色の葉をつける常緑樹 (*Metrosideros tomentosa*). **2** 《方言》 クリスマスツリー (Christmas tree).

Po·hyo·la [póʊhjoʊlə, pɔ́ːhjɔː- | pə́ʊhjəʊ-, pɔ́ːhjə-; *Finn.* pɔ́hjɔlɑ] *n.* 〘フィンランド伝説〙 ポホヨラ 《*Kalevala* で Louhi によって支配されていた国; 光と繁栄の国Kalevala に対し, 北方の暗く寒い国》.

poi[1] [pɔ́ɪ, póʊi | pɔ́ɪ, pə́ʊɪ] 〖⊏ Hawaiian ～〗 *n.* (*pl.* **～, ～s**) ポイ 《火を通したタロイモ (taro) の根をペースト状にし, しめらせて発酵させたハワイの食物》.

poi[2] [pɔ́ɪ, póʊi | pɔ́ɪ, pə́ʊɪ] 〖⊏ Maori ～〗 *n.* (*pl.* **～, ～s**) マオリ人がダンスの際に糸をつけて振回す小ボール.

poi·e·sis [pɔɪíːsɪs, -səs | -sɪs] 〖⊏ Gk *poiēs-is* creation: cf. poesy〗 *n.* (*pl.* **-e·ses** [-siːz]) 〘文学〙 創造; 創造力 (creativity).

-poi·e·sis [pɔɪíːsɪs, -səs | -sɪs] 〖← NL ～ ← Gk *poiesis*: ↑〗 (*pl.* **-e·ses** [-siːz]) 「産出 (production); 形成 (formation)」の意の名詞連結形.

-poi·et·ic [pɔɪéṭɪk | -tɪk] 〖⊏ Gk *poiētik-ós* creative, active: cf. poetic〗 「生み出す (productive)」の意の形容詞連結形: hemato*poietic*.

poi·gnan·cy [pɔ́ɪnjənsi, -nən- | pɔ́ɪnənsɪ, -njən-, pɔ́ɪgnən-] *n.* 鋭さ, 激しさ, 痛烈; 辛辣(しんらつ).

poi·gnant [pɔ́ɪnjənt, -nənt | pɔ́ɪnənt, -njənt, pɔ́ɪgnənt] 〖《*c*1390》 *poynaunt* ⊏ (O)F *poignant* (pres.p.) ← *poindre* to sting < L *pungere* to prick: ⇨ -ant: cf. point, pungent〗 — *adj.* **1** 〈空腹・悲しみなど〉痛めつけるような, 身にこたえるような. **2** 〈興味など〉強く心に訴える (touching), 激しい (bitter): ～ tears [regret] 激しい涙[悔恨] / a story of ～ interest ひどく面白い物語. **3** 胸を刺すような, 辛辣(しんらつ)な (biting): ～ questions, remarks, sarcasm, etc. **4** 舌のぴりっとする, 辛い, 鼻をつく: ～ sauce. **～·ly** *adv.*

poi·gnard [pɔ́ɪnjəd, pwάːn- | pɔ́ɪnjəd, -nɑːd] *n., vt.* =poniard.

poi·kil- [pɔɪkíl, pɔ́ɪkəl | pɔɪkíl, pɔ́ɪkɪl] (母音の前に来る時の) poikilo- の異形.

poi·ki·lit·ic [pɔ̀ɪkəlíṭɪk | -kɪlít-] 〖⇨ ↓, -ite[1], -ic[1]〗 — *adj.* 〘岩石〙 〈火成岩の組織が〉ポイキリチックの 《ある鉱物の大きな単結晶が他の鉱物の小結晶を多数, 不規則に包含するものにいう; cf. poikiloblastic》.

poi·kil·o- [pɔɪkílo(ʊ), pɔ́ɪkəl- | pɔɪkílə(ʊ), pɔ́ɪkɪl-] 〖⊏ Gk ～ ← *poikílos* variegated, dappled: ⇨ paint〗 「(色・形など)変化のある, 斑(ふ)入りの」の意の連結形: *poikilo*cyte. ★ 母音の前では通例 poikil- になる.

poi·kil·o·blas·tic [pɔɪkìləblǽstɪk, pɔ̀ɪkəlo(ʊ)- | pɔɪkìlə(ʊ)-, pɔ̀ɪkɪl-] *adj.* 〘岩石〙 〈変成岩中の組織が〉ポイキロブラスチックの 《他種の鉱物を包含して斑状の大きな結晶になったものにいう; cf. poikilitic》.

poi·kil·o·cyte [pɔɪkíləsàɪt, pɔ́ɪkəlo(ʊ)- | pɔɪkílə(ʊ)-, pɔ́ɪkɪl-] 〖← POIKILO-+-CYTE〗 *n.* 〘解剖〙 変形[異型, 奇形]赤血球.

poi·kil·o·therm [pɔɪkíləθə̀ːm, pɔ́ɪkəlo(ʊ)- | pɔɪkílə(ʊ)θəːm, pɔ́ɪkɪl-] 〖← POIKILO-+-THERM〗 — *n.* 〘動物〙 変温[冷血]動物 (cf. homoiotherm). **poi·kil·o·ther·mism** [pɔɪkìləθə́ːmɪzṃ, pɔ̀ɪkəlo(ʊ)- | pɔɪkìlə(ʊ)-, pɔ̀ɪkɪl-] *n.*

poikìlo·thérmal *adj.* 〘動物〙 =poikilothermic.

poikìlo·thérmic *adj.* 〘動物〙 (環境に応じて体温を変化する)変温(性)の, 冷血の (cold-blooded) (cf. homoiothermic): ～ animals 変温[冷血]動物.

poi·lu [pwάːl(j)uː, ーー; *F.* pwaly] 〖⊏ F ～ 'hairy, virile' ← *poil* hair < L *pilum* 'PILE[3]'〗 — *n.* (*pl.* **～s** [～z; *F.* ～]) 《古》 (第一次大戦の)フランス兵 《あだ名; cf. Tommy Atkins》.

poi·men·ics [pɔɪménɪks] 〖← Gk *poimenikós* of a shepherd ← *poimḗn* shepherd: ⇨ -ics〗 *n.* 牧会(神)学 (pastoral theology).

Poin·ca·ré [pwæ̃ː(ŋ)kəréɪ, pwæ̀ŋ-; *F.* pwɛ̃kare], **Jules Henri** *n.* ポアンカレ 《1854–1912; フランスの数学者》.

Poincaré, Raymond *n.* ポアンカレ 《1860–1934; フランスの政治家, 大統領 (1913–20), 首相 (1912–13, '22–24, '26–29); J. H. Poincaré の従弟》.

poin·ci·an·a [pɔ̀ɪnsiǽnə | -sɪ-] 〖← NL ～ ← *M. de Poinci* (17 世紀の仏領西インド諸島総督)+-ANA〗 — *n.* 〘植物〙 ポインシアナ, ホウオウボク 《熱帯産のマメ科ホウオウボク属 (*Delonix*) の観賞植物の総称;

橙色または赤色の美花を開く高木》; (特に)ホウオウボク (*D.* [旧属名 *Poinciana*] *regia*).

poind [pɔ́ɪnd, pá̃ɪnd] 〖《15C》《スコット》 *punden*, *Pynden* < OE *pyndan* to impound : cf. pound³〗《スコット》 **— *vt.*** **1** 〈債務者〉の財産を(自救的に)差押えて競売する. **2** 〈債務者の動産・家畜を〉差押える : No man may ~ for unkindness. 《諺》不親切のかどで差押えを行なうことはだれにもできない. **— *n.*** **1** 差押え (distraint). **2** 差押えられた動産[家畜].

poin·set·ti·a [pɔɪnséṭiə, -ṭə | -tɪə, -tjə] 〖《1867》← NL ~ ← *Joel R. Poinsett* (1779–1851 : 米国の外交官でその発見者) + -IA¹〗 **— *n.*** 〖植物〗ポインセチア, ショウジョウソウ (*Euphorbia pulcherrima*) 《メキシコ・中米原産トウダイグサ科トウダイグサ属の小低木; 上部の葉は燃えるような真紅色でクリスマスの飾りに用いられる》.

point [pɔ́ɪnt] 〖n.: 《?a1200》 ▭(O)F *point* dot, prick (< L *pūnctum* (neut. p.p.)) & *pointe* sharp end (< LL **pūnctam* sharp or pointed extremity (fem. p.p.)) ← L *pungere* to pierce : ⇨ pungent. — v.: 《*c*1330》 ▭(O)F *point-er* ← *point* (n.)〗 **— *n.*** **1** (武器・道具などの)鋭い[尖った]先端, 先; 《米》ペン先 (cf. nib 2): ⇨ ball-point pen / the ~ of a sword [needle] 剣[針]先 / come [grow] to a ~ 先が細くなる[尖る] / cut [shape] to a ~ 先を尖らせる / put [make] a ~ on a pencil 鉛筆を尖らせる. **2 a** 突き出た[細くなった]先端 (tip): the ~ of one's toes [the nose] 足指の[鼻]先. **b** 突端, 岬 (promontory, cape). ★ 多く地名に用いる : Start *Point* イングランド南岸 Devonshire 州の岬 / *Point* Conception 米国西岸 California 州の岬. **3** 尖端のある物, 先の尖った器具[武器]; 接種針 (vaccine point); 彫刻針 (engraving needle) (cf. dry point); (レースの)編針. **4 a** 点, 小さなしるし, ぽつ (dot): a ~ of light かすかな光. **b** 句読(く)点 (punctuation mark); 終止符 (full stop); (点字法の)点. **5 a** (空間の)ある点, 個所, 地点 (spot): a ~ on a road [map] 道路[地図]上の一点 / ⇨ startingpoint / Slough and ~*s* west スラウとそれ以西の土地[町, 駅] / visit the ~*s* of interest in a town 町で興味のある所を訪ねる / There was no ~ of contact between them. その間に接触[共通]点がなかった / a ~ of sight 視点, 観察点 / the ~ run to [sailed from] 〖海事〗到達[出航]地点 / the fixed [dead] ~ of a crank 〖機械〗クランクの死点. **b** 《口語》停車場, 停留所 (stopping place). **6** (時間の)ある点, 時点; 瞬間, 間際 (exact moment): ⇨ turning point 1 / At this ~ he got up. この瞬間彼ははね起きた / at the ~ of death 死に際に / from that ~ onwards それ以来 / When it came to the ~, he declined. いざという段になって彼は断った. **7 a** (事態・進展・増減などの)段階, 程度 (stage); (決定的な)状況 : up to a (certain) ~ ある点までは / be full to bursting ~ はちきれそうである / reach the ~ where it is no use to argue any more もはや議論しても無駄な段階に至る / He drove her to a ~ beyond human endurance. 彼女を人間として耐えられないところまで追いやった / He is polite to the ~ of nonsense. ばかげているほど丁寧だ. **b** (目盛などの)度 (degree), 点 : the boiling [freezing, melting] ~ 沸騰[氷, 融解]点 / The temperature has gone up two ~*s*. 温度は2度上昇した. **8** (全体の中の)細かな点[部分], 項目, 条項, 事項 (item); (計算の)単位 : make the ~*s* of a plan clear 計画の細目をはっきりさせる / Is there any ~ that is not clear? はっきりしない点が何かあるか / Possession is nine [《古》eleven] ~*s* of the law. 《諺》現実占有は九分の利《預りものは我がもの》. **9 a** (競技などの)点数, 得点 : win [lose, be beaten] on ~*s* [〖ボクシング〗得点[判定]で勝つ[負ける] / gain [score] a ~ 1点を得る; 優勢になる / be ahead by six ~*s* 6点リードしている / win a game by ten ~*s* to three 10対3で勝つ / This is ~*s* better than that. これはそれより遥かによい / A gives three ~*s* to B. Aは(ハンディとして)Bに3点を許す. **b** (評価の単位としての)点, ポイント. **c** (食糧・衣料などの配給単位, 点数 : on ~*s* (物品が)点数で配給されて, 点数制度で. **10** 特徴(となる点), 特質, (欠・美)点; (特に畜産で体型の審査標準に用いる)動物の特徴 : the weakest [best, strongest] ~ in one's character 人格の一番の短所[長所] / Work is not his strong ~. 仕事は得意ではない / The horse has some good ~*s*. その馬にはいい点がいくらかある. **11 a** (問題となる)点, 論点, 重要な考え[事柄]; 論旨, 主張 : a debating ~ 論点 / the ~ at issue 問題点 / a ~ of conscience 良心の問題 (cf. *a* POINT *of honor*) / a sore ~ (言及されると)痛い所[問題], 泣き所 / just as a ~ of interest ちょっと興味のあることとして / That is the ~ he refused to yield. そこが彼の譲歩しなかった点だ / get [see] a person's ~ 人の話の論旨をつかむ / ⇨ *make* [*prove*] *a* POINT / He made several good ~*s*. いくつか適切な考えを述べた. **b** [通例 the ~] 要点, 主眼点, ねらい, 力の入れ所, ポイント; (話・冗談などの)やま, おち, 急所 : *the* ~ of a joke [story] / *the* ~ in a speech [an argument, a sermon] 演説[議論, 説教]の要点 / That is just *the* ~. そこが要点だ / ⇨ *beside* [*away from*] *the* POINT / come [get] to *the* ~ 要点[核心]に触れる / catch [miss] *the* ~ of an argument 議論の要点を捕える[捕えそこなう] / keep [stick] to *the* ~ 要点をはずさない. **c** (文章・話などの)ぴりっとした[興味を引く]ところ, 趣, 妙味; 迫力 (effectiveness): a joke [an epigram, a story] without any ~ 少しも面白味のない冗談[警句, 物語] / write with ~ 説得力のある文章を書く / The speech lacked ~. その演説は迫力がなかった. **12** (行為などの)目的, 目当て (purpose); 利益, 必要 (use): (one's) ~ and purpose [目的] / carry [gain] one's ~ 目的を達する, 言い分を通す / see the ~ in [of] doing [通例否定構文で] …する意味が分かる / There's no [not much] ~ in doing that. そんなことをしても何にもならない[大して役に立たない] / What is the ~ of getting angry? 怒って何になるか. **13** 《口語》ヒント, 示唆 (cf. pointer 6): get ~*s on* passing an exam 試験合格の秘訣を教わる. **14 a** 〖経済〗(物価・株式相場などの)単位名目, 刻み, 丁(ちょう), ポイント《米国では株式は $1, 綿・コーヒーは $^1/_{100}$c., 油・穀物・豚肉などは 1c.》: Cotton has gone down several ~*s*. 綿は数丁下落した. **b** [*pl.*] 〖証券〗ポイント《借り手が借入金に対してあらかじめ支払う割増し利子の刻みの単位; 抵当の1%に相当する》. **15** 〖宝石〗ポイント《重量の単位; = $^1/_{100}$ carat》. **16** 〖印刷〗 **a** ポイント《活字の大きさの単位; 英米では 0.0138 inch, ヨーロッパ大陸諸国では 0.0148 inch; cf. point system》: of 12 ~*s* 12ポ(イント)の. **b** 見当針《press point ともいう》. **c** ポイント《紙や板紙の厚さの単位; = $^1/_{1000}$ インチ》. **17** 〖海事〗 **a** 方位 : ⇨ cardinal point, POINTS of the compass. **b** 点, ポイント《羅牌(らはい)の周囲を32等分している各点; 二つのポイントのはさむ角度; 11°15′》. **c** 縮帆索. **18** 《米》 **a** 〖教育〗(学科制度の)単位 (single credit)《通例毎週一時間一学期間の授業》. **b** 〖軍事〗給与制度の単位; 勤務評点の単位, 従軍点数. **19** 〖軍事〗 **a** 路上斥候《前衛尖(せん)兵の前方または後衛尖兵の後方を進み警戒に当たる》. **b** ((銃)剣による)突き, 刺突. **20** 〖天文〗点 : equinoctial ~*s* (春分・秋分の)分点 / ⇨ solstitial point. **21** 〖数学〗 **a** 点 : the angular ~ 頂点 / a ~ of contact [intersection] 接点[交点]. **b** 小数点 (decimal point): two ~ five 2点5 (2.5) / ~ one 零点1 (0.1). **22 a** 〖言語〗=vowel point. **b** 〖音声〗舌尖(ぜっせん)《舌先 (tip, apex) の先端》. **c** 舌先. **23** 〖紋章〗 **a** POINTS of escutcheon の一つ. **b** label の垂れ下った部分. **24** 〖電気〗 **a** (分配器 (distributor) の)スイッチ, 接点. **b** 《英》コンセント (outlet), ソケット (socket). **25 a** (各種の競技で)競技者の位置. **b** 〖クリケット〗ポイント《打者側の三柱門に近い off 側の守備位置; ⇨ cricket² 挿絵》. **c** 〖ラクロッス〗ゴールキーパーに一番近い右側および前方の守備側のプレーヤー(の位置). **26** 〖スポーツ〗クロスカントリーで走ること (cf. point-to-point); その終着点. **27** 〖狩猟〗 **a** (pointer や setter が)獲物の居場所を突き止めたときの身構え(の動作): make [come to] a ~ 獲物を見つけて身構える / ⇨ *potatoes* [*bread*] *and* POINT. **b** 直進(して目指す地点). **28** 〖服飾〗 **a** 手編み[針編み]レース (point lace). **b** (ニードルポイント刺繡・レースの)ステッチ. **29** 《古》〖服飾〗ポイント《衣服や靴の部分をつなぎ合わせるための端金のついたひも》. **30** (手袋の)飾りステッチ. **31** 〖ボクシング〗(急所とされる)あご先 : the ~ (of the jaw). **32** 〖バレエ・ダンス〗 **a** (足の)指先 : be [dance] on ~*s* トウダンスをする. **b** ポアント《片足を伸ばし, 体重はかけずにその(足の)指先のみを軽く床に触れさせる動作》. **33** 《英》〖鉄道〗 **a** 先端レール (tapering rail); 轍叉(てっさ)を作る頂点. **b** [通例 *pl.*] 転轍(てつ)器, ポイント (《米》switch). **34** バックギャモン (backgammon) の盤の先細3角形の区画. **35** (シカの枝角の)尖(せん): a buck of eight [ten] ~*s* 両角を合せて8[10]尖のシカ. **36** [*pl.*] (馬・豚などの)四肢(と尾など), 足先 (extremities); (シャム猫の)顔・耳・尾・足 : a bay with black ~*s* 足先の黒い栗毛. **37** 〖音楽〗 **a** (弦楽器の)弓の先の部分. **b** 短い楽句《特にフーガの主題など対位法の曲に用いる》. **c** 付点. **d** スタッカート記号. **38** クラップス (craps) で勝つために振り出す必要のある賽(さい)の目《4, 5, 6, 8, 9, 10 のいずれか》. **39** 《古》(健康などの)状態 (condition). **40** 《古》結末 (end), 結論 (conclusion). **41** 《廃》少量, ほんの少し (just a little).

at all points あらゆる点において; 完全に (completely): be armed [prepared] *at all* ~*s* すっかり武装[準備]している. ***at swords' points*** (今にも争い[戦い]を始めそうなほど)反目して, 敵視して, にらみ合って. ***at* [*on*] *the point of*** …の間際に (⇨ *n.* 6). ***at the point of the sword* [*bayonet*]** 刀[銃剣]を突きつけて; 武力で. ***beside* [*away from*] *the point*** =*off the* POINT. ***bread and point*** = *potatoes and* POINT. ***from point to point*** 〖cf. F *de point en point*〗 (1) 一地点から一地点へ(動く). (2) 《まれ》一項一項と逐次, 詳細に (in detail). ***give point to*** …に先をつける; …を尖らせる; …に力[勢い]をつける, …を強める. ***give points to*** (1) …にハンディキャップを与える (give adds to); …にまさる (have the advantage of) (cf. *n.* 9 a): He can *give* ~*s to* any opponent of golf. ゴルフではどんな相手にも負けない. (2) …に助言する, ヒントを与える (cf. *n.* 13). ***have a point*** (1) 一理ある : You *have a* ~ there! もっともな話だ, その通りだ. (2) 長所がある (cf. *n.* 10). ***hit the high points*** ⇨ hit 成句. ***in point*** 適切な, 適当な (suitable); 当面の(議論に関係する): a case *in* ~ その場合に当てはまる問題, 適例, 例証. ***in point of*** …に関して, …について : *In* ~ *of* learning he has no equal. 学問にかけては彼に匹敵する者はない / *in* ~ *of* fact = *as a* MATTER *of fact*. ***make* [*prove*] *a point*** 主張の正しいことを示す[立証する], 主張を通す; 考えを述べる, 主張する; (目的に向かって)一歩前進する. ***make a point of doing*** 〖《なぞり》← F *faire un point de*〗 (1) …を主張[強調, 重視]する (lay stress on). (2) 決まって…する(make it a rule to do): He *makes a* ~ *of* attending any meeting. 彼はどんな会にでも出席することにしている. ***make it a point to do*** 決まって[必ず]…する. ***make one's point*** (1) 主張を通す. (2) 〖狩猟〗〈狐などが〉一直線に目指す所へ走って行く. ***make the point that*** …と主張する, 強調する. ***not to put too fine a point on it*** ⇨ fine¹ *adj.* 成句. ***off the point*** 要点をはずれた[て], 見当[見込み]違いの[で] (↔ to the point) ***on* [*upon*] *the point of doing*** …しようとして : He *was on the* ~ *of* going. 出掛けようとしていた. ***point by point*** 一点一点, 一項一項(論じる). ***point for point*** 逐一, 詳細に; 正確に. ***a point of honor*** 〖《1612》《なぞり》← F *point d'honneur*〗一身の名誉にかかわる問題, 面目問題. ***a point of view*** 〖《1727–41》《なぞり》← F *point de vue*〗 (1) 観点. (2) 見地 (viewpoint): from *a* political ~ *of view* 政治的な見地から(言えば). (3) 見解, 意見 (opinion). (4) (物語などを進行させる時に用いる)視点. ***potatoes* [*bread*] *and point*** 《方言・戯言》チーズ(やベーコンや魚)は見るだけで食べるのはじゃがいも[パン]だけ(の食事). ***prove a point*** = *make* [*prove*] *a* POINT. ***score a point off* [*against, over*]** = ***score points off*** …を(議論などで)やりこめる, …から一本とる (cf. *n.* 9 a). ***stand upon points*** 細かいことにこだわる, きちょうめんである. ***strain* [*stretch*] *a point*** 限度を超える, 理を曲げる; 誇張する; 特別に考慮する, 斟酌(しんしゃく)する (make a special concession): Might you *stretch a* ~ and punish me in some other way instead of dismissing me? 特別のご考慮で解雇ではなくて何か別の懲罰が願えないでしょうか. ***take a person's point*** 人の主張[論旨]を認める[理解する]. ***to the point*** 適切な[に], 要領を得た[て] (pertinent) (↔ off the point): (what is) more *to the* ~ さらに適切[重要]なことには / Your answer is short and *to the* ~. 君の返答は簡潔で要を得ている. ***to the point of*** …と言ってもよいほど (⇨ *n.* 7 a). ***weather a point*** (1) 〖海事〗岬の風上を通る. (2) 難局を乗り切る.

point at infinity 〖数学〗無限遠点《射影幾何学において, 平面上の平行線が無限のかなたで交わると考える交点; 複素数平面上の無限のかなたにあると考える一点》. ⌜point.

point of accumulation 〖数学〗 =accumulation

point of articulation 〖音声〗調音点《自らは比較的動きが少なく調音時に動きの自由な器官による近接または接触の対象となる音声器官; 上歯歯茎など; cf. articulator 2》.

point of departure (1) 〖海事〗起程点, 発航地点. (2) (議論などの)出発点, 立脚点, 論拠. ⌜point).

point of inflection 〖数学〗変曲点, 彎曲点 (inflection

point of no return (1) 〖航空〗帰還不能点《大洋を横断する航空機などがもはや出発点へ帰る燃料がなくなる点》. (2) もはや後へ引けぬ所[段階].

point of order 〖議会〗議事手続きに関する問題.

point of sailing 〖海事〗(風の方向との関係でいう)帆船の方位.

points of escutcheon 〖紋章〗盾の表面 (field) に作画するための目安の点 (⇨ heraldry 挿絵 B).

points of the compass [the —] 羅針盤の32方位 (⇨ compass card 挿絵).

— *vt.* **1 a** …の先を尖らす, 削る (sharpen): ~ a pencil, stake, etc. **b** 〔…に〕先を付ける 〔*with*〕: a stick ~*ed with* steel 鋼を先端に付けた棒. **2** 〈言葉・動作などを〉鋭くする, 辛辣(しんらつ)にする (make pungent); …に勢いをつける, 強調する, 目立たせる (cf. POINT *up*): ~ (*up*) a moral (to [for]) 〈適切な話などが〉(…に)この通りになると強調して教訓を教える / He ~*ed* his remarks *with* apt illustrations. 適例をあげて所論を進めた. **3** 〈指・武器・乗物などを〉向ける, 狙う (aim) 〔*at, to, toward(s)*〕; 〈注意などを〉向ける 〔*to*〕: ~ one's finger *at* a person 人に指をさす / ~ a gun *at* [*to, toward(s)*] a bird 鳥を狙って[の方に]銃を向ける / He ~*ed* the car *toward* the town [homeward]. 町[家]の方向に車を向けた. **4** 〈道などを〉指し示す (cf. POINT *out*); 〈人〉に〈場所などを〉示す 〔*to*〕: The sign ~*ed* the way *to* the town. 標識は町へ行く道を示していた. **5 a** 点で…にしるしをつける; 〈文〉に句読(く)点を打つ (punctuate); 〈ヘブライ語の文字など〉に母音点 (vowelpoint) を打つ. **b** 〈数字〉に点を打つ (cf. POINT *off* (1)). **c** 〈詩篇の聖歌など〉に詠唱用の付点を付ける (⇨ pointing 4). **6** 〖彫刻〗(所要の形を得るために)〈石材など〉にあらかじめ穴をあける. **7** 〖バレエ・ダンス〗ポアントを行なって〈脚を〉伸ばす, 〈つま先を〉立てる (cf. *n.* 32). **8** 〖石工〗 **a** 〈目地を〉しっくいで塗る; 〈れんが積みの壁など〉の目地を塗る. **b** 〈石材〉の表面整形をする. **9** 〖金属加工〗〈線・管材〉に口付け[先付け]する (cf. pointing 5). **10** 〖狩猟〗〈pointer や setter が〉立ち止まって鼻先を向けて〈獲物〉の所在を知らせる (set *vt.* 31).

— *vi.* **1** 指さす, 指示する; 示す, 暗示する; 言及する (allude) 〔*at, to, toward(s)*〕: ~ back [off, out, up] うしろ[遠く, 外, 上]の方を指さす / It is rude to ~ (*at* a person). 人を指さすのは失礼である / The needle ~*s to* the north. 磁針は北を指す / The evidence ~*s to* [*toward*] the guilt of the accused. 証拠は被告の有

罪を示している / Everything ~*s* that way. あらゆることからみてそういうこと[結論]になる. **2 a** 〔ある方向に〕向く, 向いている; 〈建物が〉〔道路などに〕面する (face) 〔*toward(s), to*〕: The church ~*s to* the east [*toward* the bay]. **b** 狙う, 目指す〔*at*〕; 〈政策・状態などが〉傾向を示す, 傾く (tend) 〔*to, toward(s)*〕. **3** 〘狩猟〙〈pointer や setter が〉立ち止まって前肢の片方をあげて獲物の所在を知らせる (set *vi.* 11). **4** 〘海事〙〈帆船が〉詰開きで帆走する 〈*up*〉. **5** 〈はれ物が〉口を開きそうになる.

point for 〈試合〉に向けて猛練習する. ***point in*** すきの先で〈肥料を〉せせる (prick). ***point off*** 〈数字を〉(小数点などの)点で区切る. ***point out*** 指し示す, 指示する; 〈事実など〉に注意を向ける, 指摘する; 〈...ということを〉明らかにする 〈*that*〉: She ~*ed* him *out* to me. 彼を私に指し示した / *Point out* the mistakes. 誤りを指摘せよ / *Point* (me) *out* the thing you want. 欲しいものを言って下さい / Let me ~ *out that* it is getting late. もう時刻が遅いことをご注意いたします. ***point over*** すきの先で〈土を〉返す (turn). ***point up*** 〈話・感情・変化などを〉強調する (emphasize): ~ *up* the difference.

póint àfter tóuchdown *n.* 〘アメリカンフットボール〙 =extra point.

póint-bèaring píle *n.* 〘建築〙 先端支持杭(くい) 《基礎杭のうち, 先端が硬質地盤に達しそこで支持しているもの; cf. friction pile》.

póint-blánk 〘《1571》← POINT (v.) + BLANK (n.) 6〙 — *adj.* **1** 〈射撃など〉(特に, 至近距離から)直射の (direct), 水平に狙った: a ~ shot 直射, 水平射撃. **2** 〈質問など〉まともな, 単刀直入の, あからさまな, 率直な (straight forward): a ~ refusal, question, assertion, etc. — *adv.* **1** 直射して, 水平打ちに (directly); まっすぐに (straight): fire ~ 直射する / The gun was aimed ~ at his head. 銃は彼の頭にまともに向けられた. **2** 率直に, むき出しに, ぶっきらぼうに (bluntly) (cf. blankly 2); 即座に (offhand): He refused the offer ~. 申し込みを頭から拒絶した / He asked me ~ why I was absent. なぜ欠席したか単刀直入に尋ねた.

póint-blànk dístance [ránge] *n.* 〘砲術〙 (弾道が直線状になる)直線弾道距離, 零距離, 至近距離.

póint-by-póint *adj.* 〈議論など〉一点[項目]ごとの, 実に詳細な.

póint chàrge *n.* 〘物理〙 点電荷.

póint cònstable *n.* 《英・まれ》 立番巡査, 交通巡査.

póint cóunt *n.* 〘トランプ〙 (ブリッジで)ポイントカウント, 点勘定 《手札の強さを数値化して評価する方法; ビッドする際の目安となる》.

point cou·pé [pwɛ̃ː(ŋ)-kuːpéɪ, pwǽŋ-; *F.* pwɛ̃kupe] 〘□F ~ 《原義》 cut point〙 — *n.* 〘服飾〙 **1** ポワンクッペ 《レースの作り方の一種; レース地の一部をカットしてできた空間に模様をはめ込む手法; cutwork ともいう》. **2** (その手法でできた)カットワークレース.

point d'ap·pui [pwɛ̃ː(n)-dæpwíː, pwǽn-; *F.* pwɛ̃dapɥi] 〘□F ~ 《原義》 point of support〙 — *F. n.* (*pl.* **points d'ap·pui** [~]) **1** 支点, 拠点; (議論などの)基盤, 論拠. **2** 〘軍事〙 (補給処を有し, 攻撃の発起地となる)作戦基地.

póint-devíce 〘《?a1366》 *at poynt devys* at point fixed □ ?AF **à point devis* arranged to perfection ← OF *à point* to perfection + *devis* arranged, 《原義》 divided: ⇨ point, device〙 《古》 — *adj.* 完全な (perfect), 全く正確な (exact), 非常にきちんとした. — *adv.* 完全に; 正確に, きちんと.

póint dùty *n.* 《英》 (交差点等で交通整理等をする巡査・交通指導員の)立番勤務 (cf. beat[1] 4 a): on ~ 立番で.

pointe [pwɛ̃ː(n)t, pwǽnt; *F.* pwɛ̃ːt] 〘□F ~ 'point, sharp end'〙 — *F. n.* (*pl.* ~**s** [~(s); *F.* ~]) 〘バレエ〙 ポアント, トウティップ: **a** つま先. **b** つま先で体の平均を保つ姿勢.

póint·ed [-tɪd, -təd | -tɪd, -təd] 〘ME〙 — *adj.* **1** 先が尖った[細くなった], 尖った先のある; 尖頭(アーチ)の: a ~ stake, pencil, nose, roof, beard, etc. / ~ shoes 先のとがった靴 / ~ architecture (ゴシック式の)尖頭(せんとう)式建築(様式). **2** 〈言葉など〉とげのある, 刺すような, 鋭い, 辛辣な (piquant); 的を射た, 適切な (pertinent), 迫力のある: a ~ wit, joke, remark, question, etc. **3** 狙いをつけた; (ある人・物事を)はっきり狙った, 当てつけた: a ~ gun, comment, etc. **4** 目立った (conspicuous); 強調した (emphatic); 明白な: a ~ lack of interest 目につく関心のなさ / in a very ~ way はっきりした仕方で. **5** 〘紋章〙 〈cross など〉の先端が尖った. **~·ness** *n.*

póinted árch *n.* 〘建築〙 尖頭アーチ, 尖りアーチ (cf. round arch).

póinted brácket *n.* 〘印刷〙 山パーレン (⇨ bracket 6 b).

póinted fóx *n.* (銀ギツネ (silver fox) の皮に見せかけるために)アナグマの毛をくっつけたアカギツネ (red fox) の皮.

póint·ed·ly *adv.* 鋭く; 適切に; はっきりと, 明白に.

Pointe-Noire [pwɛ̃ː(n)tnwɑ́ːə, pwǽnt- | -nwɑ́ːr; *F.* pwɛ̃tnwaːr] *n.* ポアントノアール 《コンゴの大西洋沿岸にある海港; 人口 135,000》.

póint·er [-tə | -tə(r] 〘《1621》: ⇨ point (v.), -er[1]〙 — *n.* **1** 指す[指示する, 尖らせる]人[物]; 尖った物. **2** (時計・はかり・電気計器などの)針, 指針. **3** (図などを指すのに用いる)むち, 教鞭. **4 a** ポインター 《立ち止まって鼻を向け前肢の片方をあげて獲物の所在を示す猟犬大種のイヌ; cf. setter 5》: ⇨ German shorthaired pointer, German wirehaired pointer. **b** [*pl.*] 男性 (men) (↔ setters). **5** [the Pointers] 〘天文〙 北極指示星, 指極星, 指 《おおぐま座の α, β の二星; 北極星を見いだすのに用いる星として有名》. **6** 《口語》 (勘所などについての)示唆, 助言, ヒント (hint): a ~ *to* the truth 真相を知る手がかりとなるもの / give a person [get] some ~*s on* fishing 釣の秘訣を教える[教わる]. **7** 〘米海軍〙 射手 《艦砲を垂直方向に照準する砲員; cf. trainer 2》. **8** 《米》 従軍点数を取っている兵士. **9** 〘鉄道〙 転轍(てつ)器の柄.

póint éstimate *n.* 〘数学・統計〙 点推定値 《点推定 (point estimation) でえられた値》.

póint estimátion *n.* 〘数学・統計〙 点推定 《パラメーターの値を推定する統計的方法; パラメーターの値の存在する区間を推定する区間推定に対していう》.

Póint Fóur Prògram *n.* [the ~] 政策の第四項 《米国第33代大統領 Truman が議会で就任演説に発表 (1949) した発展途上国援助計画》.

póint·ful [pɔ́ɪntfəl] *adj.* 迫力[効果]のある; 適切な, 意味のある (↔ pointless).

póint gròup *n.* 〘結晶〙 点群 《並進を含まない対称操作のうち, 結晶で可能なもの; 32 種あり数学的に群を作る; symmetry class ともいう》.

poin·til·lé [pwɛ̃ː(n)tijéɪ, pwæn- | -ti-; *F.* pwɛ̃tije] 〘□F ~ (p.p.) ← *pointiller* to dot, point (↓)〙 *adj.* 〈本の表紙が〉点画で飾られた; 〈絵が〉点描画法で描かれた.

Poin·til·lism, p- [pwɛ̃ː(n)tijɪzm, pwǽn-, pɔ́ɪntəlɪzm, -tl- | pwɛ̃ː(n)tijɪzm, pwǽn-, pɔ́ɪntɪlɪzm] 〘□F *pointillisme* ← *pointiller* to dot ← *pointille* □ It. *puntiglio* (dim.) ← *punto* 'POINT': ⇨ -ism〙 — *n.* 〘美術〙 点描画法, ポワンティイスム 《フランス印象派の Pissarro などに始まり Signac, Seurat などが用いた手法; 色の面や線で描かず小さな筆触で描く; cf. Divisionism》.

poin·til·list [pwɛ̃ː(n)tijíːst, pwæn-, pɔ́ɪntəlɪst, -ləst, -tl- | pwɛ̃ː(n)tijɪst, pwǽn-, pɔ́ɪntɪlɪst] 〘□F *pointilliste*: ⇨ ↑, -ist〙 — *n.* (*also* **poin·til·liste** [~; *F.* pwɛ̃tijist]) 点描画家.

poin·til·lis·tic [pwɛ̃ː(n)tiístɪk, pwæn-, pɔ̀ɪntəlístɪk, -tl- | pwɛ̃ː(n)tiís-, pwæn-, pɔ̀ɪntɪlís-] *adj.* 点描画法[画像]の.

póint·ing [-tɪŋ | -tɪŋ] [⇨ point, -ing[1]] — *n.* **1** 尖らすこと; 指すこと, 指示; 句読(くとう)点(を打つこと), 句読法. **2** 〘建築〙 (れんがの間などの)目地塗り; 化粧目地, 目地仕上. **3** 〘海事〙 綱の端を編んで細く尖らすこと 《ほぐれを防ぐため》. **4** 〘音楽〙 ポインティング 《アングリカン チャント (Anglican chant) において歌詞の音節または単語の強調あるいは休息点を ' で示すこと, またはその方法》. **5** 〘金属加工〙 口付け, 先付け 《線材・管材を引抜き加工する時, その先端部を細くして型またはロールにかみこませること》.

póint láce *n.* 手編み[針編み]レース (needlepoint lace).

póint·less 〘ME〙 — *adj.* **1** 先のない, 鈍い (blunt): a ~ sword 鈍刀. **2** 迫力[効果]のない, むだな; 無意味な, 要領を得ない (↔ pointful): a ~ joke だじゃれ / It's ~ to argue this subject seriously. この問題を真剣に論じても無意味だ. **3** 〘植物〙 芒(のぎ)のない. **4** 〘競技〙 無得点の: a ~ draw. **~·ly** *adv.* **~·ness** *n.*

póint màn *n.* 〘米軍〙 偵察隊の先頭に立つ斥候兵.

póint-of-púrchase *adj.* 〘商業〙 =point-of-sale.

póint-of-sále[-sáles] *adj.* 店頭の, 販売時点の 《略 POS》: ~ advertising 店頭広告 / a ~ system 販売時点情報管理システム 《レジ (cash register) と電算機を直結させて販売活動を管理する方法》.

póint políceman *n.* 《英・まれ》 =point constable.

póint-sèt *adj.* 〘印刷〙 〈活字が〉ポイントセットの 《1 または $^1/_2$ ポイントの倍数を活字幅の単位として鋳造したものにいう》.

póint sèt *n.* 〘数学〙 点集合 《位相空間 (topological space), 特にユークリッド空間の点の集合をいう》.

póint-set topólogy *n.* 〘数学〙 点集合論的位相学 《点集合の位相的性質を研究する分野》.

póint shòe *n.* 《英》 〘バレエ〙 =toeshoe.

póint síze *n.* 〘活字〙 (活字の)深さ 《活字の大きさ; body size ともいう; ⇨ type 挿絵》.

póints·man [-mən] *n.* (*pl.* **-men** [-mən, -mèn]) 《英》 **1** (鉄道の)転轍(てつ)手 (《米》 switchman). **2** (交通整理などの)立番巡査 (point constable).

póint sòurce *n.* 〘物理〙 点光[音]源 《場や波を生じる点状の源》.

póint swítch *n.* 《まれ》 〘鉄道〙 =split switch.

póint sỳstem *n.* **1** 〘印刷〙 ポイントシステム, ポイント制 《活字・込め物の大きさをポイントで示す方式; pica 活字の $^1/_{12}$ を 1 ポイント = $^1/_{72}$ インチ = (英米日本では) 0.3514 mm とする》. **2** (盲人の)点字法. **3** 〘教育〙 単位進級制, 成績点数制度 (5 点法など). **4** = Bedaux system. **5** 〘交通〙 (違反の)点数制.

póint tìe *n.* 《まれ》 〘鉄道〙 分岐枕木 《レールが二つに分れる個所に使う普通より長い枕木》.

póint-to-póint *n.* クロスカントリー競馬 《特定の地点からゴール地点まで, 通るコースは騎手が自由に選べる大野外障害物競走; 古くは steeplechase ともいった》. — *adj.* クロスカントリー競馬の: a ~ race.

póint·y [pɔ́ɪnti | -ti] 〘⇨ point, -y[4]〙 — *adj.* (**point·i·er, -i·est; more ~, most ~**) **1** 先の尖った: a ~ head, nose, etc. / ~ shoes / fresh ~ breasts 若々しい先の尖った乳房. **2** 突き出た先端を多くもった; 〈植物など〉とげ立った.

Poi·rot [pwɑːróu | -róu; *F.* pwaro], **Her·cule** [ɛrkyl] *n.* ポワロ 《Agatha Christie 作の推理小説に登場するベルギー人の私立探偵》.

poise[1] [pɔ́ɪz] 〘v.: 《1389》 □ OF *pois-, peis-* ← (O)F *peser* < VL **pēsāre* = L *pēnsāre* (freq.) ← *pendere* to weight ← IE **(s)pen-(d)-* to draw, stretch. — n.: 《1425》 *poys* □ OF *pois*, 《古形》 *peis* (F *poids*) < VL **pēsum* = L *pēnsum* weight ← *pensus* (p.p.) ← *pendere* to weigh〙 — *vt.* **1** [しばしば ~ *oneself* で] 平衡[釣合い]を保たせる (balance): ~ a bucket on one's head 頭の上に釣合いを取ってバケツをのせる / ~ *oneself* on ...の上で体の釣合いをとる. **2 a** [通例 Passive で] 〈槍などを〉(投げるように)構える; 〈頭などを〉ある状態[位置]に保つ; 宙に浮かす: The head is ~*d* very much forward. 頭がぐっと前に突き出ている. **b** 〈身を〉構える, 奮起させる 〔*for*〕/〈*to do*〉: ~ oneself *for* obstacles ahead 前途の障害に対して奮起する / be ~*d to* make a fight 一戦を交えようと身構える[態勢を整える]. **3** 《まれ》 〈反対意見などを〉検討する, 比較考量する (weigh). — *vi.* **1** 釣合いを保つ: a bird *poising* on a bough (体の釣合いをとって)枝にとまっている鳥. **2** (落ちずに)ぶら下がる, 載っている. **3** 〈鳥などが〉空を舞う (hover). — *n.* **1** 平衡, 釣合い (balance); 安定 (stability); 心の安定, 落着き, 平静, 泰然(自若) (equanimity). **2** 《まれ》 宙ぶらりん (suspension): あやふや, 未決定 (indecision): hang at ~ 未決定である. **3** 頭[体(など)]の動かし[置き]方, 身ごなし; 姿勢, 態度 (bearing). **4** (鳥など)空を舞うこと (hovering). **5** (さおばかりの)分銅 (weight).

poise[2] [pwɑ́ːz; *F.* pwaːz] 〘□F ~ ← *J. L. M. Poiseuille* (1799–1869: フランスの物理学者・解剖学者)〙 *n.* 〘物理〙 ポアズ, ポイズ 《流体の粘性率の cgs 単位》.

poised [pɔ́ɪzd] 〘(p.p.) ← POISE[1]〙 — *adj.* **1** 落着き払った, 泰然自若とした. **2** 平衡して[釣合って]いる. **3** 宙に浮いた; 揺れて[ふらついて]いる: talk with ~ forks フォークを手に持ったまま話をする.

póis·er *n.* **1** 釣合いをとる人[もの]. **2** 〘昆虫〙 平均棍(こん).

poi·son [pɔ́ɪzn] 〘n.: 《c1230》 *poyson, puison* □ OF *puison, poison* (F *poison*) potion, draught, poison < L *pōtiō(n-)*. — v.: 《?a1300》 □ OF *poisonn-er* to give to drink ← (n.): POTION と二重語〙 — *n.* **1** 毒, 毒薬, 毒物, 劇薬: aerial ~ マラリア (miasma) / slow [cumulative] ~ 作用の緩慢な(たびたび用いて効果の出る)毒薬 / take ~ 毒を飲む / hate each other like ~ 《口語》 犬猿(けんえん)の仲である / Roast pork is ~ to some people. 焼豚にあたる人がある / One man's meat is another man's ~. ⇨ meat 5. **2** 害毒, 病毒, 毒; 弊害, 有害な主義[説, 感化]: the ~ of jealousy [envy] 嫉妬[ねたみ]の毒 / the ~ of nihilism 虚無主義の害 / (a) moral [political] ~ 道徳[政治]的害毒. **3** [one's ~ として] 《口語》 飲み物, (特に)酒: What's *your* ~? 飲み物は何にするかね. **4** (原子炉の)毒物質, 有害物質 《中性子を吸収し反応度を低下させるような物質》: burnable ~ 可燃毒. **5** 〘化学〙 毒, 抑制剤, 阻害剤 《酵素作用・触媒作用などを阻害する物質》: a catalyst ~ 触媒毒. — *attrib. adj.* **1** 有害な, 有毒な (poisonous); 悪意の (venomous): ~ plants, tongues, etc. **2** 毒を入れた[盛った, 塗った]: ~ food, water, etc. / a ~ arrow = a ~*ed* arrow.
— *vt.* **1 a** ...に毒を入れる[盛る, 塗る]; 〈空気を〉有毒物で汚染する: ~ a person's food / a ~*ed* arrow 毒矢. **b** 〈人・動物を〉〔...で〕毒殺する, ...に毒を盛る 〔*with*〕: ~ a person *with* strychnine ストリキニーネで人を毒殺する. **c** 毒にかぶれさせる, 中毒させる: be ~*ed* by lacquer うるしにかぶれる / I got ~*ed* by (eating) fish. 魚で中毒した. **d** 〈血液など〉に病変を起こす. **2 a** 〈行動・性格・心などを〉毒する, ゆがめる (corrupt); 〔...に対して〕〈人(の心)〉に偏見[敵意]を抱かせる 〔*against*〕: She ~*ed* his mind *against* his friend. 彼が友人に反感をもつように仕向けた. **b** 〈楽しみなどを〉損なう, 台なしにする. **3** 〈土地・炉などを〉(付加物などで)使えなくする, だめにする 〔*with*〕. **4** 〘生化学〙 〈触媒・酵素〉の力をなくする[減じる].

póison béan *n.* 〘植物〙 米国南部産マメ科の低木 (*Daubentonia drummondii*) 《種子に毒性がある》; その種子.

póison·bèr·ry trèe [-bèri- | -b(ə)rɪ-, -bèrɪ-] *n.* 〘植物〙 オーストラリア産トベラ科の常緑低木 (*Pittosporum phillyraeoides*) 《butter bush, native willow ともいう》.

póison dárnel *n.* 〘植物〙 ドクムギ (⇨ bearded darnel).

póison dógwood [élder] *n.* 〘植物〙 =poison sumac.

pói·son·er [-znə, -znə | -znə(r, -znə(r] *n.* 毒害者[物], 毒殺者.

póison fáng *n.* 毒歯, 毒牙(どくが).

póison flág *n.* 〘植物〙 =blue flag.

póison gás *n.* (化学戦で使用する)毒ガス.

póison hémlock *n.* 〘植物〙 **1** ドクニンジン (*Conium maculatum*) 《単に hemlock ともいう》. **2** ドクゼリ (water hemlock).

pói·son·ing [-z(ə)nɪŋ, -zn-] *n.* 中毒, ...毒: food ~ 食中毒 / lead [mercury] ~ 鉛[水銀]中毒.

póison ívy *n.* **1** 〘植物〙 **a** 北米産のツタウルシの一種 (*Rhus toxicodendron*) 《灰色の実がなる三枚葉のウルシ; 触れるとかぶれる》. **b** ウルシ属 (*Rhus*) の数種の植物の総称. **2** (ツタウルシ類による)かぶれ.

póison óak *n.* 〘植物〙 かぶれの強い数種のウルシ属 (*Rhus*) の植物 (poison ivies) の総称: **a** アメリカツタウルシ (*R. diversiloba*) 《太平洋岸産の低木》. **b** = poison sumac. **c** 米国南東部産の低木 (*R. quercifolia*). **d** 米国南東部産の高木 (*R. toxicodendron*).

poi·son·ous [pɔ́ɪznəs, -zn̩-] 〖《1565》← POISON＋-OUS〗 ― *adj.* **1** 有毒な，毒性の，有害な (pernicious): a ～ snake 毒ヘビ / a ～ dose 致死量. **2** 人を損なう，有害な；腐敗させる (corrupting)；非常に悪意のある[に満ちた]: a ～ influence [propaganda] (害毒を及ぼす)悪影響[宣伝] / a ～ slander 悪意に満ちた中傷. **3** 悪臭を放つ，むっとする，汚い (filthy). **4** 《口語》〈人・物・事が〉不快きわまる，いやらしい (disgusting): He is a perfectly ～ fellow. ぞっとするような[全くいやな]やつだ / The heat is simply ～. まるでぞっとするような暑さだ. **～·ly** *adv.* **～·ness** *n.*

póison-pén *adj.* **1** 〈手紙など〉(匿名で)中傷して[悪意をこめて]書かれた: a ～ letter. **2** 〈人が〉中傷の手紙を書く；〈行動など〉中傷を目的とした: a ～ writer.

póison pén *n.* (個人宛に)悪意のある手紙を書く人，毒筆家.

póison súmac *n.* 〘植物〙米国東部の湿地に生え，人間が触れるとかぶれるウルシ属の植物 (*Rhus vernix*) 《poison dogwood ともいう》.

póison·wòod *n.* 〘植物〙フロリダ・西インド諸島産ウルシ科の有毒樹 (*Metopium toxiferm*) 《人間がふれるとかぶれるが，有用な樹脂を取る；coral sumac ともいう》.

pois·son [pwæsɔ́ː(ŋ), pwɑː-, -sɔ́(ː)ŋ; *F.* pwasɔ̃] 〖▭F ～ 'FISH[1]'〗 *F. n.* 魚料理.

Pois·són distribùtion [pwɑːsɔ́(ː)ŋ-, pwæ-; *F.* pwasɔ̃-] 〖← *Siméon Denis Poisson* (1781-1840: フランスの数学者)〗 ― *n.* 〘統計〙ポアソン分布《理論的分布の一つの型；起こる確率が非常に小さい事象が，多数回の試行で起こる回数はほぼこの分布にしたがう》.

Poissón's rátio *n.* 〘物理〙ポアソン比《弾性体に外力を加えて引っぱった際に生じるその軸方向の伸びと横方向の縮みとの比；Poisson ratio ともいう》.

Poi·tiers [pwɑːtjéɪ, pwɑ́ːtièɪ | pwɑ́ːtjeɪ, ―́―̀; *F.* pwatje] *n.* ポアティエ《フランス西部の都市，Vienne 県の首都，旧 Poitou 県の首都；ローマの遺跡，Tours およびこの地で Charles Martel がサラセン軍の侵入を阻止した古戦場 (732)；人口 76,000》.

Poi·tou [pwɑːtúː; *F.* pwatu] *n.* **1** ポワトゥー《フランス西部の地方で旧県；首都 Poitiers》. **2** Poitiers 付近の大きな峠.

poi·trel [pɔ́ɪtrəl] 〖▭MF *poitral* ▭L *pectorāle* breastplate: ⇨ pectoral〗 *n.* 〘甲冑〙＝peytral.

poi·trine [pwætríːn, pwɑː-; *F.* pwatrin] 〖▭F ～ 'breast'〗 *F. n.* 胸；(特に)婦人のふくよかな胸.

poke[1] [póʊk | pə́ʊk] 〖《*c*1300》▭ONF *poque*＝(O)F *poche* pocket ▭Frank. **pokka* bag ← Gmc **puk-* (OE *pocca, pohha* / MDu. *poke*) ← IE **beu-* to swell: cf. pocket, pouch〗 ― *n.* **1** 《古》＝pocket. **2** 《スコット》小袋. **3** 《俗》紙入れ，財布 (purse)；有り金.
a pig in a poke ⇨ pig 成句.

poke[2] [póʊk | pə́ʊk] 〖*v.*:《*a*1325》▭(M)LG & (M)Du. *poken* to stick (with a knife), thrust ← ? ― *n.*: 《1796》← (*v.*): cf. poach[2] / G *pochen* to knock〗 ― *vt.* **1** (指・腕・棒などで)突く，突き込む，こづく，つつく (jab)；〈埋火などを〉かき立てる〈*up*〉: ～ a person in the ribs (親しげに)人の横腹をこづく / ～ (*up*) the dying fire. **2** 〔…に〕〈穴・進路などを〉突きあける〔*in*〕: ～ a hole *in* the ground / ～ one's way *in* the crowd. **3** 〈棒・頭・指などを〉突き[押し]つける，突き[押し]出す〈*out*〉；突き[押し]のける〈*away*〉；突っ込む〈*in, into*〉: ～ one's head *into* the room 頭を部屋に突っ込む / The dog ～*d* his nose *into* my hand. 犬が鼻を私の手の中に突っ込んだ / ～ (a thing) *away* (邪魔にならないように)〈物を〉押しのける / ～ one's nose *into* another's affairs [*in* where it is not wanted] 《口語》他人のことに[余計なことに]くちばしを入れる. **4** 〈冗談などを〉(こっそり)突きつける，向ける: ～ fun at a person [a thing] 人[物]をからかう，愚弄する. **5** 《口語》窮屈な所に閉じ込める〈*up*〉: He ～*s himself up* in a dull town. 活気のない町でくすぶっている. **6** 《英俗》〈女〉と性交する.
― *vi.* **1** (指や棒などで)突く，つつく: He was *poking at* the lobster. 彼はロブスターをつついていた. **2** 突き出る〈*out, above, etc.*〉；〔すき間などから〕突き出ている〈*up, down*〉〔*through*〕: icebergs *poking above* the water 水面に突き出ている氷山. **3** おせっかいする，でしゃばる: ～ *into* other people's business 他人のことに口出しする[余計な世話を焼く]. **4** ほじくる，穿鑿(せん)する (pry): ～ *about* [*around*] ほじくり回す，あれこれ穿鑿する / ～ and pry しつこく穿鑿する. **5** 探りながら進む，のろのろと進む；ぶらつく，のらくらする: He is *poking about* [*around*] *for* the lost child. 迷い子をあちこち捜し回っている. **6** 〘クリケット〙(打棒を上げずに)ゆるく慎重に打つ.
― *n.* **1 a** (指・棒・ひじなどで)突くこと，突き，つつき (thrust): a ～ in the ribs [the eyes] 横腹[目]を突くこと. **b** 《口語》なぐること: give a person a ～ on his nose 鼻柱をなぐる. **2** 《米》(牛や馬などが柵を越えるのを防ぐ)妨害物つき首輪. **3** 《口語》のろま，ぐず. **4 a** ボンネット (bonnet) の突き出た前ひさし. **b** ＝poke bonnet. **5** 《英俗》(女との)性交.

poke[3] [póʊk | pə́ʊk] 〖▭N-Am.-Ind. (Algonquian) *puccoon, pakon* plant used in staining and dyeing ← *pak* blood〗 *n.* 〘植物〙＝pokeweed.

póke·bèr·ry [-bèri, -b(ə)ri | -b(ə)rɪ] 〖↑〗 *n.* 〘植物〙 **1** アメリカヤマゴボウ (pokeweed). **2** アメリカヤマゴボウの実.

póke bònnet 〖《1820》: ⇨ poke[2]〗 ― *n.* ポークボンネット《クラウンは小さく前ブリムが顔をおおうほど突き出た婦人帽；単に poke ともいう》.

poke bonnet

póke chèck *n.* 〘アイスホッケー〙ポークチェック《スティック (stick) を突き出すようにして相手からパック (puck) を奪うこと》.

poke·lo·gan [póʊklòʊgən | pə́ʊkləʊ-] 〖← N-Am.-Ind. (Algonquian): cf. Ojibwa *pokenogun* stopping place〗 ― *n.* (*also* **poke·lo·ken** [póʊklòʊkən | pə́ʊkləʊ-]) 《米北東部》河・湖などから分岐した沼[よどみ].

póke púdding 〖⇨ poke[1]〗 *n.* ＝pock pudding.

pok·er[1] [póʊkə | pə́ʊkə(r] 〖《1534》: ⇨ poke[2], -er[1]〗 ― *n.* **1** 突く人[物]. **2** 火かき棒，火突き棒 (⇨ fire irons 挿絵): (as) stiff as a ～ 〈態度など〉きわめて堅苦しい. **3** 焼画用具 (cf. pokerwork). **4** 《英俗》(Oxford, Cambridge 大学で)副総長の権標 (vice-chancellor's mace)；それを持って行列の先導をする役人. ― *vt.* 〈図案を〉焼絵に仕上げる，焼絵で飾る.

po·ker[2] [póʊkə | pə́ʊkə(r] 〖《1848》《変形》? ← F *poque* a kind of card game similar to poker: cf. G *Poch(spiel)* ← ? *Ich poche* I defy: このゲームの時に使う言葉からか〗 ― *n.* 〘トランプ〙ポーカー《米国起源の最も人気のある賭博ゲーム；通常5枚の持札から役を作り，その強さに基づいて賭をするが，自分の持札が実際以上に強力だと相手に思わせる表情や態度がものをいう》: ⇨ draw poker, stud poker. ★ポーカーの手役の順位は高いものから次のとおり: (1) royal flush, (2) straight flush, (3) four of a kind, (4) full house, (5) flush, (6) straight, (7) three of a kind, (8) two pairs, (9) one pair.

po·ker[3] [póʊkə | pə́ʊkə(r] 〖← ? Scand. (cf. Dan. *pokker* / Swed. *pocker* devil): cf. puck[2]〗 ― *n.* 《まれ》化け物 (hobgoblin)；悪魔 (devil): by the holy ～ 誓って，断じて.

póker dice *n. pl.* 〘遊戯〙 **1** 5個一組のダイス《各面に点の代わりにキング (king)，クイーン (queen)，ジャック (jack)，10，9 の絵が記してある》. **2** [通例単数扱い]このダイスを用いて遊ぶポーカーに似たゲーム.

póker fàce 〖ポーカーのくろうと特有の顔つきから〗 ― *n.* 《米口語》 **1** 無表情な顔，わけのわからない顔つき，ポーカーフェース (cf. deadpan). **2** ポーカーフェースの[を装う]人.

póker-fàced *adj.* 無表情な[心の知れない]顔つきの，ポーカーフェースの. ろしい，気味の悪い.

pók·er·ish [-k(ə)rɪʃ] 〖← POKER[3]＋-ISH[1]〗 *adj.* 《古》恐

póke·ròot *n.* 〘植物〙＝pokeweed.

póker wòrk *n.* (白木の)焼画；焦筆画法 (cf. poker[1] 3, pyrography). い，のんきな (easygoing).

poke·sy [póʊksi | pə́ʊksɪ] 〖《変形》← POKY〗 *adj.* のろ

póke·wèed 〖⇨ poke[3]〗 ― *n.* 〘植物〙アメリカヤマゴボウ，ヨウシュヤマゴボウ (*Phytolacca americana*) 《新芽は食用，根は吐剤・下剤のエキス；単に poke，あるいは scoke, pigeonberry などともいう》.

pok·ey[1] [póʊki | pə́ʊkɪ] 〖← POKE[1]＋-Y[2]〗 *adj.* (**pok·i·er, -i·est; more ～, most ～**) 《口語》＝poky.

po·key[2] [póʊki | pə́ʊkɪ] *n.* 《米俗》刑務所，豚箱 (jail).

pók·ing 〖← POKE[2]＋-ING[2]〗 *adj.* 《口語》ささいな，卑しい (mean).

pok·y [póʊki | pə́ʊkɪ] 〖← POKE[2]＋-Y[4]〗 ― *adj.* (**pok·i·er, -i·est; more ～, most ～**) 《口語》 **1** 《米》鈍い (dull)，のろい (slow). **2** 〈場所が〉窮屈な (stuffy): a ～ dark house / a ～ hole of a place 穴のような息苦しい場所. **3** 〈服装など〉みすぼらしい (shabby)，だらしない (dowdy). **4** 〈仕事・職業など〉つまらない，退屈な (dull)；けちな: a ～ life. ― *n.* 《米俗》＝pokey[2]. **pók·i·ly** [-kɪli, -kə- | -lɪ] *adv.* **pók·i·ness** *n.*

pol [pɑ́(ː)l | pɔ́l] 〖《略》← POLITICIAN〗 *n.* 《米口語》[軽蔑的に] (老練な)政治家 (politician).

pol. 《略》polar; polarize; police; polish; political; politician; politics.

Pol. 《略》Poland; Polish.

P.O.L. 《略》Patent Office Library 特許局図書館.

Po·la[1] [*It.* pɔ́ːla] *n.* Pula のイタリア語名.

Po·la[2] [póʊlə | pə́ʊ-] *n.* 女性名.

Po·la·bi·an [po(ʊ)lɑ́ːbiən, -léɪb- | pə(ʊ)lɑ́ːbɪ-, -léɪb-] 〖← Slav. *Polab* (cf. Pol. *po* on, *Laba* River Elbe)＋-AN[1]〗 *n.* **1** (*also* **Po·lab** [-lɑ́ːb]) ポラーブ人《Elbe 川下流流域およびドイツのバルト海 (Baltic Sea) 沿岸地域に住んでいたスラブ民族の一員》. **2** ポラーブ語.

po·lac·ca[1] [po(ʊ)lǽkə | pə(ʊ)-] 〖《1794》▭It. ～ ← ?: cf. polacre〗 *n.* ＝polacre.

po·lac·ca[2] [po(ʊ)lǽkə | pə(ʊ)-] 〖▭It. ～ (fem.) ← *polacco* Polish ← Pol. *Polak* Pole: cf. Polack〗 *n.* ＝polonaise 1.

Po·lack [póʊlɑːk | -læk] 〖《1599》▭Pol. *Polak* Pole ← *pol-* field ← IE **pelə-* flat (OSlav. *polje* field / L *plānus* level, flat): cf. plain[1]〗 ― *n.* **1** 《米俗》[軽蔑的に]ポーランド系の人. **2** 《廃》ポーランド人 (Pole) (cf. Shak., *Hamlet* 1. 1. 63).

po·la·cre [po(ʊ)lɑ́ːkə | pə(ʊ)lɑ́ːkə(r] 〖《1625》F ～, *polaque* ← It. *polacca* 'POLACCA[1]'〗 *n.* 地中海で用いられた二本または三本マストの帆船.

Po·land [póʊlənd | pə́ʊ-] 〖← POLE＋LAND〗 ― *n.* ポーランド《ヨーロッパ中東部のバルト海 (Baltic Sea) に臨む共和国；人口 34,700,000，面積 312,520 km²，首都 Warsaw；公式名 the Polish People's Republic ポーランド人民共和国；ポーランド語名 Polska》.

Póland Chína *n.* ポーランドチャイナ《米国産黒白まだらの一品種の大型の豚；Poland China hog，また単に Poland ともいう》.

Pó·land·er 〖⇨ Poland, -er[1]〗 *n.* ポーランド人 (Pole).

po·lar [póʊlə | pə́ʊlə(r] 〖《1551》▭F *polaire* ∥ ML *polār-is* ← L *polus* 'POLE[2]': ⇨ -ar[1]〗 ― *adj.* **1** (地球の南・北)極 (pole) の，極地の；極地に近い；極地からの: the ～ regions 極地方 / ～ expeditions 極地(南・北極)探険. **2 a** 惑星の北極と南極を通る: a ～ orbit 極軌道. **b** 極軌道を回る: a ～ satellite 極軌道衛星. **3** (電池・磁気の)極 (pole) の，電極の，磁極の，磁気のある (magnetic)，極のある: ⇨ polar axis 1. **4** 〘数学〙極の，極線[面]の: the ～ line 極線. **5** 〘物理化学〙極性の，多極性の (cf. homopolar 2, nonpolar). **6** 〈性格・傾向・行動など〉正反対の，逆の: ～ personalities 正反対の二人の性格. **7** 中心軸 (axis) のような；中心的な (central). **8** (北極星のように)しるべとなる，指導的な: the ～ principle 指導原理. ― *n.* 〘数学〙極線.

pólar áxis *n.* **1** 〘物理〙極性軸《地球の自転軸に平行な直線》. **2** 〘数学〙原線，始線《極座標系で角を測り始める出発点となる半直線》.

pólar bèar *n.* 〘動物〙ホッキョクグマ，シロクマ (*Thalarctos* (or *Ursus*) *maritimus*).

pólar bódy *n.* 〘生物〙極体《polocyte ともいう》.

pólar cáp *n.* 〘天文〙極冠《火星の両極付近に見える白く輝いた部分；火星の季節により大きさが変化する》.

pólar céll *n.* 〘生物〙極細胞.

pólar círcle *n.* [the ～] 極圏 (cf. Arctic Circle, Antarctic Circle).

pólar coórdinate *n.* [*pl.*] 〘数学〙極座標(系)《平面上の点を，極 (pole) からの距離と原線 (polar axis) からの角とで表わす座標系》. 「で表わされた曲線」.

pólar cúrve *n.* 〘数学〙極座標曲線《極座標の方程式

pólar dístance *n.* 〘天文〙極距離 (codeclination).

pólar equátion *n.* 〘数学〙極方程式.

pólar frònt *n.* 〘気象〙極前線.

po·lar·im·e·ter [pòʊlərímətə | pə̀ʊlərímɪtə(r, -mə-] 〖← POLAR＋-I-＋-METER[1]〗 *n.* 〘光学〙 **1** 偏光計《光の偏光度を測定する装置》. **2** 偏光鏡 (polariscope).
po·lar·i·met·ric [poʊlæ̀rəmétrɪk | pəʊlæ̀rɪ-] *adj.*

po·lar·im·e·try [pòʊlərímətri | pə̀ʊlərímɪtrɪ, -mə-] 〖⇨ -metry〗 *n.* 〘光学〙偏光測定.

Po·lar·is [po(ʊ)lǽ(ə)rɪs, -lɑ́ːr- -rəs | pə(ʊ)lǽrɪs, -lɑ́ːr-, -léər-] 〖← NL ～ ← ML (*stella*) *polāris* 'POLAR (star)'〗 ― *n.* **1** 〘天文〙北極星《こぐま(小熊)座 (Ursa Minor) の α 星で 2.0 等星；現在は北極より1度離れている；the North Star, the polestar ともいう》. **2** [《英》では pə(ʊ)lɑ́ːrɪs] 〘米軍事〙ポラリス《通例潜航中の潜水艦から発射できる核弾頭つき弾道弾》.

po·lar·i·scope [po(ʊ)lǽrəskòʊp, pə-, -lér- | pə(ʊ)lǽrɪskəʊp] 〖← POLAR＋-I-＋-SCOPE〗 ― *n.* 〘光学〙 **1** 偏光器《肉眼による光の偏光度測定装置》. **2** ＝polarimeter 2. **po·lar·i·scop·ic** [po(ʊ)læ̀rəskɑ́pɪk, pə-, -lèr- | pə(ʊ)læ̀rɪskɔ́p-] *adj.*

po·lar·i·ty [po(ʊ)lǽrəṭi, pə-, -lér- | pə(ʊ)lǽrətɪ, -rɪ-] 〖《1646》← POLAR＋-ITY〗 ― *n.* **1 a** 両極のあること；(電気の)両性. **b** (陽・陰)極性《一極に引きつけられ他極に反発される性質》；磁性引力: magnetic ～ 磁極性. **2** 〘生物〙極性《生物体で一つの方向に沿って性質の分化が見られること》. **3 a** 正反対の一つの傾向[性質・意思など]をもつこと，両極性；正反対(なもの). **b** (思考・感情などの)ある一つの方向に向かう傾向，(一方への)極性.

po·lar·iz·a·bil·i·ty [pòʊlərὰɪzəbíləṭi | pə̀ʊlərὰɪzəbílətɪ, -lɪ-] 〖← POLARIZE＋-ABILITY〗 ― *n.* **1** 分極が起こりうること[状態]. **2** 〘化学〙分極率《電場の作用により生じる双極子モーメントの大きさを与える物質に固有の比例定数》.

po·lar·i·za·tion [pòʊlərɪzéɪʃən, -rə- | pə̀ʊlərɑɪ-, -rɪ-] 〖▭F *polarisation* ← *polariser* (↓): ⇨ -ation〗 ― *n.* **1** 極性を生じる[得る]こと. **2** 〘電気〙 **a** 分極(作用)，成極(作用): a ～ battery 成極電池. **b** 磁気分極. **3** 〘光学〙偏光，かたより: ～ of light 偏光 / rotary ～ 回転偏光 / ⇨ circular polarization, elliptical polarization / the angle of ～ ＝polarizing angle / ⇨ PLANE[2] of polarization. **4** (グループ・思想・勢力などが)二分すること，分裂，対立化，分極化.

po·lar·ize [póʊlərὰɪz | pə́ʊ-] 〖《1811》▭F *polaris-er* ← *polaire* 'POLAR': ⇨ -ize〗 ― *vt.* **1** 〘電気〙 **a** …に極性を与える: a ～*d* bell 有極電鈴 / *polarizing* action 分極[成極]作用. **b** 偏波させる: ～d wave 偏波. **2** 〘光学〙偏光させる: ～*d* light 偏光. **3** 〈考え方・思想など〉に特殊の方向と目的をもたせる；〈言葉など〉に特別な意味を与える: ～ one's thought [ideas] 思考[考え]を偏向させる. **4** (両極端に)分極化する. ― *vi.* **1** 極性をもつ. **2** 分極化する. **pó·lar·iz·a·ble** [-zəbl] *adj.*

pó·lar·iz·er 〖⇨ ↑, -er[1]〗 *n.* **1** 〘光学〙偏光子，偏光プリズム (Nicol prism など). **2** 〘化学〙分極剤[者].

pó·lar·iz·ing àngle *n.* 〘光学〙偏光角 (⇨ Brewster angle).

pólarizing mìcroscope *n.* 〘光学〙偏光顕微鏡.

pólar líghts *n. pl.* [the ～] 極光: **a** 北極光 (aurora borealis). **b** 南極光 (aurora australis).

pó·lar·ly 〖← POLAR＋-LY[1]〗 *adv.* **1** 極(地)のように，極に近く. **2** 磁気をもって，陰陽の電気をもって，極

線をもって. **3** 正反対に.

pólar mólecule *n.*〘物理・化学〙有極分子.

pólar núcleus *n.*〘植物〙極核《種子植物の胚嚢中にあり後に発達して胚乳となる2つの核のうちの一つ》.

po·lar·o·gram [po(ʊ)lǽrəgræ̀m | pə(ʊ)-]〘← POLAR + -O- + -GRAM〙*n.*〘電気〙ポーラログラム《Polarograph によって得られる電圧電流曲線》.

Po·lar·o·graph [po(ʊ)lǽrəgræ̀f | pə(ʊ)lǽrəgrɑ̀:f, -græ̀f]〘← POLAR + -O- + -GRAPH〙*n.*〘商標〙ポーラログラフ《polarography に用いる電気分解自記器の商品名》.

po·lar·o·graph·ic [po(ʊ)lǽrəgrǽfɪk | pə(ʊ)-]〘⇨ ↑, -ic¹〙*adj.*〘物理〙ポーラログラフィーの[による]. **po·làr·o·gráph·i·cal·ly** *adv.*

po·lar·og·ra·phy [pòulərɑ́grəfi | pə̀ulərɔ́grəfɪ]〘⇨ -graphy〙*n.*〘物理〙ポーラログラフィー《一種の電気分解を行なって, 電流と電圧との関係を解析する方法》.

Po·lar·oid¹ [póulərɔ̀ɪd | pə́ʊ-]〘← POLAR + -OID〙*n.*〘商標〙ポラロイド《人造偏光板の商品名》.

Po·lar·oid² [póulərɔ̀ɪd | pə́ʊ-]〘《略》← *Polaroid Land camera*: ↑〙**—** *n.*〘商標〙ポラロイド《カメラ内で撮影直後に印画ができるもの; 米国 Massachussetts 州の Polaroid Corporation の製造》.

po·lar·on [póulərɑ̀n | pə́ulərɔ̀n]〘← POLAR + -ON²〙*n.*〘物理〙ポーラロン《結晶中の電子で導電に寄与し, 格子の分極を起こさせるもの》.

Pólar Séas *n. pl.* [the ~] 極洋《南極海と北極海》.

pólar stár *n.* [the ~]〘天文〙= polestar 1.

pólar válence *n.*〘化学〙極性原子価.

po·la·touche [pòulətúːʃ | pə̀u-]〘⇨ F ~ ⇨ Russ. *poletutcha*《原義》flying animal ← *poletat* to fly ← *po* behind, after + *letet* to fly〙**—** *n.*〘動物〙タイリクモモンガ (*Pteromys volans*)《シベリアに生息する》.

pol·der [póuldə, pɑ́l- | pɔ́ldə(r)]〘⇨ Du. ~ < MDu. ~, *polre* ← ?〙**—** *n.* ポルダー《オランダで海を干拓しつくりだした平地; 海面よりも低いため堤防によって海水の流入を防ぎ, 電動ポンプで排水する; その動力には昔は風車が用いられた》.

pole¹ [póul | pə́ul]〘OE *pāl* ⇨ L *pāl-us* a stake ← IE **pakslo-* ← *păk-* to fasten: PALE² と二重語〙**—** *n.* **1** 棒, さお, 柱: a punt ~ (平底船に用いる)舟さお / a tent ~ テントの中心支柱 / a telegraph [telephone] ~ 電柱 / ⇨ flagpole, Maypole. **2** 棒状のもの: **a** (棒高跳びの)ポール, マスト. **b** (電車の)ポール; 床屋の看板棒 (barber pole); (車の)轅(ながえ). **c** = ski pole. **d** = totem pole. **e**〘競馬〙ハロン棒《走路の内側に $^1/_8$ マイル毎にゴールまでの距離が示されている棒》. **f**《卑》ペニス. **3**〘海事〙**a** 軽い円材 (spar). **b** マスト (mast) の上端: under [with] (bare) ~*s*〈船が〉(強風のため)帆をかけずに. **4** = rod 4 b, c. **5** (トラックの)最も内側のコース[走路] (cf. post¹ 4). **6**〘自動車レース〙= pole position 1.

climb up the greasy pole 困難な事を始める. ***have* [*take*] *the pole***《米》(1) (競馬・競走などで)内側のコースを走る (cf. *n.* 5). (2) 優利な地位を占める. ***not touch with a ten-foot pole***《米口語》(長さおで触れるのも)まっぴらだ, 大嫌いだ (cf. *not touch with a* BARGE POLE). ***under bare poles*** (1) ⇨ *n.* 3 b. (2) むき出しの[で], はがれた[て] (naked, stripped). ***up the pole***《俗》(1) 気が触れて; 酔っ払って (drunk). (2) 進退窮まって, 困った破目になって (in a fix).

— *vt.* **1** 棒で支える, …に棒を備えつける: ~ beans ソラマメに支えをする. **2**〈舟・いかだなどを〉棒で押す (push)〈*off*〉;〈舟〉にさおさす. **3**《俗》〘野球〙(バットを思い切り振って)〈長打を〉放つ; (特に)〈ホームランを〉かっ飛ばす. **4**〘冶金〙〈溶けた銅などを〉生木の棒でかき混ぜて脱酸[脱ガス]する, ポーリングする. **—** *vi.* **1** 棒[さお]を使う, さおさす. **2** (スキーで)スピードを出すためにストックを使う.

pole² [póul | pə́ul]〘《1391》*po(o)l* ⇨ L *pol-us* ⇨ Gk *pólos* pivot, axis, pole ← IE **kwol-o-* ← **kwel-* to revolve, move around〙**—** *n.* **1 a**〘天文・地理〙極; (漠然と)極地: ⇨ north pole, south pole / the ~*s* of the heavens 天極. **b**〘天文〙= celestial pole. **2 a** (思想・性格などの)正反対, (両)極端の一方. **b** (関心などの)極まる所, 中心. **3**〘電気・磁気〙電極; (電池などの)極, 極性, 極板, 極線; 電極 (magnetic pole): ⇨ negative pole, positive pole. **4**〘生物〙**a** (核・細胞・卵子などの)極《特に動物極 (animal pole) および植物極 (vegetal pole)》. **b** (有糸核分裂の際現われる紡錘体の)極. **5**〘解剖〙極《神経細胞の中で神経突起の出る部分》. **6**〘数学〙極(点)《極座標系における原線 (polar axis) の始点; 複素関数の特異点の一種; 極線[極面]が生じるもとになる点》.

depress the pole〘海事〙(北半球において)南航して中天に見える北極星を水平線に近づける; 南進する. ***from pole to pole*** 世界中(至る所で). ***poles asunder* [*apart*]**〈人・意見・思想・性格など〉天と地ほども隔たって; 全くの正反対で.

poles of a circle of a sphere〘数学〙球面上の円の極《球面上の円の中心を通り, 円に垂直な直線が球面と交わる2点》.

poles of cold〘気象〙寒極《地球上最寒の地点; ソ連の Verkhoyansk, Oimyakon, および Ellesmere 島の Fort Conger など》.

Pole [póul | pə́ul]〘《1533》⇨ G *Pole* (sing.) ← *Polen* (pl.) < MHG *Polāne* (pl.) ⇨ Pol. *Poljane*《原義》field-dwellers ← *pole* field: ⇨ Polack〙*n.* ポーランド人.

Pole [póul, púːl | pə́ul, púːl], **Reginald** *n.* (1500–58) 英国の聖職者, カトリック最後の Canterbury 大司教.

pole·ax [póulæ̀ks | pə́ul-]〘《*a*1300》: ⇨ poll¹, axe: cf. LG *pollexe*〙(*also* **pole·axe** [~]) **—** *n.* **1** 長柄の戦斧(せんぷ)《斧(おの)と矛(ほこ)と鉤(かぎ)または槌(つち)を組合せた中世の歩兵用武器》. **2** 矛槍 (halberd). **3** 畜殺用斧. **4** (先端に鉤の付いた)敵船乗込み用斧. **—** *vt.* 斧で襲う[切り倒す].

poleax 1

póle bèan *n.*〘植物〙ポールビーン《支柱等に巻きつきまっすぐに生長する蔓性のマメ類; インゲンマメなど》.

pole·cat [póulkæ̀t | pə́ul-]〘《1320》*polcat* ← *pol-* (⇨ ? OF *pole*, *poule* hen) + CAT〙**—** *n.* (*pl.* ~**s**, ~) **1**《英》〘動物〙ケナガイタチ (*Mustela putorius*)《ヨーロッパ産のイタチの一種》. **2**《米》〘動物〙シマスカンク (skunk). **3 a**《米俗》つまらぬ人, 軽蔑すべき人間. **b**《英俗》売春婦 (prostitute).

póle chànge mòtor *n.*〘電気〙極数切換電動機.

Pol. Econ., pol. econ.《略》political economy.

póle hàmmer *n.* (長柄の)戦槌 (cf. war hammer).

póle-hígh *adj.*〘ゴルフ〙= hole-high.

póle hòrse *n.* (四頭馬車の)後馬《poler ともいう; cf. leader 3》.

poleis *n.* polis の複数形.

póle-jùmp *vi.*〘陸上競技〙= pole-vault. **~·er** *n.*

póle jùmp [jùmping] *n.*〘陸上競技〙= pole vault [vaulting].

póle làmp *n.* 柱上灯.

póle·less¹〘← POLE¹ + -LESS〙*adj.*〈テントなど〉棒[さお, 支柱]のない.

póle·less²〘← POLE² + -LESS〙*adj.*〈磁石など〉無極の: a ~ magnet.

pol·e·march [pɑ́ləmɑ̀ək | pɔ́lɪmɑ̀ːk]〘《1656》⇨ Gk *polémarkh-os* ← *pólemos* war + *arkhós* ruler: ⇨ -arch¹〙**—** *n.*〘ギリシャ史〙陸軍指揮官; (アテネで)第三アルコン職 (third archon).

póle màst *n.*〘海事〙棒マスト《継ぎ足しなしの1本「棒のマスト」》.

po·lem·ic [pəlémɪk, po(ʊ)- | pɔ-, pə(ʊ)-]〘《1638》⇨ F *polemique* // ML *polémic-us* ⇨ Gk *polemikós* of war, hostile ← *pólemos* war: ⇨ -ic¹〙**—** *adj.* (他人の説・信条などに)反論する, 論難する (cf. irenic): a ~ divine 神学的議論を事とする聖職者 / ~ theology 論争(的)神学 / a ~ writer 論客. **—** *n.* **1** 反論, 論争. **2** (特に神学上の)議論家, 論客. **3** [*pl.*] ⇨ polemics.

po·lém·i·cal *adj.* **po·lém·i·cal·ly** *adv.*

po·lém·i·cìst [-məsɪst, -səst | -mɪsɪst] *n.* = polemist.

po·lem·ics [pəlémɪks, po(ʊ)- | pɔ-, pə(ʊ)-]〘⇨ polemic, -ics〙**—** *n.* [通例単数扱い] **1** 論議法, 論争術. **2** (神学上の)論争学, 論争神学, 論証法 (theological polemics)《キリスト教内部の異端・分派などに対する論争; cf. irenics》.

po·lem·ist [pəlémɪst, po(ʊ)-, pɑ́ləm-, -məst | pɔ́lɪmɪst]〘⇨ Gk *polemist-ḗs* warrior: ⇨ polemic, -ist〙*n.* (特に神学上の)論争者, 論客.

pol·e·mize [pɑ́ləmàɪz | pɔ́lɪ-]〘⇨ polemic, -ize〙*vi.* 議論する, 争論する, 反論する.

po·le·mol·o·gy [pòuləmɑ́lədʒi | pə̀ulɪmɔ́lədʒɪ]〘← Gk *hólem-os* war + -LOGY〙**—** *n.* 戦争学《争い, 特に国家間の戦争についての研究》. **po·le·mo·log·i·cal** [pòuləmələ́dʒɪkəl, -dʒə- | pə̀ulɪmələ́dʒɪ-] *adj.*

Pol·e·mo·ni·a·ce·ae [pɑ̀ləmòuniéɪsiìː | pɔ̀lɪməunɪ-]〘← NL ~: ⇨ Polemonium, -aceae〙*n. pl.*〘植物〙ハナシノブ科. **pòl·e·mò·ni·á·ceous** [-ʃəs] *adj.*

Pol·e·mo·ni·a·les [pɑ̀ləmòuniéɪliːz | pɔ̀lɪməunɪ-]〘← NL ~: ⇨ ↓, -ales〙*n. pl.*〘植物〙(双子葉植物)ハナシノブ目, 管状花目.

pol·e·mo·ni·um [pɑ̀ləmóuniəm | pɔ̀lɪmə́unɪəm, -njəm]〘← NL ~ ← Gk *polemṓnion* a kind of plant, valerian ← *Polémōn* (人名) ← *pólemos* war〙**—** *n.*〘植物〙ハナシノブ《ハナシノブ科ハナシノブ属 (*Polemonium*) の植物の総称; ハナシノブ (Jacob's ladder), ミヤマハナシノブ (*P. nipponium*) など》.

Po·lén·ske vàlue [po(ʊ)lénski- | pə(ʊ)lénskɪ-; G. polénski-]〘← *Edward Polenske* (20 世紀のドイツの化学者)〙**—** *n.*〘化学〙ポレンスケ価《食用油脂, バター中の揮発性で水に不溶性の脂肪酸の含量を示す価》.

po·len·ta [po(ʊ)léntə, pə-, -tɑː | pə(ʊ)léntə, -tɑː; *It.* polénta]〘《1562》⇨ It. ~ < L *polentam* pearl barley: cf. pollen〙*n.* ポレンタ《とうもろこしの粗挽き粉や, 小麦・栗などの穀類の粉で造ったイタリアの濃いかゆ》.

póle pièce *n.*〘電気〙極片, 磁極片《適当な磁束分布が得られるような形に作られた突極形磁極の先端の部分》.

póle pìtch *n.*〘電気〙磁極ピッチ《磁極の中心軸間の「距離」》.

póle plàte *n.* **1**〘建築〙軒桁(のきげた). **2**〘生物〙極板《原生動物の有糸分裂の際, 紡錘体の両極に形成される》.

póle posìtion *n.* **1**〘自動車レース〙(トラックの)最も内側の第1列の位置. **2** 有利な立場[位置].

pól·er [-lə | -lə(r)]〘⇨ pole¹, -er¹〙*n.* **1** 棒で押す[支える]人[物]; 舟をさおさす人. **2** = pole horse.

póle scrèen *n.* = banner screen.

póle shòe *n.*〘電気〙極片, 磁極片《界磁コイルを支えるために時に磁極に取り付けられる鉄片》.

póle·stàr〘《1555》〙**—** *n.* **1** [the ~]〘天文〙北極星《ある年代に天の北極に最も近い明るい恒星; 現在は Polaris; the North Star, the Northern Star ともいう》. **2** 指標, 目標 (lodestar), 指導原理 (guiding principle). **3** 注目の的, 魅力の中心.

póle stèp *n.* (電柱の)足場くぎ.

póle strip *n.* 型板(かたいた)《主にリベット穴の位置を決めるために用いる》.

Po·lé·sye Márshes [pɔ(ː)ljéɪsjə- | pɔ-; *Russ.* paljésjji-] *n. pl.* [the ~] ポレシエ沼沢地《ソ連邦 Belorussia 共和国南部と Ukraine 共和国北部とにまたがる湿地帯; 面積 270,000 km²; Pripet Marshes ともいう》.

póle topgállant màst *n.*〘海事〙= long topgallant mast.

póle transfòrmer *n.* 柱上変圧器.

póle-vàult *vi.*〘陸上競技〙棒高跳びをする.

póle vàult [vàulting] *n.*〘陸上競技〙**1** 棒高跳び(競技). **2** 棒高跳びの跳躍《pole jump [jumping] ともいう》.

póle-vàulter *n.*〘陸上競技〙棒高跳び選手.

pole·ward [póulwəd | pə́ulwəd] *adv., adj.* 極(地)へ.

póle·wards [-wədz | -wədz] *adv.* = poleward.

po·leyn [póuleɪn | pə́u-]〘⇨ OF *po(u)lain* ← ?〙*n.*〘甲冑〙(よろいの)膝当て (kneecap) (⇨ armor 挿絵).

po·li- [pɑ́li | pɔ́lɪ] (母音の前に来る時の) polio- の異形.

po·li·a·nite [póuliənàɪt | pə́ulɪə-]〘⇨ G *Polianit* ⇨ Gk *poliainesthai* to grow white (with sea foam) ← *poliós* gray: その色から: ⇨ -ite¹〙**—** *n.*〘鉱物〙ポリアナイト, 黝(ゆう)マンガン鉱《結晶のよく成長した軟マンガン鉱 (pyrolusite)》.

po·lice [pəlíːs]〘*n.*: 《1530》《廃》'civil organization' ⇨ (O)F ~ ⇨ ML *pólitia* = L *politia* the state ⇨ Gk *politeía* polity, citizenship ← *polítēs* citizen ← *pólis* city ← IE **pel-* citadel, fortified high place (Skt *pur*):「警察」の意に用いられるようになったのは18世紀以後: POLICY, POLITY と二重語〙**—** *n.* (*pl.* ~) **1 a** 警察《組織》. **b** [(the) ~; 集合的; 複数扱い] 警察(官), 警官(隊) (police force): *the* harbor [marine] ~ 水上警察 / call (*the*) ~ 警察を呼ぶ / *The* ~ are on his track. 警察は彼を追跡している / *The* ~ have a clue. 警察では手がかりを握っている. **c** [*pl.*] 警官 (policeman): two ~ / More ~ came.

★ 米英の警察の階級は下から順に次の通り《括弧内の訳語は一応の目安として示したものである》

a 米国《州または都市により階級制度が異なるため, 次に掲げるのはその一例である》: police officer, patrolman (巡査)—sergeant (巡査部長)—lieutenant (警部補)—captain (警部)—deputy inspector (警視)—inspector (警視正)—deputy chief of police (本部長補佐)—assistant chief of police (副本部長)—chief of police (警察本部長)《inspector の上が deputy superintendent (副本部長)—superintendent (警察本部長) となる場合もある》.

b 英国: constable (巡査)—sergeant (巡査部長)—inspector (警部補)—chief inspector (警部)—superintendent (警視)—chief superintendent (警視正)——この上は, (1) Metropolitan Police Force (首都警察, ロンドン警視庁) では, commander (警視長)—deputy assistant commissioner (副警視監)—assistant commissioner (警視監)—deputy commissioner (警視副総監)—Commissioner of Police of the Metropolis (警視総監). (2) City of London Police Force (ロンドン市警察) では, assistant commissioner (副本部長)—Commissioner of Police (警察本部長). (3) 他の自治体[地方]警察では, assistant chief constable (警察次長)—chief constable (警察長).

2 [集合的] 警備隊, 保安隊[要員]: campus [railway] ~ 大学保安隊[鉄道公安官] / ⇨ military police. **3**〘米軍〙(地区・建造物・装備品などの)清掃, 清潔保持, 整理整頓; 整頓係, 環境整備係 (cf. kitchen police).

— *vt.* **1** …に警察を置く. **2** …の治安を維持する, 警備する. **3**〈国などを〉警察力によって統治する. **4** (警察などによって)取締まる, 規制する (control). **5**〘米軍〙〈兵舎などを〉清掃する, 清潔にしておく, 整理整頓する〈*up*〉.

políce àction *n.* 警備行動, 治安行動《国際平和・秩序を乱すと考えられるゲリラなどに対する宣戦布告なしの小規模・局地的な軍事行動》.

políce àgent *n.* (フランスなどの)警官.

políce blòtter *n.* = blotter 2 b.

políce càr *n.* = squad car.

políce commíssioner *n.*《米》警察(公安)委員長;《英》(ロンドン警視庁の)警視総監, (ロンドン市警察の)警察本部長 (⇨ police 1 ★);《スコット》警察事務監督委員.

políce cónstable *n.*《英》巡査, 警官 (⇨ police 1 ★).

políce còurt *n.* 警察裁判所《police judge が裁判する軽犯罪即決裁判所; cf. magistrates' court 1》.

políce depàrtment *n.* **1** (行政組織の)警察業務を管理運営する部局: the metropolitan ~ 警視庁. **2** = police force.

políce dòg *n.* **1** 警察犬. **2**《米》= German shepherd dog.

políce fòrce *n.* 警官隊.

políce inspéctor *n.*《米》警視正;《英》警部補 (⇨ police 1 ★).

políce júdge [jústice, mágistrate] *n.* 警察裁判所判事 (cf. police court).

políce·man [-mən]〘《1829》〙**—** *n.* (*pl.* **-men** [-mən]) **1** 警官, 巡査 (constable): a ~ in plain clothes 平服巡査, 角袖(巡査) / a ~ on guard 護衛巡査. **2**〘化学〙ポリスマン《ガラス棒の先にゴム管などをはめ込んだ器具; ビーカーなどから沈殿物を除くために用いる》. **~·lìke** *adj.*

políce màtron *n.* (警察署や刑務所に拘留中の女・子供に対する)婦人監督者.
políce offènse *n.* 警察犯《警察裁判所 (police court) で即決される程度の軽犯罪》.
políce òffice *n.* 《英》(市・町の)警察署.
políce òfficer *n.* 警官, 婦人警官《policeman に対する公式名》; 《米》巡査 (⇨ police 1 ★).
políce pòwer *n.* 警察権, 治安権.
políce repòrter *n.* 警察回りの新聞記者, 刑事記者.
políce sérgeant *n.* 巡査部長 (⇨ police 1 ★).
políce stàte *n.* 警察国家《政治警察によって支配される全体主義国家; cf. garrison state》. 「ともいう》.
políce stàtion *n.* (地方の)警察本署《station house
políce sùbstation *n.* 派出所, 交番.
políce superintèndent *n.* 《米》警察本部長; 《英》
políce súrgeon *n.* 警察医. ⌊警視 (⇨ police 1 ★).
políce tràp *n.* (自動車の違反などを取り締まる)警官の監視所; スピード違反の取り締まり; 「ねずみ取り」(cf. speed trap). 「官, 婦警.
políce·wòman 〘《1853》〙 *n.* (*pl.* **-women**) 婦人警
pol·i·clin·ic [pɑ̀ləklínɪk | pɔ̀lɪ-] 〘▭ G *Poliklinik* 《原義》 clinic instruction held at a patient's house in town ← Gk *pólis* city + *klinikḗ* clinic art : ⇨ police, clinic〙 ― *n.* **1** (昔, 医学生が教師の監督の下で診療した私宅の)診療室. **2** (病院の)外来患者診療所[部] (cf. polyclinic).
pol·i·cy[1] [pɑ́ləsi | pɔ́ləsɪ, -lɪ-] 〘《c1385》 ▭ OF *policie* : (O)F *police* 'POLICE' の異形 : POLITY, POLICE と二重語〙 ― *n.* **1** (政府・政党・為政者・事業家などの)政策, 方策, 方針 : domestic ~ 内治政策 / a business ~ 営業方針 / a ~ writer 政策立案者 / foreign policy 外交政策. **2** やり方, 手段, 手 : It is the best ~ not to quarrel. 争わないのが一番いいやり方だ / Honesty is the best ~. ⇨ honesty 1. **3 a** 賢明 (sagacity); 機略, 知恵 (wit) : *Policy* goes beyond strength. 《諺》才知は力にまさる. **b** 《古》抜け目なさ, 狡猾. **4** 《古》政治 (statecraft); 政治形態 (polity). **5** 《スコット》(田舎屋敷周辺の)遊園.
pol·i·cy[2] [pɑ́ləsi | pɔ́ləsɪ, -lɪ-] 〘《1565》 *police* ▭ F ▭ It. *polizza* 《変形》← ML *apodixa* 《変形》← L *apodixis* ▭ Gk *apódeixis* proof ← *apodeiknúnai* to demonstrate ← APO- + *deiknúnai* to show : cf. diction〙 ― *n.* **1** 保険証券《正式には policy of assurance または insurance policy という》: a life [fire] ~ 生命[火災]保険証券 / a ~ of marine insurance 海上保険証書 / an endowment ~ 養老保険証券 / group *policies* 団体保険証券 / an open ~ 予定保険証券 / a ~ proof of interest 名誉保険証券 / a time ~ 定期保険証券 / ⇨ floating policy, valued policy / take out a ~ on one's life 生命保険に加入する[をかける]. **2** 《米》**a** (場末などで行なわれる)回転抽選器から出る数に賭ける一種のばくち《これが日常行なわれる店を policy shop という》: play ~. **b** = number 9.
pólicy·hòlder *n.* 保険契約者, 被保険者.
pólicy lòan *n.* 〘保険〙保険証券担保貸付.
pólicy·màker *n.* 政策当事[担当]者 : economic ~*s* 経済政策担当者. 「に政府の)政策決定.
pólicy·màking *n.* (高度のレベルでの)方針決定; (特
pólicy ràcket *n.* = number 9.
pólicy scíence *n.* 政策科学《政府や企業の高度のレベルの方針決定を扱う社会科学》.
pólicy shòp *n.* ⇨ policy[2] 2 a. 「phalomyelitis.
pòli·encèphalo·myelítis *n.* 〘病理〙 = polioence-
Pol·i·gar [pɑ́ləgɑ̀ə | pɔ́lɪgɑ̀ː(r] 〘▭ Marathi *pālegār* ← ? Telugu *pāḷegāḍu* ‖ Kanarese *pāḷeyagāra*〙 *n.* インド Madras 州の封建的首長; その下役.
pòli·metrícian 〘← POLI(TICS) + METRICIAN〙 *n.* 数理的・統計的研究方法を用いる政治学者.
pól·ing bòard [póulɪŋ- | pə́ul-] *n.* 〘土木〙土留板《掘削した地盤の崩壊を防ぐためのもの》.
po·li·o [póuliòu | pə́uliə̀u] 〘《略》← POLIOMYELITIS〙 *n.* (*pl.* ~**s**) 《口語》〘病理〙ポリオ (poliomyelitis).
po·li·o- [póulio(u) | pə́ulɪə(u), -ljə(u)] 〘← Gk *polió-s* gray〙 〘医学〙「脳または脊髄の灰白質の[に関する]」の意の連結形. ★ 母音の前では通例 poli- になる.
pòlio·encephalítis 〘← NL ~ : ⇨ polio-, encephalitis〙 *n.* 〘病理〙灰白髄炎; 灰白脳炎.
pólio·encephalo·myelítis 〘← NL ~ : ⇨ ↑, myelitis〙 *n.* 〘病理〙灰白脳脊(せき)髄炎.
pò·li·o·my·e·lit·ic [pòulio(u)màɪəlítɪk | pə́ulɪə(u)màɪəlít-, -màɪɪ-, -màɪe-] *adj.* 〘病理〙急性灰白髄炎の, ポリオ (polio) に罹(かか)った.
pol·i·o·my·e·li·tis [pòulio(u)màɪəláɪtɪs, -ṭəs | pə̀ulɪə(u)màɪəláɪtɪs, -màɪɪ-, -màɪe-] 〘《1880》← NL ~ : ⇨ polio-, myelitis〙 ― *n.* 〘病理〙(急性)灰白髄炎, ポリオ, (脊髄性)小児麻痺, 脊髄灰白質炎, ハイネメジン病《acute anterior poliomyelitis, infantile spinal paralysis, polio ともいう》.
pólio vaccìne *n.* 《口語》ポリオワクチン.
pólio·vìrus 〘← POLIO- + VIRUS〙 *n.* 〘医学〙ポリオウイルス, 灰白髄炎ウイルス《人の(急性)灰白髄炎 (poliomyelitis) を起こす; cf. picornavirus》.
po·lis [pɑ́lɪs, póul-, -ləs | pɔ́lɪs, pə́ul-] 〘▭ Gk *pólis* city : ⇨ police〙 *n.* (*pl.* **po·leis** [-leɪs]) ポリス《古代ギリシャの都市国家》.
-po·lis [⌐ p(ə)lɪs, -ləs | -pəlɪs] 〘← Gk *pólis* (↑)〙「都市 (city)」の意の名詞連結形 : metro*polis*, necro*polis*.
pol·ish [pɑ́lɪʃ | pɔ́l-] 〘v. : 《*a*1325》← (O)F *poliss-* ← *polir* < L *polīre* to make smooth ← IE **pel-* to thrust, strike, drive (L *pellere* to drive, push) : ⇨ -ish[2]〙 ― *vt.* **1** こすり磨く, 光らせる, …のつやを出す : ~ furniture, metal, lenses, etc. / ~ one's boots up 靴を磨いてぴかぴかにする / ~ rice 米をとぐ. **2** …に磨きをかける, 仕上げを施す, 推敲(すいこう)する; 洗練する, 上品にする : ~ the manners [appearance] 作法[風采(ふうさい)]を上品にする / ~ a set of verses 詩を練る / ~ the reform program [plan] 改革案を推敲する.
― *vi.* **1** 光沢が出る, 磨きがかかる : This wood won't ~. この木材は(磨いても)つやが出ない. **2** 《文語》上品になる, 洗練される.
polish away こすりとる, すり減らす. ***polish off*** 《口語》(1) 〈仕事・原稿などを〉素早く仕上げる[片付ける]; 〈食物などを〉さっさと平らげる : ~ *off* sandwiches, a bottle of beer, etc. (2) 〈相手・敵などを〉さっさと負かす, やっつける (defeat); 殺す, 片付ける (kill) : ~ *off* work [a job] 仕事をさっさと仕上げる / ~ *off* an opponent 敵手を簡単にやっつける. ***polish up*** (1) …のつやを出す; 小ぎれいにする, 飾る. (2) 《口語》よくする, 改良する, 改善する, …に磨きをかける : ~ *up* one's English. (3) 完成する, 仕上げる.
― *n.* **1** 磨きをかけること; 磨き, 光沢, つや, (つやつやした)滑らかさ (gloss) : the brilliant ~ of silver 銀のぴかぴかした光沢 / a dry ~ からぶき / give it a ~ それに磨きをかける. **2** 磨き材料, 磨き粉, 光沢剤, ワニス, うるし : metal ~ 金属磨き粉 / shoe [boot] ~ 靴墨. **3** (態度・作法の)洗練; 上品, 優美 (elegance) : the ~ of cultivated society 教養社会の上品さ / the exquisite ~ of Stevenson's style スティーブンスンの文体の洗練された優雅さ / His manners lack ~. 彼の態度には上品さが欠けている.
Pol·ish [póulɪʃ | pə́u-] 〘《1704》← POLE + -ISH[1]〙 *adj.* ポーランド (Poland) の; ポーランド人[語]の. ― *n.* **1** ポーランド語. **2** [the ~; 集合的] ポーランド人[国民]. 「磨ける, 光沢の出る.
pol·ish·a·ble [pɑ́lɪʃəbl | pɔ́l-] 〘⇨ polish, -able〙 *adj.*
Pólish Córridor *n.* [the ~] ポーランド回廊《Vistula 河口付近の帯状地帯; バルト海 (Baltic Sea) への出口を与えるために, Versailles 条約でドイツからポーランドに割譲された; 第二次大戦でドイツに占領されたが戦後ポーランドに復帰; 海への出入口に Danzig 港がある》.
pól·ished 〘(p.p.) ← POLISH〙 ― *adj.* **1** こすり磨いた, 磨きあげ(られ)た; (自然に)光沢のある (glossy) : ⇨ polished rice. **2** 〈人・態度など〉上品な, 洗練された, あか抜けのした (refined) : ~ manners, gentlemen, etc. **3** 〈計画など〉推敲(すいこう)した, 練られた. **4** 優秀な, 卓越した.
pólished ríce *n.* 精米, 精白米, 白米.
pól·ish·er *n.* 磨く[光沢を出す]人; つや出し器, 研磨
pól·ish·ing-pòwder *n.* 磨き粉. ⌊器.
Pólish sáusage *n.* = kielbasa.
polit. 《略》political; politician; politics.
Po·lit·bu·ro, p- [pɑ́lɪtbjù(ə)rou, póul-, -lət-, pəlít-, -lɪ́:t- | pɔ́lɪtbjùərəu; *Russ.* paljidbjuró] 〘← Russ. *Polit(icheskoe) Byuro* political bureau〙 *n.* (*also* **Polit·bu·reau** [~]) (*pl.* ~**s**) **1** [the ~] (ソ連の)共産党政治局《行政執行委員会と対外宣伝部から成る党の最高指導機関; 一時 Presidium (最高会議幹部会)と称した (1952–66)》. **2** (これに似た)指導機関.
po·lite [pəláɪt] 〘《c1450》▭ L *polīt-us* (p.p.) ← *polīre* 'to POLISH'〙 ― *adj.* (**more ~, most ~; po·lit·er, -est**) **1** 〈態度・言葉など〉丁寧な, 丁重な, 礼儀正しい (courteous); 愛想よい, 如才ない (obliging) : a ~ answer, request, etc. / have ~ manners 礼儀正しい. **2** 上品な, 教養のある (cultured), 行儀のよい (well-bred) : ~ society 上流社会 / the ~ thing 行儀作法 / the ~ style of a court 宮廷のみやびな作法. **3** 《文語》〈文章など〉洗練された, 練れた (polished), 優雅な (elegant) : ~ letters [literature] 純文学 / ~ learning (高雅な趣味と高尚な理想を学ぶ)人文学 (humanities) / ~ arts 美術. 「10).
do the polite 《口語》努めて丁寧に振舞う (cf. do[1] *vt.*
po·líte·ly *adv.* 丁寧に, 礼儀正しく, 上品に, 優雅に.
po·líte·ness *n.* **1** 丁寧; 上品, 優雅. **2** 丁寧な行為[言動] : One never loses anything by ~. 《諺》人は丁寧な言動をしたからといって何も損をしない.
pol·i·tesse [pɑ̀lɪtés, pɔ̀(ː)l- | pɔ̀l-; *F.* pɔlitɛs] 〘▭ F ~ ▭ It. *pulitezza* cleanliness ← *pulito* polished (p.p.) ← *pulire* < L *polīre* 'to POLISH'〙 *F. n.* = politeness.
Po·li·tian [pəlíʃən, po(u)- | pə(u)-] *n.* ポリツィアーノ《1454–94; イタリアの古典学者・詩人; 本名 Angelo Ambrogini [ándʒelo àmbrodʒíːni], イタリア語名 Poliziano [pòlittsjáːno]》.
pol·i·tic [pɑ́lətɪk | pɔ́lɪtɪk, -lə-] 〘《c1420》▭ (O)F *politique* ▭ L *politicus* ▭ Gk *politikós* civic, political ← *polítēs* citizen ← *pólis* city : ⇨ police, -ic[1]〙 ― *adj.* **1** 思慮のある, 分別のある (prudent), 賢い (sagacious). **2** 〈人・行動など〉策を弄する, 抜け目のない, ずるい (artful). **3** 政策的な, 便宜的な (expedient), 時宜に適した (opportune) : a ~ retort [move, speech] 時宜にかなった仕返し[処理, 言葉]. **4** 《まれ》政治上の (political) : ⇨ body politic. ― *n.* 政治力学, 力関係.
― *vi.* 政治に携わる.
po·lit·i·cal [pəlítɪkəl, -ṭə- | -tɪ-] 〘《1551》: ⇨ ↑, -al[1]〙 ― *adj.* **1** 政治学(上)の, 政治に関する, 政治的な : ~ news 政治記事 / a ~ reporter 政治報道記者 / a ~ writer 政論家, 政治記者 / a ~ view 政見 / ~ measures 政治手段 / ⇨ political theory / illegal ~ payoffs 不法政治献金 / for ~ reasons 政治上の理由で. **2 a** 国政[政治, 国家]の, 国政に関する : ⇨ political liberty, political rights. **b** ある政府または政策に反対する行動を含む[に関する], 政治活動[政治的権力闘争]をする : ⇨ political crime, political prisoner. **3** 政治に携る; 政治組織を有する : a ~ community 政治組織をもつ社会 / ⇨ political party. **4** 政党の, (政党)政策の, 党略の; 政党活動の : a ~ campaign 政治[選挙]運動 / a ~ meeting 政治集会. **5** 行政に関する[関与する] : a ~ office [officer] 行政官庁[行政官]. **6** 個人[団体]の地位[影響力]に関係する. 「soner.
― *n.* **1** 《英史》= political agent. **2** = political pri-
polítical áction *n.* 政治活動[行動]《政治力や政治的手段によって権力状況の変革を意図する行動》; (特に労働階級の組織的)政治運動 (cf. direct action).
polítical ágent *n.* 〘英史〙(インドの土民州の政治を補佐した英国人)駐在官《political resident また単に political ともいう》. 「識」のある人.
polítical ánimal *n.* 政治家としての活力[才能, 見
polítical cómmissar *n.* = commissar 2.
polítical críme *n.* 政治犯, 国事犯 (political offense). 「economist という》.
polítical ecónomist *n.* 経済学者《現在は単に
polítical ecónomy 〘《なぞり》← F *économie politique*〙 *n.* **1** (17–18 世紀の)国家の重商主義的政策を進めるための経済論. **2** (19 世紀の)経済学《国家の政策と関連をもった; 現在は economics という》. **3** 政治経済学《経済を政治現象とのかかわりの中で追究する社会科学の一分野》.
polítical geógraphy *n.* 政治地理(学).
po·lit·i·cal·ize [pəlítɪkəlàɪz, po(u)-, -ṭə- | pəlítɪ-] *vt.* 政治的にする, 政治的に組織する.
polítical líberty *n.* 政治的自由.
po·lít·i·cal·ly 〘《1588》← POLITICAL + -LY[1]〙 *adv.* **1** 政治[国政, 行政]上(からみて); 政略上, 党略的に. **2** 《古》賢明に, 如才なく.
polítical offénse *n.* = political crime.
polítical párty *n.* 政党. 「political ともいう》.
polítical prísoner *n.* 政治犯人, 国事犯人《単に
polítical quéstion *n.* 〘法律〙統治行為《条約の締結など司法審査権 (judicial review) の適用範囲外とされる国家行為》.
polítical résident *n.* = political agent.
polítical ríghts *n. pl.* 参政権, 国政参与権, 政治的自由権. 「**scíentist** *n.*
polítical scíence *n.* 政治学 (politics). **polítical**
polítical theólogy *n.* 政治神学《キリスト教信仰・神学を政治とかかわるものにしようとするもの》.
polítical théory *n.* 政治理論.
polítical vérse *n.* 〘ギリシャ詩学〙(ビザンチン期, または近代の)ギリシャ語音符詩; (特に) 15 音節の弱強格の詩行.
pol·i·ti·cian [pɑ̀lətíʃən | pɔ̀lɪ-, -lə-] 〘《1588》← POLITIC + -IAN〙 ― *n.* **1** 《米》[軽蔑的に] 政党政治家, 政治屋, (政界の)策士 (cf. statesman) : a party ~. **2** 地位・利権を目当てに強引に立ち回る人. **3** (いい意味で)政治家 (statesman). **4** 《まれ》政治学者.
po·lit·i·ci·za·tion [pəlìṭəsɪzéɪʃən, -sə- | -tɪsaɪ-, -sɪ-] *n.* **1** 政治問題化. **2** 政治的技術訓練.
po·lit·i·cize [pəlíṭəsàɪz | -tɪ-] 〘← POLITIC + -IZE〙 ― *vt.* 政治[政党]化する, 政治的に扱う[論じる] : ~ an issue 問題を政治的に扱う / We became rather ~*d* in the language of the day. 当時の言葉で言えば政治づいていた. ― *vi.* 政治に携わる, 政治を論じる.
pol·i·tick [pɑ́lətɪk | pɔ́lɪtɪk, -lə-] 〘《逆成》? ← POLITICS〙 *vi.* 《米口語》政治(運動)に従事する. ~**·er** *n.*
pól·i·tick·ing *n.* 政治工作, 政治活動, 選挙運動.
pól·i·tìc·ly 〘← POLITIC + -LY[1]〙 *adv.* 狡猾(こうかつ)に, 巧妙に; 抜け目なく.
po·lit·i·co [pəlíṭɪkòu, -ṭə- | -tɪkə̀u] 〘▭ It. ‖ Sp. ~ 'political, politician' < L *politicus* 'POLITIC'〙 *n.* (*pl.* ~**s**, ~**es**) 《米》= politician 1.
po·lit·i·co- [pəlíṭɪko(u), -ṭə- | -tɪkə(u)] 〘《1749》← NL ~ ← L *politicus* 'POLITIC, political'〙 次の意味を表わす連結形 : **1** 「政治」: *politico*mania 政治狂. **2** 「政治的な[に]」: *politico*-pressure 政治的圧力. **3** 「政治的および… (political and …)」: *politico*-economical 政治経済的な / *politico*-geographical 政治地理的な.
pol·i·tics [pɑ́lətɪks | pɔ́lɪtɪks, -lə-] 〘《*a*1529》《変形》? ← Gk *politiká* (neut.pl.) ← *politikós* political : ⇨ -ics〙 ― *n.* **1** [単数扱い] (学問・技術としての)政治, 政治学 (political science) : *Politics* is not a science, as many of our professors imagine, but an art. 政治とは教授諸君の多数が想像されるような学問ではなくて術である《Bismarck が議会で述べた言葉》. **2** [単数または複数扱い] (実際的・職業的な)政治; 政務, 政治運動; 政略, (党利)党略, (政党の)駆引き, 策略; (党派的または個人的)利害, 動機, 目的 (aims) : ~ affairs 政務 / party ~ 政党政治 / ~ maneuvers 政治活動 / party ~ 政党政策 / enter ~ 政界入りをする, 政治家になる / be engaged in ~ 政治に関与する / talk ~ 政治を論じる. **3** [複数扱い] 政綱, 政見 : ~ principles 政綱 / ~ opinions 政見 / What are your ~? あなたの政見は? **4** [単数扱い] 経営, 管理 : the ~ of a business 事業の経営. **5** [Politics]「政治学」《Aristotle の論文》.
not practical politics (1) 〈事柄など〉(余り実際から

離れていて)論じる価値がない. (2) 実際上の困難に遭遇する恐れがある. ***play politics*** (1) 党利本位に動く[行動する]〔*with*〕. (2) (策動によって)私利を計る.

pol·i·ty [pɑ́ləṭi | pɔ́lɪti, -lɪ-] 〘《1538》□(L)L *politia* □ Gk *politeía* citizenship, government ← *polítēs* citizen ← *pólis* city: POLICY¹, POLICE と二重語〙 ― *n.* **1** 政治形態[組織]: civil ~ 国家行政形態[組織] / ecclesiastical ~ 教会組織 / The units of Greek ~ were called city states. ギリシャの行政組織の単位は都市国家とよばれた. **2** 政治的組織体, 国家組織, 国家. **3** 政治, 行政.

polk [póuk | pə́uk] 〘□F *polk-er* ← *polka* 'POLKA'〙 *vi.* 《口語》=polka.

Polk [póuk | pə́uk], **James Knox** *n.* (1795–1849) 米国第11代大統領 (1845–49).

pol·ka [póu(l)kə | pɔ́lkə, pə́ul-] 〘《1844》□F & G ~ □ Czech ~ □ Pol. ~ 《原義》? Polish woman (fem.) ← *Polak* 'POLACK': cf. Czech *pùlka* half step ← *pùl* half〙 ― *n.* **1** ポルカ《Bohemia に起こった快活な二拍子の円舞》; その舞曲. **2** (通例毛糸で編んだ)婦人用ジャケット. ― *vi.* ポルカを踊る.

pól·ka dòt [póukə-, póu(l)kə- | pɔ́l-, pə́ul-] *n.* **1** ポルカドット《織物用デザイン風に等間隔に配列した同じ大きさの水玉; 水玉の大きさはピンからコインまでのものとされる》. **2** 水玉模様(の織物). **pólka-dòt** *adj.* **pólka-dòtted** *adj.*

poll¹ [póul | pə́ul] 〘《c1300》□ MDu. *pol(le)* top of the head〙 ― *n.* **1 a** 頭 (head). **b** (つち・ハンマーなどの)頭. **2 a** (髪でおおわれた)頭頂部, 後頭部: a flaxen ~ 亜麻色の毛の頭 / a gray [snow-white] ~ ごま塩[白髪]頭. **b** 襟首; (牛馬などの)うなじ, 耳簡(ᵹ)《両耳の間の部分》. **3 a** (数人の中の)一人, 個人 (head). **b** 人頭税 (poll tax). **4** 納税者[選挙人]名簿[登録] (cf. pollbook): have [put] one's name on the ~ 納税者[選挙人]名簿に登録する. **5 a** 選挙投票 (voting); 投票結果, 投票数: a heavy [light, poor] ~ 投票多数[少数] / declare the ~ 選挙結果を発表する / at the head of the ~ 得票の第1位で, 最高得票で / How is the ~ going? (開票の途中で)投票の結果はどうだ. **b** 《米》選挙投票時間. **6** [《米》では通例 *pl.*] (選挙)投票所: go to the ~*s* 投票所へ行く; 選挙に候補者として打って出る. **7** (ある問題についての)世論調査 (public-opinion poll), その調査結果[記録]; (世論調査などのための)質問, 質問表: ⇨ Gallup poll.

― *vt.* **1** (課税・投票のために)名簿に登録する. **2** 〈候補者が〉…の投票を得る[記録する]: ~ a quarter of the votes cast 投票数の $^1/_4$ を得る. **3** 〈票を〉投じる (cast). **4** 投票場で〈投票用紙を〉受け取る. **5** 〈投票者を〉投票場に行かせる. **6** 世論調査をする: ~ the public opinion 世論を調査する. **7** (評決を確かめるため)〈陪審員を〉一々尋問する; (代表などの一人一人の)賛否表示を求める. **8** 〈人〉の頭髪を短く刈る (clip); 〈頭髪を〉短く刈る: ~ a man [his head, his hair] 人の頭の毛を刈る. **9** [通例 p.p. 形で] 〈牛など〉の角を切る; 〈木など〉の枝先を摘む (pollard): ~*ed* cattle [trees] 角を切られた牛[枝を刈り込んだ木]. **10** 〘法律〙〈証書を〉(ぎざぎざ (indentation) をつけないで)平らに切り取る (cf. poll² *adj.*). ― *vi.* (投票場で)〈候補者に〉投票する (vote)〔*for*〕: ~ *for* a candidate.

~·er [-lə | -lə(r] *n.*

poll² [póul | pə́ul] 〘《1523》《短縮》← *pold* polled (p.p.) ← POLL¹ (v.)〙 ― *adj.* 〘法律〙〈証書など〉切り取り線を平らに切った, 当事者の一方だけで作成した (cf. poll¹ *vt.* 10; ⇨ deed poll). ― *n.* 角のない獣; (特に)角のない品種の牛 (cf. poll¹ *vt.* 9).

poll³ [pɑ́(ː)l, pɔ́(ː)l | pɔ́l] 〘《1831》← Gk *oi polloi* the many (pl.) ← *polús* much〙 ― *n.* [時に P-]《英》《Cambridge 大学》**1** [the ~; 集合的] (優等卒業生 (honoursmen) に対して)普通(学位)卒業者 (cf. passman): go out in *the Poll* 普通で卒業する. **2** 普通学位《poll degree ともいう》: a ~ man 普通卒業生.

poll⁴ [pɑ́(ː)l, pɔ́(ː)l | pɔ́l] 〘↓〙 *n.* =poll parrot 1.

Poll [pɑ́(ː)l, pɔ́(ː)l | pɔ́l] 〘《変形》← MOLL: cf. Peg (=Meg)〙 *n.* **1** Mary の愛称. **2** 《口語》売春婦 (courtesan).

poll·a·ble [póuləbl̩ | pə́ul-] 〘← POLL¹+-ABLE〙 *adj.* **1** 刈り込める, 先が摘める, 〈牛の角など〉切り取れる. **2** 投票できる, 投票させられる.

pol·lack [pɑ́lək | pɔ́l-] 〘《1602》《変形》←《スコット》《古形》*podlok* ← ?〙 ― *n.* (*pl.* ~, ~*s*) 〘魚類〙タラ科ポラック属 (*Pollachius*) の下あごが突出している数種のタラの類の食用魚の総称 (cf. walleye pollack): **a** ポラック (*P. pollachius*)《ヨーロッパ沿岸産》. **b** セース (*P. virens*)《北大西洋産; saithe, coalfish ともいう》.

pol·la·ki·u·ri·a [pɑ̀ləkɪjúəriə, -kaɪ- | pɔ̀ləkɪjúəriə, -kaɪ-] 〘← Gk *polláki(s)* many times+-URIA〙 *n.* 〘医学〙頻尿(症), 尿意頻数《排尿回数の増加》.

pol·lam [pɑ́ləm | pɔ́l-] 〘□ Tamil *pālaiyam* ← Skt *pālayati* he guards: cf. Poligar〙 *n.* Poligar の封土.

pol·lan [pɑ́lən | pɔ́l-] 〘← ?: cf. Gael. *pollag* & Ir. *pollóg, pullóg* ← Ir. *poll* inland lake+-*óg* (Celt. suf.)〙 ― *n.* (*pl.* ~) 〘魚類〙ポーラン (*Coregonus lavaretus*)《ヨーロッパの湖にいるシロマス属の魚》.

pol·lard [pɑ́ləd | pɔ́ləd] 〘《1523》← POLL¹ (v.)+-ARD〙 ― *n.* **1** (密に枝を出させるために坊主に刈った)刈り込み木. **2** 角を落とした鹿; 無角種の牛[羊・ヤギ(など)]《poll ともいう》. **3** もみがら; (少し麦粉を含んだ)ふすま《家畜の飼料》. ― *vt.* **1** 〈木を〉坊主に刈り込む. **2** 〈牛など〉の角を切る.

póll·bòok *n.* (ある地区内の)選挙人名簿.

póll dèed *n.* 〘法律〙=deed poll.

póll degrèe *n.* 《英》普通学位(卒業) (⇨ poll³ 2).

polled 〘(p.p.) ← POLL¹〙 *adj.* **1** 〈木が〉坊主に刈り込まれた: a ~ tree. **2** 毛[髪]をつんだ; はげ頭の (bald). **3** 〈牛など〉角のない, 無角種の (hornless).

Pólled Ángus [póuld- | pə́uld-] *n.* =Aberdeen Angus.

poll·ee [poulíː | pəu-] 〘← POLL¹+-EE¹〙 *n.* 世論調査で質問を受ける人[対象者].

pol·len [pɑ́lən | pɔ́lən, -lɪn] 〘《1523》□ L ~ 'fine powder, flour' ← IE *pel- dust, flour (L *pulvis* dust, powder): cf. polenta〙 ― *n.* **1** 〘植物〙(顕花植物の)花粉 (cf. microspore). **2** (昆虫の体の表面をおおう花粉のような)粉. ― *vt.* 〘植物〙=pollinate. **~·less** *adj.* **~·lìke** *adj.*

póllen anàlysis *n.* 〘古生物〙花粉分析《地層の年代推定などの手段として泥炭層や湖底などの堆積物中の花粉化石を検出・解析すること》; その結果の集成による古気候・古植生の研究.

pol·len·ate [pɑ́lənèɪt | pɔ́lə-, -lɪ-] *vt.* 〘植物〙=pollinate. **pol·len·a·tion** [pɑ̀lənéɪʃən | pɔ̀lə-, -lɪ-] *n.*

póllen bàsket *n.* 〘昆虫〙=corbicula.

póllen chàmber *n.* 〘植物〙花粉室《裸子植物の胚珠の珠心の頂端にある小さなすきま》.

póllen còunt *n.* (一定の時と場所において一定量の空気中に含まれている)花粉の数《普通ブタクサ (ragweed) の花粉; その数が花粉アレルギー警報として発表される》.

póllen gràin *n.* 〘植物〙(顕花植物の)花粉粒.

pol·len·iz·er [pɑ́lənàɪzə | pɔ́lənàɪzə(r, -lɪ-] 〘← POLLEN+-IZE+-ER¹〙 ― *n.* **1** 〘植物〙授粉用植物《果樹園などで他花受粉や花粉不完全の果樹を受粉させるために混栽する近縁種》. **2** =pollinator a.

póllen móther cèll *n.* 〘植物〙花粉母細胞《若い葯(ﾔｸ)中で分化した細胞; 還元分裂によって花粉四分子を作り, それぞれが花粉粒になる》.

pol·len·o·sis [pɑ̀lənóusɪs, -səs | pɔ̀lɪnə́usɪs, -lə-] 〘《変形》← POLLINOSIS: POLLEN との連想による変形〙 *n.* (*pl.* **-o·ses** [-siːz]) 〘病理〙=pollinosis.

póllen sàc *n.* 〘植物〙花粉嚢(ﾉｳ), 葯(ﾔｸ)室《葯の中の花粉を作る袋》.

póllen tùbe *n.* 〘植物〙花粉管《花粉が発芽して生じる管状突起; 子房内の胚珠まで伸びて核の通路となり受精が起こる》.

póll èvil [póul- | pə́ul-] *n.* 〘獣医〙項瘻(ｺｳﾛｳ)《馬の項部にできる化膿性瘻管》.

pol·lex [pɑ́leks | pɔ́l-] 〘← NL ~ ← L ~ 'thumb, big toe'〙 ― *n.* (*pl.* **pol·li·ces** [pɑ́ləsiːz | pɔ́lɪ-]) 〘解剖〙第一指, 母指, 親指 (thumb). **pol·li·cal** [pɑ́lɪkəl, -lə- | pɔ́lɪ-] *adj.*

pol·li·ce ver·so [pɑ̀ləsi-vɑ́ːsou, póulikèɪ-wέə- | pɔ́lɪsɪ-vɑ́ːsəu, pɔ́lɪkèɪ-wέə-] 〘L *pollice versō* 'with thumb turned (down)'〙 ― *L. adv.* 親指を下に向けて《古代ローマで,「負けた剣闘士を殺せ」という皇帝および観衆から勝った剣闘士へ送った合図; 一説では「剣を捨てて相手の命を助けよ」の合図ともいう; cf. *turn up* [*down*] *the* THUMB(*s*)》.

pol·lic·i·ta·tion [pəlɪ̀sətéɪʃən | -sɪ-] 〘《1528》□ L *polliciātiō(n-)* ← *pollicitātus* (p.p.) ← *pollicitārī* to promise (freq.) ← *pollicērī* to promise, 《原義》bid for ← *pol-* (⇨ pro²)+*licērī* to bid〙 ― *n.* 〘ローマ法〙承諾されていない一方的約束[申込み]. 「の異形.

pol·lin- [pɑ́lən | pɔ́lɪn] (母音の前に来る時の) pollini-

pol·li·nate [pɑ́lənèɪt | pɔ́lə-, -lɪ-] 〘← POLLINI-+-ATE³〙 *vt.* 〘植物〙〈花, 植物〉に授粉する.

pol·li·na·tion [pɑ̀lənéɪʃən | pɔ̀lə-, -lɪ-] 〘⇨ ↑, -ation〙 *n.* 〘植物〙授粉(作用), 受粉(作用) (cf. cross-pollination, self-pollination).

pól·li·nà·tor [-ṭə | -tə(r] *n.* 授粉するもの: **a** 花粉を媒介するもの《昆虫など》. **b** 〘植物〙=pollenizer 1.

poll·ing [póulɪŋ | pə́ul-] *n.* **1** 投票. **2** [通例 *pl.*] 刈り取ったもの. **3** [形容詞的に] **a** 投票(用)の, 選挙(のため)の. **b** 世論調査の: a ~ method.

pólling bòoth *n.* **1** (選挙の時の)仮設投票所[場]. **2** 《英》=voting booth.

pólling dày *n.* 投票日, 選挙日.

pólling plàce *n.* 《米》投票場[所].

pólling stàtion *n.* 《英》=polling place.

pol·li·ni- [pɑ́lənə | pɔ́lɪnɪ] 〘← NL ~: ⇨ pollen〙「(花)粉 (pollen)」の意の連結形. ★ 母音の前では通例 pollin- になる.

pollinia *n.* pollinium の複数形. 「花粉の.

pol·lin·ic [pəlínɪk] 〘← POLLINI-+-IC¹〙 *adj.* 〘植物〙

pol·li·nif·er·ous [pɑ̀lənɪ́f(ə)rəs | pɔ̀lɪ-] 〘← POLLINI-+-FEROUS〙 *adj.* **1** 〘植物〙花粉を有する[生じる]. **2** 〘動物〙花粉を運ぶ(に適する), 花粉採集型[保持型]の.

pol·lin·i·um [pɑlíniəm, pə- | pɔlíni-, pə-] 〘← NL ~: ⇨ pollini-, -ium 3〙 *n.* (*pl.* **-i·a** [-niə | -nɪə]) 〘植物〙花粉塊. 「linate.

pol·li·nize [pɑ́lənàɪz | pɔ́lə-, -lɪ-] *vt.* 〘植物〙=pol-

pól·li·nìz·er *n.* =pollenizer.

pol·li·nose [pɑ́lənòus | pɔ́lɪnə̀us] 〘← NL *pollinosus*: ⇨ pollini-, -ose¹〙 *adj.* 〈昆虫が〉装粉状の《表面が花粉様の粉でおおわれていることにいう》.

pol·li·no·sis [pɑ̀lənóusɪs, -səs | pɔ̀lɪnə́usɪs] 〘← NL ~: ⇨ pollini-, -osis〙 ― *n.* 〘病理〙花粉症, 花粉過敏症《特定の花粉に対して過敏性があるために起こるアレルギー疾患》.

pol·li·wog [pɑ́liwɑ̀g, -wɔ̀(ː)g | pɔ́lɪwɔ̀g] 〘《変形》← 《c1440》*polwygle*: *wig-* > *-wog* の変化は *pol-* の母音との同化による: ⇨ poll¹, wiggle〙 ― *n.* 《英方言・米》〘動物〙オタマジャクシ (tadpole).

pol·lock [pɑ́lək | pɔ́l-] 〘《変形》←《スコット》《16C》*podlok* ← ?〙 *n.* (*pl.* ~, ~*s*) 〘魚類〙=pollack.

Pol·lock [pɑ́lək | pɔ́l-], Sir **Frederick** *n.* (1845–1937) 英国の法学者・著述家; *A First Book of Jurisprudence* (1896), *Expansion of the Common Law* (1904).

Pollock, Jackson *n.* (1912–56) 米国の抽象派画家.

pol·loi [pəlɔ́ɪ] 〘□ Gk *polloí* many (pl.) ← *polús* much: cf. poly-, plus〙 ― *n. pl.* =hoi polloi.

póll-pàrrot [pɑ́l-, pɔ́(ː)l- | pɔ́l-] *vt., vi.* (インコのように)同じことを繰返し言う.

póll pàrrot [pɑ́l-, pɔ́(ː)l- | pɔ́l-] *n.* 《口語》**1** (かごに飼った)インコ, オウム《poll, polly ともいう》. **2** 同じことを繰返し言う人, 陳腐な語句[議論]を繰り返す人.

poll·ster [póulstə | pə́ulstə(r] 〘← POLL¹+-STER〙 *n.* (職業的な)世論調査員, (世論)調査表編集者.

póll·tàker *n.* =pollster. 「正で禁止」.

póll tàx *n.* 人頭税 (capitation)《1964 年の米国憲法修

póll-tàxer *n.* 《米俗》**1** 人頭税制度主張者. **2** 人頭税制度のある州からの選出国会議員.

pol·lu·tant [pəlúːtn̩t, -tənt | -lúːtənt, -ljúː-, -tnt] 〘⇨ ↓, -ant〙 *n.* (特に大気や水の)汚染物(質), (水の)汚濁物: harmful ~*s* 有害汚染物質. ― *adj.* 汚染物(質)の.

pol·lute [pəlúːt | -lúːt, -ljúːt] 〘《c1390》□ L *pollūt-us* (p.p.) ← *polluere* to defile ← *pol-* (⇨ pro-²)+*luere* to wash (← IE *leu- make dirty (L *lues* / Gk *lūma* filth))〙 ― *vt.* **1** よごす, 不潔にする; (特に, 廃棄物などで)〈環境を〉汚染する: ~ the environment, water, air, etc. **2** 神聖をけがす (defile), 冒瀆(ﾄｸ)する: ~ a temple. **3** (道徳的に)けがす, 堕落させる (corrupt): ~ the mind.

pol·lút·ed [-ṭɪd, -ṭəd | -tɪd, -təd] *adj.* **1** よご(さ)れた, 汚染された, けが(さ)れた. **2** 《米俗》酔っ払った.

pol·lút·er [-ṭə | -tə(r] *n.* 汚染者; 汚染源: industrial ~*s* (汚染物質をたれ流したりする)公害企業.

pol·lu·tion [pəlúːʃən | -lúː-, -ljúː-] 〘《c1420》□ (O)F ~ // LL *pollūtiō(n-)*: ⇨ pollute, -tion〙 ― *n.* **1** よごすこと; よごれ; 不潔, 不浄; (精神の)堕落. **2** 汚染, 環境汚染; 公害: water ~ 水質汚染[汚濁] / the ~ problem 公害問題 / ⇨ ENVIRONMENTAL pollution, air pollution, noise pollution. **3** 〘医学〙遺精: nocturnal ~ 夢精.

pol·lú·tion·al [-ʃənl̩, -ʃnəl] *adj.* 汚染の, 公害の: ~ material 汚染物質. 「らす.

pol·lu·tive [pəlúːṭɪv | -lúːt-, -ljúːt-] *adj.* 汚染をもた

Pol·lux [pɑ́ləks | pɔ́l-] 〘□ L ~ ← Gk *Poludeúkēs* the twin brother of Castor, 《原義》very sweet〙 ― *n.* **1** 〘ギリシャ神話〙ポリュデウケース, ポルックス (⇨ Castor and Pollux). **2** 〘天文〙ポルックス《ふたご(双子)座 (Gemini) の β 星; 1.2 等星; cf. Castor 2》.

póll wàtcher *n.* (選挙投票所の)立会人《単に watcher ともいう》.

pol·ly [pɑ́li | pɔ́li] 〘↓〙 *n.* =poll parrot 1.

Pol·ly¹ [pɑ́li | pɔ́li] 〘《変形》← MOLLY: ⇨ Mary〙 *n.* 女性名《Mary の愛称形》.

Pol·ly² [pɑ́li | pɔ́li] 〘《短縮》← APOLLINARIS²〙 *n.* 《口語》=Apollinaris².

Pol·ly·an·na [pɑ̀liǽnə | pɔ̀li-] 〘米国の少女小説家 Eleanor Porter (1868–1920) の小説 (1913) の女主人公〙 ― *n.* 盲目的な楽観者. **~·ish** [-nɪʃ] *adj.* **~·ism** [-nɪzm] *n.* **Pol·ly·án·nish** [-nɪʃ] *adj.*

pólly sèeds 〘← POLLY²: オウムが好んで食べることから〙 *n. pl.* 《口語》ヒマワリの種子.

pol·ly·wog [pɑ́liwɑ̀g, -wɔ̀(ː)g | pɔ́lɪwɔ̀g] *n.* 《英方言・米》=polliwog.

po·lo [póulou | pə́uləu] 〘《1872》□ Balti (Indus valley) ~ 'ball': cf. Tibetan *pulu* ball〙 ― *n.* **1** ポロ《四人一組の両チームで行なうホッケーに似た馬上球戯; ポロポニー (polo pony) に乗ってマレット (polo mallet [stick]) で木製のボールを打ってゴールに入れる》. **2** ポロに似たゲーム; (特に) =water polo. **~·ist** [~ɪst, ~əst | ~ɪst] *n.*

polo 1

Po·lo [póulou | pə́uləu; *It.* pɔ́ːlo], **Marco** *n.* (マルコ)ポーロ《1254?–?1324; イタリア Venice の旅行家; アジアにはいって Kublai Khan に重用された (1275–92); *The Book of Marco Polo*「東方見聞録」》.

pólo còat *n.* ポロコート《ラクダの毛織物またはそれに似た布地でつくったテーラード仕立のゆったりしたオーバーコート》.

po·lo·crosse [póuloukrɔ̀(ː)s | pə́uləukrɔ̀s] 〘← POLO+LACROSSE〙 ― *n.* 〘球戯〙ポロクロス《先端にネットの付いた柄の長いスティックを持ち, 馬に乗って行なうゲーム》.

po·lo·cyte [póuləsàɪt | pə́u-] 〘← POLE²+-O-+-CYTE〙 *n.* 〘生物〙=polar body.

poloi *n.* polos の複数形. 「polo 1」.

pólo màllet *n.* マレット《ポロ用スティック; cf.

pol·o·naise [pɑ̀lənéɪz, pòʊl- | pɔ̀l-; *F* pɔlɔnɛ:z] 〖《1773》□ F (*danse*) *polonaise* a Polish dance (fem.) ← *polonais* Polish: cf. Pole〗 — *n.* **1** ポロネーズ《ポーランド起源のゆるやかな 3 拍子の行列風舞踏》; その舞曲. **2** ポロネーズ《18 世紀頃着用されたオーバードレス; 身体に沿ったウエスト, 短い袖, 丸くカットされたスカートの裾などを特徴とする; もとポーランドの民族衣装》.

polonaise 2

pólo·nèck *n.* 〖服飾〗 ポロネック《首に沿った折り返し襟》.

po·lo·ni·um [pəlóʊniəm | pəlóʊnjəm, pɔ-, -nɪəm] 〖《1898》← NL ~ ← ML *Polōnia* Poland (Curie 夫人の生国)+-IUM〗 *n.* 〖化学〗 ポロニウム《1898 年 Curie 夫妻が発見した放射性元素; 記号 Po, 原子番号 84, 原子量 209》.

Po·lo·ni·us [pəlóʊniəs | pəlóʊnjəs, pɔ-, -nɪəs] *n.* ポローニアス《Shakespeare 作 *Hamlet* 中の人物; 多弁な内大臣で Ophelia と Laertes の父》.

Po·lo·nize, p- [póʊlənàɪz | pə́ʊ-] 〖← ML *Polonia* Poland (⇨ Pole)+-IZE〗 — *vt.* **1** ポーランドの風(ふう)に従わせる, ポーランド風にさせる. **2** 〈語(句)などを〉ポーランド語風[的]に(変え)させる.

po·lo·ny [pəlóʊni | -ləʊni] 〖《1661》《変形》← *Bologna* (その生産地であるイタリア北部の都市の名)〗 — *n.* 《英》 ポロニー《一種の豚肉ソーセージ polony sausage ともいう》.

pólo pòny *n.* ポロポニー《ポロのために馴らした pony または普通の馬》.

pol·os [pɑ́ləs | pɔ́ləs] 〖□ Gk *pólos* sphere: ⇨ pole²〗 *n.* (*pl.* **pol·oi** [-lɔɪ]) 古代ギリシャの女神など(の彫像)に見られる円筒形頭飾り.

pólo shìrt *n.* ポロシャツ《スポーツ用の襟なしまたは襟付のプルオーバーシャツ》.

pólo stìck *n.* = polo mallet.

pol. sci. 《略》 political science.

Pol·ska [*Pol.* pólska] 〖□ Pol. ~ 'Poland'〗 *n.* ポルスカ《Poland のポーランド語名》.

Pol·ta·va [pɑltɑ́:və; *Russ.* paltávə] *n.* ポルタヴァ《ソ連邦 Ukraine 共和国中部の都市; Peter 大帝のロシヤ軍がスウェーデン軍を破った古戦場 (1709 年); 人口 274,000》.

pol·ter·geist [póʊltəgàɪst | pɔ́ltə-; *G.* pɔ́ltɐgaɪst] 〖《1871》□ G ~ ← *poltern* to make a noise + *Geist* ghost〗 — *n.* 音の精, ポルターガイスト《不思議な音を立てたり, 家具をひっくりかえしたり, 食器類を壊すような不可解な作用をすると考えられるもの》.

polt·foot [póʊltfùt | pə́ʊlt-] 〖← ?《廃》 *polt* a pestle, club + FOOT〗 *n.* (*pl.* **-feet**) 《古》 彎曲足 (clubfoot). — *adj.* 彎曲足をもった.

pol·troon [pɑltrú:n | pɔl-] 〖《a1529》□ (O)F *poultron* (F *poltron*) □ (O)It. *poltrone* coward (aug.) ← *poltro* colt < VL **pullitrus* ← L *pullus* young animal ← IE **pōu-* little: ⇨ -oon 1: cf. pullet〗《文語》 — *n.* 卑怯者, 臆病者 (coward), 腰抜け (dastard). — *adj.* 卑怯な, 臆病な (cowardly).

pol·troon·er·y [pɑltrú:nəri | pɔltrú:nərɪ] 〖□ (O)F *poltronnerie*: ⇨ ↑, -ery〗 *n.* 《文語》 卑怯, 臆病 (cowardice).

pol·tróon·ish [-nɪʃ] *adj.* 《文語》 臆病[腰抜け]のような; 臆病な (cowardly). **~·ly** *adv.*

pol·y [pɑ́li | pɔ́li] 〖《略》← *polymorphonuclear leukocyte*〗 *n.* 〖解剖〗 多形核白血球.

poly, poly. 《略》 polytechnic.

Pol·y [pɑ́li | pɔ́lɪ] 〖《略》〗 *n.* (*pl.* ~s) 《口語》 = polytechnic 2.

pol·y- [pɑ́li | pɔ́li] 〖ME □ L ~ □ Gk *polu-* ← *polús* much, many: cf. plus〗 — 次の意味を表わす連結形: **1** 「多, 複」: *poly*gamy, *poly*hedron. **2** 「過度」: *poly*phagia. **3** 〖化学〗「重合体 (polymer)」: *poly*vinyl.

pòly·ácid 〖化学〗 *n.* ポリ酸, 多重酸《V 族, VI 族の酸化物の水和物が縮合して作る弱酸》. — *adj.* ポリ酸の, 多重酸の.

pòly·acrylámide *n.* 〖化学〗 ポリアクリルアミド《アクリルアミドの重合体; 表面活性》.

polyacrýlamide gél *n.* 〖化学〗 ポリアクリルアミドゲル《主に電気泳動に用いるポリアクリルアミドの水和物》.

pòly·acrýlic ácid *n.* 〖化学〗 ポリアクリル酸 ($(\text{-CH}_2\text{CH(COOH)-})_x$)《アクリル酸の重合体; 接着剤, 塗料や繊維や紙の樹脂加工用》.

pòly·acrylonítrile *n.* 〖化学〗 ポリアクリロニトリル ($(\text{-CH}_2\text{CH(CN)-})_x$)《合成繊維を作るのに用いられるアクリロニトリルの重合体; 略 PAN》.

pol·y·a·del·phous [pɑ̀liədélfəs | pɔ̀lɪ-] 〖← NL *Polyadelphia* (Gk *poluadelphía* possession of many brothers ← *poluádelphos* ← *polu-* 'POLY-' + *adelphós* brother) + -OUS〗 — *adj.* 〖植物〗〈雄蕊(ずい)が〉多体の, 多体雄蕊を有する (cf. monadelphous): ~ stamens 多体雄蕊.

pòly·álcohol *n.* 〖化学〗 多価アルコール, ポリアルコール《水酸基を 2 個以上もつアルコール》.

pòly·alphabétic substitútion *n.* 複式置換え法《暗号文字を解読するための置換え用アルファベット表を幾種類も使い, 暗号化方式が絶えず変化する暗号記法; cf. monoalphabetic substitution》.

pòly·ámide *n.* 〖化学〗 ポリアミド《ナイロン・アミラン・蛋白質など酸アミド基が長鎖状につながった化合物; 塗料, 接着剤用》.

pòly·amine 〖← POLY- + AMINE〗 *n.* 〖化学〗 ポリアミン《ナイロン・アミラン・蛋白質などの 2 個以上の酸アミノ基をもつ化合物》.

pol·y·an·drist [pɑ́liæ̀ndrɪst, -drəst, ––– | pɔ́lɪæ̀ndrɪst, –––] 〖← POLYANDRY + -IST〗 *n.* 多夫を有する女 (cf. polygamist).

pol·y·an·drous [pɑ̀liǽndrəs | pɔ̀lɪ-] 〖⇨ ↓, -ous〗 — *adj.* **1** 〖文化人類学・社会学〗 一妻多夫の (cf. polygamous 1, polygynous 1). **2** 〖動物〗 一雌多雄性の. **3** 〖植物〗 (20 以上の雄蕊(ずい)を有する)多雄蕊の.

pol·y·an·dry [pɑ́liæ̀ndri, ––– | pɔ́lɪæ̀ndrɪ, –––] 〖□ Gk *poluandría* condition of having many men ← *polúandros* having many men: ⇨ poly-, -andry〗 — *n.* **1** 〖文化人類学・社会学〗 一妻多夫制《かつてはポリネシアの Marquesas 諸島で行われ, 現在はチベット, インドの Toda 族で行われる; cf. polygamy, monandry, monogamy》. **2** 〖動物〗 一雌多雄. **3** 〖植物〗 多雄蕊 (cf. polygyny 3). **poly·an·dric** [pɑ̀liǽndrɪk | pɔ̀lɪ-] *adj.*

pòly·ángular *adj.* 多角の (multiangular).

pol·y·án·tha róse [pɑ̀liǽnθə- | pɔ̀lɪ-] 〖← NL ~: ↓〗 — *n.* 〖園芸〗 ポリアンサ系バラ《日本のノイバラ系と中国種との交雑による四季咲で房咲の小輪バラ; 低木性; poly-pompon rose ともいう》.

pol·y·an·thus [pɑ̀liǽnθəs | pɔ̀lɪ-] 〖《1727》← NL ~ ← Gk *polúanthos* much blooming ← POLY- + *ánthos* flower (⇨ -anthous)〗 — *n.* (*pl.* ~·es, -an·thi [-θaɪ]) 〖植物〗 **1** ポリアンサス, クリンザクラ (*Primula polyantha*)《セイヨウサクラソウ[プリムラ]の一種》. **2** フサザキスイセン, エダザキスイセン (*Narcissus tazetta*)《普通の星状の花をつけるスイセン; cf. narcissus》.

poly·arch [pɑ́liɑ̀ək | pɔ́lɪɑ̀:k] *adj.* 〖植物〗 多原型の《放射維管束で, 多くの木部からなる; cf. monarch³》.

pol·y·ar·chy [pɑ́liɑ̀əki | pɔ́lɪɑ̀:ki] 〖□ Gk *poluarkhíā*: ⇨ poly-, -archy〗 — *n.* 多頭政治(国) (cf. oligarchy). **pol·y·ar·chic** [pɑ̀liɑ́əkɪk | pɔ̀lɪɑ́:-] *adj.* **pol·y·ár·chi·cal** *adj.*

pòly·arterítis 〖← NL ~: ⇨ poly-, arteritis〗 *n.* = periarteritis nodosa.

pòly·arthrítis 〖← NL ~: ⇨ poly-, arthritis〗 *n.* 〖病理〗 多発関節炎.

pòly·artícular *adj.* 〖解剖〗 多関節の.

pòly·atómic *adj.* 〖化学〗 多原子の, 数原子から成る, 多価の.

pòly·básic *adj.* 〖化学〗 多塩基の: a ~ acid 多塩基酸. **pòly·basícity** *n.*

pol·y·ba·site [pɑ̀libéɪsaɪt, -lə- | pɔ̀lɪ-] 〖□ G *Polybasit*: ⇨ poly-, basi-, -ite¹〗 — *n.* 〖鉱物〗 ポリバス鉱, 硫安銅銀鉱 ($(\text{Ag, Cu})_{16}\text{Sb}_2\text{S}_{11}$)《低温から中間温度の銀鉱脈中に産する》.

Po·lyb·i·us [pəlíbiəs | pəlíbɪəs, pə-, -bjəs] *n.* ポリュビオス《205?–?123 B.C.; ギリシャの歴史家; *Histories* (40 巻)》.

pòly·búténe *n.* 〖化学〗 = polybutylene.

pòly·bútylene *n.* 〖化学〗 ポリブチレン《ブチレンのいくつかの重合体》; (特に) = polyisobutylene.

pòly·cárbonate *n.* 〖化学〗 ポリカーボネート, ポリ炭酸エステル《透明な熱可塑性樹脂; 衝撃度が高く融点も高い; polycarbonate resin ともいう》.

Pol·y·carp [pɑ́likɑ̀əp, -lə- | pɔ́lɪkɑ̀:p], Saint *n.* ポリュカルポス《69?–?155; Smyrna の主教・殉教者; Apostolic Fathers の一人》.

pòly·cárpellary *adj.* 〖植物〗 多心皮の, 多心皮からなる (cf. monocarpellary).

pòly·cárpic 〖← NL *polycarpic-us*: ⇨ poly, -carpic〗 *adj.* 〖植物〗 **1** 多巡の《毎年繰り返して開花・結実することのできる》. **2** 多子房の雌蕊を有する. **póly·càrpy** *n.*

pòly·cárpous *adj.* 〖植物〗 = polycarpic.

pol·y·cen·trism [pɑ̀lɪséntrɪzm, -lə- | pɔ̀lɪ-] *n.* 〖政治〗 多中心主義《共産主義国家間のように一つの政治組織中にも多くの中心がみられること》. **pol·y·cen·tric** [pɑ̀lɪséntrɪk, -lə- | pɔ̀lɪ-] *adj.* **pòl·y·cén·trist** [-trɪst, -trəst | -trɪst] *n.*

Pol·y·chae·ta [pɑ̀lɪkí:tə, -lə- | pɔ̀lɪkí:tə] 〖← NL ~ ← Gk *polukhaitēs*: ⇨ poly-, -chaeta〗 *n. pl.* 〖動物〗 (環形動物門)多毛綱.

pol·y·chae·tan [pɑ̀lɪkí:tən, -lə- | pɔ̀lɪkí:t-] *adj.* 〖動物〗 = polychaete.

pol·y·chaete [pɑ́lɪkì:t, -lə- | -lɪ-] 〖⇨ polychaeta〗 〖動物〗 *n.* 多毛環虫《主としてゴカイ (clam worm) などの海産の環形動物》. — *adj.* 多毛綱の.

pol·y·chae·tous [pɑ̀lɪkí:təs, -lə- | pɔ̀lɪkí:t-] *adj.* 〖動物〗 = polychaete.

pol·y·cha·si·um [pɑ̀lɪkéɪʒiəm, -lə-, -ziəm | pɔ̀lɪkéɪziəm, -zjəm] 〖← NL ~ ← POLY- + Gk *khás-is* separation + -IUM〗 — *n.* (*pl.* **-si·a** [-ziə, -ʒiə | -zɪə, -ʒɪə]) 〖植物〗 複出集繖(さん)花序, 複繖花序 (cf. monochasium).

pòly·chlórinated biphényl *n.* 〖化学〗 ポリ塩化ビフェニル《ビフェニルの 1 個以上の水素を塩素で置換して得られる合成有機化合物; 複写用油剤, 変圧器の絶縁油として用いられたが, 有害な環境汚染物質で生体内に蓄積される; polychlorobiphenyl, PCB ともいう》.

pòly·chlòro·biphényl *n.* 〖化学〗 = polychlorinated biphenyl.

pòly·chlóroprene *n.* 〖化学〗 ポリクロロプレン《クロロプレンの重合体; cf. neoprene》.

poly·chot·o·mous [pɑ̀lɪkɑ́təməs, -lə- | pɔ̀lɪkɔ́t-] *adj.* 〖生物〗 多くの部分などに分かれる.

pol·y·chot·o·my [pɑ̀lɪkɑ́təmi, -lə- | pɔ̀lɪkɔ́təmɪ] 〖← POLY- + *-chotomy* (⇨ dichotomy)〗 *n.* 〖生物〗 多数の部分への細分[細別](法).

pol·y·chrest [pɑ́lɪkrèst, -lə- | pɔ́lɪ-] 〖□ ML *polychrest-us* □ Gk *polukhrēstos* ← POLY- + *khrestós* useful〗 *n.* **1** (薬品などの)多用途. **2** (言葉などの)多義. **pol·y·chres·tic** [pɑ̀lɪkréstɪk, -lə- | pɔ̀lɪ-] *adj.*

pol·y·chro·ism [pɑ̀lɪkróʊɪzm, -lə- | pɔ̀lɪkrə́ʊ-] 〖⇨ poly-, -chroic, -ism〗 *n.* 〖結晶〗 = pleochroism.

pòly·chromásia 〖← NL ~: ⇨ poly-, -chromasia〗 *n.* 〖解剖〗 = polychromatophilia 1.

pòly·chrómate 〖← POLY- + CHROM- + -ATE¹〗 *n.* 〖化学〗 ポリクロム酸塩《2-4 クロム酸塩の総称; 暗赤色結晶で潮解性を有し水に易溶》.

pòly·chromátic *adj.* **1** 種々の色を表わす[出す], 多色の. **2** 〖解剖〗〈細胞・組織が〉多染性 (polychromatophilia) の. **3** 〖物理〗〈放射線が〉2 つ以上の異なる波長から成る光の.

pòly·chromatophília 〖← NL ~: ⇨ poly-, chromato-, -philia〗 — *n.* **1** 〖解剖〗 多染性《数種の色素に染まり得る性質; 病的赤血球にみられる; polychromasia ともいう》. **2** 〖病理〗 多染性赤血球増多(症).

pol·y·chrome [pɑ́lɪkròʊm, -lə- | pɔ́lɪkrə̀ʊm] 〖□ G *polychrom* ∥ F ~ □ Gk *polúkhrōmos*: ⇨ poly-, chrome〗 — *adj.* **1** 多色の, 多彩の: ~ decoration. **2** 〈像・花瓶・壁画など〉多色装飾の, 〈印刷物など〉多色刷の: ~ jewelry, printing, etc. / ~ coloring 多色装飾[彩色]. — *n.* 多色画[彫刻] (cf. monochrome); 色彩装飾像[花瓶], 多色刷(印刷物), 色彩配合. — *vt.* …に多色彩飾を施す.

pol·y·chro·mic [pɑ̀lɪkróʊmɪk, -lə- | pɔ̀lɪkrə́ʊ-] *adj.* 多色の (many-colored).

pol·y·chro·mous [pɑ̀lɪkróʊməs, -lə- | pɔ̀lɪkrə́ʊ-] *adj.* = polychromic.

pol·y·chro·my [pɑ́lɪkròʊmi, -lə- | pɔ́lɪkrə̀ʊmɪ] 〖□ F *polychromie*: ⇨ polychrome, -y¹〗 *n.* (古代建築・彫像・陶芸などの)多色装飾.

pol·y·cis·tron·ic [pɑ̀lɪsɪstrɑ́nɪk, -lə- | pɔ̀lɪsɪstrɔ́n-] *adj.* 〖生物〗 多シストロン性の《1 個の遺伝子が数個のシストロンに分かれたことにいう》.

pol·y·clad [pɑ́lɪklæ̀d, -lə- | pɔ́lɪ-] 〖↓〗 *n.* 〖動物〗 多岐腸目の扁形動物.

Pol·y·clad·i·da [pɑ̀lɪklǽdədə, -lə- | pɔ̀lɪklǽdɪ-] 〖← NL *Polyclad-us* (属名: Gk *polúklados*: ⇨ poly-, clado-) + -IDA〗 *n. pl.* 〖動物〗 (扁形動物門)多岐腸目.

Pol·y·clei·tus [pɑ̀lɪkláɪtəs, -lə- | pɔ̀lɪkláɪt-] *n.* (*also* **Pol·y·cle·tus** [-klí:təs | -təs]) = Polyclitus.

pol·y·clin·ic [pɑ̀lɪklínɪk, -lə- | pɔ̀lɪ-] *n.* 総合病院; 各科診療所 (general hospital) (cf. policlinic).

Pol·y·cli·tus [pɑ̀lɪkláɪtəs, -lə- | pɔ̀lɪkláɪt-] *n.* ポリュクレイトス《450?–?420 B.C.; 古代ギリシャの彫刻家》.

pòly·condensátion *n.* 〖化学〗 重縮合《2 分子間で水などの副生成物の脱離を伴って高分子化合物を生成する反応》.

pol·y·con·ic [pɑ̀lɪkɑ́nɪk, -lə- | pɔ̀lɪkɔ́n-] *adj.* 多円錐(すい)の, 多円錐による[基づく]: ⇨ polyconic projection.

polycónic projéction *n.* 〖地図〗 多円錐(投影)図法.

pol·y·cot [pɑ́lɪkɑ̀t, -lə- | pɔ́lɪkɔ̀t] 〖《略》← POLYCOTYLEDON〗 *n.* 〖植物〗 = polycotyledon.

pol·y·cot·yl [pɑ́lɪkɑ̀tl, -lə- | pɔ́lɪkɔ̀tɪl] 〖《略》↓〗 *n.* = polycotyledon.

pol·y·cot·y·le·don [pɑ̀lɪkɑ̀təlí:dn, pɑ̀lə-, -tl̩- | pɔ̀lɪkɔ̀tɪlí:dən, -dn̩] 〖← NL *polycotyledones* (pl.): ⇨ poly-, cotyledon〗 — *n.* 〖植物〗 多子葉植物《単に polycot ともいう》. **pol·y·cot·y·le·don·ous** [pɑ̀lɪkɑ̀təlí:dənəs, pɑ̀lə-, -tl̩-, -dn̩- | pɔ̀lɪkɔ̀tɪlí:dən-] *adj.*

Po·lyc·ra·tes [pəlíkrətì:z | pɔ-, pə-] *n.* ポリュクラテス《?–?522 B.C.; ギリシャの Samos 島の僭(せん)主; 文芸と美術を奨励した》.

pòly·crýstalline *adj.* 〖物理〗 多結晶の: **a** 二つ以上の結晶から成る. **b** いろいろな方位をもつ結晶の[から成る]. **pòly·crýstal** *adj.*

pòly·cýclic *adj.* **1** 〖化学〗 多環式の. **2** 〖電気〗 多周波の. **3 a** 〖動物〗 = polyphasic 2. **b** 〖植物〗 多環の.

pol·y·cy·the·mi·a [pɑ̀lɪsaɪθí:miə, -lə- | pɔ̀lɪsaɪθí:mɪə, -mjə] 〖← NL ~: ⇨ poly-, -cyte, -aemia〗 — *n.* (*also* **pol·y·cy·thae·mi·a** [~]) 〖病理〗 赤血球増加症; (特に) = polycythemia vera. **pol·y·cy·the·mic** [pɑ̀lɪsaɪθí:mɪk, -lə- | pɔ̀lɪ-] *adj.*

polycythémia véra [-ví(ə)rə | -víərə] 〖← NL ~ 'true polycythemia'〗 *n.* 〖病理〗 真正多血症, 真正赤血球増加症.

pol·y·dac·tyl [pɑ̀lɪdǽktl, -lə- | pɔ̀lɪdǽktɪl] 〖□ Gk *poludáktul-os* many toed: ⇨ poly-, dactyl〗 — *adj.* **1** 〖動物〗 多指[趾(し)]の. **2** 普通以上に多くの手[足]指をもった. — *n.* 〖動物〗 多指[趾]動物. **pol·y·dac·ty·ly** [pɑ̀lɪdǽktəli, -lə- | pɔ̀lɪdǽktɪlɪ] *n.*

pòl·y·dác·tyl·ìsm [-tɪlìzm, -tə- | -tɪ-] *n.* 〖病理・動物〗 多指[趾(し)]症, 指[趾]過剰(症).

pòly·dáctylous *adj.* = polydactyl.

pol·y·de·mon·ism [pɑ̀lɪdí:mənɪzm, -lə- | pɔ̀l-] *n.* (*also* **pol·y·dae·mon·ism** [~]) 多魔神信仰, 多邪神教.

pol·y·dip·si·a [pɑ̀lɪdípsiə, -lə- | pɔ̀lɪdípsɪə] 〖← NL ~ ← POLY- + Gk *dípsa* thirst〗 — *n.* 〖病理〗 (糖尿病などに併発する)多渇症, 煩渇多飲(症). **pol·y·dip·sic** [pɑ̀lɪdípsɪk, -lə- | pɔ̀lɪ-] *adj.*

pòly·dispérse 〖← POLY- + DISPERSE (adj.)〗 *adj.* 〖物理化学〗 多分散系の《分散系で分散相の粒子が種々の大きさをもつ》. **pòly·dis·pér·si·ty** [-səti | -sətɪ, -sɪ-] *n.*

po·lyd·o·mous [pəlídəməs | pə-, pə-] 〖← POLY-＋Gk *dóm-os* house＋-OUS〗 ── *adj.* 〘昆虫〙〈蟻の集団が〉多巣の《いくつかの巣に分かれてすむ; cf. monodomous》.

pol·y·don·tia [pɑ̀lıdɑ́nʃə, -lə-, -ʃiə | pɔ̀lıdɔ́nʃıə, -ʃə] 〖← POLY＋-ODONT＋-IA[1]〗 *n.* 〘歯科〙多歯症, 歯牙過剰.

Pol·y·do·rus [pɑ̀lıdɔ́:rəs, -lə-, -dó:r- | pɔ̀lıdɔ́:r-] 〖▭ L *Polydōr-us* ▭ Gk *Polúdōros*《原義》one who has received many gifts ← *polu-* 'POLY-'＋*dōron* gift〗 ── *n.* ポリュドロス: **1** 紀元前1世紀のギリシャ Rhodes 島の彫刻家. **2** 〘ギリシャ神話〙 Priam の末子, トロイ戦争中莫大な宝と共に Polymnestor に預けられたが, 後彼に殺された. **3** 〘ギリシャ神話〙 Cadmus と Harmonia の息子で Thebes の王.

pòly·eléctrolyte *n.* 〘化学〙高分子電解質, 多価電解質《蛋白質やヌクレオチド (nucleotide) など》.

pòly·émbryony *n.* 〘生物〙多胚[多胎]現象. **pòly·embryónic** *adj.*

pol·y·ene [pɑ́lii:n | pɔ́l-] 〖← POLY-＋-ENE〗 *n.* 〘化学〙ポリエン《多数の二重結合を有する有機化合物》.

pol·y·es·ter [pɑ́lièstə | pɔ́lièstə(r] 〖← POLY-＋ESTER〗 ── *n.* 〘化学〙 **1** ポリエステル《多価アルコールと多塩基酸とが縮合して生じる高分子化合物; アルキッド樹脂はその一つ》. **2** **a** ＝polyester fiber. **b** ＝polyester resin. **pol·y·es·ter·i·fi·ca·tion** [pɑ̀lièstèrəfıkéıʃən, -fə- | pɔ̀lıestèrıfı-] *n.*

pólyester fìber *n.* 〘化学〙ポリエステル繊維《エステル結合を有する重合物を原料とする繊維; テトロン, ダクロンなど》.

pólyester résin *n.* 〘化学〙ポリエステル樹脂《化粧板・建材などに使用される》.

pòly·éstrous *adj.* 〘動物〙年に1回以上発情期のある.

pol·y·e·ther [pɑ́lii:θə | pɔ́lii:θə(r] *n.* 〘化学〙 **1** ポリエーテル《主鎖中にエーテル結合を含む重合体》. **2** ポリエーテルを用いて作ったポリウレタンフォーム.

pol·y·eth·nic [pɑ̀liéθnık | pɔ̀lı-] *adj.* 多民族から成る: ～ areas.

pol·y·eth·yl·ene [pɑ̀liéθəli:n | pɔ̀lıéθı-, -θə-] 〖← POLY-＋ETHYLENE〗 ── *n.* 〘化学〙ポリエチレン《エチレンの重合体; 軽くて強い熱可塑性合成樹脂膜; びんなどに成型し, また電気絶縁材として用いられる; cf. polythene》.

polyéthylene glýcol *n.* 〘薬学〙ポリエチレングリコール ($HOCH_2CH_2(OH_2CH_2)_nOH$)《エチレングリコールの縮合またはエチレンオキシド (ethylene oxide) を開環重合させて得られる水溶性のポリエーテル; 潤滑剤・軟膏基剤・クリーム剤などに用いられる》.

pol·y·foil [pɑ́lıfɔ̀ıl, -lə- | pɔ́lı-] *adj.* 〘建築〙多弁(特に5枚以上の)装飾の, 多弁形の. ── *n.* 多弁装飾.

pòly·fúnctional *adj.* 〘化学〙多官能性の《2個以上の官能基をもつことにいう》.

po·lyg·a·la [pəlígələ | pə-, pə-] 〖← NL ～ ← L ～ ▭ Gk *polúgala* (pl.) ← *polúgalon* milkwort: ⇨ poly-, galaxy〗 ── *n.* 〘植物〙ヒメハギ《ヒメハギ科ヒメハギ属 (*Polygala*) の草本や低木の総称; セネガ (senega root) など; milkwort ともいう》.

Po·lyg·a·la·ce·ae [pəlìgəléısii: | pə-, pə-] 〖← NL ～ ← *Polygala* (属名: ↑)＋-ACEAE〗 *n. pl.* 〘植物〙ヒメハギ科. **po·lỳg·a·lá·ceous** [-ʃəs] *adj.*

pol·y·gam·ic [pɑ̀lıgǽmık, -lə- | pɔ̀lı-] *adj.* ＝polygamous.

pòl·y·gám·i·cal *adj.* ＝polygamic. **～·ly** *adv.*

po·lýg·a·mist [-mıst, -məst | -mıst] *n.* 〘文化人類学・社会学〙 **1** 複婚の人, 多妻の人. **2** 一夫多妻主義[論]者 (cf. polyandrist, monogamist).

po·lyg·a·mize [pəlígəmàız | pə-, pə-] *vi.* 〘文化人類学・社会学〙複婚する, 一夫多妻を実行する.

po·lyg·a·mous [pəlígəməs | pə-, pə-] 〖(1613) ▭ Gk *polúgamos*: ⇨ poly-, -gamous〗 ── *adj.* **1** 〘文化人類学・社会学〙複婚の《一人の人間が同時に複数の異性と婚姻を結ぶ制度にいう; cf. monogamous, polyandrous》: a ～ family 複婚家族. **2** 〘植物〙〈花が〉雑性の, 雌雄混株の. **3** 〘動物〙多婚性の. **～·ly** *adv.*

polýgamous fámily *n.* 〘文化人類学・社会学〙複婚家族, 一夫多妻 (cf. extended family).

po·lyg·a·my [pəlígəmi | pəlígəmı, pə-] 〖(1591) ▭ (O)F *polygamie* < LL *poligamia* ▭ Gk *polugamía*: ⇨ poly-, -gamy〗 ── *n.* **1** 〘文化人類学・社会学〙 **a** 複婚《一夫多妻制および一妻多夫制を指す》. **b** ＝polygyny. **2** 〘植物〙雑性花, 雌雄混株《両性花と単性花を有する; トネリコ (ash) に見られる》. **3** 〘動物〙多婚性; (特に)一雄多雌. (cf. monogamy, polyandry).

pol·y·gen [pɑ́lıdʒın, -lə-, -dʒən, -dʒèn | pɔ́lı-] 〖← POLY-＋-GEN〗 *n.* **1** 〘化学〙二種以上の原子価をもつ元素. **2** 〘医学〙多価抗血清.

pol·y·gene [pɑ́lıdʒi:n, -lə- | pɔ́lı-] 〖← POLY-＋-GENE〗 *adj.* 〘地質〙二種以上の成因による, 重複した作用による. ── *n.* 〘生物〙ポリジーン, 多数同義因子, 小遺伝子.

pol·y·gen·e·sis [pɑ̀lıdʒénəsıs, -lə-, -səs | pɔ̀lıdʒénısıs, -nə-] 〖← NL ～: ⇨ poly-, -genesis〗 ── *n.* 〘生物〙多元発生説《二つ以上の原種から生物の種 (species) や類 (race) が発生するという説; polyphylesis ともいう; ↔ monogenesis》. **pòl·y·gén·e·sist** [-nəsıst, -səst | -nısıst] *n.*

pòly·genétic *adj.* **1** 〘生物〙多元の; 多元発生説の. **2** 数種の原因[方法・部分]による[から成る]. **3** 〘地質〙＝polygene[1]: a ～ volcano 複成火山. **pòly·genét·ically** *adv.*

pol·y·gen·ic [pɑ̀lıdʒénık, -lə- | pɔ̀lı-] 〖← POLY-＋-GENIC: cf. F *polygenique*〗 ── *adj.* **1** 〘地質〙＝polygene[1]. **2** 〘化学〙二種以上の原子価をもつ. **3** 〘生物〙ポリジーン (polygene) の. **4** 〘土壌〙複合の生成作用による (cf. monogenetic 4): ～soil 多元土壌《同一断面において異なる土壌生成作用が異なる時期に相次いで働いて生じた土壌》.

polygénic inhéritance *n.* 〘生物〙ポリジーン遺伝.

po·lýg·e·nìsm [-nìzm] 〖← POLY-＋-GEN＋-ISM〗 ── *n.* 〘人類学〙人類多源説《人類の発生が二つ以上の霊長類の系統に由来すると考える説; かつては種々の人種が別々の祖先をもっていたと考えられたこともある; 現在は一源説 (monogenism) の方が有力》.

po·lýg·e·nist [-nıst, -nəst | -nıst] *n.* 人類多源論者.

po·lyg·e·nous [pəlídʒənəs | pəlídʒı-, pə-] *adj.* **1** 〘地質〙〈岩石など〉多源の形成物から成る. **2** 〘化学〙＝polygenic 2.

po·lyg·e·ny [pəlídʒəni | pəlídʒını, pə-] *n.* 〘人類学〙 **1** (人類の)多源派生 (cf. monogeny). **2** ＝polygenism.

pòly·glándular *adj.* 多腺性の.

póly·glàss tíre *n.* (*also* **poly·glas tire** [-glæ̀s- | -glɑ̀:s]) 〘自動車〙ポリグラスタイヤ《ポリエステル繊維コードとグラスファイバープライベルトで強化したタイヤ》.

pol·y·glot [pɑ́lıglɑ̀t, -lə- | pɔ́lıglɔ̀t] 〖(*c*1645) ▭ F *polyglotte* ▭ Gk *polúglōttos*: ⇨ poly-, -glot〗 ── *adj.* **1** 多[数か]国語に通じた[を話す]: a ～ speaker / a ～ area 数か国語の通じる地域. **2** 多[数か]国語で記した: a ～ Bible. **3** 多[数か]国民のやる[行なう]: a ～ sport. ── *n.* **1** 数か国語に通じた人, 数か国語を読める[話せる, 読んで話せる]人. **2** 数か国語で記した書物; (特に)数か国語対訳聖書. **3** 数か国語の混交. **pól·y·glòt·ism** [-tızm] *n.* **pol·y·glot·tic** [pɑ̀lıglɑ́tık | pɔ̀lıglɔ́t-] *adj.* **pòl·y·glót·tous** [-təs | -təs] *adj.*

pol·y·glot·tal [pɑ̀lıglɑ́tl, -lə- | pɔ̀lıglɔ́tl] 〖⇨ ↑, -al[1]〗 *adj.* **1** 数か国語で書いた; (特に)数か国語対訳の. **2** 数か国語を話す.

Pol·yg·no·tus [pɑ̀lıgnóutəs, -lə- | pɔ̀lıgnə́ut-] *n.* ポリュグノトス《紀元前5世紀のギリシャの画家》.

pol·y·gon [pɑ́lıgɑ̀n, -lə- | pɔ́lıgən] 〖(1571) ▭ LL *polygōn-um* ▭ Gk *polúgōnon* ← (neut.) ← *polúgōnos* polygonal: ⇨ poly-, -gon〗 ── *n.* 〘数学〙多角形, 多辺形《通例四角以上》: a regular ～ 正多角形 / a salient ～ 凸(ᵗᵒᵘ)多角形 / ⇨ concave polygon, convex polygon. **polygon of forces** [the ―] 〘数学・物理〙力の多角形《一点に作用する多くの力の合力を求めるために作図される多角形》.

po·lyg·o·nal [pəlígənl | pə-, pə-] *adj.* 〘数学〙多角[多辺]形の. **po·lýg·o·nal·ly** *adv.*

Po·lyg·o·na·ce·ae [pəlìgənéısii: | pə-, pə-] 〖← NL ～ ← POLYGONUM＋-ACEAE〗 *n. pl.* 〘植物〙タデ科. **po·lỳg·o·ná·ceous** [-ʃəs] *adj.*

Po·lyg·o·na·les [pəlìgənéıli:z | pə-, pə-] 〖← NL ～: ⇨ ↓, -ales〗 *n. pl.* 〘植物〙(双子葉植物)タデ目.

po·lyg·o·num [pəlígənəm | pə-, pə-] 〖← NL ～ ← Gk *polúgonon* knotgrass ← *polu-* 'POLY-'＋*gónu* 'joint, KNEE'〗 ── *n.* 〘植物〙タデ科タデ属 (*Polygonum*) の植物の総称《ミチヤナギ (knotgrass), イブキトラノオ (bistort), ヤナギタデ (water pepper), ハルタデ (lady's thumb) など》.

pol·y·graph [pɑ́lıgræ̀f, -lə- | pɔ́lıgrɑ̀:f, -græ̀f] 〖← POLY-＋-GRAPH〗 ── *n.* **1** 謄写器, 複写器. **2** 多作家. **3** 〘医学〙ポリグラフ, 多用途記録器《一般に, 二つ以上の変化を同時に記録する機械》. **4** ポリグラフ, うそ発見器 (lie detector): a ～ examination うそ発見器による検査.

pol·y·graph·ic [pɑ̀lıgrǽfık, -lə- | pɔ̀lı-] *adj.* **1** 謄写[複写]器の[による]. **2** ポリグラフ[うそ発見器]の[による]. **3** 多作の (voluminous): a ～ writer. **4** 〈論文など〉広範囲の問題を扱った.

po·lyg·ra·phy [pəlígrəfi | pəlígrəfı, pə-] *n.* **1** (文筆上の)多作, 多才. **2** 《廃》＝cryptography.

pol·y·gy·noe·ci·al [pɑ̀lıdʒıní:siəl, -lə-, -dʒə-, -gaıní:-, -ʃiəl, -ʃəl | pɔ̀lıgaıní:sıəl, -sjəl, -ʃıəl, -ʃəl] 〖⇨ poly-, gynoecium, -al[1]〗 *adj.* 〘植物〙融合雌蕊をもった.

po·lyg·y·nous [pəlídʒənəs, -lígə- | pəlídʒı-, pə-] *adj.* **1** 〘文化人類学・社会学〙多妻の, 一夫多妻の (polygamous). **2** 〘動物〙多雌性の. **3** 〘植物〙多雌蕊(ずい)の (cf. polyandrous 3).

po·lyg·y·ny [pəlídʒəni, -lígə- | pəlídʒını, pə-] 〖(1780) ← POLY-＋-GYNY〗 ── *n.* **1** 〘文化人類学・社会学〙一夫多妻制 (cf. monogyny). **2** 〘動物〙多雌性《雄の動物が一度に二匹以上の雌の仲間を作ること》. **3** 〘植物〙多雌蕊 (cf. polyandry 3).

pòly·háploid 〘生物〙 *adj.* 倍数体の配偶子染色体数の[に関する, を構成する]. ── *n.* 多性半数体, 倍数性半数体.

polyhedra *n.* polyhedron の複数形.

pol·y·he·dral [pɑ̀lıhí:drəl, -lə- | pɔ̀lıhédrəl, -hí:d-, ― ― ― ―] 〖← POLYHEDR(ON)＋-AL[1]〗 ── *adj.* 〘数学・結晶〙多面体の, 多面の (many-faced): ⇨ polyhedral angle. **pòl·y·hé·dric** [-rık] *adj.*

polyhédral ángle *n.* 〘数学〙多面角《3個以上の平面が頂点を共有して尖った形を成す立体図形》.

pol·y·he·dron [pɑ̀lıhí:drən, -lə- | pɔ̀lıhédrən, -hí:d-] 〖(1570) ← NL ～ ← Gk *polúedron* (neut. adj.) (figure) having many bases: ⇨ poly-, -hedron〗 ── *n.* (*pl.* **-he·dra** [-drə], **～s**) **1** 〘数学・結晶〙多面体[形]《通例6面以上》: a regular ～ 正多面体. **2** 〘昆虫〙多角体《蚕その他の昆虫の多角体病 (polyhedrosis) の際に細胞中に見られる結晶様小体》.

pol·y·he·dro·sis [pɑ̀lıhi:dróusıs, -lə-, -səs | pɔ̀lıhi:drə́usıs] 〖← NL ～: ⇨ ↑, -osis〗 *n.* 〘昆虫〙多角体病《昆虫のウイルス病》.

pol·y·his·tor [pɑ̀lıhístə, -lə- | pɔ̀lıhístə(r] 〖▭ Gk *poluhistōr* very learned ← POLY-＋*histōr* learned: cf. history〗 ── *n.* 博学者, 大学者. **pol·y·his·tor·ic** [pɑ̀lıhıstɔ́(:)rık, -lə-, -tɑ́r- | pɔ̀lıhıstɔ́r-] *adj.*

pol·y·his·to·ri·an [pɑ̀lıhıstɔ́:riən, -lə-, -tó:r- | pɔ̀lıhıstɔ́:rıən] *n.* ＝polyhistor.

pòly·hýbrid 〖← POLY-＋HYBRID〗 *n.* 〘生物〙多性雑種《多くの対立遺伝子について異なる両親間の雑種》.

pòly·hýdric *adj.* 〘化学〙多価アルコールの (polyhydroxy). ★ 特に, アルコールとフェノールに関して用いる.

pol·y·hy·drox·y [pɑ̀lıhaıdrɑ́ksi, -lə- | pɔ̀lıhaıdrɔ́ksı] *adj.* 〘化学〙数個の水酸基の[を含んだ], 多価アルコールの.

Pol·y·hym·ni·a [pɑ̀lıhímniə, -lə- | pɔ̀lıhímnıə] 〖▭ L ～ ▭ Gk *Polúmnia* ← *Poluúmnia* ← *polúumnos* abounding in hymns ← polu- 'POLY-'＋*húmnos* 'HYMN'〗 ── *n.* 〘ギリシャ神話〙ポリュヒュムニア《讃歌を司る Muse; Polymnia ともいう》.

pol·y I: C [pɑ́liàısí: | pɔ̀lı-] *n.* 〘生化学〙多重イノシン: シトシン《イノシン (inosine) とシチジル酸を多重に縮合させた人工二重鎖リボ核酸; 伝染病ウイルスのリボ核酸の核と似ている; 抗ウイルス蛋白質インターフェロンの製造を刺激する合成化合物; poly I. poly C ともいう》.

pòly·ímide 〖← POLY-＋-*imide* (⇨ imido-)〗 *n* 〘化学〙ポリイミド《強靭な耐熱性の合成樹脂; ロケットなどの融除材 (ablator)・電気絶縁材料用》.

pol·y I. pol·y C [pɑ́li-áı pɑ́li-sí: | pɔ́lı-] 〖← POLY-＋*i*(*nosinic acid*)＋POLY-＋*c*(*ytidylic acid*)〗 *n.* 〘生化学〙＝poly I: C.

pòly·isobútylene 〖← POLY-＋ISO-＋BUTYLENE〗 ── *n.* 〘化学〙ポリイソブチレン《イソブチレンの重合体で分子量によって液体, ゴム状, あるいは固体など; 特に合成ゴムの製造に用いられる高分子量ポリイソブチレンをいうことが多い》.

pòly·ísomerism *n.* 〘生物〙多等節化《生物体の同様な部分間の差が減少する系統的変化; cf. anisomerism》.

pòly·ísoprene *n.* 〘化学〙ポリイソプレン《イソプレンの重合体; 天然ゴムの主な成分で, 今は合成的に製造される》.

pol·y·lem·ma [pɑ̀lıléma, pɑ̀lə- | pɔ̀lı-] 〖POLY-＋-LEMMA[1]〗 *n.* 〘論理〙多刀論法 (cf. dilemma, trilemma).

pol·y·mas·ti·gote [pɑ̀lımǽstəgòut, -lə- | pɔ̀lımǽstıgə̀ut] 〖《古形》*polymastigate* ← POLY-＋Gk *mastig-*, *mástix* whip＋-ATE[2]〗 ── 〘動物〙多くの鞭毛を有する.

pol·y·math [pɑ́lımæ̀θ, -lə- | pɔ́lı-] 〖(1621) ▭ Gk *polumath-ḗs* knowing much ← polu- 'POLY-'＋*manthánein* to learn: cf. mathematical〗 ── *n.* 博学者, 大学者. ── *adj.* 博学の. **pol·y·math·ic** [pɑ̀lımǽθık, -lə- | pɔ̀lı-] *adj.*

pol·ym·a·thy [pəlíməθi, pɑ́ləmæ̀θi | pəlíməθı, pə-] *n.* 博学.

pol·y·mer [pɑ́lımə, -lə- | pɔ́lımə(r] 〖《逆成》← POLYMERIC〗 *n.* 〘化学〙重合体, ポリマー; (特に)＝high polymer (cf. monomer).

pol·y·mer·ase [pɑ́lımərèıs, -lə-, -rèız | pɔ́lımərèıs] 〖⇨ ↑, -ase〗 ── *n.* 〘生化学〙ポリメラーゼ《ヌクレオチド (nucleotide) を結合させポリヌクレオチドを形成する酵素の一般名称》.

pol·y·mer·ic [pɑ̀lımérık, -lə- | pɔ̀lı-] 〖▭ G *polymerisch* ← Gk *polumerḗs* having many parts (← *polu-* 'POLY-'＋*méros* part)＋-*isch* '-IC[1]': スウェーデンの化学者 Baron J. J. Berzelius の造語 (1830)〗 ── *adj.* 〘化学〙 **1** 〈化合物が〉異量の. **2** 重合体 (polymer) の, 重合の. **pòl·y·mér·i·cal·ly** *adv.*

po·lym·er·ism [pəlímərìzm, pɑ́lımə-, -lə- | pəlímı-, pə-, pɔ́lım-] 〖← POLYMER＋-ISM: cf. F *polymérisme*〗 ── *n.* **1** 〘化学〙異量《化合物の元素の百分率組織が同一で, 異った分子量をもつ現象》. **2** 〘生物〙多部分から成ること. **3** 〘植物〙複合輪生.

po·lym·er·i·za·tion [pəlìmərızéıʃən, pɑ̀lım-, -ləm-, -rə- | pəlìməraı-, pə-, pɔ̀lım-, -rı-] *n.* 〘化学〙重合《同一の化合物の分子が2個以上結合して新たな化合物となること》: ⇨ addition polymerization, condensation polymerization, copolymerization.

po·lym·er·ize [pəlímərὰız, pɑ́lımə-, -ləm- | pəlím-, pə-, pɔ́lım-] *vi.*, *vt.* 〘化学〙重合する[させる]: a highly ～*d* compound 高分子化合物.

po·lym·er·ous [pəlímərəs | pə-, pə-] 〖← POLY-＋-MEROUS〗 *adj.* **1** 〘生物〙多部分から成る. **2** 〘植物〙複合輪生体の. **3** 〘化学〙＝polymeric 2.

pòly·méthylene *n.* 〘化学〙ポリメチレン《メチレン基から成る炭化水素》: **a** ＝cycloparaffin. **b** ジアゾメタンから脱窒素反応によって合成される高重合体《ポリエチレンに似るが分枝が全くない》.

pòly·méthyl methácrylate *n.* 〘化学〙ポリメタクリル酸メチル《メタクリル酸メチルの重合体; 透明合成樹脂で航空機の風防ガラス・光学器具などに用いる有機ガラス; Plexiglas, Perspex, Lucite などの商標名で知られている; methyl methacrylate ともいう》.

Pol·ym·nes·tor [pɑ̀lɪmnéstə, -ləm- | pɔ̀lɪmnéstə(r)] 〘▭L ～ ▭Gk *Polumnḗstōr*〙 ── *n.* 〘ギリシャ神話〙ポリュメストル《トラキア (Thrace) の王; Polydorus を殺害し, トロイ戦争中護身のため Priam が与えていた宝を盗んだ》.

Po·lym·ni·a [pəlímniə | pɔlímnɪə, pə-] 〘← NL *Polyhymnia* ← Gk *Polúmnia*: ⇨ Polyhymnia〙 *n.* 〘ギリシャ神話〙 =Polyhymnia.

póly·mòrph *n.* 1 〘生物〙多形, 多形体. 2 〘結晶·化学〙多形, 同質異像.

pòly·mórphic *adj.* 1 〘結晶·化学〙 =polymorphous 2. 2 〘生物〙多形性の, 多形の (cf. monomorphic 1). **pòly·mórphically** *adv.*

pòly·mórphism *n.* 1 〘結晶·化学〙多形, 多像, 同質異像. 2 〘生物〙多形(現象), 多形性《社会性昆虫における階級などのように同一種に属する生物が特定の形質に関して多様性を示すこと; cf. heteromorphism 1》: seasonal ～ 季節的多形現象 / sexual ～ 雌雄異形.

pòly·mòrpho·núclear 〘← POLY-+MORPHO(US)+NUCLEAR〙〘生理〙 ── *adj.* 〈白血球が〉複雑に分裂した核をもつ, 多形核の: a ～ leukocyte 多形核(白血)球. ── *n.* 多形核(白血)球 (poly).

pòly·mórphous 〘▭Gk *polúmorph-os*: ⇨ poly-, -morphous〙 *adj.* 1 〘生物〙 =polymorphic 2. 2 〘結晶·化学〙多形の, 同質異像の. **～·ly** *adv.*

pol·y·myx·in [pɑ̀lɪmíksɪn, -lə-, -sən | pɔ̀lɪmíksɪn] 〘← NL (*Bacillus*) *polymyx-a* (⇨ poly-, myxo-)+-IN[1]〙 *n.* 〘薬学〙ポリミクシン《赤痢に効果のある抗生物質》.

Pol·y·nem·i·dae [pɑ̀lɪnémədìː, -lə- | pɔ̀lɪnémɪ-] 〘← NL ～ ← *Polynemus* (属名: ← POLY-+Gk *nēma* thread)+-IDAE: cf. needle〙 ── *n. pl.* 〘魚類〙ツバメコノシロ科《ヨスジツバメコノシロ (*Polynemus quadrifilis*) などを含む》.

Pol·y·ne·sia [pɑ̀ləníːʒə, -ʃə | pɔ̀lɪníːzjə, -zɪə, -ʒɪə, -ʒə, -sjə, -sɪə, -ʃɪə, -ʃə] 〘← NL ～ ← F *Polynésie* ← POLY-+Gk *nēsos* island+-IA[1]〙 ── *n.* ポリネシア《Oceania の一区分; Melanesia と Micronesia の東方にあり Hawaii 諸島から New Zealand 南部, 東は Easter 島に広がる諸島から成る》.

Pol·y·ne·sian [pɑ̀ləníːʒən, -ʃən | pɔ̀lɪníːzjən, -zɪən, -ʒɪən, -ʒən, -sjən, -sɪən, -ʃɪən, -ʃən] 〘⇨↑, -an[1]〙 ── *adj.* 1 ポリネシアの. 2 ポリネシア人[語]の. 3 〘生物地理〙ポリネシア亜区の. ── *n.* 1 ポリネシア人. 2 ポリネシア語(派)《Austronesia 語族の最東部方言; Maori, Tahiti, Samoa, Hawaii, Easter 島などの土語を含む》.

pòly·neurítis 〘← NL ～: ⇨ poly-, neuritis〙 *n.* 〘病理〙多発性神経炎.

po·lyn·ia [pɑ̀ːlɪnjɑ́ː, -lə- | -lɪ-; *Russ.* palinjijá] *n.* 〘地理〙 =polynya.

Pol·y·ni·ces [pɑ̀lɪnáɪsiːz, -lə- | pɔ̀lɪ-] 〘▭L *Polynīcēs* ▭Gk *Poluneikēs* 《原義》 much wrangling ← *polu-* 'POLY-'+*neîkos* quarrel, strife〙 ── *n.* 〘ギリシャ神話〙ポリュネイケス《Thebes の王 Oedipus の息子; 遠征軍 SEVEN against Thebes は彼の Thebes 王位への復帰を企図したもの; cf. Eteocles》.

Pol·y·noi·dae [pɑ̀lənóɪdiː | pɔ̀lɪ-] 〘← NL ～ ← *Polynoe* (属名: ← Gk *Polunoē* sea nymph)+-IDAE〙 *n. pl.* 〘動物〙(多毛綱) ウロコムシ科.

pol·y·no·mi·al [pɑ̀lɪnóumiəl, -lə- | pɔ̀lɪnə́umjəl, -miəl] *adj.* 1 〘生物〙〈動植物の学名が〉3 個以上の名称[学名]から成る, 多名式の. 2 〘数学〙多項(式)の: a ～ expression 多項式. ── *n.* 1 多名. 2 〘数学〙 a 多項式. b 多項式関数, 有理整関数《多項式で表わされる関数; polynomial function ともいう》. 3 〘生物〙多名式名称[学名].

polynómial ríng *n.* 〘数学〙多項式環《ある環の元を係数とする多項式全体のつくる環》.

pòly·núclear *adj.* 1 〘生物〙多核(性)の (multinuclear). 2 〘化学〙 a 多環式の (polycyclic). b 多核の: a ～ complex 多核錯体《二つ以上の中心金属原子をもつ錯体》.

pòly·núcleate *adj.* 〘化学〙 =polynuclear 1.

pòly·núcleotide *n.* 〘生化学〙ポリヌクレオチド《ヌクレオチドが多数結合した(核酸などの)高分子物質》.

po·lyn·ya [pɑ̀ːlɪnjɑ́ː, -lə- | -lɪ-; *Russ.* palinjijá] 〘▭Russ. *polyn'ya* an open place amidst ice ← *polyĭ* open space ← IE **pelə-* flat〙 ── *n.* 〘地理〙パルィニヤ, ポリニア, 氷湖《極地方の定着海水で囲まれた, 通例長方形の海面》.

pol·y·ó·ma vírus [pɑ̀lióumə- | pɔ̀liə́u-] 〘*polyoma*: ← NL *polyoma*: ⇨ poly-, -oma〙 *n.* 〘病理〙ポリオーマウイルス《人間の急性灰白髄炎を起こすウイルス》.

pol·y·om·i·no [pɑ̀liɑ́mənòu | pɔ̀liɔ́mɪnə̀u] 〘← POLY-+(D)OMINO〙 ── *n.* ポリオミノ《ゲーム盤のいくつかの目を覆い他の同じようなこまと合わさるように作られた多辺形のこま》.

pol·y·on·y·mous [pɑ̀liɑ́nəməs | pɔ̀liɔ́nɪ-] 〘← Gk *poluṓnum-os* having many names (← *polu-* 'POLY-'+*ónoma* 'NAME')+-OUS〙 *adj.* 数個の名のある.

pol·y·on·y·my [pɑ̀liɑ́nəmi | pɔ̀liɔ́nɪmi] 〘▭Gk *poluōnumía*: ⇨↑, -y[1]〙 *n.* 多名(使用).

pol·y·o·pi·a [pɑ̀lióupiə | pɔ̀liə́upjə, -pɪə] 〘← NL ～: ⇨ poly-, -opia〙 *n.* 〘病理〙多視症, 複視, 重視(症).

pòly·òxy·méthylene 〘← POLY-+OXY-[1]+METHYLENE〙 *n.* 〘化学〙ポリオキシメチレン《ホルムアルデヒドの重合体》; (特に) =paraformaldehyde.

pol·yp [pɑ́lɪp, -ləp | pɔ́lɪp] 〘(*c*1400) ▭(O)F *polype* < L *polypus* ▭Gk *polúpous* ← *polu-* 'POLY-'+*poús* 'FOOT'〙 ── *n.* 1 〘動物〙ポリプ《ヒドロ虫類で口と触手をもつ固着性の個体》; (群体 (colony) を構成する) 個体 (zooid). 2 〘病理〙ポリプ, 隆起性病変《膀胱(ぼうこう)・直腸・子宮・鼻などにできる粘膜の肥厚による突起; 鼻たけ, (子宮の)茸腫(じょうしゅ)など; polypus ともいう》.

pol·yp·ar·y [pɑ́ləpèri | pɔ́lɪpəri] 〘⇨↑, -ary〙 *n.* 〘動物〙ポリプ母体《サンゴ (coral) など》.

pòly·péptide *n.* 〘生化学〙ポリペプチド《二つ以上のアミノ酸と一つ以上の peptide 基から成る化合物群》. **pol·y·pep·tid·ic** [pɑ̀lipeptídɪk, -lə- | pɔ̀lɪ-] *adj.*

pòly·pétalous 〘← NL *polypetal-us*: ⇨ poly-, petalous〙 *adj.* 〘植物〙分離花弁の, 多弁の (cf. gamopetalous): a ～ corolla 多弁花冠.

pol·y·pha·gi·a [pɑ̀lɪféɪdʒiə, -lə-, -dʒə | pɔ̀lɪféɪdʒɪə] 〘← NL ～ ← Gk *poluphagía*: ⇨ poly-, -phagia〙 ── *n.* 1 〘動物〙雑食性, 多食性, 広食性. 2 〘病理〙多食(症), 大食症 (bulimia) (cf. hyperphagia).

po·lyph·a·gous [pəlífəgəs | pə-, pə-] *adj.* 〘動物〙雑食性[多食性, 広食性]の: ～ insects.

po·lyph·a·gy [pəlífədʒi | pəlífədʒɪ, pə-] 〘⇨ polyphagia〙 *n.* 〘動物·病理〙 =polyphagia.

pol·y·phase [pɑ́lɪfèɪz, -lə- | pɔ́lɪ-] *adj.* 〘電気〙多相の《二つ以上の相をもっている[生じる]》: a ～ current 多相交流 / a ～ generator [motor] 多相発電[電動]機.

pólyphase indúction mòtor *n.* 〘電気〙多相誘導電動機《多相の巻線をもつ誘導電動機》.

pol·y·pha·sic [pɑ̀lɪféɪzɪk, -lə- | pɔ̀lɪ-] *adj.* 1 〘電気〙多相の《二つ以上の相から成る》. 2 〘生物〙〈動物が〉1 日の間に何回か活動期をもつ (cf. monophasic).

Pol·y·phe·mus [pɑ̀ləfíːməs | pɔ̀lɪ-] 〘▭L *Polyphēmus* ▭Gk *Polúphēmos* 《原義》 much spoken of ← *polu-* 'POLY-'+*phḗmē* voice, report〙 ── *n.* 〘ギリシャ伝説〙ポリュフェーモス《食人種 Cyclops の首長; 彼に幽閉された Odysseus は彼を盲目にして逃れた》.

Polyphémus móth, p- m- 〘*Polyphemus*: ↑: その後翅の目のような斑紋から〙 *n.* 〘昆虫〙米国産のカイコガの一種 (*Telea Polyphemus*).

pòly·phénol *n.* 〘化学〙ポリフェノール, 多価フェノール《水酸基が 1 個以上あるフェノール》. **pòly·phenólic** *adj.*

pol·y·phone [pɑ́lɪfòun, -lə- | pɔ́lɪfəun] *n.* 1 〘音声〙多音字《二つ以上の音価をもつ文字; head [héd] と tea [tíː] の ea など》. 2 多音価記号.

pol·y·phon·ic [pɑ̀lɪfɑ́nɪk, -lə- | pɔ̀lɪfɔ́n-] 〘← Gk *polúphōn-os*: ⇨ poly-, -phone, -ic[1]〙 ── *adj.* 1 多音の, 多声の. 2 〈文字など〉多音価の. 3 〘音楽〙 a 多声の, 対位法上の (contrapuntal); 多声[対位]音楽の. b ポリフォニーの[的な]《各声部が独立した動きをもつ; cf. homophonic 2》. c (オルガンやハープなどのように)同時に二つ以上の声部を奏せる. **pòl·y·phón·i·cal·ly** *adv.*

polyphónic próse *n.* 〘詩学〙多韻律散文《韻律その他種々の詩的技巧を採り入れた散文体》.

po·lýph·o·nist [-nɪst, -nəst | -nɪst] *n.* 〘音楽〙多声曲(の得意な)作曲家; 対位法楽曲[多声曲]演奏家.

po·lyph·o·nous [pəlífənəs | pə-, pɔ-] *adj.* =polyphonic. **～·ly** *adv.*

po·lyph·o·ny [pəlífəni | pəlífənɪ, pɔ-] 〘▭Gk *poluphōnía* variety of tones: ⇨ poly-, -phony〙 ── *n.* 1 a (やまびこにおけるような)多音. b 同一文字[記号]による二つ以上の音の表示 (cf. polyphone). 2 〘音楽〙 a 多声音楽[曲] (cf. monophony). b ポリフォニー《各声部が独立して動き, 音楽の水平要素に重点をおいた様式; cf. homophony 2》. c 対位法 (counterpoint).

pol·y·phy·le·sis [pɑ̀lɪfaɪlíːsɪs, -lə-, -səs | pɔ̀lɪfaɪlíːsɪs] 〘← NL ～: ↓: GENETIC—GENESIS の対応にならう〙 *n.* 〘生物·人類学〙 =polygenesis 1.

pol·y·phy·let·ic [pɑ̀lɪfaɪlétɪk, -lə- | pɔ̀lɪfaɪlét-] 〘← POLY-+Gk *phuletik-ós* of the same tribe (← *phulḗ* clan): ⇨ -ic[1]: cf. G *polyphyletisch*〙 ── *adj.* 〘動物〙〈一群の動物が〉多元的な, 多種の祖先から発生した (↔ monophyletic). **pòl·y·phy·lét·i·cal·ly** *adv.* **pòl·y·phy·lét·i·cism** [-təsìzm | -tɪ-] *n.*

pol·y·phy·le·ty [pɑ́lɪfàɪləti, -lə-, -fìl- | pɔ́lɪfáɪləti, -fìl-, -lɪ-] *n.* 〘生物·人類学〙 =polyphylesis.

pol·y·phyl·lous [pɑ̀lɪfíləs, -lə- | pɔ̀lɪ-] 〘▭Gk *polúphull-os*: ⇨ poly-, -phyllous〙 *adj.* 〘植物〙多葉の.

pol·y·phy·ly [pɑ́lɪfàɪli, -lə- | pɔ́lɪfàɪlɪ] 〘⇨ poly-, phylo-, -y[1]〙 ── *n.* 〘生物〙多原性, 多元(性), 多系統《ある生物群が異なるいくつかの祖先から進化したものを含むこと》.

pol·y·phy·o·dont [pɑ̀lɪfáɪədɑ̀nt, -lə- | pɔ̀lɪfáɪədɔ̀nt] 〘← POLY-+Gk *-phuēs* (← *phúein* to bring forth)+-ODONT〙〘動物〙 ── *adj.* 多換歯性の《歯が消耗に伴って何度でも更新する; cf. diphyodont, monophyodont》. ── *n.* 多換歯性の動物《shark や teleost など》.

polypi *n.* polypus の複数形.

pol·yp·ide [pɑ́ləpàɪd | pɔ́lɪ-] 〘← POLYP+-*ide* (《異形》 ← -ID[2])〙 *n.* 〘動物〙 1 個虫《コケムシ類の群体を構成する各個体》. 2 =polyp 1.

po·lyp·i·dom [pəlípədəm, -dɑ̀m | pəlípɪdəm, pə-, -dɔ̀m] 〘← POLYP+-I-+Gk *dóm-os* house〙 *n.* 《古》〘動物〙 =polypary.

Pol·y·pla·coph·o·ra [pɑ̀lɪplækɑ́fərə, -lə- | pɔ̀lɪplækɔ́f-] 〘← NL ～: ⇨ poly-, placo-, -phora〙 *n. pl.* 〘貝類〙多板綱, ヒザラガイ綱.

pol·y·ploid [pɑ́lɪplɔ̀ɪd, -lə- | pɔ́lɪ-] 〘▭← POLY-+PLAID〙〘生物〙 *n.* 倍数体《多倍数関係の染色体をもつ個体》. ── *adj.* 倍数体の

pol·y·ploi·dic [pɑ̀lɪplɔ́ɪdɪk, -lə- | pɔ̀lɪ-] *adj.* 〘生物〙 =polyploid.

pol·y·ploid·ize [pɑ́lɪplɔ̀ɪdaɪz, -lə- | pɔ́lɪ-] 〘生物〙 *vt.* ...に(染色体の)倍加を起こさせる. ── *vi.* (染色体の)倍加を起こす.

pol·y·ploi·dy [pɑ́ləplɔ̀ɪdi | pɔ́lɪplɔ̀ɪdi] 〘⇨ ployploid, -y[1]〙 *n.* 〘生物〙(染色体の)倍数性, 倍加現象.

pol·yp·ne·a [pɑ̀lɪpníːə, -ləp- | pɔ̀lɪp-] 〘← NL ～: ⇨ poly-, -pnea〙 ── *n.* (*also* **pol·yp·noe·a** [～]) 〘医学〙多呼吸, 呼吸頻繁《呼吸数が著しく増加した状態》. **pò·lyp·né·ic** [-níːɪk] *adj.*

pol·y·pod [pɑ́lɪpɑ̀d, -lə- | pɔ́lɪpɔ̀d] 〘← POLY-+-POD[1]〙 ── *adj.* 〘動物〙 1 足が多数ある (cf. polypoda). 2 多岐型の《腹脚を有する》. ── *n.* 1 〘植物〙 =polypody. 2 〘動物〙多岐型の動物《昆虫の幼虫など》.

po·lyp·o·da [pəlípədə | pə-, pɔ-] 〘← NL ～: ⇨ poly-, -poda〙 ── *n.* (*pl.* **-o·dae** [-dìː, -dàɪ]) 〘動物〙(ムカデ・ヤスデなどの)多足類・(ゴカイなどの)多毛類・(イカ・タコなどの)頭足類・(カギムシなどの)軟脚類など多数の足をもつ動物の総称.

Pol·y·po·di·a·ce·ae [pɑ̀lɪpòudiéɪsiìː, -lə- | pɔ̀lɪpə̀udɪ-] 〘← NL ～ ← *Polypodium* (属名: ⇨ polypody)+-ACEAE〙 ── *n. pl.* 〘植物〙ウラボシ科. **pòl·y·pò·di·á·ceous** [-ʃəs] *adj.*

pol·y·po·dy [pɑ́lɪpòudi, -lə- | pɔ́lɪpədi] 〘▭L *polypodium* ▭Gk *polupódion*: ⇨ polypus〙 ── *n.* 〘植物〙エゾデンダ《ウラボシ科エゾデンダ属 (*Polypodium*) のシダ類の植物の総称; オオエゾデンダ (*P. vulgare*) (common polypody) など》.

pol·yp·oid [pɑ́ləpɔ̀ɪd | pɔ́lɪ-] 〘← POLYP+-OID〙 *adj.* 1 〘動物〙ポリプ (polyp) に似た. 2 〘医学〙ポリプ様(よう)の: ～ degeneration ポリプ変性.

pòly-pómpon róse *n.* 〘園芸〙 =polyantha rose.

Po·lyp·o·ra·ce·ae [pəlìpəréɪsiìː, pɑ̀lɪp-, -ləp-, pɑ̀lɪp-, pə-, pɔ̀lɪp-] 〘← NL ～ ← *Polyporus* (属名: ← Gk *polúporos* having many passengers)+-ACEAE〙 ── *n. pl.* 〘植物〙サルノコシカケ科.

pol·y·pore [pɑ́lɪpɔ̀ə, -lə-, -pɔ̀ə | pɔ́lɪpɔ̀ː(r)] 〘← POLY-+PORE[1]〙 *n.* 〘植物〙 =pore fungus.

pol·yp·ous [pɑ́ləpəs | pɔ́lɪ-] *adj.* ポリプ (polyp) のような, ポリプ状の.

pòly·própylene 〘← POLY-+PROPYLENE〙 ── *n.* 〘化学〙ポリプロピレン《プロピレンの重合体; 特に合成繊維やプラスチック成型品などに用いられる熱可塑性樹脂》.

pol·y·prot·ic [pɑ̀lɪprɑ́tɪk, -lə- | pɔ̀lɪprɔ́t-] 〘← POLY-+PROT(ON)+-IC[1]〙 *adj.* 〘化学〙〈酸が〉多塩基の《置換できる陽子を 2 個以上含む》.

Pol·y·pro·to·don·ti·a [pɑ̀lɪpròutədɑ́nʃiə, -lə-, -ʃə | pɔ̀lɪprə̀utədɔ́nʃɪə, -ʃə] 〘← NL ～: ⇨ poly-, proto-, -odontia〙 ── *n. pl.* 〘動物〙食肉有袋類, 多門歯亜目 (cf. Zoophaga).

Pol·yp·ter·i·dae [pɑ̀lɪptérədìː, -ləp- | pɔ̀lɪptérɪ-] 〘← NL ～ ← *Polypterus* (属名: ← Gk *polúpteros*: ⇨ poly-, -pterous)+-IDAE〙 *n. pl.* 〘魚類〙ポリプテルス科.

pol·yp·tych [pɑ́lɪptɪk, -ləp-, pəlíptɪk | pɔ́lɪptɪk, pəlíptɪk] 〘← Gk *polúptukh-os* having many folds ← *polu-* 'POLY-'+**ptúx*, *ptukhḗ* fold〙 ── *n.* 〘美術〙(多数の羽目板をつづり合わせた)びょうぶ状の構成物, 多翼祭壇画《聖壇の背後などの飾りにする; cf. triptych 3》.

pol·y·pus [pɑ́lɪpəs, -lə- | pɔ́lɪ-] 〘(1398) ▭L ～: ⇨ polyp〙 *n.* (*pl.* **-y·pi** [-pàɪ, -pìː | -pàɪ], **～·es**) 〘病理〙 =polyp 2.

póly·rhỳthm *n.* 〘音楽〙ポリリズム《対照的な 2 つ以上のリズムが同時に演奏されること》. **pòly·rhýthmic** *adj.* **pòly·rhýthmically** *adv.*

pol·y·ri·bo·nu·cle·o·tide [pɑ̀lɪràɪbo(u)n(j)úːkliətàɪd, pɑ̀lə- | pɔ̀lɪràɪbə(u)njúːklɪ-] 〘← POLY-+RIBO(SE)+NUCLEO-+-IDE[2]〙 ── *n.* 〘化学〙ポリリボヌクレオチド《多数のリボヌクレオチドからなる高分子化合物》.

pol·y·ri·bo·some [pɑ̀lɪráɪbəsòum, -lə- | pɔ̀lɪráɪbə(u)sə̀um] 〘← POLY-+RIBOSOME〙 ── *n.* 〘生化学〙ポリ(リボ)ゾーム, ポリ(リボ)ソーム《リボゾーム (ribosome) の集合体; polysome ともいう》. **pol·y·ri·bo·som·al** [pɑ̀lɪràɪbəsóuməl, -lə- | pɔ̀lɪràɪbə(u)sə́u-] *adj.*

pòly·sáccharide *n.* 〘化学〙多糖類《澱粉 (starch)・セルロース (cellulose)・イヌリン (inulin) など; cf. monosaccharide》.

pòly·sáprobe *n.* 〘生物〙強腐水性生物.

pòly·saprόbic *adj.* 〘生物〙強腐水性の.

pol·y·se·mous [pɑ̀lɪsíːməs, -lə-, pəlísə- | pɔ̀lɪsíː-, pəlísɪ-] 〘⇨↓, -ous〙 *adj.* 〘言語〙多義の.

pol·y·se·my [pɑ̀lɪsíːmi, -lə-, pəlísə- | pɔ̀lɪsíːmi, ⌣⌣⌣] 〘← NL *polysēmia* ← LL *polysēmus* ▭Gk *polúsēmos* with many significations ← *polu-* 'POLY-'+*sêma* a sign: ⇨ -y[1]〙 ── *n.* 〘言語〙(語句などの)多義(性) (cf. monosemy); 意味の多様化.

pòly·sépalous *adj.* 〘植物〙萼(がく)片の分離した; 萼片の多い.

pol·y·so·ma·ty [pɑ̀lɪsóuməti, -lə- | pɔ̀lɪsə́uməti] 〘← POLY-+SOMATO-+-Y[1]〙 *n.* 〘生物〙染色体倍加《体細胞内の染色体が分裂して増数し, しかもそれに続いて核分裂が行なわれないために染色体数が普通の場合の倍数関係にあること》. **pol·y·so·mat·ic** [pɑ̀lɪso(u)mǽtɪk, -lə-, -sə- | pɔ̀lɪsə(u)mǽt-] *adj.*

poly·some [pɑ́lɪsòum, -lə- | pɔ́lɪsə̀um] 〘← POLY-+-SOME[3]〙 *n.* 〘生化学〙ポリゾーム (⇨ polyribosome).

pol·y·so·mic [pɑ̀lɪsóumɪk, -lə- | pɔ̀lɪsə́u-] 〘生物〙 *adj.* 多染色体性の《一つの細胞内にある染色体の組合せのうちで, その一部の染色体が普通の場合よりも多いまたは少ないことにいう》. ── *n.* 多染色体性の個体.

pòly·sórbate *n.* 〘化学〙ポリソルベート《医薬品や食品に用いられる乳化剤》.

pol·y·sper·mi·a [pɑ̀lɪspə́ːmiə, -lə- | pɔ̀lɪspə́ːmɪə, -mjə] 〘⇨ Gk *polyspermía* abundance of seed: ⇨ poly-, sperm[1], -ia[2]〙 *n.* 〘医学〙多精液症, 精液過多(症).

pol·y·sper·my [pɑ́lɪspə̀ːmi, -lə- | pɔ́lɪspə̀ːmɪ] 〘⇨↑, -y[1]〙 *n.* 〘生物〙多精受精, 多精《2 個以上の精子が同時に卵細胞内に侵入しての受精; cf. monospermy》.

pol·y·sper·mic [pɑ̀lɪspə́ːmɪk, -lə- | pɔ̀lɪspə́ː-] *adj.*

po·lys·ti·chous [pəlístɪkəs, -tə- | pɔlístɪ-, pə-] 〘⇨ Gk *polústikh-os* in many rows: ⇨ poly-, -stichous〙 — *adj.* 〘植物〙多列性の《葉などが多数の列を作って配列していることにいう》.

pol·y·stome [pɑ́lɪstòʊm, -lə- | pɔ́lɪstəʊm] 〘⇨ F ~ ⇨ Gk *polústom-os* manymouthed: ⇨ poly-, -stome〙 *n., adj.* 〘動物〙ポリストム(の)《単生吸虫類に属する》.

pol·y·style [pɑ́lɪstàɪl, -lə- | pɔ́lɪ-] 〘⇨ Gk *polústūl-os*: ⇨ poly-, -style[1]〙 *adj.* 〈建物が〉多柱式の. — *n.* 多柱式, ポリスタイル; 多柱式建築(物).

pòly·stýrene *n.* 〘化学〙ポリスチレン, 重合スチレン《無色透明の合成樹脂で塑造材・絶縁体》.

pòly·súlfide *n.* 〘化学〙多硫化物.

pòly·súlfonate *n.* 〘化学〙ポリスルホン酸塩《スルホン化した高分子》.

pòly·súlfone *n.* 〘化学〙ポリスルホン《$-SO_2-$ 結合を有する重合体; 堅くて変形せず抗腐食性の機械[電気]部品の製造に広く用いられる合成重合体》.

pòly·suspénsoid *n.* 〘物理化学〙多分散性懸濁質.

pol·y·syl·lab·ic [pɑ̀lɪsɪlǽbɪk, -lə-, -sə- | pɔ̀lɪsɪ-] 〘← ML *polysyllabus* (⇨ Gk *polusúllabos* of many syllables) + -ic[1]: ⇨ poly-, syllabic〙 — *adj.* 〘言語〙 **1** 〈語が〉(3 音節以上の)多音節の[からなる] (cf. monosyllabic, plurisyllabic): ~ words 多音節語. **2** 〈言葉などが〉多音節語使用を特徴とする. **pòl·y·syl·láb·i·cal** *adj.* **pòl·y·syl·láb·i·cal·ly** *adv.*

pol·y·syl·la·ble [pɑ́lɪsɪləbl, -lə-, ⌐–⌐––– | pɔ́lɪsɪləbl] 〘(1570) ← POLY- + SYLLABLE《なぞり》← ML *polysyllaba* (fem.) (↑)〙 — *n.* 〘言語〙(3 音節以上の)多音節語 (cf. monosyllable, plurisyllable).

pòly·sýllogism *n.* 〘論理〙複合三段論法《複数の三段論法が連結し重なったもの; cf. monosyllogism》.

pol·y·syn·ap·tic [pɑ̀lɪsɪnǽptɪk, -lə-, -sə- | pɔ̀lɪsɪ-] 〘⇨ poly-, synapse, -ic[1]〙 *adj.* 〘生理〙多シナプスの《中枢神経系に 2 つ以上のシナプスを含む》: ~ reflexes 多シナプス反射. **pòl·y·syn·áp·ti·cal·ly** *adv.*

pol·y·syn·de·ton [pɑ̀lɪsíndətɑ̀n, -lə-, -tən | pɔ̀lɪsíndɪtɔ̀n, -tən] 〘← NL ~ ← LGk *polusúndeton* (neut.) ← *polusúndetos* using many conjunctions ← polu- 'POLY-' + *súndetos* bound together (⇨ syndetic): cf. asyndeton〙 — *n.* (*pl.* **~s, -de·ta** [-tə | -tə]) 〘修辞〙連辞畳用, 接辞多用《文中に接続詞を多く用いること; 例: *The Jews had light, and gladness, and joy, and honour.* (*Esth.* 8: 16); ↔ asyndeton》.

pòly·sýnthesis 〘← NL ~: ⇨ poly-, synthesis〙 *n.* いくつかの要素の総合; (特に) = polysynthesism.

pol·y·syn·the·sism [pɑ̀lɪsínθəsɪzm, -lə- | pɔ̀lɪsínθə-, -θɪ-] 〘⇨↑, -ism〙 — *n.* **1** (多数[多様]の部分の)統合[総合]. **2** 〘言語〙多総合《エスキモー語・アメリカインディアン諸語などのように文を構成する複雑な内容を一語として表現すること; cf. agglutination 3》.

pòly·synthétic 〘(1805–17) ← LGk *polusúnthetos* much compounded + -ic[1]: ⇨ poly-, synthetic〙 — *adj.* **1** 総合的な, 統合的な. **2** 〘言語〙多総合的な (incorporative) (cf. synthetic).

pol·y·tech·nic [pɑ̀lɪtéknɪk, -lə- | pɔ̀lɪ-] 〘adj.: (1805) ⇨ F *polytechnique* ← Gk *polútekhnos* skilled in many arts ← *polu-* 'POLY-' + *tekhnikós* the arts or skill): cf. technic. — n.: (1881)《略》← *Polytechnic Institution*〙 — *adj.* 諸工芸の; (特に)科学技術(教育)の, 理工科の: a ~ school / the *Polytechnic* Institute = Polytechnic (⇨ *n.* 2). — *n.* **1** 工芸学校; (特に)科学技術専門学校, 理工科大学. **2** [the P-] ポリテクニク《英国の大学レベルの総合制高等教育機関; 1968 年に制度化され 1978 年現在 30 校; the Polytechnic Institute ともいう》.

pol·y·tene [pɑ́lɪtìːn, -lə- | pɔ́lɪ-] 〘← POLY- + -TENE〙 — *adj.* 〘生物〙多糸性の《染色体が縦裂を繰り返して多数になり, 分離しないでそのまま束になっている性質にいう》. **pól·y·tè·ny** [-tìːni | -nɪ] *n.*

pòly·térpene *n.* 〘化学〙ポリテルペン《テルペン炭化水素の天然または合成重合体》: **a** ゴム炭化水素, 純ゴム《天然ゴムの主成分》. **b** テレビンの重合で得られる粘稠性の液体または熱可塑性樹脂.

pòly·tétra·flùoro·éthylene *n.* 〘化学〙ポリテトラフルオルエチレン《テトラフルオルエチレンの重合体; 商品名 Teflon など成型品や電線被膜・パッキングなどに用いられる》.

pol·y·the·ism [pɑ́lɪθìːɪzm, -lə- | pɔ́lɪ-] 〘(1613) ⇨ F *polythéisme* ← (L)Gk *polútheos* of many gods ← *polu-* 'POLY-' + *theós* god: ⇨ -ism〙 — *n.* 多神論, 多神教 (cf. monotheism).

pol·y·the·ist [pɑ́lɪθìːɪst, -lə-, -əst | pɔ́lɪθìːɪst] *n.* 多神論者, 多神教徒 (cf. monotheist).

pol·y·the·is·tic [pɑ̀lɪθiːístɪk, -lə- | pɔ̀lɪθiː-] *adj.* 多神論[論]の, 多神教を信じる, 多神教徒的な (cf. monotheistic). **pòl·y·the·ís·ti·cal** *adj.* **pòl·y·the·ís·ti·cal·ly** *adv.*

pol·y·thene [pɑ́ləθìːn | pɔ́lɪ-] 〘《短縮》← POLYETHYLENE〙 *n.* 〘化学〙ポリテン《軽くて強い熱可塑性の合成樹脂; cf. polyethylene》.

pòly·thiónic ácid *n.* 〘化学〙ポリチオン酸, 多チオン酸《分子の中に硫黄原子を 3 個以上含むチオン酸》.

po·lyt·o·my [pəlíṭəmi | pɔlítəmi, pə-] 〘← POLY- + -TOMY〙 *n.* 〘生物〙多分裂《三つより多くの部分への細分》.

pòly·tónal *adj.* 〘音楽〙多調(主義)の. **~·ly** *adv.*

pòly·tonálity *n.* 〘音楽〙多調(主義), 多調性.

pol·y·top·ic [pɑ̀lɪtɑ́pɪk, -lə- | pɔ̀lɪtɔ́p-] 〘← POLY- + TOPO- + -IC[1]〙 *adj.* 〘生物〙〈ある種の生物が〉多起源の《2 個所以上の離れた地域で発生した》.

Po·lyt·ri·cha·ce·ae [pəlìtrəkéɪsiìː | pɔlìtrɪ-, pə-] 〘← NL ← *Polytrichum* (属名: ← L *polytrichon* golden-hair ⇨ Gk *polútrikhon* maidenhair (neut.) ← *polútrikhos* very hairy: ⇨ poly-, tricho-) + -ACEAE〙 — *n. pl.* 〘植物〙スギゴケ科. **po·lỳt·ri·chá·ceous** [-ʃəs] *adj.*

pol·y·tro·phic [pɑ̀lɪtróʊfɪk, -lə-, -trɑ́f- | pɔ̀lɪtrɔ́f-] 〘← POLY- + -TROPHIC〙 — *adj.* **1** 〘病理〙〈病原菌が〉多種栄養の. **2** 〘昆虫〙〈昆虫・昆虫の卵巣が〉交互栄養室型の, 多栄養の.

pol·y·type [pɑ́lɪtàɪp, -lə- | pɔ́lɪ-] *n.* **1** 〘結晶〙ポリタイプ, 多層繰返し型構造《結晶構造の相違が一次元的な多形》. **2** 〘生物〙多型《生物の同一種の個体がある形質や形態に関して多様な状態; polymorph ともいう》. **pól·y·tỳp·ism** [-pɪzm] *n.*

pol·y·typ·ic [pɑ̀lɪtípɪk, -lə- | pɔ̀lɪtíp-] *adj.* **1** 〘生物〙進化が多型の, 複型の《幾つかの型または二つ以上の下位区分を有する; cf. monotypic》: ~ species 多型種. **2** 〘結晶〙ポリタイプの.

pòl·y·týp·i·cal *adj.* 〘生物・結晶〙= polytypic.

pòly·unsáturate 〘《逆成》↓〙 — *n.* 高度不飽和油脂《不飽和結合を二つ以上もつ脂肪酸エステルを含む油脂; ある種の植物油・魚油に似た低コレステロール食に用いる; cf. monounsaturate》.

pòly·unsáturated 〘← POLY- + UNSATURATED〙 *adj.* 〈脂肪が〉高度不飽和油脂の.

pòly·úrethane *n.* (*also* **pòly·úrethan**) 〘化学〙ポリウレタン《ブタン 1,4 ジオールとヘキサメチレンジイソシアナートより合成する樹脂; 電線の絶縁塗料, 耐薬品塗料用》.

pol·y·u·ri·a [pɑ̀lɪjʊ́(ə)riə, -lə- | pɔ̀lɪjʊ́ərɪə] 〘← NL ~: ⇨ poly-, -uria〙 *n.* 〘病理〙多尿(症). **pol·y·u·ric** [pɑ̀lɪjʊ́(ə)rɪk, -lə- | pɔ̀lɪjʊ́ər-] *adj.*

pol·y·va·lence [pɑ̀lɪvéɪləns, -lə- | pɔ̀lɪ-] *n.* **1** 〘化学〙多原子価 (multivalence). **2** 〘生物〙(染色体の)多価性.

pol·y·va·lent [pɑ̀lɪvéɪlənt, -lə- | pɔ̀lɪ-] *adj.* **1** 〘化学〙多価の (multivalent). **2 a** 〘細菌〙多価の, 多価抗体の (cf. monovalent). **b** 〘生物〙= multivalent 2.

pol·y·ver·si·ty [pɑ̀lɪvə́ːsəṭi, -lə-, -sti | pɔ̀lɪvə́ːs(ə)tɪ, -sɪtɪ] *n.* = multiversity.

pòly·vínyl *adj.* 〘化学〙ポリビニルの, ビニル重合体の.

polyvínyl ácetal *n.* 〘化学〙ポリビニルアセタール《ポリビニルアルコールとアルデヒド類を反応させてできる合成樹脂; 狭義にはポリビニルアルコールとアセトアルデヒドのアセタールをいう; 電気絶縁材料・接着剤・塗料などに用いる》.

polyvínyl ácetate *n.* 〘化学〙ポリ酢酸ビニル《通称酢酸ビニル; 略 PVA》.

polyvínyl álcohol *n.* 〘化学〙ポリビニルアルコール $((CH_2CHOH)_x)$《合成樹脂の一種; 略 PVA》.

polyvínyl bútyral *n.* 〘化学〙ポリビニルブチラール《ポリビニルアルコールとブチルアルデヒドから得られる強靱でたわみ性のある無色透明な樹脂; 安全ガラスの中間膜などに用いられる》.

polyvínyl chlóride *n.* 〘化学〙ポリ[重合]塩化ビニル《通称塩化ビニル; 略 PVC》.

polyvínyl fórmal *n.* 〘化学〙ポリビニルホルマール《ポリビニルアルコールとホルマリンの縮合物; 電線の絶縁エナメル, 金属の保護塗料に用いられる》.

pòly·vinýlidene 〘← POLY- + VINYLIDENE〙 *adj.* 〘化学〙ポリ[重合]ビニリデン化合物の.

polyvinýlidene chlóride *n.* 〘化学〙ポリ塩化ビニリデン《塩化ビニリデンの重合体; Saran などに用いられる》.

polyvinýlidene résin *n.* 〘化学〙ポリビニリデン樹脂 (⇨ vinylidene resin).

pòlyvìnyl·pyrrólidone 〘← POLYVINYL + PYRROLIDONE〙 *n.* 〘化学〙ポリビニルピロリドン《水に可溶の高分子化合物; 主に薬剤の賦形剤として用いられる》.

polyvínyl résin *n.* 〘化学〙ポリビニル樹脂 (⇨ vinyl resin).

pol·y·vol·tine [pɑ̀lɪvóʊltìːn, -lə-, -tn̩ | pɔ̀lɪvə́ʊltiːn] 〘← POLY- + *-voltine* (⇨ bivoltine): cf. F *voltin*〙 — *adj.* 〘昆虫〙(特に)〈カイコが〉多化性の《1 年間に 3 世代以上を繰り返すことにいう》.

póly·wàter *n.* 〘物理・化学〙ポリウォーター《重合した水; 1966 年ソ連の物理化学者が融点・沸点・密度が通常の水より高い異常な水の発見を報告したが, 後に容器のシリカ等が溶け込んだものと判明; anomalous water, orthowater, superwater, water II ともいう》.

Po·lyx·e·na [pəlíksənə | pɔlíksɪ-, pə-, -sə-] 〘⇨ L ~ ⇨ Gk *Poluxénē* (fem.) ← *polúxenos* entertaining many guests ← *polu-* 'POLY-' + *xénos* stranger, guest〙 — *n.* 〘ギリシャ伝説〙ポリュクセネ《Priam と Hecuba の娘; 死んだ Achilles のいいなずけとして犠牲にされた》.

Pol·yx·en·i·dae [pɑ̀lɪksénədìː, -lə- | pɔ̀lɪksénɪ-] 〘← NL ~: ⇨↑, -idae〙 *n. pl.* 〘動物〙フサヤスデ科.

Pol·y·zo·a [pɑ̀lɪzóʊə, -lə- | pɔ̀lɪzə́ʊə] 〘← POLY- + -ZOA〙 *n. pl.* 〘動物〙 **1** コケムシ綱 (Bryozoa). **2** 条虫綱 (Cestoda).

pol·y·zo·an [pɑ̀lɪzóʊən, -lə- | pɔ̀lɪzə́ʊ-] *adj., n.* 〘動物〙 **1** コケムシ綱の(動物) (bryozoan). **2** 条虫綱の(動物) (cestode).

pol·y·zo·ar·i·um [pɑ̀lɪzoʊé(ə)riəm, -lə- | pɔ̀lɪzəʊéərɪ-] 〘← NL ~: ⇨ polyzoa, -arium〙 *n.* (*pl.* **-i·a** [-riə | -rɪə]) 〘動物〙コケムシ群体[骨格].

pol·y·zo·ic [pɑ̀lɪzóʊɪk, -lə- | pɔ̀lɪzə́ʊ-] 〘← POLY- + -ZOIC[1]〙 — *adj.* **1** 〈コケムシ類が〉群体を形成する. **2** 〈胞子が〉多くの種虫(しゅちゅう)を生む. **3** 〈生息場所が〉多くの(種類の)動物のいる.

pom[1] [pɑ́(ː)m | pɔ́m] 〘《略》← *Pomeranian dog*〙 *n.* 《口語》= Pomeranian 2.

pom[2] [pɑ́(ː)m | pɔ́m] 〘《略》← POMMY〙 *n.* 《豪俗》= pommy.

pom·ace [pʌ́mɪs, pɑ́m-, -məs | pʌ́m-] 〘(1555) ⇨ ML *pōmāc-ium* cider ← LL *pōmum* apple (L fruit)〙 — *n.* **1** (りんご酒などを造るための)つぶしたりんご(など); その絞りかす. **2** (魚油・ひまし油などの)絞りかす.

Po·ma·cen·tri·dae [pòʊməséntrədìː | pə̀ʊməséntrɪ-] 〘← NL ~ ← *Pomacentrus* (属名: ← Gk *pōmat-*, *pôma* lid + *kéntron* sharp point: ⇨ center) + -IDAE〙 — *n. pl.* 〘魚類〙スズメダイ科.

po·ma·ceous [po(ʊ)méɪʃəs | pə(ʊ)-] 〘← NL *pōmāceus* (← L *pōmum* (⇨ pomace)) + -OUS〙 *adj.* **1** 梨(り)状果 (pome) の, 梨(り)果の. **2** 《詩》りんごの.

Po·ma·das·i·dae [pòʊmədǽsədìː | pə̀ʊmədǽsɪ-] 〘← NL ~ ← *Pomadasys* (属名: ← Gk *pōmat-*, *pôma* lid + *dasús* shaggy: cf. dense) + -IDAE〙 — *n. pl.* 〘魚類〙イサキ科.

Po·ma·da·sy·i·dae [pòʊmədəsáɪədìː | pə̀ʊmədəsáɪɪ-] 〘← NL ~: ↑〙 *n. pl.* 〘魚類〙= Pomadasidae.

po·made [po(ʊ)méɪd, pə-, -mɑ́ːd | pəmɑ́ːd, pɔ-] 〘(1562) ⇨ (O)F *pommade* ⇨ It. *pomata* < ML **pōmāta* 'POMATUM': 最初の原料はりんご〙 — *n.* ポマード, 香油, 髪油. — *vt.* 〈頭髪など〉にポマード[香油]をつける.

po·man·der [póʊmændə, po(ʊ)mǽn- | pə(ʊ)mǽndə(r)] 〘(1492)《変形》← 《古形》*pom(e)amber* ⇨ AF **pome ambre* = OF *pome d'embre* (F *pomme d'ambre*) < ML *pōmum de ambra*《原義》apple of amber〙 — *n.* **1** (昔, 防臭または疫病よけのため細かい穴のあいた金属製の小箱に入れて携帯した)におい玉; (金属製の)におい玉入れ. **2 a** (衣料戸棚に入れるにおい玉に似た)香料. **b** (衣料戸棚ににおい玉の代りに入れる)着香したオレンジ[りんご].

Po·mard [poʊmɑ́ə | pəʊmɑ́ː(r; *F.* pɔmaːr] *n.* = Pommard.

Po·ma·tom·i·dae [pòʊmətɑ́mədìː | pə̀ʊmətɔ́mɪ-] 〘← NL ~ ← *Pomatomus* (属名: ← Gk *pōmat-*, *pôma* lid + *tomós* cutting ← *témnein*) + -IDAE〙 — *n. pl.* 〘魚類〙ムツ科.

po·ma·tum [po(ʊ)méɪṭəm, pə-, -mɑ́ː- | pə(ʊ)méɪt-] 〘(1562) ← NL ~ ← LL *pōmum* apple: ⇨ pomace〙 *n., vt.* = pomade.

pom·be [pɑ́mbi | pɔ́mbɪ] 〘← Afr. (Swahili)〙 *n.* ポンビ《穀類から造るアフリカ中部及び東部産の酒》.

pome [póʊm | pə́ʊm] 〘(? a1400) ⇨ OF ~, *pomme* (F *pomme*) < VL **pōma* apple ← L *pōmum* fruit: ⇨ pomace〙 — *n.* **1** 〘植物〙梨(り)状果, 梨(り)果《リンゴ・ナシ・マルメロなど; cf. fruit 1 a》. **2** 金属球 (metal ball). **3** 《詩》りんご (apple).

pom·e·gran·ate [pɑ́m(ə)grǽnət, pʌ́mg-, pʌ̀məgrǽn-, pʌ̀mg-, -nɪt | pɔ́mɪgrǽn-, pɔ́m(ə)g-] 〘(1320–30) *pomegarnet* ⇨ OF *pome grenate* ← *pome* apple + *grenate* (F *grenade*) seedy (⇨ L *grānātum* having seeds): ⇨ pome, grain〙 — *n.* **1** 〘植物〙 **a** ザクロ (*Punica granatum*). **b** ザクロの実. **2** 〘聖書〙ザクロ模様(の装飾) (cf. *Exod.* 28: 33–34; *1 Kings* 7: 18).

pom·e·lo [pɑ́məlòʊ, pʌ́m- | pɔ́mɪləʊ] 〘《変形》← *pompelmous*〙 *n.* (*pl.* **~s**) 〘植物〙 **1** = shaddock 2. **2** = grapefruit 1.

Pom·er·a·ni·a [pɑ̀məréɪniə, -njə | pɔ̀məréɪnjə, -nɪə] *n.* ポメラニア: **1** 旧ドイツ北東部の州; 現在は東ドイツとポーランドに分割; ドイツ語名 Pommern. **2** ポーランド北西部の旧県; ポーランド語名 Pomorze.

Pom·er·a·ni·an [pɑ̀məréɪniən, -njən | pɔ̀məréɪnjən, -nɪən] 〘(1760): ⇨↑, -an[1]〙 — *adj.* ポメラニア (Pomerania) の. — *n.* **1** ポメラニア人. **2** [p-, P-] ポメラニアン《口吻が細く耳が直立して上毛と下毛の豊富な小型の犬種のイヌ》.

pom·fret [pɑ́mfrɪt, pʌ́m-, -frət | pɔ́m-] 〘《変形》← 《古形》*pamflet* ⇨? F *pample* ← Port. *pampo* a kind of fish〙 — *n.* 〘魚類〙 **1 a** シマガツオ(縞鰹), エチオピア (*Brama japonica*)《北太平洋産の体が側扁した黒色の食用魚; Pacific pomfret ともいう》. **b** 北大西洋産シマガツオの一種 (*B. raii*)《Atlantic pomfret ともいう》. **2** その他近縁の数種の魚類の総称.

pom·fret cake [pʌ́mfrɪt-, pɑ́m-, -frət- | pʌ́m-, pɔ́m-] 〘*pomfret*: ← *Pomfret* (英国 West Yorkshire 州の市名 PONTEFRACT の表音式つづり)〙 — *n.* 《英》ポンフレットケーキ《甘草を入れて作った小さい丸い菓子《単に pomfret, Pontefract cake ともいう》.

po·mi- [póʊmɪ, -mə | pə́ʊmɪ] 〘← LL *pōmum* 'apple, POME'〙「りんご (apple)」の意の連結形.

po·mi·cul·ture [póumək\`ʌltʃə | páumɪkʌ̀ltʃə(r] *n.* 果樹栽培.

po·mif·er·ous [po(ʊ)míf(ə)rəs | pə(ʊ)-] 〖《1656》← L *pōmifer* fruit-bearing (← POMI-+-*fer* '-FEROUS')+-OUS〗 *adj.* 〘植物〙梨(なし)状果 (pome) を結ぶ.

Pom·mard [poumáə | pəumá:(r; *F.* pɔma:r] 〖← F ～ (その産地であるフランス Côte d'Or 県にある村の名)〗 ― *n.* ポマール(ワイン)《Burgundy 産の上等の赤ぶどう酒》.

pom·mée [paméɪ, pʌ-, pɑ:-, pou- | pɒméɪ; *F.* pɔme] 〖□F ～ ← OF *pomme* 'apple, POME'+-*ée* -EE〗 *adj.* 〘紋章〙〈十字架が〉先端に丸味を帯びた (⇨ cross 挿絵).

pom·mel [pʌ́məl, pám- | pʌ́m-] 〖《c1330》□OF *pomel* (F *pommeau*) < VL **pōmellum* ball, knob (dim.) ← L *pōmum* fruit〗 ― *n.* [(英)ではまた pɒ́m-] **1** 鞍頭, 前橋 (horn)《鞍 (saddle) の前方の突起した部分; cf. cantle (⇨ saddle, sidesaddle 挿絵)》. **2** (剣のこぶ状の)柄頭(つかがしら) (⇨ sword 挿絵). **3** 〘建築〙円形の尖端装飾 (cf. finial 1). **4** 〘体操〙(鞍馬 (pommeled horse) の)把手, ハンドル, ポメル. ― *vt.* (**pom·meled, -melled; -mel·ing, -mel·ling**) **1** 柄頭で打つ. **2** 拳固で続けざまに打つ: ～ to a jelly さんざ打ちのめす. **～·er** [-m(ə)lə | -lə(r] *n.*

póm·meled *adj.* 〘紋章〙〈刀剣〉の柄頭(つかがしら)が刃の色と異なる. ★ 通例 hilted and pommeled で用いる: a sword argent, *hilted and* ～ 柄と柄頭が金色をした銀の剣.

pómmeled hórse *n.* 〘体操〙鞍馬(あんば).

Pom·mern [G. pɔ́mɐn] *n.* ポメルン《Pomerania 1 のドイツ語名》.

pom·my [pámi | pɒ́mi] 〖《短縮》? ← POME(GRANATE): そのばら色のほおにちなむ〗《豪俗》[軽蔑的に] ― *n.* (*also* **pom·mie** [～]) **1** (オーストラリアまたはニュージーランドへの)英国[イングランド]からの新入植者. **2** 英国人 (Englishman). ― *adj.* 英国人の.

Po·mo [póumou | páuməu] *n.* (*pl.* **～s**) **1 a** [the ～(s)] ポモ族《米国 California 州北部のアメリカインディアン》. **b** ポモ族の人. **2** ポモ語《ポモ族の用いるポモ語群の言語の一つ》.

po·mól·o·gist [-dʒɪst, -dʒəst | -dʒɪst] *n.* 果実栽培家.

po·mol·o·gy [poumálədʒi | pəumɒ́lədʒɪ] 〖← NL *pōmologia*: ⇨ pome, -logy〗 ― *n.* 果実栽培法[論]; 果実学. **po·mo·log·i·cal** [pòuməládʒɪkəl, -dʒə- | pàuməlɒ́dʒɪ-] *adj.* **pò·mo·lóg·i·cal·ly** *adv.*

Po·mo·na[1] [pəmóunə | pə(ʊ)máu-] 〖□L *Pōmōna* ← *pōmum* fruit〗 ― *n.* **1** 女性名. **2** 〘ローマ神話〙ポーモーナ《果樹の女神; 胸に果実を抱き, 手に刈り込み鋏を持った姿で表わされる; エルトリアの神 Vertumnus の妻》.

Po·mo·na[2] [pəmóunə | pə(ʊ)máu-] 〖↑〗 *n.* スコットランド北方 Orkney 諸島中最大の島; 人口 7,000, 面積 461 km²; Mainland ともいう.

Po·mor·ze [*Pol.* pɔmɔ́rʒɛ] *n.* ポモルジェ《Pomerania 2 のポーランド語名》.

pomp [pámp | pɒ́mp] 〖《c1303》□(O)F *pompe* < L *pompa* □Gk *pompḗ* solemn procession, parade, pomp ← *pémpein* to send〗 ― *n.* **1** 華やかさ, 華麗 (splendor); 壮観: in great ～ 威風堂々と. **2** [*pl.*] (威厳などの)誇示, 見せびらかし, 虚飾: the ～*s* and vanity of this wicked world 浮世の虚栄《*Prayer Book*: *Catechism* 中の句》. **3** 《古》華美な行列, 盛儀 (pageant): ～ and circumstance of glorious war 輝かしい戦いの盛儀盛宴 (Shak., *Othello* 3. 3. 354).

pom·pa·dour [pámpədɔ̀ə, -dɔ̀ə | pɒ́mpədʊ̀ə(r, pɔ́:(m)p-, pɔ́:mp-, -dɔ̀:(r] 〖《1752》↓〗 ― *n.* **1** ポンパドゥール: **a** 前髪を高くする婦人調髪型. **b** 《米》額からなで上げる男子の理髪型, オールバック. **2** 〘服飾〙ポンパドゥール《Pompadour 夫人の衣装の特徴とされるデザイン; 特にネックラインが四角にデコルテした婦人用胴衣》. **3** 鮮やかな色の小さな花模様の柄の絹[木綿]地. **4** 桃色 (rose pink).

pompadour 1 a

Pom·pa·dour [pámpədɔ̀ə, -dɔ̀ə, -dʊ̀ə | pɒ́mpədʊ̀ə(r, pɔ́:(m)p-, pɔ́:mp-, -dɔ̀:(r; *F.* pɔ̃padu:r], Marquise **de** *n.* ポンパドゥール(夫人)《1721–64; フランス国王 Louis 十五世の愛人; 本名 Jeanne Antoinette Poisson》.

pom·pa·no [pámpənòu, pʌ́m- | pɒ́mpənəu] 〖□Sp. *pámpano* vine tendril, name of a stromateoid fish < L *pampinum* vine tendril〗 ― *n.* (*pl.* ～, **～s**) 〘魚類〙 **1** 米国東部・南部沿岸産アジ科コバンアジ属の魚 (*Trachinotus carolinus*)《食用魚》. **2** 米国 California 州産 butterfish の類の高級食用魚 (*Palometus simillimus*).

Pom·pe·ian [pɑmpéɪ(j)ən, -pí:- | pɒmpí:ən, -píən] 〖□L *Pompeiān-us* ← POMPEII: ⇨ -an[1]〗 ― *adj.* **1** ポンペイ (Pompeii) の[に関する]. **2** ポンペイ(風)の美術[(特に)壁画]の. ― *n.* ポンペイ人.

pompéian réd, P- r- *n.* ポンペイ赤《Pompeii の家屋の壁色に似ている》.

Pom·pe·ii [pɑmpéɪ, -péɪi: | pɒmpéɪi:, pɒ́mpiàɪ, pɒmpí:aɪ, -péɪi] *n.* ポンペイ《イタリア南部 Vesuvius 火山のふもとの古都; 紀元 79 年同山噴火で埋没, 19 世紀以降, 学術的に貴重な発見がなされている; イタリア語名 Pompèi [pompɛ̀:i]; cf. Herculaneum》.

pom·pel·moose [pámpəlmù:s | pɒ́m-] *n.* 〘植物〙 =pompelmous.

pom·pel·mous [pámpəlmù:s | pɒ́m-] 〖□Du. *pompelmoes* ← *pompel* thick+Javanese *limoes* lemon ← Port.: 一説では第一要素は Du. *pompoen* pumpkin〗 ― *n.* (*pl.* ～, **～·es**) 〘植物〙ザボン (shaddock).

Pom·pey[1] [pámpi | pɒ́mpɪ] *n.* 《英俗》=Portsmouth 1.

Pom·pey[2] [pámpi | pɒ́mpɪ] *n.* ポンペイウス《106–48 B.C.; ローマの将軍・政治家; 第一回三頭政治 (triumvirate) の一主脳; Pompey the Great, ラテン語名 Gnaeus Pompeius Magnus》.

Pom·pi·dou [pámpɪdù: | pɔ́m-; *F.* pɔ̃pidu], **Georges Jean Raymond** *n.* ポンピドー《1911–74; フランスの政治家・大統領 (1969–74)》.

pom·pier[1] [pampíə, pɑ̀mpiéɪ, pampjéɪ | pɒ́mpɪə(r; *F.* pɔ̃pje] 〖□F ～ 'fireman, pump maker' ← *pompe* 'PUMP[1]': ⇨ -ier[2]〗 ― *n.* **1** 消防士 (fireman). **2** = pompier ladder.

pom·pi·er[2] [pɑ̀mpiéɪ, pampjéɪ | pɒ̀mpɪéɪ, pɒmpjéɪ; *F.* pɔ̃pje] 〖□F ～: ↑〗 *adj.* 型にはまった (conventional), 堅苦しい, 古臭い (old-fashioned).

pómpier làdder *n.* (先端にかぎのある)消防はしご.

Pom·pil·i·dae [pampílədi: | pɒmpílɪ-] 〖← NL ～ ← *Pompilus* (属名: ← Gk *pompilos* a fish that follows ships ← *pémpein* to send)+-IDAE〗 ― *n. pl.* 〘昆虫〙(膜翅目)ベッコウバチ科.

pom-pom[1] [pámpàm | pɒ́mpɒm] 〖《1899》擬音語〗 ― *n.* **1** (第一次大戦の)自動機関銃. **2** (第二次大戦以後の)ポンポン砲, 自動高射砲, 多連装高射機関砲《特に艦船で用いるもの; cf. ack-ack》. **3** 〘軍卑〙性交.

pom-pom[2] [pámpam | pɒ́mpɒm] *n.* =pompon[1] 1.

póm-pom gìrl *n.* 売春婦, パンパン (prostitute).

pom·pon[1] [pámpan | pɔ̃́:(m)pɔ̃:(ŋ), pɔ́(:)mpɔ(:)ŋ, pɒ́mpɒn; *F.* pɔ̃pɔ̃] 〖《1748》*pong pong* □F ～ ← ? *pompe* 'POMP': または擬音語か〗 ― *n.* **1** ポンポン, 玉房《絹または毛糸でつくったボール状の飾り房; 婦人や子供の帽子の頂上・靴の先, その他服飾に用いる; またこの大きなものを手にもって女性が競技の応援などに用いることもある》. **2** (筒形軍帽 (shako) の正面の)羽飾り, 前立て. **3** 〘植物〙ポンポン咲きの花《ダリアや菊など》.

pom·pon[2] [pámpan | pɒ́mpɒn] 〖□Am.-Sp. *pompón*〗 ― *n.* 〘魚類〙米国 Louisiana 州・Florida 州以南の大西洋に産するイサキ科の食用魚 (*Anisotremus surinamensis*)《black margate ともいう》.

pom·pos·i·ty [pampásəṭi | pɒmpɒ́sətɪ, -sɪ-] 〖□LL *pompositāt-*, *pompositās* ← *pomposus* 'POMPOUS': ⇨ -ity〗 ― *n.* **1** 華やかさ, 豪華, 誇示. **2** (言葉・態度などの)もったいぶり, 尊大. **3** もったいぶった[尊大な]言動. **4** 尊大ぶる人, 威張り屋.

pom·po·so [pampóusou | pɒmpáusəu; *It.* pompó:so] 〖□It. ～ < LL *pompōsum* (↓)〗 *adv.* 〘音楽〙華やかに, 荘重に (pompously).

pom·pous [pámpəs | pɒ́m-] 〖《c1375》□(O)F *pompeux* < LL *pompōsum*: ⇨ pomp, -ous〗 ― *adj.* **1** 〈態度など〉もったいぶった, 横柄な, 尊大な. **2** 〈言語・文体など〉気取った, 大げさな. **3** 《古》華やかな, 豪華な, 壮麗な (magnificent). **～·ly** *adv.* **～·ness** *n.*

pon. 《略》pontoon.

'pon, pon [pàn, pɔ̀(:)n; pɒn | pɒn; pən] 〖《頭音消失》← UPON〗 *prep.* =upon: ～ my word.

Pon·ca [páŋkə | pɒ́ŋ-] *n.* (*pl.* **～s**, ～) **1 a** [the ～(s)] ポンカ族《米国 Nebraska 州北部のスー語族の一支族》. **b** ポンカ族の人. **2** ポンカ語《ポンカインディアンの言語》.

ponce [páns | pɒ́ns] 〖《変形》? ← POUNCE[1]〗《英俗》 ― *n.* **1** (売春婦などの)「ひも」; =pimp 1. **2** にやけ男. ― *vi.* **1** 売春婦の「ひも」をする. **2** にやけた様子で歩き回る 〈*around, about*〉.

ponce oneself up 着飾る, めかし立てる.

Pon·ce [pɔ́(:)nseɪ | pɒ́n-; *Am. Sp.* pónse] *n.* ポンセ《西インド諸島, Puerto Rico 南部の海港; 人口 129,000》.

pon·ceau [pansóu | pɒ́nsəu; *F.* pɔ̃so] 〖□F ～ < OF *pouncel* ← F *paon* peacock: その色が七面鳥のとさかに似ていることから〗 ― *n.* **1** ひなげし色. **2** 〘染色〙ポンソー《鮮紅色の酸性アゾ染料; 食品用色素》. ― *adj.* ひなげし色の.

Pon·ce de Le·ón [páns-də-lí:ən, pánsə-deɪ-lióun | pɒ́ns-də-lí:ən, pɒ́nsə-deɪ-lɪáʊn; *Sp.* pónθedeleón], **Juan** *n.* ポンセ デ レオン《1460?–1521; スペインの探検家; Puerto Rico (1509 年), Florida (1513 年) を発見》.

Pon·chiel·li [pàŋkiéli | pɒ̀ŋkɪélɪ; *It.* poŋkjɛ́lli], **A·mil·ca·re** [amílkare] *n.* ポンキエリ《1834–86; イタリアの作曲家; *La Gioconda*「ジョコンダ」(歌劇 1876)》.

pon·cho [pántʃou | pɒ́ntʃəu] 〖《1748》□Am.-Sp. ～ □Araucanian ～, *pontho* woolen fabric〗 ― *n.* (*pl.* **～s**) ポンチョ: **a** 真中に頭を通すあきのある毛布のような外套; 主に南米のインディオが用いる. **b** それに似た衣服; 特に, ゴム・防水布・ビニール製などの袖無しレインコート.

pond [pá:nd | pɒ́nd] 〖《?c1225》《変形》← *pounde, poonde* 'POUND[3]'〗 ― *n.* **1** 《英》(自然または人造の)池, 泉水. **2** 《米》小さな湖《通例 lake より小さく pool より大きい自然湖》: ⇨ Walden Pond. **3** 〘英戯言〙海; [the ～ [P-]] (特に)大西洋 (the Atlantic Ocean): ⇨ herring pond. ― *vt.* 〈流れを〉せき止める; (せき止めて)池にする 〈*back, up*〉. ― *vi.* 〈水が〉たまる; 〈水が〉(たまって)池になる.

pond·age [pándɪdʒ | pɒ́n-] 〖⇨ ↑, -age〗 *n.* 池の水量, (貯水池の)貯水量.

póndage tỳpe pówer plànt *n.* 〘電気〙調整池式発電所.

pónd àpple *n.* 〘植物〙熱帯アメリカ原産バンレイシ属の常緑高木 (*Annona glabra*); その食用の果実《卵円形で帯黄色》.

pon·der [pándə | pɒ́ndə(r] 〖《?c1400》□(O)F *ponderer* to consider (F to balance) □L *ponderāre* to weigh ← *pondus* weight ← IE *(*s*)*pend*-(*d*)- to draw, spin (L *pendere* to hang): cf. pound[1]〗 ― *vt.* とくと考える, 熟考する, 思案する: ～ a question, an answer, a problem, etc. / ～ what to do どうすべきかを思案する. ― *vi.* [問題などを]熟考する, 思案する, つくづく考える [*on, over*]. **～·er** *n.*

pon·der·a·ble [pánd(ə)rəbl | pɒ́n-] 〖□LL *ponderābil-is* ← L *ponderāre* (↑): ⇨ -able〗 ― *adj.* **1** 重さが計られる, 重みのある. **2** 慎重な考慮に値する, 一考の値価のある, かなりすぐれた. ― *n.* [the ～s] 前もって考えられる[予想される]事; 考慮に値する重要なもの. **pòn·der·a·bíl·i·ty** [-rəbíləṭi | -lətɪ, -lɪ-] *n.*

pon·der·ance [pánd(ə)rəns | pɒ́n-] 〖← PONDER+-ANCE〗 *n.* **1** 重さ, 重量. **2** 厳粛 (gravity).

pon·der·a·tion [pɑ̀ndəréɪʃən | pɒ̀n-] 〖□L *ponderātiō(n-)*: ⇨ ponder, -ation〗 *n.* 計量; 考量, 熟考.

pón·der·ing·ly [-d(ə)rɪŋ-] *adv.* 考えながら.

pon·der·o·sa [pɑ̀ndəróusə, -róuzə | pɒ̀ndəráu-] *n.* 〘植物〙=ponderosa pine.

ponderósa píne 〖← NL *Pinus ponderōsa* heavy pine: ⇨ ↓, pine[2]〗 *n.* 〘植物〙ポンデロサマツ (*Pinus ponderosa*)《米国西部産の大きな五葉松の一種》.

pon·der·os·i·ty [pɑ̀ndərásəṭi | pɒ̀ndərɒ́sətɪ, -sɪ-] 〖□ML *ponderōsitāt-em* ← L *ponderōsus* heavy: ⇨ ↓, -osity〗 ― *n.* **1** 重いこと, 重さ (heaviness). **2** (文体などの)重々しさ, 重苦しさ, 鈍重 (dullness).

pon·der·ous [pánd(ə)rəs | pɒ́n-] 〖《a1400》□(O)F *pondéreux* // L *ponderōs-us* ← *pondus* weight: ⇨ ponder, -ous〗 ― *adj.* **1 a** 〈物など〉非常に重い: a ～ ax. **b** (重くて)扱いにくい (unwieldy): ～ furniture. **2** 重々しい, どっしりした: a ～ building [figure] どっしりした建物[格好]. **3** 〈談話・文体など〉軽妙でない, 重苦しい; 生硬な, 退屈な (dull): a ～ joke 苦しいしゃれ. **4** ぶざまな, 不格好な. **～·ly** *adv.* **～·ness** *n.*

pónd hòckey *n.* 《カナダ》**1** 凍った池(など)でする略式ホッケー. **2** 下手なホッケー.

Pon·di·cher·ry [pɑ̀ndətʃéri, -ʃéri | pɒ̀ndɪtʃérɪ, -ʃérɪ] *n.* ポンディシェリー《フランス語名 Pon·di·ché·ry [～; *F.* pɔ̃diʃeri]》: **1** インド南東部, Coromandel 海岸の旧フランス植民地; 人口 505,000, 面積 480 km². **2** その旧首都・海港; 人口 91,000.

pónd-lìfe *n.* 池やよどんだ水にすむ生物《小動物類; 特に無脊椎動物》.

pónd lily *n.* 〘植物〙=water lily.

pónd scùm *n.* 〘植物〙 **1 a** 接合藻目ホシミドロ科の藻類の総称; (特に)アオミドロ (spirogyra). **b** アオミドロに近縁の種々の藻類. **2** よどんだ水の中のもつれた髪毛状の藻の塊, アオミドロ塊.

pónd·wèed 〘植物〙 *n.* ヒルムシロ科ヒルムシロ属 (*Potamogeton*) および近縁の水草の総称《ヒルムシロ (*P. distinctus*) など》. ― *adj.* ヒルムシロ科の.

po·ne[1] [póuni:, -ni, póun | páuni:, -nɪ, páun] 〖□L *pōne* place thou (sing. imper.) ← *pōnere* to place〗 ― *n.* 〘トランプ〙親の右隣りの人, (二人の場合は)親の相手《どちらも札をカットする役》.

pone[2] [póun | páun] 〖《1634》□N-Am.-Ind. (Algonquian) ～, *apone, oppone*《原義》baked (p.p.): cf. Virginian *äpän* something baked, bread〗 ― *n.* 《米南部・中部》 **1** =corn pone. **2** ミルク・卵入りの軽いパン(の一塊).

pong [pɔ́(:)ŋ, pá(:)ŋ | pɒ́ŋ] 〖□? Romany *pan* to stink〗 *n.* 《口語》悪臭, いやな匂い (stink). ― *vi.* 悪臭[いやな匂い]を放つ.

pon·gee [pandʒí:, ∸∸ | pɒndʒí:, pʌn-] 〖《1711》□North-Chin. *pun-chi*=Mandarin *pun-kī* (本機) (made by) one's own loom〗 ― *n.* **1** 繭紬(けんちゅう)《サクサンガ (*Antheraea pernyi*) から採ったさくさん糸で織った自然色の薄地の絹織物》; それの模造織物《木綿または人絹の織物》. **2** 黄色がかった褐色, 薄茶色.

pon·gid [pándʒɪd, -dʒəd, páŋgɪd, -gəd | pɒ́ndʒɪd, pɒ́ŋgɪd] 〖↓〗 *n.* 〘動物〙ショウジョウ科の類人猿.

Pon·gi·dae [pándʒədi:, páŋgə- | pɒ́ndʒɪ-, pɒ́ŋgɪ-] 〖← NL ～ ← *Pongo* (属名: ↓)+-IDAE〗 *n. pl.* 〘動物〙ショウジョウ科, 類人猿科《Anthropoidae ともいう》.

pon·go [páŋgou | pɒ́ŋgəu] 〖《1625》← NL ～ □Kongo *mpongi, mpungu*〗 *n.* (*pl.* **～s**) **1** 類人猿; (特に)オランウータン (orangutan). **2** 《英俗》兵士.

pong·y [pɔ́(:)ŋi, páŋi | pɒ́ŋɪ] 〖← PONG+-Y[4]〗 *adj.* 《英俗》悪臭がする, いやな匂いのする.

pon·gyi [poundʒí:, pu:n- | pəun-, pu:n-] 〖□Burmese *phungyi* ← *phun* glory+*gyī* great〗 *n.* (ビルマの)僧.

pon·iard [pánjəd | pɒ́njəd, -ja:d] 〖《1593–94》□F *poignard* ← *poing* fist (< L *pugnum*)+-ARD〗 *n.* (刃の断面が三角または四角の)短剣 (dagger). ― *vt.* 短剣で刺す.

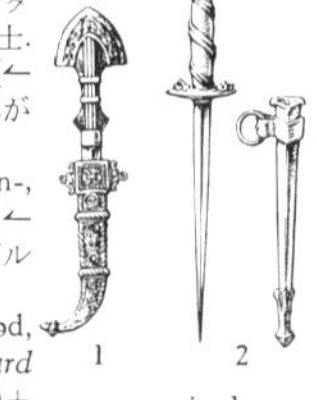

poniard
1 Arabian poniard
2 French poniard of the 14th century

po·no·graph [póunəgræ̀f | páunəgrɑ̀:f, græ̀f-] 〚← Gk *póno-s* pain, work＋-GRAPH〛 *n.* 〘医学〙(筋肉の)疲労計.

po·nor [póunɔə | páunɔ:(r] 〚← Serbo-Croatian〛 *n.* 〘地質〙ポノール (⇨ swallow² 4).

pons [pɑ́(:)nz | pɔ́nz] 〚← NL ～ ← L *pōns* bridge ← IE **pent-* to tread, go〛 ― *n.* (*pl.* **pon·tes** [pɑ́ntì:z | pɔ́n-]) 〘解剖〙 **1** 脳橋《間脳と延髄との間にある中枢神経組織; pons Varolii ともいう; ⇨ brain 挿絵》. **2** 橋(きょう)《一つの器官の 2 つの部分を結び付ける組織》.

Pons [pɔ̃́:(n)s, pɑ́(:)ns ; *F.* pɔ̃:s], **Lily** *n.* ポンス《1904–76; フランス生まれの米国のオペラ歌手(ソプラノ)》.

pons as·i·no·rum [pɑ́nz-æ̀sənɔ́:rəm, -nóːr-, -sn̩- | pɔ́nz-æ̀sɪnɔ́:r-] 〚← NL ～ 'asses' bridge' ← L *pōns* (⇨ pons)＋*asinōrum* ((gen. pl.) ← *asinus* 'ASS')〛 ― *n.* **1** 〘数学〙ろばの橋 (asses' bridge)《ユークリッド幾何学で「二等辺三角形の両底角は相等しい」という定理; 愚かな生徒 (ass) がよくつまずく橋の意; この定理の証明として引く補助線と二等辺三角形の底辺とが見たところ橋の形をしていることから》. **2** 未経験者をためす設問. **3** 初心者にとって難しいもの.

póns Va·ró·li·i [pɑ́nz-vəróulìàɪ, -lìì: | pɔ́nz-vərə́ulìàɪ, -lìì:] 〚← NL ～ 《原義》 bridge of Varoli ← *Costanzo Varoli* (1542–75: イタリアの外科医・解剖学者)〛 ― *n.* (*pl.* **pontes V-**) 〘解剖〙 ＝pons 1.

pont [pɑ́nt | pɔ́nt] 〚□ Du. ～ □ L *pontō* 'PONTOON¹'〛 *n.* **1** 《アフリカ南部》(綱を使った)渡し舟 (ferryboat). **2** ＝pontoon¹.

Pon·ta Del·ga·da [pɑ̀ntə-delgɑ́:də, -gǽdə | pɔ́ntə-delgɑ́:də] *n.* ポンタ デルガダ《大西洋 Azores 諸島中の Sao Miguel 島の海港; 人口 22,000》.

pon·tage [pɑ́ntɪdʒ | pɔ́nt-] 〚□ OF ～ □ ML *pontāticum* bridge-toll ← L *pont-, pōns* bridge: ⇨ -age〛 *n.* 〘英法〙 **1** 橋梁営繕税. **2** 橋梁通行税.

Pont·char·train [pɑ́ntʃətrèɪn | pɔ́n-], **Lake** 〚← *J. P. Pontchartrain* (1674–1747: フランス人の牧師) // *Louis, Comte de Pontchartrain* (1643–1727: フランスの政治家)〛 ― *n.* ポンチャートレーン湖《米国 Louisiana 州南東部, New Orleans 北部のメキシコ湾の入江》.

Pon·te·de·ri·a·ce·ae [pɑ̀ntədɪ̀(ə)rɪéɪsìì: | pɔ̀ntɪdɪə-rɪ-] 〚← NL ～ ← *Pontederia* (属名: ← *Giulio Pontedera* (1688–1757: イタリアの植物学者))＋-ACEAE〛 ― *n. pl.* 〘植物〙(ツユクサ目)ミズアオイ科. **pòn·te·dè·ri·á·ceous** [-ʃəs] *adj.*

Pon·te·fract [pɑ́ntɪfræ̀kt, -tə- | pɔ́ntɪ-] 〚ME *Pontfreit* □ ML *Pontefract-us* ← L *pōns* bridge＋*fractus* broken〛 ― *n.* イングランド West Yorkshire 州東部の都市; 古城がある; 人口 23,000.

Póntefract càke *n.* 《英》 ＝pomfret cake.

pontes *n.* pons の複数形.

Pon·ti·ac¹ [pɑ́ntiæ̀k | pɔ́ntɪ-] *n.* (1720?–69) アメリカインディアン Ottawa 族の酋長.

Pon·ti·ac² [pɑ́ntiæ̀k | pɔ́ntɪ-] 〚↑〛 *n.* 米国 Michigan 州南東部の工業都市; 人口 86,000.

Pon·ti·a·nak [pɑ̀ntiɑ́:nɑ:k | pɔ̀ntɪ-] *n.* ポンチアナ《インドネシア中部, Borneo 島西部の海港; 人口 151,000》.

pon·tic [pɑ́ntɪk | pɔ́nt-] 〚← L *pont-, pōns* bridge＋-IC¹〛 *n.* 〘歯科〙(ブリッジの)ポンティック, 架工歯.

Pon·tic [pɑ́ntɪk | pɔ́nt-] 〚□ L *Pontic-us* □ Gk *Pontikós* ← *póntos* open sea, 《原義》 path〛 *adj.* **1** Pontus¹ の. **2** 黒海 (Black Sea) の.

pon·ti·fex [pɑ́ntəfèks | pɔ́ntɪ-] 〚□ L ～ 'high priest, 《原義》 bridgemaker' ← *pont-, pōns* bridge＋*-fic-, -fex* ← *facere* to make, do〛 ― *n.* (*pl.* **-tif·i·ces** [pɑntífəsì:z | pɔntífɪ-]) **1** 〘古代ローマ〙高位神官: the *Pontifex* Maximus 祭司長, 大神官, 教皇. **2** 〘キリスト教〙 ＝pontiff 3.

pon·tiff [pɑ́ntɪf, -təf | pɔ́ntɪf] 〚《1610》 □ F *pontife* □ L *pontifex* (↑)〛 ― *n.* **1** 〘古代ローマ〙 ＝pontifex 1. **2** (ユダヤの)大祭司, 祭司長 (high priest). **3** 〘キリスト教〙 **a** 司教, 主教, 監督 (bishop). **b** [the ～] (特に, ローマの司教である)教皇 (Pope): *the* Supreme [Sovereign] *Pontiff* ローマ教皇.

pon·tif·i·cal [pɑntífɪkəl, -fə- | pɔntífɪ-] 〚adj.: 《c1450》 □ L *pontificāl-is*. ― n.: 《c1386》 □ ML *pontificāl-ia* (neut. pl.) ← L *pontificālis*: ⇨ pontifex, -al¹〛 ― *adj.* **1** 〘古代ローマ〙 pontifex の. **2** 〘キリスト教〙司教[主教, 監督] (bishop) の; (特に)ローマ教皇の (Papal): ～ authority 教皇権 / ⇨ Pontifical Mass. **3** 絶対確実だと言わんばかりの, 非常に独断的な. ― *n.* 〘カトリック〙 **1** [*pl.*] (司教の用いる)ミサ祭服: in full ～*s* 司教の正装で. **2** 司教定式書, 司教式目. **～·ly** *adv.*

Pontífical Cóllege *n.* **1** ＝COLLEGE of Pontiffs. **2** 〘キリスト教〙司教[主教, 監督]団.

pon·tif·i·ca·li·a [pɑntìfəkéɪliə, -ljə | pɔntìfɪkéɪljə, -lɪə] 〚□ ML *pontificāl-ia* (neut. pl.) ← L *pontificālis* 'of a PONTIFF'〛 *n. pl.* 司教祭服 (pontificals).

Pontífical Máss *n.* 〘カトリック〙司教盛儀ミサ.

pon·tif·i·cate [pɑntífɪkət, -kɪt, -fəkèɪt | pɔntífɪ-] 〚《1581》 □ ML *pontificāt-us* (p.p.) ← *pontificāre* to perform pontifical functions: ⇨ pontifex, -ate³〛 ― *n.* 〘キリスト教〙教皇の職[位, 任期]. ― *v.* [-fəkèɪt | -fɪ-] ― *vi.* **1** 司教として儀式[ミサ]を執行する. **2** もったいぶって話す; 権柄ずくに言う[振舞う]. ― *vt.* 独断的に[権威あり気に]言う.

pontifices *n.* pontifex の複数形.

pon·ti·fy [pɑ́ntəfàɪ | pɔ́ntɪ-] 〚□ F *pontifi-er*: ⇨ pontiff, -fy〛 *vi.* ＝pontificate 1.

pon·til [pɑ́ntl̩ | pɔ́ntɪl] 〚□ F ～ □ ? It. *puntello* (dim.) ← *punto* 'POINT'〛 *n.* 〘ガラス製造〙 ＝punty.

pon·tine [pɑ́ntaɪn, -ti:n | pɔ́ntaɪn] 〚← PONS＋-INE¹〛 *adj.* 〘解剖〙脳橋 (pons) の.

Pón·tine Márshes [pɑ́ntaɪn-, -ti:n- | pɔ́n-] *n. pl.* [the ～] ポンティナ沼沢地《イタリア西部 Rome 市南東部の地帯; 以前は沼沢地》.

Pon·tius [pɑ́nʃəs, -tiəs, -tʃəs | pɔ́ntjəs, -tɪəs, -tʃəs, -ʃəs] *n.* ポンティウス, ポンテオ《Pilate の氏族名》.

Pont l'É·vêque [pɔ̃̀:(n)leɪvék, pɔ̀(:)n-, -lə-; *F.* pɔ̃levɛk] 〚□ F ～: フランス北西部の原産地名〛 *n.* ポンレベック《全乳 (whole milk) から作る薄黄色のチーズ》.

pont·lev·is [pɑ̀ntlévɪs, -vəs | pɔ̀ntlévɪs] 〚□ F ～ ← *pont* bridge＋*levis* movable up and down (← L *levāre* to raise)〛 *n.* 〘土木〙跳開橋 (drawbridge).

pon·ton [pɑ́ntn̩, -tən, pɑntú:n | pɔ́ntn̩, -tən, pɔntú:n] 〚□ F ～: ⇨ pontoon¹〛 *n.* 〘軍事〙 ＝pontoon¹ 1 a.

pon·ton·eer [pɑ̀ntəníə, -tn̩- | pɔ̀ntəníə(r, -tn̩-] *n.* 〘軍事〙 ＝pontonier.

pon·ton·ier [pɑ̀ntəníə, -tn̩- | pɔ̀ntəníə(r, -tn̩-] 〚□ F *pontonnier*: ⇨ ↓, -ier²〛 *n.* 〘軍事〙舟橋(ふなはし)架設員, 鉄舟係将兵, 架橋兵.

pon·toon¹ [pɑntú:n | pɔn-] 〚《1676》 □ (O)F *ponton* floating bridge < L *pontōnem* bridge, pontoon¹ ← *pōns* bridge: ⇨ pons, -oon: cf. punt¹〛 ― *n.* **1 a** 〘軍事〙舟橋(ふなはし)用平底ボート, 鉄舟, 橋脚舟《ponton ともいう》. **b** 〘土木〙ポンツーン, 浮舟, 箱舟《架橋の際用いる》. **c** 〘海軍〙浮きドック. **2** (水上飛行機用の)フロート (float). **3** (沈没船引揚げのための)浮揚函(かん); (水中作業用の)ケーソン (caisson), 潜函. **4** 〘海事〙浮桟橋. ― *vt.* …に舟橋をかける; 〈川を〉舟橋で渡る. ― *vi.* 舟橋で渡河する.

pon·toon² [pɑntú:n | pɔn-] 〚《変形》? ← F *vingt(-et)-un* twenty-one〛 *n.* 《英》〘トランプ〙 **1** 二十一 (twenty-one, vingt-et-un). **2** ＝natural 6 a.

póntoon brídge *n.* 〘土木〙舟橋(ふなはし), 鉄舟橋, 浮橋 (floating bridge)《鉄舟をいくつも横にならべ, 上に板を渡した橋》.

pontoon bridge

póntoon húll *n.* 〘海事〙箱船型船体《船首が四角な平底の船体》.

Pon·top·pi·dan [pɑntɑ́pədæ̀n | pɔn-tɔ́pɪ-; *Dan.* pɔn-tóbidan], **Henrik** *n.* ポントピダン《1857–1943; デンマークの小説家; Nobel 文学賞 (1917)》.

Pon·tus¹ [pɑ́ntəs | pɔ́nt-] 〚□ L ～ □ Gk *Póntos*: ⇨ Pontic〛 *n.* ポントス《黒海に臨んだ小アジアの古国; 紀元 64 年ローマ領となった》.

Pon·tus² [pɑ́ntəs | pɔ́nt-] 〚□ L ～ □ Gk *Póntos*: *póntos* sea の擬人化〛 *n.* **1** 男性名. **2** [the ～] 〘ギリシャ神話〙ポントス《海の神》.

Póntus Eux·í·nus [-ju:ksáɪnəs] 〚□ L *Pontus Euxīnus* □ Gk *Póntos Eúxe(i)nos* 《原義》 the hospitable sea〛 ― *n.* [the ～] ポントスエウクセイノス, ポントスエウクシヌス《黒海 (Black Sea) の古名》.

pon·ty [pɑ́nti | pɔ́ntɪ] *n.* 〘ガラス製造〙 ＝punty.

po·ny [póuni | páunɪ] 〚《1659》 ← 《スコット》 *pown(e)y* □ ? F 《廃》 *poulenet* (dim.) ← *poulain* foal < LL *pullānum* ← L *pullus* young animal: cf. pullet〛 ― *n.* **1 a** ポニー《高さ 4.3–4.7 フィート程度の小型の馬; 強健で忍耐強く, 英国では Shetland, Exmoor, Galloway 種など有名; cf. horse》. **b** 米国西部産の野生馬《bronco, mustang, cayuse など》. **2** 《口語》小馬. **3** [通例 *pl.*] 《俗》競走馬. **4** 《米口語》(外国語教科書などの)ひとり案内, 虎の巻 (trot) (cf. crib 4 c). **5** 《米》同種類のうちで小型のもの《小型自動車・小型機関車・ビールの小コップ[グラス](一杯分)など》. **6** 《英俗》25 ポンド《賭博用語》. ― 《米俗》 *vt.* **1** 虎の巻で〈学課を〉下調べする. **2** 決済する, 清算する, 支払う〈*up*〉. ― *vi.* 《米俗》決済する, 清算する〈*up*〉. ― *adj.* **1** 普通より小さい, 小型の: a ～ glass / a ～ edition (雑誌などの)小型版. **2** 〈ニュースなど〉短くて重要な.

póny càr *n.* 《米》小型車《ツードアのハードトップ (hardtop) のスポーツカー式の自動車; cf. pony *n.* 5》.

póny èngine *n.* 《米》(車両入替え用の)小型機関車.

póny expréss *n.* (1860–61 年米国で行なわれた)小馬速達便, 早馬便《Missouri 州の St. Joseph から California 州の Sacramento まで 1,960 マイルを小馬や普通の馬のリレーによって 8 日間で配達した》.

Póny Lèague *n.* [the ～] 《米》ポニーリーグ《Boy's Baseball の旧称》.

póny shàft *n.* 〘土木〙ポニーシャフト《2 つの空気ケーソンを水面下でつなぐ空気閘(こう) (air lock) のついた通路》.

póny·tàil *n.* ポニーテール (horsetail).

póny-trèkking *n.* 《英》ポニー(による)旅行.

póny trùck *n.* 〘鉄道〙ポニー台車《機関車の前端に取付けられる 2 輪の台車》.

póny trùss *n.* 〘土木〙ポニートラス《構高が低くて上部に横構などのないトラス》.

P.O.O. 《略》《英》 post-office order (cf. M.O.).

pooch [pú:tʃ] 〚《変形》 ← POUCH〛 *n.* 《米俗》犬 (dog); (特に)雑種犬 (mongrel).

pood [pú:d, pú:t; *Russ.* pút] 〚《1554》 □ Russ. *pud* □ LG & ON *pund* 'POUND¹'〛 *n.* プード《ソ連の旧重量単位; ＝16.38 kg》.

poo·dle [pú:dl̩] 〚《1825》 □ G *Pudel(-hund)* poodle (dog) ← *pudeln* to splash in water ← *pudel* 'PUDDLE'〛 ― *n.* プードル《フランスの国民のイヌとみなされていて活発で聡明な犬種のイヌ; standard, miniature, toy など 3 種あり, 毛は一色, 種々の刈りこみ方がある》. ― *vt.* 〈犬〉の毛を刈り込む.

póodle cùt *n.* プードル カット《婦人の結髪法で髪を全部短く切ってカールする》.

poof¹ [pú:f] 〚← POOH〛 *n.* (*pl.* **pooves** [pú:vz], ～**s**) 《口語》女々しい男; (特に)ホモ (cf. poovey).

poof² [pú:f] 〘擬音語〙 *int.* **1** ふっ, ぱっ《消え方・現われ方などの突然さを表わす》. **2** ＝pooh-pooh.

poof³ [pú:f] *vt., vi.* ＝poop⁴.

poo·gye [pú:gi | -gɪ] 〚□ Hindi *pūgī*: cf. pungi〛 *n.* ＝pungi.

pooh [pú, phú:, pú:] 〚《1600》 *pwh, pugh, poh* 《擬音語》〛 *int.* ＝pooh-pooh.

Pooh-Bah, pooh-bah [pú:bɑ̀:, -bɔ̀: | pú:bɑ́:] 〚《1888》 Gilbert & Sullivan の喜歌劇 *The Mikado* (1885) 中の Lord-High-Everything-Else の肩書をもつ不正官吏の名から〛 ― *n.* **1** 多数の役を兼ねる人. **2 a** 偉い人, 大官. **b** 偉そうに見える人.

pooh-pooh [pú:pú:] 〚《加重》 ← POOH〛 ― *int.* ふーん, ばかな (nonsense), 何をぬかす (fudge)《いらだち・あざけりまたは軽蔑を表わす》. ― *vt.* からかう, ばかにする, あざける, 鼻であしらう, 軽視する: ～ the idea [suggestions] 考え[提案]を一笑に付す.

póoh-pooh thèory *n.* [the ～] 〘言語〙ぷーぷー言語起源説《強い感覚または感動に伴って自然に発した音が言語の起源になったという説; cf. bowwow theory, dindong theory》.

poo·ja [pú:dʒə] *n.* ＝puja.

poo·ka [pú:kə] 〚□ Ir.-Gael. *pūca* (OE *puck, pūca* mischievous demon / ON *pūki* / Welsh *pwca*)〛 ― *n.* 《アイル伝説》プーカ《いろいろな動物の姿で現われるいたずら好きな妖精; イングランドの Puck に当たる; しばしば蝸牛(かたつむり)と連想される》.

poo·koo [pú:ku:] *n.* (*pl.* ～**s**) 〘動物〙 ＝puku.

pool¹ [pú:l] 〚OE *pōl* ← (WGmc) **pōla-*, **pōl-* (Du. *poel* / G *Pfuhl*) ← ? IE **bhel-* to shine, glimmer〛 ― *n.* **1** (川などの)よどみ, とろ, ふち. **2** 水たまり (puddle); (一般に)たまり: a ～ of blood 血の海 / a ～ *of* sunlight 日だまり. **3** (人工的な)小池, 貯水池; (水泳・水浴用の)プール (swimming pool): an indoor ～ 室内プール / a wading ～ 子供用プール / a warm ～ 温水プール. **4** 《略》 ← *Pool of London* [the P-] プール《Thames 川の London Bridge のすぐ下手の水域; London 港はここから始まり外洋船はここまで航行できる》. **5** 〘地質〙プール《単一の油層またはガス層》. **6** 〘生理〙血液・化学成分などの予備的な貯蔵分[貯蔵所]. **7** 〘病理〙(通例静脈循環遅滞によって身体の部分に起こる)鬱(うっ)血. ― *vi.* **1** たまりを成す, たまる (accumulate). **2** 〘病理〙〈血液が〉(身体の部分に)たまる, 鬱血する. ― *vt.* **1** …に水たまりをつくる. **2** 〘鉱山〙〈くさびを打ち込むために〈穴を〉作る; 〈石炭を〉下から掘りくずす (undermine). **3** 〘生理〙(予備的に)貯蔵する, プールする. **4** 〘病理〙(身体の部分に)〈血液を〉ためる, 鬱血を起こさせる.

pool² [pú:l] 〚《1693》 □ F *poule* stake, 《原義》 hen, chicken < ML *pulla*(*m*) (fem.) ← L *pullus* young animal: cf. pullet〛 ― *n.* **1 a** (トランプ・競馬などの)積立て賭金 (stakes)《勝者が取る》, 発売金; 賭金入れ[置き場] (cf. auction pool): scoop the ～ 《口語》ごっそり賭金をいただく, しこたま勝つ. **b** 《略》 ← *football pools* [the ～s] 《口語》サッカーくじ, 「トトカルチョ」: do *the* ～*s* サッカーくじに賭ける / win a fortune on *the* ～*s* サッカーくじでひと山当てる. **2** 〘玉突〙プール: **a** 《英》数人で各々色の違った玉を持ってする一種の賭け玉突き (cf. snooker). **b** 《米》二人以上で 6 つ pocket のある玉突き台でする一種の賭け玉突き《pocket billiards ともいう》: shoot ～ プール[玉突き]をする. **3** (相互の利益のために生産・市場・価格の統制を協定した)プール, 企業連合, (企業)カルテル: ⇨ blind pool. **4** (共同利益のために行なう)資金合同, 共同出資, 共同管理, 共同利用; 合同資金, プール: ⇨ car pool. **5** (証券・穀物などの市場操作を図る権利・資金などの)買占め連合, 共同相場売買組合, プール制組合; [集合的] その組合員. **6** 〘フェンシング〙プール戦《相対する二つのチームの各メンバーがそれぞれ相手チームのメンバーの一人一人と勝負を競う試合》. **7** (共同利用・必要時に備えての)設備, たくわえ, 予備; [集合的] 要員たち: a typists' ～ (大会社の)タイピスト要員たち / ⇨ motor pool / the labor ～ 予備労働力 / the paper ～ 紙のたくわえ / a ～ of ideas 知識のたくわえ / a ～ of scientists 必要時に備えてかかえてある科学者たち / replenish the ～ たくわえを補充する.
― *vt.* **1 a** (共同利益のために)〈権利・資金などを〉プールする, 共同出資する: the ～*ing* of capital 資本の合同 / ～ money 共同で金を出す. **b** 〈知識・経験などを〉(寄せて)分かち合う (share): ～ ideas 考えを持ち寄る[出し合う]. **2** 〈競合する(鉄道)会社などが〉〈輸送量・収益などを〉分ける, 分割する (share): ～ traffic. ― *vi.* 共同出資する, 企業連合を作る.

Pool [pú:l] *n.* [the ～] **1** ⇨ pool¹ *n.* 4. **2** ＝Liverpool.

Poole [pú:l] 〚ME *Pole*: ⇨ pool¹〛 *n.* イングランド Dorset 州南東部の港市; 人口 114,000.

Poole [pú:l], **Ernest** *n.* (1880–1950) 米国の小説家; *The Harbor* (1915).

póol hàll n. 《米》〘玉突〙＝poolroom 1.
póol·ròom 〘← POOL[2]+ROOM〙 ── n. 《米》 **1** 〘玉突〙プールゲームホール (cf. pool[2] 2 b). **2** 公開賭博場《遠隔地で行なわれる競馬やボクシングに対して賭けをする場所》; ブックメーカーの馬券売場.
póol tàble n. 《米》〘玉突〙プールテーブル《6 個の pocket のある台; cf. pool[2] 2 b》.
poon [púːn] 〘⊏ Singhalese & Telugu *pūna* ⊏ ? Tamil *punnai*〙 ── n. **1** 〘植物〙テリハボク, ヤラボ《東南アジアの海岸に広く自生するオトギリソウ科テリハボク属 (*Calophyllum*) の高木の総称; テリハボク (*C. inophyllum*) など; poon tree ともいう》. **2** テリハボク材《家具・帆柱・ボート用としてきわめて有用》.
Poo·na [púːnə | -nə, -nɑː; *Hindi* punaː] n. プーナ《インド Maharashtra 州の Bombay の南東 120 km にある都市; 人口 857,000》.
póo·nah brúsh [púːnə-] 〘← *Poonah* 'POONA'〙 n. poonah painting 用の筆.
póonah páinting n. 19 世紀に英国に流行した薄紙に不透明絵の具で花鳥などを描いた東洋風の絵画.
póonah pàper n. poonah painting 用の用紙.
póon-òil n. ヤラボ油《テリハボク (poon) の種子から採る; 薬用・灯用》.
poon·tang [púːntæŋ] 〘⊏ F *putain* prostitute ← OF *pute* girl < VL *putto child〙 ── n. 《米俗》性交.
poop[1] [púːp] 〘(1489) *pouppe, pope* ⊏ OF *pup-e* (F *poupe*) ⊏ It. *poppa* // OProv. *poppa* < VL *puppam = L *puppis* stern of a ship〙 ── n. 〘海事〙 **1** 船尾《船の最後部》. **2** 船尾楼 (↔ forecastle). **3** ＝poop deck.
── vt. 〈波が〉〈船〉の船尾にくずれかかる; 〈船が〉〈大波を〉船尾越しに受ける: The ship was ~*ed*. 大波が船尾に打ち込んだ.

poop[1] 2

poop[2] [púːp] n., vt. ＝pope[3].
poop[3] [púːp] 〘《略》← NINCOMPOOP〙 n. 《英俗》つまらないやつ, ばか (boob).
poop[4] [púːp] 〘← ?: cf. ME *puope(n)* to gulp, break wind《擬音語》〙《俗》 ── vt. 疲れさせる, へとへとにさせる (exhaust) (cf. pooped). ── vi. 疲れ切る, へたばる, あごを出す; 〈植物などが〉生気を失う 〈*out*〉.
poop out (疲労・恐怖などが原因で)やめる, 投げ出す: ~ *out* of the race レースを捨てる.
poop[5] [púːp] 〘← ?〙 n. 《米俗》情報 (information); 実情, 内幕.
poop[6] [púːp] vi., n. 《英俗》＝peep[2] 3.
póop càbin n. 〘海事〙船尾楼甲板下の船室.
póop dèck n. 〘海事〙船尾楼甲板, プープ(デッキ)《単に poop ともいう》.
pooped 〘(p.p.) ← POOP[4]〙 adj. 《俗》疲れ切った (exhausted): be ~ *out* へたばる, あごを出す.
Po·o·pó [pòʊəpóʊ | pəʊəpə́ʊ; *Sp.* pòopó], **Lake** n. ポーポ湖《Bolivia 南西部, Andes 山脈中にある湖; 海抜 3,686 m, 長さ 90 km》.
póop shèet n. 《米》データ表 (data sheet), (指図)摘要書.
poor [pʊ́ə | pʊ́ə(r, pɔ́ː(r] 〘(?a1200) *po(u)re, povere* ⊏ OF *povre, poure* (F *pauvre*) < L *pauprem* ← IE *pōu- few, little (L *paucus* little): cf. pauper, poverty〙 ── adj. (~·er; ~·est) **1 a** 貧しい, 貧乏な (↔ wealthy): a ~ man, family, nation, etc. / a ~ institution 財源の乏しい協会[学会] / (as) ~ as Job [Job's turkey, (a) church mouse] きわめて貧しい / the ~ man's side (of the river)《英口語》(London の) Thames 川南岸(地区) (↔ the rich man's side (of the river)) / Rich men feed, and ~ men breed. ⇨ rich 1 a. **b** [the ~; 名詞的に] 貧しい人々; 〘法律〙(生活扶助を受けている)貧困階級: *the* hungry ~ 飢えた貧困者たち / *the* needy ~ 極貧の人たち / *the* worthy ~ 清貧に甘んじている人々 / Blessed are *the* ~ in spirit. 幸福(さいはひ)なるかな心の貧しき者(高ぶらない[謙虚な]人々) (*Matt.* 5: 3) / rich and ~ ⇨ rich 1 b. **2 a** 豊かでない, 貧弱な (scanty): a ~ crop [harvest] 不作 / a ~ supply 不十分な供給. **b** 天然資源の乏しい: a ~ country. **c** 産出の少ない; 〈土地が〉やせた, 不毛の (barren); 〈鉱石など〉含有量の少ない: a ~ soil やせた土地 / a ~ mine 産出の少ない鉱山 / a ~ ore 貧鉱 / ~ lime 貧石灰. **3 a** 〈衣服・住居・場所など〉貧相な, みすぼらしい; みじめな (wretched): ~ clothes, dwellings, etc. / a ~ place うらぶれた所. **b** (質の)劣った, 悪い, 粗末な, 劣等な (inferior): ~ wine 水っぽいぶどう酒 / ~ food 滋養のない食物 / a ~ essay [picture] 粗末な論文[絵] / a ~ apology [excuse] まずい言い訳[弁解] / ~ stuff [workmanship] いいかげんなしろ物[細工] / of ~ quality 品質の劣った / The weather has been ~ this week. 今週は天候が不順だった. **c** 面白くない, つまらない: ~ jokes 下手な[面白くない]冗談 / have a ~ time 退屈する / We had a ~ night. 退屈な一晩だった. **d** 好意的でない, 好ましくない (unfavorable): take a ~ view of ...をよく思わない; を悲観する. **4** (やり方の)下手な, まずい, 無能な: a ~ cook, driver, player, etc. / a ~ speaker 話し下手な人, 粗末な弁士 / be a ~ hand (*at*) (...が)下手だ / He is ~ *at* [*in*] physics. 物理が不得手だ[できない]. **5 a** 〈身体(の機能)が〉虚弱な (weak), よくない, 不健康な (unhealthy): a ~ body 虚弱な体 / a ~ digestion 消化不良 / a ~ memory 悪い記憶力 / in ~ health 健康を害して / in ~ spirits 意気消沈して. **b** 《方言》〈人が〉気力のない, 弱々しい (feeble). **c** 〈家畜など〉やせ(細っ)た. **6 a** 不十分な, わずかな (meage); 〈劇場など〉入りの少ない; 〈人が〉わずかしか食べない; 〔...に〕乏しい (lacking) 〔*in*〕: a ~ consolation ほんの気休め / a ~ attendance [audience] わずかな出席者[聴衆] / a winter of ~ snow 雪の少ない冬 / a ~ pittance of £10 a week 週わずか 10 ポンドの手当 / a ~ eater 少食家 / There was a ~ house. 劇場は不入りだった (cf. There was a full house.) / a conference ~ *in* results 実りの少ない会議 / a man ~ *in* ideas アイデアに乏しい人 / have a ~ chance of... ...の見込みは乏しい / A desert is ~ *in* vegetation. 砂漠には植物はほとんど見られない. **b** [数詞に冠して] わずか, たったの: a ~ three days' holiday たった 3 日間の休暇. **7** [Attributive に用いて] **a** 不幸な, 不運な (unfortunate); かわいそうな, 気の毒な (pitiable): The ~ old man lost his only son. 気の毒にその老人は 1 人息子に死なれた / *Poor* fellow [soul, thing]! かわいそうに. **b** 故人となった, 亡き... (late) (cf. sainted 3): My ~ brother died in the war. (今は亡き)うちの兄は戦死でした. **8** 卑しい (mean), 見下げ果てた (despicable): a ~ creature [spirit] さもしい人間[根性] / a ~ loser 負けてぶつくさ言う人 (cf. a good loser) / The ~ fool has asked for trouble again. あのばか者がまた余計なことをしでかした. **9** [謙譲語として]つまらない, 取るに足らない, 粗末な (humble): in my ~ opinion 卑見では《しばしば皮肉・戯言》/ to the best of my ~ abilities 微力ながら力の及ぶ限り / a ~ thing but mine own つまらぬものだがわたくしのもの(だ) (cf. *As Y L* 5. 4. 60–1) / He deigned to visit my ~ home. わざわざ拙宅へおいで下さった.
póor bòx n. (教会の門前などに備えた貧民救済のための)慈善箱, 献金箱.
póor bòy n. 《米》 **1** ＝hero sandwich. **2** (油田労働者の言う)安っぽい間に合わせ装置.
póor bòy swèater 〘貧乏な少年が無理に伸して着る小さなセーターに喩えたものか〙 n. (体にぴったり合う)うね編みのプルオーバー《女性用》.
Póor Cláre n. 聖クララ会の修道女《1212 年, Saint Clare がイタリアの Assisi に創始した厳しい清貧を旨とする女子修道会の一員; フランシスコ会第 2 会に属する》.
póor fàrm n. 《米》救貧農場《貧民救済のため公費で維持される農場; cf. county house》.
póor·hòuse n. (昔あった公費による)救貧院 (cf. workhouse 2).
in the poorhouse ひどく貧困で.
poor·ish [pʊ́(ə)rɪʃ | pʊ́ər-, pɔ́ːr-] adj. 貧乏たらしい; 不満足な.
póor làw n. 貧民救助法, 救貧法. ★ 英国ではこれに代わって 1947 年 National Assistance Act (国民救助法)が制定され, 貧民救助事業は地方から国家に移管された.
póor-làw ùnion n. ＝union 5 a.
póor·ly 〘ME *pourelike*: ⇨ poor, -ly[1]〙 ── pred. adj. 《口語》健康[気分]がすぐれない, 病身で (sickly): I feel rather ~ this morning. 今朝は少し気分が悪い / He is ~ *with* fever. 熱があって健康がすぐれない. ── adv. **1** 貧しく: ~ dressed 貧しい服装をした / live ~ 貧しい生活をする. **2** 貧弱に; 不十分に: ~ paid 薄給の / He slept very ~. 彼はよく寝られなかった. **3** 不完全に, まずく, 下手に (awkwardly): a ~ built house 貧弱な[ぞんざいな]建て方の家 / do ~ in the examination 試験の出来がよくない / He speaks very ~. 彼は話が下手だ. **4** 悪く: think ~ of ...をよくは思わない, ...には感心しない.
poorly off (1) 暮らし向きが悪い, 貧しい. (2) 〔...が〕不足して〔*for*〕: We are ~ *off for* oil. 石油が不足している.
póor màn's wéatherglass 〘雨天になる時にはその花を閉じることから〙 n. 〘植物〙ベニバナルリハコベ (⇨ scarlet pimpernel).
póor-mòuth [-màʊð, -màʊθ] 《米口語》 vi. (言い訳などに)貧乏を口にする[かこつ]. ── vt. 悪く言う, 見くびる, 見下す.
póor mòuth n. 貧乏を誇張して言い立てること: make a ~.
póor·ness 〘ME *pourenesse*: ⇨ poor, -ness〙 ── n. ★「貧乏」の意には通例 poverty を用いる. **1** 乏しいこと, 不十分 (insufficiency); 欠乏, 不足 (scantiness): the ~ of the harvest 収穫物の不足. **2** 貧弱さ, まずさ, 拙劣: the ~ of his performance 彼の下手な演技. **3** 劣等, 下劣 (meanness): ~ of character 人格低劣. **4** 虚弱, 病弱 (sickliness): ~ of health, constitution, etc. **5** 不毛 (barrenness): the ~ of the soil.
póor ràte n. 〘英史〙(教区などの)救貧税 (cf. poor law).
póor relátion n. (同類の中で)劣った(位置にある)もの[人].
Póor Ríchard's Álmanack 〘← *as poor Richard says* (金言の終りに添えた句; Richard Saunders は B. Franklin の筆名)〙 ── n. 米国の Benjamin Franklin が編んだ金言入りの暦 (1732–57).
Póor Ríchard's sáying n. *Poor Richard's Almanack* に出てくる金言.
póor rísk adj. 〘医学〙プアリスクの, 予後不良の《手術などによる危険度が高いと見込まれる》.
Póor Róbin's plántain n. 〘植物〙 **1** ＝Robin's plantain. **2** ＝rattlesnake weed 1.
póor-spírited adj. 気の弱い, 臆病な (timorous). **~·ly** adv. **~·ness** n.
poort [pɔ́ət, pɔ́ət, pʊ́ət | pɔ́ːt, pʊ́ət] 〘⊏ Afrik. ~ ＝ Du. 'gate, gateway' ⊏ L *porta* 'PORT[4]'〙 n. 《アフリカ南部》山越えの道, 山道 (pass).
póor whíte n. [軽蔑的に] (特に, 米国南部・南アフリカの無知な)貧乏白人, 劣等白人 (mean white).
póor whíte trásh n. [the ~; 集合的; 軽蔑的に] 貧乏[劣等]白人たち.
poor·will [pʊ́əwɪl | pʊ́ə-] 〘擬音語〙 n. 〘鳥類〙米国西部およびメキシコ産のヨタカ科プアーウィル属の鳥 (*Phalaenoptilus nuttallii*).
pooves n. poof[1] の複数形.
poo·vey [púːvi | -vɪ] 〘← *poove* (《変形》← POOF[1]) + -Y[4]〙 adj. (*also* **poo·vy** [~]) 《英俗》同性愛の, ホモ (homosexual) の (cf. poof[1]).
pop[1] [pɑ́p | pɔ́p] 〘(c1386) 擬音語〙 ── v. (**popped; pop·ping**) ── vi. **1** ぽんと鳴る[はじける, 爆発する]: The cork [chestnuts] ~*ped* (*out*). 栓がぽんととれた[栗がぽんとはぜた]. **2** 《口語》(銃などの小火器で)撃つ (fire): ~ *at* a bird [target] 鳥[的]を撃つ. **3** 《口語》ひょいと行く[来る, 入る, 出る, 上る, 降りる], 急に動く: ~ *back* すぐ戻ってくる / ~ *off* そそくさと出かける / ~ *in* and *out* (*of* a room) (部屋を)出たり入ったりする / ~ *across* [*over*] *to* ...へちょいと行ってくる / ~ *into* one's mind ふと頭に浮かぶ / ~ *to* attention はっとして気をつけの姿勢をとる / ~ *in* to see a friend ちょっと立ち寄って友達に会う / *Pop around* when you get time. 暇があったら寄って下さい / I'll just ~ *out* [next door]. ちょいと出かけて[隣りへ行って]くるよ. **4** 《口語》〈目玉が〉とび出る (protrude): His eyes almost ~*ped out* (*of* his head) in surprise. 驚いて目がとび出しそうだった. **5** 〘野球〙 **a** 凡[ポップ]フライを打ち上げる 〈*up*〉: ~ *to* the first baseman. **b** ポップフライでアウトになる 〈*out*〉. **6** 《英》〈衣服が〉スナップ (popper) で留められる: The skirt ~*s up* the side. スカートはわきがスナップで留められる. **7** [特に進行形で] 《口語》〈催しが〉活気に満ちあふれている.
── vt. **1** ぽんといわせる[鳴らす], ぱちっとはじかせる; 《米》〈トウモロコシなどを〉はじけるまでいる (cf. popcorn 2): ~ a balloon 風船をぽんと割る / The bottle was ~*ped* open. びんがぽんといってあいた. **2** 《口語》 **a** 〈鉄砲などを〉撃つ (fire); 射撃する, 射止める (shoot): ~ (*off*) a gun *at* ...に向けて(ずどんと)発砲する / ~ *down* a rabbit ウサギを仕留める. **b** 激しく打つ (hit): ~ a person *on* the jaw 人のあごにがつんと 1 発くらわせる. **3** 《口語》 **a** すばやく[突然]置く, ひょいと入れる[出す, のせる]: ~ a coat *on* [*off*] 無造作に上衣を着る[脱ぐ] / ~ one's head *around* a door ドアからひょいと頭を出す / ~ a candy *into* one's mouth キャンデーをひょいと口の中へほうりこむ / ~ a cap *back on* a bottle さっとびんにふたをする. **b** 突然〈質問などを〉する: ~ questions *at* a person いきなり人に質問を浴びせる. **4** 《英俗》質に入れる (pawn): ~ a watch. **5** 〘野球〙〈ボールを〉凡[ポップ]フライに打つ: ~ the ball (*up*). **6** 《俗》〈麻薬を〉(習慣的に)飲む, 打つ: ~ pills ピル状の麻薬を飲む.
pop off 《口語》 (*vi.*) (1) ⇨ vi. 3. (2) 〈ボタンなどが〉ぽんとはずれる[とれる]. (3) 死ぬ, (特に)急死する, ぽっくり亡くなる. (4) すぐ眠ってしまう. (5) (興奮して後先の考えもなく)しゃべりまくる: ~ *off about* taxes 税金が高いとまくしたてる. (*vt.*) ⇨ vt. 2 a.
pop out 《口語》 (1) ⇨ vi. 1, 3, 4. (2) 〈火が〉突然消える: A gust of wind made the candle ~ *out*.
pop up 《口語》 (*vi.*) (1) ⇨ vi. 5. (2) (思わぬ所に)突然[ひょっこり]現われる. (3) 〈パンが〉(焼けて)ぽんと上がる, 〈絵などが〉(本を開くと)立体的に起き上がる (cf. pop-up). (*vt.*) ⇨ vt. 5.
── n. **1** ぽん, ぱん(という音): the ~ of a cork, pistol, etc. / with a ~ ぱちんと(鳴って), ぽんと(音を立てて). **2 a** (銃などの)発射, 発砲 (shot): take a ~ *at* ...めがけて 1 発撃つ. **b** 《俗》ピストル, 銃. **3** 〘栓を抜くとぽんと音がすることから〙《口語》炭酸水, シャンペン酒(など): ginger ~ ＝ginger beer / ⇨ pop wine, soda pop. **4** 〘野球〙＝pop fly. **5** 《口語》試み, ためし (attempt): take another ~ *at* ...をもう一度やってみる. **6** 《英俗》質入れ. ★ 特に次の成句で: in ~ 質に入って. **7** 《英方言》打つ[なぐる]こと (blow).
all of a pop 突然に.
── adv. **1** ぽんと, ぱちんと: go ~ ぱんと鳴る[破裂する]. **2** ひょっと, すばやく; 出し抜けに.
pop goes the weasel 〘ダンス〙「イタチがぴょんと跳んで出る」《6 人で踊る英国のコントルダンス (contredanse); これから出た米国のスクエアダンス》.
── int. ぽん, ぱちん.
pop[2] [pɑ́p | pɔ́p] 〘《略》← POPULAR〙《口語》 ── adj. **1 a** ポピュラーな, 通俗的な, 大衆的な (popular): a ~ magazine ポピュラーマガジン. **b** ポピュラー音楽の, 軽音楽の, ポップスの (pops): a ~ fan / a ~ singer 流行歌手 / a ~ song ポップス, 流行歌. **2** ポップ(文化)の: ~ society ポップ(文化)社会. **3** [しばしば P-] ポップアートの(様式をまねた). ── n. **1 a** ポピュラー音楽, 軽音楽. **b** ポピュラー音楽のレコード: ⇨ TOP[1] *of the pops*. **2** [*pl.*; 通例単数扱い] ポピュラー音楽の交響楽団; ポップ(ス)コンサート, ポップス (pop(s) concert): the Saturday [Monday] ~*s*. **3** ＝pop culture. **4** [しばしば P-] 〘美術〙＝pop art.
pop[3] [pɑ́p | pɔ́p] 〘《略》← POPPA〙 n. 《口語》[通例, 呼掛け] **1** お父さん (cf. poppa). **2** おっさん, おじさん.

pop[4] [pάp | pɔ́p] 〘← ? L *popīna* cookshop〙 *n.* 《英》ポップ《Eton 校の社交・弁論クラブ》.

POP 《略》〘商業〙 point of purchase 購買時点.

pop. 《略》 popular; popularly; population.

P.O.P. 《略》《英》 Post Office Preferred《封筒などの寸法の規定について用いる》; 〘写真〙 printing-out paper (cf. D.O.P.); printing-out process.

póp árt *n.* 〘美術〙 ポップアート《現代の米国を中心にした流行の前衛美術の一傾向; cf. optical art》. **póp ártist** *n.*

póp còncert *n.* ポップ[ポピュラー]コンサート《(夏期などのシーズンオフに)交響楽団がポピュラー[セミクラシック]音楽のプログラムで広い聴衆層を対象として開く演奏会; Boston Pops Orchestra が有名; pops concert ともいう》.

póp·còrn 〘《1819》《短縮》← *popped corn*: ⇨ pop[1], corn[1]〙 *n.* **1** 〘園芸〙 爆裂種トウモロコシ, ハゼトウモロコシ (*Zea mays* var. *everta*)《トウモロコシ (Indian corn[1]) の一品種》. **2** ポップコーン《ハゼトウモロコシの実をいってはじけさせ, 塩・バターあるいは砂糖で味付けしたもの》.

póp cùlture *n.* ポップ[大衆]文化《特に若い世代の文化現象としての大衆文化》.

pope[1] [póup | páup] 〘OE *pāpa* ⊏ eccl.L *pāpa* bishop, pope ⊏ eccl.Gk *pápas*, *papâs* bishop, patriarch = Gk *páppas* 'father, PAPA[1]'〙 ― *n.* **1** [しばしば the P-] (ローマ)教皇. ★「教皇」はカトリック教会の正式な称号で「法王」は俗称: It is hard to sit in Rome and strive with the *Pope*. 《諺》ローマにいて教皇と争うのは難しい. **2** (初期キリスト教会の) bishop. **3** 教皇的存在者《言行の絶対無過誤を自他共に認める人》. **4** (東方正教またはコプト教で) Alexandria の主教. **5** 〘魚類〙 = ruffe. **~·less** *adj.*

pope[2] [póup | páup] 〘《1662》⊏ Russ. *pop* ← OSlav. *popŭ* ⊏ (WGmc) **Papo* (OHG *pfaffo*) ⊏ MGk *pápas* (↑)〙 ― *n.* 〘東方正教会〙 教区(付き)司祭 (parish priest).

pope[3] [póup | páup] 〘獣肉のその部分を教区の司祭が要求したと考えられるところから?: cf. pope's-eye〙 ― *n.* ももの急所《打つと激しい痛みを感じまたはしびれる部分》: take a person's ~ 人のももの急所を打つ. ― *vt.* [通例 p.p. 形で] …のももの急所を打つ.

Pope [póup | páup], **Alexander** *n.* (1688–1744) 英国の詩人: *An Essay on Criticism* (1711), *The Rape of the Lock* (1712, '14), *An Essay on Man* (1733–34), *The Dunciad* (1728, '43).

pópe·dom [-dəm] 〘《*a*1123》 *pāpdōm*: ⇨ pope[1], -dom〙 *n.* **1** (ローマ)教皇職[権] (papacy). **2** (ローマ)教皇管区; 教皇領. **3** 教皇政治(組織). **4** 《軽蔑》 = popery.

Pópe Jóan *n.* 〘トランプ〙 ポープジョーン《Michigan に似た stop 系のゲーム; ダイヤの 8 を除いて行なう》; (このゲームで)ダイヤの 9.

pop·e·line [pάpəlìːn, ― ― ⌐ | pɔ́pəlìːn, ― ― ⌐] 〘⊏ F ~: ⇨ poplin〙 *n.* ポプリン《経糸(たていと)に絹またはレーヨンを, 緯糸(よこいと)に毛糸を用いて織ったうねのある絹服地》.

pop·er·y [póup(ə)ri | páupəri] 〘《*a*1534》← POPE[1] + -ERY〙 *n.* 《軽蔑》 ローマカトリック教; カトリックの教義[慣習, 制度(など)].

pópe's-éye 〘⇨ pope[3]: cf. G *Pfaffensbisschen* priest's bit / F *œil de Judas* Juda's eye: eye はそれの丸い形を示す〙 *n.* (牛・羊の)もも部リンパ腺.

pópe's héad 〘その形の類似から〙 *n.* 《古》(天井掃除に使う)長柄の羽根ぼうき (Turk's head).

pópe's nóse *n.* (料理した)カモ[ガチョウなど]のしり, 尾隆起《parson's nose ともいう; cf. uropygium》.

pópèye 〘《逆成》? ↓〙 *n.* (びっくりして)丸くした目.

Pop·eye [pάpaɪ | pɔ́p-] *n.* **1** ポパイ《米国漫画の主人公の水夫; ホウレンソウを食べると俄然力がつく》. **2** 《米俗》 ホウレンソウ (spinach).

póp·èyed 〘《1860》← POP[1] + EYE + -ED 2〙 *adj.* 《口語》出目の; 驚いて目を丸くした.

póp fèstival *n.* ポピュラー音楽祭典.

póp flý *n.* 〘野球〙 (内野の)凡フライ, ポップフライ, 小「飛球.

póp gàte *n.* 〘金属加工〙 = shower gate.

póp gròup *n.* 〘音楽〙 ポップグループ《ポピュラー音楽を演奏しながら歌うグループ》.

póp·gùn 〘《1662》← POP[1] (n.) + GUN[1]〙 *n.* **1** (玩具の)空気鉄砲, 紙鉄砲, 豆鉄砲. **2** 《軽蔑》 役に立たない銃器.

pop·in·jay [pάpɪndʒèɪ, -pən- | pɔ́pɪn-] 〘《*a*1310》 *papeiai*, *papegay* ⊏ AF *papeiaye* = OF *papegay* parrot (F *papegai*) ⊏ Sp. *papagayo* ⊏ Arab. *babaghā'* ⊏ WAfr. *pampakei* 《擬音語》: 語尾 *-jay* は JAY との連想〙 ― *n.* **1** おしゃべりな気取り屋, しゃれ者, めかしや (fop), ハイカラ (dandy). **2** 〘歴史〙 棒先につけたおうむ形の標的. **3** 《英方言》〘鳥類〙 ヨーロッパアオゲラ (green woodpecker). **4** 《古》 オウム (parrot).

póp·ish [-pɪʃ] 〘《1528》← POPE[1] + -ISH[1]〙 *adj.* [通例軽蔑的に] カトリック[天主]教の. **~·ness** *n.*

póp·ish·ly *adv.* カトリックに従って, 天主教的に.

Pópish Plót *n.* [the ~] 〘英史〙 教皇派陰謀事件《カトリック教徒が英国王 Charles 二世を暗殺して政府転覆・カトリックの復活を企図したという架空の陰謀 (1678); Titus Oates という男が偽証したために多くの教徒が無実の罪で処刑された》.

pop·lar [pάplə | pɔ́plə(r)] 〘《*c*1390》 *popler(e)* ⊏ AF *popler* = OF *poplier* (F *peuplier*) ← *pople* (*peuple*) < L *pōpulum* ∽ OE *pōpul* ⊏ L *pōpul-us*〙 ― *n.* 〘植物〙 **1** ポプラ《ヤナギ科ヤマナラシ属 (*Populus*) の落葉高木の総称; ポプラ (Lombardy poplar), アメリカヤマナラシ (American poplar), ヨーロッパヤマナラシ (European poplar), ハクヨウ (white poplar), trembling poplar など; cf. aspen》; (特に)クロポプラ (black poplar). **2** ポプラ材. **3 a** ポプラに似た樹木の総称; (特に)ユリノキ (tulip tree). **b** ユリノキ材.

Pop·lar [pάplə | pɔ́plə(r)] 〘ME *Popeler*: ↑〙 *n.* London の旧自治区; 現在は Tower Hamlets 区の一部.

Póp·lar·ìsm [-lərìzm] 〘⇨ ↑, -ism〙 ― *n.* 《英》 **1** (London の Poplar 地区の救貧委員会 (Board of Guardians) が 1920 年ごろ行なったような)極端な救済策. **2** 地方税を釣り上げる恐れのある政策; (同委員会が大量の失業者を抱えているとの理由で行なったような)本部への基金送付拒否行為.

pop·lin [pάplɪn, -lən | pɔ́plɪn] 〘《1710》⊏ F 《古形》 *papeline* (F *popeline*) (i) ⊏ It. *papalina* (fem.) ← *papalino* 'PAPAL': papal town の Avignon で最初に作られたことから // (ii) ← *Poperinge* (フランダース地方の織物町の名)〙 ― *n.* ポプリン《もとは絹・羊毛, 今は綿・レーヨンなどのよこ方向にうねのあるうね織; cf. broadcloth 3》: double [single] ~ 厚地[薄地]ポプリン.

pop·li·te·al [pὰplətíːəl, pαplítiəl | pɔ̀plɪtíː-, pɔplítɪ-] 〘← NL *popliteus* of the ham (← L *poplit-*, *poples* the ham of the knee) + -AL[1]〙 *adj.* 〘解剖〙 膝窩(しっか)の, ひかがみ (ham) の: the ~ region ひかがみ.

popliteal ártery *n.* 〘解剖〙 膝窩動脈, ひかがみ動脈.

popliteal nérve *n.* 〘解剖〙 膝窩神経, ひかがみ神経.

Po·po·ca·té·petl [pòupəkǽtəpètḷ, pòup-, -tə-; *Sp.* popòkatépetl] *n.* ポポカテペトル(山)《メキシコ南部の火山 (5,452 m)》.

póp-ôff 〘← *pop off* (⇨ pop[1] (v.) 成句)〙 ― *n.* **1** 《米俗》 せきを切ったようにわめき立てる(癖の)人, まくしたてる人. **2** 〘窯業〙 鋼板琺瑯(ほうろう)掛けのときに発生する欠点の一種; 下釉が小円盤状に離れて上釉の中にふくれ上る現象.

Po·po·la·ri [pòupo(ʊ)lάːri | pɔ̀upə(ʊ)lάːri; *It.* popolάːri] 〘⊏ It. ~ ← *popolo* people〙 *n. pl.* (1926 年 Mussolini に解散させられた)イタリア人民党の党員たち.

póp·òut 〘← POP[1] (v.) + OUT〙 *n.* 雑な作りのサーフボード (surfboard).

póp·òver 〘← POP[1] (v.) + OVER〙 *n.* 《米》一種の軽焼きパン《muffin より軽く, 焼く時になべからとび出る》.

pop·pa [pάpə | pɔ́pə] 〘《変形》← PAPA[1]〙 *n.* 《米俗》父さん (poppy).

Pop·pae·a Sa·bi·na [pαpíːəsəbáɪnə | pɔ-] *n.* ポッペア サビーナ《?–?65; ローマ皇帝 Nero の後妻》.

póp·per 〘← POP[1] (v.) + -ER[1]〙 ― *n.* **1** ぽんという[いわせる]物[人]. **2** 《口語》 花火, 銃, ピストル(など). **3** 《口語》 射手 (shooter). **4** 《米》 (上に網をかぶせてとばないようにした)ポップコーン (popcorn) をいる器[なべ]. **5** 《英口語》 = snap fastener. **6** さっと動く人; ひょっこり行く[来る]人. **7** 《英俗》 質に入れる人. **8** 〘釣〙 = chugger.

pop·pet [pάpɪt, -pət | pɔ́p-] 〘《?*a*1300》 *popet*, *popette* ← ?: cf. puppet / L *pūpa*, *puppa* girl, doll〙 ― *n.* **1** 《英口語》 子供(の愛称); [my ~ で呼掛けに用いて] かわい子ちゃん, 私のお気に入り(の動物). ★ 主に女性の言葉. **2** 〘造船〙 **a** ポペット, かかえ台《進水の際船体の両端を両側から支えたまま船台上をすべる多数の柱材からなるわく》. **b** ポペット《ボートのガンネル (gunnel) の櫂座(かいざ)のへこみに差し込む木片, 櫂座栓; かい架または波除(なみよけ)板の支えとなる》. **3** 〘機械〙 **a** 心受(しんうけ)台. **b** = poppet valve. **4** 《古》 人形 (doll), あやつり人形 (puppet).

póppet·hèad *n.* **1** 〘機械〙 心受(しんうけ)台《旋盤の主軸台》. **2** 《英》〘鉱山〙 立坑の櫓(やぐら).

póppet vàlve *n.* 〘機械〙 きのこ弁, ポペット弁.

póp·pied 〘⇨ poppy[1], -ed 2〙 *adj.* **1** 《古》 ケシ (poppy) でおおわれた[飾られた]. **2** 生気のない (lethargic), 眠気がする (drowsy), けだるい (listless).

pópping crèase *n.* 〘クリケット〙 打者線《三柱門 (wicket) の 4 フィート前にあって打者がその後に立つ線; 打者はこの線と三柱門線の間で打たなければならない; ⇨ cricket[2] 挿絵》.

pop·ple[1] [pάpḷ | pɔ́pḷ] 〘《?*c*1380》 *pople(n)* ⊏ ? (M)Du. *popel-en* to murmur, babble 《擬音語》〙 ― *vi.* 〈海水などが〉わき立つ, 泡立つ; 逆巻く, 波打つ, 波立つ. ― *n.* わき立ち, 波打ち, 波立ち, 波動; 荒波.

pop·ple[2] [pάpḷ | pɔ́pḷ] 〘OE *popul* ⊏ L *pōpul-us*: 現在の語形は OF *pople* の影響: ⇨ poplar〙 *n.* 《口語・方言》〘植物〙 = poplar 1, 3 a.

pop·ply [pάpḷi, -pli | pɔ́pḷi, -plɪ] *adj.* (**pop·pli·er**; **-pli·est**) = choppy[2].

pop·py[1] [pάpi | pɔ́pɪ] 〘OE *popæg*, *popig* < (WGmc) **pāpau* ⊏ VL **papāvum* ← L *papāver* poppy: cf. papaverous〙 ― *n.* **1** 〘植物〙 **a** ケシ《ケシ属 (*Papaver*) の各種の植物の総称; ヒナゲシ (corn poppy), オニゲシ (Oriental poppy), ツノゲシ (horned poppy) など》; (特に)ケシ (opium poppy). **b** ケシ属に近縁の植物の総称《ハナビシソウ (California poppy) など》. ★ ラテン語系形容詞: papaverous. **2** ケシのエキス, 阿片 (opium). **3** = poppy red. **4** 〘建築〙 = poppyhead. **5** 《英》 (傷痍(しょうい)軍人基金への寄付のしるしの)(造花の)ケシ. ― *adj.* ケシ科の.

pop·py[2] [pάpi | pɔ́pɪ] 〘← POPPA + -Y[2]〙 *n.* 《米俗》 父さん (poppa) (cf. mammy).

Pop·py [pάpi | pɔ́pɪ] 〘← POPPY[1]〙 *n.* 女性名. ★ 19 世紀より一般化.

póppy anèmone *n.* 〘植物〙 アネモネ, ボタンイチゲ (*Anemone coronaria*)《地中海沿岸原産の多年草; 鑑賞用に広く栽培される》.

pop·py·cock [pάpikὰk | pɔ́pɪkɔ̀k] 〘⊏ Du. 《方言》 *pappekak* soft dung ← *pap* 'soft food, PAP[2]' + *kak* dung〙 ― *n.* 《俗》 ばかげた話, たわごと, ナンセンス (bosh). ― *int.* くだらん, ばかばかしい.

Póppy Dày *n.* ケシの日: **1** 《英》 休戦記念日 (Armistice Day)《11 月 11 日に最も近い日曜日; この日に傷痍(しょうい)軍人の作った造花の赤いケシを身に着けて記念する; ⇨ Remembrance Sunday》. **2** 《米》 戦歿将兵記念日 (Memorial Day).

póppy·hèad *n.* 〘建築〙 けし飾り; (特に, 教会の座席の側板の)頂華.

póppy réd *n.* けし色, 黄赤色 (yellowish red).

póppy sèed *n.* けしの実《パンや菓子の上につける》.

póp·quìz 〘← POP[1]〙 *n.* 不意の小試験.

pops [pάps | pɔ́ps] 〘⇨ pop[2]〙 *adj.* = pop[2] 1 b. ― *n.* 「= pop[2] 2.

póps còncert *n.* = pop concert.

póp·shòp 〘← POP[1] (vt.) + SHOP〙 *n.* 《英俗》 質屋 (pawnbroker's shop).

Pop·si·cle [pάpsɪkḷ, -sə- | pɔ́psɪ-] 〘1: ← POP[1] (n.) + (I)CICLE. 2: ← POP[1] (n.) + (MOTOR)CYCLE〙 *n.* 〘商標〙 ポプシクル《棒にさしたアイスキャンデーの商品名》.

pop·sie [pάpsi | pɔ́psɪ] *n.* = popsy.

póp·skùll *n.* 《米俗》 密造ウイスキー[酒].

pop·ster [pάpstə | pɔ́pstə(r)] 〘← POP[2] + -STER〙 *n.* 《米俗》 ポップアート画家 (pop artist).

pop·sy [pάpsi | pɔ́psɪ] 〘(dim.) ← POP(PET)〙 *n.* 《英俗》若い女の子, ガールフレンド, 恋人 (sweetheart).

pópsy-wòp·sy [-wὰpsi | -wɔ̀psɪ] 〘《1887》《加重》↑〙 *n.* = popsy.

póp-tòp 〘⇨ pop[1], top[1]〙 *adj.* (簡単に手であけられるように)かんのふたにつまみのついた, 引き上げ式の (cf. ring-pull, zip-top): ~ beer can.

pop·u·lace [pάpjʊləs, -lɪs | pɔ́p-] 〘《1572》⊏ F ~ ⊏ It. *popolaccio* (軽蔑語) ← *popolo* < L *populum* 'PEOPLE'〙 ― *n.* [集合的] 《文語》 **1** [the P-] 民衆, 大衆, 庶民 (common people); [軽蔑的に]下層社会 (the rabble). **2** (ある地域の)住民: the ~ of a city.

pop·u·lar [pάpjʊlə | pɔ́pjʊlə(r)] 〘《1490》⊏ AF *populer* = OF *populeir* (F *populaire*) // L *populār-is* ← *populus* 'PEOPLE': ⇨ -ar[1]〙 ― *adj.* **1** 民衆の, 庶民の, 人民の; 民衆が行なう: the ~ voice [opinion] 民衆の声[意見], 世論 (vox populi) / ~ feelings 庶民感情 / ~ support 大衆の支持 / ~ government 民主政治 (cf. AUTOCRATIC government, OLIGARCHIC government) / ~ election 普通選挙 / ~ education 庶民のための教育 / a ~ meeting [sport] 一般集会[競技]. **2** 民衆的な, 大衆向きの, 通俗の, 平易な: ~ lectures [science] 通俗講話[科学] / in ~ language 平俗[平易]な言葉で(言えば) / the ~ press 大衆新聞[雑誌] / ~ prices (広告などの)大衆向き値段; 安価, 廉価 / a ~ edition 普及[廉価]版 / ~ music ポピュラー[軽]音楽 (cf. classical 6). **3** 一般の評判がよい; […に]人望のある, 受けのよい, 俗受けのする, 人気がある (*with*, *among*, *in*): a ~ singer 流行歌手 / a ~ novel 一般に評判のよい小説 / a ~ officer 人望のある役人 / a ~ seaside resort 評判のよい海岸行楽地 / ~ *in* society 社交界で人気がある / He is ~ *with* [*among*] his men. 彼は部下に人気がある[評判がよい, 受けがよい]. **4** 民間に普及[流布]している, 民間伝承の: ~ superstitions 民間の迷信 / ~ ballads 民謡.
― *n.* **1** 大衆新聞[雑誌] (cf. quality paper). **2** 《古》 = pop concert.

pópular cóncert *n.* = pop concert.

pópular etymólogy *n.* 〘言語〙 = folk etymology.

pópular frónt 〘《なぞり》← F *front populaire*〙 ― *n.* [しばしば P- F-] 人民戦線 (people's front); (特に, フランスでの)人民戦線《1936–39 年ファシズムの台頭を抑え, 社会改革を推進するために中道・左翼の政党が作った連立政権》.

póp·u·lar·ist [-lərɪst, -rəst | -rɪst] *adj.* 大衆の興味[参加]を得ようとする, 大衆に人気のある[を包含する].

pop·u·lar·i·ty [pὰpjʊlǽrəti, -lér- | pɔ̀pjʊlǽrətɪ, -rɪ-] 〘《1548》: ⇨ popular, -ity〙 ― *n.* 大衆性, 通俗性; 人気, 人望, 俗受け: an actor's ~ 俳優の人気 / the ~ of a sport [proposal] 競技[提案]の人気 / enjoy general ~ 人気[好評]を博する, 一般に好かれる.

pop·u·lar·ize [pάpjʊləràɪz | pɔ́p-] 〘《1593》《廃》 'to court popular favor': ⇨ popular, -ize〙 ― *vt.* 民衆[大衆]化する, 通俗化する; 普及する[させる], 広める: ~ good art, science, methods of hygiene, etc. **póp·u·lar·ìz·a·ble** [-zəbl] *adj.* **pop·u·lar·i·za·tion** [pὰpjʊlərɪzéɪʃən, -rə- | pɔ̀pjʊlərаɪ-, -rɪ-] *n.*

póp·u·lar·ìz·er *n.* **1** 普及者. **2** 流布本[通俗書]の「著者.

pópular Látin *n.* 〘言語〙 古典期の口語ラテン語.

póp·u·lar·ly 〘《1576》: ⇨ popular, -ly[1]〙 ― *adv.* **1** (世間)一般に (generally); 一般投票で: as ~ understood [accepted] 一般に理解[認容]されているように / ~ elected 一般投票で選ばれた. **2** 大衆[一般]向きに, 通俗に, 平易に: an encyclopedia that is ~ written 通俗的に書かれた百科辞典. **3** 人気を得るように.

pópular sóng *n.* ポピュラーソング, 流行歌 (cf. folk song).

pópular sóvereignty *n.* **1** 主権在民主義, 国民主権, 人民主権. **2** 〘米史〙 新開拓地定住者が所有する定住地の立法権; その土地の所有権《南北戦争前の奴隷制をめぐる議論で Stephen A. Douglas 上院議員により主張された》.
pópular vóte *n.* 《米》(大統領選挙人を選出する)一般投票.
pop·u·late [pάpjulèɪt|pɔ́p-] 〘《1578》← ML *populāt-us* (p.p.) ← *populāre* to inhabit ← L *populus* ‘PEOPLE’: ⇨ -ate[2,3]: cf. popular〙 — *vt.* **1** 〈国・町など〉に居住する (inhabit), 〈国・町など〉の人口を形成する: a sparsely [densely, thickly] ~*d* district 人口希薄[稠(ちゅう)密]な地方. **2** 〈国・町など〉に住民を住まわせる, 植民する (people).
pop·u·la·tion [pὰpjuléɪʃən|pɔ̀p-] 〘《1578》□ LL *populātiō(n-)*: ⇨ ↑, -ation〙 — *n.* **1** 人口; 住民数, 人数: the farming ~ of a country 一国の農業人口 / Japan's city-dwelling ~ 日本の都市(居住)人口 / What [How large] is the ~ of London? ロンドンの人口はどれくらいか. **2** (一地域の)全住民. **3** 〘統計〙母集団, 祖集団. **4** 〘生物〙(純系に対して)混系; 個体群, (観察下にある)全個体群, 集団; 集団個体数. **5 a** 植民[居住](すること). **b** ある土地の植民の割合[程度]. **~·al** [-ʃənl, -ʃnəl] *adj.*
populátion explósion *n.* 人口爆発; (特に, 近年の)人口の爆発的急増.
populátion invérsion *n.* 〘化学〙分布反転《高いエネルギー準位にある分子数が低いエネルギー準位にある分子数より大きい状態; レーザーはこの状態を利用する》.
populátion paràmeter *n.* 〘統計〙母集団の分布関数の定数《例えば母集団の平均・母集団の分散など》.
populátion prèssure *n.* 〘生態〙個体群圧力《個体群密度の増加による個体群の分散・消滅などを促す力》.
populátion pỳramid *n.* 〘社会学〙ピラミッド形人口分布グラフ《性別・年令別などによる正常な人口分布グラフ》.
Pop·u·lism [pάpjulɪzm|pɔ́p-] 〘← L *populus* ‘PEOPLE’+-ISM〙 — *n.* **1** 〘米史〙人民党 (Populist Party) の主義・政策. **2** 〘ロシヤ史〙人民主義《19 世紀後半にあらわれたロシヤの小市民的インテリゲンチア (intelligentsia) の社会思想》.
Póp·u·list [-lɪst, -ləst|-lɪst] 〘← L *populus* ‘PEOPLE’+-IST〙 *n.* **1** 〘米史〙人民党員《Populist Party の所属者; cf. People's Party》. **2** 〘ロシヤ史〙人民主義者.
Pop·u·lis·tic [pὰpjulístɪk|pɔ̀p-] *adj.* **1** 〘米史〙人民党の. **2** 〘ロシヤ史〙人民主義者の.
Pópulist Párty *n.* [the ~] 〘米史〙人民党 (People's Party) の通称.
pop·u·lous [pάpjuləs|pɔ́p-] 〘《1449》← LL *populōsus* ← *populus* ‘PEOPLE’: ⇨ -ous〙 — *adj.* **1** 人口の多い, 人口稠(ちゅう)密な. **2 a** 数[量]が多い (numerous). **b** 〔…で〕満員の; 込み合った (crowded) 〔*with*〕. **3** 《廃・詩》民衆の (popular). **~·ly** *adv.* **~·ness** *n.*
póp-ùp *n.* **1** 〘野球〙=pop fly. **2** ポップアップ《テニスなどでネット近くの楽に処理できる高球》. — *adj.* ぽんと(上に)上がる(仕掛けの): a ~ toaster 自動式トースター《パンが焼けるととび出す》/ a ~ book 立体絵本《開くと絵が立つ本》.
póp wìne 〘cf. soda pop〙 *n.* ポップワイン《アルコール分が少なく甘味のフルーツジュース入りワイン》.
por. 《略》porosity; porous; portion; portrait.
P.O.R., p.o.r. 《略》pay [payable] on receipt; pay on return.
por·bea·gle [pɔ́ɚbìːgl|pɔ́ː-] 〘← Corn. *porgh-bugel*〙 — *n.* 〘魚類〙ニシネズミザメ (*Lamna nasus*)《北大西洋・北太平洋産のネズミザメ属のサメ; 約 4 m》.
por·ce·lain [pɔ́ɚs(ə)lɪn, póɚ-, -lən|pɔ́ːs(ə)lɪn, -səlèɪn, -sleɪn] 〘《16C》*porcelaine* □ F *porcelaine* □ It. *porcellana* Venus shell (貝殻の光沢との連想) ← *porcella* (dim.) ← *porca* sow < L *porcam* (fem.) ← *porcus* swine (その貝殻の形が雌豚の vulva に似ているところから) ∞ (*c*1530) *porcelana* □ It.〙 — *n.* 磁器《多少とも透化性のある溶化 (vitreous) 粘土製品の総称; 釉薬(ゆうやく)の有無には関係がない; cf. china[1], earthenware》; [*pl.*] 磁器製品, 磁器類: Nanking ~ ナンキン磁器 / a painter on ~ 磁器絵付師 / a ~ insulator 〘電気〙磁器碍子(がいし). **~·like** *adj.*
pórcelain cláy *n.* 陶土《可塑性がカオリン (kaolin) よりも大きく, ある程度天然の水簸(すいひ)をうけた粘土; カオリンほど純粋なものはほとんどなく, 主に匣鉢(さや)やシャモットの原料に用いる》.
pórcelain enámel *n.* 〘窯業〙琺瑯(ほうろう), 瀬戸引き《金属素地をガラス質の釉薬(ゆうやく)で被覆したもの; vitreous enamel ともいう》.
por·ce·lain·ize [pɔ́ɚs(ə)lɪnàɪz, póɚ-, -lə-|pɔ́ːs(ə)lɪ-] 〘⇨ porcelain, -ize〙 *vt.* 磁器にする, 磁器に似せたものにする.
pórcelain péarl *n.* 軟磁器《特に, フリット磁器 (frit-porcelain) または長石だけで着色した人工真珠》.
pórcelain sánd *n.* 磁器原料用の純粋のケイ砂.
pórcelain shéll *n.* 〘貝類〙タカラガイ (cowrie).
pórcelain stóne *n.* 陶石《中国の白不子 (petuntse), イギリスの Cornish stone および変質した花崗岩に類似した岩石; 日本磁器の主原料》.
por·ce·la·ne·ous, 《英》**por·cel·la·ne·ous** [pɔ̀ɚsəléɪniəs, pòɚ-|pɔ̀ːsɪléɪnjəs, -sə-] 〘← It. *porcellana* ‘PORCELAIN’+-EOUS〙 *adj.* 磁器製の; 磁器のような.
por·ce·lan·ic, 《英》**por·cel·lan·ic** [pɔ̀ɚsəlǽnɪk, pòɚ-|pɔ̀ː-] *adj.* =porcelaneous.
por·ce·lan·ous, 《英》**por·cel·lan·ous** [pɔ́ɚsələnəs, póɚ-, pɔ̀ɚsəléɪ-, pòɚ-, pɔɚsélə-, poɚ-|pɔ́ːsələ-, pɔ̀ːsəléɪ-] 〘← It. *porcellana* ‘PORCELAIN’+-OUS〙 — *adj.* =porcelaneous.
Por·cel·la·ni·dae [pɔ̀ɚs(ə)lǽnədìː, pòɚ-, -léɪn-, -lάːn-|pɔ̀ːsɪlǽnɪ-, -sə-, -léɪn-, -lάːn-] 〘← NL ~ ← *Porcellana* (属名: ⇨ porcelain)+-IDAE〙 — *n. pl.* 〘動物〙(十脚目異尾亜目)カニダマシ科.
porch [pɔ́ɚtʃ, póɚtʃ|pɔ́ːtʃ] 〘《c1300》*porche* □ (O)F < L *porticum* colonnade, porch ← *porta* ‘gate, PORT[4]’: PORTICO と二重語〙 — *n.* **1 a** 玄関, ポーチ《建物のドアより外の部分》; 《英》教会の袖廊. **b** 《古・俗》〘建築〙=portico 1. **2** 《米》ベランダ (veranda): ⇨ sleeping porch. **3** [the P-] 〘哲学〙**a** 昔ギリシャの Athens でストア派の哲学者 Zeno が弟子を集めて講義した歩廊 (stoa). **b** ストア派(哲学) (the Stoics) (cf. academy 3, garden 6, Lyceum 2, stoa 2). **~·less** *adj.*
pórch clìmber *n.* 《米俗》(2 階から忍び込む)こそ泥.
pórched *adj.* 玄関[ポーチ]のある.
por·cine [pɔ́ɚsaɪn, -siːn, -sn̩|pɔ́ːsaɪn] 〘《1656》□ F *porcin, -ine* ∥ L *porcīn-us* ← *porcus* (↓)+-INE[1]: cf. porcelain, farrow[1]〙 — *adj.* **1** 豚の. **2** 豚に似た, 豚のような; 不潔な, いやしい, 貪欲な, 意地汚い.
por·cu·pine [pɔ́ɚkjupàɪn|pɔ́ː-] 〘《?a1400》*porkepyn* □ OF *porc espin* spiny pig < VL *porcospīnum* ← L *porcus* ‘hog, PORK’+*spīna* ‘thorn, SPINE’〙 — *n.* **1** 〘動物〙ヤマアラシ《齧歯類ヤマアラシ科とキノボリヤマアラシ科の動物の総称; タテガミヤマアラシ (*Hystrix cristata*)《アフリカ産》, カナダヤマアラシ (*Erethizon dorsatum*)《北米産》など》. **2** (麻すき・醸造のもやしつきまぜなどに使う)鋭い歯と針のついた道具. **pór·cu·pìn·ish** [-nɪʃ] *adj.* **por·cu·pin·y** [pɔ́ɚkjupàɪni|pɔ́ːkjupàɪnɪ] *adj.*
pórcupine ánteater *n.* 〘動物〙=echidna 1.
pórcupine cráb *n.* 〘動物〙イバラガニ科のカニの一種 (*Lithodes hystrix*).
pórcupine físh *n.* 〘魚類〙熱帯地方の海に広く分布するハリセンボン科の魚類の総称《ネズミフグ (*Diodon hystrix*), ハリセンボン (*D. holacanthus*) など》.
pórcupine gráss *n.* 〘植物〙米国中部産イネ科ハネガヤの類の草 (*Stipa spartea*)《牧草にもする》.
Pórcupine Ríver *n.* [the ~] ポーキュパイン川《カナダ Yukon 州北部の川; 米国 Alaska 州北東部の Yukon 川に注ぐ; 721 km》.
pore[1] [pɔ́ɚ, póɚ|pɔ́ː(r)] 〘《a1387》□ (O)F ~ □ L *porus* □ Gk *póros* passage: cf. fare〙 — *n.* **1** (皮膚や葉の)細穴, 毛穴, 気孔 (stoma): sweat *from* every ~ ゆだるほど暑い; (ひどく恐れてまたは興奮して)冷汗を流す. **2** (岩石などの)細穴, 吸収孔. **pored** *adj.*
pore[2] [pɔ́ɚ, póɚ|pɔ́ː(r)] 〘《?a1225》*poure(n), pure(n)* < OE **pūrian*: cf. peer[1]〙 — *vi.* **1** 〔…を〕熱心に読む; 〔研究・勉学に〕うち込む 〔*over*〕: ~ *over* books 本に読み耽る. **2** じっと考え込む, 熟考する (meditate); 夢中になる 〔*on, upon, over*〕: ~ *on* the mysteries of nature 自然界の神秘に思いをこらす. **3** 《古》〔…を〕じっと見詰める, 熟視する 〔*at, on, upon, over*〕. — *vt.* [目的補語を伴って] 熟視して〈眼を〉…にする: ~ oneself blind 本などを読みすぎて盲になる / ~ one's eyes *out over* the book 読書で目を疲れさせる.
-pore [-pɔ̀ɚ, -pòɚ|-pɔ̀ː(r)] 〘← L *porus*: ⇨ pore[1]〙「穴, 口 (opening)」の意の名詞連結形.
póre fùngus [mùshroom] *n.* 〘植物〙多孔菌《内面に子実層のある管孔をかさの裏に密生するサルノコシカケ科またはイグチ科の菌類の総称》.
porge [pɔ́ɚdʒ|pɔ́ːdʒ] 〘□ Judeo-Sp. *porg-ar* = Sp. *purgar* < L *purgāre* ‘to PURGE’〙 — *vt.* 〘ユダヤ教〙(ユダヤ人の儀式として, 特に腰部 (hindquarters) の脂, 筋, 血管を取り去って)〈畜殺した動物〉の食肉を清める (cf. *Gen.* 32: 32, *Lev.* 3: 3, 4; 7: 25–27).
por·gy [pɔ́ɚgi|pɔ́ːdʒɪ] 〘《変形》? ← *pargo* □ Sp. < L *p(h)agrum* sea-beam □ Gk *phágros*《原義》whetstone: ⇨ -y[2] 1〙 — *n.* (*pl.* ~, **por·gies**) 〘魚類〙**1** ヨーロッパ産のマダイの類の魚 (*Pagrus pagrus*). **2** タイ科の食用海魚の総称《scup, pinfish, sea bream など》.
poria *n.* porion の複数形.
po·ri·fer [pɔ́ːrəfɚ, póːr-|pɔ́ːrɪfə(r)] 〘↓〙 *n.* 海綿動物.
Po·rif·er·a [pərɪ́f(ə)rə, po(u)-|pə(u)-] 〘← NL ~ ← L *porus* ‘PORE[1]’+-I-+-*fera* (neut. pl.) ‘-FER’+-A[2]〙 *n. pl.* 〘動物〙海綿動物門.
po·rif·er·al [pərɪ́fərəl, po(u)-|pə(u)-] *adj.* 〘動物〙=poriferous 2.
po·rif·er·an [pərɪ́f(ə)rən, po(u)-|pə(u)-] 〘動物〙*n.* 海綿動物. — *adj.* =poriferous 2.
po·rif·er·ous [pərɪ́f(ə)rəs, po(u)-|pə(u)-] 〘⇨ Porifera, -ous〙 *adj.* **1** 穴のある, 多孔の. **2** 〘動物〙海綿動物門の《poriferal, poriferan ともいう》.
po·ri·form [pɔ́ːrəfɔ̀ɚm, póːr-|pɔ́ːrɪfɔ̀ːm] 〘← L *porus* ‘PORE[1]’+-I-+-FORM〙 *adj.* 穴に似た, 穴状の.
po·ri·on [pɔ́ːriὰn, póːr-|pɔ́ːriɔ̀n] 〘← NL ~ ← Gk *póros* passage, way+-ION (dim.): cf. fare〙 — *n.* (*pl.* **po·ri·a** [-riə|-rɪə], ~**s**) 〘人類学〙ポリオン《外耳孔上縁の外耳孔中心から垂直上方に当たる点》.
po·rism [pɔ́ːrɪzm, póːr-|pɔ́ːr-] 〘《?c1400》□ LL *porisma* □ Gk *pórisma* deduction ← *porízein* to deduce ← *póros* passage: ⇨ pore[1], -ism〙 — *n.* 〘数学〙不定設題; (ギリシャ幾何学の)系, 系論 (corollary). **po·ris·mat·ic** [pɔ̀ːrɪzmǽtɪk, pòːr-|pɔ̀ːrɪzmǽt-] *adj.*
po·ris·tic [po(u)rɪ́stɪk|pə(u)-] 〘□ Gk *poristik-ós* able to procure ← *porízein* (↑)〙 *adj.* 〘数学〙不定設題の; (ギリシャ幾何学の)系の, 系論の (porismatic).
pork [pɔ́ɚk, póɚk|pɔ́ːk] 〘《c1300》*porc* □ (O)F < L *porcum* hog, pig < IE **porko-s* young pig: cf. farrow[1]〙 — *n.* **1** 豚肉, ポーク: pickled [roast] ~ 塩[焼]豚肉. **2** 《古》豚 (swine). **3** 《米俗》〘政治〙政府に政策的に与えさせる助成金[官職(など)] (cf. pork barrel 2). **~·ish** [-kɪʃ] *adj.* **~·like** *adj.*
pórk bàrrel *n.* 《米》**1** 豚肉保存用たる. **2** 《俗》〘政治〙議員の人気取りのために政府に支出させる国庫交付金[地方開発金, 土木費など] (cf. pork 3).
pórk-bàrreling *n.* 《米俗》国庫交付金[地方開発金など]を政策的に議員の選挙区に与えること.

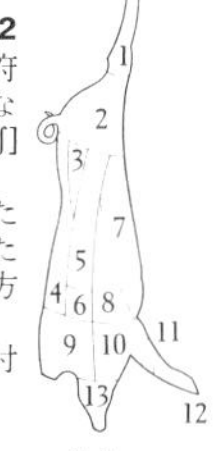

pork 1
1 hind foot; 2 ham; 3 tenderloin; 4 fatback; 5 center loin; 6 rib chop; 7 bacon; 8 spareribs; 9 Boston butt; 10 picnic; 11 hock; 12 forefoot; 13 jowl

pórk·bùr·ger [-bɚ̀ːgɚ|-bə̀ːgə(r)] 〘⇨ burger〙 *n.* **1** 豚のひき肉; 豚のひき肉のパイ. **2** ポークバーガー《豚肉で作ったハンバーガー》.
pórk bùtcher *n.* 豚屠殺屋; 豚肉屋.
pork·er [pɔ́ɚkɚ, póɚkɚ|pɔ́ːkə(r)] 〘《1657》: ⇨ -er[1]〙 *n.* 豚 (hog); (特に, 若くて肥えた)子豚, 食用豚.
pork·et [pɔ́ɚkɪt, póɚk-, -kət|pɔ́ːk-] 〘□ ONF ~, *porquet* = OF *porchet* (dim.) ← *porc* ‘pig, PORK’〙 *n.* 《方言》=porker.
pórk·físh *n.* (*pl.* ~, ~·es) 〘魚類〙ポークフィッシュ (*Anisotremus virginicus*)《米国 Florida 州からブラジルにかけての大西洋西部に産する黒に黄色の縞模様があるイサキ科の魚》.
pork·ling [pɔ́ɚklɪŋ, póɚk-|pɔ́ːk-] 〘⇨ pork, -ling[1]〙 *n.* =piglet.
pórk·píe *n.* **1** 豚肉のミンチ入りパイ. **2** 《米》=porkpie hat.
pórkpie hát 〘ポークパイに似ているところから〙 *n.* 《米》ポークパイハット《低く平らなクラウンでふちはあげたりさげたりすることができるフェルト・麦わらなどの帽子; porkpie ともいう》.
pórk tàpeworm *n.* 〘動物〙有鉤(こう)条虫 (*Taenia solium*)《人間の小腸に寄生し, 中間宿主は豚》.
pork·y[1] [pɔ́ɚki, póɚ-|pɔ́ːkɪ] 〘⇨ pork, -y[4]〙 — *adj.* (**pork·i·er**; **-i·est**) **1** 豚肉の(ような). **2** 《口語》肥えた, でぶの (fat). **pórk·i·ness** *n.*
por·ky[2] [pɔ́ɚki|pɔ́ːkɪ] 〘← PORC(UPINE)+-Y[2]〙 *n.* 《米》〘動物〙ヤマアラシ (porcupine).
porn [pɔ́ɚn|pɔ́ːn] *n., adj.* 《口語》=porno.
pórn·fílm *n.* ポルノ映画.
por·no [pɔ́ɚnou|pɔ́ːnəu] 〘《略》← PORNOGRAPHY〙《口語》*n.* **1** =pornography. **2** ポルノ映画; ポルノ作家. — *adj.* =pornographic: the ~ industry ポルノ産業.
pòrno·biógraphy *n.* ポルノ的伝記.
por·noc·ra·cy [pɔɚnάkrəsi|pɔːnɔ́krəsɪ] *n.* 〘ローマ史〙娼婦政治《特に 10 世紀前半のローマ教皇庁において Theodora とその娘達が黒幕として権勢をふるい, 教皇庁は彼らの愛人, 息子, 孫達で充たされた》.
por·nog·ra·pher [pɔɚnάgrəfɚ|pɔːnɔ́grəfə(r)] 〘《1850》〙 *n.* 春画家; ポルノ作家, エロ本作者.
por·no·graph·ic [pɔ̀ɚnəgrǽfɪk|pɔ̀ːnə(u)-] *adj.* ポルノ(グラフィー)の. **pòr·no·gráph·i·cal·ly** *adv.*
por·nog·ra·phy [pɔɚnάgrəfi|pɔːnɔ́grəfɪ] 〘《1857》← Gk *pornográph-os* writing of prostitutes ← *pórnē* harlot+*-graphos* (⇨ -graph): ⇨ -y[1]〙 — *n.* ポルノ(グラフィー) (cf. erotica).
por·no·to·pi·a [pɔ̀ɚnətóupiə|pɔ̀ːnətə́upjə, -pɪə] 〘← PORNO(GRAPHIC)+(U)TOPIA〙 *n.* 好色行為に最適の場所[環境].
pórn·shòp *n.* ポルノショップ[専門店].
porn·y [pɔ́ɚni|pɔ́ːnɪ] 〘← PORN(O)+-Y[4]〙 *adj.* 《俗》=pornographic.
po·ro- [pɔ́ːro(u), póːr-|pɔ́ːrə(u)] 〘← Gk *póros* passage〙「細穴 (pore)」の意の連結形.
po·rog·a·my [pɔːrάgəmi, poːr-|pɔːrɔ́gəmɪ] 〘⇨ ↑, -gamy〙 *n.* 〘植物〙珠孔受精《精核が花柱を通り子房内の珠孔内に入って受精が行なわれること》.
po·ro·mer·ic [pɔ̀ːrəmérɪk, pòːr-|pɔ̀ːr-] 〘← PORO-+(POLY)MERIC〙 — 〘化学〙*adj.* 極微孔性の, 通気性のよい, ポロメリックの[で作った]. — *n.* ポロメリック物質《極微孔性のポリエステルで強化したポリウレタンの合成皮革; 靴の甲革などに用いられる》.
pòro·plástic 〘← PORO-+PLASTIC〙 〘医学〙*adj.* 多孔かつ可塑(そ)性の. — *n.* 多孔可塑性のフェルト《外科用副木などに使用する》.
po·ros·i·ty [pərάsəti, pɔːr-, poːr-|pɔːrɔ́sətɪ, -sɪ-] 〘《a1398》□ ML *porōsitāt-em*: ⇨ ↓, -ity〙 — *n.* **1** 穴のあること, 有孔性, 多孔性 (porousness). **2 a** 〘地質〙岩石中の間[孔]隙(げき)率. **b** 〘化学〙多孔度, 気孔率. **3** 穴, 穴のあいた所.
po·rous [pɔ́ːrəs, póːr-|pɔ́ːr-] 〘《a1400》← ML *porus* ‘PORE[1]’+-OUS〙 — *adj.* **1** 穴のある, 穴の多い. **2** (水・空気などの)しみ通る, 多孔性の: ~ waterproof 通気性防水布 / ⇨ porous cell. **~·ly** *adv.* **~·ness** *n.*
pórous céll [cúp] *n.* 〘電気〙(電池に使う)素焼びん[がめ].
pórous plàster *n.* 多孔絆創膏.
por·phin [pɔ́ɚfɪn, -fən|pɔ́ːfɪn] 〘《略》← PORPHYRIN〙 — *n.* (*also* **por·phine** [pɔ́ɚfiːn|pɔ́ː-]) 〘化学〙ポルフィン ($C_{20}H_{14}N_4$)《pyrrole と formaldehyde から合成しポルフィン類の母核をなす暗赤色の結晶状化合物》.
por·phyr·a·tin [pɔɚfɪ́rətɪn, -tn|pɔːfɪ́rətɪn] 〘←

PORPHYR(IN)+(HAEM)ATIN〗 *n.* 〘生化学〙ポルフィラティン《ヘマチン (hematin) など金属とポルフィリン (porphyrin) との化合物》.

por·phyr·i·a [pɔəfíriə, -fáɪr- | pɔːfíriə, -fáɪr-] 〖← NL ~ : ⇨ ↓, -ia¹〗 — *n.* 〘病理〙ポルフィリン症《組織内にポルフィリン (porphyrin) の沈着する代謝障害; 光に対して敏感となる》.

por·phy·rin [pɔ́əfərɪn, -rən | pɔ́ːfɪrɪn] 〖← Gk *porphúra* 'PURPLE'+-IN¹: その色から〗 — *n.* 〘生化学〙ポルフィリン《四つのピロール核を環状に結合させた構造をもつ物質の総称; 呼吸色素に関連が深い》.

por·phy·rite [pɔ́əfəràɪt | pɔ́ːfɪ-] 〖▭ L *porphyrītēs* ▭ Gk *porphurítēs* 'PORPHYRY': ⇨ -ite¹〗 *n.* =porphyry.

por·phy·rit·ic [pɔ̀əfərítɪk | pɔ̀ːfɪrít-] 〖▭ ML *porphyriticus* ▭ Gk *porphuritikós* ← *porphurítēs* (↑): ⇨ -itic〗 *adj.* 〘岩石〙斑(はん)状の, 斑岩状の.

por·phy·ri·za·tion [pɔ̀əfərɪzéɪʃən, -rə- | pɔ̀ːfɪraɪ-, -rɪ-] 〖⇨ ↓, -ation〗 *n.* (斑(はん)岩板の上でついて)粉にすること.

por·phy·rize [pɔ́əfəràɪz | pɔ́ːfɪ-] 〖← PORPHYRY+-IZE〗 *vt.* (斑岩板上で)…を粉にする.

por·phyr·o·blast [pɔəfírəblæ̀st, pɔ́əfəro(ʊ)- | pɔːfírə-, pɔ́ːfɪrə(ʊ)-] 〖← Gk *porphúra* 'PURPLE'+-BLAST〗 *n.* 〘地質〙斑状変晶, 普斑晶 (⇨ metacryst).

por·phyr·o·crast [pɔəfírəkræ̀st, pɔ́əfəro(ʊ)- | pɔːfírə-, pɔ́ːfɪrə(ʊ)-] *n.* 〘地質〙斑状残晶.

por·phy·rog·e·nite [pɔ̀əfərάdʒənàɪt, -fəro(ʊ)dʒé-naɪt | pɔ̀ːfɪrɔ́dʒɪnàɪt, -fɪrə(ʊ)dʒénaɪt, -fə-] 〖▭ ML *porphyrogenit-us* born in the purple ▭ MGk *porphurogénnētos* ← *porphúra* 'PURPLE'+*gennētós* born: ⇨ porphyry, genesis, -ite¹〗 — *n.* **1** 東ローマ帝国の皇子《Byzantium の宮廷の Porphyra という部屋で誕生したと言われる》. **2** 父帝の即位後に生れた皇子. **3** 高貴の生れの人.

por·phy·roid [pɔ́əfərɔ̀ɪd | pɔ́ːfɪ-, -fə-] 〖⇨ porphyry, -oid〗 *n.* 〘岩石〙斑(はん)状変成岩.

por·phy·rop·sin [pɔ̀əfərάpsɪn, -sən | pɔ̀ːfɪrɔ́psɪn] 〖← Gk *porphúra* (↓)+(RHOD)OPSIN〗 — *n.* 〘生化学〙ポルフィロプシン, 視紫《淡水魚類の網膜中にみられるカロチノイド (carotenoid) 色素; cf. rhodopsin》.

por·phy·ry [pɔ́əf(ə)ri | pɔ́ːfɪri, -fə-] 〖(*c*1395) *porfirie* ▭ AF **porfuri-e*, **-firi-e*=OF *porfire* (F *porphyre*) < ML *porphyreum* ← L *porphyrītēs* ▭ Gk *porphurítēs* (*lithos*) purple-colored (stone) ← *porphúra* 'PURPLE'〗 — *n.* **1** (古代エジプトで産した)長石結晶を含んだ美しい硬岩石. **2** 斑(はん)状構造岩石, 斑岩. **por·phy·rit·ic** [pɔ̀əfərítɪk | pɔ̀ːfɪrít-] *adj.*

Por·phy·ry [pɔ́əf(ə)ri | pɔ́ːfɪri] *n.* ポルピュリオス《232?–?304; 古代ギリシャの新プラトン主義の哲学者》: ⇨ TREE of Porphyry.

por·poise [pɔ́əpəs | pɔ́ː-] 〖(1309–10) *porpays* ▭ OF *po(u)rpeis* < VL **porcopiscis* ← L *porcus* 'swine, PORK'+*piscis* 'FISH¹'〗 — *n.* 〘動物〙**1** ネズミイルカ属 (*Phocaena*) などのくちばしのないイルカの総称; (特に)ネズミイルカ (*P. phocaena*). **2** 《米》イルカ《マイルカ (dolphin), タイセイヨウバンドウイルカ (bottle-nosed dolphin) などイルカの総称》. — *vi.* **1** 〈水上艇などが〉水面を滑走する. **2** 〈潜水艦などが〉水面に浮上する. **~·like** *adj.*

por·ra·ceous [pɔ(ː)réɪʃəs, pə- | pɔ-] 〖▭ L *porraceus* ← *porrum* leek: ⇨ -aceous〗 *adj.* 《古》=leek-green.

por·rect [pərékt, pɑ- | pɔ-] 〖(1412–20) ← L *porrectus* (p.p.) ← *porrigere* to stretch out, extend ← *por-* 'PRO-¹'+*regere* to direct: cf. right〗 — *vt.* **1** 《古》(前に)伸ばす, 突き出す; 広げる. **2** 〘教会〙提出する, 授与する (present). — *adj.* (前に)伸ばした, 突き出した; 広げた.

por·rec·tion [pərékʃən, pɑ- | pɔ-] 〖(1649) ▭ L *porrectiō(n-)* ← *porrigere* (↑): ⇨ -tion〗 *n.* 〘教会〙提出, 授与, 贈呈 (presentation): the ~ of the instruments (叙品式で)受品者への用具の授与, (叙任式で)聖杯 (chalice) と聖書の授与.

por·ridge [pɔ́(ː)rɪdʒ, pάr- | pɔ́r-] 〖(*c*1532) 《変形》← POTTAGE: cf. 《方言》*porray* leek broth〗 *n.* **1** ポリッジ: **a** オートミールや澱粉を水または牛乳でどろどろに煮たかゆ《朝食用》. **b** 大麦などを入れて濃くした肉・野菜のスープ. **2** ごたまぜ; たわいのない代物. ***do (one's) porridge*** 《英俗》服役する. **~·like** *adj.*

por·rin·ger [pɔ́(ː)rɪndʒə, pάr-, -rən- | pɔ́rɪndʒə(r)] 〖(1522) 《変形》← 《方言》*pottinger* ▭ (O)F *potager* ← *potage* 'POTTAGE': ⇨ -er¹〗 — *n.* (ポリッジやスープ用の)深皿, かゆ皿; (特に, 片手のついた金属性の)浅いボウル《子供の食事などに用いる》.

porringer

Pór·ro prísm [pɔ́(ː)roʊ- | pɔ́rəʊ-; *It.* pórro-] 〖← *Ignazio Porro* (1801–75: イタリアの工学者でその発明者)〗 — *n.* 〘光学〙ポロプリズム《直角プリズムを2個組合せたプリズム; 内部で4回全反射し, 像の上, 下, 左右を反転かつ平行移動する; 像正立プリズムとして双眼鏡, 望遠鏡に用いられる; cf. Dove prism, reversing prism》.

Por·se·na [pɔ́əsənə | pɔ́ːsɪnə, -sə-], **Lars** [lάəz | lάːz] *n.* (*also* **Por·sen·na** [pɔəsénə | pɔː-]) ポルセナ《伝説上の Etruria 王; 追放された Tarquinius Superbus の復位を企てローマを攻めたという》.

Por·son [pɔ́əsn̩ | pɔ́ː-], **Richard** *n.* (1759–1808) 英国の古典学者; *Letters to Archdeacon Travis* (1790).

port¹ [pɔ́ət, póət | pɔ́ːt] 〖OE ~ ▭ L *port-us* harbor, haven ← IE **per* to lead, pass over (⇨ fare): cf. ford〗 — *n.* **1** 港, 港湾; 商港, 貿易港, 開港場: clear a [leave (a)] ~ 出港する / make (a) ~=enter (a) ~ 入港する, 着港する / in ~ 入港して, 停泊中で(の) (cf. *at* SEA) / touch a ~ 寄港する / a close ~ 《英》川の上流にある港, 河港 / a naval ~ 軍港 / ⇨ open port, free port / a ~ of arrival [departure] 到着[出帆]港 / a ~ of coaling 石炭積込み港 / a ~ of delivery 荷卸港, 貨物引き渡し港 / a ~ of destination 仕向け港, 到達港, 目的港 / a ~ of distress 避難港 / a ~ of recruit 食料品積込み港 / a ~ of registry 船籍港 / a ~ of refuge 避難港 / a ~ of sailing 発航地 / a ~ of shipment [unloading] 船積[陸揚]港 / the ~ office 港務部 / a ~ town 港市, 港町 / a ~ named=a said ~ 指定港, 名ざし港. **2** 港町, 港湾都市, 港市 (port town); 港湾地域. **3** 避難港, 避難所, 休息所 (refuge): come to ~ 難を避ける, 避難する. **4** 〘法律〙=PORT of entry. **5** 《口語》空港 (airport).

any port in a storm 窮余の策, せめてもの頼り.

port of call (1) (石炭積込み・修理などのための)寄港地, 寄航港. (2) (旅行途上の)逗留地, 滞在地.

port of discharge 揚げ地, 陸揚げ港.

port of entry 〘法律〙(1) 関税手続港, 通関港, 輸入港[空港]. (2) 入国管理事務所のある港[空港].

Port of London [the —] ロンドン港《河口から 111 km にわたる Thames 川の流域にある港湾施設》: *the Port of London* Authority ロンドン港を運営する 28 人の委員から成る》.

Port of New York [the —] ニューヨーク港《北米東岸の Hudson 河口, Manhattan 島の両岸, New York 湾にまたがる世界最大港の一つ》: *the Port of New York* Authority ニューヨーク港管理委員会.

Port of Spain =Port-of-Spain.

~·less *adj.*

port² [pɔ́ət, póət | pɔ́ːt] 〖(1625–44) 《転用》? ← PORT¹·⁴: (昔右舷に steer board があった頃)港に横づけになるのは(または荷役口が)ふつう左舷であることから (cf. larboard)〗 — *n.* **1** 〘海事〙左舷(げん)《船首に向かっていう; ↔ starboard; cf. larboard》: Put the helm to ~! (昔の号令で)舵柄(だへい)を左舷に取れ, (現在の命令で)おもかじ (cf. aport). **2** 航空機の左側. **3** 〘海事〙=port watch. **4** 〘海事〙=port tack. — *adj.* 左舷の: a ~ anchor 左舷大錨(いかり) / the ~ side 左舷側 / on the ~ quarter 左舷船尾に. — *adv.* 左舷に: put the wheel ~ 舵輪(だりん)を左舷に取る, 取りかじにする. — *vt.* 〈舵柄を〉左舷に取る, (船の)取りかじを取る《もとは舵柄を左に回すという考えからの号令で船首は右に曲がったが, 1930 年ごろ以後はこの号令で船首は左に曲がる; cf. starboard *vt.*》: *Port* the wheel [《古》helm]! 取りかじ (cf. aport); (1930 年以前は反対に)おもかじ. — *vi.* 〈船が〉左 [《古》右] に向かう[変針する].

port³ [pɔ́ət, póət | pɔ́ːt] 〖n.: (1369) ▭ (O)F ~ ← *porter* to carry, bear < L *portāre* to carry, 《原義》to bring into port ← *portus* 'PORT¹'. — v.: (1566) ▭ OF *port-er* to carry〗 — *n.* **1** 態度, 身振り, 挙動 (bearing); 様子 (manner). **2** 〘軍事〙控え銃(つつ)の姿勢: at the ~ 控え銃の姿勢で / high ~ (走行・跳躍の時の)控え銃の姿勢《体の正面で銃身を左肩から右腰の方向に斜めに保持する姿勢》. — *vt.* **1** 〘軍事〙〈銃を〉控え銃にする: *Port arms!* 控え銃 (cf. port arms). **2** 《古》運ぶ (carry); になう (bear).

port⁴ [pɔ́ət, póət | pɔ́ːt] 〖(*a*1325) ▭ (O)F *porte* < L *portam* gate ← IE **per* (⇨ port¹): cf. OE *port* gate ▭ L〗 — *n.* **1 a** (商船の船側の)載貨門, 荷役口. **b** (戦車・航空機・要塞・昔の軍艦の)砲門, 銃眼. **c** 舷(げん)窓 (scuttle). **d** 載貨門や砲門のふた (port lid). **2** 〘機械〙(蒸気・空気・水などの通路となる)シリンダーの穴, 蒸気口, 出入口; (自動火器に連発作用を起こさせる)ガス漏孔: an exhaust ~ 排気口; 排出口 / a steam ~ 蒸気口. **3** (ある種の馬銜(はみ)または轡(くつわ)の)中高部, 屈曲部, 舌寛(ぜっかん). **4** 《スコット》(城市・砦などの)門, 城門, 市門, 関門 (gate).

port⁵ [pɔ́ət, póət | pɔ́ːt] 〖(1691) 《略》← *O Porto* (*wine*) ← *Oporto* (ポルトガルのぶどう酒主要輸出港の名) ← Port. *O Port* 《原義》the port: ⇨ port¹〗 — *n.* ポート(ワイン) (port wine)《ポルトガル原産の甘口の赤[時にローゼまたは白]ぶどう酒; cf. dessert wine》.

port⁶ [pɔ́ət, póət | pɔ́ːt] 〖略〗 *n.* 《豪》=portmanteau.

port. 《略》portrait.

Port. 《略》Portugal; Portuguese.

por·ta·ble [pɔ́ətəbl̩, póə- | pɔ́ːtə-] 〖(?*a*1425) ▭ (O)F ~ ∥ LL *portābil-is* ← L *portāre* to carry: ⇨ port³ (v.), -able〗 — *adj.* **1** 持ち運びのできる, 移動可能の; 携帯に便利な, 手軽に持ち運びできる, 携帯用の, ポータブルの (↔ stationary): ~ property [baggage] 持ち運びできる所有物[荷物] / a ~ engine [crane] 移動機関[起重機] / a ~ telephone [radio] 携帯電話[ラジオ]. **2** 《廃》耐えられる (endurable). — *n.* **1** 移動可能な校舎. **2** 携帯用タイプライター[ラジオ, テレビ(など)]. **pòr·ta·bíl·i·ty** [-təbíləti | -təbílɪti, -lɪ-] *n.* **pór·ta·bly** *adv.* **~·ness** *n.*

pórt ádmiral *n.* 《英古》海軍基地司令官, 鎮守府司令長官.

por·tage [pɔ́ətɪdʒ, póə- | pɔ́ːt-] 〖n. (1440) ▭ (O)F ~ ← *porter* 'to carry, PORT³': ⇨ -age. — v.: (1864) ← (n.)〗 — *n.* **1** 持ち運び, 運搬 (transport). **2** (船で貨物を二水路間にわたって輸送する際の)陸路運搬; 連水路運搬陸路 (carry). **3** 《廃》運搬物, 貨物 (freight): mariner's ~ (昔)水夫が給料の代わりに船に積み込むことを許された貨物, その置場. **4** 運賃 (carriage cost). — *vt.* 〈船・貨物などを〉二水路間の陸路で運ぶ. — *vi.* 所持品を二水路間の陸路で運ぶ.

por·tal¹ [pɔ́ətl̩, póə- | pɔ́ːtl̩] 〖(?*c*1380) *portale* ▭ OF *portal* ▭ ML *portāle* city-gate, porch ← *portālis* of a gate ← L *porta* 'PORT⁴': ⇨ -al¹〗 — *n.* **1** [*pl.*] (建物・公園・都市などの堂々たる)入口, 正門, 表玄関, ポルタイユ. **2** [*pl.*] 《詩》入口: death's dark ~. **3** 〘土木〙**a** 橋門《下路トラス橋の両端で最初の 2 つの主構の間の空間》. **b** 坑門, ポータル《トンネルの坑口を防護するため出口・入口に設ける門状の構造物》. **4** 〘医学〙**a** (病原菌などの)侵入門. **b** 〘解剖〙=portal vein. — *adj.* **1** 〘解剖〙肝門(かんもん)(部)の; 門脈の. **2** =portal-to-portal.

por·tal² [pɔ́ətl̩, póə- | pɔ́ːtl̩] 〖← *Wyndham Raymond Portal* (1942–44: 英国の建設相)〗 *n.* ポータル式組立家屋.

pórtal sỳstem *n.* 〘解剖〙門脈系.

pórtal-to-pórtal *adj.* 《米》拘束時間賃金の.

pórtal-to-pórtal páy *n.* 《米》拘束時間賃金, 拘束時間払い賃金《労働者が義務として工場・事業所内にいることを要する時間, すなわち門を入ってから門を出るまでの時間に対して支払われる賃金》.

pórtal véin *n.* 〘解剖〙門脈.

por·ta·men·to [pɔ̀ətəméntoʊ, pòə- | pɔ̀ːtəméntəʊ; *It.* portaménto] 〖▭ It. ~ 《原義》act of carrying ← L *portāre* 'to carry, PORT³'+*-mento-* 'MENT'〗 — *n.* (*pl.* **-men·ti** [-tiː; *It.* -ti], **~s**) 〘音楽〙ポルタメント《一つの音がなめらかに他の音に移って行くこと》.

por·tance [pɔ́ətn̩s, póə- | pɔ́ː-] 〖▭ OF ~ ← *porter* 'to carry, PORT³': ⇨ -ance〗 *n.* 《古》態度, 身ごなし, 姿勢 (bearing) (cf. port³ 1).

pórt árms 〖← *Port arms!* (imp.)〗 *n.* 控え銃(つつ)(の姿勢).

Pòrt Árthur *n.* **1** 旅順 (Lüshun) の旧英語名. **2** 〖← *Arthur Edward Stilwell* ((1859–1928: 博愛主義者)〗 米国 Texas 州南東部, Sabine 湖に臨む港市; 人口 58,000.

por·ta·tive [pɔ́ətətɪv, póə- | pɔ́ːtət-] 〖ME *portatif* ▭ (O)F ← L *portātus* (p.p.) ← *portāre* 'to carry, PORT³': ⇨ -ative〗 — *adj.* 《古》**1** 持運びできる (portable). **2** 運搬能力のある, 運搬の.

pórtative órgan *n.* ポータティヴオルガン《小型で持運びできるパイプオルガン》.

Port-au-Prince [pɔ̀əto(ʊ)príns, pòət-, -prɛ̃́ː(n)s, -préns | pɔ̀ːtə(ʊ)-; *F.* pɔʀtopʀɛ̃ːs] *n.* ポルトープランス《西インド諸島のハイチ (Haiti) の海港; 同国の首都; 人口 704,000》.

pórt authòrity *n.* 港湾管理委員会 (⇨ PORT¹ of London [New York]).

pórt bàr *n.* **1** 河口[港口]の洲(す). **2** 港口閉塞(へいそく)用の防材. **3** 〘海事〙載貨門や砲門の扉(とびら)の門(かんぬき).

pórt bèam *n.* 〘海事〙左舷正横 (cf. starboard beam): on the ~.

Pòrt Bláir [-bléə | -bléə(r)] *n.* ポートブレア《インド洋の Andaman and Nicobar 群島の海港・首都; 人口 27,000》.

pórt bów [-báʊ] *n.* 〘海事〙左舷船首: on your ~ 左舷船首に, 左前方に.

pórt càptain *n.* 〘海事〙**1** 荷役監督. **2** 海務監督 (marine superintendent).

pórt chàrges *n. pl.* 港税, 入港税, 噸(とん)税.

pòrt·cráyon 〖▭ F *porte-crayon* ←: ⇨ porte-, crayon〗 *n.* 《古》(金属製の)クレヨンばさみ《鉛筆の補助軸に似た形のもの》.

port·cul·lis [pɔətkʌ́lɪs, poət-, -ləs | pɔːtkʌ́lɪs] 〖(*c*1330) *port colice*, *portcoles* ▭ OF *porte coleïce* ← *porte* 'gate, PORT⁴'+*coleïce* (F *coulisse*) ((fem.) ← *couleïs* sliding < VL **cōlāticium* ← L *cōlātus* (p.p.) ← *cōlāre* to filter, strain)〗 — *n.* **1** 〘築城〙落し格子(ごうし)門, 落し門, つるし門《縦みぞによって上下の開閉が自由になっている; 城門などに取りつけて必要な時には下ろして通行を防ぐ》. **2** 〘紋章〙落し格子の図形. **~ed** *adj.*

portcullis 1

port de bras [pɔ́ədəbrάː, póə- | pɔ́ː-; *F.* pɔʀdəbʀa] 〖▭ F ~ 《原義》carriage of the arm〗 *n.* 〘バレエ〙ポールドブラ《腕の運び, 腕の動き》; そのレッスン[練習].

Port du Salut [pɔ́ədəsəl(j)úː, póə-, -sæ- | pɔ́ːdjuː-; *F.* pɔʀdysaly] *n.* =Trappist cheese.

Porte [pɔ́ət, póət | pɔ́ːt] 〖← F (*la Sublime*) *Porte* (なぞり) ← Arab. *al-Bāb al-'Ālī* 《原義》the high gate: ⇨ port⁴〗 *n.* [the ~] オスマン帝国政府, オスマン宮廷.

porte- [pɔ́ət, póət | pɔ́ːt; *F.* pɔʀt-] 〖← F *porte* (imper.) ← *porter* 'to carry, PORT³'〗 *F.* 「…ばさみ, …差し, …入れ」の意の連結形: ⇨ porte-crayon.

porte co·chere [pɔ̀ətko(ʊ)ʃéə, pòət- | pɔ̀ːt-kə(ʊ)ʃéə(r; *F.* pɔʀtkɔʃɛːʀ] 〖▭ F *porte cochère* 《原義》coach gate: ⇨ port⁴, coach〗 — *n.* (*also* **porte co·chère** [~]) **1** 馬車出入口; 車寄せ (carriage porch). **2** 《米古》(自動車に乗降する人の雨よけなどになる)玄関のひさし (porch roof).

porte-cray·on [pɔ̀ət-kréɪən, pòət- | pɔ̀ːt-] *F. n.* 《古》=portcrayon.

porte·feuille [pɔ̀ətfə́ːi, pòət- | pɔ̀ːtfə́ːi; *F.* pɔʀtfœj] 〖▭ F ~ 《原義》leaf-carrier: ⇨ porte-, foil²: cf. portfolio〗 *F. n.* 《古》紙ばさみ (portfolio).

Pòrt Elízabeth *n.* ポートエリザベス《南アフリカ共和国南部, Cape of Good Hope 州の海港; 人口 387,000》.

porte-mon·naie [pɔ̀ətmʌ̀ni, póət- | pɔ́:tmʌ̀nɪ; *F.* pɔrtmɔnɛ] 〖□ F ～《原義》money-carrier: ⇨ porte-, money〗 ― *F. n.* (*pl.* ～s [～z; *F.* ～]) 紙入れ (pocket-book), 財布, がまぐち.

Por·te·ña [pɔətémjɑː | pɔ:-; *Sp.* porténa] 〖□ Sp. ～ (fem.) ← PORTEÑO〗 *Sp. n.* Porteño の女性形.

por·tend [pɔəténd, poə- | pɔ:-] 〖《*c*1400》 *portende(n)* □ L *portend-ere* to point out, foretell ← *por-* forward (⇨ pro-[1]) + *tendere* 'to stretch, TEND[1]'〗 ― *vt.* **1** 〈物・事が〉〈よくない事〉の前兆になる, 〈重大なことを〉予示する, 予告する (presage): Black clouds ～ a storm. 黒雲は嵐の前兆だ. **2** 《廃》意味する (signify), 示す (indicate).

Por·te·ño [pɔəténjou | pɔ:téɪnjəʊ; *Sp.* porténo] 〖□ Sp. ～ ← *puerto* 'harbor, PORT[1]'〗 *Sp. n.* ブエノスアイレス (Buenos Aires) の住民.

por·tent [pɔ́ətent, póə- | pɔ́:tent, -tənt, -tṇt] 〖《1563–87》 □ L *portent-um* strange sign ← *portentus* (p.p.) ← *portendere* 'to PORTEND'〗 ― *n.* **1** (不吉・重大事の)兆し, 前兆 (omen): ～s of war, a storm, etc. **2** 驚異(的なもの) (marvel), 異常な人[物] (prodigy): the ～s of atomic science 原子科学の驚異. **3** (特に未来についての不吉な)意味合い (significance): an occurrence of evil ～ 不吉な出来事.

por·ten·tous [pɔəténṭəs, poə- | pɔ:tént-] 〖《*c*1540》 ← L *portentōs-us* monstrous, marvelous ← *portentum* (↑): ⇨ -ous〗 ― *adj.* **1** 不吉な兆しのある, 不吉な (ominous); 〔…の〕前兆となる 〔*of*〕: a ～ event, occurrence, etc. / the ～ days before the outbreak of war 戦争勃発(ぼっぱつ)前の険悪なころ. **2** 驚くべき, 驚異的な (amazing); 非常な, すさまじい (prodigious): a building of ～ size 恐ろしく大きな建物 / a man of ～ abilities すごい手腕家. **3** 非常に意味のある, 極めて重要な: ～ happenings. **4** 《軽蔑》おごそかな, ものものしい (solemn); 尊大な, もったいぶった: a ～ manner しかつめらしい態度. **～·ly** *adv.* **～·ness** *n.*

por·ter[1] [pɔ́əṭə, póə- | pɔ́:tə(r] 〖《*c*1300》 □ AF ～ = (O)F *portier* < LL *portārium* ← L *porta* 'gate, PORT[4]': ⇨ -er[1]〗 ― *n.* **1** 《英》門番, 玄関番 (doorkeeper): a ～'s lodge 門番小屋, 門衛所. **2** 〖カトリック〗= astiary 1 b.

por·ter[2] [pɔ́əṭə, póə- | pɔ́:tə(r] 〖《*c*1390》 *portour* □ OF *porteour* (F *porteur*) < ML *portātōrem* ← L *portātus* (p.p.) ← *portāre* 'to carry, PORT[3]': ⇨ -er[1]〗 ― *n.* **1 a** (駅や空港の)赤帽, ポーター; (ホテルの)ボーイ. **b** 運搬人, かつぎ人夫. **2** 《米》(寝台[食堂]車の)ボーイ, ウェーター. **3** (ビルなどの)掃除人[夫]. **4** 《古》(ニュースなどを)もたらす人; (病気を)うつす人.

por·ter[3] [pɔ́əṭə, póə- | pɔ́:tə(r] 〖《1727》《略》 ← *porter's ale, porter('s) beer*: もとは London などの荷物運搬人夫などが飲んだことから〗 ― *n.* ポーター《焦がした麦芽を使った stout より弱い黒ビール》.

Por·ter [pɔ́əṭə, póə- | pɔ́:tə(r], **Cole** *n.* (1893–1964) 米国の流行歌・ミュージカル作曲家; *Night and Day*.

Porter, George *n.* (1920–) 英国の化学者; Nobel 化学賞 (1967).

Porter, Katherine Anne *n.* (1890–1980) 米国の女流小説家; *Flowering Judas* (短編集) (1930), *Ship of Fools* (1962).

Porter, Noah *n.* (1811–92) 米国の哲学者・著述家・辞書編集家.

Porter, William Sydney *n.* ⇨ O. Henry.

por·ter·age [pɔ́əṭərɪdʒ, póə- | pɔ́:tə-] 〖《15C》 ← PORTER[2] + -AGE〗 *n.* **1** 運搬 (carrige); 運送業 (carriage business). **2** 運搬料, 運賃.

por·ter·ess [pɔ́əṭərɪs, póə-, -rəs | pɔ́:tərɪs, -rəs, -rès] *n.* = portress.

pórter·hòuse 〖《1800》: ⇨ porter[3]〗 *n.* 《米》 **1** 《古》ポーターなどを飲ませる(時にはビフテキなど食べさせる)居酒屋, 簡易食堂 (chophouse). **2** ポーターハウス《上腰部の肉からとった大型ステーキ; T-bone とフィレ肉からなる; porterhouse steak ともいう; cf. club steak》: ⇨ beef 挿絵).

pórter's cháir *n.* 英国の玄関番の椅子の一種《背が延びて上方をおおい, 左右を袖で閉じてすき間風を防ぎ, 通例ホール入口に備えつける椅子; cf. wing chair》.

pórter's knót *n.* 《英》かつぎ人夫が用いる肩当て.

pórt·fìre 〖《部分訳》 ← F *porte-feu* ← PORTE- + *feu* 'FIRE'〗 *n.* **1** のろし打上げ装置. **2** 〖鉱山〗発破点火装置.

port·fo·li·o [pɔətfóuliòu, poət- | pɔ:tfə́ulɪəʊ] 〖《1722》 *porto folio* □ It. *portafoglio* ← *porta* ((imper.) ← *portare* 'to carry, PORT[3]') + *foglio* 'leaf, FOIL[2]': cf. portefeuille〗 ― *n.* (*pl.* ～s) **1 a** 紙ばさみ, 折りかばん, 書類かばん. **b** (紙ばさみ式の)画集, 画帳. **2** (携帯用の)官庁の書類入れ. **3** 大臣の職[地位]: a minister without ～ 無任所大臣, 国務大臣《★ *pl.* 形は ministers without portfolios》. **4** 〖経済〗有価証券明細表[書]; ポートフォリオ《一定の投資計画に従って構成された, 債券・株式などの投資の集合[全体]》.

pórt·hòle *n.* **1** 〖海事〗(船側にあけた)砲門, 舷窓(げんそう), 載貨門, 荷役口. **2** 〖航空〗機窓. **3** (城壁・戦車などにあけた)砲門, 銃眼, 砲眼. **4** 〖機械〗蒸気口.

pórthole dìe *n.* 〖金属加工〗組合せダイス, ポートホールダイス《棒材から管材を押出し加工する時に用いる中子(なかご)付のダイス》.

Por·tia [pɔ́əʃə, póə-, -ʃiə | pɔ́:ʃɪə, -ʃə] 〖□ L *Porcia* (fem.) ← *Porcius* (ローマの氏族名)? ← *porcus* (⇨ pork)〗 ― *n.* **1** 女性名. **2** ポーシャ《Shakespeare 作 *The Merchant of Venice* の女主人公; 男装して裁判官になり名判決を下す才女》. **3** 女弁護士.

pór·tia trèe [pɔ́əʃə-, póə- | pɔ́:-] 〖← Tamil *puraśu*〗 *n.* 〖植物〗トウユウナ, タイワンオオアイ (*Thespesia populnea*)《旧熱帯産アオイ科の低木; 心臓型の葉と黄あるいは紫色の鐘状の花をつける; bendy tree ともいう》.

por·ti·co [pɔ́əṭɪkòu, póə-, -ṭə- | pɔ́:tɪkəʊ] 〖《1605》 □ It. ～ < L *porticum*: PORCH と二重語〗 ― *n.* (*pl.* **～es, ～s**) **1** 〖建築〗ポーチコ, (破風(はふ)のある)柱廊玄関《円柱または追持(せりもち)で支えられた破風(はふ)付きの建物; 通例玄関として主建築物に付属している》. **2** [the P-] 〖哲学〗= porch 3.

portico 1

pór·ti·còed 〖⇨ ↑, -ed 2〗 *adj.* ポーチコのある, 柱廊玄関になった: a ～ front door.

por·tiere [pɔəṭjéə, poə-, -tíə, pɔ́əṭiə, póə- | pɔ:tjéə(r, pɔ̀:tɪéə(r; *F.* pɔrtjɛ:r] 〖《1855》 □ F *portière* ← *porte* 'door, PORT[4]': ⇨ -ier[1]〗 ― *n.* (*also* 《英》 **por·tière** [～]) (*pl.* **～s** [～z; *F.* ～]) (戸口に戸代わりまたは装飾に下げる)仕切り幕, とばり, のれん, カーテン.

por·tion [pɔ́əʃən, póə- | pɔ́:-] 〖n.: 《?*a*1300》 *porcion, porciun* □ OF *porcion* □ L *portiō(n-)* a share, part. ― v.: 《*a*1338》 *portione(n)* □ OF *portionn-er* ← (n.): cf. L *pars* a part〗 ― *n.* **1** 一部, 部分 (part), 構成部分: a small ～ of the whole 全体の小部分 / a ～ of land 少しばかりの土地. **2** 分け前 (share). **3** 1 人前の食物, 1 皿分: one ～ of roast beef ローストビーフ 1 人前. **4 a** 〖法律〗分与相続分《親の財産から子に分与されるべき部分》. **b** (分け与えられた)持参金 (dowry) (marriage portion). **5** 神から割り当てられたもの, 運命 (fate): our ～ in life 我々の運命. ― *vt.* **1** 分ける (divide), 分配する, 配分する (parcel) 〈*out*〉: ～ *out* food, land, property, etc. **2** 〈人〉に分け前[分与産, 持参金]を与える[あてがう]: ～ a person handsomely たくさんの分け前[持参金]を与える. **3** 運命づける, …に運命を負わせる.

pór·tion·er [-ʃ(ə)nə | -nə(r] 〖⇨ ↑, -er[1]〗 ― *n.* **1** 分配者, 配当者; 被分配者, 配当受領者. **2** 〖教会〗共同牧師, 共同聖職者《牧師職を分担して教会収入の分け前を受けている二人以上の牧師の中の一人》.

pór·tion·ist [-ʃ(ə)nɪst, -nəst | -nɪst] 〖□ ML *portiōnista* ← L *portiō(n-)* 'PORTION': ⇨ -ist〗 *n.* **1** 《英》 = postmaster[2]. **2** 〖教会〗= portioner 2.

pórtion·less *adj.* 分け前のない; (特に)持参金[分与相続分]のない: a ～ daughter.

Pòrt Jáckson *n.* ポートジャクソン湾《オーストラリアの南東部, 太平洋岸の小湾; Sydney の良港を形成する; 1788 年 Botany Bay 沿岸の犯罪者植民地が 8 km 北にあるここに移された》.

Port·land [pɔ́ətlənd, póət- | pɔ́:t-] 〖⇨ port[1], land: 英国の地名から〗 ― *n.* **1** 米国 Oregon 州北西部, Willamette 川と Columbia 川の合流点にある港市; 人口 357,000. **2** 米国 Maine 州, Casco 湾に臨む海港; 人口 66,000.

Portland, the Isle of *n.* ポートランド島《イングランド Dorsetshire 州にある石灰岩の半島; Portland Prison (刑務所, 現在は感化院)がある; Portland stone の産地》.

pórtland blást-fúrnace slág cemént *n.* 高炉セメント, 鉄セメント《高炉の水砕スラグとポルトランドセメントクリンカーとから成る水硬性の混合セメント》.

pórtland cemént 〖← *Portland stone*: その色が類似しているところから〗 ― *n.* ポルトランドセメント《粘土と石灰岩その他をまぜてほとんど溶融するまで焼いた焼塊(clinker)を粉砕したもの; その凝固したものが Portland stone に似ている; 普通に「セメント」と称するもの; cf. natural cement》.

Pórtland róse *n.* 〖園芸〗ポートランド系バラ《Damask rose の一系統で, 返り咲き性があるバラ; hybrid perpetual rose 前によく栽培された》.

Pórtland stóne 〖← (*Isle of*) *Portland*〗 *n.* ポートランド石《イングランド Isle of PORTLAND 産の黄白色の石灰岩; 建築用材》.

Pòrt Lóuis *n.* ポートルイス《Mauritius の海港で, 同国の首都; 人口 140,000》.

port·ly [pɔ́ətli, póət- | pɔ́:tlɪ] 〖← PORT[3] (n.) + -LY[2]〗 ― *adj.* (**port·li·er; -li·est**) **1 a** 《古・方言》風采(ふうさい)の立派な, 押し出しのいい, 堂々たる, 威厳のある: a ～ gentleman, policeman, etc. / a lady of ～ presence 押し出しの立派な婦人. **b** 《本など》部厚い. **2** 〈体など〉大柄の, 太った, 恰幅(かっぷく)のよい (stout): a ～ belly 太鼓腹 / be of ～ build 太った体格をしている.

pórt·li·ness *n.*

port·man·teau [pɔətmǽntou, poət- | pɔ:tmǽntəʊ] 〖《1584》 □ F *portemanteau* cloak carrier: ⇨ port[3] (v.), mantle〗 ― *n.* (*pl.* **～s, -man·teaux** [～z]) 《英》 **1** 旅行かばん《背中の真中が蝶番(ちょうつがい)になっていて, 二つに開かれる小型トランク; 元は馬に乗せて着替えなどを持ち運んだ; cf. Gladstone 1》. **2** 《《1872》: cf. 'Lewis Carroll', *Through the Looking-Glass* ch. vi》〖言語〗= portmanteau word. ― *adj.* 二つ以上の用途[性質]を兼ねた.

portmánteau wòrd *n.* 〖言語〗 **1** かばん語《二語が混交して一語になった語; 例: *snark* (← *snake* + *shark*) / *brunch* (← *breakfast* + *lunch*); blend ともいう》. **2** 転用語, 代用語 (counterword). 《単に portmanteau ともいう》

Pòrt Móres·by [-mɔ́əzbi, -móəz- | -mɔ́:zbɪ] *n.* ポートモレスビー《New Guinea 島南東部, Papua New Guinea の首都・海港; 人口 106,000》.

Por·to [*Port.* pórtu] 〖□ Port. ～ ← *Oporto*〗 *n.* ポルト《Oporto のポルトガル語名》.

Por·to A·le·gre [pɔ̀əṭouəlégrə, pɔ̀ə- | pɔ̀:təʊ-; *Braz.* pórtualégri] 〖□ Braz. ～《原義》cheerful port〗 *n.* ポルト アレグレ《ブラジル南部の海港; 人口 1,044,000》.

Por·to·be·lo [pɔ̀əṭəbélou, pɔ̀ə-, -to(ʊ)- | pɔ̀:tə(ʊ)béləʊ; *Sp.* pòrtobélo] 〖□ It. ～《原義》beautiful port〗 ― *n.* (*also* **Por·to Bel·lo** [～]) ポルトベロ《中米 Panama の Colón の北東にある小港; もとスペインのアメリカ植民地主要都市, Columbus により発見, 命名 (1502)》.

Pórt-of-Spáin *n.* ポートオブスペイン《Trinidad 島北西部にある海港; トリニダード トバゴ (Trinidad and Tobago) の首都; 人口 114,000》.

por·to·la·no [pɔ̀əṭəlá:nou, pɔ̀ə-, -ṭḷ- | pɔ̀:təlá:nəʊ; *It.* pòrtolá:no] 〖□ It. ～ 'shipmaster's guidebook, harbor master' □ ML *portulānus*: ⇨ port[1], -ule, -an[1]〗 ― *n.* (*pl.* **～s, -la·ni** [-ni:; *It.* -ni]) ポルトラーノ, ポルトラニ《中世の海図付き公用水路誌》.

Por·to No·vo [pɔ̀əṭənóuvou, póə-, -ṭo(ʊ)- | pɔ́:tə(ʊ)nə́ʊvəʊ] 〖□ Port. ～《原義》new port〗 ― *n.* ポルトノボ《Benin 南部にある海港で同国の首都; 人口 90,000》.

Pòrt Ór·ford cédar [-ɔ́əfəd- | -ɔ́:fəd-] 〖← *Port Orford* (米国 Oregon 州の海港名)〗 ― *n.* 〖植物〗 **1** ベイヒ, ローソンヒノキ (*Chamaecyparis lawsoniana*)《米国南西部産ヒノキの一種; 高さ 60 m にも達する; Oregon cedar, white cedar ともいう》. **2** ベイヒ材.

Por·to Ri·can [pɔ̀əṭo(ʊ)rí:kən, pɔ̀ə-, -ṭə- | pɔ̀:tə(ʊ)-] *n., adj.* = Puerto Rican.

Por·to Ri·co [pɔ̀əṭo(ʊ)rí:kou, póə-, -ṭə- | pɔ̀:tə(ʊ)rí:kəʊ] *n.* 1932年までの Puerto Rico の旧名.

Pòrt Phíllip Báy *n.* ポートフィリップ湾《オーストラリア南東部の湾; 長さ 50 km, 幅 32 km; Melbourne 港を含む》.

por·trait [pɔ́ətrɪt, póə-, -trət, -treɪt | pɔ́:trɪt, -treɪt, -trət] 〖《1570》 □ F ～ (p.p.) ← OF *portraire* 'to PORTRAY'〗 ― *n.* **1** (特に, 顔の)肖像(画, 彫刻), 肖像[人物]写真; 似顔: a ～ photographer 人物写真家. **2** 彫像, 胸像. **3** (言葉による)描写; 人物描写. **4** 生き写し(のもの), 類似物 (image), 類型 (type).

pór·trait·ist [-ṭɪst, -ṭəst | -tɪst] *n.* 肖像画家, 人物写真家.

por·trai·ture [pɔ́ətrətʃʊ̀ə, póə-, -tʃə, -t(j)ʊ̀ə | pɔ́:trɪtʃə, -trə-, -tjʊ̀ə(r] 〖《*c*1375》 *purtreyture* □ OF *portraiture*: ⇨ portrait, -ure〗 ― *n.* **1** 肖像画法. **2** [集合的に] 肖像画, 人物画; 肖像画集: in ～ (肖像)に描かれた / ～ of celebrities 有名人の肖像画. **3** (言葉による)人物描写(法), 描写(品).

por·tray [pɔətréɪ, poə-, pə- | pɔ:-] 〖《?*a*1300》 *purtreie(n)* □ OF *pourtrai-re* < L *protrahere* to draw forth ← PRO-[1] + *trahere* to draw (← IE **tragh-* to draw, drag)〗 ― *vt.* **1** 〈人物・風景を〉(絵画・彫刻などで)表現する, 描く (depict); …の肖像を描く. **2** (言葉で)描く, 生き生きと描写する, 活写する: ～ oneself as 自らを…だと述べる. **3** (舞台で)〈役を〉表現する, 演じる. **～·a·ble** [～əbl] *adj.* **～·er** *n.*

por·tray·al [pɔətréɪ(ə)l, poə-, pə- | pɔ:-] 〖⇨ ↑, -al[1]〗 *n.* **1** 描くこと, 描画, 描写; 記述 (description). **2** 描画[描写]物, 肖像.

port·reeve [pɔ́ətrì:v, póət- | pɔ́:t-] 〖OE *portgerēfa* mayor of a town: ⇨ port[1], reeve[1]〗 ― *n.* **1** 〖英史〗市長 (mayor); (町の)助役, 代官 (bailiff). **2** (港町の)主席役人.

por·tress [pɔ́ətrɪs, póə-, -trəs | pɔ́:-] 〖《15C》: ⇨ porter[1,2], -ess[1]〗 *n.* **1** (女子修道院・アパートなどの)女性の門番[玄関番] (woman porter). **2** (家庭の)雑役婦; 掃除婦 (charwoman).

Port-Roy·al [pɔətrɔ́ɪ(ə)l, poət- | pɔ:t-; *F.* pɔrrwajal] *n.* 〖キリスト教〗ポールロワイヤル《17 世紀にヤンセン説 (Jansenism) の中心となったパリの(女子)修道院; cf. Port Royalist》.

Pòrt Róyal *n.* **1** 米国 South Carolina 州南部にある島. **2** Port Royal 島の村; フランスプロテスタント教徒ユグノー (Huguenots) の植民地 (1562). **3** Jamaica 島南東部 Kingston 港入口の都市; Jamaica の旧首都. **4** Annapolis Royal の旧名. **5** = Port-Royal.

Port Róy·al·ist [-lɪst, -ləst | -lɪst] 〖□ F *port-royaliste*: ⇨ Port-Royal, -ist〗 *n.* 〖キリスト教〗ヤンセン説 (Jansenism) の信奉者 (cf. Port-Royal).

Pòrt Sa·ïd [-sɑ:í:d, -sáɪd | -sáɪd] *n.* ポートサイド《Suez 運河の地中海側, エジプト北東部の海港; 人口 349,000》.

Port Sa·lut [pɔ̀əsəlú:, pɔ̀ə-, -sæ- | pɔ̀:-; *F.* pɔrsaly] *n.* = Trappist cheese.

pórt·sìde[1] 〖← PORT[2]〗 *n., adj.* 左舷(の); 左の, 左翼の(の). ― *adv.* 左舷へ[に].

pórt·sìde[2] 〖← PORT[1]〗 *n., adj.* 河岸(かし)(の), 海岸通り(の).

pórt·sìd·er 〖← PORTSIDE[1] + -ER[1]〗 *n.* 《米俗》左利き; 〖野球〗左腕投手 (southpaw).

Ports·mouth [pɔ́ətsməθ, póəts- | pɔ́:ts-] 〖OE

Portesmūða《原義》the mouth of Port harbour ⇨ port¹, mouth〛 ── n. **1** イングランド南部 Hampshire 州南東部, イギリス海峡に臨む港市, 海軍の主要基地; 人口 199,000. **2** 米国 Virginia 州南東部の海港, 海軍造船所がある; 人口 669,000. **3** 米国 New Hampshire 州南東部の海港·海軍基地; 日露講和条約締結地 (1905); 人口 26,000.

pórt spèed n. 〘造船〙ポートスピード《荷役作業能率》.

Pòrt Sudán n. ポートスーダン《Sudan 北東部, 紅海に臨む海港; 人口 123,000》.

pórt superintèndent n. 〘海事〙=marine superintendent.

pórt tàck n. 〘海事〙(帆船の)左舷開き《風を左側から受けた状態での帆走》.

Por·tu·gal [pɔ́ətʃɪgəl, pɔ́ə-, -tʃə-| pɔ́ːtju-, -tʃu-; Port. purtuɡál] 〚(c1390) Portyngale ◻ Port.《古形》*Portucale* ◻ ML *Portus Cale* 'PORT¹ of Cale (Douro 河口の港市)': Portucalé 伯 Afonso が初代の国王になったため〛 ── n. ポルトガル《ヨーロッパ南西部の共和国; (Azores および Madeira 諸島を含めて)人口 9,730,000, 面積 91,500 km², 首都 Lisbon; 公式名 the Republic of Portugal ポルトガル共和国》.

Por·tu·guese [pɔ̀ətʃʊgíːz, pɔ̀ə-, -gíːs | pɔ̀ːtjʊgíːz, -tʃʊ-] 〚(1617) ◻ Port. *portuguêz* // Sp. *portugués*: ⇨ ↑, -ese〛 ── adj. **1** ポルトガルの. **2** ポルトガル人[語]の. ── n. (pl. ~) **1** ポルトガル人. **2** ポルトガル語.

Pórtuguese cýpress n. 〘植物〙メキシコイトスギ (*Cupressus lusitanica*)《メキシコ原産の半耐冬性のヒノキ科イトスギ属の高木; 庭木に用いる》.

Pórtuguese Èast África n. ポルトガル領東アフリカ《Mozambique (1) の旧名》.

Pórtuguese Guínea n. ポルトガル領ギニア (⇨ Guinea-Bissau).

Pórtuguese Índia n. 旧ポルトガル領インド《インド西海岸 Goa 植民地と, その付近の島; 1962 年インドに併合》.

Pórtuguese màn-of-wár 〚英国近海のものはポルトガル沿岸に生じたものが海流に流されて来るのでこの名がある〛 ── n. 〘動物〙カツオノエボシ, (俗に)電気クラゲ《カツオノエボシ属 (*Physalia*) の数種の腔腸動物のクラゲの総称; カツオノエボシ (*P. physalis*) など; 海水浴者の皮膚に害を与える》.

Pórtuguese Tímor n. ポルトガル領チモール (⇨ Timor).

Pórtuguese Wèst África n. ポルトガル領西アフリカ《Angola の旧名》.

por·tu·lac·a [pɔ̀ətʃʊlǽkə, pɔ̀ə- | pɔ̀ːtju-] 〚← NL ← L *portulāca* purslane ← *portula* (dim.) ← *porta* 'gate, PORT⁴': その蒴果の包皮が開くさまが門に似ているところから〛 ── n. 〘植物〙スベリヒユ科スベリヒユ属 (*Portulaca*) の植物の総称《スベリヒユ (purslane) など》; (特に) マツバボタン (garden portulaca).

Por·tu·la·ca·ce·ae [pɔ̀ətʃʊləkéɪsiìː, pɔ̀ə- | pɔ̀ːtjʊl-] 〚← NL ~ ← *Portulaca* (属名: ↑): ⇨ -aceae〛 ── n. pl. 〘植物〙(アカザ目)スベリヒユ科. **pòr·tu·la·cá·ceous** [-ʃəs] adj.

por·tune [pɔ́ətʃən, pɔ́ə-, -tʃuːn | pɔ́ːtʃuːn, -tʃən, -tjuːn] 〚← ?〛 n. 〘英伝説〙ポーチュン《しわだらけの顔をし, 粗衣をまとった老農夫の姿をした妖精》.

Por·tu·ni·dae [pɔət(j)úːnədìː | pɔːtjúːnɪ-] 〚← NL ~ ← *Portunus* (属名: ← L *Portūnus* the god of harbors ← *portus* 'PORT¹') + -IDAE〛 ── n. pl. 〘動物〙ワタリガニ科.

pórt wàtch n. 〘海事〙左舷直《全乗組員を左右舷の組にわけた場合の左舷側の組の当直》.

pórt wíne n. =port⁵.

POS 《略》〘商業〙point of sale(s) 販売時点.

pos. 《略》position; positive; possession; possessive.

po·sa·da [pəsáːdə, po(ʊ)- | pə(ʊ)-; Sp. posáða] 〚◻ Sp. ~ ← *posado* (p.p.) ← *posar* to lodge: cf. pose¹〛 ── Sp. n. (pl. ~s) **1** (スペイン語の話される国の)旅館, 宿屋 (inn). **2** ポサダ《(メキシコの)クリスマス直前 9 日間の儀式; Joseph と Maria が Nazareth から Bethlehem まで 9 日間旅した伝説に基づく》.

P.O.S.B. 《略》Post Office Savings Bank 郵便貯金局《現在英国では National Savings Bank》.

pose¹ [póuz | páuz] 〚v.: (c1385) *pose(n)* ◻ (O)F *poser* < LL *pausāre* 'to cease, PAUSE' (VL において L *pōnere* to place, put の代用として用いられた). ─n.: (1818) ◻ F ~ ← *poser*: cf. position〛 ── vt. **1** 〈モデル〉に姿勢[姿態]をとらせる, ポーズをとらせる: ~ a model for a picture, statue, etc. **2** 〈人·物を〉適当に配置する: The girls were well ~*d* for the photograph. 少女たちは写真を撮るため適当な位置に並べられた. **3** 〈問題などを〉持ち出す, 言い出す; 〈要求などを〉主張する (assert): ~ a question, a claim, an argument, etc. / The increase in postage ~*s* an economic threat to magazines and newspapers. 郵便料金の値上げは新聞, 雑誌に経済的脅威をもたらす. **4** 《古》置く (put). **5** 〘ドミノ〙〈第 1 のドミノの牌を〉場に出す. ── vi. **1** (モデルとして)姿勢[態度]をとる, あるポーズをつくる: He ~*s for* his portrait. **2** 気取った態度をとる, 装って見せる; 〔…を〕気取る, 見せかける 〔*as*〕: ~ *as* a hero 英雄を気取る / ~ *as* a model of all the virtues 美徳のかがみのように見せかける. **3** 人前に出る, 打って出る: He ~*d* as a critic. ── n. **1** 姿態, 姿勢, 身構え (attitude), ポーズ: strike a ~ ポーズをとる, 気取る / He adopted a careful ~. 注意深く身構えた / His ~ has something defiant in it. 彼のポーズには何か反抗的なものがある. **2** 心的態度, 心構え. **3** 気取った[取り繕った]態度, 見せかけ (pretence): His liberalism is a mere ~. 彼の自由主義はただの見せかけだ. **4** (肖像画·人物画·写真のモデルの)姿勢, ポーズの具合. **5** 〘ドミノ〙第 1 のドミノ牌を場に出すこと[権利].

pose² [póuz | páuz] 〚(1: 1593; 2: 1526)《頭音消失》← 《古形》*appose* 《変形》← OPPOSE〛 ── vt. **1** (難問を出して)まごつかせる, 困惑させる (puzzle). **2** 《古》(問題を出して)試験する.

Po·sei·don [pəsáɪdn, po(ʊ)-, -dən | pɔ-, pə-] 〚◻ L *Poseidōn* ◻ Gk *Poseidôn* ← ? ← *pósis* master + *da* = *gê* earth〛 n. 〘ギリシャ神話〙ポセイドン《Zeus に次ぐ威厳をもつ海神; ローマ神話の Neptune に当たる》.

Po·sen [póuzən, -zn̩ | páu-; G. póːzn̩] n. ポーゼン《Poznań のドイツ語名》.

pos·er¹ [póuzə | páuzə(r)] 〚⇨ pose¹, -er¹: cf. F *poseur*〛 n. =poseur.

pos·er² [póuzə | páuzə(r)] 〚(1587)《頭音消失》← 《古形》*apposer* ← 《廃》*appose*: ⇨ pose², -er¹〛 n. **1** 難問, 難題, なぞ (puzzle). **2** 《古》難問提出者, 試験官.

po·seur [pouzə́ː | pəuzə́ː(r; F. pozœːr] 〚◻ F ~ ← *poser* 'to POSE¹': ⇨ -er¹〛 n. (pl. ~**s** [~z; F. ~]) 気取った態度をとる人, 気取り屋, すまし屋.

po·seuse [pouzə́ːz | pəu-; F. pozøːz] 〚◻ F ~ (fem.) ↑〛 n. poseur の女性形.

posh¹ [pɑ́(ː)ʃ | pɔ́ʃ] 〚← ?: cf. POSH, polish〛 ── 《俗》 adj. 優雅な, エレガントな (elegant), 粋な (smart); 第一流の (tiptop): a ~ dinner, restaurant, etc. ── vt. [通例 Passive で] めかす (spruce) 〈*up*〉: all ~*ed up* すっかりめかしこんで. **~·ly** adv. **~·ness** n.

posh² [pɑ́(ː)ʃ | pɔ́ʃ] int. ふふん, ぺっ《軽蔑·嫌気(けんき)などを表わす》.

POSH 《略》port out starboard home 〚英印航路で, 往航では左舷の船室が涼しいので運賃も高かったことからそれに乗れる人という意〛《海事俗》金持ち.

pos·i·grade [pázɪgrèɪd, -zə- | pɔ́zɪ-] 〚← POSI(TIVE) + -GRADE (cf. retrograde)〛 ── adj. **1** 〈ロケットや宇宙船〉の推進力が進行方向に向いている (cf. retrograde 6). **2** 推進ロケット(から)の.

pósigrade ròcket n. 〘宇宙〙偏向用ロケット《宇宙船の推進力を進行方向に向けるための補助ロケット》.

po·sish [pəzíʃ] 〘短縮〙 n. 《米口語》=position.

pos·it [pázɪt, -zət | pɔ́zɪt] 〚(1647) ← L *posit-us*: ⇨ position〛 ── vt. **1** 〘哲学·論理〙(肯定的に)断定する, 措定する, 仮定する (postulate) (cf. sublate, infer 1). **2** [主に Passive で] 置く (put), 配置する. ── n. 置かれたもの; 措定, 仮定 (assumption).

posit. 《略》position; positive.

po·si·tion [pəzíʃən, po(ʊ)- | pə-] 〚(?c1400) ◻ (O)F ~ < L *positiō(n-)* ← *positus* (p.p.) ← *pōnere* to place < OL **posinere* to lay aside ← IE **apo-* 'OFF, away' + *sinere* to lay, leave (cf. site): ⇨ -tion: cf. posit, pose¹〛 ── n. **1** (物の)位置 (site); 場所, 所在地, 所 (place): the ~ of a house / the apparent ~ 〘天文〙視位(置). **2** (人の居るべき)位置, 適所, はまり役の場所 (right place): move into [take up] one's ~ 部署につく. **3** 状態 (condition), 境遇, 立場 (situation): be (placed) in a difficult [an awkward] ~ 困難な[困った]立場に立つ / put a person in a serious ~ 人を容易ならぬ立場に立たせる. **4** 情況, 形勢, 局面: What is the ~ of the affairs? 情勢はどうか. **5** 地位, 身分, 席次 (rank); 高い身分: a responsible ~ 責任ある地位 / a high [low] ~ in society 高い[低い]社会的地位 / a person in ~ of authority 権力の地位にある人 / a man [people] of ~ 身分のある人[人々]. **6** 勤め口, 職: He has a ~ in the Civil Service [in a bank]. 彼は文官として職を奉じて[銀行に勤めて]いる. **7 a** 姿勢 (posture): sit in a comfortable ~ 楽な姿勢で坐る / the eastward ~ (聖体拝領の時, 司祭が祭壇の前で)東に面して[祭壇に向って]立つ姿勢. **b** 〘バレエ〙ポジション《バレエの脚の基本のポジション; 形·姿勢で五つのポジションがある》: ⇨ first position. **8** (問

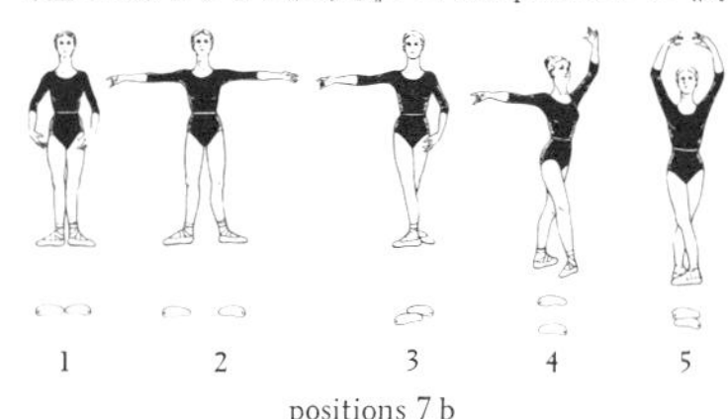

positions 7 b
1 first position 2 second position
3 third position 4 fourth position
5 fifth position

題などに対する)立場, 態度 (attitude); 見解: in my ~ 私の立場[見解]では / one's ~ *on* the labor question 労働問題に対する態度 / take up the ~ *that* …という立場をとる[意見を主張する]. **9** 〘古典詩学〙短母音が 2 個の子音または二重子音の前に位置すること《この場合その短母音を含む音節は長音節とみなされる; これを long by position といい, 長[二重]母音を含む本来長い (long by nature) 音節と対照される; 例えば honestus (=honorable) における e の位置》. **10** 〘証券〙(証券や外国為替などの)持ち高: a long ~ 買い持ち高 / a short ~ 売り持ち高, 空売り高. **11** 〘音楽〙 **a** 和音の位置: ⇨ open position. **b** ポジション《弦楽器の運指法に関する語で, 指板上で左指を用いる位置》. **c** ポジション《トロンボーンスライド (U 字管) の位置》. **12** 〘軍事〙陣地, 射撃陣地, 戦略的要点, 有利な地点: carry a ~ by assault 強襲によって陣地を奪取する. **13** (ゲームで盤面の)駒(など)の配置, 陣形, 盤面の模様. **14** 〘論理〙命題 (proposition); 命題の提示. **15** (時計の)姿勢《歩度の検査に関連し文字盤やりゅうずの向きで指定される》.

in a false position (誤解を招くような)不本意[迷惑]な立場にあって[置かれて]: be *in a false* ~ / He was put *in a false* ~. 彼は不本意な立場に陥った. ***in a position to do***…する立場にある, することができる: I *am* not *in a* ~ *to* answer your question. ご質問にはお答えしかねます[できません]. ***in position*** (1) 正しい位置にあって[ついて]: The exhibits are *in* ~. / The players are *in* ~. 選手たちは所定の位置についている. (2) 〈人が〉所を得ている, 適任で. ***maneuver for position*** (1) 〘軍事〙有利な地点を占めるために軍を動かす. (2) 有利な地位を得ようと画策する. ***out of position*** (1) 正しい[所定の]位置からはずれて. (2) 〈人が〉所を得ていない, 適任でなく. ***take a position*** 〘証券〙〈証券業者が〉買い持ちをする.

── vt. **1** (適当なまたは特定の場所に)置く. **2** 〈部隊を〉配備する, 位置につける.

po·si·tion·al [-ʃənḷ, -ʃnəl] 〚⇨ ↑, -al¹〛 adj. **1** 位置の, 位置上の; 地位の. **2** 〈試合など〉比較的動きの少ない. **3** 〈発音など〉前後関係[周囲の条件]で変わる.

posítional érror n. 〘時計〙姿勢差《置かれている姿勢によって生じる時計の歩度変化》.

posítional notátion n. 〘数学〙位取り記数法, 位取り表記《通常の 10 進法の表記のように, 数字の書かれる各桁がそれぞれ一定の値をもち, 数字の列が各数字と各桁の値との積の和を表わすような記数法》.

posítion bùoy n. 〘海事〙 **1** 曳航(えいこう)[霧中]浮標《霧の中で後続船に間隔を保たせる》. **2** 位置浮標《ある地点を示すために錨で下端をとめて設置する浮標》.

posítion effèct n. 〘生物〙位置効果《遺伝子がその占める座位によって表現型に変化の生じること》.

po·sí·tion·er [-ʃ(ə)nə | -nə(r)] n. 〘金属加工〙ポジショナー《溶接物を取り付けて自由な方向に回転させるようにした台》.

po·si·tion·ing [-ʃ(ə)nɪŋ] n. 位置調整, 位置調節.

posítion ìsomer n. 〘化学〙位置異性体《構造異性の一つで置換基の位置だけが違うもの》.

posítion lìght n. 〘航空〙=navigation light.

posítion lìght sìgnal n. 〘鉄道〙灯列信号機《数個の白色電灯の点灯位置によって信号の現示を行なう信号機》.

posítion lìne n. =LINE of position.

posítion pàper n. ポジションペーパー, 所信表明(論文), 討議資料《重要な問題についての政治団体[政府, 労働組合]などの立場を述べた文書》.

posítion vèctor n. 〘数学〙(与えられた点の)位置ベクトル《原点を始点とし, 与えられた点を終点とするベクトル》.

pos·i·tive [pázətɪv, -ztɪv | pɔ́zətɪv, -zɪ-] 〚(a1325) ◻ (O)F *positif* ◻ L *positīvus* settled by agreement ← *positus* (p.p.) ← *pōnere* to place: ⇨ position, -ive〛 ── adj. **1** 明確な, はっきりした, 明白な; 無条件の; 疑いをいれない, 選択を許さない, 断定的な: a ~ fact はっきりした事実 / ~ proof=proof positive / ~ orders 強制的命令 / a ~ promise 確約. **2 a** 自信のある; 自信過剰の, 独断的な (dogmatic): Don't be too ~. あんまり言い張るな / a ~ sort of person 独断的な人. **b** 〔…を〕確信している, 過信している 〔*about, of*〕/ 〈*that*〉: Are you sure?—Yes, I'm (dead) ~. 確かかい—絶対確かだ / I am ~ *that* it is so. そうであると私は確信する[断言する]. **3** 絶対的な (absolute) (↔ relative): The idea of beauty is not ~. 美の観念は絶対的なものではない《相対的なものだ》. **4** 《口語》完全な, 全くの (downright): a ~ fool 全くのばか / It is a ~ nuisance. 全く迷惑なことだ. **5** 肯定的な, 積極的な (↔ privative, negative); 〈批評など〉建設的な: a ~ reply (そうだという)肯定的な返事 / ~ criticism 建設的批評. **6** 実在的な, 現実的な (actual); 実際的な, 実践的な (practical): a ~ good 現実の善 / ~ morals 実践道徳 / ~ virtue 実行によって示す徳 / a ~ term 実名辞《人·木などという名辞》/ a ~ mind 実際的な人, 実際家. **7** 〈法令など〉協定·慣習などによって定められた, 人為的な: ⇨ positive law. **8** 〘哲学〙実証的な, 積極的な (↔ speculative): ~ philosophy 実証哲学 (positivism)《Auguste Comte などの》/ ⇨ positive religion. **9** 〘数学·物理〙プラスの (plus), 正の, 陽の (↔ negative): a ~ component 正の成分 / a ~ number 正数 / a ~ quantity 正量. **10** 〘医学〙〈検査·反応の結果が〉陽性の (↔ negative): ⇨ false-positive. **11** 〘電気〙陽(性)の, 相対的に高電位の, 正の (↔ negative; cf. neutral 5): ~ charge 陽電荷, 正電荷 / ~ electrode 正極 / ⇨ positive electricity, positive pole. **12 a** 〘生物〙正の, 陽性の《動植物が刺激原へ向かう》. **b** 〘生化学〙陽性の (↔ negative). **13 a** 〘写真〙陽画の (↔ negative): a ~ picture 陽画. **b** 〘光学〙〈レンズが〉正の, 凸の: ⇨ positive lens. **14** 〘化学〙〈元素·基が〉陽性の (basic) (↔ negative). **15** 〘文法〙原級の (cf. comparative 3, superlative 3): the ~ degree 原級 / a ~ adjective [adverb] 原級形容詞[副詞]. **16** 〘機械〙確実動作の: ~ lubrication 確実潤滑《押込み注油など》.

── n. **1** 明確[絶対, 積極, 実在]性(のあるもの). **2**

〖文法〗**a** (形容詞・副詞の)原級 (positive degree). **b** 原級の語(形). **3**〖写真〗陽画, ポジ. **4**〖電気〗=positive plate; positive pole. **5**〖数学〗正の数; 正符号; 正量. **6**〖哲学〗実証できるもの, 実在的なもの.
~·ness *n.*

pósitive acceleràtion *n.*〖物理〗正の加速度《時間の経過につれて速度の大きさが増大するような加速度; cf. negative accleration》.

pósitive clútch *n.*〖機械〗=claw clutch.

pósitive cólumn *n.*〖物理〗陽光柱《気体放電の陽極付近に見られる明るい部分》.

pósitive crýstal *n.*〖光学〗正結晶《常光線の屈折率が異常光線の屈折率より小さい単軸性結晶; cf. negative crystal》.

pósitive défìnite *adj.*〖数学〗正定値の《二次形式 (quatratic form) が, それに含まれる変数の 0 以外の値に対しては常に正の値をとることにいう》.

pósitive electrícity *n.*〖電気〗陽電気, 正電気《ガラス棒を絹布でこすった時, ガラス棒に生じる電気, またはそれと同性質の電気; cf. vitreous electricity》.

pósitive eléctron *n.*〖物理・化学〗陽電子 (⇨ positron).

pósitive eugénics *n.*〖生物〗積極優生学《劣性形質の遺伝を減少させるより優性形質の遺伝を増加させようとする優生学》.

pósitive féedback *n.*〖電気〗正帰還, 正フィードバック《出力の一部を入力を助ける向きに加えて感度を高める手法; cf. negative feedback》.

pósitive féeder *n.*〖電気〗正給電線, 正饋(き)電線.

pósitive íon *n.*〖物理化学・電気〗陽イオン (ion).

pósitive láw *n.*〖法律〗実定法《自然法・慣習法・道徳律などに対し, 憲法・法律のように, 議会で制定された法や裁判所で定立された判例法; cf. natural law》.

pósitive léns *n.*〖光学〗正のレンズ《入射する平行光束を収束させるレンズ; ⇨ converging lens》.

pós·i·tive·ly *adv.* **1** 明確に, はっきりと, 断定的に. **2** きっぱりと, 断固として. **3** 積極的に; 建設的に; 肯定的に. **4**〖電気〗陽電気で. **5** [《米》] で] 全く, ほんとうに; 断然; pɑ̀zətívli, pɑztív-]《口語》全く, ほんとうに; 断然; [yes の代りに用いて] もちろん: Will you come?—*Positively!* いらっしゃいますか—行きますとも.

pósitive philósophy *n.*〖哲学〗=positivism 1.

pósitive pláte *n.*〖電気〗(電池の)陽極板.

pósitive póle *n.*〖電気〗陽極, 正極 (anode).

pósitive préssure *n.* 正圧《大気圧より高い圧力》.

pósitive rày *n.*〖物理化学〗陽極線, 陽イオンビーム《anode ray ともいう》.

pósitive relígion *n.*〖哲学〗(啓示・伝承に基づいた)積極的宗教 (cf. revealed religion, natural religion).

pósitive sígn *n.*〖数学〗=plus sign.

pósitive theólogy *n.*〖神学〗積極神学, 実証神学《自然神学や理性神学に対し歴史的啓示に基づきその内容の解明を目的とする神学; cf. negative theology》.

pósitive tránsfer *n.*〖心理〗正の転移《positive transfer effect ともいう; ⇨ transfer 8》.

pós·i·tiv·ìsm [-vìzm]〚《1854》□ F *positivisme*: ⇨ positive, -ism〛 **—** *n.* **1**〖哲学〗**a** 実証哲学, 実証論, 実証主義《思弁を排除した経験的・実在的事実に基づく科学的知識を真の知識として主張する立場; フランスの Auguste Comte (1798–1857) が唱え出したので Comtism ともいう; cf. phenomenalism 2, negativism》; (実証論を基礎にした)人道主義的宗教, 人類教 (cf. humanism 4). **b**〖哲学〗=logical positivism. **2** 積極性, 明確性, 確実性; 積極主義; 確信 (assurance).

pos·i·tiv·is·tic [pɑ̀zəṭɪvístɪk, -zt-|pɔ̀zɪtɪ-, -zə-] *adj.*

pos·i·tiv·ist [-vɪst, -vəst|-vɪst]〚□ F *positiviste*: ⇨ ↑, -ist〛 *n.*〖哲学〗実証哲学者, 実証主義者, コント学派の人 (Comtist).

pos·i·tiv·i·ty [pɑ̀zətívəṭi|pɔ̀zətívətɪ, -zɪ-, -və-] *n.* 確実; 確信; 積極性 (positiveness).

pos·i·tron [pɑ́zətrɑ̀n|pɔ́zɪtrɔ̀n, -trən]〚← POSI(TIVE)+(ELEC)TRON〛 *n.*〖物理・化学〗陽電子《電子の反粒子; positive electron ともいう; ↔ negatron》.

pos·i·tro·ni·um [pɑ̀zətróuniəm|pɔ̀zɪtrə́uniəm, -niəm]〚⇨↑, -ium〛 **—** *n.*〖物理〗ポジトロニウム《陰電子と陽電子の一時的な結合でできる不安定な物質; 化学的には水素と同じ; cf. annihilation 3》.

po·sol·o·gy [pəsɑ́lədʒi|pə(ʊ)sɔ́lədʒɪ]〚□ F *posologie* ← Gk *pósos* how much+-LOGY〛 **—** *n.*〖医学〗薬量学. **pos·o·log·ic** [pɑ̀səlɑ́dʒɪk|pɔ̀səlɔ́dʒ-] *adj.* **pòs·o·lóg·i·cal** *adj.*

poss. (略) possession; possessive; possible; possibly.

pos·se [pɑ́si|pɔ́sɪ]〚《1583》□ ML ~ 'power, force' ← L *posse* to be able (inf.) ← *possum* I can: cf. possible, potent¹〛 **—** *n.* **1** (法的権威をもつ)武装隊; 〔警官などの〕一隊, 一団 (body)〔*of*〕. **2**〖英法〗=posse comitatus 1. **3**《俗》(ある共通の目的のために集まる)群衆, 暴民, 暴徒 (rabble). **4** 可能性 (possibility), 潜在力 (potentiality): ⇨ in posse.

pósse co·mi·tá·tus [-kɑ̀məṭéɪṭəs, -téɪ-|-kɔ̀mɪtɑ́ːt-, -téɪ-]〚□ ML *posse comitātus* power of the county: ⇨ county〛 **—** *n.* **1**〖英法〗民兵隊, 警防団, 壮年団《治安維持・犯人逮捕・法律執行などのため 15 歳以上の男子を州長官 (sheriff) が召集できる》. **2** =posse 1.

pos·sess [pəzés, po(ʊ)-, -sés|pəzés]〚《*c*1465》□ OF *possess-(i)er* ← L *possessus* (p.p.) ← *possidēre* to possess ← *pos-* (← *potis* capable: ⇨ potent¹)+*sidere* to sit down (← *sedēre* 'to SIT'): cf. G *besitzen* to possess〛 **—** *vt.* **1 a** (所有物として)持つ, 持っている (own), 所有する (hold): ~ property, wealth, a house, etc. **b**〈能力・性質などを〉有する, 備えている (have): ~ courage, wisdom, good health, etc. **2** [しばしば Passive で]〈悪霊などが〉〈人に〉取りつく, 乗り移る; 〈考え・感情などが〉〈人を〉とらえる, 支配する (dominate), …にしみ込む (imbue) (cf. possessed 2): He is ~*ed by* a devil [*by, with* an idea]. 悪魔に[ある考えに]とりつかれている / A faint uneasiness ~*ed* him. かすかな不安が彼(の心)をとらえた / What ~*ed* you (*to* do that)? なぜそんなばかなまねをするんだ[したんだ]. **3 a**〈心・感情などを〉抑える, 制御する;〔ある状態に〕維持する, 保つ (maintain)〔*in*〕: ~ one's temper 怒りを抑える / ~ one's soul *in* patience [peace] じっとこらえている[心の平静を保つ] (cf. *Luke* 21. 19). **b** [~ *oneself* で] 自制する, 忍耐する (cf. possessed 3, self-possessed). **4**〈女性〉と肉体関係をもつ: ~ a woman 女をものにする. **5** …に精通している: ~ several languages 数か国語を自由にあやつる. **6 a**《古》取る, 捕える (take); 手に入れる, 獲得する (gain). **b**《廃》占領する, 領有する (occupy). **7**《古》〈人〉に〔物を〕所有させる,〔情報などを〕知らせる〔*of, with*〕.

be possessed of《文語》…をもっている, 所有している (have): He *is* ~*ed of* a large fortune [good qualities]. 大きな財産[すぐれた性質]をもっている. ***possess oneself of***《文語》…を所有する, 獲得する. **~·a·ble** [-səbl̩] *adj.* **~·i·ble** [-səbl̩|-sə-, -sɪ-] *adj.*

pos·séssed〚《1534》〛 **—** *adj.* **1**〔…を〕所有した, 持った〔*of*〕: ~ *of* riches [a sharp tongue] 富[毒舌]をもった. **2** (死霊・悪魔などに)とりつかれた; 気の狂った (crazy); うつつを抜かした (infatuated): like one ~=like all ~《米口語》(ものにつかれたように)夢中になって[猛烈に] / ~ *by* [*with*] a demon [fury] 悪魔にとりつかれて[怒り心頭に発して] / You are surely ~. 君は確かにものにつかれている《正気じゃない》. **3** 落ち着いた, 冷静な (self-possessed): remain ~ under all trials あらゆる苦難に動じない. **4**〖文法〗所有格(形)の: ~ noun 所有格形名詞《例: my sister's piano の *sister's*》. **~·ly** *adv.* **~·ness** *n.*

pos·ses·sion [pəzéʃən, po(ʊ)-, -séʃ-|pəzéʃ-]〚《*c*1340》□ (O)F ~ // L *possessiō(n-)*: ⇨ possess, -sion〛 **—** *n.* **1** 所有すること, 所有下にあること, 入手; 所有, 所持 (ownership); 占有, 占領, 占拠 (occupation): come into ~ of a fortune 財産の主(ぬし)になる[にありつく] / have … in one's ~ …を所有している / take [get] ~ of …を手に入れる, を占有[占領]する / rejoice in the ~ of 幸いにも…を有する / The house is *in* his ~. その家は彼の所有である / The widow was *in* ~ *of* a large fortune. 未亡人は大きな財産をもっていた / A large fortune was *in the* ~ *of* the widow. 大財産が未亡人の所有になっていた. **2**〖法律〗(所有権の有無に無関係の)占有: civil [constructive] ~ 推定占有 / naked ~ (占有権のない)事実上の占有 / enter into ~ of a house 家を正式に占有する / *Possession* is nine [《古》eleven] points [parts] of the law.《諺》現実に占有していることは九分の利《預り物は我が物》. **3 a** 所有物; [*pl.*] 財産, 富 (property): a man of great ~*s* 大財産家 / This guitar is my most beloved ~. このギターは私の最も大事な財産だ. **b** 属領, 領地. **4**〖スポーツ〗**a** (アメリカンフットボールの)フィールドの現在位置; (バスケットボールの)ボールのコントロール; (アイスホッケーの)パックのコントロール, キープ. **b** (プレー再開時のボールの)権利, ボールを投げ入れる権利《サッカー・バスケットボールのスローインの権利など》. **5 a** 魅(み)入られること, 魔[悪霊など]のとりつくこと; ある感情[考え]などにつかれる[支配される]こと; こびりついた[抜け切らない]感情[考え] (cf. obsession 1): ~ by evil spirits 悪霊に取りつかれる[つかれている]こと. **b**〖心理〗憑依(ひょうい); 憑依状態[現象], ものつき現象. **6** 自制, 沈着, 冷静. ★ self-possession のほうが普通. **~·al** [-ʃənl̩, -ʃnəl] *adj.*

pos·ses·sive [pəzésɪv, po(ʊ)-, -sés-|pəzés-]〚《1530》□ (O)F *possessif* // L *possessīv-us*: ⇨ possess, -ive〛 **—** *adj.* **1** 所有の, 所有を表わす: ~ rights 所有権. **2** 所有欲を示す, 所有欲[独占欲]の強い: a ~ person, manner etc. / the ~ instinct 所有本能, 独占欲 / be ~ about … を独占[一人占めに]しようとする. **3**〖文法〗所有を示す, 所有(格)の: the ~ case 所有格. **—** *n.*〖文法〗所有格; 所有代名詞[形容詞] (cf. genitive). **~·ness** *n.*

posséssive ádjective *n.*〖文法〗所有形容詞《my, your, his など》.

posséssive indivídualism *n.*〖社会学〗所有個人主義《Fromm, McPherson [məkfə́ːsn̩|-fə́ː-] を始め, アメリカの社会学の重要テーマ》.

pos·sés·sive·ly *adv.* **1**〖文法〗所有格代名詞として. **2** 所有物として, わがもの顔に.

posséssive prónoun *n.*〖文法〗所有代名詞《mine, yours, hers, theirs など》.

pos·sés·sor〚《*c*1395》 *possessour* □ AF □ L *possessōrem*: ⇨ possess, -or²〛 **—** *n.* **1** 持主, 所有者 (holder): the ~ of a sharp tongue 毒舌家. **2** 占有者 (occupier), 所持者: a naked ~〖法律〗(占有権のない)事実上の占有者. **~·shìp** *n.*

pos·ses·so·ry [pəzés(ə)ri, po(ʊ)-, -sés-|pəzésəri]〚《1425》□ LL *possessōri-us*: ⇨ possess, -ory¹〛 **—** *adj.* **1** 占有の, 占有する; 所有者の: a ~ title to land〖法律〗土地占有権. **2** 占有[所有]から生じる, 占有による: a ~ interest〖法律〗(所有権を伴わない)単純占有権. 「く侵害訴訟 (trespass)》.

posséssory áction *n.*〖法律〗占有訴訟《占有に基づ

pos·set [pɑ́sɪt, -sət|pɔ́s-]〚《15C》 *poshote, possot* ← ?〛 **—** *n.* ポセット, ミルク酒《熱い牛乳をエールやぶどう酒などで固まらせた飲み物; 時に香料・砂糖・パン等も加える; 以前かぜをひいた時などに多用された》.

pos·si·bi·list [pɑ́səbəlɪst, pəsíb-, -ləst|pɔ́sɪbɪlɪst, -sə-, pəsíb-]〚□ F *possibiliste* // Sp. *posibilista*: ⇨ possible, -ist〛 **—** *n.*〖政治〗現実的改革主義の人《改革はまず実現可能のものから着手すべきだとする, 以前のスペイン共和党やフランス社会党内の一派の人》.

pos·si·bil·i·ty [pɑ̀səbíləṭi|pɔ̀səbílətɪ, -sɪ-, -lɪ-]〚《*c*1385》 *possibilite* □ (O)F *possibilité* // L *possibilitāt-em* ← *possibilis*: ⇨↓, -ity〛 **—** *n.* **1** あり[起こり]うること, 可能性; 実現性 (feasibility): the ~ of ghosts [miracles] 幽霊[奇跡]の可能性 / The ~ of life on Mars would still not finally be ruled out. 火星に生物が存在するという可能性はまだ決定的には排除できないであろう / There is a good [strong] ~ of rain this weekend. 週末には雨の降る公算が大である / Is there any ~ *of* your coming [*that* you will be able to come] tomorrow? あす来られる見込みはありますか. **2** あり[起こり]うる事態, 可能な事; 可能性: a bare [remote] ~ 万一の事 / Failure is a ~. 失敗もありうる / But there is another ~. 別の事も考えられる, 別の可能性もある / There are a lot of *possibilities*. いろいろな事[場合]が考えられる, 可能性はたくさんある. **3** [*pl.*] (発展・改善・利用などの)見込み (prospects), 将来性, 可能力 (potentiality): the commercial *possibilities* of a city 町の商業上の発展性 / The scheme has great *possibilities*. この計画は大いに見込みがある. **4**《口語》選ばれうる[ふさわしい]人[物]: a ~ as a wife 妻とするのに似つかわしい人.

be within* [*out of*] *the bounds* [*range*] *of possibility 可能の限度内[外]にある, ありうる[得ない]. ***by any possibility*** (1) [否定構文で] 万一にも[とても](…ない): You can*not by any* ~ be in time. とても間に合いそうにもない. (2) [条件構文で] 万が一にも, ひょっとして. ***by some possibility*** ひょっとして, あるいは.

pos·si·ble [pɑ́səbl̩|pɔ́sə-, -sɪ-]〚《?*c*1380》□ (O)F ~ // L *possibil-is* ← *posse* to be able ← *pos-* (← *potis* able)+*esse* to be: ⇨ potent¹, -ible〛 **—** *adj.* **1 a** 可能な, 実行できる (cf. actual): a ~ but difficult task できるがむずかしい仕事 / a result not ~ *to* foresee 予見できなかった結果 / I have three ~ excuses. 言い訳として通りそうなことが三つある / It is not ~ *to* prevent every form of disease. あらゆる病気を防止することは不可能だ / Is it ~ *for* you *to* come with me? 一緒に行けますか / Call on me if (it is [be, were]) ~. できればお訪ね下さい (⇨ IF *possible*) / We express our thanks to him for making this book ~. この本のできたことに対し彼に感謝の意を表したい / From the distance she looked not her actual forty years, but a ~ twenty. 離れて見ると実際の 40 という年齢にはとても見えず, 20 歳位に見えないこともなかった. **b** [最上級や all, every などに伴いその意味を強めて] できる限りの. ★ possible は名詞の後に置いたほうが強意的である: the *highest* speed ~ 最高速力 / with the *least* ~ delay できるだけ早く / *all* [*every*] ~ means ありとあらゆる手段 / *all* the assitance ~ できる限りの援助. **2** (可能性としては)ありうる, 起こりうる; 考えられる (thinkable): a ~ danger 起こりうる危険 / provide against ~ expenses 不時の出費に備える / Frost is ~ in late spring. 晩春に霜が降ることもある / That is quite ~. それは全くありうることだ / It is ~ *that* you are right. ひょっとして君の言う通りかもしれない《★ You may be right. のほうが口語的》/ It is ~ but hardly probable *that* he will be late. あるいは彼は遅れるかもしれないがまず大丈夫だろう. ★ しばしば副詞を伴って疑いを表わす: It is *barely* [*hardly, scarcely*] ~ *that* he knows nothing. 彼が何も知らないということは殆んどありえない[考えられない]. **3** [Attributive に用いて] (被修飾語が意味するもの)になりうる[なるにふさわしい]: a ~ candidate 出馬を予想される候補者 / a ~ president 大統領になりうる人 / a ~ site for the new office building 新しいビル建設の一つの候補地. **4 a** 受け入れられる (acceptable), 適切な (suitable): one of many ~ answers 多くの許容しうる答のひとつ / the only ~ man for the position 唯一の適任者 / He is not a ~ person. 彼ではだめだ. **b**《口語》可もなく不可もない, まずまずの, まあまあの (reasonable), 我慢のできる (endurable): a just ~ meal なんとか食べられる食事 / He is ~ *as* a tennis parter. テニスの相棒には間に合うだろう.

as…as possible できるだけ… (as…as one can): Come *as* soon *as* ~. できるだけ早く来て下さい / Read *as* much *as* ~. できるだけ多読をしなさい.

— *n.* **1** [the ~] 可能性 (possibility): It is hard to see the limit of *the* ~ in modern technology. 近代科学技術における可能性の極限は見極め難い. **2** [通例 *pl.*] 可能な事, あり[起こり]うる事. **3** (射撃等の)最高点: score a ~ 最高点を得る. **4** 立候補者, 選手候補者(など) (cf. probable *n.* 2 d): A trial game was played between ~*s* and probables. 練習試合は選手候補者と補欠選手の間で行なわれた. **5** [*pl.*]《俗》必要な品, 必需品.

do one's possible 〘《なぞり》← F *faire son possible*〙できるだけのことをする, 全力を尽くす.
~·ness *n.*

pós·si·bly [-bli | -blɪ] 〘《1391》: ⇨ ↑, -ly[1]〙 *adv.* **1** [can, could に伴って強意的に] **a** どうしても, できる限り: We have done all we ~ *could.* できるだけのことは尽くした / Come as often as you ~ *can.* 何とかしてできるだけ何回も来て下さい. **b** [否定構文で] どうあっても[とても](...ない): I *cannot* ~ do it. そんなことは私にはとてもできない / It *cannot* ~ succeed. それは万が一にも成功するはずがない. **c** [疑問・条件構文で] どうにかして, 何とか: *Can* you ~ lend me $1,000? 何とか千ドル都合してくれないか / How *can* I ~ do it? どうして私にそれができるものか / I will try and save him if I ~ *can.* 何とかして助けられるものなら助けてやりたい. **2** あるいは, 多分, 事によると (perhaps, maybe) (cf. *not* IMPOSSIBLY): He may ~ recover. あるいは回復するかもしれない / *Possibly* it is as you say. もしかすると君の言う通りかもしれない / The news is true, ~. そのニュースはひょっとしたら真実だろう / He was a tall man, ~ about thirty years of age. 彼は背が高く, 年の頃はまず30歳くらいの男であった / Can you come with me?—*Possibly.* 一緒に行けるかい—多分ね.

pos·sie [pάsi | pɔ́si] 〘《変形》← POSITION〙 *n.* 《豪俗》地位 (position), 勤め口, 仕事 (job).

pos·sum [pάsəm | pɔ́s-] 〘《1613》《頭音消失》← OPOSSUM〙 — *n.* 《口語》〘動物〙 **1** オポッサム (opossum). **2** 《豪》=phalanger.
a possum up a gum tree 《米古》進退きわまった人. ***come the possum over*** 《米口語》〈人〉をだます. ***play*** [《米》***act***] ***possum*** (1) 死んだふりをする, たぬき寝入りをする, 仮病をつかう. (2) しらばくれる, とぼける (dissemble) (cf. opossum 1).
— *vi.* 《米口語》 **1** =*play* POSSUM. **2** オポッサムを狩る. — *vt.* ...であるふりをする.

póssum hàw *n.* 〘植物〙 **1** 北米南東部に産するモチノキ属の赤い実のつく落葉樹 (*Ilex decidua*) 《bearberry ともいう》. **2** =withe rod.

pos·sy [pάsi | pɔ́si] *n.* 《豪俗》=possie.

post[1] [póust | pə́ust] 〘n.: OE ~ < (WGmc) **posta* (Du. *post* / G *Pfosten*) ▭ L *postis* doorpost ← IE **por-sti-* that which stands before ← **per* before (⇨ for)+**sta-* 'to STAND'. — v.: 《c1520》← (n.)〙 — *n.* **1** (木・金属性の)柱, くい, 支柱, 標柱 (pillar): (as) stiff as a ~ しゃちほこばって / (as) deaf as a ~ 全くのつんぼで / ⇨ gatepost, goalpost, lamppost. **2** 〘競馬〙(発走点・決勝点などの)標識柱: ⇨ starting post, winning post. **3** (炭坑などで支柱として掘り残された)炭柱, 鉱柱. **4** (トラックの)最も外側の走路 (cf. pole[1] 5). **5** (椅子の背もたれや寝台の天蓋などを支える)支柱 (cf. stump 11). **6** 〘電気〙電極, 端子《外部回路と接続するための金属棒電極など》. **7** 〘歯科〙合釘 (⇨ dowel 2).
beaten at [***on***] ***the post*** (1) 〘競馬〙決勝点になって負けて. (2) ほんのわずかの差で[最後のどたん場になって]破れて. ***between you and me and the post*** ⇨ between 成句. ***kiss the post*** 夜遅く帰って締め出しを食う. ***left at the post*** (1) 〘競馬〙初めからはるかに引き離されて. (2) 全く先を越され(茫然として). ***on the right*** [***wrong***] ***side of the post*** ⇨ side 成句.
post and paling [**railing**] 柵《要所要所に太いくいを立ててとがりぐい[横木]を配した塀》.
— *vt.* **1** 〈掲示・広告などを〉(柱や壁などに)張る; 〈壁など〉に〔掲示などを〕張る 〔*with*〕: ~ (*up*) an advertisement 広告を張り出す / *Post* no bills. 張り紙無用 / ~ a wall *with* notices 壁に掲示を出す. **2** 掲示する, 広告する, 〔...だと〕言いふらす 〔*for, as*〕: ~ a reward 報酬を広告する / ~ a ship (*as* missing) 船が行方不明であると公表する / ~ a person *for* cowardice [*as* a coward] 人を臆病者だと評判を立てる[言いふらす]. **3** 〈クラブの会費未納者など〉の名を掲示する, 公表する, 張り出す; 〘英大学〙〈落第者〉の名を掲示する. **4** 《米》処罰の掲示をして〈ある土地〉への入漁[入猟]を禁じる, ...に立入禁止の掲示を出す: ~ a brook, one's land, etc. **5** 《米》〘スポーツ〙(得点[演技]で)...の記録を挙げる[収める].

post[2] [póust | pə́ust] 〘n.: 《1598》▭ F *poste* ▭ It. *posto* < VL **postum*=L *positum* (p.p.) ← *pōnere* to place. — v.: 《1683》← (n.): cf. position〙 — *n.* **1** (衛兵・警官などの)部署, 持ち場 (station), (歩哨などの)哨所, 警戒[巡回]区域 (beat): on ~ 番に立って, 巡回中で / the guard at his ~ 部署についている衛兵 / take ~ 部署につく. **2 a** 地位, 持ち場 (place of duty); 官職 (appointment), 勤め口, 職, 任務 (position): a ~ of danger 危険な地位 / the ~ of duty 持ち場 / a diplomatic [an educational] ~ 外交官職[教職] / a ~ in the Civil Service 文官の職 / desert [keep] the ~ 持ち場を放棄する[守る] / fill (up) a ~ 任[職]につく / resign [remain at] one's ~ 辞任[留任]する / hold a ~ at a hospital 病院に勤務する. **b** 〘バスケットボール〙ポストプレーの時に軸となるプレーヤーの位置《セットオフェンスの際, 相手ゴール下に(長身)プレーヤーが入る》; (特に) =pivot 4 b. **3** (軍隊の)駐屯地: a frontier ~ 辺境駐屯地. **4** (証券取引所の)売買ポスト (trading post). **5** 《米》(在郷[退役]軍人会の)地方支部[分会]. **6** 〘英軍〙就床らっぱ: the first ~ 就床予備らっぱ / the last ~ (1) 消灯らっぱ (《米》taps). (2) 軍葬礼のらっぱ. **7** 〘英海軍〙もと, 備砲20門以上を有する軍艦を指揮する士官としての任命.
— *vt.* **1** 〈歩哨などを〉配置する; 〈人を〉〔...に〕配属する 〔*to*〕: Where's he being ~*ed* (*to*)? 彼はどこに転出[転任]するのか. **2** 《英》〘軍事〙指揮官[艦長]に任じる; 〈ある部隊など〉に勤務を命じる. **3** 〈金銭などを〉貯える; 〈担保の債券などを〉差し入れる.
post away 《英》〈将校などを〉他の任地に転出[転任]させる.

post[3] [póust | pə́ust] 〘n.: 《1506》▭ F *poste* ▭ It. *posta* station < VL **postam*=*positam* placed (fem. p.p.) ← *pōnere* to put, place (↑). — v.: 《1533》← (n.)〙 — *n.* **1** 《英》 **a** 郵便, ...便; [集合的] 郵便物. ★ 英国でも air mail, mail train のように長距離の運搬には mail が用いられる (cf. mail[2]): send [forward, dispatch, transmit] by ~ 郵送する / catch [miss] the morning ~ 朝の便に間に合う[合わない] / receive a letter by the morning ~ 午前中の配達で来た手紙を受けとる / The ~ came late this morning. 今朝は郵便の来るのが遅かった / The ~ has been collected. 郵便の取集が済んだ / I had a heavy ~ yesterday. 昨日は沢山郵便物が来た. **b** (一便の)郵便物取集[配達]. **2** [the ~] 《英》郵便局 (post office); 郵便箱, ポスト (letterbox); 郵便車[船]: Take these letters to *the* ~. 手紙を郵便局[ポスト]に出して下さい. **3** [新聞紙名として]: ⇨ Washington Post. **4 a** 〘印刷〙ポスト(判)《印刷用紙の大きさ; 英国では $15\frac{1}{2}\times19\frac{1}{4}$ インチ [393.7×488.9 mm]; 米国では 16×20 インチ [406.4×508 mm] から $16\frac{1}{4}\times21$ インチ》. **b** ポスト(判)《英国の筆記用紙の大きさ; $15\frac{1}{4}\times19$インチ [387.3×482.6 mm] から $16\frac{1}{2}\times21$ インチ》. **c** 〘製紙〙ポスト《湿紙を重ねた山》. **5** 《古》 **a** (飛脚・駅馬などが道中交代する)駅, 宿場 (station) (cf. post-horse, post chaise). **b** 飛脚, 急使 (courier); 早馬, 駅馬, 駅伝馬車. **6** 〘金属加工〙(まわし形鋳型の)心棒.
by return of post ⇨ return n. 成句.
— *vt.* **1** 郵送する, ポストに入れる (mail). **2** 〘簿記〙(仕訳帳から)〈元帳〉に転記する; 〈台帳など〉に必要登録をする[済ます]. **3** [通例 Passive で] 〈人を〉〔新知識などに〕通じさせる (inform) 〈*up*〉〔*in, about, on, with*〕: He is well ~*ed* (*up*) *in* the latest news. 彼は最新のニュースに通じている / keep a person ~*ed with* what goes on 人に絶えず情報を送る. **4** 《古》早馬[駅馬]で送る, 急送する. — *vi.* **1** 《英古》早馬[駅馬, 駅馬車]で旅行する. **2** 急いで旅する; 急ぐ (hurry) 〈*off*〉: *Post off* at once. **3** 〘馬術〙〈乗馬者が〉速歩 (trot) など斜対歩の馬のリズムに合わせて鞍から離れたり坐ったりする.
— *adv.* **1** 早馬で (by courier). **2** 大急ぎで, 急行で: ride ~ (現場などに)急いで行く, 急ぐ. **3** 郵便で.

post[4] [póust | pə́ust] 〘《1607》▭ L ~ (adv., prep.)〙 *L. prep.* ...の後に (after): ⇨ post factum, post obitum.

Post [póust | pə́ust], **Emily** *n.* (1873–1960) 米国の社交作法に関する著述家; *Etiquette* (1922 年); 旧姓 Price.

Post, George Browne *n.* (1837–1913) 米国の建築家.

post- [poust | pəust] 〘ME ▭ L ~ ← *post* (prep., adv.) behind, after: ⇨ post[4]〙 — *pref.* **1** 「(時間的に)...後の, ポスト...」の意 (↔ ante-, pre-): *post*-Elizabethan, *post*graduate, *post*war. **2** 「(空間的に)...の後に」の意: *post*fix, *post*orbital, *post*palatal.

póst-àdjunct *n.* 〘文法〙後位付加詞[語]《後位の限定形容詞; 例: things *Japanese* 日本の文物》.

post·age [póustɪdʒ | pə́ust-] 〘《1590》← POST[3]+-AGE〙 — *n.* 郵便料金: ~ due [free] 郵便料金不足[無料] / ~ paid=postpaid / ~ to America on a letter 米国宛手紙の郵便料金.

póstage-dúe stàmp *n.* 〘郵便〙不足料切手《切手が貼ってなかったり料金が不足の時, その不足分を示すため郵便局で貼る切手; 料金は受取人からとる》.

póstage mèter *n.* 《米》(料金別納郵便などの)郵便料金メーター, メータースタンプ《郵便物に切手の代りに局名・日付と金額を記録する器械; postal meter ともいう》.

póstage stàmp *n.* 郵便切手.

post·al [póustəl, -tl | pə́us-] 〘《1843》▭ F ~: ⇨ post[3], -al[1]〙 — *adj.* 郵便の: a ~ convention 郵便会議 / ~ insurance 簡易保険 / ~ matter 郵便物 / a ~ package 郵便小包 / ~ savings 郵便貯金 / ~ service 郵便, 郵便事業 (cf. Postal Service) / a ~ tube 気送管で郵送する筒 / a ~ district [《米》zone] (大都市の)郵便区.
— *n.* 《米口語》=postal card.

póstal càr *n.* (列車の)郵便車.

póstal càrd *n.* 《米》 **1** 郵便はがき, はがき (《英》postcard) 《官製; cf. postcard 1》. **2** 《俗用》=postcard 1.

póstal clèrk *n.* 《米》郵便局員.

póstal còde *n.* =postcode.

Póstal Còde Nùmber [**No.**] *n.* 《英》=postcode.

póstal còurse *n.* 《英》通信教授, 通信教育講座 (cf. correspondence school).

póstal delívery zòne *n.* =zone 4 b.

póstal mèter *n.* 《米》=postage meter.

póstal móney òrder *n.* 《米》郵便為替 (cf. post-office order, postal order [note]).

póstal nòte *n.* 《カナダ・豪》=postal order.

póstal òrder *n.* 《英》(受取人名記入の)郵便為替 (cf. postal money order): enclose a ~ for two pounds 2ポンドの郵便為替を同封する.

póstal sávings bànk *n.* (米国政府による)郵便貯金局《業務は郵便局に委託》.

Póstal Sérvice *n.* [the ~] (米国の)郵政公社《もとの郵政省 (Post Office Department); 1971 年公社化; 公式名 the United States Postal Service》.

póstal stórage càr *n.* (列車で区分をする設備のない)郵便車, 護送用郵便車.

Póstal Ùnion *n.* =Universal Postal Union.

pòst·atómic *adj.* **1** 原子力以後の. **2** (最初の)原爆(投下[使用])後の (↔ preatomic): the ~ age 原爆時代.

pòst·áudit 〘← POST-+AUDIT〙 *n.* 〘会計〙事後監査 (↔ preaudit).

pòst·áxial 〘← POST-+AXIAL〙 *adj.* 〘解剖・動物〙軸後の, 軸背の, 腕[脚]の中軸より後部の[に関する]. **~·ly** *adv.*

póst·bàg *n.* 《英》 **1** 郵便袋, (郵便)行嚢, 郵袋 (mailbag). **2** 一束の郵便物.

post·bel·lum [pòus(t)béləm | pə̀us(t)-] 〘▭ L *post bellum* after the war〙 — *adj.* (↔ antebellum) **1** 戦後の (postwar): the ~ generation 戦後の世代. **2** 《米》南北戦争後の. **3** 第一次[第二次]大戦後の.

póst-bòat *n.* 《英》郵便船 (mail boat); 《まれ》(短距離間の)定期旅客船, 連絡船 (stage boat).

póst·bòx *n.* 郵便(差出し)箱 (《米》mailbox); 《英》=pillar-box.

póst·bòy *n.* 《英》 **1** 郵便配達人 (mailman). **2** =postilion.

póst cáptain 〘⇨ post[2] 7〙 *n.* **1** 〘英海軍〙(もと, 備砲20門以上を有する大艦の正式な)大佐艦長. **2** (世間で儀礼的に用いられる敬称でなく)正式に任命された海軍大佐.

póst·càrd 〘《1870》〙 *n.* **1** はがき《私製・絵はがきなどを含む; cf. postal card 1》: a picture ~. **2** 《英》《米俗用》=postal card 1.

pòst·cá·va [-kάːvə, -kéɪ-] 〘← NL ~: ⇨ post-, cava[1]〙 *n.* (*pl.* **-ca·vae** [-kάːviː, -vaɪ, -kéɪviː]) 〘動物〙後大静脈, 上行大静脈. **pòst·cá·val** [-vəl] *adj.*

pòst-cénsorship *n.* 事後検閲 (cf. precensorship).

póst chàise *n.* (18–19 世紀初めに使われた 4–5 人乗りの)駅伝馬車 (cf. post[3] *n.* 5 a): a ~ and pair 二頭立ての駅伝馬車.

pòst·clássic *adj.* =postclassical.

pòst·clássical *adj.* 〈芸術・文学など〉古典時代後の.

pòst·clímax *n.* 〘生態〙後極相, 後安定期《局部的好気候によって, そこの群落が周囲の安定群落よりも少し進んだ段階にある状態; ↔ preclimax; cf. climax 3》.

póst·còde *n.* 《英》郵便番号《例: BH52BN; cf. zip code》: Remember to use the ~!

pòst·cóital *adj.* 性交後に生じる[に残る].

pòst·colónial *adj.* 〘建築〙ポストコロニアル様式の《米国東部に見られる独立後に建てられたコロニアル様式をもった建築にいう》.

pòst-commúnion, Post-C- 〘《1483》▭ ML *post-commūnio(n-)*: ⇨ post-, communion〙 — *n.* 〘カトリック〙聖体拝領後の文《ミサ聖祭の時聖体拝領後に行なう感謝の祈り》.

pòst·concíliar 〘← POST-+CONCILIAR〙 — *adj.* 第2回ヴァチカン公会議 (Vatican Council) (1962–65) による教会改革後の[に起こった, に現われた] (↔ preconciliar).

pòst·cónquest *adj.* **1** 征服以後の. **2** 〘英史〙Norman Conquest (1066 年)以後の (↔ preconquest).

pòst·consonántal 〘⇨ post-〙 *adj.* 〘音声〙〈母音が〉子音の直後にある.

póst crówn *n.* 〘歯科〙=pivot tooth.

pòst·dáte 〘《1622》← POST-+DATE[2]〙 — *vt.* (↔ predate) **1** 〈史実・手形・送状など〉の日付けを実際より遅らせる[繰り下げる], 先[事後]日付けにする: ~ one's birth / ~ a cheque 先日付小切手を出す / a ~*d* bill 先[事後]日付手形. **2** (時間的に)...の後にくる (follow). — *n.* 先日付け, 事後日付け (↔ antedate).

pòst·dáted *adj.* 〘図書館〙事後年紀の.

pòst·déntal *n., adj.* 〘音声〙後部歯音(の).

pòst·dilúvian 〘← POST-+DILUVIAN〙 *adj.* ノアの大洪水[大水] (Deluge) 以後の (↔ antediluvian). — *n.* ノアの大洪水[大水]以後の人.

pòst·dóctoral 〘← POST-+DOCTORAL〙 *adj.* 〈研究など〉学位取得後の.

pòst·dóctorate *adj.* =postdoctoral.

póst·ed 〘1: (p.p.) ← POST[3] (v.). 2: (p.p.) ← POST[2]〙 *adj.* **1** 《口語》(事情に)精通[通暁]している, 通じている, 消息通の (informed). **2** 地位[職]のある.

po·steen [po(ʊ)stíːn | pə(ʊ)-] 〘▭ Pers. *pōstīn* of leather ← *pōst* skin〙 *n.* アフガニスタンの羊皮製大外套.

pòst·eléction *adj.* 選挙後の.

pòst·embryónic 〘⇨ post-〙 *adj.* 〘生物〙後胚の, 胚期以後の.

pòst·emérgence *n., adj.* 〘植物生理〙種子の後熟期間(の).

póst·èntry 〘← POST-+ENTRY〙 *n.* **1** 〘簿記〙転記, 転記記入. **2** (植物類の輸入許可が下りた後の)検疫隔離期間.

póst èntry *n.* 〘競技〙締切り間際の追加申し込み.

póst·er[1] 〘《1838》← POST[1] (v.)+-ER[1]〙 — *n.* **1** ポスター, 広告ビラ (placard), 張り札 (bill). **2** ビラ張り(人): ⇨ billposter. **3** =poster seal. — *vt.* **1** ...にポスター[ビラ]を張りつける: ~ the walls. **2** ポスターで宣伝する: The campaign was well-*postered.* 運動はよく宣伝された.

póst·er[2] 〘← POST[3] (v.)+-ER[1]〙 *n.* **1 a** 《古》急ぎの旅人. **b** 駅馬, 早馬 (post-horse). **2** 手紙の投函者. **3** 簿記係書記[事務員].

póster còlor *n.* ポスターカラー, テンペラ絵の具《poster paint ともいう》.

poste res·tante [pòust-restάː(n)t, -tάːnt | pə̀ust-réstɑ̃ː(n)t, -tɔ̃ː(n)t, -tɑːnt, -tɔ(ː)nt] 〘《1768》▭ F ~

'letter(s) remaining (at the post office)'〗 ── n. 1 留置郵便, 局留め《郵便封筒などに書く指示文句》. 2 (郵便局の)局留め課.

pos·te·ri·ad [po(ʊ)stí(ə)riæ̀d, pɑs- | pɔstíəri-] 〖⇨↓, -ad³〗 adv. 〖医学〗体の後面に向かって.

pos·te·ri·or [pɑstí(ə)riə, po(ʊ)s-|pɔstíəriə(r)] 〖《1534》□L ～ (compar.) ← posterus coming after ← post after: ⇨ post⁴, -ior¹〗 ── adj. 1 (位置が)うしろの, 後部の〔to〕(↔ anterior): the ～ parts of the body 体の後部. 2 (順序が)〔…より〕あとの[にくる], (時間的に)〔…より〕後の[にくる] (later)〔to〕(↔ prior): various events that happened ～ to the end of the war 終戦後に起きたさまざまな事件. 3 a 〖解剖〗後部の, 背部の (dorsal). b 〖動物〗尾部の (caudal), うしろの, 後部の. 4 〖植物〗茎軸に近い方にある, 後部の, 後面の. ── n. 1 後部. 2 [～(s)] しり, 臀部(でんぶ) (buttocks).

pos·té·ri·or·ly adv.

pos·te·ri·or·i·ty [pɑsti(ə)rió(ː)rəṭi, po(ʊ)s-, -ár- | pɔstiəriɔ́rəti, -ri-] 〖□AF *posteriorité (F postériorité) □ML posterioritātem ← L posterior (↑): ⇨ -ity〗 ── n. 1 (位置・時間的に)〔…より〕後[次]であること〔to〕(↔ priority). 2 《廃》=inferiority.

postérior tóoth n. 〖歯科〗臼歯 (cf. anterior tooth).

pos·ter·i·ty [pɑstérəṭi | pɔstérəti, -ri-] 〖《a1387》posterite □(O)F postérité □L posteritātem ← posterus: ⇨ posterior〗 ── n. [集合的] 1 子孫 (descendants) (↔ ancestry): Abraham and his ～. 2 後世, 後代: transmit to ～ 後世に伝える / write for ～ 後世を目当てに書く.

pos·tern [póustən, pás- | pɔ́ustə:n, -tən] 〖《c1300》□OF posterne (F poterne)《変形》← posterle < LL posterulam (dim.) ← posterus (↑)〗 ── n. 1 裏門, からめ手, 裏口, 抜け道 (back door), 小門 (side gate): a privy [private] ～ 通用門, 裏口, 勝手口 / The ～ door makes (the) thief and whore.《諺》裏口は泥棒と身持ちの悪い女を作る. 2 〖築城〗地下道, 抜け道. ── adj. 1 裏門の, うしろの: a ～ gate, door, etc. 2 裏門[小門]のような. 3 より小さい (lesser), 劣った (inferior). 4 内密の, 秘密の (private).

pos·ter·o- [pástəro(ʊ) | pɔ́stərə(ʊ)] 〖← L posterus coming after: ⇨ posterior〗「後部と…との (posterior and); 後部に」の意の連結形.

póster pàint n. =poster color.

póster sèal [stàmp] n. 特別大型の慈善シール《単に poster ともいう》.

Póst Exchànge, p- e- n. 〖米陸軍〗(軍人・家族などに商品・サービスを提供する軍専用の)販売[購売]部, 売店, ピーエックス, 酒保 (略 PX) (cf. Navy Exchange).

pòst·exílian 〖← POST-+EXILIAN〗 adj. (ユダヤ人の)バビロニア捕囚 (Babylonian captivity) 以後の.

pòst·exílic adj. =postexilian.

post·face [póus(t)fɪs, -fəs, -feɪs | pɔ́us(t)fɪs, -fəs; F. pɔstfas] 〖□F ～ ← POST-+(pré)face 'PREFACE'〗 n. (本の)あとがき.

póst·fàctor 〖← POST-+FACTOR〗 n. 〖数学〗後因子《積の形の式の右の因子; cf. prefactor》.

post-fac·tum [pòus(t)fǽktəm | pɔ̀us(t)-] 〖↓〗 adj. 「事後の.

post fac·tum [pòus(t)fǽktəm | pɔ̀us(t)-] 〖□L ～ 'after the fact'〗 L. adv. 事後に.

pòst·fígurative adj. 成人や年輩の世代の価値が重んじられる社会の[を表わす] (cf. prefigurative).

post·fix 〖← POST-+(PRE)FIX〗 ── [póus(t)fɪks | pɔ́us(t)-] n. 1 後に付加されたもの. 2 〖文法〗接尾辞 (suffix). ── [⌐⌐] vt. 1 …の後に付加する; …に添加する (append). 2 《まれ》〖文法〗…の語尾につける (suffix). **pòst·fíx·al** [-fíksəl] adj. **pòst·fíx·i·al** [-siəl | -si-] adj.

pòst·fórm vt. 1 後で作る. 2 〖化学〗ポストフォーミング[後成形]で加工する: a ～ing laminate ポストフォーミング積層品《フェノール樹脂の積層板を再び加熱軟化させて簡単な形にしたもの》.

póst-frée adj. 1 《英》郵便料金無料の. 2 《英》郵便料金前払い[支払済み]の (《米》postpaid); (通信販売の広告などで)郵送料不用の, 販売元持ちの. ── adv. 《英》郵便料金前払い[支払済み]で (《米》postpaid).

pòst·gangliónic adj. 〖解剖〗(神経)節後の.

post·glácial 〖← POST-+GLACIAL〗 adj. 〖地質〗後氷河期の (↔ preglacial).

pòst·gráduate 〖《1858》〗 ── adj. 1 大学卒業後の, 大学研究科の, 大学院の. ★ 今は graduate のほうが普通: a ～ course 研究科, 大学院(課程) / a ～ student 大学院生. 2 《米》(高校卒業後)大学進学勉強(中)の. ── n. 1 《米》研究科生, 大学院生. 2 (高校卒業後)大学進学準備中の学生.

pòst·hárvest adj. 刈入れ[収穫]以後の.

póst·háste 〖《1538》← POST³+HASTE: 昔, 急ぎの郵便に Haste, post, haste. と記したことから〗 ── n. 《古》大急ぎ (great haste): in ～ 大急ぎで. ── adv. 大急ぎで: come [ride] ～ (現場などに)急行する. ── adj. 《廃》大急ぎの.

pòst·héating n. 〖金属加工〗ポスト加熱, 溶接部加熱法, 後熱《溶接後の冷却速度を調節するために行なう》.

post hoc [pòust-hák | pɔ̀ust-hɔ́k] 〖□L post hōc after this〗 n. 〖論理〗前後即因果の虚偽.

post hoc, er·go prop·ter hoc [póust-hák ɔ́:gou-práptə-hàk, -hóuk ɛ́əgou-próuptə-hòuk | pɔ́ust-hɔ́k ɔ́:gəu-prɔ́ptə-hɔ̀k] 〖□L post hōc, ergō propter hōc after this, therefore because of this〗 ── L. adv. 〖論理〗このあとで, この後に(ゆえにこのために)《乙が甲の後に起きたから, 甲が乙の原因であると考える論理的誤り; 時間的前後関係をただちに因果関係と同一視する誤謬》.

póst·hòle n. 柱(をさし込む)穴.

póst hòrn 〖⇨ post³〗 ── n. 馬車らっぱ, ポストホルン《昔, 駅馬車や郵便馬車の到着を知らせるために御者が用いた長さが 2-4 フィートもあるまっすぐな真鍮(しんちゅう)らっぱ》.

póst·hòrse 〖⇨ post³〗 n. 早馬, 駅馬 (poster).

póst·hòuse n. 1 (駅馬を置く)駅舎, 宿駅. 2 《英方言・古》=post office.

post·hu·mous [pástʃʊməs, pɑst(j)ú:-, po(ʊ)s- | pɔ́stjʊ-] 〖《1608》□LL posthumus ← L postumus last (super.) ← post 'POST⁴': LL 形は humus ground, humāre to bury との連想による: ⇨ -ous〗 ── adj. 1 父の死後に生れた: a ～ child. 2 著者の死後に出版された: ～ works 遺稿, 遺著, 遺作. 3 死後の, 死後生じた, 死後存在[存続]する: ～ fame [renown, reputation] 死後の名声, 遺名 / one's ～ name おくり名 / confer ～ honors (on a person) (人に)贈位する, 追叙する. **～·ly** adv. **～·ness** n.

pòst·hypnótic adj. 催眠後の[に関する]; 〈暗示が〉催眠後に効果をあらわす: a ～ suggestion 後催眠暗示.

pos·tiche [pɔ(ː)stí:ʃ, pɑs- | pɔstí:ʃ, ⌐⌐; F. pɔstiʃ] 〖□F ～ □It. posticcio counterfeit《頭音消失》← appossticcio added to < LL appositicium put on, factitious ← L appositus: ⇨ apposite〗 ── n. 1 見せかけ, 虚飾 (pretense). 2 模造品, まがい物 (imitation). 3 a 入れ毛, かもじ (switch). b 仮前髪, 仮巻き毛 (toupee). ── adj. 1 〈彫刻・建築的装飾など〉余計につけ加えた (superadded). 2 技巧的な, わざとらしい, にせの, まがいの (counterfeit).

pos·ti·cous [pastáɪkəs | pɔs-] 〖← L postīcus behind (⇨ post⁴) + -OUS〗 adj. 〖植物〗1 後(側)にある (posterior). 2 花糸の外側にある.

pos·til [pástɪl, -təl | pɔ́stɪl] 〖《c1395》□(O)F postille □ML postilla ← ? L post illa (verba) after those (words)(写字生への指示用語)〗 ── n. 《古》(簡単な)注解, (特に聖書の)傍注 (marginal note).

pos·til·ion [po(ʊ)stíljən, pɑs- | pɔstíljən, pɔs-, -liən] 〖《a1586》□F postillon □It. postiglione post-boy ← posta 'POST³'〗 ── n. (also **pos·til·lion** [～]) 1 (四・六頭立て馬車の)第一列左馬騎手; (二頭立て馬車の)左馬騎手. 2 騎手帽型の婦人帽《円筒形のクラウンに細いふちがついている》.

Pòst·impréssionism 〖← POST-+IMPRESSIONISM: R. E. Fry の造語〗 ── n. 〖美術〗後期印象派《印象派から出発して別風を樹立した Cézanne, van Gogh, Gauguin などによって代表される近代画法・画論; cf. Neo-Impressionism》.

Pòst·impréssionist, p- n. 〖美術〗後期印象派の画家.

Pòst·impressionístic, p- adj. 〖美術〗後期印象派の, 後期印象派的な.

pòst·indústrial adj. 産業化以後の(↔preindustrial).

póst·ing¹ 〖⇨ post³〗 n. 〖簿記〗(仕訳帳から元帳への)転記.

póst·ing² 〖⇨ post²〗 n. 地位に任ずる[じられる]こと《特に, 長期に亘る任務について》.

pòst·irradiátion adj. 照射後の, 放射線治療後に起こる.

pòst·júvenal adj. 〖鳥類〗幼羽が終わったあとの《通例第 1 回冬羽となる》.

pòst-Kántian adj. 〖哲学〗〈哲学・哲学者など〉カント以後の (Fichte, Schelling, Hegel など).

post·lap·sar·i·an·ism [pòustlæpsé(ə)riənìzm | pɔ̀ustlæpséəri-] n. 〖神学〗=infralapsarianism.

post·lim·i·nar·y [pòustlímənèri | pɔ̀ustlímɪnəri] 〖1: ⇨↓, -ary. 2: ← POST-+L limen threshold+-ARY: cf. preliminary〗 ── adj. 1 〖国際法〗(財産の)戦前回帰権 (jus postliminii) の. 2 《まれ》続いて起こる, 後の (subsequent) (↔ preliminary).

post·li·min·i·um [pòustlɪmíniəm, -lə- | pɔ̀ustlɪmíni-] 〖□L postlimini-um《原義》return behind one's threshold ← POST-+limen threshold: cf. liminal〗 ── n. (pl. **-i·a** [-niə | -niə]) =jus postliminii.

post·lim·i·ny [poustlímɔni | pəustlímɪni] 〖□L postlimini-um (↑)〗 ── n. 1 〖ローマ法〗公民権回復《流刑者・捕虜などが帰国した際権利を回復すること》. 2 〖国際法〗=postliminium.

post·lude [póus(t)lu:d | pɔ́us(t)lu:d, -lju:d] 〖← POST-+L lūd(us) game: PRELUDE, INTERLUDE からの類推〗 ── n. 1 〖音楽〗後奏曲《教会で礼拝後のオルガン独奏; ↔ prelude》; (楽曲の)終末部, 結尾. 2 (文学作品などの)結語, あとがき.

póst·man¹ [-mən, -mæ̀n | -mən] 〖⇨ post³〗 n. (pl. **-men** [-mən, -mèn | -mən]) 1 郵便集配人 (《米》mailman). 2 《古》=courier.

póst·man² [-mən, -mæ̀n] 〖⇨ post¹〗 ── n. (pl. **-men** [-mən, -mèn]) 〖古英法〗優先申立弁護士《申立てに優先権を有した財務裁判所 (Court of Exchequer) のバリスター (barrister)》.

póstman's knóck n. 《英》〖遊戯〗=post office 3.

póst·màrk n. (郵便の)消印: The letter had [bore] a London ～. ── vt. 〈郵便物〉に消印を押す: a letter ～ed in Rome.

póst·màster¹ 〖《a1513》〗 n. 1 郵便局長. 2 (昔の)駅馬仕立人, 宿駅長.

póst·màster² 〖《1593》← ?〗 n. 《英》(Oxford 大学の) Merton College 給費生 (portionist).

Póstmaster Géneral n. (pl. **Postmasters G-, ～s**) 1 a (米国の)郵政公社総裁 (cf. Postal Service). b (米国の)郵政長官《国務長官の 1 人; 1971 年廃止》. 2 a (英国の)郵政公社総裁 (cf. Post Office Corporation). b (英国の)逓信大臣《国務大臣の 1 人; 1969 年廃止; 略 P.M.G.》.

póstmaster-géneral·shìp n. postmaster general の職[地位].

póstmaster·shìp 〖1: ← POSTMASTER¹+-SHIP. 2: ← POSTMASTER²〗 n. 1 郵便局長の職[地位]. 2 《英》(Oxford 大学の) Merton College 給費生の資格[身分].

pòst·menopáusal 〖← POST-+MENOPAUSAL〗 adj. 〖生理〗閉経後の, 閉経後に起こる.

post·me·rid·i·an [pòus(t)mərídiən, -mɪ- | pɔ̀us(t)-mərídiən, -mɪ-, -djən] 〖□L postmeridiān-us: ⇨ post-, meridian〗 ── adj. 1 午後の. 2 午後に行なわれる[起こる].

post me·rid·i·em [póus(t)mərídiəm, -dièm | pɔ́us(t)-mərídièm, -diəm] 〖《1647》□L post merīdiem after midday (↑)〗 ── adj. 午後(の) (afternoon) (略 p.m.; cf. ante meridiem) (⇨ a.m.).

póst·mìll n. 太い円柱状の台に支持され上方で旋回して風方向に向く風車.

pòst·millenárianism n. 〖神学〗=postmillennialism. **pòst·millenárian** adj., n.

pòst·millénnial 〖← POST-+MILLENNIAL〗 adj. 〖神学〗至福千年期 (millennium) 後の (↔ premillennial).

pòst·millénnialism n. 〖神学〗至福千年期 (millennium) 後にキリストが再臨するという説[信仰] (↔ premillennialism).

pòst·millénnian adj. 〖神学〗=postmillennial.

pòst·millénnialist n. 〖神学〗postmillennialism の信奉[信仰]者.

póst·mìstress 〖← POST³+MISTRESS〗 n. 女性の postmaster.

post·mor·tem [pòus(t)mɔ́əṭəm | pɔ̀us(t)mɔ́:təm, -təm] 〖□L ～ 'after death': ⇨ post-, mortal〗 ── adv. 死後に. ── adj. 1 死(直)後の (↔ antemortem); 死後に行なわれる[起こる]: ～ delivery 死後分娩 / ～ rigidity (死体)強直. 2 検死[検視] (postmortem examination) の. 3 事後の: a ～ analysis, discussion, etc. ── n. 1 〖医学・法律〗=postmortem examination (略 p.m., P.M.). 2 a (失敗などの)事後の検討, 反省会〔on〕. b 〖トランプ〗局後の検討; (特に, ブリッジ終了後の)悔やみ, 愚痴(など).

postmórtem examinátion n. 1 〖医学〗剖検, 死体解剖, 検死. 2 〖法律〗検視. 「〖数学〗右から掛ける.

pòst·múltiply 〖← POST(FACTOR)+MULTIPLY〗 vt.

pòst·násal 〖解剖・動物〗 adj. 鼻後の[に位置する], に起こる]. ── n. 鼻後部.

postnásal dríp n. 1 〖医学〗鼻後方滴注(法). 2 後鼻漏.

pòst·nátal 〖⇨↓, -al¹〗 adj. 出生後の[に起こる]; (特に)新生児の (↔ prenatal): ～ care. **～·ly** adv.

post·na·tus [pòus(t)néɪṭəs | pɔ̀us(t)néɪt-] 〖← NL postnātus born after ← POST-+nātus ((p.p.) ← nāscī to be born)〗 ── n. (pl. **-na·ti** [-taɪ]) 国家状勢変革事件や特別重要事件の後に生れた人《例えば Scotland の England との同君連合 (1603 年)後に生れたスコットランド人, 独立宣言 (1766 年)後に生れた米国人など》.

pòst·neonátal 〖← POST-+NEONATAL〗 adj. 新生児期がすぎてからの[起こる].

post·no·tum [pòustnóuṭəm | pɔ̀ustnɔ́ut-] 〖← NL ～: ⇨ post-, notum〗 n. 〖昆虫〗後背板《昆虫の胸部の背板の後部にある膜質の部分》. 「後の. **～·ly** adv.

pòst·núptial 〖← POST-+NUPTIAL〗 adj. 結婚[婚姻]

póst òak n. 〖植物〗米国産の耐湿性の材をもつ数種のカシ類の総称; (特に)米国東部・中部産の柱に用いるカシの一種 (Quercus stellate).

pòst-óbit 〖《1751》《略》← POST OBITUM〗 〖法律〗 adj. (個人の)死後に効力を生じる. ── n. = post-obit bond.

post-óbit bònd n. 〖法律〗死後払い捺印(なついん)金銭債務証書.

post o·bi·tum [pòustóubətʊ̀m, -ábətəm | pəustɔ́ubɪtʊ̀m, -ɔ́bɪtəm] 〖□L ～ 'after death': ⇨ post-, obit〗 L. adv. 死後に (after death).

póst octávo n. 〖製本〗ポストオクタボ(判)[八折判]《本の大きさ; 《米》5×8 インチ [127×203.2 mm] から $5^1/_4$×$8^1/_4$ インチ; 《英》5×8 インチ; 略 post 8vo》.

póst-òffice adj. 郵便(用)の; 郵便局の; 郵政省の: a ～ address 郵便の宛名 / a ～ annuity 《英》郵便年金 / a ～ car 郵便車 (railway mail car) / an ～ life insurance 簡易生命保険 / a ～ savings bank 郵便貯金局.

póst òffice 〖《1652》← POST³+OFFICE ∽ 《1635》《廃》letter-office〗 ── n. 1 郵便局: ⇨ General Post Office / a traveling ～ (列車の)郵便車 (postal car). 2 [the P- O-] a (米国の)郵政公社 (Postal Service). b (英国の)郵政公社 (Post Office Corporation). 3 《米》〖遊戯〗(子供の)郵便局ごっこ, キス遊び《局長になった者が, 手紙を渡すまねをしては(異性の)相手にキスを求める》.

「私書箱 (略 P.O.B., POB).

póst-office bòx, Póst-Office B- n. (郵便局の)

pòst óffice bòx n. 〖電気〗=P. O. box.

Póst Òffice Corporàtion n. [the ～] (英国の) 郵政公社《もと Post Office Department といった》.

Póst Òffice Depàrtment n. [the ～] 1 (米国の)郵政省《1971 年廃止され公社 (United States) Postal Service が生まれた》. 2 (英国の)逓信省《1969 年以降は郵政公社 (Post Office Corporation) となる》.

póst-òffice òrder n. 《英》(受取人指定の)郵便為替 (略 P.O.O.) (cf. postal money order, postal order).

pòst·óperative *adj.* (手)術後の：～ care [course] 術後処置[経過]. **～·ly** *adv.*

pòst·órbital *adj.* 〘解剖・動物〙眼窩(がんか)後部の.

póst·páid 〚← POST³+PAID〛 ― *adj.* **1** 郵便料金前払い[支払い済み]の (《英》post-free)：a ～ reply card 往復葉書. **2** 郵便料金受取人払いの. ― *adv.* 郵便料金前納で；郵便料金受取人払いで：available at two dollars, ～ 送料とも 2 ドルで入手可能.

pòst-páinterly 〚← POST-+PAINTERLY〛 ― *adj.* 〘美術〙絵画的抽象以後の《hard edge のような抽象絵画を描くのに伝統的な色彩・形態などを用いた絵画形態にいう》：*Post-Painterly* Abstraction ポストペインタリーアブストラクション《現代の抽象画法の一つ》.

pòst·pálatal *adj., n.* 〘音声〙後部(硬)口蓋音(の).

post·par·tum [pòus(t)pάːṭəm | pàus(t)pάːt-] 〚▭ L *post partum* ← POST-+*partum* ((acc.) ← *partus* bringing forth ← *parere* to bear)：⇨ parent〛 ― *adj.* 〘産科〙産後の, 分娩(ぶんべん)後の：～ care 産後の看護.

pòst·pitúitary *adj.* 〘解剖〙下垂体後葉の[に起こる].

post·pon·a·ble [pous(t)póunəbl̩, pəs(t)- | pəus(t)páun-, pəspáun-] *adj.* **1** 延期できる. **2** 次位[文尾]に置ける.

post·pone [pous(t)póun, pəs(t)- | pəu(t)páun, pəspáun] 〚(1500-20) ▭ L *postpōn-ere* to put after ← POST-+*pōnere* to place：⇨ position〛 ― *vt.* **1** 延期する, 延ばす (put off)：～ one's departure / We cannot ～ answering that letter any longer. もうこれ以上手紙の返事を延ばすわけにはいかない《★ postpone *to* answer とは言わない》. **2** 〔…の〕次位に置く (subordinate)〔*to*〕：～ private interests *to* public welfare 私利を公共の福利の後回しにする. **3** 〈語などを〉文尾(の近く)に置く. **～·ment** *n.*

post·pón·er *n.* (物事を)延期する人.

post·pose [pous(t)póuz | pəus(t)páuz] 〚▭ (O)F *postpose-r* (変形) ← L *postpōnere* 'to POSTPONE': cf. L *poser* to put〛 *vt.* 〘文法〙後置する (⇨ postposition 2).

post·po·si·tion [pòus(t)pəzíʃən, -po(u)z-, ⁼⁻⁼⁻ | pàus(t)pəzíʃən, ⁼⁻⁼⁻] 〚1: (1546) ▭ F ～ ▭ ML *postpositiō(n-)* ← L *postpōnere* (↑). 2: (1846) ← POST-+POSITION：cf. preposition〛 ― *n.* **1** 後置す る[される]こと. **2** 〘文法〙後置；後置詞, 後置語《例えば日本語の「てにをは」, 次例の副詞用法の前置詞・形容詞など：all the world *over* / the house we live *in* / God *almighty* / postmaster *general*；cf. preposition》. **～·al** [-ʃənl̩, -ʃnəl] *adj.* **～·al·ly** *adv.*

post·pos·i·tive [pous(t)pάzəṭɪv, -ztɪv | pəus(t)pɔ́zət-, -zɪ-] 〚⇨ post-, positive〛 〘文法〙 ― *adj.* 後に置いた, 後置の (↔ prepositive). ― *n.* ＝postposition 2. **～·ly** *adv.*

póst póstscript 〚▭ L *post postscriptum* after the postscript〛 *n.* (手紙の)再追伸 (略 P.P.S., p.p.s.).

pòst·prándial 〚(1820) ← POST-+PRANDIAL〛 *adj.* [しばしば戯言的] 食後[晩餐(ばんさん)後]の (after-dinner) (cf. preprandial)：a ～ nap.

póst quárto *n.* 《英》〘製本〙ポストクォート(判)[四折判]《本の大きさ；8×10 インチ (＝203.2×254 mm)；略 post 4to》.

póst ràce *n.* 〘競馬〙ポスト競走《一頭分の登録料を支払うのみで複数の馬を出走させることができ, また登録後定められた時期まで出走馬の決定を留保しうる競走；今日ではほとんど行なわれていない》.

pòst·recórd *vt.* 〘映画・テレビ〙〈声・音響効果などを〉撮影後に録音する.

pos·tre·mo·gen·i·ture [pɑstrìːmo(u)dʒénəṭʃùə, -nɪtʃə, -nə- | pɔstrìːmə(u)dʒénɪtjùə(r, -tʃə(r] 〚← L *postrēmus* last ((superl.) ← *posterus* coming after)+-o-+GENITURE〛 ― *n.* 〘法律〙＝ultimogeniture.

póst·rìder 〚← POST³+RIDER〛 *n.* 騎馬郵便配達人.

póst ròad *n.* **1** 郵便が配達されるまでの経路. **2** 郵便集配員の集配経路. **3** 《古》駅馬車街道《駅馬車 (stagecoach) や郵便馬車 (mail-coach) の通った街道》.

pos·trorse [póustrɔəs, pάs- | páustrɔːs, pɔ́s-] 〚← NL *postrors-us* ← POST-+L *retrōrsus, retrōversus* (← RETRO-+*vertere* to turn)：cf. antrorse, retrorse, dextrorse〛 ― *adj.* 〘生物〙下方または後方に向いた (retrorse) (↔ antrorse).

pòst·scóre *vt.* 〘映画・テレビ〙＝postrecord.

post·script [póus(t)skrɪpt | páus(t)-] 〚(1523) ▭ L *postscript-um* written afterward (neut. p.p.) ← *postscrībere* to write after：⇨ post-, script〛 ― *n.* **1** (手紙の)二伸, 追伸 (略 PS, P.S., p.s.) (cf. post postscript). **2** (書物の)追記, 跋文(ばつぶん)；後記, あとがき, 跋. **3** 《英》〘放送〙ニュース解説.

pòst·séason *attrib. adj.* シーズン後の, 季節明けの.

pòst·synáptic *adj.* 〘生物・生理〙シナプシス (synapsis) 後(部)の. **pòst·synáptically** *adv.*

pòst-táx *adj.* 〈所得が〉税引き後の.

pòst·ténsion *vt.* 〘土木〙(prestressed concrete において)コンクリート打ちしてから〈鉄筋〉に引っ張り応力を与える (cf. pretension). 「テスト」.

póst·tèst *n.* 〘教育〙事後テスト《受講後に課せられる》

póst tìme *n.* **1** 郵便発送[到着, 締切]時；郵便集配時. **2** 《米》〘競馬〙(レースの)発馬予定時刻, 公示発走時刻.

pòst·tónic 〚← POST-+TONIC〛 *adj.* 〘音声〙〈音節・母音が〉アクセントのある音節の(直)後の.

póst tòwn *n.* **1** (昔の, 駅馬車が馬を仕立てた)宿駅, 宿場, 宿場町. **2** (特定地域の)郵便(本)局のある町. **3** 《英》集配局のある町.

pòst·traumátic *adj.* **1** 〘病理〙外傷後の[に起こる]. **2** 〘精神分析〙精神的外傷[ショック]後の[に起こる].

pòst·tréatment *adj., adv.* 治療後の[に].

pòst·týphoid *adj.* 〘病理〙腸チフス後の.

pós·tu·lance [-ləns] *n.* ＝postulancy.

pos·tu·lan·cy [pάstʃulənsi | pɔ́stjulənsi] *n.* 請願(期)；(特に)修道[聖職]志望(期).

pos·tu·lant [pάstʃulənt | pɔ́stju-] 〚(1759) ▭ F ～ // L *postulant-em* (pres.p.) ← *postulāre* (↓)：⇨ -ant〛 *n.* 請願者, 志望者 (candidate)；(特に)修道[聖職]志願者.

pos·tu·late 〚(1533) ← L *postulāt-us* (p.p.) ← *postulāre* to demand, request ← IE **posko-* ← **perk̑-* to ask (Skt *pṛcchā* question)〛 ― [pάstʃulèɪt | pɔ́stju-] *vt.* **1** (自明のものとして)仮定する (assume), (立論の基礎として)前提とする, 当然のこととする 〈*that*〉. **2** 〘数学・論理〙公理とみなす, 要請する；仮定する. **3** [通例 p.p. 形で] 要求する, 主張する：the claims ～*d* 提出された要求, 要求事項. **4** 〘教会法〙(ある上位機関の認可を条件に)〈人を〉聖職に任命する. ― [-lət, -lɪt, -lèɪt] *n.* **1** (証明なしの)仮定；(ある事が可能だとする)先決条件, 必要条件 (prerequisite). **2** 根本原理. **3** 〘数学・論理〙公理, 公準, 要請.

pos·tu·la·tion [pɑ̀stʃuléɪʃən | pɔ̀stju-] 〚(15C) ▭ (O)F ～ ▭ L *postulātiō(n-)*：⇨ ↑, -ation〛 ― *n.* **1** 仮定. **2** 要求 (demand). **3** 〘教会法〙(上位機関の認可条件付き)聖職任命. **～·al** [-ʃənl̩, -ʃnəl] *adj.*

pós·tu·là·tor [-ṭə | -tə(r] *n.* 〘カトリック〙列聖[列福]調査請願者《殉教 (fame of martyrdom) した信者や模範的な生涯 (fame of sanctity) を送った信者を死後聖人に列するためには, 礼部聖省 (Congregation of Rites) において法的な手続を経なくてはならないが, その手続の請願を取り扱う職；cf. devil's advocate 1》.

pos·tur·al [pάstʃərəl | pɔ́stʃər-, -tjuər-] 〚⇨ ↓, -al¹〛 *adj.* **1** 姿勢の, 構えの；心構えの. **2** 位置の；状態の.

pos·ture [pάstʃə | pɔ́stʃə(r, -tjuə(r] 〚(1605) ▭ F ～ ▭ It. *postura* < L *positūram* position ← *positus* (p.p.) ← *pōnere* to place：⇨ position, -ure〛 ― *n.* **1** (身体的な)姿勢, 身構え, ポーズ (attitude)：a ～ of defense 防御の姿勢 / in a sitting ～ 坐った姿勢で. **2** 気取った姿勢, わざとらしい態度. **3** 心的態度, 心構え, 気構え, 心組み. **4** ありさま, 状態 (situation, state)：the present ～ of affairs 現下の形勢. **5** (一国(など)のある問題に対する)姿勢, 公式態度：the political ～ of the U.S. 合衆国の政治姿勢. ― *vt.* …にある姿勢[態度]をとらせる, ポーズをつける. ― *vi.* **1** ある姿勢[態度]をとる, 身構える. **2** 気取った態度をとる, 嬌態を示す, 科(しな)を作る, ポーズをとる. **pós·tur·er** [-tʃərə | -tʃərə(r, -tjurə(r] *n.*

pos·tur·ize [pάstʃəràɪz | pɔ́stʃər-, -tjur-] 〚⇨ posture, -ize〛 *vi.* 姿勢[態度]をとる (posture), ポーズをとる.

pòst·vélar *adj., n.* 〘音声〙後部軟口蓋音(の).

Póst-Vietnám Sýndrome *n.* 《米》〘病理〙ベトナム後症候群《ベトナム戦争帰還兵に見られた適応障害・情緒障害》. 「る.

pòst·vocálic *adj.* 〘音声〙〈子音が〉母音の直後にあ

póst·wár *adj.* 戦後の (↔ prewar)：in the ～ years 戦後 / ～ inflation 戦後のインフレ / The ～ period [era] is over now. もう戦後の時代は終わった.

po·sy [póuzi | páuzi] 〚(1533) (中音消失) ← POESY〛 *n.* **1** 花；花束. **2** 《古》(贈り物の指輪の内側やナイフなどに刻む)銘[格言]：a ～ ring 銘を刻んだ指輪.

pot [pάt | pɔ́t] 〚n.：OE *pott* ▭ VL **pottus* (cf. Du. *pot* / G *Pott* / F *pot*) ← ? Celt. (Corn. & Welsh *pot* / Ir. *pota* / Gael. *poit*)：cf. pout¹. ― v.：(1562) ← (n.)〛 ― *n.* **1 a** (陶器・ガラス・金属製の)丸く深い容器, つぼ, 鉢(はち), かめ, びん, 鍋(なべ), ポット(など)：～*s* and pans [集合的] 鍋釜(かま), 炊事用具 / ⇨ coffeepot, inkpot, mustard-pot, stewpot, teapot, watering pot / If ifs and ans [an's] were ～*s* and pans(, there'd be no trade for tinkers). 《諺》物事が望み通り行くものなら(浮世は楽なものだ) / put a quart into a pint ～ できないことをしようとする, 身のほどをわきまえようとしない / A little ～ is soon hot. 《諺》小鍋はすぐ熱くなる《小人は怒りやすい》/ A watched ～ never boils. ＝A watched ～ is long in boiling. 《諺》じっと見ていると鍋は煮え立たない《待つ身は長い》/ The ～ calls the kettle black. 《諺》自分のことを棚に上げて相手を非難する, 「目くそ鼻くそを笑う」/ If you touch ～ you must touch penny. 《諺》掛け売りは一切お断り. **b** (白鑞(しろめ) (pewter) などの)茶碗, コップ, ジョッキ：⇨ pint pot. **c** 植木鉢 (flowerpot). **d** おまる, しびん (chamber pot). **2** pot の中味；pot 一杯分 (potful)；一つぼ, 一かめ；酒一びん (pot of liquor), 飲み物 (drink), 酒 (liquor)：crush a ～ 酒盛りをする / a ～ of ale [stew, coffee]. **3 a** 《英》(煙突頂部の)通風土管 (chimney pot). **b** 《スコット》縦穴 (pit). **4** るつぼ (crucible)：⇨ melting pot. **5 a** 《英方言》(食糧などを運ぶ)大かご(の一種). **b** (ウナギやエビなどをとる)筌(うけ), 筊(ど) (trap)；エビ取りかご (lobster pot) (cf. pound net)：an eel ～. **6** 《口語》大金 (large sum)：make a ～ [～*s*] of money 大金をもうける / put the ～ on…に大金をかける. **7** 〘トランプ〙 **a** 《口語》(ポーカーなどで)一勝負ごとの賭金の総額《通常テーブルの中央に積んでおき, 勝った者が取る；cf. jackpot》. **b** ポーカーの一回, 一勝負《札を配ってから勝者が決定するまで》. **8** 《口語》太鼓腹 (potbelly). **9** 《口語》＝potshot. **10** 《英俗》 **a** (偉そうな)人, 大物：a big ～ お偉方. **b** [the ～] (競馬の)本命, 人気馬. **11** (競技などの)銀賞杯；《俗》賞品, 賞 (prize)：⇨ pothunter. **12** 《俗》マリファナ (marihuana). **13** 〘冶金〙 **a** (溶鉱炉の)湯だまり. **b** (アルミニウムなどの溶融塩電解用)電解槽. **14** 〘製紙〙＝pott. **15** 〘甲冑〙(17 世紀の pikeman がかぶった)つば広の帽子型かぶと《pikeman's pot ともいう》；同様のかぶと《morion などの別名》. **16** 《英》〘玉突〙(snooker でまず 1 点になる赤玉を)ポケットに入れるように狙い打つこと.

all to pot 《口語》ごちゃごちゃ[めちゃめちゃ]になって. ***boil the pot*＝*make the pot boil*** 暮らしを立てる (cf. potboil). ***go to pot*** 〚肉などを切り刻んで鍋に入れることから〛《口語》〈人が〉落ちぶれる；おじゃんになる, 破滅する；死ぬ (die). ***in one's pots*** 酔って(いる). ***keep the pot boiling*** 《口語》(なんとか)暮らしを立てて行く；景気よく続けて行く. ***make a pot at*** …に顔をゆがめる. ***put a person's pot on*** 〈人を〉密告する. ***take a pot at***…を狙い撃つ.

― *v.* (**pot·ted**; **pot·ting**) ― *vt.* **1** (鍋に入れて)料理する, とろ火で煮る (stew). **2** [特に p.p. 形で] 〈肉・果物などを〉(保存するため)びん[つぼ]に入れて置く, かめにつける (preserve). **3** 〈植木を〉鉢植えにする. **4 a** 〈じっとしている動物または地面・水面にいる鳥を〉(手当たりしだいに)撃つ. **b** (遊びでなく食料を得るために規則を破って)…の猟をする. **5** とらえる (seize)；《口語》手に入れる (win)：～ an heiress 跡取り娘をものにする. **6** [通例 p.p. 形で] 《英口語》簡略化する (⇨ potted 3 a). **7** 《口語》〈子供を〉おまるにかけさせる. **8** 〘電子工学〙〈素子などを〉絶縁材とともにはめ込む. **9** 〘玉突〙＝pocket. **10** (陶芸家が)〈陶磁器を〉製造する, (特に)装飾する前に成形し焼成する. ― *vi.* 《口語》〔…を〕(手当たりしだいに)狙い撃ちする；猟をする (shoot)〔*at*〕.

pot. (略) potash；〘化学〙potassium；potential；〘電気〙potentiometer；*L.* potio (＝dose)；pottery.

po·ta·ble [póuṭəbl̩ | páut-] 〚(1572) ▭ F ～ // LL *pōtābil-is* drinkable ← L *pōtāre* to drink (cf. bib²)：⇨ -able〛 ― *adj.* 〈水が〉飲むのに適した (drinkable). ― *n.* [通例 *pl.*] 飲み物 (drinkables)；酒. **pò·ta·bíl·i·ty** [-ṭəbíləṭi | -təbíləti, -lɪ-] *n.* **～·ness** *n.*

po·tage [pɔ(ː)tάːʒ, po(u)- | pɔtάːʒ, ⁼⁻；*F.* pɔtaːʒ] 〚(1567) ▭ (O)F ～ (原義) what is put in a pot：⇨ pot, -age：cf. pottage〛 ― *n.* ポタージュ, 濃いスープ (cf. consommé). 「の飼料」.

pót àle *n.* (ウイスキーやアルコールの)蒸溜かす《豚

pot·am- [pάṭəm | pɔ́t-] (母音の前に来る時の) potamo- の異形.

Pot·a·man·thi·dae [pɑ̀ṭəmǽnθədìː | pɔ̀təmǽnθɪ-] 〚← NL ～ ← *Potamanthus* (属名：⇨ potamo-, -anthous)+-IDAE〛 ― *n. pl.* 〘昆虫〙(蜉蝣(かげろう)目)カワカゲロウ科.

po·tam·ic [pəṭǽmɪk | pə(u)-] 〚← POTAMO-+-IC¹〛 *adj.* 河川の；河川航行の.

Po·tam·i·dae [pəṭǽmədìː | -mɪ-] 〚← NL ～ ← *Potamon* (属名：⇨ potamo-)+-IDAE〛 *n. pl.* 〘動物〙サワガニ科《サワガニ (*Potamon dehaani*) などを含む》.

pot·a·mo- [pάṭəmo(ʊ) | pɔ́təmə(ʊ)] 〚← Gk *potamó-s* river〛「川」の意の連結形. ★ 母音の前では通例 potam- になる.

Pot·a·mo·ge·to·na·ce·ae [pɑ̀ṭəmo(ʊ)dʒìːṭənéɪsiìː | pɔ̀təmə(ʊ)dʒìːtə-] 〚← NL ～ ← *Potamogeton* (属名：← Gk *potamogeítōn* pondweed ← POTAMO-+*geítōn* neighbor)+-ACEAE〛 ― *n. pl.* 〘植物〙ヒルムシロ科. **pòt·a·mo·gè·to·ná·ceous** [-ʃəs] *adj.*

pot·a·mol·o·gy [pɑ̀ṭəmάlədʒi | pɔ̀təmɔ́lədʒɪ] 〚⇨ potamo-, -logy〛 *n.* 河川学.

Pot·a·mon·i·dae [pɑ̀ṭəmάnədìː | pɔ̀təmɔ́nɪ-] 〚← NL ～ ← *Potamon* (属名：⇨ potamo-)+-IDAE〛 *n. pl.* 〘動物〙＝Potamidae.

pòtamo·plánkton 〚← POTAMO-+PLANKTON〛 *n.* 河川プランクトン.

pót àrch *n.* 〘ガラス製造〙あぶり窯, 予熱炉《ガラスを融かするつぼを融解窯内に置く前に焼き締めまたは予熱するための炉》.

pot·ash [pάtæʃ | pɔ́t-] 〚(1648) *pot-ashes* (pl.) ▭ Du. (廃) *potasschen*：cf. G *Pottasche*〛 ― *n.* 〘化学〙 **1 a** 木灰から得る不純な炭酸カリ (potassium carbonate). **b** ＝potassium hydroxide. **2** 酸化カリウム (K_2O). **3** potassium の俗称：carbonate of ～ 炭酸カリウム / yellow prussiate of ～＝potassium ferrocyanide / red prussiate of ～＝potassium ferricyanide.

pótash álum *n.* 〘化学〙カリ明礬 (⇨ alum 2 a).

pótash búlb *n.* [しばしば *pl.*] 〘化学〙カリ球《化学分析で二酸化炭素を捕集するために使うガラス器具》.

pótash féldspar *n.* 〘鉱物〙カリ長石 ($KAl_2Si_3O_8$).

pótash fértilizer *n.* カリ肥料.

pótash sóap *n.* 〘化学〙カリ石鹸.

pótash wàter *n.* カリ水 (potassic water).

pot·ass [pάtæs | pɔ́t-] 〚1: ▭ F *potasse* ▭ G *Pottasche* 'POTASH'. 2: (略) ← POTASSIUM〛 *n.* **1** ＝potash. **2** 〘化学〙＝potassium.

po·tas·sa [pəṭǽsə] 〚← NL ～ ← POTASH〛 *n.* 〘化学〙＝potassium hydroxide.

po·tas·sic [pəṭǽsɪk] 〚← POTASS(IUM)+-IC¹〛 *adj.* カリウム (potassium) の, カリウムを含む[から成る]：～ water＝potash water. 「高い鉱水」.

potássic wáter *n.* カリ水《カリウムイオン濃度の

po·tas·si·um [pəṭǽsiəm | -sjəm, -sɪəm] 〚(1807) ← NL ～：⇨ potassa, -ium〛 ― *n.* 〘化学〙カリウム《ア

ルカリ金属元素の一つ: 化学記号 K, 原子番号 19, 原子量 39.0983》.

potássium ácetate *n.* 〘化学〙酢酸カリウム (CH_3COOK).

potássium ácid cárbonate *n.* 〘化学〙=potassium bicarbonate.

potássium ácid óxalate *n.* 〘化学〙=potassium binoxalate.

potássium ácid súlfate *n.* 〘化学〙=potassium bisulfate.

potássium álum *n.* 〘化学〙カリ明礬 (⇨ alum 2 a).

potássium ántimonate *n.* 〘化学〙アンチモン酸カリウム ($KSb(OH)_6$).

potássium ántimonyl tártrate *n.* 〘化学〙酒石酸アンチモニルカリウム (⇨ tartar emetic).

potássium-árgon *adj.* 〘地質〙(岩石・鉱物などの年代を測定する)カリウム アルゴン年代測定法の: ～ dating カリウム アルゴン年代測定法, K-Ar 法.

potássium ársenite *n.* 〘化学〙亜ヒ酸カリウム (K_3ASO_3)《医薬用》.

potássium bicárbonate *n.* 〘化学・薬学〙炭酸水素カリウム, 重炭酸カリウム ($KHCO_3$)《白色結晶性粉末; 制酸剤, カリウム補給剤; 加熱すると二酸化炭素と水を失って炭酸カリウムとなる》.

potássium bichrómate *n.* 〘化学〙=potassium dichromate.

potássium binóxalate *n.* 〘化学〙蓚(しゅう)酸水素カリウム, 重蓚酸カリウム (KHC_2O_2)《インクのしみ抜き・金属洗浄剤・写真などに用いる》.

potássium bisúlfate *n.* 〘化学〙硫酸水素カリウム, 重硫酸カリウム ($KHSO_4$).

potássium bitártrate *n.* 〘化学〙酒石酸水素カリウム, 重酒石酸カリウム ($KHC_4H_4O_6$).

potássium brómate *n.* 〘化学〙臭素酸カリウム ($KBrO_3$)《白色結晶; 分析用試薬》.

potássium brómide *n.* 〘化学〙臭化カリウム, ブロームカリ (KBr)《写真用; 鎮静剤》.

potássium cárbonate *n.* 〘化学〙炭酸カリ, 炭酸カリウム (K_2CO_3).

potássium chlórate *n.* 〘化学〙塩素酸カリウム ($KClO_3$)《強い酸化剤; マッチや花火の原料》.

potássium chlóride *n.* 〘化学〙塩化カリウム(KCl)《無色の結晶[粉末]; カリ肥料として用いられる》.

potássium chrómate *n.* 〘化学〙クロム酸カリウム (K_2CrO_4)《橙黄色の結晶; 水溶液を酸性にすると赤橙色のニクロム酸カリウムに変わる》.

potássium chróme àlum *n.* 〘化学〙カリウムクロム明礬(みょうばん) (⇨ chrome alum).

potássium chrómic súlfate *n.* 〘化学〙硫酸クロムカリウム (⇨ chrome alum).

potássium cobaltinítrite *n.* 〘化学〙ヘキサニトロコバルト(III)酸カリウム, 亜硝酸コバルトカリウム ($K_3Co(NO_2)_6$)《顔料などに用いる》.

potássium cýanide *n.* 〘化学〙シアン化カリウム (KCN), (俗に)青酸カリ《cyanide of potassium ともいう》.

potássium dichrómate *n.* 〘化学〙二クロム酸カリウム, 重クロム酸カリウム ($K_2Cr_2O_7$)《酸化剤・分析試薬・マッチ・染色に用いられる橙赤色の結晶》.

potássium éthyl dithiocárbonate *n.* 〘化学〙エチルジチオカルボン酸カリウム (⇨ potassium xanthate).

potássium éthyl xánthogenate *n.* 〘化学〙エチルキサントゲン酸カリウム (⇨ potassium xanthate).

potássium ferricýanide *n.* 〘化学〙フェリシアン化カリウム, 赤血カリ ($K_3Fe(CN)_6$)《赤色結晶; 酸化剤; 青写真紙の感光剤の原料; red prussiate of potash, potassium hexacyanoferrate (III) ともいう》.

potássium ferrocýanide *n.* 〘化学〙フェロシアン化カリウム, 黄血カリ ($K_4Fe(CN)_6$)《黄色結晶; ベルリン青の製造原料; yellow prussiate of potash, potassium hexacyanoferrate (II) ともいう》.

potássium flúoride *n.* 〘化学〙フッ化カリウム (KF)《無色の結晶で有毒; 水溶液はアルカリ性; ガラスを侵す》.

potassium hexacyanoferrate (II) *n.* 〘化学〙ヘキサシアノ鉄(II)酸カリウム《potassium ferrocyanide の慣用名》.

potassium hexacyanoferrate (III) *n.* 〘化学〙ヘキサシアノ鉄(III)酸カリウム (⇨ potassium ferricyanide).

potássium hydróxide *n.* 〘化学〙水酸化カリウム (KOH)《caustic potash ともいう》.

potássium hypochlórite *n.* 〘化学〙次亜塩素酸カリウム (KClO)《酸化剤に用いられ, 漂白作用を有する; 水溶液だけ知られている》.

potássium íodide *n.* 〘化学・薬学〙ヨウ化カリウム (KI), (俗に)ヨウドカリ《白色結晶性粉末; 分析試薬・写真・医薬に用いる》.

potássium mánganate *n.* 〘化学〙マンガン酸カリウム (K_2MnO_4)《暗緑色の結晶》.

potássium mýronate *n.* 〘化学〙ミロン酸カリウム (⇨ sinigrin).

potássium nítrate *n.* 〘化学〙硝酸カリウム(KNO_3)《niter, saltpeter ともいう》.

potássium óxalate *n.* 〘化学〙蓚(しゅう)酸カリウム (K_2C_2O)《分析試薬; インクのしみ抜き・血液凝固防止剤に用いられる》.

potássium perchlórate *n.* 〘化学〙過塩素酸カリウム ($KClO_4$)《酸化剤・爆薬に用いられる》.

potássium permánganate *n.* 〘化学〙過マンガン酸カリウム ($KMnO_4$)《酸化剤・漂白剤・殺菌剤・収斂剤に用いられる》.

potássium persúlfate *n.* 〘化学〙ペルオキソ二硫酸カリウム, 過硫酸カリウム ($K_2S_2O_8$)《ブタジエン スチレン共重合の開始剤として用いられる》.

potássium phósphate *n.* 〘化学〙リン酸カリウム (K_3PO_4)《合成洗剤の builder として用いられる》.

potássium rhódanide *n.* 〘化学〙ロダン化カリウム (⇨ potassium thiocyanate).

potássium sódium tártrate *n.* 〘化学〙酒石酸ナトリウムカリウム (⇨ Rochelle salt).

potássium súlfate *n.* 〘化学〙硫酸カリウム(K_2SO_4)《無色の結晶; ガラス・明礬(みょうばん)の原料》.

potássium tetróxalate *n.* 〘化学〙テトラ蓚(しゅう)酸カリウム ($KHC_2O_4 \cdot H_2C_2O_4 \cdot 2H_2O$)《salt of sorrel ともいう》.

potássium thiocýanate *n.* 〘化学〙チオシアン酸カリウム (KSCN)《黄色結晶で, 鉄の分析試薬・織物染色・捺染に用いる; potassium rhodanide ともいう》.

potássium xánthate *n.* 〘化学〙キサントゲン酸カリウム ($KS_2COC_2H_5$)《土壌の殺菌剤・分析試薬に用いる; potassium ethyl dithiocarbonate, potassium ethyl xanthogenate ともいう》.

po·ta·tion [po(ʊ)téɪʃən | pə(ʊ)-] 〘《16C》□L *pōtātiō(n-)* ← *pōtāre* to drink ∞《15C》*potacioun* □ OF *potacion*〙 — *n.* **1** (酒など)飲むこと; 一飲み(draft), 一口, 一杯. **2** [通例 *pl.*] 飲酒 (tippling), 酒宴.

po·ta·to [pətéɪtoʊ | -təʊ] 〘《1565》□ Sp. *patata* white potato《変形》← *batata* sweet potato □ Taino *batata*〙 — *n.* (*pl.* ～**es**) **1** 〘植物〙 **a** ジャガイモ (*Solanum tuberosum*). **b** ジャガイモ《その根茎; white potato, Irish potato ともいう》. **2** 《米》サツマイモ (sweet potato). **3** [通例 the ～]《口語》適当な[あつらえ向きの, つまらない]もの: quite *the* ～ もってこいのもの / It's not quite *the* clean ～. それはだめだ[不適当だ] / ⇨ small potato. **4** =potato chip. **5** 《口語》靴下の穴.

drop like a hot potato ⇨ hot 成句. ***hold one's potatoes***《米口語》待つ, 辛抱する. ***potatoes and point*** ⇨ point 成句.

potáto bèetle *n.* 〘昆虫〙=Colorado potato beetle.

potáto blìght *n.* 〘植物病理〙ジャガイモ凋萎(ちょうい)病《種々の菌に冒されて萎縮する》.

potáto bòx *n.* 《俗》口 (mouth)《potato-trap ともいう》.

potáto bùg *n.* 〘昆虫〙=Colorado potato beetle.

potáto chìp *n.* **1** ポテトチップ《薄切りジャガイモのから揚げ; Saratoga chip ともいう》. **2** 《英》フレンチポテト《細切りジャガイモのから揚げ》.

potáto crìsp *n.* 《英》=potato chip 1.

potáto-dìgger *n.* 〘機械〙ジャガイモ掘り機.

Potáto Fámine *n.* (Ireland の)ジャガイモ飢饉《1845–46 の食糧飢饉で全人口の 5 分の 1 が死に, 100 万人が米国に移住した; Irish Famine ともいう》.

potáto léafhopper *n.* 〘昆虫〙米国東部・南部で作物(特に, ジャガイモ)に甚大な被害を与えるヒメヨコバイ科の昆虫 (*Empoasca fabae*)《緑色で白斑がある》.

potáto màsher *n.* **1** ジャガイモつぶし器. **2** (投げるための木の柄のついた)手榴(しゅりゅう)弾.

potáto mòth *n.* 〘昆虫〙ジャガイモガ (*Phthorimaea operculella*)《キバガ科の蛾; その幼虫 potato tuberworm は, 特にジャガイモとタバコの葉と茎を食害し, 通例ジャガイモの塊茎中で越年する》.

potáto móttle *n.* 〘植物病理〙=latent virus disease.

potáto ónion *n.* 〘園芸〙ポテトオニオン《タマネギ (*Allium cepa*) の一種; 分球により繁殖する》.

potáto psỳllid *n.* 〘昆虫〙トマト・ジャガイモにつくキジラミ (*Paratrioza cockerelli*)《ウイルス病を媒介》.

potáto rìng *n.* (Ireland でジャガイモを入れた鉢などの下敷に使う)銀製の輪.

potáto-ròt *n.* 〘植物病理〙ジャガイモの疫病.

potáto ròt nématode *n.* 〘動物〙ジャガイモの塊茎を腐らす線虫の一種 (*Ditylenchus destructor*).

po·ta·to·ry [póʊtətɔ̀ːri, -tòːri | póʊtətəri] 〘□L *pōtātōri-us* ← *pōtātus* (p.p.) ← *pōtāre* to drink: ⇨ -ory¹〙 *adj.* 飲酒癖のある, 飲酒にふける: a ～ club.

potáto scàb *n.* 〘植物病理〙ジャガイモ斑点病《ジャガイモの塊茎が種々の菌に冒されて表面にかさぶたの生じる病害》.

potáto-tràp *n.* =potato box.

potáto túberworm *n.* 〘昆虫〙ジャガイモガ (potato moth) の幼虫.

potáto vìne *n.* 〘植物〙ジャガイモ (potato).

potáto wòrm *n.* 〘昆虫〙=tomato hornworm.

pot-au-feu [pɑ̀toufə́ː, pɔ́(ː)t- | pɔ́tau-; *F.* pɔtofø] 〘□F ～《原義》pot on the fire〙 — *F. n.* (*pl.* ～) ポトフ《牛肉のかたまりと野菜を水から煮込んだフランス料理; 通例スープと肉料理の 2 品として出す》.

Pot·a·wat·o·mi [pɑ̀təwɑ́ːtəmi | pɔ̀təwɑ́ːtəmɪ] *n.* (*pl.* ～**s**, ～) **1** **a** [the ～(s)] ポタワトミ族《もと北米 Michigan 湖西岸に住み, 今は Oklahoma 州その他に少数残っている Algonquian 語族の一支族》. **b** ポタワトミ族の人. **2** ポタワトミ語.

pót bàrley *n.* からを取り去った大麦 (cf. pearl barley).

pót-bèllied *adj.* **1** 〈人が〉太鼓腹の. **2** 〈ストーブなど〉太鼓型の, 太くて丸型の: a ～ stove だるまストーブ.

pót·bèlly *n.* **1** 太鼓腹, ほてい腹. **2** 太鼓腹の人《通例 男性》. **3** だるまストーブ.

pót·bòil *vi.* (生計ために)金もうけの作品 (potboiler) を作る.

pót·bòiler 〘← *boil the pot* (⇨ pot (n.) 成句)〙 *n.* **1** 生計のための(粗製の)文学[美術]作品(を作る作家[画家]). **2** 《英史》=potwalloper 1.

pót-bòiling *n., adj.* 《口語》生計のための(創作).

pót-bòund *adj.* **1** 〘園芸〙〈植物の根が〉植木鉢一杯に根を張った. **2** 《まれ》発展の余地のない.

pót·bòy *n.* (宿屋・居酒屋などの)給仕の少年, ボーイ; (居酒屋などの)給仕《ビールびんを洗ったり栓(せん)を抜いたりする》.

pót chèese 〘cf. Du. *potkaas* a kind of cheese prepared in pots〙 *n.* 《米》=cottage cheese.

pót-compànion *n.* 《古》飲み友達 (fellow toper).

pót cùlture *n.* **1** 〘園芸〙鉢栽培. **2** 《米》マリファナ文化《マリファナ常用者の生活様式》.

pot-de-fer [pòudəféə | pɔ̀udəféə(r; *F.* pɔdfɛːr] 〘□F ～《原義》pot of iron〙 *n.* 〘甲冑〙(中世の鎖頭巾(ずきん)の上または下に着ける)鉄鉢(てつばち).

po·teen [pətíːn, po(ʊ)- | pɔtíːn, pə(ʊ)-, -tʃíːn] 〘□Ir. (*uisge*) *poitín* little-pot (whiskey) (dim.) ← *pota* 'POT': ⇨ -een²〙 *n.* (アイルランドの)密造ウイスキー.

Po·tëm·kin [pətjɔ́(ː)mkɪn, po(ʊ)tém-, -kən | pətémkɪn, -tjɔ́m-; *Russ.* patjómkjin], Prince **Grigori Aleksandrovich** *n.* ポチョムキン《1739–91; ロシヤの政治家・軍人; Catherine 二世の寵臣(ちょうしん)》.

po·tence¹ [póʊtns | pə́ʊtəns, -tns] 〘《1413》□(O)F ～ □L *potentia*: ⇨ potency〙 *n.* =potency.

po·tence² [póʊtns | pə́ʊtəns, -tns] 〘□(O)F ～ 'crutch, gibbet' □ ML *potentia* crutch《特別用法》← L *potentia* (↓)〙 — *n.* **1** 磔(はりつけ)用十字架 (cross). **2** 〘時計〙下受《冠板(かんむりいた)式時計でてんぷの下ほぞの受板》.

po·ten·cy [póʊtnsi | pə́ʊtənsɪ, -tn-] 〘《1539》□L *potentia* power: ⇨ ↓, -cy〙 — *n.* **1** 力; 潜在的能力, 潜勢力 (potentiality). **2** 勢力 (power), 権力 (authority). **3** 勢力を及ぼす人[もの]. **4** (薬などの)効能, 効力, 有効性. **5** (思想や感情に及ぼす)影響力, 効力. **6** 可能性, 潜在的能力 (potentiality). **7** (特に, 男性の)性交能力. **8** 〘数学〙濃度 (⇨ cardinal number 2).

po·tent¹ [póʊtnt | pə́ʊtənt, -tnt] 〘《*a*1500》□L *potentem* (pres.p.) ← *posse* to be able ← *potis* able+*esse* to be: ⇨ possible, -ent〙 — *adj.* **1** 《文語》有力な (powerful), 力強い (mighty), 勢力のある (influential): a ～ prince. **2** 〈薬など〉効力のある, よくきく (efficacious); 〈飲物など〉強い, 濃い: ～ narcotic 強い麻酔剤. **3** (精神的)影響を及ぼす; 〈議論など〉人を心服させる (cogent), 説得力のある: ～ reasoning なるほどと思わせる論法. **4** 〈男性が〉性的[勃起]能力のある (↔ impotent). ～·**ly** *adv.* ～·**ness** *n.*

po·tent² [póʊtnt | pə́ʊtənt, -tnt] 〘《*a*1376》《廃》'crutch'《変形》← (O)F *potence* crutch: ⇨ potence²〙 — *adj.* 〘紋章〙 **1** **a** T形が正逆交互に並んだ《右の絵の他に ⇨ heraldry 挿絵 F》. **b** T形の: ⇨ cross potent. **2** 毛皮模様の一種 (cf. fur 6).

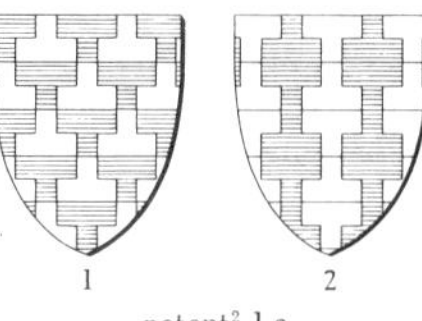

potent² 1 a
1 potent; 2 counter-potent

po·ten·tate [póʊtntèɪt | pə́ʊtəntèɪt, -tn-, -tət, -tɪt] 〘《*c*1400》□ LL *potentāt-us* potentate, L power, rule, dominion: ⇨ potent¹, -ate¹〙 — *n.* **1** 有力者: some local ～ 地方のさる有力者. **2** 主権者, 君主.

po·ten·tial [pəténʃəl | pə(ʊ)-] 〘《*a*1398》□ OF *potencial* // LL *potentiāl-is*: ⇨ potent¹, -ial〙 — *adj.* **1** **a** 可能の, (未発達だが将来十分)可能性を包蔵する: a ～ genius 天才の素質のある人 / ～ presidential assassins 大統領を暗殺しそうな人. **b** 潜在[潜勢]力を有する, 潜在的な (latent): a ～ stock 潜在的株式《新株引受権・株式買取権・転換社債など》/ The seed is the ～ flower and fruit. 種子には花も実も宿っている. **2** 《古》有力な, 強力な (potent). **3** 〘物理〙位置の, 電位の. **4** 〘文法〙可能を表わす: the ～ mood 可能法《「助動詞 may, might, can, could+不定詞」の形で能力または可能性を表わす; subjunctive mood の一種とされることがある》.

— *n.* **1** **a** 可能性, 潜在性 (potentiality); 潜在力, (潜在的な)能力: ⇨ war potential / a ～ of success / ～ *for* leadership 潜在的指導能力. **b** 潜在物; 利用可能な資源[財源]. **2** 〘文法〙可能法 (potential mood). **3** 〘物理〙位; 電位 (electric potential): difference of ～ =potential difference / ⇨ magnetic potential. **4** 〘物理・数学〙ポテンシャル関数, ポテンシャル.

poténtial bárrier *n.* 〘物理〙ポテンシャル障壁《ポテンシャルエネルギーの高い領域; 粒子がそれに近づくに従って減速・停止させられたり, 量子論的トンネル効果によって通過したりする》.

poténtial dífference *n.* 〘電気〙電位差《電場または導体内の 2 点間の電位の差》.

poténtial divider *n.* 〘電気〙=voltage divider.

poténtial énergy *n.* 〘物理〙位置エネルギー, ポテンシャルエネルギー (cf. kinetic energy).

poténtial grádient *n.* 〘電気〙電位の傾き, 電位降度, 電位傾度.

poténtial héad *n.* 〘物理〙=elevation head.

po·ten·ti·al·i·ty [pətènʃiǽləti | pə(ʊ)tènʃiǽlɪti, -lɪ-] 〘《1625》□ ML *potentiālitāt-em*: ⇨ potential, -ity〙

— *n.* **1** 可能力, 可能性 (possibility); 潜在的能力, 潜勢力 (latency). **2** 可能[潜勢]力を有するもの, 発展する見込み.

po·ten·tial·ize [pəténʃəlàɪz | pə(ʊ)-] 〚⇨ potential, -ize〛 — *vt.* 可能にする;〚物理〛〈エネルギーなどを〉潜勢力化する. **po·ten·tial·i·za·tion** [pətènʃəlɪzéɪʃən, po(ʊ)-, -lə- | pə(ʊ)tènʃəlaɪ-, -lɪ-] *n.*

po·tén·tial·ly [-ʃəli | -lɪ] 〚⇨ potential, -ly¹〛 *adv.* 潜在的に, 可能性として; もしかすると (possibly).

poténtial transfórmer *n.* 〚電気〛計器用変圧器 (voltage transformer).

po·ten·ti·ate [pəténʃièɪt | pə(ʊ)ténʃɪ-] 〚← L *potenti(a)* 'POTENCY'＋-ATE³: G *potenzieren* からの類推〛 — *vt.* **1** 可能にする, …に力を与える, 有力[強力]にする. **2** 〚薬学〛増強する《ある薬物[物質]の作用を他の薬物[物質]の併用により相乗作用にして増強することにいう》. **po·tén·ti·à·tor** [-ṭə | -tə(r)] *n.* **po·ten·ti·a·tion** [pətènʃiéɪʃən | pə(ʊ)tènʃɪ-] *n.*

po·ten·til·la [pòʊtn̩tílə | pàʊtəntílə, -tn̩-] 〚《1548》← NL ～《特別用法》← ML 'garden valerian' ← L *potentem* 'POTENT¹'＋*-illa* (dim. suf.)〛 — *n.* 〚植物〛キジムシロ《バラ科キジムシロ属 (*Potentilla*) の植物の総称; キジムシロ (*P. fragarioides*), ヨウシュノツルキンバイ (silverweed) など》.

po·ten·ti·om·e·ter [pətènʃiámətə | pə(ʊ)tènʃɪɔ́mɪtə(r, -mə-] 〚← POTENTI(AL)＋-O-＋-METER¹〛 — *n.* 〚電気〛 **1** 電位差計. **2** 分圧器《普通は可変の抵抗分圧器をいう》 **po·ten·ti·o·met·ric** [pətènʃiəmétrɪk | pə(ʊ)tènʃɪə(ʊ)-] *adj.*

potentiométric titrátion 〚⇨↑, -ic¹〛 *n.* 〚化学〛電位差滴定《滴定の終点を電極電位の変化で知る分析法》.

po·ten·ty [póʊtn̩ti | pə́ʊtəntɪ, -tn̩-] 〚← POTENT²＋-Y¹〛 *adj.* 〚紋章〛＝potent².

po·tes·tal [po(ʊ)téstl̩ | pə(ʊ)-] 〚⇨↓, -al¹: cf. matripotestal, patripotestal〛 *adj.* 〚ローマ法〛権能の, 権限の, 支配の, 家父長権の, 治安判事の権限の.

po·tes·tas [po(ʊ)téstɑːs, -tæs | pə(ʊ)-] 〚▭ L *potestās* power ← *potis* 'able, POTENT¹'〛 *n.* (*pl.* **po·tes·ta·tes** [-tətìːz, -tèɪs]) 〚ローマ法〛家父長権, 権能, 権限, 治安判事の権限.

pot·ful [pátfʊ̀l | pɔ́t-] 〚ME〛 *n.* **1** つぼ[鍋, 鉢(はち)]一杯(分). **2** 大量, 多量 〔*of*〕.

pót fùrnace *n.* **1** 〚ガラス製造〛るつぼ窯(がま)《ガラス融解用のるつぼを収容する窯》. **2** 〚冶金〛鍋炉, るつぼ炉, るつぼ窯《金属の精錬にるつぼを使用する場合, そのるつぼを収容する窯炉》.

pót·hànger *n.* (炉の上の)自在鉤(かぎ)(など)を吊り下げる仕掛け; なべ掛け, 自在鉤 (pothook).

pót hát *n.* 山高帽子 (bowler).

pót·hèad *n.* **1** 〚動物〛ゴンドウクジラ (blackfish). **2** 〚電気〛配線管. **3** マリファナ常用者 (cf. head 18 a).

poth·e·car·y [páθəkèri | pɔ́θɪkərɪ, -θə-] 〚《頭音消失》← APOTHECARY〛 *n.* 《古・英俗》薬種屋 (druggist).

po·theen [pɑθíːn, po(ʊ)- | pɔ-, pə(ʊ)-] *n.* ＝poteen.

poth·er [páðə | pɔ́ðə(r] 〚《1591》*puther, pudder* ← ?: cf. bother〛 — *n.* 《文語》 **1** たちこめる埃[煙], 砂煙. **2** 騒音, 騒がしい物音. **3** 騒動, 騒ぎ, 取乱し (fuss): be in a ～ 騒いでいる / make [raise] a ～ about a small thing つまらない事でわいわい騒ぎ立てる. **4** 悲しみの表現. — *vt.* 悩ます, 困らせる, (些細(ささい)なことで)煩わす. — *vi.* (些細なことで)悩む, 心配する.

pót·hèrb *n.* 煮込み用に栽培される野菜; 香草.

pót·hòlder *n.* (熱した鍋に用いる)鍋さささえ, 鍋もち具[布].

pót·hòle *n.* **1** (深い)穴 (hole); (路面に生じたつぼ状の)穴, 穴ぼこ. **2** 〚地質〛甌穴(おうけつ)(かめ穴), ポットホール《渦巻のために小石が回転して河床の岩石にできたつぼ状の穴》. **3** 陶磁器原料粘土を掘り採ったあとの地面の穴; (上面に開口する)深い洞窟(どうくつ). **4** 《米西部》泥沼(ぬま). — *vi.* 《英》(スポーツや趣味として)洞窟(どうくつ)を探検する. **pót·hòled** *adj.* **pót·hòl·ing** *n.*

pót·hòl·er *n.* 《英》＝spelunker.

pót·hòok *n.* **1 a** (炉の上に鍋を掛ける)自在鉤(かぎ), S字型鍋掛け鉤. **b** 鉤付きの長火ばし《鍋を引き上げたり, ストーブのふたを上げたりする》. **2** (子供などが手習いに稽古(けいこ)する)くねり書き (curved stroke); [*pl.*] 下手な文字, かなくぎ流の文字: ～*s* and hangers 手習いの初歩 / It is very hard to decipher his ～*s*. 彼の悪筆を判読するのはなかなか骨だ.

pothook 1 a

pót·hòuse *n.* 《英》[軽蔑的に] (小さな)ビール店, (余り上等でない)居酒屋: the manners of a ～ 無作法 / a ～ club 飲みクラブ. — *adj.* (二流の)居酒屋の; 下等な, 下劣な: a ～ politician 二流の政治家.

pót·hùnter *n.* **1** (スポーツ精神などを無視した)獲物目当ての狩猟家, (何でも撃ち取る)乱猟家 (cf. pot-shot 1). **2** 賞品目当ての競技参加者. **3** (採集上の心得を知らない)素人考古品採集家.

pót-hùnting *n.* **1** 獲物目当ての乱猟. **2** 素人による考古品採集.

po·tiche [poʊtíːʃ | pəʊ-; *F.* pɔtiʃ] 〚▭ F ～ 'porcelain vase': ⇨ pot²〛 *n.* (*pl.* ～**s** [～ɪz, ～əz; *F.* ～]) (原型が中国または日本の)首の短いつぼ.

po·tion [póʊʃən | pə́ʊ-] 〚《?a1300》*pocioun* ▭ (O)F *potion* ▭ L *pōtiō(n-)* drinking, draft: POISON と二重語〛 — *n.* **1** (通例, 水薬・毒薬などの)一服 (dose): a sleeping ～ 眠り薬 / ⇨ love-potion / Men take bitter ～*s* for sweet health. 《諺》人は甘い健康のために苦い薬を飲む,「良薬は口に苦し」. **2** 《まれ》飲み物 (beverage). — *vt.* 《古》…に薬を与える.

Pot·i·phar [pɑ́ṭəfə, -fɑ̀ə | pɔ́tɪfə(r, -fɑ̀ː(r] *n.* 〚聖書〛ポテパル《エジプトの役人; その妻が Joseph を誘惑しようとした; cf. *Gen.* 39》.

pot·latch [pɑ́tlætʃ | pɔ́t-] 〚▭ N-Am.-Ind. (Chinook) *patshatl* gift〛 — *n.* **1** [しばしば P-] ポトラッチ《北米北西岸インディアンの間で, 自分の財力を誇示するために行なわれる贈答の儀式; cf. Kwakiutl 1 a》. **2** 《口語》(贈り物の出る)大宴会; 贈り物 (gift). — *vt.* **1** 〈部族など〉のためにポトラッチを行なう[催す]. **2** (特に, お返しを期待して)〈贈り物などを〉与える. — *vi.* ポトラッチを行なう.

pòt làyering *n.* 〚園芸〛＝air layering.

pót-lèad [-lèd] 〚▭ Du. *potlood*: ⇨ pot, lead¹〛 *vt.* 〈競走用ボートの底など〉に黒鉛を塗る.

pót lèad [-lèd] *n.* 〚海事〛(摩擦を防ぐために競走用ボートの底に塗った)黒鉛 (graphite).

pot·lick·er [pɑ́tlìkə | pɔ́tlìkə(r] *n.* 《米南部・中部》＝pot liquor.

pót·lìd *n.* つぼの蓋(ふた): Such (a) pot, such (a) ～. 《諺》つぼがつぼなら蓋も蓋; 似たもの同士.

pot·lik·ker [pɑ́tlìkə | pɔ́tlìkə(r] *n.* 《米南部・中部》＝pot liquor.

pót·lìne *n.* 〚冶金〛(アルミニウム等の)電解槽の列.

pót lìquor *n.* ポットリカー《塩漬け豚肉を主に野菜を煮た鍋に残った煮汁; 米国南部の soul food の一種》.

pot·luck [pɑ́tlʌ́k | pɔ́t-] 〚← POT＋LUCK: cf. F *la chance du pot*〛 — *n.* あり合わせの食べ物; 普段の食事: a ～ party あり合わせの食べ物を持ち寄って行なうパーティー / Come and take ～ with us. 粗飯をさし上げますからお出で下さい.

pót·man [-mən] *n.* (*pl.* **-men** [-mən, -mèn]) (居酒屋などの)給仕 (cf. potboy).

pót màrigold *n.* 〚植物〛キンセンカ(金盞花) (*Calendula officinalis*)《切花用の園芸植物》.

pót màrjoram *n.* 〚植物〛ハナハッカ (*Origanum vulgare*)《シソ科ハナハッカ属の多年生の唇状の花をつける草; wild marjoram ともいう》.

pót mètal *n.* **1** 鍋類を作るに適した鋳鉄. **2** 銅・鉛の合金《もと大鍋を作るのに用いた》. **3** 〚ガラス製造〛るつぼの中の融解ガラスにステンドガラスを混ぜて着色させたガラス; るつぼ内で融解したガラス.

pót-mòtor *n.* 〚電気〛ポットモーター《紡糸巻き取り用の小形モーター》.

Pot·ok [pɑ́ṭək | pɔ́t-], **Chaim** *n.* (1929–) 米国の小説家; *The Chosen* (1967).

Po·to·mac [pətóʊmək, -mɪk | -tə́ʊmək] 〚← N-Am.-Ind. (Algonquian) (部落名)《原義》? the place where tribute is brought〛 *n.* [the ～] 米国北東部の川; West Virginia 州の Allegheny 山中に源を発し, Maryland, Virginia 両州を貫流し Washington 市を通過して Chesapeake 湾に注ぐ (462 km).

po·tom·e·ter [po(ʊ)tɑ́məṭə | pə(ʊ)tɔ́mɪtə(r, -mə-] 〚← Gk *potón* drink＋-METER¹〛 *n.* 〚植物・気象〛ポトメーター, 吸水計《植物の蒸散量を測定する装置》.

po·too [poʊtúː | pəʊ-] 〚擬音語〛 *n.* (*pl.* ～**s**) 〚鳥類〛タチヨタカ《タチヨタカ科の, ヨタカ (goatsucker) に近類の鳥類の総称; 中米から南米まで分布する》.

po·to·roo [pòʊṭərúː | pə̀ʊtə-] 〚← New South Wales (Australia)《土語》〛 *n.* (*pl.* ～, ～**s**) 《豪》〚動物〛ネズミカンガルー (rat kangaroo).

Po·to·sí [pòʊtəsíː | pɔ̀tə(ʊ)-; *Sp.* pòtosí] *n.* ポトシ《南米中部 Bolivia 南部の都市; もと銀採掘の中心地, 今はスズが主; 人口 97,000, 海抜約 4,000 m》.

pót·pìe *n.* 肉・野菜・果物などの具を深皿に入れ表面をパイ皮でおおって焼いたパイ.

pót plànt *n.* 鉢植え(の草花).

pot·pour·ri [pòʊpʊríː, ⸗⸗ | pəʊpʊ́riː, ⸗⸗⸗; *F.* popuri] 〚《1611》▭ F ～ 'rotten pot'《なぞり》← Sp. *olla podrida*〛 — *n.* (*pl.* ～**s** [～z; *F.* ～]) **1** ＝olla podrida 1. **2** ポプリ, 百花香《室内を香らすためにバラなどの乾燥花弁を香料と混ぜてつぼに入れたもの》. **3** 〚音楽〛混成曲, 接続曲 (medley)《よく知られた曲・旋律を幾つかつなぎ合わせ, 続けて演奏する曲》. **4** (文学などの)雑集, 雑録, 雑筆 (miscellany). **5** ごたまぜ; 混合物.

pót-ròast *vt.* 鍋で〈牛の腿肉などの塊を〉蒸し焼きにする.

pót ròast *n.* ポットロースト《牛の腿肉などの塊を厚手の鍋で焼き目をつけてから蒸し焼きにした料理》.

Pots·dam [pɑ́tsdæm | pɔ́ts-; *G.* pɔ́tsdam] *n.* ポツダム《東ドイツ Brandenburg 州の Berlin 近郊の都市; 旧ドイツ皇帝の離宮がある; 人口 111,000》.

Pótsdam Proclamátion [**Declarátion**] *n.* [the ～] ポツダム宣言《第二次大戦終末に近い 1945 年 7 月 26 日, 日本に無条件降伏を要求した米・英・中国の共同宣言; 8 月 8 日 ソ連も参加》.

pot·sherd [pɑ́tʃəːd | pɔ́tʃəːd] 〚ME *pot-schoord*: ⇨ pot, shard〛 *n.* 土器や陶器の破片《特に, 考古学的研究の対象とされる》.

pót·shòt *n.* **1** (スポーツ精神を無視して単に食料を得るための)獲物目当ての銃猟 (cf. pothunter 1). **2 a** (近距離からの)狙い撃ち, 近接射撃. **b** でたらめの射撃. **3** 行きあたりばったり(の試み): take a ～ at …を試しに[でたらめに]やってみる. **4** やみくも[思いつき]の評言[論評], 妄評(もうひょう). — *vt.* 〈人・獲物を〉やみくもに撃つ; 思いつきで批評[攻撃]する. — *vi.* やみくもに撃つ[攻撃する].

pót spìnning *n.* 〚紡織〛ポット紡糸《レーヨンを作る一方法》.

pót·stìck 〚《15C》〛 *n.* (鍋の中の物を混ぜる)料理ばし.

pót stìll *n.* ポットスチル《単式蒸溜機で, 発酵したもろみを入れる銅製の蒸溜釜とアルコール蒸気を冷却する凝縮器から成る; Scotch whiskey は主としてこれによって製する; cf. patent still》.

pót·stòne *n.* 石鹸石《滑石のかたまり》; 不純な滑石《特に, 石器製造に用いられた》.

pot·sy [pɑ́tsi | pɔ́tsɪ] 〚← ?〛 *n.* 《米東部》＝hopscotch.

pott [pɑ́t | pɔ́t] 〚《変形》← POT〛 — *n.* 〚製紙〛ポット(判)《pot ともいう》: **a** 《米》$12^1/_2$×16 インチ (＝317.5×406.4 mm) の大きさの印刷用紙. **b** 《英》$12^1/_2$×15 インチ (＝317.5×381 mm) の図画または印刷用紙.

pot·tage [pɑ́tɪdʒ | pɔ́t-] 〚《?a1200》*potage* ▭ (O)F: ⇨ potage〛 — *n.* **1 a** 野菜や肉入りシチュー. **b** ＝*a* MESS *of pottage* (1). **2** ポタージュ (potage). **3** 《古》オートミール (oatmeal).

pót·ted [-ṭɪd, -ṭəd | -tɪd, -təd] *adj.* **1** 鉢植えの: a ～ flower. **2** つぼ[びん, かめ]に詰めた, かん詰の: ～ meat かん詰の味付け肉. **3** 《英口語》**a** 〈古典の〉本・記述など〉(皮相的に)簡略化した, 平易化した; 通俗的にした: a ～ biography (不適当な要約による)簡約版の伝記 / ～ Shakespeare. **b** 〈音楽など〉録音された (recorded). **4** 《俗》酔っ払った (drunk).

pot·teen [pɑtíːn | pɔ-] *n.* ＝poteen.

pot·ter¹ [pɑ́ṭə | pɔ́tə(r] 〚《?1530》(freq.) ←《廃》*pote* to push, poke＜OE *potian* to push, thrust: ⇨put¹, -er⁴〛 — *n., v.* 《英》＝putter². **～·er** [-ṭərə | -tərə(r] *n.* **～·ing·ly** [-ṭərɪŋli | -tərɪŋlɪ] *adv.*

pót·ter² [-ṭə | -tə(r] 〚OE *pottere*: ⇨ pot, -er¹〛 *n.* 陶工, 陶芸家, 焼物師: ～*'s* work [ware] 陶器.

Pot·ter [pɑ́ṭə | pɔ́tə(r], (**Helen**) **Beatrix** *n.* (1866–1943) 英国の児童文学作家・挿絵画家; *Peter Rabbit* (1902) の作者; Mrs. William Heelis.

Potter, Paul *n.* ポッター《1625–54; オランダの画家; 特に, 牛や馬の放牧風景の名手として知られる》.

Potter, Simeon *n.* (1898–1976) 英国の英語学者: *Our Language* (1950), *Modern Linguistics* (1957).

Potter, Stephen *n.* (1900–69) 英国の随筆家・ユーモア作家; *Gamesmanship, or the Art of Winning Games without Actually Cheating* (1947).

Pot·ter·ies [pɑ́ṭəriz | pɔ́tərɪz] 〚← POTTERY〛 — *n. pl.* [the ～] イングランド Staffordshire 州北部の陶磁器製造業の中心地; この地区の五つの町が 1910 年に合併して Stoke-on-Trent になった (cf. Five Towns).

pótter's ásthma [**bronchítis**] *n.* 〚病理〛陶工喘息(ぜんそく)[気管支炎]《塵肺による喘息・気管支炎類似状態》.

pótter's cláy [**éarth**] *n.* 陶土《陶磁器製作に用いられる粘土》.

pótter's fíeld *n.* 無縁墓地, 公有[共同]墓地 (cf. *Matt.* 27:7).

pótter's whéel *n.* 〚窯業〛(製陶用)ろくろ《陶工が成形に用いる回転する円盤》.

pótter wàsp *n.* 〚昆虫〛トックリバチ《泥・粘土・砂などでとっくり状の巣をつくる膜翅目スズメバチ科トックリバチ属 (*Eumenes*) のハチの総称; カギゾノトックリバチ (*E. unguiculata*) など; cf. mason wasp》.

pot·ter·y [pɑ́ṭəri, -tri | pɔ́təri] 〚《c1483》▭ (O)F *poterie* ← *potier* potter: ⇨ pot, -ery〛 — *n.* **1** 陶器製造所. **2** 陶器製造, 製陶術 (ceramics). **3** 陶器 (earthenware) (cf. stoneware, porcelain); 陶磁器, 陶磁器類《一般的には家庭用陶磁器製品全体を指すが, 工業的にはタイル類・電気用品・化学用品の陶磁器も含む》: unglazed ～ 素焼き. ★ ラテン語系形容詞: fictile.

póttery stòne *n.* 陶石《陶磁器の原料》.

Pot·ti·a·ce·ae [pɑ̀ṭiéɪsiìː | pɔ̀tɪ-] 〚← NL ～ ← *Pottia* (属名: ← *J. F. Pott* (18 世紀のドイツの植物学者)＋-ACEAE〛 *n. pl.* 〚植物〛センボンゴケ科.

pót·ting [-ṭɪŋ | -tɪŋ] 〚⇨ pot, -ing¹〛 — *n.* **1** つぼやかめなどを用いて行なう仕事. **2** (食料品の)つぼ[びん]詰め. **3** (植物の)鉢植え: the ～ of plants / a ～ shed (外に植える前に)ポットで養育するハウス.

Pot·tin·ger [pɑ́tɪndʒə | pɔ́tɪndʒə(r)], Sir **Henry** *n.* (1789–1856) 英国の軍人・植民地政治家; 初代香港総督 (1843), マドラス総督 (1847).

pot·tle [pɑ́ṭl̩ | pɔ́tl̩] 〚ME *potel* ▭ OF (dim.) ← POT〛 — *n.* **1** 《英古》ポトル《昔の液量単位; ＝2 quarts, 半ガロン》. **2 a** 1 ポットル入りのたる[びん]. **b** 1 ポットルびんに入ったぶどう酒[リキュール]. **3** (イチゴなどを入れる)小かご, バスケット.

pot·to [pɑ́toʊ | pɔ́təʊ] 〚← W-Afr. 《土語》〛 — *n.* (*pl.* ～**s**) 〚動物〛 **1** ポト (*Perodicticus potto*)《西アフリカ産ロリス科のロリス (loris) に似た動物》. **2** ＝kinkajou.

pótto octávo *n.* 〚製紙〛ポットオクタボ(判)[八折判] (《米》6×$6^3/_4$ インチ; 《英》4×$6^1/_4$ インチ; 略 pott 8vo).

pótto quárto *n.* 〚製紙〛ポットクォート(判)[四折判] ($6^1/_4$×8 インチ; 略 pott 4to).

Pótt's disèase [pɑ́ts- | pɔ́ts-] 〚← *Percivall Pott* (1714–88: 英国の外科医)〛 *n.* 〚病理〛ポット病, 脊椎(せきつい)カリエス.

Pótt's frácture 〖↑〗 *n.* 〘病理〙ポット骨折, 腓骨(ひこつ)骨折《腓骨下部の骨折》.

pot·ty¹ [pɑ́ṭi | pɔ́ti] 〖← ? POT＋-Y⁴: cf. *go to pot* (⇨ pot (n.) 成句)〗 — *adj.* (**pot·ti·er**; **-ti·est**) 《英俗》 **1** [しばしば ~ little で] ちっぽけな, つまらない, 取るに足らない (insignificant): a ~ *little* town. **2** 造作ない, たやすい (easy): a ~ sort of game. **3** 〔…に〕狂気じみて熱中している, 狂っている〔*about, on, over, with*〕: go ~ *over* cards トランプに熱中している. **4** 〈人・態度・言葉など〉傲慢な, 自分の身分[知識]を鼻にかける.

pot·ty² [pɑ́ṭi | pɔ́ti] 〖← POT＋-Y²〗 *n.* 《口語》 **1** (便器の上にのせる)小児用便座. **2** 小児用便器椅子の下に置くつぼ. **3** 《小児語》(小児用)トイレ.

pótty-chàir *n.* 小児用便器椅子.

pót-vàliant *adj.* 一杯機嫌で元気な, 酒で勢いのついた, から元気の. **~·ly** *adv.* **pót-vàliance** *n.* **pót-vàliancy** *n.*

pót-vàlor *n.* 酒を飲んだ勢い(による大胆さ・勇気).

pot·wall·er [pɑ́twɑ̀lə | pɔ́twɔ̀lə(r)] 〖《1701》《原義》 pot-boiler ← POT＋《廃》 *wall* (＜OE *weallan* to boil)＋-ER¹〗 *n.* 〘英史〙＝potwalloper 1.

pot·wal·lop·er [pɑ́twɑ̀ləpə | pɔ́twɔ̀ləpə(r)] 〖《1725》《変形》↑: WALLOP to boil との連想〗 — *n.* **1** 〘英史〙家長[戸主]選挙権者《borough で家長[戸主] (householder) たることで議員選出権を与えられていた者; 一家の煮たき用の炉を持っていることが資格とされた; 1832 年の選挙法改正で廃止》. **2** 《米俗》身分の低い台所使用人; (特に)皿洗い.

pouch [páʊtʃ] 〖《?1380》 *pouche* □ ONF ＝(O)F *poche* pouch, pocket: cf. poke¹〗 — *n.* **1** 小袋, (袋型)小物入れ (sack): a ~ pocket 袋型の張りつけポケット / ⇨ tobacco-pouch. **2** (口ひもで締める)金入れ袋, 巾着 (purse); 《英俗》心付け (tip). **3 a** (錠前付きの)郵袋(ゆうたい) (mailbag); (特に)外交嚢《外交文書送達用の袋》. **b** 〘軍事〙(革製の)弾薬入れ. **4** 《スコット》(衣服の)ポケット. **5** 下まぶたの(袋状の)たるみ. **6 a** 〘動物〙(ペリカンの嘴(くちばし)などの)袋状部; (カンガルーなどの)腹袋, (サル・リスなどの)ほお袋 (cheek pouch). **b** 〘植物〙囊状(のうじょう)胞. — *vt.* **1** 袋に入れる; 懐中に入れる (pocket); 錠付き郵袋に入れる. **2** 〈衣服〉の一部を袋のようにだぶっとさせる. **3** 《古》〈魚・鳥が〉のみ込む (swallow). **4** 《英俗》〈人〉に金をやる, 心付けをやる (tip). — *vi.* **1** 〈衣服の一部が〉袋のようになる, ふくらむ, ブラウジングする (blouse). **2** 郵便物・連絡文書を錠付き郵袋で郵送する.

pouched *adj.* **1** 〈動物など〉袋のある《ペリカンやカンガルーなどのような》: ~ animals 有袋(ゆうたい)動物. **2** 袋の形をした, 袋状の.

póuched móle *n.* 〘動物〙フクロモグラ (⇨ marsupial mole).

pouch·y [páʊtʃi | -tʃi] 〖⇨ pouch, -y⁴〗 *adj.* (**pouch·i·er**; **-i·est**) **1** 袋のある. **2** 袋状の, ふくらんだ, たるみのある, ぶくぶくの.

poud [pú:d, pú:t] *n.* ＝pood.

pou·drette [pu:drét] 〖□F ~ (dim.) ← *poudre* 'POWDER¹': ⇨ -ette〗 *n.* 乾燥下肥に木炭・石膏(せっこう)などを混ぜた肥料の一種.

pouf [pú:f] 〖《戯言的転用》← F ~ (int.): cf. puff〗 — *n.* (*also* **pouff** [~], **pouffe** [~]) **1** プーフ《18 世紀後半に流行した高く結って飾り立てた婦人の髪型》. **2** プーフ《衣服・髪飾りのふくれた部分, ふくらみ》. **3** 《英》 **a** クッション付きの円形の椅子. **b** 厚いクッション (hassock)《膝まずくためなどの膝ぶとん》. **4** 《英口語》＝poof¹. **~ed** *adj.* **pouffed** *adj.*

pouf 3 a

Pough·keep·sie [pəkípsi, po(ʊ)- | pə(ʊ)kípsi] 〖□Du. ~ ← N-Am.-Ind. (Algonquian)〗 — *n.* 米国 New York 州南東部, Hudson 河畔の都市; ボートレースで有名; 人口 42,000.

pou·larde [pu:lɑ́əd | -lɑ́:d] 〖□F ~ ＜ OF *pollarde* ← *polle* (F *poule*) hen＋-ARD: cf. pullet〗 — *n.* (*also* **pou·lard** [~]) (食用にするために)卵巣を取って太らせた雌鶏, 肥えた雌鶏 (cf. capon 1).

pou·lard·ize [pu:lɑ́ədaɪz | -lɑ́:d-] 〖⇨ ↑, -ize〗 *vt.* 〈雌鶏を〉卵巣切除する (cf. caponize).

poulárd whèat 〖《部分訳》← F *blé poulard* ← *blé* wheat＋*poulard* (← ? POULARDE)〗 — *n.* 〘植物〙リベットコムギ(*Triticum turgidum*)《rivet wheat, mummy wheat ともいう》.

poul·dron [póʊldrən | pə́ʊl-] *n.* 〘甲冑〙＝pauldron.

poule [pú:l; *F.* pul] 〖□F ~ 'hen': ⇨ pullet〗 *F. n.* **1** 雌鶏 (hen). **2** 《俗》売春婦 (prostitute).

Pou·lenc [pú:lɛ̃:(ŋ)k, -læŋk; *F.* pulɛ̃:k], **Francis** *n.* プーランク (1899–1963; フランスの作曲家).

poulp [pú:lp] 〖□F *poulpe* ＜ L *pōlypum* 'POLYPUS'〗 *n.* (*also* **poulpe** [~]) 〘動物〙タコ (octopus).

Poul·sen arc [páʊlzən-, -sən-; *Dan.* pʌ́ulsən] 〖← *Valdemar Poulsen* (1869–1942: デンマークの電気工学者)＋ARC〗 — *n.* 〘電気・物理〙プールゼンアーク《高周波振動を伴う直流アーク; cf. singing arc》.

poult¹ [póʊlt | pə́ʊlt] 〖《a1425》 *pult(e)* 《短縮》← *poullet* □(O)F *poulet* 'PULLET'〗 *n.* (鶏・七面鳥・雉(きじ)などの)ひな (chick): a turkey ~ 七面鳥のひな.

poult² [pú:lt; *F.* pu] 〖《略》〗 *n.* ＝poult-de-soie.

poult-de-soie [pú:d(ə)swɑ́:; *F.* pudswa] 〖□F ~, *pou-de-soie* ← ?: cf. paduasoy〗 *n.* プードソア《婦人服用の色物のうね織絹》.

poul·ter [póʊlṭə | pə́ʊltə(r)] 〖《a1400》 *pulter* □(O)F *pouletier*: ⇨ poult¹, -er¹ 2〗 *n.* 《古》＝poulterer.

poul·ter·er [póʊlṭərə | pə́ʊlt(ə)rə(r)] 〖《1534》: ⇨ ↑, -er¹〗 *n.* 《英》鳥屋, 家禽(かきん)商.

póulter's méasure 〖鶏卵を売る際, 2 ダース目からは 14 個を 1 ダースとして売ったことから〗 — *n.* 〘詩学〙鳥屋律《6 詩脚 (12 音節)と 7 詩脚 (14 音節)が交代する韻律》.

poul·tice [póʊltɪs, -ṭəs | pə́ʊltɪs] 〖《1542–43》 *pultes* □ L *pultes* (pl.) ← *puls* thick pap: cf. pulse²〗 〘医学〙 — *n.* パップ(剤), 罨法(あんぽう), 湿布《cataplasm ともいう》. — *vt.* 〈患部に〉パップ剤を当てる, 湿布する.

poul·try [póʊltri | pə́ʊltri] 〖《1429》 *pult(e)rie* □ OF *pouleterie* ← *poul(l)etier* 'POULTER': ⇨ -ery〗 — *n.* **1** [集合的] 食用飼鳥類, 家禽(かきん)《鶏・アヒル・七面鳥などの総称; cf. game 8 a》. **2** (食用としての)家禽(の肉).

póultry-fàrm *n.* 家禽(かきん)飼養場, 養鶏場.

póultry·man [-mən, -mæ̀n] *n.* (*pl.* **-men** [-mən, -mèn]) **1** 家禽(かきん)飼養[養鶏]業者. **2** 鳥肉屋.

pounce¹ [páʊns] 〖n.: 《1413》《廃》'sting' 《変形》← *punson* pointed tool □ OF *poinçon* 'PUNCHEON¹': cf. pounce³. — v.: 《1686》← (n.)〗 — *n.* **1** 〖《1841》← (v.)〗 急に飛びつく[つかみかかる]こと, 急襲: on the ~ 今にも飛びつこうとして / make a ~ (upon…) (…に)飛びつく. **2 a** 〘鷹狩〙(鷹の)前足指《3 本の爪のうち 1 本》; (肉食鳥の)爪 (talon). **b** 武器. **3** 《方言》(注意を促すための)小突き. — *vt.* (猛鳥のように)爪でつかむ, わしづかみにする; 急に襲う, 飛びつく. — *vi.* **1** 〔…に〕急に襲いかかる, 飛びつく〔*on, upon, at*〕: a cat ready to ~ *upon* [*on*] a rat ねずみに飛びかかろうとしている猫. **2** 〔人の欠点・誤りなどを〕激しく攻撃する[なじる]; 得たりと押える (seize); 〔人を〕攻撃する, 非難する〔*upon, on*〕. **3 a** 〔…を〕いきなりつかむ, 握る〔*at*〕. **b** 急にはねる[駆け出す]; 突然やって来る: ~ *into* a room (だしぬけに)部屋に飛びこんで来る. **4** 急に話に口出しをする.

pounce² [páʊns] 〖v.: 《1580》□(O)F *ponce-r* to polish with pumice ← *ponce* ＜ L *pūmicem*, *pūmex* 'PUMICE'. — n.: 《1706》□(O)F *ponce*〗 — *n.* **1** (昔用いた)インクのにじみ止め粉《イカの甲などを粉にしたもの》. **2 a** 色粉, 型づけ粉《下の紙に型を写し取るために目抜きにした型紙に振りかける木炭粉》. **b** 色粉袋 (pounce bag ともいう). — *vt.* **1** …ににじみ止め粉をふる. **2** 〈帽子〉の表面をやすり紙などでみがいてなめらかにする. **3** 〈型紙〉に色粉を振りかける; 色粉をふって…の型を写す. **póunc·er** *n.*

pounce³ [páʊns] 〖《c1390》 *pownse(n)* 《変形》← *pounsone(n)* □ OF *pounçon-ner* to prick, stamp ← *poinçon* 'pointed tool, PUNCHEON¹': cf. pounce¹〗 — *vt.* **1** 〈金属の面など〉に穴をあける, 打ち出し模様をつける. **2** 《古》〈靴・布など〉に飾り穴をあける.

póunce bòx *n.* 色粉箱[入れ]《ふたに小穴があいて模写・筆記の際振りかけるようになっている》.

póun·cet-bòx [páʊnsɪt-, -sət-] 〖□? F *poncette* small bag for sprinkling pounce: ⇨ pounce², -et〗 — *n.* 《古》 **1** (ふたに小穴のあいている)におい[香水]箱 (pomander). **2** ＝pounce box.

pound¹ [páʊnd] 〖OE *pund* ＜ Gmc **pundo* (Du. *pond* / G *Pfund*) □ L *pondō* pound (abl.) ← L *pondus* weight ← IE **(s)pen-(d)-* to draw, stretch, spin: cf. pendant, ponder〗 — *n.* (*pl.* **~s**, ~) **1** ポンド(封度)《質量および重量の単位》: **a** 常用ポンド (avoirdupois pound)《英語圏で一般用品を計るのに用いられる; ＝16 avoirdupois ounces, 7,000 grains, 0.453 kg; 略 lb., lb. av.》: by the ~ 1 ポンドいくらで / ~ for [and] ~ 等分に / Mischief comes by the ~ and goes away by the ounce. 《諺》禍いは束になって来るが去るのはちびりちびり. **b** トロイポンド (troy pound)《以前金銀など貴金属を計るのに用いられた; ＝12 troy ounces, 240 pennyweight, 5,760 grains, 0.373 kg; 略 lb. t.》. **c** 《米》薬用ポンド《薬剤師・薬種商で用いる; ＝12 ounces, 5,760 grains; 略 lb. ap.》. **d** 〘物理〙ポンド《力の単位; 1 常用ポンド重》. **2** ポンド(磅)(記号 £): **a** 英国の通貨単位; もと ＝20 shillings, ＝240 pence; 1971 年 2 月より ＝100 pence; 略 £ は数字の前につけるのが普通であるが, 数字の後につける *l.* を用いることもある: 例 £5＝5 *l.* (5 ポンド); pound sterling ともいう》: five ~ ten (旧制度で) 5 ポンド 10 シリング; (新制度で) 5 ポンド 10 ペンス / a shilling in the ~ 1 ポンドにつき 1 シリング(の割合) / a ~ [five-*pound*] note 1 [5] ポンド紙幣 / ~s, shillings and pence [£. s. d., L.S.D.] 金銭 / pay twenty shillings in the ~ きれいに全部支払う / In for a penny, in for a ~. ⇨ penny *n.* 1 ★ (3). ★ 旧制度の英貨では £2. 3 s. 4 d. [£2–3–4, £2/3/4] (＝two pounds three shillings four pence) (2 ポンド 3 シリング 4 ペンス)のように用いたが, 十進法になってからは £1.07 (1 ポンド 7 ペンス) / £6.10 (＝six pounds ten pence) (6 ポンド 10 ペンス)のように用い, 2 p *or* £0.02 / 23 p *or* £0.23 / 34 $^{1}/_{2}$ p *or* £0.34 $^{1}/_{2}$ などと書く, また, 例えば 2 $^{1}/_{2}$ p は two and a half pence と読む. **b** 以下の国の通貨単位: アイルランド, マルタ (＝100 pence); キプロス (＝1000 mils); レバノン (＝100 piasters, 記号 £L); スーダン (＝100 piasters, 記号 £S, LSd); シリア (＝100 piasters, 記号 £S, LS); エジプトアラブ共和国 (＝100 piasters, 記号 £E). **3** スコットランドポンド《かつての英貨 1 ポンドと等価の通貨; イングランドとスコットランドの合併(1603 年)以後は $^{1}/_{12}$ 英ポンド (1 シリング 8 ペンス); pound Scots ともいう》. **4** ＝lira 2. **5** 〘聖書〙(新約聖書で)ムナー, ミナ (mina)《古代ギリシャなどの貨幣単位; cf. *Luke* 19:13, etc.》.

one's pound of flesh (証文通りの)貸金の全額(返済); (契約などによって合法的ながら)因業[苛酷]な要求(物) (cf. Shak., *Merch* V 4. 1. 99, 308): The usurer demanded [wanted] *his* ~ *of flesh*. 高利貸しは借金の返済を因業(いんごう)に迫った.

— *vt.* 《英》〘造幣〙(一定数をはかりに掛けて)ポンド(磅)で〈貨幣〉の重量を検査する.

pound² [páʊnd] 〖《16C》《変形》← *poune(n)* ＜ OE *pūnian* to bruise ← ?: *-d* は剰音 (cf. sound¹): cf. LG *pün* / Du. *puin* rubbish〗 — *vt.* **1** (ハンマーなどで)打ち砕く, 粉々にする 〈*up*〉: ~ (*up*) stones, sugar, etc. / be ~*ed* to pieces こっぱみじんになる. **2** (重い道具・ひじ・武器などで)続けざまに打つ[たたく]; 猛烈な攻撃[砲撃]を加える: ~ the walls of a fort. ★ 手段の目的語をとることもある: ~ a fist *on* the door＝~ the door *with* a fist こぶしでドアを続けざまにたたく. **3** 〈ピアノ・タイプライターなどを〉ぽんぽんたたく; 〈曲を〉じゃんじゃん弾く, (タイプライターでぽんぽん)打って〈物語などを〉作り出す 〈*out*〉: ~ the piano / ~ *out* a tune *on* the piano ピアノで曲をぽんぽん弾く. **4** どんどんどすん[足音高く]〈道を〉進む: ~ one's way. **5** 〔人に〕〈知識などを〉(繰り返し)たたき込む〔*in, into*〕. — *vi.* **1 a** 〔戸などを〕しきりにたたく〔*at, on*〕: ~ *at* [*on*] a door. **b** 木槌 (gavel) をたたく: The judge started to ~ *for* silence. 裁判長は木槌をたたいて静粛を命じた. **2** 〔陣地などを〕猛攻撃する, 激しい砲撃をあびせる 〈*away*〉〔*at, on*〕. **3** 〈太鼓・ピアノなどが〉高々と鳴る 〈*away*〉; 〈心臓などが〉どきどき打つ. **4** 絶えず〔…に〕努力する, 一生懸命に仕事をする 〈*away*〉〔*at, on*〕. **5** 足音高く騒がしく[どすんどすん]進む[歩く] 〈*about, along*〉: He ~*ed* along the road [down the hall]. **6** 〈船が〉しきりに〈波を〉たたく. **7** 《卑》性交する.

pound* one's *ear 《米俗》眠る (sleep).

— *n.* **1** 続けざまに強く打つこと; 強打. **2** (ピアノ・タイプライターなどの)ぽんぽんたたくこと[音].

pound³ [páʊnd] 〖《?c1378》 *po(o)nde* ＜ OE *pund-* enclosure, fold ← ?: cf. OE *pyndan* to enclose〗 — *n.* **1 a** (迷い犬・捨て猫などを引き取り人のあるまで入れて置く, 官設の)動物収容所 (pinfold). **b** (牛や羊などの)家畜の囲い場[おり] (corral). **2 a** 野獣をわなにかけるための囲い. **b** (魚をとる)簗(やな) (weir), 壺網(つぼあみ) (pound net), いけす. **3** (押収品・差し押え品などの)留め置き場, 保管所. **4** 留置所, 収監所. **5** (運河の 2 水門間の)区間 (reach). — *vt.* **1** 〈迷い犬などを〉官設のおりに入れる (impound) 〈*up*〉: ~ *up* stray dogs 野良犬を収容する. **2** 留置する, 監禁する 〈*up*〉.

Pound [páʊnd], **Ezra (Loo·mis** [lú:mɪs, -məs | -mɪs]) *n.* (1885–1972) 米国の詩人, 主にイタリアに在住; *Personae* (1909), *The Cantos* (1925–69; 未完).

Pound, Louise *n.* (1872–1958) 米国の英語学者・民俗学者.

Pound, Roscoe *n.* (1870–1964) 米国の法律学者・著述家; L. Pound の兄; *Interpretation of Legal History* (1923).

pound·age¹ [páʊndɪdʒ] 〖《1399》: ⇨ pound¹, age〗 — *n.* **1** 〘英史〙輸出入税《輸出入品 1 ポンドについて 1 シリングずつ取り立てる国王の収入》: ⇨ TONNAGE and poundage. **2** 金高[目方] 1 ポンドにつき支払う金額《税・手数料・歩合など》. **3** (郵便・小為替などの)料金. **4** 事業総収益に賃金の占める割合《パーセントで表わす》.

pound·age² [páʊndɪdʒ] 〖《1554》← POUND³＋-AGE〗 *n.* **1** (官設おり (pound) に保管中の)動物受け出し手数料. **2** 留置, 監禁 (confinement).

pound·al [páʊndl] 〖← POUND¹＋(CENT)AL〗 — *n.* 〘物理〙ポンダル《ヤード系の力の単位; 質量 1 ポンドの質点に作用して 1 ft/sec² の加速度を起こす力; ＝13,825 dynes》.

póund càke 〖← POUND¹: もと各材料を 1 ポンドずつ使ったことから〗 — *n.* **1** パウンドケーキ《小麦粉・卵・バター・砂糖などで作った濃厚なバターケーキ》. **2** 《俗》美人.

póund·er¹ 〖⇨ pound¹, -er¹〗 — *n.* [通例, 複合語の第 2 構成素として] **1 a** 目方 1 ポンドのもの[魚など]. **b** 〈重量が〉…ポンドのもの[魚, 人]: She gets around well for a 300-*pounder*. 彼女は 300 ポンドもある巨体にしてはよく動き回る / ⇨ ten-pounder. **2** …ポンド砲: a five-*pounder* 5 ポンド砲《5 ポンド弾を発射する》. **3** …ポンド支払う人; 収入[財産]…ポンドの人; (紙幣・宝石などについて)価格…ポンドの物.

póund·er² 〖OE *punere*: ⇨ pound², -er¹〗 *n.* 打つ人; 搗(つ)く人; 杵(きね).

póund-fóolish *adj.* 一文惜しみの百知らずの, 大金を使うのが下手な (⇨ penny-wise).

póund-fórce *n.* 〘物理〙力のフィート・ポンド・秒の単位 (略 lbf).

póund·ing *n.* 〘海事〙パウンディング《航走中の船がピッチングにより船首船底が海面をたたく衝撃》.

póund-lòck *n.* (川の水をためる)水門.

póund·màster *n.* (迷い犬などの)動物収容所長.

póund nèt *n.* 壺網(つぼあみ), (網地を使った)魞(えり), 簀(す)立て, 筌(うけ)(の類)《魚網の一種; cf. pound³ 2 b, pot 5 b》.

póund·nòte·ish [-tɪʃ | -tɪʃ] 〖← *pound note* 「ポンド紙幣」〗 *adj.* (*also* **pound·not·ish** [~]) 《英口語》貴族ぶった, わざと貴族風の.

póund Scóts *n.* ＝pound¹ 3.

póund stérling *n.* 英貨 1 ポンド (⇨ pound¹ 2).

pour [pɔ́ɚ, póɚ | pɔ́:(r] 〘(?c1300) *poure(n)* ← ?: cf. ONF *purer* to purify, pour off impurities (← L *pūrus* 'PURE')〙 ── *vt.* **1** 〈液体などを〉注ぐ, つぐ, 流し込む, 流す: ～ wine *from* a bottle / ～ *out* a cup of tea 茶をつぐ / He ～*ed* her some coffee. 彼女にコーヒーを入れた / The river ～*s* itself *into* the Japan Sea. その川は日本海に注ぐ / He ～*ed* the contents of his bag on the table. かばんの中身を机の上にあけた. **2 a** 〈光・熱などを〉注ぐ, 放射する (shed): The sun ～*ed* forth its rays. 太陽はさんさんと光を注いだ. **b** 〈国土・建物などが〉〈人などを〉大量に送り出す, 吐き出す. **3 a** ふんだんに供給する; 〈恩恵などを〉浴びせる (shower): ～ gifts *upon* a person 人に贈り物をたくさんあげる. **b** 〈弾丸などを〉集中的に浴びせる. **c** 〈侮辱(の言葉)などを〉浴びせる. **d** 〈むちなどを〉しきりにあてる; 〈精力などを〉注ぐ, 傾注する. **4** (あふれるほどに)大量に作り出す[製造する] 〈*forth, out*〉: travel-books that the presses ～ *forth* in floods 洪水のように出版される旅行書. **5 a** 〈心の中などを〉ぶちまける (vent) 〈*out*〉: ～ *out* one's heart＝～ oneself *out* 心中を打ち明ける / ～ *out* one's problems to one's friend 友に悩みの種を打ち明ける. **b** 〈言葉を〉しゃべりまくる; 〈歌を〉歌いまくる 〈*forth, out*〉. **6** 〘冶金〙鋳込む.

── *vi.* **1 a** 〈水・涙・汗・光・煙などが〉(大量に)流れ出る; 〈弾丸などが〉降り注ぐ 〈*forth, off, out, down*〉: Tears are ～*ing down* her cheeks. 涙がほおを伝って流れている / Sunlight ～*s* through the window. 日光が窓から流れ込む / He opened the door and let the cold air ～ *in*. 彼はドアを開いて冷たい空気を入れた. **b** 〈雨が〉土砂降りに降る: The rain is ～*ing.*＝It is ～*ing* with rain. 雨が車軸を流すように降っている / It never rains but it ～*s*. ⇨ rain *vi.* 1. **c** 〔…に〕注ぐ 〔*in, into*〕: The river ～*s into* the bay. その川は湾に注いでいる. **2** 〈人や獣の群れなどが〉流れるように[勢いよく, 引っ切りなしに]動く; 押し寄せる, 殺到する 〈*in, out*〉: The congregation ～*s out* [*through*]. 会衆がどっと流れ出る[通る] / The letters of encouragement ～*ed in* from all quarters. 各方面から激励の手紙がどっと来た. **3** 〈言葉などが〉口早に出る, 連発する: Entreaties ～*ed* from his lips. 嘆願が口をついて出た. **4** 紅茶[コーヒーなど]を茶碗につぐ. **5** (歓迎会などで客のために飲物をつぐ)女主人役を務める

pour it on 《米俗》 (1) 口をきわめてほめる[(機嫌取りなどを)言う]. (2) (この時とばかりに[ここぞと])力を出す, 頑張る. (3) (車を)ぐんと飛ばす.

pour off 〈汚れなどを〉水を注いで取る, 洗い流す.

pour over こぼす; こぼれる; 〈川などが〉氾濫する.

── *n.* **1** 注出, 流出. **2** 大降り, どしゃ降り. **3** 〘金属加工〙(鋳造型の)注入口; (溶解金属の) 1 回の注入量.

～·a·ble [pɔ́:rəbl̩, pɔ́:r- | pɔ́:r-] *adj.*

pour·boire [puəbwɑ́:r, pùəbwɑ̀:(r; *F.* purbwa:r] 〘□F ～ ← *pour* for＋*boire* to drink〙 *F. n.* (酒席などでの)心付け, 祝儀, チップ (tip).

pour·er [pɔ́:rə, póːrə | pɔ́:rə(r] *n.* 注ぐ[流す]人; 注ぐもの[器具]; 《英》びんにつけた口.

pour·ing [pɔ́:rɪŋ, pó:r- | pɔ́:r-] *adj.* **1** 流れるような, どんどん[続々]出ている: the ～ rain 土砂降りの雨, 篠(しの)突く雨 / ～ wet 土砂降りで. **2** つぐための. **～·ly** *adv.*

póuring bàsin [bòx] *n.* 〘金属加工〙堰鉢(せきばち), 掛堰(かけぜき), 湯溜(ゆだまり)《熔湯を鋳型に注ぎ込むとき湯口の上でいったん溜めておくところ》.

pour le mé·rite [pùə-lə-meɪrí:t | pùə-; *F.* purlәmerit] 〘□F ～ 'for the MERIT'〙 *F.* ── *adv.* 勲功により. ── *n.* [P-] プロイセンの勲功章《フリードリヒ大王 (Frederick the Great) が創設; 1810–1918 年には軍人の最高勲章》.

pour·par·ler [pùəpɑəléɪ | pùəpɑ́:leɪ; *F.* purparle] 〘(1795) □F ～ ← *pour* for＋*parler* to speak〙 *F. n.* [通例 *pl.*] (外交上の)予備交渉, 非公式会談. 「party.

pour·par·ty [pùəpɑ̀:ti | púəpɑ̀:tɪ] *n.* 〘法律〙＝pur-

pour·point [púəpɔɪnt, -pwɛ̃:(n)t, -pwænt | púə-; *F.* purpwɛ̃] 〘(1390) □OF ～ (p.p.) ← *pourpoindre* to quilt ← *pour* through (＝*par* < L *per*) + *poindre* (< L *pungere* to prick)〙 ── *n.* (*pl.* **～s** [～s; *F.* ～]) プルプワン《13–17 世紀に男子が着用した一種の綿入れまたは刺し子の胴衣》.

pourpoint

póur pòint *n.* 〘化学〙流動点《油が流動しうる最低温度》.

pour pren·dre con·gé [pùə-prɑ́:(n)dr(ə)-kɔ̃:(n)ʒéɪ, -prɔ̃:(n)-, -prɑ́:ndr(ə)kɔ(:)n-, -prɔ́(:)n- | pùə-; *F.* purprɑ̃:drkɔ̃ʒe] 〘□F ～ 'to take leave'〙 ── *F. adv.* いとまごいのため, お別れの御挨拶(あいさつ)に (P.P.C., p.p.c. と略して名刺の左下のすみに書く). 「test).

póur tèst *n.* 〘化学〙石油製品の流動点試験 (cf. cold

pousse-ca·fé [pú:skəféɪ, -kæ-; *F.* puskafe] 〘□F ～ 《原義》coffee-pusher〙 ── *n.* (*pl.* **～s** [～z; *F.* ～]) プースカフェ: **a** コーヒーとともに出されるリキュールまたはブランデー. **b** 比重の異なったリキュールを混ざらないように色分けしてついだカクテル.

pousse-pousse [pù:spú:s; *F.* puspus] 〘□F ～ ← *pousser* (↓)〙 *F. n.* 人力車.

pous·sette [pu:sét] 〘□F ～ (dim.) ← *pousser* 'to PUSH': ⇨ -ette〙〘ダンス〙 ── *n.* プセット《一組または数組の者が手を握り合って踊り回るカントリーダンス》. ── *vi.* (**pous·set·ted**; **-set·ting**) プセットを踊る, 手を握り合って踊り回る.

pous·sin [pu:sɛ̃:(ŋ), -sǽŋ; *F.* pusɛ̃] 〘□F ～ < VL **pullicīnum*＝LL *pullicēnus* young table fowl (dim.) ← *pullus* young bird: cf. pullet〙 *n.* 肉用のひな鶏.

Pous·sin [pu:sɛ̃:(ŋ), -sǽŋ; *F.* pusɛ̃], **Nicolas** *n.* プッサン《1594–1665; フランスの歴史風景画家; 古典主義の代表者》.

Pous·sin·isme [pù:sɛ̃nísm, -sæn-; *F.* pusẽnism] 〘□F ～: ⇨ ↑, -ism〙 ── *F. n.* 〘美術〙プッサン主義《プッサンの画風を範とする 17 世紀後半のフランス古典主義; 線による端正な形態を重視し, 知的格調を重んじた; アカデミーで盛行した》.

pou sto [pú:-stóu | páu-stə́u] 〘□Gk *poû stô* where I may stand (Archimedes の次の言葉から: *Dós moi poû stô, kaì kinô tḕn gễn.*＝Give me a place where I may stand, and I will move the earth.)〙 ── *Gk. n.* 立脚地, よりどころ; 活動の根拠地, 足場.

pout¹ [páut] 〘(?c1325) *poute(n)* < ? OE **pūtian* to swell ← ? IE **beu-* to swell (⇨ pock): cf. Swed. *puta* to be inflated〙 ── *vi.* **1 a** 〈人が〉(いやな顔をして)口を尖らす. **b** 《米》ふくれっ面をする, ふて腐れる (sulk). **2** 〈口が〉(不機嫌(きげん)なために[不機嫌なふりをして])尖った形になる, 突き出る. ── *vt.* **1** 〈唇を〉尖らす; 〈唇を〉突き出す: ～ (*out*) the lips 口を尖らす. **2** 口を尖らせて…と言う. ── *n.* **1** 口を尖らす[唇を突き出す]こと; 《米》ふくれっ面をすること, ふて腐れ. **2** [the ～s] 不機嫌: be in [have] *the* ～*s* 不機嫌である, ふて腐れる.

pout² [páut] 〘OE **pūta* (cf. *ǣlepūte* eelpout) (cf. Du. *puit* frog / G (*Aal-*)*putte* eelpout) ← IE **beu-* (↑)〙 ── *n.* (*pl.* **～, ～s**) 〘魚類〙 **1** ビブ (*Trisopterus luscus*)《タラ科タラ属の魚; 肝油原料; bib ともいう》. **2** ＝horned pout. **3** ＝eelpout 1.

póut·er [-tə | -tə(r] 〘(1725) ← POUT¹ (v.)＋-ER¹〙 ── *n.* **1** 口を尖らす人, ふくれっ面をする人, すねる人. **2** 〘鳥類〙パウター, ムネタカバト《胸をふくらますハトの一種; pouter pigeon ともいう》.

póut·ing [-tɪŋ | -tɪŋ] 〘← POUT²＋-ING³〙 *n.* 《英》〘魚類〙＝pout² 1. 「れっ面をして.

póut·ing·ly [-tɪŋli | -tɪŋlɪ] *adv.* 口を尖らして; ふく

pout·y [páuṭi | -tɪ] 〘← POUT¹ (n.)＋-Y⁴〙 *adj.* (**pout·i·er**; **-i·est**) 《口語》〈人が〉ふくれた, ふくれやすい, よくすねる.

pov·e·ra [pɑ́vərə, pɔ́(:)v- | pɔ́v-; *It.* pɔ́:vera] 〘□It. (*arte*) *povera* 《原義》poor (art)〙 ── *adj.* (芸術形式が)完成品よりも芸術的なアイデアや過程の方が重要であると考える: a ～ artist.

pov·er·ty [pɑ́vəṭi | pɔ́vətɪ] 〘? lateOE *poverte* □OF (F *pauvreté*) < L *paupertātem* ← *pauper* 'POOR': ⇨ -ty²〙 ── *n.* **1 a** 貧乏, 貧窮, 窮乏 (indigence): come to [sink into] ～ 貧乏になる / in one's extreme ～ 貧乏のどん底にあって / When ～ comes in at (the) doors, love leaps [jumps, flies] out at (the) windows. 《諺》「金の切れ目が縁の切れ目」. **b** 〘キリスト教〙清貧《修道生活に入るに際しての三つの誓願 (vows) の一つで, 個人的に何物も所有しないという所有権の放棄; 他の二つは chastity と obedience》. **2 a** (数量の)不足 (scarcity), 欠乏 (dearth): a ～ of good books 良書の不足 / (a) ～ of ideas 思想の貧困. **b** 〈ある要素・性質などの不足, 欠乏 (deficiency) 〔*in*〕; 土地の不毛: ～ *in* vitamins ビタミンの欠乏 / Japan's ～ *in* coal 日本の石炭不足 / the ～ of the soil [land] 土地の不毛. **c** (質の)低劣, 貧弱: the ～ of his imagination 彼の貧弱な想像力. **3** (体の)貧弱さ, (栄養不良による)衰弱.

póverty lìne *n.* 貧困線《適正な人間生活を維持するための収入の最低限度》.

póverty-strìcken *adj.* **1** 貧乏に悩む, 非常に貧乏な. **2** 〈国土・言語などが〉貧弱な; 〈住居・服装などが〉みすぼらしい, 貧乏じみた, 薄汚い (shabby).

pow¹ [póu, páu | páu, páu] 〘《変形》← POLL¹〙 *n.* 《スコット・英方言》頭 (head).

pow² [páu] 〘擬音語〙 *int.* ぱーん, ぽん《打撃・破裂などを表わす》.

P.O.W. 《略》Please oblige with; Prince of Wales.

P.O.W., POW, p.o.w., pow 《略》prisoner(s) of war 捕虜. 「～s」〘魚類〙＝gwyniad.

pow·an [póuən | páu-] 〘《変形》← POLLAN〙 *n.* (*pl.* ～,

pow·der¹ [páudə | -də(r] 〘(c1300) *poudre* □(O)F < L *pulverem, pulvis* dust, powder ← IE **pel-* dust, flour: cf. pulverize, pollen〙 ── *n.* **1** 粉, 粉末 (dust): grind into [to] ～ ひいて粉にする; 粉みじんに砕く. **2 a** 化粧粉 (cosmetic powder), おしろい (face powder). **b** 歯磨き粉 (tooth powder). **c** (18 世紀頃, かつらに振りかけた)髪粉 (hair-powder): wear [put on] ～ 髪粉をつけている[振りかける]. **3** 散薬, 粉薬: take a ～ 粉薬を飲む. **4** 火薬 (gunpowder): ⇨smokeless powder / the smell of ～ 実戦の経験 / smell ～ 実戦の経験をする / burn ～《米俗》弾薬を使用する / food for ～ ⇨food 1. **5** 土ぼこり (dust). **6** 〘スキー〙＝powder snow. **7** (競技などで)打撃に加える力(force): Put more ～ into it. それをもっと強く打て.

keep one's powder dry 〘← 4: Cromwell の言葉から〙《俗》用意して待つ, 万一に備える. ***powder and shot*** (1) 弾薬, 軍需品. (2) 《口語》費用, 労力: not worth ～ *and shot* 撃つまでのこともない, そのために闘うほどのものではない; 骨折りがいがない.

powder of Algaroth 〘《部分訳》← F *poudre d'algaroth* powder of algaroth ← It. *algarotto* ← *Vittorio Algarotto* (*d.* 1604: イタリアの医師)〙〘化学〙アルガロート末 ($Sb_4O_5Cl_2$)《オキシ塩化アンチモンを主成分とする白色の粉末; もと下剤に用いられた》.

── *vt.* **1** [特に p.p. 形で] 粉にする, 粉砕する (pulverize). **2 a** …に粉を[粉のように]振りかける; 〈顔・皮膚など〉に粉おしろい[化粧粉]をつける: ～ one's nose 粉おしろいをたたく; 《婉曲》お手洗いに行く《★女性用語》. **b** 〘紋章〙〈盾一面〉に図形を小さくちりばめる (cf. semé). **c** 〘美術〙砂子(すなご)を吹きつける, 小紋[小斑点(はん)]で飾る. **d** (装丁で)小紋散らしにする. **3** …に一面に粉のように振りかけて装飾する. **4** 《古》(貯蔵のために肉に)塩や薬味を振りかける. **5** (競技などで)〈ボールなどを〉強く打つ. ── *vi.* **1** 粉になる, 砕ける. **2** 髪粉をつける, おしろいをつける.

～·er [-dərə | -rə(r] *n.*

pow·der² [páudə | -də(r] 〘↑: 火薬の爆発からの連想か〙《英方言》 ── *vi.* 突進する (rush); あわて急ぐ. ── *n.* (性急な)突進: in [with] ～ 猛烈に, 勢いよく.

take a powder 《米俗》(すばやく)立ち去る, どろんをきめこむ.

pówder blúe *n.* **1** 〘顔料〙粉末花紺青(はなこんじょう)《smalt の粉末で青色顔料として陶磁器・ガラス・琺瑯(ほうろう)の着色および洗濯の青味付けに使う》. **2** 淡青色.

pówder-bòx 〘(15C)〙 *n.* 化粧箱, おしろい[髪粉]箱.

pówder bòy *n.* ＝powder monkey 1.

pówder bùrn *n.* 火薬による火傷.

pówder chàrge *n.* 装薬《火器の発射火薬; cf. propellant 2》.

pówder chèst *n.* 弾薬箱.

pówder-clòset *n.* (18 世紀頃流行した)化粧部屋《寝室・更衣室等に隣接する小室で, ここで頭髪やかつらに化粧粉をつけた》.

pówder còmpact *n.* おしろい入れ, コンパクト《単に compact ともいう》.

pówder dòwn *n.* 粉羽《サギ・オオムなどの胸に生える柔らかな羽毛で, 常に成長して末端は粉末状に脱落して羽をおおう》.

pów·dered 〘(15C)〙 ── *adj.* **1** 粉末にした[なった] (pulverized): dried and ～ herbs 乾燥して粉末にした薬草 / ～ egg 乾燥粉末卵. **2** 白粉[おしろい]を塗った. **3 a** 多数の小斑点(はん)で飾った. **b** 〘紋章〙盾一面に図形を小さくちりばめた (semé). **c** 〈虫など〉無数の小斑点のある.

pówdered mílk *n.* 粉乳, 粉ミルク (dry milk).

pówdered súgar *n.* 粉(こな)砂糖, 粉糖.

pówder flàg *n.* 〘海事〙＝red flag 5.

pówder flàsk *n.* (旧式銃のための角(つの), 金属または皮製の)火薬入れ, 火薬筒《一回分の火薬が出る仕掛になっている》.

pówder hòrn *n.* **1** 角製の火薬入れ (cf. powder flask). **2** 〘植物〙ミミナグサ《ナデシコ科ミミナグサ属 (*Cerastium*) の植物; セイヨウミミナグサ (grasswort) など》.

powder horn 1

pówder hòuse *n.* 火薬庫[室].

pów·der·ing [-d(ə)rɪŋ] 〘(15C)〙 ── *n.* **1** おしろい(など)をつけること. **2** たくさんの小さい物での装飾; 無数の小さい物の集まり: The ground was covered with a ～ of snow. 地面は一面雪でおおわれていた.

pow·der·ize [páudəràɪz] 〘⇨ powder¹, -ize〙 *vt.* 粉にする, 砕く (pulverize).

pówder kèg *n.* 《米》 **1** (小さな金属製の火薬貯蔵用)火薬樽. **2** (いつ爆発するかわからない)危険物; 危険状態.

pówder magazìne *n.* 火薬庫, 弾薬庫.

pówder metállurgy *n.* 〘冶金〙粉末冶金《金属または合金の粉末を型に詰めて圧縮したものを焼結して種々の形のものを製造する方法》.

pówder mìll *n.* 火薬工場.

pówder mònkey *n.* **1** (昔の軍艦の)少年火薬運搬手. **2** 《米》(鉱山などの)爆薬保管者[取扱者]; ダイナマイトを仕掛ける人.

pówder phòtograph *n.* 粉末(結晶)写真《X 線で写した回折写真》.

pówder-pùff *adj.* 女性(用・向き)の: ～ baseball.

pówder pùff *n.* **1** (化粧用)パフ. **2** 〘植物〙タカサゴマル (*Mammillaria bocasana*)《メキシコ北・中部原産のサボテンの一種; powder puff cactus ともいう》.

pówder ròom *n.* **1** 化粧室, 洗面所の前室; 婦人洗面所 (rest room); (住宅の)一階便所. **2** 《婉曲》浴室.

pówder snòw *n.* 〘スキー〙粉雪 (cf. corn snow).

pow·der·y [páudəri | -rɪ] 〘(15C): ⇨ powder¹, -y⁴〙 ── *adj.* **1** 粉の, 粉状の: ～ snow 粉雪. **2** 粉だらけの, 粉にまみれた: a ～ nose. **3** 粉になりやすい, もろい: a ～ stone, rock, etc. **pów·der·i·ness** *n.*

pówdery míldew *n.* 〘植物病理〙 **1** ウドンコ病菌《子嚢(しのう)菌類ウドンコ病菌科オイジウム属 (*Oidium*) の菌》. **2** ウドンコ病《ウドンコ病菌により大麦などの葉に粉状の分生胞子を生じる》.

Pow·ell [páuəl, póu- | páuəl, páu-, -ɪl, -el], **Anthony (Dymoke)** *n.* (1905–) 英国の小説家; *The Music of Time* (12 巻) (1951–76).

Powell, Cecil Frank *n.* (1903–69) 英国の物理学者；Nobel 物理学賞 (1950).
Powell, John Enoch *n.* (1912–　) 英国の政治家；保守党議員で Powellism の提唱者.
Powell, Maud *n.* (1868–1920) 米国のバイオリン奏者.
Pów·ell·ism [-lìzm] 〖← *J. E. Powell*: ⇨ ism〗 — *n.* パウエリズム《J. E. Powell の提唱した政治運動；自由放任経済の実施と英国への黒人移民の排除を主張する》. **Pów·ell·ist** [-lɪst, -ləst | -lɪst] *adj.* **Pów·ell·ite** [-làɪt] *n., adj.*
pow·er [páuə | páuə(r)] 〖《c1300》 *po(u)er* ◻ OF *poeir* (n.) (F *pouvoir*) ← *poe(i)r* (v.) < VL **potēre*=L *posse* to be able: cf. possible, potent¹〗 — *n.* **1** 力, 能力: a ~ of vision 視力 / beyond [out of] one's ~s 力が及ばない；権限外で / do all in one's ~ できる限りのことをする / to (the best of) one's ~ できる限り. **2** [通例 *pl.*] (特殊な)才能, 知力 (faculty): conversational ~s 座談の才 / a man of varied ~s 多才な人 / lose one's ~s もうろくする. **3 a** 力, 体力 (force), 精力 (energy); 生活力: by ~ of intellect 知力によって / hold on by ~ of muscle 筋肉の力でつかまっている / a man of ~ 力の強い人 / More ~ to you [your elbow]! 《口語》ますます御健康を祈る, しっかり[うまく]やれ. **b** 〖野球〗長打力, パワー: ⇨ power hitter. **4 a** (物理的な)力, 威力 (effectiveness): the ~ of nature, heat, light, etc. **b** (薬などの)ききめ, 効力, 効能. **5 a** 支配力[権], 権力 (government); 権威, 影響力: political ~ 政権 / a ~ struggle 権力闘争 / the balance of ~ in Europe ヨーロッパにおける(列国の)勢力の均衡 / the ~ of life and death (*over*...) (...に対する)生殺与奪の権 / the ~ of darkness 闇の力, 悪の支配(力) (*Col.* 1:13) / the queen's ~ *over* her people 女王の臣民に対する権勢 / the party in ~ 政府与党 / fall into the ~ of ...の支配に帰する / fall from ~ 政権を失う / be in one's ~ ...の手中にある / have (a person) in one's ~ 〈人を〉自由に動かす, 思うままに使う / have [hold] ~ *over* ...を支配する, 自由にする / come to [into] ~ 勢力を得る, 政権を握る / return to ~ 再び勢力を得る, 政権に帰り咲く. **b** 委任された権能, 権限, 法律的に与えられる権力; 委任状: the ~s of the prime minister 総理大臣の権限 / have the ~ *to* sign a document 文書に署名する権限をもつ / exceed one's ~s 権限を越える. **6** 権力のあるもの, 有力者, 実力者: the ~s that be (時の)権力者, 官憲, 当局 (cf. *Rom.* 13:1) (★ この be は《古》=are). **7** [しばしば *pl.*] 強国, 列強: a concert of ~s 列強国の協約 / treaty ~s 締盟国 / a world industrial ~ 世界の工業大国 / China, the No. 2 Communist ~ 中国, 世界第二の共産国 / the Allied [Axis] *Powers* 連合[枢軸]国 / ⇨ Great Power, sea power, world power. **8** [しばしば *pl.*] 神; 悪魔: the ~s above 天の神々 / merciful ~s! 情け深い神々よ / ~s of darkness [evil] 暗黒[悪]の神々, 悪魔ども. **9** 〖神学〗能天使《天使の九階級中第六階級の天使; cf. angel》. **10 a** 〖物理〗力, 能《記号 P》: calorific ~ 発熱力[能] / dispersing ~ (光の)分散力[能]. **b** 工率, 工程, 仕事率《単位時間内になされる仕事》. **11 a** 〖機械〗動力, 機械力, 工程力: mechanical [motive] ~ 機械[原動]力 / a ~ tool 動力機械. **b** 電力, 電気 (electricity): a ~ failure [suspension] 停電 / ~ transmission 送電. **12** 《古》簡単な機械《てこ・くさび・ねじなど》. **13** [a ~ of の形で]《口語》多数, 多量, たくさん (a lot): *a ~ of* work, peopls, etc. **14** 〖数学〗羃(べき), 累乗; 羃指数 (exponent): raise to the second [third, fourth] ~ 2 [3,4] 乗する / 32 is the fifth ~ of 2. 32 は 2 の 5 乗. **15** 〖数学〗=cardinal number 2. **16** 〖統計〗検定力《仮説検定で, 帰無仮説が正しくないときに, それが棄却される確率》. **17** 〖光学〗(レンズの)屈折力《光学素子あるいは光学系の焦点距離の逆数; cf. diopter 1》. **18** 《古》軍勢, 軍隊, 兵力 (military force).
power of appointment 〖法律〗(遺言者・受贈者の死後, 財産の帰属者を決定する)指名権.
power of attorney 〖法律〗委任権; 委任状 (letter of attorney) (略 P.A.).
power of representation 〖法律〗代理権, 代表権.
power of the key [the —] ⇨ key¹ 7.
— *vt.* **1** 〈飛行機・自動車・船舶など〉に動力を供給する; 動力機関の設備をする: Diesel engines ~ trucks, tractors and trains. ディーゼルエンジンはトラック・トラクター・列車などの動力源となる. **2** 〈決定などを〉促進する, 強化する. **3** ...の(精神的な)力[支え, 励み]になる.
power down 〈宇宙船〉の動力を減少させる.
power up 〈宇宙船〉の動力を増加させる.
pówer àmplifier *n.* 〖電気〗電力増幅器, パワーアンプ.
pówer bàse *n.* 《米》(政治などで, 勢力の)拠点, 地盤, 勢力基盤.
pówer·bòat *n.* **1** 動力船, 発動機艇. **2** =motorboat.
pówer bràke *n.* 機力[動力]ブレーキ《蒸気圧・水圧・油圧・空気圧などを利用したブレーキ》.
pówer bròker *n.* 《米》権力者を動かして権力を巧みに行使する人.
pówer càble *n.* 〖電気〗電力ケーブル.
pówer chàin *n.* 〖機械〗動力チェーン, ピッチチェーン《鎖車間に動力を伝達するエンドレスチェーン》.
pówer cùt *n.* 送電停止, 停電.
pówer-dìve *vi., vt.* (-dived, -dove; -dived) (エンジンをかけたまま)急降下する[させる].
pówer dìve *n.* 〖航空〗動力急降下《エンジンをかけたままの急降下》.
pówer drìll *n.* 動力ドリル.
pówer-drìven *adj.* エンジン[モーター, 電力]で動く, 動力運転の.
pów·ered *adj.* [しばしば複合語の第2構成素として] ...の動力[発動機]を備えた: a jet-*powered* cruise missile ジェット推進巡航ミサイル.
pówer ègg *n.* パワーエッグ《動力のもととしてコンパクトにまとまっている内燃機関単体》.
pówer elìte *n.* [集合的] パワーエリート《権力機構の中心にいる人たち》.
pówer fàctor *n.* 〖電気〗力率《交流回路における平均実効電力と皮相電力の比; cf. reactive factor》.
pówer·fòrming pròcess *n.* 〖化学〗パワーホーミング法《白金触媒利用のガソリン接触改質法の一つ; platforming process に似るが, 触媒再生方法が違う》.
pow·er·ful [páuəfəl | páuə-] 〖《?a1400》: ⇨ power, -ful〗 — *adj.* **1** 強い, 力強い, 強力な; (倍率が)高い, 大きい: a ~ hand, mind, blow, battery, etc. / a ~ torch 強い光を発する懐中電燈 / a ~ glass [lens] 高倍率の望遠鏡[レンズ]. **2** 勢力[権力]のある, 有力な (influential): a ~ nation. **3** 〈論旨など〉人を動かす, うなずかせる (cogent): ~ reasoning. **4** 〈薬など〉効能のある. **5** 《方言》たくさんな: a ~ lot of food [cares] いやというほどの食べ物[心配]. — *adv.* 《方言》ひどく (very): I'm ~ sorry. **~·ness** *n.*
pów·er·ful·ly *adv.* **1** 強力に, 大いに, 激しく; 有力に; 有効に. **2** 《米方言》たくさん, いやというほど.
pówer fùnction *n.* 〖統計〗検定力関数《仮説検定で, 各帰無仮説に それが正しいのに棄却される確率を対応させる関数》.
pówer gàs *n.* 動力(用)ガス.
pówer hìtter *n.* 〖野球〗長距離ヒッター, ホームランバッター.
pówer·hòuse *n.* **1** 発電所 (power station). **2** 《米口語》精力旺盛(おうせい)な人, きわめて力強い[推進力のある]もの[人], 原動力. **3** 〖スポーツ〗最強(の)[申し分のない]チーム: Our team is a ~. **4** 〖野球〗長距離ヒッター (power hitter).
pówer·làthe *n.* 動力旋盤, 動力ダライ盤.
pówer·less *adj.* **1** 力のない, 無気力な; たよりのない; 体力のない, 弱い (weak); 効能のない. **2** 無能な (incapable), 無力な; 権力[勢力]のない 〈to do〉: be ~ *to* help 助ける力が全くない. **~·ly** *adv.* **~·ness** *n.*
pówer lìne *n.* 〖電気〗電力線, 動力線.
pówer lòading *n.* 〖航空〗馬力荷重.
pówer lòom *n.* 力織機(りきしょっき), 機械機(はた) (cf. handloom).
pówer mòwer *n.* 動力付き芝刈り機 (cf. hand mower).
pówer pàck *n.* 〖通信・電子工学〗電源函(ばこ), パワーパック《変圧器・整流器・フィルターなどから成る小型電源装置》.
pówer plànt *n.* **1** 発電所 (powerhouse). **2** 発電[動力]装置, 発動機.
pówer plày *n.* **1** 〖スポーツ〗パワープレー: **a** 〖アメリカンフットボール〗ボールキャリアーの前にブロッカー (blockers) を出すランプレー. **b** 〖アイスホッケー〗相手側選手が penalty box にいる間にかける集中攻勢. **2** (政治・商業・軍事などでの)攻勢的行動.
pówer pòint *n.* 《英》(電気の)コンセント.
pówer pòle *n.* 《米》電柱.
pówer-polìtical *adj.* 武力外交の.
pówer pòlitics 〖《なぞり》← G *Machtpolitik*〗 *n.* 権力政治; (特に)武力外交.
pówer ràte *n.* 《米》電気料金率.
pówer reàctor *n.* 〖原子力〗動力(用原子)炉.
pówer sàw *n.* 〖機械〗動力のこ(ぎり).
pówer sèries *n.* 〖数学〗羃(べき)級数《各項が変数の羃の定数倍であるような級数》.
pówer sèt *n.* 〖数学〗羃(べき)集合《一つの集合の部分集合全体から成る集合》.
pówer shòvel *n.* パワー[動力]ショベル《クレーンの先に大きなショベルを付けた土掘り工事用機械》.
pówer stàtion *n.* 発電所 (powerhouse).
pówer stéering *n.* 〖自動車〗パワーステアリング《ハンドルを動力で制御する動力かじ取り装置》.
pówer stròke *n.* 〖機関〗発動行程.
pówer strùcture *n.* **1** (政治・教育などの)権力機構 (cf. establishment 7 b, system 3). **2** 権力機構を作る人.
pówer supplỳ *n.* 〖電気〗給電, 電源装置, 給電系統.
pówer swèep *n.* 〖アメリカンフットボール〗一人またはそれ以上のブロッカーを伴ってエンドランを試みる攻撃方法の一つ.
pówer tàke-off *n.* (トラック・トラクターなどの)動力取出装置, 動力取出口.
pówer tèst *n.* 〖心理〗力量テスト, 力量検査法《やさしい方から難しい方へ配列した問題に対する正答の数によって, 能力を測定する時間制限のないテスト; cf. speed test》.
pówer tràin *n.* 〖機械〗伝動装置, 動力伝達装置.
pówer transmission *n.* 〖電気〗送電.
pówer tùbe *n.* 〖電子工学〗電力増幅管.
pówer ùnit *n.* 〖機械〗動力装置.
pówer wìndow *n.* パワーウィンドー《モーターで開閉される自動車の窓》.
Pow·ha·tan [pàu(h)ətǽn, pauhǽtn̩] *n.* パウハタン《1550?–1618; アメリカインディアンの酋長(しゅうちょう); Jamestown 植民者に対するインディアン同盟の指導者; Pocahontas の父》.
pow·wow [páuwàu] 〖《1624》◻ N-Am.-Ind. (Algonquian) *pow-waw, po-wao* medicine man, sorcerer, 《原義》he dreams〗 — *n.* **1 a** (アメリカインディアンの間で)病気の回復・猟の成功などのために行なう一種の儀式《まじない・酒宴および踊りが加わる》. **b** (アメリカインディアンの)まじない師, 僧, 医者《powwow doctor ともいう》. **2** アメリカインディアン間の[アメリカインディアンとの]会議, 評定; 社交的な会合, 会談, 懇談会: at a ~ with a group of backers 後援者の人たちとの会合の席で[折に]. **3** 〖軍俗〗高級将校の(作戦)協議; 作戦会議. — *vi.* **1** まじないの儀式を行なう[に参加する]; まじないによる治療を行なう. **2** 〔...について〕会談する, 協議する; しゃべる (chat) 〔*about*〕. — *vt.* 魔法[まじない]を施す.
Pow·ys [póuɪs, páu-, -əs | páuɪs, páu-] *n.* ウェールズ中部の州; 1974 年に新設, 旧 Montgomeryshire, Radnorshire および Breconshire 州の北部より成る; 人口 100,000, 面積 5,080 km², 首都 Llandrindod Wells.
Pow·ys [póuɪs, páu-, -əs | páuɪs, páu-], **J(ohn) C(owper)** *n.* (1872–1963) 英国の小説家・詩人・批評家; *Wolf Solent* (1929).
Powys, Llewelyn *n.* (1884–1939) 英国の作家; J. C. および T. F. Powys の弟; *Black Laughter* (1924).
Powys, T(heodore) F(rancis) *n.* (1875–1953) 英国の小説家; J. C. Powys の弟; *Mr. Weston's Good Wine* (1927).
pox [pɑ́ks | pɔ́ks] 〖《1503》《異形》← *pocks* (pl.) ← POCK: cf. smallpox〗 — *n.* (*pl.* ~, ~·es) **1** 〖病理〗**a** [通例, 複合語の第2構成素として] 痘(とう), 発疹: ⇨ chicken pox, cowpox, fowl pox. **b** 《古》疱瘡(ほうそう), 痘瘡(とうそう) (smallpox). **c** 水疱瘡(みずぼうそう). **2** [the ~] 《俗》瘡(かさ), 梅毒 (syphilis) 《great pox, French pox ともいう》. **3** [複数扱い] 《古》瘡(かさ)あと, あばた (pocks); (疱瘡などの)膿疱(のうほう) (pustules). **4** 〔...への〕災厄, 災い, 疫病 (plague), のろい (curse) 〔*on, of*〕: ⇨ A POX on you! **5** 〖植物病理〗放線菌の *Streptomyces ipomoea* による表面に多くのあばたを生じるサツマイモの病害《soil rot ともいう》.
A pox on [of] you [him, etc.]! 《古》疫病にでもとっつかれろ, こん畜生 (Plague take you!). ***What a pox!*** 一体全体, まあ.
póx·vìrus *n.* 〖細菌〗ポックスウイルス, 痘瘡(とうそう)ウイルス.
Po·yang Hu [póujɑ̀ːŋhúː | páu-; *Chin.* pʻóiáŋxú] *n.* =Poyang Lake.
Póyang Làke *n.* 鄱陽(はよう)湖《中国江西省 (Kiangsi) 北部の湖; Poyang Hu ともいう》.
Poz·nań [*Pol.* pɔ́znanj] *n.* ポズナニ《ポーランド西部, Warta 河畔の都市; 人口 469,000; ドイツ語名 Posen》.
poz·zo·la·na [pɑ̀tsəlɑ́ːnə | pɔ̀ts-] 〖《1706》◻ It. *pozz(u)olana* (adj.) < ML *putheolānam*=L *puteolāna* (fem.) ← *puteolānus* belonging to *Puteoli* (=It. *Pozzuoli* (↓)): もと形容詞の名詞用法〗 — *n.* (*also* **poz·zo·lan** [pɑ́tsələn | pɔ́ts-]) **1** 〖岩石〗ポッツォラン, 火山灰[塵]《過熱水蒸気のため火山灰状に変化した溶岩; 粉砕してセメント原料にする》. **2** ポゾラン, ポッツォラナ《火山灰などのケイ酸質セメント混合材》.
poz·zo·la·nic [pɑ̀tsəlǽnɪk | pɔ̀ts-] *adj.*
Poz·zuo·li [pɑtswóuli, -tswɔ́(ː)li | pɔtswə́ulɪ; *It.* pottswɔ́ːli] 〖◻ It. ~ < L *Puteoli* 《原義》little springs ← *puteus* 'PIT¹'〗 — *n.* ポツウォーリ《イタリア南西部, Naples 付近の海港; ローマ古跡; 人口 59,000》.
pp 《略》〖音楽〗pianissimo.
pp., PP 《略》pages.
p.p. 《略》part paid, partial paid; 〖文法〗past participle; 〖法律〗*L.* per prōcūrātiōnem (=by proxy); physical properties; 〖海事〗picked ports 選択港; pickpocket; present position; *F.* publié par (=published by).
P.P., p.p. 《略》parcel post; parish priest; postpaid; prepaid; privately printed.
p.p.a. 《略》per power of attorney.
ppb 《略》〖地質・化学〗part(s) per billion ピーピービー《10 億分の 1; 微少含有量の単位》.
PPB 《略》planning-programming-budgeting (⇨ PPBS).
PPBS 《略》planning-programming-budgeting system 企画計画予算方式《プログラム作成を媒介にして計画策定と予算編成とを結びつけ, 資源配分に関する企業等の組織体の意志決定を合理的に行なう制度》.
P.P.C., p.p.c. 《略》pour prendre congé: a ~ card.
ppd. 《略》postpaid; prepaid.
P.P.E. 《英》《略》philosophy, politics, and economics 《Oxford 大学の近代学科; cf. Modern Greats》.
PPFA 《略》Planned Parenthood Federation of America.
PP fàctor 〖*PP*: 《略》← *p(ellagra-)p(reventive)*〗 *n.* 〖生化学〗ピーピー因子 (⇨ pellagra-preventive factor).
PPI [píːpìːáɪ] 〖《頭字語》← *P(lan) P(osition) I(ndicator)*〗 *n.* 〖電子工学〗電波探知器《飛行機・船舶・建物・山岳などの位置が映像されるレーダー》.
p.p.i. 《略》〖海上保険〗policy proof of interest 名誉保険証券.
ppl. 《略》〖文法〗participial; 〖文法〗participle.
PPLO 〖略〗 *n.* (*pl.* ~) 〖生物〗=pleuropneumonia-like organism.
p.p.m., ppm., ppm 《略》〖地質・化学〗part(s) per million ピーピーエム《100 万分の 1; 微少含有量の単位》; pulse per minute; 〖通信〗pulse phase modulation.
P.P.M., PPM, p.p.m. 《略》〖電気〗pulse position modulation.

ppr., p.pr. 《略》〘文法〙present participle.
pps 《略》〘電気〙pulse per second パルス毎秒, 毎秒…パルス.
P.P.S. 《略》Parliamentary Private Secretary.
P.P.S., p.p.s. 《略》post postscript.
ppt. 《略》〘化学〙precipitate 沈殿(物).
p.p.t., ppt., ppt 《略》part(s) per thousand; part(s) per trillion.
pptn. 《略》precipitation.
p.q. 《略》〘議会〙previous question.
P.Q. 《略》Parliamentary Question; Previous Question; Preceding Question; Province of Quebec.
Pr 《記号》〘化学〙praseodymium; 〘化学〙propyl.
PR 《略》payroll; public relations; 〘米郵便〙Puerto Rico.
PR 《記号》⇨ PAL.
pr. 《略》pair(s); paper; per; pounder; power; 〘証券〙preferred (stock) 優先(株式); preposition; present; pressure; price; priest; primitive; prince; printed; printer; printing; 〘文法〙pronoun; proper; prove; proved.
Pr. 《略》Priest; Prince; Provençal.
P.R. 《略》preliminary progress report 中間経過報告; preliminary project report; Pre-Raphaelite; press release 新聞発表; press representative 新聞(報道)代表; 〘ボクシング〙Prize Ring; 〘政治〙Proportional Representation 比例代表; public relations; Puerto Rico.
PRA 《略》Public Roads Administration 合衆国道路公団.
P.R.A. 《略》President of the Royal Academy.
praam [prɑ́ːm] *n.* 〘海事〙=pram².
prac·tic [prǽktɪk] 〚(*c*1390) ▭ OF *practique* (F *pratique*) ▭ LL *practicus* 'PRACTICAL'〛 *adj.* =practical.
prac·ti·ca·ble [prǽktɪkəbl̩, -tə- | -tɪ-] 〚(1643) ▭ F *praticable* ← *pratiquer* 'to PRACTICE': ⇨ -able: -c- は↑との類推〛 **—** *adj.* **1** 〈計画など〉実行[実施]できる, 実行性のある (feasible); 実用向きの (practical): a ~ plan, scheme, suggestion, etc. **2** 〈道路など〉通行できる: a ~ ford, passage, etc. / a road ~ *for* automobiles 自動車の通れる道路. **3 a** 使用可能な (usable): a ~ tool, weapon, etc. **b** 〘演劇〙〈大道具・小道具が〉実際に使用できる: a ~ door, window, etc. **pràc·ti·ca·bíl·i·ty** [-kəbíləṭi | -lətɪ, -lɪ-] *n.* **~·ness** *n.*
prác·ti·ca·bly [-bli | -blɪ] *adv.* 実行できる[可能な]ように, 実際的に, 実用向きに.
prac·ti·cal [prǽktɪkəl, -tə- | -tɪ-] 〚(1570) 《廃》'crafty, artful' ← LL *practicus* (▭ Gk *praktikós* fit for action ← *praktós* done, things to be done ← *prássein, práttein* to do, practise)+-AL¹〛 **—** *adj.* **1 a** 実地の, 実際的な; 実地から割り出した, 実践的な (↔ theoretical): ~ experience 実地の経験 / ~ training 実地訓練, 実習, 実技 / ~ measures 実際的処置 / a ~ scheme 実際的な案 / ~ philosophy 実践哲学 / ~ mathematics 実用数学 / for (all) ~ purposes (理論は別として)実際上(で)は. **b** 実行[実施]上の: ~ difficulties 実施上の困難. **2** 実用的な, 実際の役に立つ, 実際に則した (useful): a ~ book 実用書 / ~ clothes 実用着 / a ~ machine 実用的な機械 / articles for ~ use 実用向きの品 / acquire a ~ knowledge of English 実用英語を身につける / The idea is clever, but not ~. その考えは巧妙だが実用的でない. **3** (机上の論でなく)実地の経験から学んだ, 実地に慣れた; 経験に富んだ (experienced): a ~ gardener, engineer, etc. / a ~ politician 老練な政治家; 《軽蔑》老猾(ろう)な政治屋 / ⇨ practical nurse / My wife is a good ~ cook. 家内は(料理学校へ通ったことはないが)料理が上手だ. **4** 実際活動[実務]向きの, 働きのある (efficient): a ~ housewife 家事向きの主婦 / a ~ man 実際家 / a ~ mind 実際的に働く頭(の人); 《軽蔑》(有能だが面白味のない)実利的な頭(の持ち主). **5** 生計のために従事する, 実地に仕事をしている: ~ farmers 生業として農業に携わる農民. **6** (名目は違うが)実質上の, 事実上の (virtual) (↔ nominal): a ~ failure / the ~ ruler of the country その国の実質的な支配者. **7** 《英》実習[実技](用)の: a ~ room 実習室 / ~ examinations 実技[実地の]試験. **8** 〘演劇〙=practicable 3 b. **—** *n.* 《口語》 **1** 実地の授業, 実習; 実地の技術試験. **2** 《米》=practical nurse. **~·ness** *n.*
práctical árt *n.* [通例 *pl.*] (木工・手芸などの)実用的技芸.
práctical astrónomy *n.* 〘天文〙実地天文学.
prác·ti·cal·ism [-lìzm] *n.* 実際[実用]主義, 実利主義. **prác·ti·cal·ist** [-lɪst, -ləst | -lɪst] *n.*
prac·ti·cal·i·ty [prǽktɪkǽləṭi, -tə- | -tɪkǽlətɪ, -lɪ-] *n.* 実際的なこと; 実際[実用]性, 実際的可能性.
práctical jóke *n.* (たちの悪い)いたずら, 悪ふざけ, (実際の害を及ぼす)うそ: play a ~ on a person 人にいたずら[悪ふざけ]をする.
práctical jóker *n.* (たちの悪い)いたずらをする人.
prác·ti·cal·ly [-k(ə)li | -lɪ] 〚(1623): ⇨ practical, -ly¹〛 **—** *adv.* **1** 実際的に, 実地に; 実用的に: look at a question ~ 実際[実用]的な見地から問題をみる / learn English ~ 実地に英語を学ぶ / *Practically*, the plan did not work well. その計画は実行してみるとうまくいかなかった. **2** 実際的にみて, 事実上, 実質上 (virtually): ~ speaking 実際は, 実を言えば / The reply was ~ a refusal. その回答は事実上の拒絶であった. **3** [prǽkli | -lɪ] 《口語》ほとんど (almost), …も同然 (nearly): ~ all [every] ほとんど全部 / He is ~ dead. 彼は死んだも同然だ / *Practically* any bus will do. 大体どのバスでも大丈夫です / There is ~ nothing left. ほとんど何も残っていない / I ~ never see him. まず彼に会うことはない.
práctical músic *n.* 〘音楽〙=applied music.
práctical núrse *n.* 《米》准看護婦, 准看《特に, 正規の免許をもった職種を licenced practical nurse と呼んでいる; 略 PN; ⇨ nurse 1 ★》.
práctical phonétics *n.* 実践音声学, 実用音声学; 「発音学.
práctical réason *n.* 〘哲学〙(カント哲学で)実践理性《道徳的行為において, 意志を規定する理性》.
práctical theólogy *n.* 実践神学《教会固有の実践に関する学問で, 一般的には説教学・礼拝(典礼)学・牧会学・教会法学などの諸科を含む神学部門をいう》.
práctical únit *n.* 〘物理〙実用単位 (cf. absolute unit).
práctical wórk *n.* (理論を補足する)実習, 実技 (cf. bookwork 1).
prac·tice [prǽktɪs, -təs | -tɪs] 〚(1494) *practyse* ← PRACTISE: ⇨ -ice〛 ★《英》では動詞は practise と綴ることが多い. **—** *n.* **1** 常習的行為, 常習, (個人の)習慣 (habit): office ~ 役所のしきたり / the ~ of advertising 広告の慣用手段 / a matter of common [daily] ~ 日常普通の事[茶飯事] / as is one's usual ~ いつものように習慣として / make a ~ of rising early =make it a [one's] ~ *to* rise early 早起きを習慣にする. **2 a** (社会の)習わし, 習俗, 慣習 (custom); 慣例, 慣行 (usage): the ~ of shaking hands 握手の習わし / conform to local ~*s* 土地の慣習に従う. **b** [*pl.*] (社会的に許されない)習俗, 悪習: the unwholesome ~*s* of folk medicine 民間療法という不健全な悪習. **3 a** 実施, 実行, 実践 (performance); 実地, 実際 (↔ theory, speculation): the ~ of one's religion 宗教の実践 / put [bring] a plan into [in] ~ 計画を実行[実施]する / reduce a rule to ~ 規則を実施する. **b** (実地に得た)経験 (experience): Have you had any ~ *in* teaching students? 実際に学生を教えた経験はおありですか. **4 a** 練習, 演習, 実習, 稽古(けいこ) (exercise): choir ~ 合唱の練習 / target ~ 射撃練習 / a blank [firing, naval] ~ 〘軍事〙空包[発火, 海軍]演習 / an hour's ~ *at* the nets 一時間のテニスの練習 / ~ *in* music 音楽の稽古 / a ~ match 練習試合 / ⇨ practice teaching / It takes years of ~. それは何年もの修練が必要だ / I have three piano ~*s* a week. 1週に3回ピアノの稽古をしています / *Practice* makes perfect. 《諺》「習うより慣れよ」. **b** 《古》(練習で得た)熟練, 手腕 (skill): beyond one's ~ 手に負えない, 手にあまる. **5 a** (医者・弁護士などの)実務, 業務, 営業; 営業状態: doctors in general ~ (専門医でなく)一般開業医 / The lawyer sold [retired from] his ~. その弁護士は業務を人に譲った[から引退した]. **b** 開業している場所: Where is his ~? どこで開業して[どこに事務所をもって]いるのですか. **c** [集合的に] 患者(全体), 事件依頼人(全部): buy a ~ 〈医者・弁護士が〉患者[依頼人]全体を譲り受ける / The doctor [lawyer] has a large ~. あの医者[弁護士]ははやっている. **6 a** [*pl.*] (悪人の)常套(とう)手段, 常習的行為 (actions): the ~*s* of blackmailers 恐喝(かつ)者のお決まりの手口. **b** 《古》計略, 策略 (stratagem), 陰謀 (plot), たくらみ (artifice): artful ~*s* 狡猾(こうかつ)な策略 / ⇨ sharp practice. **7** 〘数学〙実算. **8** 〘法律〙訴訟手続き[法規]; (訴訟の)実務, (裁判の)実務上の慣行. **9** 〘教会〙礼拝式, 儀式: Christian [Catholic, Protestant] ~*s*.
in practice (1) 実際上(は), 実際問題として: an idea that will hardly work *in* ~ とても実行できそうにない考え. (2) 練習を続けて, 熟練して (↔ out of practice): You must always keep *in* ~. 常に練習を積んでおかなければいけない. (3) 開業して: He is *in* ~ *as* a physician [lawyer]. 医者[弁護士]をしている. ***out of practice*** 練習不足で, 腕が落ちて (↔ in practice): get *out of* ~ *at* golf ゴルフの腕が鈍る / I am *out of* ~ *on* the piano. この頃ピアノの練習はさっぱりしてない.
— *vt.* **1** (意識して)常に[習慣的に]行なう; 実行する, 実践する, 実施する (carry out), 守る: ~ early rising 常に早起きを実行する / ~ economy [thrift] 倹約を実行する[守る] / ~ one's religion 宗教を実践する, 教会員として活動する / ~ patience 常に忍耐強くある / *Practice* what you preach. 自分の説くことを実行せよ. **2 a** 繰り返し練習する, 規則正しく稽古(けいこ)する: ~ lawn tennis, music, the violin, etc. / ~ batting, shooting, singing, etc. / ~ scales *on* the piano ピアノで音階を繰り返し練習する. **b** …に〔…を〕しつける, 反復訓練する (cf. practiced 1) 〔*in*〕: ~ oneself 独習する / ~ pupils *in* English pronunciation 生徒に英語の発音を教える. **3** 〈医術・法律・芸術などを〉業とする, 営む, …に従事する; 〈魔法などを〉行なう: ~ medicine [(the) law] 医者[弁護士]を開業している / ~ magic 魔法を行なう. **4** 《古》〈人を〉〈ぺてんなど〉にかける〔*on, upon*〕: ~ deceit *upon* a person.
— *vi.* **1** 習慣的にする, いつも行なう. **2** 反復練習する, 稽古する: ~ *at* shooting, typing, etc. / ~ *on* the piano [typewriter] ピアノ[タイプ]の練習をする / ~ *with* the rifle ライフルの射撃練習をする. **3** (医者・弁護士などが)開業する[している]: ~ *as* a doctor 医者をしている / ~ *at* the bar [*as* a barrister] 弁護士を開業する. **4** 〔人の弱味などに〕つけ込む; 〔人を〕だます, ぺてんにかける〔*on, upon*〕: ~ *on* a person [a person's weakness]. **5** 《古》 **a** 陰謀を企てる (plot): ~ *against* [*with*] a person 人に対して[人と共謀して]謀略をめぐらす. **b** 〈…しようと〉たくらむ, 計る (attempt) 〈*to* do〉: ~ *to* deceive (人を)欺こうとする.
prác·tic·er *n.*
prác·ticed *adj.* **1** 練習を積んだ, 経験のある (experienced); (練習の結果)熟練した, 上手な (skilled): a ~ hand 熟練家; 馴れた手つき / a ~ liar うその名人 / a ~ palate 肥えた舌 / with ~ skill 馴れた[熟練した]手つきで / be ~ *in* …に熟達している. **2** [the ~; 名詞的に] 熟練した人たち, 上手な人たち: *the* ~ *in* trade 商売のうまい人たち.
práctice hèad *n.* 演習用弾頭 (cf. warhead).
práctice shìp *n.* 練習船, 訓練船.
práctice-tèach *vi.* 教育実習に行く[参加する].
práctice tèacher *n.* 教生, 教育実習生 (student teacher).
práctice tèaching *n.* 教育実習.
prac·ti·cian [præktíʃən] 〚(*a*1500) ▭ OF *practicien* (F *praticien*): ⇨ practic, -ian〛 *n.* **1** 実行者, 実際家. **2** =practitioner. **3** 熟練者, 経験者.
prác·tic·ing *adj.* **1** 現在活動している, 現役の; 開業している: a ~ physician [doctor] 開業医 / a ~ nurse ⇨ nurse 1 ★. **2** 宗教の教えを実践している, 教会員として活動している: a ~ Catholic, Jews, etc.
prac·ti·cum [prǽktɪkəm, -tə- | -tɪ-] 〚▭ G *Praktikum* ▭ LL *practicum* (neut.) ← *practicus* (↓)〛 *n.* 〘教育〙実用講座.
prac·tise [prǽktɪs, -təs | -tɪs] 〚(*c*1390) *practise(n)* ▭ OF *pra(c)tis-er* ← *pra(c)tiquer* ▭ ML *pra(c)ticāre* ← LL *practicus* 'PRACTICAL': 発音は名詞 PRACTICE の影響か〛 **—** *v., n.* =practice.
prác·tised *adj.* =practiced.
prac·ti·tion·er [præktíʃ(ə)nə | præktíʃ(ə)nə(r, prək-] 〚(1544) *practicioner* ← 《廃》*practitian* (=PRACTICIAN) +-ER¹〛 **—** *n.* **1** 従業者; (特に)開業医, 弁護士: a medical ~ 開業医 / ⇨ general practitioner. **2** (あることを)習慣的にやっている人, 常習的実行者. **3** 《米》〘キリスト教〙(Christian Science による)治療師.
prad [prǽ(ː)d] 〚《音位転換》← Du. *paard* horse〛 *n.* 《英俗》馬 (horse).
Pra·do [prɑ́ːdou | -dəu; *Sp.* práðo] 〚▭ Sp. ~ < L *prātum* 'PRAIRIE'〛 **—** *n.* [the ~] **1** プラド通り《スペイン Madrid の目抜き通り; the Paseo del Prado ともいう》. **2** プラド美術館《プラド通りに接するスペイン第一の美術館》.
prae- [priː] *pref.* =pre-《特に, ラテン語またはローマ時代の事物に関連する語に付けられる》.
prae·ci·pe [príːsəpìː, prés- | -sɪ-] 〚(*a*1500) ▭ L ~ (imper.) ← *praecipere* to give orders to: その令状の冒頭の語: cf. precept〛 **—** *n.* 〘法律〙 **1** 令状申請書. **2** 《英古》訴訟開始令状《国王から執行官 (sheriff) に向けられた令状で, 被告に一定の行為または抗弁の提出を命じるもの》.
prae·cip·i·ta·ti·o [priːsìpɪtáːʃiòu, -pə- | -pɪtáːʃiəu] 〚▭ L *praecipitātiō(n-)* headlong hurry: ⇨ precipitation〛 *n.* 〘気象〙雲降水《雲から尾をひき地面に届いている降水; cf. virga》.
prae·co·cial [priːkóuʃəl | -kə́u-] *adj.* 〘動物〙=precocial.
prae·di·al [príːdiəl | -dɪəl, -djəl] 〚▭ ML *praediāl-is* ← L *praedium* farm, estate ← *praes* surety, 《原義》surety before somebody < **prae-vas* ← *prae* before + *vas* security: ⇨ -al¹〛 **—** *adj.* **1** 農地の, 土地の, 田畑の; 土地所有による[伴う], 不動産の (real). **2** 農業の, 農耕の, 耕作の. **3** 〈奴隷など〉土地に隷属する: ~ serfs 農奴. **4** 〈十分の一税 (tithe) が〉農作物の物納による. **—** *n.* 農奴.
práedial sérvitude *n.* 地役権.
práedial títhe *n.* 土地収益十分の一税.
prae·fect [príːfekt] *n.* =prefect.
prae·lect [priːlékt] *vi.* =prelect. **prae·lec·tion** [priːlékʃən] *n.*
prae·léc·tor 〚▭ L ~: ⇨ prelect, -or²〛 *n.* **1** (大学の)講師 (lecturer). **2** (Cambridge 大学などで)学寮生の入学[卒業]の推薦を担当する評議員.
prae·mu·ni·re [priːmjunáiri | -náɪərɪ] 〚(1449) ▭ ML *praemūnīre* (*facias*) (that you cause) to warn ← L *praemūnīre* to fortify, protect ← PRAE- + *mūnīre* to build a wall: ML の語義は L *praemonēre* to forewarn の影響による: cf. premonish〛 **—** *n.* 〘英法〙教皇尊信罪, 王権蔑視(べっし)罪《ローマ教皇は国王に優越すると主張する罪》; その糾問令状; その犯罪に対する懲罰《財産没収・監禁・追放など》.
prae·no·men [priːnóumən | -náumen] 〚(*a*1661) ▭ L *praenōmen* ← PRAE- + *nōmen* 'NAME'〛 **—** *n.* (*pl.* **~s, prae·nom·i·na** [-námənə, -nóum- | -nɔ́mɪ-, -nə́um-]) (古代ローマ人の)第一名, 個人名《例: Gaius Julius Caesar の *Gaius*; cf. nomen¹ 1》. **prae·nom·i·nal** [priːnámənl̩, -nóum- | -nɔ́mɪ-, -nə́um-] *adj.*
prae·pos·tor [priːpástə | -pɔ́stə(r] 〚(1768) *prepositor* ▭ ML *praepositor* ← L *praepositus* (p.p.) ← *praepōnere* to set before ← PRAE- + *pōnere* to place〛 **—** *n.* 《英》(public school の)監督生, 風紀生, 級長, 指導生 (monitor). **prae·pos·to·ri·al** [prìːpastɔ́ːriəl, -tóːr- | -pɔstɔ́ːrɪ-] *adj.*
prae·sid·i·um [prɪsídiəm, prə-, praɪ-, -zíd- | prɪsídɪəm, -zíd-, -djəm] *n.* (*pl.* **-i·a** [-diə | -dɪə, -djə], **~s**) =presidium.
prae·tex·ta [priːtékstə] 〚▭ L (*toga*) *praetexta* (gown) fringed in front (p.p. fem.) ← *praetexere* to fringe ← PRAE- + *texere* to weave〛 **—** *n.* (*pl.* **-tex·tae** [-tiː]) (古代ローマの)紫のへりのついた白いトーガ (toga)《も

とは, 政務官・神官などが着用した; 後に身分ある家で男子は toga virilis を着るまで, 女子は結婚まで着た).

prae·tor [príːtə | -tə(r, -tɔː(r)] 〘(c1425) *pretour* ◻ (O)F *préteur* // L *praetor* ← **prae-itor* one who goes before ← *praeit-* (p.p. stem) ← *praeīre* to go before ← PRAE-+*īre* to go〙 ― *n.* 〘ローマ史〙プラエトル《もとは軍を統率した執政官 (consul) の称号; 後には執政官に次ぐ高級行政官 (magistrate); 初めは 1 人であったが, 後には 16 人にまで増えた; 最初は司法専門官だったが, 後には地方の総督にもなった》. **prae·to·ri·al** [priːtɔ́ːriəl, prɪ-, prə-, -tɔ́ːr- | priːtɔ́ːrɪ-, prɪ-] *adj.*

prae·to·ri·an [priːtɔ́ːriən, prɪ-, prə-, -tɔ́ːr- | priːtɔ́ːrɪ-, prɪ-] 〘(c1400) ◻ L *praetōriān-us*: ⇨ ↑, -ian〙〘ローマ史〙 ― *adj.* **1** プラエトル (praetor) の: the ～ gate (ローマ軍の陣営の四つの門のうち敵軍に直面した)陣営正門. **2** [しばしば P-] Praetorian Guard の. ― *n.* **1** プラエトルの地位にある[あった]人. **2** [P-] 親衛隊員, 近衛(ごえ)兵.

praetórian cóhort *n.* 〘ローマ史〙(ローマ皇帝の)近衛兵団.

Praetórian Guárd *n.* 〘ローマ史〙(古代ローマ皇帝の)親衛隊, 近衛(ごえ)兵団; 親衛隊兵, 近衛兵 (Praetorian).

prae·tó·ri·an·ism [-nìzm] *n.* 軍閥政治.

práetor·shìp *n.* praetor の職[地位, 任期].

prag·mat·ic [prægmǽtɪk | -tɪk] 〘(*n.*: 1587; *adj.* 1616) ◻ L *pragmatic-us* skilled in the law ◻ Gk *pragmatikós* active, versed in state affairs ← *pragmat-*, *prâgma* deed, affair, 《原義》 a thing done ← *prássein* to do: ⇨ -ic¹: cf. practic〙 ― *adj.* **1** 国事の, 内政の: ⇨ pragmatic sanction. **2** (歴史的な諸事件の因果的関連を明らかにして)実践[実際]的効果を目ざす; 物事をその実用的[直接的]重要性に従って処理する: the ～ method (史学の)上記の叙述法《実用主義的方法》. **3** 〘哲学〙実用主義的の, プラグマティズム (pragmatism) の: ～ lines of thought 実用主義的な考え方. **4** 《まれ》忙しい (busy), 活動的な (active); おせっかいな, 干渉的な (meddlesome). **5** 《まれ》独断的な (dogmatic), 一人よがりの (conceited). ― *n.* **1** 〘法律〙=pragmatic sanction. **2** おせっかいな人 (busybody). **3** うぬぼれた[独断的な]人.

prag·mát·i·cal [-tɪkəl, -tə- | -tɪ-] 〘(1543) ← L *pragmaticus* (↑)+-AL¹〙 ― *adj.* =pragmatic. ★特に「おせっかいな」「独断的な」の意味ではこの形が普通. **prag·mat·i·cal·i·ty** [prægmæ̀təkǽləti | -tɪkǽlətɪ, -lɪ-] *n.* **prag·mát·i·cal·ly** *adv.*

prag·mát·i·cism [-təsìzm | -tɪ-] 〘⇨ pragmatic, -ism〙 ― *n.* 〘哲学〙プラグマティシズム《William James の実用主義哲学と区別するためにいう C. S. Peirce の哲学(的方法)》. **prag·mát·i·cist** [-sɪst, -səst | -sɪst] *n.*

prag·mat·ics [prægmǽtɪks | -tɪks] 〘⇨ pragmatic, -ics〙 ― *n.* 〘哲学・言語〙語用論《semantics, syntactics と区別して, 記号とその使用者との関係を研究する; cf. semiotics》.

pragmátic sánction *n.* 〘法律〙**1** 憲法的勅令《基本法の効力を有する勅命》. **2** (フランス聖職者会議の)教令. **3** [P- S-] プラグマティッシェ ザンクティオン: **a** Charles 六世がオーストリア王位継承を定めるために発した詔勅 (1724). **b** フランス王 Charles 七世が教皇権制限のために発した詔勅 (1438).

pragmátic théory *n.* 〘哲学〙実用主義的理論, 実用説 (cf. coherence theory, pragmatism 2 a).

prag·ma·tism [prǽgmətìzm] 〘(1863) ← PRAGMAT(IC)+-ISM〙 ― *n.* **1** 実際[実用]本位, 実際[実用]的処理; 実用的な考え方. **2 a** 〘哲学〙プラグマティズム, 実用主義《米国の C. S. Peirce が示唆し William James, John Dewey らが提唱・発展させた米国固有の哲学; 真理の基準その他において実用的効果を重視する》. **b** (政治上の)現実主義, 実際主義. **3** おせっかい, 干渉主義. **4** 独断(性); 一人よがり.

prág·ma·tist [-tɪst, -təst | -tɪst] 〘(1640) ← PRAGMAT(IC)+-IST〙 *n.*, *adj.* **1** 実際家(の). **2** 〘哲学〙実用主義者(の). **3** 世話をやく人(の).

prag·ma·tis·tic [præ̀gmətístɪk] *adj.* 〘哲学〙実用主義の.

prag·ma·tize [prǽgmətàɪz] 〘⇨ pragmatic, -ize〙 *vt.* 〈空想的なことを〉現実として表現する; 〈比喩(ひゆ)・神話などを〉実際化する, 合理的に扱う.

Prague [prɑ́ːg] *n.* プラハ《チェコスロバキア西部, Vltava 河畔の首都; 人口 1,173,000; チェコ語名 Praha》.

Pra·ha [*Czech* práxa] *n.* プラハ《Prague のチェコ語名》.

pra·hu [práu, prɑ́ːhuː] 〘変形〙 *n.* 〘海事〙=prau.

Prai·ri·al [prɛ̀(ə)riǽl | prɛ̀ərɪ-; *F.* prɛrjal] 〘◻ F ～ ← *prairie* (↓): ⇨ -al¹〙 *n.* 草月《フランス革命暦の第 9 月; ⇨ Revolutionary calendar》.

prai·rie [prɛ́(ə)ri | prɛ́ərɪ] 〘(1773) ◻ F ～ < OF *praerie* < VL **prātāriam* ← L *prātum* meadow: cf. -ary〙 ― *n.* **1** (米国 Mississippi 川中流域の)大草原, プレーリー (cf. pampa, steppe). **2** 草地, 牧草地. **3** (米国 Florida 州の)(草の茂った)湿地, 《米南部》(草原)湿地帯. **4** 《米方言》林間の小あき地. **5** [P-] (米国の)「プレーリー」型車輪配列の蒸気機関車.

práirie brèaker *n.* 長いすきべらつきの犂(すき).

práirie bùtton snákeroot *n.* 〘植物〙ユリアザミ (⇨ Kansas gay-feather).

práirie chìcken *n.* 〘鳥類〙**1** ソウゲンライチョウ (*Tympanuchus cupido*)《北米産》. **2** ホソオライチョウ (⇨ sharp-tailed grouse).

práirie clóver *n.* 〘植物〙北米西部の草原に分布するマメ科 *Petalostemon* 属の植物の総称.

práirie cóneflower *n.* 〘植物〙キク科バレンギク属 (*Ratibida*) の植物の総称; (特に)米国中部からメキシコ原産の黄色の花をつける多年草 (*R. columnifera*).

práirie cráb àpple *n.* 〘植物〙=crab apple 1 b.

práirie dòck *n.* 〘植物〙北米産のキク科ツキヌキオグルマ属の多年草 (*Silphium terebinthinaceum*)《黄色の頭状花を咲かせる》.

práirie dòg *n.* 〘動物〙プレーリードッグ (*Cynomys ludovicianus*)《北米大草原に群居するリス科の動物; 犬のような鳴き声を出す; prairie marmot ともいう》.

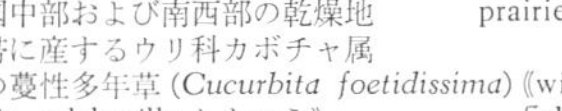

prairie dog

práirie fàlcon *n.* 〘鳥類〙ソウゲンハヤブサ (*Falco mexicanus*)《北米産のハヤブサの一種》.

práirie flàx *n.* 〘植物〙北米西部産野生のアマの一種 (*Linum lewisii*).

práirie gòurd *n.* 〘植物〙米国中部および南西部の乾燥地帯に産するウリ科カボチャ属の蔓性多年草 (*Cucurbita foetidissima*)《wild pumpkin, calabazilla ともいう》.

práirie hèn *n.* 〘鳥類〙**1** =prairie chicken. **2** =clapper rail.

práirie Júne gràss *n.* 〘植物〙米国中央部の草原に多いイネ科ミノボロ属の多年草 (*Koeleria cristata*)《June grass ともいう》.

práirie lìly *n.* 〘植物〙**1** 北米中部草原に生えるロアザ科の多年草 (*Mentzelia decapetala*)《全草に刺があり夜間に開花する》. **2** =evening star 2.

práirie màrmot *n.* 〘動物〙=prairie dog.

práirie òyster *n.* **1** 生のままで飲む卵《全卵または卵黄を塩・胡椒・酢・ブランデーなどで調味したもので二日酔いの薬》. **2** 《方言》(食用とする)子牛の睾丸(こうがん) (cf. mountain oyster).

práirie phlòx *n.* 〘植物〙北米産のフロックスの一種 (*Phlox pilosa*)《ハナシノブ科の多年草》.

Práirie Próvinces *n. pl.* [the ～] プレーリー諸州《カナダ西部 Manitoba, Saskatchewan, Alberta の諸州の通称》.

práirie ràttlesnake *n.* 〘動物〙プレーリーガラガラヘビ (*Crotalus viridis*)《Mississippi 川と Rocky 山脈の間に広く生息する》.

práirie róse *n.* 〘植物〙北米原産のピンクを帯びた白い花をつけるつるバラの一種 (*Rosa setigera*).

práirie schòoner *n.* (昔, 開拓者たちが北米大草原地帯横断に用いた大型の)幌馬車 (prairie wagon ともいう; cf. Conestoga, covered wagon).

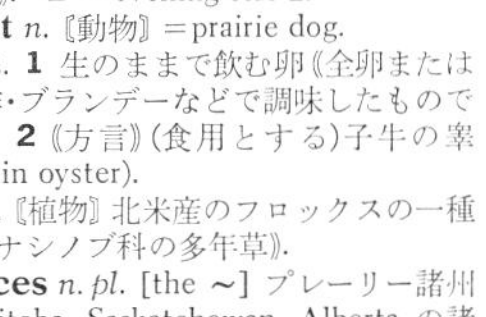

prairie schooner

práirie smòke *n.* 〘植物〙**1** 北米原産バラ科ダイコンソウ属の多年草 (*Geum triflorum*)《紫の花と銀色の毛のついた実をもつ; Johnny smokers ともいう》. **2** オキナグサ (pasqueflower).

práirie sòil *n.* 〘土壌〙プレーリー土《米国中西部の草原下の, 表層が暗褐色で肥沃な, 成帯的土壌》.

Práirie Stàte *n.* [the ～] 米国 Illinois 州の俗称.

práirie wàgon *n.* =prairie schooner.

práirie wòlf *n.* 〘動物〙コヨーテ (⇨ coyote 1).

prais·a·ble [préɪzəbl̩] 〘ME *preisable*: ⇨ ↓, -able〙 *adj.* 称賛に値する, ほめるべき, 殊勝な, 感心な.

praise [préɪz] 〘*v.*: (?a1200) *preise(n)* ◻ OF *preis-ier* (F *priser*) < LL *pretiāre* to value ← *pretium* 'PRICE, value'. ― *n.*: (c1430) ← (*v.*): cf. prize²〙 ― *n.* **1** ほめる[ほめられる]こと; 称賛, 称揚(されること): beyond all ～ いくらほめてもほめきれない / be loud [warm] in a person's ～(s) 人を大いにほめそやす / win high ～ 称賛を博する / sing a person's [one's own] ～(s) 人を称賛[自賛]する / in ～ of... をほめて. **2** (神に対する言葉・歌による)賛美, 尊崇, 崇拝 (glorification): *Praise* be (to God)! ありがたや. **3** 《古》称賛すべき点[理由]. **4** 《廃》称賛すべき人[もの].

damn with faint praise 〈文芸作品などを〉冷淡な[気のない]ほめかたでけなす (cf. Pope, *The Prologue to the Satires*).

― *vt.* **1** 〈人・行為などを〉称賛する, ほめる 〈*up*〉: ～ a person's bravery = ～ a person for his bravery 人の勇気をほめる / ～ a person to the skies 人をほめそやす. **2** 〈神を〉(言葉・歌で)賛美する, ほめまつる (glorify): *Praise* ye the Lord! エホバ[主]をほめたたえよ / God be ～*d*! ありがたや. ― *vi.* ほめる, 称賛する.

praise·ful [préɪzfəl] 〘ME *preiseful*: ⇨ ↑, -ful〙 *adj.* 賛辞に満ちた, ほめそやす, 称賛的な.

práis·er 〘ME *preiser*: ⇨ -er¹〙 *n.* 称賛者, 賛美者.

práise·wòrthy 〘(1538) ← PRAISE + -WORTHY〙 ― *adj.* ほめるべき, 称賛に値する, 感心な, 殊勝な. **práise·wòrthily** *adv.* **práise·wòrthiness** *n.*

Pra·ja·dhi·pok [prətʃɑ́ːtɪpɑ̀k | -tɪpɔ̀k] *n.* プラチャティポック (1893–1941; シャム国王 (1925–35)).

praj·na [prʌ́dʒnə] 〘◻ Skt *prajñā* ← *prajānāti* he knows ← *pra-* (↓)+*jānāti* he knows: ⇨ know〙 ― *n.* 〘仏教〙智慧(ちえ), 慧, 般若(はんにゃ)《悟りの智見をいい, 一般の分析的知識と区別される; Enlightenment ともいう》.

Pra·krit [prɑ́ːkrɪt, -krət | -krɪt] 〘(1786) ◻ Skt *prākṛta* natural, original, unrefined ← *prakṛti* nature ← *prakaroti* he produces ← *pra-* before, forward (⇨ pro-¹)+*karoti* he does, makes (← *kṛ* to make ← IE **kʷer-* to make): cf. Sanskrit〙 ― *n.* 〘言語〙プラークリット《文語の Sanskrit に対する古代・中世インドの口語; Hindi など近代インド語の祖》.

prak·ri·ti [prʌ́krəti | -rɪtɪ] 〘◻ Skt *prakṛti* (↑)〙 *n.* 〘インド哲学〙(数論(すうろん)派 (Sankhya) で)自然, 本性《精神 (purusha) に対する物質的原理; cf. guna》.

pra·lin [prɑːlɛ̃ː(ŋ), -lǽŋ; *F.* pralɛ̃] 〘↓〙 *n. F.* プラランン《煮つめたシロップに刻んだアーモンドを加えて冷やし固め, 細かくすりつぶしたもの; 製菓材料》.

pra·line [prɑ́ːliːn, préɪ-, prɔ́ː-, ―ˊ | prɑ́ːliːn] 〘(1727) ◻ F ～ ← *Marshal Duplessis-Praslin* (1598–1675: フランスの軍人で, その料理人が初めてこの菓子を作ったことから)〙 ― *n.* **1** プラリーヌ《アーモンド・ペカンなどの木の実に糖衣をかけたボンボン》. **2** =pralin.

prall·tril·ler [prɑ́ːltrɪ̀lə | -lə(r; *G.* práltrɪlɐ] 〘◻ G *Pralltriller* ← *prall* tight+*Triller* a trill〙 ― *n.* 〘音楽〙プラルトリラー《主要音から急速に上 2 度の音を経て主要音にかえる装飾音; inverted mordent, upper mordent ともいう; cf. mordent》.

pram¹ [prǽ(ː)m] 〘(1884)《短縮》← PERAMBULATOR〙 *n.* 《英口語》**1** 乳母車. **2** (牛乳屋の配達用)手押車.

pram² [prɑ́ːm, prǽ(ː)m | prɑ́ːm] 〘(1548) ◻ Du. *praam* < MDu. *praem* ◻ Czech *prám* < OSlavic *pramŭ* boat, 《原義》a going foreward ← IE **per-* forward, through: ⇨ fare〙 ― *n.* 〘海事〙**1** (Baltic 海辺で使用する)平底はしけ. **2** (Norway の)角船首の小舟.

prám bòw [-bàu] *n.* 〘海事〙角船首《船首の型の一つ》.

prám pàrk *n.* 《英》乳母車駐車場.

pra·na [prɑ́ːnə] 〘◻ Skt *prāṇa* 《原義》breath〙 *n.* 〘ヒンズー教・ジャイナ教〙息, 呼吸, 生気《一般には呼気・吸気等 5 種あるとされる》.

prance [prǽns | prɑ́ːns] 〘(c1385) *pra(u)nce(n)* ← ?〙 ― *vi.* **1** 〈馬が〉後脚ではねまわる, 踊りはねて行く, はね上がって進む 〈*along*〉. **2** 〈人が〉馬を踊らして乗る; 威張って[ふんぞり返って]馬に乗る 〈*about*〉. **3** 〈人が〉踊りはねて行く; 大威張りで歩く, 意気揚々と濶歩(かっぽ)する (swagger) 〈*about, around*〉. ― *vt.* 〈馬を〉後脚ではねさせる. ― *n.* **1** (馬などが)踊りはねること. **2** 〘ダンス〙威張った歩き振り, 濶歩(かっぽ).

pránc·er 〘⇨ ↑, -er¹〙 *n.* **1** 馬; (特に)元気な馬. **2** 《俗》騎馬士官. **3** 踊りはねる人 (dancer), はね回る人.

pránc·ing·ly *adv.* 大威張りで, ふんぞり返って.

prand. 《略》〘処方〙*L.* prandium (=dinner) 食事.

pran·di·al [prǽndiəl | -dɪəl, -djəl] 〘← L *prandium* lunch ← **pram-* first+*-dium* (← *edere* 'to EAT'): ⇨ -AL¹〙 ― *adj.* [しばしば戯言的]食事の, (特に)晩餐(ばんさん) (dinner) の: ⇨ preprandial, post prandial.

Prándtl nùmber [prɑ́ːntl̩- | -tl̩-; *G.* prántl̩-] 〘《なぞり》← G *Prandtlsche Zahl* ← *Ludwig Prandtl* (1875–1953: ドイツの物理学者)〙 ― *n.* 〘物理〙プラントル数《流体の粘性に比例する無次元量》.

prang [prǽŋ] 〘擬音語〙《英俗》 ― *vt.* **1** 〈自動車などに〉衝突する, ...にぶち当る (bump into). **2** 爆撃で破壊する, 爆砕する **3** 〈飛行機などを〉墜落させる (crash), 不時着させる. ― *vi.* 飛行機を墜落させる; 自動車を衝突させる[ぶつける]. ― *n.* **1** 衝突; 墜落; 自動車の破壊; 爆撃. **2** 《俗》手柄, 偉業.

prank¹ [prǽŋk] 〘(a1529) ← ?〙 ― *n.* **1** 冗談, たわむれ (frolic); たちの悪いいたずら, わるさ: play ～*s* on [upon] ...にわるさをする, ...をからかう / They are up to their old ～*s*. また例の悪ふざけをやっている. **2** 《古》悪だくみ, 邪行. **3** (機械などの)不規則な運転, 狂い. ― *vi.* **1** 《英方言》=prance. **2** ふざける, たわむれる. **～·ful** [prǽŋkfəl] *adj.* **～·some** [-səm] *adj.*

prank² [prǽŋk] 〘(1546) ← ? Du. *pronk* finery, ornament: cf. prink / MLG *prank* promp〙《文語》 ― *vt.* 飾り立てる (adorn), 着飾る, 派手に飾る (deck) 〈*out, up*〉: meadows ～*ed with* flowers 花の咲き乱れた草原 / ～ oneself *up* [*out*] *with* fine clothes 美服を着飾る. ― *vi.* めかす 〈*out, up*〉: ～ *with* the best 晴れ着でめかす.

pránk·ish [-kɪʃ] 〘← PRANK¹+-ISH¹〙 *adj.* いたずらの; ふざける, ふざけたがる, じゃれる. **～·ly** *adv.* **～·ness** *n.*

prank·ster [prǽŋkstə | -stə(r] 〘← PRANK¹+-STER〙 *n.* いたずら者; ふざけ屋.

prao [práu] *n.* (*pl.* ～*s*) 〘海事〙=prau.

Pra·sad [prəsɑ́ːd], **Ra·jen·dra** [rɑːdʒéndrə] *n.* プラサド (1884–1963; インドの政治家, 独立運動の指導者; インド共和国大統領 (1950–62)).

prase [préɪz, préɪs | préɪz] 〘ME *pras(s)ius* ◻ L *prasius* leek-green stone ◻ Gk *prásios* leek-green: cf. F *prase*〙 *n.* 〘鉱物〙緑石英.

pra·se·o·dym·i·um [prèɪzio(ʊ)dímiəm, prèɪsi- | -ziə(ʊ)dímiəm] 〘← NL ～ ← PRASE+-O-+(DI)DYMIUM〙 ― *n.* 〘化学〙プラセオジム《希土類元素の一つ; 記号 Pr, 原子番号 59, 原子量 140.9077; cf. didymium》.

prat [prǽt] 〘← ?: もと盗賊の隠語〙《俗》 *n.* **1** [しばしば *pl.*] 臀部(でんぶ), 尻. **2** 《英》能なし, 間抜け. ― *vt.* 尻で〈人などを〉押す.

prate [préɪt] 〚v.: 《c1420》 ▭ MDu. *prate-n* to chatter: cf. MLG *praten*: cf. prattle〛 ── *vi.* ぺらぺらしゃべる, むだ話をする. ── *vt.* (つまらない事を)ぺちゃくちゃしゃべる (prattle). ── *n.* (たわいもない)おしゃべり, むだ話 (chatter).

prát·er [-tə | -tə(r)] 〚《15C》: ⇨ ↑, -er¹〛 *n.* よくしゃべる人, おしゃべり, むだ口をたたく人.

prat·fall [prǽtfɔ̀:l] 〚← PRAT＋FALL〛 *n.* 《口語》 **1** (低俗喜劇やどたばた道化芝居の所作として)しりもち(をつくこと). **2** ばつの悪い失敗[しくじり].

pra·tie [préɪṭi | -tɪ] 〚《転訛》← POTATO〛 *n.* 《英・アイル口語》ジャガイモ (potato).

prat·in·cole [prǽtŋkòʊl, préɪtŋ-, -tɪŋ- | prǽtɪŋkə̀ʊl] 〚《1773》← NL *pratincola* ← L *prātum* meadow＋*incola* dweller〛 ── *n.* 〘鳥類〙ツバメチドリ (*Glareola pratincola*) 《ツバメチドリ属の鳥; ツバメに似て尾が燕尾で翼は長く先が尖っている》.

pra·tin·co·lous [prətíŋkələs] *adj.* 〘動物〙草地にすむ.

prát·ing [-tɪŋ | -tɪŋ] *n.* おしゃべり, 悪口. ── *adj.* よくしゃべる, ぺちゃくちゃ[ぺらぺら]しゃべる.

prát·ing·ly *adv.* ぺらぺらと, ぺちゃくちゃと.

pra·tique [prætí:k, prə-, prǽti:k | prǽti:k, -tɪk, prætí:k; *F.* pratik] 〚《1609》 ▭ F ～ 《原義》 practice: ⇨ practic〛 ── *n.* 〘海事〙(検疫の結果, 船舶に与えられる)入港許可証, 健康証明書.

Pra·to [prɑ́:ṭou | -təʊ] *n.* プラト 《イタリア中部 Tuscany 州, Florence の近くの都市; 人口 155,000》.

pratt·fall [prǽtfɔ̀:l] *n.* ＝pratfall.

prat·tle [prǽṭḷ | -tl] 〚《1532》 ▭ MLG *pratel-en*: ⇨ prate, -le³〛 ── *vi.* **1** 子供のように片言を言う; 〈たわいもない事などを〉ぺちゃくちゃしゃべる 〈*away*〉. **2** 〈小川などが〉さらさら音を立てる, さざめく. ── *vt.* 子供みたいに片言で言う; むだ口をたたく, しゃべり散らす (gossip). ── *n.* **1** 片言を言うこと. **2** 片言, 子供じみた話; むだ口, くだらぬ[たわいもない]話 (idle talk). **3** (小川などの)さらさら言う音, せせらぎ (babble). **prát·tling** [-ṭḷɪŋ, -tl- | -tḷ-, -tl-] *adj.* **prát·tling·ly** *adv.*

prát·tler [-ṭlə, -tlə | -ṭlə(r, -tlə(r] *n.* 片言を言う人[子供]; おしゃべり《人》.

Prátt trùss [prǽt-] 〚← *Pratt* (人名)〛 *n.* 〘建築〙プラットトラス, プラット構《垂直の圧縮材と左右対称な斜めの引張材から成る結構》.

prau [práu, prɑ́:u] 〚▭ Malay *pĕrahu*〛 ── *n.* 〘海事〙プラウ(船)《船首・船尾が尖っていて前後に進めるマライ諸島の快走帆船; 普通 30 フィート程度で一方に outrigger がある》.

Prav·da [prɑ́:vdə; *Russ.* právdə] 〚▭Russ. ～ 'truth'〛 *n.* 「プラウダ」《ソ連共産党中央委員会の機関紙; cf. Izvestia, Red Star 1》.

prav·i·ty [prǽvəṭi | -vətɪ, -vɪ-] 〚▭ L *prāvitātem* ← *prāvus* crooked: ⇨ -ity〛 *n.* 《古》堕落 (corruption); (食物などの)腐敗 (badness).

prawn [prɔ́:n, prɑ́:n | prɔ́:n] 〚《1426》 *pra(y)ne* ← ?〛 ── *n.* 〘動物〙プローン《ひげが長く shrimp より大きい食用エビの総称; テナガエビ属 (*Macrobrachium*) やクルマエビ属 (*Penaeus*) やネフロプス属 (*Nephrops*) のエビ; ヨーロッパアカザエビ (Dublin Bay prawn) など; cf. lobster 1》. ── *vi.* **1** エビを取る. **2** エビを餌にして釣をする. **～·er** *n.*

prax·e·ol·gy [prӕksiɑ́lədʒi | -siɔ́lədʒɪ] 〚⇨ ↓, -(o)logy〛 *n.* 人間の行動・行為を研究する学問. **prax·e·o·log·i·cal** [prӕksiəlɑ́dʒɪkəl, -dʒə- | -sɪəlɔ́dʒɪ-] *adj.*

prax·is [prǽksɪs | -sɪs] 〚《1581》 ▭ ML ～ ▭ Gk *prāxis* ← *prássein* to do: ⇨ practical〛 ── *n.* (*pl.* **prax·es** [-si:z]) **1** 実習 (practice), 練習 (exercise) (↔ theory). **2** 習わし, 慣習. **3** 〘言語〙例題, 応用問題集: linguistic theory and ～ 言語理論と例題.

Prax·it·e·les [prӕksíṭəlì:z, -ṭḷ- | -təl-, -tɪl-] 〚▭ L ～ ▭ Gk *Praxitélēs*〛 *n.* プラクシテレス《紀元前 4 世紀の Athens の彫刻家; 優美な女神裸体像で有名》.

pray [préɪ] 〚《c1300》 *preie(n)* ▭ OF *prei-er* (F *prier*) < LL *precāre*＝L *precārī* to beg, pray ← *prex* prayer, request ← IE **perk̑-* to ask: cf. OE *frignan* / G *fragen* to ask〛 ── *vt.* **1** 〈神など〉に祈願する; 〈人〉に懇願する, 嘆願する; 懇望する, 懇請する, 願う (ask for): ～ God's forgiveness and mercy 神の許しと恵みを求めて祈る / ～ God *for* help [*to* help] 神に救いを祈る / ～ God *for* mercy 神に慈悲を懇願する / We ～ your attention. ご注意願います / ～ a person *to* help [*that* help may be given] 援助してくれるように人に懇望する. **2** 〈祈りを〉祈る, 捧げる: ～ prayers twice a week. **3** [I pray you の省略として] 願わくは, どうぞ (please): *Pray* come with me. どうぞ私と一緒においで下さい / *Pray* consider that… ということをまあ考えてみて下さい / *Pray* do not mention it. どういたしまして / *Pray* don't speak so loud. どうぞもう少しお声を低く / Tell me the reason, ～. 理由をおっしゃって下さい, どうぞ / What is the use of that, ～? ねえ, それは何の役に立つんですか. **4 a** 祈願[嘆願]して…する[させる] 〈*out, into*, etc.〉. **b** 祈り倒す, 説伏する 〈*down*〉.
── *vi.* **1 a** 〔…に〕祈る; 祈願をこめる, 祈りを捧げる 〔*to*〕: ～ *to* God 神に祈る. **b** 〔…のために〕祈る 〔*for, on behalf of*〕. **2** 〔…を〕懇願する, 嘆願する, 願い求める 〔*for*〕: ～ *for* pardon 許しを乞う / I ～ *for* your success. ご成功を祈る / ～ *for* rain 雨乞いをする / ～ to God *for* mercy 神の慈悲を乞う.
be past praying for 改心させる見込みがない (Shak., *1 Hen IV* 2:4:209-11). ***pray in aid (of)*** 《古・詩》(…の)助力を頼みこむ, …の助けを懇願[懇望]する (in は副詞).
～·ing·ly *adv.*

pray·er¹ [préɪə, préə | préɪə(r] 〚《15C》: ⇨ ↑, -er¹〛 *n.* 祈る人, 祈願者; 懇願者.

prayer² [préə, préɪə | préə(r] 〚《a1325》 *preiere* ▭ OF (F *prière*) < VL **precāria* (neut. pl.) ← L *precāria* (fem.) ← *precārius* obtained by prayer ← *precārī* 'to PRAY': ⇨ -er³: cf. precarious〛 ── *n.* **1** 祈り, 祈禱(きとう), 祈願; 霊的交渉: the efficacy of ～ 祈りのしるし / a house of ～ 礼拝堂, 教会堂 / kneel down [bent one's head] in ～ ひざまづいて[頭を下げて]祈る / the five daily ～*s* of the Muhammadans マホメット教徒の毎日 5 回の祈り. **2** 祈禱文句; [しばしば *pl.*] 祈禱式: family ～*s* 家族の祈禱 / ⇨ common prayer, Lord's Prayer, Evening Prayer, Morning Prayer / be at one's ～*s* 祈禱をしている / give [say] one's ～*s* 祈禱する, お祈りをする / say ～*s* backward 逆に祈りを唱える; わけのわからないことをもぐもぐ言う; 呪う. **3** 嘆願, 請願; 願いごと: a humble petition and ～ つまらぬお願い / the unspoken ～ 秘願. **4** 《米俗》[否定構文で] 露ほどの見込み: He does*n't* have a ～ to succeed. 成功する見込みは全くない.
Prayer of Manasseh [**Manasses**] [The ―] ＝Manasseh 2 c.
～·less *adj.*

práyer bèads [préə- | préə-] *n. pl.* (祈禱用の)数珠(じゅず), ロザリオ (rosary).

práyer bònes [préə- | préə-] *n. pl.* 《米俗》ひざ(knees).

práyer bòok [préə- | préə-] *n.* **1 a** [the P- B-] ＝BOOK of Common Prayer. **b** 祈禱(きとう)書. **2** 《海事俗》甲板みがき石 (holystone) の小さなもの《手に持って隅などをこする》.

práyer càrpet [préə- | préə-] *n.* ＝prayer rug.

prayer·ful [préəfəl | préə-] 〚⇨ prayer², -ful¹〛 *adj.* よく祈る; 信心深い, 信仰的な (devotional). **～·ly** *adv.* **～·ness** *n.*

práyer màt [préə- | préə-] *n.* ＝prayer rug.

práyer mèeting [préə- | préə-] *n.* 祈禱(きとう)会; (特に, プロテスタントで毎週ある夜に定期的に行なわれる)祈禱会.

práyer mìll [préə- | préə-] *n.* 《まれ》〘ラマ教〙＝prayer wheel.

práyer pàper [préə- | préə-] *n.* 〘文化人類学〙焼紙, 礼拝紙《祈りの文句を記した紙片で, 中国・チベットなどでこれを火に燃やしてまじないや祈願に用いる》.

práyer rùg [préə- | préə-] *n.* (イスラム教徒が祈りの際に用いる)ひざ敷き《prayer carpet [mat], praying carpet [mat, rug] ともいう》.

práyer scàrf [**shàwl**] [préə-|préə-] *n.* 〘ユダヤ教〙＝tallith.

práyer sèrvice [préə-|préə-] *n.* ＝prayer meeting.

práyer whèel [préə- | préə-] *n.* 〘ラマ教〙地蔵車, 回転礼拝器, 転輪蔵《チベットのラマ教徒が祈りの時に用いるもの; 1 回転が 1 回の祈りに相当する》.

práy-ìn 〚⇨ -in²〛 *n.* 集団抗議祈禱.

práy·ing 〚ME〛 *n.* **1** 祈禱, 祈願. **2** [形容詞的に] 祈禱[祈願]用の.

práying càrpet *n.* ＝prayer rug.

práying mántis [**mántid**] 〚その前肢を振り上げる威嚇姿勢が祈るときの格好に似ているところから〛 ── *n.* 〘昆虫〙カマキリ (mantis); (特に)ウスバカマキリ (*Mantis religiosa*).

práying màt [**rùg**] *n.* ＝prayer rug.

práying scàrf [**shàwl**] *n.* 〘ユダヤ教〙＝tallith.

P.R.B. 《略》Pre-Raphaelite Brotherhood.

PRC 《略》People's Republic of China; 《米》Permanent Record Card 指導要録.

pre- [pri:] 〚ME ▭ (O)F *pré-* ∥ LL *prē-*＝L *prae-* ← *prae* (prep., adv.) before: cf. pro-¹·², preter-〛 ── *pref.* **1** 動詞・形容詞およびそれらの派生名詞に付いて「(時間・時代・時期的に)前…」の意を表わす (↔ cis-, post-): *pre*arrange(ment), *pre*examine, *pre*examination, *pre*-adolescent. **2** 〘言語〙「前…」《同系言語の共通基語以前の時代を表わす》: *Pre*-Germanic 'Proto-Germanic 以前'. **3** 《まれ》「(空間的に)…の前」の意: *pre*central, *pre*frontal. ★ (1) 「前」の意味を強調する時には [prí:] となる. (2) 時に英語起源の語に付くことがある: *pre*name, *pre*war.

preach [prí:tʃ] 〚《?a1200》 *preche(n)* ▭ OF *preēch-ier* (F *prêcher*) < LL *praedicāre* to cry in public, proclaim ← *prae-* 'PRE-'＋*dicāre* to make known (cf. *dicere* to say: ⇨ diction): PREDICATE と二重語〛 ── *vi.* **1** 〔…に〕伝道する 〔*to*〕: ～ *to* the heathen. **2** 説教する: ～ *at* the Abbey / ～ *on* [*about*] the Epistles / ～ *to* a congregation / ～ *at* a person 人に当てつけて[を目指して]説教する. **3** 〔…に〕(くどくどと)お説教をする, 説諭する (admonish) 〔*to, at*〕: ～ *to* deaf ears 聞こうとしない[耳の聞こえない]人にお説教をする / Don't ～ (*at* me). (私に向かって)お説教はやめてくれ. ── *vt.* **1** 説教する, 説く: ～ the Gospel [Cross] 福音[キリスト教]を説く. **2** 〈説教を〉する, 述べる (deliver): ～ a good [long] sermon. **3 a** 〈徳行・主義などを〉説く, 勧める, 唱道する (advocate); 宣伝する: ～ clean living, peace, temperance, etc. / practice what one ～*es* 自分の説くところを実行する. **b** 〈人〉にお説教する: ～ one's son / He ～*ed* me *about* my manners. 私の行儀のことで説教[小言]を聞かされた.
preach against …の反対を説く; …を戒める. ***preach down*** (口やかましく)けなす; 説き伏せる. ***preach up*** 推賞する, ほめそやす.
── *n.* 《口語》説法 (preaching); 説教, 法話 (sermon).
～·ing·ly *adv.*

preach·a·ble [prí:tʃəbl] 〚《15C》〛 *adj.* 説教できる; 説きうる; 説教の材料になる.

préach·er 〚《?a1200》 *prech(o)ur* ▭ OF *prech(e)or* ▭ L *praedicātōrem* proclaimer: ⇨ preach, -er¹〛 ── *n.* **1** 説教者[師]; 伝道者; 牧師. **2** 訓戒者: お説教をする人. **3** 唱道者. **4** 〘カトリック〙＝Friar Preacher. **5** [the P-] 伝道者《旧約聖書の一書「伝道の書」(Ecclesiastes) の筆者; Solomon と言い伝えられるが, 実際は不明; the Ecclesiast ともいう》; 「伝道の書」.

préacher·shìp *n.* 説教者であること; 説教者の役.

preach·i·fy [prí:tʃəfàɪ | -tʃɪ-] 〚← PREACH＋-(I)FY〛 *vi.* 《口語》だらだら[くどくど]とお説教をする.

préach·i·ness *n.* 《口語》お説教好き, お談義好き.

préach·ing 〚ME *preching*: ⇨ preach, -ing¹〛 ── *n.* **1** 説教すること, 説法; 説教術: a ～ shop 《米俗》教会. **2** 説教 (sermon). **3** 説教のある礼拝. ── *adj.* 説教する, 説教風の.

préaching-frìar *n.* 〘カトリック〙 **1** ドミニコ会の説教修道士, ドミニコ会士 (Dominican, predicant). **2** [the ～s] ドミニコ修道会 (cf. Dominican Order).

préach·ment 〚《a1338》 *prechement* ▭ OF ▭ LL *praedicāmentum* public speech: ⇨ preach, -ment〛 *n.* [通例軽蔑的に] お説教; (長たらしい)説法, お談義.

preach·y [prí:tʃi | -tʃɪ] 〚⇨ preach, -y⁴〛 *adj.* (**preach·i·er**; **-i·est**) 《口語》 **1** お説教[談義]好きな. **2** 説教[説法]じみた. **préach·i·ly** [-tʃɪli, -tʃə- | -lɪ] *adv.*

prè·acquáint 〚← PRE-＋ACQUAINT〛 *vt.* 前もって知らせる, 予告する. **prè·acquáintance** *n.*

pre·a·dam·ic [prì:ədǽmɪk, -æd-] 〚← PRE-＋ADAMIC〛 *adj.* ＝preadamite.

pre·ad·am·ite [prì:ǽdəmàɪt] 〚← NL *praeadamita*: ⇨ pre-, Adam, -ite¹〛 ── *n.* **1** アダム (Adam) 以前の人. **2** アダム以前に人類が生存したと信じる[論じる]人. ── *adj.* **1** アダム以前の人の. **2** アダム以前の[に生存した].

prè·adaptátion *n.* **1** 前もって適応すること. **2** 〘生物〙前適応《ある形質が将来の環境変化に対応できるような系統的変化を前もって示すこと》.

prè·adápted *adj.* 前もって適応された; あらかじめ環境変化に対応できるようになった.

prè·adáptive *adj.* 前もって適応する; あらかじめ環境変化に対応する.

prè·adjúst *adj.* 前もって調整する, 事前調整をする. **～·a·ble** *adj.*

prè·adjústment *n.* 前もって調整すること, 事前調整.

prè·admíssion *n.* **1** 前もっての許可. **2** 〘機械〙早期進入, 早期給気《ピストンに緩衝作用を与えるため, 蒸気機関のシリンダー内のピストンが排気行程の最終端に到達する前に蒸気を進入させること》.

prè·admónish *vt.* 前もって訓戒する[忠告する].

prè·admonítion *n.* 予戒, 前もっての勧告.

prè·adoléscence *n.* 思春期直前期《9–12 歳ごろ》.

prè·adoléscent *adj.* 思春[青春]期直前の. ── *n.* 思春期直前の人, 思春期の青少年.

prè·adúlt *adj.* 大人になる以前の, 成人前の.

prè·advíce *n.* 前もっての忠告, 警告.

Prè·agricúltural *adj.* 農耕以前の.

Préak·ness Stákes [prí:knɪs-, -nəs-] *n.* [the ～] 〘競馬〙プリークネス ステークス《明け 4 歳馬による米国三冠レースの一つ; 1873 年創設; その後中断や競走条件の改訂を経て現在は距離 $1^3/_{16}$ マイル (約 1,900 メートル); cf. classic races 2, triple crown 3》.

prè·allótment *n.* 前もって与えられる割当て[分け前].

prè·áltar *adj.* 祭壇前の.

prè·álternate mólt *n.* 〘鳥類〙換羽前の抜け毛.

prè·alvéolar *adj., n.* 〘音声〙前部歯茎音(の).

pre·am·ble [prí:æ̀mbl, ─́ ─ | prí:æ̀mbl, prɪ-] 〚《c1395》 ▭ (O)F *préambule* ▭ ML *praeambulum* (neut.) ← LL *praeambulus* walking before ← *praeambulāre*: ⇨ pre-, amble〛 ── *n.* **1** 前口上, 前置き, 序文 (foreword); (通例, Whereas で始まる条約・憲法などの)前文 〔*to, of*〕 (cf. purview 1): without ～ 単刀直入に. **2** (物事の)序幕, 序曲 (preliminary); 前兆, 前触れ. **3** [P-] (アメリカ合衆国憲法の)前文. ── *vi.* 前口上を述べる; 前置きをする[となる].

pre·am·bu·lar [pri:ǽmbjʊlə | pri:ǽmbjʊlə(r, prɪ-] *adj.* 前置きの, 序文の.

pre·am·bu·lar·y [pri:ǽmbjʊlèri | pri:ǽmbjʊlərɪ, prɪ-] *adj.* ＝preambular.

pre·amp [prí:æ̀mp] *n.* 《口語》〘電気〙＝preamplifier.

prè·ámplifier *n.* 〘電気〙前置増幅器, プリアンプ.

prè·anesthésia *n.* 〘医学〙前麻酔.

prè·anesthétic 〘医学〙 *adj.* 前麻酔の; 麻酔前の. ── *n.* 前麻酔薬.

prè·annóunce *vt.* 前もって知らせる, 予報する. **～·ment** *n.*

prè·antiséptic *adj.* 〘医学〙防腐剤発見 (1867) 以前の.

prè·appóint *vt.* 前もって任命する. **～·ment** *n.*

prè·arránge *vt.* 前もって整える[打ち合わせる], 事前に調整する; 予定する: ～*d* course of action 予定の行動. **～·ment** *n.*

prè·assígned *adj.* 前もって割当てた[選定した].

prè·atómic *adj.* **1** 原爆投下[使用]以前の《1945 年 8 月 6 日広島に初めて原爆が落とされる前の; ↔ post-atomic》. **2** 原子力利用以前の.

prè·áudience *n.* 〘英法〙(法廷で他に先立って発言しうる)先述権, 優先発言権《法務長官 (attorney general), 法務次官 (solicitor general) がバリスターに対し, また勅選バリスター (King's Counsel) がジュニアバリスター (junior barrister) に対して有する権利).

prè·áudit *n.* 〘会計〙 事前監査 (↔ postaudit).

prè·áxial *adj.* 〘解剖〙 前軸の ; 軸前の. **~·ly** *adv.*

preb. 《略》 prebend ; prebendary.

prè·básic mólt *n.* 〘鳥類〙 ふつう年一回繁殖期後の全身の羽毛の抜け替わり.

preb·end [prébənd] 〘《c1400》 ▭ (O)F *prébende* ▭ LL *praebenda* allowance ← L *praebendus* ← *praebēre* to supply ← *prae-* 'PRE-'+*habēre* to have : cf. habit〙 **—** *n.* **1** (大)聖堂参事会員 (canon) の聖職禄 《大聖堂 (cathedral) の収入から支給される》. **2** 聖職禄を生じる土地. **3** =prebendary.

pre·ben·dal [prɪbéndḷ, prə-, prébən- | prɪbén-, prébən-] *adj.* (prebend を受けた)聖職者の[に関する] ; (大聖堂参事会員の)聖職禄の[に関する].

prebéndal stáll *n.* **1** (大聖堂 (cathedral) での)参事会員[受禄聖職者]の席. **2** 聖職禄.

preb·en·dar·y [prébəndèri | -d(ə)rɪ] 〘《1422》 ▭ ML *praebendārius* holder of a prebend : ⇨ prebend, -ary〙 **—** *n.* 《英》 **1** (prebend を受けた)聖職者, (大)聖堂参事会員 (canon) ; (大)聖堂受禄聖職者. **2** 〘英国国教会〙 名誉参事会員 《現在は実際には聖職禄を受けない名誉職》. **—** *adj.* =prebendal. **~·ship** *n.*

prè·biológic *adj.* =prebiological.

prè·biológical *adj.* 生物が出現する以前の.

prè·biótic *adj.* =prebiological.

prebiótic sóup *n.* 〘生物〙 =primordial soup.

prec. 《略》 preceded ; preceding.

prè·cálculable *adj.* あらかじめ算定する.

prè·cálculate *vt.* 前もって算定する, 予算する.

prè·calculátion *n.* 前もっての算定.

Prè·cámbrian 〘地質〙 *adj.* 先カンブリア時代の : the ~ era. **—** *n.* [the ~] 先カンブリア時代 《最古の地質時代で前半は Archeozoic, 後半は Proterozoic》.

precanc. 《略》 〘郵趣〙 precancel(l)ed.

prè·cáncel 〘郵趣〙 *vt.* (**pre·can·celed, -celled ; -cel·ing, -cel·ling**) 〈郵便切手を〉発売前に消印する. **—** *n.* 郵便物に貼る前に消印を押された切手.

prè·cáncer *n.* 〘病理〙 前癌(状態).

prè·cáncerous *adj.* 〘病理〙 前癌状態の 《premalignant ともいう》 : ~ condition.

prè·cápillary *adj.* 〘解剖〙 前毛細血管の 《毛細血管に連絡移行する部分にいう》.

pre·car·i·ous [prɪkέ(ə)riəs, prə- | -kέərɪ-] 〘《1646》 ← L *precāri-us* doubtful, 《原義》 gained by begging or prayer ← *prec-, prex* prayer : ⇨ pray, -ous〙 **—** *adj.* **1** 事情次第の, 不確かな, 不安定の : a ~ livelihood [living] 心もとない生計[生活]. **2** 危険な (risky), あぶない : a ~ foothold 危険な足場 / a ~ life [state of health] 危ない生活[健康状態]. **3** 《古》 他人の心次第の, 人任せの ; 他人の生きている間だけの : ~ privileges [tenure] (他人の心次第で)いつ取り上げられるかわからない特権[保有権] / a ~ pension [allowance] 生存中だけもらえる恩給[手当]. **4** 《古》 〈推定など〉根拠の不確かな, 拠(よ)り所のない, あやふやな, 当てずっぽうの : a ~ assumption [argument] 危なっかしい推断[議論]. **~·ly** *adv.* **~·ness** *n.*

pre·cast [⌐⌐, ⌐⌐] 〘建築〙 *vt.* (**pre·cast**) プレキャストする 《建物のコンクリート部材または部分をあらかじめ型に入れて作り, 現場ですぐこれを組み上げて使用できるようにする ; cf. precut, prefabricate 2》. **—** [⌐⌐] *adj.* プレキャストの, 既製の.

précast concrete *n.* 前もって工場などで成型したコンクリート部材 : a ~ fence 既製コンクリート塀(へい).

prec·a·tive [prékətɪv | -tɪv] 〘▭ LL *precātīv-us* prayed ← L *precātus* (p.p.) ← *precārī* 'to PRAY' : ⇨ -ive〙 **—** *adj.* **1** 〘文法〙 嘆願の, 依頼の (cf. optative). **2 a** 〈遺言など〉懇願の, 嘆願的な. **b** 〘法律〙 懇願的な.

prec·a·to·ry [prékətɔ̀ːri, -tɔ̀ːri | -t(ə)rɪ] 〘《1636》 ▭ LL *precātōri-us* ← *precātor* one who prays ← *precātus* : ⇨ ↑, -ory¹〙 *adj.* 嘆願の, 懇願の, 哀願の (supplicatory).

precátory trúst *n.* 〘法律〙 懇願的信託 《hope, recommend のような懇願的な文言で表示された遺言信託》.

precátory wórds *n. pl.* 〘法律〙 (遺言状の中の)懇願的文言 《目的と対象が明確であれば, 受遺者を受託者とする信託の成立の基礎となる文言》.

pre·cau·tion [prɪkɔ́ːʃən, prə-] 〘《1603》 ▭ F *précaution* ▭ LL *praecautiō(n-)* ← L *praecautus* (p.p.) ← *praecavēre* to guard against ← *prae-* 'PRE-'+*cavēre* to be on one's guard : ⇨ caution〙 **—** *n.* **1** 用心, 警戒 : by way of ~ 用心のため, 念のため. **2** 〔…に対する〕予防策, 予防手段[措置] 〔*against*〕 : take ~*s against* …に用心[警戒]する, …の予防策を講じる. **—** *vt.* あらかじめ警戒させる[につかせる] (forewarn).

pre·cáu·tion·al [-ʃənḷ, -ʃnəl] *adj.* =precautionary.

pre·cáu·tion·àr·y [-ʃənèri | -ʃ(ə)nərɪ] *adj.* 用心の, 警戒の ; 予防の : ~ warnings *against* typhoon 台風に対する警戒予告[警告] / ~ measures 予防手段.

pre·cau·tious [prɪkɔ́ːʃəs, prə-] *adj.* 用心する, 警戒する (precautionary) ; 用心深い, 慎重な (prudent).

prè·cá·va [-káːvə, -kéɪ-] 〘← NL ~ : ⇨ pre-, cava¹〙 *n.* (*pl.* **-ca·vae** [-káːviː, -vaɪ, -kéɪviː]) 〘動物〙 前大静脈. **prè·cá·val** [-vəl] *adj.*

pre·ced·a·ble [prɪsíːdəbḷ, prə- | prɪ-, priː-] *adj.* **1** 先立ちうる, 前に起こりうる. **2** 上席につかれる.

pre·cede [prɪsíːd, prə- | priː-, prɪ-] 〘《c1375》 *precede(n)* ▭ (O)F *précéd-er* ▭ L *praecēdere* to go before : ⇨ pre-, cede〙 **—** *vt.* **1** (時間・場所・順序の点で)…の先に立つ, 先に起こる, …に先んずる (cf. follow, succeed) : Lightning ~*s* thunder. 稲妻は雷鳴より先に来る / the years *preceding* the war 戦前 / The regiment was ~*d* by its band. 連隊は軍楽隊に先導された. **2** (位・重要性などで)…の前[上]にくる, …に優先する, …より重要である : Sons of barons ~ baronets. 男爵の子息は従男爵の上席である / Economy ~*s* every other problem. 何よりも先立つものは経済問題である / Such duties ~ all others. こういう義務は何よりも大事だ. **3** …に〔…を〕先行させる, 前置きする (preface) 〔*by, with*〕 : The book is ~*d by* a short bibliography. その本には巻頭に簡単な参考書目録が付いている / You must ~ this measure *by* [*with*] milder ones. この手段を取る前に他のもっと穏やかな手段を取らなければならない. **—** *vi.* 先立つ, 先んずる, 先行する ; 優位[上位]を占める : the words that ~ その前にある語句.

— *n.* 〘ジャーナリズム〙 (新しいニュースを入れるためにスペースを保留する)埋め草冒頭記事, 前文 《特に, 既に組んであった記事の冒頭に入れる最新のニュースなど》.

prec·e·dence [présədəns, prɪsíːdṇs, prə- | priːsíːdəns, prɪ-, présɪ-, príːs-, -dṇs] 〘《1484》 : ⇨ precedent, -ence〙 **—** *n.* **1** (時間・順序が)先立つ[先である, 前にある]こと, 先行. **2 a** (位・重要性などでの)上位, 優位, 優先 : give a person the ~ 人の優位を認める. **b** (特に, 会合などでの)優先権, 上席席次[上座](につくこと) ; (地位による)席次, 席順, 序列 : the order of ~ 席次 / personal ~ 家柄による席次.

***take* [*have*] (*the*) *precedence of* [*over*]** …の上位[優位]に立つ, …に優先する.

préc·e·den·cy [présədənsi, prɪsíːdnsi, prə- | priːsíːdənsɪ, prɪs-, présɪ-, príːs-, -dṇ-] 〘⇨ ↓, -ency〙 *n.* =precedence.

pre·ce·dent 〘adj. : 《1391》 ▭ (O)F *précédent* ▭ L *praecēdentem* going before (pres.p.) ← *praecēdere* 'to PRECEDE' : ⇨ -ent. — n : 《15C》 ← (adj.)〙 **—** [prɪsíːdṇt, prə-, présədənt, -dṇt | prɪsíːdənt, prɪ-, présɪ-, príːs-, -dṇt] *adj.* 先行する ; 〔…に〕先立つ, 〔…の〕前の (preceding) 〔*to*〕 : ⇨ condition precedent. **—** [présədənt, -dṇt | présɪ-, príːs-] *n.* **1** (拠(よ)り所などになる)先例, 前例 : without ~ 先例のない / set [create] a ~ *for* …の先例をつくる / There is no ~ *for* it. それには先例がない. **2** 先例[前例]から派生した慣行, 慣例. **3** 〘法律〙 判決例, 先例, 判例.

precédent condítion *n.* 〘法律〙 =condition precedent.

prec·e·dent·ed [présədèntɪd, -dən-, -təd, -dnt- | présɪdənt-, -dṇ-] *adj.* 先例のある, 先例によって支持される (cf. unprecedented).

prec·e·den·tial [prèsədénʃəl | prèsɪ-, priːs-] 〘← PRECEDENT+-IAL〙 *adj.* **1** 先例となる. **2** 先例のある (precedented). **3** 優先的な ; 前置きとし(て) (beforehand).

pre·cé·dent·ly *adv.* 前に, 先に ; あらかじめ, 前もって.

pre·céd·ing 〘《1494》 : ⇨ precede, -ing²〙 **—** *adj.* 先行する ; すぐ前の, 先の (foregoing) ; 前述の (↔ following) : the ~ year [day] 前年[日] / the ~ words 前述の言葉 / in the ~ chapter 前章に[で].

prè·cénsor *vt.* …の事前検閲をする.

prè·cénsorship *n.* 事前検閲 《出版物や新聞・雑誌の内容に対して, 発表前に強制的に行なわれる検閲 ; 討論・思想の統制や風俗取締りなどを目的とする場合が多い ; cf. post-censorship》.

pre·cent [prɪsént, prə- | priː-, prɪ-] 〘▭ L *praecentāre* to sing before // 《逆成》 ↓〙 **—** *vi.* 音頭を取る, 先唱[首唱]者となる. **—** *vt.* 〈聖歌など〉の音頭を取る, 先唱[先詠]者を勤める.

pre·cen·tor [prɪséntə, prə- | priːséntə(r, prɪ-] 〘《1613》 ▭ LL *praecentor* leader in music ← L *praecinere* to sing before ← *prae-* 'PRE-'+*canere* to sing : ⇨ chant〙 **—** *n.* **1** (聖歌隊や会衆の歌をリードする)先唱[先詠]者, (歌い始めの)音頭取り. **2** 〘英国国教会〙 **a** (古い教区の大聖堂では, dean の次に位する)参事会 (chapter) の一員. **b** (新しい教区の大聖堂では)小キャノン (minor canon) の一人またはチャプレン (chaplain). **3** 〘ユダヤ教〙 会衆の祈禱の先唱者. **pre·cen·to·ri·al** [prìːsentɔ́ːriəl, -tɔ́ːr- | -tɔ́ːrɪ-] *adj.*

precéntor·shìp *n.* 先唱[先詠]者の役目.

pre·cen·trix [prɪséntrɪks, prə- | priː-, prɪ-] 〘▭ ML *praecentrix* : ⇨ -trix〙 *n.* 女性の precentor.

pre·cept [príːsept] 〘《c1390》 ▭ L *praecept-um* (p.p.) ← *praecipere* to instruct ← *prae-* 'PRE-'+*capere* to take : ⇨ captive〙 **—** *n.* **1** 教え, 教訓 (instruction) ; 教戒, 戒律 (commandment) ; 格言 (maxim) : Practice [Example] is better than ~. 《諺》 実行[実例]は教えにまさる 《口で説くより実行で示せ》. **2** 神の命令. **3** (技術などの)規則 (rule), 型. **4 a** 〘法律〙 命令書, 令状, 指令. **b** 州長官が出す選挙管理および実施の命令書. **c** 《英》 課税査定額 (rate) による金銭徴集[支払]命令.

pre·cep·tive [prɪséptɪv, priː-, prə- | prɪsép-, priː-] 〘▭ OF *preceptif* ▭ L *praeceptivus* : ⇨ ↑, -ive〙 *adj.* 教訓の, 教戒的の ; 教訓的な. **~·ly** *adv.*

pre·cep·tor [prɪséptə, priː-, prə-, príːsep- | prɪséptə(r] 〘《c1450》 ▭ L *praeceptor* : ⇨ precept, -or²〙 **—** *n.* **1** 教訓者, 教師 (teacher) ; 個人指導者 (tutor) ; 校長 (principal). **2** 〘教育〙 (米国 Princeton 大学で)学生の研究グループ指導教師. **3** 《米》 〘医学〙 (病院で医学生を助手にしながら実地指導をする)指導医師. **4** preceptory の長.

pre·cep·tor·ate [prɪséptərət, priː-, prə-, príːsep-, -rɪt, -rèɪt | prɪsép-] 〘⇨ ↑, -ate¹〙 *n.* =preceptorship.

pre·cep·to·ri·al [prɪsèptɔ́ːriəl, prìːsep-, prəsèp-, -tɔ́ːr- | prìːseptɔ́ːrɪ-] *adj.* **1** 教師の ; 個人指導者の. **2** 個人指導者を利用する : the ~ system.

precéptor·shìp *n.* preceptor の地位[職務].

pre·cep·to·ry [prɪsépt(ə)ri, priː-, prə-, príːsep- | prɪséptərɪ] 〘▭ ML *praeceptōria* ← L *praeceptor* : ⇨ preceptor, -y¹〙 **—** *n.* テンプル騎士団 (Knights Templars) の地方分団 ; その礼拝堂 ; (それを維持する)領地 (cf. commandery 1).

pre·cep·tress [prɪséptrɪs, priː-, prə-, príːsep-, -trəs | prɪséptrɪs, -très] 〘⇨ preceptor, -ess¹〙 *n.* 女性の preceptor.

pre·cess [priːsés, prɪ-, prə- | prɪsés] 〘《逆成》 ↓ : cf. process²〙 *vi.* **1** 〘天文〙 歳差運動で前進する. **2** 〘力学〙 歳差[すりこぎ]運動する (cf. precession 2 b).

pre·ces·sion [priːséʃən, prɪ-, prə- | prɪ-] 〘《a1325》 ▭ LL *praecessiō(n-)* ← *praecessus* (p.p.) ← *praecēdere* 'to PRECEDE' : ⇨ -sion〙 **—** *n.* **1** =precedence. **2 a** 前進(運動). **b** 〘力学〙 歳差運動, すりこぎ運動 《回転する独楽(こま)などの回転軸の位置が一定せずふれ回ること》. **3** 〘天文〙 **a** =PRECESSION of the equinoxes. **b** (地球の)歳差運動.

precession of the equinoxes [the —] 〘《なぞり》 ← NL *praecessiō aequinoctiōrum*〙 〘天文〙 春分点歳差.

~·al [-ʃənḷ, -ʃnəl] *adj.*

prè·chéck *vt.* 前もって点検する, 前もって照合する. **—** *n.* 事前点検, 事前照合.

prè·Chéllean *adj.* 〘考古〙 シェル期 (Chellean) 以前の, アブヴィル期 (Abbevillian) 以前の.

prè·chlorinátion *n.* 〘化学〙 前塩素処理 《濾過(ろか)以前の原水に塩素を注入すること》.

prè·Chrístian *adj.* キリスト教以前の ; 西暦紀元前の[に関する] : the ~ centuries.

pré·cieuse [preɪsjə́ːz, prèɪsiə́ːz | preɪsjə́ːz, prèɪsɪə́ːz ; *F.* presjøːz] 〘《1727》 ▭ F ~ (fem.) ← *précieux* 'PRECIOUS' : Molière の喜劇 *Les Précieuse ridicules* (1659) から一般化した〙 **—** *n.* (*pl.* **~s** [~]) **1** (フランス 17 世紀の)文学かぶれした社交婦人 (bluestocking). **2** 学者ぶった女. **—** *adj.* =précieux.

pré·cieux [preɪsjə́ː, prèɪsiə́ː | preɪsjə́ː, prèɪsɪə́ː ; *F.* presjø] 〘↑〙 *adj.* この上もなく洗練された. **—** *n.* (*pl.* ~ [~(z)]) 洗練された男性.

pre·cinct [príːsɪŋ(k)t] 〘《c1400》 ▭ ML *praecinct-um* (neut. p.p.) ← L *praecingere* to encircle, surround : ⇨ pre-, cincture〙 **—** *n.* **1** (都市などでしばしば行政的目的のための特定の)地域, 区域 : shopping ~ 商店街. **2** [通例 *pl.*] (建物などの)構内 (enclosure), (教会・寺院などの境内. **3** [通例 *pl.*] 境界(線) (bound). **4** (思想・行動・影響などの)領域, 範囲. **5** [*pl.*] 付近, 周囲, 郊外 (environs). **6** 《米》 **a** (行政上などの)区域, 行政管区 ; 学区 ; (投票所が一つの)選挙区 《ward の下位区分》 : an election ~ 選挙区 / a police ~ 警察管区. **b** 警察管区 ; [集合的] 管区警察隊. **7** =pedestrian precinct.

pre·ci·os·i·ty [prèʃiáːsəṭi | prèʃɪɔ́sətɪ, -sɪɔ́s-, -sɪtɪ] 〘《c1390》 ▭ OF *preciosité* (F *préciosité*) ▭ L *pretiōsitātem* : ⇨ ↓, -ity〙 **—** *n.* **1** (言葉遣い・趣味等の)凝り性, 気取り. **2** 気難しさ, やかまし[細か]過ぎること.

pre·cious [préʃəs] 〘《a1325》 ▭ OF *precios* (F *précieux*) ▭ L *pretiōsus* costly ← *pretium* 'PRICE' : ⇨ -ous〙 **—** *adj.* **1 a** 貴い, 貴重な (valuable) : ~ knowledge, etc. / ~ words 金言. **b** 〈宝石・金属などが〉高価な : ~ diamonds, gold, ore, etc. / ⇨ precious metal, precious stone. **2** (精神的な)価値のある, 尊重される, 尊い : ~ memories 尊い思い出[形身]. **3** かわいい, いとしい (dear) : My ~ darling! かわいい人 (cf. *n.*). **4** 《口語》 [皮肉に] ご立派な, 大した (worthless) : A ~ friend you have been! 君はいい友人だったよ. **5** 〈言葉遣い・趣味など〉凝り性の, いやに気取った (affected) : a ~ style, pronunciation, etc. **6** 非常に大事な, かけがえのない. **7** 《口語》 全くの (perfect) ; 実にひどい, 大変な (gross) ; 大の (very great) : a ~ rogue, liar, fool, etc. / He made a ~ mess of it. ひどいへまをやった.

— *n.* [呼掛け] 大事な人 (precious one) 《名詞の省略 ; ★ dear が両性に用いられるのに対し, precious は女性のみに用いられる》 : My ~! かわいい人.

— *adv.* 《口語》 大変, 非常に, ばかに, やけに (very) : It is ~ cold. ひどく寒い / I will take ~ good care of that. うんと気をつけましょう / I'm ~ glad I live in the Age of Space. 宇宙時代に生きているのはとてもありがたい / There is ~ little of it. それはごく少ししかない.

~·ness *n.*

pré·cious·ly 〘《c1395》〙 *adv.* **1** 気難しく, いやに気取って : speak [write] rather ~ 大いに気取って言う[書く]. **2** 《口語》 大いに, 非常に (extremely).

précious métal *n.* 貴金属 《金・銀・白金のように産出が少なく高価な金属 ; cf. base metal》.

précious stóne *n.* 宝石 《ダイヤモンド・サファイア・ルビー・エメラルドなど ; cf. semiprecious stone》.

prec·i·pe [príːsəpiː, prés- | -sɪ-] *n.* 〘法律〙 =praecipe.

prec·i·pice [prés(ə)pɪs, -pəs | -sɪpɪs, -sə-] 〘《1598》 ▭ F *précipice* ▭ L *praecipitium* steep place, 《原義》 falling down headlong ← *praecipitāre* to throw down headlong ← *praecipit-, praeceps* headlong ← *prae-* ‘PRE-’+*caput* head: ⇨ capital[1,2]〗 — *n.* **1** (ほぼ垂直の)崖, 絶壁 (sheer cliff): fall over a ～ / stand on the edge of a ～ 崖っぷちに立つ. **2** 危険な場所, 危地, 危機 (crisis): The present world stands on the brink of a ～. 現在の世界は危機に瀕(ひん)している.

pre·cip·i·ta·ble [prɪsípəṭəbḷ, prə- | -pɪt-] 〖← PRECIPITATE＋-ABLE〗 — *adj.* 〖化学〗沈殿させられる, 沈殿性の. **pre·cip·i·ta·bíl·i·ty** [-ṭəbíləṭi | -təbíləti, -lɪ-] *n.*

pre·cíp·i·tance [-təns, -tṇs | -təns, -tṇs] *n.* ＝precipitancy.

pre·cip·i·tan·cy [prɪsípəṭənsi, prə-, -tṇ- | -pɪtənsi, -tṇ-] 〖⇨↓, -ancy〗 *n.* **1** 大急ぎ, 大あわて(rashness). **2** [*pl.*] (取り急いだ)あわてた行為, 軽挙.

pre·cip·i·tant [prɪsípəṭənt, prə-, -tṇt | -pɪt-] 〖□L *praecipitānt-em* (pres.p.) ← *praecipitāre* (↓): ⇨-ant〗 — *adj.* **1** まっさかさまに落ちる, まっしぐらに進む, 大急ぎで進む. **2** 無鉄砲な (headlong); 性急な, 軽率な (rash). **3** 〈事が〉唐突な, 出し抜けの (abrupt). — *n.* 〖化学〗沈殿剤. **～·ly** *adv.* **～·ness** *n.*

pre·cip·i·tate [prɪsípəṭèɪt, prə-, priː- | prɪsípɪ-, prə-] 〖*v.*: (1528) ← L *praecipitāt-us* (p.p.) ← *praecipitāre* to throw headlong: ⇨ precipice, -ate[3]〗 — *vt.* **1** (崖のような所から)まっさかさまに落とす, 投げ[突き]落とす (throw down): ～ oneself *upon* [*against*] the enemy 敵にぶち当たる, 敵を猛攻する. **2** 〈人を〉〔ある状態に〕(急に)投げ込む (fling), (突然)陥らせる〔*into*〕: ～ oneself *into* debt [danger] 一挙に負債を作る[突如危機に陥る]. **3** 突如として引き起こす; (やたらに)せき立てる, 促進する, 早める, 急がせる: ～ a crisis, failure, quarrel, etc. / The assassination of the Archduke ～*d* World War I. オーストリアの皇太子の暗殺が第一次大戦の導火線となった. **4** 〖気象〗〈水蒸気を〉雨・露などに凝結させる, (凝結させて)雨・雪などとして降らせる. **5** 〖化学〗〈溶解物を〉沈殿させる. — *vi.* **1** まっさかさまに落ちる. **2** 〖化学〗〈溶解物が〉沈殿する, 沈降する. **3** 〖気象〗〈空中の水気が〉凝結して雨露になる. — [prɪsípəṭət, prə-, priː-, -tɪt, -tèɪt | prɪsípɪtèɪt, prə-, -tət, -tɪt] *n.* **1** 〖化学〗沈殿物 (deposit). **2** 〖気象〗(雨露となって)凝結した水分. — [prɪsípəṭət, prə-, priː-, -tɪt, -tèɪt | prɪsípɪtət, prə-, -tɪt] *adj.* **1** まっさかさまの (headlong); まっしぐらに進む: ～ movement, rush, etc. **2** 〈人・行動が〉大急ぎの, あわただしい; 大あわての, そそっかしい(hasty); 性急な, 早まった; 無謀な (rash): a ～ action [measure] 軽率な行為[処置]. **3** 突然の, 出し抜けの (abrupt): a ～ illness 急病. **～·ly** *adv.* **～·ness** *n.*

pre·cíp·i·tàt·ed súlfur [-ṭɪd-, -ṭəd- | -tɪd-, -təd-] *n.* 〖薬学・化学〗沈降硫黄, 硫黄乳《硫化カルシウム溶液に塩酸を加え沈降させて製する; 皮膚病に用いる》.

pre·cip·i·ta·tion [prɪsìpəṭéɪʃən, prə-, priː- | prɪsìpɪ-, prə-] 〖(1605) □F *précipitation* □L *praecipitātiō(n-)* falling headlong ← *praecipitātus*: ⇨ precipitate, -ation〗 — *n.* **1** まっさかさまに投げ落とす[落とされる]こと, 投下, 落下. **2** 突如として起こること; せき立てること, 急な促進. **3** 大急ぎ, 大あわて; 軽挙: *with* [*in*] ～ 大急ぎで, あわてふためいて. **4** 〖気象〗降水《大気中の水蒸気凝結の降下物である雨・みぞれ・雪・あられなどを含める》; (一定の場所・期間の)降水量, 降雨量, 雨量. **5** 〖化学〗沈殿(物) (precipitate). **6** 〖生理・免疫〗沈殿(反応); 沈降(反応); 析出. **7** 〖心霊〗霊魂が形態を表わすこと (materialization).

precipitátion nùmber *n.* 〖化学〗沈殿価, 沈降価《潤滑油中のアスファルト性物質の量を示す尺度》.

pre·cip·i·ta·tive [prɪsípəṭèɪṭɪv, prə-, priː-, -ṭəṭ- | prɪsípɪtət-, prə-, -tèɪt-] *adj.* **1** 大急ぎの, 加速的な, 促進的な. **2** 〖化学〗沈殿を促進する.

pre·cíp·i·tà·tor [-ṭə | -tə(r] 〖⇨-or[2]〗 *n.* **1** 促進する物, 促進者 (hastener). **2** 〖化学〗沈殿剤[器].

pre·cip·i·tin [prɪsípəṭɪn, prə-, -ṭṇ | prɪsípɪtɪn, prə-] 〖← PRECIPIT(ATE)＋-IN[1]〗 *n.* 〖免疫〗沈降素《抗体の一種》.

pre·cip·i·tin·o·gen [prɪsìpəṭínədʒɪn, prə-, priː-, -dʒən, -dʒèn | prɪsìpɪtínə-, prə-] 〖← PRECIPITIN＋-(O)GEN〗 *n.* 〖免疫〗沈降原. **pre·cip·i·tin·o·gen·ic** [prɪsìpəṭìnədʒénɪk, prə-, priː- | prɪsìpɪ-, prə-] *adj.*

pre·cip·i·tous [prɪsípəṭəs, prə-, priː- | prɪsípɪt-, prə-] 〖(1646) □F *précipiteux* (fem. *précipiteuse*) ← *précipitere* □L *praecipitāre*: ⇨ precipitate, -ous〗 — *adj.* **1 a** 崖のような, 断崖絶壁の, 切り立った, 険しい (very steep): a ～ height 険しい山. **b** 〈階段など〉急な, 急勾配の: a ～ slope. **2** 性急な, せっかちな, 無謀な (precipitate). **～·ly** *adv.* **～·ness** *n.*

pré·cis [preɪsíː, ⌐–⌐ | préɪsiː, prés-; *F.* presi] 〖(1760) □F ←《名詞用法》↓〗 — *n.* (*pl.* ～ [～z; *F.* ～]) (論文などの)要約, 大要 (summary): write [make] a ～ of …の大要を書く. — *vt.* …の大要を作る[書く], 要約する (summarize).

pre·cise [prɪsáɪs, prə-] 〖(1391) □(O)F *précis* cut short, brief □LL *praecisus* (p.p.) ← *praecidere* to cut short ← *prae-* ‘PRE-’＋*caedere* to cut: cf. concise〗 — *adj.* **1** はっきりした, 明確な, 正確な (↔ woolly); 厳密な, 精密な: a ～ statement / ～ boundaries 正確な境界 / a ～ interpretation of the law 法律の正確な解釈 / to be ～ 厳密に言えば. **2** 〈数量など〉過不足のない, 寸分違わない: the ～ amount 正味量 / with ～ accuracy 全く正確に. **3** 正にその, 当の (very): at the ～ moment ちょうどその時. **4** 〈人・行為など〉間違いのない, 正確な (correct). **5** 〈言葉が〉明確な, 非常にはっきりした. **6** 〈人が〉几帳面な (punctilious), 細心の; 厳格な (rigid); いやに堅苦しい, まじめすぎる (puritanical): a man ～ in his manner. **～·ness** *n.*

pre·císe·ly 〖(c1450): ⇨↑, -ly[1]〗 — *adv.* **1** 正確に, 的確に: Tell me ～ what you want. 欲しいものをはっきり言いなさい. **2** 几帳面に, いやに堅苦しく. **3** [返答に用いて] 正にその通り, 全くそうだ (quite so): *Precisely* (so). まさにその通り.

pre·ci·sian [prɪsíʒən, prə-] 〖(1571) ← PRECISE＋-IAN〗 — *n.* **1** (宗教上の形式に)やかましくこだわる人 (formalist); (特に 16–17 世紀英国の)清教徒 (Puritan). **2** ＝precisionist. **～·ism** [-nìzm] *n.*

pre·ci·sion [prɪsíʒən, prə-] 〖(1640) □F *précision* // L *praecisiō(n-)* a cutting off: ⇨ precise, -sion〗 — *n.* **1** 正確, 精密 (accuracy); 正[精]確さ(の度合), 精度: ～ in calculation / with ～ 正確に / arms of ～ 正照準の火器. **2** 几帳面 (punctiliousness). **3 a** 〖数学〗精度 (accuracy). **b** 〖物理〗精度. **c** 〖化学〗正確さ. **d** 〖電算機〗精度《計算機の 1 語を表わす桁数で決まる数字の精度》. — *adj.* **1** 精密な. **2** 〖機械〗高精度の《寸法許容差が小さい範囲に製作されたものにいう》: ～ apparatus [instruments] 精密機械 / ～ gauges 精密計器. **3** 〖軍事〗(目標などを)精密に射撃する.

precision bómbing *n.* 〖軍事〗精密(照準)爆撃《特定の点目標に対する正確な照準爆撃; pinpoint bombing ともいう; cf. pattern bombing》.

precision cásting *n.* 〖金属加工〗精密鋳造.

precision dánce *n.* ラインダンス《レビューなどでの踊り》. **precision dáncer** *n.*

pre·ci·sion·ist [-ʒ(ə)nɪst, -nəst | -nɪst] *n.* (言葉・作法などが)几帳面な人.

pre·ci·sive [prɪsáɪsɪv, prə-, -zɪv] 〖← L *praecisus* (⇨ precise)＋-IVE〗 *adj.* **1** (他のものから)切り離した, あるものにのみ限定した. **2** 正確な, 厳密な.

prè·clássic *adj.* 〈ギリシャ・ローマ文学など〉古典期(以)前の, 前古典期の. **prè·clássical** *adj.*

prè·clássics *n.* 〖音楽〗前古典派《Haydn, Mozart などの古典派の先触れと考えられる様式期 (約 1720–80 年); マンハイム楽派 (Mannheim school) が中心》.

prè·cléar *vt.* …に前もって安全を保証する.

prè·clímax *n.* 〖生態〗前極相, 前安定期《局部的な気候の不適な方への変化によって, そこの群落が周囲の安定群落よりも一歩手前の段階にある状態; ↔ postclimax; cf. climax 3》.

prè·clínical *adj.* 〖病理〗症状発現前の; 前臨床の: a ～ study [test] (薬物の)前臨床試験.

pre·clude [prɪklúːd, prə- | prɪ-] 〖(1618) □L *praeclūdere* to shut off ← *prae-* ‘PRE-’＋*claudere* to shut: ⇨ close[1] (v.)〗 — *vt.* **1** (前もって)排除する, 阻む, 防ぐ (exclude): ～ all objections. **2** 妨げる, 邪魔する(prevent): A prior engagement ～*d* his coming [him *from* coming]. 先約があって彼は来られなかった / Abdication is ～*d* by the lack of a successor. 後継者がないので退位できない. **pre·clúd·a·ble** [-dəbḷ] *adj.* **pre·clu·sion** [prɪklúːʒən, prə-] *n.*

pre·clu·sive [prɪklúːsɪv, prə-, -zɪv | prɪklúːsɪv] 〖← L *praeclūsus* ((p.p.) ← *praeclūdere* (↑))＋-IVE〗 — *adj.* 〔…を〕排除[除外]する (exclusive); 〔…を〕防止する; 〔…の〕予防の (preventive)〔*of*〕. **～·ly** *adv.*

pre·co·cial [prɪkóʊʃəl, prə- | -kə́ʊ-] 〖⇨↓, -al[1]〗 *adj.* 〖動物〗〈鳥など〉早成性の, 早熟性の《孵化した時全身羽毛で覆われてすぐ活動できる; cf. nidifugous; ↔ altricial》. — *n.* 早成[早熟]性の鳥《ライチョウなど》.

pre·co·cious [prɪkóʊʃəs, prə- | -kə́ʊ-] 〖(1650) ← L *praecōc-, praecox* (← *prae-* ‘PRE-’＋*coquere* ‘to boil, COOK’)＋-IOUS〗 — *adj.* **1** 〈子供・言葉など〉早熟の, ませた(premature); 発達の早い: ～ children, talents, etc. **2** 〖植物〗**a** わせの, 早咲きの, 早なりの (early). **b** 〈植物が〉葉の出る前に花の咲く; 〈花が〉葉の出る前に咲く. **～·ly** *adv.* **～·ness** *n.*

pre·coc·i·ty [prɪkɑ́səṭi, prə- | -kɔ́səti, -sɪ-] 〖(1640) □F *précocité* ← L *praecōc-* (↑): ⇨-ity〗 *n.* 早熟, 早咲き, 早なり (precociousness).

pre·cog·ni·tion [prìːkɑgníʃən | -kɔg-] 〖(1611) □LL *praecognitiō(n-)* ← L *praecognitus* (p.p.) ← *praecognōscere* to foreknow ← *prae-* ‘PRE-’＋*cognōscere* to know: ⇨ cognition〗 — *n.* **1 a** 事前認知; 予知, 予見 (foreknowledge). **b** (心霊現象で, 将来起こる事象の)予知. **2** 〖スコット法〗(公判前に検察側の行なう)証人の予備尋問; その証人の供述による証拠. **pre·cog·ni·tive** [priːkɑ́gnɪṭɪv, -nə- | -kɔ́gnɪt-] *adj.*

prè·cóllege *adj.* 大学(入学)前の, 大学入学の準備をしている.

prè·colónial *adj.* 植民地前の.

prè-Colúmbian *adj.* コロンブス (Columbus) のアメリカ大陸発見以前の[に属する], コロンブス以前の.

prè·combústion chámber *n.* 〖機械〗予燃室, 予燃焼室.

prè·compóse *vt.* あらかじめ作る, 前もって構成する.

prè·concéive *vt.* …について先入見をもつ, 前もって考える, 予想する: a ～*d* idea [notion] 先入主[観].

prè·concéption *n.* **1** 予想, 予知 (anticipation). **2** 先入主[観], 偏見 (prejudice); 偏好 (predilection).

prè·concért 〖← PRE-＋CONCERT〗 *vt.* 前もって協定する, 前に打ち合わせをしておく.

prè·concérted *adj.* 前もって協定[打ち合わせ]をした, あらかじめ示し合わせた: a ～ plan. **～·ly** *adv.* **～·ness** *n.*

prè·concíliar *adj.* 第 2 回バチカン公会議 (Vatican Council) (1962–65) による教会改革の前の[に起こった, に現われた] (↔ postconciliar).

prè·condémn *vt.* 〖法律〗(証拠調べをせずに)前もって有罪と決する.

prè·condemnátion *n.* 〖法律〗有罪の事前決定《証拠を調べずに前もって有罪を宣告すること》.

prè·condítion *vt.* あらかじめ所望の状態に置く[調整する], あらかじめ条件[気分]を整える; あらかじめテスト[処理, 処置など]に備える. — *n.* 必須条件, 前提条件.

prè·cónference *n.* 予備会議[会談].

prec·o·nize [prékənàɪz, príːk- | príːk-] 〖(?1440) *preconise(n)* □ML *praecōnīzāre* ← L *praecō(n-)* herald, public crier《短縮》← ? **prai-dicō* ← *prai-* ‘PRE-’＋*dicāre* to proclaim: ⇨ -ize: cf. predicate〗 — *vt.* **1** (公に)宣言する, 声明する(proclaim); 公表する. **2** 〖カトリック〗〈教皇が〉〈新任司教などを〉公表する, 正式に裁可任命する. **3** 〈宗教裁判などが〉指名召喚する. **pre·co·ni·za·tion** [prèkənɪzéɪʃən, prìːk-, -nə- | prìːkənaɪ-, -nɪ-] *n.*

prè·conjécture *vt.* 予測する, 憶測する.

prè·cónquest *adj.* **1** 征服以前の. **2** 〖英史〗Norman Conquest (1066 年)以前の (↔ postconquest): ～ churches.

prè·cónscious 〖心理〗 *adj.* 前意識の. — *n.* 前意識《無意識的精神過程には, 思い出そうと努力すれば思い出せる[意識にのぼらせることができる]ものと, 催眠術や精神分析法を用いなくては意識されない狭義の無意識とがあり, 前者を前意識と呼ぶ》. **～·ly** *adv.* **～·ness** *n.*

prè·consíder *vt.* 前もって考える, 予考[予察]する.

prè·considerátion *n.*

prè·consonántal *adj.* 〖音声〗〈母音が〉子音の直前にある.

prè·con·tract [⌐–⌐] *n.* **1** 先約, 予約. **2** (教会法における)結婚の予約《これによって他の者との結婚は無効》. — [⌐–⌐] *vt.* **1** 予約する, 先約する. **2** (習慣などを)前もってつけておく.

prè·convéntion *adj.* (宗教・政治など重要問題の)予備集会[会議]の.

prè·cóok *vt.* 〈食品を〉(温め直すか最後の仕上げだけですむように)あらかじめ料理する: ～*ed* foods.

prè·cóol *vt.* 〈果物・野菜・肉類などを〉荷造り[発送]前に人工的に冷やす.

prè·cóoler *n.* 〖機械〗予冷器《使用前にガス・流体などの温度を下げるための装置; 一種の熱交換器 (heat exchanger)》.

prè·cópulatory *adj.* 性交前の.

prè·córdial *adj.* 〖解剖〗前胸部の; 胸内の: ～ anxiety 胸内[前胸部]苦悶(症).

prè·cóstal *adj.* 〖解剖〗肋骨の前にある.

prè·crítical *adj.* 〖病理〗発症前の, 危期前の.

pre·curse [prɪkə́ːs, prə- | priːkə́ːs, prɪ-] 〖□L *praecursus* (p.p.) ← *praecurrere* to run before: ⇨ precursor〗 *vt.* …の先駆[前兆]となる.

pre·cur·sive [prɪkə́ːsɪv, prə- | priːkə́ː-, prɪ-] *adj.* ＝precursory.

pre·cur·sor [prɪkə́ːsə, prə-, príːkəː- | priːkə́ːsə(r, prɪ-] 〖(1504) □L *praecursor* ← *praecursus* (p.p.) ← *praecurrere* to run before ← *prae-* ‘PRE-’＋*currere* to run: ⇨course[1], -or[2]〗 — *n.* **1** 先駆者, 先覚者 (forerunner). **2** [P-] (Christ の先駆者としての)洗礼者ヨハネ (John the Baptist). **3** 先任者, 前任者, 先輩 (predecessor). **4 a** 先行するもの, もとの姿. **b** 前兆, 前触れ; 先駆け (presage). **5** 〖生化学〗前[先]駆物質, 前駆体《生合成されるもとの物質, またある活性物質の非活性状態の時のもの》.

pre·cur·so·ry [prɪkə́ːs(ə)ri, prə-, príːkəː- | priːkə́ːsəri, prɪ-] 〖□L *praecursōri-us* ← *praecursus* (↑): ⇨-ory[1]〗 — *adj.* **1** 先行の (preceding), 前触れの, 前兆の. **2** 〔…の〕予備の, 準備となる (preliminary)〔*of*〕.

prè·cút *vt.* (**pre·cut**; **-cut·ting**) 〖建築〗プレカットする《建物のある部材または部分をあらかじめ刻んで作る; cf. precast》.

prè·cýst 〖← PRE-＋CYST〗 *n.* 〖動物〗被嚢(のう)前期《原生動物が被嚢して休止期にはいる直前のもの; 摂食を停止し, 貯蔵物質が著しく増加している》.

pred. 《略》 predicate; predication; predicative; predicatively; prediction.

pre·da·ceous [prɪdéɪʃəs, prə-] *adj.* ＝predatory.

predáceous díving bèetle 〖← *predaceous*: ⇨↓, -aceous〗 — *n.* 〖昆虫〗ゲンゴロウ《ゲンゴロウ科の種々の肉食性の水生甲虫の総称; cf. water scavenger beetle》.

pre·da·cious [prɪdéɪʃəs, prə- | prɪ-, pre-] 〖← L *praedārī* to take booty, plunder (⇨ predatory)＋-ACIOUS〗 *adj.* ＝predatory. **～·ness** *n.*

pre·dac·i·ty [prɪdǽsəṭi, prə- | -səti, -sɪ-] 〖⇨ predatory, -acity〗 *n.* 〖生態〗捕食性.

pre·date 〖← PRE-＋DATE[2] (v.)〗 — [⌐–⌐] *vt.* **1** (実際より)前日付けにする (antedate) (↔ postdate): ～ a letter, check, etc. **2** (時間的に)…より前にくる, …に先んずる. — [⌐–⌐] *n.* 〖新聞〗(遠隔地へ配達するための)前日版.

pre·da·tion [prɪdéɪʃən, prə- | prɪ-, pre-] 〖□L *praedātiō(n-)* ← *praedātus* (p.p.) ← *praedārī* to plunder: ⇨ predatory〗 — *n.* **1** 捕食, 略奪 (depredation). **2** 〖生態〗＝predatism.

predátion prèssure *n.* 〖生態〗捕食圧《弱小動物がそれを餌食(えじき)とする捕食動物 (predator) によって種(しゅ)の保存がおびやかされること》.

pred·a·tism [prédəṭɪzm] 〖← PREDAT(ION)＋-ISM〗 *n.*

〘生態〙(動物の)捕食(習性)《逃げ回る生き餌を襲って捕え食うこと》.

pred·a·tor [prédəṭə, -tɔ̀ə | prédətə(r)] 〘▭L *praedātor* (↓)〙 *n.* **1** 奪い取る人[物], 略奪者. **2** 捕食者, 捕食動物, 食肉動物, 食肉鳥(など).

pred·a·to·ry [prédətɔ̀ːri, -tòːri | -t(ə)ri] 〘《1589》▭L *praedātōri-us* of a plunderer ← *praedātor* plunderer ← *praedārī* to plunder ← *praeda* 'plunder, PREY': ⇨ -ory¹〙 ── *adj.* **1** (よく)略奪する, 略奪性の; 略奪を目的[事]とする: a ~ war, expedition, etc. / a ~ ruffian 強盗. **2** 〘生態〙動物を捕食する, 捕食性の, 食肉の (carnivorous): ~ birds 食肉鳥. **pred·a·to·ri·ly** [prèdətɔ́ːrəli, -tóːr-, －－－－ | prédət(ə)rəli, -rɪli] *adv.* **préd·a·tò·ri·ness** *n.*

pre·dáwn *n.* 夜明け前. ── *adj.* 夜明け前の: ~ hours.

prè·decéase *vt.* 〈ある人, まれにある事件〉より前に死ぬ: ~ one's parents 両親に先立つ. ── *vi.* 先に死ぬ, 先立つ. ── *n.* (ある人より)前に死ぬこと: Owing to the ~ of his father, he succeeded his grandfather directly in his estates. 父が(祖父より)先に死んだため彼は祖父の財産を直接相続した.

pred·e·ces·sor [prédəsèsə, príːd-, －－－－ | príːdɪsèsə(r, －－－] 〘《c1375》 *predecessour* ▭(O)F *prédécesseur* ▭LL *praedēcessor* ← *prae-* 'PRE-'+*dēcessor* retiring official (← *dēcēdere* to go away ← DE-¹+*cēdere* to go (⇨ cede)): ⇨ -or²〙 ── *n.* **1** 前任者, 先輩 (senior) (↔ successor): one's ~s in office 前任者 / one's immediate ~ 直接の前任者. **2** 前のもの, 取って代わられたもの: My present car is far superior to its ~s. 今の車はこれまでのどれよりもずっと上等だ. **3** 先祖 (ancestor): be buried with one's ~s 先祖と共に葬られる.

prè·define *vt.* あらかじめ定める.

pre·del·la [prɪdélə, prə-] 〘▭It. ~ ← ? OHG *bret* 'BOARD'+-*ella* (dim. suf.)〙 ── *n.* (*pl.* **-del·le** [-li, -leɪ | -lɪ, -leɪ]) 〘美術〙祭壇 (altar) の台[段]; その垂直面上の絵画[彫刻].

prè·désignate *vt.* **1** 前もって命名[指定]する. **2** 数量詞 (all, some, no など)を前置して〈名辞・命題〉の量を示す. **prè·designátion** *n.*

pre·des·ti·nar·i·an [priːdèstəné(ə)riən | -tɪnéəri-] 〘← PREDESTINE+-ARIAN〙 ── *n.* 〘神学〙運命予定説信奉者, 予定論者. ── *adj.* **1** 〘神学〙予定説の. **2** 宿命を信じる, 宿命論的な. **pre·dès·ti·nár·i·an·ìsm** [-nìzm] *n.* 〘神学〙運命予定説, 宿命論.

pre·des·ti·nate [priːdéstənèɪt | priːdéstɪ-, prɪ-] 〘《adj.: c1390; v.: ?a1400》← L *praedēstināt-us* (p.p.) ← *praedēstināre* 'to PREDESTINE': ⇨ -ate²,³〙 ── *vt.* **1** 予定する, …の前途を定める (predetermine). **2** 〘神学〙〈神が〉〈人間など〉の運命を(…に)前もって定める, 予定する (foreordain) 〔*to*〕/ 〈*to* do〉: ~ a person *to* election [reprobation] 〈神が〉人を前もって選抜[永罰]する. ── [-nət, -nɪt, -nèɪt] *adj.* 予定せられた運命の, 前もって定まっている, 宿命の.

pre·des·ti·na·tion [priːdèstənéɪʃən, －－－－ | priːdèstɪnéɪʃən, prɪ-, priːdes-] 〘《c1340》▭LL *praedestinātiō(n-)*: ⇨ predestine, -ation〙 ── *n.* **1 a** 予定(すること). **b** 天命, 宿命, 運命 (destiny). **2** 〘神学〙**a** 予定説《世界に出現する一切の事は, 神が永遠の昔から既に予定したものだとする説》: ⇨ double predestination. **b** (Calvin 派の)予定説《人間が救われるか否かは神によって予定されているという説》.

pre·dés·ti·nà·tor [-ṭə | -tə(r)] 〘⇨ predestinate, -or²〙 *n.* **1** 予定者. **2** 《古》〘神学〙=predestinarian.

pre·des·tine [priːdéstɪn, -tən | priːdéstɪn, prɪ-] 〘《c1390》▭(O)F *prédestin-er* // L *praedestin-āre*: ⇨ pre-, destine〙 ── *vt.* **1** 〈神が〉〈人を〉(…に)予定する (predetermine); (…に)運命づける 〔*for, to*〕/ 〈*to* do〉: He was ~*d for* a scholar. 彼は学者になるように運命づけられていた. **2** 〘神学〙=predestinate 2.

prè·detérminate 〘▭LL *praedetermināt-us*: ⇨ ↓, -ate²〙 *adj.* 前もって決められた, 先定の, 予定された: the ~ will of God 〘神学〙神の予定意志.

prè·detérmine 〘▭LL *praedetermin-āre*: ⇨ pre-, determine〙 ── *vt.* **1 a** =predestine 1. **b** 前もって決定する, 先決する. **2** 〈物事が〉〈人〉に前もって〔…に〕向かわせる, (…の方向[傾向]を)予定する 〔*to*〕/ 〈*to* do〉. ── *vi.* あらかじめ決める[解決する]. **prè·de·terminátion** *n.*

predetérmined váriable *n.* 〘経済〙先決変数.

prè·detérminer *n.* 〘文法〙前決[限]定辞《both, all などのように決定辞の前にくる語》.

prè·diabétes *n.* 〘病理〙糖尿病前症, 前糖尿病.

prè·diabétic 〘病理〙 *adj.* 糖尿病前症の. ── *n.* 前糖尿病(患)者.

pre·di·al [príːdiəl | -dɪəl, -djəl] *adj.* =praedial.

prè·diástole *n.* 〘生理〙(心臓の)前拡張期. **prè·di·astólic** *adj.*

pred·i·ca·ble [prédɪkəbl, -də- | -dɪ-] 〘《1551》▭F *prédicable* ▭L *praedicābilis*: ⇨ predicate, -able〙 ── *adj.* 断定される (affirmable); 〔…の〕属性として断定できる 〔*of*〕: Length is ~ *of* a line. 長さは線の属性である. ── *n.* **1** 断定されるもの, 属性. **2** 〘論理〙賓位語[概念], 客位語[概念]《predicament すなわち category に準じる根本的な概念; Aristotle の論理学では五つの根本概念, すなわち genus (類), species (種), difference (差), property (属性), accident (偶有性, 付帯性)の一つ》. **prèd·i·ca·bil·i·ty** [-kəbíləṭi | -bɪlətɪ, -lɪ-] *n.* **~·ness** *n.* **préd·i·ca·bly** *adv.*

pre·dic·a·ment [prɪdíkəmənt, prə-] 〘《c1390》▭LL *praedicāment-um* (《なぞり》) ← Gk *katēgoría* 'CATEGORY') ← L *praedicātus* (p.p.) ← *praedicāre* 'to proclaim, PREDICATE': ⇨ -ment〙 ── *n.* **1** (ある)状態, 境遇 (state); (特に)苦境, 窮境, 窮地: be in a ~ 苦境に立つ. **2 a** [prédɪkəmənt, -də- | -dɪ-] 断定されたもの. **b** 〘論理・哲学〙範疇(はんちゅう) (category); [*pl.*] Aristotle の 10 の範疇. **3** 《古》(特殊な)状態.

pred·i·cant [prédɪkənt, -də- | -dɪ-] 〘《1590》▭LL *praedicant-em* ← *praedicāre* (↓): ⇨ -ant〙 ── *adj.* 説教する (preaching), 説教に当たる: a ~ order (of friars) (ドミニコ会のような)説教士の修道会 ── *n.* **1** 説教師; (特に, ドミニコ会の)修道士 (Dominican), ドミニコ会士. **2** =predikant.

pred·i·cate 〘《n.: 1532; v.: 1552》← LL *praedicāt-um* (《なぞり》) ← Gk *katēgoreúmenon*) ← L *praedicāre* to proclaim, publish ← *prae-* 'PRE-'+*dicāre* to make known: ⇨ -ate¹,²,³: PREACH と二重語〙 ── [prédəkèɪt | -dɪ-] *v.* ── *vt.* **1** (真実である[実在する]と)断言する, 断定する (affirm): We ~*d* his statement *to* be true.=We ~*d that* his statement was true. 我々は彼の陳述は真であると断定した. **2** 〘論理〙〔主題について〕〈何かを〉断定する, 断言する, 賓述する, 述語を加える, 属性を与える 〔*about, of*〕: We ~ goodness or badness *of* a motive. 我々は動機をよいとか悪いとか言う / Knowledge cannot be ~*d of* the brute creation. 動物に知識があるとは言えない. **3** 〘文法〙叙述する. **4** 意味する (imply), 内包する (connote): Snow ~*s* whiteness. 雪には白さという属性がある. **5** 《米》〈言明・行動など〉を〔…に〕基づかせる (found) 〔*on, upon*〕. ── *vi.* 断言する, 断定する (affirm).
── [prédɪkət, -də-, -kɪt | prédɪkət, -kɪt, -kèɪt, príːdɪkət, -kɪt] *n.* **1** 〘文法〙述部, 述語 (cf. subject 7, object 6). **2** 〘論理〙述語, 賓位語, 賓辞: ~ logic 述語論理(学). **3** 〘哲学〙述語, 属性 (attribute) (↔ subject).
── [prédɪkət, -də-, -kɪt | prédɪkət, -kɪt, -kèɪt, príːdɪkət, -kɪt] *adj.* **1** 〘文法〙述部の, 述語の. **2** 〘論理〙賓位語[賓辞]の.

prédicate ádjective *n.* 〘文法〙=predicative adjective.

prédicate cálculus *n.* =functional calculus.

prédicate lógic *n.* 〘論理〙述語論理《論理学の一分野で, 命題論理を含み, さらに命題の内部構造を個体記号と述語に分けて量化詞の働きに依存する推理形式を探究する; quantification theory ともいう》.

prédicate nóminative *n.* 叙述主格, 述語主格《ギリシャ語・ラテン語などの主格の述語名詞または主語形容詞》.

prédicate nóun *n.* 〘文法〙=predicative noun.

prédicate vérb *n.* 〘文法〙述部動詞《主語について何らかの陳述をなし述部の中心をなす動詞; 一般に SVO という場合の V に当たる; 例: I *came* home yesterday morning. の came》.

pred·i·ca·tion [prèdəkéɪʃən | -dɪ-] 〘《c1300》▭(O)F *prédication* ▭L *praedicātiō(n-)*: ⇨ predicate, -ation〙 ── *n.* **1** 断言, 断定. **2** 〘論理〙叙述・断言・判断において述語[賓辞]を与えること. **3** 〘文法〙(述語的)叙述, 賓述; 述語 (predicate). **4** 《古》説教 (sermon).

pred·i·ca·tive [prédəkèɪṭɪv | prɪdíkət-, prə-] 〘《1846》▭LL *praedicātīv-us* ← L *praedicātus* (p.p.): ⇨ predicate, -ative〙 ── *adj.* **1** 断定する, 断定的な (affirming). **2** 〘文法〙叙述的な, 述語的な (↔ attributive): the ~ use of a noun [an adjective] 名詞[形容詞]の叙述的用法 / ⇨ predicative adjective, predicative noun. ── *n.* 〘文法〙述詞, 叙述語《一般に補語 (complement) といわれているもの》.

predicative ádjective *n.* 〘文法〙叙述[述部]形容詞《例: He is *dead.* / It made him *sick.* における dead, sick のように補語として用いられた形容詞; cf. attributive adjective》.

préd·i·cà·tive·ly *adv.* 〘文法〙叙述的に, 述詞[叙述語]として.

prédicative nóun *n.* 〘文法〙叙述[述部]名詞《例: He is a *fool.* / I made him a *servant.* における fool, servant のように補語として用いられた名詞; cf. attributive noun》.

pred·i·ca·to·ry [prédɪkətɔ̀ːri, -də-, -tòːri | prédɪkət(ə)ri] 〘▭LL *praedicātōri-us* of preaching: ⇨ predicate, -ory¹〙 ── *adj.* 説教(的)の, 説教に関する; 説教する (preaching), 説教された (preached).

pre·dict [prɪdíkt, prə-] 〘《1546》← L *praedict-us* (p.p.) ← *praedīcere* to say before ← *prae-* 'PRE-'+*dīcere* to say: cf. diction〙 ── *vt.* 予言する, 予報する, 予示する (foretell): ~ the future [that rain is coming]. ── *vi.* 予言する, 予報する.

pre·dict·a·bil·i·ty [prɪdìktəbíləṭi, prə- | -lətɪ, -lɪ-] *n.* 予言されうること, 予測可能性.

pre·dict·a·ble [prɪdíktəbl, prə-] 〘⇨ predict, -able〙 ── *adj.* **1** 予言できる, 予報できる. **2** 《軽蔑》〈人が〉何一つ新しい[面白い]ことをするでもない[考えつくでもない], 何をするかあらかじめわかり切っている.

pre·díct·a·bly [-bli | -blɪ] *adv.* 予想どおりに.

pre·dic·tion [prɪdíkʃən, prə-] 〘《1561》▭L *praedictiō(n-)*: ⇨ predict, -tion〙 ── *n.* 予言[予報]する[されること]; 予言, 予報: ~ of earthquake 地震の予知.

pre·dic·tive [prɪdíktɪv, prə-] 〘▭LL *praedictīv-us*: ⇨ predict, -ive〙 ── *adj.* **1** 予言する, 予報する, 予言的な. **2** 〔…の〕前兆となる (boding) 〔*of*〕: a cold wind ~ *of* snow 雪の前触れの冷たい風. **~·ly** *adv.*

pre·díc·tor 〘▭ML *praedictor*: ⇨ predict, -or²〙 ── *n.* **1** 予言者, 予報者. **2** 〘軍事〙**a** 未来位置算定器[計測装置]《敵機の正確な未来位置を計測する装置》. **b** 水中(制御)機雷発火時機指示器《敵艦船の移動に合わせ機雷発火の最適の時機を指示する装置》. **3** 〘数学〙**a** 予報値. **b** 補間公式《関数の与えられた幾つかの値から他の値の近似値を求めるための公式》.

prè·digést *vt.* **1** (病人のために消化しやすいように)〈食物を〉調理する, (前もって酵素などで処理して)人工的に消化しておく. **2** 〈作品などを〉(学習者のために注をつけたり書き直したりして)理解しやすくする. **prè·digéstion** *n.*

pre·di·kant [prèɪdɪkáːnt] 〘▭Du. ~: ⇨ predicant〙 *n.* (特に, アフリカ南部の)オランダプロテスタントの牧師 (predicant).

pre·di·lec·tion [prèdəlékʃən, prìː-, -dḷ- | prìːdɪl-] 〘《1742》▭F *prédilection* ← ML *praedilēctus* (p.p.) ← *praediligere* to prefer ← *prae-* 'PRE-'+L *diligere* to choose out, love: ⇨ -tion: cf. diligent〙 ── *n.* [通例 a ~] 〔…に対する〕(先入的)好み, ひいき, 偏愛, 偏好 〔*for*〕.

pre·dispose [prìːdɪspóʊz, -dəs- | -dɪspə́ʊz] 〘《1646》← PRE-+DISPOSE〙 ── *vt.* **1** 前もって処置[処分]する. **2** 〈物事が〉〈人〉に〔…に〕傾かせる, 〔…の〕素地を作る 〔*to, towards*〕: My training ~*d* me *to* conservatism. 私の受けたしつけは私を保守主義に傾かせた. **3** 〘病理〙…に素因を与える, 〈人を〉〔病気に〕かかりやすくする 〔*to*〕: Heredity may ~ an organism *to* disease. 遺伝は生体に対して病因となることがある / A cold ~*s* a person *to* other diseases. かぜをひくとほかの病気にかかりやすくなる[を誘発する]. ── *vi.* 素因を与える, 〔病気に〕かかりやすくする 〔*to*〕.

pre·dis·po·si·tion [prìːdɪspəzíʃən, －－－－] 〘⇨ pre-, disposition〙 ── *n.* **1** 傾向, 素地, たち: a ~ toward(s) piety 信心深くなる素地. **2** 〘病理〙素因 (disposition); 疾病素質 (susceptibility) 〔*to*〕: a ~ *to* apoplexy 卒中にかかりやすい素質.

prè·distórtion *n.* 〘通信〙先行歪(ひず)ませ (preemphasis).

pred·nis·o·lone [prednísəlòʊn | -lə̀ʊn] 〘← PREDNIS(ONE)+-OL¹+-ONE〙 *n.* 〘薬学〙プレドニゾロン ($C_{21}H_{28}O_5$)《ステロイド系抗炎症剤》.

pred·ni·sone [prédnəsòʊn, -zòʊn | -nɪsə̀ʊn, -zə̀ʊn] 〘← PRE(GNANE)+-D(IE)N(E)+(CORT)ISONE〙 *n.* 〘薬学〙プレドニゾーン ($C_{21}H_{26}O_5$)《ステロイド系抗炎症剤》.

pre·dom·i·nance [prɪdáːmənəns, prə- | -dɔ́mɪ-] *n.* 優越, 卓越, 優勢; 〔…の〕支配 (preponderance) 〔*over*〕.

pre·dóm·i·nan·cy [-nənsi | -sɪ] *n.* =predominance.

pre·dom·i·nant [prɪdáːmənənt, prə- | -dɔ́mɪ-] 〘《1576》▭F *prédominant* ▭ML *praedominantem* (pres.p.) ← *praedomināre* ← *prae-* 'PRE-'+L *domināre* to rule: ⇨ dominant〙 ── *adj.* **1** 他よりも力[権力, 勢力]のある, 優勢な (predominating); 優れた, 卓越した: the ~ member 優位連合国《1894 年第五代 Rosebery 伯爵がアイルランドに対してイングランドのことをいうのに用いた》. **2** 主要素をなす, 支配的な, 主な: a ~ color 主色 / a ~ idea 主意. **~·ly** *adv.*

pre·dom·i·nate [prɪdáːmənèɪt, prə- | -dɔ́mɪ-] 〘《1594》← ML *praedominātus* (p.p.) ← *praedomināre* (↑)〙 ── *adj.* =predominant. ── *vi.* **1** 幅をきかせる, 優れている, 目立っている, 優勢を占める, 卓越する: a garden in which dahlias ~ ダリヤの一番多い庭 / a mixed feeling in which jealousy ~*s* ねたみが主な複雑な感情. **2** 〔…の〕主権を握る, 〔…を〕支配する (rule) 〔*over*〕. **3** 〈ある色などが〉主[顕著]である, 勝っている. ── *vt.* **1** 支配する. **2** 幅をきかせる, より優れている. **~·ly** *adv.* **pre·dóm·i·nà·tor** [-ṭə | -tə(r)] *n.*

pre·dóm·i·nàt·ing [-ṭɪŋ | -tɪŋ] *adj.* **1** 支配的な, 主な. **2** 群を抜いた, 優勢な, 卓越した. **~·ly** *adv.*

pre·dom·i·na·tion [prɪdàːmənéɪʃən, prə- | -dɔ̀mɪ-] 〘⇨ predominate, -ation〙 *n.* =predominance.

prè·dóom *vt.* 《古》前もって…の運命を定める, 〔…に〕運命づける 〔*to*〕: be ~*ed to* ruin 破滅の運命をになわされる.

pre·dor·mi·tum [priːdɔ́ːməṭəm | -dɔ́ːmɪtəm] 〘← NL ~ ← PRE-+L *dormitum* sleeping〙 *n.* 〘医学〙睡眠前期.

prè·dórsal *adj.* 〘解剖〙背部の前にある.

prè·dynástic *adj.* (特に, Egypt の)王朝以前の, 先王朝時代の.

pree [príː] 〘《短縮》← 《スコット》《廃》*preve* 《変形》← PROVE〙 ── *vt.* (~**d**; ~**·ing**) 《スコット》試食[試飲]する (sample).
pree the mouth of 《スコット》…にキスする.
── *n.* 《スコット・北英》ためし, 試食.

prè·eléct *vt.* **1** 予選で選ぶ, 予選を行なう[する]. **2** 〈神が〉…の救済を予定する.

prè·eléction *n.* 《古》予選. ── *adj.* 〈公約・運動など〉選挙前の[に起こる], 事前の.

prè-Elizabéthan *adj.* エリザベス女王時代以前の.

prè·emérgence *adj.* 〘植物〙出芽前の[に起こる].

prè·emérgent *adj.* 〘植物〙=preemergence.

pree·mie [príːmi | -mɪ] 〘《短縮》← PREMATURE: ⇨ -ie〙 *n.* 《米口語》未熟児, 早産児.

pre·em·i·nence [pri(ː)émənəns | priːémɪnəns, prɪ-] 〘《15C》▭LL *praeēminentia*: ⇨ ↓, -ence〙 *n.* 卓越, 傑出, 抜群: bad ~ 悪評.

pre·em·i·nent [pri(ː)émənənt | priːémɪ-, prɪ-] 〘《?c1400》▭L *praeeminent-*, *praeēminēns* (pres.p.) ← *praeēminēre* to project forward ← *prae-* 'PRE-'+

ēminēre stand out: ⇨ eminent〗 ━ adj. 抜群の, 傑出した, 卓越した, 秀でた; 顕著な, 目立った. **～·ly** adv.

prè·émphasis n. 〘通信〙プレエンファシス《周波数変調方式において, 送信側で周波数の高い方を前もって強調して信号対雑音比を高めたりひずみを減らしたりすること; cf. emphasis 5, de-emphasis 2》.

prè·emplóyment adj. 就職前の[に起こる].

preemplóyment examinátion n. 〘医学〙採用時(身体)検査.

pre·empt [pri(ː)ém(p)t | priː-, prɪ-] 〖(1857)《逆成》↓〗 ━ vt. 1 先買権によって〈公有地を〉獲得する. 2 《米》先買権を得るために前もって〈公有地を〉占有する. 3 他に先んじて占有する, 先取する, 買い占める. 4 〘ラジオ・テレビ〙〈予定の番組を〉さし替える. ━ vi. 〘トランプ〙(ブリッジで)先制ビッドをする. ━ n. 〘トランプ〙＝PREEMPTIVE bid.

pre·emp·tion [pri(ː)ém(p)ʃən | priː-, prɪ-] 〖(1602) ← ML *praeemptus* ((p.p.) ← *praeemere* to buy beforehand ← *prae-* 'PRE-'＋L *emere* to buy)＋-TION: cf. exempt〗 ━ n. 1 a 先買. b 先買権, 優先買取権 (preemption right). c 先買権によって得た土地. 2 先制(攻撃).

preémption rìght n. 先買権, 優先買取権《公有地などを他人に優先して買うことができる権利》.

pre·emp·tive [pri(ː)ém(p)tɪv | priː-, prɪ-] 〖← ML *praeemptus* (⇨ preemption)＋-IVE〗 ━ adj. 1 先買の; 先買権のある. 2 〘軍事〙先制の, 相手の攻撃を封ずるためにしかけた: a ～ strike 先制攻撃. 3 〘トランプ〙(ブリッジで)プリエンプティブの, 先制の《相手のビッド (bid) を封じる目的の, 飛躍的に高いビッドにいう》: a ～ bid [overcall, response] 先制ビッド [オーバーコール, レスポンス]. **～·ly** adv.

preémptive ríght n. 〘証券〙新株引受権《一定数の株式を, 発行会社に一定金額を払い込むことによって取得することができる選択権》.

pre·émp·tor n. 先買権獲得[所有]者.

pre·emp·to·ry [pri(ː)ém(p)t(ə)ri | priːém(p)t(ə)rɪ, prɪ-] 〖⇨ preemption, -ory¹〗 adj. 先買(権)の.

preen¹ [príːn] 〖(c1395) *proyne, preyne*《混成》← PRUNE＋PREEN²: くちばしでつつくことの連想から〗 ━ vt. 1 〈鳥が〉〈羽を〉(くちばしで)整える (trim), 〈獣が〉〈毛を〉舌でそろえる. 2 a 〈着衣を〉整える. b [～ *oneself* で] しゃれる, 身じまいする. 3 [～ *oneself* で]〔…で〕得意になる, 喜ぶ〔*on, upon*〕. ━ vi. 1 〈鳥が〉羽を整える. 2 めかす, しゃれる. **～·er** n.

preen² [príːn] 〖OE *prēon* pin, brooch: cf. Du. *priem* pin / G *Pfriem* awl〗 ━ n. 《英方言》1 留め針, ピン (pin); えり止め, ブローチ (brooch). 2 取るに足らない物. ━ vt. 《スコット》ピンで留める.

prè·engáge vt. 1 予約する, 先約する. 2 …の心を傾かせる; …の心を占める[奪う] (prepossess). ━ vi. 予約する. **～·ment** n.

prè-enginéered adj. 〘建築〙〈建物が〉工業化された《プレハブ式の部材や部分で作り上げてあることにいう》.

préen glànd n. 〘鳥類〙＝uropygial gland.

prè-Énglish n. 1 (今日の英語の先祖に当たる)古代西ゲルマン語 (West Germanic) の一方言. 2 アングロサクソン族侵入前に英国で行なわれていた諸言語. ━ adj. pre-English の.

prè·equalizátion n. 〘通信〙＝preemphasis.

prè·estáblish vt. 前もって設立[制定]する; 予定[先定]する.

prè·estáblished hármony n. 〘哲学〙(Leibniz の唱えた)予定調和.

pre·es·ti·mate [prìːéstəmèɪt | -ésti-] vt. 前もって評価する, 予測する. ━ [-mət, -mɪt] n. 予測, 予算.

prè·examinátion n. 予備試験[調査].

prè·exámine vt. 前もって調査[試験]する; …に予備試験をする.

prè·exílian 〖← PRE-＋L *exilium* 'EXILE'＋-AN¹〗 adj. (ユダヤ人の)バビロニア捕囚 (Babylonian captivity) 以前の.

prè·exílic adj. ＝preexilian.

prè·exíst vi. 1 先在する. 2 前生に存在する. 3 (具体化する前に)心中に[観念的に]存在する. ━ vt. 〈ある事〉より前に存在する. **prè·exístent** adj.

prè·exístence n. 1 先在; (特に, 肉体と結合する前の)霊魂先在. 2 〘神学〙先在《特に, キリストが肉体の形をとる前から存在したこと》.

prè·experiméntal adj. 予備実験の.

prè·expósure n. あらかじめの露出; 〘写真〙前露光《撮影前に, 写真材料の感度を増すために弱い均一露光を行なうこと》.

pref. 《略》preface; prefaced; prefatory; prefect; prefecture; prefer; preferably; preference; preferred; prefix; prefixed.

pre·fab [priːfǽb, ⌐⌐ | ⌐⌐] 〖(1942)《略》← *prefabricated* (p.p.) (↓)〗 〘建築〙 ━ adj. プレハブ(式)の, 組立て式の (prefabricated). ━ n. 《口語》プレハブ(住宅), 組立て家屋. ━ vt. (**-fabbed; -fab·bing**) ＝ prefabricate.

prè·fábricate 〖(1932) ← PRE-＋FABRICATE〗 ━ vt. 1 前もって作り上げる. 2 〘建築〙〈家屋を〉組立て部分品で[プレハブ式に]作る (cf. precast, precut): a ～d house (組立て式の)プレハブ住宅. 3 人工的に作る; 〈小説の筋などを〉紋切り型に展開させる. 4 〈笑顔などを〉もっともらしく[紋切り型に]作る. **prè·fábricator** n. **prè·fabricátion** n.

pref·ace [préfɪs, -fəs] 〖n.: (a1387) □ (O)F *préface* □ ML *praefātia*＝L *praefātiō* a saying beforehand ← *praefārī* to say beforehand ← *prae-* 'PRE-'＋*fārī* to say: cf. fable. ━ v.: (1616) ← (n.)〗 ━ n. 1 a (書物・論文などの)序文, 序説, 緒言, まえがき, はしがき (introduction) (cf. foreword). b (演説などの)前置き, 前口上. 2 [しばしば P-] 〘カトリック〙(ミサ典文 (Canon) の前に唱えられる)序唱. 3 前置き[前触れ]となるもの, きっかけ. ━ vt. 1 〈書物〉に序文を書く. 2 …に〔…を〕先行させる, 〈話などを〉〔…を〕前置きして始める〔*by, with*〕: ～ a book *by* [*with*] a life of the author 書物の初めに著者の略歴をつける / He ～d his remarks *with* a snort [*by* an apology]. 話の前に息をはずませた[言い訳をした]. 3 …の序[端緒]となる, …の端を開く (introduce). ━ vi. 序文を書く, あらかじめ言っておく.

prè·fáctor n. 〘数学〙前因子《積の形の式の左の因子; ↔ postfactor》.

pref·a·to·ri·al [prèfətɔ́ːriəl, -tóːr- | -tɔ́ːrɪ-] adj. ＝ prefatory. **～·ly** adv.

pref·a·to·ry [préfətɔ̀ːri, -tòːri | -t(ə)ri] 〖(1675) ← L *praefātus* ((p.p.) ← *praefārī*: ⇨ preface)＋-ORY¹〗 ━ adj. 序文の, 前置きの, 前口上の: ～ remarks in a speech 演説の前置きの言葉. **pref·a·to·ri·ly** [prèfətɔ́ːrəli, -tóːr-, ⌐⌐⌐⌐⌐ | préfət(ə)rəlɪ, -rɪlɪ] adv.

prefd. 《略》〘証券〙preferred (stock) 優先(株式).

pre·fect [príːfekt] 〖(c1350) □ OF ～ (F *préfet*) □ L *praefectus* overseer, director (p.p.) ← *praeficere* to set over ← *prae-* 'PRE-'＋*facere* to do, make: cf. fact〗 ━ n. 1 〘ローマ史〙長官 (chief magistrate); (特に)属州 (province) の長官[総督]. 2 (フランス・イタリア・日本などの)知事 (governor), 長官: the *Prefect* of Police (パリの)警視総監. 3 陸軍[海軍]司令官. 4 (英国の public school や米国のある種の私立学校の)監督生, 風紀生, 級長 (praeposter)《他の学校の monitor に当たる》. 5 〘カトリック〙(イエズス会系の学校の)学部長(など)の役職. **～·shìp** n. **pre·fec·to·ral** [priːfékt(ə)rəl] adj. **pre·fec·to·ri·al** [prìːfektɔ́ːriəl, -tóːr- | -tɔ́ːrɪ-] adj.

préfect apostólic n. (pl. **prefects a-**) 〘カトリック〙代牧区 (prefecture apostolic) 長, 代牧《位階は bishop の下; 管轄地の信徒を管理する》.

pre·fec·ture [príːfektʃə | -tjʊə(r, -tʃʊə(r, -tʃə(r] 〖(1577) □ L *praefectūra* office of an overseer ← *praefectus*: ⇨ prefect, -ure〗 ━ n. 1 prefect の職[職権, 任期, 管轄区]. 2 (ローマ帝国やフランス・イタリア・日本などの)県, 府. 3 県庁, 府庁; 知事官舎. **pre·fec·tur·al** [priːféktʃ(ə)rəl] adj.

préfecture apostólic n. (pl. **prefectures a-**) 〘カトリック〙(組織が未整備の段階の)布教区域, 代牧区.

pre·fer [prɪfə́ː; prə- | -fə́ː(r] 〖(c1390) *preferre(n)* □ (O)F *préfér-er* □ L *praeferre* to bear or set before, prefer ← *prae-* 'PRE-'＋*ferre* 'to BEAR²'〗 ━ v. (**pre·ferred; -fer·ring**) ━ vt. 1 〔…より〕むしろ…の方を取る, 好む, よいと思う (like better)〔*to*〕: ～ the town *to* the country 田舎よりも都会を好む / ～ working *to* doing nothing 遊んでいるよりは働く方が好きだ. ★ (1) この語の目的語が不定詞の場合は to の代わりに rather than を用いる: He ～*red to* do this *rather than* (do) that. それよりもこれをしようと言った. ただし, 時に音調により rather が脱落することもある. (2) 目的語が名詞の場合にも rather than を用いることがあるが, この時に to が一般的な好みを示すのに対し, rather than は一時的な好みを表わすことが多い: I ～ apples *rather than* pears. ナシよりリンゴの方が好きだ. (3) 比較されるものが省略される場合がある: I ～ standing (*to* sitting).＝I ～ *to* stand (rather than sit). 私は立っている方がいい / I ～ *to* wait (rather than go at once). (すぐ出かけるより)待つ方がいい / I ～ *to* leave it along [I ～ that it (should) be left alone] (rather than otherwise). それはそのままにしておいた方がいいと思う. 2 《まれ》〈人を〉〔…に〕昇らせる, 抜擢する, 昇進させる (promote); 位につける, 任命する (appoint)〔*to*〕: ～ a man to a bishopric 人を bishop に任命する. 3 (承認・考慮などを求めるために裁判所などに対して)持ち出す, 提出する (bring forward): ～ a request, statement, bill, etc. / ～ a charge against a person 人を告発する. 4 〘法律〙…に優先権を与える. ━ vi. (…の方を)好む, 選ぶ: I will come, if you ～. その方がよろしければお伺いいたします.

pref·er·a·ble [préf(ə)rəbl, -fəbl | -f(ə)rəbl] 〖(1648) □ F *préférable*: ⇨ ↑, -able〗 ━ adj. 〔…より〕選ぶべき, 〔…より〕ましな, 望ましい (more desirable)〔*to*〕. ★ more [most] ～ とは言わない: Any principle is ～ *to* none. どんな主義でも無主義よりはましだ / Poverty is ～ *to* ill health. 貧乏は病身よりましだ / It is ～ that he (should) stay behind. 彼はむしろ後に残った方がよい. **prèf·er·a·bíl·i·ty** [-rəbíləti | -lɪti, -lɪ-] n. **～·ness** n.

préf·er·a·bly [-bli | -blɪ] adv. 好んで, むしろ, いっそ, なるべくなら(…の方がよい) (rather): We want an assistant, ～ a young man. 助手を求めています, なるべくなら若い人を希望.

pref·er·ence [préf(ə)rəns, -fəns | -f(ə)rəns] 〖(1603) □ F *préférence* □ ML *praeferentia*: ⇨ prefer, -ence〗 ━ n. 1 他のものより先に取ること, 採択, 好み, ひいき: ～ of A *to* [*over*] B B よりも A を選ぶ[好む]こと / have a ～ *to* [*for*] …の方を選ぶ[好む], …を一層よいと思う / by [for] ～ 好んで, 選んで; なるべくなら / in ～ *to* …に先立って; よりはむしろ / Teachers should not show any ～ *for* any one of his pupils. 教師はどの生徒にもえこひいきをすべきでない. 2 他のものより好まれるもの, 好物 (favorite); 採択物: French novels are my ～. フランス小説こそ私の好むところだ. 3 a 優先(権), 先取(権): offer [afford] a ～ 優先権を与える. b (支払いにおける)優先権: give a creditor an illegal ～ 債権者に非合法的な優先権を与える. 4 〘経済〙(貿易などの)特恵.

préference bònd n. 《英》〘財政〙優先政府公債.

préference shàre [stòck] n. 《英》〘証券〙＝preferred stock [share].

pref·er·en·tial [prèfərénʃəl] 〖(1849) ← ML *praeferenti(a)*＋-AL¹: ⇨ preference〗 ━ adj. 1 先取の, 優先の, 先取権のある: ～ right 先取特権, 優先権 / ～ treatment 優待. 2 選択的な, 差別制の. 3 〘経済〙〈関税法・運賃制など〉特恵の: the ～ duties 特恵関税 / a ～ trade agreement 特恵貿易協定.

prèf·er·én·tial·ìsm [-ʃəlìzm] n. 〘経済〙特別恩恵主義, 特恵《特定の国の産物に限り輸入税を低くするなど》.

prèf·er·én·tial·ist [-ʃ(ə)lɪst, -ləst | -lɪst] n. 特別恩恵[特恵]の主張者.

prèf·er·én·tial·ly [-ʃəli | -lɪ] adv. 1 優先的に, 先取権によって. 2 〘経済〙特恵によって.

preferéntial shóp n. 《米》労働組合員優先雇用工場《資本家と組合の協定により組合員が優先的に雇用される工場》.

preferéntial táriff n. 特恵関税.

preferéntial vóting [sýstem] n. 〘政治〙選択投票(制), 順位指定連記投票《投票者が数名の候補者に選択順位をつけて行なう投票法; alternative vote ともいう; cf. proportional representation》.

pre·fer·ment [prɪfə́ːmənt, prə- | -fə́ː-] 〖(1451) ← PREFER＋-MENT〗 n. 1 昇進, 昇級; 抜擢(ばってき) (promotion). 2 高官, (聖職者の)高位. 3 優先[先取]権, 貸金の取立優先権(など). 4 (告発などの)提起.

pre·férred 〖(15C)〗 adj. 1 〘証券〙〈請求権が〉先順位の, 優先の: ⇨ preferred share. 2 抜擢(ばってき)された, 昇進した.

preférred líe n. 〘ゴルフ〙プリファード ライ《競技者がペナルティーなしに置き替えることができるボールの位置; ストローク数は変わらない》.

preférred shàre [stòck] n. 《米》〘証券〙優先株式 (《英》preference share [stock])《普通株式に優先して所定額までの配当を受ける権利をもつ株式; cf. common stock, ordinary n. 3》.

pre·fér·rer [-fə́ːrə | -fə́ːrə(r] 〖⇨ prefer, -er¹〗 n. 1 選択者. 2 提出者.

prè·figurátion 〖□ LL *praefigūrātiō(n-)*: ⇨ prefigure, -ation〗 n. 1 予示, 予表; 予想 (prefigurement). 2 (前もって示す)原型 (prototype).

prè·fígurative adj. 若い世代の価値が重んじられる社会の[を表わす]. **～·ly** adv. **～·ness** n.

prè·fígure 〖(a1500) □ LL *praefigūrāre*: ⇨ pre-, figure (v.)〗 vt. 1 …の形[型]を前もって示す, 予表する, 予示する (foreshadow). 2 予想する.

prè·fígure·ment n. 予想図[像].

prè·fínish vt. 前もって完成する[仕上げる].

pre·fix 〖n.: (1646) ← NL *praefix-um* ← *praefixus* (p.p.) ← L *praefigere* to fix before ← *prae-* 'PRE-'＋*fīgere* 'to FIX'. ━ v.: (c1420) □ (O)F *préfix-er* ← PRE-＋*fixer* 'to FIX'〗 ━ [príːfɪks] n. 1 〘文法〙接頭辞 (cf. suffix, affix). 2 氏名の前につける敬称《例えば Sir, Mr., Dr. など》. 3 〘論理〙冠(かん), 冠詞《一つ以上の量化詞で, 特に冠頭標準形 (prenex normal form) におけるそれをいう》. ━ [príːfɪks, priːfíks, prɪ-, prə- | priːfíks, ⌐⌐] vt. 1 〈序文・敬称などを〉前につける, …の初めに置く: ～ a paragraph [chapter] to a chapter [book] 章[巻]の初めに節[章]をつける / Ungrammatical sentences are ～*ed by* an asterisk. 非文法的な文にはその前に星印を付けてある (cf. I have ～*ed* the sentence *with* an asterisk to indicate that it is ungrammatical.). 2 〘文法〙〔語に〕接頭辞としてつける〔*to*〕: 'Out' is ～*ed to* many verbs. 3 《古》前もって決める[任命する].

pre·fix·al [príːfɪksəl, priːfík-, prə-, -sl | priːfík-, príːfɪk-] adj. 〘文法〙接頭辞の, 接頭辞を成す. 2 〈序文・敬称など〉前に置かれた. **～·ly** adv.

pre·fix·ion [priːfíkʃən, prɪ-, prə- | priː-] 〖□ F *préfixion*: ⇨ prefix, -ion〗 n. 〘文法〙接頭辞[語]を用いること.

prè·fíxture 〖← PREFIX＋(FIX)TURE〗 n. 〘文法〙1 接頭辞をつけること. 2 接頭辞 (prefix).

prè·flíght adj. 飛行前の.

prè·fócus vt. (前もって)〈ヘッドライト〉の焦点を合わせる.

prè·fórm 〖□ L *praeform-āre*: ⇨ pre-, form〗 ━ vt. 1 [通例 p.p. 形で] 前もって形成する: ～*ed* faculties. 2 前もって…の形を定める, 前もっておおよその形[型]に仕立てておく. ━ [⌐⌐, ⌐⌐] n. 1 前もっての形成物. 2 宝石用原石 (gemstone). 3 ＝biscuit 5 a.

prè·formátion n. 1 前もっての形成. 2 〘生物〙前成説, 予造説《完成有機体の各部は胚子(はいし)の中に既存していて, それらが単に生長するに過ぎないという説; 今は信じられない; theory of preformation ともいう; cf. epigenesis 1》. **prè·formátionary** adj.

prè·fórmative 〘言語〙 adj. (語形成要素として)接頭された, 接頭辞的な. ━ n. 接頭要素《語頭に添えられる語根以外の語形成要素》.

prè·fróntal 〖⇨ pre-, frontal〗 〘解剖・動物〙 adj. 1 前額骨の前にある. 2 前頭葉前部にある. ━ n. 前額骨の前にある部分《骨など》.

prefróntal lobótomy *n.* 〘外科〙前頭葉(白質)切截(ˢᵉᵗˢᵘ)(術).
prè·gangliónic *adj.* 〘動物〙節前の.
prè·génital *adj.* 〘精神分析〙前性器期の: the ~ period 前性器期.
preg·gers [prégəz | -gəz] 〘← PREG(NANT): ⇨ -er¹ 1 i〙 *adj.* 《英俗》妊娠している (pregnant).
Pregl [préɪgḷ; G. pré:gl], **Fritz** *n.* プレーグル《1869–1930; オーストリアの化学者; Nobel 化学賞 (1923)》.
prè·glácial 〘地質〙 *n.* 氷河前縁地域. — *adj.* 前氷河期の (↔ postglacial).
preg·na·bil·i·ty [prègnəbíləṭi | -ləti, -lɪ-] *n.* 攻撃されやすいこと; 弱点.
preg·na·ble [prégnəbḷ] 〘《1435》□ (O)F *prenable* ← *prendre* to take < L *prendere* 《略》← *pr(a)ehendere*: -g- 音は pregnant からの類推で 16 C から: ⇨ prehensile, -able〙 — *adj.* **1** 略取される, 占領しやすい: a ~ fortress. **2** 攻撃される, 攻撃されやすい; 弱味のある, 弱い: a ~ idea (攻撃を受ける)弱点のある考え / an infidel ~ *to* neither religion nor common sense 宗教も常識も歯の立たない不信心者.
preg·nan·cy [prégnənsi | -sɪ] *n.* **1 a** 妊娠, 懐妊: extrauterine [spurious] ~ 子宮外[想像]妊娠 / a ~ test 妊娠テスト. **2** 充満, 豊富. **3** 含蓄[可能性]に富むこと, 意味深長. **4** 《古・詩》多産, 豊穣(ᵇᵒʲᵒ).
preg·nane [prégneɪn] 〘⇨ ↓, -ane²〙 *n.* 〘化学〙プレグナン ($C_{21}H_{36}$) 《天然にはないステロイドの一種; プレグナン誘導体の基本炭化水素》.
preg·nant [prégnənt] 〘《1413》□ L *praegnant-em* with child, 《原義》before birth 《変形》← *praegnatem* ← *prae-* 'PRE-'+(*g*)*nāscī* to be born: ⇨ -ant: cf. nature〙 — *adj.* **1** 妊娠している: be six months ~ 妊娠 6 か月である / be ~ *with* one's first child 初めての妊娠をしている / She is ~ *by* her former husband. 先夫の子を宿している. **2** 妊娠の[に関する]: ~ urine. **3** 〔…に〕満たされた, 充満した (filled) 〔*with*〕. **4** 〈言語・行動など〉意味深い, 含蓄のある (suggestive): a ~ word, speech, etc. / a phrase ~ *with* [*in*] meaning 含蓄の深い句 / a ~ construction 〘文法・修辞〙含蓄[簡約]構文《例えば Put it into and keep it in your pocket. を意味する Put it in your pocket. など》. **5** 可能性に富んだ; 重大な(結果をはらんだ): an event ~ *with* grave consequences 重大な結果をはらむ事件 / clouds ~ *with* rain 雨をはらんだ[をもたらす]雲. **6** 〈人・頭脳など〉想像[工夫]に富む: a ~ wit / a ~ mind 想像力の豊かな心(の持主). **7** 《古・詩》多産の, 豊穣(ᵇᵒʲᵒ)な (fertile): the ~ fields / a ~ year 豊年. **~·ly** *adv.* **~·ness** *n.*
preg·nen·o·lone [pregnénəlòun, -nḷ- | -nələʊn] 〘← PREGN(ANE)+-EN(E)+-OL¹+-ONE〙 — *n.* 〘化学〙プレグネノロン ($C_{21}H_{32}O_2$) 《プロゲステロン (progesterone) 系で性ホルモンの中間体として重要》.
prè·hárdener *n.* **1** あらかじめ固くするもの. **2** 〘写真〙前硬膜液, 前硬膜剤《現像処理などの前に感光材料の膜面を丈夫にする処理液》.
prè·héat *vt.* (操作に)先だって熱する; 〈オーブンなどを〉あらかじめ暖める, 〈エンジンを〉暖機する.
prè·héater *n.* 〘機械〙予熱器《炉・装置などに入る流体をあらかじめ加熱する装置》.
pre·hen·sile [prɪhénsḷ, -saɪl | prɪhénsaɪl, pri:-] 〘《1781–85》□ F *préhensile* ← L *prehensus* (p.p.) ← *pr(a)ehendere* to take hold of ← *prae-* 'PRE-'+-*hendere* (← IE **ghend-* to grasp (Gk *khandánein* to hold)): ⇨ -ile¹: cf. apprehend〙 — *adj.* **1** 〘動物〙〈足・尾など〉物をつかむに適している, 把握(ʰᵃᵃᵏᵘ)力のある: the ~ tail of a monkey サルの巻き尾 / a ~ arm (頭足類の)捉脚(ˢᵒᵏᵘ). **2** 〈人が〉理解力のある, 洞察力のある. **3** 強欲な, 貪欲な (avaricious). **pre·hen·sil·i·ty** [pri:hensíləṭi | -ləti, -lɪ-] *n.*
pre·hen·sion [prɪhénʃən] 〘□ L *prehensiō(n-)* ← *prehensus* (↑): ⇨ -sion〙 *n.* **1** 〘動物〙捕捉(ˢᵒᵏᵘ), 把握(ʰᵃᵃᵏᵘ) (grasping). **2** 理解, 会得 (apprehension).
prehist. 《略》prehistoric; prehistory.
pre·his·tor·ic [prì:(h)ɪstɔ́(:)rɪk, -tɑ́r- | -tɔ́r-] 〘《1851》: ⇨ pre-, historic〙 — *adj.* **1** 有史以前の, 先史時代の; 前世界の: ~ times. **2** 《口語・戯言》大昔の, 旧式な, 古風な (old-fashioned). **3** 記録に残る以前の言語の. **prè·his·tór·i·cal** *adj.* **prè·his·tór·i·cal·ly** *adv.*
prè·hístory 〘《1871》: ⇨ pre-, history〙 — *n.* **1** 先史時代(の事物[事柄]). **2** 先史学, 先史時代史. **3** (ある事件・情況のよって来る所を述べた)前史, いきさつ, プロセス. **prè·históriàn** *n.*
prehn·ite [préɪnaɪt, prén-] 〘《1795》□ G *Prehnit* ← *Van Prehn* (これを Cape of Good Hope から持ち帰った (1774) オランダの軍人): ⇨ -ite¹〙 — *n.* 〘鉱物〙ぶどう石 ($Ca_2Al_2Si_3O_{10}(OH)_2$).
pre·hom·i·nid [prì:hɑ́mənɪd, -nəd | -hɔ́mɪnɪd] 〘人類学〙 *n.* 先行人類《猿人および原人をさす言葉で, イタリアの人類学者 S. Sergi [sérdʒi] が使ったが, 現在は使用されていない》. — *adj.* 先行人類の (prehuman).
prè·hórmone *n.* 〘生化学〙プレホルモン《光の刺激などで誘発されてホルモンとなるもの; 例えば, 皮膚のある種のコレステロールが紫外線の刺激でビタミン D 形成を促進させるなど》.
prè·húman *adj.* **1** 人間以前の(時代の). **2** 〘人類学〙人類以前の.
prè·ignítion *n.* (内燃機関の)過早(ˢᵒ)着火[点火] (cf. autoignition 1).
prè-Ínca *adj.* インカ帝国以前の.
prè-Íncan *n.* プレインカ《インカ帝国以前の Bolivia, Ecuador, Peru の原住民》.
prè·incarnátion *n.* 〘神学〙受肉[託身]前のキリストの存在.
prè·inclíne *vt.* あらかじめ…の心を傾かせる, 用意の態勢にする.
prè·incubátion *n.* 〘生化学〙前培養《ある反応を起こさせる条件を作るための培養》.
prè·índicate *vt.* あらかじめ示す.
prè·indúction *adj.* 入隊[入営]前の, 徴兵前の.
prè·indústrial *adj.* 産業化以前の (↔ postindustrial).
prè·infórm *vt.* あらかじめ[事前に]知らせる[教える, 情報を与える].
prè·íntimate *vt.* あらかじめ知らせる.
prè·invásive *adj.* 〘病理〙〈悪性細胞が〉(原発部位にとどまり, まだ他組織への)侵襲前の.
prè·júdge 〘《1561》□ F *préjuge-r* □ L *praejūdicāre*: ⇨ pre-, judge〙 — *vt.* **1** 前もって判断する; 早まった判断を下す, 速断する. **2** 〈人・事件などを〉十分審理せずに判決する. **prè·júdg·er** *n.*
prè·júdgment 〘□F 《廃》*préjugement*: ⇨ ↑, -ment〙 *n.* **1** 予断, 速断. **2** 〘法律〙公判審理前に判決すること, 予断裁決.
pre·ju·di·ca·tion [prí:dʒù:dəkéɪʃən | -dɪ-] 〘← L *praejūdicātus* ((p.p.) ← *praejūdicāre* 'to PREJUDGE') +-TION〙 — *n.* **1** = prejudgment. **2 a** 〘ローマ法〙予審. **b** 〘法律〙先例 (precedent).
prej·u·dice [prédʒudɪs, -dəs | -dɪs] 〘n.: 《c1300》□ (O)F *préjudice* □ L *praejūdicium* preceding judgement ← *prae-* 'PRE-'+*jūdicium* judgement. — v.: 《1472–73》□ (O)F *préjudic-ier* ← *préjudice*〙 — *n.* **1** 〔…に対する〕(悪い)先入主[観], 偏見, ひがみ, 毛嫌い (preoccupation) 〔*against*〕; 〔…に対する〕(よい)先入主, 偏愛 (predilection) 〔*in favor of*〕: be swayed by ~ 偏見に左右される / He has a ~ *against* Jews. ユダヤ人を毛嫌いする / He has a ~ *in* our favor. むやみに我々の肩をもっている. **2** 〘法律〙(他人の偏見や行為から来る)不利益, 損害, (権利の)侵害, 損傷 (damage): *in* [*to*] the ~ of … を害するように, の損害となるように.
without prejudice (1) 偏見なしに. (2) 〘法律〙〔…の〕権利を侵害せずに, 既得権を損なうことなく〔*to*〕.
— *vt.* **1** …に偏見[先入観]をもたせる, ひがませる (cf. prejudiced): His voice ~*d* his audience *against* him. 声で彼は聴衆に毛嫌いされた. **2 a** 〈権利・主張・陳述など〉の妥当性を損なう. **b** 〘法律〙侵害する, 傷つける, 損傷する (damage): ~ one's chances of success 成功の機会をだめにする.
~·less *adj.*
préj·u·diced *adj.* (先入主[観]的)偏見をもった, 食わず嫌いの; 偏頗(ʰᵉⁿᵖᵃ)な, 偏愛的な: a ~ judge / a ~ opinion 偏見 / be ~ *against* [*in favor of*] …に対して反感[好感]をもつ, …を毛嫌い[偏愛]する.
prej·u·di·cial [prèdʒudíʃəl] 〘《1433》□ ML *praejūdiciāl-is*: ⇨ prejudice, -ial〙 — *adj.* **1** 〔権利・利益などに〕不利になる, 損害を与える〔*to*〕: a course of action ~ *to* a person's interests 人に不利な訴訟. **2** 偏見を抱かせる, 先入主[観]をもたせる. **~·ly** *adv.* **~·ness** *n.*
prè·kíndergarten *adj.* 幼稚園前の, 入園前の: ~ training 入園前のしつけ.
prel·a·cy [préləsi | -sɪ] 〘《c1325》*prelacie* □ AF □ ML *praelātia* ← L *praelātus*: ⇨ prelate, -cy〙 — *n.* **1** 高位聖職者 (prelate) の地位[職]. **2** [the ~; 集合的] 高位聖職者たち (prelates). **3** 《軽蔑》(教会の)主教[監督]制度[政治] (episcopacy).
pre·lap·sar·i·an [prì:læpsέ(ə)riən | -séəri-] 〘← PRE-+L *lapsus* fall (⇨ lapse)+-ARIAN〙 *adj.* (Adam と Eve の)人類の堕罪[堕落]以前の.
prel·ate [prélət, -lɪt, prí:leɪt | prélət, -lɪt] 〘《?a1200》□ (O)F *prélat* □ L *praelātus* (p.p.) ← *praeferre* 'to PREFER'〙 — *n.* **1** 高位聖職者《archbishop, bishop, patriarch など; カトリックでは司教以上の裁治権を有する聖職者や, 大修道院長 (abbot) などに広く用いられ, 英国国教会では今日, 主教にのみ用いられる》. **2** (友愛組合 (fraternal society) などの)宗教儀式執行者 (chaplain). **pre·lat·ic** [prɪlǽṭɪk, prə-, pri:- | -tɪk] *adj.* **pre·lát·i·cal** *adj.* **pre·lát·i·cal·ly** *adv.*
prélate nul·lí·us [-nu:lí:əs] 〘《部分訳》← NL *praelātus nullius dio(e)cēsis* prelate of no diocese〙 — *n.* (*pl.* **prelates n-**) 〘カトリック〙(信者が少数のため, 司教区ではなくかつ他の司教区に所属しない)独立区域の監督の任にある高位聖職者.
prélate·ship *n.* 高位聖職者 (prelate) の身分[職].
prel·at·ess [préləṭɪs, -ṭəs | -lətɪs, -təs, -tès] 〘⇨ prelate, -ess¹〙 *n.* **1** 女子大修道院長 (abbess). **2** 高位聖職者 (prelate) の妻.
prel·a·tism [préləṭɪzm] 〘← PRELATE+-ISM〙 *n.* 《廃》[通例軽蔑的に](教会の)主教[監督]制度[政治](支持).
prél·a·tist [-ṭɪst, -ṭəst | -tɪst] *n.* [通例軽蔑的に]主教[監督]制度擁護[支持]者; (特に)高教会派の人 (High Churchmen).
prel·a·tize [préləṭàɪz] 〘← PRELATE+-IZE〙 *vt.* 〈教会を〉主教[監督]制の下に置く. — *vi.* 主教[監督]制度[政治]支持者である[になる].
prel·a·ture [préləṭʃùə, -tʃə, -t(j)ùə | -tʃə(r, -tjùə(r] 〘□F *prélature* □ ML *praelātūra* ← L *praelātus*: ⇨ prelate, -ure〙 — *n.* **1 a** 高位聖職者の地位[職] (prelacy). **b** その階級; その禄. **2** [集合的]高位聖職者たち.
prè·láunch *adj.* 〘宇宙〙(宇宙船などの)発射前の準備段階の.
prè·láw *adj.* 《米》**1** 法学研究の基礎となる: ~ studies. **2** 〈人が〉法律の予備教育を受ける.
pre·lect [prɪlékt, pri:-] 〘← L *praelect-us* (p.p.) ← *praelegere* ← *prae-* 'PRE-'+*legere* to read: ⇨ lecture〙 — *vi.* (特に, 大学の講師として)講義する, 講演する: ~ *to* an audience *on* Greek history.
pre·lec·tion [prɪlékʃən, pri:-] *n.* (大学の講師としての)講義, 講演.
pre·léc·tor 〘《1586》□ L *praelector* ← *praelectus*: ⇨ prelect, -or²〙 *n.* = praelector.
pre·li·ba·tion [prì:laɪbéɪʃən] 〘□ LL *praelībātiō(n-)* ← L *praelibāre* to taste beforehand: ⇨ pre-, libation〙 *n.* [通例比喩的に]試食, 毒見 (foretaste).
pre·lim [prí:lɪm, prɪlím, prə- | prí:lɪm, ─ ́] 〘略〙 *adj., n.* 《口語》= preliminary.
prelim. 《略》preliminaries; preliminary.
pre·lim·i·nar·i·ly [prɪlìmənérəli, prə-, ─ ́─ ─ | -lím(ɪ)nərəlɪ, -límɪnrə-, -mən-, -rɪlɪ] *adv.* 前に, 前もって, 準備的に, 予備として.
pre·lim·i·nar·y [prɪlímənèri, prə- | -m(ɪ)nərɪ, -mɪnrɪ, -mən-] 〘《1656》□ F *préliminaire* // NL *praeliminārī-s* ← PRE-+L *līminā ris* of threshold (← *līmen* threshold: ⇨ limen, -ary)〙 — *adj.* 予備の, 準備的な (preparatory); 前置きの, 序の (introductory) (↔ postliminary): a ~ examination 予備試験 / a ~ hearing 《米》〘法律〙予審 (cf. grand jury, hearing 6) / ~ matter 〘印刷〙= *n.* 3 / ~ negotiations 予備交渉 / ~ investigations (警察の行なう)初動捜査《現場検証など》/ ~ remarks 前置きの言葉, 緒言. — *adv.* = preparatory. — *n.* **1** [通例 *pl.*] 予備行為[手段], 準備, 下ごしらえ: the *preliminaries* of a business 仕事の下準備 / without *preliminaries* 前置きなしに, 単刀直入に. **2 a** 予備試験 (preliminary examination). **b** (競技などの)予選; (ボクシングなどで主要試合前に行なわれる)前座試合. **3** [*pl.*] 〘印刷〙前付け (preliminary matter) (⇨ front matter).
prè·límit *vt.* 前もって制限する.
prelims. [prí:lɪmz, prɪlímz, prə- | prí:lɪmz, ─ ́] 《略》preliminaries; preliminary pages.
prè·língual *adj.* 〘言語〙(子供の言語などにおける)言語(の習得・使用・発達)以前の.
prè·linguístic *adj.* 〘言語〙= prelingual.
prè·linguístics *n.* 〘言語〙プレ[前段]言語学《小言語学 (microlinguistics) の基礎資料として利用される物理学的・生理学的音声研究, すなわち, 音響音声学のこと》.
prè·líterate *adj.* 文字使用以前の, 文字使用を知らない; 文献をもたない[残さない], 文献以前の: a ~ person, period, culture, etc. — *n.* 文字使用を知らない人.
prè·lógical *adj.* 〈思考様式など〉論理以前の: ~ mentality. **~·ly** *adv.*
prel·ude [prél(j)u:d, préɪlu:d, prí:- | prélju:d] 〘n.: 《1561》□ F *prélude* □ ML *praelūdium* ← L *praelūdere* ← *prae-* 'PRE-'+*lūdere* to play (← *lūdus* a play). — v.: 《1655》□ L *praelūd-ere*: ⇨ ludicrous〙 — *n.* **1** [《米》ではまた prí:lu:d] 準備[予備]行為; 前座; 序幕; 序, 序文, 前口上 (preface) 〔*to*〕: a ~ *to* a greater work (将来の)大作に対する序幕的作品. **2** 〘音楽〙**a** 前奏曲: Chopin's [a Chopin] ~ ショパンの前奏曲. **b** (歌劇の)序曲 (overture). **c** フーガ (fugue) の前奏曲. **d** 前奏曲《教会の礼拝前のオルガン独奏; ↔ postlude》: the organ ~ *to* a church service. **3** (詩歌の)導入部, 序. **4** 前触れ, 前兆, きざし: a ~ *to* winter 冬の先駆け. — *vt.* **1** …の序となる, 前置きをする; 先導する, 導く (introduce); …の前兆となる (foreshadow). **2** 前置きとして始める, …に前置きをつける〔*with*〕: ~ one's remarks *with* a jest 話の前置きに冗談をしゃべる. **3** …の序曲となる, …の前奏曲を奏する. — *vi.* **1** 〔…の〕序になる[する]〔*to*〕. **2** 前置きをする, 前口上を述べる: He ~*d* with some banal remarks. 陳腐な言葉で話を始めた. **3** 序曲[前奏曲]を奏する; 序曲[前奏曲]となる. **prél·ud·er** *n.* **pre·lu·di·al** [prɪlú:diəl | -ljú:diəl, -djəl] *adj.* **prel·ud·ize** [prél(j)u:daɪz, préɪlu:d-, prí:- | prélju:d-] *vi.*
pre·lu·sion [prɪlú:ʒən] 〘□ L *praelūsiō(n-)*: ⇨ ↑, -sion〙 *n.* = prelude.
pre·lu·sive [prɪlú:sɪv, -zɪv | -sɪv] 〘← L *praelūsus* ((p.p.) ← *praelūdere* 'to PRELUDE')+-IVE〙 — *adj.* **1** 序[前置き]となる, 序言的な. **2** 〔…の〕先導[前兆]となる〔*to*〕. **3** 序曲[前奏曲]の. **~·ly** *adv.*
pre·lu·so·ry [prɪlú:səri | -rɪ] *adj.* = prelusive. **pre·lú·so·ri·ly** [-sərəli | -rəlɪ, -rɪ-] *adj.*
prem. 《略》premium.
prè·malígnant *adj.* 〘病理〙= precancerous.
prè·márital 〘⇨ pre-, marital〙 *adj.* 結婚[婚姻]前の, 婚前の: ~ affairs 婚前交渉.
pre·ma·ture [prì:mət(j)ʊ́ə, prèm- -tʃʊ́ə, ─ ─ ́ | prèmətjʊ́ə(r, prì:m-, -tʃʊ́ə(r, ─ ─ ́] 〘《c1529》□ L *praemātūr-us* very early: ⇨ pre-, mature〙 — *adj.* **1** 早過ぎる, 時ならぬ (untimely): a ~ decay [death] 早老[若死] / the ~ grayness 若白髪 / a ~ lunch 定刻よりも早い昼食, 早お昼. **2** 早産の: a ~ birth [delivery] 早産, 月足らずの出産《予定日より通例 3–12 週早く出産すること》. **3** 時期尚早の, 早まった, 早計の (overhasty): a ~ decision 早まった決定 / It may be ~ to abandon the case. 事件から手を引くのはまだ早計というものだ. **4** 《廃》早熟の. — *n.* **1** = premature baby. **2** (砲弾の)過早破裂, 早発 (premature explosion). **~·ly** *adv.* **~·ness** *n.*
prematúre báby *n.* 早産児, 月足らずの子.
prematúre béat *n.* 〘病理〙(心臓の)期外収縮.
prematúre ejaculátion *n.* 〘病理〙早漏.

pre·ma·tu·ri·ty [prìːmət(j)ʊ́(ə)rəṭi, prèm- -tʃʊ́(ə)r- | prèmətjʊ́ərəti, priːm-, -tʃʊ́ər-, -rɪ-] 〚□F *prématurité*: ⇨ pre-, maturity〛 ── *n.* **1** 早熟 (precocity), 早咲き. **2** 時ならぬこと, 時期尚早, 早計. **3** 早産.

pre·max·il·la [prìːmæksílə] 〚← NL *praemaxilla*: ⇨ pre-, maxilla〛 *n.* (*pl.* **-il·lae** [-liː]) 〚解剖・動物〛 前顎(ᵍᵃᵏᵘ)骨.

pre·max·il·lar·y [prìːmǽksəlèri | -mæksílərɪ] 〚解剖・動物〛 *adj.* 前顎骨の. ── *n.* =premaxilla.

pre·med [príːméd] 〚《略》← *premed(ical student)*〛《口語》 *n.* 医学進学課程の学生, 医科大学予科生; 医学進学課程. ── *adj.* =premedical.

prè·médial *adj.* =premedian.

prè·médian *adj.* 中心部の前にある.

prè·médic *n.* =premed.

prè·médical *adj.* 医学部進学課程の, 医科大学予科の: a ~ student.

prè·mediéval *adj.* 中世以前の.

pre·med·i·tate [prìːmédətèɪt, prɪ- | -dɪ-] 〚《*a*1548》← L *praemeditāt-us* (p.p.) ← *praemeditārī*: ⇨ pre-, meditate〛 ── *vt., vi.* 前もって考える[熟慮する, 工夫する, 計画する], 予謀する (cf. premeditated). **prè·méd·i·tà·tor** [-ṭə | -tə(r)] *n.*

prè·méd·i·tàt·ed [-tɪd, -ṭəd | -tɪd, -təd] *adj.* 前もって考えた, 予謀した, 計画的な: a ~ crime [insult] 計画的犯罪[侮辱] / a ~ murder 謀殺. **~·ly** *adv.*

pre·med·i·ta·tion [prìːmèdətéɪʃən, prɪ- | -dɪ-] 〚《?*c*1400》□ L *praemeditātiō(n-)*: ⇨ premeditate, -ation〛 ── *n.* **1** 前もって考える[られる]こと, 予謀, 計画. **2** 〚法律〛 予謀, 故意.

pre·med·i·ta·tive [prìːmédətèɪṭɪv, prɪ-, -ṭəṭ- | -dɪtət-, -tèɪt-] *adj.* 前もって考えた, 工夫を凝らした, 計画的な.

prè·meiótic *adj.* 〚生物〛 (細胞核の)減数分裂前の: ~ tissue.

prè·ménstrual *adj.* 月経前(期)の: ~ tension 月経前緊張症. **~·ly** *adv.*

premia *n.* premium の複数形.

pre·mie [príːmi | -mɪ] *n.* =preemie.

pre·mier [prɪm(j)íə, prə-, príːmiə, prém- | prémjə(r, -mɪə(r] 〚《adj.: *a*1471; n.: 1711》□ (O)F *premier* first < L *prīmārium* ← *prīmus* first: ⇨ primary〛 ── *n.* **1** (英国および英連邦やフランス・イタリアなどの)首相, 総理大臣 (prime minister). **2** (カナダの)州知事. **3** 〚バレエ〛 =premier danseur. ── *adj.* **1** 第一位の, 首位の (principal): take [hold] the ~ place 首席を占める / the ~ spy novelist of that time 当時きってのスパイ小説家. **2** 最初の (earliest), 最も古い (oldest): the ~ baron 古参の男爵.

pre·miér danséur [prəmjéɪ-] 〚□F ~ 'principal dancer' (↑)〛 *n.* 〚バレエ〛 主役の男性ダンサー.

pre·mière, 《米》 **pre·miere** [prɪmjéə, prə-, -míə, prìmiéə | prémɪèə(r; *F.* prəmjɛːr] 〚□F *première* (fem.) ← PREMIER〛 ── *n.* **1** (演劇の)初演, 初興行, 初日 (first night); (映画の)特別封切, プレミア(ショー). **2** 《米》 花形[主役]女優. **3** 〚バレエ〛 =première danseuse. ── *vt.* 〈演劇・作曲〉の初公演[公開]を行なう: His piano trio was ~*d* in Tokyo. ── *vi.* **1** 初公演[公開]される, 初出演する. **2** 初めて主役[花形]を演ずる. ── *adj.* **1** 初日の, 最初の, 皮切りの (initial); 主な, 第一の. **2** 〚バレエ〛 主役の: ⇨ première danseuse.

première danseuse [─ˊ ─ˊ, ─ˊ─ˊ ─ˊ | ─ˊ─ˊ─ˊ; *F.* ─ ─ ─ ─] *n.* 〚バレエ〛 主役の女性ダンサー.

première par·tie [─ˊ pɑətíː, ─ˊ─ˊ─ˊ | ─ˊ─ˊ pɑːtíː; *F.* ─ ─ parti] 〚□F ~ 'the first part'〛 ── *n.* べっこうの地板に形どりした真鍮(ˢʰⁱⁿᶜʰᵘ)をはめて文様を構成する象眼細工《フランスのブール象眼の技法の一つ; cf. contre-partie》.

Prémiers' Cónference *n.* [the ~] 英連邦首相会議 (cf. Imperial Conference).

premier·shìp *n.* 首相の職[任期].

prè·millenárianism *n.* 〚神学〛 =premillennialism. **prè·millenárian** *adj., n.*

prè·millénnial 〚← PRE- + MILLENNIAL〛 *adj.* 〚神学〛 至福千年期 (millennium) 前の, キリスト再臨以前の; 現世の (↔ postmillennial). **~·ly** *adv.*

prè·mil·lén·ni·al·ism *n.* 〚神学〛 至福千年期 (millennium) 前にキリストが再臨するという説[信仰] (↔ postmillennialism).

prè·mil·lén·ni·alist *n.* premillennialism の信奉者.

prem·ise 〚《*c*1380》 *premisse* □ (O)F *prémisse* □ ML *praemissa* put before (fem. p.p.) ← L *praemittere* to put before ← *prae-* 'PRE-'+*mittere* to send: ⇨ mission〛 ── [prémɪs, -məs | -mɪs] *n.* **1 a** 前提となる命題; 推論の根拠. **b** 〚論理〛 前提 (⇨ syllogism 1): a major [minor] ~ 大[小]前提. **2** [*pl.*] **a** 前述の事項. **b** 〚法律〛 (エクイティー (equity) で)訴えの根拠となる事実. **c** 〚法律〛 前述の家屋[地所, 借家, 借地]; (譲渡物件・譲渡理由などを記した)証書の頭書. **3** [*pl.*] **a** 《古》(譲渡の対象となる)土地, 不動産 (real estate). **b** 建物のついている土地, 上物付きの地所, 家屋敷, 構内; 建物, 店舗 (building(s)), 店内 (compounds): the back [front] ~*s* 裏[表]構内 / the baron's magnificent ~*s* 男爵の壮麗な屋敷 / business ~*s* 事務所, 営業所 / the ~*s* insured 被保険家屋 / people living *on* [《まれ》 *in*] the ~*s* その建物内に居住する人々 / Keep off the ~*s*. 構内に立入り禁止 / to be drunk [consumed] on the ~*s* 〈酒類が〉店内で飲用すべき[持ち出すべきでない]. ── [prémɪs, -məs, prɪmáɪz, prə- | prɪmáɪz, prémɪs] *v.* ── *vt.* **1** 〈説明の言葉などを〉前置きとして言う. **2** [*that*-clause を伴って]〈…であることを〉前提とする, 条件とする, 仮定する (assume). ── *vi.* 前提する, 前置きをする; 仮定する.

prem·iss [prémɪs, -məs | -mɪs] 〚↑〛 *n.* =premise.

pre·mi·um [príːmiəm | -mjəm, -mɪəm] 〚《1601》□ L *praemium* reward, payment ← *prae-* 'PRE-'+*emere* to take, buy: cf. exempt〛 ── *n.* (*pl.* **~s, -mi·a** [-miə | -mjə, -mɪə]) **1** (競争などの)賞, 賞金, 賞状, 賞品, ほうび, 特別賞与(prize): a ~ *for* good conduct 善行賞 / give ~*s for* obtaining new subscriptions. **2** (特別勤労に対して払う)賞与金; (額面・契約以上に払う)割増し金, プレミアム (bonus): put a ~ on …にプレミアムをつける / pay a ~ *for* the lease of a house 家屋の借用に対してプレミアムを払う. **3** 〚経済〛 打歩(ᵘᶜʰⁱᵇᵘ)《ある貨幣が他の貨幣に比べてもつ超過購買力; agio ともいう》. **4 a** 〚証券〛 価格の額面超過分; 貸株料, 借株料; 株式買付[売付]選択権 (option) の価格, プレミアム. **b** 《米》(借用金に対して利子以外に支払う)貸付け謝礼金 (cf. discount 3). **5** (保険の)掛金, 保険料: ~*s* on one's life insurance. **6** (昔, 徒弟がその職業指導に対して主人に払った)謝礼(fee), 授業料(tuition). **7** 不当に高い価値: ⇨ *at a* PREMIUM (2). **8** 〚トランプ〛(ブリッジで)プレミアム《スコア表の上欄につく得点; オーバートリック (overtricks), 相手側のダウン (penalties), 手段 (honors), スラム (slam) などに対するボーナス (bonus)から成る; cf. *above the* LINE[2] (2)》.

at a premium (1) プレミアム付きで, 額面以上で (above par) (cf. *at a* DISCOUNT). (2) (品不足のため)大いに需要があって, 珍重されて; 非常に高価で. ***put a premium on*** [***upon***] (1) ⇨ *n.* 2. (2) 〈よい事〉を重んじる, 尊重する. (3) 〈詐欺・うそなど〉を奨励する, 誘発させる.

── *adj.* 〈品物が〉ひとつ[一段]上等[高級, 高価]な; 〈人が〉特別にできのよい, 優れた: ~ gasolines, students, etc.

Prémium Bònd *n.* 《英》(利子の代わりに毎月くじで賞金を出す政府発行の)割増し金付き債券.

prémium lòan *n.* 〚保険〛 保険料振替貸付け.

prémium nòte *n.* 〚保険〛 保険料支払約束手形.

Prémium Sávings Bònd *n.* =Premium Bond.

prémium sỳstem *n.* 賞与制度《仕事の量・価値に応じて割増し金を支給する》.

prè·míx *vt.* 使用前に混合する. ── *n.* 前もって混ぜてあるもの, 「(…の)素(ᵐᵒᵗᵒ)」. **~·er** *n.*

prè·módern *adj.* 近代以前の, 前近代的な: ~ European history.

prè·mólar *adj.* 〚歯科〛 臼歯(ᵏʸᵘˢʰⁱ)の前方にある, 小臼歯の: a ~ tooth. ── *n.* **1** 〚動物〛 前臼歯. **2** 〚歯科〛 小臼歯 (bicuspid).

pre·mon·ish [prɪmɑ́nɪʃ, prə- | prɪmɔ́n-] 〚《1526》← L *praemon(ēre)* (← *prae-* 'PRE-'+*monēre* to warn) +-ISH[2]〛 ── *vt., vi.* 《古》 前もって警告する, 予告[予戒]する (forewarn). **~·ment** *n.*

pre·mo·ni·tion [prìːmənɪ́ʃən, prèm-] 〚《1545》□ MF *premonicion* □ LL *praemonitiō(n-)* ← L *praemonitus* (p.p.) ← *praemonēre* (↑): ⇨ -tion〛 ── *n.* **1** 予戒, 予告 (forewarning): a ~ of coming winter. **2** 徴候, 前兆; 予感: have a ~ of disaster 災難の予感がする.

pre·mon·i·tor [prɪmɑ́nəṭə, prə- | prɪmɔ́nɪtə(r)] 〚□ L *praemonitor* ← *praemonitus* (↑): ⇨ -or[2]〛 *n.* 予戒者, 予告者; 徴候, 前兆.

pre·mon·i·to·ry [prɪmɑ́nətɔ̀ːri, prə-, -tɔ̀ːri | prɪmɔ́nɪt(ə)ri] 〚《1647》□ LL *praemonitōri-us*: ⇨ ↑, -ory[1]〛 ── *adj.* 予戒の, 予告の; 前触れの, 前兆の; 〚医学〛 前駆の: ~ pains 前陣痛 / ~ symptoms 前駆症状, 前徴. **pre·mon·i·to·ri·ly** [prɪmɑ̀nətɔ́ːrəli, prə-, -tɔ́ːr-, ─ˊ─ˊ─ˊ─ˊ | prɪmɔ́nɪt(ə)rəli, -rɪli] *adv.*

Pre·mon·stra·ten·sian [priːmɑ̀nstrətén∫ən | -mɔ̀n-] 〚← ML *Praemonstrātensis* belonging to Prémontré ← *Praemonstrātus* 《原義》 foreshown (=F *Prémontré*): ⇨ -ian〛 〚カトリック〛 ── *adj.* プレモントレ修道会の; プレモントレ会士の. ── *n.* プレモントレ会士《1119 年 Saint Norbert がフランス Prémontré [premɔ̃tre] に開いた修道会の一員》.

pre·morse [prɪmɔ́əs | -mɔ́ːs] 〚□ L *praemors-us* (p.p.) ← *praemordēre* to bite (off) in front ← *prae-* 'PRE-'+ *mordēre* to bite〛 ── *adj.* 〚生物〛〈根・触角など〉(端の方が)かみ切られた(ような), 切断状の.

prè·mórtal *adj.* 〚医学〛 臨終の, 死(亡)直前の.

prè·mótion *n.* 先立つ動き, あらかじめの行動; (特に, 神意などによる)前もってうかぶ霊感, あらかじめの決意.

prè·múltiply 〚← PRE(FACTOR)+MULTIPLY〛 *vt.* 〚数学〛 左から掛ける.

pre·mun·dane [prìːmʌ́ndeɪn, ─ˊ─ˊ─ˊ] 〚⇨ pre-, mundane〛 *adj.* =antemundane.

pre·mune [prìːmjúːn] 〚《逆成》← PREMUNITION〛 *adj.* 〚免疫〛 予免疫を示している.

pre·mu·ni·re [prìːmjʊnáɪri | -náɪərɪ] *n.* 〚英法〛 = praemunire.

pre·mu·ni·tion [prìːmjʊníʃən | -mjuː-, -mjʊ-] 〚□ L *praemūnītiō(n-)* ← *praemūnīre* ← *prae-* 'PRE-'+ *mūnīre* to fortify, defend: cf. munition〛 ── *n.* 〚免疫〛 予免疫《病原体がすでに生体内に存在するためにこの病原体の感染に対して免疫になっている状態》.

pré·nàme *n.* =forename.

prè·nátal 〚⇨ pre-, natal〛 *adj.* 出生[誕生]前の, 胎児期の (antenatal) (↔ postnatal): ~ infection 胎内感染 / ~ training 胎教. **~·ly** *adv.*

pré·nex nórmal fórm [príːneks-] 〚*prenex*: □ LL *praenex-us* bound infront: ⇨ pre-, nexus〛 ── *n.* 〚論理〛 冠頭標準形《量化理論の式の形態で, 一つ以上の量化詞が否定その他の命題結合詞を一切交えずに命題関数の前にまとめて置かれた場合をいう》.

pre·no·men [priːnóʊmən | -nə́ʊmen] *n.* (*pl.* **~s, pre·nom·i·na** [-nɑ́mənə, -nóʊm- | -nɔ́mɪ-, -nə́ʊm-]) =praenomen.

prè·nóminate 〚□ LL *praenōmināt-us* (p.p.) ← *praenōmināre* to name before: ⇨ pre-, nominate〛《廃》 ── *adj.* 前述の, 前に挙げた. ── *vt.* 前に[先立って]挙げる, 前述する. **prè·nominátion** *n.*

prè·nótion 〚□ L *praenōtiō(n-)*: ⇨ pre-, notion〛 *n.* 予想, 予知 (preconception); 予感.

pren·tice [préntɪs, -ṭəs | -tɪs] 〚《*a*1325》 *prentis* 《頭音消失》 ← *apprentis* 'APPRENTICE'〛《古》 ── *n.* =apprentice 1. ── *vt.* =apprentice. ── *adj.* **1** 年季奉公人の. **2** 無経験の, 未熟な, 洗練されない: I will try my ~ hand at it. 未熟ながらやってみましょう.

préntice·shìp *n.* 《古》 =apprenticeship.

prè·núbile *adj.* 結婚適齢期前の.

prè·núclear *adj.* **1** 核兵器時代以前の. **2** 〚生物〛 目に見える核のない.

prè·núptial *adj.* **1** 婚前の (antenuptial). **2** 〚動物〛 婚姻前の, 交尾前の.

prè·óccupancy *n.* **1** 〚← PRE-+OCCUPANCY〛 先占, 先領, 先取(権): the right of ~ 先取権. **2** 〚← PREOCCUPY+-ANCY〛 うわの空, 放心 (preoccupation).

prè·occupátion 〚《1584》《廃》 'prolepsis' □ L *praeoccupātiō(n-)* ← *praeoccupāre* to seize beforehand: ⇨ pre-, occupation〛 ── *n.* **1 a** (よそごとに)気をとられていること, うわの空, 放心, 忘我; 没頭, 夢中. **b** 何よりも先にすべき事柄, 最大の急務[関心事]. **2** 先入主[観], 偏見 (prejudice). **3** 先占, 先取.

prè·óccupied *adj.* **1** 夢中の, 余念のない, 気をとられている, うわの空の: anxious and ~ 気が気でなく夢中になって. **2** 先に占められた, 先取された. **3** 〚生物〛〈種・属名など〉すでに使用済みの《新種名・新属名などに用いることができない》. **~·ly** *adv.*

prè·óccupy 〚《1567》← PRE- + OCCUPY〛 ── *vt.* **1** [しばしば Passive または ~ *oneself* で] 夢中にする, 没頭させる (engross); いちずに思い込ませる: ~ a person's mind / He *was preoccupied* [He *preoccupied himself*] *with* private cares. 彼の心は自分の心配事で一杯だった. **2 a** 先に占領する, 先取りする: ~ a seat. **b** …を先に満たす (fill before) 〔*with*〕.

prè·ócular 〚← PRE-+OCULO-+-AR[1]〛 *adj.* 〚解剖・動物〛 眼球の前にある.

prè·óperative *adj.* 〚外科〛 手術前の[に起こる]. **~·ly** *adv.*

prè·óption *n.* 先に選択する権利, 第一選択権.

prè·óral *adj.* 〚動物〛 口の前にある.

prè·órbital *adj.* 〚天文〛 軌道に入る前の.

prè·ordáin *vt.* 〈神・運命などが〉予定する, 前もって…の運命を定める (predetermine): The outcome was ~*ed*. **prè·ordinátion** *n.* **~·ment** *n.*

prè·ovipositíon *adj.* 〚昆虫〛〈昆虫が〉産卵前の.

prè·óvulatory *adj.* 〚生理〛 排卵前期の: the ~ phase [stage].

prep [prép] 〚《1862》《略》 ← PREPARATION // PREPARATORY〛《口語》 ── *n.* **1** 《英》(寄宿学校の教師が立ち会う)予習; 予習時間; 予習室: do one's French ~ フランス語の予習をする. **2** 《英》 宿題 (homework). **3 a** =preparatory school. **b** preparatory school の生徒. **4** (看護婦が)患者に手術を受ける用意をさせること. ── *adj.* 予備の, 準備の (preparatory): a ~ course 予備コース / a ~ school=preparatory school / a ~ student=*n.* 3 b. ── *v.* (**prepped; prep·ping**) ── *vi.* **1** 予備校 (preparatory school) に通う. **2** 《米》 準備(のための研修)をする, 予備学習[訓練]を受ける; 準備する: The Secretary of State visited Peking to ~ *for* the presidential trip. 国務長官は大統領の訪問に備えて北京入りをした. ── *vt.* **1** 〈学科を〉予習する. **2** 〈人〉に〔…の〕準備をさせる 〔*for*〕: ~ a person *for* an exam 人に試験の準備をさせる. **3** 〈患者〉に〔手術の〕用意をさせる 〔*for*〕.

prep. 《略》 preparation; preparatory; prepare; 〚文法〛 preposition.

prè·páck *vt.* =prepackage.

prè·páckage *vt.* 〚商業〛 事前包装[プリパッケージ]する《食料品等を販売前に一定量ずつに包装しておく》.

prè·pácked *adj.* 〈品物が〉(売る前に)包装された.

prè·páid *v.* prepay の過去形・過去分詞. ── *adj.* 《米》(郵便料金など)前納した, 前払いの, 支払い済みの: a telegram with reply ~ 返信料付き電報 / postage ~ 郵便料金前納済み.

prepáid expénse *n.* 〚簿記〛 前払費用, 未経過費用《保険料・賃借料などを前払いし, 決算日になってまだ役務の提供を受けていない未経過分をいう》.

prepáid insúrance prèmium *n.* 〚簿記〛 前払い保険料.

prepáid rént *n.* 〚簿記〛 前払い賃借料.

prè·pálatal *adj., n.* 〚音声〛 前部(硬)口蓋音(の).

pre·par·a·ble [prɪpé(ə)rəbl, prə-, prép(ə)r- | prɪpéər-, prə-, prép(ə)r-] 〚□F *préparable*: ⇨ prepare, -able〛 *adj.* 準備[下調べ]のできる; 調合できる.

prep·a·ra·tion [prèpəréɪʃən] 〚《*a*1393》□ (O)F *préparation* □ L *praeparātiō(n-)* ← *praeparātus* (p.p.) ←

praeparāre 'to PREPARE': ⇨ -ation』 ── n. 1 a 準備, 用意, 支度, 手はず: a hurried ~ of supper あわただしい夕食の支度 / the ~ of land for sowing 種まきのための地作り / without the least ~ 全くの準備なしで / do little [much] ~ for one's examination 試験の準備をほとんどしない[大いにする]. b [通例 pl.] 用意の手はず, 準備万端: ~s for war [elections] 戦争[選挙]の下準備 / make ~s for one's marriage 結婚の準備を万端整える / My ~s are complete. 用意は万事完了した[できた]. 2 a (教師・生徒の)予習, 予習時間. b = prep n. 1. 3 心の用意, 覚悟. 4 a (料理・食事などの)調理, 調製; (特別に調理した)食品, 料理. b (薬剤などの)調製, 調合; 調合剤[薬], 製剤: ~ of drugs 調剤 / pharmaceutical ~s 調合薬 / a ~ for colds [the hair] かぜ薬[毛髪用薬剤]. 5 a 標本《実験・解剖用などの生体》. b プレパラート, 組織標本《顕微鏡・観察用に作製された標本》. c 試料 (sample). 6 『音楽』 a (不協和音の)予備《ある音がある和音中で不協和音となるに先立ち, あらかじめ先行和音の一音として協和音的に使用されること》. b 予備音. 7 a 『教会』[時に the P-] (安息日祭礼の)予備勤行(ごんぎょう). b 『新約聖書』準備日, 備えの日, 安息日(その他の祭日)の前日 (cf. Matt. 27: 62).

in preparation (1) 準備中で: The book is in active ~. その本は目下鋭意編集中です. (2) 〔…の〕用意に, 〔…に〕備えて 〔for〕: get things together in ~ for a journey 旅行に備えて持って行く物をまとめる. (3) 〔…の〕準備が整って 〔for〕: The ship is in good ~ for the voyage. 船は航海に出る[出港の]準備がすっかり整っている.

pre·par·a·tive [prɪpǽrətɪv, prə-, -pér- | -pǽrət-] 『《15C》⊏(O)F préparatif, -ive (adj., n.) ⊏ ML praeparātīvus: ⇨ prepare, -ative』 ── n. 1 予備, 準備(行為). 2 『軍事・海事』用意の信号[号音]. ── adj. 予備の, 準備の. **~·ly** adv.

pre·par·a·tor [prɪpǽrətə, prə-, -pér-, prépərèɪtə | prɪpǽrətə(r, prə-] 『⊏ LL praeparātor ← L praeparātus: ⇨ preparation, -or[2]』 ── n. 《米》(科学標本などの)準備者, (薬品などの)調合者.

pre·par·a·to·ri·ly [prɪpæ̀rətɔ́:rəli, prə-, -pèr-, -tɔ́:r-, ─ ─́─ ─ ─, prèp(ə)rətɔ́:rəli, -tɔ́:r-, ─́(─)─ ─ ─ | prɪpǽrət(ə)rəli, prə-, -rɪli] 『《c1630》: ⇨ ↓, -ly[1]』 ── adv. 予備的に; 準備として, まず.

pre·par·a·to·ry [prɪpǽrətɔ̀:ri, prə-, -pér-, prép(ə)rət-, -tɔ̀:ri | prɪpǽrət(ə)ri, prə-] 『《1413》⊏ ML praeparātōri-us ← praeparātor: ⇨ preparator, -ory[1]』 ── adj. 1 予備[準備]になる, 予備[準備]の (introductory): a ~ stage 準備期 / ~ training (to [for] the next stage of education)(次の教育段階への[のための])準備訓練 / ~ pleadings [proceedings] 『法律』準備書面[手続き]. 2 序文の, 前置きの (preliminary): ~ remarks 序文, 緒言. 3 (大学などへの)入学準備の: a ~ course 進学コース; 予科 / a ~ student 《米》予備校生 (cf. preparatory school a). 4 『文法』予備の (cf. anticipatory 2): a ~ it [there] 予備の 'it' [' there'] 《O. Jespersen の用語; 例えば It is no use crying over spilt milk. 《諺》/ There is no book on the desk.》. ── adv. 〔…の〕準備として; 〔…に〕先立って, 〔…を〕見越して 〔to〕: I wrote to him ~ to meeting him. 会う前に手紙を出しておいた. ── n. = preparatory school.

prepáratory schòol n. 予備校: a 《米》大学進学を目的とした寮制の私立学校. b 《英》public school 進学のための私立予備校《8 歳から 5 年間; cf. prepreparatory school》. ★ いずれも主として上流階級または金持の子弟が入学する.

prepáratory séminary n. 『カトリック』= minor seminary.

pre·pare [prɪpéə, prə- | -péə(r] 『《1466》⊏(O)F préparer ⊏ L praeparāre ← prae- 'PRE-'+parāre to set in order, make ready: ⇨ pare』 ── vt. 1 a 準備する, 支度する, 用意する: ~ the table 食卓の用意をする, 食事の支度をする / ~ one's muscles for hard exercise 激しい運動ができるように筋肉を慣らす / ~ the ground for crops 作物を作るために地作りをする / ~ a room for a visitor お客に部屋を用意する / ~ the equipment for a trip 旅行の支度をする. b 〈人〉に準備[用意]をさせる 〔for〕/〈to do〉: ~ a boy for an examination 子供に受験準備をさせる / ~ oneself for the ministry 聖職につく準備をする / ~ a patient for an operation [to go to the hospital] 病人に手術[入院]の用意をさせる. c 〈人〉に心の準備をさせる, 覚悟をさせる 〔for〕/〈to do〉: ~ a person for [to receive] bad news 人に悪い知らせを聞く覚悟をさせる / ~ oneself for death [to die] 死の覚悟を決める. 2 a 〈学科などを〉下調べする, 予習する: ~ one's assignment [lessons] 宿題[学科]の予習をする (cf. vi. ★) / ~ one's part 〈役者が〉自分の役柄をリハーサルする. b 〈計画・設計などを〉作成する, 立案する (work out): ~ plans for a battle [for building] 作戦計画[建築設計]を作る. c 〈演説・声明書などを〉起草する (draw up): ~ a report, speech, etc. / ~ a statement 声明書の草稿を書く. 3 a 〈食事・ご馳走などを〉調理する, 作る: ~ potatoes for chips から揚げ用にジャガイモの下ごしらえをする / She ~d us a dinner. 我々にご馳走を作って[用意して]くれた. b 〈薬などを〉調製する, 調合する: ~ a medicine, lotion, etc. / ~ a doctor's prescription 医者の処方薬を調合する / ~ a vaccine from …からワクチンを作る. 4 〈旅行団・軍隊など〉に装備を施す (equip): ~ an expedition [a military force] 探検隊[軍隊]の装備をする. 5 『音楽』〈不協和音を〉予備する (cf. preparation 6): ~ a dissonance.

── vi. 準備[用意]をする, 支度を整える; 覚悟をする: ~ for war [a journey, a party, an examination] 戦争[旅行, パーティー, 試験]に備えて準備をする / ~ for (a career in) teaching 教職につく準備をする / ~ for death 死の覚悟をする / ~ for the worst 最悪の事態に備える, 万一の覚悟をする. ★ ~ for は重大なことや特に時間を要する事の準備の場合に用いる (cf. vt. 2 a) / ~ against a disaster 災害に備える / They are busy preparing to leave. 出発の用意に忙しい.

pre·pár·er [-pé(ə)rə | -péərə(r] n.

pre·páred adj. 1 [Predicative に用いて] 〔…に〕備えて, 〔…を〕覚悟して 〔for〕; 〈…する〉用意[覚悟]ができて, 喜んで〈…し〉ようとして (willing) 〈to do〉: be ~ for anything (to happen) 何が起こっても驚かない / I'm not ~ to give an opinion. 意見を述べる用意はしておりません, ノーコメントです / We are ~ to serve you. 御用は早速に承ります / Be ~. 常に備えよ《Boy [Girl] Scouts の合言葉》/ a long-prepared-for discussion ずっと前から準備されていた討論会. 2 用意[調製, 調理]された: a ~ statement 用意された声明 / specially ~ glass for scientific use 科学用に特別に作られたガラス / food ~ from the best materials 極上の材料を使って調理された食べ物. 3 〈食物が〉あらかじめ調理された, 即席(料理用)の.

pre·pár·ed·ly [-pé(ə)rɪdli, -rəd-, -péəd- | -péədlɪ, -péərɪd-, -rəd-] adv.

pre·pár·ed·ness [-pé(ə)rɪdnɪs, -rəd-, -péəd-, -nəs | -péəd-, -péərɪd-, -rəd-] n. 1 準備, 用意; 覚悟 (readiness): in a state of ~ 準備完了して; 覚悟ができて. 2 (特に, 戦争抑止手段として唱えられる)軍備の充実, 戦備; 防御態勢: military ~ 軍備, 戦備.

prepáred piáno n. 『音楽』プリペアード ピアノ《通常のピアノに異物を装置して音質を変化させたり, 普通とは異なる調律を施したもの》.

prè·paréntal adj. 親となる前の, 親となることに先立っての.

prè·pátent périod n. 『病理』(病原体の増加する)感染初期無症候段階.

prè·páy vt. (**pre·paid**) 前払いする, 前金で払う, 〈郵便料金を〉前納する; …の税[手数料]を先払い[前納]する, 〈手紙・小包など〉の郵便料金を前納する: ~ a reply to a telegram 電報の返信料を先払いする.

prè·páyable adj. 前払い[前納]できる.

prè·páyment n. 前払い, 前納.

prepd. 《略》prepared.

pre·pense [prɪpéns] 『《1702》←《廃》prepensed《変形》← purpensed ⊏ OF purpense (p.p.) ← purpenser to meditate beforehand ← pur- 'PRO-[1]'+penser to think: cf. pensive』 ── adj. [名詞に後置して] あらかじめ考えた, 熟考の上での, 計画的な, 故意の: ⇨ malice prepense. **~·ly** adv.

prepg. 《略》preparing.

pré·plánt adj. 『農業』作物の植付け前の[に用いられる].

pré·plánting adj. 『農業』= preplant.

prepn. 《略》preparation.

pre·pon·der·ance [prɪpɑ́nd(ə)rəns, prə- | -pɔ́n-] 『《1681》: ⇨ preponderant, -ance』 ── n. 重さにおいて勝ること, 過重; (数・量・力・重要性などにおいて)優位にあること, 優勢, 優越 (predominance): have the ~ over …より重い[優勢である].

pre·pón·der·an·cy [-d(ə)rənsi | -sɪ] 『⇨ ↓, -ancy』 n. = preponderance.

pre·pon·der·ant [prɪpɑ́nd(ə)rənt, prə- | -pɔ́n-] 『⊏ L praeponderant-em (pres.p.) ← praeponderāre (↓): ⇨ -ant』 ── adj. 重さにおいて勝る; 〈力・勢力・数・重要度が〉〔…に〕勝る, 優勢の, 圧倒的な (predominant) 〔over〕. **~·ly** adv.

pre·pon·der·ate [prɪpɑ́ndərèɪt, prə- | -pɔ́n-] 『《1611》← L praeponderāt-us (p.p.) ← praeponderāre to outweigh ← prae- 'PRE-'+ponderāre to weigh (← ponder-, pondus weight): ⇨ -ate[3]: cf. pound[1]』 ── vi. 1 重さで勝る. 2 〈はかりの皿が〉一方へ傾く, 下がる (sink). 3 〔…に〕権力[数量など]で勝る, 優位を占める, 幅をきかす (predominate) 〔over〕. ── adj. [-rət, -rɪt] = preponderant. **pre·pón·der·àt·ing** [-tɪŋ | -tɪŋ] adj. **pre·pón·der·àt·ing·ly** adv.

pre·pon·der·a·tion [prɪpɑ̀ndəréɪʃən, prə- | -pɔ̀n-] 『⊏ LL praeponderātiō(n-): ⇨ ↑, -ation』 ── n. 1 = preponderance. 2 《古》はかりの片方に重みを加えること.

pre·pose [pri:póuz | -páuz] 『《15C》⊏(O)F préposer: ⇨ pre-, pose[1]』 vt. 『文法』前置する.

prep·o·si·tion [prèpəzíʃən] 『《c1390》prepositioun ⊏ L praepositiō(n-) 《(なぞり)》← Gk próthesis preposition) ← praepōnere to put before: ⇨ pre-, position』 ── n. 『文法』前置詞《in, by, for, with, to など; cf. postposition 2》.

prèp·o·sí·tion·al [-ʃənḷ, -ʃnəl] 『《a1831》: ⇨ ↑, -al[1]』 ── adj. 『文法』前置詞の, 前置詞的な: ~ phrases 前置詞(語)句《on the desk, at school など前置詞とその目的語から成る句, または by means of, for the sake of などや owing to, in order to などのような群前置詞 (group preposition) をいうこともある》.

prèp·o·sí·tion·al·ly [-ʃ(ə)nəli | -lɪ] adv. 前置詞として, 前置詞的に, 前置詞のように.

pre·pos·i·tive [prɪpɑ́zətɪv | -pɔ́zət-, -zɪt-] 『⊏ LL praepositīvus: ⇨ preposition, -ive』『文法』── adj. 前に置いた, 前置の (↔ postpositive). ── n. 前置語《white sail の white, Mary's book の Mary's など》.

pre·pos·i·tor [pri:pɑ́zətə | -pɔ́zɪtə:(r, -tə(r] 『← L praepositus head, chief ((p.p.) ← praepōnere (⇨ preposition)) + -OR[2]』 ── n. = praepostor. **pre·pos·i·to·ri·al** [pri:pɑ̀zətɔ́:riəl, -tɔ́:r- | -pɔ̀zɪtɔ́:rɪ-] adj.

pre·pos·sess [pri:pəzés, -sés | -zés] 『《1614》← PRE- + POSSESS: cf. ML prēpossidēre』 ── vt. 1 [しばしば Passive で] あらかじめ〔感情・観念を〕〈人〉にしみ込ませる[抱かせる] (imbue) 〈with〉: ~ a person with some sentiment, idea, etc. / He is ~ed with a queer idea. 彼は妙な考えが先入主になっている. 2 [しばしば Passive で]〈考え・感情などが〉〈人を〉捕える; 〈人・態度・顔などが〉〈人〉に好印象を与える, 好感を抱かせる: She [Her manners] ~ed me in her favor. 彼女[彼女の態度]が気に入った / I was ~ed by his appearance [manners]. 私は彼の風采(ふうさい)[礼儀正しさ]に好感を感じた. 3 [通例良い意味で] 偏見を抱かせる, 偏愛させる, …の意中に先入主となる (prejudice): His long life in a sickbed ~ed him toward religion. 彼は長い病床生活で宗教に引かれていた.

prè·pos·séss·ing 『⇨ ↑, -ing[2]』 adj. 人に好感を与える, 感じのいい, 人好きのする, 魅力のある (attractive): ~ manners. **~·ly** adv. **~·ness** n.

pre·pos·ses·sion [pri:pəzéʃən] 『《1646》← PREPOSSESS + -SION』 ── n. 1 a 先入主[観], 先入主的好感, 偏愛的好意, ひいき (favor). b 偏見 (prejudice). 2 《古》先領, 先有 (prior possession).

pre·pos·ter·ous [prɪpɑ́st(ə)rəs, prə- | -pɔ́s-] 『《1542》⊏ L praeposterus with the hinder part foremost, inverted ← prae- 'PRE-'+posterus coming after: ⇨ posterior, -ous』 ── adj. 1 不合理な, 途方もない (absurd), 非常識な, 実にばかげた (nonsensical). 2 前後転倒の. **~·ly** adv. **~·ness** n.

pre·pos·tor [pri:pɑ́stə | -pɔ́stə(r] n. = praepostor.

pre·pó·tence [-tns | -təns, -tns] n. = prepotency.

pre·po·ten·cy [prɪpóutnsi, prə- | -páutənsɪ, -tn-] 『⊏ L praepotentia superior power: ⇨ ↓, -ency』 ── n. 1 優勢, 優力. 2 『生物』優性遺伝(力)《この考えは今は信じられていない》.

pre·po·tent [prɪpóutnt, prə- | -páutənt, -tnt] 『《15C》⊏ L praepotent-em very powerful (pres.p.): ⇨ pre-, potent[1]』 ── adj. 1 非常に優勢な (predominant), 大きな勢力を有する (very potent). 2 『生物』〈親の一方が〉優性遺伝力を有する, 優性の. **~·ly** adv.

prep·pie [prépi | -pi] 『← PREP + -IE』《米俗》n. preparatory school の学生[卒業生]《金持の子弟が多い》. ── adj. 〈服装・振舞いなど〉プレッピー風の《流行に左右されないオーソドックスな》; 未熟な.

prep·py [prépi | -pɪ] 『← PREP + -Y[4]』 adj. (**prep·pi·er; -pi·est**) 《米俗》未熟な; ばかな.

prè·prándial 『《1822》← PRE- + PRANDIAL』 adj. [しばしば戯言的] 食前[晩餐(ばんさん)前]の (before-dinner) (cf. postprandial): a ~ drink [tea].

pre·preg [prí:prèg] 『← PRE- + (IM)PREG(NATE) + -ED』 n. 『化学』プレプレッグ《不飽和ポリエステル樹脂を十分に浸透させたガラス織物など; 加熱して成形する》.

prè·prepáratory schòol n. (英国の)前期予備校《preparatory school 進学のための私立小学校; 5 歳から 11 歳または 13 歳まで》.

prè·prímary adj. 『政治』《米》予備選挙前の: ~ convention 予備選挙前党大会《予備選挙前に党の政綱項目の発表・候補者名簿の承認のため開かれる》.

prè·prímer n. 初歩入門読本.

pré·print n. 1 (書物の一部や雑誌記事の)前刷り, プレプリント. 2 (会議などに先立って出される)プレプリント. ── vt. 前刷り[プレプリント]で出す.

prè·prócess vt. 〈資料などを〉前もって調査分析する.

prè·prócessor n.

prè·proféssional adj. 専門研究前の, 専門職のための特別研究以前の.

prè·prógram vt. (ある用途のために)前もって…のプログラムを作る.

prép schòol n. 《口語》= preparatory school.

prè·púberal adj. 思春期直前の. **~·ly** adv.

prè·púbertal adj. = prepuberal. **~·ly** adv.

prè·púberty n. 思春期直前の時期, 青春前期.

prè·pubéscence n. = prepuberty.

prè·pubéscent adj. = prepuberal.

prè·publication adj. (書物の)出版前の.

pre·puce [prí:pju:s] 『《c1400》⊏(O)F prépuce // L praepūtium ← PRE- + ? *ptos penis (← IE *pu- to swell)』 ── n. 『解剖』(陰茎・陰核の)包皮 (foreskin).
pre·pu·tial [pri:pjú:ʃəl] adj.

prè·púnch vt. (ある用途のために)前もって…に穴をあける.

prè·púpa 『← NL ~: ⇨ pre-, pupa』 n. 『昆虫』前蛹(ぜんよう), 前さなぎ《成虫になる直前のさなぎ》.

prè·púrge 『⇨ pre-, purge』 vt. 『冶金』(次の作業のために)あらかじめ〈炉内を〉空にする.

Prè-Ráphael adj. 『美術』ラファエル以前の.

Prè-Ráphaelism n. 『美術』= Pre-Raphaelitism.

Prè-Ráphaelite 『《1849》: ⇨ -ite[1]』 ── adj. 『美術』ラファエル前の, ラファエル前派の: the ~ Brotherhood ラファエル前派《1848 年に英国の画家 W. H. Hunt, Millais, D. G. Rossetti などが "truth, sincerity, earnestness に帰れ" と叫んで Raphael 以前におけるイタリアの写実画風を尊重して起こした画派; 略 P.R.B.》. ── n. 1 ラファエル前派の画家. 2 (ラファエル以前の)初期ルネサンスのイタリア画家.

Prè-Ráphaelitism n. 『美術』ラファエル前派の主張した写実主義[運動].

prè·recórd *vt.* **1** 〘ラジオ・テレビ〙〈番組などを〉放送前に録音[録画]する. **2** =prescore.
prè·régister *vi.* (一般の履習科目登録より前に)特別登録をする.
prè·registrátion *n.* (帰宅[帰国]する学生のために)一般の履習科目登録 (registration) 期間より前に行なわれる特別登録.
prè·reléase *n.* 予定に先立っての公開(物) (release); (特に, 映画の)封切前上映, 試写会, 事前公開.
prè·réquisite 〘← PRE-+REQUISITE〙 — *adj.* **1** 〔…に〕前もって[まず]必要な, 先要の, (先行条件として)欠くことのできない〔*to, for, of*〕. **2** 〔ある学科目を取るための〕必修科目となる〔*to*〕. — *n.* **1** 〔…の〕先要[必要, 前提]条件, 資格要件〔*to, for, of*〕. **2** (ある学科目を取るためにその前に取っておくべき)必修科目.
prè·revolútionary *adj.* 革命前の; (特に)米国独立戦争以前の.
pre·rog·a·tive [prɪrɑ́gətɪv, prə- | -rɔ́gət-] 〘⦅a1387⦆ ▭(O)F *prérogative* // L *praerogātīva* previous choice (fem. sing.) ← *praerogātīvus* ← *praerogāre* to ask before (others): ⇨ pre-, rogation, -ative〙 — *n.* **1 a** (官職上の)特権 (privilege); (君主の)大権: the royal ～ 大権 / the ～ of mercy 赦免権. **b** 〘ローマ史〙優先投票権. **2** 特権, 特典: It is within his ～ to leave. 退場するのは彼の特権[自由]である. **3** 生まれもった[神から与えられた]他に優る点[長所, 優越性], 生得の優れた能力. **4** 《廃》優先 (precedence). — *adj.* **1** 特権の, 大権の, 特権のある (privileged); 特権によって保有する: a ～ right 特権. **2** 〘ローマ史〙優先投票権のある. **3** 〘法律〙prerogative court の.
prerógative cóurt *n.* 〘法律〙 **1** 《英》**a** (大主教所管の)遺言事件裁判所, 大主教特権裁判所《1857 年遺言に関する教会裁判所の管轄権が他に移され事実上廃止された》. **b** 大権裁判所《絶対主義時代に国王大権に基づいて設置され, common law ではなく大権の行使に任じた裁判所の総称; 星室庁裁判所 (Court of Star Chamber), 高等宗務官裁判所 (Court of High Commission) などが代表》. **2** 《米古》(New Jersey 州の)(遺言)検認裁判所 (probate court) (cf. surrogate 3).
prerógative wrìt *n.* 〘法律〙大権令状, 緊急勅令.
pres, P- [préz] 〘《略》← PRESIDENT〙 *n.* 《米俗》大統領.
Pres [prés, préz] 〘(dim.) ← PRESLEY〙 *n.* 男性名.
pres. 《略》present; presidency; presidential; presumptive.
Pres. 《略》Presbyterian; Presentation; Presidency.
pre·sa [préɪsə, -sɑː, -zə; *It.* préːsa] 〘▭It. ～《原義》a taking (fem.) ← *preso* (p.p.) ← *prendere* to take < L *prehendere*: ⇨ prehensile〙 — *n.* (*pl.* **pre·se** [-seɪ, -zeɪ; *It.* préːse]) 〘音楽〙プレーサ《:S:, +, または ※; canon で後続声部の入る箇所を指示する記号》.
pres·age 〘n.: ⦅a1393⦆ ▭(O)F *présage* // L *praesāgium* omen ← *praesāgīre* to forebode ← *prae-* 'PRE-' + *sāgīre* to perceive keenly. — v.: ⦅1562⦆ ▭(O)F *présag-er* ← (n.): cf. sagacious, seek〙 — [présɪdʒ] *n.* **1** 前兆, 兆し (omen); (時間的・場所的に)先のこと[物]を予示するもの: a ～ of a storm 嵐の兆し / of evil ～ 不吉な, 縁起の悪い. **2** [通例悪い意味で] 予感, 虫の知らせ, 胸さわぎ: the ～ of a coming disaster 災難の来そうな予感. **3** 予知, 先見 (prescience). **4** 《古》予報 (forecast), 予言 (prediction). — [présɪdʒ, prɪséɪdʒ, prə- | présɪdʒ, prɪséɪdʒ] *v.* — *vt.* **1** 〈ものが〉…の前兆である (portend), 前もって知らせる, …の前兆となる (foreshadow): The lowering clouds ～ the storm. 暗雲低迷は嵐の前兆である / Such ideas are held to ～ insanity. こうした考えは精神錯乱の前に起こるものと考えられている. **2** 〈人が〉予感する, 予覚する. **3** 〈人が〉予言する (predict). — *vi.* **1** 《廃》予知する, 予感する. **2** 予言する (prophesy) 〔*of*〕.
pres·age·ful [présɪdʒfəl] *adj.* 前兆を含んだ, 前兆となる; 予感に満ちた: a ～ victory.
pré·sag·ing *adj.* 予感する; 予知する; 予言する. **～·ly** *adv.*
prè·sánctified *adj.* 〈聖餐用のもの (eucharistic elements) が〉前もって清められた, 前もって奉献された: a ～ Host (すでに)聖別されたパン.
Presb. 《略》Presbyter; Presbyterian.
pres·by- [prézbi, prés- | prézbɪ] (母音の前に来る時の) presbyo- の異形.
pres·by·cu·sis [prèzbəkúːsɪs, près-, -səs | prèsbɪkúːsɪs] 〘← NL ← PRESBYO- + Gk (*á*)*kousis* hearing (← *akoúein* 'to HEAR': ⇨ acoustic)〙 — *n.* (*pl.* **-cu·ses** [-siːz]) (*also* **pres·by·cou·sis** [～]) 〘病理〙老人性難聴.
pres·by·o- [prézbio(ʊ), prés- | prézbɪə(ʊ)] 〘← Gk *présbus* old, venerable (man)〙「老年 (old age)」の意の連結形. ★ 母音の前では通例 presby- になる.
pres·by·o·pi·a [prèzbióʊpiə, près- | prèzbɪə́ʊpjə, -piə] 〘⦅1793⦆ ← NL ～: ⇨ presbyo-, -opia〙 *n.* 〘病理〙老眼, 老視.
pres·by·op·ic [prèzbiɑ́pɪk, près- | prèzbɪɔ́p-] *adj., n.* 老眼の(人).
pres·by·ter [prézbət̬ə, prés- | prézbɪtə(r)] 〘⦅1597⦆ ▭ LL ～ ▭ Gk *presbúteros* older (compar.) ← *présbus* old: PRIEST と二重語〙 — *n.* **1** (初代教会の)長老, 世話役 (elder). **2** (長老派教会の)長老 (elder). **3** (英国国教会の)司祭 (priest). **pres·byt·er·al** [prezbít̬ərəl, pres- | prezbít-] *adj.* **～·ship** *n.*
pres·byt·er·ate [prezbít̬ərət, pres-, -rɪt, -rèɪt | prezbít-] 〘⦅1642⦆ ▭ LL *presbyterāt-us*: ⇨ ↑, -ate¹〙 *n.* **1** presbyter の職[地位]. **2** =presbytery 1.
pres·by·te·ri·al [prèzbətí(ə)riəl, près- | prèzbɪtíərɪ-, -bə-] 〘⇨ presbytery, -al¹〙 — *adj.* **1** (初代教会の)長老 (presbyter(s)) の. **2** [P-] 《古》=presbyterian 2. — *n.* [P-] 長老派教会の長老会[中会]と関係のある婦人組織. **～·ly** *adv.*
pres·by·te·ri·an [prèzbətí(ə)riən, près- | prèzbɪtíərɪ-, -bə-] 〘⦅1641⦆ ← PRESBYTERY + -AN¹〙 — *adj.* **1** [時に P-] (主教制 (Episcopal) に対して)長老制の. **2** [P-] 長老派(教会)の: ～ missionaries. — *n.* [P-] **1** 長老派(教会)の人, 長老派(教会)会員. **2** 長老制主義者.
Presbytérian Chúrch *n.* [the ～] 長老派教会《カルヴァン主義 (Calvinism) に基づくキリスト教プロテスタントの一派; 主教制度によらず, 教職者同権を唱え, 長老は司祭でなく, 十字架の宣伝者・福音の伝道者であるとする; 英・米などに各種の分派があるが, スコットランド教会 (Church of Scotland) もこの派に属する》.
Près·by·té·ri·an·ìsm [-nìzm] *n.* (教会の)長老制度; 長老派主義.
pres·by·te·ri·an·ize, P- [prèzbətí(ə)riənàɪz, près- | prèzbɪtíərɪ-, -bə-] *vt.* 長老派[長老制度]にする.
pres·by·ter·y [prézbətèri, prés-, -t̬əri, -tri | prézbɪt(ə)ri] 〘⦅1412⦆ *presbetory* ▭ OF *presbiterie* (F *presbytère*) ▭ LL *presbeterium* ▭ Gk *presbutérion* place of the presbyter ← *presbúteros* 'elder, PRESBYTER': ⇨ -ery〙 — *n.* **1** [集合的] (初代教会の)長老会[団]. **2** (長老派教会の)長老会, 中会《一地方の全教会の牧師と長老から成る評議会》. **3** 長老会の管轄区; 同管轄区内の全教会. **4** (教会堂の東端にある)内陣 (sanctuary). **5** 〘カトリック〙司祭館 (parsonage).
pre·school [ˊーˋー] 《米》*adj.* 就学前の, 学齢未満の, 小学校入学前の《2 歳から 5, 6 歳まで》. — [ˋーˊー] *n.* 幼稚園, 保育園 (kindergarten).
pré·schóoler *n.* **1** 未就学児(童). **2** 幼稚[保育]園児.
pre·science [príːʃ(i)əns, préʃ-, -ʃəns, -siəns | présiəns, -sjəns, -ʃɪəns] 〘⦅c1385⦆ ▭(O)F ～ ▭ LL *praescientia*: ⇨ ↓, -ence〙 — *n.* **1 a** 全知 (omniscience). **b** 予見, 先見 (foresight). **2** 予知能力, 先見の明.
pre·scient [príːʃ(i)ənt, préʃ-, -ʃənt, -siənt | présiənt, -sjənt, -ʃɪənt] 〘⦅a1626⦆ ▭F ～ ▭ LL *praescientem* (pres.p.) ← *praescīre* to know before ← *prae-* 'PRE-' + *scīre* to know: ⇨ -ent: cf. science〙 — *adj.* 〔…を〕予知する〔*of*〕; 先の見える, 先見の明ある. **～·ly** *adv.*
prè·scientífic *adj.* 近代科学発生以前の, 科学以前の.
pre·scind [prɪsínd] 〘▭L *praescind-ere* to cut off in front ← *prae-* 'PRE-' + *scindere* to cut: cf. scission〙 — *vt.* **1** (早まって[突然に])…の一部分を〔…と〕切り離す (remove) 〔*from*〕. **2** 〔…と〕切り離して考える, 抽象する (abstract) 〔*from*〕: an idea ～*ed from* the particulars 個々の具体物から抽象された考え. — *vi.* 〔…から〕注意をそらす, 考えをそらす, 〔…を〕考慮しない〔*from*〕.
prè·scóre *vt.* (映画で)〈声や音楽を〉撮影前に録音する.
Pres·cott [préskət, -kɑt | -kət, -kɔt], **William Hickling** *n.* (1796–1859) 米国の歴史家; *History of the Conquest of Mexico* (1843), *History of the Conquest of Peru* (1847).
pre·scrib·a·ble [prɪskráɪbəbl̩, prə-] *adj.* **1** 命じることができる, 指図できる, 規定できる. **2** 〘医学〙処方できる. **3** 〘法律〙時効によって取得できる.
pre·scribe [prɪskráɪb, prə-] 〘⦅1455⦆ ▭L *praescrīb-ere* to write before ← *prae-* 'PRE-' + *scrībere* to write: ⇨ script〙 — *vt.* **1** (規則・方針として)定める, 規定する (ordain); 〔人に〕指令する, 指図する (order) 〔*to, for*〕: a ～*d* book (試験の)指定参考書 / Do not ～ *to* me what to do. 何をせよと指図してくれるな. **2** 〘医学〙〈薬物療法・休養などを〉〔人・病気に〕指示する, 処方する〔*for, to*〕: ～ medicine *for* a patient 患者に処方を書く / ～ contact lenses / ～ a holiday 〈医師が〉〈患者に〉休暇をとらせる. **3** 〘法律〙時効によって取得する. — *vi.* **1** 〔…に対し〕規定する, 指令する, 指図する〔*for*〕: The law does not ～ *for* such offenses. そういう犯罪に対しては法律には規定がない. **2** 〘医学〙〔人・病気に対して〕処方する, 処方を書く〔*to, for*〕: ～ *to* [*for*] a patient 病人に処方を書いて与える[療法を指示する] / ～ *for* a complaint 病気の処方を書く. **3** 〘法律〙**a** 時効によって無効となる. **b** 時効によって権利を主張する: ～ *for* [*to*] a thing.
pre·script [príːskrɪpt] 〘adj.: ⦅15C⦆ ▭L *praescript-us* (p.p.) ← *praescrībere* (↑)〙 — *n.* 規定, 定め (rule), 指令 (instruction), 法令, 政令 (ordinance). — [ˊー, ーˊ] *adj.* 規定[指令, 指図]された (prescribed).
pre·scrip·ti·ble [prɪskríptəbl̩, prə- | -tə-, -tɪ-] 〘▭ML *praescriptibil-is*: ⇨ ↑, -ible〙 *adj.* **1** 規定[時効]を受ける. **2** 規定[時効]から生じる[に基づく].
pre·scrip·tion [prɪskrípʃən, prə-] 〘⦅c1390⦆ ▭(O)F ～ ▭L *praescriptiō(n-)*: ⇨ prescript, -tion〙 — *n.* **1** 規定する[定める]こと, 指令, 訓令; 指示, 指定; おきて, 法規. **2** 〘医学〙処方, 処方箋(せん); 処方薬: a medical ～ 処方箋 / write out a ～ for …の処方を書く / make up a ～ 処方箋どおりに調剤する. **3** 〘法律〙時効, 取得時効: extinctive [negative] ～ (刑の)消滅時効, 満期免除 / acquisitive [positive] ～ 取得時効. **4 a** 長年の使用[慣行]に基づいて公認された権利. **b** 長年行なわれ権威を帯びた慣行. — *adj.* (医師の)処方箋[指示]により調製される; (医師の)処方箋によってのみ買い得る (cf. over-the-counter 3): ～ lenses / a ～ durg 処方薬.
prescríption chàrge *n.* [通例 *pl.*] 《英》(国民健康保険制度 (National Health Service) で薬をもらう時に払う)薬代《患者負担分》.
pre·scrip·tive [prɪskríptɪv, prə-] 〘⦅1748⦆ ▭LL *praescriptīv-us*: ⇨ prescript, -ive〙 — *adj.* **1** 規定[指示]する, 指令[指図]を与える. **2** 〘言語〙規範的な. **3** 〘法律〙時効による, 時効によって得た: a ～ right 時効によって得た権利. **4** 永年の使用[慣行]によって公認された, 慣例の. **～·ly** *adv.* **～·ness** *n.*
prescríptive grámmar *n.* 〘文法〙規範文法《言語使用の規範を定め, その規則に従うべきであるとする文法; いわゆる学校文法など》.
pre·scríp·tiv·ist [-tɪvɪst, -tə-, -vəst | -tɪvɪst] *n.* 規範主義者; (特に)規範文法遵奉(じゅんぽう)者.
prese *n.* presa の複数形.
prè·séason *n., adj.* シーズン前(の). **prè·séasonal** *adj.*
prè·seléct *vt.* 前もって選んでおく.
prè·seléction *n.* 予選択.
prè·seléctive *adj.* 〘自動車〙〈ギヤが〉前もって選択しかみあわせることのできる.
prè·seléctor *n.* **1** 〘無線〙プレセレクター《無線受信機で入力信号が最初に選択される部分》. **2** 《英》〘通信〙プレセレクター《自動交換機の加入者線と一次セレクターの間に入る, 通話ごとに一次セレクターを選択する回転スイッチ》. **3** 〘自動車〙自動変速機構.
preseléctor géar *n.* 〘自動車〙自動変速ギヤ《前もって選択・かみあわせのできるギヤ(装置)》.
prè·séll *vt.* (**pre·sold**) 〘商業〙(広告などの方法により)〈商品〉の需要を喚起する; 〈消費者〉の購買意欲をそそる.
prè·sélling *n.* 〘商業〙事前販売《製品を市場に売り出す前のマーケッティング広告が主たる内容をなす》.
pres·ence [prézns, -zəns] 〘⦅c1340⦆ ▭(O)F *présence* ▭L *praesentia* ← *praesent-*, *praesēns*: ⇨ present¹, -ence〙 — *n.* **1 a** 〔…が〕いる[ある]こと, 〔…の〕存在 (↔ absence); 〔事態の〕身近な存在, 近接, 〔感情などの〕内在〔*of*〕: the ～ *of* strangers / the ～ *of* fear, joy, etc. / in the ～ *of*… 〈危険など〉を前にして; 〘化学〙…の存在において, …の存在下に. **b** (駐留する軍隊などの形で代表される)国外での影響力の存在: the American ～ abroad 外国でのアメリカ(軍隊)の存在 / retain a military ～ 軍隊の駐留を保持する. **2** 出席, 臨席, 同席, 立会い (attendance): Your ～ is requested. 御出席を願います / The function was honored with the ～ of the Crown Prince. 儀式は皇太子の御出席の光栄に浴した. **3** 人前, 面前, 対面: in the ～ of ladies 婦人の前で / in this ～ この人前で / saving your ～ あなたの前ですが(お許し願って) / be admitted to [banished from] a person's ～ 面接を許される[面前から追われる]. **4** [the ～] 貴人の身辺; 《英》御前: approach [remain, withdraw from] *the* (royal) ～ 御前に進む[に侍する, から引き下がる] / be admitted to *the* royal ～ 拝謁を許される. **5 a** [修飾語を伴って] 風采(ふうさい) (mien), 態度 (bearing); 威厳のある風采, 立派な態度, 押し出し, 貫禄: a man of (a) poor [noble, dignified, fine] ～ 風采のよくない[上品な, 堂々とした, 立派な]人 / a man of no ～ 風采の上がらない人. **b** 落ち着き[自信]を感じさせる物腰, 悠揚(ゆうよう)迫らぬ態度; (特に)舞台度胸(のすわった様子): stage ～ 舞台度胸. **6 a** (ある場所に)存在する(と思われる)人[物]. **b** (身分の高い)人物; 風采の堂々とした[よい]人. **c** (ある形で)影響力をもつ人[物]. **d** (その場に感じられる)気, 霊; 物の怪(け), 妖怪: a ～ in a house 家の中の霊気. **7** 〘音楽〙臨場感. **8** 《古》(人の)集まり, 集合 (assembly). **9** 《廃・古》=presence chamber.
make one's presence felt 他の人に影響力をもつ.
presence of mind 沈着, 平静 (calmness) (cf. ABSENCE *of mind*): lose one's ～ *of mind* 動揺する, あわてる.
présence chàmber *n.* 謁見室.
pres·ent¹ [préznt, -zənt] 〘(adj.: a1325; n.: c1303) ▭(O)F *présent* ▭L *praesent-*, *praesēns* (pres.p.) ← *praeesse* to be before, at hand ← *prae-* 'PRE-' + *esse* to be (⇨ essence)〙 — *adj.* **1** [通例 Attributive に用いて] 現在の, 現今の, 今の (current) (cf. past, future): the ～ Cabinet 現内閣 / the ～ king [president] 現国王[大統領] / my ～ sentiments 今の私の心持 / your ～ address 君の現住所 / the ～ day [time] 現今, 今日 / during the ～ month 今月中に. **2** [通例 Predicative に用いて] **a** 〈人が〉(一つ所に)いる, 出席している, 居合わせている (↔ absent): Very few people are ～ at the lecture. 講演の出席者[聴講者]はきわめて少数だ / No one else was ～. そのほかには一人もいなかった / *Present*, Sir [Ma'am]. [点呼の返事] はい / All ～ assented. 出席者一同賛成した / those here ～ ここにいる人たち / ～ company excepted 《口語》ここにお出での方(々)は例外[別]として. **b** 〈物が〉ある, 存在している, 含まれている (existing): a metal ～ in many minerals 多くの鉱物中に存在する金属 / It is doubtful whether water is ～ on Mars. 火星に水があるかどうか疑わしい. **c** 〈物事が〉〔心・記憶などに〕ある, 生きている, 忘れられない〔*to*〕: be ～ *to* one's mind [in one's recollection] 心[記憶]に浮かぶ[生き生きと残っている] / Her face is ever ～ *to* my eye. 彼女の顔が始終目に浮かぶ. **3** 目下の, 当面の, 問題の, 当の, この: the ～ case 本件, この場合 / the ～ author [writer] この筆者《私》, 筆者自身. **4** 〘文法〙現在(時制)の (cf. past 7, future 3): ⇨ present tense. **5** 《古》応急の, すぐ間に合う (ready), 早速の (instant): a ～ wit 機転, とんち / a very ～ help in trouble 困難の応急的救助, 急場の助け (cf. *Ps.* 46 : 1). **6** 《古》**a** (危急

時に)心の落ち着いている, 沈着な (calm). b 注意している (attentive), 注意を怠らない.
— *n.* **1** [通例 the ~] 現在, 現時, 現今 (cf. future 1, past 1): this ~ 現今 / at ~ 目下, 今は (now) / for the ~ 当分, ただ今のところ / in ~ 《古》直ちに / until [up to] the ~ 今日までは), 今に至るまで / No time like the ~. こんなよい時はまたとない《今が好機》. **2** 〚文法〛現在時制 (present tense); 現在形: ⇨ historical present. **3** [these ~s] 〚法律〛本文, 本証書, 本[この]書類: Know all men by *these ~s* that…. 本書類により…を証する. ★しばしば戯言的にも用いる. **4** 《廃》(当面の)問題.
~·ness *n.*

pre·sent² [prɪzént, prə-] 〚v.: 《c1300》□(O)F *présenter* □L *praesentāre* to set before, exhibit, LL & ML to make present ← *praesent-* (↑). — n.: 《?a1200》□(O)F *présent* 《略》← *en present* as a gift, 《原義》in the presence of〛 — *vt.* **1 a** 〔…に〕贈呈[進呈]する, 贈る; (儀礼的に)渡す, 呈する, 献じる; 〈伝言·挨拶などを〉送る, 伝える, 述べる (offer)〔*to*〕《give の形式ばった語》: ~ a book *to* a person 人に本を贈る (cf. 1 b) / ~ one's card *to* …に名刺を差し出す / ~ one's compliments [best repects] *to* …によろしくと言う / ~ sandwiches *to* each guest 客それぞれにサンドイッチを供する. **b** 〈人·団体など〉に〔…を〕贈呈する; …に〔…を〕与える, もたらす〔*with*〕: ~ a person *with* a book 人に本を贈る (cf. 1 a) / This ~*ed* me *with* a problem. この結果として私にはある問題が生じた. **2 a** 〔…に〕〈文書·小切手·信任状などを〉差し出す, 提出する (hand over); 呈示する (display)〔*to*〕: ~ a case for discussion 事件を討議のために出す / ~ a check (支払いを受けるため)小切手を呈示する. **b** 〈人〉に〔文書などを〕差し出す, 呈示する〔*with*〕: ~ (a person *with*) a petition (人に)嘆願書を提出する. **3** 〈物事が〉〈機会·可能性などを〉〔…に〕与える, 提供する, 呈する (afford)〔*to*〕. **4** 〔…に〕(正式に)対面させる, 紹介する (introduce); 拝謁させる, 伺候させる〔*to*〕: Allow me to ~ Mr. A *to* you. A 氏をご紹介致します / ~ a person *to* the king 人を国王に拝謁させる / be ~*ed* at court 宮中で拝謁を賜わる. **5 a** 〈少女を〉社交界にデビューさせる, 披露(ひろう)する. **b** 〈映画会社が〉〈映画を〉提供する, 公開する; 〈劇を〉上演[上場]する, 〈俳優を〉出演させる (represent): 〈俳優が〉〈役を〉演じる (play): ~ a new play 新しい劇を上演する / ~ an unknown actor 無名の俳優を出演させる. **c** 〈新製品を〉公開[披露]する. **6 a** 〈光景などを〉呈する, 示す, 見せる; 〔…と〕思わせる〔*as*〕: ~ a smiling face *to* the world 世間(の人)に笑顔を見せる / ~ an appearance of …のように見える, の印象を与える. **b** 〈銃を〉捧げ銃(つつ)をする (cf. *vi.* 1, present arms): *Present arms!* [号令] 捧げ銃. **7** 〈無形のものが〉〔…に〕〈ある性質を〉見せる, 〈困難などを〉起こす, 生じさせる〔*to*〕: The question ~*s* great difficulties. この問題は大きな困難を引き起こす. **8** [~ oneself で] **a** 〈姿を〉現わす, 〈考えなどが〉浮かぶ: ~ *oneself* (受験者·志願者として)現われる, 出頭(出席)する / A good opportunity ~*ed itself*. よい機会がきた / A strange idea ~*ed itself* in his mind 妙な考えが彼の心の中に浮かんできた. **b** 〚産科〛= *vi.* 2. **c** 〚医学〛= *vi.* 3. **9** 〈議論などを〉述べる, 陳述する, 申し立てる: ~ one's arguments in an orderly way 整然と議論を述べる. **10** 〈武器を〉向ける (direct), 〈銃〉の狙いをつける (aim); 〈体の(一部)などを〉向ける, 向き合わせる: ~ a pistol *at* a person's head 人の頭にピストルを突きつける. **11** 〚法律〛 **a** 〈苦情·違反などを〉(立法府·裁判所などに)正式に持ち出す[提起する]. **b** 〈人を〉(正式に)告発する, 起訴する. **c** 《米》〈大陪審が〉〈違反を〉認定する. **12** 《英》〚教会〛〈聖職者を〉推薦する (recommend): The Rev. H. G. has been ~*ed* by his college *to* the living of W. H.G.師は大学から W. の牧師に任じられた.
— *vi.* **1** 捧げ銃(つつ)をする (cf. *vt.* 6 b). **2** 《英》〚教会〛聖職推薦権を行使する. **3** 〚産科〛〈胎児の一部が〉(子宮口に)現われる, 先露する, 先進する. **4** 〚医学〛〈症例や疾患が〉(診療の対象として)現われる.
— *n.* **1** [préznt, -znt] 贈り物, プレゼント《gift の方が形式ばった語》: make a ~ of a thing to a person 人に物を贈る / make [give] a ~ to a person 人に贈り物をする. **2** [prɪzént, prə-] **a** 銃[槍]などの狙いをつけること; 狙った時の[銃]槍の位置. **b** 〚軍事〛捧げ銃(つつ)の姿勢: standing at (the) ~ 捧げ銃をして.

pre·sent·a·bil·i·ty [prɪzèntəbíləṭi, prə- | -təbílətɪ, -lɪ-] *n.* **1** 体裁[押出し](のよさ), 見栄え. **2** 贈り物に向くこと. **3** 上演できること.

pre·sent·a·ble [prɪzéntəbl̩, prə- | -tə-] 〚← PRESENT² + -ABLE〛 — *adj.* **1** 贈呈[紹介, 上演など]できる[に適した]: a ~ gift (贈って)恥ずかしくない贈り物 / a ~ play 人に見せられる劇. **2** 人前に出せる, 見苦しくない, 体裁のよい (decent, seemly): ~ clothes / look quite ~ ちゃんとした体裁をしている. **3** しつけのよい, 礼儀正しい, 上品な (well-bred): a ~ person / in ~ language (礼儀にかなった)立派な言葉遣いで. **pre·sént·a·bly** *adv.* **~·ness** *n.*

presént árms 〚← *Present arms!* (imp.)〛 *n.* 〚軍事〛 **1** 捧げ銃(つつ)(の姿勢). **2** (整列中の兵士で銃を持たない者が 1 の号令で行なう)挙手の礼 (hand salute).

pre·sen·ta·tion [prìːzentéɪʃən, -zn-, prèzən-, -zn- | prèzən-, -zn-, -zen-] 〚《c1390》□(O)F *présentation* □LL *praesentātiō(n-)*: ⇨ present², -ation〛 — *n.* **1** 贈呈, 献呈, 授与; 授与式; (伝言·挨拶などを)述べること, 伝えること: the ~ of credentials 信任状の奉呈. **2** (公式の)贈り物, 進物, 贈呈品 (gift): A handsome ~ was made to the retiring rector. 引退する牧師に対して見事な記念品が贈られた. **3** (正式の)紹介, 披露(ひろう), 拝謁, 伺候: a ~ at Court 宮中伺候, 参内. **4 a** 提出, 提示; 表現, 説明 (exposition): the ~ of a plan 案の提示, 提案. **b** 〚金融〛= presentment 5. **5 a** (少女の)社交界へのデビュー. **b** 公に見せること, 公開; 上場, 上演: the ~ of a new play 新しい劇の上演. **6** 〚教会〛聖職推挙, 推薦(権). **7** 〚哲学·心理〛表象, 表出. **8** 〚産科〛胎位《分娩(ぶんべん)時の子宮口における胎児の位置》: a transverse ~ 横位分娩.

prè·sen·tá·tion·al [-ʃənl̩, -ʃnəl] 〚⇨ ↑, -al¹〛 *adj.* **1** 〚哲学·心理〛表象的の[な]. **2** 〚言語〛= presentive.

près·en·tá·tion·al·ism [-ʃ(ə)nəlìzm] *n.* 〚演劇〛表象主義《写実にこだわらず, 状況を即物的に呈示する演出法》.

presentátion cópy *n.* 贈呈本, 献(呈)本.

presentátion dày *n.* (大学の)学位授与式[日].

prè·sen·tá·tion·ìsm [-ʃənìzm] *n.* 〚哲学〛 **1** 表象実在論《知覚表象と実在を同一視する認識論的立場》. **2 a** = phenomenalism 1. **b** = representationalism 1.

prè·sen·tá·tion·ist [-ʃ(ə)nɪst, -nəst | -nɪst] *n.*

pre·sen·ta·tive [prɪzénṭəṭɪv, prə-, prézəntèɪt-, -zn- | prɪzéntət-, prə-] 〚← PRESENT² + -ATIVE〛 — *adj.* **1** 〚哲学〛表象の, 直覚の (intuitive). **2** 考えを浮かばせる, 思いつかせる. **3** 〚教会〛聖職推薦権の(ある), 聖職者推挙による (cf. donative 2).

preséntative réalism *n.* 〚哲学〛= presentationism.

présent-dáy *adj.* 現代の, 今日の (current): ~ speech [English] 現代語[英語] / ~ manners 現代作法.

pres·en·tee [prèzntíː, -zən-, prɪzèn-, prə-] 〚《15C》□AF ~ 'a presentee' = (O)F *présenté* (p.p.) ← *présenter* 'to PRESENT²': ⇨ -ee¹〛 — *n.* **1 a** 被推挙者. **b** 〚教会〛聖職禄(ろく)付き牧師職に推挙された聖職者. **2** 被贈与者, (贈与物の)受領者 (recipient). **3** (宮廷で)拝謁を受けた人.

pre·sént·er [-ṭə | -tə(r)] 〚← PRESENT² + -ER¹〛 — *n.* **1** 推挙[推薦]者, 任命者. **2** 贈与者, 進呈者. **3** 提出者; 申告者; 告訴者. **4** 《英》ニュース放送者, ニュースアナウンサー (newscaster).

pre·sen·tient [prɪsénʃənt, prə-, priː-, -zén-, -ʃiənt | prɪsénʃɪənt, -ʃənt] 〚□L *praesentient-em*: ⇨ pre-, sentient〛 — *adj.* 予覚的な, 予感的な; 〔…を〕予覚[予感]する〔*of*〕.

pre·sen·ti·ment [prɪzénṭəmənt, prə- | prɪzéntɪ-, -sén-] 〚《1714》□F 《廃》~ (F *pressentiment*) ← L *praesentīre* to perceive beforehand: ⇨ pre-, sentiment〛 — *n.* (悪い)予感, 予覚, 虫の知らせ, 胸騒ぎ (foreboding): feel a ~ of danger, death, etc. / I have a ~ *that* something will happen. 何か起こるような予感がする. **pre·sen·ti·men·tal** [prɪzènṭəménṭl̩, prə- | prɪzèntɪméntl̩, -sèn-] *adj.*

pres·ent·ist [prézntɪst, -təst, -zəntɪst, -ṭəst | -tɪst] 〚⇨ present¹, -ist〛 — *n.* 〚神学〛(聖書, 特にヨハネ黙示録の)予言の成就が現に進行しつつあると信じる人 (cf. futurist 4, preterist).

pre·sen·tive [prɪzénṭɪv, prə- | -tɪv] 〚⇨ present², -ive〛 *adj.* 〚言語〛〈言葉が〉対象や概念を直接に表わす, 直示的な, 観念的な (notional) (cf. representative 2, symbolic 4): a ~ word 表示語, 観念語. **~·ly** *adv.*

prés·ent·ly 〚《c1390》: ⇨ present¹, -ly¹〛 — *adv.* **1** ほどなく, やがて (soon). **2** 《米》現在, 目下 (at present): those ~ at college 目下在学中の学生. **3** 《古·方言》ただちに, 即刻 (immediately). **4** 《文語·古》直接, ただちに, 必然的に (directly): It does not ~ follow that he knew. だからといって彼が知っていたということにはならぬ.

pre·sent·ment [prɪzéntmənt, prə- | prɪ-] 〚《c1303》OF *presentement* ← *presenter* 'to PRESENT²': ⇨ -ment〛 — *n.* **1** 表示 (representation); 陳述, 叙述 (description): the ~ of a case 事件の陳述. **2** 描写 (delineation); 絵, 肖像; (劇の)上演, 演出. **3** 〚法律〛大陪審の告発, 公訴, 正式起訴. **4** 〚教会〛(教区委員が bishop または archdeacon に対してする)苦情の申立て, 陳情; 推薦. **5** 〚金融〛(手形の)提出, 提示; 申し出. **6** 〚哲学·心理〛= presentation 7. **7** 《まれ》贈与(すること) (bestowal). **8** 暗示 (suggestion).

présent párticiple *n.* 〚文法〛現在分詞(形) (cf. past participle).

présent pérfect 〚文法〛 *n.* 現在完了(時制) (cf. past perfect, future perfect); 現在完了形. — *adj.* 現在完了の.

présent ténse *n.* 〚文法〛現在時制 (cf. historical present).

présent válue [wórth] *n.* 〚財政〛現在価額, 現在価値, 現価; 現在換算額; 複利現価: the ~ of £100 in 12 years (複利で)12年後に 100 ポンドとなるべき現在の金額.

pre·serv·a·ble [prɪzə́ːvəbl̩, prə- | prɪzə́ːv-] *adj.* 保存[貯蔵]のきく, 保管[保護]できる. **pre·sèrv·a·bíl·i·ty** [-vəbíləṭi | -lətɪ, -lɪ-] *n.*

pres·er·va·tion [prèzəvéɪʃən | -zə-] 〚《1472–73》□(O)F *préservation* □ML *praeservātiō(n-)*: ⇨ preserve, -ation〛 — *n.* **1** 保存, 保管, 貯蔵, 保蔵, 保護; 予防: the ~ of one's health 健康の保持 / eggs in a good state of ~ 貯蔵(状態)のいい卵. **2** 保存[保管]状態: The pictures are in fair [poor] ~. 絵の保存状態がよい[悪い].

pre·serv·a·tive [prɪzə́ːvəṭɪv, prə- | prɪzə́ːvət-] 〚《a1398》□(O)F *préservatif* □ML *praeservātīvus*: ⇨ preserve, -ative〛 — *adj.* **1** 保存する, 保存力のある, 防腐剤の: a ~ agent 防腐剤 / the art ~ of all (other) arts (「すべての技術を保存する技術」の意味で)印刷術. **2** 〔…を〕予防する〔*against*〕. — *n.* **1** 腐敗·損傷などを防ぐもの; 防腐剤[薬], 保存剤: Salt is a ~ for meat. **2** 〔…の〕予防法; 〔…の〕予防剤, 保健剤〔*against*〕. **3** 《古》保護物, …よけ (safeguard)〔*from*, *against*〕. **4** 〚写真〛保恒剤《写真現像液の空気酸化を防いで現像液の保存性をよくするために加える試薬》.

pre·serv·a·to·ry [prɪzə́ːvətɔ̀ːri, prə-, -tòːri | prɪzə́ːvət(ə)rɪ] 〚⇨ ↓, -atory〛 *adj.* 保存(上)の. — *n.* 《廃》女子保護施設.

pre·serve [prɪzə́ːv, prə- | prɪzə́ːv] 〚《1375》□(O)F *préserver* □ML *praeservāre* ← *prae-* 'PRE-' + *servāre* to keep, save: cf. observe〛 — *vt.* **1** 保護する, 守る (guard): May God keep and ~ you. 神があなたを守護したまわんことを / Saints ~ us! 聖人たちよ我らを守り給え《しばしば驚きを表わす》/ ~ a thing *from* harm [decay] 損傷[腐朽]から守る. **2** 〈食物を〉腐敗しないように保存する, 保蔵する; 〈果物·肉などを〉砂糖[塩]づけにして貯蔵する: Ice helps to ~ food. / ~ fruit 果物を砂糖煮にする, ジャムにする / ~ fish in [with] salt 魚を塩づけにする. **3** 保存する, しまっておく (hoard): ~ old letters 古い手紙を保存する. **4** 〈名前·記憶などを〉留める: A tiny village ~*s* the names of great men. 小さな村に偉人の名が留められている. **5** 保持する, 維持する, 持ち続ける (retain): ~ one's looks [strength] 容貌(ようぼう)[力]を保つ / ~ appearances 体面を維持する / ~ one's friendly relations with …と親しい関係を持ち続ける / He has always ~*d* his innocence. 彼はいつまでも無邪気さを失わない / She is well-*preserved*. 彼女は容色が衰えていない《いつまでも若々しい》. **6** 〈ある場所を〉禁猟[禁漁]とする, (密猟[密漁]されないように)管理する; 〈猟獣·魚などの〉猟[漁]を禁じる, 保護する: ~ game [a river] 鳥獣の猟を禁じる[川を禁漁にする]. — *vi.* **1** (果物などの)砂糖煮[塩づけ]を作る, ジャムを作る. **2** 禁猟[禁漁]にする.
— *n.* **1** [しばしば *pl.*] 貯蔵食料; 砂糖煮, ジャム; かん詰め, びん詰め. **2** [通例 *pl.*] **a** 動植物保護地域, (特に)禁猟地, 禁漁の池[水域], 動物飼養場 (vivarium). **b** 《米》天然資源保護地域. **3** (個人の活動の)領分, 領域: poach on [upon] another's ~*s* 他人の領分[分野]に手を出す, 他人の縄張りを侵す. **4** [*pl.*] 遮光(しゃこう)眼鏡, ちりよけ眼鏡 (goggles).

pre·sérv·er *n.* **1** 保護者, 守護者 (guardian); 救助者 (savior): a life ~. **2** (食品の)保存加工業者. **3** 猟鳥獣保護者, 禁猟地管理人.

prè·sét *vt.* 前もって調整[セット]する. — *adj.* **1** 前もって調整[セット]された. **2** 〚宇宙〛プリセット誘導の《前もって誘導方式を設定した状態にいう》.
~·ta·ble [-ṭəbl̩ | -tə-] *adj.*

prè·shrúnk *adj.* 〈布地など〉(洗濯しても縮まないように)前もって縮ませた, 防縮加工を施した.

pre·side [prɪzáɪd, prə- | prɪ-] 〚《1611》□F *présider* □L *praesidēre* to sit before, guard, preside over ← *prae-* 'PRE-' + *-sidere* to sit down (← *sedēre* 'to SIT')〛 — *vi.* **1** 議長[座長]となる, 司会する〔*at*, *over*〕(★ at は単に場所を示すだけに対し, over は司会者としての権威を含意する; 受動態では over が好まれる): ~ *at* [*over*] a meeting 会議の議長となる, 集会を司会する. **2** (食事などの)主人役を勤める〔*at*, *over*〕: ~ *at* [*over*] a public dinner 宴会で主人役を勤める / ~ *at* a family dinner 《戯言》食卓の主人席につく. **3** 〔…を〕主宰する, 統轄する (superintend)〔*at*, *over*〕. **4** 《口語》〔主要楽器を〕演奏する〔*at*〕: ~ *at* the organ [piano] (音楽会などで)オルガニスト[ピアニスト]の役を勤める.

pres·i·den·cy [préz(ə)dənsi, -zədn-, -zədèn- | -zɪdənsɪ, -dn-] 〚《1591》□ML *praesidentia*: ⇨ ↓, -ency〛 — *n.* **1** president の地位[職, 任期]: He died during his ~. 彼は大統領の任期中に死んだ / toward(s) the end of Mr. Truman's ~ Truman 氏の大統領任期の終わり頃に. **2** [P-] [通例 the ~] 米国大統領の地位. **3** [しばしば P-] 英領インド時代のインドの三大地域 (Bengal, Bombay, および Madras) の行政上の名称. **4** 〚モルモン教〛会長会, 部長会《3 人の指導者から成る定員会 (quorum), ステーキ部 (stake) の管理機関》: the First *Presidency* 大管長会《大管長と 2 人の副管長 (counselors) から成る全教会の最高管理機関》.

pres·i·dent [préz(ə)dənt, -zədnt, -zədènt | -zɪdənt, -dnt] 〚《c1375》□(O)F *président* □L *praesidentem* (pres.p.) ← *praesidēre* 'to PRESIDE': ⇨ -ent〛 — *n.* **1** [しばしば P-] (共和国の)大統領: *President* Kennedy, Nasser, etc. / sources close to the *President* 大統領側近筋. **2** (官庁の)総裁, 長官: the Lord *President* of the Council (英国の)枢密院議長《Privy Council の長》. **3** (学術会議·各種協会などの)議長, 会長; (会などの)司会者, 座長: the *President* of the Royal Society 英国王立協会会長. **4** (大学の)総長, 学長; (学寮の)学長: the *President* of Columbia University / the *President* of Trinity [Queen's] College. **5** 州長官, 知事; 植民地総督. **6** 《米》(会社·銀行·クラブなどの)社長, 会長, 頭取. **7** 級長: the ~ of one's class. **8** 〚モルモン教〛大管長, 会長, 部長 (cf. presidency 4).

présidènt-eléct *n.* (就任前の)大統領当選者, 次期大統領.

pres·i·den·tial [prèzədénʃəl, prezdén- | prèzɪ-] 〖□ ML *praesidentiāl-is*: ⇨ president, -ial〗 ── *adj.* **1** president の, (特に)大統領の: the ~ chair 大統領[総裁, 総長など]の地位 / a ~ aide 大統領補佐官 / ~ candidates 大統領候補(者) / a ~ election 大統領選挙 / the ~ term 大統領(など)の任期 / a ~ timber 《米》大統領の器. **2** 主宰する, 統轄する (presiding).

presidéntial góvernment *n.* 〖政治〗大統領制《憲法上議会から独立する大統領政府をおく政治機構; cf. parliamentary government》.

près·i·dén·tial·ly [-ʃəli | -ʃli] *adv.* 大統領(など)の資格で.

presidéntial prímary *n.* 《米》〖政治〗大統領予備選挙《州ごとに各政党の大統領候補者または全国党大会に出席する代議員を決める選挙》.

presidéntial yéar *n.* 《米》〖政治〗(4 で割り切れる年に当たる)大統領選挙の年.

Président's Énglish *n.* [the ~] 純正アメリカ英語《King's English をまねた言い方; 実際には存在しない》.

président·shìp *n.* 《英》=presidency.

pre·síd·er 〖⇨preside, -er¹〗 *n.* 主宰者; 司会者(chairman).

presidia *n.* presidium の複数形.

pre·sid·i·al [prɪsídiəl, prə-, praɪ-, -zíd- | prɪsídɪəl, -dʒəl] 〖□ LL *praesidiāl-is* ← L *praesidium*: ⇨ presidio, -ial〗 *adj.* 要塞(さい)の, 要塞地の; 守備隊の.

pre·sid·i·ar·y [prɪsídièri, prə-, praɪ-, -zíd- | prɪsídɪəri] 〖□ L *praesidiāri-us* ← *praesidium*: ⇨ presidio, -ary〗 *adj.* =presidial.

pre·síd·ing *adj.* 主宰する, 統轄する; 司会する: a ~ judge 〖法律〗裁判長 / a ~ officer 投票場監督; 試験場監督.

presiding bíshop *n.* 総裁主教《米国聖公会全体を代表する主教; 英国国教会などの archbishop と異なり, 自己の教区 (diocese) をもたない》.

pre·si·dio [prɪsíːdiòʊ, -síd-, -zíːd-, -zíd- | -dɪəʊ; *Sp.* presídjo] 〖□ Sp. ~ < L *praesidium* garrison ← *praesidēre* 'to PRESIDE'〗 ── *n.* (*pl.* **~s** [~z; *Sp.* ~s]) **1** (スペインおよび旧スペイン領アメリカで)砦(とりで), 要塞(さい) (fort); 要塞地. **2** (スペインの)囚人の流刑地.

pre·sid·i·um [prɪsídiəm, prə-, praɪ-, -zíd- | prɪsídɪəm, -zíd-, -dʒəm] 〖□ Russ. *prezidium* □ L *praesidium* 《原義》 a sitting before (↑)〗 ── *n.* (*pl.* **-i·a** [-diə | -dɪə, -dʒə], **~s**) **1** [P-] **a** (ソ連の)最高会議幹部会 (cf. Politburo 1, Supreme Soviet). **b** (他の一部の国(Rumania など)の類似の)幹部会. **2** (共産主義組織における)統轄機関, 常設委員会. **3** (非政府機関の)理事会.

prè·sígnify 〖□ L *praesignific-āre*: ⇨ pre-, signify〗 *vt.* **1** …について予告する (foreshow). **2** …の前兆となる, 徴候を示す (presage).

Pres·ley [présli, préz- | -lɪ] 〖← *Pres(s)lie* (スコットランドの地名): ⇨ priest, lea¹〗 *n.* 男性名《愛称形 Pres》.

prè·sóak *vt.* 〈衣服などを〉(洗濯前に)前もって浸す. ── *n.* **1** 衣服などを洗濯前に水に浸すこと. **2** プレソーク《洗濯前に洗濯物をつける水に入れるしみ取り用物質》.

prè-Socrátic *adj.* 〖哲学〗ソクラテス前の; (特に)ソクラテスの学説以前の. ── *n.* ソクラテス前の哲学者.

prè·sórt *vt.* 〖郵便〗〈郵便物を〉郵便局に渡す前に仕分けする.

pres. part. 《略》〖文法〗present participle.

press¹ [prés] 〖v.: (*a*1338) □ (O)F *press-er* □ L *pressāre* (freq.) ← *premere* to press ← IE **per-* to strike. ─ n.: (?*a*1200) *presse, pres* □ (O)F *presse* ← *presser*〗 ── *vt.* **1 a** 圧する, 押す, 押しつける: ~ the trigger 引き金を引く / ~ (*down*) the accelerator アクセルを踏む / ~ the crowd *back* 群衆を押し戻す / ~ a thing *under* [*with*] a stone 物に石で重しをする / ~ one's ear *against* the door 耳を戸に押し当てる / ~ stickers *on* a trunk ステッカーをトランクに押して張る / ~ a kiss *on* a person's lips 人の唇に強く口づけする / ~ the clothes *into* a suitcase 衣類をスーツケースに押し込む. **b** 押して延ばす[平らにする], 押して…のしわを延ばす (iron), プレスする: ~ flowers 押し花をする / ~ clothes [trousers] (*with* an iron) (アイロンで)衣類[ズボン]をプレスする. **c** 押して(ある状態に)する: ~ the clay *into* the shape of a head 粘土を押して頭の形に作る / ~ the paste flat and thin 練り粉を薄く平らに延ばす. **2 a** 〈靴などが〉締めつける (tighten), 締めつけて痛める: My shoe ~*es* my toe. 靴がつま先を締めつけて痛い. **b** 抱きしめる; 握る, 握りしめる (clasp): ~ a person *in* one's arms 人を両腕でぎゅっと抱きしめる / ~ a child *to* one's breast 子供を胸にひしと抱きしめる / ~ a person's hand (愛情のしるしに)人の手を握る[握りしめる]. **3 a** 圧縮する, 圧搾する, 絞る (squeeze): ~ beef 牛肉を圧搾する (cf. PRESSED beef) / ~ grapes ぶどうを押しつぶす[絞る]. **b** 〈汁・液を〉絞り出す[取る] (extract): ~ the juice *out* (*of* a lemon) (レモンから)ジュースを絞り出す / Wine is ~*ed from* the grapes. ぶどう酒はぶどうを絞って造る. **4** 押し型にあてて作る[複製する], プレス加工する: ~ brick [steel] れんが[鋼鉄]を押し型にあてて一定の型に加圧・成形する (cf. PRESSED brick, PRESSED steel) / ~ phonograph records プレス型 (stamper) からレコードを作る[複製する]. **5** 〈意見・進物などを〉押しつける, 無理強いする (force): ~ one's opinion [a gift, a drink] *on* a person 自分の考え[贈り物, 酒]を人に強いる. **6 a** 〈議論・要求・権利などを〉押し進める, 言い張る (insist on), 強調する, 力説する (emphasize): ~ the matter [point] その事[点]を言い張る / ~ a difficult demand *on* a person 人に無理な要求をする. **b** 〈攻撃などを〉強行する. **7** 〈人〉にせがむ (urge), うるさく求める (solicit); 強要する; 〈人〉に無理やり〈…さ〉せる (constrain) 〈*to* do〉: I won't ~ you. 君に強要はしない / ~ a person *for* money [an explanation] 人に金をせがむ[釈明を迫る] / They ~*ed* me *to* come [stay all night]. 私にぜひ来るように[1 晩泊っていくように]と勧めてくれた / He was ~*ed to* retire. 彼は退職を強いられた. **8 a** 苦しめる, 圧迫する (oppress), 悩ます (harass): ~ a person *with* questions 人を質問で悩ます / a pack *hard* ~*ed* by hunger 飢えに迫られた動物の群 / be ~*ed* by one's creditors 債権者たちにうるさく責めたてられる. **b** [Passive に用いて]〔…に〕詰まって[窮して]いる〔*for*〕: *be* ~*ed for* funds [time, space] 資金[時間, 場所]が無くて困っている. **9** …に迫る, 肉薄する; 激しく攻めたてる (assail): ~ one's opponent (in a game) 競争相手に追い迫る / ~ the enemy [town] *hard* 敵[町]を猛攻する. **10 a** [~ one's way として]押しわけて進む: I ~*ed my way through* the crowd. 人込みの中を押しのけて進んだ. **b** 急がせる, せきたてる: ~ a horse (in a race) (競馬で)馬をせかせる. **11** 〈語・隠喩などを〉厳密に[こじつけて]解釈する: ~ the words [metaphor]. **12** 〖重量挙げ〗〈バーベルを〉プレスする (cf. *n.* 11). **13** 《古》…の所に押し寄せる, 群がる (crowd upon).

── *vi.* **1** 圧する, 押す; 〈靴などが〉締めつける: ~ *against* each other 押し合いへし合いする / *Press To* Start 押せば動きます《説明の文句》/ I don't like shoes that ~. きつい靴は嫌いだ. **2 a** アイロンを掛ける, しわを延ばす (iron). **b** アイロン[プレス]が掛かる[きく]: This cloth ~*es well*. この生地はよくアイロンが掛かる. **3 a** 押しのけて進む; 〈群衆などが〉押し進む, 詰め寄る, 押しかける (throng): ~ *through* a crowd 人込みの中を押しわけて進む / The fans ~*ed toward* [*about, round*] the actress. ファンがその女優の方へ[まわりに]どっと押し寄せた. **b** どんどん[急いで]進む (hasten): ~ *forward* = ~ *on* (one's way) (道を)急ぐ. **4** 〈仕事などを〉押し進める (continue) 〔*with*〕: ~ *ahead* [*forward, on*] *with* one's work [plans] 仕事[計画]を押し進める. **5** 肉薄する, 急迫する; 切迫する: ~ hard *upon* …に肉薄する / famine ~*ing* close *upon* his heels 彼に襲いかかる飢え / Time ~*es*. 時間が切迫している / The matter is ~*ing*. 事は急を要する, 事態は切迫している / Nothing remains that ~*es*. 急を要するものは何も残っていない. **6** 〔…を〕せがむ, 迫る〔*for*〕: ~ *for* payment [an answer] 支払い[返事]を迫る. **7** 〔…に〕圧迫を加える, 重くのしかかる (weigh) 〔*on, upon*〕: Taxes [Anxiety] ~*ed* (*down*) heavily *upon* them. 税金[不安]が重く彼らにのしかかってきた. **8** 〖ゴルフ〗ボールを打つ時過度に力を入れてなめらかなストロークを乱す.

press home ⇨ home *adv.* 成句.

── *n.* **1** 圧する[押す]こと; 圧迫, 圧搾, 押し; 握りしめ: a ~ of the hand. **2 a** アイロンを掛けること. **b** きちっとアイロンの掛かった状態: His trousers were *out of* ~. 彼のズボンは折り目が消えていた[よれよれだった]. **3** 押し寄せる[押しかける]こと; (群衆などの)ひしめき (jostle), 雑踏 (bustle); (押し寄せ・ひしめく)群衆 (crowd): the ~ of memories 次々に浮かぶ思い出 / a great ~ of people 大雑踏 / in the ~ of battle 《古》混戦の中で / get lost in the ~ 人込みで迷子になる / fight one's way through the ~ 人込みの中を悪戦苦闘して進む. **4** 切迫, 急迫 (urgency); 忙しさ, 繁忙: the ~ of business 業務繁忙, 差し迫った仕事 / the ~ of modern life 近代生活のあわただしさ / There is no ~ about answering this. この返事は急がなくて結構です. **5 a** プレス《大きな力を加えて材料の加工や切断ができる機械の総称》; 圧搾機, 圧縮器; 絞り器; プレッサー: a wine [cider] ~ ぶどう[りんご]絞り器 / a trouser ~ ズボンプレッサー / ⇨ drill press, hydraulic press, punch press. **b** プレス工場. **c** プレス業. **6** プレス《運動用具を型がくずれないように保存するための留め枠》: a racket ~ ラケット枠[プレス] / keep one's skis in a ~ スキーに枠をしておく. **7** 〖製紙〗(湿紙の水分をとる)プレスロール. **8 a** 印刷機 (printing press); 《英》手動印刷機 (handpress): a rotary ~ 輪転(印刷)機 / a cylinder ~ 円圧(印刷)機. **b** [しばしば the ~] 印刷術, 印刷: at [in] (《英》 *the*) ~ 印刷中 / off *the* ~ 印刷を終わって, 発行されて / correct *the* ~ 校正する / prepare [get ready] for ~ 印刷するばかりにする / send [go, come] to (*the*) ~ 印刷に付する[付される]. **c** [通例 P-] 印刷所; 出版社 (publishing company), …プレス: the Clarendon *Press* (Oxford 大学の)クラレンドンプレス. **9 a** [通例 the ~; 集合的] 出版物 (printed publications); (特に)定期刊行物《新聞・雑誌など》; 報道界, 言論界, ジャーナリズム (journalism): *the* local [daily] ~ 地方[日刊]新聞 / the influence [power] of *the* ~ 新聞の力 / advertise in [release to, write for] *the* ~ 新聞に広告[発表, 寄稿]する / freedom [liberty] of *the* ~ 出版[報道]の自由 / get the support of *the* ~ 言論界の支持を受ける / ⇨ yellow press. **b** [通例 the ~; 集合的; しばしば複数扱い] 新聞雑誌記者[編集者, 発行者]たち, 報道関係者たち: *The* ~ are waiting for the interview. 記者団が会見を待っている. **c** [通例 P-] …紙[通信社, プレス]: Detroit Free *Press* デトロイトフリープレス《新聞名》/ ⇨ United Press International. **d** [修飾語を伴って](新聞などの)論評: get [have] a good [bad] ~ (新聞紙上などで)好評を博する[悪評を受ける]. **10** 戸棚; 衣装だんす; 本箱: ⇨ clothespress. **11** 〖重量挙げ〗プレス《肩まで上げたバーベルを反動を用いず両腕が完全に伸びるまで頭上に押し上げること; cf. CLEAN and jerk, snatch 6》.

press of sail [***canvas***] 〖海事〗風などの許す限り帆をたくさん揚げた時の推力.

press² [prés] 〖(1578) (↑ との連想による変形) ← (廃) *prest* (v., n.) □ OF *prest* (F *prêt*) loan, advance pay for soldiers ← *prester* to lend: ⇨ prest〗 ── *vt.* **1** (特に, 18 世紀英国で)強制的に兵役につかせる, 強いて水兵[兵士]にする. **2** 徴発する; 無理に使う, 急場の代用にする: ~ a shirt *into* the service as a towel シャツを無理してタオルの代用にする. ── *n.* (昔の水兵・兵士の)強制徴募.

préss àgency *n.* **1** 通信社 (news agency). **2** 新聞切抜き提供会社.

préss àgent *n.* (劇団・会社などの)新聞係, 報道係, 宣伝係, PR 係; 広告代理業者.

préss associàtion *n.* 〖新聞〗報道協会《ニュースを取材して会員に伝える組織; cf. news agency 1》.

press attaché [⌐−−−⌐, ⌐−−−⌐ | ⌐−−−⌐] *n.* 〖外交〗大使館付報道官.

press bàron *n.* 新聞王, 有力な新聞社主.

préss bèd *n.* (戸棚や押し入れに備え付けの)折り畳み寝台.

préss·bòard *n.* **1** 圧縮紙, 板紙, 厚紙《主にメリヤス製品の仕上げに使う》. **2** プレスボード《木綿・麻・ウッドパルプを原料にして造った厚紙》. **3** プレスボード《板の表に詰物をしたアイロン台(ironing board)》; (特に)袖うま (sleeveboard)《衣服の肩の部分や袖などのふくらみのあるところに用いるもの》.

préss bòx *n.* (議場・競技場などの)新聞[報道]記者席.

préss bràke *n.* 金属板[棒]を種々の型に押し曲げる機械.

préss bùreau *n.* 報道部[局].

préss-bùtton *n.* =push button.

préss campàign *n.* プレスキャンペーン《新聞による世論喚起のための組織的運動》.

préss clìpping *n.* 《米》新聞の切り抜き.

préss cònference *n.* (共同)記者会見《政治家や映画俳優などと新聞記者団との会見; news conference ともいう》: hold a ~.

préss còpy *n.* 〖印刷〗(コピープレスによる)写し.

préss còrps *n.* 記者団, 新聞班.

préss corrèctor *n.* 校正者.

préss cùpboard *n.* プレスカバード《16-17 世紀の戸棚; court cupboard と同型で, 背が高く二層式; 上段, 下段とも扉を備えている》.

press cupboard

préss-cùtting *n.* 《英》=press clipping.

pressed 〖ME: ⇨ press¹ (v.)〗 ── *adj.* 圧搾した, プレス[押し型]加工した: ~ beef (かん詰めの)圧搾牛肉 / ~ ham (パックに入った)プレスハム / ~ brick 押し型れんが / ~ steel プレス加工された鋼板.

pressed dístillate *n.* 絞り油《含パラフィン留出油を圧搾してパラフィンを分離する時に得られる油分; cf. pressed oil》.

préssed gláss *n.* プレス[押し型]ガラス, 押し型ガラス器具《金属製の押し型で造られたガラス製品》.

préssed óil *n.* 絞り油《固形化しやすい成分を圧搾冷却により取り除いた植物油・鉱油; cf. pressed distillate》.

préssed wáre *n.* 押し型ガラス製品.

préss·er 〖⇨ press¹, -er¹〗 *n.* 圧する人[物]; (洗い物などに)アイロンをかける職人, プレス係; 圧搾機, プレッサー.

présser fòot *n.* (ミシンの)押さえ金 (foot).

préss fàstener *n.* 《英》スナップ (snap fastener).

préss fìt *n.* 〖機械〗プレスばめ, 圧入《ねじや水圧プレスによるはめあい; cf. loose fit》.

préss gàllery *n.* (議会などの)新聞[報道]記者席《英国では特に下院の》; (議会詰め)記者団.

préss-gàng 〖← PRESS²〗 ── *n.* **1** (特に, 18 世紀英国の)水兵[兵士]強制徴募隊. **2** (同じような方法で)人を強制する団体. ── *vt.* 《英》 **1** 強制的に徴用する, 軍に強制編入する. **2** 〈人〉を強制して〔…〕させる〔*into*〕.

préss·ing 〖(adj.: 1591; n.: ?*a*1380): ⇨ press¹, -ing¹·²〗 ── *adj.* **1** 〈仕事・要求など〉火急の, 緊急の, 差し迫った, 急を要する (urgent): ~ business 火急の用事, 急用 / a ~ danger 目前に迫った危難 / a ~ need 差し迫った必要 / a ~ question 緊急問題 / The most ~ concern is inflation. 最も焦眉の問題はインフレである. **2** せっつく, せがむ, 懇願する; 熱心な, たっての: since you are so ~ 君がそんなにせがむのなら / a ~ invitation たっての招待. ── *n.* **1 a** press すること: the ~ of grapes for wine. **b** 圧搾物, プレス加工した物[部品]. **2** (プレス型 (stamper) から作った)レコード; [集合的; 単数扱い](同時にプレスした)レコード(全体): The first ~ of her song was sold out in a week. 彼女の歌の最初のプレスは 1 週間で売り切れた. **~·ly** *adv.* **~·ness** *n.*

préss kìt *n.* 新聞社に流すための資料一式《時には扇動的なものもある》; その資料の入れ物.

préss làw *n.* [通例 *pl.*] 新聞条令; 出版法, 出版法規.

préss·man [-mən, -mæ̀n | -mæ̀n, -mən] *n.* (*pl.* **-men** [-mən, -mèn | -mèn, -mən]) **1** 印刷係, 印刷工. **2** 《英》新聞記者, (新聞社の)報道員 (reporter).

préss·màrk *n.* 〘図書館〙(書物の)書架記号 (cf. call number).

préss mòney 〘《変形》← *prest money*〙 *n.* ＝prest money.

pres·sor [présɔə, -sə | -sɔː(r, -sə(r] 〘← PRESS[1] (v.)＋-OR[2]: もと名詞の形容詞用法〙 *adj.* 〘生理〙機能高進の; 血圧増進の. ━ *n.* 昇圧剤.

pres·so·re·cep·tor [prèso(ʊ)rɪséptə, -rə- | -sə(ʊ)rɪséptə(r, -rə-] 〘← PRESS(URE)＋-O-＋RECEPTOR〙 *n.* 〘生理〙圧受容体.

préssor nérve *n.* 〘生理〙昇圧神経 (cf. depressor nerve).

préss pàrty *n.* (披露・宣伝などのための)記者[カメラマン]招待会.

préss pòint *n.* 〘印刷〙＝point 16 b.

préss pròof *n.* 〘印刷〙 **1** 最終校正刷り. **2** 機械校正《本刷り前に印刷機に組み付けた版からの試し刷りによる校正》.

préss rèader *n.* (最終校正刷りの)校正者.

préss relèase *n.* 〘新聞〙新聞発表, プレスリリース《政府などによる新聞社など報道機関への記事の発表, また宣伝業者が新聞雑誌記事への掲載資料として送ったり発表したりする新企画・新商品についてまとめたもの; news release ともいう》.

préss representàtive *n.* 《米》新聞(記者団)代表.

préss revìse *n.* 〘印刷〙最終校正刷り.

préss ròll *n.* 〘機械〙圧搾ロール《材料を送りこむフィードローラーの上に, 材料を押しつけて圧縮成形するローラー》.

préss·ròom *n.* 《米》 **1** (印刷所内の)印刷室 (《英》machine-room). **2** 新聞記者室.

préss·rùn *n.* (一定部数を刷るための)連続印刷, 印刷機の連続稼動, プレスラン; その印刷部数《単に run ともいう》: a ~ of 3,000.

préss sècretary *n.* 《米》新聞係り秘書; (大統領)報道官.

préss·shòw *vt.* 一般公開前に報道関係者に見せる.

préss·stùd *n.* 《英》スナップ (⇨ snap fastener).

préss tìme *n.* (特に新聞の)プレスタイム《pressrun を始める時間》.

préss-ùp *n.* [通例 *pl.*] 《英》〘体操〙腕立て伏せ (push-up).

pres·sure [préʃə | -ʃə(r] 〘《c1390》□ OF ~ □ L *pressūra* ← *pressus* (p.p.) ← *premere*: ⇨ press[1] (v.), -ure〙 ━ *n.* **1** 圧すること[押すこと]; 圧搾, 圧縮 (compression): the ~ of a crowd 群衆のひしめき / a feeling of ~ in one's chest 胸が締めつけられるような感じ / be painful on ~ 押すと痛い. **2** 圧, 圧力; 〘機械・物理〙圧力《単位面積に加わる力》; 〘電気〙起電力; 〘気象〙気圧 (atmospheric pressure); 〘医学〙血圧 (blood pressure): fluid ~ 液体圧力, 液圧 / electric ~ 電圧 / downward [upward] ~ 下[上]圧力 / high [low] ~ 高[低]圧; 高[低]気圧; 高[低]血圧 / outside ~ 外圧 / working ~ 使用圧力. **3** 圧迫, 圧力, 強制 〔*for*〕: congressional [political, public] ~ 議会[政治, 世論]の圧力 / under the ~ of hunger 飢えに迫られて / act under ~ 圧力をかけられて[仕方なしに]行動する / put ~ [bring ~ (to bear), exert ~] on [upon] a person (*to* do) 人に圧力を加え(て…させ)る. **4** 窮迫, 苦難, 難儀, 困却 (distress): financial ~ 財政難, 金融逼迫(ひっぱく) / mental ~ 精神的苦悩 / ~ *for* money 金づまり, 金融の逼迫. **5** 緊急, 切迫 (urgency); あわただしさ, 多忙: the ~ of business 事務の繁忙 / the ~ of city life 都会生活のあわただしさ. **6** 〘生物〙淘汰圧, 選択圧《個体群の中で働く淘汰の強さ; これにより個体数が減少する》. **7** 《古》刻印 (impression), 印 (stamp).

at high* [*low*] *pressure 猛烈に[ゆっくりと]: work *at high* [*low*] ~.

━ *vt.* **1** 《米》圧迫する; 〈人〉に圧力を加えて〔ある行動を〕とらせる〔*into*〕: He was ~*d into signing* the papers. 彼は強制されて書類に署名した. **2** 加圧する, 与圧する (pressurize). **3** ＝pressure-cook.

préssure accùmulator *n.* 〘化学〙蓄圧機《高圧気体用タンクないし, 液体・気体流路中の衝撃緩和装置》.

préssure altìmeter *n.* 〘気象〙気圧高度計.

préssure àltitude *n.* 〘気象〙気圧高度.

préssure àngle *n.* 〘機械〙圧力角, 圧角.

préssure bòttle *n.* 〘化学〙加圧[耐圧]びん《加圧下に加熱して化学反応を進行させるためのガラスびん》.

préssure càbin *n.* 《米》〘航空〙気密室《高度飛行の際気圧調節を行なうための予圧室; cf. pressurize 1 a》.

préssure cènter *n.* 〘気象〙高[低]気圧の中心.

préssure-còok *vt.* 圧力鍋[釜]で料理する.

préssure còoker *n.* 圧力鍋[釜].

préssure dìstillate *n.* 〘化学〙加圧蒸留[留出]油, 分解留出油.

préssure fàn *n.* 〘機械〙押込みファン[送風機].

préssure fìlter *n.* 〘土木・機械〙圧力[加圧]濾過(ろか)器.

préssure-frée *adj.* ゆうゆうとした.

préssure gàuge *n.* **1** (気体または液体の)圧力計. **2** (薬室・砲[銃]腔内における装薬爆発時の)爆圧計.

préssure gràdient *n.* 〘気象〙気圧勾配.

préssure gròup *n.* 〘政治〙圧力団体《その利益を立法によって確保するために立法機関・政党などに働きかける団体; 米国で禁酒法をかち得た Anti-Saloon League of America はその好例》.

préssure hèad *n.* 〘物理〙圧力水頭[ヘッド] (cf. velocity head).

préssure hùll *n.* 〘海事〙(潜水艦の)耐圧船殻.

préssure mìcrophone *n.* 〘電気〙圧力マイクロホン.

préssure mìne *n.* 水圧機雷.

préssure plàte *n.* 〘自動車〙プレッシャープレート《自動車の乾式摩擦クラッチの部品で, 動力伝達時にクラッチディスクをエンジンのフライホイールに押しつける役をする》.

préssure pòint *n.* **1** 〘心理〙圧点. **2** 〘病理〙(止血の時, 押す身体上の)圧点.

préssure sùit *n.* 〘航空〙＝pressurized suit.

préssure tànk *n.* 〘機械〙圧力タンク, 圧力水槽, 気圧水槽.

préssure vèssel *n.* 圧力容器.

préssure wàve *n.* 〘機械〙圧力波《水撃, 音波など》.

préssure wèlding *n.* 〘機械〙圧接《溶融状態まで加熱した材料を強く圧しつけてくっつけること》.

préssure wìre *n.* 〘電気〙電圧線, 示圧線.

pres·sur·i·za·tion [prèʃ(ə)rɪzéɪʃən, -rə- | -ʃəraɪ-, -rɪ-] *n.* **1** 〘航空〙与圧. **2** 気圧増大(法), 高圧密封法.

pres·sur·ize [préʃəràɪz] 〘← PRESSURE＋-IZE〙 ━ *vt.* **1** 〘航空〙 **a** 〈操縦室・客室などを〉与圧する《高々度飛行中に旅客や乗員の生命を維持するために, 客室などの気圧を外部の大気圧より高める》. **b** 〈機体などを〉圧力に耐えるように設計する. **2 a** 〈気体・液体などを〉加圧する, …に圧力をかける (supercharge). **b** 〈油井〉にガスを圧入する. **3** ＝pressure-cook. **4** 《英》＝pressure 1. **prés·sur·ìz·er** *n.*

préssurized súit *n.* 〘航空〙(飛行中の気圧の低下や加速度の変化から飛行士を守る)与圧服, 気密服《pressure suit ともいう》.

préssurized wáter reàctor *n.* 〘原子力〙加圧水型原子炉 (略 P.W.R.).

préss·wòrk *n.* 印刷機の操作, 印刷作業; 印刷物.

prest [prést] 〘□ OF ~ (F *prêt*) ← *prester* to lend < L *praestāre* to become surety for ← *prae-* 'PRE-'＋*stāre* 'to STAND': cf. press[2], presto[1]〙《廃》 ━ *adj.* 用意のできた, 待ち構えている (ready). ━ *n.* **1** (特に, 君主が強要した)臨時貸付金. **2** ＝prest money.

pres·ta·tion [prestéɪʃən] 〘《15C》□ (O)F ~ □ LL *praestātiō(n-)* required payment, L warranty ← *praestatus* ← *praestāre* (↑)〙 ━ *n.* (封建君主または教会への, 金・物納・労役による)年貢の支払い.

Pres·tel [prestél, ⌐⌐] 〘《1978》〙 *n.* プレステル《英国の郵政公社 (Post Office) が一般向けに提供する viewdata; cf. Datel》.

Prés·ter Jóhn [préstə- | -tə-] 〘ME *prestre Johan* □ OF *prestre Jehan* (F *prêter-Jean*) □ ML *presbyter Johannes* 《原義》Priest John〙 ━ *n.* プレスタージョン《中世に Abyssinia またはアジアに強大なキリスト教国家を建設したと言われる伝説上の聖職者・王》.

pré·stérnum 〘← NL ~: ⇨ pre-, sternum〙 *n.* 〘解剖〙胸骨柄(へい) (manubrium).

pres·ti·dig·i·ta·tion [prèstədɪdʒətéɪʃən | -tɪdɪdʒɪ-] 〘□ F ~: ⇨ ↓, -ation〙 *n.* 手品 (sleight of hand).

pres·ti·dig·i·ta·tor [prèstədídʒətèɪtə | -tɪdídʒɪtèɪtə(r] 〘□ F *prestidigitateur* 《変形》? ← *prestigiateur* □ L *praestigiātor* ← *praestigia* (↓): ⇨ -ator〙 ━ *n.* 手品師 (conjurer).

pres·tige [prestíːʒ, -stíːdʒ, préstɪdʒ | prestíːʒ; *F.* prestiːʒ] 〘《1656》《廃》'illusion' □ F *prestige* illusion, glamour □ L *praestigium* illusion (fem.pl.) ← *praestigiae* juggler's tricks ← *praestringere* to bind fast, blind (the eyes): ⇨ pre-, stringent〙 ━ *n.* **1** (業績・地位などに由来する)名声, 信望 (fame), 威信, 威勢, 威光 (influence): national ~ 国威 / America's ~ in Middle East 中東における米国の威信 / loss of ~ 威信[面目]の失墜(しっつい) / of high ~ 格式の高い. **2** 《古》手品師のトリック; 錯覚; まやかし (deception). ━ *adj.* 声価のある, 声価がものを言う, 一流の; 高い社会的地位を示す: a ~ school 名門[有名]校. **~·ful** [~fəl] *adj.*

prestíge pàper *n.* 〘新聞〙＝quality paper.

pres·ti·gious [prestíːdʒəs, -stídʒ-, -dʒɪəs | prestídʒəs, prɪ-, prə-, -dʒɪəs] 〘□ L *praestigiosus* full of tricks: ⇨ prestige, -ous〙 ━ *adj.* **1** 名声のある, 信望のある, 格式の高い: a ~ address, school, tennis tournament, etc. / A corner office is more ~ than one next to the elevator or at the end of a long hall. 角にある事務所の方がエレベーターの隣りや長い廊下のはずれにある事務所より格が上である. **2** [-stídʒɪəs | -dʒɪ-] 《古》手品の, まやかし[瞞着(まんちゃく)], 魔術]の; 錯覚の. **~·ly** *adv.* **~·ness** *n.*

pres·tis·si·mo [prestísəmòʊ | -sɪmə̀ʊ; *It.* prestíssimo] 〘□ It. ~ (superl.) ← PRESTO[1]〙〘音楽〙 ━ *adv.* きわめて急速に. ━ *n.* プレスティッシモの曲[楽章, 楽節].

prést mòney 〘← 《廃》*prest*: ⇨ press[2] (n.)〙 *n.* (昔英国で強制徴募した水兵・兵士に与えた)前払い金.

pres·to[1] [préstoʊ | -təʊ; *It.* présto] 〘《1683》□ It. ~ 'quick(ly)' < LL *praestum* ready, ML quick＝L *praestō* (adv.) at hand〙〘音楽〙 ━ *adj., adv.* プレスト, 急速な[に]: a ~ passage 速い楽節. ━ *n.* (*pl.* **~s**) プレスト(の曲[楽章, 楽節]).

pres·to[2] [préstoʊ | -təʊ] 〘《1598–99》□ It. ~ (↑): この 2 語はそれぞれ別個の借入〙 ━ *adv., int.* **1** [奇術師の言葉] そーれ(みろ), これ, このとおり《しばしば hey presto, presto change ともいう》: Hey ~, pass [begone]! そーれすぐ移れ[うせろ]. **2** 直ちに, さっそく; すると, さっと: Press the button, and ~, you get your ticket and change. ボタンを押すと, さっと切符とつり銭が出ます.

présto chán·go [-tʃéɪndʒoʊ | -dʒəʊ] 〘↑: *chango* は ↑ と押韻した CHANGE からの変形〙 ━ *n.* **1** すぐ移ること, すぐ変わること. **2** (魔法のように)突然起こる変化. ━ *adv., int.* ＝presto[2] 1.

Pres·ton [préstən, -tn̩] 〘OE *Prēosta-tūn* 《原義》the village of the priests: ⇨ priest, -ton〙 *n.* イングランド Lancashire 州の海港で州庁所在地; 人口 132,000.

Pres·ton·pans [prèstənpǽnz, -tn̩-] 〘《古形》*Prestounepannis*: ⇨ ↑, pan[1]〙 ━ *n.* スコットランド南東部, East Lothian 州の町; 海水浴場, 古戦場 (1745); 人口 4,000.

prè·stóre *vt.* **1** 前もって貯える[貯蔵する]. **2** 〘電算機〙初期設定する《データの処理を開始する前に電子計算機の特定の記憶領域にデータを格納する》.

prè·stréss 〘土木〙 ━ *vt.* 〈コンクリート〉に(鉄線を入れて)圧縮応力を与える, プレストレスを施す. ━ *n.* **1** 圧縮応力を与えること, プレストレスを施すこと. **2** プレストレス《静荷重・動荷重などの荷重による応力を打消すためにあらかじめ与える応力度》. **3** プレストレスの施された状態. **~ed** *adj.*

préstressed cóncrete *n.* 〘土木〙プレストレストコンクリート《コンクリートの引っ張りに対する抵抗を増すために, 引っ張られた状態の鋼線を打込みの時に入れておき, 固まった時に圧縮応力が起こるようにしたコンクリート》.

Prest·wick [préstwɪk] 〘lateOE ~ 《原義》priest's dwelling: ⇨ -wick[1]〙 *n.* スコットランド南西部 Strathclyde 州南部の都市; 国際空港の所在地.

pre·sum·a·ble [prɪzúːməbl̩, prə- | -z(j)úː-] 〘《1692》← PRESUME＋-ABLE〙 *adj.* 仮定できる, 推定できる, もっともらしい, ありそうな (probable).

pre·súm·a·bly [-məbli | -blɪ] 〘《1646》《廃》'with presumption': ⇨ ↑, -ly[1]〙 *adv.* 仮定上, 推定上, 思うに, 多分 (perhaps); きっと.

pre·sume [prɪzúːm, prə- | -z(j)úːm] 〘《1375》□ (O)F *présumer* □ L *praesūmere* to take beforehand, venture ← *prae-* 'PRE-'＋*sūmere* to take: cf. assume〙 ━ *vt.* **1** 推し量る, 推定する, 仮定する (assume); 〘法律〙推定する; (大胆にも…と)思い込む, きめてかかる: ~ a person's death 人の死を推定する《死んだと推定する》/ A receipt for the premium on a policy ~*s* preceding payments. 証券面上の保険料領収証があればそれによりそれ以前の保険料は支払い済みと見なされる. **2** 《口語》[*that*-clause または目的語＋*to* be の形で] 〈…と〉思う[考える] (suppose): I ~ this decision (*to be*) final [*that* this decision is final]. 思うにこれが最後の決定であろう / Dr. Livingstone, I ~? リビングストン博士ではありませんか《★ H. M. STANLEY が D. Livingstone を発見した時の言葉; 未知の人や知友との奇遇に戯言的に用いられる; Mr. Jones, I ~? のような変形もある》. **3** 思い切って[大胆に]…する; 差し出がましく[ずうずうしく]…する 〈*to* do〉: ~ an attempt 思い切ってやってみる / May I ~ *to* tell you you are wrong? 失礼ながらお考え違いではないでしょうか.

━ *vi.* **1** 推測[仮定]する; 想像する, 思う (suppose). **2** 差し出る, 差し出がましく振舞う, ずうずうしく言う: a man inclined to ~ 差し出がましい人 / You ~! 差し出がましい[生意気だ, ずうずうしい]ぞ. **3** 〔…に〕つけ込む; つけ上がる 〔*on, upon*〕: ~ *upon* a person's good nature [credulity] 人のいい[軽信な]のにつけ込む / ~ *upon* a short acquaintance かりそめの知合いをたてに慣れ慣れしくする / ~ too much *on* one's ability 自分の才能を頼みすぎる.

pre·súmed *adj.* 当然のことと思われている.

pre·súm·ed·ly [-mɪdli, -məd-, -md- | -lɪ] 〘《1869》〙 *adv.* 推定上, 仮定上, 多分, 定めし (probably).

pre·súm·er *n.* 仮定者, 推定者; 出しゃばり者, つけ込む人.

pre·súm·ing *adj.* 差し出がましい, 出しゃばりな, 横柄な, 生意気な (presumptuous). **~·ly** *adv.*

pre·sump·tion [prɪzʌ́m(p)ʃən, prə-] 〘《?a1200》*presum(p)cioun* □ OF *presumpcion* (F *présomption*) □ L *praesumptiō(n-)* ← *praesumptus* (p.p.) ← *praesūmere* 'to PRESUME': ⇨ -tion〙 ━ *n.* **1** 推定, 仮定 (assumption), 推定されたもの, 推定[仮定]事項: This is a mere ~. これは単なる推定に過ぎない. **2** 〘法律〙推定 (cf. fiction 5). **3** 〘論理〙推定. **4** 推定[仮定]の根拠, 推定理由; ありそうなこと; 見込み (probability): There is a strong ~ that he will succeed. 彼が成功するであろうという見込みが強い. **5** 出しゃばり, 無遠慮, ずうずうしさ, 厚かましさ (effrontery); うぬぼれ: I have never heard of such ~. こんなずうずうしさは聞いたことがない / He had *the* ~ *to* refuse my offer. ずうずうしくも私の申し出を断った.

presumption of death 〘法律〙死亡の推定《common law では 7 年間の生死不明の場合》.

presumption of fact 〘法律〙(既知の事実に基づく)事実上の推定.

presumption of innocence 〘法律〙無罪の推定.

presumption of law 〘法律〙法律上の推定.

presumption of survivorship 〘法律〙死亡順位の推定《同一の事故で二人が死亡した際, 相続について死亡の前後が問題となる場合に, 年齢・性・体力・健康状態などから死亡の前後を推定すること》.

pre·sump·tive [prɪzʌ́m(p)tɪv, prə-] 〘《1561》□ F *présomptif* □ ML *praesumptivus* ← *praesumptus* (↑): ⇨ -ive〙 ━ *adj.* **1** 〘法律〙推定の根拠となる, 推定に基づく, 推定上の (cf. apparent 5): ~ proof 推定証拠 / a ~ title 推定上の権利 / ⇨ heir presumptive. **2** (恐らくこうだと)推測される, 見た所での. **3** 〘生物〙

(将来いかなる組織・器官を形成するかという)運命の予定される. **~·ly** *adv.*

presúmptive évidence *n.* 〘法律〙推定証拠, 情況証拠 (circumstantial evidence).

pre·sump·tu·ous [prɪzʌ́m(p)tʃuəs, prə-, -tʃəs, -ʃəs | -tjuəs, -tʃuəs] 〘《c1350》 *presumptuose* ◻ OF *presumptuex* (F *présomptueux*) ◻ LL *praesumptuōsus* = L *praesumptiōsus* ← *praesumptus*: ⇨ presumption, -ous〙 — *adj.* **1** 押しの強い, 出しゃばりな, 無遠慮な, 生意気な (impudent). **2** 《古》= presumptive.
~·ly *adv.* **~·ness** *n.*

pre·sup·pose [prìːsəpóuz | -póuz] 〘《1426》 ◻ (O)F *présuppos-er*: ⇨ pre-, suppose〙 — *vt.* **1** 〈人が〉前もって仮定[推定]する, 予想[予断]する, きめてかかる 〈*that*〉: I ~*d that* it was the truth. もちろんそれは真実だと思った. **2** 必要条件とする, 前提とする: Success ~*s* diligence. 成功は勤勉を前提要件とする《成功するにはまず勤勉であらねばならない》.

pre·sup·po·si·tion [prìːsʌ̀pəzíʃən] 〘◻ ML *praesuppositiō(n-)*: ⇨ ↑, -ition〙 — *n.* **1** 仮定, 予想 (presumption); 前提(要件) (prerequisite). **2** 〘言語〙(特に, 意味論の用語として)前提《Ben isn't a good boy. という文では Ben is a boy. が前提になっている, というように用いられる》.

prè·surmíse *n.* 予測, 予感 (presentiment).

prè·synáptic *adj.* 〘生理〙シナプス前(部)の, 接合部前(部)の《神経単位相互の接合部より前に位置する[起こる]ことにいう》. **prè·synáptically** *adv.*

pret. 《略》preterit(e).

prêt-à-porter [prètɑːpɔətéɪ, prèt- | -pɔː-; *F.* prɛtapɔrte] 〘◻ F ~ 'ready-to-wear'〙 — *F. n.* プレタポルテ, 高級既製服《特に, Paris などの高級衣装店 (haute couture) で注文服とは別に作られる既製服》. — *adj.* プレタポルテの, 高級既製服の: a ~ collection プレタポルテコレクション.

pré·táx *adj.* 税込みの (before-tax): ~ earnings [profits] 税込みの収入[利益].

pre·teen [príːtíːn] 〘← PRE-+TEEN[2]〙《米》 — *n.* 10歳から12歳までの子供, ローティーン. — *adj.* **1** 10歳から12歳までの, ローティーンの. **2** ローティーン向きの: ~ magazines.

pretence *n.* = pretense.

pre·tend [prɪténd, prə-] 〘《c1390》 ◻ L *praetend-ere* to put forward, pretend: ⇨ pre-, tend[1]〙 — *vt.* **1** [しばしば *to* do, *that*-clause を伴って] 口実にする; 〈…と〉偽る, 偽って述べ立てる; 装う, 〈…〉らしく見せかける, 〈…の〉ふりをする: ~ ignorance 知らぬふりをする, 空とぼける / ~ *to* be asleep たぬき寝入りをする / He ~*ed* not *to* know me. 私など知らないというようなふりをした / Don't ~ you don't understand. わからないような顔をするな / He ~*ed* illness [*to* be ill, (*that*) he was ill]. 彼は病気と偽った[仮病を使った]. **2** [*to* do, *that*-clause を伴って] 〈(通例)子供が〉(遊びで)〈…である[…する]ような〉ふりをする (make believe): Let's ~ *to* be [(*that*) we are] policemen. お巡りさんごっこをしよう. **3** [否定構文で; *to* do を伴い] (力がないのに)あえて〈…〉する (venture), (ずうずうしくも)〈…〉しようとする, 〈…であると〉触れ込む (presume): I can*not* ~ *to* judge between them. 私は彼らの正邪を裁く自信はない / I do*n't* ~ *to* be a scholar. 私が学者だなどと言うつもりはない.
— *vi.* **1 a** 見せかける, 偽る: He ~*s* as though he were innocent. まるで罪のないようなふりをしている. **b** まねごと遊びをする: play at 'Let's ~' ごっこ遊びをする. **2 a** 〈資格のない者が〉〔…を〕要求する, 主張する (lay claim) 〔*to*〕: ~ *to* the throne [Crown] 王位を望む. **b** 〔…(をもっている)と〕自任[自負]する, うぬぼれる 〔*to*〕: ~ *to* beauty [learning] 美人[博学]をもって自任する / He cannot ~ *to* the brilliance of Hercule Poirot. いかに彼でもエルキュール ポワロほどの才気は持ち合わせまい. **3** [*to* do を伴って] あえて[大胆にも]…する, 熱望する. **4** 《古》〔…に〕求婚する〔*to*〕: ~ *to* the lady [her hand] その婦人と結婚を望む.
— *attrib. adj.* **1** 空想上の, 見せかけの, うそっこの (imaginary). ★ 通例子供が用いる: This is my ~ father. (ごっこ遊びなどで)この子が僕[私]のお父さん. **2** 模造の, イミテーションの (imitation): ~ pearls.
pre·ténd·ing *adj.*

pre·ténd·ed 〘《15C》: ⇨ ↑, -ed[1]〙 — *adj.* **1** 装った, 空とぼけた, ふりをした: ~ illness 仮病. **2** 偽りの, にせの (feigned): a ~ friend. **3** (一般から)見なされた (reputed), いわゆる (so-called); 自称: a ~ duke 自称公爵. **~·ly** *adv.*

pre·ténd·er 〘《1591》 ← PRETEND+-ER[1]〙 — *n.* **1** 装う人, ふりをする人; 詐称者 (imposter) 〔*to*〕: a ~ *to* philosophy 哲学者ぶる[と自称する]男. **2** (資格や能力のない)志望者; (不当な)要求者; (特に)王位を狙う者: ⇨ Old Pretender, Young Pretender. **~·ship** *n.*

pre·tense, 《英》 **pre·tence** [príːtens, prɪténs, prə- | prɪténs, prə-] 〘《1425》 ◻ AF *pretensse* ◻ ML **praetensa* (n.) (fem. p.p.) ← L *praetendere* 'to PRETEND'〙 — *n.* **1** 口実, 言い抜け, かこつけ (pretext): *on* the slightest ~ ほんのわずかの口実にかこつけて / *on* the [a] ~ [*under* (the) ~] of urgent business 急用にことよせて[と見せかけて] / *on* [*under*] the ~ *that* …という口実で. **2** 見せかけ, ふり, 仮面, 虚偽 (simulation): ⇨ false pretenses / make a ~ of affection [looking at one's watch] 愛情のある[時計を見る]ふりをする / His grief [illness, religion] is all (a) ~. 彼の悲しみ[病気, 信心]はほんの見せかけだ. **3** 〔…(をもっている)と〕主張[要求, 自負]すること (claim) 〔*to*〕: He makes no ~ *to* learning. 学問があるという風を少しも見せない. **4** 見えを張ること, 見せびらかし, てらい (ostentation): devoid of all ~ 少しも誇示することなく / full of ~ 大いに気取って.
in pretense 〘紋章〙盾の中央に配した (cf. ESCUTCHEON of pretense).

pre·ten·sion[1] [prɪténʃən, prə-] 〘《1600》 ◻ ML *praetensiō(n-)* ← L *praetendere*: ⇨ pretend, -sion〙 — *n.* **1** (しばしば根拠のない[不当な])主張, 申し立て; 口実, かこつけ (pretext). **2** (権利・資格などの)主張, 要求 (claim); 権利 (title): ~ *to* the throne 王位継承の権利 / have some social ~*s* ある程度の社会的地位を占めている. **3** [しばしば *pl.*] 間接の要求, 暗黙の主張; 自負, 自任: He has no ~*s to* the name [*to* be a gentleman]. 彼はその名に値する[紳士だ]などとは自負していない / She makes no ~*s to* beauty. 彼女は美人ぶらない. **4** (あつかましい)野望, (能力のない)志望 (aspiration): a man with literary ~*s* 文学的野心を自負する男. **5** てらい, 気取り, もったいぶり (pretentiousness): without ~ もったいぶらないで, 地味に. **6** 見せかけ, 偽装: ~*s* of religion 宗教の仮面.
~·less *adj.*

pre·ténsion[2] 〘← PRE-+TENSION〙 *vt.* 〘土木〙〈コンクリート〉にプレストレス (prestress) を与える (cf. prestressed concrete, posttension).

pre·ten·tious [prɪténʃəs, prə-] 〘◻ F *prétentieux* ← *prétention* ◻ ML *praetentiō(n-)*: ⇨ pretend, -tious〙 — *adj.* **1** もったいぶった, うぬぼれた, 気取った, 自信たっぷりの (self-conceited): a ~ man, manner, speech, etc. **2** 外観を装う, 見えを張る (ostentatious): a ~ book, house, etc. **3** 〈計画など〉野心的な (ambitious): It is a more ~ work than his last. それは前作よりはもっと野心的な作品だ.
~·ly *adv.* **~·ness** *n.*

pre·ter- [príːtə | -tə(r] 〘◻ L *praeter-* ← *praeter* (adv., prep.) past, beyond, beside(s) (compar.) ← *prae* before: ⇨ pre-〙「過, 超」の意の連結形: *preter*natural, *preter*pluperfect. 「人的な (superhuman).

prèter·húman 〘⇨ ↑, human〙 *adj.* 人間以上の; 超

pret·er·ist [prétərɪst, príː-, -rəst | -tərɪst] 〘← PRETER-+-IST〙 — *n.* 〘神学〙(聖書, 特にヨハネ黙示録の)預言の成就がすでに終わったと信じる人 (cf. futurist 4, presentist).

pret·er·it [prétərɪt, -rət | -t(ə)rɪt] 〘《1340》 ◻ (O)F *prétérit* ◻ L *praeteritus* (p.p.) ← *praeterire* ← PRETER-+*ire* to go〙 (*also* **pret·er·ite** [~]) — *adj.* **1** 〘文法〙過去の (past) (cf. pluperfect): the ~ tense 過去時制 / ⇨ PRETERIT-PRESENT verb. **2** 《古》過去の (past), 過ぎ去った (bygone). — *n.* 〘文法〙過去時制 (preterit tense); (動詞の)過去形.

pret·er·i·tion [prètəríʃən | -tə-] 〘◻ LL *praeteritiō(n-)* a passing over: ⇨ ↑, -tion〙 — *n.* **1** 看過 (disregard); 省略, 脱落 (omission). **2** 〘法律〙(相続人に対しての)遺言中の文言の脱漏. **3** 〘神学〙(特に, カルヴァン神学において)神の選びに漏れて永遠の滅びに陥ること. **4** 〘修辞〙暗示的看過法《paraleipsis の一種; 特に, I will not say he is honorable, he is learned, he is just. のような総括的表現の場合をいう》.

pre·ter·i·tive [prɪtérɪtɪv, prə-, -rət- | -rɪt-] 〘← PRETERIT+-IVE〙 *adj.* 〘文法〙 **1** 過去の (preterit). **2** (動詞の用法が)過去時だけに限られた.

préterit-présent 〘文法〙 *n.* 過去現在動詞形《形や起源は過去であるが, 意味は現在を表わす形》. — *adj.* 過去現在動詞形の: ~ verb 過去現在動詞《can, may, shall, must, ought などのように古くは過去形であったが, 後に現在形の助動詞として用いられるようになった動詞》.

prèter·légal 〘← PRETER-+LEGAL〙 *adj.* 法の範囲を超える[の外に出る, によらない].

prè·términal *adj.* 死の前に起こる.

pre·ter·mit [prìːtəmít | -tə-] 〘《1513》 ◻ L *praetermitt-ere* to omit, let pass ← PRETER-+*mittere* to let go: cf. message〙 — *vt.* (-**mit·ted**; -**mit·ting**) **1** 不問に付する, 黙過する, 看過する (pass over). **2** 怠る, ゆるがせにする, 無視する; 抜かす, 省略する, 脱落する. **3** 中断する, 中絶する (interrupt): ~ a course of studies 課程を中絶する. **pre·ter·mis·sion** [prìːtəmíʃən | -tə-] *n.* **prè·ter·mít·ter** [-tə | -tə(r] *n.*

prèter·nátural 〘《1580》 ◻ ML *praeternātūrāl-is*: ⇨ preter-, natural〙 *adj.* **1** 超自然的な. **2** 異常な, 奇異な, 不可思議な. **~·ly** *adv.* **~·ness** *n.*

prèter·náturalism *n.* 超自然性[状態]; 超自然物; 超自然主義[信仰]. 「覚的な.

prèter·sénsual 〘← PRETER-+SENSUAL〙 *adj.* 超感

prè·tést 〘← PRE-+TEST[1]〙 — *n.* **1** 予備試験, 予備テスト; (精密検査の前の)予備検査. **2** 〘統計〙試験調査《本格的な売出しに先立って行なう調査; 売れる可能性を推測する》. — *vt., vi.* (…の)予備試験をする.

pre·text 〘《1513》 ◻ L *praetext-us* (p.p.) ← *praetexere* to place before ← *prae-* 'PRE-'+*texere* to weave: ⇨ texture〙 — [príːtekst] *n.* **1** 〔…に対する〕もっともらしい理屈, 口実 (pretense); 弁解 (excuse) 〔*for*〕: on some ~ or other 何とかかとかかこつけて / find a ~ *for* …の口実を見つける / make a ~ of …を口実にする. **2** 包み隠し[ごまかし](の行為), 偽装, 見せかけ (cover).
***on* [*upon, under*] *the pretext of* [*that*]** …を口実として[…という口実で]: He stayed home *on the* ~ *of* being ill. 具合が悪いという口実で家にいた.
— [–⌐] *vt.* 〈事物を〉口実にする, [*that*-clause を伴って]口実として…と言う. 「史》= praetexta.

pre·tex·ta [priːtékstə] *n.* (*pl.* -**tex·tae** [-tiː]) 《ローマ

pré·tòne *n.* アクセントのある音節の(直)前の音節[母音]. 「る音節の(直)前の.

prè·tónic *adj.* 〘音声〙〈音節・母音が〉アクセントのあ

pre·tor [príːtə | -tə(r, -tɔː(r] *n.* 《ローマ史》= praetor.

pre·to·ri·al [prɪtɔ́ːriəl, prɪ-, prə-, -tóːr- | prɪtɔ́ːrɪ-, prɪ-] *adj.*

Pre·to·ri·a [prɪtɔ́ːriə, prə-, -tóːr- | -tɔ́ːrɪə] *n.* プレトリア《South Africa 共和国北東部の都市で同国の行政上の首都 (cf. Cape Town); Transvaal 州の首都; 人口 562,000》.

pre·to·ri·an [prɪtɔ́ːriən, prɪ-, prə-, -tóːr- | prɪtɔ́ːrɪən, prɪ-] *adj., n.* 《ローマ史》= praetorian. 「する.

prè·tréat *vt.* **1** 前もって処理する. **2** 〘化学〙前処理

prè·tréatment *n.* **1** 前もって処理すること. **2** 〘化学〙前処理. — *adj.* 処理以前の.

pré·trìal 〘⇨ pre-, trial〙〘法律〙 *n.* (裁判所と弁護士の間の審理促進のための)事前審理. — *adj.* 事前審理の: ~ hearings 事前審理.

pret·ti·fy [prítɪfàɪ, púətɪ-, prʊ́tɪ-, -tə- | prítɪ-] 〘← PRETTY+-FY〙 — *vt.* きれいに[かわいらしく, 美しく]する; (特に, 安っぽくまたは下品に)飾り立てる.
pret·ti·fi·ca·tion [prɪtɪfɪkéɪʃən, pùətɪ-, prʊ̀tɪ-, -tə-, -fə- | prɪtɪfɪ-] *n.*

prét·ti·ly [-tɪli, -təli, -tɪli | -tɪlɪ, -tə-] 〘《15C》〙 *adv.* **1** きれいに, かわいらしく: be ~ dressed きれいに着物を着ている. **2** 〈子供が〉行儀よく, ちゃんと.

prét·ti·ness *n.* **1** きれいさ, かわいらしさ (loveliness): *Prettiness* dies first [quickly]. 《諺》美は先がけて死す,「佳人薄命」. **2** (文章・絵画などの)小ぎれいさ. **3** かわいらしい仕草[ことば, 品物, 装飾品].

pret·ty 〘OE *prættiġ* cunning ← *prætt* craft, trick ← (WGmc) **pratt-* trick (Du. *pret* / ON *prettr* trick) ← ?: ⇨ -y[4]: 今の意味は 15C から〙 — [príti, púəti, prʊ́ti | prítɪ] *adj.* (**pret·ti·er**; **-ti·est**) **1** 〈女・子供が〉美しい, きれいな, かわいらしい, かれんな (cf. beautiful, handsome): a ~ child [face] かわいらしい子供[顔]. **2** 〈男子が〉しゃれた, いきな; にやけた (effeminate): a ~ young gentleman いきな青年 / a ~ boy [fellow] にやけた少年[男]. **3** 〈物・場所など〉きれいな, 小ぎれいな (neat): a ~ cottage 小ぎれいな小住宅. **4** (耳や心などに)快い, きれいな, 愉快な (pleasing); 面白い: a ~ song [voice] 美しい歌[声] / ~ ways 気持のいい[愛嬌(あいきょう)のある]態度 / a ~ story 面白い物語. **5** 〈天気が〉ちょうどよい, すばらしい. **6** いい, 結構な, すてきな, 見事な; 《反語》とんでもない, ひどい, 困った (cf. nice 2): a ~ wit なかなかの頓知者 / a ~ stroke 〘クリケット・ゴルフ〙快打, 痛打 / a ~ pass とんでもない事態 / a ~ trick 下劣な計略 / a ~ kettle of fish = a ~ state [muddle] of affairs 混乱(状態), ごった返し / say ~ things おせじを言う; 《反語》悪口を言う / A ~ mess you have made! 何というへまをしでかしたんだ / Here is a ~ mess [business, muddle]! これはまあ何というざまだ. **7** 〈数量など〉かなりの, 随分の: earn a ~ sum かなりの金をもうける / a ~ penny [pot of money] 大金. **8** 《古・スコット》勇敢な, 雄々しい (brave).
a pretty how d'you do 《口語》困ったこと.
— [prɪti, pùəti, prʊ̀ti, pəti | prɪtɪ] *adv.* **1** [肯定文に用いて] かなり, わりに (fairly): ~ well かなりよく; 《口語》ほとんど / ~ soon 間もなく, すぐに / I am ~ sure of it. そのことについてはかなり自信がある. **2** 相当 (considerably), 大いに, 非常に: ~ nearly ほとんど / ~ much the same thing ほとんど同じこと / do ~ much as one likes 随分好き勝手をする / feel (only) ~ well (気分は)まあいい方だ / I am ~ sick about it. 全くいやになってしまった. **3** 《方言・米口語》= prettily: Walk ~ 美しく歩け《靴屋の看板》.
pretty damned quick 《俗》すぐに, 急に (略 P.D.Q.).
sitting pretty 〘巣ごもっているひな鳥の様子から〙《口語》楽な[に], ぐあいのいい.
— [príti, púəti, prʊ́ti | prítɪ] *n.* **1** [妻・子などに対する呼掛けとして] いい子: my ~ / my *pretties*. **2** [通例 *pl.*] 《米》小ぎれいな物, 装身具 (trinket) (cf. pretty-pretty): She has put on all her *pretties*. 彼女はありったけの装身具で飾り立てた. **3** 《口語》〘ゴルフ〙= fairway 2. **4** 《英》(ガラスコップの)溝彫り[装飾した部分]: fill up to the ~ コップの溝飾りのところまで(約 1/3)満たす.
do the pretty 《俗》ばかていねいに振舞う.
— [príti, púəti, prʊ́ti | prítɪ] *vt.* [通例 ~ *up* として] 《口語》〈人・家・話などを〉美しくする, きれいに飾り立てる: She *prettied* herself *up* for the party. パーティーのために盛装した.
~·ìsm [-tìɪzm | -ti-] *n.*

prétty·fàce *n.* 〘植物〙米国 California 州産ユリ科ハナニラ属の草本 (*Brodiaea ixioides*).

prét·ty·ish [-tiɪʃ | -ti-] 〘← PRETTY+-ISH[1]〙 *adj.* 小ぎれいな, かわいい, ちょっと気持のいい, ちょっと愛嬌(あいきょう)のある; よさそうな (rather pretty).

prétty-prètty 〘《加重》← PRETTY〙 — *adj.* 飾り過ぎた, ただきれいなだけの; 気取った (affected); にやけた, きざな: just a ~ face ただきれいなだけの顔 / one's affected, ~ ways 気取ったにやけた態度. — *n.* [*pl.*] 無用の飾り, 安ぴかの服飾品, やくざ物 (knick-

knacks): wear all one's *pretty-pretties* ありったけの安ぴか服飾品を身につける.
prè·týpify 〚← PRE-＋TYPIFY〛 *vt.* 前もって代表する; 予示する (prefigure).
pret·zel [prétsəl; G. prέtsl] 〚□ G *Pretzel* (変形) ← *Bretzel* < OHG *brezitella* ← L *brachiātus* having branches like arms ← *bracchium* arm: cf. brace: 腕組をしたような形から〛 ―― *n.* プレッツェル (棒状または結び目状の堅いクラッカー; 外側に塩がついていてビールのつまみなどにする).
Preus·sen [G. prɔ́ʏsn̩] *n.* プロイセン (Prussia のドイツ語名).
preux che·va·lier [prə́ːʃəvæljéɪ; *F.* prøʃəvalje] 〚□ F ～ 'gallant CHEVALIER' ← F *preux* < OF *preuz* (nom.) < LL *prōdem, prōdis*: ⇨ prow²〛 ―― *F. n.* 義侠心のある騎士, 勇士.
prev. (略) previous; previously.
pre·vail [prɪvéɪl, prə-] 〚(*a*1398) □ L *praevalēre* ← *prae-* 'PRE-'＋*valēre* to be strong: cf. value〛 ―― *vi.* **1** 〔…に〕勝利を得る[得ている], 勝つ, 勝っている 〔*over, against*〕: ～ *against* wrong 悪に勝つ / Truth will ～. (諺) 真理は勝つもの. **2** 優勢である; 広がる, 普及する, はびこっている, 流行する: The east wind ～*s* in pring. 春には東風が多い / Such ideas ～ in this age. そういう考えが今日幅をきかせている[支配している] / A number of curious customs ～ in this country. この国には多くの奇習が広く行なわれている. **3** 首尾よく行く, 効果がある, ききめがある. **4** 〔人を〕うまく勧誘する, 説き伏せる, 納得させる (persuade) 〔*on, upon, with*〕: He is easy to ～ *upon* [*with*]. 彼を説き伏せるのは造作ない. **～·er** *n.*
pre·váil·ing [-lɪŋ] *adj.* **1** 広く行なわれ(ている), 普及している, 流行の; (世間)一般の, 普通の: a ～ practice / a ～ epidemic 疫病 / a ～ opinion 広く行なわれている説, 支配的な意見 / the ～ fashions 流行型. **2** 優勢な, 主な: the ～ wind 〘気象〙 卓越風. **3** 有効な (effective). **～·ly** *adv.* **～·ness** *n.*
prev·a·lence [prév(ə)ləns | -vəl-] 〚(1592) □ F *prévalence* □ LL *praevalentia* superior force: ⇨ prevail, -ence〛 ―― *n.* **1** 広く行なわれること, 普及, 広まり, 流行, はやり: the ～ of rumors うわさの流布 / the ～ of disease 病気の流行 / the ～ of minicomputers ミニコンの普及. **2** 〘医学〙 有病率, 罹患(りかん)率.
prév·a·len·cy [-lənsi | -sɪ] 〚⇨ ↓, -ency〛 *n.* ＝prevalence.
prev·a·lent [prév(ə)lənt | -vəl-] 〚(1576) □ L *praevalent-em* ← *praevalēre* 'to PREVAIL': ⇨ -ent〛 ―― *adj.* **1** 一般に行きわたっている, 広く用いられている (widespread); 流行する, はやっている, 流布している: a ～ fashion 目下の流行 / ～ habits 広く行なわれている慣習 / Cholera was ～ in those tropical countries. その熱帯の国々でコレラがはやっていた. **2** まさる, 優勢な (predominant), 主な (chief). **3** (古) 効果のある (effective). **～·ly** *adv.*
pre·var·i·cate [prɪvǽrəkèɪt, prə-, -vér- | prɪvǽrɪ-] 〚(1582) (廃) 'to go astray' ← L *praevāricāt-us* (p.p.) ← *praevāricārī* to walk crookedly ← *prae-* 'PRE-'＋*vāricāre* to straddle (← *vārus* knock-kneed): ⇨ -ate³〛 ―― *vi.* 言い紛らす, 言い逃れる; ごまかす, うそをつく.
pre·var·i·ca·tion [prɪvæ̀rəkéɪʃən, prə-, -vèr- | prɪvæ̀rɪ-] 〚ME □ (O)F *prévarication*: ⇨ ↑, -ation〛 *n.* 言い逃れ, 逃げ口上; ごまかし, うそ.
pre·vár·i·cà·tor [-tə | -tə(r)] 〚□ L *praevāricātor*: ⇨ prevaricate, -ator〛 ―― *n.* **1** 言い逃れをする人, ごまかしを言う人. **2** (昔, Cambridge 大学で修士)学位授与式で風刺演説の代表に指名された学生 (18 世紀以後廃止; cf. terrae filius 2).
prè·vélar *adj., n.* 〘音声〙 前部軟口蓋音(の).
pré·ve·nance [prèɪvənɑ́ː(n)s, -nɔ́ː(n)s, -nɑ́ːns, -nɔ́(ː)ns; *F.* prɛvnɑ̃ːs, prev-] 〚□ F ～ ← *prévenir* □ L *praevenīre* to come before, anticipate: ⇨ prevent, -ance〛 ―― *n.* (他人の心情を察してする)行き届いた心づかい, 思いやり, 親切.
pre·ve·nience [prɪvíːnjəns] 〚⇨ ↓, -ence〛 *n.* **1** ＝prévenance. **2** 先行(性).
pre·ve·nient [prɪvíːnjənt] 〚(*a*1607) □ L *praevenient-em* (pres.p.) ← *praevenīre*: ⇨ prevent〛 ―― *adj.* **1** 先行する, 先んずる, 見越しての; 前の. **2** 〔…を〕予期する, 見越す 〔*of*〕. **3** 〔…を〕妨げる, 予防的な 〔*of*〕.
prevénient gráce *n.* 〘神学〙 先行恩恵[恩寵] (人の心に働きかけてそれを前もって悔悟に導く神の恩恵; cf. Milton, *Paradise Lost* 11. 3).
pre·vent [prɪvént, prə-] 〚(?*c*1400) ← L *praevent-us* (p.p.) ← *praevenīre* to come before, hinder ← *prae-* 'PRE-'＋*venīre* 'to COME'〛 ―― *vt.* **1** 止める, 妨げる, 邪魔する, (人を妨げて)…させない (hinder) 〔*from*〕: ～ progress 進行を妨げる / Rain ～*ed* the game. 競技は雨に妨げられた / a law ～*ing* strikes ストを禁止している法律 / He ～*ed* me *from* going [my going, (口語) me going]. 彼は私を妨げて行かせなかった. **2** 予防する, 起こらないようにする (check); 〔…が起こらない, しないように〕守る, 保護する (guard against) 〔*from*〕: ～ a disease [waste] 病気[浪費]を予防する / ～ war [dispute] 戦争[議論]が起こらないようにする / ～ a person *from* injuring himself 人がけがをしないように守る / I bit my lips to ～ a smile. 笑いをこらえようと唇をかんだ. **3** 〚(英) では priː-, prɪ-〛 〘神学〙 先立つ, 先んずる, 導く; (罪の危険から前もって)保護する, 守る: God ～*s* us with His grace. 神は恵みもて我らを導きたもう / *Prevent* us, O Lord, in all our doings. 主よ我らのなすことを導きたまえ (*Common Prayer*). **4** (廃・古) **a** 〈願望など〉に先手を打つ, …の先回りをする; 〈質問などを〉見越して処理する (anticipate). **b** 先行する, 先に到着する. ―― *vi.* 妨げる, 邪魔する (intervene): I will leave if nothing ～*s*.
～·ing·ly [-tɪŋli | -tɪŋli] *adv.*
pre·vent·a·bil·i·ty [prɪvèntəbíləti, prə- | -təbílɪti, -lɪ-] *n.* 止められること, (病気などの)予防可能性.
pre·vent·a·ble [prɪvéntəbl̩, prə- | -tə-] 〚⇨ prevent, -able〛 *adj.* 止められる, 予防できる, 妨げられる.
pre·vent·a·tive [prɪvéntətɪv, prə- | -tət-] 〚(1654-66): ⇨ prevent, -ative〛 *adj., n.* ＝preventive.
prevént defénse *n.* 〘アメリカンフットボール〙 プリベントディフェンス (攻撃側のロングパスを予測し, それを防止するためラインバッカーおよびバックスプレーヤーが深く守備すること).
pre·vént·er [-tə | -tə(r)] 〚⇨ prevent, -er¹〛 ―― *n.* **1** 止めるもの, 防止者, 予防者, 予防法[策, 薬] (preventive). **2** 邪魔(者), 妨害(者, 物). **3** 〘海事〙 **a** (破損に備えて付加された)副索, 添え綱, 補助綱具. **b** プリベンタ (不慮の事故に備え予備に取付けられた増し索).
prevénter báckstay *n.* 〘海事〙 ＝jumper stay b.
pre·vent·i·ble [prɪvéntəbl̩, prə- | -tə-, -tɪ-] *adj.* ＝preventable.
pre·ven·tion [prɪvénʃən, prə-] 〚(1528) □ LL *praeventiō(n-)*: ⇨ prevent, -tion〛 ―― *n.* **1** 〔…を〕止めること, 〔…の〕防止 〔*of*〕: ～ *of* fire / the ～ *of* crime 犯罪防止 / by way of ～ 妨げるために; 予防法として / the Royal Society for the *Prevention* of Cruelty to Animals 英国動物愛護会 (略 R.S.P.C.A.). **2** 防止, 予防; 妨害, 邪魔 (obstruction): *Prevention* is better than cure. (諺) 予防は治療にまさる, 「転ばぬ先の杖(つえ)」. **3** (廃) 先んじること (precedence), 先手を打つこと (anticipation).
pre·ven·tive [prɪvéntɪv, prə- | -tɪv] 〚(*a*1639): ⇨ prevent, -ive〛 ―― *adj.* **1** 予防の, 防止する: ～ measures against diseases 疾病予防策[手段] / ～ inoculation 予防接種 / ～ penology 犯罪予防刑事学 / a ～ officer (英) 密輸取締官. **2** 防止に役立つ, 妨げる: ⇨ preventive war. ―― *n.* **1** 防止するもの; 〘医学〙 予防薬; ＝contraceptive: a ～ *of* [*for*] malaria マラリアの予防薬. **2** 妨害物. **3** (英) (密輸取締りの)沿岸警備員. **～·ly** *adv.* **～·ness** *n.*
prevéntive deténtion [**cústody**] *n.* **1** 〘英法〙 予防拘禁 (常習犯人の犯罪を予防するため, 矯正的措置として, 判決で拘禁すること). **2** 〘米法〙 予防拘留 (裁判以前に犯罪を犯さないように容疑者を保釈せずに拘留すること).
prevéntive làw *n.* 〘法律〙 予防的法律, 予防司法 (preventive justice) (いまだ法体系として独立していない法律). ★ 以下に必要な一連の法律をさす: 〘刑事〙 犯罪の予防のための虞犯(ぐはん)者の隔離, 刑事実体法・手続法の整備; 〘民事〙 訴えの原因除去, 訴え自体の予防 [調停, 仲裁の活用].
prevéntive médicine *n.* 予防医学.
prevéntive ménstrual períod *n.* 〘産科〙 最終月経(期).
Prevéntive Sérvice *n.* [the ～] (英国の)(密貿易取締りの)沿岸警備隊.
prevéntive wár *n.* 予防戦争 (切迫してはいないが, 将来武力闘争は不可避と予見し, 遅延は危険の増大につながると信じて開始される戦争).
pre·ven·to·ri·um [prìːvəntɔ́ːriəm, -tɔ́ːr- | -tɔ́ːrɪ-] 〚⇨ prevent, -orium〛 ―― *n.* (*pl.* **-ri·a** [-riə | -rɪə], **～s**) 感染・発病の恐れのある者(特に, 子供)のための)予防的収容[医療]施設, 予防所.
pré·vèrb 〚⇨ pre-, verb〛 *n.* 〘文法〙 動詞接頭辞 (become, disobey, withdraw の be-, dis-, with- など).
prè·vérbal *adj.* **1** 〘文法〙 動詞の前の[に起こる]: ～ adverb 動詞の前に置かれる副詞. **2** 〈子供が〉まだしゃべれない, 言語習得前の.
pre·view [príːvjùː | ー́ー, ーー́] 〚← PRE-＋VIEW〛 ―― *n.* **1** 先立って見ること, 下見, 下検分. **2 a** (劇・映画などの)試演, 試写(会) (cf. trade première). **b** (展覧会などの)内見, 内覧. **3** (米) (映画・テレビの)予告編(の映写) (cf. trailer 6). **4** (講義などの)予備知識[事前の理解]を与えるもの. **5** 〘放送〙 下稽古, 番組のリハーサル. ―― *vt.* **1** …の試演[試写]を見る[見せる]. **2** (体系的に教える前に)〈科目〉の全体的予備知識を与える.
préview mònitor *n.* 〘テレビ〙 (放送中に映像を切り替える際に次に送出する映像の状態を見る)監視用の有線受像装置.
pre·vi·ous [príːviəs | -vjəs, -vɪəs] 〚(1625) □ L *praevius* going before: ⇨ pre-, via¹, -ous〛 ―― *adj.* **1** 先の (foregoing), 〔…の〕前の, 以前の (prior) 〔*to*〕: a ～ illness 既往症 / a ～ engagement 先約 / on the ～ evening [page] 前の晩[ページ]に / on some day ～ *to* Christmas クリスマス前のある日に. **2** 前もっての, あらかじめの: without ～ notice 予告なしに. **3** 早すぎる (premature), 早まった, せっかちな (hasty): You have been a bit too ～ about it. 君はそれについて少し早まった. ―― *adv.* 以前に (before); 〔…よりも〕前に (previously) 〔*to*〕: I had rung him ～ *to* writing. 手紙をやる前に電話した. **～·ness** *n.*
prévious examinátion *n.* [the ～] (Cambridge 大学で) B.A. 第一次学位試験 (cf. little-go, responsion 1).
pré·vi·ous·ly *adv.* **1** 先に, その前に, かねて, あらかじめ: two months ～ 2 か月前に. **2** 〔…よりも〕前に 〔*to*〕. **3** 早まって (hastily).
prévious quéstion *n.* 〘議会〙 先決問題 (本問題の採決いかんを前もって決める問題; 英国では本問題を一時撤回するために, 米国では討議を早めるためにこの動議が用いられる; 略 P.Q., p.q.).
pre·vise [prɪváɪz, prə-] 〚(*c*1470) ← L *praevīs-us* (p.p.) ← *praevidēre* to foresee ← *prae-* 'PRE-'＋*vidēre* to see: ⇨ vision〛 ―― *vt.* **1** 前もって知らせる, 警告する, 予告する (foretell). **2** 予知する, 見抜く (foresee).
pre·vi·sion [priːvíʒən, prɪ-, prə- | priː-, prɪ-] 〚□ F *prévision*: ⇨ ↑, -sion〛 *n.* 先見, 予見, 予知 (foresight). ―― *vt.* 予見する, 予知する (foresee).
pre·ví·sion·al [-ʒənl̩, -ʒnəl] 〚⇨ ↑, -al¹〛 *adj.* 先見の明のある (foreseeing), 見越す, 予知する; 前もって知れた, 見越した (anticipated). **～·ly** *adv.*
prè·vocálic *adj.* 〘音声〙 〈子音が〉母音の直前にある.
prè·vocátional *adj.* (職業学校入学前に要求される)予備[準備]教育の, 職業教育前の.
Pré·vost [preɪvóʊ | -vɔ́ʊ; *F.* prevo], **Marcel** *n.* プレヴォ (1862-1941; フランスの小説家; *Les Demi-vierges* 「半処女」(1894)).
Prévost d'Ex·iles [preɪvóʊdegzíːl | -vɔ́ʊ-; *F.* -dɛgzil], **Antoine François** *n.* プレヴォデグジル (1697-1763; フランスの小説家; *Manon Lescaut* 「マノンレスコー」(1731); 通称 Abbé Prévost).
pre·vue [príːvjùː | ー́ー, ーー́] *n.* ＝preview 3.
pré·wár 〚⇨ pre-, war¹〛 *adj* 戦前の (cf. antebellum) (↔ postwar). ―― *adv.* 戦前に.
prex [préks] 〚(短縮) ← PRESIDENT〛 *n.* ＝prexy.
prex·y [préksi | -sɪ] 〚⇨ ↑, -y²〛 *n.* (米学生俗) 大学総長, 学長 (president).
prey [préɪ] 〚n.: (*c*1250) *preye, praie* □ OF *preie* (F *proie*) < L *praedam* a booty, prey ← *praehendere* to seize: ⇨ prehensile. ― v.: (*c*1300) □ OF *prei-er* < LL *praedāre*＝L *praedārī* to plunder ← *praeda*〛 ―― *n.* [単数形でのみ用いて] **1** (他の動物の)えじき(となる動物), えさ: hawks circling in search of ～ 獲物を求めて旋回する鷹. **2** 〔環境・悪人・敵などの〕食い物, 犠牲(者), 被害者 (victim) 〔*of, to*〕: make a ～ *of* …をえじき[食い物]にする / become the ～ *of* fashion 流行の奴隷[とりこ]になる / a ～ *to* fears 恐怖に悩む人. **3** (動物の行なう)捕食; 捕食する習性: an animal [a beast] of ～ 猛獣 / a bird [fish] of ～ 猛禽(もうきん)[食肉魚]. **4 a** (古) 略奪品 (plunder), 戦利品 (booty). **b** 〘聖書〙 争いなどから無事に持ち帰る[出す]もの, 分捕り物 (*Jer.* 21: 9).
be* [*become, fall*] (*a*) *prey to (1) 〈他の動物〉のえじきになる. (2) 〈人が〉…にとらわれている, …の犠牲となる: *fall* (*a*) ～ *to* circumstances 境遇の犠牲(者)となる / He *was* (*a*) ～ *to* all sorts of illnesses. あらゆる病気にさんざん悩まされた / Some men *are* (*a*) ～ *to* lust for power. 権力欲のとりこになっている人間もある. ★ a を省くのは (米).
―― *vi.* **1** 〔…を〕捕食する, えじきにする 〔*upon, on*〕: Cats ～ *upon* mice. **2** 犠牲にする, 食い物にする 〔*upon, on*〕: The swindler ～*s upon* the credulous. 詐欺師はだまされやすい人間を食い物にする. **3** 〔場所などを〕略奪する, 強奪する, 荒らす (plunder) 〔*on, upon*〕: Bands of robbers ～*ed upon* the defenceless villages. 強盗団が無防備な部落を略奪した. **4** 〈心配・病気などが〉〔…を〕苦しめる, 悩ます; 次第にそこなう, 痛める (afflict) 〔*upon, on*〕: Care ～*ed on* his health. 心配で健康を害した / It seemed to ～ *on* him to think of the meeting. その会合のことを考えると彼の心は重くなってくるようだった. **～·er** *n.*
prez [préz] 〚(短縮) ← PRESIDENT〛 *n.* (米俗) 大統領.
prf. (略) proof.
P.R.F., p.r.f. (略) pulse recurrence frequency; pulse repetition frequency.
pri- [praɪ] 〚← Gk *príōn* saw〛 「のこぎり (saw); 鋸歯(きょし)状のもの」の意の連結形.
Pri·a·can·thi·dae [pràɪəkǽnθədìː | -θɪ-] 〚← NL ～ ← *Priacanthus* (属名: ⇨ ↑, acanthus)＋-IDAE〛 *n. pl.* 〘魚類〙 キントキダイ科.
Pri·am [práɪəm, -æm] 〚□ L *Priam-us* □ Gk *Príamos*〛 *n.* 〘ギリシャ神話〙 プリアム, プリアモス (Troy 最後の王; Hector と Paris の父; Troy 陥落と共に殺された).
Pri·a·pe·an [pràɪəpíːən] 〚□ F *priapéen* ← L *Priāpeius* 'of PRIAPUS'＋*-en* '-AN¹'〛 *adj.* **1** 〘ギリシャ・ローマ伝説〙 プリアポス (Priapus) の. **2** 〘病理〙 [p-] 持続勃起(ぼっき)の.
priapi *n.* priapus の複数形.
pri·a·pic [praɪéɪpɪk, -ǽp-] 〚← PRIAP(US)＋-IC¹〛 ―― *adj.* **1** 〘ギリシャ・ローマ伝説〙 Priapus の. **2** 男根(像)の; 男根を連想させる. **3** 〈男性が〉自分の性を誇張する, 男根崇拝の. **4** 男性としての機能を誇る, 男らしい; (特に)性的能力の高い, 性欲の強い.
pri·a·pism [práɪəpɪzm] 〚(*a*1625) □ F *priapisme* // LL *priāpism-us* □ Gk *priāpismos* ← *Priāpos*: ⇨ Priapus, -ism〛 ―― *n.* **1** みだら, 好色 (lewdness). **2** 〘病理〙 プリアピズム, (有痛性)持続勃起(ぼっき)(症) (必ずしも性欲に起因しない).
Pri·ap·u·loi·de·a [praɪæ̀pjulɔ́ɪdiə | -dɪə] 〚← NL ～ ← *Priapulus* (属名: ← *priāpus* phallus＋*-ulus* '-ULE'): ⇨ Priapus, -oid, -idea〛 ―― *n. pl.* 〘動物〙 (袋形動物門)エラヒキムシ類.
pri·a·pus [praɪéɪpəs] 〚↓〛 *n.* [p-] (*pl.* **pri·a·pi** [-paɪ], **～·es**) 男根像 (phallus).
Pri·a·pus [praɪéɪpəs] 〚□ L *Priāpus* □ Gk *Príāpos*〛 *n.* 〘ギリシャ・ローマ伝説〙 プリアポス (男性生殖力の神).
P.R.I.B.A. (略) President of the Royal Institute of British Architects.

Príb·i·lof Íslands [príbəlɔ̀(ː)f-, -lɑ̀f- | -bɪlɔ̀f-] 〚← *G.L. Pribylov* (*d.* 1796 : ロシヤ人でこの島の発見者)〛 ── *n. pl.* [the ~] プリビロフ諸島《米国 Alaska 州, Bering 海南東部の群島 ; オットセイ繁殖地》.

price [práɪs] 〚n.: 《?*a*1200》 *pris* ▭ OF (F *prix*) < LL *precium* = L *pretium* price, value, 《原義》 that which is equivalent ← IE **per* forward, beyond. ─ v.: 《15C》 ← ME *prise(n)* 'to PRIZE': cf. praise〛 ── *n.* **1** 価格, 値段, 売[買]価 (charge); 相場, 物価, 市価 (market price): ~*s* of commodities 物価, 商品値段 / the average ~ 平均価格 / a cash ~ 現金価格 / a cost [market] ~ 原[市]価 / a famine ~ 品切相場[高値] / a set ~ 定価 / a normal ~ 正常価格 / a net ~ 正価 / ⇨ fixed price, natural price / the ~ asked 言い値 / the ~ of money 貸出歩合, 延滞日歩 / a reduced [bargain] ~ 割引値段 / the selling ~ 売価 / the trade ~ 仲間相場 / the wholesale [retail] ~ 卸売[小売]相場 / be of a ~ 〈二つの物が〉(ほぼ)同じ値段である / fetch a high ~ 高く売れる / get a good ~ for …をよい値で売る / make a ~ 値段を言う, 指し値する / What is the ~ *of* that? それの値段は幾らか. ★ 物の値段をいう時, 一定した値段には of であるが, 商取引などで掛け合う値段などで変動する値段には for が用いられる: What is the price *for* that? それの見積り価格[支払った値段]は幾らか. **2** (獲得するための)代価, 代価 (cost), 犠牲にしたもの: A life of toil is the ~ of success. 成功するためには苦労しなくてはならない. **3 a** 節操を売って得る金品, 買収金: There is no ~ for this man. この人にはどんな賄賂(ワイ)もきかない / Every man has his ~. 《諺》 だれでも誘いの水はきくものだ《買収のきかない人はない》. **b** (人の首などにかかった)懸賞金: ⇨ *have a* PRICE *on one's head, put* [*set*] *a* PRICE *on a person's head* [*life*]. **4** (賭事で)賭金の歩合, 賭率, 差額 (odds); 払戻金: the starting ~ (競走馬の)出発間際[最後]の賭. **5** 価値, 値打ち: of great [dear] ~ 非常に価値のある, 高価な, 貴重な / of little [no] ~ ほとんど[全く]無価値な, つまらない.
above [***beyond***] ***price*** 価の知れない(ほど貴重な). ***at any price*** (1) どんな代価を払っても, 是非とも: We want peace *at any* ~. いかなる代償を払っても平和を望む / It must be done *at any* ~. それは是非ともやらなければならない. (2) [通例否定構文で] どんな値段でも, どんなに高く[安く]とも; どうあっても, 決して(…しない): My carpets are *not* for sale *at any* ~. 「カーペットはどんなに高くても売らない / I will *not* have it *at any* ~. 幾ら安くてもそれはいやだ / I won't have that man in my house *at any* ~. あんな男はどうあっても二度と家へ来させない. ***at a price*** 相当の値段[代価]で, 相当な代償を払って; 市価よりも高い値で. ***at the price of*** 《英俗》 …をかけて, 犠牲にして: gain success *at the* ~ *of* one's health 健康を犠牲にして成功をかちとる. ***have a price on one's head*** 首[捕縛]に賞金をかけられている, 賞金付きで狙われている. ***put*** [***set***] ***a price on*** …に値をつける: *put a* ~ *on* a jewel 宝石に値をつける / We cannot *put a* ~ *on* friendship. 友情に値はつけられない. ***put*** [***set***] ***a price on a person's head*** [***life***] 人の首[捕縛]に賞[賞金]をかける; 〈事が〉人の首に賞金をかけさせる. ***What price…?*** (1) 《競馬》 (人気馬の)勝目はどうか, 賭率[払戻金]はどうか: *What* ~ the favorite? (2) 《俗》 どう思うか (What do you think of…?); (失敗したものをからかって)…は何というざまだ; …なんか何の役に立つか (What's the use of…?): *What* ~ fine weather tomorrow? 明日の天気はどんなもんだね / *What* ~ the Asiatic League? アジア連盟のざまはどうだ / *What* ~ glory? 栄光何するものぞ. ***without a price*** 無報酬で. ***without price*** = *above* PRICE.
── *vt.* **1** …に値をつける. **2** 《口語》 …の値段[相場]を尋ねる[確かめる]. ***price down*** 〈品物〉の値段を下げる. ***price oneself*** [***one's product***] ***out of the market*** 〈生産者が〉法外な値をつけて市場から締め出される[(品物が)売れなくなる]. ***price up*** 〈品物〉の値段を上げる.

príce càrtel *n.* 価格協定.

príce contròl *n.* 〘経済〙 物価統制《行政指導や法令などで物価変動を規制すること》.

príce cúrrent *n.* (*pl.* **prices c-**) [しばしば *pl.*] 価格表, 時価表, 相場付け《price list ともいう》.

príce cùtting *n.* 値引, 割引 (販売).

priced *adj.* 定価付きの; [複合語の第 2 構成素として] 価[値]が…の: a ~ catalog 定価表 / high-[low-]*priced* 値の高い[安い].

príce-éarnings mùltiple *n.* 〘証券〙 = price-earnings ratio.

príce-éarnings ràtio *n.* 〘証券〙 株価収益率《ある株式の市場価格をその会社の一株当たり純利益の倍数で表わしたもの; price-earnings multiple ともいう; 略 P/E, PER》.

príce-fìxing *n.* 〘経済〙 (政府や業者の)作為的価格操作[決定], 価格協定.

príce ìndex *n.* 〘経済〙 物価指数《一定の商品・サービス群を対象とし, その単価の加重平均の変動によって, 基準年と比較した物価の動きを表示できるようにした数値; cf. price level 2》.

príce·less 〚⇨ price, -less〛 ── *adj.* **1** 金で買えない, 値踏みのできない (inestimable); 貴重な (invaluable): ~ jewels 貴重な宝石 / ~ service to one's country 祖国に対する尊い奉仕. **2** 《口語》 すてきな, とても愉快な; [反語的に] ばかげた, お話にならない (utterly absurd): a perfectly ~ evening とても愉快な晩 / a ~ ass お話にならぬばか, 大ばか. **~·ness** *n.*

príce lèvel *n.* **1** (ある期間におけるある製品の)平均値段. **2** 〘経済〙 物価水準 (cf. price index).

príce list *n.* = price current.

príc·er *n.* **1** 値を付ける人, (特に, 宝石・骨董品などの)値踏みする専門家. **2** (ただ値段を聞くだけの)ひやかし客, 値を聞く商売がたき. **3** 〘証券〙 (株式相場の問合わせに応答する)株式市況係.

príce-rìng *n.* 《英》 〘商業〙 値くずれしないように協力し合う生産者[業者]グループ.

príce-stòp *adj.* 《米》 物価くぎ付けの.

príce suppòrt *n.* 《米》 〘経済〙 (政府の買上げなどによる)価格支持[維持]《例えば, 麦がだぶついて価格が低下しすぎたとき, その一部を買い上げ貯蔵したりして人為的に価格をつりあげること》.

príce tàg *n.* **1** 定価札, 正札. **2** 価格, 値段.

príce wàr *n.* 〘商業〙 価格戦争《値下げ競争》.

pric·ey [práɪsi | -sɪ] 〚⇨ price, -y[4]〛 *adj.* 《口語》 値の張った, 金のかかる, 高価の.

prick [prík] 〚n.: OE *pric(c)a* dot, point ← (WGmc) **prikk-* (Du. & LG *prik* point) ←? IE **bhrēi-* to cut (L *fricāre* to rub away). ─ v.: OE *prician* to prick: cf. pick[1]〛 ── *n.* **1** (針・とげなどで)刺すこと; 刺傷: the ~ of a needle 針で刺すこと / a ~ in the finger 指の刺傷. **2 a** ちくりとする刺した痛み, 疼(ウズ)き: feel a slight ~ 少し痛みを感じる. **b** (良心の)呵責(カシャク): feel the ~*s* of conscience 良心のとがめを感じる. **3** 突く物, 刺す物: **a** (動物の)角, (植物の)とげ. **b** (蜂などの)針. **c** 《古》 (牛の)突き棒 (goad). **4 a** 《古》 句読点 (punctuation mark). **b** 《古》 点 (point), ぽち (dot). **c** (標的の)図星. **5** 〘音楽〙 **a** (中世記譜法の)音符. **b** (音符・休止符の後につく)付点. **6** 《卑》 陰茎 (penis). **7** 《俗・軽蔑》 いやな奴, 奴.
feel like a spare prick at a wedding 《卑》 不用の人間[除け者]のように感じる. ***kick against the pricks*** 〚牛が突き棒で追い立てられるのに怒ってけることから〛 (支配者や規則に)むだな反抗をする, むだな抵抗をしてけがをする[ばかをみる] (*Acts* 9:5).
── *vt.* **1** (針の先などで)ちくりと刺す, 突く (puncture): ~ one's finger / She ~*ed* her thumb *on* [*with*] a needle [thorn]. 針[とげ]で親指を刺した. **2 a** 〈良心など〉にちくちく刺すような痛みを起こさせる: The lie ~*ed* her conscience. うそをついたことで良心がうずいた. **b** 〈人〉の心を刺す (sting), 苦しめる, 悩ます (vex): Her conscience ~*ed* her for having told a lie. うそをついたために良心がとがめた. **3** 突いて〈穴を〉あける: ~ holes in the ground. **4** (穴をあけて)〈型を〉つける 〈*out*〉: ~ (*out*) a pattern with a needle 縫針で(縫取りなどの)模様[模型]を描く. **5** (海図の上でディバイダー (dividers) を用いて)〈距離などを〉計る 〈*off, out*〉: ~ *out* a ship's course on a chart. **6** 〈名簿などの中の名前〉に印をつける, (名前に印をつけて)選び出す: ~ a man for… 人を…に選任する. **7** 《英》 〈州長官 (sheriff) を〉 選ぶ. **8** 〈馬・犬などが〉〈耳を〉立てる, そばだてる (cock); 〈人が〉(急に)聞き耳を立てる, 熱心に聴く 〈*up*〉: up one's ears ⇨ ear[1] 成句. **9** (動物の足跡をつけて)…の跡を追う: ~ a hare うさぎの跡をつける. **10** 〘園芸〙 〈苗を〉(苗床などから)移植する 〈*out, off*〉. **11 a** 《古》 〈馬〉に拍車をかける (spur). **b** 〈人を〉刺激する, 駆り立てる (incite) 〈*on, off*〉. ── *vi.* **1** ちくりと刺す: The leaves of this plant ~ rather badly. この植物の葉はひどく刺す. **2** ちくちく痛む, 刺すように痛む: My toe is ~*ing* with the gout. 足の指が痛風で痛む. **3** 〔…を〕刺すように突き立てる; 〈義務などが〉〈良心などを〉うずかせる (thrust) 〔*at, into*〕. **4 a** 〈犬などの耳が〉ぴんと立つ 〈*up*〉. **b** 〈塔などが〉そびえる 〈*up*〉: The church spire ~*s up* into the sky. 教会の尖塔(セントウ)が空高くそびえ立っている. **5** 〈ぶどう酒などが〉酸っぱくなる. **6** 《古》 拍車を当てて馬を駆る (spur on), 馬で駆ける[走る] 〈*on, onward*〉.
prick a [***the***] ***bladder*** [***bubble***] (1) 気胞[シャボン玉]を突いて破る. (2) 化けの皮をはぐ. ***prick down*** (穴をあけて)記録する (record), チェックする. ***prick up*** (*vi.*) ⇨ *vi.* 4. (*vt.*) (1) ⇨ *vt.* 8. (2) 〈壁〉の下塗りをする.
── *adj.* 〈耳など〉立っている, 直立した: keep one's ears ~ for …を聞こうとして耳を澄ましている.

príck-éared 〚《15C》〛 ── *adj.* **1** 〈犬が〉立ち耳の. **2** 人目につく耳をもった. **3** 《英口語》 〈人が〉坊主頭の, 丸刈の. ★ 英国では清教徒または Roundheads をあざけって呼んだ.

príck èars 〚《逆成》 ↑〛 *n. pl.* **1** (犬などの)立ち耳. **2** (特に, Roundheads の)人目につく耳.

pricked 〚《15C》〛 *adj.* 〈狩猟鳥が〉(翼は痛めてないが)弾丸で軽傷をうけた.

príck·er 〚ME *priker*: ⇨ prick, -er[1]〛 *n.* **1 a** 刺す人. **b** 刺す道具, 穴あけ器, 小きり; 針, とげ. **2 a** 騎手. **b** 軽騎兵 (light horseman).

prick·et [príkɪt, -kət] 〚ME *priket*: ⇨ prick, -et〛 ── *n.* **1** 蠟燭(ロウソク)立ての釘; 燭台(ショクダイ) (candlestick). **2** 《英》 二歳の雄鹿《角がまっすぐで枝分かれしていない; cf. brocket 2》: a ~'s sister 二歳の雌鹿.

príck·ing 〚ME: ⇨ prick, -ing[1,2]〛 *adj.* ちくちくと刺す, 刺すような. ── *n.* ちくちくと刺すこと; ちくちく刺すような感じ[痛み]. **~·ly** *adv.*

prick·le[1] [príkḷ] 〚OE *pricel* goad ← *pric-* (← *prica* 'PRICK') + -le[1]: cf. MDu. & MLG *prickel*〛 ── *n.* **1** 針, とげ (thorn). **2 a** (植物の)刺状突起, とげ, いが. **b** (ハリネズミなどの)針状毛, とげ. **3** 《口語》 (皮膚を)ちくちく刺すような感じ[痛み]: feel a ~. ── *vt.* 刺す, 突く (prick); ちくちくさせる, ひりひり痛ませる. ── *vi.* 〈いがなどが〉ちくちく刺す[突く].

prick·le[2] [príkḷ] 〚←?〛 *n.* 柳細工のかご.

príckle·bàck *n.* 〘魚類〙 背びれに堅いとげがある魚類の総称: **a** タウエガジ科の数種のギンポ. **b** トゲウオ (⇨ stickleback).

príck·ly [-kli, -kḷi | -klɪ, -kḷɪ] 〚《1578》 ← PRICKLE[1] (v.) + -Y[4]〛 ── *adj.* (**prick·li·er**; **-li·est**) **1** とげだらけの, 針のある. **2** ちくちく[ひりひり]痛む. **3** 〈問題など〉手のつけにくい, 厄介な. **4** 《口語》 〈人が〉怒りっぽい, すぐかみつく, 過敏な. **príck·li·ness** *n.*

príckly ásh *n.* 〘植物〙 **1** アメリカザンショウ (*Zanthoxylum americanum*)《米国産のサンショウ属の一種》. **2** = Hercules'-club 2.

príckly cómfrey *n.* 〘植物〙 オオハリソウ, コンフリー (*Symphytum asperum*)《ヨーロッパ原産の茎葉に毛の多いムラサキ科ヒレハリソウ属の多年草》.

príckly héat *n.* あせも (miliaria).

príckly péar *n.* 〘植物〙 **1** ウチワサボテン《ウチワサボテン属 (*Opuntia*) の植物の総称; へら状の扁平多肉の茎節が連結するサボテン; この一種 *O. ficusindica* の多肉の茎は家畜の飼料用で, セイヨウナシ (pear) に似た果実は食用》. **2** ウチワサボテンの実 (nopal).

príckly phlóx *n.* 〘植物〙 カリフォルニア産のハナシノブ科の多年草 (*Gilia californica*).

príckly póppy *n.* 〘植物〙 アザミゲシ (*Argemone mexicana*)《メキシコ原産のアザミに似た葉をもつケシ科の雑草; 世界各地に帰化》.

príckly rhúbarb *n.* 〘植物〙 = gunnera.

príckly shíeld fèrn *n.* 〘植物〙 ホソイノデ (*Polystichum braunii*)《北米産のシダの一種》.

príckly thríft *n.* 〘植物〙 葉が硬くて先が鋭いイソマツ科 *Acantholimon* 属の植物の総称; (特に) *A. glumaceum*.

príck pùnch *n.* 〘機械〙 目打ち(ポンチ).

príck·sèam *n.* = outseam.

príck sòng 〚《15C》 *pricked song, pricket song*: ⇨ prick (*n.* 5)〛 ── *n.* **1** 《古》 書かれた[印刷された]歌曲. ★ 17 世紀の英国で口伝の民謡や即興演奏の曲と区別するために用いた用語. **2 a** = descant 1 a. **b** 対位法的音楽 (contrapuntal music).

príck·spùr *n.* (中世の)棘(トゲ)形拍車 (cf. rowel-spur).

príck-ùp *adj.* 《口語》 きりっとした.

pric·y [práɪsi | -sɪ] *adj.* = pricey.

pride [práɪd] 〚n.: lateOE *prȳde, prȳte* ← *prūd* 'PROUD'. ─ v.: 《?*a*1200》 *pride(n)* to adorn proudly ← (n.)〛 ── *n.* **1** 自負, うぬぼれ, 思い上がり, 増長 (self-conceit), 高慢, 横柄, 尊大 (arrogance); 誇示, 見せびらかし (ostentation): ~ of life [the world] 浮世の見え, 虚栄 / *Pride* will have a fall. = *Pride* goes before a fall. 《諺》「驕(オゴ)れる者久しからず」 (cf. *Prov.* 16: 18). **2** 自慢, 誇り, 得意; 誇りにするもの, 自慢の種: feel ~ at one's promotion [in one's success] 昇進[成功]を誇る[に得意になる] / the ~ of the desert ラクダ (camel) / take (a) ~ in one's work [being rich] 仕事[金のあること]を自慢する / He is a ~ of his parents. 彼は両親の自慢の息子だ. **3** 自尊, 自尊心, プライド (self-respect): proper ~ 正しい自尊心, ふさわしい誇り / false ~ 誤った自尊心, うぬぼれ, 見栄 / ⇨ *put one's pride in one's* POCKET. **4** [the ~] 最良の部分[状態], 極点, 全盛 (prime): *the* ~ of one's youth 若盛り, 青春 / in *the* ~ of manhood 男盛りに / ⇨ *in pride of* GREASE. **5** 《古》 華麗, 壮観, 美観 (splendor). **6** 《廃》 (馬の)気力, 元気 (spirits). **7** 《古・方言》 (雌獣の)性欲, さかり (heat). **8** (クジャクなどの翼を下げて)十分に広げた尾: the ~ of a peacock. **9** 〘紋章〙 (クジャク・七面鳥などの)尾羽展開の状態: a peacock in his ~ 尾羽を一杯に広げたクジャク. **10 a** (獣, 特に, ライオン・鳥の)群 (flock): a ~ of lions, peacocks, etc. **b** 《口語》 派手な[目につく, 見てくれをかざる]一群[団].
pride of place 〚← PLACE[1] (n.) 19〛 高位, 最上位(の優越感); 高慢, おごり (arrogance) (cf. Shak., *Macbeth* 2. 4. 12): take [have] ~ *of place* 最高の座を占める, 最上のもの[王者]とみなされる.
pride of Barbados 〘植物〙 オオゴチョウ (*Caesalpinia pulcherrima*)《熱帯産マメ科ジャケツイバラ属の植物; Barbados pride, Barbados flower fence, dwarf poinciana ともいう》.
pride of California 〘植物〙 米国 California 州原産マメ科レンリソウ属の淡桃色または紫色の大輪の蝶形花をつける 1 年草 (*Lathyrus splendens*).
pride of China 〘植物〙 タイワンセンダン (⇨ chinaberry 2).
pride of the morning (洋上での)朝方の薄霧または小雨《好天の前触れ》.
── *vt.* [~ *oneself* で] 〔…を〕自負する, 誇る, 自慢する 〔*on, upon*〕: She ~*s herself on* her skill in cooking [*on* being able to speak French]. 彼女は料理が[フランス語のできるのが]自慢だ.

Pride [práɪd], **Thomas** *n.* (?-1658) 英国の軍人; Charles 一世の処刑者の一人 (⇨ Pride's Purge).

pride·ful [práɪdfəl] 〚《15C》: ⇨ pride, -ful[1]〛 *adj.* 《スコット》 高慢な, 横柄な (haughty). **~·ly** *adv.* **~·ness** *n.*

príde·less 〚ME〛 *adj.* 自尊心のない, プライドをもたない. **~·ly** *adv.*

príde-of-Índia *n.* 〘植物〙 = chinaberry 2.

Príde's Púrge *n.* 〖英史〗プライドの追放《清教徒革命中の 1648 年 12 月 Thomas Pride 大佐が, Charles 一世と妥協した議員約 120 名を武力をもって下院から追放した事件; この結果, 以後の議会は Rump Parliament と呼ばれた》.

prie-dieu [priːdjə́ː, -djə́ː | -djəː; *F.* pridjø] 〖《1760》 ▭F ～《原義》pray God〗 ── *n.* (*pl.* **～s, prie-dieux** [～(z) | ～z; *F.* ～], ～) **1** 祈禱(きとう)台[机]《祈禱書などを載せる棚付きの机で, 祈禱中にひざまずく》. **2** 祈禱椅子《背の高い後ろに傾斜した椅子で祈禱中に用いる; prie-dieu chair ともいう》.

prie-dieu 1

prí·er 〖← PRY¹＋-ER¹〗 *n* うるさく詮索(せんさく)する人, ほじくり屋, 探究者.

priest [príːst] 〖OE *prēost* ▭ LL *presbyter* 'PRESBYTER'〗 ── *n.* **1** (各宗教・宗派の)聖職者, 牧師, 祭司, 僧, 僧侶(そうりょ), 神官, 神主. **2 a** 〖キリスト教〗(聖書・初期教会では)祭司, 長老 (presbyter); (カトリック教会・英国国教会系・東方正教会系では)司祭《上級聖職階 (major orders) の一つ; 聖餐(せいさん)の司式をする権能をもつ; minister ともいう; cf. major order》. **b** 〖モルモン教〗祭司《アロン神権 (Aaronic Priesthood) の職の一つ》. **3** 奉仕者, 崇拝者, 擁護者, 使徒: a ～ of art, nature, science, etc. **4** (弱った)魚を殺すつち. ── *vt.* [主に Passive に用いて] 司祭にする, 僧侶にする, 牧師に任命する; (特に) 〈deacon を〉司祭に昇任する. **～·less** *adj.*

príest·cràft 〖《15C》〗 *n.* **1** 聖職者としての(活動上の専門的)知識技能. **2** (俗界に勢力を張ろうとする)聖職者[僧侶]たちの政略, 聖職者[僧侶]の策謀.

priest·ess [príːstɪs, -təs | -tɪs, -tes] 〖《1693》: ⇨ priest, -ess¹〗 *n.* (主にキリスト教以外の)尼, 尼僧, 女司祭.

príest hóle *n.* (カトリック教徒であることが禁止されていた当時の, カトリックの)司祭の隠れ家[部屋].

príest·hòod 〖OE *prēosthād*: ⇨ priest, -hood〗 ── *n.* **1** 司祭職, 聖職, 聖職[僧職]の身分[地位, 職能]; (聖書における)祭司職[制]. **2** [the ～; 集合的]聖職者, 僧職者, 僧侶; 聖職制, 僧組織; 聖職団, 僧団, 僧門. **3** 〖モルモン教〗神権.

priest-in-the-púlpit *n.* 〖植物〗=cuckoopint.

Priest·ley [príːstli | -lɪ], **J**(**ohn**) **B**(**oyn·ton**) [bɔ́ɪntən | -tən] *n.* (1894–) 英国の小説家・劇作家・批評家; *The Good Companions* (1929).

Priestley, Joseph *n.* (1733–1804) 英国の化学者・聖職者; 酸素を発見 (1774).

príest·like *adj.* =priestly.

priest·ling [príːstlɪŋ] 〖⇨ -ling¹〗 *n.* 小坊主, 納所(なっしょ)坊主.

príest·ly 〖OE *prēostlīc*: ⇨ priest, -ly²〗 ── *adj.* (**priest·li·er; -li·est**) 聖職者の, 僧侶の, 司祭の; 聖職者に似た, 聖職者[僧侶]にふさわしい: ～ formation 司祭養成 / ～ spirituality 司祭のもつべき霊性 / ～ vestments 聖職服. **príest·li·ness** *n.*

Príestly códe *n.* 〖聖書〗祭司法典《旧約聖書最初の六書 (Hexateuch) の資料のうち最も多い部分を占め, 祭司的特色をもつ; 資料の中では一番新しい》.

príest-rìdden *adj.* 聖職者[僧侶]の支配を受けている[権力下にある], 聖職者に左右されている.

príest's hóle *n.* =priest hole.

príest's hóod *n.* 〖植物〗=cuckoopint.

priest vícar *n.* 〖英国国教会〗プリーストヴィカー《聖職者の大聖堂礼拝役員 (vicar choral); cf. minor canon》.

prig¹ [príg] 〖← ?: cf. *prig*《廃・俗》tinker, coxcomb: cf. prink〗 *n.* (言葉・態度などの)几帳面(きちょうめん)な人, やかまし屋 (precisian); 気取り屋, 学者[教育者]ぶる人.

prig² [príg] 〖《1513》← ?: cf. prig¹〗 ── *v.* (**prigged; prig·ging**) ── *vt.* **1** 《英俗》盗む, くすねる (steal). **2** 《スコット・北英》〈値などを〉値切る (haggle) 〈*down*〉. ── *vi.* 《スコット》頼み込む, 願う (beg); 値切る (haggle). ── *n.* 《英俗》泥棒, 盗人 (thief), すり.

prig·ger·y [prígəri | -rɪ] 〖← PRIG¹＋-ERY〗 *n.* 几帳面, しかつめらしさ; 気取り, 知ったかぶり, 衒学趣味 (priggishness).

príg·gish [-gɪʃ] 〖← PRIG¹＋-ISH¹〗 *adj.* 〈言葉・態度などが〉ばかに几帳面な, 堅苦しい, しかつめらしい; 知ったかぶりの, きざな. **～·ly** *adv.* **～·ness** *n.*

prig·gism [prígɪzm] 〖⇨ prig¹, -ism〗 *n.* 堅苦しい[きざな]性格.

prill [príl] 〖← ?〗 〖冶金〗 *n.* =button 11. ── *vt.* **1** 金属粒にする. **2** 粒状にする.

prim¹ [prím] 〖《1684》← ? F《廃》*prime* fine, delicate, thin < L *prīmum* 'first, PRIME¹'〗 ── *adj.* (**prim·mer, -mest; more ～, most ～**) **1** 〈人・態度・言語など〉きちんとした (neat and precise), しかつめらしい (prudish), いやに形式張った; (特に)〈女性が〉とりすました, お上品ぶった: ～ and proper きちんとした. **2** 〈物が〉小ぎれいな, きれいさっぱりとした (trim): a ～ room. ── *v.* (**primmed; prim·ming**) ── *vt.* **1** 〈人・物・場所を〉きちんと整える, きちんと飾る〈*out, up*〉. **2** (すまして)〈口を〉きゅっと結ぶ, 〈顔を〉きっと引きしめる: ～ one's lips, face, etc. ── *vi.* 口をきゅっと結ぶ, 顔をきっと引きしめる. **～·ly** *adv.* **～·ness** *n.*

prim² [prím] 〖《略》← 《廃》*primprint* privet ← ?〗 *n.* 〖植物〗セイヨウイボタノキ (⇨ privet 1).

prim. 《略》primary; primitive.

pri·ma [príːmə; *It.* príːma] 〖▭It. ～ (fem.) ← PRIMO¹〗 *adj.* 第一の (first), 主なる, 首位の.

príma ballerína 〖▭It. ～〗 *n.* (*pl.* **～s, -rine** [-neɪ; *It.* -ne]) バレエのプリマ, プリマバレリーナ《主役の踊り子》.

príma búf·fa [-búːfə, -fɑː; *It.* -búffa] 〖▭It. ～〗 *It. n.* 喜歌劇 (opera buffa) の第一[主役]女性歌手.

pri·ma·cy [práɪməsi | -sɪ] 〖《*c*1390》 *primacie* ▭OF (F *primatie*) ▭ML *prīmātia* ← L *prīmāt-, prīmās* 'PRIMATE': ⇨ -acy〗 ── *n.* **1** 第一位, 首位; 最高, 卓越 (preeminence). **2** 〖英国国教会〗大主教 (primate) の職[地位, 威厳]. **3** 〖カトリック〗(最高司教としての)教皇の首位権.

pri·ma don·na [priːmədɑ́nə, prɪmə- | prìːmədɔ́nə; *It.* priːmadɔ́nna] 〖《1812》▭It. ～《原義》first lady: ⇨ prime¹, dame〗 ── *n.* (*pl.* **～s,** *It.* **pri·me don·ne** [priːmeɪdɑ́neɪ | -dɔ́n-; *It.* priːmedɔ́nne]) **1** (歌劇の)主役[花形]女性歌手, プリマドンナ. **2** 《口語》(チームの一員として)他と協調性のない人, お天気屋《特に女》; (仲間が機嫌を取らないと本領を発揮しない)お天気屋プレーヤー.

pri·mae·val [praɪmíːvəl] *adj.* =primeval.

pri·ma fa·cie [praɪməféɪʃə, -ʃiː, -siː, -ʃiiː, -siː | -ʃiː, -ʃɪ, -siː, -sɪ, -ʃiiː, -siː] 〖《*c*1420》▭L *prīmā faciē*《原義》at first face: ⇨ prime¹, face〗 ── *adv.* 一見したところでは, 第一印象では. ── *adj.* 打ち見ただけの, 一応の, 仮の: I see a ～ reason for it. まず一見したところではその方に理がありそうだ.

príma fàcie cáse *n.* 〖法律〗一応有利な事件《反証がない限り勝訴となる》.

príma fàcie évidence *n.* 〖法律〗一応の証拠《反証でくつがえされない限り立証に十分な証拠》.

pri·mage¹ [práɪmɪdʒ] 〖《1540》▭ML *prīmāg-ium*: ⇨ prime¹, -age〗 ── *n.* 〖海事〗**1** 運賃割増し《船主または係員に払う運賃以外の割増し金》. **2** 船長謝礼《以前荷主が積荷の世話に対し船長などに与えた心付け》.

pri·mage² [práɪmɪdʒ] 〖← PRIME²＋-AGE〗 *n.* 〖機械〗ボイラーから蒸気と共に送られる水の量 (cf. prime² *vi.* 2).

pri·mal [práɪməl] 〖《1543》▭ML *prīmāl-is* ← L *prīmus* 'PRIME¹': ⇨ -al¹〗 *adj.* **1** 第一の, 最初の; 原始の. **2** 首位の, 主要な; 根本の. **～·ly** *adv.*

pri·ma·quine [príːməkwiːn, práɪ-, -kwɪn, -kwən | -kwiːn] 〖← PRIMA＋QUI(NOLI)NE〗 *n.* 〖薬学〗プリマキン ($C_{15}H_{21}N_3O$)《抗マラリア剤》.

pri·mar·i·ly [praɪmérəli, prɪ-, prə-, práɪmer- | práɪm(ə)rəli, praɪmér-, -rɪlɪ] 〖《1617》: ⇨ ↓, -ly¹〗 ── *adv.* **1** 第一に, 最初に; 主として, 主に. **2** なによりもまず, 初めは; 根本的に(は), 本来, 元来 (originally).

pri·mar·y [práɪmeri, -m(ə)ri | -mərɪ] 〖《1471》▭L *prīmāri-us* of the first rank: ⇨ prime¹, -ary〗 ── *adj.* **1** 元来の, 本来の, 根源の (original); 根本の, 基本の, 基礎になる, 根本的な (basic): the ～ meaning of a word 語の第一義[本義] / the ～ causes of war 戦争の根本原因. **2** 最初の, 原始的な, 初期の, 原始時代の (primitive): the ～ organization of society 社会の原始的組織. **3** 首位の, 第一位の (first) (cf. secondary, tertiary); 主な, 主要な (chief): a matter of ～ importance 最重要事項. **4** 初歩の, 初等教育の (elementary) (cf. secondary 5): ～ grades 《米》小学校の最初の 3[4]学年 / ⇨ primary school. **5** 〖病理〗(他の病気の結果生じたのではなく)それ自体発生した, (転移などによらない)原発性の, 特発性の (idiopathic) (cf. secondary 8): a ～ disease [cancer] 原発性疾患[癌]. **6** 予備の (preparatory): ⇨ primary meeting. **7** 〖生物〗発達の第一段階にある, 初生の: the ～ larva 第一次幼虫. **8** 〖植物〗**a** 〈初生篩部(しぶ)などが〉第一次分裂組織からできる, 一次の: the ～ leaf 初生葉. **b** 〈生産物などが〉初めにできる, 直接にできる, 第一次の. **9** 〖生化学〗一次(構造)の《特に, 蛋白質でのアミノ酸のペプチド結合状態をいう》. **10** 〖電気〗一次の: a ～ current 一次電流. **11** 〖地質〗**a** 原成の, 初生の, 結晶岩の, 最下層の: a ～ mineral 初生鉱物. **b** 《古》古生代 (Paleozoic) やそれ以前の地質時代の. **12** 〖鳥類〗〈羽が〉初列の, 初列風切りの: ～ feathers 初列風切羽 (⇨ bird 挿絵). **13** 〖化学〗第一の, 第一級の: ⇨ primary alcohol. **14** 〖文法〗**a** 語根の (cf. secondary 7, tertiary 8). **b** 一次(時制)の, 現在を基点とする: the ～ tenses 一次時制《例えば, ギリシャ語で現在・未来・完了および未来完了; cf. historical 3》. **c** 一次語(句)の (⇨ *n.* 7). **15** 〖音声〗〈アクセント[強勢]が〉第一の: ⇨ primary stress.

── *n.* **1** 第一の[最初の, 主要な]事物. **2** [しばしば *pl.*] 《米》〖政治〗**a** (政党の予備選挙会, 予選会; (特に, 各政党で行なう)大統領予備選挙《党大会 (national convention) で大統領候補者を選出する代議員 (delegates) を選挙する; primary election ともいう》: He won the Florida ～ with 45% of the Democratic vote. 彼は 45 パーセントの民主党の票を獲得してフロリダ州の党の大統領選予備選挙で勝利を収めた. **b** = caucus 1 a. **3** =primary color. **4** 〖天文〗(二重星の)主星, (衛星をもつ)惑星. **5** 〖鳥類〗初列風切羽 (primary feather) (⇨ bird 挿絵). **6** 〖電気〗=primary coil. **7** 〖文法〗一次語(句)《Jespersen が唱えた rank の一つで, 名詞および名詞相当語句を指す; 例えば a furiously barking dog における dog; なお barking を二次語 (secondary), furiously を三次語 (tertiary) という》. **8** 〖音声〗=primary stress. **9** 〖昆虫〗(チョウ類の)前翅.

prímary áccent *n.* 〖音声〗=primary stress.

prímary áir *n.* 〖機械〗一次空気《ボイラーに供給される燃焼用の空気》.

prímary álcohol *n.* 〖化学〗第一アルコール《$-CH_2OH$ の構造をもつアルコール》.

prímary amíne *n.* 〖化学〗第一アミン (RNH_2)《NH_2 基 1 個のアミン》.

prímary amputátion *n.* 〖外科〗第一次切断《炎症が広がる前に行なわれる手術》.

prímary assémbly *n.* =primary meeting.

prímary atýpical pneumónia *n.* 〖病理〗原発性異型[非定型]肺炎.

prímary báttery *n.* 〖電気〗一次電池《primary cells から成る充電のできない電池》.

prímary bódy càvity *n.* 〖生物〗原体腔(こう), 一次体腔.

prímary cáre *n.* 〖医学〗プライマリケアー, 初期(包括)医療《最初に患者に接する段階で広い視野から良質な医療の提供を志向する医学領域》.

prímary cáuse *n.* =first cause.

prímary céll *n.* 〖電気〗一次電池《蓄電池 (storage cell) に対し, 使用後再び充電して使用することのできない電池》.

prímary círcles *n. pl.* 〖天文〗主圏《horizon, celestial equator, ecliptic, galactic equator の四つ》.

prímary círcuit *n.* 〖電気〗一次回路《変圧器の電源側の回路》.

prímary cóil *n.* 〖電気〗(変圧器の)一次線輪, 一次コイル.

prímary cólor *n.* 原色《光では赤・緑・青の 3 色のうちの一つ; 絵の具では一般に赤・黄・青の 3 色だが, 厳密には緑を加えて 4 色, またはこの他に白と黒を加えて 6 色とすることもある; 単に primary ともいう; cf. secondary color, complementary color》.

prímary consúmer *n.* 〖生態〗一次消費者《草や木を食う小型草食動物で secondary consumer に食われる; ⇨ food chain》.

prímary cóntact *n.* 〖社会学〗一次的接触《親密な直接的・対面的接触関係; cf. secondary contact》.

prímary cóvert *n.* 〖鳥類〗初列雨覆い, 初列雨羽, 一次雨覆い(羽).

prímary depósit *n.* 〖金融〗本源的預金《個々の銀行が顧客から受入れた預金; 国民経済的にみるとこれが信用創造の基礎となる; cf. derivative deposit》.

prímary derívative *n.* 〖言語〗第一次派生語《独立しない語幹に接辞が付いているもの (例: pre-pare, refer), または語の内部の音変化によるもの (例: blood → bleed)》.

prímary educátion *n.* 初等教育.

prímary elèction *n.* =primary *n.* 2 a.

prímary eléctron *n.* 〖電子工学〗一次電子《熱陰極などから放出される電子; cf. secondary electron》.

prímary éndosperm núcleus *n.* 〖植物〗一次胚乳核《胚嚢内で 2 個の極核が癒合して生じた核》.

prímary formátion *n.* 〖言語〗=primary derivative.

prímary gróup *n.* 〖社会学〗第一次集団《非功利的な情緒的動機や対面的接触を特徴とする小規模の集団; 家族・近隣集団・遊び仲間など; cf. secondary group》.

prímary índustry *n.* 〖経済〗第一次産業《農林水産業をさす》.

prímary inféction *n.* 〖医学〗初感染.

prímary insùrance *n.* 〖保険〗第一次保険《損害が発生した場合, 第二次保険 (excess insurance) に先立って塡補の責めを負う保険》.

prímary létter *n.* 基本文字《a, c, e, のように descender, ascender のない小文字》.

prímary méeting *n.* **1** 予選会, 打合わせ会. **2** (政党などの)幹部会 (caucus).

prímary méristem *n.* 〖植物〗一次分裂組織, 前分裂組織《原始分裂組織から直接に生じた分裂組織; cf. secondary meristem》.

prímary óptical àrea *n.* 書物を開いたとき最初に眼が行く左ページの上の部分.

prímary phlóem *n.* 〖植物〗一次篩部(しぶ)《原始形成層から直接に造られた篩部; cf. secondary phloem》.

prímary plánet *n.* (衛星と区別して)惑星.

prímary prodúcer *n.* 〖生態〗一次生産者《草や木などで primary consumer に食われる; ⇨ food chain》.

prímary quálity *n.* 〖哲学〗第一性質《延長・固体性・運動などのように知覚と共通に物体自身に備わると J. Locke らが考えた性質; cf. secondary quality, tertiary quality》.

prímary ráy *n.* 〖植物〗一次放射組織 (cf. secondary ray).

prímary rócks *n. pl.* 〖地質〗始原岩石.

prímary róot *n.* 〖植物〗初生根.

prímary sált *n.* 〖化学〗第一塩《三塩基酸以上で水素 1 原子のみが金属原子で置換されたもの; 例: リン酸二水素ナトリウム, 第一リン酸ナトリウム (NaH_2PO_4)》.

prímary schòol *n.* **1** 《英》小学校《1944 年の教育法により elementary school からこの名称に代わった; 5 歳から 11 歳までの児童を収容する公立小学校》. **2** 《米》下級 3[4] 学年 (primary grades) のみの小学校.

prímary séx characterístic *n.* 〖医学〗一次性徴.

prímary stréss *n.* 〖音声〗第一強勢[アクセント]《例: separate [sépərèɪt] の第 1 音節に置かれた強勢; primary accent ともいう》.

prímary strúcture *n.* 〖美術〗初源的構造体《簡潔な表現の前衛彫刻》.

prímary strúcturist *n.* 〖美術〗初源的構造体彫刻家.

prímary sýphilis *n.* 〖病理〗早期梅毒, 一期梅毒.

prímary tíssue *n.* 〘植物〙一次組織《一次分裂組織から生じた永久組織》.
prímary tỳpe *n.* 〘生物〙一次基準標本, 正基準標本《ある種を初めて記載・発表する時に用いる標本》.
prímary wáll *n.* 〘植物〙(細胞壁の)一次膜 (cf. secondary wall).
prímary wàve *n.* 〘地震〙縦波 (⇨ P wave).
prímary wínd·ing [-wàɪndɪŋ] *n.* 〘電気〙一次巻線.
prímary xýlem *n.* 〘植物〙一次木部.
pri·ma·tal [praɪméɪtḷ | -tl] 〘← PRIMAT(ES)+-AL[1]〙 *adj.* =primatial 2.
pri·mate [práɪmeɪt, -mət, -mɪt | -mət, -mɪt, -meɪt] 〘《?*a*1200》▭(O)F *primat* ▭LL *prīmāt-*, *prīmās* chief bishop《名詞用法》← L *prīmās* of first rank ← *prīmus* ‘PRIME[1]’〙 ── *n.* **1** 〘カトリック〙首座大司教;〘英国国教会〙大主教 (archbishop): the *Primate* of All England 全イングランドの首位聖職[大主教]《Canterbury の大主教のこと》/ the *Primate* of England イングランドの首位聖職[大主教]《York の大主教のこと》. **2** [-meɪt]〘動物〙霊長目の動物《man, apes, monkeys, lemurs を含む》. **3** 《古》首領 (chief), 主導者 (leader). **~·shìp** *n.*
Pri·ma·tes [praɪméɪti:z | praɪméɪti:z, práɪmeɪts] 〘《1774》← NL ～=L *prīmātēs* (pl.) ← *prīmās* (↑)〙 *n. pl.* 〘動物〙霊長目.
pri·ma·tial [praɪméɪʃəl] 〘▭F ～ ← L *prīmātia* ‘PRIMACY’: ⇨ -al[1]〙 *adj.* **1** 首座大司教[大主教] (primate) の. **2** 霊長目の.
pri·ma·tol·o·gy [pràɪmətáləd͡ʒi | -tɔ́ləd͡ʒɪ] 〘← PRIMATES+-O-+-LOGY〙 ── *n.* 霊長類(動物)学. **pri·ma·tól·o·gist** [-d͡ʒɪst, -d͡ʒəst | -d͡ʒɪst] *n.* **pri·ma·to·log·i·cal** [pràɪmət̬əlád͡ʒɪkəl, -tḷ-, -d͡ʒə- | -təlɔ́d͡ʒɪ-, -tḷ-] *adj.*
pri·ma·ve·ra [prì:məvérə; *Sp.* prìmabéra] 〘▭Sp. ～《原義》spring < L *prīma vēra* first spring: 早くから開花することから〙 ── *n.* 〘植物〙 **1** 明るい黄色の花をつける中央アメリカ産ノウゼンカズラ科の樹木 (*Cybistax donnellsmithii*). **2** その木材《家具に用いる; white mahogany ともいう》.
pri·ma vol·ta [prí:mə-vɔ́(:)ltə | -vɔ́ltə; *It.* prí:ma-vɔ́lta] 〘▭It. ～〙 ── *It. n., adv.* 〘音楽〙第1回目(に演奏せよ)《繰返しの部分で第1回目のみ演奏される部分につけられる演奏指示語; 略 Ia volta または I; cf. seconda volta》.
prime[1] [práɪm] 〘*n.*: OE *prīm* ▭L *prīm-a* (*hōra*) first (hour) (fem.) ← *prīmus* first (superl.) ← **pris* ← IE **per* before: ME 以後 (O)F *prime* (▭L *prīma*) によって補強された. ── adj.: 《*c*1385》▭(O)F ～ (fem.) ← OF *prin* ▭L *prīmus*: cf. pre-, prior[1]〙 ── *adj.* **1 a** 最初の, 第一の; 起源的な; 原始的な (primitive): the ～ cause 第一原因 / ⇨ prime mover / A ～ example occurred some years ago. 最初の例が数年前に見つかった. **b** 基礎的な, 根本的な (fundamental). **2** 首位の (first), 主な, 主要な (chief): the ～ agent 主因 / of ～ importance 最も重要な / Plutonium is the ～ ingredient of atomic bombs. プルトニウムは原子爆弾の主成分だ. **3 a** 優良の, 最良の (best); すばらしい (excellent); 〈食料品など〉最上等の: feel ～ とても元気である / ～ wheat 最上等の小麦 / a ～ target for theft 恰好の盗みの対象 / ～ fish (下魚に対して)上魚 (cf. offal 1 b). ★ 業者間で用いる語. **b** (特に)〈牛肉が〉極上の. ★ 上から prime, choice (最上の), good (上の), commercial (中の)の順になる. **4** 若い盛りの, 青春の (youthful); 壮年の. **5**〘数学〙素(そ)の, 素数の, 公約数をもたない. **6**〘金融〙短期貸付金利の, プライムの: ⇨ prime rate.
── *n.* **1** [通例 the ～] 最初期, 最初 (beginning): *the* ～ of *the* moon 新月 / *the* ～ of the year 春. **2** [通例 the ～] 春 (spring); 青春, 若い盛り; 全盛, 盛時: *the* ～ of youth 若人《21–28 歳》/ be in *the* ～ of life [manhood] 壮年だ, 脂が乗り切っている / He was already past his ～. 彼はすでに盛りを越えていた. **3** [通例 the ～] 最良部: He chooses to have *the* ～ of everything. 彼は何でも一番いいところを取ろうとする. **4** 《米》(牛肉等級の)最上等, 極上. **5** 《古》夜明け, 暁, 早朝 (early morning). **6** [しばしば P-]〘カトリック〙(聖務日課の)1時課, 早朝勤行(ごんぎょう)《午前8時, もとは6時の祈り; cf. canonical hour 1》. **7 a**〘数学〙=prime number. **b** プライム符号 (ʹ)《ある単位が通例60または10等分されたもの》; 分 (minute): 6ʹ5ʺ 6分5秒 / aʹ [éɪ práɪm] a ダッシュ. **c** 韻脚[詩脚]を表示するプライム符号 (ʹ). **8**〘金融〙=prime rate. **9**〘音声〙第一アクセント (primary accent) 符号《ʹ または ˈ》. **10**〘フェンシング〙プリム, 第1の構え《8種の受けの構えの一つ; cf. guard 6》. **11**〘音楽〙**a** 一度, 同度, 同音 (unison). **b** 主音 (tonic). **12**〘冶金〙(金属製品の)最高級製品《傷[欠陥]のない板など》.
~·ness *n.*
prime[2] [práɪm] 〘《1513》《転用》? ← PRIME[1] (adj.)〙 ── *vt.* **1** 〈爆発物など〉に雷管[導火線]をつける, 〈火器〉に火薬を詰める. **2** 《口語》〈人〉に〔食べ物・酒など を〕たらふく食べさせる[飲ませる], 詰め込む〔*with*〕: ～ a person *with* food [wine] / well ～*d* たらふく詰め込んで; 酔っぱらって. **3 a** 〈ポンプ〉に迎え水を入れる, 呼び水を差す (fang). **b** (始動するために)〈内燃機関のシリンダーや気化器〉にガソリンを注入する. **4** 前もって〈人〉に知らせておく, 予備知識を与える, 入れ知恵をする: ～ a witness 証人に入れ知恵する / fully ～*d with* the latest news 最近のニュースに精通して. **5** 〈画面・壁など〉に(油[ペンキ]などの)下塗りをする, 荒塗りをする. **6** …の下準備をする, 用意する. ── *vi.* **1** 雷管[導火線]を装置して発火用意をする. **2** 〈蒸気がまが〉蒸気と共に水をシリンダーに導くように動く, 〈水が〉蒸気と共にシリンダーに入る (cf. primage[2]).「導体.
príme condùctor *n.* 〘電気〙(摩擦起電機の)陽電気
príme cóst *n.* 〘経済〙主要費用《賃金・利子・地代・原料費・減価償却費の一部から成る; first cost ともいう》.
prime donne *n.* prima donna の複数形.
príme fáctor *n.* 〘数学〙素因数《素数である因数》.
príme fíeld *n.* 〘数学〙素体《部分体を含まない体; 有理数体など》.
príme idéal *n.* 〘数学〙素イデアル《積 *ab* が含まれれば, *a* または *b* の少なくとも一方がまた含まれるようなイデアル》.
príme·ly *adv.* **1** 《口語》すばらしく, 最高に (excellently). **2** 《古》最初, 本来; 主に (chiefly).
príme merídian *n.* [the ～]〘地理・天文〙本初子午線《英国 Greenwich を通過する子午線[経線]で, これをもって経度 0° と定めている》.「**~·shìp** *n.*
príme mínister *n.* 総理大臣, 首相 (cf. premier 1).
príme mínistry *n.* 首相の地位[職権, 任期].
príme móver *n.* **1** 〘機械〙原動力《風・電力など》; 原動機《水車・蒸気機関など》. **2** 原動力, 主導力. **3** 大砲牽引(けんいん)車《牛馬・トラック・トラクターなど》. **4** [通例 the P- M-]〘哲学〙(アリストテレス哲学での)最初[根源, 至高]の原動者《自らは動かずに万象を動かす者, すなわち不動の動者である神; cf. first cause 1》.
príme númber *n.* 〘数学〙素数《1 および自分自身以外に約数をもたない2以上の整数; 2, 3, 5 など; 単に prime ともいう; cf. composite number》.
príme númber thèorem *n.* 〘数学〙素数定理《自然数 *n* が十分大きい時, *n* 以下の素数の個数は, *n*/log *n* にほぼ等しいという定理》.
prim·er[1] [prímə | práɪmə(r, prím-] 〘《?*a*1387》▭ML *prīmār-ius* (*liber*) primary (book): ⇨ primary〙 ── *n.* **1** 手引き, 入門(書); 読本: a Latin ～ ラテン語読本. **2** [《英》prím-]〘活字〙プライマー: ⇨ great primer, long primer. **3** 〘教会〙小祈禱(きとう)書《宗教改革前に一般人用に作られたもの》.
prim·er[2] [práɪmə | -mə(r)] 〘← PRIME[2]+-ER[1]〙 ── *n.* **1** 雷管 (⇨ cartridge, shell 挿絵), 火管, 導火線. **2** 雷管[火管]を装着する人; 装薬者. **3**〘化学〙従爆薬《爆発しにくい爆薬を爆発させるための爆薬 (booster)》. **4**〘生化学〙**a** (DNA のような)核分子, プライマー《同じ分子が複製される時の最初のもとになる分子》. **b** プライマー《酸素反応において反応のきっかけを作る物質》. **5** プライマー《画壁などの下塗剤》.
príme ráte *n.* 〘金融〙プライムレート, 最優遇貸出し金利《大銀行が信用度の高い大企業への無担保の短期事業資金貸付に適用する金利; 同種貸付金利では最低》.
príme ríbs *n. pl.* (牛の)最上等のあばら肉.
pri·me·ro [prɪmé(ə)rou, prə-, -mí(ə)r- | prɪméərəu] 〘《1533》▭Sp. *primera* (fem.) ← *primero* first < L *prīmārium* ‘PRIMARY’〙 ── *n.* (*pl.* **~s**) 《古》〘トランプ〙プリメロ《英国で16–17世紀に流行した賭博ゲーム》.
príme tíme *n.* 〘ラジオ・テレビ〙視聴率の最も高い[広告料金が最も高い]時間帯, 「ゴールデンアワー」《通例 7–11 p.m. をいうが, はっきりした定義はない》.
pri·meur [pri:mɔ́: | -mɔ́:(r; *F.* primœ:r] 〘▭F ～ ← *prime* (⇨ prime[1])+-*eur* ‘-OR[1]’〙 *F. n.* [通例 *pl.*] (果物・野菜などの)初物, はしり (firstlings).
pri·me·val [praɪmí:vəl] 〘《1662》← L *prīmaev*(*us*) young (← *prīmus* first+*aevum* ‘AGE’)+-AL[1]〙 ── *adj.* 原始時代の, 原始の (primitive), 太古の; 原始的な, 太古のような: a ～ forest 原生[原始]林. **~·ly** *adv.*
príme vértical *n.* 〘天文〙卯酉(ぼうゆう)圏, 東西圏《天球上観測者の天頂と東西点とを通る大圏》.
príme vértical círcle *n.* 〘天文〙=prime vertical.
primi *n.* primo[1] の複数形.
pri·mi·ge·nial [pràɪmɪd͡ʒí:njəl, -niəl | -mɪd͡ʒí:njəl, -nɪəl] 〘← L *prīmigenius* (← *prīmus* first+*genus* kind)+-AL[1]〙 *adj.* =primogenial.
pri·mi·grav·i·da [pràɪmɪgrǽvədə, -mə- | -mɪgrǽvɪ-] 〘← NL ～: ⇨ prime[1], gravid〙 *n.* (*pl.* **~s, -i·dae** [-dì:]) 〘医学〙初妊婦.
primi inter pares *n.* primus inter pares の複数形.
pri·mine [práɪmɪn, -mən | -mɪn] 〘▭F ～ ← L *prīmus* first (⇨ prime[1])+-INE[3]〙 *n.* 〘植物〙胚珠(はいしゅ)の外皮 (cf. secundine).
prím·ing [〘⇨ prime[2], -ing[1]〙 ── *n* **1 a** 雷管装備[装薬](する[される]こと). **b** 点火薬, 起爆剤. **2** (絵・壁・ペンキなどの)下塗り, 荒塗り; 下塗り塗料. **3 a** (ポンプの)呼び水, 呼び水入れ. **b** 〘機関〙水気だち, プライミング《ボイラーにおいて蒸発が盛んになり過ぎると蒸気が微小水滴を供に運び出すようになる現象》. **4** (ビールのこくを付け味を調えるために加える)濃い砂糖水. **5** (知識の)急速な詰込み, にわか勉強 (cramming). **6** =PRIMING of the tide.
priming of the tide 潮早《小潮から大潮に移る間の潮の加速; cf. LAG of the tide》.
pri·mip·a·ra [praɪmípərə] 〘▭L *prīmipara* ← *prīmi-*, *prīmus* first (⇨ prime[1])+-*para* ((fem. p.p.) ← *parere* to bring forth)〙 ── *n.* (*pl.* **~s, -a·rae** [-rì:]) 〘医学〙初産婦 (cf. nullipara, multipara). **pri·mi·par·i·ty** [pràɪmɪpǽrət̬i, -mə- | -mɪpǽrətɪ, -rɪ-] *n.*
pri·mip·a·rous [praɪmípərəs] *adj.* 初産(婦)の (cf. multiparous 2).
prim·i·tive [prímət̬ɪv | -mɪt-, -mət-] 〘《*a*1400》*primitif* ▭(O)F *primitif*, *-ive* // L *prīmitīv-us* first or earliest of its kind ← *prīmus* first: ⇨ prime[1], -itive〙 ── *adj.* **1** 原始の, 原始時代の (prehistoric); 太古の (ancient); 初期の (earliest); 原始的な: a ～ man 原始人 / ～ customs [religion, culture] 原始的慣習[宗教, 文化] / ～ Christians 初期キリスト教徒 / the ～ fathers 原始キリスト教の教父 / the ～ mode of life [language] 原始的生活[言語]様式. **2** 根本の, 根源の, 本源の (radical); 一次の (primary): ～ colors 原色 / the ～ line〘数学〙原線 / the ～ chord〘音楽〙基礎和音 / a ～ verb 原動詞《派生語のもとになる動詞》. **3** 自然のままの, 未発達の, 未開の; 単純[素朴]な, 手の込んでない; 粗末な, 野暮(やぼ)ったい; 古風な, 旧式の (old-fashioned): ～ tools [methods, habits] 素朴な道具[方法, 習慣] / a ～ mode of dressing [cooking] 素朴な服装[料理法]. **4** (美術について専門の教育を受けていない)素人の, 独学の: a ～ painter / ～ art プリミティブアート《素人画家の生み出した芸術》. **5**〘地質〙始原期の, 古紀の. **6**〘生物〙**a** 〈形質など〉初生の (cf. definitive). **b** 退化しながら原始時代から残存する, 原始的な. **7**〘言語〙祖語の (proto-), 原始の: ～ Germanic ゲルマン祖語 / ～ Indo-European 原始印欧語.
── *n.* **1 a** 原始時代の人[物]; 原始人 (prehistoric man). **b** 原住民 (aboriginal). **c** (考え方・行動などが)素朴な[原始的な]人. **2 a** 文芸復興期以前の画家[絵画]. **b** 原初主義 (primitivism) の画家[作品]. **c** 独学(自成)の[素朴な画風の]作品, 地方画家(の作品): the Italian [French] *Primitives*. **3**〘言語〙**a** 語根語 (root). **b** 原素. **4**〘数学〙原線 (primitive line). **5** [P-]《英》=Primitive Methodist.
~·ly *adv.* **~·ness** *n.* **prim·i·tiv·i·ty** [prìmətívət̬i | -mɪtívətɪ, -mə-, -vɪ-] *n.*
prímitive àrea *n.* (米国国有林の)原生林地域《火災防止以外の人工的処置をしない自然のままの地域》.
Prímitive Báptist *n.* 原始バプテスト派の人《1835年 Baptist 教会から分離して Calvin 主義・反伝道主義を固持する一派の人; Hard-Shell Baptist ともいう》.
prímitive chúrch, P- C- *n.* [the ～] 原始[初代]キリスト教会《組織・形態の上から, またはキリスト教本来の姿を表わすものとしていう》.
prímitive gróove *n.* 〘生物〙原溝(げんこう)《原条 (primitive streak) の正中の溝状の部分》.
Prímitive Méthodism *n.* 原始メソジスト主義《キリスト友会 (Society of Friends) と関係をもち, 婦人を説教者に起用するなどが特色; cf. Primitive Methodist Church》.「信)徒 (cf. ranter 2 b).
Prímitive Méthodist *n.* 原始メソジスト教(会の
Prímitive Méthodist Chúrch *n.* [the ～] 原始メソジスト教会《Wesley などの初期の熱意に立ち帰ろうとして1810年本派から分離したメソジスト教会の一派; 1932年他のメソジスト系の教会と合同して現在の Methodist Church となった; Primitive Methodist Connection ともいう》.
prímitive polynómial *n.* 〘数学〙原始多項式《係数の最大公約数が1であるような整数係数の多項式》.
prímitive rócks *n. pl.* 〘地質〙=primary rocks.
prímitive stréak *n.* 〘生物〙原条, 原始条《鳥類および哺乳類の発生初期の胚盤葉に正中に沿って走る線条のような盛り上がり部分》.
prím·i·tiv·ism [-t̬ɪvìzm, -t̬ə- | -tɪ-] *n.* **1** 原始主義, 尚古主義《原始的な習俗や様式が今日のよりも優秀だとする立場》. **2**〘美術〙原初主義《先史時代または未開民族の原始芸術やまたルネサンス(14–15世紀)の素朴な芸術を尊重する立場》.
prím·i·tiv·ist [-vɪst, -vəst | -vɪst] *n.* **1** 原始主義者, 尚古主義者. **2**〘美術〙原初主義者. **prim·i·tiv·is·tic** [prìmət̬ɪvístɪk | -mɪt-, -mət-] *adj.*
pri·mo[1] [prí:mou | -məu; *It.* prí:mo] 〘▭It. ～ < L *prīmum* first (↓)〙 ── *n.* (*pl.* **~s, pri·mi** [-mi:; *It.* -mi]), *adj.* 〘音楽〙(二重奏[唱]・三重奏[唱]などの)第1部(の), 主要部(の), 最高声部(の) (cf. secondo): ～ soprano 第1ソプラノ / ～ tempo ⇨ tempo 1.
pri·mo[2] [prí:mou, práɪ- | -məu] 〘▭L *prīmō* at first ← *prīmus* ‘PRIME[1]’〙 *L. adv.* 第一に (in the first place)《1° と略記する; cf. secundo[2], tertio[2]》.
pri·mo- [práɪmo(u), -mə | -mə(u)] 〘▭L *prīmō-* ← *prīmus* (↑)〙「始, 原始, 主部, 第一」などの意の連結形.
Primo de Rivera y Orbaneja, Miguel *n.* ⇨ Rivera y Orbaneja.
pri·mo·ge·nial [pràɪmo(u)d͡ʒí:njəl, -mə-, -nəl | -mə(u)d͡ʒí:njəl, -nɪəl] 〘← LL *prīmōgenitus* state of being first born+L *prīmigenius* (⇨ primigenial)〙 ── *adj.* **1** 最初の, 原始(型)の (primordial). **2** 《廃》最初に造り出された (first generated).
pri·mo·gen·i·tor [pràɪmo(u)d͡ʒénət̬ə, -mə- | -mə(u)d͡ʒénɪtə(r)] 〘▭ML *prīmōgenitor* ← PRIMO-+L *genitor* father, begetter (← *gignere* to give birth)〙 ── *n.* 始祖 (first parent); 先祖 (ancestor).
pri·mo·gen·i·ture [pràɪmo(u)d͡ʒénət͡ʃùə, -nɪt͡ʃə, -nət(j)ùə | -mə(u)d͡ʒénɪt͡ʃə(r, -tjùə(r, -tjùə(r] 〘《1602》▭ML *prīmōgenitūra* ← PRIMO-+*genitūra* birth (← *genitus* (p.p.) ← *gignere* (↑)): ⇨ -ure〙 ── *n.* **1** 長子であること, 長子の身分. **2**〘法律〙長(男)子相続権[法] (cf. ultimogeniture): representative ～ 男系長子相続法 / the right of ～ 長(男)子相続権. **pri·mo-**

gen·i·tal [pràɪmo(ʊ)dʒénəṭl | -mə(ʊ)dʒénɪtl] *adj.*

pri·mo·gen·i·tar·y [pràɪmo(ʊ)dʒénətèri | -mə(ʊ)-dʒénɪtəri] *adj.*

primordia *n.* primordium の複数形.

pri·mor·di·al [praɪmɔ́ədiəl|-mɔ́:djəl, -diəl] 〖《a1398》⊏LL *prīmōrdiāl-is* : ⇨ primordium, -al¹〗 ── *adj.* **1** 初発の, 初生の, 本源の; 第一義的な, 根源的な, 根本的な: / ~ matter 原生物質 / ~ sin 原罪. **2** 原始の, 原始時代に[から]存在する: ~ customs 原始時代の[からある]慣習. **3** 〖生物〗発達の最初期に形成される, 原始の, 初生の (cf. definitive): a ~ germ cell 始原生殖細胞 / ~ leaves 原始葉. **~·ly** *adv.* **pri·mor·di·al·i·ty** [pràɪmɔədiǽləṭi | -mɔ:dɪǽlətɪ, -lɪ-] *n.*

primórdial bróth *n.* [the ~] 〖生物〗= primordial soup.

primórdial méristem *n.* 〖植物〗= primary meristem.

primórdial sóup *n.* [the ~] 〖生物〗原始スープ《地球上に生物を発生させた化合物の混合体 (soup); primordial broth ともいう; cf. soup 5》.

primórdial útricle *n.* 〖植物〗原始胞果.

pri·mor·di·um [praɪmɔ́ədiəm | -mɔ́:djəm, -dɪəm] 〖⊏L *prīmōrdium* (neut.) ← *prīmōrdius* original ← *prīmus* first (⇨ prime¹) + *ōrdīrī* to begin〗 ── *n.* (*pl.* **-di·a** [-diə | -djə, -dɪə]) 〖生物・解剖〗原始細胞, 原基, 胚胎《個体発生においてこれから発生する器官のもととなるもので, それが形態的・機能的に成熟するまでの段階》.

primp [prímp] 〖《変形》← PRIM¹ (v.)〗《口語》── *vi.* きちんと着飾る, 身だしなみをよくする (preen). ── *vt.* **1** 〈頭髪・衣服を〉きちんとする, ととのえる. **2** [~ *oneself* で] めかす, おしゃれをする (prink). **~·er** *n.*

prim·rose [prímrouz | -rəuz] 〖《1413》⊏OF *primerose* (cf. ML *prima rosa* first rose) ← *prime* 'first, PRIME¹' + ROSE ∽ ME *primerole* ⊏OF (dim.) ← *prime* first〗 ── *n.* **1** 〖植物〗サクラソウ《サクラソウ属 (*Primula*) の各種の植物の総称; クリンザクラ (polyanthus), oxlip など》; (特に)キバナノクリンザクラ (cowslip): ⇨ bird's eye primrose. **2** 〖植物〗マツヨイグサ, (俗に)宵待草 (evening primrose). **3** サクラソウ色, 淡黄色. **4** 最盛期, 活躍期. ── *adj.* **1** サクラソウの(多い). **2** はなやかな, 陽気な, 楽しい: the ~ way = primrose path. **3** 淡黄色の. **4** サクラソウ科の.

Prímrose Dày *n.* 《英》桜草の日, 桜草忌《4月19日; サクラソウを好んだといわれる B. Disraeli の命日; cf. Primrose League》.

prímrose jásmine *n.* 〖植物〗中国産のジャスミンの一種 (*Jasminum mesnyi*)《モクセイ科の低木》.

Prímrose Léague 〖その結成の2年前に死亡した保守党の B. Disraeli がサクラソウを好んだと伝えられたことから〗── *n.* [the ~] 〖英史〗桜草連盟《1883年結成された保守党員の団体; 保守・帝国主義を綱領とした》.

prímrose páth *n.* [the ~] 歓楽の道, 道楽, 不品行 (cf. Shak., *Hamlet* 1. 3. 50; *Macbeth* 2. 3. 21).

prímrose péerless *n.* 〖植物〗ウスギズイセン (*Narcissus biflorus*)《南フランス原産ヒガンバナ科スイセン属の栽培用植物》.

prímrose yéllow *n.* サクラソウ色, 淡黄色.

prim·ros·y [prímrouzi | -rəuzɪ] 〖⇨ primrose, -y⁴〗 *adj.* サクラソウ色[淡黄色]の.

prim·u·la [prímjulə] 〖《1753》⊏ML *prīmula* (*vēris*)《原義》firstling (of spring), cowslip, field daisy (fem.) ← *prīmulus* (dim.) ← *prīmus* first: ⇨ prime¹, -ule: cf. primrose〗 ── *n.* 〖植物〗= primrose 1.

Prim·u·la·ce·ae [prìmjuléɪsiì:] 〖← NL ~: ⇨ ↑, -aceae〗 *n. pl.* 〖植物〗サクラソウ科. **prìm·u·lá·ceous** [-ʃəs] *adj.*

Prim·u·la·les [prìmjuléɪli:z] 〖← NL ~: ⇨ primula, -ales〗 *n. pl.* 〖植物〗(双子葉植物)サクラソウ目.

prim·u·line [prímjulì:n, -lɪn, -lən | -lì:n, -lɪn] 〖← PRIMUL(A) + -INE³〗 *n.* プリムリン《黄色の直接染料》.

pri·mum mo·bi·le [práɪməm-móubəlì:, prí:- | -mɔ́bɪ-] 〖《1460-70》⊏ML *prīmum mōbile* first movable thing (⇨ prime¹, mobile)《なぞり》← Arab. *al-muḥárrik al-awwal* the first mover〗 ── *n.* **1** 〖天文〗第十天《Ptolemy 天文学で仮想された地球を取り巻く10個の同心円球の最外部の層で, すべての恒星はこの層に固着していて, 24時間で地球を一周し, これが全天界運行の原動力と想像された; 第九天と数えたこともある》. **2** 原動力 (prime mover).

pri·mus¹ [práɪməs] 〖《c1592》⊏L *prīmus* first: ⇨ prime¹〗 ── *adj.* **1** (処方で)第一の (cf. decimus 1). **2** 《英》(ある男子 public school で同姓の生徒中, 年長順や学年順により)第1の (cf. secundus, tertius 2, major² 6, senior 1). ★ 姓のあとに付ける: Smith ~ 第1のスミス, スミス1. ── *n.* [しばしば P-] (スコットランド聖公会[監督派教会] (Scottish Episcopal Church) の)最高位の bishop, 首座主教.

pri·mus² [práɪməs] 〖← *Primus*《商標名》← L *primus* (↑)〗 *n.* (キャンプなどで使う)料理用小型こんろ《primus stove ともいう》.

pri·mus in·ter pa·res [práɪməs-ìntə-pέ(ə)ri:z, prí:- | -tə-péər-] 〖⊏L *primus inter pārēs*《原義》first among equals〗 ── *L. n.* (*pl.* **pri·mi in·ter pa·res** [práɪmaɪ-, prí:mi:-]) 同僚中で首位に立つ人《例えば, 英国内閣では首相をさす》.

prin. 《略》principal; principally; principle.

Prin. 《略》Principal; Principality.

prince [príns] 〖《?a1200》⊏(O)F ~ ⊏L *princip-*, *princeps* first person, chief, 《原義》one who occupies the first place ← *prīmus* 'first, PRIME¹' + *-cipere*, *capere* to take: cf. captive〗 ── *n.* **1** 王子, 皇子, 皇孫, 親王, 皇族: a ~ of the blood (royal) (英国の)皇子, 皇孫 / the *Prince* Imperial 皇太子 / ⇨ prince regent, prince royal / live like a ~ ぜいたくな生活をする / (as) happy as a ~ きわめて幸福な / the manners of a ~ みやびやか[上品]な態度 / a ~ among men 一際気品の高い君子[貴公子] / Hamlet without the ~ (of Denmark) ⇨ Hamlet 1. **2 a** (英国以外の国の貴族の種々の位を表わして)侯爵, 公爵, …公《通例 duke の次の位の者にいう; cf. duke 1, marquess》: *Prince* Bismarck (ドイツの)ビスマルク公. **b** 英国の duke, marquess, earl に対する敬称《公文書などに用いる》: the Most High and Puissant *Prince*. **3** (帝王を上にいただかない)小国の統治者, 公: the *Prince* of Monaco モナコ公. **4** (封建時代の)諸侯, 大名, 殿様: the Grand [Great] ~ (旧ロシヤ・オーストリアなどの)大公. **5** 《古》王 (king), 帝 (emperor), 君主 (sovereign). **6 a** (ある分野における)第一人者, 巨頭, 王者, 大御所, 大立物: a merchant ~ 豪商 / the ~ of bankers 銀行王 / the ~ of poets 詩壇の王者 / the ~ of swindlers [rogues] 詐欺漢[悪漢]の親玉. **b** 《米口語》とてもいいやつ, すてきで気風(きっぷ)がいい人.

Prince of Darkness [Evil] [the —] 魔王 (the Devil, Satan).

Prince of Peace [the —] 平和の君《キリスト, 救世主; cf. *Isa.* 9: 6》.

Prince of the Apostles [the —] 聖ペテロ (St. Peter).

Prince of the (Holy Roman) Church [the —] 〖カトリック〗枢機卿 (cardinal) の称号.

Prince of (the Power of) the Air [the —] 魔王 (Satan) (cf. *Ephes.* 2: 2).

Prince of this [the] World [the —] 〖聖書〗魔王 (Satan) (cf. *John* 12: 31).

Prince of Wales [the —] プリンスオブウェールズ《英国皇太子の称号; 14世紀に始まり, 15世紀以降慣習的に国王長子に授けられた; 現在は21歳で立太子式を行なってこの称号を受ける; cf. crown prince 1》.

Prìnce Álbert 〖Prince Albert (後の Edward 七世) が訪米の際流行させたのにちなむ〗── *n.* 《米口語》**1** ダブルの打ち合わせで丈の長いフロックコート (frock coat)《Prince Albert coat ともいう》. **2** (男子用の)部屋ばき, スリッパ.

Prìnce Álbert Nátional Párk *n.* プリンスアルバート国立公園《カナダ西部, Saskatchewan 州中央部にある国立公園; 面積 3,875 km²》.

prínce bíshop *n.* 皇族の身分をもつ主教.

Prínce Chárming *n.* **1** 魅惑の王子《Cinderella と結婚する王子》. **2** (女性にとっての)理想の男性[求婚者]; (女性に表面上愛想のよい)魅力的男性.

prínce cónsort *n.* **1** (*pl.* **princes c-**) 女王[女帝]の夫君《王・皇帝の位および称号をもたない》. **2** [P- C-] ⇨ Prince ALBERT.

prínce·dom [-dəm] 〖⇨ prince, -dom〗 *n.* **1** prince の地位[権力, 領地]. **2** [*pl.*] 〖神学〗= principalities (⇨ principality 4 a).

Prìnce Édward Ísland *n.* [the ~] プリンスエドワード島《北米 St. Lawrence 湾内のカナダ領の島; カナダの一州をなす; 漁業・キツネ養殖場; 人口 112,000, 首都 Charlottetown》.

Prìnce Hár·ald Cóast [-hǽrəld-] *n.* [the ~] プリンスハラルド海岸《南極大陸東部のインド洋に面する海岸; 日本の南極観測隊が上陸 (1957)》.

Prínce Ísland *n.* プリンス島《Principe Island の英語名》.

prince·kin [prínskɪn, -kən | -kɪn] 〖← PRINCE + -KIN〗 *n.* = princeling.

prince·let [prínslɪt, -lət] 〖⇨ -let〗 *n.* = princeling.

prínce·like 〖⇨ -like〗 *adj.* **1** 王侯然とした, 皇子[王子]らしい. **2** 気高い, 威厳のある; おおまかな, 気前のよい.

prince·ling [prínslɪŋ] 〖⇨ -ling¹〗 *n.* 小君主, 小公子, 幼君《princekin, princelet ともいう》.

prínce·ly 〖← PRINCE + -LY²〗 ── *adj.* (**more ~, most ~; prince·li·er, -li·est**) **1** 王子の, 王侯の, 王子[王侯]としての: ~ rank 王侯の地位 / ~ birth 王子[王侯]としての生れ. **2** 王侯[王子]らしい[にふさわしい]; 気品のある, 気高い, 威厳のある; 鷹揚(おうよう)な, 気前のよい. **3 a** 広大な, 壮麗な (magnificent): a ~ house 豪壮な家. **b** 〈金額など〉相当に高い: a ~ sum 巨額. ── *adv.* 王侯[王子]らしく; 気高く; 鷹揚に. **prínce·li·ness** *n.*

Prínce of Wáles, Cape *n.* プリンスオブウェールズ岬《米国 Alaska 州西部の岬; 北米大陸の最西端》.

Prínce of Wáles Ísland *n.* プリンスオブウェールズ島《カナダ Northwest Territories の Victoria 島北東方の島》.

prin·ceps [prínseps, príŋkeps | prínseps] 〖⊏L *princeps* (adj.) first, chief: ⇨ prince〗 ── *L. adj.* **1** 第一の (first), 最初の (original): edition ~ 第一版, 初版 / facile ~ 優に第一位の. **2** 〖解剖〗主要な: ⇨ princeps cervicis, princeps pollicis. ── *n.* (*pl.* **prin·ci·pes** [prínsəpì:z, príŋkəpèɪs | prínsɪpɪ:z]) **1** 主要なもの. **2 a** (ローマ帝国の元首制の)プリンケプス, 元首. **b** (チュートン人やアングロサクソン人の)君主, 族長. **3** 初版(本) (editio princeps).

princeps cer·ví·cis [-sə:váɪsɪs, -səs | -sə:váɪsɪs] 〖⊏L *princeps cervicis* chief of the neck〗 *n.* 〖解剖〗後頭動脈の枝《頸部(けいぶ)の筋肉に分布する》.

princeps pól·li·cis [-pɑ́ləsɪs, -səs | -pɔ́lɪsɪs] 〖⊏L *princeps pollicis* chief of the thumb〗 *n.* 〖解剖〗親指の内側を走る動脈.

prínce régent *n.* **1** 摂政の宮. **2** [P- R-] (特に) George 三世の治世中の摂政の宮 George《1811-20; 後の George 四世; cf. regency 4》.

prínce róyal 〖⊏F ~《原義》royal prince〗 *n.* (*pl.* **princes r-**) 第一皇子[王子], 皇太子 (cf. princess royal).

Prince Rú·pert [-rú:pət | -pət] *n.* カナダ西部 British Columbia 州の海港; 鉄道の終点; 人口 16,000.

Prince Rúpert dróp 〖← *Prince Rupert* (1619-82: Charles 一世の甥, これを初めて英国にもたらした)〗── *n.* [通例 *pl.*] ルパート王子の滴,「なみだガラス」《溶融ガラスの滴を水に落として急冷して作った尾を引いた球状の小さなガラス; 残留応力 (residual stress) があるのでそのもの自体はなかなかこわれないが, 表面を引っかいたり尾を少しこわすと一度に全体が激しく破壊する; Rupert's drop ともいう》.

Prince Rúpert's métal 〖← *Prince Rupert* (↑) (その発明者)〗 *n.* 王金《銅 75% と亜鉛 25% の合金; Prince's metal ともいう》.

prínce's-fèather *n.* 〖植物〗**1** ホナガアオゲイトウ (*Amaranthus hybridus*)《ヒユ科の一年草》. **2** オオケタデ (*Polygonum orientale*)《アジア・オーストラリア産タデ科の大型一年草; 紅色の小花を密に穂状につけて垂れ下がる》.

prínce·shìp 〖⇨ -ship〗 *n.* prince の身分[位].

Prínce's métal *n.* = Prince Rupert's metal.

prínce's píne *n.* 〖植物〗= pipsissewa.

prin·cess [prínsɪs, -səs, -ses | prɪnsés, ⌐⌐] 〖《a1380》 *princes(se)* ⊏(O)F *princesse*: ⇨ prince, -ess¹〗 ── *n.* **1** 王女, 皇女, 内親王: a ~ of the blood 王女, 皇女, 内親王. **2** 親王妃, 王妃. **3** (英国以外の)公爵夫人 (duchess). **4** 《古》女王 (queen). **5** (傑出していて)女王にたとえられるもの. ★ 擬人化して川などにも用いる.

Princess of Wales [the —] プリンセスオブウェールズ《英国皇太子妃の称号; cf. PRINCE of Wales》.

── *adj.* 〈婦人服が〉(ウエストラインに縫い目を入れないでしかも身体にぴったりさせた)プリンセスラインの, プリンセスシルエットの: a ~ robe, coat, etc.

~·like *adj.*

príncess drèss 〖Queen Alexandra (1844-1925) が皇太子妃の時着用したことから〗── *n.* プリンセスドレス《身頃から裾にかけて縦にのみ縫い目を入れ, ウエストは細く裾にフレアを出すシルエットのドレス》.

prin·cesse [prɪnsés] 〖⊏F ~ 'PRINCESS'〗 *adj.* = princess.

prín·cess·ly *adj.* 王女[王妃]らしい, 王女[王妃]にふさわしい.

princess régent *n.* 摂政内親王; 摂政の宮妃.

princess róyal *n.* (*pl.* **princesses r-**) 第一皇女[王女] (cf. prince royal).

príncess·shìp 〖⇨ -ship〗 *n.* princess の身分[位].

princess trèe 〖⇨ paulownia〗 ── *n.* 〖植物〗キリ (*Paulownia tomentosa*)《中国原産ゴマノハグサ科の落葉高木で, 米国東部でも栽培; karri-tree, empress tree ともいう》.

Prince·ton [prínstən] 〖← *Prince of Orange* (後の William 三世): ⇨ -ton〗 *n.* 米国 New Jersey 州中央部の町; 戦跡 (1777); Princeton 大学がある; 人口 13,000.

prin·ci·pal [prínsəpəl, -spəl, -pḷ | -səp-, -sɪp-] 〖《c1300》⊏(O)F ~ (adj. & n.) ⊏L *principālis* first, chief, (LL) (n.) an overseer, chief ← L *princeps* 'PRINCEPS': ⇨ -al¹〗 ── *adj.* **1** 主な, 主だった (chief); 第一の, 先頭の; 最も重要な: the ~ town of the district その地方の中心都市 / the ~ actor [actress] 主演俳優[女優] / ⇨ principal boy, principal girl / the ~ debtor 借用本人 / the ~ post 〖建築〗主柱, 大黒柱 / the ~ person concerned 関係者中の主要人物 / the ~ offender 〖法律〗正犯者 / the ~ penalty 〖法律〗主刑 / the ~ thing 〖法律〗主物 / the ~ tone 〖音楽〗主音 / The news appeared in all the ~ papers. そのニュースは主要な新聞すべてに出ていた. **2** 元金の, 資本金の (capital). **3** 〖文法〗主部の, 主要な: ⇨ principal clause, principal parts, principal verb. **4** 〖数学〗(楕(だ)円または双曲線の軸が)焦点を通る.

── *n.* **1** 頭, 支配者; 長上 (superior). **2 a** 長官, 社長, 会長; (特に)校長; 学長: a lady ~ 女校長. **b** 《英》学寮長. **3 a** 主動者. **b** (競走・決闘などの)本人[当事者] (cf. second¹ *n.* 5 c.). **4** 〖法律〗**a** (代理人 (agent) に対し)本人, 主たる債務者 (cf. surety 3): consult one's ~ 本人と相談する. **b** 正犯, 主犯者 (cf. accessory 3, accomplice 1): the ~ in first [second] degree 第一[第二]級正犯《それぞれ実行正犯と補助犯》. **c** 主物. **5** [the ~] 〖金融〗元金, 元本 (cf. interest 9 a, dividend 1); (債券の)額面価額 (face value). **6** 〖音楽〗**a** (英米では)基本オルガン開口管より1オクターブ高く奏音しうる開口音管; (ドイツでは)(オルガンの)主要音管. **b** フーガの導主題. **7 a** (演劇・オペラ・バレエなどの)主役, 主演者. **b** (コンサートでの)独奏者, 主演者; (管弦楽団でコンサートマスターをもつ第一バイオリン以外の楽器の)主演奏者, トップ. **8** 〖文法〗主役語句《同格の語群により説明される語句; 例: *The year 1939* was the crucial one. においては The year が主役語句, 1939 が同格語句》. **9** 《英》大臣 (Secre-

tary) より下位の役人. **10**〖建築〗主材, 主構.
príncipal árgument *n.*〖数学〗偏角の主値, 主偏角《複素数の偏角のうち -π より大きく π 以下であるようなもの ; cf. amplitude 5 b》.
príncipal áxis *n.* **1**〖機械・物理〗主軸(線)《(回転)楕円(面)や(回転)双曲(面)対称中心を通り互いに直交する対称軸》. **2**〖光学〗主軸, 光軸, 軸《回転対称な結像の系の対称軸》. **3**〖数学〗主軸《楕円や双曲線の焦点を通る軸》.
príncipal bóy *n.* (pantomime で)男の主役を勤める女優《今はしばしば男優が勤める ; cf. principal girl》.
príncipal cláuse *n.*〖文法〗(複文の) 主節 (main clause) (cf. DEPENDENT clause).
príncipal diágonal *n.*〖数学・物理〗主対角線《正方行列の左上から右下へ向かう対角線》.
príncipal fócus *n.*〖光学〗主焦点《光学系の光軸に平行に入射する平行光線束が光学系を通過後収束する点 ; 無限遠物点の共役点 ; focal point ともいう ; cf. focus 1》.
príncipal gírl *n.* (pantomime で)女の主役を勤める女優 (cf. principal boy).
príncipal idéal *n.*〖数学〗主[単項]イデアル《単位元を含む環において一つの元を含む最小のイデアル》.
príncipal idéal domáin *n.*〖数学〗主[単項]イデアル整域《すべてのイデアルが単項イデアルであるような単位元をもつ可換整域》.
prin·ci·pal·i·ty [prìnsəpǽləṭi | -sɪpǽlətɪ, -lɪ-]〖《c1385》 *principal(i)te* ◻ OF *principalite* (F *principauté*) dominion ◻ LL *principālitātem* : ⇨ principal (adj.), -ity〗 ── *n.* **1** prince が支配する国, 公国. **2** [the P-]《英》= Wales. **3** 公国君主の地位 ; その支配権, 主権. **4** 校長[学長]の地位. **5** [*pl.*]〖神学〗**a** 権(ﾁｶﾗ)天使 (princedoms)《天使の九階級中第七階級の天使 ; cf. angel, principate 3》. **b** 霊力 (cf. *Rom.* 8 : 38). **6**《廃》優位, 卓越 (preeminence).
principalities and powers 支配者と権力者, 君主と政治家 (Carlyle, *Sartor Resartus*).
prín·ci·pal·ly [-səp(ə)li, -sp(ə)li | -səp(ə)lɪ, -sɪp-]〖ME : ⇨ principal (adj.), -ly¹〗 *adv.* 主として, 主に ; たいてい (chiefly).
príncipal merídian *n.*〖測量〗標準子午線《米国で定めた陸地測量の基準となる子午線》.
príncipal párts *n. pl.*〖文法〗(動詞の)(変化)主要形《英語では不定詞または現在・過去・過去分詞の 3 形 ; これに -ing 形を加えて 4 形とすることもある》.
príncipal pláne *n.*〖光学〗主平面《主点を通って主軸に垂直な平面》.
príncipal póint *n.*〖光学〗主点《レンズ等の回転対称性をもつ結像光学系において, 横倍率が 1 である主軸(光軸)上の共役点 ; 物体空間側の物体主点と像空間側の像主点がある》.
príncipal quántum nùmber *n.*〖物理〗主量子数《中心力場内の 1 粒子の運動を量子力学で記述する場合, エネルギーの固有状態を定める量子数のうち, 動径方向の運動に対応するもの ; total quantum number ともいう》.
príncipal ráfter *n.*〖建築〗合掌 (⇨ beam 挿絵).
príncipal ráy *n.*〖光学〗主光線《光軸外の物点より出て光学系の開口絞りの中心を通る光線》.
príncipal séction *n.*〖結晶〗(結晶の)主断面.
príncipal séntence *n.*〖文法〗主文.
príncipal séries *n.*〖数学〗= composition series.
príncipal·shìp〖⇨ -ship〗 *n.* 首領者[長官, 特に校長] (principal) の身分[地位, 職].
príncipal súm *n.*〖保険〗基本保険金額.
príncipal válue *n.*〖数学〗主値《多価関数を一価関数として扱えるようにするために, 定義域の各点で選ばれる関数値 ; 発散する積分の値として利用しうる一種の極限値》.
príncipal vérb *n.*〖文法〗主動詞 (main verb).
prin·ci·pate [prínsəpèɪt, -pət, -pɪt | prínsɪpət, -pɪt, -pèɪt]〖《c1340》◻ L *principāt-us* first place, preeminence ← *princeps* : ⇨ princeps, -ate¹〗 ── *n.* **1** 首たる地位[権力]. **2** 公国(領). **3** 権(ﾁｶﾗ)天使 (principalities) の中の一人 (cf. angel). **4**〖ローマ史〗元首政治, プリンキパトゥス《ローマ帝国初期の政治体制》.
prin·ci·pe [prínsəpèɪ | -sɪ- ; *It.* príntʃipe, *Sp.* prínθipe, *Port.* prísipə]〖◻ It. ~ // Sp. & Port. *príncipe* 'PRINCE'〗 ── *n.* (*pl.* **~s** [~z ; *Sp.* ~s, *Port.* ~ʃ], **-ci·pi** [-pìː ; *It.* -pi]) **1** = prince. **2** (特に, スペイン・ポルトガルの)皇太子 (cf. infante).
Prín·ci·pe Ísland [prínsəpèɪ- | -sɪ- ; *Port.* prísipə-] *n.* [the ~] プリンシペ島 (⇨ São Tomé and Príncipe).
principes *n.* princeps の複数形.
principi *n.* principe の複数形.
prin·cip·i·um [prɪnsípiəm | -pɪ-]〖◻ L *principium* beginning ← *princeps* 'first, PRINCEPS'〗 ── *n.* (*pl.* **-pi·a** [-piə | -pɪə]) **1** 原理, 原則 (principle), 第一原理, 初歩 (element). **2** = inception 2. **3**〖ローマ史〗(露営地での)将軍宿舎.
prin·ci·ple [prínsəpl̩, -spl̩ | -səpl̩, -sɪ-]〖《c1390》← (O)F *principe* (← L *principium* (↑)) : -le の語尾については cf. manciple, participle〗 ── *n.* **1** 原理, 原則 : the ~ of political economy 経済学の原則 / the ~ of the telephone 電話の原理 / The ~ in both machines is the same. 両機械の原理は同一だ. **2** (自然・論理などの)原理, 法則, 公理 (law) : the ~ of causality 因果律 / the ~ of contradiction [identity]〖論理〗矛盾[同一]律 / the ~ of natural selection〖生物〗自然選択の原理 / Capillary attraction is the ~ of a blotter. 毛管引力が吸取紙の原理である / ⇨ Archimedes' principle. **3** (行動のための)根本方針, 主義, 信念(に基づく習慣) : the conservative ~ 保守主義 / a dangerous ~ 危険な主義 / one's moral ~*s* 道徳的信念 / against one's ~ 主義に反して / as a matter of ~ = by ~ 主義として / make it a ~ to do 信条として…することにしている / act on the ~ *that* the end justifies the means 目的は手段を正当化するという方針で行動する. **4** [しばしば *pl.*] 道, 正道, 道義, 節義, 節操 : good [right, moral] ~ 節義, 道義 / a man of (high) ~ 高潔な人 / a man of no ~ 節操のない人, 無定見の人 / moral ~ 道義 / Good ~*s* are more important than good abilities. 節義は手腕よりも重要である / He has ability but no ~*s*. 才はあるが主義節操のない男だ. **5** (定まった)やり方, 定石(ｼﾞｮｳｾｷ), 秘訣(ﾋｹﾂ). **6** 本原, 本質, 本体 (essence) : ⇨ vital principle / the first ~ (of all things) 万物の根原. **7** 素因, 動因 ; 本然の性能《本能・才能など》. **8**〖化学〗素, 精《ある物質に特殊の性能を与える要素》: a coloring ~ 染色素 / ⇨ active principle, bitter principle. **9**《古・廃》発端 (beginning).
in principle (細かい点はともかく)一般原則として, 大体において (generally) : have an agreement *in* ~ 原則的に一致する. ***on principle*** 主義として, 主義によって ; 道徳的動機から : I refuse *on* ~. 私は主義で拒絶するのだ《感情からではない》.
principle of correspondence [complementarity] [the —]〖物理〗= correspondence principle.
principle of duality [the —]〖数学〗双対の原理《集合代数・命題論理・射影幾何などで, 一つの命題が成立すればその双対命題もまた成立するという原理》.
principle of least action [the —]〖物理〗最小作用の原理《作用量と呼ばれる力学系の量が実際に起こる運動においては極小になるという原理》.
principle of mathematical induction〖数学〗数学的帰納法の原理《自然数についての命題が, 1 について成り立ち, ある自然数について成り立つ時, 必ずその次の数についても成り立つならば, その命題はすべての自然数について成り立つ, という原理》.
principle of relativity [the —]〖物理〗(Einstein の) 相対性原理 (cf. relativity 3).
principle of superposition [the —]〖物理〗= superposition principle.
principle of the proportional parts [the —]〖数学〗比例部分の原理《関数値の増分は変数値の増分が微小な時には後者に比例するという原理》.
principle of virtual work [the —]〖物理〗仮想仕事の原理《平衡状態にある力学系の束縛条件を満足するように微小な力を加えて微小変位を仮想的に与えた時, 外力のなす仮想的仕事は 0 になるという原理》.
prín·cipled *adj.* [しばしば複合語の第 2 構成素として]主義をもった, 節操のある ; …主義の, 主義が…の : high-*principled* / loose-*principled*.
prin·cock [prínkɑk, príŋ- | -kɔk] *n.* = princox.
prin·cox [prínkɑks, príŋ- | -kɔks]〖← *prin-* (← ? : cf. prink) + *cox* (《変形》← COCK¹)〗 *n.*《古》めかし屋, しゃれ者 (coxcomb).
prink [príŋk]〖《変形》← ? PRANK² : cf. prick〗 ── *vt.* **1** めかし立てる, 派手に飾る ⟨*up*⟩ : ~ oneself (*up*) おめかしする. **2** ⟨鳥が⟩⟨羽を⟩嘴(ｸﾁﾊﾞｼ)でそろえる. ── *vi.* **1** お化粧する, おめかしする ⟨*up*⟩. **2** (鏡の前で)身仕度にあれやこれやと大騒ぎする. **~·er** *n.*
print [prínt]〖n. :《?c1300》*printe, prente* ◻ OF *preinte, priente* impression, print (fem. p.p.) ← *preindre* < L *premere* 'to PRESS¹'. ── v. :《c1350》← (n.)〗 ── *vt.* **1** 印する, 押し付ける (impress) ; …の跡をつける : the mark of a foot ~*ed* on the sand 砂上の足跡 / ~ a kiss upon the cheek 頬(ﾎｵ)にキスする / ~ a surface with a seal 表面に押印する. **2** ⟨本・絵などを⟩印刷する, 出版する, プリントにする : ~ a book 本を出版する / ~ a newspaper 新聞を発行する / ~ a manuscript ⟨著者・編集者が⟩原稿を印刷させる. **3** ⟨意見などを⟩印刷物を通じて表明[発表]する : ~ opinions 見解を紙上に発表する. **4** 活字体で書く : *Print* your names in block capitals. お名前はブロック体の大文字で書いて下さい. **5 a** ⟨布⟩に捺染(ﾅｯｾﾝ)する, ⟨模様などを⟩[…に]プリントにする (stamp) [*on, in*] : ~ a flower pattern *on* [*in*] the calico サラサに花模様をプリントする. **b** ⟨陶磁器⟩に転写 (transferring) で絵付けをする. **6** ⟨心⟩に刻みつける (instill), 印象づける : ~ an idea [a scene] on the mind [memory] 考え[光景]を心に焼きつける[記憶にはっきり残す] / The name was ~*ed* on her heart. その名は心に刻みつけられた. **7**〖写真〗⟨ネガ⟩から写真を焼き出す, 焼き付ける ⟨*out, off*⟩. **8**〖電算機〗⟨コンピューターが⟩印字する, 打ち出す ⟨*out*⟩ (cf. printout) : The computer has ~*ed out* the results. ── *vi.* **1** 印刷する. **2**《古》出版する ; (特に)印刷を業とする. **3** ⟨活字などが⟩紙に写る. **4** 活字体で書く (cf. write *vi.* 1 b). **5** ⟨写真などが⟩出る, 写る (come out).
print out (1) ⇨ *vt.* 7, 8. (2) 印刷して配る.
── *n.* **1 a** (押しつけられて出来た)しるし (mark), 跡形, 跡 (stamp) : the ~ of a foot on the sand 砂上の足跡 (cf. footprint) / the ~ of a person's fingers on a glass コップに残った指紋. **b** = fingerprint. **c**〖スケート〗= tracing 5. **2** 印象 (impression), 名残 : sorrow's ~ upon one's face 顔に残る悲しみの跡 / His character bore the ~ of his early experiences. 彼の性格は若いころの経験の跡をとどめていた. **3** (印・模様を押すための)型, 印 (stamp) ; 型で押してできた物《バターなど》: a ~ for butter バターの型付け器 / a ~ of butter 型で押したバターの塊. **4**〖冶金〗金属製鋳型, 原型. **5** 捺染(ﾅｯｾﾝ)布, プリント(地), サラサ(の服) : cotton ~ サラサ / a ~ dress サラサの服 / ⇨ India print. **6 a** 印刷(されること) (cf. handwriting) : put into ~ 印刷[出版]する / rush into ~ (根拠などが不十分なままに)急いで新聞などに発表する, あわてて出版する / ⇨ *in* PRINT, *out of* PRINT. **b** 印刷(された)字体, 活字の型[大きさ], 印刷具合 : clear ~ 鮮明な印刷 / small ~ 小さい活字 / a book in large ~ 大きな活字の本. **7 a** 印刷物 (printed matter) ; [*pl.*] 出版物《新聞・雑誌など》: daily ~*s* 日刊新聞 / weekly ~*s* 週刊紙[誌]. **b** 新聞用紙 (newsprint). **8** 一回の印刷部数. **9** 版画《木版画・石版画など》; (浮彫り (relief)・沈み彫り (intaglio) に紙を押し当てて作った)複写 (reproduction) : a ~ *from* Hiroshige 広重の版画. **10**〖写真〗印画, 陽画 (positive) : a blue ~ 青写真 / ⇨ color print.
in cold print (1) 活字で印刷して. (2) (印刷になってしまったもののように)変更の余地のない状態になって. ***in print*** (1) ⟨書物が⟩印刷になって, 出版されて (published), 出版発売されて, (出版元に)在庫のある : appear [come out] *in* ~ 出版される / see one's name *in* ~ (自分の意見などを)新聞[書物など]に発表する, 印刷公表する / I have seen it *in* ~. それが本に出ているのを見た. (2) 印刷体で : write one's name *in* ~ 名前を活字体で書く. ***out of print*** ⟨書物が⟩絶版になって. ***rush into print*** (十分考慮せず大急ぎで)新聞[雑誌など]に書く ; 大急ぎで書物を公けにする. ***see print*** ⟨論文などが⟩活字になる.
print.《略》printing.
print·a·bil·i·ty [prìnṭəbíləṭi | -təbílətɪ, -lɪ-] *n.*〖印刷〗印刷適性.
print·a·ble [príntəbl̩ | -tə-] *adj.* **1 a** [通例否定構文で] 印刷できる, 印刷がきく : The original plate is *no* longer ~. 原版はもう印刷がきかない. **b** 印刷[出版]するに適した (cf. unprintable). **c** 印刷[出版]価値のある. **2** ⟨写真が⟩焼き付けられる, 型押しのできる.
prin·ta·nier [prɛ̃ː(n)tənjéɪ, prǣntə- | -tə- ; *F.* prɛ̃tanje]〖◻ F ~ 《原義》of spring ← *printan-* (← *printemps* spring) + *-ier* -ary〗 ── *adj.* (*also* **prin·ta·nière** [prɛ̃ː(n)tənjéə, prǣntə- | -tənjéə(r ; *F.* prɛ̃tanjɛːr]) ⟨料理が⟩種々の野菜を(さいのめ切りにして)使った[あしらった, 取り合わせた].
prínt·bàck〖← PRINT + BACK¹〗 *n.*〖写真〗小さく複写されているマイクロフィルムからもとのように大きく引伸したプリント.
prínt·clòth *n.* プリント布地《捺染用の灰色の綿布》.
prínt·ed [-tɪd, -ṭəd | -tɪd, -təd]〖《15C》〗 ── *adj.* **1** 印刷した[された] (cf. manuscript, written 1) : a ~ invitation 印刷した招待状 / ⇨ printed page. **2** 捺染(ﾅｯｾﾝ)したプリントの : ~ cotton 綿プリント / ~ goods 捺染反物, サラサ.
prínted bóard *n.*〖印刷・電気〗プリント基板《樹脂板などにスクリーン印刷法または写真製版法などによって接続端子と素子取付端子, 素子間配線を行なったもの ; プリント配線 (printed circuit) の中心となる》.
prínted círcuit *n.*〖印刷・電気〗プリント配線《プリント基板 (printed board) 上に素子をとりつけて作った電子回路》.
prínted màtter *n.*〖印刷〗印刷物《活版印刷・平版印刷など機械的または化学的方法で印刷した文書・書・画図などの総称》.
prínted páge *n.* [the ~] 出版物, 公刊された著作.
prínted páper pòst *n.*《英》印刷物郵便《日本の第三種郵便に当たる ; cf. book post, THIRD-CLASS matter》.
prínted pápers *n. pl.*〖印刷〗= printed matter.
prínt·er [-ṭə | -tə(r]〖《1504》: ⇨ print, -er¹〗 ── *n.* **1 a** 印刷業者, 印刷工 ; 印刷所 : a Public *Printer* (米国) 印刷局長官 / send to the ~ 印刷所にまわす, 印刷に付する. **b** 出版社[者], 発行所. **2 a** 印刷機. **b**〖写真〗(印画)焼付け器. **c**〖映画〗フィルム焼付け機《陰画から陽画を造る》. **3** 型押し人, 捺染(ﾅｯｾﾝ)工[業者] : calico ~ サラサの捺染工. **4**〖電算機〗印書装置, 印字機, プリンター《出力装置の一種で, 符号化された文字や記号を人間が読める形に印書[記録]するもの》.
Prínters' Bíble *n.* 1702 年頃出版の欽定訳聖書の俗称 ; *Psalms* 119 : 161 の Princes が Printers と誤植印刷された.
prínter's dévil〖手や顔が印刷インクでよごれていることから〗 *n.* 印刷所の使い走り.
prínter's érror *n.*〖印刷〗(植字工による) 誤植 (misprint) (略 P. E., p. e. ; cf. author's alteration).
prínter's ímprint *n.*〖印刷〗印刷(者)事項《図書の標題紙裏などに印刷された印刷者・印刷地など印刷に関する事項の総称 ; cf. imprint 2 b》.
prínter's ínk *n.* 印刷インキ (printing ink) ; 印刷物 (printed matter) : spill ~ 書いた物を印刷してもらう[本にする], 本(など)を出す.
prínter's márk *n.*〖印刷〗印刷者マーク《印刷所[者]が自家の印刷物であることを示すために使用する標章》.
prínter's píe *n.* = pi².
prínter's réader *n.*《英》= proofreader.
prínter's réam *n.*〖製紙〗印刷業者連《516 枚の用紙 ; cf. ream¹ 1》.
print·er·y [prínṭəri | -tərɪ]〖⇨ print, -ery〗 *n.* **1** サラサ捺染(ﾅｯｾﾝ)所. **2**《米》印刷所 (printing office).
print hànd *n.* 活字体の書体[文字].
print·ing [-ṭɪŋ | -tɪŋ]〖《a1398》: ⇨ print, -ing¹〗 ── *n.*

1 印刷術；印刷業；印刷, 活版：colored ～ 色刷り / three-colored ～ 3色刷り. 2 印刷物 (printed matter). 3 刷 (impression)《版を変えずに一度に刷った総部数；cf. edition 3》: The first ～ was 5,000 copies. 初刷は5千部だった. 4《米》活字(書)体. 5 印刷された語・文(など). 6 (織布への)捺染(なっ)印刷；(転写紙による陶磁器などへの)転写印刷. 7《写真》焼付け.

prínting fràme *n.*《写真》焼枠(やき)《ネガと印画紙(またはフィルム)を密着して焼付けるための木・金属・プラスチックなどの枠》.

prínting ìnk *n.* 印刷インキ (printer's ink).

prínting machìne *n.*《英》(動力)印刷機.

prínting òffice *n.* 印刷所.

prínting-óut pàper *n.*《写真》焼出し印画紙《以前に用いられた, 直接太陽光などに当てて焼きつけると直ちに画像が現われてくる印画紙；現在は現像紙 (developing-out paper) を用いる；略 P.O.P.》.

prínting-óut pròcess *n.*《写真》焼き出し法《現像をしないで焼き付けただけで像の出る方法[方式]》.

prínting pàper *n.* 1 印刷用紙. 2《写真》印画紙.

prínting plàte *n.*《印刷》=plate[1] 5 a.

prínting prèss *n.* 1 印刷機；《英》(動力印刷機 (printing machine) に対して)手引き印刷機. 2 捺染(なっ)機.

prínting súrface *n.*《印刷》(組版などの)版面.

prínting tèlegraph *n.*《電気》印刷[印字]電信機《受信信号を自動的に対応する字号に変換する機械》.

prínt·less *adj.* 跡を残さない, 跡のない.

prínt·màker *n.* 版画を作る人, 版画家.

prínt·màking *n.* 版画製作(技術).

prínt·òut 〘《名詞用法》← *print out* (⇨ print (vt.) 8)〙 *n.*《電算機》(コンピューターの打ち出した)出力情報指示テープ, プリントアウト.

prínt·òut pàper *n.*《写真》=printing-out paper.

prínt·sèller *n.* 1《米》美術商, 画商. 2《英》版画商.

prínt·shòp *n.* 1《米》印刷工場, 印刷所. 2《英》版画店.

prínt·wòrks *n.* (*pl.* ～) (サラサの)捺染(なっ)工場.

pri·on [práɪɑn | -ɔn] 〘← NL ～ ← Gk *príōn* saw〙 *n.*《鳥類》クジラドリ《ミズナギドリ科クジラドリ属 (*Pachyptila*) の鳥の総称；南極近海に分布》.

pri·on- [práɪən] (母音の前に来る時の) priono- の異形.

pri·o·no- [práɪəno(ʊ) | -nə(ʊ)] 〘← NL ～ ← Gk *príōno-*, *príōn* saw ← *príein* to saw〙 (動物の分類名などの前につけ)「鋸歯状, または鋸歯に似た働きをもつ」の意の連結形. ★ 母音の前では通例 prion- になる.

Pri·o·nop·i·dae [pràɪənɑ́pədiː | -nɔ́pɪ-] 〘← NL ～ ← *Prionopus* (属名：⇨ ↑, -ops)+-IDAE〙 *n. pl.*《鳥類》カブトモズ科.

pri·or[1] [práɪə | práɪə(r)] 〘《1714》□ L ～ 'former, superior' (compar.) ← OL *pri* before：cf. prime[1]〙 ― *adj.* 1 〔…より〕前の, 先の (antecedent) 〔*to*〕 (↔ posterior)：a ～ engagement 先約 / ～ conviction 前科 / one's ～ experience 前の経験 / ～ consultation 事前協議 / He stayed there a week ～ *to* going to the South Seas. 彼は南太平洋へ出かけるに先立って1週間そこに泊った. 2 〔…より〕強い (stronger), 〔…に〕優先する, 〔…より〕重要な〔*to*〕：～ claims / This duty is ～ *to* all others. この義務は他のすべてに優先する. ― *adv.* 〔…より〕前に, 先に〔*to*〕：He started ～ *to* my arrival. 彼は私の到着に先立って出発した.

pri·or[2] [práɪə | práɪə(r)] 〘lateOE *prior* □ L *prior* (↑)：ME 期に OF *priour* (F *prieur*) によって補強された〙 ― *n.* 1 小修道院長 (cf. priory 1). 2 修道院次長. 3 (中世イタリアの) Florence 共和国の行政長官.

Pri·or [práɪə | práɪə(r)], **Matthew** *n.* (1664–1721) 英国の詩人・外交官；当意即妙な挨拶詩の名手.

príor árt *n.* (特許法で)発明の公表前に一般に知られているその発明と類似の技術(など).

pri·or·ate [práɪərət, -rɪt] 〘← PRIOR[2]+-ATE[1]〙 *n.* 1 =priorship. 2 =priory.

pri·or·ess [práɪərɪs, -rəs | -rɪs, -rəs, -rès] 〘《c1300》□ OF *prioresse* □ ML *priōrissa*：⇨ prior[2], -ess[1]〙 *n.* 1 女子小修道院長. 2 女子修道院の次長.

pri·or·i·tize [praɪɔ́(ː)rətàɪz, -ɑ́r- | -ɔ́rɪ-] 〘⇨ ↓, -ize〙 *vt.* 〈計画などを〉順位をつけて表にする[並べる].

pri·or·i·ty [praɪɔ́(ː)rəṭi, -ɑ́r- | -ɔ́rətɪ, -rɪ-] 〘《c1385》 *priorite* □ (O)F *priorité* □ ML *priōritātem*：⇨ prior[1], -ity〙 *n.* 1 (時間的に)〔…より〕前[先]であること〔*to*〕(↔ posteriority)：(his) ～ of birth (*to* his cousin) (彼がいとこよりも)先に生れていること / according to ～ 優先して, 順番に. 2 (順位が)〔…より〕先であること, 上[重要]であること；上位, 上席 (precedence)〔*to*〕：～ of one's claim *to* another's 甲の主張が乙の主張よりも重要であること. 3 (配給を受ける場合など)〔…より〕優先(権), 先取(権) (preference)〔*over, to*〕：the ～ system 重点主義 / ～ of claim 優先権, 先取権 / the creditor by ～ 優先権者 / give ～ to …に優先権を与える / give buses ～ *over* automobiles 自動車よりバスに優先権を与える / take ～ of …を先取する, …の優先権を得る；…より上位を占める / Fire engines have ～ *over* other traffic. 消防自動車は他の車に対して優先通行権をもつ. 4 a《米》(戦時の軍用資材需給・割当計画の)優先順位. b (政府が重要な人[物]に与える運輸機関などの)優先使用権. c 優先事項：a first [《口語》top] ～ まず第一に考えるべきこと / national *priorities* 国家が優先的に配慮すべきこと.

priórity màil *n.*《米》13 オンス(約 368 グラム)またはそれ以上の国内第一種郵便の割引き扱い《地域ごとに細かく料金が設定されている；海外の軍の郵便局宛にも適用される；制限重量は 70 ポンドまで》.

príor·ship 〘⇨ -ship〙 *n.* prior[2] の職[地位, 任期].

pri·o·ry [práɪəri | -rɪ] 〘《c1300》 *priorie* □ AF □ ML *priōria*：⇨ prior[2], -y[1]〙 ― *n.* 小修道院《独立の場合と大修道院 (abbey) の別院としてその支配下にある場合とがある；いずれの場合にも院長は prior または prioress》.

príory álien *n.* (外国の)小修道院《abbey の支配下にある；alien priory ともいう》.

Pri·pet [prípet, -pɪt, -pət] *n.* [the ～] プリピャチ(川)《ソ連邦 Ukraine 共和国 Kiev 付近で Dnieper 川に合する川 (775 km)；ロシヤ語名 Pripyat [prjípjətj]》.

Prípet Márshes *n. pl.* [the ～] プリピャチ沼沢地《Polesye Marshes の別名》.

Pris·cian [príʃən, -ʃiən | -ʃɪən] *n.* プリスキアヌス《6世紀ごろのローマの文法家；ラテン語名 Priscianus Caesariensis [prìʃiéɪnəs siːzɛ̀(ə)riénsɪs, -səs | -ʃiéɪnəs siːzɛ̀əriénsɪs]》.

break Priscian's head 文法上の誤りを犯す.

Pris·cil·la [prɪsílə, prə- | prɪ-] 〘《古形》*Precilla* □ L *Priscilla* (fem.) ← *Priscillus* (dim.) ← *Priscus*《原義》ancient〙 *n.* 女性名《愛称形 Prissie, Prissy》.

prise [práɪz] *vt., n.*《英》=prize[4].

prism [prízm] 〘《1570》□ LL *prism-a* □ Gk *prísma*《原義》thing sawn ← *prízein* to saw ← *príein* to saw ← ?〙 ― *n.* 1《数学》角柱：a regular ～ 正角柱 / a right [an oblique] ～ 直[斜]角柱 / a triangular ～ 三角柱. 2《結晶》三角[多角]柱状結晶. 3《光学》a プリズム, 稜鏡(りょう)：a ～ finder《写真》プリズム式反射ファインダー / a ～ pentagonal 五面プリズム / ⇨ prism binocular, Nicol prism / through a ～ プリズムを通して. b [*pl.*] =prismatic colors. 4 カットグラス製品.

prunes and prism(s) ⇨ prune[1] 成句.

pris·mal [prízməl] *adj.*

pris·mat·ic [prɪzmǽṭɪk | -tɪk] 〘《1709》← Gk *prismat-*, *prísma* (↑)+-IC[1]〙 ― *adj.* 1 プリズムの[に似た]；プリズムで分解した, 分光の. 2 角壔(とう)の, 三稜形の；多面的な. 3 鮮やかな (brilliant), 虹色の, 多彩の. **pris·mát·i·cal·ly** *adv.*

pris·mát·i·cal [-ṭɪkəl, -ṭə- | -tɪ-] *adj.*《古》=prismatic.

prismátic binócular *n.* [通例 *pl.*] =prism binocular.

prismátic coefficient *n.*《造船》=longitudinal coefficient.

prismátic cólors *n. pl.*《光学》(白色光がプリズムで分解された)七色《red, orange, yellow, green, blue, indigo, violet の七色》.

prismátic cómpass *n.*《測量》プリズムコンパス, 「稜鏡[装稜]羅針盤.

prismátic láyer *n.*《動物》角柱層, 小柱層, 稜柱層《軟体動物の貝殻の第2層》.

prismátic télescope *n.*《測量》プリズム望遠鏡《急な角度で視準するために用いられる反射プリズムを備えつけた望遠鏡》.

pris·ma·toid [prízmətɔ̀ɪd] 〘← Gk *prismat-* (⇨ prismatic)+-OID〙 ― *n.*《数学》擬角柱《どの頂点も二つの平行平面のどちらかの上にあり, どちらの平面も三つ以上の頂点を含む多面体》.

prísm binòcular *n.* [通例 *pl.*] プリズム双眼鏡《prism glass ともいう》.

prísm dióptеr *n.*《光学》プリズムジオプター《プリズム屈折度；プリズム的に光線の方向を変化させる作用の大きさの単位で, 光線を 1 m の距離で 1 cm ずらせる屈折度；cf. diopter 1》.

prísm glàss *n.* [通例 *pl.*] =prism binocular.

pris·moid [prízmɔɪd] 〘← PRISM+-OID〙 ― *n.*《数学》角錐台《角錐の頭部を, 底面に平行な平面で切り取って得られる立体；frustum of a pyramid ともいう》. **pris·moi·dal** [prɪzmɔ́ɪdl] *adj.*

prísm spectròmeter *n.*《光学》プリズム分光計《プリズムの分散を利用してスペクトルを生じさせる分光計》.

prism·y [prízmi | -mɪ] *adj.* =prismatic.

pris·on [prízn] 〘lateOE *prisun* □ OF *prisun*, (O)F *prison* < L *prēnsiō(n-)* = *praehensiō(n-)* seizure, arrest ← *praehendere* to seize, take：⇨ prehensile〙 ― *n.* 1 刑務所, 監獄 (jail), 拘置所, 監禁所：a keeper of a ～ 典獄 / be [lie] in ～ 在監[拘留]中である / break (out of) ～ 脱獄[破獄]する / cast into [put in] ～ 投獄する / send [take] to ～ 投獄する. 2《米》=state prison. 3 禁固, 監禁, 幽閉 (custody).

prison without bars 格子なき牢獄《犯罪者が居住を強制され, 身体的拘束は受けないが, 出ることを許されない地域》.

― *vt.* 1《詩・方言》監禁する (confine). 2 ひしと抱く (enfold)；強く握る (grip).

príson bàrs *n.* (*pl.* ～)《遊戯》=prisoners' base.

príson bàse *n.*《遊戯》=prisoners' base.

príson bird *n.* =jailbird.

príson brèach *n.*《法律》脱獄, 牢(ろう)破り, 暴力による逃走 (cf. rescue 2).

príson-brèaker *n.* 脱獄者, 脱監者.

príson brèaking *n.*《法律》=prison breach.

príson càmp *n.* 1 囚人作業宿舎. 2 捕虜[政治犯]収容所.

príson èditor *n.* (新聞の)編集責任者[名義人]《記事に対する刑罰を受ける》.

pris·on·er [príznə, -znə | -znə(r), -znə(r)] 〘《?a1300》□ OF *prisonier* (F *prisonnier*) (⇨ prison, -er[1]) ∽ ME *prisun* □ OF 'PRISON'〙 ― *n.* 1 囚人, 在監人, 被検束者, 刑事被告人《prisoner at the bar ともいう》：a model ～ 模範囚 / a state [political] ～ =PRISONER of State. 2 捕虜 (prisoner of war)：give oneself up a ～ 自らとりことなる / hold ～ 捕虜にしておく / make [take] a person ～ = make a ～ of a person 人を捕虜にする. 3 捕えられた者, 自由を奪われた人[もの], とりこ：a ～ to one's room [chair] 病人[椅子から離れない人] / a ～ of love 恋のとりこ / She made his hand a ～. 彼女は彼の手を握って離さなかった.

prisoner of State [conscience] 国事犯(人), 政治犯.

prisoner of war 捕虜 (略 P.O.W., POW, PW).

prísoners' bárs *n.* (*pl.* ～)《遊戯》=prisoners' base.

prísoners' báse *n.*《遊戯》「とりこ」《陣取りの類の遊戯；prisoner's base, prison base ともいう》.

príson fèver *n.*《病理》発疹チフス.

príson hòuse *n.*《文語・詩》牢屋(ろう), 獄舎 (prison).

príson òfficer *n.*《英口語》(刑務所の)看守.

príson psychòsis *n.*《精神医学》拘禁精神病《拘禁(の予想)によって起こる精神病》.

príson-vàn *n.*《英》囚人護送車 (《米》patrol wagon).

Pris·sie [prísi | -sɪ] 〘(dim.) ← PRISCILLA〙 *n.* 女性名.

pris·sy [prísi | -sɪ] 〘《混成》← PR(IM[1])+(S)ISSY〙 ― *adj.* (**pris·si·er**; **-si·est**)《口語》1 きちんとした (prim), やかましやの, こうるさい；とりすました, 気取りやの (prudish). 2 男らしさに欠けた, 女々しい (sissified). **prís·si·ly** [-sɪli, -sə- | -lɪ] *adv.* **prís·si·ness** *n.*

Pris·sy [prísi | -sɪ] 〘(dim.) ← PRISCILLA〙 *n.* 女性名.

Pris·ti·dae [prístədìː | -tɪ-] 〘← NL ～ ← *Pristis* (属名：← L *pristis* sawfish □ Gk *prístis*)+-IDAE〙 *n. pl.*《魚類》ノコギリエイ科.

pris·tine [prístiːn, -ˊ- | prístaɪn, -tiːn] 〘《1534》□ L *pristin-us* early ← *prīscus* ancient & *primus* 'PRIME[1]'：⇨ -ine[1]〙 ― *adj.* 1 初期の, 太古の (ancient)；原始時代の (primitive), 元の (original)：～ jungles. 2 原始的な；素朴な, 俗化していない, 清純な (uncorrupted)：～ innocence, purity, savagery, etc.

Pris·ti·o·phor·i·dae [prìstiəfɔ́(ː)rədìː, -fɑ́r- | -tɪəfɔ́rɪ-] 〘← NL ～ ← *Pristiophorus* (属名：← *pristio-* (← Gk *prístis* saw) + -PHOROUS) + -IDAE〙 ― *n. pl.*《魚類》ノコギリザメ科.

Pritch·ett [prítʃɪt, -tʃət], **V(ictor) S(aw·don)** [sɔ́ːdn] *n.* (1900–) 英国の小説家・批評家；*Mr. Beluncle* (1951).

prith·ee [príði, -θi | -ði, -ðiː] 〘《1577》← (*I*) *pray thee*〙 *int.*《古》願わくは, 何とぞ (please)：Tell me, ～.

priv.《略》private；privately；privative.

pri·va·cy [práɪvəsi | prívəsɪ, práɪv-] 〘《?c1450》 *privacie*：⇨ private, -acy〙 *n.* ― 1 隠退, 隠遁(とん) (seclusion)：live in ～ 隠遁生活をする. 2 (他人からの干渉を受けない個人の自由な)私生活, プライバシー：in the ～ of one's thoughts 心の奥底で / the invasion of ～ プライバシーの侵害 / the lack of ～ 自由な私生活の欠如 / disturb a person's ～ 人の静かな生活の邪魔をする / guard the ～ of one's home 家庭の私生活を犯されないように守る. 3《古》誰もいない[人目につかない]場所, 隠退所 (retreat)：in the ～ of one's own room 誰もいない私室で. 4 秘密, 内密 (secrecy)：In such matters ～ is impossible. こういうことは隠せるものではない / I tell you this in strict ～. このことは絶対秘密として申し上げます.

privacy communication sỳstem *n.*《通信》秘密通信方式.

pri·vat·do·cent [privɑ́ːtdo(ʊ)tsènt | -də(ʊ)-; G. privá:tdotsɛ̀nt] 〘□G *Privatdozent* private teacher〙 ― *n.* (*pl.* ～s, **-do·cen·ten** [-ṭən | -tən; G. ～n̩]) (ドイツその他ドイツ語を用いる大学の)無給講師, 員外講師《大学からは俸給を受けずに学生から謝礼をもらう；1935年以後廃止》.

pri·vat·do·zent [privɑ́ːtdo(ʊ)tsènt | -də(ʊ)-; G. privá:tdotsɛ̀nt] *n.* (*pl.* ～s, **-do·zen·ten** [-ṭən | -tən; G ～n̩]) =privatdocent.

pri·vate [práɪvət, -vɪt] 〘《c1390》□ L *prīvāt-us* (p.p.) ← *prīvāre* to set apart, deprive of ← *prīvus* single, alone：⇨ -ate[2]：PRIVY と二重語〙 ― *adj.* 1 私の, 自己の, 各自の, 個々の (individual)；個人専用の：a ～ room 私室；(病院の)個室 (cf. ward *n.* 5) / one's ～ house 私宅 / ～ business 私事, 私用 / a ～ wire 個人専用電信[電話]線 / a ～ teacher [tutor] 家庭教師 / ～ malice 私恨 / ～ right《法律》私権 / ⇨ private view / for one's ～ interest 私利のために / a collection in ～ hands 個人の所有になるコレクション. 2 私用の, 私有の；民間の, 私営の, 私立の, 私設の, 非公開の (↔ public)：～ property 私有財産 / a ～ carriage 自家用馬車 / a ～ door 私用出入口, 勝手口 / a ～ road 私道 / *Private* [掲示] (一般人)立入禁止 / a ～ detective agency《米》人事興信所 / ～ theatricals 素人芝居 / ⇨ private enterprise, private school. 3 (公人としてでなく)私人の, (官職を帯びない)個人的な, 私的な (personal)；非公式の (unofficial) (cf. official)：a ～ citizen 平民, 一市民 / ～ clothes 平服, 私服 / ～ information 非公式の通知 / ～ life (公人としての生活に対し)私生活；隠居生活 / a ～ man 私人, 庶民 / ～ means (俸給以外の)私的(財産)収入《利子・配当など》/ speak [act] in one's ～ capacity [as a ～ person] 私人[個人]として語る[行動する] / in my ～ opinion 私の個人的意見では, 卑見では. 4 (将校・下士官に対し)一兵卒の：⇨ private soldier. 5 a 〈場所・人など〉人目につかない (retired), 引っ込んでいる, 隠遁的な (secluded)：a ～ corner / We are quite ～ here. ここは人目に触れる心配はない. b《古》〈人が〉引っ込みがちな. 6 秘

密の, 内密の；秘密を守る, 口をつぐんで語らない：～ affairs 内証(ないしょう)事 / ～ concerns 私事, 内証事 / a ～ document 〘法律〙私署証書《遺言書, 契約書など》/ a ～ letter 私信, 親展書 / ～ negotiations 裏面交渉 / Keep the news ～. このニュースは秘密にしておいて下さい / This is for your ～ ear. これは内証だよ. **7** 《英》〈手紙が〉親展の (《米》personal).
— *n.* **1 a** ＝private soldier. **b** 〘米陸軍〙一等兵, 二等兵《上等兵 (private first class) の下》. **c** 〘米海兵隊〙二等兵《最下位で一等兵 (private first class) の下》. **d** 〘英陸軍〙一等兵, 二等兵《上等兵 (lance corporal) の下》. **2** [*pl.*] 陰部 (private parts).
in private 内証で, こっそり；非公式に.
～·ness *n.*

private accóunt *n.* 〘銀行〙個人名義預金口座 (cf. joint account).
private áct *n.* 〘法律〙個別的法律《特定の個人または特定の法人に対してのみ適用のある制定法; cf. public law 1 a》.
private attórney *n.* 〘法律〙(個人に依嘱された)代理人 (attorney-in-fact).
private báptism *n.* 〘キリスト教〙緊急洗礼, 略式洗礼《死の危険にある者に対してその場に居合わせた者が緊急に行なう洗礼；これを認めない教派もある》.
private bár *n.* 《英》(パブの)個室 (cf. public house 1).
private bill *n.* 〘法律〙個別的法律案《特定の個人または法人に関する個別的法律 (private act) となる法案; cf. public bill》.
private bránch-exchànge *n.* 〘通信〙構内交換；構内交換機[所] (略 PBX).
private bránd *n.* 商業者商標, 自家商標, プライベートブランド《販売業者がつけて売り出す商標；cf. national brand》.
private càr *n.* 〘鉄道〙私有車輌；(会社などの)高級職員専用車, 私用車.
private cómpany *n.* 〘英法〙私会社《付属定款をもって株式の譲渡を制限し, 社員数を50人以下に限定し, さらに株式または社債の公募を禁止した会社；わが国の有限会社に当たる；cf. public company》.
private convéntion *n.* 〘トランプ〙(ブリッジで)馴合(なれあい)ルール《味方にだけ通じていて相手方にはわからないビッド上の取決めや特殊なプレーの仕方；正式なゲームでは反則とされる》.
private corporátion *n.* 私法人《私の目的で設立された私法上の法人；営利法人と非営利法人とから成る；営利法人である事業会社 (business corporation) と同じ意味に使われることもある》.
private detéctive *n.* 私立探偵《(口語)では private eye ともいう》;《米》人事興信所員.
private énterprise *n.* (政府の支配を受けない)私企業, 民間企業, 個人企業 (free enterprise).
pri·va·teer [pràɪvətíə | -vətíə(r, -vɪ-] 〘《1664》: ⇨ private, -eer: VOLUNTEER にならった形〙 **—** *n.* **1** (海賊船のうちの)私掠(しりゃく)船《戦時敵船攻撃捕獲の免許を得た武装民有船》. **2** 私掠船長; [*pl.*] 私掠船の乗組員. **—** *vi.* 私掠船として行動する.
prì·va·téer·ing [-tí(ə)rɪŋ | -tíər-] *adj.* 私掠船に乗り組んで公然と海賊行為をする: a ～ expedition. **—** *n.* 私掠船の行なう公然たる海賊行為, 海賊の業[生活].
prì·va·téers·man [-mən] 〘⇨ privateer, -s^{2} 2, -man〙 *n.* (*pl.* -men [-mən, -mèn]) 私掠船の船長[乗組員].
private éye *n.* 《口語》私立探偵 (private detective).
private first cláss *n.* 〘米陸軍〙上等兵《corporal の下》;〘米海兵隊〙一等兵《lance corporal の下》(略 PFC).
private hotél *n.* 《英》(知人・被紹介者以外の者は泊めない)特定旅館.
private internátional láw *n.* 国際私法 (conflict of laws)《国際的な私法関係に最も密接な関係を有する法を準拠法として解決することを任務とする法; cf. public law 3》.
private júdgment *n.* (宗教・政治などについての)個人的見解.
private láw *n.* **1** 私法《私的自治の原則に従った対等な私人間に適用される法；民事・商事法; cf. public law 2》. **2** ＝private act.
private-lìne càr *n.* 〘鉄道〙専用貨車.
prí·vate·ly *adv.* ひそかに；秘密に；個人[私人]として, 非公式に.
private márk *n.* 符牒(ふちょう)《金のインゴット・絵画などに入れた, しばしば秘密のマーク》.
private mémber, P- M- *n.* 《英》(閣僚でない下院の)平(ひら)議員, 非閣僚議員《private member of Parliament ともいう》.
private mémber's bìll, P- M- B- *n.* 《英》議員立法法案.
private núisance *n.* 〘法律〙私的不法妨害 (cf. public nuisance 1).
private pàrts *n. pl.* 陰部.
private pátient *n.* 《英》(国民保険制度 (National Health Service) によらない)個人負担の患者.
private práctice *n.* (医師・建築家などの)個人営業[開業]: a lawyer in ～.
private préss *n.* (小規模で必ずしも利益を主としない)個人印刷所.
private-protéctor *n.* (クリケットなどをする時の)前当て.
private schóol *n.* **1** 《米》(州の財政援助を受けないか, またはその額が少ない)私立学校 (preparatory school, parochial school など). **2** 《英》(経費はすべて授業料のみによって賄われる個人経営の)私立学校.
private sécretary *n.* (個人の)秘書. ★ 通例は単に secretary を用いるが, 特に「大臣」「書記」などと区別する必要のある場合に使われる.
private sóldier *n.* (将校・下士官以外の)兵, 兵卒, 上等兵, 一[二]等兵. ★《米》では新兵 (recruit) を除く.
private státute *n.* 〘法律〙＝private act.
private stúdent *n.* private school の生徒[学生].
private vérb *n.* 〘文法〙私的動詞《眼前に行なわれている動作を表わすのに進行形を用いない動詞 believe, see, love, understand など; cf. public verb》.
private víew *n.* **1** 個人的な意見, 私見. **2** (絵画などの一般公開前の)招待展[日] (preview).
private wár *n.* 私闘《氏族間に行なわれるまたは自国政府の承認なしに他国の成員と始める戦争行為》.
private wáy *n.* **1** 〘法律〙他人の所有地通行権. **2** (各種の)私道 (cf. public way).
private wróng *n.* 〘法律〙私的権利の侵害《権利侵害者を個人に対して責任を負わせる種類の権利侵害; cf. public wrong》.
pri·va·tion [praɪvéɪʃən] 〘《a1398》 *privacion* ⊏ (O)F *privation* ⊏ L *prīvātiō(n-)* ← *prīvāre* to deprive: ⇨ private, -ation〙 **—** *n.* **1** 奪うこと, 奪取, 没収: ～ of property 財産の没収. **2** 奪われること, 喪失;(ある性質の)欠乏, 欠如: Cold is the ～ of heat. **3** (生活必需品などの)欠乏, 窮乏, 不自由, 困難: die of ～ 窮乏のため死ぬ / suffer (many) ～s いろいろ難儀する. **4** 〘哲学・論理〙欠如態, 性質欠如[欠落], 欠性.
prí·va·tìsm [-vətɪzm] 〘⇨ private, -ism〙 *n.* 《米》私事本位[私的立場第一](の生活態度), (自分と直接関係のない公的・社会的なものへの)我関せず的態度.
pri·va·tis·tic [pràɪvətístɪk] 〘⇨ ↑, -istic〙 *adj.* **1** 孤独を愛する, ひきこもりがちな. **2** (集産主義 (collectivism) によらず)私的企業の利用に賛成する[に基づく].
priv·a·tive [prívət̬ɪv | -tɪv] 〘《1588》 ⊏ L *prīvātīv-us*: ⇨ private, -ative〙 **—** *adj.* **1** ある性質の欠如[欠落]を示す, 欠乏の, 欠如している. **2** 消極的な (negative) (↔ positive). **3** 奪取する, 奪取的な. **4** 〘文法〙(接辞などが)欠性を示す, 否定の (negative). **—** *n.* **1** 〘文法〙**a** (属性の欠如を示す)欠性語《dumb, voiceless など》. **b** 欠性辞《a-, un-, -less など》. **2** 〘論理〙欠性概念, 欠けている概念 (privative concept). **～·ly** *adv.*
priv·et [prívɪt, -vət] 〘《1542》← ?: cf. (廃) *primprint*: 今の形は PRIVATE との類推か(主に目かくしに用いることから)〙 **—** *n.* 〘植物〙 **1** モクセイ科イボタノキ属 (*Ligustrum*) の樹木の総称; (特に)セイヨウイボタノキ (common privet)《ヨーロッパ産で垣根にされる; prim ともいう》. **2** ＝swamp privet.
prívet hàwk *n.* 〘昆虫〙コエビガラスズメ (*Sphinx ligustri*)《旧世界産スズメガの一種; 幼虫は privet を食害する》.
-priv·ic [prívɪk] 〘← L *prīvus* deprived of, without (↓)+-IC^{1}〙「(…の)欠如, 欠乏」の意の形容詞連結形.
priv·i·lege [prív(ə)lɪdʒ | -vɪl-, -vəl-] 〘lateOE *privileg(i)e* ⊏ AF **privilegie* & (O)F *privilège* ⊏ L *prīvilēgium* law for or against any individual ← *prīvus* 'PRIVATE'+*lēg-, lēx* law (⇨ legal)〙 **—** *n.* **1** (官職・身分などを有する特定の人に与えられた)特権 (prerogative), 特典, 特別扱い: exclusive ～ 専有特権 / ～ of clergy＝BENEFIT of clergy / ～ of Parliament《英》議会[議員]の特権《議会開会中は民事事件による不逮捕の特権と言論・人身の自由の特権を有する》/ ⇨ BILL of privilege, special privilege, WRIT of privilege, water privilege / grant a ～ to …に特権を与える. **2** 専売権, 特許(権). **3** [the ～] (近代立憲国における)基本的人権: *the* ～ of citizenship 市民権. **4** (個人的な)恩典, 特恵, 格別の恩恵, 名誉: enjoy the ～ of a person's friendship 人と親しく交際する光栄をもつ / To converse with him is a ～. 彼と談話を交えることは特別の名誉だ. **5** 《米》〘証券〙＝option 3 b.
privilege of the faith [the —] 〘カトリック〙＝Petrine privilege.
— *vt.* **1** …に特権[特典]を与える: I was ～*d to* see him everyday. 毎日彼に会う特権を与えられた. **2** (特典的に)許可する. **3** 特典として〔…から〕免除する (exempt)〔*from*〕.
privilege càb *n.* 《英》特権タクシー《特殊の場所(特に駅)で客待ちすることを許されるタクシー》.
priv·i·leged 〘ME〙 **—** *adj.* **1** 特権[特典]を与えられた[有する], その人だけが持っている; 特別許可[免除]された: a ～ class 特権階級 / a ～ few 少数の特権階級の人々 / a ～ parking place 専用駐車場 / a youth of his ～ background 彼ほどに恵まれた環境の青年. **2** 〘法律〙**a** 〈発言・情報など〉免責特権の《一定の情況にあっては名誉毀損の責任を免れる》. **b** 〈発言・情報など〉証言拒否特権の《何らかの証言を裁判所に提出するよう要求されないことにいう》. **3** 〘海事〙〈船舶が〉先行権のある (cf. burdened).
privileged áltar *n.* 〘カトリック〙特権のある祭壇《その祭壇でミサを行なうと死者のための贖宥(しょくゆう)が与えられる》.
privileged communicátion *n.* 〘法律〙**1** 秘密情報《弁護士・牧師・夫・妻など信頼関係にある者に打ち明けたことで法廷において発表を強制されないもの; confidential communication ともいう》. **2** 免責表示.
priv·i·ly [-vɪli, -və- | -lɪ] 〘《c1300》: ⇨ privy (adj.), -ly^{1}〙 *adv.* ひそかに, 秘密に.
priv·i·ty [prívət̬i | -vəti, -vɪ-] 〘《?a1200》 *privite, privete* ⊏ OF *priveté* ← L *prīvus* 'PRIVATE': ⇨ -ity〙 **—** *n.* **1** 〔…に〕内々関知すること《同意・共感を意味する》〔*to*〕: with his ～ and consent 彼の同意を得て / with [without] the ～ of others 他人に知らせて[知らせないで] / He was suspected of ～ *to* the plot. 彼はその陰謀に内々関与したという疑いを受けた. **2** 〘法律〙(契約など同一権利に関する)相互関係, (二人の当事者間の)貸借[血縁, 雇用]関係; (二人以上の者の間の)特殊関係, 当事者関係: ～ of estate [tenure] 地主・借地人関係. **3** [*pl.*] 陰部 (private parts).
priv. pr. 《略》privately printed 自費出版の, 私家版の.
priv·y [prívi | -vɪ] 〘《?a1200》 *prive* ⊏ (O)F *privé* < L *prīvātum* 'PRIVATE': ⇨ -y^{3}〙 **—** *adj.* (**priv·i·er; -i·est**) **1** 一個人の (personal), (国王)私用の, 私有の. **2** 〔秘密などに〕内々関与している, 〔…の〕内情に通じた, 〔陰謀などに〕加わっている〔to〕: ～ *to* the company's innermost secrets 会社の最高機密に関与して. **3** 〈物・場所が〉人目を避けた (secluded), 引っ込んだ (retired), 隠れた (hidden); 秘密の, 内密の[に行なわれた]. **—** *n.* **1** 〘法律〙(利害)関係人, 当事者: Ancestor and heir are *privies* by estate. 被相続人と相続人とは財産によって関係人である. **2** 《米・英古》屋外便所 (latrine).
in privy 内証で, 私的に, ひそかに.
prívy chámber 〘ME〙 *n.* **1** 宮廷の私室. **2** 《古》(個人の)専用室.
prívy cóuncil 〘ME〙 **—** *n.* **1** 顧問院《国王の私的な補弼(ほひつ)者の一団》. **2** [the P- C-] (英国の)枢密院《国務に関する国王の顧問官の集合体; 内閣制度ができる前は内閣の役割をしていたが現在は主として名誉職》. **3** [時に P- C-] (英連邦(特にカナダ)または他の国の)枢密院.
prívy cóuncillor [cóunsellor] 〘ME〙 *n.* 《英》**1** 機密問題に関する相談役. **2** 枢密顧問官 (略 P.C.).
prívy pàrts *n. pl.* 《古》陰部.
prívy pùrse *n.* 《英》**1** [the ～] 御内帑(ど)金, お手許金《国王の個人的用途に供する金で王室費 (civil list) の一部をなす》. **2** [通例 P- P-] ＝KEEPER of the Privy Purse.
prívy séal *n.* 《英》**1** [通例 the ～] 王璽(おうじ)《国璽 (great seal) を要しない認可書などに以前使った》: the Keeper of the *Privy Seal* (英国の)王璽保管官. **2** [the P- S-] ＝Lord Privy Seal.
prívy vérdict *n.* 〘法律〙秘密評決《後に公開の法廷で確認することを条件に, 法廷外で内密に裁判官に知らせる評決; 今は密封評決 (sealed verdict) を用いる》.
prix [prí:; *F.* pri] 〘⊏ F ～ < OF *pris*: ⇨ price〙 *n.* (*pl.* ～) ＝prize^{1} 1.
prix fixe [prí:fí:ks, -fíks; *F.* prifiks] 〘⊏ F ～ 'fixed price'〙 *F. n.* (*pl.* **～s** [～; *F.* ～]) (通例フルコースの)定食 (table d'hôte) (cf. à la carte); 定食の値段.
Prix Gon·court [prí:gõ:(ŋ)kúə, -gɔ(:)ŋ- | -kúə(r; *F.* prigõku:r] *n.* [the ～] ＝Goncourt Prize.
prize^{1} [práɪz] 〘《a1325》 *prise, pris* ⊏ OF *pris* (F *prix*): ⇨ price: 今の形は prize^{3} の影響を受けたもので, Shakespeare の頃から〙 **—** *n.* **1 a** 賞, 褒美(ほうび), 賞品: a money ～ 賞金 / ⇨ Nobel prize / a ～ for good conduct 善行賞 / a ～ at an exhibition 展覧会の賞品 / carry off [gain, take] a ～ 賞を得る / win (the) first ～ 1等賞を得る. **b** 景品, 懸賞, 当たりくじ: draw a ～ in the lottery 当たりくじを引く / My number came up a ～ in the lottery. 福引で私の番号が当たった. **2** (競争または努力する)目的物, 競争する価値のあるもの, 人のうらやむもの: the ～s of life 人生の追及物《富・名誉など》/ a ～ of a girl すばらしい女の子 / gain the ～s of a profession 高い地位をかち得る. **3** 《口語》(同類の中で)ずばぬけてすばらしいもの, 申し分のないもの, 貴重なもの: pick up a ～ at a sale 売出しですばらしいものを見つける. **4** 《古》競争, 試合 (competition).
play one's prize 私利を計る. ***play [run] prizes*** (賞品[賞金]を得ようとして)試合[競争]に出る.
— *adj.* **1** 賞品として得た[与えられた]: a ～ cup 賞杯 / a ～ medal 優勝[優等]メダル / ⇨ prize money. **2** 受賞の, 入賞の, 入選の (cf. 3 b): a ～ dog, rose, etc. / a ～ essay, poem, novel, etc. / I want you to have a look at our ～ bull. 品評会で入賞した雄牛をちょっとご覧いただきたい. **3 a** 懸賞つきの: a ～ contest 懸賞コンクール / ⇨ prizefight. **b** 懸賞コンクールに参加した (cf. 2): a ～ film, story, etc. **4** 《口語》**a** 賞品を得るにふさわしい, 一流の (first-rate); 非常に尊敬される, すばらしい. **b** [反語的に]実にひどい, 名うての: a ～ idiot 実にひどい大ばか者.
prize^{2} [práɪz] 〘《1375》 *prise(n)* ⊏ OF *pr(e)is-ier* (F *priser*) to praise < L *pretiāre* to prize, value: ⇨ praise〙 **—** *vt.* **1** 重んじる (esteem), 高く評価する, 尊ぶ, ありがたく思う; 大切にする, 秘蔵する: my most ～*d* possessions＝the possessions I ～ most 私の最も貴重な所有物 / We ～ liberty more than life. 我らは生命よりも自由を尊ぶ. **2** 評価する (rate).
prize^{3} [práɪz] 〘《c1390》 *prise* ⊏ (O)F (fem. p.p.) ← *prendre* < L *pr(a)ehendere* to seize: cf. prey, prehensile〙 **—** *n.* **1** 分捕(ぶんど)り品, 捕獲物, 戦利品 (booty); (特に)分捕り艦船, 拿捕(だほ)船 (capture); 捕獲財産 (cf. booty): become (the) ～ *of* [*to*] …に捕獲される / condemn the commodities as lawful ～ その商品を正当の拿捕物件として没収する / make (a) ～ of 〈船・積荷など〉を拿捕する. **2** 捕獲, 分捕り. **3** 掘出し物, 意外の利得 (windfall). **—** *vt.* 分捕る, 捕獲[拿捕]する.
prize^{4} [práɪz] 〘《c1386》 *prise* ⊏ (O)F 'a taking hold' (↑)〙 **—** *vt.* てこで揚げる[動かす], 押し開ける, こじ開ける (pry): ～*off* [*out, up*] a door 戸をこじ開ける /

~ a window open 窓をこじ開ける / He ~d up the lid of [off] the box. 箱のふたをこじ開けた.
prize out (of) (1) 〈石などを〉(…から)苦労して取り除く. (2) (〈人〉から)〈秘密などを〉やっと聞き[探り]出す: ~ *out* a secret / ~ a secret *out of* a person.
— *n.* てこ (lever); てこの力 (leverage).
príze còurt *n.* 《英》〖法律〗(戦時)捕獲物審判所《1873年廃止; 現在その管轄権は High Court の所管》.
príze crèw *n.* 〖海事〗拿捕(だ)艦船回航員.
príze fèllow *n.* 《英》 prize fellowship を受ける学生.
príze fèllowship *n.* 《英》試験成績の優秀な学生に与える奨学資金.
príze·fight 〚《逆成》↓〛 *n.* (ボクシングの)懸賞試合; プロボクシングの試合.
príze·fighter *n.* プロボクサー.
príze·fighting *n.* ボクシング; (特に)プロボクシング.
príze·gìving *n.* 《英》(学校などの)賞状授与式.
príze·less *adj.* 賞を受けたことのない, 無名の.
príze·man [-mən] *n.* (*pl.* **-men** [-mən, -mèn]) 《英》(学術関係の) 受賞者: a Nobel ~ ノーベル賞受賞者.
príze màster *n.* 〖海事〗拿捕(だ)艦船回航指揮官.
príze mòney *n.* **1** 〖海事〗捕獲賞金《捕獲物を売却して捕獲者に分配する賞金》. **2** 賞金.
príz·er 〚1: ⇨ prize¹, -er¹. 2: (《15C》): ⇨ prize², -er¹〛 *n.* **1** 《古》懸賞金目当ての競技者. **2** 《廃》 = appraiser.
príze rìng *n.* **1** プロボクシング場, リング. **2** [集合的] プロボクサー; その後援者. **3** [しばしば the ~] プロボクシング; プロボクシング界.
príze·wìnner *n.* 受賞者, 賞品[賞金]獲得者; 受賞作品[製品].
príze·wìnning *adj.* 受賞した, 入賞の: a ~ design, writer, etc.
príze·wòrthy *adj.* 賞に値する.
PR màn [-mæ̀n] *n.* (*pl.* **PR men** [-mèn]) 《米》広報担当官 (《英》 public relations officer).
PRN, prn 《略》〖法律・処方〗 pro re nata.
pro¹ [próu | prə́u] 〚《1885》《略》← PROFESSIONAL〛《口語》 — *n.* (*pl.* **~s** [~z]) **1** 玄人, 専門家, 職業選手: a golf [cricket] ~ プロゴルファー[プロのクリケット選手] / investment ~s 投資の専門家, 玄人筋. **2** 《俗》売春婦 (prostitute). — *adj.* 玄人の, 専門家の, 職業の, プロの: a ~ boxer プロボクサー.
pro² [próu | prə́u] 〚← PRO-¹〛 — *adv.* 賛成して (↔ con): They debated it ~ and con [contra]. 賛成反対の討論をした.
— *n.* (*pl.* **~s** [~z]) **1** 賛成論: listen to the ~s and cons [contras] of a matter ある問題の賛否両論に耳を傾ける. **2** 賛成の立場, 賛成者, 賛成側.
— *prep.* …に賛成して (for) (cf. con³).
pro and con [*contra*] …の賛否両論を戦わして, 賛否両様に.
pro³ [próu|prə́u] 〚《1468》▭ L *prō* before, in front of, on behalf of: cf. for, fore¹ / Gk *pró* before〛 *L. prep.* …のために; …に応じて.
PRO, P.R.O. 《略》《英》 Public Record Office; 《英》 Public Relations Officer.
pro. 《略》 procedure; proceed; procure; profession; professional.
Pro. 《略》 Professional; Provos.
pro-¹ 〚ME ▭ (O)F ~ ▭ L *prō-* ← *prō* (adv., prep.) before, to, for < IE **pro* forward (Gk *pró* before / G *ver-*)〛 — *pref.* **1** [pròu | prə̀u] 英語の現用接頭辞として次の意味を表わす: **a**「…の代わりに[の], 副 (vice)」: *pro*cathedral; (文法用語として) *pro*infinitive, *pro*verb. **b**「…に賛成の, …びいきの」(↔ anti-): *pro*slavery / *pro*-Japanese 日本びいきの. **2** [prə, pro(u) | prə(u)] ラテン語系の接頭辞として次の意味を表わす: **a**「前へ」: *pro*ceed, *pro*duce, *pro*ject, *pro*gress. **b**「前方へ下降して, 前下りに」: *pro*lapse, *pro*strate. **c**「正面で, 前面に」: *pro*hibit, *pro*tect. **d** [pròu, próu | prə̀u, prə́u]「代わり」: *pro*consul, *pro*noun. **e**「公に (publicly)」の意: *pro*claim, *pro*nounce. **f**「…に応じて」: *pro*portion.
pro-² [prə, pro(u), prɑ | prə, prə(u), prɔ] 〚▭ L & Gk ~ ← Gk *pró* before (↑)〛 — *pref.* **1**「(位置が)前の」の意で多く学術用語に用いる: *pro*gnathous, *pro*scenium. **2**「(時間・順序が)前の」の意: *pro*logue, *pro*phet.
pro·a [próuə | prə́uə] *n.* 〖海事〗= prau.
pro·ac·cel·er·in [pròuæksélərın, -rən | prə̀uæksélərın] 〚← PRO-¹+ACCELER(ATE)+-IN¹〛 — *n.* 〖生化学〗プロアクセレリン《血液凝固促進因子の1つ; 血漿または組織中にあり, 活性化されるとプロトロンビン (prothrombin) をトロンビン (thrombin) に変化させる; accelerator globulin ともいう》.
prò·áctive *adj.* 〖心理〗順向の, 先行学習に影響された.
prò-Álly 〚← PRO-¹+ALLY¹〛 *adj.* (第一次・第二次大戦で)連合国側を支援する.
pro-am [próuǽm | prə́u-] 〚← PRO¹+AM(ATEUR)〛 *adj.* 〈ゴルフトーナメントなど〉プロアマ混合の; プロアマ混合競技(参加選手)の. — *n.* プロアマ混合の試合.
prob. 《略》 probability; probable; probably; problem.
prob·a·bil·i·o·rism [prɑ̀bəbíliərìzm | prɔ̀bəbíliə-] 〚《1845》▭ F *probabiliorisme* ← L *probābilior* (compar.) ← *probābilis* 'PROBABLE': ⇨ -ism〛 — *n.* 〖カトリック〗厳格蓋然(がい)説《法の解釈は証拠の多い方に従うべしとする説》. **pròb·a·bíl·i·o·rist** [-rıst, -rəst | -rıst] *n.*
prob·a·bi·lism [prɑ́bəbəlìzm | prɔ́bəbı-] 〚《1842》▭ F *probabilisme* ← L *probābilis* 'PROBABLE': ⇨ -ism〛 — *n.* **1** 〖哲学〗蓋然(がい)論. **2** 〖カトリック〗蓋然説《法の解釈に疑義のあるときは蓋然性に従うべきだとする説; cf. equiprobabilism》. **prób·a·bi·list** [-lıst, -ləst | -lıst] *n.* **prob·a·bi·lis·tic** [prɑ̀bəbəlístık | prɔ̀bəbı-] *adj.*
prob·a·bil·i·ty [prɑ̀bəbíləṭi | prɔ̀bəbíləti, -lı-] 〚《1551》▭ F *probabilité* ▭ L *probābilitātem* ← *probābilis* 'PROBABLE': ⇨ -ity〛 — *n.* **1** ありそうなこと, もっともらしいこと; 見込み, 公算. ★ possibility, likelihood よりも確実性が強く certainty よりは弱い: There is a strong [high] ~. 公算が強い[高い] / The *probabilities* are against us [in our favor]. 我々に勝目はない[ある] / The ~ is *that* …. 多分…であろう / There is every [no] ~ *of* [*of doing, that*] …ということは十分ありそうだ[全くありそうもない]. **2** 〖哲学〗蓋然(がい)性. **3** 〖数学・統計〗確率. **4** [*pl.*] 《米俗》天気予報.
in all probability 多分, 十中八九は (quite probably).
probabílity cùrve *n.* 〖数学・統計〗 **1** 確率(密度)曲線, 確率グラフ《確率密度関数 (probability density function) のグラフ》. **2** 正規曲線 (⇨ Gaussian curve).
probabílity dénsity *n.* 〖数学・統計〗 **1** 確率密度関数 (⇨ probability density function). **2** 確率密度《確率密度関数のある点における値》.
probabílity dénsity fùnction *n.* 〖数学・統計〗確率密度関数《確率分布 (probability distribution) の導関数》.
probabílity distribútion *n.* 〖数学・統計〗確率分布《確率変数 (random variable) や統計量のとる値が x 以下である確率を $F(x)$ とおいて得られる関数; probability distribution function, distribution function, 単に distribution ともいう》.
probabílity fùnction *n.* 〖数学・統計〗確率関数《離散確率変数の各値に, それが起こる確率を対応させる関数》.
probabílity thèory *n.* 〖数学〗確率論 (theory of probability).
prob·a·ble [prɑ́bəbḷ | prɔ́b-] 〚《a1387》▭ (O)F ~ ▭ L *probābilis* ← *probāre* to prove, approve, test: ⇨ probe, prove, -able〛 — *adj.* **1** ありそうな, ありうる, …しそうな, もっともらしい, 蓋然(がい)的な (cf. possible 2): the ~ cost 費用の見積り / ~ issues [results] of an action ある行為のありそうな結果 / It is [is not] ~ that he succeeds [will succeed]. 彼は成功しそうである[でない]《★ He is [is not] ~ *to* succeed. It is [is not] ~ for him to succeed. とは言わない》/ This account seems ~. この話は本当らしい. **2** 有望な: ~ evidence 確からしい証拠 / a ~ winner 勝ちそうな人[馬], 優勝候補, 有望な候補者.
— *n.* **1** 起こりそうな事件, できそうなこと. **2 a** 予想出場者[馬]; 予想される候補者. **b** 有望な候補者. **c** (フットボールなどの)未来の選手, 新人. **d** 補欠 (cf. possible *n.* 4). **3** (敵機の)撃墜見込(数), (敵艦の)撃沈見込(数), (敵戦車の)撃破見込(数), 推定撃墜[撃沈]機[艦] (cf. kill¹ 4).
próbable cáuse *n.* **1** 考えられる原因. **2** 〖法律〗(被疑者が犯罪を遂行したことあるいは訴権の存在を認めるに足りる)相当な根拠, 相当な理由.
prob·a·bly [prɑ́b(ə)bli, prɑ́bli | prɔ́bəblı] 〚《1535》: ⇨ probable, -ly¹〛 *adv.* 多分 (perhaps), たいてい, 十中八九は (most likely).
pro·band [próubænd, ─⌐ | prə́ubænd, ─⌐] 〚▭ L *proband-us* (ger.) ← *probāre* to try, test: ⇨ prove〛 *n.* 〖法律〗= propositus 3.
pro·bang [próubæŋ | prə́u-] 〚《1809》《変形》← 《古形》 *provang* ← ? 《廃》 *prov(et)* probe (← F *éprouvette*) + (F)ANG〛 *n.* 〖外科〗推下器, 咽喉[食道]消息子《薬物塗布や異物除去用に使用する殺菌ガーゼ付きの器具》.
pro·bate [próubeıt | prə́ubeıt, -bət, -bıt] 〚《?c1400》▭ L *probāt-um* (neut. p.p.) ← *probāre* 'to try, test, PROVE': ⇨ -ate¹〛〖法律〗 — *n.* **1** 遺言の検認《裁判所が遺言書の適式性と遺言執行者 (executor) の指定の有無を確認すること; 執行者が指定されていない場合には裁判所が遺産管理人 (administrator) を任命する; ⇨ probate court》. **2** 遺言検認権. **3** 検認済み遺言書. — *adj.* 遺言検認の: a ~ judge 検認判事. — *vt.* 《米》 **1** 〈遺言書を〉検認する, 〈遺言書〉の検認を受ける (《英》 prove). **2** 〈刑の執行猶予を受けた者などを〉保護観察に付する.
próbate còurt *n.* 〖法律〗(遺言)検認裁判所《米国では州によって異なった名で呼ばれる; Connecticut では court of probate, New York では surrogate's court, Georgia と以前の South Carolina では ordinary's court, Maryland や New Jersey などでは orphans' court など》.
próbate dùty *n.* 〖法律〗相続動産税《今は estate tax に含まれる》.
pro·ba·tion [pro(u)béıʃən | prə(u)-] 〚《c1412》▭ OF *probacion* (F *probation*) ▭ L *probātiō(n-)*: ⇨ probate, -ation〛 — *n.* **1 a** (人物・技能などを見定めるための一定期間の)試験, 見習い, 仮採用. **b** 試験[見習い]期間, 仮採用期間, 試補期間: during ~ 見習い期間中 / pass a ~ 見習い期間を無事に通過する. **c** 吟味, 試験. **2** 《米》(失格・処罰学生の)仮及第期間, 謹慎期間. **3** (宗教団体が聖職・入会希望者に課する)入会試験, 聖職見習い期間. **4** 〖法律〗(刑の宣告または執行を猶予して行なう)保護観[監]察: the ~ system 保護観察[執行猶予]制度 / grant ~ to 〈犯罪者〉を保護観察に付する. **5** 〖神学〗試練 (ordeal): future [second] ~ 来世試練説 / This life is a ~. この世は試練だ. **6** 《古》証拠, 立証, 証明.
on probation (1) 試験のため; 仮及第で, 見習いで. (2) 〖法律〗保護観察[執行猶予]で: place [put] an offender *on* ~ 犯罪者を保護観察に付する. *under probation* 〖法律〗= on PROBATION (2).
~·shìp *n.*
pro·bá·tion·al [-ʃənḷ, -ʃnəl] 〚⇨ ↑, -al¹〛 *adj.* = probationary.
pro·bá·tion·àr·y [-ʃənèri | -ʃ(ə)nəri] 〚⇨ probation, -ary〛 — *adj.* **1** 試みの, 試練の. **2** 試補の, 見習いの. **3** 《米》仮及第中の, 謹慎中の. **4** 〖法律〗(宣告または執行猶予を受けて)保護観察(中)の: a ~ prisoner 保護観察中の被告 / a ~ officer = probation officer.
pro·bá·tion·er [-ʃ(ə)nə | -nə(r)] 〚《1603》: ⇨ probation, -er¹〛 — *n.* **1** 見習い期間にある者, 試補; 見習看護婦; 仮採用の奨学生; 仮入会者, 仮及第者. **2 a** = licentiate 3. **b** 《スコット》伝道試験中の神学生. **3** 刑執行猶予者, 保護観察処分を受けた者. **~·shìp** *n.*
probátion òfficer *n.* 〖法律〗(刑の宣告または執行猶予中の者の)保護観察官, 保護司.
pro·ba·tive [próubəṭıv, prɑ́b- | prə́ubət-] 〚▭ L *probātīv-us*: ⇨ probate, -ative〛 *adj.* **1** 試みる, ためす, 試験的な. **2** 立証の, 証明する, 証拠を提供する.
pro·ba·to·ry [próubətɔ̀:ri, -tɔ̀:ri | prə́ubətəri] 〚▭ ML *probātōri-us* ← L *probātus*: ⇨ probate, -ory¹〛 *adj.* = probative.
probe [próub | prə́ub] 〚n.: 《1563》《廃》'printer's proof' ▭ ML *proba* test, (LL) proof ← L *probāre* 'to PROVE, test'. — v.: 《1649》← (n.): PROOF と二重語〛 — *n.* **1 a** 〖医学〗探(さ)り(針), 消息子, ゾンデ; 探り針による診察, 探針法. **b** 《英》〖歯科〗探針(たん), プローブ《組織・器官の直視できない部分を探る針状の器具》. **2** 試験 (test), 試み (trial). **3** 徹底的な調査[探求], 精査; 《米》(不法行為に対する議会委員会の)調査 (investigation). **4** 探検, 偵察, 探査, 探測. **5** 〖宇宙〗 **a** 探測機《自動観測装置などを積載した無人飛行体》: moon [Mars, Venus] ~s 月[火星, 金星]探測機 / lunar ~s 月探査用ロケット. **b** 探査装置《大気圏外など到達不可能な地域の調査に用いられる探査用ロケット・人工衛星・望遠鏡など》. **6** 〖物理・電気〗(検査器の)プローブ, 探針《計測用の針状電極または類似の形態の計測用前処理用装置》. **7** 〖航空〗(空中給油用)プローブ, 空中受油パイプ《ドローグ (drogue) に挿入して給油を受ける; cf. boom¹ 2 b》.
— *vi.* **1** 〔…を〕探り針で探る (explore); (手などを入れて)深く探る 〔*for*〕: ~ *for* the bullet. **2** (真相を突きとめるべく)〔…に〕メスを入れる, 厳密に探る 〔*at, for, into*〕: ~ *into* a secret 秘密を探る / ~ *at* a person (尋問などして)人を厳密に調べる. — *vt.* 徹底的に調べる, 精査する: ~ a person's throat, body, etc. / ~ a matter to the bottom 事件を徹底的に調査する.
~·a·ble [-bəbḷ] *adj.* **prób·er** *n.*
pro·ben·e·cid [pro(u)bénəsıd, -səd | prə(u)bénısıd] 〚← PRO(PYL)+BEN(ZEN)E+(A)CID〛 — *n.* 〖薬学〗プロベネシッド ($C_{13}H_{19}NO_4S$)《痛風に尿酸排泄促進薬として用いる》.
prob·it [prɑ́bıt, -bət | prɔ́bıt] 〚← PROB(ABILITY)+(UN)IT〛 *n.* 〖統計〗プロビット《確率を計る一単位; 正規偏差値 (normal equivalent deviate) に5を足した値》.
pro·bi·ty [próubəṭi, prɑ́b- | prə́ubətı, prɔ́b-, -bı-] 〚《1514》▭ L *probitāt-em* honesty ← *probus* good: ⇨ prove, -ity〛 *n.* 正直, 廉潔 (integrity).
prob·lem [prɑ́bləm, -lem, prɑ́bṃ | prɔ́bləm, -lem, -lım] 〚《c1390》 *probleme* 《廃》 riddle ▭ (O)F *problème* ▭ L *problēma* ▭ Gk *próblēma* something thrown forward (for discussion) ← *probállein* to throw before ← PRO-²+*bállein* to throw (cf. emblem, ballistic)〛 — *n.* **1** 問題, 課題, 疑問; 難問, 困ったこと, 解しかねること: the ~ of housing [unemployment] 住宅[失業]問題 / the ~s of city life 都会生活の[に伴う]諸問題 / set a person a ~ 人に問題を課する / a ~ *in* arithmetic 算術の問題[課題] / There is little ~ about it. それには大した問題はない / The ~ is how to prevent it. それをどうして防ぐかが問題である / He had the ~ of finding [*of how to* find] a job. 仕事を見つける[どうして見つけるか]という問題があった / That always is the ~ with tourists. それはいつも観光客のいけないところです. **2** 扱いにくい人, 悩みの種: The boy is a ~. あの子はやっかいだ / His whole conduct is a ~ to me. 彼の行為はどれもこれも私にはわからない. **3** 〖物理・数学〗問題, 課題. **4** 〖数学〗作図(問)題 (problem for construction). **5** 〖チェス〗(ある種の制限を加えた)作局, 問題, 詰め将棋 (chess problem).
— *attrib. adj.* **1** 指導し難い, 気ままな, 手に負えない (unruly): a ~ child 問題児. **2** 〖文学〗社会・道徳的問題を好んで扱う: a ~ novel [play] 問題小説[劇]《社会問題などに対する作者の立場を世間に訴えようとするもの》.
prob·lem·at·ic [prɑ̀bləmǽṭık, -lı- | prɔ̀bləmǽt-, -lı-, -le-] 〚《1609》▭ F *problématique* ▭ LL *problēmaticus* ▭ Gk *problēmatikós* ← *próblēma* (↑): ⇨ -atic: cf. G *problematisch*〛 — *adj.* **1** 問題の, 問題となる, 疑問の (questionable); 未決の, 未定の (undecided); 疑わしい, おぼつかない, 不確かな (doubtful): Its success is ~. その成否は疑問だ. **2** 〖論理〗蓋然的な《可能的だが必然的には真でない》: ~ judgment 蓋然判断.
pròb·lem·át·i·cal [-ṭıkəl, -ṭə- | -tı-] *adj.* = problematic.
pròb·lem·át·i·cal·ly *adv.* 問題として, 疑わしく, 疑問となって, おぼつかなく.

prob·lem·a·tist [prɑbléməṭɪst, -ṭəst | prɔbléməṭɪst] 〖← L *problēmat-, problēma* chess problem＋-IST〗 *n.* 〘チェス〙＝problemist.

prób·lem·ist [-ləmɪst, -məst | -ləmɪst, -lɪ-, -le-] 〖⇨ problem (n.) 5, -ist〗 *n.* 〘チェス〙作局[詰め将棋] (problem) の研究者, 作局者.

pro bo·no pub·li·co [proʊ-bóʊnoʊ-pʌ́blɪkòʊ | prəʊ-bə́ʊnəʊ-pʌ́blɪkəʊ] 〖▭ L *prō bono pūblicō* for the public good〗 *L. adv.* 公益のために.

Pro·bos·cid·e·a [pròʊbəsídiə, -bɑs-, pro(ʊ)bɑ̀sədíːə | prə̀ʊbəsídiə, -bɔs-, prə(ʊ)bɔ̀sɪdíːə] 〖← NL ～ ← L *proboscid-, proboscis* (⇨ proboscis)＋-IDEA〗 ― *n. pl.* 〘動物〙長鼻目.

pro·bos·ci·de·an [prəbɑ̀sədíːən, pro(ʊ)-, pròʊbəsídiən, -bɑs- | prə̀ʊbəsídiən, -bɔs-, prəʊbɔ̀sɪdíːən] 〖⇨ ↑, -an¹〗 (*also* **pro·bos·cid·i·an** [pròʊbəsídiən, -bə- | prə̀ʊbəsídiən, -bə-]) ― *adj.* 長鼻の ; 長鼻のある ; 〘動物〙長鼻目の. ― *n.* 〘動物〙長鼻目の動物の総称《象・マンモスなど》.

proboscides *n.* proboscis の複数形.

pro·bos·ci·dif·er·ous [pro(ʊ)bɑ̀sədíf(ə)rəs | prə(ʊ)-bɔ̀sɪ-] *adj.* 口先[吻(ﾌﾝ)], 大きい鼻] (proboscis) をもつ.

pro·bos·cid·i·form [pròʊbəsídəfɔ̀əm, -bɑs- | prə̀ʊ-bɔsídɪfɔ̀ːm, -bəs-] 〖← NL *proboscid-* (← L *proboscis* (↓))＋-I-＋-FORM〗 *adj.* proboscis の形をした.

pro·bos·cis [prəbɑ́sɪs, pro(ʊ)-, -səs | prə(ʊ)bɔ́sɪs] 〖《1609》▭ L ～ ▭ Gk *proboskís* elephant's trunk, 《原義》means of providing food ← PRO-²＋*bóskein* to feed, graze〗 ― *n.* (*pl.* **～·es, -bos·ci·des** [prəbɑ́sədiːz, pro(ʊ)- | prə(ʊ)bɔ́sɪ-]) **1** 〘動物〙口先《ゾウ・バク・テングザルの鼻のようによく発達した鼻口部》. **2** (昆虫などの)口先, 吻(ﾌﾝ). **3** (人間の)大きい鼻.

probóscis mónkey *n.* 〘動物〙テングザル (*Nasalis larvatus*)《ボルネオ特産; 成長した雄の鼻は大きい ; nose ape, nose-monkey ともいう》.

proboscis monkey

proc. 《略》procedure ; proceedings ; process ; proclamation ; proctor.

pro·caine [próʊkeɪn | prə́ʊkeɪn, pro(ʊ)kéɪn] 〖← PRO-¹＋-CAINE〗 ― *n.* 〘薬学〙プロカイン ($C_{13}H_{20}O_2N_2$)《局部麻酔剤の一種》.

prócaine ámide *n.* 〘薬学〙プロカインアミド ($C_{13}H_{21}ON_3$)《心臓性の不整脈の治療薬》.

prò·cámbium 〖← NL ～ : ⇨ pro-², cambium〗 *n.* 〘植物〙前形成層. **prò·cámbial** *adj.*

pro·carp [próʊkɑəp | prə́ʊkɑːp] 〖← NL *procarpium* : ⇨ pro-², -carp〗 *n.* 〘植物〙前果体《造果器と受精糸との総称》.

pro·car·y·ote [proʊkǽriòʊt | prəʊkǽriə̀ʊt] 〖← PRO-²＋Gk *karuōtós* provided with nuts ← *káruon* nut〗 ― *n.* 〘生物〙原核生物, 前核生物, 原核細胞, 前核細胞, 無核細胞《核のない生物や細胞 ; 細菌類・藍藻類をいう ; cf. eucaryote》. **pro·car·y·ot·ic** [proʊkæ̀riɑ́ṭɪk | prəʊkæ̀riɔ́t-] *adj.*

pro·cat·a·lep·sis [proʊkæ̀ṭəlépsɪs, -ṭḷ-, -səs | prəʊ-kæ̀təlépsɪs] 〖▭ ML ～ ▭ Gk *prokatálēpsis* anticipation : ⇨ pro-², catalepsy〗 *n.* 〘修辞〙＝prolepsis 2.

prò·cathédral 〖← PRO-¹＋CATHEDRAL〗 *n.* 〘教会〙(工事や修復中に別に設ける)臨時司教[主教]座聖堂, 仮大聖堂.

Pro·ca·vi·a [pro(ʊ)kéɪviə | prə(ʊ)kéɪviə, -vjə] 〖← NL ～ ← PRO-²＋*Cavia* (《変形》← Port. 《廃》*çaviá* ▭ Tupi *sawiya* rat)〗 ― *n.* 〘動物〙ケープハイラックス属《ハイラックス科の一属 ; ケープハイラックス (*P. capensis*) などを含む ; cf. hyrax》.

Pro·ca·vi·i·dae [pròʊkəváɪədiː | prə̀ʊkəváɪɪ-] 〖← NL ～ : ⇨ ↑, -idea〗 *n. pl.* 〘動物〙ハイラックス科.

pro·ce·dure [prəsíːdʒə, pro(ʊ)- | prəsíːdʒə(r, prəʊ-, -djə(r] 〖《1611》▭ F *procédure* ← *procéder* 'to PROCEED' : ⇨ -ure〗 ― *n.* **1** 行動, 行為, 「手」; (行動の)手続き, 手順, 順序 (process) ; 処置, 処分 (measures) : a prearranged ～ 予定の行動 / follow the ～ 手順通りにやる ; (所定の)手続きをふむ. **2** 〘法律〙訴訟手続き ; 議会議事手続き : the code of civil [criminal] ～ 民事[刑事]訴訟法典 / legal ～ 訴訟手続き / ⇨ summary procedure. **3** 〘電算機〙手続き《電子計算機で実行される一連の処理》. **4** 《廃》(行動・状態・事情などの)進行, 前進, 進展, 発展 (progress). **pro·cé·dur·al** [-dʒərəl | -dʒər-, -djʊr-] *adj.*

pro·ceed 〖《*c*1390》*procede(n)* ▭ (O)F *procéd-er* ▭ L *prōcēdere* ← PRO-¹＋*cēdere* to go : ⇨ cede〗 ― [pro(ʊ)síːd, prə- | prə(ʊ)-] *vi.* **1** 〔…へ〕(停止後また)進む, 進行する, 先へ出る, 進み出す, おもむく〔*to*〕. ★ この用法では日常語では go が普通 : ～ *to* New York ニューヨークへ向かう / He then ～*ed* to the next village. それから次の村へ出かけた. **2** 〔…へ〕移る, 改めて行なう〔*to*〕; 〈…し〉始める, 着手する, やり出す (begin) 〈*to* do〉: ～ *to* take off one's coat 上着をぬぎ始める / Let us now ～ *to* the next business. さあ, 次の仕事に移ろう / ～ *to* blows なぐる, なぐり合いになる. **3 a** 〈仕事などを〉続ける, 続けて行なう (continue) 〔*in, with*〕: ～ *with* the game [one's story, investigation] 競技[話, 調査]を続ける. **b** 言葉を続ける : 'But this,' he ～*ed*, 'is an exception.' 「しかしこれは例外だ」と彼は続けて言った. **4** 〈事が〉行なわれる, 運ぶ, 進行する : The trial is ～*ing*. 裁判は進行中である / Decay does not ～ so rapidly in a buried body as in one exposed to the air. 死体を埋めた場合, その腐敗は空気に曝しておく場合ほど早くはない. **5** 《文語》〔…から〕発する, 起こる, 出る, 来る, 生じる ; 〔…に〕由来する, 起因する (issue)〔*from, out of*〕: diseases that ～ *from* dirt 不潔から起こる病気 / Sobs were heard to ～ *from* her room. 彼女の部屋からすすり泣きが聞こえた. **6 a** 〔…の〕手続きをする, 処分する〔*in, with*〕. **b** 〘法律〙〔…を相手どって〕訴えを提起する, 訴える〔*against*〕. **7** 〘英大学〙〔…の〕学位をとる〔*to*〕: ～ *to* (the degree of) M.A.＝～ M.A. M.A. の学位をとる. ― [próʊsiːd | prə́ʊ-] *n.* 《古》＝proceeds.

pro·céed·ing 〖《15C》: ⇨ ↑, -ing¹〗 ― *n.* **1 a** 進行, 続行. **b** [通例 *pl.*] 行為, 所業, やり方 (doings). **c** 処置, 処分 : a high-handed ～ 高圧手段. **2** [*pl.*] 議事, 議事録, 会議録, (学会の)会報, 紀要. **3** [*pl.*] 〘法律〙**a** 訴訟手続き : divorce ～*s* 離婚手続き / oral ～*s* 口頭弁論 / ～*s* in error 破棄手続き, 控訴手続き. **b** 訴訟行為 : take [institute] (legal) ～*s* against a person 人に対して訴訟を提起する.

pro·ceeds [próʊsiːdz | prə́ʊ-] 〖(pl.) ← PROCEED (n.)〗 ― *n. pl.* 収入 (profits), 所得, 売上げ高 (receipts) ; 収益, 純益 : net ～ / the ～ of a business 営業収益 / gross ～ 総売上げ高 / the ～ of a cargo 積荷売上げ高 / The ～ will be devoted to charity. 売上げ金は慈善事業に寄付されるはずだ.

pro·ce·leus·mat·ic [pròʊsɪluːzmǽṭɪk, -sə-, -luːs- | prɔ̀sɪluːsmǽt-, -ljuːs-] 〖《1751》▭ LL *proceleusmaticus* ▭ Gk *prokeleusmatikós* ← *prokéleusma* ← *prokeleúein* to incite ← PRO-²＋*keleúein* to urge on〗 ― *adj.* **1** 〈歌が〉鼓舞する, 扇動的な. **2** 〘詩学〙四短音格の : a ～ foot. ― *n.* 〘詩学〙四短音格 (tetrabrach).

Pro·cel·la·ri·i·dae [pròʊsələráɪədiː, pro(ʊ)sèl- | prə̀ʊsələráɪɪ-, prə(ʊ)sèl-] 〖← NL ～ ← *Procellaria* (↓)＋-IDAE〗 *n. pl.* 〘鳥類〙ミズナギドリ科.

Pro·cel·lar·i·i·for·mes [pròʊsəlè(ə)riəfɔ́əmiːz | prə̀ʊsəlèərɪɪfɔ́ː-] 〖← NL ～ ← *Procellaria* (← L *procella* storm ← *procellere* to throw down ← PRO-¹＋*-cellere* to rise, project)＋-FORM〗 ― *n. pl.* 〘鳥類〙ミズナギドリ目 (Tubinares).

pro·ce·phal·ic [pròʊsɪfǽlɪk, -sə- | prə̀ʊkef-, -kɪf-, -sef-, -sɪf-] 〖← PRO-²＋-CEPHALIC〗 ― *adj.* **1** 〘動物・解剖〙前頭部の. **2** 〘詩学〙(dactylic hexameter で) 行首余剰音節的な.

pro·ceph·a·lon [proʊséfəlɑ̀n, -lən | prəʊséfəlɔ̀n, -kéf-, -lən] 〖← NL ～ ← PRO²-＋-*cephalon* (← Gk *kephalḗ* head)〗 ― *n.* **1** 〘動物〙前脳《脊椎動物の脳の前部の膨大部分》. **2** 〘昆虫〙前頭部 : **a** 胚子の頭部で, 最初は3環節の合着によりなるもの. **b** 昆虫の頭の一部で, 大腮のある節の前方.

pro·cer·coid [proʊsə́ːkɔɪd | prəʊsə́ː-] 〖← PRO-²＋CERCO-＋-OID〗 〘動物〙プロケルコイド, 前擬充尾虫《裂頭条虫の第一中間宿主体内における幼生》.

proc·ess¹ [prɑ́ses, próʊ-, -sɪs, -səs | prə́ʊses] 〖n. : 《*c*1325》*proces, processe* ▭ (O)F *procès* ▭ L *prōcessus* (p.p.) ← *prōcēdere* 'to PROCEED'. ― v. : 《1532》▭ OF *process-er* ← (n.) : vt. の 1, 3, 4 は 19C から〗 ― *n.* **1** 方法 (method), 手順, 処置 ; 製法, 工程, 過程 : the ～ of making paper 紙の製法 / the ～ of reasoning 推理法. **2** (一連の)作用 (operation), 変化, 変遷 : a mental [psychological] ～ 精神[心理]作用 / the ～ of decaying [growth] 腐敗[成長]作用. **3** 進行, 遂行(されること) (proceeding), (時の)経過, (事の)成り行き, 過程, プロセス, 推移 : in ～ of time 時の経過につれて / in (the) ～ of construction [completion] 建造中[完成の途上にある] / We were in the ～ of having breakfast when he came. 彼がやってきた時は朝食の最中だった. **4** 〘法律〙被告召喚令状 (summons), 令状 (writ) ; 訴訟手続き ; 訴訟の開始 : serve a ～ on …に令状を送達する / ⇨ final process, process server. **5** 〘解剖・生物〙突起, 隆起. **6** 〘印刷・写真〙製版(法), 写真製版 : the three-color ～ 三色版. **7** 〘映画〙背景を合成する映画手法, スクリーンプロセス. **8** (機械によらず化学作用などによる)生産方法. **9** 〘電算機〙プロセス《処理の単位》. **10** ＝conk³.
― *attrib. adj.* **1** (化学的・物理的に)処理加工した : ⇨ process butter, process cheese. **2** 写真製版による ; 機械的に複製された : ⇨ process printing. **3** 製造過程中副産物として得られた : ～ heat, steam, etc. **4** 〘映画〙背景を合成する手法の : ⇨ process shot.
― *vt.* **1 a** (商品化するために防腐など)〈材料〉に加工する, 処理する (treat). **b** (再利用などのために)〈廃物などを〉化学的に処理加工する. **2** 〘法律〙〈人を〉相手取って訴訟を起こす ; …に被告召喚令状を出す. **3 a** (機械的に)複製[複写]する (reproduce). **b** 〈カラーフィルムなどを〉現像する. **4** 〈資料などを〉調査分析する, 整理する, 〈書類などを〉処理[作製]する. **5** …に訓練・装備などの予備コースを受けさせる, 試験・審査などの課程を受けさせる. **6** …に病院でいろいろな治療を受けさせる. **7** 〘軍事〙〈入隊者・除隊者を〉(適性別に分類するため)適性検査を実施する, 適性を検査して類別する. **8** ＝conk³.

pro·cess² [prəsés, pro(ʊ)- | prə(ʊ)-] 〖《1814》《逆成》← PROCESSION〗 *vi.* 《口語》行列をして歩く, 練り歩く : They ～*ed* off in silence.

proc·ess·a·ble [prɑ́sesəbḷ, próʊ-, -sɪs-, -səs- | prə́ʊses-] *adj.* ＝processible. **pròc·ess·a·bíl·i·ty** [-səbíləṭi | -lətɪ, -lɪ-] *n.*

prócess àrt *n.* 〘美術〙＝conceptual art.

prócess automàtion *n.* 生産工程オートメーション.

prócess-blòck *n.* 写真凸版, 写真版.

prócess bùtter *n.* 加工バター.

prócess chèese *n.* プロセスチーズ《ナチュラルチーズを加熱殺菌後, 小形にして包装したチーズ》.

prócess contròl *n.* プロセス制御《自動制御の一部門》.

prócess còsting *n.* 〘会計〙＝process cost system.

prócess còst sỳstem *n.* 〘会計〙総合原価計算《主として市場生産形態の工場に適用される原価計算の方法 ; cf. job-order cost system》.

próc·essed *adj.* 加工した (cf. process¹ *adj.* 1) : ～ food 加工食品《冷凍食品など》/ ～ butter [cheese]＝process butter [cheese].

prócess engràving *n.* 写真製版.

próc·ess·er *n.* ＝processor.

proc·ess·i·ble [prɑ́sesəbḷ, próʊ-, -sɪs-, -səs- | prə́ʊsesə-, -sɪsə-] *adj.* 加工することができる, 加工に適する. **pròc·ess·i·bíl·i·ty** [-səbíləṭi | -sɪbílətɪ, -sə-, -lɪ-] *n.*

prócessing tàx *n.* 《米》(農産物を加工食料品にする)加工税.

pro·ces·sion [prəséʃən, pro(ʊ)- | prə-] 〖lateOE *processioun* ▭ (O)F *procession* ▭ LL *prōcessiō(n-)* religious procession, L a marching on ← *prōcēdere* 'to PROCEED' : ⇨ -sion〗 ― *n.* **1** (儀式・宗教行事・政治的示威行為・祝祭などのための集団・船舶などの)行進, 行列 (cortege) : a funeral ～ 葬列 / form a ～ 行列を作る / go [walk, march] in (a) ～ 行列して行く[歩く, 行進する] / the *Procession* of the Blessed Sacrament 〘教会〙聖体行列. **2** (いつまでたっても順位に変化の起こらない)面白くない競走. **3** 進行, 前進, 発出. **4** 〘神学〙聖霊の発出 (the procession of the Holy Ghost ともいう ; cf. *John* 15 : 26) : double ～ 聖霊複発説《聖霊は神とキリストから発出すると説く説》/ single ～ 聖霊単発説《聖霊は神から発出すると説く説》. **5** 〘教会〙行列祈禱(ｷﾄｳ), 礼拝行進. ― *vi.* 行列を成して進む, 練り歩く. ― *vt.* 〈道路・土地を〉行列して歩く : ～ the street [a town] 通り[町]を行列して歩く.

pro·cés·sion·al [-ʃənḷ, -ʃnəl] 〖⇨ ↑, -al¹〗 ― *adj.* 行列の, 行列を成した ; 行列の際に用いられる[歌われる] : a ～ chant 〘教会〙行列聖歌 / a ～ cross (行列の先頭に行く)行列十字架. ― *n.* 〘教会〙行列式書 ; 行列聖歌. **～·ly** *adv.*

pro·cés·sion·ar·y [-ʃənèri | -ʃ(ə)nərɪ] 〖⇨ procession, -ary〗 *adj.* 行列の ; 行列を成して動く.

processionary cáterpillar *n.* 〘昆虫〙行列毛虫《ギョウレツケムシガ (procession moth) の幼虫 ; 多数巣にこもり行列を成して移動し木の葉を食害する》.

pro·cés·sion·ist [-ʃ(ə)nɪst, -nəst | -nɪst] *n.* 行列に加わる人, 行列隊員.

pro·ces·sion·ize [prəséʃənàɪz, pro(ʊ)- | prə-] *vi.* 行列を作って進む.

procéssion mòth *n.* 〘昆虫〙ギョウレツケムシガ (*Thaumetopoea processionea*) (⇨ processionary caterpillar).

pro·ces·sive [prəsésɪv, pro(ʊ)- | prə(ʊ)-] *adj.* 前進的な, 発展的な (progressive).

próc·es·sor 〖⇨ process¹, -or²〗 ― *n.* **1** (農産物を加工食料品とする)農産物加工業者. **2** process art の作家. **3** 〘電算機〙**a** 処理装置 : ⇨ data processor, word processor. **b** プロセッサー《プログラム言語などに関連した情報交換用ソフトウェア》.

prócess plàte *n.* 〘化学〙プロセス乾板《写真印刷用の乾板》.

prócess prìnting *n.* 原色版印刷《赤・黄・青・黒 4 色に対し別々の網版を使う印刷法》.

prócess sèrver *n.* 〘法律〙令状送達者, 執行官.

prócess shòt *n.* 〘映画〙特殊撮影によって表現された画面.

prócess stèam *n.* 〘機械〙プロセス蒸気《化学工場などで乾燥や加熱作業などのために使われる蒸気》.

pro·cès-ver·bal [pràseɪvəbáːl, próʊ-, -vɛə-, -bǽl | prə́ʊseɪvɛə-; *F.* prɔsɛvɛrbal] 〖▭ F ～ : ⇨ process¹, verbal〗 ― *F. n.* (*pl.* **-ver·baux** [-bóʊ | -bə́ʊ; *F.* -bo]) **1** (会議の)議事報告書, 議事録 (minutes). **2** 〘フランス法〙(官吏の前で作成された)調書.

pro·chein [próʊʃen | prə́ʊ-] 〖《15C》▭ AF *prochein* < VL **propiānum* ← L *prope* (adv.) near〗 ― *adj.* (*also* **pro·chain** [proʊʃɛ̃ː(ŋ), -ʃéŋ | prəʊ-; *F.* prɔʃɛ̃]) 〘法律〙(時間・関係・程度の)最も近い (next) : ⇨ prochein ami.

pro·chein a·mi [próʊʃenəmìː, -nɑː- | prə́ʊ-] 〖《15C》▭ AF ～ 《原義》near friend : ⇨ ↑, ami〗 ― *n.* (*also* **pro·chein a·my** [～]) 〘法律〙(未成年者の訴訟代理人となる)近友《多くの場合親族が当たる》.

prò·chlórite 〖← PRO-²＋CHLORITE²〗 *n.* 〘鉱物〙プロクロライト, 扇石 (⇨ ripidolite).

Pro·chor·da·ta [pròʊkɔədáːṭə, -déɪ- | prə̀ʊkɔːdáːtə, -déɪ-] 〖← NL ～ : ⇨ pro-², chordate〗 *n. pl.* 〘動物〙＝Protochordata.

pro·chro·nism [próʊkrənɪzm, prɑ́k- | prə́ʊk-, prɔ́k-] 〖《*a*1646》← Gk *prókhronos* proceeding in time (← PRO-²＋*khrónos* time)＋-ISM : cf. anachronism〗 ― *n.* 年代の誤り, 時日前記《年代や年月日を実際より前に付けること ; prolepsis ともいう ; cf. anachronism 3, parachronism》.

pro·claim [pro(ʊ)kléɪm, prə-|prə(ʊ)-] 〚(*a*1393) *proclame(n)* ▭ L *prōclām-āre* ← PRO-¹＋*clāmāre* to cry out：⇨ claim (v.)：今の形は claim にならったもの〛 ── *vt.* **1 a** 〈人が〉公告する，宣言する，布告する，公表[声明]する：～ the good news 吉報を公告する / ～ one's opinion 意見を公表する / ～ a state of emergency 非常事態を宣言する / ～ the king's accession 国王の即位を宣言する / ～ war [peace] 宣戦する[平和宣言をする] / ～ a victory 勝利を宣する. **b** [目的補語または *that*-clause を伴って] …と宣する：～ a person a traitor 人を謀反人と宣する / They ～*ed* him (to be) king [*that* he was king]. 彼らは彼を王と宣言した. **2** [目的補語または *that*-clause を伴って]〈物・事が〉明らかに表わす，…と示す (reveal…as)：His conduct ～*s* him [*that* he is] a fool. 彼の行ないを見ればばか者であることがわかる. **3** 公然と称揚[賞賛]する，称(たた)える (praise). **4 a** (違法・罪人・追放者であると)公告する (declare)，公に禁止する：～ a meeting 集会を違法だと宣する[禁止する]. **b** 《古》〈場所〉に禁制をしく.

pro·cláim·er *n.* 宣言者，布告者.

proc·la·ma·tion [prɑ̀kləméɪʃən|prɔ̀k-] 〚(1415) ▭ (O)F ～ ▭ L *prōclāmātiō(n-)*：⇨ proclaim, -ation〛 ── *n.* **1** 宣言 (declaration)，布告，公布，発布 (announcement)：by public ～ / the ～ of neutrality 局外中立布告 / the ～ of war [peace] 宣戦[平和回復]布告 / ⇨ Emancipation Proclamation. **2** 声明[宣言，公布]したもの，声明[宣言，公布]書. **3** 《古》告白 (confession).

pro·clam·a·to·ry [pro(ʊ)klǽmətɔ̀:ri, prə-, -tɔ̀:ri|prə(ʊ)klǽmətəri] 〚← L *prōclāmātus* ((p.p.) ← *prōclāmāre* 'to PROCLAIM')＋-ORY¹〛 ── *adj.* 宣言的な，告示的な，公布の.

prò·clímax 〚← PRO-²＋CLIMAX〛 *n.* 《生態》準極相《気候以外の原因で生じた極相に近い形の植物群落》.

proc·li·nate [prɑ́klənèɪt|prɔ́klɪ-] 〚← L *prōclīnāt-us* bent foward ((p.p.) ← *prōclīnāre*)：⇨ pro-¹, recline, -ate²〛 *adj.* 《動物》前向きの，前傾の.

pro·clit·ic [pro(ʊ)klítɪk|prə(ʊ)klít-] 〚(1846) ← NL *proclitic-us* ← Gk *proklinein* ← PRO-²＋*klinein* to incline〛《文法》 ── *adj.* 後接的な《単音節の語でそれ自身にアクセントがなく，次語に密接して発音される；↔ enclitic》. ── *n.* 後接語《冠詞・前置詞・助動詞など；例：a cat [əkǽt], to go [təgóʊ|-gə́ʊ] の a, to など》. **pro·clít·i·cal·ly** *adv.*

pro·cliv·i·ty [pro(ʊ)klívəṭi, prə-|prə(ʊ)klívɪti, -vɪ-] 〚(*a*1591) ▭ L *prōclīvitāt-em* a sloping, tendency ← *prōclīvis* (↓)：⇨ -ity〛 ── *n.* **1** (通例悪い意味で)(…したがる)性癖，気質，傾向 (tendency)〔*to, towards, for* (*doing*)〕/〈*to* do〉：a ～ *to* vice [*to* fall, *for* saying the wrong thing] 不行跡をしでかす[ころぶ，間違ったことを言いたがる]癖 / Despite her ～ *for* gossip she was reticent upon family affairs. 彼女はゴシップ好きなのに自分の家のことになると多くを語らなかった. **2** 《古》敏速 (aptness).

pro·cli·vous [pro(ʊ)kláɪvəs, prə-|prə(ʊ)-] 〚← L *prōcliv(is)* (← PRO-¹＋*clivus* slope)＋-OUS〛 *adj.* 傾斜した (inclined)，前方へ傾いた.

Pro·clus [próʊkləs, prɑ́k-|prə́ʊk-, prɔ́k-] *n.* プロクロス《410?-485；ギリシャの哲学者》.

Proc·ne [prɑ́kni|prɔ́knɪ] 〚▭ L *Procnē* ▭ Gk *Próknē*〛 ── *n.* 《ギリシャ神話》プロクネ《Tereus の妻で Philomela の姉；自分の息子を殺した咎(とが)で姿をツバメに変えられた》.

pro·coe·lous [pro(ʊ)sí:ləs|prə(ʊ)-] 〚← PRO-²＋Gk *koîlos* hollow：⇨ -ous〛 ── *adj.* 《動物》前くぼみの《脊椎動物の椎骨の隣接椎骨に対する面を表わすものについていう》.

pro·con·sul [proʊkɑ́nsəl, -sḷ|prəʊkɔ́n-] 〚(*c*1390) ▭ L *prōconsul*＝*prō consule* (one acting) for the consul：⇨ pro-¹, consul〛 ── *n.* **1** (古代ローマの，consul 経験者の)属州総督. **2** (近代の)植民地総督 (viceroy)；占領地軍司令官. **3** 副領事 (deputy consul). **pro·con·su·lar** [proʊkɑ́ns(ə)lə|prə(ʊ)kɔ́nsjʊlə(r)] *adj.*

pro·con·su·late [proʊkɑ́ns(ə)lət, -sju-, -lɪt|prəʊkɔ́nsjʊ-] 〚▭ L *prōconsulāt-us*：⇨ ↑, -ate¹〛 *n.* proconsul の職[任期，管轄区域].

procónsul·ship *n.* ＝proconsulate.

Pro·co·pi·us [prəkóʊpiəs, pro(ʊ)-|prə(ʊ)kə́ʊpjəs, -piəs] *n.* プロコピオス《500?-562 以後；ビザンチン帝国の歴史家》.

pro·cras·ti·nate [pro(ʊ)krǽstənèɪt, p(r)ə-|prə(ʊ)krǽstɪ-] 〚(1588) ← L *prōcrāstināt-us* (p.p.) ← *prōcrāstināre* ← PRO-¹＋*crāstinus* belonging to tomorrow (← *crās* tomorrow)：⇨ -ate³〛 ── *vi.* 長引く，延引する，ぐずぐずする，遅滞する (delay). ── *vt.* ずるずると先に延ばす (put off).

pro·crás·ti·nàt·ing [-ṭɪŋ|-tɪŋ] 〚⇨ -ing²〛 *adj.* 延引する，ぐずぐずする，因循な (tardy). **～·ly** *adv.*

pro·cras·ti·na·tion [pro(ʊ)krǽstənéɪʃən, p(r)ə-|prə(ʊ)krǽstɪ-] 〚▭ L *prōcrāstinātiō(n-)*：⇨ procrastinate, -ation〛 *n.* 延引，遅延 (delay)，因循 (tardiness)：*Procrastination* is the thief of time. 《諺》遅延は(他人の)時間盗人.

pro·cras·ti·na·tive [pro(ʊ)krǽstənèɪṭɪv, p(r)ə-|prə(ʊ)krǽstɪnèɪt-] 〚⇨ procrastinate, -ative〛 *adj.* ＝procrastinating. **～·ly** *adv.*

pro·crás·ti·nà·tor [-ṭə|-tə(r)] 〚⇨ -or²〛 *n.* 延引者，因循家.

pro·cras·ti·na·to·ry [pro(ʊ)krǽstənətɔ̀:ri, p(r)ə-, -tɔ̀:ri|prə(ʊ)krǽstɪnətəri] 〚⇨ procrastinate, -atory〛 *adj.* ＝procrastinating.

pro·cre·ant [próʊkriənt|prə́ʊkrɪ-] 〚▭ L *prōcreant-em* (pres.p.) ← *prōcre-āre* (↓)：⇨ -ant〛 *adj.* ＝procreative.

pro·cre·ate [próʊkrièɪt|prə́ʊkrɪ-] 〚(1536) ← L *prōcreāt-us* (p.p.) ← *prōcreāre* ← PRO-¹＋*creāre* 'to CREATE'〛 ── *vt.* 〈子を〉産む，〈子孫を〉作る；〈新種などを〉生じる：～ children [offspring] / ～ a new breed [variety] 新種を作る. ── *vi.* 生まれる，生じる.

pro·cre·a·tion [pròʊkriéɪʃən|prə̀ʊkrɪ-] 〚(*c*1395) ▭ OF *procreacion* ▭ L *prōcreātiō(n-)*：⇨ ↑, -ation〛 *n.* 出産，生殖 (generation).

pro·cre·a·tive [próʊkrièɪṭɪv|prə́ʊkrɪèɪt-] 〚⇨ procreate, -ative〛 *adj.* 産み出す，作り出す，生殖[繁殖]力のある (generative).

pró·cre·à·tor [-ṭə|-tə(r)] 〚▭ L *prōcreātor*：⇨ procreate, -or²〛 *n.* 産む人 (generator)，(父)親 (parent).

Pro·cris [próʊkrɪs, prɑ́k-, -rəs|prə́ʊkrɪs, prɔ́k-] 〚▭ L ～ ▭ Gk *Prókris*〛 ── *n.* 《ギリシャ神話》プロクリス《アテネの王 Erechtheus の娘で Cephalus の妻；暁の女神に嫉妬され，誤って夫の手で殺された》.

Pro·crus·te·an, p- [pro(ʊ)krʌ́stiən, p(r)ə-|prəʊkrʌ́stɪən, -tjən] 〚(*a*1846)：⇨ Procrustes, -an¹〛 ── *adj.* プロクルステス式の，無理に規準に合わせ(ようとす)る，牽強付会(けんきょうふかい)な，杓子(しゃくし)定規の：a ～ method (強引に規準に合わせようとする)杓子定規な方法.

Procrústean béd, p- b- *n.* 人が無理に[情容赦なく]従うよう強制される組織[政治，主義].

Pro·crus·tes [pro(ʊ)krʌ́sti:z, p(r)ə-|prə(ʊ)-] 〚▭ L ～ ▭ Gk *Prokroústēs*《原義》stretcher ← *prokroúein* to stretch out〛 ── *n.* 《ギリシャ伝説》プロクルステス《古代ギリシャの強盗；捕えた人を鉄製の寝台に寝かせ，その人が寝台より長ければ余った部分を切り，短ければ引き延ばして寝台と同じ長さにしたという》.

prò·crýptic 〚← PRO(TECT)＋CRYPTIC〛 ── *adj.* 《動物》〈体色が〉敵から身を護るような，〈昆虫・カメレオンなど〉保護色をもった (cf. anticryptic, aposematic)：～ color 順隠匿色 / ～ coloration 保護色.

proct- [prɑkt|prɔkt] (母音の前に来る時の) procto- の異形.

-proc·ta [prɑ́ktə|prɔ́k-] 〚← NL ～ ← Gk *prōktós* anus〛「…型の肛門をもつ動物」の意の名詞連結形.

proc·tec·to·my [prɑktéktəmi|prɔktéktəmɪ] 〚← PROCTO-, -ECTOMY〛 *n.* 《外科》直腸(肛門)切除(術).

proc·ti- [prɑ́ktɪ, -tə|prɔ́ktɪ] procto- の異形 (⇨ -i-).

proc·to- [prɑ́ktoʊ|prɔ́ktə(ʊ)] 〚← NL ～ ← Gk *prōkto-* ← *prōktós* anus〛「肛門(こうもん) (anus)；直腸 (rectum)；肛門と直腸」の意の連結形. ★ 時に procti-，また母音の前では通例 proct- になる.

proc·to·dae·um [prɑ̀ktədí:əm|prɔ̀ktə(ʊ)-] 〚← NL ～ ← PROCTO-＋Gk *hodaîos* on the way (← *hodós* way)〛 ── *n.* (*pl.* **-dae·a** [-dí:ə], ～**s**) (*also* **proc·to·de·um** [prɑ̀ktədí:əm|prɔ̀k-]) 《動物》肛門(こうもん)陥，肛陥，肛門道《動物の発生に際して，外胚葉(がいはいよう)が陥入し，中腸と開通して肛門付近を形成する部分；cf. stomodaeum》.

proc·tól·o·gist [-dʒɪst, -dʒəst|-dʒɪst] *n.* 肛門科医.

proc·tol·o·gy [prɑktɑ́lədʒi|prɔktɔ́lədʒɪ] 〚← PROCTO-＋-LOGY〛 ── *n.* 直腸肛門(病)学，肛門科. **proc·to·log·ic** [prɑ̀ktəlɑ́dʒɪk|prɔ̀ktəlɔ́dʒ-] *adj.* **pròc·to·lóg·i·cal** *adj.*

proc·tor [prɑ́ktə|prɔ́ktə(r)] 〚(*a*1325) *proc(u)tour*《短縮》← *procuratour* 'PROCURATOR'〛 ── *n.* **1** 《法律》代理人 (agent)；代弁人，代訴人；(宗教裁判所・海事裁判所の)ソリシター (solicitor)：⇨ King's Proctor. **2 a** (Cambridge および Oxford 大学の)学監 (cf. bulldog 3)：a senior [junior] ～. **b** (米大学の)試験監督官. **3** 《英国国教会》(聖職議会 (Convocation) における教区選出の)聖職代議員. ── *vi.* 《米》(大学で)試験監督をする (《英》invigilate). **proc·to·ri·al** [prɑktɔ́:riəl, -tɔ́:r-|prɔktɔ́:rɪ-] *adj.*

proc·tor·ize [prɑ́ktəràɪz|prɔ́k-] *vt.* 〈学生を〉学監の前に呼び出す，〈学監が〉〈学生を〉譴責(けんせき)[処罰]する. ── *vi.* (学生に)学監の職務を執行する.

próctor·ship *n.* proctor の職[任期].

proc·to·scope [prɑ́ktəskòʊp|prɔ́ktəskə̀ʊp] 〚← PROCTO-＋-SCOPE〛 *n.* 《医学》直腸鏡，肛門鏡 (rectoscope).

pro·cum·bent [pro(ʊ)kʌ́mbənt|prə(ʊ)-] 〚▭ L *prōcumbent-em* (pres.p.) ← *prōcumbere* to fall forward ← PRO-¹＋*-cumbere* (← *cubāre* to lie down)〛 ── *adj.* **1** 《植物》地に伏した，はう，匍匐(ほふく)性の (trailing). **2** 平伏した，うつぶせになった (prone).

pro·cur·a·ble [prəkjʊ́(ə)rəbl̩, pro(ʊ)-|prəkjʊ́ər-] 〚⇨ procure, -able〛 *adj.* 得られる，手に入れられる.

proc·u·ra·cy [prɑ́kjʊrəsi|prɔ́kjʊrəsɪ] 〚ME *procuracie* ▭ ML *prōcūrātia*：⇨ procure, -acy〛 *n.* 《古》代理 (procurator) の職[任務]，代理事務.

pro·cur·al [prəkjʊ́(ə)rəl, pro(ʊ)-|prəkjʊ́ər-] 〚⇨ procure, -al²〛 *n.* 獲得 (procurement)；(特に)獲得行為.

pro·cur·ance [prəkjʊ́(ə)rəns, pro(ʊ)-|prəkjʊ́ər-] 〚⇨ procure, -ance〛 *n.* 獲得；(特に)斡旋，周旋，代理.

proc·u·ra·tion [prɑ̀kjʊréɪʃən|prɔ̀kjʊ(ə)r-] 〚ME *procuracioun* ▭ OF *procuracion* ▭ L *prōcūrātiō(n-)* taking care ← *prōcūrāre* (↓)：⇨ -ation〛 ── *n.* **1** 得ること，手に入れること，獲得 (obtainment). **2** 売春婦をかかえること，売春婦周旋 (pimping). **3** 《法律》**a** 代理 (agency)，代弁，委任権；委任状：by [per] ～ 代理で / a letter of ～ 委任状 / have [hold] ～ 委任状を有する. **b** (訴訟)代理人選任. **4** 《法律》貸金周旋料，手数料 (procuration fee, procuration money ともいう). **5** 《英国国教会》巡錫(じゅんしゃく)料，巡回お礼《教会などから巡回する聖職者に贈るもの》.

proc·u·ra·tor [prɑ́kjʊrèɪṭə|prɔ́kjʊ(ə)rèɪtə(r)] 〚(1244) ▭ OF *procuratour* // L *prōcūrātor* ← *prōcūrātus* (p.p.) ← *prōcūrāre* to take care of：⇨ procure, -ator〛 ── *n.* **1 a** (古代ローマの，財政としばしば行政権をもった)行政長官，地方税収官 (magistrate). **b** (イタリアなどの)行政官，知事：a chief public ～. **c** ＝public prosecutor. **2** 《法律》代理人 (proxy). **3** 《カトリック》(修道院の)庶務担当修道士.

procurator of the fisk 《スコット法》＝procurator fiscal.

proc·u·ra·to·ri·al [prɑ̀kjʊrətɔ́:riəl, -tɔ́:r-|prɔ̀kjʊ(ə)rətɔ́:rɪ-] *adj.*

prócurator físcal *n.* 《スコット法》地方検察官《procurator of the fisk ともいう；cf. prosecuting attorney》.

prócurator géneral *n.* 高位の行政官；《英》大蔵省の法規課長.

prócurator·shìp *n.* procurator の職[任期].

proc·u·ra·to·ry [prɑ́kjʊrətɔ̀:ri, -tɔ̀:ri|prɔ́kjʊ(ə)rətəri] 〚ME ▭ LL *prōcūrātōri-us*：⇨ procurator, -atory〛 *n.* 《法律》**1** 代理命令. **2** 委任権 (power of attorney).

proc·u·ra·trix [prɑ́kjʊrèɪtrɪks, ←ー←ー|prɔ́kjʊrèɪtrɪks, ←ー←ー] 〚▭ L *prōcūrātrix* (fem.) ← *prōcūrātor* 'PROCURATOR'：⇨ -trix〛 ── *n.* 《カトリック》(女子修道院の)庶務担当修道女.

pro·cure [prəkjʊ́ə, pro(ʊ)-|prəkjʊ́ə(r)] 〚(*c*1300) *procure(n)* ▭ (O)F *procur-er* ▭ L *prōcūrāre* to take care of：⇨ pro-¹, cure¹〛 ── *vt.* **1** (努力して)手に入れる，得る，〈必需品を〉調達する：～ evidence 証拠を手に入れる / I cannot ～ employment [an appointment, a situation]. 就職ができない[勤め口がない] / I must ～ you a copy [a copy for you]. どうしても君に一部手に入れてあげなければなるまい. **2** 来す，致す，招来する，かもす (cause)：～ a person's death by poison 人を毒殺する. **3** 〈売春婦を〉かかえる；〈売春婦を〉周旋する. ── *vi.* 売春の周旋をする (pimp).

pro·cúre·ment 〚ME ▭ OF ～：⇨ ↑, -ment〛 ── *n.* **1** 獲得；(必需品の)調達；周旋，斡旋(あっせん). **2** (政府の)買い上げ，調達：a ～ demand (占領軍の)調達要求書 (略 P.D.).

pro·cúr·er [-kjʊ́(ə)rə|-kjʊ́ərə(r)] 〚(*a*1393) ▭ AF *procurour* ＜ L *prōcūrātōrem* 'PROCURATOR'：⇨ procure, -er¹〛 *n.* **1** 獲得者 (obtainer). **2** 売春周旋者.

pro·cur·ess [prəkjʊ́(ə)rɪs, pro(ʊ)-, -rəs|prəkjʊ́ərɪs, -rəs, -res] 〚(15C)：⇨ ↑, -ess¹〛 *n.* 売春を周旋する女，女衒(ぜげん).

Pro·cy·on [próʊsiɑ̀n, prɑ́s-, -ən|prə́ʊsjən, -sɪən] 〚▭ L *Procyon* ▭ Gk *Prokúōn* ← PRO-²＋*kúōn* dog：Sirius (the dogstar) よりも前に天に上ることから〛 ── *n.* 《天文》プロシオン《こいぬ座 (Canis Minor) の α 星で 0.4 等星》.

Pro·cy·on·i·dae [pròʊsiɑ́nədì:|prə̀ʊsɪɔ́nɪ-] 〚← NL ～ ← *Procyon* (属名：↑)＋-IDAE〛 *n. pl.* 《動物》アライグマ科.

prod [prɑ́(:)d|prɔ́d] 〚(1535)《擬音語》?：cf. brod〛 ── *v.* (**prod·ded**；**prod·ding**) ── *vt.* **1** 突く，つつく (poke)；突き入れる，突っ込む：～ a pig *with* a stick 豚を棒でつつく / ～ the tobacco *into* one's pipe *with* one's thumb 親指でたばこをパイプに詰め込む. **2** 刺激する (incite)，呼び起こす，促す，励ます (urge)；いじめる (irritate)：～ a lazy boy 怠け坊主を励ます / ～ one's memory 記憶を呼び起こす. ── *vi.* 〔…を〕突く，つつく〔*in, into, at*〕. ── *n.* **1** (家畜を追うための)突き棒，刺し棒 (goad)；くし. **2** 刺し (thrust)，突き，つつき (poke)：give a person a ～ in the ribs 人のあばらを突く. **3** 行動への刺激となるもの，促すもの，(思い出させるための)暗示，助言，合図 (reminder). **4** 《アイル》《軽蔑》プロテスタント，新教徒.

on the prod 《米西部》(興奮して)すぐにも喧嘩する気で.

prod. 《略》produce；produced；producer；product；production.

pród·der *n.* つつく者[物]，刺激者.

prod·e·li·sion [prɑ̀dəlíʒən, -dl̩-|prɔ̀dɪl-] 〚← L *prōd-* (PRO-¹ の母音の前の古形)＋ELISION〛 *n.* 《言語》頭母音の脱落《'gainst, (')midst など；cf. aphesis》.

prod·i·gal [prɑ́dɪgəl, -də-|prɔ́dɪ-] 〚(*c*1450) ▭ ML *prōdigāl-ie* ← L *prōdigus* (↓)〛 ── *adj.* **1** 浪費する，贅沢(ぜいたく)な，放蕩(ほうとう)の：～ expenditure 浪費 / play the ～ 道楽をする. **2** 惜しげもなく使う，しめくくりのない，おおまかな (lavish)：be ～ *of* benefactions [*with* smiles] むやみに施しをする[にこにこする]. **3** ありあまる，豊富な (profuse). ── *n.* **1** 《文語》浪費家，道楽者，放蕩息子：the return of the ～ 放蕩息子の帰宅，罪人の悔い改め (cf. *Luke* 15：11-32). **2** 《ローマ法》浪費者. **～·ly** *adv.*

prod·i·gal·i·ty [prɑ̀dəgǽləṭi|prɔ̀dɪgǽlɪti, -lɪ-] 〚(1340) *prodigalite* ▭ (O)F *prodigalité* ▭ LL *prōdigālitātem* ← L *prōdigus* prodigal ← *prōdigere* to squander ← *prōd-*＝PRO-¹＋*agere* to drive〛 ── *n.* **1** 放蕩(ほうとう) (dissipation)，道楽，浪費，金銭を湯水のように使うこと (lavishness)：be ruined by one's ～ 道楽で破産する. **2** ありあまること，豊富 (profusion).

prod·i·gal·ize [prɑ́dɪgəlàɪz, -də-|prɔ́dɪ-] 〚⇨ prodigal, -ize〛 *vt.* 浪費[濫費]する.

pródigal són *n.* **1** [the ～]《聖書》(帰宅した)放

蕩(とう)息子, 悔い改めた罪人 (cf. *Luke* 15: 11-32). **2** 〘魚類〙 **a** =cobia. **b** =rainbow runner.

pro·di·gious [prədídʒəs, pro(ʊ)- | prə-] 〖《1552》□ L *prōdigiōs-us*: ⇨↓, -ous〗 — *adj.* **1** 巨大な (enormous), 莫大な (vast), 並外れて大きな, けたはずれの; はなはだしい, 無量の (immense): a ~ noise びっくりするような大きな音. **2** 非常な, 異常な (extraordinary); 驚異的な, 不思議な (marvelous); 怪奇な: a ~ memory / a man of ~ energy 驚異的な精力の持主. **3** 《古》不吉な (ominous). **~·ly** *adv.* **~·ness** *n.*

prod·i·gy [prɑ́dədʒi | prɔ́dɪdʒɪ, -də-] 〖《1494》□ L *prōdigium* portent ← *prōd-*=PRO-¹+OL **agiom* (← *aiō* I say): cf. adage〗 — *n.* **1** 驚嘆すべき人[物]; 天才 (genius), 奇才, 神童; 絶世の美人: an infant [a child, a youthful] ~ 神童, 天才児 / a piano ~ =a ~ pianist ピアノの天才 / a ~ of learning [energy] 不世出の学者[絶倫の精力家]. **2** 偉観, 非凡; 驚異, 不思議; 奇怪なもの, 怪物: *prodigies* of nature 自然界のすばらしさ《Grand Canyon のようなもの》. **3** 《古》(日蝕・月蝕・流星のような)不吉の徴候, 前兆 (portent).

pro·do·mos [pro(ʊ)dóʊməs | prə(ʊ)dáʊməs] 〖□ Gk *pródomos* 《原義》 fore-house ← PRO-²+*dómos* house〗 — *n.* (*pl.* **-do·moi** [-mɔɪ]) 〘建築〙(古代のギリシャ神殿等の)前室, 玄関広間.

pro·dro·mal [proʊdróʊməl, prɑ́drə- | prɔ́drə-] 〖⇨↓, -al¹〗 *adj.* **1** 序言の, 序論の. **2** 〘病理〙前徴の: ~ symptoms of a disease 病気の前駆症状.

pro·drome [próʊdroʊm | práʊdrəʊm] 〖□ F ~ ← NL *prodromus* ← Gk *pródromos* running before: ⇨ pro-², -drome〗 — *n.* (*pl.* **pro·dro·ma·ta** [proʊdróʊmətə | prəʊdráʊmətə], **~s**) **1** 〘病理〙前徴, 前駆症状 〔*of*〕. **2** =prolegomenon.

pro·drom·ic [proʊdrɑ́mɪk | prəʊdrɔ́m-] 〖⇨↑, -ic¹〗 *adj.* =prodromal.

pro·duce 〖v.: 《1499》□ L *prōdūc-ere* ← PRO-¹+*dūcere* to lead. — n.: 《1699》← (v.): cf. duct〗 — v. [prəd(j)ú:s, pro(ʊ)- | prədjú:s] — *vt.* **1** 生じる, 産する, 産み出す (yield): The soil ~*s* grain. 土地は穀物を産する / The investment ~*s* a small income. この投資ではわずかの利益しかあがらない / Labor ~*s* wealth. かせげば身代ができる. **2** 〈動物が〉〈子を〉生む, 〈実を〉結ぶ (bear): The flock ~*d* many lambs. 羊群は子羊をたくさん産んだ. **3** 作り出す, 製造する, 生産する: ~ on the line (流れ作業で)大量生産する (cf. production line) / two reactors that will ~ 2,000,000 kilowatts of electricity 200万キロワットの電力を生産する原子炉 2 基. **4** (頭[体]を使って)作り出す; 〈詩を〉作る, 〈絵を〉描く, 〈研究を〉完成する: ~ a poem, painting, etc. **5** 〈切符などを〉示す, 見せる, 提示する; 提出する, 出す (bring forward): ~ one's ticket [driver's license] 切符[運転免許証]を出して見せる / ~ five dollars from one's pocket 懐中から 5 ドルを出す / ~ oneself 出る, 現われる / ~ evidence [witnesses] 証拠[証人]を出す / ~ a report レポートを提出する. **6 a** 《米》〈劇などを〉公にする, 上演する (stage): ~ a play 劇を公演する / ~ a performer 出演者を披露する. **b** 〈映画を〉製作する, プロデュースする. **c** 〈本を〉出版する: ~ a book. **7** 《英》(舞台監督として)〈劇を〉演出する: how to ~ a play 戯曲演出法. **8** 引き起こす, もたらす, 生じさせる, 招来する (bring about): ~ a sensation 大評判を巻き起こす / ~ pollution 汚染(による公害)を生ずる / The experiment is expected to ~ fine results. その実験はよい結果を結ぶものと期待されている. **9** 〘数学〙〈線などを〉延長する (extend), 結ぶ (connect): ~ a line from one point to another 一点から他の点に直線を引く. — *vi.* **1** 産出する: a mine which no longer ~*s* もう産出しない鉱山. **2** 生産する: The salvation of trade is to ~. 貿易振興のかぎは増産だ. **3** 映画を製作する: ⇨ producing lot. **4** 創作する: With all his scholarship, he seems unable to ~. あれだけの学問がありながら創作はできないようだ.

— [prɑ́d(j)u:s, próʊd- | prɔ́dju:s] *n.* **1** 生産額, 生産高; 産出量[高]. **2** [集合的] 農産物, 天産物 (crops); 作, 製品 (products): agricultural [farm] ~ 農産物 / the ~ of the fields 農作物 / the ~ of the factories and mills 工場製品. **3** (通例, 動物の雌の)子. **4** (労働・努力の)成果, 産物; 作品, 成績.

pro·dúc·er 〖《1513》: ⇨↑, -er¹〗 — *n.* **1** 生産者, 製作者 (cf. consumer): a ~ of rice=a rice ~ 米生産者[地, 国] / the ~ states 生産国. **2** 〘演劇〙 **a** 《英》演出家 (《米》 director) (cf. stage director). **b** 《米》(劇の)プロデューサー; (劇場の)経営者, 興行主. **3** 〘映画〙製作者, プロデューサー《企画・スタッフの編成・製作・経済面一切の責任をもつ人》. **4** 〘化学〙ガス発生炉. **5** 〘生態〙生産者《自然の生物界において, 無機物から有機物を合成し, エネルギーを固定する役割をする独立栄養の緑色植物; cf. consumer 3, food chain》.

prodúce ràce *n.* 〘競馬〙産駒競走《出馬登録の際, 馬名登録をした馬または個体識別した馬の産駒によって行なわれる競走; cf. futurity race 1》.

prodúcer gàs *n.* 発生炉ガス(燃料) (air gas).

prodúcer gòods *n. pl.* 〘経済〙生産財《消費財生産の過程で使用される財の総称; production goods, intermediate goods ともいう; cf. consumer goods, capital goods》.

prodúcer prìce *n.* 〘経済〙=producers' price.

prodúcers' gòods *n. pl.* 〘経済〙=producer goods.

prodúcers' prìce *n.* 〘経済〙生産者価格 (cf. consumer price).

pro·duc·i·bil·i·ty [prəd(j)ù:səbíləṭi, pro(ʊ)- | prədjù:səbílətɪ, -sɪ-, -lɪ-] 〖⇨↓, -ility〗 — *n.* **1** 生産しうること, 生産性. **2** 提出しうること. **3** 〘数学〙延長可能性.

pro·duc·i·ble [prəd(j)ú:səbḷ, pro(ʊ)- | prədjú:sə-, -sɪ-] 〖□ LL *prōdūcibil-is*: ⇨ produce, -ible〗 — *adj.* **1** 生産できる, 造れる. **2** 示せる, 提出できる. **3** 〘数学〙延長できる. **4** 上場[上演]できる.

pro·dúc·ing lòt *n.* 《米》映画製作所.

prod·uct [prɑ́dʌkt, -dəkt | prɔ́d-] 〖《*a*1500》□ L *prōduct-um* (n.) (neut. p.p.) ← *prōdūcere* 'to PRODUCE'〗 — *n.* **1** 産出物, 生産品; 製作物, 製品; 創作(品); 生産高: the ~*s* of the soil 農産物 / agricultural [marine] ~*s* 農[海]産物 / factory ~*s* 工場製品 / natural ~*s* 天然の産物 / ⇨ residual product. **2** 所産, 創作: intellectual ~*s* 知力の産物 / the ~*s* of Shakespeare's genius シェークスピアの天才の所産. **3** 結果, 成果, 効果 (result): the ~ of one's labor 労力の成果. **4** 〘数学〙積, 乗積: The ~ of 6 and 3 is 18. 6 と 3 の積は 18 である. **5** 〘化学〙生成物 (cf. educt 2).

próduct engineèr *n.* 生産技師.

pro·duc·tion [prədʌ́kʃən, pro(ʊ)- | prə-] 〖《1483》□ (O)F ~ □ LL *prōductiō(n-)* a bringing forward, L a lengthening: ⇨ product, -tion〗 — *n.* **1 a** 生産, 産出, 製作, (大量の)製造 (manufacture) (cf. consumption); 創出: ⇨ mass production / the ~ *of* radios ラジオの製造 / go into [out of] ~ 生産が始まる[中止になる]. **b** 生産量[高], 生産率: increase ~ 生産量[率]を増大する. **c** 産物, 製品: the newest ~ of the factories 工場の最新の製品. **2 a** 著作, 創作. **b** 作品, 著作物 (work); (研究の)結果 (result): Rodin's ~*s* ロダンの作品 / the ~ of scientific research 科学的研究の結果. **3 a** (劇の)演出, 上演; (映画・放送番組の)製作: a student ~ of *Tom Sawyer* 学生の「トムソーヤー」上演 / have a movie in ~ 映画を製作中である. **b** 上演作品[劇]; 製作映画[番組]: the company's best ~ to date 今日までその一座が上演した最もすぐれた劇. **4** (役人などへの)提示, 提出 (presentation): on ~ *of* a passport パスポートを提示した時に. **5** 《口語》(無用の[大仰な])騒ぎ(立て): make a ~ (out) of… 〈小さな事〉で仰山な騒ぎを演じる. **6** 〘教育〙(理解 (recognition), 受容 (reception) に対して) 発表. **7** 〘数学〙 **a** 延長 (extension): the ~ of a line 線の延長. **b** 延長線.

pro·dúc·tion·al [-ʃənḷ, -ʃnəl] 〖⇨↑, -al¹〗 *adj.* 生産の, 生産的な: ~ values 生産価値.

prodúction càr *n.* 《英》量産車《注文製の自動車に対していう》.

prodúction contròl *n.* 生産管理, 工程管理.

prodúction còst *n.* 〘経済〙生産費用《生産原価に適正利潤・輸送費・諸掛(保険料・損料等)を加えた総経費》.

prodúction gòods *n. pl.* 〘経済〙生産財 (⇨ producer goods).

prodúction lìne *n.* (生産の標準化により少種多量生産を可能にする)生産ライン.

pro·duc·tive [prədʌ́ktɪv, pro(ʊ)- | prə-] 〖《1612》□ F ~ □ ML *prōductīvus* fit for production: ⇨ product, -ive〗 — *adj.* **1** 生産的な, 生産力を有する: a ~ society 生産組合. **2** 〔…を〕生じる〔*of*〕: an age ~ *of* great men 偉人輩出の時代 / the land ~ *of* figs いちじくを産する土地 / be ~ *of* great annoyance 騒ぎを引き起こす. **3** 多産の, 豊かな (fertile): ~ soil 肥えた土地 / a ~ writer 多作の作家. **4** 創造力に富む, 実り多い: a ~ day 充実した 1 日. **5** 〘経済〙純益を生じる, 利益を生じる, 営利的な: ~ labor 生産的労働. **6** 〘言語〙〈接頭[尾]辞など〉造語力のある《例: un-》. **7** 〘病理〙(気管などから)たん[粘液]の出る: a ~ cough.

pro·dúc·tive·ly *adv.* 生産的に, 多産で, 豊かに.

pro·dúc·tive·ness *n.* 多産, 多作.

prodúctive vocábulary *n.* 〘教育〙発表語彙, 使用語彙 (⇨ active vocabulary).

pro·duc·tiv·i·ty [pròʊdʌktívəṭi, prɑ̀d-, prədʌ̀k-, pro(ʊ)- | pròdʌktívəti, prɔ̀d-, -dək-, -vɪ-] 〖⇨ productive, -ity〗 — *n.* **1** 生産性[力], 多産(性): ~ of labor=labor ~ 労働生産性 / ~ per acre 1 エーカー当たりの(農作物)生産量 / ~ movement 生産向上運動. **2** 〘生物〙生産性, 生産力《単位時間当たりの生産量; 特に, 生産者により有機物として固定される量》.

pro·em [próʊem | práʊ-] 〖《*c*1395》 *proheme* □ OF *pro(h)eme* (F *proème*) ‖ L *prooem-ium* □ Gk *prooímion* ← PRO-²+*oímē* song (← ? *oîmos* way, course, strain of a song)+*-ion* (dim. suf.)〗 — *n.* 緒言 (introduction), 序文 (preface), 前置き; 発端. **pro·e·mi·al** [proʊí:miəl | prəʊí:mɪ-] *adj.*

prò·émbryo 〖← PRO-²+EMBRYO〗 *n.* 〘植物〙前胚(はい)《植物の胚発生の初期段階で, 受精卵の分割から真の胚が生ずるまで》.

prò·environméntal *adj.* 環境保護[保全]の.

prò·énzyme 〖← PRO-²+ENZYME〗 *n.* 〘生化学〙プロ酵素 (⇨ zymogen).

prò·erýthroblast 〖← PRO-²+ERYTHROBLAST〗 *n.* 〘解剖〙前赤芽球.

pro·ette [proʊét | prəʊ-] 〖← PRO¹+-ETTE〗 *n.* スポーツの女子プロ選手《特に, 女子プロゴルファー》.

Pro·e·tus [proʊí:ṭəs | prəʊí:t-] 〖□ L ~ □ Gk *proîtos*〗 *n.* 〘ギリシャ伝説〙プロイトス《アルゴス王 Danaus の孫, Acrisius と兄弟; 盾の発明者といわれる》.

prò-Européan *adj.* **1** 西欧諸国の社会[文化, 経済]的統一を主張[支持]する. **2** 英国の欧州共同体加盟に賛成する. — *n.* pro-European の人.

prof [prɑ́(:)f | prɔ́f] 〖《略》← PROFESSOR〗 *n.* 《口語》教授.

prof. 《略》profession; professional; professor.

Prof. 《略》Professor.

prof·a·na·tion [prɑ̀fənéɪʃən, pròʊf- | prɔ̀f-] 〖《1552》□ MF *prophanation* ‖ LL *profānātiō(n-)*: ⇨ profane, -ation〗 — *n.* **1** 神聖を汚すこと, 冒瀆(とく) (desecration): ~ of a temple 神殿[寺院]の冒瀆. **2** (神聖なものの)濫用, 悪用 (misuse): the ~ of the name of God 神の名の濫用. **3** (濫用による)俗化.

pro·fan·a·to·ry [pro(ʊ)fǽnətɔ̀:ri, prə-, -tɔ̀:ri | prəfǽnət(ə)rɪ] 〖← PROFANAT(ION)+-ORY¹〗 *adj.* 神聖を汚す, 冒瀆(とく)的な (profaning).

pro·fane [pro(ʊ)féɪn, prə- | prə-] 〖adj.: 《1483》 *prophane* □ MF (⇨ fane) □ L *profānus* outside the temple ← PRO-¹+*fānum* temple. — v.: 《*c*1390》 *prophane(n)* □ OF *prophan-er* □ L *profānāre* to render unholy, violate ← *profānus* (adj.)〗 — *adj.* **1** 神を汚す, 神聖を冒す, 不敬な: ~ swearing [language] みだりに神の名を唱えるのろい[不敬な言葉]. **2** (宗教的に対して)世俗的な, 宗教と無関係の: ~ history [literature, art] (宗教史[文学, 芸術]に対して)世俗史[文学, 芸術]. **3** 邪教の, 異教の: ~ rites and ceremonies 異教の儀式礼典. **4** 宗教に無縁の, 教外の, 外道の (uninitiated); 凡俗の, 卑俗な (vulgar): ~ ears [persons] 俗耳[人] / the ~ (crowd) 俗衆. — *vt.* **1** …の神聖を汚す (desecrate), 冒瀆(とく)する, 辱める (violate), 汚す: ~ a shrine 神社を汚す / ~ the national flag 国旗を辱める. **2** 濫用する, 誤用する (misapply). **~·ly** *adv.* **~·ness** *n.* **pro·fán·er** *n.*

pro·fan·i·ty [pro(ʊ)fǽnəṭi, prə- | prəfǽnətɪ, -nɪ-] 〖《1607》□ LL *profānitāt-em*: ⇨↑, -ity〗 — *n.* **1** 神聖[神]を汚すこと, 冒瀆(とく), 不敬 (irreverence). **2** 神聖を汚すような行為, 罰当たりの言葉.

prò·férment 〖← PRO-²+FERMENT〗 *n.* 〘生化学〙プロ酵素 (⇨ zymogen).

pro·fert [próʊfət | práʊfət] 〖← L *prōfert* (*in cūriā*) he produces (in court) (pres. 3 sg.) ← *prōferre* ← PRO-¹+*ferre* to bring〗 — *n.* 〘法律〙(法廷において原告のする)書証の申し出.

pro·fess [prəfés, pro(ʊ)- | prə-] 〖《*a*1333》← ME *profes(se)* (adj.) having taken solemn religious vows □ OF □ LL *prōfessus* (p.p.) ← *prōfitērī* to declare publicly ← PRO-¹+*fatērī* to confess〗 — *vt.* **1** [しばしば ~ *oneself* で目的補語を伴って] 公言する, 明言する (declare) 〈*to do, that*〉: ~ one's satisfaction 満足だという / ~ *to* know the truth 真実を知っていると公言する / ~ *oneself* a Christian [converted, a convert] キリスト教徒である[改宗した]と公言する / He ~*ed himself* glad *to* be home again. 彼は帰国できてうれしいと述べた / I ~ (*that*) this is news to me. 実のところこれは私には初耳です. **2** 〈宗教・神などの〉信仰を公言する, (公に)信仰[告白]する, 奉じる: ~ Christianity キリスト教を信仰する / ⇨ *profess* RELIGION. **3** [しばしば ~ *oneself* で目的補語を伴って] 自分のものらしく主張する; 装う, …のふりをする (pretend); …と偽る 〈*to be*〉: ~ regret [eagerness, ignorance] 遺憾[熱心, 無知]の風をする / ~ *to* be a learned man 学者ぶる / ~ *oneself* fond of music 音楽が好きだと自称する. **4** …の知識[技能]があると主張する; 職とする: ~ law [medicine, plumbing] 弁護士[医者, 鉛工]を業とする. **5** (誓願させて)教団に入会させる, 入信させる. **6** 〖《1560》《逆成》← PROFESSOR〗 …の教授として教える: ~ Greek, history, etc.
— *vi.* **1** 公言する, 明言する (declare). **2 a** 信仰告白する (confess): a ~*ing* Christian 誓約して帰依するキリスト教徒. **b** 〘キリスト教〙(修道会に)誓願する, 誓願して入会[入信]する. **3** 〖⇨ vt. 6〗 大学教授を勤める: He ~*es* at Oxford.

pro·féssed 〖《?*c*1395》← ME *profes* professed (⇨ profess)+-ED〗 — *adj.* **1** 公言した, 公然の (avowed): a ~ Christian [Jew] 公然と名乗るキリスト教信者[ユダヤ人] / a ~ enemy of reform 改革の公然の敵. **2** 専門的な, 本職風の: a ~ critic 本職の批評家. **3** 誓約して宗門にはいった: a ~ monk, nun, etc. **4** 見せかけの, 偽りの (pretended), 自称の (self-styled): one's ~ piety [friendship] 見せかけの敬神[友情] / a ~ anatomist 自称解剖学者.

pro·féss·ed·ly [-sɪdli, -səd-, -st- | -sɪdlɪ, -səd-] *adv.* **1** 公言して, 公然と. **2** 偽って, うわべでは, 表面上.

pro·fes·sion [prəféʃən, pro(ʊ)- | prə-] 〖《?*a*1200》□ (O)F ~ □ L *professiō(n-)* avowal, declaration: ⇨ profess, -sion〗 — *n.* **1** 公言, 告白 (avowal), 宣言 (declaration): ~ of faith [loyalty] 信仰[忠節]の宣言 / in practice if not in ~ 公言こそしないが実際には / Accept my sincere ~*s* of regard. 私の真心からの敬意を受けて下さい / Spare me these ~*s*. こういう告白は私にさせないで下さい. **2** 〘宗教〙信仰告白; 告白した信仰; 宗門入りの誓約[宣言]: the ~ of Christianity キリスト教信仰告白 / make one's ~ 聖職者になる誓いを立てる. **3** 職業 (vocation); (特に)知的[専門的]職業: ⇨ learned profession / the ~ of teaching [a barrister] 教職[弁護士業] / the clerical [medical] ~ 聖職[医業] / Adam's ~ 園芸 (gardening) / the (world's) oldest ~ 《戯言》売春 / ⇨ *by* PROFESSION. **4** [the ~;

集合的] **a** 同業者連[仲間]: the etiquette of *the* ~ 同業者間の礼儀 / be condemned by *the* ~ 同業者から非難される. **b** 《俗》〘演劇〙俳優仲間, 芸人仲間; 俳優稼業.
by profession 職業は, 商売は: He is a doctor *by* ~. 職業は医者だ.
~·less *adj.*

pro·fés·sion·al [-ʃənl̩, -ʃnəl] 〘《adj.: *c*1420; n.: 1811》: ⇨↑, -al[1]〙 ── *adj.* **1** 知的職業に従事している, 専門職業の: a ~ man 専門家; プロ選手 / the ~ classes (商人階級に対して)技能的階級; (有産・地主階級に対して)知的職業階級. **2** 職業的な, 本職の, 玄人(くろうと)の; 本職にふさわしい, 専門家的な: a ~ name 芸名 / a ~ painter [actor, singer, photographer] 本職の画家[俳優, 歌手, 写真家] / a ~ ballplayer プロ野球選手 / a ~ golfer プロゴルファー / ~ traders (商取引所の)玄人筋 / ~ skill 特技 / ~ education (一般教育に対し, 高度の知識を授ける)専門教育; (普通教育に対し)職業教育 / ~ etiquette [jealousy] 同業者間の礼儀[ねたみ] / the ~ gravity of a judge 裁判官らしいまじめさ. **3** (娯楽のためのものを)職業とする; 《軽蔑》(非職業的なものを)商売にする: a ~ politician 政治屋 / ~ basketball (teams) 職業[プロ]バスケットボール(チーム) / the work of a ~ burglar 夜盗を専門とする者の仕業. **4** 専門家[玄人, プロ選手]の行なう: a ~ ball game プロ野球試合. ── *n.* **1 a** 専門家; 本職の芸術家《画家・俳優・歌手など》. **b** 〔ある分野で〕(力量・経験からして)専門家と言える人 〔*in*〕. **2** (amateur に対し)専門家, 玄人, プロ選手. **3** 知的職業人.

pro·fés·sion·al·ism [-ʃ(ə)nəlìzm] 〘⇨↑, -ism〙 *n.* **1** 職業根性, 専門家気質; 専門家技術, 玄人芸. **2** プロであること; (特に)プロ選手であること.

pro·fés·sion·al·ize [-ʃ(ə)nəlàɪz] 〘⇨ professional, -ize〙 ── *vt., vi.* **1** (…に)職業的性質を与える, 職業化する, 専門的に取扱う, 専門化する, 専門家[プロ]になる. **2** (野球・ゴルフなどの)試合にプロ選手を使う[出す]. **pro·fes·sion·al·i·za·tion** [prəfèʃ(ə)nəlɪzéɪʃən, pro(ʊ)-, -lə- | prəfèʃ(ə)nəlaɪ-, -lɪ-] *n.*

pro·fés·sion·al·ly [-ʃ(ə)nəli | -lɪ] *adv.* 職業的に, 職業として, 職業上, 専門的立場から言えば.

pro·fes·sor [prəfésə, pro(ʊ)- | prəfésə(r)] 〘《*a*1387》▭ (O)F *professeur* ∥ L ~: ⇨ profess, -or[2]〙 ── *n.* **1 a** 大学教授. ★ (1) 肩書としては準教授・助教授にも用いる. (2) 姓名の前ではしばしば Prof. と略す, ただし姓だけに直接つける場合には略さない: a ~ emeritus = an emeritus ~ 名誉教授 / a visiting ~ 客員教授 / a ~ extraordinary 員外教授 / a ~'s chair 大学教授の講座 / He is a ~ of economics *at* London University [*in* the Uuiversity of London]. 彼はロンドン大学の経済学の教授です. ★ 米国の大学では full ~ (正教授), associate [adjunct] ~ (準教授), assistant ~ (助教授)の順. 英国の大学では講座担当の教授を professor といい, その下は reader (助教授)という. **b** 《米》大学で講義をする教師《特に地位は問わない》. **2** 《米口語》(男の)教師, 先生 (teacher). **3** (ダンス・手品・人相見・ボクシングなどの)先生 (master). ★ 今日ではやや古風で通例滑稽な気取った呼称. **4** 公言者, 自称者; 信仰告白者, (正式に誓願を立てた)修道士: a ~ of Calvinism カルビン主義の信仰者.

pro·fes·sor·ate [prəfésərət, pro(ʊ)-, -rɪt | prə-] 〘《1860》▭ F *professorat*: ⇨↑, -ate[1]〙 ── *n.* **1** (大学)教授の職[地位, 任期]. **2** [集合的] 一大学の教授団; 教授会.

pro·fes·sor·ess [prəfésərɪs, pro(ʊ)-, -rəs | prəfésərɪs, -rəs, -rès] 〘⇨ -ess[1]〙 *n.* 《古》 **1** 女性教授. **2** 《スコット・米》女性の信仰告白者.

pro·fes·so·ri·al [pròʊfəsɔ́ːriəl, prɑ̀f-, -sóːr- | prɔ̀fɪsɔ́ːriəl, -fe-, -fə-] 〘《1713》← PROFESSOR + -IAL〙 ── *adj.* **1** 教授の, 教授らしい: a ~ manner 教授らしい態度. **2** 学者ぶった (pedagogic), 独断的な. **~·ly** *adv.*

pro·fes·so·ri·at [pròʊfəsɔ́ːriət, prɑ̀f-, -sóːr-, -riɪt, -rièt | prɔ̀fɪsɔ́ːriət, -fe-, -fə-, -riɪt] 〘《変形》← F *professorat* 'PROFESSORATE': PROFESSORIAL の影響を受けた〙 ── *n.* (*also* **pro·fes·so·ri·ate** [~]) **1** (一大学の)教授団; (ある社会の)大学教授という集団. **2** 大学での教職.

proféssor·shìp 〘⇨ -ship〙 *n.* 教授の職[地位].

prof·fer [prɑ́fə | prɔ́fə(r)] 〘v.: 《*c*1300》 *profre(n)* ▭ AF *profr-er* = OF *p(o)roffrir* ← *por* forth (⇨ pro-[1]) + *offrir* (< LL *offerire* = L *offerre* 'to OFFER'). ── n.: 《*a*1375》▭ AF *profre* ← *profrer*〙《文語》 ── *vt.* [主に p.p. 形で用いて] 提供する, 進呈する(offer); 申し出る (propose): ~ services / ~ help [《古》to help] 助力を申し出る. ── *n.* 提出, 提供; 申し出; 提出[提供]物: ~*s* of peace 平和の申し出.

pro·fí·cience [-ʃəns] 〘⇨ proficient, -ence〙 *n.* 《古》 = proficiency.

pro·fi·cien·cy [prəfíʃənsi, pro(ʊ)- | prəfíʃənsɪ] 〘《1544》: ⇨↓, -ency〙 ── *n.* 熟達, 堪能(たんのう) (skill); 向上, 上達 〔*in*〕: ~ *in* music 音楽の熟達 / attain great ~ *in* English 英語が大いに上達する. ── *vt.* 《米》〈人〉に実力検定試験で必須課目を免除する 〈*out*〉.

pro·fi·cient [prəfíʃənt, pro(ʊ)- | prə-] 〘《*c*1590》▭ L *prōficient-em* (pres.p.) ← *prōficere* to advance, accomplish ← PRO-[1] + *facere* to do, make: cf. fact, profit〙 ── *adj.* 〔…に〕熟達[熟練]した, 堪能(たんのう)な, 敏腕な 〔*in, at*〕: a ~ liar うそつきの名人 / be ~ *in doing*…するのに熟練している. ── *n.* 〔…の〕達人, 名人 〔*in*〕. **~·ly** *adv.*

pro·file [próʊfaɪl | prə́ʊ-] 〘《1656》▭ It. 《廃》 *profilo* ← *profilare* to draw in outline ← PRO-[1] + LL *filāre* to spin (← L *filum* thread): ⇨ file[1]〙 ── *n.* **1** (人・影像などの)横顔(のシルエット), 側面, プロフィール; 半面像: drawn in ~ 半面像の / She has a fine ~ [is fine in ~]. 彼女は横顔が美しい. **2 a** 輪郭 (outline), 外形(contour). **b** (歴史・政治情勢などの)素描(sketch). **c** (新聞・放送などによる)人物紹介[素描], 横顔: a ~ of the new premier. **3** 〘建築〙縦断面図, 側面の輪郭線図, 側面図 (vertical section). **4** 〘心理〙= psychograph 3. **5** 〘地質〙地質断面(図), 土壌断面(図): the ~ of a mountain. **6** (断面にそって現れる変化量などの)曲線, グラフ. **7** 〘劇場〙切出し《ある輪郭に切った舞台背景》.
keep a low [***high***] ***profile*** 目立たない[目立つ]; 低[高]姿勢を保つ.
── *vt.* …の輪郭[外形]を描く; …の側面[縦断面]図を描く; …の素描[人物紹介]を書く.

prófile dràg *n.* 〘航空〙翼形(抵)抗力, 断面抵抗, 形状抵抗《翼の全抗力から誘導抗力 (induced drag) を差引いた残りの抗力で, 通常の飛行状態では翼の表面に働く摩擦によるものが大部分である》.

prófile mìcroscope *n.* プロフィール顕微鏡《地表面の輪郭測定用器械》.

prófile pàper *n.* 〘土木〙縦断面図用紙《縦断図面用の製図用紙》.

pró·fil·er [-lə | -lə(r)] *n.* 〘機械〙ならい盤, 型彫(かたほり)機《型板にならって, それと同じ形状に加工する工作機械; profiling machine ともいう》.

pró·fil·ing machìne [-lɪŋ-] *n.* 〘機械〙= profiler.

pro·fil·ist [próʊfəlɪst, -ləst | prə́ʊfɪlɪst] *n.* プロフィール[シルエット]画家.

prof·it [prɑ́fɪt, -fət | prɔ́fɪt] 〘n.: 《?*c*1300》▭ (O)F ~ < L *prōfectum* progress, profit (p.p.) ← *prōficere*: ⇨ proficient. ── v.: 《*c*1303》▭ (O)F *profit-er*〙 ── *n.* **1** [しばしば *pl.*] 〘経済〙利益, 収益, 利得 (pecuniary gain); 利率 (profit ratio); 利潤: gross ~(*s*) 総益金 / net [clear] ~ 純益 / ~ rate 利潤率 / operating ~ 営業利益 / sell at a ~ of …のもうけで売る / make a ~ on …でもうける / work for ~ 利益目当てに働く. **2** [通例 *pl.*] (資本・保険に対する)利子 (interest). **3** 益, 得 (benefit): make one's ~ of…を利用する / I have read it with great ~ [to my great ~]. それを読んで大いにためになった / There is no ~ in drinking. 飲酒は何の益もない.
profit and loss 〘会計〙損益 (cf. profit-and-loss).
── *vt.* …の利益[ため]になる, 益する (benefit): All his wealth didn't ~ him. 全財産は彼には何のためにもならなかった / It will not ~ him to act thus. そういう行動は彼のためになるまい / What [How] will it ~ me? それは私に何の[どういう]役に立つか. ── *vi.* **1** 利益を得る, もうける: ~ *by* [*over, at*] transaction 取引でもうける. **2** 〔…で〕得をする, 利する 〔*by, from, out of*〕(★ by のほうが普通); 役立つ: You may ~ *by* [*from*] the experience of others. 他人の経験によって[から]学ぶことができる / I ~*ed by* his confusion to make my escape. 彼があわてているすきに逃げた / It ~*s* little to do …しても得をするところはほとんどない. **3** 《廃》上達する, 進歩する.

prof·it·a·bil·i·ty [prɑ̀fɪṭəbíləṭi, -fəṭ- | prɔ̀fɪtəbílətɪ, -lɪ-] *n.* 〘経済〙収益性, 利益性.

prof·it·a·ble [prɑ́fɪṭəbl̩, -fəṭ-, -ft- | prɔ́fɪt-] 〘《?*c*1300》▭ (O)F ~: ⇨ profit, -able〙 ── *adj.* **1** もうかる, もうけの多い; 〔…に〕有利な 〔*to*〕: a ~ business, trade, etc. **2** 〔…に〕ためになる, 有益な 〔*for*〕: ~ advice, instruction, etc. **próf·it·a·bly** *adv.* **~·ness** *n.*

prófit-and-lóss *adj.* 〘会計〙損益の (cf. PROFIT and loss): a ~ account 損益勘定 (⇨ income account) / a ~ statement = income statement.

prof·i·teer [prɑ̀fətíə | prɔ̀fɪtíə(r)] 〘← PROFIT(v.) + -EER〙 ── *n.* 暴利獲得者, 不当利得者, 悪徳業者: a war ~ 戦時利得者. ── *vi.* 暴利獲得を事とする, 不当利得を占める.

pròf·i·téer·ing [-tí(ə)rɪŋ | -tíər-] 〘⇨↑, -ing[2,1]〙 *adj.* 不当利得[暴利]を占める[あさる]. ── *n.* 不当利得[暴利]行為.

pro·fit·er·ole [prəfíṭəròʊl | prə(ʊ)fítərə̀ʊl] 〘▭ F ~ ← *profiter* 'to PROFIT': -ole[2]〙 ── *n.* プロフィトロール《小型のシュークリーム; 中に詰めるものによりデザートやオードブルにする》.

prófit·less *adj.* 利益のない, もうからない; 無益な, むだな: a ~ business もうからない商売 / a ~ effort むだ骨. **~·ly** *adv.* **~·ness** *n.*

prófit-màking *adj.* 利益をあげる, 営利の.

prófit màrgin *n.* 〘商業〙利幅.

prófit-shàring *adj.* 利益分配制の.

prófit shàring *n.* (固定給のほかに出す雇い主と雇い人の間の)利益分配(制).

prófit tàking *n.* 〘証券〙利食い: **a** 買った値段より高く売って利益をあげること. **b** 空(から)売りした値段より安く買い戻して利益をあげること.

prof·li·ga·cy [prɑ́flɪgəsi, -lə- | prɔ́flɪgəsɪ] 〘《1738》: ⇨↓, -acy〙 *n.* **1** 放蕩, 道楽, 不品行. **2** 浪費, 乱費.

prof·li·gate [prɑ́flɪgət, -lə-, -gɪt, -lɪgèɪt | prɔ́flɪgət, -gɪt] 〘《1535》▭ L *prōflīgāt-us* (p.p.) ← *prōflīgāre* to overwhelm, destroy ← PRO-[1] + *fligere* to strike: cf. afflict: ⇨ -ate[2]〙 ── *adj.* 不品行な, 乱行な, 放埓(ほうらつ)な, 放蕩(ほうとう)の; 浪費する, 乱費する. ── *n.* 放蕩者, 道楽者. **~·ly** *adv.* **~·ness** *n.*

prof·lu·ent [prɑ́fluːənt, -fluənt | prɔ́fluənt] 〘《15C》▭ L *prōfluent-em* (pres.p.) ← *prōfluere* ← PRO-[1] + *fluere* to flow: ⇨ fluent〙 ── *adj.* とうとうと流れる. **próf·lu·ence** [-əns] *n.*

pro for·ma [proʊ-fɔ́əmə | prəʊ-fɔ́ː-] 〘《1573–80》▭ L *prō formā* for (the sake of) form: ⇨ pro-[1], forma〙 ── *adj.* **1** 形式上の, 形式のための, 形式としての. **2** 〘商業〙見積りの, 仮の: a ~ invoice [account of sale] 見積り送り状[売上計算書]. ── *adv.* 形式上, 形式として. ── *n.* 見積り送り状.

pro fórma bálance shèet *n.* 〘商業〙見積り貸借対照表.

pro·found [prəfáʊnd, pro(ʊ)- | prə-] 〘《*c*1305》▭ OF *profond, profund* < L *profundum* deep ← PRO-[1] + *fundus* bottom: ⇨ fund〙 ── *adj.* (~·**er**, ~·**est**; **more** ~, **most** ~) **1** (学問など)深い, 深遠な, 該博な; 事物の奥底まで見きわめる, 深い洞察力をもった, (物事を)見抜く (penetrating) (↔ superficial): a ~ scholar [thinker] 学識の深い学者[深く考える思索家] / ~ insight [knowledge, learning] 深い識見[知識, 学識] / a ~ statesman 達識の政治家 / a ~ treatise [inquiry] 深遠な論文[研究] / a ~ doctrine 深遠な学理. **2** 深甚(しんじん)な, 心からの; 深い, 強い (intense); 全くの, 十分な (thoroughgoing): (a) ~ respect 深い尊敬 / ~ sympathy [apologies] 深甚の同情[陳謝] / a ~ sigh 深いため息 / a ~ interest 深い興味 / sink in ~ thought 深い物思いにふける / ~ contempt 激しい軽蔑 / ~ sleep 深い眠り, 熟睡 / He simulated a ~ indifference. いかにも平気だという顔を装った. **3** 〘解剖〙深在性の. **4** 〈おじぎなど〉低く腰をかがめた, うやうやしい (humble): make a ~ curtsy [reverence] うやうやしく会釈する[敬意を表する]. **5** 《詩》深い: depths ~ 淵(ふち), 深海 / a ~ abyss 深い淵. ── *n.* [the ~] 《詩・古》深み, 深所, 淵 (depth); (心の)奥底, (精神の)深奥部; 深海 (ocean). **~·ness** *n.*

pro·fóund·ly 〘《15C》〙 ── *adv.* **1** 深く (deeply); 痛く, 切に (heartily): apologize ~ 心から陳謝する / be ~ moved 大いに感動する / be ~ impressed 深く感銘する. **2** (難聴の程度が)完全に: ~ deaf 全く耳が聞えない.

Prof. Reg. 《略》Regius Professor.

pro·fun·di·ty [prəfʌ́ndəṭi, pro(ʊ)- | prəfʌ́ndətɪ, -dɪ-] 〘《?*a*1425》▭ OF *profundite* ∥ LL *profunditāt-em* depth, intensity: ⇨ profound, -ity〙 ── *n.* **1** 深いこと, 深さ (depth); 深遠, 深奥, 幽玄 (abstruseness): the ~ of an abyss / the ~ of feeling [sorrow, thought] 感情[悲哀, 思索]の深さ. **2** 《詩》深み, 深い淵(ふち) (abyss). **3** [*pl.*] 深い思想[意味], 深遠な事柄 (profound matters).

pro·fuse [prəfjúːs, pro(ʊ)- | prə-] 〘《?*a*1425》▭ L *frōfūs-us* (p.p.) ← *prōfundere* ← PRO-[1] + *fundere* to pour: ⇨ found[3]〙 ── *adj.* **1** 〈人が〉物惜しみしない, 気前のよい, おおまかな (liberal); 〔…に〕むだ使いする, 金使いの荒い 〔*in, of, with*〕: He is ~ *in* his hospitality. 彼は惜しみなく人をもてなす / He was ~ *in* [*with*] his thanks [apologies]. 彼はやたらに礼を言った[謝罪した] / He is ~ *of* [*in, with*] his money. 彼は金にはおおまかだ[むだ使いをする]. **2** 〈物・事が〉豊富な, おびただしい; 〈言い訳など〉たっぷりの; 〈約束が〉気前のよい: ~ hospitality [generosity] あふれるばかりの歓待[寛大] / ~ perspiration 多量の発汗 / ~ apologies 弁明たらたら. **~·ly** *adv.* **~·ness** *n.*

pro·fu·sion [prəfjúːʒən, pro(ʊ)- | prə-] 〘《1545》▭ F ~ ∥ L *profūsiō(n-)*: ⇨↑, -sion〙 ── *n.* **1** 豊富 (profuseness); 多量 〔*of*〕: a ~ *of* gifts たくさんの贈り物 / in ~ 豊富に, ふんだんに. **2** おおまか, 濫費 (prodigality), 贅沢(ぜいたく): a house furnished with ~ 調度に贅を尽くした家.

prog[1] [prɑ́(ː)g | prɔ́g] 〘《1893》《短縮》← PROCTOR〙《英学生俗》 *n.* = proctor 2 a. ── *vt.* (**progged; prog·ging**) = proctorize.

prog[2] [prɑ́(ː)g, prɔ́(ː)g | prɔ́g] 〘《1566》← ?: cf. ME *prokke(n)* to beg〙《英・方言》 ── *n.* (捜し回ったりくすねたりして得た)食物(food). ── *vi.* (**progged; prog·ging**) 食物などをあさり歩く, (盗みをするために)うろつく.

prog[3] [prɑ́(ː)g | prɔ́g] 〘略〙 *n.* 《英俗》 **1** 革新主義者 (progressive). **2** (政党内の)革新グループの一員.

prog. 《略》prognosis; program; progress; progressive.

pro·ga·mete [pròʊgəmíːt, proʊgǽmiːt | prə̀ʊgəmíːt, prəʊgǽmiːt] 〘← PRO-[2] + GAMETE〙 *n.* 〘生物〙 **1** 卵母細胞 (oocyte). **2** 精母細胞 (spermatocyte).

pro·gen·i·tive [pro(ʊ)dʒénəṭɪv, prə- | prə(ʊ)dʒénɪt-] 〘← L *prōgenitus* (↓) + -IVE〙 *adj.* 生殖力のある, 繁殖する. **~·ness** *n.*

pro·gen·i·tor [pro(ʊ)dʒénəṭə, prə- | prə(ʊ)dʒénɪtə(r)] 〘ME *progenitour* ▭ OF *progeniteur* ▭ L *prōgenitor* ← *prōgenitus* (p.p.) ← *prōgignere*: ⇨ progeny, -tor〙 ── *n.* **1** (人・動物などの)先祖 (ancestor). **2** (学問・政治などでの)元祖, 開祖, 先駆者, 先駆け, 先輩 (predecessor). **3 a** (動植物の)原種. **b** (文書・書物の)原本. **pro·gen·i·to·ri·al** [pro(ʊ)dʒènətɔ́ːriəl, -tóːr- | prə(ʊ)dʒènɪtɔ́ːrɪ-] *adj.* **~·shìp** *n.*

pro·gen·i·tress [pro(ʊ)dʒénətrɪs, prə-, -trəs | prə(ʊ)dʒénɪtrɪs, -trəs, -très] 〘⇨↑, -ess[1]〙 *n.* = progenitrix.

pro·gen·i·trix [pro(ʊ)dʒénətrɪks, prə- | prə(ʊ)dʒénɪ-] 〘▭ LL *prōgenitrix*: ⇨ progenitor, -trix〙 ── *n.* (*pl.*

-i·tri·ces [pro(ʊ)dʒènətráɪsiːz, prə- | prə(ʊ)dʒènɪ-]) 女性の progenitor.

pro·gen·i·ture [pro(ʊ)dʒénətʃə, prə- | prə(ʊ)dʒénɪtʃə(r, -tjùə(r, -tjə(r] 〚□ F *progéniture* ← L *prōgenitus* : ⇨ progenitor, -ure〛 ── *n.* **1** 子孫を産むこと. **2** [集合的]〈人・動植物の〉子孫 (progeny).

prog·e·ny [prɑ́dʒ(ə)ni | prɔ́dʒənɪ, -dʒɪ-] 〚(*a*1325) *progenie* □ OF □ L *prōgeniēs* descent, family ← *prōgignere* ← PRO-[1]+*gignere* to beget〛 ── *n.* **1** [集合的]〈人・動植物の〉子孫. ★ offspring のほうが普通. **2** 結果, 所産 (issue).

prò·gestátional 〚⇨ pro-[2], gestation, -al[1]〛 ── *adj.* 〘医学〙 **1** 月経前期の, 黄体期の《排卵および黄体形成によって, 婦人のホルモン系および乳腺(にゅうせん)系が変化している状態にいう》. **2** 黄体ホルモンの.

pro·ges·ter·one [pro(ʊ)dʒéstəròʊn | prə(ʊ)dʒéstərəʊn] 〚← PROGE(STIN)+STER(OL)+-ONE〛 ── *n.* **1** 〘生化学〙 プロゲステロン, 黄体ホルモン ($C_{21}H_{30}O_2$)《女性ホルモンの一種》. **2** 〘薬学〙 黄体ホルモン剤《妊娠中の出血の治療, 経口避妊薬の一成分として用いられる》.

pro·ges·tin [pro(ʊ)dʒéstɪn, -tən | prə(ʊ)dʒéstɪn] 〚← PRO-[1]+GEST(ATION)+-IN[1]〛 ── *n.* 〘生化学〙 プロゲスチン《子宮腔に受精卵の着床準備をさせる物質で化学的に純粋でないものにもいう; 化学的に結晶として取り出されたものが progesterone である》.

pro·ges·to·gen [pro(ʊ)dʒéstədʒɪn, -dʒən, -dʒèn | prə(ʊ)-] 〚← PROGEST(ATIONAL)+-O-+-GEN〛 *n.* 〘生化学〙 プロゲストゲン《月経を調節するステロイド薬品》.

prog·gins [prɑ́gɪnz, -gənz | prɔ́gɪnz] 〚《変形》← PROCTOR〛 *n.* 《英学生俗》＝proctor 2 a.

pro·glot·tid [proʊglɑ́tɪd, -təd | prəʊglɔ́tɪd] 〚← NL *proglottid, proglottis* (↓)〛 ── *n.* 〘動物〙 片節《サナダムシの体の節》. **pro·glot·tid·e·an** [pròʊglɑtídiən | prəʊglɔtɪdɪ-] *adj.*

pro·glot·tis [proʊglɑ́tɪs, -təs | prəʊglɔ́tɪs] 〚← NL ~ ← Gk *proglōssís, proglōttís* tip of the tongue ← PRO-[2]+*glōssa, glōtta* tongue : ⇨ glottis〛 ── *n.* (*pl.* **-glot·ti·des** [-tədìːz | -tɪ-]) 〘動物〙 ＝proglottid. **pro·glot·tic** [proʊglɑ́tɪk | prəʊglɔ́t-] *adj.*

prog·nath·ic [prɑgnǽθɪk, -néɪθ- | prɔg-] 〚⇨ pro-[2], gnathic〛 *adj.* 〘人類学〙 ＝prognathous.

prog·na·thism [prɑ́gnəθɪzm, prɑgnéɪθɪzm | prɔ́gnəθɪzm, prɔgnǽθɪzm] 〚⇨ ↓, -ism〛 *n.* 〘人類学〙 上顎(がく)前突.

prog·na·thous [prɑ́gnəθəs, prɑgnéɪ- | prɔgnéɪ-, prɔ́gnə-] 〚← PRO-[2]+-GNATHOUS〛 ── *adj.* 〘人類学〙 あごの突き出た, 突顎(がく)の, 両顎前突の (cf. opisthognathous);〈顎が〉前突の (⇨ facial angle 挿絵).

prog·na·thy [prɑ́gnəθi | prɔ́gnəθɪ] 〚⇨ ↑, -y[1]〛 *n.* 〘人類学〙 ＝prognathism.

prog·nose [prɑgnóʊs, -nóʊz | prɔgnə́ʊs, -nə́ʊz] 〚《逆成》↓〛 *vt., vi.* 〘医学〙〈病気の経過や転帰を〉予測する.

prog·no·sis [prɑgnóʊsɪs, -səs | prɔgnə́ʊsɪs] 〚(1655) □ LL *prognōsis* □ Gk *prógnōsis* knowing beforehand ← *progignṓskein* ← PRO-[2]+*gignṓskein* to learn : ⇨ gnosis〛 ── *n.* (*pl.* **-no·ses** [-siːz]) **1** 〘医学〙 予後, 治療後の経過[転帰]の予想 (cf. diagnosis 1): The ~ is bad [poor]. **2** 予言, 予想, 予断.

prog·nos·tic [prɑgnɑ́stɪk | prɔgnɔ́s-, prɔg-] 〚n.: (*a*1420) *pronostike* □ OF *pronostique* □ L *prognōsticon* □ Gk *prognōstikón* (n.) ← *prognōstikós* ← *progignṓskein* (↑): ⇨ -ic[1]. ── adj.: (1603) □ ML *prognōstic-us* □ Gk *prognōstikós*〛 ── *adj.* **1** 〘医学〙 予後の[を知るに足る]: ~ symptoms 予後を物語る徴候. **2** 〔…を〕予表する (foreshowing),〔…の〕前知らせの (forecasting)〔*of*〕. ── *n.* **1** 予知, 予想, 予言. **2** 前兆, 前知らせ, きざし. **3** 〘医学〙 予後(判定).

prog·nos·ti·cate [prɑgnɑ́stəkèɪt | prɔgnɔ́stɪ-, prɔg-] 〚(*a*1529) ← ML *prognōsticāt-us* (p.p.) ← *prognōsticāre* ← L *prognōsticon* : ⇨ ↑, -ate[3]〛 ── *vt.* (前兆・徴候によって)予言する, 予知する; …の徴候を示す, 予示する: The clouds ~ a storm. ── *vi.* 予表する, 予言する. **prog·nos·ti·ca·ble** [-tɪkəbl̩, -tə- | -tɪ-] *adj.*

prog·nos·ti·ca·tion [prɑgnɑ̀stəkéɪʃən | prɔgnɔ̀stɪ-, prɔg-] 〚(16C) □ ML *prognosticātiō(n-)* ∽ (1432–50) *pronosticacioun* □ (O)F ~ : ⇨ ↑, -ation〛 ── *n.* **1** (前兆によって)予知[予言, 予表]すること; 予表, 予言 (prediction). **2** 前兆, 徴候. **3** 〘医学〙 ＝prognosis 1.

prog·nos·ti·ca·tive [prɑgnɑ́stəkèɪtɪv, -kət- | prɔgnɔ́stɪkèɪt-, prɔg-] 〚□ OF *prognosticatif* // ML *prognōsticātīv-us* : ⇨ prognosticate, -ative〛 ── *adj.* 〔…の前兆となる, 〔…を〕予示[予表]する〔*of*〕.

prog·nós·ti·cà·tor [-tə | -tə(r] 〚□ MF *prognosticateur* : ⇨ prognosticate, -or[2]〛 *n.* 予言者, 予報者, 占い者.

Pro·go·ne·a·ta [pro(ʊ)gòʊniɑ́ːtə, -éɪtə | prə(ʊ)gəʊnɪɑ́ːtə, -éɪtə] 〚← NL ← PRO-[2]+Gk *gonḗ* genitals (⇨ gono-)+-ATA〛 *n. pl.* 〘動物〙 (節足動物門)前性類.

pro·gram, 《英》 **pro·gramme** [próʊgræm, -grəm | prə́ʊgræm] 〚(1633) □ F *programme* // LL *programma* □ Gk *prógramma* public notice, edict ← *prográphein* to write in public ← PRO-[2]+*gráphein* to write : ⇨ -gram〛 ── *n.* **1** プログラム, 番組(書), (行事などの)次第(書): a theater ~ 芝居のプログラム / put in the ~ プログラムにのせる. **2** [集合的]上演[演奏]種目: The entire ~ is delightful. 全種目[曲目]が面白い. **3** (ラジオ・テレビの)放送番組. ★ 全体の番組にも個々の番組にも用いる: What is the next thing on the ~?＝What is the next ~? 次の番組は何でしょう. **4** 予定, 計画, もくろみ (plan): a full ~ 手一杯の仕事[約束など] / draw up a ~ of work for the next term 来学期の予定表を作る / What is the ~ for today? 《口語》 今日はこれから何をしますか. **5** 計画表; (講義などの)要項 (syllabus), 学科課程表 (schedule): a school ~ 学校行事予定表. **6** 《英》 (政党の)綱領, 政綱 (platform). **7** 序言, 前置き (preface). **8** 〘電算機〙 プログラム《計算機に指令する作業の手順を精密に記述したもの》. ★ この意味では《英》でも名詞・動詞ともに program が好まれる. **9** 〘教育〙 (自動的学習の) プログラム, 学習計画《情報や設問の提示, 学習者の反応, その当否の確認, 次の設問の選択, という一連の活動を計画的に配列したもの》. **10** 《古》 公示 (public notice), 公布 (proclamation).

── *v.* (**pro·grammed, -gramed; -gram·ming, -gram·ing**) ── *vt.* **1** …の順序書[番組, プログラム]を作る; 計画する, もくろむ (plan, design). **2** 〘電算機〙〈計算機〉のプログラムを作る. **3** 〘教育〙 プログラム学習 (programmed learning) 用に〈教材を〉作成する. **4** 〘生物〙 **a** …に生体プログラムを組み込む. **b** …に生物プログラムを供給する. ── *vi.* **1** 順序書[番組, プログラム]を作る. **2** (電算機などの)プログラムを作る. **3** あらかじめ立てられた計画[予定]などに従う.

pro·gram·a·ble [próʊgræməbl̩, -grəm- | prə́ʊgræm-] *adj.* ＝programmable.

prógram dirèctor *n.* 〘ラジオ・テレビ〙 番組演出の責任者.

pró·gramed *adj.* ＝programmed.

pró·gram·er *n.* ＝programmer.

pró·gram·ing *n.* 〘電算機・教育〙 ＝programming.

prógram lánguage *n.* 〘電算機〙 ＝computer language.

pro·gram·ma·ble [próʊgræməbl̩, -grəm- | prə́ʊgræm-] 〚⇨ program, -able〛 ── *adj.* プログラムに作ることができる. **pro·gràm·ma·bíl·i·ty** [-məbíləṭi | -lɪtɪ, -lɪ-] *n.*

pro·gram·mat·ic [pròʊgrəmǽṭɪk | prə̀ʊgrəmǽt-] 〚← Gk *programma* (← *prógramma* 'PROGRAM')+-IC[1]〛 ── *adj.* **1** プログラム[要綱](的)の; 標題音楽(的)の. **2** (政党の)綱領の[による]. **prò·gram·mát·i·cal·ly** *adv.*

programme *n., v.* ＝program.

pró·grammed *adj.* 〘教育〙〈教材が〉プログラム化された (⇨ program *n.* 9).

prógrammed instrúction *n.* 〘教育〙 プログラム学習にもとづく教授法.

prógrammed léarning *n.* 〘教育〙 プログラム学習《ティーチングマシンを用いて行なわれる教育活動で, 個別指導の一形態; 必ずしも機械に限らず, 設問の提示, 学習者反応の分析, フィードバックの 3 つの機能をもつ限り本やシートでもよい》.

pró·gram·mer 〚(1890): ⇨ -er[1]〛 ── *n.* **1** 《米》 (映画・ラジオなどの)番組[プログラム]作成者. **2** (電算機の)プログラム作製者, プログラマー. **3** 〘教育〙 プログラマー《プログラム学習用のプログラム作成者; cf. program *n.* 9》.

pro·gram·met·ry [próʊgræmətri, -grəm- | prə́ʊgræmɪtrɪ, -mət-] 〚⇨ program, -metry〛 *n.* 〘電算機〙 プログラムの性能を測定すること.

pró·gram·ming *n.* 〘電算機・教育〙 プログラミング, プログラム作成.

prógramming lánguage *n.* 〘電算機〙 ＝computer language.

prógram mùsic *n.* (物語・情景などを描写する) 標題音楽 (cf. absolute music).

prógram pìcture *n.* (二本立て映画で)添え物に出す短編映画, (大作以外の)普通作品.

prò·grávid 〚← PRO-[2]+GRAVID〛 *adj.* 〘医学〙 ＝progestational 1.

prog·ress 〚n.: (? *a*1425) □ L *prōgress-us* going forward (p.p.) ← *prōgredī* to go forward ← PRO-[1]+*gradī* to step, go (← *gradus* step : ⇨ grade). ── v.: (*c*1590) (i) ← (n.) // (ii) ← L *prōgress-us* (p.p.)〛 ── *n.* [prɑ́grɪs, -grəs, -gres | prə́ʊgres] **1** 前進, 進行: The ~ of the ship was hindered by the thick fog. 船は濃霧のため先へ進めなかった. **2** 進歩, 向上, 発達, 上達, 進展 (cf. regress); (特に, 人類・社会の)進歩, 進化: the ~ of the arts and sciences 芸術科学の進歩 / the ~ of mankind [the world] 人類[世界]の進歩 / ~ in [of] education [knowledge] 教育[知識]の発達 / believe in ~ (人類・社会の)進歩を信じる (cf. progressionism) / He makes no ~ in his studies [in speaking English]. 研究[英会話]が一向進歩[上達]しない. **3** 発展, 増進; 流布, 普及: the ~ of the Christian spirit キリスト教精神の普及 / the ~ of Marxism among young people マルクス主義の青年層への広がり. **4** はかどり, 進行, 進捗(しんちょく): make rapid ~ on a journey 旅行がはかどる / No appreciable ~ has been made in the work. 仕事は目に見えるほどはかどらない. **5** 成行き, 経過, 推移 (course): the ~ of events, storms, time, etc. / The chimes of the distant church told us of the ~ of night. 遠くの教会の鐘の音で夜がふけて行くのがわかった. **6** 〘生物〙 発育, 進化. **7** 《英古》 巡幸, 行幸 (sovereign's journey): a royal [an Imperial] ~ 行啓[行幸].

in progress 進行して, 進行中で: work *in* ~ 進行中[未完]の仕事 / inquiries *in* ~ 進行中の調査 / Preparations are *in* ~. 準備は進行中. ***move to report progress*** 〘英議会〙 (多く妨害の目的をもって)討論中止の動議を提出する.

── [prəgrés, pro(ʊ)- | prə(ʊ)-] *vi.* **1** 進行する, 前進する; (特に)巡幸する: He developed cold which later ~*ed* to pneumonia. 彼は風邪をひきそれがこじれて肺炎となった. **2** はかどる, (うまく)運ぶ,〈健康が〉よくなる: ~ favorably 都合よく行く / ~ toward(s) recovery [health] 快方[健康]に向かう / Is his health ~*ing*? 彼の体はだんだんよくなっていますか / The work of construction is ~*ing* satisfactorily. 建設工事は順調に進んでいる. **3** 進歩する, 発達する, 上達する: We ~ in knowledge. 知識が進む. ── *vt.* 〈仕事などを〉進捗させる.

prógress chàser *n.* 定期的に製造過程を検査する人.

pro·gres·sion [prəgréʃən, pro(ʊ)- | prə(ʊ)-] 〚(*c*1380) □ (O)F ~ // L *prōgressiō(n-)* : ⇨ progress, -sion〛 ── *n.* **1** 前進, 進行 (advance): a mode of ~ 進み方, 歩き[走り, 泳ぎ]方. **2** 累進, 漸進; 連続, 継続; 連鎖 (series): in ~ 連続して, 逐次, 次第に. **3** 《まれ》 進歩, 発達, 向上 (progress). **4** 〘数学〙 数列 (cf. series 5): ⇨ arithmetic progression, geometric progression, harmonic progression / in geometrical ~ 《俗用》 加速度的に, めきめき. **5** 〘音楽〙 進行: melodic [harmonic] ~ 旋律[和声]の進行. **6** 〘天文〙 (惑星の)順行(運動) (↔ regression). **~·al** [-ʃənl̩, -ʃnəl] *adj.*

pro·grés·sion·ìsm [-ʃənìzm] *n.* 社会進歩論《社会は徐々に完成へ向かって進歩し続けているという説》.

pro·grés·sion·ist [-ʃ(ə)nɪst, -nəst | -nɪst] 〚⇨ ↑, -ist〛 *n.* **1** 社会進歩論者. **2** 進歩論者 (progressive).

prog·res·sist [prɑ́grəsɪst, -gres-, prəgrés-, -səst | prə(ʊ)grésɪst] 〚□ F *progressiste* : ⇨ progress, -ist〛 *n.* (政治的)進歩論者, 進歩党員 (progressive).

pro·gres·sive [prəgrésɪv, pro(ʊ)- | prə(ʊ)-] 〚(1607–12) □ F *progressif* ← L *prōgressus* 'PROGRESS' : ⇨ -ive〛 ── *adj.* **1** 前進する (advancing); 漸進する: a ~ movement [changes] 漸進運動[変化] / make a ~ advance 漸進する. **2 a** 進歩する, 向上の (improving); 進歩[革新]性の, 進歩主義の (cf. conservative 2 a): ~ ideas 進歩思想 / a ~ organization 進歩的な団体. **b** [P-] (米国の) 進歩党 (Progressive Party) の. **3 a** 〈病気など〉進行性の, 漸進性の: ~ paralysis 〘病理〙 進行性麻痺(ひ). **b** 〈改革など〉段階的な, 漸進的な. **c** 〈税など〉累進的な (graduated): ~ taxation 累進課税. **4** 〘教育〙 進歩主義の《児童の実地の生活における個性的・自発的学習活動を重視する》: a ~ school / ⇨ progressive education. **5** 〘文法〙 進行を表わす, 進行形の (cf. expanded tense): ~ aspect 進行相 / ~ form 進行形. **6** 〈ダンスなど〉相手を順次かえてゆく. **7** 〘トランプ〙 進行式の (cf. progressive game): a ~ party / ~ bridge 進行式ブリッジ競技会. ── *n.* **1** 進歩論者, 革新主義者. **2** [P-] (米国の) 進歩党員. **~·ness** *n.*

progréssive assimilátion *n.* 〘音声〙 進行同化《前の音が後の音に影響を与えること; 例: ME swan [swán] > ModE swan [swɔ́n]; cf. regressive assimilation》.

Progréssive Consérvative *adj.* (カナダの)進歩保守党の. ── *n.* 進歩保守党員; [the ~s] 進歩保守党.

Progréssive Consérvative Párty *n.* [the ~] 進歩保守党《カナダの主要政党で, 伝統的に経済的ナショナリズムと親英的態度が基調》.

progréssive educátion *n.* 進歩主義教育《J. Dewey の学説に基づいて, ある教育課程に生徒を合せるのでなく, 生徒の能力と関心に重点を置いて教育課程を編成した教育》.

progréssive gáme *n.* 〘トランプ〙 進行式競技《bridge や whist のパーティーで 1 ゲーム終わるごとに勝者が次のテーブルに移り, 新たなパートナーと組んでいく競技方式》.

progréssive jázz *n.* 〘音楽〙 プログレッシブジャズ《1940 年代に流行したジャズ; メロディーよりもハーモニー・対位法・リズムに重点を置いている》.

pro·grés·sive·ly 〚(1620): ⇨ -ly[1]〛 *adv.* 累進的に; 次第に, 漸次; 連続的に, 継続的に.

progréssive múscular dýstrophy *n.* 〘病理〙 進行性筋異栄養症, 進行性筋ジストロフィー.

Progréssive Párty *n.* [the ~] (米国の) 進歩党: **a** 1912 年 Theodore Roosevelt が組織したもの. **b** 1924 年 Robert M. La Follette 上院議員が組織したもの. **c** 1948年 Henry A. Wallace が組織したもの.

progréssive róck *n.* 〘音楽〙 プログレッシブロック《ジャズやクラシックや現代音楽の要素を取り入れた前衛的ロック音楽; シンセサイザー等の利用・内省的歌詞が特徴》.

progréssive tríals *n. pl.* 〘海事〙 逓増速力試運転《船舶の性能試験の一つで, 機関回転を段階的にあげて各種の資料を得る試験》.

progréssive wáve *n.* 〘電子工学〙 進行波.

pro·grés·siv·ìsm [-sɪvìzm, -sə- | -sɪ-] *n.* **1** 進歩主義. **2** 〘教育〙 進歩主義, 革新論《19 世紀末から欧米で台頭した新教育運動の原理の一つ; 児童中心主義的で児童の活動や表現を重視する; その理論的指導者は John Dewey; cf. essentialism 2》. **3** [P-] (米国の)進歩党の綱領[方針].

pro·grés·siv·ist [-vɪst, -vəst | -vɪst] *n.* 進歩主義者. **pro·gres·siv·is·tic** [prəgrèsɪvístɪk, pro(ʊ)-, -sə- | prə(ʊ)grèsɪ-] *adj.*

prógress repòrt *n.* 進行[経過]記録.

pro·hib·it [pro(ʊ)híbɪt, prə-, -bət | prəhíbɪt, prəʊ-] 〖(?*a*1425) *prohibite(n)* ← L *prohibit-us* (p.p.) ← *prohibēre* to hold back ← PRO-¹+*habēre* to keep (⇨ habit)〗 — *vt.* **1** (法令・命令などによって)禁じる, 禁止する; 〈人〉に〔…することを〕禁じる, 差し止める〔*from doing*〕: ~ pupils *from* drink*ing* = ~ pupils' drinking 生徒の飲酒を禁じる / Smoking strictly ~*ed.* 喫煙厳禁 / ~*ed* articles [goods] 禁制品. **2** 〈物事が〉妨げる, 阻む; 〈人〉に〔…することを〕妨げる〔*from doing*〕: A prior engagement ~*ed* me *from* join*ing* you. 先約があって参加できなかった. **~·er** [-ṭə | -tə(r)] *n.* **pro·híb·i·tor** [-ṭə | -tə(r)] *n.*

prohíbited degrée *n.* 〖法律〗禁婚親等 (⇨ forbidden degree).

pro·hi·bi·tion [pròʊ(h)əbíʃən | prəʊ(h)ɪ-] 〖(*c*1385) ▭ (O)F ~ // L *prohibitiō(n-)*: ⇨ prohibit, -tion〗 — *n.* **1** 禁止, 差止め, 御法度(ごはっと); 禁制, 禁令 (interdiction): ⇨ WRIT¹ of prohibition. **2** 酒類の製造販売禁止: the ~ law 禁酒法《1920 年から 33 年まで; cf. Eighteenth Amendment》/ a ~ state 禁酒州 (cf. DRY state). **3** [the P-] (米国の)禁酒法時代 (1920-33). **4** 〖法律〗禁止令状《上位裁判所が下位裁判所に対して, 管轄権がないことを理由として事件の手続を進めることを禁じる令状》. **~·àr·y** [-ʃənèri | -ʃ(ə)nəri] *adj.*

Prohibítion Enfòrcement Àct *n.* [the ~] 禁酒法 (⇨ Volstead Act).

prò·hi·bí·tion·ism [-ʃənìzm] 〖⇨ prohibition, -ism〗 *n.* 《米》酒類(の製造販売)禁止主義.

prò·hi·bí·tion·ist [-ʃ(ə)nɪst, -nəst | -nɪst] 〖⇨ prohibition, -ist〗 *n.* **1** (酒類製造販売)禁止論者. **2** [P-] (米国の)禁酒党 (Prohibition Party) 党員.

Prohibítion Pàrty *n.* [the ~] (米国の)禁酒党《酒類の製造販売禁止を綱領として 1869 年結成》.

pro·hib·i·tive [pro(ʊ)híbəṭɪv, prə- | prəhíbɪt-, prəʊ-] 〖(1602) ▭ F *prohibitif*: ⇨ prohibit, -ive〗 — *adj.* **1** 禁止する, 禁制の. **2 a** 〈価格・税金など〉使用[購入]を禁止する[思い止まらせる]目的で高額に設定された: a ~ tax 禁止税. **b** 〈値段が〉高くて寄りつけない: a ~ price 禁止的価格《手が出せないほどの高価》. **~·ly** *adv.* **~·ness** *n.*

pro·hib·i·to·ry [pro(ʊ)híbətɔ̀ːri, prə-, -tɔ̀ːri | prəhíbɪt(ə)ri, prəʊ-] 〖▭ L *prōhibitōri-us*: ⇨ prohibit, -ory¹〗 — *adj.* =prohibitive. **pro·hib·i·to·ri·ly** [pro(ʊ)hìbətɔ́ːrəli, prə-, -tɔ́ːr-, ─ ́─ ─ ─ ─ | prəhíbɪt(ə)rəlɪ, prəʊ-, -rɪlɪ] *adv.*

pró-infinitive 〖⇨ pro-¹〗 — *n.* 〖文法〗代不定詞《不定詞の代わりをする to; 例えば You need not go unless you want to. における to (=to go); cf. to *prep.* 21 ★》.

proj·ect¹ [prάdʒekt, próʊ-, -dʒɪkt, -dʒəkt | prɔ́dʒekt, prə́ʊ-, -dʒɪkt] 〖(?*a*1400) ▭ L *prōject-um* projection (neut. p.p.) ← *prō(j)icere* (↓)〗 — *n.* **1** (広範で意欲的な)計画, もくろみ, 企画, 設計 (scheme): draw up [form] a ~ 計画を立てる. **2** 《米》(大がかりな)事業, 企業 (undertaking, enterprise); 研究計画: engineering ~*s* 土木事業 / public works ~*s* 公共土木事業. **3** 〖教育〗(生徒の自主的研究と総合的活動を必要とする)研究課題, 構案教程 (⇨ project method): a home ~ (家庭科・農業科の)家庭実習, ホームプロジェクト. **4** 《米》=housing project.

pro·ject² [prədʒékt, pro(ʊ)- | prə-, prəʊ-] 〖(*c*1477) ← L *prōject-us* (p.p.) ← *prō(j)icere* to throw out ← PRO-¹+*jacere* to throw: ⇨ jet²〗 — *vt.* **1** 工夫する, 考案する, 計画する, もくろむ, 設計する (contrive); 提案する, 発起する (propose); (見積り)示す, (試算して)出す: ~ (the building of) a new dam 新しいダム(の建造)を計画する. **2** 投げ出す, ほうり出す (throw); 射出する〔*into*〕: A new rocket was ~*ed into* space. 新型ロケットが宇宙に発射された. **3** 突き出す (stick out), 突き出させる: a ~*ed* forehead おでこ / A rock ~*s* its point far into the water. 岩の先がずっと水の中まで突き出している. **4** 〈光・陰などを〉〔…の表面に〕投影する, 投射する; 〈姿・映像などを〉写し出す, 映写する〔*on, against*〕: ~ a ray of light [shadow] *on* …の上に光線[影]を投射する / ~ motion pictures *on* the screen 映画を写す. **5 a** 〖心理〗〈無意識の感情・観念などを〉〔他の対象に〕投射する, (心から投げ出して)客観化する〔*on, upon*〕: You must not ~ your own feeling *on* others. 他の人も君と同じように感じると思ってはいけない. **b** [~ *oneself* で]〔…に〕身を置いて考える, […の]身になってみる〔*into*〕: He ~*ed himself into* the hero's situation. 主人公の立場になって考えてみた. **6 a** …の特徴[実状]を伝える, 明らかにする: ~ Japan today 今日の日本の実状を伝える / In this volume I am trying to ~ how they live. この本の中で私は彼らの生活様式を明らかにしようとしている. **b** 〔…として〕描く〔*as*〕: ~ him *as* a paradigm of moderation 彼を中庸の典型として描写する. **7** 〖数学・地図〗**a** 射影する, 投影する. **b** …の射影線を引く. **c** …の投影図を作る. **8** 〖化学〗〔…に〕投入する〔*into, on*〕. **9** 〖演劇〗**a** 〈声・しぐさなどを〉はっきりと[強調して]演出[表現]する. **b** …の性格などを(観客に)生き生きと伝える[写し出す]. **10** (既知の事実から)〈結果などを〉推定する. — *vi.* **1** 突出する, 突き出る, 出張る (protrude): A balcony ~*s* over the street. バルコニーが街路に突き出している. **2** 自分の思想[役割など]を強く[はっきり]伝える.

projécted wíndow *n.* 〖建築〗突出し窓, すべり出し窓.

pro·jec·tile [prədʒéktḷ, pro(ʊ)-, -taɪl, -tɪl | prə(ʊ)dʒéktaɪl] 〖(1665) ← NL *prōjectil-is* projecting ← L *projectus* (p.p.): ⇨ project², -ile¹〗 — *adj.* **1** 投射する, 射出[発射]する; 推進する: ~ force [movement] 推進力[運動]. **2** 発射できる; 射出[発射]用の: a ~ weapon 飛道具, 発射器. **3** 〖動物〗〈魚のあごなど〉突き出せる (protrusile). — [《英》ではまた prɔ́dʒektàɪl, -dʒɪk-] *n.* **1** 投射[射出]物. **2** 〖軍事〗発射体, 弾丸《銃弾・砲弾・ロケット弾・手榴(しゅりゅう)弾など》. **3** 〖物理〗(原子核や素粒子などの衝突過程における)入射粒子.

projéctile láthe *n.* 〖機械〗砲弾旋盤.

pro·jéct·ing 〖⇨ -ing²〗 *adj.* 突き出る, 出っ張った: ~ eyes 出目 / ~ teeth 出っ歯, そっぱ.

pro·jec·tion [prədʒékʃən, pro(ʊ)- | prə-, prəʊ-] 〖(1557) ▭ (O)F ~ // L *prōjectiō(n-)* a throwing out: ⇨ project², -tion〗 — *n.* **1** 投出, 射出, 発射, 投射, 放射. **2** 突出, 突起 (protruding); 突出させること; 突出[突起]部: the ~ of the lower lip 下唇の突出. **3** (映画・スライドなどの)映写, 投写; 映像. **4** 計画, 立案, 工夫. **5** (将来を)予測して示す[試算する]こと; (既知の事実から)推定すること. **6** 〖数学〗射影, 投影(法): central [perspective] ~ 透視投影 / cylindrical [conical] ~ 円柱[円錐]射影 / horizontal [parallel] ~ 水平[平行]投影 / ⇨ oblique projection, PLANE² of projection, SURFACE of projection. **7** 〖地図〗投影図法: ⇨ globular projection, Mercator projection. **8** 〖心理〗主観の投射[投出]; 主観の客観化; そのように客観化された観念. **9** 〖精神分析〗投射《無意識にある自身の心理を他人の内面に投げ入れそれを他人の心理とみなすこと》. **10** (声・しぐさなどの)はっきりとした演出[表現]; (観客に性格などを)ありありと伝えること. **11** 〖錬金術〗(金・銀に変質させるために)賢者の石 (philosopher's stone) の粉を溶解金属に投入すること; 卑金属から貴金属への変質.

projection of a point 〖数学〗点の射影《図形を射影したときその図形上の点が写る点》.

~·al [-ʃənḷ, -ʃnəl] *adj.*

projéction bòoth *n.* 《米》映写室.

pro·jéc·tion·ist [-ʃ(ə)nɪst, -nəst | -nɪst] *n.* 映写技師; テレビ装置を操作する技師: a theater ~ 映画館の映写技師. 「projector).

projéction machìne *n.* 映写機 (motion-picture

projéction pàper *n.* 〖写真〗引伸し用印画紙.

projéction prìnt *n.* 〖写真〗映写焼付け印画, 映写焼付けプリント, 引伸し印画 (cf. contact print).

projéction prìnting *n.* 〖写真〗映写焼付け《写真の引伸機または映画のオプチカルプリンターで映写して焼付けること》.

projéction ròom *n.* **1** =projection booth. **2** (個人用の)映写室.

projéction rùle *n.* 〖文法〗投射規則《統語構造に働き, 統語構造から得られる情報を手掛りに文全体の意味を得るための意味解釈規則》.

projéction tèst [technìque] *n.* 〖心理〗投影[投映]検査法《ロールシャッハ検査 (Rorschach test) や課題統覚検査 (thematic apperception test) によって代表されるパーソナリティーテスト; 自由に行動させたり, 芝居をやらせたり, 絵画に対する反応などを観察したりして被実験者の内面にひそむ動機や個性などを発見するテスト》.

pro·jec·tive [prədʒéktɪv, pro(ʊ)- | prə-, prəʊ-] 〖⇨ project², -ive〗 — *adj.* **1** 射影の, 投影の; 投射[投影]される[された]. **2 a** 〖数学〗射影幾何学的な. **b** 射影的な: a ~ figure 投影図. **3** 〖心理〗投影的な: ~ imagination / the ~ power of the mind 心の内面を主観的に投出する能力《想像力》. **~·ly** *adv.*

projéctive geómetry *n.* 〖数学〗射影幾何(学).

projéctive própertỳ *n.* 〖数学〗射影的性質《射影変換によって不変であるような幾何学的性質》.

projéctive transformátion *n.* 〖数学〗射影変換.

Próject Mércury *n.* 《米》マーキュリー計画《米国航空宇宙局の最初の(一人乗り)有人衛星船で月旅行計画の第一段階の計画であった》.

próject mèthod *n.* 〖教育〗構案(教授)法《学習活動を組み立てる手段として project を用いる新教育の教授法; J. Dewey の理論をもとに W. H. Kilpatrick (1871-1965) が体系立てた; cf. project¹ 3》.

pro·jéc·tor 〖← PROJECT¹·²+-OR²〗 — *n.* **1** 計画者, 設計者 (schemer). **2** 《古》(泡沫(ほうまつ)[山師]会社の)発起人[創立者], 会社屋 (promoter). **3** 投射器; (探照灯などの)投光器[装置]; 映写機 (projection machine), プロジェクター; 幻灯機.

pro·jec·tu·al [prədʒéktʃuəl, pro(ʊ)- | prədʒéktjʊ-, prəʊ-] *n.* 映写教材, 光学用教材《スライド・フィルム・オーバーヘッドプロジェクター用のトランスペアレンシーなど, プロジェクターを使って投影することにより, 提示あるいは表示される教材》.

pro·jet [proʊʒéɪ, ─ ́─ | prəʊʒéɪ, ─ ́─; *F.* prɔʒɛ] 〖▭ F ~ ▭ L *prōjectum*: ⇨ project¹〗 — *n.* (*pl.* ~s [~(z); *F.* ~]) **1** 計画, 設計. **2** (条約・法律などの)草案 (draft): a ~ de loi [də lwɑ] 〖議会〗議案, 法案 (bill).

pro·kar·y·ote [proʊkǽriòʊt | prəʊkǽriəʊt] *n.* 〖生物〗=procaryote.

pro·kar·y·ot·ic [proʊkæ̀riάṭɪk | prəʊkæ̀riɔ́t-] *adj.* 〖生物〗=procaryotic.

Pro·kho·rov [prɔ̀(ː)kərɔ́(ː)f | prɔ̀kərɔ́f; *Russ.* próxərəf], **Aleksandr Mikhailovich** *n.* プロホロフ《1916– ; ソ連の物理学者; Nobel 物理学賞 (1964)》.

Pro·kof·iev [prəkɔ́(ː)fjəf, pro(ʊ)-, -fjef | prəkɔ́fɪèf; *Russ.* prakófjif], **Sergei Sergeevich** *n.* プロコフィエフ《1891-1953; ソ連の作曲家; *Classical Symphony* (1918), *Romeo and Juliet* (1935), *Peter and the Wolf* (1936)》.

Pro·ko·pyevsk [prəkɔ́(ː)pjəfsk, pro(ʊ)-, -pjefsk | prəkɔ́pɪèfsk; *Russ.* prakópjifsk] *n.* プロコピエフスク《ソ連邦ロシヤ共和国中部, Kuznetsk 盆地にある石炭の産地; 人口 267,000》.

prol. 《略》prologue.

pro·lac·tin [proʊlǽktɪn, -tən | prəʊlǽktɪn] 〖← PRO-¹+LACTO-+-IN¹〗 — *n.* 〖生化学〗プロラクチン《腺性脳下垂体から分泌される蛋白質性ホルモン; 分子量 24,000, 17 種 211 のアミノ酸から成る; 乳腺の発達と泌乳の刺激を促す; lactogenic hormone, luteotrophic hormone, mammotropin ともいう》.

pro·lam·in [próʊləmɪn, proʊlǽm-, -mən | prə́ʊləmɪn, prəʊlǽm-] 〖⇨ ↓, -in¹〗 *n.* 〖生化学〗=prolamine.

pro·lam·ine [próʊləmìːn, -mən, -mìːn, proʊlǽmìːn, -mən, -miːn | prə́ʊləmìːn, prəʊlǽmiːn] 〖← PROL(INE)+AM(MONIA)+-INE³〗 — *n.* 〖生化学〗プロラミン《小麦などから採るグルテンカゼイン (glutin) などで純水や純アルコールには不溶, 70–80% アルコールには可溶の単純蛋白の総称; cf. gliadin》.

pro·lan [próʊlæn | prə́ʊ-] 〖▭ G *Prolan* ← L *prōl(ēs)* offspring+-AN²〗 — *n.* 〖生化学〗プロラン《受精卵の栄養胚葉から出される生殖腺刺激ホルモン; 妊婦の尿中に多量に含まれている》.

pro·lapse 〖← NL *prolaps-us* ← LL *prōlapsus* (p.p.) ← *prōlābī* to slide forward: ⇨ pro-¹, lapse〗〖病理〗 — [proʊlǽps, ─ ́─ | prə́ʊlæps] *n.* (子宮・直腸などの)脱出(症). — [─ ́] *vi.* 脱出する, 脱垂する: anal ~ 肛門脱, 脱肛.

pro·lap·sus [proʊlǽpsəs | prəʊ-] 〖← NL ~ (↑)〗 *n.* 〖病理〗=prolapse: ~ uteri 子宮脱.

prò·lárva 〖← PRO-²+LARVA〗 *n.* 〖動物〗前幼魚《卵膜内から孵化(ふか)して出たばかりの幼魚で, 口は未完成, 卵黄嚢(のう)内の卵黄を栄養とする》.

pro·late [próʊleɪt | prə́ʊleɪt, ─ ́] 〖(1694) ▭ L *prōlāt-us* (p.p.) ← *prōferre* to extend ← PRO-¹+*ferre* 'to bear': cf. -fer〗 — *adj.* **1** 〖数学〗扁長(へんちょう)の (cf. oblate¹ 2): ⇨ prolate spheroid. **2** 〈丸いものが〉(上下の両極方向に)延びた, 広がった, 長形の. **3** 〖文法〗=prolative. **~·ly** *adv.* **~·ness** *n.*

prólate sphéroid *n.* 〖数学〗長球面.

pro·la·tion [proʊléɪʃən | prəʊ-] 〖(*c*1380) *prolacion* ▭ L *prōlātiō(n-)* a bringing forward: ⇨ prolate, -ation〗 — *n.* 〖音楽〗プロラツィオ《中世・ルネサンス音楽の定量記譜法においてセミブレーヴィス (semibrevis) とミニマ (minima) 両音符間の時価の関係; 3 : 1 または 2 : 1》.

pro·la·tive [proʊléɪṭɪv | prəʊléɪt-] 〖← L *prōlātus* (⇨ prolate)+-IVE〗 — *adj.* 〖文法〗叙述補助の: the ~ infinitive 叙述補助不定詞《例えば must go, consent [willing] to go の go, to go のように動詞・形容詞に結合して叙述を拡充または完成すると見られる不定詞》.

prole [próʊl, próʊli | prə́ʊl, prə́ʊlɪ] 〖《短縮》← PROLETARIAN〗《口語・軽蔑》 — *n.* **1** プロレタリア階級の人, 無産者, 貧乏人: the ~s 無知な大衆. **2** 決まりきった[判で押したような]仕事に従事する人. — *adj.* プロレタリアの, 無産階級の.

pro·leg [próʊleg, -leɪg | prə́ʊleg] 〖← PRO-¹+LEG〗 *n.* 〖動物〗推進脚《昆虫類の幼虫時代だけにある歩行用の脚》.

prolegomena *n.* prolegomenon の複数形.

pro·le·gom·e·nar·y [pròʊlɪgάmənèri, -lə- | prəʊlegɔ́mɪnəri, -lɪ-, -mə-] 〖⇨ ↓, -ary〗 *adj.* =prolegomenous 1.

pro·le·gom·e·non [pròʊlɪgάmənὰn, -lə-, -nən | prəʊlegɔ́mɪnən, -lɪ-, -mə-, -nɔ̀n] 〖(*a*1652) ← NL ~ ← Gk *prolegómenon* (neut. pres.p. passive) ← *prolégein* ← PRO-²+*légein* to say: ⇨ lecture〗 — *n.* (*pl.* **-e·na** [-nə]) [通例 *pl.*; 時に単数扱い] 序言, 序文 (introduction); 緒論 (introductory treatise) 〔*to*〕.

pro·le·gom·e·nous [pròʊlɪgάmənəs, -lə- | prəʊlegɔ́mɪ-, -lɪ-, -mə-] 〖⇨ ↑, -ous〗 *adj.* **1** 序言の, 緒論の. **2** 長々しい前置きのある, 長口上つきの.

pro·lep·sis [proʊlépsɪs, -səs | prəʊlépsɪs, -líːp-] 〖(1578) ▭ LL *prolēpsis* ▭ Gk *prólēpsis* ← *prolambánein* to anticipate ← PRO-²+*lambáein* to take: cf. lemma¹〗 — *n.* (*pl.* **-lep·ses** [-siːz]) **1** 予期, 予想 (anticipation). **2** 〖修辞〗予弁法《反対論を予期して前もって異議・抗弁などを反駁(はんばく)し, 予防線を張っておく技巧; procatalepsis ともいう》. **3** 〖文法〗予期的資辞法《将来の事情を予想して形容詞または名詞を資辞 (epithet) として用いる法; 例えば He struck her dead. における dead の用法》. **4 a** 予期的表示《未来の事件などを現在または過去のこととして説くこと》. **b** =prochronism. **5** 〖医学〗早期発症, 早発.

pro·lep·tic [proʊléptɪk | prəʊlép-, -líːp-] 〖(*a*1656) ▭ Gk *prolēptik-ós* ← *prolambánein* (↑): ⇨ -ic¹〗 — *adj.* **1** 予期の, 予想上の (anticipative). **2** 〖修辞〗予弁法の (⇨ prolepsis 2). **3** 〖文法〗予期的資辞法の (⇨ prolepsis 3). **4** 〖病理〗(次第に間隔を縮めて)早期に発症する. **pro·lép·ti·cal·ly** *adv.*

pro·les [próʊliːz | prə́ʊ-] 〖▭ L *prōlēs* offspring〗 *L. n. pl.* [集合的]〖法律〗直系卑属, 子孫 (progeny).

pro·lé·taire [pròʊlətɛ́ə | prəʊlɪtɛ́ə(r; *F.* prɔletɛ:r] 〖□ F ～ □ L *prōlētārius* (↓)〗 *F. n.* ＝proletarian.

pro·le·tar·i·an [pròʊlətɛ́(ə)riən | prəʊlɪtɛ́əri-, -le-, -lə-] 〖(1658) ← L *prōlētārius* one who served the State not with property but with offspring (← *prōlēs* offspring)＋-AN[1]〗 ── *n.* **1** 無産階級の一員, プロレタリア, 無産者 (cf. bourgeois 2). **2** (古代ローマの)最下層民. ── *adj.* **1** プロレタリアの, 無産階級の, 無産者の: ～ classes 無産階級 / a ～ revolution 無産階級による革命. **2** (古代ローマの)最下層民の. **～·ly** *adv.*

proletárian dictatorship *n.* プロレタリア独裁《共産主義の目標ないし理想; dictatorship of the proletariat ともいう》.

prò·le·tár·i·an·ìsm [-nìzṃ] 〖⇨ proletarian, -ism〗 *n.* **1** プロレタリア[無産者]の境遇[身分]. **2** 無産主義, 無産階級政治.

pro·le·tar·i·an·ize [pròʊlətɛ́(ə)riənàɪz | prəʊlɪtɛ́ərɪən-, -le-, -lə-] *vt.* プロレタリア化する, 無産(主義)化する. **pro·le·tar·i·an·i·za·tion** [pròʊlətɛ̀(ə)riənɪzéɪʃən, -nə- | prəʊlɪtɛ̀ərɪənaɪ-, -le-, -lə-, -nɪ-] *n.*

pro·le·tar·i·at [pròʊlətɛ́(ə)riət, -riæ̀t | prəʊlɪtɛ́ərɪ-, -le-, -lə-] 〖(1853) □ F *prolétariat* ← L *prōlētārius*: ⇨ proletarian, -ate[1]〗 ── *n.* (*also* **pro·le·tar·i·ate** [～]) (*pl.* ～) **1** [通例 the ～] プロレタリア階級, プロレタリアート, 無産階級; 労働社会, 労働者階級 (cf. bourgeoisie): the dictatorship of the ～＝proletarian dictatorship. **2 a** (古代ローマの)最下層社会. **b** 《軽蔑》社会の最下層.

pro·le·tar·ize [pròʊlətə(ə)raɪz | prəʊlɪtɛ́ər-, -le-, -lə-] *vt.* ＝proletarianize. **pro·le·tar·i·za·tion** [pròʊlətə̀(ə)rɪzéɪʃən, -rə- | prəʊlɪtɛ̀ərai-, -le-, -lə-, -rɪ-] *n.*

pro·le·tar·y [próʊlətèri, | prə́ʊlɪtəri, -le-, -lə-] 〖□ L *prōlētāri-us*: ⇨ proletarian, -ary〗 *n., adj.* ＝proletarian.

pro·let·cult [proʊlétkʌlt | prəʊ-; *Russ.* prəljitkúljt] 〖□ Russ. *proletkul't* ← *prolet(arskaya) kul't(ura)* proletarian culture〗 ── *n.* (*also* **pro·let·kult** [～]) **1** 無産階級文化. **2** [P-] 《ソ連》プロレトクリト《プロレタリア芸術代表機関によるプロレタリア文化運動; 1917 年に発生し 32 年まで続く; 機関誌「プロレタリア文化」を発行》.

pro·li·cide [próʊləsàɪd | prə́ʊlɪ-] 〖← L *prōl(ēs)* (↓)＋-I-＋-CIDE〗 *n.* (出産前または直後の)胎児殺し, 嬰児(えいじ)殺し. **pro·li·cid·al** [pròʊləsáɪdḷ | prəʊlɪ-] *adj.*

pro·lif·er·ate [prəlífərèɪt, pro(ʊ)- | prə(ʊ)-] 〖《逆成》↓〗 ── *vi., vt.* **1** 《生物》(分芽・細胞分裂などにより急に)増殖[繁殖]する[させる], 複生する. **2** 急増する[させる], 急に拡張する.

pro·lif·er·a·tion [prəlìfəréɪʃən, pro(ʊ)- | prə(ʊ)-] 〖□ F *prolifération* ← *proliférer* to proliferate ← *prolifère* proliferous ← L *prōlēs* (⇨ proles)＋-*fère* '-FEROUS'〗 ── *n.* **1** 《生物》増殖. **2** 急増; (特に, 核兵器の)拡散: nuclear ～ 核の拡散.

pro·lif·er·a·tive [prəlífərèɪṭɪv, pro(ʊ)- | prə(ʊ)lífər-èɪt-] 〖⇨ ↑, -ative〗 *adj.* 《生物》増殖する, 複生する.

pro·lif·er·ous [prəlíf(ə)rəs, pro(ʊ)- | prə(ʊ)-] 〖(1654) ← ML *prōlifer* (adj.) bearing offspring ＋-OUS: ⇨ proles, -ferous〗 ── *adj.* **1** 《植物》(球芽・匍匐(ほふく)枝などによって)繁殖する; 終極器官から新個体を発生する《花の中から花が出るなど》. **2** 《動物》分枝繁殖する. **3** 《病理》増殖性の.

pro·lif·ic [prəlífɪk, pro(ʊ)- | prə(ʊ)-] 〖(1650) □ F *prolifique* □ ML *prōlificus*: ⇨ proles, -fic〗 ── *adj.* **1** 〈人・動物が〉子を(たくさん)産む, 多産の, 〈植物が〉実を(たくさん)結ぶ: ～ rabbits, trees, etc. / a family ～ *of* children よく子供の生れる家庭. **2** 制作の多い, 多作の 〔*of*〕: a ～ writer [author] 多作の作家, 多作家. **3** 〈土地が〉豊かな, 肥えた (fertile). **4 a** 〔…を〕たくさん生じる[起こす], 〔…の〕原因となる (productive) 〔*of*〕: a war ～ *of* crime and misery 犯罪と悲惨を引き起こす戦争 / a subject ～ *of* controversy 論争を生む問題. **b** 〔…の〕豊富な, 〔…に〕富む (abounding) 〔*in*〕: a period ～ *in* great poets 大詩人輩出の時代. **pro·líf·i·cal·ly** *adv.* **pro·líf·i·cal·ness** *n.* **～·ness** *n.* **pro·líf·i·ca·cy** [prəlífɪkəsi, pro(ʊ)-, -fə- | prə(ʊ)-lífɪkəsi] *n.* 「力, 生産力; 多産性.

pro·li·fic·i·ty [pròʊləfísəṭi | prəʊlɪfísətɪ, -sɪ-] *n.* 出産

pro·line [próʊli:n, -lɪn, -lən | prə́ʊli:n, -lɪn] 〖□ G *Prolin* 《略》← *P(yr)rol(id)in* 'PYRROLIDINE'〗 ── *n.* 《生化学》プロリン (C_4H_8NCOOH) 《蛋白質に含有されるアルコール可溶性のアミノ酸》.

pro·lix [proʊlíks, ─́─ | prə́ʊlɪks, ─́─] 〖(*a*1420) □ (O)F *prolixe* // L *prōlix-us* poured forth, extended ← PRO-[1]＋*liquēre* to flow (⇨ liquid)〗 ── *adj.* 長たらしい, 冗長な, くどい (verbose): a ～ speech 長広舌 / a ～ writer 冗漫な作家. **～·ly** *adv.* **～·ness** *n.*

pro·lix·i·ty [pro(ʊ)líksəṭi | prə(ʊ)líksətɪ, -sɪ-] 〖(*c*1385) □ (O)F *prolixité* □ L *prōlixitātem* ← *prōlixus* (↑): ⇨ -ity〗 *n.* 長たらしい[くどい]こと, 冗長, 冗漫.

pro·loc·u·tor [pro(ʊ)lɑ́kjuṭə | prə(ʊ)lɔ́kjʊtə(r)] 〖(*c*1475) □ L *prōlocūtor* ← PRO-[1]＋*locūtor* speaker (← *locūtus* (p.p.) ← *loquī* to speak): ⇨ locution, -or[2]〗 ── *n.* **1** 議長, 司会者 (chairman). **2** (英国国教会の聖職会議 (convocation) の)下院議長. **～·ship** *n.*

pro·log [próʊlɔ(:)g, -lɑg | prə́ʊlɔg] *n., vt.* ＝prologue.

pró·log·ist [-gɪst, -gəst, -dʒɪst, -dʒəst | -gɪst] *n.* 序文[序詞, プロローグ]の筆者; 前口上の語り手, 前口上を述べる俳優.

pro·log·ize [próʊlɔ(:)gàɪz, -lɑg-, -lədʒàɪz | prə́ʊlɔg-] 〖□ Gk *prologíz-ein* to speak a prologue ← *prólogos* (↓): ⇨ -ize〗 ── *vi.* 序文[序詞, プロローグ]を書く; 前口上を述べる. **pró·log·ìz·er** *n.*

pro·logue [próʊlɔ(:)g, -lɑg | prə́ʊlɔg] 〖(*a*1325) *prolog* □ (O)F *prologue* □ L *prologus* □ Gk *prólogos* ← PRO-[2]＋*lógos* speech: ⇨ logos〗 ── *n.* **1** (論文の)序文, 序言, (詩の)序詞, 序詩, (小説の)プロローグ, 予編: the *Prologue to* Chaucer's 'Canterbury Tales' チョーサーの「カンタベリー物語」の序詩. **2 a** 序幕. **b** (劇の)開幕の前口上《しばしば韻文で書かれる; cf. epilogue》; 前口上を述べる俳優. **3** 〔…の〕序幕的事件[行動], 前触れ, 発端 〔*to*〕: The murder at Serajevo was ～ *to* World War I. サラエボの暗殺が第一次世界大戦の発端だった. ── *vt.* **1** 〈俳優が〉…の前口上を述べる; …に序文[序詞]をつける. **2** …の発端となる, 前触れをする.

pró·logu·ist [-gɪst, -gəst | -gɪst] *n.* ＝prologist.

pro·logu·ize [próʊlɔ(:)gàɪz, -lɑg- | prə́ʊlɔg-] 〖⇨ prologue, -ize〗 *vi.* ＝prologize. **pró·logu·ìz·er** *n.*

pro·long [prəlɔ́(:)ŋ, -lɑ́ŋ | prə(ʊ)lɔ́ŋ] 〖(*a*1420) □ OF *prolongu-er* (F *prolonger*) □ LL *prōlongāre* ← PRO-[1]＋*longus* 'LONG[1]'〗 ── *vt.* **1** (空間的に)長くする, 延長する: ～ a line [road] 線[道路]を延長する. **2** (時間的に)長くする, 長引かせる: ～ one's life [the agony] 寿命を伸ばす[苦痛を長引かせる] / a ～*ed* visit 長びいた[ている]滞在. **3** 《音声》〈母音・音節などを〉引き伸ばす, 長く発音する. **～·a·ble** [-ŋəbḷ] *adj.* **～·er** *n.* **～·ment** *n.*

pro·lon·gate [prəlɔ́(:)ŋgeɪt, pro(ʊ)-, -lɑ́ŋ- | prə(ʊ)lɔ́ŋ-] 〖← LL *prōlongāt-us* (p.p.) ← *prōlongāre* (↑): ⇨ -ate[3]〗 *vt.* ＝prolong.

pro·lon·ga·tion [pro(ʊ)lɔ(:)ŋgéɪʃən, prə-, -lɑŋ- | prəʊlɔŋ-, prɔ̀l-] 〖(1490) □ (O)F ～ // LL *prōlongātiō(n-)* ← *prōlongātus* (↑): ⇨ -ation〗 ── *n.* **1** 延ばす[される]こと, 長引かす[される]こと, 延長: the ～ of a line [life] 線の延長[長寿]. **2** 延長[付加]された部分. **3 a** 延長線. **b** 延長形. **4** 《音声》(母音や音節などの)引き伸ばし.

pro·longe [pro(ʊ)lɑ́ndʒ | prə(ʊ)lɔ́ndʒ] 〖□ F ～ ← *prolonger* 'to PROLONG'〗 *n.* 《軍事》(車両[砲車]を引くのに用いる鉤(かぎ)と留木の付いた)曳索(えいさく), 砲車引綱.

pro·lo·ther·a·py [pròʊlo(ʊ)θérəpi | prəʊlə(ʊ)θérəpɪ] 〖← L *prōl-ēs* progeny＋-O-＋THERAPY〗 *n.* 《医学》増殖療法.

pro·lu·sion [pro(ʊ)lú:ʒən, -ljú:- | prə(ʊ)-] 〖(1601) □ L *prōlūsiō(n-)* preliminary exercise ← *prōlūdere* to play or practice beforehand ← PRO-[1]＋*lūdere* to play: ⇨ ludicrous, -sion〗 ── *n.* **1** 準備[予備]練習, 準備運動; 試演 (rehearsal). **2** 緒論, 緒言 (preface); 前口上, 前座, 序幕, 序楽 (prelude). **pro·lu·so·ry** [pro(ʊ)-lú:s(ə)ri, -z(ə)ri | prə(ʊ)lú:s(ə)ri, -z(ə)ri] *adj.*

prom [prɑ́(:)m | prɔ́m] 〖《略》← PROMENADE〗 ── *n.* **1** 《口語》＝promenade. **2** 《英口語》＝promenade concert. **3** 《米口語》(大学・高校などで行なう)舞踏会, ダンス (dance).

prom. 《略》promenade; prominent; promontory; promote; promotion; promotor.

pro·ma·zine [próʊməzì:n | prə́ʊ-] 〖← PRO(PYL)＋M(ETHYL)＋(THI)AZINE〗 *n.* 《薬学》プロマジン ($C_{17}H_{20}N_2S$) 《鎮静剤》.

pro me·mo·ri·a [pròʊ-mɪmɔ́:riə, -mə-, -mó:r- | prəʊ-mɪmɔ́:rɪə] 〖□ L *prō memoriā* for (the sake of) memory〗 ── *adv.* 覚えとして《長期間消滅している権利を思い起こさせるために使う外交用語》. ── *n.* (*pl.* ～) 外交メモ.

prom·e·nade [prɑ̀mənéɪd, -nɑ́:d | prɔ̀mənɑ́:d, -mɪ-, ─ ─ ─́] 〖(1567) □ F ～ ← *promener* to take for a walk ＜ LL *prōmināre* to drive (cattle) out to pasture ← PRO-[1]＋*mināre* to drive (＝L *minārī* to threaten ← *minae* (pl.) threats ← IE **men-* to project): ⇨ -ade〗 ── *n.* **1** (徒歩・乗馬などで, 通例正装して行なう)散歩, 遊歩; ドライブ (drive); (騎馬または車での)練り歩き, 行列: the Easter ～ 感謝祭の行列. **2** 舗装散歩場, 遊歩場, 遊歩道, プロムナード; 《英》海浜遊歩道路. **3 a** ＝promenade deck. **b** (劇場の)休憩廊下. **4** [《英》ではまた -néɪd] 《米》《ダンス》 **a** (公式舞踏会開始の際の)全来客者の行進. **b** (民族舞踊・スクエアダンスなどの)舞踏者の一連のステップ. **c** ＝prom 3. **5** ＝promenade concert.
── *vi.* **1** 散歩する (walk), 遊歩する, (見せびらかすために)気取って歩く, 練り歩く, 行進する: ～ in the streets [on the seafront] 街路[海岸通り]を遊歩する / ～ about ぶらつき回る, 気取って[澄まして]練り歩く. **2** 馬(車)を駆る (drive). ── *vt.* **1** 散歩[遊歩]する: ～ the streets. **2** 〈人を〉遊歩[見せびらかし]に連れて歩く. **3** [《英》ではまた -néɪd] 《ダンス》(スクエアダンスの一連のステップで)〈相手を〉行進させる.

promenáde cóncert *n.* プロムナードコンサート《聴衆は席を取らずに遊歩したり立ったままで聴く; 現在では野外音楽会一般を指すこともあり席の有無ではなく開放的な雰囲気を表現する用語》.

promenáde dèck *n.* (客船の一等船客用)遊歩甲板.

prom·e·nád·er *n.* **1** 遊歩する人. **2** 遊歩演奏会の客[聴衆]. 「分裂組織.

prò·méristem 〖← PRO-[2]＋MERISTEM〗 *n.* 《植物》前

prom·er·ops [prɑ́mərɑ̀ps | prɔ́mərɔ̀ps] 〖← NL ～ ← PRO-[2]＋Gk *mérops* bee eater〗 ── *n.* 《鳥類》オナガミツスイ《アフリカ南部産ミツスイ科オナガミツスイ属 (*Promerops*) の尾の長い小さな鳴鳥の総称; 好んで花の蜜を吸う》.

prò·métacenter 〖← PRO-[2]＋METACENTER〗 ── *n.* 《造船》プロメタセンター, 副メタセンター《船が横に大角度傾斜した時の浮心を通る垂直線と, 船が垂直の時の浮心を通る垂直線との交叉点; cf. metacenter》.

prò·métaphase 〖← PRO-[2]＋METAPHASE〗 *n.* 《生物》(細胞の核分裂の)前中期《前期 (prophase) と中期 (metaphase) の中間にあって仁が消失する時期》.

pro·meth·a·zine [prouméθəzi:n | prəʊ-] 〖← PRO(PYL)＋(*di*)*meth*(*ylamine*) (← DI-＋METHYLAMINE)＋(PHENOTHI)AZINE〗 ── *n.* プロメタジン《抗ヒスタミン剤の一つ》.

pro·mé·the·a mòth [prəmí:θiə-, pro(ʊ)- | prə(ʊ)-mí:θjə-, -θɪə-] 〖*promethea*: ← NL ～ (fem.) ← L *Prometheus* 'PROMETHEUS'〗 ── *n.* 《昆虫》北米東部産の巨大なヤママユガの一種(*Callosamia promethea*)《幼虫はユリノキ・サクラ類など多くの樹木の葉を食害する》.

Pro·me·the·an [prəmí:θiən, pro(ʊ)-, -θjən | prə(ʊ)-mí:θjən, -θɪən] 〖(1594–95): ⇨ Prometheus, -an[1]〗 ── *adj.* プロメテウス (Prometheus) の(ような), 生命を与える, 創造的な: the ～ spark from heaven (プロメテウスがもたらしたような)天からの霊火 / ～ agonies (プロメテウスの受けたような刑罰の)猛烈な苦痛. ── *n.* **1** プロメテウスのような人. **2** 《古》マッチに似た昔の発火用具.

pro·me·the·um [prəmí:θiəm, pro(ʊ)- | prə(ʊ)mí:θɪ-əm, -θjəm] *n.* 《化学》＝promethium.

Pro·me·theus [prəmí:θ(j)u:s, pro(ʊ)-, -θiəs | prə(ʊ)-mí:θju:s, -θjəs, -θɪəs] 〖□ L *Promētheus* □ Gk *Prometheús* 《原義》forethinker ← PRO-[2]＋**mêthos* care (← IE **men-* to think): ⇨ mind〗 ── *n.* 《ギリシャ神話》プロメテウス《天上から火を盗んで来て土人形に生命を与えて人類を創造した神; そのため Zeus の怒りに触れて, Caucasus 山の岩に縛られ, 鷲に肝臓を食われたという》.

pro·me·thi·um [prəmí:θiəm, pro(ʊ)- | prə(ʊ)mí:θɪ-əm, -θjəm] 〖← NL ～: ⇨ ↑, -ium〗 ── *n.* 《化学》プロメチウム《希土類元素の一つ; 記号 Pm, 原子番号 61, 原子量 145》.

Pro·min [próʊmɪn, -mən | prə́ʊmɪn] *n.* 《商標》プロミン《薬品 glucosulfone の商品名》.

pro·mine [próʊmi:n, -mən, -mɪn | prə́ʊmɪn, -mi:n] 〖← PROM(OTE)＋-INE[3]〗 *n.* 《生理》プロミン《体内にわずかに存在し細胞の成長を促進する物質; cf. retine》.

prom·i·nence [prɑ́m(ə)nəns | prɔ́mɪ-, -mə-] 〖(1598) □ F 《廃》～ □ L *prōminentia* ← *prōminentem* 'PROMINENT': ⇨ -ence〗 ── *n.* **1 a** 目立つ物, 目立つ場所 (eminence); 突起, 突出 (projection); 突出[隆起]部: a ～ on the landscape 景色の中の目立つ場所 / the ～ of a man's nose 鼻の隆起 / His jaw protruded to fuller ～. 彼のあごはいっそう出っ張った. **b** 《解剖》隆起. **2** 目立つこと, 顕著; 卓越, 傑出 (distinction): a person of considerable ～ 大いにすぐれた人物 / come [bring] into ～ 目立つ[目立たせる] / The hotel has bounced into ～. そのホテルは一躍著名になった. **3** 《音声》卓立《ある音や音節が他の音や音節より目立つこと》. **4** 《天文》(太陽の)紅炎. 「prominence.

próm·i·nen·cy [-nənsi | -sɪ] 〖⇨ ↓, -ency〗 *n.* ＝

prom·i·nent [prɑ́m(ə)nənt | prɔ́mɪ-, -mə-] 〖(1545) □ L *prōminēnt-em* (pres.p.) ← *prōminēre* to project ← PRO-[1]＋-*minēre* (← IE **men-* to project): cf. eminent, promenade〗 ── *adj.* **1** 突起した, 突出した (projecting): a ～ nose 際立って高い鼻 / ～ eyes [teeth] 出目[出っ歯] / a ～ paunch ほてい腹. **2** 目につきやすい, 目立つ, 顕著な. **3** 卓越した, 傑出した; 重きをなす, 有名な: a ～ politician すぐれた[高名の]政治家 / occupy a ～ position in the educational world 教育界で重きをなしている. **～·ly** *adv.*

prom·is·cu·i·ty [prɑ̀məskjú:əṭi, pròʊm-, prəmɪs- | prɔ̀mɪskjú:ətɪ, -kjúə-, -ɪtɪ] 〖(*a*1849) □ F *promiscuité*: ⇨ ↓, -ity〗 ── *n.* **1 a** 入り交ざった状態, ごたまぜ. **b** 無差別な社会的関係[混合]: ～ in racial relations 民族関係の混交. **2** 男女の乱交.

pro·mis·cu·ous [prəmískjuəs | -kjʊ-] 〖(1603) ← L *prōmiscu-us* mixed ← PRO-[1]＋*miscēre* 'to MIX': ⇨ -ous〗 ── *adj.* **1 a** 入り交じった, ごたまぜの; 無差別の, 乱雑な, 混然とした: a ～ heap of clothing ごたまぜになった衣類の山 / a ～ mass ごたまぜの群衆 / ～ hospitality [massacre] 誰彼となしのもてなし[手当り次第の虐殺]. **b** 〈性関係が〉乱交の, 〈人が〉乱交する: ～ sexual relations [connections] (結婚や同棲に拘束されない)でたらめな性関係, 男女の乱交. **2** 男女一緒くたの, 男女無差別の: ～ bathing 男女混浴. **3** 《口語》でたらめの, 行き当たりばったりの; 偶然の (casual): take a ～ stroll ぶらぶら歩く / in a ～ manner 手当り次第に. **～·ly** *adv.* **～·ness** *n.*

prom·ise [prɑ́mɪs, -məs | prɔ́mɪs] 〖*n.*: (*c*1400) □ L *prōmiss-um* (neut. p.p.) ← *prōmittere* to put forth ← PRO-[1]＋*mittere* to send (⇨ mission). ── v.: (*c*1420) ← (n.)〗 ── *n.* **1** 約束, 契約 (engagement): an express ～ 明示契約 / an implied ～ 黙約 / a ～ *of* help [*to* help] 助ける約束 / break [keep] a [one's] ～ 約束を破る[守る] / under ～ *to* do …すると約束[誓約]して / on the ～ *that* …という約束で / make [give] a ～ 約束する / put a person off with fair ～*s* うまいこと

を言って人を追い払う / A ~ is a ~. 約束は約束《破れない》. **2 a** (将来そうなるという)保証(になるもの); 将来[前途]の見込み, 頼もしさ, 嘱望 (hope): a writer of great ~ 前途有望の作家 / give [afford, show] ~ (of success) (成功の)望みをもたせる[見込みがある] / The crops are full of ~. 作は有望である / There is every ~ of success. ものになりそうな見込みが十分ある. **b** 恐れ, 不安, 心配: The icy wind gave ~ of more snow to come during the night. 風が身を切るように冷たかったので夜の間にもっと雪が降る恐れがあった. **3** 約束された事[物], 契約事項: I claim your ~. お約束の物をいただきたい[約束したことを果たしてもらいたい].

— *vt.* **1** 〈人〉に約束する, 契約する; 〈人〉に〈物を〉与える約束をする 〈*away*〉: ~ a reward *to* a person = ~ a person a reward 人に報酬を約束する / ~ most of one's property *away to* one's children 自分の子供に財産の大部分を与えると約束する / I ~ (you) *to* come. = I ~ (you) *that* I will come. 行くことを約束します / I ~ not to see him again. 彼に二度と会わないことを約束します / I ~*d* him a sound beating. きっと今に思い切り打ちこらしてやるぞと彼に言った. ★ 受動態には He was ~*d* a reward. と A reward was ~*d* (*to*) him. のどちらも可能である. **2 a** 〈物事が〉…を期待[予想, 恐れ]させる: This weather ~*s* large crops. この天気では豊作らしい / All this ~*s* future trouble. これはすべて将来のトラブルを予想させる《今に起こる》. **b** 〈人・物事が〉〈…になる〉見込みがある 〈*to* be〉: He ~*s to be* a good teacher. 今によい教師になるだろう. **3** 《古・方言》〈娘を〉嫁にやる約束をする (betroth) 〔*to*〕. **4** [I ~ you で]《口語》保証する, 間違いない (I assure you): It won't be so easy, *I ~ you.* 全くそう容易じゃありませんよ. ★ 未来以外のことを言うときは主に《古・方言》: *I ~ you* I'm tired. ほんとに私は疲れたよ. **5** [~ one*self* で] 〈…を〉(ひそかに)期待する, 楽しみに待つ, 心待ちにする: ~ *oneself* a pleasant trip. — *vi.* **1** 約束[契約]する: I can't ~ yet. まだ約束できません. **2** [I ~ で]《口語》保証する, きっと…だ: Will you go?—I ~. 行くかね—行くとも. **3** [通例 well, fair などを伴って] 見込みがある, 有望である, 頼もしい: The crops ~ *well.* 豊作らしい.

Prómised Lánd *n.* [the ~] **1** 『聖書』(神が Abraham とその子孫に約束した)約束の地《Land of Promise ともいう; カナン (Canaan) のこと; cf. *Gen.*12 : 7》. **2** 天国 (Heaven). **3** [p- l-] 希望の土地[状態].

prom·is·ee [prɑ̀məsíː, -mə- | prɔ̀mɪ-] 〘← PROMISE +-EE[1]〙 *n.* 『法律』受約者, 被約束者 (↔ promisor).

próm·is·er 〘⇨ -er[1]〙 *n.* 約束者.

próm·is·ing 〘⇨ promise, -ing[2]〙 — *adj.* 将来[前途]有望な, 見込みのある, 末頼もしい (hopeful): a ~ beginning 好調な滑り出し, 幸先(さいさき)の良いスタート / a ~ youth [colt] 有望な青年[子馬] / a ~ sky 晴れて来そうな空模様 / in a ~ state [way] 見込みのある; 快方に向かって; 妊娠して / The weather is ~. 天気がよくなりそうだ. **~·ly** *adv.* **~·ness** *n.*

prom·i·sor [prɑ̀mɪsɔ́ə, -mə-, ⌐⌐⌐ | prɔ̀mɪsɔ́ːr, ⌐⌐⌐] 〘⇨ promise, -or[2]〙 *n.* **1** = promiser. **2** 『法律』約束者, 約諾者 (↔ promisee). **3** 約束手形振出し人.

prom·is·so·ry [prɑ́məsɔ̀ːri, -sòːri | prɔ́mɪsəri, prəmís-] 〘《1649》 ⊏ ML *prōmissōri-us*: ⇨ promise (n.), -ory[1]〙 — *adj.* **1** 約束の, 約定の; 『保険』約束の; 『商業』支払いを約束する: ⇨ promissory note. **2** 〔…を〕約束する, 〔…の〕見込みが十分にある 〔*of*〕.

prómissory nóte *n.* 『商業』約束手形《note of hand ともいう》.

prò·mitósis 〘← NL ~: ⇨ pro-[2], mitosis〙 *n.* 『生物』前有糸分裂《原生生物門 (Protista) にみられる有糸分裂に類似する原始的核分裂法》.

pro·mo [próumou | prə́umə u] 〘《略》← PROMOTION-AL〙 *n.* (*pl.* ~**s**) (色々の種類の)広告宣伝. — *adj.* (広告)宣伝の.

próm·on·tò·ried *adj.* 岬[突起]のある.

prom·on·to·ry [prɑ́məntɔ̀ːri, -tòːri | prɔ́mənt(ə)ri] 〘《1548》 ⊏ ML *prōmontōri-um* 《変形》← L *prōmunturium* ← ? PRO-[1] + *mont-*, *mōns* 'MOUNT[2]': -ory[2]: cf. prominent〙 — *n.* **1** 岬 (headland). **2** 低地に突き出た[を見おろす]絶壁[丘]. **3** 『解剖』隆起, 突起.

pro·mot·a·ble [prəmóutəbl | prəmə́ut-] *adj.* **1** 〈人が〉昇進させられる, 進級させられる. **2** 〈商品が〉(広告宣伝によって)販売促進のできる, 売り込める.

pro·mòt·a·bíl·i·ty [-təbíləti | -təbílɪti, -lɪ-] *n.*

pro·mote [prəmóut | -mə́ut] 〘《*a*1387》← L *prōmōtus* (p.p.) ← *prōmovēre* to move forward ← PRO-[1] + *movēre* 'to MOVE'〙 — *vt.* **1** 昇進[昇格]させる, 進級させる, 抜擢(ばってき)する 〔*to*〕 (↔ demote): ~ an officer (*to* the rank of) captain [*to* captaincy, *to* be captain] 士官を大尉に昇進させる / ~ a person *to* Cabinet rank [the peerage] 人を内閣[貴族]に列せしめる / be ~*d* by selection [seniority] 選抜[年功序列]で進級[昇進]する. **2** 《米》『教育』進級[進学]させる. **3 a** 〈発達・進歩・活動などを〉助長[助成]する, 促進[増進]する, 進展[進捗(しんちょく)]させる (further); 振興[奨励]する (encourage): ~ digestion [good will] 消化[好意]を促進する / ~ the love of learning 学問の愛好心を奨励する / ~ disorder [ill will] 混乱[悪意]を助長する. **b** (広告)宣伝で〈商品〉の販売を促進する, 売り込む. **4** 〈企業などを〉発起する, 〈会社などを〉設立する: ~ a scheme [an undertaking] 計画[事業]を発起する[はかどらせる]. **5** 〈謀反・騒動などを〉引き起こす, 扇動する: ~ a treason. **6** 〈議案を〉提出支持する, 通過するように努める: ~ a bill in Parliament. **7** 『チェス』〈ポーン (pawn) を〉ならせる (cf. promotion 5). **8** 《米俗》〈購者[術策]により)手中にする, せしめる, ちょろまかす.

pro·mót·er [-tə | -tə(r] 〘《*c*1450》《変形》← 《廃》*promotor* ⊏ OF *promoteur* ⊏ ML *prōmōtor* ← L *prōmōtus* (↑) // ← PROMOTE + -ER[1]〙 — *n.* **1** 促進者[物], 推進者, 首唱者: the chief ~ of the Paris conference パリ会議の首唱者. **2 a** 助成者, 支持者, 奨励者; 後援者 (patron): a ~ of learning [charity] 学問[慈善行為]の奨励者. **b** (プロボクシング試合などの)興業主, プロモーター. **3** (株式会社の)発起人, 創立者, (悪い意味で)会社屋 (company promotor). **4** 扇動者 (inciter), 発頭人: a ~ of disorder [treason, crime] 混乱[謀反, 犯罪]の張本人. **5** 『化学』助触媒《触媒に微量添加することにより触媒の活性を増大させる作用のある物質》. **6** 《廃》密告者 (informer). **7** 『鉱山』促進剤, 捕収剤 (collector). **8** 『生物』プロモーター《因子》《オペロン (operon) の構造遺伝子の機能を発現させるのに不可欠な部位》.

promoter of justice 『カトリック』教会裁判所判事.

promoter of the faith 『カトリック』= devil's advocate 1.

pro·mo·tion [prəmóuʃən | -mə́u-] 〘《1429》 ⊏ (O)F ~ ⊏ LL *prōmōtiō(n-)*: ⇨ promote, -tion〙 — *n.* **1** 昇級, 昇進, 昇格, 進級 (advancement): ~ to Cabinet rank 閣員への昇任 / obtain [get, be given a] ~ 昇進する / on ~ 昇進[昇格]しかかって; 見習い中で. **2** (計画などの)首唱, 発起: the ~ of a company 会社の発起[創立]. **3** 促進, 助長; 振興, 奨励; 刺激 (incitement): the ~ of learning [a scheme] 学問の振興[計画の促進] / ~ of sedition [disorder] 反乱[混乱]の助長[唆(そそのか)し]. **4 a** (商品の販売促進の宣伝(活動), 売込み (sales promotion). **b** 広報・宣伝用印刷物[パンフレット]. **c** 販売促進中の商品. **5** 『チェス』(ポーン (pawn) を)(通例 クイーン (queen) に)ならせること.

be on** one's **promotion (1) 昇進の資格[見込み]がある, 昇級の時期にきている; 昇進を目当てにし身を慎しむ (cf. 1). (2)《口語》結婚を目当てに身を慎しむ.

pro·mó·tion·al [-ʃənl, -ʃnəl] *adj.* **1** 昇級[昇進]の: a ~ examination. **2** 促進の, 奨励の. **3** 宣伝の.

promótion expènses *n. pl.* 創業費《会社の創立および開業に要する費用; cf. organization expenses》.

promótion shàres *n. pl.* 『証券』会社設立の功労者に報酬として与えられる株式.

pro·mo·tive [prəmóutɪv | -mə́ut-] 〘⇨ promote, -ive〙 *adj.* 進める, 増進する, 奨励の. **~·ness** *n.*

prompt [prɑ́m(p)t | prɔ́m(p)t] 〘v.: 《*a*1340》 ⊏ ML *prōmpt-āre* ← L *prōmptus* (p.p.) ← *prōmere* to bring forth, take out ← PRO-[1] + *emere* to take: cf. exempt. — adj.: 《? *a*1425》 ⊏ (O)F ~ // L *prompt-us*: PRONTO と二重語〙 — *adj.* (**~·er**; **~·est**) **1** 敏速な, 機敏な, すばやい, てきぱきした; すぐ[喜んで]…する (ready) 〔*in*〕/ 〈*to* do〉: a ~ supporter [assistant] てきぱきした支持者[助手] / be ~ *in* one's payments 支払いが速い / be ~ *to* obey [carry out an order] すぐさま[快く]命令に従う[命令を果たす]. **2** 〈返答など〉即座の, 早速の: ~ action [assistance] 即座の行動[援助] / a ~ reply [answer] 即答 / a ~ decision 即断. **3** 『商業』じき渡しの, 即時払いの: ~ cash 即金, 即時払い / ~ delivery 即時渡し / the ~ day 延べ渡し日 / make ~ payments 即時払いをする / ~ sale 延べ取引き. **4** 『物理』〈核分裂が〉即発の: a ~ neutron 即発中性子.

— *vt.* **1** 刺激する, 鼓舞する; 誘発する, 促す, おだてる (incite) 〔*to*〕/ 〈*to* do〉: ~ a person *to* an action 人を促してある行為をさせる / be ~*ed* by instinct [necessity, pride] 本能[必要, 自負心]に迫られる. **2** 思いつかせる (suggest), 〈思想・感情を〉吹き込む (inspire), 喚起する, 起こさせる, 指令する (dictate) 〈*to* do〉: Conscience ~*s* me *to* do justice to everybody. 良心は私にすべての人を公平に扱うよう命じる. **3** 『演劇』〈台詞を忘れた俳優・朗唱者など〉に陰から台詞をつけてやる, 後見する. **4** 〈学習者〉にそばから暗示を与える, 誘導してやる; 〈言い淀んでいる人〉に助け舟を出す. — *vi.* 『演劇』台詞をつける, 後見する.

— *n.* **1** 刺激する[促す]もの. **2** 『商業』**a** 支払い期日, 延べ渡し, 延べ取引き受渡しの期限. **b** 期限付き契約. **c** 即時払い. **3** 『演劇』**a** (台詞を忘れた俳優に対する)台詞つけ, 後見: take a ~ プロンプターについて言う[しぐさをする], つけ台詞の後をつける / wait for a ~. **b** 《英》= prompt side.

— *adv.* 《口語》かっきり, 正確に (sharp): You must call ~ at seven [at seven ~]. きっかり7時に来ないといけない. **~·ly** *adv.* **~·ness** *n.*

prómpt·bòok *n.* 『演劇』(演劇などで用いる)プロンプター用台本, 演出台帳.

prómpt bòx *n.* (観客からは見えない舞台上の)プロンプター席.

prómpt còpy *n.* 『演劇』= promptbook.

prómpt dày *n.* 『商業』延べ渡し日.

prómpt·er 〘《1440》: ⇨ -er[1]〙 *n.* **1** 激励者, 鼓舞者; 喚起する人. **2** 『演劇』(俳優の)プロンプター, 台詞つけ役, 後見.

prómpt·ing 〘⇨ -ing[1]〙 *n.* **1** 刺激, 激励, 鼓舞. **2** 暗示 (suggestion); 命令 (dictation): the ~*s* of conscience 良心の命令. **3** 『演劇』台詞つけ, 後見.

promp·ti·tude [prɑ́m(p)tət(j)ùːd | prɔ́m(p)tɪtjùːd] 〘《15C》 ⊏ (O)F ~ // LL *promptitūd-ō*: ⇨ prompt, -tude〙 *n.* 敏速, 機敏; 即応, 即決.

prómpt nòte *n.* 『商業』(買い物の)代金請求書, 支払期日通知.

prómpt sìde *n.* [the ~] 《英》『演劇』プロンプター側 (left stage)《もと prompter の立った側で俳優の左側, 客席からは右側; 単に prompt ともいう; 略 p.s.; その反対側は opposite prompt (side) という》.

prom·ul·gate [prɑ́məlgèɪt, pro(ʊ)mʌ́lgeɪt, prə-, próuməlgèɪt, -mʌl- | prɔ́məlgèɪt, -mʌl-] 〘《1530》← L *prōmulgāt-us* (p.p.) ← *prōmulgāre* to publish 《変形》← ? *provulgare* to publish ← PRO-[1] + *vulgus* the people: cf. vulgus〙 — *vt.* **1** 〈法令などを〉発布する, 公布する; 公表する, 発表する: ~ a decree [laws] 命令[法律]を発布する / ~ news 報道を公表する. **2** 〈主義などを〉広める, 普及させる, 宣伝する; 〈秘密などを〉世間に洩らす: ~ knowledge 知識を広める / ~ a person's secrets 人の秘密をぶちまける. **prom·ul·ga·tion** [prɑ̀məlgéɪʃən, pròuməl-, -mʌl-, pro(ʊ)mʌ̀l-, prə- | prɔ̀məl-, -mʌl-] *n.* **próm·ul·gà·tor** [-tə | -tə(r] *n.*

pro·mulge [pro(ʊ)mʌ́ldʒ | prə(ʊ)-] 〘⊏ L *prōmulg-āre* (↑)〙 *vt.* 《古》= promulgate.

prò·mycélium 〘← NL ~: ⇨ pro-[2], mycelium〙 *n.* 『植物』前菌糸体. **prò·mycélial** *adj.*

pron. 《略》pronominal; 『文法』pronoun; pronounced; pronunciation.

pro·na·os [prounéɪɑs | prəunéɪɔs] 〘⊏ L *pronāos* ⊏ Gk *prónāos* ← PRO-[2] + *nāós* temple: ⇨ naos〙 — *n.* (*pl.* **-na·oi** [-ɔɪ]) 『建築』プロナオス《古代ギリシャ神殿建築において, 三方を壁で囲まれ前面を列柱によって区切られた naos (= cella) の前室; cf. epinaos》.

pro·nase [próuneɪs, -neɪz | prə́uneɪs] 〘← ? PRO(TEI)N + -ASE〙 *n.* 『生化学』プロナーゼ《糸状菌 *Streptomyces griseus* にある蛋白分解酵素》.

pro·nate [próuneɪt | prə́u-] 〘← LL *prōnāt-us* (p.p.) ← *prōnāre* to bend forward ← L *prōnus* 'PRONE[1]': ⇨ -ate[3]〙 — *vt.* 〈手などを〉前方に伸ばして手のひらを下向きにする, 回内する (↔ supinate). — *vi.* 〈手などが〉回内する. — *adj.* 〈手など〉下向きの, 回内した.

pro·na·tion [pro(ʊ)néɪʃən | prə(ʊ)-] 〘《1666》: ⇨ ↑, -ation〙 *n.* 『生理・解剖』(手(または時に足)の)回内(運動) (↔ supination).

pro·na·tor [próuneɪtə, ⌐⌐⌐ | prəunéɪtə(r, ⌐⌐⌐] 〘《1727-41》← NL ~ ← LL *prōnatus*: ⇨ pronate, -or[2]〙 *n.* 『解剖』回内筋 (↔ supinator).

prone[1] [próun | prə́un] 〘《*c*1390》 ⊏ L *prōn-us* bend forward, leaning forward ← *prō* before, forward: ⇨ pro-[1]〙 — *adj.* **1 a** うつむきの, うつぶせの (cf. erect, supine[2]): lie [fall] ~ うつむきに寝る[倒れる]. **b** 平伏した; ひれ伏した; 屈従した: a ~ obeisance 平伏. **2** 《古》下に傾斜した, 下り坂の, 逆落としの, 険しい: a ~ stretch of ground 下り勾配(こうばい)の土地 / ~ bombing 《米》急降下爆撃 (dive bombing). **3** (通例よくない事について)〔…の〕傾向のある, 〔…し〕がちな (liable) 〔*to*〕/ 〈*to* do〉: be ~ *to* anger [*to* get angry] 怒りやすい. **4** 手のひらを伏せた. **5** 『植物』平伏した (cf. erect 3): an ~stem 平伏茎. **6** [複合語の第2要素として] …勝ちな: accident-*prone*, strike-*prone*, etc. **~·ly** *adv.* **~·ness** *n.*

prone[2] [próun | prə́un] 〘⊏ F *prône* 《原義》choir screen (ここで告知や説教が行なわれたことから) < VL **protinum*: ⇨ proneur〙 — *n.* 『教会』主日ミサ中説教者が会衆にすすめる祈り.

próne flòat *n.* 『水泳』= dead man's float.

pro·neph·ros [prounéfrəs, -rɑs | prəunéfrəs, -rɔs] 〘← NL ~ ← PRO-[2] + Gk *nephrós* kidney: ⇨ nephro-〙 — *n.* (*pl.* **-neph·roi** [-rɔɪ], **-neph·ra** [-rə]) 『生物』前腎(ぜんじん), 原腎 (cf. mesonephros, metanephros). **pro·neph·ric** [prounéfrɪk | prəu-] *adj.*

próne préssure mèthod *n.* 俯位(ふい)圧陰の法 (⇨ Schafer's method).

pro·neth·a·lol [pro(ʊ)néθəlɔ̀(ː)l, -lòul | prə(ʊ)néθəlɔ̀l] 〘← PRO(PYL) + (AMI)NE + (M)ETH(YL) + (NAPHTH)AL(ENE) + (METHAN)OL〙 *n.* 『薬学』プロネタロール《ベーター遮断薬; 狭心症・心室性不整脈の治療に用いる》.

pro·neur [prounə́ː | prəunə́ːr; *F.* prɔnœːr] 〘⊏ F *prôneur* ← *prôner* to eulogize ← *prône* religious instruction, 《原義》choir screen < VL **protinum* vestibule, screen before an entrance〙 — *n.* (*pl.* ~**s** [~z; *F.* ~]) ほめる人, 称賛者 (eulogist).

prong [prɔ́(ː)ŋ, prɑ́ŋ | prɔ́ŋ] 〘《1492》 *prange*, *pronge* ← ?: cf. Du. *prang* pinching〙 — *n.* **1** 尖った先, 尖った器具. **2** (フォーク・熊手などの)股[叉](また) (tine). **3** (叉のある)フォーク (fork), 熊手 (rake), 乾草熊手 (hayfork). **4** (オオジカの角の)枝. **5** 《米南部・中部》(河川などの)支流. — *vt.* **1** (フォーク・角などで)突く, 刺す. **2** (熊手の先などで)かく, 〈土などを〉掘り返す. **3** 〈フォーク・熊手など〉に股[叉]をつける.

próng·bùck *n.* 『動物』= pronghorn.

pronged *adj.* [しばしば複合語の第2構成素として] (…の)股[叉](また)のある: ⇨ three-pronged.

próng·hòrn 〘《短縮》← *prong-horned* (*antelope*)〙 — *n.* (*pl.* ~, ~**s**) 『動物』プロングホーン, エダヅノレイヨウ (*Antilocapra americana*)《米国西部産で角は洞角だが枝分かれして毎年鞘が抜け代わる; pronghorn antelope, pronghorned antelope, prongbuck ともいう》.

próng·hòrned ántelope *n.* 『動物』= pronghorn.

pro·no·grade [próunəgrèɪd | próʊ-] 〖← L *prōn(us)* 'leaning forward, PRONE¹'＋-o-＋-GRADE〗 *adj.* 〘動物〙水平歩行の (cf. orthograde).
pronom. 《略》 pronominal.
pro·nom·i·nal [pro(ʊ)námənl̩, prə-, -námnəl | prə(ʊ)nɔ́mɪnl̩] 〖《1644》□ LL *prōnōminālis* ← L *prōnōmen*: ⇨ pro-¹, nominal〗 — *adj.* **1** 〘文法〙代名詞(的)の: a ~ adjective 代名(詞的)形容詞 (my, his など). **2** 〘紋章〙盾の 4 分割に紋章を付けた《婚姻などによって複数の紋章を組み合わせる時, 最重要の父系の紋章は盾に向かって左上の quarter に配置することにいう》. — *n.* 〘文法〙代名詞的語句《代名詞およびその相当語句》. **~·ly** *adv.*
pro·nom·i·na·li·za·tion [pro(ʊ)nɑ̀mənəlɪzéɪʃən, -lə-, -nl̩- | prə(ʊ)nɔ̀mɪnəlaɪ-, -lɪ-, -nl̩-] *n.* 〘文法〙代名詞化(変形)《前方照応 (anaphoric) の代名詞などを導き出す変形操作》.
pro·nom·i·na·lize [pro(ʊ)nɑ́mənəlàɪz, -nl̩- | prə(ʊ)nɔ́mɪ-] *vt.* 〘文法〙…を代名詞化する.
pro·non·cé [pròʊnɔ̃ː(n)séɪ, -nɔ(ː)n- | prɔ̀ʊ-; *F.* prɔnɔ̃se] 〖□ F ~ (p.p.) ← *prononcer* 'to PRONOUNCE'〗 *F. adj.* 目立った, 際立った (pronounced); 誇張的な.
prò·nótum 〖← NL ~: ⇨ pro-², notum〗 *n.* 〘動物〙(昆虫の)前背板, 前胸背板.
pro·noun [próʊnaʊn | práʊ-] 〖《1530》□ F *pronom* □ L *prōnōmen* ← PRO-¹＋*nōmen* 'NAME, NOUN'〗 — *n.* 〘文法〙代名詞 (cf. pro-verb): an adjective ~ 形容代名詞 (my, your, his など) / a demonstrative ~ 指示代名詞 (this, that など) / a distributive ~ 個別代名詞 (each, either など) / an interrogative ~ 疑問代名詞 / ⇨ intensive pronoun, indefinite pronoun, personal pronoun, possessive pronoun, reciprocal pronoun, reflexive pronoun, relative pronoun.
pro·nounce [prənáʊns] 〖《*a*1338》 *pronunce(n)* □ OF *pronuncier* □ L *prōnūntiāre* to proclaim, announce, utter ← PRO-¹＋*nūntiāre* to report (← *nuntius* messenger: ⇨ nuncio)〗 — *vt.* **1** 発音する, 音読する; (特に)正しく発音する: ~ English badly 英語を下手に発音する / a word difficult to ~ 発音しにくい語. **2** (厳粛に)〔…に〕申し渡す, 宣言する 〔*on, upon*〕: ~ sentence of death *on* [*upon*] …に死刑の宣告を下す / ~ a curse *on* [*upon*] …をのろう. **3** [通例目的補語または *that*-clause を伴って] (…であると)断言する, 公言する: I ~ the pears unripe. はっきり言うがこの梨(なし)は熟していない / The expert ~*d* the signature to be [*that* the signature was] a forgery. 鑑定人は署名を偽署と断言した / I cannot ~ him [*that* he is] out of danger. 彼が危険を脱したとは断言できない. **4** 〈語句〉の発音を(記号で)示す. **5** 《まれ》〈詩文などを〉朗読する, 〈演説などを〉上手に[型通りに]やる. — *vi.* **1** 発音する: ~ well [clearly, nasally] うまく[はっきり, 鼻にかけて]発音する. **2** 〔…に(不利・有利な)〕意見を述べる[表明する], 判断[判決]を下す 〔*on, upon, against, for*〕: ~ *on* a subject ある問題について意見を述べる / ~ *against* …に反対の意見を述べる, …に不利な判決を下す / ~ *for* [in favor of] …に賛成する, …に有利な判決を下す. **3** 発音を(記号で)示す. **pro·nóunc·er** *n.*
pro·nounce·a·ble [prənáʊnsəbl̩] *adj.* 発音[断言, 公言]できる.
pro·nóunced *adj.* **1** 際立った, 著しい, 明白な: a ~ Cockney accent 顕著なロンドンなまり / a ~ tendency [improvement] 著しい傾向[改善]. **2** はっきりした, きっぱりした, 決然たる, 強硬な: ~ opinions きっぱりした意見. **pro·nóunc·ed·ness** [-sɪdnɪs, -səd-, -st-, -nəs | -st-, -sɪd-, -səd-] *n.*
pro·nóunc·ed·ly [-sɪdli, -səd-, -st- | -stlɪ, -sɪd-, -səd-] *adv.* 明白に, きっぱりと.
pro·nóunce·ment 〖⇨ pronounce, -ment〗 — *n.* **1** 公告, 宣言, 発表; (意見の)表明, 断言, 断定. **2** (表明された)意見, 見解 (opinion); (宣告された)決定, 判決 (decision); 声明書.
pro·nóunc·ing 〖⇨ -ing²〗 *adj.* 発音の: ~ alphabet.
pronóuncing díctionary *n.* 発音辞典.
pron·to [prɑ́ntoʊ | prɔ́ntəʊ] 〖□ Sp. ~ 'quick, quickly, prompt' < L *promptum*: PROMPT と二重語〗 *adv.* 《俗》急速に, すばやく (promptly).
pron·to·sil [prɑ́ntəsɪl | prɔ́ntə-] 〖□ G *Prontosil* 《商標》〗 — *n.* 〘薬学〙プロントジル ($C_{12}H_{13}O_2N_5S \cdot HCl$) 《赤色結晶; 化膿(かのう)性細菌による病気に対する特効薬として発見され, サルファ剤を生むもとになった》.
prò·núcleus 〖← NL ~: ⇨ pro-², nucleus〗 *n.* (*pl.* **-nuclei**) 〘生物〙前核, 生殖核《受精前の卵および精子の核》. **prò·núclear** *adj.*
pró númber *n.* (発送の)累進番号.
prò·númeral 〖← PRO-²＋NUMERAL〗 *n.* 〘数学〙未知数(を表わす文字); 変数 (variable).
pro·nun·ci·a·men·to [prənʌ̀nsiəméntoʊ, -ʃiə- | prə(ʊ)nʌ̀nsɪəméntəʊ, -sjə-, -ʃɪə-; *Sp.* pronùnθjaménto] 〖《1836》□ Sp. *pronunciamiento* ← *pronunciar* □ L *prōnūntiāre* to proclaim: ⇨ pronounce, -ment〗 — *n.* (*pl.* **~s, ~es**) スペインやラテンアメリカ軍の一部による蜂起, 反乱; 軍事クーデター.
pro·nun·ci·a·tion [prənʌ̀nsiéɪʃən | -sɪ-] 〖《?*a*1425》□ (O)F *prononciation* // L *prōnūntiātiō(n-)*: ⇨ pronounce, -ation〗 — *n.* **1** 発音; 発音の仕方. **2** 一般に容認されている[標準的な]発音. **3** 発音記号. **~·al** [-ʃənl̩, -ʃnəl] *adj.*
pró·ny bràke, P- b- [próʊni- | práʊnɪ-] 〖*proney*: ← G. C. F. M. Riche, Baron de Prony (*d.* 1839), フランスの技師〗 — *n.* 〘電気〙プロニーブレーキ《電動機のトルクを測るための装置》.
proof [prúːf] 〖*n.*: 《?*a*1200》 *pro(o)f, preef, proeve, preeve* □ OF *proeve, prueve* (F *preuve*) < LL *proba* proof ← L *probāre* 'to test, PROVE'. — *adj.*: 《1595–96》 ← (n.). ME *proof* の母音は動詞 *prove(n)* の影響による: PROBE と二重語〗 — *n.* **1** 物事を証明する事実[議論]; [集合的] 証拠. ★ evidence より意味が強い: concrete ~ 具体的な証拠 / ocular ~ 目に見える証拠, 具体的な確証 (Shak., *Othello* 3.3.360) / ask for ~ 証拠を求める / give ~ *of* [*that*] …を[…であることを]証明する / give a ~ *on* one's loyalty [affection] 忠誠[愛情]の真実であることを示す / Have you any ~ of it? 何かそれの証拠がありますか. **2** 証拠だてること, 立証, 証明 (demonstration): ~ by exhaustion 窮極証明 / ⇨ proof positive / in ~ of … ＝as (a) ~ of …の証拠に[として] / afford ~ of …を証するに足る / make ~ of …であることを証明する, …を証拠だてる; …をためしてみる / It is not susceptible of ~. それは立証し得ない. **3** **a** 〘法律〙証拠; 証拠書類; (文書にした)証言. **b** 〘スコット法〙(単独判事による陪審なしの)決定. **4** 試験, 吟味 (trial), 検算, 引き合わせ (check); (製品の)品質試験; (火器・火薬などの)試験(所): put [bring] to the ~ ためす, 試験する / This will stand a severe ~. これはどんな厳しい試験にも耐える《これは心配はない》 / The ~ of the pudding is in the eating. 《諺》「論より証拠」. **5** **a** 《古》試験済み(の状態), 試験済みの強度[品質], (特に, 武器などの)耐力, 不貫通性 (impenetrability): have ~ of shot 弾丸に耐える / armor of ~ 不貫通の堅固なよろい. **b** 《廃》よろい (armor): Authoritarian regimes are no ~ against violence. 権威主義の政体では暴力に対する盾にはならない. **6** 〘火酒と綿火薬を等量混和し点火したとき一様に青い炎で燃えると proved (証明された) としたことから〙 プルーフ, 標準強度《アルコール飲料のアルコール含有量を示す単位; 米国では 50%, 英国では 57.1%, 日本では 56.9% を 100 proof としている; cf. proof spirit》: above [below] ~ 標準強度以上[以下]の / an 86-*proof* whiskey 標準強度 86 のウイスキー. **7** 〘印刷〙 **a** [集合的] (一回分の)校正刷り, 試刷(ずり) (proof sheets), (特に)ゲラ(刷り) (galley proofs) (cf. revise *n.* 3): read [correct] the ~*s* of a book 本の校正刷りを読む[直す], 校正する / a sheet of ~ 校正刷り / the first ~ of a book 書物の初校刷り / an author's ~ 著者校正刷り / a clean ~ 誤植の少ないきれいな校正刷り; 清刷り / a foul ~ (誤植が多く)訂正だらけの校正刷り / ⇨ foundry proof. **b** (一枚の)校正刷り (proof sheet): corrections on a ~ 校正刷りに記入された訂正. **8** 〘製本〙(紙葉が狭すぎて化粧裁ち後も未裁のままの)耳付き未裁小口. **9** 〘版画〙試し刷り: an artist's [engraver's] ~ / a signed ~ (版画家の)署名入り試し刷り / ⇨ PROOF before letter(s). **10** 〘郵趣〙印刷試刷(しずり). **11** 〘写真〙試し焼き, 見本焼き (trial print). **12** 〘貨幣〙よく磨いた特製の極印を用いて造った鏡面状の地, 結霜状のデザインを有するコイン《近来は打刻後さらに手を加えてつや消ししたものも多い》. **13** (パンなどの生地を)ねかせること.
in proof (1) 証拠として. (2) 校正の段階で, 校正(中)で: The book is *in* ~. その本は校正中だ / Few alterations should be made *in* ~. 校正の段階ではできるだけ(本文の)変更をさけるべきである.
proof before letter(s) 〘印刷〙(版画の)無署名校正刷《題銘などが彫られる前の試し刷り》.
— *adj.* **1** (品質・性能など)試験された, 検査済みの, 保証付きの: ~ armor. **2** 〔火・水・誘惑などに〕耐える; 〔弾丸などの〕通らない, 〔…に〕耐える 〔*against, to*〕: ~ *against* the severest weather どんな悪天候にも耐える / ~ *against* the pricks of conscience 良心のとがめを一向感じない / ~ *against* all temptations どんな誘惑にも耐える. **3** 校正の, 校正刷りの. **4** 〈酒類など〉標準強度の: ~ alcohol 標準強度のアルコール / ⇨ proof spirit. **5** 試験[検査]用の. **6** 《米》〈国家分析試験・造幣局が〉標準として用いる純金[銀]の片の.
— *vt.* **1** 〈繊維質の物を〉〔…に〕耐えられるようにする 〔*against*〕; (特に)〈布など〉に防水加工を施す. **2** 校正する. **3** …の試験刷り[校正刷り]を刷る. **4** 試験[吟味]する, 検査する, 〈製品〉の品質試験をする.
-proof [-prúːf] 「…を通さない, 耐…, 防…」の意の形容詞連結形 (cf. tight *adj.* 2 b): water*proof* 耐水の / sound*proof* 防音の / bullet*proof* 防弾の / slander-*proof* 悪口を言われても平気な / a burglar-*proof* window catch どろぼう除けの窓の掛け金 / ⇨ foolproof.
próof bòx *n.* パン生地発酵器.
próof·er *n.* 〘印刷〙校正刷り工, ゲラ刷り工.
próof·ing 〖⇨ -ing¹〗 *n.* **1** (防水などの)補強(工程). **2** (この工程に用いる)補強薬品.
próof·less *adj.* 証拠のない; 証明できない.
próof·like *adj.* 標準純金[銀]貨幣のような(ぴかぴかした).
próof lòad *n.* 耐力試験用装填(そうてん)弾《薬室・銃身・発火装置の強度をテストするため通常の弾薬よりも強力な装薬を入れた薬筒》.
próof·màrk *n.* (銃などの)耐力試験済み標.
próof plàne *n.* 〘物理〙(帯電)試験板.
próof pósitive *n.* (*pl.* **proofs p-**) 確証 (positive proof): ~ of one's intention 人の意志の確証.
próof·rèad [-rìːd] 〖《逆成》↓〗 *vt.* 〈校正刷りを〉読む, 校正する: ~ a text. — *vi.* 校正する.
próof·rèader *n.* 校正者, 校正係.
próof·rèading *n.* 校正.
próof·ròom *n.* 校正室.
próof sèt *n.* 新鋳貨幣見本用セット.
próof shèet *n.* 〘印刷〙校正刷り, ゲラ《一枚》: correct a ~.
próof spìrit *n.* プルーフスピリット, 標準強度のアルコール飲料《アルコール含有量が米国では 50%, 英国では 57.1%, 日本では 56.9% のもの; cf. proof *n.* 6》.
próof strèss *n.* 〘機械〙耐力《引張試験片に力をかけて引張るとき一定の(普通は 0.2 パーセント)の永久ひずみを生じるような応力》.
próof tèxt *n.* 〘神学〙証明する聖句[聖書の一節]《神学上の学説や信仰などのため証拠として引用される聖書の一節; cf. dicta probantia》.
prop¹ [prɑ́p | prɔ́p] 〖*n.*: 《1440》 *proppe* □ ? MDu. *proppe* prop, support: cf. MLG *proppe* stopper. — v.: 《1456》 *proppe(n)* ← (n.)〗 — *n.* **1** 支柱, つっぱり, 支えづえ (support). **2** ＝clothes-prop. **3** 支持者, 擁護[後援]者, 支え, たより (supporter): the main ~ of a state 国家の柱石. **4** 〘ラグビー〙プロップ《スクラムを組む時, 最前列に立つ両チームのフォワード》. **5** 《豪・アフリカ》(馬が)前脚をつっぱってぴたりと止まること. **6** 《英俗》一撃, 殴打 (blow). — *v.* (**propped; prop·ping**) — *vt.* **1** **a** (つっぱりなどで)支える, …に支柱を施す (support): ~ (*up*) a roof. **b** (金銭的・精神的に)支える, 支援する. **2** 〔…に〕寄り掛からせる 〈*up*〉〔*against*〕. **3** 《英俗》…に一撃を加える, なぐりつける. **4** 支持する (sustain) 〈*up*〉. — *vi.* 《豪・アフリカ》〈馬などが〉前脚をつっぱってぴたりと止まる.
prop² [prɑ́p | prɔ́p] 〖《略》〗 *n.* 《俗》〘演劇〙＝property 7 a.
prop³ [prɑ́p | prɔ́p] 〖《略》〗 *n.* 《俗》＝propeller.
prop⁴ [prɑ́p | prɔ́p] 〖《略》〗 *n.* 〘数学〙＝proposition 6.
prop. 《略》 propeller; proper; properly; property; proposition; proprietary; proprietor.
pro·pa·di·ene [pròʊpədáɪiːn | pròʊ-] 〖← PROPA(NE)＋-DIENE〗 *n.* 〘化学〙プロパジエン (⇨ allene).
pro·pae·deu·tic [pròʊpiːd(j)úːtɪk | pròʊpiːdjúːt-] 〖← PRO-²＋Gk *paideutik-ós* of teaching (← *paideúein* to educate, teach): ⇨ -ic¹〗 — *adj.* 予備の, 準備の, 入門の (introductory). — *n.* **1** 予備学科, 準備研究. **2** [*pl.*; 単数扱い] 予備知識, 基礎訓練, 入門教育. **prò·pae·déu·ti·cal** *adj.*
prop·a·ga·ble [prɑ́pɪgəbl̩, -pə- | prɔ́pə-] 〖□ ML *propāgābilis*: ⇨ propagate, -able〗 *adj.* **1** 普及[宣伝]されうる, 普及[宣伝]可能な. **2** 〈動植物が〉繁殖されうる, 繁殖可能な. **pròp·a·ga·bíl·i·ty** [-gəbíləṭi | -lətɪ, -lɪ-] *n.*
prop·a·gan·da [prɑ̀pəgǽndə, pròʊp- | prɔ̀p-] 〖《1718》 ← NL (*Congregātiō dē*) *propāgandā (fidē)* (congregation for) propagating (the faith) ← L *propāgandus* to be propagated (gerundive) ← *propāgāre* 'to PROPAGATE': cf. It. *propaganda*〗 — *n.* **1** (主義・信念の)宣伝, 宣伝運動, プロパガンダ《通例悪い含みをもって用いる; cf. public relations》: make ~ for …の宣伝をする / antigovernment ~ 反政府宣伝 / a ~ film 宣伝映画. **2** 《軽蔑》(宣伝された)主義, 主張. **3** 《古》宣伝機関[団体]: set up a ~ for …の宣伝機関を作る. **4** 〘カトリック〙 **a** 布教, 伝道, 宣伝. **b** [the P-] ＝COLLEGE of Propaganda. **c** [the P-] ＝CONGREGATION of (the) Propaganda.
pròp·a·gán·dism [-dɪzm̩] 〖□ F *propagandisme*: ⇨ ↑, -ism〗 *n.* 伝道, 布教; 宣伝; 拡張.
pròp·a·gán·dist [-dɪst, -dəst | -dɪst] 〖□ F *propagandiste*: ⇨ propaganda, -ist〗 — *n.* 伝道者, 布教者, 宣伝者. — *adj.* 伝道(者)の, 宣伝の, プロパガンダの.
prop·a·gan·dis·tic [prɑ̀pəgændístɪk, pròʊp- | prɔ̀p-] *adj.* **pròp·a·gan·dís·ti·cal·ly** *adv.*
prop·a·gan·dize [prɑ̀pəgǽndaɪz, pròʊp- | prɔ̀p-] 〖⇨ propaganda, -ize〗 *vt.* **1** 〈主義・教義などを〉宣伝する, 布教する. **2** …に布教[宣伝]する: ~ a community [country] ある社会[国]に布教する. — *vi.* 〔…の〕宣伝[布教]活動に従事する 〔*for*〕: ~ *for* terrorism.
prop·a·gate [prɑ́pəgèɪt | prɔ́p-] 〖《1570》 ← L *propāgātus* (p.p.) ← *propāgāre* to multiply plants from layers ← *propāgēs* layer (of a plant), offspring ← PRO-¹＋**pāg-* to fix: ⇨ -ate³: cf. pact, page¹〗 — *vt.* **1** 〈動植物・病菌などを〉繁殖させる, 増殖させる: Plants of this strain ~ themselves rapidly. この種の植物は繁殖が速い. **2** 〈思想などを〉伝え広める, 普及させる, 宣伝する; 〈病気を〉蔓延(まんえん)させる: ~ disease [infection] 病気[伝染病]を蔓延させる / ~ doctrines [news] 教義[報道]を広める. **3** 〈音・振動などを〉伝える, 伝播(でんぱ)する: ~ vibration, earthquake, etc. **4** 〈特質などを〉遺伝させる. — *vi.* **1** 繁殖する, 増殖する. **2** 広まる[広がる], 普及[波及]する.
prop·a·ga·tion [prɑ̀pəgéɪʃən | prɔ̀p-] 〖《*c*1475》□ (O)F ~ □ L *propāgātiō(n-)*: ⇨ ↑, -ation〗 — *n.* **1** (動植物の)繁殖, 増殖: ~ of the species 種の繁殖. **2** (思想などを)広めること, 宣伝, 普及; (病気などの)蔓延(まんえん): the ~ of the Gospel [ideas] 福音[思想]の宣伝 / the ~ of disease [infection] 病気[伝染病]の蔓延. **3** (音などの)伝播(でんぱ), 伝わり, 伝達; 遺伝: the ~ of sound [heat, light] 音[熱, 光]の伝播. **~·al** [-ʃənl̩, -ʃnəl] *adj.*
propagátion cònstant *n.* 〘電気〙伝搬定数.
propagátion lòss *n.* 〘電気〙伝搬損.
propagátion reàction *n.* 〘化学〙伝搬反応, 成長反

応《連鎖反応の段階の一つで，反応を連鎖的に次々と繰り返し，"鎖"を生長させる過程》.

prop·a·ga·tive [prάpəgèɪtɪv, próup- | prɔ́pəgèɪt-] *adj.* 増殖性の；蔓延[伝播]する.

próp·a·gà·tor [-ṭə | -tə(r)] 〘▭L *propāgātor*: ⇨ propagate, -or²〙 *n.* **1** 繁殖者，普及者，宣伝者，布教者 (propagandist). **2** 〘物理〙導伝関数，プロパゲーター.

prop·a·gule [prάpəgjùːl | prɔ́p-] 〘↓〙 *n.* 〘植物〙＝propagulum.

pro·pag·u·lum [proupǽgjuləm | prəu-] 〘← NL ～ (dim.) ← L *propāgo* shoot, runner: ⇨ -ulum〙 — *n.* (*pl.* **-u·la** [-lə]) 〘植物〙胎芽，珠芽《枝として生じたものが主軸から離れて独立して発育するもの》.

pro·pane [próupeɪn | prə́u-] 〘← PROP(IONIC)＋-ANE²〙 — *n.* 〘化学〙プロパン ($CH_3CH_2CH_3$)《石油から取るメタン系炭化水素の一種で，無色の可燃性気体；加圧液化した液化石油ガス (liquefied petroleum gas) の主成分として燃料・潤滑油精製用溶剤などに利用》.

pro·pa·nil [próupənɪ̀l | prə́u-] 〘← PROP(IONIC)＋ANIL(IDE)〙 *n.* 〘薬学〙プロパニル ($C_9H_9Cl_2NO$)《除草剤》.

pro·pa·none [próupənòun | prə́upənə̀un] 〘⇨ ↑, -one〙 *n.* 〘化学〙プロパノン (⇨ acetone).

pro·par·gyl [proupάədʒɪl, -dʒəl | prəupάːdʒɪl] 〘← PROP(IONIC)＋Gk *árguros* silver＋-YL〙 *n.* 〘化学〙プロパルギル《1 価の不飽和基 $CH{\equiv}CCH_2$- の慣用名》.

pro·par·ox·y·tone [pròupərάksɪtòun, -pær-, -sə- | prə̀upərɔ́ksɪtə̀un, -pær-, -tn̩] 〘《1764》▭Gk *proparoxúton-os*: ⇨ pro-², paroxytone〙〘ギリシャ文法〙 — *adj.* 〈語が〉語尾から第三音節目に鋭アクセント (acute accent (´)) のある (cf. oxytone). — *n.* プロパロクシトーン，末尾第三音節強勢語.

pro·par·ox·y·ton·ic [pròupəràksətάnɪk, -pær- | prə̀upərɔ̀ksɪtɔ́n-, -pær-] 〘⇨ ↑, -ic¹〙 *adj.* 〘ギリシャ文法〙＝proparoxytone.

pro pa·tri·a [prou-pάːtriàː, -péɪtriə | prəu-péɪtriə, -pάːt-] 〘▭L *prō patriā* for (one's) country: ⇨ pro-¹〙 *L. adv.* 祖国のために.

pro·pel [prəpél, pro(ʊ)- | prə-] 〘《1440》▭L *prōpellere* ← PRO-¹＋*pellere* to push: cf. pulse¹〙 — *vt.* (**pro·pelled; -pel·ling**) **1** 進ます，推進する: ～*ling* power 推進力 / ～ a boat by oars ボートをオールで進ませる / be ～*led* by steam [wind, rowing] 蒸気[風，かい]で進む / be ～*led* by the desire of wealth 金銭欲に駆られる. **2** 駆る，促す (urge on): The stench ～*led* him *out of* the door. 悪臭にたまりかねて彼はその部屋から外に出た. **pro·pél·la·ble** [-ləbl̩] *adj.*

pro·pel·lant [prəpélənt, pro(ʊ)- | prə-] 〘⇨ ↑, -ant〙 — *n.* **1** 推進させるもの，推進体 (propelling agent). **2 a** 〘軍事〙(銃砲の)発射薬，装薬，推進薬. **b** (ロケット)推進剤，推(進)薬《ロケット推進に使用される化学薬品(燃料と酸化剤)の総称; cf. bipropellant》. — *adj.* 推進する (propellent). ★ propellant は propellent より，特に軍事用語として好まれる.

pro·pel·lent [prəpélənt, pro(ʊ)- | prə-] 〘▭L *prōpellent-em* (pres.p.) ← *prōpellere* 'to PROPEL': ⇨ -ent〙 *adj.*, *n.* ＝propellant.

pro·pél·ler [-lə | -lə(r)] 〘⇨ propel, -er¹〙 *n.* **1** 推進者. **2** (汽船・飛行機などの)推進器，プロペラ，スクリュー (screw propeller).

propéller blàde *n.* **1** 〘航空〙プロペラブレード[羽根，翼]. **2** プロペラ羽根.

propéller pòst *n.* 〘海事〙推進器柱《船尾骨材の一部で，プロペラ軸を垂直方向から支えている部分; screw post ともいう》.

propéller shàft *n.* **1** 〘海事・航空〙プロペラ軸《プロペラを装備する軸》. **2** 《英》〘自動車〙プロペラシャフト，推進軸 (drive shaft). 「prop engine.

propéller tùrbine èngine *n.* 〘航空〙＝turbo-

propéller wàsh *n.* 〘航空〙プロペラ後流.

pro·pél·ling péncil [-lɪŋ-] *n.* 《英》シャープペンシル (《米》automatic pencil, mechanical pencil).

pro·pend [pro(ʊ)pénd | prə(ʊ)-] 〘▭L *prōpend-ēre* ← PRO-¹＋*pendēre* to hang: ⇨ pendant〙 *vi.* 《廃》(…に)傾く〔*to*, *towards*〕; 〈…する〉気になる (tend) 〈*to do*〉.

pro·pene [próupiːn | prə́u-] 〘← PROP(IONIC)＋-ENE〙 *n.* 〘化学〙プロペン (⇨ propylene).

pro·pe·nol [próupənɔ̀(ː)l, -nòul, -nɑ̀l | prə́upənɔ̀l] 〘⇨ ↑, -ol¹〙 *n.* 〘化学〙プロペノール (⇨ allyl alcohol).

pro·pense [pro(ʊ)péns | prə(ʊ)-] 〘▭L *prōpens-us* (p.p.) ← *prōpendēre*: ⇨ propend〙 — *adj.* 《古》〔…の〕傾向のある〔*to*〕; 〈…し〉がちの (prone) 〈*to do*〉. **～·ly** *adv.* **～·ness** *n.*

pro·pen·sion [pro(ʊ)pénʃən | prə(ʊ)-] 〘▭L *prōpensiō(n-)*: ⇨ ↑, -sion〙 *n.* 《古》＝propensity.

pro·pen·si·ty [prəpénsəṭi, pro(ʊ)- | prəpénsəti, prəu-, -sɪ-] 〘《1570》← PROPENSE＋-ITY〙 — *n.* **1** (生れつき)(…を好む)傾向，性質，性癖〔*for*, *to*〕/〈*to do*〉: a ～ *to* contradict 口答えする性質 / a ～ *to* extravagance [*for* gambling, *for* drink] 贅沢(ぜいたく)[賭博(とばく)]，飲酒]の癖 / These workers exhibit a high ～ *for* cancer. この労働者たちは癌(がん)にかかる傾向が高いことを示している. **2** 《廃》偏愛，えこひいき (partiality)〔*to*〕.

pro·pe·nyl [próupənɪl | prə́u-] 〘← PROPENE＋-YL〙 *n.* 〘化学〙プロペニル《一価の不飽和炭化水素基 $CH_3CH{=}CH$- をいう》. 「(⇨ allyl alcohol).

própenyl álcohol *n.* 〘化学〙プロペニルアルコール

própenyl gròup *n.* 〘化学〙プロペニル基《プロピレンから誘導した一価の基 ($CH_3CH{=}CH$-)》.

prop·er [prάpə | prɔ́pə(r)] 〘*adj.*: 《*c*1290》*propre* ▭(O)F ▭L *proprius* one's own, particular, special ← **prō prīuō* as a private thing: cf. private. — *n.*: 《*c*1380》《廃》'private property' ← (adj.)〙 — *adj.* **1** 〔…に〕固有の，独特の，特有の (peculiar)〔*to*〕: instincts ～ *to* mankind 人類特有の本能. **2 a** 〔…に〕適当な，ふさわしい (suitable); (本来)そうあるべき〔*for*〕: at a ～ time 適当な時に / ～ *for* the occasion 時宜に適した / with dignity ～ *to* his rank その位にふさわしい威厳をもって / choose the ～ time 適当な時を選ぶ / as you think ～ 然るべく，適宜に / in the ～ way 適当な方法で，然るべく / do the ～ thing by a person 人を正しく扱う / I think it ～ *to* let him know of it. それを彼に知らせるのが本当だと思う / It is ～ for you *to* [that you (should)] deny the fact. 君がその事実を否定するは当然だ. **b** 規則[風習]にかなった，正式の，正しい (correct): ～ dress *to* wear [*for* wearing] at the President's reception 大統領のレセプションに着用すべき正式の服装. **3** 礼儀正しい，上品な，体裁のいい (decent); いやに行儀のよい，澄まし込んだ (prim): quite a ～ book [play] 非常に品のいい書物[戯曲] / She is distressingly ～. 彼女は堅苦しいほど礼儀正しい. **4** 正確な，厳密な (exact): in the ～ sense of the word その語の厳密な[本来の]意味において / paint a person in his ～ colors 人をありのままに批評する. **5** [通例名詞の後に置いて] 厳密な意味での，本当の，本来の，真正の，純粋の(genuine): Japan ～ 日本本土 / a building separate from the farm house ～ 農家の母屋から離れた建物. **6** 《英口語》全くの，完全な (real): a ～ rascal 全くのならず者 / a ～ stranger 全くの他人[よその人] / be in a ～ rage ひどく腹を立てている / There will be a ～ row about it. その事で大騒ぎが持ち上がるだろう. **7** 《古・方言》立派な，すてきな (excellent); 姿のいい，美しい (handsome): a ～ young man. **8** 《古》自分の (one's own): one's own ～ possession 自分自身の所有物 / with my (own) ～ eyes 私のこの目で. **9** 〘文法〙固有の; 固有名詞的な (cf. appellative 3, common 4): ⇨ proper name, proper noun, proper adjective. **10** 〘紋章〙〈具象図形の色彩が〉自然のままの: a peacock [tiger] ～ 自然色で表わした孔雀(くじゃく)[虎(とら)]. **11** 〘教会〙特定の日[祝日]だけに用いる: ～ lessons 特定日課《特定の日の礼拝の時に読むように指定された聖書中の一部》/ the ～ introit 特定入祭文 / the ～ psalms for Christmas クリスマスに読むべき詩篇. **12** 〘天文〙(天体)自身の，本来の，固有の. **13** 〘数学〙真の，固有の. — *adv.* 《方言》完全に，すっかり (thoroughly). — *n.* [しばしば P-] 〘教会〙(聖節のための)特定礼拝式，特禱(とくとう)，特別賛美歌: the ～ for Christmas クリスマス特別聖餐(せいさん) / the ～ of the Mass ミサ聖祭特定文.

próper ádjective *n.* 〘文法〙固有形容詞 (English, French, Johnsonian など).

pro·per·din [pro(ʊ)pə́ːdn̩, -dɪn, -dən | prə(ʊ)pə́ːdɪn] 〘← PRO-¹＋L *perd-(ere)* to destroy (⇨ perdition)＋-IN¹〙 — *n.* 〘生化学〙プロパージン《血清蛋白の一種; 殺菌作用・ウイルス中和反応などの働きをする》.

próper fráction *n.* 〘数学〙真分数《分母より分子が小さい分数; ↔ improper fraction》. 「tion).

próper fúnction *n.* 〘数学〙固有関数 (⇨ eigenfunc-

pro·per·i·spom·e·non [pròupèrəspάmənɑ̀n, -spóum-, -nən | prə̀upèrɪspə́umɪnən, -nɔ̀n] 〘▭Gk *properispṓmenon*: ⇨ pro-², perispomenon〙〘ギリシャ文法〙 — *adj.* 〈語が〉語尾から第二音節目に曲アクセント (circumflex accent (˜)) を有する《例: prōtos first》. — *n.* (*pl.* **-e·na** [-nə]) 語尾から第二音節目に曲アクセントを有する語.

próp·er·ly 〘《?*a*1200》: ⇨ -ly¹〙 — *adv.* **1** 適当に，ほどよく (fitly); (礼儀)正しく，きちんと (decorously): ～ dressed きちんとした身なりをして / behave ～ 不都合なくふるまう. **2** 正当に，当然 (justifiably): He very ～ refused. 彼が断ったのは全く当を得ている / ～ so called そう呼ばれるのが当然であるが，本当の意味で. **3** 正確に，正しく，本式に，ちゃんと(rightly): speak English ～ 英語を正しく[正式に]話す / play a game ～ 本式に勝負をする / ～ speaking＝speaking ～＝to speak ～ 正式[正確]に言えば，本当を言えば. **4** 《口語》全く，徹底的に (thoroughly): I thrashed him ～. うんとなぐりつけた / It puzzled him ～. 彼はすっかり当惑した.

próper mótion *n.* **1** 〘天文〙固有運動. **2** 《英》〘海事〙(レーダーなどで観測した)目標物(他船など)の真運動《自船の動きに関係なしに目標物の地球に対する動き》.

próper náme 〘ME〙 *n.* 〘文法〙(類名 (common name) に対する)特定名，固有名; 固有名詞 (proper noun).

próper nóun 〘《1551》〙 *n.* 〘文法〙固有名詞 (cf. common noun).

próper súbset *n.* 〘数学〙真部分集合《与えられた集合の部分集合のうち，もとの集合と異なるもの》.

próp·er·tied 〘⇨ property, -ed 2〙 *adj.* **1** 財産[資産]のある; (特に)土地[不動産]のある: the ～ classes 有産階級; (特に)地主階級. **2** 〘演劇〙小道具を用いる.

Pro·per·ti·us [pro(ʊ)pə́ːʃiəs, -ʃəs | prə(ʊ)pə́ːʃɪəs, -ʃəs], **Sex·tus** [sékstəs] *n.* プロペルティウス《50?–?15 B.C.; ローマの哀歌 (elegy) 詩人》.

prop·er·ty [prάpəṭi | prɔ́pəti] 〘《*c*1303》*proprete* ▭AN **proprete* ▭(O)F *propriété*: ⇨ proper, -ty〙 — *n.* **1** (動産・不動産を含む)財産: a man of ～ 資産家 / individual ～ 個人財産 / private [public] ～ 私有[公共]財産 / real [movable, personal] ～ 不動産[動産] / the preservation of life and ～ 生命と財産の保全 / right of ～＝property right. **2 a** (物が)人の所有に帰していること; (物を)所有していること. **b** 〘法律〙所有権 (property right), 所有 (ownership); (著作権などの)権利の存在する物: ～ in copyright 版権所有 / literary ～ 著作権. **3** 所有地，地所: He has a ～ in Devon [on Main Street]. Devon 州[本町通り]に地所を持っている. **4** [集合的] (相当の価値のある)所有物，財 (possessions): Much ～ was destroyed by the war. 多くの財物が戦争で破壊された / Is this your ～? これは君の物ですか / She regards him as her exclusive ～. 彼女は彼を自分の専有物と考えている / The news [secret] is common ～. その報道[秘密]はだれも皆知っている. **5** (ある物の)固有性，属性，特性 (attribute): the *properties* of iron 鉄の特性 / Soda has the ～ of dissolving grease. ソーダには脂肪を溶解する特性がある / Bitterness is a ～ of wormwood. 苦味はニガヨモギの特性. **6** 〘哲学・論理〙属性《一般には事物の性質・徴表; アリストテレス論理学では偶有性と区別した属性》. **7 a** [通例 *pl.*] 〘演劇〙小道具《《英》では衣装も含む; cf. property man》. **b** 《口語》劇，脚本，翻案物，文芸もの《上演・上映・興行のための》. **～·less** *adj.*

próperty ànimal *n.* 《米》(映画・舞台に)出演のために慣らした動物.

próperty insùrance *n.* 〘保険〙財産[損害]保険.

próperty màn [**màster**] *n.* 〘演劇〙小道具方《《英》では衣装方にもいう; propman, 《俗》props ともいう; cf. property 7 a》.

próperty mìstress *n.* 女性の小道具方.

próperty òwner *n.* 地主，家作主.

próperty qualificàtion *n.* 〘法律〙土地所有に基づく(選挙権などの)資格.

próperty right *n.* 財産権，所有権 (ownership).

próperty-ròom *n.* 〘演劇〙小道具部屋.

próperty-tàx *n.* 〘法律〙財産税.

próper válue *n.* 〘数学〙固有値 (⇨ eigenvalue).

pro·phase [próufeɪz | prə́u-] 〘← PRO-²＋PHASE〙 — *n.* 〘生物〙(細胞の核分裂の)前期 (cf. anaphase, metaphase, telophase). **pro·pha·sic** [proufeɪzɪk | prəu-] *adj.*

proph·e·cy [prάfəsi | prɔ́fɪsɪ, -fə-, -sàɪ] 〘《?*a*1200》 *prophecie* ▭OF (F *prophétie*) ▭LL *prophētia* ▭Gk *prophēteía* ← *prophḗtēs* 'PROPHET': ⇨ -cy〙 — *n.* **1** 予言(すること). **2** (予言者[霊感]による)予言; 〘キリスト教〙(神の意を体した)預言，神のお告げ，天啓，啓示: His ～ has come true. 彼の予言が当たった. **3** 予言能力: the gift of ～ 予言する力.

próph·e·sì·er 〘⇨ ↓, -er¹〙 *n.* 予言する人.

proph·e·sy [prάfəsàɪ | prɔ́fɪ-, -fə-] 〘《*c*1378》▭OF *propheci-er* ← *prophecie* (n.): ⇨ prophecy〙 — *vt.* **1** (予言者が霊感によって)予言する; 〘キリスト教〙預言する. **2** 予言する (foretell), 予報する (foreshow): ～ a storm, disaster, etc. / We cannot ～ what may happen. 何が起こるか予言はできない. — *vi.* **1** (霊感によって)予言する. **2** (神の代弁者として)話す，預言する，教える. **3** 予言する: He *prophesied* right. 予言は当たった. **4** 宗教問題を教える，聖書を解釈[説明]する.

proph·et [prάfɪt, -fət | prɔ́f-] 〘? lateOE *prophete* ▭(O)F *prophète* ▭L *prophēta*, *-tēs* ▭Gk *prophḗtēs* spokesman ← PRO-²＋*phánai* to say (← IE **bhā-* to speak): ⇨ fame〙 — *n.* **1** (霊感によって神意を告げまたは未来の事を告げる)予言者，先覚者. **2** 〘キリスト教〙預言者《旧約聖書では霊感によって神意を告げ神を語り神の裁きを代弁する，新約聖書では神の特別の啓示を受けた人で使徒(apostle)の次位を占める; cf. *I Cor.* 12: 28》: A ～ has sprung up [has risen up]. 預言者が起こった / No ～ is accepted in his own country. 預言者はおのがさとにて喜ばるることなし (*Luke* 4: 24). **3** [the P-] **a** イスラムの教祖マホメット (Muhammad). **b** モルモン教会の初代大管長 Joseph Smith; その後継者. **4** 〘聖書〙 **a** [the Prophets] (旧約聖書の)預言書 (Nebiim) (cf. Torah ★): ⇨ Former Prophets, Latter Prophets, Major Prophets, Minor Prophets. **b** [the Prophets, the ～s] 預言書の作者たち. **5 a** 神より霊感を受けたと称する神がかり的な人. **b** 〘聖書〙(にせの)預言者. **6** 《詩》(霊感を受けた)詩人，先見者，先覚者 (seer). **7** (団体・主義などの)代弁者，唱道者，提唱者，指導者，使徒: a ～ of socialism 社会主義の使徒. **8** 物事を予知できる人，予報者: a ～ of woe 災難を予知できる人 / ⇨ weather prophet. **9** 《俗》(競馬の)予想屋 (racing prophet).

Saul among the prophets ⇨ Saul 成句. 「**ship** *n.*

～·ism [-tɪzm] *n.* **～·less** *adj.* **～·like** *adj.* **～-**

proph·et·ess [prάfɪṭɪs, -fəṭ-, -ṭəs | prɔ́fɪtɪs, -fət-, -təs, -tès] 〘《*a*1325》▭OF *prophetesse*: ⇨ ↑, -ess¹〙 *n.* **1** 女予言者. **2** 予言者の妻.

próphet flòwer 〘《なぞり》← Pers. *guli paighāmbar* flower of the prophet (i.e., Muhammad)〙 — *n.* 〘植物〙カフカス・アルメニア産のムラサキ科の多年草 (*Arnebia echioides*)《根から染料をとる》.

próphet·hòod 〘⇨ -hood〙 *n.* 予言者の身分[立場，天分，職分，人格].

pro·phet·ic [prəféṭɪk, pro(ʊ)- | prəfét-, prəu-] 〘《1594–96》▭F *prophétique* // LL *prophēticus* ▭G *prophēt-*

ikós ← *prophḗtēs* 'PROPHET': ⇨ -ic¹〗 ― *adj.* **1** 予言者の, 予言者的な, 予言者らしい: ～ inspirations 予言者の霊感 / a ～ man 予言者. **2** 予言の, 予言を記した: ～ writings 予言書. **3** 〔…を〕予言する, 予言的な; 〔…を〕予感させる 〔*of*〕: ～ dreams / ～ utterances 予言 / ～ *of* a coming event 来るべき事件を予示する.
pro·fét·i·cìsm [-ṭɪsɪzm, -ṭə- | -tɪ-] *n.*

pro·phét·i·cal [-ṭɪkəl, -ṭə- | -tɪ-] *adj.* 予言者の; 予言の, 予言を記した: the *Prophetical* Books of the Old Testament 旧約聖書の預言書 (⇨ prophet 4). **～·ly** *adv.*

pro·phy·lac·tic [pròufəlǽktɪk, prɑ̀f- | prɔ̀fɪ-] 〖《(adj.: 1574; n.: 1642)》▭ Gk *prophulaktik-ós* ← *prophulássein* ← PRO-²+*phulássein* to guard (← *phulak-*, *phúlax* guard): ⇨ -ic¹〗〘医学〙 ― *adj.* (病気を)予防する (preventive) (cf. curative): a ～ drug [treatment] 予防薬[処置]. ― *n.* **1** 予防薬; 予防法 (preventive). **2** (性病)予防器具, 避妊用具; コンドーム (condom).
prò·phy·lác·ti·cal·ly *adv.*

pro·phy·lax·is [pròufəlǽksɪs, prɑ̀f-, -səs | prɔ̀fɪlǽksɪs] 〖← NL ～ ← PRO-²+Gk *phúlaxis* a watching (↑)〗 ― *n.* (*pl.* **-lax·es** [-siːz]) 〘医学〙 (病気などの)予防(処置), 予防法.

pro·phyll [próufɪl | prə́u-] 〖← NL *prophyll-um*: ⇨ pro-², -phyll〗 *n.* 〘植物〙 前出葉《側芽で最初に形成される葉》.

pro·pine [prəpíːn, -páɪn] 〖《(15C)》▭ OF *propin-er* to give to drink ▭ L *propīnāre* ▭ Gk *propínein* to drink first ← PRO-²+*pínein* to drink〗《スコット・古》 ― *vt.* **1** (友情のしるしとして)贈る. **2** …のために乾杯する. ― *n.* (好意を受けたお礼のしるしとしての)贈物.

pro·pin·qui·ty [prəpíŋkwəṭi, pro(ʊ)- | prəpíŋkwətɪ, prəu-, prɔ-, -kwɪ-] 〖《(c1380)》 *propinquite* ▭ L *propinquitāt-em* ← *propinquus* (adj.) near ← *prope* (adv. & prep.) near ← IE **prokwe* going forward, approaching ← **per*: ⇨ pro-¹, -ity〗 ― *n.* **1** (場所・時・関係の)近いこと, 近接. **2** 近親 (kinship). **3** 近似, 類似.

pro·pi·on·al·de·hyde [pròupiɑnǽldəhàɪd | prə̀upɪənǽldɪ-] 〖← PROPION(IC)+ALDEHYDE〗 ― *n.* 〘化学〙 プロピオンアルデヒド (C_2H_5CHO)《無色の液体; propyl aldehyde ともいう》.

pro·pi·o·nate [próupiənèɪt | prə́upɪə-] 〖⇨propionic, -ate¹〗 *n.* 〘化学〙 プロピオン酸塩[エステル].

pro·pi·one [próupiòun | prə́upɪə̀un] 〖← PRO-²+Gk *píōn* fat: ⇨ -one〗 *n.* 〘化学〙 プロピオン《プロピオン酸の蒸気を炭酸カルシウム上に通じて造る液体》.

prò·pi·òn·i·bactérium [pròupiɑ̀nɪ-, -òunɪ-, -nə- | prə̀upɪɔ̀nɪ-, -ə̀unɪ-] 〖← NL ～: ⇨ ↓, bacterium〗 ― *n.* 〘細菌〙 プロピオニバクテリウム《炭化水素に作用しプロピオン酸および酢酸を形成する *Propionibacterium* 属のバクテリア》.

pro·pi·on·ic [pròupiɑ́nɪk | prə̀upɪɔ́n-] 〖← PRO-²+Gk *píōn* fat+-IC¹〗 *adj.* 〘化学〙 プロピオン酸の.

propiónic ácid *n.* 〘化学〙 プロピオン酸 (C_2H_5COOH)《無色の液体》.

pro·pi·ti·ate [pro(ʊ)pɪ́ʃièɪt, prə- | prəpɪ́ʃɪ-, -sɪ-] 〖《(1645)》← L *propitiāt-us* (p.p.) ← *propitiāre* to make favorable: ⇨ propitious, -ate³〗 ― *vt.* なだめる, 慰める (appease); 〈神など〉の怒りを和らげる, 和解させる (conciliate); 〈人〉の機嫌をとる: offerings to ～ the deity of the place その土地の神をしずめるための供物. **pro·pí·ti·a·ble** [-ʃiəbl | -ʃɪ-, -sɪ-] *adj.*

pro·pi·ti·a·tion [pro(ʊ)pɪ̀ʃiéɪʃən, prə- | prəpɪ̀ʃɪ-] 〖《(c1390)》 *propiciacioun* ▭ LL *propitiātiō(n-)*: ⇨ ↑, -ation〗 ― *n.* **1** 機嫌をとること, なだめ, 融和, 慰め (appeasement), 和解 (conciliation). **2** 償い, 贖(あがな)い; (特に, キリストの)贖罪(しょく). **3** 《古》〘神学〙 なだめの供え物: He is the ～ for our sins. 彼はわれらの罪のためになだめの供え物たり (*1 John* 2:2).

pro·pi·ti·a·tive [pro(ʊ)pɪ́ʃièɪṭɪv, prə- | prəpɪ́ʃɪèɪt-] 〖⇨ propitiate, -ative〗 *adj.* なだめる; 和解的な.

pro·pí·ti·à·tor [-ṭə | -tə(r)] 〖▭ LL *propitiātor* ← L *propitiātus*: ⇨ propitiate, -or²〗 *n.* なだめ手 (appeaser); 和解調停者 (reconciler).

pro·pi·ti·a·to·ry [pro(ʊ)pɪ́ʃiətɔ̀ːri, prə-, -tòːri | prəpɪ́ʃɪət(ə)rɪ, -ʃət-, -ʃièɪtərɪ] 〖《(n.: a1325; adj.: 1551)》▭ LL *propitiātōri-us*: ⇨ propitiate, -ory¹〗 ― *adj.* なだめる, 慰める (appeasing); 怒りを和らげる, 和解の (conciliatory): ～ gifts 和解の[ご機嫌取りの]贈物. ― *n.* 〘ユダヤ教〙 神の座 (mercy seat). **pro·pi·ti·a·to·ri·ly** [pro(ʊ)pɪ̀ʃiətɔ́ːrəli, prə-, -tóːr-, ─ ─ ─ ─ ─ | prəpɪ́ʃɪət(ə)rəlɪ, -ʃət-, -ʃièɪtər-, -rɪlɪ] *adv.*

pro·pi·tious [prəpɪ́ʃəs, pro(ʊ)- | prə-] 〖《(1447)》 *propicius* ▭ L *propitius* favorable, 《原義》 falling forward ← PRO-¹+*petere* to go toward: ⇨ -ous〗 ― *adj.* **1** 〈神など〉好意を有する, 慈悲深い (merciful): ～ fate 慈悲深い運命, 幸運. **2** 幸先(さいさき)のよい, 吉兆の (auspicious); 〔…に〕都合のよい (suitable) 〔*for, to*〕: a ～ sign [omen] 吉兆 / the ～ moment お目出たい瞬間 / ～ weather *for* our trip 旅行にあつらえ向きの天候 / be ～ *to* the undertaking その企てに好都合である. **～·ly** *adv.* **～·ness** *n.* 「(機) (turboprop).

próp·jèt 〖← PROP³+JET²〗 *n.* 〘航空〙 ターボプロップ

própjet éngine *n.* 〘航空〙 =turboprop engine.

pro·plas·tid [prouplǽstɪd, -təd | prəuplǽstɪd] 〖← PRO-²+PLASTID〗 ― *n.* 〘生物〙 プロプラスチド, 原色素体, 前色素体《胚や若い根などの細胞にある将来色素体になる小体》.

próp·màn [-mæ̀n] 〘略〙 *n.* (*pl.* **-men** [-mèn]) 〘演劇〙 =property man.

pro·pneus·tic [proun(j)úːstɪk | prəunjúːs-] 〖← PRO-²+Gk *pneustikós* of breathing (← *pneîn* to breathe): ⇨ -ic¹〗 ― *adj.* 〘昆虫〙 〈幼虫が〉前気門式の《体の前部に一対の気門を有するものにいう》.

prop·o·dite [prɑ́pədàɪt | prɔ́p-] 〖← PRO-²+-PODITE〗 *n.* 〘動物〙 前節《節足動物の関節肢の基部から第 6 番目の肢節》.

pròpódium 〖← PRO-²+-PODIUM〗 ― *n.* 〘動物〙 前足《軟体動物・腹足類のうち, ツタメガイ・マクラガイのように砂の中を潜行するものに見られる足の前部の非常に発達した強力な部分》.

prop·o·lis [prɑ́pəlɪs, -ləs | prɔ́pəlɪs] 〖《(1601)》▭ L ～ ▭ Gk *própolis* suburb ← PRO-²+*pólis* city〗 ― *n.* 蜂蠟(ろう), 蜂にかわ《ミツバチがその巣のすきまを詰める赤味がかった油性物質》.

pro·pone [prəpóun, pro(ʊ)- | prə(ʊ)pə́un] 〖《(c1375)》 *propone(n)* ▭ L *prōpōn-ere* to propound: ⇨ propose〗 ― *vt.* 《スコット》 **1** 提議する, 提案する. **2** 〈弁解などを〉持ち出す.

pro·po·nent [prəpóunənt, pro(ʊ)-, próupou- | prə(ʊ)pə́u-] 〖▭ L *prōpōnent-em*: ⇨ ↑, -ent〗 ― *n.* **1** 提議者, 提案者; 弁護者, 支持者 (↔ opponent). **2** 〘法律〙 遺言検認の申し立て人.

Pro·pon·tis [prəpɑ́nṭɪs, -ṭəs | prə(ʊ)pɔ́ntɪs] *n.* [the ～] プロポンティス《Sea of MARMARA の古名》.

pro·por·tion [prəpɔ́əʃən, pəp-, -póə- | prəpɔ́ː-] 〖n.: 《(a1387)》 ▭ (O)F ～ // L *prōportiō(n-)*. ― v.: 《(c1380)》 ▭ (O)F *proportionn-er* ← *proportion*: ⇨ pro-¹, portion〗 ― *n.* **1** 割合, 比, 比率: the ～ of births to the population 人口に対する出生比率 / the ～ of three to one 1 に対する 3 の割合 (3:1) / in ～ to his success = in ～ as he succeeds 彼の成功[彼が成功する]に比例して[準じて] / The room is long in ～ to its width. その部屋は幅の割に長い. **2 a** 釣合い, 調和 (harmony), 均整, 均衡 (balance): beauty of ～ 調和[均整]の美 / due [proper] ～ 適当な釣合い, 調和 / be in [out of] ～ (*to*…) (…に対し)釣合いがとれている[いない] / All is in admirable ～. すべてが非常によく調和がとれている / His extravagance is out of (all) ～ *to* his means. 彼のおごりは(全く)資力に釣合わない. **b** (物事に対する)均衡[釣合い]のとれた評価[見方]. **3** 割前, 分け前; 部分, 一部(分) (part): a small ～ of the divisible profits 割前の小部分 / a large ～ of the earth's surface 地球表面の大部分 / A ～ of the apples proved rotten. そのりんごのうち一部は腐っていた. **4** [*pl.*] 面積, 容積, 寸法, 大きさ (dimensions): a building of magnificent ～*s* 堂々たる大建築 / a tippler of no mean ～*s* なみなみならぬ酒好き, 大の酒豪. **5** 〘数学〙 **a** 比例: ⇨ compound proportion, direct proportion, geometrical proportion, inverse proportion, simple proportion / do a sum in [by] ～ 比例で計算する / 3, 5, 9, and 15 are in ～. **b** 比例算, 三数法 (rule of three). **6** 《古》 類似 (analogy).
― *vt.* **1** 〔…と〕比例させる, 釣合わせる, 調和させる 〔*to, with*〕: ～ the expenses *to* the receipts 支出を収入に順応させる / We must ～ the punishment *to* the crime. 罪に応じて罰しなければいけない. **2** 《古》 割り当てる, 割り振る, 配分する (distribute).

pro·por·tion·a·ble [prəpɔ́əʃ(ə)nəbl, pəp-, -póə- | prəpɔ́ː-] 〖《(c1380)》 ▭ LL *prōportiōnābil-is*: ⇨ ↑, -able〗 ― *adj.* 《古》 =proportional. **pro·pór·tion·a·bly** *adv.*

pro·pór·tion·al [-ʃənḷ, -ʃnəl] 〖《(c1395)》 *proporcionel* ▭ L *prōportiōnāl-is*: ⇨ proportion, -al¹〗 ― *adj.* **1** 〔…と〕釣合った, 均整のとれた 〔*to*〕. **2** 釣合いの, 相対的な (relative). **3** 〘数学〙 比例の, 〔…に〕比例する 〔*to*〕: ～ compasses = proportional dividers / a ～ number [quantity] 比例数[量] / be directly [inversely, reciprocally] ～ *to* …に正[反]比例する. ― *n.* 〘数学〙 比例数, 比例項: a mean ～ 比例中項 / the third ～ 第三比例項 / 5, 3, 10, and 6 are ～*s*. / 6 is a mean ～ between 3 and 12.

propórtional cóunter *n.* 〘物理〙 比例計数管《管内の荷電粒子のエネルギー損失に比例した大きさの放電パルスを与えるよう調整された計数管》.

propórtional divíders *n. pl.* 比例コンパス, 比例両脚器《寸法を種々の比率で拡大・縮小するのに用いるコンパス; proportional compasses ともいう》.

pro·pór·tion·al·ist [-ʃ(ə)nəlɪst, -ləst | -lɪst] *n.* 〘政治〙 比例代表主義[論]者 (cf. proportional representation).

pro·por·tion·al·i·ty [prəpɔ̀əʃənǽləṭi, pəp-, -pòə- | prəpɔ̀ːʃənǽlətɪ, -lɪ-] 〖▭ F *proportionnalité* // LL *prōportiōnālitāt-em*: ⇨ proportional, -ity〗 ― *n.* 比例をなして[釣合いのとれて]いること, 比例, 均整.

propórtional límit *n.* 〘物理〙 比例限度《固体に力を加えて変形させた場合に生じる応力とひずみの正比例関係が成立する限界; 弾性限度 (elastic limit) とほぼ同程度であるが, 一般にこれより小さい》.

pro·pór·tion·al·ly [-ʃ(ə)nəli | -lɪ] *adv.* 比例して, 相応して; 比較的に.

propórtional párts *n. pl.* 〘数学〙 比例部分《数表にのっていない変数値に対する関数値の近似値を求めるため比例部分の原理 (principle of the proportional parts) を用いて算出した増分》.

propórtional representátion *n.* 〘政治〙 (選挙の)比例代表制 (略 P.R.) (cf. preferential voting).

propórtional táx *n.* 〘税法〙 比例課税.

pro·por·tion·ate 〖《(adj.: a1398; v.: 1570)》 ▭ L *prōportiōnāt-us*: ⇨ proportion, -ate²,³〗 ― [prəpɔ́əʃ(ə)nət, pəp-, -póə-, -nɪt | prəpɔ́ː-] *adj.* 〔…と〕比例した, 釣合いのとれた; 〔…に〕適応した, ふさわしい 〔*to*〕. ― [-ʃənèɪt] *vt.* 〔…と〕比例させる, 釣合わせる; 〔…に〕適応させる 〔*to*〕. **～·ly** *adv.* **～·ness** *n.*

pro·pór·tioned 〖ME: ⇨ proportion, -ed〗 ― *adj.* **1** 比例[釣合い]のとれた: an evenly ～ share 公平な分配 / be well ～ よく釣合いがとれている. **2** [複合語の第 2 構成素として]釣合いの…な: well-[ill-]*proportioned* よく釣合いのとれた[とれていない].

pro·pór·tion·ment 〖⇨ proportion, -ment〗 *n.* 比例させること, 釣合いの取れること; 調和, 均整.

pro·pos·al [prəpóuzəl, pro(ʊ)-, -zḷ | prəpə́u-] 〖《(1653)》: ⇨ ↓, -al¹〗 ― *n.* **1** 申し込み, 申し出 (offer): agree to a ～ 申し出に応じる / make [offer] ～*s* of [for] peace 和解を申し込む. **2** 結婚の申し込み, プロポーズ: make a ～ (of marriage) 結婚を申し込む / I have had a ～. 私は結婚を申し込まれている. **3** 提案, 提議 (proposition). **4** (提議された)計画, 案, もくろみ.

pro·pose [prəpóuz, pro(ʊ)- | prəpə́uz] 〖《(1340)》 *propose(n)* ▭ (O)F *propos-er* 《変形》: cf. *poser* 'to POSE¹'〗 ← L *prōpōnere* 'to display, declare, propound': ⇨ pro-¹, pose¹〗 ― *vt.* **1** 〈問題・なぞなどを〉持ち出す; 〈目的・計画・意志などを〉提案する, 発議する 〈*doing, to do, that*〉; 〈動議・決議を〉出す (put forward): ～ a question [riddle] 問題[謎(なぞ)]を出す / ～ a motion [resolution] 動議[決議]を提出する / ～ a scheme 案を出す / ～ a toast 乾杯を提案する / ～ a person [a person's health] 人のために[人の健康を祝して]乾杯を提案する / He ～*d that* a doctor (should) be sent for [send*ing* for a doctor, *to* send for a doctor]. 彼は医者を迎えにやることを提議した《★ 直接話法では He said, "Send for a doctor." となる》. **2** 申し込む, 申し出る (offer): ～ marriage to …に結婚を申し込む [プロポーズする]. **3** もくろむ, 〈…することを〉企てる (scheme) 〈*to* do〉: the object I ～ to myself 私が企図する目的《★ be going to の形式ばった言い方》. **4** 推薦する, 指名する: ～ Mr. Jones as president ジョーンズ氏を会長に推挙する. ― *vi.* **1** 画策する, 計画する (scheme): Man ～*s*, God disposes. 〖《なぞり》← L *Homō prōpōnit (sed) Deus dispōnit*. (Thomas à Kempis, *De Imitatione Christi* 1:19:2)〗 《諺》 事を計るは人, 事をなすは天. **2** 〔…に〕結婚を申し込む, プロポーズする 〔*to*〕: ～ *to* a girl. **pro·pós·er** *n.*

propositi *n.* propositus の複数形.

prop·o·si·tion [prɑ̀pəzɪ́ʃən | prɔ̀p-] 〖《(c1340)》 *proposicioun* ▭ (O)F *proposition* ▭ L *prōpositiō(n-)* a putting forward: ⇨ pro-¹, position〗 ― *n.* **1 a** 提案(すること), 提議, 発議《proposal より形式ばった語》. **b** (提案された)案, 計画 (scheme). **2** 叙述, 陳述 (statement), 主張, 説 (assertion): a ～ too plain to need argument 議論の余地のないほど明らかな陳述. **3** 〘文法〙 陳述(文) (statement). **4** 〘論理〙 命題: an absolute [a predicative, a categorical] ～ 定言命題 / an affirmative ～ 肯定命題 / a conditional ～ 仮言命題 / a disjunct [disjunctive] ～ 選言命題 / a hypothetical ～ 仮言命題 / a major [minor] ～ 大[小]前提 / a universal ～ 全称命題 / ⇨ existential proposition, singular proposition. **5** 〘修辞〙 (論文の)主題 (theme)《論証・解明さるべき主題・問題》. **6** 〘数学〙 命題; 定理 (theorem)《縮約して prop とも表記する》. **7** 《口語》 企業, 事業 (undertaking): a paying ～ もうかる仕事 / ⇨ *not a* PROPOSITION. **8** (商取引などで)条件の提示: make a person a ～. **9** 《米口語》 提供品, 商品 (commodity). **10** 《俗》 もの, 事, 仕事, 目的, 問題, 様子, 状勢, 見込み; 代物(しろ), 手合い, 相手: an awkward [a queer] ～ 厄介な[変てこな]事[やつ] / She is not a very romantic ～. 彼女はあまりロマンチックなタイプではない. **11** 《俗》 女にみだらなことを持ちかけること, 誘い. 「ない.
be not a proposition 〈事業などが〉うまく行きそうに
― *vt.* 《口語》… に提案[取引]を持ちかける; (特に)〈女〉にみだらなことを持ちかける, 誘いをかける.
～·al [-ʃənḷ, -ʃnəl] *adj.* **～·al·ly** *adv.*

propositional cálculus *n.* 〘論理〙 命題計算 (cf. propositional logic).

propositional connéctive *n.* 〘論理〙 命題結合詞[子]《命題(変項), 式を結合して複雑な命題, 式を構成する論理語; 否定・連言・選言・条件・同値等はその基本的なもの; sentential connective ともいう》.

propositional fúnction *n.* 〘論理〙 命題関数《「*x* は人間である」のように, 個体変数[項] *x* の部分に値としての個体の名前が代入されることによって真か偽の値をとる形式; cf. open sentence》.

propositional lógic *n.* 〘論理〙 命題論理学《量化理論 (quantification theory) と共に, 最狭義の論理学の二部門の一つで, 命題の内部構造を問わず, 未分解な単位としての命題から構成される論理の性格を探究する分野; cf. propositional calculus》.

pro·pos·i·tus [pro(ʊ)pɑ́zəṭəs | prə(ʊ)pɔ́zɪt-] 〖← NL ～ (p.p.) ← L *prōpōnere* to set forth: ⇨ propone〗 ― *n.* (*pl.* **-i·ti** [-tàɪ]) 〘法律〙 **1** 相続人. **2** 申立人. **3** 系譜上の出発点に位置する人, 祖先 (proband).

pro·pound [prəpáund, pro(ʊ)- | prə-] 〖《(1537)》 *propoun* 《変形》 ← PROPONE: cf. compound, expound〗

— *vt.* **1** 〈計画などを〉提出する, 提議する : ~ a question [problem] 問題を提起する / ~ a theory 学説を出す / ~ a scheme [plan] to a person 人に計画を提案する. **2** 〘法律〙〈遺言書を〉(検認のために)提出する. **~·er** *n.*

propr. 《略》proprietary ; proprietor.

pro·prae·tor [proupríːtə | prəupríːtə(r] 〘《1579–80》□ L *prōpraetor* : ⇨ pro-¹, praetor〙 *n.* (*also* **pro·pre·tor** [~]) (古代ローマの praetor 経験者の)属州総督.

pro·pran·o·lol [prouprǽnəlɔ̀(ː)l, -lòuł | prəuprǽnəlɔ̀ł] 〘《変形》← 《廃》*propanolol* (← *propanol* : ⇨ propane, -ol¹)+-OL¹〙 — *n.* 〘薬学〙プロプラノロル ($C_{16}H_{21}NO_2$)《心臓性不整脈・狭心症の治療に用いる》.

propria *n.* proprium の複数形.

prò·pri·e·tar·y [prəpráɪətèri, pəp- | prəpráɪət(ə)ri] 〘n. : (c1460) □ LL *proprietāri-us* owner ← (adj.) ← L *proprietās* 'PROPERTY'. — adj. : 《1589》□ LL *proprietāri-us* (adj.) : ⇨ -ary〙 — *adj.* **1** 所有の, 所有権の ; 財産(上)の : ~ rights 所有権. **2** 財産のある (propertied) : the ~ classes 有産階級 ; (特に)地主階級. **3** 私有の, 私立の, 私営の. **4** (製造販売)独占の, 専有の, 専売の : ~ articles 専売品 / a ~ medicine 特許売薬. — *n.* **1** 〘法律〙所有権, 持主 (owner). **2** [集合的] 所有者たち (proprietors), 所有者団体 : the landed ~ 地主連. **3** 《米》(独立前の)領主植民地 (proprietary colony) の領主[知事]. **4** 所有, 所有権 (ownership) : an exclusive ~ 独占的所有権. **5** = proprietary company. **6** 所有物 ; (特に)不動産. **7** 〘薬学〙特許売薬[薬品]《proprietary medicine ともいう》.

proprietary cólony *n.* 《米》(独立前の)領主[独占]植民地《英国王から特定の人たちに全統治権を与えられた初期の Maryland, Pennsylvania など ; cf. charter colony, royal colony》.

proprietary cómpany *n.* **1** 親会社 (parent company), 持株会社 (holding company). **2** 土地会社. **3** 《英》閉鎖会社, 非公開会社 (close corporation).

proprietary térm [náme] *n.* (商品の)特許登録名, 商標名.

pro·pri·e·tor [prəpráɪəṭə, pəp- | prəpráɪətə(r] 〘《1639》《変形》← PROPRIETARY : -or² の影響を受けた〙 — *n.* **1** 持主, 所有主 ; (事業などの)経営者, 事業主 : a landed ~ 地主 / the ~ of a school [hotel] 校主[旅館営業主] / a peasant ~ 小農. **2** 《米》= proprietary 3.

pro·pri·e·to·ri·al [prəpràɪətɔ́ːriəł, pəp-, -tɔ́ːr- | prəpràɪətɔ́ːri-] 〘⇨ ↑, -ial〙 *adj.* 所有の, 所有権の (proprietary) : ~ rights 所有権.

pro·pri·e·tó·ri·al·ly *adv.* 持ち主として, 所有権により.

propríetor·shìp *n.* 所有権 (ownership).

pro·pri·e·tress [prəpráɪətrɪs, pəp-, -trəs | prəpráɪətrɪs, -trəs, -très] 〘⇨ proprietor, -ess¹〙 *n.* 女性の proprietor.

pro·pri·e·ty [prəpráɪəṭi, pəp- | prəpráɪəti] 〘《1456》□ (O)F *propriété* : ⇨ property〙 — *n.* **1** 適当, 妥当 (appropriateness) ; 適当, 正当 (justness) : ~ of language [style] 言葉[文体]の適正 / I doubt the ~ of the term. 私はその用語の適否を疑う. **2** 礼儀[作法]にかなっていること, 礼儀正しさ, たしなみ (decorum) : a breach of ~ 失礼, 無作法. **3** [the proprieties] 礼儀作法, 礼節 (good manners) : observe *the proprieties* 礼儀を守る, 社交界の慣例に従う. **4** 《廃》資産 (property) ; 財産権. **5** 《廃》特質, 個性 (peculiarity).
with propriety 作法通りに ; 正しく, 適当に.

pro·pri·o·cep·tion [pròuprio(u)sépʃən | prəupriə(u)-] 〘← *proprio-* (← *proprius* 'own, PROPER')+(RE)CEPTION〙 — *n.* 〘生理〙固有受容. **pro·pri·o·cep·tive** [pròuprio(u)séptɪv | prəupriə(u)-] *adj.*

pro·pri·o·cep·tor [pròuprio(u)séptə | prəupriə(u)séptə(r] 〘⇨ ↑, -or²〙 — *n.* 〘生理〙固有受容体《筋・腱・迷路などにあって自己刺激を感ずる知覚神経末端装置 ; cf. proprioception》.

pro·pri·um [próupriəm | prə́upri-] 〘□ L ~ (neut. sg.) ← *proprius* 'PROPER'〙 *n.* (*pl.* **-pri·a** [-priə | -priə]) 固有性, 属性, 特性 (property, attribute).

prò·próctor 〘← PRO-¹+PROCTOR〙 *n.* 《英大学》副学監, 学監代理.

próp ròot *n.* 〘植物〙支柱根《トウモロコシなどの気根》.

props [prɑ́ps | prɔ́ps] 〘《短縮》← PROPERTIES : cf. prop²〙 *n. pl.* [単数扱い]《俗》〘演劇〙= property man.

prop·ter hoc [prɑ́ptə-hɑ́k | prɔ́ptə-hɔ́k] 〘□ L ~ 'because of this'〙 *L. adv.* 〘論理〙このために, この故に (cf. post hoc).

pro·pto·sis [proutóusɪs, prɑptóu-, -səs | prəptə́usɪs, prɔp-] 〘← NL ~ ← LL *proptōsis* prolapse □ Gk *próptōsis* ← *propíptein* to fall forward (← PRO-²+*píptein* to fall : ⇨ ptosis)〙 — *n.* (*pl.* **-pto·ses** [-siːz]) 〘病理〙(器官の)前方脱出 ; (特に)(眼球などの)突出 (protrusion).

pro·pul·sion [prəpʌ́lʃən, pro(u)- | prə-] 〘《1611》← L *propulsus* (↓)+-SION〙 — *n.* **1** 前進, (船などの)推進 (propelling). **2** 推進力 (propulsive force). **3** 〘病理〙(パーキンソン病での)前方突進.

pro·pul·sive [prəpʌ́lsɪv, pro(u)- | prə-] 〘← L *prōpulsus* ((p.p.) ← *prōpellere* 'to PROPEL')+-IVE〙 *adj.* 推進力のある, 推進する (propelling).

propúlsive coefficient *n.* 〘海事〙推進係数《船用機関の図示馬力と有効馬力との比率 ; 普通は速力を V とし, その時の抵抗を R とし, その時のプロペラ回転に要した力を P として, VR/P で表わす》.

próp wàsh *n.* 《口語》〘航空〙= propeller wash.

próp wòrd *n.* 〘文法〙支柱語《形容詞(相当語)に添えて, 複合語または句としてこれを(代)名詞化する語 : 典型的な例としては, His family is a large one. における one ; everybody, anything における -body, -thing も含められる》.

pro·pyl [próupɪl, -pəł | prə́upɪl] 〘← PROP(IONIC)+-YL〙 *n.* 〘化学〙プロピル基 (C_3H_7)《プロパンから誘導する一価の基 ; 記号 Pr》. **~·ic** [pro(u)pílɪk | prə(u)-] *adj.*

propyla *n.* propylon の複数形.

prop·y·lae·um [prɑ̀pəlíːəm, pròup- | prɔ̀pɪlíːəm, -líəm] 〘《1706》□ L ~ □ Gk *propúlaion* (neut.) ← *propúlaios* situated before the gate ← PRO-²+*púlē* gate : ⇨ pylon〙 — *n.* (*pl.* **-lae·a** [-líːə | -líːə, -líə]) [通例 *pl.*] (神殿などの建物や構内などの)主要な入口, 門 : the *Propylaea* (古代ギリシャの)プロピュライア《アテネの Acropolis の入口をなす前殿》.

própyl álcohol *n.* 〘化学〙プロピルアルコール (C_3H_7OH).

própyl áldehyde *n.* 〘化学〙プロピルアルデヒド (⇨ propionaldehyde).

pro·pyl·ene [próupəlìːn | prə́upɪ-] 〘← PROPYL+-ENE〙 〘化学〙 — *n.* プロピレン ($CH_3CH{=}CH_2$)《オレフィン系の無色で可燃性の気体 ; propene ともいう》. — *adj.* プロピレン基 (propylene group) を含んだ.

própylene glýcol *n.* 〘化学〙プロピレングリコール ($CH_3CHOHCH_2OH$)《粘稠(ねんちゅう)な液体 ; 溶剤・湿潤剤・防腐剤などに用いられる》.

própylene gròup [ràdical] *n.* 〘化学〙プロピレン基《二価基 $-CH(CH_3)CH_2-$》.

própyl gròup *n.* 〘化学〙プロピル基《式 C_3H_7- を有する二種の一価の基 ; propyl radical ともいう》.

pro·pyl·hex·e·drine [pròupɪlhéksədrìːn, -pəł- | prəupɪlhéksɪ-] 〘← PROPYL + HEXA- + (EPH)EDRINE〙 — *n.* 〘薬学〙プロピルヘキセドリン ($C_6H_{11}CH_2CH(NHCH_3)CH_3$)《交感神経興奮性アミンの一つ》.

prop·y·lite [prɑ́pəlàɪt | prɔ́pɪ-] 〘← PROPYL(ON)+-ITE¹〙 — *n.* 〘岩石〙プロピライト, 変朽[粒状]安山岩《火山岩が変質し緑色化したもの》. **prop·y·lit·ic** [prɑ̀pəlíṭɪk | prɔ̀pɪlít-] *adj.*

prop·y·lon [prɑ́pəlɑ̀n | prɔ́pɪlɔ̀n] 〘□ L ~ □ Gk *própulon* ← PRO-²+*púlē* gate : ⇨ pylon〙 — *n.* (*pl.* **-y·la** [-lə], **~s**) (古代エジプトの, 神殿の前に建つ)前門, プロパイロン《塔門 (pylon) の前に設けられる》.

pro·pyl·phén·yl ácetate [pròupɪlfénɪ̥ł, -pəł-, -fíːnɪ̥ł- | prəupɪlfénɪł-, -fíːn-] 〘← PROPYL+PHENYL〙 *n.* 〘化学〙= phenylpropyl acetate.

própyl ràdical *n.* 〘化学〙= propyl group.

pro ra·ta [pròu-réɪṭə, -rɑ́ːṭə, -rǽṭə | prəu-rɑ́ːtə, -réɪ-] 〘← L *prō ratā* (*parte*) according to the reckoned (part) : ⇨ pro-¹, rate¹〙 — *adv.* 案分して, 比例して (in proportion) ; 基準率に準じて. — *adj.* 比例した ; 基準率に準じた.

pro·rat·a·ble [prouréɪṭəbł, ⌐——— | prəuréɪtəbł, ⌐———] *adj.* 割り当て[配分できる].

pro·rate [prouréɪt, ⌐— | prəuréɪt, ⌐—] 〘← PRO RATA〙 *vt., vi.* 《米》比例配分する, (一定の比率で)割り当てる. **pro·ra·tion** [prouréɪʃən | prəu-] *n.*

pro re na·ta [pròu-riː-néɪṭə, -reɪ-, -nɑ́ː- | prəu-riː-néɪtə, -reɪ-, -nɑ́ː-] 〘□ L *prō rē nātā* 《原義》for a thing born : ⇨ pro-¹, real¹, nation〙 — *L. adv., adj.* 〘法律〙必要に応じて(の), 臨時に[の], 随時に[の] : a meeting held ~ = a ~ meeting 臨時集会. ★ 医師の処方にも用いられる.

pro·ro·gate [prɔ́ːro(u)gèɪt, próːr- | prə́urə(u)-, prɔ́r-] 〘《?a1425》← L *prōrogāt-us* (↓) : ⇨ -ate³〙 *vt.* = prorogue.

pro·ro·ga·tion [prɔ̀ːro(u)géɪʃən, pròːr-, -rə- | prəurə(u)-, prɔ̀r-] 〘《?a1425》□ L *prōrogātiō(n-)* ← *prōrogātus* (p.p.) ← *prōrogāre* (↓) : ⇨ -ation〙 — *n.* **1** (英国議会の)停会, 閉会. **2** 《まれ》延期 (deferment).

pro·rogue [prəróug, pro(u)-, pər- | prəráug, prəu-] 〘《1425》□ (O)F *proroger*, OF *prorogu-er* □ L *prōrogāre* to prolong ← PRO-¹+*rogāre* to ask : ⇨ rogation〙 — *vt.* **1** (英国その他の国で開期の終わりに)〈議会を〉停会する, 閉会する (cf. adjourn 1, dissolve 3) : Parliament stands ~*d*. 議会は停会中. **2** 延期する (defer). — *vi.* 〈議会が〉停会[閉会]になる.

pros [prɑ́(ː)s | prɔ́s] *n.* 《俗》= proscenium.

pros. 《略》prosodical ; prosody.

pros- [prɑs | prɔs] 〘□ LL ~ □ Gk ~ ← *prós* near, toward, to ← IE **per* forward (Skt *prati* against) : ⇨ pro-¹〙 — *pref.* 「…の方へ, 近くに ; その上」の意 : *proselyte, prosody*.

pro·sa·ic [pro(u)zéɪɪk, prə- | prə(u)-] 〘《1589》□ LL *prōsaic-us* ← L *prōsa* : ⇨ prose, -ic¹〙 — *adj.* **1** 散文の, 散文体の (cf. poetic, poetical). **2** 散文的な, 興味のない (uninteresting) ; 平凡な, 単調な, うんざりする (dull) : ~ views [words] 平凡な見解[言葉] / ~ life 無味乾燥な生活 / a ~ speaker 退屈な語り手. **pro·sá·i·cal** *adj.* **pro·sá·i·cal·ly** *adv.* **pro·sá·i·cal·ness** *n.* **~·ness** *n.*

pro·sá·i·cism [-zéɪəsɪzm̩ | -zéɪɪ-] 〘⇨ ↑, -ism〙 *n.* = prosaism.

pro·sa·ism [próuzeɪɪzm̩ | prə́u-] 〘□ F *prosaïsme* ← *prosaïque* 'PROSAIC' : ⇨ -ism〙 *n.* 散文的な語[句, 表現] ; 散文体, 散文調 ; 平凡, 単調, つまらなさ.

pró·sa·ist [-zeɪɪst, -əst | -ɪst] 〘← L *prōsa* 'PROSE'+-IST〙 *n.* 散文家 ; 平凡で単調な人.

pro·sa·teur [pròuzətə́ː | prəuzətə́ː(r ; *F.* pʀozatœːʀ] 〘□ F ~ □ It. *prosatore* □ ML *prōsātor* ← L *prōsa* 'PROSE' : ⇨ -ator〙 — *F. n.* (詩人と区別して)散文作家 (prose writer).

Pros. Atty. 《略》prosecuting attorney.

pro·sce·ni·um [pro(u)síːniəm, prə- | prə(u)síːnjəm, -niəm] 〘《1606》□ L *proscēnium* □ Gk *proskḗnion* stage ← PRO-²+*skēnḗ* 'tent, SCENE'〙 — *n.* (*pl.* **~s**, **-ni·a** [-niə | -njə, -niə]) **1** 〘劇場〙 **a** = proscenium arch. **b** (アーチ・緞帳(どんちょう)も含めての)舞台開口部《舞台を客席から仕切る部分》. **c** 《古》前舞台 (forestage)《舞台の前部で幕と奏楽席との中間部》. **2** (古代ギリシャ・ローマの)舞台 (stage).

proscénium árch *n.* 〘劇場〙プロセニアムアーチ《幕の前で舞台を囲む額縁状の枠》.

pro·sciut·to [pro(u)ʃúːṭou | prə(u)ʃúːtəu ; *It.* proʃʃútto] 〘□ It. ~ 《原義》predried 《変形》← 《廃》*presciutto* ← PRE- + *-sciutto* (← L *exsuctus* dried up (p.p.) ← *exsugere* to suck out)〙 — *n.* (*pl.* **-sciut·ti** [-tiː ; *It.* -ti], **~s**) プロシウット《イタリアの乾燥生ハム ; 薄切りにしてメロン・イチジクなどと共にオードブルとして出すことが多い》.

pro·scribe [pro(u)skráɪb | prə(u)-] 〘《?a1425》□ L *prōscrib-ere* to publish ← PRO-¹+*scribere* to write : ⇨ scribe〙 — *vt.* **1** (古代ローマで, 財産没収の上死刑が確定した罪人として)…の名を公にする, 罪人として布告する (cf. proscription 1). **2** 〈人を〉法律の保護外におく, 〈人〉の人権を剝(は)奪する (outlaw). **3** 追放する. **4** (危険として)禁止する, 差し止める ; 排斥する : ~ smoking 喫煙を禁じる. **pro·scrib·er** *n.*

pro·scrip·tion [pro(u)skrípʃən | prə(u)-] 〘《a1387》□ L *prōscriptiō(n-)* ← *prōscriptus* (p.p.) ← *prōscribere* (↑) : ⇨ -tion〙 — *n.* **1** (古代ローマの)追放・死刑または財産没収者名の公表. **2** 《古》人権剝奪, 追放, 死刑の確定 (outlawry), 破門 (interdiction). **3** (書物などの)禁止.

pro·scrip·tive [pro(u)skríptɪv | prə(u)-] 〘⇨ ↑, -ive〙 *adj.* 人権を奪う ; 追放の ; 禁止の. **~·ly** *adv.*

prose [próuz | prə́uz] 〘《a1338》□ (O)F ~ □ L *prōsa* (*ōrātiō*) straightforward (talk) (fem.) ← *prōsus, prorsus* 《変形》← *prōversus* (p.p.) ← *prōvertere* ← PRO-¹+*vertere* to turn : ⇨ version〙 — *n.* **1 a** 散文 (cf. poem) ; 散文体 (cf. poetry 1, verse¹ 2 b). **b** 散文詩 (prose poem, prose poetry). **c** 散文による牧歌 (prose idyll). **2** 平凡, 単調, 無趣味, 無味乾燥 : the ~ of life 平凡な人生. **3** 退屈な話. **4** 〘カトリック〙続唱 (⇨ sequence 9). — *attrib. adj.* **1** 散文の, 散文から成る : ~ style 散文体 / ~ rhythm 散文のリズム / a ~ writer 散文作家 / Milton's ~ works ミルトンの散文作品. **2** 散文的な, 平凡な, 退屈な, 無味乾燥な. — *vt.* 散文で書く ; 〈韻文を〉散文に書き直す. — *vi.* 散文的な書き方をする, 単調な話し方をする, 退屈そうに語る : He sat *prosing about* the event. 坐ってくどくどとその事件の話をした. **~·like** *adj.*

pro·sect [pro(u)sékt | prə(u)-] 〘《逆成》↓〙 *vt.* 〘医学〙(実習のため)〈死体を〉解剖する.

pro·sec·tor [pro(u)séktə | prə(u)séktə(r] 〘□ ? F *prosecteur* □ LL *prōsector* ← L *prōsectus* (p.p.) ← *prōsecāre* ← PRO-¹+*secāre* to cut〙 — *n.* (解剖学実習の)死体解剖者《助手など》. **pro·sec·to·ri·al** [pròusektɔ́ːriəł | prə(u)sektɔ́ːri-] *adj.* **~·shìp** *n.*

pros·e·cute [prɑ́sɪkjùːt, -sə- | prɔ́sɪ-] 〘《?a1425》*prosecute(n)* ← L *prōsecūt-us* (p.p.) ← *prōsequī* to pursue ← PRO-¹+*sequī* to follow : ⇨ sequel : PURSUE と二重語〙 — *vt.* **1** 〈調査・研究などを〉行なう, 遂行する (pursue) ; 続行する : ~ war 戦争を遂行する. **2** 〈商売・仕事など〉に従事する, 営む (practice). **3** 〘法律〙〈人を〉〔…で〕起訴する, 告訴する, 訴追する 〔*for*〕 ; (法に訴えて)〈権利を〉要求する, 〈要求を〉貫徹する : ~ a person *for* theft 窃盗罪で人を訴追する / ~ a claim 告訴して権利を要求する / ~ a crime 犯罪を訴える / Trespassers will be ~*d*. [掲示]無断で立ち入る者は告訴される. — *vi.* **1** 〘法律〙起訴する, 告訴する, 訴追する. **2** 検察官となる[を勤める]. **prós·e·cùt·a·ble** [-ṭəbł | -tə-] *adj.*

prós·e·cùt·ing attórney [-ṭɪŋ- | -tɪŋ-] *n.* 《米》検察官 (《英》public prosecutor)《公訴の提起維持を任務とする政府任命か州の選挙による官吏・地方検事 ; cf. district attorney》.

pros·e·cu·tion [prɑ̀sɪkjúːʃən, -sə- | prɔ̀sɪ-] 〘《1564》□ OF ~ // ML *prōsecūtiō(n-)* ← L *prōsecūtus* : ⇨ prosecute, -tion〙 — *n.* **1** 遂行, 実行 ; 続行 (pursuit) : the ~ of one's duties 義務の遂行. **2** 従事, 経営 : the ~ of a trade 営業. **3** 〘法律〙起訴, 告発, 訴追 : a criminal ~ 刑事訴追 / the Director of Public *Prosecutions* 《英》公訴局長 (public prosecutor). **4** [the ~ ; 集合的] 告訴[告発]側, 検察当局 (↔ defense).

prós·e·cù·tor [-ṭə | -tə(r] 〘□ ML *prōsecūtor* : ⇨ prosecute, -or²〙 *n.* **1** 遂行者 ; 経営者. **2** 〘法律〙検察官, 告発者, 訴追者 : ⇨ public prosecutor.

pros·e·cu·trix [prɑ̀səkjúːtrɪks | prɔ́sɪkjùːtrɪks, ⌐—⌐—] 〘⇨ ↑, -trix〙 — *n.* (*pl.* **-cu·tri·ces** [prɑ̀səkjúːtrəsìːz | prɔ́sɪkjuːtrɪsìːz, ⌐—⌐—⌐], **~·es**) 女性の prosecutor.

pros·e·lyte [prɑ́səlàɪt | prɔ́sɪ-, -sə-] 〘(n. : c1375 ; v. : 1624) □ LL *prosēlyt-us* □ Gk *prosḗlutos* 《原義》one who has come, newcomer ← PROS-+*eluth-* to come (cf. *elthein* to come)〙 — *n.* **1** (信条・政党などの)変説者, 転向者. **2 a** 新帰依者, 改宗者 (convert) : a ~ of the gate (古代ユダヤで, 割礼などの)モーセの掟を

守る義務のない改宗者 / a ~ to Christianity キリスト教への改宗者. **b** 非ユダヤ人のユダヤ教への改宗者. — *vt.* 改宗させる (convert), 変説させる. — *vi.* **1** 人を改宗させ(ようとす)る, 信念を変えさせる. **2** 《米》(運動選手を学校・チームなどに好条件で)勧誘する, 引き抜く. **prós·e·lỳt·er** [-tə | -tə(r)] *n.*

pros·e·lyt·ism [prάsəlaɪtɪzm, -lət- | prɔ́sɪlɪt-, -sə-] 〖⇨ ↑, -ism〗 *n.* 改宗, 変説(行為).

pros·e·ly·tize [prάs(ə)lətàɪz | prɔ́sɪlɪ-, -sə-] 〖《1679》: ⇨ proselyte, -ize〗 — *v.* =proselyte. **pros·e·ly·ti·za·tion** [pràs(ə)lətɪzéɪʃən, -tə- | prɔ̀sɪlɪtaɪ-, -sə-, -tɪ-] *n.* **prós·e·ly·tìz·er** *n.*

prò·séminar 〖⇨ pro-², seminar〗 *n.* (大学院の)プロゼミ《大学生上級向けの前段階ゼミナール》.

pros·en·ceph·a·lon [pràsenséfəlàn, -lən | prɔ̀sen-séfəlɔ̀n, -sɪn-, -kéf-] 〖← NL ~ : ⇨ pros-, encephalon〗 — *n.* 〖解剖〗前脳 (forebrain). **pros·en·ce·phal·ic** [pràsensɪfǽlɪk, -sn-, -səf- | prɔ̀senkef-, -sɪn-, -kɪf-, -sef-, -sɪf-] *adj.*

pros·en·chy·ma [prɑséŋkəmə | prɔséŋkɪ-] 〖← NL ~ : ⇨ pros-, -enchyma〗 — *n.* (*pl.* ~**·ta** [pràsnkímətə, -káɪm- | prɔ̀seŋkímətə, -sen-, -káɪm-], ~**s**) 〖植物〗繊維細胞組織, 紡錘(ぼう)組織. **pro·sén·chy·mal** [-məl] *adj.* **pros·en·chym·a·tous** [pràsnkímətəs, -káɪm- | prɔ̀seŋkímət-, -sen-, -káɪm-] *adj.*

próse pòem *n.* 散文詩.

prós·er 〖⇨ prose, -er¹〗 *n.* **1** 散文家 (prose writer). **2** 散文的に[くどくどと]書く[話す]人.

Pro·ser·pi·na [prəsə́:pənə, pro(ʊ)- | prəsə́:pɪ-, prɔ-] 〖▭ L ~ ▭ Gk *Persephónē* : L の形はエトルリア語を経由したための変形: cf. Persephone〗 — *n.* **1** 女性名. **2** 〖ローマ神話〗プロセルピナ《ギリシャ神話の Persephone に当たる》. 「=Proserpina 2.

Pros·er·pine [prάsəpàɪn | prɔ́sə-] *n.* 〖ローマ神話〗

pros·i·fy [próʊzəfàɪ | práʊzɪ-] 〖⇨ prose, -fy〗 *vt.* **1** 散文に変える. **2** 散文的にする, 平凡にする, くだくだしくする. — *vi.* 散文を書く.

prós·i·ly [-zɪli, -zə- | -lɪ] 〖⇨ prosy, -ly¹〗 *adv.* 散文体に[で]; 無趣味に, 面白くなく, くどくどと.

prós·i·ness 〖⇨ prosy, -ness〗 *n.* 散文体的なこと; 平凡, 冗漫, 無趣味.

pro·si·o·pe·sis [pròʊsaɪəpí:sɪs, -səs | pràʊsaɪəpí:sɪs] 〖← PRO-²+Gk *siōpâin* to be silent : APOSIOPESIS に倣った造語〗 — *n.* (*pl.* **-pe·ses** [-si:z]) 〖修辞〗頭部省略《主に会話体または詠嘆的な文体で文頭の語句が表現されない現象; 例: Glad to see you. / Funny that he should say such a thing.; cf. aposiopesis》.

pro·sit [próʊzɪt, -zət, -sɪt, -sət | práʊzɪt, -sɪt, prάʊst] 〖▭ G *Prosit* ▭ L *prōsit* may it be advantageous (3 sing. pres. subj.) ← *prōdesse* to do good ← *prōd-* PRO-¹ +*esse* to be : ⇨ esse : もとはドイツの学生が用いたもの〗 — *int.* [乾杯の言葉として]ご健康を祈ります (To your health!), おめでとう (Good luck to you!).

prò·slávery 〖⇨ pro-¹, slavery〗 *n.* 奴隷制度支持. — *adj.* **1** 奴隷制度支持の. **2** 〖米史〗黒人奴隷制度支持[賛成]の.

pro·so [próʊsoʊ | práʊsəʊ; *Russ.* prósə] 〖▭ Russ. ~〗 *n.* (*pl.* ~**s**) 〖植物〗キビ (millet).

pros·o- [prάso(ʊ), -sə | prɔ́sə(ʊ)] 〖← NL ~ ← Gk *prósō* forward〗「前(部)…, 前方…」の意の連結形: *proso*plasia.

Pros·o·bran·chi·a [pràsəbrǽŋkiə | prɔ̀sə(ʊ)brǽŋkɪə] 〖← NL *Prosōbranchia* : ⇨ ↑, branchia〗 — *n. pl.* 〖貝類〗(腹足綱)前鰓(さい)亜綱《捩神経亜綱 (Streptoneura) ともいう; cf. Opisthobranchia》.

pros·o·deme [prάsədì:m | prɔ́s-] 〖← PROSODY+-EME〗 *n.* 〖言語〗韻律素, 楽音素《suprasegmental phoneme の別名》.

pro·sod·ic [prəsάdɪk, pro(ʊ)-, -zάd- | prəsɔ́d-, prəʊ-] 〖《1774》▭ F *prosodique* ← *prosodie* ▭ L *prosōdia* : ⇨ prosody, -ic¹〗 — *adj.* **1** 韻律学[詩形論]の; 作詩法による, 韻律学にかなった. **2** 〖言語〗韻律素(論)の. **pro·sód·i·cal** *adj.* **pro·sód·i·cal·ly** *adv.* 「者.

prós·o·dist [-dɪst, -dəst | -dɪst] *n.* 韻律学者, 詩形学

pros·o·dy [prάsədi, -zə- | prɔ́sədɪ] 〖《*c*1450》▭ L *prosōdia* ▭ Gk *prosōidía* tone, accent, modulation of voice ← PROS-+*ōidḗ* 'ODE'〗 — *n.* **1** 韻律学 (metrics), 詩形論, 作詩法 (versification). **2** (特定の)詩形, 韻律組織: Chaucer's ~. **3** 〖言語〗 **a** 韻律素《高さ (pitch), 強勢 (stress), 音調 (tone), 長さ (length) などの音特徴; prosodic feature ともいう》. **b** 韻律素論.

pro·so·ma [proʊsóʊmə | prəʊsə́ʊ-] 〖← NL ~ : ⇨ pro-¹, -some³〗 *n.* 〖昆虫〗前体部, 頭胸部. **pro·só·mal** [-məl] *adj.* 「sopo- の異形.

pros·op- [prάsəp | prɔ́s-] (母音の前に来る時の) pro-

pros·o·po- [prάsəpo(ʊ) | prɔ́səpə(ʊ)] 〖▭ LL ~ ▭ Gk *prosōpo-* ← *prósōpon* person, face, 《原義》that which is toward the eyes ← PROS-+*-ōpon* (← *ṓps* face, eye)〗 —「人 (person); 人相, 表情」の意の連結形. ★ 母音の前では通例 prosop- になる.

pros·o·pog·ra·phy [pràsəpάgrəfi | prɔ̀səpɔ́grəfɪ] 〖← NL *prosopographia* : ⇨ ↑, -graphy〗 — *n.* 人(々)の容貌・性格・対人関係・係累・履歴などの記述[描写], 人の伝記的スケッチ; その研究. **pros·o·pog·ra·pher** [pràsəpάgrəfə | prɔ̀səpɔ́grəfə(r)] *n.* **pros·o·po·graph·i·cal** [pràsəpəgrǽfɪkəl, -fə- | prɔ̀səpəgrǽfɪ-] *adj.*

pro·so·po·poe·ia [prəsòʊpəpí:ə, pro(ʊ)-, pràsə- | prə(ʊ)sɔ̀ʊ-] 〖《1561》▭ L *prosōpopoeia* ▭ Gk *prosōpopoiía* personification ← PROSOPO-+*poieîn* to make : ⇨ poet〗 — *n.* 〖修辞〗 **1** 擬人法 (personification). **2** 活喩(かつゆ)法《想像上[不在]の人物や故人などに現存の人のように行動させる表現法》.

pros·o·pyle [prάsəpàɪl | prɔ́s-] 〖← PROSO-+*-pyle* (← Gk *pulṓn* gate : ⇨ pylon)〗 — *n.* 〖動物〗前門《海綿の体表の小孔と鞭毛室をつなぐ細管の鞭毛室への開口部; cf. apopyle》.

pros·pect 〖*n.* : 《?*a*1425》▭ L *prōspect-us* (p.p.) ← *prōspicere* to look forward ← PRO-¹+*specere* to look : ⇨ species. — *v.* : 《1555》《廃》'to face' ← (*n.*) : cf. L *prōspectāre* (freq.) ← *prōspicere*〗 — [prάspekt | prɔ́s-] *n.* **1** 眺め, 見晴らし, 景色 (view); 視野, 視界; (家などの)向き: a fine ~ to the south 南方を見晴らす美しい眺め / command a fine ~ 眺めがよい / a house with a southern ~ 南向きの家. **2** 見通し, 展望, 予想, 期待; [通例 *pl.*] 見込み: a ~ of success [recovery] 成功[回復]の見通し / good business ~*s* 好景気の見込み / There is no ~ of fine weather. 晴天の望みがない / An unexpected incident opened up quite a new ~ to me. 予期せぬ出来事によってまったく新しい可能性がひらけて来た / The ~*s* of the crop are splendid. 大豊作の見込みだ / *Prospect* is often better than possession. 《諺》(所有するという)期待はしばしば実際の所有にまさる,「開けて悔しい玉手箱」. **3** 見込みのある顧客, 寄付してくれそうな人; (地位・職などに)有望な応募者[候補者, 選手, タレントなど]. **4** 〖鉱山〗採鉱の見込み; 採鉱有望地; 試掘(された鉱山); 鉱石見本: strike a good (gold) ~ いい(金)鉱脈を掘り当てる.

in prospect 予期されて, 見込みがあって; 〔…を〕予期して, 見込んで〔*of*〕: We have a pleasant time *in* ~. 先に楽しみがある / Farmers plough and sow *in* ~ *of* the harvest. 農夫は収穫を見込んで耕作する.

— [prάspekt | prəspékt, prɔs-, prɔ́spekt] *v.* — *vi.* **1** 〔…を求めて〕土地[地域]を探査する〔*for*〕, 見込みの有無を調べる: ~ *for* gold [oil] 金[石油]の試掘をする. **2** 〔…を〕探す〔*for*〕. **3** 〈鉱山などが〉見込みがある, 有望である (promise): The mine ~*s* well [ill]. — *vt.* **1** 調査する, 踏査する; 〖鉱山〗試掘する: ~ a mine 鉱山の試掘をする. **2** 〈鉱山が〉産出する見込みがある. ~**·less** *adj.*

pro·spec·tive [prəspéktɪv, pro(ʊ)s-, prɑs-, prάspek- | prəspék-, prɔs-] 〖《1588》▭ LL *prōspectīv-us* : ⇨ prospect, -ive〗 — *adj.* 予期された, 見込みのある; 未来の, 将来の; 〈法律など〉将来[今後]発効する: my ~ son-in-law 未来のむこ / a ~ peer 将来貴族になれそうな人 / a ~ tenant 入居予定者 (cf. SITTING tenant). ~**·ness** *n.* 「来.

pro·spéc·tive·ly *adv.* 先を見越して, 予期して; 将

pros·pec·tor [prάspektə, prəspék- | prəspéktə(r), prɔs-] 〖▭ LL *prōspector* : ⇨ prospect, -or²〗 *n.* (金銀・石油などの)探鉱者, 試掘者, 踏査者; 投機者.

pro·spec·tus [prəspéktəs, prɑs- | prəs-] 〖《1777》▭ L *prōspect-us* (*n.*): ⇨ prospect〗 — *n.* **1 a** (会社などの)設立趣意書, (新事業などの)内容説明書. **b** (新刊書の)内容見本. **2** 《英》学校案内(など).

pros·per [prάspə | prɔ́spə(r)] 〖《*a*1475》▭ (O)F *prospérer* ▭ L *prōsperāre* to make properous ← *prōsperus* favorable ← *prōspere* fortunately=OL *prō spēre* (L *prō spē*) according to hope ← *prō* according to+*spēre* ((abl.) ← L *spēs* hope ← IE **sp(h)ēi-* to prosper) : ⇨ pro-¹, speed〗 — *vi.* 〈人・事業などが〉栄える, 繁栄する, 成功する: ~ in business 商売が繁盛する / Everything he does ~*s* with him. 彼のする事はみなうまく行く. — *vt.* **1** 栄えさせる, 繁栄させる, 成功させる: Heaven [May heaven] ~ us [our attempt]! 神が我々[我々の企図]を成功せしめたまわんことを. **2** …に幸いする[都合がよい]: a ~*ing* breeze 順風.

Pros·per [prɑspéə, prɔ(ʊ)s- | prɔspéə(r; *F.* prɔspɛ:r] 〖cf. L *prōsperus* prosperous (↑)〗 *n.* 男性名.

pros·per·i·ty [prɑspérəti | prɔspérɪtɪ, -rɪ-] 〖《?*a*1200》▭ (O)F *prospérité* ▭ L *prōsperitātem* ← *prosperus* prosperous : ⇨ -ity〗 — *n.* **1** 繁栄, 隆盛, 成功 (success), 幸運; 富 (wealth): the ~ of business 商売の繁盛 / national ~ 国運の隆盛 / I wish you all ~. ご成功を祈る / *Prosperity* makes friends, adversity tries them. 《諺》繁栄は友を作り逆境はそれをためす. **2** [しばしば *pl.*] 順境, 隆盛[富裕]の状態, 繁栄期; (特に)好景気: in ~ 裕福に; 好景気で.

pro·sper·mi·a [pro(ʊ)spɜ́:miə | prə(ʊ)spɜ́:mjə, -mɪə] 〖← NL ~ : ⇨ pro-², -sperm, -ia¹〗 *n.* 〖病理〗早漏 (premature ejaculation).

pros·per·ous [prάsp(ə)rəs | prɔ́s-] 〖《1445》▭ OF *prospereus* ▭ L *prōsperus* : ⇨ prosper, -ous〗 — *adj.* **1** 栄える, 繁栄する; 富裕な (well-off): a ~ enterprise 繁盛する事業 / a ~ merchant [family] 隆盛にやっている商人[暮し向きのいい家庭]. **2** 都合のよい, 順調な, 仕合わせな: ~ weather 上天気, 好天 / It looks ~ for rain. 具合よく雨になりそうだ / in a ~ hour 好都合にも, 幸いに (cf. F *à la bonne heure* (=in the good hour)). ~**·ly** *adv.* ~**·ness** *n.*

pros·pho·ra [prάsfərə: | prɔ́s-] 〖▭ Gk *prosphorá* an offering, 《原義》a bringing to : ⇨ pros-, -phora〗 — *n.* (*pl.* **-pho·rae** [-rèɪ, -rì:]) 〖東方正教会〗プロスフォラ, 供えのパン, 聖パン《聖餐(さん)準備のために祝福されたパンの一つ》.

prost [próʊst | práʊst] *int.* =prosit.

prostades *n.* prostas の複数形.

pros·ta·glan·din [prὰstəglǽndɪn, -dən | prɔ̀stəglǽndɪn] 〖← PROSTA(TE)+GLAND¹+-IN¹〗 *n.* 〖生化学〗プロスタグランジン《前立腺・精嚢から作った有効成分で, 血管拡張作用を示し, 腸・子宮筋層に対する刺激剤》.

pro·stas [próʊstæs | prə́ʊ-] 〖▭ Gk ~ 《原義》that which stands before : ⇨ pro-², state〗 — *n.* (*pl.* **pro·sta·des** [pro(ʊ)stéɪdi:z | prə(ʊ)-]) 〖建築〗 **1** (古代ギリシャ神殿の)前室, 玄関. **2** =prostasis.

pro·sta·sis [pro(ʊ)stéɪsɪs, -səs | prə(ʊ)stéɪsɪs] 〖▭ Gk *prostásis* : ⇨ pro-², -stasis〗 — *n.* (*pl.* **-sta·ses** [-si:z]) 〖建築〗(古代ギリシャで)前面に 2 本の柱を並べた形式 (in antis) の神殿の前の部分. 「prostato- の異形.

pros·tat- [prάstət | prɔ́s-] (母音の前に来る時の)

pros·tate [prάsteɪt | prɔ́steɪt, -tət, -tɪt] 〖《1646》▭ NL *prostat-a* ← Gk *prostátēs* one who stands before, guardian : ⇨ pro-², -stat〗 〖解剖〗 — *adj.* 前立腺(せん)の. — *n.* =prostate gland. **pros·tat·ic** [prɑstǽtɪk | prɔstǽt-] *adj.*

pros·ta·tec·to·my [prὰstətéktəmi | prɔ̀stətéktəmɪ] 〖← PROSTATO-+-ECTOMY〗 *n.* 〖外科〗前立腺切除(術).

próstate glànd *n.* 〖解剖〗前立腺, (旧称は)摂護腺.

Pró. Stàtion [próʊ- | prə́ʊ-] 《略》Prophylactic Station (軍隊などの)性病予防処置施設.

pros·ta·tism [prάstətɪzm | prɔ́s-] 〖← PROSTATO-+-ISM〗 *n.* 〖病理〗前立腺症.

pros·ta·ti·tis [prὰstətáɪtɪs, -təs | prɔ̀stətáɪtɪs] 〖← NL ~ : ⇨ prostate, -itis〗 *n.* 〖病理〗前立腺炎.

pros·ta·to- [prάstəto(ʊ) | prɔ́stətə(ʊ)] 〖← NL ~ ← *prostata* ▭ Gk *prostátēs* : ⇨ prostate〗 —「前立腺 (prostate)」の意の連結形. ★ 母音の前では通例 prostat- になる.

pros·ta·tot·o·my [prὰstətάtəmi | prɔ̀stətɔ́təmɪ] 〖← PROSTATO-+-TOMY〗 *n.* 《まれ》〖外科〗前立腺切開(術).

pros·the·sis [prɑsθí:sɪs, prάsθə-, -səs | prɔ́sθɪsɪs, -θə-, prɔsθí:-] 〖《1553》▭ LL ~ ▭ Gk *prósthesis* 《原義》addition ← *prostithénai* ← PROSO-+*tithénai* to put : ⇨ thesis〗 — *n.* (*pl.* **-the·ses** [prɑsθí:si:z, prάsθəsi:z | prɔ́sθɪsi:z, -θə-, prɔsθí:si:z]) **1** 〖言語〗語頭音添加 《beloved の be, newt の n など》(cf. epenthesis, paragoge). **2** [—∸—] 〖外科〗プロテーゼ(法); 人工装具[器官]; 義肢, 義手, 義足. **3** 〖歯科〗補綴(てつ)(術, 物): dental ~ 歯科補綴《義歯, あるいは義歯を入れること》.

pros·thet·ic [prɑsθétɪk | prɔsθét-] 〖▭ Gk *prosthetikós* adding ← *prósthetos* (p.p.) ← *prostithénai* (↑) : ⇨ -ic¹〗 — *adj.* **1** 〖言語〗語頭音添加の. **2** 〖外科〗プロテーゼ(法)の, 人工装具[器官]の, 義肢[手, 足]の. **3** 〖歯科〗補綴(てつ)の. **pros·thét·i·cal·ly** *adv.*

prosthétic déntistry *n.* =prosthodontia.

prosthétic gróup *n.* 〖生化学〗配合群, 補欠分子団(族)《複合蛋白質の非蛋白成分》.

pros·thet·ics [prɑsθétɪks | prɔsθét-] 〖⇨ prosthetic, -ics〗 *n.* (歯科の)補綴(てつ)術[学]《prosthodontia ともいう》.

pros·the·tist [prάsθətɪst, -təst | prɔsθí:tɪst, prɔs-] 〖⇨ prosthetic, -ist〗 *n.* (歯科の)補綴(てつ)専門家, 技工手.

pros·thi·on [prάsθiὰn | prɔ́sθiɔ̀n] 〖← NL ~ ← Gk *prósthion* (neut.) ← *prósthios* foremost ← *prósthen* before, in front〗 — *n.* 〖人類学〗プロスチオン, 歯槽(そう)点《上顎(がく)骨の左右中切歯間の歯槽縁の中央矢状面 (mid-sagittal plane) と交わる最前点; cf. facial angle》.

prosth·o·don·ti·a [prὰsθədάnʃiə, -ʃə | prɔ̀sθədɔ́nʃɪə] 〖← NL ~ ← Gk *prósthen* forward+-ODONTIA〗 *n.* 補綴(てつ)歯科学.

prosth·o·don·tics [prὰsθədάntɪks | prɔ̀sθədɔ́nt-] 〖⇨ prosthesis, -odont, -ics〗 *n.* =prosthodontia.

pròsth·o·dón·tist [-tɪst, -təst | -tɪst] *n.* 補綴(てつ)[義歯]専門家.

pro·stig·min [proʊstígmɪn, -mən | prə(ʊ)stígmɪn] 〖《商標》← *Prostigmin*〗 *n.* (*also* **pro·stig·mine** [-mɪn, -mən, -mì:n | -mɪn, -mì:n]) 〖薬学〗=neostigmine.

pros·ti·tute [prάstət(j)ù:t | prɔ́stɪtjù:t] 〖*v.* : 《1530》← L *prōstitūt-us* (p.p.) ← *prōstituere* to offer for sale ← PRO-¹+*statuere* to put : ⇨ statute. — *n.* : 《1613》▭ L *prōstitūta* (fem.) ← *prōstitūtus*〗 — *n.* **1 a** 売春婦, 娼婦. ★ この語には whore のように軽蔑的な含みはない. **b** 同性愛を商売にする男. **2** 金の奴隷, 節を売る人, 腐敗した人; (特に)金のために乱作する作家[画家など]. — *adj.* **1** 売春の. **2** 金銭ずくの. — *vt.* **1 a** 売春させる. **b** [~ *oneself* で]身を売る, 売春する. **2** 〈名誉などを〉(利益のために)売る, 〈能力などを〉卑劣な目的に使う, 悪用する: ~ one's honor [talents] 利益のために名誉[才能]を売る / ~ one's pen 売文を業とする / ~ oneself by a servile act 卑劣な行為で身を売る. **prós·ti·tù·tor** [-tə | -tə(r)] *n.*

pros·ti·tu·tion [prὰstət(j)ú:ʃən | prɔ̀stɪtjú:-] 〖《1553》▭ LL *prōstitūtiō(n-)* : ⇨ ↑, -tion〗 — *n.* **1** 売春, 醜業: illicit ~ 密売春 / licensed [public] ~ 公娼(こうしょう)(制度). **2** 売節, 堕落, 退廃 (corruption); 悪用.

prostoa *n.* prostoon の複数形.

pro·sto·mi·um [proʊstóʊmiəm | prəʊstə́ʊmjəm, -mɪəm] 〖← NL ~ ← Gk *prostómion* 《原義》little afore-mouth ← PRO-²+*stóma* mouth+*-ion* (dim. suf.)〗 — *n.* (*pl.* **-mi·a** [-miə | -mjə, -mɪə]) 〖動物〗口前葉, 前口葉, 前口部, 頭葉《環状動物の頭部第一節》.

pro·stó·mi·al [-miəl | -mjəl, -mɪəl] *adj.*

pro·sto·on [pro(ʊ)stóʊɑn | prə(ʊ)stə́ʊɔn] 〚▭Gk *próstoon*: ⇨ pro-², stoa〛 *n.* (*pl.* **-sto·a** [-stóʊə | -stə́ʊə]) (古代建築で)柱廊玄関, ポーティコ (portico).

pros·trate 〚*adj.*: (*a*1380) *prostrat* ▭L *prōstrāt-us* (p.p.) ← *prōsternere* to spread out ← PRO-¹+*sternere* to strew: ⇨ stratum. — v.: (*c*1400) (廃) 'to become prostrate' ← L *prōstrāt-us*: ⇨ -ate²,³〛 — [prάstreɪt | prɔ́streɪt, -trət, -trɪt] *adj.* **1** 腹ばいになった, 倒れた, 伏した (prone). **2** (屈従や尊敬を示すために)ひれ伏した, 平伏した, 平身低頭した (prostrated); 従順な, いいなりの. **3** 屈服した, 降伏した, 打ちのめされた (overthrown): a ~ enemy / They laid the Republicans ~. 彼らは共和党を屈服させた. **4** 力を失った, 元気をなくした, 意気阻喪した; 疲れ切った, へこたれた, 弱り果てた (exhausted) 〔*with, by*〕: ~ *with* grief 悲しみに打ちひしがれて / be ~ *with* fatigue [illness] 疲れでへとへとになる[病気でまいっている]. **5** 〘植物〙地をはう, 匍匐(ほふく)性の. — [prάstreɪt | prɔstréɪt, prə-] *vt.* **1** (地上にばったりと)投げ倒す. **2 a** 伏させる. **b** [~ *oneself* で] 身を伏せる, 平伏する, 平身低頭する: ~ *oneself* before rank and wealth 高官・富豪に屈従する. **3** (完全に)打ち破る, 屈服させる (overcome). **4** [通例 Passive で] 〈人を〉〔…で〕打ちのめす, (すっかり)衰弱させる, 疲れ果てさせる (exhaust) 〔*with, by*〕: *be ~d with* [*by*] the heat [fatigue, illness] 暑さ[疲れ, 病気]で弱り果てる.

pros·tra·tion [prαstréɪʃən | prɔ-, prə-] 〚(1526) ▭(O)F ~ // ML *prōstrātiō(n-)* ← L *prōstrātus*: ⇨↑, -ation〛 — *n.* **1** 身を伏せること; 平伏, 平身低頭, 伏し拝み: ~ before the altar 祭壇の前にひれ伏すこと / with many ~*s* 平身低頭して. **2** (肉体的・精神的な極度の)衰弱, 消耗, 疲労; 意気消沈 (dejection): ~ of mind and spirit 精神の衰弱 / general ~ 全身衰弱 / ⇨ nervous prostration, heat prostration.

pro·style [próʊstaɪl | prə́ʊ-] 〚▭L *prostȳl-os* ▭Gk *próstūlos* ← PRO-²+*stûlos* pillar: ⇨ -style¹〛〘建築〙 — *n.* 前柱式[プロスタイル]の建築 (ギリシャ建築または神殿建築で前面のみに吹放しの柱列を有する形式の建築). — *adj.* 前柱式の (cf. pseudoprostyle).

pros·y [próʊzi | prə́ʊzi] 〚← PROSE + -Y⁴〛 — *adj.* (**pros·i·er**; **-i·est**) **1** 散文体の. **2** 〈話など〉散文的な, 平凡な, 無趣味な; 〈生活など〉単調な, 退屈な, あじけない: a ~ talk, book, author, style, etc.

prò·sýllogism 〚▭ML *prosyllogism-us* ▭Gk *prosullogismós*: ⇨ pro-², syllogism〛 — *n.* 〘論理〙前[起後]三段論法 (複合三段論法で, その結論が次の三段論法の前提となるもの; cf. episyllogism).

Prot. (略) Protectorate; Protestant.　　「異形.

prot- [proʊt | prəʊt] (母音の前に来る時の) proto- の

prot·ac·tin·i·um [pròʊtæktíniəm | prə̀ʊtæktíniəm, -njəm] 〚← NL ← PROTO-+ACTINIUM〛 *n.* 〘化学〙 =protoactinium.

pro·tag·o·nist [pro(ʊ)tǽgənɪst, -nəst | prə(ʊ)tǽgənɪst] 〚(1671) ▭Gk *prōtagōnistḗs* ← PROTO- + *agōnistḗs* actor (← *agōnízesthai* to contest, agonize ← *agṓn* assembly at games, contest: ⇨ agony)〛 — *n.* **1** 〘ギリシャ劇〙主役, 第一俳優 (leading actor) (cf. deuteragonist 1, tritagonist); (劇・小説などの)立役, 主人公. **2** 先に立ってする人, 首領 (leader), 主唱者, リーダー (advocate); (思想・主義などのために)戦う人, 闘士.

Pro·tag·o·ras [pro(ʊ)tǽgərəs | prə(ʊ)tǽgəræ̀s, -gɔ-, -rəs] *n.* プロタゴラス (483 (または 482)–?414 (または 411) B.C.; ギリシャの哲学者; ソフィスト (Sophist) の一人で, "Man is the measure of all things" という言葉は有名).

prot·a·mine [próʊtəmìːn, -mɪn, -mən | prə́ʊtəmìːn] 〚← PROTO-+AMINE〛 *n.* 〘生化学〙プロタミン (強塩基性純蛋白質).

prot·an·dry [pro(ʊ)tǽndri | prə(ʊ)tǽndrɪ] 〚⇨ proto-, -androus, -y¹〛 *n.* **1** 〘植物〙雄蕊(ずい)先熟. **2** 〘動物〙雄性先熟 (cf. protogyny). **prot·án·drous** [-drəs] *adj.*

prot·a·nom·a·ly [pròʊtənάməli | prə̀ʊtənɔ́məlɪ] 〚← PROTO-+ANOMALY〛 *n.* 〘眼科〙第一色弱 (赤色弱; cf. trichromat).

pro·ta·no·pi·a [pròʊtənóʊpiə | prə̀ʊtənə́ʊpjə, -pɪə] 〚← NL ~: ⇨ proto-, a-⁷, -opia〛 *n.* 〘眼科〙第一色盲, 赤色盲 (cf. deuteranopia).

pro tan·to [proʊ-tǽntoʊ | prəʊ-tǽntəʊ] 〚▭LL *prō tantō*: ⇨ pro-¹〛 *L. adv.* それだけ, それほど; その程度[範囲]まで.

prot·a·sis [prάtəsɪs, -səs | prɔ́təsɪs] 〚(1616) ▭LL ~ ▭Gk *prótasis* proposition ← *proteínein* to put forward ← PRO-²+*teínein* to stretch〛 — *n.* (*pl.* **-a·ses** [-sìːz]) **1** 〘文法〙条件節, 前提節 (例えば *If I were you*, I would not do so. の斜体の部分; cf. apodosis). **2** (古代演劇の)前提部, 導入部 (劇の第一部で登場人物が紹介され主題が示される; cf. epitasis). **3** 〘論理〙(アリストテレス論理学で三段論法の)前提命題. **pro·tat·ic** [prətǽtɪk, proʊ- | prətǽt-, prəʊ-] *adj.*

pro·te- [próʊti | prə́ʊtɪ] (母音の前に来る時の) proteo- の異形.

Pro·te·a·ce·ae [pròʊtiéɪsiiː | prə̀ʊtɪ-] 〚← NL ~ ← *Prōtea* (属名: ⇨ Proteus)+-ACEAE〛 *n. pl.* 〘植物〙ヤマモガシ科. **prò·te·á·ceous** [-ʃəs] *adj.*

Pro·te·a·les [pròʊtiéɪliːz | prə̀ʊtɪ-] 〚← NL ← *Protea* (属名: ⇨ Proteus)+-ALES〛 *n. pl.* 〘植物〙(双子葉植物)ヤマモガシ目.

pro·te·an [próʊtiən, proʊtíː- | prəʊtíːən, prə́ʊtjən, -tɪən] 〚← PROTE(US)+-AN¹〛 — *adj.* **1** [P-] プロテウス (Proteus) の. **2** プロテウスのような: **a** 変幻自在な. **b** 一人数役を演じる: a ~ performer. **3** 〘動物〙(アメーバのように)形態を種々に変じる.

pro·te·ase [próʊtièɪs, -èɪz | prə́ʊtɪèɪs] 〚← PROTEO-+-ASE〛 *n.* 〘生化学〙プロテアーゼ (蛋白質に作用する酵素の総称; cf. endopeptidase, exopeptidase).

protec. (略) protectorate.

pro·tect [prətékt] 〚(1526) ← L *prōtect-us* (p.p.) ← *prōtegere* to cover over ← PRO-¹+*tegere* to cover: ⇨ tegument〛 — *vt.* **1** 〔…から〕保護する, 守る, かばう, 〔危険・損害などから〕防ぐ 〔*from, against*〕: ~ one's country [children] 国[子供]を守る / ~ a person [thing] *from* [*against*] danger 人[物]を危険に陥らせないようにする[危険から守る] / This book is ~*ed* by copyright. この本は著作権の保護を受けている. **2** 〘経済〙(関税などにより)〈産業・企業などを〉保護する. **3** (英)〈手形〉の支払い準備をする: ~ a bill [draft] 手形の支払い準備をする. **4** 〘機械〙〈機械〉に保護装置を施す (cf. protected). **5** 〈列車〉に注意[停止]信号を送る. — *vi.* 保護の働きがある, 防護になる.

pro·tec·tant [prətéktənt] 〚⇨↑, -ant〛 *n.* 〘薬学〙(植物の)予防保護剤 (主に噴霧用殺虫・殺菌剤で, 病虫害に侵される前に施すもの; cf. eradicant).

pro·téct·ed *adj.* 〈機械が〉安全装置つきの: a ~ rifle 安全装置銃.

protécted státe *n.* 保護国 (国際的に大国の保護が認められた国).

pro·téct·ing 〚⇨ -ing²〛 *adj.* 保護する, 守る, 防ぐ: a ~ power 利益代表国 (二国間の一方の利益を代表する第三国).

pro·téct·ing·ly *adv.* 保護する[防ぐ]ように.

pro·tec·tion [prətékʃən] 〚(*c*1375) ▭(O)F ~ // LL *prōtēctiō(n-)*: ⇨ protect, -tion〛 — *n.* **1** 〔…に対する〕保護, 保安, 擁護, 防護 (defense) 〔*against, from*〕: ~ of the weak 弱者の保護 / live under the ~ of …の世話[保護]を受けて暮らす; (古)〈女が〉…に囲われる / take a person under one's ~ 人を保護する. **2** 〔…を〕保護する物[人], 防護になる人[物] 〔*against*〕: various ~*s against* cold 種々の防寒具[装置] / a ~ *against* moths [fire, lightning] 蛾[火, 雷]よけ / A dog is a great ~ *against* burglars. 犬はよい泥棒よけである. **3** 後援, 引き立て (patronage): The book is indebted to his ~. 本書の出来たのは彼の援助のお陰だ. **4** 〘保険〙 =coverage 2. **5** 〘経済〙 **a** (関税・数量割当により)国内産業を保護すること. **b** その政策. **6** (米口語) **a** (賭博場の所有者などが他の暴力団から保護してもらうために地元の暴力団に払う)保証金; その保護. **b** (暴力団などがその筋に払う)見逃し[目こぼし]料, 賄賂(わいろ) (protection money ともいう). **7** 旅券, 通行券 (passport). **8** 〘英史〙保護令状: **a** かつて海外勤務者を不当な訴訟から守ったもの. **b** 船員を海軍への徴発から守ったもの. **9** (米) (船員などの)国籍証明書.

Court of Protection [the —] ⇨ court.

protection of possession 〘法律〙占有保全.

— *adj.* 保護(用)の, 安全のための: a ~ forest 保護林.

pro·téc·tion·ism [-ʃənɪzm] 〚⇨↑, -ism〛 *n.* 〘経済〙保護貿易論[主義], 国内産業保護政策 (cf. free trade 1).

pro·té·ction·ist [-ʃ(ə)nɪst, -nəst | -nɪst] *n.* **1** 〘経済〙保護貿易論者, 国内産業保護政策論者. **2** 野生動物保護論者. — *adj.* 保護貿易論(者)の: ~ measures 保護貿易措置.

pro·tec·tive [prətéktɪv] 〚(1661): ⇨ protect, -ive〛 — *adj.* **1** 保護する, 擁護する, 防御する, 守る (defensive) 〔*toward*〕: feel ~ *toward* a person 人をかばいたくなる / ~ armor 防護のよろい / ~ instinct (母親が子供をかばうような)保護本能 / ~ spectacles 護眼鏡, 保護めがね / ~ clothing 保護服 / a ~ vest 防弾チョッキ. **2** 〘経済〙保護貿易[政策]の: ~ duties 保護税関 / ~ trade 保護貿易 (cf. free trade 1). — *n.* 保護物. **~·ly** *adv.* **~·ness** *n.*

protéctive cóating *n.* 保護塗装 (装飾的な塗装に対し被塗装物の防食に主眼をおいた塗装).

protéctive cólloid *n.* 〘物理化学〙保護コロイド (疎水コロイドの安定度を増すために加える親水コロイド; cf. gold number).

protéctive colorátion [**cóloring**] *n.* 〘生物〙保護色 (cf. SEMATIC colors).

protéctive cústody *n.* 〘法律〙保護拘置.

protéctive déck *n.* 〘海事〙保護甲板.

protéctive fóods *n. pl.* 栄養食品 (乳製品・肉・野菜のようなビタミンやミネラル蛋白質に富み, 種々の病気を防ぐ食品).

protéctive legislátion *n.* **1** 〘経済〙保護貿易法 (cf. free trade). **2** 使用人保護法制.

protéctive resémblance *n.* 〘動物〙保護擬態.

protéctive sýstem *n.* 〘経済〙 =protection 5 a.

protéctive táriff *n.* 〘経済〙保護関税(率) (cf. revenue tariff).

pro·téc·tor 〚(*c*1375) *protectour* ▭(O)F *protecteur* ▭LL *prōtēctor*: ⇨ protect, -or²〛 — *n.* **1** 保護者, 擁護者, 防御者 (defender). **2 a** 保護する物, 保護[安全]装置: a point ~ 鉛筆のキャップ. **b** 防護する物; 〘球技〙(捕手などのつける)胸当て, プロテクター (cf. leg guard): a chest ~ 胸当て, プロテクター. **3** 後援者 (patron). **4** 〘英史〙 **a** 摂政 (regent). **b** [the P-] =LORD Protector of the Commonwealth. **~·al** [-t(ə)rəl] *adj.* **~·less** *adj.*

pro·tec·tor·ate [prətékt(ə)rət, -rɪt] 〚⇨↑, -ate¹〛 — *n.* **1** (大国の小国に対する)保護政治; 保護国, 保護領. **2** 〘英史〙 **a** 摂政の職[任期]; 摂政政治. **b** [the P-] (Cromwell 父子による)護国卿政治 (1653–59).

Protectorate of South Arabia [the —] 南アラブ保護領 (⇨ FEDERATION of South Arabia).

protéctor·ship *n.* protector の職[任期].

pro·tec·to·ry [prətékt(ə)ri | -rɪ] 〚← PROTECT+-ORY²〛 *n.* (古) (カトリックで)孤児院, 保護院; (非行少年を収容する)少年(教護)院, 感化院.

pro·tec·tress [prətéktrɪs, -trəs] 〚⇨ protector, -ess¹〛 *n.* 女性の保護[擁護, 防御, 後援]者.

pro·té·gé [próʊtəʒèɪ, ⌐⌐⌐ | prə́ʊteʒèɪ, prɔ́t-, -teɪ-, -tɪ-; *F.* prɔteʒe] 〚(1787) ▭F ~ (p.p.) ← *protéger* ▭L *prōtegere* 'to PROTECT'〛 — *n.* (芸術・政治・スポーツなどで有力者・パトロンなどから)保護[庇護]を受けている人, 被保護者, 子分, 弟子 (pupil).

pro·té·gée [próʊtəʒèɪ, ⌐⌐⌐ | prə́ʊteʒèɪ, prɔ́t-, -teɪ-; *F.* prɔteʒe] 〚(1778) ▭F ~ (fem. p.p.) ← *protéger* (↑)〛 *n.* 女性の protégé.

protei *n.* proteus の複数形.

pro·teid [próʊtiːd, -tɪɪd, -tiəd | prə́ʊtiːd, -tiːɪd, -tɪɪd] 〚(1871) ← PROTE(IN)+-ID⁵〛 *n.* 〘生化学〙 =protein 1.

Pro·te·i·dae [proʊtíːədìː | prəʊtíːɪ-] 〚← NL ~ ← *Prote(us)* (⇨ Proteus)+-IDAE〛 — *n. pl.* 〘動物〙ホライモリ科 (ユーゴスラビアの洞窟にすむホライモリと北米の mud puppy とを含む両生類の一群).

pro·teide [próʊtaɪd, -tiàɪd | prə́ʊtɪàɪd] *n.* 〘生化学〙 =protein 1.

pro·te·i·form [proʊtíːəfɔ̀əm | prəʊtíːɪfɔ̀ːm] 〚▭F *protéiforme*: ⇨ Proteus, -form〛 *adj.* =protean 2, 3.

pro·tein [próʊtiːn, -tiːɪn, -tiən | prə́ʊtiːn, -tiːɪn, -tiːɪn] 〚(1844) ▭G *Protein* ← Gk *prōteîos* primary+-IN¹〛 — *n.* **1** 〘生化学〙蛋白質: animal ~ 動物性蛋白質. **2** (古) あらゆる有機体の本質的成分と考えられた窒素物質. — *adj.* 蛋白質の[を含む]. **pro·tein·a·ceous** [pròʊtənéɪʃəs, -tn̩-, pròʊtiːn-, -tiən- | prə̀ʊtiːn-, -tiːɪn-, -tiːn-] *adj.* **pro·tein·ic** [proʊtíːnɪk, pròʊtiín- | prəʊtíːn-, prə̀ʊtiín-] *adj.*

pro·tein·ase [próʊtənèɪs, -tn̩-, -tiːn-, -tiːɪn-, -tiən-, -nèɪz | prə́ʊtiːnèɪs, -tiːɪn-, -tiːn-] 〚← PROTEIN+-ASE〛 — *n.* 〘生化学〙プロティナーゼ (蛋白質を加水分解する酵素; ペプチダーゼと対比させられていたが, 今は使わない; cf. protease).

pro·tein·ate [próʊtənèɪt, -tn̩-, -tiːn-, -tiən- | prə́ʊtiːn-, -tiːɪn-, -tiːn-] 〚← PROTEIN + -ATE¹〛 *n.* 〘生化学〙蛋白化合物.

pro·tein·oid [próʊtənɔ̀ɪd, -tn̩-, -tiːn-, -tiən- | prə́ʊtiːn-, -tiːɪn-, -tiːn-] 〚← PROTEIN+-OID〛 — *n.* 〘生化学〙プロテノイド, 蛋白質様化合物 (非生物的に合成されたペプチッド結合化合物; 分子量 300–10,000).

pro·te·i·nous [proʊtíːɪnəs, -tíːə- | prəʊtíːɪ-] *adj.* 蛋白質の[に関する, の性質の].

pro·tein·u·ri·a [pròʊtən(j)ú(ə)riə, -tn̩-, -tiːn-, -tiən- | prə̀ʊtiːnjúəriə, -tiːɪn-, -tiːn-] 〚← NL ~: ⇨ protein, -uria〛 *n.* 〘病理〙 =albuminuria.

pro tem [proʊ-tém | prəʊ-] 〚(1828) (略) ↓〛 (口語) *L. adj.* =pro tempore. — *adv.* 一時的に, 当分 (for the time being).

pro tem·po·re [proʊ-témpəri, -rìː | prəʊ-témpərɪ, -rìː] 〚▭L *prō tempore* for the time: ⇨ pro-¹, temporal〛 — *L. adj.* 一時的の, 臨時の (temporary). ★ 特に, 官職の任命について用いる.

pro·te·o- [próʊtio(ʊ) | prə́ʊtɪə(ʊ)] 〚← F *protéine* 'PROTEIN'〛「蛋白質 (protein)」の意の連結形. ★ 母音の前では通例 prote- になる.

pròteo·clástic 〚← PROTEO-+-CLASTIC〛 *adj.* 〘生化学〙蛋白質加水分解の[に関する].

pro·te·ol·y·sis [pròʊtiάləsɪs, -səs | prə̀ʊtɪɔ́ləsɪs, -lɪ-] 〚← NL ~: ⇨ proteo-, -lysis〛 — *n.* 〘生化学〙蛋白質加水分解 (消化作用におけるように蛋白質がさらに単純な同種化合物に加水分解すること). **pro·te·o·lyt·ic** [pròʊtiəlítɪk | prə̀ʊtɪəlít-] *adj.*

pro·te·ose [próʊtiòʊs, -òʊz | prə́ʊtɪə̀ʊs] *n.* 〚← PROTE(IN)+-OSE²〛 — *n.* 〘生化学〙プロテオーゼ, プロテオース (胃液の作用で類似蛋白質が分解し生じる可溶性化合物の一つ; cf. albumose).

pro·te·o·so·ma [pròʊtiəsóʊmə | prə̀ʊtɪəsə́ʊ-] 〚← PROTEO-+SOMA¹〛 — *n.* 〘動物〙プロテオソーマ (鳥類の血液中に寄生する *Proteosoma* 属の原虫の総称; 鳥のマラリア性発熱の起因体と考えられる; 既知・未知の複数の血液寄生原虫をミックスした名称; 今日学術用語としては使われない).

prot·er- [prάtər, próʊ- | prɔ́tər, prə́ʊ-] (母音の前に来る時の) protero- の異形.

prot·er·an·dry [prὰtərǽndri, pròʊ- | prɔ̀tərǽndrɪ, prə̀ʊ-] *n.* 〘植物・動物〙 =protandry.

prot·er·o- [prάtəro(ʊ), próʊ- | prɔ́tərə(ʊ), prə́ʊ-] 〚← NL ~ ← GK *próteros* former, earlier (compar.) ← *pró* before〛 —「以前の (before); より以前の (earlier)」の意の連結形. ★ 母音の前では通例 proter- になる.

Prot·er·o·zo·ic [prὰtərəzóʊɪk, pròʊ- | prɔ̀tərə(ʊ)zə́ʊ-, prə̀ʊ-] 〚← PROTERO-+-ZOIC²〛〘地質〙 — *adj.* 原生代の: the ~ era 原生代. — *n.* [the ~] **1** 原生代 (始生代 (Archeozoic) に続く地質地代; cf. Precambrian). **2** 原生界 (原生代の地層).

Pro·tes·i·la·us [pròʊtèsəléɪəs | prə̀ʊtèsɪ-] 〚▭L *Prō-*

tesilāus ⊏ Gk *Prōtesílaos*〛 ── *n.*〘ギリシャ伝説〙プロテシラオス《Thessaly の勇士で Laodamia の夫; Troy 戦争で戦死した最初のギリシャ人》.

pro·test 〚n.: (《?c1400》) ⊏ OF ～ (F *protêt*) ← *protester* ⊏ L *prōtestārī* to declare publicly ← PRO-¹+*testārī*) to be a witness (← *testis* a witness). ─v.: 《1440》 ⊏ (O)F *protest-er*: ⇨ testament〛 ── [próutest | práu-] *n.* **1** 言明, 声明, 断言, 主張: a ～ of innocence 無実の声明. **2** 〔…に対する〕抗議, (公式書面による)異議の申し立て, 不服〔*against*〕: after [without] ～ 抗議ののち[抗議もしないで] / under ～ 異議を留保して, 不承不承 / resign in ～ 抗議して辞任する / make [lodge] a ～ *against* …に抗議を申し込む / a ～ meeting [movement] 抗議集会[運動]. **3** 〘商業〙(約束手形などの)引受拒絶, 拒絶証書《公証人の作成した正式の宣言書; 公証人が手形の引受け・支払いを求めたが拒絶されたことやその理由を記載した証書》: a ～ for nonacceptance [nonpayment] 引き受け[支払い]拒絶証書. **4** 〘法律〙 **a** (不当な税金取立てに対する)抗議書. **b** 海難報告[証明]書《遭難船の船長から遭難後最初の入港地の監督官庁にあてて海難の経過や事情を報告するもの; 通例この文中において損害は不可抗力などによるもので, 船長に責任のないことを主張することから, この報告書を protest という》. **5** 〘英議会〙(上院の通過議案に対する)少数意見書. **6** 〘スポーツ〙(審判員・理事会などに対して行なう正式の)抗議.

enter a protest (1) 〘英議会〙(上院で)異議申し立てを議事録に書き込む. (2) 異議を申し立てる, 抗議する.

── [prətést, pro(ʊ)-, próʊtest | prətést, prəʊ-] *v.* ── *vt.* **1** 言明する, 声明する, 断言する, 主張する, 誓う (affirm): ～ friendship [love] 友情[愛]の変わらぬことを誓う / ～ one's innocence [*that* one is innocent] 身に覚えがないと主張する. **2** 《米》…に異議を申し立てる, 抗議する, 抗弁する: ～ a decision / ～ low wages 低賃金に抗議する. **3** 〈約束手形など〉の支払いを拒絶する, 拒絶証書を作る. **4** 《古》証人とする.
── *vi.* **1** 断言する, 言明する, 主張する, (愛などの変わらぬことを)誓う: ～ too much 誓い(が多)すぎる (Shak., *Hamlet* 3:2:240); 文句[不服]が多すぎる. **2** 〔…に〕抗議する, 異議を申し立てる, 不服を言う〔*against, at, about*〕: The papers ～*ed against* the measure. 新聞はその政策に反対した. **3** 《古》言う.

I protest 《古口語》ほんとに, 全く (I assure you) (cf. *1 Cor.* 15:31).

pro·tést·a·ble [-təbl] *adj.*

Prot·es·tant [prɑ́ṭəstənt, -tnt | prɔ́tɪs-, -təs-] 〚《1539》 ⊏ (O)F ～ ∥ L *prōtestant-em* (pres.p.) ← *prōtestārī* (↑): ⇨ -ant〛 ── *n.* **1** 〘キリスト教〙プロテスタント, 新教徒《カトリックの教義に反抗し教皇の権威を否定して起こった教派に属する信者》. **2** [*pl.*] 〘ドイツ史〙宗教改革 (Reformation) を否認した皇帝に対し Spires 第二国会 (1529) で抗議書を提出した福音派のドイツ諸侯. **3** 《古》 **a** ルター派の信徒 (Lutheran). **b** 英国国教派の信徒 (Anglican). **4** [《米》ではまた prətés-] [p-] 抗議者, 異議申し立て者. ── *adj.* **1** プロテスタント[新教(徒)]の (cf. catholic 3 b). **2** [《米》ではまた prətés-, pro(ʊ)-] [p-] 抗議する, 異議を申し立てる.

Prótestant Epíscopal Chúrch *n.* [the ～] 米国聖公会, プロテスタント監督教会《1789 年に英国国教会から独立して米国にできた教派; 教義・教則・礼拝などはほぼそのまま受け継いでいる; cf. Anglican Communion》.

prótestant éthic *n.* プロテスタンティズムの倫理《世俗的職業への専念と, そこでの合理的禁欲を説く倫理で, 資本主義社会の支配的エトスと見なされる》.

Prót·es·tant·ism [-tìzm] 〚⊏ F *protestantisme*: ⇨ Protestant, -ism〛 ── *n.* **1** プロテスタンティズム, プロテスタント主義《プロテスタントの教義》. **2** [集合的] プロテスタント教会 (Protestant churches); プロテスタント, 新教徒 (Protestants).

prot·es·tant·ize [prɑ́ṭəstəntàɪz, -tnt- | prɔ́tɪs-, -təs-] 〚⇨ protestant, -ize〛 *vt., vi.* プロテスタント[新教徒]にする[なる], プロテスタント化する.

Prótestant Reformátion *n.* [the ～] 〘キリスト教〙宗教改革 (⇨ reformation 3).

pro·tes·ta·tion [prɑ̀ṭəstéɪʃən, pròʊ-, -ṭəs-, -tes- | prəʊtes-, prɔ̀t-, -tɪs-, -təs-] 〚《c1390》 *protestacioun* ⊏ (O)F ～ ⊏ LL *prōtestātiō(n-)*: ⇨ protest, -ation〛 ── *n.* **1** 言明, 断言, 申し立て〔*of*〕/〈*that*〉: a ～ *of* innocence, loyalty, faith, etc. / with fervent ～*s of* thanks しきりに礼を言いながら. **2** 〔…に対する〕抗議, 異議, 不服 (protest)〔*against*〕; 異議申し立て, 拒絶.

pro·tést·er 〚⇨ protest, -er¹〛 *n.* **1** 《廃》言明[断言, 声明]者. **2** 抗議者, 異議申し立て者. **3** (手形支払いなどの)拒絶者.

pro·tés·tor 〚⊏ OF *protesteur*: ⇨ protest, -or²〛 *n.* =protester.

Pro·te·us [próut(j)uːs, -ṭiəs | práutjuːs, -tjəs, -tɪəs] 〚《c1400》 ⊏ L *Prōteus* ⊏ Gk *Prōteús* ← *prōtos* first: ⇨ proto-〛 ── *n.* **1** 〘ギリシャ神話〙プロテウス《変幻自在の姿と予言力とを有した海神》. **2** プロテウス《Euripides の劇で本物の Helen をその保護下においたエジプトの王; Troy に行ったのは Helen の生霊(いきりょう)という》. **3** [しばしば p-] (形や性質の)変わりやすい物[人], 簡単に変節する人, 絶えず意見の変わる人. **4** [próuṭiəs | práutiəs, -tjəs] [p-] (*pl.* **pro·te·i** [-ṭiàɪ | -tɪ-]) 〘細菌〙変形菌, プロテウス菌 (*Proteus* 属の微生物). **5** 〘動物〙=olm.

pro·tha·la·mi·on [pròʊθəléɪmiən, -miὰn | prəʊθəléɪmɪən, -mjən, -mɪɔ̀n] 〚← NL ～ ← PRO-²+-*thalamion* (← Gk *thálam(os)* bridal chamber+-IUM): Edmund Spenser が Gk *epithalámion* 'EPITHALAMIUM' にならった造語〛 ── *n.* (*pl.* **-mi·a** [-miə | -mɪə, -mjə]) 結婚の前祝いの歌 (cf. epithalamium).

pro·tha·la·mi·um [pròʊθəléɪmiəm | prəʊθəléɪmɪəm, -mjəm] 〚↑〛 *n.* (*pl.* **-mi·a** [-miə | -mɪə, -mjə]) =prothalamion.

prothalli *n.* prothallus の複数形.

pro·thal·li·um [proʊθǽliəm | prəʊθǽlɪəm, -ljəm] 〚← NL ～: ⇨ pro-², thallus, -ium〛 ── *n.* (*pl.* **-li·a** [-liə | -lɪə, -ljə]) 〘植物〙(シダ類の)前葉体, 原葉体, 扁平体. **pro·thál·li·al** [-liəl | -lɪəl, -ljəl] *adj.* **pro·thal·line** [proʊθǽlaɪn | prəʊ-] *adj.*

pro·thal·lus [proʊθǽləs | prəʊ-] 〚← NL ～: ⇨ pro-², thallus〛 *n.* (*pl.* **-thal·li** [-laɪ]) 〘植物〙=prothallium.

proth·e·sis [prɑ́θəsɪs, -səs | prɔ́θɪsɪs, -θə-] 〚⊏ LL ～ ⊏ Gk *próthesis* 《原義》a putting before ← *protithénai* ← PRO-²+*tithénai* to put (⇨ thesis)〛 ── *n.* (*pl.* **-e·ses** [-sìːz]) **1** 〘音声〙語頭音添加 (prosthesis) (cf. epenthesis, paragoge). **2** 〘東方正教会〙 **a** 聖餐(せいさん)準備, 奉献礼儀《正式には office of prothesis という》. **b** 奉献台. **c** 聖餐整備所 (cf. diaconicon). **3** [しばしば P-] (ギリシャ古物で)正装安置された(帝王などの)遺体の像. **pro·thet·ic** [prəθéṭɪk | prəθét-] *adj.*

proth·e·tel·y [prɑ́θətèli, próu- | prɔ́θɪtèli, práu-] 〚? ← Gk **prothe(tos)* (← *protithénai* (↑))+*tél(os)* end, completion+-Y¹〛 ── *n.* 〘昆虫〙プロセテリー《昆虫の幼虫に蛹(さなぎ)や成虫の特徴があらわれること; cf. hysterotely》. **proth·e·tel·ic** [prɑ̀θəṭélɪk, pròʊ- | prɔ̀θə-, prəʊ-] *adj.*

pro·thon·o·tar·y [pro(ʊ)θɑ́nətèri, pròʊθənóuṭəri | prə(ʊ)θɔ́nətəri, prəʊθənə́ut-] 〚《15C》 ⊏ LL *prōt(h)onotāri-us* ← PROTO-+L *notārius* 'NOTARY'〛 ── *n.* (*also* **protonotary**) **1** 〘古英法〙(裁判所の)首席書記. **2** [通例 protonotary で] 〘カトリック〙=protonotary apostolic. **3** 〘東方正教会〙Constantinople の総主教 (patriarch) の秘書長. **pro·tho·no·tar·i·al** [pro(ʊ)θɑ̀nətέəriəl, pròʊθəno(ʊ)- | prə(ʊ)θɔ̀nətéərɪ-, prəʊθənə(ʊ)-] *adj.*

prothónotary apostólic *n.* 〘カトリック〙=protonotary apostolic.

prothónotary wárbler *n.* 〘鳥類〙オウゴンアメリカムシクイ (*Protonotaria citrea*) 《米国南東部産のアメリカムシクイ科の小鳥》.

prò·thorácic 〚← NL *prothorac-, prothōrax*+-IC¹: ⇨ prothorax〛 *adj.* 〘昆虫〙前胸の.

prothorácic glànd *n.* 〘昆虫〙前胸腺《完全変態する昆虫の幼虫や蛹(さなぎ)にみられる内分泌腺で, 蛹化や成虫化を促すエクジソンというホルモンを分泌する》.

prò·thórax 〚← NL ～: ⇨ pro-², thorax〛 *n.* 〘昆虫〙前胸《昆虫類における第 1 胸節》.

prò·thrómbin 〚← PRO-²+THROMBIN〛 *n.* 〘生化学〙プロトロムビン《血液中の凝血要素; thrombogen ともいう》.

pro·tist [próuṭɪst, -ṭəst | práutɪst] 〚← NL *Protista* (↓)〛 ── *n.* 〘生物〙原生生物《原生動物門 (Protozoa) と原生植物門 (Protophyta) との生物を合わせていう》. **pro·tis·tan** [pro(ʊ)tístən, prə- | prə(ʊ)-] *adj., n.* **pro·tis·tic** [pro(ʊ)tístɪk, prə- | prə(ʊ)-] *adj.*

Pro·tis·ta [pro(ʊ)tístə, prə- | prə(ʊ)-] 〚← NL ～ ← Gk *prṓtista* (neut. pl.) ← *prṓtistos* primary, principal (superl.) ← *prôtos* first: ⇨ proto-〛 ── *n. pl.* 〘生物〙原生生物門 (cf. Protophyta, Protozoa).

pro·tis·tol·o·gy [pròʊṭɪstɑ́lədʒi | prəʊtɪstɔ́lədʒi] 〚← PROTIST+-O-+-LOGY〛 *n.* 原生生物学.

pro·ti·um [próuṭiəm, -ʃiəm | práutiəm, -tɪəm] 〚← PROTO-+-IUM〛 *n.* 〘化学〙プロチウム《水素の同位元素; 記号 H¹, ¹H》.

pro·to- [próuṭo(ʊ) | práutə(ʊ)] 〚《15C》 *protho-* ⊏ OF ⊏ LL *prōto-* ⊏ LGk ← Gk *prôtos* first (superl.) ← *pró* before: ⇨ pro-²〛 ── 次の意味を表わす連結形: **1** 「最初の (first); 原始の (original); 主要な (chief); 原型の」. **2** 〘化学〙 **a** 「第一…, 初級…」: *proto*xide. **b** 「親の, 先立つ, 原(もと)の」. **3** [P-] 〘言語〙「(ある言語または語族の)始源の」: *Proto*-Indo-European. ★ 母音の前では通例 prot- になる.

pro·to·ac·tin·i·um [pròʊṭouæktíniəm | prəʊtəuæktínɪəm, -njəm] 〚⇨ ↑, actinium〛 ── *n.* 〘化学〙プロトアクチニウム《放射性元素の一つ; 記号 Pa, 原子番号 91, 原子量 231.0359; protactinium ともいう》.

pròto·bíont 〚← PROTO-+-BIONT〛 *n.* 原始生物《生命のない有機分子が集まって偶然に生命のある有機体になったもの》.

pròto·biótic sóup 〚← *protobiotic*: ⇨ ↑, -biotic〛 *n.* [the ～] 〘生物〙=primordial soup.

Pro·to·bran·chi·a [pròʊṭo(ʊ)brǽŋkiə | prəʊtə(ʊ)-brǽŋkɪə] 〚← NL ～ ← PROTO-+-*branchia* (⇨ branchia)〛 *n. pl.* 〘貝類〙(二枚貝綱) 原鰓目.

pròto·cerébrum 〚← NL ～: ⇨ proto-, cerebrum〛 *n.* 〘動物〙前大脳《節足動物の脳の第 1 部》.

Pro·to·chor·da·ta [pròʊṭo(ʊ)kɔədɑ́ːṭə, -déɪṭə | prəʊtə(ʊ)kɔːdɑ́ːtə, -déɪtə] 〚← NL ～: ⇨ ↓, -a²〛 *n. pl.* 〘動物〙原索動物類.

pro·to·chor·date [pròʊṭo(ʊ)kɔ́ədət, -dɪt, -deɪt | prəʊtə(ʊ)kɔ́ː-] 〚← NL ～: ⇨ proto-, chordate〛 *adj., n.* 〘動物〙原索動物類の(動物).

Pro·to·cil·i·a·ta [pròʊṭo(ʊ)sìliɑ́ːṭə | prəʊtə(ʊ)sìlɪɑ́ːtə] 〚← NL ～: ⇨ proto-, Ciliata〛 ── *n. pl.* 〘動物〙原繊毛虫亜綱《繊毛虫綱 (Ciliata) の一亜綱で, 同形の核を多数有する; cf. Euciliata》.

pro·to·col [próuṭəkɔ̀(ː)l, -kòul, -kὰl, -ṭɪkəl, -ṭə- | práutə(ʊ)kɔ̀l] 〚《1541》 *prothocoll* ⊏ OF *prothocole* (F *protocole*) ⊏ ML *prōtocollum* ⊏ LGk *prōtókollon* flyleaf glued to a book ← PROTO-+Gk *kólla* glue (⇨ collage)〛 ── *n.* **1** 条約原案. **2** 〘外交〙(会談の結果到達した)暫定協定, 議定書, プロトコール. **3** (条約・協定の)付随書. **4** (ローマ教皇の勅書などの)首尾の定式文, 正式前文[結文]. **5 a** 外交上の儀礼[典礼]. **b** [the P-] (フランスなどの)外務省儀典[典礼]局. **c** 軍隊儀礼. **6** 〘哲学・論理〙プロトコール命題《経験科学の基礎にある観察命題; protocol statement ともいう》. **7** 《米》実験の観察(などの)記録. **8** 〘電算機〙プロトコル, (伝送)規約.

protocol of comparison 〘法律〙(筆跡などの)対照調書.

── *vt., vi.* (**-to·colled; -coled; -col·ling, -col·ing**) (…の)議定書[調書]を作る, 議定書に記録する.

pròto·cóntinent *n.* 〘地質〙=supercontinent.

pròto·déacon *n.* 〘東方正教会〙首席輔祭, 長輔祭《輔祭の長》.

pròto·Dóric *adj.* 〘建築〙原始ドリス式の.

pròto·gálaxy *n.* 〘天文〙(形成中の)原始銀河[小宇宙].

pro·to·gene [próuṭədʒìːn | práutə(ʊ)-] 〚← NL *protogen-es* primeval ⊏ Gk *prōtogenḗs*: ⇨ proto-, -gene〛 ── *n.* 〘生物〙原遺伝子《生命の起源に際し, 炭素化合物から合成されたと想定される現在の遺伝子 (gene) の原型》.

pro·to·ge·nic [pròʊṭədʒíːnɪk | prəʊtə(ʊ)-] 〚← PROTO-+-GENIC〛 *adj.* 〘地質〙岩漿(しょう)から固結した.

Pròto·geométric, p- *adj.* 〈ギリシャのつぼ絵が〉原幾何学様式の《紀元前 10 世紀頃》.

Pròto-Germánic *n.* 〘言語〙ゲルマン基語《インドヨーロッパ基語 (Proto-Indo-European) と歴史上のゲルマン諸語の中間に想定される, ゲルマン諸語の共通基語》.

pro·to·gine [próuṭədʒìːn | práutə(ʊ)-] 〚⊏ F ～ ← PROTO-+-*gine* (← Gk *-genḗs* born): ⇨ -gen〛 ── *n.* 〘岩石〙(アルプスに発見される)片麻状花崗(こう)岩《地球最古のものと考えられている》.

pro·tog·y·ny [pro(ʊ)tɑ́dʒəni | prə(ʊ)tɔ́dʒɪni, -dʒə-] 〚← PROTO-+-GYNY〛 ── *n.* **1** 〘植物〙雌蕊(ずい)先熟. **2** 〘動物〙雌性先熟 (cf. protandry). **pro·to·gy·nous** [pròʊṭədʒáɪnəs, -gáɪ- | prəʊtə(ʊ)-] *adj.*

pro·to·hip·pus [pròʊṭo(ʊ)hípəs | prəʊtə(ʊ)-] 〚← PROTO-+-HIPPUS〛 ── *n.* 〘古生物〙プロトヒップス《中新世から鮮新世の北米にいた *Protohippus* 属の三指性の原始馬の総称》.

pròto·hístory *n.* **1** 原史. **2** 原史時代《先史時代と歴史時代の間の時代》. **3** 原史学. **pròto·históric** *adj.*

pròto·húman *adj.* 初期の人類の(ような). ── *n.* 原(始)人.

Pròto-Índo-Européan *n.* 〘言語〙インドヨーロッパ[印欧共通]基語, 印欧祖語《歴史上のインドヨーロッパの諸語の分裂以前に理論的に想定されるそれらの共通基語; cf. Ursprache》.

próto·lànguage *n.* 〘言語〙基語言語, 祖語, 共通基語《ある言語または語族の始源の言語》: the Indo-European ～=Proto-Indo-European.

pròto·líthic 〚← PROTO-+-LITHIC〛 *adj.* 〘考古〙原石器(前期旧石器時代)の (Eolithic).

pro·to·log [próuṭəlɔ̀(ː)g, -lὰg, -ṭl- | práutəlɔ̀g] 〚← PROTO-+-LOG〛 *n.* 〘生物〙原記載《新種・新属などのもとになる記載》.

pro·tol·y·sis [pro(ʊ)tɑ́ləsɪs, -səs | prə(ʊ)tɔ́lɪsɪs, -lə-] *n.* 〘化学〙プロトリシス《中和過程での陽子の移行》.

pro·to·lyt·ic [pròʊṭəlíṭɪk, -ṭl- | prəʊtəlít-] 〚← PROTO-+-LYTIC〛 *adj.* 〘化学〙プロトリチックの, 陽子移行の.

próto·màrtyr 〚《1433》 ⊏ OF *prothomartir* (F *protomartyr*) ⊏ LL *prōtomartyr* ⊏ LGk *prōtomartur* first martyr: ⇨ proto-, martyr〛 ── *n.* 最初の殉教者《特に, キリスト教最初の殉教者 Saint Stephen をいう; cf. *Acts* 7:60》.

próto·mòrph 〚← PROTO-+-MORPH〛 *n.* 〘生物〙原態《生物の原始的性質・構造》.

pròto·mórphic 〚← PROTO-+-MORPHIC〛 *adj.* 〘生物〙原始的性質[構造]をもった, 原態の.

pro·ton [próutɑn | práutɔn] 〚《1920》 ⊏ Gk *prôton* (neut.) ← *prôtos* first: ⇨ proto-〛 ── *n.* 〘物理・化学〙陽子《1 個の陽電荷を帯びた素粒子で, 原子核の構成要素の一つ, 水素の原子核でもある; cf. electron》. **pro·ton·ic** [pro(ʊ)tɑ́nɪk | pə(ʊ)tɔ́n-] *adj.*

pro·ton·ate [próutənèɪt | práutə-] 〚⇨ ↑, -ate³〛 〘物理・化学〙 *vt., vi.* (…に)陽子を付加する. **pro·to·na·tion** [pròʊṭənéɪʃən | prəʊtə-] *n.*

próton decáy *n.* 〘物理〙陽子崩壊《原子核が陽子を放出することによって他の原子核に変換する現象》.

pro·to·ne·ma [pròʊṭəníːmə | prəʊtə(ʊ)-] 〚← NL ～ ← PROTO-+-*nema* (← Gk *nêma* thread: ⇨ nemato-)〛 ── *n.* (*pl.* ～**·ta** [-níːməṭə, -ném- | -tə]) 〘植物〙原糸体, 糸状体. **prò·to·né·mal** [-níːməl] *adj.* **prò·to·né·ma·tal** [-níːməṭl, -ném- | -tl] *adj.*

pròto·nephrídium 〚← PROTO-+NEPHRIDIUM〛 ── *n.* 〘動物〙原腎(じん)管, 水脈管, 原始泌尿器《扁形動物・いも形動物・輪形動物などの幼生および成体の原始的な排出器官》.

pro·ton·o·tar·y [pro(ʊ)tɑ́nətèri, pròʊṭənóuṭəri | prə(ʊ)tɔ́nətəri, prəʊtənə́ut-] *n.* =prothonotary.

protónotary apostólic n. 〘カトリック〙ローマ教皇の最高記録官《かつては殉教者の記録を取り扱う七人の最高記録者の一人; 現在は名誉称号; 略 P.A.》.

próton-sýnchrotron n. 〘物理〙陽子シンクロトン[加速装置]《陽子を超高エネルギーに加速する装置; cf. accelerator 6》.

pro·to·path·ic [pròuṭəpǽθɪk | pràutə(ʊ)-] 〘← PROTO-＋-PATHIC〙 — adj. **1** 〘生理〙〈皮膚感覚が〉原始的な, 一次的な (cf. epicritic): ～ sensation 原始感覚[知覚]《強い刺激によってしか感じない感覚; 例えば痛さ・冷たさなど》. **2** 〘病理〙原発性の (idiopathic).

pròto·péctin 〘← PROTO-＋PECTIN〙 — n. 〘生化学〙プロトペクチン《水に不溶のペクチン質で加水分解によりペクチンまたはペクチン酸を生じる; 植物の細胞壁に含まれる》.

pròto·phlóem 〘← PROTO-＋PHLOEM〙 n. 〘植物〙篩部(し), 原生篩部 (cf. metaphloem).

Pro·toph·y·ta [proutáfəṭə | prə(ʊ)tɔ́fɪtə] 〘← NL ～: ⇨ proto-, -phyte〙 n. pl. 〘植物〙原生植物門《下等の単細胞隠花植物を含む; cf. Protozoa》.

pro·to·phyte [próuṭəfàɪt | práutə(ʊ)-] 〘↑〙 n. 〘植物〙 **1** 原生植物門 (Protophyta) の植物. **2** 単細胞植物.

pro·to·plasm [próuṭəplæ̀zm | práutə(ʊ)-] 〘(1848) ⊏ G *Protoplasma*: ⇨ proto-, -plasma〙 — n. 〘生物〙 **1** 原形質《生物体内の生命現象を表わすもとになっている物質系の総称; 普通は核と細胞質に分化している; cf. metaplasm》. **2** 《古》細胞質 (cytoplasm).

pro·to·plas·mal [pròuṭəplǽzməl | pràutə(ʊ)-] adj. 〘生物〙= protoplasmic.

pro·to·plas·mic [pròuṭəplǽzmɪk | pràutə(ʊ)-] adj. 〘⇨ protoplasm, -ic¹〙 adj. 〘生物〙原形質の[からなる], 原形質状の.

pro·to·plast [próuṭəplæ̀st | práutə(ʊ)-] 〘⊏ (O)F *protoplaste* ⊏ LL *prōtoplastus* first man ⊏ Gk *prōtóplastos* first formed: ⇨ proto-, -plast〙 — n. **1** 最初に発生したもの; (想像上の)原生生物[最初の人間]; 原物 (original). **2** 〘生物〙原形質体 (protoplasmic cell).
pro·to·plas·tic [pròuṭəplǽstɪk | pràutə(ʊ)-] adj.

pro·to·pod [próuṭəpɑ̀d | práutə(ʊ)pɔ̀d] n. 〘動物〙= protopodite.

pro·top·o·dite [proutápədàɪt | prə(ʊ)tɔ́p-] 〘← PROTO-＋-PODITE〙 — n. 〘動物〙原節, 脚基, 基肢《節足動物の甲殻(こう)綱にある二叉した付属肢》. **pro·top·o·dit·ic** [proutɑ̀pədíṭɪk | prə(ʊ)tɔ̀pədít-] adj.

próto·pòpe 〘⊏ Russ. *protopop* ⊏ MGk *prōtopapās* chief priest ← PROTO-＋Gk *pápas* 'priest, POPE¹'〙 — n. 〘東方正教会〙首席司祭《主教の不在や空位の期間中には教区を管理する》.

pròto·pórcelain 〘← PROTO-＋PORCELAIN: cf. G *Urporzellan*〙 — n. 〘窯業〙プロト磁器《初期中国磁器と類似した組成であるが, 焼成温度が低いために真磁器のような透光性をもっていない》.

pròto·présbyter 〘⊏ NGk *prōtopresbúter-os*: ⇨ proto-, presbyter〙 n. 〘東方正教会〙= protopope.

prot·ore [próutɔə, -tɔə | práutɔː(r)] 〘← PROTO-＋ORE〙 n. プロトオア《富化作用を受ける前の原鉱》.

Pro·to·si·phon·a·ce·ae [pròuṭo(ʊ)sàɪfənéɪsiː | pràutə(ʊ)-] 〘← NL ～: ⇨ proto-, siphon, -aceae〙 n. pl. 〘植物〙プロトシフォン科《緑藻植物の一科》.

pro·to·stele [próuṭəstìːl, pròuṭəstíːli, ⊥–⊥– | práutə(ʊ)stìːl, pràutə(ʊ)stíːlɪ, ⊥–⊥–] 〘← PROTO-＋STELE〙 — n. 〘植物〙原生中心柱《中央に木部, その周囲に篩(し)部(protophloem)のある最も原始的な中心柱; cf. siphonostele》. **pro·to·ste·lic** [pròuṭəstíːlɪk | pràutə(ʊ)-] adj.

Pro·to·the·ri·a [pròuṭəθí(ə)riə | pràutə(ʊ)θíəriə] 〘← NL ～: ⇨ proto-, Theria〙 — n. pl. 〘動物〙原獣亜綱, 原哺乳亜綱《哺乳類の最下等な類で卵生; カモノハシ (platypus), ハリモグラ (echidna) などを含む》.

pro·to·the·ri·an [pròuṭəθí(ə)riən | pràutə(ʊ)θíəri-] 〘⇨ ↑, -an¹〙 adj., n. 〘動物〙原獣亜綱の(動物).

pro·to·troph [próuṭətròuf, -trɑ̀f, -trɔ̀(ː)f | práutətrɔ̀f] 〘(逆成) ↓〙 n. 〘生物〙原栄養株(しゅ), プロトトローフ《自分で栄養を合成できる菌株; cf. autotroph》.

pro·to·tro·phic [pròuṭətróufɪk, -tráf- | pràutə(ʊ)trɔ́f-] 〘← PROTO-＋-TROPHIC〙 — adj. 〘生物〙原始栄養の, 栄養を無機物から作る《原形質合成に光のエネルギーを利用するなど; cf. heterotrophic》.

pro·tot·ro·py [proutátrəpi | prə(ʊ)tɔ́trəpɪ] 〘← PROTO(N)＋-TROPY〙 — n. 〘物理化学〙プロトトロピー, プロトン移動《分子内でプロトンが転位する現象; ⇨ cationotropy》.

pro·to·typ·al [pròuṭətáɪpəl | pràutə(ʊ)-] adj. 原型の, 模範の, 先駆けの.

pro·to·type [próuṭətàɪp | práutə(ʊ)-] 〘(1603) ⊏ F ～ ⊏ Gk *prōtótupon* (原義) original, primitive: ⇨ proto-, -type〙 — n. **1** 原型 (cf. ectype); (航空機などの)試作モデル, 試作品. **2** 模範, 手本; 典型, 標本. **3** 先駆け, はしり. **4** 〘生物〙原形, 原型 (archetype).

pro·to·typ·i·cal [pròuṭətípɪkəl, -pə- | pràutə(ʊ)-] 〘⇨ ↑, -ical〙 adj. = prototypal. **prò·to·týp·ic** adj.

pròto·vírus n. 〘生物〙原形ウイルス.

prot·ox·id [proutáksɪd, -səd | prəutɔ́ksɪd] 〘← PROTO-＋OXID〙 n. 〘化学〙第一酸化物, 初級酸化物.

prot·ox·ide [proutáksaɪd, -sɪd, -səd | prəutɔ́ksaɪd] n. 〘化学〙= protoxid.

pròto·xýlem 〘← PROTO-＋XYLEM〙 n. 〘植物〙原生木部《原始形成層から造られる最初の木部; cf. metaxylem》.

protozoa n. protozoon の複数形.

Pro·to·zo·a [pròuṭəzóuə | pràutə(ʊ)zə́uə] 〘(a1834) ← NL ～: ⇨ proto-, -zoa〙 — n. pl. 〘動物〙原生動物門, 原虫類《単細胞で顕微鏡的な動物の総称; 普通次の 4 群に分けられる: Sarcodina, Mastigophora, Sporozoa, Ciliata; cf. Metazoa》.

pro·to·zo·al [pròuṭəzóuəl | pràutə(ʊ)zə́u-] 〘⇨ Protozoa, -al¹〙 adj. 〘動物〙= protozoan.

pro·to·zo·an [pròuṭəzóuən | pràutə(ʊ)zə́u-] 〘⇨ ↑, -an¹〙 〘動物〙 adj. 原生動物の, 原虫類の. — n. 原生動物, 原虫.

pròto·zoéa 〘← NL ～: ⇨ proto-, zoea〙 — n. 〘動物〙プロトゾエア《節足動物・甲殻類のうち主として十脚類の発生でゾエア (zoea) の前の時期の幼生; cf. metazoea》.

pro·to·zo·ic [pròuṭəzóuɪk | pràutə(ʊ)zə́u-] adj. **1** 〘地質〙〈地層が〉ごく原始的な化石を含んだ. **2** 〘動物〙= protozoan.

pròto·zoólogy 〘⇨ Protozoa, -logy〙 n. 原生動物学, 原虫学. **pròto·zoológical** adj. **pròto·zoólogist** n.

pròto·zóon n. (pl. -zoa) 〘動物〙= protozoan.

Prò·trachéata 〘← NL ～: ⇨ pro-², tracheate〙 n. pl. 〘動物〙原気管動物門《Onychophora ともいう》.

pro·tract [pro(ʊ)trǽkt, pr(ə)ə- | prə-] 〘(a1548) ← L *prōtract-us* (p.p.) ← *prōtrahere* to draw out ← PRO-¹＋*trahere* to drag: ⇨ tract¹〙 — vt. **1** …の時間を長引かせる, 延ばす, 繰り延べる (prolong): We ～*ed* our stay for some weeks. 2, 3 週間滞在を延ばした. **2** 〘測量〙(比例尺・分度器に合わせて)製図する, 図取りする. **3** 〘解剖・生理〙〈器官を〉伸ばす, 突き出す.

pro·tráct·ed 〘(p.p.) ↑〙 — adj. 長引いた, 伸ばした; 〘医学〙遅延(性)の, 苒(ぜん)延(性)の: ～ disease [suffering] 長引く病気[苦痛] / ～ labor 遅延分娩 / ～ miction 苒延性排尿(困難). **～·ly** adv. **～·ness** n.

protrácted méeting n. 延長集会[大会].

pro·trac·tile [pro(ʊ)trǽktl, pr(ə)ə-, -taɪl, -tɪl | prətrǽktaɪl] 〘← PROTRACT＋-ILE¹〙 adj. 〘動物〙〈鳥類の舌などの器官が〉伸ばせる, 伸長性の (extensile).

pro·trac·tion [pro(ʊ)trǽkʃən, pr(ə)ə- | prə-] 〘(1535) ⊏ F ～ ∥ LL *prōtractiō(n-)*: ⇨ protract, -tion〙 — n. **1** (時間的に)長引かすこと, 引き延ばし: the ～ of a debate. **2** 〘動物〙器官を伸ばすこと, 伸長 (extending): the ～ of a muscle. **3** (比例尺・分度器に合わせた)図取り, 製図.

pro·trac·tive [pro(ʊ)trǽktɪv, pr(ə)ə- | pr(ə)ə-] adj. 長引く, 遅延する (delaying).

pro·trác·tor 〘(1611) ⊏ ML *prōtractor*: ⇨ protract, -or²〙 — n. **1** 時間・行為などを引き延ばす人[物]. **2** 〘数学・測量〙分度器. **3** 〘解剖〙伸出筋, 牽出(けんしゅつ)筋 (cf. retractor 3). **4** 〘外科〙異物摘出器.

pro·trep·tic [pro(ʊ)tréptɪk | prə(ʊ)-] 〘⊏ LL *protrepticus* ⊏ GK *protreptikós* ← PRO-²＋*trépein* to turn: ⇨ -ic¹〙 — n. 奨励, 勧告, 説教 (exhortation). — adj. 奨励[勧告, 説教]を目的とした (exhortative).

pro·trude [pro(ʊ)trúːd | prə-] 〘(1620) ⊏ L *prōtrūdere* ← PRO-¹＋*trūdere* 'to THRUST'〙 — vt. **1** 突き出す: ～ one's lips 唇を突き出す. **2** 無理じいする, でしゃばらせる. — vi. 突き出る, 押し出る, はみ出る: His eyes ～. 彼は出目だ / His belly ～s. 彼は布袋(ほてい)腹だ.

pro·tru·dent [pro(ʊ)trúːdnt | prə-] 〘⊏ L *prōtrūdent-em* (pres.p.) ← *prōtrūdere*: ⇨ ↑, -ent〙 adj. 突き出した, 押し出た (protruding).

pro·tru·si·ble [pro(ʊ)trúːsəbl, -zə- | prətrúːsə-, -sɪ-] 〘← PROTRUS(ION)＋-IBLE〙 adj. 押し[突き]出される.

pro·tru·sile [pro(ʊ)trúːsaɪl, -səl, -sɪl, -sl, -zəl, -zɪl, -zl | prətrúːsaɪl] 〘⇨ ↓, -ile¹〙 — adj. 〘動物〙(手足・カタツムリの触覚などのように)突き出せる, 押し出せる (cf. retractile).

pro·tru·sion [pro(ʊ)trúːʒən | prə-] 〘(1646) ← L *prōtrūs(us)* ((p.p.) ← *prōtrūdere*) ＋ -ION: ⇨ protrude〙 — n. **1** 突出, 押出, はみ出し: the ～ of the eyeballs 出目. **2** 突出部, 突起(部). **3** 〘歯科〙 **a** 前歯[下顎]前方移動. **b** 前歯[下顎]が前方に出ている状態.

pro·tru·sive [pro(ʊ)trúːsɪv, -zɪv | prətrúːs-] 〘⇨ ↑, -ive〙 — adj. **1** 〈手・足など〉突き出た, 押し出す. **2** 押し出る, 突き出る. **3** でしゃばる, 無遠慮な. **～·ly** adv. **～·ness** n.

protrúsive occlúsion n. 〘歯科〙前方咬合《通常の咬み合わせよりも前方で咬み合わせること》.

pro·tu·ber·ance [pro(ʊ)t(j)úːb(ə)rəns | prətjúː-] 〘(1646) ← LL *prōtūber(are)*＋-ANCE: ⇨ protuberant〙 — n. **1** 隆起(していること), 突出. **2** 隆起[突出]部, 突起; こぶ, 結節 (knob): a ～ on a tree 樹木のこぶ.
pro·tú·ber·an·cy [-rənsi | -sɪ] n.

pro·tu·ber·ant [pro(ʊ)t(j)úːb(ə)rənt | prətjúː-] 〘(1646) ⊏ LL *prōtūberant-em* (pres.p.) ← *prōtūberāre* to bulge out ← PRO-¹＋L *tūberāre* to swell (← *tūber* lump): ⇨ tuber¹, -ant〙 — adj. **1** 突出した, 突起した, 盛り上がった: ～ eyes 出目. **2** 顕著な, 目立った.
～·ly adv.

pro·tu·ber·ate [pro(ʊ)t(j)úːbərèɪt | prətjúː-] 〘← LL *prōtūberāt-us* (p.p.) ← *prōtūberāre* (↑): ⇨ -ate³〙 vi. ふくらむ, ふくらみ出る (bulge).

Pro·tu·ra [prət(j)ú(ə)rə | -tjúərə] 〘← NL ～: ⇨ proto-, -ura〙 n. pl. 〘昆虫〙原尾目.

pro·tu·ran [prət(j)ú(ə)rən | -tjúər-] 〘⇨ ↑, -an¹〙 〘昆虫〙 adj. 原尾目の. — n. 原尾目の昆虫《カマアシムシなど》.

pro·tyl [próuṭɪl | práut-] n. 〘化学〙= protyle.

pro·tyle [próutaɪl | práu-] 〘← PROTO-＋Gk *húlē* material, matter: ⇨ -yl〙 n. 〘化学〙原質《すべての元素を構成する基本要素と考えられた》.

proud [práud] 〘lateOE *prūd*, *prūt* ⊏ OF *prud*, *prod* (F *preux*) gallant ⊏ LL *prōde* profitable, useful (逆成) ← L *prōdesse* to be useful ← *prō* before, for＋-*esse* to be: ⇨ pro-¹, esse: cf. pride, prow²〙 — adj. (～·**er**; ～·**est**) **1** 〔…を〕誇った, 自慢の, 得意で〔*of*〕: be ～ *of* one's country [children] 自国[わが子]を自慢している / a ～ father (よい息子などをもって)得意の父 / (as) ～ as a peacock とてもうぬぼれて; 大得意で (cf. SWELL like a turkey cock). **2** (…を)誇りに思う, 光栄とする〔*of*〕/〈*to do*〉: be ～ *of* a person's acquaintance [*of* knowing a person, *to* know a person] 人との知り合いを名誉とする / be ～ *to* die for the country 国のために誇らしく死ぬ. **3** 高慢な, えらがる, 尊大な (arrogant) (↔ humble): a ～ man 高慢な人 / He is too ～ to ask questions. 彼は威張っていて質問をしない. **4** 〈…することに〉誇りをもった, 誇り高い, 名誉を重んじる, 自尊心のある, 見識のある〈*to do*〉: be too ～ *to* beg もの乞いをするのを潔しとしない / too ～ *to* fight 戦うのは自尊心が許さない, 戦うのを潔しとしない《第一次大戦中, 米国大統領 Wilson が使った句として一般化した》. **5** [Attributive に用いて] 〈物・事が〉誇るに足る, 名誉とすべき; 〈人・物・事が〉あっぱれな, 立派な, 堂々とした (splendid): a ～ achievement あっぱれな業績 / a ～ period in the country's history 国史上の全盛期 / the ～*est* moment of my life 私の一生で一番得意な時 / on a ～ occasion 晴れの舞台で / ～ nobles 立派な貴族たち / in ～ array 堂々と整列して. **6** 〈河川など〉増水する[した]. **7** 《詩》〈馬など〉元気のあふれる: a ～ steed 威勢のいい馬. **8** 《古》勇敢な (brave). **9** 〘病理〙〈傷跡など〉ふくれ上がる[上がった]: ⇨ proud flesh.
— adv. (廃) = proudly. ★ 次の成句で: ***do a person proud*** (口語) 〈人〉に面目を施させる, 〈人を〉喜ばせる[得意にする], もてなす: It *does* [will *do*] *me* ～. 大変結構[大満足]です / You *do me* ～. (そう言われると)身の面目[光栄の至り]です. ***do oneself proud*** (1) あっぱれなふるまいをする, 面目を施す, 出世をする. (2) (思いきり)贅沢(ぜいたく)なことをする, 贅沢に暮らす.
～·ly adv.

próud flésh n. 〘病理〙(創傷・潰瘍(かいよう)がいえて生じる)肉芽.

próud·héarted 〘ME〙 adj. 高慢な, 尊大な.

Prou·dhon [pruːdɔ́ː(ŋ), -dɔ́(ː)ŋ; *F.* prudɔ̃], **Pierre Joseph** n. プルードン《1809–65; フランスの社会主義者・著述家; 無政府主義思想を展開した》.

Proust [prúːst; *F.* prust], **Joseph Louis** n. プルースト《1754–1826; フランスの化学者; 定比例の法則 (law of definite proportions) を確立》.

Proust, Marcel n. プルースト《1871–1922; フランスの心理主義小説家; *À la recherche du temps perdu* 「失われた時を求めて」(7 parts, 1913–27); cf. Shak., *Sonnets* 30. 2》.

Proust·i·an [prúːstiən | -tjən, -tɪən] 〘⇨ ↑, -ian〙 adj. プルースト (Marcel Proust) 風[的, 流]の.

proust·ite [prúːstaɪt] 〘← *J. L. Proust*: ⇨ -ite¹〙 n. 〘鉱物〙淡紅(たんこう)銀鉱, プルースタイト (Ag_3AsS_3)《ruby silver ともいう》.

prov. (略) proverb; proverbial; providence; provident; province; provincial; provincially; provincialism; provision; provisional; provost.

Prov. (略) Provençal; Provence; Proverbs (旧約聖書の)箴言(しんげん); Providence; Province; Provost.

prov·a·ble [prúːvəbl] 〘ME ⊏ OF ～: ⇨ ↓, -able〙 adj. 立証[証明]できる, 確められる; 試みられる: a ～ alibi. **próv·a·bly** adv. **～·ness** n.

prove [prúːv] 〘? lateOE *proven* ⊏ OF *prov-er* (F *prouver*) < L *probāre* to test ← *probus* good, proper ← PRO-¹＋IE **bhū-* 'to BE': cf. probe, proof, reprove〙 — v. (**proved**; **proved**, (米・英古) **prov·en** [prúːvən]) — vt. **1** 証明する, 証拠立てる, 確かめる; (行為により)証明する: ～ its truth [*that* it is true, it *to* be true] それが真実であることを証明する / ～ *the* existence of God 神の存在を証明する / ～ an alibi アリバイを証明する / ～ the contrary 反対の証明をする. **2** [～ *oneself* で; 目的補語を伴って] 〈自身が〉〈…で〉あることを立証する[身をもって示す]: ～ *oneself* worthy of confidence 信任するに足りることを自証する, 信頼に答える. **3 a** 《古》試す, 試験する (try): ～ a man's honesty [the genuineness of the text] 人の誠実[原本の真偽]を試す. **b** 〈武器などを〉試験[検査]する: ～ gold [a gun] 金[銃]の試験をする. **4** 〘法律〙(証拠によって)立証する; 〈遺言書を〉検認する, 〈遺言書〉の検認を受ける ((米) probate). **5** 〘数学〙証明する; 検算する. **6** 〘印刷〙…の校正刷り (proof) をとる, ゲラを刷る. **7** 〈パン・こね粉などを〉(ある)柔らかさにふくらませる. **8** 《古》経験する, 体験する (experience): ～ great woes 大災難を体験する. — vi. **1** 〈…であることが〉わかる, 〈…と〉判明する; 〈…と〉なる (turn out)〈*to do*〉: He will ～ *to* know nothing about it. 彼はそれについて何も知っていないことがわかるだろう / It will ～ (*to be*) of great use. 非常に役に立つだろう / The report [rumor] ～*d* (*to be*) true. 報告[うわさ]は本当だった. **2** 〈パンなど

が)(ある)柔らかさにふくらむ. **3**《古》試験する, 試す. ***prove out*** (1) 希望どおりになる, 条件にかなう. (2) うまくいく. ***prove up***《米》(1)〔ある要求権を得る〕条件を完了する, 権利を立証する〔*on*〕. (2) うまくいく (prove out).

pro·ved·i·tor [pro(ʊ)védətə | prə(ʊ)védɪtə(r] 〘□ It.《廃》*proveditore* ← *provedere* to provide〙 — *n.* **1** ベネチア共和国の官吏・属領の総督・軍の顧問などの肩書. **2** (軍隊・船などの)必需品調達係.

prov·e·dore [prάvədɔ̀ə | prɔ́vədɔ̀ː(r] 〘□ Port. *provedor* ← L *prōvidēre* 'to PROVIDE'〙 *n.* (*also* **prov·e·dor** [~]) = proveditor.

prov·en [prúːvən] 〘(*c*1536) (p.p.) ← ME *preve(n)*《異形》← *prove(n)* 'to PROVE': ME *preve(n)* は OF *prover* の強音節にある時の発音 -*ē*- から来たもの: cf. CHOOSE – CHOSEN; WEAVE – WOVEN〙《米・英古》 — *v.* prove の過去分詞. — *adj.* 証明ずみの, 立証された (proved): not ~《スコット法》証拠不十分.

prov·e·nance [prάv(ə)nəns, -vənὰns | prɔ́v(ə)nəns, -vɪ-] 〘(1861) □ F ~ ← *provenant* coming from (pres.p.) ← *provenir* to originate □ L *prōvenīre* to appear ← PRO-[1] + *venīre* to come (← IE *g^wā- 'to go, COME')〙 — *n.* 起源 (origin), 出所 (source): a picture of doubtful ~ 出処の疑わしい絵.

Pro·ven·çal [prὰvənsάːl, pròuv-, -vɑ̃ː(n)-, -vɑːn-, prəvénsəl | prɔ̀vɑ̃ː(n)sάːl, -vɔ̃ː(n)-, -vɑːn-, -vɔ(ː)n-, -vən-; *F.* prɔvɑ̃sal] 〘(1589) □ OF ~ ← *Provence* □ L *Provincia*《原義》'PROVINCE': ⇨↓, -al[1]〙 — *adj.* **1** プロヴァンス (Provence) の. **2** プロヴァンス人[語]の. — *n.* (*pl.* **~s, -ven·çaux** [-sóu | -sóu; *F.* -so]) **1** プロヴァンス人. **2** プロヴァンス語 (略 Prov.; ⇨ Old Provençal).

Pro·vence [prəvάː(n)s, -vɔ̃ː(n)s, -vάːns, -vɔ́(ː)ns | prɔ-, prə(ʊ)-; *F.* prɔvɑ̃ːs] 〘□ F ~ ← L *prōvincia* 'PROVINCE'〙 — *n.* プロヴァンス《フランス南東部地中海沿岸地方; 古くは一州をなしていた; 中世の吟遊叙情詩人の一派 (troubadour) と騎士道で有名》.

Provénce róse *n.*〘植物〙= cabbage rose.

prov·en·der [prάvɪndə, -vən- | prɔ́vɪndə(r, -vən-] 〘(1340) *provendre* □ OF *provend(r)e* □ ML *provenda*《変形》← LL *praebenda* 'PREBEND': ML の形は L *prōvidēre* 'to PROVIDE' の影響を受けた〙 — *n.* **1** 飼い葉, まぐさ (fodder)《主に乾草とひき割り穀物》. **2**《口語・戯言》(人間の)食物,「えさ」(food). — *vt.* 〈家畜〉に飼い葉をやる.

Prov. Eng.《略》Provincial English.

pro·ve·nience [prəvíːnjəns, pro(ʊ)-, -niəns | prə(ʊ)-víːnjəns, -niəns] 〘(1882)《変形》← PROVENANCE: L *prōvenientem* ((pres.p.) ← *prōvenīre* to come forth) の影響を受けた〙 — *n.* = provenance.

pro·ven·tric·u·lus [prὸuventríkjʊləs | prɔ̀u-] 〘← NL ~: ⇨ pro-[1], ventriculus〙 — *n.* (*pl.* **-u·li** [-lài]) 〘動物〙**1** 前胃《鳥類の砂嚢(さのう) (gizzard) の前方にある》. **2** (昆虫の)前胃, 砂嚢, 咀嚼(そしゃく)胃《嗉嚢(そのう)に続く部分》.

próv·er 〘ME *provere*: ⇨ prove, -er[1]〙 *n.* **1** 試験器[装置]. **2**〘印刷〙校正刷り工, ゲラ刷り工 (proofer). **3**《古》証明者.

prov·erb [prάvəːb | prɔ́vəːb] 〘*n.* (*c*1303) □ (O)F *proverbe* ∥ L *prōverb-ium*: ⇨ pro-[1], verb. — v.: (*c*1385) ← (n.)〙 — *n.* **1** 諺(ことわざ); 金言, 教訓 (precept): as the ~ runs [goes, says] 諺にいう通り. **2** (ある特徴などのために)あまねく知られている人; 知らぬ人のない物: pass into a ~ 諺になる; 評判[笑い草]になる / His punctuality is a ~.=He is a ~ for punctuality. 彼の時間厳守は定評がある《知らない人がない》. **3 a** (諺を仕組んだ)諺劇. **b** [*pl*; 単数または複数扱い] 諺遊戯《諺を考えて当てさせる遊戯》. **4 a** [the Proverbs; 単数扱い] (旧約聖書の)箴言(しんげん)《Solomon を初めイスラエルの賢人たちの言葉を含む; 略 Prov.》. **b**《古》たとえ (parable), 謎(なぞ) (enigma) (cf. *Num.* 21:27, *John* 16:29).

to a proverb 諺になる程, 定評になって: be punctual *to a* ~ 時間厳守で定評がある.

— *vt.* **1** 諺風に言い表わす. **2** 諺の種にする. **3** 通り言葉にする.

pró-vèrb 〘← PRO-[1] + VERB: PRONOUN にならった造語〙 — *n.*〘文法〙代動詞《例えば I chose my wife as she did her gown. における did (=chose); cf. pronoun, substitute 2》.

pro·ver·bi·al [prəvə́ːbiəl | -vɔ́ːbjəl, -biəl] 〘(?*a*1425) □ L *prōverbiāl-is* ← *prōverbium*: ⇨ proverb, -al[1]〙 — *adj.* **1** 諺(ことわざ)の, 諺風の, 諺で表現された: ~ brevity 諺式の簡潔さ / a ~ phrase [saying] 諺 / ~ wisdom 金言. **2** 諺になった; 評判の, 天下周知の, なうての (notorious): the ~ London fog 有名なロンドンの霧 / His meanness is ~. 彼の卑劣さは有名だ. **pro·vèr·bi·ál·i·ty** [-biǽləṭi | -bɪǽlətɪ, -lə-] *n.*

pro·vér·bi·al·ist [-lɪst, -ləst | -lɪst] *n.* **1** よく諺(ことわざ)を使う[作る]人. **2** 諺研究者.

pro·vér·bi·al·ly [-biəli | -bjəlɪ, -bɪə-] 〘(15C): ⇨ proverb, -ly[1]〙 — *adv.* **1** 諺(ことわざ)の通りに; 諺風に. **2** 諺になるほど, 一般に, 広く(知られて): Why, medicine is ~ nasty. そりゃ薬は苦いに決まっている.

pro·vide [prəvάɪd, pro(ʊ)- | prə-] 〘(*c*1407) □ L *prōvidēre* to foresee, provide for ← PRO-[1] + *vidēre* to see: ⇨ vision: PURVEY と二重語〙 — *vt.* **1 a** 〈人〉に〔必要・有用な物を〕与える, 供給する (supply); 〈物〉に〔…を〕装備する (equip)〔*with*〕: ~ a person *with* food [a room] 人に食物[部屋]を提供する / ~ one's car *with* a TV 自動車にテレビを付ける / He ~*d* his boy *with* a good education. 息子によい教育を受けさせた. ★ 二重目的語を従えるのは《米》: The store ~*s* us all we need. あの店へ行けば必要なものは何でも間に合う[そろう] / be ~*d with* …の設備がある, …が備わっている / ~ oneself (必要品などを)自分で整える, 自給する. **b** 〈必要品を〉〈人に〉与える, 支給する〔*for*,《米》*to*〕: ~ a hint / ~ a meal (*for* one's guests) (客に)食事を出す / The company ~*s* accident insurance *for* its employees. 会社は従業員に傷害保険をかけている. **2**〘法律〙〈法律・契約・規定などが〉約定する, 規定する (stipulate)〈*that*〉: The contract ~*s that* the tenant shall be responsible for all repairs. 契約では修繕はすべて借家人の責任と規定されている. **3**《古》**a** あらかじめ用意する, 準備する (prepare): The ant … ~*th* her meat in the summer. 蟻(あり)は夏のうちに食をそなえる (*Prov.* 6:6–8). **b** 〈口実・理由などを〉考えておく, 用意しておく: ~ an excuse [a means of escape] 口実[逃げ道]を用意しておく. **4**〘キリスト教史〙(空位になる前に)〔聖職に〕任命する〔*to*〕: ~ an incumbent *to* a benefice 牧師を聖職に任命する.

— *vi.* **1** 準備する, 備えをする, 予防手段を構じる: ~ *for* a rainy day 不時に備える / ~ *for* one's old age [child's education] 老後[子供の教育]に備える / ~ *for* shrinkage in the wash 洗った時に縮むことを考慮に入れておく / ~ *against* accidents [an attack] 事故[攻撃]に備える / ~ *against* an inflationary economy インフレ傾向の経済に歯止めを掛ける. **2** 扶養する, 養う, 必要物を供給する, まかなう: The Lord will ~. 神は養いを与えたもう. **3**〔…を〕禁じる〔*against*〕: ~ *against* absence without leave 無断欠勤を禁止する.

provide for (1)〈事故・万一など〉に備える (cf. *vi.* 1): Every possible failure has been ~*d for*. どんな故障に対しても予防手段が講じられている. (2) 扶養する, 養う (support): ~ *for* oneself 自活する / He has ~*d* well *for* his family. 家族に何不足なくしてやっている / The children are ~*d for*. その子供たちは(親があって)きちんと扶養されている. (3) (生活に困らないように)…のことを考えておく, …に対して必要な手段を講じておく: ~ *for* one's wife's income (万一に備えて)妻の収入の道を考えておく / ~ *for* employees *against* on-the-job accidents 就業中の事故に対し従業員に保障する / She was properly ~*d for* in his will. 彼女のことは(後顧の憂いがないように)彼の遺言にきちんと配慮してあった. (4)〘法律〙約定する, 規定する: ~ *for* equal pay for woman 女性にも同一賃金を認める / It is ~*d for* in the agreement. その件は契約書に規定されている.

pro·víd·ed 〘conj.: (*c*1460) (p.p.) ↑〙 — *adj.* 用意[支給]された; 規定[約定]された: in the space ~ above 上の空欄に. — *conj.* [しばしば ~ *that* として] …という条件で (on condition that), もし…とすれば. ★ if よりも文語的で意味が強い: You can make a perfectly respectable cup of tea with a tea bag, ~ you buy good-quality ones. 上等のものを購入しさえすればティーバッグでも本当においしいお茶が入れられる.

províded schóol *n.* = county council school.

prov·i·dence [prάvədəns, -dṇs, -dèns | prɔ́vɪdəns, -dṇs] 〘(*c*1386) □ (O)F ~ □ L *prōvidentia* ← *prōvidentem*: ⇨ provident, -ence〙 — *n.* **1** [しばしば P-] 摂理, 神意, 神慮, 天祐(てんゆう): the *Providence* [~] of God = divine ~ 神の摂理 / a special ~ 特別な神慮 (Shak., *Hamlet* 5.2.230–1). **2** [P-] 神, 天帝 (God): visitation of *Providence* 天災, 不幸 / We must trust in [to] *Providence*. 天に任せなければならない. **3** 先見, (将来への)配慮, 用心 (prudence);《古》(先を考えての)倹約 (thrift): *Providence* is better than (a) rent.《諺》倹約は収入にまさる.

tempt providence ⇨ tempt 成句.

Prov·i·dence [prάvədəns, -dṇs, -dèns | prɔ́vɪdəns, -dṇs] 〘↑: Roger Williams によって命名された〙 — *n.* 米国北東部 Rhode Island 州の首都・海港; 人口 168,000.

prov·i·dent [prάvədənt, -dṇt, -dènt | prɔ́vɪdənt, -dṇt] 〘(1429) □ L *prōvident-em* (pres.p.) ← *prōvidēre*: ⇨ provide, -ent〙 — *adj.* **1** 先見の明のある. **2** 用心深い, 慎重な; 〔…の〕用意が周到な〔*of*〕. **3** (先を考えて)〔…を〕倹約する, つましい〔*of*〕. **~·ly** *adv.*

prov·i·den·tial [prὰvədénʃəl | prɔ̀vɪ-] 〘(1648) □ L *prōvidentiāl-is*: ⇨ providence, -al[1]〙 *adj.* **1** 神の, 摂理の, 神意による. **2** 神助の, 幸運な. **~·ly** *adv.*

Próvident Socìety *n.* = Friendly Society.

pro·víd·er 〘⇨ provide, -er[1]〙 — *n.* **1** 供給者; 調達者 (purveyor); 準備者, 設備者: ⇨ lion's provider / a universal ~《英》よろず屋, 何でも売る店. **2** [通例修飾語を伴って] 家族に衣食を(十分または不十分に)供給する人, 一家の働き手: a good [bad, ill, poor] ~ 家族に贅沢(ぜいたく)な[不自由な]生活をさせる人.

pro·víd·ing 〘(1632) (pres.p.) ← PROVIDE〙 — *conj.* [しばしば ~ *that* として] …という条件なら, もし…ならば. ★ provided よりも口語的: I will come ~ (*that*) I am well enough. 体の具合がよければ参りましょう.

prov·ince [prάvɪns, -vəns | prɔ́vɪns] 〘(*a*1338) □ (O)F ~ □ L *prōvincia* official duty, province ? ← IE *prowo- ← *pro- (Gk *prôira* 'PROW[1]'): ⇨ pro-[1]〙 — *n.* **1** (カナダ, オーストリア, スペイン, 昔の日本などの行政区として)国, 州, 省: the *Province* of Alberta (カナダの) Alberta 州 / the *Provinces*《俗》カナダ / ⇨ Maritime Provinces / one's native ~ 故郷, 生国. **2** 地域, 区域, 地方 (region). **3** [the ~s] (都市から遠い)田舎, 地方《英国では London, フランスでは Paris を除いた全国》: London and *the* ~*s* / Educational standard is lower in *the* ~*s* than in cities. 教育程度は地方では都市よりも低い. **4**〘教会〙**a** 管区《archbishop, presiding bishop などの管轄区域; 英国国教会は 2 管区, 米国聖公会は 8 管区から成る》: the *Provinces* of Canterbury and York. **b**〘カトリック〙管区《大司教が首都大司教 (Metropolitan) として裁治権を行なう地域》. **5** (学問などの)範囲, 領域, 分野 (branch); 活動範囲, 職分, 職能 (function): the ~ of polite letters 純文学の部門 / That kind of work is not (in) my ~. そんな仕事は私の本領でない / That is outside my ~. それは私の専門外だ / It is not (within) my ~ to interfere. 干渉するのは私の分ではない. **6**〘生物地理〙(動植物分布区の)地方 (cf. realm 3). **7** (古代ローマの, 本国以外の領土で中央から派遣した総督に支配された)地方, 属州. **8 a** 州《英領インドの下位区分域》. **b** (英領カナダや独立前の米国におけるある地方の)英領植民地. **9**《米》〘鉱山〙鉱山地区.

Prov·ince·town [prάvɪnstàun, -vəns- | prɔ́vɪns-] 〘← *Province Lands* (Cape Cod の先端にある公有地)〙 — *n.* 米国 Massachusetts 州南東部の Cape Cod の先端にある行楽地; Pilgrim Fathers の最初の上陸地.

Próvincetown Pláyers *n. pl.* [the ~]〘演劇〙プロヴィンスタウン劇団《1916 年 Provincetown に設立され, 後 New York に移って演劇活動を続けた米国の劇団; O'Neill などの劇を上演したが, 1929 年解散》.

pro·vin·cial [prəvínʃəl, pro(ʊ)- | prə-] 〘(*adj.*: *c*1378; *n.*: *a*1376) □ (O)F ~ ∥ ML *prōvinciāl-is*: ⇨ province, -al[1]〙 — *adj.* **1** (中央に対し)地方の, 田舎の; (全国的に対し)地方[地域]的な: a ~ hamlet, town, etc. / the ~ areas 地方. **2** 国の, 州の, 省[県]の; 領土の (territorial): a ~ governor 地方長官 / the ~ system of Ancient Rome 古代ローマの地方制度 / a ~ park《カナダ》州立公園 / the ~ police (イギリスの Scotland Yard に対して)地方[自治体]警察;《カナダ》州警察. **3** 田舎めいた (rustic), 粗野な, 野卑な (coarse); 偏狭な, 視野の狭い (narrow): a ~ accent 田舎なまり / a ~ hotel 田舎ホテル / a ~ point of view 狭い見解. **4**〘教会・カトリック〙管区の. **5** [P-]〘美術〙〈家具・建築物など〉地方的な, 田舎風の. **6**《米》(独立前の)英領植民地の. — *n.* **1** 〘(1605) □ L *prōvinciāl-is*〙(首都の住民に対し)地方民[在住者]. **2** 国[州, 省]民; (古代ローマの)属州人. **3** 視野の狭い人, 洗練されない[知的でない]人, 田舎者, 田夫, 野人. **4**〘教会〙地方分区管長[司教];《英》(大主教管区の管長である)大主教 (archbishop);〘カトリック〙(修道会の)管区長. **~·ly** *adv.*

pro·vín·cial·ìsm [-ʃəlìzm] 〘(1793): ⇨↑, -ism〙 — *n.* **1** 田舎風; 粗野, 野卑; 偏狭. **2** お国なまり, お国言葉, 方言. **3** 地方的感情, 地方かたぎ, 田舎根性, 郷党心, 地方第一主義.

pro·vín·cial·ist [-ʃ(ə)lɪst, -ləst | -lɪst] *n.* 地方の住民.

pro·vin·ci·al·i·ty [prəvìnʃiǽləṭi, pro(ʊ)- | prəvìnʃiǽlətɪ, -lɪ-] 〘⇨ -ity〙 *n.* **1** = provincialism 1. **2** 田舎風[粗野, 偏狭]な行為.

pro·vin·cial·ize [prəvínʃəlàɪz, pro(ʊ)- | prə-] 〘⇨ provincial (n.), -ize〙 — *vt.* 地方的にする, 田舎風[田舎者]にする; 粗野[偏狭]にする. **pro·vin·cial·i·za·tion** [prəvìnʃ(ə)lɪzéɪʃən, pro(ʊ)-, -lə- | prəvìnʃ(ə)laɪ-, -lɪ-] *n.*

próv·ing gròund *n.* **1** (新兵器などの)性能試験場, 実験場. **2** (新理論などの)実験場.

prò·vírus 〘← NL ~: ⇨ pro-[2], virus〙 *n.*〘細菌〙プロウイルス《溶原菌内に存在すると想定されたウイルス》. **prò·víral** *adj.*

pro·vi·sion [prəvíʒən, pro(ʊ)- | prə-] 〘n.: (?*c*1400) □ (O)F ~ □ L *prōvīsiō(n-)* foresight, (LL) a providing, provisions ← *prōvīsus* (p.p.) ← *prōvidēre*: ⇨ provide, -sion. — v.: (1809) ← (n.)〙 — *n.* **1**〔…を〕用意[準備]すること, 用意, 準備, 設備; あらかじめ準備しておいた対策〔*for, against*〕: ~ *for* cleanliness 浄化設備 / make ~ *against* unforeseen expenses 不慮の支出に備える. **2** (食料その他の生活必需品の)支給, 準備, 用意: Make ample ~ *for* the sufferers. 被災者たちのため十分な生活物資を供給[用意]せよ / *Provision* in season makes a rich meason [míːzṇ] [house].《諺》旬(しゅん)のものを食べておれば家は富む《出盛りのものは安いから》. **3 a** 用意[準備]されたもの. **b** 貯蔵品, 貯え, 食物のストック. **4** [*pl.*] 糧食, 食料: They took plenty of ~*s* on their journey. 旅行に沢山の食料をもっていった / run out of [short of] ~*s* 食糧がなくなる. **5**〘法律〙契約条項 (stipulation), 法的規定, 但し書 (proviso): an express ~ (法律の)明文 / the ~*s* of lease 賃貸借の規定 / according to the ~*s* of the Act 同法令の条項に従って. **6** [通例 Provisions]《英》(13–14 世紀の)政令, 条例 (ordinance). **7**〘キリスト教史〙聖職叙階; (未空位管区への教皇による)聖職直任. — *vt.* …に糧食を給する: ~ a town 町に糧食を送る[給する]. **~·er** [-ʒ(ə)nə | -nə(r] *n.* **~·less** *adj.*

pro·ví·sion·al [-ʒənl̩, -ʒnəl] ⟦(1601)⟧ — *adj.* **1** 仮の, 間に合わせの, 暫定的な, 臨時の (temporary): a ～ agreement [treaty] 仮協約[条約] / a ～ consent [contract] 仮承諾[契約] / a ～ government 臨時政府, 暫定政権. **2** 試験的な, 条件付きの (conditional). — *n.* **1** 〘郵趣〙(切手不足時に発行された)暫定的な郵便切手. **2** [通例 P-] アイルランド共和国陸軍 (IRA) の(極端な軍国主義者よりなる)臨時部隊の一員《〘口語〙では Provo ともいう》. **～·ness** *n.*

pro·vi·sion·al·i·ty [prəvìʒənǽləṭi, pro(ʊ)- | prəvìʒənǽlətɪ, -lɪ-] ⟦⇨ ↑, -ity⟧ *n.* 一時的[暫定的]なこと.

pro·ví·sion·al·ly [-ʒ(ə)nəli | -lɪ] *adv.* 臨時に, 仮に, 一時的に (temporarily).

provísional órder *n.* 〘法律〙仮命令《地方公共団体の申請に基づき, 英国の各省が議会の認める権限によって発する命令; その効力は議会の追認を得ることを条件とする》.

pro·ví·sion·àr·y [-ʒənèri | -ʒ(ə)nəri] ⟦⇨ provision, -ary⟧ *adj.* ＝provisional.

pro·ví·sion·ment ⟦⇨ -ment⟧ *n.* 糧食供給.

provísion-mèrchant *n.* 食料品商人.

pro·vi·so [prəváɪzoʊ, pro(ʊ)- | prə-, prəʊ-] ⟦(1467) ▭ L *prōvīsō* (*quod*) provided (that) (abl.) ← *prōvīsum* (neut. p.p.) ← *prōvidēre* 'to PROVIDE'⟧ — *n.* (*pl.* **～s, ～es**) (通例 provided で始まる)但し書, 条件 (condition): with (a) ～ 但し書付きで, 条件付きで / I make it a ～ that ...ということを条件[但し書]にする.

pro·vi·sor [prəváɪzə | -zə(r] ⟦(a1376) *provisour* ▭ AF (F *proviseur*) ▭ L *prōvīsor* provider ← *prōvidēre* 'to PROVIDE': ⇨ -or²⟧ — *n.* **1** 〘キリスト教史〙(現職者の退職を見込んで)聖職後任者に叙せられた人. **2** 〘カトリック〙司教代理. **3** (軍隊などの)賄い方.

pro·vi·so·ry [prəváɪz(ə)ri | -rɪ] ⟦▭ F *provisoire* // ML *prōvīsōri-us* ← L *prōvīsus*: ⇨ provision, -ory¹⟧ — *adj.* **1** 但し書付きの, 条件付きの (conditional): a ～ clause 但し書(条項). **2** 仮の, 一時的な (provisional). **pro·ví·so·ri·ly** [-rəli | -rəlɪ, -rɪlɪ] *adv.*

prò·vítamin ⟦← PRO-²+VITAMIN⟧ *n.* 〘生化学〙プロビタミン《体内でビタミンに変わる物質》: ～ A プロビタミン A《carotene など》.

pro·vo, P- [próʊvoʊ | prə́ʊvəʊ] ⟦▭ Du. ～《短縮》← F *provocateur*: ⇨ agent provocateur⟧ — *n.* (*pl.* ～s) (オランダ・ドイツなどで扇動・暴動・破壊活動などに従事する)政治活動家集団(のメンバー).

Provo [próʊvoʊ | prə́ʊvəʊ] ⟦《短縮》: ⇨ -o⟧ *n.* 《口語》＝provisional 2.

pro·vo·ca·tion [prɑ̀vəkéɪʃən | prɔ̀və-, -vəʊ-] ⟦(c1425) ▭ (O)F ～ // L *prōvocātiō(n-)* a calling forth: ⇨ provoke, -ation⟧ — *n.* **1** 怒らせること, じらすこと; ある気分[欲望など]を起こさせること, 刺激, 誘発, 挑発: give ～ 怒らせる, 立腹させる / feel ～ 立腹する, かっとなる / under ～ 立腹[憤慨]して; 挑発されて / an act of ～ by ...による挑発行為. **2** 誘発するもの, 怒らせる原因: There was no ～ for such an angry letter. こんな憤慨の手紙をもらうようなことをした覚えはない. **3** 〘法律〙殺人誘発的言行, 挑発: be guilty of ～ 怒らせた罪がある / commit murder without ～ [on the slightest ～] 何もしないのに[ちょっとしたことで]人を殺す. **4** 〘医学〙誘発(試験).

pro·voc·a·tive [prəvɑ́kəṭɪv, pro(ʊ)- | prəvɔ́kət-, prəʊ-] ⟦(c1412) ▭ (O)F *provocatif* // LL *prōvocātīvus* calling forth: ⇨ provoke, -ative⟧ — *adj.* **1** (人を)怒らせる, じらせる; 刺激する, 挑発的な (stimulating): ～ language [laughter] 人を怒らせるような言葉[笑い]. **2** 〔...の〕気分[欲望など]をそそる, 誘発する, 起こさせる〔*of*〕: be ～ *of* anger [lust, curiosity] 怒りを呼ぶ[情欲をそそる, 好奇心をそそる]. **3** 興奮性の, 刺激性の. **4** 〘医学〙誘発(試験)の. — *n.* 怒らす物, 刺激[誘発]物; 興奮剤. **～·ness** *n.*

pro·vóc·a·tive·ly *adv.* (人を)怒らせるように, (人の)腹が立つほど.

pro·voke [prəvóʊk, pro(ʊ)- | prəvə́ʊk] ⟦(?a1425) ▭ (O)F *provoqu-er* ▭ L *prōvocāre* to call forth ← PRO-¹+*vocāre* to call: ⇨ voice⟧ — *vt.* **1** 〈感情などを〉起こさせる: ～ a person's mirth [amusement] 人を面白がらせる / ～ a person's anger [indignation] 人を怒らせる. **2** 〈人を〉怒らせる, 憤慨させる: be ～*d* by a person's impudence 人の厚かましさに憤慨する. **3** 〈人を〉刺激して(...)させる〔*into, to*〕/〈*to* do〉: ～ a person *to* anger 人を怒らせる / Oppression ～*d* the people *to* rebellion. 圧制に憤慨して人民は謀反を起こした. **4** 〈行動などを〉扇動する, 唆す (allure), 誘発する, 引き起こす, 惹起(じゃっき)する (cause): ～ a riot 一揆(いっき)を起こさせる / ～ fermentation 騒がせる / ～ inquiry 取調べ[調査, 研究]の必要を生ずる / ～ a storm 大騒ぎを起こす. **5** 《古》招集する (summon).

pro·vók·er *n.* 誘発者[物], 刺激者[物].

pro·vók·ing ⟦⇨ provoke, -ing²⟧ — *adj.* 〈人・言葉・行為など〉刺激する; (特に)腹の立つ, しゃくにさわる, じれったい, うるさい (annoying): ～ behavior [noises] しゃくにさわる行動[物音] / with ～ coolness しゃくにさわるほど冷静に / most ～ children とてもうるさい子供たち. **～·ly** *adv.* **～·ness** *n.*

pro·vo·lo·ne [pròʊvəlóʊni | prə̀ʊvələ́ʊnɪ; *It.* provoló:ne] ⟦▭ It. ～ (aug.) ← *provola* kind of cheese⟧ — *n.* プロボローネ《乾燥後燻製にしたイタリアのチーズ; provolone cheese ともいう》.

pro·vost [próʊvoʊst, prɑ́vəst, próʊv- | prɔ́vəst] ⟦OE *prōfost* (i) ▭ ML *prōposit-us* = L *praepositus* one placed before, president // (ii) ▭ (O)F ～ ▭ ML *prōpositus*: ⇨ praepostor⟧ — *n.* **1 a** (英大学のある学寮 (college) の)学寮長; (Eton 校の)校長. **b** (米大学の)事務局長. **2** 《スコット》市長 (mayor): ⇨ Lord Provost. **3** 〘教会〙(cathedral や collegiate church の)主席[主任]司祭, (大)聖堂参事会長《今は dean という》. **4** (ドイツなどの都市の)プロテスタント教会の牧師. **5** [próʊvoʊ | prəvə́ʊ] 〘陸軍〙＝provost marshal. **6** 《古》刑務所長, 典獄 (prison warden). **7** (昔の)長官, 監督官 (superintendent); (中世荘園の)荘官, 荘司.

pró·vost cóurt [próʊvoʊ- | prəvə́ʊ-] *n.* 軍事裁判所《軍政下の占領地域内で, 通例一人の将校が軍人・一般人の軽犯罪を即決する》.

próvost guárd [próʊvoʊ- | prəvə́ʊ-] *n.* 《米》憲兵隊《憲兵隊長の指揮で警務に当たる分遣隊》.

próvost márshal [próʊvoʊ- | prəvə́ʊ-] *n.* 〘陸軍〙憲兵隊長, 憲兵司令官, 警務隊長; 〘海軍〙未決監長.

próvost sérgeant [próʊvoʊ- | prəvə́ʊ-] *n.* 〘軍事〙拘置所係[教戒係]下士官, 営倉係下士官, 憲兵軍曹《軍の拘置所[監禁施設]の拘置人[在監者]や憲兵部隊の監督取締りに当たる上級下士官》.

próvost·ship *n.* provost の職[地位, 任期].

Prov. Scot. 《略》Provincial Scotch.

prow¹ [práʊ] ⟦(1555) ▭ (O)F *proue*, 《廃》*proe* ▭ ? It. 《方言》*prua* < L *prōram* ▭ Gk *prōira* ← *pró* before: ⇨ pro-¹⟧ — *n.* **1 a** 舳先(へさき), 船首 (bow). **b** (航空機の)機首. **c** (競走用スケート・(昔の2輪の)戦車などの)突端, 前部. **2** 《詩》船 (ship).

prow² [práʊ] ⟦(c1400) ▭ OF *prou, prud* (F *preux*) good, brave < LL *prōde*: ⇨ proud⟧ *adj.* (**～·er**; **～·est**) 《古》勇ましい, 勇敢な (brave).

prow·ess [práʊɪs, próʊ-, -əs | práʊɪs, -es] ⟦(c1300) *prowesse* ▭ OF *proec(c)e* (F *prouesse*) ← *prou* (↑): ⇨ -ess²⟧ — *n.* **1** 勇気, 武勇 (bravery); (特に, 武器を取っての)勇敢な行為, 武勲. **2** 〔...の〕あっぱれな腕前 (skill), 卓越 (excellence) 〔*at*〕.

prów·fìsh ⟦⇨ prow¹⟧ *n.* 〘魚類〙ボウズギンポ (*Zaprora silenus*)《北太平洋産ボウズギンポ属の魚》.

prowl [práʊl] ⟦(c1395) *prolle(n)* ← ?⟧ — *vi.* (えさを求めて・盗みのために)こそこそうろつく, えさをあさり歩く; 何か見つからないかとうろうろ歩きまわる, さまよう (wander): beasts ～*ing* after their prey えさを追ってうろつく獣. — *vt.* 〈野獣が〉〈場所を〉えさを求めて歩きまわる[さまよう]; 〈通りなどを〉獲物を狙ってうろつく: wolves ～*ing* the forest. — *n.* うろつき, さまよい (roving); あさり歩き; 巡回: be [go] on the ～ (盗みの機会を狙って)うろついている; 巡回している / take a ～ うろつく, さまよう.

prówl càr *n.* ＝squad car.

prówl·er [-lə | -lə(r] *n.* うろつく人; 密行巡査; (特に)空き巣(狙い), こそどろ (sneak thief).

prox [prɑ́ks | prɔ́ks] ⟦《略》← PROXY⟧ *n.* 《米方言》(Rhode Island, Connecticut 両州で)代理[委任]投票 (vote by proxy); 記名投票 (written vote).

prox. [prɑ́ks, prɑ́ksəmòʊ | prɔ́ks, prɔ́ksɪməʊ] 《略》proximo.

prox. acc. 《略》proxime accessit.

prox·e·mics [prɑksí:mɪks | prɔk-] ⟦← PROX(IMITY)+*-emics* (⇨ phonemics)⟧ — *n.* 近接学《人間に必要な個人的・文化的空間の度合い, および人間[生物]がまわりの空間に対してもつ関係を研究する》. **prox·é·mic** [prɑksí:mɪk | prɔk-] *adj.*

prox·ies [prɑ́ksiz | prɔ́ksɪz] ⟦(pl.) ← PROXY⟧ *n. pl.* 《米方言》(Rhode Island, Connecticut 両州で)記名投票 (written votes).

prox·i·mal [prɑ́ksəməl | prɔ́ksɪ-] ⟦← L *proxim-us* nearest ((superl.) ← *prope* near)+-AL¹⟧ — *adj.* **1** 〘解剖〙近位の, (身体の)中心[基部]に近い方の, 基部の (cf. distal). **2** 〘歯科〙隣接の. **～·ly** *adv.*

prox·i·mate [prɑ́ksəmət, -mɪt | prɔ́ksɪ-] ⟦(1597) ▭ LL *proximāt-us* (p.p.) ← *proximāre* to draw near ← *proximus*: ⇨ proximal, -ate²⟧ — *adj.* **1** (場所・順序・時間的に)最も近い, すぐ次[前]の. **2** 近似の, 類似の. **3** 来たるべき, 差し迫った. **～·ly** *adv.* **～·ness** *n.*

próximate análysis *n.* 〘化学〙近成分析, 近似分析.

próximate cáuse *n.* 近因; (特に)〘法律〙主因 (cf. remote cause).

prox·i·me ac·ces·sit [prɑ́ksəmi-æksésɪt, -sət | prɔ́ksɪmɪ-æksésɪt, -ək-] ⟦▭ L *proximē accessit* 'he or she has come very near': ⇨ proximate, access⟧ — *n.* (*pl.* **proxime ac·ces·ser·unt** [-æksesí(ə)rənt | -sɪ́ər-]) 《英》(競走の)第二着(の人); (試験・競争などの)二番, 次席, 次点(者): I was [I got] a ～. 次点だった.

prox·im·i·ty [prɑksíməṭi | prɔksímətɪ, -mɪ-] ⟦(1480) ▭ (O)F *proximité* ▭ L *proximitātem* ← *proximus*: ⇨ proximal, -ity⟧ — *n.* (時・場所・関係などの)近いこと, 近接 (nearness) 〔*to*〕: ～ of blood 近親, 血族関係 / in close ～ (*to*...) (...に)きわめて接近して; ...に近似して / in the ～ of a town 町の付近に.

proxímity efféct *n.* 〘電気〙近接効果《多くの導体が近接して配置されている場合, 各導体に流れる電流の大きさ・向き・周波数によって各導体断面に流れる電流の密度分布が変わる現象》.

proxímity fùze *n.* 〘軍事〙近接(電波)信管《砲弾・ミサイルなどの頭部に装備した電波装置で, 目標に近づくと破裂させることができる; radio proximity fuze ともいう; cf. variable time fuze》.

prox·i·mo [prɑ́ksəmòʊ | prɔ́ksɪməʊ] ⟦▭ L *proximō* (*mense*) in the next (month) (abl. sing.) ← *proximus* next: ⇨ proximal⟧ — *adv.* 来月 (略 prox.) (cf. ultimo, instant 4 a)《★ 通例商業文や公文書のみに用いる》: on the 3rd ～ [*prox.*] 来月3日に.

prox·i·mo- [prɑ́ksəmo(ʊ) | prɔ́ksɪmə(ʊ)] ⟦← L *proximus*⟧「中心に近い, 近位の (proximal)」の意の連結形 (↔ disto-).

prox·y [prɑ́ksi | prɔ́ksɪ] ⟦(1440) *prokecye* 《短縮》← PROCURACY⟧ — *n.* **1** 代理, 代理人 (agent): be [stand] ～ *for* ...の代理[代人, 代わり]を勤める / vote by ～ 代理[委任]投票する / He made me his ～. 彼は私を代理に立てた / be married by ～ (一方の相手が不在のため)代理人に誓約させて結婚する / a marriage by ～ ＝proxy marriage. **2** 代用物 (substitute). **3** 〘証券〙(株主総会の)議決権代理行使の委任状; 代理行使により投じられた票.

próxy márriage *n.* 代理結婚《結婚式に際して当事者の一方が出席せず, その指定する代理人が代わって行なう結婚; 米国ではその法的効力は州により異なる》.

próxy wàr *n.* 〘軍事〙代理戦争《冷戦 (cold war) 以後の用語で, 他国を身代わりに戦わせるもの》.

pró·zòne ⟦← PRO-²+ZONE⟧ *n.* 〘免疫〙前地帯, 阻止帯《高濃度すぎて抗原抗体反応が起こらない希釈域》.

prs. 《略》pairs.

P.R.S. 《略》President of the Royal Society.

prtd. 《略》printed.

prtg. 《略》printing.

prude [prú:d] ⟦(1704) ▭ F ～ 'wise or good woman' 《略》← *prudefemme* 《変形》← *preudefemme* < OF *prode femme*: ⇨ proud, femme: cf. prow²⟧ — *n.* 淑女ぶる女; (特に, 男女関係に)慎み深さを装う女, しとやかぶる女, すまし屋 (cf. coquette 1).

pru·dence [prú:dn̩s, -dəns] ⟦(1340) ▭ (O)F ～ ▭ L *prūdentia* 《変形》← *prōvidentia* 'PROVIDENCE': ⇨ prudent, -ence⟧ — *n.* **1** 思慮分別, 賢明さ; 慎重, 細心(なこと) (circumspection). **2** 抜け目のないこと, 打算. **3** つましさ, 倹約 (economy).

Pru·dence [prú:dn̩s, -dəns] ⟦▭ LL ～ (fem.) ← *Prūdentius* ← L *prūdentia* 'PRUDENCE'⟧ *n.* 女性名《愛称形 Prue》.

pru·dent [prú:dn̩t, -dənt] ⟦(c1390) ▭ (O)F ～ // L *prūdent-em* 《変形》← *prōvidentem* 'PROVIDENT'⟧ — *adj.* **1** 用心深い, 慎重な, 細心の. **2** 分別のある, 賢明な. **3** 抜け目のない, 世事にたけた, 打算的な. **4** つましい, 倹約な. **～·ly** *adv.*

pru·den·tial [pru:dénʃəl | prʊ-, pru:-] ⟦(?c1400): ⇨ ↑, -ial⟧ — *adj.* **1** 用心深い, 慎重な, 細心な, 深慮の (prudent), 分別の, 慎重に行なう: ～ motives 考え深い動機 / ～ policies 慎重な政策. **2** 《米》諮問の, 顧問の (advisory): a ～ committee 諮問委員会. — *n.* [*pl.*] 慎重な配慮; 慎重を要する事柄; (特に)《米》政治的・経済的に慎重に扱うべき問題. **～·ly** *adv.* **～·ist** [-ʃ(ə)lɪst, -ləst | -lɪst] *n.*

pru·dén·tial·ism [-ʃəlɪzm] *n.* 慎重主義, 事なかれ主義.

prud·er·y [prú:d(ə)ri | -rɪ] ⟦(1709) ▭ F *pruderie*: ⇨ prude, -ery⟧ *n.* **1** 上品ぶり, 上品ぶった淑女ぶり: the Victorian ～ ビクトリア朝時代特有のおつにすました淑女ぶり. **2** [*pl.*] いやに上品ぶった行為[言葉].

pru·d'homme [pru:dɔ́(:)m | -dɔ́m; *F.* prydɔm] ⟦▭ F ～ 'wise or skilful man' < OF *prod(h)ome* ← *prod-, pros* 'PROW²'+*ome, homme* man: ⇨ prude, human⟧ — *n.* **1** 労働協調会会員. **2** 《古》**a** 賢明[慎重]な人. **b** 熟練工.

Pru·dhomme, René F. A. Sully *n.* ⇨ Sully-Prudhomme.

prúd·ish [-dɪʃ] ⟦(1717) ← PRUDE+-ISH¹⟧ — *adj.* 淑女ぶる, しとやからしくする, 慎み深いふりをする, いやに澄ました; ひどくしかつめらしい. **～·ly** *adv.* **～·ness** *n.*

Prue [prú:] ⟦(dim.) ← PRUDENCE⟧ *n.* 女性名.

pru·i·nose [prú:ənòʊs | prú:ɪnəʊs] ⟦← L *pruīnōsus* covered with frost (← *pruīna* hoarfrost (← IE *preus- 'to FREEZE, burn'))+-OSE¹⟧ — *adj.* 〘生物〙白い粉でおおわれた.

prune¹ [prú:n] ⟦(1345–46) ▭ (O)F ～ < VL *prūnam = L *prūna* (pl.) ← *prūnum* ▭ Gk *proû(m)non* 'PLUM¹'⟧ — *n.* **1** 〘植物〙プルーン: **a** 乾燥したセイヨウスモモ (plum). **b** 除核しなくとも醗酵せず乾燥できる乾果用のセイヨウスモモ. **2** 赤味がかった濃紫色. **3** 《口語》間抜け; いやなやつ, 嫌われ者: You poor ～! ばか. **4** 《英空軍俗》下手くそな操縦士. ***full of prunes*** 《米俗》(1) きざっぽい, 高慢ちきな (arrogant). (2) 変な (queer). ***prunes and prism(s)*** ⟦Dickens, *Little Dorrit* 2. 5. で, Amy Dorrit にむかって Mrs. General が口あたりのよい語として *P-* で始まる語をいくつかあげ, 特に *prunes* とか *prism* がよいという箇所から⟧ (1) 気どった言葉遣い. (2) 生半可な知識, 皮相な教養.

prune² [prú:n] ⟦(c1390) *prune(n), pruyne, proyne* ▭ OF *poroign-* ← *poroindre* ← *por-* (F *pour-*) (< L *prō-* 'PRO-¹')+*oindre* to anoint (< L *ungere* to anoint: cf. unguent)⟧ — *vt.* 《古》＝preen¹.

prune³ [prú:n] ⟦(1426) *prouyne(n)* ▭ OF *proigni-er* to trim (vines) < VL *prōrotundiāre to cut round in front ← PRO-¹+*rotundiāre to cut round (← L *rotundus* 'ROUND¹')⟧ — *vt.* **1** 〈余分の枝などを〉切り取る, 〈枝を〉おろす, 〈木を〉刈り込む, 剪定(せんてい)する (trim) 〈*away, off, down*〉: ～ roses. **2 a** 〈余分な部分を〉取り除く (remove) 〈*away*〉. **b** 〈本などから〔余

分な部分を〕除く〔of〕: ~ a book of superfluities 本からむだな箇所を省く. **3** 〈予算・費用などを〉切り詰める (reduce),〈人員などを〉削減する,〈文章などを〉簡潔にする 〈down, off〉. **—** vi. 刈り込む, 剪定する.

pru·nel·la[1] [pru:nélə | prʊ-, pru:-] 〚《1627》← NL ~《変形》← brunella (dim.) ← ML brūnus 'BROWN': cf. G die Bräune《原義》the browns: 舌に褐色のかさぶたができることから〛 **—** n. **1** 〖古医学〗狭心症 (angina pectoris). **2** 〖古医学〗**a** 鵞口瘡(がこうそう)(thrush): ~ salt 〖薬学〗溶硝石《鵞口瘡の薬》. **b** 扁桃膿瘍(のうよう)(quinsy). **3** 〖植物〗ウツボグサ, カコソウ(夏枯草)《シソ科ウツボグサ属 (Prunella) の多年草の総称; ウツボグサ (P. vulgaris) など; cf. self-heal》.

pru·nel·la[2] [pru:nélə | prʊ-, pru:-] 〚《1656》□ F prunelle《原義》sloe-colored (dim.) ← prune 'PRUNE[1]': cf. prunelle: その色にちなむ〛 **—** n. **1** プルーネラ《毛または絹・毛混織の丈夫なラシャ; 以前は婦人靴の上部や牧師服や裁判官のガウンを作ったが, 現在は靴の上部にだけしか使わない》. **2** [pl.] プルーネラ製の靴. **leather and [or] prunella** ⇨ leather 成句.

Pru·nel·la [pru:nélə | prʊ-, pru:-] 〚↑〛 n. 女性名.

pru·nelle [pru:nél | prʊ-, pru:-] 〚□ F ~ (dim.) ← prune 'PRUNE[1]'〛 **—** n. **1** (皮と枝を除いた)上等の干したセイヨウスモモ. **2** セイヨウスモモで作ったリキュール《フランス産》. **3** = prunella[2].

pru·nel·lo [pru:nélou | prʊnéləʊ, pru:-] 〚《変形》← It.《廃》prunella small plum (dim.) ← pruna plum < VL *prūna(m): ⇨ prune[1]〛 **—** n. (pl. ~s) = prunelle 1.

prún·er 〚⇨ prune[3], -er[1]〛 n. **1** 植木の剪定(せんてい)をする人, 刈込み職人. **2** [pl.] = pruning shears.

prún·ing 〚⇨ prune[3], -ing[1]〛 n. 〖園芸〗(植木などの)刈り込み, 剪定(せんてい) (cf. training 3).

prúning hòok n. 〖園芸〗高枝切りばさみ《長い棒の先に刃物がついていて綱でそれを動かして高い枝を切る》.

prúning knìfe n. 刈込み[剪定(せんてい)]ナイフ.

prúning shèars n. pl. 刈込み[剪定(せんてい)]ばさみ.

prunt [prʌ́nt] 〚《方言》← PRINT〛 n. ガラス器に溶かしつけた記章.

pru·ri·ence [prʊ́(ə)riəns | prʊ́əri-] 〚⇨↓, -ence〛 n. **1** 好色, 淫乱(いんらん), 猥褻(わいせつ). **2** (病的な)渇望, 熱望.
prú·ri·en·cy [-ənsi | -si] n.

pru·ri·ent [prʊ́(ə)riənt | prʊ́əri-] 〚《1639》□ L prūrient-em (pres.p.) ← prūrīre to itch, be wanton ← IE *preus- to burn, freeze: cf. pruinose: ⇨ -ent〛 **—** adj. **1** 色欲の盛んな, 好色の, 淫乱(いんらん)な, 猥褻(わいせつ)な: ~ literature 好色文学. **2** (渇望して)そわそわする, (病的に)熱望する[好奇心のある]. **3** 《まれ》かゆい (itching). **~·ly** adv.

pru·rig·i·nous [pru:rídʒənəs, prʊ- | prʊ(ə)rídʒɪ-] 〚□ LL prūrīginōs-us ← L prūrīgin-, prūrīgō: ⇨ ↓, -ous〛 adj. 〖病理〗痒疹(ようしん)にかかった[のような], かゆい.

pru·ri·go [pru:ráigou, prʊ-, -rí:- | prʊ(ə)ráigəʊ] 〚《a1646》← NL ~ ← L prūrīgō itching ← prūrīre to itch: ⇨ prurient〛 n. (pl. ~s)〖病理〗(皮膚の)痒疹(ようしん).

pru·ri·tus [pru:ráitəs, prʊ-, -rí:- | prʊ(ə)ráit-] 〚《1653》□ L prūrītus (p.p.) ← prūrīre (↑)〛 **—** n. 〖病理〗**1** 瘙痒(そうよう)(症), かゆみ. **2** = prurigo. **pru·rit·ic** [pru:rítɪk, prʊ- | prʊ(ə)rít-] adj.

Prus. 《略》Prussia; Prussian.

Prus·sia [prʌ́ʃə] 〚□ ML ~ ← Prussi ← ? Slav. Po-Rusi (the land) near the Rusi (=Russians): ⇨ -ia[1]〛 **—** n. プロイセン, プロシア《ヨーロッパ北部, バルト海沿岸の旧王国 (1701–1918); ドイツ帝国創立後その主要な一邦国; 首都 Berlin; 第二次大戦後消滅, 現在は東西ドイツ・ポーランド・ソ連とに分かれる; ドイツ語名 Preussen》.

Prus·sian [prʌ́ʃən] 〚《adj.: 1702; n.: 1677》: ⇨↑, -an[1]〛 **—** adj. プロイセン[プロシア] (Prussia) の; プロイセン[プロシア]人の; プロイセン[プロシア]風の. **—** n. **1** プロイセン人, プロシア人. **2** **a** プロシア方言《東部・西部プロイセンの方言》. **b** = Old Prussian. **3** かつてプロイセンに住んでいた人々; (特に)リトアニア人 (Lithuanian).

Prússian blúe 〚《なぞり》← F bleu de Prusse blue of Prussia〛 **—** n. **1** 〖化学〗プルシャンブルー, 紺青(こんじょう), ベレンス, ベルリン青(せい)《$Fe_4[Fe(CN)_6]_3$ を主成分とする青色顔料; berlin blue, iron blue ともいう》. **2** プルシャンブルー, 深青色.

Prússian brówn n. 〖顔料〗プルシャン茶《紺青から造った褐色顔料》.

Prússian cárp n. 〖魚類〗= crucian carp.

Prús·sian·ism [-nìzm] n. プロイセン[プロシア]主義《プロイセン流の, 特に軍国主義・専制・杓子定規などと結びついた精神・政治》.

Prus·sian·ize, p- [prʌ́ʃənàiz] vt. **1** プロイセン式にする. **2** 軍国[独裁]主義化する. **Prus·sian·i·za·tion, p-** [prʌ̀ʃənɪzéɪʃən, -nə- | -naɪ-, -nɪ-] n.

Prússian réd n. = Indian red 2.

prus·si·ate [prʌ́sièɪt, -siət, -sɪɪt, -si- | prʌ́ʃɪət, -ʃɪɪt, -ʃət, -ʃɪt] 〚□ F ~ ← (acide) prussique prussic acid: ⇨↓, -ate[1]〛 **—** n. 〖化学〗**1** 青酸塩 (cyanide). **2** **a** フェロシアン化物 (ferrocyanide). **b** フェリシアン化物 (ferricyanide).
prussiate of potash 〖化学〗= potassium cyanide.

prus·sic [prʌ́sɪk] 〚↓〛 adj. 〖化学〗青酸[シアン化水素酸] (prussic acid) の.

prússic ácid 〚《1790》《部分訳》← F acide prussique ← (blue de) Prusse Prussian blue: 青酸が Prussian blue と化学的に関係があることから〛 **—** n. 〖化学〗青酸, シアン化水素 (hydrocyanic acid).

Prut [prú:t; Russ. prút] n. [the ~] プルート(川)《ソ連邦 Ukraine 共和国南西部のカルパート山脈 (Carpathian Mts.) に発して Rumania と Moldavia 共和国の境を流れ Danube 川に注ぐ川 (989 km)》.

pru·ta [pru:tá:] n. (pl. **pru·toth** [-tóut, -tóuθ, -tóus | -tə́ʊt, -tə́ʊθ, -tə́ʊs], **pru·tot** [-tóut | -tə́ʊt]) = prutah.

pru·tah [pru:tá:] 〚□ NHeb. perūṭāh □ Mishnaic Heb. 'lepton'〛 **—** n. (pl. **pru·toth** [-tóut, -tóuθ, -tóus | -tə́ʊt, -tə́ʊθ, -tə́ʊs], **pru·tot** [-tóut | -tə́ʊt]) **1** プルータ《1949–60 年のイスラエル共和国の通貨単位; イスラエルポンドの 1/1000》. **2** 1 プルータ硬貨.

pry[1] [prái] 〚v.: 《c1306》prye(n), prie(n) ← ?. — n.: 《1750》← (v.)〛 **—** vi. **1** 〔…を〕のぞく, じっと見る, じろじろ見る (peer)〔into, about〕: ~ about [into] the house 家をじろじろ見回す[家の中をのぞき込む]. **2** 〔…を〕ほじくりたてる, 詮索(せんさく)する〔into〕: He is fond of ~ing. 彼は詮索好きだ / ~ into other people's affairs 他人のことを詮索する. **—** vt. ほじくり出す, かぎ出す 〈out〉. **—** n. **1** のぞき見; 詮索. **2** 詮索好きな人 (cf. Paul Pry).

pry[2] [prái] 〚《1823》《逆成》← PRIZE[4]〛 vt., n. = prize[4].

prý·er n. = prier.

prý·ing 〚⇨ pry[1], -ing[2]〛 adj. のぞく, じろじろ見る; 詮索(せんさく)好きな (inquisitive). **~·ly** adv.

pryt·a·ne·um [prɪ̀tənı́:əm, -tṇ- | -tən-] 〚《1600》□ L prytanēum □ Gk prutaneîon ← prutaneía presidency ← prútanis ruler, lord, president ← ?〛 **—** n. (古代ギリシャの)貴賓館《外国使臣や国家の功労者などをねぎらうための公館; その中の聖炉の火は決して絶やされなかった》.

pryth·ee [príði, -θi | -ði:, -ðɪ] int. 《古》= prithee.

PS, P.S., p.s. 《略》postscript.

ps. 《略》pieces; pseudonym.

Ps. 《略》Psalms (旧約聖書の)詩篇.

p.s. 《略》particle size; 〖商業〗parts shipped 部品送り済み; 〖商業〗parts shipper 部品運送者; passenger service; passenger steamer; F. poids spécifique (= specific weight); 〖演劇〗prompt side; 〖電気〗pull switch.

P.S. 《略》Paddle Steamer; Parade State; Parliamentary Secretary; 〖法律〗penal servitude; 《英》permanent secretary 事務次官; Pharmaceutical Society of Great Britain; Philological Society; Philological Society of England; Physical Society; Physiological Society; Police Sergeant; 〖電気〗power supply; press secretary; private secretary; Privy Seal; 〖軍事〗provost sergeant; public sale; public school.

psalm [sá:m, sá:lm | sá:m] 〚OE ps(e)alm, s(e)alm □ LL psalm-us □ Gk psalmós song sung to the harp ← psállein to twang ← IE *pel- 'to FEEL, touch'〛 **—** n. **1** 賛美歌 (hymn), 聖歌. **2** [the Psalms; 単数扱い] (旧約聖書の)詩篇《150 篇の詩の多くはイスラエルの王ダビデ (David) の作と伝えられる; the Psalter, The Psalms of David ともいう; 略 Ps.》. **3** [P-] (詩篇中の)詩篇, 聖歌. **4** (詩篇の)韻文訳, 義解 (paraphrase).
Psalms of Solomon [The —] ソロモンの詩篇《偽典 (pseudepigrapha) の一つ》.
— vt. 賛美歌で祝う, 聖歌を歌って賛美する (hymn).
~·ic [-mɪk] adj.

psálm·bòok n. **1** = Psalter 1. **2** 聖歌[賛美歌]集.

psálm·ist [-mɪst, -məst | -mɪst] 〚《1483》□ LL psalmist-a □ LGk psalmistḗs ← psalmízein to sing psalms ← Gk psalmós 'PSALM': ⇨ -ist〛 **—** n. **1** 詩篇作者, 賛美歌作者. **2** [the P-] (旧約聖書の詩篇の作者と伝えられる)ダビデ王 (David) またはその他の作者.

psal·mod·ic [sɑ:(l)mádɪk, sælm- | sælmɔ́d-] 〚⇨ psalmody, -ic[1]〛 adj. 聖歌吟唱の, 詩篇朗読の; 聖詩の.

psál·mo·dist [-dɪst, -dəst | -dɪst] 〚⇨ psalmody, -ist〛 **—** n. **1** **a** 詩篇[聖詩]作者 (psalmist). **b** [通例 the P-] (詩篇 (the Psalms) 作者とされる)ダビデ王 (David). **2** 詩篇[聖詩]詠唱者.

psal·mo·dize [sá:(l)mədàɪz, sǽl- | sǽlm-, sá:m-] 〚□ ML psalmōdiz-āre: ⇨ ↓, -ize〛 vi. 詩篇[聖詩]を詠唱する.

psal·mo·dy [sá:(l)mədi, sǽlm- | sǽlmədɪ, sá:m-] 〚《c1340》□ LL psalmōdi-a □ Gk psalmōidía singing to the harp ← psalmós 'PSALM' + ōidḗ 'song, ODE'〛 **—** n. **1** (カトリック教会の)詩篇[聖詩]詠唱; 聖歌詠唱法. **2** (詠唱のための)聖詩編成. **3** [集合的] 賛美歌 (hymns); 賛美歌集.

psálm tòne n. 〖音楽〗(グレゴリオ聖歌の)詩篇唱定式《導入部—保持部—中間終止部—保持部—終止部からなる詩篇を歌う旋律の定型》.

Psal·ter [sɔ́:ltə | sɔ́:ltə(r, sɔ́lt-] 〚OE (p)saltere □ LL psaltērium □ Gk psaltḗrion stringed instrument, psaltery, LGk Psalter ← psállein: ⇨ psalm: cf. ME sauter (□ AF = OF sautier (F psautier) < LL)〛 **—** n. **1** [the ~] (旧約聖書の)詩篇 (the Psalms)《特に別冊のものをいう》. **2** [しばしば p-] (祈禱(きとう)書中のしばしば譜を伴う)詩篇; 詩篇入りの祈禱書.

psal·te·ri·um [sɔ:ltí(ə)riəm | sɔ:ltíərɪ-, sɔlt-] 〚← NL ~ ← LL psaltērium (↑): そのしわを書物のページになぞらえた〛 **—** n. (pl. **-ri·a** [-riə | -rɪə])〖動物〗重弁胃《反芻(はんすう)動物の第三胃; omasum ともいう; cf. rumen 1》. **psal·té·ri·al** [-riəl | -rɪ-] adj.

psal·ter·y [sɔ́:ltəri, -tri | sɔ́:lt(ə)rɪ, sɔ́lt-] 〚《a1300》sautrie □ OF (p)salterie, sautere □ L psaltērium: ⇨ Psalter〛 **—** n. **1** プサルテリウム《14–15 世紀に用いられた指またはばちでひく一種の撥弦楽器》. **2** [P-] = Psalter 1.

psamm- [sæm] (母音の前に来る時の) psammo- の異形.

psam·mite [sǽmaɪt] 〚□ F ~: ⇨↓, -ite[1]〛 n. 〖岩石〗砂質岩 (cf. pelite). **psam·mit·ic** [sæmítɪk | -tɪk] adj.

psam·mo- [sǽmo(ʊ) | -mə(ʊ)] 〚← Gk psámmos 'SAND'〛「砂 (sand)」の意の連結形. ★ 母音の前では通例 psamm- になる.

psam·mon [sǽmɑn | -mɔn] 〚← NL ~ ← Gk psámmos (↑)〛 n. 〖生態〗砂地間隙(かんげき)生物群集, 砂地生物群《砂粒の間隙にすむ水生生物の集まり》.

psam·mo·phyte [sǽməfàɪt] 〚← PSAMMO- + -PHYTE〛 n. 〖植物〗砂地植物.

psam·mo·sere [sǽməsìə | -sìə(r] 〚⇨ psammo-, sere[3]〛 n. 〖生態〗砂地遷移系列《不安定な砂地における遷移系列》.

PSAT 《略》Preliminary Scholastic Aptitude Test.

pschent [(p)sként] 〚□ Gk pekhént □ Egypt p-skhenk《原義》the double crown〛 **—** n. 〖考古〗古代エジプトの上エジプト・下エジプトの支配を象徴する二重の王冠.

pschent

psec 《略》picosecond(s).

Pse·laph·i·dae [sɪlǽfədì:, sə- | -fɪ-] 〚← NL ~ ← Pselaphus (属名: ← Gk psēlaphān to grope about) + -IDAE〛 **—** n. pl. 〖昆虫〗(鞘翅目)アリヅカムシ科.

Psel·a·phog·na·tha [sèləfágnəθə | -fɔ́g-] 〚← NL ~ ← Gk psēlaphān (↑) + -GNATHA〛 **—** n. pl. 〖動物〗(倍脚綱)触顎亜綱.

psel·lism [sélɪzṃ] 〚□ Gk psellism-ós stammering ← psellízein to stammer + -ismos '-ISM'〛 n. 〖病理〗吃吶(きつとつ)(症), どもり.

pse·phism [sí:fɪzṃ] 〚□ Gk psḗphism-a proposition carried by a vote ← psēphízein to count, cast one's vote with a pebble ← psêphos pebble (cf. psámmos sand)〛 **—** n. (古代ギリシャの, アテネの市民集会で投票によって通過した)法令 (decree).

pse·phite [sí:faɪt] 〚□ F ~ ← Gk psêphos (↑) + -ITE[1]〛 n. 〖岩石〗礫(れき)質岩 (cf. pelite).

pse·phit·ic [si:fítɪk | -tɪk] 〚⇨↑, -ic[1]〛 adj. 〖岩石〗礫質(れきしつ)の.

pse·phol·o·gy [si:fálədʒi | sefɔ́lədʒɪ, sɪ-, sə-] 〚← Gk psêpho(s) (⇨ psephism) + -LOGY〛 **—** n. 選挙学《投票・選挙に関する統計的研究》. **pse·pho·log·i·cal** [sì:fəládʒɪkəl, -dʒə- | sèfəlɔ́dʒɪ-] adj. **pse·phól·o·gist** [-dʒɪst, -dʒəst | -dʒɪst] n.

Pset·tod·i·dae [setádədì: | -tɔ́dɪ-] 〚← NL ~ ← Psettodes (属名: ← Gk psêtta flatfish) + -IDAE〛 n. pl. 〖魚類〗ボウズガレイ科.

pseud [sú:d | s(j)ú:d] 〚← PSEUDO-〛《英口語》**—** adj. **1** にせの; 誠意のない (insincere). **2** (社会的地位や教養について)もったいぶった, 気取った. **—** n. **1** 誠意のない人. **2** もったいぶった人, 気取った人.

pseud. 《略》pseudonym; pseudonymous.

pseud- [su:d | s(j)u:d] (母音の前に来る時の) pseudo- の異形.

pseud·ax·is [su:dǽksɪs, -səs | s(j)u:dǽksɪs] 〚← NL ~: ⇨ pseudo-, axis〛 n. 〖植物〗仮軸 (sympodium).

pseud·e·pig·ra·pha [sù:dɪpígrəfə, -də- | s(j)ù:de-, -dɪ-] 〚← NL ~ ← Gk pseudepígrapha (neut. pl.) ← pseudepígraphos falsely ascribed: ⇨ pseudo-, epigraph〛 **—** n. pl. (旧約聖書の)偽典, 偽書《正典 (canonical books) および外典 (Apocrypha) 以外のもので, 旧約聖書中の預言者の著作と称せられるもの; The Assumption of Moses, The Psalms of Solomon, The Book of Enoch など》. **psèud·e·píg·ra·phal** [-fəl] adj. **pseud·ep·i·graph·ic** [sù:dɛpəgrǽfɪk | s(j)ù:dèpɪ-] adj. **pseud·èp·i·gráph·i·cal** adj.

pseud·e·pig·ra·phy [sù:dɪpígrəfi, -də- | s(j)ù:depígrəfɪ, -dɪ-] 〚⇨ pseudo-, epigraphy〛 n. にせの記者[著者]名を付すること.

pseu·di·so·dom·ic [sù:dɪsədámɪk, -də- | s(j)ù:dɪsədɔ́m-] 〚← Gk pseudisódom(os) (⇨ pseudo-, isodomic) + -IC[1]〛 **—** adj. 〖建築〗(古代の切石積みで)石の幅は同一だが層ごとに高さの異なる石を積んだ.

pseu·do [sú:dou | s(j)ú:dəʊ] 〚↓〛 adj. 《口語》偽りの, にせの; 〈人が〉不実な (insincere); まがいの, 擬似の.

pseu·do- [sú:do(ʊ) | s(j)ú:də(ʊ)] 〚《14C》← LL ~ ← Gk ~ ← pseudḗs false ← pseúdein to lie, cheat, falsify〛 →「偽りの (false); 仮の (sham); 擬似の」の意の連結形. ★ 母音の前では通例 pseud- になる.

psèudo·alléle n. 〖生物〗偽[擬]対立遺伝子《機能上, あるいは表現型からみると互いに対立遺伝子のようにみえるが, 遺伝子構造では対立遺伝子でないもの》.

psèudo·álum 〚⇨ pseudo-, alum〛 **—** n. 〖化学〗擬明礬(みょうばん)《明礬 ($M^{I}_2SO_4M^{III}_2(SO_4)_3 \cdot 24H_2O$) の一価の金属 M^{I} の代わりに二価の金属 M^{II} 1 原子が結合したもの》.

psèudo·aquátic adj. (水中ではなく)湿地に生える.

psèudo·archáic *adj.* 擬古的な.

psèudo·árchaism *n.* 擬古風, 擬古体.

psèudo·búlb *n.* 〘植物〙偽鱗茎(ぎりんけい)《ラン科にみられる茎の膨大部》.

pséudo·càrp 〘← PSEUDO-＋-CARP〙 *n.* 〘植物〙偽果, 擬果 (⇨ accessory fruit). **psèudo·cárpous** *adj.*

pséudo·cholinésterase *n.* 〘生化学〙偽[擬]コリンエステラーゼ《人間の肝臓と血液のプラズマの中にある酵素; コリンとそれ以外の類似エステルをも加水分解する; ⇨ cholinesterase》.

psèudo·clássic *adj.* 擬古的な, 擬古典的な.

psèudo·clássicism *n.* **1** 擬古典主義《英文学では18 世紀に詩壇を中心として支配的であった傾向をいう》. **2** 擬古体.

pseudo·cléft séntence *n.* 〘文法〙擬似分裂文《通例 It is ... that は分裂文 (cleft sentence) と呼ばれるが, これに対して What John is reading is the book. は John is reading the book. の擬似分裂文である》.

Pseu·do·coc·ci·dae [sù:dəkáksədi: | s(j)ù:dəkɔ́ksɪ-] 〘← NL ～ ← *Pseudococcus* (属名: ⇨ pseudo-, coccus)＋-IDAE〙 — *n. pl.* 〘昆虫〙(半翅目同翅亜目)コナカイガラムシ科.

pséudo·côde *n.* 〘電算機〙擬似コード《機械語の代わりに自由な名前で命令・アドレスを記すことができるコード; symbolic code ともいう》.

pseu·do·coel [sú:dəsì:l | s(j)ú:də(ʊ)-] 〘← PSEUDO-＋-COEL〙 *n.* 〘動物〙擬体腔(こう), 原体腔《動物の体腔のうち, 割腔に直接由来するもの》.

pseu·do·coe·lom·ate [sù:do(ʊ)sí:ləmèɪt | s(j)ù:-də(ʊ)-] 〘← PSEUDO＋COELOM＋-ATE²〙〘動物〙 *adj.* 擬体腔(こう)を有する. — *n.* ＝pseudocoel.

psèudo·cyésis *n.* 〘生理〙想像妊娠.

psèudo·deméntia *n.* 〘精神医学〙仮性痴呆(ちほう)《痴呆に似た外見を一時呈するが, 痴呆ではない》.

Psèudo-Dionýsius *n.* 偽ディオニシウス《長く誤って Dionysius the Areopagite の著として知られていた書物「偽ディオニシウス文書」(*the Pseudo-Dionysian writings*) の著者である 6 世紀の未知のある神秘主義的神学者に与えられた名》.

psèudo·dípteral 〘← GK *pseudodipter(os)*＋-AL¹: ⇨ pseudo-, dipteral〙 — *adj.* 〘建築〙擬二重周翼式[プセウドディプテロス]の《ギリシャ建築または神殿建築で, 二重に列柱が配されるように見えて, 内側の列柱が壁面から浮出した半円柱でしかない形式についていう; cf. dipteral 2》.

psèudo·ephédrine *n.* 〘薬学〙プソイドエフェドリン ($C_{10}H_{15}NO$)《マオウの葉のアルカロイドでエフェドリンの立体異性体》.

psèudo·evént *n.* でっちあげ事件.

pseu·do·graph [sú:do(ʊ)græ̀f | s(j)ú:də(ʊ)grà:f, -græ̀f] 〘← PSEUDO-＋-GRAPH〙 *n.* 偽書 (false writing), 偽作.

psèudo·hemophília *n.* 〘病理〙偽血友病《hemogenia ともいう》.

psèudo·hermáphrodite *n.* 〘医学〙偽半陰陽者《生殖腺と外陰の形が異なる者》.

psèudo·hieroglýphic scrípt *n.* 擬似象形文字《古代エジプトの象形文字; 特に紀元前 1500 年前に Byblos で用いられたもの》.

Psèudo·lamellibránchia 〘← NL ～: ⇨ pseudo-, lamellibranchia〙 *n. pl.* 〘動物〙擬サイ目.

psèudo·léarned *adj.* 《まれ》 **1** なま学問の, 半かじりの. **2** 擬古典趣味を示す, 衒学(げんがく)的な (pedantic)《例えば ME *douten* に L *dubitāre* の *-b-* を不必要に加えて *doubt* とするなど》.

pseu·dól·o·gist [-dʒɪst, -dʒəst | -dʒɪst] 〘□ Gk *pseudologist-ḗs*: ⇨↓, -ist〙 *n.* 《戯言》(常習的)うそつき.

pseu·dol·o·gy [su:dálədʒi | s(j)u:dɔ́lədʒɪ] 〘□ Gk *pseudologi-ā*: ⇨ pseudo-, -logy〙 *n.* 偽り(を言うこと) (lying).

psèudo·mémbrane *n.* 〘病理〙偽膜.

psèudo·mémory *n.* 〘心理〙偽記憶《記憶錯誤 (paramnesia)の一種で事実なかったことを経験したかのように追想すること》.

psèudo·metámery *n.* 〘動物〙擬体節制《ひも形動物が外観上は前後の区分はないが, 内部構造上では生殖腺や側盲囊(のう)などが前後に規則正しく繰り返されていること》.

psèudo·métric *n.* 〘数学〙擬距離《集合の点の間の距離に類似の関数で相異なる 2 点に対する値が 0 になりうるもの》.

pseudométric spáce *n.* 〘数学〙擬距離空間《擬距離が定義されているような集合》.

pseu·dom·o·nas [su:dámənəs, -næ̀s | s(j)u:dɔ́m-] 〘← PSEUDO-＋MONAS〙 — *n.* (*pl.* **pseu·do·mon·a·des** [sù:dəmóunədi:z, -mán- | s(j)ù:dəmáʊn-, -mɔ́n-]) 〘細菌〙シュードモナス, プセウドモナス《*Pseudomonas* 属の微生物; グラム陰性で, 緑色あるいは黄緑の水溶性色素を生ずる》.

pséudo·mòrph 〘□? F *pseudomorphe*: ⇨ pseudo-, -morph〙 — *n.* **1** 〘鉱物〙仮像《もとの鉱物の外形を残したままで, 化学成分が同じかまたは異なる別種鉱物に変化したもの; cf. paramorph》. **2** 不正形, 仮像, 偽作. **psèudo·mórphic** *adj.* **psèudo·mórphous** *adj.*

psèudo·mórphism 〘□? F *pseudomorphisme*: ⇨ pseudo-, -morphism〙 *n.* 〘鉱物〙仮像現象.

psèudo·morphósis 〘← NL ～: ⇨ pseudomorph, -osis〙 *n.* 〘鉱物〙＝pseudomorphism.

psèudo·mycélium *n.* 〘植物〙偽菌糸体.

psèudo·myópia *n.* 〘眼科〙仮性近視, 偽近視.

pseu·do·nym [sú:dənìm, -dn- | s(j)ú:dən-] 〘《1846》□ F *pseudonyme* □ Gk *pseudṓnumon* false name (neut.) ← *pseudṓnumos* ← PSEUDO- ＋ Gk *ónuma*, *ónoma* 'NAME'〙 — *n.* (*also* **pseu·do·nyme** [～; *F.* psødɔnim]) (著作物の)雅号, 筆名, ペンネーム; 変名, 偽名, 匿名, 仮名 (nom de guerre): write under a ～.

pseu·do·nym·i·ty [sù:dənímət̬i, -dn- | s(j)ù:dəním-ətɪ, -mɪ-] 〘⇨↑, -ity〙 *n.* (著作物の)ペンネーム使用; ペンネームで書くこと.

pseu·don·y·mous [su:dánəməs | s(j)u:dɔ́nɪ-] 〘《1706》□ Gk *pseudṓnumos*: ⇨ pseudonym, -ous〙 — *adj.* ペンネームの, ペンネーム[偽名]を用いて書く[書かれた]. **～·ly** *adv.* **～·ness** *n.*

psèudo·parálysis 〘⇨ pseudo-, paralysis〙 *n.* 〘医学〙「偽麻痺.

psèudo·parénchyma 〘← NL ～: ⇨ pseudo-, parenchyma〙 — *n.* 〘植物〙偽柔組織《構成細胞が接触していて柔組織に似ているが, 生理的なつながりのない組織》. **psèudo·parenchýmatous** *adj.*

psèudo·pássive *n.* 〘文法〙擬似受動態: **a** (伝統文法で)能動態の形で受身の意味を表わす態《例えば The book *sells* well.; activo-passive ともいう》. **b** (変形文法で)「自動詞＋前置詞」構造の受動態《例えば The child was *run over* this evening.》.

psèudo·perípteral *adj.* 〘建築〙擬周翼式[プセウドペリプテロス]の《ギリシャ建築または神殿建築で, 列柱が周囲に配されているように見えて, 側面の列柱が壁面から浮出した半円柱でしかない形式にいう; cf. peripteral》.

pséudo·phòne *n.* **1** 〘音響〙迷聴器《音の方向感覚を人為的に変える装置》. **2** 〘心理〙逆転聴野の装置《右の耳に左方からの音, 左の耳に右方からの音が入るようにしたイヤホーン; これにより逆転した聴野は馴れによって消失する》.

pseu·do·pod [sú:dəpàd | s(j)ú:dəpɔ̀d] 〘← NL *pseudopod-ium* (↓)〙 — *n.* **1** ＝pseudopodium. **2** 〘心霊〙(霊媒 (medium) の身体から出る)霊放射. **pseu·dop·o·dal** [su:dápədl | s(j)u:dɔ́p-] *adj.* **pseu·do·po·di·al** [sù:dəpóudiəl | s(j)ù:də(ʊ)páʊdjəl, -dɪəl] *adj.* **pseu·do·pod·ic** [sù:dəpádɪk | s(j)ù:də(ʊ)pɔ́d-] *adj.*

pseu·do·po·di·um [sù:dəpóudiəm | s(j)ù:də(ʊ)páʊ-djəm, -dɪəm] 〘← NL ～: ⇨ pseudo-, -podium〙 — *n.* (*pl.* **-di·a** [-diə | -djə, -dɪə]) **1** 〘動物〙(原生動物の)偽足, 擬足, 虚足, 仮足《細胞表面から形成される原形質突起の一種で, 運動・付着・変形・補食などのための細胞器官》. **2** 〘植物〙偽柄《蘚類の茎に生じる細い枝で, そこによく無性芽が生じる》.

psèudo·prégnancy *n.* 〘生理〙偽妊娠; 想像妊娠 (pseudocyesis). **psèudo·prégnant** *adj.*

psèudo·próstyle *adj.* 〘建築〙擬前柱式の《ギリシャ建築または神殿建築で, 前面に吹放しの列柱を有するが, 前室はない形式にいう; cf. prostyle》.

psèudo·rándom *adj.* 〘電算機〙擬似乱数的な《コンピューターのようなもので発生する数値の系列で, 同じ系列を繰り返して発生することができるが, 乱数としての性質をもっている》.

pséudo·sàlt *n.* 〘化学〙擬似塩《塩に当たる化学式をもつが, 水溶液中で電離しない化合物》.

psèudo·scálar *n.* 〘物理・数学〙擬スカラー《空間の座標系を逆の向きの座標系に変換すると, 絶対値は変わらないが, 符号が反対になる量》.

psèudo·scíence *n.* 似非(えせ)[いんちき]科学. **psèudo·scientífic** *adj.* **psèudo·scíentist** *n.*

pseu·do·scope [sú:dəskòup | s(j)ú:dəskàʊp] 〘← PSEUDO-＋-SCOPE〙 — *n.* 〘光学〙偽立体鏡《凹凸(おうとつ)・遠近が正しい立体視とは逆に見える立体鏡; cf. stereoscope》. **pseu·do·scop·ic** [sù:dəskápɪk | s(j)ù:-dəskɔ́p-] *adj.*

psèudo·scórpion 〘← NL *Pseudoscorpion-es*: ⇨ pseudo-, scorpion〙 *n.* 〘動物〙＝book scorpion.

Psèudo·scorpiónes 〘↑〙 *n. pl.* 〘動物〙擬蠍(さそり)目, カニムシ目.

pséudo·sèntence *n.* 〘哲学〙(論理実証主義で)擬似文《構文的には文法規則にかなっているが, 真偽を確かめる方法がないため本当は無意味な文または命題》.

psèudo·solútion *n.* 〘物理化学〙擬溶液, コロイド溶液 (colloidal solution).

psèudo·sophisticátion *n.* うわべだけの洗練[教養], 似非(えせ)ソフィスティケーション. **psèudo·sophísticated** *adj.*

pséudo·sphère *n.* 〘数学〙擬球《負の定曲率曲面; 正の定曲率曲面が球であることからこのようにいう》.

psèudo·trípteral *adj.* 〘建築〙擬三重周翼式の《ギリシャ建築または神殿建築で, 三重に列柱が巡っているように見えて, 内側の列柱が壁面から浮出した半円柱でしかない形式にいう; cf. tripteral》.

psèudo·zoéa 〘← NL ～ ← PSEUDO-＋*Zoea* (← Gk *zōḗ* life)〙 *n.* 〘動物〙口脚目 (Stomatopoda) の幼虫[幼生].

p.s.f., psf 《略》pounds per square foot.

PSG 《略》〘米陸軍〙platoon sergeant.

pshaw 〘int.: 《1673》《擬音語》. — (n.: 1712; v.: 1759) ← (int.)〙 — [pɸ:, ʃɔ́: | pɸ:, (p)ʃɔ́:] *int.* ふん, へん, ちぇっ, 何だ, ばかな《じれったさ・不快・軽蔑などを表わす》. — [ʃɔ́: | (p)ʃɔ́:] *n.* じれったさ[軽蔑など]の叫び. — [ʃɔ́: | (p)ʃɔ́:] *v.* — *vi.* (...に)ふん[へん, ちぇっ]と言う〔*at*〕. — *vt.* ...にふん[へん, ちぇっ]と言う, ふふんと鼻であしらう.

psi [(p)sáɪ, psí: | psáɪ] 〘□ Gk *psî* <《古形》*pseî*〙 — *n.* **1** プシー《ギリシャ語アルファベット 24 字中の第 23 字: Ψ, ψ; ⇨ alphabet 表》. **2** 超(心理的)能力《精神感応術・霊感など》: ⇨ psi phenomena. **3** 〘物理〙プシー (Ψ) 粒子 (psi particle).

p.s.i., psi 《略》pounds per square inch.

p.s.i.a., psia 《略》pounds per square inch, absolute.

p.s.i.d., psid 《略》pounds per square inch, differential.

p.s.i.g., psig 《略》pounds per square inch, gauge.

psil- [saɪl] (母音の前に来る時の) psilo- の異形.

psil·án·thro·pìsm [-pìzm] 〘⇨↓, -ism〙 *n.* ＝psilanthropy.

psil·án·thro·pist [-pɪst, -pəst | -pɪst] 〘⇨↓, -ist〙 *n.* キリスト凡夫論者.

psil·an·thro·py [saɪlǽnθrəpi | -pɪ] 〘← Gk *psilán-thrōp-os* merely human ← PSILO-＋*ánthrōpos* man: ⇨ -y¹〙 — *n.* キリスト凡夫論《キリストはただの人で, 神性を持たなかったという異端説》. **psil·an·throp·ic** [sàɪlænθrápɪk | -θrɔ́p-] *adj.*

psi·lo- [sáɪlo(ʊ) | -lə(ʊ)] 〘← Gk *psiló-s* bare, smooth〙 —「単なる (mere); 裸の, 露出した (bare)」の意の連結形: *psilo*phyte, *psilo*sis. ★ 母音の前では通例 psil- になる.

psi·lo·cin [sáɪləsɪn, -sən | -sɪn] 〘← NL *Psiloc(ybe)* (↓)＋-IN²〙 *n.* 〘化学〙サイロシン ($C_6H_5N(OH)C_2H_4N(CH_3)_2$)《メキシコ産のキノコから採る幻覚剤》.

psil·o·cy·bin [sàɪləsáɪbɪn, -bən | -bɪn] 〘← NL *Psilocyb(e)* kind of mushroom (← PSILO-＋*kúbē* head)＋-IN²〙 — *n.* 〘化学〙サイロシビン《キノコから採る透明な固体 ($C_8H_5N(OPO_3H_2)C_2H_4N(CH_3)_2$); LSD に似た幻覚剤として心理学の実験に使用する》.

psi·lo·mel·ane [sàɪlo(ʊ)méleɪn | saɪlɔ́mɪlèɪn] 〘← PSILO-＋*mélan-*, *mélās* black: ⇨ melano-〙 *n.* 〘鉱物〙硬(こう)マンガン鉱 ($(Ba, H_2O)_2Mn_5O_{10}$).

Psi·lo·phy·ta·ce·ae [sàɪlo(ʊ)faɪtéɪsiì: | -lə(ʊ)-] 〘← NL ～ ← *Psilophyton* (属名: ← PSILO-＋Gk *phutón* plant)＋-ACEAE〙 — *n. pl.* 〘植物〙古生マツバラン科《古生代から出るシダ植物の化石の一科》.

Psi·lo·phy·ta·les [sàɪlo(ʊ)faɪtéɪli:z | -lə(ʊ)-] 〘← NL ～ ← *Psilophyton* (↑)＋-ALES〙 — *n. pl.* 〘植物〙古生マツバラン目《原始的なシダ植物で, 陸上植物中最古の群とされる; 化石はデボン紀 (the Devonian period) の北半球各地から出る》.

psi·lo·phyt·ic [sàɪləfítɪk | -tɪk] 〘← PSILO-＋-PHYTIC〙 *adj.* 〘植物〙古生マツバラン目の.

psi·lop·sid [saɪlápsɪd, -səd | -lɔ́psɪd] 〘↓〙 *n.* 〘植物〙古生マツバラン綱の植物.

Psi·lop·si·da [saɪlápsədə | -lɔ́psɪ-] 〘← NL ～ ← PSILO-＋(LYC)OPSIDA〙 *n. pl.* 〘植物〙古生マツバラン綱《古生マツバランに代表される化石シダ植物の一群》.

Psi·lo·ri·ti [*Mod. Gk.* psìlorίti], **Mount** *n.* プシロリティ山 (⇨ Ida 1).

psi·lo·sin [sáɪləsɪn, -sən | -sɪn] *n.* 〘化学〙＝psilocin.

psi·lo·sis [saɪlóusɪs, -səs | -láʊsɪs] 〘← NL ～ □ Gk *psílōsis*: ⇨ psilo, -osis〙 — *n.* (*pl.* **-lo·ses** [-si:z]) 〘病理〙 **1** 脱毛症, 禿頭(とくとう)病. **2** 《廃》＝sprue².

psi·lot·ic [saɪlátɪk | -lɔ́t-] *adj.*

Psi·lo·ta·ce·ae [sàɪlo(ʊ)téɪsiì: | -lə(ʊ)-] 〘← NL ～ ← *Psilotum* (属名: ← ? LGk *psilōtón* ← Gk *psilon* soft feather《変形》← *ptílon* ← *pterón* 'wing, FEATHER')＋-ACEAE〙 — *n. pl.* 〘植物〙マツバラン科《マツバラン (*Psilotum nudum*) などを含む》. **psì·lo·tá·ceous** [-ʃəs] *adj.*

Psi·lo·ta·les [sàɪlo(ʊ)téɪli:z | -lə(ʊ)-] 〘← NL ～ ← *Psilotum* (⇨ Psilotaceae)＋-ALES〙 *n. pl.* 〘植物〙マツバラン目.

psí pàrticle *n.* 〘物理〙プシー (Ψ) 粒子《質量 3.1 Gev/c² の中性ベクトル中間子; チャーム (charm), クォーク (quark) とその反粒子よりなるものと考えられている; J particle (J 粒子), J/Ψ particle (J/Ψ 粒子) ともいう; 記号 Ψ, J, J/Ψ》.

psí phenòmena *n. pl.* 心霊現象.

psí-príme pàrticle *n.* 〘物理〙Ψ′ 粒子《質量 3.7 Gev/c² のベクトル中間子, Ψ 粒子の励起状態; 記号 Ψ′》.

psit·ta·ceous [sɪtéɪʃəs, sə- | sɪ-] 〘← NL *Psitt(acus)* (↓)＋-ACEOUS〙 *adj.* **1** 〘動物〙オウム科の (psittacine). **2** オウムのような.

Psit·ta·ci [sít̬əsàɪ, -kàɪ | -tə-] 〘← NL ～ ← *Psittacus*: ⇨ psittacosis〙 *n. pl.* 〘鳥類〙＝Psittaciformes.

Psit·tac·i·dae [sɪtǽsədi:, sə-, -tǽkə- | sɪtǽsɪ-, -tǽkɪ-] 〘← NL ～ ← *Psittacus* (属名: ⇨ psittacosis)＋-IDAE〙 *n. pl.* 〘鳥類〙オウム科.

Psit·ta·ci·for·mes [sìt̬əsɪfɔ́əmi:z, -sə- | -təsɪfɔ́:-] 〘← NL ～ ← *Psittacus* (⇨ psittacosis)＋-FORM〙 *n. pl.* 〘鳥類〙オウム目.

psit·ta·cine [sít̬əsàɪn, -kàɪn | -tə-] *adj.* オウム科の; オウムに似た.

psit·ta·cism [sít̬əsìzm | -tə-] 〘← NL *psittacism-us*: ⇨↓, -ism〙 *n.* 言葉の意味を考えずに行なう機械的反復.

psit·ta·co·sis [sìt̬əkóusɪs, -t̬ə-, -səs | -təkáʊsɪs] 〘《1897》← NL ～ ← L *psittacus* (□ Gk *psittakós* parrot)＋-OSIS〙 — *n.* 〘獣医〙おうむ病《肺炎時に腸チフスに似た症状を呈する鳥類(主にオウム類)の伝染病; ウイルス類似の病原体 *Chlamydia psittaci* により人間にも伝染する; parrot disease [fever] ともいう》.

Pskov [pskɔ́(ː)f, -kɔ́(ː)v | pskɔ́f, -kɔ́v; *Russ.* pskóf] *n.* **1** プスコフ(湖)《ソ連邦ロシヤ共和国と Estonia 共和国との境, Leningrad 南西方の湖; チュード湖(Chudskoye Ozero)と水路で結ばれている; 面積 710 km^2》. **2** プスコフ《ソ連邦ロシヤ共和国, プスコフ湖南東方の都市(古都); 人口 167,000》.

P.S.N.C. 《略》〘海事〙Pacific Steam Navigation Company.

pso·as [sóuəs | sóu-] 〚← NL ～ (pl.) *psoa* ▭ Gk *psóa* muscle of loins ← ?〛 **—** *n.* (*pl.* **pso·ai** [sóuaɪ | sóu-], **pso·ae** [sóuiː | sóu-]) 〘解剖〙腰筋: the ～ magnus [mǽgnəs] ＝the ～ major 大腰筋 / the ～ parvus [pɑ́ːvəs | pɑ́ː-] ＝the ～ minor 小腰筋.

pso·cid [sóusɪd, sɑ́s-, -səd | sóusɪd, sɔ́s-] 〚← NL *Psocid-ae* (↓)〛〘昆虫〙*adj.* チャタテムシ(科)の. **—** *n.* チャタテムシ《チャタテムシ科の昆虫の総称》.

Pso·ci·dae [sóusədiː, sɑ́s- | sóusɪ-, sɔ́s-] 〚← NL ～ ← *Psocus* (属名: ▭ Gk *psṓkhos* dust)＋-IDAE〛 *n. pl.* 〘昆虫〙(噛虫目)チャタテムシ科.

Pso·cop·ter·a [soukɑ́ptərə | səukɔ́p-] 〚← NL ～ ← *Psocus* (↑)＋-PTERA〛 *n. pl.* 〘昆虫〙噛虫目, チャタテムシ目 (Corrodentia).

psoph·o·mét·ric electromótive fórce [sɑ̀fəmétrɪk-, sòuf- | sɔ̀f-, sə̀uf-] 〚*psophometric*: ← Gk *psóph-os* noise＋-METRIC〛 **—** *n.* 〘電気〙評価雑音起電力《耳や電話の感度特性に応じて評価をした雑音起電力の大きさ》.

psor- [sɔːr, soːr | sɔːr] (母音の前に来る時の) psoro- の異形.

pso·ra [sɔ́ːrə, sóːrə | sɔ́ːrə] 〚▭ L *psōra* ▭ Gk *psṓrā* itch, canker ← *psēn* to rub〛 *n.* 〘病理〙 **1** 疥癬(ｶｲｾﾝ). **2** ＝psoriasis.

pso·ra·le·a [sərélɪə, -rǽl- | sɔréɪlɪə, -ljə] 〚← NL ～ ← Gk *psōraléos* scabby ← *psṓrā* (↑)〛 *n.* 〘植物〙オランダビユ《米国産マメ科オランダビユ属 (*Psoralea*) の多年草の総称; breadroot など; scurf pea ともいう》.

pso·ri·a·sis [səráɪəsɪs, -səs | sə(ː)ráɪəsɪs, sər-] 〚(1684) ← NL ～ ← Gk *psōríāsis*: ⇨ psora, -asis〛 *n.* 〘病理〙乾癬. **pso·ri·at·ic** [sɔ̀ːriǽtɪk, sòr- | sɔ̀ːriǽt-] *adj.*

pso·ro- [sɔ́ːro(u), sóːr- | sɔ́ːrə(u)] 〚← L *psōra*: ⇨ psora〛「疥癬(ｶｲｾﾝ) (itch)」の意の連結形. ★ 母音の前では通例 psor- になる.

pso·róp·tic mánge [sərɑ́ptɪk- | sərɔ́p-] 〚*psoroptic*: ← NL *psoroptes* (属名: ← PSORO-＋*Sarcoptes* (⇨ Sarcoptidae))＋-IC[1]〛 *n.* 〘獣医〙疥癬(ｶｲｾﾝ)《キュウセンヒゼンダニ科 *Psoroptes* 属のダニによっておこる》.

pso·ro·sis [səróusɪs, -səs | sɔːróusɪs] 〚← NL ～: ↑, -osis〛 **—** *n.* 〘植物病理〙ソローシス《柑橘類ウイルス病の一種; 樹皮が鱗片化し, 樹脂分泌・生長阻止・葉の萎縮・黄化・枝の枯死などを起こす病変》.

P.SS., p.ss. 《略》*L.* postscripta (＝postscripts).

psst [pst] *int.* (*also* **pst** [～]) ちょっと, もし《目立たぬように人の注意をひく時の発声》.

PST, P.S.T., p.s.t. 《略》《米》Pacific Standard Time.

P̀-stàte *n.* 〘物理〙P 状態《$\hbar$ を単位として》軌道角運動量の大きさ 1 をもつ量子力学的状態》.

P.S.V. 《略》《英》public service vehicle.

psych[1] [sáɪk] *n.* 《米口語》＝psychology.

psych[2] [sáɪk] 〚《略》← PSYCHOANALYZE〛《口語》 **—** *vt.* **1** ＝psychoanalyze. **2** 〈問題・相手を〉精神的に分析する, …の心理を見抜く 〈*out*〉. **3** 心理を見抜いて〈相手〉に勝つ; (心理的に)参らせる, …の気力をくじく, おびえさせる 〈*out*〉. **4** [通例 Passive または ～ one*self* で] 刺激する, 興奮させる, …に〔…の〕心構えを作らせる 〈*up*〉〔*for*〕: They *were* all ～*ed up for* their exams. 皆受験の心構えができていた. **—** *vi.* [～ *out* として] **1** 気力を失う, おじける. **2** 精神的に混乱する; (ごまかそうとして)精神的混乱を装う.

psych. 《略》psychic; psychical; psychological; psychologist; psychology.

psych- [saɪk] (母音の前に来る時の) psycho- の異形.

psych·a·nal·y·sis [sàɪkənǽləsɪs, -səs | -ləsɪs, -lɪ-] *n.* (*pl.* **-y·ses** [-siːz]) 〘心理〙＝psychoanalysis.

psych·an·a·lyt·ic [sàɪkæ̀nəlítɪk, -nḷ- | -nəlít-] *adj.* 〘心理〙＝psychoanalytic.

psych·as·the·ni·a [sàɪkəsθíːniə, -kæs-, saɪkǽs-, -θəníːə | -kæsθíːnjə, -nɪə] 〚← NL ～: ⇨ psycho-, asthenia: フランスの医師 P. M. F. Janet (1859–1947) の造語〛 **—** *n.* 〘精神医学〙精神衰弱. **psych·as·then·ic** [sàɪkəsθénɪk, -kæs-, -θíːn- | -kæsθén-] *adj.*

psy·che[1] [sáɪki, -kiː | -kɪ, -kiː] 〚(1647) ▭ L *psȳchē* ▭ Gk *psūkhḗ* life, spirit, soul ← *psū́khein* to breathe ← IE **bhes-* to breathe (Skt *babhasti* he blows)〛 **—** *n.* **1** (肉体に対し)霊魂, 精神 (spirit). **2** [the ～, one's ～] **a** 〘心理〙プシケ, サイキ《衝動・意志・感情に一定の形式を与えるもの》. **b** 〘精神医学〙プシュケー, プシケ《意識的・無意識的を問わぬイド (id)・自我・超自我の総体》. **3** [P-] 〘哲学〙プシュケ《新プラトン主義において神的一者の発現である精神からその模像として さらに流出したと考えられる霊魂》.

psyche[2] [sáɪk] *vt.* ＝psych[2].

Psy·che[1] [sáɪki, -kiː | -kɪ, -kiː] 〚⇨ psyche[1]〛 *n.* 女性名.

Psy·che[2] [sáɪki, -kiː | -kɪ, -kiː] 〚▭ L *Psȳchē*: ⇨ psyche[1]〛 *n.* 〘ギリシャ・ローマ神話〙プシュケー《Eros [Cupid] に愛された蝶の羽をもった美少女; 霊魂の権化》.

psy·che·de·lia [sàɪkɪdíːljə, -kə- | -ljə, -lɪə] 〚← PSYCHEDEL(IC)＋-IA[1]〛 *n.* 幻覚剤の世界, 陶酔[恍惚(ｺｳｺﾂ)]境.

psy·che·del·ic [sàɪkɪdélɪk, -kə-] 〚← PSYCHE[1]＋Gk *dēl(os)* visible, clear＋-IC[1]〛 **—** *adj.* **1** 〈LSD など〉幻覚を生ずる; 幻覚剤(使用)の[による]: a ～ drug 幻覚剤. **2** サイケデリックな, 陶酔(感)の, 恍惚の. **3 a** 幻覚剤の効果を暗示する[に似た], サイケデリックな, シュールな. **b** 〈リズムが〉催眠的な. **c** 〈色彩・模様など〉サイケ調の, 万華鏡のような: a ～ painting. **d** 〈塗料が〉蛍光性の. **4** 幻覚剤(使用者)グループの[に関する, に関係のある]. **—** *n.* **1** 幻覚剤《LSD など》. **2** 幻覚剤の常用者. **3** (社会・文化面で)サイケデリックな物事に関心をもつ人; 《俗用》ひどく現代的な人. **psỳ·che·dél·i·cal·ly** *adv.*

psy·che·del·i·ca·tes·sen [sàɪkɪdèlɪkətésṇ, -kəd-, -lə- | -lɪ-] 〚《混成》← PSYCHEDEL(IC)＋(DEL)ICATESSEN〛 *n.* 《米》＝head shop.

psy·che·del·i·cize [sàɪkədélɪsàɪz, -lə- | -lɪ-] 〚← PSYCHEDELIC＋-IZE〛 *vt.* サイケ調にする.

Psýche knòt *n.* サイキノット《頭の後で束ねる女性の結髪》.

psy·chi·a·ter [sɪkáɪəṭə, sə-, saɪ- | saɪkáɪətə(r, sɪ-, sə-] 〚▭ ? F *psychiatre* ← PSYCHO-＋Gk *iātrós* healer: ⇨ iatric〛 *n.* 《古》＝psychiatrist.

psy·chi·at·ric [sàɪkiǽtrɪk | -kɪ-] *adj.* 精神医学的な; 精神病治療法による: a ～ examination [evaluation] 精神鑑定 / a ～ institution 精神病院. **psỳ·chi·át·ri·cal** *adj.* **psỳ·chi·át·ri·cal·ly** *adv.*

psy·chí·a·trist [-trɪst, -trəst | -trɪst] 〚⇨ ↓, -ist〛 *n.* 精神科医, 精神医学者.

psy·chi·a·try [sɪkáɪətri, sə-, saɪ- | saɪkáɪətrɪ, sɪ-, sə-] 〚(1846) ← ? NL **psychīātri-a*: ⇨ psycho-, -iatry〛 *n.* 精神医学; 精神科(学).

psy·chic [sáɪkɪk] 〚*adj.*: (1858) ▭ Gk *psūkhik-ós* of the soul: ⇨ psyche[1], -ic[1]〛 **—** *adj.* **1 a** 霊魂の, 精神の (mental) (cf. hylic): a ～ trauma 心的外傷, 精神ショック. **b** ＝psychogenetic. **2** 心霊の, 心霊現象の; 超自然的な (supernatural): ～ force 心霊力 / ～ research＝psychical research / ～ phenomena 心霊現象. **3** 心霊力[超能力]をもった. **4** 〈人が〉心霊作用を受けやすい: a ～ medium 霊媒, 市子(ｲﾁｺ), 巫子(ﾐｺ). **5** 〘トランプ〙〈ビッド (bid) が〉サイキックの: ⇨ psychic bid. **—** *n.* **1** 心霊力に敏感な人; 霊媒, 市子, 巫子. **2** ＝mentalist. **3** 〘トランプ〙＝psychic bid. **4** [*pl.*] ⇨ psychics.

psý·chi·cal [-kɪkəl, -kə- | -kɪ-] 〚⇨ ↑, -ical〛 *adj.* ＝psychic. **～·ly** *adv.*

psýchical reséarch *n.* 心霊研究.

psýchic bíd *n.* 〘トランプ〙(ブリッジで)サイキックビッド, 空(ｶﾗ)ビッド《相手のビッドやプレーを心理的に混乱させる目的で, 理論上はビッドできない手で行なう妨害ビッド》.

psýchic déafness *n.* 〘病理〙＝word deafness.

psýchic énergizer *n.* 〘医学〙(精神)エネルガイザー, 精神興奮[賦活]薬《鬱病治療用》.

psýchic íncome *n.* (純経済的収入に対して)精神的収入《仕事に伴う名声・満足感など》.

psý·chi·cìsm [-kəsɪzṃ | -kɪ-] *n.* 心霊学, 心霊研究 (psychical research).

psý·chi·cist [-sɪst, -səst | -sɪst] *n.* 心霊学者.

psy·chics [sáɪkɪks] 〚← PSYCHIC＋-ICS〛 *n.* **1** 心霊研究. **2** 《俗用》心理学 (psychology).

Psy·chi·dae [sáɪkədiː, sík- | -kɪ-] 〚← NL ～ ← *Psyche* (属名: ⇨ psyche[1])＋-IDAE〛 *n. pl.* 〘昆虫〙(鱗翅目)ミノガ科.

psy·chism [sáɪkɪzm] 〚▭ F *psychisme*: ⇨ psycho-, -ism〛 **—** *n.* **1** この世には生物に生命を与える一種の液体があまねくゆきわたっているとする説. **2** 心霊的性質[性格]; 心的事実, 心的過程. **3** ＝psychical research.

psy·cho [sáɪkou | -kəu] 〚《略》〛《口語》 *n.* (*pl.* **～s**) **1** 精神分析 (psychoanalysis). **2** (軍隊生活中になった)精神神経病患者, ノイローゼ患者. **—** *adj.* **1** ＝psychiatric. **2** ＝psychoneurotic.

psy·cho- [sáɪko(u) | -kə(u)] 〚▭ Gk *psūkho-* ← *psūkhḗ* breath, life, soul: ⇨ psyche[1]〛 「霊魂 (soul), 精神 (spirit), 精神作用[活動] (mental processes [activities]); 心理学的方法 (psychological methods); 精神と…との (mind and …)」の意の連結形. ★ 母音の前では通例 psych- になる.

psỳcho·acóustics *n.* 心理音響学.

psỳcho·áctive *adj.* 感覚と意識に変化を生じさせる. **psỳcho·actívity** *n.*

psỳcho·análysis 〚(1910)《なぞり》← G *Psychoanalyse*: ⇨ psycho-, analysis〛 **—** *n.* 〘心理〙精神分析学(の理論と療法)《Freud が創始した無意識を中心概念とする理論と無意識に抑圧されたものの意識化による心理療法の体系》.

psỳcho·ánalyst 〚⇨ psycho-, analyst〛 *n.* 精神分析学者[分析家].

psỳcho·analýtic *adj.* 〘心理〙精神分析の. **phỳ-cho·analýtical** *adj.* **psỳcho·analýtically** *adv.*

psỳcho·ánalyze *vt.* 〈人〉の精神分析をする, 〈人〉に精神分析(療法)を施す, 精神分析(療法)で治療する.

psỳcho·biógraphy *n.* 性格分析; 精神分析学上から書かれた伝記.

psỳcho·biólogy 〚← PSYCHO-＋BIOLOGY〛 **—** *n.* **1** 精神生物学《精神と肉体との関係を研究する生物学》. **2** 生物学的心理学. **psỳcho·biológical** *adj.* **psỳ-cho·biólogist** *n.*

psỳcho·cathársis 〚← NL ～: ⇨ psycho-, catharsis〛 *n.* 〘精神医学〙＝catharsis 2 b.

psỳcho·chémical *n., adj.* 感覚と意識に変化を生じさせる(薬剤).

psy·cho·del·ic [sàɪkədélɪk] *adj., n.* ＝psychedelic.

psỳcho·diagnósis 〚← NL ～: ⇨ psycho-, diagnosis〛 *n.* 精神診断(法)《(臨床)心理学的技術による人格診断》.

psỳcho·diagnóstic 〚⇨ psycho-, diagnostic〛 *adj.* 精神診断法の.

Psy·chod·i·dae [saɪkɑ́dədiː, -kóud- | -kɔ́dɪ-, -kə́ud-] 〚← NL ～ ← *Psychoda* (← Gk *psūkhḗ* butterfly, moth, soul (⇨ psyche[1]))＋-IDAE〛 **—** *n. pl.* 〘昆虫〙(双翅目)チョウバエ科.

psỳcho·dráma *n.* 〘心理・社会学〙心理劇, サイコドラマ《社会心理学者 Moreno の提唱したもので, 現実とほとんど同じ場(ﾊﾞ)に個人を置きそこにみられる自発的行動を通じて人格の構造を知ることによって行なう精神障害・適応困難の心理療法; cf. sociodrama, sociometry, role-playing》. **psỳcho·dramátic** *adj.*

psỳcho·dynámic *adj.* 〘心理〙心理力学の.

psỳcho·dynámics *n.* 〘心理〙心理力学.

psỳcho·galvánic *adj.* 〘医学〙精神電流の, 精神電流装置反応の[に関する]《皮膚に電流を通して精神的緊張状態を調べるうそ発見器などにいう》.

psỳcho·galvanómeter *n.* 〘医学〙精神電流計.

psỳcho·génesis *n.* **1** 〘生物〙(動物進化における)精神発生, 精神的起源. **2** 〘心理〙精神発生.

psỳcho·genétic 〚← NL *psychogenesis*: ⇨ psycho-, -genetic〛 **—** *adj.* **1** 〘心理〙 **a** 精神発生の. **b** ＝psychogenic. **2** 〘精神医学〙精神性の; 心因性の. **psỳ-cho·genétically** *adv.*

psỳcho·genétics *n.* 〘心理〙精神発生学.

psy·cho·gen·ic [sàɪkədʒénɪk | -kə(u)-] 〚← PSYCHO-＋-GENIC〛 **—** *adj.* 〘心理〙心理的条件から起こる[に起因する], 心因性の; 精神状態による (cf. somatogenic): ～ disorders 心因性不調.

psỳcho·geriátric *adj.* 老人精神病の.

psy·chog·no·sis [sàɪkəgnóusɪs, -kɑg-, -səs | -kəg-nə́usɪs, -kɔg-] 〚← PSYCHO-＋-GNOSIS〛 *n.* 〘精神医学〙精神診断(学).

psy·cho·graph [sáɪkəgræ̀f | -grɑ̀ːf, -græ̀f] 〚← PSYCHO-＋-GRAPH〛 **—** *n.* **1 a** 神霊書写 (spirit writing) 用器械. **b** ＝planchette 1. **2** (霊の力によりカメラなしで写真の乾板に)念写された像. **3** 〘心理〙サイコグラフ, 心誌《心理テストで得られた結果, 例えばパーソナリティー特性などを示す図や表》. **psy·cho·graph·ic** [sàɪkəgrǽfɪk] *adj.*

psy·chog·ra·pher [saɪkɑ́grəfə | -kɔ́grəfə(r] 〚⇨ ↑, -er[1]〛 *n.* 〘心理〙サイコグラフ作製者.

psy·chog·ra·phy [saɪkɑ́grəfi | -kɔ́grəfɪ] *n.* **1** 神霊書写されたもの. **2** 念写《霊の力によりカメラなしで写真の乾板に像を写す(と称する)こと》. **3** 〘心理〙サイコグラフ[心誌]法.

psýcho·hìstory *n.* 歴史心理学《歴史の心理的側面を研究する学問》. **psỳcho·históriàn** *n.* **psỳcho-históricál** *adj.*

psỳcho·kinésis 〚← NL ～ ⇨ psycho-, -kinesis〛 **—** *n.* 念力, 観念動力, 念動, サイコキネシス《心に念じるだけで物体を動かすというような精神の力; 略 PK》. **psỳcho·kinétic** *adj.*

psychol. 《略》psychological; psychologist; psychology.

psỳcho·linguístics 〚← PSYCHO-＋LINGUISTICS〛 *n.* 心理言語学, 言語心理学. **psỳcho·linguístic** *adj.*

psỳcho·línguist *n.*

psy·cho·log·ic [sàɪkəlɑ́dʒɪk | -lɔ́dʒ-] *adj.* ＝psychological.

psy·cho·log·i·cal [sàɪkəlɑ́dʒɪkəl, -dʒə- | -lɔ́dʒɪ-] 〚(1794): ⇨ psychology, -ical〛 **—** *adj.* **1** 心理学(上)の, 心理学的な. **2** 心理的な, 精神的, 精神現象の: a ～ novel [play] 心理小説[劇] / maintain a ～ advantage 心理的優位を保つ. **3** (敵などの)士気[心理]に影響を及ぼす: ⇨ psychological warfare.

psychológical hédonism *n.* 〘哲学〙心理的快楽主義《人間は心理的事実として快楽の追求を行為の究極目的とするとみる倫理学説》.

psỳ·cho·lóg·i·cal·ly *adv.* **1** 心理[精神]的に. **2** 心理学的に, 心理学の立場[観点]から. **3** 心理を利用して.

psychológical móment 〚《なぞり》← F *moment psychologique* (G *das psychologiche Moment* the psychological momentum と *der psychologische Moment* the psychological moment of time との混同)〛 **—** *n.* [the ～] 《口語》もっとも好都合な時, 潮時; 《俗用・戯言》きわどい時 (critical moment): at the ～ 絶好の瞬間に; きわどい時に.

psychológical súbject *n.* 〘言語〙心理(的)主語 (⇨ logical subject).

psychológical wárfare *n.* 神経戦, 心理戦争.

psy·chól·o·gìsm [-dʒɪzm] 〚← PSYCHOLOGY＋-ISM〛 **—** *n.* 〘哲学〙心理主義《哲学的解明において心理学的な方法・見方を重視する立場; 論理学を心理学的に説明しようとする立場; cf. logicism 2》.

psy·chól·o·gist [-dʒɪst, -dʒəst | -dʒɪst] 〚⇨ psychology, -ist〛 *n.* **1** 心理学者. **2** 〘哲学〙心理主義者. **—** *adj.* 〘哲学〙心理主義の.

psy·chol·o·gize [saɪkɑ́lədʒàɪz | -kɔ́l-] 〚⇨ ↓, -ize〛 *vt.* 心霊学的に研究[考究]する; 心理学的に扱う[解釈する]. **—** *vi.* 心理学的に推論[考究]する.

psy·chol·o·gy [saɪkɑ́lədʒi | -kɔ́lədʒɪ] 〚(1693) ← NL *psychologia*: ⇨ psycho-, -logy〛 **—** *n.* **1** 心理学; (「行動の科学」としての)心理学: the new ～ 新心理学; 精神物理学 (psychophysics) / ⇨ child psychology, criminal psychology, folk psychology, Gestalt psychology, social psychology. **2** 心理学に関する論

文[書物]: 心理学の体系: the ～ of Descartes デカルトの心理学. **3** 心理(状態): mass [mob] ～ 群衆心理(学) / the ～ of criminals 犯罪者心理 / the ～ of defeat 敗北の心理. **4** 《口語》心理的特徴.

psy·cho·man·cy [sáɪko(ʊ)mæ̀nsi | -kə(ʊ)mænsɪ] 〚← PSYCHO- + -MANCY〛 *n.* 精神感応, 霊通, 巫術(ふじゅつ), 口寄せ.

psy·cho·met·ric [sàɪko(ʊ)métrɪk | -kə(ʊ)-] 〚← PSYCHO- + -METRIC[1]〛 *adj.* 《心理》精神測定の.

psy·chom·e·tri·cian [saɪkɑ̀mətríʃən | -kɔ̀mɪ-, -mə-] *n.* 《心理》精神測定(学)者. ｢精神測定(学).

psy·cho·met·rics [sàɪkəmétrɪks | -kə(ʊ)-] *n.* 《心理》

psy·chom·e·try [saɪkɑ́mətri | -kɔ́mɪtrɪ, -mə-] 〚← PSYCHO- + -METRY〛 ── *n.* **1** 《心霊》物に接触してその物の過去・歴史・運命・所有主・その他それに関連することを感知する神秘的な力,｢超能力｣. **2** 《心理》= psychometrics. **psy·cho·met·ri·cal** [sàɪkəmétrɪkəl, -rə- | -rɪ-] *adj.* **psy·chóm·e·trist** [-trɪst, -trəst | -trɪst] *n.*

psỳcho·mimétic 〚LSD などの薬剤が精神病類似の症状を起こさせることから〛 ── *adj.* 向精神作用のある, 向精神薬の. ── *n.* 向精神薬, 精神作用薬, 精神異常発現薬.

psỳcho·mótor *adj.* **1** 《医学》精神運動(性)の. **2** 《病理》(精神運動に起因する)随意運動の; 〈発作・その他の障害など〉精神運動性の: a ～ fit [seizure] 精神運動発作《癲癇(てんかん)の一種》.

psỳcho·neurósis 〚← NL ～: ⇨ psycho-, neurosis〛 *n.* 精神神経症, ノイローゼ (cf. psychosis).

psỳcho·neurótic 〚⇨ ↑, -otic[1]〛 *adj.* 精神神経症の[にかかった], ノイローゼの. ── *n.* 精神神経症患者.

psy·cho·path [sáɪkəpæ̀θ | -kə(ʊ)-] 〚← PSYCHO- + -PATH〛 *n.* **1** 精神[情緒]の不安定な人. **2** 《精神医学》= psychopathic personality 2.

psy·cho·path·ic [sàɪkəpǽθɪk | -kə(ʊ)-] 〚⇨ ↑, -pathic〛 ── *adj.* **1** 精神病(性)の, 精神病にかかっている, 精神の錯乱した: a ～ hospital 精神病院. **2** 《俗用》(催眠術などによる)精神病治療の. ── *n.* = psychopath 1. **psỳ·cho·páth·i·cal·ly** *adv.*

psychopáthic personálity *n.* 《精神医学》 **1** 精神病質人格. **2** 精神病質者.

psy·chóp·a·thist [-θɪst, -θəst | -θɪst] *n.* 精神病医.

psỳcho·pathólogy *n.* **1** 精神病理学. **2** (精神病における)精神機能障害.

psy·chop·a·thy [saɪkɑ́pəθi | -kɔ́pəθɪ] 〚← PSYCHO- + -PATHY〛 *n.* **1** 精神病. **2** 《精神医学》= psychopathic personality 1. ｢影響を及ぼす薬剤.

psỳcho·pharmacéutical *n.* 使用者の精神状態に

psỳcho·pharmacólogy 〚← PSYCHO- + PHARMACOLOGY〛 ── *n.* 精神薬理学《精神作用に及ぼす薬剤の効果の研究》. **psỳcho·pharmacológic** *adj.* **psỳcho·pharmacológical** *adj.* **psỳcho·pharmacólogist** *n.* ｢*adv.*

psỳcho·phýsical *adj.* 《心理》精神物理学の. **～·ly**

psychophýsical párallelism *n.* 《心理》心身平行論《心理過程と生理過程の間に平行する対応を考える心理学的な立場》.

psỳcho·phýsics 〚← PSYCHO- + PHYSICS: cf. G *Psychophysik*〛 ── *n.* 《心理》精神物理学, 心理物理学《物理的刺激と感覚の数量的な関係を研究する心理学の領域》. **psỳcho·phýsicist** *n.*

psỳcho·physiólogy 〚← PSYCHO- + PHYSIOLOGY〛 ── *n.* 心理[精神]生理学 (physiological psychology). **psỳcho·physiológic** *adj.* **psỳcho·physiológical** *adj.* **psỳcho·physiológically** *adv.* **psỳcho·physiólogist** *n.*

psy·cho·pomp [sáɪko(ʊ)pɑ̀mp | -kə(ʊ)pɔ̀mp] 〚□ Gk *psūkhopomp-ós* ← PSYCHO- + Gk *pompós* conductor (← *pémpein* to send, conduct)〛 ── *n.* 《ギリシャ神話》霊魂を下界へ導く案内者 (Hermes, Charon など).

psỳcho·prophyláxis *n.* **1** 《医学》(病気などの)精神予防(法). **2** 《産科》心理的条件作りによる自然分娩法.

Psy·chop·si·dae [saɪkɑ́psədì: | -kɔ́psɪ-] 〚← NL ～ ← *Psychopsis* (属名: ← Gk *psūkhḗ* butterfly, soul: ⇨ psyche[1]) + -IDAE〛 ── *n. pl.* 《昆虫》(脈翅目)キヌバカゲロウ科.

psýcho·quàck 〚⇨ psycho-, quack[2]〛 *n.* いんちき心理学者[精神科医]. **psỳcho·quáckery** *n.*

psýcho·scìences *n. pl.* 精神科学 (psychology, psychoanalysis, psychiatry などを含む).

psychoses 〚← NL ～〛 *n.* psychosis の複数形.

psỳcho·séxual *adj.* 心理性的な, 精神性的な. **～·ly**

psỳcho·sexuálity *n.* 精神性欲. ⌊*adv.*

psy·cho·sis [saɪkóʊsɪs, -səs | -káʊsɪs] 〚← NL ～ ← LGk *psū́khōsis*: ⇨ psycho-, -osis〛 ── *n.* (*pl.* **-cho·ses** [-si:z]) **1** 精神病 (cf. psychoneurosis). **2** (個人・社会集団の)極度の精神不安.

psỳcho·sócial *adj.* 心理的・社会的双方の観点からの; 心理学・社会学双方の実践を伴う.

psỳcho·sociólogy *n.* 心理社会学《社会現象を心理的要因によって説明する学問》. **psỳcho·sociológical** *adj.* **psỳcho·sociólogist** *n.*

psỳcho·somátic *adj.* **1** 〈病気が〉情意によって影響される, 精神と身体の, 心身相関の: a ～ disease 心身症. **2** 心身[精神身体]医学の. ── *n.* 心身[精神身体]症患者. **psỳcho·somátically** *adv.*

psychosomátic médicine *n.* 心身医学, 精神身体医学《身体の病気の治療に心理的因子への配慮を重視し心身を統合した立場からの診療を行なう分野》.

psỳcho·somátics 〚← PSYCHO- + SOMATICS〛 *n.* = psychosomatic medicine.

psy·cho·so·mat·ry [sàɪko(ʊ)so(ʊ)mǽtri, -sə- | -kə(ʊ)sə(ʊ)mǽtrɪ] 〚← PSYCHOSOM(ATIC) + (PSYCHI)ATRY〛 *n.* (ある病気の原因となる)精神が身体に与える影響.

psýcho·sùrgeon *n.* 精神外科医.

psỳcho·súrgery *n.* 《医学》精神外科《精神病治療を目的とする外科領域》. **psỳcho·súrgical** *adj.*

psỳcho·téchnics *n.* = psychotechnology.

psỳcho·technólogy 〚← PSYCHO- + TECHNOLOGY〛 *n.* 精神[心理]工学 (cf. human engineering).

psỳcho·therapéutics 〚← PSYCHO- + THERAPEUTICS〛 ── *n.* 精神療法[治療学]. **psỳcho·therapéutic** *adj.* **psỳcho·therapéutically** *adv.* **psỳcho·therapéutist** *n.*

psỳcho·thérapy *n.* (暗示・催眠術などの精神的方法による)精神療法, 心理[暗示]療法 (cf. mental healing). **psỳcho·thérapist** *n.*

psy·chot·ic [saɪkɑ́tɪk | -kɔ́t-] 〚← NL *psychosis*: ⇨ psychosis, -otic[1]〛 ── *adj.* 精神病 (psychosis) の[に関する]; 精神異状の. ── *n.* 精神病患者, 精神異状者. **psy·chót·i·cal·ly** *adv.*

psy·chot·o·gen [saɪkɑ́ṭədʒɪn, -dʒən | -kɔ́tə-] 〚← PSYCHOT(IC) + -O- + -GEN〛 *n.* (LSD などのように)精神病的症状[幻覚]を誘発する化学的薬剤, 幻覚剤.

psy·chòt·o·genétic [saɪkɑ̀ṭo(ʊ)- | -kɔ̀tə(ʊ)-] *adj.* = psychotogenic.

psy·chot·o·gen·ic [saɪkɑ̀ṭədʒénɪk | -kɔ̀t-] *adj.* 精神病的症状[幻覚]を誘発する, 精神異状の原因となる, 幻覚剤の. ── *n.* = psychotogen.

psy·chòt·o·mimétic [saɪkɑ̀ṭo(ʊ)- | -kɔ̀tə(ʊ)-] 〚← PSYCHOT(IC) + MIMETIC〛 ── *adj., n.* 精神病的状態[幻覚]を誘発する(物質, 薬剤). **psỳ·chot·o·mimétically** *adv.*

psy·cho·tro·pic [sàɪko(ʊ)tróʊpɪk, -trɑ́p- | -kə(ʊ)trɔ́p-] *adj.* 向精神薬の. ── *n.* 向精神薬《精神安定剤や幻覚剤のように精神活動に作用する薬物の総称》.

psých-òut *n.* 《俗》心理的に出し抜くこと.

psy·chro- [sáɪkro(ʊ) | -krə(ʊ)] 〚← Gk *psūkhrós* cold ← *psū́khein* to make cold, breath: ⇨ psyche[1]〛「冷たい (cold)」の意の連結形.

psy·chrom·e·ter [saɪkrɑ́məṭə | -krɔ́mɪtə(r, -mə-] 〚← PSYCHRO- + -METER[1]〛 *n.* 《気象》乾湿計《乾球と湿球が組になった温度測定器》.

psy·chro·mét·ric chárt [sàɪkrəmétrɪk-, -kro(ʊ)- | -krə(ʊ)-] *n.* 《気象》乾湿計図《乾湿計の値から湿度を図式に求める計算表》.

psy·chrom·e·try [saɪkrɑ́mətri | -krɔ́mɪtrɪ, -mə-] *n.* 《気象》 **1** 乾湿球湿[温]度計の使用. **2** 空気中の水蒸気の含有量を測定し, それを支配している自然の法則を研究する学問.

psy·chro·phile [sáɪkro(ʊ)fàɪl | -krə(ʊ)-] 〚← PSYCHRO- + -PHILE〛 《生物》 *adj.* = psychrophilic. ── *n.* 好冷バクテリア (psychrophilic bacteria).

psy·chro·phil·ic [sàɪkro(ʊ)fílɪk | -krə(ʊ)-] 〚← PSYCHRO- + -PHILIC〛 ── *adj.* 《生物》〈細菌が〉好冷[好寒]性の《0°C で発育できる; cf. mesophilic, thermophilic》: ～ bacteria 好冷バクテリア. ｢できる.

psỳchro·tólerant *adj.* 《生物》寒さに堪えることが

psyk·ter [síktə | -tə(r] 〚□ Gk *psuktḗr* ← *psū́khein* to make cold〛 ── *n.* シクター《古代ギリシャでぶどう酒を冷やすのに使ったつぼ》.

psykter

psyl·la [sílə] 〚← NL ～ ← Gk *psúlla* flea ← IE **blou-* (L *pūlex* 'FLEA')〛 ── *n.* 《昆虫》キジラミ《キジラミ科キジラミ属 (*Psylla*) の昆虫の総称》.

psyl·lid [sílɪd, -ləd | -lɪd] 〚↓〛 《昆虫》 *adj.* キジラミ(科)の. ── *n.* = psylla.

Psyl·li·dae [sílədì: | -lɪ-] 〚← NL ～ ← *Psylla* (属名: ⇨ psylla) + -IDAE〛 *n. pl.* 《昆虫》(半翅目)キジラミ科. ｢*n.* 《米軍》心理作戦.

psy·op [sáɪɑ̀p | -ɔ̀p] 〚← *psy*(*chological*) *op*(*erations*)〛

psy·war [sáɪwɔ̀ə | -wɔ̀:(r] 〚← *psy*(*chological*) *war*(*fare*)〛 *n.* 《米軍》= psychological warfare.

Pt 《記号》《化学》platinum.

PT 《略》《米海軍》patrol torpedo (boat) (⇨ PT boat).

pt. 《略》part; payment; pint(s); point; port; preterit.

Pt. 《略》Part; Point; Port.

p.t. 《略》part time; 《文法》past tense; physical therapy; point of turn; point of turning; post town; 《軍事》primary target 主目標; pro tempore.

P.T. 《略》Pacific Time; parcel ticket; physical training; postal telegraph; post town; preferential treatment; public trustee; pupil teacher; purchase tax.

Pta 《記号》《貨幣》(*pl.* **Ptas**) peseta.

P.T.A., PTA 《略》《教育》parent-teacher association.

Ptah [ptá:, ptá:x] 〚□ Egypt. *Ptaḥ*〛 *n.* 《エジプト神話》プタハ《Memphis の氏神である創造の神》.

ptar·mi·gan [tάəmɪgən, -mə- | tá:-] 〚《1599》《変形》← Sc.-Gael. *tārmachan* (dim.) ← *tārmach* ← ?: *pt*- は Gk *pterón* wing の影響〛 ── *n.* (*pl.* ～, **～s**) 《鳥類》ライチョウ《ライチョウ科ライチョウ属 (*Lagopus*) の鳥類の総称; ライチョウ (*L. mutus*), ヌマライチョウ (willow ptarmigan) など; cf. grouse》.

Ptas 《記号》《貨幣》pesetas.

PT bòat 〚← *p*(*atrol*) *t*(*orpedo*) *boat*〛 *n.* 《米海軍》(高速哨戒)魚雷艇 (motor torpedo boat).

ptc. 《略》《文法》particle.

Pte. 《略》Private (⇨ private n. 1; cf. Pvt.).

pter- [ter] (母音の前に来る時の) ptero- の異形.

-p·ter·a [⌐pt(ə)rə] 〚← NL ～ ← Gk ～ (neut. pl.) ← *-pteros* '-PTEROUS'〛 ── 《動物》「(…の)翼(に似たもの)をもつ有機体」の意の名詞連結形. ★ 動物学上の分類名に用いる: Hemi*ptera*.

pter·an·o·don [tərǽnədɑ̀n, te- | terǽnədɔ̀n] 〚← NL ～ ← PTERO- + Gk *anódōn* toothless (⇨ a-[7], -odont)〛 *n.* 《古生物》翼竜類の翼指竜《白亜紀に繁栄》.

-p·ter·i [ptəràɪ, -rì:] 〚← NL ～〛 -pterus の複数形.

pter·id- [térəd | -rɪd] (母音の前に来る時の) pterido- の異形.

pte·rid·o- [tərído(ʊ), térə- | terídə(ʊ), térɪ-] 〚← Gk *pterid-*, *pterís* ← *pterón* 'wing, FEATHER': cf. ptero-〛 ──「シダ (fern)」の意の連結形. ★ 母音の前では通例 pterid- になる.

ptèr·i·dól·o·gist [-dʒɪst, -dʒəst | -dʒɪst] *n.* シダ学者.

pter·i·dol·o·gy [tèrədɑ́lədʒi | -rɪdɔ́lədʒɪ] 〚← PTERIDO- + -LOGY〛 *n.* シダ学, シダ論 (study of ferns). **pter·i·do·log·i·cal** [tèrədəlɑ́dʒɪkəl, -dʒə- | -rɪdəlɔ́dʒɪ-] *adj.*

Pter·i·doph·y·ta [tèrədɑ́fəṭə | -rɪdɔ́fɪtə] 〚← NL ～: ⇨ pterido-, -phyte, -a[1]〛 *n. pl.* 《植物》シダ植物類.

pte·rid·o·phyte [tərídəfàɪt, térədo(ʊ)- | terídə(ʊ)-, térɪ-] 〚↑〛 ── *n.* 《植物》シダ (fern) 《シダ植物類の植物の総称》. **pte·rid·o·phyt·ic** [tərìdəfíṭɪk, tèrədo(ʊ)- | -terìdə(ʊ)fít-, tèrɪ-] *adj.* **pter·i·doph·y·tous** [tèrədɑ́fəṭəs | -rɪdɔ́fɪt-] *adj.*

pte·rid·o·sperm [tərídəspə̀:m, te-, térədo(ʊ)- | -terídə(ʊ)spə̀:m, térɪ-] *n.* 《古生物》= seed fern.

pter·i·on [tíriən, tí(ə)r- | tíərɪən, tér-] 〚← NL ～ ← Gk *pterón* wing + -IN(ION)〛 *n.* 《人類学》テリオン《前頭骨と頭頂骨と蝶(ちょう)形骨と側頭骨との接合部》.

pter·o- [téro(ʊ) | -rə(ʊ)] 〚← NL ～ ← Gk *pterón* wing: ⇨ pterido-〛「羽 (feather); 翼 (wing)」の意の連結形. ★ 母音の前では通例 pter- になる.

Pter·o·bran·chi·a [tèrəbrǽŋkiə | -kɪə] 〚← NL ～: ⇨ ↑, branchia〛 *n. pl.* 《動物》(半索動物門)翼鰓(よくさい)綱.

pter·o·car·pous [tèrəkάəpəs | -rə(ʊ)ká:-] 〚← NL ～: ⇨ ptero-, -carpous〛 *adj.* 《植物》翼果を有する, 翼果のある.

Pter·o·clid·i·dae [tèrəklídədì: | -rə(ʊ)klídɪ-] 〚← NL ～ ← *Pterocles* (属名: ← PTERO- + Gk *kleido-*, *kleis* key) + -IDAE〛 *n. pl.* 《鳥類》サケイ科.

pter·o·dac·tyl [tèrədǽktɪl, -təl, -tḷ | -rə(ʊ)dǽktɪl] 〚《1830》← NL *Pterodactyl-us* (属名): ⇨ ptero-, dactylo-〛 *n.* 《古生物》翼竜《翼竜目に属する動物》.

pte·ró·ic ácid [təróʊɪk-, te- | teráʊ-] 〚← Gk *pterón* (⇨ ptero-) + -IC[1]〛 ── *n.* 《化学》プテロイン酸 ($C_{14}H_{12}N_6O_3$) 《葉酸の加水分解によって得られ, 葉酸誘導体の合成原料に利用される》.

Pter·o·mal·i·dae [tèrəmǽlədì: | -rə(ʊ)mǽlɪ-] 〚← NL ～ ← *Pteromalus* (属名: ← PTERO- + Gk *homalós* even) + -IDAE〛 *n. pl.* 《昆虫》(膜翅目)コガネコバチ科.

pter·on [téran, tí(ə)r- | térɔn, tíər-] 〚□ Gk *pterón* 'wing, FEATHER': cf. pterido-〛 *n.* 《建築》プテロン, 翼廊《ギリシャ神殿の前面の列柱と神室との間の通路》.

Pter·o·phor·i·dae [tèrəfɔ́(:)rədì:, -fάr- | -rə(ʊ)fɔ́rɪ-] 〚← NL ～ ← *Pterophorus* (属名: ⇨ ptero-, -phorus) + -IDAE〛 *n. pl.* 《昆虫》(鱗翅目)トリバガ科.

Pte·rop·i·dae [tərάpədì:, te- | -rɔ́pɪ-] 〚← NL ～ ← *Pteropus* □ Gk *pterópous* (↓): ⇨ -idae〛 *n. pl.* 《動物》= Pteropodidae.

pter·o·pod [térəpɑ̀d | -pɔ̀d] 〚← NL ～ ← *Pteropod-a* (pl.) □ Gk *pterópoda* (neut. pl.) ← *pterópous* wing-footed: ⇨ ptero-, -pod[1]〛 ── *adj., n.* 《動物》翼足目(の動物).

Pte·rop·o·da [tərάpədə, te- | -rɔ́p-] 〚← NL ～ (↑)〛 *n. pl.* 《動物》翼足目.

pte·rop·o·dan [tərάpədən, te- | -rɔ́p-] 〚⇨ ↑, -an[1]〛 *adj., n.* 《動物》= pteropod.

Pter·o·pod·i·dae [tèrəpάdədì: | -pɔ́dɪ-] 〚← NL ～: ⇨ pteropod, -idae〛 *n. pl.* 《動物》オオコウモリ科.

pte·rop·sid [tərάpsɪd, te-, -səd | terɔ́psɪd] 〚↓〛 *n.* 《植物》大葉類に属する植物.

Pte·rop·si·da [tərάpsədə, te- | terɔ́psɪ-] 〚← NL ～ ← *Pteropsis* (属名: ← PTERO- + -OPSIS) + -IDA〛 *n. pl.* 《植物》大葉類《管束植物のうち, 大葉 (megaphyll) をもつ群; 狭義のシダ類と種子植物を含む》.

pter·o·saur [térəsɔ̀ə | -rə(ʊ)sɔ̀:(r] 〚《1862》: ↓〛 *n.* 《古生物》翼竜目の動物.

Pter·o·sau·ri·a [tèrəsɔ́:riə | -rɪə] 〚← NL ～ ← PTERO- + *sauria* (⇨ sauro-, -ia[2])〛 *n. pl.* 《古生物》翼竜目《ジュラ紀から白亜紀に繁栄》.

-pter·ous [⌐ptərəs] 〚□ Gk *-pteros* winged ← *pterón* wing, feather: ⇨ ptero-〛 《動物・植物》「(…の)翼[翅]をもった」の意の形容詞連結形: di*pterous*.

pter·o·yl·glu·tám·ic ácid [tèro(ʊ)ɪlglu:tǽmɪk- | -rəʊ-] 〚⇨ ptero-, -yl, glutamic〛 *n.* 《生化学》プテロイルグルタミン酸 (⇨ folic acid).

-p·ter·us [ptərəs] 〚← NL ～ ← Gk *-pteros* '-PTEROUS'〛「翼, 翼状構造」の意の属名を作る名詞連結形.

pter·yg- [térəg | -rɪg] (母音の前に来る時の) pterygo- の異形.

pte·ryg·i·um [terídʒiəm, te-|terídʒɪ-] 〘← NL ～ ← Gk *pterúgion* little wing or fin : ⇨↓, -ium〙 *n.* (*pl.* ～s, -i·a [-dʒiə|-dʒɪə]) 〘解剖〙翼状片.

pter·y·go- [térəgo(ʊ)|-rɪgə(ʊ)] 〘← Gk *pterugo-*, *ptérux* wing, fin〙 〘動物〙「翼, 羽 (wing); ひれ (fin); 翼状突起と…との (pterygoid and…)」の意の連結形. ★ 母音の前では通例 pteryg- になる.

pter·y·goid [térəgɔ̀ɪd|-rɪ-] 〘▭ Gk *pterugoeid-ḗs* : ⇨↑, -oid〙 *adj.* **1** 翼状の (winglike). **2** 〘解剖〙翼状突起の. ― *n.* 〘解剖〙翼状突起[板, 骨, 筋].

ptérygoid plàte *n.* 〘解剖〙翼状板.

ptérygoid pròcess *n.* 〘解剖〙 **1** (蝶形骨の)翼状突起. **2** ＝pterygoid plate.

pter·y·go·po·di·um [tèrəgo(ʊ)póʊdiəm|-rɪgə(ʊ)-pə́ʊdɪəm, -djəm] 〘← NL ～ : ⇨ pterygo-, -podium〙 ― *n.* (*pl.* -po·di·a [-diə|-dɪə, -djə]) 〘動物〙ひれ脚(ᵏ), 鰭脚(ᵏᵃ)(板鰓(ˢ)類の交尾器).

Pter·y·go·so·mi·dae [tèrəgo(ʊ)sóʊmədì:|-rɪgə(ʊ)-sə́ʊmɪ-] 〘← NL ～ ← *Pterygosoma* (属名 : ⇨ pterygo-, soma[1])＋-IDAE〙 *n. pl.* 〘動物〙ヤモリダニ科.

Pter·y·go·ta [tèrəgóʊṭə|-rɪgə́ʊtə] 〘← NL ～ ← Gk *pterugōtós* winged ← *ptérux* wing, fin : ⇨ -a[2]〙 *n. pl.* 〘昆虫〙有翅(ʸᵘ)亜綱.

pter·y·gote [térəgòʊt|-rɪgə̀ʊt] 〘← NL ～ ← *Pterygota* (↑)〙 *adj.* 〘昆虫〙有翅(ʸᵘ)亜綱の.

pter·y·la [térələ|-rɪ-] 〘← NL ～ ← PTERO- ＋ *húlē* wood (⇨ hylic)〙 *n.* (*pl.* -y·lae [-lì:, -lài]) 〘鳥類〙羽区, 翨(ᵏ)区(おおばねの生える部分; cf. apterium).

pter·y·log·ra·phy [tèrəlágrəfi|-rɪlɔ́grəfɪ] 〘← PTERYL(A)＋-(O)GRAPHY〙 *n.* 〘鳥類〙羽域学(鳥の羽域を研究する学問).

pter·y·lol·o·gy [tèrəlálədʒi|-rɪlɔ́lədʒɪ] 〘← PTERYL-(OSIS)＋-O-＋-LOGY〙 *n.* 〘鳥類〙羽分布学(羽域 (pterylosis) を研究する学問).

pter·y·lo·sis [tèrəlóʊsɪs, -səs|-rɪlə́ʊsɪs] 〘← NL ～ : ⇨ pteryla, -osis〙 *n.* (*pl.* -lo·ses [-si:z]) 〘鳥類〙羽域(鳥類の体表において羽毛の生えている羽区の部分).

-p·ter·yx [-ptərɪks] 〘← NL ～ ← Gk *ptérux* wing〙 〘動物〙「翼[ひれ]のあるもの」の意の名詞連結形.

ptg. 《略》printing.

Ptg. 《略》Portugal ; Portuguese.

ptil- [tɪl|(p)tɪl] (母音の前に来る時の) ptilo- の異形.

-ptile [ptɪl, ptəl, ptaɪl|ptaɪl] 〘← Gk *ptílon* soft feather : ⇨ ptilo-〙 〘動物〙「羽 (feather)」の意の名詞連結形.

Pti·li·i·dae [tɪláɪədì:, tə-|tɪláɪɪ-] 〘← NL ～ ← *Ptilli(um)* (⇨↓, -ium)＋-IDAE〙 *n. pl.* 〘昆虫〙＝Trichopterygidae.

ptil·o- [tílo(ʊ)|-lə(ʊ)] 〘← NL ～ ← Gk *ptílon* : cf. -ptile〙 〘動物〙「綿毛 (down), 羽 (feather)」の意の名詞連結形. ★ 母音の前では通例 ptil- になる.

Ptil·o·no·rhyn·chi·dae [tìləno(ʊ)ríŋkədì:|-nə(ʊ)-ríŋkɪ-] 〘← NL ～ ← *Ptilonorhynchus* (属名 : ⇨ ptilo-, rhyncho-)＋-IDAE〙 *n. pl.* 〘鳥類〙ニワシドリ科.

pti·lo·sis [tɪlóʊsɪs, tə-, taɪ-, -səs|tɪlə́ʊsɪs] 〘← NL ～ ← Gk *ptílōsis* eyelid disease ← *ptílos* sore-eyed : ⇨ -osis〙 ― *n.* (*pl.* -lo·ses [-si:z]) **1** 〘医学〙睫毛脱毛症. **2** 〘動物〙＝plumage 1.

Ptin·i·dae [tínədì:|-nɪ-] 〘← NL ～ ← *Ptinus* (属名 : ← ? Gk *phthínein* to decay (cf. phthisis))＋-IDAE〙 *n. pl.* 〘昆虫〙(鞘翅目)ヒョウホンムシ科.

pti·san [tɪzǽn, tə-, tízn̩|tɪzǽn, tízn̩] 〘《16C》▭ L *ptisana* ▭ Gk *ptisánē* peeled barley ← *ptíssein* to peel ∽ 《*a*1398》 *t(h)isane* ▭ (O)F *tisane* ▭ ML *tisana*＝L〙 ― *n.* **1** 麦茶[湯](多少薬効または滋養分を含む). **2** (飲用)薬湯.

P.T.M., PTM, p.t.m. 《略》〘電気〙pulse time modulation.

P.T.O., p.t.o. 《略》please turn over (the leaf) 裏面[次ページ]へ続く(cf. over *adv.* 8)(単に T.O. また《米》では Over ともいう).

Ptol·e·ma·ic [tɑ̀ləméɪɪk|tɔ̀lɪ-, -lə-] 〘1 : 《1771》▭ Gk *ptolemaïk-ós* : ⇨ Ptolemy, -ic[1]. ―2 : 《1674》← L *Ptolema(eus)*＋-IC[1]〙 ― *adj.* **1** プトレマイオス (Ptolemy) 王朝の. **2 a** (天文学者)プトレマイオスの (cf. Copernican 1). **b** 天動説 (Ptolemaic system) の.

Ptolemáic sỳstem *n.* [the ～] 〘天文〙(プトレマイオスの唱えた)天動説, プトレマイオス説(地球のまわりを各惑星ごとに仮想点が周転し, さらにその仮想点のまわりを惑星が周転し, 太陽・月は直接に地球のまわりを周転するという説 ; cf. Copernican system).

Ptol·e·ma·ist [tɑ̀ləméɪɪst, -əst|tɔ̀lɪméɪɪst, -lə-] 〘⇨ Ptolemaic, -ist〙 *n.* プトレマイオス説[天動説]信奉者.

Ptol·e·my [tɑ́ləmi|tɔ́lɪmɪ, -lə-] 〘▭ F *Ptolémée* ▭ L *Ptolemaeus* ▭ Gk *Ptolemaîos* (原義) warlike ← *ptólemos* (cf. *pólemos* war : ⇨ polemic)〙 ― *n.* **1** プトレマイオス(エジプトの Macedonia 王朝 (305?–30 B.C.) の王の名 ; cf. Ptolemy I, II). **2** プトレマイオス, トレミー(ギリシャ出身の 2 世紀の Alexandria の数学者・天文学者・地理学者 ; 天動説 (geocentric theory) の代表者 ; ラテン語名 Claudius Ptolemaeus [tɑ̀ləmí:əs|tɔ̀lɪ-, -lə-]).

Ptolemy I *n.* プトレマイオス一世(367?–283 B.C. ; エジプト王 (306–285 B.C.) ; Macedonia に生れ, Alexander 大王の部将であったが, 大王の死後エジプトに Macedonia 王朝を創始; 通称 Ptolemy Soter (救済者)).

Ptolemy II *n.* プトレマイオス二世(309?–?247 B.C. ; エジプトの王 (285–?247 B.C.) で, プトレマイオス一世の子 ; Hellenism 文化発展に寄与した ; プトレマイオス王朝全盛期の王 ; 通称 Ptolemy Philadelphus).

pto·maine [tóʊmeɪn, to(ʊ)méɪn|tə́ʊmeɪn, tə(ʊ)méɪn] 〘《1880》← It. *ptomaina* (← Gk *ptôma* fallen body, corpse (← IE **pet-* to fly, fall upon))＋-INE[3]〙 ― *n.* 〘化学〙プトマイン, 死体毒, 屍毒(ˢʰⁱᵈᵒᵏᵘ)(蛋白質の腐敗によって生じる有毒物の総称 ; 現在は用いない). **pto·main·ic** [to(ʊ)méɪnɪk|tə(ʊ)-] *adj.*

ptómaine póisoning *n.* **1** 〘医学〙プトマイン中毒. **2** 《俗用》＝food poisoning.

pto·sis [tóʊsɪs, -səs|tə́ʊsɪs] 〘← NL ～ ← Gk *ptôsis* a falling ← IE **pet-* (⇨ ptomaine) : ⇨ -osis〙 ― *n.* (*pl.* pto·ses [-si:z]) 〘病理〙下垂症 (cf. gastroptosis) ; (特に)眼瞼(ᵍᵉⁿ)下垂症. **ptot·ic** [tɑ́ṭɪk|tɔ́t-] *adj.*

PTP 《略》〘電算機〙paper tape punch 紙テープ穿孔器.

PTR 《略》〘電算機〙photoelectric tape reader 光電式テープ読取機.

pts. 《略》parts ; payments ; pints ; points ; ports.

PTV 《略》public television.

pty. 《略》party ; proprietary.

Pty., Pty 《略》(豪・アフリカ南部) proprietary.

pty·a·lin [táɪəlɪn, -lən|táɪəlɪn] 〘← NL *ptyal-* (▭ Gk *ptual-*, *ptúalon* saliva)＋-IN[1] : cf. spew〙 *n.* 〘生化学〙プチアリン(唾(ᵈᵃ)液澱粉分解酵素).

pty·a·lism [táɪəlìzm] 〘← NL *ptyalism-us* ← Gk *ptualismós* expectoration ← *ptualízein* to salivate ← *ptúalon* : ⇨↑, -ism〙 ― *n.* 〘病理〙流涎(ʳʸᵘᵘᵉⁿ)症, 唾液(分泌)過多.

Pty·chop·ter·i·dae [tàɪkɑptérədì:|-kɔptérɪ-] 〘← NL ～ ← *Ptychodera* (属名 : ← ? *ptycho* (← Gk *ptukhḗ* a fold ← *ptússein* to fold)＋Gk *derē* neck, throat)＋-IDAE〙 ― *n. pl.* 〘昆虫〙(双翅目)コシボソガガンボ科.

Pty. Ltd. 《略》proprietary limited (＝proprietary company (3)).

P-tỳpe, p-t- *n.* 〘電子工学〙P 形, p 形(半導体の分類で, 主として正孔が導電に寄与しているもの ; cf. N-type).

Pu 《記号》〘化学〙plutonium.

PU 《略》pickup.

pub [pʌ́b] 〘《1865》《略》← *public house*〙 《英》 *n.* **1** 《口語》酒場, 居酒屋, パブ. **2** 《俗》旅館, 宿屋 (hotel). ― *vi., vt.* [go ～bing または ～ it として] 酒場に行く[通う].

pub. 《略》public ; publication ; published ; publisher ; publishing.

púb-cràwl *vi.* 《英口語》(酒場を回り)はしご(酒)をする (《米》barhop, make the rounds (of pubs)) : go *pub-crawling*. **～·er** *n.*

púb cràwl *n.* 《英口語》(酒場を回る)はしご(酒) : do a ～ / go on a ～.

pu·ber·al [pjú:bərəl] 〘▭ ML *pūberāl-is* ← L *pūber* adult : ⇨ puberty, -al[1]〙 *adj.* ＝pubertal.

pu·ber·tal [pjú:bəṭl|-bətl] 〘← PUBERT(Y)＋-AL[1]〙 *adj.* 思春期の, 年頃の.

pu·ber·ty [pjú:bəṭi|-bətɪ] 〘《*c*1390》 *puberte* ▭ L *pūbertāt-em* ← *pūber* grown-up, adult ← *pūbēs* 'PUBES' : ⇨ -ty[2] : cf. L *puer* boy〙 ― *n.* **1** 思春期, 青春発動期, 青春期, 年頃 : the age of ～ 思春期(身体的に婚姻可能になる年齢, adolescence の始まり ; 法律的には通例男子 14 歳, 女子 12 歳 ; cf. puerility 2) / arrive at ～ 年頃になる, 色気づく. **2** 〘植物〙開花期.

pu·ber·u·lent [pju:bér(j)ʊlənt] 〘← L *pūber* downy, adult (↑)＋-ULENT〙 *adj.* 〘生物〙軟毛でおおわれている, 軟毛の.

pu·bes[1] [pjú:bi:z] 〘《*c*1570》▭ L *pūbēs* pubic hair, groin ← ? : cf. L *pūber* (↑)〙 *n.* (*pl.* ～) **1** 〘解剖〙 **a** 下腹部, 陰部. **b** 陰毛, 恥毛. **2** 〘生物〙軟毛, 柔毛.

pubes[2] 〘▭ L *pūbēs*〙 *n.* pubis の複数形.

pu·bes·cence [pju:bésn̩s|pju:-, pjʊ-] 〘《1646》▭ ML *pūbēscentia* ← L *pūbēscentem* : ⇨↓, -ence〙 ― *n.* **1** 思春期[青春期]に達していること, 年頃. **2** 〘生物〙(植物の葉・茎, 動物(特に, 昆虫)の)軟毛[柔毛]; 軟毛[柔毛]でおおわれていること.

pu·bes·cent [pju:bésn̩t|pju:-, pjʊ-] 〘《1646》▭ L *pūbēscent-em* (pres.p.) ← *pūbēscere* to reach puberty ← *pūbēs* 'PUBES[1]' : ⇨ -escent〙 ― *adj.* **1** 青春期の, 年頃の, 思春期の : a ～ girl. **2** 〘生物〙軟毛[柔毛]でおおわれた, 軟毛のある (downy).

pu·bic [pjú:bɪk] 〘《1831》← PUB(ES[1])＋-IC[1]〙 *adj.* 〘解剖〙下腹部の, 陰部の ; 陰毛の ; 恥骨の : the ～ bone 恥骨 / ～ hair 陰毛 / the ～ region 下腹部, 陰部.

púbic sýmphysis *n.* 〘解剖・動物〙恥骨結合.

pu·bis [pjú:bɪs, -bəs|-bɪs] 〘← NL *(os) pūbis* ← L *os* bone ＋ *pūbis* ((gen.) ← *pūbēs* 'PUBES[1]')〙 *n.* (*pl.* **pu·bes** [-bi:z]) 〘解剖・動物〙恥骨 (pubic bone).

publ. 《略》public ; publication ; published ; publisher ; publishing.

pub·lic [pʌ́blɪk] 〘《1436》 *publique* ▭ (O)F *public* ▭ L *pūblicus* (変形) (*pūber*, *pūbēs* adult の影響) ← *poplicus* ← *populus* 'PEOPLE' : ⇨ -ic[1]〙 ― *adj.* **1 a** 社会の, 国民の ; 国民全体のための, 公共の, 公共に属する (↔ private, personal) : ～ affairs 公務 / a ～ body 公共団体 / ～ good [benefit, interest] 公益 / a ～ hazard 社会一般に及ぶ危険 / ～ property 公共物[財産] / a ～ holiday 国民祝日, 祝祭日 / a ～ man [figure] 公人 / ～ peace 公安 / ～ welfare 公共福祉 / ⇨ public funds, public wrong / at the ～ expense [cost] 公費で / for ～ use 公用の, 公衆用の. **b** 公衆の, 一般の人々の : ～ morality 風紀 / ～ virtue 公徳 / It's a matter of ～ interest. それは大衆のだれもが興味を抱いている問題だ. **c** 政府による, 国家の : a ～ document 公文書 / the ～ loan [debt] 国債, 公債 / ⇨ public prosecution. **2** 公衆[社会]のためになされる, 社会[国家]を代表する[から権限を与えられた], 社会[国家]のために働く, 国事の, 公事の : a ～ assembly 公会 / ～ life 公生活. **3** 公開の, 公衆の参加する ; 公衆用の ; 公立の, 公営の : a ～ auction 公売 / a ～ bath 公衆浴場 / ～ bidding 《米》入札 / a ～ entertainer 芸能人 / a ～ demonstration 大衆示威運動 / a ～ hall 公会堂 / a ～ institution (教育・社会事業などの)官公設機関 / a ～ latrine 共同便所 / a ～ meeting 公開の会合 / a ～ debate 立会演説会, 公開討論会 / a ～ park 公園 / a ～ road 公道. **4** 公然の, 表向きの, 知れわたっている, 評判の (notorious) : make ～ 公表[発表]する / a ～ scandal 世間周知の醜聞 / make a ～ protest 公然と異議を申し立てる / in a ～ place だれからも見えるところで, 衆人環視の中で. **5** 〘英大学〙(各学寮と区別して)大学全体の, 総合大学としての : a ～ examination, lecture, etc. / ⇨ public orator. **6** 《まれ》国際的な (international) ; 人類(普遍)の (universal) : ⇨ public law 3.

go public (1) 〈会社が〉株式を公開する, (株式)公開会社になる. (2) 〔伏せておくべきことなどを〕公開する 〔*with*〕. ***in the public eye*** 社会[世間]の注目を浴びて, 衆人環視の中で, 公然と.

― *n.* [集合的 ; 単数または複数扱い] **1** [the ～] 人民, 国民, 社会 (community) ; 公衆, 一般の人々, 世間 (the world) : *the* British [American] ～ 英[米]国の社会, 一般英[米]人 / *the* general ～＝*the* ～ at large 公衆, 一般社会 / open to the ～ 公開されて / *The* ～ *is* the best judge [*are* the best judges]. 世間は最良の判断者である. **2** …界, …社会, …仲間[連中] ; (文学者などの)愛読者連, ひいき連 : an author's [actor's] favorite ～ / the reading [musical, sporting, theatrical] ～ 読書[音楽, スポーツ, 演劇]界 / have a large ～ ファンが多い. **3** 《英口語》＝public house (cf. pub).

in public 公に, 公然と, 人前で, おおっぴらに.

～·ness *n.*

públic áccess *n.* 〘テレビ〙一般の人が自分たちの番組を放送するために(有線テレビなどの)設備を利用すること ; そうした設備を提供すること.

públic accóuntant *n.* 公共会計士 (cf. certified public accountant).

públic áct *n.* ＝public law 1 a.

públic-addréss sỳstem *n.* 〘電気〙拡声装置(演奏会場・講堂・広場・車内・駅などで, 演説・音楽・案内などを同時に多数の人に聞かせるための装置; PA [P.A., p.a.] system ともいう).

pub·li·can [pʌ́blɪkən, -lə-|-lɪ-] 〘《?*a*1200》▭ (O)F *publicain* ▭ L *pūblicānus* : ⇨ public, -an[1]〙 ― *n.* **1** 《英》酒場[居酒屋, パブ] (public house) の主人 (《米》saloonkeeper). **2** (古代ローマの)収税吏, 取税人 (tax collector) (残酷な取立てをしたので, 新約聖書では罪人(ᶻᵃⁱⁿⁱⁿ)と同列に取り扱われている; cf. *Matt.* 9 : 10). **3** (税・料金・貢ぎ物などの)取立て人.

públic assìstance *n.* (生活保護法による)生活保護.

pub·li·ca·tion [pʌ̀bləkéɪʃən|-lɪ-] 〘《*a*1387》 *publicacioun* ▭ (O)F *publication* ‖ L *pūblicātiō(n-)* : ⇨ publish, -ation〙 ― *n.* **1** 発表(する[される]こと), 公表, 発布, 公布 (proclamation) : the ～ of a death [balance sheet, statute] 死亡[貸借対照表, 法令]の公表[発布]. **2** 出版, 発行, 刊行. **3** 刊行物, 出版物, (公刊された)著書[論文] : a list of new ～*s* 新刊目録 / a monthly [weekly] ～ 月刊[週刊]物.

públic bár *n.* 《英》(仕切ってあるパブの)一般席, 並室 (cf. public house 1).

públic bìll *n.* 〘法律〙一般的法律案(一般的法律 (public law) となる法案 ; cf. private bill).

públic bónd *n.* 〘財政〙国債, 公債.

públic bróadcasting *n.* 〘ラジオ・テレビ〙公共放送(政府や公共企業体などの非営利団体が受信料などを財源として実施する放送, またはその企業体 ; cf. commercial broadcasting).

públic chárge *n.* 生活保護者(生活保護法による被保護者).

públic cómpany *n.* 〘英法〙公募会社(私会社でない英国会社法上の会社 ; 公募株式有限会社 (public company limited by shares) をさす ; 設立には 7 人以上の株式引受人を要し, 株式または社債を公募する ; わが国の株式会社に当たる ; cf. private company).

públic convénience *n.* 《英》公衆便所 (《米》comfort station).

públic corporátion *n.* **1** 地方公共団体. **2** 公法人, 公社, 公共企業体 (cf. private corporation) ; (日本の)公団, 公社.

públic débt *n.* 〘財政〙＝national debt.

públic defénder *n.* 《米》国選[公費]弁護人.

públic domáin *n.* [通例 the ～] 〘法律〙 **1** (米国の国有・州有の)公有地, 国[州]有地 (public lands) : grazing rights on *the* ～ 公有地における放牧権. **2** 公有(保護期間の満了・相続人の不在等の理由による著作権・特許権などの権利消滅状態) : Oscar Wilde's plays are now in (*the*) ～. オスカーワイルドの劇は今は著作権が消滅している(自由に出版・上演などができる).

públic educátion *n.* **1** 学校教育, 公教育. **2** 《英》パブリックスクール (public school) 式教育.

públic eleméntary schòol *n.* **1** (米国の)公立小学校(英国では第二次大戦後は小学校を primary school という). **2** (第二次大戦前, 一定の条件の下に政府からの補助金を受けていた英国の)任意寄付制学校 (cf. voluntary school).

públic énemy *n.* **1** 社会(全体)の敵, 公敵; (特に)公開捜査中の犯人: declare a person a ～ 人を社会の敵と宣言する. **2** (交戦国を指して)公敵, 敵国, 敵国政府.

públic énterprise *n.* 公(共)企業 (cf. private enterprise).

públic fúnds *n. pl.* **1** 共同募金. **2** 《英》公債, 国債 (fund).

públic héalth *n.* 公衆衛生(学).

públic héalth inspèctor *n.* 《英》公衆衛生検査官 《もと sanitary inspector といった》.

Públic Héalth Sèrvice *n.* (米国の)公衆衛生局 (略 PHS).

públic héaring *n.* 公聴会.

públic hóuse [⌐—⌐|⌐—⌐] 〚(1669)〛 — *n.* **1** 《英》酒場, 居酒屋, パブ《《口語》では単に public, pub ともいう》. ★ 内部は一般に, public bar (大衆向き), saloon bar (中級), private bar (高級)の 3 階級に分かれている. **2** 宿屋, 旅館 (inn).

públic ímage *n.* =image 9.

públic informátion òfficer *n.* 《米》部外広報係将校 (《英》public relations officer).

públic internátional láw *n.* 〖法律〗国際法《条約と国際慣習法とを含む国際社会の法; 国際私法 (international private law) に対して, 従来国際公法と呼ばれてきたが, 前者は国内法の一種なので適当でなく, 今ではほとんど使われない》.

púb·li·cist [-ləsɪst, -səst | -lɪsɪst] 〚(1792) ◻ F *publiciste*: ⇨ public, -ist〛 — *n.* **1** 国際法学者, 公法学者. **2** 政治[時事]評論家; 政治記者. **3** 宣伝係, 新聞係, 情報班員. **pub·li·cis·tic** [pʌ̀bləsístɪk | -lɪ-] *adj.*

pub·lic·i·ty [pʌblísəṭi, pəb-, -lísti | -sətɪ, -sɪ-] 〚(1791) ◻ F *publicité* ◻ ML *pūblicitātem* ← L *pūblicus* 'PUBLIC': ⇨ -ity〛 — *n.* **1** 知れわたること, 周知; 衆人環視, 人前: avoid [shun] ～ 世間に知られることを避ける / court [seek] ～ 自己宣伝をする, 売名に努める / a ～ seeker 売名家 / get a lot of ～ from the press 新聞に盛んに書きたてられる / give ～ to …を公開[発表]する, 広告する / in the ～ of the street 町の人々の見ている所で, 人通りで. **2** 名声, 評判. **3** パブリシティ, 広報, 宣伝, 広告; 宣伝[広告]法[業]: a ～ department 広報部. ★ publicity と advertising の違いは, 後者は金を使って製品の売り込みを目的とし, 前者は無料で製品や会社の威信を高めることを主眼とする.

publícity àgent *n.* パブリシティ代理人, 広告代理業者, 広告取扱人[業者].

pub·li·cize [pʌ́bləsàɪz | -lɪ-] *vt.* 公告する, 公表する; (特に)広告する (advertise).

públic lánd *n.* 国[公]有地 (cf. public domain).

públic láw *n.* **1 a** 一般的法律《public act, public statute ともいう》. **b** 条例 (bylaws). **2** 公法《国家と国民間の法律; 統治の形態と作用を規律する法部門; cf. private law 1》. **3** 国際法 (international law) (cf. private international law).

públic léndiŋg rìght *n.* 〖図書館〗公貸権, 公共利用権《図書館の貸出サービスによって著者がこうむる損失を補償する権利》.

públic liabílity insùrance *n.* 〖保険〗一般損害賠償責任保険.

públic líbel *n.* 〖法律〗文書による公的名誉棄損《神聖冒瀆(猥褻(ﾜｲｾﾂ))文書によって社会を混乱させたり, 文書によって議会・裁判所・外国の君主[外交官]などの名誉を棄損すること》.

públic líbrary *n.* 公立[公開]図書館, 公共図書館.

púb·lic·ly 〚(1567): ⇨ public, -ly¹〛 — *adv.* **1** 公に, 公然(と), 世間晴れて; 隠さずに, おおっぴらに. **2** 世論で, 公衆によって, 公衆の名において; (特に)政府による: ～ owned land 公有地.

públic-mínded *adj.* =public-spirited.

públic núisance *n.* **1** 〖法律〗公的不法妨害《交通妨害など; cf. mixed nuisance》. **2** 公害. **3** 《口語》他に迷惑を及ぼす人, 世間の厄介もの.

públic óffice *n.* **1** 官公署, 官庁. **2** (重要な)公職.

públic ófficer *n.* (国家・地方)公務員, 官吏, 公吏 (cf. public servant).

públic opínion *n.* 世論.

públic-opínion pòll *n.* 世論調査.

públic órator, P- O- *n.* 〖英大学〗(Oxford または Cambridge 大学の)大学代表弁士.

públic ównership *n.* 公有(制), 国有(化).

públic pólicy *n.* 〖法律〗公序良俗, 公序, 公益, 公の秩序.

públic prosecútion 〖法律〗*n.* 公訴, 起訴, 訴追: the Board of *Public Prosecution* (英国の)公訴局.

públic prósecutor *n.* 《英》検察官, 検事正 (《米》prosecuting attorney); (特に)公訴局長 (Director of Public Prosecutions).

Públic Récord Òffice *n.* [the ～] (英国の)公立記録保管所《London にあり, Domesday Book を始めとする Norman Conquest 以来の英国の重要記録が保管・閲覧されている》.

públic relátions *n. pl.* [通例単数扱い] **1** 広報, 宣伝広告活動, 広報活動, ピーアール《会社・官庁などがその企業の社会性などを説明し, それに対する社会の理解と興味を喚起しようとする一種の宣伝運動; 普通 P.R. と略す》: a ～ man 広報[宣伝]係. **2** 広報活動の方法[技術], 広報学. **3** 対社会関係, (世間の)受け, 人気: have a good ～ 世間の受けがよい.

públic relátions òfficer *n.* 《英》広報担当官, 渉外[宣伝]官[将校], 部外広報係将校 (《米》PR man, public information officer) (略 PRO).

públic ríghts *n. pl.* 〖法律〗公権.

públic sále *n.* 公売, 競売 (auction).

públic-schòol *adj.* 《英》パブリックスクール(式)の: ～ education, pronunciation, spirit, etc.

públic schòol 〚(1580): cf. L *pūblica schola*〛 — *n.* 〖教育〗**1 a** 《米・スコット》公立学校《公費で経営される初等・中等および高等教育の学校; cf. private school》. **b** 《英》パブリックスクール《上中流子弟のための大学進学の予備教育または公務員などの養成を目的とする寄宿制の私立中等学校; 多くは長い伝統をもっている (Eton, Harrow, Rugby などは特に有名); 主として 13-18 歳の生徒を収容する; 近年その数を増し女子専門の学校もある》. **2** (public school の)校舎.

públic sérvant *n.* 公務員, 官公吏, 公僕 (cf. public officer).

públic sérvice *n.* **1 a** 公務員としての職務, 公務, 公職, 公用. **b** [the ～; 集合的] 公務員. **2** 《米》公益事業《ガス・電気・水道・電話・鉄道など》.

públic-sérvice corporàtion *n.* 《米》公益事業会社, 公社, 公益法人.

públic spéaker *n.* 演説家.

públic spéaking *n.* **1** 公の席で話すこと, 演説[講演]すること. **2** (公の席での)話し方, 雄弁術, 話術.

públic spírit *n.* 公共精神, 公共心, 愛国心.

públic-spírited *adj.* **1** 〈人が〉公共心[公共的精神]のある, 国民の福祉に関心がある. **2** 〈行動が〉公共的精神からなされた. **～·ness** *n.*

públic-spírited·ly *adv.* 公共的精神をもって.

públic státute *n.* =public law 1 a.

públic stóre *n.* **1** 軍需品. **2** 《米》税関倉庫.

públic télevision *n.* 〖テレビ〗公共テレビ放送《もっぱら教育・文化面の番組を提供する非商業的なテレビ放送; 略 PTV; cf. public broadcasting》.

públic tránsport *n.* 公共輸送機関《バス・列車など》.

Públic Trustèe *n.* [the ～] 〖英法〗(慈善基金などの)官選管財人, 受託官.

públic-utílity *adj.* 公益事業[企業]の.

públic utílity *n.* **1** 公益事業[企業], 公共施設, 公用施設《ガス・電気・電話・上下水道・公園・学校・図書館・病院・交通など》. **2** [通例 *pl.*] 公益事業会社株.

públic vérb *n.* 〖文法〗公的動詞《習慣的行為を示す動詞; cf. private verb》.

públic wáy *n.* (私道 (private way) に対し)公道.

públic wóman *n.* 売春婦 (prostitute).

públic wórks *n. pl.* **1** 公共土木工事, 公共事業《公園・遊園地などの建設》. **2** 公共施設《道路・ダム・学校など》.

públic wróng *n.* 〖法律〗公的権利の侵害, 公的違法行為, 犯罪《権利侵害者を国家に対して責任を負わさせる種類の権利侵害; cf. private wrong》.

pub·lish [pʌ́blɪʃ] 〚(*a*1325) *publische(n)* ◻ (O)F *publier*, *puplier* ◻ L *pūblicāre* to publish ← *pūblicus* 'PUBLIC': ⇨ -ish²〛 — *vt.* **1** 発表する, 公表する, 広める: ～ the notice of a birth 誕生[出生]を公表する / ～ secrets 秘密を公表する. **2** 〈法律・命令などを〉発布する, 公布する (proclaim). **3** 〈書籍・新聞などを〉出版する, 発行する, 刊行する. **4** 〖教会〗〈牧師が〉〈結婚予告などを〉(教会会衆に)発表する: ～ the banns of marriage (異議の有無を確かめるために)結婚予告を公示する. **5** 〖法律〗(文書による名誉棄損法で)〈誹毀(ﾋｷ)内容を〉(被害者以外の人に)発表する. **6** 《米》〈にせ金などを〉行使する, 使う. — *vi.* **1** 出版に従事する, 出版事業をする; 発行する. **2** (…から)出版してもらう[させる], 出版する (*with*). **3** 公にできる.

pub·lish·a·ble [pʌ́blɪʃəbl] *adj.* 発行[公表]価値のある.

púb·lish·er 〚(1453)〛 — *n.* **1** 発表者, 公告者, 公布者. **2** 出版業者, 出版社, 発行者: Who is the ～ [are the ～*s*] of the book? その本の出版社はどこか / a ～'s reader ⇨ reader 3 a. **3** 《米》新聞業[経営]者.

públisher's bínding *n.* 〖製本〗出版社装丁[製本] (⇨ edition binding).

publisher's ímprint *n.* 出版(者)事項《図書の標題紙下部に印刷された出版者・出版地・刊年の総称》.

púb·lish·ing 〚(*c*1425): ⇨ -ing¹·²〛 *n.* **1** 出版, 出版業. **2** [形容詞的に]出版(業)の: the ～ business 出版業 / a ～ company [firm] 出版社 / a ～ house 出版社[所].

púb·lish·ment 〚⇨ -ment〛 *n.* 《古》=publication; (特に)結婚予告の公示 (⇨ banns).

Pub·li·us [pʌ́bliəs | -lɪəs, -ljəs] 〚古代ローマの第一名〛 *n.* 男性名.

PUC [pʌ́k] *n.* [the ～] 《米》公益委員会 (Public Utilities Commission).

puc·ca [pʌ́kə] *adj.* =pukka.

Puc·ci·ni [pu:tʃíːni | pu:tʃíːnɪ, pʊ-; *It.* puttʃíːni], **Giacomo** *n.* プッチーニ《1858–1924; イタリアの歌劇作曲家; *La Bohème*「ラ ボエーム」(1896), *La Tosca* (1900), *Madama Butterfly*「蝶々夫人」(1904)》.

Puc·cin·i·a·ce·ae [pʌksìniéɪsiì: | -nɪ-] 〚← NL ～ ← *Puccinia* (属名: ← *Tommaso Puccini* (18 世紀イタリアの解剖学者) + -IA¹) + -ACEAE〛 — *n. pl.* 〖植物〗サビキン科. **puc·cin·i·á·ceous** [-ʃəs] *adj.*

puc·coon [pəkúːn, pə-] 〚(1612) ◻ N-Am.-Ind. (Algonquian) ～ ← *pak* blood: ⇨ poke³〛 — *n.* **1** 〖植物〗北米産の根から赤色染料を採る植物の総称: **a** ムラサキ《ムラサキ科ムラサキ属 (*Lithospermum*) の植物の総称; (特に) *L. carolinense*》. **b** =bloodroot 1. **2** その植物の根から採った赤色染料.

puce [pjúːs] 〚(1787) ◻ (O)F ～ 'flea' ＜ L *pūlicem*, *pūlex* ← IE **plou-*, **blou-* 'FLEA'〛 *adj.* 暗褐色の. — *n.* 暗褐色, 蚤(ﾉﾐ)色 (flea).

pu·celle [pjuːsél; *F.* pysɛl] 〚◻ F ～ ＜ OF *pucele* ◻ VL **pūllicellam* maid (dim.) ← *pulla* (fem.) ← *pullus* young animal〛 — *n.* 《古》処女 (virgin), 少女 (maid): La *Pucelle* オルレアンの少女《Joan of Arc のこと》.

puck¹ [pʌ́k] 〚← ?〛 *n.* 《英》〖鳥類〗ヨーロッパヨタカ (nightjar).

puck² [pʌ́k] 〚← ?: cf. poke²〛 *n.* パック《アイスホッケーで使う球でゴム製の平円板》: rag the ～ (試合中時間かせぎのため)ひとりでパックをあちこち引き回す.

Puck [pʌ́k] 〚OE *pūca* goblin (cf. ON *pūki* mischievous demon) ← ? IE **beu-* to blow up, swell: cf. pout¹, poke¹〛 — *n.* **1** 〖英国伝説〗パック《特に, 16-17 世紀に英国の山野に出没したいたずらな妖精; Robin Goodfellow ともいう; cf. Shak., *Mids N D* II. 1.》. **2** [p-] いたずらっ子. **3** [p-] 《古》悪鬼.

puck·a [pʌ́kə] *adj.* =pukka.

púck-càrrier *n.* 〖アイスホッケー〗パックキャリアー《パックを保持している競技者》.

puck·er [pʌ́kə | -kə(r)] 〚(*v.*: 1598; *n.*: 1741) (freq.) ← POKE¹: ⇨ -er⁴: cf. purse (v.)〛 — *vt.* **1** …にひだをとる, 縮ませる, …にしわを寄せる 〈*up*〉: ～ a piece of cloth 布を縮ませる. **2** 〈唇などを〉すぼめる, 〈顔を〉しかめる 〈*up*〉: ～ *up* the face [one's brows] 顔をしかめる / ～ *up* the mouth [lips] 口をすぼめる. — *vi.* **1** ひだになる, しわになる: Her face ～*ed* with concern. 彼女の顔は心配で引きつったようになった / His forehead ～*ed* into a frown. 額にしわを寄せてしかめ面をした. **2** すぼまる 〈*up*〉. — *n.* **1** ひだ, しわ, 縮み, しわになった[縮んだ]部分: in ～*s* しわになって, ひだになって. **2** 《古》狼狽(ﾛｳﾊﾞｲ), 動揺, 当惑 (perplexity): in a ～ そわそわして, 当惑して.

puck·er·oo [pʌ̀kərúː] 〚◻ Maori *pakaru* broken〛《ニュージーランド俗》*adj.* こわれた, 価値のない. — *vt.* だめにする (ruin).

puck·er·y [pʌ́k(ə)ri | -rɪ] 〚⇨ ↑, -y⁴〛 — *adj.* **1** しわになる, ひだのとれやすい. **2** しわ[ひだ]だらけの. **3** しわ[ひだ]になった (puckered). **4** 口をすぼめさせる, 酸味のある (astringent): a ～ quince, taste, etc.

púck·ish, P- [-kɪʃ] 〚← PUCK + -ISH¹〛 *adj.* パック (Puck) のような, 小悪魔のような, いたずら好きの; わがままな, 無責任な. **～·ly** *adv.* **～·ness** *n.*

púck·lìke, P- 〚⇨ -like〛 *adj.* =puckish.

pud¹ [púːd, púːt] *n.* =pood.

pud² [pʌ́d] 〚(1654) ← ? PAD¹〛 *n.* **1** 《小児語》おてて (hand); (犬・猫などの)前足 (paw). **2** 《卑》ペニス (penis).

pud³ [pʊ́d] *n.* 《口語》=pudding.

PUD 《略》〖商業〗pickup and delivery 集荷と配送.

púd·den-hèad [pʊ́dn-] 〚← *pudden* 《変形》← PUDDING〛 *n.* 《英口語》=pudding-head.

pud·den·ing [pʊ́dnɪŋ, -dn-] *n.* 《英》〖海事〗=pudding 5.

pud·ding [pʊ́dɪŋ] 〚(*a*1300) *puddyng*, *poding* ◻ ? (O)F *boudin* black pudding ← (i) 《擬音語》// (ii) ＜ VL **botellīnum* (dim.) ← L *botulus* sausage ← IE **gēu-* to bend: cf. LG *pudde-wurst* black pudding〛 — *n.* **1 a** プディング《小麦粉・米・パンなどに牛乳・果物・卵など種々の材料を加え, 蒸したり焼いたりした柔らかくて弾力に富むデザートや菓子, 料理の付け合わせなど》: ⇨ plum pudding, rice pudding, Yorkshire pudding / (as) fit as a ～ 《米》ぴったりの / The proof of the ～ is in the eating. ⇨ proof 4. **b** プディングのように柔らかい物. **2** =black pudding. **3** (外見が)プディングに似た物[人]. **4** (しばしば praise に対して)物質的な利益, 実のある報酬: more praise than ～ 実の伴わないお世辞, から世辞 / ～ before [rather than] praise 《諺》「花より団子」. **5** 〖海事〗プディング《防舷物としての紡錘形のあて》; そのための詰物《ロープ・帆布など》. **6** 《卑》ペニス (penis). **7** 《米学生俗》ぜに (money).

in the pudding club ⇨ club² 成句.

～·lìke *adj.*

púdding bòom *n.* 〖海事〗救命艇支え棒《boat davit でボートを吊って格納して置く時, ボートを寄り掛からせて縛るための水平円材》.

púdding-clòth *n.* プディング布《プディングを蒸す時に包むふきん》.

púdding fàce *n.* 丸々として大きな(間の抜けた)顔.

púdding-fàced *adj.* 《口語》丸々として大きな(間抜け)顔の.

púdding hèad *n.* 《口語》[呼掛けにも用いて] ばか, のろま.

púdding-hèaded *adj.* 《口語》ばかな, 間抜けな.

púdding-hèart *n.* 臆病者 (coward).

púdding-pìe *n.* 《英》プディングパイ《プディングの材料を詰めて焼いた小型のパイ》.

púdding-pìpe trèe *n.* 〖植物〗ナンバンサイカチ (*Cassia fistula*)《熱帯アジア原産の高さ 9 m に達するマメ科ハブソウ属の高木; 熱帯各地で薬用に栽培》.

púdding stòne *n.* 〖岩石〗=conglomerate 3.

púdding·wìfe *n.* 〖魚類〗米国大西洋沿岸産のベラ科キュウセン属の大型の魚 (*Halichoeres radiatus*).

pud·ding·y [pʊ́dɪŋi | -ŋɪ] 〚← PUDDING + -Y⁴〛 *adj.* **1** 〈質が〉プディングのような. **2** 重苦しい, 軽快でない. **3** (知力など)鈍い, ばかな (dull).

pud·dle [pʌ́dl] 〚(*n.*: *a*1338; *v.*: 1440) *puddel*, *podel* (dim.) ← OE *pudd* ditch ← ? IE **ben-* to swell: ⇨ -le¹〛 — *n.* **1** 水たまり; 液体のたまり: a ～ of rain, ink, etc. **2** (粘土と砂を水でこねた)こね土《運河の堤防などに使う》. **3** 〖園芸〗(活着を促すために苗の根に付ける)泥. **4** 《口語》ごたごた, めちゃめちゃ (muddle). — *vt.* **1** …に水たまりを作る; 泥水でぬらす; 〈水を〉濁らす, どろどろにする. **2** 〈砂・粘土など

を〉こねる, こねまぜる. **3** ごたまぜにする (muddle). **4** 〈壁穴などを〉泥で塗る; 〈運河の堤防など〉にこね土を塗る. **5** 〘冶金〙〈溶銑を〉攪(か)錬する, (錬鉄製造の一法として)パドルする. **6** 〘農業〙〈田畑〉の泥土をこね回す, 〈田〉の代(しろ)かきをする. **7** 〘園芸〙(移植のために取った苗の根に土が充分付かず, また畑が乾いている場合に活着を促す目的で)〈植物〉の根に水を多めにした泥を付着させる. — *vi.* **1** 泥[泥水など]をかき回す; 泥をはねかえして歩く〈*about*〉. **2** 水たまりを作る[ができる]. **3** こね土を作る. **4** 絵の具[粘土など]にまみれる.

púd·dled *adj.* 《英俗》 **1** 困惑した, 面くらった (confused). **2** 薄ばかの, 間抜けな (half-witted).

púddle dùck *n.* ＝dabbler 1 b.

púddle-jùmp *vt., vi.* 《口語》軽飛行機を飛ばす[で飛ぶ].

púddle jùmper *n.* 《俗》 **1** 軽飛行機; (特に, 低空の観測・連絡飛行用の)軍用機. **2** (通例旧式の)小型車[トラック]. **3** 船外モーター付モーターボート, 船外機艇.

púd·dl·er [-dlə, -dḷə | -dḷə(r, -dlə(r] *n.* 〘冶金〙 **1** 錬鉄する人. **2** 錬鉄用の棒. **3** ＝puddling furnace.

púd·dl·ing [-dlɪŋ, -dḷ- | -dḷ-, -dl-] 〖← PUDDLE＋-ING[1]〗 — *n.* **1** 泥水にすること, どろどろにすること. **2** こね土を作る[塗る]こと, まぜ土塗り作業; こね土工, 粘土工. **3** 〘冶金〙パドリング, 攪(か)錬法, 錬鉄法《溶銑を酸化剤とともに攪拌(かくはん)して炭素を除去し, 錬鉄を作る方法; cf. dry puddling, wet puddling》. **4** ＝puddle 2.

púddling fùrnace *n.* 〘冶金〙パドル炉, 攪(か)錬炉.

pud·dly [pʌ́dli | -lɪ] 〖← PUDDLE＋-Y[4]〗 *adj.* (**pud·dli·er; -dli·est**) **1** 〈道路など〉水たまりの多い. **2** 《古》〈道路など〉どろだらけの, 〈水が〉濁った (muddy).

pu·den·cy [pjúːdṇsi | -sɪ] 〖□ LL *pudentia* ← L *pudent-em* (pres.p.) ← *pudēre* to be ashamed ← IE *(*s*)*peud-* to push, repulse: ⇨ -ency〗 — *n.* はにかみ (bashfulness), 内気 (modesty).

pudenda *n.* pudendum の複数形.

pu·den·dal [pjuːdéndḷ, pjuː- | pjuː-] *adj.* 〘解剖〙(女性)外陰部の.

pu·den·dum [pjuːdéndəm, pjuː- | pjuː-] 〖《1634》← NL ～《逆成》← LL *pudenda* ← L *pudendus* that of which one ought to be ashamed (neut. ger.) ← *pudēre* (⇨ pudency)〗 — *n.* (*pl.* **pu·den·da** [-də]) [通例 *pl.*] 〘解剖〙外陰部; (特に)女性外陰部.

pudge [pʌ́dʒ] 〖《変形》? ← PODGE〗 *n.* 《口語》ずんぐりした人[動物, 物].

pudg·y [pʌ́dʒi | -dʒɪ] 〖⇨ ↑, -y[4]〗 — *adj.* (**pudg·i·er; -i·est**) 《口語》ずんぐりした, かさばった (plump) (cf. podgy): a ～ face / ～ legs 大根脚(あし). **púdg·i·ly** [-dʒɪli, -dʒə- | -lɪ] *adv.* **púdg·i·ness** *n.*

pu·dic [pjúːdɪk] 〖《15C》□ F *pudique* □ L *pudicus* modest ← *pudēre* to be ashamed: ⇨ pudency〗 *adj.* 〘解剖〙＝pudendal.

pu·dic·i·ty [pjuːdísəṭi | -sətɪ, -sɪ-] *n.* 謙遜, 遠慮, 内気 (modesty); 純潔, 貞節 (chastity).

Pu·dov·kin [puːdɔ́(ː)fkɪn | -dɔ́f-; *Russ.* pudófkin], **Vse·vo·lod Il·la·ri·o·no·vich** [fsjévələt ilarióṇəvjitʃ] *n.* プドフキン《1893–1953; ソ連の映画監督・理論家》.

pu·du [púːduː] 〖土語〗 *n.* 〘動物〙プーズー (*Pudu pudu*) 《南米チリのアンデス山脈産の小型の赤ジカ》.

Pue·bla [puéblə, pwéb- | puéb-, pwéb-; *Sp.* pwéβla] *n.* プエブラ: **1** メキシコ中部地方の州; 面積 33,919 km², 人口 2,509,000. **2** 同上の州の首都; 人口 499,000.

pueb·lo [puéblou, pwéb-, pjuéb- | puébləu, pwéb-] 〖□ Sp. ～ 'village, people' < L *populum* 'PEOPLE'〗 — *n.* (*pl.* ～**s**) **1** (米国南西部のインディアンの)石やアドーべれんが (adobe) 造りの集団住居(の部落). **2** (ラテンアメリカ・フィリピンの)町 (town), 村, 部落. **3** インディアンの村落.

Pueb·lo [puéblou, pwéb-, pjuéb- | puébləu, pwéb-] 〖↑〗 — *n.* **1** 米国 Colorado 州中部の都市; 人口 106,000. **2** (～**s**, ～) **a** [the ～(s)] プエブロ族《Zuñi, Hopi, Acoma, Tewa, Tiwa, Tano などの諸族を含む平和なインディアンで農耕に従事する; Basket Maker 族に続いて後期 Anasazi 文化を創造した; 現在は New Mexico 州および Arizona 州に住む; Pueblo Indians ともいう》. **b** プエブロ族の人. **3** プエブロ(インディアン)語.

pu·er·ile [pjú(ə)rəl, -raɪl, pjúːərəl, -ràɪl | pjúəraɪl] 〖《1659》□ F *puérile* ∥ L *puerīl-is* ← *puer* child, boy ← IE **pōu* few, little (Gk *paîs* child)〗 — *adj.* **1** 子供らしい; 子供っぽい, 幼稚な, 未熟な (cf. virile). **2** つまらない, たわいない (trivial). **3** 〈呼吸が〉子供[少年]のような: ⇨ puerile breathing. **～·ly** [pjú(ə)rə(l)li, -raɪlli, pjúːərə(l)li, -ràɪlli | pjúəraɪlli] *adv.* **～·ness** *n.*

púerile bréathing *n.* 〘生理・病理〙小児呼吸.

pú·er·il·ìsm [-lìzṃ] 〖⇨ -ism〗 *n.* **1** 幼稚な行為. **2** 〘病理〙(小児症[型] (infantilism) に続く)幼稚症[型].

pu·er·il·i·ty [pju(ə)ríləṭi, pjùːər- | pjuərílətɪ, -lɪ-] 〖《c1475》□ F *puérilité* □ L *puerilitātem* childishness ← *puerīlis* 'PUERILE': ⇨ -ity〗 — *n.* **1 a** 子供っぽさ, 幼稚さ (childishness), 稚気; ばかばかしさ, たわいなさ (foolishness). **b** おとなげのない[子供じみた]言行. **2** 〘大陸法〙幼年《英米法では男子は 7 歳から 14 歳, 女子は 7 歳から 12 歳; cf. puberty 1》.

pu·er·per·a [pjuːɜ́ːp(ə)rə | pjuːɜ́ːpərə, pjʊ-] 〖□ L ～ (fem.) ← *puerperus* (↓)〗 *n.* (*pl.* **-per·ae** [-pəriː]) 〘産科〙産床婦, (産)褥婦(じょくふ)《分娩(ぶんべん)中または直後の産婦》.

pu·er·per·al [pjuːɜ́ːp(ə)rəl | pjuːɜ́ːpər-, pjʊ-] 〖《1768》← NL *puerperāl-is* ← L *puerperus* bringing forth children ← *puer* child＋*parere* to bring forth: ⇨ -al[1]: cf. parent〗 — *adj.* 〘産科〙産婦の, 産褥(さんじょく)の, 産床の, 分娩(ぶんべん)の; 出産による.

puérperal féver *n.* 〘病理〙産褥(さんじょく)[産床]熱 (childbed fever).

puérperal sépsis *n.* 産床[産褥(さんじょく)]敗血症.

pu·er·pe·ri·um [pjùːəpí(ə)riəm | -əpíərɪ-] 〖□ L ～ 'childbirth' ← *puerperus*: ⇨ puerperal, -ium〗 — *n.* (*pl.* **-ri·a** [-riə | -rɪə]) 〘産科〙産床(期), 産褥(さんじょく)(期)《分娩(ぶんべん)後常態に復するまでの期間》.

Puer·to Ca·bel·lo [pwέəṭou-kəbéɪ(j)ou | pwέətəu-kəbéɪ(j)əu; *Am. Sp.* pwértokaβéjo] *n.* プエルト カベヨ《南米北部ベネズエラ北部の海港; 人口 74,000》.

Puer·to Ri·can [pɔ̀əṭəríːkən, pòə-, pwὲə-, -ṭo(ʊ)- | pwɜ̀ːtəu-, pέə-] *n.* プエルトリコ人. — *adj.* プエルトリコ(人)の.

Puérto Rícan róyal pálm *n.* 〘植物〙プエルトリコダイオウヤシ (*Roystonea borinqueno*) 《Puerto Rico および St. Croix 産の大型のヤシ; 巨大な羽状葉をつける; cf. royal palm》.

Puer·to Ri·co [pɔ̀əṭəríːkou, pòə-, pwὲə-, -ṭo(ʊ)- | pwɜ̀ːtəuríːkəu, pwέə-] *n.* プエルトリコ《西インド諸島中部にある米国の自治領の島; 人口 2,712,000, 面積 8,897 km², 首都 San Juan; 略 P.R.; 1932 年までは Porto Rico といった; 公式名 the Commonwealth of Puerto Rico プエルトリコ共和国》.

puff [pʌ́f] 〖*n.*: 《?a1200》 *puf, puffe* < OE *pyff* ← *pyffan.* —v.: 《?a1200》 *puffe(n)* < OE *pyffan* (cf. (M)Du. *puffen* / LG *pof, puf*) ← IE **beu-* to swell: cf. Puck〗 — *n.* **1 a** ぷっと吹くこと, ひと吹き (whiff); 一陣の風 (gust); (特に)＝cat's-paw 2: a ～ of wind 一陣の風. **b** ぷっと吹く音. **c** (煙・蒸気などの)一吹きの量: a ～ of smoke [steam] ぱっと出た煙[蒸気]. **d** (たばこの)一吹かし, 一服: take a ～ at a cigarette たばこを一服吸う. **2** ぷっとふくれること. **3** ぷっとふくれたもの: **a** (肉などの)腫れ上がり (swelling), こぶ (protuberance). **b** 〘服飾〙パフ《袖口などギャザーを入れてふくらました部分》: ⇨ puff sleeve. **c** パフ《円筒形の頭髪カール》. **d** 《米》羽ぶとん, 掛けぶとん (comforter). **e** 軽く焼き上げた菓子: a cream ～ シュークリーム. **f** (化粧用)パフ (powder puff). **4** 〘植物〙＝puffball. **5** 〘生物〙パフ, 染色体パフ《巨大染色体の一部で見られる横縞がふくらんだ部分で, RNA の合成が盛んに行なわれている》. **6 a** ほめそやし, 吹聴(ふいちょう): get a good ～ 大いに賞賛される. **b** 自賛的広告, (誇大)宣伝: newspaper ～*s* 大げさな新聞広告 / a mere tradesman's ～ 商売人式自家宣伝. **7** 《米俗》臆病者, 意気地なし. **8** 《英俗》(男の)同性愛者. ***out of puff*** 《口語》息切れした[して].

— *vi.* **1** 息[空気, 煙など]をぷっぷっと吹く, 〈息・蒸気・煙などが〉ぷっぷっと出る〈*out, up*〉. **2** (たばこなどを)ぱっぱっと吹き続ける〈*away*〉: ～ *away* at one's cigar 葉巻をすぱすぱ吹かす / ～ rapidly *on* one's pipe せわしげにすぱすぱとパイプを吹かす. **3** 〈汽車などが〉ぽっぽっいいながら進む〈*away, along,* etc.〉. **4** 息を切らす, あえぐ (pant); あえぎながら行く: ～ and pant [blow] (息を切らして)ふうふういう, あえぐ. **5** ぷっとふくれる (swell)〈*out, up*〉. **6** 《古》〔…を〕ふんと鼻であしらう〔*at*〕. **7** 《英》(競売で共謀して品物に高値をつけて)値をせり上げる.

— *vt.* **1** 〈ちり・煙などを〉ぷっと吹く: ～ *away* smoke 煙を吹き飛ばす. **2** 吹き払う〈*away, up*〉; 吹き消す〈*out*〉: The engine ～*s* clouds of steam. 機関車は蒸気の煙をぱっぱっと吐く / ～ *out* a candle 蠟燭(ろうそく)を吹き消す. **3** 〈たばこなどを〉すぱすぱ吹かす: ～ a pipe パイプを吹かす. **4** 《口語》息切れさせる, あえがせる: I was ～*ed* by the run. 私は走ったので息切れがした / He was quite ～*ed out* after the climb. よじ登って彼はすっかり息を切らした. **5** (空気で)ふくらませる (inflate)〈*out, up*〉: ～ *out* one's cheeks [chest] ほお[胸]をふくらませる / sails ～*ed out* with wind 風をはらんだ帆. **6** 〈衣服の部分を〉ギャザーなどでふくらませる. **7** 〈頭髪を〉丸くカールにする. **8** 化粧用パフで〈顔〉におしろいをつける; 〈おしろいを〉パフでつける. **9** 得意がらせる〈*up*〉: be ～*ed up* with pride うぬぼれて得意になっている / be ～*ed out* with self-importance 自分が偉いつもりで尊大ぶっている. **10 a** ほめ立てる, 吹聴する. **b** 〈商品などを〉自画自賛する, 誇大に宣伝する. **11** 《英》(競売で)〈値を〉せり上げる.

huff and puff (*over* [*against*] …) ⇨ huff *vi.* 2 ★. ***puff out*** (*vi.*) あえぎながら言う. (*vt.*) あえぎながら〔…を[と]言う.

púffed *adj.*

púff àdder *n.* 〘動物〙 **1** パフアダー (*Bitis arietans*) 《熱帯アフリカ産のクサリヘビ科の猛毒のヘビ; 興奮すると体をふくらませて音を立てる》. **2** ハナダカヘビ (hognose snake).

púff·bàll 〖たたくと胞子が噴出 (puffing) することから〗 — *n.* 〘植物〙 **1** ホコリタケ属 (*Lycoperdon*), ノウタケ属 (*Calvatia*), オニフスベ属 (*Lanopila*) などのキノコの総称. **2** 冠毛のできたタンポポの頭.

púff·bird *n.* 〘鳥類〙オオガシラ, アメリカゴシキドリ《熱帯アメリカ産オオガシラ科のゴシキドリ (barbet) に似た鳥類の総称》.

púff-bòx *n.* 《英》パフ入れ, 粉おしろい箱.

púffed-úp *adj.* **1** (空気などで)ふくれた, ふくらんだ. **2** 〈患部など〉腫れた.

púff·er *n.* **1** ぷっと吹く人[物]. **2 a** やたらにほめそやす人. **b** 宣伝屋, (競売人の)さくら. **3** 〘魚類〙フグ科の魚類の総称《体を水や空気でふくらませることができる》. **4** 《小児語》汽車ぽっぽ (puff-puff).

puff·er·y [pʌ́f(ə)ri | -rɪ] 〖← PUFF＋-ERY〗 *n.* ほめそやし, 吹聴(ふいちょう), 宣伝.

puf·fin [pʌ́fɪn, -fən | -fɪn] 〖《1337》 *poffo(u)n, pophyn* ← ?: この鳥のふっくらした形から PUFF と連想?〗 — *n.* 〘鳥類〙北太平洋・北大西洋に分布するツノメドリ属 (*Fratercula*) とエトピリカ属 (*Lunda*) の海鳥の総称《みぞのついた大きな平たいくちばしがある; ニシツノメドリ (*F. arctica*), ヒメツノメドリ (Atlantic puffin) など》.

puffin (*Fratercula arctica*)

púf·fi·ness *n.* **1** はれ, ふくれ; 肥満. **2** 誇張; 自慢. **3** 〘医学〙腫脹(しゅちょう), はれ(上がり).

púff·ing [ME: ⇨ -ing[1]] *n.* **1** ぷっと吹くこと. **2** ほめそやすこと.

púffing àdder *n.* 〘動物〙ハナダカヘビ (hognose snake).

púff pàste *n.* パフペースト, 折り込みパイ生地《バターを包み込み, いく層にも折りたたんだ小麦粉の生地; 焼くと軽い層になってふくれる; cf. shortcrust pastry》.

púff pástry *n.* ＝puff paste.

púff-pùff 〖擬音語〗: cf. puff〗 *n.* 《英》(機関車・汽車の)ぽっぽっ(という音); 《小児語》機関車, 汽車ぽっぽ (puffer, choochoo car).

púff sléeve *n.* 〘服飾〙パフスリーブ, ちょうちん袖《袖口や袖山にギャザーを寄せてふくらませた袖》.

puff·y [pʌ́fi | -fɪ] 〖《1599》: ← PUFF＋-Y[4]〗 — *adj.* (**puff·i·er; -i·est**) **1** 〈風が〉ぷっと吹く, 一吹きの, 一陣の (gusty). **2** 〈人・動物が〉ふうふういう, 息切れがする, 息の短い (shortwinded), 息切れしている, はあはあいう: He was rather ～ after the climb. 登って来た後でかなり息切れしていた. **3** ふくれた (inflated); 腫(は)れる, 腫れた (swollen); 〈人が〉肥満した: be ～ under the eyes 目の下が腫れている. **4** 思い上がった, うぬぼれた. **5** 誇大な (bombastic); 自慢する (proud). **6** 《英俗》男らしくない, めめしい, 弱々しい (effeminate). **púff·i·ly** [-fɪli, -fə- | -lɪ] *adv.*

pug[1] [pʌ́g] 〖《1566》← ?: cf. Puck〗 — *n.* **1** パグ《オランダ原産(その起源を中国とするともいわれている)ペキニーズ (Pekingese) の類に似ていて, 短毛, 短胴, 小型の大種のイヌ》: a Japanese [Chinese] ～ ちん. **2** [愛称] キツネ; 《廃》サル. **3 a** (束髪の)まげ (bun). **b** ＝pug nose. **4** 〘魚類〙＝rainbow parrot fish. **5** 《英》(操車用の)小機関車. **6** 《英俗》(大邸宅の)召使い頭(がしら). **púg·gish** *adj.* **púg·gy** *adj.*

pug[2] [pʌ́g] 〖《1809》← ?〗 — *n.* **1** パッグミル (pug mill) で作られた坏土(はいど). **2** ＝pug mill. **3** 耐火セメント. — *vt.* (**pugged; pug·ging**) **1** 〈粘土を〉こねる. **2** こね土でふさぐ; (特に, 防音のため)〈床下などの空間〉にこね土・おがくず・岩綿などを詰める, 漆喰(しっくい)を塗る.

pug[3] [pʌ́g] 〖□ Hindi *pag* ← ? Skt *padaka* foot ← *pada*: ⇨ foot〗 — *n.* 《インド》足跡; (特に, トラなど)野獣の足跡《pug mark ともいう》. — *vt.* (**pugged; pug·ging**) 〈トラなど〉の足跡をたどる.

pug[4] [pʌ́g] 〖略〗 *n.* 《俗》(プロ)ボクサー (pugilist).

pug·a·ree [pʌ́g(ə)ri | -rɪ] *n.* ＝puggaree.

púg-dòg 〖⇨ pug[1]〗 *n.* ＝pug[1] 1.

Pú·get Sóund [pjúːdʒɪt-, -dʒət-] 〖← *Lt. Peter Puget* (1792 年の George Vancouver 探検隊の副官)〗 — *n.* ピュージェット湾《米国 Washington 州北西部, 太平洋岸の湾》.

pug·ga·ree [pʌ́g(ə)ri | -rɪ] 〖《1665》□ Hindi *pagrī* turban ← Skt *parikara*〗 — *n.* **1** (インド人が用いる)軽いターバン. **2** (トーピー (topee) や麦わら帽に巻き付ける)薄地のスカーフ《日よけ用に後ろへたらす》.

púg·ging 〖← PUG[2]＋-ING[1]〗 *n.* **1** 土こね, こね固め. **2** 〘建築〙防音材, 音響止め漆喰(しっくい)[モルタル] 《床根太間や壁の間に塗ったり詰めたりする》.

pug·gree [pʌ́gri | -rɪ] *n.* ＝puggaree.

pugh [púː, pjúː | pjúː] 〖擬音語〗 *int.* ふん, ふーん, へん, えへん《軽蔑・憎悪・反感などを表わす》.

Pugh [pjúː] 〖□ Welsh *ap Hu* son of Hugh〗 *n.* 男性名. ★ ウェールズに多い.

pu·gi·lism [pjúːdʒəlìzṃ | -dʒɪ-] 〖← L *pugil* boxer (← *pugnus* fist ← IE **peuk-* to prick)＋-ISM〗 *n.* **1** (プロ)ボクシング, 拳闘. **2** (昔の)素手の殴り合い.

pú·gi·list [-lɪst, -ləst | -lɪst] 〖《1790》: ⇨ ↑, -ist〗 *n.* **1 a** (プロ)ボクサー. **b** (素手で)殴り合いをする人. **2** 手ごわい論争家.

pu·gi·lis·tic [pjùːdʒəlístɪk | -dʒɪ-] *adj.* (プロ)ボクシングの: a ～ encounter ボクシング, 拳闘試合. **pù·gi·lís·ti·cal·ly** *adv.*

Pu·gin [pjúːdʒɪn, -dʒən | -dʒɪn], **Augustus Welby Northmore** *n.* (1812–52) 英国の建築家; ゴシック様式の復興者.

Pu·glia [*It.* púʎʎa] *n.* プーリア《Apulia のイタリア語名》.

púg mill *n.* パッグミル, 土練機, こね土機《可塑状態の陶器坏土(はいど)を均密な状態の柱状物に押し出す機械》.

pug·na·cious [pʌgnéɪʃəs] 〖《1642》← L *pugnāci-* (← *pugnāx* fond of fighting ← *pugnāre* to fight ← *pugnus* fist)＋-OUS: ⇨ pugilism〗 — *adj.* けんか早い, けんか[争い]好きな. **～·ly** *adv.* **～·ness** *n.* **pug·nac·i·ty** [pʌgnǽsəṭi | -sətɪ, -sɪ-] *n.*

púg nòse *n.* しし鼻 (snub nose).

púg-nósed *adj.* しし鼻の (snub-nosed).

pug·ree [pʌ́gri | -rɪ] *n.* ＝puggaree.

púg-úgly 〖← PUG[1]《廃》harlot〗*adj.*《英俗》とても醜い, 醜悪な.

Púg·wash cónference [pʌ́gwɑʃ-, -wɔ(ː)ʃ- | -wɔʃ-] 〖← *Pugwash* (Nova Scotia の地名; 最初の開催地)〗*n.* (世界問題を討議する)国際科学者会議.

puir [pjʊ́ə | pjʊ́ə(r] *adj.*《スコット》 **1** ＝poor. **2** ＝pure.

puis·ne [pjúːni | -nɪ] 〖《1598》□ OF *puisne* (F *puîné*) junior: ⇨ puny〗 ── *adj.*〖法律〗 **1** 下位の, 後輩の, 年下の (junior), 役付きでない, 平の, 通常の: a ～ judge (chief justice と区別して)通常判事. **2** 〔…の〕後の, その次の (subsequent) 〔*to*〕: ～ mortgagees / mortgagees ～ *to* the plaintiff 原告の次順位抵当権者. ── *n.* **1** 年下の人, 後輩. **2** 通常判事(puisne judge).

pu·is·sance [pwísns, pjúːəs-, pjuís- | pjúːɪsns, pjʊ́ɪs-, pwís-] 〖《1420》*puissaunce* □ (O)F *puissance* ← *puissant* (↓): ⇨ -ance〗 ── *n.* **1** [《英》 pwíːsɑ̃ː(n)s, -sɔ̃ː(n)s, -sɑːns, -sɔ(ː)ns, ─ ⌐; *F.* pɥisɑ̃ːs]〖馬術〗ピュイッサンス, 障害飛越能力競技, 特別大障害飛越競技《飛越競技の一つで最も高い障害を飛んだ者が優勝する》. **2**《詩・文語》強制力, 強力な勢力, 権力 (power).

puis·sant [pwísnt, pjúːəs-, pjuís- | pjúːɪs-, pjʊ́ɪs-, pwís-] 〖《?c1450》*puissaunt* □ (O)F *puissant* < VL **possentem* ＝L *potentem* (pres.p.) ← *posse* to be able: ⇨ potent[1], -ant〗 ── *adj.*《詩・文語》力のある, 勢力[権力]のある, 強力な (powerful). **～·ly** *adv.*

pu·ja [púːdʒə] 〖□ Skt *pūjā* worship〗*n.* **1** ヒンズー教の儀式. **2** [通例 *pl.*]《インド俗》祈り (prayers).

pu·ka[1] [púːkə] 〖← Maori〗*n.*〖植物〗ニュージーランド産ミズキ科 *Griselinia* 属の植物の総称《材が堅く鉄道の枕木などに使う; *G. lucida, G. littoralis* など》.

pu·ka[2] [púːkə] 〖← Hawaiian〗*n.* **1** 穴 (hole), トンネル (tunnel). **2**《卑》女性生殖器.

puke [pjúːk] 〖《1599》← ?《擬音語》〗 ── *vi.* **1**《卑》＝vomit 1. **2** (石油の分溜塔が)あふれ出す. **3** 吐気を催す; 嫌悪する. ── *vt.* **1**《卑》＝vomit 1. **2** 吐かせる. ── *n.* **1**《卑》＝vomit 2. **2** [通例 P-] Missouri 州人のあだ名. **3** 不愉快きわまりない人物.

pu·ke·ko [puːkéɪkoʊ | -kəʊ] 〖← Maori〗 ── *n.*〖鳥類〗オーストラリアセイケイ (*Porphyrio melanotus*)《オーストラリア・ニュージーランドに生息するクイナ科セイケイ属の水鳥》.

puk·er·oo [pʌ̀kərúː] *adj., vt.* ＝puckeroo.

puk·ka [pʌ́kə] 〖《1698》□ Hindi *pakkā* cooked, ripe, substantial ← Skt *pakva* ripe〗 ── *adj.*《インド》 **1** 目方の十分な; 上等の, 一流の (first-class) (cf. cutcha). **2** 純良な, 真正の (genuine): a ～ sahib [しばしば軽蔑的に] 本物の紳士. **3** 〈建物など〉永久的な; 〈官職など〉終身の.

pu·ku [púːkuː] 〖□ Zulu *poku*〗*n.*〖動物〗プークー (*Adenota vardoni*)《中央アフリカ南部産の赤色のレイヨウ》.

pul [púːl] 〖□ Pers. *pūl* □ Turk. *pul* □ LGk *phóllis* small coin □ L *follis*《原義》bellows: cf. follicle〗 ── *n.* (*pl.* **～s**, **pu·li** [púːliː]) **1 a** プール《アフガニスタンの通貨単位; ＝$^1/_{100}$ afghani》. **b** 1 プール銅貨. **2** プール《15 世紀から 1810 年にかけて発行されたロシヤの銅貨》.

pu·la [púːlɑː] 〖□ Bantu (Setswana) ～〗*n.* プラ《ボツワナの通貨単位》.

Pu·la [púːlə; *Serbokroat.* púːla] *n.* プーラ《ユーゴスラビア北西部, Istria 半島の南端にある海港; もとイタリア領; 人口 48,000; イタリア語名 Pola》.

Pu·las·ki [pəlǽski, pjuː- | -kɪ; *Pol.* puwáski], **Cas·i·mir** [kǽzəmìə | -zɪmɪə(r] *n.* プラスキー《1748?–79; ポーランドの貴族・将軍; 米国独立戦争の独立軍を指揮した; ポーランド語名 Kazimierz [kazímjɛʃ] Pułaski》.

pul·chri·cide [pʌ́lkrəsàɪd | -krɪ-] 〖← L *pulchri*-(↓)＋-CIDE〗*n.* 美の破壊(者).

pul·chri·tude [pʌ́lkrət(j)ùːd | -krɪtjùːd] 〖《?c1400》□ L *pulchritūdō* ← *pulchri-, pulcher* beautiful ← ?: ⇨ -tude〗 ── *n.*《文語》(特に, 女性の肉体的な)美しさ, きれいさ (beauty): the ～ of Venus.

pul·chri·tu·di·nous [pʌ̀lkrət(j)úːdənəs, -dn- | -krɪtjúːdɪn-] *adj.*《文語》(特に)〈女性が〉美しい, きれいな.

pule [pjúːl] 〖《1534》←《擬音語》: cf. F *piauler* to cheep, howl〗 ── *vi.* **1** 〈病児などが〉ひーひー[しくしく]泣く, 弱い声で泣く. **2** 〈ひななどが〉ぴよぴよ鳴く; 〈小犬などが〉訴えるように[哀れげに]泣く(whine). **púl·er** [-lə | -lə(r] *n.*

puli[1] *n.* pul の複数形.

pu·li[2] [púli, pjúːli | -lɪ] 〖□ Hung. ～〗*n.* (*pl.* **pu·lik** [-lɪk], **～s**) プリ《ハンガリー原産の牧羊犬; もつれやすい毛でおおわれている中型の犬種のイヌ》.

Pu·lic·i·dae [pjuːlísədìː | -sɪ-] 〖← NL ～ ← *Pulic-, Pulex* (属名: ← L *pūlex* flea)＋-IDAE〗*n. pl.*〖昆虫〗(隠翅目)ヒトノミ科.

pulik *n.* puli[2] の複数形.

púl·ing [-lɪŋ] *adj.* **1** ひーひー[しくしく]泣く, 弱い声で[訴えるように]泣く. **2** 弱虫の, 意気地なしの: a ～ coward. **～·ly** *adv.*

Pul·it·zer [púlɪtsə, pjúːl-, -lə- | púlɪtsə(r], **Joseph** *n.* (1847–1911) ハンガリー生れの米国の新聞経営者・慈善家. ★ 家族の発音は [púlɪtsə].

Pú·lit·zer Príze [pjúːlɪtsə-, púl-, -lə- | -lɪtsə-] 〖↑〗 ── *n.* ピューリッツァー賞《Joseph Pulitzer の遺志によって 1917 年に始められ, 毎年授与される; ジャーナリズム・文学・音楽・公共奉仕などの分野にわたって 17 の部門があり, 受賞者は原則として米国市民》.

pull [púl] 〖v.: OE *pullian* to pull, pluck ← ?: cf. Icel. *pūla* to work hard / MLG *pūlen* to strip off husks. ── n.:《1440》← (v.)〗 ── *vt.* **1 a** 引く, 引き寄せる, 引っ張る (↔ push): ～ a rope / ～ a trigger 引き金を引く / ～ a bell ひもを引いて鐘を鳴らす / ～ a person's ears＝～ a person *by* the ear (罰として)人の耳を引っ張る / ～ a person's nose＝～ a person *by* the nose (軽蔑して)人の鼻を引っ張る / ～ a person's sleeve＝～ a person *by* the sleeve (注意を引くために)人の袖を引く / Don't ～ my hair. 髪の毛を引っ張らないでくれ / ～ a thing *up* [*down, back, forward*] 物を引き上げる[引き下げる, 引っ張り戻す, 前へ引き寄せる] / ～ the curtains *across* カーテンを引いて閉める / ～ a person *into* the room 人を部屋に引きずり込む / ～ (*down*) one's hat *over* one's eyes 帽子を目深にかぶる / He was *～ed out of* bed [*off* the chair]. 彼はベッド[椅子]から引きずり出された[降ろされた] / ～ a person *away from* the burning house 燃えさかる家から人を引っ張り出す / ～ *down* goods *from* a shelf 棚から荷物を引き下ろす / ～ one's chair *up to* the table 椅子をテーブルに引き寄せる / He *～ed* the door open [shut]. 戸を引いて開けた[閉めた]. **b** 引っ張って行く (↔ push): ～ a cart / Two locomotives *～ed* the heavy train *up* the grade. 2 台の機関車が重い列車を牽引して勾配を登った.

2 a 〈果物・花・野菜などを〉もぐ (pluck), 摘む (gather), 引き抜く (uproot) 〈*out, up*〉: ～ (*out*) weeds / ～ (*up*) carrots [stumps] にんじん[切り株]を引き抜く / ～ berries *off* (a yew) (イチイの)実を摘み取る / ～ corn *from* a stalk 茎からトウモロコシをもぎ取る. **b** 〈毛を〉むしる, 〈鳥など〉の毛をむしる (pluck);《方言》〈鳥〉のはらわたを抜く (draw); 〈生皮〉の毛を取り去る: ～ plumes, wool, a hide, etc. / ～ a fowl 鳥の羽を引き抜く;《方言》鳥のはらわたを出す. **c** 〈歯・栓などを〉引き抜く, 抜き取る (draw out): ～ a cork / have a decayed tooth *～ed* (*out*) 虫歯を抜いてもらう. **d** 〈一定量のビールを〉樽などから出す[つぐ] (draw): ～ a pint of beer *for* a person 人に樽からビールを 1 パイントついでやる.

3 取り除く, 除去する (remove); 〈人を〉引き上げる (withdraw): ～ a crankshaft クランクシャフトを取り外す / ～ a starting pitcher 先発投手を引っ込める / ～ troops *out* (*of* an exposed position) 軍隊を(最前線から)撤退させる.

4 引き離す, 引き裂く (tear): ～ a seam 縫い目を引き裂く / ～ *off* leaves 葉を引きちぎる / ～ a cloth *apart* 布をずたずたに引き裂く / ～ a toy *into* bits [*to* pieces] おもちゃをばらばらに壊す.

5 〈オールを〉引く, 〈舟を〉漕(こ)ぐ (row), 〈舟が〉〈…本のオールを〉持つ, 〈…丁〉漕ぎである; 〈人を〉漕いで運ぶ: ～ an oar, a boat, etc. / ～ a lone oar ⇨ oar 成句 / He *～s* a good oar. 漕ぐのが上手だ / The boat *～s* six oars このボートは 6 本のオールで漕ぐ[6 本オールだ].

6 a 手綱を引いて〈馬を〉立ち止まらせる;〖競馬〗勝たないように故意に〈馬を〉制する. **b**〖ボクシング〗勝たないように故意に〈パンチ〉に力を加えない, 手心を加える: ～ one's punches ⇨ punch[1] *n.* 成句.

7 〈人の引き・後援を〉得る, 〈顧客などを〉引きつける (attract), 〈投票などを〉集める, 〈成績を〉獲得する (obtain): ～ a person's support [custom] 人の支援[愛顧]を得る / ～ large crowds [many votes] 大観衆[多くの票]を集める / ～ an A in one's Russian course ロシア語で A を取る.

8〖印刷〗〈校正刷りなどを〉刷る, 取る; 〈組版・石版などから〉ゲラを刷る.

9 〈腱(けん)・筋肉などを〉張り過ぎて痛める (strain).

10〖野球・ゴルフ・クリケット〗〈ボールを〉引っ張って打つ, 引っ張る (cf. *n.* 7, push 10 b): ～ the ball *to* left ボールをレフトに引っ張る.

11 〈ナイフ・ピストルなどを〉引き抜く, 抜いて構える: ～ a knife [gun] *on* a person ナイフ[ピストル]を突きつける.

12 〈さまざまな顔を〉する: ～ a face [faces] しかめ面(つら)をする / ～ a long [wry] face 不機嫌な顔をする (cf. a face drawn with pain ⇨ draw *vt.* 12 a) / ～ a sanctimonious face 信心家ぶった顔をする / ～ a reluctant grin 気乗り薄ににやっと笑う.

13《口語》〈大胆なこと・強盗などを〉やってのける; 〈失策・いたずらなどを〉やらかす (commit), しでかす (perpetrate): ～ a stunt 離れ業をやってのける / ～ a holdup [bank job] 強盗[銀行強盗]を働く / ～ a boner 大失策をしでかす / ～ a trick *on* a person 人にいたずらをする; 人をごまかす / What are you trying to ～? 何をやらかそうとしているんだい.

14《米口語》〈権威・地位などを〉かさに着る: ～ one's authority [rank] *on* a person 人に対して自分の権威を振り回す[自分の地位をかさに着て人にいばる].

── *vi.* **1 a** 引く (draw), 引っ張る (↔ push): ～ *at* [*on*] a rope 綱を引っ張る / ～ *on* the oar(s) オールを漕ぐ (cf. *vi.* 3) / a horse [an engine] that ～*s* well 引っ張る力の強い馬[エンジン] / The fish ～*s on* the line. 魚が釣糸を引っ張る. **b** 引ける, 引っ張られる: The handle ～*s* easily. その取っ手は引くと簡単に動く / This drawer won't ～ (*out*). この引出しはどうしても抜けない / These roots ～ (*up*) hard. この根はなかなか抜けない. **c**〖印刷〗〈活字が〉組版から抜け出す 〈*out*〉 (cf. pullout 2). **2** (力を出して)動く, 進む; 〈乗物が〉(エンジンの力に引かれて)動く, 進む: ～ (*a*)*round* 回れ右をする / ～ *aside* 脇に寄る / ～ *away* 〈バスなどが〉出発する / ～ *up* the hill 丘を登って行く / The train *～ed in*. 列車が入って来た / I saw a car ～ *up* the drive. 車が車寄せに入って来るのが見えた. **3** オールを引く, こぐ, こぎ進む; 〈ボートが〉こがれる: ～ *away* 絶え間なくこぐ / They *～ed for* the shore. 岸に向かってこぎ進んだ / The boat *～ed in to* [*off from*] shore. ボートが海岸に近づいた[から離れた]. **4** 〈馬が〉(衝(くつわ)に逆らって)言うことをきかない. **5 a**〖野球・ゴルフ・クリケット〗ボールを引っ張って打つ. **b**〖アメリカンフットボール〗(ラインメンが snap と同時に)下がる《回り込んでブロックに向かう》. **6** ピストルを抜いて構える: He *～ed* and fired. ピストルを抜いて発砲した. **7 a** 〔びんなどから〕酒をぐっと飲む〔*at*〕: ～ *at* a rum bottle びんからラム酒をぐいっと飲む. **b** 〔パイプ・たばこを〕吸う (suck) 〔*at, on*〕: ～ *at* one's pipe パイプをふかす / ～ *on* a cigar 葉巻を吸う. **c** 〈パイプが〉煙を通す: This pipe is *～ing* badly. このパイプはよく通らない. **8**《米》〈広告・売り出しなどが〉注意を引く, 人気を集める, 効果的である, 客を引きつける: This ad ～*s* badly. この広告はあまり効果がない / The bargain sale is *～ing well*. バーゲンセールは大繁盛[大当たり]だ.

pull about 引きずり回す; 手荒く扱う (treat roughly). ***pull a fast one*** ⇨ fast[2] *adj.* 成句. ***pull ahead*** 先に出る, 追い抜く: ～ *ahead* (*of* an opponent) (相手を)追い越す. ***pull and haul*** 引っ張り回す. ***pull apart*** (*vi.*) (1) 引くと切れる[離れる]: It easily ～*s apart*. (2) 分解できる. (*vt.*) (1) ⇨ *vt.* 4. (2) 〈書棚などを〉分解する. (3) …のあらを捜す, 酷評する, こきおろす. ***pull around*** (1) ＝PULL *about*. (2) ＝PULL *round* (1). ***pull aside*** (*vt.*) 〈カーテンなどを〉脇へ引く; 〈《秘密・虚偽などの》ベールを〉はぐ: ～ *aside* the cloak of secrecy. (*vi.*) ⇨ *vi.* 2. ***pull away*** (*vi.*) (1) 身を引き離す: ～ *away from* the ties of home 家庭のきずなを振り切る. (2) 引き離す, 追い抜く: ～ *away from* a bus バスを追い越す. (3) ⇨ *vi.* 2, 3. (*vt.*) ⇨ *vt.* 1 a. ***pull back*** (*vi.*) (1)〖軍事〗撤退する[させる] (cf. pullback 2). (2) 考えを変えてやめる: ～ *back from* signing the document 考えを改めて書類に署名をしない. (3) 節約する. (*vt.*) ⇨ *vt.* 1 a. ***pull caps* [*wigs*]**《古》つかみ合いをする, けんかする. ***Pull devil, pull baker!*** ⇨ devil 成句. ***pull down*** (1) 〈家などを〉取り壊す (destroy): ～ *down* one's house about one's ears 自滅を図る. (2) 〈政府などを〉倒す; 〈国王などを〉無理に退位させる (depose). (3) 〈価値などを〉下げる, 低下させる (degrade): ～ *down* prices 値段を下げる / ～ *down* a person's pride 人の高慢の鼻を折る. (4) 〈成績・試験・演技などが〉〈人〉のランクを下げる (↔ PULL *up*). (5) 〈病気などが〉〈人を〉弱らせる (weaken). (6) 〈意気を〉消沈させる. (7)《米口語》〈幾ら〉かせぐ (earn), 〈給料などを〉取る (draw): ～ *down* $500 a week 週 500 ドルかせぐ. (8) 懸命に走って〈ボールを〉キャッチする. (9) 〈獲物を〉取り押える. (10) ⇨ *vt.* 1 a. ***pull for***《米口語》…を声援[応援]する, 励ます (root for): ～ *for* the underdog 敗残者を励ます / ～ *for* one's team (*to* win) (勝つように)チームを応援する. ***pull in*** (*vt.*) (1) 〈首などを〉引っ込める: ～ oneself *in*＝～ *in* one's stomach 腹を引いて背筋を伸ばす《しゃんとする動作》. (2) 〈手綱を〉引き締める; (手綱を引いて)〈馬〉の歩調をゆるめる (restrain), 〈馬を〉止める. (3) 〈費用などを〉切り詰める (reduce), 節約する. (4)《口語》〈観衆などを〉引きつける, 吸いよせる (attract); 〈利益・金などを〉得る, 獲得する: ～ *in* money *from* investors 投資家から金を集める. (5)《口語》連行する, 逮捕する (arrest): ～ a person *in for* questioning [speeding] 人を連行して不審尋問する[スピード違反で人を逮捕する]. (6)《英口語》＝PULL *down* (7). (*vi.*) (1) 〈列車・船などが〉入って来る, 到着する (arrive) (↔ pull out);《口語》〈人が〉家に着く; ⇨ *vi.* 2, 3: What time did you ～ *in*? 何時に家に着いたの[帰ってきたの]. (2) 〈車が〉路肩側に寄る, 片側に寄って止まる (cf. pull-in; ↔ pull out); 〈船が〉岸壁側に寄る. ***pull off*** (1) 〈ブーツ・ズボン・セーターなどを〉(引っ張って)脱ぐ (↔ pull on): ～ *off* one's hat *to* a person 帽子を取って人に挨拶する. (2)《口語》見事にせしめる[やってのける]: ～ *off* a good speculation [bank robbery] うまくひと山当てる[銀行強盗をやってのける] / ～ *off* the greatest journalistic coup 空前絶後の特種をものにする / We've *～ed it off*. やったぞ. (3) 去る, 離れる, 発つ (leave). (4) ⇨ *vt.* 4. ***pull on*** (引っ張って)はく, はめる, 着る (↔ pull off; cf. pull-on): ～ *on* one's gloves [sweater]. ***pull out*** (*vt.*) (1) 引き抜く (⇨ *vt.* 2). (2) 〈話などを〉長く引き伸ばす (lengthen). (3) 撤退させる; に身を引かせる (⇨ *vt.* 3). (*vi.*) (1) 引き出せる (cf. pullout 1 b): The map ～*s out* for easy reference. すぐ参照できるように(この本の)地図は引き出せる. (2) 〈列車・船などが〉出て行く, 出発する (leave) (↔ pull in): The five-thirty *～ed out* (*of* platform five). 5 時 30 分の列車が(5 番ホームから)出て行った. (3) 〈車が〉(走行開始などで)道路の脇を離れる[から出る] (↔ pull in). (4) 〈車・ドライバーが〉(追い越すために)車線から出る, 速い方の車線へ入る (↔ pull over). (5) 撤退する; 身を引く (cf. pullout *n.* 3): ～ *out of* an agreement [the presidential race] 契約から手を引く[大統領選から降りる] / I've decided to ～ *out*. 身を引く[やめる]こと

にした. (6) 立ち直る, 回復する (recover): ~ *out of* illness [nervous depression] 病気[神経衰弱]から立ち直る. (7)〘航空〙〈飛行機が〉(急降下姿勢から)水平姿勢となる. ***pull over*** (1)〈セーターなどを〉頭からかぶるようにして着る (cf. pullover): ~ *over* a jersey. (2) (追い越させる[止める]ために)〈車・船などを〉片側に寄せる, 〈車を〉遅い方の車線へ入れる; 片側に寄る, 遅い方の車線へ入る (↔ PULL *out*): *Pull* your car *over* [*Pull over*] and let me through. 車を脇へ寄せて[片側へ寄って]こっちを先に通してくれ. ***pull round*** (1) 回れ右をさせる[する] (cf. *vi.* 2). (2) …の意識[健康]を回復させる; 意識[健康]を回復する: This brandy will soon ~ you *round*. このブランデーを飲めばすぐ元気が取り戻せる. ***pull through*** (*vt.*) [through は *adv.*] (1) …に病気・難局などを切り抜けさせる: Careful nursing ~*ed* him *through*. 看護が行き届いて彼は危険を脱した. (2)〈小火器〉(の銃身)を掃除する (cf. pull-through): ~ a rifle *through*. (3) [through は *prep.*] …に〔病気などを〕切り抜けさせる: New capital ~*ed* the business *through* its difficulties. 新たな資本が投下されて事業は難局を切り抜けた. (*vi.*) [through は *adv.*] 病気などを切り抜ける: We'll have to ~ *through* somehow. なんとか切り抜けなくてはならない. ***pull together*** (*vi.*) (ボートの漕ぎ手のように)協力して働く, 協調して行く (cooperate). (*vt.*) 立て直す: call in an experienced man to ~ the department *together* 敏腕家を招いて衰えた部門を立て直す / ~ oneself *together* 気を静める, 自制力を取り戻す, しっかりする, 立ち直る, 元気を回復する. ***pull up*** (*vt.*) (1)〈車・馬・人などを〉止める (halt). (2) …の発言・行動などを制止する (check): ~ a person *up over* his wrongheaded idea 人に間違った考え(に基づく行動)を止めさせる / He was ~*ed up* by the chairman. 彼は議長に発言を制止された. (3) しかる, 非難する (rebuke): I was ~*ed up for* speeding. スピードの出し過ぎで油を絞られた. (4)〈成績・試験・演技などが〉〈人〉のランクを上げる (↔ PULL *down*). (5)〘航空〙〈飛行機を〉(水平飛行から)急上昇させる. (6) ⇨ *vt.* 1 a, 2 a. (*vi.*) (1)〈車・馬などが〉止まる (stop) (cf. pull-up 2): ~ *up at* the gas station ガソリンスタンドで止まる. (2) 自制する, 活動を控える (check oneself). (3) (競走・競馬などで)追いつく, 並ぶ (catch up), 前へ出る (go ahead): ~ *up to* [*with*] the other horses ほかの馬に追いつく[と並ぶ]. (4) ⇨ *vi.* 1 b.

— *n.* **1 a** 引くこと, 引き; 引く力: give a ~ at the bell 鐘の綱を引っ張る / keep a steady ~ on a rope 綱をぐんぐん引っ張る / The moon's ~ on the sea causes the tides. 海水に対する月の引力が潮の干満を起こす / This new cleaner has a strong ~. この新しい掃除機は吸引力が強い. **b** 弓や引き金を引くのに要する力: a bow with a 30 pound ~ 30 ポンドの強さの弓. **2** (ドア・引出し・ベルなどの)引き手, 取っ手 (knob), 引綱: a curtain ~ カーテンのひも / ⇨ bell-pull. **3** 漕ぐこと; 一漕ぎ: have a short ~ on the river 川でちょっと一漕ぎする. **4** (前進・登頂の)努力, 頑張り: A stiff ~ brought us to the top. 一頑張りで頂上に着いた. **5** (酒などの)一杯, 一飲み (draft); (たばこの)一服 (inhalation): have [take] a ~ *at* the bottle [one's pipe] 一杯ひっかける[たばこを一服やる] / take a ~ of milk from the bottle びんから牛乳をぐいと一飲みする. **6**〘印刷〙(手引き印刷機で, 加圧ハンドルの)一引き, (それによる)印刷(物); 未校校正刷り (rough proof), 試刷(ずり). **7**〘野球・ゴルフ・クリケット〙ボールを左に[(左ききの打者なら)右に]引っ張って打つこと (cf. slice 4, pull hitter): a powerful ~ *to* leg〘クリケット〙左[右]後方への強力な引っ張り. **8 a** 手綱を引いて馬を止めること. **b**〘競馬〙勝たないように故意に手綱を引いて馬を制すること. **9**《口語》(人より)有利な点, 利点, 強み (advantage)《特質, 教養, 環境など》: have the ~ of [on, over] a person 人にまさる / A good education gives a man a great ~. 立派な教育は大きな強みになる. **10**《口語》引き, 手づる (influence), 縁故, 「コネ」(connection): through ~ 縁故で / have a strong [lots of] ~ *with* …に強力なコネがある. **11**《口語》人を引きつける力, 魅力 (attraction): a star with great box-office ~ 大当たり間違いなしのスター.

~·a·ble [-ləbl] *adj.*

púll·bàck 〚← *pull back* (⇨ pull (v.) 成句)〛 — *n.* **1** 障害, 邪魔, 阻止物 (restraint). **2** 引き戻すこと; 《米》(特に, 軍隊の整然たる)撤退. **3**〘機械〙物を後方へ引く仕掛け[装置]. **4** プルバック: **a** (1880 年代に流行した)後ろに引き寄せてふくらましたスカート. **b** そのように引き寄せる仕掛け.

púll bòx *n.*〘電気〙プルボックス《金属配管工事で配管が長い場合, 電線の引入れを容易にするために途中に設ける箱》.

púll dàte *n.* (乳製品など腐敗しやすい生産品に押印された)最終有効日の日付《この日以降は販売が禁止される》.

púll·dòwn 〚← *pull down* (⇨ pull (v.) 成句)〛 *adj.* 〈椅子・ベッド・ボートなど〉折りたたみ式の: a ~ bed.

púlled bréad *n.* パンの内側の柔らかい部分を引きちぎってかりかりに焼いたもの.

púlled fígs *n. pl.* (箱詰めなどにするために引っ張って果頂部が中央にくるように形を整えた)イチジク《品質のよいものについて行なう》.

púlled wóol *n.* 生皮からむしり取った羊毛 (skin wool).

púll·er [-lə | -lə(r] 〚ME〛 — *n.* **1** 引く[引っ張る]人[物]; 引き手; 引き抜く道具: a cork ~ コルク栓抜き. **2** 摘(つ)む人, むしり手. **3** (船の)漕ぎ手 (oarsman). **4** 銜(はみ)に逆らう馬.

púller-ín *n.* (*pl.* **pullers-**)《米口語》(商店・興行場などの)客引き.

pul·let [púlɪt, -lət] 〚(*a*1376) *poullet* ◻ (O)F *poulet* (dim.) ← *poule* hen < VL **pullam* (fem.) ← L *pullus* young animal: ⇨ poultry〛 — *n.* (1 歳に満たない)若いめんどり (young hen).

púllet disèase *n.*〘獣医〙=blue comb.

pul·ley [púli | -lɪ] 〚(1324) *poley* ◻ OF *polie* (F *poulie*) < VL **polidiam* ← **polidium* ◻ MGk **polidion* pivot (dim.) ← *pólos* 'POLE²'〛 — *n.* **1**〘機械・物理〙滑車, せみ, ベルト車 (cf. tackle 1): a compound ~ 複滑車 / a driving ~ 主動滑車 / a fast [fixed] ~ 取付けベルト車 / a movable ~ 移動ベルト車 / ⇨ cone pulley, differential pulley, idler pulley. **2**〘解剖〙滑車 (trochlea). — *vt.* **1** 滑車で引き揚げる, 滑車で動かす[操作する]. **2** …に滑車を備え付ける.

púlley blòck *n.*〘機械〙滑車装置.

púlley stìle *n.*〘建築〙羽車框(かまち)《上げ下げ窓の左右の框; 分銅の滑車が入っている》.

púll hìtter *n.*〘野球・ゴルフ・クリケット〙引っ張る打者, プルヒッター (cf. pull *n.* 7).

pul·li·cat [púlɪkət, -lə-, -kæ̀t | -lɪ-] 〚(1794) ← *Pulicat* (Madras 沿岸の原産地名)〛 *n.* (*also* **pul·li·cate** [~]) =bandanna.

púll-ìn 〚← *pull in* (⇨ pull (v.) 成句)〛 *n.*《英》(トラック運転手のための)ドライブイン食堂《pull-up または drive-in ともいう》.

púll ìn *n.*〘電気〙同期引込み《テレビ画像が流れているような同期していない状態から, 画像が停止するような同期状態に入ること》. **púll-ìn** *adj.*

púlling bòat *n.* =rowboat.

púll-in tórque *n.*〘電気〙引込トルク《同期電動機のトルクの一種》.

Pull·man, p- [púlmən] 〚(1870) ← *George M. Pullman* (1831–97: 米国の考案者)〛 — *adj.* プルマン(式)の: a ~ train / a ~ ticket プルマン列車乗車券. — *n.* **1** =Pullman car. **2** 大きなスーツケース《Pullman case ともいう》.

Púllman càr *n.*〘鉄道〙プルマン式車両《贅沢な設備のある客車, 特に寝台車の車両; cf. parlor car》.

Púllman kítchen, p- k- *n.* (アパートなどで)凹(くぼ)部[入込み]に造り付けの小型台所.

púll-òff 〚← *pull off* (⇨ pull (v.) 成句)〛 *adj.* 引っ張って取る[はがす]: a ~ calendar 日めくり式カレンダー.

púll-òn 〚← *pull on* (⇨ pull (v.) 成句)〛 *n.* (セーター・手袋・コルセットなどのように)引っ張って着る[身につける]衣類. — *adj.* 引っ張って着る[身につける].

pul·ló·rum disèase [pəlɔ́:rəm-, -ló:r- | -lɔ́:r-] 〚*pullorum*: ◻ L *pullorum* (gen.pl.) ← L *pullus* cockerel: ⇨ pullet〛 *n.*〘獣医〙ひな白痢《サルモネラ菌の一種であるひな白痢病菌 (*Salmonella pullorum*) による家禽(きん)伝染病; 卵から伝染してひなを殺す》.

púll·òut 〚← *pull out* (⇨ pull (v.) 成句)〛 — *n.* **1**〘製本〙**a** 折込み, とじ込み《参照用に書物の中に引き出せる[切り離せる]ように折りはさまれたページ[図版, 別刷など]》. **b** 簡単に取り外せるように中とじの雑誌の丁度中央部分にきている図版・地図など. **2**〘印刷〙(印刷中の組版活字の)抜け出し (cf. work-up). **3** (軍隊・居留民などの)引揚げ, 撤退, 撤収. **4**〘航空〙引き起こし《急降下姿勢から水平姿勢[上昇]へ移る動作》. — *adj.* **1** 折込み[とじ込み]になった: a ~ supplement / a special ~ section. **2** 引き出して使う, 引き出し式の: a ~ seat.

púll òut *n.*〘電気〙同期はずれ《同期状態が非同期状態に変わること》. **púll-òut** *adj.*

púll-òut tórque *n.*〘電気〙脱出トルク《モーターの出せる最大トルクで, それ以上の負荷をかけると急速に速度が低下し回転を維持できなくなる》.

púll·òver 〚← *pull over* (⇨ pull (v.) 成句)〛 *n.* プルオーバー《頭からかぶって着脱するセーターやブラウスなど》. — *adj.* プルオーバー式の, 頭からかぶる.

púll sòcket *n.*〘電気〙プルソケット《鎖やひもで点滅するソケット》.

púll swìtch *n.*〘電気〙プルスイッチ《ひもを引いて電灯を点滅する単極のスナップスイッチ》.

púll-thróugh 〚← *pull through* (⇨ pull (v.) 成句)〛 *n.* (一端にぼろを付けた)銃身清掃綱.

pul·lu·lant [pʌ́ljulənt] 〚◻ L *pullulant-em* (pres.p.) ← *pullulāre* (↓): ⇨ -ant〛 *adj.* 芽を出す, 発芽する.

pul·lu·late [pʌ́ljulèɪt] 〚(1619) ← L *pullulāt-us* (p.p.) ← *pullulāre* to sprout ← *pullulus* (dim.) ← *pullus* young animal: ⇨ pullet〛 — *vi.* **1** 〈若枝・芽などが〉出る, 発芽する; 〈種子が〉芽を出す. **2** (急激に)繁殖する; 〈子が〉(どんどん)生れる. **3 a** 〈人・動物などが〉群がる, たかる. **b** 〈場所が〉〔…で〕いっぱいになる, 満ちる, 富む〔*with*〕. **4** 〈教義などが〉たくさん現われる, 発展する. **pul·lu·la·tion** [pʌ̀ljuléɪʃən] *n.*

púll-ùp 〚← *pull up* (⇨ pull (v.) 成句)〛 — *n.* **1** 停止, 休憩. **2** (馬車などの)休息所. **3** =pull-in. **4**〘航空〙(水平飛行からの)急上昇. **5**〘体操〙(鉄棒での)懸垂.

pull·y-haul [púlihɔ̀:l | -lɪ-] 〚(逆成) ↓〛 *vt., vi.* 《英方言・米》(力一杯)引っ張る.

pull·y-haul·y [púlihɔ̀:li | -lɪhɔ̀:lɪ] 〚← *pull and haul* (⇨ pull (v.) 成句): ⇨ -y²〛 — *n.* 《英方言・米》**1** (力一杯)引っ張ること. **2**〘遊戯〙(二組の少年が綱のようにつながり合ってする)綱引きに類した遊戯.

pul·mo- [púlmoʊ, pʌ́l- | pʌ́lmə(ʊ)] 〚← L *pulmō*: ⇨ pulmono-〛「肺 (lung)」の意の連結形.

pul·mom·e·ter [pulmɑ́mətə, pʌl- | pʌlmɔ́mɪtə(r, -mə-] 〚← PULMO- + -METER¹〛 *n.* =spirometer.

pul·mom·e·try [pulmɑ́mətri, pʌl- | pʌlmɔ́mɪtri, -mə-] *n.* =spirometry.

pul·mon- [púlmən, pʌ́l- | pʌ́l-] (母音の前に来る時の) pulmono- の異形.

pul·mo·nar·y [púlmənèri, pʌ́l- | pʌ́lmənəri] 〚(1704) ◻ L *pulmōnāri-us* ← *pulmō* lung, 《原義》floater (動物の肺を水の入った容器に棄てても心臓や肝臓と違って沈まないことからか) ← IE **pleu-* to swim, float (⇨ flow): ⇨ -ary〛 — *adj.* **1** 肺の; 肺を冒す: ~ complaints [diseases, disorders] 肺(疾)患 / ~ tuberculosis 肺結核. **2** 肺疾患の, 肺病の. **3** 肺状の (lung-like). **4**〘動物〙肺を有する.

púlmonary ártery *n.*〘解剖〙肺動脈 (⇨ heart 挿絵).

púlmonary circulátion *n.*〘生理〙肺循環, 小循環《血液が心臓の(右)心室から肺動脈に入り, 肺静脈を経て左心房に帰る循環経路; lesser circulation ともいう》.

púlmonary pléxus *n.*〘解剖〙肺神経叢(そう).

púlmonary válve *n.*〘解剖〙肺動脈弁.

púlmonary véin *n.*〘解剖〙肺静脈 (⇨ heart 挿絵).

pul·mo·nate [púlmənət, pʌ́l-, -nɪt, -nèɪt | pʌ́l-] 〚1: ← PULMONO- + -ATE². 2: ← NL *Pulmōnāt-us*: ⇨ pulmono-, -ate¹〛〘動物〙 — *adj.* **1** 肺[肺状器官]をもった. **2** 有肺類の: a ~ gastropod 有肺腹足動物《カタツムリ・ナメクジなど》. — *n.* 有肺類の動物.

pul·mo·ni- [púlməni, pʌ́l-, -nə | pʌ́lmənɪ] pulmono- の異形 (⇨ -i-).

pul·mon·ic [pulmɑ́nɪk, pʌl- | pʌlmɔ́n-] 〚◻ F *pulmonique* ← L *pulmō* (↓): ⇨ -ic¹〛 — *adj.* **1** 肺の (pneumonic). **2** 肺動脈(弁)の. **3**〘音声〙〈閉鎖音が〉肺臓気流による《普通の閉鎖音についていう; cf. glottalic, velaric》. — *n.* 肺病患者.

pul·mo·no- [púlmənoʊ, pʌ́l- | pʌ́lmənə(ʊ)] 〚◻ L *pulmōn-*, *pulmō* lung: ⇨ pulmonary〛 —「肺 (lung)」の意の連結形 (cf. pulmo-). ★時に pulmoni-, また母音の前では通例 pulmon- になる.

pul·mo·tor [púlmòʊtə, pʌ́l- | -məʊtə(r] 〚← *Pulmotor* (商標名) (混成) ← L *pulmō* (↑) + MOTOR〛 *n.* (人工)呼吸器[装置], 蘇(そ)生器.

pulp [pʌ́lp] 〚*n.*: (1563) ◻ F *pulpe* ∥ L *pulpa* solid flesh ← ?. — *v.*: (1683) ← (n.)〛 — *n.* **1** (ぶどう・ももなどのような柔らかい)果肉. **2** (植物の)髄 (pith). **3** (製紙原料の)パルプ. **4** (パルプのように)どろどろになったもの, 柔らかい固まり: rot to ~ 腐ってどろどろになる / be reduced to (a) ~ どろどろになる; 綿のように疲れる. **5** [軽蔑的に](ざら紙を使った)扇情的な安雑誌, かすとり雑誌 (pulp magazine); 低俗な作品[読み物] (cf. slick 3): ~ literature かすとり文学. **6**〘歯科〙歯髄《dental pulp ともいう》: a ~ cavity 歯髄腔(こう). **7**〘解剖〙肉質部, 髄. **8**〘選鉱〙パルプ, 鉱泥《粉砕した鉱物を水に混ぜて泥状にしたもの, または粉砕した鉱物》.

beat a person to a pulp 〈人を〉ぺしゃんこにやっつける, ぐうの音も出なくする.

— *vt.* **1** 〈木材・古新聞[雑誌]などを〉パルプにする, どろどろにする. **2** 〈コーヒー豆など〉から果肉を取り去る. — *vi.* パルプになる; どろどろ[柔らか]になる.

~·like *adj.*

pulp·al [pʌ́lpəl] 〚⇨ ↑, -al¹〛 *adj.*〘歯科〙歯髄の. **~·ly** *adv.*

púlp·bòard *n.* パルプ板紙《砕木パルプなどで漉(す)いた一枚漉き板紙や漉き合わせ板紙》.

púlp canàl *n.*〘歯科〙(歯)根管 (root canal).

púlp canàl thèrapy *n.*〘歯科〙=root canal therapy.

púlp chàmber *n.*〘歯科〙(歯の)髄室.

pulp·ec·to·my [pʌlpéktəmi | -mi] 〚← PULP + -ECTOMY〛 *n.*〘歯科〙抜髄《歯髄を除去する処置》.

púlp·er *n.* **1** (コーヒー豆の)果肉採取器, 脱肉機. **2** パルパー《パルプを離解する機械》. **3** (製紙用)パルプ製造業者[職人].

pulp·i·fy [pʌ́lpəfàɪ | -pɪ-] 〚⇨ pulp, -fy〛 *vt.* パルプにする; どろどろにする.

pul·pit [púlpɪt, pʌ́l-, -pɪt, -pət | púlpɪt] 〚(*a*1338) ◻ L *pulpit-um* platform, ML pulpit ← ?: cf. G. *Pult* desk〛 — *n.* **1 a** (教会の)説教壇, 講壇 (この項の挿絵の他に ⇨ church 挿絵): occupy the ~ 説教する; 礼拝をつかさどる. **b** 演壇, 講壇: ~ eloquence 説教調の弁舌. **2** [通例 the ~; 集合的] 牧師, 聖職者, 宗教界 (ministry); (特に, プロテスタント[ユダヤ教]の教会[教会堂]での)牧師の職[地位]: the bar, *the* ~, and the press 法曹(そう)界と宗教界と言論界 / be denounced alike by ~ and platform 宗教界・政界両方から非難される. **3** 説教 (preaching). **4** 高い所にある囲まれた席; (特に, 捕鯨船のもりを撃つための)箱形の台, 支持台. **5** (配電盤室など工場で機械操作のために用いる)台状に高くした床, 司令室. **6 a**〘軍俗〙(砲兵隊の)観測用はしご.

pulpit 1 a

b 《英空軍俗》(航空機の)操縦席 (cockpit). 7 〘海事〙小型船の安全手すり《船首や船尾の先端に作る》. **～·al** [-tl | -tl] *adj.* **～·less** *adj.*

pul·pi·tar·i·an [pʊ̀lpɪtέ(ə)riən, pʌ̀l-, -pə- | pʊ̀lpɪtέərɪ-] 〘⇨↑, -arian〙 *adj.* 説教師の, 説教家風の. — *n.* 説教師 (preacher).

pul·pi·teer [pʊ̀lpətíə, pʌ̀l- | pʊ̀lpɪtíə(r)] 〘← PULPIT + -EER〙 *n.* [通例軽蔑的に]説教師, 説教坊主 (preacher). — *vi.* お説教する. **～·ing** [-tí(ə)rɪŋ | -tíər-] *n.*

púl·pit·er [-tə | -tə(r)] *n.* =pulpiteer.

pulp·i·tis [pʌlpáɪtɪs, -təs | -tɪs] 〘← NL ～ : ⇨ pulp, -itis〙 *n.* 〘歯科〙歯髄炎

púlp·less *adj.* 1 果肉のない, (歯)髄のない. 2 ひからびた, 乾燥した.

pulp·ous [pʌ́lpəs] 〘⊏L *pulpōsus* : ⇨ pulp, -ous〙 *adj.* =pulpy.

púlp·wòod *n.* パルプ材《エゾマツなど》.

pulp·y [pʌ́lpi | -pɪ] 〘⇨ pulp, -y[4]〙 *adj.* (**pulp·i·er; -i·est**) 1 果肉質の, 果肉状の. 2 パルプ状の, 柔軟な (soft), どろどろの, 汁の多い (juicy). **púlp·i·ness** *n.*

púlpy kídney disèase *n.* 〘獣医〙ウェルシュ菌 (*Clostridium perfringens*) による羊の病気.

pul·que [púːlkeɪ, púːlki, pʊ́l- | púːlkeɪ; *Sp.* púlke] 〘⊏ Mex.-Sp. ～ ← Nahuatl *poliuhqui, puliuhqui* decomposed, spoiled〙 — *n.* プルケ, りゅうぜつらん酒《メキシコ産のりゅうぜつらんの発酵酒; cf. mescal》.

pul·sant [pʌ́lsənt] 〘⊏L *pulsant-em* (pres.p.) ← *pulsāre* (⇨ pulsate)〙 *adj.* 脈動する, 鼓動している.

pul·sar [pʌ́lsɑə | -sɑː(r)] 〘← *puls(ating radio source)* + -AR[2]: QUASAR との類推から〙 — *n.* 〘天文〙パルサー《規則的な周期で電波を発している小天体の一つ; cf. quasar》.

pul·sa·tance [pʌ́lsətəns, -tns | -təns, -tns] 〘⇨↓, -ance〙 *n.* (周期運動の)角周波数《角速度》.

pul·sate [pʌ́lseɪt, ―́― | ―́―] 〘《1794》← L *pulsāt-us* (p.p.) ← *pulsāre* to push, drive, beat (freq.) ← *pellere* : ⇨ pulse[1], -ate[3]〙 — *vi.* 1 〈心臓・血管が〉脈打つ (beat), 拍動する, 鼓動する (throb). 2 胸がどきどきする, 震える, ぶるぶるする, ぞくぞくする. 3 〘電気〙〈電流が〉ぴくぴく震える, 脈動する. — *vt.* 〈ダイヤモンドを〉(機械で)土から振り離す, ふるい落とす (cf. pulsator 2).

pul·sa·tile [pʌ́lsətl, -tàɪl | -tàɪl] 〘⊏ML *pulsātil-is* ← *pulsāre* (↑): ⇨ -ile[1]〙 — *adj.* 1 脈打つ, 拍動(性)の, どきどきする, ずきずきする. 2 〈楽器が〉打って鳴る. — *n.* 打楽器, 鳴り物《太鼓など》.

pul·sa·til·la [pʌ̀lsətílə] 〘← NL ～ (dim.) ← L *pulsāta* (fem.) ← *pulsātus* : ⇨ pulsate〙 — *n.* 1 〘植物〙オキナグサ《キンポウゲ科ニリンソウ属 (*Anemone* [旧属名 *Pulsatilla*]) のオキナグサの類の多年草の総称; オキナグサ (*A. cernua*), セイヨウオキナグサ (*A. pulsatilla*) など》. 2 〘薬学〙(薬剤に用いられる)オキナグサの抽出液[エキス].

púl·sat·ing cúrrent [-tɪŋ- | -tɪŋ-] *n.* 〘電気〙脈動電流, 脈流.

púlsating stár *n.* 〘天文〙脈動星《時間と共に周期的に膨張収縮を繰り返す星で, 周期的変光星の大部分をしめる; cf. variable star》.

pul·sa·tion [pʌlséɪʃən] 〘《1541》⊏L *pulsātiō(n-)* : ⇨ pulsate, -ation〙 — *n.* 1 脈打つこと, どきどきすること; 脈拍 (pulse), 拍動, 脈動, 動悸(どうき). 2 a 〘物理〙波動 (undulation), 振動 (vibration). b (電流の)脈動. 3 〘ローマ法〙(故意にまたは怒って)他人の体に触れること (touching).

pul·sa·tive [pʌ́lsətɪv | -tɪv] 〘⊏MF *pulsatif* : ⇨ pulsate, -ative〙 *adj.* =pulsatile.

púl·sa·tor [-tə | -tə(r)] 〘⊏L ～ : ⇨ pulsate, -or[2]〙 — *n.* 1 a 鼓動するもの, 脈打つもの. b 〘機械〙鼓動装置, (電気洗濯機の)パルセーター. 2 a 〘鉱山〙(ダイヤモンドのふるい分けに用いる)鼓動ジッガー[選鉱器] (cf. jigger 4 b). b (乳しぼり機付属の)拍動装置. 3 〘機械〙=pulsometer 1.

pul·sa·to·ry [pʌ́lsətɔ̀ːri, -tòːri | -t(ə)rɪ] 〘⇨ pulsate, -ory[1]〙 *adj.* =pulsatile.

pulse[1] [pʌ́ls] 〘n.: 《*a*1338》 *puls, pous, pouce* ⊏ OF *pouls, pous* < L *pulsum* beating (p.p.) ← *pellere* to drive, push ← IE **pel-* to thrust, strike. — v.: 《1549》 ⊏ L *puls-āre* ← *pellere*〙 — *n.* 1 脈拍, 脈 (pulsation); 鼓動, 脈動 (throbbing), 脈拍[拍動]の一打ち (beat): a long [slow] ～ 鈍脈, 緩脈, 徐脈 / a quick [frequent, rapid, short] ～ 速脈, 頻脈 / a regular [an irregular] ～ 整[不整]脈 / a sharp ～ 急脈 / a small [large, full] ～ 小[大]脈 / a soft [hard] ～ 軟[硬]脈 / a weak ～ 弱脈, 虚脈 / with quickened ～*s* 胸を躍らせながら / The ～ beats. 脈が打つ / His ～ was at a hundred. 彼の脈は(1分間に)100であった. 2 律動, 拍子; (特に)(詩の)拍 (beat), アクセント (stress); 〘音楽〙拍 (beat). 3 (生気・感情などの)脈動, 動き: A great ～ of anguish beat within him. 彼は心の中で苦しみもだえた. 4 意向 (intention); 調子, 感じ, 傾向 (tendency): the ～ of the nation 国民の感情. 5 〘物理〙(電波・音響などの)瞬間波動[振動], 瞬動. 6 〘通信〙パルス《持続時間の極めて短い電波または変調電波》.

feel** a person's **pulse** = **have** one's **fingers on** a person's **pulse 人の脈をみる; 人の意向を探る: He *feels the* ～ *of* the public. 彼は公衆の意向を打診している. ***stir** a person's **pulses*** 人の胸を躍らせる, 人を興奮[熱狂]させる.

— *vi.* 〈心臓・生命・感情などが〉脈打つ, 脈動する; 震動する (vibrate), 波動する (undulate): ～ to music 音楽に合わせて波動する / His legs were *pulsing* with pain. 彼の脚はずきずき痛んだ. — *vt.* 1 〈血液などを〉律動的に送る 〈*out, in*〉. 2 〘通信〙〈電波を〉パルス状にする《脈拍の波動のような一連のパルス群の形で電波を発生または変調する》. 3 〘電気〙〈電子管などが〉〈送信機などに〉パルスを発生させる.

pulse[2] [pʌ́ls] 〘《1297》 *puls, pols* ⊏ OF *po(u)ls* < L *pultem, puls* thick pottage of meal ⊏ ? Gk *póltos* porridge ← ? IE **pel-* dust, flour : cf. poultice〙 — *n.* 1 [集合的; 時に複数扱い] 豆類《beans, peas, lentils など》. 2 豆のなる植物の総称.

pulse àmplitude modulátion *n.* 〘電気〙パルス振幅変調《信号によってパルスの振幅を変える変調方式; 略 P.A.M.》.

púlse·bèat *n.* 律動; 意向; 傾向.

púlse còde modulátion *n.* 〘電気〙パルス符号変調《信号振幅に応じて方形パルスの配列を変化し, デジタル化して情報を伝達する変調方式; 略 P.C.M.》.

púlse communicàtion sỳstem *n.* 〘通信〙パルス通信方式.

púlse duràtion modulátion *n.* 〘電気〙パルス幅変調《パルス変調の一種で, 信号振幅の大小に応じてパルスの幅を変化して変調する方式; pulse width modulation ともいう; 略 P.D.M.》.

púlse frèquency modulátion *n.* 〘電気〙パルス周波数変調《幅や振幅が一定のパルスを情報源に応じて, 繰返しの周波数を変化させる変調方式; 略 P.F.M.》.

púlse hèight ànalyzer *n.* 〘電気〙波高分析器《入力パルス信号の中からある特定の波高値をもつパルス信号を選び出し, その数を記録するための電気回路》.

púlse-jèt éngine 〘燃焼室の空気吸込み弁が脈打つように開閉することから〙 *n.* 〘航空〙パルスジェットエンジン《aeropulse ともいう》.

púlse lèngth *n.* 〘電気〙パルス幅《パルスの時間的長さ; pulse width ともいう》.

púlse·less 〘⇨ pulse[1], -less〙 *adj.* 1 脈のない, こと切れた. 2 生気のない (lifeless), 不活発な (inert), 感動しない. **～·ness** *n.*

púlseless diséase *n.* 〘病理〙脈なし病, 大動脈炎症候群, 高安病.

púlse modulàtion *n.* 〘電気〙パルス変調《情報を伝達するためパルスを変調する変調方式》.

púlse nùmber modulátion *n.* 〘電気〙パルス密度変調.

púlse òscillator *n.* 〘電子工学〙パルス発振器.

púlse posìtion modulátion *n.* 〘電気〙パルス位置変調《パルス変調の一種で, 信号によりパルスの時間的位置を変えるもの; 略 P.P.M.》.

púlse prèssure *n.* 脈圧.

púls·er *n.* 〘電気〙パルサー《パルス発生装置》.

púlse rádar *n.* 〘通信〙パルス変調レーダー.

púlse ràte *n.* 1 脈拍数. 2 パルス繰返し数, パルス周波数.

púlse tìme modulátion *n.* 〘電気〙パルス時変調《一定の持続時間と振幅からなる連続パルスの間隔時を変調すること; この変調法は多重高周波通信で使用されることがある; 略 P.T.M.》.

púlse wìdth *n.* 〘電気〙=pulse length.

púlse wìdth modulátion *n.* 〘電気〙=pulse duration modulation.

pul·sim·e·ter [pʌlsímətə | -mɪtə(r, -mə-] 〘← PULSE[1] + -I- + -METER[1]〙 *n.* 〘医学〙脈拍計.

pul·sion [pʌ́lʃən] 〘⊏L *pulsiō(n-)* ← *pellere* : ⇨ pulse[1], -sion〙 *n.* 押す[推進する]こと, 推進 (propulsion) (↔ traction).

pul·som·e·ter [pʌlsɑ́mətə | -sɔ́mɪtə(r, -mə-] 〘← PULSE[1] + -O- + -METER[1]〙 — *n.* 1 〘機械〙だるまポンプ, 真空ポンプ《vacuum pump ともいう》. 2 〘医学〙=pulsimeter.

pul·ta·ceous [pʌltéɪʃəs] 〘← L *pult-, puls* 'PULSE[2]' + -ACEOUS〙 — *adj.* 豆 (pulse) のとろ煮のような, のり状の; 柔らかな, どろどろの (pulpy), 半流動体の (semifluid).

pulv. 《略》pulverized; *L.* pulvis (=powder).

pul·ver·a·ble [pʌ́lv(ə)rəbl] 〘← 《廃》 *pulver* (⊏ L *pulverāre* to bestrew with dust) + -ABLE : ⇨ pulverize〙 *adj.* 粉にできる, 砕ける.

Pul·ver·a·tor [pʌ́lvərèɪtə | -tə(r)] 〘← NL *pulverātor* ← L *pulverāre* to powder ← *pulver-* : ⇨ pulverize〙 *n.* 〘商標〙パルバレーター《粉砕機の商品名》.

pul·ver·iz·a·ble [pʌ́lvəràɪzəbl, ―――――] *adj.* = pulverable.

pul·ver·ize [pʌ́lvəràɪz] 〘《1585》 ⊏ MF *pulvériser* ⊏ LL *pulverizāre* ← L *pulver-, pulvis* dust ← IE **pel-* dust : ⇨ pulse[2]〙 — *vt.* 1 a 粉にする, 砕く (grind): ～*d* coal 微粉炭. b 〈液体を〉霧状にする. 2 打ち破る, 粉砕する (demolish): ～ an opponent [his arguments] 論敵[彼の議論]を粉砕する. 3 《俗》こっぴどく[木端微塵(こっぱみじん)に]やっつける, すっかり参らせる. — *vi.* 1 粉になる, 砕ける. 2 〈伝統・信仰などが〉崩壊する. **pul·ver·i·za·tion** [pʌ̀lvərɪzéɪʃən, -rə- | -raɪ-, -rɪ-] *n.*

púl·ver·iz·er *n.* 1 a 粉にする人[物]. b 微粉砕機《土壌などの粉砕機》. 2 噴霧器. 3 =acme harrow.

pul·ver·u·lent [pʌlvér(j)ʊlənt] 〘《1656》 ⊏ L *pulverulent-us* ← *pulver-* dust: ⇨ pulverize, -ent〙 — *adj.* 1 粉の, 粉末の, 粉でできた. 2 粉だらけの; ほこりだらけの (dusty). 3 粉になる; 〈岩など〉崩れやすい. **～·ly** *adv.* **pul·vér·u·lence** [-ləns] *n.*

pul·vil·lus [pʌlvíləs] 〘← NL ～ 《短縮》 ← L *pulvinulus* (dim.) ← *pulvīnus* (↓)〙 — *n.* (*pl.* **-vil·li** [-laɪ]) 〘昆虫〙爪間(そうかん)盤《足の一番端の節の爪の間にある付着盤》.

pul·vi·nar [pʌlváɪnə | -nə(r)] 〘⊏L *pulvīnar* couch ← *pulvīnus* cushion ← ?〙 — *n.* (*pl.* **-nar·i·a** [pʌ̀lvənέ(ə)riə | -vɪnέəriə]) 1 a (古代ローマの)神々の来臨に備えてしつらえた座ぶとん付き寝椅子. b (古代ローマの競技場などの)見物席の座ぶとん付き座席. 2 〘建築〙(イオニア式柱頭の)渦巻き側面の凹面部. 3 〘解剖〙視床枕《pulvinar thalami ともいう》. 4 =cushion. — *adj.* 1 〘建築〙糸巻き形の, 凹曲した. 2 〘植物〙葉枕(ようちん) (pulvinus) のような形をした.

pul·vi·nate [pʌ́lvənèɪt | -vɪ-] 〘⊏L *pulvīnāt-us* ← *pulvīnus* (↑): ⇨ -ate[2]〙 — *adj.* 1 クッション状の. 2 〘植物〙葉枕(ようちん)(pulvinus) のある. 3 〘昆虫〙(足に)爪間(そうかん)盤(pulvillus) のある. 4 〘建築〙=pulvinar 2. **～·ly** *adv.*

pul·vi·nat·ed [pʌ́lvənèɪtɪd, -təd | -vɪnèɪt-] *adj.* = pulvinate.

pul·vi·nus [pʌlváɪnəs, -víː-] 〘⊏L *pulvīnus* : ⇨ pulvillus〙 — *n.* (*pl.* **-vi·ni** [-váɪnaɪ, -víːniː]) 1 〘植物〙(オジギソウの葉柄の基部にある)葉枕(ようちん), (葉の)まくら. 2 〘建築〙=pulvinar 2.

pul·war [pʌ́lwɑə | -wɑː(r)] 〘⊏ Hindi *palwār*〙 *n.* 《インド》(インドの川で用いる)小舟.

pu·ma [p(j)úːmə | pjúː-] 〘《1777》 ⊏ Sp. ～ ← Quechua〙 *n.* (*pl.* ～, ～**s**) 1 〘動物〙ピューマ (⇨ cougar). 2 ピューマの毛皮.

pum·ace [pʌ́mɪs, -məs] *n.* =pomace.

pum·ice [pʌ́mɪs, -məs | -mɪs] 〘《1422–23》 *pomys* ⊏ OF *pomis* ⊏ L *pūmicem, pūmex* (cf. *spūma* foam : ⇨ spume) ← IE **(s)poimno-* 'FOAM' ∞ OE *pumic(stān)* pumice (stone)〙 — *n.* 軽石, 浮石《砕いてみがき粉にする; pumice stone ともいう》. — *vt.* 1 軽石でこする[みがく]. 2 [p.p. 形で] 〘獣医〙〈馬蹄を〉(浸性蹄葉炎により)スポンジ状にさせる.

pu·mi·ceous [pjuːmíʃəs, pʌ-] 〘⇨↑, -ous〙 *adj.* 軽石の, 軽石状の; 軽石で出来た, 軽石質の.

pum·mel [pʌ́məl] 〘《1548》《変形》〙 *n., vt.* =pommel.

pump[1] [pʌ́mp] 〘n.: 《1440》 *pumpe, pompe* ⊏ MLG *pumpe* (G *Pumpe*) ∥ MDu. *pompe* ⊏ ? Sp. *bomba* 《擬音語》. — v.: 《1508》 ← (n.)〙 — *n.* 1 ポンプ, 吸水器, 揚水器: a bicycle ～ (自転車の)空気入れ / a centripetal ～ 向心ポンプ / a circulating ～ 送水[循環]ポンプ / a differential ～ 差動ポンプ / an oscillating ～ 振動ポンプ / a pressure ～ 圧力ポンプ, 水ポンプ / a single-[double-]acting ～ 単[複]動ポンプ / ⇨ feed pump, rotary pump / fetch a ～ ポンプに迎え水を差す. 2 ポンプのような機能をもつ動物の器官; (特に)心臓 (heart). 3 ポンプの働き, ポンプの水揚げ; ポンプの(ような)音: be busy at the ～ ポンプの水揚げで忙しい / the ～*s* of the heart 心臓の音. 4 《口語》つり出して聞くこと, かまをかけること, 誘導尋問; かまをかける人, 誘導尋問をする人: For all my ～*s*, he did not tell the truth. いくら水を向けても本当のことを言わなかった. 5 《米俗》ばか, うすのろ (pumpkin head). 6 [the P-] 〘天文〙ポンプ座 (⇨ Antlia 1) 《the Air Pump ともいう》. 7 〘建築〙(基部にねじジャッキのついた)高さの調整できる支柱. 8 〘物理〙ポンプ《レーザーやメーザー発振をする状態を作り出すこと》. 9 =pump gun.

prime the pump (1) (物事の)成長[進展]を促す. (2) (政府支出をふやして)景気浮揚を図る (cf. pump priming).

— *vt.* 1 a ポンプで〈水を〉揚げる[汲む] 〈*up, out*〉: ～ (*up*) water from a well 井戸から水を汲む. b 〈井戸・船などの〉水をかき出す, ポンプ式に押し出す: ～ a ship 船あかを汲み出す / ～ a well dry 井戸を汲みほす. c ポンプ(のような機能)で〈…に〉送り込む 〔*in, into*〕: ～ oil *into* a pipe 油をパイプに送り込む / The heart ～*s* blood *into* the arteries. 心臓は血液を動脈に押し出す. 2 〈タイヤなど〉にポンプで空気を入れる 〈*up*〉; 〈空気・ガスなどを〉〈…に〉注入する 〔*in, into*〕: ～ *up* a tire = ～ air *into* a tire タイヤに空気を入れる / ～ a tire hard [tight] タイヤに空気をいっぱい入れる. 3 〈ポンプを〉操作する; 〈人の手・腕などを〉(ポンプの取っ手を動かすように)動かす. 4 〈食物などを〉〔…に〕注入する, 〈弾丸などを〉〔…に〕打ち込む, 浴びせる, 〈金などを〉〔…に〕注ぐ 〔*in, into*〕: ～ nourishment *into* a person 人に栄養を注入する / ～ bullets *into* a person 人に弾丸を打ち込む / They ～*ed* him full of shots. 彼らは彼に弾をいっぱい打ち込んだ / He ～*ed* massive amounts of cash *into* stock purchases. 彼は大量の現金を株の買い物に投資した. 5 〔人の頭に〕〈学科などを〉詰め込む, 骨折って教え込む, 注入する (instill) 〔*into*〕: ～ English grammar [new ideas] *into* a boy 少年の頭に英文法[新思想]を詰め[吹き]込む. 6 〔…に〕〈悪口などを〉浴びせる 〔*upon*〕: ～ abuses *upon* a person 人に悪罵を浴びせる. 7 《俗》〈人・馬などを〉息切れさせる, 疲れ切らせる (exhaust) 〈*out*〉: He was fairly ～*ed out*. 彼はすっかり疲れ切っていた. 8 〈頭を〉しぼる: ～ one's brains for ideas いい考えはないかと頭をしぼる. 9 a 〈人〉から情報[秘密]を聞き出そうとする[探り出す], に誘導尋問をする; 〈情報・秘密などを〉根掘り葉掘り聞き出す: ～ a witness 証人に誘導尋問をする / ～ information *from* [*out of*] a person かまをかけて人からうまく聞き出そうとする. b 〈人〉

から金銭を引き出す；〈金銭を〉引き出す，せびり取る．**10** 〈ハムなど〉に防腐液を注入する．**11** 〖電子工学〗**a** 〈原子・分子を〉励起する《共鳴する光・電磁波等を照射することにより高いエネルギー準位に移し，原子・分子のエネルギー準位における相対分布数を変える；cf. laser, maser》．**b** (励起するために)光・放射線などにさらす．**—** *vi.* **1** ポンプで水を(汲み)揚げる；ポンプを使う．**2** ポンプのような作用をする；ポンプ式に動く[働く]．**3** (ポンプの取っ手のように)上下運動する．**4** 〈寒暖計の水銀が〉急に上下する．**5** 〈投手が〉投げる前に大きくワインドアップする．**6** 〔情報・秘密・金などを得るために〕せっせとつとめる〔*for*〕；(特に)《口語》かまをかけて聞き出す，情報を探り出す：I know he wanted to ～. 彼が探ろうとしていたことは承知している．**7** 〈血などが〉(断続的に)噴出[奔出，流入]する．
～·a·ble [-pəbḷ] *adj.*

pump[2] [pʌ́mp] 〖《1555》← ? F *pompe* ornament〗 **—** *n.* [通例 *pl.*] パンプス：**a** 《米》ひもを用いないで着脱する舞踏用の軽い靴；ヒールの高い婦人用のハイヒールパンプスやヒールの低い男子礼装用の黒エナメルでスリッパー式の靴もある《英国ではコートシューズ (court shoes) という》．**b** 《英》舞踏・テニス用の留金具のない軽い靴．

pump·a·bil·i·ty [pʌ̀mpəbíləṭi | -lɪti, -lɪ-] *n.* **1** (泥水などの)ポンプ汲み出し可能性．**2** 〖機械〗ポンプ効果．

púmp-àction *adj.* 〈散弾銃・ライフル銃が〉ポンプアクション式の，ポンプ連射式の《フォーエンド (fore-end) を前後させることにより，空薬莢(からやっきょう)の排出，新しいカートリッジの装塡(そうてん)ができ，同時に撃鉄が起きる方式にいう》：a ～ shotgun.

púmp bòx *n.* (ポンプの)ピストン室.

púmp bràke *n.* (数人が協力して用いる)ポンプの取っ手[柄].

púmp drèdge *n.* 〖海事〗ポンプ浚渫船《パイプラインを用い水圧利用で地面を掘ったり埋めたりする》.

púmped stórage *n.* 〖電気〗揚水発電《電力余剰時に水車発電機を電動ポンプとして用いて下部貯水池の水を汲み上げ，不足時に発電するエネルギー保存法》.

púmp·er *n.* **1** ポンプ使用者；汲み揚げ機．**2** (ポンプをつけた)消防自動車．**3** 汲み揚げ油井.

pum·per·nick·el [pʌ́mpənɪ̀kəl | pʊ́mpə-, pʌ́m-; G pʊ́mpɐnɪkəl] 〖《1756》□ G ～ ← ? *pumpern* to fart 《擬音語》+ *Nickel* bumpkin (《短縮》? ← *Nicolas* 'NICHOLAS[1]')：消化しにくいまたは匂いが強いことから〗 **—** *n.* プンパーニッケル《ふすま付き挽き粉で作った酸味のある黒パン》.

púmp gùn *n.* ポンプ式速射銃《レバーを前後に動かして操作する散弾銃・ライフル銃》.

púmp-hàndle *vt., vi.* 《口語》(人と)大げさな握手をする.

púmp hàndle *n.* **1** (井戸などの)ポンプの取っ手[柄]．**2** 《口語》(腕を上下に動かしてする)大げさな握手.

púmp hòuse *n.* ポンプ室.

púmp·ing *n.* **1** (水を揚げるなどで)ポンプを使うこと；ポンプ(式)の動き[作用]．**2** 〖気象〗=PUMPING of the barometer.
pumping of the barometer 〖気象〗気圧計示度の振動《気圧計の水銀柱が急に上下すること》.

púmping plàn *n.* 〖海事〗注排水装置図.

púmping-ùp pówer plànt [stàtion] *n.* 〖電気〗揚水(式)発電所.

pump·kin [pʌ́ŋkɪn, -kən, pʌ́m(p)kɪn | pʌ́m(p)kɪn] 〖《1647》《変形》← 《廃》*pumpion* □ F 《廃》*pompon* melon □ L *pepōnem* □ Gk *pépōn* large melon, 《原義》cooked by the sun, ripe ← *péptein* to cook, ripen ← IE *pekʷ- to cook, ripen：熟するまでは食べられないところから：⇨ -kin〗 **—** *n.* **1** 〖園芸〗カボチャ《ウリ科カボチャ属 (*Cucurbita*) の植物の果実》：**a** = summer squash. **b** 《英》クリカボチャ (*C. maxima*) の実《gourd ともいう；cf. winter squash》．**c** = winter crookneck．**2** 〖植物〗=bottle gourd．**3** ばかな威張り屋．**4** [通例 some ～s として]《米口語》大した人[物]：The girl [New York] is *some* ～*s*. あの娘[ニューヨーク]は大したもんだ[所だ].

púmpkin hèad *n.* 《米口語》**1** (カボチャのように)でかい頭．**2** ばか者，のろま (blockhead).

púmpkin-héaded *adj.* 《米口語》**1** 頭のでかい．**2** ばかな.

púmpkin píe *n.* (米国の Thanksgiving Day につきものの)カボチャパイ.

púmpkin·sèed *n.* **1** カボチャの種．**2** 〖魚類〗**a** パンプキンシード (*Lepomis gibbosus*)《北米東部産の偏平な淡水小魚；cf. sunfish 2》．**b** =butterfish a.

púmp·man [-mən] *n.* (*pl.* **-men** [-mən, -mɛ̀n]) (鉱山の動力)ポンプ係；(井戸の)ポンプ屋.

púmp prìming *n.* (景気回復のための)迎え[誘い]水式経済政策[財政投融資]《米国大統領 F. D. Roosevelt が一時期 New Deal の骨子として，公共土木事業に政府資金を支出したことから；cf. *prime the* PUMP[1] (2)》.

púmp ròom *n.* **1** (温泉場で滞留客が鉱泉水を飲む)大社交広間．**2** (給水所などの)ポンプ室.

púmp·shìp 〖← PUMP[1] (廃) to urinate + -SHIP〗《卑》*vi.* 小便する．**—** *n.* 小便すること；小便.

púmp·wèll *n.* ポンプ井戸.

púmp wèll *n.* 〖海事〗**1** ボート類の船底にポンプで水を汲み出せるように作った井戸状の水ため．**2** 大型船の中央付近で，船底から下甲板まで達する密閉室.

pun[1] [pʌ́n] 〖《1662》《短縮》← 《廃》*pundigrion* 《変形》← It. *puntiglio* fine point (dim.) ← *punto* point：⇨ punctilio〗 **—** *n.* (同音異義語を利用した)しゃれ，地口(じぐち)，語呂(ごろ)合わせ；だじゃれ：make ～s. **—** *vi.* (**punned**; **pun·ning**) 〔…にかけて〕地口[しゃれ]を言う，もじる〔*on, upon*〕.

pun[2] [pʌ́n] 〖《方言》← POUND[2]〗 *vt.* (**pun·ning**; **punned**) 《方言》〈土・小石などを〉打つ，打ち突いて固める〈*up*〉.

pu·na [púːnə | -nɑː; *Sp.* púna] 〖□ Am.-Sp. ～ ← Quechua〗 **—** *n.* **1** (ペルーの Andes 山脈中の樹木に乏しい寒い)高原；(ペルー山間の)寒風．**2** 《南米》〖病理〗高山病 (mountain sickness).

pu·na·lu·a [pùːnəlúːə] 〖← Hawaiian〗 **—** *n.* 〖社会学〗プナルア婚《もとハワイで行なわれた婚姻形態；実のまたは傍系の姉妹が必ずしも血縁関係にない数人の男子と通婚するか，逆に実のまたは傍系の兄弟が必ずしも血縁関係にない数人の女子と集団的に通婚する形；cf. group marriage》.

pu·na·lu·an [pùːnəlúːən] *adj.* 〖社会学〗プナルア婚の[に関する]：a ～ family.

punch[1] [pʌ́ntʃ] 〖《*c*1390》*punche(n)* 《変形》← *pounse(n)*：⇨ pounce[3]〗 **—** *vt.* **1** 〈頭など〉にげんこつを食わせる，ぶんなぐる：～ a person's head = ～ a person *on* the head 人の頭をげんこつでなぐる / ～ a person *about* the body 人の胴中をなぐりつける．**2** **a** (棒などで)つつく．**b** 《米西部》〈家畜を〉つついて追う〈*in, out*〉．**3** 〈タイプライターなど(のキー)を〉威勢よく打つ．**4** 《口語》〈ある言葉・楽句などを〉特に強める．**—** *vi.* **1** 打つ，たたく．**2** 〔タイプライターなどを〕威勢よく打つ〈*away*〉〈*at*〉．**3** 頑張り続ける.
punch a (time) clock (出勤[退出]時に)タイムカードを押す．***punch in [out]*** タイムカードを押して出勤[退出]する.
— *n.* **1** げんこつで打つこと，ぶんなぐり，(ボクシングで)パンチ：give [get] a ～ on the head [nose] 頭[鼻]を一つぶんなぐる[なぐられる] / He gave my shoulder a little ～. 彼は私の肩を軽く打った．**2** 《口語》生気，力 (vigor)；効き目，効果；(批評などの)鋭さ，辛辣さ；迫力，パンチ：a speech with ～ パンチの利いた演説 / The style is discursive and lacking in ～. その文体は散漫で迫力に欠けている.
beat to the punch 《口語》(1) 〈相手〉に先に打撃[パンチ]を加える．(2) 〈相手〉の機先を制する．***get a punch in*** =*get a* BLOW[3] *in*. ***pack a punch*** ⇨ pack[1] 成句．***pull one's punches*** (1) 〖ボクシング〗故意に効果のないパンチを打つ．(2) 《口語》[通例否定構文で] (攻撃・批評などで)手心を加える．***roll with a [the] punch*** 《口語》(1) (相手に打たれた時にその打撃を緩和するために)相手のパンチの方向に合わせて動く[後退する]．(2) 激しく逆らわないことによって不運などの衝撃を緩和する.

punch[2] [pʌ́ntʃ] 〖《*c*1460》*punche* 《廃》dagger 《短縮》← PUNCHEON[1]〗 **—** *n.* **1** 押抜き具，ポンチ《工作物に穴を打ち抜く工具》；穴あけ器；打印器；目打ち (prick punch)；センターポンチ (center punch)；(釘(など)の頭を沈めるための)釘締め (nail set)；ボルト(など)を抜くための道具：a figure [letter] ～ 数字[文字]打印器．**2** **a** (切符などを切る)穴あけばさみ，パンチ：a bell ～ (車掌用の)鈴付き穴あけ器 / a conductor's ～ (切符を切る)はさみ．**b** 穿孔(せんこう)機．**c** (パンチなどで(特に)カード[テープ]にあけた)穴.
— *vt.* **1** 〈切符など〉に穴をあける；はさみを入れる；〈穴を〉あける；…に打印する〈*up*〉：have one's ticket ～*ed* 切符を切ってもらう / ～ holes in cloth 布に穴をあける / ～ cards 〖電算機〗カードをパンチする．**2** 《米俗》…に失敗する，しくじる；(学校で)〈科目を〉落とす．**—** *vi.* パンチで穴をあける.

punch[3] [pʌ́ntʃ] 〖《1632》□ Hindi *pañc* five ← Skt *pañca*：もと 5 種類の成分を混ぜ合わせたことから〗 **—** *n.* **1** パンチ，ポンチ，ポンス《ぶどう酒やシャンパン，牛乳などにブランデーやウイスキーなどを混ぜ，砂糖・レモン・香料で味つけをした飲料；果汁に炭酸水や果物の細片を加えたものもある；パンチボール (punch bowl) の中で混合して冷たくまたは熱くして供する；土台になるものによって claret [brandy, rum, milk] punch などという》．**2** パンチを飲物に出す社交会.

punch[4] [pʌ́ntʃ] 〖《1669》← ?〗 **—** *n.* **1** ずんぐりした人，でっぷりした人．**2** =Suffolk[2] 2．**3** 〖《1709》《短縮》← PUNCHINELLO〗 [P-] パンチ《Punch-and-Judy show の主人公の名》.
(as) pleased [proud] as Punch 大満足[大得意]で.

Punch [pʌ́ntʃ] *n.* 「パンチ」《1841 年創刊された英国の漫画入週刊誌》.

Púnch-and-Júdy shòw *n.* パンチ人形芝居《英国の盛り場で昔から人気を集めている滑稽なあやつり人形芝居；Punch というせむしで鼻が長く曲がった奇怪な格好をした主人公が，滑稽なやり方で子供を絞殺したり妻 Judy をいじめ殺したりする》.

púnch·bàll 〖⇨ punch[1]〗 *n.* **1** パンチボール《テニスのボールをバットの代わりに握りこぶしで打つ野球》．**2** 《英》=punching bag 1.

púnch·bòard *n.* 《米》(板に多くの穴があいていて，打ち抜くと当たり番号を出す)賭博(とばく)機械.

púnch bòwl *n.* **1** パンチボール《パンチレードル (punch ladle) を添えた大きなパンチ入れ容器；cf. punch[3] 1》．**2** (山間または山腹の)くぼ地，(すりばち状の)小盆地《地名として Honolulu の Punchbowl などがある》.

púnch càrd *n.* 〖電算機・統計〗パンチカード《計算機にデータを与えたり，計算機の計算結果を取り出したりするために用いられるカード；穴の位置で情報が表わされる；punched card, Hollerith card ともいう》.

púnch-drúnk 〖⇨ punch[1]：PUNCH[3] とも連想〗 **—** *adj.* 《口語》**1** 〈ボクシングの選手など〉(頭にパンチをうけて)ふらふらになった，パンチをくらった，グロッキーになった (groggy)．**2** ふらふら[グロッキー]になった，〈言葉など〉混乱した (confused).

púnched cárd *n.* 〖電算機・統計〗=punch card.

púnched tápe *n.* 〖電算機〗=punch tape.

pun·cheon[1] [pʌ́ntʃən] 〖《1367-68》*punchon* □ OF *po(i)nchon* (F *poinçon*) bodkin < VL *punctiō(n-) ← L *punctus* (p.p.) ← *pungere* to prick：⇨ pungent〗 **—** *n.* **1** 間(ま)柱 (stud)；(炭坑の天井や根切りの周囲の土砂を支える)支柱，補助柱．**2** 《米》割材《片面を粗仕上げしたもので粗末な床材》；(根切りの周囲の土止めに用いる)厚板．**3** (金工が用いる)刻印器；打抜き器 (punch).

pun·cheon[2] [pʌ́ntʃən] 〖《1479》*poncion* □ OF *po(i)nçon, po(i)nchon* wine vessel ← ?〗 **—** *n.* (以前の，ビール・ぶどう酒などの)大樽《72–120 ガロン入り》；その一杯の容量.

púnch·er 〖1：← PUNCH[2]. 2：← PUNCH[1] (v.) 2：⇨ -er[1]〗 *n.* **1** **a** 穴をあける人；キーパンチャー．**b** 穴あけ器；刻印器 (punch)．**2** 《米口語》=cowboy 2.

pun·chi·nel·lo [pʌ̀ntʃənélou | -tʃɪnéləu] 〖《1666》*policinello* □ It. 《方言》*Polecenella* = *Pulcinella* (dim.) ← *pollecena* young turkey ← *pulcino* chicken ← LL *pullicenus* (dim.) ← L *pullus* 'young animal, PULLET'：あやつり人形の鼻の形が鳥のくちばしに似ているところから〗 **—** *n.* (*pl.* **～s, ～es**) **1** [しばしば P-] パンチネロ《17 世紀にイタリアに起こったあやつり人形または滑稽劇の道化役；17 世紀後半英国に移入された Punch-and-Judy show の主人公のパンチ (Punch) の原形》．**2** [p-] **a** でっぷり太った(猫背の)小男 (punch)．**b** 変てこな姿の男[動物].

púnch·ing *n.* **1** 〖金属加工〗抜き板《鋼板を所要の形状に打ち抜いたもの》．**2** (皮革などに用いる)押し抜き，打ち抜き，穴あけ.

púnching bàg *n.* 《米》**1** (ボクシング練習用の)パンチングボール；サンドバッグ (《英》punchball)．**2** 悪口・ののしりなどの的，たたかれ役.

púnching-bàll *n.* 《古》=punching bag.

púnch-làdle *n.* パンチレードル《パンチボール (punch bowl) からパンチを汲み分ける長柄の付いた木製または銀製の杓子(しゃくし)；cf. punch[3] 1》.

púnch lìne 〖⇨ punch[1]〗 *n.* (冗談・漫画などで急所を突いて)あっと言わせる文句，聞かせどころ，さわり.

púnch-òut *n.* 〖機械〗=knockout 5.

púnch prèss *n.* 〖機械〗押抜き機，穴あけ器.

púnch spòon *n.* パンチスプーン《パンチから果物・氷などを取り除くための穴のあいたスプーン》.

púnch tàpe *n.* 〖電算機〗穿孔(せんこう)テープ.

púnch-ùp *n.* **1** げんこつによるなぐり合い[喧嘩] (fistfight)．**2** ギャングの喧嘩.

punch·y [pʌ́ntʃi | -tʃɪ] 〖⇨ punch[1], -y[4]〗 *adj.* (**punch·i·er**; **-i·est**) **1** =punch-drunk 2．**2** 力強い，迫力のある，パンチの利いた.

punct. 《略》punctuation.

puncta *n.* punctum の複数形.

Punc·tar·i·a·les [pʌŋ(k)tɛ̀(ə)riéɪliːz | -tɛ̀əri-] 〖← NL ～ ← *Punctaria* (属名：← L *punctum* 'POINT' + *-aria* '-ARY') + -ALES〗 **—** *n. pl.* 〖植物〗ハバモドキ目《褐藻植物》.

punc·tate [pʌ́ŋ(k)teɪt] 〖← NL *punctātus* (p.p.) ← L *punctum* 'POINT'：⇨ -ate[2]〗 **—** *adj.* **1** 点のような[ように小さくて丸い]．**2** 〖生物〗小斑点[小くぼみ]のある．**3** 〖医学〗点状の．**—** *n.* 〖医学〗穿刺液.

púnc·tat·ed [-tɪd, -təd | -tɪd] *adj.* =punctate.

punc·ta·tion [pʌŋ(k)téɪʃən] 〖⇨ punctate, -ation〗 *n.* 〖生物〗小斑点[小くぼみ]のあること；小斑点，小くぼみ，小穴.

punc·ti·form [pʌ́ŋ(k)təfɔ̀ːm | -tɪfɔ̀ːm] 〖← L *punctum* 'POINT' + -FORM〗 *adj.* 点のような，点の形をした (punctate).

punc·til·i·o [pʌŋ(k)tíliòu | -liəu] 〖《1596》*puntilio* □ It. *puntiglio* // Sp. *puntillo* (dim.) ← *punto* □ L *punctum* 'POINT'〗 **—** *n.* (*pl.* **～s**) **1** (所作・儀式・手続きなどの)微細な点，末節．**2** つまらぬことに儀式張ること，堅苦しさ：stand upon ～(s) (儀礼上の)細かいことにこだわる.

punc·til·i·ous [pʌŋ(k)tíliəs | -liəs, -ljəs] 〖《1634》：⇨ ↑, -ous：cf. F *pointilleux*〗 **—** *adj.* 礼儀作法にやかましい，厳格な，堅苦しい，几帳面な：(as) ～ as a Spaniard きわめて几帳面な．**～·ly** *adv.* **～·ness** *n.*

punc·tu·al [pʌ́ŋ(k)tʃuəl, -tʃʊl | -tjuəl, -tjʊl, -tʃuəl, -tʃʊl] 〖《*a*1400》《廃》'sharp-pointed' □ ML *punctuālis* ← L *punctus* 'a pricking, POINT'：⇨ -al[1]〗 **—** *adj.* **1** 時間を厳守する，時間どおりの，定刻の：(as) ～ as the clock (時計のように)時間を厳守する，非常に堅い / be ～ *for* the lecture [*at* school] 講義[学校]に遅刻しない / come ～ to time 時間どおりに来る / ～ to the minute 一分もたがえぬ / be ～ *in* attending [attendance at] the meeting 時間通りに会に出席する.

2 期限をたがえない, 遅滞のない: ～ payment 期限通りの支払い. **3** =punctilious. **4** 〖数学〗点の: ～ coordinates 点座標. **～·ly** *adv.* **～·ness** *n.*

punc·tu·al·i·ty [pʌ̀ŋ(k)tʃuǽləṭi | -tjuǽlətɪ, -tʃʊ-, -lɪ-] 〚(1620)〛 ── *n.* **1** 時間厳守; 日限をたがえないこと, 遅滞のないこと, 正確さ: *Punctuality* is the soul [hinge] of business. 時間厳守は事務の根本[要領]. **2** 几帳面.

punc·tu·ate [pʌ́ŋ(k)tʃuèɪt | -tjʊ-, -tʃʊ-] 〚(1634) ← ML *punctuāt-us* (p.p.) ← *punctuāre* to fix by points ← L *punctus*: ⇨ punctual, -ate³: cf. pun¹〛 ── *vt.* **1** 〈文などの句読を切る, 句読をつける; 〈文など〉の中で句読の働きをする. **2** 〈俗用〉〈言葉など〉に力を入れる, 強調する (emphasize), …の効果を高める: He ～*d* his refusal with gestures. 身振りで拒絶の意を強めた. **3** 〈他人の演説など〉に間(ま)を入れる, 〈言葉などを〉〔…で〕中断する (interrupt) 〔*with, by*〕: admonition ～*d with* cuffs げんこ交じりの訓戒 / Sobs ～*d* her tale.=She ～*d* her tale *with* sobs. すすり泣きで彼女の話はとぎれがちだった. ── *vi.* 句読点を入れる, 句読を切る[打つ]. **púnc·tu·à·tor** [-ṭə | -tə(r] *n.*

punc·tu·a·tion [pʌ̀ŋ(k)tʃuéɪʃən | -tjʊ-, -tʃʊ-] 〚(*a*1539) ▭ ML *punctuātiō(n-)* ← *punctuātus* (↑): ⇨ -ation〛 ── *n.* **1 a** 句読を施すこと, 句読(法): ⇨ close punctuation, open punctuation. **b** 句読点 (punctuation mark). **2** 中断(すること). **3** セム語 (Semitic) の母音点法.

pùnc·tu·á·tion·al [-ʃənḷ, -ʃnəl] *adj.* 句読(法)の[に関する].

punctuátion màrk *n.* 句読点《comma (,), semicolon (;), colon (:), dash (—), period (.), question mark (?), exclamation mark (!), quotation marks (" ", ' '), parentheses (( )), hyphen (-), brackets ([ ]) など; 《英》では stop ともいう》.

punc·tu·a·tive [pʌ́ŋ(k)tʃuèɪṭɪv | -tjuèɪt-, -tʃʊ-] 〚⇨ punctuate, -ative〛 *adj.* =punctuational.

punc·tu·late [pʌ́ŋ(k)tʃulət, -lɪt, -lèɪt | -tjʊ-, -tʃʊ-] 〚← NL *punctulāt-us* ← L *punctulum* (dim.) ← *punctum* 'POINT': ⇨ -ate²〛 *adj.* 一面に小斑点のある.

punc·tu·la·tion [pʌ̀ŋ(k)tʃuléɪʃən | -tjʊ-, -tʃʊ-] 〚⇨ ↑, -ation〛 *n.* (一面に)小斑点のある状態.

punc·tule [pʌ́ŋ(k)t(j)uːl | -tjuːl] 〚▭ LL *punctul-um* (dim.) ← L *punctum* (↓): ⇨ -ule〛 *n.* 小斑点.

punc·tum [pʌ́ŋ(k)təm] 〚▭ L ～ 'POINT'〛 *n.* (*pl.* **punc·ta** [-tə]) 〖解剖・生物〗点 (point), 斑点 (spot); くぼみ (depression).

punc·tur·a·ble [pʌ́ŋ(k)tʃ(ə)rəbḷ] 〚⇨ ↓, -able〛 *adj.* 穴があけられる.

punc·ture [pʌ́ŋ(k)tʃə | -tʃə(r] 〚(*a*1400) ▭ L *punctūra* a pricking ← *punctus* (p.p.) ← *pungere* to prick: ⇨ pungent, -ure〛 ── *n.* **1** (尖ったもので)刺すこと, 小穴をあけること; (タイヤなど)パンクすること, パンク: mend a ～ パンクを直す. **2** (刺してできた)穴, 刺し傷. **3** 〖動物〗細孔, 小点. **4** 〖医学〗穿刺(法[術]): bone marrow [lumbar] ～ 骨髄[腰椎]穿刺.
── *vt.* **1** 刺す (prick), …に穴をあける (perforate), 貫く (pierce): ～ the ball with a pin ピンで球に穴をあける / a ～*d* wound 刺し傷. **2 a** (刺して)〔…に〕〈穴を〉あける〔*in*〕: ～ a hole *in* the bag 刺して袋に穴をあける. **b** 〈タイヤなどを〉パンクさせる; だめにする, 台無しにする: ～ a tire タイヤをパンクさせる. **3** 〈誤った考え・信念などを〉つぶす, だめにする, ぺちゃんこにする (destroy): ～ a myth, plan, etc. ── *vi.* **1** 穴があく; 〈タイヤなどが〉パンクする: Our tires do not ～ easily. **2** 〈自転車[乗り手]が〉パンクに会う.

púnc·tured *adj.* 〖動物〗細孔[小点]のある.

púncture vìne *n.* 〖植物〗ハマビシ (*Tribula terrestris*) 《北半球温帯の海岸に生えるハマビシ科の多年草; caltrop ともいう》.

púncture vòltage *n.* 〖電気〗(絶縁)破壊電圧.

pun·dit [pʌ́ndɪt, -dət | -dɪt] 〚⇨ pandit〛 ── *n.* **1** = pandit 1. **2 a** 学者, 教師; 専門家, 権威者. **b** 学者先生; 自称権威者. **pun·dit·ic** [pʌndíṭɪk | -tɪk] *adj.*

pun·dit·ry [pʌ́ndɪtri, -dət- | -dɪtri] *n.*

pung [pʌ́ŋ] 〚(略) ← (廃) *tom pung* ← N-Am.-Ind. (Algonquian): cf. toboggan〛 *n.* 《ニューイングランド》(一頭の馬に引かせる)箱型そり.

pun·gen·cy [pʌ́ndʒənsi | -sɪ] 〚⇨ ↓, -ency〛 *n.* (味覚・嗅覚(きゅうかく)などの)刺激性; 辛辣(しんらつ)さ, 鋭さ (keenness), 痛烈さ (tartness): the ～ of his wit.

pun·gent [pʌ́ndʒənt] 〚(1597) ▭ L *pungent-em* (pres.p.) ← *pungere* to prick: ⇨ point〛 ── *adj.* **1** 刺激性の, ぴりりとする (acrid): ～ sauce [flavor] 辛いソース[強い味] / ～ smoke [aroma] 鼻や目を刺す煙[香り]. **2 a** 〈苦痛などが〉刺すような, 厳しい, 鋭い. **b** 〈言葉など〉辛辣(しんらつ)な: ～ sarcasm. **3** 心をぴりっとさせる, 気の利いた, 刺激する (stimulating), 訴えるような (appealing): ～ wit ぴりっとくる機知. **4** 〖生物〗とがった (sharp-pointed). **～·ly** *adv.*

pun·gey [pʌ́ŋgi | -gɪ] 〚← ?〛 *n.* 〖海事〗パンギー《米国 Chesapeake 湾で使われる漁業用平底帆船; 船体は幅広く船首・船尾は共に尖り, 普通は縦帆艤装》.

pun·gi [púːŋgi | -gɪ] 〚▭ Hindi *puṅgī, pūṅgī*: cf. poogye〛 *n.* プーンギ《インドの蛇使いが用いる鼻笛 (nose flute); poogye ともいう》.

pun·gy [pʌ́ŋgi | -gɪ] *n.* 〖海事〗=pungey.

Pu·nic [pjúːnɪk] 〚(*c*1450) (廃) 'Punic apple' ▭ L *Pūnic-us, Poenicus* Carthaginian ← *Poenus* a Carthaginian ▭ Gk *Phoînix* a phoenician: ⇨ -ic¹: cf. Phoenix〛 ── *adj.* **1** 古代カルタゴ (Carthage) の; カルタゴ人の. **2** (古代ローマ人からみて)信義のない (faithless), 裏切りの (perfidious): ～ faith [fidelity] カルタゴ人の信義, (すなわち)不信, 裏切り (perfidy) (cf. fides Punica). ── *n.* ポエニ語《古代カルタゴ語》.

Púnic ápple *n.* 《古》ザクロ (pomegranate).

Púnic Wárs *n. pl.* [the ～] ポエニ戦争《3 回にわたる Rome と Carthage 間の戦争 (264–241, 218–201, 149–146 B.C.), 最後には Rome が勝利》.

pun·ish [pʌ́nɪʃ] 〚(1340) *punische(n)* ▭ (O)F *puniss-* (stem.) ← *punir* < L *pūnīre* to punish ← *poena* pain, punishment ▭ Gk *poinḗ* ← IE **kʷeit-* to pay, atone: ⇨ -ish²: cf. penal〛 ── *vt.* **1** 〈犯罪者などを〉罰する, 懲らしめる (chastise), 〈犯罪などを〉処罰する: ～ an offender [a criminal] 違反者[罪人]を罰する / ～ forgery 偽造を罰する / ～ a person for his crime 人の罪を罰する / ～ a person *with* [*by*] death 人を死刑に処する. **2** 《口語》**a** 〈人を〉手荒く扱う, ひどい目にあわせる; 〈物〉に損害[損傷]を与える (damage): ～ an opponent 相手をやっつける / The enemy was severely ～*ed* by our machine guns. 敵はわが方の機関銃でひどくやっつけられた. **b** (ボクシングで)〈相手を〉強打する; (クリケットなどで)〈投球を〉痛打する, 〈投手を〉打ちくずす: ～ the bowling (ボウリングで)打ちまくる, どしどし得点する. **3** 〈競走馬など〉に無理働きをさせる, (猛烈にせきたてて)疲労させる. **4** 《戯言》〈食物などを〉うんと食べる[飲む]: ～ one's food / ～ a bottle of wine ぶどう酒ひとびん平らげる. ── *vi.* 罰する, 懲らす. **～·er** *n.*

pun·ish·a·ble [pʌ́nɪʃəbḷ] 〚▭ MF *punissable*: ⇨ ↑, -able〛 ── *adj.* 罰す[せられる]べき, 懲らす[される]べき: a ～ offense [offender] 罰すべき罪[犯罪者] / an offense ～ with [by] death 死刑に処すべき罪. **pùn·ish·a·bíl·i·ty** [-ʃəbíləṭi | -lətɪ, -lɪ-] *n.* **pún·ish·a·bly** *adv.*

pún·ish·ing *adj.* **1** 罰する, 処刑する, 懲らす. **2** 《口語》ひどく打つ (hard-hitting); やっつける, ひどい目に会わせる: a ～ blow 痛打 / a ～ assault 猛攻撃 / a ～ race ひどく疲れさせる競走. ── *n.* 《口語》ひどい目に会うこと: take a ～ ひどい目に会う.

pún·ish·ment 〚(1413) ▭ OF *punissement*: ⇨ punish, -ment〛 ── *n.* **1** 罰すること, 懲罰, 処罰, 刑罰, 刑 (penalty): the ～ of wickedness and vice 不正・邪悪の懲罰 / ～ for a crime 犯罪に対する処罰 / corporal ～ 体刑 / disciplinary ～ 懲戒処分 / divine ～ 天罰 / ⇨ capital punishment / inflict [impose] a ～ upon [on] a criminal 罪人を罰する, 犯人に刑を科する / fit the ～ to [make the ～ fit] the crime 罪に相応した刑罰を加える / *Punishment* is lame but it comes. 《諺》罰はびっこであるが必ずやってくる. ★ ラテン語系形容詞: penal. **2** 《口語》(ボクシングなどの)強打; (相手を)ひどくやっつけること, 徹底的に痛めつけること; ひどい仕打ち, 懲らしめ, 見せしめ, ひどい目. **3** (競走馬などを)無理働きさせること, 疲労させること. **4** 〖心理〗罰《行動を禁じたり習慣を止めさせたりするために与える不快または苦痛の刺激》.

pu·ni·tive [pjúːnəṭɪv | -nə-, -nɪ-] 〚(1624) ▭ F *punitif* // ML *pūnitīv-us* of punishment ← L *pūnītus* (p.p.) ← *pūnīre*: ⇨ punish, -ive〛 ── *adj.* **1** 罰の, 刑罰の, 懲罰の (penal); 応報の (retributive): ～ laws 刑法 / a ～ expedition 応報出征, 征討 / a ～ force 討伐軍 / ～ justice 因果応報 / ～ police 《インド》地方派出警察署《派出されるのは不法状態の罰であるとして住民がその費用を負担した》. **2** 〈課税など〉極めて苛酷な. **～·ly** *adv.* **～·ness** *n.*

púnitive dámages *n. pl.* 〖法律〗懲罰的損害賠償額《実際の損害をはるかに超えて課するもの; exemplary damages, vindictive damages ともいう; cf. compensatory damages》.

pu·ni·to·ry [pjúːnətɔ̀ːri, -tòːri | -nət(ə)ri, -nɪ-] 〚← L *pūnīt-us* ((p.p.) ← *pūnīre* 'to PUNISH') + -ORY¹〛 *adj.* =punitive.

Pun·jab [pʌndʒɑ́ːb, -dʒǽb, ⌐ — | pʌndʒɑ́ːb, ⌐ —] 〚▭ Pers. *Pañjāb* ▭ Skt *pañca-āpa* five rivers〛 ── *n.* パンジャブ: **1** [(the) ～] インド北西部およびパキスタン北東部の地方; もと英領インドの一州; 1947 年インド, パキスタンの分離独立により東西両国に分離し, インド領は East Punjab 州を成したが, 後に Punjab 州と Haryana 州に分かれた; パキスタン領は West Punjab 州を成し, 後に Punjab 州と改称. **2** インド北西部の州; 人口 13,730,000, 面積 50,490 km², 首都 Chandigarh. **3** パキスタン北東部の州; 人口 37,000,000, 面積 206,000, 首都 Lahore.

Pun·ja·bi [pʌndʒɑ́ːbi, -dʒǽbi | -dʒɑ́ːbɪ] 〚▭ Hindi *pañjābī* ▭ Pers. *Pañjāb* (↑)〛 ── *n.* **1** パンジャブ (Punjab) 人. **2** パンジャブ語《Punjab で用いられるインド アーリア語で, アラビア, ペルシャ語からの借用語が多い》. ── *adj.* パンジャブ人の; パンジャブ語の.

púnji stìck [stàke] [pʌ́ndʒi- | -dʒɪ-] 〚*punji*: ← Vietnamese〛 *n.* 〖軍事〗針状の先端を有する竹棒, プンジ棒《密林中に敷設して敵兵の足を刺す》.

punk¹ [pʌ́ŋk] 〚(1596) ← ?〛 ── *n.* **1** 《英古》売春婦 (prostitute). **2** 《口語》**a** (未熟で役に立たない)若造, 新米; (特に)若者, 少年. **b** (若い)浮浪者, ちんぴら. **c** 〖映画〗(かけ出しの)カメラマン助手. **d** (サーカスの)訓練していない若い象. **3** 〚cf. punk² 1〛《口語》**a** 役に立たないもの, 無価値なもの; つまらないもの (rubbish); たわごと (nonsense). **b** いやでたまらない人, 憎らしい人. **c** 愚か者, ばか者 (jerk). **4** 《米俗》同性愛の相手の青[少]年. **5** =punk rock. ── *adj.* (～·**er**; ～·**est**) 《口語》**1** 役に立たない, 無価値な, 下等な, くだらない, つまらない (worthless). **2** 病弱な.

punk² [pʌ́ŋk] 〚(1687) ← ?: cf. spunk〛 ── *n.* 《米》**1** (火口(ほくち) (tinder) に使う)腐木; 火口. **2** パンク《サルノコシカケ科のツリガネタケ (*Fomes fomentarius*) などから採る海綿状の物質; 火口として用いられ, またもと止血に用いられた》.

pun·kah [pʌ́ŋkə] 〚(*a*1625) ▭ Hindi *paṅkhā* fan ← Skt *pakṣa* wing〛 (*also* **pun·ka** [～]) ── *n.* 《インド》**1** ヤシの葉で作った大扇, 吊りうちわ《布張りの枠を天井から吊したもの; 召使または機械が動かす》. **2** 扇風機. ── *adj.* punkah (用)の.

pun·kie [pʌ́ŋki | -kɪ] 〚▭ Du. 《方言》*punki* ← N-Am.-Ind. (Lenape *punk* fine ashes): cf. punk²〛 *n.* 〖昆虫〗ヌカカ (⇨ biting midge).

púnk róck 〚⇨ punk¹〛 *n.* 《英》パンクロック《ロック音楽の一種; 1970 年代末に流行; 単純なリズムと露骨なまたは攻撃的な歌詞を絶叫するのが特徴》.

punk·y [pʌ́ŋki | -kɪ] *n.* 〖昆虫〗=punkie.

pún·ner¹ 〚← PUN²+-ER¹〛 *n.* 打ち固め器, 突きっち, たこ《杭(くい)の回りの土などを突き固める道具》.

pún·ner² 〚← PUN¹+-ER¹〛 *n.* =punster.

pun·net [pʌ́nɪt, -nət] 〚(1822) ← ? POUND¹: ⇨ -et〛 *n.* 《英》(イチゴ・野菜などを入れて売る)経木[プラスチック]製の浅い丸かご.

pún·ning·ly *adv.* しゃれて, 地口(じぐち)で.

pun·ster [pʌ́nstə | -stə(r] 〚← PUN¹ (n.)+-STER〛 *n.* よくしゃれを飛ばす人, 地口(じぐち)[だじゃれ]のうまい人.

punt¹ [pʌ́nt] 〚OE ～ ▭ L *pontō* a kind of Gallic transport: ⇨ pontoon¹〛 ── *n.* **1** パント(船)《平底で両端が方形の小舟; さおで動かす》. **2** (ぶどう酒の)上げ底 (kick). ── *vt.* 〈パントなどの小舟を〉さおで動かす; (パントで)運ぶ. ── *vi.* (パントを漕ぐ)さおを動かす, パントをあやつる, パントに乗って行く.

punt² [pʌ́nt] 〚(1706) ▭ F *pont-er* ← *ponte* punter (at play) ▭ Sp. *punto* point ▭ L *punctum* 'POINT'〛 ── *vi.* **1** (faro などで)胴元に対抗して賭ける. **2** 《英口語》(競馬で)賭ける (bet). **3** 《英口語》=scalp 2 a. ── *n.* **1 a** 胴元に対抗して賭ける人. **b** (faro などの)点. **2** =punter² 1 b.

punt³ [pʌ́nt] 〚(1845) ← ? 《方言》*bunt* to strike: もと Rugby School の学生語〛〖ラグビー・アメリカンフットボール・サッカー〗 ── *vt., vi.* (ボールを)パントする. ── *n.* パント, パントキック《手から落してまだ地に着かないうちにボールを蹴ること; cf. dropkick 1, placekick》.

Pun·ta A·re·nas [púːnṭəəréɪnəs | -tə-; *Sp.* púnta-arénas] *n.* プンタ アレナス《チリ南部の海港; 世界最南の都市; 人口 65,000; 旧名 Magallanes》.

púnt-abòut *n.* 〚⇨ punt³, about (adv.)〛 *n.* 《英》ラグビー・サッカー・アメリカンフットボールなどの練習; 練習用のそれらのボール.

púnt·er¹ [-ṭə | -tə(r] 〚← PUNT¹ (v.)〛 *n.* さおでパント(船)を動かす人, パントの船頭.

púnt·er² [-ṭə | -tə(r] *n.* **1 a** =punt² 1 a. **b** 《英口語》=scalper 2 a. **2** 売春婦の客.

púnt·er³ [-ṭə | -tə(r] 〚← PUNT³ (v.)〛 *n.* 〖ラグビー・サッカー・アメリカンフットボール〗パントする選手.

pun·to¹ [pʌ́ntou | -təu] 〚▭ It. ～ < L *punctum* 'POINT'〛 ── *n.* (*pl.* ～**s**) **1** 〖フェンシング〗突き. **2** 〖服飾〗一針 (stitch)《特に, スペインまたはイタリア原産のレースや刺繍に使われる語》.

pun·to² [púːntou | -təu; *Sp.* púnto] 〚▭ Sp. ～〛 ── *n.* (*pl.* ～**s**) 〖トランプ〗(オンブル (ombre) などで)ポント《切札に指定された赤いスーツ(ハートかダイヤ)のエース; キング, クィーン, ジャックに次いで 4 番目の強さをもつ》.

pun·ty [pʌ́nti | -tɪ] 〚(1662) ▭ F *pontil* ▭ It. *puntello* (dim.) ← *punto* (↑): ⇨ pontil〛 *n.* 〖ガラス製造〗ポンテ《ガラス器を造る時に用いる鉄棒》.

pu·ny [pjúːni | -nɪ] 〚(*a*1577) ▭ OF *puisne* (F *puîné*): ⇨ puisne〛 ── *adj.* (**pu·ni·er**; **-ni·est**) **1** ちっぽけな (undersized), 微弱な, 薄弱な: a ～ child. **2** つまらない, 取るに足らない. **3** 《廃》=puisne. **pú·ni·ly** [-nɪli, -nə-, -nḷi | -nɪlɪ, -nə-] *adv.* **pú·ni·ness** *n.*

PUO 《略》〖医学〗pyrexia of unknown origin (医師がカルテに書く)原因不明熱.

pup¹ [pʌ́p] 〚(1589) (尾音消失) ← PUPPY〛 ── *n.* **1** (1 歳以下の)子犬; 犬ころ (puppy). **2** おおかみ・狐・あざらし・ラッコ・鯨・ビーバー・ねずみ(など)の子. **3** 《口語》(生意気な)青二才: a conceited [an uppish] ～ 生意気な少年[青年].
buy a pup 《俗》だまされてもうけにならないことに手を出す. ***in* [*with*] *pup*** 〈犬・おおかみなどの雌が〉子をはらんで. ***sell a person a pup*** [通例 Passive で] 《口語》(先物買いをさせたりなどして)〈人〉から金をかたる, だます: He was frequently *sold a* ～. 彼はよくだまされた.
── *vt., vi.* (**pupped**; **pup·ping**) 〈犬・狼などの雌が〉「(子を)産む.

pup² [pʌ́p] 〚略〛 *n.* 《俗》生徒 (pupil).

pu·pa [pjúːpə] 〚(1815) ← NL ～ ← L *pūpa* doll, girl (fem.) ← *pūpus* boy: ⇨ pupil¹·², puppet〛 *n.* (*pl.* **pu·pae** [-piː], ～**s**) 〖昆虫〗蛹(さなぎ) (cf. imago, larva, chrysalis 1).

púpa co·arc·tá·ta [-kòuɑəktéɪṭə | -kàuɑːktéɪtə] 〚← NL ～: ⇨ ↑, coarctate〛 ── *n.* (*pl.* **pupae co·arc-**

ta·tae [-ti:]〚昆虫〛樽蛹(たるさなぎ), 俵蛹, 囲蛹《昆虫の蛹の一形式》.
pupae *n.* pupa の複数形.
pú·pal [-pəl] *adj.*〚昆虫〛蛹(さなぎ)の.
púpa lí·be·ra [-líbərə]〚← NL ～ : ⇨ pupa, liberal〛 ── *n.* (*pl.* **pupae li·be·rae** [-ri:])〚昆虫〛裸さなぎ, 裸蛹(ちょう), 自由蛹(じゆう)《昆虫の蛹の一形式》.
pu·par·i·um [pju:pέ(ə)riəm|-péəri-]〚← NL ～ : ⇨ pupa, -arium〛 ── *n.* (*pl.* **-i·a** [-riə|-riə])〚昆虫〛さなぎ殻, 蛹殻, 囲蛹殻, 蛹嚢(のう). **pu·pár·i·al** [-riəl|-ri-] *adj.*
pu·pate [pjú:peɪt]〚⇨ pupa, -ate[3]〛 *vi.*〚昆虫〛蛹になる, 蛹化する.
pu·pa·tion [pju:péɪʃən] *n.*〚昆虫〛蛹化.
púp·fìsh〚⇨ pup[1]〛 *n.*〚魚類〛米国西部産キプリノドン科 *Cyprinodon* 属の淡水小魚数種の総称《*C. nevadensis*, *C. diabolis* など》.
pu·pil[1] [pjú:pɪl, -pəl|-pɪl]〚(c1390) *pupille* ⇨ (O)F // L *pūpill-us* (masc.), *pūpilla* (fem.) (dim.) ← *pūpus* boy, *pūpa* girl ← IE **pap-* teat〛 ── *n.* **1 a** 生徒. ★ 米国では小学生をさすが, 英国では通例小·中·高校生までをいう (cf. student 1). **b** (個人指導を受けている)教え子, 弟子 (disciple). **2 a**〚ローマ法〛被後見者《25歳未満の被保護者》. **b**〚スコット法〛幼年者《14歳未満の男子または12歳未満の女子の被保護者》.
～·less *adj.* **～·shìp** *n.*
pu·pil[2] [pjú:pɪl, -pəl|-pɪl]〚(1567) ⇨ (O)F *pupille* // L *pūpill-a* little doll (dim.) ← *pūpa* (↑) : ⇨ pupa〛 *n.*〚解剖〛ひとみ, 瞳孔(どうこう).
pu·pil·age [pjú:pɪlɪdʒ, -pə-|-pɪ-] *n.* =pupillage.
pu·pil·ar[1] [pjú:pɪlə, -pə-|-pɪlə(r] *adj.* =pupillary[1].
pu·pil·ar[2] [pjú:pɪlə, -pə-|-pɪlə(r] *adj.* =pupillary[2].
pu·pi·lar·i·ty [pjù:pəlǽrəṭi, -lér-|-pɪlǽrəti, -rɪ-] *n.*〚スコット法〛=pupillarity.
pu·pi·lar·y [pjú:pəlèri, -pɪləri] *adj.* =pupillary[2].
pu·pil·ize [pjú:pəlàɪz|-pɪ-]〚← L *pūpillus* 'PUPIL[1]' +-IZE〛 *vt.* 生徒にする; コーチする (coach).
pu·pil·lage [pjú:pɪlɪdʒ, -pə-|-pɪ-]〚← PUPIL[1]+-AGE〛 ── *n.* **1** 生徒の身分[期間]. **2** 被保護者であること, 未成年(期) (minority). **3** (民族·国民·言語などの)半開化状態, 未発達時代.
pu·pil·lar[1] [pjú:pɪlə, -pə-|-pɪlə(r] *adj.* =pupillary[1].
pu·pil·lar[2] [pjú:pɪlə, -pə-|-pɪlə(r] *adj.* =pupillary[2].
pu·pil·lar·i·ty [pjù:pəlǽrəṭi, -lér-|-pɪlǽrəti, -rɪ-]〚⇨ F *pupillarité* ⇨ ML *pūpillāritātem* ← L *pūpillāris* : ⇨ ↓, -ity〛 ── *n.*〚スコット法〛未成年(期), 被後見年齢.
pu·pil·lar·y[1] [pjú:pəlèri|-pɪləri]〚⇨ L *pūpillāris* of a pupil or orphan : ⇨ pupil[1], -ary〛 *adj.* **1** 生徒の, 門弟の. **2** 未成年(期)の.
pu·pil·lar·y[2] [pjú:pəlèri|-pɪləri]〚← L *pūpilla* 'PUPIL[2]'+-ARY〛 *adj.*〚解剖〛ひとみ[瞳孔(どうこう)]の : the ～ membrane 瞳孔膜.
pu·pil·lize [pjú:pəlàɪz|-pɪ-] *vt.* =pupilize.
púpil lóad *n.* 1クラスの生徒数.
púpil téacher *n.*《英》(19世紀後半の小学校の)教生, 見習い教師 (cf. student teacher).
Pu·pin [p(j)u:pí:n, pú:pɪn], **Michael Id·vor·sky** [ɪdvɔ́əski|-vɔ́:ski] *n.* プーピン《1858-1935; ハンガリー生れの米国の物理学者·発明家》.
Pu·pip·a·ra [pju:pípərə]〚← NL ～ : ⇨ pupa, -para〛 *n. pl.*〚昆虫〛蛹(よう)生類, 亜蛹類.
pu·pip·a·rous [pju:pípərəs]〚← NL *pūpiparus* : ⇨ ↑, -ous〛 *adj.*〚昆虫〛**1**〈昆虫が〉蛹(さなぎ)を生む, 蛹(よう)生性の. **2** 蛹生類の, 亜蛹類の.
pup·pet [pʌ́pɪt, -pət]〚(1538)《異形》←《古》*poppet* < ME *popet* ⇨ OF *poupette* (dim.) ← **poupe* doll < VL **puppam* ← L *pūpa* girl, doll : ⇨ pupil[1,2], -et〛 ── *n.* **1 a** (人形劇に使う)人形. **b** あやつり人形 (marionette). **2** 人形 (doll). **3** 傀儡(かいらい), ロボット, 手先, でくの坊 : a ～ king [regime, state] 傀儡王[政権, 国家]. **4**〚機械〛=poppethead 1.
pup·pe·teer [pʌ̀pətíə|-pɪtíə(r, -pə-]〚⇨ ↑, -eer〛 *n.* 人形遣(つか)い, 傀儡(くぐつ)師. ── *vi.* 人形遣いを勤める.
púppet góvernment *n.* 傀儡(かいらい)政府[政権].
púppet plày *n.* =puppet show.
pup·pet·ry [pʌ́pɪtri, -pət-|-tri]〚(1528) ← PUPPET+-RY〛 ── *n.* **1 a** あやつり(術); あやつり人形の所作. **b** あやつり人形の製作. **2** [集合的] あやつり人形 (puppets); 人形芝居. **3 a** [集合的にも用いて] (小説などの不自然で)ロボット的な人物. **b** そのような人物の使用[登場]. **4**《古》見せかけ, まやかし (mummery).
púppet shòw *n.* 人形劇[芝居].
púppet vàlve *n.*〚機械〛=lift valve.
Pup·pis [pʌ́pɪs, -pəs|-pɪs]〚⇨ L ～ 'stern, poop of a ship'〛 *n.*〚天文〛とも(船尾)座《南天の星座; the Stern ともいう》.
pup·py [pʌ́pi|-pi]〚(1486) *popie* lap dog, toy dog ⇨ (O)F *poupée* doll < VL **puppa* : ⇨ puppet, -y[2]〛 ── *n.* **1** 犬の子, 子犬 (whelp). **2** =pup[1] 2. **3** 生意気な小僧, 若造, 青二才 (pup). **4** =puppy-dog.
púppy-dòg *n.*《小児語》わんちゃん, 犬ころ (puppy).
púp·py·dom [-dəm] *n.* =puppyhood.
púppy fàt *n.* (幼少期に一時的に丸々と太る)おさな「太り.
púppy·hòod *n.* **1** 子犬であること; 子犬時代. **2** 生意気(時代).
púp·py·ish [-piɪʃ] *adj.* **1** 子犬のような. **2** 生意気「な.
púp·py·ism [-piìzṃ] *n.* **1** 子犬のようなこと[振舞, 動作]. **2** 生意気 (pertness).
púppy lòve *n.* =calf love.
púp tènt *n.* (くさび型の)小型テント《形が犬小屋に似ていることから; cf. shelter tent》.
pur [pə́:|pə́:(r] *v., n.*《古》(**purred**; **pur·ring**) =purr.
pur.《略》purchase; purchaser; purchasing; purification; purify; purple; pursuit.
pur- [pə:, pə|pə:(r, pə(r]〚ME ⇨ AF ～ =OF ～, *por-* (F *pour-*) < L *por-*, *pro-*〛 *pref.* pro-[1] の異形: *pur*chase, *pur*port, *pur*sue.
Pu·ra·na, p- [purá:nə, pu:-]〚(1696) ⇨ Skt *purāṇa*《原義》ancient ← *purā* formerly : ⇨ fore[1], pro-[1]〛 ── *n.* プラーナ《Hindu 神話を記す一群の文献》. **Pu·ra·nic, p-** [purá:nɪk, pu:-] *adj.*
Pur·beck [pə́:bek|pə́:-] *n.* **1** =Purbeck marble. **2** =Purbeck stone.
Pur·beck [pə́:bek|pə́:-]〚OE *Purbicinga* ← ? *pūr* bittern+**bica* bill, beak〛, **the Isle of** ── *n.* パーベック半島《イングランド Dorset 州の半島; 建材 Purbeck stone [marble] の産地》.
Púrbeck márble *n.* パーベック大理石《上質の Purbeck stone; 褐色の細粒大理石; 建築用材》.
Púrbeck stóne *n.* パーベック石《英国南部パーベック半島産の石灰岩; 建築·道路舗装用材》.
pur·blind [pə́:blàɪnd|pə́:-]〚(c1280) *pur(e) blind* completely blind : cf.《廃·方言》*pure* entirely : ⇨ pure, blind〛 ── *adj.* **1** 半盲の, かすみ目の (dim-sighted). **2** 鈍い, 愚鈍な. **3**《古》全盲の (totally blind) (cf. sand-blind). ── *vt.* **1** …の目を半盲にさせる, の視力を損なう. **2**〈人の理解力などを〉鈍くさせる. **～·ly** *adv.* **～·ness** *n.*
Pur·cell [pə:sél|pə:-], **Edward Mills** [mílz] *n.* (1912–) 米国の物理学者; Nobel 物理学賞 (1952).
Pur·cell [pə́:səl, -sḷ, pə:sél|pə́:sḷ, -sel, -səl, pə:sél], **Henry** *n.* (1659?–95) 英国の作曲家; *Dido and Aeneas* (1689).
Pur·chas [pə́:tʃəs|pə́:-], **Samuel** *n.* (1575?–1626) 英国の牧師·紀行文探検記編集者; *Hakluytus Posthumus or Purchas his Pilgrimes* (1625).
pur·chas·a·ble [pə́:tʃəsəbḷ|pə́:tʃəs-, -tʃɪs-]〚⇨ ↓, -able〛 ── *adj.* **1** 買える, 手に入れられる, 求められる. **2** 買収できる, 金で動かされる, 堕落した (venal).
pùr·chas·a·bíl·i·ty [-səbíləṭi|-lətɪ, -lɪ-] *n.*
pur·chase [pə́:tʃəs|pə́:tʃəs, -tʃɪs]〚*v.*: (c1300) *po(u)rchase(n)* ⇨ AN *purchac-er* =OF *pourchacier* to procure ← PUR-+*chacier* 'to CHASE[1]'. ── *n.*: (c1300) *purchas, porchas* ⇨ AN *purchas* =OF *porchas* ← (v.)〛 ── *vt.* **1** 購入する, 買う. ★ buy の形式ばった語 : ～ food, coal, etc. **2** (苦労して)〔…で〕手に入れる (acquire), 勝ち取る〔*with*〕: ～ freedom [victory] *with* blood 血を流して自由[勝利]を得る / ～ favor *with* flattery へつらって愛顧を得る. **3** 買収する : ～ votes. **4**〈物が〉…の購売力がある;〈事が〉手に入れることができる : Your kind words will ～ her heart. 君のやさしい言葉は彼女の心をかち取るだろう. **5**〚海事〛〈重い物を〉てこ装置[滑車]で揚げる;〈重い物〉にてこ[滑車]をかける[きかせる]: ～ an anchor 錨(いかり)を揚げる. **6**〚法律〛〈動産を〉買受ける, (相続以外の方法で)〈土地·建物などを〉獲得する, 取得する. **7**《古》得る, 獲得する (obtain).
── *n.* **1** 買入れ, 購入, 買付け : the ～ of food [coal] 食物[石炭]の購入 / ～ and sale 売買 / make a ～ 買物をする / ⇨ offshore purchases. **2** 売買, 取引き (bargain): make a good [bad] ～ いい[悪い]取引きをする, 安く[高く]買う. **3** 購入物, 買物(品): It is a recent ～ of mine. それは近ごろ私が買ったものです. **4**〚法律〛(動産の)買受, (相続以外の方法による土地·建物などの)獲得, 取得. **5** 骨折って獲得すること, 努力[犠牲]による獲得 : the ～ of liberty at the risk of many lives 多くの人命の犠牲による自由の獲得. **6** (土地からの)年間収益[地代], 年収; (年間の収益を単位として定めた土地の)価格 : live on one's ～ 年々の土地上がりで生活する / buy land at 20 years' ～ 20年間の収益に相当する値で土地を購入する. **7**〚海事〛**a** (てこ (lever), 滑車 (pulley) などによる)増力, てこ作用, てこ比 (leverage). **b** (てこ, キャプスタン (capstan), 複滑車 (tackle) などによる)増力装置; (特に)ロープ, 巻揚げ機, 滑車など. **8** 握り, しっかり握えること, 足掛かり(など): get a ～ with one's feet [hands] (登る時などに)足[手]掛りを得る. **9** 利点; (勢力などの)増強手段, 手掛かり. **10** 将校職[等官職]の購買《英国で半ば制度化されていた; 1871年廃止》. **11**《古》**a** 獲得 (acquisition); 獲得物 (acquisitions). **b** 獲物, 分捕品 (booty).
be not worth an hour's [a day's] purchase〈命などが〉1時間[1日]ももちそうにない.
púrchase mòney *n.*〚商業〛仕入れ代金, 代価 (price); 手付け金 (earnest money).
púr·chas·er〚ME *purchasour* one who acquires or aims at acquiring possessions : ⇨ purchase, -er[1]〛 *n.* 買い手, 購買者 (buyer).
púrchase tàx *n.*《英》物品(購買)税《品種によって税率が異なる; 1973年に value-added tax と改称; cf. sales tax》.
púrchas·ing àgent *n.*《米》**1** 購買係[主任]. **2** (生産者と消費者の間に立つ)中間商人, 仲買人.
púrchasing associàtion [guìld] *n.* 購買組合.
púrchasing pòwer *n.* **1** 購買力. **2** (貨幣の特定時の)購買力; (ある時期に比べての)貨幣価値 : the ～ of the dollar ドルの購買力.
pur·dah [pə́:də|pə́:da:, -də; *Hindi* pərda]〚(1800) ⇨ Hindi *parda*《原義》screen, veil ⇨ Pers. *pardah* curtain〛 ── *n.* **1** プルダ : **a** インドなどで婦人の居室に掛けて男子や未知の人の目に触れないようにする幕·カーテン. **b** 身分のあるヒンズー教の婦人が外出時にかぶるベール. **2** [the ～] 隔離制度《インドなどで幕で婦人を隔離する慣習》. **3** (青·白しまの)プルダ用綿布. **～d** *adj.*
Pur·dy [pə́:di|pə́:dɪ], **James** *n.* (1923–) 米国の小説家; *Cabot Wright Begins* (1964).
pure [pjúə|pjúə(r]〚(c1300) *pur(e)* ⇨ (O)F < L *pūrum* clean, unmixed, plain, pure (Sp. & It. *puro*) ← IE **peu-* to purify, cleanse (Skt *punāti* he cleanse)〛 ── *adj.* (**pur·er**; **-est**) **1** まじりもののない, 純粋の; (雑に対して)単一の (simple), 同質の (homogeneous): ～ gold 純金 / a mineral substance in a ～ state 純粋な鉱物質 / ～ white 純白. **2** 純血の, 純種の, 生粋の : ～ blood 純血 / ～ descent 純粋系統 / a ～ Englishman 生粋のイギリス人. **3**〈言語が〉外国の要素が混じっていない, 純正の : a ～ language (外来要素を交えない)純粋語 (cf. MIXED language) / ～ English [French] (なまりのない)純正英語[フランス語]. **4**〈学問など〉(感覚·経験によらない)純粋の, 純理の, 論理[抽象]的な (abstract) (↔ applied): ～ science 純粋科学 / ～ mathematics 純粋数学 / ～ literature 純文学. **5** 清純な, きれいな, 〔…で〕汚れていない〔*from, of*〕: ～ air [water] 清らかな空気[水] / ～ hands きれいな手 / ～ *of* [*from*] taint 汚点[しみ]のない. **6** (性的·道徳的に)汚されていない, 清潔な, 清らかな, 純潔な; 潔白な, 罪のない : a ～ woman 貞女 / a ～, upright character 高潔で正直な人格 / ～ motives 純潔な動機 / Blessed are the ～ in heart. 幸いなるかな心の清き者 (cf. *Matt.* 5 : 8). **7**〈文体·趣味など〉正純な, すっきりした, 下品でない, 飾りのない, 気取らない (unaffected): a ～ style / a ～ taste in literature. **8** 純然たる, 全くの (complete), ただの, ほんの (mere): out of ～ necessity [kindness] 全くの必要[親切]から / a ～ accident ほんの偶然の出来事 / ～ nonsense 全くのたわごと / *Pure* chance led me to be connected with the case. 全く偶然のことから私はその事件に関係するようになった. **9**〚聖書〛斎戒の, はらい清めた. **10**〚哲学〛感覚·経験によらない, 経験から離れた, 演繹(えき)的な (a priori), 純粋な : ⇨ pure reason. **11**〚音楽〛**a**〈音が〉耳ざわりでない, 澄んだ. **b** 純正律の, 純正調の (cf. tempered 3): ～ harmony [temperament] 純正調[律]. **12**〚音声〛純母音の (monophthongal). **13**〚ギリシャ文法〛〈母音が〉他の母音の次に来る;〈子音が〉他の子音を伴わない;〈語幹が〉母音で終る. **14**〚生物〛**a** 一特質だけを有する. **b** 同型接合体の (homozygous).
pure and pute ⇨ pute. ***pure and simple*** [通例名詞に後置して] 全くの, 純然たる : a fool ～ *and simple* 全くのばか者.
～·ness *n.*
Pure, Simon *n.* ⇨ Simon Pure.
púre·blòod *adj.* =purebred. ── *n.* =purebred; (特に)非コーカソイド[非白色人種]の人《黒人·アメリカインディアンなど》.
púre-blóoded *adj.* =purebred.
pure·bred [⌐⌐] *adj.*〈動物が〉純血の, 純血種の (thoroughbred). ── [⌐⌐] *n.* 純血種(の動物).
púre cólor *n.* 単一色.
púre cúlture *n.*〚生物〛(一種の微生物だけの)純粋培養.
púre demócracy *n.*〚政治〛純粋[直接]民主主義.
pu·ree [pju:réɪ, pju-, -rí:|pjúəreɪ; *F.* pyre]〚(1824) ⇨ (O)F *purée* ← *purer* to strain < L *pūrāre* ← *pūrus* 'PURE'〛 (*also* **pu·rée** [～; *F.* pyre]) ── *n.* ピューレ : **a** 野菜や果物·レバーなどを煮て裏ごしでこしたもの : a ～ of fish, potatoes / tomato ～. **b** それを用いた濃いスープ. ── *vt.* (**pu·reed, -ree·ing**) ピューレにする.
púre endówment *n.* 生存保険《満期時に被保険者が生存しているときに限り, 保険金が支払われる保険; cf. endowment insurance》.
púre·héarted *adj.* 正直な, 誠実な, 心の清い.
púre imáginary nùmber *n.*〚数学〛純虚数《実数部分が0で虚数部分が0でない複素数; 単に pure imaginary ともいう》.
púre jét *n.*〚航空〛純ジェット (⇨ straight-jet).
púre líne *n.*〚生物〛純系, 純粋系統.
púre·ly〚(c1300)〛 ── *adv.* **1** まじりけなく, 純粋に : He is ～ English. 彼は生粋の英国人だ. **2** 清く, きれいに, 純潔に, 貞淑に (chastely): live ～ 清い生活をする. **3** 全く, 全然, ただ, 単に : ～ accidental 全く偶然の / ～ by chance 全く偶然に / ～ and simply かけ値なしに, 全く, ただ単に (cf. PURE *and simple*).
púre meríno *n.*《豪俗》**1** (囚人としてでない)初期の移住民. **2** 指導的豪州人.
púre réason〚《なぞり》← G (*die*) *reine Vernunft*〛 *n.*〚哲学〛(カント哲学での)純粋理性 : *Critique of Pure Reason* (Kant の)「純粋理性批判」.
púre tóne *n.*〚音響〛純音《振動数が単一で正弦形の波形をもつ音; simple tone ともいう》.
pur·fle [pə́:fḷ|pə́:-]〚(c1325) *purfile(n)* ⇨ OF *porfiler* ← *por-* 'PRO-[1]'+*filer* to spin (← *fil* thread < L

filum : ⇨ file[1])〗 ── *n.* **1** (バイオリンなどの)ふち飾り. **2** 衣装に施した金銀糸の刺繡(しゅう)や(模造)宝石の縫取りなどの飾りぶち. ── *vt.* **1 a** …に飾りぶちをつける. **b** 〘建築〙〈建物・家具〉の縁を(こぶし花 (crocket) で)飾る. **2** 美しく飾る.

púrfled wórk *n.* 透し彫《ゴシック様式の窓や格子に見られる精緻な彫刻》.

púr·fling [-flɪŋ, -fl̩-] 〖⇨ purfle, -ing[1]〗 *n.* (バイオリンなどの)ふち飾り (purfle).

pur·ga·tion [pəːgéɪʃən | pəː-] 〖(*c*1375) *purgacioun* ▭ (O)F *purgation* // L *pūrgātiō(n-)* ← *pūrgātus* (p.p.) ← *pūrgāre* to cleanse : ⇨ purge, -ation〗 ── *n.* **1** 清めること, 浄化;〘カトリック〙(浄罪煉獄(れんごく)での)罪障消滅. **2** (下剤で)通じをつけること, 瀉下(しゃか)便通. **3** 〘法律〙(宣誓 (oath) または試罪法 (ordeal) による)無罪証明, 雪冤(せつえん)宣誓 (compurgation).

pur·ga·tive [pə́ːgətɪv | pə́ːgət-] 〖(*?a*1425) ▭ (M)F *purgatif* // LL *pūgātīv-us* ← *pūrgātus* : ⇨ ↑, -ative〗 ── *adj.* **1** 〈物が〉清める. **2** 瀉下(しゃか)の, 瀉下作用の(ある), 下痢を起こさせる, 下剤の (aperient) : 起こさせる medicine 下剤. **3** 〘法律〙(宣誓の上)無罪を主張する : ～ evidence 無罪の証拠. ── *n.* 便通薬, 瀉下剤, 下剤 (cathartic). **～·ly** *adv.* **～·ness** *n.*

pur·ga·to·ri·al [pə̀ːgətɔ́ːriəl, -tóːr- | pə̀ːgətɔ́ːrɪ-] 〖(*a*1500) 1 : ← LL *pūrgātōrius* + -AL[1]. ─ 2 : ← ML *pūrgātōrium* (↓) + -AL[1]〗 ── *adj.* **1** 〘カトリック〙煉獄(れんごく) (purgatory) の : ～ sufferings 煉獄の苦しみ. **2** 贖罪(しょくざい)的な : ～ prayers 贖罪の祈り.

pur·ga·to·ry [pə́ːgətɔ̀ːri, -tòːri | pə́ːgət(ə)ri] 〖(*?a*1200) *purgatorye* ▭ AN *purgatorie* = (O)F *purgatoire* ▭ ML *pūrgātōrium* ← LL *pūrgātōrius* ← *pūrgāre* to cleanse : ⇨ purge, -ory[2]〗 ── *n.* **1 a** 魂の浄化, 浄罪. **b** [しばしば P-] 〘カトリック〙煉獄(れんごく)《罪そのものを赦されているが罪科が残っている者が霊魂を清められたり一時的に苦しみを受ける所》. **2 a** (一時的な)苦難[懲罰](場所). **b** 苦痛の状態, 苦しみ : It is ～ to go in wet weather. 雨天のときに外出するのは苦痛だ. **3** [The P-]「煉獄篇」《Dante 作の「神曲」(*The Divine Comedy*) の第二部》. ── *adj.* 《古》清める (purgative); 煉獄の (purgatorial).

purge [pə́ːdʒ | pə́ːdʒ] 〖(*c*1300) *purge(n)* ▭ (O)F *purger* ▭ L *pūrgāre* to cleanse ← *pūrus* 'PURE' + *agere* to lead, do (⇨ act)〗 ── *vt.* **1** 〈身・心を〉清める (clean); 〔汚れなどを取り除いて〕清浄にする (purify) 〔*of*, *from*〕/〈*away*〉: *Purge* me with hyssop, and I shall be clean. ヒソプをもてわれを清めたまえ, さらばわれ清まらん (*Ps.* 51 : 7) / ～ a person *of* [*from*] sin 人の罪を洗い清める. **2 a** 掃除する; 清掃する〈*away*, *off*, *out*〉. **b** 〈政治団体などを〉粛清する; (粛清中に)抹殺(まっさつ)する, 消す; …から(好ましくない人物を)追放する〔*of*〕,〈好ましくない人物を〉(…から)追放する〔*from*〕: ～ a party *of* undesirable members = ～ undesirable members *from* a party 好ましからぬ党員を党から追放する. **3** 〔罪や疑いなどを〕晴らす (clear)〔*of*〕;〈罪を〉あがなう (expiate) : ～ a person [oneself] *of* a charge 人[自分]の嫌疑(けんぎ)を晴らす. **4** 〈人に〉通じをつける,〈胃腸〉に下剤をかける. **5** 〘法律〙 **a** …の無罪を証明する. **b** 〈罪〉の償いをする《例えば裁判所侮辱をしたことに対して, 今度は裁判所の命令に従恭して恭順の意思を示すことなど》. **6** 〘冶金〙〈炉内や火格子付近の残留ガスを〉追い出す, 精練[精製]する. ── *vi.* **1** 清浄になる, 清まる. **2** (下剤で)通じをつける, 通じがつく. ── *n.* **1** 清めること, 浄化; (政界などの)粛清, (不純分子の)追放, パージ; (不純物などの)除去. **2** 下剤 (aperient). **3** 《米俗》新入りの捕虜(たち). **púrg·er** *n.*

purg·ee [pəːdʒíː | pəː-] 〖⇨ ↑, -ee[1]〗 *n.* 被追放者.

púrg·ing àgaric *n.* 〘植物〙エブリコ (*Fomes laricis*)《カラマツやモミの根に生じるキノコの一種; 医薬品として下剤に用いられる; white agaric ともいう》.

púrging càssia *n.* 〘植物〙= cassia fistura.

púrging flàx *n.* 〘植物〙アマ(亜麻)の一種 (*Linum catharticum*)《ヨーロッパ原産のアマ科アマ属の一年草; 花は黄白色; 種子を下剤に用いた》.

Pu·ri [pú(ə)ri | púəri] *n.* プリ《インド東部, Bengal 湾に臨む海港; 巡礼地; 人口 72,000; cf. Juggernaut 2 a》.

pu·ri·fi·ca·tion [pjʊ̀(ə)rəfɪkéɪʃən, -fə- | pjʊ̀ərɪfɪ-] 〖(1389) *purificacioun* ▭ (O)F *purification* ▭ L *pūrificātiō(n-)* ← *pūrificātus* (p.p.) ← *pūrificāre* 'to PURIFY' : ⇨ -ation〗 ── *n.* **1** 清めること, 清潔にすること (purifying); 清掃, 洗浄. **2** 〘冶金〙精練, 精製. **3** 〘宗教〙潔め(の式)《特に, ユダヤ法による月経[出産]後の婦人の》; はらい, 斎戒.

Purification (of the Virgin Mary [Blessed Virgin, our Lady, Mary the Virgin]) [the ─] 〘カトリック〙聖マリア御潔めの祝日 (⇨ Candlemas 1).

pu·ri·fi·ca·tive [pjʊ́(ə)rəfɪkèɪtɪv, -fə- | pjʊ́ərɪfɪkèɪt-] 〖▭ F *purificatif*, *-ive* : ⇨ purify, -ative〗 *adj.* = purificatory.

pu·ri·fi·ca·tor [pjʊ́(ə)rəfɪkèɪtə, -fə- | pjʊ́ərɪfɪkèɪtə(r)] 〖← L *pūrificātus* (⇨ purification) + -OR[2]〗 ── *n.* 〘教会〙清浄巾, 聖杯(清め)布巾(ふきん)《ミサ聖祭[聖餐式]中に聖杯や聖皿をぬぐうために用いる白布》.

pu·rif·i·ca·to·ry [pjʊ(ə)rífɪkətɔ̀ːri, pjʊ́(ə)rəf-, -fə-, -tòːri | pjʊ́ərɪfɪkèɪtəri, pjʊ̀ərɪfɪkéɪt(ə)ri] 〖▭ LL *pūrificātōri-us* : ⇨ purification, -ory[1]〗 ── *adj.* **1** 清めの, 浄化の, 浄罪の. **2** 〘冶金〙製錬の, 精製の.

pú·ri·fi·er *n.* **1** 清める人; 精錬[精製]者[装置]; 精錬用品. **2** 清浄器[装置], ガス清浄器; 分離器 (separator).

pu·ri·fy [pjʊ́(ə)rəfàɪ | pjʊ́ərɪ-] 〖(*a*1300) *puryfie(n)* ▭ (O)F *purifi-er* ▭ L *pūrificāre* ← *pūrus* 'PURE' + *facere* to make (⇨ -fy)〗 ── *vt.* **1** 清浄にする, 浄化する, 清潔にする. **2** 〘冶金〙精練する, 精製する (refine) : ～ metals 金属を精製する. **3** 〈人〉の〔罪・汚れなどを〕清める, はらい清める〔*of*, *from*〕(cf. *Lev.* 12 : 4) : ～ a person *of* [*from*] sin 人の罪を洗い清める. **4** 〈言語などを〉純正にする;〈語句を〉洗練する (polish up). ── *vi.* 清らかになる, 澄む.

Pu·rim [pʊ́(ə)rɪm, -rəm, pʊ(ə)rím | pjʊ́ərɪm, pʊ́ər-] 〖▭ Heb. *pūrīm* lots (pl.) ← *pūr* lot : 昔ペルシャ王の家臣 Haman がユダヤ人を滅ぼそうとし, くじを投げてその日を決めたが, その謀(はかりごと)が知れて Haman は殺され, ユダヤ人は危機を脱したという故事による : cf. cherubim〗 ── *n.* 〘ユダヤ教〙プリム祭, くじの祭 (Feast of Lots)《Adar 月 14 日に行なうユダヤ人の祭り; cf. *Esth.* 9 : 24–28; cf. Mordecai, Jewish holidays》.

pu·rine [pjʊ́(ə)riːn, -rɪn, -rən | pjʊ́əriːn] 〖▭ G *Purin* ← L *pūrus* 'PURE' + *ūricum* 'URIC' : ⇨ -ine[3]〗 ── *n.* 〘化学〙プリン ($C_5H_4N_4$)《尿酸化合物の原質; このもの自体は天然に存在しないが, プリンアルカロイド, プリン塩基分など誘導体は生物体にいろいろの形で存在している》.

púrine núcleotide *n.* 〘生化学〙プリンヌクレオチド《ヌクレオチドの塩基がプリン(アデニンかグアニン)であるもの》.

pur·ism [pjʊ́(ə)rɪzm̩ | pjʊ́ər-] 〖(1804) ▭ F *purisme* : ⇨ pure, -ism〗 ── *n.* **1 a** 〘言語〙純粋主義, 純正論《誤用・俗用・外来語などを排斥する》. **b** (文体・用語の)潔癖, 修辞癖. **2** 〘美術〙純粋派, 純粋主義《1918 年ごろ立体派に反対して起こった》.

púr·ist [-rɪst, -rəst | -rɪst] *n.* (言語の)純粋主義者; 文体[用語]の潔癖家. **pu·ris·tic** [pjʊ(ə)rístɪk | pjʊər-] *adj.* **pu·rís·ti·cal** *adj.*

Pu·ri·tan [pjʊ́(ə)rətn̩, -tən | pjʊ́ərɪtn̩, -tən] 〖(1572) ← LL *pūritās* 'PURITY' + -AN[1]〗 ── *n.* **1** 清教徒, ピューリタン《英国で Elizabeth 朝時代に英国国教にあきたらず, 国教会を purify して教会改革をさらに推進しようとした Calvinism 系プロテスタントの一派の人; cf. Pilgrim Fathers, Puritan Revolution》. **2** [p-] 〔通例軽蔑的に〕(宗教・道徳上)厳格な人, 堅苦しい人, 厳格ぶる人. ── *adj.* **1** 清教徒の. **2** [p-] 清教徒のような, (宗教・道徳上)厳格な : ～ simplicity 清教徒的簡素.

Púritan Cíty *n.* [the ─] 米国 Boston 市の俗称《英国から渡来した清教徒たちの開いた所; 初期にはきわめて清教徒的色彩が強かった》.

pu·ri·tan·ic [pjʊ̀(ə)rətǽnɪk | pjʊ̀ərɪ-] 〖(1606)〗 *adj.* = puritanical.

pu·ri·tan·i·cal [pjʊ̀(ə)rətǽnɪkəl, -nə- | pjʊ̀ərɪtǽnɪ-] 〖(1607)〗 *adj.* **1** [時に P-] 清教徒的な. **2** (清教徒のように)厳格な, 謹厳な; 禁欲的な. **～·ly** *adv.*

Pú·ri·tan·ism [-tənɪzm̩, -tn̩- | -tən-, -tn̩-] 〖(1573)〗 *n.* **1** 清教(主義); 清教徒気質. **2** [しばしば p-] (宗教・道徳上の)厳正主義.

pu·ri·tan·ize [pjʊ́(ə)rətənàɪz, -tn̩- | pjʊ́ərɪtən-, -tn̩-] *vt.*, *vi.* [しばしば P-] 清教徒化する; 清教徒風にする[なる].

Púritan Revolútion *n.* [the ～] 〘英史〙ピューリタン革命, 清教徒革命 (⇨ civil war 2 b).

pu·ri·ty [pjʊ́(ə)rəti | pjʊ́ərəti, -rɪ-] 〖(*?a*1200) *purete* ▭ (O)F *pureté* ▭ LL *pūritātem* ← *pūrus* 'PURE' : ⇨ -ity〗 ── *n.* **1** 清浄, 純粋さ; (衣服などの)清潔 (cleanness) : the ～ of air. **2** 清廉, 潔白 (innocence) : the ～ of life, motives, etc. **3** (言語・文体などの)正格, 純正. **4** 〘宗教〙はらい清め, みそぎ. **5** (肉体上の)純潔, 貞潔. **6** 〘光学〙(色の)純度《白色混入の少なさ》.

Pur·kin·je cèll [pəːkíndʒiː, -dʒi-, púəkɪnjèɪ-, -kə- | pəːkíndʒiː-, -dʒɪ-, púəkɪnjèɪ-; *Czech* púrkɪnjɛ-] 〖↓〗 ── *n.* 〘解剖〙プルキンエ細胞《小脳皮質の中層にあって樹状突起に富む大型細胞》.

Purkínje fìber 〖← *Johannes E. Purkinje* (1787–1869 : チェコの生理学者)〗 *n.* 〘解剖〙刺激伝導系筋線維, プルキンエ線維.

Purkínje phenòmenon 〖↑〗 *n.* 〘光学〙プルキンエ現象《光が弱くなると眼の視感度最大の波長が短波長に移る現象》.

purl[1] [pə́ːl | pə́ːl] 〖(1526) *pyrle*, *pirl* to twist (threads) into a cord : cf. It. *pirolare* to twirl〗 ── *vt.*, *vi.* **1** (金[銀]糸で)刺繡する, 縁取りをする. **2** (レース・リボンなどに)小さな玉の飾り縁をつける, ピコで縁取る. **3** (編物を)裏編みする. ── *n.* **1** (刺繡や縁取り用の)金[銀]糸. **2** 《英》= picot 1. **3** = purl stitch. **4** (ボタンホールステッチなどのように糸を針にかけて作る)結び目, 節.

purl[2] [pə́ːl | pə́ːl] 〖(*a*1552) ← ? Scand. (cf. Norw. *purla* to bubble up, gush) : 擬音語〗 ── *vi.* 〈小川が〉さらさら流れる; 渦になって流れる : a ～*ing* brook さらさら流れる小川. ── *n.* **1** さらさら流れること; さらさら流れる音 (rippling sound). **2 a** さらさらと流れる様子. **b** 波紋 (ripple), 渦巻き (eddy).

purl[3] [pə́ːl | pə́ːl] 〖(1659–60) ← ?〗 ── *n.* **1** ニガヨモギ (wormwood) を入れて調味したビール《以前強壮剤として用いられた》. **2** 《英》パール《熱したビールにジン・砂糖・香料を入れた冬の飲物》.

purl[4] [pə́ːl | pə́ːl] 〖? ← 《廃》*pirl* to twist // PURL[2]〗《英口語・米方言》── *vt.* ひっくり返す, 転落[転倒]させる (upset); 落馬させる. ── *vi.* ひっくり返る, 転落[転倒]する; 落馬する. ── *n.* ひっくり返ること, 転落, 転倒; 落馬.

purl·er [pə́ːlə | pə́ːlə(r)] 〖⇨ ↑, -er[3]〗 *n.* 《英口語》転落[転倒]させる一撃; 逆落し, 転落, 転倒 (cropper); 落馬 : come [take] a ～ まっさかさまに落ちる.

pur·lieu [pə́ːl(j)uː | pə́ːljuː] 〖(1482) *purlewe*, *purley*, *puraley* ▭ AF *purale(e)* = OF *pouralee* ← *p(o)uraler* to go through (for making boundary) ← *pur-* through (⇨ pro-[1]) + *aler* to go (⇨ alley[1]) : 今の形は F *lieu* place との連想による〗 ── *n.* **1** 森林の境界地. **2 a** (人の)行きつけの場所, よく出入する所 (haunt). **b** [*pl.*] 自由に出入りできる場所, 縄張り (one's bounds) : the dusty ～*s* of the law 弁護士の出入する場所 (cf. Tennyson, *In Memoriam* 919); 法律業務. **3** [*pl.*] 近所; 場末, 郊外 (outskirts); 貧民街 (slums). **4** 〘英法史〙(御料林隣接地で元の所有者に返還された)元御料林.

pur·lin [pə́ːlɪn, -lən | pə́ːlɪn] 〖(1447) *purly(o)n* ← ?〗 ── *n.* (*also* **pur·line** [-lɪn, -lən, -laɪn | -lɪn, -laɪn]) 〘建築〙(屋根のたる木を支える)母屋(もや), 桁(けた) (⇨ beam, queen post 挿絵).

púrlin plàte *n.* 〘建築〙母屋(もや)板, 腰上(こしうえ)母屋《腰折れ屋根の勾配の変わる部分に渡される母屋》.

pur·loin [pəlɔ́ɪn, pəː-, pə́ːlɔɪn | pəːlɔ́ɪn, ─́ ─] 〖(*c*1450) *purloyne(n)* ▭ AF *purloign-er* = OF *porloigner* to put away ← PUR- + *loign* (F *loin*) far off (< L *longē* far : ⇨ long[1])〗 ── *vt.*, *vi.* 《文語》盗む, 盗み取る (steal).

pur·lóin·er *n.* 《文語》泥棒, 盗賊 (thief).

púrl stìtch *n.* (編み物の)裏編み, 裏目《単に purl ともいう; cf. knit stitch》.

pur·na swa·raj [pə́ːnə·swɑːrɑ́ːdʒ | pə́ː-] 〖▭ Hindi *pūrṇa svarāj* complete independence〗 *n.* (インドの)プルナスワラジ, 完全独立 (cf. swaraj 1).

pu·ro·my·cin [pjʊ̀(ə)rəmáɪsn̩ | pjʊ̀ərəmáɪsɪn] 〖← PUR(INE) + -O- + -MYCIN〗 ── *n.* 〘薬学・生化学〙プロマイシン ($C_{22}H_{29}N_7O_5$)《放射線状細菌 *Streptomyces alboniger* から得られた抗生物質; 制癌(せいがん)剤》.

pur·part [pə́ːpaət | pə́ːpɑːt] 〖← ML *purpart-*, *purpars* ← OF *pur* 'PUR-' + L *part-* 'PART'〗 *n.* 〘法律〙= purparty.

pur·par·ty [pə́ːpaəti | pə́ːpɑːtɪ] 〖▭ AF *purpartie* = OF ← *pur* (↑) + *partie* share, partition (⇨ party)〗 *n.* 〘法律〙共有地分割における各共有者の持分.

pur·ple [pə́ːpl̩ | pə́ː-] 〖OE *purpl(e)* (異化) ← *purpur(e)* ▭ L *purpura* ▭ Gk *porphúra* shellfish yielding purple dye ← ? : cf. F *pourpre*〗 ── *n.* **1** 紫色. ★ ヘブライおよび古典文学では, アクキガイ (murex) の類のシリアツブリボラ (dye murex) などから得た色(すなわち Tyrian purple) で, 今日普通にいう紫色ではなく, 紫に近い深紅色 (crimson) であった; なお《米口語》では violet より好まれる : ⇨ royal purple. **2 a** 紫色[深紅色]の染料となる貝の総称 (⇨ murex). **b** (それらの貝類の殻からとる)紫色の染料[顔料]. **3 a** 紫の布, 紫衣《実際には Tyrian purple で, 昔ローマ皇帝や教皇庁の枢機卿(けい) (cardinal) が専用した》. **b** [the ～] 王位, 帝位; 枢機卿の職[地位]; 高位 (preeminence) : be raised to *the* ～ 皇帝の位に昇る; 枢機卿に任じられる / A woman of no birth may marry into *the* ～. 《諺》女は氏なくして玉の輿(こし)に乗る. **4** [*pl.*] 〘病理〙= purpura. **5** 〘昆虫〙アオイチモンジ (*Limenitis astyanax*)《北米産オオイチモンジの一種》.

born in* [*to*] *the purple 帝王[王侯貴族]の家に生まれて; 名門[富貴]に生れて.

purple of Cassius 〖← *A. Cassius* (これを発見した 17 世紀のドイツの医師)〗〘顔料〙カシウス紫金《塩化金水溶液に塩化第一スズと第二スズ溶液を滴下して得られるコロイド状の紫色の顔料; 陶磁器ガラスの染付けに使う》.

── *adj.* **1** 紫色の; (昔は)紫に近い深紅色 (crimson) の : ～ cheeks (寒さなどのために)紫色になったほお / turn ～ with rage [indignation] 真赤になって怒る. **2** 《古》真赤な, 血染めの (bloody) : ～ wine 赤ぶどう酒 / ～ blood 鮮血. **3** 帝王の, 国王の (imperial). **4** 絢爛(けんらん)たる, 華美な. **5** 〈文章が〉華麗な (ornate);〈言葉が〉痛烈(であくどいほど)の, どぎつい : ⇨ purple passage [patch] / ～ language どぎつすぎる言葉(遣い). **6** 《俗》肉欲的な (erotic), 扇情的な (lurid).
── *vt.* 紫色にする. ── *vi.* 紫色になる.
～·ness *n.*

púrple bactérium *n.* 〘植物〙紅色細菌《光合成を営む能力のある細菌》.

púrple céstrum *n.* 〘植物〙= coral jasmine.

púrple dáisy *n.* 〘植物〙北米中・西部原産ムラサキバレンギク属 (*Echinacea*) の植物の総称《*E. augustifolia*, ムラサキバレンギク (*E. purpurea*) など》.

púrple émperor *n.* 〘昆虫〙チョウセンコムラサキ (*Apatura iris*)《ヨーロッパより朝鮮まで分布》.

púrple fínch *n.* 〘鳥類〙ムラサキマシコ (*Carpodacus purpureus*)《アトリ科マシコ属の一種; 北米に広く分布》.

púrple físh *n.* 《古》= purple 2 a.

púrple fóxglove *n.* 〘植物〙ジギタリス, キツネノテブクロ (*Digitalis purpurea*)《ヨーロッパ原産の観賞用・薬用に栽培される二年草または多年草; digitalis ともいう》.

púrple frínged órchid *n.* 〘植物〙北米産ラン科サギソウ属 (*Habenaria*) の紫色の裂片をもった花をつける植物の総称《*H. psychodes*, *H. fimbriata* の 2 種がある》.

púrple gállinule *n.* 〘鳥類〙青緑色の羽毛を有するバンに似た水鳥数種の総称：**a** アメリカムラサキバン (*Porphyrula martinica*). **b** ヨーロッパセイケイ (*Porphyrio porphyrio*).

púrple gráckle *n.* 〘鳥類〙オオクロムクドリモドキ (*Quiscalus quiscula*)《北米産ムクドリモドキ科の鳥；黒紫色の羽毛がある》.

púrple·hèart *n.* 〘植物〙南米産マメ科 *Peltogyne* 属の特に *P. purpurea* の堅い紫色の木材《家具に使う》.

púrple héart *n.* **1** 紫木《コバイワ属の植物 *Peltogyne purpurea* の紫樹材》. **2** 《英》〘薬学〙=drinamyl.

Púrple Héart *n.* 〘米軍〙パープルハート勲章《ハート型のメダルと紫色の綬(じゅ)のついた名誉戦傷章；略 P.H.》.

púrple héron *n.* 〘鳥類〙ムラサキサギ (*Ardea purpurea*)《旧世界産アオサギ属の一種；沖縄にも生息》.

púrple lóosestrife *n.* 〘植物〙エゾミソハギ (*Lythrum salicaria*)《北日本を含む北半球冷温帯の湿地に生える紫色の花が咲く多年草》.

púrple mártin *n.* 〘鳥類〙ムラサキツバメ (*Progne subis*)《米国産の紫青色の大型のツバメ》.

púrple médic *n.* 〘植物〙=alfalfa.

púrple mombín *n.* 〘植物〙 **1** テリハタマゴノキ，アカモンビン (*Spondias purpurea*)《熱帯アメリカ原産のウルシ科の低木》. **2** テリハタマゴノキの食用になる果実.

púrple múllein *n.* 〘植物〙ヨーロッパ産ゴマノハグサ科モウズイカ属の二年草 (*Verbascum phoeniceum*)《赤紫色の花をつける；観賞用》.

púrple óxide *n.* 〘化学〙酸化鉄粉《主成分は酸化鉄(III)；硫化鉄燃鉱を焙焼して得られる残渣；さび色顔料》.

púrple pássage [pátch] *n.* (文章の中で特に)華麗な一節，すばらしい字句.

púrple rágwort *n.* 〘植物〙ムラサキオグルマ (*Senecio elegans*)《アフリカ南部産キク科サワギク属の赤または紫色の花をつける一年草》.

púrple róck créss *n.* 〘植物〙ムラサキナズナ (*Aubrietia deltoidea*)《南ヨーロッパ産アブラナ科の紫色の花をつける多年草》.

púrple ságe *n.* 〘植物〙米国 California 州産シソ科サルビア属の葉は銀色で紫色の花が咲く草本 (*Salvia leucophylla*).

púrple sándpiper *n.* 〘鳥類〙ムラサキシギ(*Calidris maritima*)《北ヨーロッパ・グリーンランド・カナダ東部のツンドラで繁殖するシギの一種》.

púrple scále *n.* 〘昆虫〙ミカンカキカイガラムシ (*Lepidosaphes beckii*)《ミカン類の害虫》.

púrple-tòp *n.* 〘植物病理〙ジャガイモのウイルス病の一種.

púrple wréath *n.* 〘植物〙熱帯アメリカ産のクマツヅラ科ヤモメカズラ属の紫色の花をつけるつる植物 (*Petra volubilis*).

púr·plish [-plɪʃ, -plɪʃ] 〘⇨ purple, -ish¹〙 *adj.* 紫色の，紫がかった.

pur·ply [pə́ːpḷi, -pli | pə́ːpḷɪ, -plɪ] 〘⇨ purple, -y⁴〙 *adj.* =purplish.

pur·point [pə́ːpɔ̀ɪnt | pə́ː-] *n.* 《古》=pourpoint.

pur·port [pəpɔ́ət, -pɔ́ət | pəpɔ́ːt, -pɔːt, pəːpɔ́ːt, pə-] 〘v.：《1528》□ AF *purport-er*=OF *porporter* to convey ← *por*- (← L *prō* ' PRO-¹ ')+*porter* (< L *portāre* to carry). — n.：《1455》□ AF & OF ～ ' contents, tenor ' ← (v.)〙 **—** *vt.* **1 a** [しばしば *that*-clause を伴って]〈書類・演説などが〉意味する (imply)，伝える (convey)，…が主旨である：His answer ～*s* his sickness [*that* he was sick]. 返答の意味は彼が病気だ[だった]ということだ. **b** [*to* be を伴って]〈書類などが〉…という意味であるように思われる，…とされている，…と称する，主張する (claim)：a letter ～*ing to* be written by you [*to* contain your decision] 君が書いた[君の決意を記してある]と称する手紙. **2** 志す，もくろむ (intend). **—** [《米》pə́ːpɔət, -pɔət] *n.* **1** (全体の)意味 (meaning)；趣旨，主意，要旨：the main ～ of his speech 彼の演説の要旨. **2** 目的 (purpose)：the ～ of one's visit 訪問の目的. **～·less** *adj.*

pur·pórt·ed [-tɪd, -ṭəd | -tɪd, -təd] *adj.* …というううわさ[評判]の，…とされている：his ～ biography 彼の伝記とされている本.

pur·pórt·ed·ly *adv.* うわさによれば，その称するところでは.

pur·pose [pə́ːpəs | pə́ː-] 〘n：《c1300》*porpos, purpos* design, plan □ OF (F *propos*) ← *purposer, porposer*. — v.：《c1385》*purpose(n)* □ OF *purposer, porposer* 《混成》← L *prōpōnere* ' to PROPOSE '+OF *poser* ' to POSE¹ '〙 **—** *n.* **1** 目的 (aim)，意向 (intent)；用途：answer [serve] the [one's] ～ 目的にかなう，間に合う / serve no ～ 役に立たない / bring about [attain, accomplish, carry] one's ～ 目的を達する / miss one's ～ 目的を逸する / a novel with a ～=purpose-novel / for this [that] ～ この[その]ために / for [with] the ～ of …のために[目的で]. **2** 意志，意図 (intention)，決心，決意 (resolution)：be firm [infirm, weak] of ～ 意志が強固[薄弱]である，決断力がある[ない] / be wanting in ～ 決断力が欠けている / honesty of ～ 意図のまじめさ / stick to one's ～ 意志を変えない. **3** 論題，考究中の問題，論争点：from the ～ 《古》問題からそれて；不得要領に. **4** 効果，成果. **5** 《廃》趣旨，意味 (purport)：to this ～ この意味に.
at cross purposes (お互いの)意図[目的]が食い違って. ***in purpose*** 計画的に. ***of (set) purpose*** 《文語》=*on* PURPOSE (1). ***on purpose*** (1) わざと，故意に，ことさら (↔ by accident)：accidentally *on* ～ 《戯言》偶然を装って(実は故意に). (2) [通例 *to* do または *that*-clause を伴って] 特に〈…の〉目的で，わざわざ〈…する〉ために：He came all the way *on* ～ *to* [*that* he might] see you. 彼はわざわざ君に会いにやって来たのだ. ***to little*** [***no***] ***purpose*** (1) 問題に殆んど[全く]触れないで. (2) 殆んど[全く]無駄に. ***to some*** [***good***] ***purpose*** (1) 問題にいくらか[うまく]触れて. (2) かなり[うまく]成功して，効果的に. ***to the purpose*** 適切に，要領を得て.
— *vt.* **1** [しばしば *to* do, do*ing*, *that*-clause を伴って] 意図する，…しようと思う (intend)，決意する (determine)：～ a visit to America 米国行きをもくろむ / ～ *to* come [com*ing*] next week 次週に来るつもりでいる. **2** 《廃》提案する；予定する. **—** *vi.* 《文語》目的を有する[もっている].
be purposed [*to* do, do*ing*, *that*-clause を伴って]《古》意図している：*be* (fully) ～*d that* …しようと(堅く)決意している.

púrpose-bùilt *adj.* 特別の目的のために建てられた.

pur·pose·ful [pə́ːpəsfəl | pə́ː-] *adj.* **1** 目的のある. **2** 意図をもつ (designed). **3** 故意の (intentional). **4** きっぱりした，果断な (resolute)：a ～ character 果断な性格. **5** 意味のある，意味深い；重要な：a ～ narrative, account, etc. **～·ly** *adv.* **～·ness** *n.*

púrpose·less *adj.* **1** 〈人が〉確たる目的を有しない，決断力のない，決意に欠けた. **2** 〈行動が〉無目的の，無意味の，無益の (futile). **～·ly** *adv.* **～·ness** *n.*

púr·pose·ly 〘《15C》〙 **—** *adv.* **1** 故意に，わざと：He seems to waste his energy ～. 彼は体力をわざと浪費しているように見える. **2** [通例 *to* do を伴って] 特に〈…の〉目的で，わざわざ〈…する〉ために (on purpose).

púrpose-màde *adj.* 特別の目的のために作られた.

púrpose-nòvel *n.* (作者の意図・主張を盛った)目的小説.

pur·pos·ive [pə́ːpəsɪv | pə́ː-] *adj.* **1** 〈行動など〉目的[意図]のある，目的意識のある；目的にかなう[かなった]，合目的の：～ actions 目的ある行為. **2** 〈人・行為など〉きっぱりした，決断力のある，果断な. **3** 目的の，目的性の. **～·ly** *adv.* **～·ness** *n.*

pur·pres·ture [pəːpréstʃə | pəːpréstʃə(r)] 〘《c1384》□ OF *p(o)urpresture* 《変形》← *p(o)urpresure* enclosure ← *p(o)urprise* (p.p.) ← *purprendre* to seize upon, enclose ← PUR-+*prendre* to take：⇨ -ure〙 **—** *n.* 〘法律〙公有地侵害《公有地・公道・公水路などに私人がみだりに建造物を作ったり，それらの一部を横領すること》.

pur·pu·ra [pə́ːp(j)ʊrə | pə́ː-] 〘← NL ～：⇨ purple〙 *n.* 〘病理〙紫斑(しはん)病.

pur·pu·rate [pə́ːpjʊrət, -rɪt, -rèɪt | pə́ː-] 〘← L *purpurat-us* clothed in purple：⇨ ↑, -ate²,³〙 **—** *adj.* 《廃》 **1** 紫色の. **2** 帝王の，王侯の (royal). **—** [-rèɪt] *vt.* 《古》紫色にする，…に紫衣を着せる.

pur·pure [pə́ːpjə | pə́ːpjə(r)] 〘OE ～ □ L *purpura* ' PURPLE '〙〘紋章〙 **—** *n.* 紫色 (purple)《無彩色図では向かって右上から左下へかけての斜線で表わす》. **—** *adj.* 紫(色)の.

pur·pu·ric [pəːpjʊ́(ə)rɪk | pəːpjʊ́ər-] 〘⇨ ↑, -ic¹〙 *adj.* **1** 〘病理〙紫斑(しはん)病の，紫斑状の：～ fever 紫斑熱. **2** 紫(色)の (purple).

purpúric ácid *n.* 〘化学〙プルプル酸 ($C_8H_5N_5O_6$)《アンモニウム塩などの塩として知られている》.

pur·pu·rin [pə́ːpjʊrɪn, -rən | pə́ːpjʊrɪn] 〘← PURPURA+-IN¹〙 **—** *n.* 〘化学〙プルプリン ($C_{12}H_5(CO)_2(OH)_3$)《セイヨウアカネ (madder) の根から採った結晶化合物，または合成の赤色染料；1, 2, 4-トリヒドロキシアントラキノンともいう》.

purr [pə́ː | pə́ː(r)] 〘《1602》：擬音語〙 **—** *vi.* **1** 〈猫が〉満足そうにごろごろいう；〈人が〉悦に入ってのどを鳴らす：～ with pleasure [content, satisfaction] 悦に入って[満足して]のどを鳴らす. **2** 〈車・エンジンなどが〉低い滑らかな音を立てる：The car ～*ed* quietly away. **—** *vt.* **1** ごろごろいって[のどを鳴らして]言い表わす[示す]. **2** 〈人が〉(猫のように)さも満足そうな調子で話す；(猫のように)いじわるそうに[険険な調子で]話す：～ one's satisfaction 満足ですとさもうれしそうに言う. **—** *n.* **1** (猫が)ごろごろいう[のどを鳴らす]音[こと]. **2** (車・エンジンなどの)低く滑らかな音.

pur·ree [pʊ́(ə)ri, pə́ː(r)i | pʊ́ərɪ, pə́ːrɪ] 〘□ Hindi *piūrī*：cf. Skt *pīta* yellow〙 *n.* =Indian yellow 2 a. **—** *adj.* 黄色顔料の.

pur sang [pùə-sɑ́ː(ŋ), -sɔ̃ː(ŋ), -sɑ́ːŋ, -sɔ́(ː)ŋ | pùə-; *F.* pyːʀsɑ̃] 〘□ F ～ ' pure blood '：⇨ pure, sanguine〙 **—** *F. adj., adv.* [名詞または形容詞に後置して] 純血の；まざりなしに；全く(の)，生粋の[に]，真正の[に] (genuine)：He is a militarist [a cynic] ～. 彼は純然たる軍国主義者[皮肉家]である / He is Welsh [a Welshman] ～. 彼は生粋のウェールズ人だ / The artist ～ is not concerned with party politics. 純粋の芸術家は政党の政策なんかにはかかわらない.

purse [pə́ːs | pə́ːs] 〘n.：lateOE *purs* □ LL *bursa* bag □ Gk *búrsa* leather. — v.：《c1303》← (n.)〙 **—** *n.* **1** 財布，金入れ，がま口《特に，口金付きで女性がもつもの；広義には札入れを含む；cf. wallet, billfold, notecase》：a cold [a light, a lean, an ill-lined, a slender] ～ 軽い財布；貧乏 / a fat [heavy, long, well-filled, well-lined] ～ 重い財布；富；富裕 / have a common ～ 共同基金をもつ / open one's ～ 金を出す[与える，使う] / Who holds the ～ rules the house. 《諺》金が物言う世の中 / It is a case of the longest ～. 金の多くある者が勝ちだ / You cannot make a silk ～ out of a sow's ear. 《諺》雌豚の耳から絹の財布はできない，「瓜(うり)のつるには茄子(なす)はならぬ」. **2** 《米》ハンドバッグ (handbag). **3 a** 財布状のもの：～*s* under the eyes 目の下のたるみ (bags). **b** 〘動物〙(家畜の)陰嚢(のう) (scrotum). **4** 金銭 (money)；財源，資力 (funds)；身代，富 (wealth)：the power of the ～ 金力 / sword and ～ 武力と財力 / live within one's ～ 資力内の生活をする / the public ～ 国庫 / ⇨ privy purse. **5** [a ～] 懸賞金，寄付金，贈与金：put up [give] *a* ～ (競技・慈善などに)賞金[寄付金]を出す / make (up) *a* ～ for …のため寄付金を募る. **6** 《古》パース《中近東諸国の通貨単位》：a ～ of silver [gold] 500 [1 万] ピアストル (piasters).
— *vt.* **1** 〈口・唇などを〉(財布の口のように)すぼめる (pucker)；〈眉を〉しかめる ⟨*up*⟩：～ (*up*) one's lips 口をすぼめる / ～ (*up*) one's mouth into a whistle 口をすぼめて口笛を吹く. **2** 《古》財布に入れる ⟨*up*⟩. **—** *vi.* しわが寄る，すぼまる (pucker).
～·less *adj.*

púrse bèarer 〘ME *pursberer* bursar〙 **—** *n.* **1** 財布を預る人；(会社などの)会計係 (treasurer). **2** 《英》国璽(こくじ)捧持官《儀式などで大法官 (Lord Chancellor) の前に国璽 (Great Seal) を奉持する役人》.

púrse bòat *n.* =purse seiner.

púrse cràb *n.* 〘動物〙ヤシガニ，マツカ (*Birgus latro*)《南洋諸島で陸上にすんでヤシの木に登ることもあり，ココヤシの実の殻の繊維を敷いた穴で過ごすので，coconut crab とも，また palm crab ともいわれる》.

purse·ful [pə́ːsfʊ̀l | pə́ːs-] 〘ME：⇨ purse, -ful²〙 *n.* 財布一杯(の内容)：a ～ *of* money 相当な額の金.

púrse nèt 〘《15C》〙 *n.* **1** =purse seine. **2** (うさぎ捕り用などの)巾着網.

púrse prìde *n.* 富を誇ること，金自慢.

púrse-pròud *adj.* (他に取柄がなく)金持ちが[お金]自慢の，財産を鼻にかける.

purs·er [pə́ːsə | pə́ːsə(r)] 〘《a1450》' purse bearer '：⇨ purse, -er¹〙 **—** *n.* **1** (船舶・航空機の)パーサー. **2** 《古》(海軍の)主計官《1852 年以降英海軍ではもっぱら paymaster という》.

pur·ser·ette [pəːsərét | pəː-] *n.* 女性の purser.

púrser·shìp *n.* purser の身分[職].

púrse sèine *n.* 巾着(きんちゃく)網《長方形の網のすそに多数の環があってくくり綱を通してあり，魚群をとり巻くとそれで網すそを巾着のように締めて魚をとる》.

púrse-sèiner *n.* 巾着(きんちゃく)網漁船 (cf. purse seine).

púrse-strìng *adj.* **1** 財布のひも状の[にした]. **2** 財布のひも[財政上の権限]に関する[を握っている].

púrse strìng 〘《15C》〙 **—** *n.* **1** 財布のひも. **2** [通例 *pl.*] 財布のひも，財政上の権限：hold the ～*s* 金の出し入れを司る / loosen [tighten] the ～*s* 支出を増す[減じる]，金使いが荒い[けちだ].

púrse-strìng sùture *n.* 〘外科〙巾着(きんちゃく)縫合.

púr·si·ly [-sɪli, -sə- | -lɪ] *adv.* (肥満のため)息切れして；太って.

púr·si·ness *n.* (肥満のための)息切れ；肥満.

purs·lane [pə́ːslɪn, -lən, -leɪn | pə́ːslɪn] 〘《a1387》*purcelan(e)* □ OF *porcelaine* □ L *porcilāca* 《変形》← *portulāca* ' PORTULACA '：cf. It. *porcellana* porcelain〙 **—** *n.* 〘植物〙スベリヒユ科の草本の総称；(特に)スベリヒユ (*Portulaca oleracea*)《至る所に見られる雑草の一つ；cf. portulaca》.

pur·su·a·ble [pəsúːəbḷ | pəs(j)úːə-, -s(j)ʊ́ə-] 〘⇨ pursue, -able〙 *adj.* **1** 追跡[追求，遂行，従事，続行]できる. **2** 〘スコット法〙訴追できる.

pur·su·ance [pəsúːəns | pəs(j)úːəns, -s(j)ʊ́əns] 〘《1596》' that which follows '：⇨ ↓, -ance〙 **—** *n.* **1** (計画・目的・考えなどの)追求 (pursuit). **2** 続行，履行，遂行：in ～ of …を履行して；…に従って.

pur·su·ant [pəsúːənt | pəs(j)úːənt, -s(j)ʊ́ənt] 〘《1542–43》' prosecuting (in a court of law) ' □ OF *po(u)rsuiant* (pres.p.) ← *po(u)rsuir, porsivre*：⇨ ↓, -ant〙 **—** *adj.* **1** 〔…に〕従う，応じる (conformable) 〔*to*〕：～ *to* the rules 規則に従う[従って]，規則通りの. **2** 《まれ》後につく (following after). **—** *adv.* 〔…に〕よって，応じて，準じて (conformably) 〔*to*〕：～ *to* Article 5 第 5 条によって. **～·ly** *adv.*

pur·sue [pəsúː | pəs(j)úː] 〘《c1300》*pursue(n)* □ AF *pursu-er*=OF *po(u)rsivre* (F *poursuivre*) < VL **prōsequere*=L *prōsequī* to follow ← PRO-¹+*sequī* to follow：cf. prosecute〙 **—** *vt.* **1** (捕えまたは殺すために)追う，追跡する (chase)：～ game [a fugitive] 獲物[逃亡者]を追跡する / ～ the enemy 敵を追撃する. **2** 〈病気・運命・結果・懲罰などが〉…につきまとう，随伴する (attend)：Ill luck ～*d* him all his life. 不幸が一生彼につきまとった. **3 a** 〈快楽・知識・目的などを〉得ようとする，達成しようとする，追求する：～ pleasure [knowledge] 快楽[知識]を求める / ～ one's object 目的を追求する. **b** 遂行する (prosecute)：～ one's investigations [studies] 調査[研究]を遂行する. **4** 〈手続き・考えなどを〉実行する (carry on)：～ the proper legal remedies 正当な法的手段をとる. **5** 〈仕

事・研究など〉に従事する, 〈業を〉営む, 行なう: ~ one's business, occupation, profession, etc. **6** 〈議題など〉の論議を進める, 続行する, 〈旅行などを〉継続する, 〈計画などを〉進める: ~ a subject [topic] 議題[話題]を進めて行く / ~ a journey 旅行を続ける / ~ one's course [way] 道を進む / ~ a plan 計画を進める. **7** 〈道路などを〉行く, たどる: ~ a road. — *vi.* **1** 〔…を〕追う, 〔…に〕ついて行く (follow) 〔*after*〕. **2** 《まれ》続ける (continue), 言い続ける. **3** 〘スコット法・教会法〙〔…を〕起訴する (sue) 〔*for*〕.

pur·sú·er [-sú:ə | -s(j)ú:ə(r, -s(j)úə(r] 〚ME *pursuwer*: ⇨ ↑, -er[1]〛 — *n.* **1** 追手, 追跡者 (chaser). **2** 追求[遂行]者, 続行者; (調査・研究などの)従事者, 研究者. **3** 〘スコット法・教会法〙 検察官 (prosecutor), 原告 (plaintiff).

pur·suit [pəsú:t | pəs(j)ú:t] 〚《*c*1390》 *pursu(i)t(e)* ◻ AF *purseute* = OF *poursuite* ← *poursivre* 'to PURSUE'〛 — *n.* **1** 追跡 (chase), 追撃 〔*of*〕: the ~ *of* the fox [enemy] キツネの追跡[敵の追撃] / in hot ~ 激しく追跡[追撃]して. **2 a** 追求 〔*of*〕: the ~ *of* knowledge [truth, wealth, pleasure] 知識[真理, 富, 快楽]の追求 / the ~ *of* happiness 幸福の追求《米国の独立宣言文より》. **b** 遂行, 続行 (following up). **3** 従事 (engagement), 営み; 職業 (occupation), 仕事, 研究; (しばしば行なう)楽しみ, 娯楽: the ~ of one's business / daily ~*s* 日常の仕事 / He is an astronomer by ~. 職業は天文学者だ / literary ~*s* 文学稼(かせ)業[研究] / mercantile [commercial] ~*s* 商業. **4** 〘スコット法・教会法〙 起訴 (prosecution). **5** 《古》〘空軍〙 = pursuit plane. 「ようとして.
in pursuit of …を求めて, 得ようとして; …を遂行し

pursúit plàne *n.* 〘軍事〙 戦闘機; (特に, 敵機を追跡して攻撃する)追撃機《今は fighter plane の方が普通》.

pursúit ràce *n.* (ある間隔を置いて出発し他を追い越す)自転車競走.

pur·sui·vant [pə́:s(w)ɪvənt, -s(w)ə- | pə́:sɪ-] 〚《*c*1380》 *pursevant(e)* ◻ (O)F *poursuivant* (pres.p.) ← *poursuivre* 'to PURSUE': ⇨ -ant〛 — *n.* **1** (英国の紋章院 (College of Arms)) 紋章官補《最下級 (herald の下位)の官吏で, 4 人から成る》. **2** 《古》 従者 (attendant).

pur·sy[1] [pə́:si, pʌ́si | pə́:si] 〚《1440》 *pursif* ◻ AF *porsif* 《変形》← OF *polsif* ← *polser* (F *pousser*) to breathe with labor < L *pulsāre* to push: ⇨ pulse[1]〛 — *adj.* (**pur·si·er**; **-si·est**) **1** (肥満のため)息切れする (short-breathed); 喘息(ぜんそく)の (asthmatic). **2** 太った.

purs·y[2] [pə́:si | pə́:si] 〚← PURSE (n.)+-Y[4]〛 *adj.* (**purs·i·er**; **-i·est**) **1** しわのある, すぼんだ (puckered): ~ eyes, lips, etc. **2** 金持ちな; 金持ちが自慢の (purse-proud).

pur·te·nance [pə́:tənəns, -tn̩- | pə́:tɪn-] 〚ME *purtenaunce* that which belongs to something 《変形》← OF *partenence* (pres.p.) ← *partenir* 'to PERTAIN': ⇨ -ance〛 — *n.* 《古》(畜殺動物の)内臓 (inwards) (cf. *Exod.* 12: 9).

pu·ru·lence [pjú(ə)r(j)ʊləns | pjúər-] 〚◻ LL *purulentia*: ⇨ purulent, -ence〛 *n.* 〘医学〙 **1** 膿(のう)をもつこと, 化膿 (suppuration). **2** 膿汁, 膿(うみ) (pus).

pú·ru·len·cy [-lənsi | -sɪ] *n.* = purulence.

pu·ru·lent [pjú(ə)r(j)ʊlənt | pjúər-] 〚《1597》 ◻ L *pūrulent-us* festering ← *pūr-*, *pūs* 'PUS' + *-lentus* full of (⇨ -ulent)〛 — *adj.* 〘医学〙 **1** 化膿(かのう)性の, 化膿する; 化膿を伴う: a ~ sore 化膿傷 / ~ appendicitis 化膿性虫垂炎. **2** 膿状の: ~ matter 膿(うみ). **~·ly** *adv.*

Pu·rus [pərú:s; *Braz.* purús] *n.* [the ~] プルス(川)《南米ペルー東部に発し北東流してブラジル西部を貫流し Amazon 川に注ぐ川 (3,200 km)》.

pu·ru·sha [púrʊʃə] 〚◻ Skt *puruṣa* 《原義》 man〛 — *n.* 〘インド哲学〙(数論(すうろん)派 (Sankhya) とヨーガ (Yoga) で)プルシャ, 精神《哲学的には(普遍的)霊魂, 最高精神; 物質的原理 (prakriti) に対する純粋精神; cf. guna》.

pur·vey [pəvéɪ, pə́:veɪ | pəvéɪ, pə:-] 〚《*c*1300》 *porveie(n), purveie(n)* ◻ AF *purvei-er, por-* = OF *porveir* (F *pourvoir*) < L *prōvidēre* 'to PROVIDE'〛 — *vt.* **1** (職業・商売として)供給する (supply); (特に)〈食料品を〉調達する, まかなう (provide): ~ meat *for* an army 軍隊に肉を調達する. **2** 〈情報を〉提供する, 伝える. — *vi.* **1** 食料品を調達する. **2** 〔人の〕まかない役になる 〔*to, for*〕.

Pur·vey [pə́:vi | pə́:vɪ], **John** *n.* (1354?–?1421) 英国の学者; Lollard 派に属し Wycliffe の秘書として最初の英訳聖書を完成 (1395 年頃).

pur·vey·ance [pə(:)véɪəns | pə-, pə:-] 〚《*c*1300》: ⇨ purvey, -ance〛 — *n.* **1** (食料品の)支給, 調達 (purveying). **2** 《廃》 支給[調達]物 (supplies), まかない品; 食糧 (provisions). **3** 〘英史〙(食糧などに対する国王の)徴発権, 強制買上げ権 (1660 年廃止).

pur·véy·or 〚《*a*1325》《廃》 'manager' ◻ AF *purveour* = OF *porveor, -eur*: ⇨ purvey, -or[2]〛 — *n.* **1** (軍隊・王室などの)御用達(たし), 御用商人: the *Purveyor to* the Royal Household 王室御用達. **2** (多人数のために食事を供給する)仕出屋, まかない屋. **3** 《英》(食糧などの必需品の)徴発官.

pur·view [pə́:vju: | pə́:-] 〚《1442》 *purveu* ◻ AF = OF *porveu* (p.p.) ← *porveeir* 'to PURVEY': 3 の語義は VIEW の影響〛 — *n.* **1** 〘法律〙(法令の)本文, 条項 (cf. preamble 1, proviso): fall within the ~ of an article of a law 法令の第何条に該当する. **2** (法令・文書・書物・題目などの)範囲, 限界; 活動[関与]範囲, 領域, 権限: outside [within] the ~ of studies [practical politics] 研究[実際政治]の範囲外[内]に. **3** 限界, 視界, 見地 (outlook).

pus [pʌ́s] 〚《1541》 ◻ L *pūs*: cf. Gk *púon* pus〛 *n.* 〘医学〙 膿(のう), 膿(うみ)(汁).

Pus [pús] 〚◻ Hindi *pūs* ← ◻ Skt *puṣya*〛 *n.* プース(の月)《ヒンズー暦の月名の一つで, 太陽暦の 12 月–1 月に当たる; cf. Hindu calendar》.

-pus [pəs] 〚← NL ~ ← Gk *-pous* ← *poús* foot: ⇨ podo-〛〘動物〙「(…の)足のある動物」の意の名詞連結形. ★ 主に動物学上の分類名に用いる.

Pu·san [pú:sɑ̀:n, ブサン] *n.* 釜山(ふざん)《韓国南東部の朝鮮海峡に面する港市; 人口 1,045,000》.

Pu·sey [pjú:zi, -si | -zɪ], **Edward Bou·ver·ie** [bú:vəri | -rɪ] *n.* (1800–82) 英国の神学者, Oxford 大学教授, Oxford movement 主唱者の一人.

Pú·sey·ìsm [-ziìzm, -si- | -zɪ-] 〚⇨ ↑, -ism〛 — *n.* ピュージ主義《E. B. Pusey が J. Keble, J. H. Newman などの同志と共に起こした宗教運動 Oxford movement の別名; Tractarianism ともいう》. 「ジ主義者.

Pu·sey·ite [pjú:ziàɪt, -si- | -zɪ-] 〚⇨ -ite[1]〛 *n.* ピュー

push [pʊ́ʃ] 〚《?*c*1225》 *pusshe(n)*, *posshe(n)* ◻ (O)F *pouss-er*, OF *po(u)lser* to push, beat < L *pulsāre* (freq.) ← *pellere* to beat. — n.: 《1563》 'attack' ← (v.): PULSATE と二重語: cf. pulse[1]〛 — *vt.* **1 a** 押す, 突く (↔ pull, draw); 押し動かす: ~ a button, baby carriage, etc. / ~ *aside* bystanders [obstacles] 野次馬[障害]を押しのける / ~ *back* the demonstrators [enemy] デモ隊を押し戻す[敵軍を敗走させる] / ~ *up* a window 窓を押し上げ(て閉め)る / ~ one's spectacles *up* めがねをぐいと押し上げる / ~ a person *against* a wall 人を塀に押しつける / ~ a plug *into* a socket プラグを押してソケットに入れる / ~ a bicycle *up* the slope 自転車を押して坂を上がる / The crowd ~*ed* me *off* the pavement. 人込みに押されて舗道の外に出た / ~ a person *away from* one 人を押し離[返]す / ~ a book *across* the desk *to* a person 本を机の向こう側にいる人の方へ押してやる / He ~*ed* the door open [shut, to]. ドアを押して開けた[閉めた]. **b** (身体・部分・道具などを)〔…に〕押し当てる 〔*against*〕: He ~*ed* his shoulder *against* the door. 肩でドアを押した. **c** [~ one's way または ~ one*self* として] (障害を排して)押し進む, 突き進む: ~ *one's way through* the crowd [*in* life, *in* the world] 人込みの中を押し分けて進む[奮闘して世に出る] / He ~*ed himself to* the front of the crowd. 人込みを押しのけて前へ出た. **d** 〈厭(いや)なこと・粗悪品などを〉押しやる, 押しつける: ~ *to the back* of one's mind 〈心配事などを〉心の奥に押しやる[考えないようにする] / ~ a task *on* a person 仕事を人に押しつける / They have ~*ed* it all *off onto* me. それをみんな私に押しつけた.
2 〈手足などを〉突き出す (stick); 〈芽・根を〉張り出す (put forth); 〈軍隊を〉繰り出す (send out): ~ *out* one's lower lip (不平・不満で)下唇を突き出す / ~ one's nose *into* a person's affairs 人のことに口を出す / ~ *out* new leaves 新芽を吹く.
3 a 〈物価・失業率などを〉押し上げる, 増大させる (increase) 〈*up*〉: ~ *up* prices [taxes] / ~ the production of cars *to* record levels 車の生産高を記録的なレベルにまで上げる. **b** [~ *down* として] 〈物価などを〉押し下げる, 減少させる: ~ *down* interest rates 金利を引き下げる / Prosperity ~*ed* the city's unemployment *down to* 3%. 好景気で町の失業率は 3% に減った.
4 a 〈馬・車などを〉(限度以上に)駆る, 走らせる: ~ a horse hard 馬をきびしく駆り立てる / ~ a car *to* a breakneck speed [*over* eighty miles an hour] 猛スピード[時速 80 マイル以上]で車を飛ばす. **b** 〈人を〉駆り立てる (urge); 駆り立てて…させる (impel) 〈*to* do〉; せき立てて〔ある状態に〕させる 〔*into, to*〕: ~ a person (*on*) *to* enter politics 人に盛んに政界入りを勧める / ~ oneself *to* do dull work 自分を駆り立てて退屈な仕事をする / ~ the nation *into* war 国民を戦争に駆り立てる / ~ a person *to* its completion 人をせき立ててそれを完成させる.
5 〈目的・計画・理論などを〉押し進める; 〈商売などを〉拡張する; 〈解釈などを〉拡大する; 〈要求などを〉強く主張する; 〈法案などを〉ごり押しする: ~ an argument further 議論を押し進める / ~ a project *to* completion 計画を推進して完成させる / ~ one's fortune 出世[成功]しようと努力する / ~ the frontier 辺境を拡大する / ~ one's conquests [business] 征服[仕事]を押し広げる / ~ one's claims 要求をあくまで主張する / ~ a bill *through* (Congress) 議案を無理やり(議会に)通す.
6 a (広告して)〈商品を〉積極的に売り込む, 〈販売を〉促進する: ~ (the sale of) one's goods. **b** 〈人を〉後押しする, 後援する; [~ *oneself* で] 積極的にふるまう: friends who ~ me 私の後押しをしてくれる友人たち / ⇨ PUSH *forward* (2). **c** 《口語》〈麻薬を〉(売人として)密売する, 売りつける: ~ drugs *to* teenagers.
7 a 圧迫する, 追いつめる; 〈人〉に〔…を〕迫る (press hard) 〔*for*〕; 圧迫して〔ある状態に〕陥れる 〔*into, to*〕: ~ a person *to* the limits of his patience 我慢しきれなくなるまで人を追いつめる / ~ a person *for* payment [an answer] 人に支払い[回答]を迫る / Inflation ~*ed* the country's economy closer *to* bankruptcy. インフレがその国の経済を破産寸前に追い込んだ. **b** [Passive で] 〔金・時間などに〕迫られる, 窮する, 詰まる 〔*for*〕: We're ~*ed for* money [time]. 金に[時間がなくて]困っている.
8 [be ~*ing*+基数詞の形で]《口語》そろそろ…歳に手が届く《★ 通例 30 歳以上の場合に言う》; (数が)…に近づく: He is ~*ing* fifty. もうそろそろ 50 だ / The audience is ~*ing* 10,000. 観衆は 1 万人にもなろうとしている.
9 〘聖書〙 角で突く (cf. *Exod.* 21: 32).
10 a 〘テニス・クリケット〙〈ボールを〉プッシュして打つ. **b** 〘野球〙〈ボールを〉流し打ちする (cf. pull 10).
— *vi.* **1 a** 押す, 突く (↔ pull): ~ and shove 押し合いへし合いする / Don't ~ (*against* me). (私を)押すな. **b** 押せる, 押すと動く (↔ pull): This swing door ~*es* easily. この自在戸は押すと簡単に開く / The door ~*ed* open. ドアは押すと開いた. **c** 〈妊婦が〉(分娩時に)息む, 力む 〈*down*〉. **2 a** 押し進む, 突き進む, 前進する: ~ *ahead* [*along, on*] どんどん進む / ~ *by* [*past*] (a person) (人の)そばを押しのけて通る / ~ *in* [*through* a crowd] (人込みの中へ)割り込んで行く / ~ *out into* a stream (舟にかいをさして)川中へ乗り出す. **b** (立身出世などのために)しゃにむに努力する[がんばる]. **3** 突き出る, 突出する (project); 〈道などが〉伸びる (extend); 〈植物などが〉伸びる: The cape ~*es far out into* the sea. 岬はぐっと海に突出している. **4** 〔…を〕迫る, 強要する 〔*for*〕: ~ *for* resignation [talks] 辞任[会談]を要求する / ~ hard *for* [*to* get] wage increases 強硬に賃上げを迫る. **5** 《口語》(末端で)麻薬を密売する.
push about = PUSH *around*. ***push ahead*** (1) ⇨ *vi.* 2. (2) 〔計画などを〕どんどん押し進める 〔*with*〕: ~ *ahead with* plans. ***push along*** (1) ⇨ *vi.* 2. (2) 《口語》〈客が〉去る, 立つ, 帰る (leave): It's time I was ~*ing along*. もう帰らなければならない時間だ. ***push around*** 《口語》こづき回す; いじめる, こき使う. ***push back*** (1) ⇨ *vt.* 1 a. (2) (下がった)〈めがね・帽子・髪などを〉押し上げる, かき上げる: ~ one's glasses *back on* one's nose. ***push forward*** (1) = PUSH *ahead*. (2) (注意を引いたり気に入られるように)〈人・物を〉前面へ押し出す: ~ *forward* one's claim [products] 要求を突きつける[製品を大いに売り込む] / ~ oneself *forward* でしゃばる, しゃしゃり出る. ***push in*** (1) 〈舟などが〉岸に近寄る. (2) 〈人が〉割り込む (cf. *vi.* 2 a); 《口語》でしゃばる, よけいな口出しをする. ***push off*** (*vi.*) (1) かいで岸をついて舟を出す. (2) 《俗》出発する, 去る, 帰る: Well, I'll ~ *off* now. さてそろそろしりを上げようか / *Push off!* 出て行け. (*vt.*) ⇨ *vt.* 1 a. ***push on*** (1) ⇨ *vt.* 4 b. (2) = PUSH *ahead*. ***push out*** (*vt.*) (1) (不当に)解雇する: He was ~*ed out* yesterday. きのう解雇された. (2) 押し出す; ⇨ *vt.* 2: ~ oneself *out* 身を乗り出す, 体を突き出す. (*vi.*) (1) ⇨ *vi.* 3. (2) 突き出る. (3) = PUSH *off* (*vi.*) (1). ***push over*** 〈人・物を〉ひっくり返す. ***push through*** (*vt.*) 〈仕事などを〉強いてやり通す; 〈議案・提案等を〉押し通す; 〈学生などを〉無理に及第させる; ⇨ *vt.* 5: ~ the matter [reforms] *through* 事[改革]を強行する / ~ a weak student *through* (an exam) できない学生を強行に(試験に)通す. (*vi.*) 〈植物が〉土中から伸びる.
— *n.* **1 a** 押す[突く]こと, ひと押し, ひと突き (shove); (武器・角の)突き: at one ~ ひと押し[ひと突き]で[に], 一気に. **b** 押す力, (絶え間のない)圧力: the ~ of the wind on the sails 帆に当たる風の力. **2** 押し進むこと, 邁進(まいしん); 〘軍事〙 大攻撃, 大攻勢: The big ~ finally began. 大攻勢がついに始まった. **3 a** 刺激, 推進力 (impetus). **b** 後押し (backing), 後援, 推挙. **c** 販売促進運動 (campaign): a ~ *on* the new product 新製品販売促進キャンペーン. **4** 《口語》 馬力 (energy), 奮発, 奮闘, 頑張り, 努力 (vigorous effort): the big ~ 大奮闘, 一大努力 / a man full of ~ and go 大変な精力家 / women's ~ *for* equal rights 平等権獲得のための女性の努力[突き上げ] / make a ~ (*to* do) (…するために)奮闘する, 頑張る. **5** 《口語》 押しの強さ, 強引さ (self-assertion), 進取の気象 (enterprise): a man with plenty of ~ とても強引な人 / *Push* generally succeeds in business. 実業界は押しの一手で成功する. **6** 切迫 (pinch), 危機 (crisis), 急場 (emergency): at a ~ いざとなれば; うまく行けば, やっと / if [when] it comes [came] to the ~ 危急に際して(は), いざという時になれば[なると]. **7** 〘玉突〙 押し玉. **8** 押す装置, (特に)押しボタン (push button). **9** 《口語》 群衆 (crowd); 仲間, 一団 (bunch): Hurry up, the whole ~ of you. みんな急げ. **10** 《豪俗》 泥棒[悪党]一味, ごろつき[やくざ]仲間. **11** 《英俗》 解雇, 首切り (dismissal). ★ 次の句で: get the ~ 首を切られる, お払い箱になる / give a person the ~ 人の首を切る, 人をお払い箱にする. 「草刈り機.
— *adj.* 押して操作する[動かす]: a ~ mower 手押し

púsh·bàll *n.* プッシュボール《直径 6 フィート, 重量 48 ポンド以上の大ボールを 11 人ずつから成る両チームで相手のゴールに押し合う球戯》; そのボール.

púsh bàr *n.* 〘建築〙 プッシュバー, 押し横桿《ガラス戸などに手の高さに渡された横桿; 戸の開閉に押すためと, ガラス面の保護用》.

púsh-bàr convèyor *n.* 〘機械〙 プッシュバーコンベヤー, 押し棒コンベヤー《鎖コンベヤーの一種》.

púsh bìcycle *n.* = push-bike.

púsh-bìke *n.* 《英》(オートバイ (motorbike) に対して)足踏み自転車《push bicycle, push cycle ともいう》.

púsh bòat *n.* 〘海事〙押し船《引き船と反対に, はしけの方にへこみがあり, ここに押し船の船首を突っ込み押して移動させる方式の機械船》.
púsh brôom *n.* 長い取っ手付きで押して使うほうき.
púsh-bùtton *adj.* **1** 押しボタン式の: ~ tuning (ラジオなどの)押しボタン式局切り替え[同調](装置) / a ~ starter (機械などの)押しボタン式始動装置 / a ~ age (何でも機械がやってくれる)押しボタン時代. **2** 〈戦争など〉遠隔操縦による: ~ war [warfare] ボタン戦争.
púsh bùtton *n.* (機械などの)押しボタン.
púsh càr *n.* 《米》(鉄道で使う)作業車《気動車に引かれ資材の運搬などに使用される》.
púsh·càrd *n.* =punchboard.
púsh·càrt *n.* 手押し車《行商人が使用したりスーパーマーケットなどで買い物を載せる》: a self-service ~.
púsh·chàir *n.* 《英》=stroller 3.
púsh cỳcle *n.* =push-bike.
púsh·dòwn *n.* 〘電算機〙プッシュダウン記憶装置《最後に入れた内容を最初にとり出す形式で使用するコンピューターの記憶装置; pushdown list [stack] ともいう》.
púsh-dòwn *n.* 〘航空〙急降下.
púsh·er *n.* **1 a** 押す人, 押し手; (特に)押しの強い[強引な]セールスマン. **b** 《口語》(建設労務者などの)親方 (foreman). **c** 《口語》(自分のためには手段を選ばぬ)強引な人, でしゃばり屋. **2** 押す物, 押し道具; プッシャー《ナイフやフォークの使えない幼児が食物をスプーンに乗せるために使う物》. **3 a** (補助勾配 (pusher grade) で列車を後から押す)補助機関車. **b** 〘海事〙=push boat. **c** 〘航空〙=pusher airplane. **4** 《口語》麻薬密売人, 売人.
púsher áirplane *n.* 〘航空〙(プロペラが胴体や主翼の後方にある)推進式飛行機 (cf. tractor 3).
púsher gráde *n.* 〘鉄道〙補助勾配《制限勾配 (ruling grade) より急で, 補助機関車 (pusher) を使用しなければならない勾配》.
push·ful [púʃfəl] *adj.* **1** 進取の気性に富む, 意欲的な. **2** 押しの強い, 強引な, でしゃばりな. **~·ly** *adv.* **~·ness** *n.*
púsh·ing *adj.* **1** 押す; 突く; 推進する. **2** 進取の気性のある (enterprising), 意欲的な, 活動的な (active). **3** 押しの強い, 強引な; ずうずうしい, でしゃばる. **~·ly** *adv.* **~·ness** *n.*
púsh jòint *n.* 〘石工〙押し目地《れんが積みで, れんがにモルタルを付け, 隣のれんがに押しつけることによってできる縦方向の目地; shove(d) joint ともいう》.
púsh kèy *n.* プッシュキー《押すと施錠できる錠に使う》.
Push·kin [púʃkɪn, -kən | -kɪn; *Russ.* púʃkjin] *n.* プーシキン《ソ連邦ロシア共和国, Leningrad 郊外の都市; 人口 86,000; 旧名 Tsarskoye Selo》.
Push·kin [púʃkɪn, -kən | -kɪn; *Russ.* púʃkjin], **Aleksandr Sergeevich** *n.* プーシキン《1799–1837; ロシアの詩人・小説家; *Evgeni Onegin*「エフゲニーオネーギン」(1825–31), *The Queen of Spades* (1834)》.
push·mo·bile [púʃmoubìːl | -məu-] *n.* 《米》手押し自動車《子供を乗せて押すおもちゃの乗り物》.
púsh mòney *n.* 《口語》(製造業者が販売業者に支払う販売促進用の)手数料 (commission).
púsh·òver 〘← *push over* (⇨ push (v.) 成句)〙 **—** *n.* **1** 《口語》たやすい仕事, 容易な事 (snap): It's a mere ~. そんなことは朝飯前だ. **2** 《口語》(試合で)弱い相手[チーム]; 楽勝. **3** 《口語》与(くみ)しやすい相手, だまされやすい人, すぐ誘惑にのってしまう人, かも: He is a ~ *for* blonde girls. ブロンドの女の子に弱い. **4** 〘航空〙急降下の始め, (特に)操縦桿を前に押した瞬間.
púshover trý *n.* 〘ラグビー〙スクラムを組んだまま押し勝って得点[トライ]すること.
púsh·pìn *n.* **1** 〘遊戯〙頭を突き合わせて並べたピンを指ではじいて相手のピンを飛び越させる遊戯. **2** 児戯, 些細なこと (triviality). **3** 《米》(通例, 頭部が赤や青の)画鋲(びょう), 製図用ピン (《英》drawing pin).
púsh plàte *n.* (扉に取り付けた)押板 (hand plate).
púsh-púll *adj.* **1** 〘電子工学〙プッシュプル式の《2 個のトランジスターなどが互いに逆位相で動作する》: a ~ amplifier プッシュプル増幅器. **2** 押しても引いても動く《push and pull ともいう》: a ~ toy. **—** *n.* 〘電子工学〙プッシュプル回路.
púsh·ròd *n.* 〘機械〙押し棒, 突き棒《カム (cam) の駆動によって内燃機関の弁を押して開閉する棒》.
púsh shòt *n.* プッシュショット: **a** 〘ゴルフ〙アイアンでボールを低く飛ばす打ち方. **b** 〘バスケットボール〙バスケットからかなり離れた位置からボールを肩以上にあげて片手で行なうシュート. **c** 〘玉突〙突き玉 (cue ball) が的玉 (object ball) に触れるまで押すようにしてキュー棒をキューボールから離さない打ち方; または一つのストロークで 2 度キューボールを打つこと《いずれも反則》.
púsh-stàrt *vt.* 〈自動車を〉押し掛けする. **—** *n.* 押し掛け《自動車を押して始動させること》.
Push·to [pʌ́ʃtuː | pʌ́ʃtəu, ─ˊ] *n.* =Pashto.
Push·tu [pʌ́ʃtuː | ˊ─, ─ˊ] *n.* =Pashto.
púsh-ùp *n.* 〘体操〙腕立て伏せ: do (twenty) ~*s* (20 回)腕立て伏せをする.
push·y [púʃi | -ʃɪ] 〘⇨ push, -y[4]〙 **—** *adj.* (**push·i·er**, **-i·est**) 《口語》押しの強い, 強引な (aggressive); ずうずうしい, でしゃばりな (pushing). **púsh·i·ly** [-ʃɪli, -ʃə- | -lɪ] *adv.* **púsh·i·ness** *n.*
pu·sil·la·nim·i·ty [pjùːsələnímə̩ti, -zəl- | -sɪlənímətɪ, -zɪl-, -læn-, -mɪ-] 〘(*a*1393) ⊏ (O)F *pusillanimité* ⊏ LL *pusillanimitātem*: ⇨ ↓, -ity〙 **—** *n.* 優柔不断, 臆病(おくびょう), 腰抜け (cowardliness).
pu·sil·lan·i·mous [pjùːsəlǽnəməs, -zəl- | -sɪlǽnɪ-, -zɪl-, -nə-] 〘(1586) ← LL *pusillanim(is)* fainthearted (← L *pusillus* little+*animus* mind)+-ous: cf. magnanimous〙 **—** *adj.* 優柔不断な (spiritless), 気の弱い, 臆病(おくびょう)な (cowardly); 弱気の: ~ counsels 軟弱な助言. **~·ly** *adv.* **~·ness** *n.*
puss[1] [pús] 〘(*a*1530): 擬音語?: cf. Du. *poes* / MLG *pūs*〙 **—** *n.* **1** [特に猫への呼び掛けに用いて] にゃんにゃん, にゃんこちゃん (cat). **2** 野うさぎ (hare). **3** 《口語》若い女; 茶目な娘, コケティッシュな小娘: a sly ~ すみにおけない小娘.
puss in the corner 〘遊戯〙場取り遊戯, 隅(すみ)取り鬼ごっこ《中にいる鬼が, 部屋の隅を占有している他の子供たちが互いに場を替え合うときに, その場を奪い取ろうとする》.
~·like *adj.*
puss[2] [pús] 〘⊏ Ir. *pus* lip, mouth〙 *n.* 《俗》 **1 a** 顔, つら. **b** しかめっつら (grimace). **2** 口.
puss·ley [pʌ́sli | -lɪ] 〘変形〙 *n.* (*also* **puss·ly** [~]) 《米口語》〘植物〙=purslane.
púss mòth 〘⇨ puss[1]〙 *n.* 〘昆虫〙 **1** ヨーロッパ産の中型でシャチホコガ科ギンシャチホコの一種 (*Cerura vinula*). **2** シャチホコガ類の俗称.
puss·y[1] [púsi | -sɪ] 〘(1583): ⇨ puss[1], -y[2]〙 **—** *n.* **1** =pussycat 1. **2** 《口語》(ネコヤナギ・ハシバミなどの)毛のある柔らかい花穂 (catkin), ねこ. **3** 〘遊戯〙棒打ち遊戯 (tipcat); それに使う両端の尖った木片 (cat).
pus·sy[2] [pʌ́si | -sɪ] 〘⇨ pus, -y[4]〙 *adj.* (**pus·si·er**; **-si·est**) 〘医学〙膿(うみ) (pus) の多い; 膿のような.
pus·sy[3] [púsi | -sɪ] 〘← 《廃》 *puss* vulva (← ? LG *pūse* vulva)+-y[2]: なお pussy[1] 2 との連想や Gk ψ (psi) との字形的・音声的連想も考えられる〙 **—** *n.* 《卑》 **1** 女性の陰部. **2 a** 性交. **b** (性交の対象としての)女.
pus·sy[4] [pʌ́si | -sɪ] *adj.* =pursy[1].
púss·y·càt [púsi- | -sɪ-] 〘⇨ pussy[1]〙 *n.* **1** 《小児語》にゃあにゃあ (cat). **2** 〘植物〙 **a** =pussy willow. **b** =hare's-foot. **3** 《米俗》感じのいい男[女].
púss·y·fòot [púsi- | -sɪ-] 〘← pussy[1]+foot: W. E. Johnson のあだ名 Pussyfoot から〙 《口語》 **—** *vi.* **1** (猫のように)こっそり歩く, 盗み足で歩く (sneak). **2** 煮え切らないやり方をする, 日和見(ひよりみ)的態度をとる (equivocate). **—** *n.* (*pl.* **~s**) **1** 盗み足する人. **2** 日和見する人, 引っ込み思案の人, 用心深い人. **3** 禁酒主義(者). **—** *adj.* =pussyfooted.
pússy·fòot·ed *adj.* 《口語》 **1** こっそり歩く; 日和見(ひよりみ)的な, ぬらりくらりとした. **2** 禁酒主義(者)の.
pússy·fòot·er *n.* =pussyfoot.
púss·y's tòe [púsiz- | -sɪz-] *n.* 〘植物〙=pussytoe.
púss·y·tòe [púsi- | -sɪ-] *n.* 〘植物〙米国東部および中部産のキク科エゾノチチコグサ属の多年草 (*Antennaria plantaginifolia*)《観賞用に栽培》.
púss·y-whípped [púsi- | -sɪ-] 〘← pussy[3]〙 *adj.* 《米俗》女房の尻に敷かれた, ガールフレンドの言いなりになる.
púss·y wíllow [púsi- | -sɪ-] *n.* 〘植物〙アメリカ産のネコヤナギの一種 (*Salix discolor*).
pus·tu·lant [pʌ́stʃulənt, -t(j)u- | -tju-] 〘⊏ LL *pustulānt-em* (pres.p.) ← L *pustulāre* to form pustules: ⇨ pustule, -ant〙 *adj.* 〘病理〙膿疱(のうほう)を生じる. **—** *n.* 膿疱形成剤, 発疱剤.
pus·tu·lar [pʌ́stʃulə, -t(j)u- | -tjulə(r)] 〘← NL *pustulār-is*: ⇨ pustule, -ar[1]〙 *adj.* 〘病理〙膿疱(のうほう)の, 膿疱性の, ぶつぶつのできた, いぼだらけの.
pus·tu·late 〘⊏ L *pustulāt-us* (p.p.) ← *pussulāre* to blister ← *pustula* 'pustule': ⇨ -ate[2,3]〙 〘病理〙 **—** [pʌ́stʃulèɪt, -t(j)u- | -tju-] *v.* **—** *vt.* …に膿疱(のうほう)を生じさせる. **—** *vi.* 膿疱が生じる. **—** [pʌ́stʃulət, -t(j)u-, -lɪt, -lèɪt | -tju-] *adj.* 〈皮膚が〉膿疱のできた, 膿疱だらけの. **pus·tu·la·tion** [pʌ̀stʃuléɪʃən, -t(j)u- | -tju-] *n.*
pús·tu·làt·ed [-tɪd, -təd | -tɪd, -təd] *adj.* 〘病理〙=pustulate.
pus·tule [pʌ́stʃuːl, -t(j)uːl | -tjuːl] 〘(*a*1398) ⊏ OF ~ // L *pustula*, *pūsula* blister, pimple ← *pūs* 'pus'〙 **—** *n.* **1** 〘病理〙プステル, 膿疱(のうほう). **2** 〘植物〙(水ぶくれ状の)いぼ《寄生菌のために葉の表面にできる》. **3** 〘動物〙(ガマの背中にあるような)いぼ (wart).
pus·tu·lous [pʌ́stʃuləs, -t(j)u- | -tju-] 〘⇨ ↑, -ous〙 *adj.* 〘病理〙=pustular, pustulate.
put[1] [pút] 〘ME *putte(n)*, *pute(n)* to push, thrust, put < lateOE *putian (cf. *pūtung* instigation), *potian* to push, thrust: cf. Du. *poten* to plant / Dan. *putte* to put / Icel. *pota* to poke〙 **—** *v.* (~; **put·ting**) **—** *vt.* **1** [場所の副詞語句を伴って] 置く, 据える, 載せる, 付ける, 入れる《★ set, place との意味用法上の差については ⇨ set *v.* ★, place[1] *vt.* 1 a ★》: *Put* the chair here, please. その椅子をここに置いて下さい / ~ a book *on* the table 本を机の上に置く / ~ a saddle *on* a horse 馬に鞍を置く / ~ some coal *on* the fire 火に石炭をくべる / She ~ some rouge *on* her cheeks. ほおに紅をさした / They ~ men *on* the moon. 彼らは月に人間をのせた / ~ some water *in* a jug 水差しに水を入れる / Shall I ~ milk *in* your coffee? コーヒーにミルクを入れましょうか / ~ one's hands *into* [*in*] one's pockets ポケットに両手を入れる / He ~ her gently *into* a chair. 彼は彼女をいたわるように椅子に坐らせた / *Put* the chair *near* there. 椅子はあの辺に置きなさい.
2 [方向の副詞語句を伴って] **a** 持って行く, 動かす, 向ける; 〈船など〉の針路を取る: He ~ the pail *down* the well. 桶を井戸の中へ降ろした / He ~ the sweeper *up* the chimney. 煙突掃除用具を煙突の中へ差し込んだ / He was ~*ting* the car *into* [*out of*] the garage. 車を車庫に入れよう[から出そう]としていた / I went to sleep as soon as I ~ my head *on* the pillow. 枕に頭をつけるとじき寝入った / She ~ her head a little *on* one side. わずかに首をかしげた / He ~ his arm *around* her waist. 彼女の腰に腕を回した / He tried to ~ all those failures *behind* him. それらの失敗をすべて過去のこととして葬り去ろうと努めた / ~ a string *through* the hole 孔にひもを通す / ~ one's children *through* boarding school 子供たちを全寮学校に入れて卒業させる. **b** 付ける, あてがう, くっつける 〔*to*, *on*〕; 〈牛馬などを〉〈車に〉つなぐ (harness) 〔*to*〕; 〈動物の雄[雌]を〉〈雌[雄]に〉つがわせる, かける 〔*to*〕: ~ one's hand *to* a person's shoulder 人の肩に手を載せる / ~ one's lips *to* a person's ear 人の耳もとへ口を寄せる / ~ one's eye *to* a telescope 望遠鏡に目を当てる / ~ a glass *to* one's lips 杯に口をつける / ~ a handkerchief *to* one's nose ハンカチで鼻をふく / ~ a new handle *to* a knife ナイフに新しい柄をつける / ~ a light [match] *to* a fire (炉のまきなどに)マッチで火をつける / ~ spurs *to* one's horse 馬に拍車をかける / ~ a horse *to* a cart 荷車に馬をつなぐ / ~ a cow *to* a bull 雌牛を雄牛にかける / ~ a patch *on* the trousers ズボンにつぎを当てる. **c** つぎ込む, 注入する (inject) 〔*into*〕; 取り除く, 払いのける (remove) 〔*from*, *out of*〕: His arrival ~ life *into* the party. 彼がやって来てパーティーが活気づいた / What ~ such a strange idea *into* your head? 何でそんな奇妙な事を考え出したのか / You must ~ the idea *from* your mind. その事は考えないようにしなさい. **d** 〈刃物・弾丸などを〉突き刺す, 打ち込む (thrust) 〔*into*, *in*, *through*〕; 〈釘などを〉打ち込む, 〈ペンを〉走らせる (drive) 〔*into*, *through*〕: ~ a nail *into* the wall 壁に釘を打ち込む / ~ a satellite *into* orbit 衛星を軌道に乗せる / ~ a knife *into* a person [*between* a person's ribs] 人に[人のあばら骨の間に]ナイフを突き刺す / ~ one's pen *through* a word 語の上にさっと線を引いて消す / ~ one's fist *through* a window 拳で窓を叩き壊す / Pull up, or I'll ~ a bullet *into* your horse [*through* your horse's head]. 馬車を止めろ, さもないと馬に[馬の頭に]弾を打ち込むぞ. **e** 〔川・海峡を〕渡す, 送る, 走らせる (convey) 〔*across*〕: I asked him if he could ~ me *across* the river. 彼に船で川を渡してくれないかと頼んだ. **f** (競技で)〈砲丸などを〉押し投げる, ほうる: ~ the shot 砲丸投げをする (cf. shot put). **g** 〈石炭車を〉押し出す, 動かす (propel).
3 a [場所の副詞語句を伴って] 〈ある位置・立場に〉置く; 〔…に〕入れ替える (substitute) 〔*for*〕: She should ~ his happiness first. 彼女は彼の幸せを第一に考えてやるべきだ / We must ~ the common welfare *above* [*before*] the welfare of the individual. 我々は個人の福祉よりも公共の福祉を優先させなければならない / Your connection with the case ~*s* you *in* a serious position. あなたが事件にかかわりがあるとなると容易ならぬ立場に追い込まれることになります / *Put* him *in* his (proper) place. 彼に身のほどを知らせてやりなさい / Just ~ yourself *in* her place. 少しは彼女の身にもなって(考えてみて)下さい / I did not know where to ~ myself. 身の置き場もないような気まずい思いだった《穴にも入りたいような気持だった》/ She had ~ the new carpet *for* the old one. 彼女は古いじゅうたんを新しいのに敷き替えていた. **b** [前置詞付きの句を伴って] 〔ある状態・関係に〕置く, …させる 〔*at*, *out of*, *in*, *into*, *on*, *off*, *to*〕: ~ a person's mind *at* rest 人を安心させる / ~ a person *at* his ease 人を気楽にさせる[安心させる] / ~ a room *in* order 部屋をきちんと片付ける / ~ names *in* alphabetical order 名前をアルファベット順に並べる / ~ something *in* action [execution] ある事を実行する / ~ a law *in* force 法を施行する / ~ a person *in* a fix [hole] 人を窮地に陥れる / ~ something *in* motion ある物を動かす, 運転する / ~ a person *in* a good humor 人を上機嫌にする / ~ a person *in* possession of… 人に…を持たせる[与える] / ~ a person *in* charge of… 人に…の責任をもたせる[…を任せる] / ~ a person *in* mind of… 人に…を思い出させる / ~ a person *in* the wrong ⇨ *in the* wrong / ~ a plan *into* effect [practice] 計画を実施する / ~ a proposal *into* shape 提案を具体化する / ~ a machine *into* working order 機械をすぐ運転できるように整備する / ~ a person *into* a rage [fright, frenzy] 人を怒らせる[驚かせる, 逆上させる] / ~ a person *off* smoking 人にたばこをやめさせる / ~ a person *on* [*off*] his guard 人に警戒[油断]させる / ~ a person *on* the right track 人に探索の手掛かりを与える / ~ a person *on* a diet 人に食餌療法をさせる / ~ a person *on* antibiotics 人に抗生物質を服用させる / ~ a person *on* his honor ⇨ honor *n.* 1 a / ~ a person *on* (his) oath ⇨ oath 1 / ~ a gun *out of* action 銃を発砲不能にする / ~ a company *out of* business 会社を倒産させる / ~ a person *out of* temper 人をかっとさせる / ~ a person *out of*

conceit with... ⇨ *out of* CONCEIT *with* / ～ a person *out of* countenance ⇨ *out of* COUNTENANCE / ⇨ *put a person's* NOSE *out of joint* / ～ one's knowledge of English *to* good [practical] use 英語の知識を十分に[実際に]活用する / ～ a person *to* mind the sheep 人に羊の番をさせる. **c** [目的補語を伴って]〈…に〉する: He acquired a wrecked typewriter and ～ it right with his own hands. こわれたタイプライターを手に入れてそれを自分で直した / She ～ his necktie straight for him. 彼の(曲がっている)ネクタイをまっすぐに直してやった / I made a mistake in grammar, but the teacher ～ me right [straight]. 私は文法の誤りをしたが先生が直して下さった / I'll ～ you wise to the latest information. 最近の情報をお知らせしよう.
4 …に〔苦痛・試練などを〕受けさせる (subject)〔*to, on, through*〕; …せざるを得なくする〔*to*〕: ～ a person *to* torture 人を拷問(ごう)にかける / ～ oneself *to* death 自殺する / ～ the enemy *to* flight 敵を敗走させる / ～ a person *to* (great) inconvenience 人に(大変な)迷惑をかける / ～ a person *to* (great) expense 人に(大)金を使わせる / ～ something *to* trial [the test] ある物[事]を試す / ～ a person *to* the sword 人を切り殺す / ～ the decision *to* the vote 決定を投票に付する / She was ～ *to* the shame of confessing her former sin in public. 彼女は以前の罪を皆の前で告白するという辱めを受けた / The criminal will be ～ *on* trial. 犯人は公判に付されるだろう / I tried to ～ all the students *through* the examination. 学生たち皆に試験を受けさせようとした / ～ a witness *through* a stiff cross-examination 証人に激しい反対尋問を浴びせる / ～ a person *through* a lot of pain 人を非常に苦しい目に会わせる / ⇨ PUT *a person through it* / ⇨ *put a person through his* PACES.
5 a (ある目的のために)〔ある場所・位置に〕行かせる, 就かせる, 送る, 載せる〔*to, on, in*〕: ～ one's daughter *to* school 娘を学校にあげる[就学させる] / ～ one's children *to* bed 子供たちを寝かせる (cf. *put to* BED) / ～ one's son *to* a trade 息子を職に就かせる / ～ a boy *to* a joiner《古》少年を指物師に見習い奉公に出す / ～ goods *on* the market 商品を市場に送る[売りに出す] / ～ a play *on* the stage 劇を上演する / ～ a thief *in* prison 盗賊を投獄する. **b** 〈人・動物〉に〔ある行為を〕やり通させる, けしかける, 促す (urge)〔*through*〕; 〈馬〉に〔障害物を〕跳び越えさせる〔*at, to, over*〕: ～ a boy *through* his exercises 少年に練習問題を最後までやらせる / ～ a monkey *through* its tricks 猿をあやつって仕込んだ芸を仕舞いまでやらせる / He ～ his horse *over* [*at, to*] the ditch. 馬に溝を跳び越えさせた[させようとした]. **c** [しばしば目的語 + *to doing* を伴って]〔仕事・作業に〕取り掛からせる (set), …に割り当てる (assign): ～ a person *to* work 人を働かせる / He ～ the troops *to* digging trenches. 部隊を塹壕(ざん)掘りに取り掛からせた. **d** [～ *oneself to* として]〈…に〉精を出す, 懸命に努める, 傾倒する: If you really ～ *yourself to* it, you can finish this work today. この仕事に本気になって取り掛かれば今日のうちに仕上げられよう / ～ *oneself to* winning back one's master's confidence 極力主人の信頼を取り戻そうと努める.
6 a 〈注意・精力などを〉打ち込む, 投入する (apply); 〈資金などを〉〔…に〕注ぎ込む〔*to, into*〕; 〔ある費用などのために〕〈金を〉出して[払って]やる〔*toward*〕: ～ one's mind *to* international problems 国際問題に心を向ける[熱中する] / ～ all one's energies *into* an enterprise 企業に全精力を傾ける / I'll ～ some money *toward* the campaign funds. 私も運動資金に幾らか寄付しよう. **b** 投資する (invest)〔*in, into*〕: ～ one's money *in* real estate [*into* land, *into* a wildcat scheme] 金を不動産に[土地に, 無謀な計画に]投資する. **c** 賭(か)ける (bet, wager)〔*on*〕: He ～ his last penny *on* the horse. 持ち金全部をその馬に賭けた (cf. *put one's* MONEY *on*).
7 a (人に保護[世話]してもらうように)委ねる, 任せる, 預ける〔*in, into, under*〕: ～ matters *in* [*into*] the hands of the police 事件を警察の手に委ねる / I'll ～ myself *in* your hands. 一切をあなたにお任せします / He decided to ～ his child *under* the care of the doctor. 子供を医者に治療してもらうことにした. **b** 〈信用・信頼を〉寄せる (repose)〔*in*〕: ～ one's trust *in* God 神を信じる / You should always ～ your faith *in* reason. 常に理性に誠実でなければならない.
8 a 〈金額などを〉加える, 増加させる (add)〔*on*〕; 〈人に〉〈歳を〉とらせる〔*on*〕: The new policy will ～ pounds *on* the cost of living. 今度の政策でまた生活費が何ポンドかかさむだろう / Your folly ～*s* years *on* me! 君のばかさ加減には全く苦労するよ《一度に白髪(しら)がふえてしまう》. **b** 〈限度・きりを〉つける〔*to*〕; 〈抑制・圧力を〉きかせる, かける〔*on*〕: ～ an end [a stop] *to* a superstition 迷信にとどめを刺す / ～ an end *to* one's life みずから命を断つ / ～ a check *on* one's enthusiasm 熱意を抑制する / ～ a veto *on* a proposal 提案を否決する / ⇨ *put the* SCREWS *on* [*to*].
9 〈問題・議案などを〉提起する, 提出する, はかる (submit)〔*to, before*〕; 評決にかける: ～ the motion (*to* a vote) 動議を評決にかける / ～ a resolution *to* the meeting 決議案を会に持ち出す / He seldom spoke unless a question was ～ *to* him. 彼は意見を問われない限り滅多にものを言わなかった / I ～ it *to* you. お願いします / I ～ it *to* you that you haven't told the whole truth. あなたは本当の事を全部言っていないようですね(そうじゃないですか) / They agreed to ～ the matter *before* the city council. その件を市会にはかることに決めた / They ～ the problem *before* the mayor. その問題を市長に陳情した.
10 a 〈署名などを〉書き添える (affix)〔*to*〕; 〔表などに〕記入する (enter)〔*on*〕: ～ one's name [signature] *to* a will 遺言書に署名する / Please ～ my name *on* the list of promotors. 発起人名簿に私の名を記入して下さい. **b** [通例, 前置詞付きの句を伴って]〈印などを〉書きつける (mark): ～ a tick *against* a word 語(のわき)に√印をつける / ～ a period *at* the end of a sentence 文の終わりに終止符をつける / ～ a price *on* an article 商品に価格をつける.
11 [様態の副詞語句を伴って] **a** 表現する (express), 述べる (state): *Putting* it mildly [bluntly, *in* another way], ... 控え目に[率直に, 別の言い方で]言って... / The compliment was clumsily ～. お世辞の言いようがまずかった / The idea is admirably ～ by Shakespeare. その考えはシェークスピアによっていみじくも表現されている / I don't know how to ～ it. それをどう言い表わしていいかわからない. **b** 〈思想・感情などを〉〔言葉で〕言い表わす (turn)〔*in, into*〕; 〔別の様式に〕表現し直す〔*into*〕; 〔他の言語に〕翻訳する (translate)〔*into*〕; 〈詩などを〉〔音楽に〕編曲する (adapt)〔*to*〕: ～ one's feelings *in* [*into*] words 感情を言葉で表現する / ～ an idea *in* written words ある考えを文に表わす / ～ a phrase *into* French ある句をフランス語に訳す / ～ a medieval play *into* modern idiom 中世の劇を現代語法を用いて書き直す / ～ a lyric *to* tuneful music 叙情詩を美しい音楽に編曲する.
12 a 〈数量などを〉〔…と〕評価する, 見積もる, 推定する, みなす (estimate, guess)〔*at, as*〕: I would ～ his income *at* £5,000 a year. 彼の年収は5,000ポンドといったところだろう / He ～ the distance *at* five miles. その距離を5マイルとみた / I ～ the time *as* about half past twelve. 時刻は12時半ごろと考えた. **b** 〔…に〕〈価格・価値を〉つける (assign), …という意味づけをする〔*on, upon*〕: He ～*s* a high value *on* her faithfulness. 彼は彼女の誠実さを高く評価している / The expert refused to ～ a price *on* the painting. 鑑定家はその絵の値踏みを拒んだ / You've ～ a false interpretation [a wrong construction] *upon* the event. 君はその事件を曲解している.
13 a 〈咎(とが)・責任を〉〔…に〕帰する (impute)〔*on*〕; 〈事故・誤ちなどを〉〔…の〕せいにする (attribute)〔*on, to*〕; 〈推論などを〉〔特定の根拠に〕基づかせる, 〔…によって〕立てる (base)〔*on, upon*〕: He ～ the blame for the crime *on* his partner. その罪の咎を仲間のせいにした / You must not ～ the responsibility *on* any other person. その責任を他のだれにもかぶせてはいけない / ～ a person's morality *on* the basis of self-interest 人の徳行を自利によるものとする / I ～ your failure *to* lack of experience. 君の失敗は経験不足によるものと思う / I tried to ～ the blame where it belonged. その咎を然るべきところに帰そうと努めた. **b** 〈税を〉課する (impose), 〈圧力・侮辱などを〉加える (inflict)〔*on, upon*〕: ～ a tax *on* an article 物品に課税する / ～ an insult *on* a person 人を侮辱する / All of them were ～*ting* great pressure *on* him to resign. 彼らはみな非常な圧力をかけて彼を辞任させようとしていた / The business ～ a heavy strain *upon* my resources. その事業のため私の資産には大変な負担がかかった.
— *vi.* 1 [方向の副詞語句を伴って] **a** 〈船が〉針路を取る, 進む (proceed); 〈人が〉船を進める: ～ (*out*) *to* sea 出帆する / ～ *in to* the harbor 一路港を目指す / ～ *off* [*from*] the shore 離岸する / The ship ～ *into* the harbor. 船は入港した / They ～ *down* the river. 彼らは(船で)川を下って行った. **b** 《口語》(急いで)立ち去る, 逃走する (make off): ～ *for* home (急いで)家路につく, 家に逃げ帰る. **2** 《米》〈川が〉流れる, 注ぐ (flow)〔*into, out of*〕: The river ～*s into* [*out of*] the lake. 川は湖に注いで[から流れ出て]いる. **3** 《方言》〈植物が〉芽を出す, 芽生える (shoot out).
not put it past *a person* (**to** *do*) 《口語》人が(…を)やり兼ねないと思う: I *wouldn't* ～ *it past* him even *to* beat his wife. 彼なら細君をなぐり兼ねない.
put about (*vt.*) (1) 〈船〉の針路を変える, 転回させる; 〈馬などを〉回れ右させる, (回れ右をして)引き返す: ～ a sailing ship *about* 帆船の方向を変える. (2) 《口語》〈うわさなどを〉流布させる, 広める (circulate): It was ～ *about* that he was seriously ill. 彼が重態だというわさが広められた. (3) [通例 Passive または ～ *oneself about* で]《口語・スコット》…に迷惑をかける (inconvenience), 困らせる, 当惑させる (worry): I *was* very much ～ *about* by that false news. その間違った話で随分ひどい目に会った. (4) [～ it [*oneself*] *about* として]《英俗》(特に)〈女が〉尻軽である, はすっぱである. (*vi.*) 〈船が〉針路を変える, 転回する.
put across (1) 〈上げ下げ窓の掛け金などを〉掛ける, 下ろす: ～ a latch *across*. (2) 〈人に〉うまく伝える (communicate successfully), 納得させる, 受け入れさせる〔*to*〕: He found it hard to ～ the ideas *across to* his students. 彼は学生たちにその思想を十分に理解させるのは難しいことだと思った / I didn't know how to ～ myself *across*. どうしたら自分の考えを解ってもらえるかわからなかった. (3) 《口語》うまくやりとげる, 成功させる; 《米口語》〈虚偽・不法行為などを〉やってのける: She ～ the song *across* well. 彼女はその歌を見事に歌ってみせた. (4) [特に ～ it [one, that] *across* a person として]《口語》〈人〉をだます, 欺いて…に信じ込ませる: You can't ～ that *across* the teacher again. 二度とその手で先生をだませはしない.
put ahead (1) 促進させる, …の時期を早める. (2) 〈時計〉の針を進ませる (put forward): ～ the clock *ahead*.
put aside (1) わきへやる, のける, 片付ける (put away); 〈仕事などを〉やめる (give up); 〈古着などを〉捨てる (discard): He ～ *aside* the book he was reading and talked with me. 読んでいる本を片付けて私と話をした. (2) (ある目的のため)〈金・時間などを〉別にしておく, 貯える (save); 〈商品などを〉取って置く: Will you ～ this one *aside for* me? これを取って置いてくれませんか. (3) 〈事を〉無視する (disregard), 忘れる (forget).
put away (1) 片付ける, 仕舞う: She ～ all the photos *away*. その写真をみな仕舞った. (2) (あとあとのために)取って置く, ためておく (put by): ～ *away* some money *for* future needs 将来のためにお金を取って置く. (3) 〈考えなどを〉棄てる, 忘れ去る (give up). (4) 《古》『聖書』離縁する (divorce): ～ *away* one's wife. (5) 《口語》〈食物・飲物などを〉平らげる (consume). (6) 《口語》(精神病院に)ほうり込む, 監禁する (confine): He was ～ *away* for lunacy. 彼は精神病で病院に入れられた. (7) 《口語》〈病気の動物・老犬などを〉片付ける, 安楽死させる (kill, put down). (8) 《文語》〈死者を〉葬る (bury).
put back (*vt.*) (1) 返す, (もとの所へ)戻す (replace): *Put back* the book where you found it. 本をもとあった所へ戻しておきなさい / She ～ the cork *back* in the bottle. もとのようにびんに栓をした. (2) 遅延させる, …の進行を妨げる (retard), 後退させる: Depression ～ *back* production. 不況で生産が落ちた. (3) 〈時計(の針)を〉戻す (↔ put forward): *Put* that clock *back* three minutes. その時計を3分遅らせなさい (cf. *put back the* CLOCK[1]). (4) 《米》〈生徒〉の級を落とす, 落第させる (demote). (5) 〈船〉の針路を戻す, 引き返す: The captain ～ the ship *back to* port for repairs. 船長は船を修理のため港へ引き返させた. (6) …の日取りをあとへ延ばす, 延期する (put off): The wedding has been ～ *back* from September to October. 結婚式の日取りは9月から10月へ延びた. (*vi.*) 〈船が〉引き返す (return): The boat ～ *back to* shore. ボートは岸へ引き返した.
put by (1) わき[そば]に置く. (2) ＝PUT *away* (2). (3) 《古》受け流す, 避ける (evade), 拒否する (reject).
put down (*vt.*) (1) 下に置く: *Put down* your gun! 銃を下に置け / He ～ the newspaper *down on* the table. 新聞をテーブルに置いた. (2) 〈本を〉読むのをやめる; 〈赤ん坊を〉寝かせる. (3) 押える, 鎮圧する (suppress); やめさせる, 廃止する (abolish); 無力にする, 制止する (check): ～ *down* a rebellion [riot] 反逆[暴動]を鎮める / ～ *down* gambling 賭博をやめさせる / ～ *down* a gossip 風評を押える. (4) 《文語》〔地位・権勢などから〕落とす, 退位させる (degrade, depose)〔*from*〕: He hath ～ *down* the mighty *from* their seats. 勢いある者を位より降ろしたもう (*Luke* 1:52). (5) 《俗》〈人を〉黙らせる (silence), …にひじ鉄をくらわせる (snub); 恥入らせる, …の面目を失わせる (humiliate), やり込める (squelch); ののしる, けなす (disparage); 非難する, 批判する (criticize) (cf. put-down 1): *Put down* those hecklers. あの野次馬どもを黙らせなさい / He ～ her *down* with a sharp retort. 彼は鋭く応酬して彼女をやり込めた / All of her classmates ～ her *down* for the way she dressed. 級友たちはみな服装のことで彼女を非難した. (6) 《英》〈老衰した動物などを〉死なせる, 片付ける, 処分する (put away); 〈害虫などを〉退治する (destory): He tried ～*ting down* the wasps with poison. 彼は毒薬を使ってジガバチを退治してみようとした. (7) 書く, 記す (write down); 〔…という名目で〕記帳する (enter)〔*as*〕; 〔…の〕予約[寄付]申込者として記名する, 〔…への〕入学[入会, 出場]申込書に〈人(の名)を〉記入する〔*for*〕; …の代金を〔…の勘定に〕つける, 〈費用を〉〔…に〕つける (charge)〔*to*〕: Please ～ *down* your telephone number. 電話番号をお書き下さい / They often ～ *down* the cost of entertainment *as* business expenses. 彼らはよく遊興費を必要経費として記帳する / *Put* me *down for* thirty dollars. 私の申し込みを30ドルとしておいて下さい / I ～ my name *down for* the club. クラブ入会を申し込んだ / He ～ his son *down* for Eton. 息子の名をイートン校入学申込書に記入した / *Put* the books *down to* my account. 本の代金は私の勘定につけておいて下さい. (8) 〈ある金額を〉頭金[内金]として支払う. (9) 『議会』〈動議・決議案を〉上程する (table). (10) 〔…と〕みなす, 考える (reckon)〔*as, for*〕: I ～ him *down as* [*for*] an imbecile. 彼はばかだと私はみている / I ～ the boy *down as* being just fifteen. その少年をまだ15歳といったところとみた. (11) …の原因を〔…に〕帰する, 〔…の〕せいにする (attribute)〔*to*〕: He ～ the mistake *down to* me [*to* inexperience]. 誤りを私の[未熟さの]せいにした / All the troubles in the world can be ～ *down to* money. 世のもめごとはすべてせんじ詰めれば金が原因だ. (12) 〔ある目的に〕用いる, 利用する (use)〔*to*〕: ～ a field *down to* grass 野原を放牧用にする. (13) 〈井

戸・縦坑(たて)などを〉掘る, 掘り下げる (dig, sink). (14)《口語》盛んに食べる[飲む], 平らげる (consume): He was ~*ting down* helping after helping. 何杯も何杯も平らげていた. (15)〈食肉・卵などを〉保存する (preserve); 〈ぶどう酒を〉(穴蔵に)貯蔵する: ~ *down* eggs (卵殻に水ガラス (water glass) を塗ったりして)卵を保守する / ~ *down* a good supply of port ポートワインを多量に貯蔵する. (16)〈乗客を〉(車などから)降ろす: *Put* me *down* at the next corner. 次の角の所で降ろして下さい. (17)〈航空機を〉着陸させる. (*vi.*)〈航空機・操縦士・機内の人が〉着陸する (land) (cf. put-down 2): The airplane [We] ~ *down at* the airport on time. 飛行機[我々]は定刻に空港に着陸した.

put forth (*vt.*) (1)〈芽・葉などを〉出す (send out). (2)〈力・精力などを〉振るう, 発揮する (exert): ~ *forth* all one's energies 全精力を発揮する / ~ *forth* one's eloquence 弁舌を振るう. (3)〈案などを〉提起する, 持ち出す (propose); 〈著書・見解などを〉公にする, 発行する (publish). (*vi.*) (1)〈植物が〉発芽する (come out). (2)〈船などが〉出発する, (港を)出る (set out): ~ *forth to* sea [*upon* the sea] 海に出る. ★ (*vi.*) (2) の場合を除いて一般に文語的.

put forward (1) 促進させる, 早める (put ahead). (2)〈時計(の針)を〉進ませる (put on) (↔ put back): Clocks should be ~ *forward* one hour tonight. 今晩時計を1時間進めなければならない. (3)〈事件など〉の時期をさかのぼらせる. (4) 提言する, 提案する (propose): ~ *forward* a plan. (5)〈候補者などを〉推挙する (recommend): He ~ himself *forward as* a candidate. 候補者として打って出た / Mr. Smith was ~ *forward for* principal. スミス氏が校長に推挙された. (6)〈人を〉前面に押し出す, 人目につきやすくする, 目立たせる: ~ oneself *forward* (遠慮しないで)前面に出るようにする.

put in (*vt.*) (1) 差し入れる, 差し込む; 〈水道・電気などを〉装置する, 取り付ける (fit); 挿入する, 書き込む (insert); 〈作物などを〉植えつける (plant): He knocked at the door and ~ *in* his head. ドアをノックして顔をのぞかせた / *Put in* the proper punctuation marks. 適当な句読点をつけよ. (2)〈政党を〉政権の座に就かせる, 選挙する (elect); 〈管理人・警備員などを〉入れる, 置く, 配置する; 『クリケット』〈相手チーム・味方の打者を〉打席につかせる[送る]; 『野球』(交代させた選手の代わりに)〈他の選手を〉入れる: Labour was ~ *in* at the general election that year. その年の総選挙で労働党が選ばれた / They ~ *in* a caretaker. 管理人を置いた. (3)〈言葉などを〉はさむ (interpose); 〈言葉を〉添えてやる: ~ *in* one's opinion 意見をさしはさむ / ~ *in* a good word for one's friend 友人のために弁護してやる. (4)〈打撃などを〉加える (strike): ~ *in* a blow 打撃を加える. (5)〈要求・書類などを〉提出する, 申し出る, 申請する: ~ one's claim *in* for damages 損害賠償の請求をする / ~ *in* a document as evidence 証拠として書類を差し出す / ~ *in* a plea of "not guilty" 無罪の申し立てをする. (6)〔コンテスト・品評会などに〕応募させる, 出品する〔*for*〕. (7)〈片手間の仕事などを〉する (perform): ~ *in* an hour's extra work 1時間の余分の仕事をする. (8)《口語》(あることに)〈時間を〉過ごす (spend): He tried to ~ *in* some time every day reading books. 毎日いくらかの時間を読書に過ごそうと努めた. (*vi.*) (1)《口語》〔ホテルなどに〕(ちょっと)立ち寄る〔*at*〕: Here's a good inn, let's ~ *in* here for lunch. よい宿がある, 休んで昼食しよう. (2)〈船・乗組員が〉(避難・修理・補給などのため)入港する〔*at*〕: The ship ~ *in at* Kobe. 船は神戸に入港した. (3) 出願する, 請求する, 申請する, 申し込む (apply)〔*for*〕; 〔…の〕候補者となる, 立候補する, 志願する〔*for*〕: ~ *in for* a 20 percent pay increase 2割の賃上げを要求する / ~ *in for* the position of president 学長[会長]に立候補する / ~ *in for* membership of a club クラブへの入会を申し出る / ~ *in for* a transfer to another post 他部署への転勤を願い出る.

put inside《俗》投獄する, 拘留する: ~ a criminal *inside*.

put it on《口語》(1) 感情を誇張する, おおげさに振舞う[言う] (exaggerate); 仰々しく装う, 振りをする (pretend): Stop ~ *ting it on*. 感情を大げさに表わすのはよせ. (2) 太る: Don't eat so much cake. You'll soon ~ *it on*. あまりケーキを食べるな, すぐ太ってしまうよ. (3) 法外な値段を吹っかける, ぼる.

Put it there!《口語》(同意・和解の印に)握手しよう.

put it to a person (1) ⇨ *vt.* 9. (2)《米口語》〈人〉をぺてんにかける, 〈人〉の顔をつぶす; 《米俗》〈人〉を殺す, ばらす.

put off (*vt.*) (1) 取り去る, 脱ぐ (take off) (cf. PUT *on* (1)); 捨てる (discard), 除く, 忘れ去る (lay aside): ~ *off* one's hat [winter things] 帽子[冬着]を脱ぐ / ~ *off* one's doubts and fears 疑いや不安を捨てる. ★ 形式ばった表現法で, 特に第1例のように衣服を目的語とする場合には, take off を用いるのが普通. (2)〈水道・ガスなどを〉止める, 〈ラジオ・電灯などを〉消す (turn off) (↔ put on). (3) 眠らせる (send to sleep); …の感覚を麻痺させる, …に麻酔をかける: A glass of whiskey would ~ you *off to* sleep again. ウイスキーを一杯飲めばまた眠れるでしょう. (4) 延期する, 遅らせる (postpone, delay): ~ *off* a previous engagement 前々からの約束を延ばす / The House has ~ *off* consideration of the bill till next Friday. 下院は議案の審議を来週の金曜まで延期した / He always ~*s off* doing his assignment. いつも宿題をするのを延ばす. (5)〈人〉との約束を延ばす, (特に, 当座しのぎに)待たせる: *Put* the editor *off* for another week. 編集者にもう1週間待ってもらえ / I am sorry to ~ you *off* today. 今日はお待たせしていてすみません; すみませんが, 今日はお帰り下さい. (6)〔口実などで〕〈人〉から言い逃れをする, …から言い抜ける (evade)〔*with*〕(cf. put-off): He tried to ~ me *off with* more promises. 彼はさらに約束を重ねて逃れようとした / I won't be ~ *off with* such flimsy excuses. そんな見え透いた口実でだまされはしない. (7) [off はしばしば *prep.*] (…から)邪魔する, 妨げる (hinder); …の気力[意欲]をくじかせる (discourage); …の気を紛らせる (distract): They ~ me *off* every time I was going to speak. 私が言おうとするといつも彼らは妨害をした / The noise outside my window ~ me *off from* reading. 窓の外の物音で読書に身が入らなくなった / Some pupils are ~ *off* learning English by incompetent teaching. 教え方が下手なために英語の勉強意欲をそがれてしまう生徒もいる. (8) 困らせる (disconcert); いやがらせる, ぞっとさせる (repel): I'm sorry to say it, but her face quite ~*s* me *off*. 悪いけど彼女の顔を見るとうんざりするんだ. (9)〈偽物などを〉売りつける, つかませる (pass off)〔*on*〕: ~ *off* a false antique *on* a person 人に偽の骨董品をつかませる. (10)〈ボートを〉〔岸・親船から〕押し出す, 送り出す (launch)〔*from*〕. (11) [off はしばしば *prep.*] (乗物から)降ろす, (…から)下車[下船]させる: *Put* me *off* at the next stop. 次の停留所で降ろして下さい / There the stowaways were ~ *off* the ship. そこで密航者たちは下船させられた. (*vi.*)〈船・乗組員が〉陸を離れる, 出帆する (set sail): The ship [They] ~ *off from* shore. 船[彼ら]は岸を離れた.

put on (*vt.*) (1)〈衣類などを〉身につける, 着る, かぶる, はく, はめる, かける; …に着せる (↔ take off) (cf. PUT *off* (1)): ~ *on* one's shirt, hat, boots, ring, glasses, etc. / She ~*s on* too much face powder. 彼女はおしろいをつけ過ぎる. (2)〈態度・外観などを〉身につける (take on); 気取る, …の振りをする, 装う (assume, pretend) (cf. put-on): ~ a saintly manner *on* 聖人ぶる / His modesty is all ~ *on*. 彼の遠慮は上べだけだ / She ~*s on* a great deal.《俗》彼女の態度はいやに仰々しい (cf. PUT *it on* (1)) / ~ *on* airs ⇨ air[1] *n.* 6 b / ⇨ *put on an* ACT, *put on the* AGONY. (3)〈体重・肉などを〉ふやす (add); 〈スピード・金額・点数などを〉加える, 増す (increase) (cf. *vt.* 8 a): The baby is ~*ting on* weight [flesh]. 赤ん坊は太って[肉がついて]きた (cf. PUT[1] *it on* (2)) / He has ~ *on* years.《口語》このところ彼は大分老けてきた / They ~ *on* 70 runs in the last hour of play. (クリケットで)最後になって彼らは70点をあげた / ~ *on* speed 速力を出す, スピードをあげる / They ~ *on* 5 dollars *to* the price. 彼らは5ドル値上げした. (4)〈圧力・ブレーキなどを〉かける (cf. *vt.* 8 b); 〈列車などを〉運行させる (arrange for); 〈電灯・ガス・ラジオなどを〉つける (turn on) (↔ put off): ~ *on* pressure 圧力を加える / ~ *on* a brake ブレーキをかける / ~ *on* more steam もっと精を出す[頑張る] / ~ *on* extra trains 臨時列車を増発する / ~ *on* the light [radio] 電灯をつける[ラジオをかける]. (5)〈人を〉任に就かせる, …に仕事を割り当てる: I'm ~*ting* you *on* next. (ゲームなどで)次は君に出てもらおう. (6)『クリケット』投手に立てる: ~ another player *on* to bowl 別の選手に投球させる. (7) 上演する (stage); 〈ショー・展覧会などを〉催す (present): ~ *on* a new play 新しい劇を上演する / He ~*s on* four or five operas a season between January and June. 彼は1月から6月のひとシーズンに4, 5編のオペラを公演する. (8)〈時計(の針)を〉進ませる (put forward): He ~ his watch *on* five minutes. 時計を5分進ませた. (9)(競馬などで)〈金を〉賭ける (stake) (cf. *vt.* 6 c): He ~ a few thousand pounds *on* in the course of a year. 彼は1年間に数千ポンドも賭けた. (10)〈税金・罰金などを〉課する (impose) (cf. *vt.* 13 b): ~ *on* heavy fines 重い科料を課する. (11)《口語》〔…に〕取り次ぐ, 紹介する (introduce)〔*to*〕; …に〔…を〕密告する, 〔…について〕…に告げ口する〔*to*〕; …に〔…を〕注意させる〔*to*〕; …に〔有利な買物・勤め口・穴場などの〕情報を伝える〔*to*〕: I'll ~ you *on to* the man in charge. 係の者にお取り次ぎしましょう / Somebody some day will ~ the police *on to* the escapee. いつかはだれか脱走者のことを警察に内報する者が現われるだろう / Her suspicious manner ~ him *on to* her. その不審な態度を見て彼は彼女に注意を向けるようになった. ★ しばしばこの種の構造における on to は onto と一語で綴られる: I was ~ *onto* this nice hotel by a travel agent. ある旅行業者からこのすてきなホテルを教えてもらった. (12) からかう, かつぐ, だます (fool, kid) (cf. put-on *n.* 2): You're ~*ting* me *on*. 冗談でしょう, からかうのもいい加減にしてくれ. (*vi.*) [on は *prep.*] = PUT *upon*.

put out (*vt.*) (1) 追い出す (drive out), 退ける (eject): Be quiet, or I'll have you ~ *out*! 静かにしないとつまみ出させるぞ. (2)(差し)出す, 差し延べる (hold out): ~ one's tongue *out* 舌を出す / ~ one's hand *out* 手を差し出す[延べる] / He ~ *out* an arm to support her. 腕を差し出して彼女を支えてやろうとした. (3)〈芽・角などを〉出す, 吹き出す (sprout): The plants began to ~ *out* their leaves. 草木は葉を出し始めた / The snail ~ *out* its horns. かたつむりは角を出した. (4)〈力などを〉出す (exert), 〈熱意などを〉示す (display): I ~ *out* all my strength to move the stone. 渾身の力を振りしぼってその石を動かそうとした. (5)(ある目的のため他の場所へ)出してやる; 〈仕事を〉持ち出しでさせる, 〔下請け人などへ〕出す〔*to*〕: ~ one's son *out to* service 息子を奉公に出す / ~ a horse *out for* hire 馬を貸し馬に出す / ~ *out* the washing 洗濯物を(クリーニング屋へ)出す / The work is ~ *out to* subconstractors. その仕事は下請け人に出している. (6) 作り出す, 生産する (produce), 生産して市場に出回らせる; 〈電力などを〉発する (generate) (cf. output 2 a): The company ~*s out* several new products every year. その会社は毎年新しい製品を数種作り出す. (7) 発表する, 発行する (publish); 発令する, 発信する (issue); 〈政府声明などを〉放送する (broadcast): They decided to ~ *out* a revised edition. 改訂版を出すことに決めた / An alert has been ~ *out*. 警戒警報が出された. (8)(利付きで)貸し出す (lend), 投資する (lay out); 《米》〈金を〉使う (spend): ~ *out* one's money *at* 6 percent 6分の利子で金を貸す. (9) 脱臼(だっきゅう)させる, はずす (dislocate): ~ one's shoulder [knee joint] *out* 肩[ひざの関節]を脱臼する. (10)〈目を〉えぐり出す (gouge out), 見えなくさせる (blind). (11)〈火・明かりを〉消す (extinguish) (↔ put on): ~ *out* the light [flame, candle, gas] 明かり[焰, 蠟燭(ろうそく), ガス]を消す / The firemen soon ~ the fire *out*. 消防士たちは間もなく火を消した. (12)『野球・クリケット』〈打者を〉アウトにする, 〈走者を〉刺殺する (retire) (cf. putout). (13)(麻酔にかけて)…の意識を失わせる; 『ボクシング』ノックアウトする (knock out). (14)〈計器・計算を〉狂わせる (throw out): The final totals were ~ *out* by as much as five percent. 集計の結果5パーセントも誤差がでてきた. (15) 困惑させる, あわてさせる, どぎまぎさせる (embarrass); [通例 Passive で] 悩ます, 怒らせる, いら立たせる (irritate): Our sudden arrival ~ them *out*. 出し抜けに訪ねて行ったので彼らはあわてた / She *was* evidently ~ *out* by my rudeness. 私の無作法ぶりに彼女は気を悪くしたらしかった. (16) …に迷惑をかける, 煩わせる (inconvenience); [~ *oneself out* で] 骨を折る, 面倒をみる: If we're not ~*ting* you *out*, we will accept your invitation with pleasure. ご迷惑でなければ喜んでお招きにあずかりましょう / Don't ~ *yourself out for* me. (私のことでしたら)どうぞお構いなく / He never ~*s himself out to* help others. 彼は自分から進んで人を助けるようなことは決してしない. (*vi.*) (1)〈船が〉出帆する, 〈人が〉船で出る (set sail) (cf. *vi.* 1 a). (2)《俗》努力する, 奮励する (exert oneself). (3)《米俗》〈女が〉〔男と〕乱交に耽る〔*for*〕.

put over (*vt.*) (1)《口語》〔人に〕うまく伝える, 納得させる (put across)〔*to*〕: He was unable to ~ his ideas *over to* the audience. 彼は聴衆に自分の考えを十分に伝えることができなかった. (2)《米口語》(不利を克服し, または策を用いて)やってのける: The Premier managed to ~ *over* dissolution of the Diet. 首相は国会解散をやってのけた. (3)《口語》[通例 ~ it [something, one] *over on* a person として]〈人〉をだます (deceive), …をかつぐ (fool): You can't ~ *it over on* us in that way. そんなふうにして我々をだまそうとしてもだめだ / He tried to ~ *one over on* me by selling me a worthless car. 彼はぼろ車を売りつけて私に一杯くわせようとした. (4)《米》延期する, 延ばす (postpone): ~ *over* a conference [discussion] *to* [*until*] the next week 会議[討議]を翌週に延期する. (*vi.*)〈船・乗組員が〉海[川]を渡る (cross): ~ *over to* the other side of a bay 湾の対岸へ渡る.

put paid to ⇨ paid 成句.

put through (1)〈議案などを〉通過させる: The bill was ~ *through* (the Diet). その議案は(国会を)通過した. (2)〈仕事・計画などを〉成就する, 成し遂げる (carry out); 〈商取引きを〉完了する (complete): ~ *through* a business deal. (3)(電話で)〔…に〕つなぐ (connect)〔*to*〕; [a (telephone) call を目的語として] 電話をかける〔*to*〕: *Put* me *through to* Mr. Smith. スミスさんにつないで下さい / He ~ *through* a call to London. ロンドンに電話を入れた / At the post office I ~ *through* a couple of telephone calls. 郵便局から二三のところに電話をかけた.

put a person through it《口語》(1)〈人を〉徹底的に検査[検診]する. (2)〈人〉に厳しい試練を受けさせる.

put to [to は *adv.*] (*vt.*) (1)《方言》〈戸などを〉(しっかりと)閉める (shut): ~ the door *to*. (2)〈船を〉岸へ向かわせる. (*vi.*)〈船が〉(避難のため)岸[港]へ向かう.

put together (1) 集める (gather); 集めてまとめる, 総合する: ~ our heads *together* 相談[協議]する / ~ this and that *together* あれこれ考量する, 甲乙を総合判断する / *Putting* all these factors *together*, … これらの要因をすべて考え合わせれば… (cf. *put* TWO *and two together*). (2) 組み立てる, 構成する: ~ *together* a good dinner (色々な物を集めて)立派なごちそうを作る / ~ a dictionary *together* 辞書を編集する. (3) [通例 p.p. 形で] 一緒にする, 結合する (combine): His share is more than all the others' ~ *together*. 彼の分け前は他の皆のものを合わせたものよりも多い.

put a person to it〈人を〉苦労させる, 困惑させる, 辛い目に会わせる. ★ 常に Passive に用い, hard に修

飾され，後に不定詞句を伴うことが多い：He *was hard ~ to it to* pay the debts off. 借金の返済にひどく苦労した / We don't know what to do when we *are ~ to* it. 困った時には手の出しようがない.

put under (麻酔にかけたりして)…の意識を失わせる (put out).

put up (*vt.*) (1) 上げる (hold up), 立てる (raise), 〈帆・旗などを〉揚げる (hoist); 〈絵・幕などを〉掛ける; 〈装飾など〉の飾り付けをする: ~ *up* one's hand 手を上げる, 挙手する / ~ *up* one's hands (降伏・武装解除の印に)両手を上げる; (防衛の身構えに)げんこを固めて両手を上げる / ~ one's feet *up* 《口語》(ベッド・椅子などに)足をのっける; 腰をおろして休む / ~ *up* the sails [a flag] 帆[旗]を揚げる / ~ *up* the Christmas decorations in the living room 居間にクリスマスの飾り付けをする / ~ *up* a tent テントを張る. (2) 〈家・像・碑などを〉建てる (build): ~ *up* a building, memorial, statue, etc. (3) 〈髪を〉(通例ピンカールに)結う (set): ~ one's hair *up* 髪を結い上げる. (4) 〈掲示などを〉掲げる; 〈結婚予告を〉公示する[させる]: ~ *up* a notice 掲示をする / ~ *up* the banns 結婚予告を行なう. (5) 〔売り物などに〕出す (offer) 〔*for*〕: He's ~*ting* the site *up* (*for* sale). 彼はその敷地を売りに出そうとしている. (6) 〈意見などを〉提唱する, 公表する (expose); 〈請願などを〉提出する (present); 〈提案などを〉議題にのせる: I'd like to ~ *up* this idea for criticism. 愚見を呈して各位のご批判を仰ぎたいと思う. (7) 〈祈りを〉ささげる (offer up): ~ *up* prayers for rain 雨乞いの祈りをする. (8) 〔選挙などに〕立候補させる 〔*for*〕; 〔…の〕候補者として指名する, 〔…に〕推薦する (nominate) 〔*for*〕; 〈…の任に当たるように〉選ぶ (select) 〈*to do*〉: He is ~*ting* himself *up for* election to the Diet. 彼は国会議員選挙に立候補しようとしている / I'll ~ you *up for* the club. 君をクラブに推薦しよう / They had no potent candidate to ~ *up* against him in the Presidential race. 彼らには大統領選挙戦で彼に対抗させて立てるべき有力な候補者がなかった / He was ~ *up to* serve on the jury. 彼は陪審員に選ばれた. (9) 〈獲物を〉(隠れ場から)狩り出す, 追い立てる (rouse): The dog ~ *up* a partridge. その犬は1羽のヤマウズラを飛び立たせた. (10) 〈価格・家賃・生産高などを〉上げる, 高める (increase): He ~ *up* the rent by 50 p a week. 1週の家賃を50ペンス上げた. (11) 〈うわべを〉装う; 〈戦いぶり・抵抗力などを〉示す (offer), やり通す (carry on): ~ *up* a bluff 虚勢を張る / ~ *up* a brave front 大胆な態度を装う / ~ *up* a good fight あっぱれな戦いぶりを示す, 善戦する / ~ *up* a stout resistance 頑強に抵抗を続ける. (12) 〔入れ物などに〕入れる, しまう 〔*in*〕; 包装する (pack); [しばしば二重目的語を伴って] 〈食事を〉用意する, 〈弁当を〉作ってやる (prepare): ~ *up* meat *in* barrels 肉をたる詰めにする / ~ *up* goods *in* a parcel 品物を小包にする / Mother ~ us *up* a lunch for the hike. 母がハイキングのために弁当を作ってくれた. (13) 《米》(塩づけなどにして)貯蔵する (preserve), 缶詰めにする: ~ *up* fruit 果物を貯える / ~ *up* jam ジャムを作って置く / ~ *up* pork 豚肉を塩づけにして置く. (14) 〈不用になった物などを〉しまう, 片付ける (put away); 《古》〈刀を〉さやに納める (sheathe): They were ~*ting* the deck chairs *up* for the winter. 冬になるのでデッキチェアを片付けているところだった. (15) 〈馬を〉小屋に入れる; 《口語》〈人を〉泊まらせる, 宿泊させる (accommodate): We should be delighted to ~ you *up* for the night. 今夜は喜んでお泊めします. (16) 『法律』〈被告人を〉召喚尋問する. (17) 〈薬などを〉調合する (prepare). (18) 〈資金を〉供給する, 融通する, 立て替える: The real estate dealer offered to ~ *up* part of the down payment. その不動産業者は頭金の一部を立て替え払いしようと申し出た. (19) 《米口語》〈金を〉(賞として)賭ける (stake): ~ *up* a bet of $30 30ドルの賭けをする. (20) 《口語》〈陰謀・悪事などを〉たくらむ, 共謀する, 示し合わせる (cf. put-up): ~ *up* a job 悪事[八百長]をたくらむ / ~ *up* a swindle 詐欺を企てる. (21) 〈人〉に〔情報を〕伝える, 知らせる (inform) 〔*to*〕; …に〔仕事・職務などを〕教える, 指導する (instruct) 〔*to*〕: He ~ me *up to* the latest tips of the races. 彼が競馬の最近の内報を伝えてくれた / *Put* the new office boy *up* to his duties. 今度入社した給仕に仕事のことを教えてやってくれ. (22) 〈人を〉そそのかして〔悪事などを〕させる (instigate) 〔*to*〕: His brother ~ him *up to* a prank [*to* playing the prank]. 彼の兄が彼をそそのかしていたずらを[そのいたずらを]させた / Who ~ you *up to* it? だれに教えられてそんなまねをしたのか. (*vi.*) (1) 《英》立候補する 〔*for*〕: He is ~*ting up for* election to the committee. 彼は委員選挙に立候補しようとしている. (2) 《英》泊まる, 宿泊する (lodge): Let's ~ *up at* this inn. この宿屋に泊まることにしよう.

put upon [***on***] (1) [通例 Passive で] …をだます (impose upon), …につけ込む (take advantage of), …をえさにする (victimize) (cf. put-upon): I will not *be ~ upon*. だまされるものか. (2) 《英》…に迷惑をかける, …を煩わす (trouble): I'm afraid I will be ~*ting on* you too much. あまりにも迷惑をおかけするのではないでしょうか.

put up with 〖← *put up* (vi.) (2)〗《口語》…を我慢する, 耐え忍ぶ (tolerate): He could not ~ *up with* the insults any more. それ以上その侮辱に耐えられなかった / I won't ~ *up with* my pupil behaving like that. 生徒にあんな振舞いをされて黙っていられない.

stay put ⇨ stay¹ *v.* 成句.

— *n.* **1** (砲丸などの)投げ (throw); 一投げ. **2** 《英方言》(攻撃・救援の)突き, 押し (thrust, push). **3** 『証券』株式売付選択権 (put option)《一定数のある株式を, 一定期間中随時に所定の価格で所定の相手方に売り付けることのできる特権をいい, 同様にして買い付けることのできる特権を call (option) という》: ~ and call 株式売買選択権 (cf. option 3 b).

put² [pʌ́t] *v.* (**put·ted**; **put·ting**), *n.* 『ゴルフ』＝putt.

put³ [pʌ́t] 〖《1680》← ? PUT¹〗 *n.* 『トランプ』パット《ナポレオン (napoleon) に似た昔のゲーム》.

pu·ta [pjúːtə | -tə] 〖□ ? Sp. ~〗 *n.* 《米卑》売春婦 (whore), だれとでもやりたがる女.

pu·ta·men [pjuːtéɪmɪn, -mən | -mɪn] 〖□ L *putāmen* that which is removed in pruning ← *putāre* to prune〗 — *n.* (*pl.* **pu·tam·i·na** [-tǽmənə | -mɪ-]) **1** 『植物』果核《ウメ・モモなどの堅い内果皮》; 種, 核 (stone). **2** 『動物』(鳥類の卵の)卵殻膜, 硬膜. **pu·tam·i·nous** [pjuːtǽmənəs | -mɪ-] *adj.*

pút-and-táke *n.* (主に)四角ごまなどを使って行なう賭け事遊びの一つ (⇨ teetotum 2).

pu·ta·tive [pjúːtətɪv | -tət-] 〖《1432–50》□ OF *putatif* // LL *putātīv-us* ← L *putāre* to think, cleanse: ⇨ -ative: cf. pure〗 — *adj.* (一般にそうだと)推定されている, 推定上の, うわさの: one's ~ father / a ~ form 推定形. **~·ly** *adv.*

pútative márriage *n.* 『法律』事実上の(いわゆる)婚姻《婚姻を不適法にする障害が当事者の一方または双方にありながら善意でなした婚姻》.

pút-dòwn 〖← *put down* (⇨ put¹ (v.) 成句)〗 — *n.* **1** 《口語》拒否, 排撃, はねつけ, やり込め; 手痛い応酬[批判], 痛撃: His remark was a ~. 彼の言葉に相手はぐうの音も出なかった. **2** (飛行機の)着陸.

pute [pjúːt] 〖□ L *put-us* clean, pure ← *putāre*: ⇨ putative〗 — *adj.* 《古》純粋の, 全くの (pure), ただの (mere): a ~ fool. ★ pure and pute または pure pute として用いる.

pu·te·al [pjúːtiəl | -tɪ-] 〖□ L *puteāl-is* ← *puteus* a well: ⇨ -al¹〗 *n.* (古代ローマの, 地上の)井戸側, 井げた (well kerb).

pút-ìn *n.* 《米口語》(自分にあまり関係のないことに対する)興味, 関心.

Pu·ti·phar [pjúːtəfə | -tɪfə(r)] *n.* (Douay Bible での) Potiphar のラテン語式語形.

pút·lòck *n.* 『建築』＝putlog.

pút·lòg 〖← PUT¹ (p.p.)＋LOG¹〗 *n.* 『建築』《れんが造りの建物で壁に差し込んだ》仮設足場用腕木.

Put·nam [pʌ́tnəm | -nəm, -næm], **Israel** *n.* (1718–90) 米国の独立戦争当時の将軍.

Put·ney [pʌ́tni | -nɪ] 〖OE *Puttan-hȳþ* 《原義》'Putta's landing-place': cf. OE **putta* kite〗 — *n.* London 南西部郊外, Thames 川南岸の住宅地区; ここにある Putney Bridge は Oxford, Cambridge 両大学ボートレースおよびウィングフィールドスカル競艇 (Wingfield Sculls) の出発点 (cf. Mortlake).

pút-òff 〖← *put off* (⇨ put¹ (v.) 成句)〗 *n.* 《口語》**1** 言い逃れ, 言い訳 (excuse): His remark is a ~. 彼の言葉は言い逃れだ. **2** 延期 (postponement).

pút-òn 〖← *put on* (⇨ put¹ (v.) 成句)〗 — *attrib. adj.* 見せかけの, うわべだけの, 偽りの: a ~ smile 作り笑い, 取ってつけた笑い. — *n.* **1** 《口語》見せかけ, 気取り, きざな態度. **2** 《俗》**a** 冗談, 悪ふざけ, かつぎ (joke). **b** もじり作品, 戯作 (parody).

pút-on ártist *n.* 《俗》からかうのがうまい人, かつぎの名人.

pu·ton·ghua [pùːtʊŋxwɑ́ː] *n.* ＝putunghua.

pút óption *n.* 『証券』＝put¹ *n.* 3.

pút·òut 〖← *put out* (⇨ put¹ (v.) 成句)〗 *n.* 『野球・クリケット』アウトにすること, 刺殺.

put-put [pʌ́tpʌ́t, ⌒⌒] 〖擬音語〗 — *n.* **1** (小型内燃機関の出す)ぱっぱっという音. **2** (ボートや模型飛行機の)ぽんぽんエンジン, 小型内燃機関; 小型内燃機関を取り付けた乗り物[ボート], ぽんぽん船, モーターバイク. — *vi.* (**-put·ted**, **-put·ting**) **1** ぱっぱっと音がする, ぱっぱっと音を立てながら進む. **2** ぱっぱっと音を立てる乗り物[ボート]で行く.

pu·tre·fa·cient [pjùːtrəféɪʃənt | -trɪ-] 〖□ L *putrefacient-em* (pres.p.) ← *putrefacere* to make rotten: ⇨ putrefy, -facient〗 *adj.* ＝putrefactive.

pu·tre·fac·tion [pjùːtrəfǽkʃən | -trɪ-] 〖《a1400》□ LL *putrefactiō(n-)* ← L *putrefactus* (p.p.) ← *putrefacere* 'to PUTREFY': ⇨ -faction〗 — *n.* **1** 腐敗; 腐敗作用. **2** 腐敗物 (putrescence).

pu·tre·fac·tive [pjùːtrəfǽktɪv | -trɪ-] 〖□ MF *putréfactif* ← L *putrefactus* (↑): ⇨ -ive〗 — *adj.* **1** 腐敗させる; 腐敗しやすい: ~ bacteria [agents] 腐敗菌[剤]. **2** 腐敗する[した], 腐敗の: a ~ process 腐敗作用.

pu·tre·fy [pjúːtrəfàɪ | -trɪ-] 〖《a1420》□ (O)F *putréfi-er* □ L *putrefacere* to make rotten ← *puter* rotten＋*facere* to make, do: *-fy* は L **putrificāre* からの類推〗 — *vt.* 腐敗させる; 化膿(かのう)させる (suppurate). — *vi.* **1** 腐敗する (rot); 化膿する (fester); 壊疽(えそ)を生じる. **2** (道徳的に)腐敗する, 堕落する. **pú·tre·fì·er** *n.*

pu·tres·cence [pjuːtrésns] 〖《1646》□ L *putrēscent-em* (↓): ⇨ -ence〗 *n.* **1** 腐敗, 腐りかかった状態. **2** (道徳的)腐敗, 堕落. **3** 腐りかかった物, 腐敗物.

pu·tres·cent [pjuːtrésn̩t] 〖《1732》□ L *putrēscent-em* (pres.p.) ← *putrēscere* ← *putrēre* to be rotten: ⇨ putrid, -escent〗 — *adj.* 腐敗の; 腐りかかった: a ~ smell [odor].

pu·tres·ci·ble [pjuːtrésəbl̩ | -sə-, -sɪ-] 〖□ F ~ // LL *putrēscibil-is* ← L *putrēscere* (↑): ⇨ -ible〗 *adj.* 腐敗しやすい. — *n.* 腐敗しやすい物.

pu·tres·cine [pjuːtrésiːn, -sɪn, -sən | -siːn, -sɪn] 〖← *putresc-* (← L *putrēscere* (↑))＋-INE³〗 — *n.* 『生化学』プトレシン ($C_4H_{12}N_2$)《腐敗した蛋白質や正常でない尿の中などに見出される腐敗臭の強い結晶性物質; tetramethylenediamine ともいう》.

pu·trid [pjúːtrɪd, -trəd | -trɪd] 〖《1598》□ L *putrid-us* rotten, stinking ← *putrēre* to be rotten ← *putris, puter* rotten〗 — *adj.* **1** 腐敗した, 腐った (rotten); 悪臭を放つ: a ~ smell / turn ~ 腐る, 臭くなる. **2** 腐敗から生じる, 腐敗を伴う. **3** 腐敗した, 堕落した (corrupt). **4** 《俗》いやらしい, 不快な, 鼻持ちならない, ひどく悪い (vicious): ~ conduct, manners, etc. / a perfectly ~ book, party, lecture, etc. **5** 〈土壌が〉粉になりやすい, もろい (friable). **~·ly** *adv.* **~·ness** *n.*

pútrid féver *n.* 『病理』発疹チフス.

pu·trid·i·ty [pjuːtrídəti | -dəti, -dɪ-] 〖⇨ putrid, -ity〗 *n.* 腐敗; 腐敗物.

pu·tri·lage [pjúːtrəlɪdʒ | -trɪ-] 〖□ L *putrilāgin-, putrilāgo* putrefaction ← *puter* 'PUTRID'〗 — *n.* 腐敗した[しかかった]物質, 腐敗物. **pu·tri·lag·i·nous** [pjùːtrəlǽdʒənəs | -trɪlǽdʒɪ-] *adj.* **pù·tri·lág·i·nous·ly** *adv.*

Putsch, p- [pʊ́tʃ; G. pʊ́tʃ] 〖□ G ~ ← Swiss 《方言》《原義》a push, blow〗 *G. n.* (突然起こった)小反乱, 小暴動.

pútsch·ist [-tʃɪst, -tʃəst | -tʃɪst] *n.* 小反乱の首謀[唱導]者.

putt¹ [pʌ́t] 〖《1743》《変形》← PUT¹〗 『ゴルフ』 — *vi.* パットを打つ. — *vt.* 〈ボールを〉パットする. — *n.* パット《グリーン上でホールを狙い, パターでボールを軽く打つこと》.

putt² [pʌ́t] *n.* 『トランプ』＝put³.

put·tee [pʌtíː, pu-, pʌ́ti | pʌ́tɪ] 〖《1886》□ Hindi *paṭṭī* bandage: cf. Skt *paṭṭa* strip of cloth〗 — *n.* 巻きゲートル, 巻き脚絆; 《米》(兵士・乗馬者が着用する)革ゲートル.

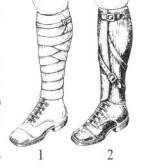

1 2
puttees
1 cloth; 2 leather

put·ter¹ [pʊ́tə | -tə(r)] 〖ME: ⇨ put¹, -er¹〗 — *n.* **1** 置く人. **2** 『鉱山』(切り出した石炭を竪坑(たてこう)まで運ぶ)運搬夫, 後山(あとやま) (cf. hewer), 手子(てこ) (hauler). **3** ＝shot-putter.

put·ter² [pʌ́tə | -tə(r)] 〖《変形》← POTTER¹〗《米口語》 — *vi.* **1** 〔仕事を〕だらだら[不手際なやり方で]やる 〔*at, over*〕. **2** のらりくらりする, ぶらつく (loiter) 〈*about, along, around, over*〉: ~ *about* (a garden) (庭を)ぶらつく. — *vt.* 〈時間を〉だらだらと浪費する (dawdle) 〈*away*〉. — *n.* (力の入らないまたは不手際な)だらだらした仕事; ぶらつき, のらくら. **~·er** [-tərə | -tərə(r)] *n.* **~·ing·ly** [-tərɪŋli | -tərɪŋlɪ] *adv.*

putt·er³ [pʌ́tə | -tə(r)] 〖← PUTT＋-ER¹〗 *n.* 『ゴルフ』**1** パット (putt) する人. **2** パター《putt に使うクラブ; cf. driving putter; ⇨ golf club 挿絵》.

put·ter⁴ [pʌ́tə | -tə(r)] 〖(← PUT(-PUT)＋ER¹〗 *n., vi.* ＝put-put.

putti *n.* putto の複数形.

put·tie [pʌ́ti | -tɪ] *n.* ＝puttee.

pút·ti·er 〖⇨ putty¹, -er¹〗 *n.* (窓ガラスに)パテ (putty) をつける人, ガラス屋 (glazier).

pútt·ing grèen [pʌ́tɪŋ- | -tɪŋ-] 〖⇨ putt, -ing¹〗 — *n.* 『ゴルフ』**1** (パッティング)グリーン《ホールの周囲のパット区域; ホールから20ヤードの距離》. **2** パット練習場.

put·to [púːtou | -təu; *It.* pútto] 〖□ It. ~ 'small boy' □ L *putus*＝*pūsus* boy〗 — *n.* (*pl.* **put·ti** [-tiː; *It.* -ti]) [通例 *pl.*] 『美術』プット《絵画・彫刻の装飾に使う裸のキューピッド[ケルビム]像; cf. amoretto》; ルネサンス期絵画[彫刻]に見られる小児像.

put·too [pʌ́tuː] *n.* ＝pattu.

putt-putt [pʌ́tpʌ́t, ⌒⌒] *n., vi.* ＝put-put.

put·ty¹ [pʌ́ti | -tɪ] 〖《1633》□ F *potée* a potful, 《原義》(something) potted ← *pot* 'POT': ⇨ -y²〗 — *n.* **1** パテ《石膏(せっこう)を亜麻仁油で練ったもので ガラス屋が窓枠にガラスを留めたり, 塗装下地の充填に使う》: plasterers' ~ 塗装工事用のパテ. **2** 円管接合用パテ《鉛丹・鉛白などを亜麻仁油で練ったもので, パイプの継ぎ目をふさぐ; red-lead putty ともいう》. **3** ＝putty powder. **4** どうにでも形作られる物; 人の言いなりになる人: He was ~ in his wife's hands. 彼は妻の言いなりになっていた. **5** 淡褐灰色, 黄灰色.

like putty 人の言いなりになって. ***up to putty*** 《豪俗》無価値の[で].

— *vt.* **1** パテで止める[継ぐ]. **2** …にパテを塗る.

— *adj.* **1** 淡褐灰色の. **2** 顔色の悪い: a ~ face.

put·ty² [pʌ́ti | -tɪ] *n.* ＝puttee.

pútty-hèad *n.* 《米俗》ばか者, 間抜け (fool).

pútty-héarted *adj.* 臆病な (coward).

pútty knife *n.* パテ用こて, パテナイフ.

pútty mèdal 〖パテで造った勲章の意から〗 — *n.*

《英戯言》わずかな労力にふさわしい報酬: You deserve a ~. 君の仕事はまんざらでもない《少しはほめてあげよう》.

pútty pòwder *n.* パテ粉《酸化スズの粉末でガラスや金属をみがくのに使う; jewelers' putty ともいう》.

pútty·ròot *n.* 〘植物〙米国産の緑褐色の花をつけるランの一種 (*Aplectrum hyemale*)《Adam-and-Eve ともいう》.

Pu·tu·ma·yo [pùːṭumáɪoʊ | -tuːmáɪəʊ; *Sp.* pùtumájo] *n.* [the ~] プツマヨ(川)《南米コロンビアに発し, ペルーとの国境を流れる Amazon 川の支流 (1,580 km); ブラジル語名 Içá》.

pu·tung·hua [pùːtʊŋxwáː; *Chin.* pʻǔtʻūŋxuà] 〘□ *Chin. pʻu tʻung hua* (普通語)〙 *n.* 中国の標準語《かつて国語 (Kuo-yü) と呼んだが, 新中国成立後改称》.

pút-ùp 〘← *put up* (⇨ put¹ (v.) 成句)〙 — *attrib. adj.* 《口語》あらかじめたくらんだ, 八百長の: a ~ job 予定のたくらみ, 作りごと, 八百長. — *n.* 包装した商品 (package); (特に)巻き上げた売り糸(など).

pút-upòn 〘← *put upon* (⇨ put¹ (v.) 成句)〙 *adj.* だまされた, かつがれた, 利用された, 誘惑された: a ~ girl.

Pu·vis de Cha·vannes [pjuːvíːs-də-ʃəváːn; *F.* pyvidʃavan, pyviːsdəʃavan], **Pierre Cé·cile** [sesil] *n.* ピュヴィドシャヴァンヌ《1824–98; フランスの画家》.

puy [pwíː] 〘□ F ~ < L *podium* balcony: ⇨ pew〙 *n.* 〘地質〙ピュイ《フランス Auvergne 地方に多い小形の火山丘》.

Puy-de-Dôme [pwìːdədóʊm | -dáʊm; *F.* pɥiddoːm] *n.* **1** ピュイドドーム(県)《フランス中部の県; 人口 581,000, 面積 7,954 km², 首都 Clermont-Ferrand》. **2** ピュイドゥドーム(山)《フランス中部の山 (1,634 m)》.

Pu-yi [púːjíː; *Chin.* pʻǔ í], **Henry** *n.* ⇨ Hsüan Tʻung.

puz·zle [pʌ́zl] 〘《c1595》← 《c1380》*poselet* puzzled (p.p.) ← **poselen* to bewilder ← ?〙 — *n.* **1** [a ~] 当惑, 困惑(状態): He is in *a* ~ about the matter. その問題で途方に暮れている. **2** 困らせる人[物, 事]; (特に)難問, 難題; 謎 (enigma): the perpetual ~ of existence 人生の永久の謎. **3** 考え物《字捜し・絵捜しの類》, 判じ物, クイズ, パズル: ⇨ Chinese puzzle, crossword puzzle, jigsaw puzzle.

— *vt.* **1** 途方に暮れさせる, 困惑させる; [しばしば Passive で, *that* 節・wh- 節[句], *to* do を伴って] 当惑させる (bewilder): The long silence ~*d* him. 長い音信不通[沈黙]にどうしたことかと彼は当惑した / I *am* ~*d* (*about*) *what* to do. = It ~*s* me (*about*) *what* to do. どうしたらよいのかわからない. ★ Passive の puzzled は形容詞化してしばしば very, quite などの副詞に修飾される: I was *very* ~*d to* see her behaving like that. 彼女がそのように振舞うのを見て面くらった. **2** 〈頭・心を〉悩ます, 煩わす: ~ one's brains [head] *over* [*about*] a problem = ~ oneself *over* a problem ある問題で頭をしぼる. **3** 《古》〈人〉の行動(の選択)を困難にする, 混乱させる. — *vi.* **1** 〔…に〕途方に暮れる, 困惑する, 当惑する 〔*about, over*〕. **2** 〔難問に〕頭をひねる, 頭をしぼる 〔*over, for*〕: ~ *over* [*for* the solution of] a problem 問題に[問題の解決のために]頭をひねる.

puzzle out 〈解決法などを〉(頭をしぼって)考え出す, 判じる (solve): ~ *out* the meaning of a sentence 文章の意味を判じる / I ~*d out* how to do it. そのやり方をやっと考え出した. ***puzzle through*** 手探りで通り抜ける.

púzzle bòx *n.* 〘心理〙問題箱《動物が操作によって外に出られるようにしてある箱; 問題解決行動の研究に用いる》.

púz·zled *adj.* 当惑した, 困惑した: a ~ expression 当惑した表情 **~·ly** *adv.* **~·ness** *n.*

púz·zle·dom [-dəm] *n.* 困惑, 当惑, 苦境.

púzzle·hèad *n.* 頭の混乱した人.

púzzle·héaded *adj.* 頭の混乱した.

púz·zle·ment *n.* **1** 当惑, 困惑(状態) (bewilderment). **2** 困惑させるもの; 難問, 謎 (puzzle).

púzzle·pàte 〘⇨ pate〙 *n.* =puzzlehead.

púzzle·pàted *adj.* =puzzleheaded.

púzzle-pèg *n.* 《英》(頭を地面につけさせないために)犬の下顎(あご)に取りつけた木片.

púz·zler [-zlə, -zḷə | -zlə(r, -zḷ-] 〘⇨ puzzle, -er¹〙 *n.* **1** 困らす人[物]; (特に)難問, 難題 (puzzling problem). **2** パズル狂; 難問を解く人.

púz·zling [-zlɪŋ, -zḷ-] *adj.* 〈問題など〉途方に暮れさせる, 当惑させる, 困惑させる (bewildering), わけのわからない. **~·ly** *adv.*

puz·zo·lan [púːtsələn] *n.* =puzzolana.

puz·zo·la·na [pùːtsəláːnə; *It.* pùttsoláːna] *n.* =pozzolana.

p.v. 《略》par value; 〘医学〙*L.* per vāginam (=by the vagina); post village; 〘英国国教会〙priest vicar.

P.V. 《略》〘軍事〙patrol vessel 哨戒艦艇; *F.* Petite Vitesse (=freight train); *It.* Piccola Velocità (=slow train); Porte de Versailles ベルサイユ門.

PVA 《略》〘化学〙polyvinyl acetate.

PVC 《略》〘化学〙polyvinyl chloride.

PVS 《略》〘病理〙Post-Vietnam Syndrome.

PVT 《略》pressure, volume, temperature.

Pvt. 《略》Private; 〘米陸軍〙Private soldier (cf. Pte.).

PW 《略》public works.

PW, P.W. 《略》《英》Policewoman; Prisoner(s) of War《POW とも略記する》.

PWA, P.W.A. 《略》Public Works Administration 《米》公共土木事業局《New Deal 政策の一環をなした; 1943 年機能は Federal Works Agency へ移行》.

P wàve *n.* 〘地震〙P 波《地球内部を伝わる地震波の中の縦波をいう; 観測点に最初に到達するので primary wave ともいう; cf. L wave, S wave》.

P.W.D., PWD 《略》〘陸軍〙Psychological Warfare Division 心理[宣伝]戦部; Public Works Department 公共事業部.

pwr. 《略》power.

P.W.R. 《略》〘原子力〙pressurized water reactor.

pwt. 《略》pennyweight.

PX [píːéks] 《略》(*pl.* **~s** [~ɪz, ~əz]) physical examination; 〘商業〙please exchange; private exchange; 〘米陸軍〙Post Exchange.

pxt. 《略》pinxit.

py- [paɪ-] (母音の前に来る時の) pyo- の異形.

pya [pjáː, pjáː | pjáː, pjáː] 〘← Burmese〙 *n.* **1** ピャ《ビルマの通貨単位; =¹/₁₀₀ kyat》. **2** 1 ピャアルミ貨.

py·ae·mi·a [paɪíːmiə | -mjə, -mɪə] 〘← NL ~: ⇨ pyo-, -emia〙 *n.* 〘病理〙=pyemia. **py·ae·mic** [paɪíːmɪk] *adj.*

Pya·ti·gorsk [piæ̀ṭɪgɔ́ːəsk, pjɑ̀ː- | pɪæ̀tɪgɔ́ːsk, pjɑ̀ː-; *Russ.* pjitjigórsk] *n.* ピャティゴルスク《ソ連邦ロシヤ共和国南部, Caucasus 山脈北側の都市; 人口 105,-000》.

pycn- [pɪkn] (母音の前に来る時の) pycno- の異形.

pycnia *n.* pycnium の複数形.

pyc·nic [píknɪk] *adj., n.* =pyknic.

pyc·nid·i·um [pɪknídiəm | -dɪ-] 〘← NL ~ ← Gk *puknós* close, thick, dense+-IDIUM〙 — *n.* (*pl.* **-i·a** [-diə | -dɪə]) 〘植物〙(サビ菌類の)粉胞子器, 粉子器. **pyc·níd·i·al** [-diəl | -dɪ-] *adj.*

pyc·ni·o·spore [píkniəspɔ̀ə, -spɔ̀ə | -nɪəspɔ̀ː(r] 〘← PYCNI(DIUM)+-O-+-SPORE〙 *n.* 〘植物〙粉胞子《サビ菌類の粉胞子器に生じる胞子》.

pyc·ni·um [píkniəm | -nɪ-] 〘← NL ~: ⇨ ↓, -ium〙 — *n.* (*pl.* **-ni·a** [-niə | -nɪə]) 〘植物〙柄胞子器, 精子器《サビ菌類に見られるフラスコ状の中に粉胞子が入っているもの; 担子胞子が寄主の表皮下に寄生して生じる》.

pyc·no- [píkno(ʊ) | -nə(ʊ)] 〘□ L ~ □ Gk *pukno-* ← *puknós* thick, dense〙 —「太った (thick); 濃密な (dense)」などの意の連結形. ★ 母音の前では通例 pycn- になる.

pyc·nog·on·id [pɪknágənɪd, pìknəgán-, -nəd | pɪknɔ́gənɪd, pìknəgɔ́n-] 〘← NL *Pycnogonida* (↓)〙〘動物〙 — *adj.* 真皆脚目の. — *n.* 真皆脚目ウミグモ類の節足動物.

Pyc·no·gon·i·da [pìknəgánədə | -gɔ́nɪ-] 〘← NL ~ ← *Pycnogonum* (属名: ← PYCNO-+Gk *gónu* 'KNEE') +-IDA〙 *n. pl.* 〘動物〙(節足動物門)真皆脚目.

pyc·nom·e·ter [pɪknáməṭə | -nɔ́mɪtə(r, -mə-] 〘← PYCNO-+-METER¹〙 *n.* 〘物理〙比重びん《液体の比重を測定するための容器》.

Pyc·no·not·i·dae [pìknənáṭədìː, -nóʊṭ- | -nɔ́tɪ-, -náʊt-] 〘← NL ~ ← *Pycnonotus* (属名: ← PYCNO-+-*notus* (← Gk *nōtos* the back))+-IDAE〙 — *n. pl.* 〘鳥類〙ヒヨドリ科.

pyc·no·sis [pɪknóʊsɪs, -səs | -náʊsɪs] 〘← NL ~: ⇨ pycno-, -osis〙 — *n.* 〘生物〙核凝縮《細胞の死滅過程に生じる変性の一つで, 核が萎縮する現象》. **pyc·not·ic** [pɪknáṭɪk | -nɔ́t-] *adj.*

pyc·no·spore [píknəspɔ̀ə, -spɔ̀ə | -spɔ̀ː(r] 〘← PYCNO-+-SPORE〙 *n.* 〘植物〙=pycniospore.

pyc·no·style [píknəstàɪl] 〘□ L *pycnostȳl-us* □ Gk *puknóstūlos* ← PYCNO-+*stûlos* pillar〙 — *adj.* 〘建築〙密柱式の《古典(主義)建築で, 柱の内法(うちのり)間隔が柱下部の直径の 1.5 倍のものについていう》.

Pyd·na [pídnə] *n.* ピュドナ, ピドナ《Macedonia の古都; マケドニア軍に対するローマ軍の戦勝地 (168 B.C.)》.

pye [páɪ] *n.* 〘キリスト教〙=pie⁴.

pýe-dòg 〘□ Anglo-Ind. ~ 《短縮》← *pariah dog*〙 *n.* =pariah dog.

py·el- [páɪəl] (母音の前に来る時の) pyelo- の異形.

py·e·li·tis [pàɪəláɪṭɪs, -ṭəs | -tɪs] 〘← NL ~: ⇨ ↓, -itis〙 *n.* (*pl.* **~·es**) 〘病理〙腎盂(じんう)炎.

py·e·lo- [páɪəlo(ʊ) | -lə(ʊ)] 〘← NL ~ ← Gk *púelos* basin〙 — 〘解剖〙「骨盤 (pelvis); 腎盂(じんう) (renal pelvis)」の意の連結形: *pyelogram*. ★ 母音の前では通例 pyel- になる.

py·el·o·gram [paɪéləgræ̀m, páɪələ-] 〘⇨ ↑, -gram〙 *n.* (X 線による)腎盂(じんう)撮影[造影]写真.

py·el·o·graph [paɪéləgræ̀f, páɪələ- | -grɑ̀ːf, -græ̀f] *n.* =pyelogram.

py·e·log·ra·phy [pàɪəlágrəfi | -lɔ́grəfɪ] 〘← PYELO-+-GRAPHY〙 — *n.* 腎盂(じんう)撮影[造影](法)《造影剤を腎盂に入れて X 線で撮影する》. **py·e·lo·graph·ic** [paɪèləgrǽfɪk, pàɪələ-] *adj.*

pỳelo·nephrítis 〘← NL ~: ⇨ pyelo-, nephritis〙 *n.* 〘病理〙腎盂(じんう)腎炎. **pỳelo·nephrític** *adj.*

pỳelo·nephrósis 〘← NL ~: ⇨ pyelo-, nephrosis〙 *n.* 〘病理〙腎盂(じんう)腎症.

py·e·mi·a [paɪíːmiə | -mjə, -mɪə] 〘← NL ~: ⇨ pyo-, -emia〙 *n.* 〘病理〙膿(のう)血(症). **py·e·mic** [paɪíːmɪk] *adj.*

pyg- [pɪg] (母音の前に来る時の) pygo- の異形.

py·gal [páɪgəl] 〘← PYGO-+-AL¹〙 *adj.* 〘動物〙臀(でん)部の, 尾部の.

py·gid·i·um [paɪdʒídiəm | -dɪ-] 〘← NL ~: ⇨ ↓, -idium〙 *n.* (*pl.* **-i·a** [-diə | -dɪə]) 〘動物〙尾板. **py·gíd·i·al** [-diəl | -dɪ-] *adj.*

pyg·mae·an [pɪgmíːən, pígmiən | pɪgmíːən, -míən] 〘← L *pygmaus* dwarfish (⇨ Pygmy)+-AN¹〙 *adj.* = Pygmy.

Pyg·ma·lion [pɪgméɪljən, -liən | -ljən, -lɪən] 〘□ L *Pygmalion* □ Gk *Pugmaliōn*〙 — *n.* **1** 〘ギリシャ・ローマ神話〙ピュグマリオーン《Ovid の物語「変身譚」では彫刻が巧みな Cyprus 人; 自作の象牙像にほれ込み, Aphrodite がこれに生命を与えて生きた女にした; cf. Galatea》. **2**「ピグマリオン」《英国の英語学者 H. Sweet をモデルとした G. B. Shaw 作の喜劇 (1912 年初演); ミュージカル 'My Fair Lady' の原作》.

pyg·me·an [pɪgmíːən, pígmiən | pɪgmíːən, -míən] 〘⇨ Pygmy, -an¹〙 *adj.* =Pygmy.

pyg·moid [pígmɔɪd] 〘← PYGM(Y)+-OID〙 *adj.* ピグミー (Pygmies) に類似の.

Pyg·my [pígmi | -mɪ] 〘《c1390》*pigmey* □ L *pygmaeus* dwarfish □ Gk *pugmaîos* ← *pugmḗ* length from elbow to knuckles〙 — *n.* **1** 〘人類学〙ピグミー《アフリカ・オーストラリア南東部・フィリピン諸島などの小人の黒人; cf. Negrillo, Negrito》. **2** [時に p-] 〘ギリシャ・ローマ伝説〙ピグミー, ピュグマイオス《コウノトリと戦って滅亡したと伝えられる小人族の人》. **3** [p-] 小人(こびと), 一寸法師, 小妖精 (dwarf); 矮小(わいしょう)動物[植物], 小型の物. **4** [p-] 知能[能力]の劣った人.

— *adj.* **1** [しばしば p-] ピグミー (Pygmies) の. **2** [p-] 小人の, 一寸法師の (dwarfish). **3** [p-] きわめて小さい (diminutive), 取るに足らない: one's *pygmy* effort 微力.

pýgmy glìder *n.* 〘動物〙チビフクロモモンガ (*Acrobates pygmaeus*)《ユビムスビ科の飛膜を広げると全身が一枚の羽のようになる樹上性で夜行性の動物》.

pýg·my·ish [-miɪʃ] *adj.* 小人じみた, 矮(わい)小な (dwarfish).

pýg·my·ism [-miìzm] *n.* ピグミーであること, 矮小(性).

pýgmy màrmoset *n.* 〘動物〙ピグミーマーモセット (*Cebuella pygmaea*)《アマゾンの森林地帯に生息するキヌザル科の最小のサル》.

pýgmy òwl *n.* 〘鳥類〙スズメフクロウ《時に昼間も活動するスズメフクロウ属 (*Glaucidium*) の小さいフクロウ数種の総称; 主に昆虫を捕食》.

py·go- [páɪgo(ʊ), -gə | -gə(ʊ)] 〘← Gk *pūgḗ* rump〙 〘動物〙「尾部, 臀(でん)部 (rump)」の意の連結形. ★ 母音の前では通例 pyg- になる.

Py·gop·o·des [paɪgápədìːz | -gɔ́p-] 〘← NL ~ ← PYGO-+-*podes* '-POD¹'〙 *n. pl.* 〘鳥類〙アビ目.

py·go·style [páɪgəstàɪl] 〘← PYGO-+-STYLE¹〙 *n.* 〘鳥類〙尾端骨《脊柱の末端にあり, 数個の尾椎が癒合してできた骨》.

py·ic [páɪɪk] 〘← PYO-+-IC¹〙 *adj.* 膿(のう)の; 化膿性の (purulent).

py·in [páɪɪn, -ən | -ɪn] 〘← PYO-+-IN¹〙 *n.* 〘生化学〙膿(のう)質《膿の蛋白性成分》.

py·ja·maed [pədʒáːməd, -dʒǽm- | pədʒáːm-, pɪ-] *adj.* 《英》=pajamaed.

py·ja·mas [pədʒáːməz, -dʒǽm- | pədʒáːm-, pɪ-] *n. pl.* 《英》=pajamas 1.

pyk·nic [píknɪk] 〘← Gk *puknós* thick (⇨ pycno-)+-IC¹〙〘心理・人類学〙 — *adj.* 〈体型が〉肥満型の, 太り型の (cf. asthenic 2, athletic 4): the ~ type 肥満型. — *n.* 肥満型の人.

Pyle [páɪl], **Ernest Taylor** *n.* (1900–45) 米国のジャーナリスト・従軍記者; 沖縄で戦死; *Here Is Your War* (1943), *Brave Men* (1944); 通称 Ernie Pyle.

Pyle, Howard *n.* (1853–1911) 米国の挿絵画家・児童文学者.

py·lon [páɪlɑn, -lən | -lən] 〘《1850》□ Gk *pulṓn* gateway ← *púlē* gate〙 — *n.* **1** (古代エジプト神殿の)塔門, パイロン, ピュロン. **2** (門・橋・街路などの両端に建てられた)塔. **3** (高圧線用の)鉄塔. **4** 〘航空〙**a** (飛行機の)目標塔, 指示塔. **b** パイロン《エンジンやロケット弾を吊るす支柱》.

pylon 1

pýlon antènna *n.* 〘電気〙パイロンアンテナ《スロットアンテナの一種》.

py·lo·rec·to·my [pàɪlərékṭəmi | -mɪ] 〘← PYLOR(US)+-ECTOMY〙 *n.* 〘外科〙幽門切除(術).

py·lo·rus [paɪlɔ́ːrəs, pɪ-, pə-, -lóːr- | paɪlɔ́ːr-, pɪ-] 〘《1615》□ LL *pylōrus* □ Gk *pulōrós* gatekeeper ← *púlē* gate (⇨ pylon)+*oûros* watcher〙 — *n.* (*pl.* **py·lo·ri** [-raɪ]) 〘解剖〙幽門(部)《胃の十二指腸に通じる出口》. **py·lo·ric** [paɪlɔ́ːrɪk, pɪ-, pə-, -lóːr- | paɪlɔ́ːr-, pɪ-] *adj.*

Py·los [*Mod. Gk* píləs] *n.* ピロス《Navarino のギリシャ語名》.

Pym [pím], **John** *n.* (1584–1643) 英国の政治家; 長期議会 (Long Parliament) の指導者で, Charles 一世に対

抗して国会の権利を擁護した.

pymt. 《略》payment.

Pyn·chon [píntʃən], **Thomas** *n.* (1937–) 米国の小説家; *Gravity's Rainbow* (1973).

py·o- [páɪo(ʊ) | páɪə(ʊ)] 〘← Gk *púon* 'PUS'〙「うみ, 膿(のう)(pus)」の意の連結形. ★ 母音の前では通例 py- になる.

py·o·der·ma [pàɪo(ʊ)dɚ́ːmə | -ə(ʊ)dɚ́ː-] 〘← NL ～: ⇨ ↑, -derma〙 *n.* 〘病理〙膿皮(のうひ)症.

py̆o·génesis 〘← PYO-＋-GENESIS〙 *n.* 〘病理〙化膿(作用).

py·o·gen·ic [pàɪədʒénɪk | -ə(ʊ)-] *adj.* 〘病理〙化膿(のう)性の, うみのできる: ～ bacteria 化膿菌.

py·o·me·tra [pàɪo(ʊ)míːtrə | -ə(ʊ)-] 〘← NL ～ ← PYO-＋Gk *mētra* uterus〙 *n.* 〘病理〙子宮溜膿症[膿腫(のうしゅ)].

py̆o·nephrítis 〘← PYO-＋NEPHRITIS〙 *n.* (*pl.* **-nephritides**, ～**·es**) 〘病理〙化膿(のう)性腎(じん)炎.

Pyong·yang [pjɔ́(ː)ŋjɑ̀ːŋ, pjɔ́(ː)ŋ-, pjʌ́ŋ-, pjʌ́ŋ-, -jæ̀ŋ | pjɔ́ŋjæ̃ŋ] *n.* ピョンヤン, 平壌《北朝鮮中西部の都市; 同国の首都; 人口 1,364,000》.

py̆o·pericárdium 〘← PYO-＋PERICARDIUM〙 *n.* 〘病理〙膿(のう)心膜症, 心嚢蓄膿(しんのうちくのう).

py·oph·thal·mi·a [pàɪɑfθǽlmiə | -ɔfθǽlmɪə] 〘← PYO-＋OPHTHALMIA〙 *n.* 〘病理〙化膿(かのう)性眼炎.

py̆o·pnéumo- 〘← NL ～: ⇨ pyo-, pneumo-〙 〘病理〙「膿(のう)(pus) と気体(gas)の存在する」の意の連結形.

py̆o·pneumothórax 〘⇨ ↑, thorax〙 *n.* 〘病理〙膿(のう)気胸.

py·or·rhe·a [pàɪəríːə | -ríə, -ríːə] 〘(1811) ← NL ～: ⇨ pyo-, -rrhea〙 *n.* **1** 〘病理〙膿漏(のうろう)(症). **2** 〘歯科〙＝pyorrhea alveolaris. **py̆·or·rhé·al** [-ríːəl | -ríəl, -ríːəl] *adj.*

pyorrhéa al·ve·o·lár·is [-ælviəlέ(ə)rɪs, -rəs | -vɪə(ʊ)lέərɪs] 〘□ L ～: ⇨ ↑, alveolar〙 *n.* 〘歯科〙歯槽膿漏(しそうのうろう)(症), 辺縁性歯周炎 (Riggs' disease).

py·or·rhoe·a [pàɪəríːə | -ríə, -ríːə] *n.* 〘病理・歯科〙＝pyorrhea.

py̆o·sálpinx 〘← NL ～: ⇨ pyo-, salpinx〙 *n.* 〘病理〙卵管溜膿(のう)症.

py̆o·septicémia 〘← NL ～: ⇨ pyo-, septicemia〙 *n.* **1** 〘病理〙膿(のう)性敗血症. **2** 〘獣医〙＝navel ill.

py·o·sis [paɪóʊsɪs, -səs | -óʊsɪs] 〘← NL ～ ← Gk *púōsis*: ⇨ pyo-, -osis〙 *n.* 〘病理〙化膿(かのう) (suppuration).

pyr- [paɪr] (h 及び母音の前に来る時の) pyro- の異形.

py·ra·canth [páɪrəkæ̀nθ, pír- | páɪər-, pír-] 〘□ LL *pyracantha* □ Gk *purákantha* ← *pûr* 'PYRO-'＋*ákantha* thorn (⇨ acantho-)〙 **—** *n.* 〘植物〙トキワサンザシ, ピラカンサ (fire thorn).

py·ra·can·tha [pàɪrəkǽnθə, pìr- | pàɪər-, pìr-] 〘← NL ～: ↑〙 *n.* 〘植物〙ピラカンサ《バラ科トキワサンザシ属 (*Pyracantha*) の植物の総称; cf. fire thorn》.

py·ral·id [paɪrǽlɪd, pírəl-, -ləd | paɪ(ə)rǽlɪd, pírəl-] 〘昆虫〙 *adj.* メイガ(科)の. **—** *n.* メイガ《メイガ科のガの総称》.

Py·ral·i·dae [paɪrǽlədìː, pɪ-, pə- | paɪ(ə)rǽlɪ-, pɪ-] 〘← NL ～ ← *Pyralid-* (⇨ Pyralididae)＋-IDAE〙 *n. pl.* 〘昆虫〙＝Pyralididae.

py·ral·i·did [paɪrǽlədɪd, pɪ-, pə-, -dəd | paɪ(ə)rǽlɪdɪd, pɪ-] 〘↓〙 *adj., n.* 〘昆虫〙＝pyralid.

Py·ra·lid·i·dae [pàɪrəlídədìː, pìr- | pàɪərəlídɪ-, pìr-] 〘← NL ～ ← *Pyralid-*, *Pyralis* (属名: □ L *pyralis* ← Gk *puralís* insect thought to live in fire ← *pûr* fire)＋-IDAE〙 *n. pl.* 〘昆虫〙(鱗翅目)メイガ科.

pyr·a·mid [pírəmìd] 〘(1597) □ F *pyramide* □ L *pȳramid-*, *pȳramis* □ Gk *pūramid-*, *pūramís* □ OEgypt. *pimar* ∽ (*a*1398) *pyramis* □ L〙 **—** *n.* **1 a** (古代エジプト人が造った)ピラミッド, 金字塔. **b** [the Pyramids] ＝Great Pyramids. **2 a** 尖塔(せんとう)[ピラミッド]状の物. **b** 尖塔状に刈った果樹. **c** 〘数学〙角錐(かくすい): a right ～ 直角錐 / a triangular ～ 三角錐 / ⇨ regular pyramid, truncated pyramid. **d** 〘結晶〙錐, ピラミッド形結晶. **e** 〘解剖・動物〙錐体(部), 尖塔状部, 尖塔状器官. **3** [*pl.*; 単数扱い] 《英》〘玉突〙ピラミッド《15の赤玉と突き玉 (cue ball) を用いる pool の一種》. **4** 〘社会学〙ピラミッド型組織: The base of a socio-economic ～ is a family. ピラミッド型社会経済組織の基底をなすものは家である. **5** [*pl.*] 《米俗》(若い男女のはく)底の非常に高い靴.

Pyramid of Cheops [the —] ケオプスのピラミッド (cf. Great Pyramids).

— *vi.* **1** 尖塔[ピラミッド]状になる. **2** (度合いがピラミッド式に)着々と進む. **3** 〘証券〙利乗せする (⇨ pyramiding). **—** *vt.* **1** 尖塔[ピラミッド]状にする. **2** (ピラミッド式に)着々と進める; 〈費用・賃金・税金などを〉次第に増やす[高める] (build up): ～ one's arguments 議論を積み重ねていく.

～·like *adj.*

Pýramid Áge *n.* [the ～] ＝Old Kingdom.

py·ram·i·dal [pɪrǽmədḷ, pə- | pɪrǽmɪ-] 〘(1571) □ ML *pȳramidāl-is*: ⇨ pyramid, -al¹〙 **—** *adj.* **1 a** 尖塔(せんとう)の, ピラミッド状の; 角柱の: a ～ organization (社会の)ピラミッド型組織. **b** 〘解剖〙錐(すい)体の: the ～ muscle 稜錐(りょうすい)筋. **c** 〘結晶〙(正方)錐体の. **2** (ピラミッドのように)巨大な (huge), 堂々とした. **—** *n.* **1** 〘解剖〙＝pyramidal bone. **2** 尖塔状のテント. **～·ly** *adv.*

pyrámidal bóne *n.* 〘解剖〙稜錐(りょうすい)骨.

Py·rám·i·dal·ist [-dəlɪst, -ləst, -dḷ- | -dəlɪst] *n.* エジプトのピラミッドの研究家.

pyrámidal tráct *n.* 〘解剖〙錐(すい)体路《運動神経の主要経路の一つ》.

Py·ram·i·del·li·dae [pɪræ̀mədélədìː, pə-, pìrəmɪ-, -mə- | pɪræ̀mɪdélɪ-, pìrəmɪ-] 〘← NL ～ ← *Pyramidella* (属名: ⇨ pyramid, -ella)＋-IDAE〙 **—** *n. pl.* 〘貝類〙トウガタガイ科.

pyramidia *n.* pyramidion の複数形.

pyr·a·mid·ic [pìrəmídɪk] *adj.* ＝pyramidal.

py̆r·a·míd·i·cal [-dɪkəl, -də- | -dɪ-] *adj.* ＝pyramidal. **～·ly** *adv.* **～·ness** *n.*

pýr·a·mìd·ing *n.* 〘証券〙利乗せ《証拠金取引から生じた計算上の利益をさらに証拠金に充当して証拠金取引を拡大すること》.

pyr·a·mid·i·on [pìrəmídiɑ̀n, -diən | -dɪɔ̀n, -dɪən] 〘← NL ～ ← PYRAMID＋-*ion* (dim. suf.)〙 **—** *n.* (*pl.* ～**s**, **-i·a** [-diə | -dɪə]) 小ピラミッド《オベリスク (obelisk) (など)の先端の小型のもの》.

Py·ram·i·don [pɪrǽmədɑ̀n, pə- | pɪrǽmɪdɔ̀n] 〘(綴り替え) ← AMINOPYRINE (cf. pyramid)〙 *n.* 〘商標〙ピラミドン《鎮痛・解熱剤アミノピリン (aminopyrine)》.

pýramid róof *n.* 〘建築〙方形(ほうぎょう)屋根, 寄せ棟造り.

pýramid sélling *n.* 〘商業〙ネズミ講式販売.

pýramid·wìse 〘⇨ -wise〙 *adv.* 尖(せん)塔のように, ピラミッド型に (pyramidally).

Pyr·a·mus [pírəməs] 〘□ L *Pȳramus* □ Gk *Púramos*〙 **—** *n.* 〘ギリシャ・ローマ伝説〙ピューラモス, ピラモス《Thisbe を恋した Babylon の青年; 彼女がライオンに食い殺されたと思い込んで自殺し, Thisbe もその後を追った》.

py·ran [páɪræn | páɪ(ə)r-] 〘← PYRO-＋-AN²: cf. pyrone〙 *n.* 〘化学〙ピラン (C_5H_6O)《複素五員環化合物の基本体の一種》.

py·ra·nose [páɪrənòʊs, -nòʊz | páɪ(ə)rənəʊs] 〘⇨ ↑, -ose²〙 *n.* 〘化学〙ピラノース《ピラン形の環構造をもつ単糖類》.

py·ran·o·side [paɪrǽnəsàɪd | paɪ(ə)r-] 〘⇨ ↑, -ide²〙 *n.* 〘化学〙ピラノシド《ピラノース形の糖成分をもつもの》.

pyr·ar·gy·rite [paɪrɑ́ːdʒəràɪt, pɪ-, pə- | paɪ(ə)rɑ́ːdʒɪ-, pɪ-] 〘□ G *Purargyrit* ← *pur-* 'PYRO-'＋Gk *árguron* silver: ⇨ -ite¹〙 **—** *n.* 〘鉱物〙濃紅銀鉱 (Ag_3SbS_3) 《ruby silver ともいう》.

pyr·a·zole [pírəzɔ̀(ː)l, -zòʊl | -zɔ̀l] 〘← PYRO-＋AZOLE〙 **—** *n.* 〘化学〙ピラゾール ($C_3H_4N_2$)《無色の針状結晶; 複素五員環化合物の一種; 弱塩基性で還元すればピラゾリンになる》.

py·raz·o·line [pɪrǽzəlɪn, pə-, -lən, -lìːn | pɪrǽzəlìːn, -lɪn] 〘⇨ ↑, -ine³〙 **—** *n.* 〘化学〙ピラゾリン ($C_3H_6N_2$)《複素五員環化合物の一種; カカオに似た匂いの無色の液体》.

py·raz·o·lone [pɪrǽzəlòʊn, pə- | pɪrǽzələʊn] 〘⇨ pyrazole, -one〙 *n.* 〘化学〙ピラゾロン ($C_3H_4ON_2$)《昇華性の結晶》.

pyrázolone dýe *n.* 〘化学〙ピラゾロン染料《アゾ染料の一種で分子内のピラゾロン環をもつもの; 黄色ないし赤色水溶性基を含まないものは有機顔料に用いる》.

pyre [páɪə | páɪə(r)] 〘(1658) □ L *pyra* □ Gk *purá* hearth ← *pûr* fire〙 *n.* (火葬のための)まきを積み重ねた山, 積みまき.

py·ren- [paɪríːn | paɪ(ə)r-] (母音の前に来る時の) pyreno- の異形.

py·rene¹ [páɪriːn, ─ ́ | páɪ(ə)riːn, ─ ́] 〘← NL *pȳrēna* □ Gk *pūrḗn* fruit stone〙 **—** *n.* 〘植物〙(核果の)たね, 核 (stone)《ウメ・モモの核果の核と似ているが, 特に, 一果実中に数個の核のあるもの》.

py·rene² [páɪriːn | páɪ(ə)r-] 〘← PYRO-＋-ENE〙 **—** *n.* 〘化学〙ピレン ($C_{16}H_{10}$)《淡黄色単斜晶系の板状晶で, コールタールに含まれる; 固体および水溶液は微青色蛍光を放つ》.

Pyr·e·ne·an [pìrəníːən | -rə-, -rɪ-] 〘□ F *Pyrénéen* ← L *Pȳrēnaeus*: ⇨ Pyrenees, -ean〙 **—** *adj.* ピレネー山脈 (Pyrenees) の. **—** *n.* **1** ピレネー山脈地帯の(原)住民. **2** ＝Great Pyrenees.

Pyrenéan móuntain dòg *n.* 《英》＝Great Pyrenees.

Pyr·e·nees [pírənìːz | pìrəníːz, -rɪ-] 〘□ F *Pyrénées* □ L *Pȳrēnaei* (*montēs*) Pyrenean (mountains) ← L *Pȳrēnē* □ Gk *Pūrḗnē* (Hercules に愛された娘でこの山に埋葬されたという)〙 **—** *n. pl.* [the ～] ピレネー山脈《フランスとスペインの国境をなす; 最高峰 Pico de ANETO》.

Py·ré·nées-At·lan·tiques [pìreɪnéɪzɑːtlɑ̃tíːk, -zæt-, -lɔ̃-, -lɑːn-, -lɔ(ː)n-; *F.* pirenezatlɑ̃tik] *n.* ピレネアトランティク(県)《フランス南西部のスペインに接する県; 人口 524,000, 面積 7,629 km², 首都 Pau》.

Py·ré·nées-O·ri·en·tales [pìreɪníːzɔ̀ːriɑːntɑ́ːl, -ɔ̀ːrɪ-; *F.* pirenezɔrjɑ̃tal] *n.* ピレネゾリアンタール(県)《フランス南部のスペインに接する県; 人口 300,000, 面積 4,116 km², 首都 Perpignan [pɛrpiɲɑ̃]》.

Py·ren·i·dae [paɪrénədìː | paɪ(ə)rénɪ-] 〘← NL ～ ← *Pyrena* (属名: ← Gk *pūrḗn* (↓))＋-IDAE〙 *n. pl.* 〘貝類〙タモトガイ科《Columbellidae ともいう》.

py·re·no- [paɪríːno(ʊ) | paɪ(ə)ríːnə(ʊ)] 〘← NL ～ ← Gk *pūrḗn* fruit-stone〙「核 (stone)」の意の連結形. ★ 母音の前では通例 pyren- になる.

py·re·no·carp [paɪríːnəkɑ̀ːp | paɪ(ə)ríːnəkɑ̀ːp] 〘← PYRENO-＋-CARP〙 *n.* 〘植物〙**1** ＝perithecium. **2** ＝drupe.

py·re·noid [paɪríːnɔɪd, páɪrənɔ̀ɪd | paɪ(ə)ríːnɔɪd, páɪ(ə)rənɔ̀ɪd] 〘← PYRENO-＋-OID〙 **—** *n.* 〘植物〙ピレノイド, 核様体《下等植物の葉緑体中にあり, 澱粉粒形成の中心》.

pyr·et- [pírət, páɪr-, paɪrét | pírɪt, páɪ(ə)r-, paɪ(ə)rí:t] (母音の前に来る時の) pyreto- の異形.

py·re·thrin [paɪríːθrɪn, -réθ-, -rən | paɪ(ə)ríːθrɪn, -réθ-] 〘← PYRETHRUM＋-IN¹〙 **—** *n.* 〘化学〙ピレトリン《除虫菊の殺虫有効成分の総称; ピレトリン I は $C_{21}H_{28}O_3$, ピレトリン II は $C_{22}H_{28}O_5$ で, 共に人畜無害の殺虫剤》.

py·re·throid [paɪríːθrɔɪd, -réθ- | paɪ(ə)-] 〘← PYRETHR(IN)＋-OID〙 *n.* 〘化学〙ピレトリン類似化合物.

py·re·thrum [paɪríːθrəm, -réθ- | paɪ(ə)ríːθ-] 〘(1562) ← NL ～ ← L ～ 'pellitory' □ Gk *púrethron* feverfew ← *pûr* fire〙 **—** *n.* **1** 〘植物〙ジョチュウギク(除虫菊) (*Chrysanthemum* [*Pyrethrum*] *cinerariaefolium*). **2** 〘薬学〙除虫菊の粉末, 除虫菊粉[剤].

py·ret·ic [paɪrétɪk | paɪ(ə)rét-, pɪ-] 〘(1728) ← NL *pyretic-us*: ⇨ ↓, -ic¹〙 **—** *adj.* 発熱の; 熱病にかかった, 熱病の (feverish); 熱病用の. **—** *n.* 《まれ》熱病薬, 解熱剤 (antipyretic).

pyr·e·to- [pírəto(ʊ), páɪr-, paɪrét- | pírɪtə(ʊ), páɪ(ə)r-, paɪ(ə)ríːt-] 〘← Gk *puretós* fever ← *pûr* fire〙 **—**「熱 (fever)」の意の連結形. ★ 母音の前では通例 pyret- になる.

pyr·e·tol·o·gist [pìrətɑ́lədʒɪst, pàɪr-, -dʒəst | pìrɪtɔ́lədʒɪst, pàɪər-] *n.* 熱病学者.

py̆reto·thérapy 〘← PYRETO-＋THERAPY〙 *n.* 〘医学〙＝fever therapy.

Py·rex [páɪreks | páɪ(ə)r-] 〘cf. Gk *pûr* fire (cf. pyro-)〙 *n.* 〘商標〙パイレックス《耐熱性・化学耐久性の強いホウケイ酸ガラス (borosilicate glass) の総称》.

py·rex·i·a [paɪréksiə | paɪ(ə)réksɪə] 〘(1769) ← NL ～ ← Gk *púrexis* feverishness ← *puréssein* to be feverish ← *puretós* fever: ⇨ -ia¹〙 *n.* 〘病理〙熱 (fever); 発熱, 熱病. **py·réx·i·al** [-siəl | -sɪ-] *adj.* **py·rex·i·c** [paɪréksɪk | paɪ(ə)r-] *adj.*

pyr·he·li·om·e·ter [pàəhìːliɑ́mətə, pìə- | pàɪəhìːlɪɔ́mɪtə(r, pìə-, -mə-] 〘← PYRO-＋HELIO-＋-METER¹〙 *n.* 〘物理・気象〙日射計.

pyr·he·li·om·et·ry [pàəhìːliɑ́mətri, pìə- | pàɪəhìːlɪɔ́mɪtrɪ, pìə-, -mə-] *n.* 〘物理・気象〙直達日射の測定に関する研究分野.

Pyr·i·ben·za·mine [pìrəbénzəmìːn | -rɪ-] 〘← PYRI(DINE)＋BENZAMINE〙 *n.* 〘商標〙ピリベンザミン《抗ヒスタミン剤》.

pyr·id- [pírəd | -rɪd] (母音の前に来る時の) pyrido- の異形.

py·rid·ic [paɪrídɪk | paɪ(ə)r-] *adj.* 〘化学〙ピリジンの.

pyr·i·dine [pírədìːn, -dɪn, -dən | -rɪdìːn, -dɪn] 〘← PYRO-＋-ID⁵＋-INE³〙 **—** *n.* 〘化学〙ピリジン (C_5H_5N)《窒素原子を含む六員環化合物; 弱い塩基性の液体; 芳香族性; 溶剤などに用いる》.

Py·rid·i·um [paɪrídiəm | paɪ(ə)rídɪ-] 〘⇨ pyro-, -id⁵, -ium〙 *n.* 〘商標〙ピリジウム《尿路清毒剤》.

pyr·i·do- [pírədo(ʊ) | -rɪdə(ʊ)] 〘← PYRIDINE〙「ピリジン」の意の連結形: *pyrido*xine. ★ 母音の前では通例 pyrid- になる.

pyr·i·done [pírədòʊn | -rɪdəʊn] 〘← PYRIDO-＋-ONE〙 **—** *n.* ピリドン (C_5H_5NO)《α, β, γ の 3 種の異性体がある; ピリジン (C_5H_5N) の H 1 個を OH で置換したもの》.

pyr·i·dox·al [pìrədɑ́ksæl | -rɪdɔ́k-] 〘← PYRIDOX(INE)＋-AL³〙 *n.* 〘化学〙ピリドキサール ($C_8H_9NO_3$)《白色ないし微黄色の結晶または結晶性粉末の塩酸塩》.

pyr·i·dox·a·mine [pìrədɑ́ksəmìːn, -mɪn, -mən | -rɪdɔ́ksəmìːn, -mɪn] 〘← PYRIDOX(INE)＋AMINE〙 **—** *n.* 〘化学〙ピリドキサミン ($C_8H_{12}N_2O_2$)《白色ないし微黄色の結晶または結晶性粉末の二塩酸塩》.

pyr·i·dox·ine [pìrədɑ́ksiːn, -sɪn, -sən | -rɪdɔ́ksiːn, -sɪn] 〘← PYRIDO-＋OXY-¹＋-INE³〙 **—** *n.* (*also* **pyr·i·dox·in** [pìrədɑ́ksɪn, -sən | -rɪdɔ́ksɪn]) 〘生化学〙ピリドキシン ($C_8H_{11}NO_3$)《adermin, vitamin B_6 ともいう》.

pyr·i·form [pírəfɔ̀ːm | -rɪfɔ̀ːm] 〘← ML *pyriform-is* ← ML *pyrum* (＝L *pirum*) pear: ⇨ -form〙 *adj.* セイヨウナシ型の (pear-shaped).

py·ri·meth·a·mine [pàɪrəméθəmìːn, -mɪn, -mən | pàɪ(ə)rɪméθəmìːn, -mɪn] 〘← PYRIM(IDINE)＋ETH(YL)＋AMINE〙 **—** *n.* 〘薬学〙ピリメタミン ($C_{12}H_{13}ClN_4$)《マラリヤ治療薬》.

py·rim·i·dine [paɪrímədìːn, -dɪn, -dən, pírəmədìːn | paɪ(ə)rímɪdìːn, pírɪmɪ-] 〘□ G *Pyrimidin* ← PYRIDINE〙 **—** *n.* 〘生化学〙**1** ピリミジン ($C_4H_4N_2$)《強い刺激臭のある結晶性のかたまり; 水に非常によく溶ける》. **2** (DNA, RNA の構成要素である)ピリミジンの誘導体.

py·rite [páɪraɪt | páɪ(ə)r-] 〘□ L *pyrīt-ēs* (↓)〙 *n.* 〘鉱物〙黄鉄鉱 (FeS_2) 《fool's gold, iron pyrites ともいう》.

py·ri·tes [pɪráɪtiːz, pə-, paɪ-, páɪraɪts | paɪ(ə)ráɪtiːz, pɪ-, pə-] 〘(1567) □ L *pyrītēs* □ Gk *purítēs* (*líthos*) fire (stone): ⇨ pyre, -ite¹〙 **—** *n.* (*pl.* ～) 〘鉱物〙[通例, 限定詞を伴って] 硫化金属鉱物の総称《黄鉄鉱 (iron pyrites), 白鉄鉱 (white iron pyrites), 黄銅鉱 (copper pyrites), 黄錫(おうしゃく)鉱 (tin pyrites) など》.

py·rit·ic [paɪrítɪk | paɪ(ə)rít-] *adj.* 〘鉱物〙pyrites の[に関する].

py·rít·i·cal [-tɪkəl, -tə-, -kḷ | -tɪ-] *adj.* 〘鉱物〙＝pyritic.

py·rit·if·er·ous [pàɪrətíf(ə)rəs | pàɪ(ə)r-] 〘← PYRIT(ES)＋-FEROUS〙 *adj.* 〘鉱物〙pyrites を含む[生じる].

py·rit·ize [páɪrətàɪz] *vt.* 黄鉄鉱 (pyrite) に変える; …に黄鉄鉱を加える.

py·ri·to·he·dron [pɪràɪtəhíːdrən, pə-, paɪ- | pɪràɪtə(ʊ)híːd-, paɪ(ə)-, -híːd-] 〖← *pyrito-* (⇨ pyrite)+-HEDRON〗 ― *n.* (*pl.* ~s, **-he·dra** [-drə]) 〖結晶〗五角十二面体《pyrite 結晶の一形より》.

py·ri·tous [pɪráɪṭəs, paɪ- | paɪ(ə)ráɪt-, pɪ-, pə-] 〖← PYRITE+-OUS〗 *adj.* 〖鉱物〗=pyritic.

py·ro [páɪroʊ | páɪ(ə)rəʊ] 〖略〗 *n.* (*pl.* ~s) 〖化学·写真〗=pyrogallol.

pyro. 《略》 pyrotechnics.

py·ro- [páɪro(ʊ) | páɪ(ə)rə(ʊ)] 〖← Gk *pûr* 'FIRE'〗 ― 次の意味を表わす連結形: **1** 「火(fire); 熱(heat)」: *pyro*latry. **2** 〖化学〗「熱作用による; 焦性酸の」: *pyro*-arsenic 焦性ヒ酸の / *pyro*boric 焦性ホウ酸の. **3** 〖地質〗「火成の, 高熱の」: *pyro*clastic. **4** 〖鉱物〗「加熱による, 炎のように赤い[黄色い]」. ★ h および母音の前では通例 pyr- になる.

pỳro·cátechin 〖← PYRO-+CATECHIN〗 *n.* 〖化学·写真〗ピロカテキン (⇨ catechol 2).

pỳro·cátechol 〖← PYRO-+CATECHOL〗 *n.* 〖化学·写真〗ピロカテコール ($C_6H_4(OH)_2$) (⇨ catechol 2).

Py·ro·ce·ram [pàɪro(ʊ)sərǽm | pàɪ(ə)rə(ʊ)sɪ-, -se-, -sə-] 〖← PYRO-+CERAM(IC)〗 ― *n.* 〖商標〗パイロセラム《特殊組成のガラスを, あらかじめ成形してから熱処理を行なって失透·結晶化させた, 磁器に似た製品の商品名; 強度·耐熱性などに優れ, 各種工業材料の他にミサイルの弾頭·料理用具などに用いる》.

pỳro·chémical *adj.* 〖化学〗高温度化学変化の. **~·ly** *adv.*

pỳro·clástic 〖← PYRO-+CLASTIC〗 *adj.* 〖地質〗火成砕屑(さいせつ)岩の[から成る]: a ~ rock 火砕岩, 火成砕屑岩.

pỳro·condensátion *n.* 〖化学〗熱縮合.

pỳro·conductívity *n.* 〖電気〗熱導電性.

pỳro·crýstalline *adj.* 〖地質〗火成結晶質の.

pỳro·eléctric 〖《逆成》↓〗〖電気〗*adj.* パイロ電気の, 焦[熱]電気の; 焦[熱]電気性の (cf. thermoelectric). ― *n.* 焦[熱]電気物質.

pỳro·electrícity *n.* 〖電気〗パイロ電気, 焦電気, 熱電気《電気石などの結晶体の一部を熱する時に表面に現われる電気》.

pỳro·gállate 〖← PYRO-+GALL[3]+-ATE[1]〗 *n.* 〖化学〗焦性没食子(もっしょくし)酸塩[エステル].

py·ro·gal·lic [pàɪro(ʊ)gǽlɪk, -gɔ́ːl- | pàɪ(ə)rə(ʊ)gǽl-] 〖← PYRO-+GALLIC〗 *adj.* 〖化学〗焦性没食子酸の.

pyrogállic ácid *n.* 〖化学·写真〗=pyrogallol.

py·ro·gal·lol [pàɪro(ʊ)gǽlɔ(ː)l, -gɔ́ːl-, -loʊl | pàɪ(ə)rə(ʊ)gǽlɔl] 〖⇨ pyrogallic, -ol[1]〗 ― *n.* 〖化学·写真〗ピロガロール, 焦性没食子(もっしょくし)酸 ($C_6H_3(OH)_3$)《写真現像主薬; pyrogallic acid または単に pyro ともいう》.

py·ro·gen [páɪrədʒɪn, -dʒən, -dʒèn | páɪ(ə)rədʒèn, -dʒɪn] 〖← PYRO-+-GEN〗 *n.* 〖生化学〗ピロゲン, パイロゼン, 発熱性物質.

pỳro·génesis 〖← PYRO-+-GENESIS〗 *n.* 〖化学〗高温の発生; 高温による生成.

pỳro·genétic 〖← PYRO-+-GENETIC〗 *adj.* 〖化学〗高温の, 高熱の: ~ reaction 高温反応, 高熱反応.

pỳro·génic 〖← PYRO-+-GENIC〗 ― *adj.* **1** (体内に)熱 (heat or fever) を生じさせる, 発熱性の; 熱によって生じる. **2** 〖地質〗〈岩石など〉火成の (igneous). **3** 〈物質が〉燃焼によって作られる[生じる].

py·rog·e·nous [paɪrάdʒənəs | paɪ(ə)rɔ́dʒɪ-] 〖⇨ pyro-, -genous〗 *adj.* =pyrogenic.

py·rog·nos·tics [pàɪrəgnάstɪks | pàɪ(ə)rəgnɔ́s-] 〖⇨ pyro-, -gnostic, -ics〗 *n.* [単数または複数扱い] (鉱物の)加熱反応.

py·ro·graph [páɪrəgræ̀f | páɪ(ə)rəgrὰːf, -græf] 〖← PYRO-+-GRAPH〗 *n.* 焼画. ― *vi.* …に焼画術を用いる. ― *vt.* 焼画術で飾る.

py·rog·ra·pher [paɪrάgrəfə | paɪ(ə)rɔ́grəfə(r] *n.* 焼画家.

py·rog·ra·phy [paɪrάgrəfi | paɪ(ə)rɔ́grəfɪ] 〖← PYRO-+-GRAPHY〗 *n.* 焼画術; 焼画 (poker work), 焼き絵.

py·ro·graph·ic [pàɪrəgrǽfɪk | pàɪ(ə)r-] *adj.*

pỳro·gravúre *n.* =pyrography.

py·ro·la [paɪróʊlə | paɪ(ə)rə́ʊ-] 〖← NL ~ (↓)〗 *n.* 〖植物〗イチヤクソウ《イチヤクソウ属 (*Pyrola*) の植物の総称; cf. wintergreen 3》.

Py·ro·la·ce·ae [pàɪrəléɪsiìː | pàɪ(ə)r-] 〖← NL ~ ← *Pyrola* (属名: ← ? L *pyrum*, *pirum* pear+-*ola* (⇨ -ole[2]))+-ACEAE〗 *n. pl.* 〖植物〗イチヤクソウ科.

pỳro·lá·ceous [-ʃəs] *adj.*

py·rol·a·try [paɪrάlətri | paɪ(ə)rɔ́lətrɪ] 〖← PYRO-+-LATRY〗 *n.* 拝火(教) (fire worship).

pỳro·lígneous 〖← PYRO-+LIGNEOUS〗 *adj.* 木材を乾留して得た, 焦木性の: ~ liquor.

pyrolígneous ácid *n.* 〖化学〗木酢 (wood vinegar).

pyrolígneous álcohol [spírit] *n.* 〖化学〗木精アルコール (methyl alcohol).

py·ro·lig·nic [pàɪro(ʊ)lɪ́gnɪk | pàɪrə(ʊ)-] 〖← PYRO-+LIGNO-+-IC[1]〗 *adj.* =pyroligneous.

py·ro·lite [páɪrəlàɪt | páɪ(ə)r-] 〖← PYRO-+-LITE〗 *n.* 〖地質〗パイロライト《原始マントルを構成していると考えられる仮想的物質》.

py·ro·lu·site [pàɪrəlúːsaɪt | pàɪ(ə)rəlúː-, -ljúː-] 〖⇨ G *Pyrolusit* ← PYRO-+Gk *loûsis* washing (← *loúein* to wash): ⇨ -ite[1]〗 ― *n.* 〖鉱物〗軟マンガン鉱 (MnO_2)《斜方晶系で軟らかく鉄黒色ないし鋼灰色; マンガンの最も重要な鉱石》.

py·rol·y·sate [paɪrάləzèɪt, -sèɪt | paɪ(ə)rɔ́lɪ-] 〖⇨ ↓, -ate[1]〗 *n.* 〖化学〗熱分解生成物.

py·rol·y·sis [paɪrάləsɪs, -səs | paɪ(ə)rɔ́ləsɪs, -lɪ-] 〖← NL ~: ⇨ pyro-, -lysis〗 *n.* 〖化学〗熱分解.

py·ro·lyt·ic [pàɪrəlɪ́ṭɪk | pàɪ(ə)rəlɪ́t-] *adj.* 〖化学〗熱分解の[によって作られる]. **pỳ·ro·lýt·i·cal·ly** *adv.*

py·ro·lyze [páɪrəlàɪz | páɪ(ə)r-] 〖← PYRO-+(ANA)-LYZE〗 *vt.* 〖化学〗熱分解する. **pý·ro·lìz·a·ble** [-zəbl] *adj.* **pý·ro·lìz·er** *n.*

pỳro·magnétic 〖← PYRO-+MAGNETIC〗 *adj.* 〖電気〗 **1** 熱磁気の (thermomagnetic): a ~ generator 熱磁石発電機. **2** 熱変化磁性の.

py·ro·man·cy [páɪro(ʊ)mæ̀nsi | páɪ(ə)rə(ʊ)mæ̀nsɪ] 〖ME *piromancie* ⇨ OF *pyromancie* ⇨ LL *pyromantia* ⇨ Gk *puromanteía*: ⇨ pyro-, -mancy〗 *n.* 火占い(術).

py·ro·ma·ni·a [pàɪro(ʊ)méɪniə, -njə | pàɪ(ə)rə(ʊ)méɪnjə, -nɪə] 〖← NL ~: ⇨ pyro-, -mania〗 *n.* 〖精神医学〗放火癖[狂].

py·ro·ma·ni·ac [pàɪro(ʊ)méɪniæ̀k | pàɪ(ə)rə(ʊ)méɪnɪ-] *n.* 放火癖のある人, 放火魔. **pỳ·ro·ma·ní·a·cal** [-mənáɪəkəl] *adj.*

pỳro·métallurgy 〖← PYRO+METALLURGY〗 *n.* 乾式冶金(やきん)法《高温で金属を製錬する方法; cf. hydrometallurgy》. **pỳro·metallúrgical** *adj.*

py·rom·e·ter [paɪrάməṭə | paɪ(ə)rɔ́mɪtə(r, -mə-] 〖← PYRO-+-METER[1]〗 ― *n.* 〖物理·電気〗高温計《高い温度を計るのに用いる温度計の総称; 特に高温用に作られるものには optical pyrometer, radiation pyrometer がある》.

py·ro·met·ric [pàɪrəmétrɪk | pàɪ(ə)rə(ʊ)-] 〖← PYRO-+-METRIC[1]: cf. F *pyrométrique*〗 ― *adj.* 〖物理·電気〗高温測定の. **pỳ·ro·mét·ri·cal** *adj.* **pỳ·ro·mét·ri·cal·ly** *adv.*

pyrométric cóne *n.* 《米》〖窯業〗高温錐《底面三角形で形と寸法が規定されている約 600°C から 2000°C の間の温度を測定する三角錐; ⇨ Seger cone》.

py·rom·e·try [paɪrάmətri | paɪ(ə)rɔ́mɪtrɪ, -mə-] 〖← PYRO-+-METRY〗 *n.* 〖物理·電気〗高温測定(法).

py·ro·mor·phite [pàɪrəmɔ́əfaɪt | pàɪ(ə)rə(ʊ)mɔ́ː-] 〖⇨ G *Pyromorphit*: ⇨ pyro-, morpho-, -ite[1]〗 *n.* 〖鉱物〗緑鉛鉱 ($Pb_5ClP_3O_{12}$)《green lead ore ともいう》.

pýro·mòtor 〖← PYRO-+MOTOR〗 *n.* 〖機械〗熱[熱波]モーター.

pỳro·múcic áldehyde 〖← PYRO-+MUCIC〗 *n.* 〖化学〗焦性粘液アルデヒド (⇨ furfural).

py·rone [páɪroʊn | páɪ(ə)rəʊn] 〖← G *Pyron*: ⇨ pyro-, -one〗 ― *n.* 〖化学〗 **1** ピロン ($C_5H_4O_2$). **2** ピロンの誘導体《クマリン (coumarin), クロモン (chromone) など》.

py·ro·nine [páɪrənìːn | páɪ(ə)r-] 〖⇨ G *Pyronin*: ⇨ pyro-, -on[1], -ine[3]〗 *n.* 〖生物〗ピロニン《細胞の染色などに用いられる塩基性色素; 赤く染まる》.

py·ro·nin·o·phil·ic [pàɪrənìːnəfɪ́lɪk | pàɪ(ə)r-] 〖⇨ ↑, -philic〗 *adj.* 〖生物〗pyronine でよく染まる.

py·rope [páɪroʊp | páɪ(ə)rəʊp] 〖ME *pirope* ⇨ OF ⇨ L *pyrōpus* gold bronze ⇨ Gk *purōpós* ← *pûr* fire+*ṓps* eye〗 ― *n.* 〖鉱物〗紅榴(こうりゅう)石, 赤色ざくろ石 ($Mg_3Al_2Si_3O_{12}$)《garnet の一種》.

py·ro·pho·bi·a [pàɪrəfóʊbiə | pàɪ(ə)rə(ʊ)fə́ʊbjə, -bɪə] 〖← NL ~: ⇨ pyro-, -phobia〗 *n.* 〖病理〗火恐怖(症), 恐火症.

py·ro·phor·ic [pàɪrəfɔ́(ː)rɪk, -fάr- | pàɪ(ə)rəfɔ́r-] 〖← NL *pyrophorus* (← Gk *purophóros* ← *pûr* fire+*phérein* 'BEAR[2]')+-IC[1]〗 ― *adj.* 自然に燃える, 自燃性の: a ~ alloy 発火合金.

pyrophóric métal 〖↑〗 *n.* 〖化学〗発火合金《ライター·花火などに用いられる摩擦により火花のでる希土類元素を成分とする合金》.

py·roph·o·rous [paɪrάfərəs | paɪ(ə)rɔ́f-] 〖← NL *pyrophorus*: ⇨ pyrophoric, -ous〗 *adj.* =pyrophoric.

pỳro·phósphate 〖← PYROPHOSPH(ORIC ACID)+-ATE[1]〗 ― *n.* 〖化学〗ピロリン酸塩《一般式 $M_4{}^{I}P_2O_7$ をもつピロリン酸塩; diphosphate ともいう》. **pỳro·phosphátic** *adj.*

pỳro·phosphóric ácid 〖← PYRO-+PHOSPHORIC〗 *n.* 〖化学〗ピロ[焦性]リン酸 ($H_4P_2O_7$).

pỳro·phótograph 〖← PYRO-+PHOTOGRAPH〗 *n.* (ガラス·陶(磁)器などの)焼付け写真. **pỳro·photográphic** *adj.*

pỳro·photógraphy *n.* 焼付け写真法《加熱して溶融焼付けできる顔料を散布してガラス表面に写真を作る法》.

pỳro·photómeter 〖← PYRO-+PHOTO-+-METER[1]〗 *n.* 〖物理〗光度高熱計, 光高温計.

py·ro·phyl·lite [pàɪro(ʊ)fɪ́laɪt, paɪráfəlàɪt | pàɪ(ə)rə(ʊ)fɪ́laɪt, paɪ(ə)rɔ́fɪlàɪt] 〖⇨ G *Pyrophyllit*: ⇨ pyro-, phyllo-, -ite[1]〗 ― *n.* 〖鉱物〗葉(よう)ろう石, パイロフィライト ($Al_4(Si_8O_{20})(OH)_4$)《陶器の原料》.

pỳro·racémic ácid 〖← PYRO-+RACEMIC〗 *n.* 〖生化学〗ピロぶどう酸 (⇨ pyruvic acid).

py·ro·sis [paɪróʊsɪs, -səs | paɪ(ə)rə́ʊsɪs] 〖← NL ~ ← Gk *púrōsis*: ⇨ pyro-, -osis〗 *n.* 〖医学〗胸やけ (heartburn).

py·ro·stat [páɪrəstæ̀t | páɪ(ə)rə(ʊ)-] 〖← PYRO-+(THERMO)STAT〗 *n.* 高熱[温]整調器, 恒温器.

pỳro·súlfate 〖← PYROSULF(URIC ACID)+-ATE[1]〗 *n.* 〖化学〗ピロ[焦性]硫酸塩[エステル] ($M_2S_2O_7$).

pỳro·súlfite 〖← PYRO-+SULFITE〗 *n.* 〖化学〗ピロ亜硫酸塩《正しくは二亜硫酸塩 ($M_2{}^{I}S_2O_5$), (俗に)メタ重亜硫酸塩 (metabisulfite) ともいう》.

pỳro·sulfúric ácid 〖← PYRO-+SULFURIC〗 *n.* 〖化学〗ピロ[焦性]硫酸 ($H_2S_2O_7$)《disulfuric acid ともいう》.

pyrotech. 《略》 pyrotechnic; pyrotechnical; pyrotechnics.

py·ro·tech·nic [pàɪrətéknɪk, -ro(ʊ)- | pàɪ(ə)rə(ʊ)-] 〖《1704》⇨ ? F *pyrotechnique*: ⇨ pyro-, technic〗 ― *adj.* **1** 花火の; 花火製造(術)の: a ~ display 花火. **2** 花火を思わせる, 花火のような; 〈弁舌など〉華々しい: ~ wit. **3** 〖宇宙〗火工技術の. **pỳ·ro·téch·ni·cal** *adj.* **pỳ·ro·téch·ni·cal·ly** *adv.*

py·ro·tech·nics [pàɪrətéknɪks, -ro(ʊ)- | pàɪ(ə)rə(ʊ)-] 〖← PYRO-+TECHNICS〗 ― *n.* **1** [単数または複数扱い] 花火製造術, 火工術. **2** [単数または複数扱い] **a** 花火の打上げ. **b** 〖軍事〗信号·照明弾類《発射[投下]信号弾·発射照明弾などの総称》. **c** 花火·照明弾類の材料. **3** [複数扱い] (弁舌·修辞·機知などの)華々しさ, 華やかさ, 華麗さ. **4** 〖宇宙〗火工技術.

py·ro·tech·nist [pàɪrətéknɪst, -ro(ʊ)-, -nəst | pàɪ(ə)rə(ʊ)téknɪst] *n.* 花火製造人; (特に)花火師.

py·ro·tech·ny [páɪrətèkni, -ro(ʊ)- | páɪ(ə)rə(ʊ)tèknɪ] *n.* =pyrotechnics 1.

pỳro·tóxin 〖← PYRO-+TOXIN〗 *n.* 〖生化学〗ピロトキシン《熱病によって組織に生じる毒性アルブミン》.

py·rox·ene [paɪrάksiːn, pɪ-, pə- | paɪ(ə)rɔ́k-, pɪ-] 〖⇨ F *pyroxène* stranger to fire ← PYRO-+Gk *xén(os)* stranger+-ENE: 最初火成岩中に発見された時は異物質と考えられた〗 ― *n.* 〖鉱物〗輝石《カルシウム·鉄·マグネシウムに富む珪酸(けいさん)塩鉱物》. **py·rox·en·ic** [pàɪrɑksénɪk | pàɪ(ə)rɔk-] *adj.* **py·rox·e·noid** [paɪrάksənɔ̀ɪd, pɪ-, pə- | paɪ(ə)rɔ́ksɪ-, pɪ-] *adj., n.*

py·rox·e·nite [paɪrάksənàɪt, pɪ-, pə- | paɪ(ə)rɔ́ksɪ-, pɪ-] 〖← PYROXENE+-ITE[1]〗 ― *n.* 〖岩石〗輝岩《主として輝石から成る深成岩の一種》. **py·rox·e·nit·ic** [pàɪrɑksənɪ́ṭɪk, pɪ-, pə- | pàɪ(ə)rɔksɪnɪ́t-, pɪ-] *adj.*

py·rox·y·lin [paɪrάksəlɪn, pɪ-, pə-, -lən | paɪ(ə)rɔ́ksɪlɪn, pɪ-] 〖⇨ F *pyroxyline* ← PYRO-+XYLO-+-INE[3]〗 *n.* (*also* **py·rox·y·line** [-lìːn]) 〖化学〗硝酸繊維素, 硝化綿, ピロキシリン, パイロキシリン《collodion cotton, soluble guncotton, soluble nitrocellulose ともいう》.

pyrrh- [pɪr] (母音の前に来る時の) pyrrho- の異形.

Pyr·rha [pírə] 〖⇨ L ~ ⇨ Gk *Púrra*〗 *n.* 〖ギリシャ神話〗ピュラー《Deucalion の妻; Zeus の起こした人類滅亡の大洪水にその夫と共に生き残った》.

pyr·rhic[1] [pírɪk] 〖《1597–98》⇨ L *pyrrhicha* ⇨ Gk *purrhíkhē* (*órkhēsis*) a kind of war dance ← *Púrrhikhos* (この踊りの考案者)〗 ― *adj.* (古代ギリシャの)戦舞の, 剣舞の: a ~ dance 戦舞. ― *n.* (古代ギリシャの)戦舞.

pyr·rhic[2] [pírɪk] 〖《1626》⇨ L (*pēs*) *pyrrhichius* ⇨ Gk (*poùs*) *purrhíkhios* pyrrhic measure or foot ← *purrhíkhē* (↑)〗〖古典詩学〗 ― *adj.* 短々格 (⏑⏑) の, 短々格から成る: a ~ verse. ― *n.* 短々格, 2 短音節詩脚 (pyrrhic foot).

Pyr·rhic [pírɪk] 〖《1885》⇨ L *Pyrrhic-us* ⇨ Gk *Púrrhikós* ← *Purrhós* 'PYRRHUS': ⇨ -ic[1]〗 *adj.* ピュロス (Pyrrhus) の(ような): ⇨ Pyrrhic victory.

Pýrrhic víctory 〖Pyrrhus 王が紀元前 279 年と 280 年にイタリア南部の Heraclea と Asculum で多大の犠牲を払い辛うじてローマ軍に勝ったことから〗 ― *n.* [a ~] (大犠牲を払って得た)引き合わない勝利 (cf. Cadmean victory).

Pyr·rho [pírou | -rəʊ] *n.* ピュロン《365?–?275 B.C.; ギリシャの哲学者; 懐疑論者》.

pyr·rho- [píro(ʊ) | -rə(ʊ)] 〖⇨ Gk *purrho-* ← *purrhós* red ← *pûr* fire〗 ―「赤い (red), 黄褐色の (tawny)」の意の連結形. ★ 時に pyrro-, また母音の前では通例 pyrrh- になる.

Pyr·rho·cor·i·dae [pìrəkɔ́(ː)rədìː, -kάr- | -kɔ́rɪ-] 〖← NL ~ ← *Pyrrhocoris* (属名: ← PYRRHO-+Gk *kóris* bedbug)+-IDAE〗 ― *n. pl.* 〖昆虫〗(半翅目)ホシカメムシ科.

Pyr·rho·ni·an [pɪróuniən, pə- | pɪrə́ʊnjən, -nɪən] 〖← *Pyrrhōneus* (↓)+-AN[1]〗〖哲学〗 *adj.* ピュロン (Pyrrho) の懐疑説の. ― *n.* ピュロンの学徒, 懐疑哲学者.

Pyr·rhon·ic [pɪránɪk, pə- | pɪrɔ́n-] 〖← L *pyrrhon(eus)* (← *Pyrrhō*=Gk *Púrrhōn* 'PYRRHO')+-IC[1]〗 *adj., n.* =Pyrrhonian.

Pyr·rho·nism [pírənɪ̀zm] 〖⇨ F *pyrrhonisme*: ⇨ Pyrrho, -ism〗 ― *n.* 〖哲学〗 **1** ピュロン(一派の)懐疑説. **2** 絶対懐疑説. **Pýr·rho·nist** [-nɪst, -nəst | -nɪst] *n.*

pyr·rho·tine [pírəṭìːn, -ṭɪn, -ṭən | -tìːn, -tɪn] 〖⇨ G *Pyrrhotin* ← Gk *purrhótēs* (↓)+-*in* '-INE[3]'〗 *n.* 〖鉱物〗=pyrrhotite.

pyr·rho·tite [pírəṭàɪt] 〖← Gk *purrhótēs* redness (← *purrós* flame colored ← *pûr* fire)+-ITE[1]〗 *n.* 〖鉱物〗磁硫鉄鉱 (FeS).

pyr·rhu·lox·i·a [pìr(j)ulάksiə | -lɔ́ksɪə] 〖← NL ~ ← *Pyrrhula* a kind of Fringillidae ((dim.) ← *purrhós* red)+LOXIA〗 ― *n.* 〖鳥類〗ムネアカコウカンチョウ (*Pyrrhuloxia sinuata*)《米国南西部·メキシコ産のコウカンチョウ類の一種》.

Pyr·rhus [pírəs] 〖⇨ L ~ ⇨ Gk *Púrrhos*〗 ― *n.* ピュロス: **1** (319–272 B.C.) 古代ギリシャ Epirus の王 (306?–272 B.C.) (cf. Pyrrhic victory). **2** 〖ギリシャ伝説〗英雄 Achilles の息子 Neoptolemus の別名.

pyr·ro- [píro(ʊ) | -rə(ʊ)] pyrrho- の異形.

pyr·role [píroul, piróul, pə- | pírəul, ―⌐] 〖← Gk *purrh(ós)* red＋-OLE[1]〗 ―― *n.* 〖化学〗ピロール(C_4H_5N)《窒素を含む複素五員環化合物; 芳香族性がある》.

pyr·ro·lic [pɪróulɪk, pə-, -rál- | pɪrə́ul-, -rɔ́l-] *adj.*

pyr·rol·i·dine [pɪróulədìːn, pə-, -rál-, -dɪn, -dən | pɪrə́ulɪdìːn, -rɔ́l-, -dɪn] 〖⇨↑, -idine〗 ―― *n.* 〖化学〗ピロリジン(C_4H_9N)《ピロールを水素化して得られる N を含む五員環化合物; 強い塩基性をもつ; tetrahydropyrrole ともいう》.

pyr·uv·al·de·hyde [pàɪruːvǽldəhàɪd, pìr(j)uːv-] 〖← PYRUV(IC)＋ALDEHYDE〗 *n.* 〖化学〗ピルビンアルデヒド (⇨ methylglyoxal).

py·ru·vate [paɪrúːveɪt, pɪ-, pə- | paɪ(ə)-, pɪ-] 〖⇨↓, -ate[1]〗 *n.* 〖化学〗ピルビン酸塩[エステル].

py·ru·vic [paɪrúːvɪk, pɪ-, pə- | paɪ(ə)-, pɪ-] 〖← PYRO-＋L *ūva* grape＋-IC[1]〗 *adj.* 〖化学〗ピルビン酸の.

pyrúvic ácid *n.* 〖生化学〗ピルビン酸, 焦性ぶどう酸 ($CH_3COCOOH$)《酢酸臭のある液体; 生体内で物質代謝における重要中間体; pyroracemic acid ともいう》.

pyrúvic áldehyde *n.* 〖化学〗ピルビンアルデヒド (⇨ methylglyoxal).

Py·thag·o·ras [pɪθǽgərəs, pə-, paɪ- | paɪθǽgəræs, -gɔ-, -rəs] 〖⊏ L *Pȳthagoras* ⊏ Gk *Pūthagóras*〗 ―― *n.* ピタゴラス《582 (または 571)-?500 (または 496) B.C.; Samos 島生まれのギリシャの哲学者・数学者・宗教家;「ピタゴラスの定理」を発見した; 異名 the Sage of Samos, the Samian sage》.

Pythágoras' théorem [-rəs- | -ræs-, -rəs-] *n.* 〖数学〗＝Pythagorean theorem.

Py·thag·o·re·an [pɪθæ̀gəríːən, pə-, paɪ- | paɪθæ̀gəríːən, pàɪθæg-, -gɔ-, -ríːən] 〖(1550) ← L *Pȳthagor(ēus)* (⊏ Gk *Pūthagóreios* ← *Pūthagóras*)＋-EAN〗 ―― *adj.* ピタゴラスの: ⇨Pythagorean theorem. ―― *n.* ピタゴラスの学説を奉じる人, ピタゴラス学派の人.

Pythagoréan cómma *n.* 〖音楽〗ピタゴラスのコンマ (⇨ ditonic comma).

Py·thàg·o·ré·an·ism [-nɪ̀zm] 〖⇨ Pythagorean, -ism〗 *n.* 〖哲学〗ピタゴラス学説.

Pythagoréan proposítion *n.* [the ~] 〖数学〗＝Pythagorean theorem.

Pythagoréan scále *n.* [the ~] 〖音楽〗ピタゴラス音階《振動数 2 : 3 の比で 5 度を積み重ねて各音を固定する音律の音階; 協和音程よりも数学的な観点から各音の音高が決定される》.

Pythagoréan théorem *n.* [the ~] 〖数学〗ピタゴラスの定理, 三平方の定理《直角三角形の斜辺上の正方形は他の二辺上の正方形の和に等しい》.

Py·thág·o·rìsm [-rɪzm] 〖⊏ Gk *Pūthagorismós* ← *Pūthagorízein* to be a follower of Pythagoras〗 *n.* 〖哲学〗＝Pythagoreanism.

Pyth·e·as [píθiəs | -θɪ-] *n.* ピュテアス《紀元前 4 世紀末のギリシャの航海者・地理学者》.

Pyth·i·a [píθiə | -θɪə] 〖⊏ L *Pȳthia* ⊏ Gk *Pūthía* (fem.) ← *Púthios* 'PYTHIAN[1]'〗 *n.* 〖ギリシャ神話〗ピューティアー《Delphi の神託を授けた Apollo の巫女(みこ)》.

Pyth·i·a·ce·ae [pìθiéɪsiìː | -θɪ-] 〖← NL ~ ← *Pythium* (属名 ← Gk *púthein* to cause to rot＋-IUM)＋-ACEAE〗 *n. pl.* 〖植物〗フハイカビ科.

Pyth·i·ad [píθiæ̀d, -əd | -θɪ-] 〖⇨↓, -ad[1]〗 *n.* (古代ギリシャの)ピューティアー紀《一つの Phythian games から次回までの 4 年間; cf. Olympiad 1》.

Pyth·i·an[1] [píθiən | -θɪən, -θjən] 〖(1598) ← L *Pȳthius* (← Gk *Púthios* of Pytho ← *Pūthṓ*, *Púthōn* Pytho, the older name of Delphi)＋-AN[1]〗 ―― *adj.* **1** (古代ギリシャの)デルポイ (Delphi) の; (デルポイにある)アポロン (Apollo) 神殿の, アポロンの神託の: the ~ oracle デルポイのアポロンの神託. **2** ピューティアー競技大会 (Pythian games) の. ―― *n.* **1** デルポイの原住民. **2 a** デルポイのアポロンの巫女(みこ). **b** 狂乱[熱狂]した人.

Pyth·i·an[2] [píθiən | -θɪən, -θjən] *n.* ピシアス慈善会 (KNIGHTS of Pythias) の会員.

Pýthian gámes *n. pl.* [the ~] (古代ギリシャの)ピューティアー競技大会, ピューティアー祭《Apollo の祭として 4 年ごと (Olympiad の第 3 年目)に Delphi で行なわれた古代ギリシャの四大競技大会の一つ; cf. Nemean games》.

Pyth·i·as [píθiəs | -θɪæs] 〖⊏ Gk *Pūthiás*〗 *n.* 〖ギリシャ伝説〗ピュティアス (⇨ Damon and Pythias 1).

Pyth·ic [píθɪk] 〖⊏ L *Pȳthic-us* ⊏ Gk *Pūthikós* ← *Pūthṓ*, *Púthōn*: ⇨ -ic[1]: cf. Pythian[1]〗 *adj.* ＝Pythian[1].

py·tho·gen·ic [pàɪθədʒénɪk, pìθ-] 〖← Gk *púthein* to rot＋-o-＋-GENIC〗 *adj.* 腐敗(物)から生じる, 腐敗発生の.

py·thon[1] [páɪθɑn, -θən | -θən] 〖⇨ Python〗 ―― *n.* **1** 〖動物〗ニシキヘビ《ニシキヘビ亜科ニシキヘビ属 (*Python*) のヘビの総称; アフリカ・アジアの熱帯地方産の巨大な無毒のヘビ; carpet snake, アミメニシキヘビ (reticulated python) など》. **2** 《俗用》大蛇.

py·thon[2] [páɪθɑn, -θən | -θən] 〖⊏ LL *pȳthōn-*, *pythō* ⊏ LGk *púthōn* familiar spirit ← Gk *Púthōn* a prophet inspired by Apollo; cf. Pythia〗 ―― *n.* **1** (巫(ふ)女などに)とりつく予言力を持った霊, 悪霊 (demon). **2 a** 悪霊にとりつかれた人. **b** 占い者, 予言者 (diviner).

Py·thon [páɪθɑn, -θən | -θən] 〖(1590) ⊏ L *Pȳthōn* ⊏ Gk *Púthōn* ← ? *Pūthṓ*: ⇨ Pythian[1]〗 ―― *n.* 〖ギリシャ神話〗ピュートーン《Parnassus 山のほら穴にすんでいた大蛇; Apollo が Delphi で退治した》.

pyth·o·ness [páɪθənɪs, píθ-, -nəs | páɪθənès, -nɪs] 〖(1375) *Phitonesse* ⊏ OF *phitonise* sorceress ⊏ ML *phitōnissa*＝LL *pȳthōnissa* (fem.) ← *pȳthō* familiar spirit ⊏ LGk *púthōn*: ⇨ python[2], -ess[1]〗 ―― *n.* **1** (デルポイ (Delphi) の)アポロン (Apollo) の神託を受ける巫子(みこ). **2** 巫女, 市子(いちこ), いたこ.

py·thon·ic[1] [paɪθánɪk | -θɔ́n-] 〖← PYTHON[1]＋-IC[1]〗 *adj.* ニシキヘビの(ような); 巨大な, とてつもない.

py·thon·ic[2] [paɪθánɪk, pɪ-, pə- | -θɔ́n-] 〖⊏ LL *pythōnic-us* ⊏ Gk *puthōnikós* prophetic ← *Púthōn* 'PYTHON[2]': ⇨ -ic[1]〗 *adj.* 託宣の (oraculate); 予言の.

py·u·ri·a [paɪjú(ə)riə | -júərɪə] 〖← NL ~: ⇨ pyo-, -uria〗 *n.* 〖病理〗膿尿(のうにょう)(症).

pyx [píks] 〖(?a1425) *pyxe*, *pix* ⊏ L *pyx-is* ⊏ Gk *puxís* box ← *púxos* box tree: cf. box[1], pyxis〗 ―― *n.* **1** 〖教会〗 **a** 聖体容器《通例, 貴金属で造った器》. **b** (病人に聖体を運ぶための金属製の懐中時計型の)聖体箱, 聖体匣(こう). **2** (英国造幣局で検査のために見本の金銀貨を入れる)貨幣検査箱《pyx chest ともいう》.

pyx 1 a

trial of the pyx [the ―] (金工組合審査員が年に 1 回造幣局で行なう)見本貨幣検査.

―― *vt.* 検査する (test); 〈見本貨幣を〉検査箱に入れる.

pyxides *n.* pyxis の複数形.

pyx·id·i·um [pɪksídiəm | -dɪ-] 〖← NL ~ ← Gk *puxídion* (dim.) ← *puxís* box: ⇨ pyx, -idium〗 ―― *n.* (*pl.* **-i·a** [-diə | -dɪə], **~s**) **1** 〖植物〗(マツバボタンなどの)蓋果(がいか). **2** 〖解剖〗杯状窩(か).

pyx·ie [píksi | -sɪ] 〖(短縮) ← NL *Pyxidanthera*: ⇨ ↑, anther〗 ―― *n.* 〖植物〗ピクシー (*Pyxidanthera barbulata*)《松の木が生えた砂地または泥炭地で生長する米国産イワウメ科の匍匐(ほふく)低木》.

pyx·is [píksɪs, -səs | -sɪs] 〖⊏ L ~ ⊏ Gk *puxís* ← *púxos* box tree: PYX と二重語〗 ―― *n.* (*pl.* **pyx·i·des** [píksədìːz | -sɪ-]) **1** (古代ギリシャ・ローマで用いられた)小箱, 宝石入れ (casket). **2** 〖教会〗＝pyx 1. **3** 〖植物〗＝pyxidium 1. **4** 〖解剖〗＝acetabulum 3.

pyxis 1

Pyx·is [píksɪs, -səs | -sɪs] 〖⊏ L ~ ⊏ Gk *puxís* (↑)〗 ―― *n.* 〖天文〗らしんばん(羅針盤)座《南天の小星座で, ケンタウルス座 (Centaurus) の南にある; Mariner's Compass, the Compass ともいう》.

Q

Q[1], **q** [kjúː] 〖OE (まれ) *Q*, *q* ⊏ L (Etruscan を経由) ⊏ OGk Ϙ (kóppa) ⊏ Phoenician Ϙ: cf. Heb. ק (qōph) 《原義》 monkey〗 ―― *n.* (*pl.* **Q's, Qs, q's, qs** [~z]) **1** 英語アルファベットの第 17 字. **2** (活字・スタンプなどの) Q または q 字. **3** [Q] **a** Q 形(のもの). **b** 〖スケート〗Q 字形旋回《旋回した後の刃面 (edge) 変更》: a reverse *Q* 逆 Q 字形旋回. **4** 文字 q が表わす音《queen, Iraq などの [k]》. **5** (連続したものの) 17 番目(のもの); (J を数に入れない時は) 16 番目(のもの). **6** [時に q] (中世ローマ数字の) 500. **7** 〖← *q(uality factor)*〗〖電子工学〗共振回路の共振の鋭さを示す量《Q factor, quality factor ともいう》. **8** 〖← G *Q(uelle)* source〗(聖書批評で) Q 資料《マタイ伝・ルカ伝の両福音書の共通部分のうちマルコ伝に基づかない部分で, 主としてイエスの「語録」; 仮説的共通資料》.

mind one's p's [P's] and q's [Q's] ⇨ P, p 成句.

Q[2] [kjúː] *n.* Sir A. T. Quiller-Couch の筆名.

q 《記号》〖統計〗coefficient of association 関連係数; 〖物理〗dynamic pressure; 〖物理〗quark.

Q 《略》quarto; queue.

Q 《記号》〖電気〗electric charge; 〖物理〗heat; 〖チェス〗queen.

Q, Q 《記号》〖貨幣〗quetzal(es).

q. 《略》quaere; *It.* qualcuno (＝somebody); quart(s); quarter; quarterly; quasi; quench; quick; quintal(s); *It.* quintale (＝quintal); quire.

q., Q. 《略》*L.* quadrāns (＝farthing); quartile; quarto (Q, 4to, 4° とも書く; 複数は Qq.); queen; query; question; quotient.

q. 《記号》〖気象〗squalls.

Q. 《略》quantity; quartermaster; 〖広告〗quarter-page 1/4 ページ広告; Quebec; Queensland.

Q. 《記号》〖電気〗coulomb.

QA 《略》qualification approval; quality assurance; 〖会計〗quick assets.

Q-A 《略》question and answer.

Q.A.B. 《略》Queen Ann's Bounty.

qa·di [kɑ́ːdi, kéɪ- | -dɪ] 〖⊏ Arab. *qāḍī* judge ← *qáḍā* to decide〗 *n.* 〖イスラム教〗カーディ《イスラム教の宗教法を解釈し執行するイスラム教国の裁判官》.

qa·id [kɑːíːd, káɪd; *Sp.* kaid] *n.* ＝caid.

Q.A.I.M.N.S. 《略》Queen Alexandra's Imperial Military Nursing Service《今は Q.A.R.A.N.C.》.

qa·nat [kɑnɑ́ːt] 〖⊏ Arab. *qanā́t* duct〗 *n.* カナート《イラン地方で蒸発による水量の減少を防ぐため地下に掘った用水路》.

Q & A 《略》question and answer.

qan·tar [kæntɑ́ə, kən- | -tɑ́ː(r)] *n.* ＝kantar.

Qan·tas [kwɑ́ntæs, -ṭəs | kwɔ́ntæs, -təs] *n.* カンタス航空 (Qantas Airways)《オーストラリアの航空会社》.

qa·nun [kɑnúːn] 〖⊏ Arab. *qānū́n* ⊏ Gk *kanṓn* straight rod〗 ―― *n.* カーヌーン《アラビア・トルコの古典音楽に用いる撥弦楽器》.

qanun

Q.A.R.A.N.C. 《略》Queen Alexandra's Royal Army Nursing Corps.

Q.A.R.N.N.S. 《略》Queen Alexandra's Royal Naval Nursing Service.

qat [kɑ́ːt] *n.* 〖植物〗＝kat.

Qa·tar [kɑ́ːṭə, gɑ́ːṭə, gɑ́ṭə | -tɑ́ː(r)] *n.* **1** カタール(半島)《ペルシャ湾に突出しているアラビア東部の半島》. **2** カタール《Qatar 半島からなる独立国; もと英国保護下の首長国で, Persian Gulf States の一つであったが, 1971 年独立; 人口 180,000, 面積 11,400 km², 首都 Doha; 公式名 the State of Qatar カタール国》.

QB 《記号》〖チェス〗queen's bishop.

q.b., qb 《略》〖アメリカンフットボール〗quarterback.

Q.B. 《略》〖アメリカンフットボール〗quarterback; 〖英陸軍〗Queen's Bays; Queen's Bench (Division).

Q-bòat 〖*Q* は英国海軍がこの種の船に用いた分類記号〗 *n.* Q ボート, おとり船《第一次大戦末期に, 英国がドイツ潜水艦を誘撃するため, 漁船や商船に仮装させた武装船; decoy ship, mystery boat [ship], hush boat ともいう》.

QBP 《記号》〖チェス〗queen's bishop's pawn.

Q.C. 《略》〖経営〗quality control; 〖軍事〗Quartermaster Corps; Queen's College; Queen's Counsel; 〖法律〗quitclaim.

QCD 《略》〖物理〗quantum chromodynamics.

q.d. 《略》*L.* quāque die (＝daily); *L.* quāsi dicat (＝as if one should say); *L.* quāsi dictum (＝as if said).

q.d.a. 《略》quantity discount agreement.

q.e. 《略》*L.* quod est (＝which is).

QED 《略》quantum electrodynamics.

Q.E.D. 《略》quod erat demonstrandum.

Q.E.F. 《略》quod erat faciendum.

Q.E.I. 《略》quod erat inveniendum.

Qeshm [kéʃm] *n.* ＝Qishm.

Q.F. 《略》quick-firing.

Q fàctor 〖⇨ Q[1] 7〗 *n.* 〖電子工学〗＝Q[1] 7.

Q fèver 〖← *Query fever*: その発見者のオーストラリアの医学者 E.H. Derrick の命名: ⇨ query〗 ―― *n.* 〖病理〗Q 熱《ふつう呼吸器をおかすリケッチア性の熱性伝染病》.

q.h. 《略》〖処方〗*L.* quāque hōrā 毎時間 (every hour): *q.*2[3]*h.* 毎 2[3] 時間.

qib·la [kíblə] 〖⊏ Arab. *qibla*[h] ← *qábila* to lie opposite〗 ―― *n.* (*also* **qib·lah** [~]) 〖イスラム教〗キブラ: **1** イスラム教徒の礼拝方向《Mecca の聖堂にある Kaaba の方向; 祈りの時には必ずこの方角に向かう》. **2** メッカ礼拝.

q.i.d. 《略》〘処方〙*L.* quater in diē (=four times a day).

qin·tar [kɪntɑ́ə | -tɑ́:(r] 〘□ Alb. ～ □ L *centēnārius*: ⇨ centenary〙 *n.* キンタール《アルバニアの通貨単位; =$^1/_{100}$ lek》.

Qishm [kɪ́ʃm] *n.* キシム(島)《Hormuz 海峡にあるイランの島; 人口 15,000, 面積 1,366 km^2; Qeshm ともいう》.

QKt 《記号》〘チェス〙queen's knight.

QKtP 《記号》〘チェス〙queen's knight's pawn.

ql. 《略》quintal.

q.l. 《略》〘処方〙quantum libet.

Q'land 《略》Queensland.

QLD 《略》Queensland.

Qld. 《略》Queensland.

qlty. 《略》quality.

QM, Q.M. 《略》quartermaster; Queen's Messenger.

qm. 《略》*L.* quōmodo (=in what manner, how).

q.m. 《略》〘処方〙*L.* quoque mātūtīnō (=every morning).

QMC, Q.M.C. 《略》〘軍事〙Quartermaster Corps.

QMG, Q.M.G. 《略》〘軍事〙quartermaster general.

QMS, Q.M.S. 《略》〘軍事〙quartermaster sergeant.

Qn 《略》Queen.

qn. 《略》question; quotation.

QNP 《記号》〘チェス〙queen's knight's pawn.

Q.N.S. 《略》〘処方〙quantity not sufficient.

q-nùmber *n.* 〘物理〙キュー (q) 数《量子力学でのオブザーヴァブル (observable) のこと》.

qoph [kóʊf | kɔ́ʊf] 〘□ Heb. *qōph*: cf. Q[1]〙 *n.* クォフ《ヘブライ語アルファベット 22 字中の第 19 字; ק (ローマ字の Q に当たる); ⇨ alphabet 表》.

Qo·ran [kərǽn, ko(ʊ)r-, kɔ:r-, kʊr- | kɔrɑ́:n, kɔ:r-, kʊr-, kər-] *n.* =Koran.

QP 《記号》〘チェス〙queen's pawn.

q.p. 《略》〘処方〙quantum placet.

Q.P. 《略》qualification pay.

q.pl. 《略》〘処方〙quantum placet.

Q.P.M. 《略》《英》Queen's Police Medal.

qq. 《略》questions.

Qq., qq. 《略》quartos.

qq.hor. 《略》〘処方〙*L.* quāque hōrā 毎時間 (every hour).

qq.v. 《略》*L.* quae vidē (=which (words, etc.) see) (cf. q.v. 1).

QR 《記号》〘チェス〙queen's rook.

qr. 《略》*L.* quadrans (=farthing); quarter; quarterly; quire.

q.r. 《略》〘処方〙*L.* quantitum rēctum 適量 (the quantity is correct).

QRP 《記号》〘チェス〙queen's rook's pawn.

qrs. 《略》*L.* quadrantēs (=farthings) (⇨ qr.); quarters; quires.

q.s. 《略》〘処方〙quantum sufficit.

Q.S. 《略》quarantine station; quarter section; Quarter Sessions; Queen's Scholar.

Q-ship *n.* =Q-boat.

QSO, Q.S.O. 《略》〘天文〙quasi-steller object.

QSTOL [kjú:stoʊt, -stɔ(:)t, -stɑt | -stɔt] 〘《頭字語》← *q(uiet) s(hort) t(ake) o(ff and) l(anding)*〙 *n.* 〘航空〙キューエストール《特に, 低騒音の STOL 機》.

Q-switch 〘← Q(UANTUM)〙〘物理〙 *n.* Q スイッチ《固体レーザーからきわめて強力なパルス出力を出させる装置》. ── *vt.* Q スイッチで〈固体レーザーを〉動作させる.

qt., qt 《略》quantity; quart(s).

q.t., Q.T. 《略》《口語》quiet: on the (strict) ～ (ごく)内密に, こっそり (secretly).

qtd. 《略》quartered.

qtly. 《略》quarterly.

qto. 《略》quarto.

qtr. 《略》quarter.

qts., qts 《略》quarts.

qty. 《略》quantity.

qu. 《略》quaere; quart(s); quarter; quarterly; quasi; queen; query; question.

Qu. 《略》Queen; question.

qua [kwɑ:, kwéɪ | kwéɪ] 〘《1647》□ L *quā* (abl. fem. sing.) ← *quī* who (rel. pron.)〙 ── *prep.* …の資格で, …として (as): *Qua* literature the work is negligible. その作品は文学としてはつまらない / He spoke as a private person, and not ～ judge. 彼は一私人として話したので裁判官としてではない.

quack[1] [kwǽk] 〘《1617》《擬音語》: cf. Du. *kwakken* / G *quaken*〙 ── *vi.* **1** 〈あひるなどが〉があーがあー鳴く. **2** があーがあー音を出す; がやがやしゃべる (chatter). ── *n.* **1** があーがあー《あひるの鳴き声》. **2** があーがあーやかましい音; (騒々しい)おしゃべり (chatter).

quack[2] [kwǽk] 〘(n.: 1638; v.: 1628)《略》← QUACKSALVER〙 ── *n.* **1** いかさま医者, にせ医者, いんちき医者. **2** 知ったかぶる人, はったり屋 (charlatan). ── *adj.* にせ医者の(用いる); いかがわしい, いかさまの: a ～ doctor にせ医者 / a ～ medicine [remedy] (にせ医者の用いる)いかさま薬[療法] / a ～ politician 山師的政治家. ── *vi.* **1** いかさま治療をする. **2** 知ったかぶりの口をきく. ── *vt.* **1** 〈人〉にいかさま治療をする. **2** 〈療法などを〉吹聴(ふいちょう)する, 誇大に広告する (puff).

quack·er·y [kwǽk(ə)ri | -kəri] 〘⇨ ↑, -ery〙 *n.* **1** (にせ医者の)いかさま療法, いんちき療法. **2** いんちき, いかさま (charlatanry).

quáck gràss *n.* 〘植物〙ヒメカモジグサ, シバムギ (⇨ couch grass).

quáck·ish [-kɪʃ] *adj.* にせ医者らしい; いかさま治療的な. **～·ly** *adv.* **～·ness** *n.*

quack·le [kwǽkl] 〘擬音語: ⇨ -le[3]〙 *vi.* 〈あひるが〉があーがあー鳴く (quack).

quáck-quáck 〘《加重》← QUACK[1]〙 *n.* **1** があーがあー《あひるの鳴き声》. **2** 《小児語》あひる (duck).

quack·sal·ver [kwǽksæ̀lvə | -və(r] 〘《1579》□ Du. 《廃》～ (Du. *kwakzalver*: cf. G *Quacksalber*) 《原義》one who quacks (like a duck) or boasts of one's salves: ⇨ quack[1], salve[1], -er[1]〙 ── *n.* **1** いんちき医者, にせ医者 (quack). **2** 《古》はったり屋 (charlatan).

quad[1] [kwɑ́(:)d | kwɔ́d] 〘《1820》: もと Oxford 大学の俗語〙 *n.* 《口語》=quadrangle 2 a.

quad[2] [kwɑ́(:)d | kwɔ́d] *n.* 《英俗》=quod.

quad[3] [kwɑ́(:)d | kwɔ́d] 〘《1880》《略》← QUADRAT〙〘印刷〙 ── *n.* 込め物, クワタ《行末あきなどを埋めるための込め物; 欧文では $^1/_2$ 以上のもの, 和文では全角以上のもの》: two em [m] ～*s* 2 倍クワタ / an en [n] ～ 半角込め物, エンクワタ. ── *vt.* (**quad·ded; quad·ding**) クワタで〈字[行]間を〉開ける〈*out*〉; 〈活字組みの行を〉クワタで埋める. ── *vi.* クワタで埋められる.

quad[4] [kwɑ́(:)d | kwɔ́d] 〘《略》← QUADRUPLET〙 *n.* 《口語》四つ子の一人; [*pl.*] 四つ子.

quad[5] [kwɑ́(:)d | kwɔ́d] 〘《略》← QUADRUPLE〙 *adj.* **1** 〈紙が〉四倍判の. **2** =quadruple.

quad. 《略》quadrant; quadrat; quadruple.

Qua·di [kwéɪdaɪ] 〘□ L *Quādī* 《原義》the speakers (Tacitus の用語) □ Gk *Koádouoi*: cf. quoth〙 ── *n. pl.* [the ～] クァディ族《Oder 川, Danube 川の両源流の中間地帯に住んでいた古代ゲルマン民族の一種族》.

quad·plex [kwɑ́dpleks | kwɔ́d-] 〘← QUAD(RI-)+(DU)PLEX〙 *n.* =fourplex.

quadr- [kwɑdr | kwɔdr] (母音の前に来る時の) quadri- の異形.

quad·ra [kwɑ́drə | kwɔ́d-] 〘□ L ～ 'square, fillet'〙 *n.* (*pl.* **quad·rae** [-ri:]) 〘建築〙 **1** 四角い枠または縁取り. **2** (基壇・腰壁などの)台座.

quad·ra·ge·nar·i·an [kwɑ̀drədʒɪnɛ́(ə)riən, -dʒə- | kwɔ̀drədʒɪnɛ́əri-] 〘(n.: 1839; adj.: 1897) □ L *quadrāgēnāri-us* ← *quadrāgēnī* forty each ← *quadrāgintā* forty ← *quattuor* 'FOUR'+*-gintā* tens: ⇨ -arian〙 ── *n., adj.* 40 歳[代]の(人).

Quad·ra·ges·i·ma [kwɑ̀drədʒésəmə | kwɔ̀drədʒésɪ-] 〘《1398》□ ML *quadrāgēsima* (*diēs*) fortieth (day) ← *quadrāgēsimus* fortieth ← *quadrāgintā* (↑)〙 ── *n.* **1** =Quadragesima Sunday. **2** 〘カトリック〙四旬節 (Lent), 〘聖公会〙大斎節 (Lent).

Quad·ra·ges·i·mal [kwɑ̀drədʒésəməl | kwɔ̀drədʒésɪ-] 〘《1629》: ⇨ ↑, -al[1]〙 ── *adj.* **1** 四旬節[大斎節]の (Lenten). **2** [しばしば q-] (四旬節精進のように) 40 日間継続の.

Quadragésima Súnday *n.* 四旬節 (Lent) の第一主日[日曜日], 大斎第一主日.

quad·ra·gés·i·mo-octávo [kwɑ̀drədʒésəmoʊ- | kwɔ̀drədʒésɪməʊ-] 〘□ L *quadrāgēsimō octāvō* (abl.) ← *quadrāgēsimus* (⇨ Quadragesima)+*octāvus* eighth: ⇨ -mo〙 ── *n.* (*pl.* ～**s**) =forty-eightmo. ── *adj.* =forty-eightmo.

quad·ran·gle [kwɑ́dræ̀ŋgl | kwɔ́dræŋgl, kwɔdrǽŋ-, kwəd-] 〘《c1430》□ L *quadrangul-um*: ⇨ quadri-, angle[1]〙 ── *n.* **1** 四角形, 四辺形; (特に)正方形, 長方形. **2 a** (四方が全部または大部分建物に囲まれた)方庭, 中庭, 内広庭《quad ともいう》. **b** 方庭[中庭]を囲む建物. **3** (米国地質調査所発行の地図 1 枚に含まれる)地域《地図の縮尺によって異なるが緯度・経度それぞれ 15′ または 30′ ないし 1° の範囲, そのような範囲を含む地図の一図葉》.

qua·dran·gu·lar [kwɑdrǽŋgjʊlə | kwɔdrǽŋgjʊlə(r, kwəd-] 〘《1592》□ L *quadrangulār-is* ← *quadrangulum* (↑): ⇨ -ar[1]〙 ── *adj.* 四角形の, 四辺形の: a ～ pyramid 四角錐(すい). **～·ly** *adv.* **～·ness** *n.*

quad·rans [kwɑ́drænz | kwɔ́d-] 〘□ L *quadrāns*, *quadrant-* 《原義》a fourth part: ⇨ quadri-, -ant〙 ── *n.* (*pl.* **quad·ran·tes** [kwɑdrǽnti:z | kwɔd-]) クワドランス《古代ローマの青銅貨; =$^1/_4$ as; 重さは 3 オンス》.

quad·rant [kwɑ́drənt | kwɔ́d-] 〘《a1398》□ L *quadrant-em* (↑): cf. quadrate〙 ── *n.* **1** 四分儀, 象限(しょうげん)儀《天体の高度などを計るのに用いられた昔の観測機械; cf. octant 1》. **2** 四分円形のもの《機械部品など》. **3** 机前面の開閉自在の扉を上から支持する金属製の(四分円形)帯. **4** 〘数学〙 **a** 四分円. **b** 四分円弧. **c** 象限《2 本の座標軸によって区画される平面の 1 区画》. **5** 〘解剖〙(腹部や鼓膜の)四分の一区: the left lower [right upper] ～ 左下[右上](腹)部.

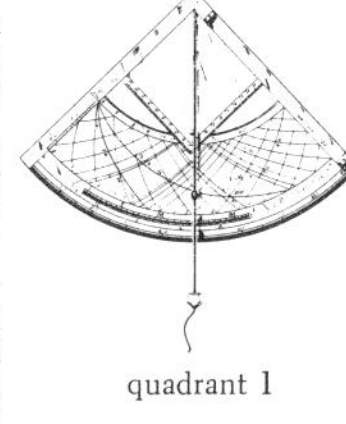

quadrant 1

qua·dran·tal [kwɑdrǽntl | kwɔdrǽntl] *adj.*

quadrántal érror *n.* 〘航空〙(飛行機の金属面の反射電波が原因で起こる)ラジオコンパスの方位誤差.

quádrant electrómeter *n.* 〘電気〙象限(しょうげん)電位計《回転形静電電位計の一種》.

quadrantes *n.* quadrans の複数形.

Qua·dran·tid [kwɑdrǽntɪd, -təd | kwɔdrǽntɪd] 〘← NL *Quadrant-*, *Quadrans* (*Muralis*) 《原義》mural quadrant: ⇨ quadrant, -id[1]〙 ── *n.* [通例 *pl.*]〘天文〙りゅう座流星群《もとは四分儀座流星群とも呼ばれた》.

quad·ra·phon·ic [kwɑ̀drəfɑ́nɪk | kwɔ̀drəfɔ́n-] *adj.* 4 チャンネル方式の(録音再生の).

qua·draph·o·ny [kwɑdrǽfəni | kwɔdrǽfəni] 〘⇨ quadri-〙 *n.* 4 チャンネル方式の録音再生.

quad·rat [kwɑ́drət, -ræt | kwɔ́d-] 〘《a1400》《変形》← QUADRATE〙 ── *n.* **1** 〘印刷〙=quad[3]. **2** 〘生態〙コドラート, 方形区《植物群落・動物群集の調査研究のために設ける方形の区画あるいは面積》.

quad·rate [kwɑ́dreɪt, -rət, -rɪt | kwɔ́drət, -rɪt, -reɪt] 〘《a1398》□ L *quadrāt-us* (p.p.) ← *quadrāre* to make square: ⇨ quadri-, -ate[1,2,3]〙 ── *adj.* **1** 四辺形の, 正方形の. **2** 〘動物・解剖〙方形骨[筋]の: a ～ bone [muscle] 方形骨[筋]. **3** 〘紋章〙〈十字が〉中央が四角になった (⇨ cross[1] 挿絵). ── *n.* **1** 正方形, 方形. **2** 方形状のもの. **3** 〘動物・解剖〙方形骨, 方形筋. ── [kwɑ́dreɪt | kwɔdréɪt, kwə-] *v.* ── *vt.* **1** 〈物を〉正方形にする. **2** 〔…と〕一致させる, 適合させる〔*with, to*〕. ── *vi.* 《古》一致する, 適合する (correspond) 〔*with*〕.

quádrate lóbe *n.* 〘動物・解剖〙 **1** (大脳の)方形葉. **2** (肝の)方形葉.

qua·drat·ic [kwɑdrǽtɪk | kwɔdrǽt-, kwə-] 〘《1656》: ⇨ quadrate, -ic[1]: cf. F *quadratique*〙 ── *adj.* **1** 方形の (square). **2** 〘数学〙二次の: a ～ equation 二次方程式. ── *n.* 〘数学〙 **1** 二次式, 二次方程式. **2** ⇨ quadratics. **qua·drát·i·cal·ly** *adv.*

quadrátic fórm *n.* 〘数学〙二次形式.

quadrátic fórmula *n.* 〘数学〙二次方程式の根[解]の公式.

quadrátic résidue *n.* 〘数学〙平方剰余《*a* と *b* とが互いに素で, x^2-a が *b* で割り切れるような *x* があるとき, *a* を (*b* を法とする)平方剰余という》.

qua·drat·ics [kwɑdrǽtɪks | kwɔdrǽt-, kwə-] 〘⇨ quadratic, -ics〙 *n.* 〘数学〙二次方程式論.

qua·dra·ture [kwɑ́drətʃʊ̀ə, -tʃə, -t(j)ʊ̀ə | kwɔ́drətʃə(r, -rɪ-, -tjʊ̀ə(r] 〘《1553》□ L *quadrātūra*: ⇨ quadrate (v.), -ure〙 ── *n.* **1** 〘数学〙 **a** (図形の)求積法. **b** (微分方程式の)求積法《微分方程式を有限回不定積分を行なうことで解く方法》. **2** 〘天文〙 **a** 矩(く), 矩象(くしょう)《二つの天体の赤経(または黄経)が 90° をなす時の相対的位置; 惑星が太陽から 90 度隔たるような場合》. **b** (月の)矩, 上矩, 下矩. **3** 〘電気〙直角位相《電圧または電流の位相が 90° 違っていること》. **quadrature of the circle** 〘数学〙円積法《円と等積の正方形を作ること; 歴史的に有名な作図不能問題》.

qua·dren·ni·al [kwɑdréniəl, -njəl | kwɔdrénjəl, kwəd-, -nɪəl] 〘《1656》← L *quadriennium* (↓)+-AL[1]〙 ── *adj.* **1** 4 年ごとに起こる: a ～ presidential election 4 年に 1 回の大統領選挙. **2** 4 年間の, 4 年間続く: a ～ period 4 年間. ── *n.* **1** 4 年間. **2** 4 年目の記念日. **～·ly** *adv.*

qua·dren·ni·um [kwɑdréniəm, -njəm | kwɔdrénjəm, kwəd-, -nɪəm] 〘← NL ～ 《変形》← L *quadriennium* ← QUADRI-+*annus* year (⇨ annual)〙 ── *n.* (*pl.* ～**s**, **-ni·a** [-niə, -njə | -njə, -nɪə]) 4 年間.

quad·ri- [kwɑ́drə | kwɔ́drɪ] 〘《15 C》□ L ～ ← *quattuor* 'FOUR': cf. L *quadra* square〙 ── 次の意味を表わす連結形: **1** 「4 (four); 4 番目 (fourth); 方形の (square)」. **2** 〘数学〙「二次の (quadric)」. ★ 時に quadru-, また母音の前では通例 quadr- になる.

quad·ric [kwɑ́drɪk | kwɔ́d-] 〘⇨ ↑, -ic[1]〙〘数学〙 *adj.* 二次の: a ～ equation 二次方程式. ── *n.* **1** 二次関数. **2** 二次曲面 (conicoid).

quádric cháin *n.* 〘機械〙四節回転連鎖, 四リンク回転連鎖.

quádric cránk cháin *n.* 〘機械〙=quadric chain.

quad·ri·cen·ten·ni·al [kwɑ̀drəsenténiəl, -sən-, -njəl | kwɔ̀drɪsenténjəl, -nɪəl] *adj.* 400 年の[に関する]; 400 年目の. ── *n.* 四百年記念(日), 四百年祭.

quad·ri·ceps [kwɑ́drəsèps | kwɔ́drɪ-] 〘← QUADRI-+*-ceps* headed (← L *caput* 'HEAD')〙 ── *n.* 〘解剖〙四頭筋. **quad·ri·cip·i·tal** [kwɑ̀drəsɪ́pətl | kwɔ̀drɪsɪ́pɪtl] *adj.*

quad·ri·cy·cle [kwɑ́drəsàɪkl | kwɔ́drɪ-] *n.* **1** ペダル付き四輪車. **2** 原動機付き四輪車. ── *adj.* 四輪の.

quad·ri·fid [kwɑ́drəfɪd, -fəd | kwɔ́drɪfɪd] 〘□ L *quadrifid-us*: ⇨ quadri-, -fid〙 *adj.* 〘生物〙四裂の: a ～ leaf [petal] 四裂葉[花弁].

qua·dri·ga [kwɑdráɪgə | kwɑdrí:gə, kwɔ-, -dráɪ-] 〘□ L *quadrīga* (sing.) ← *quadrijugae* team of four (fem. pl.) ← QUADRI-+*jugum* 'YOKE[1]'〙 ── *n.* (*pl.* **-dri·gae** [-rí:gaɪ, -ráɪdʒi:]) (古代ローマの, 四馬並列の)四頭立ての二輪戦車.

quad·ri·lat·er·al [kwɑ̀drəlǽtərəl, -trəl | kwɔ̀drɪlǽt(ə)r-] 〘《1656》← L *quadrilater(us)*+-AL[1]: ⇨ quadri-, lateral〙 ── *adj.* 四辺(形)の. ── *n.* **1** 〘数学〙四辺形: a convex ～ 凸四辺形 / ⇨ complete quadrilateral. **2 a** 四辺形のもの. **b** 方形地; (特に, 四隅を要塞とした)四辺形要塞地.

quad·ri·lin·gual [kwɑ̀drəlɪ́ŋgwəl, -gjuəl | kwɔ̀drɪlɪ́ŋgwəl] 〘cf. bilingual〙 ── *adj.* **1** 4 か国語を使う[から成る]: ～ reports 4 か国語で書かれた報告. **2** 4 か国語を話す[の知識のある]: a ～ interpreter.

qua·drille[1] [kwɑdrɪ́l, k(w)ə- | kwə-] 〘《1726》□ F ～ □ Sp. *cuartillo* (dim.) ← *cuarto* fourth < L *quartum* 'FOURTH': F の形は ↓ との連想から〙 ── *n.* 〘トランプ〙カドリル《オンブル (ombre) に似た 17-18 世紀のフランスのゲームで, 4 人が 40 枚のカードで遊ぶ》.

qua·drille[2] [kwɑdrɪ́l, k(w)ə- | kwə-] 〘《1773》□ F ～

▭ Sp. *cuadrilla*《原義》troop of riders in four groups (dim.) ← *cuadra* square < L *quadram* (⇨ quadri-): cf. It. *quadriglia* squadron, square of horsemen》 ― *n.* **1** カドリール《2 組または 4 組のカップルが方形に向き合って踊る 18–19 世紀ヨーロッパの社交ダンス；音楽は ⁶/₈ と ²/₄ 拍子が交代する 5 部から成る；cf. square dance》. **2** カドリールの曲. ― *vi.* カドリールを踊る.

qua·drille³ [kwədrɪ́t, k(w)ə- | kwə-]〘▭ F *quadrillé* ← *quadrille* square ▭ Sp. *cuadrillo* small square ← L *quadrus* square: ⇨ quarrel²〙― *adj.* 碁盤の目のように線を引いた, 格子縞の: ～ paper 方眼紙 / a ～ design.

qua·dril·lion [kwədrɪ́ljən | kwɔ-, kwə-]〘《1674》F ～ ← QUADRI- + (M)ILLION〙*n.*《米》千兆, 10^{15};《英》10^{24} (⇨ million 表). ― *adj.* quadrillion の.

quad·ri·no·mi·al [kwɑ̀drənóumiəl | kwɔ̀drɪnə́umjəl, -miəl]〘← QUADRI- + (BI)NOMIAL〙〘数学〙*adj.* 四項(式)の. ― *n.* 四項式.

quad·ri·par·tite [kwɑ̀drəpɑ́ətaɪt | kwɔ̀drɪpɑ́ː-]〘《c1400》▭ L *quadripartit-us* ← QUADRI- + *partitus* 'PARTITE'〙― *adj.* **1** 4 区から成る, 4 部に分かれている: a ～ vaulting〘建築〙四分ヴォールト《柱間を対角線で四分するゴシックのヴォールト架構》. **2** 4 者[党, 国]関与の; 4 者間の: a ～ contract [treaty] 4 者[国]協定. **～·ly** *adv.*

quàdri·phónic *adj.* =quadraphonic.

quad·ri·ple·gi·a [kwɑ̀drəplíːdʒiə, -dʒə | kwɔ̀drɪplíːdʒɪə, -dʒə]〘← NL ～: ⇨ quadri-, -plegia〙*n.*〘病理〙四肢麻痺《tetraplegia ともいう》.

quad·ri·pleg·ic [kwɑ̀drəplíːdʒɪk | kwɔ̀drɪ-]〘病理〙*n.* 四肢麻痺患者. ― *adj.* 四肢麻痺の[にかかった].

quad·ri·pole [kwɑ́drəpòul | kwɔ́drɪpə̀ul] *n.*〘電気〙=quadrupole.

quad·ri·reme [kwɑ́ːdrərìːm | kwɔ́drɪ-]〘▭ L *quadrirēm-is* ← QUADRI- + *rēmus* oar: cf. trireme〙*n.* (古代ローマの) 4 段の櫂(かい)の列のあるガレー船.

quad·ri·sect [kwɑ́drəsèkt | kwɔ́drɪ-] *vt.* 4 等分する. **quad·ri·sec·tion** [kwɑ̀drəsékʃən | kwɔ̀drɪ-] *n.*

quàdri·sónic *adj.* =quadraphonic.

quad·ri·syl·la·ble [kwɑ́drəsɪləbl, ⌐ー⌐ー⌐ー | kwɔ́drɪsɪləbl, ⌐ー⌐ー⌐ー] *n.* 4 音節語[詩脚]. **quad·ri·syl·lab·ic** [kwɑ̀drəsɪlǽbɪk, -sə- | kwɔ̀drɪsɪ-] *adj.*

quad·ri·va·lence [kwɑ̀drəvéɪləns | kwɔ̀drɪ-] *n.*〘化学〙四つの異なった原子価をもつこと. ⌈valence.

quad·ri·vá·len·cy [-lənsi | -sɪ] *n.*〘化学〙=quadri-

quad·ri·va·lent [kwɑ̀drəvéɪlənt | kwɔ̀drɪ-]〘⇨ -valent〙― *adj.* **1**〘化学〙**a** 四価の (tetravalent). **b** 四つの異なった原子価をもつ. **2**〘生物〙=tetravalent 2. ― *n.*〘生物〙=tetravalent. **～·ly** *adv.*

qua·driv·i·al [kwɑdrɪ́viəl | kwɔdrɪ́vɪəl, -vjəl]〘《15C》▭ ML *quadriviāl-is*: ⇨ ↓, -al¹〙― *adj.* **1**〈道が〉四方に通じる; 1 点で四つの道が出ている: ～ streets. **2** (中世の教育の)四科[四学] (quadrivium) の.

qua·driv·i·um [kwɑdrɪ́viəm | kwɔdrɪ́vɪəm, -vjəm]〘《1804》▭ ML ～ 'meeting of four roads' ← QUADRI- + L *via* road (⇨ via¹)〙― *n.* (*pl.* **-i·a** [-viə | -vɪə, -vjə]) (中世の教育の)四科, 四学《自由七科 (liberal arts) 中, 上位の算術・幾何・音楽・天文; cf. liberal arts 1》.

qua·droon [kwɑdrúːn | kwɔ-, kwə-]〘《1707》▭ Sp. *cuarterón* one who has a fourth part of Negro blood ← *cuarto* a fourth part: ⇨ quadrille¹〙― *n.* **1** 四分の一混血児《黒人の血を ¹/₄ 伝えている黒白混血児》. **2** 白人と mulatto との混血児. **3** (動植物の)四分の一雑種.

quàdro·phónic *adj.* =quadraphonic.

quad·ru- [kwɑ́drʊ | kwɔ́d-]〘▭ L ～: ⇨ quadri-〙quadri- の異形.

quad·ru·al [kwɑ́druəl | kwɔ́drʊ-]〘⇨ ↑, -al¹〙〘文法〙*n.* 四数《4 を示す(代)名詞の形式; cf. dual, trial²》. ― *adj.* 四数の.

quad·ru·mane [kwɑ́drʊmèɪn | kwɔ́d-]〘▭ F ～ (↓)〙*n.*〘動物〙手と足とが形態・機能上分化していない動物.

qua·dru·ma·nous [kwɑdrúːmənəs | kwɔd-, kwəd-]〘《1819》← NL *quadruman-us* ← QUADRI- + L *manus* hand (⇨ manual): ⇨ -ous〙― *adj.*〘動物〙**1** (サル類のように)四肢をもった. **2** 四手類に属する.

qua·drum·vi·rate [kwɑdrʌ́mvərət, -rɪt, -rèɪt | kwɔdrʌ́mvɪrət, -və-, -rɪt]〘← QUADRI- + -*umvirate* (⇨ triumvirate)〙*n.* 4 人組; 4 者提携, 四頭政治.

quad·ru·ped [kwɑ́drʊpèd | kwɔ́drʊpèd, -pɪd]〘《1646》▭ L *quadruped-*, *quadrupēs* having four feet: ⇨ quadri-, -ped〙〘動物〙― *n.* 四足獣《通例, 哺乳類; cf. biped》. ― *adj.* =quadrupedal 1.

qua·dru·pe·dal [kwɑdrúːpədl, kwɑ̀drʊpédl | kwɔdrúːpɪdl, kwɔ̀drʊpédl] *adj.* **1** 四つ足をもった, 四足の (four-footed). **2** 四足獣の.

quad·ru·plane [kwɑ́drʊplèɪn | kwɔ́d-]〘⇨ plane² 5〙*n.* 四葉(飛行)機.

qua·dru·ple [kwɑdrúːpl, kwɑd-, -rʌ́p-, kwɑ́drʊ- | kwɔ́drʊpl, -ruːpl, kwɔdrúːpl]〘adj.:《1557》▭ (O)F ～ ▭ L *quadruplus* fourfold ← QUADRI- + -*plus* -fold (← *duplus* 'DUPLE'). ― v.:《1375》▭ (O)F *quadrupler* ▭ L *quadruplāre* to multiply by four ← *quadruplus*〙― *adj.* **1** 4 部分[単位]から成る, 4 部[4 者]を含む: ～ algebra 四元代数《四次元の多元環; cf. algebra 3》. **2** 4 重の (fourfold); 4 倍の: have a ～ share 4 倍の分け前を取る / a size ～ *to* [*of*] that of the earth 地球の 4 倍の大きさ. **3**〘音楽〙4 拍子の. ― *n.* 4 倍(の数, 量): the ～ of ...の 4 倍(の大きさ, 量, 額). ― *vt.* 4 倍にする. ― *vi.* 4 倍になる.

quadrúple cóunterpoint *n.*〘音楽〙四重対位法《4 声部を互いに上下に転回しうること》.

quadrúple-expánsion *adj.*〘機械〙〈機関が〉4 段膨張の.

quadrúple fúgue *n.*〘音楽〙4 重フーガ.

quadrúple precísion *n.*〘電算機〙4 倍精度《数を表わすのに通常の 4 倍の長さの桁数を使って精度を向上すること; cf. double precision》.

quadrúple-stóp〘音楽〙*vt., vi.* (バイオリンなどの弦楽器で)同時に 4 弦を用いて四つの音を奏する. ― *n.* クァドループル ストップ, 四重把弦《同時に 4 弦を用いて奏する 4 音; cf. double-stop, triple-stop》.

qua·drup·let [kwɑdrʌ́plɪt, kwə-, -rúːp-, kwɑ́drʊp-, -plət | kwɔ́drʊplɪt, -plèt, -plət, kwɔdrúːplɪt, -plət]〘← QUADRUPLE + -ET: TRIPLET からの類推〙― *n.* **1** 四つ組, 四つぞろい. **2 a** 四つ子の一人 (cf. twin). **b** [*pl.*] 四つ子. **3** 4 人乗り自転車. **4**〘音楽〙4 連音符. **5**〘物理〙(スペクトルの)四重項.

quadrúple tíme *n.*〘音楽〙**1** 4 拍子《⁴/₂, ⁴/₄, ⁴/₈ 拍子など》. **2** 4 拍子を基礎とする拍子《¹²/₄, ¹²/₈, ¹²/₁₆ 拍子など》.

quad·ru·plex [kwɑ́drʊplèks | kwɔ́d-]〘▭ L ～ 'fourfold' ← QUADRI- + *plic-*, -*plex* -fold: cf. duplex〙― *adj.* **1** 4 重の, 4 倍の (quadruple). **2**〘通信〙(同一回路による) 4 重送信の: ～ telegraphy 4 重電信法.

qua·dru·pli·cate [kwɑdrúːpləkət, kwə-, -kɪt, -kèɪt | kwɔdrúːplɪ-, kwə-]〘(adj.: 1657; n.: 1790; v.: 1661)▭ L *quadruplicāt-us* (p.p.) ← *quadruplicāre* ← QUADRI- + *plicāre* 'to FOLD¹'〙― *adj.* **1** 4 倍の, 4 重の (fourfold). **2**〈文書など〉4 通作成した; (一組の)第 4 通目の: a ～ document 4 通写し[4 通目]の書類.
― *n.* **1** (同一物の)四つ一組中の 4 番目. **2** (文書などの) 4 通作成[複写] (cf. duplicate, triplicate).
in quadruplicate (正副) 4 通に(作成された).
― [-kèɪt] *vt.* **1** 4 倍[4 重]にする (quadruple). **2**〈文書などを〉(写しを 3 通とって) 4 通作成する,〈正本〉のほかに写しを 3 通とる.

qua·dru·pli·ca·tion [kwɑdrùːpləkéɪʃən, kwə- | kwɔdrùːplɪ-, kwə-]〘《1578》▭ LL *quadruplicātiō(n-)*: ⇨ ↑, -ation〙*n.* (文書などの) 4 通作成.

quad·ru·plic·i·ty [kwɑ̀drʊplísəti | kwɔ̀drʊplísɪtɪ, -sɪ-] *n.* 四重性.

qua·drú·ply [-pli | -plɪ] *adv.* 4 重に; 4 倍に.

quad·ru·pole [kwɑ́drʊpòul | kwɔ́drʊpə̀ul]〘← QUADRI- + POLE²〙*n.*〘電気〙四重極, 四極子《quadripole ともいう; cf. dipole, octupole》: ～ radiation 四極子放射.

quae·re [kwí(ə)ri | kwíərɪ]〘《1535》▭ L ～ (imper.) ← *quaerere* 'to ask, QUEST': cf. query〙《古》― *vt.* [命令法で] 問え, 調べよ (inquire); 疑義あり, 借問(しゃもん)す: *Quaere* more about it. もっとよく調べよ / The object is most desirable, but ～, is it practicable? それは大いに望ましいことだが, 問題は実行できるかどうかだ / He says he is going to retire; ～? 彼は隠退するつもりだという, あえて問うが果たしてそうか. ― *n.* 疑問, 問題 (question).

quaes·tor [kwéstə, kwíːs- | kwíːstə(r, -stɔː(r]〘《a1387》▭ L ～《短縮》← *quaesitor* seeker, searcher ← *quaesitus* (p.p.) ← *quaerere* (↑): ⇨ -or²〙― *n.* (古代ローマの)クアエストル《もとは執政官 (consul) の部下で検察官; 後には執政官または地方総督に隷属する財務官》. **quaes·to·ri·al** [kwestɔ́ːriəl, kwiː-, -stóːr- | kwiːstɔ́ːrɪ-] *adj.*

quáestor·ship *n.* クアエストル (quaestor) の職[地位, 任期].

quaff [kwɑ́(ː)f, kwǽ(ː)f | kwɑ́ːf, kwɔ́f]〘《1523》《擬音語》?: cf. MLG *quassen* to eat or drink immoderately〙― *vi.* がぶがぶ飲む; (特に)大酒を飲む, 痛飲する: sit ～*ing* all day 終日飲んでいる. ― *vt.* **1**〈酒・液体を〉がぶがぶ飲む, 痛飲する; 一息に飲み干す. **2** 痛飲して…になる〔*into*〕: ～ oneself *into* sleep 飲んで寝てしまう. ― *n.* がぶがぶ飲むこと; 痛飲. **～·er** *n.*

quag [kwǽ(ː)g, kwɑ́(ː)g | kwǽg, kwɔ́g]〘← ?: cf.《廃》*quag* to shake《転訛》← QUAKE〙*n.* 沼地, 泥沼.

quag·ga [kwǽgə, kwɑ́gə | kwǽgə, kwɔ́gə]〘《1785》▭ Hottentot *quagga*:《擬音語》?〙― *n.* (*pl.* **～s**, ～)〘動物〙クアッガ (*Equus quagga*)《アフリカ南部産のシマウマの一種; 1860 年ごろ絶滅》.

quag·gy [kwǽgi, kwɑ́gi | kwǽgɪ, kwɔ́gɪ] *adj.* (**quag·gi·er**; **-gi·est**) **1** 沼地の, ぬかる, 泥深い (boggy, marshy). **2** 柔かい, 締りのない, 緩んだ (soft).

quag·mire [kwǽgmàɪə, kwɑ́g- | kwǽgmàɪə(r, kwɔ́g-]〘《1579–80》: ⇨ quag〙― *n.* **1** ぬかるんだ土地, 沼地 (bog, marsh). **2** 柔かい[締りのない]もの. **3** のっぴきならない苦境, 窮地, 泥沼: be drawn deeper into the ～ ますます泥沼に引きずりこまれる.

qua·hog [k(w)óuhɔ(ː)g, kwɔ́(ː)-, -hɑg | kwɔ́ːhɔg]〘《1643》《古形》*poquauhock* ▭ N-Am.-Ind. (Narraganset) *poquaûhock* ← *pohkeni* dark, closed + *hogki* shell〙*n.* (*also* **qua·haug** [～], **quohog**)〘貝類〙ホンビノスガイ (*Mercenaria mercenaria*)《北米大西洋岸産のハマグリの類の食用貝; round clam, hard-shell clam, hard clam ともいう》.

quaich [kwéɪç]〘▭ Sc.-Gael. *cuach* cup < OIr. *cūach* ▭ L *caucus* drinking cup ▭ Gk *kaûka*, *kaukíon* a kind of drinking vessel: cf. cup〙― *n.*《スコット》(*pl.* **～s**, **～es**) (通例木製で二つの取っ手の付いた)酒杯.

Quai d'Or·say [kèɪdɔəséɪ | -dɔː-; *F.* kedɔʀsɛ]〘▭ F ～《原義》'QUAY of Orsay (フランスの将軍の名)'〙― *n.* [the ～] ケドルセ: **1** Paris の Seine 川左岸のフランス外務省の所在地. **2** フランス外務省 (French Foreign Office).

quaigh [kwéɪç] *n.*《スコット》=quaich.

quail¹ [kwéɪl]〘《?c1380》*quail(l)e* ▭ OF *quaille* (F *caille*) < ML *coaculam*《擬音語》: cf. quack¹: cf. G *Wachtel* / Du. *kwakkel*〙― *n.* (*pl.* **～s**, ～) **1**〘鳥類〙**a** ウズラ (*Coturnix coturnix*)《ヨーロッパ・アジア・アフリカに分布する》: a bevy of ～*s* ウズラの群れ. **b** アジア東部・アフリカ南部・インド・オーストラリアにすむウズラ属のウズラ以外の猟鳥の総称: Japanese quail. **2**〘鳥類〙米国産の小型のキジ目の種々の猟鳥の総称; (特に)コリンウズラ (bobwhite). **3**《米俗》若い娘; 男女共学の女子学生.

quail² [kwéɪl]〘《a1449》*quaile(n)* to fail, give way ▭ ? OF *coaill-ier* (F *cailler*) < L *coāgulāre* 'to COAGULATE' //《変形》? ← ME *quele(n)* < OE *cwelan* to die (⇨ quell)〙― *vi.* **1**〈人・勇気・視線などが〉気を落とす, おじける, ひるむ (flinch, cower): ～ with fear *at* the sight その光景を見てこわくてひるむ / Her eyes ～*ed before* his awful looks. 彼女の視線は彼の威厳のある顔に会ってひるんだ. **2**《方言》衰える, 衰弱する; くたばる, 屈する. ― *vt.*《古》おじけさす, ひるます (daunt, cow).

quáil brùsh *n.*〘植物〙米国南西部のアルカリ土壌に見られるアカザ科ハマアカザ属の植物 (*Atriplex lentiformis*).

quáil càll *n.* (うずらをおびき寄せるために吹く)うずら笛; うずら笛の音《quail pipe ともいう》.

quáil dòve *n.*〘鳥類〙ウズラバト《熱帯アメリカ産 *Geotrygon* 属, *Oreopeleia* 属, *Starnoenas* 属などのハトの総称》.

quáil pìpe *n.* =quail call.

quaint [kwéɪnt]〘《?a1200》*queinte*, *cointe* ▭ OF *coint(e)* < L *cognitum* well known (p.p.) ← *cognōscere* ← COM- + *gnōscere* 'to KNOW¹'〙― *adj.* (**～·er**; **～·est**) **1 a** 風変わりでおもしろい: a ～ old house / a ～ piece of furniture. **b** 古風で趣のある; 変わっていて美しい: ～ old-fashioned customs, manners, etc. **c** おかしな, 妙な, 奇妙な, へんてこな (odd, eccentric). **2**《まれ》巧みに作られた, 精巧な (elaborate). **3**《廃》**a** 賢い (wise), 巧みな (skilled). **b** 学識のある; 言葉遣いのうまい. **c** 狡猾(こうかつ)な, 悪だくみにたけた (crafty). **～·ly** *adv.* **～·ness** *n.*

quair [kwéə | kwéə(r] *n.* =quire¹ 3.

quake [kwéɪk]〘OE *cwacian* to tremble ← ? Gmc *kwei-* to shake《擬音語》?: cf. OS *quekilik* waving to and fro〙― *vi.* **1** (地震などで)揺れる, 震動する, ゆらゆら動く (shake, tremble). **2** (恐怖・寒さ・怒りなどのために)ぶるぶる震える, 身震いする (shiver, shudder): ～ *for* [*with*] fear. **3** (危険・困難を前にして)おじける, ひるむ. ― *n.* **1** 揺れ, 震動; 震え, おののき. **2** 震動させるもの; (特に)地震 (earthquake).

quáke gràss *n.*〘植物〙**1** =quaking grass. **2** ヒメカモジグサ, シバムギ (⇨ couch grass).

quak·er [kwéɪkə | -kə(r]〘《1597》《方言》quaking-grass: ⇨ quake, -er¹〙― *n.* **1** 震動するもの[人], 震えるもの[人]. **2**〘教徒が礼拝中霊感を受けて身体を震わしたのをあざけったことか, もしくは教祖 George Fox の訓言 'quake at the Word of the Lord' (主の言葉におののく)に基づいて 1650 年米国の一判事が命名したことに由来する〙[Q-] クエーカー(教徒)《the SOCIETY of Friends (キリスト友会, フレンド会)の会員の俗称; cf. thee》. **3** =Quaker gun. **4**〘鳥類〙=sooty albatross. **5**〘昆虫〙=quaker moth.

quáker·bìrd *n.*〘鳥類〙=sooty albatross.

Quák·er·dom [-dəm]〘⇨ quaker 2〙*n.* =Quakerism.

Quak·er·ess [kwéɪkərɪs, -rəs | -rɪs, -rəs, -rès]〘⇨ -ess¹〙*n.*《まれ》女のクエーカー教徒.

Quáker gùn〘クエーカー教徒の反戦主義にちなんだもの〙*n.*《米》(船や要塞に備えられた)木砲, 偽砲.

Quák·er·ish [-k(ə)rɪʃ] *adj.* クエーカー教徒のような;〈態度・言語・服装など〉つつましい; 主義に厳格な; 礼儀道徳にやかましい.

Quák·er·ìsm [-kərìzm] *n.* クエーカー教徒の教義・慣習(など).

Quáker-ládies, q- *n.* (*pl.* ～)〘植物〙トキワナズナ (⇨ bluets).

Quák·er·ly *adj.* =Quakerish.

Quáker mèeting *n.* **1** クエーカー教徒の集会《霊感を受けた者が話すか祈るまでは全員が沈黙を守る》. **2**《口語》沈黙がちな集会, お通夜のような会.

quáker mòth *n.*〘昆虫〙ヨーロッパ産ヤガの一種 (*Graphiphora castanea*).

Quákers' mèeting *n.* =Quaker meeting.

quák·ing 〘cf. OE *cwacigende*〙*adj.* 揺れている, 震えている (trembling). **～·ly** *adv.*

quáking áspen [ásh, ásp] *n.*〘植物〙=aspen.

quáking gráss *n.*〘植物〙イネ科コバンソウ属 (*Briza*) の数種の植物の総称.

quak·y [kwéɪki | -kɪ] *adj.* (**quak·i·er**; **-i·est**) 震える, 揺れる (quaking, shaky). **quák·i·ness** *n.*

qual. 《略》qualification; qualitative; quality.

qua·le [kwɑ́ːli, -leɪ, kwéɪli | kwéɪlɪ]〘▭ L ～ (neut. sing.) ← *quālis* of what kind〙*n.* (*pl.* **qua·li·a** [-liə | -lɪə])〘哲学〙与件[所与]性質《外的対象の性質や, 性質をもつなんらかの存在等をいうが, 特に色の広がりのように知識の加工を受けていない感覚与件や感じとしての性質をいう時が多い》.

qual·i·fi·ca·tion [kwɑ̀ləfɪkéɪʃən, -fə- | kwɔ̀lɪfɪ-]〘《1543–44》▭ ML *quālificātiō(n-)* ← *quālificātus* (p.p.)

← *quālificāre* 'to QUALIFY': ⇨ -ation》 ── *n.* **1 a** 資格を与えること, 資格の付与, 免許; 格付けすること; みなすこと: The ~ of his policy *as* opportunist is unfair. 彼の政策を日和見主義だと決めてしまうのは当を得ない. **b** (地位・権利・特権などに応じる)資質, 能力, 資格; 有資格, 適格性 (adaptation, fitness): property ~ (選挙権などに関する)財産資格 / He has no ~ *for* his office. 彼はその役目担当の資格がない / The ~ *for* citizenship may be a certain income. 市民権は一定の収入ある者に与えられる / *Qualification* precedes the right to exercise the franchise. 選挙権を行使する権利には資格条件が先行する. **c** 免許状, 資格証明書: a medical [dental] ~ 医師[歯科医]免許状. **2** 制限[手加減]を加えること; 制限, 限定, 手加減, 斟酌(しんしゃく), (留保)条件 (restriction, modification): without ~ 制限なしに, 無条件で / His delight had one ~. 彼の喜びにも一つ欠けるところがあった / He praised the play, but with certain ~*s*. 彼はその劇を称賛した, ただしある条件付きで / There is nothing but has ~ of some kind. 何らかの条件を持たないものはない, 完全無欠なものはない.

qual·i·fi·ca·tor [kwɑ́ləfɪkèɪṭə, -fə- | kwɔ́lɪfɪkèɪtə(r)] 《⊏ ML *quālificātor* ← *quālificāre* (↑): ⇨ -or²》 ── *n.* 〘カトリック〙審理準備員《聖務省 (Holy Office) に所属する神学者; 提訴された事件の性格が異端であるかなどについて報告する》.

qual·i·fi·ca·to·ry [kwɑ́ləfɪkətɔ̀ːri, -fə-, -tɔ̀ːri | kwɔ́lɪfɪkət(ə)rɪ, -kèɪtərɪ] 《← L *quālificāt(us)* (⇨ qualification)+-ORY¹》 ── *adj.* 資格を付与する; 制限する, 限定する, 条件付きの (qualifying).

quál·i·fied 《(1558)》 ── *adj.* **1 a** (地位・職能・特権などに対して)適格の, 適任の (competent, fit): a ~ worker. **b** 特定の必要条件を満たした, 資格のある, 免許のある, 検定を通った (eligible, certified): a ~ medical practitioner 免許開業医 / a ~ voter 有資格投票者, 有権者. **2** 修正された, 制限[限定]された, 条件付きの, 手加減した (modified): a ~ consent [statement] 条件付き承諾[声明] / ~ acceptance 〘金融〙(手形の)制限引受け / in a ~ sense 控え目な意味で, 割引して. **3** 《英俗》ひどい, いまわしい, 折紙つきの, 極めつきの (bloody, dammed) (cf. participled): make a ~ fool of oneself ひどくばかなまねをする. **4** 《廃》 **a** 才芸の備わった (accomplished): a ~ gentleman. **b** 貴族の[に属する]. **~·ly** *adv.*

quál·i·fì·er *n.* **1 a** 資格[権限]を与える人[もの]; 限定する人[もの]. **b** 一定の必要条件を満たす[に適合する]人. **2** 〘文法〙限定詞, 修飾語句《語の意味を限定・制限する形容詞・副詞; cf. qualify *vt.* 5; attributive, modifier 2, quantifier 1》. **3** 資格[基準]を満たす[に適合する]人; 〘スポーツ〙予選通過者.

qual·i·fy [kwɑ́ləfàɪ | kwɔ́lɪ-] 《(1533) ⊏ (O)F *qualifier* ⊏ ML *quālificāre* to attribute a quality to ← L *quālis* of what sort+-*ficāre* (← *facere* to make, do): ⇨ quality, -fy》 ── *vt.* **1 a** 〔仕事・地位などに〕適任[適格]とする〔*for, as*〕: His special skill *qualified* him *for* the work. 彼の特殊技能はその仕事にうってつけだった / be well *qualified for* the post [*as* a teacher] その地位に着くのに[教師として]十分な資格がある. **b** 〈人〉に(法律上の)資格[権能]を付与する, 権限[資格]を与える: ~ a person *as* voter 人に投票権を与える / a ~*ing* examination 資格検定試験 / He is not *qualified to* teach English [*for* teaching English]. 彼は英語を教える資格を持っていない / ~ oneself *for* the bar [*to* be a lawyer] 弁護士の資格をとる. **c** (一定の基準に合うものとして)有能[適切]と認める (certify). **2** 〔…と〕評する, みなす (describe) 〔*as*〕: ~ a person *as* a scoundrel 人を悪漢とみなす / ~ a policy *as* dangerous 政策を危険だと評する. **3** 〈陳述・意見などを〉特定の[限られた]形にする, 修正する; 制限する, 限定する, 加減する (limit, modify): ~ a statement, an opinion, etc. **4 a** 緩和する, 和らげる, 弱める (moderate, temper): ~ one's anger 怒りを静める. **b** 〈飲み物〉の風味や強さを変える, 加減する; 〈酒などを〉弱める, 割る: ~ spirits with water 酒を水で薄める[割る]. **5** 〘文法〙…の意味を限定する, 修飾する (cf. qualifier 2): Adjectives [Adverbs] ~ nouns [verbs]. 形容詞[副詞]は名詞[動詞]を修飾する.
── *vi.* **1** 〔仕事・地位などに〕適している, 適任である〔*for, as*〕: ~ *as* a typist タイピストとして適任である / ~ *for* the job その仕事にうってつけである. **2** (試験などによって)資格を得る[取る], 検定を通る, 免許[認可]を受ける〔*as*〕: ~ *as* a doctor [solicitor] 医師[ソリシター]の資格を取る. **3** 〘法律〙(ある権能を得るに必要な法律上の手続き[宣誓]をして)資格を得る〔*as*〕: ~ *as* a juror 陪審員の資格を得る. **4** 〘スポーツ〙予選を通過する. **5** 〘射撃〙資格に必要な得点をあげる.

quálifying gàme [**hèat, ròund**] *n.* (決勝試合出場のための)予選(試合).

qual·i·ta·tive [kwɑ́lətèɪṭɪv | kwɔ́lɪtət-, -tèɪt-] 《(1607) ⊏ LL *quālitātīv-us* relating to quality: ⇨ quality, -ative: cf. F *qualitatif*》 ── *adj.* **1** 性質(上)の, 質的な: ~ limitation (軍備などの)質的制限. **2** 〘音声〙音質の, 音色の: ~ sound changes 音の質的変化《一つの母音が他の母音に変わること; 例えば OE *hām* home > ME *hōm* における母音変化など》. **~·ly** *adv.*

quálitative análysis *n.* 〘化学〙定性分析 (cf. quantitative analysis).

quálitative cháracter *n.* 〘生物〙質的形質《形質の違いが不連続で, その差を定性的に表現する形質; cf. quantitative character》.

qual·i·ty [kwɑ́ləṭi | kwɔ́lɪtɪ, -lɪ-] 《(*c*1300) ⊏ (O)F *qualité* ⊏ L *quālitātem* quality ← *quālis* of what kind: ⇨ -ity》 ── *n.* **1** 性質, 属性 (property, attribute); 特質, 特性 (characteristic): the ~ of mercy [courage] 慈悲[勇気]の本質 / Is laughter a ~ of man only? 笑いは人間だけの特質なのか. **2 a** 質; 品質: a thing of good [high, poor] ~ 品質のいい[高級な, 劣った]品物 / aim at ~ rather than quantity 量よりも質を目指す / a fine ~ of yarn 上等の毛糸 / the best ~ of cigar 極上の葉巻 / *Quality* matters more than quantity. 量より質が大切である / The article is superior in ~. これは上等の品物だ. **b** 良質, 高級, 優秀 (excellence): goods of ~ 良質の品物 / have ~ すぐれている, ものがいい. **3 a** 才能, 技能 (ability), 美点, 長所 (merit): a man with many *qualities* 多くの長所のある人 / give a taste of one's ~ 才能[能力, 腕前]の一端を示す (cf. 5) / One has the defects of one's *qualities*. 人には長所に伴う短所がある. **b** 《古》素養 (accomplishment). **4** 《古》 **a** 社会的地位, 身分; (特に)高い身分, 高位 (high rank); 高貴 (distinction): a lady of ~ 貴婦人 / people of ~ 上流の人々. **b** [the ~; 集合的] 上流の人々. **5** 《廃》(役者)稼業; [集合的] 同業者仲間 (the profession), (特に)役者仲間: Come, give us a taste of your ~. さあ何かやって役者の腕前のほどを見せてくれ (Shak., *Hamlet* 2. 2. 452). **6** 〘文法〙動作の様態. ★ 通例, 副詞に関して次の句で: an adverb of ~ 質の副詞. **7** 〘音楽・音声・詩学〙音質, (母音などの)音色 (timbre). **8** 〘論理〙質《命題の肯定・否定などの別; cf. quantity 5》. **9** 〘哲学〙質, 性質: ⇨ primary quality, secondary quality. **10** 〘物理〙乾き度, キュー (Q) 《水分を含んだ蒸気中の水滴と蒸気の質量に対する水蒸気の質量の比をパーセントであらわした値》. **11** 〘チェス〙駒割り《exchange 計算上の駒の評価》.
***in* (*the*) *quality of*…**…の資格で: *in* ~ *of* friend 友人の資格で, 友人として.
quality of life [the —] 文化的生活環境基準《清浄な空気・飲料水などが消費社会によって汚染されない環境衛生到達度》.
── *attrib. adj.* **1 a** 上質の, 高級の: ~ goods. **b** 品質維持のための: ⇨ quality control. **2** 上流の: a ~ lady.

quálity contròl *n.* 〘経営〙品質管理《消費者の要求に応えられる品質の製品を造るために, 品質の維持と向上を図る管理技術の一つ; 近代的な品質管理はさまざまの統計的手法を採用している; cf. control chart》.

quálity crèdit *n.* 〘教育〙=quality point.

quálity fàctor *n.* 〘電子工学〙=Q¹ 7.

quálity pàper *n.* 〘新聞〙高級紙《英国の *The Times*, 米国の *New York Times* などがこれに属する; prestige paper ともいう; cf. popular 1》.

quálity pòint *n.* 〘教育〙学業成績の評点《優 (A) を 5 点, 良 (B) を 4 点などとして成績評価を点数化し, それを取得単位数とかけあわせたもの; grade point ともいう》.

quálity pòint áverage *n.* 〘教育〙学業成績評点の平均《学業成績の優 (A), 良 (B), 可 (C) を点数化し, その総点を総取得単位数で除したもの; 1 単位当たりの成績の平均値; grade point average ともいう》.

qualm [kwɑ́ː(l)m, kwɔ́ːm | kwɑ́ːm, kwɔ́ːm] 《(*c*1530) ← ?: cf. OE *cwealm* pain, pestilence & *cwellan* to kill (⇨ quell) / G *Qualm* thick vapor or smoke》 ── *n.* **1 a** (突然の)めまい, 急病; (特に)吐き気, むかつき (queasiness, nausea): ~*s* of seasickness 船酔い. **b** (突然の)不安, 懸念, 疑い (misgiving, doubt). **2** 良心の呵責(かしゃく), 気の咎(とが)め (compunction, scruple): ~*s* of conscience 良心の咎め.

quálm·ish [-mɪʃ] *adj.* **1** 〈人が〉吐き気を催す, むかつく (squeamish). **2** 不安を感じた; 良心の呵責(かしゃく)を感じた. **3** 吐き気を催させる, 胸が悪くなるような: ~ liquor. **~·ly** *adv.* **~·ness** *n.*

qualm·y [kwɑ́ː(l)mi, kwɔ́ːmi | kwɑ́ːmɪ, kwɔ́ː-] *adj.* (**qualm·i·er**; **-i·est**) =qualmish.

qua·mash [kwɑ́ːmɪʃ] *n.* 〘植物〙=camas.

quan·dang [kwɑ́ndæŋ | kwɔ́ndæŋ] *n.* 〘植物〙=quandong.

quan·da·ry [kwɑ́nd(ə)ri | kwɔ́ndərɪ] 《(1579) 《転訛》? ← ML *quantum dare* how much to give (スコラ哲学の用語)》 ── *n.* 当惑, 困惑; 苦境, 板ばさみ, 窮境 (dilemma): be in a ~ 困惑する / I was put in a great ~. 全く途方に暮れてしまった.

quand même [kɑ́ː(m)méɪm, kɔ́ː(m)-, kɑ́ːm-, kɔ́ː(ː)m-, -mém; *F.* kɑ̃mɛm] 《⊏ F ~ 'even when'》 *F. adv.* たとえ…でも, やはり, どうあろうとも.

quan·dong [kwɑ́ndɑŋ | kwɔ́ndɔŋ] 《⊏ Austral. 《土語》 ~》 ── *n.* 〘植物〙ゴウシュウビャクダン (*Fusanus acuminatus*) 《オーストラリア産のビャクダンの一種; 材に芳香があり工芸用に使う; cf. sandalwood》; その種子《食用》.

quándong nùt *n.* ゴウシュウビャクダン (quandong) の果実《食用》.

quant [kwɛ́nt, kwɑ́nt | kwɔ́nt, kwǽnt] 《(15C) ⊏ ? L *cont-us* ⊏ Gk *kontós* (punt) pole》 《英》 ── *n.* 輪ぶちざお《さおの先が泥にはまり込まないように先に輪ぶちをつけたもの; 英国東海岸で平底の荷船の船頭が使う》. ── *vt.* 輪ぶちざおで〈舟を〉進ませる. ── *vi.* 輪ぶちざおで舟を進ませる.

quant. 《略》quantitative; quantity.

quanta 《⊏ L ~ (pl.)》 *n.* quantum の複数形.

quan·ta·some [kwɑ́ntəsòum | kwɔ́ntəsəum] 《⇨ ↑, -some³》 *n.* 〘植物〙光量子吸収のクロロフィル分子単位.

quan·tic [kwɑ́nṭɪk | kwɔ́nt-] 《(1854) ← L *quant(us)* how much+-IC¹: ⇨ quantum》 *n.* 〘数学〙同次有理関数, 同次多項式.

quan·ti·fi·ca·tion [kwɑ̀nṭəfɪkéɪʃən, -fə- | kwɔ̀ntɪfɪ-] *n.* **1** 定量化. **2** 〘論理〙 **a** 量化, 限量化《個体変項記号を伴った述語記号を含む表現に, 量化詞を加えて新たな表現を作る論理的操作》. **b** 量化命題《量化によってできた命題》. **~·al** [-ʃənḷ, -ʃnəl] *adj.* **~·al·ly** *adv.*

quantificátion thèory *n.* 〘論理〙量化理論 (⇨ predicate logic).

quán·ti·fì·er 《⇨ ↓, -er¹》 ── *n.* **1** 〘文法〙数量(形容)詞《some, any, all など; cf. modifier 2, qualifier 2》. **2** 〘論理〙量化詞, 限量詞[記号]《個体変項を束縛して, 変項のおおう対象の範囲を量的に限定する; cf. universal quantifier, existential quantifier》.

quan·ti·fy [kwɑ́nṭəfàɪ | kwɔ́ntɪ-] 《(*c*1840) ⊏ ML *quantificāre* ← L *quantus*: ⇨ quantity, -fy》 ── *vt.* **1 a** …の量を定める, 量を表わす, 量を計る (measure). **b** 〈量を〉明確にする. **2** 〘論理〙量化[限量化]する《個体変項を含む表現に対して「すべての…」「…が存在する」等の量化詞を加え, 変項のおおう対象の範囲を量的に限定する》. **quan·ti·fi·a·ble** [kwɑ́nṭəfàɪəbl, ⌐–⌐–⌐ | kwɔ́ntɪfàɪəbl, ⌐–⌐–⌐] *adj.*

quan·tile [kwɑ́ntaɪl, -ṭɪl, -ṭəl | kwɔ́ntaɪl] 《← QUANT(ITY)+-ILE²》 ── *n.* 〘統計〙変位値《変量の値を大小の順に並べたものを等しい度数のいくつかの部分に分けた時の限界の値; cf. quartile 2》.

quan·ti·tate [kwɑ́nṭətèɪt | kwɔ́ntɪ-] 《《逆成》← QUANTITATIVE》 *vt.* …の量を計る[決める]; 量的に表わす.

quan·ti·ta·tion [kwɑ̀nṭətéɪʃən | kwɔ̀ntɪ-] *n.*

quan·ti·ta·tive [kwɑ́nṭətèɪṭɪv | kwɔ́ntɪtət-, -tèɪt-] 《(1581) 《古》possessing quantity ⊏ ML *quantitātīvus*: ⇨ quantity, -ative》 ── *adj.* **1** 量[計量]の[に関する, で表わし得る], 定量的な: ~ limitation 量的制限. **2** 〘詩学〙(ギリシャ・ラテン詩のように)〈詩脚が〉母音の長短による, 音量を詩脚の基礎とする (cf. accentual 2). **3** 〘音声〙(母音の)音量の, 音長の: a ~ accent 量的アクセント / ~ sound changes 音の量的変化《音の長さにおける変化; 例えば OE *liste* > *list*》. **~·ly** *adv.* **~·ness** *n.*

quántitative análysis *n.* 〘化学〙定量分析 (cf. qualitative analysis).

quántitative cháracter *n.* 〘生物〙量的形質《長さ・重さ・面積などのように量的に測定した値で表現できる形質; cf. qualitative character》.

quántitative inhéritance *n.* 〘生物〙数量遺伝《長さ・重さ・面積などのように数値で表現された形質の遺伝; cf. continuous variation》.

quántitative vérse *n.* 〘詩学〙音量詩《母音の長短を詩脚[リズム]の基礎とする詩; cf. accentual verse》.

quan·ti·tive [kwɑ́nṭəṭɪv | kwɔ́ntɪt-] *adj.* =quantitative. **~·ly** *adv.*

quan·ti·ty [kwɑ́nṭəṭi | kwɔ́ntətɪ, -tɪ] 《(*a*1387) ⊏ (O)F *quantité* ⊏ L *quantitātem* greatness, amount ← *quantus* how much: ⇨ quantum, -ity》 ── *n.* **1** 量: prefer ~ to quality 質よりも量を選ぶ. **2** (ある)分量, 数量, 額, 高 (amount): a certain ~ of… いくらかの… / a large ~ of water 多量の水 / *in* large [small] *quantities* 多[少]量に, たくさん[少し] / produce any ~ of oil 石油をいくらでも産出する / There's only a small ~ left. ほんの少しだけ残っている / What ~ do you want? どれ位ご入用ですか. **3** [しばしば *pl.*] 多量, 多数: a ~ [*quantities*] of information [old pictures] 多くの知識[古画] / flowers *in* ~ たくさんの草花 / Fish are caught *in quantities*. 魚が大量にとれる. **4** 〘数学〙量 (cf. magnitude 7); 量を表わす数字[符号]: incommensurable *quantities* 通約できない量 / a negligible ~ 無視できる量, 被省量; つまらない人[物] / ⇨ known quantity, unknown quantity. **5** 〘論理〙量《任意の論理命題中の変項が限定をうけておおう対象の範囲; 全称・存在・特称・単称等の命題の性質; cf. quality 8》. **6** 〘音楽〙音価《音の長短》; 音量. **7** 〘音声・詩学〙音量, 音長《母音・子音または音節の長短》, 音量を表わす符号: ~ marks 〘韻律〙(母音の上につける)音量記号《macron (¯), breve (˘) など》. **8** 〘哲学〙量, 分量: extensive [intensive] ~ 外延[内包]量《部分の集合として計りうる量[算術的加減で大小の計れない(程)度としての量]》. **9** 〘法律〙(不動産権の)性質, 存続期間: ~ of estate 不動産権の存続期間.
quantity of light 〘物理・電気〙光量《色・波長等に対し単なる強度, 単位時間の光子数をいう》.

quántity survèyor *n.* 〘建築〙積算士.

quántity thèory *n.* 〘経済〙貨幣数量説《物価水準が貨幣供給量に比例して動くとする理論; quantity theory of money ともいう》.

quan·ti·za·tion [kwɑ̀nṭɪzéɪʃən, -ṭə- | kwɔ̀ntaɪ-, -tɪ-] *n.* 〘物理〙量子化: **a** 古典論的記述から量子論的記述に移ること. **b** 物理量を量子論的な量で表わすこと.

quan·tize [kwɑ́ntaɪz | kwɔ́n-] 《← QUANT(UM)+-IZE》 *vt.* 〘物理〙量子化する.

quán·tized *adj.* 〘物理〙量子化された.

quan·tum [kwɑ́nṭəm | kwɔ́nt-] 《(1619) ⊏ L ~ (neut.) ← *quantus* how much, how great ← *quam* in what manner ← IE **kwo-*: cf. how¹, who, quality》 ── *n.* (*pl.* **quan·ta** [-ṭə | -tə]) **1 a** 量, 額 (quantity, amount).

b 特定量, 定量, 定額. **c** 多量, 多数. **2** 分け前, 割り前 (share, portion): Each man receives his proper ~. 各人はそれぞれ自分の分け前を受け取る. **3** 〘物理〙 **a** 量子. **b** クァンタム《量子論において振動数 ν に対するエネルギーの単位 *h*ν》.

quántum chémistry *n.* 〘化学〙 量子化学.

quántum chromodynámics *n.* 〘物理〙 量子色力学《クォーク (quark) の三つの色の自由度をもつクォークとそれらの補色の自由度をもつグルーオン (gluon) とが SU_3 のゲージ不変に結合する系の量子場の理論; 略 QCD》.

quántum condítion *n.* 〘物理〙 量子条件.

quántum electrodynámics *n.* 〘物理〙 量子電気力学, 量子電磁力学.

quántum electrónics *n.* 〘物理〙 量子エレクトロニクス《メーザーやレーザーなどのように, 量子力学的な系と電磁波との相互作用を取り扱う物理学の分野》.

quántum evolútion *n.* 〘生物〙 急激に大きな系統「分岐を生じる進化.

quántum júmp [**léap**] *n.* 〘物理〙 量子飛躍, 量子遷移《光子の吸収, 粒子の衝突などによって起こる量子力学的状態間の転移; quantum transition ともいう》.

quántum líb·et [-líbet] 〘▭L ~ 'as much as it pleases you': ⇨ quantum〙 *L.* 〘処方〙 欲するだけ, 適宜に, 自由に (freely) (略 quant. lib., q.l.).

quántum líquid *n.* 〘物理〙 =superfluid.

quántum mechánics *n.* 〘物理〙 量子力学《分子・原子あるいはその構成単位などの極微の世界を支配する力学; M. Planck の量子仮説, N. Bohr の前期量子論を経て, W. Heisenberg, E. Schrödinger たちによって樹立された; cf. classical mechanics》.

quántum mé·ru·it [-méruɪt, -ət | -ruɪt] 〘▭L ~ 'as much as he has deserved': ⇨ quantum, merit〙 **—** *L. n.* 〘法律〙 (労務契約の中途での消滅の場合に請求できる)提供労務相当額の請求.

quántum nùmber *n.* 〘物理〙 量子数《量子力学において状態を指定するのに用いられる数; 通常は物理量の固有値に関係し, 整数値または半整数値をとる》.

quántum óptics *n.* 〘光学〙 量子光学《光を(電磁波と考えたときの)振動数に比例するエネルギーをもつ光子 (photon) の流れとして量子力学的に取り扱う光学の一分野》.

quántum phýsics *n.* 量子物理学《量子論に基づく「物理学》.

quan·tum pla·cet [kwɑ́ntəm-pléɪset | kwǽntəm-, kwɔ́n-] 〘▭L ~ 'as much as it pleases (you)': ⇨ quantum, placet〙 *L.* 〘処方〙 =quantum libet (略 q.p.).

quántum statístics *n.* 〘物理〙 量子統計《量子力学において粒子が従う統計; その粒子のもつスピンによって, 整数スピン (0, 1, 2...) ではボースアインシュタイン統計, 半整数スピン (1/2, 3/2 ...) ではフェルミディラック統計に分けられる; cf. Bose-Einstein statistics, Fermi-Dirac statistics》.

quan·tum suf·fi·cit [kwɑ́ntəm-sʌ́fəsɪt, -sət | kwǽntəm-sʌ́fɪsɪt, kwɔ́n-] 〘▭L ~ 'as much as it suffices': ⇨ suffice〙 *L. adv.* 〘処方〙 十分に; 足りるだけ.

quántum thèory *n.* [the ~] 〘物理〙 量子論《量子力学に基づく理論の総称; 原子・分子あるいはその構成単位などの極微な世界を取り扱う》.

quantum theory of fields 〘物理〙 場の量子論《電磁場と光子との対応を一般化し, すべての素粒子およびその相互作用を, 量子化された場によって記述する理論》.

quántum transìtion *n.* 〘物理〙 =quantum jump.

quántum yìeld *n.* 〘物理〙 量子効率, 量子収率, 量子収量《光によって起こされる反応(光電効果・蛍光・燐光など)において, 有効に働いた光子の数と吸収された光子の数との比; 光化学反応においても似たような意味で使われる; cf. yield *n.* 3》.

Quantz [kvɑ́:nts; *G.* kvánts], **Johann Joachim** *n.* クヴァンツ《1697-1773; ドイツのフルート奏者・作曲家》.

qua·qua·ver·sal [kwèɪkwəvə́:səl, -sl̩ | -və́:-] 〘《1728》 ← LL *quāquāvers-us* ← L *quāquā* wheresoever (← *quā* in what direction, where) + *versus* turned (⇨ verse¹): ⇨ -al¹〙 **—** *adj.* 〘地質〙〈地層が〉(中心から)四方に向かって傾斜する, ドーム状の. **~·ly** *adv.*

quar. 《略》 quarter; quarterly.

quar·an·tine [kwɔ́(:)rəntì:n, kwɑ́r- | kwɔ́rəntì:n, -tàɪn, ⌐⌐⌐] 〘《1609》 ▭It. *quarantina* 《原義》 space of forty days ← *quaranta* < L *quadrāgintām* forty ← *quattuor* 'FOUR': ⇨ -ine²〙 **—** *n.* **1** 検疫. **2 a** 検疫停(船期)間《船内に伝染病が発生し上陸を許されない期間; もとは 40 日間》. **b** 検疫停船港; 検疫所, 検疫局. **3 a** (防疫のための)隔離 (isolation), 交通遮断(しゃだん): a house in ~ 隔離された家 / lift the ~ 隔離[交通遮断]を解く. **b** 隔離所[病院]. **4** (社会的・政治上の制裁としての)隔離封鎖,「村八分」. **5** 《古》 40 日間 (forty days). **6** 〘▭ML *quarantēna, quadrantēna* ← L *quadrāgintā*〙 〘英法史〙 **a** 寡婦残留期間《40 日間》. **b** 寡婦残留権《夫の死後引続き 40 日間その家に居住する寡婦の権利》. **—** *attrib. adj.* 検疫の: a ~ station [officer] 検疫所[官] / ⇨ quarantine flag. **—** *vt.* **1** 〈船・乗客などを〉検疫する. **2** 隔離する. **3** (政治的・経済的に)孤立させる (isolate); …と国交を断絶する: ~ aggressor nations 侵略国家を孤立させる. **—** *vi.* 検疫する.

quárantine ànchorage *n.* 〘海事〙 検疫錨地《入港許可証を求める船が検疫を施行されるための錨地》.

quárantine flàg *n.* 〘海事〙 検疫旗《国際信号旗の Q 旗; 黄色の方旗で「本船は健康である, 検疫交通許可証を交付されたい」の意味をもつ; yellow flag, yellow jack ともいう》.

quare [kwéə | kwéə(r)] *adj.* 《方言》 =queer.

qua·re im·pe·dit [kwéɪ(ə)ri-ímpədɪt, kwɑ́:ri-, -dət | kwéəri-ímpɪdɪt, kwɑ́:rɪ-] 〘▭L ~ 'why does he hinder?': ⇨ impede〙 **—** *L. n.* 〘英法〙 聖職推挙権妨害排除令状《聖職推挙権 (advowson) の行使を妨害されたときそれを排除するための令状; 1860 年廃止; 現在は通常の呼出状 (summons) で, この排除令状の訴訟が開始される》.

quark [kwɑ́ək, kwɔ́ək | kwɑ́:k, kwɔ́:k] 〘James Joyce (*Finnegans Wake*) の造語を Murray Gell-Mann (1929- : 米国の物理学者)が転用して命名したもの: また一説では偶然の一致という〙 **—** *n.* 〘物理〙 クォーク《ハドロン (hadron) を構成する仮説的な構成粒子のこと; 重粒子は 3 個のクォークから成り, 中間子はクォークとその反粒子より成ると考えられる, スピン 1/2 で, 色 (color) とフレーバー (flavor) と呼ばれる自由度をもつ; ace ともいう》.

Quarles [kwɔ́əlz, kwɑ́əlz | kwɔ́:lz], **Francis** *n.* (1592-1644) 英国の宗教詩人; *Emblems* (1635).

quar·rel¹ [kwɔ́(:)rəl, kwɑ́r- | kwɔ́r-] 〘*n.*: 《1340》 *querele* ▭ OF (F *querelle*) < L *querellam* 《異形》 ← *querēla* complaint ← *querī* to complain. — *v.*: 《*a*1393》 ▭ OF *querel-er* ∥ ← (n.)〙 **—** *n.* **1 a** (激昂した)喧嘩(けんか), 口論, 争論 (dispute), 口争い, 口喧嘩, 言い合い (brawl): a lovers' [lover's] ~ 痴話喧嘩 / have [get into] a ~ *with* ...と言い合う[言い合いになる]. **b** 仲違(なかたが)い, 不和, 反目 (disagreement): make up a ~ 和解する, 仲直りする. **2 a** (口)喧嘩の原因, 口論のもと[種]; 不一致な点[もと], 異議: seek[pick] a ~ *with* ...に喧嘩を売る[しかける] / fasten [fix] a ~ *on* [*upon*] ...に喧嘩を吹っかける / I have no ~ *against* [*with*] him. 私は彼にはなにも苦情はない. **b** 喧嘩の言い分: in a good ~ 理由の正しい争いで / fight another's ~*s* *for* him (その言い分に肩を持って)人の喧嘩の助太刀をする / take up [espouse] another's ~ 人の喧嘩の肩をもつ.

— *vi.* (**quar·reled, -relled; -rel·ing, -rel·ling**) **1 a** (口)喧嘩する, 口論する, 言い争う (wrangle): ~ *with* a person *about* [*for, over*] a thing あることで人と言い争う. **b** 仲違いする, 反目し合う, 不和になる: He used to be a great friend of mine but unfortunately we ~*ed*. 彼は私の親友であったが不幸にも仲違いした. **2** とがめる, 小言[苦情]を言う〔*with*〕: ~ *with* one's lot 自分の運命をかこつ / A bad workman [carpenter] ~*s with* his tools. 《諺》 下手な職人[大工]は道具に難癖をつける (cf.「弘法は筆を選ばず」).

quar·rel² [kwɔ́(:)rəl, kwɑ́r- | kwɔ́r-] 〘《?*a*1200》 *quarel* ▭ OF *quar(r)el* (F *carreau*) < VL **quadrellum* (dim.) ← L *quadrus* square〙 **—** *n.* **1** 小型の菱(ひし)形の窓ガラス. **2** (石工の角鍾形をした)のみ (chisel). **3** (cross-bow 用の)太矢, 角矢《四角のやじりのついた矢》.

quár·rel·er [-lə | -lə(r)] 〘《*c*1450》〙 *n.* (*also* **quar·rel·ler** [~]) (口)喧嘩[口論]する人.

quar·rel·some [kwɔ́(:)rəlsəm, kwɑ́r- | kwɔ́r-] 〘《1593》〙 *adj.* 喧嘩[口論]好きな, 喧嘩っ早い (contentious). **~·ly** *adv.* **~·ness** *n.*

quar·ri·er [kwɔ́(:)riə, kwɑ́r- | kwɔ́rɪə(r)] 〘ME ▭ OF *quarreour* (F *carrer*): ⇨ quarry³ (v.), -er¹〙 *n.* =quarryman.

quar·ry¹ [kwɔ́(:)ri, kwɑ́ri | kwɔ́ri] 〘《?*a*1300》 *quirre* ▭ OF *cuiree* (F *curée*) spoil ← *cuir* hide, skin < L *corium*〙 **—** *n.* **1** (猟犬・鷹類・猟師などの求める)獲物 (game): birds in search of ~ 獲物を捜し求めている鳥《鷹・鷲など》. **2 a** ねらわれた獲物. **b** 追求物; ねらう敵. **3** 《廃》 **a** (猟犬・鷹類にほうびとして与える)獲物の肉[内臓]. **b** 殺した獲物の山.

quar·ry² [kwɔ́(:)ri, kwɑ́ri | kwɔ́rɪ] 〘《1555》《混成》 ← QUARREL² + 《古》 *quarry* (adj.) square (▭ OF *quarre* (F *carré*) < L *quadrātum* 'QUADRATE')〙 **—** *n.* **1** ダイヤモンド[菱(ひし)]形の窓ガラス. **2** =quarry tile.

quar·ry³ [kwɔ́(:)ri, kwɑ́ri | kwɔ́rɪ] 〘《*c*1420》 *quarey* ▭ ML *quarreia, quareria* ▭ OF *quarriere* (F *carrière*) < VL **quadrāriam* ← L *quadrāre* 'to QUADRATE' ∽ ME *quarrere* ▭ OF〙 **—** *n.* **1** (通例露天の)石切場, 採石所[場]. **2** (知識・資料などの)源泉, 種本; (引用などの)出所 (source): a ~ of information 知識の源. **—** *vt.* **1 a** 石切場から〈石を〉切り出す (excavate). **b** 〈土地〉に石切場を作る. **2** (書物などから)〈事実などを〉苦労して拾い出す, 捜し出す (dig out); 〈記録などを〉探索する. **—** *vi.* **1** 石を切り出す, 採石する. **2** 記録などの探索をする, 苦労して捜し出す.

quárry fàce *n.* 〘石工〙 こぶ出し仕上げ, 野面(のづら)仕上げ《石割りしたままの粗い面を生かした仕上げ》.

quárry-fàced *adj.* 〘石工〙 こぶ出し仕上げの.

quár·ry·ing *n.* 採石; 採石業.

quárry·man [-mən | -mən, -mæ̀n] *n.* (*pl.* **-men** [-mən, -mèn]) 石切り工, 採石夫.

quárry tìle *n.* 無釉の敷タイル《比較的厚く, 摩耗や化学薬品に耐えるように硬焼きされている》.

quart¹ [kwɔ́ət | kwɔ́:t] 〘《*c*1325》 ▭ (O)F *quarte* (fem.) < L *quārtam* (*partim*) fourth (part) ← L *quārtus* 'FOURTH'〙 **—** *n.* **1** クォート《液量の単位; =2 pints, 1/4 gallon; 略 qt.》: **a** 《米》 57.75 立方インチ, 0.946 リットル. **b** 《英》 69.355 立方インチ, 1.136 リットル. **2** クォート《麦・豆類を計る乾量の単位; =2 pints, 1/8 peck; 略 qt.》: **a** 《米》 67.200 立方インチ, 1.101 リットル. **b** 《英》 69.355 立方インチ, 1.136 リットル. **3 a** 1 クォートます; 1 クォート入りのびん[つぼなど]. **b** 1 クォートのビール.

try to put a quart into a pint pot (五合徳利に一升入れようとするような)不可能なことを試みる, 無理なことをする.

quart² [kɑ́ət | kɑ́:t] 〘《1674》 ▭ F *quarte* fourth (↑)〙 **—** *n.* **1** 〘トランプ〙 カート《同種札の 4 枚続き》: a ~ major エース (ace) 以下の同種札 4 枚続き. **2** 〘フェンシング〙 =quarte.

quart. 《略》 quarter; quarterly.

quart- [kwɔət | kwɔ:t] 〘← L *quārtus* fourth〙「4 番目の (fourth)」の意の連結形.

quár·tal hármony [kwɔ́ətl̩- | kwɔ́:tl̩-] 〘*quartal* ← NL ~: ⇨ ↑, -al¹〙 *n.* 〘音楽〙 四度和音《完全 4 度を積み重ねて作られた和音; fourth-chord ともいう》.

quar·tan [kwɔ́ətn̩ | kwɔ́:tn̩, -tən] 〘《*a*1325》 *quartain*(*e*) ▭ (O)F (*fièvre*) *quartaine* (fever) of the fourth day < L (*febrem*) *quārtānam* quartan (fever): ⇨ quart¹, -an¹〙 〘病理〙 **—** *adj.* 〈マラリアなど熱発作が〉 4 日目毎に起こる, 約 72 時間毎に起こる《前回の発作の日を入れるので「毎 4 日」という表現になる; cf. quotidian 1, quintan, tertian 1》. **—** *n.* 四日熱.

quar·ta·tion [kwɔətéɪʃən | kwɔ:-] 〘← L *quārtus* fourth: ⇨ quart¹, -ation〙 **—** *n.* 〘化学〙 **1** 金銀の硝酸による分離法《銀, 金 3:1 の合金だと分離が定量的に行なわれるとされる金銀分離法》. **2** (円錐)四分法《鉱石・土壌などの試料の平均的組成を知るため四分割とその二つの採取を繰り返すこと》.

quárt bòttle *n.* 1 クォート入りのびん.

quarte [kɑ́ət | kɑ́:t; *F.* kart] 〘▭F ~ ▭It. *quarta* fourth: cf. quart²〙 **—** *n.* (*pl.* **~s** [~s; *F.* ~]) 〘フェンシング〙 カルト, 第 4 の構え《8 種の受けの構えの一つ; cf. guard *n.* 6》: ~ and tierce 剣術のけいこ.

quar·ter [kwɔ́əṭə | kwɔ́:tə(r)] 〘*n.*: (?*a*1300) ▭ (O)F *quartier* a fourth part, district < L *quārtārium* a fourth part ← *quārtus* 'FOURTH'. — *v.*: 《*a*1387》 ← (n.): ⇨ quart¹〙 **—** *n.* **A 1** 四分の一, 四半分 (fourth part): three ~*s* 四分の三 (cf. three-quarter) / a ~ of a century 四分の一世紀 / the second [third] ~ of a century 第 2[3]四半世紀 / for a ~ (of) the price=for ~ the price その値段の四分の一で (⇨ *adj.* 1) / cut an apple in ~*s* りんごを四半分に切る / a ~ left [right] 〘軍事〙 四分の一直角左[右] / 25 is a ~ of a hundred. 25 は 100 の四分の一.

2 a 1/4 時間, 15 分: at (a) ~ past [to, 《米》 of] two 2 時 15 分過ぎ[前]に / strike the ~*s* 〈時計が〉 15 分を打つ / It is not the ~ yet. (時刻が)まだ 15 分にならない / It has gone a~. 15 分が過ぎた. **b** 四半年, 一季《四支払い期の一つ》: the first ~ (会計年度などの)第一四半期 / be several ~*s* in arrear 支払いが数季遅れている / pay one's rent every ~ 四半期ごと[3 か月ごと]に家賃を払う. **c** (4 学期制度の学校の)学期《約 12 週間; cf. half 5, semester 2, term 2 a》.

3 クォーター: **a** 《米・カナダ》 1/4 ドル, 25 セント. **b** 25 セント銀貨 (cf. nickel 2).

4 a =1/4 mile. **b** 1/4 yard. **c** =1/4 fathom: a ~ and [less] five 5 1/4 [4 3/4] ひろ.

5 a =1/4 pound. **b** =1/4 hundredweight.

6 《英》 クォーター《乾量および液量の単位; =8 bushels, 1/4 hundredweight; 28 ポンドまたは 25 米ポンド》.

7 a 鳥・獣の体の四半分《四肢の一つを含む》: ⇨ forequarter, hindquarter. **b** [*pl.*] (罪人の)四つ裂き部分.

8 a 羅針(らしん)盤の四方位基点(東・西・南・北)の一つ. **b** 方位, 方角: What ~ is the wind in? 風はどちらから吹いているか; 風向き[形勢]はどうか / Lies the wind in that ~? そういう形勢か.

9 (地球上の)地域, 地方 (district, locality): in every ~ [all ~*s*] of the globe 世界至る所で / from every ~ [all ~*s*] 四方八方から.

10 a (一地域・都市の特殊な)地区, 地帯, …街 (cf. street): the Chinese [Jewish] ~ 中国人[ユダヤ人]地区[街] / ⇨ Latin Quarter / industrial [residential] ~*s* 工業[住宅]地帯 / licensed ~*s* 特殊飲食街 / gay ~*s* 花柳界, 色町. **b** [集合的] 特定地区の居住者, 特定社会の人たち. **c** (明示してない社会・政府などの)方面, (情報などの)出所, 筋 (source): There is no help to be looked for in that ~. その方面からは何の援助も期待できない / I had the news from a good ~. この話は確かな筋から聞いた.

11 a [通例 *pl.*] 宿営, 兵営, 兵舎, 宿舎 (barracks, station); 持場, 部署 (post): ⇨ headquarters, winter quarters 2 / be at [call to] ~*s* 部署につく[つかせる]. **b** [*pl.*] 居所, 宿所, 住居 (abode, lodgings): excellent ~*s* at a hotel ホテルの上等な部屋 / the servants' ~*s* 召使室 / ⇨ close quarters 2 / take up one's ~*s* *in* a hotel [*with* a friend] ホテル[友人のところ]に宿をとる[滞在する] / beat up the ~*s* ⇨ BEAT¹ *up* (*vt.*) (1).

12 (靴の)腰革《足の後部を包んで前方でひもで締める部分; ⇨ shoe 成句》.

13 〘獣医〙 馬蹄(ばてい)の踵(かかと)と足指との中間部, 蹄側.

14 〘天文〙 弦《月の満ち欠けの周期の四分の一》: the first [last] ~ 上[下]弦 / The moon is in the [its] last ~. 月は下弦にある.

15 〘紋章〙 クォーター: **a** 盾の向かって左上部 (dexter chief) 四分の一を占める方形 (⇨ heraldry 挿絵 D)

(cf. canton 4). **b** 盾を4分割したそれぞれの部分《向かって左上部から右へ first quarter, second quarter とそれぞれ順位が決められている》: a grand ~ グランドクォーター《quarter がさらに4分割されている場合のもとの quarter をいう》.
16 〘海事〙すべて四分の一に当たる所: **a** 船尾側《正横と船尾との間》. **b** 帆桁(ほげた)の中央とその末端との間 (cf. yardarm). **c** 船尾から水平方向 45°. **d** ヤード[桁(こう)]の中央と桁端との中間の部分. **e** =quarter point.
17 〘スポーツ〙 **a** クォーター《一試合の時間の4区分の一つ》. **b** [the ~] 1/4 マイル競走(の距離): I won *the* ~. 1/4 マイル競走に勝った / He has done *the* ~ in 50″. 1/4 マイルを50秒で走った. **c** 〘アメリカンフットボール〙クォーター《試合時間を4時限に分けた各区分》. **d** [*pl.*] 準々決勝 (quarterfinals).
18 〘機械〙(二つの部分が互いに)直角の位置にくること.
19 《古》〘建築〙間柱(まばしら) (stud).
B 1 (降服者の)助命, 命ごい, 慈悲, 情け容赦 (clemency): give [receive] ~ 助命を許す[受ける] / ask for [cry] ~ 〈戦敗者が〉命ごいをする / Give no ~ (*to* him). 容赦なく切り殺せ[やっつけろ] / kill without ~ 容赦なく殺す. **2** (競争相手に示す, また優越者・裁判権能を有する者が劣等者・被裁判者に示す)寛大, 軽減, 猶予 (indulgence, forbearance).
a bad quarter of an hour 〘《なぞり》← F *un mauvais quart d'heure*〙不愉快なひと時, 気まずい思い. ***beat to quarters*** 〘海事〙(昔の艦船で)〈鼓手が〉全員部署につけの太鼓を打つ; 〈太鼓が〉(鳴って)全員部署につけの命令を伝える. ***not a quarter*** 少しも…でない: It is *not a* ~ as [so] good as it was. それはもとよりずっと悪い (cf. not half ⇨ half *adv.* 成句). ***on the quarter*** 〘海事〙〈物標など〉船尾の方に《船首 135° から船尾までの間に》.
— *adj.* **1** 四分の一の[から成る]; (規定量の)四分の一[四半分]の: a ~ mile [yard] 1/4 マイル[ヤード] / for ~ the price その値の四分の一で. **2** [通例複合語の第1構成素として] 非常に不完全な, 半分以下の: a *quarter*-truth.
— *vt.* **1 a** 四分の一にする, 4等分する; 四つに分ける: ~ an orange オレンジを4等分する[四半分に分ける]. **b** 〈罪人の死体を〉四つ裂きにする, 〈手足を〉ばらばらにする (dismember): ⇨ DRAW *and quarter* (2). **c** 〈丸太を〉四分の一に切る. **2** 〈兵士を〉宿営させる; 〈軍隊〉に宿舎・糧食を用意させる[割り当てる] 〔*on, upon, with*〕: ~ oneself *on* [*with*] …に宿を取る[…と同宿する]. **3** 〈猟犬などが〉(獲物を捜して)〈地上を〉縦横に走り回る: ~ a covert [field of turnips] やぶ[かぶ畑]を四方に捜し[走り]回る. **4** 〘海事〙部署につかせる. **5** 〘紋章〙 **a** 〈盾を〉4分割する. **b** 〈盾を〉4分割以上偶数分割する. **6** 〘機械〙四分円になるように…に穴をあける; 〈クランク腕を〉直角につける.
— *vi.* **1** 〈部隊が〉宿営する (lodge) 〔*at*〕. **2** 〈猟犬が〉〔獲物を求めて〕あちこち走り回る 〔*for*〕. **3** 〘海事〙 **a** 〈帆船が〉斜め後方から風を受けて走る. **b** 〈風が〉(斜め後方から)船に吹きつける.
~·er [-ṭərə | -tərə(r)] *n.*

quar·ter·age [kwɔ́əṭərɪdʒ | kwɔ́ːtər-] 〘《1389》□ OF ~: ⇨↑, -age〙 — *n.* **1** (年金・給料などの)四半期ごとの支払い[支給]. **2** 《まれ》 **a** (部隊などの)宿舎割当て, 宿舎準備. **b** 宿舎費, 設営費.
quárter·bàck *n.* 〘アメリカンフットボール〙クォーターバック《フォワードとハーフバックの中間に位置しチームの攻撃を指揮するプレーヤー; 略 q.b.》. — *vt.* **1** 〘アメリカンフットボール〙〈チーム〉の攻撃を指揮する. **2** 《米》計画する (plan); 指揮する (direct, guide). — *vi.* 〘アメリカンフットボール〙クォーターバックを務める.
quárterback snéak *n.* 〘アメリカンフットボール〙クォーターバックスニーク《クォーターバックがセンターからボールを受け取るや, ラインの中央に突撃するプレー》.
quárter bàdge *n.* 〘海事〙クォーターバッジ《帆船時代に船尾近くの外部にはりつけてあった装飾》.
quárter-bèll *n.* (時計の)15分ごとに鳴るベル.
quárter bènd *n.* (パイプなどの) 90度曲管.
quárter bìll *n.* 〘海軍〙戦闘部署表.
quárter bìnding *n.* 〘製本〙背装, 四分の一装; 背革(装); 背布[クロス](装) (cf. full binding).
quárter bòards *n. pl.* 〘海事〙船尾付近の手すり板の上に二重に付けた手すり板《topgallant bulwarks ともいう》.
quárter-bóund *adj.* 〘製本〙背革装の.
quárter bòy *n.* 〘時計〙=quarter-jack 1.
quárter-brèed *n.* 祖父母(4人)のうち一人が異なる人種であるような混血児; (特に)アメリカインディアン四分の一白人四分の三の混血児.
quárter bùtt *n.* 〘玉突〙クォーターバット《半バット (half butt) より短いキュー》.
quárter-chòrd pòint *n.* 〘航空〙四分の一弦長点《翼の前縁から翼弦長の四分の一後縁に寄った点; 亜音速流中で反りのない翼の圧力中心は迎角にかかわらずこの点にある》.
quárter cràck *n.* 〘獣医〙裂蹄; (特に)蹄側裂 (cf. sand crack 1, toe crack).
quárter dày *n.* 四季支払日 (cf. term 3)《イングランド・アイルランドでは Lady Day (3月25日), Midsummer Day (6月24日), Michaelmas (9月29日), Christmas (12月25日); スコットランドでは Candlemas (2月2日), Whitsunday (5月15日), Lammas (8月1日), Martinmas (11月11日); 米国では1月・4月・7月・10月の各第1日; この日に貸借料などを支払ったり貸借期限などを更新したりする》.
quárter·dèck 〘《1627》〙 — *n.* **1 a** 〘海事〙後甲板(こうかん), 船尾甲板《船[艦]尾から後橋(こうきょう)までの上甲板; 士官や上級船客の遊歩区域; cf. forecastle back》. **b** 〘米海軍〙(軍艦の上甲板の)儀典専用区域. **2** [the ~; 集合的] 高級船員, 士官 (officers) (cf. lower deck 2 b).
quár·tered *adj.* **1 a** 4分した. **b** 〈カシ材など〉四つ割りにされた (quartersawed). **2** 宿舎を与えられた. **3** 〘紋章〙 **a** 〈盾が〉4分割された. **b** 〈盾が〉4分割以上偶数分割された.
quárter évil *n.* 〘獣医〙=blackleg 3.
quárter·fìnal *adj.* (競技などの)準々決勝の (cf. semifinal 2). — *n.* **1** [通例 *pl.*] 準々決勝. **2** 準々決勝試合.
quárter·fìnalist *n.* 準々決勝出場選手[チーム].
quárter·fòil *n.* =quatrefoil.
quárter gàllery *n.* 〘海事〙大型帆船の後甲板に突き出ていたバルコニー.
quárter gràin *n.* 柾目(まさめ)《丸太を縦に四つに挽(ひ)いたときに現われる木目》.
quárter hòllow *n.* 〘建築〙小刳(えぐり)《断面が四分円形の凹面の繰形; cf. cavetto》.
quárter hòrse 〘1/4 マイルまでの短距離に強いことから〙 *n.* 《米》〘動物〙クォーターホース《米国で改良された強健で敏捷な短距離用競走馬》.
quárter hóur *n.* **1** 15分(間). **2** (ある時刻の)15分前または15分過ぎ.
quárter ìll *n.* 〘獣医〙=quarter evil.
quár·ter·ing [-ṭərɪŋ | -tər-] 〘(n.: 1610; adj.: 1594): ⇨ quarter (v.), -ing[1,2]〙 — *n.* **1** 4分[4等分]すること; (特に)謀反人を四つ裂きにすること. **2** 兵隊などに宿舎を当てがうこと, 宿舎の割り当て, 設営; 宿営. **3** (猟犬などが獲物を捜して)地上を縦横に走り回ること. **4** 〘紋章〙 **a** 盾を4分割すること. **b** 盾を4分割以上偶数分割すること. **c** [通例 *pl.*] 複数の紋章を4分割あるいは4以上の偶数分割の盾に組み入れること (cf. marshalling). **5** 〘天文〙月の上弦・満月・下弦などへの移行. **6** 〘建築〙間柱(まばしら)を入れること, 間柱. **7** 〘木工〙四分法《丸太を四つ割にしてから製材する手法》. — *adj.* **1** 〈風波が〉斜め後方から寄せる: ⇨ quartering wind. **2** 〘機械〙(リンクなどが)直角の位置になっている.
quártering séa *n.* 〘海事〙斜め船尾方向から来る波 (cf. following sea, head sea).
quártering wínd *n.* 〘海事〙船首の向きに対して斜め船尾の方から吹いてくる風.
quárter-jàck *n.* **1** 〘時計〙15分ごとに時を打つ自動人形《quarter boy ともいう》. **2** 《軍俗》=quartermaster 2.
quárter lìght *n.* 《英》 **1** (馬車の)わき窓. **2** 〘自動車〙(車室の)三角窓《ドアに付属する窓とは別の窓》.
quárter lìne *n.* 〘海事〙船舶の雁行(がんこう)隊形, 船隊の梯隊型.
quár·ter·ly 〘《c1450》← QUARTER+-LY[1,2]〙 — *adj.* **1** 年4回の, 毎季の: a ~ issue [payment] 季刊[四季払い]. **2** 四分の一の, 四半分の. **3** 〘紋章〙 **a** 〈盾が〉4分割された (⇨ heraldry 挿絵 E). **b** 〈盾が〉4分割以上偶数分割された: arms of ~ sixteen 16分割の紋章.
— *adv.* **1** 年に4回, 毎季に, 季ごとに. **2** 〘紋章〙 **a** 盾を4分割して: The Royal arms bore ~ France and England till 1603. 英国王の紋章は1603年までは4分割された盾にフランス王の紋章と英国王の紋章を配していた. **b** 盾を4分割以上偶数分割して. — *n.* 年四回[季刊]刊行物, 季刊誌.
Quárterly Méeting *n.* 〘キリスト教〙(Quaker の)四季集会《通例, 数個の月会 (Monthly Meeting) から成る組織単位》.
quárterly píerced *adj.* 〘紋章〙=quarter-pierced.
quárterly quártered *adj.* 〘紋章〙盾の四分の一をさらに4分割した (cf. quarterly *adj.* 3 b).
quárter·màster 〘《1442》*quarter maister* ← QUARTER: cf. F *quartier-maître* / G *Quartier-meister*〙 — *n.* **1** 〘海事〙操舵(そうだ)員; (海軍の)操舵手[員, 兵曹]. **2** 〘軍事〙需品[補給]係将校, 需品科将校《連隊または大隊に属して宿舎の割当て・倉庫の出納・糧食および武器・被服の配給などをつかさどる; 略 Q., QM》.
Quártermaster Còrps *n. pl.* 《米》〘軍事〙補給部隊, 需品部隊 (略 QMC).
quártermaster géneral *n.* (*pl.* **quartermasters g-, ~s**) 〘軍事〙主計総監, 主計監, 補給局長 (略 QMG).
quártermaster sérgeant *n.* 〘軍事〙兵站(へいたん)部付き軍曹, 需品科下士官 (略 QMS).
quárter-míler *n.* 〘競技〙1/4 マイル競走選手.
quar·tern [kwɔ́əṭən | kwɔ́ːtən, -tn̩] 〘《c1300》*quart(e)roun* □ (O)F *quart(e)ron* the quarter (of a pound, etc.) < LL *quarterō(n-)* a fourth part of a pound ← L *quārtus* 'FOURTH': cf. quart[1]〙 — *n.* 《英古》 **1 a** 四分の一. **b** クォーターン《pint, gill, peck, stone などの液量・穀量の 1/4》: a ~ of gin, rum, etc. **2** (1クォーターンの小麦粉で作った)重さ4ポンドのパン塊《quartern loaf ともいう》.
quárter nélson *n.* 〘レスリング〙クォーターネルソン《片手を相手の頭に伸ばし, 片手をわき下にさし入れ, 前に回り込み, 相手につれて倒れ腕と腰をしめてフォールにもって行く攻め方》.
quárter nòte *n.* 《米》〘音楽〙四分音符 (《英》crotchet).
quárter-pháse *adj.* 〘電気〙直角二相の (two-phase).
quárter-pìerced *adj.* 〘紋章〙〈十字形が〉交差部の四角を抜き取った《quarterly pierced ともいう》.
quárter-plàte *n.* 〘写真〙手札判の写真乾板[フィルム]《4 1/4 × 3 1/4 インチ (=8.3×10.8 cm); whole plate の 1/4》; 手札判写真.
quárter pòint *n.* 〘海事〙(羅牌(らはい)の) 2点のはさむ角の四分の一 (=2°48′45″).
quárter rèst *n.* 〘音楽〙四分休止符.
quárter ròund *n.* 〘建築〙四半円まんじゅう繰形《断面が四分円形の凸形の繰形; ⇨ molding[1] 挿絵》.
quárter·sàw *vt.* (~ed; ~ed, -sawn) 〘木工〙〈丸太を〉縦に四つに挽(ひ)く, 四つ割りにする (cf. tangent-saw).
quárter·sáwed *adj.* 〘木工〙〈板・丸太が〉縦に四つに挽かれた, 四つ割りにされた《柾目(まさめ)の板がとれる》.
quárter scrèw *n.* 〘時計〙(てん輪の4周に取り付けられた歩度調節専用の)ちらねじ《meantime screw ともいう; cf. balance screw》.
quárter séction *n.* 《米》〘測量〙半マイル四方 (160 acres) の土地.
quárter sèssions *n. pl.* 〘法律〙 **1** 《英》四季(治安判事)裁判所《昔, 年4回開かれた下級の刑事裁判所; 1971年法により廃止, 新たに刑事法院 (Crown Court) が設置された》. **2** 《米》(New Jersey 州などの)四季裁判所に似た裁判所.
quárter·stàff 〘《a1550》〙 — *n.* (*pl.* **-staves**) **1** 六尺棒《昔, 英国の農民が用いた武器; 17世紀までは剣技にも使った; 6-8フィートの木棒で両端に鉄の金具がついている》. **2** 六尺棒術; 六尺棒での戦闘.
quárter tòne [**stèp**] *n.* 〘音楽〙四分音, 四分の一音《半音 (semitone) のさらに 1/2 の音程》.
quárter-wàve plàte *n.* 〘物理〙四分の一波長板《板を垂直方向に通過する互いに垂直に偏った二つの直線偏光に, 四分の一波長の光路差を生じさせる結晶の薄板; cf. half-wave plate》.
quárter-wìnd *n.* 〘海事〙斜め後方の風《帆走に絶好の順風》.
quárter-wìtted *adj.* 大間抜けの, とんと足りない.
quar·tet [kwɔətét | kwɔː-] 〘《1790》□ F *quartette* □ It. *quartetto* (dim.) ← *quarto* the fourth (part) < L *quārtum* 'FOURTH': ⇨ quart[1]〙 — *n.* (*also* **quar·tette** [~]) **1** 四つ組, 四つぞろい; 4人組: a ~ of boys. **2** 〘音楽〙四重奏[唱]曲; 四重奏[唱](団), カルテット (cf. solo): a string ~ 弦楽四重奏(団, 曲).
quar·tet·to [kwɔəṭétou | kwɔːtétəu; *It.* kwartétto] 〘《1775》□ It. ~ (↑)〙 *n.* 〘音楽〙=quartet 2.
quar·tic [kwɔ́əṭɪk | kwɔ́ːt-] 〘← L *quārtus* 'FOURTH' +-IC[1]〙〘数学〙 *adj.* 四次の. — *n.* 四次式, 四次方程式.
quártic equátion *n.* 〘数学〙四次方程式 (⇨ biquadratic equation).
Quar·tier La·tin [kɑətjéɪ-lætɛ̃ː(ŋ), -tǽŋ | kɑː-; *F.* kaʀtjelatɛ̃] *n.* [the ~] カルティエラタン《Latin Quarter のフランス語名》.
quar·tile [kwɔ́ətaɪl, -ṭl̩, -ṭɪl | kwɔ́ːtaɪl] 〘《1509》□ ML *quārtil-is* ← L *quārtus* 'FOURTH': ⇨ quart[1], -ile[1,2]〙 — *adj.* **1** 〘占星〙四分の一対座の, 矩象(くしょう)の《二つの惑星が四分の一円 (90°) の間隔にあることにいう》: a ~ aspect 四分の一対座. **2** 〘統計〙四分位の: the ~ point 四分位点. — *n.* **1** 〘占星〙矩象 (quadrature). **2** 〘統計〙四分位数《標本 (sample) の値を大きさの順に並べたとき, 最初から四分の一のところにある値と四分の三のところにある値の一つ; cf. median 3, quintile 2》.
quártile deviátion *n.* 〘統計〙四分位偏差《二つの四分位数の差の半分》.
quar·to [kwɔ́əṭou | kwɔ́ːtəu] 〘《1589》□ L (*in*) *quārtō* (in) one fourth (of the original size) (abl.) ← *quārtus* 'FOURTH'〙 — *n.* (*pl.* ~s) 〘製本〙 **1** 四折(判), クォート《4丁(8ページ)になるように, 全紙を2回折ってできた紙の大きさ; この大きさの紙[ページ]; cf. format 1 a, -mo》. **2** 四折本. — *adj.* 四折(判)の, クォートの, 四折本の: a ~ edition 四折判.
quar·tus [kwɔ́əṭəs | kwɔ́ːt-] 〘□ L *quārtus* 'FOURTH'〙 *adj.* 《英》第4の (⇨ primus[1] 2): Smith ~.
quartz [kwɔ́əts | kwɔ́ːts] 〘《1756》□ (MH)G *Quarz* ← ? WSlav. *kwardy* ← Slav. **tvrd-* hard: cf. Pol. *twardy*〙 — *n* **1** 〘鉱物〙石英 (SiO_2). ★ その透明な結晶を rock crystal (水晶) という: milky ~ 乳石英 / smoky [violet] ~ 煙[紫]水晶 (cf. amethyst 1 a). **2** =quartz glass.
quártz clòck *n.* =quartz-crystal clock.
quártz crýstal *n.* 〘電子工学〙水晶振動子.
quártz-crýstal clòck *n.* 水晶時計《水晶発振器を内蔵した高精度の電子時計; quartz clock ともいう》.
quártz glàss *n.* 石英ガラス (⇨ vitreous silica).
quartz·if·er·ous [kwɔətsíf(ə)rəs | kwɔː-] *adj.* 石英を含有する[から成る].
quártz-íodine làmp *n.* 〘光学〙石英ヨウ素電球《タングステンの蒸発による黒化をふせぐため, ヨウ素を封入した石英バルブをもつタングステン織条の白熱電球》.
quartz·ite [kwɔ́ətsaɪt] *n.* 〘岩石〙石英岩, 珪岩(けいがん). **quartz·it·ic** [kwɔətsíṭɪk | kwɔːtsít-] *adj.*
quártz làmp *n.* 石英(水銀)灯《石英ガラスを用いた水銀灯》.
quartz·ose [kwɔ́ətsous, -tsouz | kwɔ́ːtsəus] *adj.* 石英を含む[から成る, に似た].
quartz·ous [kwɔ́ətsəs | kwɔ́ː-] *adj.* =quartzose.
quártz plàte *n.* 〘電気〙(圧電気現象を呈する)水晶板.

quártz sànd *n.* 〖地質〗石英砂, 珪砂. ｢tal clock).
quártz wàtch *n.* クォーツ(式)時計 (cf. quarts-crys-
qua·sar [kwéɪzɑə, kwá:-, -sɑə | kwéɪzɑ:(r] 〖← *qua-s(i-stell)ar (object)*〗 *n.* 〖天文〗準星, クエーサー (⇨ quasi-stellar radio source).
quash[1] [kwá(:)ʃ, kwɔ́(:)ʃ | kwɔ́ʃ] 〖《a1338》 *quasse(n)* ▭ OF *quass-er* (F *casser*) to break, annul < L *quassāre* to shake violently (freq.) ← **quatere* to shake : ↓と同一語 : 語義は LL *cassāre* to annul (← L *cassus* void) の影響〗 ── *vt.* 〖法律〗取り消す, 破棄する, 廃棄する, 無効にする (annul) : ～ a former law 以前の法律を廃止する / ～ an election 選挙を無効にする / ～ an indictment 告訴状を取り下げる.
quash[2] [kwá(:)ʃ, kwɔ́(:)ʃ | kwɔ́ʃ] 〖《1609》: ↑と同一語〗 ── *vt.* **1** 押える, 静める, 鎮圧する (suppress, subdue) : ～ a row at a meeting 集会の騒ぎを押える. **2** 強く打ち砕く.
qua·si [kwéɪzaɪ, kwéɪsaɪ, kwá:zi, kwá:si | kwéɪzaɪ, -saɪ, kwá:zɪ, -zi:] 〖《1485》▭ L *quasi* 《短縮》← **quānsei* ← **quām* as, as much as ＋*sei, sī* if〗 ── *adv.* **1 a** [通例, 複合語の第 1 構成素として] ある意味で, ある程度, 幾分か, ほとんど; 準…: a *quasi*-sovereign state 準[半]独立国. **b** 《まれ》[説明を導いて]いわば; すなわち (略 q., qu.) : Earls of Wilbraham [wílbriəm], ～ Wild boar ham ウィルブリアムすなわち「いのししのしり肉」伯爵 / He was ～ a dictator. 彼はいわば独裁者だった. **2** 〖音楽〗おおよそ, …のように : allegro ～ vivace ヴィヴァーチェに近い[の効果をもつ]アレグロ.
── *adj.* 〖《1643》〗 [しばしば複合語の第 1 構成素として] 類似の ; 擬似…, 準… : a *quasi*-parish 準聖堂区 / a ～ war [argument] 準戦争[論議].
quási cóntract *n.* 〖法律〗準契約《法が不当利得を防止する目的で特定人の間に作り出す契約関係; 未成年者に生活必需品を給付した者の代金請求権, 保証人の主債務者に対する求償権など; contract quasi, implied contract ともいう》.
quási-judícial *adj.* 〖法律〗 **1** 準司法的な《司法行為的な性質はあっても実際は行政官が行なう》. **2** 準裁判官的査問[取調べ]能力のある. **～·ly** *adv.*
quási-législative *adj.* 準立法的な(機能をもつ).
Qua·si·mo·do[1] [kwà:sɪmóʊdoʊ, -sə-, -zɪ-, -zə- | -sɪ-məʊ́dəʊ, -zɪ-] 〖← L *quasi modo genitī infantēs* as newborn babes (Low Sunday の入祭文 : cf. *1 Pet.* 2 : 2)〗 ── *n.* ＝Low Sunday.
Qua·si·mo·do[2] [k(w)à:zɪmóʊdoʊ, -zə-, -sɪ-, -sə- | -zɪməʊ́dəʊ, -sɪ-] 〖← *Quasimodo* (Victor Hugo の *Notre-Dame de Paris* (1831) に登場するせむし男) : ボード上の姿勢の類似から〗 ── *n.* 〖サーフィン〗ボードの上でしゃがんで前かがみになり, 腕をまっすぐ前後に伸ばした姿勢.
Qua·si·mo·do [kwɑ:zí:mədòʊ | -dəʊ; *It.* kwazí:-modo], **Sal·va·to·re** [sàlvató:re] *n.* クワジーモド《1901–68; イタリアの詩人; Nobel 文学賞 (1959)》.
quási-párticle *n.* 〖物理〗準粒子《物質中であたかも(素)粒子のようにふるまう複合粒子, または集団運動のモードに伴う量子》.
quási-públic *adj.* (私的所有・管理であっても)準公共的な : a ～ corporation.
quási rént *n.* 〖経済〗準地代《機械などの生産手段が生む所得から, それの使用に要する費用を差し引いた残高》.
quási-stéllar óbject *n.* 〖天文〗準星 (略 QSO).
quási-stéllar rádio sòurce *n.* 〖天文〗準(恒)星(状)電波源《quasi-stellar object のうち電波が観測されたもの; quasar ともいう》.
quàs·qui·centénnial [kwà:skwɪ-, -skwə- | -skwɪ-] 〖← L *qua(drans)* quarter＋(SE)SQUICENTENNIAL〗 *n., adj.* 百二十五年祭(の).
quass [kvá:s; *Russ.* kvás] *n.* ＝kvass.
quas·sia [kwá∫ə, -∫iə, -siə | kwɔ́∫ə] 〖《1765》← NL ～ : 1730 年ごろその薬効を発見した Surinam の黒人奴隷の名 *Graman Quassi* (＝grand man Quassi) にちなんで Linnaeus が命名した (1761) もの〗 ── *n.* **1** 〖植物〗南米産ニガキ科アメリカニガキ属 (*Quassia*) または二ガキ属 (*Picrasma*) で枝に苦味のある植物の総称《ジャマイカニガキ (*P. excelsa*), ギアナ産のクワッシァ (*Q. amara*) など》. **2** 〖化学・薬学〗(quassia から採る)苦味液《強壮剤・駆虫剤》.
quat. 《略》〖処方〗 *L.* quattuor (＝four).
qua·ter- [kwǽṭə, kwéɪṭə | kwǽtə, kwɔ́:tə, kwéɪtə] 〖▭ L ～ ← *quater* four times : cf. L *quattuor* 'FOUR'〗 〖化学〗「四倍」の意の連結形.
quà·ter·centénary [kwà:ṭə-, kwèɪṭə- | kwæ̀tə-, kwɔ̀:tə-, kwɔ̀tə-, kwèɪtə-] 〖← L *quater* (↑)＋CENTENARY〗 *n., adj.* 四百年祭(の).
qua·ter·nar·y [kwá:ṭənèri, kwətɔ́:nəri | kwətɔ́:nəri] 〖《c1430》▭ L *quaternāri-us* of four each ← *quaternī* four together ← *quattuor* 'FOUR' : ⇨ quater-, -ary〗 ── *adj.* **1** 4 要素[部分]から成る ; 四つ組の, 四つずつの : the ～ number 〖数学〗四変数《Pythagoras のいう 1＋2＋3＋4 から成る 10 という神秘数》. **2** 〖化学〗4 元素[四基]から成る : ～ compounds 第四(級)化合物. **3** [Q-] 〖地質〗第四紀[系]の : the *Quaternary* period [system] 第四紀[系]. **4** 〖冶金〗〈合金が〉四元の.
── *n.* **1** 4 の数 ; 4 個[部]一組のもの. **2** [the Q-] 〖地質〗第四紀《地質時代の最後期で, 現代を含む時代; cf. tertiary 1》. **3** ＝quaternary ammonium compound.
quáternary ammónium còmpound *n.* 〖化学〗第四級アンモニウム化合物 ($R_4N \cdot OH$).
qua·ter·nate [kwá:ṭənèɪt, kwətɔ́:nət, -nɪt | kwá:tə-nèɪt, kwətɔ́:nət, -nɪt] 〖← L *quatern(ī)* (⇨ quaternary)＋-ATE[2]〗 ── *adj.* 〖植物〗〈葉が〉4 枚から成る[に並んだ].
qua·ter·ni·on [kwətɔ́:niən, kwɑ:- | kwətɔ́:njən, -niən] 〖《c1390》▭ LL *quaterniō(n-)* sum of four numbers ← L *quaternī* (↑)〗 ── *n.* **1** 四つ組 ; 4 人組 : four ～*s* of soldiers 4 人一組なる 4 組の兵卒 (cf. *Acts* 12 : 4). **2** 〖数学〗 **a** 四元数《アイルランドの数学者 Sir William Rowan Hamilton (1805–65) の考案したもので四つの単位 (実数 1 および, i, j, k) から成る ; その全体は可換 (commutative) でない体 (field) をつくる》. **b** [*pl.*] 四元法算法. **3** 〖製本〗四列丁《四紙葉を二折にして, 一つの折丁としたもの》.
qua·ter·ni·ty [kwətɔ́:nəṭi, kwɑ:- | kwətɔ́:nəti, -nɪ-] 〖▭ LL *quaternitāt-em* : ⇨ quaternary, -ity〗 ── *n.* **1** 四つ[4 人]一組, 4 個[人]組. **2** [the Q-] 〖神学〗四位一体 (cf. Trinity 1).
qua·tor·zain [kətɔ́əzeɪn, kæ-, -zn̩ | -tɔ́:-] 〖《1583》▭ (M)F *quatorzaine* a group of fourteen, (OF) a period of fourteen days ← *quatorze* (↓)〗 ── *n.* 〖詩学〗十四行詩《特に, sonnet に似ているが多少異なる詩型についていう》.
qua·torze [kətɔ́əz, kæ- | kətɔ́:z ; *F.* katɔrz] 〖▭ (O)F ～ 'fourteen' < L *quattuordecim* ← *quattuor* 'FOUR' ＋*decem* 'TEN'〗 ── *n.* (*pl.* **qua·torz·es** [～ɪz, ～əz ; *F.* ～]) 〖トランプ〗(piquet で) カトルズ《10 以上の同位札 4 枚揃いで役点 14 を与えられる》.
qua·torze juil·let [kətɔ́əz-ʒwi:jéɪ, kæ- | kətɔ́:z- ; *F.* katɔrzʒɥijɛ], **le** [l] 〖▭ F ～ 'the fourteenth of July'〗 ── *F. n.* フランスの革命記念日《7 月 14 日 ; ⇨ Bastille Day》. ★ 日本では通例「パリ祭」と呼ぶ.
qua·train [kwátreɪn, ─⌐ | kwɔ́treɪn] 〖《1585》▭ F ～ ← *quatre* four : ⇨ ↓, -an[1]〗 ── *n.* 〖詩学〗四行連句《連続した 4 行から成る連 (stanza) ; 通例 a b a b の押韻形式をとる ; cf. rhyme royal, Spenserian stanza》.
qua·tre [ká:ṭə | kéɪtə(r ; *F.* katr] 〖▭ F ～ < L *quattuor* 'FOUR'〗 *n.* **1** 4 (four). **2** (トランプの) 4 の札 ; (さいの目の) 4.
Qua·tre Bras [ká:tr(ə)brá: ; *F.* katrəbra] *n.* カトルブラ《ベルギー南西部, Brussels 市付近の村 ; Waterloo の前哨(ぜんしょう)戦戦跡地 (1815)》.
qua·tre·foil [kǽṭəfɔ̀ɪl, kéɪtrə- | kǽtrə-, kǽtə-] 〖《c1420》 *quaterfoyle* ▭ AF **quatrefoil* four leaves : ⇨ quatre, foil[2]〗 ── *n.* **1** (クローバーなどの) 四つ葉. **2 a** (ゴシック式花形装飾の)四弁 (cf. foil[2] 5). **b** 〖建築〗四つ葉飾り (⇨ tracery 挿絵). **3** 〖紋章〗四つ葉 (cf. cinquefoil).

quatrefoils 2 b

quat·tro·cen·tist [kwà:trə-tʃéntɪst, -ṭəst | -trə(ʊ)tʃéntɪst] 〖⇨ ↓, -ist〗 ── *n.* (*pl.* **～s, -cen·ti·sti** [-tʃentí:sti:, tís-]) **1** 15 世紀の(イタリアの)美術家[文学者]. **2** 15 世紀(イタリア)美術[文学]研究者.
quat·tro·cen·to, Q- [kwà:trətʃéntoʊ | -trə(ʊ)tʃéntəʊ ; *It.* kwàttrotʃénto] 〖▭ It. ～ 'four hundred' 《略》← *mil quattro cento* one thousand four hundred ← *quattro* (< L *quattuor* 'FOUR')＋*cento* (< L *centum* 'HUNDRED')〗 ── *n.* 15 世紀(風)《特に, イタリアの美術・文学についていう ; cf. trecento》.
quat·tu·or·de·cil·lion [kwà:ṭuòədɪsíljən, -də- | -tuɔ̀:dɪ-] 〖← L *quattuordecim* fourteen＋(M)ILLION : ⇨ quatorze〗 ── *n.* 《米》10^{45} ; 《英》10^{84} (⇨ million 表). ── *adj.* quattuordecillion の.
qua·ver [kwéɪvə | -və(r] 〖*v.* : 《1430–40》(freq.) ← ME *quave(n), cwauie(n)* to shake < ? OE **cwafian* ← Gmc (cf. LG *quabbeln* to shake like jelly) ← IE **gwebh-* wobbly : cf. quake. ── n. : 《1570》← (v.)〗 ── *vi.* **1** 震動する (vibrate) ; 〈声が〉震える (tremble). **2** 声を震わす, 震え声を出す, 震え声で言う[歌う], 楽器で震音を出す. ── *vt.* 震え声で歌う[言う] : ～ a song, notes, etc. / ～ (out) a few words 震え声で二言, 三言口に出す. ── *n.* **1** (声などの)震え ; 震え声, 震え調子. **2** 《英》〖音楽〗八分音符 (eighth note).
quá·ver·ing [-v(ə)rɪŋ] *adj.* 震え声で言う[歌う], 声を震わした. **～·ly** *adv.* ｢(tremulous).
qua·ver·y [kwéɪv(ə)ri | -rɪ] *adj.* 震え声の, 震音の
quay [kí:, k(w)éɪ | kí:] 〖《1696》 *kay* < ME *kei* ▭ OF *cai, kai* ▭ Gaul. *caio* circumvallation ← IE **kagh-* to enclose (OE *haga* 'HEDGE') : 今の形 *qu-* は F *quai* から〗 ── *n.* (通例, 石またはコンクリート造りの)波止場, 桟橋, 埠頭(ふとう), 岸壁 (wharf).
quay·age [kí:ɪdʒ, k(w)éɪ- | kí:-] *n.* **1** 埠頭(ふとう)使用料, 埠頭税. **2** [集合的] 埠頭 (quays). **3** 波止場用地.
quáy·sìde *n.* 波止場のある[近くの]土地.
Que. 《略》Quebec.
quean [kwí:n, kwéɪn | kwí:n] 〖OE *cwene* woman, female serf (cf. *cwēn* 'QUEEN') < Gmc **kwenōn* (OS *cwena* / OHG *quena*) ← IE **gwenā* woman〗 ── *n.* **1 a** 《古》あばずれ女, はすっぱ女 (jade, hussy). **b** 売春婦 (prostitute). **2 a** 《スコット》女 ; (特に)若い[未婚の]女. **b** 《英方言》少女. **3** ＝queen 6.
quea·sy [kwí:zi | -zɪ] 〖《1459》 *coisy* ← ? : cf. OF *cois(s)ier* to hurt / ON *kveisa* whitlow〗 ── *adj.* (**quea·si·er ; -si·est**) **1 a** 〈食物など〉吐き気を催させる, 胸を悪くする, むかつかせる (nauseating). **b** 〈胃・人が〉食物を受けつけない, むかつきやすい, 消化力の弱い. **2 a** 気難しい, 機嫌(きげん)のとりにくい (fastidious) ; 小心な (squeamish). **b** 〈心など〉落ち着かない, 不安な, 不快な (uneasy, uncomfortable) ; 不安定な (unsettled). **quéa·si·ly** [-zɪli, -zəli | -lɪ] *adv.* **quéa·si·ness** *n.*
Que·bec [kwɪbék, kwə-] 〖▭ N-Am.-Ind. (Algonquian) *kabek* 《原義》 the place shut in〗 *n.* **1** カナダ東部の州 ; 人口 6,028,000, 面積 1,540,680 km² ; 旧名 Lower Canada. **2** 同州の首都, St. Lawrence 川下流の港市 ; 人口 187,000 ; Quebec City ともいう. ★ フランス語名 Québec [kebɛk].
que·bra·cho [keɪbrá:tʃoʊ, kɪ- | -tʃəʊ ; *Sp.* kebrátʃo] 〖▭ Am.-Sp. ～ ← Sp. *quiebrahacha* 《原義》 ax-breaker ← *quebrar* to break (< L *crepāre* to burst)＋*hacha* ax (▭ (O)F *hache*) : この木の材質の硬さにちなんだ命名〗 ── *n.* (*pl.* **～s** [～z ; *Sp.* ～s]) 〖植物〗 **1** シロケブラコ (*Aspidosperma quebracho*) 《南米産のキョウチクトウ科の植物 ; 樹皮は薬用》. **2 a** アカケブラコ (*Schinopsis lorentzii*) 《南米産のウルシ科の高木 ; その樹皮は皮なめしや染料用》. **b** アカケブラコ材[樹皮].
Quech·u·a [kétʃuə, kətʃú:ə | kétʃuə, kətʃú:ə] 〖▭ Sp. ～ ▭ Quechua *kkechúwa* 《原義》 plunderer〗 ── *n.* (*pl.* **～, ～s**) **1 a** [the ～(s)] ケチュア族《ペルー・ボリビア・エクアドルなどのケチュア語を常用語とする南米インディアン》. **b** ケチュア族の人. **2** ケチュア語《もと Cuzco, Peru などの南米インディアンが用いた土語 ; インカ帝国の征服によって普及した》.
Quech·u·an [kétʃuən, kətʃú:ən | kétʃuən, kətʃú:ən] *adj.* ケチュア語 (Quechua) の[に関する]. ── *n.* (*pl.* **～, ～s**) ＝Qechua.
Quech·u·ma·ran [kètʃʊmərá:n, kətʃù:-] 〖← QUECHU(A)＋(Ay)*mara* : ⇨ -an[1]〗 ── *n.* ケチュマラ語族《ケチュア (Quechua), アイマラ (Aymara) 語族を含む南米インディアン語族》.
queen [kwí:n] 〖n. : OE *cwēn* wife of a king < Gmc **kwǣniz* (OS *quān* / ON *kvæn* / Goth. *qēns* woman, wife) < IE **gwenā* (Gk *gunḗ* woman, wife / Skt *jáni* wife) : cf. quean. ─ v. : 《1611》← (n.)〗 ── *n.* **1 a** (国王 (king) の妻としての)王妃, 皇后 (queen consort). **b** 酋長の妻. **2 a** (国の主権者としての)女王, 女帝 (queen regnant) : Victoria, *Queen* of England 英国女王ビクトリア / *Queen* Elizabeth II 女王エリザベス二世. **b** 女酋長. **3 a** (神話・伝説上の)女神 : the ～ of night 夜の女王, 月の女神 / the ～ of heaven 天の女王 ; 月 / the ～ of love 愛の女神 / the ～ of Glory [Grace, Heaven, Paradise]＝Virgin Mary. **b** 崇拝する女性 ; (愛する)妻, 恋人 : You are my ～. あなたは私の女王だ. **4 a** (美しさ・権勢・地位などでの)一流の女性 ; 花形, 名花, (…の)女王 : a ～ of beauty 美の女王 / a ～ of [in] society 社交界の花形. **b** 美人, (特に) ＝beauty queen. **c** (特定の土地・地域などで女王にたとえられる)最もすぐれたもの[場所] : the rose, ～ of flowers 花の女王のバラ / Great Britain, ～ of the seas 海の女王である英国. **5** [the Q-] 《英》英国国歌 (God Save the Queen) (cf. king 5). **6** 《俗》 **a** いかす女(の子) : an elderly ～ 年増美人. **b** (同性愛で)女役をする男. **7** 〖空軍俗〗(無線操縦機 (drone) を操る)親飛行機, 母機. **8 a** 〖昆虫〗(ミツバチ・アリ・シロアリなどの)女王 : a ～ bee, wasp, ant, etc. **b** 〖獣医〗繁殖適齢期の雌ネコ. **9** 〖トランプ〗クイーン《普通 ace, king に次いで第 3 位のカード》 : the ～ of clubs, diamonds, etc. **10** 〖チェス〗クイーン (略 Q ; ⇨ chess[1] 挿絵). **11** 〖海事〗＝queen staysail. ｢美人.
queen of hearts [the ─] (1) ハートのクイーン. (2)
queen of puddings 〖料理〗パン粉・牛乳などを合わせてパイ皿で焼き, 果物やジャムをのせ, さらにメレンゲをかぶせて焼き目をつけたプディング.
Queen of Scots スコットランドの女王《Mary Stuart
Queen of Sheba 〖聖書〗⇨ Sheba 1 b. ⌊のこと》.
queen of (the) May 5 月の女王 (⇨ May queen).
queen of the meadow 〖植物〗セイヨウナツユキソウ (*Filipendula ulmaria*) 《ヨーロッパ・アジア西部・モンゴル産の白い花をつけるバラ科の多年草 ; 湿った草地に群生する》.
queen of the prairie 〖植物〗バラ科のキョウガノコの類の植物 (*Filipendula rubra*).
── *vi.* **1** 女王として君臨する. **2** 〖チェス〗〈pawn が〉クイーンになる. ── *vt.* **1** 女王[王妃]にする. **2** 〈国を〉女王として支配する. **3** [～ it として] 女王らしく振舞う ; 女王然と振舞う 〔*over*〕. **4** 〖チェス〗〈ポーンを〉クイーンにする.
Queen, El·ler·y [éləri | -rɪ] *n.* 米国の探偵小説家 Frederic Dannay [dǽneɪ] (1905–) と Manfred B. Lee (1905–71) とが合作の時に用いる筆名 ; Barnaby Ross の筆名もある.
Quéen Ánne *n.* アン女王《英国の女王 ; ⇨ Anne[2]》 : ～ is dead. 《諺》それは陳腐な話だ. ── *attrib. adj.* 〖建築・家具〗アン女王様式の (⇨ Queen Anne style).
Quéen Ánne's Bóunty *n.* 〖英史〗アン女王基金, アン女王御下賜金制度《英国国教会の貧困牧師の俸給を増すためにアン女王の下賜金をもとに 1703 年に始められたもの ; 略 Q. A. B. ; cf. Church Commissioners》.
Quéen Ánne's láce *n.* (*pl.* ～) 〖植物〗＝wild carrot.
Quéen Ánne stỳle *n.* 〖建築・家具〗アン女王様式

《18世紀の建築・家具などの様式; 建築では, 古典主義様式で赤れんがを使用した簡素なもので, 特に住宅に適した様式; 1870年代に英米で盛んに復興された; 家具では, 象眼や曲線を使った様式で cabriole が一つの特色》.

Quéen Ánne's Wár *n.* アン女王戦争《(1702–13; スペイン継承戦争 (War of the Spanish Succession) の一環として英国とフランス・スペインが北米・西インド諸島で行なった戦争》.

quéen ánt *n.* 女王アリ.

quéen bée *n.* **1** 女王バチ. **2** グループで指導的立場に立つ女性.

quéen-càke *n.* 《英》 クイーンケーキ《干しぶどう入りの小さいハート形の菓子》.

Quéen Chárlotte Íslands *n. pl.* [the ~] クイーンシャーロット諸島《カナダ British Columbia 州, 西海岸沖にある諸島; 人口 4,800, 面積 9,596 km²》.

quéen clòser [**clòsure**] *n.* 〘石工〙 縦割れんが, 羊羹《れんがを縦に半截したもの; cf. king closer》.

quéen cónsort *n.* (*pl.* **queens c-**) (国王の妻としての)女王, 王妃; 皇后 (⇨ queen *n.* 1; cf. king consort).

quéen-cùp *n.* 〘植物〙 北米産のユリ科のツバメオモト属の植物 (*Clintonia uniflora*).

quéen·dom [-dəm] 〘← QUEEN + -DOM: kingdom からの類推〙 *n.* **1** 女王国 (cf. kingdom). **2** =queenhood.

quéen dówager *n.* 皇太后.

quéen·fish *n.* 〘魚類〙 **1** ニベ科の小魚 (*Seriphus politus*). **2** =wahoo³. **3** イケカツオ属 (*Chorinemus*) の魚の総称.

quéen·hòod *n.* 女王の身分[地位, 威厳, 在位期間].

queen·ie [kwíːni | -nɪ] 〘← QUEEN (n.) 6: ⇨ -ie〙 *n.* 《俗》=queen 6.

Queen·ie [kwíːni | -nɪ] 〘⇨ queen, -ie〙 *n.* 女性名.

quéen·less *adj.* 女王なしの; 〈ミツバチが〉女王バチのいない.

quéen·like *adj.* 女王のような.

quéen·li·ness *n.* 女王らしさ, 女王にふさわしいこと.

quéen·ly 〘(*c*1540) ← QUEEN + -LY¹,²〙 — *adj.* (**queen·li·er; -li·est**) **1 a** 女王にふさわしい, 女王らしい, 女王然とした: ~ dignity 女王らしい威厳. **b** 威厳のある, 堂々とした (majestic, stately): a ~ palace 立派な邸宅 / live in ~ splendor 豪華な生活をする. **2** 女王の, 女王所属の: the ~ office [rank] 女王の職務[地位]. — *adv.* (**more ~, most ~; queen·li·er; -li·est**) 《古》 女王らしく[にふさわしく]; 女王のように.

Quéen Máb [-mǽ(ː)b] *n.* 〘英国伝説〙 クイーンマブ《夢を支配するという妖精の女王; Shakespeare, Jonson, Drayton, Milton などの作品に出る; cf. Shak., *Romeo* 1. 4. 54–94》.

Quéen Máud Lánd [-mɔ́ːd-] *n.* クイーンモードランド《南極大陸, アフリカ南方の海岸地帯; ノルウェーが領有を主張》.

Quéen Máud Ránge *n.* [the ~] クイーンモード山脈《南極大陸の Ross Ice Shelf 南方にある山脈》.

quéen móther *n.* **1** (現国王または女王の母である)皇太后 (cf. queen dowager). **2** 王子または王女のある)現女王.

quéen òlive *n.* 〘植物〙 クイーンオリーブ《スペインの Seville 地方を中心に産する果実が特に大きくて塩づけなどに適するオリーブ》.

quéen pàlm *n.* 〘植物〙 ジョオウヤシ, ギリバヤシ (*Arecastrum romanzoffianum*) 《ブラジル原産で, 庭園用・温室内の観葉植物として栽培されるシュロ科の植物》.

quéen pòst *n.* 〘建築〙 クイーンポスト, 対束 (cf. king post).

6 4 2 5 1 3 7

queen posts

1 queen posts; 2 straining beam; 3 strut; 4 purlins; 5 common rafter; 6 ridge-pole; 7 tie beam

quéen pòst trúss *n.* 〘建築〙 =queen truss.

quéen régent *n.* (*pl.* **queens r-**) 摂政女王.

quéen régnant *n.* (*pl.* **queens r-**) (一国の君主としての)女王.

Queens [kwíːnz] 〘← *Queen* (*Catherine*) (英国王 Charles 二世の王妃): ⇨ -s² 2〙 — *n.* New York 市の東部, Long Island 西部にある区; 人口 1,987,000, 面積 280 km².

Quéen's Bénch *n.* ⇨ King's Bench.

Quéens·ber·ry rùles [kwíːnzbèri-, -b(ə)ri- | kwíːnzb(ə)rɪ-] *n. pl.* 〘ボクシング〙 =Marquis of Queensberry rules.

Quéen's Bírthday *n.* (英国の)女王誕生日《Elizabeth 二世の誕生日(4月21日); ただし公的祝日としての Queen's Official Birthday は6月で, 女王の閲兵分列式 (trooping the colour) が行なわれる; ⇨ King's Birthday》.

quéen's bíshop *n.* 〘チェス〙 queenside のビショップ.

Quéen's bóunty *n.* ⇨ King's bounty.

Quéen's Chámpion *n.* [the ~] ⇨ King's Champion.

Quéen's Cóllege *n.* クイーンズカレッジ: **1** Oxford 大学の学寮の一つ《創立1340年》. **2** Cambridge 大学の学寮の一つ《創立1448年》.

Quéen's Cólour, q- c- *n.* ⇨ King's Colour.

Quéen's Cóunsel *n.* ⇨ King's Counsel.

quéen's crápe mýrtle *n.* 〘植物〙 オオバナサルスベリ, ジャワザクラ (*Lagerstroemia speciosa*) 《熱帯アジア原産のミソハギ科の落葉高木; 桃色または紫色の花は遠くから見るとマントを着たように美しい》.

quéen's Énglish, Q- E- *n.* [the ~] クイーンズイングリッシュ (⇨ king's English).

quéen's évidence, Q- e- *n.* ⇨ king's evidence.

quéen's-flòwer *n.* 〘植物〙 =queen's crape myrtle.

quéen·ship *n.* **1** =queenhood. **2** =queenliness.

quéen·sìde *n.* 〘チェス〙 白から見て左半分のチェス盤.

quéen-sìze *adj.* **1** 《口語》(「並」, 「特大」に対して) 「大」の, 大形[型]の, 準特大の (cf. king-size). **2 a** 〈ベッドが〉クイーンサイズの《横60インチ縦80インチの大きさの; cf. full size 2, king-size 2, twin-size》. **b** クイーンサイズのベッドに合う大きさの: a ~ bedspread.

quéen's knìght *n.* 〘チェス〙 queenside のナイト.

quéen's knìght's páwn *n.* 〘チェス〙 白から見て左から2番目の行のポーン.

Queensl. 《略》 Queensland.

Queens·land [kwíːnzlæ̀nd, -lənd | -lənd, -læ̀nd] *n.* オーストラリア北東部の州; 人口 1,824,000, 面積 1,727,530 km², 首都 Brisbane.

Quéensland nút *n.* **1** 〘植物〙 クインスランドナットノキ (⇨ macadamia 1). **2** =macadamia nut.

quéen's mètal *n.* 〘冶金〙 クイーンメタル《ブリタニアメタル (Britannia metal) に似た合金》.

quéen's páwn *n.* 〘チェス〙 白から見て左から4番目の行のポーン.

quéen's-pàwn ópenings *n. pl.* [単数扱い] 〘チェス〙 クイーンの前のポーンがゲーム開始にあたって2目進む序盤戦形.

Quéen's Próctor *n.* ⇨ King's Proctor.

Quéen's Remémbrancer *n.* ⇨ King's Remembrancer.

quéen's róok *n.* 〘チェス〙 queenside のルーク.

quéen's ròok's páwn *n.* 〘チェス〙 白から見て一番左の行のポーン.

Quéen's Schólar *n.* ⇨ King's Scholar.

quéen's scóut, Q- S- *n.* ⇨ king's scout.

quéen's shílling *n.* ⇨ king's shilling.

Quéen's spéech *n.* ⇨ King's speech.

quéen stáysail *n.* 〘海事〙 クインステースル《スクーナー型帆船でメントップマスト ステーに張る三角形の大きな支索帆》.

quéen súbstance *n.* 〘昆虫〙 女王分泌物, 女王物質《女王バチが分泌するフェロモン (pheromone) の一種》.

quéens·wàre 〘George 三世の后にちなむ〙 *n.* クイーンズウェア《1763年に Josiah Wedgwood が発明した白色精陶器》.

quéen's wéather *n.* 《英口語》 =king's weather 《女王治世の場合に用いる》.

quéen trùss *n.* 〘建築〙 クイーンポストトラス, 対束小屋組.

quéen wásp *n.* (スズメバチ・アシナガバチなどの)女王バチ.

queer [kwíə | kwíə(r)] 〘*adj.*: (1508) *queir* ☐? G *quer* oblique, crosswise < OHG *twerh, dwerah* (⇨ thwart). — (v.: 1790; n.: 1812) ← (adj.): もと隠語・俗語〙 — *adj.* (**~·er; ~·est**) **1 a** 奇妙な, おかしな (odd, strange); 変な, 風変わりな (eccentric): a ~ act, look, dress, language, notion, etc. / a ~ fish 変わり者 / That's ~. そりゃ変だ. **b** 少し頭の変な (touched): be ~ in the head 頭が変である / He has become [gone] quite ~. 彼はすっかり変になってしまった. **c** 〔…に〕取りつかれた, 夢中になった (obsessed) 〔*for, on, about*〕. **2 a** 疑わしい, いかがわしい, 怪しい (doubtful, suspicious): a ~ sort of story いかがわしい話 / a ~ transaction 怪しげな[不正な]取引 / There's something ~ about him. 彼にはどこか怪しいところがある. **b** 《俗》 無価値の (worthless); にせの (counterfeit): ~money. **3** 体の調子が変な, 気分の悪い (queasy); めまいがする; のぼせ気味の (giddy, faint): feel a little ~ 少し気分が悪い; ちょっとめまいがする. **4** 《俗》〈男が〉同性愛の (homosexual). **5** 《英俗》 酒に酔った (drunk).
queer and 《アイル》 ひどく, 全く: ~ *and* cold [hot] とても寒い[暑い].
— *vt.* 《俗》 **1** だめにする, 台無しにする, ぶちこわす, めちゃくちゃにする; 危うくする, 危険にさらす (jeopardize): ⇨ *queer a person's* PITCH². **2** 〈人を〉不利な立場におく: He ~*ed* himself with the professor. 彼は教授の信用をなくした.
— *n.* 《俗》 **1** [the ~] にせ金. **2 a** 変な[奇妙な]人間. **b** 同性愛の男, ホモ (homosexual).
~·ly *adv.* **~·ness** *n.*

queer·ish [kwí(ə)rɪʃ | kwíər-] *adj.* 少し変わった〔変な, 妙な〕. **~·ly** *adv.* **~·ness** *n.*

Quéer Strèet 〘*Queer*: (転訛)? ← QUERY (商人が貸し倒れになりそうな顧客の名前に?印をつけたことから)〙 — *n.* 《俗》 窮境; (特に)経済的困難. ★ 通例次の句で: in ~ 窮境に陥って; 借金に困って; 不評判で.

quell [kwél] 〘OE *cwellan* to kill < Gmc **kwaljan* to cause to die (Du. *kwellen* / G *quälen*) ← **kwal-, *kwel-* (OE *cwalu* death / *cwelan* to die) ← IE **gwel-* to pierce: cf. kill¹〙 — *vt.* **1** 〈反乱などを〉押える, 静める, 鎮圧する, 平らげる (suppress, quench): ~ a rebellion, mutiny, etc. **2** 〈感情・恐怖心などを〉抑える, 静める, 和らげる (repress, allay): ~ one's passions, fears, etc. **3** 《古》 殺す (kill). — *n.* 《古》 **1** 殺すこと, 殺戮. **2** 鎮圧力, 押える力. **~·er** [-lə | -lə(r)] *n.*

Que·moy [k(w)ɪmɔ́ɪ, kwíːmɔɪ] *n.* 金門島《中国の南東部沿岸 24 km 沖合の小島; 台湾政府の要塞となっている; 中国語名 Kinmen》.

quench [kwéntʃ] 〘(*c*1200) *cwennke(n), quenche(n)* < OE **cwenćan* < Gmc **kwankjan* (caus.) ← **kwenkan* (OE *ācwincan* to vanish) ← IE **gweiə-* to press down to die out〙 — *vt.* **1** 〈火・光を〉消す, 滅する (put out, extinguish): ~ a fire, lamp, etc. / ~ a smoking flax ほの暗き灯火を消す (cf. *Isa.* 42:3); (転じて) 将来性のある発展を中断する. **2 a** 〈欲望・速力・運動などを〉抑える, 抑制する, 制止する, 静める (stifle, suppress): ~ speed [eyesight] 速力[視力]を弱める / ~ desire [hatred, hope] 欲望[憎しみ, 希望]を抑える. **b** 〈渇を〉医する, いやす (allay, slake): ~ one's thirst 渇をいやす. **3** 〈熱・熱したものを〉冷やす, 冷却する (cool); 〈白熱した鋼鉄などを〉水に冷やす, 急冷する, 〈鋼鉄を〉焼入れする. **4** 《俗》 〈相手を〉だまらせる. **5** 〘電子工学〙 〈真空中の電子流などを〉消滅させる.

quénch·a·ble [-tʃəbl] *adj.*

quénch·er 〘(15C)〙 *n.* **1** 消す[冷やす, 制止する]人[もの]. **2** 渇をいやすもの; 飲み物 (drink): a modest ~ ちょっと一杯.

quénch·less 〘(1557)〙 *adj.* 抑え難い; 消すことのできない (inextinguishable). **~·ly** *adv.*

Que·neau [kənóu | -nóu; *F.* kəno], **Raymond** *n.* クノー《1903– ; フランスの小説家・詩人・批評家; *Zazie dans le Métro* 「地下鉄のザジ」(1959)》.

que·nelle [kənél | kə-, kɪ-] 〘☐ F ~ ☐ G *Knödel* dumpling < MHG *knödel* (dim.) ← *knode* 'KNOT¹'〙 — *n.* クネル《forcemeat を楕円・球・円筒状にまとめ, 水または出し汁 (stock) でゆがいたもの; 一皿の料理となり, つけ合わせとしても用いる》.

Quen·nell [kwənél, kwénl | kwɪnél, kwénl], **Peter (Court·ney** [kɔ́ətni | kɔ́ːtni]) *n.* (1905–) 英国の詩人・批評家・伝記作家; *Byron: the Years of Fame* (1935).

Quen·tin [kwéntn | -tɪn] 〘☐ F ~ ☐ L *Quin(c)tiānus, Quin(c)tinus* ← *quintus* 'FIFTH'〙 *n.* **1** 男性名. **2** 女性名. 《異形 Quenton, Quinton》.

Quen·ton [kwéntn] 〘↑〙 *n.* **1** 男性名. **2** 女性名.

quer·ce·tin [kwə́ːsətn, -tən | kwə́ːsɪtɪn] 〘← L *quercēt(um)* oak wood (← *quercus* (⇨ quercine)) + -IN¹〙 — *n.* 〘化学〙 ケルセチン ($C_{15}H_5O_2(OH)_5$) 《フラボノイド (flavonoid) の一種; 植物に配糖体として広く存在》. **quer·cet·ic** [kwəːsétɪk, -síːt- | kwəː-sét-, -síːt-] *adj.*

Quer·cia [kwéətʃɑː | kwéə-; *It.* kwértʃa], **Ja·co·po del·la** [jáːkopo déllа] *n.* クェルチァ《1378?–1438; ルネサンス初期イタリアシエナ派の彫刻家》.

quer·cine [kwə́ːsɪn, -sən, -saɪn | kwə́ːsaɪn, -sɪn] 〘☐ LL *quercin-us* ← L *quercus* oak: ⇨ fir, -ine¹〙 *adj.* オーク (oak) の.

quer·ci·tol [kwə́ːsətɔ̀(ː)l, -tòul | kwə́ːsɪtɒl] 〘← QUERCET(IN) + -OL¹〙 — *n.* 〘化学〙 クェルシット, クェルシトール ($C_6H_7(OH)_5$) 《どんぐり・カシの実などに含まれる環式糖アルコールの一種; acorn sugar ともいう》.

quer·cit·ron [kwə́ːsɪtrən, -sɪt-, -sət-, kwəːsít- | kwə́ːsɪtrən, ─ ─ ─] 〘《短縮》 ← 《廃》 *querci-citron* ← L *quercus* (⇨ quercine) + -I- + CITRON〙 — *n.* **1** 〘植物〙 北米東部産のカシの類の植物 (*Quercus velutina*) 《内樹皮は黄色染料になる》; その樹皮. **2** それから採った黄色染料.

Que·ré·ta·ro [kərétərou | kerétərəu; *Sp.* kerétaro] *n.* ケレタロ: **1** メキシコ中央部の州; 人口 486,000, 面積 11,769 km². **2** 同州の首都; Maximilian 帝の処刑地 (1867); 人口 159,000.

quer·i·mo·ni·ous [kwèrəmóuniəs | -rɪmə́unjəs, -nɪəs] 〘☐ ML *querimōniōs-us* ← L *querimōnia* complaint ← *querī* to complain: ⇨ quarrel¹, -ous〙 — *adj.* 不平を言う (querulous). **~·ly** *adv.* **~·ness** *n.*

qué·rist [-rɪst, -rəst | -rɪst] 〘⇨ query, -ist〙 *n.* 質問者.

quern [kwə́ːn | kwə́ːn] 〘OE *cweorn(e)* ← Gmc **kwernō* (Du. *kweern* / OHG *quirn(a)*) ← IE **gwer-* heavy (Skt *grāvan-* stone to crush the soma)〙 — *n.* (穀類・こしょうなどをひく)ひき臼, 手ひき臼 (hand mill).

quérn·stòne 〘OE *cweornstān*〙 *n.* ひき臼の石 (millstone).

quer·sprung [kwéəʃprùŋ | kwéə-; *G.* kvéːɐʃprʊŋ] 〘☐ G *quersprung* ← *quer* transverse, diagonal + *Sprung* jump (⇨spring)〙 — *n.* 〘スキー〙 ストック1本を使って90度方向を変える跳躍回転.

quer·u·lous [kwér(j)ʊləs, kwí(ə)r-, -rə- | kwér-] 〘(*c*1475) ☐ ML *querulōs-us* ← L *querulus* complaining ← *querī* to complain: ⇨ -ous〙 — *adj.* **1** 不平[文句]を言う, 不平たらたらの (complaining), ぐちっぽい, こうるさい. **2** 気難しい, 怒りっぽい (peevish): a ~ voice. **~·ly** *adv.* **~·ness** *n.*

que·ry [kwí(ə)ri, kwé(ə)ri | kwíəri] 〘(*a*1635) ☐ L *quaere*: ⇨ quaere〙 — *n.* **1** (不審・反対を含んだ)質問, 疑問 (question): He was prepared to suppress all *queries*. どんな質疑も押える覚悟でいた. **2** 疑い, 疑惑 (doubt). **3 a** 疑問符 (question mark) 《query mark ともいう》. **b** 〘印刷〙 (疑わしい語句などについて原稿・校正刷りに書き入れる)疑問符 (?). — *vt.* **1 a** 《米》〈人〉に聞きただす, 質問する (inquire). **b** …の真偽をただす, 疑う: ~ the truth 真相をただす / ~

(the accuracy of) a statement 陳述(の正確さ)をただす / I ~ very much whether [if] it is wise to act so hastily. それほど性急に行動するのが賢明かどうか疑問に思う. **2** 〘印刷〙〈語・文などに〉に疑問符をつける. — *vi.* 問いただす, 質問をする (question); 疑う. **qué·ri·er** *n.*

Ques·nay [keɪnéɪ; *F.* kɛnɛ], **François** *n.* ケネー《1694–1774; フランスの経済学者・医師; 重農主義 (physiocracy) の祖; *Tableau économique*「経済表」(1758)》.

quest [kwést] 〘n.: 《*c*1303》□ OF *queste* (F *quête*) the act of seeking < VL **quaesitam* = L *quaesita* ← *quaerere* to ask, seek ← ?. — v.: 《*a*1400》□ OF *quester* ← *queste* (n.)〙 — *n.* **1** 探索, 探求, 追求 (search, pursuit) 〔*for, of*〕: a ~ *for* gold 金捜し. **2** (中世騎士の)探索[探求]の旅, (特定の物を探求する)遠征: the ~ of the Golden Fleece ⇨ Golden Fleece / the ~ of the Holy Grail ⇨ Holy Grail. **3** [集合的]《廃》探索[遠征]隊. **4 a**《英方言》検視 (inquest). **b**《古》検視陪審 (jury of inquest).
***in quest of*...** を求めて: go *in* ~ *of* adventure 冒険を求めて行く.
— *vi.* **1 a** 〈猟犬などが〉獲物を捜す, 獲物の跡をつける 〈*about, after, out*〉: ~ *about* [*out*] for game 獲物の跡をつけて捜し回る[出す]. **b** 獲物を追ってほえる (bay). **2** 跡をつける, 捜し回る 〈*about*〉. — *vt.* 《詩》 **1** 捜す, 探索する, 追求する (pursue) 〈*out*〉. **2** 求める (demand). **~·er** *n.*

ques·tion [kwéstʃən, kwéʃtʃən] 〘n.: 《*a*1325》 *questiun* □ AF = (O)F *question* □ L *quaestiō(n-)* inquiry ← *quaerere* (↑). — v.: 《1490》□ (O)F *questionn-er* ← (n.): ⇨ -ion〙 — *n.* **1** 質問, 質疑, 問い (interrogation): a fair ~ もっともな質問 / ~ and answer 質疑応答, 問答 / put a ~ to ...に問いをかける, 質問する / Do you have any ~(s)? = Any ~(s)? 何か質問は(ありませんか) / May I ask you a ~ *about* French? フランス語のことでお尋ねしてもよろしいですか / That's a (very) good ~! それは(とても)いい質問ですね《教室・集会などでしばしば難問に対して時をかせぐために用いられる決まり文句》. **2** (討論・研究などの)論点, 問題点 (issue); 問題 (problem): a burning ~ 盛んに討議されている問題 / a difficult ~ (政治上・社会上の)難問題 / philological [grammatical] ~*s* 言語学[文法]上の問題 / an open ~ 未解決の問題 / foreign to the ~ 問題外の, 問題をそれた / beside the ~ 問題外で, 本題を外れて; 不適切な / ⇨ previous question / a ~ at issue 論争[係争]問題, 当面の問題 / ~*s* of the day 今日の問題 / It is merely a ~ of time [luck]. それは単に時間[運]の問題だ / It is only a ~ of using your head. それはただ頭を働かせるかどうかの問題だ / That is the ~. それが問題だ (cf. Shak., *Hamlet* 3. 1. 56) / That is not the ~. それは問題ではない, 問題が違う (Shak., *Merry W* 1. 1. 227–8) / The ~ is(,) what we can do. 問題は我々に何かできるかということだ. **3 a** (審議会・議会などで討議中の)議題. **b** 討論の採決提議; 採決手続き: put the ~ 〈議長が〉採決のため投票を要求する, 決を採る. **4 a** 疑問, 疑義 (inquiry, investigation): ⇨ *make no* QUESTION *of*. **b** 異議, 反論 (objection); 疑問[反論]の余地: without [beyond (all)] ~ 疑いもなく, 確かに, きっと, 無論 / There is no ~ *about* [*of*] his guilt. 彼の罪状には疑問の余地なし / There is no ~ (*but*) that he was involved in this affair. 彼がこの事件に関係があったことには疑いはない. **c** [否定構文で] 可能性 (possibility, chance): There is *no* ~ *of* escape. 絶対に逃れられない / There is *little* ~ *of* failure. 失敗するようなことはまずない / There was *no* ~ *of* saving him. 彼を救うのは不可能だった. **5**〘法律〙 **a** 係争問題, 案件. **b** 尋問: a leading ~ 誘導尋問. **c** [通例 the ~]《廃》拷問 (torture): put a person to *the* ~ 人を拷問にかける. **6**〘文法〙疑問文[節]: an indirect [oblique] ~ 間接疑問文 / ⇨ rhetorical question.
answer* (*the question*)** 〘馬術・競馬〙〈馬が〉(騎手のラストスパートの)要請に応じる. ***ask the question 〘馬術・競馬〙〈騎手が〉〈馬〉にラストスパートを掛けさせる. ***beg the question*** (1) 論証すべきことを前提として扱う, 論点を先取りする (⇨ petitio principii). (2) 論点を(巧みに)かわす. ***call in question*** ⇨ call *v.* 成句. ***come into question*** 問題になる, 議論される. ***in question*** (1) 審議[論争]中の; 問題の, 該..., 当...: the person [matter] *in* ~ 当人[本件]. (2) 問題にされて, 疑われて. ***make no question of* [*but that*]** ...を問題にしない, 疑わない, 容認する: She *made no* ~ *of* it. それを(信じて)疑わなかった / He *made no* ~ *but that* she was reliable. 彼女は信頼できる人だと信じて疑わなかった. ***out of question*** 《古》疑いもなく, 確かに (unquestionably). ***out of the question*** (1) (不可能で)問題にならない. (2) (実際問題として)論じるに足りない. (3) 不可能な (impossible). ***pop the question*** 《俗》(女に)結婚を申し込む[プロポーズする]. ***Question!*** (公の集会などで) (1) (弁士の脱線を注意して)問題外, 本題に返れ, 本筋に戻れ. (2) (疑問または不賛成を表わして)異議あり.

question of fact 〘法律〙 = FACT in issue.

question of law 〘法律〙 = ISSUE of law.

— *vt.* **1 a** 〈人〉に質問する, 問う (interrogate): ~ him *about* [*as to*] the reason for his absence 欠席の理由について質問する. **b** 尋問する: ~ a witness 証人を尋問する. **2** ...に疑いをはさむ, 疑問を起こす, 異論を唱える, 疑う; 議論する, 論争する, 問題にする (dispute): ~ a person's honesty [the accuracy] 人の正直さ[その正確さ]に疑問をもつ / It cannot be ~*ed* (but) that.... ...に疑いをはさむことはできない, ...は確かだ. **3** 〈自然現象・書物などを〉探究する, 研究する (study): ~ the stars [the Scriptures] 星[聖書]を研究する. — *vi.* 質問をする; 問う, 尋ねる (inquire).

ques·tion·a·ble [kwéstʃ(ə)nəbl, kwéʃtʃ-] 〘《1590》〙 — *adj.* **1** 〈真実性など〉問題である, 疑わしい, 疑問である, 不審な (doubtful, uncertain): a ~ statement 疑わしい陳述 / It is ~ whether it is true. 真実かどうかは怪しい. **2** (正直さ・礼儀・分別などに)問題のある, いかがわしい, 不審な (dubious): ~ conduct どうかと思われる[いかがわしい]行為 / a ~ privilege いかがわしい[曖昧な]特権. **3** 《廃》質問される, 疑問を誘う. **~·ness** *n.*

qués·tion·a·bly [-nəbli | -blɪ] *adv.* 疑わしく (doubtfully); いかがわしく (dubiously): He is ~ honest. 彼は正直かどうか怪しい.

ques·tion·ar·y [kwéstʃənèri, kwéʃtʃ- | -tʃ(ə)nəri] 〘n.: 《1541》□ ML *questiōnāri-um*. — adj.: 《1653》□ LL *questiōnāri-us*: ⇨ question, -ary〙 — *n.* 質問集; (特に) = questionnaire. — *adj.* 質問の, 疑問の (interrogative).

qués·tion·er *n.* 質問者, 尋問者.

qués·tion·ing [-tʃ(ə)nɪŋ] *n.* 質問, 疑問 (interrogation). — *adj.* **1** 疑問を示す[意味する], 尋ねるような, いぶかしげな, もの問いたげな: a ~ look, glance, etc. **2** 質疑を求める, 知りたがる, せんさく好きの (inquisitive). **~·ly** *adv.*

quéstion·less 〘《15C》〙 — *adj.* **1** 問題のない, 疑いのない, 明らかな (unquestionable). **2** 問題にしない, 不審がらない. — *adv.* 《古》問題なく, 疑いなく (undoubtedly). **~·ly** *adv.*

quéstion màrk 〘《1869》〙 *n.* **1** 疑問符 (?). **2** 未知の事柄, 未確定要因. **3** 〘昆虫〙 = violet tip.

quéstion màster *n.* 〘ラジオ・テレビ〙 = quizmaster.

ques·tion·naire [kwèstʃənéə, kwèʃtʃ- | kwèstʃənéə(r, -tjə-, kwèʃtʃə-, kèstjə-, -tɪə-, ―⌐―⌐; *F.* kɛstjɔnɛːr] 〘《1901》□ F ~ ← *questionner* 'to QUESTION' + *-aire* '-ARY'〙 — *n.* **1** (調査を目的として一連の質問を列記した)質問紙, 質問票, アンケート: by ~. **2** 〘統計〙調査表. — *vt.* ...に質問表[アンケート]を送る; アンケートで...から情報を得る.

quéstion tàg *n.* 〘文法〙 = tag question.

quéstion tìme *n.* 《英》〘議会〙質問時間《国会議員が政府の閣僚に質問できる時間》.

ques·tor [kwéstə, kwíːstə | kwíːstə(r), -tɔː(r)] 〘《*a*1387》〙 *n.* = quaestor.

Qué·te·let [kètəléɪ | -tə-; *F.* ketlɛ], **Lambert Adolphe Jacques** *n.* ケトレー《1796–1874; ベルギーの数学者・天文学者; 古典的統計学の大成者》.

quetsch [kwétʃ] 〘□ G *Quetsche* plum〙 — *n.* **1** 〘園芸〙クエッチの木《ヨーロッパ産スモモの一変種》. **2** クエッチ《アルザス (Alsace) 産のクエッチの実のブランデー》.

Quet·ta [kwéṭə | -tə] *n.* クエッタ《パキスタン中西部 Baluchistan 州の都市, 震災で半壊 (1935); 人口 268,000》.

quet·zal [ketsάːl, -sǽl | kwétsl] 〘《1827》□ Am.-Sp. ~ □ N-Am.-Ind. (Nahuatl) *quetzaltototl* ← *quetzalli* tail feather + *tototl* bird〙 — *n.* (*pl.* **~s**, 2 では **quet·za·les** [ketsάːleɪs, -sǽl-]) **1** 〘鳥類〙ケツァール (*Pharomachrus mocino*)《中央アメリカ産の尾が非常に長くて羽の美しい鳥; グアテマラを象徴する》. **2** ケツァル《グアテマラの通貨単位; = 100 centavos; 記号 Ø, Q》; 1 ケツァル紙幣.

Quet·zal·co·a·tl [ketsὰːɫkwὰːṭl, -sǽɫ-, -kouὰː- | -kwὰːtl, -kəuὰː-] 〘□ N-Am.-Ind. (Nahuatl) ~ 'plumed serpent' ← *quetzalli* (↑) + *coatl, cohuatl* serpent〙 — *n.* ケツァールコアートル《羽毛をもつ蛇神で, Aztec 族の文化英雄神; cf. Cholula》.

quetzales *n.* quetzal 2 の複数形.

queue [kjúː] 〘《1592》□ F ~ < OF *coë* < L *cōdam, caudam* tail: cf. caudal, cue²〙 — *n.* **1** 弁髪; おさげ. **2** (順番を待つ人や乗り物の)列: a bus ~ バスを待つ人の列 / in a ~ 列をなして / form a ~ 列を作る. ***jump the queue*** 《英》(1) 列に割り込む. (2) 順番を待たずに物を手に入れようとする.
— *vt.* **1** 〈頭髪を〉弁髪[おさげ髪]に結ぶ. **2** 列に並ばせる. — *vi.* **1** 〈人・車が〉列をなす[作る] 〈*up*〉. **2** 列をなして着席する. **quéu·er** *n.*

quéue four·ché [-fuəʃéɪ | -fuə-; *F.* køfurʃe] 〘□ F ~ 《原義》tail forked〙 *adj.* 〘紋章〙〈ライオンなど〉尾が二またに分かれた: a lion ~.

quéue·ing thèory [kjúːɪŋ- | kjúːɪŋ-, kjúɪŋ-] *n.* 〘数学〙待ち行列の理論《駅の出札口など, サービスを受ける人の行列ができるところで, 行列の長さや待ち時間の長さなどを対象とする数学の部門》.

que·zal [keɪsάːl, -sǽl] *n.* (*pl.* ~, **que·za·les** [-leɪs]) = quetzal.

Qué·zon Cíty [kéɪsɔ(ː)n- | -sɔn-] *n.* ケソンシティー《フィリピンの Manila 北東方の都市で, 1948 年以降同国の首都 (cf. Manila); 人口 1,439,000》.

Que·zon y Mo·li·na [kéɪsɔ(ː)n-iː-məlíːnə, -mo(ʊ)- | -sɔn-iː-mə(ʊ)-; *Am. Sp.* késonimolína], **Manuel Luis** *n.* ケソンイモリナ《1878–1944; フィリピンの愛国者・政治家; 独立前の同国初代大統領 (1935–44)》.

quib·ble [kwíbl] 〘n.: 《1611》(dim.) ← 《廃》*quib* gibe □ L *quib-us* (dat. & abl. pl.) ← *quī* who, which. — v.: 《*a*1629》← (n.)〙 — *n.* **1 a** (ささいな事を取り上げたりして大事な事をはぐらかすような)逃げ口上, 言い抜け, 屁理屈, こじつけ (equivocation). **b** (つべこべ言う)文句, つまらぬ批判, 難癖. **2** だじゃれ, 地口 (pun). — *vi.* **1** ごまかす, 言い抜ける, 逃げ口上を言う (equivocate). **2** 地口を使う. **quíb·bler** [-blə, -blə | -blə(r, -bl-] *n.*

quíb·bling [-blɪŋ, -bl-] *adj.* 屁理屈の, こじつけの; 言い抜けの: ~ criticism. — *n.* 屁理屈, こじつけ; 言い抜け. **~·ly** *adv.*

quiche [kíːʃ; *F.* kiʃ] 〘□ F ~ □ G 《方言》*Küche* (dim.) ← *Kuchen* 'CAKE'〙 — *n.* キッシュ《パイ皿に敷いた生地に, ベーコン・玉ねぎ・チーズなどを入れ, 甘味のないカスタードを注いで焼いたパイの一種》.

Qui·che [kiːtʃéɪ] 〘□ Sp. *Quiché* ← Am.-Ind.〙 *n.* (*pl.* **~, ~s**) **1 a** [the ~(s)] キチェ族《グアテマラ南部の Maya 族の一種族》. **b** キチェ族の人. **2** キチェ語.

Qui·chu·a [kíːtʃuə | -tʃʊə] *n.* (*pl.* ~, **~s**) = Quechua.

quick [kwík] 〘adj.: OE *cwic(u)* living < Gmc **kwikwaz* (Du. *kwik* / G *keck* bold / ON *kvikr* alive) ← IE **gwei-* to live (L *vīvus* living / Gk *bíos* life / Skt *jīva-* alive). — n.: OE *cwic(u)* ← (adj.): cf. quicken, quicksilver〙 — *adj.* (**~·er, ~·est; more ~, most ~**) **1 a** 動き[行動]の速い, 急速な (rapid, speedy); 素早い, ぐずつかない, すぐさまの (prompt, immediate): a ~ answer 即答 / a ~ walk 早足 / ~ work 早業 / a ~ buck = fast buck / a ~ march 〘軍事〙速歩(行進) / make a ~ decision 即断する / be ~ about one's work 仕事が早い / be ~ of foot 足が早い / be ~ to respond (呼べば)すぐ答える, 反応が早い / be ~ to grasp [understand] 飲み込み[理解]が早い / be ~ *of* apprehension 理解が早い / be ~ *at* learning 物覚えが早い / Be ~! 早くやれ, 急げ / Do be ~ and get your work done. 急いで仕事をしてしまえ / He was followed by ~ vengeance. 彼はすぐ復讐(ふくしゅう)された / He is ~ *at* figures. 計算が早い / This rose is a ~ grower. このバラは生長が早い / *Quick at* meat, ~ *at* work. 《諺》早飯の人は仕事が早い. **b** 〈行動・出来事など〉急速になされる[生じる], 瞬間になされる[生じる]; すぐ終わる, 短時間内の: a ~ glance 素早い一瞥(いちべつ) / in ~ succession 矢継ぎ早に / ~ writing 早書き / a ~ lunch 急いですます昼食 (cf. quick lunch) / give a ~ look to her 彼女をさっと急いで見る / a ~ victory あっという間の勝利 / There is only time for a ~ walk round. 急いで一回りして来るだけの時間しかない. **c** 早急な, あわてた (hurried); 急ぎすぎる (overhasty): a ~ journey 急ぎの旅 / too ~ to conclude 結論づけるのを急ぎすぎる. **d** 簡単に調理できる: a ~ dinner. **2 a** 感知の早い, 鋭敏な, 敏感な (sensitive, acute): He has a ~ eye [ear]. 彼は目ざとい[耳が鋭い]. **b** 理解[悟り]の早い, さとい; 利口な (intelligent); 抜け目のない (smart): a ~ mind 悟りの早い頭, 機敏な精神 / a ~ student 理解の早い学生 / have ~ wits 機知がある, 頓知(とんち)がいい; 理解が早い (cf. quick-witted) / Some children are very ~. 非常に利発な子供もいる. **c** すぐ激する, 怒りっぽい; 短気な, 性急な (hasty, impatient): a ~ temper 怒りっぽい気質, 短気 / be ~ *of* temper 怒りっぽい. **3** [複合語の第 1 構成素として] (...の)早い, 鋭い: *quick*-eyed (< quickeye + -ed), *quick*-witted (< quick wit + -ed), etc. **4** 〈曲がり・カーブが〉急な (sharp): a ~ turn. **5 a** 《古》生きている (living, alive): go down ~ into hell 生きながら地獄に落ちる (cf. *Ps.* 55: 15). **b** [the ~; 名詞的に; 複数扱い] 生きている人々. ★ 特に次の句で: *the* ~ and the dead 生者と死者. **c** 《英方言》生えている木から成る: a ~ hedge [fence] 生垣(いけがき) (cf. DEAD hedge, quickset). **6 a** 〈火など〉燃えさかった (fiery): the ~ flames. **b** 〈オーブンが〉熱い (hot). **7 a** 《古》妊娠している《特にもう胎動している場合にいう; cf. quicken *vi.* 3》: be ~ with child. **b** 《廃》活力旺盛(おうせい)な, 活動的な (busy, brisk): He is ~ with life. 生気あふれている. **8** 《古》 **a** 〈水・流れが〉流れている, よどんでいない: ~ water. **b** 〈水を含んで〉どろどろになって動いている: ~ mud. **9** 《米》〘会計〙すぐ金に換えられる, 現金化できる (liquid): ⇨ quick assets. **10** 〘鉱山〙〈鉱脈など〉鉱石を含む; 生産的な.
— *n.* **1** (さわると痛い)生き身, なま身; (特に)爪下の赤むけ, 傷口に盛り上って来た新肉: cut the fingernail to the ~ 深爪を切る / probe a wound to the ~ 傷口の(さわると痛い)生き肉の所まで探りを入れる. **2 a** 感情[情緒]の中枢; 急所, 痛い所: The mere suspicion stung him to the ~. 疑いをかけられただけで彼はひどく気にさわった / Your coldness cuts me to the ~. 君の冷淡さは実にしゃくにさわる[痛切にこたえる] / He is a Cockney [poet] to the ~. 彼は根っからロンドン子[純然たる詩人]だ / It is painted to the ~. それは生き写しだ. **b** (ものの)中心, 核心 (heart): the ~ of the thing. **3** 《英》さんざしの生垣 (quickset).
— *adv.* (**~·er, ~·est; more ~, most ~**) **1** 早く, 早急に, 急いで (quickly): Don't talk too ~. 余り早口でしゃべるな / Run as ~ as you can. 全速力で走れ / Please come ~. 早く来て下さい / Now then, ~! You are too slow. さあ急げ, 君はのろすぎる / ~ as lightning [thought, wink] 電光石火のように速やかに, またたく間に. **2** [分詞形容詞の複合語の第 1 構成素として]: *quick*-flying 速く飛ぶ / *quick*-growing 速く成長する / a *quick*-firing gun 速射砲 / *quick*-answered

即答の / ⇨ quick-frozen.
~·ness *n.*

quick ássets *n. pl.* 《米》〖会計〗当座資産《現金・預金およびすぐ現金化できる受取手形・売掛金・一時所有の有価証券のこと; cf. current assets》.

quick brèad *n.* クイックブレッド《イーストを用いずに, ベーキングパウダー・重曹(じゅうそう)などの膨張剤を入れて作ったパン》.

quick-brèak switch *n.* 〖電気〗速切りスイッチ.

quick-chànge *adj.* 〈役者など〉早変わりの: a ~ artist (寄席(よせ)などの)早変わり芸人.

quick cláy *n.* 〖地質〗クイッククレイ《スカンジナビア半島に分布する海成粘土》.

quick díve *n.* =crash dive.

quick·en [kwíkən] 〖(a1300) □ ON *kvikn-a* ∞ OE *cwician* to revive (← *cwic* 'QUICK'): ⇨ -en¹〗 — *vt.* **1** 速める, 急がせる (hasten, accelerate): We ~*ed* our pace. 歩調を速めた. **2 a** …に生命を与える, 生かす, よみがえらせる (revive). **b** 活気づかせる (animate); 刺激する, 奮い起こす (stimulate, arouse): ~ appetite 食欲を刺激する / ~ the imagination 想像をたくましくする. **3** 《古》…に火をつける, 燃やす. **4** 〖造船〗**a** 〈曲がり部分を〉もっと鋭角に曲げる. **b** 〈傾斜を〉もっと急にする. — *vi.* **1** 速度が増す, 速くなる: His steps ~*ed.* 彼の歩調が速くなった / The rhythm of the music ~*s.* 音楽のリズムが調子を速める / The pulse ~*s.* 脈が速くなる; 胸がわくわくする. **2** 生きる, よみがえる(revive); 元気づく, 活発になる: His anger ~*ed.* 彼の怒りが激した. **3** 〈胎児が〉動く, 胎動を始める; 〈妊婦が〉胎動を感じる. **~·er** *n.*

quick·en·ing [-k(ə)nɪŋ] 〖(adj.: c1395; n.: c1450)〗 *adj.* 生かす, よみがえらせる; 元気にする, 元気づかせる. — *n.* (妊娠 18 週ごろの)胎動(期).

quick-fire *adj.* 急射の, 速射の: a ~ gun 速射砲.

quick fíre *n.* 〖軍事〗(移動目標に対して発見後ただちに行なう)急射, 速射 (fast firing).

quick-firer *n.* 速射砲 (quick-firing gun).

quick-fìring *adj.* =quick-fire.

quick-fréeze *vt.* (**quick-froze**; **-frozen**) 〈食料品を〉(保存のために)急速冷凍する《セ氏零下 30 度くらいの温度で数時間冷凍する(送風凍結); deep-freeze ともいう》. — *n.* =quick-freezer.

quick-frèezer *n.* 急速冷凍機[装置].

quick-fréez·ing *n.* (食料品の)急速冷凍(法).

quick-frózen *adj.* 急速冷凍した.

quick gràss *n.* 〖植物〗=couch grass.

quick·ie [kwíki | -kɪ] 〖⇨ -ie〗《口語》 — *n.* **1 a** 急ごしらえ[間に合わせ]のもの. **b** 急ごしらえの安物映画 (cf. quota quickie). **c** 速成小説[本]. **2** 軽くひっかける 1 杯(の酒), 急ぎの 1 杯 (quick one). **3 a** 急いでする行為. **b** 《卑》短時間の性行為. — *adj.* 急ごしらえの, 間に合わせの.

quick kíck *n.* 〖アメリカンフットボール〗クイックキック《相手の意表をついてランニングまたはパスプレーのフォーメーションからファースト, セカンド, またはサードダウンにおいてキックすること》.

quick·lìme 〖(c1380)《なぞり》← L *calx vīva* // F *chaux vive*〗 *n.* 生石灰 (calcium oxide).

quick lúnch *n.* 《米》軽食堂《軽食・サンドイッチなどの手早い調理のものを専門とする食堂》.

quick·ly 〖OE *cwiclīce* keenly: cf. ON *kvikliga*〗 *adv.* **1 a** 速く, 急いで, 敏速に (rapidly). **b** 早く, すぐ, 手早く, 早急に. **2** 《古》敏感に (sensitively).

quick one *n.* 《口語》(きゅっと)1 杯(の酒): take a ~ きゅっと 1 杯ひっかける.

quick rátio *n.* 〖経営〗=acid test ratio.

quick·sànd 〖(15C) ← QUICK+SAND: cf. Du. *kwikzand* / G *Quicksand*〗 — *n.* **1 a** (海岸などの)浮砂, クイックサンド, 流砂(りゅうさ)《水で飽和した砂で, 人や動物などがその上に乗ると吸い込まれる; また浸透水の上昇流の影響を受けて粒子間の圧力を減じ, 地盤の支持力がなくなった砂》. **b** 流砂床. **2** (流砂のように)危険で油断のならない状態[事態]. **~·y** *adj.*

quick·sèt 〖(1484) ← QUICK (adj. 5)+SET〗《英》 — *adj.* 生垣(いけがき)の, 生垣作りの: a ~ hedge (さんざしの)生垣. — *n.* **1** (主にさんざしの)生垣. **2** [集合的にも用いて] 生垣用の木, (主に)さんざし (hawthorn).

quick-sètting *adj.* 〈セメントなど〉急速に凝結する, 急結の. **~·ness** *n.*

quick-síghted *adj.* 目早い, 目ざとい; 眼力の鋭い.

quick·sìlver 〖OE *cwicseolfor* living silver《なぞり》← L *argentum vīvum* ((neut.) ← *vīvus* living): cf. G *Quecksilber*〗 — *n.* **1** 水銀 (mercury). **2** 快活な[気軽な]気質, 移り気; 移り気な人[もの]. — *adj.* **1** 水銀(状)の. **2** 快活な. — *vt.* 〈鏡用ガラス〉に水銀と錫の合金を塗る.

quick·stèp *n.* **1** 〖軍事〗速歩《quick time に用いられる歩調》; (特に)速歩行進曲. **2** 〖ダンス〗クイックステップ.

quick-témpered *adj.* 怒りやすい, 短気な (irascible).

quick·thòrn *n.* 〖植物〗=hawthorn.

quick tíme *n.* **1** 速歩. **2** 〖陸軍〗速歩(はやあし)《米国では 1 分間に歩幅 30 インチで 120 歩, 英国では歩幅 33 インチで 128 歩》.

quick tríck *n.* 〖トランプ〗(ブリッジで)即攻札《同種札が出されれば初回か 2 回目には必ず勝てる強い札, あるいは札の組合せ; たとえば ace, または king+queen など; cf. honor trick》.

quíck·wàter *n.* 早瀬, 急流.

quíck-wítted *adj.* 機敏な, 機転のきく; 理解の早い, 頭の回転のいい. **~·ly** *adv.* **~·ness** *n.*

quíck·wòrk *n.* 《古》〖海事〗**1** 建造中の船の骨組へ, とりあえず張りつける仮の外板. **2** (まれに)満載時にだけ水につかる外板部.

quick·y [kwíki | -kɪ] *n.* =quickie.

quid¹ [kwíd] 〖(1688) ← ?: cf. quid pro quo〗 — *n.* (*pl.* ~) 《英俗》1 ポンド紙幣; 1 ギニー[ソブレン]金貨; 1 ポンド金貨 (sovereign); 1 ポンド (£1): half a ~ 半ポンド / a couple of ~ 2 ポンド / at two ~ a week 週 2 ポンドで.

quid² [kwíd] 〖(1727)《異形》← CUD〗 *n.* (かみたばこの)一かみ分: a ~ of tobacco.

Quid·de [kvídə; *G.* kvídə], **Ludwig** *n.* クヴィッデ《1858–1941; ドイツの歴史家・平和論者; Nobel 平和賞 (1927)》.

quid·di·ty [kwídəṭi | -dəti, -dɪ-] 〖(1539) □ ML *quidditāt-em* whatness ← L *quid* 'WHAT': ⇨ -ity〗 — *n.* **1 a** (物の)本質, 実体, 実質. **b** 〖スコラ哲学〗通性原理《同一種類の多くの個物に共通のものとしてみられた場合の本質; cf. haecceity》. **2** 屁理屈, こじつけ, 揚足取り (quibble).

quid·nunc [kwídnʌŋk] 〖(1709) □ L *quid nunc?* what now?〗 *n.* (世間話などの)聞きたがり屋; うわさ好き; 金棒引き (newsmonger).

quid pro quo [kwíd-prou-kwóu | -prəu-kwə́u] 〖(1565) □ L *quid prō quō* something for something〗 — *n.* (*pl.* **~s, quids pro quos**) **1** 代わり, 代償(物), 相当物, 報償 (compensation, consideration): get a ~ 代償を得る / He does nothing without a ~. 報酬なしには何もしない. **2** 仕返し, しっぺ返し (tit for tat) (cf. Shak., *1 Hen VI* 5. 3. 109).

qui·esce [kwaɪés, kwi- | kwaɪ-] 〖□ L *quiēsc-ere* to rest, cease ← *quiēs* 'rest, peace, QUIET'〗 *vi.* 《まれ》黙する, 静かになる, 静まる.

qui·es·cence [kwaɪésns, kwi- | kwaɪ-] 〖□ LL *quiēscentia*: ⇨ quiescent, -ence〗 *n.* 休止, 静止 (quietness), 無活動 (inactivity).

qui·és·cen·cy [-snsi | -sɪ] *n.* =quiescence.

qui·es·cent [kwaɪésnt, kwi- | kwaɪ-] 〖(1609) □ L *quiēscent-em* (pres.p.) ← *quiēscere* (↓): cf. F *quiescent*〗 — *adj.* **1** 静止の, 不動の (quiet, motionless); 無活動の (inactive), 休止の (dormant). **2** 〈文字が〉発音されない. **3** 〖病理〗静止性の, 鎮静期の, 非活動性の, 無症状の. **~·ly** *adv.*

qui·et [kwáɪɪt, kwáɪət] 〖adj.: (c1395) □ OF *quiete* // L *quiēt-us* calm (p.p.) ← *quiēscere* to come to rest ← *quiēs* rest ← IE **kwei-* cozy, quiet: COY, QUIT (adj.) と三重語. — n.: (a1325) □ L *quiēt-, quiēs*. — v.: (a1450) □ ML *quiētāre* ← L *quiētus*: cf. tranquil, while〗 — *adj.* (**~·er, ~·est; more ~, most ~**) **1 a** 動かないでいる, 静かな, 穏やかな; 平和な (peaceful): a ~ sea 波の静かな海 / a ~ life 平穏な生活 / The winds are ~ now. 風はもうおさまっている. **b** (休んで)静かにしている, 安静にしている, (動かずに)じっとしている (inactive, still): I want to be ~ after my journey. 旅行の後は静かに休養していたい / Keep ~ for a while after dinner. 食後はしばらく動かないでいなさい. **c** 興奮しない, 落ち着いた: a ~ conscience 安らかな[やましくない]良心 / The patient at last is ~*er*. 患者はやっと落ち着いて来た. **d** 〈環境・生活様式など〉単調な, 変化のない, 浮かれ騒ぎのない (monotonous, uneventful): He finds life in the country too ~. 田舎の生活は単調過ぎると思っている / a ~ wedding, dinner party, etc. **2 a** 騒がしくない; 音を立てない: My car is a very ~ one. 私の車は静かな車だ / We have such ~ neighbors that we never hear them. 近所は静かな人たちで声を聞くことがない / He was very ~ all the evening, and hardly spoke. 彼はその晩はばかに静かにしていてほとんど物も言わなかった / Be [Keep] ~! =*Quiet!* 静かに, 黙れ / *Quiet*, please, gentlemen! 皆さん, お静かに願います. **b** 無口な, 内気な (reticent): a ~ person 無口な人. **c** 閑静な, 騒音に煩わされない; 静寂な, 静まりかえっている: a ~ neighborhood 閑静な地区 / Everything is ~ after 10 o'clock. 10 時以後はすっかり静かになる. **d** 表面に出さない, 秘かな (private): ~ resentment 内に秘めた恨み. **3** 物静かな, 温和な (gentle): ~ fun 穏やかな戯れ / nice ~ people 物静かないい人たち. **4** 静かに[ゆったり]楽しまれる, くつろいだ: a ~ evening at home 家庭で過ごすくつろいだ夜 / a ~ cup of tea くつろいだ 1 杯のお茶. **5 a** 〈態度・振舞いなど〉でしゃばらない, 慎ましやかな, 落ち着いた (restrained, unobtrusive): ~ manners 物静かな態度. **b** 〈色合・着物など〉落ち着いた, 渋い, 地味な (subdued): ~ colors [decorations] 地味な色彩[装飾] / a ~ (style of) dress 地味な服装. **6** 引っこんだ, ひっそりした (secluded): a ~ nook. **7** 〖商業〗不活発な, 活気のない (inactive): a ~ market 不活発な[取引のない, 商いが閑散な]市場.
— *adv.* 静かに (quietly).
— *n.* **1** (騒音のない)静けさ, 静寂, 閑静, 静穏 (stillness, silence); 平和, 平穏, 泰平 (peace): the ~ of the country [sky] 田舎[空]の静けさ / many years of ~ before the war 戦前の多年の平和時代 / a period of ~ 泰平期. **2 a** (心の)平静, 落ち着き, 安らかさ (serenity): the ~ of a contented mind 満ち足りた心の安らかさ. **b** 休養, 安静 (repose): rest and ~ 安息, 休息 / enjoy a few hours of ~ after exertion 働いた後, 二, 三時間静かに体を休める.
at quiet 平穏[平静]に. ***in quiet*** 静かに, 平和に: live in ~ 安穏に暮らす. ***on the quiet*** 目立たないで; 秘密に, ひそかに, こっそり (secretly). ★ 俗に on the Q.T. [q.t.] と略す.
— *vt.* **1 a** 静める, 静かにさせる. **b** 〈騒ぎ・疑い・恐怖などを〉和らげる, 静める (allay, silence). **2** なだめる, 慰める, 安心させる, 〈人〉の心を和らげる (soothe, console). **3** 〖法律〗〈権利の享有を〉完全にする.
— *vi.* 静まる, 静かになる, 穏やかになる, 治[収]まる, 落ち着く 〈*down*〉.
~·ly *adv.* **~·ness** *n.*

qui·et·en [kwáɪɪtn, kwáɪətn] 〖(1828): ⇨ ↑, -en¹〗 *v.* 《英・方言》=quiet.

quí·et·ism [-tìzm] 〖(1687) □ It. *quietismo* passiveness: ⇨ quiet (adj.), -ism〗 — *n.* **1** 無抵抗主義. **2 a** 〖キリスト教〗静寂主義《17 世紀末スペインの聖職者 Molinos が唱道し, 後に Madame Guyon と Fénelon によってフランスで起こされた一種の宗教運動; 自己沈潜と神の完全性の思索による意志の克服を目的とした》. **b** (精神・生活の)平和, 静けさ, 平穏.

quí·et·ist [-ṭɪst, -ṭəst | -tɪst] 〖□ It. *quietista*: ⇨ quiet, -ist〗 *n.* 静寂主義者; 静寂を楽しむ人. — *adj.* =quietistic.

qui·et·is·tic [kwàɪɪtístɪk, kwàɪə-] *adj.* 静寂主義(者)の.

qui·e·tude [kwáɪɪt(j)ù:d, kwáɪə- | -tjù:d] 〖(1597) □ F *quiétude* // ML *quiētūdō* ← L *quiētus*: ⇨ quiet (adj.), -tude〗 *n.* 静かさ, 穏やかさ, 静穏 (tranquillity).

qui·e·tus [kwaɪí:ṭəs | -í:təs, -éɪt-] 〖(1540) □ ML *quiētus (est)* (he is) quit (p.p.) ← *quiēscere* 'to rest, keep QUIET'〗 — *n.* **1 a** (債務の)決済, 清算. **b** 《古》(義務からの)解除. **2** (人生などの)総勘定, 死: make one's ~ 神様に年貢を納める (cf. Shak., *Hamlet* 3. 1. 75) / give a ~ to a rumor うわさの根を絶つ / get one's ~ とどめを刺される / give a person his ~ 人にとどめを刺す, 息の根をとめる. **3** 休養[静止, 無為]の状態.

quiff¹ [kwíf] 〖← ? It. *cuffia* 'COIF'〗 *n.* 《英》額に垂らした巻き毛(のヘアスタイル).

quiff² [kwíf] 〖← ?《廃》*quiff* to copulate ← ?〗 *n.* (*pl.* **~, ~s**) 《俗》女, 娘 (girl); 浮気な[身持ちの悪い]女.

quiff³ [kwíf] 〖← WHIFF¹〗 *n.* **1** (たばこの)一ぷくの煙. **2** 一吹きの風, 一陣の風.

quill [kwíl] 〖(a1420) ← ? (M)LG *quiele* ← ?: cf. MHG *kil* / G *Kiel*〗 — *n.* **1 a** (鳥の)羽 (feather); (特に)尾羽, 風切羽《昔ペンに使った; pen feather ともいう》. **b** (羽の)翮(かく), 羽柄, 羽軸根(うじくこん)《羽の軸基部の下部で中空の部分; calamus ともいう; ⇨ feather 挿絵》. **2** (ヤマアラシ・ハリネズミなどの)針 (spine). **3 a** 羽軸製の物. **b** 羽ペン, 鵞(が)ペン (quill pen): drive the ~ ペンを走らせる, 書く (cf. quill-driver). **c** 爪揚枝(つまようじ). **d** 〖釣〗羽根軸を割って巻いたフライ《quill fly ともいう》; クジャクの羽根で作ったうき. **e** (楽器の)爪 (plectrum). **4 a** (管状の)糸巻き (bobbin, spool). **b** (葦(あし)などの中空の茎などで作った)笛. **5** [通例 the pure ~ として] 最上のもの, 極上品. **6** 〖薬学〗(乾燥の際, 管状にまくれた)にっけい[キナの]皮. **7** 〖機械〗クイル《別のシャフトにかぶさって回転する中空軸》. — *vt.* **1** 針で刺す. **2** …から羽を抜く. **3** 〖紡織〗**a** 〈レースなどに〉管状にひだをつける (cf. quilling). **b** 〈糸を〉糸巻きに巻く. — *vi.* 〖紡績〗糸を糸巻きに巻く.

qui·llai [ki(j)ái | kɪ-] 〖□ Am.-Sp. ~, *quillay* ← Chilean (Araucanian)《土語》〗 *n.* 〖植物〗キラハ, セッケンボク (⇨ soapbark 1).

qui·llai·a [ki(j)áɪə | kɪ-] *n.* 〖植物〗=quillai.

quillái bàrk *n.* =soapbark 2.

quíll·bàck *n.* (*pl.* **~, ~s**) 〖魚類〗背びれのすじの一つが quill のように長く伸びているサッカー科の淡水魚の総称: **a** 北米産の一種 (*Carpiodes cyprinus*) (carpsucker). **b** 北米中・東部産の一種 (*C. verifer*) (highfin carpsucker ともいう).

quíll-còverts *n. pl.* 〖鳥類〗翼覆(よくおおい)《羽の基部をおおう羽毛》.

quíll drìve *n.* 〖機械〗クイル式動力伝達装置, 中空軸駆動, 中空軸式動力伝達装置.

quíll-drìver *n.* 《古》[軽蔑的に] 文筆家《文士・記者・著述家など》; (特に)下級の書記 (cf. drive *vt.* 7).

quíll-drìving *n.* 《古》[軽蔑的に] 物書き, 文筆業.

Quil·ler-Couch [kwílәkú:tʃ | -ləkú:tʃ], **Sir Arthur (Thomas)** *n.* (1863–1944) 英国の小説家・批評家; 1912 年以降 Cambridge 大学教授; 筆名 Q; *The Oxford Book of English Verse* (1900 年編集), *Studies in Literature* (1918, '22, '29).

quil·let [kwílɪt, -lət] 〖(1594)《変形》← ? L *quidlibet* what you please ← *quid* 'WHAT'+*libet* it pleases (one) //《尾音消失》←《廃》*quillity*《変形》← QUIDDITY〗 — *n.* 《英古》**1** ごまかし, 逃げ口上, 言い抜け, 屁理屈 (quibble) (cf. Shak., *Hamlet* 5. 1. 108). **2** 細かい区別立て: the ~ of the law 法律のせせこましさ.

quíll·fìsh *n.* 〖魚類〗北太平洋産の小型で極めて細い, イソギンポ (blenny) の類の魚 (*Ptilichthys goodei*).

quíll flỳ *n.* 〖釣〗=quill 3 d.

quíll·ing [-lɪŋ] *n.* **1** (レース・リボンなどに)管状にひだをとること. **2** 管状にひだをとったレース[リボンなど].

quíll pèn *n.* 羽ペン, 鵞(が)ペン.

quíll·wòrt *n.* 〖植物〗ミズニラ《ミズニラ科ミズニラ属 (*Isoetes*) の植物の総称》.

quilt [kwílt] 〖n.: (c1300) *cowlte* □ OF *cuilte, coilte*

(F *couette*) < L *culcitam* mattress, bolster〛 ── *n.* **1** (羊毛・羽毛などを入れた)刺し子の掛けぶとん, キルト. **2 a** 寝床の掛け布, 上掛け (coverlet, counterpane). **b** キルト状のベッドカバー[ベッドスプレッド]. **3** 《廃》敷きぶとん, マットレス (mattress). ── *vt.* **1 a** 刺し子ぶとんにする. **b** 心(しん)を入れて刺し子に縫う. **2** 〈貨幣・手紙などを〉着物などの間に縫い込む. **3** 〈文学作品などを〉寄せ集めて[借り物の思想で]編集する 〈*together*〉. **4** 《方言》打つ, なぐる (thrash). ── *vi.* キルトを作る; 刺し子縫いの仕事をする. **~·er** [-tə | -tə(r] *n.*

quilt·ed [-tɪd, -təd | -tɪd, -təd] *adj.* **1** 刺し子縫い[キルト]の[に似た]. **2** 模様縫いの[に似た]. **3** キルトのように詰めた.

quilt·ing [-tɪŋ | -tɪŋ] *n.* **1** 刺し子に縫うこと, (羽ぶとんの)刺し子縫い, キルティング. **2** 刺し子ぶとんの材料. **3** 《米》=quilting party. **4** 《海事》編みひも (sennit) 製のおおい.

quilting pàrty [**bèe**] *n.* 《米》刺し子ぶとん作りの手伝い会《一種の婦人社交会; cf. bee[1] 4》.

quin [kwín] 〚略〛 *n.* 《口語》五つ子の一人 (quintuplet); [*pl.*] 五つ子.

quin- [kwɪn] (母音の前に来る時の) quino- の異形.

qui·na [kíːnə | kwáɪ-] 〚□ Sp. ~ 'cinchona bark' 《略》 ← *quin(a)quina* □ Quechua *kin(a)-kina* 《加重》 ← *kina* bark〛 *n.* =cinchona.

quin·a·crine [kwínəkriːn, -krɪn, -krən | -kriːn] 〚← QUINO-+ACR(ID)INE〛 *n.* 〚薬学〛 キナクリン ($C_{23}H_{30}ClN_3O \cdot 2HCl \cdot 2H_2O$) 《マラリア予防薬》.

quin·ál·dic ácid [kwɪnǽldɪk-] 〚*quinaldic*: ← QUINO-+ALD-+-INE[3]+-IC[1]〛 ── *n.* 〚化学〛 キナルジン酸, キノリン-2-カルボン酸 (C_9H_6NCOOH) 《黄色結晶性粉末》.

qui·nar·i·us [kwɪnɛ́(ə)riəs | -nɛ́ərɪ-] 〚□ L *quīnārius* (↓)〛 *n.* (*pl.* **-nar·i·i** [-riàɪ | -rɪ-]) (古代ローマの)クイナリウス貨《銀貨または金貨; $^1/_2$ denarius に当たる》.

qui·na·ry [kwáɪnəri, kwín- | -rɪ] 〚《1603》□ L *quīnārius* containing or consisting of five ← *quīnī* five each ← *quinque* 'FIVE': ⇨ -ary〛 ── *adj.* **1** 5 の, 5 個[部]から成る; 五つずつの (quintuple). **2** 五進法の. ── *n.* **1** 五つから成る組[グループ]. **2** 五進法.

qui·nate[1] [kwáɪneɪt] 〚← L *quīnī* (↑)+-ATE[2]〛 *adj.* 〚植物〛〈複葉が〉五小葉から成る.

qui·nate[2] [kwáɪneɪt, kwín-] 〚← QUINO-+-ATE[1]〛 *n.* 〚化学〛 キナ酸塩[エステル] 《キナ酸 (quinic acid) の塩またはエステル》.

quin·az·o·line [kwɪnǽzəliːn, kwə-, -lɪn, -lən | kwɪn-ǽzəliːn, -lɪn] 〚← QUINO-+AZOLE+-INE[3]: cf. G *Chinazolin*〛 ── *n.* 〚化学〛 キナゾリン ($C_8H_6N_2$) 《融点 48°C; 複素環芳香族化合物の一種》.

quince [kwíns] 〚《*c*1325》 *quynce* (pl.) ← *quyne, quine* □ OF *co(o)in* (F *coing*) < L *cotōneum, cydōneum* □ Gk *Kudṓnion* (*mēlon*) quince, 《原義》 (apple) of Cydonia (古代 Crete の都市)〛 ── *n.* **1** 〚植物〛 マルメロ, カリン(花梨) (*Cydonia oblonga*) 《ペルシャ原産バラ科の植物; その変種 *pyriformis* や *maliformis* などは果樹として栽培される》. **2** マルメロの実《芳香が強く, ゼリー・ジャムなどの原料になる》.

quin·cen·ten·a·ry [kwìnsenténəri, kwɪnsénṭənèri, -ṭɪn-, -tṇ- | kwìnsentíːnərɪ, -tén-, kwɪnséntɪn-] 〚《1879》 ← L *quin(que)* (↓)+CENTENARY〛 ── *n.* 五百年祭. ── *adj.* 五百年祭の[に関する].

quin·cunx [kwínkʌŋ(k)s | kwín-, kwíŋ-] 〚《1647》□ L *quincunx* five twelfths ← *quinque* 'FIVE'+*uncia* 'twelfth part, OUNCE[1]': $^5/_{12}$ アス (as[2]) (またはポンド)を五の目型に配列した五つのダッシュ符で示したことから〛 ── *n.* **1 a** 五の目型, 五点形《正方形の四隅と中心に配列する》. **b** 五の目型[五点形]のもの《例えば, トランプ・さいの目などの五の目立ち》: The plantation is laid out in ~*es.* 植え込みは五の目型になっている. **2** 〚植物〛 五葉排列. **quin·cun·cial** [kwɪnkʌ́nʃəl] *adj.* **quin·cún·cial·ly** *adv.*

Quin·cy[1] [kwínzi | -zɪ] 〚← *Col. John Quincy* (1689–1767: この地の役人)〛 *n.* 米国 Massachusetts 州 Boston 付近の都市; 人口 88,000.

Quin·cy[2] [kwínsi | -sɪ] 〚← (*settler from*) *Cuinchy* (フランス北部の地名) ← L *quīntus* fifth+Gaul. *-acos* (地名語尾)〛 *n.* 男性名.

Quin·cy [kwínzi, kwínsi | -zɪ, -sɪ], **Josiah** *n.* (1744–75) 米国の独立戦争当時の愛国者.

quin·dec·a·gon [kwɪndékəgɑ̀n | -gən] 〚← L *quindecim* (↓)+(DEC)AGON〛 *n.* 〚数学〛 十五角形.

quin·de·cen·ni·al [kwìndɪséniəl, -də- | -dɪsénjəl, -nɪəl] 〚← L *quindecim* fifteen+(BI)ENNIAL〛 *adj.* 十五年(祭)の. ── *n.* 十五年祭.

quin·de·cil·lion [kwìndɪsíljən, -də- | -dɪ-] 〚← L *quindecim* (↑)+(M)ILLION〛 *n.* 《米》 10^{48}; 《英》 10^{90} (⇨ million 表). ── *adj.* quindecillion の.

qui·nel·la [kwɪnélə, kwə-, kiː- | kwɪ-, kiː-] *n.* = quiniela.

quin·gen·ten·a·ry [kwìndʒenténəri, kwɪndʒéntən-èri, -tṇ- | kwìndʒentíːnərɪ, -tén-] 〚← L *quingentī* five hundred (⇨ quinque-, centum[1])+(CENTE)NARY〛 ── *n., adj.* =quincentenary.

quin·hy·drone [kwɪnháɪdroun, ⏑⏑⏑ | kwɪnháɪ-drəun, ⏑⏑⏑] 〚← QUIN(INE) + HYDR(OQUIN)ONE〛 ── *n.* 〚化学〛 キンヒドロン ($C_6H_4O_2 \cdot C_6H_4(OH)_2$) 《キノンとヒドロキノンとの分子化合物》.

quinhýdrone eléctrode *n.* 〚化学〛 キンヒドロン電極《pH 測定用電極の一つで, キンヒドロンの飽和溶液に白金線を入れて構成する》.

quín·ic ácid [kwínɪk-, kwáɪn-] 〚⇨ quino-, -ic[1]〛 *n.* 〚化学〛 **1** キナ酸 ($C_6H_7(OH)_4COOH$). **2** =quininic acid.

quin·i·dine [kwínədiːn, -dɪn, -dən | -nɪdiːn, -dɪn] 〚□ F ~: ⇨ quino-, -idine〛 *n.* 〚薬学〛 キニジン ($C_{20}H_{24}N_2O_2$) 《脈の調整・マラリア薬》.

qui·nie·la [kiːnjélə; *Sp.* kinjéla] 〚□ Am.-Sp. ~ 'a game of chance'〛 ── *n.* **1** 〚競馬・ドッグレース〛 連勝複式《賭(か)けの一種で, 一, 二着をその内の順位は問わずに当てた者が勝つ; cf. perfecta, triple 5》. **2** 連勝複式で賭ける人.

qui·nine [kwáɪnaɪn, kwín-, kwɪnáɪn, kwə-, k(w)ɪníːn | kwɪníːn, ⏑⏑] 〚《1826》 ← Sp. *quina* 'QUINA'+-INE[3]〛 ── *n.* **1** 〚化学〛 キニーネ, キニン ($C_{20}H_{24}N_2O_2$) 《キナ皮 (cinchona) から得られるキナアルカロイドの最重要成分; キニーネ剤に用いられる》. **2** キニーネ剤; 塩酸[硝酸]キニーネ《マラリア特効薬》.

quínine wàter *n.* キニーネ水《少量のキニーネ・レモン・ライム入りの炭酸水で, ジン・ウォッカなどを割るのに用いる; tonic ともいう》.

qui·nín·ic ácid [kwaɪnínɪk-, kwɪ-, kwə- | kwaɪ-, kwɪ-] *n.* 〚化学〛 キニン酸 ($C_{11}H_9NO_3$) 《キニンを酸化すると生成する》.

Quinn [kwín] 〚(dim.) ← QUENTIN〛 *n.* 男性名.

quín·nat sàlmon [kwínæt-] 〚← N-Am.-Ind. (Salish) *t'kwinnat*〛 *n.* 〚魚類〛 =king salmon.

quin·o- [kwínou | -nəu] 〚← Sp. *quina* cinchona bark: ⇨ quinine〛 ── 次の意味を表わす連結形: **1** 「キナ (cinchona); キナ皮 (cinchona bark)」. **2** 「キナ酸 (quinic acid)」. **3** 「キノン (quinone); キノリン (quinoline)」. ★ 母音の前では通例 quin- になる.

qui·no·a [kɪnóuə | -nəuə; *Sp.* kinóa] 〚□ Sp. ~ □ Quechua *quinua*〛 ── *n.* 〚植物〛 南米アンデス山脈産のアカザ科アカザ属の植物 (*Chenopodium quinoa*) 《葉をホウレンソウと同様に食用にする》.

quin·oid [kwínɔɪd] 〚← QUINO-+-OID〛 *n.* 〚化学〛 キノイド《quinone 構造をもつ化合物》. ── *adj.* =quinonoid.

qui·noi·dine [kwɪnɔ́ɪdiːn, kwə-, -dṇ | kwɪnɔ́ɪdiːn, -dɪn] 〚⇨ ↑, -ine[3]〛 ── *n.* (*also* **qui·noi·din** [-dṇ | -dɪn]) 〚薬学〛 キノイディン《キニン製造のときの副産物で, キニンの安価な代用品》.

quin·ol [kwínɔ(ː)l, -noul | -nɒl] 〚← QUINO-+-OL[1]〛 *n.* 〚化学〛 キノール (⇨ hydroquinone).

quin·o·line [kwínəliːn, -lɪn, -lən, -nḷ- | -nəliːn, -lɪn] 〚⇨ ↑, -ine[3]〛 ── *n.* 〚化学〛 キノリン (C_9H_7N) 《タール中の成分; 液体; アルカロイド, キノリン染料の重要原料; leucoline ともいう》.

qui·none [kwɪnóun, kwə-, kwínoun | kwɪnə́un, kwín-əun] 〚← QUINO-+-ONE: cf. G *Chinon*〛 ── *n.* 〚化学〛 **1** キノン ($O=C_6H_4=O$) 《o-, p- の異性体がある》. **2** キノン化合物《分子内にキノン構造をもつものの一般名》.

quinóne dí·i·mine [-dáɪəmìːn | -dáɪɪ-] 〚*diimine*: ← DI-[1]+IMINE〛 ── *n.* 〚化学〛 **1** キノンジイミン ($HN=C_6H_4=NH$) 《キノンの O 2 原子を二つの = NH で置換したもの; 無色結晶体》. **2** キノンジイミン化合物《1 の構造を分子内にもつものの一般名; 染料にこの構造をもつものがある》.

quinóne i·mìne [-ɪmìːn, -əm-, -mɪn, -mən | -ɪmìːn] *n.* 〚化学〛 **1** キノンイミン ($O=C_6H_4=NH$) 《キノンの O 1 原子を =NH で置換したもの; 無色結晶体》. **2** キノンイミン化合物《1 の構造をもつもの, およびキノンジイミンの一般名; 染料などにこの構造のものがある》.

qui·no·noid [kwɪnóunɔɪd, kwə-, kwínənɔ̀ɪd | kwɪ-nə́unɔɪd, kwínənɔ̀ɪd] 〚← QUINONE+-OID〛 *adj.* 〚化学〛 キノン (quinone) 類似の.

qui·nox·a·line [kwɪnɑ́ksəliːn, kwə-, -lɪn, -lən | kwɪnɔ́ksəliːn, -lɪn] 〚← QUINO-+(GLY)OXAL+-INE[3]〛 ── *n.* (*also* **qui·nox·a·lin** [-lɪn, -lən | -lɪn]) 〚化学〛 キノキサリン ($C_8H_6N_2$) 《窒素原子を含む複素環芳香族化合物の一種》.

quinq. 《略》〚処方〛 *L.* quinque (=five).

quinqu- [kwínkw] (母音の前に来る時の) quinque- の異形.

quin·qua·ge·nar·i·an [kwìnkwədʒɪnɛ́(ə)riən, kwɪn-kwɑ̀dʒ-, -dʒə- | kwìŋkwədʒɪnɛ́ərɪ-] *adj., n.* 50 代の(人).

quin·quag·e·nar·y [kwɪnkwǽdʒənèri | kwɪŋkwǽdʒ-ɪnərɪ] 〚□ L *quinquāgēnāri-us* fifty years old ← *quinquāgēnī* fifty each ← *quinquāginta* fifty ← QUINQUE-+*-gintā* tens: ⇨ -ary〛 ── *n., adj.* 五十年祭(の) (fiftieth anniversary).

Quin·qua·ges·i·ma [kwìŋkwədʒésəmə, -dʒéɪzə- | kwìŋkwədʒésɪ-] 〚《*a*1387》□ ML *quinquāgēsima* (*diēs*) the fiftieth (day) (Easter の前の 50 日目の意か) ← *quinquāginta* (↑): cf. Quadragesima〛 ── *n.* 〚カトリック〛 五旬節(の主日), 〚聖公会〛 大斎前第一主日《四旬節 (Lent) の前の日曜日; Quinquagesima Sunday, Shrove Sunday ともいう; cf. Quadragesima, Sexagesima, Septuagesima》.

quin·quan·gu·lar [kwɪnkwǽŋgjulə | kwɪŋkwǽŋ-gjulə(r] 〚← L *quinquangul-us* five-cornered: ⇨ ↓, angular〛 ── *adj.* 《古》 五角をもった, 五角(形)の (pentagonal).

quin·que- [kwínkwɪ, -kwə | kwíŋkwɪ] 〚《1590》 ← L *quinque* 'FIVE'〛 「5 (five); 五つの部分に」の意の連結形. ★ 母音の前では通例 quinqu- になる.

quinque·centénnial *n., adj.* =quincentenary.

quin·que·foil [kwínkwɪfɔ̀ɪl, -kwə- | kwíŋkwɪ-] *n.* 〚建築〛 =cinquefoil 2.

quìnque·fóliolate 〚⇨ ↑, foliolate〛 *adj.* 〚植物〛 五(小)葉の, 五枚葉の.

quìnque·láteral *adj.* 5 面の.

quinquennia *n.* quinquennium の複数形.

quin·quen·ni·ad [kwɪnkwéniæ̀d | kwɪŋkwénɪ-] 〚⇨ ↓, -ad[1]〛 *n.* =quinquennium.

quin·quen·ni·al [kwɪnkwéniəl, kwɪŋ-, -njəl | kwɪŋ-kwénɪəl, -njəl] 〚《*c*1460》 ← L *quinquenniis* of five years (← QUINQUE-+*annus* year)+-AL[1]: ⇨ biennial〛 ── *adj.* **1** 5 年目毎の, 5 年に 1 度の. **2** 5 年(間)の, 5 年間続く: ~ valuation (財産の課税額決定のための) 5 年間評価. ── *n.* **1** 5 年目毎に起こるもの; 5 年祭, 5 周年記念. **2 a** 5 年間. **b** 5 年の在職期間. **~·ly** *adv.*

quin·quen·ni·um [kwɪnkwéniəm, kwɪŋ- | kwɪŋk-wénɪəm, -njəm] 〚□ L ~ ← *quinquennis* (↑)〛 *n.* (*pl.* **~s, -ni·a** [-niə | -nɪə, -njə]) 5 年の期間, 5 か年.

quin·que·reme [kwínkwəriːm | kwíŋkwɪ-, -kwə-] 〚《1553》□ L *quinquerēm-is* ← QUINQUE-+*rēmus* oar: cf. trireme〛 ── *n.* (古代の)五段櫂(かい)ガレー船《五段櫂付きのガレー船》.

quin·que·va·lent [kwìnkwɪvéɪlənt, kwìŋ-, -kwə- | kwìŋkwɪ-] 〚《なぞり》 ← G *fünfwertig*: ⇨ quinque-, -valent〛 ── *adj.* 〚化学〛 五価の; 五つの異った原子価をもつ. **quìn·que·vá·lence** [-ləns] *n.* **quìn·que·vá·len·cy** [-si | -sɪ] *n.*

quin·qui·na [kɪnkwíːnə | -kwáɪ-] 〚□ Sp. ~〛 *n.* = quina.

quin·qui·va·lent [kwìŋkwɪvéɪlənt, -kwə- | -kwɪ-] *adj.* 〚化学〛 =quinquevalent.

quín·sied *adj.* 扁桃(へんとう)(周囲)膿瘍(のうよう)にかかった.

quin·sy [kwínzi | -zɪ] 〚《14C》 *quinesye* □ OF *quinencie* □ ML *quinancia* ← LL *cynanchē* □ Gk *kunágkhē* a form of sore throat, 《原義》 dogthrottling ← *kun-, kúōn* dog+*ágkhein* to throttle〛 ── *n.* 〚病理〛 扁桃(へんとう)(周囲)膿瘍(のうよう).

quint[1] [k(w)ínt, kǽnt | kwínt] 〚《1526》□ F *quinte* < L *quintam* (fem.) 'FIFTH'〛 ── *n.* **1** 〚音楽〛 **a** 5 度音程《ハート, ローへなど》. **b** (オルガンで)十二度音(オクターブ+5 度)を出す倍音ストップ. **c** (バイオリンの)E 線《第 1 弦》. **2** [《英》 kínt, kwínt] 〚トランプ〛 (piquet で)クイント《同種札の 5 枚続き》: the ~ major [minor] ace [jack] 以下の同種札 5 枚続き. **3** 《古》 五分の一税.

quint[2] [kwínt] 〚略〛 *n.* 《米口語》 五つ子の一人 (quintuplet); [*pl.*] 五つ子.

quint. 《略》 quintuplicate; 〚処方〛 *L.* quintus (=fifth).

quint- [kwɪnt] (母音の前に来る時の) quinti- の異形.

quin·ta [kíntə, kíːn- | -tə] 〚□ Sp. & Port. ~ ← L *quinta* fifth: ⇩ quint[1]〛 *n.* ぶどう園のある田舎の大邸宅.

quin·tain [kwíntṇ | -tɪn] 〚《?*a*1400》 *qwaintayne* □ (O)F *quintaine* □ ML *quintāna* ← L *quintāna* (*via*) the fifth (street) in a Roman camp, market place (もと軍事訓練に使われた) ← *quintānus* of the fifth in order ← *quintus* 'FIFTH'〛 ── *n.* **1** (中世の馬上槍試合の)槍的(やりまと), 回転人形《的を槍で突くとその反動で分銅または棍棒がはね返ってくる回転式の的》. **2** (中世の)槍的競技.

quintain

quin·tal [kwíntḷ, kǽn- | kwíntḷ] 〚《*c*1470》□ (O)F ~ // ML *quintāle* □ Arab. *qinṭār* 'KANTAR': cf. Sp. & Port. *quintal* / It. *quintale*〛 ── *n.* **1** クウィンタル, キンタル《メートル法の重量の単位; =100 kg》. **2** = hundredweight.

quin·tan [kwíntṇ, -tən | -tṇ, -tən] 〚□ L *quintāna* (*febris*) fifth-day (fever) ← *quintus* 'FIFTH'〛 〚医学〛 ── *adj.* 〈熱病・おこりなど〉(当日も数えて)五日目ごとに起こる, 五日目ごとの (cf. quartan): a ~ fever 五日熱. ── *n.* 五日熱.

quin·tant [kwíntənt, -tənt | -tṇt, -tənt] 〚← QUINTI-+(QUADR)ANT〛 *n.* 〚海事〛 五分儀《六分儀に類似しており, その孤が 72 度のもの; cf. sextant》.

quinte [kɛ̃ː(n)t, kǽnt; *F.* kɛ̃ːt] 〚□ F ~ 'QUINT[1]'〛 *n.* 〚フェンシング〛 キント, 第 5 の構え《8 種の受けの構えの一つ; cf. guard *n.* 6》.

quinte·foil [kwíntfɔ̀ɪl] 〚⇨ ↑, foil[2]〛 *n.* 〚建築〛 = cinquefoil 2.

quin·ter·ni·on [kwɪntə́ːniən | -tə́ːnjən, -nɪən] 〚← QUINTI-+(QUA)TERNION〛 *n.* 〚製本〛 五列丁《五紙葉を二折にして, 一つの折丁としたもの》.

Quin·te·ro [*Sp.* kintéro] *n.* ⇨ Álvarez Quintero.

quin·tes·sence [kwɪntésṇs] 〚《*c*1430》□ F 《廃》 *quinte essence* □ ML *quinta essentia* the fifth (=the finest) essence or element 《なぞり》 ← Gk *pemptē ousía*: ⇨ quint[1], essence〛 ── *n.* **1** 第五元《古代・中世哲学で earth, water, air, fire の四元 (four elements) 以外の究極・至高の元質で, 万象に拡充して宇宙を構

成すると考えられた》. **2 a** (物質の)最も純粋なエッセンス. **b** 本体, 本質 (essence), 精髄, 真髄; 典型, 権化: the ~ of beauty [Platonism] 美[プラトン主義]の精粋[典型]. **quin·tes·sen·tial** [kwìnṭɪsénʃəl, -ṭə- | -tɪ-] *adj.*

quin·tet [kwɪntét] 〖《1811》□ F *quintette* □ It. *quintetto* (dim.) ← *quinto* a fifth part < L *quintum* fifth (↓)〗 ── *n.* (*also* **quin·tette** [~]) **1** 5 人組; 五つぞろい. **2** 〖音楽〗五重奏[唱]曲; 五重奏[唱](団), クインテット (cf. solo). **3** 〖物理〗(スペクトルの)五重項.

quin·ti- [kwíntɪ, -ṭə | -tɪ] 〖← L *quintus* 'FIFTH'〗「5 番目の (fifth)」の意の連結形. ★ 母音の前では通例 quint- になる.

quin·tic [kwíntɪk | -tɪk] 〖⇨ ↑, -ic¹〗 〖数学〗 *adj.* 五次の. ── *n.* 五次式, 五次方程式.

quin·tile [kwíntaɪl] 〖← QUINTI- + -ILE²〗 ── *n.* **1** 〖占星〗二つの星が 72° (黄道の $^1/_5$) の角度の間隔にある座相. **2** 〖統計〗五分位数《標本 (sample) の値を大きさの順に並べたとき, 最初から五分の一, 五分の二, 五分の三, 五分の四のところにある値の一つ; cf. median 3, quartile 2》. ── *adj.* 〖占星〗quintile の.

Quin·til·ian [kwɪntíljən, -liən | -ljən, -liən] *n.* クインティリアヌス《35?–?95; スペイン生れのローマの修辞学者; *Institutio Oratoria*「雄弁家教育」(12 巻); ラテン語名 Marcus Fabius Quintilianus [kwɪntìliéɪnəs | -lɪ-]》.

quin·til·lion [kwɪntíljən] 〖《1674》← QUINTI- + (M)ILLION: BILLION の類推〗 *n.* 《米》10^{18}; 《英》10^{30} (⇨ million 表). ── *adj.* quintillion の.

Quin·ton [kwíntən | -tən] 〖⇨ Quentin〗 *n.* **1** 男性名. **2** 女性名.

quin·tu·ple [kwɪnt(j)úːpl̩, -tʌ́pl̩, kwíntə- | kwíntjʊ-, -tjuː-, kwɪntjúː-] 〖《1570》□ F ~ □ LL *quintuplex* ← L *quintus* 'FIFTH' + *-plex* '-PLE': cf. quadruple〗 ── *adj.* **1** 5 倍の, 5 倍量[額]の, 5 重の (fivefold). **2** 5 部分から成る. **3** 〖音楽〗5 拍子の. ── *n.* 5 倍, 5 倍量[額]. ── *vt.* 5 倍にする. ── *vi.* 5 倍になる.

quin·tup·let [kwɪntʌ́plɪt, -t(j)úːp-, kwíntə-, -plət | kwíntjʊplɪt, -plət, -plèt, kwɪntjúːplɪt, -plət] 〖《1873》: ⇨ quintuple, -et: cf. triplet〗 ── *n.* **1** 5 個[5 人]一組 (cf. quintet). **2 a** 五つ子の一人 (cf. twin). **b** [*pl.*] 五つ子. **3** 〖音楽〗5 連音(符)《4 等分すべき音符を 5 等分したもの》.

quin·tu·pli·cate [kwɪnt(j)úːplɪkət, -plə-, -kɪt | -tjúː-plɪ-] 〖□ L *quintuplicāt-us* (p.p.) ← *quintuplicāre* ← *quintuplex* 'QUINTUPLE'〗 ── *adj.* **1** 5 倍した, 5 重の (fivefold). **2** 〈文書など〉5 通作成した; (一組の)第 5 通目の. ── [kwɪnt(j)úːplɪkət, -plə-, -kɪt | -tjúːplɪ-] *n.* **1** (同一物の)五つ一組中の 5 番目. **2** (文書などの) 5 通作成[複写]: in ~ 5 通に作成して. ── [-plə-kèɪt | -plɪ-] *vt.* **1** 5 倍にする (quintuple). **2** 〈文書などを〉(写しを 4 通とって) 5 通作成する, 〈正本〉のほかに写しを 4 通とる. **quin·tu·pli·ca·tion** [kwɪn-t(j)ùːpləkéɪʃən | -tjùːplɪ-] *n.*

quin·tus [kwíntəs | -təs] 〖□ ML *quintus* 'FIFTH'〗 *adj.* 《英》第 5 の (⇨ primus¹ 2): Smith ~.

qui·nua [kíːnwɑː; *Sp.* kínwa] *n.* 〖植物〗= quinoa.

quip [kwíp] 〖《1532》《逆成》← 《廃》*quippy* □ ? L *quippe* forsooth, indeed〗 ── *n.* **1 a** からかいの言葉, 皮肉[辛辣(しんらつ)]な言葉. **b** 当意即妙の言葉, 気のきいた受け答え, 警句, 軽口, しゃれ (cf. crank² 2 a): ~*s* and cranks しゃれや奇想 (cf. Milton, *L'Allegro* 27). **2** 逃げ口上, 言い抜け. **3** 気まぐれな行ない, 奇行; おかしなもの. ── *v.* (**quipped**; **quip·ping**) ── *vi.* 皮肉を言う, からかう 〔*at*〕. ── *vt.* (軽口をたたいて)からかう.

quip·ster [kwípstə | -stə(r] 〖⇨ ↑, -ster〗 *n.* 皮肉屋; 奇抜なことを言う人, 警句屋.

qui·pu [kíːpuː] 〖《1704》□ Am.-Sp. *quipo* □ Quechua ~ 'knot'〗 ── *n.* 結びなわ文字, 結縄(けつじょう)文字, キープ《古代インカ帝国で行なわれた記号法; なわの種類・結び目・色合いなどの配列ぐあいで意味を表示した》.

quire¹ [kwáɪə | kwáɪə(r] 〖《?c1450》 *quayer* 《古》 four sheets of paper □ OF *quaier* (F *cahier*) < VL **quaternum* ← L *quaternī* four together, four each ← *quattuor* 'FOUR'〗 ── *n.* **1 a** (紙の)一帖(じょう)《24 枚または 25 枚; cf. ream¹ 1》. **b** 四列丁《四紙葉を二折にしたもの》. **2** 〖製本〗(製本する時の)一折り, 折丁 (gathering): in ~*s* 刷り本[紙]で; 〈折丁が〉未製本で, 綴じられていない. **3** 《廃》(詩などの)一折本, 小冊子.

quire² [kwáɪə | kwáɪə(r] *n., v.* 《古》= choir.

Quir·i·nal [kwírənl̩ | -rɪ-] 〖← L (*Mōns*) *Quirīnāl-is* (It. *Monte Quirinale*) '(Mountain) of Quirinus (ローマの軍神)': ⇨ ↓, -al¹〗 ── *n.* [the ~] **1 a** クイリナル[クイリナス]の丘《ローマの七丘 (Seven Hills) の一つ》. **b** (この丘に建てられた)クイリナーレ宮殿《イタリアの王宮》. **2** (教皇庁 (Vatican) に対して)イタリア政府. ── *adj.* **1** クイリナル (Quirinal) の. **2** クイリヌス (Quirinus) の.

Qui·ri·nus [kwɪráɪnəs, kwə-, -ríːn- | kwɪráɪ-] 〖□ L *Quirīnus*: ↓〗 *n.* 〖ローマ神話〗クイリヌス《ローマ初期の軍神; 後には Romulus と同一視された》.

Qui·ri·tes [kwɪráɪtiːz, kwə- | kwɪ-] 〖□ L *Quirītēs* (pl.) ← *Quirīs* Roman citizen, 《原義》inhabitant of *Curēs* (Sabine 人の町)〗 ── *n. pl.* (古代ローマで, 軍事・政治上の資格と区別して公民としての資格で考えられた)ローマ市民.

quirk [kwə́ːk | kwə́ːk] 〖《1547》《古》 clock² ← ?: cf. ON *kverk* bird's crop, craw〗 ── *n.* **1 a** 急な曲がり, ひねり (twist): a ~ of fate 運命の急転回[急変]. **b** (書・絵の)飾り書き (flourish). **2** 気まぐれ, 奇想, 奇癖 (caprice, peculiarity). **3 a** 言い逃れ, 逃げ口上 (quibble). **b** 《まれ》皮肉, しゃれ (quip). **4** 〖建築〗 **a** (繰形の)深い溝, 散りじゃくり《塗壁をその部分まで塗り込む V 字形の溝》. **b** (土地を区切った)一画, 区画.

quirk·y [kwə́ːki | kwə́ːkɪ] *adj.* (**quirk·i·er**; **-i·est**) **1** ごまかし[言い逃れ]の多い; 奇癖のある, 気まぐれな, 突拍子もない. **2** 急な曲がりのある; 急変する. **quírk·i·ly** [-kɪli, -kə- | -lɪ] *adv.* **quírk·i·ness** *n.*

quirt [kwə́ːt | kwə́ːt] 〖《1851》□ Mex.-Sp. *cuarta* long whip; guide mule (fem.) ← Sp. *cuarto* fourth < L *quārtum*: ⇨ quart¹〗《米》 *n.* (主に南米地方で使う柄の短い編み革の)乗馬むち. ── *vt.* 乗馬むちで打つ.

quis·le [kwízl̩] 〖《逆成》↓〗 *vi.* 《口語》祖国を売る; 裏切る. **quís·ler** [-zlə, -zlə | -zlə(r, -zl-] *n.*

quis·ling [kwízlɪŋ] 〖《1940》← *Vidkun Quisling* (1887–1945: ノルウェーの Nazi 党首で, ドイツのノルウェー侵入 (1940) 後, 一時 Nazi の傀儡(かいらい)政府を樹立した)〗 ── *n.* **1** 占領軍に協力する人; 自国の内部崩解を企てる人, 売国奴. **2** 裏切り者 (traitor).

quís·ling·ism [-ŋɪzm] *n.* 売国[裏切り]行為.

quit [kwít] 〖*adj.*: 《14C》 *quit(te)* □ OF *quitte* □ ML *quittus* ← L *quiētus* 'QUIET' ∽ ME *quīt*, *quīte* □ OF *quite* □ L *quiētus*: QUIET, COY と三重語. ── *v.*: 《c1300》 *quitte(n)*, *quite(n)* □ (O)F *quit(t)-er* □ ML *quiētāre* to quiet, release ← L *quiētus*〗 ── *adj.* [Predicative に用いて] 〔義務・負担・罪などを〕免れて, 免除されて, 放免されて, 許されて (clear) 〔*of*〕 (cf. quits): Now we are ~ *of* him. これで厄介払いができた / The others can go ~. 他の者は放免だ / get ~ of one's debts 負債を皆済する / be well ~ *of* a bad bargain 高い買物を危うく免れる / The chief was ~ *for* a ducking. 首領は頭を水中に突っ込まれる罰だけで放免された. ── *v.* (~, 《英》 **quit·ted**; **quit·ting**) ── *vt.* **1 a** …から手を放す, 放す; 放棄する (abandon): ~ a house 家を手放す / ~ hold of… (から手)を放す. **b** 〈職・地位を〉辞する, 退く: ~ a job / ~ office [the army] 地位[軍隊]を退く. **c** [~ one*self* で] 《古》〔…を[から]〕免れる 〔*of*〕. **2** 〈場所・人などから〉去る, 離れる, 立ち退く (leave): ~ home / ~ Eton イートン校を卒業する. **3** やめる (stop); あきらめる (give up): ~ work(*ing*) / ~ grumbl*ing* 不平を言うのをよす. **4** 《詩》返報[報酬]する; 返済する (requite, repay): ~ love *with* hate 愛に対して憎しみを返す / Death ~*s* all scores. 死は万事を帳消しにする. **5** [通例 ~ one*self* で] 《古》振舞う, 身を処する (acquit, behave): *Quit yourself* well. 立派に振舞え / *Quit* you like men. 男らしく振舞え (cf. *1 Cor.* 16: 13, *1 Sam.* 4: 9). ── *vi.* **1** 《口語》 **a** やめる, よす; あきらめる. **b** 仕事を捨てる, 退職する. **2** 《英》〈借家人などが〉立ち退く: give [have] notice to ~ 立ち退きの催促を与える[受ける]. **3** 《古》去る. ── *n.* **1** 退職. **2** あきらめ, 弱気.

qui tam [kwáɪ-tǽm] 〖← L ~ 'who as well': 訴状書式の本文冒頭の語〗 ── *L. n.* 〖法律〗(告訴人の起こす罰金請求の)刑事的民事訴訟《罰金は告訴人と国とで分ける; qui tam action ともいう》.

quitch [kwítʃ] 〖OE *cwiće* < Gmc **kwi(k)waz* (Du. *kweek* / G *Kwecke* / Norw. *kvika*) ← IE **gwei-* to live: cf. quick (adj.)… その生命力の旺盛さからの命名か〗 ── *n.* 〖植物〗= couch grass.

quít·clàim 〖《1450》 *quitclayme* □ AF *quiteclame* ← *quiteclamer* to declare quit: ⇨ quit (adj.), claim〗 〖法律〗 ── *n.* **1** (土地などに対する)権利放棄[譲渡]. **2** 権利放棄[譲渡]証書 (quitclaim deed ともいう; cf. warranty deed). ── *vt.* 〈財産・土地など〉への請求権[権利]を放棄する.

quítclaim dèed *n.* 〖法律〗= quitclaim 2.

quite [kwaɪt, kwáɪt] 〖《a1338》《副詞用法》← ME *quite* (adj.) 'paid, freed, QUIT'〗 ── *adv.* **1** 全く, 全然, すっかり, 完全に (entirely, completely): I feel ~ well. 気分はすっかりいい / I was ~ by myself [~ alone]. 私は全くひとりぼっちだった / It is not ~ proper. 適当[当り前]とは言えない / That is ~ another problem. それは全く別の問題だ / It is not ~ so good as I hoped. 期待したほどよくはない / *Quite* right. よろしい; 結構です / Oh, ~. = *Quite* (so). (賛成の返事として)全くそうだ, その通り / He [She] isn't ~ (a gentleman [lady, etc.]). 《英口語》あまり紳士[淑女など]とは言えない. **2** 事実上, 実際 (actually, practically), ほとんど, ほぼ (almost), (いわば)…も同然: You are ~ a woman. もう一人前の女だ / He looks ~ grown-up. もう大人と言ってもいい位だ / Why, you are ~ rich. だって君は結構金持じゃないか / He is ~ crazy about golf. 彼はゴルフ狂と言っていい. **3** 《口語》 **a** 随分, 至極, 大変 (considerably): ~ a pretty girl [a good dinner] なかなか美しい娘[結構なごちそう] / be ~ ill 重病である / ~ a lot とても沢山 / I am ~ tired. とても疲れた / I ~ like him. 彼がとても好きだ / ⇨ *quite* TOO. **b** (どちらかと言えば)まあ, 多少は, 少しは: She's ~ pretty, but her face is uninteresting. 確かにきれいだが顔は平凡だ / He was ~ polite, of course, but somehow I didn't like his manner. もちろん丁寧ではあったが, どこか態度が好きになれなかった. ★ 形容詞 + 名詞を修飾する場合には通常冠詞に先行するが, 《米》では冠詞が先行することもある: It is a ~ good thing. = It is ~ a good thing. 全く結構なことだ.

quite a bit ⇨ bit² 成句. ***quite a few*** ⇨ few¹ *adj., pron.* 成句. ***quite a little*** ⇨ little *adj., pron.* 成句. ***quite something*** ⇨ something *pron.* 成句.

Qui·to [kíːṭou | -təu; *Sp.* kíto] *n.* キート《南米エクアドルの首都; 人口 600,000, 海抜 2,850 m》.

quít ràte *n.* 〖労働〗(主に自発的意志で退職する従業員の)退職率《解雇率 (discharge rate), 一時的解雇率 (layoff rate) と共に離職率 (separation rate) を成す》.

quít·rènt 〖《c1460》: ⇨ quit (adj.), rent³〗 *n.* 〖法律〗免役地代《封建時代に不動産所有者が賦役を免れるために領主に払った少額の名目的代償金》.

quits [kwíts] 〖《1478》《変形》← ? ML *quittus* 'QUIT'〗 ── *adj.* [Predicative に用いて] (返済・報酬などによって)もとどもとになって, あいこで, 五分五分で: Now we are ~. これで五分五分だ / I will be ~ *with* him some day. いつか報復しないではおかないぞ.

call it quits 《口語》 (1) = *call it a* DAY. (2) 〈争いなどの相手(同士)が〉引き分けにしようと言う, 争い(など)をやめる: Let's *call it* ~. (3) 《米》手を切る, 別れる; (特に)離婚する(など). ***cry quits*** = *call it* QUITS (2). ***double or quits*** ⇨ double *n.* 成句.

quit·tance [kwítn̩s | -təns, -tn̩s] 〖《a1200》 *quita(u)nce* □ OF *quitance* (F *quittance*) ← *quiter* 'to QUIT'〗 ── *n.* 《古・詩》 **1** 返報, 償い (requital, recompense). **2 a** 〔負債・義務からの〕免除, 解除, 赦免 (release) 〔*from*〕: ~ *from* a debt [an obligation] 負債[義務]の免除 / Omittance is no ~. 《諺》催促なしは帳消しとは別もの (Shak., *As Y L* 3. 5. 133). **b** 受取り, 領収, 受取[領収]証 (receipt).

quít·ted tríck [-ṭɪd-, -ṭəd- | -tɪd-, -təd-] *n.* 〖トランプ〗取札《rubber bridge などで獲得したトリックの札; 一山にまとめ裏向きにして自分の手元に置く》.

quít·ter [-ṭə | -tə(r] 〖← QUIT + -ER¹〗 *n.* 《口語》(競争・義務などを)中止[放棄]する人; 臆病者 (coward).

quit·tor [kwíṭə | -tə(r] 〖ME □ OF *quiture, cuiture* cooking, decoction < L *coctūram* ← *coctus* (p.p.) ← *coquere* 'to COOK'〗 *n.* 〖獣医〗蹄軟骨瘻(ろう).

quiv·er¹ [kwívə | -və(r] 〖《a1300》□ AF **quiver*, *quiveir* = OF *quivre, coivre* □ Gmc **kukur* (OE *cocer* quiver, sheath / G *Köcher*) ← ? Hunnish: cf. Mongolian *kökür* quiver〗 ── *n.* **1** 箙(えびら), 矢筒. **2** [集合的] 箙[矢筒]の中の矢. **3** = *a* QUIVER *full of children.*

a quiver full of children = *a* QUIVERFUL *of children.*

have an arrow [***a shaft***] ***left in*** one's ***quiver*** まだ手段が残されている, 余力がある, 資力は尽きていない.

have one's ***quiver full*** 手段[資力]は十分ある.

quiv·er² [kwívə | -və(r] 〖《1490》← ME *cwiver* (↓): cf. quaver, quick〗 ── *vi.* 〈人・葉・翼・声・光などが〉震える, おののく, 震動する, 揺れる (tremble, vibrate): ~ *with* emotion [fear] 感情が高まって[恐怖のあまり]震える / ~ *in* the wind 風に揺らめく. ── *vt.* 〈鳥・蝶などが〉〈翼・翅を〉震わせる, 振動させる. ── *n.* 震え, 振動, わななき (tremble, tremor); 震え声: a ~ of an eyelid [one's lips] まぶた[唇]の震え.

quiv·er³ [kwívə | -və(r] 〖ME *cwiver* < OE **cwifer* (cf. *cwiferlīċe* zealously) ← ? IE **gwei-* to live〗 *adj.* 《古》素早い, すばしっこい (agile).

quiv·er·ful [kwívəfʊ̀l | -və-] 〖← QUIVER¹ + -FUL²〗 *n.* (*pl.* **~s, quiv·ers·full**) **1** 箙(えびら)[矢筒]に一杯 〔*of*〕. **2** 多数, 大勢 (lot): a ~ of birds.

a quiverful of children 子沢山 (cf. *Ps.* 127: 5).

quív·er·ing [-v(ə)rɪŋ] 〖⇨ quiver²〗 *adj.* 震えて(いる), 振動して(いる), 揺らぐ (trembling). **~·ly** *adv.*

qui vive [kiːvíːv; *F.* kiviːv] 〖《1726》□ F ~ 《原義》(long) live who? (答えとして *Vive le roi!* Long live the king! を求める)〗 ── *F.* 誰か, そこへ行くのは誰だ《番兵の誰何(すいか)》.

on the qui vive 警戒して, 見張って.

Quixote *n.* ⇨ Don Quixote.

quix·ot·ic [kwɪksɑ́ṭɪk | -sɔ́t-] 〖《1815》← *Don Quixote*: ⇨ -ic¹〗 ── *adj.* **1** [時に Q-] ドンキホーテ流[式]の. **2** 騎士気取りの; 熱狂的空想家の; 空想的な, 非実際的な. **-i·cal·ly** *adv.*

quix·ót·i·cal [-ṭɪkəl, -ṭə- | -tɪ-] *adj.* = quixotic. **~·ly** *adv.*

quix·o·tism [kwíksəṭɪzm] *n.* **1** [時に Q-] ドンキホーテ的性格. **2** 騎士気取りの[空想的な]考え[行為].

quix·o·try [kwíksətri | -trɪ] 〖⇨ -ery〗 *n.* = quixotism.

quiz [kwíz] 〖*n.*: 《1782》← ? (IN)QUIS(ITIVE): 18 世紀の流行俗語: cf. L *quis* who, which, what & *quid* how, why. ── *v.*: 《1796》← (n.)〗 ── *n.* (*pl.* **quiz·zes** [~ɪz, ~əz]) **1 a** 試問, 質問; (略式の)簡単な試験[テスト]. **b** (テレビ・ラジオ番組の)クイズ, 質問; クイズ番組. **2** いたずら, 悪ふざけ (practical joke). **3** 《古》 **a** いたずら屋, からかう人, 冷やかし手. **b** 変人, 変わり者. ── *v.* (**quizzed**; **quiz·zing**) ── *vt.* **1 a** 尋問する. **b** 《米》簡単に試験する: ~ a class. **2** 《古》 **a** 〈人・人のやり方を〉からかう, 冷やかす. **b** じろじろ[物珍しげに]見る. ── *vi.* クイズを出す, 質問する. **quíz·za·ble** [-zəbl̩] *adj.*

quiz·ee [kwɪzíː] 〖⇨ ↑, -ee¹〗 *n.* 質問される人; クイズ解答者, クイズ番組参加者.

quíz kìd *n.* 《米口語》(早熟で, 難問に容易に答えられる)天才児, 神童.

quíz·màster *n.* 〖ラジオ・テレビ〗クイズ番組の司会者.

quíz prògram [**shòw**] *n.* クイズ番組.

quiz·zee [kwɪzíː] *n.* = quizee.

quíz·zer *n.* **1** 質問者. **2** = quiz program.

quiz·zi·cal [kwízɪkəl, -zə- | -zɪ-] 〖《1800》← QUIZ +

-ICAL〗 ── *adj.* **1** 尋ねるような, いぶかしげな, 不審そうな: a ~ look, glance, etc. **2** 悪ふざけする, からかう, 冷やかしの (ridiculing): a ~ smile あざ笑い, 冷笑. **3** 滑稽な, おかしい (comical); 変な, 妙な, 奇妙な (eccentric, queer). **~·ly** *adv.*

quíz·zing glàss *n.* (柄付きの)単眼鏡, 片めがね.

Qum·ran [kʊmrɑ́ːn] *n.* クムラン《ヨルダン西部, 死海北端付近の地区; この地の谷の北側 Khirbet Qumran で死海写本 (Dead Sea Scrolls) が発見された》.

quo [kwóʊ | kwə́ʊ] *vt.* 《古》 =quoth.

quo·ad [kwóʊæd | kwə́ʊ-] 〖⊏L *quōad* so far as ← L *quō* whither+*ad* to〗 *prep.* …に関して, …について, …の限り.

quóad hóc [-hɑ́k | -hɔ́k] 〖⊏L *quōad hoc* ← *quōad* (↑)+*hoc* ((acc.) ← *hic* this)〗 *L.* これについては, ここまでは, この限りでは.

quod [kwɑ́(ː)d | kwɔ́d] 〖《*a*1700》← ? *quad*(*rangle of the prison*)〗 《英俗》 ── *n.* 牢(ろう), 獄舎 (prison): in [out of] ~ 入獄[出獄]して. ── *vt.* (**quod·ded**; **quod·ding**) 投獄する.

quod e·rat de·mon·stran·dum [kwɑ́d-éræt-dèmənstrǽndəm | kwɔ́d-] 〖⊏L ~ 'which was to be demonstrated'〗 ── *L.* 証明されるべきであったところの (略 Q.E.D.). ★ 数学の定理, 問題の証明の結尾に「証明終り」の意味で添えて使う形式.

quód érat fa·ci·én·dum [-fèɪʃiéndəm | -ʃɪ-] 〖⊏L ~ 'which was to be done'〗 ── *L.* なされるべきであったところの (略 Q.E.F.). ★ 数学の問題の解答の結尾に,「解答終り」の意味で添えて使う形式.

quód érat in·ve·ni·én·dum [-ɪnvèniéndəm | -nɪ-] 〖⊏L ~ 'which was to be found'〗 ── *L.* 見出されるべきであったところの (略 Q.E.I.). ★ 数学の問題の答の結尾に添えて使う形式.

quod·li·bet [kwɑ́dləbèt | kwɔ́dlɪ-] 〖《*c*1378》⊏L *quod libet* what you please ← *quod* what+*libet* it pleases (one): cf. quillet〗 ── *n.* **1 a** 微妙な論点. **b** (神学・スコラ哲学の)討論[論争]課題. **2** 〖音楽〗 クォドリベット《二つ以上の周知の旋律を通例同時的に(時には継続的に)組み合わせた愉快な声[器]楽曲》.

quod vi·de [kwɑ́d-váɪdi | kwɔ́d-víːdeɪ] 〖⊏L *quod vidē* which see (← *vidē* (imper.) ← *vidēre* to see)〗 *L.* その語[項] (word, etc.) を見よ, …参照 (略 q.v.). ★ しばしば 'which see' と読む.

quo·hog [kwɔ́ːhɔ(ː)g, -hɑg | -hɔg] *n.* 〖貝類〗 =quahog.

quoin [k(w)ɔ́ɪn] 〖《1532》《変形》← COIN: ⇨ coign¹〗 ── *n.* **1** (壁・建物の)外角; (部屋の)隅(すみ) (corner). **2** (石れんが造りの建物の外角に積む)隅石(すみいし) (cornerstone). **3** くさび型の支え[台木]. **4** 〖印刷〗 (版面を締めつける木・金属製の)クォイン, 締め金[木]. ── *vt.* **1** 隅石で支える. **2** …にくさびを支(か)う, くさびで締める.

quoins 2

quóin·ing *n.* 隅石(すみいし)積み.

quoit [kwéɪt, k(w)ɔ́ɪt | kɔ́ɪt, kwɔ́ɪt] 〖《1440》*coyte* 《原義》 flat stone ⊏ OF *coite* ← ?〗 ── *n.* **1** (輪投げに用いる)輪. **2** [*pl.*; 単数扱い] 〖遊戯〗 輪投げ《土中に立てた鉄棒を的にして輪を投げ入れる遊戯》: deck ~*s* デッキ輪投げ《船の甲板上でロープの輪を用いてする》. ── *vt.* (輪投げの輪を投げるように)投げる. ── *vi.* 輪投げ(遊び)をする. **~·er** [-ṭə | -tə(r)] *n.*

quoits

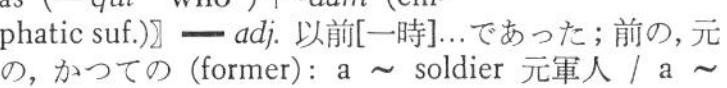

quon·dam [kwɑ́ndəm, -dæm | kwɔ́ndæm, -dəm] 〖《1586》⊏L ~ 'formerly' ← *quom, cum* when, as (← *qui* 'WHO')+-*dam* (emphatic suf.)〗 ── *adj.* 以前[一時]…であった; 前の, 元の, かつての (former): a ~ soldier 元軍人 / a ~ friend 元の友人.

Quon·set [kwɑ́nsɪt, kwɔ́(ː)n-, -sət, -zɪt, -zət | kwɔ́nsɪt, -sət] 〖← *Quonset* (米国 Rhode Island 州にある米国海軍基地; ここで初めて造られた)〗 ── *n.* 《米》 〖商標〗 クオンセット《かまぼこ(形)兵舎[小舎]; 英国の Nissen hut に似ている》: a ~ hut.

Quonsets

quor. 《略》 quorum.

quo·rum [kwɔ́ːrəm, kwóːr- | kwɔ́ːr-] 〖《1455》← L *quōrum* of whom (gen. pl.) ← *quī* 'WHO': 治安判事任命書に記された次の言葉の冒頭の語に基づく — Quorum vestrum...duos, tres, etc. esse volumus of whom we wish two, three, etc. of you,...to be.〗 ── *n.* **1** (各種団体の会議の成立に必要な)定足数. **2** 《英》 **a** (昔の)特定治安判事《それらの人の出席がないと裁判所は成立しなかった; 正式には justice of the quorum といった》. **b** [集合的] 治安判事. **3** えり抜き[粒より]のグループ. **4** 〖モルモン教〗 定員会 (cf. presidency 4).

quot. 《略》 quotation; quoted.

quo·ta [kwóʊṭə | kwə́ʊtə] 〖《1668》⊏ML ~ ← L *quota* (*pars*) how great (a part), how much (fem. sing.) ← *quotus* in what number ← *quot* how many〗 ── *n.* **1** 割り前, 分け前, 割当て. **2** 持ち分, 分担[分配, 割当て]額: sales ~ これだけは売れという割り当て額. **3** (政府の管理の下に製造・輸出・輸入されるべき)商品割当て量. **4** (外国からの)年間移民割当て数.

quot·a·ble [kwóʊṭəbḷ | kwə́ʊt-] *adj.* 引用できる; 引用価値のある (quoteworthy); 引用に適する: ~ passages, lines, words, etc. / His language was not ~. 彼の言葉は引用に耐えないような(激しい[下品な])ものであった. **quòt·a·bíl·i·ty** [-bíləṭi | -lətɪ, -lɪ-] *n.*

quóta quíckie *n.* 《英》 〖映画〗 安映画, 粗製映画《Films Quota Act (輸入外国映画から自国の映画産業を保護するために, 全上映時間中に占める自国映画の割当てを定めた規則)を満たすために製作された映画; cf. quickie》.

quóta sỳstem *n.* [the ~] (輸入額・移民数などの)割当て制度.

quo·ta·tion [kwo(ʊ)téɪʃən, ko(ʊ)- | kwə(ʊ)-] 〖《1456》《古》 a numbering ⊏ ML *quotātiō*(*n*-): ⇨ quote, -ation〗 ── *n.* **1 a** 引用(すること); 引用語[句, 文]: a ~ *from* the Bible 聖書からの引用聖句. **b** =quotation mark. **2** 〖商業〗 相場, 時価; 見積もり: the daily market ~ 日々の市場相場 / today's market ~ on wheat 本日の小麦相場 / stock exchange ~*s* 株式市況 / a ~ for painting a house 家のペンキ塗り代の見積もり. **3** 〖印刷〗 =quotation furniture.

quotátion fùrniture *n.* 〖印刷〗 穴あきフォルマート, 穴あきマルト《底部のくりぬかれた大型のマルト (furniture)》.

quotátion màrk 〖《1897》〗 ── *n.* [通例 *pl.*] クォーテーションマーク, 引用符《文中で引用語句などを示すための記号 (" ") または (' '); inverted comma ともいう; cf. single quotes, double quotes》.

quotátion quàd *n.* 〖印刷〗 (底部のくりぬかれた)穴あきクワタ.

quo·ta·tive [kwóʊṭəṭɪv | kwə́ʊtət-] *adj.* **1** 引用の. **2** 引用をする, 引用癖のある (inclined to quote).

quote [kwóʊt, kóʊt | kwə́ʊt] 〖[v.: 《*a*1387》 *cote*(*n*) ⊏ OF *quot-er* ⊏ ML *quotāre* to mark off chapters and verses by numbers ← L *quot* how many: cf. quota. ― n.: 《1600》《古》 marginal reference ← (v.)〗 ── *vt.* **1 a** 〈他人の言葉・語句・文章を〉引く, 引用する: ~ an author [a book, a speech] 作家[書物, 講演]の文句を引用する. **b** (例証または典拠として)引合いに出す: ~ a passage from Homer ホメロスの一節を引用する. **2** 〈言葉を〉引用符で囲む. **3** 〖商業〗 〈商品〉の相場[値段]を言う; 〈相場[値段]を〉言う, つける, 見積もる: ~ a commodity at... 商品を…に見積もる / ~ a price 見積もり価格を言う / be ~*ed* at 600 yen 市価は 600 円である. ── *vi.* **1 a** 引用をする: ~ *from* Milton, a book, etc. **b** 引用を始める. ★ 通例, 命令形で, 引用文の始まることを示す, 引用文の終わったことを示すのは unquote: He said ~ we will not invade any country *unquote*. 彼は「我々はどの国も侵略しない」と語った. **2** 〖商業〗 値段[相場]を言う, 見積もりを言う: ~ *for* putting on a new roof 屋根のふき換え代を見積もる.

── *n.* 《口語》 **1** 引用文[語句] (quotation). **2** [通例 *pl.*] =quotation mark: an open ~ 引用符の前半《" または '》/ a close [klóuz | klə́ʊs] ~ 引用符の後半《" または '》.

close quote =unquote (⇨ *vi.* 1 b ★). ***open quote*** =*vi.* 1 b.

quót·er [-ṭə | -tə(r)] *n.*

quóte·wòrthy *adj.* 引用する価値のある, 引用に値する (quotable). **quóte·wòrthiness** *n.*

quoth [kwòʊθ, kwóʊθ | kwə̀ʊθ, kwə́ʊθ] 〖OE *cwæþ* (pret.sing.) ← *cweþan* to speak, say < Gmc **kweþan* (OS *queðan* / OHG *quedan* / ON *kveða*) ← IE **gwet-* to say, speak: cf. bequeath〗 ── *vt.* 《古》 [一人称および三人称の直説法過去形] 言った (said). ★ この語は quoth I [he, she] (まれに quoth we [they]) として常に主語の前に置き, 引用語句の前後またはその間にはさんで用いる: ~ the raven, "Nevermore" 大がらすのいわく「永遠(とわ)になし」と (Poe, *The Raven*).

quoth·a [kwóʊθə | kwə́ʊ-] 〖《1519》← ME *quoth* (*h*)*a* said he: ⇨ ↑, a⁴〗 *int.* 《古》 確かに, なるほど, ほんとに, ふふん《驚き・軽蔑・自己主張などを表わす》.

quotid. 《略》 〖処方〗 *L.* quotīdie (=every day).

quo·tid·i·an [kwo(ʊ)tídiən | kwətídɪən, kwə(ʊ)-, -djən] 〖《*c*1390》 *cotidien, cotidian* ⊏ OF *cotidian* (F *quotidien*) ⊏ L *quotīdiānus* ← *quotīdiē* daily ← *quotus* how many+*diēs* 'DAY'〗 ── *adj.* **1** 日々の, 毎日の (daily); 毎日起こる[繰り返す] (cf. tertian 1, quartan): a ~ fever [ague] 毎日熱. **2** ありふれた, 月並みな, 平凡な, くだらない (ordinary, commonplace). ── *n.* 〖病理〗 毎日熱 (cf. octan, sextan).

quo·tient [kwóʊʃənt | kwə́ʊ-] 〖《15C》⊏L *quotiens, quoties* (adv.) how often ← *quot* how many: -*ent* は pres.p. と誤解したため: cf. quota〗 ── *n.* **1** 〖数学〗 **a** 商 (cf. dividend 4, divisor): ⇨ differential quotient. **b** 指数, 率《点数と標準点数との商; 通常は 100 倍して用いる》: ⇨ intelligence quotient. **2** =quota.

quótient gròup *n.* 〖数学〗 商群《群 (group) の正規部分群 (normal subgroup) による剰余類 (residue class) のなす群》.

quótient rìng *n.* 〖数学〗 商環; 差環《環のイデアル (ideal) による剰余類 (residue class) のなす環; difference ring ともいう》.

quótient spàce *n.* 〖数学〗 商空間《集合の上の同値関係 (equivalence relation) による同値類のなす集合; cf. identification space》.

quot·i·es [kwɑ́ṭiìːz | kwɔ́t-] 〖⊏L *quoties*: ⇨ quotient〗 *conj.* 〖処方〗 …度ごとに.

quo war·ran·to [kwóʊ-wərɑ́ːntou, -rǽn-, -wɔ́(ː)rən-tòu, -wɑ́r- | kwə́ʊ-wərɑ́ːntəʊ, -rǽn-] 〖《1535》⊏ML *quō warrantō* by what warrant or authority〗 ── *n.* 〖法律〗 **1** 権限開示令状《昔, 職権・特権などの乱用者に弁明を求めるために出された令状; または, 現在行なわれている同種の令状》. **2** 審問裁判冒頭の弁明; 審問, 裁判 (trial).

Qur·'an [kərǽn, ko(ʊ)r-, kɔːr-, kʊr- | kɔrɑ́ːn, kɔːr-, kʊr-, kər-] *n.* (*also* **Qu·ran** [~]) =Koran.

Qur·'an·ic [kərǽnɪk, ko(ʊ)r-, kɔːr-, kʊr-, -rɑ́ːn- | kɔr-ǽnɪk, kɔːr-, kʊr-, kər-] *adj.* =Koranic.

qursh [kʊ́əʃ | kʊ́əʃ] 〖⊏Arab. *qirš* (pl. *qurūš*)〗 *n.* (*pl.* **qurush** [kʊ́(ə)rəʃ | kʊ́ər-]) **1** クアシュ《サウジアラビアの通貨単位; =$^{1}/_{20}$ riyal》. **2** 1 クアシュ硬貨.

q.v. 《略》 **1** [kjúː-víː | kjúː-víː, kwɔ́d-víːdeɪ] quod vide. **2** *L.* quantum vīs (=as much as you will).

qy. 《略》 quay; query.

R

R[1], **r** [ɑ́ə | ɑ́:(r] 〖OE *R*, *r* ▭ L (Etruscan を経由) ▭ Gk *P*, *ρ* (rhō) ▭ Phoenician 𐤓 : cf. Heb. ר (rēš)《原義》head〗 ── *n.* (*pl.* **R's, Rs, r's, rs** [~z]) **1** 英語アルファベットの第18字 : ⇨ R months, three R's. **2** (活字・スタンプなどの)R または r 字. **3** [R] R 字型(のもの). **4** 文字 r が表わす音《read, rose などの [r]; star, door などの米音の [ɚ]》. ★ 英音では母音字の後の r が語末または子音字の前のときには発音されない (⇨ r-less). **5** (連続したものの)第18番目(のもの); (J を数に入れない時は)第17番目(のもの). **6** (中世ローマ数字の) 80 : CR (=180) / RV (=85).

r 《記号》〖統計〗correlation coefficient ; radius ; 〖数学〗radius vector (of polar coordinates) ; 〖気象・海事〗rain ; roentgen[röntgen](s).

R[2] 〖《略》← RESTRICTED〗 *n.*, *adj.* 《米》〖映画〗16歳未満の入場は成人の保護者同行が必要な(映画) (cf. G[2], PG, X[2]).

R, R. 《略》〖物理化学〗Rankine ; 〖物理化学〗Reaumur ; 〖キリスト教〗respond ; 〖キリスト教〗response.

R 《記号》**1** 〖物理〗gas constant. **2** 〖気象〗heavy rain. **3** density. **4** 〖化学〗radical《特に1価の炭化水素の基に用いる》. **5** 〖米軍〗reconnaissance plane. **6** 〖心理〗*G.* Reiz 刺激 (stimulus). **7** 〖郵便〗registered. **8** registered trademark. **9** 〖電気〗resistance (cf. ohm). **10** 《米》〖製紙〗retree. **11** 〖チェス〗rook. **12** 〖貨幣〗rand ; real(s) ; rial(s) ; rival(s) ; ruble(s) ; rupee(s).

r. 《略》〖数学〗radian(s) ; rare ; ratio ; received ; 〖印刷・製本〗recto ; red ; reserved ; residence ; resides ; response ; retired ; rod(s) ; rood ; rubber ; 〖法律〗rule ; 〖スポーツ〗run(s).

r., R. 《略》radius ; railroad ; railway ; range ; 〖処方〗*L.* recipe (=take) ; rector ; redactor ; reply ; reserve ; 〖劇場〗right ; River ; road.

R. 《略》rabbi ; radical ; radiolocation ; radiologist ; radiology ; recommendation ; rector ; regiment ; *L.* Rēgīna (=queen) ; registered (商標が)登録済みの ; regular ; relative ; reliability ; report ; republic ; 《米》Republican ; resistance ; retard ; 〖時計〗*F.* retarder (=to retard)《緩急針ダイヤル面の表示 ; cf. A.》; retire ; reward ; *L.* Rēx (=king) ; Rifles ; Roman ; Romania(n) ; Rome ; rosary ; rough ; route ; Royal ; run (=deserted) ; 〖海事〗run《船の1日の航程》; 〖活字〗runic ; 〖米郵便〗Rural.

℞ 《記号》〖処方〗*L.* recipe (=take).

Ra [rɑ́:, rɔ́: | rɑ́:] 〖▭ Egypt. *Rā*, *Rēʿ* sun〗 ── *n.* 〖エジプト神話〗ラー, 太陽神, 日神 (sun god)《鷹の頭を持つ人間の姿で表わされる最高神 ; 頭上には太陽を示す円盤 (solar disk) と王者の象徴である蛇を載せている》.

Ra

Ra 《記号》〖化学〗radium.

RA, R.A. 《略》〖軍事〗Regular Army.

R/A, R.A. 《略》〖銀行〗refer to acceptor (⇨ acceptor).

R.A. 《略》Rear Admiral ; 〖天文〗right ascension ; Royal Academician ; Royal Academy ; Royal Artillery.

Raa·be [rɑ́:bə ; *G.* rá:bə], **Wil·helm** *n.* ラーベ《1831–1910 ; ドイツの小説家・詩人 ; *Stopfkuchen*「シュトップクッヘン」(1891)》.

ra·ad [rəɑ́:d, rɑ́:d] 〖▭ Arab. *raʿʿād* ← *rāʿaola* to thunder〗 *n.* 〖魚類〗デンキナマズ (⇨ electric catfish).

R.A.A.F., RAAF 《略》Royal Australian Air Force 豪州空軍 ; Royal Auxiliary Air Force 英国補助空軍.

Ra·am·ses [reɪǽmsi:z] *n.* =Ramses.

rab [rǽ(:)b] 〖▭F *rabot*〗 *n.* 〖建築〗(漆喰(しっくい)・モルタルに苆(すさ)を混ぜるための木製の)攪拌(かくはん)棒. 「bie).

Rab [rǽ(:)b] 〖《スコット》← ROB〗 *n.* 男性名《異形 Rab-

ra·bal [réɪbəl] 〖← *ra(diosonde) bal(loon wind data)*〗 *n.* 〖気象〗レーボール観測《ラジオゾンデの気球を経緯儀で追跡して行なう高層風の観測 ; cf. pibal 2》.

ra·ban·na [rəbǽnə] 〖▭ Malagasy *rebana*〗 *n.* ラバンナ《マダガスカル産のラフィアヤシの葉の繊維》; ラバンナを手で織った目の粗いむしろ類.

ra·bat[1] [rǽbi, rəbǽt | rǽbɪ, rəbǽt ; *F.* raba] 〖▭ (O)F ~ ← *rabattre* 'to beat down, REBATE[1]'〗 ── *n.* 〖教会〗ラビ, ラバット《主にローマカトリック教会や英国国教会の聖職者が Roman [clerical] collar と共に着用する布製の短い胸当て ; rabbi ともいう》.

rab·at[2] [rǽbət] 〖▭F ~ ← *rabattre* (↑)〗 *n.* 陶器片のみがき材《釉をかけず十分に焼き締めていないもの》.

Ra·bat [rəbɑ́:t ; *F.* raba] *n.* ラバト《アフリカ北西部 Morocco 北西部の港市で同国の首都 ; 人口 436,000》.

ra·ba·to [rəbɑ́:toʊ, -béɪ- | -təʊ] 〖《変形》← F *rabat* : ⇨ rabat[1]〗 ── *n.* (*pl.* **~s**) **1** ラバートウ, 立て襟(えり)《17世紀の初期に男女ともに用いた, 両肩をおおうように折り返したり首の後ろに立てたりしたレースのついた大きな襟》. **2** 襟支(ささ)え《ひだ襟を立てるために用いる針金などの支え》.

Ra·baul [rəbáʊl] *n.* ラバウル《南太平洋 Papua New Guinea 東部 Bismarck 諸島の New Britain 島の主要都市 ; Territory of New Guinea の旧首都, 第二次大戦中日本軍の基地があった ; 人口 25,000》.

Rab·bah [rǽbə] *n.* 〖聖書〗ラバ《アンモン人(じん) (Ammonites) の中心地 ; cf. Amman, *2 Sam.* 11 : 1》.

rab·ban [rǽbən, rəbɑ́:n] 〖▭ Aram. *rabbān*《原義》chief teacher ← *rabh* master〗 ── *n.* (*pl.* **rab·ba·nim** [rəbɑ́:nɪm, -nəm, rɑ̀:bɑ:ní:m | rəbɑ́:nɪm, rɑ̀:bɑ:ní:m]) 〖ユダヤ教〗先生, 師《Sanhedrin の長に与えられる ; rabbi よりも上の尊称》.

Rab·bath [rǽbəθ] *n.* 〖聖書〗=Rabbah.

rab·bet [rǽbɪt, -bət] 〖《1404》*rabit* ▭ ? OF *rab(b)at* a beating down ← *rabattre* to beat down : ⇨ rabat[1,2]〗〖木工〗 ── *n.* **1** (実矧(さねはぎ)用の)溝, 切り込み, 小穴. **2 a** =rabbet joint. **b** =rabbet plane. ── *vt.* **1** …に(実矧用の)溝[切り込み, 小穴]をつける. **2** 実矧にする. ── *vi.* 実矧でつながる 〔*on*, *over*〕.

rábbet dràft *n.* 〖造船〗=molded draft.

rábbet jòint *n.* 〖木工〗実矧(さねはぎ)(継ぎ)《板の端に沿って突起すなわち「実(さね)」を作り, 他の板の端の溝にはめ込んでできた板と板との継手 ; cf. scarf joint》.

rábbet plàne *n.* 〖木工〗(実矧用)しゃくりかんな.

rábbet plànk *n.* 〖造船〗=hog piece.

rab·bi[1] [rǽbaɪ] 〖OE ~ ▭ L ~ ▭ Gk *rhabbí* ▭ Heb. *rabbī* my master ← *rabh* great one + *ī* my〗 ── *n.* (*pl.* **~s, ~·es**) **1** 〖ユダヤ教〗ラビ : **a** 律法学者《法律・典儀に明るい人》. **b** 職業的なユダヤ教指導者としての教育と訓練を受け, その職を任された者 ; (特に)シナゴーグ (synagogue) の公任指導者 : the Chief *Rabbi* (英国在住の)ユダヤ人社会の宗教上の首長. **2** [ユダヤ人の牧師・学者・教師に対する尊称として] 師, 先生. ★ 呼び掛けに単独に用いるかまたは名前に付けて用いる : *Rabbi* Jochonan ジョコナン先生. **3** [しばしば R-] 紀元1-6世紀頃にかけてタルムード (Talmud) の編修・執筆などに貢献したユダヤの学者 (cf. scribe[1] 3).

rab·bi[2] [rǽbi | -bɪ] *n.* 〖教会〗=rabat[1].

rab·bin [rǽbɪn, -bən | -bɪn] 〖《1531》▭ F ~ // ML *rabbin-us* ▭ ? Aram. *rabbīn* (pl.) ← *rabh* master : cf. rabbi[1]〗 ── *n.* 〖ユダヤ教〗**1** 《古》=rabbi[1] 1 a, 3. **2** [the ~s ; 集合的] (ユダヤの)ラビ[律法学者]たち.

rab·bin·ate [rǽbɪnət, -bə-, -nɪt, -nèɪt | -bɪ-] 〖⇨ ↑, -ate[1]〗 *n.* **1** (ユダヤの)ラビ[律法学者]の職[身分, 任期]. **2** [集合的] ラビ[律法学者]団.

rab·bin·ic [rəbínɪk, ræ- | ræ-, rə-] 〖⇨ rabbin, -ic[1]〗 ── *adj.* **1** (ユダヤの)ラビ (rabbi) の[に関する] ; ラビの著作[学問]の[に関する]. **2** ラビになるための : a ~ student ラビになろうと勉強している学生 / a ~ school ラビ養成学校. **3** (ヘブライ文字より簡単な)ラビ文字の[を含む]. **4 a** [通例 R-] (タルムード (Talmud) の編修・執筆などに貢献した)ユダヤ学者の. **b** ユダヤ学者的な ; 微細な空理空論にとらわれた.
── *n.* [通例 R-] 中世ラビ語《中世にラビたちが用いたラビ語 ; Rabbinic Hebrew ともいう》; 後期ヘブライ語. 「~·ly *adv.*

rab·bín·i·cal [-nɪkəl, -nə- | -nɪ-] *adj.* =rabbinic.

rabbínical líterature *n.* ラビ文学, 後期ヘブライ文学《Talmud, その注釈書を含むヘブライ神学・哲学書の総称》.

Rabbínic Hébrew *n.* =rabbinic.

ráb·bin·ism [-bɪnɪzm, -bə- | -bɪ-] *n.* **1** ユダヤの律法主義 ; ラビの教義[学説]. **2** ラビ特有の語法[表現].

Ráb·bin·ist [-bənɪst, -nəst | -bɪnɪst] *n.* 〖ユダヤ教〗ラビ信奉者《Talmud とラビの教義を信奉したユダヤ人 ; cf. Karaite》. **Rab·bin·is·tic** [ræ̀bɪnístɪk, -bə- | -bɪ-] *adj.* **Ràb·bin·is·ti·cal** *adj.*

rab·bin·ite, R- [rǽbənàɪt | -bɪ-] *n.* 〖ユダヤ教〗=rabbinist. **Rab·bin·it·ic** [ræ̀bənítɪk | -bɪnít-] *adj.*

rab·bit[1] [rǽbɪt, -bət | -bɪt] 〖《a1398》*rabet(te)* ← ? OF (F *rabotte*, *rabouillet* young rabbit) ← ? LDu. (Flem. *robbe*, *robbeke* (dim.) / MDu. *robett*)〗 ── *n.* (*pl.* **~s**, ~) **1** 〖動物〗**a** アナウサギ (*Oryctolagus cuniculus*)《ノウサギ類 (hare) と違って小型で穴居性があり, 生まれた時は毛が生えていない》, (飼い[家])ウサギ : (as) scared as a ~ ウサギのようにびくびくして / breed like ~*s* たくさん子を生む / run like a ~ 一目散に逃げる. **b** 《米》=hare 1. **c** =cottontail 1. **2 a** ラビット《アナウサギの毛皮 ; 他獣の毛皮に代用する ; cf. coney》. **b** ウサギの肉. **3** =Welsh rabbit. **4** 《口語》(クリケット・ゴルフ・テニスなどで)下手なプレーヤー. **5** =electric hare. **6** 〖競技〗(長距離レースでスタート直後, チームメートのスピード目標となる)ペースメーカー.
── *vi.* ウサギ狩をする : go ~*ing* ウサギ狩に行く.

rab·bit[2] [rǽbɪt, -bət | -bɪt] 〖《変形》← ? RAT[2]〗 ── *vt.* [通例命令法で]《卑》呪(のろ)う (confound, drat) : *Rabbit* it [the fellow]! こん畜生め / Odd ~ 'em! こん畜生, いまいましい, うるさい.

rab·bit[3] [rǽbɪt, -bət | -bɪt] 〖← ?〗 *n.* 〖原子力〗放射性物質容器《原子力工場で放射能物質を移動する際, 空気力で動かす小型容器》.

rábbit anténna *n.* 〖テレビ〗=rabbit ears 1. 「ル」.

rábbit bàll *n.* ラビットボール《よく弾む野球用ボー

rábbit bàndicoot *n.* 〖動物〗ミミナガバンディクート (*Thylacomys lagotis*)《オーストラリア産のウサギのような耳を持つ有袋類》.

rábbit brùsh [bùsh] *n.* 〖植物〗北米西部地方産のキク科 *Chrysothamnus* 属の黄花を着ける叢生植物の総称 ; (特に) *C. nauseosus*.

rábbit càt *n.* 〖動物〗**1 a** =Abyssinian cat. **b** =Manx cat. **2** ウサギとネコの交配種(と称されるもの).

rábbit èars *n. pl.* **1** 《米口語》ラビットアンテナ《V字形の室内用小型テレビアンテナ》. **2** [単数扱い]《俗》〖スポーツ〗やじられてすぐかっとなる精神状態.

ráb·bit·er [-tə | -tə(r] *n.* ウサギ狩をする人[犬], ウサギ捕(と)り《人》.

rábbit·èye *n.* 〖植物〗米国南東部産のコケモモの一種 (*Vaccinium ashei*)《rabbiteye blueberry ともいう》.

rábbit fèver *n.* 〖病理・獣医〗野兎病 (⇨ tularemia).

rábbit·fìsh 〖その鼻がウサギの鼻に似ているため〗 ── *n.* (*pl.* ~, **~·es**) 〖魚類〗**1** 大西洋の深海にすむギンザメ科の一種 (*Chimaera monstrosa*). **2** カナフグ (*Lagocephalus laevigatus*). **3** クロビシカマス (*Promethichthys prometheus*)《太平洋・大西洋の暖海部にすむ全長 60 cm 位の食用魚》.

rábbit-fòot *n.* ウサギの後ろ足《幸運のまじないとして持ち歩く》.

rábbit fòot *n.* 〖植物〗=hare's-foot.

rábbit-foot clóver *n.* 〖植物〗=hare's-foot.

rábbit-foot gràss *n.* 〖植物〗ヨーロッパ原産のイネ科の一年生雑草 (*Polypogon monspeliensis*)《rabbit's foot ともいう》.

rábbit-hòle *n.* ウサギの穴.

rábbit-hùtch *n.* (箱形の)ウサギ小屋.

rábbit·like *adj.* ウサギのような : ~ ears.

rábbit-móuthed *adj.* 三つ口の.

rábbit pùnch 〖ウサギを屠殺する際に後頭部をたたいて気絶させることから〗〖ボクシング〗 ── *n.* ラビットパンチ《後頭部または首の後ろへの打撃 ; 反則》. ── *vt.* …にラビットパンチを食らわす.

rab·bit·ry [rǽbɪtri, -bət- | -bɪtrɪ] 〖← RABBIT[1] + -ERY〗 *n.* **1** [集合的] ウサギ (rabbits). **2** ウサギ飼育場[小屋]. **3** ウサギ飼養業, 養兎(と)業.

rábbit's fòot *n.* **1** =rabbit-foot. **2** 〖植物〗=rabbit-foot grass.

rábbit wàrren *n.* ウサギ飼育場《特に, ウサギの穴飼いを行なう所》.

rab·bit·y [rǽbɪṭi, -bə- | -bɪtɪ] *adj.* **1** ウサギの多い : a ~ place. **2** ウサギのような : ~ teeth. **3** 気の小さい, 内気な (timid, shy) : a ~ man.

rab·ble[1] [rǽbl̩] 〖《c1400》*rable(n)* ▭ ? MDu. *rabbelen*《擬音語》: cf. LG *rabbeln*〗《英方言》 ── *vt.* とりとめもなく早口に言う[読む]. ── *vi.* とりとめもなく早口にしゃべる[読む] (gabble).

rab·ble[2] [rǽbl̩] 〖《?c1390》*rabel* pack or swarm of animals or insects : cf. rabble[1]〗 ── *n.* **1 a** 野次馬連, わいわい連, 烏合(うごう)の衆, 暴徒の群れ (mob). **b** [the ~ ; 軽蔑的に] 下層社会 ; 庶民たち (populace). **2** ごたごた[乱雑に]集めたもの : a ~ of books. **3** (動物・昆虫などの)群れ. ── *vt.* **1** (野次馬と組んで)襲撃[侮辱]する. **2** どっと群れを成して襲う (mob).
── *attrib. adj.* **1** 野次馬[暴徒]の, 野次馬[暴徒]化した. **2** 野次馬[暴徒]的な ; 騒々しい (noisy, disorderly).

rab·ble[3] [rǽbl̩] 〖▭F *râble* < OF *roable* < L *rutābulum* fire shovel ← *ruere* to rake up〗〖冶金〗 ── *n.* (反射炉・焙焼(ばいしょう)炉などの)攪拌(かくはん)棒. ── *vt.* 〈鉱石・金属を〉(高温で)攪拌する[かき集める].

ráb·ble·ment 〖← RABBLE[2] + -MENT〗 *n.* 《まれ》**1** 野次馬などの騒動, わいわい騒ぎ (uproar). **2** =rabble[2].

rab·bler[1] [-blə, -blə | -blə(r, -blə(r] *n.* 〖冶金〗**1** 攪拌(かくはん)棒《高温の金属・鉱石をかき混ぜる鉄棒》. **2** (攪拌棒を使って仕事をする)攪拌工.

ráb·bler[2] [-blə, -blə | -blə(r, -blə(r] *n.* =rabble-rouser.

rábble-ròuse 〖《逆成》↓〗 *vi.* 民衆を扇動する.

rábble-ròuser 〚⇨ rabble¹〛 *n.* (民衆)扇動家, デマ屋 (demagogue).

rábble-ròusing *adj.* 民衆をあおり立てる[扇動する].

Ra·be·lae·sian [ræ̀bəléɪʒən, -ziən | -zɪən, -zjən] *adj.* =Rabelaisian.

Ra·be·lais [rǽbəlèɪ, ⌐⌐́ | rǽbəlèɪ, rǽbleɪ; *F.* rablɛ], **François** *n.* ラブレー《1494?–1553; フランスの医師・人文学者・風刺作家; *Pantagruel*「パンタグリュエル」(1532, '46, '52, '64), *Gargantua*「ガルガンチュア」(1534)》.

Ra·be·lai·sian [ræ̀bəléɪʒən, -ziən | -zɪən, -zjən] 〚⇨ ↑, -ian: cf. F *rabelaisien*〛 — *adj.* ラブレー (Rabelais) (風)の《たくましい想像力と豊富な言葉づかいを特徴とする》; 野卑で滑稽で皮肉な: use ~ expressions (ラブレー風の)下品な表現を使う / He let out a violent flow of ~ invective. 下品な言葉を連発して猛烈にののしった. — *n.* ラブレー追随者[崇拝者, 模倣者, 研究家].

Ra·bi I [rɑ́:bi | -bɪ] 〚*Rabi*: ⊏ Arab. *rabīʿ* 《原義》 fourth part, spring〛 *n.* (イスラム暦の)三月 (⇨Islamic calendar).

Rabi II 〚↑〛 *n.* (イスラム暦の)四月 (⇨ Islamic calendar).

Ra·bi [rɑ́:bi | -bɪ], **I(s·i·dor) I(saac)** [ízədɔ̀ə | ízɪdɔ̀:(r)] *n.* (1898–　) オーストリア生れの米国の物理学者; Nobel 物理学賞 (1944).

Ra·bi·a I [II] [rəbí:a] *n.* 《イスラム暦》=Rabi I [II].

ra·bic [réɪbɪk] 〚← L *rabiēs*+-IC¹: ⇨ rabies〛 *adj.* 狂犬[恐水]病 (rabies) の: ~ virus 狂犬病ウイルス / ~ symptoms 狂犬病の徴候.

rab·id [rǽbɪd, réɪb-, -bəd | rǽbɪd] 〚《c1611》⊏ L *rabidus* ← *rabere* to be mad〛 — *adj.* **1** 気違いじみた, 熱狂的な, 過激な, 熱烈な (vehement, fanatical): a ~ teetotaler [Communist] 禁徹底的な酒家[共産主義者] / be ~ on the subject その問題に夢中になっている. **2** 狂暴な, 荒れ狂う, 猛烈な, 激しい (furious, raging): ~ hate 激しい憎しみ. **3** (特に犬が)狂犬[恐水]病 (rabies) にかかった, 狂犬病の: a ~ dog / ~ virus 狂犬病ウイルス. **~·ly** *adv.* **~·ness** *n.*

ra·bid·i·ty [rəbídəṭi, ræ-, reɪ- | rəbídɪti, ræ-, -dɪ-] *n.* **1** 激烈, 猛烈, 過激, 熱狂 (vehemence). **2** 恐犬[狂水]病にかかっていること.

ra·bies [réɪbi:z | réɪbi:z, rǽb-, -bɪz, -biì:z] 〚《1661》⊏ L *rabiēs* madness ← *rabere* to rage: ⇨ rabid〛 *n.* (*pl.* ~) 《病理・獣医》狂犬病, 恐水病 (lyssa, hydrophobia).

Ra·bi·no·witz [rəbínəvɪts; *Russ.* rəbjinóvjits], **Solomon** *n.* Shalom Aleichem の本名.

ra·bi·ru·bi·a [rɑ̀:bərú:biə | -bɪrú:bɪə] 〚⊏ Am.-Sp. *rabirrubia* ← Sp. *rabo* tail+*rubia* ((fem.) ← *rubio* yellow)〛 *n.* 《魚類》=yellowtail f.

R.A.C. 《略》 Royal Aero Club (英国の)王室飛行クラブ; Royal Agricultural College (英国の)王立農業専門学校《創立 1845 年》; 《フリーメーソン》 Royal Arch Chapter; 《軍事》 Royal Armoured Corps 英国機甲部隊; Royal Automobile Club.

rac·coon [rækú:n, rə- | rə-] 〚《1608》⊏ N-Am.-Ind. (Algonquian) *ärähkun* 《原義》 scratchers: cf. coon〛 — *n.* (*pl.* ~, ~**s**) **1 a** 《動物》アライグマ (*Procyon lotor*) 《樹上にすみ夜間活動する北米産の哺乳動物》. **b** アライグマの毛皮. **2** 《動物》アライグマに似た動物の総称: **a** =cacomistle 1. **b** =panda 1.

raccoon 1 a

raccóon dòg *n.* 《動物》タヌキ (*Nyctereutes procyonoides*) 《日本やアジア東部産》.

raccóon gràpe *n.* 《植物》 **1** =fox grape. **2** 米国南東部産のブドウ科の攀縁(はん)または直立性の低木 (*Ampelopsis cordata*).

race¹ [réɪs] 〚《a1325》 *ras(e)* ⊏ ON *rās* ∽ ME *res* < OE *rǣs* a running, rush ← Gmc **rēs-* ← IE **ere-s-* to be in motion (L *errāre* 'to ERR')〛 — *n.* **1 a** (速さを競う)競走, 競争, レース; 競馬, 競犬, 競艇, 自動車競走 (cf. rally¹ 7), 競輪(など): a five-mile ~ 5 マイル競走 / a bicycle ~ 競輪 / a boat ~ 競艇 / a horce ~ 競馬 / an open ~ 飛入り自由の競走 / ⇨ selling race / run a ~ 競走する[に出る] / ride a ~ 競馬[競輪]をする[に出場する] / row [sail] a ~ ボート[ヨット]レースをする / The ~ is not to the swift. 速き者走ることに勝つにあらず (*Eccl.* 9:11). **b** [the ~s] 競争会; (特に)競馬開催, 競馬番組; ドッグレース; 自動車レース: go to [attend] *the* June ~*s* 六月競馬に出かける / play *the* ~*s* 《米》競馬に賭(か)ける, 競馬をやる. **c** (目標に向かっての)競争, 戦い (contest); 選挙戦: a naval construction ~ 建艦競争 / the nuclear arms ~ 核兵器を持とうとする各国間の競争 / a ~ for supremacy 争覇(そう)戦 / a pennant ~ ペナントレース / the ~ for the presidency=the presidential ~ 大統領選挙戦 / the ~ for mayor 市長選挙戦 / jump into the gubernatorial ~ (思い切って)知事選挙に出馬する / a ~ for power 権力闘争 / suffer in the TV ratings ~ テレビの視聴率競争で負け(ている). **2 a** (特に, 二つの流れが合して起こる)逆波の立つ海, 早瀬, 瀬戸. **b** (狭い水路を流れる)急流. **c** 水路 (channel). ★ しばしば地名にも用いる: the *Race* of Alderney, Fountney, etc. **d** (動力源などを供給する人工的な)水流, 用水: ⇨ millrace. **3** 《古・文語》 **a** (太陽・月などの)進行 (movement). **b** (時の)経過; (事件・話などの)進行 (progress). **c** 人生の行路, 人生: His ~ is nearly run. 彼の一生は大体終わった[命数はほとんど尽きた]. **4** 《スコット》疾走, 疾駆 (rush). **5** 《豪》(羊を選別するための)狭い通路. **6** 《機械》 **a** (織機の)レース《杼(ひ)の走る道》. **b** (滑車などの)溝. **c** ボールベアリングの玉が走るレース, 軌道輪. **7** 《航空》後流《飛行機のプロペラの後方に生じる気流; slipstream ともいう》.

be in the race 成功する見込みがある. ***make the race*** 《米》立候補する.

— *vi.* **1** 競走する, 競争する: ~ for the Democratic presidential nomination 民主党の大統領候補者指名を賭けて争う. **2** 競馬[競輪, 競犬, 競艇(など)]をする: ~ for a living 競馬[競輪]を商売にする; 競馬[競輪]に凝る. **3 a** 〈川の流れ・舟・車・人などが〉疾走する, 疾駆する: ~ about 走り回る / ~ for a bus バスに乗ろうとして走る / ~ down the stairs 階段を駆け降りる / ~ after a ball ボールを捕ろうとして追いかける / ~ home 走って家に帰る / The floodwater ~*d* through the sluices. 洪水が奔流となって水門を流れた. **b** 〈心が〉はやる, 〈思い出が〉駆けめぐる: His thoughts ~*d*. いろいろの思いが彼の胸中を駆けめぐった / Her mind was *racing* across the past weeks. 過去数週間のことをあれこれ思い返していた. **4** 《機械》(船の推進機が水の外に出た時, また機械が抵抗の減少で)〈エンジン・車輪などが〉空転する, 空回りする.

— *vt.* **1 a** 〈馬・ヨットなどを〉競争させる, 競馬に出す: ~ horses, yachts, etc. / He ~*d* his bicycle against a motorcar. 彼は自転車で自動車と競争した. **b** …と競走する; …を追い越そうとする: I ~*d* him a mile [to the gate]. 彼と 1 マイルの[門のところまで]競走をした. **2 a** 高速で走らせる[駆(か)る]: ~ a Benz down the street 快速でベンツを走らせる / He ~*d* me along at 5 miles an hour. 彼は私を 1 時間 5 マイルの速さで走らせた. **b** 〈商品などを〉急送する; 〈書類などを〉大急ぎで回す; 〈議案などを〉大急ぎで通過させる: They ~*d* the Bill through the House [Congress]. 彼らは大急ぎでその議案の議会通過を強行した. **3** 〈エンジン・車輪などを〉空転[空ふかし]させる.

race away (競馬・競輪で)使い果たす: ~ one's property *away* 競馬で財産を失う.

— *attrib. adj.* 競馬(会)の, 競馬用の: ⇨ race-ball.

race² [réɪs] 〚《1500–20》⊏ (O)F ~ 'generation, family' ⊏ It. *razza* (cf. Sp. *raza* / Port. *raça*) ⊏ ? Arab. *raʾs* (⇨ ras)〛 — *n.* **1** 人種: the Caucasian [Mongolian, Negroid] ~ コーカシア[モンゴル, ニグロイド]人種 / the white [yellow] ~ 白色[黄色]人種. ★ race は俗化して多義的になってきたため民族学の術語としては通例 ethnic group を用いる. **2** (住む土地・文化・歴史などによって分けた)民族 (tribe); 国民 (nation): the Teutonic [Japanese] ~ チュートン[日本]民族 / the German ~ ドイツ国民. **3 a** (共通の祖先を持つ)氏族 (family, stock), 一族, 門族 (clan), 子孫: the ~ of Abraham [Satan] アブラハムの子孫[サタンの徒《悪者》]. **b** 家系 (pedigree), 系統 (lineage); a noble ~ 名門 / a man of ancient ~ 旧家の出の人. **c** 名門, 旧家: the look of ~ 家柄の良さを示す容貌 / His features and bearing betokened ~. 彼の顔や物腰はさすが名門の出であることを示していた. **4** 同類, 仲間 (class, group): the ~ of gamblers [dandies] 博徒(ばくと)連中[しゃれ者たち]. **5** 人種による特徴; (ある)人種に属していること[状態]. **6 a** (生物の)種族; 品種 (breed): the human ~ 人類 / the feathered [finny, four-footed] ~ 鳥[魚, 四足獣]類 / a disease-resistant ~ of wheat 病気に強い小麦の品種. **b** [the ~] 人類. **7 a** 《まれ》(酒などの)特徴, (独特の)風味, 滋味. **b** 《古》(文体・言葉遣いなどの)特徴, 風格, 風韻 (style); きびきびした所, 辛辣味 (piquancy) (cf. racy¹): His writing has a certain ~. 彼の文には一種の風格がある / There is a ~ peculiar to the *Essays of Elia*. 「エリア随筆集」には独特の風韻がある.

— *attrib. adj.* **1** 人種の, 人種的な (racial): ⇨ race discrimination, race hatred. **2** 《婉曲》黒人の (Negro).

race³ [réɪs] 〚《1547》⊏ OF *rais, raiz* < L *rādicem, rādix* root ← IE **w(e)rād-* 'branch, ROOT¹': cf. radish〛 *n.* ショウガ (ginger) の根.

ráce·abòut *n.* **1** 《海事》競走用ヨット. **2** 《自動車》(競走用自動車に似た形の)無蓋乗用車, ロードスター.

ráce·bàll *n.* 《英》競馬開催に付随して行なわれる舞踏会.

ráce·bàrk *n.* 《植物》=ribbonwood 1.

ráce bòard *n.* **1** 《海事》=gangplank. **2** 《機械》=race¹ 6 a.

ráce·càrd *n.* (施行者側発行の)競馬のプログラム, 公式出馬表.

ráce·còurse *n.* **1** 競馬場, 競走場, 走路 (racetrack); (steeplechase または cross-country レース用の)芝生のコース. **2** 水車の水路 (raceway, millrace).

ráce·cùp *n.* (競馬・競輪などの)優勝杯.

ráce discriminàtion *n.* 人種(的)差別.

ráce gìnger *n.* (粉にしない)根しょうが, 薑根(きょうこん) (cf. race³).

ráce glàss *n.* [通例 *pl.*] レース用双眼鏡《競馬・ラリーなどの見物用の小型双眼鏡》.

ráce·gòer *n.* 競馬の常連, 競馬ファン.

ráce gròund *n.* 競馬場, 競走場 (racecourse).

ráce hàtred *n.* 人種的憎悪.

ráce·hòrse *n.* (平地と障害競走の乗馬用)競走馬 (racer).

ráce knìfe 〚*race*: 《変形》 ← RAZE, RASE〛 *n.* (木材・金属版などに溝をつける)画(かく)線刀, 罫(け)書き針.

ra·ce·mate [reɪsí:meɪt, rə-] 〚← RACEM(IC)+-ATE¹〛 *n.* 《化学》 **1** ラセミ酸 (racemic acid) 塩[エステル]. **2** ラセミ化合物.

ra·ceme [reɪsí:m, rə-] 〚《1785》⊏ L *racēm-us* grape bunch: RAISIN と二重語〛 — *n.* 《植物》 **1** 総状花序《長い花軸に柄のある花を多数つけて下から咲き始める花序; cf. cyme, umbel》: a compound ~ 複総状花序. **2** 総状花. **ra·cémed** *adj.*

ráce mèeting *n.* 《英》競馬開催; (その日または一開催期間全体の)競馬番組.

ra·ce·mic [reɪsí:mɪk, rə-, -sém-] 〚⊏ F *racémique*: ⇨ raceme, -ic¹〛 — *adj.* 《化学》 **1** ぶどうに含まれた, ぶどうから得られる. **2** ラセミの, ラセミ化合物の: a ~ compound ラセミ化合物.

racémic ácid *n.* 《化学》ラセミ酸, ぶどう酸.

rac·e·mif·er·ous [ræ̀səmíf(ə)rəs | -sɪ-] 〚← RACEME+-I-+-FEROUS〛 *adj.* 《植物》総状花序をもつ.

ra·ce·mi·form [reɪsí:məfɔ̀əm | -mɪfɔ̀:m] 〚← RACEME+-I-+-FORM〛 *adj.* 《植物》総状花序の(形をした).

ra·ce·mism [reɪsí:mɪzm, rə-] *n.* 《化学》 **1** 光学不活性. **2** =racemization.

ra·ce·mi·za·tion [reɪsì:mɪzéɪʃən, rə-, -mə- | -maɪ-, -mɪ-] *n.* 《化学》ラセミ化《旋光性物質が旋光性を減少する, または全く失うこと》.

ra·ce·mize [reɪsí:maɪz, rə-] 〚← RACEM(IC)+-IZE〛 *vt., vi.* 《化学》ラセミ化する.

rac·e·mose [rǽsəmòus, reɪsí:mous, rə- | rǽsɪməus, reɪsí:məus, rə-] 〚《1698》⊏ L *racēmōs-us*: ⇨ raceme, -ose¹〛 — *adj.* **1** 《植物》総状花序の(形をした), 総状に排列する. **2** 《解剖》房に似た, 房状の: a ~ gland 胞状腺(せん). **~·ly** *adv.*

rac·e·mous [rǽsəməs, reɪsí:-, rə- | rǽsɪ-, reɪsí:-, rə-] 〚⇨ -ous〛 *adj.* =racemose. **~·ly** *adv.*

rac·e·mule [rǽsəmjù:l | -sɪ-] 〚← RACEME+-ULE〛 *n.* 《植物》小総状花序 (small raceme).

ra·cem·u·lose [ræsémjʊlòus | -ləus] 〚⇨ ↑, -ose¹〛 *adj.* 《植物》 **1** 小総状花序の[に似た]. **2** 小総状花序に並んだ.

ráce plàte *n.* 《機械》=race¹ *n.* 6 a.

ráce prèjudice *n.* 人種的偏見.

ráce pròblem *n.* 人種問題; (米国では特に)黒人問題.

ráce psychòlogy 〚《なぞり》← G *Völkerpsychologie*〛 *n.* 人種心理学.

rác·er *n.* **1** 競走者; レース用自転車[自動車, 飛行機], 競漕用ヨット[ボート]; 競走馬. **2** =racing skate. **3** 《動物》動きの速い動物の総称: **a** =racing crab. **b** クロナメラ (black racer), ブルーレーサー (blue racer) などナメラ類のヘビ. **c** 米国産レークトラウト (lake trout). **4** 《軍事》(重砲の)旋回砲架, 旋転台.

ráce relàtions *n. pl.* (同一国内の)異民族関係.

ráce rìot *n.* 人種的反感から生じる暴動, (特に)白人と黒人との紛争.

ráce rùnner *n.* 《動物》アメリカハシリトカゲ, アメリカシマトカゲ, レースランナー (*Cnemidophorus sexlineatus*)《6 本の縦縞のある北米・南米産の足の早いトカゲ; sand lizard, striped lizard ともいう》.

ráce stànd *n.* 競馬場[競走場]観覧席.

ráce sùicide *n.* 民族的自殺《産児制限による人口の漸減》.

ráce·tràck *n.* (通例長円形の)競馬場; (特に, 自動車)競争場, 競走場, トラック, 走路 (racecourse).

ráce·tràcker *n.* しばしば競馬場(など)に通う人.

ráce·wày *n.* 《米》 **1 a** (通例長円形の) harness race 用の競馬場. **b** 自動車競走場. **c** ドッグレース場. **2 a** (水車・鉱山などの)導水路, (水車の)水路 (millrace). **b** =fishway. **3** 《電気》配線管《地下または屋内の電線保護用鉄管》. **4** 《機械》=race¹ 6 c.

ra·chel [rəʃél; *F.* raʃɛl] 〚← RACHEL²〛 *adj.* 淡黄茶色の, ラシェル[日焼け色]の. — *n.* (化粧品用の)ラシェル《淡いピンクを帯びた日焼け色のパウダー》.

Ra·chel¹ [réɪtʃəl] 〚⊏ LL ~ ⊏ Gk *Rhakhēl* ⊏ Heb. *Rāḥēl* 《原義》 ewe〛 — *n.* **1** 女性名《愛称形 Rae, Ray》. **2** 《聖書》ラケル《Jacob の妻, Joseph および Benjamin の母; cf. *Gen.* 29–35》.

Ra·chel² [rəʃél; *F.* raʃɛl], **Mlle** *n.* ラシェル《1821–58; ユダヤ系のフランスの悲劇女優; 本名 Élisa Félix》.

rach·et [rǽtʃɪt, -tʃət] *n., v.* 《機械》=ratchet.

ra·chi- [réɪki, rǽki | -kɪ] (母音の前に来る時の) rachio- の異形.

rachides 〚← NL *rachidēs*〛 *n.* rachis の複数形.

ra·chi·form [réɪkəfɔ̀əm | -kɪfɔ̀:m] 〚← RACHIO-+-I-+-FORM〛 *adj.* 《植物》花軸[葉軸]状の.

ra·chil·la [rəkílə] 〚← NL ~ (dim.) ← RACHIS〛 *n.* (*pl.* **ra·chil·lae** [-li:]) 《植物》(イネ科植物の)小軸.

ra·chi·o- [réɪkiou, rǽk- | -kɪə(ʊ)] 〚← Gk *rhákhio-* (⇨ rachis)〛 —「脊柱, 脊椎 (spine); 脊柱の; 脊柱と…との (spinal and…)」の意の連結形. ★ 母音の前では通例 rachi- になる.

ra·chi·o·dont [réɪkiə(ʊ)dɑ̀nt, rǽk- | -kɪə(ʊ)dɔ̀nt] 〚⇨ ↑, -odont〛 *adj.* 《動物》〈ヘビなど〉(のどに)椎骨の変化した歯のある.

ra·chis [réɪkɪs, rǽk-, -kəs | -kɪs] 〚← NL ~ ← Gk *rhákhis* spine〛 — *n.* (*pl.* ~**·es**, **rach·i·des** [rǽkədì:z, réɪk- | -kɪ-]) **1** 《植物》(総状花序の)花軸; (羽状複葉の小葉を付ける)葉軸. **2** 《動物》羽軸《羽幹の上部で中実の部分; 下部の中空の部分は calamus または quill という; ⇨ feather 挿絵》. **3** 《解剖》脊柱 (spinal column).

ra·chit·ic [rəkíṭɪk | rækít-, rə-] *adj.* =rickety.

ra·chi·tis [rəkáɪtɪs, -təs | rækáɪtɪs, rə-] 〘(1727-41) ← NL ~ ← Gk *rhakhîtis*: ⇨ rachis, -itis〙 ── *n.* (*pl.* **ra·chit·i·des** [rəkítədìːz | rækítɪ-, rə-]) 〘病理〙 **1** 佝僂(くる)病 (rickets). **2** 脊柱炎.

Rach·ma·ni·noff [rækmǽnənɔ̀(ː)f, rɑːkmɑ́ːn-, -nɔ̀(ː)v | rækmǽnɪnɔ̀f; *Russ.* raxmánjinəf], **Sergei Vas·si·lie·vitch** [vassjíljivjitʃ] *n.* (*also* **Rach·ma·ni·nov** [~]) ラフマニノフ《1873-1943; ロシヤのピアニスト・作曲家》.

Rach·man·ism [rǽkmənɪ̀zm] 〘← *P. Rachman* (1920-62: ロンドンの地主)+-ISM〙 *n.* 《英》(スラム化した貸家の店子からの)悪徳家主[地主]的搾取.

ra·cial [réɪʃəl | -ʃəl, -ʃɪəl] 〘(1862) ← RACE²+-IAL〙 ── *adj.* 人種の, 種族の, 民族の; 人種[種族]間の: ~ traits 人種的特徴 / ~ hatred (偏見に基づく)人種的憎悪 / ~ antipathies [discrimination, prejudice] 人種的反感[差別, 偏見] / ~ segregation 人種隔離; 人種的差別待遇 / ~ practices 人種的差別待遇. **~·ly** *adv.*

rácial integrátion *n.* =integration 7.

rá·cial·ìsm [-lɪzm] *n.* **1** 人種的偏見; 人種差別; 人種的憎悪. **2** =racism 1-3.

rá·cial·ist [-lɪst, -ləst | -lɪst] *n.* **1** 民族主義者. **2** 人種的偏見[差別, 憎悪]を抱く人. **ra·cial·is·tic** [rèɪʃəlístɪk | -ʃə-, -ʃɪə-] *adj.*

rácial uncónscious *n.* 〘心理〙人種的無意識 (⇨ collective unconscious).

Ŕ àcid *n.* 〘化学〙R 酸 ($HOC_{10}H_5(SO_3H)_2$)《β ナフトールジスルフォン酸; 染料の中間体》.

Ra·cine [ræsíːn, rə- | ræ-; *F.* rasin], **Jean Baptiste** *n.* ラシーヌ《1639-99; フランスの悲劇詩人; *Andromaque*「アンドロマク」(1667), *Britannicus*「ブリタニキュス」(1669), *Phèdre*「フェードル」(1677)》.

rác·ing *n.* **1** 競馬; 競走; オートレース; ボート競争. **2** [形容詞的に] 競走(用)の; 競馬(用)の: a ~ car レーシングカー / a ~ cup (競馬などの)賞杯 / a ~ man 競馬狂, 競馬ファン / a ~ saddle 競馬用の鞍 / a ~ calendar 競馬暦[詳報]《競馬番組・競走条件・登録馬・競馬成績などを記した英国の週刊紙》; 競馬成績書《年1回発行》/ a ~ plate 競争馬用の軽い蹄鉄(ていてつ) / the ~ world 競馬界 / a ~ prophet (競馬の)予想屋.

rácing còlors *n. pl.* 〘競馬〙騎手の服色, 勝負服《馬主を明示する騎手のジャケットや帽子の色》.

rácing cràb *n.* 〘動物〙スナガニ科の動きの速いカニの総称.

rácing fòrm *n.* 競馬新聞, 競馬専門紙.

rácing skàte *n.* スピード用スケート靴《racer, speed skate ともいう; cf. figure skate, hockey skate, tubular skate》.

rácing skìff *n.* 〘ボート〙レーシングスキフ《一人乗りの細長いボート; single shell ともいう》.

rác·ism [-sɪzm, -ʃɪ- | -sɪ-] 〘(1936) ← RACE²+-ISM: cf. F *racisme*〙 ── *n.* **1** (人種の間には基本的に性質・能力・文化などの相違・優劣が存在するという)人種優劣説; (自分が属する人種についての)人種的優越感. **2** 人種的優越感に基づく政策《ナチスのユダヤ人排斥, 人種差別など》. **3** 人種的優越感に基づいた政治[社会]制度. **4** =racialism 1.

rác·ist [-sɪst, -səst, -ʃɪst, -ʃəst | -sɪst] *n.* 人種差別主義者. ── *adj.* 人種差別主義(擁護)の: ~ policies 人種差別(的)政策 / a ~ regime 人種差別政権.

rack¹ [rǽk] 〘*n.*: (*a*1460) *rakke, racke* 《変形》? ← ME *rekke, rakke* (iron) bar ▭ MDu. *rec* ← *recken*. ── *v.*: (1433) *rakke(n)* ▭ ? MDu. *reck-en* to stretch: cf. OE *reccan* to stretch / G *recken*〙 ── *n.* **1 a** (物を掛ける)棚, …掛け, …架, …台, …入れ; (列車・バス・飛行機などの中の)網棚, 格子棚: a hat*rack* 帽子掛け / a book*rack* 本立て / a pen*rack* ペン掛け / a towel ~ タオル掛け / a plate ~ (水切り用)皿掛け / a bottle ~ びん棚 / a bomb ~ (爆撃機などの)爆弾架 / an arms ~ 銃架 / a clothes ~ 衣服掛け, 衣桁(いこう) / a key ~ 鍵掛け. **b** (書類・郵便物などの分類用の)箱戸棚: a mail ~. **c** (干草・わらなどを大量に運ぶために荷車の上につけ足した)補助枠 (⇨ hayrack 2). **2 a** (手足を縛り体を台に乗せて無理に引き伸ばす, 中世ヨーロッパの)拷問台: put on [to] the ~ 拷問に掛ける / To the ~ with him! やつを拷問に掛けろ. **b** 皮革を引き伸ばすための台, 皮伸ばし台. **3 a** 無理に引っ張る[ねじ曲げる]こと: The ship has survived the ~ of storms. 船は度重なる嵐の翻弄(ほんろう)に堪えた. **b** (肉体または精神に)激しい苦痛(を与えるもの) (anguish): a ~ of illness. **c** 険悪な天候, 嵐. **d** 《まれ》=rack rent. **4** (牛馬用の)飼葉格子. **5** (修理する時)自動車を持ち上げる装置 (lift). **6** (一対の)鹿の枝角 (antlers). **7** 〘印刷〙(活字ケース・ゲラなどを収蔵する)棚: a galley ~ ゲラ棚. **8** 〘機械〙(歯車の)ラック, 歯ざお: ⇨ rack-and-pinion press. **9** 〘玉突〙ラック《pool で的玉(まとだま)を rack するのに用いる三角形の木枠 (frame)》; その木枠で揃えた玉. **10** 〘土木〙塵除けスクリーン[格子]《貯水池・発電所などの水路に装置する格子状の設備で魚・ごみなどをさえぎる; trash-rack ともいう》. **11** 〘海事〙動索棚《動索 (running rigging) が通る綱車 (sheaves) のある木の枠》. **12** 〘写真〙(撮影中のカメラなどを振動から守るための)ばねつきの支え; (現象焼付け中の)フィルムの押え.

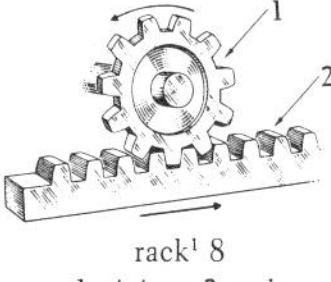

rack¹ 8
1 pinion; 2 rack

live at rack and manger 《古》贅沢に[豊かに]暮らす. *off the rack* 〈衣服が〉既製品の. *on the rack* 苦しんで, 悩んで, 心配して; 苦労して: My ingenuity is *on the* ~ to find a good excuse. なんとかうまい言い訳を考え出そうと知恵を絞っている.

── *vt.* **1** (手足を引っ張って)拷問にかける (torture). **2** 〈病気・心痛などが〉〈人を〉苦しめる (distress, torment): be ~*ed* with gout [a cough] 痛風[せき]で苦しむ / Doubt and despair ~*ed* him. 彼は疑惑と絶望に苦しめられた. **3 a** (切れるほど)引っ張る (stretch), 無理[猛烈]に引っぱる. **b** 〈頭などを〉無理に使う (strain), 力一杯使う: ~ one's brains ⇨ brain 成句. **c** 〈言葉〉の意味を無理に解釈する: ~ a text to suit one's purposes 文句を自分に都合のよいように解釈する. **4 a** 〈地代などを〉絞り取る: ~ rents. **b** 〈小作人などを〉法外な地代[家賃など]で苦しめる: ~ tenants. **5** (乱作などで)〈土地を〉痩(や)せさせる. **6** 台[棚]に載せる; 〈皮を〉台に載せて引き伸ばす. **7** 《英》**a** 〈家畜を〉飼葉格子に届く所につなぐ 〈*up*〉: ~ a horse, a sheep, etc. **b** 〈飼葉格子〉に干草を一杯入れる 〈*up*〉. **8** 〘機械〙〈カメラ・双眼鏡などを〉(歯車と歯ざお[ウォーム]を用いて)伸縮する. **9** 〘玉突〙(pool で)〈玉を〉ラックする 〈*up*〉《試合開始に備えて玉を三角形の木枠に入れて揃える》. **10** 〘海事〙〈2本のロープを〉ならべてくくり合わせる. ── *vi.* **1** 《スコット》引っ張られる, 引き伸ばされる; (引っ張られて)長くなる (lengthen), 伸びる. **2** 〘海事〙船側から反対の船側まで行ったり来たり動く, 横移動する.

rack up (1) ⇨ *vt.* 7. (2) 《米俗》やってのける, 成し遂げる (achieve): ~ *up* a victory. (3) 《米俗》〈得点を〉取る (score). (4) 《米俗》なぐり倒す. (5) 〘玉突〙⇨ *vt.* 9.

~·er *n.*

rack² [rǽk] 〘(1599) 《変形》← *wrack* < OE *wræk*: cf. wrack¹〙 *n.* 《古》破壊, 荒廃. ★ 今は次の成句で: *go* [*bring*] *to rack and ruin* [《古》*manger*] 破滅する[させる], 荒廃する[させる]; めちゃめちゃになる.

rack³ [rǽk] 〘(*a*1200) *rac, rak* ← ? ON: cf. Norw. & Swed. 《方言》*rak* wreckage ← *reka* to drive〙 ── *n.* **1** 飛ぶ雲, 流れ雲, ちぎれ雲. **2** 《廃》流れ動く霧, 霧の流れ. ── *vi.* 〈雲が〉風に吹かれて飛ぶ (scud).

rack⁴ [rǽk] 〘(*c*1460) ▭ Prov. *arracar* ← *raca* dregs〙 *vt.* (たるの中の)〈ぶどう酒などの〉の澄んだ液[部分]を取出す[別のたるに移し換える] 〈*off*〉.

rack⁵ [rǽk] 〘(1530) 《変形》? ROCK²〙 ── *n.* 〘馬術〙 **1** (馬の)ラック《なめらかですばやい4拍子の最も華麗な人為的な歩法; 着地する脚が一本ずつなので single-foot ともいう; cf. gait¹ 3》. **2** (馬の)側対歩 (pace). ── *vi.* **1** 〈馬が〉軽がけで走る. **2** 〈馬が〉側対歩で走る.

rack⁶ [rǽk] 〘《頭音消失》← ARRACK: cf. G *Rack*〙 *n.* =arrack.

rack⁷ [rǽk] 〘← ? RACK¹ (n.): cf. G *Rachen* throat〙 *n.* (子羊の)骨付きあばら肉, ラック《ロースト用; ⇨ lamb 挿絵》.

rack⁸ [rǽk] 〘《変形》← ? RAKE⁵〙 *n.* 《方言》(動物などが通ってできた)道, 跡.

rack·a·bones [rǽkəbòunz | -bə̀unz] 〘《転訛》← *rack of bones*: ⇨ rack⁷〙 *n. pl.* [単数扱い] 骨と皮ばかりの人[動物]; (特に)痩(や)せ馬.

ráck-and-pínion prèss *n.* 〘機械〙ラックプレス《ラック ピニオン機構により, パンチに打抜き力が加えられる打抜きプレス》.

ráck càr *n.* 《米》〘鉄道〙枠つき長物車, 自動車輸送用貨車《自動車・材木・ガーダー等を運ぶ枠つきの貨車》.

rack·et¹ [rǽkɪt, -kət] 〘(1500-20) ▭ F *raquette* racket, 《廃》palm of the hand ▭ It. *rachetta* ▭ Arab. *râḥa*ᵗ (*al-yad*) palm (of the hand)〙 ── *n.* **1** (テニス・バドミントン・卓球などの)ラケット. **2** [通例 racquets; 単数扱い] 〘球技〙ラケット《四方が壁で囲まれたコート内でラケットを持った二人または四人が球を壁にはね返らせて行なう一種の球技》. **3 a** (人, または馬のはくラケット形の)雪靴, かんじき (snowshoe). **b** (沼地などを歩くときに人または馬がはく)木靴. ── *vt.* 《廃》ラケットで打つ.

rack·et² [rǽkɪt, -kət] 〘(1565): 《擬音語》?〙 ── *n.* **1** がやがや騒ぎ, 騒音 (din); 騒動, 大騒ぎ, 怒号, わめき立て (uproar, clamor): a ~ about something [with a person] ある事についての[人との]もめごと / make [kick up] a ~ 大騒ぎをする / What's the ~? 《米口語》どうしたのだ. **2** (大勢集まっての)ばか騒ぎ, 底抜け騒ぎ (merrymaking); 遊興; 乱痴気パーティー: live in a constant ~ of enjoyment 絶えず愉快に浮かれ暮らす / go [be] on the ~ 道楽[遊興]をする. **3 a** (恐喝・ゆすり・詐欺・横領などによる)不正な金もうけ, 闇商売: be in on a ~ 不正な金もうけの計画に加わっている[の一味である]. **b** 《口語》駆引き, 策略; 不正手段. **c** [the ~s] 組織的な非合法運動. **4** 《俗》**a** 仕事 (business), 職業, 商売 (occupation): the publishing ~ 出版業 / What's your ~? 君の商売は何ですか; 何のご用 / It isn't my ~. 私の知ったことじゃない. **b** 楽な金もうけ. **5** [the ~] 試練, 苦しみ.

stand the racket (1) 試練に耐える. (2) 責任を負う; 費用をもつ, 勘定を払う.

── *vi.* **1** [通例 ~ *about, around* として] 道楽をする (dissipate), 浮かれ暮らす: a ~*ing* life 遊興の生活. **2** 騒ぐ, 騒音を立てる; 騒ぎ回る.

rácket·bàll *n.* rackets の球 (cf. racket¹ 2).

rácket còurt *n.* rackets 戯のコート.

rack·e·teer [rækətíə | -kətíə(r, -kɪ-] 〘← RACKET²+-EER〙 ── *n.* 恐喝者, ゆすり, (詐欺などにより)不正に金もうけをする人, 闇商人. ── *vt.* 〈人を〉ゆする, 恐喝する, たかる. ── *vi.* ゆすり[たかり]を働く; 不正に金もうけをする, 闇商売をする. **ràck·e·téer·ing** [-tí(ə)rɪŋ | -tíər-] *n.*

rácket-gròund *n.* =racket court.

rácket-prèss *n.* ラケットプレス《ラケットの型がゆがまないように入れておく枠》.

rack·ett [rǽkɪt, -kət] 〘▭ G *Rackett*〙 ── *n.* ラケット《16-18 世紀頃ドイツやフランスで用いられたバスーンに似た複簧管楽器; その管の形状から sausage bassoon ともいう》.

rácket·tàil *n.* 〘鳥類〙*Ocreatus, Discosura, Loddigesia* 属のハチドリの総称《尾羽2本が長く先がラケット状をなす》.

rackettail
(*L. mirabilis*)

rack·et·y [rǽkɪti, -kə- | -tɪ] 〘(1773) ← RACKET² (n.)+-Y⁴〙 ── *adj.* **1** 騒々しい (noisy). **2** 大騒ぎの好きな, 道楽好きの (dissipated). **3** ぐらぐらする, ふらつく (rickety); 不確実な.

Rack·ham [rǽkəm], **Arthur** *n.* (1867-1939) 英国の水彩・挿絵画家; *Peter Pan, Alice in Wonderland, Grimm's Fairy Tales*, Poe's *Tales* などの挿絵で有名.

ráck·ing *n.* 〘石工〙(下部から上部に)階段状に積み残したれんがや石の壁《作業を続けやすくしたり, 他の壁との接合を容易にするために, 工事を中断する時の手法》. ── *adj.* 拷問する, 身を苦しめる, (苦しくて)身も世もないほどの, 我慢のできない: a ~ pain, toothache, headache, grief, etc. / a ~ cough (せき込んでくる)苦しいせき / ~ thoughts いても立ってもいられないほどの心配. **~·ly** *adv.*

racking

rack·le [rǽkl] 〘(*a*1300) *rakel, rakil* ← ?〙 *adj.* 《スコット》短気な; 強情な, 向こう見ずな.

ráck locomòtive *n.* 〘鉄道〙歯軌条[アプト式]鉄道機関車.

ráck·màster *n.* 拷問係.

ráck pùnch *n.* アラック パンチ《アラック (arrack) を原料としたスウェーデンのリキュール》.

ráck ràil *n.* 〘鉄道〙ラックレール, 歯軌条 (cograil).

ráck ràilway [**ràilroad**] *n.* 〘鉄道〙ラック鉄道, 歯軌条[アプト式]鉄道《急勾配(こうばい)の鉄道に用いる; cog railway ともいう》.

ráck-rènt *vt.* …から法外な家賃[小作料, 地代]を取る[要求する]: ~ land, houses, tenants, etc.

ráck rènt 〘(1607): ⇨ rack¹〙 *n.* 法外な地代[家賃, 小作料]; (特に)年間収入に匹敵するほどの地代[家賃, 小作料].

ráck-rènt·er *n.* **1** 法外な地代[家賃]を払う人. **2** 法外な地代[家賃]を取り立てる人.

ráck sàw *n.* 〘木工〙ラックソー《広刃ののこぎり》.

ráck whèel *n.* 〘機械〙はめば歯車 (cogwheel).

ráck·wòrk *n.* 〘機械〙ラック機構, ラック仕掛け.

ra·clette [ræklét, rɑː-; *F.* raklɛt] 〘▭ F ~ ← *racler* to scrape〙 ── *n.* **1** ラクレット《チーズを溶かしてゆでたじゃがいもと共に食べるスイス料理》. **2** ラクレットに用いるチーズ.

ra·con [réɪkɑn, -kən | -kɒn, -kən] 〘《混成》← RA(DAR)+(BEA)CON〙 ── *n.* 〘通信〙レーダービーコン, レーコン《信号電波を発して航空機や船舶に自己の位置や方向を知らせる装置; cf. radio beacon》.

rac·on·teur [rækɑntə́ː, -kən- | -kɒntə́ː(r, -kɔ̃ː(n)-; *F.* rakɔ̃tœːr] 〘▭ F ~ ← *raconter* 'to RECOUNT¹'〙 ── *n.* (*pl.* ~**s** [~z; *F.* ~]; *fem.* **-teuse** [-tə́ːz; *F.* -tøːz]) 話の上手な人; 話をする人: a good [practiced, skillful] ~ 話の上手な人.

ra·coon [rækúːn, rə- | rə-] *n.* 〘動物〙=raccoon.

rac·quet [rǽkɪt, -kət] *n.*, *vt.* =racket¹.

rac·y¹ [réɪsi | -sɪ] 〘(1654) ← RACE²+-Y⁴〙 ── *adj.* (**rac·i·er; -i·est**) **1** 〈酒・果物など〉本場の味のある, 独特の風味のある, 芳しい (rich, fragrant); 新鮮な (fresh): a ~ apple / a ~ flavor / be ~ of the soil 本場特有の味のある, (その)土地独特の風味がある. **2 a** 活気のある, 元気のある, 生気のある (vigorous, spirited). **b** きびきびした, ぴりっとした, 痛快な (spicy, pungent): a ~ style [talk] きびきびした文体[談話]. **3** 《米》猥褻(わいせつ)な, きわどい: a ~ story. **rác·i·ly** [-sɪli, -sə- | -lɪ] *adv.* **rác·i·ness** *n.*

rac·y² [réɪsi | -sɪ] 〘← RACE¹+-Y⁴〙 *adj.* (**rac·i·er; -i·est**) **1** 競走に適した体格の. **2** 〈動物が〉長身で痩(や)せた.

rad¹ [rǽ(ː)d] 〘《略》← RADIATION〙 *n.* 〘物理〙ラド《物質や組織1gについて100エルグのエネルギーを与える放射線量を1ラドという; cf. roentgen》.

rad² [rǽ(ː)d] 〘《略》〙 *n.* 《英俗》=radical.

rad. 《略》〘数学〙radian(s); radiation; radical; radius; *L.* rādīx (=root).

Rad. 《略》radar; radio; radiologist; radiology; 〘医学〙radiotherapist; 〘医学〙radiotherapy; Radnorshire.

R.A.D.A. [rɑ́ːdə] 《略》《英口語》Royal Academy of Dramatic Art (英国の)王立演劇学校.

ra·dar [réɪdɑə | -dɑː(r, -də(r] 〘(1941-42) ← *ra*(*dio*) *d*(*etecting*) *a*(*nd*) *r*(*anging*)〙 ── *n.* 〘電子工学〙 **1** 電波探知(法). **2** レーダー, 電波探知機, 電探 (cf. radio-

locator): bomb on ～ レーダーで爆弾を投下する.
rádar astrónomy *n.* 〘天文〙 レーダー天文学《惑星等に対するレーダー反射波から惑星等を研究する天文学の一分野》.
rádar bèacon *n.* 〘通信〙 ＝racon.
rádar bèam *n.* 〘通信〙 レーダーの出す電波ビーム.
rádar fènce [scrèen] *n.* レーダー網.
rádar·man [-mən, -mæ̀n] *n.* (*pl.* **-men** [-mən, -mèn]) レーダー技師.
ra·dar·scope [réɪdɑəskòʊp, -də- | -dɑːskəʊp, -də-] 〘← RADAR＋(OSCILLO)SCOPE〙 ── *n.* 〘通信〙 (レーダーの)電波影像鏡《受ける電波の振動の状態を目に見えるようにする装置》.
rádar tèlescope *n.* 〘天文〙 レーダー望遠鏡《レーダー天文学 (radar astronomy) 用のアンテナを備えたレーダー送受信機》.
rádar tràp *n.* (レーダーを利用した)制限速度違犯検知装置.
Rad·cliffe [rǽdklɪf] 〘cf. OE *rēadclif* (dweller at the) red cliff〙 *n.* 男性名.
Radcliffe, Ann *n.* (1764–1823) 英国の女流作家; 旧姓 Ward; *The Mysteries of Udolpho* (1794).
rad·dle[1] [rǽdl̩] 〘← (方言) ～ 'lath' ◁ AF *reidele*＝OF *ridele, ridelle* stout stick or pole ◁ ? MHG *reitel* cudgel〙 ── *vt.* 一緒に合わせてよじる, (網代(あじろ)のように)組む, 編む (interweave). ── *n.* **1** (編んで垣根などを作る)長いしなやかな枝. **2** (しなやかな枝などで編んで作った)垣根[壁, 戸など].
rad·dle[2] [rǽdl̩] 〘《1523》 (変形) ← RUDDLE〙 *n.* ＝ruddle. ── *vt.* **1** ＝ruddle 1. **2** …に紅(など)を塗り立てる.
rad·dle[3] [rǽdl̩] 〘← ? RADDLE[1]〙 *vt.* 《スコット》 打つ, たたく, 殴る (beat).
rád·dled[1] *adj.* (年とった女性について)紅などを塗り立てた, どぎつく化粧した: ～ cheeks.
rad·dled[2] [rǽdl̩d] 〘← ?〙 *adj.* **1** 頭が混乱した, 平静を失った (confused). **2** 疲れ果てた, 衰弱し切った. **3** 荒れた, 荒廃した.
ráddle·man [-mən] *n.* (*pl.* **-men** [-mən, -mèn]) ＝ruddleman.
ra·dec·to·my [rədéktəmi | -mɪ] 〘← RAD(IX)＋-ECTOMY〙 *n.* 〘歯科〙 歯根切除(術).
Ra·dek [rɑ́ːdek; *Russ.* rádjik], **Karl** (**Ber·nar·do·vich**) [bjirnárdəvjitʃ] *n.* ラデック《1885–1939; ロシアの政治家・著述家》.
Ra·detz·ky [rədétski | -kɪ; *G.* radétski], **Joseph Wen·zel** [vɛ́ntsəl] *n.* ラデツキー《1766–1858; オーストリアの陸軍元帥》.
Rad·ford [rǽdfəd | -fəd], **Arthur William** *n.* (1896–1973) 米国の海軍大将; 統合参謀本部議長 (1953–57).
Ra·dha·krish·nan [rɑ̀ːdəkríʃnən], Sir **Sar·ve·pal·li** [sɑ̀əvepɑ́ːli | sɑ̀ːvepɑ́ːlɪ] *n.* ラドクリシュナン《1888–1969; インドの政治家・哲学者; 大統領 (1962–67)》.
ra·di- [réɪdi | -dɪ] (母音の前に来る時の) radio- の異形: *radio*paque.
ra·di·al [réɪdiəl | -djəl, -dɪəl] 〘◁ LL *radiāl-is*: ⇨ radius, -al[1]〙 ── *adj.* **1** 放射状の, 輻射形の; 放射状に配置された: a ～ system (街路などの)放射式 / a ～ axle 放射軸, 転向車軸 / ⇨ radial symmetry. **2 a** 半径 (radius) の[に関する]. **b** 半径に沿った[で動く], 半径方向の. **3** 《まれ》 光線の[に関する]. **4** 〘解剖〙 橈骨(とうこつ)の(近くにある) (cf. radius 4). **5** 〘動物〙 放射部の, 射部器官の (cf. radius 5). **6** 〘生物〙 (軸を中心として)画一的に(分裂)発達する: ～ cleavage of an egg 放射状卵割(らんかつ). **7** 〘植物〙 射出花の, 各方向に均斉に発達した. ── *n.* **1 a** 放射状のもの[部分]. **b** 《まれ》 光線 (ray). **2** 〘解剖〙 橈骨神経; 橈骨動脈. **3** 〘自動車〙 ＝radial-ply tire. **4** 〘機械〙 ＝radial engine.
～·ly *adv.*
rádial ártery *n.* 〘解剖〙 橈骨(とうこつ)動脈.
rádial béaring *n.* 〘機械〙 ラジアル軸受《軸受が支持する力が軸の半径方向に作用している軸受》.
rádial dríll *n.* 〘機械〙 ラジアルボール盤《直立する柱から直角に半径方向に腕を突出し, その上をドリルを保持する主軸頭が移動できる穴あけ用工作機械》.
ra·di·a·le [rèɪdiéɪli, -éɪli, -ɑ́ːli | -dɪǽlɪ, -éɪlɪ, -ɑ́ːlɪ] 〘← NL ～ (neut. sing.) ← L *radiālis*: ⇨ radial〙 ── *n.* (*pl.* **-a·li·a** [-liə | -lɪə]) 〘解剖〙 橈(とう)骨と連動する手根骨や軟骨; (特に)舟状骨.
rádial éngine *n.* 〘機械〙 星形エンジン, 星形発動機, 星形(内燃)機関.
rádial-flów *adj.* 〘航空〙 半径流の, 放射流の, 輻流(ふくりゅう)の《流体が軸線に直角方向に流れる; cf. axial-flow》.
rádial gáte *n.* 〘土木〙 ラジアルゲート《水平な回転軸を中心に上下する扉の断面が扇形の水門; tainter gate ともいう》.
radialia *n.* radiale の複数形.
rádially symmétrical *adj.* 〘生物〙 放射相称の.
rádial mótion *n.* 〘天文・物理〙 視線運動.
rádial nérve *n.* 〘解剖〙 橈骨(とうこつ)神経.
rádial-plỳ *adj.* 〈タイヤが〉ラジアル(プライ)の《コードを放射状に配列したタイヤにいう; cf. cross-ply》.
rádial-plỳ tíre *n.* 〘自動車〙 ラジアルタイヤ《単に radial, radial tire ともいう; cf. belted-bias tire》.
rádial sáw *n.* 〘機械〙 ラジアル鋸盤《円板の周辺に刃がついた鋸を電動回転させる鋸盤》.
rádial sýmmetry *n.* 〘生物〙 (ヒトデのような)放射相称 (cf. bilateral symmetry).
rádial tíre *n.* 〘自動車〙 ＝radial-ply tire.
rádial triangulátion *n.* 〘測量〙 放射三角測量, 射線法《測量用の写真に共通に写されている主点から写真上の各点に放射線を引いて接続標定していく方法》.
rádial velócity *n.* 〘天文・物理〙 視線速度《観測点から運動物体を結ぶ方向への速度成分》.
ra·di·an [réɪdiən | -djən, -dɪən] 〘← RADI(US)＋-AN[1]〙 *n.* 〘数学〙 ラジアン《理論的取扱いにおける角度の単位; 約 57.2958°》.
ra·di·ance [réɪdiəns | -djəns, -dɪəns] 〘《1602》: ⇨ radiant, -ance〙 ── *n.* **1 a** 光り輝くこと, 光輝, 燦然(さんぜん) (splendor): in the ～ of the summer sun 夏の太陽の燦然とした輝きの中で. **b** (目・顔色の)明るさ, 輝き: *Radiance* lit her face. 彼女の顔は明るく輝いた. **2** 濃いピンク色. **3** 《古》 ＝radiation. **4** 〘物理〙 ＝radiant flux.
rá·di·an·cy [-diənsi | -djənsɪ, -dɪən-] *n.* ＝radiance.
ra·di·ant [réɪdiənt | -djənt, -dɪənt] 〘《c1450》 ◁ L *radiānt-em* (pres.p.) ← *radiāre* to irradiate: ⇨ radiate, -ant〙 ── *adj.* **1** 光を放つ, 光り輝く (shining); 燦然(さんぜん)とした, (ぱっと)明るい (luminous): the ～ sun [gems] 燦然たる太陽[宝石]. **2** 〈目・顔色・微笑など〉〔喜び・希望・幸福などで〕輝いた〔*with*〕; うれしそうな, 晴れやかな, にこやかな: ～ *with* health [joy] 健康[喜び]に輝いて / a ～ face [smile] にこやかな顔[微笑] / ～ beauty まばゆいほどの美しさ. **3** 〘物理〙 **a** 〈光・熱など〉放射によって放散される, 放射される. **b** 放射熱の, 放射熱を出す: a ～ lamp. **4** 〘生物〙 放散分布の. **5** 〘紋章〙 ＝rayonnant 2. ── *n.* **1 a** 熱を発する点[物体]. **b** 光点, 光体. **c** (ガス・電気暖房器具の)輻射熱を発する耐火材. **2** 〘天文〙 ＝radiant point. **3** 〘生物〙 放散分布個体または群 (cf. radiation 5).
rádiant emíttance *n.* 〘光学〙 放射発散度.
rádiant énergy *n.* 〘物理〙 **1** 放射エネルギー. **2** 可視光線.
rádiant flúx *n.* 〘物理〙 放射束《放射の形で単位時間に任意の面積を通過するエネルギー》.
rádiant héat *n.* 〘物理化学〙 放[輻]射熱.
rádiant héater *n.* 輻射暖房器.
rádiant héating *n.* 〘建築〙 輻射暖房 (⇨ panel heating).
rá·di·ant·ly *adv.* **1** 燦然(さんぜん)と(して), (ぱっと)明るく; まばゆいほどに: ～ beautiful. **2** 晴れやかに, にこやかに: smile ～.
rádiant póint *n.* **1** 〘天文〙 (流星群の)放射点. **2** 〘物理〙 (光や電波などの放射線の)放射点.
Ra·di·a·ta [rèɪdiɑ́ːtə, -éɪtə | -dɪɑ́ːtə, -éɪtə] 〘← NL ～ (neut.pl.) ← L *radiātus* (↓)〙 *n. pl.* 〘動物〙 放射相称動物類 (cf. radiate *adj.* 2).
ra·di·ate 〘《a1619》 ← L *radiāt-us* (p.p.) ← *radiāre* to shine ← *radius*: ⇨ radius, -ate[3]〙 ── [réɪdièɪt | -dɪ-] *v.* ── *vi.* **1 a** 光を放つ, 光り輝く. **b** 〈熱・光などが〉射出[放出, 放射]する. **2** 放射状に伸びる, 中心から(四方八方へ)分出する[広がる] (diverge); 方々へ行き渡る[広まる]: ～ from a center 中心から放射状に広がる / streets *radiating* from the square in every direction 広場から四方八方に通じている道路 / The Renaissance ～d *from* Italy *to* all parts of Europe. ルネサンスはイタリアを中心としてヨーロッパ全土に広まった. ── *vt.* **1 a** 〈熱・光を〉射出[放出, 放射, 発散]する. **b** 〈生気・喜び・愛などを〉まき散らす, 外に表わす (shed, diffuse): ～ confidence 見るからに自信にあふれている / She seems to ～ happiness. 幸せの光を辺りに放っているようだ. **2** (ラジオ・テレビで)放送する: ～ a program. **3** 〈影響などを〉行き渡らせる, 広める, 広く及ぼす (diffuse): ～ influence. **4** ＝irradiate.
── [réɪdiət, -diɪt, -dièɪt | -dɪət, -dɪɪt, -dɪèɪt] *adj.* **1** 射出する, 放射する; 放射状の: ～ structure 放射構造. **2** 〘動物〙 放射相称動物類の; (ヒトデのように)放射相称の. **3** 〘植物〙 舌状花を生じる[有する]: a ～ capitulum 放射状頭状花.
── [-diət, -diɪt, -dièɪt | -dɪət, -dɪɪt, -dɪèɪt] *n.* 〘動物〙 放射相称動物.
～·ly *adv.*
rá·di·àt·ed [-tɪd, -təd | -tɪd, -təd] *adj.* **1 a** 射出[放射]する. **b** 放射状の, 放射状に配置された. **2** 放射線を受けた; (特に)X 線[ラジウム]治療を受けた.
ra·di·a·tion [rèɪdiéɪʃən | -dɪ-] 〘《1555》 ◁ L *radiātiō(n-)*: ⇨ radiate, -ation〙 ── *n.* **1** (熱・光・電磁波・音などの)発散, 放散 (cf. conduction 2, convection 2). **2 a** 発散[放射]されるもの. **b** ＝radiator. **3** 放射形, 放射状排列. **4 a** 〘物理〙 放射(作用); 放射性[能]: direct [indirect] ～ 直接[間接]放熱 / X-ray ～ X 線放射. **b** 放射エネルギー, 放射熱: solar [terrestrial] ～ 太陽[地球]放射熱. **c** 放射線《放射性元素の崩壊によって放出される粒子線(α 線, β 線など)や電磁波》. **5** 〘生物〙 放散《生物が形態・習性の変化により原種と著しく相違した広い生態的分布を示すこと》: ⇨ adaptive radiation. **～·al** [-ʃənl̩, -ʃnəl] *adj.* **～·less** *adj.*
radiátion bèlt *n.* 〘地球物理〙 ＝Van Allen radiation belt.
radiátion chémistry *n.* 放射線化学《放射線の化学作用を研究する化学の一分野》.
radiátion dàmage *n.* 〘病理〙 放射性障害.
radiátion fìeld *n.* 〘電気〙 放射電磁界.
radiátion fòg *n.* 〘気象〙 放射霧《夜間の放射による冷却で形成される霧》.
radiátion hàzard *n.* 〘病理〙 ＝radiation damage.
radiátion impédance *n.* 〘電気〙 放射インピーダンス.
radiátion lóss *n.* 〘電気〙 放射損.
radiátion poténtial *n.* 〘物理〙 放射電位.
radiátion prèssure *n.* 〘天体物理〙 放射[輻射]圧, 光圧.
radiátion pyròmeter *n.* 〘物理〙 放射高温計.
radiátion resìstance *n.* 〘電気〙 放射抵抗.
radiátion sìckness *n.* 〘病理〙 放射能宿酔《疲労・吐き気・白血球の減少・内出血などを伴う》.
radiátion thèrapy *n.* 〘医学〙 ＝radiotherapy.
ra·di·a·tive [réɪdièɪtɪv | -dɪèɪt-] *adj.* (熱・光などを)発散する; 放射する; 放射性の.
rádiative cápture *n.* 〘物理〙 放射性捕獲《例えば, 中性子が原子核に捕獲(吸収)されて光子(γ 線)を放出する時に用いる》.
rádiative collísion *n.* 〘物理〙 放射を伴う衝突《素粒子・原子核・原子の衝突において光子(γ 線)の放出を伴うもの》.
rá·di·à·tor [-tə | -tə(r)] *n.* **1 a** (熱・光などの)放射体, 射光[放熱]体. **b** 放射性物質[物体]. **2** 放熱器, 暖房装置, ラジエーター. **3** (自動車・機関などの)冷却器, ラジエーター. **4** 〘通信〙 発振子, 空中線, アンテナ.
rádiator grìlle *n.* (自動車の)ラジエーターグリル.
rádiator màscot *n.* (自動車の)ラジエーターグリル上の飾り.
ra·di·a·to·ry [réɪdiətɔ̀ːri, -tɔ̀ːri | -dɪətərɪ] *adj.* ＝radiative.
ra·di·a·tus [rèɪdiéɪtəs | -dɪéɪt-] 〘← NL ～: ⇨ radiate〙 *adj.* 〘気象〙 〈雲が〉放射状の, 放射状雲の.
rad·i·cal [rǽdɪkəl, -də- | -dɪ-] 〘《a1398》 ◁ LL *rādīcālis* having or pertaining to roots ← *rādix* root: ⇨ radix, -ical〙 ── *adj.* **1 a** 基礎[根底]となる, 根本に関する; 根本的な, 基本的な (basic, fundamental): a ～ formula 基礎公式 / a ～ principle 根本原理 / a ～ difference 根本的な相違. **b** 本来の, 生来の (inherent): ～ defects 生来の欠陥. **2** 〈改革・治療など〉根元にまで影響を及ぼす; 徹底的な (thorough), 完全な (complete): a ～ cure 完全な治療, 根治 / ～ surgery 徹底的外科治療 / a ～ reform 徹底的改革. **3 a** 伝統的な思考・習慣などからかけ離れた, 極端な, 急進的な, 過激な (extreme, drastic); 革命的な (revolutionary) (↔ conservative): a ～ party [politician] 急進党[的政治家] / a ～ newspaper 過激な新聞 / ～ theology 急進的神学. **b** [しばしば R-] 急進派[党]の. **c** 〈立法措置など〉急進派に推進された, 急進派的な. **4** 〘英史〙 (19 世紀初頭の英国の)急進派の; 〘米史〙 共和党過激派の (⇨ *n.* 2 b). **5** 〘数学〙 根 (root) の, 不尽根の (irrational); 根号の. **6** 〘言語〙 語根 (root) の: a ～ form / a ～ word 語根語. **7** 〘植物〙 根から生じる, 根の (cf. cauline): ～ leaves 根生葉 / ～ growths 根生物. **8** 〘音楽〙 根音 (root) の.
── *n.* **1** 極端[過激]論者, 急進分子 (extremist). **2 a** [しばしば R-] 急進党員, 過激党員. **b** [the Radicals] (19 世紀初頭の英国の)急進派, 急進的改革派 (cf. Liberal Party); 〘米史〙 (南北戦争後の連邦再建時代に南部諸州の連邦復帰に厳しい条件を課した)北部の共和党過激派 (Radical Republicans). **3 a** 根本, 根幹 (root, root part). **b** 根本原理, 基礎 (foundation). **4** 〘言語〙 **a** 語根, 語幹 (root) (cf. derivative 5). **b** (漢字の)部首《偏・旁(つくり)・冠の類》; 字源. **5** 〘化学〙 **a** 基, 根 (root): an acid ～ 酸基. **b** ＝free radical. **6** 〘数学〙 **a** 根; 累乗根; 根号 (radical sign); 不尽根の数[量]. **b** ＝radical expression.
～·ness *n.*
rádical áxis *n.* 〘数学〙 根軸《与えられた 2 つの円への接線の長さが等しい点の作る直線》.
rádical cénter *n.* 〘数学〙 根心《与えられた 3 つの円の 2 つずつの根軸 (radical axis) 3 本が共存する点》.
rádical empíricism *n.* 〘哲学〙 根本的経験論《W. James の用語で, 主客の二元的対立以前に純粋経験としての実在を認める経験論》.
rádical expréssion *n.* 〘数学〙 無理式《根号 (radical sign) の中に変数を含む式》.
rád·i·cal·ìsm [-lɪzm̩] 〘《1820》 ← RADICAL＋-ISM〙 *n.* **1** 急進的なこと[性質]. **2 a** 急進[過激]主義. **b** 急進主義的行動[運動]; 急進主義派の綱領.
rad·i·cal·i·ty [rædəkǽləti | -dɪkǽlətɪ, -lɪ-] *n.* **1** 根本的なこと[性質]. **2** ＝radicalism 1.
rad·i·cal·ize [rǽdɪkəlàɪz, -də- | -dɪ-] *vt.* (特に, 政治的に)急進化する, 過激化する. **rad·i·cal·i·za·tion** [rædɪkəlɪzéɪʃən, -də-, -lə- | -dɪkəlaɪ-, -lɪ-] *n.*
rádical léft *n.* [the ～] 極左, 急進左翼; 新左翼 (New Left).
rád·i·cal·ly *adv.* **1** 根源に関して, 根本において, 本来. **2** 根本的に, 徹底的に (fundamentally).
Rádical Repúblican *n.* 〘米史〙 過激派共和党員 (⇨ radical *n.* 2 b).
rádical ríght *n.* [the ～] 極右, 急進右翼, 超保守派.
rádical sígn *n.* 〘数学〙 根号 (√, √‾)《'root' の頭字 'r' を図案化したもの; root sign ともいう》.
rad·i·cand [rǽdəkǽnd, ⌐⌐⌐ | -dɪ-] 〘◁ L *rādīcandum* (neut. ger.) ← *rādīcāre* to take root ← *rādix* 'ROOT[1]'〙 ── *n.* 〘数学〙 被開数, 開かれる数《根号の中に書かれる数》.
rad·i·cant [rǽdəkənt | -dɪ-] 〘◁ L *rādīcant-em* ← *rādīcāre* (↑): ⇨ -ant〙 *adj.* 〘植物〙 (ツタのように)茎から不定根の出る.
rad·i·cate [rǽdəkèɪt | -dɪ-] 〘← L *rādīcāt-us* (p.p.) ← *rādīcāre* (↑)〙 ── *vt.* **1** 深くしっかりと植える. **2** 根を下ろさせる, 定着させる: be ～d in …に深く根を下ろしている.
rad·i·cel [rǽdəsèl | -dɪ-] 〘← NL *radicell-a* (dim.) ← *rādīx* 'ROOT'〙 *n.* 〘植物〙 小根, 幼根 (rootlet).
radices *n.* radix の複数形.
ra·di·ci·da·tion [rèɪdəsɪdéɪʃən, -sə- | -dɪsaɪ-, -sɪ-] 〘← RADI(ATION)＋-CIDE＋-ATION〙 *n.* 〘医学〙 (食品に

対する)放射線照射殺菌.

rad·i·cle [rǽdɪkl̩, -də- | -dɪ-] 〘《1671》□L *rādicul-a* (dim.) ← *rādix* 'ROOT[1]': ⇨-cle〙 — *n.* **1** 〘植物〙 胚軸 (hypocotyl); 小根, 幼根 (rootlet, radical). **2** 〘解剖〙(神経・血管などの)根(ᵹ), 小根 (root), 根状部. **3** 〘古〙〘化学〙基, 根 (radical). **ra·dic·u·lar** [rædíkjulə, reɪ- | -lə(r)] *adj.*

radícular cýst *n.* 〘歯科〙歯根嚢胞《歯根先端部にできる炎症性の嚢胞》.

ra·dic·u·li·tis [rədɪkjuláɪtɪs, ræ-, reɪ-, -ṭəs | -tɪs] 〘← NL ～: ⇨ radicle, -itis〙 *n.* 〘病理〙神経根炎.

ra·dic·u·lose [rædíkjulòus, reɪ- | -lə̀us] 〘← L *rādicula* 'RADICLE'＋-OSE[1]〙 *adj.* 〘植物〙多数の小根を生じる.

ra·di·es·the·si·a [rèɪdiesθíːʒiə, -ʒə | -dii:sθíːzjə, -zɪə, -ʒɪə] 〘← NL ～ ← L *radius* 'RADIUS, ray'＋ESTHESIA〙 — *n.* 〘心霊〙 **1** 放射感応能力, 千里眼《占い杖 (divining rod) や振り子 (pendulum) を用いて, 地下水の有無・病因・被疑者の犯行の有無などを占う能力》. **2** 放射感応能力研究, 千里眼研究.

Ra·di·guet [rædɪgéɪ; *F.* radigɛ], **Raymond** *n.* ラディゲ《1903–23; フランスの詩人・小説家; *Le Bal du comte d'Orgel*「ドルジェル伯の舞踏会」(1924)》.

radii *n.* radius の複数形.

radii vectores *n.* radius vector の複数形.

ra·di·o [réɪdiòu | réɪdɪəu] 〘《1910》《略》← RADIOTELEGRAPHY, RADIOTELEPHONY〙 — *n.* (*pl.* ～s) **1 a** 無線通信《電線を用いずに電磁波を媒介として行なう通信; ラジオ・テレビ・レーダーなど》. **b** 無線電信[電話], 無電: send a message by ～ 無電で通信する. **c** 無電による通信; 無線電報 (radiogram): receive a ～. **d** 無線電信機. **e** 無電局 (radio station). **2 a** ラジオ放送, 無線放送: listen (in) to the ～ ラジオを聞く / listen to news *on* the ～ ラジオのニュースを聞く / talk *over* [*on, through*] the ～ ラジオで講演[放送]する, ラジオで話をする / be *on* (the) ～ ラジオに出演している; 〈番組が〉ラジオで放送されている / a play written for ～ ラジオのために書かれた劇. **b** ラジオ(受信機) (radio set): a portable ～ ポータブル[携帯用]ラジオ / We were playing the ～. ラジオをかけていた. **3** ラジオ放送産業, ラジオ関係(の仕事): They are in ～. 彼らはラジオ関係の仕事をしている. **4** ラジオ番組(として)の質《適・不適》: It was [will be] good ～. **5** ラジオ放送組織体: a national [state-run] ～ 国営放送. **6** ラジオ放送局 (radio station).
— *attrib. adj.* **1** ラジオの, ラジオを[に]用いた, 無電の: a ～ announcer ラジオのアナウンサー / a ～ ham ＝ham[2] 1 / ～ parts ラジオ部品 / a ～ program ラジオ番組 / a ～ speech [talk] ラジオ講演 / a ～ play ラジオ放送劇. **2** 〘通信〙 **a** (特に電波の)放射エネルギーの[による, を使う]. **b** 約 10 キロヘルツから約 300 ギガヘルツの電磁波の電波に関する.
— *vt.* **1 a** 無電で送る. **b** ラジオで放送する (broadcast). **2** …に無電を打つ. — *vi.* **1** ラジオ放送をする. **2** 無電を打つ: They ～*ed for* helicopter support. 無電でヘリの救援を要請した.

ra·di·o- [réɪdio(u) | -dɪə(u), -djə(u)] 〘← RADIUS＋-O-〙 — 次の意味を表わす連結形: **1**「ラジオ, 無線 (radio); 電波」: *radio*frequency, *radio*photograph. **2**「輻射(状) (radial), 輻射エネルギー」: *radio*symmetrical, *radio*sonde. **3** 〘化学・物理〙 **a**「ラジウム (radium), X 線 (X ray)」: *radio*thorium, *radio*diagnosis. **b**「放射性同位元素」. **c**「放射性, 放射能 (radioactivity)」: *radio*ecology. ★ 母音の前では時に radi- になる.

ràdio·acóustics *n.* ラジオ音響(学).

ràdio·actínium 〘← NL ～: ⇨ radio-, actinium〙 *n.* 〘化学〙ラジオアクチニウム《放射性元素 ^{227}Th の古典名; 記号 RdAc》.

ràdio·áctivate *vt.* 〘物理〙放射性にする, …に放射能を与える, 放射能を帯びさせる.

ràdio·áctive *adj.* 〘物理・化学〙放射性の[に関する, によって生じる]; 放射能のある: ～ dust 放射性塵(ᵹ) / ～ fallout 放射性降下物 / a ～ element [substance] 放射性元素[物質] / ～ particles [materials] 放射性粒子[物質] / ～ contamination 放射能汚染 / ～ waste (原子炉などからの)放射性廃棄物 / ～ rays 放射線 / ～ disintegration 放射性壊変 / a ～ isotope 放射性同位体 (radioisotope). **～·ly** *adv.*

radioáctive dáting *n.* 〘考古〙放射性年代測定(法) (⇨ carbon dating).

radioáctive decáy *n.* 〘物理〙放射性崩壊《原子核が自然に放射線を出して別の原子核に変わる現象; decay, disintegration ともいう》.

radioáctive equilíbrium *n.* 〘化学〙放射平衡《放射壊変系列 (A → B → C → …) で壊変によって A 元素から生じる B 元素と, B 元素自身の壊変による減少が等しい時をいう》.

radioáctive séries *n.* 〘物理・化学〙放射能系列, 壊変系列《decay series ともいう》.

radioáctive wárfare *n.* (放射性物質による)放射(能)戦《略 R.W.; radiological warfare ともいう》.

ràdio·actívity *n.* 〘物理・化学〙放射能[性]: artificial ～ 人工放射能 / the theory of ～ 放射能理論.

rádio altímeter *n.* 〘航空〙電波高度計《航空機から発信した電波が地上に達したのち同じ機に返って来るまでの時間から測る高度計》.

ràdio·ámplifier *n.* 〘通信〙高周波増幅器[増幅装置,「アンプ」].

rádio astrónomer *n.* 電波天文学者.

rádio-astronómical *adj.* 電波天文学の.

rádio astrónomy *n.* 電波天文学《宇宙空間から地球に届く電波を電波望遠鏡 (radio telescope) で受信・測定して天体の研究を行なう天文学; cf. optical astronomy》.

ràdio·áutograph *n.* ＝autoradiograph. **ràdio·autográphic** *adj.*

ràdio·autógraphy *n.* ＝autoradiography.

rádio bèacon *n.* 〘通信〙ラジオビーコン, 無線標識(局) (cf. racon).

rádio bèam *n.* 〘通信〙(方向性が著しい)ラジオ電波, 信号電波, 無線ビーム《暗黒・荒天の中で飛行機操縦者を導くために送る電波》.

rádio béaring *n.* 〘電気〙無線方位.

ràdio·biólogy *n.* 放射線生物学. **ràdio·biológical** *adj.* **ràdio·biológic** *adj.* **ràdio·biológically** *adv.* **ràdio·biólogist** *n.*

radio·broadcast [⌐－－－⌐－] *vt., vi.* (～, ～·ed) ラジオ[無線]で放送する. — [⌐－－－⌐－] *n.* ラジオ[無線]放送. 「[無線]放送装置.

ràdio·bróadcaster *n.* ラジオ[無線]放送者, ラジオ

ràdio·bróadcasting *n.* ラジオ[無線]放送. *adj.* ラジオ[無線]放送の: a ～ station ラジオ放送局.

rádio càr *n.* ラジオカー《パトカーのように連絡用無線装置を備えた自動車》.

ràdio·cárbon *n.* 〘化学〙炭素の放射性同位体; (特に)＝carbon 14.

radiocárbon dàting *n.* 〘考古〙＝carbon dating.

ràdio·cárdiogram *n.* 〘医学〙心放射図 (cf. electrocardiogram).

ràdio·cardiógraphy *n.* 〘医学〙心放射電図測定[記録]《血液内に注射された放射性同位元素が各心臓房室を通過する状態を記録する方法; cf. electrocardiography》.

rádio·càst 〘← RADIO-＋(BROAD)CAST〙 *v.* (～, ～·ed), *n.* ＝radiobroadcast. **～·er** *n.*

ràdio·chémical *adj.* 〘化学〙放射化学の(方法を用いる). **～·ly** *adv.*

ràdio·chémist *n.* 放射化学者.

ràdio·chémistry *n.* 〘化学〙放射化学《放射性物質の化学的性質を調べる化学の分野》.

ràdio·chromatógraphy *n.* ラジオクロマトグラフィー《標識化合物の放射能を利用して行なう定量[定性]クロマトグラフィー; cf. chromatography》. **ràdio·chromatográphic** *adj.*

Rádio Cíty *n.* 米国 New York 市 Rockefeller Center の中で劇場 (Radio City Music Hall) やテレビ・ラジオのスタジオがある一角の呼び名《NBC 放送のスタジオが RCA ビルにある》.

ràdio·cóbalt *n.* 〘化学〙放射性のコバルト同位体; (特に)＝cobalt 60.

rádio còmpass *n.* 〘通信〙ラジオコンパス《航行中の船舶または航空機が無線標識から来る信号電波によって自己の方位を探知する装置》.

ràdio-contról *vt.* (-con·trolled; -trol·ling) 無線で操縦する: a ～*led* airplane 無線操縦の飛行機.

rádio contròl *n.* 無線制御, 電波[無線]操縦.

ràdio·detéctor *n.* 無線検波器: a crystal ～ 鉱石[結晶]検波器.

ràdio·diagnósis *n.* 〘医学〙放射線診断(法).

rádio diréction fìnder *n.* 無線方向探知[方位測定]機 (略 RDF).

rádio diréction fìnding *n.* (飛行機などの)無線「方向探知 (略 RDF).

ràdio·ecólogy *n.* 放射線生態学《生態学的に見た生物環境と放射性物質との相互関係に関する研究》. **ràdio·ecológical** *adj.* **ràdio·ecólogist** *n.*

ràdio·élement *n.* 〘化学〙(安定した同位元素を持たない)放射性元素 (radioactive element) (cf. radioisotope).

rádio engineéring *n.* 無線工学, ラジオ工学.

rádio fíeld intènsity [**strèngth**] *n.* 〘物理〙電波強度, 電磁界の強さ.

rádio fìx *n.* 〘通信〙電波探位《電波で測定した船舶・航空機などの位置》.

rádio fréquency *n.* 〘通信〙ラジオ[無線]周波数《可聴周波から赤外線周波まで 10 キロヘルツ 300 ギガヘルツの間の周波数; 略 RF》: a ～ transformer 無線周波変換器.

rádio gálaxy *n.* 〘天文〙電波銀河《比較的強い電波を発する銀河系外星雲》.

ràdio·génic 〘← RADIO-＋-GENIC〙 — *adj.* **1** 〘物理〙放射崩壊によって作り出された: ～ lead 放射性元素の壊変によってできた鉛. **2** (声の質など)ラジオ放送に適した (cf. photogenic 3, telegenic): a ～ singer. **ràdio·génically** *adv.*

ràdio·goniómeter *n.* 〘通信〙ラジオゴニオメーター, 無線方位測定器 (radio direction finder).

ra·di·o·gram [réɪdio(u)græ̀m | -dɪə(u)-, -djə(u)-] 〘← RADIO-＋-GRAM, GRAM(OPHONE)〙 *n.* **1** ＝radiotelegram. **2** 《英》＝radiogramophone. **3** ＝radiograph[1] 1.

ràdio·grámophone *n.* 《英》ラジオ兼用レコードプレーヤー.

ra·di·o·graph[1] [réɪdio(u)græ̀f | -dɪə(u)grɑ̀:f, -djə(u)-, -græ̀f] *n.* **1** 放射線写真; (特に)レントゲン写真 (X-ray picture), ガンマ線写真. **2** 放射計《放射線の強さを測程する器具》. — *vt.* …のレントゲン[ガンマ線]写真を取る, 放射線写真を取る. **ra·di·o·graph·ic** [rèɪdio(u)grǽfɪk | -dɪə(u)-, -djə(u)-] *adj.* **rà·di·o·gráph·i·cal·ly** *adv.*

ra·di·o·graph[2] [réɪdio(u)græ̀f | -dɪə(u)grɑ̀:f, -djə(u)-, -græ̀f] 〘← RADIO-＋(TELE)GRAPH〙 *vt.* 〈人〉に電報を打つ.

ra·di·og·ra·pher [rèɪdiágrəfə | -dɪɔ́grəfə(r)] *n.* レントゲン技師.

ra·di·og·ra·phy [rèɪdiágrəfi | -dɪɔ́grəfɪ] *n.* X 線撮影(法), 放射線写真術, 放射線透過写真(法), ラジオグラフィー.

rádio héating *n.* 〘電気〙高周波加熱.

ràdio·immunoássay *n.* 〘医学〙(放射性同位元素による)標識免疫検定(法), ラジオイムノアッセイ (cf. immunoassay).

ràdio·immunológical *adj.* 〘医学〙標識免疫検定(法)使用による.

rádio interférence *n.* 〘電気・通信〙電波障害, 混信, ラジオ障害.

rádio interferómeter *n.* 〘天文〙電波干渉計.

ràdio·íodine *n.* 〘化学〙放射性のヨウ素同位体, (特に)＝iodine 131.

ràdio·íron *n.* 〘化学〙放射性の鉄同位体.

ràdio·ísotope *n.* 〘物理・化学〙ラジオアイソトープ, 放射性同位体 (radioactive isotope).

ràdio·isotópic *adj.* ラジオアイソトープの[に関する], 放射性同位体の[に関する]: ～ techniques. **ràdio·isotópically** *adv.*

rádio knífe *n.* 〘外科〙電気メス《数メガサイクルの高周波電気を針[メス]と患部との間に通して細いアークで組織を切って同時にその面を消毒する》.

ràdio·lábel *vt.* 〘物理・化学〙＝label 3. **ràdio·lábeled** *adj.*

Ra·di·o·lar·i·a [rèɪdio(u)lɛ́(ə)riə | -dɪə(u)lɛ́əriə] 〘← NL *Radiolāria* ← LL *radiolus* (dim.) ← L *radius*: ⇨ radius, -aria[1]〙 *n. pl.* 〘動物〙放散虫目.

ra·di·o·lar·i·an [rèɪdio(u)lɛ́(ə)riən | -dɪə(u)lɛ́ərɪ-] 〘⇨ ↑, -ian〙 *adj., n.* 〘動物〙放散虫目の(動物).

rádio lìnk *n.* 〘通信〙無線結合《固定した 2 点間を無線電波で通話できるよう結合した回路》.

ràdio·locátion *n.* 〘電子工学〙＝radar 1.

ràdio·lócator *n.* 《英》電波探知機, レーダー《1943 年以後は米国と同様 radar という》.

ra·di·o·log·ic [rèɪdiəlɑ́dʒɪk | -dɪəlɔ́dʒ-] *adj.* ＝radiological.

ra·di·o·log·i·cal [rèɪdio(u)lɑ́dʒɪkəl, -dʒə- | -dɪə(u)lɔ́dʒɪ-] *adj.* **1** 放射線学(的)の; レントゲン(上)の, X 線の[で見た]: ～ dosage 放射線量 / ～ findings X 線所見. **2** 放射性物質による[を含んだ]: ～ warfare 放射能戦. **～·ly** *adv.*

ra·di·ól·o·gist [-dʒɪst, -dʒəst | -dʒɪst] *n.* **1** 放射線[X 線]学者, 放射能研究者. **2** X 線医[技師].

ra·di·ol·o·gy [rèɪdiɑ́lədʒi | -dɪɔ́lədʒɪ] *n.* **1** 放射線(医)学, X 線学. **2** (医療の)放射線科, X 線使用, レントゲン写真撮影.

ràdio·lúcent *adj.* (X 線などの)放射線を透過させる, X 線写真などに写らない, X 線写真では見えない (cf. radiopaque, radiotransparent). **ràdio·lúcence** *n.* **ràdio·lúcen·cy** *n.*

ràdio·luminéscence *n.* 〘物理〙放射線ルミネッセンス, 放射性発光《放射線が種々の物質に当たって発する蛍光》. **ràdio·luminéscent** *adj.*

ra·di·ol·y·sis [rèɪdiɑ́ləsɪs, -səs | -dɪɔ́lɪsɪs] 〘← RADIO-＋-LYSIS〙 — *n.* (*pl.* -y·ses [-sìːz]) 〘化学〙放射線分解《放射線による化学的分解; cf. photolysis》. **ra·di·o·lyt·ic** [rèɪdiəlɪ́tɪk | -dɪəlɪ́t-] *adj.*

rádio·màn [-mæ̀n] *n.* (*pl.* -men [-mɛ̀n]) **1** 無線技師[通信員]. **2** (ラジオカー (radio car) で巡回する, 電気会社の)電気器具[電線]修理員. **3** ラジオ放送局員.

rádio màrker *n.* 無線位置標識《航空機に空港や航空路の位置を示すための無線標識; cf. fan marker》.

ràdio·meteórograph *n.* 〘気象〙＝radiosonde.

ra·di·om·e·ter [rèɪdiɑ́məṭə | -dɪɔ́mɪtə(r), -mə-] 〘← RADIO-＋-METER[1]〙 — *n.* 〘物理・電気〙ラジオメーター, 輻射計, 熱車(ᵹᵹ)《ガラス器の中に片面だけを黒く塗った 4 枚の X 字状交差片を仕掛け, 電磁波に近づければ風速計の翼のように回転するようにして熱輻射などの電磁波の有無・強弱を検出する装置》.

radiometer

ra·di·om·e·try [rèɪdiɑ́mətri | -dɪɔ́mɪtrɪ, -mə-] *n.* 〘物理〙放射分析, 放射測定法; ラジオメーター使用法. **ra·di·o·met·ric** [rèɪdio(u)métrɪk | -dɪə(u)-] *adj.* **rà·di·o·mét·ric·al·ly** *adv.*

ràdio·micrómeter *n.* 〘物理〙(微量の放射エネルギーを測る)熱電放射計.

ràdio·mimétic 〘物理・医学〙*adj.* (薬物などが)生物に対して放射能に似た作用をする, 類放射線の. — *n.* 放射線様作用薬.

rádio navigátion *n.* 〘航空・海事〙電波[無線]航法[航行].

ra·di·on·ics [rèɪdiɑ́nɪks | -dɪɔ́n-] 〘← RADIO-＋(ELECTR)ONICS〙 *n.* 《米》電子工学 (electronics).

ràdio·núclide *n.* 〘物理・化学〙放射性核種 (radioactive nuclide).

ra·di·o·paque [rèɪdio(u)péɪk | -dɪə(u)-] 〘← RADIO-＋OPAQUE〙 — *adj.* (*also* **ràdio-opáque**) 放射線[X 線]不透過性の, X 線写真などが写る, レントゲン写真で見える (cf. radiolucent, radiotransparent). **ra·di·o·pac·i·ty** [rèɪdio(u)pǽsəṭi | -dɪə(u)pǽsətɪ, -sɪ-] *n.*

rádio·phàre 〘← RADIO-＋L *pharus* lighthouse (□ Gk *phâros*)〙 *n.* (船舶の位置を定めるのに使われる)無線標識局 (radio beacon).

ràdio·pharmacéutical *n.* 〘薬学〙放射性医薬品「《診断・治療用》.

ràdio·phòne 〘← RADIO-＋-PHONE〙 *n.* **1** 〘通信〙無線電話器. **2** 〘物理〙光線電話器 (photophone).

ràdio·phónic *adj.* **1** 無線電話の. **2** (電子装置による)合成音の.

ràdio·phósphorus *n.* 〘化学〙放射性のリン同位体核種; (特に) =phosphorus 32.

ràdio·phóto *n.* **1** =radiophotograph. **2** =radiophotography. ― *vt.* 〈写真を〉無線電送する.

ràdio·phótograph *n.* (無線)電送写真.

ràdio·photógraphy *n.* 無線写真電送.

ràdio·protéction *n.* 〘医学〙放射線防護, 放射能[線]障害予防.

ràdio·protéctive *adj.* 〘医学〙放射線防護(が目的)の[に役立つ].

ràdio·protéctor *n.* 放射線防護素[具].

rádio proxímity fùse *n.* 〘軍事〙近接電波信管 (⇨ proximity fuse).

rádio rànge *n.* 〘航空〙(航空機の)無線航路標識.

rádio ránge bèacon *n.* 〘通信〙無線距離標識, ラジオレンジビーコン《電波の放射を方位通報・航路連絡などに利用する航空機・船舶などの航行を導く無線標識》.

rádio recéiver *n.* ラジオ受信機.

rádio rélay *n.* ラジオ[無線]中継局.

ràdio·resístance *n.* 〘生物〙放射線抵抗性.

ra·di·o·scope [réɪdiəskòʊp | -dɪəskəʊp, -djə-] 〘← RADIO-+-SCOPE〙 *n.* **1** 放射性物質探知装置. **2** = fluoroscope.

ra·di·os·co·py [rèɪdiáskəpi | -dɪɔ́skəpɪ] 〘← RADIO-+-SCOPY〙 ― *n.* X 線透視(法), レントゲン透視[診察, 検査](法). **ra·di·o·scop·ic** [rèɪdio(ʊ)skápɪk | -dɪə(ʊ)skɔ́p-] *adj.* **rà·di·o·scóp·i·cal** *adj.*

ràdio·sénsitive *adj.* 〘病理〙〈細胞など〉放射線[X 線]感受性の, レントゲン[放射線]に敏感な; レントゲンで治療できる; (薬物などが)放射線に対して増感作用のある. **ràdio·sensitívity** *n.*

rádio sèt *n.* **1** ラジオ受信機. **2** ラジオ発信機.

ràdio·sódium 〘← NL ～: ⇨ radio-, sodium〙 *n.* 〘化学〙放射性のナトリウム同位体; (特に)質量数 24 の同位体核種《生化学の tracer などに使われる》.

rádio·sònde 〘← RADIO-+SONDE〙 ― *n.* 〘気象〙ラジオゾンデ《小型の送信器を気球につけ, 高層の気象要素を地上に伝送する装置; radiometeorograph ともいう; cf. dropsonde, rocketsonde》.

rádio sòurce *n.* 〘天文〙電波源《電波を放射している天体(星雲など)》.

rádio spèctrum *n.* 〘通信〙(電波の)波長のスペクトル分布.

rádio stàr *n.* 〘天文〙電波星(雲), ラジオ星, 電波天体《比較的強い電波を放射する点状の天体の総称》.

rádio stàtion *n.* **1 a** 無線電信[電話]局. **b** ラジオ放送局 (radiobroadcasting station). **2** 民間放送会社.

ràdio·stérilize *vt.* 〘医学〙放射線を当てて消毒[殺菌]する. **ràdio·stérilized** *adj.* **ràdio·sterili·zátion** *n.*

ràdio·stróntium *n.* 〘化学〙放射性のストロンチウム同位体; (特に) =strontium 90.

ràdio·súrgery *n.* ラジウム外科(療法).

ràdio·symmétrical *adj.* 〘生物〙放射相称の (actinomorphic); (特に)放射状の.

ràdio·technólogy *n.* **1** ラジオ工学. **2** (産業界での)放射線[X 線]利用.

ràdio·télegram *n.* 無線電報.

ràdio·télegraph 〘← RADIO-+TELEGRAPH〙 ― *n.* 無線電信(術): a ～ station 無線電信局. ― *vt.* 〈通信を〉無線電信で送る. ― *vi.* 無線電信を打つ. **rà·dio·telegráphic** *adj.*

ràdio·telégraphy 〘← RADIO-+TELEGRAPHY〙 *n.* = radiotelegraph.

ràdio·telémetry *n.* =telemetry. **ràdio·tele·métric** *adj.*

ràdio·teléphone 〘← RADIO-+TELEPHONE〙 ― *n.* 〘通信〙無線電話器 (radiophone). ― *vt.* …に無線電話をかける. ― *vi.* 無線電話をかける. **ràdio·tele·phónic** *adj.*

ràdio·teléphony 〘← RADIO-+TELEPHONY〙 *n.* 無線電話.

rádio·télescope *n.* 〘天文〙電波望遠鏡《太陽あるいは他の天体から来る電波を受信し測定する装置》.

ràdio·téletype 〘← RADIO-+TELETYPE〙 *n.* **1** 無線テレタイプライター《遠隔送信用タイプ》. **2** 無線テレタイプ装置.

ràdio·teletýpewriter *n.* =radioteletype 1.

ràdio·therapéutics 〘← RADIO-+THERAPEUTICS〙 *n.* 〘医学〙放射線治療学; 放射線療法 (radiotherapy).

ràdio·thérapist 〘← RADIO-+THERAPIST〙 *n.* 〘医学〙放射線治療医.

ràdio·thérapy 〘← RADIO-+THERAPY〙 *n.* 〘医学〙(ラジウム・レントゲンなどによる)放射線療法.

ra·di·o·ther·mics [rèɪdio(ʊ)θə́ːmɪks | -dɪə(ʊ)θə́ː-] 〘⇨↓, -ics〙 *n.* 超短波加熱論[学].

ra·di·o·ther·my [réɪdio(ʊ)θəːmi | -dɪə(ʊ)θəːmɪ] 〘← RADIO-+-THERMY〙 *n.* 〘医学〙ラジオテルミー, 短波ジアテルミー, 放射線熱療法 (cf. diathermy).

ràdio·thórium 〘← NL ～: ⇨ radio-, thorium〙 *n.* 〘化学〙ラジオトリウム《トリウムの同位体 ^{228}Th の古典名; 慣用的に記号 RdTh で表わすこともある》.

ràdio·tóxic *adj.* 〘化学〙放射性毒の. **ràdio·toxíc·ity** *n.*

ràdio·toxólogy *n.* 放射性毒研究. **ràdio·toxo·lógic** *adj.*

ràdio·trácer *n.* 〘化学〙放射性トレーサー[追跡体].

rádio transmítter *n.* ラジオ送信器.

ràdio·transpárent *adj.* X 線などの放射線を完全に透過させる, X 線写真には写らない (cf. radiopaque). **ràdio·transpárency** *n.*

Ra·di·o·tron [réɪdiətrɑ̀n | -dɪətrɔ̀n] 〘← RADIO-+-TRON: 米国 RCA の商標名〙 *n.* 〘電気〙ラジオトロン《三極真空管の一つ》.

rádio tùbe *n.* (ラジオ用)真空管.

ràdio·úlna *n.* 〘動物〙射出尺骨《カエルなどの両生類の動物の前肢骨の射出部がやや発達して骨になりかけた未発達段階の骨》.

ràdio·úlner *adj.* 〘動物〙射出尺骨の.

rádio wàve *n.* 〘通信〙電波.

rad·ish [rǽdɪʃ, réd- | rǽd-] 〘《c1450》□ (O)F *radis* □ Prov. *raditz* < L *rādīcem* ∞ ME *redich(e), radik* < OE *rædic* □ L *rādīc-em, rādīx* 'ROOT[1], RADIX'〙 ― *n.* 〘園芸〙 **a** ハツカダイコン, ラディシュ (*Raphanus sativus*). **b** (長根の)ダイコン (*R. sativus* var. *longipinnatus*)《ハツカダイコンの一変種》. **c** ハツカダイコン[ダイコン]の食用となる根.

ra·di·um[1] [réɪdiəm | -djəm, -dɪəm] 〘《1900》← NL ～ ← L *radius* ray: ⇨ radius, -ium〙 *n.* 〘化学〙ラジウム《放射性元素; 記号 Ra, 原子番号 88, 原子量 226.0254》.

ra·di·um[2] [réɪdiəm | -djəm, -dɪəm] 〘商標〙 *n.* ラディウム《なめらかで光沢のある単純な織りの絹またはレーヨンの布; 特に女性の衣服やカーテン地に使う》.

rádium Á *n.* 〘化学〙ラジウム A《放射性壊変によって radon^{222} (^{222}Rn) から生じるポロニウムの同位体 (^{218}Po)》.

rádium B́ *n.* 〘化学〙ラジウム B《radium A (^{218}Po) の放射性壊変によって生じる鉛の同位体 (^{214}Pb) の古典名》.

rádium Ć *n.* 〘化学〙ラジウム C《radium B (^{214}Pb) の放射性壊変によって生じる bismuth の同位体 ^{214}Bi の古典名; これから radium D, radium E, radium F が順次生じる》.

rádium emanàtion *n.* 〘化学〙ラジウムエマネーション (略 R.E.; ⇨ radon).

rádium súlfate *n.* 〘化学〙硫酸ラジウム ($RaSO_4$)《水に不溶の白色結晶, 放射線治療用》.

rádium thèrapy *n.* 〘医学〙**1** (皮膚病や癌(がん)の)ラジウム療法. **2** =radiotherapy.

ra·di·us [réɪdiəs | -djəs, -dɪəs] 〘《1597》□ L ～ 'staff, spoke, ray' ← ? (cf. L *rādīx* 'ROOT[1], RADIX'): RAY[1] と二重語〙 ― *n.* (*pl.* **ra·di·i** [-diàɪ | -dɪ-], ～**·es**) **1** 〘数学〙(円や球の)半径 (略 r, R, rad; cf. diameter 1 a). **2 a** 半径の長さ[大きさ]; 半径範囲: a car with a short turning ～ 小回りのきく車. **b** 一定距離の区域; 活動[勢力]範囲: the ～ of commercial activity 商業活動の区域 / outside [within] the ～ of one's knowledge [capacity] 知識[能力]の範囲外[内]の / the ～ of action 行動半径 / There are five schools within a ～ of three miles of my house. 私の家から 3 マイル以内の所に学校が五つある. **c** (燃料補給なしで飛行機・船などが往復できる)航続距離 (range): the cruising ～ of a yacht ヨットの巡航範囲[距離]. **3** (車輪の)輻(や), スポーク (wheel spoke). **b** (六分儀・四分儀などの)腕, インデックスバー **4** 〘解剖・動物〙橈骨(とうこつ)《前腕母指側の車軸状の骨; cf. ulna》. **5** 〘動物〙射出部《鳥の羽の羽枝や昆虫の径脈など》; 対称面《放射形動物などの体を正確に二・四・八などに等分できると想像される線または面》. **6** 〘植物〙**a** 射出花《キク科植物の舌状花冠や繖形(さんけい)花の小花序》. **b** 射出髄. **7** 〘機械〙回転半径; (偏心輪の)偏心距離.

radius of convergence 〘数学〙収束半径《複素数係数の巾(べき)級数の収束円 (circle of convergence) の半径》.

radius of curvature 〘数学〙曲率半径《曲率円 (circle of curvature) の半径》.

radius of gyration 〘物理〙回転半径.

rádius ròd [bàr] *n.* 〘機械〙心向き棒, 突っ張り棒, 揺り棒.

rádius véctor *n.* (*pl.* **radii vec·to·res** [-vektɔ́ːriːz, -tɔ́ːr- | -tɔ́ːr-]) **1** 〘数学〙動径《極座標系 (polar coordinates) において, 原点から与えられた点へ向かうベクトル》. **2** 〘天文〙動径《太陽から惑星などの中心へ向かう線分》.

ra·dix [réɪdɪks] 〘《1571》□ L *rādix* root ← IE **w(e)rād-* branch, root (Gk *rhádamnos* branch): cf. OE *wyrt* 'herb, root, WORT[2]'〙 ― *n.* (*pl.* **ra·di·ces** [réɪdəsìːz, rǽd- | réɪdɪ-], ～**·es**) **1** 根原 (primary source). **2** 〘数学〙(対数の)底(てい); (統計の)位取り; 基数: The number 10 is the ～ of the decimal system. 10 は十進法の基数である. **3** 〘植物〙根 (root). **4** 〘解剖〙 = radicle 2. **5** 《古》〘言語〙語根 (root).

RAdm, R.Adm. 《略》rear admiral.

Rad·nor·shire [rǽdnəʃɪə, -nɔə-, -ʃə | -nəʃə(r, -nɔː-, -ʃɪə(r)] *n.* ウェールズ東部の旧州, 現在の Powys 州中部に当たる; 面積 1,220 km², 首都 Presteigne [prestíːn]; Radnor ともいう.

ra·dome [réɪdoʊm | -dəʊm] 〘← RA(DAR)+DOME〙 *n.* 〘通信〙レードーム《特に, 航空機の外部に取り付けたレーダーアンテナの防水・防塵(ぼうじん)用のおおい》.

ra·don [réɪdɑn | -dɔn] 〘← RAD(IUM)[1]+-ON[2]: cf. argon, neon〙 ― *n.* 〘化学〙ラドン《ラジウムの壊変によって生成される放射性希ガス元素; 記号 Rn, 原子番号 86, 原子量 222, 比重 9.73g/l, 融点 −71°C, 沸点 −62°C; 別名 radium emanation》.

rad·u·la [rǽdʒʊlə | -djʊ-] 〘□ L *rādula* scraper ← *rādere* to scrape〙 ― *n.* (*pl.* **-u·lae** [-lìː, -làɪ]) 〘動物〙(軟体動物の)歯舌 (cf. odontophore). **rad·u·lar** [rǽdʒʊlə | -djʊlə(r] *adj.*

rádular sác *n.* 〘動物〙歯舌嚢(しぜつのう).

Rae [réɪ] 〘《異形》1: ← RAYMOND. 2: ← RACHEL[1]〙 *n.* **1** 男性名《異形 Ray》. **2** 女性名.

Rae, John *n.* (1813-93) スコットランドの北極探検家.

Rae·burn [réɪbəːn, -bən | -bəːn], Sir **Henry** *n.* (1756-1823) スコットランドの肖像画家.

Rae·der [réɪdə | -də(r; *G.* rɛ́ːdɐ], **Erich** *n.* レーダー《1876-1960; ドイツの海軍提督》.

Rae·mae·kers [rɑ́ːmɑːkəz, -kəs | -kəz; *Du.* rá:ma:kərs], **Louis** *n.* ラーマーカース《1869-1956; オランダの風刺漫画家》.

rae·tam [ríːtæm] *n.* 〘植物〙=retem.

Rae·ti·a [ríːʃiə, -ʃə | -ʃɪə, -ʃə] *n.* =Rhaetia.

raf, R- [rǽ(ː)f] 〘《頭字語》↓〙 *n.* 《口語》英国空軍.

R.A.F., RAF [rǽ(ː)f] 《略》《英口語》Royal Air Force 英国空軍.

Ra·fa·el [rǽfiəl, réɪf-, rɑ́ːf- | rǽfeɪəl, -fɪəl, -feɪl] *n.* = Raphael[3].

ra·fale [rəfǽl; *F.* ʀafal] 〘□ F ～《原義》squall, blast〙 *n.* 〘軍事〙(砲の)疾風射, 一斉射撃.

raff [rǽ(ː)f] 〘《?a1300》*raf* abundance ← ? ON (Swed. *rafs* rubbish): cf. rabble[2]〙 ― *n.* **1 a** [集合的] 下層民 (riffraff), 下層社会(の連中). **b** やくざ者, 人間のくず. **2** 《英方言》**a** がらくた, くず (trash, rubbish). **b** ごたまぜ; 寄せ集め (jumble).

Raf·fa·el[1] [rǽfiəl, réɪf- | rǽfeɪəl, rǽfɑːèl, rǽfeɪl, réɪfɪəl] *n.* =Raphael[2].

Raf·fa·el[2] [rǽfiəl, réɪf-, rɑ́ːf- | rǽfeɪəl, -fɪəl, -feɪl] *n.* =Raphael[3].

Raf·fa·el·esque [rǽfiəlésk, rèɪf-, rɑ̀ːf- | rǽfeɪəl-, -fɪəl-, -feɪl-] *adj.* =Raphaelesque.

Raf·fa·el·ite [rǽfiəlàɪt, réɪf-, rɑ́ːf- | rǽfɪəl-, -fɪəl-, -feɪl-] *n.* =Raphaelite.

Raf·fa·el·lo [*It.* ràffaéllo] *n.* ラファエロ《Raphael[3] のイタリア語名》.

raffe [rǽ(ː)f] 〘← ?〙 *n.* (*also* **raf·fee** [rǽfiː]) 〘海事〙ラフ《横下帆の上に上げる三角形の上檣帆》.

raf·fi·a [rǽfiə, -fjə | -fɪə, -fjə] 〘《1882》□ Malagasy *ra(o)fia*〙 ― *n.* **1** ラフィア《Madagascar 島産ウラジロラフィアの葉から採る丈夫な繊維; 物をくくったり, バスケットや帽子を作るのに用いる》. **2** ラフィアで作った帽子. **3** 〘植物〙=raffia palm.

ráffia pàlm *n.* 〘植物〙ウラジロラフィア (*Raphia ruffia*)《Madagascar 島産ヤシ科の植物; その葉から重要な繊維 raffia を採る》.

raf·fin·ate [rǽfənèɪt | -fɪ-] 〘← F *raffiner* to refine (⇨ re-, ad-, fine[1])+-ATE[1]〙 *n.* 〘化学〙ラフィネート, 精製油《溶媒抽出で溶媒に溶けずに残った部分》.

raf·fi·nose [rǽfənòʊs, -nòʊz | -fɪnəʊs] 〘□ F ～ ← *raffiner*: ⇨↑, -ose[2]〙 ― *n.* 〘化学〙ラフィノーゼ ($C_{18}H_{32}O_{16}$·$5H_2O$)《三糖種の一種, D-ガラクトース, D-グルコース, D-フルクトース各 1 分子からなる; melitriose, gossypose ともいう》.

raff·ish [rǽfɪʃ] *adj.* **1** 評判の悪い (disreputable); 身持ちの悪い, 放蕩(ほうとう)な (dissipated). **2** 下品な (low, vulgar); 安っぽい, けばけばしい (tawdry, flashy). **～·ly** *adv.* **～·ness** *n.*

raf·fle[1] [rǽfl] 〘《c1390》*rafle* □ (O)F 'dice game' □ ? MDu. *raffle* dice game: cf. raffle[2]〙 ― *n.* **1** ラッフル, 富くじ販売法《品物を買おうとする人たちから一定の金を取り抽選で当たった人に品物を渡す富くじ販売法》. **2** 〘遊戯〙ラッフル《さいころを 3 個用い, 全部同じ目になるか, さもなければ, 2 つ同じ目で一番数が多い人が勝つゲーム》. ― *vi.* 《まれ》富くじに加入する 〔*for*〕: ～ *for* a motorcar. ― *vt.* 富くじ(販売法)で売る 〈*off*〉: ～ (*off*) a horse. **ráf·fler** [-flə, -flə | -flə(r, -flə(r] *n.*

raf·fle[2] [rǽfl] 〘《1470》□ ? OF *raf(f)le* act of snatching ← MHG *raffen* to snatch〙 ― *n.* 廃物, くず (refuse, rubbish); (特に, 破損した綱・帆・円材などの)からみ合ったもの.

Raf·fles [rǽflz] 〘英国の小説家 E. W. Hornung (1866-1921) 作の探偵小説 *The Amateur Cracksman* (1899) に出る主人公の名から〙 ― *n.* [時に r-] (人をあっと言わせるのを楽しみとする)泥棒紳士, (ルパン風の)紳士怪盗.

Raf·fles [rǽflz], Sir **Thomas Stamford** *n.* (1781-1826) 英国の植民地行政官, Singapore の建設者.

raf·fle·sia [rəflíːʒə, ræ-, -ʒiə, -ziə | -zɪə, -zjə, -ʒɪə] 〘《1820》← NL ～ ← *Sir Thomas S. Raffles* (↑: この植物を発見した): ⇨ -ia[1]〙 ― *n.* 〘植物〙ラフレシア《Malay 諸島産のラフレシア科ラフレシア属 (*Rafflesia*) の植物の総称; 無葉無茎で他植物に寄生して腐肉臭のある大花を開く》.

Raf·fle·si·a·ce·ae [rəflìːziéɪsiìː, ræf-, -ʒiéɪ- | -ziéɪ-] 〘← NL ～: ⇨↑, -aceae〙 *n. pl.* 〘植物〙ラフレシア科. **raf·flè·si·á·ceous** [-ʃəs] *adj.*

ra·fraî·chis·soir [rəfrèɪʃəswɑ́ə | -ʃɪswɑ́ː(r; *F.* ʀafʀɛʃiswaːʀ] 〘□ F ～ 'refresher'〙 ― *F. n.* 花台, 花スタンド《植物や花を活けるためのくぼみがある大理石の小さな台[スタンド]》.

raft[1] [rǽ(ː)ft | rɑ́ːft] 〘《?c1425》*rafte* beam, rafter □ ON *rapt-r* log: ⇨ rafter[2]〙 ― *n.* **1 a** いかだ; いかだ舟: on a ～ / by ～. **b** 浮き台, 浮き桟橋; (特に, 水泳する人などのために川や湖に浮かべて固定してある)浮き台. **c** (空気を入れてふくらませるゴム製などの)いかだ, あるいは箱形の浮体; 救命いかだ. **2** [集合的] **a** (航行を妨げる)流木・流氷などの集積. **b** 浮遊粘着物の群[塊]《海藻・ヘドロ・昆虫の卵など》. **c** 水鳥の群. **3** 〘建築〙筏(いかだ)基礎, べた基礎, コンクリート基礎盤《軟弱な土地などで重い建物を支えるための普通鉄筋コンクリート製の大きなスラブ (slab)》.
― *vt.* **1** 〈丸太などを〉いかだに組む. **2 a** 〈木材な

どを〉いかだに組んで運ぶ: ～ timber. **b** 〈人・荷物を〉いかだで運ぶ[渡す]. **3** 〈川・湖・沼・湾などを〉いかだで渡る: ～ a river. **4** 〈浮氷などが〉〈浮氷や海藻などの中に埋まった岩石の砕片・沈留などを〉川や海流の到達しない所へ運ぶ. — *vi.* **1** いかだに乗って行く, いかだを操る, いかだで渡る〔*across*〕: ～ *across* a river. **2** =rafter[2].

raft[2] [rǽ(ː)ft | rɑ́ːft] 〚《変形》← RAFF〛 *n.* 《米俗》 多数, 多量: a ～ of books たくさんの書物.

ráft·er[1] *n.* いかだ乗り, いかだ師 (raftsman).

raf·ter[2] [rǽftə | rɑ́ːftə(r] 〚OE *ræfter* ← Gmc *raft-ra-* (MLG *rafter* / ON *raptr*) ← IE *rēp-* stake, beam: ⇨ raft[1]〛 — *n.* 〖建築〗 棰(たるき): an angle ～ 隅棰(すみたるき) / a common ～ 棰 / a jack ～ 配付け棰《隅木(すみぎ)に付けられた棰》/ ⇨ principal rafter, valley rafter / from cellar to ～ 家の上から下まで, 家中. — *vt.* **1** …に棰をつける; 棰にする (cf. raftered). **2** 《英方言》〈田畑を〉(まだすいていない隣りのうねの上に溝の土を盛り上げるように)すく. — *vi.* 〈浮氷群が〉乗り上げたりもぐり込んだりして重なり合う.

raft·er[3] [rǽftə | rɑ́ːftə(r] 〚← RAFT[2]+-ER[1]〛 *n.* (特に, 七面鳥の)群れ (flock).

ráf·tered *adj.* 棰(たるき)のある; (下から)棰が見える: a ～ ceiling 棰造りの[化粧棰の]天井.

ráfts·man [-mən] 〚← RAFT[1]+-S[2] 2+-MAN〛 *n.* (*also* **ráft·man**) (*pl.* **-men**) =rafter[1].

R.A.F.V.R. 《略》 Royal Air Force Volunteer Reserve 英国空軍志願予備軍.

rag[1] [rǽ(ː)g] 〚《*c*1310》 *ragge* < OE *ragg-* ⊏ ON *rögg* tuft of fur ← ? IE *reu-* to tear up (L *ruere* to tumble down) // 《逆成》← OE *racgiġ* ← *racg-* ⊏ ON *rögg*〛 — *n.* **1 a** ぼろ, ぼろくず (tatter), ぼろ切れ; 布切れ: in ～*s* ぼろぼろに裂けて, ぼろになって; ぼろを着て: His clothes were torn [worn] to ～*s.* 彼の衣服はぼろぼろに裂けた[なっていた] / He has not a ～ to his back [to cover him]. 彼は身に一糸もまとっていない / spread every ～ of sail あるだけの帆をみな張る. **b** [集合的; 無冠詞] 製紙または詰物用のぼろ. **c** [通例複合語の第 2 構成素として] 小切れ: ⇨ washrag, dishrag. **d** 《卑》 生理用ナプキン, 月経[衛生]帯. **2** [*pl.*] ぼろ服; 《戯言》 衣服, 着物: ⇨ glad rags / an old man in ～*s* ぼろ服を着た老人 / go in ～*s* ぼろ服を着ている / I have nothing but my old ～*s* to wear. 古いぼろ服より外に着るものがない. **3 a** 断片, 小片, ちぎれ (shred): flying ～*s* of cloud 細かいちぎれ雲. **b** [しばしば否定の意味を強めて] 少量 (a little bit): There is *not* a ～ of originality. 独創性は微塵(みじん)もない / He has still a few ～*s* of decency [reputation, virtue] left. 彼にはまだ多少の上品さ[よい評判, 美徳]が残っている. **4** 《軽蔑》 **a** (新聞・雑誌・ハンカチ・旗・帆・劇場の幕・紙幣などを呼ぶ語として)ぼろ, くず (「ぼろ新聞」「ぼろ旗」など): It is the most scurrilous ～ ever published. 今までに類のない下品な新聞だ. **b** ぼろをまとった人間; 卑しい人間. **c** 気力のない人[もの]. **5** 〖冶金〗(金属の切断面などの)ぎざぎざ. **6** 〖植物〗(ミカン類の実の食べられない)芯(しん)や皮.

be cooked to rags 〈食品が〉煮てぐたぐたになった. ***chew the rag*** ⇨ chew 成句. ***from rags to riches*** 貧乏から金持ちに: She went *from* ～*s to riches.* 貧乏から急に金持になった. ***get one's rag out* [*up*]** = ***lose one's rag*** 《口語》 ひどく怒る. ***light a rag*** ⇨ light[1] 成句. ***rag, tag, and bobtail*** =RAGTAG *and bobtail*. ***take the rag off*** 《米》 …にまさる, …をしのぐ.
— *attrib. adj.* ぼろ切れで作った: ⇨ rag doll.

rag[2] [rǽ(ː)g] 〚《*a*1796》← ?: cf. bullyrag / ON *ragna* to curse, swear〛 《俗》 — *v.* (**ragged; rag·ging**) — *vt.* **1** しかる (scold). **2 a** からかう (banter), 冷やかす, じらす (irritate). **b** 困らせる (annoy), いじめる (tease). **c** …に悪ふざけする, 〈人の部屋などを〉ふざけてごった返しにする. — *vi.* **1** 騒ぎ散らす. **2** 《英》 いたずらする.
— *n.* 《英》 **1 a** (大学生などの)悪意のない乱暴, ストーム; いたずら (practical joke): I was punished for taking part in a ～. ばか騒ぎに加わって罰を受けた. **b** (慈善の募金を目的として学生が行なう)パレード, 仮装行列. **2** 冗談 (joke); からかい (chaff, teasing): I only said it for a ～. ただ冗談に言っただけです.

rag[3] [rǽ(ː)g] 〚《1278》← ?〛 *n.* **1** (片面だけ仕上げた)屋根板用のスレート, ラッグスレート. **2** (板のように割ることのできる)石灰岩, 割石 (ragstone).

rag[4] [rǽ(ː)g] 〚《略》← RAGTIME〛 〖音楽〗 — *n.* **1** =ragtime. **2** ラグ《ラグタイムのリズムで書かれた曲》. — *vt.* 〈曲を〉ラグタイム形式で演奏する. — *vi.* ラグタイムで踊る, ラグタイムを踊る.

rag[5] [rǽ(ː)g] 〚← ?〛 *vt.* 〈鉱石などを〉砕く.

ra·ga [rɑ́ːgə] 〚⊏ Skt *rāga* color, tone〛 *n.* 〖音楽〗 **1** ラーガ《インド音楽の旋法》. **2** ラーガを用いた曲[演奏, 音楽] (cf. ragarock).

rag·a·bash [rǽgəbæ̀ʃ] 〚← RAG[1] (n.)+-*abash* (← ?)〛 *n.* (*also* **rag·a·brash** [-bræ̀ʃ]) 《スコット・英方言》 **1** やくざ者, 穀つぶし. **2** [集合的] 野次馬, 下層民.

rag·a·muf·fin [rǽgəmʌ̀fɪn, -fən | -fɪn] 〚《?*a*1387》← *Ragamoffyn* (*Piers Plowman* 中の Belial の孫息子の名で, 15 世紀の神秘劇で悪漢または悪魔の名として用いられた) ← ? RAG[1]〛 — *n.* ぼろ服を着た汚い人; ぼろ服を着た子供, 浮浪児. **rág·a·mùf·fin·ly** *adj.*

rág-and-bóne màn *n.* 《英》(ぼろ・古着・古新聞・あきびん・中古家具などを売買して歩く)くず屋.

ra·ga·rock [rɑ̀ːgərɑ́k | -rɔ́k] 〚← RAGA+ROCK[2]〛 — *n.* 〖音楽〗 ラーガロック《ラーガ (raga) のようなインド的音階を用い演奏楽器の中にシタール (sitar) を採り入れたロック》.

rág bàby *n.* =rag doll 1.

rág·bàg *n.* **1** (ラシャ・リンネルなどの切れ端を入れて置く)端切れ袋. **2** (がらくたの)寄せ集め. **3** うすぎたない身なりの人.

rág bòlt *n.* 〖機械〗 鬼ボルト《つめ付き基礎ボルトの一種; barb bolt ともいう》.

rág bòok *n.* (洗濯(せんたく)がきくように)布で作った子供の絵本.

rág dày *n.* 《英》(学生が行なう)慈善仮装行列の日, パレードデー (⇨ rag[2] 1 b).

rág dòll *n.* **1** 縫いぐるみ人形. **2** 〖農業〗 発芽布《一連の湿った布の上に種子をのせ発芽力を調べる装置》.

rage [réɪdʒ] 〚n.: 《?*a*1300》⊏ (O)F ～ < VL *rabiam* =L *rabiēs* rage, madness ← *rabere* to rave, be mad. —v.: 《*c*1175》 *rage(n)* ⊏ (O)F *rag-ier* ← *rage* (n.)〛
— *n.* **1** 激怒, 憤怒 (fury): fly into a (sudden) ～ かっと怒る / in a ～ かっとなって / He wept with ～. 泣いて怒った / He cried, purple with ～. どなり, 血相を変えて怒った / She was inarticulate with ～. あまりの怒りに口もきけないほどだった. **2 a** (風・波・感情などの)激烈, 猛烈, 狂暴, 猛威 (intensity, violence): the ～ of the wind, fire, sea, waves, etc. / the ～ of hunger 激しい飢え / the ～ of faction 党派争いの激しさ / burst into a ～ of tears [grief] わっと泣き出す. **b** あらし, 暴風 (tempest). **3 a** 熱情 (passion), 熱心, 熱意 (enthusiasm); 感動, 感興 (ardor): a noble ～ 崇高なまでの感動. **b** 《詩》(詩人・予言者の)霊感 (inspiration); (音楽の)興奮; 高揚した戦意. **4** 熱望, 渇望, 熱狂 (craze, mania): He has a ～ *for* notoriety [opium, (collecting) stamps]. 彼は売名[阿片, 切手収集]狂だ / He had a ～ *to* live. 彼はどうしても生き抜きたいと思った. **5** [(all) the ～ として] 大流行(のもの) (vogue): Quiz games are (*all*) *the* ～. クイズ問答[ゲーム]は大流行だ. **6** 《古》 狂乱 (madness).
— *vi.* **1 a** どなり散らす; しかり飛ばす (scold), ののしる (inveigh), 激怒する〔*at, against, on, over*〕: He ～*d at* her for her carelessness. 不注意だと言って激しく彼女を責めた. **b** 狂い回る, 暴れる. **2 a** 〈海・波などが〉荒れる; 〈暴風・戦争・疫病などが〉猛威を振るう, 暴威を振るう, 思うままに振る舞う: A storm [A fire, The plague] is *raging*. 嵐[火事, ペスト]が猛威を振るっている / Fighting ～*d* throughout Lebanon. レバノン中至る所で戦闘が荒れ狂った / War ～*d* on in the Middle East. 中東では戦争が猛威を振るった. **b** 〈感情・意見などが〉高調に達する, 激する. **c** 〈苦痛が〉激しい.

ra·gee [rɑ́ːdʒiː] *n.* 〖植物〗 =raggee.

rage·ful [réɪdʒfəl] *adj.* **1** 激怒した, 怒りに満ちた: ～ eyes. **2** 怒り狂った, 猛烈な: ～ winds. **～·ly** *adv.*

rág fàir *n.* ぼろ市, 古着市.

rág·fìsh 〚⇨ rag[1]〛 *n.* (*pl.* ～, ～·es) 〖魚類〗 北太平洋産のイレズミコンニャクアジ科の深海魚 (*Icosteus aenigmaticus*).

rag·ged [rǽgɪd, -gəd] 〚《?*a*1300》〛 — *adj.* **1 a** 〈衣服など〉ぼろぼろの (tattered): a ～ coat ぼろぼろになった上着. **b** ぼろを着た, 見すぼらしい (shabby): a ～ beggar. **2** (緊張で)へとへとに疲れた, 消耗した (worn out)〔*with*〕. **3** 〈動物の毛・毛皮など〉くしゃくしゃの; 〈髪の毛など〉ぼうぼうの (rough, shaggy): a ～ dog, horse, etc. / ～ hair くしゃくしゃ[ぼうぼう]の髪の毛. **4** ざらざらの, ぎざぎざの (jagged); でこぼこの, ごつごつした (rough): ～ rocks / a ～ hip (痩せ馬の)骨だらけの尻 / ⇨ ragged edge. **5** 〈声・音が〉耳障りな (harsh): ～ sounds. **6** 欠点のある, 不完全な, 仕上げの足りない (faulty, imperfect); 整っていない, 不揃いの: ～ rhymes 調子の整っていない韻律 / a ～ style in writing だらしのない文体 / ⇨ ragged time. **7** 野生のままの (wild), 手入れをしてない (neglected): a ～ lawn 手入れをしてない芝生. **8** 〖紋章〗 =raguly.
run ragged (絶えず圧力をかけて[悩ませて])疲れ果てさせる. **～·ly** *adv.* **～·ness** *n.*

rágged édge *n.* 《米》 **1** (崖などの)ふち. **2** 極端, きわ (verge).
on the ragged edge 危ない瀬戸際に; 破産に瀕(ひん)して, 自暴自棄[発狂]のふちに, 発病の瀬戸際に: be *on the* ～ of starvation 飢餓に瀕している.

rágged róbin *n.* 〖植物〗 ナデシコ科センノウ(仙翁)属の多年草 (*Lychnis floscuculi*) 《cuckooflowerともいう》.

rágged schòol *n.* 〖英史〗 貧民学校《19 世紀初頭に始まり, 1870 年の Education Act の成立により衰退した, 貧民の子弟が無料で授業と給食を受けた学校》.

rágged tíme *n.* (漕ぎ方などの)不揃い: row in ～.

rag·ged·y [rǽgɪdi, -gədi | -dɪ] *adj.* (**rag·ged·i·er; -i·est**) **1** ややぎざぎざ[ぼうぼう, へとへと]の. **2** 見すぼらしく見える.

rag·gee [rɑ́ːdʒiː] 〚⊏ Hindi *rāgī*〛 *n.* 〖植物〗 シコクビエ, コウボウビエ (*Eleusine coracana*) 《finger millet, korakan ともいう》.

rág·ging 〚⇨ rag[5]〛 — *n.* **1** 〖鉱山〗 大割り《大型のスレッジハンマーで鉱石の大塊を割ること》. **2** 〖金属加工〗 ラッギング《金属の分塊圧延・孔型圧延の際に, 材料のかみ込みを容易にするためロール表面に凹凸を付けること; roll ragging ともいう》.

rag·gle [rǽgl] 〚← ?〛 〖石工〗 *n.* 雨押え受け《石積み・石壁などの雨押え (flashing) を受ける溝》. — *vt.* 〈石積みなど〉に雨押えなどの溝を切る[掘る, 付ける].

rag·gle-tag·gle [rǽgltǽgl] *adj.* 寄せ集めの, ごたまぜの; ごちゃごちゃの.

rag·gy[1] [rǽgi | -gɪ] *adj.* (**rag·gi·er; -gi·est**) =ragged.

rag·gy[2] [rǽgi | -gɪ] *adj.* ラグタイムの[に関する, の特徴を持った]: a ～ jazz.

rag·gy[3] [rǽgi | -gɪ] *n.* 〖植物〗 =raggee.

rag·i [rǽgi | -gɪ] *n.* 〖植物〗 =raggee.

rág·ing 〚《15C》〛 — *adj.* **1** 激怒した, 憤怒の. **2** 〈暴風・病気・苦痛など〉猛烈な (violent): a ～ tempest [pestilence] 猛威を振るう暴風雨[疫病] / a ～ sea 波の荒れ狂う海 / a ～ mob 荒れ狂う群衆. **3** 〈歯痛・頭痛など〉激しい; 〈歯など〉激しく痛む: a ～ headache 頭の割れるような頭痛. **4** 異常な, 並はずれた (extraordinary): a ～ beauty 非常な美人 / a ～ success 大成功. **～·ly** *adv.*

rag·lan [rǽglən] 〚《1864》← *Baron Raglan* (=*Lord F. J. H. Somerset*) (1788–1855: これを着用したクリミア戦争の英軍最高司令官): cf. somerset[2], spencer[1]〛 — *n.* ラグランコート《raglan sleeve の付いたゆったりしたオーバーコート》. — *attrib. adj.* ラグランの.

ráglan sléeve *n.* ラグラン袖《アームホールに縫目がなくネックから脇下にかけて縫目がある袖; cf. SET-IN sleeve》.

rág·màn[1] [-mæ̀n, -mən] 〚ME〛 *n.* (*pl.* **-men** [-mɛ̀n, -mən]) くず屋, くず拾い (ragpicker); ぼろ屋.

rag·man[2] [rǽgmən] 〚ME *ragemon* 《音位転換》? ← (O)F *parchemin* 'PARCHMENT': cf. ragman roll〛 — *n.* 《廃》〖英史〗 **1** ラグマン法《Edward 一世時代に発布された苦情処理のための裁判官任命法》. **2** 連判状, 連判証書.

ragman ròll 〚ME *Ragmane rolle*: ⇨ ↑, roll: cf. rigmarole〛 *n.* **1** [通例 *pl.*] 〖英史〗 1296 年にスコットランド王および諸侯が Edward 一世に奉呈した忠誠誓約状. **2** 《廃》 長い一覧表, 目録.

rágman's ròll *n.* =ragman roll.

Rag·na·rok [rɑ́ːgnəràk | -rɔ̀k] 〚⊏ ON *ragnarök* judgment of the gods ← *ragna* ((gen. pl.) ← *regin* god)+*rök* judgment, reason: 後に ON *ragnarøkkr* twilight of the gods (=G *Götterdämmerung*) と混同〛 — *n.* (*also* **Rag·na·rök** [-ràk]) 〖北欧神話〗 ラグナロク, 世界の破滅, 神々の最期, 神々のたそがれ《神々と巨人との大決戦で世界破滅の時; 以後世界は極寒の冬となり大地は海中に没するが, その冬が終わるや永遠に青々とした大地が海中から浮上し, 新しい世代の神も来, 生き残った一組の人間夫婦が子孫をつくってゆく》.

ra·gout [rægúː | ´―] 〚《1656–57》⊏ F *ragoût* ← *ragoûter* to revive the taste ← RE-+*á* (⇨ ad-)+*goût* (< L *gustum* 'GUSTO')〛 — *n.* **1** ラグー《肉・野菜などの香辛料をきかせた煮込み料理》: ～ of mutton. **2** ごたまぜ (mixture, mélange). — *vt.* ラグーに調理する.

rág pàper *n.* ラグペーパー《ぼろ布から造った(上質)紙》.

rág·pìcker *n.* (町を歩く)くず拾い, ぼろ拾い, ばた屋.

rág rùg *n.* 《米》 ラグラッグ《綿や絹のぼろを細く裂き, これを横糸として織り交ぜた粗末な敷物; バスマットなどに用いる》.

rág·stòne *n.* 《英》 =rag[3] 2.

rag·tag [rǽgtæ̀g] 〚《1820》← RAG[1] (n.)+TAG[1] (n.) ∽ 《17C》 *tag and rag*〛 — *n.* **1** [集合的] (みすぼらしい)雑多な人間の集まり, 烏合(うごう)の衆 (riffraff); [the ～] 下層民 (the rabble). **2** 人間のくず, ろくでなし.
— *attrib. adj.* **1** (身なりの)みすぼらしい, だらしない (ragged). **2** 烏合(うごう)の衆の[から成る]. **3** ぐらぐらの, がたがたの (ramshackle).
ragtag and bobtail =ragtag *n., adj.*

rag·time [rǽgtàɪm] 〚《1897》← ? *ragged time*〛 — *n.* **1** 〖音楽〗 **a** ラグタイム《黒人ピアニストたちによって始められたとされるシンコペーション (syncopation) をきかせたリズム; ジャズの一要素となった; cf. jazz》. **b** =ragtime music. **2** [形容詞的に] 茶番めいた, お笑いの.

rágtime mùsic *n.* 〖音楽〗 シンコペーションが頻用される音楽; ジャズ音楽 (jazz music); その音楽に合わせて踊るダンス.

rág tràde *n.* 《口語》 洋服販売(業), 洋裁業.

rág tràder *n.* 《英口語》 服屋, 洋服小売商, テーラー.

rag·u·ly [rǽgjuli | -lɪ] 〚《1658》⊏ ← RAG[1]+(NEB)ULY〛 *adj.* (*also* **ra·gu·lé** [-lèɪ]) 〖紋章〗 〈区画線など〉(やや斜めに規則正しく並んだ)凸部のある (⇨ heraldry 挿絵 F).

Ra·gu·sa [rəgúːzə; *It.* ragúːza] *n.* ラグーザ《Dubrovnik のイタリア語名》.

rág·wèed 〚葉がぎざぎざ (ragged) であることから〛 *n.* 〖植物〗 **1** =ambrosia 4. **2** =ragwort. **3** 《米方言》 =marsh elder 2.

rág whèel *n.* 〖機械〗 **1** 鎖歯車, スプロケット (sprocket wheel). **2** ぼろ車(ぐるま)《ぼろを円盤状にかためた研磨用具》.

rág·wòrk 〚⇨ rag[3]〛 *n.* 〖石工〗 乱積み, 荒石積み, 野石積み (rubblework). (cf. ashlar 1).

ragwork

rág·wòrt 〚⇨ rag[1]〛 *n.* 〖植物〗 オグルマ《キク科オグルマ属 (*Senecio*) の植物の総称; ムラサキオグルマ (purple ragwort) など》; (特に) =tansy ragwort.

rah [rɑ́ː, rɔ́ː|rɑ́ː]〘《略》← HURRAH〙《米口語》 ― *int.* 万歳, フレー (hurrah)《通例繰り返して用いられ喜び・賛成・激励などを表わす》. ― *n.* 万歳の声, 喝采(さい), フレーという声援 (hurrah). ― *vi.* ＝rah-rah.

Rah·man [rɑ́ːmɑːn], Prince **Ab·dul** [ɑ́ːbduːl] *n.* ラーマン《1903– ; マレーシアの政治家, マラヤの首相 (1957–63), マレーシアの首相 (1963–70)》.

ráh-ràh〘《加重》← RAH〙《米口語》 ― *adj.* (試合などで)熱狂的に応援する, 母校意識をあらわに示す: ~ boys / ~ stuff 喝采(さい). ― *vi.*「万歳」を叫ぶ; 声援する (cheer), 応援する (root).

raid [réɪd]〘《c1425》《古形・北部方言》*rade* < OE *rād* 'expedition, riding, ROAD'〙 ― *n.* **1 a** (略奪を目的とする騎馬隊の)侵略, 侵入 (foray). **b** (通例小規模の軍勢による)急襲; (特に飛行機または小部[艦]隊による)襲撃《任務達成後直ちに撤退がなされる》: an air ~ 空襲 / a bombing ~ 爆撃 / make a ~ into…へ侵入する. **c** (野獣・鳥などが)畠などを食料を求めて襲うこと. **2** (警察の)手入れ, (不良)狩り, 一斉検挙〔*on, upon*〕: a police ~ *on* the gambling house その賭博場への警察の手入れ. **3 a** 競争相手からの活発で大規模な従業員の引き抜き. **b** 公金横領. **4**〘証券〙株価を引き下げようとする相場師たちの売り浴びせ.
― *vt.* **1** …に攻め込む (invade); 急襲[空襲]する, (特に, 小部[艦]隊で)襲撃する (attack): ~ the enemy's coast 敵の海岸に侵入する[を荒らす] / ~ the larder 食料部屋を襲う. **2**〈警官などが〉…に踏み込む, 手入れする. **3**〈人・家畜などを〉襲撃する. ― *vi.* **1** 攻撃に参加する, 襲撃する〔*on, upon*〕: ~ *on* the Indians インディアンを襲撃する / a ~*ing* party 攻撃隊. **2**〈警察が〉手入れをする〔*into*〕.

ráid·er *n.* **1 a** 侵入者, 侵略者, 襲撃者. **b** 手入れをする警官. **2 a** 空襲を行なう飛行機, 襲撃機, 侵入機. **b** (快速軽装備の)商船隊襲撃艇. **3** (米国海兵隊の)接近戦用隊員 (cf. ranger 4).

Raikes [réɪks], **Robert** *n.* (1735–1811) 英国の印刷業者, 日曜学校の創始者.

rail[1] [réɪl]〘《?c1300》*rayle, reyle* ⊏ OF *reille* < L *rēgulam* rule, straight stick, bar: RULE と二重語〙
― *n.* **1 a** (柵(さく)・垣根・支柱・手すりなどにする木または金属製の)横棒. **b** (帽子掛けなどを取り付ける)横棒, (はしご・枠などの)横木, レール: ⇨ hatrail, towel-rail / a curtain ~ カーテンレール. **c** (建具などの)横がまち, 横桟(さん) (cf. stile[2]). **2 a** 手すり (handrail); 欄干 (railing); 柵, 塀, 垣根 (fence). **b** (競馬場の)走路の仕切り柵, 埒(らち), 馬場柵. **3 a** レール, 軌条: run off the ~s 脱線する. **b** 鉄道 (railroad). **4** [*pl.*]〘証券〙鉄道株. **5**《米俗》鉄道員. **6**〘海事〙舷檣(げんしょう)上部, 船側手すり. **7** レール《玉突台などのクッション入りの縁》.
(*as*) ***straight as a rail*** ぴんと(まっすぐ). ***by rail*** 鉄道便で, 列車で. ***off the rails*** 脱線して; 常道を外れて; 秩序を乱して; 狂って: get [go] *off the ~s* 脱線する; 取り乱す, 狂う. ***on the rails*** (1) 順調に進行して, 軌道に乗って. (2) 正しい方向をたどって. ***over the rail*** (船の舷側を越えて)海中へ. ***ride a person*** (***out***) ***on a rail***《米》(1)〈人を〉横木の上に載せて(町の外へ)運ぶ《私刑の一種》. (2)〈人を〉厳しく罰する. ***sit on the rail*** どっちにも加担しない, 洞(ほら)が峠をきめ込む (sit on the fence).
free on rail ⇨ free *adj.*
― *vt.* **1** 横木[手すり, 柵]で囲む〈*in, off*〉: ~ *in* [*off*] a garden 庭を柵で囲む[仕切る] / It is ~*ed off* from the highway. それは本道から柵で仕切ってある / The choir is ~*ed in.* 聖歌隊席は手すりで囲まれている. **2** …に横木をあてがう. **3**《英》鉄道で送る. ― *vi.* 汽車旅行をする.

rail[2] [réɪl]〘《1460–70》*raile(n)* ⊏ (O)F *raill-er* ⊏ Prov. *ralhar* to chatter < VL **ragulāre* to bray ← LL *ragere* to neigh ← ?: cf. rally[2]〙 ― *vi.* **1 a** ののしる, 毒づく (rant); (しばしば, 高飛車に)しかる (scold). **b** 不平[愚痴]を言う〔*at, against,*《古》*on, upon*〕: ~ *at* one's fate 運命をかこつ. **2**《廃》ばかにする (scoff). ― *vt.*《古》ののしって…させる. **~·ing·ly** [-lɪŋli|-lɪ] *adv.*

rail[3] [réɪl]〘《c1450》*ra(i)le* ⊏ ONF *raille* (F *râle*) < VL **rasc(u)lam*《擬音語》?〙 ― *n.* (*pl.* ~, ~s)〘鳥類〙クイナ《クイナ科クイナ属 (*Rallus*) の鳥の総称; イリエクイナ (clapper rail), king rail, Virginia rail など》. ★ ラテン語系形容詞: ralline.

rail·age [réɪlɪdʒ]〘← RAIL[1] (n.)+-AGE〙 *n.* **1** 鉄道運賃. **2** 鉄道運輸.

rail ànchor *n.*〘鉄道〙匍進(ほしん)止め, アンチクリーパー《レールの爬行(はこう)を防ぐために用いる金具》.

ráil·bìrd *n.* **1**〘鳥類〙＝rail[3]. **2**《米俗》(柵(さく)の手すりに腰かけたり, 柵の近くに席を取ったりして見物する)レース狂, 運動競技ファン (cf. rail[1] *n.* 2 b).

ráil bònd *n.*〘鉄道・電気〙レールボンド, 軌条ボンド《レールの継ぎ目を電気的に接続する導体》.

ráil bùs *n.* 軌道バス.

ráil·càr *n.*〘鉄道〙**1** 気動車《railcoach ともいう》. **2**《米》車両.

ráil chàir *n.*〘鉄道〙＝chair 8.

ráil clìp *n.*〘鉄道〙レールクリップ《レールを枕木などに取り付ける際レールの下端を押える金具》.

ráil·còach *n.* ＝railcar 1.

ráil·er [-lə|-lə(r)] *n.* ののしる者, あざける人 (scoffer).

ráil fènce *n.*《米》(横木を並行させた)柵(さく), 横棒垣 (railing).

ráil guàrd *n.*《英》(機関車の最前部につけた)排障器 (lifeguard).

ráil·hèad *n.* **1**〘鉄道〙軌条頭, レール頭. **2 a** 線路の終端《建設中の線路の最先端の地点》. **b** (鉄道の)ターミナル駅. **c**〘軍事〙鉄道末地, 鉄道卸下点, 軍需補給端末駅, 端末停車場《軍需品輸送の鉄道の最末端駅; その先は自動車などによるか, またはそこで交付する》.

ráil·ing[1] [-lɪŋ]〘ME〙 ― *n.* **1** 横木で囲むこと. **2 a** [集合的]横垣, 手すり, 欄干, 柵(さく). **b** 手すり[柵]を作る材料. **3 a** [集合的]レール, 軌条 (rails). **b** レール[軌条]材料.

ráil·ing[2] [-lɪŋ] *n.* 罵(ば)倒, 暴言. ― *adj.* ののしる, 罵倒する.

rail·ler·y [réɪləri|-rɪ]〘《1653》⊏ F *raillerie* ← *railler* to rail: ⇨ rail[2], -ery〙 *n.* **1** 冷やかし, からかい, 冗談. **2** からかいの行為[言葉].

ráil·less *adj.* **1** レールのない, 無軌条の: a ~ trolley. **2** 柵のない.

ráil·man [-mən] *n.* (*pl.* **-men** [-mən, -mèn]) **1** 鉄道(従業)員 (railroader, railwayman). **2 a** 信号手, 信号係. **b** (ドックの)積荷合図係《船荷の揚げ降ろしの際, 船の手すりの近くにいて合図を送る係》.

ráil·ròad〘《1775》〙 ― *n.*《米》**1** 鉄道線路, 鉄道 (railroad line): a broad-[narrow-]gauge ~ 広軌[狭軌]鉄道 / an elevated ~ 高架鉄道 / ⇨ underground railroad 1. ★ 機関車による重運輸用の線路をいい, 軽便軌道や市街軌道, また児童遊園地の豆列車などは米国でも railway という. **2 a** 鉄道, 鉄道施設《線路・土地・車両・建築物・権利などを含めた全体》. **b** 鉄道会社 (railroad corporation). **c** [集合的]鉄道(従業)員. **3** [*pl.*]〘証券〙＝rail[1] 4. **4**〘ボウリング〙スプリット (split). ― *attrib. adj.*《米》**1** 鉄道の[による]: a ~ accident 鉄道事故 / a ~ carriage (鉄道の)客車 / a ~ company [corporation] 鉄道会社 / a ~ depot (鉄道の)駅 / a ~ fare 鉄道運賃 / a ~ line 鉄道線路 / a ~ passenger 鉄道乗客 / a ~ tariff 列車運賃表 / a ~ train 列車. **2**〘トランプ〙〈ブリッジやユーカーなど〉簡便な, 略式の《通勤客が列車の中で手早にできるものにいう》.
― *vt.* **1**《米》〈国などに〉鉄道を敷設する: ~ a country. **2**《米》鉄道で輸送する. **3**《口語》**a**〈議案などを〉強引に通過させる (rush): ~ a bill through Congress. **b**〈人を〉〔…へと〕せき立てる, 急がせる〔*to, into, through*〕. **c**〈ゲラ・原稿などを〉十分校正[検討]しないで印刷所へまわす. **4**《米俗》〈邪魔者を〉(片付けるためにでっち上げの理由で)拘禁する, …にぬれぎぬを着せる. ― *vi.*《米》**1** 鉄道旅行する. **2** 鉄道工事[業務]に従事する. **3** 鉄道を敷く.

ráilroad apàrtment *n.*《米》＝railroad flat.

ráilroad brìdge *n.* 鉄(道)橋.

ráilroad càr *n.*《米》鉄道車両.

ráilroad cròssing *n.*《米》鉄道踏切 (《英》railway-crossing).

ráil·ròad·er *n.*《米》**1** 鉄道(従業)員; 鉄道敷設技師[技手]; 鉄道敷設業者. **2** 鉄道会社経営者.

ráilroad flàt *n.*《米》団子式アパート《両端の部屋だけしか窓がなく各部屋が隣りの部屋への通路になっている劣悪なアパート; railroad apartment ともいう》.

rail·road·i·a·na [rèɪlroudiǽnə, -ɑ́ːnə, -éɪnə|-rəudɪɑ́ːnə]〘← RAILROAD+-IANA〙 *n. pl.*《米》**1** 鉄道に関する文献. **2** 鉄道史, 鉄道物語.

ráil·ròad·ing *n.*《米》**1** 鉄道敷設事業[作業]; 鉄道(従業)員の仕事; 鉄道事業. **2** (議案などの)強引な通過: parliamentary ~.

ráilroad màn *n.*《米》**1** 鉄道(従業)員. **2** ＝railroader 2.

ráilroad stàtion *n.*《米》鉄道駅.

ráilroad wòrm *n.*〘昆虫〙**1** ＝apple maggot. **2** 中南米特産の科 Phengodidae (ホタル科とホタルモドキ科の中間に位する)の *Phrixothrix* 属の甲虫の幼虫または羽のない雌.

ráil-splìtter *n.* **1**《米》(丸太から垣根用の)横木を作る人. **2** [the Rail-S-] Abraham Lincoln の愛称.

ráil tràck *n.* 軌道, 線路.

ráil tràvel *n.* 鉄道[列車]旅行.

ráil ùnions *n. pl.* 鉄道労働組合.

ráil·wày〘《1756》〙 ― *n.* **1**《英》＝railroad. **2**〘英史〙軌道を敷設してある道路. **3 a** (軽運送用)軌道. **b** 軽便(鉄道)軌道: a cable ~. **c** 市街電車軌道. **4**〘海事〙(帆の揚げ降ろしの際に帆の金具を滑らせる)マストまたはブームにつけたレール《tramway ともいう》.
― *attrib. adj.*《英》鉄道の, 鉄道による, 鉄道に関する (cf. railroad): a ~ accident 鉄道事故 / the ~ act 鉄道条令 / a ~ bill 鉄道敷設法案 / a ~ car 鉄道車両 / a ~ carriage 客車 / a ~ company 鉄道会社 / a ~ guide 鉄道(旅行)案内 / a ~ novel (車中で読むような)軽い小説 / a ~ rug 汽車旅行用ひざ掛け《防寒用》/ at ~ speed 大急ぎで. ―《英》*vt.* **1** …に鉄道を敷設する. **2** 鉄道で輸送する. ― *vi.* **1** 鉄道を敷く. **2** 汽車旅行をする.

ráilway brìdge *n.* ＝railroad bridge.

ráilway-cròssing *n.*《英》＝railroad crossing.

ráilway·less *adj.* 鉄道のない, 鉄道の開通してない.

ráilway·màn [-mæ̀n, -mən|-mən, -mæ̀n] *n.* (*pl.* **-men** [-mèn, -mən|-mən, -mèn]) ＝railroadman.

ráilway mòtor *n.*〘電気〙電鉄主電動機 (traction motor).

ráilway sèrvant *n.*《英》鉄道(従業)員.

ráilway stàtion *n.* ＝railroad station.

ráilway súb-òffice *n.*《英》鉄道郵便支局[分局]《略 R.S.O.》.

ráilway substàtion *n.*〘電気〙電鉄変電所.

ráilway-yàrd *n.* (鉄道の)操車場.

rai·ment [réɪmənt]〘《1440》《頭音消失》←《廃》*arrayment* ⊏ AF *araiement*: ⇨ array, -ment〙 *n.* [集合的]《古・文語》衣服, 衣装 (clothing, garments).

Rai·mon·di [raɪmɑ́ndi, -móun-|-mɔ́ndi; *It.* raimóndi], **Mar·can·to·nio** [màrkantɔ́ːnjo] *n.* ライモンディ《1475?–?1534; イタリアの銅版画家》.

rain [réɪn]〘n.: OE *reġn, rēn* < Gmc **reʒnaz* (Du. *regen* / G *Regen* / ON *regn*) ← IE **reg-* moist (? L *rigāre* to wet). ― v.: OE *reġnian*〙 ― *n.* **1 a** 雨: a heavy ~ 大雨, 豪雨 / a light ~ 小雨 / a drizzling ~ そぼ降る雨 / a fine ~ 小ぬか雨 / a driving [pelting, pouring] ~ 土砂降りの雨 / a sprinkling ~ ぱらぱら降る雨 / in the ~ 雨の中に; 雨をついて / make ~ (魔術などで, また人工的に)雨を降らせる (cf. rainmaker) / *Rain* came on. 雨がやって来た / The ~ stopped in the evening. (その)雨は夕方やんだ. ★ ギリシャ語系形容詞: hyetal. **b** [通例 *pl.*] (驟雨(しゅう)より長いまたは強い)降雨, 暴風雨 (rainstorm): summer ~*s*. **c** 雨水. **2** 雨天 (rainy weather): two weeks of ~ 2 週間の長雨 / It looks like ~. 雨らしい **3** [the ~s] **a** (インドなど熱帯地方の)雨期. **b** [しばしば R-] 大西洋中の無風多雨地帯《北緯 4–10° 間》. **4 a** [a ~ of として]〘比喩〙雨と降るもの: *a* ~ *of* ashes [blood, blows, kisses, telegrams] 灰[血, 殴打, 接吻(せっぷん), 電報]の雨. **b** 雨のように降り落ちるもの: in ~ 雨のように(繁(しげ)く) / the ceaseless ~ of leaves 絶え間なく降る落ち葉の雨. **5**〘映画〙雨《使い古したフィルムを映写したときに雨が降っているように見える縦の傷》: a ten-year old news film full of ~ 10 年前の雨だらけのニュース映画.
(*as*) ***right as rain*** 全く達者で, 健全で; 正気の, 正常な (normal). ***get out of the rain***《口語》面倒になりそうなときは出て来ない (cf.「君子危うきに近寄らず」). ***know enough to come in out of the rain***《口語》常識がある. ***rain or shine*** = ***come rain or shine*** (1) 晴雨にかかわらず, 降っても照っても. (2) いかなる場合でも, どんな時でも: He is trustworthy, ~ *or shine.* 彼はいつでも信頼できる.
― *vi.* **1** [it を主語として] 雨が降る: *It* ~*ed* last night. / *It* ~*ed* cats and dogs. ⇨ CATS *and dogs* (1) / *It* ~*s* in. 雨が降り込む / *It* never ~*s* but it pours.《諺》降ればかならず土砂降り, 物事[(特に)不幸]は重なるもの;「二度あることは三度」/ *It* has ~*ed* over. 雨が止んだ. **2** 雨のように降る; 雨と降る: Letters ~*ed* upon me all day. 一日中手紙が舞い込んだ / Bullets ~*ed* all around them. 弾丸が彼らの周囲に雨あられと降った / Cans ~*ed* over the field. その畠地に缶詰がばらばら降って来た / Tears suddenly ~*ed* down her face. 彼女の顔を伝って急に涙がこぼれ落ちた. **3**〈神・空・雲などが〉雨を降らせる. ― *vt.* **1** [it を主語として] **a**〈雨を〉降らせる: *It* has ~*ed* itself out. 雨が思う存分降って止んだ. **b** 雨のように降らす: *It* ~*ed* blood. 血が雨と注いだ. **2** 雨のように降り注ぐ[浴びせる]; たっぷり与える[授ける]: The invitations were ~*ed on* him. 招待状が彼のところにわんさと来た / I ~*ed* blows [benefits] *upon* him. 彼をうんと殴ってやった[彼に大いに恩恵を施した] / Her eyes ~*ed* tears. 目から涙が雨のように流れた.
rain off [《米》***out***] [通例 Passive で] 雨でお流れにさせる: The ball game *was* ~*ed off* [*out*].

ráin·bànd *n.*〘気象〙帯状の雨域《台風域内では中心に対し螺旋(らせん)状に巻きつく》.

ráin·bìrd *n.*〘鳥類〙**1** その鳴き声で雨を予知することができるという種々の鳥; (特に)ホトトギス科のキバシカッコウ (yellow-billed cuckoo), クロハシカッコウ (black-billed cuckoo) (など). **2**《英方言》ヨーロッパアオゲラ (green woodpecker).

rain·bow [réɪnbòu|-bəu]〘OE *re(ġ)nboga* ← *rēn* 'RAIN'+*boga* 'BOW[1]': cog. OHG *reginbogo* / ON *regnbogi*〙 ― *n.* **1 a** 虹(にじ) (cf. sunbow): all the colors of the ~ あらゆる種類の色, 多彩 / ⇨ secondary rainbow. **b** 虹に似たもの; (特に)(滝のしぶきなどに現われる)彩輪. **2 a** 色とりどりの配列[陳列]. **b** 多種多様, 広い範囲, 全域. **3**〘cf. rainbow chaser〙幻想的希望: chase ~*s*. **4**〘魚類〙ニジマス (rainbow trout). **5**《俗》〘薬学〙＝rainbow pill. ― *attrib. adj.* 虹の七色を備えた, 七色の, 多彩な (multicolored). ― *vt.*〈ある土地に〉虹をもたらす, 虹を立たせる, 虹のように(多彩に)させる. ― *vi.* 虹のように(多彩な)姿を現わす.

ráinbow càctus *n.*〘植物〙タイヨウ(太陽) (*Echinocereus rigidissimus*)《サボテン科エビサボテン属のサボテン》.

ráinbow chàser〘「虹(にじ)が大地と接するところにあるといわれる伝説の黄金の壺を捜す人」の意から〙 *n.* 空想家.

ráinbow-cólored *adj.* 虹色の, 七色の; 多色の.

ráinbow dàrter *n.*〘魚類〙Mississippi 川流域・五大湖地方にすむ darter の一種 (*Poecilichthys caeruleus*)《soldierfish ともいう》.

ráinbow fìsh *n.*〘魚類〙**1** ベラ科の熱帯魚の総称. **2** ＝guppy.

ráinbow pàrrot fìsh *n.*〘魚類〙西大西洋熱帯海域に生息するブダイ科の大型魚 (*Pseudoscarus guacamaia*).

ráinbow pèrch *n.*〘魚類〙＝rainbow seaperch.

ráinbow pìll *n.*《俗》〘薬学〙多色付けした錠剤またはカプセル; (特に)アモバルビタール (amobarbital) とセコバルビタール (secobarbital) の各ナトリウム塩を配合した青赤 2 色付けカプセル《催眠薬》.

ráinbow rùnner *n.*〘魚類〙インド洋・太平洋の暖海にすむ大型のアジ科の魚 (*Elegatis bipinnulatus*)《美しい青色と黄の横縞のある食用魚; 釣の対象になる》.

ráinbow séaperch *n.* 〘魚類〙北米太平洋岸産のウミタナゴ科の魚 (*Hypsurus caryi*)《rainbow perch ともいう》.

ráinbow snàke *n.* 〘動物〙レインボースネーク (*Abastor erythrogammus*)《北米東部産の土中にすむ赤・青・黄の美しい体色のヘビ; hoop snake ともいう》.

ráinbow-tínted *adj.* =rainbow-colored.

ráinbow tròut *n.* 〘魚類〙ニジマス (*Salmo gairdneri*)《体側に赤紫色の縦縞のある米国 California 州およびカナダ西海岸原産のサケ科の魚》.

rain·bow·y [réɪnbòʊi | -bàʊi] *adj.* 虹(にじ)のような.

ráin·bòx *n.* (演劇用)雨箱《雨音を出す小道具》.

ráin càpe *n.* レインケープ《雨天用防水ケープ》.

ráin chàrt *n.* 雨図, 等雨線図.

ráin chèck *n.* **1** 雨天引換券《野球などが中途で雨で中止になった時, 次回用に通用する半券または新しく観客に渡す券》. **2**《口語》(招待などを)都合のよい時期に延期すること[申し出, 要求]: take a ~ *on* the dinner 夕食会を延期する[お預けにする] / We will give you a ~ if it is inconvenient. ご都合が悪ければまた後日お呼びしましょう.

ráin clòud *n.* 雨雲 (nimbus).

ráin·còat *n.* レインコート, 雨外套(がいとう).

ráin cròw *n.* 〘鳥類〙 **1 a** クロハシカッコウ (black-billed cuckoo). **b** キバシカッコウ (yellow-billed cuckoo) (⇨ rainbird 1). **2** ナゲキバト (mourning dove)《rain dove ともいう》.

ráin dànce *n.* (アメリカインディアンなどの)雨乞いの踊り.

ráin dàte *n.* (催し物などの)雨天の際の予備日.

ráin dày *n.* (降雨量 0.2 ミリメートル以上の)降雨日.

ráin dòctor *n.* (魔術または祈願で)雨を降らす人, 雨乞い師.

ráin dòve *n.* 〘鳥類〙=rain crow 2.

ráin·dròp 〘OE *rēgndropa*〙 *n.* 雨滴, 雨だれ.

ráin·fàll *n.* **1** 降雨. **2** (雨・雪などを含めた)降雨量, 雨量《通例インチで表わす》: a ~ chart 等雨線図 / *Rainfall* is sparse here. この辺は雨が少ない.

ráin fòrest 〘《なぞり》← G *Regenwald*〙 *n.* 〘地理・生態〙雨林, 多雨林, 降雨林《降雨量の多い地方の樹林》.

ráin gàuge [gàge] *n.* 雨量計 (pluviometer).

ráin glàss *n.* 晴雨計 (barometer).

Rai·nier [rənɪ́ə, reɪ- | -nɪ́ə(r], **Mount** 〘← *Peter Rainier* (英国の海軍大将)〙 — *n.* レーニア山《米国 Washington 州西部, Cascade 山系中の山 (4,392m) で Mount Rainier National Park の中心をなす; Mount Tacoma ともいう》.

ráin insùrance *n.* 〘保険〙降雨保険.

ráin lèader *n.* 《米》=downspout.

ráin·less *adj.* 雨のない, 降雨のない: a ~ season, district, etc. **~·ness** *n.*

ráin·màker *n.* **1** =rain doctor. **2** (雲中にドライアイス・ヨウ化銀などの凝結核を散布して雨を降らす)人工降雨専門家[科学者].

ráin·màking *n.* 人工降雨 (cf. cloud seeding).

ráin màp *n.* =rain chart.

ráin màrk *n.* 《英》=rain print.

ráin·òut *n.* **1 a** (屋外スポーツ[行事]の)雨天による延期[中止]. **b** 雨天のために延期[中止]になった屋外スポーツ[行事]. **2** (海中核爆発の後などの)放射性物質を含んだ水滴の降下.

ráin-pìe *n.* 《英》〘鳥類〙=green woodpecker.

ráin pìpe *n.* =rain leader.

ráin pit *n.* 《英》=rain print.

ráin·pòol *n.* 雨でできた水溜り.

ráin prìnt *n.* 《米》(雨滴によって砂泥上にできた)雨孔, 雨跡《《英》では rain mark, rain pit ともいう》.

ráin·pròof *adj.* 雨よけの, 雨の通らない, 防水の: a ~ coat. — *vt.* 防水にする. — *n.* =raincoat.

ráin shàdow *n.* 〘地理〙雨陰(あまかげ)《雨を降らせる卓越風に対し山地などの風下にあたる降水量の少ない地域》.

ráin shòwer *n.* にわか雨, 驟雨(しゅうう).

ráin·stòne *n.* 雨石, 雨乞い石《降雨祈願の際未開人が用いる小石》.

ráin·stòrm *n.* 雨嵐.

ráin·tìght *adj.* 雨を通さない: a ~ window.

ráin trèe *n.* 〘植物〙アメリカネム, アメフリノキ (⇨ monkeypod).

ráin·wàsh *n.* 〘地質〙 **1** 雨食, 洗食《雨水が土砂を流し去ることによる浸食》. **2** 雨で流された土砂.

ráin·wàter 〘OE *rēnwæter*〙 *n.* 雨水, 天水. — *attrib. adj.* 雨水の: a ~ pipe 竪樋(たてどい) / a ~ tank 天水桶, 用水タンク.

ráin·wèar *n.* [集合的] レインウェア, (雨天に着用するコートや帽子などの)雨具類.

ráin·wòrm 〘OE *rēnwyrm*: cog. Du. *regenworm* / G *Regenwurm*〙 *n.* 〘動物〙ミミズ (earthworm).

rain·y [réɪni | -nɪ] 〘OE *regnig*, *rēnig*: ⇨ rain, -y[4]〙 — *adj.* (**rain·i·er**; **-i·est**) **1 a** 雨の, 雨降りの: the ~ season 雨期, (日本の)梅雨(つゆ)期 / for the few ~ weeks 雨の続いた 2, 3 週間(の間). **b** よく雨の降る, 雨の多い: a ~ district, place, etc. **c** 雨に濡れた: ~ pavements. **2** 雨をもたらす[含んだ], 雨模様の: ~ clouds [winds] 雨雲[雨を含んだ風]. **3** 雨のような. **ráin·i·ly** [-nɪli, -nə- | -lɪ] *adv.* **ráin·i·ness** *n.*

rainy dáy *n.* **1** 雨の日, 雨天. **2** 万一の場合, 災難[困窮, 零落]の時: provide for [against] a ~ 不時の用意をする.

raise [réɪz] 〘《?c1200》 *reise(n)* ◻ ON *reis-a* < Gmc **raizjan* (OE *rǣran* 'to REAR[1]'): cf. rise〙 — *vt.* **1** 〈寝ているもの・人を〉立たせる, 起こす, 起立させる 〈*up*〉(cf. rise): ~ a fallen chair 倒れた椅子を起こす / ~ a man from his knees ひざまずいている人を立たせる / ~ oneself *up* 起立する.

2 a 〈人を〉眠りから起こす, 目覚めさせる: ~ a person at midnight 真夜中に人をたたき起こす. **b** 〈獲物を〉飛び立たせる (flush): ~ game birds for a hunter.

3 a 〈埃・煙などを〉立てる: ~ a cloud of dust もうもうと埃を立てる. **b** 〈反乱・騒動などを〉起こす, 引き起こす (stir up): ~ a rebellion 反乱を起こす. **c** 〈笑い・赤面などを〉起こさせる: ~ a laugh どっと笑わせる / ~ a blush 顔を赤くさせる. **d** 〈嵐・波などを〉まき起こす (bring about): ~ a tempest 嵐を起こす / ~ high waves 高波を立てる. **e** 〈訴訟を〉起こす: ~ a suit.

4 a 〈霊などを〉(霊界・下界から)呼び出す (bring up) (cf. lay[1] *vt.* 7 c): ~ the spirits [ghosts] of the departed 亡霊を呼び起こす / A deliverer was ~*d* up. 天の助けがあらわれた. **b** 〈死者を〉生き返らせる (resurrect): ~ the dead 死者をよみ返らせる (cf. *Acts* 26 : 8) / ~ a person from the dead 死んだ人を生き返らせる.

5 〈心・精神を〉奮い立たせる, 元気づける (encourage); 〈勇気・希望などを〉起こさせる: ~ the spirits [morale] of …の元気を起こさせる[士気を高める] / ~ the country against [upon] …に対して国民を奮起させる.

6 a 上げる, 持ち上げる (lift up), 高く揚げる (elevate): ~ a stone 石を持ち上げる / ~ one's hand to a person 人に向かって手を上げる, 人をなぐる身構えをする / ~ one's head 顔を上げる / ~ one's eyes 伏せた目を上げる / ~ the blind [window] 日おおい[窓]を上げる[開ける]. **b** 〈旗などを〉揚げる, 掲げる (hoist); 浮揚させる, 〈沈下物などを〉引き揚げる: ~ the standard of revolt 反旗を翻す / ~ a sunken ship 沈没船を引き揚げる. **c** 〈胃内のガス, のど・肺にからんでいる痰などを〉出やすくする, 吐き出しやすくする.

7 〈家などを〉建てる, 〈碑などを〉立てる, 建立する.

8 a 高くする, 盛り上げる: ~ the bed of a road 路床を高くする / ~ water in a dam ダムの水位を高くする. **b** 〈程度・水準・給料・価格・温度などを〉上げる, 高める, 強くする, 増大する: ~ the standard of living 生活水準を高くする / ~ the temperature 気温を高める / ~ the rent 家賃を上げる / ~ the pitch of the instrument 楽器のピッチを上げる / ~ the tariff 税率を高める. **c** より激しく[熱く, 明るく]する, 強める: ~ one's joy / The news ~*d* his pulse. そのニュースは彼の胸を踊らせた.

9 a 〈人を〉昇進させる, 出世させる: ~ a person to the peerage 人を貴族に昇進させる / ~ oneself from poverty 貧困から立身出世する. **b** 〈名声・評判を〉高める: ~ one's reputation.

10 a 〈声を〉出す, 上げる, 張り上げる: ~ a cry 叫ぶ / ~ one's voice ⇨ voice 1. **b** 〈質問・異議などを〉提起する, 出す: ~ an objection 異議を唱える / ~ a question 質問を出す / ~ a point [question] in argument 議論を起こす, 異議を持ち出す.

11 a [しばしば p.p. 形で]〈子供を〉育てる (bring up): ~ children / be ~*d* in the barn 野育ちである / a Parisian born and ~*d* 生っ粋のパリっ子 / Where was he ~*d*? 彼はどこで生れ育ったのか. **b** 〈家族を〉養う: ~ a large family 大勢の家族を扶養する. **c** 〈家畜を〉飼育する: ~ cattle. **d** 〈野菜などを〉栽培する: ~ one's own vegetables. **e**《古》〈子供を〉生む (beget).

12 a 〈金などを〉こしらえる, 集める (collect): ~ a fund 資金を募る / ~ money on …を抵当に入れて金を調達する / ⇨ *raise the* WIND[1]. **b** 〈兵を〉起こす, 募集する, 徴募する (muster): ~ an army 兵を募集する, 軍を起こす.

13《口語》〈探していた人・物を〉見つける.

14 〈パンを〉(イーストなどで)ふくらませる: ~ bread.

15 a 〈水ぶくれを〉生じさせる. **b** (けば立て器(teasel)で)〈布地〉のけばを立てる, けば立てる: ~ cloth.

16 (攻囲軍を引き上げてまたは撃退して)〈包囲を〉解く (remove), 〈封鎖・禁止などを〉解く (end): ~ a siege.

17《スコット》怒らせる; 激怒させる (madden).

18 〘海事〙近づくにつれて…の姿を(水平線上に)認める; 〈陸地・鯨など〉のはっきり見える所に来る (↔ lay): ~ land, a whale, etc.

19 〘数学〙累乗する: ~ a+b to 7th power a+b を 7 乗する.

20 〘トランプ〙 **a** (ポーカーなどで)…より多く賭ける. **b** (ブリッジで)〈パートナー(のビッド)を〉上げる《パートナーのスーツ[ノートランプ]選択に同意し, それをより高いレベルでビッドする; cf. TAKE *out* (*vt.*) (9)》.

21 〘通信〙無線で…と交信する[…を呼び出す]: ~ an airplane.

22 《米》(犯罪の目的で金額を引き上げて)〈小切手などを〉書きかえる, 改竄(かいざん)する: ~ a check.

23 〘音声〙〈舌を〉上げる (↔ lower).

24 〘鉱山〙〈比較的小さい立坑を〉上向きに切り上げる, 掘り上げる.

25 〘カーリング〙(カーリングストーンの)〈1 個を〉別の 1 個を使ってティー (tee) の方向に押しやる.

— *vi.* **1**《方言》起きる, 立ち上がる (rise). **2** 〘トランプ〙 **a** (ポーカーなどで)レイズする, 上(うわ)がけする, 吊り上げる. **b** (ブリッジで)レイズする, パートナーのビッドを上げる. **3** 〘鉱山〙切り[掘り]上げる (cf. *vt.* 24).

raise hell [***Cain, the devil***] 〘cf. vt. 4〙 (1)《口語》大騒ぎをする; 浮かれ騒ぐ (revel). (2) かんかんになって怒る, 騒ぎ立てる.

— *n.* **1** 上げること, 高めること (raising, lifting). **2** 高くした[盛り上がった]場所, 築山, 塚 (mound); (道路の)上り勾配, 上り坂. **3**《米》(物価の)上昇, 昇給; 昇給額, 騰貴額, 値上げ幅 (rise): a ~ in salary 昇給 / give a person a ~ 給料を上げる. **4**《俗》金銭などの工面, 調達. **5** 〘鉱山〙上(あ)り坑井(こうせい), 切上(きりあ)り《上向きに掘削された比較的小さい立坑》. **6** 〘トランプ〙(ポーカーなどで)競り上げ; (ブリッジの)レイズ (cf. *vt.* 20 b).

make a raise もうける, 手に入れる; 工面する, 調達する.

ráis·er *n.*

raised *adj.* **1** 高くした, 一段と高い, 持ち上がった, 突起した: a ~ bottom (びん・ますなどの)上げ底. **2** 浮彫りにした, 浮き出した: ~ letters [type] 浮き出し文字, 点字 / a book in ~ type 点字書 / ~ work 浮き出し細工 / ~ embroidery 浮き上げ刺繍(ししゅう). **3** 〈布地が〉けばを立てた: a ~ fabric. **4** (金額などを引き上げて)変造した, 改竄(かいざん)した: a ~ check 変造小切手. **5** (イーストで)ふくらませた: ~ pastry 山形に盛り上げた練り粉菓子 / a ~ pie 堅パイ.

ráised bánd *n.* 〘製本〙バンド《背の綴じ緒の隆起; cf. sunken cord》.

ráised béach *n.* 〘地質〙隆起海岸《もと海底だった所が隆起してできた海岸》.

ráised gírt *n.* 〘木工〙=flush girt.

ráised pánel *n.* 〘建築〙=fielded panel.

ráised quárter-deck *n.* 〘海事〙低船尾楼甲板《他の船楼から一段低い船尾楼を持つ形に見えるが, 実際には上甲板から一段高い船尾甲板を持ち, 船尾部への積荷を多くするよう工夫した船の甲板》.

rai·sin [réɪzn̩] 〘《?a1300》 *raizin* ◻ (O)F *raisin* < VL **racimum* (cluster of) grapes = L *racēmus*: RACEME と二重語〙 *n.* **1** 干しぶどう. **2** 濃い青紫色.

ráis·ing bèe *n.* (田舎で近所の人たちが手伝いに来る)棟(むね)上げ[建前]の寄合い (cf. house-raising, bee[1] 4).

ráising hàmmer *n.* 〘金属加工〙(頭の丸い)打出し槌(つち)《金属板に丸味をつけ鎚起する時に用いる》.

rai·son d'é·tat [réɪzɔ̃:(n)-deɪtɑ́:, -zɔ(:)n-; *F.* rɛzɔ̃deta] 〘◻F ~ 'reason of the state'〙 *F. n.* 国家的理由[見地].

rai·son d'ê·tre [réɪzɔ̃:(n)-détr(ə), -zɔ(:)n- | -déɪtr(ə), -détr(ə), -déɪtə(r; *F.* rɛzɔ̃dɛtr] 〘《1867》◻F ~ 'reason of being'〙 — *F. n.* (*pl.* **rai·sons d'ê·tre** [~]) 〘哲学〙存在理由, 成立の趣意, レーゾンデートル.

rai·son·né [rèɪzɔ(:)néɪ, -zən- | -zɔn-; *F.* rɛzɔne] 〘◻F ~ 'reasoned' (p.p.) ← *raisonner* to reason ← *raison* 'REASON'〙 — *F. adj.* 体系的に配列[分類]した: ⇨ catalogue raisonné.

rai·son·neur [rèɪzɔ(:)nɜ́:, -zən- | -zɔnɜ́:(r; *F.* rɛzɔnœ:r] 〘◻F ~ 'reasoner'〙 *F. n.* 〘演劇〙説明役《他の登場人物の行動について説明[批判]をする人物》.

raj [rɑ́:dʒ] 〘《1800》◻ Hindi *rāj* rule ← Skt *rājya*: cf. rex[2], raja〙 *n.* (もとインドで)主権; 支配, 統治 (reign, rule): the British ~ in India 英国のインド統治.

ra·ja, R- [rɑ́:dʒə, -dʒɑ:, rɑ́:ʒ- | rɑ́:dʒə] 〘《1555》◻ Hindi *rājā* ← Skt *rājan* ← IE **reg-* to rule (L *rēgis* & *rēx* king): cf. royal〙 — *n.* 〘歴史〙ラージャ: **1** (インドの)王 (king, prince); 首長, 王侯 (chief) (cf. nabob, nawab, Nizam). **2 a** (インドの)貴族 (noble). **b** (マライ・ジャワなどの)統治者, 酋(しゅう)長. **c** 統治者・酋長などに対する敬称.

Ra·jab [rədʒǽb] 〘◻ Arab. *rájab*〙 *n.* (イスラム暦の) 7 月 (⇨ Islamic calendar).

Ra·ja·go·pa·la·cha·ria [rɑ́:dʒəgoʊpɑ̀:lətʃɑ́:rjə | -gəʊ-], **Cha·kra·var·ti** [tʃɑ̀:krəvɑ́əṭi | -vɑ́:tɪ] *n.* ラージャゴパラチャーリ《1879–1972; インド総督 (1948–50)》.

ra·jah, R- [rɑ́:dʒə, -dʒɑ:, rɑ́:ʒ- | rɑ́:dʒə] *n.* =raja.

rájah·shìp *n.* =rajaship.

ra·jas [rʌ́dʒəs] 〘◻ Skt ~ 'darkness'〙 *n.* 〘インド哲学〙ラジャス, 激質《数論(すろん)派 (Sankhya) の説く自然の三要素 (gunas) の一つ》.

rája·shìp *n.* raja の位[領土].

Ra·ja·sthan [rɑ́:dʒəstɑ̀:n] *n.* ラージャスタン《インド北西部の州; 人口 25,725,000, 面積 342,270 km², 首都 Jaipur》.

Ra·ja·stha·ni [rɑ̀:dʒəstɑ́:ni | -nɪ; *Hindi* rajasthanj] *n.* ラージャスタニ語《インド北西部の州 Rajasthan で話されるインドアーリア語; cf. Hindi》.

Raj·i·dae [rǽdʒədi: | -dʒɪ-] 〘← NL ~ ← *Raja* (属名: ← L *raia* 'RAY[2]') + -IDAE〙 *n. pl.* 〘魚類〙ガンギエイ科.

Raj·put [rɑ́:dʒpʊt, rɑ́:ʒ- | rɑ́:dʒ-; *Hindi* rajput] 〘◻ Hindi *Rājpūt* ← Skt *rājaputra* king's son ← *rājan* king + *putra* son: cf. raja, raj〙 — *n.* (*also* **Raj·poot** [~]) ラージプート《クシャトリア (Kshatriya) の子孫と称する北インド地方に多い好戦的種族の人》.

Raj·pu·ta·na [rɑ̀:dʒputɑ́:nə] *n.* ラージプターナ《インド北西部の一地方, もと Rajputana Agency (ラージプターナ諸国)を構成していた; 現在大部分は Rajasthan に編入》.

ra·k'a [rʌ́kə] 〘◻ Arab. *rák'ah* ← *ráka'a* to bow〙 (*also* **ra·k'ah** [~]) — *n.* 〘イスラム教〙ラッカ《毎日の礼拝で繰り返される一連の定められたひれ伏す礼拝動作および祈りの文句》.

rake[1] [réɪk] 〘*n.*: OE *raca* (masc.), *racu* (fem.) ← Gmc **rak-*, **rek-* (Du. *raak* / G *Rechen* / ON *reka*) ← IE **reg-* to move in a straight line, rule (L *regere* / Gk *orégein*). — v.: 《c1250》 *rake(n)* ◻ ON *raka* to scrape ← *reka* (n.)〙 — *n.* **1** (干草・落葉などを掻き集めるための)熊手, 草かき; (地表をならすための)土ならし, 馬鍬(まぐわ), レーキ; 火かき: ⇨ horse rake / (as) thin as a ～ 痩せて骨と皮ばかりの. **2** 熊手形の(農)器具[部品]《羊毛洗浄機の部品など》; (賭博場の)賭け金集めの道具.

— *vt.* **1 a** 熊手[レーキ]で集める[掻き寄せる, ならす]: ～ a flower bed 花壇(の土)を掻きならす / ～ hay together 乾し草を馬鍬(まぐわ)で掻き集める / ～ leaves off a lawn 芝生から木の葉を掻き払う / ～ leaves and burn them 枯葉を掻き集めて燃やす. **b** (熊手・レーキで)平らにならす; (熊手で)掃除する. **c** 〈火を〉掻き立てる: ～ the fire 火を掻き立てる. **2** 〈火〉に灰をかぶせる, 埋(い)ける (bank). **3 a** 引っ掻く (scratch), 引っ掻いて取る[はがす], こする (scrape); かする, なでる (graze): The cat ～*d* his hand with her claws. 猫が彼の手を爪で引っ掻いた. **b** さっと[軽く]かすめて通る: The storm ～*d* the coast. 暴風は海岸をかすめて通過した / the autumn sunlight *raking* the meadows 牧草地に柔らかく輝く秋の日光. **4 a** 隅から隅まで捜す (ransack): He has ～*d* all history for proofs. 彼は証拠を求めて歴史をくまなく捜した / If I had ～*d* hell I could not have found his match for his wickedness. たとえ地獄を捜してもあんな悪党はいなかっただろう. **b** 〈醜聞・過去などを〉明るみに出す, 暴き出す, 暴露する 〈*over, up*〉. **5** 《口語》かき集める, 大もうけする 〈*in*〉: ～ *in* money 荒稼ぎする / ～ *in* the dough *on* Broadway ブロードウェイで[舞台に立って]金をがっぽりもうける. **6** 〈場所・軍隊・艦船を〉掃射[縦射]する; …に縦射を浴びせる (enfilade) 〈*along, through*〉: ～ the headquarters with machine guns 本部(の建物)に機関銃を掃射する. **7** 見晴らす, さっと見渡す; 〈窓などが〉眼下に見る (command, overlook): ～ the horizon with a telescope 望遠鏡で水平線上を見渡す. **8** 〘建築〙(石[れんが]積み工事で, 目地仕上げを行なうため)〈モルタルを〉(乾かないうちに, 目地から)一定の深さまで掻き取る 〈*out*〉.

— *vi.* **1** 熊手[馬鍬]を使う, 熊手で掻く. **2** 隅から隅まで捜す, 穿鑿(せんさく)する, あさる: ～ among [in, into] old records 古記録をあさる. **3** 一生懸命になって集める[ためる]. **4** さっとかすめて通る[通り抜ける] 〈*over, through*〉.

rake and scrape せっせとため込む[掻き集める].
rake out (1) 掻き出す, 引き出す (pull out): ～ *out* a fire (ストーブなどの)燃え殻や灰を掻き出す. (2) 捜し[探り]出す: ～ *out* scandal. (3) ⇨ *vt.* 8. ***rake over*** (1) ⇨ *vt.* 4 b. (2) 〈人を〉激しく非難する. (3) ⇨ *vi.* 4.

rake[2] [réɪk] 〘《1653》《略》← RAKEHELL〙 *n.* 放蕩(ほうとう)者, 道楽者 (libertine). **—** *vi.* 放蕩をする.

rake[3] [réɪk] 〘《1626》← ?: cf. G *ragen* to project〙 **—** *n.* **1** 傾斜(度), 傾度; 勾配(こうばい). **2 a** (マスト・煙突などの)船尾への傾斜(度). **b** (劇場の)舞台または観覧席の傾斜(面). **c** (切断物の表面と垂直な面に対する刃物の)刃の傾斜. **d** 建物の端の傾斜; 破風板. **3** 〘海事〙船首部または船尾部の斜出(部). **4** 〘航空〙翼の傾斜《前縁と対称平面との角; cf. ANGLE[1] of sweepback》. **—** *vi.* **1** 傾斜する (incline). **2** 〘海事〙 **a** 船首と船尾で船体の上部が竜骨端より前または後へ突出する. **b** 〈マスト・煙突などが〉船尾の方向に傾斜する. **—** *vt.* 〈椅子の背などを〉後方に傾斜させる.

rake[4] [réɪk] 〘OE *racian* to take a course, run〙 **—** *vi.* **1** 〘狩猟〙〈鷹が〉獲物を追う; 〈犬が〉鼻を地につけて獲物を追う. **2** 《方言》速く行く[走る]; (早く)前進する. **3** 《方言》さまよう (roam).
rake out [***off, away***] 獲物から離れる.

rake[5] [réɪk] 〘《?c1390》*rake, rakke* ◻ ON *rāk* stripe, streak〙 **—** *n.* **1** 《英方言》 **a** 道, 小道 (way, path), (特に)牛の通り道. **b** 牧場 (pasture). **2** 《英方言》 **a** (特に, 何かを持ち帰ってくる)旅行. **b** (1 回の旅行で持ち運べる)荷物 (load). **3** 《スコット》〘鉱山〙裂傷脈.

ráked bów [-báʊ] *n.* 〘海事〙前傾船首《垂直線に対して上部が前方に突き出している形の船首》.

ra·kee [rəkíː, rǽki, rάːki | rəkíː, rǽkɪ, rάːkɪ] *n.* =raki.

rake·hell [réɪkhèl] 〘《1554》← RAKE[1] (vt. 4)+HELL〙 《古》 *n.* 放蕩(ほうとう)者, 道楽者 (rake). **—** *adj.* 放蕩の, 自堕落な (dissolute).

rake·hel·ly [réɪkhèli | -lɪ] *adj.* 《古》=rakehell.

ráke-òff 〘← *rake off* (⇨ rake[1] (vt. 1))〙 *n.* [通例軽蔑的に]《口語》(特に, 不正な利益の)分け前, 割り前, 手数料 (commission), 上前(うわまえ), リベート (rebate).

rák·er[1] 〘ME〙 *n.* **1 a** 熊手を使う人; 市街掃除人夫. **b** 掻き捜す[集める]人. **2** 掻く[掻き寄せる]道具, 掻きはがす道具.

rák·er[2] 〘⇨ rake[3]〙 *n.* 〘建築〙(壁・柱などの)支柱, 控え柱, つっ張り, 抱き控え.

ráker tòoth *n.* かき歯《切落とした枝などの切り口を平らにする鋸》.

ráke's prógress 〘Hogarth の連作風俗画 (1735) の題名から〙 *n.* 放蕩者のなりゆき《道楽して身をくずしていくこと》.

ra·ki [rəkíː, rǽki, rάːki | rəkíː, rǽkɪ, rάːkɪ] 〘《1675》◻ Turk. *rāqī*〙 **—** *n.* ラキ《通例干しぶどう, 時にはイチジク・ナツメヤシを発酵させ蒸留し, アニシード (aniseed) で味付けしたトルコ地方の強い酒》.

rák·ing bònd *n.* 〘石工〙(れんがの)筋違い積み《斜め積み (diagonal bond) や矢筈(やはず)積み (herringbone bond) など》.

ráking còrnice *n.* 〘石工〙登(のぼ)り蛇腹《切妻の壁面やペディメントの傾斜したコーニス(蛇腹)》.

ráking còurse *n.* 〘石工〙筋違積層《厚い壁体の内部に補強のために斜めに積まれたれんが層》.

ráking pìece *n.* 〘劇場〙(傾斜した床面側方の)目かくし(背景).

ráking shòre *n.* 〘建築〙=raker[2].

rak·ish[1] [réɪkɪʃ] 〘← RAKE[2]+-ISH[1]〙 *adj.* 放蕩(ほうとう)の, 道楽な (dissipated, fast): ～ habits 放蕩癖. **～·ly** *adv.* **～·ness** *n.*

rak·ish[2] [réɪkɪʃ] 〘← RAKE[3]: 海賊船が多く後方に傾斜した帆柱 (raking mast) を持ち, 快速力で走ったことから〙 **—** *adj.* **1** 〈船が〉軽快に見える, (海賊船と間違われかねないほど)速力の速そうな. **2** ハイカラな (jaunty), いきな (smart): a ～ light blue handkerchief / a hat set at a ～ tilt いきに傾けてかぶった帽子 / The new poncho gave her a ～ air. 新しいポンチョを着るといきに見えた. **～·ly** *adv.* **～·ness** *n.*

rak·sha·sa [rάːkʃəsə] 〘◻ Skt *rākṣasa* ← *rakṣas* injury〙 *n.* 〘インド神話〙ラークシャサ, 羅刹(らせつ)《インド民間信仰中の悪鬼》.

rá·ku wàre [rάːkuː-] 〘*raku*: ◻ Jap.〙 *n.* 楽, 楽焼き《日本で茶会に用いる低火度の軟質陶器》.

rale [rǽ(ː)l, rάːl | rάːl] 〘◻ F *râle* ← *râler* to rattle: ⇨ rail[3]〙 *n.* (*also* **râle** [～; *F.* rɑːl]) 〘病理〙(胸部聴診時の)ラ音, 水泡(すいほう)音, ラッセル (cf. rhonchus).

Ra·legh [rɔ́ːli, rάː-, rǽli | -lɪ], Sir **Walter** *n.* =Sir Walter RALEIGH 1.

Ra·leigh[1] [rɔ́ːli, rάːli | -lɪ] 〘↑ にちなむ〙 *n.* 米国 North Carolina 州中央部にある同州の首都, 人口 135,000.

Ra·leigh[2] [rɔ́ːli, rάːli, rǽli | -lɪ] 〘もと地名・家名: ⇨ red[1], lea[1]〙 *n.* 男性名.

Ra·leigh [rɔ́ːli, rάːli, rǽli | -lɪ], Sir **Walter** *n.* **1** (1552?–1618) 英国の探検家・軍人・著述家, Elizabeth 一世の廷臣; *The History of the World* (1614); 本人は Ralegh と綴った. **2** (1861–1922) 英国の批評家・文学者; 1904 年以降 Oxford 大学教授; Sir Walter Alexander Raleigh ともいう; *Shakespeare* (1907), *War in the Air* (1922). ★ 一家の発音は [rɔ́ːlɪ].

rall. 《略》rallentando.

ral·len·tan·do [rὰːləntάːndoʊ, rælənténdoʊ, -lən-, -lɪn- | rælentǽndəʊ, -lən-, -lɪn-; *It.* ràllentándo] 〘《1811》◻ It. ～ (pres.p.) ← *rallentare* to abate ← RE-+*allentare* to prolong (← AD-+L *lentāre* to bend (← *lentus* slow))〙 〘音楽〙 **—** *adv.* だんだんゆるやかに (略 rall.) (ritardando). **—** *n.* (*pl.* **～s, -tan·di** [-diː; *It.* -di]) ラレンタンドのテンポ[楽節].

rál·li càr [rǽli- | -lɪ-] *n.* =ralli cart.

rál·li càrt, R- c- [rǽli- | -lɪ-] 〘← *Ralli* (1885 年最初の購入者の名)〙 *n.* ラリカート《四人乗り二輪の軽い馬車》.

Ral·li·dae [rǽlədìː | -lɪ-] 〘← NL ～ ← *Rallus* (属名: ⇨ rail[3])+-IDAE〙 *n. pl.* 〘鳥類〙クイナ科.

ral·li·form [rǽləfɔ̀ːm | -lɪfɔ̀ːm] 〘← NL *ralliform-is*: ⇨ ↓, -form〙 *adj.* 〘鳥類〙クイナに似た.

ral·line [rǽlaɪn] 〘← NL *rallus* (⇨ Rallidae)+-INE[1]〙 *adj.* 〘鳥類〙クイナ科の.

ral·ly[1] [rǽli | -lɪ] 〘《1603》◻ F *rallier* < OF *ralier*: ⇨ re-, ally[1]〙 **—** *vt.* **1 a** 〈散り散りになった軍勢・集団などを〉再び呼び集める[集合させる], …の陣容を整え直す: The general tried to ～ the fleeing troops round him. 将軍は逃げまどう軍隊を集合させようと努めた. **b** (共通の行動・目的のために)呼び集める: ～ one's party. **2 a** 〈勢力・精力を〉集中する (concentrate); 〈体力・気力を〉回復する (revive), 〈勇気などを〉奮い起こす (summon up): ～ one's power 体力を回復する. **b** 〈人を〉元気づける, …の勇気を起こさせる: ～ oneself 元気を出す, 奮起する. **3** 〘証券〙〈相場を〉持ち直させる, 反騰させる. **4** 〘海事〙〈帆のシート・帆耳綱などを〉急激に引き入れる 〈*in*〉, 急にやり放す 〈*out*〉.

— *vi.* **1 a** 〈散り散りになった軍勢・集団などが〉再び集まる, 再び勢ぞろいする (reassemble): ～ for battle. **b** (共通の行動・目的のために)集まる, 集合する. **2** 援助に来る 〔*to, around, behind*〕: ～ *to* [*around*] one's side 味方にはせ参じる. **3 a** 〈病気などから幾分〉回復する; (恐怖心を振り払って)気を取り直す; 健康を取り戻す, 意識を回復する: ～ from (an) illness. **b** 〈競技者・チームが〉攻勢を取り戻す, 盛り返す, 反撃する, 挽回する, 反攻する (come back). **4** 〘証券〙〈相場が〉持ち直す, 反騰する: The Dow-Jones average *rallied* suddenly last week. ダウ平均は先週急に持ち直した / ～ in price 再び高値を呼ぶ. **5** (テニス・バドミントンなどで)ラリーを応酬する. **6** 〘野球〙〈チームが〉反撃する, 集中攻撃を浴びせる.

— *n.* **1 a** (軍隊・集団などの)再挙, 再集, 再糾合, 立て直し; 再集の合図. **b** (共通の行動[目的]のための)集結, 参集; (政治・宗教熱を奮い起こすための)決起大会 (mass meeting); 示威: a students' ～ 学生大会. **2 a** (病気の)回復, 気力[体力, 勇気など]の回復. **b** (競技者・チームなどの)盛り返し, 反撃, 挽回, 反攻. **3** 〘証券〙(相場の)反騰, 持直し: a ～ in stocks 株価の反騰. **4** (テニス・バドミントンなどで)ラリー《続けざまの打合い》; 乱打, 試合開始前の打合い. **5** 〘ボクシング〙打合い, パンチの応酬. **6** 〘野球〙反撃, 集中攻撃. **7** 〘自動車〙ラリー《公道で通常の交通規則の下に行なう長距離自動車競走; 競技開始まで参加者に知らされない道を指示された平均速度で走り, 途中数か所のチェックポイントでの失点数によって優劣を競う》. **8** 《英》〘演劇〙加速《演技のテンポを加速して効果を盛り上げること》.

rál·li·er *n.*

ral·ly[2] [rǽli | -lɪ] 〘《1665》◻ F *railler* 'to RAIL[2]'〙 **—** *vt.* 〈人を〉からかう, 冷やかす (banter): ～ a person on his speech 演説のことで人をからかう. **—** *vi.* 《古》冷やかす, からかう (banter).

ral·lye [rǽli | -lɪ] *n.* 〘自動車〙=rally[1] 7.

rál·ly·ing *n.* (自動車)ラリー競技.

rál·ly·ing·ly *adv.* 冷やかして, からかって.

rállying pòint *n.* 集合地, 集合点, 元気[気力]を回復する個所[地点].

rál·ly·ist [-liɪst, -əst | -lɪɪst] *n.* (自動車)ラリー選手, ラリー参加者 (cf. rally[1] *n.* 7).

rálly·màster *n.* (自動車)ラリー主催者.

Ralph [rǽlf | réɪf, rǽlf] 〘OE *Rǣdwulf* ◻ ON *Rað-ulf-r* (⇨ rede, wolf): cf. Raoul〙 *n.* 男性名.

ram [rǽ(ː)m] 〘OE *ram(m)* ← Gmc **ramma-* (Du. & LG *ram* / G *Ramm*) ← ? **rama-* strong, sharp〙 **—** *n.* **1** (去勢しない)雄羊 (cf. ewe). **2** [the R-] **a** 〘天文〙おひつじ(牡羊)座 (⇨ Aries 1). **b** 〘占星〙牡羊座, 白羊宮 (⇨ Aries 2). **3** 打ち破る器具; (昔の)破城つち (battering ram). **4** (敵に体当たりするために艦首の水線下に付けた)衝角(しょうかく) (cf. beak[1] 3); 衝角艦. **5** 〘建築〙ラム, (杭打ち用の)分銅つち, 落しづち (drop hammer); (土を固める)たこ, 突き棒 (rammer). **6** 〘機械〙自動揚水機, 水撃ポンプ, 水圧ラム (hydraulic ram); (水圧機の)ピストン (piston); 押揚げポンプのプランジャー (plunger). **7** 〘航空〙 **a** ラム, ラム圧《機速によって空気取入れ口に生じる空気の押込み圧力》. **b** =ram effect. **8** 〘機械〙ラム《立て[型]削り盤のバイトを取付ける往復運動をする部分》.
milk the ram ⇨ milk *v.* 成句.

— *v.* (**rammed; ram·ming**) **—** *vt.* **1** 〈杭などを〉〔…に〕打ち込む, 突き込む, 押し込む (force down) 〈*down*〉 〔*in, into*〕; 〈杭・樹木など〉のまわりの土を突き固めて固定する[しっかり植えつける]. **2** 〈土などを〉打ち固める, 突き固める. **3 a** 〈物を〉詰め込む (cram); 〈容器など〉に〔物を〕詰め込む 〔*with*〕: ～ one's clothes *into* a bag 衣服をかばんに詰め込む / a thick wedge of paper ～*med in* to keep the sash from rattling 窓枠ががたがた鳴らないようにはさんだ厚い紙の詰め物 / I had the list ～*med into* me by repetition. 何回も繰り返してその一覧表を頭にたたき込まれた / ～ a box *with* toys おもちゃを箱に詰める. **b** 〈銃器〉に槊杖(さくじょう) (ramrod) で装薬を詰め込む. **c** 〈弾丸などを〉(込め矢 (rammer) で十分に)押し込む: ～ a charge into the gun. **d** [通例 ～ home として] 〈議論などを〉反復して聞かせて認め[理解]させる: ～ an argument *home* 反復して議論を徹底させる. **4 a** 破城つちで打つ; 衝角で突き当てる, 激しくぶつける (butt) 〔*against, at, on, onto*〕: ～ one's head *against* [*at*] a wall 壁に頭を突き当てる. **5** (強引に)押し進める 〈*through*〉: ～ *through* a bill = ～ a bill *through* (Congress) 法案を強引に(議会で)通過させる.

— *vi.* **1** 土を打ち固める. **2** 激しくぶつかる (crash): The car ～*ed* into a tree. 車が木に激突した. **3** 物凄いスピードで走る.

RAM 《略》〘電気〙radio attenuation measurement 電波減衰測定; 〘電算機〙random access memory ランダムアクセスメモリー (cf. ROM); 〘宇宙〙rocket assisted motor 推力方向制御・軌道制御用の小ロケット.

R.A.M. 《略》〘天文〙right ascension of the meridian; 《英》Royal Academy of Music.

ram- [rǽm] 〘◻ ON *ram-* ← *rammr* strong: cf. ram〙 *pref.* 強意の接頭辞: *ram*shackle.

Ra·ma [rάːmə] 〘◻ Skt *Rāma* 《原義》? dark-colored, lovely〙 **—** *n.* 〘インド神話〙ラーマ《Vishnu の第六・七・八化身 (Parashurama, Ramachandra, Balarama) の総称; 特に, 第七化身とされる; 叙事詩 *Ramayana* の主人公のこと》.

Rama IX *n.* ラーマ九世《1927–　; タイ国王 (1950–　); 本名 Bhumibol-Adulyadej または Phumiphon Aduldet》.

Ra·ma·chan·dra [rὰːmətʃʌ́ndrə] 〘◻ Skt *Rāmacandra* 《原義》Rama-moon〙 *n.* 〘インド神話〙ラーマチャンドラ《Vishnu の第七化身とされる Rama の別名》.

Ram·a·dan [rǽmədὰːn, -dæ̀n, ⏑⏑⏑ | rǽmədǽn, rὰːm-, -dάːn] 〘《1599》◻ Arab. *ramaḍān* 《原義》the hot month ← *rámaḍa* to be hot〙 **—** *n.* **1** (イスラム暦の)九月《この月中教徒は日の出から日没まで断食する; ⇨ Islamic calendar》. **2** ラマダンの断食.

ram·age [rǽmɪdʒ] 〘《15C》◻ (O)F: ⇨ ramus, -age〙 *n.* **1** [集合的] 木の枝, 小枝. **2** 鳥の鳴き声.

Rá·ma·ism [-məɪzm̩] *n.* ラーマ崇拝 (⇨ Rama).

Ra·ma·krish·na [rάːməkríʃnə], **Sri** [sríː, ʃríː] *n.* ラーマクリシュナ《1834–86; インドの神秘主義的宗教家, ヒンズー教の改革者》.

ra·mal [réɪməl] 〘← RAM(US)+-AL[1]〙 *adj.* 〘生物・解剖〙ramus の[から分枝した].

Ra·man [rάːmən], Sir **Chan·dra·se·kha·ra Ven·ka·ta** [tʃʌ̀ndrəʃéɪkərə véŋkətə | -tə] *n.* ラマン《1888–1970; インドの物理学者; Nobel 物理学賞 (1930)》.

Ráman effèct 〘↑〙 *n.* 〘光学〙ラマン効果《光が物質で散乱される際, 分子や格子の振動等のため, 入射光とは異なる波長の散乱光 (Raman line) が現われる現象》.

Ráman spèctrum *n.* 〘光学〙ラマンスペクトル《ラマン効果 (Raman effect) によって生じるスペクトル》.

ra·mark [réɪmɑək | -mɑːk] 〘← *ra(dar) mark(er)*〙 *n.* ラマーク《船や航空機に方位を知らせるため常時電波を出すレーダービーコン》.

ra·mate [réɪmeɪt] 〘← RAM(US)+-ATE[2]〙 *adj.* 枝のある.

Ra·ma·ya·na [rɑːmάːjənə | -mάɪənə, -mάːjə-; *Hindi*

ramajənə] 〘⊏ Skt *Rāmāyaṇa*《原義》the goings or doings of Rama ← *Rāma* 'RAMA'+*-ayaṇa* pertaining to〙 ── *n.* [the ～]〘インド神話〙「ラーマーヤナ」《インドのサンスクリット二大叙事詩の一つ; Rama が主人公; cf. Mahabharata》.

Ram·a·zan [ræ̀məzɑ́ːn] *n.* ＝Ramadan.

Ram·bam [rɑːmbɑ́ːm] *n.* ＝Maimonides.

ram·bla [rɑ́ːmblə] 〘⊏ Sp. ～ ⊏ Arab. *rámla^h*〙 *n.* **1** 普段は水が流れていない峡谷. **2** 大通り.

ram·ble [rǽmbl̩] 〘v.:《1620》(freq.) ? ← ROAM (⇨ -le³) // ⊏ ? MDu. *rammel-en* to be excited by sexual desire and wander about (freq.) ← *rammen* to copulate with ← *ram* 'RAM'〙 ── *n.* **1** (目的も行先も決めない)ぶらつき, 散歩 (stroll): on [upon] the ～ 散歩中, ぶらぶら歩いて. **2** 漫然とした書き物, 取留めのない文章, 漫筆; 漫談, 閑談. ── *vi.* **1** 散歩[漫歩]する, ぶらつく (roam, wander). **2** 漫然と[取留めなく]しゃべる[書く]: ～ on だらだらとくだらないこと[関連のないこと]をしゃべる[書き続ける]. **3 a** 〈つる草などが〉むやみに広がる[伸びる]. **b** 〈街路・建物などが〉無計画である, 統一がない. **c** 〈川・道路などが〉曲りくねっている (meander). ── *vt.* あてもなく歩く, ぶらぶら歩く: ～ the lanes of Tokyo.

rám·bler [-blə, -bl̩ə | -blə(r] *n.* **1** ぶらぶら歩く人; 漫然としゃべる[書く]人. **2**《米》＝ranch house 2. **3**〘園芸〙ランブラー《蔓バラの一種; 細い枝が地際から生じ, 支柱がないと地表をはう: cf. climber 3 b, Crimson Rambler》.

rám·bling [-blɪŋ, -bl̩-] *adj.* **1** ぶらぶら歩く, 散歩する (strolling); 放浪する (roving), 移動性の: a ～ journey 放浪の旅 / ～ rheumatism 移動性リューマチ. **2** 〈思想など〉漫然とした, 散漫な (desultory); 〈談話など〉取留めのない, 冗漫な (wandering): a ～ note 取留めのない文章, 漫筆 / a ～ talk 取留めのない話, 閑談. **3 a** 〈植物など〉はい回る, つるになる, むやみにはびこる (straggling). **b** 〈家・市街など〉むやみに延びた, 曲りくねった, だらだら延びた: a ～ house 不均斉(きんせい)に建築された家, まとまりなく広い家. **～·ly** *adv.*

ram·boe·tan [rǽmbətæ̀n] *n.* (*also* **ram·bo·tan** [～]) 〘植物〙＝rambutan.

Ram·bouil·let [rǽmbuléɪ, ⌐⌐⌐ | rɑ̀ːmbujéɪ; *F.* rɑ̃bujɛ] 〘北フランスの町の名〙 *n.* ランブイエ(メリノ)《フランス原産の一品種の毛用羊》.

ram·bou·tan [rǽmbətæ̀n] *n.* 〘植物〙＝rambutan.

rám bòw [-bàʊ] *n.* 〘海軍〙衝角へさき《衝角(しょうかく) (ram) を艦首部につけたへさき》.

ram·bunc·tious [ræmbʌ́ŋ(k)ʃəs] 〘《変形》? ← RUMBUSTIOUS〙 ── *adj.*《米》**1** 騒々しい, 乱暴な (rude, rough). **2** 勝手気ままな, 始末に負えない, 無茶な, 横紙破りの (uncontrollable, unruly): a ～ marriage 無茶[無軌道]な結婚. **～·ly** *adv.* **～·ness** *n.*

ram·bu·tan [ræmbúːtn̩] 〘⊏ Malay ～ ← *rambut* hair〙 ── *n.* 〘植物〙 **1** ランブータン (*Nephelium lappaceum*)《マレー産のムクロジ科の樹木; 熱帯では街路樹に用いる》. **2** ランブータンの実.

rám càt 〘← RAM〙 *n.* 雄ねこ.

rám dràg *n.* 〘航空〙ラム抵抗《ジェットエンジンの吸入する空気が一旦せきとめられることから出じる抗力; エンジンの全推力からこれを差引いたものが正味推力となる》.

Ra·meau [ræmóʊ | -máʊ; *F.* ramo], **Jean Philippe** *n.* ラモー《1683–1764; フランスの作曲家・音楽理論家; *Castor and Pollux* (歌劇) (1737); *Traité de l'harmonie*「和声論」(1722)》.

ra·mee [réɪmi, rǽmi | -mɪ] *n.* 〘植物〙＝ramie.

Ra·mée [rəméɪ], **Marie Louise de la** *n.* (1839–1908) 英国の女流小説家; 筆名 Ouida; *Under Two Flags* (1867), *A Dog of Flanders* (1872).

Ramée, Pierre de La *n.* ⇨ Ramus.

rám effèct *n.* 〘航空〙ラム効果, 押込み効果《機速の増加に伴い空気取入れ口に流入する空気の圧力が増す効果》.

ram·e·kin [rǽmɪkɪn, -mə-, -kən | rǽmkɪn] 〘《1706》⊏ F *ramequin* ⊏ LG *ramken* (dim.) ← *ram* cream < MLG *rōm(e)*: cf. G *Rahm* cream〙 ── *n.* **1** ラムカン《チーズ・パン粉・卵・牛乳・バターなどを混ぜて小さい焼き皿で焼いた料理》. **2** ラムカン皿 (ramekin dish)《ラムカンを焼いて食卓に出す一人用の陶製の皿》.

rámekin càse *n.* ラムカンの焼型.

ramenta *n.* ramentum の複数形.

ram·en·ta·ceous [ræ̀məntéɪʃəs | -mɪn-] 〘⇨ ramentum, -aceous〙 *adj.* 〘植物〙 **1** 鱗片(りんぺん)[鱗毛]におおわれた. **2** 鱗片状の.

ra·men·tal [rəméntl̩ | -tl] *adj.* 〘植物〙＝ramentaceous.

ra·men·tum [rəméntəm | -təm] 〘⊏ L ～ ← *rādere* to scrape: ⇨ rase, -ment〙 ── *n.* (*pl.* **ra·men·ta** [-tə | -tə]) [通例 *pl.*] **1** 削り[掻き]くず, 微片 (shaving). **2** 〘植物〙(葉・実の)鱗毛(りんもう), 鱗片.

ram·e·quin [rǽmɪkɪn, -mə-, -kən | rǽmkɪn] *n.* ＝ramekin.

Ram·e·ses [rǽməsìːz | -mɪ-, -mə-] *n.* ＝Ramses.

ra·met [réɪmet, -mɪt, -mət] 〘← RAM(US)+-ET〙 *n.* 〘植物〙ラメート《クローン (clone) の個体》.

rami *n.* ramus の複数形.

ra·mie [réɪmi, rǽmi | -mɪ] 〘⊏ Malay *rāmi*〙 ── *n.* **1** 〘植物〙ラミー, カラムシ (*Boehmeria nivea*)《アジア産イラクサ科マオ属の低木; 皮から麻に似た繊維を採る》. **2** ラミー[カラムシ]の繊維.

ram·i·fi·ca·tion [ræ̀məfɪkéɪʃən, -fə- | -mɪfɪ-] 〘《1677》⊏ F ～: ⇨ ramify, -ification〙 ── *n.* **1** 分枝, 分岐, 分裂, 細分化: the ～ of the Whig Party. **2** 分脈, 支脈, 支流: the ～ of a nerve. **3** 小区分: every ～ of the subject その問題のすべての細部. **4** 結果 (consequence, outgrowth). **5** 〘植物〙分枝状態, 分枝法.

ram·i·form [rǽməfɔ̀əm, réɪm- | -mɪfɔ̀ːm] 〘← L *rami-*, *rāmus* branch＋-FORM〙 *adj.* **1** 枝状の (branchlike). **2** 分岐した, 分派した (branched).

ram·i·fy [rǽməfàɪ | -mɪ-] 〘《1541》⊏ F *ramifi-er* ⊏ ML *rāmificāre* ← L *rāmus* branch: ⇨ ramus, -ify〙 ── *vi.* **1** 〈木・草などが〉枝を出す, 枝状に広がる (branch out). **2** 分岐する, 分枝する; 小区分される 〔*into*〕. ── *vt.* [通例 Passive で] 分枝する, 分岐する, 小区分する: Railways *are ramified* over the country. 鉄道は全国中に幹線から支線が張りめぐらされている.

ram·il·lie [rǽməli | -mɪlɪ] 〘← *Ramillies*〙 ── *n.* (*also* **ram·i·lie** [～]) [時に R-] ラミリーウィッグ《18世紀に流行した一種のかつら; 後ろに三つ編みを1本垂らしてその上と下をリボンで結んだもの; ramillie wig ともいう》.

ram·il·lies [rǽməliz | -mɪlɪz] *n.* (*also* **ram·i·lies** [～]) ＝ramillie.

Ram·il·lies [rǽməliz, ræ̀miːjíː | rǽmɪlɪz; *F.* ramiji] *n.* ラミーイ《ベルギー中部の村; スペイン継承戦争で英国の Marlborough 公がフランス軍を破った (1706)》.

Ra·mism [réɪmɪzm] *n.* ラムス哲学《フランスの哲学者 Petrus Ramus の唱えた哲学》. **Rá·mist** [-mɪst, -məst | -mɪst] *n.*, *adj.* **Ra·mis·tic** [rəmístɪk] *adj.*

rám·jèt *n.* 〘航空〙＝ramjet engine.

rámjet èngine *n.* 〘航空〙ラムジェット《高速飛行による流入空気のエネルギーで空気を圧縮するジェットエンジン; ⇨ ram *n.* 7》.

rámmed éarth *n.* 砂・ローム・粘土などを突き固めて形成した練り土《建築材料》.

ram·mels·berg·ite [rǽməlzbə̀ːgaɪt | -bɜ̀ː-] 〘← *Karl F. Rammelsberg* (1813–99: ドイツの鉱物学者): ⇨ -ite¹〙 ── *n.* 〘鉱物〙ランメルスベルジャイト, ランメルスベルグ石 ($NiAs_2$).

rám·mer 〘《1497》〙 ── *n.* **1 a** 突き込む[打ち固める]もの. **b** (土を固める)たこ, 突き棒, ランマー《土の締固めに用いる機械》; 杭打ち機. **2** 地形(じぎょう)人足. **3** (口装砲に弾薬を詰める)込め矢, 槊杖(さくじょう).

rám·ming *n.* 〘航空〙＝ram effect.

rámming effèct *n.* 〘航空〙＝ram effect.

rám·mish [-mɪʃ] 〘《*c*1395》← RAM (n.)＋-ISH¹: cf. goatish〙 *adj.* **1** 雄羊のような. **2**《方言》臭気の強い, 悪臭のする (rank); 味のこってりした. **3** 好色な.

ram·my [rǽmi | -mɪ] 〘← RAM (n.)＋-Y⁴〙 *adj.* (**ram·mi·er**; **-mi·est**) ＝rammish.

ra·mon [rəmóʊn | -máʊn] 〘⊏ Sp. *ramon* browse (aug.) ← *ramo* branch < L *rāmum* 'RAMUS'〙 *n.* ＝breadnut.

Ra·mon [réɪmən, rɑːmó(ː)n | réɪmən, rɑːmɔ́n; *Sp.* rramón] 〘⊏ Sp. *Ramón* ⊏ OF *Raimund* ⊏ OHG *Raginmund* 'RAYMOND'〙 *n.* 男性名.

Ra·mo·na [rəmóʊnə | -máʊ-] 〘⊏ Sp. ～ (fem.) (↑)〙 *n.* 女性名.

Ra·món y Ca·jal [rəmóʊn-iː-kəhɑ́ːl | -mɔ́n-; *Sp.* ramónikaxál], **San·tia·go** [santjáɣo] *n.* ラモン イ カハル《1852–1934; スペインの解剖学・組織学者; Nobel 医学生理学賞 (1906)》.

ra·mose [réɪmoʊs, rəmóʊs | réɪməʊs, rəmáʊs] 〘《1689》⊏ L *rāmōs-us* ← *rāmus* branch: ⇨ ramus, -ose¹〙 *adj.* 枝を出した, 枝に分かれた (branched); 枝状の, 枝の多い. **～·ly** *adv.*

ra·mous [réɪməs] 〘《1562》⊏ L *rāmōs-us* (↑): ⇨ -ous〙 *adj.* **1** 枝の; 枝のような (branchlike). **2** ＝ramose.

ramp¹ [rǽmp] 〘《*a*1325》*rampe(n)* ⊏ (O)F *ramp-er* to creep, climb < Frank. **rampōn* to cramp together < Gmc **rampa* a claw〙 ── *vi.* **1 a** 飛び掛かろうとする, 怒って襲い掛かろうとする; 威嚇の姿勢をとる. **b** 暴れ回る (rage, storm) 〈*about*〉. **2** 〈植物が〉つるを上に伸ばす (creep up). **3** 〘建築・築城〙〈壁などが〉傾斜する, 勾配(こうばい)をなす. ── *vt.* 〘建築・築城〙…に斜面を設ける; 反(そ)らす.

ramp along 〘海事〙疾走する (sail swiftly).

── *n.* **1** (ライオンなどが)飛び掛かろうとするように後足で立上ること. **2**《口語》暴れ回ること; 激怒.

ramp² [rǽmp] 〘⊏ F *rampe* ← *ramper* to creep: ⇨ ↑〙 ── *n.* **1 a** (高さの違う二つの道路・建物・城郭などのフロアーなどを結ぶ)傾斜路 (⇨ bastion 挿絵). **b** (高速[立体交差]道路などの)ランプ. **c** 坂道. **d** (船・ボート・丸木などを海面に押し出すための)斜面, 滑降台; 進水台. **2** (飛行機の乗客の乗り降りの際に使う)移動式階段, タラップ《boarding ramp ともいう》. **3** 〘建築〙(階段の手すりや塀のかさ石などの)上向きの彎曲部, そり; 迫台 (abutment) の高低差. **4**《米》〘航空〙＝apron 3 a.

ramp³ [rǽmp] 〘← ?〙《英俗》── *vt.* **1** 詐取する (swindle). **2** 〈人〉に詐欺をはたらく. ── *vi.* 詐欺をする. ── *n.* **1** (いんちき会社設立などによる)詐欺, ぺてん. **2** 暴利: the black-market ～ in whiskey.

ramp⁴ [rǽmp] 〘1:《略》← RAMPION. ─2:《逆成》← RAMPS〙 *n.* 〘植物〙 **1** ＝rampion. **2** ユリ科ネギ属 (*Allium*) の植物の総称; (特に) ＝ramson.

ramp⁵ [rǽmp] 〘← RAMP¹ (vi. 1 b)〙 *n.* あばずれ女, 身持ちの悪い女.

ram·page 〘《1715》《変形》←《スコット》*ramprage*: ⇨ ramp¹, rage〙 ── [rǽmpeɪdʒ, ⌐⌐ | ⌐⌐] *n.* (風などが)吹きまくること; (怒りなどのため)暴れ回ること, 狂い回ること; 狂暴な行為: go on the [a] ～ 暴れる, がむしゃらになる. ── [⌐⌐] *vi.* 暴れ回る, 狂い回る 〈*about*〉 (storm, rage): The typhoon ～*d* through the town. 台風が町中を吹きまくった.

ram·pa·geous [ræmpéɪdʒəs] *adj.* (*also* **ram·pa·gious** [～]) 暴れ[狂い]回る (violent), ひどい, 手のつけられない (uncontrolled), 荒々しい (boisterous). **～·ly** *adv.* **～·ness** *n.*

Ram·pal [rɑ̃ː(m)pɑ́ːl, rɔ̃ː(m)-, rɑːm-, rɔ(ː)m-, -pǽl; *F.* rɑ̃pal], **Jean Pierre** *n.* ランパル《1922–　; フランスのフルート奏者》.

ram·pan·cy [rǽmpənsi | -pənsɪ] 〘⇨ ↓, -ancy〙 ── *n.* **1** (病気などの)流行, 蔓延(まんえん); (悪事・迷信などの)はびこり (extravagance). **2** 繁茂 (luxuriancy). **3** 途方もないこと; 猛烈.

ram·pant [rǽmpənt, -pænt | -pənt] 〘《?*c*1300》*rampaunt* ⊏ (O)F *rampant* (pres.p.) ← *ramper*: ⇨ ramp¹, -ant〙 ── *adj.* **1** (態度・様子・行為・意見などが)激しい, 猛烈な (wild, fierce); 節度のない, 途方もない (extravagant); ひどく怒った (furious): He was simply ～ at the delay. その遅延のためむやみにぷりぷりしていた / Unemployment is ～. 失業の風が吹きまくっている / a ～ militarist すさまじい軍国主義者. **2** ほしいままな, 自由奔放な (unchecked): a ～ theorist [vice] 乱暴な説を立てる人[手のつけられないひどい罪悪]. **3** 〈病気・迷信など〉はびこる, 流行する (prevalent): Disease and vice are ～ in the town. 町には病気や悪事がはびこっている / Superstition was ～. 迷信がはびこっていた. **4** 〈植物が〉繁茂する, 茂り放題の (luxuriant, rank). **5** 〈犬・熊など〉(前足を伸ばして)後足で立ち上がった. **6** 〘紋章〙〈ライオンなど猛獣が〉左後肢で立ち上がった《ライオンの紋章図形のうち passant と並んで代表的な姿勢の一つ》. **7** 〘建築〙台が斜面をなした, (アーチの)片方の迫台がもう一方のより高くなった《アーチが段違いに架けられたような場合にいう; ⇨ arch¹ 挿絵》. **～·ly** *adv.*

ram·part [rǽmpɑət, -pət | -pɑːt, -pət] 〘《1583》⊏ OF ～ (F *rempart*)《変形》← *ramper* ← *remparer* to fortify ← RE-＋*emparer* to take possession of (< VL **anteparāre* ← ANTE-＋L *parāre* 'to PREPARE')〙 ── *n.* **1 a** 〘築城〙塁壁, 城壁《上が兵士や火器を通せるくらいに広く胸壁のついているもの; ⇨ bastion 挿絵》. **b** 防護するもの; 擁護, 防御, 守備 (defense). **2** (壁面に似た)山の背 (ridge). ── *vt.* **1** …に城塁[城壁]を巡らす, 塁壁で固める (fortify). **2** 保護する, 防備する (protect); 防御する (defend).

Ram·phas·ti·dae [ræmfǽstədìː | -tɪ-] 〘← NL ～ ← *Ramphastos* (属名: ← Gk *rhámphos* beak＋*astos* citizen)＋-IDAE〙 *n. pl.* 〘鳥類〙オオハシ科.

ram·pike [rǽmpaɪk] 〘← ?: cf.《英方言》*rampick*, *ranpike* partially decayed ← ?〙 ── *n.* 《カナダ》枯れ木, 立枯れの木; (幹を風にもぎ取られた)とがった株; (落雷・山火事などによる)半焼けの木(の幹).

ram·pi·on [rǽmpiən | -pjən, -pɪən] 〘《1573》⊏ ? (O)F *raiponce* ⊏ OIt. *raponzo* ← *rapa* turnip < L *rāpam* 'RAPE²'〙 ── *n.* 〘植物〙 **1** カブラギキョウ (*Campanula rapunculus*)《キキョウ科の植物; その白い根と葉は(特に昔は)ヨーロッパでは食用》. **2** キキョウ科シデシャジン属 (*Phyteuma*) の植物の総称.

ramps [rǽmps] 〘《変形》←《方言》*rams* < OE *hramsa* 'wild garlic, RAMSON'〙 *n.* 〘植物〙＝ramp⁴.

rám·ròd 〘← RAM (v.)＋ROD〙 ── *n.* **1** 〘鉄砲〙槊杖(さくじょう), 込め矢, 洗い矢《昔は前装銃に弾薬を詰めるのに用い, 今は銃口を掃除するのに用いる》. **2** まっすぐな[硬直した]物. **3** 厳格な規律家, やかまし屋; (特に, 農場の)頭(かしら), 監督.

(as) stiff as a ramrod (1) (様子・態度など)堅苦しい, 四角張った. (2) 直立した.

── *adj.* まっすぐな (straight), 剛直な (unbending); 堅苦しい (rigid); 柔軟性に欠けた (inflexible).

── *vt.* …に規律を励行させる, 権威を振るう.

Ram·say [rǽmzi | -zɪ], **Allan** *n.* (1685?–1758) スコットランドの詩人・書籍商; *The Gentle Shepherd* (1725); Robert Fergusson や Robert Burns に影響を与えた.

Ramsay, James Andrew Broun *n.* ⇨ Dalhousie.

Ramsay, Sir **William** *n.* (1852–1916) 英国の化学者; Nobel 化学賞 (1904).

Ráms·den éyepiece [rǽmzdən-] 〘← *Jesse Ramsden* (1735–1800: 英国の天体観測用器具製作者)〙 ── *n.* 〘光学〙ラムスデン形接眼レンズ《2枚の凸レンズを組合せてほぼ色消しとし, その前方に対物レンズによる像ができるようにした接眼レンズ》.

Ram·ses [rǽmsiːz] *n.* **1** ラムセス《古代エジプト新王国時代の国王 Pharaoh の名; ⇨ Ramses I, II, III》. **2** ラメセス《イスラエル人が Pharaoh のためにつくった町; ここから Moses に率いられたイスラエル人のエジプト出国が始まる; cf. *Exod.* 1:11, 12:37》.

Ramses I *n.* ラムセス一世《1324?–1258 B.C.; 古代エジプト新王国時代第19王朝第1代の王》.

Ramses II *n.* ラムセス二世《?–?1225 B.C.; 古代エジプト新王国時代第19王朝第2代の王 (1292–1225); Nubia の Abu Simbel 神殿の造営などで知られる; Kadesh [kéɪdeʃ] の戦に勝ってヒッタイト (Hittite) の南進を阻止し, 最も版図を広げた; 聖書 *Exodus* の パロ (Pharaoh) とも考えられている》.

Ramses III *n.* ラムセス三世《?–?1167 B.C.; 古代エジプト新王国時代第20王朝の王》.
Ram·sey [rǽmzi | -zɪ] 〖← OE *Hramesēge* 《原義》 wild garlic island (もと地名・姓)〗 *n.* 男性名《異形 Ramsay》.
Ramsey, Arthur Michael *n.* (1904–) Canterbury 大主教 (1961–74).
Rams·gate [rǽmzgèɪt, -gɪt, -gət | rǽmzgɪt, (現地では) -gèɪt] 〖OE *Ramisgate* 《原義》 'the GATE of *Hrǽfn* (《原義》 'RAVEN': 人名か)'〗 — *n.* イングランド Kent 州東部の港市・海水浴場; 人口 40,000.
ram·shack·le [rǽmʃæ̀kḷ | ˈ–ˌ–, –ˈ–ˌ–] 〖《1824》《逆成》← *ramshackled* wrecked or destroyed by plundering ← *rans(h)ackled* (p.p.) ← 《廃》 *rans(h)ackle*: ⇨ ransack, -le[3]〗 — *adj.* **1** 〈馬車・家屋など〉壊れそうな, 今にも倒れそうな, がたがたの (rickety); ぐらぐらする (shaky): a ~ cottage, old car, etc. **2** 道徳意識の低い, いい加減な. **3** いい加減な出来の, いい加減に作られた. **~·ness** *n.*
rám's-hèad *n.* 〖植物〗北米北部産の雄羊の頭のような赤と白の唇弁のある花をつけるラン科クマガイソウ属の一種 (*Cypripedium arietinum*).
rám's-hèad lády's-slipper *n.* 〖植物〗= ram's-head.
rám's hórn *n.* **1** 洗魚箱《四面に穴を開けた洗魚用の箱》. **2** 〖機械〗錨形(いかり)《二叉の錨に似た形の起重機の腕の頭部》. **3** = shofar. **4** 〖植物〗 **a** ツノアカシア (*Acacia greggii*) (cat's-claw). **b** = unicorn plant.
ram·son [rǽmzən, -zn̩, -sən, -sn̩] 〖OE *hramsan* (pl.) ← *hramsa, hramse* ← Gmc *χram- (G *Rams*) ← IE *kerem- wild garlic, onion〗 — *n.* 〖植物〗 **1** ラムソン (*Allium ursinum*)《ユリ科ネギ属の広葉のニンニク》. **2** [主に *pl.*] ラムソンの根《サラダ用》.
ram·stam [rǽmstæm] 〖? ← RAM + STAM(P)〗《スコット・北英》 — *adj.* 頑固な (headstrong); 向こう見ずな (reckless). — *adv.* 頑固に; 無鉄砲に, 向こう見ずに (headlong). — *n.* 頑固[向こう見ず, 無茶]な人.
ram·til [rǽmtɪl, rɑ́ːm-] 〖⊏ Hindi *rāmtil* ← Skt *Rāma* 'RAMA' + *tila* sesame〗 — *n.* 〖植物〗キバナタカサブロウ (*Guizotia abyssinica*)《アフリカ・インド産のキク科の植物; その種から食用・石鹸・照明用の油を採る; cf. niger seed》.
ram·u·lose [rǽmjʊlòʊs | -lə̀ʊs] 〖⊏ L *rāmulōs-us* ← *rāmulus* (dim.) ← *rūmus* 'RAMUS': ⇨ -ose[1]〗 — *adj.* 〖生物〗多くの小枝のある; 分岐している (cf. ramiform): a ~ leaf, horn, etc.
ram·u·lous [rǽmjʊləs] *adj.* 〖生物〗= ramulose.
ra·mus [réɪməs] 〖⊏ L *rāmus* branch ← IE *w(e)rād- branch, root (L *rādix* 'RADIX' / OE *wyrt* 'WORT[2]')〗 — *n.* (*pl.* **ra·mi** [-maɪ]) 〖生物・解剖〗(植物・骨・血管・神経などの)枝, 枝状物 (branch), 突出部.
Ra·mus [réɪməs], **Pe·trus** [píːtrəs] *n.* ラムス《1515–72; Aristotle 攻撃の論文で有名になったフランスの哲学者・修辞学者; フランス語名 Pierre de La Ramée》.
ran[1] 〖OE *rann*〗 *v.* run の過去形.
ran[2] [rǽ(ː)n] 〖← ?〗 *n.* ラン《より糸の一かせ; 長さ 20 ヤード》.
Ran [rɑ́ːn] 〖⊏ ON *Rān*〗 *n.* 〖北欧神話〗ラーン《Aegir の妻, 海の女支配者; 航海する人々を網で海中へ引きずり込むという》.
R.A.N. 《略》〖軍事〗Royal Australian Navy 豪州海軍.
ra·nal [réɪnḷ] 〖↓〗 *adj.* 〖植物〗= ranalian.
Ra·na·les [rənéɪliːz] 〖← NL ~ ← RAN(UNCULUS) + -ALES〗 *n. pl.* 〖植物〗キンポウゲ目.
ra·na·li·an [rənéɪliən | -lɪ-] 〖⇨ ↑, -ian〗 *adj.* 〖植物〗キンポウゲ目の.
rance [rǽns] 〖⊏ ? F ~〗 *n.* 〖岩石〗(ベルギー産の)青・白の斑(ふ)や条(すじ)のある赤大理石.
ranch [rǽntʃ | rɑ́ːntʃ, rǽntʃ] 〖《1808》⊏ Mex.-Sp. *ranch-o* small ranch, (Sp.) camp, hut ← OSp. *rancharse* to take up quarters ⊏ OF (*se*) *ranger* to take up a position: ⇨ range〗 — *n.* **1** (米国・カナダの牛・馬・羊などの)家畜農場, 放牧場《住居などの建物や施設を含む》. **2** [集合的] 牧場に働く[住んでいる]人達, 牧場[農場]従業員. **3** (特定の動物・果物の)農場: a fruit ~ 大果樹園 / a chicken ~ 養鶏場. **4** = ranch house. **5** 《米》= dude ranch. — *vi.* **1** 牧場[農場]を経営する. **2** 牧場[農場]で働く[に住む]. — *vt.* **1** 〈牧場・農場〉の労働者として働く. **2** 〈牛・羊などを〉牧場で飼育する.
ránch·er 〖⊏ Mex.-Sp. *rancher-o* ← *rancho* (↑) + *-ero* '-ER[1]'〗 *n.* = ranchman.
ran·che·ri·a [rǽntʃəríːə] 〖⊏ Mex.-Sp. *ranchería* ← *ranchero* (↑) + *-ia* -y[1]〗 *n.* **1** 牧場労働者の住む小屋. **2** 牧場労働者の住む小屋の集まった部落.
ran·che·ro [ræntʃé(ə)roʊ, rɑːn- | -tʃéərəʊ; *Sp.* rantʃéro] 〖⊏ Mex.-Sp. ~ 'RANCHER'〗 *n.* (*pl.* ~**s**) = ranchman.
ránch hòuse *n.* **1** 牧場[農場]主の家. **2** 《米》(間仕切りがなく屋根の勾配(こうばい)の緩い)平家《郊外住宅などに用いる》.
ránch·man [-mən] *n.* (*pl.* **-men** [-mən, -mɛ̀n]) 《米》 **1** 牧場[農場]の経営者[所有者]. **2** 牧場[農場]労働者; 牧童, カウボーイ (cowboy).
ran·cho [rǽntʃoʊ, rɑ́ːn- | rɑ́ːntʃəʊ; *Sp.* rántʃo] 〖⊏ Mex.-Sp. ~: ⇨ ranch〗 — *n.* (*pl.* ~**s**) 《米南西部》 **1** (牧場労働者の住む, また旅人などを泊める)小屋 (rude hut); その集まり, 村, 部落 (hamlet). **2** = ranch.
ránch wàgon *n.* = station wagon.
ran·cid [rǽnsɪd, -səd | -sɪd] 〖《1646》⊏ L *rancid-us* stinking ← *rancēre to stink: ⇨ -id[4]〗 — *adj.* **1** 〈バター・油脂など〉(腐敗しかけて)臭い (rank): ~ fat. **2** 〈におい・味など〉鼻につく, いやな (offensive): a ~ smell, taste, etc. **3** いやらしい, 不愉快な (disagreeable): a ~ fellow いやな奴.
go rancid 腐敗する; 悪臭を放つ.
~·ly *adv.* **~·ness** *n.*
ran·cid·i·ty [rænsídəṭi | -sídətɪ, -dɪ-] *n.* (腐敗の)悪臭; 臭さ.
ran·cor, 《英》 **ran·cour** [rǽŋkə, -kɔə | -kə(r)] 〖《c1380》⊏ OF *rancour* (F *rancœur*) < LL *rancōrem* rank smell or taste ← L *rancēre (⇨ rancid)〗 — *n.* 深い恨み, 遺恨; 憎しみ (hatred), 悪意 (malice): bear [have] no ~ *against* a person 人に何の恨みも懐いていない / *Rancor* deepened between them. 両者の間の怨恨が深まった.
ran·cor·ous [rǽŋk(ə)rəs | -kər-] *adj.* 深く恨んでいる, 恨み[悪意]を懐いている (spiteful). **~·ly** *adv.* **~·ness** *n.*
rancour *n.* = rancor.
rand[1] [rǽ(ː)nd] 〖OE ~ 'brink, bank, shield' < Gmc *randa (Du. *rand* 'border, margin' / G *Rand*) ← ? IE *rem- to support (cf. rim[1])〗 — *n.* **1** ランド, はちまき《靴のかかとと革の上に入れる馬蹄形の革片》. **2** 《英方言》(耕地の)ふち, へり (border, margin). **3** [rǽ(ː)nd, rɑ́ːnd, rɑ́ːnt | rɑ́ːnd, rɑ́ːnt, rɔ́nt; *Afrik.* rɑ́nt] 《アフリカ》山の背 (ridge), (岩山の)尾根; 川岸の高地 (⇨ The RAND). — *vt.* **1** はちまき革にする. **2** 〈靴など〉にはちまき革をつける.
rand[2] [rǽ(ː)nd, rɑ́ːnd, rɑ́ːnt | rɑ́ːnd, rɑ́ːnt, rɔ́nt; *Afrik.* rɑ́nt] 〖⊏ Afrik. ~ ← *The Rand* (南アフリカ共和国の金産出地): cf. rand[1]〗 — *n.* (*pl.* ~) **1** ランド《南アフリカ共和国・レソトの通貨単位; = 100 cents; 記号 R》. **2** 1 ランド銀貨.
Rand [rǽ(ː)nd], **Ayn** [áɪn] *n.* (1905–) ロシヤ生れの米国の女流小説家; *The Fountainhead* (1943).
Rand [rǽ(ː)nd], **The** *n.* Witwatersrand の俗称.
Ran·dal [rǽndḷ] 〖OE *Randwulf* ← *rand* shield (⇨ rand[1]) + *wulf* 'WOLF': cf. Randolf〗 *n.* 男性名《愛称形 Rand, Randy; 異形 Randall, Randel, Randolf, Randolph》.
Ran·dall [rǽndḷ] 〖↑〗 *n.* 男性名.
ran·dan[1] [rǽndæn, –ˈ–] 〖《転訛》← RANDOM〗 *n.* ばか騒ぎ (racket), 大浮かれ (spree): go on the ~ ばか騒ぎをする.
ran·dan[2] [rǽndæn, –ˈ–] 〖《1828》← ?〗 *n.* ランダン舟《三人乗りのボート; 中央の人は二本のかいで他の二人は一本のかいで漕ぐ》; その漕ぎ方.
R & B, R. & B. 《略》rhythm and blues.
r. & c.c. 《略》riots and civil commotions (軍隊以外の)騒乱.
R & D, R. & D., R and D 《略》research and development 研究開発.
Ran·del [rǽndḷ] 〖《異形》← RANDAL〗 *n.* 男性名《異形 Randell [~]》.
ran·dem [rǽndəm] 〖《混成》← RAN(DOM) + (TAN)DEM〗 *n.* 三頭縦列の馬車[馬] (cf. tandem 1). — *adv.* 三頭縦列に馬を並べて: drive ~ 三頭縦列引きで走らせる.
R. & I. 《略》= R. et I.
ran·die [rǽndi | -dɪ] *adj., n.* 《スコット・北英》= randy.
rand·kluft [rɑ́ːntklʊ̀ft; *G.* rántklʊ̀ft] 〖⊏ G *Randkluft* ← *Rand* rim (⇨ rand[1]) + *Kluft* crevice (cf. cleft[2])〗 — *n.* 〖登山〗(雪と岩との間の)割れ目, (ベルク)シュルント.
Ran·dolph [rǽndɑlf, -dəlf | -dɔlf, -dəlf] 〖《異形》← RANDAL〗 *n.* 男性名.
Randolph, Asa Philip *n.* (1889–) 米国の労働運動の指導者.
Randolph, Edmund Jennings *n.* (1753–1813) 米国の政治家.
Randolph, John *n.* (1773–1833) 米国の政治家.
ran·dom [rǽndəm] 〖*n.*: 《c1305》 *rando(u)n* ⊏ OF *randon* rapid rush, disorder ← *randir* to run violently ← Frank. *rant a running (cf. OHG *rinnan* 'to RUN[1]')〗 — *adj.* **1** (一定の計画・目的・方法などのない)手当たり次第の, でたらめの, いい加減な; 行き当たりばったりの: a ~ shot 盲打ちの弾丸 / a ~ guess 当てずっぽう / a ~ remark 出まかせの言葉. **2** 〖統計〗無作為の: ⇨ random sampling. **3** 〖建築〗 **a** (建材の寸法が)不揃いの. **b** (石の大きさ・形が)不揃いな, 乱積みの: ~ masonry [work] 乱積み. — *adv.* [通例複合語の第1構成要素として] でたらめに, 任意に, 不揃いに (at random): *random*-jointed 〖建築〗不揃いに接(つ)ぎ合わせた. — *n.* **1** むやみ, 手当たり次第, でたらめ. ★ 今は次の成句で: *at* RANDOM. **2** 《英》〖印刷〗まとめ台 (bank).
at random 出まかせに, 行き当たりばったりに, でたらめに (haphazardly): speak [choose] *at* ~.
~·ly *adv.* **~·ness** *n.*
rándom-áccess *adj.* 〖電算機〗任意抽出方式の, ランダムアクセス(方式)の.
rándom áccess *n.* 〖電算機〗ランダムアクセス[任意抽出]方式《蓄積された記憶が任意の順序で抽出利用できる方式》.
rándom érror *n.* 〖統計〗確率的誤差《調整不可能な多くの原因から生ずる誤差; 平均値 0 の確率変数と考えることができる; accidental error ともいう; ↔ systematic error》.
ran·dom·i·za·tion [rǽndəmɪzéɪʃən, -mə- | -maɪ-, -mɪ-] *n.* **1** 無作為化. **2** 〖統計〗確率化《母集団から標本を無作為に選べるようにすること》.
ran·dom·ize [rǽndəmàɪz] *vt.* 無作為化する; 無作為抽出する.
rán·dom·ized blóck desìgn *n.* 〖統計〗= randomized blocks.
rándomized blócks *n. pl.* 〖統計〗乱塊法《実験の場をいくつかのブロックに分け, 各ブロックでそれぞれ異なる取扱い方を採用し, 種々の取扱い方が無作為に分布するようにする計画法; randomized block design ともいう》.
rán·dom·ìz·er *n.* 〖統計〗確率化子《確率化 (randomization) のために用いられる装置ないし手順》.
rándom sámple *n.* 〖統計〗無作為(抽出)標本《母集団 (population) から, そのどの要素も等しい確率で抽出されるようにして得られた見本; sample ともいう》.
rándom sámpling *n.* 〖統計〗無作為[任意]抽出(法)《無作為標本 (random sample) を取り出すこと, またその方法; 単に sampling ともいう》.
rándom váriable *n.* 〖数学・統計〗確率変数《偶然に支配されていろいろの値をとりうる変数; variate ともいう》.
rándom wálk *n.* **1** 〖物理・化学〗乱歩, 酔歩《一歩一歩がどの方向へも同一の確率で起こる歩き方; ブラウン運動 (Brownian movement) はその例》. **2** 〖生物〗遺伝子浮動のように, 集団の遺伝子構成が偶然に変化すること.
R & R 《略》〖軍事〗rest and recreation 保養休暇; 〖軍事〗rest and recuperation 慰労休暇.
rand·y [rǽndi | -dɪ] 〖← 《廃》 *rand* to rave, rant (⊏ 《廃》 Flem. *randen, ranten* 'RANT') + -Y[4]〗 — *adj.* **1** 好色な (lustful): a ~ woman. **2 a** 《スコット》〈女など〉粗野な, 口やかましい, 自堕落な. **b** 《英方言》乱暴な (wild), 騒々しい; 〈牛など〉暴れる, 手に負えない. — *n.* 《スコット・北英》 **1** (体ががっしりした)無作法な乞食. **2** がみがみ[自堕落な]女. **ránd·i·ness** *n.*
Ran·dy [rǽndi | -dɪ] 〖(dim.) ← RANDAL, RANDOLPH: ⇨ -Y[2]〗 *n.* 男性名.
ra·nee [rɑːníː, –ˈ–] *n.* = rani.
Rá·ney níckel [réɪni- | -nɪ-] 〖← *Murray Raney* (1885– : 米国の化学者・製造業者)〗 *n.* 〖化学〗ラネーニッケル《高活性の水素添加還元用ニッケル触媒》.
rang 〖ME *rang(e)* (SANG との類推による) ∽ ME *ringde* < OE *hringde*〗 *v.* ring[2] の過去形.
rang·a·ti·ra [rɑ̀ːŋətí(ə)rə | -tíərə] 〖土語〗 — *n.* 《ニュージーランド》 **1** ランガティーラ《マオリ (Maori) 族の族長[酋長], 男女双方の場合を意味する》; (マオリ族の)貴族(の一人), 権威者; 名門の人. **2** 地位の高い[指導的な]市民; 行政長官 (magistrate).
ráng·dòodles [rǽŋdùːdḷz] *n. pl.* 〖トランプ〗(ポーカーで)特定の高い手《full house や four of a kind などの後に行なわれるルードル場; cf. roodle》.
range [réɪndʒ] 〖*v.*: 《1375》 *range(n)* ⊏ (O)F *rang-er* ← *rang* 《異形》 ← *ranc* 'row, rank' ⊏ Frank. *hring 'circle, RING[1]'. — *n.*: 《*a*1325》 ⊏ OF *range* ← *ranger*: cf. rank[1]〗 — *vt.* **1 a** 並べる, 整列させる, 列に加える; 整える, 揃える (arrange): ~ books on a shelf / ~ troops in line / ~ one's hair / They were ~*d* according to height [size]. 高さ[大きさ]の順に並べられた. **b** 《英》〈行末(の活字)を〉そろえる. **2** 分類する (classify): ~ plants [animals] according to genus and species 植物[動物]を属と種によって分類する. **3** [通例 ~ *oneself* または Passive で] 〈自分を〉一定の立場[位置]に置く: *be* ~*d* against [among, on the side of] …の反対[仲間, 味方]の側に立つ / ~ *oneself* on the side of law and order 法と秩序の味方をする. **4 a** 〈銃・望遠鏡などを〉合わせる, 照準する, 構える (adjust): ~ a telescope on something 望遠鏡をある物に合わせる. **b** (目標の前後を試射して)〈大砲〉の射程を決める, …の射距離を定める. **5 a** 歩き回る; 捜し回る: ~ the woods 森の中をくまなく歩き回る. **b** …に沿って航海する: ~ the coast 沿岸を航行する. **6** 〈牛などを〉放牧地に入れる. **7** [~ *oneself* として] 《古》(結婚などによって)身を固める; 定職を得る. **8** 〖海事〗(するすると走り出るように甲板上に)〈錨(いかり)綱や鎖を〉うねらせておく.
— *vi.* **1** 一列[一直線]になっている, 並んでいる; 平行している (align) 〔*with*〕. **2** 位置を占める, 立場をとる 〔*with, among, against*〕: He ~*s with* the great writers. 彼は大著述家の一人である. **3** 〈山脈などが〉連なる, 延びる, 横たわる (stretch): a boundary *ranging* north and south 南北にわたる境界. **4** 〈動植物などが〉(ある地域に)広がる (extend), 分布している, 見出される: The nightingale ~*s from* the Channel *to* Warwickshire. ナイチンゲールのいるのはイギリス海峡からウォリックシャー州までの間である. **5 a** さまよう (wander) 〔*over, along*〕; 〈猟犬などが〉捜し回る (rove): ~ through the woods. **b** 〈活動範囲・研究・趣味・談話などが〉わたる, 及ぶ 〔*over*〕: His thoughts ~*d over* past, present, and future. 彼の思想は過去・現在・未来にわたっていた / His studies ~ *over* many languages. 彼の研究は数多くの国語にわたっている / Here are three hundred boys, *ranging* in age *from* seven *to* fourteen years. ここに7歳から14歳にわたる300人の少年がいる / The group ~*s from* conservative *to* moderate liberal. そのグループは保守派から穏健自由派にまでわたっている. **6** (一定の範囲内で)動く, 変動する (vary): ~ *between* A *and* B A と B の間を動く / The prices ~ *from* a cent *to* a dollar. 値段は1セントから1ドルまである / The temperature ~*s from* 110° above zero *to* 5° below. 温度は110度から零下5度まである[の間を上

下する]. **7 a** 〈大砲・弾丸などが〉…の射程を有する；達する，届く：The gun ～s 5 miles. この大砲は射程 5 マイルだ / The shot ～*d* short. 弾丸は(目標物まで届かずに)途中で落ちた. **b** (前後を試射して，また距離計で)射程を決める. **8**《古》浮気である：⇨ ranging fancy. **9**〘海事〙〈錨泊中の船が〉向きを変える〈*about*〉. **10**《英》〘印刷〙〈行末・活字が〉そろう.

— *n.* 1 a (人・動物の)並び，列 (line, row)：soldiers in a ～. **b** 続き，連続，連なり (series)：a ～ of buildings, pictures, etc. / a ～ of hills [mountains] 連丘[連山]. **c** 山脈 (chain)：the Appalachian ～ アパラチア山脈. **2 a** (力・知識・能力・経験・予測などの及ぶ)範囲，区域，領域；有効範囲 (scope, extent)：a narrow ～ of choice 狭い選択範囲 / beyond the ～ of human understanding 人間の理解を越えて / within ～ of vision 見える範囲内に，視界内で / the ～ of a radio transmitter 無線送信機の有効範囲 / detect targets that are beyond radar ～ レーダー有効範囲外の目標を発見する / Hebrew is out of my ～ [outside the ～ of my study]. 私はヘブライ語は手が届かない[できない] / His reading is of very wide ～. 彼の読書範囲は広い / It is the thorniest question in the whole ～ of politics. それは全政治問題中の最難点だ. **b** 音域 (compass)：The ～ of her voice is astonishing. 彼女の声域は驚くほど広い. **c** (変動の)範囲，限度，極限；較差：the ～ of a thermometer 温度計の昇降較差 / The ～ of price is narrow. 値幅は狭い / Beef and mutton have come down to a lower ～ of prices. 牛肉と羊肉の相場が下がった. **3 a** 放牧区域，放牧地 (pasturage)；広野，荒野. **b** (動植物などの)分布範囲，生息区域：The mammoth had a considerable ～ before the glacial epoch. マンモスは氷河時代以前には随分広い地域に分布していた. **4** 階級，社会層：in the lower ～ of society 社会の下層階級では. **5 a** (弾丸・ミサイルなどの)有効射程距離，射程《火器・ミサイルの性能についていう》；(火器から目標までの)距離，射距離；(探照灯・レーダーなどの)有効距離[範囲]：The enemy have got [found] the ～ of our camp. 敵は我が陣地への射程を見出した / a rocket with a 40-mile ～ 40マイルの射程を持つロケット / within [out of] ～ 射程内[外]で / The revolver was discharged at close [short] ～. 銃は近距離から発射された. **b** 射撃練習場，射的場，射(撃)場；ミサイル試射場：⇨ rifle range. **c** ＝radius 2 c. **6** (調理用)レンジ (cooking stove)；《米》ガス[電気]レンジ《天火の付いている料理用かまど》. **7** 方向，方角：in ～ with a beacon 無線局の送る電波の方向に / The ～ of the strata is east and west. 地層の方向は東西である[東西に延びている]. **8** さまよい，ふらつき，徘徊 (ramble)：He took his dog for a ～. 彼は犬を散歩に連れていった. **9**《米》レンジ《公有地測量において 6 マイル間隔の経線で区切られた南北に細長い地区；townships の南北方向の並び》. **10**〘統計〙レンジ，範囲，分布幅《変量のとる値の最大値と最小値との差》. **11**〘数学〙値域《関数ないし写像のとる値全体の集合》. **12**《英》(建材や石材の高さが)揃っていること. **13**〘測量〙定まった測線の方向あるいは延長線；深浅測量の陸上の測点を結んだ線. **14**〘海事〙2 つまたはそれ以上の陸標などの航路標識を基点として海側の方へ描いた仮定線で，安全航路を示すもの. **15**〘物理〙飛程，到達距離《荷電粒子が物質に入射した時にその運動が停止するまで進む距離》. **16**〘海事〙いろいろの綱をくくりつけるための大きなクリート. **17** ＝driving range.

in range 正中して，(船舶から見た時)〈2 つまたはそれ以上の物体が〉一線に並んで，一方が他の真後ろに位置して.

range of accommodation〘眼科〙調節域.

range of stability〘造船〙復原性範囲《船が復原力を失なわない範囲の鉛直線からの傾斜角》.

— *attrib. adj.* 放牧場の：～ cattle 放牧牛.

ránge fìnder *n.* **1** (銃砲または写真機の)距離計，測遠機，距離測定器. **2**〘測量〙測距儀，視距器[儀](tachymeter).

ránge-fìnding *n.* (距離計 (range finder) などによる)距離測定.

ránge·lànd *n.* 放牧場；放牧場好適地.

ránge lìght *n.*〘海事〙**1** 導灯 (leading light). **2** マスト灯《汽船の前檣・後檣に掲げる航海灯》.

ránge lìne *n.* (米国の township 制で)区画の東限・西限を定める南北方向の平行線 (cf. township line).

ránge màrker *n.*〘海事〙**1** 導標《港湾などで安全航路を示す航路標識》. **2** レーダーの画面における距離目盛.

ránge òil *n.* (料理用)レンジ用燃料油.

ránge paràlysis *n.*〘獣医〙＝fowl paralysis.

ránge pòle *n.*〘測量〙ポール，測量ポール，測桿《測量用の紅白に塗り分けた棒》.

ráng·er 〘《1455》〙**— *n.* 1 a**《古》さまよう者. **b** 獲物を狩り出すための猟犬. **c** 放牧牛. **2** (人口の少ない広い地域を警備しその治安を維持する)騎馬警察隊員，警察隊騎兵. **3 a**《米》森林警備(隊)員，山林監視人，国立公園管理人 (park ranger)，森林担当区員 (forest ranger)，レーンジャー. **b**《英》御料林監守. **4**〘軍事〙**a** レーンジャー《特に，ジャングル地帯などでの対ゲリラ戦用に特別に訓練されたレーンジャー部隊の隊員》. **b** [R-]《米》(第二次大戦中，敵地での奇襲を専門とした)奇襲部隊員，遊撃隊員. ★《英》では commando という. **5**《英》レーンジャー《Girl Guides の 16 歳以上の団員 (senior girl guide)》. **6** [R-]《米》〘宇宙〙レーンジャー衛星《月の表面に着陸して観測結果を電送してくる人工衛星》.

ránger·shìp *n.* 警備隊員[レーンジャー，御料林監守]の職[地位，資格].

ránge tàble *n.* レンジ テーブル《全く同形の小型テーブルを並べ合わせた大テーブル》.

rang·ette [reɪndʒét] 〘← RANGE＋-ETTE〙 *n.* (料理用)レンジェット《oven つきまたは oven なしの小型のガス[電気]レンジ》.

ránge·wòrk *n.*〘石工〙整層積み《石材の高さの揃った石積み》.

ráng·ing fáncy *n.* 浮気.

ránging pòle [ròd] *n.*〘測量〙＝range pole.

Ran·goon [ræŋgúːn, ræŋ- | ræŋ-] *n.* ラングーン《ビルマ南部の海港で同国の首都；人口 1,587,000》.

rang·y [réɪndʒi | -dʒɪ] 〘← RANGE＋-Y[4]〙 **— *adj.* (rang·i·er；-i·est) 1** 〈動物など〉歩き回るに適した：～ animals. **2** 〈人・動物など〉ほっそりした，手足のひょろ長い (slender)：a tall, ～ fellow 痩せて背の高い男. **3**《米》〈場所など〉ぶらぶら歩きのできる；広い (roomy). **4**《豪》山脈のある，山の多い (mountainous). **ráng·i·ness** *n.*

ra·ni [rɑ́ːniː, ⌐ ⌐] 〘◻ Hindi *rānī* ← Skt *rājñī* (fem.) ← *rājan* 'king, RAJA'〙 *n.* (昔の，インドの)女王，王女，王妃 (rajah's wife)，王の未亡人 (rajah's widow).

ran·id [rǽnɪd, réɪn-, -nəd | -nɪd] 〘↓〙〘動物〙 *adj., n.* アカガエル科の(カエル).

Ran·i·dae [rǽnədiː | -nɪ-] 〘← NL ～ ← *Rana* (属名：← L *rāna* frog)＋-IDAE〙 *n. pl.*〘動物〙アカガエル科.

Rá·ni·khet disèase [rǽnəkèt- | -nɪ-] 〘← *Ranikhet* (インド北部の町の名)〙 *n.*〘獣医〙ラニケット病 (⇨ Newcastle disease).

Ra·nin·i·dae [rənínədiː | -nínɪ-] 〘← NL ～ ← *Rānīna* (属名：← L *rāna* frog＋*-ina*[1])＋-IDAE〙 *n. pl.*〘動物〙アサヒガニ科.

Ran·jit Singh [rʌ́ndʒɪt-síŋ, -dʒət- | -dʒɪt-] *n.* ランジットシン《1780–1839；インドの maharaja；Punjab の Sikh 統一王国の君主》.

rank[1] [rǽŋk] 〘《1547》◻ OF *ranc* (F *rang*) ← *renc* ← Gmc：⇨ range〙 **— *n.* 1 a** (人・物の)列，並び (line, range)：a ～ of posts 一列に並んだ柱 / ～*s* of shelves (幾段にもなった)棚の列 / mountains in ～*s* 重なり合った山々 / ～ on ～ 幾列にも並んで. **b** 整列 (array)：The ～*s* were broken. 列が乱れた / form a crowd into ～ 群集を整列させる / break ～ 列を乱す，落後する / keep ～ 落後しない，秩序を保つ / fall into ～ 整列する，並ぶ. **2 a** (特に，兵士の通例二列の)横列 (cf. file[1] 4 a)：the front [rear] ～ (二列横隊の)前[後]列 / ⇨ RANK and file. **b** [*pl.*] (将校と区別して)兵士達，列兵：all the ～*s* 全兵卒 / other ～*s* (将校を除く)兵卒 / rise from the ～*s* 兵卒から身を起こす；卑しい身分から出世する. **c** [*pl.*] 軍隊 (army)：serve in the ～*s* 兵役に服する. **3 a** 位，地位，順位，等級 (position, grade)；身分，階級 (station)：a person of high ～ 身分の高い人 / the ～ of major 少佐の階級 / men of all ～*s* and classes あらゆる身分階級の人々，上下貴賤(きせん) / take ～ as a leader of the party 党の指導者の地位を占める / take ～ with …と肩を並べる / give first ～ to …を第一位に置く / He is in the highest ～ among scholars.＝He is a scholar of the highest ～. 彼は一流の学者だ. **b** 高位，高官，貴顕 (high position)；上流社会 (high class)：a lady of ～ 貴婦人 / persons of ～ 貴族 / the ～ and fashion 上流社会. **c** (亜炭から無煙炭までの，石炭の)等級[品種]. **4** (客待ち)タクシーの駐車場 (stand). **5 a**〘チェス〙(チェス盤のます目の)横の列 (cf. file[1] 4 b；⇨ chess[1] 挿絵). **b**〘トランプ〙札の順位，高さ《種別 (suit) では clubs, diamonds, hearts, spades の順で高くなり，記号では通常 ace, king, queen, jack, 10…2 の順で低くなる》. **6**〘音楽〙ランク《1 個の音栓で操作されるパイプオルガンの音管列》. **7**〘数学〙(行列の)階数《行列の行[列]ベクトルのうち，一次独立なものの最大個数；determinant rank ともいう》. **8**〘統計〙統計的順位《統計処理によって得られた(テストの得点などの)順位》. **9**〘文法〙階《Jespersen の用語；語の形態的分類が「品詞」であるのに対して機能的分類を「階」とする；*Sunday afternoon* という句は '*Sunday afternoon* was fine.' では Primary rank；'a *Sunday afternoon* concert' では Secondary rank；'He slept all *Sunday afternoon*.' では Tertiary rank である》. **10**〘言語〙段階，ランク《Halliday の用語；単位間の関係を示す尺度；cf. delicacy 10, exponence》.

close ranks (1) (部隊の)列と列との間を詰める. (2) 団結を固める，一致団結する. ***pull* (*one's*) *rank* (*on*)** 階級をかさに着て(…に)命令を押しつける.

rank and file [the —] (1)〘軍事〙(身分の低い)兵士たち，兵卒連 (cf. 2 a). (2) 下層社会，陣笠連. (3) 平社員達；一般組合員. (4) 庶民，一般大衆.

— *vt.* 1 列に並べる；整列させる：～ books on a shelf. **2 a** …の位を定める，等級をつける；〔…と〕並べる，同列にする[置く]〔*with*〕：～ Dante above Milton ダンテをミルトンの上位に置く / ～ one's ability very high 腕前を高く評価する / ～ a person *with* another 人を他と同列に置く《差をつけない》/ ～ modesty among the virtues 謙遜を美徳の中に入れる. **b** 分類する (classify). **3**《米》〈人〉より上位である (outrank)：Ambassadors ～ ministers. 大使は公使の上位である. **4**〘スコット法〙〈ある債権者〉に(破産者の財産に対する)抵当権のランク付けを行なう.

— *vi.* 1 地位[順位]を占める，伍(ご)する，列する：～ high 高い位置を占める / He ～*s* next to me. 彼の位は私に次ぐ / Princes ～ *above* marquises. 公爵は侯爵の上に位する / France ～*s among* [*with*] the Great Powers. フランスは列強の中に入っている[の一つである] / Earthquakes ～ as one of the world's great killers. 地震は世界でも凶悪な殺し屋に数えられる. **2**《米》上位を占める；第一位を占める：a ～*ing* colonel 上級大佐 / He ～*s*. 彼は第一位を占めている / The major ～*s* here. ここでは少佐がいちばん位が高い. **3**《古》**a** 整列する. **b**〘軍事〙整列して進む，進軍する (march)〈*off, past*〉. **4**〘スコット法〙(破産者の財産に対し)支払い請求権[抵当権]の順位を保有する.

rank[2] [rǽŋk] 〘OE *ranc* strong, proud < Gmc **raŋkaz* ((M)LG *rank* long and thin / ON *rakkr* erect) ←? IE **reg-* to move in a straight line, rule〙 **— *adj.* (more ～, most ～；～·er, ～·est) 1 a** 〈植物が〉繁茂する，はびこる (luxuriant)：tall ～ grass 丈が高く伸びた草 / a ～ growth of weeds 雑草のひどい茂り具合 / Roses are growing ～. バラがはびこり過ぎている. **b** 〈土地が〉〔植物で〕繁茂している〔*with*〕：a garden ～ *with* weeds 雑草のはびこった庭. **c** 枝葉ばかり繁った，肥え過ぎている：～ soil 肥え過ぎた土 / The land is too ～ to grow corn. 地味が肥え過ぎて穀物には適さない《葉ばかり繁って実ができない》. **2 a** 悪臭を放つ (foul-smelling)，いやな味の (of offensive taste)：～ tobaccos, air, etc. **b** 腐敗した (putrid). **3 a** (悪い意味で)紛れもない，ひどい，大それた (remarkable, flagrant)：～ fraud ひどい詐欺 / ～ neglect ひどい怠慢 / such ～ impertinence こんな大それた無礼な言葉 / ～ nonsense 途方もないばかなこと / ～ treason 大逆 / ～ pedantry 鼻持ちならぬ物知り顔 / ～ poison 猛毒. **b** [強意語として] 全くの，紛れもない (complete, utter)：a ～ outsider 全くの門外漢 / a ～ beginner ずぶの素人. **4** 下等な，下品な，野卑な (coarse)：～ language 下品な言葉使い. **5**《古》**a** さかりのついた. **b** 好色な (lustful). **6**《廃》大きくなった，ふくれた (swollen). **7**〘法律〙過重の (excessive).

～·ly *adv.* **～·ness** *n.*

Rank [rɑ́ːŋk；G. ráŋk], **Otto** *n.* ランク《1884–1939；オーストリアの精神分析学者》.

ránk-and-fíle *adj.* 下士官兵の；下層(社会)の，陣笠の；平社員の；一般会員の，一般組合員の：～ voters 一般投票者.

ránk-and-fíl·er [-fáɪlə | -lə(r)] *n.* RANK and file に属する人；下士官兵，陣笠連；一般会員，一般組合員.

ránk correlátion *n.*〘統計〙順位相関係数《2 つの変量 (variate) の組の測定値 (x_1, y_1), (x_2, y_2), …の x_1, x_2, …および y_1, y_2, …を，それぞれそれらの大きさの順位 s_1, s_2, …および t_1, t_2, …に変えて計算した相関係数 (correlation)；rank correlation coefficient ともいう》.

ránk correlátion coeffìcient *n.*〘統計〙＝rank correlation.

Ran·ke [rɑ́ːŋkə；G. ráŋkə], **Leopold von** *n.* ランケ《1795–1886；ドイツの歴史家. 近代史学の祖；*Die römischen Päpste, ihre Kirche und ihr Staat im 16. und 17. Jahrhundert*「16-17 世紀ローマ教皇史」(1834–39)》.

ranked *adj.* [しばしば複合語の第 2 構成素として] 列をなした，並んだ，列が…の (cf. deep 2)：two-*ranked*.

ránk·er *n.* **1** rank する人，整列する[させる]人. **2** 下士官兵；(特に)下士官出身の将校，特進将校 (cf. rise from the ranks ⇨ rank[1] *n.* 2 b).

ran·ket [rǽŋkɪt, -kət] 〘◻ G *Ranhett*〙 *n.* **1** ＝rackett. **2** ランケット《リードオルガンの 16 フィートまたは 8 フィートの音栓》.

Ran·kine [rǽŋkɪn, -kən | -kɪn] 〘← *W. J. M. Rankine* (1820–72：スコットランドの技師・物理学者)〙 **— *adj.*** 〘物理化学〙ランキン目盛の，(カ氏目盛で測った)絶対温度の[による].

Ránkine cỳcle *n.*〘物理化学〙ランキンサイクル《蒸気エンジンの標準循環過程の一つ，断熱変化二つと等圧変化二つからなる；Clausius cycle ともいう》.

Ránkine scàle *n.*〘物理化学〙ランキン目盛《カ氏目盛で表わした絶対温度，例えば水の氷点は 491.69°，沸点は 671.69° になる》.

ránk·ing *adj.* **1** 第一流の，抜群の (prominent, outstanding)；上位の[を占める]，上級の，幹部の：a ～ player 一流選手，ランキングプレーヤー / a ～ officer 幹部将校 / take a ～ place 上位を占める. **2** [複合語の第 2 構成素として] …の順位[序列，等級]の：a high-*ranking* officer.

ran·kle [rǽŋkl] 〘《?c1300》 *rancle(n)* ◻ OF *rancl-er* to fester ← *draoncle* festering sore ◻ ML *dranculus* ulcer (dim.) ← L *dracō* 'DRAGON'〙 **— *vi.* 1** 〈不快な感情・経験などが〉絶えず苦痛を与える，長い間怒り[恨み]を感じさせる；〈恨み・憎しみなどが〉骨髄に徹する：*rankling* hatred, envy, etc. / The memory of the insult still ～*s* in his heart. 屈辱の思い出が今でも胸中に疼(うず)いている. **2** 怒る，いらいらする. **3**《古》**a** 膿(う)む (fester)；炎症を起こす. **b** 痛む：The poison still ～*s* in his veins. 毒がまだ彼の血管に残っていて苦痛を与える. **— *vt.* 1** 激しい苦痛を与える，疼(うず)かせる；憤慨させる. **2**《古》膿ませる.

ránk òrder *n.* 順位.

ran·sack [rǽnsæk] 〘《c1250》 *ransake(n)* ◻ ON *rannsak-a* ← *rann* house, ceiling＋*-saka* 'to SEEK'：⇨ forsake〙 **— *vt.* 1** 〈家・容器・懐中などを〉くまなく捜す，探る，手を尽くして捜索する，あさり回る (search thoroughly)：～ a box, cupboard, room, etc. **2** 〈人家・土地〉から財宝を略奪する；〈人家・土地〉から[物を]

略奪する, 奪う (plunder, rob)〔*of*〕: ～ a city / ～ a house of all that is worth anything 何らかの価値のあるものはすべてその家から略奪する. **3** 〈記憶を〉捜し求める, たどる, 探る: ～ one's memory for forgotten things 忘れたことを思い出そうと努める. **4** 綿密に[注意深く]調べる: ～ a Shakespeare concordance シェークスピア用語総索引を丹念に調べる. **～·er** *n.*

ran·som [rǽnsəm] 〖(?*a*1200) *rans(o)un* ◻ OF *ransoun* (F *rançon*) < L *redemptiō(n-)* redemption: REDEMPTION と二重語〗 ── *n.* **1** (捕虜や誘拐された人を取り戻す)身の代金; (分捕り品を買い戻す)受金, 賠償金: ⇨ king's ransom / a ～ note 身の代金要求の手紙 / The girl was kidnapped for ～. 娘は身の代金目当てに誘拐された. **2** (捕虜・誘拐された人などの)身受け, 解放, (分捕られた物の)取り[受け]戻し (redemption). **3** (特権・財産を享有する代わりに払う)代償金, 特権[富裕, 名誉]税: The graduated income tax and death duties are no more than a fair ～ paid by the rich. 累進所得税と遺産相続税とは富者が支払う正当な代償金に外ならない. **4** 〖英古法〗(中世時代に罪人が肉体的刑罰を受ける代わりに支払った)代償, 罰金 (fine). **5** 〖神学〗(キリストの)贖罪(しょくざい), (罪の)あがない.
hold** a person **to ransom (1) 〈人を〉抑留して身の代金を要求する. (2) 〈人を〉威嚇して譲歩を要求する.
── *vt.* **1** 〈捕虜・誘拐された人などを〉身の代金を払って身受けする; 〈分捕られた物を〉賠償金を払って取り戻す. **2 a** 身の代金を取るために抑留する. **b** …から身の代金[賠償金]を取る. **c** 《まれ》身の代金[賠償金]を取って解放する. **3 a** 《古》〈罪を〉あがなう (expiate). **b** 〈人・魂などを〉罪(など)から救う (deliver).

Ran·som [rǽnsəm], **John Crowe** [króu | kráu] *n.* (1888–1974) 米国の詩人・教育家・文芸評論家; *The New Criticism* (1941).

ran·som·a·ble [rǽnsəməbl] *adj.* 身の代金の取れる, 賠償金の取れる.

ránsom bìll [bònd] *n.* 〖国際法〗被拿捕船舶買戻し「契約書.

rán·som·er 〖ME〗 *n.* **1** (捕虜の)受戻し人 (redeemer). **2** (被拿捕船受戻し金の届くまで敵側に留めて置かれる)人質.

ránsom·less *adj.* **1** 身の代金[賠償金]を持たない. 「2 賠償の義務のない.

rant [rǽnt] 〖(1600) ◻ MDu. *rant-en* to rave ←?: cog. G *ranzen* to frolic〗 ── *vi.* **1 a** わめく, どなり立てる, 暴言を吐く(rave); 大言壮語する: ～ and rave どなり立てる. **b** 芝居がかり[口調]に言う. **c** 熱狂的に説教する[祈る]. **2** 激しく叱る, 叱りつける〔*at, against*〕. **3** 《古》ばか騒ぎする, 大いにはしゃぐ. ── *vt.* 仰々しく[熱狂的に]言う〈*out*〉: ～ *out* a speech. ── *n.* **1** 大言壮語, ほら. **2** 《英方言》**a** 大はしゃぎ, ばか騒ぎ (spree). **b** 陽気な歌[踊り].

ran·tan [rǽntæ̀n] 〖擬音語〗 *n.* **1** 《口語》騒々しくたたく音, どんどん. **2** 〖《変形》← RANDAN[1]〗《俗》＝randan[1].

ran·tan·ker·ous [ræntǽŋk(ə)rəs] *adj.* 《米口語》＝「cantankerous.

ránt·er [-tə | -tə(r)] *n.* **1** どなり立てる人, やかましく[熱狂的に]しゃべる人; 大言壮語する人. **2** [R-; 通例 *pl.*] **a** 喧騒(けんそう)派の信者《英国共和制時代に起こった antinomian の一派で, すべての教派・牧師・儀式を狂信的に排斥した》. **b** [通例軽蔑的に] ランター《19 世紀初めに分離した原始メソジスト教徒 (Primitive Methodist) で, 大声で説教や応唱をした》.

ránt·ing [-tɪŋ | -tɪŋ] *adj.* どなり立てる; 豪語する; しかりつける: a ～ preacher / a ～ actor どなり立てる役者. **～·ly** *adv.*

ran·ti·pole [rǽntɪpòul, -tə- | -tɪpəul] 〖← RANTY＋*-pole* (← POLL[1])〗《まれ》 ── *n.* **1** 乱暴者, 無作法者, 無鉄砲者. **2** がみがみ女 (scold). ── *adj.* **1** 乱暴な, 無作法な, 無茶な (wild, disorderly). **2** 放埒(ほうらつ)な.

rant·y [rǽnti | -ti] 〖← RANT (n.)＋-Y[4]〗 *adj.* 《英方言》(怒り・苦痛などで)荒れ狂う, 暴れ回る; 狂暴な.

ran·u·la [rǽnjulə] 〖◻ L *rānula* little frog ← *rāna* frog: ⇨ -ula[1]〗 *n.* 〖病理〗がま腫, ラヌラ《舌の下に生じるはれもの》.

Ra·nun·cu·la·ce·ae [rənʌ̀ŋkjuléɪsiiː] 〖← NL ～: ⇨ ranunculus, -aceae〗 *n. pl.* 〖植物〗キンポウゲ科.

ra·nùn·cu·lá·ceous [-ʃəs] *adj.*

ra·nun·cu·lus [rənʌ́ŋkjuləs] 〖(1578) ◻ L *rānunculus* (dim.) ← *rāna* frog, 《原義》croaker, crier《擬音語》〗 ── *n.* (*pl.* ～·**es**, **-cu·li** [-làɪ]) 〖植物〗キンポウゲ科ウマノアシガタ属 (*Ranunculus*) の植物の総称 (⇨ crowfoot 3 a).

ranz des vaches [rɑ́ːndeɪvɑ́ːʃ; *F.* rɑ̃devaʃ] 〖◻ Swiss-F ～ 'calling of the cows' 《なぞり》← Swiss-G *Kuhreihen, Kuhreigen*〗 ── *F. n.* 〖音楽〗ランデヴァシュ《アルプスの牧人が牛を呼び集めるためにアルペンホルンで吹きまたは歌う特有の旋律[節]》.

ra·ob, R- [réɪɑb | -ɔb] 〖← *ra(diosonde) ob(servation)*〗 *n.* ラジオゾンデ (radiosonde) による気象観測.

Ra·oul [rɑːúːl; *F.* raul] 〖◻ F ～ 'RALPH'〗 *n.* 男性名.

Ra·óult's láw [rɑːúːlts-] 〖← *François M. Raoult* (1830–1901: フランスの化学者)〗 ── *n.* 〖物理化学〗ラウールの法則《希薄溶液の蒸気圧降下と濃度の関係を表わす法則》.

rap[1] [rǽp] 〖*n.*: (*c*1350) *rappe* 《擬音語》?: cf. Swed. *rapp(a)* to beat / Dan. *rap*〗 ── *n.* **1 a** こつこつ[とんとん]と叩(たた)くこと; (戸・テーブルなどを)叩く音: There was a ～ *at* [*on*] the door. ドアを叩く音がした. **b** 〖心霊〗叩音(こうおん), ラップ《霊魂が霊媒などに乗り移って叩く音; cf. table rapping》. **2** 《俗》話, 雑談 (chat). **3** 《俗》**a** 叱責(しっせき)(reprimand), 非難 (blame, rebuke); 処罰. **b** 酷評. **4** 《俗》**a** 法律上の責任. **b** 犯罪容疑[嫌疑(けんぎ)]: a murder ～ 殺人の容疑. **c** 懲役刑 (prison sentence): serve a five-year ～ for bribery 収賄罪で 5 年の刑に服する.
beat the rap 《俗》罰をうまく免れる, 無罪になる.
give [***get***] ***a rap on*** [***over***] ***the knuckles*** (1) (罰として定規などで)指関節を打つ[打たれる]. (2) 叱りつける[叱られる], けんつくを食わせる[食う]. ***take the rap*** (1) 叱られる. (2) 《俗》責任をとる; (特に, 他人の身代りに)非難[罰]を受ける; 他人の犯した罪を着る.
── *v.* (**rapped**; **rap·ping**) ── *vt.* **1 a** 〈人・戸などを特にこぶしで〉こつんと叩く, とんとん叩く (knock): ～ the ground with a stick ステッキで地面をこつこつと叩く. **b** 〈雨や風が〉〈窓や戸を〉叩く, 打つ. **c** とんとん叩いて…にする: ～ a man awake 人をとんとん叩いて目を醒まさせる / ～ the meeting *to* silence とんとんとテーブルを叩いて会衆を静かにさせる. **d** (降霊術などで)とんとん叩いて〈伝言などを〉伝える〈*out*〉: ～ *out* a message. **2** 吐き出すように言う, どなる〈*out*〉: ～ *out* a direction どなるように命令する. **3** 叱る (rebuke), 酷評する, 頭ごなしにやっつける (snub). **4** 《俗》告訴に基づいて逮捕する; 〈人〉に判決を下す. **5** 〖金属加工〗種揚げ[型揚げ]する《砂型から鋳型を抜くために軽く叩き, 緩める》. ── *vi.* **1 a** 〈戸・テーブルなどを〉叩く, とんとん[こつこつ]叩く〔*against, at, on*〕. **b** 短く鋭い音を立てる. **2** 《俗》**a** 気楽[自由, 率直]に話す, 雑談する. **b** 議論する, 論じる.
rap** a person's **knuckles＝***rap** a person **over*** [***on***] ***the knuckles*** (1) (罰として)指の関節を叩く. (2) 《口語》人を叱りつける, けんつくを食わせる.

rap[2] [rǽp] 〖《逆成》← RAPT〗 ── *vt.* (**rapped, rapt**; **rap·ping**) 《古》**1** ひったくる, かっぱらう (seize, snatch). **2** [通例 p.p. 形で] うっとりさせる (transport), 夢中にする (carry away).
rap and rend (1) 是が非でも獲得する. (2) 強奪する.

rap[3] [rǽp] 〖(1724) 《短縮》← Ir. *ropaire* pike: cf. rapier〗 ── *n.* **1** ラップ(貨)《1696 年に通常貨が発行されなくなったのち, アイルランドで流通した偽貨》. **2** [a ～; 否定構文で] 《口語》一文, びた一文, 三文の値打ちもない物; ほんの少し(も): I don't care *a* ～. 少しもかまわない / I would *not* give *a* ～ for it. そんなものは三文の値打ちもない.

rap[4] [rǽp] 〖← ?〗 *n.* ラップ《紡績糸一かせ; 120 ヤード》.

rap. 《略》rapid.

ra·pa·cious [rəpéɪʃəs] 〖(1651) ← L *rapāc-* (← *rapāx* grasping ← *rapere* to snatch: ⇨ rape[1]) ＋ -IOUS〗 ── *adj.* **1** (力ずくで)強奪する, 搾取的な (extortionate). **2** 強欲[貪欲(どんよく)]な (ravenous, greedy): a ～ miser 欲の深いけちん坊 / have a ～ appetite 飽くことを知らぬ食欲である. **3** 〈動物など〉生物を捕食する, 肉食する (predatory). **～·ly** *adv.* **～·ness** *n.*

ra·pac·i·ty [rəpǽsəti | -sɪti, -sɪ-] 〖(1543) ◻ F *rapacité* // L *rapācitāt-em*: ⇨ ↑, -ity〗 *n.* **1** 強欲, 貪欲(どんよく), 飽くことを知らぬこと. **2** 搾取, 無理取り, 略奪.

Ra·pal·lo [rəpɑ́ːlou | -ləu; *It.* rapállo] *n.* ラパロ《イタリア北西部, Genoa 湾に臨む海港; イタリアとユーゴ間 (1920) およびソ連とドイツ間 (1922) の条約締結地; 人口 28,000》.

Ra·pa Nu·i [rɑ́ːpənúːi | -núːɪ] *n.* ラパヌーイ《Easter「Island の現地語名》.

rape[1] [réɪp] 〖(1388) *rāpe(n)* ◻ AF *rap-er* ◻ L *rapere* to seize ← IE **rep-* to snatch〗 ── *vt.* **1 a** 《古・詩》強奪する. **b** 〈場所を〉略奪する (plunder). **2** 強姦(ごうかん)する (violate). ── *n.* **1** 《詩》かっさらい, かどわかし, 強奪, 略奪. **2** 強姦(罪), 婦女暴行: ⇨ statutory rape. **3** (基本的原則などの)侵害: a ～ of justice 正義の侵害. **ráp·er** *n.*

rape[2] [réɪp] 〖(?*c*1390) ◻ L *rāp-a, rāp-um* turnip〗 *n.* 〖植物〗セイヨウアブラナ (*Brassica napus*)《欧米で栽培されるアブラナの一種; 種子から油を採る; cf. cole 1》.

rape[3] [réɪp] 〖◻ F *râpe* ← *raspere* 'to grate, RASP[1]'〗 *n.* **1** [しばしば *pl.*] ぶどうのしぼりかす《酢製造用の濾過(ろか)材料》. **2** 酢製造用の容器.

rape[4] [réɪp] 〖OE *rāp* 'ROPE': 土地の区画に rope を用いたことから〗 *n.* イングランド旧 Sussex 州の行政区《Sussex 州は 6 つの rapes に分れていた》.

rápe càke *n.* 菜種のしぼりかす, 油かす.

Rápe of Lucrèce, The *n.* 「ルクリース凌辱」《Shakespeare 作の物語詩 (1593–94)》.

rápe òil *n.* 菜種油《潤滑・照明・料理用; rapeseed oil ともいう》. 「＝rape oil.

rápe·sèed *n.* 菜種《セイヨウアブラナの種子》: ～ oil

ráp fùll 〖海事〗帆が風一杯にふくらんだ状態: with a ～. ── *adj.* **1** 〈帆が〉風を一杯にはらませた. **2** 満帆で航海する.

ráp gròup *n.* 《米俗》談話会(グループ)《問題を討議して解決するために集まったグループ; cf. rap session》.

raphae *n.* raphe の複数形.

Raph·a·el[1] [rǽfiəl, réɪf- | réɪfl, rǽfeɪl; *F.* rafaɛl] 〖◻ LL ～ ◻ Gk *Raphaḗl* ◻ Heb. *Rᵉphā'ēl* 《原義》God has healed〗 *n.* 男性名.

Raph·a·el[2] [rǽfiəl, réɪf- | rǽfeɪəl, rǽfɑːèl, rǽfeɪl, réɪfrəl] *n.* 〖聖書〗ラファエル《外典に記された大天使 (archangel); cf. *Tobit* 3:17》.

Raph·a·el[3] [rǽfiəl, réɪf-, rɑ́ːf- | rǽfeɪəl, -fɪəl, -feɪl] *n.* ラファエロ《1483–1520; イタリアの盛期ルネサンスの代表的画家・建築家; 優美な聖母子像は特に著名; 本名 Raffaello Santi [sɑ́nti] *or* Sanzio [sɑ́ntsjo]》.

Raph·a·el·esque [rǽfiəlésk, rèɪf-, rɑ̀ːf- | rǽfeɪəl-, -fɪəl-, -feɪl-] 〖⇨ ↑, -esque〗 *adj.* ラファエロ風の.

Raph·a·el·ism [rǽfiəlɪzm, réɪf-, rɑ́ːf- | rǽfeɪəl-, -fɪəl-, -feɪl-] *n.* ラファエロ画風.

Raph·a·el·ite [rǽfiəlàɪt, réɪf-, rɑ́ːf- | rǽfeɪəl-, -fɪəl-, -feɪl-] 〖⇨ -ite[1]〗 *n.* ラファエロ派の画家, ラファエロを信奉する画家 (cf. Pre-Raphaelite).

ra·phe [réɪfi | -fɪ] 〖← NL ～ ← Gk *rhaphḗ* seam ← *rháptein* to sew together〗 ── *n.* (*pl.* ～**s**, **ra·phae** [-fiː]) **1** 〖解剖〗縫線, 縫合, 継ぎ目 (seam). **2** 〖植物〗**a** (種子の)縫線, 背線. **b** (硅藻(けいそう)の)殻縫(かくほう)線.

ra·phi·a [réɪfiə, rǽf- | -fɪə] *n.* ＝raffia 1.

Raph·i·dae [rǽfədiː | -fɪ-] 〖← NL ～ ← *Raphus* (属名)＋-IDAE〗 *n. pl.* 〖鳥類〗ドドド科.

ra·phide [réɪfɪd, -fəd | -fɪd] 〖◻ F ～ ← Gk *rhaphís*: ⇨ raphis〗 *n.* (*pl.* **raph·i·des** [rǽfədìːz | -fɪ-]) 〖植物〗針状結晶体, 束晶(そくしょう), 結晶束.

ra·phid·i·an [rəfídiən | -dɪ-] 〖⇨ ↓, -ian〗〖昆虫〗*adj.* キスジラクダムシ(科)の. ── *n.* キスジラクダムシ《キスジラクダムシ科の昆虫の総称》.

Raph·i·di·i·dae [ræ̀fədáɪədìː | -fɪdáɪɪ-] 〖← NL ～ ← *Raphidium* (属名: ← Gk *rhaphís* (↓)＋-IUM)＋-IDAE〗 *n. pl.* 〖昆虫〗(脈翅目)キスジラクダムシ科.

ra·phis [réɪfɪs, -fəs | -fɪs] 〖◻ Gk *rhaphís* needle ← *rháptein* to sew together〗 *n.* (*pl.* **raph·i·des** [rǽfədìːz | -fɪ-]) 〖植物〗＝raphide.

rap·id [rǽpɪd, -pəd | -pɪd] 〖(1634) ◻ L *rapid-us* ← *rapere* to seize: ⇨ rape[1], -id[4]〗 ── *adj.* (**more** ～, **most** ～; ～·**er**, ～·**est**) **1** 早い, 急な, 迅速な; 急ぎの, 急速の, そそくさとした (↔ slow): a ～ stream 急流 / a ～ drug 速効薬 / ～ urbanization 急速な都市化 / a ～ journey 急ぎ旅 / take a ～ glance 急いでちらりと見る. **2** 素早い, 敏捷(びんしょう)な: a ～ thinker, worker, speaker, etc. **3** 《英》〈坂など〉急な, 険しい: a ～ ascent, descent, etc. **4** 〖写真〗〈レンズ・感光剤など〉短い露出向きの, 高感度の; 〈処理など〉迅速な. ── *n.* [通例 *pl.*; 単数または複数扱い] 急流, 早瀬. ── *adv.* [通例複合語の第 1 構成素として] 急速に: a *rapid*-firing gun 速射砲. **～·ness** *n.*

Rap·i·dan [ræ̀pɪdǽn, -pə- | -pɪ-] 〖《変形》← ? RAPPAHANNOCK〗 *n.* [the ～] 米国 Virginia 州北部を流れる川; 南北戦争当時の激戦地.

rápid éye mòvement *n.* 〖心理・生理〗急速眼球運動《睡眠中に眼球が急速に動く現象; 脳波が入睡時のパターンを示す逆説睡眠 (paradoxical sleep) 時に生じ, この時に夢を見ることが多い; 略 REM》.

rápid-fíre *adj.* **1** 矢継ぎ早の, 立て続けの: a ～ question 矢継ぎ早の質問. **2** 速射の, 速射用の.

rápid fíre *n.* 〖軍事〗(ライフル銃の)速射《急射 (quick fire) と緩射 (slow fire) の中間の速さ》.

rápid-fíre gùn *n.* 速射砲.

rapidi *n.* rapido の複数形.

ra·pid·i·ty [rəpídəti, ræ- | -dəti, -dɪ-] 〖(1654) ◻ F *rapidité* // L *rapiditāt-em*: ⇨ rapid, -ity〗 ── *n.* 迅速, 急速, 敏捷(びんしょう); 速度: with astonishing ～ 驚くほど迅速に / ～ of fire 発射速度, 射撃速度.

ráp·id·ly *adv.* 早く, 速かに, 迅速に, 敏活に, たちまち.

ra·pi·do [rɑ́ːpədòu | -pɪdəu; *It.* rá:pido, *Sp.* rápido] 〖◻ It. ～ // Sp. *rápido* rapid〗 ── *n.* (*pl.* ～**s** [～s; *Sp.* ～s], **ra·pi·di** [-dì:; *It.* -di]) (イタリア・スペイン・ラテンアメリカの)急行列車.

rápid tránsit *n.* **1** (都市内または郊外の)高速度輸送(システム)《高架または地下路線などによるもの》. **2** 〖チェス〗早指《一手ごとに 10 秒位の短い時間しかかけない勝負》.

ra·pi·er [réɪpiə, -pjə | -pjə(r, -pɪə(r)] 〖(1553) ◻ ? Du. ～ ◻ F *rapière* 《略》← MF *espee rapiere* rapier sword ← ? *râpe* grater: ⇨ rap[3]〗 ── *n.* 細身の剣, レピア―《蔓(つる)飾りの鍔(つば)をつけたルネサンス期の両刃の剣》. ── *attrib. adj.* 鋭い (sharp): a ～ thrust 細身の剣の一突き; 即妙の答え, ぴりっとくる皮肉 / a ～ glance ぎょろりとにらむこと. **rá·pi·ered** *adj.*

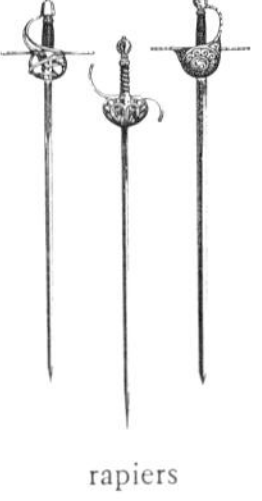
rapiers

rap·ine [rǽpɪn, -pən, -paɪn | -paɪn, -pɪn] 〖(*a*1420) ◻ (O)F ～ // L *rapīna* ← *rapere* to plunder: cf. rape[1]〗 ── *n.* 《詩・文語》強奪, 奪取, 略奪, 分捕り (robbery, plunder).

ráp·ist [-pɪst, -pəst | -pɪst] *n.* 強姦犯人.

rap·loch [rǽpləx] 〖← ?〗《スコット》*n.* 手織り[ホームスパン]の毛織物. ── *adj.* 粗末な, 荒い (coarse).

Rap·pa·han·nock [ræ̀pəhǽnək] 〖← N-Am.-Ind. (Algonquian)《原義》back-and-forth (stream)〗 ── *n.* [the ～] 米国 Virginia 州の北部から南東に流れる川 (341 km); 古戦場 (1863).

rap·pa·ree [ræ̀pəríː] 〖(1690) ◻ Ir. *rapaire* short pike, rapier〗 ── *n.* **1** (17 世紀アイルランドの対英反抗 (1688–92) の)民兵, 不正規兵《略奪をこととした》. **2** 略奪者 (plunderer), 馬賊 (bandit), 強盗 (robber), 海賊 (freebooter), 浮浪者 (vagabond).

rap·pee [ræpíː] 〖(*c*1740) ◻ F (*tabac*) *râpé* grated, rasped (tobacco) (p.p.) ← *râper*: ⇨ rasp[1]〗 *n.* ラピー《一種の強い粗末なかぎたばこ》.

rap·pel [rəpél, ræ-] 〖◻ F ～ ← *rappeler* to recall: ⇨

re-, appeal〗〘登山〙 ── *n.* ラペル《二重ザイルによる懸垂下降; cf. abseil》. ── *vi.* (**rap·pelled; -pel·ling**) 二重に結束したザイルで岩壁を懸垂下降する.

rap·pen [rɑ́ːpən; G. rápən] 〘□G *Rappe(n)* crow, black horse ← *Rabe* 'RAVEN[1]'〙 ── *n.* (*pl.* ~) **1** 14世紀に Fribourg で造られたカラスの絵が描かれている小銀貨. **2** カラスの絵を描いた貨幣. **3 a** サンチーム (=1/100 フラン). **b** スイスのサンチーム硬貨.

ráp·per *n.* **1** 叩(たた)く人; 霊媒 (cf. rap[1] *n.* 1 b). **2** 叩くもの[仕掛け]; (戸の)ノッカー (door knocker). **3** 《俗》話す人 (talker). **4 a** 《古》ひどい呪いの言葉, 悪罵 (oath, curse). **b** 《方言》大ぼら (whopper).

ráp·ping 〘ME〙 *n.* **1** こつんこつん[とんとん]と叩くこと[音]. **2** (霊媒と霊との間などの)とんとん叩く音による通信.

Rapp·ist [rǽpɪst, -pəst | -pɪst] 〘← *George Rapp* (1757–1847: ドイツ生れの米国の宗教運動家): ⇨ -ist〙 *n.* 〘キリスト教〙ラッピスト (⇨ Harmonite).

rap·port [ræpɔ́ə, rə-, -póə | ræpɔ́ː(r; F. rapɔːr] 〘(1455) □F ~ ← *rapporter* to bring back to, refer to ← RE-+*apporter* (□L *apportāre* to bring to: ⇨ apport)〙 ── *n.* **1** 関係 (relation); (特に, 親密・調和・一致を特徴とする)関係: be in [on, F. en] ~ with …と和合[一致]している, 密接な関係を有している. **2** (降霊術で霊媒を用いてする)交信, 霊交 (communication); 〘精神医学〙ラポール, (意志の)疎通性, 親近関係《精神科医と患者との理解と同調的関係》.

rap·por·tage [ræ̀pɔətɑ́ːʒ | -pɔː-; F. rapɔrtaːʒ] *F. n.* =reportage.

rap·por·teur [ræ̀pɔətə́ː, -pɔə- | -pɔːtə́ː(r; F. rapɔrtœːr] 〘□F ~ ← *rapporter*: ⇨ rapport〙 ── *n.* (*pl.* **~s** [~s; F. ~]) 報告担当官[者]《学会・政府の委員会などの報告書の作成・提出を任務とする人》.

rap·proche·ment [ræ̀prouʃmɑ́ː(ŋ), rɑ̀ːp-, -prɔ(ː)ʃ-, -mɑ́ːŋ, —⌐— | ræprɔ́ʃmɑ̃ː(ŋ), -mɔ̃ː(ŋ), -mɑːŋ, -mɔ(ː)ŋ; F. rapʀɔʃmɑ̃] 〘(1809) □F ~ ← *rapprocher* to bring near: ⇨ re-, approach, -ment〙 ── *F. n.* (個人・団体, 特に国家間の)友好関係樹立[更新], 親善; 親交回復, 和解: an era of U.S.-Chinese ~ 米中国交回復の時代[時期].

rap·scal·lion [ræpskǽljən | -ljən, -lɪən] 〘(1699) 《変形》← 《廃》*rascallion* ← RASCAL〙 ── *n.* 《古・戯言》悪漢, 無頼漢 (rascal), ろくでなし (ne'er-do-well), やくざ者 (scamp).

ráp sèssion *n.* 《米俗》討論会《談話会 (rap group) のメンバーたちの集会》.

ráp shèet *n.* 《米俗》警察記録 (police record).

Ráp·son's slíde [rǽpsn̩z-] 〘← *Rapson* (人名)〙 ── *n.* 〘海事・機械〙ラプサン滑車装置《波の衝撃によって舵が受ける反衝を消すために甲板上で舵柄に取りつける一種の滑車装置》.

rapt [rǽpt] 〘(a1400) □L *rapt-us* (p.p.) ← *rapere* to seize: ⇨ rape[1]〙 ── *v.* rap[2] の過去形・過去分詞.
── *adj.* **1** うっとりとしている (enraptured); 熱中した, 夢中な (intent): be ~ *with* joy 喜びで夢中になっている / listen with a ~ attention うっとり聞き入る. **2** 〔考えなどに〕心を奪われた, 没頭した (engrossed) 〔*in*〕: be ~ *in* love 恋愛に心を奪われている. **3** 肉体[魂]をこの世から運び去られた 〈*away, up*〉: be ~ to the seventh heaven 有頂天になって喜ぶ, 天にも昇る心地になっている. **~·ly** *adv.* **~·ness** *n.*

rap·tor [rǽptə, -tɔə, -toə | -tə(r, -tɔː(r] 〘□L ~ (↓)〙 *n.* (*also* **rap·tore** [-tɔə, -toə | -tɔː(r]) 〘鳥類〙猛禽(もうきん) (bird of prey)《ワシ・タカ・フクロウの類》.

Rap·to·res [ræptɔ́ːriːz, -tóːr- | -tɔ́ːr-] 〘← NL ~ (pl.) ← L *raptor* (↓)〙 *n. pl.* 〘鳥類〙猛禽(もうきん)類.

rap·to·ri·al [ræptɔ́ːriəł, -tóːr- | -tɔ́ːrɪ-] 〘□L *raptor* plunderer (← *raptus* 'RAPT': ⇨ -or[2])+-IAL〙 ── *adj.* 〘動物〙 **1** 〈鳥獣など〉生物を捕食する (predatory). **2** 鳥獣などを捕食するのに適した: ~ claws. **3** 猛禽(もうきん)類の[に関した]: a ~ bird 猛禽. ── *n.* 猛禽.

rap·ture [rǽptʃə | -tʃə(r] 〘(1600) □ML *raptūra*: ⇨ rapt, -ure〙 ── *n.* **1** [しばしば *pl.*] **a** 大喜び, 有頂天 (transport); 狂喜, 歓喜 (ecstasy): in a ~ of delight うれしくて大喜びして / be in ~s 有頂天になっている / fall [go] into ~s over …に夢中[有頂天]になる. **b** 歓喜の叫び[表現]. **2** 《古》 **a** 誘拐(ゆうかい) (abduction). **b** 強奪. **3** 《まれ》〘神学〙人を(天国に)運び去ること.
rapture of the deep [depths] 〘病理〙深海恍惚症 (⇨ nitrogen narcosis).
── *vt.* 《まれ》うっとり[狂喜]させる (enrapture).

ráp·tured *adj.* 《古》うっとりした, 有頂天の (transported), 狂喜した (enraptured).

rap·tur·ous [rǽptʃ(ə)rəs | -tʃ(ə)r-] *adj.* いても立ってもいられない, 有頂天の (transported), 狂喜した (enraptured), 熱狂的な (ecstatic): ~ students / a ~ moment / ~ enjoyment じっとしていられないような喜び / ~ applause 熱狂的な拍手. **~·ly** *adv.* **~·ness** *n.*

rap·tus [rǽptəs] 〘□L ~: ⇨ rapt〙 *n.* **1** 非常な精神的[感情的]興奮状態, 忘我, 恍惚(こう). **2** 〘病理〙激越発作, 衝動.

ra·ra a·vis [ré(ə)rə-éɪvɪs, rɑ́ːrə-ɑ́ːv-, -vəs | rɑ́ːrə-ǽvɪs, réərə-éɪv-] 〘□L *rāra avis* rare bird: cf. rare[1], Aves〙 ── *L. n.* (*pl.* **rara a·vis·es** [-éɪvɪsɪz, -və-, -səs | -vɪsɪz], **ra·rae a·ves** [rɑ́ːraɪ-ɑ́ːveɪs, -weɪs, ré(ə)riː-éɪviːz | rɑ́ːraɪ-, réəriː-]) めったにない[珍しい]人[物] (rarity) (cf. Horace, *Satires* 2. 2. 26).

rare[1] [réə | réə(r] 〘(c1450) □L *rār-us* thin, scarce, 《原義》having intervals between ← IE **er-, *erə-* to separate〙 ── *adj.* (**rar·er; -est**) **1** めったにない, ほんの時々の; 珍しい, まれな: a ~ gem, event, etc. / a ~ beauty まれな美人 / a ~ book 珍本, 希覯(きこう)本 / It is no ~ thing. 別にまれではない[珍しくない] / ⇨ rare bird, rare earth, rare gas / in ~ cases たまには / on ~ occasions まれに, たまには / It is ~ for him to do it. 彼がそれをすることはめったにない / kidnapping, once among the *rarest* of crimes かつてはもっとも珍しい犯罪の中に数えられた子供誘拐(事件). **2** 非常にすぐれた, すてきな, すばらしい; 大きい, 非常な, はなはだしい (great): a ~ poet [genius] すぐれた[不世出の]詩人[天才] / a ~ joke よくできた[うまい]しゃれ / You are a ~ one. お前は珍しい[感心な, 偉い]子だ / He was, in his good moods, ~ company. 機嫌のいい時は一緒にいてとても楽しい人だった / kind to a ~ degree とても親切な / I had ~ fun with him.=We had a ~ time of it, he and I. 彼と二人でとても愉快だった. **3** 〈空気・ガスなど〉希薄な (thin): the ~ atmosphere of the mountain tops. **4** 《廃》ほんの所々にある, まばらな (scattered): a few ~ trees here and there そこここにまばらに 2, 3 本ずつある樹木.
rare and… 《口語》非常に, とても (very) (cf. NICE *and* …): I am ~ *and* hungry. とても腹がへった.
── *adv.* 《口語》大層, 非常に (extremely): a ~ good wine すばらしくよいぶどう酒 / a ~ fine view とてもいい景色.
~·ness *n.*

rare[2] [réə | réə(r] 〘(1655) 《変形》← ME *rear* < OE *hrēr* ← ? Gmc **hror-* ← IE **kerə-* to mix, cook: cf. crude〙 ── *adj.* (**rar·er; -est**) 〈ステーキ・肉など〉生焼けの, レアーの (underdone) (cf. medium 2, well-done 2).

rare[3] [réə | réə(r] *vt., vi.* 《方言》=rear[1].
raring to do ⇨ raring.

rare[4] [réə | réə(r] 〘《変形》← RATHE〙 *adj., adv.* 《方言》=early.

ráre bírd 〘《なぞり》← L *rāra avis*〙 *n.* =rara avis.

rare·bit [réəbɪt, -bət | réəbɪt, rǽb-] 〘(1785) 《転訛》← ? RABBIT[1]〙 *n.* 〘料理〙=Welsh rabbit.

ráre éarth *n.* 〘化学〙希土類元素(の酸化物).

ráre-éarth èlement *n.* 〘化学〙希土類元素《57番元素から71番元素までの14元素; 記号 RE; rare-earth metal ともいう》.

rár·ee-shòw [ré(ə)ri- | réəri-] 〘(c1681) 《転訛》← *rare show*: ⇨ rare[1] 2, -ee[2]〙 ── *n.* **1** (縁日などの)のぞきめがね, のぞきからくり (peep show). **2** (街頭の安物の)見世物 (show).

rar·e·fac·tion [rɛ̀(ə)rəfǽkʃən | rɛ̀ərɪ-] 〘□F *raréfaction*: ⇨ rare[1], -faction〙 *n.* **1** 希薄にすること, 希薄化. **2** 希薄化される性質; 希薄(化された)状態. **3** 〘物理〙(粗密波の)圧力最小部分. **~·al** [-ʃənl, -ʃnəl] *adj.*

rar·e·fac·tive [rɛ̀(ə)rəfǽktɪv | rɛ̀ərɪ-] 〘□F *raréfactif*: ⇨ ↑, -ive〙 *adj.* 希薄作用を有する, 希薄(にする)力のある.

rar·e·fi·a·ble [ré(ə)rəfàɪəbl, ⌐——— | réərɪfàɪəbl, ⌐———] *adj.* 希薄化しうる.

rar·e·fi·ca·tion [rɛ̀(ə)rəfɪkéɪʃən, -fə- | rɛ̀ərɪfɪ-] *n.* =rarefaction.

rár·e·fìed *adj.* **1 a** 〈地位・階級・学歴など〉非常に高い. **b** 選(え)り抜きの, エリートの (selected): ~ scholars 選り抜きの学者たち. **2** 〈思考・理念・教養など〉高度な, 高尚な, 崇高な (lofty, exalted), 難解な, 深遠な (abstruse, esoteric): ~ thinking 高遠な思考.

rár·e·fì·er *n.* rarefy する物[人].

rar·e·fy [ré(ə)rəfàɪ | réərɪ-] 〘(a1398) □(O)F *raréfi-er* □L *rārēfacere*: ⇨ rare[1], -fy〙 ── *vt.* **1** 〈空気・ガスなどを〉希薄にする (cf. condense 2): *rarefied gas* 希薄気体. **2** 〈人格・精神などを〉磨く, 純粋にする, 浄化する, 純化する (purify); 〈思想・議論などを〉練る, 精妙にする (subtilize): ~ one's earthly desires 煩悩(ぼんのう)を清める. ── *vi.* 希薄になる, 薄くなる.

ráre gás *n.* 〘化学〙希ガス (⇨ inert gas).

rare·ly 〘(1523)〙 ── *adv.* **1** まれに, たまに; めったに…しない, たまにしか…しない (seldom): I ~ meet him. めったに彼に会わない / He is ~ ill. めったに病気しない / *Rarely* have I seen such a view. このような光景を見ることはめったにない / It is ~ that he drinks. めったに酒を口にしない. **2** まれなほど, 格段に, とても (uncommonly); とても上手[精巧]に, すばらしく, きわめて巧妙に: He is ~ honest. あんな正直な人はめったにいない / She was ~ beautiful. まれに見る美人であった / The netsuke is ~ carved. その根付けは精巧に彫刻されている / She played the piano so ~. とてもすばらしくピアノを弾いた.
rarely* (*if*) *ever たとえあってもごくまれに: She ~ (*if*) *ever* plays the piano now. 今はピアノを弾くことはまずない. ***rarely or never*** めったにない: He ~ *or never* drinks. めったに酒を飲まない.

ráre·rìpe 〘⇨ rare[4]: cf. ratheripe〙 *adj.* 〈果物・野菜など〉早く実る, 早生の. ── *n.* **1** 早くできる[早生の]果物[野菜]. **2** 《方言》=spring onion.

rar·ing [ré(ə)rɪŋ, ré(ə)rɪn, -rən | réərɪŋ] 〘← 《方言》*rare* to arouse, stimulate 《異形》← REAR[1]〙 ── *adj.* [通例 *to do* を伴って] 《口語》しきりに…したがっている, …しようと張り切っている, うずうずしている; 〔事を〕待ち構えている (eager, impatient) 〔*for*〕: ~ *to* go / ~ *for* a fight.

rar·i·ty [ré(ə)rəṭi | réərəti, -rɪ-] 〘(1560–01) □F *rareté*: ⇨ rare[1], -ity〙 ── *n.* **1** 珍奇: be of great ~ 非常に珍しい. **2** 珍しい[異常な]物事, 希有(けう)な物事, 珍しい物, 珍品: an expensive ~ 高価な珍品 / a comparative ~ 比較的まれなこと / Snow is a ~ at this time of the year. / A visitor is [Visitors are] a ~ to me. 私を訪ねて来る人はめったにいない. **3** ずば抜けて秀れていること: ~ of phrasing 巧みな言い回し. **4** (空気などの)希薄性: the ~ of the air on a mountain top.

Ra·ro·ton·ga [rɛ̀ərətɑ́ŋ(g)ə | -tɔ́ŋ-] *n.* ラロトンガ(島)《南太平洋のニュージーランド領 Cook 諸島中の最大の島; 面積 67 km^2》.

ras [rɑ́ːs] 〘□Arab. *ra's* head, beginning〙 ── *n.* **1** 〘地理〙岬(みさき), (陸地の)鼻, 角 (cape, headland). **2** (エチオピアの)王侯 (prince)《尊称》. **3** (イタリアの)ファシスト党の地区リーダー.

R.A.S. 《略》Royal Astronomical Society (英国の)王立天文学協会.

Ras·al·geth·i [ræ̀sæłdʒéṭi, -dʒéθi | -tɪ, -θɪ] 〘□Arab. *ra's al-jāthī* the kneeler's (=Hercules') head〙 ── *n.* 〘天文〙ラスアルゲチ《ヘルクレス座 (Hercules) の α 星で 3 等と 5 等の実視連星; 両星とも変光星》.

Ras·al·ha·gue [ræ̀səłhɑ́ːgwi | -gwɪ] 〘□Arab. *ra's al-ḥāwī* the head of the serpent charmer〙 *n.* 〘天文〙ラスアルハゲ《へびつかい座 (Ophiuchus) の 2.1 等星》.

Ras al-Khai·mah [rɑ́ːs-æłkáɪmə] *n.* ラスアルハイマ《ペルシャ湾 (Persian Gulf) 南岸の首長国; United Arab Emirates の一つ; 人口 30,000, 面積 1,680 km^2》.

ras·bo·ra [ræzbɔ́ːrə, -bóːrə, rǽzbərə | ræzbɔ́ːrə, rǽzbərə] 〘← NL ~ ← East Indies (土語)〙 ── *n.* 〘魚類〙コイ科 *Rasbora* 属の熱帯魚の総称《東南アジア産の観賞用小型熱帯魚 *R. heteromorpha* など》.

ras·ca·cio [rɑːskɑ́ːsjou | -sjəu; *Am. Sp.* raskásjo] 〘□Sp. ~ □Prov. *rascasso* (fem.) ← *rascàs* mangy〙 ── *n.* 〘魚類〙 **1** サソリカサゴ (*Scorpaena plumieri*)《特に, Cape Cod からブラジルに至る大西洋西海岸産》. **2** カサゴ (scorpion fish) 類の総称.

ras·cal [rǽskəł | rɑ́ːs-] 〘(a1338) *rascayl* □OF *rascaill-e* (F *racaille*) rabble ← ? L *rādere* to scratch: cf. rash[2]〙 ── *n.* **1 a** ごろつき, 与太者, やくざ(者), 悪者 (knave, rogue). **b** いたずら気のある人, いたずらっ子. **c** [特に子供に向かって]《戯言》やつ, がき (rogue): You little ~! このちび公め / You lucky ~! 運のいいやつだ. **2** 《古》下層社会の人間. ── *attrib. adj.* **1** 《まれ》ごろつきの, 破廉恥な (knavish). **2** 《古》卑しい, 下賤の (mean): the ~ rout 俗衆, 平民.

rás·cal·dom [-dəm] *n.* **1** [集合的] 悪党[悪人]ども. **2** 悪党の世界.

rás·cal·ìsm [-lìzm] *n.* **1** 悪党根性. **2** 悪党行為, 悪業.

ras·cal·i·ty [ræskǽləṭi | rɑːskǽlətɪ, -lɪ-] *n.* **1** 悪党の所業, 非道; 悪党根性 (knavery): a piece of ~ 悪党の仕事. **2** 悪党行為, 悪事, 悪業.

ras·cal·lion [ræskǽljən | rɑːskǽljən, -lɪən] 〘← RASCAL+(CULL)ION〙 *n.* =rapscallion.

rás·cal·ly [-kəli | -lɪ] 〘(1596)〙 ── *adj.* **1** 悪党の; 卑しい (base), さもしい, ずるい; 見下げ果てた: a ~ fellow 悪いやつ / a ~ trick ずるい計略. **2** 〈場所など〉ひどく汚ない[不快な]. **3** 《廃》下層階級の. ── *adv.* 悪党らしいやり口で, 悪党らしく, 卑劣に.

ras·casse [ræskǽs; F. raskas] 〘□F ~ □Prov. *rascasso*: ⇨ rascacio〙 ── *n.* 〘魚類〙(フランス料理のブイヤベース (bouillabaisse) に使われる)地中海産のカサゴ科フサカサゴ属の魚類の総称《*Scorpaena scrofa, S. porcus* など》.

ras·cette [ræsét] 〘□F ~ □ML *raseta* □Arab. *rāḥah* palm〙 *n.* 〘手相〙手首線 (bracelet).

ra·schel [rɑːʃél] 〘← *Raschel* (*machine*) (紡織機の一種)《部分訳》← G *Raschelmaschine* ← *Raschel* 'RACHEL[2]'〙 ── *n.* 〘紡織〙たてメリヤスの一種《トリコット編よりも若干ゆるく編んだ編地》.

Rá·schig ríng [rɑ́ːʃɪg-, -ʃəg- | -ʃɪg-; G. ráʃɪç-] 〘← *Raschig* (人名)〙 ── *n.* 〘化学〙ラッシヒリング《直径と高さの等しい円筒で蒸溜の際に充填塔 (chemical tower) の詰め物として用いる》.

rase [réɪz] 〘(c1390) *rase(n)* □(O)F *rase-r*: ⇨ raze〙 ── *vt.* **1** …に彫刻を施す, 〈線・形などを〉彫る (incise). **2** 削り[こすり]取る; 消す (erase). **3** =raze. ── *vi.* 刻み目[印]をつける.

rash[1] [rǽʃ] 〘(1709) □OF *rache, rasche* scurf, eruptive sores ← *raschier* ← L *rādere* to scratch〙 ── *n.* **1** 発疹(ほっしん); 皮疹, 紅疹; 吹出物. **2** 多発, 続発: a ~ of strikes 続発するスト.

rash[2] [rǽʃ] 〘(?c1380) *rasch* □(M)Du. *rasch* quick, hasty < Gmc **χraskuz* (G *rasch*) ← **χraþ-* 'RATHE': cf. OE *ræsi* storm & *ræsćan* to quiver〙 ── *adj.* (**~·er, ~·est**) **1** 〈人が〉向こう見ずの, 考えのない, 無分別な, 無思慮な (reckless): a ~ politician 無分別な政治家 / a ~ impulsive marriage 軽率で衝動的な結婚 / jump to impossible conclusions in a ~ way 軽率に矛盾した結論に飛びつく. **2** 〈言動が〉気の早い, 性急の, 早まった, 早計の (impetuous, precipitate): a ~ act 早まった行為. **3** 《廃》速効の, 速やかに効く. **4** 《廃》緊急の, 急を要する (urgent). **5** 《方言》生気に満ちた, 精力的な (energetic). **~·ly** *adv.* **~·ness** *n.*

rash·er [rǽʃə | -ʃə(r] 〘(1592) ← 《廃》*rash* 《変形》← RAZE: cf. OE *ræsćettan* to crackle〙 ── *n.* **1** (焼いたり炒めたりする)ベーコンまたはハムの薄い切身. **2** (ベーコンまたはハムの)一人分[一皿].

Rasht [rǽ(ː)ʃt] *n.* ラシト, レシト《イラン北西部の都市; 人口 188,000; Resht ともいう》.

Rask [rɑ́ːsk, rǽ(ː)sk; *Dan.* rásg], **Ras·mus** [rásmus] **Christian** *n.* ラスク《1787–1832; デンマークの言語学者; アイスランド語とラテン・ギリシャ語との同族関係を立証した》.

Ras·kol·nik [rəskɔ́(ː)lnɪk | -kɔ́l-; *Russ.* raskóljnjik] 〖◻ Russ. *raskol'nik* dissenter ← *raskol* split, schism〗 ― *n.* (*pl.* ~**s**, **-kol·ni·ki** [-nɑki | -nɪki; *Russ.* -njikjij]) 分離派教徒《17 世紀にロシヤ正教会から離脱した宗派の人》.

Ras·mus·sen [rǽsməsn, rɑ́ːsmʊsn; *Dan.* rásmusən], **Knud** [knúð'] (**Johan Victor**) *n.* ラスムッセン《1879–1933; デンマークの北極探検家・民族学者》.

ra·son [rǽsən, rɑ́ːsɔ(ː)n | rǽsən, rɑ́ːsɔn] *n.* 〖東方正教会〗 = rhason.

ras·o·phore [rǽzəfɔ̀ə, -fɔ̀ə | -fɔ̀ː(r)] *n.* 〖東方正教会〗 = rhasophore.

ra·so·ri·al [rəzɔ́ːriəl, -zóːr-, -sɔ́ːr-, -sóːr- | -sɔ́ːrɪ-] 〖← NL ~ ← LL *rāsōri-* ← *rāsor* scraper ← L *rāsus*: ⇨ raze, -ial〗 ― *adj.* **1** 〈鳥が〉えさを求めて地を搔き回す(習性のある); 地べたをあさる. **2** 鶉鶏(じゅんけい)類の.

rasp[1] [rǽ(ː)sp | rɑ́ːsp] 〖*n.*: 《1541》◻ OF *raspe* (F *râpe*) ← *rasper* to scrape, grate < VL **raspāre* ← Gmc (cf. OHG *raspōn* to grate). ― *v.*: 《?c1380》 *raspe(n)* ◻ OF *rasp-er*〗 ― *n.* **1** 石目[鬼目]やすり《rasp-cut file ともいう》. **2** (やすりなどの)きしみ, きしる音, がりがりいう音, 歯が浮くような音: the ~ of crickets コオロギの(鋭い)鳴き声. **4** 〖昆虫〗鑢(やすり)器《昆虫のざらざらの体表面; そこを摩擦して鳴き声を発する》. ― *vt.* **1** …に石目やすりをかける; 荒くこする, がりがり削る, おろす (grate): ~ off [away] がりがりこすり取る[削り落とす]. **2** きしらせる, がりがりいわせる. **3** 〈人の神経や感情など〉を)傷つける, かきむしる, 逆なでする, いら立たせる (irritate); 〈耳〉にさわる: ~ a person 人をいらいらさせる / ~ a person's feelings [nerves] 人の感情[神経]をいらいらさせる. **4** きしる[いらいらさせる]ような声で言う 〈*out*〉: ~ *out* one's reply. ― *vi.* **1** こすれる (rub), きしる (grate). **2** ぎーぎー[きーきー]いう[耳ざわりな]音を立てる.

rasp[2] [rǽ(ː)sp | rɑ́ːsp] 〖《略》← 《廃》*raspis* raspberry: ⇨ raspberry〗 *n.* 《方言》 = raspberry.

ras·pa·to·ry [rǽspətɔ̀ːri, -tòːri | rɑ́ːspət(ə)rɪ] 〖◻ ML *raspātōri-um* ← VL **raspāre* 'to RASP[1]': ⇨ -ory[2]〗 *n.* 〖外科〗(外科用)骨膜剝離器.

rasp·ber·ry [rǽzbèri, -b(ə)ri | rɑ́ːzb(ə)rɪ, rɑ́ːs-] 〖《1623》← 《廃》*raspis* raspberry (← ?)+BERRY〗 ― *n.* **1 a** キイチゴ《バラ科キイチゴ属 (*Rubus*) の各種の植物の総称; 特に, ヨーロッパキイチゴ (European raspberry), 米国では *R. strigosus* をいう》. **b** キイチゴの実《食用》. **2** ラズベリー(レッド)《赤味の深い濃赤紫色》. **3** 《俗》(舌を両唇にはさんで震動させて出す)軽蔑[不賛成]の「ぶるるる」という音; あざけり (ridicule); 酷評, 悪口 (cf. razz): get [give, hand] the ~ 酷評[嘲笑]される[する] / give a person a very loud ~ 大きな音で「ぶるるる」をやる. **4** 《俗》解雇; 拒絶.

ráspberry càne *n.* (根元から生える)キイチゴの新枝《翌年これに実が成る》.

ráspberry réd *n.* = raspberry 2.

ráspberry sáwfly *n.* 〖昆虫〗幼虫がキイチゴとクロイチゴの葉を食う小型の黒いハバチの一種 (*Blennocampa rubi*).

ráspberry vínegar *n.* ラズベリービネガー《きいちごの汁に砂糖と酢を加えて作ったシロップ状のもの》.

rásp-cùt fìle *n.* = rasp[1] 1.

rásp·er *n.* **1** (砂糖大根の根・砂糖きびなどを)すりおろす道具. **2** 〖狩猟〗跳び越えにくい高い垣[柵].

rásp·hèad róckfish *n.* 〖魚類〗北米太平洋沿岸のカサゴ科の頭部にのこぎり状の隆起のある魚 (*Sebastodes ruberrimus*).

rásp·ing *adj.* **1** 搔く, こする (scraping, grating). **2** きしる音を立てる, がりがりいう. **3** (人の心・感情などを)いらいらさせる, 搔きむしる (harsh, irritating): a ~ voice 耳ざわりな声. **4** 〖狩猟〗 **a** 〈溝・柵などが〉高くて跳び越えにくい: a ~ fence. **b** 非常に速い: at a ~ pace 全速力で. **~·ly** *adv.* **~·ness** *n.*

Ras·pu·tin [ræsp(j)úːtn, -pútn | -pjúːtɪn; *Russ.* raspútjin], **Gri·go·ri E·fi·mo·vich** [jifímәvjitʃ] *n.* ラスプーチン《1865–1916; シベリアの農夫出身の怪僧で, ロシヤ皇帝 Nicholas 二世とその皇后に取り入って権勢を得たが, 後に暗殺された》.

rasp·y [rǽspi | rɑ́ːspɪ] *adj.* (**rasp·i·er, -i·est**) **1** = rasping 1–3. **2** 怒りやすい (irritable): a ~ disposition 怒りやすい性格.

ras·se [rǽsə, rǽs] 〖◻ Javanese *rasé*〗 *n.* 〖動物〗コジャコウネコ (*Viverricula indica* [*malaccensis*])《Indochina, Malay 半島産ジャコウネコ属の哺乳動物》.

Ras·sen·kreis [rɑ́ːsnkràɪs; G. rásn̩kràɪs] 〖◻ G ~ ← *Rasse* 'RACE[2]' + *Kreis* circle〗 ― *n.* (*pl.* **-sen·krei·se** [-zə; *G.* -zə]) 〖生物〗連繋群, 品種環《形態が少しずつ異なる種よりなるグループが, 分布圏がつながって, 全体が一つのまとまりをなしているもの》.

Ras Sham·ra [rɑ́ːs-ʃɑ́ːmrɑ] *n.* ラス シャムラ《シリア西部 Latakia の北 11 km の地中海岸近くにあるテル (tell) で北部の村; 古代都市 Ugarit の遺跡; 1929 年以来の C. F. A. Schaeffer らによる発掘調査の結果 Hassuna 期から後期青銅器時代に至るフェニキア地方古代文化の変遷が明らかにされた; また神殿址発見の 28 文字からなる最古のアルファベットで記された粘土板文書は有名》.

ras·sle [rǽsl] 〖《変形》← WRESTLE〗《方言》 *v.* = wrestle. ― *n.* レスリングの試合.

Ras Ta·far·i·an [rǽs-təfέəriən | -rɪ-] 〖← *Ras Tafari* (Haile Selassie 皇帝の称号)〗 ― *n.*, *adj.* (*also* **Ras·ta·far·ian** [~]) (エチオピアの Haile Selassie 皇帝を神として尊崇するジャマイカ人の宗派の)ラスタファリー教徒(の, を表わす).

ras·ter [rǽstə | -tə(r)] 〖◻ G *Raster* screen ◻ L *raster* rake ← *rādere* to scrape〗 ― *n.* 〖テレビ〗ラスター《受像管の画面で映像信号だけを除くときに得られる走査線の図形》.

ráster displày *n.* 〖電算機〗ラスター表示法《テレビジョンと同様に電子ビームを走査させ, 輝度を変化させて情報を表示する方式; cf. calligraphic display》.

ras·tle [rǽsl] *v.*, *n.* 《方言》 = wrestle.

ra·sure [réɪʃə, -ʒə | -ʒə(r)] 〖◻ F ~ // L *rāsūra*: ⇨ rase, -ure〗 *n.* 抹殺, 削除.

rat[1] [rǽt] 〖OE *ræt* ← Gmc **ratt-* (Du. *rat* / G *Ratz, Ratte*) ← ? IE **rēd-* to scrape, gnaw (L *rādere* to scrape): cf. ratton[1]〗 ― *n.* **1** 〖動物〗 **a** クマネズミ, ネズミ《クマネズミ属 (*Rattus*) の数種のネズミの総称; クマネズミ (black rat)・ドブネズミ (brown [Norway] rat)・エジプトネズミ (roof rat) などで, ハツカネズミ (mouse) より大きい; 害獣で腺ペストや発疹チフスなどの保菌生物》: (as) drunk [poor, weak] as a ~ 酔いつぶれて[一文なしで, 力を失って]. **b** [しばしば複合語に用いて] (ネズミに似た)齧歯(げっし)類の動物の総称: ⇨ muskrat. **2** 《米口語》(婦人が頭髪をふくらますための)入れ毛, かもじ《形がネズミに似ている》. **3** 〖ネズミは火事や沈没の前に家や船を去るという伝説から〗〖政治〗(困難な時・非常時などの)脱党[脱会]者, 裏切者 (deserter). **4** 《俗》規定以下の賃金で働く従業員, ストライキに加わらない従業員, スト破り (scab). **5 a** 《俗》卑劣漢 (louse). **b** 《米俗》スパイ, 警察の犬; 密告者 (informer). **6** 灰緑色.

get* [*have, see*] *rats 《俗》(アルコール中毒で)振戦譫妄(せんもう)症 (delirium tremens) を呈する (cf. *see* SNAKES). ***like* [*(as) wet as*] *a drowned rat*** 濡れ鼠で, びしょぬれになって; しょんぼりして. ***Oh, rats!*** ⇨ rats. ***smell a rat*** (策略・陰謀などに)気付く, 勘付く, かぎつける.

― *v.* (**rat·ted**; **rat·ting**) ― *vi.* **1** (特に, 犬を用いて)ネズミを捕(と)る, ネズミ退治をする; 〈犬が〉ネズミを捕る. **2** (党の旗色が悪くなった時に)脱党する, 変節する; 約束を破る. **3** 《俗》規定賃金以下で働く; スト(ライキ)に参加しない, スト(ライキ)をした者の後がまにすわる, スト破りをする. **4** 《俗》 **a** こそこそする, 卑劣な振舞いをする. **b** スパイをする, 密告する (inform) 〔*on*〕. ― *vt.* かもじを入れて[整髪の仕方によって]〈髪の毛を〉ふくらませる.

rat on 〈約束などを〉取消す, 果たさない; 〈借金などを〉返さない, 踏み倒す; 〈人を〉裏切る.

rat[2] [rǽt] 〖《1696》《変形》← ROT〗 ― *vt.* (**rat·ted**; **rat·ting**) 《古・卑》[軽いののしりに用いて] のろう, ののしる (damn, confound): *Rat* me if I do it. 絶対にしないよ / *Rat* your inquisitive eyes! じろじろ見るな.

rat. 《略》rating; rations.

ra·ta [rɑ́ːtə | réɪtə] 〖◻ Maori ~〗 *n.* 〖植物〗ニュージーランド産のフトモモ科の高木 (*Metrosideros robusta* または *M. lucida*); その材《赤くて堅い》.

rat·a·bil·i·ty [rèɪtəbílәti | -təbílәtɪ, -lɪ-] *n.* **1** 《英》課税資格, 市税[地方税]納入義務[負担能力]. **2** 評価しうること.

rat·a·ble [réɪtəbl | -tə-] *adj.* **1** 《古》比例した, 一定の比率に応じた (proportional): a ~ distribution of an estate 財産の比例配分《特に破産財産の分配についていう》. **2** 見積られる, 評価できる (estimable). **3** 《英》税を負担すべき (taxable), 課税すべき: the ~ value of property 課税対象としての財産(特に不動産)価額, 課税標準価額. **rát·a·bly** *adv.* **~·ness** *n.*

rat·a·fee [rɛ̀təfíː | -tə-] *n.* = ratafia.

rat·a·fi·a [rɛ̀təfíːə | -təfíə] 〖《1699》◻ F ~ ← ? Creole: cf. tafia〗 ― *n.* **1** ラタフィア《さくらんぼ・もも・あんずなどの果肉や種子で風味をつけた一種のリキュール》. **2** = ratafia biscuit.

ratafía bìscuit *n.* ラタフィア ビスケット《アーモンドの粉末・砂糖・卵白を合わせて焼いたマコロン (macaroon) に似た菓子》.

rat·al [réɪtl | -tl] 〖← RATE[1] + -AL[1]〗 《英》 ― *n.* (地方税)課税対象価額. ― *adj.* 課税される, 納税上の: ~ value 課税価額 / the ~ qualification (for members of vestries) (教会委員の)納税資格.

ra·ta·ma [rɪtɑ́ːmə, rə-, -téɪ-] *n.* 〖植物〗 = retama.

ra·tan [rætǽn, rə-, ⌐⌐⌐ | rətǽn, ræ-] *n.* = rattan.

rat·a·plan [rǽtəplæ̀n, ⌐⌐⌐ | -tə-] 〖《1847–48》◻ F ~: 擬音語〗 ― *n.* どんどん(という音): a rolling ~ of drums 太鼓のどんどんと鳴る音. ― *v.* (**rat·a·planned**; **-plan·ning**) ― *vi.* どんどん鳴る, 太鼓を打つ. ― *vt.* (太鼓などを演奏として)叩く.

rat-a-tat [rǽtətæ̀t | -tə-] 〖《1681》: 擬音語〗 ― *n.* どんどん, とんとん (rat-tat)《戸などを叩く音・太鼓の音・銃を打つ音》: A gay ~ sounded at the door. とんとんとはでにドアをノックする音が聞こえた.

rat-a-tat-tat [rǽtətæ̀(t)tǽt | -tə-] *n.* = rat-a-tat.

ra·ta·touille [rɑ̀ːtətúːi, ræ̀t- | -tətúːɪ; *F.* ratatuj] 〖◻ F ~ ← *touiller* to stir〗 ― *F. n.* ラタトゥイユ《なす・トマト・うり・ピーマン・ニンニクなどをオリーブ油で炒めて煮込むプロヴァンス (Provence) 地方の野菜料理; 温かいままか冷たくして食べる》.

rát·bàg *n.* 《豪俗》変人; 気難し屋; ごたごたを起こす人.

rát-bite fèver [**disèase**] *n.* 〖病理〗鼠咬(そこう)症《梅毒病原体に似た微生物による疾病で, 感染したネズミや他の動物に咬まれることによってうつる; sodoku ともいう》.

rát·càtcher *n.* **1** ネズミ捕り屋; ネズミを捕る動物《テリア犬など》. **2** 《英俗》略式の狩猟服《ツイードの上着に黄褐色のズボン; 正式の狩猟服に対していう》.

ratch [rǽtʃ] 〖◻ G *Ratsche* clapper, rattle, ratchet ← *ratschen* to rattle〗 〖機械〗 ― *n.* **1** = ratchet 2. **2** ラッチ《爪をひっかけて止めるためのぎざぎざがついた棒または歯》. ― *vt.* **1** 〈歯車〉の歯切りをする. **2** 〈機械工具などを〉爪車によって回転させる.

ratch·et [rǽtʃɪt, -tʃət] 〖《1659》 *rochet* ◻ F 'ratchet, bobbin, spindle' < OF *rocquet* head of a lance ← Gmc: cf. rock[3]〗 〖機械〗 ― *n.* **1** ラチェット, のこぎり歯車, つめ車装置《つめ車 (ratchet wheel) とそれを動かすつめ (ratchet) および逆転を止めるつめ (pawl) とから成り, ある種のレンチ (wrench) や手ぎり (hand drill) などで動きを一方向に限るのに使われる》. **2** (つめ車を動かす)つめ (click, pawl). **3** = ratchet wheel. ― *v.* (**ratch·et, -et·ted**; **-et·ting**) ― *vi.* ラチェットで動く. ― *vt.* **1** 〈機械・道具〉にラチェットをつける. **2** のこぎり歯車にする.

rátchet bràce *n.* 〖木工〗繰子錐(くりこぎり).

rátchet drìll *n.* 〖機械〗追歯錐, ハンドボール.

rátchet jàck *n.* 〖機械〗ラチットジャッキ《つめ車装置 (ratchet) を使って上げ下げするねじジャッキ》.

rátchet whèel *n.* **1** 〖機械〗つめ車, 追歯車. **2** 〖時計〗角穴車《ぜんまい巻き上げ輪列の中の最終段歯車で, その軸にぜんまいの内端が固定される; この歯車はこはぜと係合して一方向にしか回転しない》.

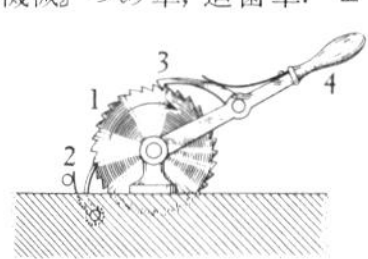

ratchet wheel 1
1 ratchet wheel; 2 pawl; 3 ratchet; 4 reciprocating lever

rát-clàw fòot *n.* (18 世紀後期の英米の家具に見られる)ねずみ足《猫足の細長いもの》.

rate[1] [réɪt] 〖《1425》◻ OF ~ 'price, value' ◻ ML *rata* ← L *pro ratā parte* according to an estimated part ← *ratus* reckoned ← *rērī* to count (⇨ reason): cf. ratio〗 ― *n.* **1** 割合, 率, 歩合; レート, 相場 (ratio, proportion): the ~ of discount [wages] 割引[賃金]率 / the ~ of interest 利率 / the ~ of exchange = the exchange ~ (外国)為替相場, 「レート」 / the birth [death, marriage] ~ 出産[死亡, 結婚]率 / insurance ~*s* 保険率 / His novel was progressing at the ~ of 700 to 1,000 words a day. 彼の小説は 1 日 700 から 1,000 語の割合で進んでいた. **2** (一定の率・基準に基づいた)値段 (price); 料金, 使用料; 運賃: postal ~*s* 郵便料金, 郵税 / hotel ~*s* ホテル料金 / a railroad [freight] ~ 鉄道[貨物]料金 / the telephone [water] ~ 電話[水道]料金 / parking ~*s* 駐車料金 / an electric ~ of 10 cents per kilowatt-hour 1 キロワット時 10 セントの電気料金 / at an easy ~ 安価で; 容易に / at a low [high] ~ 安い[高い]値段で / live at a high ~ 贅沢に暮す / give special ~*s* 割引きする. **3** 《英》 **a** (不動産評価額に基づく)課税査定額. **b** [通例 *pl.*] 地方税 (《米》 local taxes): poor ~*s* 救貧税 / parish ~*s* 教区税 / ~*s* and taxes 地方税と国税. **4 a** (時間などの単位で計られた)速さ, 速度 (speed): drive at a dangerous ~ 危険な速力で疾走する / at a great ~ 高速度で / at a steady ~ 一様な[むらのない]速度で / walk at a leisurely ~ ゆっくり[ゆったりした足取りで]歩く / at the [a] ~ of 90 miles an hour 時速 90 マイル(の速さ)で. **b** (時間当たりの)給料, 賃金: wages on an hourly ~ 時間給. **c** 進行度, 進度: the ~ of economic growth 経済成長率. **5** (品質の)相対的な程度, 等級 (rank); 種類 (kind): I am a spirit of no common ~. 私は普通の妖精ではないのよ (Shak., *Mids N D* 3. 1. 157) / a hotel of the first ~ 第一級のホテル. **6 a** 格付け, 等級付け. **b** 《廃》評価 (estimation). **7** 《廃》量 (amount, quantity). **8** 〖海事・米海軍〗(船・船員・応募兵などの)等級, 学, 級, 格 (grade, class): a man-of-war of the first [second] ~ 一[二]級艦. **9** 〖時計〗歩度(ほど)《短い時間間隔について測られた時計の進み遅れの割合い; 通例 1 日当たりに換算し, 秒/日の単位で表わす》.

at all rates 是非とも, 何とかして. ***at any rate*** (1) ともかく, いずれにしても (at all events); 少くとも (at least). (2) 《廃》どんな犠牲を払っても. ***at a* [*the*] *rate of knots*** 《口語》大急ぎで, まっしぐらに, スピードを出して (very fast). ***at that rate*** 《口語》そんなわけなら (in that case), そんな調子では: If you go on *at that* ~, you will injure your health. そんな調子でいくと体をこわすよ. ***at this rate*** 《口語》こんな風に, こんなに, この分では (in this way): *At this* ~, he will not succeed. この分じゃ成功しないよ.

rate of change 〖数学〗変化率《関数の値の変化分の変数の値の変化分に対する割合》.

rate of return on investment = RETURN of investment.

rate of stock turnover [the ―] 商品回転率《売上高を平均在庫高で割ったもの; これが高ければ薄利多売が可能となる; 単に stock turnover ともいう》.

― *vt.* **1** 見積る, 評価する (value, appraise): ~ honor at its true value 名誉を真価で評価する / I do not ~ his merits (very) high. 彼の功績を(あまり)高く評価しない / He ~*s* the influence of religion too high. 彼は宗教の力を買いかぶっている. **2** (貨幣本

位の中で)〈貨幣・金属〉に一定の価値を与える: the silver coinage ~*d* much above its real value 地金の価値よりもずっと高価になっている銀貨. **3** 見なす, 思う: ~ it *as* a great success それを大成功だと思う / He is ~*d* one of the most influential men of the city. 彼は市の最有力者の一人に見られている / I ~ him among my benefactors. 彼を恩人の一人と考えている. **4** [通例 Passive で]《英》 **a** 〈家屋・土地などを〉(課税の目的で)評価する: Houses are ~*d at* a sum smaller than the rent. 家屋の課税価額はその家賃より少額に見積られる. **b** 〈人〉に地方税を課する: We are highly ~*d* for education. 教育のために多額の税を課せられている. **5** 特定の等級に入れる;《海事》〈船員・船舶〉の等級を定める. **6** …の料金[運賃]を定める;〈貨物〉の輸送料金を決める. **7**《機械・電気》〈出力などを〉定格と定める. **8**《米口語》…に値する, …の当然の価値がある (deserve): ~ special treatment 特別待遇を受ける価値がある. **9**《時計》 **a** 〈時計〉の歩度を計る. **b** 〈時計を〉調節する. **10**《保険》〈ある危険〉の保険料率を定める. ── *vi.* **1** 見積られる, 評価される, 価値がある: He ~*s* high in my estimation. 私は彼を高く評価している. **2** 〔…の〕等級を有する, 位する〔*as*〕: The ship ~*d as* a ship of the line. 同艦は戦列艦級であった / He ~*s as* a first-rate cellist.

rate up《保険》(危険率を考慮して)高率の保険料を課する, 保険料を上げる.

rate[2] [réɪt]〘(*c*1390) *rate*(*n*) ▭ ? ON *hrata* to fall, rush: cf. Swed. *rata* to find fault〙 ── *vt.* 〈人・猟犬などを〉どなりつける, ののしる. ── *vi.* 〔人・猟犬などを〕しかりつける, どなりつける〔*at*〕: ~ *at* a person.

rate[3] [réɪt] *v.* =ret.

rate·a·ble [réɪṭəbḷ | -tə-] *adj.* =ratable.

rát·ed hórsepower [-tɪd-, -ṭəd- | -tɪd-, -təd-] *n.*《機械》定格馬力 (略 r.h.p.).

ráted lóad *n.*《機関》定格負荷.

ráte gỳro *n.*《航空》レイトジャイロ《これを取付けた飛行機の角速度を検出するジャイロ; cf. free gyro》.

ra·tel [rá:tḷ, réɪ- | réɪtel, -təl, -tḷ]〘(1777) ▭ Afrik. ~《原義》rattle ← ?〙 ── *n.*《動物》イタチ科ラテル属 (*Mellivora*) の動物の総称: **a** アフリカラーテル, ミツアナグマ (*M. capensis*)《アフリカ南部産の夜行性肉食動物; 蜂蜜を特に好むので honey badger ともいわれる》. **b** インドラーテル (*M. indica*)《ヒマラヤのふもと, インド北部, ネパールに生息する》. 「ター.

ráte·mèter *n.*《電子工学》(放射線計測の)レートメー

ráte-of-clímb ìndicator *n.*《航空》昇降計.

ráte·pàyer *n.*《英》地方税納付者.

rát·er[1] [-ṭə | -tə(r)] *n.* **1** 見積り者, 評価者. **2** [通例複合語の第 2 構成素として] ある等級に属するもの; あるトン数の船[ヨット]: a first-*rater* 第一人者, 一流品 / a second-*rater* 二流品 / a 10-*rater* 10 トン(級)のヨット[船]. 「小言幸兵衛(こごとこうべえ).

rát·er[2] [-ṭə | -tə(r)]〘⇨ rate[2]〙 *n.* どなり屋, がみがみ屋,

ráte sỳstem *n.*《電気》料金制.

ráte tìme *n.*《電気》微分時間. 「われ者.

rát fìnk *n.*《俗》いやな奴, つまらない[けちな]奴, 嫌

rát·fìsh〘尾びれがネズミのしっぽに似ているため〙── *n.*《魚類》ギンザメ《ギンザメ科の魚の総称; chimaera ともいう》; (特に)北米太平洋岸の深海にすむ虹色で白い斑点のある魚 (*Hydrolagus colliei*).

rát flèa *n.*《昆虫》ネズミノミ《ネズミに寄生するノミの総称》: **1** ヨーロッパネズミノミ (*Nosopsyllus Ceratophyllus fasciatus*)《ドブネズミに寄生するナガノミ科の昆虫》. **2** ケオプスネズミノミ (*Xenopsylla cheopsis*)《ネズミや人間, イヌなどの動物間の移行性が著しくペストの媒介をする》.

rát guàrd *n.*《海事》鼠よけ《ネズミの出入りを防ぐために船舶の係留綱に固定した円形の金属板》.

rath[1] [rá:θ, rá:]〘(1596) ▭ Ir. *ráth*〙 ── *n.*《考古》(アイルランド地方の)土砦(どるい)《族長の家を囲んだ円形の堅牢な土塀; 昔は誤ってデーン人(Danes)が作ったものだと言われた》.

rath[2] [rǽ(:)θ] *adj., adv.*《古・詩・方言》=rathe.

Rat·haus [rá:thàus; *G.* rá:thaus]〘▭ G ~ 'council house': ⇨ rede, house〙 ── *G. n.* (*pl.* **-häus·er** [-hɔ̀ɪzə | -zə(r; *G.* -hɔʏzɐ]) 市会議事堂, 市[町]公会所 (town hall).

rathe [réɪð, rǽ(:)θ | réɪð]〘OE *hræþ(e)*《変形》← *hræd* < Gmc **χraþaz* (OHG (*h*)*rad* / ON *hraðr* quick) ← IE **kret-* to shake〙 ── *adj.*《古・詩・方言》 **1 a** 早咲きの; 早朝咲きの; 早なりの, 早く熟する, 早稲(わせ)の. **b** 他のもの[普通の時]より早く終わった[来た, 用意ができた]. **2** 速かな, 敏速な (quick, prompt). ── *adv.* **1**《古》速く, 敏速に. **2**《古・方言》早く (early). **~·ly** *adv.* **~·ness** *n.*

Ra·the·nau [rá:tənàu, -tṇ-, rǽθən- | rá:tən-; *G.* rá:tənau], **Wal·ther** [váltɐ] *n.* ラーテナウ (1867–1922; ドイツの実業家・政治家, 外相 (1922); 暗殺された).

rath·er [rǽðə, rá:ðə, ráðə | rá:ðə(r]〘OE *hraþor* (compar.) ← RATHE: ⇨ -er[2]〙 ── *adv.* **1 a** 〈…より〉むしろ〈*than*〉: He is ~ a teacher *than* a scholar. =He is a teacher ~ *than* a scholar. 学者というよりむしろ教師だ / It is ~ cold *than* not [otherwise]. どちらかといえば寒いほうだ / They shut up shop ~ *than* go bankrupt. 破産するよりはと閉店した. **b** [通例 would [had] ~ として]〈…よりは〉むしろ喜んで, 進んで; いっそ…した方がよい (preferably)〈*than*〉: I *would* ~ not go. どちらかといえば行きたくない / I *had* ~ never been born *than* have seen this day of shame. こんな恥辱にまみれるよりはいっそ生れて来なければよかった / I *had* [*would*] ~ err with Plato *than* be right with Horace. ホラティウスと共に正しからんよりはむしろプラトンと共に誤たん (cf. Cicero, *Tusculanae Disputationes*). **2 a** どちらかといえば, いやむしろ; かえって: or ~ 否むしろ / late last night, or ~ early this morning ゆうべ遅く, というより今朝早く / The party was ~ a failure. 会はむしろ失敗だった / I ~ doubt it. さあ, それはどうですかね. **b** [接続詞的に] 逆に, それどころか / It is not a help, ~ an obstacle. 手助けどころか邪魔だ. **c** 幾分, やや, 多少 (somewhat), 少々 (slightly); 目立つほど, かなり (quite): ~ dark 少々暗い / ~ good-looking かなり器量のよい / I feel ~ better today. 今日は幾分気分がよい / He died after a ~ short illness. ちょっとの間病んで死んだ / This book is ~ too difficult for you. この本は君には少々難しすぎる. ★ (1) 形容詞を修飾する場合, 不定冠詞の前または後に, 定冠詞の後に位置する: a *rather* kind man / *rather a* kind man / *the rather* kind man you met yesterday. (2) fairly, quite, somewhat などと同様否定語と共に用いない. (3) 上記例文中にあるように rather は fairly, quite と異なり, 比較級または too の前でも用いられる. (4) rather は fairly, quite とは対比的に「困った[意外な]ことに」の含みで用いることがある: a *rather* easy book やや[かなり]やさしすぎる本 (cf. a *fairly* easy book 適度に[かなり]やさしい本) / The play was *rather* poor. (cf. The play was *quite* [fairly] good.) **3** [rǽðə́:, rá:-, rʌ́- | rá:ðə́:(r]〘反語的に強い肯定の答として〙《英口語》無論そうだとも, 確かに (certainly, assuredly) (sure 2, surely 5): Do you like this?—*Rather!* これはお好きですか—好きどころじゃありません(大好きです). **4**《英方言》より早く (earlier).

(all) the rather that [***because***] …だからなおさら.

ráthe·rìpe《詩・方言》*adj.* 早生(わせ)の; 〈人が〉早熟の. ── *n.* (豆・りんごなどの)早生(わせ), 早生(わせ)もの.

ráth·er·ish [-ðərɪʃ] *adv.*《米口語》幾らか, ちょっと.

Ráth·ke's póuch [**pócket**] [rá:tkəz-; *G.* rá:tkə-]〘← *M. H. Rathke* (1793–1860: ドイツの解剖学者)〙 ── *n.*《生物》ラートケ嚢(のう)《脊椎動物の胚で頭部腹面の外胚葉から間脳下面へ向かって生じる管状の陥入; 後に脳下垂体を作る》.

rát·hòle *n.* **1 a** ネズミ(がかじって作った)穴. **b** ネズミの巣[隠れ場]. **2** むさくるしい小部屋[場所].

down the rathole つまらぬ目的のために, どぶに金(かね)を捨てるように.

raths·kel·ler [rá:tskèlə, rǽts-, rǽθs-; *G.* rá:tskɛlɐ]〘▭ G *Rathskeller* ← *Rath, Rat* town hall (⇨ rede)+*Keller* (< OHG *kellāri* ▭ L *cellārium* 'CELLAR')〙 ── *n.*《米》 **1** [R-] (ドイツの)市会議事堂の地下食堂[ビヤホール]. **2** ドイツ風の地下食堂[ビヤホール].

rat·i·cide [rǽtəsàɪd | -tɪ-]〘← RAT[1]+-I-+-CIDE〙 *n.*《薬学》殺鼠(さっそ)剤. **rat·i·cid·al** [rǽtəsáɪdḷ | -tɪ-] *adj.*

rat·i·fi·ca·tion [rǽtəfɪkéɪʃən, -fə- | -tɪfɪ-]〘(1451) ▭ (O)F ~ ▭ ML *ratificātiō(n-)* ← *ratificātus* (p.p.) ← *ratificāre*: ⇨ ratify, -ation〙 ── *n.*《法律》(条約などの)批准, 裁可.

rat·i·fy [rǽtəfàɪ | -tɪ-]〘(*c*1357) *ratifie(n)* ▭ (O)F *ratifier* ▭ ML *ratificāre* ← L *ratus* fixed, settled+*facere* to make: ⇨ rate[1], -ify〙 ── *vt.* 批准する, 裁可する: ~ a treaty 条約を批准する / Parliament *ratified* the agreement [pact] by a vote of 70 to 43, with seven abstentions. 議会は賛成 70 (票), 反対 43 (票), 棄権 7 (票)で協定[条約]を批准した. **rát·i·fì·er** *n.*

ra·ti·né [ræ̀ṭənéɪ, -tṇ- | -tən-; *F.* ratine]〘▭ F ~ ← *ratiner* to frieze ← *ratine* coarse woolen fabrics〙 ── *n.* (*also* **ra·ti·ne** [~, rætí:n]) **1** ラチネ織《チンチラに似た織物, こぶ糸で織った目の荒いけばの多い毛・絹・木綿または混織地》. **2** 太糸と細糸をより合わせた粗い外観のより糸 (ratiné yarn ともいう).

rát·ing[1] [-ṭɪŋ | -tɪŋ] *n.* **1 a** 評価, 見積り; 見積り額: the efficiency ~ system 勤務評定. **b**《米》(試験の)評点, 評価, 採点 (mark): one's academic ~ 学力評価. **2 a** (商人・商店の)信用度. **b**《政治》(支持)率: The Prime Minister's approval ~ dropped from 46% to 27%. 首相の支持率は 46% から 27% に落ちた. **c**《ラジオ・テレビ》(番組の)聴取率, 視聴率: an increase in TV ~*s* (ある番組の)テレビ視聴率の増加. **3**《英》地方税[市税]の賦課; 地方税[市税]額. **4 a**《海事》(船艦・乗組員などの)等級, 級別 (class, grade). **b** (軍隊における)特技の等級, 特技者の級別, 職種別等級, 専門別区分《パイロット・レーダー係・砲手など》. **c**《英海軍》水兵. **5** (自動車・機械などの)定格, 格付け《馬力・英国熱量単位 (British thermal unit) などによる》; (ヨットの)格付け《トン数による》. **6**《電気》定格《標準の使用状態》. **7**《チェス》 **a** 棋力を表わす点位制. **b** 棋力を表わす点数.

rát·ing[2] [-ṭɪŋ | -tɪŋ]〘⇨ rate[2]〙 *n.* どなりつけること, 非難 (rebuke): give a sound [good, severe] ~ みっちりしかる, 油を絞る.

ráting bàdge *n.*《米海軍》等級章《下士官の階級・特技などを示す肩と肘の間につける袖章; 1948 年以降は一律に左腕につける》.

ráting nùt *n.*《時計》調整ねじ《振り玉の下押えナット, その位置を調節することによって振り玉の位置が変わり, 振子の周期が調節される》.

ra·tio [réɪʃou, -ʃiòu | -ʃiəu]〘(1636) ▭ L *ratiō* a reckoning ← *rērī*: ⇨ rate[1]: RATION, REASON と三重語〙 ── *n.* (*pl.* **~s**) **1** 比, 比率, 割合 (proportion, rate): a naval ~ (条約加盟国間の)軍艦(保有)比率 / The ~*s* 1 to 5 and 20 to 100 are the same. 1 の 5 に対する比と 20 の 100 に対する比は等しい / They are in the ~ 3 : 2 [3/2]. (of three to two と読む) 3 対 2 の割合になっている. **2**《経済》(複本位制において)金と銀との比率. **3**《数学》比: ⇨ compound ratio, direct ratio, simple ratio / in a geometrical ~ 等比をなして, 幾何級数的に. **4**《哲学》理性; (スコラ哲学で)悟性, 理性《抽象および論証の能力; cf. reason 5 b》; 理由, 根[論拠.

ratio of expansion《機械》膨張比.

── *vt.* **1** 比率で示す[出す]. **2** 釣合いのとれるようにする. **3**《写真》〈写真〉のサイズを必要の倍率で引伸ばす[縮小する].

rátio àrm *n.*《電気》比例辺.

ra·ti·o·ci·nate [ræ̀ṭióusənèɪt, ræ̀ʃi-, -ás-, -sṇ- | rætɪ-ɔ́snèɪt]〘(1643) ← L *ratiōcināt-us* calculated ← *ratiōcinārī* to calculate ← *ratiō*: ⇨ ratio〙 ── *vi.* 推論[推理]する (reason); 三段論法で推論する. **rà·ti·ó·ci·nà·tor** [-ṭə | -tə(r] *n.*

ra·ti·o·ci·na·tion [ræ̀ṭiòusənéɪʃən, ræ̀ʃi-, -às-, -sṇ- | ræ̀tɪɔ̀snéɪ-, -tɪəus-]〘(*c*1530) ▭ L *ratiōcinātiō(n-)*: ⇨ ratiocinate, -ation〙 ── *n.* **1** 推理: a story of ~ 推理小説. **2**《論理》(演繹などによる)推論.

ra·ti·o·ci·na·tive [ræ̀ṭióusənèɪṭɪv, ræ̀ʃi-, -ás-, -sṇ- | rætɪɔ́snèɪt-]〘(*c*1620) ▭ L *ratiōcinātīv-us*: ⇨ ratiocinate, -ative〙 ── *adj.* **1** 推理の, 推論的な. **2** 理屈っぽい, 議論好きな (argumentative).

ra·ti·o de·ci·den·di [rá:ṭiòu-dèsɪdéndi:, -sə- | -tɪəu-dèsɪ-]〘▭ L *ratiō dēcīdendī* reason of deciding〙 ── *n.* (*pl.* **ra·ti·o·nes d-** [rà:ṭióuneɪs- | -tɪə́u-])《法律》判決理由《裁判官が事件を判決するのに基礎とした原理; cf. obiter dictum 2》.

ra·ti·om·e·ter [rèɪʃiámәṭə | -ʃɪɔ́mɪtə(r, -mə-]〘← RATIO+-METER[1]〙 ── *n.*《写真》使用する特定の条件における感材のフィルター倍数を知るために一連の露光を行なう装置.

ra·tion [rǽʃən, réɪʃ- | rǽʃ-]〘(1550) ▭ F ~ ▭ It. *razione* ∥ Sp. *ración* ▭ L *ratiō(n-)*, *ratiō* a reckoning: RATIO, REASON と三重語〙 ── *n.* **1** (食料・衣料・燃料などの一定)配給量, 定量: a ~ of sugar 砂糖の配給量 / be put on ~*s* 〈人が〉割り当て配給を受けさせられる, 当てがいぶちにされる. **2 a** (人・動物に対する) 1 日分の食物の配給(量); [通例 *pl.*] (軍隊で 1 人 1 日分の)糧食, 軍用食: ⇨ C ration, D ration, K ration. **b** [*pl.*] 食料, 糧食 (provisions): on short ~*s* 食物を制限されて. **3** (自分に課した)制限量, 限度. **4** (時間などの一定の)割当て; 割当て一杯, 十分〔*of*〕.

given out with the rations《俗》手柄[功績]にかかわりなく分配をされて.

── *vt.* **1** (額を決めて)配給する, 当てがいぶちにする〈*out*〉: ~ (*out*) meat [rice, sugar, oil] 肉類[米, 砂糖, 石油]を配給する. **2 a** 〈兵・軍隊〉に給食する: ~ an army *with* food 軍隊に食料を供給する / The army is well ~*ed*. 隊には糧食がよく行き届いている. **b** 公平[適正]に配る[配給する]. **3 a** 〈消費者〉に消費[使用]制限をする: ~ a person to a pound of meat a week 人に 1 週間に 1 ポンドの肉しか食べさせない. **b** 〈日用品・食料など〉の消費を制限する, 控え目に使う.

ra·tion·al [rǽʃənḷ, -ʃnəl]〘(*a*1398) ▭ L *ratiōnāl-is* ← *ratiō* (↑): ⇨ -al[1]〙 ── *adj.* **1** 理性の[に関する], 推理(力)の, 推論の: the ~ faculty in man 人に備わっている推理力. **2 a** 〈人が〉理性のある, 理性的な, 道理をわきまえた: Man is a ~ being. 人間は理性のある動物だ / a ~ man 理性的な[道理をわきまえた]人. **b** 〈人が〉正気の, 正常な (sane): The patient appeared perfectly ~. その患者は全く正常に見えた. **3 a** 〈言動が〉道理にかなった, 合理的な (reasonable): a ~ explanation 合理的な説明 / ~ conduct 合理的な行動 / a ~ policy 道理にかなった[妥当な]政策 / act in a ~ way 合理的に行動する. **b** 純理論の, 合理主義の, 理性主義の (rationalistic): a ~ explanation 純理論的な説明 / He has ~ leanings in religion. 宗教を合理的に解釈する傾向がある《黙示や奇跡をそのままは信じない》. **4**《数学》 **a** 〈数が〉有理の《2 つの整数の商として表わされる; ↔ surd, irrational》: ⇨ rational number. **b** 〈関数が〉有理の《2 つの多項式の商として表わされる》: a ~ expression 有理式 / ⇨ rational function. **5**《古典詩学》モーラ (mora) で数えられる.

── *n.* **1 a** 合理的なもの. **b**《古》合理[理性]的な生物, 人間 (human being). **2** =rationale. **3**《数学》有理数 (⇨ rational number).

~·ness *n.*

rátional análysis *n.* **1** 理論的分析: the ~ of a problem. **2**《化学》示性分析《被検体中に存在する特殊な原子または原子団を検出定量し, 示性式 (rational formula) を作るもとをとする化学分析》.

rátional drèss *n.*《英》合理服《特に, もと婦人が自転車に乗る時などにスカートの代りに着用したニッカボッカーなど》.

ra·tion·a·le [ræ̀ʃənǽl | -ʃəná:l, -ʃɪə(u)-, -ná:lɪ]〘(1657) ← NL *ratiōnāle* (neut. sing.) ← *ratiōnālis* 'RATIONAL'〙 ── *n.* **1** (意見・仮説・現象などの)原理[論理]的説明. **2** (物事の)論理的根拠[基礎], 根本理由.

rátional fórm *n.*《数学》有理式《2 つの多項式の商の形の式》.

rátional fórmula *n.*《化学》示性式《分子内に存在

する特殊な性質の原子・原子団を明らかに示す化学式で，分子式と構造式の中間の式；cf. rational analysis》.

rátional fúnction *n.* 〘数学〙有理関数《2つの多項式の商，すなわち有理式で表わされる関数》.

rá·tion·al·ism [-ʃ(ə)nəlìzm] 〘《1800》〙 ── *n.* 〘哲学・神学〙理性論[主義]，合理論[主義]《一般に形而上学や神学において非理性的な存在や信仰を排し，英知的存在および合理的論証を重視し，特に認識論において経験論 (empiricism) や感覚論 (sensationalism) に対して，知識の成立や確実性の根拠を先天的な理性に求める立場》；理性論[主義]の哲学.

rá·tion·al·ist [-ʃ(ə)nəlɪst, -ləst | -lɪst] 〘《a1626》《なぞり》← F *rationaliste*〙 ── *n.* **1** 合理主義者. **2** (哲学・神学上の)主知主義者，理性論者《empiricist または sensationalist に対する》. ── *adj.* ＝rationalistic.

ra·tion·al·is·tic [ræ̀ʃ(ə)nəlístɪk] *adj.* **1** 合理主義の[に関する]；合理的な，理性論的の：～ realism 合理的実在論. **2** 合理主義者の，理性論者の.

rà·tion·al·ís·ti·cal [-tɪkəl, -tə- | -tɪ-] *adj.* ＝rationalistic. **～·ly** *adv.*

ra·tion·al·i·ty [ræ̀ʃənǽləti | -lɪti, -lɪ-] 〘▭ LL *ratiōnālitāt-em*: ⇨ rational, -ity〙 ── *n.* **1** 純理性，合理性，道理を弁(わきま)えていること. **2** 推理的能力. **3** [通例 *pl.*] 合理的意見，合理的行動.

ra·tion·al·i·za·tion [ræ̀ʃ(ə)nəlɪzéɪʃən, -lə- | -laɪ-, -lɪ-] *n.* **1** (産業などの)合理化. **2** 理論的説明，合理的状態；合理的思考. **3** 〘数学〙有理化. **4** 〘心理〙合理化.

ra·tion·al·ize [rǽʃ(ə)nəlàɪz] 〘《1816》← RATIONAL＋-IZE〙 ── *vt.* **1 a** …から不合理な要素を除去する，合理的にする. **b** 〈企業〉の経営を合理化する，〈産業を〉合理化する：～ industry 産業を合理化する. **2** 理論的に説明する[考える]〈*away*〉：～ theology [a legend] 神学[伝説]を純理的に説明する / I ～*d that* I had no obligation to reply. 答える義務はないと理屈づけた. **3** 〘数学〙有理化する. **4** 〘心理〙〈無意識的な動機からした行動〉にもっともらしい説明を与える，〈過去の行為を〉(無意識的に)合理化[正当化]する. ── *vi.* **1** 純理的に考える. **2** 産業合理化を行なう. **3** 《口語》(不合理な[ふさわしくない]行為や意見の)もっともらしい説明をする. **rá·tion·al·ìz·er** *n.*

rá·tion·al·ly [-ʃ(ə)nəli | -lɪ] *adv.* 合理[純理]的に，理性に従って，道理を弁(わきま)えて，道理にかなうように.

rátional númber *n.* 〘数学〙有理数《2つの整数の商として表わされる数；rational ともいう》.

rátion bòok *n.* 配給帳.

rátion càrd *n.* 配給票.

rationes decidendi *n.* ratio decidendi の複数形.

rá·tion·ing [-ʃ(ə)nɪŋ] *n.* 配給：a ～ system 配給制(度).

rátio tèst *n.* 〘数学〙級数の比による収束判定法《級数の第 $(n+1)$ 項の第 n 項に対する比の絶対値が 1 より小さい極限値をもつならば，級数は収束するという原理に基づくもの》.

Rat·is·bon [rǽtɪzbɑ̀n, -tɪs- | -tɪzbɔn, -tɪs-] *n.* ラティスボン《Regensburg の旧英語名》.

rat·ite [rǽtaɪt] 〘← L *ratis* raft ＋ -ITE[2]〙 〘動物〙 ── *adj.* **1** (走鳥類のように胸骨に)竜骨 (carina) のない，竜骨突起のない，平らな胸骨を有する (cf. carinate 1). **2** 走鳥類の. ── *n.* 走鳥類の鳥類の総称《ダチョウ・ヒクイドリ・キーウィなど》.

rát kangaròo *n.* 〘動物〙ネズミカンガルー《オーストラリア産の *Bettongia* 属，*Potorous* 属，*Aepyprymnus* 属などのネズミに似たカンガルーの総称》.

rát·lìke *adj.* **1** ネズミのような，ネズミに似た. **2** ネズミの[に関する，に特有の].

rat·line [rǽtlɪn, -lən | -lɪn] 〘《1481–90》 *ratlin(g), radelyng* ← ?〙 ── *n.* (also **rat·lin** [～]) 〘海事〙 **1** [通例 *pl.*] ラットライン《横静索 (shroud) に作った縄ばしごの段索；⇨ deadeye 挿絵》. **2** 横静索に縛り付ける段索用の綱[索]で，タールを浸したストランド3本のロープ.

rat kangaroo
(*Aepyprymnus rufsscens*)

rat·ling [rǽtlɪn, -lən | -lɪn] *n.* ＝ratline.

rát mìte *n.* 〘動物〙イエダニ (*Bdellonyssus* [*Ornithonyssus*] *bacoti*)《チフスを媒介する；⇨ tropical rat mite》.

ra·to, RATO [réɪtoʊ | -təʊ] 〘《頭字語》← *r*(*ocket*)-*a*(*ssisted*) *t*(*ake*)-*o*(*ff*)〙 *n.* 〘航空〙ラトー《航空機がロケットの助けを借りて離陸すること；cf. jato 1》.

ra·toon [rætúːn] 〘▭ Sp. *retoño* ← *retoñar* to sprout ← RE-＋*otoño* (▭ L *autumnus* 'AUTUMN')〙 〘農業〙 ── *n.* (ワタ・サトウキビ・イネなどの)刈株から生じる新芽. ── *vi.* 刈株から新芽を出す. ── *vt.* 刈株から生じる新芽に[から]〈作物を〉作る[栽培する].

ratóon cròp *n.* 〘農業〙(サトウキビ・イネなどの刈り株から生じた)再生作.

rát-pòison *n.* 猫いらず，殺鼠(さっそ)剤.

rát-poison plánt *n.* 〘植物〙＝scarlet hamelia.

rát ràce *n.* 《口語》猛烈な[手段を選ばぬ]出世競争；きりのない[精力を消耗する，無益な]競争[活動]，悪循環，いたちごっこ (vicious circle): The armament race is a ～. 軍備競争はいたちごっこだ.

rats [rǽts] 〘(pl.) ← RAT[1]: もと《米俗》〙 *int.* 《俗》ちぇっ，ばかばかしい《不信・軽蔑・失望などを表わす》: Oh, ～! ばかな；まさか (Humbug!, Nonsense!).

ráts·bàne *n.* **1** ネズミに有毒な植物；鼠取り薬，猫いらず. **2** (無水)亜砒(ひ)酸 (arsenic trioxide).

rát snàke *n.* 〘動物〙ネズミトリヘビ：**a** ヘビ属 (*Elaphe*) のヘビの総称《ネズミやニワトリなど鳥類を食うアオダイショウ，シマヘビなど；chicken snake ともいう》. **b** ナンジャ (*Ptyas mucosus*)《体長 2 m に達するインドおよび Ceylon 地方産ナンジャ属の大ヘビ；住居にはいって来てネズミやニワトリを取る》.

rát-stripper *n.* 〘植物〙＝mountain lover.

rát·tàil *n.* **1** ネズミの尾に似たもの《細い丸やすりなど》. **2** 毛のない馬の尾；毛のない尾を持つ馬，鼠尾の馬. **3** [*pl.*] 〘獣医〙鼠尾癬(せん). **4** ＝grenadier 3. ── *adj.* ネズミの尾に似た，丸くて細長い.

ráttail càctus *n.* 〘植物〙キンヒモ(金紐) (*Aporocactus flagelliformis*)《サボテン科ヒモサボテン属のサボテン；派手な黄花をつける》.

rát-táiled *adj.* **1** ネズミの尾のような形の，長い先細りの尾のある. **2** (ネズミのように)尾に毛のない：a ～ horse.

rát-tàiled lárva [máɡɡot] *n.* 〘昆虫〙双翅目ハナアブ亜科の幼虫の総称《ハナアブ・シマハナアブ・オオハナアブなど汚水中にすみ，腹端に細長い呼吸管がある》.

ráttail fíle *n.* 小型丸やすり.

rát-tail spóon *n.* (ネズミの尾のように)わん部の下まで柄の先端が続いているさじ.

rat·tan [rætǽn, rə-, rǽtæn | rətǽn, ræ-] 〘《1660》▭ Malay *rōtan*〙 ── *n.* **1** 〘植物〙熱帯アジア産ヤシ科トウ属 (*Calamus*) と *Daemonothops* 属のつる植物の総称. **2** その幹や皮《籐(とう)細工用》：a big ～ armchair 大型の籐椅子(いす). **3** 籐のステッキ[むち].

rat-tat [rǽttǽt] *n.* ＝rat-a-tat.

rat-tat-tat [rǽtətǽt | -tə-] *n.* ＝rat-a-tat.

rat·teen [rætíːn] 〘《1685》▭ F *ratine* ← ?〙 *n.* 《古》ラティーン(織)《18世紀英国で人気のあった目が粗くて重いあや織の毛織物》.

rat·ten [rǽtn̩] 〘《Sheffield 方言》← ? RATTON[1]: いたずらはネズミのしわざだとするしゃれから〙 ── *vt.* 《英》(ストライキの時に争議行為として，また個人的な意趣返しとして機械・器具などを隠したり壊したりして)〈雇い主・従業員〉にいやがらせをする，悩ます (molest)，〈工場・機械〉に損害を与える. **～·er** *n.* **～·ing** *n.*

rát·ter [-tə | -tə(r] *n.* **1** ネズミを取る者；ネズミを取る動物《テリヤ犬・猫など》. **2** 《俗》脱党者，変節者，裏切り者 (traitor, deserter)；スト不参加職工，スト破り (scab)；(組合の)協定賃金以下で働く職工[工員].

Rat·ti·gan [rǽtɪɡən, -tə- | -tɪ-], Sir **Ter·rence** (**Mervyn**) [térəns] *n.* (1911–77) 英国の劇作家；*French Without Tears* (1936), *The Winslow Boy* (1946), *The Deep Blue Sea* (1952).

rát·tish [-tɪʃ | -tɪʃ] *adj.* **1** ネズミの；ネズミに似た. **2** ネズミの多い，ネズミの出る.

rat·tle[1] [rǽtl̩ | -tl̩] 〘《逆成》← RATTLING[2]〙 *vt.* 〘海事〙〈船の横静索(shroud)〉に段索(ratline)を付ける〈*down*〉.

rat·tle[2] [rǽtl̩ | -tl̩] 〘《?a1300》 *ratele(n)* ▭ ? (M)LG & (M)Du. *ratel-en* (cf. G *rasseln*): 擬音語：⇨ -le[3]〙 ── *vi.* **1** (物を振ったり触れ合わせたりする時などのように)がらがら[がたがた]いう，ごろごろと鳴る (clatter)；がたがたいわせる：stop the window *rattling* 窓のがたがたいうのを止める / Rain [Hail] was *rattling* on [against] the window glass. 雨[あられ]が窓ガラスに当たってぱらぱら音を立てていた / Our beds ～ when the buses go past. バスが通ると寝台ががたがたいう[鳴る] / ～ at the door 戸をがたがたさせる / These snakes ～ when alarmed. これらのヘビは驚くとがらがら音を立てる. **2 a** 〈車が〉がたがた[ごろごろ]音を立てて走る〈*down, past*〉: The train ～*d over* the points. 汽車はポイントの所をがたがたと通過した. **b** 〈人が〉車輪をがたがたいわせて走る：We ～*d along* the road. 轍(わだち)の音を響かせて道を走った. **3** 〈人が〉(呼吸困難から)ぜいぜいいう，のどをごろごろいわせる，ラッセル音を出す：～ in one's throat. **4** ぺらぺら[ぺちゃくちゃ]しゃべる〈*on, away, along*〉: ～ *on* for two hours.

── *vt.* **1** 〈鎖・瀬戸物などを〉がらがら[がたがた，かたかた，かちかち]いわせる[鳴らす]：～ the handle of a door 戸の取っ手をがたがたいわせる / The wind ～*s* the window. 風で窓ががたがたする / She ～*d* a pencil between her teeth. 鉛筆を(前)歯の間でかちかち鳴らした[いわせた]. **2** がたがたと音を立てて動かす[運ぶ]：～ up an anchor 錨(いかり)をがらがら揚げる. **3 a** 〈詩・話・数字・誓言などを〉ぺらぺら早く言う[読む，読み上げる，歌う]〈*off, out, over, away*〉: ～*off* a greeting [a lively piece of music] ぺらぺらと挨拶(あいさつ)を述べる[陽気な曲をかき鳴らす] / He ～*d off* the names of the American presidents. 米国大統領の名前を次々と読み上げた. **b** 〈仕事などを〉あたふたと片付ける：～ a piece of business *through* 仕事をさっさと片付ける / ～ the bills *through* the House 議会で議案をばたばたと通過させる. **4** たたき起こす (rouse)〈*up*〉. **5** 《口語》驚かす，興奮させる，あわてさせる，混迷させる，がたつかせる (disturb, confuse): Nothing ～*d* him. 彼は何事にも動じなかった / The stock market was ～*d* by the President's decision. 大統領の決意で株式市場は混迷に陥った. **6** 素早く動かす. **7** 《古》がみがみしかる (scold). **8** 〘狩猟〙〈茂みを〉乱す，騒がす (stir up, agitate)；(茂みをたたいて)〈獲物を〉追い出す，狩り立てる：～ foxes.

rattle around* [*about*] *in 〈大きすぎる家〉に住む，〈こなしきれない大きな職場・地位〉で働く.

── *n.* **1 a** がらがら，がたがた(という音): I heard the ～ of hoofs. 馬のひづめの鳴る音を聞いた. **b** (機関銃などの)だだだだっ(という音): the ～ of a machine-gun fire. **c** 大騒ぎ，わいわい騒ぎ (bustle, racket). **2** のど鳴り，喘息，ラッセル音；(死際に)ごろごろいう喉(のど)の音 (death rattle). **3 a** ぺらぺら，ぺちゃくちゃ，おしゃべり (chatter). **b** むだ話. **c** おしゃべりな人，おしゃべり《人》. **4 a** がらがら鳴る器具. **b** (おもちゃの)がらがら. **c** 夜警のがらがら《昔，夜警中に危険を感じた時これを振り鳴らして助けを求めた；watchman's rattle ともいう》: spring a ～《夜警が》がらがらを鳴らす. **5** 〘動物〙がらがら音を出す器官，(ガラガラヘビの尾の)音響器官. **6** 〘植物〙ゴマノハグサ科オクエゾガラガラ属 (*Rhinanthus*) の植物の総称；(特に)北半球温帯産の一年草 (*R. crista-galli*)《熟したさやの中で実が鳴る；yellow rattle ともいう》 **7** [the ～s] 〘病理〙＝croup[1].

ráttle·bàg *n.* がらがら袋《おもちゃの一種》.

ráttle-bàgs *n.* (*pl.* ～) 〘植物〙 **1** ＝bladder campion. **2** ＝rattle[2] 6.

ráttle-blàdder *n.* ＝rattlebag.

ráttle·bòx *n.* **1** がらがら箱《おもちゃの一種》. **2** 〘植物〙 **a** タヌキマメ属 (*Crotalaria*) の植物の総称；(特に) *C. sagittalis*《さやが枯れると中で実ががらがら鳴る》. **b** ＝bladder campion.

ráttle·bràin *n.* 能なし，頭のからっぽな人；程度の低いおしゃべり.

ráttle·bràined *adj.* 頭がからっぽの，浅はかな (empty-headed).

ráttle·bùsh *n.* 〘植物〙 **1** ＝rattlebox 2 a. **2** ＝indigo broom.

ráttle·hèad *n.* ＝rattlebrain.

ráttle·héaded *adj.* ＝rattlebrained.

ráttle·pàte *n.* ＝rattlebrain.

ráttle·páted *adj.* ＝rattlebrained.

rát·tler [-tlə, -tlə | -tlə(r, -tlə(r] 〘《15C》〙 ── *n.* **1 a** がらがら音を出す物. **b** がたがた音を立てる人. **c** がたがた音を立てる車；《米口語》(急行)貨物列車. **d** ＝rattle[2] *n.* 4 b. **2 a** おしゃべりな人. **b** ＝rattlebrain. **3** すばらしい物，逸品；すばらしい実例[典型]: a ～ of a storm 大あらし，大荒れ. **4** 《米》〘動物〙 **a** ＝rattlesnake. **b** [通例 *pl.*] ＝rattle[2] *n.* 5.

ráttle·snàke *n.* 〘動物〙ガラガラヘビ《アメリカ産のガラガラヘビ属 (*Crotalus*) およびヒメガラガラヘビ属 (*Sistrurus*) の有毒ヘビの総称》.

ráttlesnake fèrn *n.* 〘植物〙米国産ハナワラビ科のガラガラヘビの尾に似た胞子嚢をつける多年生草本数種の総称；(特に)ナツノハナワラビ (*Japonobotrychium virginianum*).

ráttlesnake màster *n.* 〘植物〙ガラガラヘビのかみ傷に効くとされる植物の総称：**a** キク科ユリアザミ属の植物 (*Liatris spicata*)，またはセリ科ヒゴタイサイコ属の植物 (*Eryngium yuccifolium*). **b** ＝false aloe.

ráttlesnake plàntain *n.* 〘植物〙ラン科シュスラン属 (*Goodyera*) の植物の総称.

ráttlesnake ròot *n.* 〘植物〙昔その根か球根をガラガラヘビのかみ傷につけると卓効があると言われた植物の総称：**a** フクオウソウ《北米産キク科フクオウソウ属 (*Prenanthes*) の薬草；*P. serpentaria* or *P. alba*》；その根. **b** ＝senega root. **c** ユリ科エンレイソウ属の植物 (*Trillium cernuum*).

ráttlesnake wèed *n.* 〘植物〙 **1** 北米東部産キク科ミヤマコウゾリナ属の一種 (*Hieracium venosum*). **2** ＝button snakeroot 2). **3** 北米南部および西部産の野生のニンジンに類する雑草 (*Daucus pusillus*). **4** ＝rattlesnake plantain.

ráttle·tràp *n.* **1** がたがた揺れるおんぼろの乗物《がた馬車・がたの来た自動車など》. **2** [通例 *pl.*] がらくた骨董品 (gewgaw). **3** 《俗》 **a** おしゃべり. **b** 口. ── *adj.* がたつく，おんぼろの：a ～ car.

ráttle wèed *n.* 〘植物〙＝indigo broom.

rát·tling[1] [-tlɪŋ, -tl-, -tl̩- | -tl̩-, -tl-] 〘ME *rateling*〙 ── *adj.* **1** がらがら[がたがた]鳴る：～ windows がたがたする窓. **2** 活発な，快活な，威勢のいい (brisk, lively): a ～ wind 強く吹く風，強風 / at a ～ pace 快走して. **3** 《口語》すばらしい，すてきな，大した (first-rate, splendid): a ～ pile of money 豪勢に積み上げた金，巨富 / a ～ dinner 豪華版のディナー. ── *adv.* [通例 ～ *good* として] 《口語》すばらしく，とても，ひどく (remarkably, extremely): I had a ～ *good* time. とても面白かった. **～·ly** *adv.*

rat·tling[2] [rǽtlɪn, -lən | -lɪn] 〘《転訛》← RATLINE〙 *n.* 〘海事〙＝ratline.

rat·tly [rǽtli, -tli | -tli, -tli] *adj.* **1** がたがた音を立てる，がたつく，がたつきやすい (clattering). **2** がたがた，ぐらぐらの (shaky).

rat·ton[1] [rǽtn̩, rɑ́ːtn̩] 〘ME *ratoun* ▭ OF *raton* (dim.) ← *rat* < VL **rattum* ← Gmc: ⇨ rat[1]〙 *n.* 《スコット・英方言》ネズミ (rat).

rat·ton[2] [rǽtn̩, rɑ́ːtn̩] *n., v.* 〘農業〙＝ratoon.

rat·toon [rætúːn] *n., v.* 〘農業〙＝ratoon.

rát·tràp 〘《15C》〙 *n.* **1** 鼠取り(器). **2** 絶望的状況，難局. **3** 荒れ果てて不潔な場所[建物]. **4** (自転車の)表面が鋸歯状のペダル《足が滑らないためのもの》.

rát-tràp chéese *n.* ＝Cheddar.

rat·ty [rǽti | -ti] 〘《1865》← RAT[1]＋-Y[4]〙 ── *adj.* (**rat·ti·er; -ti·est**) **1** ネズミの[に関する，に特有の]: a ～ smell. **2** ネズミの多い：a ～ house, attic, etc. **3**

みじめな, 哀れな (wretched, miserable); みすぼらしい, 見苦しい (shabby): a ~ hotel 安ホテル. **4 a** 卑しい (mean); 裏切りの (treacherous). **b** 《俗》いらいらした, 怒った (irritable, angry): with glittering, ~ eyes 怒りに燃えてぎらぎらした目で / He got quite ~ with me. 彼は私に対してすっかり怒ってしまった.

rau·ci·ty [rɔ́ːsəṭi | -sətɪ, -sɪ-] 〚《1607》◻F *raucité* ∥ L *raucitās*: ⇨ ↓, -ity〛 *n.* 声のかれていること[状態], 耳障り.

rau·cous [rɔ́ːkəs] 〚《1769》← L *raucus* hoarse＋-ous〛 — *adj.* **1** しゃがれた, しわがれ声の; 耳障りな (harsh-sounding): a ~ voice / a ~ laugh げらげら笑い(の声). **2** やかましい, 騒々しい: a ~ frontier town 西部開拓時代の騒々しい町. **~·ly** *adv.* **~·ness** *n.*

raught [rɔ́ːt] *v.* 《廃・英方言》reach¹ の過去形・過去分詞: The hand of death hath *raught* him. 死神の手に捕まった (Shak., *Antony* 4. 9. 30).

raunch [rɔ́ːntʃ, ráuntʃ, rɑ́ːntʃ] 〚《逆成》↓〛 *n.* 《米俗》卑俗 (vulgarity); 卑猥, 好色.

raun·chy [rɔ́ːntʃi, ráun-, rɑ́ːn- | -tʃɪ] 〚← ?〛 — *adj.* (**raun·chi·er; -chi·est**) 《米》 **1 a** 標準以下の, 劣った. **b** だらしのない (slovenly). **2 a** みだらな, 猥褻(わいせつ)な: a ~ joke 卑猥な冗談. **b** 好色な. **ráun·chi·ly** [-tʃɪli, -tʃə- | -lɪ] *adv.* **ráun·chi·ness** *n.*

Rausch·en·berg [ráuʃənbɜ̀ːg | -bɜ̀ːg], **Robert** *n.* (1925–　) 米国の画家; 抽象表現主義, ポップアートの代表者の一人.

Rausch·ning [ráuʃnɪŋ], **Hermann** *n.* (1887–　) ドイツ生まれの米国の政治家・著述家.

rau·wol·fi·a [rauwúlfiə, rɔː-, -wɔ́(ː)l- | rɔːwúlfɪə] 〚← NL ~ ← *L. Rauwolf* (16 世紀のドイツの植物学者)＋-ia¹〛 — *n.* **1** 〚植物〛インドジャボク(印度蛇木)《キョウチクトウ科インドジャボク属 (*Rauwolfia*) の熱帯・亜熱帯産の低木の総称; インドジャボク (*R. serpentina*) など》. **2** インドジャボクの根の抽出液《アルカロイドを含み薬用; 下熱・抗赤痢・血圧降下剤》.

rav·age [rǽvɪdʒ] 〚《1611》◻(O)F ~ (n.) & *ravag-er* (v.) ← *ravir* 'to ravish': ⇨ -age〛 — *n.* **1** 破壊; 破壊の猛威; 荒廃 (devastation, ruin): with ~ 猛威を振るって / signs of ~ 荒廃の跡. **2** [通例 *pl.*] 荒らされた跡, 破壊の跡, 惨害, 損害: the ~*s* of war 戦争の惨害, 戦禍 / the ~*s* of tempests [wild beasts, the fire] 暴風雨[野獣, 火事]の被害 / the ~*s* of time 時の経過で生じた荒廃の跡 / the ~*s* of termites 白蟻による被害. — *vt.* **1** 〈軍隊・獣・害虫・火災・天災などが〉荒らす, 荒廃させる (desolate), 略奪する (pillage): ~ the countryside. **2** 〈病気・悪徳・悲しみ・怒りなどが〉破壊する (destroy), 損なう (spoil): a countenance ~*d* by time [disease, vice, grief] 年[病気, 悪徳, 悲しみ]で醜くなった顔 / Cancer ~*d* the family. 癌(がん)がその家族(全員)を(次々に)冒した. — *vi.* 荒らす, 略奪する. **ráv·ag·er** *n.* **~·ment** *n.*

rave¹ [réɪv] 〚《c1385》*rave(n)* ◻ ONF *rav-er* (F *rêver* to dream: cf. reverie) ← ? L *rabere* to be furiously angry (⇨ rage)〛 — *vi.* **1 a** (錯乱状態で)取りとめのないことを言う, うわごとを言う. **b** 《廃》気が狂っている: He must be *raving* to talk like that. あんなことを言うようでは気が狂っているに違いない. **2** 〔人・物事について〕(狂ったように)どなる, わめく, ののしる〔*about, against, at, of*〕: ~ *about* [*of*] one's misfortunes わが身の不幸を大声で嘆く / ~ *against* [*at*] tyranny [a tyrant] 暴政[暴君]を激しく非難する / ~ *for* water 水がほしいと言ってわめく. **3** 〈風・水などが〉荒れ狂う (rage), 怒号する (roar): The wind ~*d* through the mountains. 風がごうごうと山中を吹きまくった / The sea ~*d against* the cliffs. 波が崖に当たって砕け散った. **4** 夢中になってしゃべる, 熱心に説く; 激賞する〔*about, over, of*〕: ~ *about* an actor 夢中で役者をほめる / He ~*d about* Mary's beauty. メアリーの美人ぶりについて夢中になってしゃべった. **5** 《英俗》狂喜する. — *vt.* **1** 物狂わしく叫ぶ, 絶叫する: ~ one's grief 気が狂ったかと思われるほどに嘆き悲しむ. **2** [~ *oneself* で] 荒れ狂って[どなって]…になる: ~ *oneself* hoarse [*to* sleep] どなり散らして声をからす[眠ってしまう] / The storm has ~*d itself* out. あらしが荒れるだけ荒れて止んだ. — *n.* **1** 狂乱, 怒号 (frenzy); (風などの)荒れ狂う音, 荒波の音. **2** 《口語》夢中, のぼせ, 首ったけ: be in a ~ *about* …に夢中になっている. **3** 《口語》(映画・劇などの)激賞, べたぼめ. **4** ＝rave-up. — *adj.* 《口語》ほめちぎる, べたぼめの: The picture received unanimous ~ reviews. その映画はどの批評家・新聞・雑誌からも大好評を得た. **ráv·er** *n.*

rave² [réɪv] 〚《変形》← ? 《廃》*rathe* cart-rail ← ?〛 *n.* **1** (荷車の)荷台の横囲い. **2** [通例 *pl.*] (荷車・そりなどにより多く積むための)横囲い, 補助囲い.

ráve·hòok 〚(← ?)《廃》*rave* to drag, pull (← ?)＋hook〛 *n.* 〚海事〛レーブフック《船板の合わせ目などにまいはだを詰める時, 合わせ目を掃除するのに用いる金具》.

rav·el [rǽvəl] 〚《1582》◻Du. *ravel-en, rafelen* to fray out ← ?〛 — *v.* (**rav·eled, -elled; -el·ing, -el·ling**) — *vt.* **1** [しばしば ~ *out* として] **a** 〈編物・綱などを〉解く, ほぐす, ほどく (unweave, untwist). **b** 〈もつれた事件などを〉筋道をつける (disentangle), 明らかにする, 解明する. **2 a** もつれさせる, こぐらかす (entangle): ~*ed* wool もつれた毛糸. **b** 〈問題などを〉紛糾[混乱]させる, 錯綜させる (confuse, complicate): the ~*ed* skein of life 錯綜混乱した人生. — *vi.* **1** [しばしば ~ *out* として] **a** 〈編物・綱などが〉解ける, ほぐれる. **b** 〈紛糾・混乱が〉解ける; 〈困難が〉解消する: The difficulty will soon ~ *out*. 困難はやがて解消するだろう. **2** 《古》もつれる, こぐらかる; 紛糾する. **3** 〈道路の表面舗装が〉壊れる[だめになる]《接着状態にあった舗装材の割石や砕石がばらばらになってちらばったような状態にいう》. — *n.* **1** (縄・織物・編物などの)解けた[ほぐれた]糸の端. **2 a** もつれ (tangle): a ~ of wool 毛糸のもつれ. **b** 混乱, 錯雑 (complication). **~·er** [-v(ə)lə | -lə(r)] *n.*

Ra·vel [rəvél, ræ- | ræ-; *F.* ravɛl], **Maurice** *n.* ラヴェル《1875–1937; フランスの印象派の作曲家; *Daphnis et chloé* (1912)》.

rave·lin [rǽvlɪn, -lən | rǽvlɪn, -vəlɪn] 〚《1589》◻F ~ ◻It. 《廃》*ravellino, rivellino* (dim.) ← ? *riva* bank < L *rīpam* 《原義》something cut out (by a river) ← IE **rei-* to tear, cut〛 *n.* 〚築城〛半月堡(ほう) (⇨ demilune 2).

ráv·el·ing [-v(ə)lɪŋ] *n.* **1** 解くこと, ほどくこと; 解けること, ほどけること. **2** [《米》ではまた rǽv(ə)lɪn, -lən] (編物・布などの)ほぐれ[ほつれ]糸.

ráv·el·ment *n.* もつれ, 混乱, 紛糾 (tangle, confusion).

ra·ven¹ [réɪvən] 〚OE *hræfn* < Gmc **χrabnaz, *χraban* (Du. *raaf* / G *Rabe*) ← IE **ker-* 《擬音語》(L *corvus* (cf. Corvus) / Gk *kórax* raven & *korṓnē* crow / Skt *kāravas* crow, 《原義》that which says *kā*)〛 — *n.* **1** 〚鳥類〛ワタリガラス (*Corvus corax*)《ヨーロッパ・北アジア・北米などに分布する全長 60 cm ぐらいの大きなカラス; 多く不吉の兆とされる》. **2** [the R-] 〚天文〛からす(烏)座 (⇨ Corvus). — *adj.* (ワタリガラスのように)真黒で光沢のある, 濡れ羽色の: ~ locks 黒々とした髪の毛 / ~ darkness 漆黒の闇.

rav·en² [rǽvən] 〚《1494》◻OF *ravin-er* to ravage < VL **rapīnāre* ← L *rapīna* 'rapine'〛 — *vi.* **1** 略奪する (plunder), 荒らし回る 〈*about*〉. **2** 〔えさ・略奪品などを〕あさり歩く (prowl) 〔*for, after*〕: ~ *after* one's prey えさをあさる. **3** むさぼり食う, がつがつ食う; 〔食物などに〕がつがつする〔*for*〕: ~ *for* food / ~ *for* blood 血に飢える. — *vt.* **1** むさぼり食う. **2** 《廃》略奪する. — *n.* ＝ravin. **~·er** [-v(ə)nə | -nə(r)] *n.*

ráv·en·ing [-v(ə)nɪŋ] *adj.* **1** 獲物をあさり歩く, 食に飢えた, がつがつ食う, むさぼる (rapacious, voracious): ~ wolves. **2** 狂暴な, 荒れ狂う (mad, rabid). — *n.* ＝ravin. **~·ly** *adv.*

Ra·ven·na [rəvénə; *It.* ravénna] *n.* ラベンナ《イタリア北東部の都市; Dante の墓がある; 人口 139,000》.

rav·en·ous [rǽv(ə)nəs | -vən-, -vɪn-] 〚《1412–20》◻OF *ravineux*: ⇨ raven², -ous〛 — *adj.* **1** 〈動物・鳥など〉捕食性の (rapacious): ~ birds 猛禽(類). **2 a** がつがつ食う(voracious), がつがつしている, 飢え切った (famished): be ~ *for* food 食物にがつがつしている / ~ wild beasts 飢えた野獣. **b** 食欲(どんよく)な (rapacious): a ~ appetite 旺盛な食欲 / ~ eagerness むさぼるような熱心さ. **~·ly** *adv.* **~·ness** *n.*

ráve-ùp 〚← rave¹〛 *n.* 《英俗》(飲めや歌えの)乱痴気騒ぎ; パーティー.

ra·vi·gote [rævi:góut | -gɔ́t; *F.* ravigɔt] 〚◻F ~ ← *ravigoter* to refresh ← *ra-* 're-'＋*vigueur* 'vigor'〛 — *n.* ラビゴート(ソース)《ワイン酢とサラダ油を土台にし, 刻んだタラゴン (tarragon)・パセリ・チャーヴィル (chervil) など各種香草を加えて作るソース; ゆで煮した牛肉・魚料理, またサラダに用いる》.

rav·in [rǽvɪn, -vən | -vɪn] 〚《a1325》◻(O)F *ravine* < L *rapīna* 'rapine'〛 — *n.* 《詩・文語》**1** 略奪, 強奪 (robbery). **2 a** 捕食(の習性): a beast [bird] of ~ 猛獣[禽(きん)]. **b** 略奪品 (plunder); 餌食 (prey): a lion filling his den with ~ 巣の中に獲物を貯えているライオン / nature, red in tooth and claw with ~ 餌食を捕えて歯と爪を朱に染めた大自然 (Tennyson, *In Memoriam* 56). — *v.* ＝raven².

ra·vine [rəvíːn] 〚《c1450》◻(O)F ~ 'violent rush of water ◻L *rapīna* 'rapine'〛 *n.* (急流の浸食でできた)峡谷, 山峡 (gorge) (cf. valley 1); 小谷, 細谷.

rav·ined¹ [rǽvɪnd, -vənd | -vɪnd] *adj.* 《廃》＝ravenous.

ra·víned² *adj.* 峡谷のある, (峡谷状の)溝のある.

ráv·ing 〚《15C》← rave¹ (v.)〛 — *adj.* **1** 荒れ狂う: a ~ storm 大暴風雨. **2** 支離滅裂な話し方をする, たわごとをいう, 狂乱の (frenzied): in ~ hysterics 凄まじいヒステリーを起こして. **3** 《口語》非常な, すてきな: a ~ beauty すごい美人. — *adv.* すさまじく: be ~ mad ひどく錯乱している. — *n.* [通例 *pl.*] 支離滅裂な話, たわごと; うわごと: the ~*s* of a lunatic 狂人の口走り[妄語]. **~·ly** *adv.*

ra·vi·o·li [rævióuli, rɑ̀ːv- | -vɪə́ulɪ; *It.* ravjɔ́ːli] 〚◻It. *ravi(u)oli* (pl.) ← *ravi(u)olo* (dim.) ← *rava* turnip < L *rāpam* 'rape²'〛 — *n.* **1** ラビオリ《2 枚の生地に調味した挽き肉を詰めた小さなパスタ》. **2** ラビオリを用いた料理〚トマトソースを使うのが代表的〛.

rav·ish [rǽvɪʃ] 〚《?a1300》*ravisshe(n)* ◻(O)F *raviss-* (stem) ← *ravir* < L *rapere* to seize: ⇨ rape¹, -ish²〛 — *vt.* **1** 有頂天にさせる, うっとりさせる, 狂喜させる (charm): be ~*ed with* joy 喜びに有頂天になる / be ~*ed by* the beauty of the new dress 新調したドレスの美しさにうっとりする. **2 a** 《古》奪い去る; さらう, 強奪する (snatch): ~ a kiss いやがる人にキスする, キスを奪う. **b** 略奪する (plunder): ~ a city. **c** 〈死などが〉〈人を〉奪い去る, 連れ去る. **3** 〈女を〉凌辱(りょうじょく)する, 強姦(ごうかん)する (violate). **4** 《廃》〈女性を〉力ずくでさらう, 誘拐(ゆうかい)する. **~·er** *n.*

ráv·ish·ing 〚ME〛 *adj.* 魅惑的な, 人をうっとりさせる: a ~ smile / a ~ beauty 絶世の美人. **~·ly** *adv.*

ráv·ish·ment 〚◻(O)F *ravissement*: ⇨ ravish, -ment〛 — *n.* **1 a** うっとりさせること, 悩殺. **b** 歓喜, 夢中, 有頂天 (ecstasy, rapture). **2 a** 強奪. **b** 略奪. **3** 〚法律〛凌辱(りょうじょく), 強姦(ごうかん) (rape). **4** 《廃》女性を強引に連れ去ること; (女性)誘拐.

raw [rɔ́ː] 〚OE *hrēaw* < Gmc **χrawaz* (Du. *rauw* / G *roh*) ← IE **kreu-* raw flesh (L *crūdus* 'bloody, crude' / Gk *kréas* raw flesh / Skt *kraviś* raw flesh)〛 — *adj.* **1** 生(なま)の, 料理していない (uncooked): ~ meat 生肉 / eat fish ~ 魚を生で食べる. **2 a** 手を加えていない, 原料のままの, 未加工の (unwrought, crude): a ~ ore 原鉱 / ~ oil 原油 / ~ cotton [wool] 原綿[毛] (cf. raw fibers) / ~ brick 焼かない[生]れんが / ~ rubber 生ゴム / ~ cream 生クリーム / ~ milk 生ミルク《殺菌していない牛乳》/ ~ grain 生麦 / ~ sugar 粗糖 / ~ cloth さらしていない布 / a ~ country road 舗装してない田舎道 / ⇨ raw material, raw silk. **b** 〈下水など〉浄化装置を施していない, 未処理の: ~ sewage なま下水. **c** 〈酒が〉水を割ってない (undiluted); ブレンドしていない (unblended): ~ spirits 生(き)の火酒. **d** 〈獣皮が〉なめしていない (untanned): ~ hides (製革用)原料皮《普通塩蔵皮・乾皮とされているが剥皮されたままの生皮(なまかわ)もある; cf. rawhide》. **e** 〈土地が〉開拓[開発]されていない, 開けていない: ~ land 荒地. **f** (布地の端が)縁かがりをしていない, 織端(おりはた)のついていない. **3** 〈資料・統計など〉手を加えていない, 編集して[解釈を施して]いない: ~ statistics 生(なま)統計 / ~ data 生データ, 未修正データ. **4 a** 未経験の, 未熟な (green); 不慣れな (untrained) 〔*to*〕: ~ recruits 新兵 / a ~ youth 青二才 / ~ judgment 未熟な判断 / a ~ hand 青二才 / I was ~ *to* the land [my work]. その土地に不案内[仕事に不慣れ]であった. **b** 〈性格・品質など〉洗練されていない, 生硬な (unrefined); ぞんざいな, ぶしつけな, 粗野な (crude): a ~ literary style 生硬な文体. **c** 《口語》不当な, 不公平な (unfair); 酷な, ひどい (harsh): ⇨ raw deal. **d** みだらな, 下品な, 卑猥な (indecent): a ~ joke 卑猥な冗談[しゃれ]. **5 a** ひどくすりむいた, 皮のむけた, 赤膚の; 〈傷など〉肉を露出した: ~ skin / a nose ~ from rubbing こすって皮のむけた鼻. **b** 触れるとちくちく痛む (sore): a throat ~ from shouting 大声を出してひりひりする喉. **6 a** おおいのない, 衣服をまとっていない, 裸の (naked): swim ~ 裸で泳ぐ. **b** むき出しの, 露骨な: a ~ portrayal of a woman's life 女の生活の露骨な描写. **7** 〈天候・風など〉冷やっとする, 薄ら寒い, じめじめして寒い (damp and cold): a ~ wind / a ~ morning 冷え冷えした朝. **8** 〚写真〛〈フィルム・乾板など〉露光していない, 未露光の, 生(なま)の (unexposed): ~ film 生フィルム. **9** 〚教育〛素の, 生(なま)の, 素点 (raw score) の.
— *n.* **1** [the ~] **a** 皮膚のむけた所[状態], 赤膚, すり傷 (gall), (さわると)痛い所. **b** 《比喩》痛い所: touch a person on *the* ~ 人の痛い所[弱点]に触れる. **2** [通例 *pl.*] (砂糖・牡蠣(かき)などの, 商品としての)未加工品; 生(なま)砂糖, 粗糖; 生牡蠣.
in the raw (1) 生(なま)のままの, 加工[精製]していない; 自然のままの; 洗練されていない: nature *in the* ~ (人工の加わっていない)生の自然. (2) 裸の[で] (naked, nude): sleep *in the* ~ 裸で寝る.
— *vt.* 《まれ》〈馬の背などを〉すりむく, 赤膚にする.
~·ly *adv.* **~·ness** *n.*

Ra·wal·pin·di [rɑ̀ːwəlpíndi, raʊl-, rɔːl- | rɔ̀ːəlpíndɪ] *n.* ラワルピンジ《パキスタン北東部にある都市で, もと同国の暫定首都; 人口 616,000; cf. Islamabad》.

ráw·bóned *adj.* (痩せて)骨の見える, 骨ばった, 痩せこけた (gaunt).

ráw déal *n.* 《口語》ひどい仕打ち, 不公平な[公正を欠く]やり方 (cf. square deal): get a ~ 乱暴な[不当な]取扱いを受ける.

ráw fíbers *n. pl.* 原繊維《綿なら種を採ったまま, 羊毛なら刈り取ったまま, 絹なら繭(まゆ)から繰り取ったままのもの; cf. raw cotton, raw silk》.

ráw·hèad 〚← raw (adj. 5 a)＋head〛 *n.* (おとぎ話の)お化け (bugbear).
rawhead and bloodybones (1) 頭蓋(ずがい)骨と交差した腿(もも)の骨二本の組合わせ《死の象徴; cf. skull and crossbones》. (2) お化け(specter); 怖いもの(bugbear).

rawhead-and-blóody-bònes *adj.* お化け話のような, とても怖い: a ~ story 怪談.

ráw·hìde *n.* **1** (牛などの)生皮(なまかわ) (untanned skin) 《脱毛後, なめさないまま乾燥した半透明な皮; ベルト・レーシング・ギヤ・ヒモ紡績用具等, 工業用材料に多く用いられる; 生皮(きがわ) (green hides) とは別》. **2** 生皮(なまかわ)製のむち[綱] (cf. cowhide 2 a). — *attrib. adj.* 生皮の, 生皮製の: a ~ whip [boot, jacket] 生皮製のむち[靴, 上着]. — *vt.* **1** 〈馬・牛などを〉生皮のむちで打つ. **2** 〈原鉱を〉生皮袋で運ぶ.

ra·win [réɪwɪn, -wən | -wɪn] 〚← ra(dar)＋win(d)¹〛 *n.* 〚気象〛レーウィン《無線送信機をつけた気球を飛ばして高層風を知る方法》.

ráwin·sònde [-sɑ̀nd | -sɔ̀nd] 〚← rawin＋(radio)sonde〛 *n.* 〚気象〛レーウィンゾンデ《上層気流の速度を測定するラジオゾンデ》.

raw·ish [rɔ́ːɪʃ] *adj.* 生(なま)なところのある, 半生(はんなま)の, 生っぽい; まだ未熟な. **~·ness** *n.*

Raw·lings [rɔ́ːlɪŋz], **Marjorie Kin·nan** [kínən] *n.* (1896–1953) 米国の女流小説家; *The Yearling* (1938).

Raw·lin·son [rɔ́ːlɪnsn̩, -lən- | -lɪn-], **George** *n.* (1812-1902) 英国の歴史家・オリエント学者.

Rawlinson, Sir **Henry Cres·wicke** [krézɪk, -zək | -zɪk] *n.* (1810-95) 英国の軍人・外交官・オリエント学者; 楔形(くさび)文字の解読に成功; G. Rawlinson の兄.

ráw matérial *n.* **1** 原材料, 原料. **2** 土台, 中心, 根幹: The ~ of an army is men. 軍隊の土台は兵である. **3** 素材: Nature is the ~ of poetry.

ráw-pàck mèthod *n.* =cold pack 2.

ráw scóre *n.* 〘心理・教育〙素点《テストの得点のままで, 他の受験者との関係による修正などを組込まない なま点》.

ráw siénna *n.* **1** ローシエナ, イタリア土(ど)《焼いてないシエナ, 黄褐色の顔料; cf. burnt sienna 1》. **2** ローシェンナ色《黄, 褐色, 茶色がかった橙色》.

ráw sílk *n.* **1** (sericin を除く前の)生糸. **2** 絹紡糸による織物.

ráw stóck *n.* **1** 〘製紙〙=body paper. **2** 生(なま)フィルム.

ráw úmber *n.* **1** ローアンバー, 生(き)アンバー, キプロス土(ど)《焼いていないアンバーで黄褐色の顔料; cf. burnt umber 1》. **2** 黄褐色, 焦げ茶色, ローアンバー.

ráw wáter *n.* **1** (製氷用の未蒸留の)原水. **2** (浄化処理前の)天然水.

rax [rǽks] 〘OE *raxan* ← ?: cf. rack¹〙《スコット》 — *vi.* **1** (起きた時などに)背伸びをする (stretch); 手を伸ばす (reach out). **2** 長くなる (elongate). — *vt.* **1** [~ *oneself* で]〈身体などを〉伸ばす. **2** 手渡す (pass, hand).

ray¹ [réɪ] 〘(?c1380) *raye* ▭ (O)F *rai* (cf. F *rayon*: ⇨ rayon) < L *radium* spoke of a wheel, beam: RADIUS と二重語〙 — *n.* **1 a** 一条の光, 光線: a ~ of light. **b** 一点から射出する各線; 星の光のように描き表わした線または形: a star with six ~*s* 六角の星形. **2** 《詩》光 (light), 輝き (radiance): the ~ of the moon. **3** (希望などの)光, 光明, 輝き, ひらめき (glimmer, gleam): a faint ~ of hope 一縷(る)の望み / a ~ of truth 一筋の真理の光明 / a ~ of intelligence 理知[知性]のひらめき. **4** 少量 (particle): There is not a ~ of life on the moon. 月にはかすかな生命もない. **5** [通例 *pl.*] 〘物理・光学〙 **a** (科学上の)線; 射線, 放射線, 輻射線 (cf. rayed): actinic ~*s* 化学線《紫外線》/ anode [cathode] ~*s* 陽極[陰極]線 / infrared ~*s* 赤外線 / ultraviolet ~*s* 紫外線 / a Roentgen ~ =X ray / ⇨ alpha ray, Becquerel rays, beta ray, cosmic rays, gamma ray. **b** (放射線中の)粒子. **c** レイ《直径が微小な輻射エネルギーのビーム (beam)》. **6** 〘数学〙(円の)半径 (radius); (一点から発する)半直線 (half line). **7** 〘植物〙 **a** 放射組織, 射出組織; (キク科植物の)舌状花, 繖(さん)形花 (umbel). **b** =ray flower. **c** =medullary ray 1. **d** =vascular ray. **8** 〘動物〙(魚の)ひれすじ (fin ray); (ヒトデの)射出部, 腕部; (昆虫の羽根の)縦の翅(し)脈. **9** 〘天文〙 **a** 光条, 月の表面の輝条, 条目《噴火口から射出するように見える白く光る線》. **b** 射線. **c** 光線. — *vi.* **1 a** 光線を出す, 輝く (spark) 〈*forth, off, out*〉. **b** 〈思想・希望などが〉光を放つ, ひらめく 〈*forth, off, out*〉. **2** 放射する (radiate); 放射状に伸びる. — *vt.* **1 a** 〈光を〉放つ, 放射する (emit). **b** 〈知性・希望などの光を〉放つ: eyes ~*ing* out happiness 幸福に光輝いている目. **2 a** 光線で照らす; …に光を当てる (irradiate). **b** 〈X 線などに〉さらす; …の放射線写真を取る. **3** …に(放射状の)線[組織, 縞(しま)]を付ける. **~·like** *adj.*

ray² [réɪ] 〘(1323-24) *raye* ▭ OF *raie* < L *raiam* ← ?〙 — *n.* 〘魚類〙エイ《ガンギエイ目の吻(ふん)の短い深海魚の総称; 体盤は偏平で大きな胸びれがある; アカエイ(stingray)・シビレエイ (electric ray)・トビエイ (eagle ray) など》. ★ 吻の長いものは skate という.

ray³ [réɪ] *n.* 〘音楽〙=re¹.

Ray [réɪ] 〘(dim.) 1 ← RAYMOND. 2 ← RACHEL¹〙 *n.* **1** 男性名. **2** 女性名.

Ray, John *n.* (1627?-1705) 英国の博物学者.

ra·ya [ráɪə, ráːjə] 〘▭ Turk. *rāiyye* ← Arab. *ra'īyaʰ* flock, herd ← *rá'ā* to feed: cf. ryot〙 — *n.* (*also* **ra·yah** [~]) 〘歴史〙イスラム教徒でないトルコ国民《特に, トルコ帝国下のキリスト教徒をいう》.

rayed *adj.* [しばしば複合語の第 2 構成素として] **1** 光線[放射線]を有する: a six-*rayed* star 六角の星形. **2** 〘動物〙射形の (radiate): an eight-*rayed* starfish 八本腕のヒトデ. **3** 〘植物〙舌状花[繖(さん)形花]を有する.

ráy flòret *n.* 〘植物〙=ray flower 1.

ráy flòwer *n.* 〘植物〙 **1** (キク科植物の)舌状花, 繖(さん)形花 (cf. disk flower). **2** 欠心繖形花《中心花を欠く繖形花; キクニガナ (chicory) などの花》.

ráy fùngus *n.* 〘細菌〙=actinomycete.

ráy gràss *n.* 〘植物〙=perennial ryegrass.

ráy gùn *n.* 光線銃, 熱線銃, レイガン《人を殺傷または気絶させるという仮定の未来兵器》.

Ray·leigh [réɪli | -lɪ], Lord *n.* (1842-1919) 英国の物理学者; Novel 物理学賞 (1904); 本名 John William Strutt [strʌ́t], 称号 3rd Baron.

Ráyleigh dìsk 〘↑〙 *n.* 〘音響・機械〙レイリー板《音の強さを測る装置》.

Ráyleigh scàttering 〘↑〙 — *n.* 〘光学〙レイリー散乱《媒質内に浮遊する微粒子や微小な密度の不均一性によって起こる光の散乱で, 散乱光の波長は入射光の波長に等しい》.

Ráyleigh wàve *n.* レイリー波《弾性体の表面層内を伝播する波; 特に地震の際に観測される地表に沿って伝播する地震波》.

ráy·less *adj.* **1** 光線のない, 射線のない; 光を出さない. **2** 光のない[入らない]; 真っ暗な. **3** 〘植物〙舌状花 (ray flower) のない. **~·ness** *n.*

ráyless góldenrod *n.* 〘植物〙キク科 *Haplopappus* 属およびこれに近似の雑草の総称.

ray·let [réɪlɪt, -lət] 〘← RAY¹+-LET〙 *n.* わずかな光線, 微光線.

Ray·mond [réɪmənd; *F.* rɛmɔ̃] 〘ME *Reimonde* ▭ ONF *Raimund* ▭ Frank. *Raginmund* 《原義》wise protection ← Gmc **ragin-* (← IE **rek-* to counsel) + **mund* protection (← IE **mə-r-* hand): cf. Ronald, Edmund〙 — *n.* 男性名《愛称形 Rae, Ray; 異形 Raymund》.

Ray·mund [réɪmənd] 〘↑〙 *n.* 男性名.

Ray·náud's disèase [**phenòmenon**] [reɪnóuz- | -náuz-] 〘← *A. G. M. Raynaud* (1834-81: この現象の発見者であるフランスの医師)〙 — *n.* 〘病理〙レイノー現象, 指[趾]虚血[乏血]現象《末梢血管の攣縮(れんしゅく)から来る両手足のゆびなどが血行障害・壊疽(えそ)などを起こす現象で, 他の病気に伴って生じたものでない場合にレイノー病と呼ぶ》.

Ray·ner [réɪnə | -nə(r)] 〘▭ OF *Rainer* ▭ OHG *Raginhari* 《原義》wise army ← Gmc **ragin-* (⇨ Raymond) + **xarjaz* army (⇨ harry)〙 *n.* 男性名《異形 Rainer》.

ray·on [réɪɑn | réɪɔn, réɪən; *F.* rɛjɔ̃] 〘(1924) ▭ F ~ (dim.) ← OF *rai* 'RAY¹': その光沢にちなむ〙 — *n.* レーヨン《人造絹糸 (artificial silk) の一種》; レーヨン織物. — *adj.* レーヨン製の.

ray·on·nant [réɪənənt] 〘▭ F ~ 'radiant' (pres.p.) ← *rayonner* to radiate ← *rayon* (↑)〙 — *adj.* **1** 〘建築〙レイヨナン様式の, 放射線式の《13 世紀中葉のフランス中期ゴシック様式にいう; cf. flamboyant 4 b》. **2** 〘紋章〙光を放った, 光線状になった (radiant), 〈区画線など〉火炎状になった (⇨ heraldry 挿絵 F).

ray·on·né [rèɪənéɪ; *F.* rɛjɔne] 〘▭ F ~ (p.p.) ← *rayonner* to radiate: ⇨ rayon〙 *adj.* 〘紋章〙=rayonnant 2.

ráy parénchyma *n.* 〘植物〙放射柔組織 (cf. phloem parenchyma, wood parenchyma).

ráy trácheid *n.* 〘植物〙放射仮導管.

raze [réɪz] 〘(c1390) *rase(n)* ▭ (O)F *ras-er* < VL **rāsāre* ← L *rāsus* (p.p.) ← *rādere* to scrape: cf. rascal〙 — *vt.* **1** 〈町・家・壁などを〉完全に破壊する, 倒壊する, 倒す (destroy): ~ a house [town] to the ground 家[町]を完全に破壊する. **2** 削る, 剃る (shave off). **3** 〔記憶などから〕消す〔*from*〕: ~ something *from* the mind [memory] ある事を忘れ(去)る. **4** 《古》少し傷つける, 引っかき傷をつける, すりむく(graze): ~ the skin.

ra·zee [reɪzíː] 〘▭ F (*vaisseau*) *rasé* 《原義》razed (ship) (p.p.) ← *raser* (↑)〙 〘海事〙 — *n.* 上部の甲板を切り取って舷(げん)を低くした古い艦[船]; (甲板の数を減らした)小型(軍)艦. — *vt.* (**ra·zeed**; **~·ing**) **1** 甲板数を減じて舷の低い艦[船]とする. **2** (切って)小さくする.

rá·zon bòmb [réɪzɑn- | -zɔn-] 〘*razon*: ← R(ANGE) + AZON〙 — *n.* 〘軍事〙レーゾン爆弾《無線操縦により方向・飛距離を変えられる爆弾; 単に razon ともいう; cf. azon bomb》.

ra·zoo [rəzúː] 〘← ?〙 *n.* [通例否定構文で]《豪俗》小額の金, びた一文: have *not* a (brass) ~ びた一文持っていない.

ra·zor [réɪzə | -zə(r)] 〘(c1300) *raso(u)r* ▭ OF (F *rasoir*) ← *raser* to raze: ⇨ raze, -or²〙 — *n.* **1 a** かみそり (cf. straight razor): a ~ haircut レザーカット《かみそりによる散髪》/ (as) sharp as a ~ かみそりのように鋭い / (as) keen [sharp] as a ~ =(*as*) *keen as* MUSTARD. **b** 安全かみそり (safety razor); 電気かみそり (electric razor). **2** 〘貝類〙=razor clam. **3** 〘哲学〙=Occam's razor.
— *vt.* …にかみそりを使う[当てる], 剃る (shave): ~ a face 顔を剃る / ~ a beard あごひげを剃る.
~·a·ble [-zərəbl̩] *adj.*

rázor·bàck *n.* **1** 〘地理〙(かみそりの刃のように)尖っている山の背; 背の尖った連丘 (cf. hogback). **2** 〘動物〙ナガスクジラ (rorqual)《この種の鯨は背が尖っている》. **3** 〘動物〙米国南東部産の背の尖った野生のブタ《razorback hog ともいう》. — *adj.* =razor-backed.

rázor-bácked *adj.* 背の尖った.

rázor·bìll *n.* 〘鳥類〙 **1** =razor-billed auk. **2** =skimmer 5.

rázor-bìlled áuk *n.* 〘鳥類〙オオハシウミガラス (*Alca torda*).

rázor clàm *n.* 〘貝類〙マテガイ, カミソリガイ《マテガイ科の殻が細長くて薄く西洋かみそりに似た貝の総称; jackknife clam ともいう; cf. solen》.

rázor-èdge *n.* **1 a** かみそりの刃. **b** 鋭い刃; 山の尖った背. **2 a** (緊張・不安を伴った)きわどい立場, 危機. **b** 厳格な区分線.
be* [*hang*] *on the* [*a*] *razor-edge 〘《なぞり》← Gk *epì xuroû akmês*〙(危機一髪という)危険に臨む[立つ, 陥る]. ***put a razor-edge on*** 〈環境・職業などが〉〈人〉を抜け目のない者にする.

rázor-èdged *adj.* (かみそりの刃のように)鋭い.

rázor fìsh *n.* **1** 〘魚類〙ベラ科 *Xyrichthys* 属の総称; (特に) *X. psittacus* 《地中海・西インド諸島産の赤と青の鮮やかな色をした種類》. **2** 〘貝類〙=razor clam.

rázor-grìnder *n.* **1** かみそり研ぎ. **2** 〘鳥類〙=goatsucker.

rázor's èdge *n.* =razor-edge.

rázor-shárp *adj.* (かみそりの刃のように)鋭い.

rázor shèll *n.* 〘貝類〙=razor clam.

rázor-slàsher *n.* かみそりで相手を傷つける犯人.

rázor stròp *n.* (かみそりを研ぐ)革砥(かわと).

razz [rǽ(ː)z] 〘《短縮》← RASPBERRY 3〙《米俗》 — *n.* (舌と両唇で出す)軽蔑の音 (raspberry); あざ笑い, からかい (derision): give the ~ あざ笑う. — *vt.* あざ笑う (deride); からかう, いじめる (tease).

raz·zi·a [rǽziə | -zɪə, -zjə] 〘▭ F ~ ▭ Arab. *ghāziyaʰ* ← *ghāzā* to make a raid〙 *n.* (特に, もとアフリカのイスラム教徒の行なった)侵略, 襲撃 (raid), 略奪; 奴隷狩り.

raz·zle [rǽzl̩] *n.* =razzle-dazzle 1, 2.

rázzle-dázzle 〘《加重》← DAZZLE〙 — *n.* 《俗》 **1** 乱痴気騒ぎ, 大浮かれ (spree): be [go] (out) on *the* ~ ばか[乱痴気]騒ぎをする. **2 a** (見世物などの)騒々しさ, (安っぽい)華やかさ; にぎやかなショー: the ~ of a revue レビューの華やかな雰囲気. **b** 騒がしい[うるさい]広告[宣伝]. **3** (フットボールなどで)攪乱(かくらん)戦術, トリックプレー. **4** (米国で始められた)波動式回転木馬.

razz·ma·tazz [rǽzmətǽz] 〘《変形》← ? RAZZLE-DAZZLE〙 — *n.* 《俗》 **1** =razzle-dazzle 1, 2. **2** 生気, 活力, はつらつ. **3 a** いんちき, でたらめ. **b** 時代遅れ[感傷的]な代物.

Rb 《記号》〘化学〙rubidium.

R.B.A. 《略》Royal Society of British Artists.

RBC 《略》red blood cells [count].

RBE 《略》〘生物〙relative biological effectiveness.

RBI, rbi [áːbìːáɪ, rǽbi | áːbìːáɪ, rǽbɪ] 〘《頭字語》← *run(s) batted in*〙 *n.* (*pl.* **~s, ~**) 〘野球〙打点.

R.B.S. 《略》Royal Society of British Sculptors.

r.c. 《略》red cell [corpuscle]; reinforced concrete; 〘電気〙resistance-capacitance 抵抗容量回路の.

R.C. 《略》Red Cross; Reformed Church; 〘劇場〙right center (舞台に向かって)左中央; Roman Catholic.

RCA *n.* アールシーエイ《米国の通信機製造会社; 1969 年旧名の 'Radio Corporation of America' に代わって略語の RCA が正式社名となった》.

R.C.A.F. 《略》〘軍事〙Royal Canadian Air Force カナダ空軍.

R.C.M. 《略》〘軍事〙radar countermeasures レーダー妨害; 〘軍事〙regimental court-martial 連隊軍法会議.

R.C.M.P. 《略》Royal Canadian Mounted Police.

R.C.N. 《略》〘軍事〙Royal Canadian Navy カナダ海軍.

ŕ còlor [áə- | áː-] *n.* 〘音声〙(母音の) r の音色, そり舌性 (retroflexion) (⇨ r-colored).

ŕ-còlored *adj.* 〘音声〙〈母音が〉r の音色を有する《bird の母音などで英音の [bɜ́ːd] に対して米音のそり舌の [bɝ́ːd] についていう; cf. retroflex》.

R.C.P. 《略》Royal College of Physicians (英国の)王立医師会.

R.C.S. 《略》reaction [reactor] control system ロケットなどの反動力を利用して制御する装置; Royal Corps of Signals.

rct 《略》receipt; 〘軍事〙recruit.

rd 《略》rod; round.

Rd 《記号》《廃》〘化学〙radium (cf. Ra).

R/D, R.D. 《略》〘銀行〙refer to drawer (⇨ drawer *n.*) (cf. N.S.F.).

Rd., rd. 《略》reduce; rendered; rix-dollar; road.

R.D. 《略》〘軍事〙Royal Dragoons 龍騎兵; 〘英国国教会〙Rural Dean; Rural Delivery.

-rd 3 および 3 に終わる序数を表わす時数字に添える: 3rd, 53rd.

RdAc 《記号》〘化学〙radioactinium.

RDB 《略》〘軍事〙Research and Development Board 研究開発委員会.

R.D.C. 《略》〘軍事〙Royal Defence Corps 英国海軍防備隊; 〘英史〙Rural District Council 地方自治区評議会《1974 年の行政改革により廃止》.

RDF 《略》radio direction finder [finding].

ŕ-dròpping *adj.* 〘音声〙r を落とす《母音の直後に来る r 音を脱落させる[発音しない]; 例えば米音の star [stáɚ] に対して英音の [stáː] のように r 音を響かせない; 英音および南部米音の特徴; cf. r-less》.

RD$ 《記号》〘貨幣〙Dominican peso(s).

RdTh 《記号》〘化学〙radiothorium.

RDX 〘← *R(esearch) D(epartment) (e)x(plosive)*〙 *n.* =cyclonite.

re¹ [réɪ, ríː] 〘(a1325) ▭ ML ~ ← L *re(sonāre)* to resound (⇨ re-, sound): cf. gamut〙 *n.* 〘音楽〙 **1** (階名唱法の)「レ」《全音階的長音階の第 2 音; ⇨ do³》. **2** (固定ド唱法の)「レ」, ニ(D)音《ハ調長音階の第2音》.

re² [ríː, réɪ | ríː] 〘(1707) ▭ L ~ 'in the matter of' (abl.) ← *rēs* matter, thing: ⇨ res〙 — *prep.* **1** 〘法律・商業〙…に関して, …について (concerning) (cf. in re): James v. Jones, (in) *re* estate of Williams ジェームズ対ジョーンズ事件, ウィリアムズの財産に関して / *re* your esteemed favor of 6th inst. 今月 6 日付の貴簡に関し. **2** 《口語》…について (about): I want to speak to you *re* your behavior. 君の行動についてちょっと話がある.

re, r.e. 《略》〘アメリカンフットボール〙right end ライトエンド《右エンド位置のプレーヤーの名称》.

Re [réɪ] *n.* 〘エジプト神話〙=Ra.

Re 《略》〘物理〙Reynolds number.

Re 《記号》〘化学〙rhenium; 〘貨幣〙rupee(s).

RE 《記号》〘化学〙rare-earth elements.

R. e. 《略》〘製本〙red edges 赤染め小口.

R.E. 《略》〘化学〙radium emanations; 〘法律〙real estate; Revised Edition; Royal Engineers; Royal Exchange.

're [ə | ə(r)] *vi., auxil. v.* 《口語》are の縮約形. ★ we, you, they の後に来る: we'*re* [wɪə | wɪə(r)], you'*re* [jʊə | jʊə(r)], they'*re* [ðeɪə | ðeɪə(r)].

re- 〘ME ▭ (O)F *re-, ré-* // L *re-, red-* (母音の前) again, back, un-: cf. retro-〙 — *pref.* **A** [rɪ, rə, riː] [ラテン

語系の接頭辞として; またはその転用として英語内の造語で] **1**「相互, 返報」: *re*ciprocal, *re*venge. **2**「反対」: *re*sist, *re*volt. **3**「後の, 後に」: *re*lic, *re*main, *re*tard. **4**「隠退, 秘密」: *re*cluse, *re*fuge, *re*ticent. **5**「離れて, 去って, 下って」: *re*cede, *re*nounce, *re*press. **6** 反復・強意を表わす: *re*double, *re*joice, *re*search. **7** 否定を表わす: *re*cant, *re*sign.

B [rìː, ríː] [語源に関係なく自由に動詞またはその派生語に添えて]「また, 再び, 新たに」: *re*appear, *re*assemble. ★ (1) [発音]以下の見出し語では rè- の表記のみ掲げてあるが, 特に「再び」「また」の意を強調する時には ré- となる. (2) [ハイフンを用いる場合] (i) B の場合に既成語と区別する時: *re*-collect (cf. recollect), *re*-cover (cf. recover). (ii) 次の語が re- および大文字で始まる時: *re*-recover; *re*-Christianization. (iii) 特に「繰返し」「再」の意味を強めて言う時: make and *re*-make, search and *re*-search. (iv) e で始まる語に続く時, まれにハイフンの代わりに第二の e を ë とすることもある: *re*-elect, reëlect.

REA, R.E.A. 《略》 Railway Express Agency; Rural Electrification Administration (米国の農務省の)農村電化局.

rè·absórb *vt.* **1** 再び吸い込む[吸収する]. **2** 〘生物〙 =resorb 2. **rè·absórption** *n.*

reach[1] [ríːtʃ] 〘*v.*: OE *rǣcan* to stretch out < (WGmc) *raikjan (Du. *reiken* / G *reichen*) ← IE *reiĝ- to stretch out (L *rigere* to be stiff, 《原義》 be stretched out). — *n.*: 《1542》 ← (*v.*): ⇨ rigid, rigor〙 — *vt.* **1 a** 〈目的地・行先・宛名などに〉届く, 達する, 着く, 到着する (arrive at [in], come to): ～ town before dark 夕暮れ前に町に着く / London can be ～*ed* in two hours. ロンドンへは2時間で行ける / Your letter ～*ed* me this morning. お手紙今朝落手致しました. **b** (ある過程を通って)…に届く, 達する, 及ぶ (attain); 〈目的・希望などに〉到達する, 達成する (get to, attain): ～ old age [middle age] 老齢[中年]に達する / She had ～*ed* the end of endurance. 彼女は忍耐の極限に達していた / The mass of books ～*es* the ceiling. 本の山が天井まで届いている / This ladder does not ～ the window. このはしごは窓まで届かない / The bullets did not ～ the enemy. 弾丸は敵に届かなかった / ～ the object of one's desires 望みを達する. **c** 〈額・結果などが〉…に達する: ～ a conclusion [determination] 結論[決意]に達する / No new agreements were ～*ed* during the visit. 訪問中に別段新しい協定には至らなかった / The expense will ～ millions. 費用は数百万円に達するであろう / The book ～*ed* its fifth edition. その本は5版になった. **d** 〈耳・目などに〉達する, はいる: Rumors ～*ed* my ears. 色々なうわさが耳にはいってきた / This must not ～ his ears. これは彼の耳に入れてはならない. **e** 〈影響・規則などが〉…に及ぶ (encompass): The rule does not ～ the case. その規則はこの場合には当てはまらない. **f** 〈人の〉心に達する[影響を与える] (impress); 〈人の心を〉得る, 動かす (move): Men are often ～*ed* by flattery. 人はお世辞に心を動かされやすい. **2 a** 〈手などを〉出す, 差し出す, 差し伸ばす, 差し伸べる (extend) 〈*out*〉: ～ *out* one's hand to [toward(s)] …の方へ手を差し出す / Trees ～ their branches toward(s) the sun. 木は太陽の方向にその枝を伸ばす. **b** 〈刀・槍などを〉突き出す (thrust). **c** 《古》(手などで)〈打撃を〉与える: ～ a punch at him 彼にパンチを食らわせる. **3 a** (手などを伸ばして)…に触れる, 届く: ～ the ceiling / cannot ～ one's enemy (ボクシング・フェンシングで)相手に届かない. **b** 手を伸ばして取る: ～ down one's hat 手を伸ばして(帽子掛け・高い所から)帽子を取る / ～ a book from a high shelf 手を伸ばして高い棚の本を取る. **c** [二重目的語を伴って] (手を伸ばして)渡す (hand over), (手または足で)与える (deliver): *Reach* me the pen. そのペンを取って下さい / Would you ～ me the salt, please? (食卓で)塩を取って下さいませんか / *Reach* him a blow on the nose. 彼の鼻に拳骨を食らわせてやれ / *Reach* him a kick. 彼を蹴っとばしてやれ. **4** …と(電話・手紙などで)連絡する: ～ a person by telephone 人と電話で連絡する. **5** 《英方言》〈皮を〉引き伸ばす. **6** 《古》 理解する (comprehend). **7** 《廃》 捕まえる, 捕らえる (⇨ raught).

— *vi.* **1 a** 広がる, 行き渡る (extend); 届く, 達する (attain): as far as the eye can ～ 目の届く限り, 見渡す限り / His hair ～*ed* to his shoulders. 彼の髪は肩まで垂れた / The park ～*es* down *to* the river. 公園は川まで続いている / The authority of the law ～*es over* the whole of the empire. 国法の威力は帝国の隅々にまで行き渡っている. **b** (時間的に)広がる, わたる: The old man's memory ～*es* back over many years. その老人の記憶は何年も昔にさかのぼる / Queen Victoria's reign ～*ed* into the 20th century. ビクトリア女王の治世は20世紀に(まで)及んだ. **2 a** 〔ある方向に〕向かう, 伸びる; 〔ある目的に〕到達しようと努める〔*to*〕: The mind ～*es* forward *to* an ideal. 精神は理想に達しようと努める. **b** 〈金額が〉〔…に〕達する, 及ぶ (amount)〔*to*〕: His income ～*es to* a considerable figure. 彼の収入はかなりの額に達する. **3 a** 手・足を伸ばす, 背伸びする〈*out*〉. **b** 〔物を取ろう[得よう]として〕手を伸ばす〔*for, after*〕; 〔…を得ようと〕努力する〔*for, after*〕: ～ *for* pencil and notebook 鉛筆と手帳を取ろうと手を伸ばす / ～ *after* a violet on the cliff 崖の上のスミレを取ろうと手を伸ばす / ～ into his pocket *for* his wallet 財布を取ろうとポケットに手を突っこむ / ～ *after* fame 名声を得ようと努める. **4** 《英方言》 伸びる: Your hat will ～ in the wearing. 帽子はかぶっているうちに伸びるでしょう. **5** 〘海事〙(風上に向かって)一間切(ぎり)の区間を航走する.

— *n.* **1 a** (何物かを取ろうとして)手(など)を伸ばすこと, 背伸び: make a ～ for one's hat on the rack 網棚の帽子を取ろうとして手を伸ばす. **b** 手足の伸ばせる範囲[届く距離], リーチ; (力・知力・権力などの届く)範囲 (range); 理解範囲, 勢力範囲: within ～ of one's hand 手の届く範囲内に / beyond [above] one's ～ 力が及ばない; 「高嶺の花」で / Such philosophical subtleties are beyond [above] my ～. そんな哲学上の難しいことは私にはわからない / She moved the bottle out of his ～. 彼女は酒びんを彼の手の届かぬ所に移した / Now we are out of ～ of danger. まずこれで危険から脱した / My house is within easy ～ of the station. 私の家は駅から目と鼻の先です / He has a wonderful ～ of imagination. 彼は驚くべき広い想像力を持っている. **2 a** (一面の)広がり (expanse), 区域 (compass): a ～ of grassland 一面の草原 / great ～*es* of forest 大森林地帯. **b** (川の曲がり角から曲がり角までの一目で見渡せる)直線流域: the upper [lower] ～*es* of the Thames テムズ川の上[下]流の一目で見渡せる部分. **c** (運河の水門と水門の間の)同一水面の区間. **d** 入江 (arm of sea). **e** 岬 (promontory). **3** [*pl.*] 要職, 重要な地位: the higher [upper] ～*es* of political world 政界の高官たち. **4** 〘海事〙(風上に向かっての)一間切(ぎり)の帆走[距離] (leg); 正横(せいおう)前の風を受けての帆走: a beam ～ 正横の風を受けての帆走 / a broad ～ 大体正横(時に正横前, 時に正横または正横後)の風を受けての帆走 / a close ～ 詰め開きでの帆走. **5** 〘機械〙 **a** (巻上げ機の)最大繰出し. **b** (荷馬車などの)連結棒.

～·er *n.*

reach[2] [ríːtʃ] 〘OE *hrǣcan* to spit ← Gmc *χraik- (擬音語) (OE *hrāca* spittle / ON *hrækja* to spit): ⇨ retch〙 *v.* 《英方言》 =retch.

reach·a·ble [ríːtʃəbl̩] *adj.* 到達可能な, 届くことができる: The place is ～ in half an hour. その場所は30分で行ける.

réach·ing jìb [sàil] *n.* 〘海事〙 =balloon sail.

réach·less *adj.* 到達できない, 手の届かない.

réach-me-dòwn 〘《1862》 ← *Reach me down* (a garment from a peg or shelf) (⇨ reach[1] (vt. 3 b)): 客の言葉から: cf. hand-me-down〙 — *adj., n.* 《英口語》 =hand-me-down.

réach ròd *n.* 〘機械〙 リーチロッド, 連結棒《両端にピン穴をもったリンクで, 逆転用でこの運動を別のリンクに伝達するために用いる》.

rè·acquíre *vt.* 再び入手する, 獲得し直す.

re·act [riǽkt | rɪ-, riː-] 〘《1644》《なぞり》 ← F *réagir* / L *reagere*: ⇨ re- (A 1, 2), act〙 — *vi.* **1** 〔刺激などに対して〕反応[感応]する〔*to*〕: The eye ～*s to* light. 目は光に感応する / An audience usually ～*s* readily *to* a good lecturer. 聴衆はすぐれた講演者にはすぐ反応を示すものである. **2** 〔ある作用に対して〕反作用をする: Cause and effect ～ *upon* each other. 原因と結果は互いに作用し合う / Tyranny ～*s upon* the tyrant. 暴政は暴君に反逆する, 暴は暴を以て報いられる. **3** 〔…に〕反対する, 反抗する, 逆襲する〔*against*〕: The people will ～ *against* anarchism. 国民は無政府主義に反抗するだろう. **4** 逆方向に進む, 逆戻りする, もとの状態に返る, 逆転する: Stocks ～*ed* markedly. 株式はひどく逆戻りした / ～ *to* 300 yen 反発して300円になる. **5** 〘物理〙 反作用する, 反動する, 反発する〔*against, upon*〕; 〈核が〉(核)反応する. **6** 〘物理・化学〙 反応する〔*on, with*〕: ～*ing* weight 反応量 / This acid ～*s on* copper. この酸は銅に反応する. **7** 〘軍事〙 反撃する. — *vt.* **1** …に反応させる. **2** 〘化学〙 …に化学反応を起こさせる; 〈物質を〉〔…と〕反応させる〔*with*〕.

rè-áct 〘⇨ re- (B)〙 *vt.* **1** 繰り返す, やり直す. **2** 〈劇・場面・役を〉再び演じる.

react. 《略》〘電気〙 reactance.

re·ac·tance [riǽktəns | rɪ-, riː-] 〘← REACT+-ANCE〙 *n.* **1** 〘電気〙 リアクタンス, 誘導抵抗, 感応抵抗 (略 react.). **2** 〘物理〙 =acoustic reactance.

reáctance cóupling *n.* 〘電気〙 リアクタンス結合.

reáctance dròp *n.* 〘電気〙 リアクタンス降下.

reáctance nètwork *n.* 〘電気〙 リアクタンス回路網.

reáctance tùbe *n.* 〘電気〙 リアクタンス管.

re·ac·tant [riǽktənt | rɪ-, riː-] 〘← REACT+-ANT〙 *n.* 〘化学〙 反応体, 反応物質. — *adj.* **1** reactance の. **2** 〘化学〙 反応体の.

re·ac·tion [riǽkʃən | rɪ-, riː-] 〘《1643》 ← REACT+-TION: cf. F *réaction*〙 — *n.* **1** 〔作用に対する〕反作用, 反動〔*on, upon*〕: action and ～ 作用と反作用, 作動と反動. **2 a** 反抗, 反発〔*against*〕. **b** (政治上の)反動, 復古(運動), 「逆コース」, 保守的傾向. **c** 〘軍事〙 反撃. **3** 〔出来事・状況などに対する〕反応, 感想, 意見, 態度〔*to*〕; 第一印象: What was his ～ *to* this news? この知らせを聞いて彼はどんな顔をしたかね. **4** 〘化学〙 反応: a direct [neutral] ～ 正[中性]反応. **5** 〘力学〙 反作用, 反動力. **6** 〘生理〙 (刺激に対する, 神経・筋肉などの)反応. **7** 〘医学〙 **a** 反応, 反応性. **b** (過労・緊張・興奮の後の)活力減退, 無気力. **c** (心の動揺の後などの)大げさな[誇張した]動作. **d** 精神障害. **8** 〘細菌・免疫〙 反応: allergic ～*s* アレルギー反応. **9** 〘心理〙 反応. **10** 〘証券〙 (株価上昇の後の)反動相場, 急下落, 反落. **11** 〘電気〙 反作用. **12** 〘通信〙 再生, 回生 (regeneration). **13** 〘物理〙 (原子)核反応. **14** 〘生態〙 応働《生物が環境に及ぼす影響》; cf. coaction[2] 2). **15** 〘宇宙〙 (噴射による)反動推進. **16** 〘土壌〙 酸性[アルカリ性]度.

～·al [-ʃənl̩, -ʃnəl] *adj.* **～·al·ly** *adv.*

re·ác·tion·àr·ism [-ʃənèrɪzm̩ | -ʃ(ə)nərɪzm̩] *n.* =reactionism.

re·ác·tion·àr·y [-ʃənèri | -ʃ(ə)nəri] 〘《1847》: ⇨ reaction, -ary: cf. F *réactionnaire*〙 — *adj.* **1** 反動の; 逆戻りの. **2** (政治・思想などにおいて)反動的な, 復古主義の, 反進歩[保守]主義の, 逆コースの: a ～ statesman 反動[保守]政治家. — *n.* 反動主義者[思想家].

re·ác·tion·àr·y·ìsm [-ʃ(ə)nèriìzm̩ | -ʃ(ə)nər-] *n.* = reactionism.

reáction bòrder *n.* 〘地質〙 =reaction rim.

reáction contròl *n.* 〘ラジオ〙 (受信機の)再生調節器《再生作用を使用して受信感度を増進する装置》.

reáction èngine *n.* 〘航空・宇宙〙 反動推進エンジン《ロケットエンジン・ジェットエンジンなど物質を後方に噴出させてその反作用で推力を得るエンジン》.

reáction formàtion *n.* 〘精神分析〙 反動形成《自我の防衛規制の一つ》.

re·ác·tion·ìsm [-ʃənìzm̩] *n.* 反動主義, 復古論, 復古[保守]主義.

re·ác·tion·ist [-ʃ(ə)nɪst, -nəst | -nɪst] *n., adj.* =reactionary.

reáction kèy *n.* 〘心理〙 反応時間の測定で刺激に対して, キーを押して反応する時に用いるキー.

reáction kinétics *n.* 〘化学〙 反応動力学, 反応速度論《化学反応の速度に関する事柄を取扱う化学の一部門; chemical kinetics, chemical dynamics ともいう》.

reáction mòtor *n.* 〘航空・宇宙〙 =reaction engine.

reáction propùlsion *n.* 〘航空〙 反動推進 (cf. reaction engine).

reáction rìm *n.* 〘地質〙 反応縁(ぶち)《ある鉱物と回りのマグマが反応して生じた鉱物が前者を取り巻いたもの》.

reáction rìng *n.* 〘土木〙 リアクションリング《ボーリングの際にジャッキに作用する力に抵抗するための重い鋳鉄フランジ (flange)》.

reáction tìme *n.* 〘心理・生理〙 反応時間.

reáction tùrbine *n.* 〘機械〙 反動タービン (cf. impulse turbine).

reáction tỳpe *n.* 〘生物〙 =phenotype.

reáction whèel *n.* 〘機械〙 反動(水)車《水圧を落としながら流失する水の反動で回る水車》.

rè·áctivate *vt.* **1** 再び活動的[活発]にする; 復活させる. **2** 〈部隊・軍艦などを〉現役に戻す. **3** 〈遊休工場などを〉操業再開する, 再び動かす. **4** 〈病気などを〉再発させる. **5** 〘化学〙 再活性化する. **6** 〘細菌〙 再活性化[重活性化]する. **7** 〘電気〙 〈電子管(の電子放出能力)を〉再活性化する. — *vi.* 現役に戻る, 再開[再発, 復活]する. **rè·activátion** *n.*

re·ac·tive [riǽktɪv | rɪ-, riː-] 〘← REACT+-IVE: cf. F *réactif*〙 — *adj.* **1** 反動的な; 復古的な. **2 a** (刺激に対して)敏感な. **b** 精神的なストレス[動揺]から生じる: ～ depression. **3** 〘化学〙 反応的な; 〘物理〙 反作用的な, 反発的な. **4** 〘電気〙 リアクタンスの[に関する, をもつ]: a ～ current 無効電流 (wattless current) (↔ active current). **～·ly** *adv.* **～·ness** *n.*

reáctive cóil *n.* 〘電気〙 =reactor 3.

reáctive compónent *n.* 〘電気〙 無効分《交流電流のうちの無効電力を供給する成分; wattless component ともいう》.

reáctive dróp *n.* 〘電気〙 リアクタンス降下.

reáctive fáctor *n.* 〘電気〙 無効率《無効電力と皮相電力との比; cf. power factor》.

reáctive lóad *n.* 〘電気〙 無効電力負荷《誘導性負荷・容量性負荷など無効電力をとる負荷》.

reáctive pówer *n.* 〘電気〙 =reactive volt-amperes.

reáctive vólt-ámperes *n. pl.* 〘電気〙 無効電力《電圧 V, 電流 I, 相差角 θ のとき VI sin θ をいう; 単位はボルトアンペアまたは Var (バール); 略 RVA》.

re·ac·tiv·i·ty [rìːæktívəṭi | -vɪti, -vɪ-] *n.* **1** 反動, 反動性[力]; 反応(性); 反発. **2** 〘物理〙 (原子核)反応率.

re·ác·tor *n.* **1** 反動[反応, 反発]する人[もの]. **2** 〘免疫・獣医〙 (細菌免疫検査などに対して)反応を示す人[動物], 反応陽性者, 反応体質. **3** 〘電気〙 リアクトル, リアクター《誘導性リアクタンス素子; コイル状のものが多く, 交流電流制限用・移相用, 直流回路の交流分除去用などに使用》. **4** 〘化学〙 反応装置, 化学反応器, 反応炉. **5** 〘原子力〙 原子炉 (nuclear reactor) (cf. atomic pile): a boiling water ～ 沸騰水型原子炉 / a fusion ～ 核融合炉 / a fast breeder ～ 高速(中性子)増殖炉 / ⇨ pressurized water reactor. **6** 〘生態〙 応働を起こす生物.

read[1] [ríːd] 〘OE *rǣdan* to read, advise < Gmc *rǣðan (Du. *raden* / G *raten* to counsel / ON *rāða*) ← IE *ar- to fit together (L *reor* to reckon): cf. rede, rate[1], arm[1], art[2]〙 — *v.* (**read** [réd]) — *vt.* **1 a** 〈書物・手紙・物語などを〉読む; 読解する, 閲読する (peruse): ～ a novel, story, passage, etc. / ～ a book *through* 書物を通読する / ～ a letter *over* ざっと手紙を読む / The Bible is the most ～ of all books. あらゆる本の中で

聖書が一番多く読まれる. **b** …の作品を読む: Few people ~ Johnson nowadays. 近頃はジョンソンを読む人は余りいない. **c** 読み上げる, 音読する, 朗読する (read aloud)〈*out*〉: ~ a paper (学会などで)論文を発表する / ~ *out* a letter (*to*…) (…に)手紙を読み上げる / ~ Mass ⇨ Mass l. **d** 〈標識・文字などを〉指でさわって判読する: ~ Braille 点字を解読する. **e** 〈話し手の唇〉の動きを読解する: ~ a person's lips 人の唇(の動き)を読み取る.

2 〈…ということを〉読んで知る[学ぶ]〈*that*〉: I ~ in the newspaper *that* he had died yesterday. 彼が昨日死んだことを新聞で読んで知った.

3 a 〈人〉に読んで聞かせる[伝える]; 〈人に〉読んで聞かせる[伝える]〔*to*〕: ~ him a book = ~ a book *to* him 彼に本を読んでやる / I will ~ you an interesting story. 君に面白い物語をしてあげよう / ~ a person a lesson [lecture] 人にお説教する. **b** 〈人〉に読んで…させる: I ~ the child *to* sleep. 子供に本を読んでやって寝かしつけた / ~ oneself hoarse 本を読んで声をからす.

4 a 〈外国語などを〉(十分理解して)読む: be able to ~ German ドイツ語が読める. **b** 〈符号・記号などを〉読む, 理解する: ~ hieroglyphs [shorthand, the Morse code] 象形文字[速記, モールス信号]を読む. **c** 〈器械の記号・記録などを〉読む; 〈目盛りなど〉の数字を読む: ~ the clock [a barometer] 時計の時間[気圧計の度盛り]を読む. **d** 〈楽譜などを〉読む, 見て歌う: ~ music 楽譜を読む.

5 a (表情などから)〈人の心・考えなどを〉読み取る: ~ a person's face [heart, expression] 顔色[心中, 表情]を読む / ~ a person's thoughts 人の心を読む / She ~*s* me admirably. 彼女は巧みに私の心を読み取る. **b** 〔顔・表情などに〕…の表われているのを読み取る〔*in*〕: ~ surprise *in* one's face 顔に驚き[当惑]を見て取る.

6 a (特定の意味で)読み取る, 解釈する (interpret); 〔…の意味に〕解釈する〔*as*〕: How do you ~ these lines? この数行をどう解釈するかね / She ~ his letter *to* mean that he loved her. 彼女は彼の手紙は自分を愛してくれているという意味だと読んだ / Your silence will be ~ *as* consent. 黙っていると承諾と見られるよ / The passage may be ~ several ways. ここは色々に解釈できる. **b** 〔…に〕…の(曲解した)意を読み取る〔*into, in*〕: You are ~*ing* more *into* what I said than was intended. 君は僕の言ったことをうがって考え過ぎる / He ~ a compliment *into* what was meant as a rebuke. 非難のつもりで言ったことを彼は賛辞と解した.

7 a 〈謎・徴候などを〉解く, 判断する: ~ the sky 〈気象観測者が〉空模様を判じる; 〈星占い師が〉星占いする / ~ cards (占い師が)トランプを読む; トランプで占う / ~ a dream [an omen] 夢[前兆]を判じる / ~ a person's hand 人の手相を見る / ~ the signs of the times 時勢を察知する / ~ a riddle 謎を解く. **b** 〈未来を〉予言する (foretell): ~ a person's future 人の運命を判断する / ~ the future 未来を予言する.

8 〔…を〕…と訂正して読む, 読み替える; 〈校訂者などが〉〈原文を〉…と判読する; 《戯言》〈述べた事を〉…と訂正する〔*for*〕: *For* "China" another version ~*s* "India." この「中国」に対して他の版では「インド」としている / *For* 'white' ~ 'black.' (正誤表で)「白」は「黒」の誤り.

9 a 〈原稿を〉訂正編集する. **b** 〈ゲラを〉校正する, 読む (proofread).

10 〈温度計などが〉〈…の度[目盛り]を〉示す(indicate): The thermometer ~*s* 33°. 温度計は33度だ / The clock ~ three-forty. 時計は3時40分を示していた.

11 研究する, 専攻する: ⇨ READ *up* / He ~ English literature at Oxford. オックスフォード大学で英文学を研究[専攻]した.

12 《俗》(電話などで)〈相手の言うことを〉聞いて理解できる, 聞き取れる.

13 [通例 p.p. 形で]〖議会〗読会にかける: The bill was ~ *for* the first time. 議案は第一読会にかけられた.

14 〖電算機〗〈電算機が〉〈記憶装置・入力装置など〉から情報を取入れる.

15 〖生物〗〈遺伝情報を〉読む.

— *vi.* **1 a** 読む〈*off, out*〉; 読書する: ~ much [extensively] 多読する / ~ silently [to oneself] 黙読する / ~ aloud [*out* loud] 音読する / He ~ on to the end without a pause. 途中で休まず一気に最後まで読み続けた / He who runs may ~. 走りながらでも読める(ほど明白である) (cf. He may run that readeth it. (*Habak.* 2:2)). **b** 音読する (read aloud); 朗読する (recite): ~ outloud 声を出して読む / ~ to a person 人に(本を)読んで聞かせる / ~ for a person 人に代わって読んでやる. **2** 〔…のことを〕読んで知る〔*of, about*〕: ~ *of* a person's death (新聞などを読んで)人の死を知る. **3** 研究する, 勉強する (study)〔*for, in*〕; 専攻する〔*in*〕: ~ *for* a degree [honors, the Bar] 学位をとる[優等試験に合格する, 弁護士になる]ために勉強する / ~ *in* classics 古典の授業に出る, 古典を専攻する / ~ widely *in* history 歴史を広く研究する / ~ *with* a person 人[先生]について勉強する; 〈家庭教師が〉人の勉強の相手をする. **4** 〈書物・文などが〉読んで…である, …と読める: This book ~*s* interesting. この本は読んで面白い[面白く読める] / This play ~*s* better than it acts. この脚本は芝居で見るよりも読んだ方が面白い / His autobiography ~*s* like a novel. 彼の自伝は小説のように面白く読める / How does the sentence ~ now? (訂正した後などで)今度は文章の具合はどうですか. **5** …と書いてある, 解される: ~ like …のように書いてある, と解される / a rule that ~*s* several ways 幾通りにも解釈される規則 / It ~*s* as follows. その文句は次の通り / The letter ~*s* like a lie [threat]. この手紙はうそ[脅迫]のように思える / This ticket ~*s* to Paris via Siberia. この切符にはシベリア経由パリ行きと書いてある. **6** 〖電算機〗データを読取る.

read between the lines ⇨ *between the* LINES² (1). ***read in*** (1) 〖電算機〗コンピューターに情報を入れる. (2) 〖英国国教会〗= READ *oneself in*. (3) ⇨ *vi.* 3. (4) 《古》〈本を〉読み耽る. ***read off*** 〈通信・温度などを〉読み取る. ***read out*** (1) ⇨ *vt.* 1 c. (2) 《米》(その旨を読み上げて)〈人を〉除名する: He was ~ *out* (*of* the party). 彼は(党から)除名された. (3) 〖電算機〗電算機から〈情報を〉取り出す[読み取る]. (4) 〈情報などを〉発信機で送る. ***read oneself in*** 〖英国国教会〗(三十九か条 (Thirty-nine Articles) の信条などを公けに朗読して)牧師の職につく. ***read up*** (1) 〈ある科目を〉研究[専攻]する. (2) 読書[研究]して知る〔*on*〕: ~ *up on* the origin of the earth 地球の起源を調べる.

— *n.* 《英》読書 (reading), (読書のための)読み物, (1回の)読書時間: enjoy a long [quiet] ~ before the fire 炉の前で長時間[静かに]読書を楽しむ / have a good ~ 読書を楽しむ / take [have] a quick [short] ~ at a book そそくさと[ちょっとの間]本を読む / I have no time for a long ~. ゆっくり読書している暇がない.

read² [réd] 〖(p.p.) ← READ¹〗 — *v.* read¹ の過去形・過去分詞. — *adj.* [副詞を伴って; しばしば複合語の第2構成素として] (読んで)…に通じた, (読書によって)学んでいる (instructed, versed): a *well-read* man 博学者 / He is *well* [*widely*] ~ *in* English literature. 英文学をよく[広く]読んでいる[に通じている] / I am not very *deeply* [am slightly, little, but *poorly*] ~ *in* such a subject. そういう問題にはあまり通じていません[はなはだ無知です, ほとんど知りません].

take as read 〈議事録などを〉読み上げるのを省略する: Can we *take* the minutes *as* ~? 議事録の読み上げを省略していいですか《議長の言葉》.

read³ [ríːd] 〖OE *rēada* ← ?〗 *n.* 〖動物〗皺(しわ)胃《反芻(すう)動物の第四胃; abomasum ともいう》.

Read [ríːd], **Sir Herbert** (**Edward**) *n.* (1893–1968) 英国の批評家・詩人; *Reason and Romanticism* (1926), *English Prose Style* (1928), *Annals of Innocence and Experience* (1940, '46).

read·a·bil·i·ty [rìːdəbíləti | -ləti, -lɪ-] *n.* **1** 読みやすいこと, 読めること, 可読性. **2** 面白く読める[書いてある]こと.

read·a·ble [ríːdəbl] 〖(1570)〗 — *adj.* **1** 〈文字など〉読みやすい, 読める (legible): ~ handwriting 読みやすい筆跡. **2** 面白く読める[書かれた], 読みやすい: a ~ book 面白い本. **3** 通読できる. **~·ness** *n.*

read·a·bly *adv.*

rè·addréss *vt.* **1** 再び話しかける. **2** 〈手紙など〉の宛名を書き直す[変える]; 転送する: ~ a letter 手紙の宛名を書き変える.

Reade [ríːd], **Charles** *n.* (1814–84) 英国の小説家・劇作家; *The Cloister and the Hearth* (1861).

Reade, William Winwood *n.* (1838–75) 英国の著作家・旅行家; Charles の甥(おい); *Savage Africa* (1863), *The Martyrdom of Man* (1872).

réad·er 〖OE *rǣdere*〗 — *n.* **1** 読む人, 読者; 読書家: a great ~ 大の読書家 / a slow ~ 本を読むのが遅い人 / a quick ~ 速読家 / a room for ~*s* 読書室 / ⇨ gentle readers. **2 a** 朗読者. **b** 〖カトリック〗= lector 1. **3 a** 出版顧問《通例 publisher's reader という原稿の出版可否を判定する》. **b** 校正者[係] (proofreader): ~'s marks 校正記号. **4** (ガス・電気などのメーターの)検針員. **5 a** 《英》(一部の大学における lecturer と professor との間の)助教授: a ~ in linguistics 言語学助教授. **b** 《英》(法学院 (Inns of Court) の)法学講師. **c** 《米》(大学の)助手《採点や出席点呼など教授の補佐をする》. **6 a** (学校用などの)読本, リーダー. **b** 選集(anthology): a Shakespeare ~. **7 a** 《口語》読書用虫めがね[拡大鏡] (reading glass). **b** = microreader. **8** 〖電算機〗読み取り装置: a card [tape] ~ カード[テープ]読み取り装置. **9** 〖トランプ〗裏に印のついたトランプ, ガン札《賭博師や手品師などが使う》.

réader·shìp 〖(1719) ← READER + -SHIP〗 — *n.* **1 a** 読者であること; 読者の立場[気持]. **b** 読者層: a wide ~ 広範な読者層. **2** (新聞・雑誌・書類の, 実際の)読者数《circulation (発行部数)とは別》: The papers were highly secret, so we kept the ~ to the minimum. 極秘書類だから目を通す人(の数)を最小限に抑えた. **3** 講師[助手]の職[身分] (cf. reader 5).

réad·i·ly [-dɪli, -də-, -dḷi | -dɪli, -də-] 〖ME〗 — *adv.* **1** たやすく (easily): It can ~ be understood that … は容易に理解できる. **2** 快く, すぐに (promptly); 進んで, 喜んで, 二つ返事で, 躊躇(ちゅうちょ)なく (willingly): give ~ to charity 喜んで慈善事業に寄付する / I would ~ die for the cause of patriotism. 国のためなら喜んで死ぬ気だ.

réad·in [ríːd-] *n.* **1** 〖← *read in* (⇨ read¹ (v.) 成句)〗〖電算機〗読み込み《計算機に情報を入れること》. **2** 〖⇨ -in²〗リードイン《社会悪に対する抗議として集会で文学作品などの一部を読むこと》.

réad·i·ness 〖ME〗 — *n.* **1** 用意[準備]のできていること: in ~ 用意が整って / get everything in ~ for …のために用意万端整える / put the dining room in ~ for one's practice in chorus コーラスの練習に使えるように食堂を準備する / hold something in ~ あるものをいつでも用意している / The car is at the door in ~. 車が玄関に用意してある. **2** 迅速, 手早さ (quickness); たやすさ (facility), 容易 (ease); (話の)よどみのなさ: ~ of speech [wit] 巧みな弁舌[当意即妙の機知]. **3** 快諾(すること), 喜んで[進んで]すること[覚悟] (willingness): with ~ 快く, 進んで / a ~ to place the country first and self last 国を第一にして自分を後にしようという心意気 / One must have ~ to undertake any difficult task. どんな難事にも進んで当たる覚悟がなければならない. **4** 〖教育〗レディネス《子供が一定段階の教育を受け, また一定の行動をする能力を持つ発育上の一段階》.

réad·ing 〖OE *rǣding*〗 — *n.* **1 a** 読むこと, 読書, 朗読 (recital); 読書力: practice ~ 読み方[朗読]を練習する. **b** 公開朗読; 講読会, 読書会, 朗読会: a penny ~ 《英》(昔貧民のため催した)安い朗読・歌曲などの公演. **2** 読書範囲; (読書によって得た)文学上の知識, 学識 (erudition): a man of wide [vast, extensive] ~ 博学の人. **3 a** [集合的] 読み物: good [dull] ~ 面白い[退屈な]読み物 / His favorite ~ was the Bible. 彼の好きな読み物は聖書だった / There is plenty of ~ in it. それはかなり読みでがある. **b** [*pl.*] 朗読文集, 文選, …読本〔*from*〕: ~*s from* Shakespeare シェークスピア朗読文選 / ~*s from* economics 経済学読本. **4** (異本校合による)異文, (写本・原稿などのある個所の)読み方 (version); (古文書・法律などの)解釈 (interpretation): Jebb's [the true, the right, the best, the MS.] ~ ジェッブ氏の[真正の, 正しい, 最適の, 原稿の]読み方 / There are various ~*s* of the passage. (版により, また人によって)ここは本文がまちまちになっている. **5 a** (夢・謎・天候・情勢などの)判断: What is your ~ of the fact? 君はこの事実をどう判断するか. **b** 見解, 解釈 (understanding); (ある解釈に基づく)役の演出法, (音楽の)演奏法 (rendering): my ~ of his character 彼の性格についての私の見解 / an actor's [a director's, 《英》a producer's] ~ of a part ある役に対する俳優[演出家]の解釈[演出の仕方]. **6** (晴雨計・温度計などの)表示度数, 示度, 記録 (record): 8 degrees difference between day and night ~*s* 温度計の昼夜の示度の差8度. **7** [形容詞的に] 読書用の, 読むための: ⇨ reading matter, reading room, etc. **8** [序数詞を伴って]〖議会〗読会(どっかい): ⇨ first reading, second reading, third reading. — *adj.* 読書する, 本好きな, 勉強好きな (studious): the ~ public 読書界; (一般)読書人, 読書家(達) / ⇨ reading man.

Read·ing [rédɪŋ] 〖OE *Rēadingas* ← *Rēad(a)* (人名) ← *rēad* 'RED¹': ⇨ -ing³ 1〗 — *n.* **1** イングランド Berkshire 州の首都, 大学所在地; 人口 140,000. **2** 米国 Pennsylvania 州南東部の都市; 人口 88,000.

Read·ing [rédɪŋ], **Rufus Daniel Isaacs** *n.* (1860–1935) 英国の政治家; 1st Marquis of Reading.

réading àge *n.* 〖教育〗読書年齢《同程度の読書力をもつ小児の平均年齢》.

réading-bòok 〖OE *rǣdingbōc* book of church lessons〗 *n.* 読本, リーダー (reader).

réading chàir *n.* 読書椅子《後ろ向きにまたがってすわれるもので, 背の幅は狭くその上に小さな傾斜した本台が付いていて, ひじ掛けは短く高い位置に付いている》.

reading chair

réading chàrt *n.* 視力検査表, 試視力表.

réading dèsk *n.* **1** (立って読む人のための, 上が斜めになっている背の高い)読書台, 書見台. **2** (教会の)聖書台 (lectern).

réading glàss *n.* (細字や図の細かいところを見るための)読書用拡大鏡; [*pl.*] 読書用めがね.

réading làmp [**lìght**] *n.* 読書ランプ, (書斎用の)電気スタンド.

réading mán *n.* **1** 読書家, 読書人. **2** 《英》猛勉強の大学生.

réading màtter *n.* (新聞・雑誌の)記事, 読み物.

réading nòtice *n.* 〖広告〗新聞などの記事の終わりに目立たないようにあたかも普通の記事のように組まれている広告の一種.

réading ròom *n.* **1** (図書館の)閲覧室; (クラブやホテルの)新聞・雑誌閲覧室, 図書室. **2** (印刷所の)校正室.

rè·adjúst *vt.* **1** 新たに[再び]整理[調整]する, 整理[調整]し直す. **2** 〈企業を〉立て直す. **~·er** *n.*

rè·adjústment *n.* **1** 再整理. **2** (企業の)立て直し, 再建.

rè·admíssion *n.* = readmittance.

rè·admít *vt.* (-mit·ted; -mit·ting) **1** 再び入れる. **2** 〈人〉の再入場[入会, 入学]を許す.

rè·admíttance *n.* 再び入れること; 再入場[入会, 入学]許可.

réad-ónly mémory [ríːd-] *n.* 〖電算機〗読み取り専用記憶装置《内容を変更できない記憶装置》.

rè·adópt *vt.* **1** 〈一旦縁を切った者を〉再び養子にする. **2** 再採用する. **rè·adóption** *n.*

rè·adórn *vt.* 再び飾る, 飾り直す.

réad·òut [ríːd-] 〖← *read out* (⇨ read¹ (v.) 成句)〗 — *n.* **1** 〖電算機〗**a** (情報の)読み出し, 解読《記憶装

置から情報を取り出すこと》. **b** 解読された情報《人間が理解できる形に表わされ記録される》. **2** 〘宇宙〙(観測データの)読み出し《飛行中の人工衛星・ロケットなどからデータを送信すること》. — *attrib. adj.* 〘電算機〙読み出しの.

read·y [rédi | -dɪ] 〘《?a1200》 re(a)di ← OE ġerǣde ready, 《原義》 prepared for a journey ← Gmc *raiđ- to prepare (Du. *gereed* / MHG *gereite* (cf. G *bereit*)) ← IE *reidh- 'to RIDE': ⇨ -y⁴〙 — *adj.* (**read·i·er, -i·est**) **1** [Predicative に用いて] 用意[仕度]の整った, 準備のできた (prepared) 〔*for*〕/ 〈*to do*〉: clothes ~ *for* wearing いつでも着られるようになっている服 / a revolver ~ in case of burglars 夜盗が来たらいつでも撃てるようになっているピストル / ~ *for* printing [sea, working] 印刷[出帆, 運転]の準備のできた / get ~ *for* a trip 旅行の用意をする / get the children ~ *for* a swim 子供たちに水泳の仕度をさせる / get breakfast ~ 朝食を用意する / make ~ *to* start [*for* starting] 出発の準備をする / Dinner is ~. 食事の用意ができました / I am ~ *to* go. いつでも行けます / The car is ~ at the door. 車が玄関に来ている / Get ~! [競技のスタートを告げる号令として] 位置について (cf. 5 a). **2** [Predicative に用いて] **a** 喜んで[進んで]…する (willing), 心の準備のできた, 覚悟のできた 〔*for*〕/ 〈*to do*〉: I am ~ *to* forgive him. 喜んで彼を許すつもりです / I am ~ *to* do anything for him. 彼のためならどんなことでもします / He is ~ *to* risk his life. 彼は命をかける覚悟でいる / I am ~ *for* death. 死ぬ覚悟ができている. **b** まさに…しようとして, 今にも…せんばかりで (about); …しそうな[で]; …しようとして (likely); …しがちな (apt) 〈*to do*〉: be ~ *to* drop [fall] 今にも倒れそうになって / a bud just ~ *to* burst 今にもぱっと咲きそうなつぼみ / The ship is ~ *to* sink any time. 船は今にも沈もうとしている / The sun was ~ *to* break through the clouds. 日はまさに雲間を出ようとしていた / The lilac is ~ *to* burst. ライラックがもう少しで咲き出すところだ / She was ~ *to* cry. 彼女は今にも泣き出しそうだった / be too ~ *to* promise 余りに安請け合いをし過ぎる / He is always ~ *to* apologize. 彼はいつでも何とかかんとか言って弁解する. **3** 素早い, 迅速な (quick), 即刻の, 即座の (offhand), 手早い (facile); 上手な (dexterous): a ~ hand 素早い手 / a ~ answer 即答 / She has a ~ smile. (なにかにつけて)すぐにこにこする / give a ~ consent 即座に承諾する / make a ~ retort すぐ口答えする / goods that meet with a ~ sale 売れ足の早い商品 / a ~ tongue 能弁 / ~ wit 当意即妙の機知, 頓知(とんち) / a ~ pen [writer] まめな筆[筆まめな人] / a ~ versifier 即吟の巧(うま)い人 / ~ solubility in water すぐ水に融ける性質 / find ~ acceptance すぐ快諾される, すぐ信じられる / He is ~ *at* reckoning. 計算が早い / He was ~ *with* his answer. 言下に答えた. **4** すぐ使える, 得やすい, 便利な; 即時払いの: Help is ~ at [to] hand. すぐ手伝いが得られる / ~ to (one's) hand 手に入れやすい / ~ assets すぐ金になる資産 / ⇨ ready money / have 100 pounds in ~ cash 現金で 100 ポンド持っている / the *readiest* way to do it それをする一番の早道. **5** [命令的に用いて] **a** [競技のスタートを告げる号令として] 位置について, 用意, 準備して: *Ready,* steady [set], go! 位置について, 用意, スタート[ドン]. **b** 〘軍事〙構えの姿勢を取った: *Ready,* present, fire! 構え銃(つつ), 狙え, 打て (cf. recover *vt.* 10).

hold oneself ready to…しようと身構える: *hold oneself* ~ *to* start スタートの構えをする. ***make ready*** (1) ⇨ *adj.* 1. (2) 〘印刷〙(組版・印刷機などを調整して)印刷準備をする.

— *adv.* (**read·i·er, -i·est**) **1** [通例過去分詞を伴った複合語の第1構成素として] あらかじめ, 前もって; 用意して: Please pack it ~. ちゃんと荷造りしておいて下さい / The suitcase is ~ packed [packed ~]. スーツケースはちゃんと荷造りしてある / *ready*-built 既に竣工(しゅんこう)している / *ready*-cooked 既に料理のできている / *ready*-furnished 家具が整った, 家具が揃った / ⇨ ready-made. **2** [通例比較級または最上級の形で] 迅速に (quickly): the child that answers *readiest* 最も早く答える子供. **3** 《古》喜んですぐに, てきぱきと (readily).

— *n.* [the ~] **1** 《俗》現金 (cash): Have you got *the* ~? 現金をお持ちですか / plank down *the* ~ 現金で支払う. **2 a** 用意ができていること. **b** 〘軍事〙(銃の)構え[発射用意]の姿勢: at *the* ~ 〈銃が〉発射用意になって; 行動の準備ができて, 身構えて / come to *the* ~ 銃を構える.

— *vt.* [通例 ~ oneself で] 用意する (prepare): He *readied himself for* starting. 彼は出発の用意をした.

ready about! 〘海事〙上手(うわて)回し用意. ***ready up*** (1) 《俗》現金即時払いにする, 即金で払う. (2) 《英・豪俗》だまして取る, ぺてんにかける (swindle).

réady-for-wéar *adj.* 《米》=ready-made.

réady-máde 〘《15C》〙 — *adj.* **1 a** 〈服など〉出来合いの, 既製品の (cf. custom, made-to-order): ~ clothes [shoes] 既製服[靴]. **b** 既製品を売る: a ~ shop 既製服店. **2** 〈思想・意見など〉受け売りの, 借り物の, 陳腐な, 独創性のない (commonplace): ~ beliefs 受け売りの信念. — *n.* (*pl.* ~**s**, ~) **1** 既製品, (特に)既製服: wear a ~. **2** 〘美術〙レディメード《芸術的価値あるオブジェとして評価され展示される既製品(の一部または断片); cf. found object》: Dadaistic ~*s* of Duchamp デュシャンのダダイズム的オブジェ.

réady-mìx *n.* **1** レディミックス《水などを加えるとすぐ使えるように各種材料を調合したもの》. **2 a** インスタント食品. **b** 生コン(クリート). — *adj.* レディミックスの, インスタントの: ~ concrete.

réady-míxed *adj.* =ready-mix.

réady-móney *adj.* 即金の, 現金の: a ~ payment 現金払い.

réady móney 〘《15C》〙 *n.* 即金, 現金: pay ~ 現金払いにする, 即金で払う.

réady réckoner *n.* 計算表, 利息早見表.

réady ròom *n.* 〘航空〙受令室《搭乗員が離陸の前に指令や状況報告を受けるための部屋》.

réady-to-éat *adj.* 〈食品が〉(調理しないでも)すぐに食べられる, インスタントの.

réady-to-wéar *adj.* =ready-made. — *n.* (*pl.* ~**s**, ~) (高級)既製服.

réady-wítted *adj.* 機転のきく, 頓知(とんち)のある, 当意即妙の (quick-witted).

rè·aerátion *n.* 再エアレーション, 再通気.

rè·affírm *vt.* 再び断言する; 再び是認する; 再確認する. **rè·affírmance** *n.* **rè·affirmátion** *n.*

rè·affórest *vt.* 〈土地〉に再び植林する. **rè·afforestátion** *n.*

Rea·gan [réɪgən], **Ronald** (**Wilson**) *n.* (1911–) 米国の政治家; 第40代大統領 (1981–).

re·a·gen·cy [riéɪdʒənsi | riːéɪdʒənsɪ, rɪ-] *n.* 反応(力).

re·a·gent [riéɪdʒənt | riː-, rɪ-] 〘← NL *reagent-em* (pres.p.) ← L *reagere*: cf. react〙 — *n.* **1** 〘化学〙試薬, 試剤. **2** 〘医学〙被験者; 刺激に対して反応を呈する人. **3** 反応する物質; 反動力.

re·ag·gra·va·tion [riːæ̀grəvéɪʃən, -grɪ- | -grə-] 〘⊏ ML *reaggravātiō(n-)* ← *reaggravāre* to make still heavier: ⇨ re-, aggravate〙 — *n.* 〘カトリック〙最後の警告, 最後の訓戒《これに従わないと破門された》.

rè·ággregate 〘化学〙 *vt.* 〈高分子モノマーを〉再凝集させる. — *n.* 再凝集. **rè·aggregátion** *n.*

re·a·gin [riéɪdʒɪn, -dʒən | riːéɪdʒɪn, rɪ-] 〘← REAG(ENT) + -IN¹〙 *n.* 〘免疫〙レアギン, 感作(さ)抗体. **re·a·gin·ic** [riːədʒínɪk] *adj.* **rè·a·gín·i·cal·ly** *adv.*

re·al¹ [ríːəl, ríəl, ríːl, riəl, ríːl] 〘《1448》⊏ AF ~ =(O)F *réel* ⊏ LL *reālis* ← L *rēs* thing (⇨ res) + *-ālis* '-AL¹'〙 — *adj.* (**more ~, most ~; ~·er, ~·est**) **1 a** (名目的, 表面的でない)本当の, 真の (true): the ~ reason 本当の理由 / ~ value 真価 / have ~ existence 現実に存在する / the ~ ruler of the country その国の本当の支配者. **b** (まがいでなく)本物の, 天然の (natural): a ~ pearl 本物の真珠 / ~ money 正金 / one's ~ name 本名, 実名 / ~ silk 本絹 / the ~ thing [stuff] 本物, 本場物; すばらしい物, 極上品. **c** (うわべだけでなく)心からの, 誠実な (sincere): feel ~ sympathy [grief] 心から同情する[悲しむ] / a ~ friend 真の[本当の]友人 / a ~ man うそ[偽り]のない人; その名にそむかない人. **2 a** 現実[実際]に存在する, 実際の (actual); 現実の: ~ events 実際の出来事 / the ~ world 実社会 / happenings in ~ life 実生活の出来事. **b** 実在する: He was unable to believe, but what he saw there was ~. 彼には信じられなかったが, 彼がそこで見たものは(幻などではなく)実在するものだった / ⇨ real presence. **3** 〘経済〙〈賃金・収入が〉実質の: ⇨ real income. **4 a** 〈描写など〉真に迫る: The characters in the novel are quite ~. その小説中の人物達は全く真に迫っている. **b** [強意的に] 全くの (complete): a ~ idiot 全くのばか. **5** 〘法律〙〈財産などが〉物に関する; 不動産の (↔ movable, personal): ~ rights 物権 / ⇨ real estate. **6** 〘哲学〙(観念に対して)実在的な, 現実的な, 実体的な (↔ ideal). **7** 〘光学〙実(像)の (↔ virtual). **8** 〘数学〙 **a** 実の (↔ imaginary): a ~ number 実数. **b** 実数の[を含む, に関する]. **c** =real-valued. **9** 〘音楽〙真正の《模倣の際に音程関係を変えないで》: a ~ fugue 真正フーガ, 五度フーガ.

for real 《俗》(1) 本物の (genuine): This time his anger is *for* ~. 今度は彼は本気で怒っているのだ. (2) 本当に, 実際に (really); 本気で, 真剣に (seriously).

— *n.* **1** [the ~] **a** 真実, 現実 (reality). **b** (模造品・模写などに対して)真実の物, 実物, 本物. **c** (抽象的・概念的なものに対して)実体, 実在 (reality). **2** 実情, 実態. **3** 〘数学〙実数.

— *adv.* 《米口語・スコット》本当に, 全く (really, very): We had a ~ good time. 本当に楽しい思いをした / I am ~ pleased to meet you. お目にかかれて本当にうれしい.

~·ness *n.*

re·al² [reɪáːl, ri- | reɪ-; *Sp.* reál] 〘《1611》⊏ Sp. ~ *real (de plata)* royal (coin of silver) < L *rēgālem*: REGAL¹, ROYAL と三重語〙 — *n.* **1** (*pl.* ~**s**, **re·a·les** [reɪáːleɪs; *Sp.* reáles]) レアル《スペインの旧通貨単位; =¼ peseta》. **1** レアル銀貨 (=⅛ peso). **2** (*pl.* ~**s**, **reis** [réɪs; *Port.* réɪʃ]) レイス《ポルトガル・ブラジルの旧通貨単位; =$^1/_{1000}$ milreis》; 1 レイス硬貨.

réal áction *n.* 〘法律〙対物訴訟《物自体の回復を請求する訴訟; cf. personal action》.

réal áxis *n.* 〘数学〙実軸, 実数軸.

réal bálance efféct *n.* 〘経済〙実質残高効果 (⇨ Pigou effect).

réal definítion *n.* 〘論理〙実在的定義《実在する意味や対象相互の関連についての定義; cf. nominal definition, ostensive definition》.

reales *n.* real² 1 の複数形.

réal estàte *n.* 〘法律〙物的財産, 不動産《土地・家屋・樹木・天然資源など; 略 R.E.; cf. personal property》. **réal-estàte** *adj.*

réal-estate àgent *n.* 《米》不動産管理人; 土地ブローカー, 不動産屋 (《英》estate agent).

réal fócus *n.* 〘光学〙実焦点.

re·al·gar [riǽlgɑə, -gə | rɪǽlgɑː(r, -gə(r] 〘《a1400》⊏ ML ~ ⊏ Arab. *rahj al-ghār* powder of the mine ← *rahj* powder + *al-* 'AL-²' + *ghār* cave ∞ ME *resalgar* ⊏ Arab.〙 *n.* 〘鉱物〙鶏冠石 (AsS) 《sandarac ともいう》.

re·a·li·a [riǽliə, -éɪl- | rɪǽliə, -éɪl-] 〘⊏ LL *reālia* real things (neut.pl.) ← *reālis* 'REAL¹'〙 — *n. pl.* **1** 〘教育〙実物教材, 「レアリエン」《日常生活を説明するために用いる貨幣・道具・武器など》. **2** 〘哲学〙実在物 (realities).

rè·alígn 〘← RE- (B) + ALIGN〙 — *vt.* **1** 再整列させる, 再び合わせる. **2 a** (国家・政党・会社などの間で, またはそれら内部で)〈協力関係・仕事の分掌・手はずなどを〉再調整[再編成]する. **b** 〈結社・会社・政党などを〉(新しい原理・方法に従って)再統合する. **~·ment** *n.*

réal ímage *n.* 〘光学〙実像.

réal íncome *n.* 〘経済〙実質所得《一個人または一国の所得の購買力》.

rè·alíne *vt.* =realign.

re·al·ise [ríːəlàɪz, ríəlaɪz, ríːl- | ríəlaɪz] *v.* 《英》=realize.

re·al·ism [ríːəlìzm, ríəlɪzm, ríːl- | ríəlɪzm, ríːəlìzm] 〘《1817》⊏ G *Realism-us* ← LL *reālis* 'REAL¹' + *-ismus* '-ISM': cf. F *réalisme*〙 — *n.* **1 a** 現実主義《物を観念的・思弁的に取らず, 現実に即して客観的に考えること; cf. idealism》. **b** 現実性. **2** (文学・芸術などの)写実主義, リアリズム (cf. romanticism 1 a, idealism). **3** 〘哲学〙(認識論では)実在論 (cf. idealism); (スコラ哲学では)実念論, 概念実在論 (cf. conceptualism, nominalism). **4** 〘法律〙実体主義.

ré·al·ist [-lɪst, -ləst | -lɪst] 〘《1605》⊏ F *réaliste*: ⇨ real¹, -ist〙 — *n.* **1** 現実主義者. **2** (文学・芸術などの)写実主義者, 写実派の人, リアリスト (cf. romanticist, idealist). **3** 〘哲学〙実在論者; (スコラ哲学では)実念論者, 概念実在論者. — *adj.* =realistic: the ~ school 写実派 / a ~ novel 写実小説.

re·al·is·tic [rìːəlístɪk, rìəl- | rɪəl-, rìːəl-] 〘《1856》: ⇨ ↑, -ic¹〙 — *adj.* **1** 現実主義の (cf. romantic); 現実に即した, 実際的な: have a ~ appreciation of the political situation 政治情勢について現実に即した認識を持っている. **2** (文学・芸術などの)写実派の, 写実主義の, 写実的な: a ~ novel 写実小説. **3** 〘哲学〙実在論的な; (スコラ哲学では)実念論的な, 概念実在論的な. **rè·al·ís·ti·cal·ly** *adv.*

re·al·i·ty [riǽləṭi | rɪǽlətɪ, riː-, -lɪ-] 〘《1550》⊏ (O)F *réalité* // ML *realitāt-em*: ⇨ real¹, -ity〙 — *n.* **1** 本当[真実]であること, 真実性: verify its ~ その真否を確かめる. **2** 現実, 事実, 実体, 本体; 現実的なもの: sober ~ まじめな現実 / The cold ~ is to the contrary. 冷厳な現実はその反対である / mere show without ~ 実体のない単なる見せかけ / a description based on ~ 事実に即した叙述[説明] / nonbelievers of the ~ of UFOs 「未確認飛行物体」の実在を信じない人々 / the stern *realities* of life 人生の厳然たる諸事実 / achieve the ~ of reform 改革の実を挙げる / become a ~ 実現する. **3** 実物そっくりなこと, 迫真性: It is reproduced with startling ~. 驚くほど本物そっくりに複製されている. **4** 〘哲学〙(現象界の基底にある, または現象界を越えた)実在; 実体; 実在[客観]性: subjective ~ (精神界のような)主観的実在 / objective ~ (物質界のような)客観的実在. **5** 《廃》〘法律〙= realty.

in reality (ところが)実は, 実際は (cf. *in* IDEA, *in* NAME); 実際(に), 本当に.

reálity prínciple *n.* 〘精神分析〙現実原則 (cf. pleasure principle).

re·al·iz·a·bil·i·ty [rìːəlaɪzəbíləṭi, rìəl-, rìːl- | rìəlaɪzəbílətɪ, -lɪ-] *n.* 実現(の可能)性; 現金に換えうる可能性[見込み], 換金可能性.

re·al·iz·a·ble [ríːəlàɪzəbl̩, ríəlaɪz-, ríːl- | ríəlaɪz-] 〘⊏ F *réalisable*: ⇨ realize, -able〙 — *adj.* **1** 実現できる. **2** 実感できる. **3** 現金化できる. **ré·al·iz·a·bly** *adv.*

re·al·i·za·tion [rìːəlɪzéɪʃən, rìəl-, rìːl-, -lə- | rɪəlaɪ-, -lɪ-] 〘《1611》⊏ F *réalisation*: ⇨ ↓, -ation〙 — *n.* **1** 本当[真実]だと思う[感づく, 悟る, わかる]こと, 実感を持つこと, 実状を知ること, 体得, 認識: have a true ~ of one's position [danger] 自分の立場[危険]を本当に悟る / a quick ~ of essentials 要点の急速な認識 / She does not have a ~ of solitude. 彼女は孤独とはどういうものか実感していない / I've begun to get the full ~ of what had happened to me. 自分の身の上に起こったことを十分に実感し始めている. **2 a** (夢想・空想・計画などの)実現, 現実化: the ~ of one's hopes [dreams] 希望[夢想]の実現 / be brought to ~ 実現される / the ~ of total democracy 完全な民主主義の実現. **b** 実現[現実化]したもの. **3** 実物のように[目の当たりに]見せること. **4** 金を得る[正金に換える]こと, 現金化. **5** 〘音楽〙具現, リアリゼーション: **a** 低音声部に付された和音の種類を示す数字に従って, 楽譜上には明記されていない音を加えながら演奏すること. **b** 和声づけして楽譜を完成させること. **6** 〘言語〙具現(化) (⇨ exponence).

re·al·ize [ríːəlàɪz, ríəlaɪz, ríːl- | ríəlaɪz] 〘《1611》⊏ F *réalise-r*: ⇨ real¹, -ize〙 — *vt.* **1** はっきりと自覚する, 実感する, 悟る, 合点がゆく, 認識する (understand clearly): ~ one's incompetency 自分の無能さを自覚

する / He did not ~ his own danger. 彼は自分自身に迫っている危険を悟らなかった / I ~*d* from his remarks *that* he was against the plan. 彼の言葉から彼がその計画には反対であることがわかった / You hardly ~ *how* steep the hill is. 君はあの山がどんなに険しいかほとんどわかっていない. **2 a** [しばしば Passive で]〈希望・計画などを〉実現する (effect): ~ one's ambitions, hopes, etc. / Her dreams [fears] were ~*d*. 彼女の夢[懸念]は実現した[現実となった]. **b** 如実に見せる; …の実感を出す[写す], 写実的に表わす: ~ the ancient history of Japan 日本古代史を如実に描写する. **3 a**〈所有物を〉売る, 現金化する, 換金する: ~ one's securities 証券を現金に換える. **b**〔売却・投資・努力などで〕〈利益・財産などを〉得る, 儲ける, 作る (gain)〔*on*〕: ~ a large profit *on* the sale of one's land 土地を売却して莫大な利益を得る. **c**〈家屋・土地などが〉(売れて)…の金になる, …に売れる: The sale of his pictures ~*d* $20,000. 彼の絵の売立ては2万ドルになった. **4**〘音楽〙〈通奏低音を〉具現する (cf. realization 5). **5**〘言語〙〈音素など, 要素を〉具現する.
— *vi.* **1** (財産などを売って)金にする, 換金する: You had better ~ at once. すぐ金にした方がいいでしょう. **2** [副詞を伴って]〈土地などが〉(売れて)金になる: ~ *well* [*ill*] よい金になる[ならない].
ré·al·iz·er *n.*

ré·al·ìz·ing *adj.* **1** 理解[実感]力の鋭敏な; 敏感な: a ~ sense of danger 危険を感じとる敏感な感覚. **2** 実現する. **3** 現金化する. **~·ly** *adv.*

rè·allíance〘← RE-(B)+ALLIANCE〙*n.* 再同盟.

réal-life *attrib. adj.* 現実の (actual): a ~ happening 実際に起こった出来事.

réal lìne *n.*〘数学〙実数直線《ガウス平面 (Gaussian plane) 上の実数を表わす点のつくる直線; 実軸 (real axis) と一致する》.

re·al·ly [ríːəli, ríəli, ríːli | ríəlɪ]〘《c1430》*rialliche*: ⇨ real¹, -ly¹: cf. L *reāliter*〙— *adv.* **1 a** 実際(に), 本当に, 実に (truly, actually) (cf. nominally): ~ good weather 本当によい天気 / I ~ think so. 私は本当にそう考える / They don't know what it ~ is. 彼らはその実体[正体]を知らない / This is ~ and truly my wallet. これは間違いなく本当に私の札入れです. **b** 実際(に)は, 本当は (in reality, in fact): Sixty is not ~ old. 60ではまだ本当の年寄りではない. **2** [強調的に] 全く, 本当に, 確かに, いかにも (indeed): *Really*, that's too bad. 全くそれは困りましたね[お気の毒です]. **3** [間投詞的に] ほう, へえ, おや《軽い驚き・疑い・非難などを表わす》: *Really?* ほう, そうですか / *Really!* まあ; まさか / Oh, ~! まあ, そうですか / Not ~! / Well, ~! へえ(こりゃあ驚いた).

rè-allý *vt.* 再同盟[提携]させる; 再び結合させる.

realm [rélm]〘《c1300》*realme, reaume* ◻ OF (F *royaume*) ← *reial* 'ROYAL'〙— *n.* **1** [主に修辞的にまたは法律語・詩語として用いて] 王国 (kingdom), 国土 (country), 領土 (territory): this noble ~ of England この気高いイギリス(の国) / this ~, this England この王国このイングランド (Shak., *Rich II* 2. 1. 50) / the Defence of the *Realm* Act ⇨ defense / persons who are out of the ~ 国外にある人々 / the laws of the ~〘文語〙英国国法; 王国の法律; 国法 / the coin of the ~ (国の)法定貨幣. **2 a** 範囲, 領域 (sphere, region): the ~ of nature 自然界 / the ~ of sleep [dreams] 眠りの国[夢の世界] / in the ~ of fancy [poetry] 空想[詩]の領域に / the ~ of gold〘詩〙文学(の世界) (Keats, *On First Looking into Chapman's Homer*) / within the ~ of possibility 可能性の範囲内に. **b** (学問などの)部門, 界: in the ~ of psychology [physics] 心理学[物理学]の分野で. **3**〘生物地理〙(動物分布区の)界. ★ 最大の分布区分でその下位区分は次の通り: realm —region (区)— subregion (亜区)—province (地方).

réal Mackáy *n.*〘英俗〙=real McCoy.

réal McCóy *n.*〘口語〙=McCoy.

réalm·less *adj.* 領土[領域]のない.

réal númber *n.*〘数学〙実数《有理数および無理数の総称》.

réal párt *n.*〘数学〙実部, 実数部分《複素数 $x+yi$ の x; ↔ imaginary part》.

re·al·po·li·tik [reɪáːlpòʊlɪtìːk | -pəʊ-; *G.* reáːlpolitíːk]〘◻ G *Realpolitik* real politics〙— *G. n.* [しばしば R-] **1** 現実政策, 実益政策《主義や理想に固執するより現実の条件を重視する政策》. **2**〘皮肉〙政策のための政策; 実力[武力]政策 (cf. machtopolitik, power politics).

réal présence, R- P- *n.*〘神学〙キリストの現在[実在], 血肉実在説《ミサ[聖餐(せいさん)]の中にキリストの肉と血が実在するという説》.

réal próperty *n.*〘法律〙=real estate.

réal represéntative *n.* 家系相続者.

réal schòol *n.* =realschule.

re·al·schu·le [reɪáːlʃùːlə; *G.* reáːlʃuːlə]〘◻ G *Realschule* real school〙— *n.* (*pl.* **re·al·schu·len** [-lən; *G.* -lən]) [しばしば R-] (ドイツの)実科中学校, 実務学校, レアルシューレ《gymnasium¹ に対し古典語の代わりに実科を主とし, 理科・近代語・機械技術などを教授する中等学校》.

réal sérvitude *n.*〘大陸法〙地役権《特定の土地[要役地]の便益のために他人の土地[承役地]を利用する権利; 通行地役権・引水地役権・日照地役権など》.

réal ténnis *n.* =court tennis.

réal-tíme *adj.*〘電算機〙実時間の: ~ operation (電子計算機の)実時間処理[演算].

réal tíme *n.*〘電算機〙実時間, 即時応答, リアルタイム《データが要求に応じた短時間で処理されること; 事象それ自体が進行する時間も指す》.

Re·al·tor [ríːəltə, -tɔə, riǽltə, -tɔə | ríəltə(r, ríːl-, rɪǽltə(r, -tɔː(r]〘← REALT(Y)+-OR²〙— *n.*《米》(全米リアルター協会 (National Association of Realtors) に加入している)不動産業者.

re·al·ty [ríːəlti, ríəl-, ríːl- | ríəltɪ, ríːəl-, ríːl-]〘《15C》← REAL¹+-TY²〙*n.* =real estate.

réal-válued *adj.*〘数学〙実数値の: a ~ function 実数値関数.

réal váriable *n.*〘数学〙実変数.

réal wáges *n. pl.*〘経済〙実質賃金《購買力の点から見た賃金; cf. nominal wages》.

ream¹ [ríːm]〘《1392–93》*rem* ◻ OF *rayme, raime* (F *rame*) ◻ Arab. *rízma*ʰ bundle ← *rázama* to bundle〙— *n.* **1**〘製紙〙連(れん)《普通は 20 quires (480枚) (short ream), 新聞紙ではむだを見越して 500 枚 (long ream), 印刷用紙は 516 枚 (printer's [perfect] ream)》. **2** [通例 *pl.*] 多量: He wrote ~*s* and ~*s* of verse. おびただしい数の詩を書いた / These figures supply archeologists with ~*s* of statistical data. こうした数字は世の考古学者に多量の統計的データを提供する.

ream² [ríːm]〘OE *rēman* to open up < Gmc **rūm-jan* ← IE **rewə-* to open; space: cf. OE *rȳman* to open up ← *rūm* 'spacious, ROOM'〙— *vt.* **1 a**〈穴〉の口を広げる,〈銃の口径を〉大きくする (countersink). **b** (リーマー (reamer) で)〈穴を〉広げる (widen). **2**〈傷や不良部分を〉(穴を広げて)取り除く〈*out*〉. **3**《米》レモン絞り器 (reamer) で〈果物など〉のジュースを絞り出す;〈果物のジュースを〉絞り出す. **4**《米俗》だます,「かも」にする (cheat, victimize). **5**《卑》〈物を〉肛門に入れる. **6**〘海事〙(まいはだを詰めるために)〈板の継ぎ目を〉広げる.

ream³ [ríːm]〘《15C》《方言》*ream* cream < OE *rēam* < (WGmc) **rauma* (Du. *room* / G *Rahm*) ← ?〙《スコット・英方言》— *vt.*〈牛乳〉からクリーム[泡]をすくう. — *vi.* 泡立つ (foam). — *n.* **1** (液体表面の)泡. **2** クリーム (cream).

réam·er〘⇨ ream²〙— *n.* **1**〘機械〙リーマー, 穴ぐり具, 拡孔具《錐穴の仕上げに用いる》. **2**〘歯科〙リーマー《歯の根管を拡大するために用いる》. **3**《米》レモン絞り(器).

reamer 1

rè·ánimate *vt.* **1** 生き返らせる, 蘇生(そせい)させる. **2**〈意気消沈した人を〉元気づける, 鼓舞する, 激励する. **rè·animátion** *n.*

rè·annéx〘《15C》◻ OF *reannex-er*: ⇨ re-, annex〙— *vt.*〈一度離れた[手離した]領土を〉再び併合する. **rè·annexátion** *n.*

reamer 3

reap [ríːp]〘OE *re(o)pan, rīpan* < ? Gmc **rīpjan* (MLG *repelen* to remove seeds) ← IE **rei-* to scratch, tear, cut: cf. ripe¹〙— *vt.* **1 a** 刈る, 刈り取る, 刈り入れる, 収穫する: ~ grain [fruit] 穀物[果物]を収穫する. **b**〈畑など〉の作物を収穫する: ~ a field 畑のものを刈り取る[収穫する]. **2** (行動または努力の結果)獲得する;〘比喩〙〈報いなどを〉受ける: ~ a benefit from exertions 努力の成果としての利益を得る / the political benefits they have been ~*ing* from the rightist Establishment 彼らが右翼的な現体制から受けて来た政治上の利益 / ⇨ (*sow the wind and*) *reap the* WHIRLWIND / ~ the fruits of one's actions 自業自得の目に会う / ~ the benefit of hard work [kindness] 苦労[親切]が実を結ぶ / ~ experience 経験を得る[積む].
— *vi.* 刈り取る, 収穫する; 報いを受ける: ~ as [what] one has sown 自分のしたことの報いを受ける, 因果応報, 自業自得 / ~ where one has not sown まかずに収穫する《他人の功を奪う; cf. *Matt.* 25: 24》/ Now is the time to ~. 今こそ収穫の時だ《辛苦の結果を収める時だ; cf. *Gal.* 6: 7》/ They that sow in tears shall ~ in joy. 涙をもって種まく者は喜びをもって刈り取らん (*Ps.* 126: 5).

réap·er〘OE *rīpere*〙— *n.* **1** 刈り手, 収穫者. **2** 刈取り機, リーパー. **3** [the (Grim) R-] 死神《普通, 骸骨が経帷子(きょうかたびら)をまとい大(草刈り)鎌を持った姿で表わされる》.

réap hòok *n.* =reaping hook.

réap·ing hòok *n.* (刈入れ用の)鎌.

réaping machìne *n.* 自動刈取り機《通例, 刈ったものを自動的に束にする装置が付いている; cf. combine²》.

rè·appárel *vt.* (**-pareled, -elled; -el·ing, -el·ling**)〈衣装を〉再び着せる, 新たに装わせる.

rè·appéar *vi.* 再び現われる, 再現する, 再発する.

rè·appéarance *n.* 再現, 再発 (relapse): The disease has made no ~ since her operation. 手術後再発はなかった.

rè·applicátion *n.* 再使用, 再適用, 再志願, 再申請, 再従事.

rè·applý *vt.* 再び用いる[適用する],〔…に〕再び従事させる,〈力などを〉再び向ける〔*to*〕. — *vi.* 再申し込み[申請, 志願]する.

rè·appóint *vt.* 再び任命[指定]する, 復職[再選]させる. **rè·appóintment** *n.*

rè·appórtion *vt.* 再配布する, 再配当する, 再び割り当てる: ~ the whole building 建物全体(の使用者)を再配分する.

rè·appórtionment *n.* **1** 再配布, 再割り当て. **2** (立法部において)代表の再配分.

rè·appráisal *n.* 再評価 (revaluation).

rè·appráise *vt.* 再評価する.

rè·appróach *vi.* 再び接近する.

rè·apprópriate *vt.* 再び専有する; 再び流用する, 再び私用に使う. **rè·appropriátion** *n.*

rear¹ [ríə | ríə(r]〘OE *rǣran* < Gmc **raizjan* (ON *reisa* / Goth. *-raisjan*) (caus.) ← **reisan* 'to RISE'〙— *vt.* **1**〘文語〙**a** 真直ぐに立てる, 起こす, 差し[持ち]上げる, そびえさせる (lift up): ~ one's hand 手を挙げる / ~ a ladder 梯子(はしご)を立てる / ~ a flagpole 旗竿(ざお)を立てる / ~ the standard of revolt against … に反旗を翻す / The city ~*s* its towers. その都市には塔がそそり立っている / ~ the [its, his] head 頭をあげる;〈悪心などが〉頭をもたげる,〈人が〉頭角を現わす / The mountains ~ their crests into the clouds. 山々が高く雲にそびえている. **b**〈声などを〉立てる, 高める (raise): ~ one's voice. **2**〘文語〙〈寺院・塔・記念碑などを〉築く, 建てる: ~ a monument 記念碑を建てる. **3 a**〈家畜などを〉飼う (raise): ~ cattle [pigs] 牛[豚]を飼う. **b**〈子供を〉育てる (bring up), しつける, 教育する: They ~*ed* their only son sternly. 夫婦は一人息子を厳格に育てた. **c**〈作物を〉栽培する (cultivate). **4**〈馬を〉後足で立ち上がらせる (cf. *vi.* 1 a).
— *vi.* **1 a**〈馬などが〉後足で立つ, 棒立ちになる〈*up*〉. **b**〈人が〉(怒って)立ち上がる, 席を蹴って立つ〈*up*〉. **c**〘文語〙そびえる (tower). **2**〘方言〙見えてくる, 現われる (appear).

rear² [ríə | ríə(r]〘《1600》《略》← REARWARD〙— *n.* **1** [通例 the ~] **a** 背後, 背面 (back) (cf. front 1): go to *the* ~ 背後へ回る / *the* ~ of a house 家の裏側. **b** (人・物の)後ろ, 後方: *at the* ~ of = *in* (*the*) ~ of … の後ろに, (家など)の裏に (↔ in front of) / follow *in the* ~ 後につく, 後から行く / I saw them far *in the* ~. 彼らがずっと後ろにいるのが見えた / It was sent to *the* ~ for safety. 安全のために後方へ送られた. **c** (艦隊・部隊などの)後方(部隊), 後尾, 殿(しんがり) (cf. van¹ 1): hang on *the* ~ of … の後をつけ回す《襲いかかろうとして》/ take [attack] the enemy in *the* ~ 敵の背後を襲う. **d**〘口語〙尻 (behind): get kicked in *the* ~ 尻を蹴っとばされる. **2**〘英口語〙便所.
bring up the rear = ***close the rear*** 殿(しんがり)をつとめる, 一番後に来る (cf. lead the VAN¹).
— *adj.* 背後の, 後ろの, 後方の (back); 殿(しんがり)の, 後ろからの, 裏(側)の: a ~ gate 裏門 / a ~ rank 後列 / the ~ seat [door] of a car 車の後部座席[扉] / tires on the ~ wheels 後輪のタイヤ / a ~ pants pocket ズボンの尻のポケット / a ~ attack 背面攻撃.
— *adv.* [通例複合語の第1構成素として] 後方へ[から]: a *rear*-driven car 後輪駆動車.

réar ádmiral〘もと艦隊の後方部隊 (⇨ rear² (n. 1 c)) を指揮したことから〙*n.* 海軍少将 (略 R.A.).

réar árch *n.*〘建築〙窓裏アーチ, 背面アーチ《窓の内側に外観とは異なるアーチが架けられたもの; ⇨ embrasure 挿絵》.

réar-cómmodore *n.* ヨットクラブの役員《vice-commodore の下》.

réar échelon *n.*〘軍事〙**1** 後方群《司令部のうち, 直接戦闘指揮に当たる前方群 (forward echelon) に対し, 前線のかなり後方で管理・補給などの任務に当たる》. **2** 後方梯隊[部隊]《空輸作戦で目標地域に送りこむべき部隊のうち, 予備の部隊》.

réar-énd *adj.* (列車などの)後尾の, 後部の (cf. head-on): a ~ collision (列車などの)追突.

réar énd *n.* **1** (列車などの)後尾, 後部 (tail end). **2**〘口語〙尻 (behind, buttocks).

rear·er [rí(ə)rə | ríərə(r]〘ME〙*n.* **1** 養育者, 飼育者; 培養者. **2** (後足で)棒立ちになる癖のある馬.

réar·guàrd *adj.*〘軍事〙後衛の: ⇨ rearguard action 1.

réar guàrd〘《1481》◻ OF *rereguarde* ← *rer, riere* (< L *retrō* 'back, RETRO-') + *guarde* 'GUARD': cf. rearward〙— *n.*〘軍事〙後衛 (rear)《退却の時など部隊の後方を守る; cf. van¹ 1》.

réar·guàrd áction *n.* **1**〘軍事〙後衛戦《退却の際や, 包囲されている守備隊を護衛する際に後方部隊が行なう戦い》. **2** (優勢な社会的傾向などに抵抗する)歯止め作戦.

rè·árgue *vt.* 再び議論する, 論議し直す. **rè·árgument** *n.*

réar·hòrse〘← REAR¹: カマキリは怒ると馬のように棒立ちになることから〙*n.*〘昆虫〙カマキリ (mantis).

rè·aríse *vi.* 再起する, 再興する.

réar lámp [líght] *n.* 尾灯, テールライト (tail light).

rè·árm *vt.* **1** 再武装させる, 再軍備させる;〈国〉の軍事力を回復する. **2** …に新規[新式]の武器を持たせる: The country was ~*ed* [~*ed* itself] *with* the magazine rifle. その国は軍隊の装備を連発銃に替えた.
— *vi.* **1** 再武装する, 再軍備する. **2** (新式武器で)装備を改善する: She has begun to ~, too. この国も新式の武器に切り替え始めた.

rè·ármament *n.* 再軍備, 再武装; (改良または新発明の武器による)装備の改善, 軍備の近代化: ⇨ Moral Re-Armament.

réar·mòst *adj.* 最後尾の, 最後の (hindmost, last).
réar·mòuse [ríə- | ríə-] *n.* 〖動物〗=reremouse.
rè·aróuse *vt.* 再び起こす, 再び覚醒(かくせい)させる[呼びさます].
réar projéction *n.* 〖映画・テレビ〗=background projection.
rè·arránge *vt.* 再整理[配列]する, 整理し直す; 〈物・人〉の配列を変える. ― *vi.* 〖化学〗転位する.
rè·arrángement *n.* **1** 再整理, 再配列. **2** 〖化学〗転位(反応)《分子の中で原子の配列が変わる反応》.
réar síght *n.* (銃の)照門, 後部照尺 (⇨ rifle[1] 挿絵).
réar vással 〚《部分訳》← F *arrière-vassal*〛 *n.* 陪臣(ばいしん), 又家来(またげらい), 又者(またもの) (vavasor).
réar váult 〚《なぞり》← F *arrière-voussure*: ⇨ rear², vault¹〛 ― *n.* 〖建築〗窓裏ヴォールト《壁が厚いために窓裏アーチ (rear arch) の上方が迫持(せりもち)丸天井のようになっているもの; ⇨ embrasure 挿絵》.
réar·vìew mírror *n.* (自動車などの)バックミラー.
réar-vìsion mírror *n.* =rearview mirror.
rear·ward [ríəwəd | ríəwəd] 〚n.: (?*a*1300) ▭ AF *rerewarde*=OF *rereguarde* 'REAR GUARD'〛 ― *adj.* 最後の[にある], 殿(しんがり)の[にある]; 後方への. ― *adv.* 背後に[へ], 後方に[へ] (↔ vanward): ~ of …の後方に. ― *n.* 《古》 **1** 後方, 後部, 最後. **2** 〖軍事〗後衛, 後部隊: in [at] the ~ 後部[背後]に / in the ~ [to ~] of …の後部[背後]に.
réar·ward·ly *adv.* =rearward.
réar·wards [-wədz | -wədz] *adv.* =rearward.
réar wíndow *n.* 裏窓.
rè·ascénd *vi.* 再び上がる[登る], 再上昇する. ― *vt.* 再び登る, 登り直す. **rè·ascénsion** *n.* **rè·ascént** *n.*
rea·son [ríːzn] 〚n.: (?*a*1200) *res(o)un, reisun* ▭ OF *reisun, reson* (F *raison*) < L *ratiō(n-)* ← *ratus* (p.p.) ← *rērī* to reckon, think ← IE **ar-* to fit together. ― v.: (*a*1325) *resone(n)* ▭ OF *raison-er* (F *raisonner*) ← *raison* (n.): RATIO, RATION と三重語〛 ― *n.* **1 a** 推理力, 判断力, 理知, 理性: Animals have no ~. 動物には理性がない / Whether dogs have ~ is a question of definition. 犬に理性があるかないかは(理性という語の)定義次第だ / God and ~ [*Reason*] are identical. 神とはすなわち理性のことである. **b** 正気 (sanity), 思慮, 分別 (sense); 良識 (good sense): lose one's ~ 気が狂う / come [be restored] to ~ 正気に返る / ⇨ *as* REASON *was*. **2** 理由, 訳(わけ) (cause), 動機 (motive), 根拠 (ground), 言い訳 (excuse); 理由[動機]となる事実: the ~ *for* saying this このことを(わざわざ)言う理由 / *for* no other ~ than that… 単に…というだけの理由で / for some ~ (or other) 何らかの理由で, どうしたわけか / give [render, yield] a ~ *for* …の理由を述べる / prove with ~*s* 理由を挙げて証明する / explain the ~ *for* …の理由を説明する / a [the] woman's [the ladies'] ~ 女の理屈《ただ好きだから好きだというような理由にもならぬ理由; cf. Shak., *Two Gent* 1. 2. 23–24》/ *for* ~*s* of economy 節約のために / ⇨ REASON(s) of state / *For* what ~? どういう理由で, なぜ / with or without ~ 理由の有無を問わず / have ~ *for* [*to* do] …の[すべき]理由がある, …は[するのは]もっともだ / He has every [good] ~ *to* hope that he will be elected. 彼には当選を期待できる十分の理由がある / I see ~ *to* suspect him. 彼を疑うだけの理由がある / There is no ~ *for* delay. 遅れる理由[わけ]はない / I see no ~ *why* it should be so. それがそうでなければならないという理由がわからない / It was not without ~ that he took the other course. 彼が別のコースをとったのも理由のないことではなかった / The ~ *why* he hesitates is *that* [*because*]… 彼が躊躇(ちゅうちょ)するわけは…だ. ★《口語》ではこの例のように that の代わりに because とすることがある. **3** (ものの)道理, 条理, 理屈: disregard ~ 道理を無視する / make a person see ~ 人に道理を弁(わきま)えさせる / hear [listen to] ~ 道理に従う, 〈女・子供などが〉人の言うことを聞き分ける / speak [talk] ~ もっともなことを言う / There is ~ in what he says. 彼の言うことにはもっともと思えるものがある. **4** 〖論理〗理由, 論拠 (logical ground); 前提 (premise), (特に)小前提 (minor premise). **5 a** 〖哲学〗理性; (特にカント哲学で)感性, 悟性と区別される推理; 理念の能力, (あるいは以上の三つを包括する広義の能力としての)理性: ⇨ practical reason, pure reason. **b** 〖スコラ哲学〗理性《知的な本質直観を意味する intellect と概念・論証の能力である ratio の総称》.
as reason was 理性[思慮]の命じる所に従って, 良識に従って. ***beyond* (*all*) *reason*** (全く)理屈に合わない (unreasonable). ***bring a person to reason*** 〈人〉に道理を悟らせる, 聞き分けさせる; 納得させる (convince). ***by reason of*** …のために, のせいで (because of): It failed *by* ~ *of* its bad organization. それは組織が悪かったために失敗した. ***by reason* (*that*)**…であるために, …の故に (because). ***in reason*** 道理上, 道理にかなって(いる), 無理でない: I will do anything *in* (all) ~. (道)理に叶(かな)ったことなら何でもする / It is not *in* (any) ~ to expect me to do so. 私にそうしろと期待するのは無理というものだ. ***neither rhyme nor reason*** ⇨ rhyme 成句. ***on reason*** 理屈で判断して. ***out of reason*** 道理にそむいて, 不条理な, 途方もない. ***past* (*all*) *reason***=*beyond* (*all*) REASON. ***stand to reason*** 理屈に合う: It *stands to* ~ *that* he was dismissed. 彼が首になったのは当然のことだ. ***within reason***=*in* REASON. ***without rhyme or reason*** ⇨ rhyme 成句. ***with reason*** 理由をもって(…する), (…するのも)もっともだ, 無理がない (rightly): He complained *with* ~. 彼が不平を言ったのは無理もない / He complains, and *with* (good) ~. 彼は不平を言うがそれもそのはずだ.
reason(s) of state [State] 国家的理由[立場]《しばしば為政者が不道徳な行為の弁護に使う口実》: for ~(*s*) *of state*.
― *vi.* **1** 推理する, 推論する, 判断を下す: ~ *from* experience 経験から推論する / ~ *about* [*on, upon,* 《古》*of*] a subject ある主題について推理する. **2** 論じる (discourse), 談じる (talk) 〔*with*〕: ~ *with* a person for an hour 人と1時間論じる.
― *vt.* **1 a** 〈結論などを〉(論理上から)考え出す, 論証する 〈*out*〉: ~ (*out*) a proposition 主張を論証する / ~ *out* a conclusion 論究して結論を得る. **b** 〈…だと〉推論[論断]する (conclude) 〈*that*〉: He ~*ed that* they were guilty. 彼らが有罪であることを論断した. **2** 論理上から説く, 論理的に言い表わす (cf. reasoned): His speech was admirably ~*ed*. 彼の演説は論理立てがうまかった. **3** 説きつける 〈*down*〉; 説得して[言い聞かせて]…させる 〔*out of, into*〕 (cf. persuade): ~ a person *into* compliance 理を説いて人を承服させる / ~ a person *into* accepting the proposal 理を説いて人に提案を受け入れさせる / ~ a person *out of* his fears [obstinacy] 人を説いて恐怖心[頑固(がんこ)な心]をなくさせる / ~ oneself *into* perplexity 勝手に思い込んでうろたえる / ~ a person *down* 人を説き伏せる. **4** 《古》…を論じる (discuss): ~ what is meant by it それが何を意味しているかを論じる / ~ whether it is true それが真か否かを論じる / ~ why it is wrong それがなぜ間違っているかを論じる.
~·er [-znə, -znə | -znə(r, -zn-] *n.*
rea·son·a·ble [ríːznəbl, -zn- | -zn-, -zn-] 〚(*a*1325) *resonable* ▭ (O)F *raisonnable*: ⇨ ↑, -able〛 ― *adj.* **1 a** 道理を聞き分ける, 思慮分別のある (sensible): a ~ man 通常人, 一般の人 / You must be ~. 無茶なことを言ってはいけない, 道理をよく考えたまえ. **b** 《古》理性のある, 論理的な (rational): a ~ creature [being] 理性のある生物《人間》. **2** 道理にかなった, 合理的な (rational), 正当な, もっともな: a ~ excuse [cause, choice, supposition] もっともな言い訳[原因, 選択, 仮定]. **3 a** 法外でない, 無理をいわない, 厳しくない, 穏当な (moderate): ~ terms 穏当な条件 / a ~ demand 無理のない要求. **b** 〈値段など〉手ごろな, 高くない (moderate): at a ~ price 手ごろな[納得できる]値段で / The landlady rented them a room at a very ~ rent. 家主は手ごろな部屋代で彼らにひと部屋貸した. **rèa·son·a·bíl·i·ty** [-znəbíləti, -zn- | -znəbílɪti, -zn-, -lɪ-] *n.* **~·ness** *n.*
réa·son·a·bly [-bli | -blɪ] 〚ME〛 *adv.* **1** 合理的に, 道理上. **2** 無理なく, 法外でなく, 適当に, 適度に, ほどよく (moderately); かなりに (fairly).
réa·soned *adj.* 道理に基づいた; 道理[論]を尽くした, 筋の通った: a ~ article 理を尽くした[筋の通った]論考 / a ~ amendment その理由を表示した修正案 / a well ~ speech よく筋道の通った演説.
réa·son·ing [-znɪŋ, -zn- | -zn-, -zn-] 〚n.: ME〛 ― *n.* **1** 推理, 推論. **2** 論究, 論法, 論議. **3** [集合的] 論拠, 論証, 証明. ― *adj.* **1** 理性のある (rational): Man is a ~ creature [being]. 人間は理性のある動物である. **2** 推論する, 推理の: ~ power [faculties] 推理力.
réason·less 〚ME〛 ― *adj.* **1** 理性を欠いた, 理性のない: a ~ brute. **2** 理性によらない, 聞き分けのない, 分別のない (senseless), 無理な, 不合理な, 筋[理屈]の通らない: ~ conduct 理に外れた行い / ~ arguments 理屈も何もない議論 / a ~ accusation 筋の通らない非難[言いがかり]. **~·ly** *adv.* **~·ness** *n.*
rè·assémblage *n.* 再集合; 新たに集める[集まる]こと; 新たに組み合わせる[組み立てる]こと.
rè·assémble *vt.* 再び集める; 新たに集める; 新たに組み合わせる, 組み立て直す. ― *vi.* (散った後で)再び集まる.
rè·assémbly *n.* =reassemblage.
rè·assért *vt.* 再び断言[主張]する, 繰り返して言明する. **rè·assértion** *n.*
rè·asséss *vt.* **1** 再評価する; 査定し直す. **2** 再び賦課する[割り当てる]. **~·ment** *n.*
rè·assígn *vt.* 再び割り当てる[委託する], 再譲与する; 返還する. **~·ment** *n.*
rè·assóciate *vt., vi.* 再び連合[参加, 交際]する, 再提携する. **rè·associátion** *n.*
rè·assúme 〚(15C) ▭ ML *reassume-re*: ⇨ re-, assume; cf. resume〛 ― *vt.* **1** 再び取る, 取り戻す, 取り返す (take back). **2** 再び引き受ける, 再び身に着ける. **3** 再び始める (resume). **rè·assúmption** *n.*
rè·assúrance *n.* **1** 元気[安心]を与え(られ)ること; 元気づけの言葉(など); 新たな元気[自信]. **2** 《英》〖保険〗(生命保険の)再保険 (reinsurance).
rè·assúre *vt.* **1** 元気づかせる, 新たに自信を持たせる, 安心させる (cf. assure 2 a): His remarks ~*d* me. 彼の話で私は安心した. **2** 〈人〉の意見[印象]を強固にする. **3** 《英》〖保険〗〈人〉に再保険をかける (reinsure).
rè·assúring *adj.* 安心感を与える, 元気づける, 励みになる (encouraging): in a ~ fashion 相手を安心させるような態度[やり方, 言葉遣い]で. **~·ly** *adv.*
re·a·ta [riǽtə, -áːtə | riáːtə; *Sp.* reáta] 〚▭ Sp. ~ 'rope' 《逆成》← *reatar* to tie again〛 *n.* (*pl.* ~**s**) =lariat.
rè·attách *vt.* **1** 再び取付ける, 再び付属させる. **2** 再び愛着を抱かせる. ― *vi.* 再び付着する 〔*to*〕.
rè·attáchment *n.* 〖法律〗再逮捕, 再差押え.
rè·attáck *vt., vi.* 再び攻める.
rè·attémpt *vt., vi.* 再び試みる, やり直す. ― *n.* 新たな試み, 仕直し, やり直し.
Réaum. 《略》Reaumur.
Re·au·mur [rèɪo(ʊ)mjʊ́ə, rèɪə-, ⌐⌐⌐, reɪóʊmə, -mjʊə | réɪəmjʊ̀ə(r, -mə(r; *F.* reomyːr] 〚(1782)↓〛 ― *adj.* (*also* **Ré·au·mur** [~]) 〖物理化学〗レ氏[レオミュール]温度計の (略 R, R., Réaum.): a temperature of more than 55° ~ [55° *R*] レ氏55度よりも高い温度.
Ré·au·mur [rèɪo(ʊ)mjʊ́ə, rèɪə-, ⌐⌐⌐, reɪóʊmə, -mjʊə | réɪəmjʊ̀ə(r, -mə(r; *F.* reomyːr], **René Antoine Fer·chault** [fɛrʃo] **de** *n.* レオミュール《1683–1757; フランスの自然科学者; レ氏温度計を創案 (1730)》.
Réaumur scále *n.* 〖物理化学〗レ氏[レオミュール]目盛《Réaumur の考案した温度目盛で, 気圧一気圧のとき氷点 (0°R) と沸点 (80°R) との間を 80 等分したもの, セ氏とレ氏の相対値は R=⁴⁄₅ C》.
Réaumur thermómeter *n.* 〖物理化学〗レ氏[レオミュール]温度計.
reave[1] [ríːv] 〚OE *rēafian* < Gmc **raubōjan* 《原義》to break (Du. *rooven* / G *rauben*) ← IE **reu-* to snatch (L *ūsūrpāre* 'to USURP' & *rumpere* 'to RUPTURE'): cf. bereave〛 《英古・詩》 ― *v.* (**reaved,** 《古》 **reft** [réft]) ― *vi.* 略奪する, さらって行く (pillage). ― *vt.* **1** 〔…から〕略奪する, 強奪する (plunder) 〈*away*〉 〔*from*〕. **2** [特に p.p. 形で] 〈人〉から〔…を〕奪う (bereave, rob) 〔*of*〕: parents (who were) *reft of* their children 子を奪われた[子に死なれた]親たち / ~ the neighbors *of* their cattle 近所の家畜を強奪する. **réav·er** *n.*
reave[2] [ríːv] 〚(?*c*1300): RIVE と連想されたための REAVE[1] の特別用法 ?: cf. ON *rīfa* to tear〛 《古》 ― *v.* (**reaved, reft** [réft]) ― *vt.* 引き裂く, 引きちぎる, 破る (tear, break, split). ― *vi.* 裂ける, 引きちぎれる, 破れる (rend, break).
reb [réb] 〚《略》← REBEL[1]〛 *n.* 《米口語》=Johnny Reb.
Reb [réb] 〚▭ Yid. ~ 'rabbi'〛 *Yid. n.* [敬称に用いて] 様, 殿, 氏 (mister).
Re·ba [ríːbə] 〚(dim.) ← REBECCA〛 *n.* 女性名.
re·bab [rɪbáːb, rə- | rɪ-] 〚▭ Arab. *rabāb*: ⇨ rebec〛 ― *n.* ラバーブ, レバーブ《アラビアよりイラン・トルコ・インドネシア・タイに見られ, gamelan にも用いる擦弦楽器; 1–3 弦で小円形の胴に細長い柄がつく》.
rè·báptism *n.* 〖キリスト教〗 **1** 再洗礼. **2** 再命名.
rè·baptíze 〚(15C) ▭ LL *rebaptiz-āre*: ⇨ re-, baptize〛 *vt.* **1** …に再び洗礼を施す. **2** …に再命名する, …の名をつけ直す (rename).
re·bar·ba·tive [rɪbáːbətɪv, rə- | -báːbət-] 〚▭ F *rébarbatif* ← OF *rebarber* to be repellent ← RE- (A) + *barbe* beard: ⇨ -ative〛 ― *adj.* 《文語》人をいらいらさせる, 人好きのしない, 虫の好かない, 嫌な (repellent, unattractive). **~·ly** *adv.*
re·bate[1] [ríːbeɪt, rɪbéɪt] 〚(1427) *rabat(e)* ▭ (O)F *rabatt-re* ← RE- (A) + *abattre* 'to ABATE'〛 ― *vt.* **1 a** 〈支払った額の一部を〉払い戻す, 割戻す; 割戻し[リベート]をする: ~ ten percent of the price 価格の1割を割戻す. **b** 割引きする (deduce). **c** …に割戻しを与える. **2** 《古》 **a** 〈刃・感情などを〉鈍らす (dull). **b** …の力[効果など]を弱める, 減少させる (diminish, reduce). **3** 〖紋章〗〈紋章図形〉の一部をカットする (⇨ rebated). ― *vi.* (営業政策などとして慣習的に)割戻しする, リベートを行なう. ― *n.* **1** 払い戻し, 割戻し, リベート (drawback): tax ~*s* 税金の割戻し / the ~ system 運賃払い戻し制. **2** 割引き (discount).
re·bate[2] [riːbéɪt, ⌐⌐, rǽbɪt, -bət | rǽbɪt, -bət] 〚《変形》← RABBET〛 *n., v.* 〖木工〗=rabbet.
re·bat·ed [rɪbéɪtɪd, -təd | -tɪd, -təd] *adj.* 〖紋章〗一部が切り取られた: a cross ~ 先端がカットされた十字.
re·ba·to [rɪbáːtoʊ, -béɪ- | -təʊ] *n.* (*pl.* ~**s**) =rabato.
reb·be [rébə] 〚▭ Yid. ~ ▭ Heb. *rabbī* 'RABBI[1]'〛 ― *Yid. n.* **1** (特に, ユダヤ人初等学校の)ヘブライ語の先生. **2** レッベ《特に, ハシド派 (Hasidic sect) のラビ (rabbi) またはユダヤ人の霊的指導者》.
re·bec [ríːbek | ríːb-, réb-] 〚(1509) ▭ F *rebec* (F *bec* 'BEAK[1]' と連想) ← OF *ribebe* ▭ Arab. *rabāb* one- or two-stringed fiddle ∽ ME *ribibe* ▭ OF *ribebe*〛 ― *n.* レベック《中世の洋梨型三弦の擦弦楽器で, rebab に起源をもつ》.
Re·bec·ca [rɪbékə, rə-] 〚⇨ Rebekah〛 *n.* **1** 女性名 《愛称形 Becky, Reba》. **2** 〖聖書〗=Rebekah.
re·beck [ríːbek | ríːb-, réb-] *n.* =rebec.
Re·bek·ah [rɪbékə, rə-] 〚▭ LL *Rebecca* ▭ Gk *Rebékka* ▭ Heb. *Ribhqāh* 《原義》? connection, knotted cord〛 ― *n.* 〖聖書〗リベカ《Isaac² の妻, Esau と Jacob の母; cf. *Gen.* 24–25; Douay Bible および現代英語訳聖書では Rebecca と綴ることが多い》.
reb·el[1] [rébəl] 〚(*c*1300) ▭ (O)F *rebelle* ▭ L *rebellis* rebellious ← RE- (A) + *bellum* war〛 ― *n.* **1** 謀反(むほん)人, 反逆者. **2** (権力・支配などに対する)反抗者, 非服従者 〔*against, to*〕. **3** [しばしば R-] 《米》(南北戦争の)南軍兵士. ― *adj.* **1** 謀反の (rebellious); 反徒の; 反逆の; 反抗的な: ~ songs 反逆歌 / a ~ leader 謀叛の指導者[首魁(しゅかい)]. **2** 反抗する, 不従順な (disobedient) 〔*to*〕.
re·bel[2] [rɪbél, rə-] 〚(1340) *rebelle(n)* ▭ (O)F *rebeller* ▭ L *rebellāre* ← RE- (A) + *bellāre* to make war (←

bellum (↑)): REVEL と二重語〗 ── *vi.* (**re·belled; -bel·ling**) **1 a** 〔政府·指導者などに〕謀反(ほん)する, そむく, 暴動を起こす〔*against*〕: ～ *against* the government. **b** 〔権威·慣習などに〕そむく, 反対する, 従わない (disobey)〔*against, at*〕: ～ *against* the Establishment (既成の)体制に反逆する. **2 a** 調和しない, 折り合わない〔*against, with*〕: The stomach ～*s against* too much food. 多過ぎる食物は胃が受けつけない. **b** ぞっとする, 嫌だと思う〔*at, against*〕: He ～*led at* begging. 人から施しを求めるのは嫌だった.

réb·el·dom [-dəm] *n.* **1** [集合的] 謀反(ほん)人, 反逆者, 反徒 (rebels). **2** 謀反人[反逆者]が制圧する区域[地方]; 反乱地域; 《米》(南北戦争の)南部同盟諸州 (Confederate states). **3** 謀反, 反逆(行為), 暴動 (rebellion).

re·bel·lion [rɪbéljən, rə-] 〖(*c*1340) □ (O)F *rébellion* □ L *rebelliō(n-)*: ⇨ rebel², -ion〗 ── *n.* **1 a** 〔権威·権力者などに対する〕公然の抵抗, 謀反(ほん), 反乱, 暴動 (revolt)〔*against*〕: raise a ～ 謀反を起こす / put down [suppress] a ～ *against* the king 国王に対する謀反を静める / rise in ～ 暴動を起こす, 蜂起(ほうき)する. **b** 〔権力·支配·因襲·習慣などに対する〕反抗, 造反, 反対, 不従順〔*against*〕: a ～ *against* social traditions 社会の伝統に対する反抗(的行為). **2** [the R-] =civil war 2.

re·bel·lious [rɪbéljəs, rə-] 〖(1432–50): ⇨ ↑, -ous〗 ── *adj.* **1 a** 謀反(ほん)の, 反乱を好む; 謀反した, 反乱に加わった: ～ subjects 反徒 / ～ acts 反逆的行為. **b** (権力·支配·因襲·習慣などに)不従順な, 反抗的な (insubordinate): ～ spirit 反抗心 / a ～ child 反抗的な子供 / a ～ temperament 反抗的な性質 / in a ～ mood 反抗的な気持で[になって] / a ～ speech 反抗的な演説[言説]. **2 a** 〈病気など〉治療しにくい, 頑固(がんこ)な, 治療抵抗性の, 抗療性の. **b** 〈事物が〉手に余る, 始末に負えない (refractory): ～ curls すぐほつれてくる巻毛[髪の毛]. **～·ly** *adv.* **～·ness** *n.*

rè·béllow 《詩》 *vi.* 大きくこだまする, 鳴り響く. ── *vt.* 大きく反響させる, 鳴り響かせる.

rébel yéll *n.* 〖米史〗(南北戦争当時の南軍が用いたかん高く長く引っぱる)雄叫(たけ)び.

rè·bíd 〖← RE- (B)+BID¹〗〖トランプ〗 ── *vt.* (ブリッジで)切札として〈同じスーツ (suit) を〉再度ビッドする. ── *vi.* 〈一度ビッドした人が〉二度目にビッドする. ── *n.* (同じ人の)二度目のビッド.

rè·bíddable *adj.* 〖トランプ〗(ブリッジで)〈スーツ (suit) が〉リビッド可能な, (パートナーの支持がなくても)二度ビッドできるだけの強さを備えた《通例絵札2枚つきの5枚揃い以上》.

rè·bínd *vt.* (**re·bound**) **1** 縛り直す. **2** 製本し直す, 再製本する: This book needs ～*ing*. この本は製本し直す必要がある. ── *n.* 再製本した本, 改装本.

rè·bírth *n.* **1 a** 〖教会〗(洗礼による)霊的更生, 再生. **b** 〖哲学〗(輪廻(りんね)転生による霊魂の)再生 (metempsychosis). **2** 新生, 復活 (revival): stress the ～ of dignity 威信回復を強調する.

reb·o·ant [rébouənt | -bəʊ-] 〖□ L *reboant-em* (pres.p.) ← *reboāre* ← RE- (A)+*boāre* to bellow, roar (□ Gk *boan* to cry aloud ← *boē* cry)〗 *adj.* 《詩》響き渡る, 鳴り響く (resounding), 反響する (reverberating).

rè·bóil *vt.* 再沸騰させる; (含有されている空気などを抜くために)〈蒸溜水などを〉再沸騰させる.

rè·bóiler *n.* リボイラー, 再沸器《精留塔底部の液に, 補助的に熱を加えるための蒸気パイプ等による(補助)加熱器》.

re·bop [ríːbɑ̀p | -bɔ̀p] 〖擬音語〗 *n.* 〖ジャズ〗 =bebop.

re·bóre *vt.* …に穴を開け直す; 〈エンジンのシリンダー〉の直径を大きくする, 開け広げる.

rè·bórn *adj.* 生れ変った, 再生した.

re·bo·sa [rɪbóusə, rə- | -bə́ʊ-] *n.* =rebozo.

re·bo·so [rɪbóusou, rə- | -bə́usəu] *n.* (*pl.* ～**s**) =rebozo.

re·bo·te [rɪbóuṭi, rə- | -bə́uti] 〖□ Sp. ～ 'bounce' ← RE- (A)+*botar* to hurl〗 ── *n.* 〖スポーツ〗 **1** リボーテ《ハイアライ (jai alai) のコート後方の壁》. **2** リボーテショット《ハイアライの小球が後方の壁に突き当たってはね返って来るのを打つショット》.

rebound¹ *vt.* rebind の過去形·過去分詞.

re·bound² 〖(*c*1380) □ (O)F *rebondir* ← RE- (A)+*bondir* 'to BOUND²'〗 ── [rìːbáund, rɪ- | rɪ-, rìː-] *v.* ── *vi.* **1** 〈ゴムまりなどが〉はね返る, はじき返る〔*from*〕. **2 a** 元へ戻る〔*upon*〕: Our evil example will ～ *upon* ourselves. 我々の示す悪い例は我が身に返って来る(ものだ). **b** 反響する (reecho, resound). **3** 〔挫折·失敗などから〕立ち直る, 盛り返す (revive)〔*from*〕: His spirits ～*ed from* the long depression. 彼の心は長い間の意気消沈から立ち直った / Auto production ～*ed from* a slight dip. 車の生産量はちょっとした落込みから立ち直った. **4** 〖バスケットボール〗リバウンドボールを取る. ── *vt.* **1** はね返らせる, 元へ戻らせる. **2** 反響させる (reecho). **3** 〖バスケットボール〗〈リバウンドボールを〉取る.
── [ríːbàund, rìːbáund, rɪ- | ríːbàund, rɪbáund, rìː-] *n.* **1 a** はね返り, はじき返り, 反発 (bounce, recoil). **b** (感情などの)反動 (recoil, reaction): take [catch] a person on [at] the ～ 感情の反動を利用して人に反対の行動を取らせる / marry a woman on the ～ (女の失恋などの)反動を利用して結婚する. **2** こだま, 山びこ (echo). **3** 〖バスケットボール〗 **a** リバウンド(ボール)《シュートが外れてバックボードまたはリングからはね返ってくるボール》. **b** リバウンドボールを取ること. **4** 〖アイスホッケー〗リバウンド《シュートをゴールキーパーが防いではね返ってくるパック; サイドボードからはね返ってくるパック》.
on the rebound (1) (地面·壁などに)はね返ってから: hit a ball *on the* ～ ボールがはね返るところを打つ. (2) ⇨ *n.* 1 b.

rè·bóund·er *n.* 〖バスケットボール〗リバウンダー《リバウンドボールを巧みに取る選手》.

re·bo·zo [rɪbóuzou, rə-, -sou | -bə́uzəu, -səu; *Am. Sp.* rreβóso] 〖□ Sp. ～ ← RE- (A)+*bozo* (cf. *boca* mouth)〗 ── *n.* (*pl.* ～**s**) レボーゾ《スペイン·メキシコの女性が頭から肩にまとう端にフリンジのついた長いスカーフ》.

rè·bránch *vi.* **1** 後生枝を出す. **2** 孫店(まごみせ)を出す.

rè·bróadcast *vt.* (～, ～·**ed**) **1** 再放送する. **2** 中継放送する. ── *n.* **1** 再放送(番組). **2** 中継放送(番組).

re·buff 〖(*a*1586) □ F 《廃》 *rebuff-er* □ It. *ribuffare* ← *ri-* 'RE- (A)'+*buffo* puff〗 ── [rɪbʌ́f, rə-, ríːbʌf | rɪbʌ́f] *n.* **1** (好意·援助などへの)断わり, 拒絶 (repulse), はねつけ, 謝絶; (言い寄って来る人などへの)ひじ鉄砲 (snub): a polite ～ 丁重な(お)断わり[謝絶] / meet with [suffer] a ～ (from a person) (人から)ひじ鉄を食う. **2** (計画·希望などの)挫折(ざせつ); 頓挫(とんざ). ── [rɪbʌ́f, rə- | rɪ-] *vt.* **1** 撃退する: ～ rebels' attack 反乱軍の攻撃を撃退する. **2** 〈好意·援助などを〉(にべもなく)断わる, 拒絶する, はねつける (snub); 挫折させる, 阻止する (check).

rè·búild *vt.* (**re·built**) **1** 再建する, 改築する, 建て直す (reconstruct): The house has been entirely *rebuilt*. その家は全部改築された / ～ one's shattered fortunes つぶれた身代を建て直す. **2** 改造する, 改組する, 編制し直す: try *to* ～ society 社会改造を試みる. **3** 元の状態へ戻す (restore): ～ her life out of the ruins (失恋·堕落などの)荒廃から立ち直らせる. ── *vi.* 再建する, 改築する.

re·buk·a·ble [rɪbjúːkəbl, rə-] *adj.* 非難すべき, 非難に値いする.

re·buke [rɪbjúːk, rə-] 〖(*c*1325) *rebuke(n)* □ AF *rebuk-er* to repel, defeat = OF *rebuch(i)er* to beat back ← RE- (A)+*buschier* to beat (← *bushe* (F *bûche*) log ← ? Gmc)〗 ── *n.* 譴責(けんせき), 懲戒, 非難 (reprimand, reproof): without ～ 非難すべき点なく, 非の打ち所なく / give [receive] a ～ 譴責する[される]. ── *vt.* **1 a** 譴責する, 懲戒する, なじる (reprimand, reprove): ～ a person *for* his fault 人の過失をなじる. **b** …に懲戒として役立つ: His conduct ～*s* me. 彼の行為は私には良い戒めになる. **2** 《廃》阻止する, 抑制する (check). **re·búk·er** *n.*

re·búk·ing·ly *adv.* なじって, 叱責(しっせき)[譴責]して; 非難するように.

rè·búrial *n.* 再埋葬, 改葬.

rè·búry *vt.* 再び埋める, 改葬する.

re·bus [ríːbəs] 〖(1605) □ F *rébus* □ L *rēbus* by things (abl. pl.) ← *rēs* 'thing, RES'〗 ── *n.* **1** 判じ物, 判じ絵《語または句を記号や絵などで表わすもの; 例: Robert Lynd の筆名は YY だが, その意味は too wise; cf. charade》. **2** 〖紋章〗リーバス, 判じ絵紋《使用者の姓を判じ絵で表わしたもの; cf. canting arms》.

re·bus sic stan·ti·bus [ríːbəs-sɪk-stǽnṭəbəs | -tɪ-] 〖← NL *rēbus sic stantibus* things standing so〗 *adv.* 〖国際法〗条件[事情]が同じである限り.

re·but [rɪbʌ́t, rə- | rɪ-] 〖(*a*1325) *rebute(n)* □ AF *rebuter* = (O)F *rebo(u)ter* to thrust back ← RE- (A)+*bouter* 'to BUTT⁴'〗 ── *v.* (**re·but·ted; -but·ting**) ── *vt.* **1 a** 反駁(はんばく)する, やりこめる (disprove). **b** 〖法律〗論駁する, 抗弁する, …の反証を挙げる: ～*ting* evidence 反証. **2** 〈非難·攻撃などを〉はねつける, 退ける (repel, check). ── *vi.* 反駁する, 反証を挙げる. **～·ment** *n.* **re·bút·ta·ble** [-ṭəbl | -tə-] *adj.*

re·but·tal [rɪbʌ́ṭl, rə- | rɪbʌ́tl] 〖(1830): ⇨ ↑, -al¹〗 ── *n.* **1** 反駁(はんばく), 論駁. **2** 〖法律·外交〗原告の反駁 (contradiction); 反証の提出; 反証: draw prompt ～*s* from all neighboring nations すべての隣接国から(一斉に)即時の反駁を受ける[招く].

re·bút·ter¹ [-ṭə | -tə(r)] *n.* 反駁 (refutation); 反駁者.

re·bút·ter² 〖(1540) □ AF ～: ⇨ rebut, -er³〗 *n.* 〖法律〗(原告の第三訴答 (surrejoinder) に対する)被告の第三訴答 (cf. pleading 2 c).

rec [rék] 〖略〗 *attrib. adj.* 《米》=recreation: a ～ room 娯楽室.

rec. 《略》 receipt; received; 〖処方〗 L. recens (=fresh); receptacle; recipe; record(ed); recorder; recording; recreation.

re·cal·ci·trance [rɪkǽlsətrəns, rə- | -sɪ-] 〖⇨ recalcitrant, -ance〗 *n.* 御し難いこと; 強情, 不従順(な行為), 反抗.

re·cál·ci·tran·cy [-trənsi | -sɪ] *n.* =recalcitrance.

re·cal·ci·trant [rɪkǽlsətrənt, rə- | -sɪ-] 〖(1843) □ L *recalcitrānt-em* (pres.p.) ← *recalcitrāre* to kick back ← RE- (A)+*calx* heel: ⇨ -ant〗 ── *adj.* **1** 頑強に不従順な[反抗する]: a ～ child 強情な子. **2 a** 扱いにくい, 御しがたい (unmanageable); 〈病気など〉処置できない. **b** 〔…に〕反抗する (resistant)〔*to*〕: be ～ *to* the tradition 伝統に歯をむく. ── *n.* 強情っ張り, 反抗的な人, 反抗者.

re·cal·ci·trate [rɪkǽlsətrèɪt, rə- | -sɪ-] 〖← L *recalcitrāt-us* (p.p.) ← *recalcitrāre* (↑)〗 ── *vi.* **1** 頑強に従わない; 強く反対する〔*against, at*〕. **2** 《まれ》蹴(け)返す (kick back).

re·cal·ci·tra·tion [rɪkæ̀lsətréɪʃən, rə- | -sɪ-] *n.* **1** 不服従, 反抗; 強情(を張ること). **2** 《まれ》蹴返し.

rè·cálculate *vt.* 検[験]算する. **rè·calculátion** *n.*

re·ca·lesce [rìːkəlés] 〖□ L *recalēsc-ere*: ⇨ re- (A), calescent〗 *vi.* 〖冶金〗〈鋼が〉再輝する《冷えかけている炭素鋼が一定温度に達して発熱する》.

re·ca·les·cence [rìːkəlésns] 〖⇨ ↓, -ence〗 *n.* 〖冶金〗再輝, 再熱(現象)《白熱した炭素鋼を冷やす時ある温度に達すると一時的に発熱すること》.

re·ca·les·cent [rìːkəlésn̩t] 〖□ L *recalēscent-em* (pres. p.) ← *recalēscere* 'to RECALESCE': ⇨ -ent〗 *adj.* 〖冶金〗再び発熱する, 再輝の.

re·call 〖(1582) ← RE- (A)+CALL: cf. F *rappeler* / L *revocāre*〗 ── [rɪkɔ́ːl, rə-] *vt.* **1 a** 呼び返す, 呼び戻す: ～ all officials now on leave 賜暇中の官吏を全部呼び返す / ～ from abroad 外国から呼び戻す. **b** 〈大使を〉(解任するために)召還する: ～ an ambassador. **c** 《米》〈官公吏を〉解任する, リコールする, 召還する. **2** 〈約束·命令などを〉取り消す, 撤回する (cancel); 〈贈物などを〉取り返す, 取り戻す; 〈不良·欠陥商品を〉回収する: ～ an order [a decree] 命令[布告]を撤回する / ～ one's words 言ったことを取り消す. **3 a** 思い出す, 想起する (remember); 〈物事が〉〈人·心に〉思い出させる〔*to*〕: ～ the words of a song 歌の文句[歌詞]を思い出す / ～ old faces 旧知の人々の顔を思い出す / ～ an affair *to* one's mind [memory] ある事件を回想する, 想起する / I cannot ～ *what* he said *to* me. 彼の言ったことが思い出せない / He ～*ed that* he had left the book behind. 彼はその本を置き忘れたことを思い出した / She ～*ed seeing* it once. 一度見たことを思い出した / The name did not ～ anyone *to* me. その名を聞いてもだれも思い出せなかった. **b** 〈人〉に〔…を〕思い出させる〔*to*〕: ～ a person *to* a sense of his duties 人の義務観念を呼び起こす / The sound of my name ～*ed* me *to* myself. 名前を呼ばれて我に返った. **c** 連想させる; 似ている (resemble): a painter who ～*s* the Venetian school ベネチア派を思わせる画家. **4** 復活させる, 回復させる (restore): ～ old quarrels from the past 昔のけんかをまた始める. **5** 生き返らせる (revive): ～ a person from the grave to life 死んだ人を墓場からよみがえらせる.
── [rɪkɔ́ːl, ríːkɔ̀ːl, rə- | rɪkɔ́ːl, rə-, ríːkɔ̀ːl] *n.* **1 a** 呼び返し, 呼び戻し: a ～ of a soldier on furlough 休暇中の軍人の呼び戻し. **b** (大使などの)召還. **c** 《米》リコール(権), 国民罷免(権)《普通, リコール請求が成功したあと一般投票による公務員·議員などの解任, またその権利》. **2 a** 取消し, 撤回. **b** (不良·欠陥商品の)回収. **3** 思い出, 回想, 想起; 思い出す能力. **4** 〖電算機〗読出し《記憶された情報を引き出すこと》. **5** 〖軍事〗集合らっぱ[号音]《太鼓·らっぱなどで兵士を隊列·兵舎へ呼び戻す合図》; (訓練·作業の)終了らっぱ[号音]. **6** 〖海事〗(らっぱなどによる)召艇信号, 召還信号《ボートを所属の船に, または艦船を本船に呼び戻す信号》. **7** 〖ヨット〗リコール《不正出発した艇を呼び戻す合図》.
beyond* [*past*] *recall (1) 思い出せない. (2) 取返しのつかない: It is gone *beyond* ～. それは去って二度と帰らない[永久に帰らない] / a matter *past* ～ 取返しのつかない事柄.
～·er [-lə | -lə(r)] *n.* **～·ment** *n.*

re·call·a·ble [rɪkɔ́ːləbl, rə-] *adj.* **1** 呼び返される; リコールできる. **2** 撤回[取消し]しうる. **3** 思い出される. **re·càll·a·bíl·i·ty** [-ləbíləṭi | -lɪti, -lɪ-] *n.*

Ré·ca·mier, r- [rèɪkəmjéɪ, reɪkǽmièɪ | rèɪkəmjéɪ, reɪkǽmièɪ; *F.* rekamje] 〖↓〗 ── *n.* **1** (19世紀前期に流行したアンピール調の)ソファー兼用の寝椅子[寝台]. **2** 〖美術〗レカミエ《ピンク色; また黄色味を帯びたピンク色》.

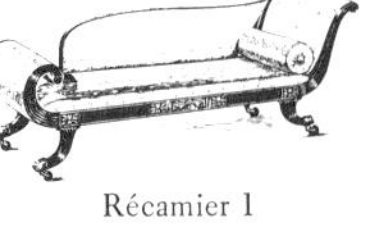
Récamier 1

Ré·ca·mier [rèɪkəmjéɪ, reɪkǽmièɪ | rèɪkəmjéɪ, reɪkǽmɪeɪ; *F.* rekamje], **Ju·liette** [ʒyljɛt] *n.* レカミエ《1777–1849; フランスの銀行家夫人, パリ社交界の花形; 通称 Madame Récamier, 旧姓名 Jeanne Françoise Julie Adélaïde Bernard》.

rè·canalizátion *n.* 〖医学〗(一旦結紮(けっさつ)した輸精管などの)再疎通.

re·cant [rɪkǽnt, rə- | rɪ-] 〖(1535) □ L *recant-āre* to recall, revoke ← RE- (A)+*cantāre* 'to sing, CHANT'〗 ── *vt.* 〈信仰·主張·陳述を〉(公式に)取り消す, 撤回する (withdraw): ～ a heresy [one's vows] 異教信仰[誓言]を取り消す. ── *vi.* (公式に)自説を取り消す: be brought to ～ under torture 拷問によって自説を取り消させられる. **～·er** [-ṭə | -tə(r)] *n.* **re·can·ta·tion** [rìːkæntéɪʃən] *n.*

re·cap¹ 《米》[ríːkæp] *vt.* (**re·capped; -cap·ping**) **1** 〈自動車などのタイヤを〉リキャップする《減ったタイヤの表面にゴムを補修し再生させる; cf. retread 1》. **2** 〈びんなど〉のキャップを付け替える. ── [ríːkæ̀p] *n.* 再生タイヤ. **rè·cáp·pa·ble** [-pəbl] *adj.*

re·cap² 〖略〗[ríːkæp] *n.* =recapitulation. ── [ríː-kæp, rìːkǽp, rɪ-, rə-] *v.* (**re·capped; -cap·ping**) = recapitulate.

rè·cápitalize *vt.* (増資·減資によって)…の資本構成を改める, 資本を変更する. **rè·capitalizátion** *n.*

re·ca·pit·u·late [rìːkəpítʃulèɪt | -tju-] 〖(1570) ← LL *recapitulāt-us* (p.p.) ← *recapitulāre* to sum up ← RE- (A)+*capitulāre* (← *capitulum* 'CHAPTER')〗 ── *vt.* **1** (講演の終わりなどで)…の要点を繰り返して述べる, 要約する (summarize). **2** 〖生物〗〈人·動物の胎児が〉

〈先祖の発達段階などを〉繰り返す, 反復する. **3** 〘音楽〙〈前提部の旋律を〉再現する (⇨ recapitulation 3). **—** *vi.* 要約する, 総括する.

re·ca·pit·u·la·tion [rìːkəpìtʃuléɪʃən | -tjʊ-] 〘《1388》 ▭ (O)F ~ ∥ LL *recapitulātiō(n-)*: ⇨↑, -ation〙 **—** *n.* **1** 要点を繰り返して述べること; 要約, 総括. **2** 〘生物〙再演, 発生反復《個体発生の間に胚が先祖の進化段階を要約して繰り返すこと》. **3** 〘音楽〙再現部《3部形式, 特にソナタ形式の第3部; ⇨ sonata form》.

recapitulátion thèory *n.* 〘生物〙発生反復説, 再演説《個体発生 (ontogeny) は系統発生 (phylogeny) を繰り返すという説; cf. palingenesis》.

re·ca·pit·u·la·tive [rìːkəpítʃulèɪtɪv, -lət- | -tjulèɪt-, -lət-] *adj.* **1** 摘要の, 総括的な, 要約的な. **2** 〘生物〙再演の, 発生反復の. **~·ly** *adv.*

re·ca·pit·u·la·to·ry [rìːkəpítʃulətɔ̀ːri, -tòːri | -tjulə-t(ə)rɪ, -lèɪtəri] *adj.* =recapitulative.

re·cap·tion [rɪkǽpʃən, rə-] *n.* 〘法律〙(不法に占有された人・物の平穏な手段による)自力取り戻し.

rè·cápture *vt.* **1** 奪い返す, 奪還する (retake); 〈所有権などを〉取り戻す: ~ a position from the enemy 敵から陣地を奪還する. **2 a** 思い出す (recall, remember). **b** 〈日記・写真などが〉〈過去のことを〉思い出させる: My father's diary ~*s* my younger days. 父の日記を読むと昔のことを思い出す. **c** 〈過去の喜び・悲しみ・事件などを〉再経験する (experience again). **3** 《米》〈政府が〉〈一定限度以上の収益の一部を〉徴収する. **4** 〘チェス〙〈取られた駒に相当する相手の駒を〉取り戻す. **—** *n.* **1** 奪還, 回復. **2** 取り返した[された]物[人]. **3** 《米》(政府による一定限度を超過する収益の)取立て, 再徴収. **4** 〘国際法〙=jus postliminii.

rè·cárburize *vt.* 〘冶金〙加炭する. **rè·carburi·zátion** *n.*

rè·cárburizer *n.* 〘冶金〙加炭剤《錬鉄などに炭素を加えて鋼にする時に用いる》.

re·cast 〘《なぞり》← F *refondre*〙 **—** [⌐ ⌐] *vt.* (**re·cast**) **1 a** 鋳直す, 改鋳する (remold): ~ bells into guns 鐘を大砲に改鋳する. **b** 作り直す, 書き直す, 練り直す (remodel, reconstruct): ~ a book [one's plan] 本[計画]を改作する. **2** 計算し直す: ~ accounts 再計算する. **3** 〈上演脚本〉の配役を振り替える; 〈俳優を〉別の役につける: ~ a play, the players, etc. **4** 〈釣り糸などを〉投げ直す. **—** [⌐ ⌐] *n.* **1 a** 改鋳(物). **b** 改作(品). **2** 数え直し. **3** 配役変更. **4** (釣り糸などの)投げ直し.

rec·ce [réki | -kɪ] 〘短縮〙《軍俗》*n.* =reconnaissance. **—** *vt., vi.* =reconnoitre. 「=recce.

rec·co [rékou | -kəu] 〘⇨↑, -o〙 *n.* (*pl.* **~s**) 《軍俗》

rec·cy [réki | -kɪ] 〘⇨ -y²〙 *n.* 《軍俗》=recce.

rec'd, recd. 《略》received.

re·cede¹ [rɪsíːd, rə- | rɪ-, riː-] 〘《1480》 ▭ L *recēd-ere* to go back ← RE- (A)+*cēdere* 'to go, CEDE'〙 **—** *vi.* **1** 後へ退(ˢ)く, 遠くへ退く (move back); 〈静止物などが〉遠のくように見える: the tide *receding* from the beach 浜辺から退いて行く潮 / The helicopter gradually ~*d* out of sight. ヘリコプターは次第に遠のいて見えなくなった / The mountain peaks ~ into the distance as one leaves the shore. 岸を離れるにつれて山の峰々が遠方に退いて行く. **2 a** 後方に傾斜する, 引っ込む (slope backward): a *receding* chin [forehead] 引っ込んだあご[傾斜した額]. **b** 〈毛が〉(次第に)禿(ʰ)げ上がる: His hair(line) is *receding* on the forehead. 額がだんだん禿げ上がってきた. **3** 〔契約などから〕手を引く, 〔地位から〕身を引く (withdraw); 〔要求・主張などを〕引っ込める (withdraw); 撤回する 〔*from*〕: ~ *from* a contract 契約から手を引く / ~ *from* one's position 退職する / ~ *from* one's demand 要求を撤回する. **4 a** 縮まる, 縮小する, 減退する; 弱まる: It has ~*d* in importance. 重要性を減じた / ~ into the background 〈人が〉勢力を失う; 〈問題・特権などが〉重大でなくなる / The fear of nuclear war has not ~*d*. 核戦争の恐れは遠のいていない. **b** 〈価値・品質などが〉悪くなる, 落ちる, 下がる: Prices have ~*d*. 価格が下落した. **c** 〈印象・記憶などが〉薄れる: His early memories ~*d* with age. 若い頃の思い出が年とともに薄らいだ. **5** 〈色彩が〉沈んで見える, 見る人から後退して行く感じを与える (cf. advance 6). **6** 〘米議会〙他院の修正に対する反対主張を撤回する.

rè·céde² 〘← RE- (B)+CEDE〙 *vt.* (元の所有者へ)返還する: ~ conquered territory 占領地を返還する.

re·ceipt [rɪsíːt, rə-] 〘《c1390》 *receit(e)* ▭ AF *receite* =OF *reçoite* 《変形》← *recete* (F *recette*) ▭ ML *recepta* (fem. p.p.) ← *recipere* 'to RECEIVE'〙 **—** *n.* **1** 受取ること, 受領, 領収: the ~ of a letter [message] / on (the) ~ of the money その金を受け取ってすぐに[受け取り次第] / be in ~ of... 〘商業〙...を受け取る / I beg to acknowledge ~ of your letter. 貴簡正に落手致しました《商用文》. **2** [通例 *pl.*] 受け取った物; 受領高, 収入金 (takings): the gross ~*s* 総収入 / cash ~*s* 現金受取り高 / ~*s* and expenditures [disbursements] 収支 / The total ~*s* barely covered expenses. 収入の総額はやっと支出をつぐなった. **3** 受領書, 領収証, レシート: a stamped ~ 印紙を貼った領収証 / give a ~ 領収証を出す / a ~ for payment 支払金の受領証 / Please send ~ by return. 折返し領収証ご送付下さい. **4** 《古》製造法, 処方 (recipe): a ~ for making sponge cakes カステラの製法 / I wish you would give me the ~ for your rosy cheeks. 《戯言》その血色のいい顔色の製造法を教えていただきたい. **5 a** 《古》収税所: at the ~ of custom 収税所で (*Matt.* 9:9). **b** 《廃》容器 (receptacle): the ~ of reason 知恵の入れ物, 脳 (Shak., *Macbeth* 1.7.66).
— *vt.* **1** ...を受取った領収証を出す. **2** ...に受取りの署名をする, 〈勘定書〉に領収済 (Received) と書く: ~ a bill 勘定書に受取りの署名をする. **—** *vi.* 領収証を出す〔*for*〕: ~ *for* the money 代金の領収証を出す.

recéipt bòok *n.* 受取り帳, 領収証用紙綴り.

re·céipt·or [-tə | -tə(r)] *n.* **1** 受取人. **2** 《米法》差押え物品保管人.

re·ceiv·a·ble [rɪsíːvəbl, rə-] 〘ME〙 **—** *adj.* **1** 受け取られる: goods in a ~ condition 受け取られる状態にある商品. **2** 受け取るべき, 支払われるべき (payable): a bill ~ 受取手形 / ⇨ account receivable. **3** 〈言い訳・証拠など〉(正式のものとして)受け入れてよい, 信用できる: ~ evidence 信用できる証拠. **—** *n.* [*pl.*] 受取り勘定. **re·céiv·a·bil·i·ty** [-vəbíləti | -lətɪ, -lɪ-] *n.* **~·ness** *n.*

re·ceive [rɪsíːv, rə-] 〘《c1303》 *receve(n)* ▭ ONF *receivre* 《変形》← OF *reçoivre* (F *recevoir*) < L *recipere* to take back ← RE- (A)+*capere* to take (← IE **kap-* to grasp)〙 **—** *vt.* **1 a** 〈送付・提供・支払いなどされたものを〉受け取る, 受領[受理]する, 領収する: ~ a letter, an invitation, orders, etc. / *Received* with thanks the sum of ... 〘商業〙金...ありがたく領収致しました. **b** 〈授与されるものを〉受ける (accept): ~ a favor at the hand of ...(の手)から恩恵を受ける / ~ a degree 学位を受ける. **2 a** 〈教育・訓練などを〉受ける, 身につける (acquire): ~ one's education abroad 教育を外国で受ける. **b** 〈印象・注目・同情などを〉受ける, 出会う (experience): ~ sympathy from ...から同情を受ける / The proposal deserves more attention than it ~*s*. その提案に世人はもっと注意を払ってよいはずだ / She ~*s* his attentions. 彼女は彼の心尽くしを受けている. **c** 〈傷・打撲などを〉受ける, ...の傷を受ける: ~ a smart shock 鋭いショックを受ける / For his interference he ~*d* a broken jaw. 余計な手出しをしてあごを砕かれた. **d** 〈侮辱を〉受ける, 〈不興などを〉買う (suffer): ~ a person's displeasure / ~ an unpardonable insult 許しがたい侮辱を受ける. **3 a** ...の容器として役立つ: A cistern ~*s* rainwater. 水槽は雨水を受ける(物). **b** 入れる, 収容する (hold, contain): a hole large enough to ~ two men 二人の人が入れるほどの穴. **4 a** 〈申し出・嘆願などを〉受理する, 応じる, 聞き入れる (accept); 〈忠告・告白などを〉聞く (listen to): ~ a proposal [offer, petition] / ~ a person's confession [oath] 〈聖職者が〉人の告解[誓言]を聞く / The news was ~*d* with horror. その知らせを聞いてぞっとした. **b** 〈聖体を〉拝領する (partake of): ~ the sacrament [the Holy Communion] 聖餐(ˢᵃⁿ)を受ける, 聖体を拝領する. **5 a** 〈客などを〉迎える, 歓迎する (greet, welcome); 接待する, 応対する: ~ a guest 客を迎える[に会う] / ~ an actor with applause 拍手をもって俳優を迎える / be ~*d* coldly 冷淡に迎えられる, 冷遇される / ~ a person with open arms 腕を広げて[大いに]歓迎する. **b** 〈客〉に会う, 接見する: I will not ~ him today. 今日は彼に会わない / He shall not be ~*d* at my house. 彼が来ても家へは入れない / The king ~*d* the new ambassador. 国王は新大使に接見した. **6 a** 一員として迎え入れる, 受け入れる (admit) 〔*into*〕: ~ a person *into* one's friendship [a church] 人を交際仲間[教会員]として受け入れる / ~ a person *into* one's family as a son 人を養子にする. **b** 〔仲間などとして〕迎え入れる 〔*as*〕: ~ him *as* a partner. **7** [通例 p.p 形で] (真実・妥当なものとして)受け入れる; 認める, 信じる (believe) (cf. received): beliefs and customs ~*d* by the whole world 全世界に認められている信仰と慣習. **8 a** 〈力・重さ・圧力などを〉受ける, 支える (sustain, support): The arch ~*s* the weight of the roof. アーチが屋根の重みを支えている. **b** (重みで)〈印〉がつく: The ground ~*d* a footprint. 地面には足跡が一つついていた. **c** 〈打撃などを〉受け止める (parry): ~ the enemy's cavalry 敵の騎兵隊を迎え撃つ / I ~*d* his javelin with my shield. 彼の投げ槍を盾(ᵗᵃᵗᵉ)で受け止めた. **9** 〈盗品を〉買い入れる, 故買する. **10** 〘通信〙〈電波などを〉受信する, 聴取する, 受像する: ~ signals 信号を受ける. **11** 〘法律〙〈証拠を〉認める. **12** 〘テニス〙〈サーブを〉打ち返す, レシーブする. **—** *vi.* **1** 物を受け取る, 受取人になる: It is more blessed to give than to ~. 与うるは受くるよりも幸福(ˢᵃⁱʷᵃⁱ)なり (*Acts* 20:35). **2** 聖餐を受ける, 聖体を拝領する. **3** 応接する, 訪問を受ける: The professor ~*s* on Tuesdays. 教授は火曜日が面会日だ. **4** 〘通信〙受信する, 聴取する; テレビを受像する. **5** 〘アメリカンフットボール〙キックされたボールをキャッチする[自分のコントロールの下におく].

re·céived 〘《15C》〙 **—** *adj.* 受け入れられている, 信じられている, 一般に容認されている, 標準の (accepted, authentic) (cf. receive *vt.* 7): the ~ view [opinion, standard] 一般に認められている見解[意見, 標準] / the ~ text (of a book) 標準テキスト.

recéived cúrrent *n.* 〘電気〙着流.

Recéived Pronunciátion 〘*received*: '上流・知識階級で受け入れられた' の意〙 *n.* 容認発音《Received Standard の発音; 略 R.P.; ⇨ 発音解説 1.2》.

Recéived Stándard 〘↑〙 **—** *n.* **1** 容認標準英語《Eton, Harrow などの public school および Oxford, Cambridge 両大学出身者の話す英語を中心にした標準イギリス英語》. **2** (英語を母国語とする教養ある人々の用いる)標準語.

re·céiv·er 〘《a1338》 *receivere* ▭ AF **receivere*=OF *recevere*: ⇨ receive, -er¹〙 **—** *n.* **1** 受取人. **2** 収入役, 会計係. **3** 接待者. **4** (盗品の)故買者. **5 a** 受け皿[容器]の役割を果たすもの. **b** (蒸留の際, レトルトから出て来る液の)受け皿. **c** ガスタンク; (排気鐘の)排気室. **d** (火器の)尾筒 (⇨ rifle¹ 挿絵). **6 a** (電話の)受話器. **b** (ラジオの)レシーバー; 受信機 (receiving set) (↔ sender, transmitter). **c** (テレビの)受像機. **7** 〘スポーツ〙(テニスなどで)レシーバー (サーブ[ボール]を受ける競技者; ⇨ server). **8** 〘アメリカンフットボール〙レシーバー《パスを受取る攻撃側チームの選手》. **9** 〘野球〙キャッチャー. **10** 〘法律〙(破産)管財人, (係争財産などの)収益管理人.

recéiver géneral 〘《15C》〙 *n.* (*pl.* **receivers g-**) 歳入徴収長官.

recéiver·shìp 〘《15C》〙 *n.* 〘法律〙 **1** (破産)管財人の役[職, 任期]. **2** 財産管理を受けていること.

recéiv·ing attenuàtion *n.* 〘電気〙受信(話)減衰量.

recéiving blànket *n.* 《米》湯上がり毛布《入浴させた後など幼児をくるむ普通木綿の軽い毛布》.

recéiving cúrrent *n.* 〘電気〙=received current.

recéiving énd *n.* 〘電気〙受電端, 受信端《送電線・通信線の受け取り側の端; ↔ sending end》.
be at* [*on*] *the receiving end 《口語》(1) 贈り物[好意]の受取人である. (2) 受容する側にいる; (被害・公害・非難・攻撃などを)受ける[被(ᵏᵒᵘᵐ)る]方の側にいる, 被害者側である. (3) 〘スポーツ〙レシーバー側にいる.

recéiving lìne *n.* (舞踏会・レセプションなどで招待客を迎えるために)一列に並んだ主人役, 主賓たち.

recéiving òrder *n.* 〘英法〙(破産後の財産の)管理命令(書).

recéiving pàllet *n.* 〘時計〙入つめ石 (⇨ entry pallet).

recéiving sèt *n.* 〘通信〙受信装置, 受信機; ラジオ(受信機); テレビ(受像機).

recéiving shìp *n.* 〘海軍〙通過部隊収容艦《新しい部署へ移動するまで新兵または隊員を収容する廃艦》.

recéiving stàtion *n.* 〘通信〙受信所[局].

recéiving tùbe *n.* 〘電子工学〙受信管.

re·cen·cy [ríːsnsi | -sɪ] 〘⇨ recent, -cy〙 *n.* 新しい[最近である]こと: the ~ of the news, event, etc.

re·cen·sion [rɪsénʃən, rə-] 〘《a1638》 ▭ L *recensiō(n-)* enumeration, reviewing ← RE- (A)+*censēre* to estimate (cf. censure): ⇨ -sion〙 **—** *n.* **1** 校訂. **2** 校訂本; 校訂版.

re·cent [ríːsnt] 〘《1533》 ▭ L *recent-em* fresh, recent ← RE- (A)+IE **ken-* new, young (Gk *kainós* new)〙 **—** *adj.* **1** 近頃の, 近時の, 最近の (modern, late); 新しい (new), 新着の: a ~ event 近頃の出来事 / ~ times 近世 / in ~ years 最近数年間に, 近年 / Her eyes were red with ~ weeping. 少し前まで泣いていたらしく目を赤くしていた. **2** [R-] 〘地質〙現世の: the *Recent* epoch 現世, 沖積世《第四紀の後期で現代を含む》. **~·ness** *n.*

ré·cent·ly 〘《1533》〙 **—** *adv.* 近頃, この頃, 最近, 近来 (cf. lately): until ~ 近頃まで / as ~ as a month ago ほんの1か月ほど前(に) / It happened quite ~. つい近頃のことです / It was only ~ that I got well. 私が全快したのはつい最近のことです.

re·cep·ta·cle [rɪséptɪkl, rə-, -tə- | -tə-] 〘《a1420》 ▭ (O)F *réceptacle* ∥ L *receptācul-um* reservoir, receptacle, shelter ← *receptum* (neut. p.p.) ← *recipere* 'to RECEIVE': ⇨ -cle〙 **—** *n.* **1** 入れ物, 容器 (vessel, container). **2** 置場, 貯蔵所 (repository); 避難所 (shelter). **3** 〘植物〙 **a** 花床, 花托 (torus ともいう). **b** 生殖器床, 生殖器托《藻類・カビなどの胞子その他の生殖器官の台となる部分》. **4** 〘電気〙(プラグを受ける)ソケット, せん受け, コンセント.

re·cep·tac·u·lum [rìːseptǽkjuləm] 〘↑〙 *n.* (*pl.* **-u·la** [-lə]) 〘植物〙=receptacle 3.

re·cep·ti·ble [rɪséptəbl, rə- | -tə-, -tɪ-] *adj.* 受容しうる, 受容能力のある; 受容されうる. **re·cèp·ti·bíl·i·ty** [-təbíləti | -tɪbílətɪ, -tə-, -lɪ-] *n.*

re·cep·tion [rɪsépʃən, rə-] 〘《a1393》 *recepcion* ▭ (O)F *réception* ∥ L *receptiō(n-)*: ⇨ receive, -tion〙 **—** *n.* **1** 受け取る[受け入れる, 受け付ける]こと, 受理, 受領: the ~ of food into the stomach 食物を胃に受け入れること / the ~ of evidence 証拠の受理 / the ~ of bread and wine in the Eucharist 聖餐(ˢᵃⁿ)[聖体拝領]でパンとぶどう酒を(体内に)受け入れること. **2 a** 歓迎, 応接, 接見, 歓待 (welcoming): the ~ of delegates 使節の歓迎 / a hearty ~ 心からの(大)歓迎 / ⇨ *give a person a* WARM *reception* / The rooms were prepared for his ~. 部屋は彼を迎えるために準備された. **b** 歓迎会, 接待会, レセプション: a wedding ~ 結婚披露宴 / give [hold] a ~ 歓迎会を催す. **c** 《英》(ホテル・会社などの)受付け: at ~. **3 a** (一員として)迎え入れること, 入会(許可), 加入 (admission): the ~ of a person *into* society 人を社交界に迎え入れること / He was honored by ~ *into* the Academy. 彼は学士院会員になる名誉を与えられた. **b** (世間の)受け, 反応, 評判 (response): meet with a favorable ~ 好評を受ける. **4 a** (新説などの)容認, 承認 (recognition): the ~ of the Newtonian hypothesis ニュートン仮説の承認. **b** (知識などを)受け入れる力, 理解力 (understanding); 感受, 感得: He has a great faculty of ~, but little original power. 理解力は非常にあるが独創力に乏しい / the ~ of impressions 印象の感受. **5** (ラジオ・テレビなどの)受信(状態).

recéption cènter *n.* 避難民[出稼人]収容所.

recéption dèsk *n.* (ホテルの)受付け, フロント(desk).

re·cép·tion·ìsm [-ʃənɪzm] 〚← RECEPTION 1〛 ── *n.* 〘神学〙信受者主義《聖餐式においてパンとぶどう酒はそのままであるが, 信仰をもって聖餐を受ける者にとってはパンとぶどう酒と共にキリストの身体と血とを受けるという説》.

re·cép·tion·ist [-ʃ(ə)nɪst, -nəst | -nɪst] *n.* **1** (事務所・医院・写真館などの)応接係, 受付. **2** 〘神学〙信受者主義者.

recéption òrder *n.* 《英》(精神病院への)収容命令.

recéption ròom *n.* **1** 応接室; (病院の)待合室. **2** (ホテルなどのレセプション用)大広間.

re·cep·tive [rɪséptɪv, rə-] 〚《1547》▭ ML *receptīvus*: ⇨ reception, -ive〛 ── *adj.* **1** 感受性[理解力]のある[強い]; (思想・印象などを)受け入れる, 受容する; 〈人の言うことなど〉受け入れやすい, 受容的な (cf. retentive 3, creative 1): a ~ mind 理解の早い頭脳 / a mind ~ of new ideas 新思想を受け入れる頭 / The audience were not ~. 聴衆の反応はにぶかった. **2** 刺激を受け入れるのに適した; 感覚器官の (sensory). **~·ly** *adv.* **~·ness** *n.*

recéptive vocábulary *n.* 〘教育〙受容語彙, 理解語彙《聞いたり読んだりして理解するのに必要な語彙; passive vocabulary ともいう; ↔ active vocabulary》.

re·cep·tiv·i·ty [rìːseptívəṭi, rɪsèp-, rə- | rèseptívɪti, rìːs-, rɪs-, -vɪ-] *n.* 感受性; 理解力; 受容性.

re·cep·tor [rɪséptə, rə- | -tə(r] 〚《15C》▭ L ~ 'receiver' ← *receptus* ← *recipere* 'to RECEIVE': ⇨ -or²〛 ── *n.* **1** 受話器 (receiver); 受信機 (receiving apparatus). **2** (シャワー室内の)シャワー受け《浅なべ状のもの》. **3 a** 〘生理〙レセプター, 受容器, 受容体 (sense organ) (cf. adjuster 4, effector 2). **b** 〘生物〙レセプター, 摂受体, 受容体[器]《細胞または動物体が外界から刺激を受け入れる門戸としてもっている特別な構造の総称》.
── *adj.* 〘生理・生物〙レセプターの.

re·cer·ce·lée [rɪsə̀ːsəléɪ, rə- | -sɜ̀ːsɪ-] 〚▭ OF ~ (p.p.) ← *recerceler* ← RE- (A)+*cercle* 'CIRCLE'〛 *adj.* 〘紋章〙羊角十字(架)の《十字架の各々の先端が二つに分かれ雄羊の角状に巻いている》.

re·cess [ríːses, rɪsés, rə- | rɪsés, rə-, ríːses] 〚《1531》▭ L *recess-us* receding, withdrawal (p.p.) ← *recēdere* 'to RECEDE¹'〛 ── *n.* **1 a** (仕事・活動からの一時的な)休み, 休憩; (議会の)休会, 休会期間; 《米》(裁判所の)休廷: Easter ~ 復活祭の休暇 / take [go into] a ~ 休む, 休会する / in the Thanksgiving ~ 《米・カナダ》感謝祭の休会中に / Parliament [Congress] is now in ~. 議会は目下休会中である. **b** 《米》休憩時間: boys and girls playing at ~ 休み時間に遊んでいる少年少女たち / during a ~ in class 授業と授業の間の休み時間に. **2 a** [通例 *pl.*] 奥, 奥まった所, 奥底, 隅(ﾏ); 深奥, 玄妙 (subtleties): deep in the ~es of a forest 森の奥深くに / in the secret [inmost] ~es of the heart 心の奥底では / the ~es of the subconscious 潜在意識の奥底 / in the inmost [deepest] ~es of the Alps アルプスの山奥に / the ~es of science 科学の蘊奥(ｳﾝｵｳ) / from the ~es of his greatcoat 外套(ｶﾞｲ)の(内)ポケットから. **b** 《古》隠れ場所, 隠居所 (retreat). **3 a** (山岳・森林・海岸線などの)引っ込んだ所: a ~ in a coastline 海岸線の入り込んだ所. **b** 壁龕(ﾍｷｶﾞﾝ) (niche); 凹所(ｵｳｼｮ) (alcove). **4** 退去, (陸地・氷河などの)後退 (recession); 後退量: the ~ of the tides 潮の引き, 引き潮. **5** 〘生物・解剖〙窩(ｶ), (器官などの)陥凹凹所 (sinus).
── *vt.* **1 a** (凹所・壁龕・床の間などに)〈物を〉置く, 隠す. **b** 〈生垣・家などを〉道路より引っ込ませる. **2** …に凹所[壁龕]を設ける: ~ a wall 壁に凹所を作る. **3** 《米》休みにする, 休会する, 休廷にする, (休憩のため)中断する: Judge Carter ~*ed* the trial. カーター判事は(休憩のため)裁判を中断した[休廷を宣した].
── *vi.* 《米》休会する (adjourn), 〈大学などが〉休講とする, 休校する, 〈法廷・裁判所が〉休廷する: The court ~*ed* for the weekend. 裁判所は週末のため休廷した.

ré·cessed *adj.* **1** 凹所(ｵｳｼｮ)のある, 凹所をなしている. **2** 凹所に置かれた. **3** 引っ込んだ, 奥まった.

récessed árch *n.* 〘建築〙段層アーチ.

récessed físture *n.* 〘建築〙(天井面に揃えられた)埋込み照明器具.

re·ces·sion¹ [rɪséʃən, rə-] 〚《1646》▭ L *recessiō(n-)* ← *recessus*: ⇨ recess, -sion〛 ── *n.* **1 a** 退去, 退出, 後退. **b** (礼拝式後の牧師と聖歌隊の)退場, 退出. **2** (壁などの)引っ込んだ場所[部分], 凹所(ｵｳｼｮ), くぼみ (recess, hollow). **3** 〘経済〙(景気回復途上の)一時的不景気, 景気後退 (cf. depression 4 a).

re·ces·sion² [rìːséʃən] 〚← RECEDE²〛 *n.* (占領地などの)返還, 還付 (restoration).

re·cés·sion·al [-ʃənḷ, -ʃnəl] 〚《1867》← RECESSION¹+-AL¹〛 ── *adj.* **1** 退去の, 退出の (withdrawing); 牧師と聖歌隊が退場の際に歌う. **2** (議会などの)休会の, (法廷の)休廷の, (大学などの)休暇の. ── *n.* 〘教会〙=recessional hymn.

recéssional hỳmn *n.* 〘教会〙退場[退出]賛美歌《礼拝式後牧師と聖歌隊が退場する間に歌われるもの》.

re·cés·sion·à·ry [-ʃənèri | -ʃ(ə)nəri] *adj.* **1** 景気後退的な. **2** =recessive.

re·ces·sive [rɪsésɪv, rə-] 〚← L *recessus* 'RECESS'+-IVE〛 ── *adj.* **1 a** 退行の, 逆行の (receding). **b** 後退する, 引きさがる. **2** 〘音声〙〈アクセントが〉語の前の方に移行しやすい: ⇨ recessive accent. **3** 〘生物〙〈遺伝形質が〉劣性の, 潜性の, 潜在性の (↔ dominant): a ~ character 劣性形質. ── *n.* 〘生物〙 **1** 劣性形質. **2** 劣性形質個体. **~·ly** *adv.* **~·ness** *n.*

recéssive áccent *n.* 〘音声〙逆行アクセント《etiquette のアクセントが [èṭɪkét] から [étɪkèt] となる等》.

Rech·a·bite [rékəbàɪt] 〚《*c*1390》▭ LL *Rechabit-ae* (pl.) ▭ Heb. *Rēkhābhīm* (pl.) ← *Rēkhābh* Rechab [ríːkæb] (禁酒してテントに住んだ Jonadab [dʒúːnədæ̀b | dʒɔ́n-] の父: cf. *Jer.* 35: 2–19): ⇨ -ite¹〛 ── *n.* **1** 禁酒者; (特に)禁酒会員《1835 年英国に創設された Independent Order of Rechabites の会員》. **2** テント居住者.

rè·chárge *n.* **1** 再襲撃; 逆襲. **2** 〘法律〙再告訴[告発]. **3** 再充電, 再装塡(ｿｳﾃﾝ); 再補給. **4** 再装塡物; 再補給物. ── *vi.* 再襲撃する, 逆襲する. ── *vt.* **1** 再襲撃する, 逆襲する: ~ the enemy 敵を再び襲撃する. **2** 再告訴[告発]する: ~ a man *with* theft 人を窃盗で再告訴[告発]する. **3** 〈銃器〉にさらに装塡する (reload); 〈電池を〉再充電する; 再補給する: ~ a battery 電池を再充電する. **~·er** *n.*

rè·chárgeable *adj.* 〈蓄電池が〉繰り返し充電できる, 再充電できる.

rè·chárter *n.* (船舶などの)再契約. ── *vt.* **1** 再契約する. **2** 新たに免許する.

ré·chauf·fé [rèɪʃo(ʊ)féɪ | rɪʃə́(ʊ)feɪ, reɪ-; *F.* reʃofe] 〚《1805》▭ F ~ (p.p.) ← *réchauffer* to warm up again: ⇨ re- (A), chafe〛 ── *F. n.* (*pl.* ~s [~z; *F.* ~]) **1** 温め直した料理. **2** (文章・作品などの)焼直し, 作り直し, 蒸返し (rehash). ── *adj.* **1** [名詞に後置して] 〘料理〙温め直した, 焼き直した: chicken ~. **2** 〈文章・作品など〉焼直しの, 作り直しの, 蒸返しの (rehashed).

rè·chéck *vt.* 再照合する, 再査照する.

re·cher·ché [rəʃɛəʃéɪ, ─ ─ ─ | rəʃɛ́əʃeɪ; *F.* rəʃɛrʃe] 〚《1722》▭ F ~ (p.p.) ← *rechercher* to search out with care: ⇨ research〛 ── *adj.* (*also* **re·cher·che** [~]) **1** 〈食事・言葉・文体など〉趣向を凝らした, 凝った, 念の入った (exquisite); 精選した (choice): a ~ little supper 皿数は多くないが[ちょっとした]凝った夕食. **2** 風変りな, 異国風の (exotic), 珍奇な (rare). **3** 非常に洗練された, 凝り過ぎた. **4** もってまわった, 無理にこじつけた (farfetched).

rè·chrísten *vt.* 新たに名前を付ける, 名前を変える; 命名し直す.

re·ci·bien·do [rèɪsiːbjéndoʊ | -dəʊ; *Sp.* rèsibjéndo] 〚▭ Sp. ~ ▭ L *recipiendum* (ger.) ← *recipere* 'to RECEIVE'〛 ── *adv.* 〈闘牛士が〉(突進して来る牛に対していざ来いとばかりに)じっと構えて.

re·cid·i·vate [rɪsídəvèɪt, rə- | -dɪ-] 〚⇨ recidivist, -ate³〛 *vi.* (以前の悪い状態へ)逆戻りする, 常習的犯行を犯す.

re·cid·i·va·tion [rɪsìdəvéɪʃən, rə- | rɪsìdɪ-] 〚⇨ ↑, -ation〛 *n.* **1** 〘病理〙再発. **2** 常習的犯行.

re·cid·i·vism [rɪsídəvìzṃ, rə- | rɪsídɪ-] 〚▭ F *récidivisme*: ⇨ ↓, -ism〛 *n.* **1** 〘法律〙常習的犯行. **2** 〘病理〙再発(性), 常習(性).

re·cíd·i·vist [-vɪst, -vəst | -vɪst] 〚《1880》▭ F *récidiviste* ← *récidiver* ← L *recidīvus* falling back ← *recidere* to fall back, return ← RE- (A)+*cadere* to fall: ⇨ -ist〛 ── *n.* 〘法律〙常習犯人. **re·cid·i·vis·tic** [rɪsìdəvístɪk, rə- | rɪsìdɪ-] *adj.* **re·cíd·i·vous** [-vəs] *adj.*

Re·ci·fe [rəsíːfə; *Braz.* ʁesífi] *n.* レシフェ《ブラジル東部の海港, Pernambuco 州の首都; 人口 1,250,000; Pernambuco ともいう》.

recip. 《略》reciprocal; reciprocity.

rec·i·pe [résəpiː, -pi | -sɪpi] 〚《*a*1400》▭ L ~ 'take (this)' (imper.) ← *recipere* 'to RECEIVE'〛 ── *n.* **1** 処方箋(ｾﾝ) (prescription)《略 R, 記号 ℞》. **2** 〔料理の〕作り方, 製法, 調理法 〔*for*〕: a ~ *for* dressing. **3** 〔あることをするための〕手段, 秘訣, 秘法 〔*for*〕: a ~ *for* success in life 人生成功の秘訣.

re·cip·i·ence [rɪsípiəns, rə- | -pɪəns, -pjəns] *n.* **1** 受領, 受納 (reception). **2** 受け入れる性状, 受容性.

re·cíp·i·en·cy [-piənsi | -pɪənsɪ, -pjən-] *n.* =recipience.

re·cip·i·ent [rɪsípiənt, rə- | -pɪənt, -pjənt] 〚《1558》▭ L *recipient-em* (pres.p.) ← *recipere* 'to RECEIVE': ⇨ -ent〛 ── *adj.* (思想・印象などを)受け入れる, 感受性のある (receptive): have a ~ mind 感受性のある頭を持っている. ── *n.* **1** 受納者, 受領者 (receiver): the first ~ of the medal その勲章の最初の受賞者. **2** 受容器, 受け壺, 受け皿.

re·cip·ro·cal [rɪsíprəkəl, rə-] 〚《1570》← L *reciprocus* +-AL¹: ⇨ reciprocate〛 ── *adj.* **1 a** 相互の, 相互的な (mutual): ~ affection 相思 / ~ protection 相互保護. **b** 相互補足[補完]的な (complementary), 互恵的な: ~ trade concession 通商上の互譲 / a ~ treaty 互恵条約 / The juxtaposition of two different colors has ~ effects on each. 異なる二色を並置すれば互いに引き立て合う効果を持つ. **2** お返しの, 報いの, 代償的な: a ~ gift お返しの贈物 / a ~ benefit お返し[代償]として受ける利益 / Though I helped him, I had no ~ help from him. 私は彼を援助したが, 彼は私を援助してくれなかった. **3** 相反の (opposite): a ~ mistake 相互の思い違い. **4** 〘文法〙相互的な: ⇨ reciprocal pronoun. **5** 〘数学〙相反の, 逆の: a ~ proportion 反比例, 逆比例 / a ~ ratio 反比, 逆比 / a ~ number 逆数 / a ~ curve 相反曲線. **6** 換用できる; 互いに代用できる. **7** 〘海事〙逆方向の (back, backward). **8** 〘生物〙正逆交雑の《ある交雑の後に, 先に雄だった形質のものを雌とし, 雌だった形質のものを雄として行なう交雑についていう》.
── *n.* **1** 相互的[相関的]なもの, 相互関係のあるもの, 相当[相対]する物. **2** 〘数学〙逆数 (⇨ multiplicative inverse). **3** 〘保険〙=reciprocal exchange.
~·ly *adv.*

recíprocal exchánge *n.* 〘保険〙レシプロカルエクスチェンジ《米国独特の相互保険組織》.

recíprocal insùrance *n.* 〘保険〙レシプロカル《米国独特の相互保険; interinsurance ともいう》.

re·cip·ro·cal·i·ty [rɪsìprəkǽləṭi, rə- | -lətɪ, -lɪ-] *n.* 相互[互恵, 相反]性.

recíprocal óhm *n.* 〘電気〙=mho.

recíprocal prónoun *n.* 〘文法〙相互代名詞《each other, one another など》.

recíprocal tráde *n.* 〘商業〙互恵貿易《関税・輸入割当て量などを互いに引下げ合う貿易》.

recíprocal translocátion *n.* 〘生物〙相互転座《相同でない 2 個の染色体が互いにその一部を交換すること》.

re·cip·ro·cate [rɪsíprəkèɪt, rə-] 〚《1611》← L *reciprocāt-us* (p.p.) ← *reciprocāre* to come and go ← *reciprocus* returning ← **recos* turning backward+**procos* turning forward: ⇨ re- (A), pro-¹, -ate³〛 ── *vt.* **1** 交換する, 互いにやりとりする (interchange): ~ hospitality 互いにごちそうする / ~ favors 互いに世話し合う. **2** 〈恩恵・愛情・攻撃など〉に報いる, 返礼する (return, requite): ~ affection 愛情に報いる / ~ a compliment お世辞を返す. **3** 〘機械〙…に往復運動をさせる. ── *vi.* **1** 報いる, 返す, 返礼する (return): I would like to ~ *for* your kindness. あなたのご親切にお報いいたしたく存じます / To every attack he ~*d with* a blow. すべての攻撃に対して彼は反撃をもって報いた / He showed a deference towards her and she ~*d* rather coolly. 彼がいつになく敬意を表すると彼女のほうはかなり冷淡な挨拶を返した. **2** 〘機械〙往復する. **3** 〔…と〕一致[対応]する 〔*with*〕: Every definition must ~ *with* the thing defined. 各定義は定義された物と一致しなければならない. **4** 〘数学〙逆数になる.

re·cíp·ro·càt·ing [-ṭɪŋ | -tɪŋ] *adj.* 往復する; 〘機械〙往復運動をする: ~ motion 往復運動 / a ~ valve 往復バルブ《交互に前後に動く弁》.

recíprocating èngine *n.* 〘機械〙往復機関《ガソリンエンジンなどのように流体の圧力をピストンをへて, クランクに伝え, ピストンの往復運動をクランク軸の回転運動として外部にとり出すエンジンの総称; cf. rotary engine 1》.

re·cip·ro·ca·tion [rɪsìprəkéɪʃən, rə-] 〚《1561》▭ L *reciprocātiō(n-)*: ⇨ reciprocate, -ation〛 ── *n.* **1** 交換, やり取り: a ~ of favors [ideas] 好意[思想]の交換. **2** 返礼, 返報; 仕返し (requital). **3** 往復運動. **4** 《古》相応, 対応.

re·cip·ro·ca·tive [rɪsíprəkèɪṭɪv, rə-, -kəṭ- | -tɪv] *adj.* **1** 交換する, 応酬する; 相互的な. **2** お返しの, 返礼の; 報復的な. **3** 往復する. **4** 《古》対応的な, 相応する.

re·cíp·ro·cà·tor [-ṭə | -tə(r] 〚← RECIPROCATE+-OR²〛 *n.* **1** 返礼[返報]する人. **2** 〘機械〙往復機関.

rec·i·proc·i·ty [rèsəprɑ́səṭi | -sɪprɔ́sətɪ, -sɪtɪ] 〚《1766》▭ F *réciprocité* ← L *reciprocus*: ⇨ reciprocal, -ity〛 ── *n.* **1** 相互的であること, 相互関係[状態]; 交互作用 (mutuality). **2 a** 交換, やり取り. **b** 互恵主義《通商などで相手国の利益・特権を相互に認めること》: a ~ treaty 互恵条約.

reciprócity làw *n.* 〘写真〙相反法則, 相反則《作用する強さが n 倍の時, 作用時間を n 分の 1 にすれば同一効果となるという法則》.

reciprócity théorem *n.* 〘電気〙相反の定理.

rè·círculate *vt.* 再び流通させる.

re·ci·sion [rɪsíʒən, rə-] 〚▭ L *recīsiō(n-)* ← *recīdere* to cut back ← RE-+*caedere* to cut: ⇨ -sion〛 *n.* (法律などの)取消し, 廃止 (cancellation).

recit. 《略》recitation; recitative.

re·cit·a·ble [rɪsáɪṭəbḷ, rə- | -tə-] *adj.* 朗吟できる, 吟唱に適した; 詳説できる.

re·cit·al [rɪsáɪṭḷ, rə- | -tḷ] 〚《1512》← RECITE+-AL¹〛 ── *n.* **1 a** 吟唱, 暗唱, 朗唱, 朗読 (recitation): the ~ of *Hamlet*「ハムレット」の朗読. **b** 詳説, 詳述 (enumeration): the ~ of her ten years' troubles 10 年間にわたる苦労話の数々. **c** 説話, 話, 記述 (discourse, narration): give a detailed ~ of the event その事件を詳しく説明する. **2 a** 独奏(会), 独唱(会), リサイタル (cf. concert 2); 一作曲家だけの作品演奏会; (ダンスの)独演会: a Chopin ~ ショパン(曲)独奏会 / give a piano ~ ピアノ独奏会を催す. **b** (音楽[ダンス]学校などの生徒の)発表(会), おさらい会, グループ公演会: a dance ~. **3** 〘法律〙(法律文書の)事実の説明部, 備考部分. **re·cít·al·ist** [-ṭəlɪst, -ləst, -ṭḷ- | -təlɪst, -tḷ-] *n.*

re·ci·tan·do [rèɪtʃiːtɑ́ːndoʊ | -dəʊ; *It.* rètʃitándo] 〚▭

It. ~ ⊏ L *recitundum* (ger.) ← *recitāre* 'to RECITE'〗 *adv.* 〖音楽〗朗誦風に.

rec·i·ta·tion [rèsətéɪʃən | -sɪ-] 〖《1484》⊏ L *recitātiō(n-)*: ⇨ recite, -ation〗 ── *n.* **1** 詳説, 叙述 (narration, enumeration) : a ~ of the details of his private affair 彼の私事についての詳しい話. **2** (聴衆を前にしての)吟唱, 朗唱, 朗読; 暗唱; 吟唱(詩)文. **3** 《米》 **a** (教師の前での)復習教材[課題]についての口頭による反復[暗唱, 復唱]. **b** 教室課業[時間], 授業時間 (class period).

rec·i·ta·tive [rèsətətí:v, rèstə- | -sɪt-] 〖《1645》⊏ It. *recitativo* ← *recitare* 'to RECITE': ⇨ -ative〗 ── *n.* **1** 〖音楽〗叙唱, レチタティーボ《オペラやオラトリオなどで, 叙述するかのように歌われる部分; cf. aria, arioso》. **2** =recitation. ── *adj.* 叙唱(風)の.

rec·i·ta·ti·vo [rèsətətí:voʊ, -stə- | -sɪtətí:vəʊ; *It.* rètʃitatí:vo] 〖↑〗 *n.* (*pl.* **~s, -ti·vi** [-vi:; *It.* -vi]) 〖音楽〗=recitative 1.

recitatívo séc·co [-sékoʊ | -kəʊ; *It.* -sékko] 〖⊏ It. ~ 《原義》 dry recitative〗 ── *n.* (*pl.* **recitativi sec·chi** [-séki:; *It.* -sékki]) 〖音楽〗レチタティーボセッコ, 乾燥叙唱《チェンバロ・ピアノなどの鍵盤楽器による簡素な伴奏のみを背景とした叙唱》.

recitatívo stro·men·tá·to [-stròʊməntá:ţoʊ | -stròmənta:təʊ; *It.* -stròmentá:to] 〖⊏ It. ~ 《原義》 recitative with instruments〗 ── *n.* (*pl.* **recitativi stro·men·ta·ti** [-stròʊməntá:ti: | -stròm-; *It.* -stròmentá:ti]) 〖音楽〗伴奏付叙唱, レチタティーボ ストロメンタート《recitativo secco が単一の鍵盤楽器による伴奏で行なわれるのに対し, これには多くの他の楽器が伴奏に参加する》.

re·cite [rɪsáɪt, rə-] 〖《1430–31》⊏ (O)F *récit-ere* // L *recit-āre* ← RE- (A)+*citāre* 'to CITE'〗 ── *vt.* **1** (聴衆の前で)朗吟する, 朗唱[暗唱]する : ~ a poem 詩を朗吟する. **2** 《米》〈課題を〉(教師の前で)暗唱[復唱]する, 〈課題〉について質問に答える. **3 a** 物語る, 話す (recount, narrate) : ~ one's adventures 冒険談をする. **b** 詳しく話す, 詳述する; 列挙する (enumerate). **4** 〖法律〗法律文書の中で〈事実を〉説明する. ── *vi.* **1** (詩などを)朗吟する, 暗誦する. **2** 《米》(課題を教師の前で)暗唱[復唱]する; 教師の質問に答える.

re·cít·er [-ţə | -tə(r)] *n.* **1** 暗唱者, 朗吟者. **2** 《米》(教師の質問に対する課題の)暗唱[復唱]者.

re·cít·ing nòte [-ţɪŋ- | -tɪŋ-] *n.* 〖音楽〗(単旋聖歌唱中の)朗唱音.

reck [rék] 〖OE *reċċan* ←? // OE **rēċan* < Gmc **rōkjan* (OHG *ruohhen* / ON *rœkja*) ← IE **reg-* to move in a straight line : [-k] は ME *rekþ* (3rd sing. pres. ind.) と ON の影響〗 《詩・文語》 ── *vi.* [否定・疑問構文で] **1** 注意する, かまう, 気にする, 心配する (care, worry) 〔*of*〕: He ~*ed not* [*little*] *of* the danger. 彼は危険など気にしなかった. **2** [it を主語として] 重要である, 重大な関係がある (matter) : *It* ~*s little* [*not*] whether he should marry. 彼が結婚しようとすまいとどうでもよい. ── *vt.* [否定・疑問構文で] **1** 気にする, 意に介する, かまう (heed, regard) 〈*if, though, that, how, whether*〉: What ~ they *whether* they live or die? 彼らは生きようが死のうが何を心配するものか / What ~s he *if* the sky should fall? 空が落ちて来ようと来まいと彼が何をかまうものか / He ~*ed not* all their hatred. 彼らの恨みなどまるで問題にしなかった. **2** [it を主語として] …に関係する (concern, matter) : *It* ~*s* him *not* what others should think or say. 人がどう思おうとまた何を言おうと彼は平気なものだ / What ~*s it*? それが何だ, どうでもいい.

réck·less 〖OE *reċ(ċ)elēas* : ⇨ ↑, -less〗 ── *adj.* **1** 向こう見ずな; 〔…を〕意に介さない (heedless) 〔*of*〕: a ~ fellow 向こう見ずな男 / be ~ *of* the consequences 結果を意に介さない. **2 a** 無茶な, 無謀な (rash, thoughtless): ~ expenditure 無謀な支出 / ~ driving 無謀運転. **b** 思慮分別を欠く, なげやりな, いい加減な (negligent) : a ~ plan いい加減な計画. **~·ly** *adv.* **~·ness** *n.*

reck·on [rékən] 〖OE (*ġe*)*recenian* to explain < (WGmc) *(*ʒa*)*rekenōjan* (Du. *rekenen* / G *rechnen*) ← **rekenaz* (OE *recen* ready) ← IE **reg-* to direct (L *regere* to rule) : cf. reck〗 ── *vt.* **1 a** 〈数量を〉数える, 計算する (count, calculate) ; 総計する, 合計する 〈*up*〉; 合計…になる : ~ *up* one's debts 借財を総計する / I ~ 82 of them. (勘定すると)それは合計 82 になる. **b** 計[測, 量]る, 測定する (compute) : ~ the depth of a river 川の深さを測る. **c** 〔…から〕起算する 〔*from*〕: ~ the number *from* 10 その数を 10 から数える[起算する] / The beginning of American history is ~*ed from* 1620. アメリカ歴史の始まりを 1620 年から起算する. **d** 〔…まで〕数える 〔*to*〕. **e** 《古》一つ一つ数え上げる, 列挙する (enumerate) 〈*up, over*〉: ~ a person's wrongs *over* 悪事を一つ一つ数え上げる. **2 a** 〈人を〉〔…と〕みなす[思う] (regard, consider) 〔*as, for*〕: ~ a person clever [a clever man] = ~ a person *as* [*to* be] clever [a clever man] 人を利口な人だと思う / I ~ him beyond redemption. 彼は済度できない[救いがたい]人間だと思う. **b** 〔…の中に〕入れる, 加える, 勘定に入れる (include) 〔*among, in, with*〕: You can ~ me *among* your supporters. 私を君の後援者[味方]の一人と思ってくれてよい. **c** 概評する, 評価する (estimate, evaluate) 〈*up*〉. **3 a** (ある計算・評価を基準にして)〈…と〉結論する, 判断する (conclude) 〈*that*〉: He ~*ed that* he had an average of ten telephone rings a day. 計算してみると一日平均 10 回電話がかかってくると判断した. **b** 《口語》〈…と〉思う, 考える (think, suppose) 〈*that*〉: I ~ *that* it will not happen. そんなことにはなるまい / I ~ *that* he will come. 彼は来るだろうと思う. **4** 《古》〔…に〕帰する (attribute) 〔*to*〕: ~ him *to* the younger generation. ── *vi.* **1** 数える, 計算する, 勘定する (calculate, count). **2** 支払う, 清算する (pay, settle) 〔*with*〕; 功罪を公平に処理する : We will ~ *with* these defaulters later on. この債務不履行者については後で片を付けよう. **3** 当てにする, 頼りにする (rely) 〔*on, upon*〕: I ~ *on* your help. 君の援助を当てにしている. **4 a** 評価する (estimate), 判断する (judge). **b** 《米方言・口語》思う, 考える (think, suppose) : It is going to rain, I ~. どうやら雨が降りそうだ.

reckon with (1) ⇨ *vi.* 2. (2) 考慮に入れる : Communism is a force to be ~*ed with.* 共産主義は無視しえない勢力だ. ***reckon without*** 考慮に入れない, 無視する (ignore) : How can we ~ *without* him? どうして彼を無視することなどできよう.

réck·on·er [-k(ə)nə | -kənə(r)] 〖ME *rikenare*〗 *n.* **1** 計算者; 清算人 (liquidator). **2** 計算早見表《ready reckoner ともいう》.

réck·on·ing [-k(ə)nɪŋ] 〖ME〗 ── *n.* **1 a** 計算, 勘定 (calculation); 決算, 清算 : He is good at ~. 計算がうまい / Short ~*s* make long friends. ⇨ short *adj.* 1. **b** 計算法; 見積り. **2** (酒屋などの)勘定書 (bill) : pay one's ~ 勘定を払う. **3** 報い, 罰 (retribution) : There will be a heavy ~ to pay for his crimes. 彼の罪の罰は重いだろう. **4** 評価 (appraisal). **5** 《略》← *dead reckoning*〗〖海事〗 **a** (針路・速力・天測などによる)船位の推算. **b** (推測された)船の位置, 推測船位.

be out in [***of***] ***one's reckoning*** 勘定を間違える (lose one's reckoning), 見込み違いをする, 当てがはずれる.

re·claim [rɪkléɪm, rə- | rɪ-, ri:-] 〖《(*a*1325) *reclaime(n)* ⊏ OF *reclaim-er* (F *réclamer*) to call often on, claim back ⊏ L *reclāmāre* to cry out against : ⇨ re- (A), claim : 英語の原義は「鷹(㊟)を呼び戻す」〗 ── *vt.* **1 a** 改善する, 矯正する (reform) : ~ a drunkard 酒飲みを矯正する / ~ a woman *from* a life of vice 婦人を更生させる. **b** 開化[教化]する (civilize) : ~ a people *from* savagery 民族を開化する. **2** 〈荒地を〉開墾[開拓]する; 〈沼地・海岸などを〉埋め立てて耕地にする : ~*ed* land 開墾地 / ~ a tract *from* the sea 海岸を埋め立てる. **3** 〈廃物を〉加工して有用物にする, 再生利用する : ~ rubber ゴムを再生する. **4** 《古》〈野性の動物などを〉馴(㊟)らす (tame) : ~ hawks 鷹(㊟)を馴らす. ── *vi.* 《古》抗議する, 異議を唱える. ── *n.* **1** 矯正; 教化 : past [beyond] ~ 矯正[改善, 教化]の見込みがない. **2** 開墾, 開拓. **3** (廃物の)再生利用; (特に)再生ゴム.

rè-cláim *vt.* **1** …の返還を要求[主張]する : ~ one's right 自己の権利の回復を求める / ~ lost property [territory] 失われた財産[領土]の返還を要求する. **2** 再び要求[主張]する.

re·claim·a·ble [rɪkléɪməbl, rə- | rɪ-, ri:-] *adj.* **1 a** 改善できる, 矯正できる. **b** 教化できる. **2** 開墾[開拓]できる, 埋め立てられる. **3** 再生利用できる. **4** 《古》馴(㊟)らされる.

re·claim·ant [rɪkléɪmənt, rə- | rɪ-, ri:-] 〖← RECLAIM +-ANT〗 *n.* 矯正者; 開墾者.

re·cláimed rúbber *n.* 再生ゴム, リクレーム.

re·cláim·er *n.* **1** 矯正者; 改善者. **2** 開墾者, 開拓者. **3** 〖機械〗回収器, リクレーマー : an oil ~ 油脂回収器《一度使用した潤滑剤を浄化して油を取り出す器具》.

rec·la·ma·tion [rèkləméɪʃən] 〖《1533》⊏ F *réclamation* // L *reclāmātiō(n-)* : ⇨ reclaim, -ation〗 ── *n.* **1 a** 改善, 矯正. **b** 開化, 教化. **2** 開墾, 開拓, 埋立て, 土地改良. **3** (廃物の)再生利用.

ré·clame [reɪklá:m; *F.* reklam] 〖⊏ F ~ ← *réclamer* 'to RECLAIM'〗 ── *F. n.* **1 a** 公に知れ渡ること, 周知 (publicity). **b** 自家広告, 宣伝, 売名 (self-advertisement). **2 a** 売名[名声]欲; 自己宣伝の才能. **b** 演出[売込み]の才能 (showmanship).

rec·li·nate [rékləneɪt, -nət, -nɪt | -klɪ-] 〖⊏ L *reclīnāt-us* (p.p.) ← *reclīnāre* : ⇨ ↓, -ate[2]〗 *adj.* 〖植物〗〈茎・葉など〉下に曲がった, 下向(状)の.

re·cline [rɪkláɪn, rə-] 〖《(*c*1450) ⊏ OF *reclin-er* // L *reclīn-āre* ← RE- (A)+*clīnāre* to lean, slope (cf. incline)〗 ── *vt.* もたれ掛からせる, 寄り掛からせる; 〈体を〉横にする : ~ one's head [body] on [upon] …に頭を寄り掛からせる[…の上に体を横たえる] / He lay ~*d* upon the grass. 草原に寝ころんでいた. ── *vi.* **1** もたれる, 寄り掛かる (lean) 〔*against*〕. **2** 横になる 〔*on*〕: ~ *on* a deck chair デッキチェアに横になる.

re·clín·a·ble [-nəbl] *adj.*

re·clín·er *n.* **1** 寄り掛かる人[もの]. **2** =reclining chair.

re·clín·ing chàir *n.* リクライニングチェア《後ろに傾斜角度を変えられる安楽椅子》.

rec·li·vate [rékləvèɪt | -lɪ-] 〖← LL *reclivus* bending backwards (← RE- (A)+*clivus* hill)+-ATE[2]〗 *adj.* 〖昆虫〗〈器官・部分など〉穹状(㊟㊟)の, S 字状の.

rè·clósable *adj.* (一度開けたあと)再び閉めることのできる, 再び密閉できる.

rec·luse [réklu:s, rɪklú:s, rə-, réklu:z | rɪklú:s] 〖《(?*a*1200) ⊏ (O)F *reclus* < L *reclūsum* (p.p.) ← *reclūdere* to shut up ← RE- (A)+*claudere* 'to shut, CLOSE[1]'〗 ── *adj.* **1** (宗教的理由などで)世を捨てた, 隠遁(㊟㊟)した (secluded) : a ~ monk [nun] 世を捨てた修道士[女]. **2** 人目を避けた : a ~ life わびしい生活. **3** 人里離れた, 辺鄙(㊟)な (remote). ── *n.* **1** 隠(遁)者, 世捨人. **2** =incluse. **~·ly** *adv.* **~·ness** *n.*

re·clu·sion [rɪklú:ʒən, rə-] 〖《*c*1400》⊏ LL *reclūsiō(n-)* : ⇨ ↑, -sion〗 *n.* 隠退, 隠遁(㊟㊟) (seclusion).

re·clu·sive [rɪklú:sɪv, rə-, -zɪv | -sɪv] 〖← RECLUSE + -IVE〗 *adj.* **1** 引退した, 隠遁(㊟㊟)した. **2** 人目を避けた, 孤独癖の.

rec·og·nise [rékɪgnàɪz, -kəg- | -kəg-] *v.* 《英》=recognize.

rec·og·ni·tion [rèkɪgnɪ́ʃən, -kəg- | -kəg-] 〖《1473》⊏ L *recognitiō(n-)* ← *recognitus* (p.p.) ← *recognōscere* 'to RECOGNIZE': ⇨ -tion〗 ── *n.* **1 a** (正当なものであるとの)承認; 認知 : ~ of a child as lawful heir 子供を正当な跡取りと認めること / the ~ of a demand 要求の承認. **b** 〖国際法〗(新政権・新元首などの)承認; 認可, 公認 : a de facto ~ 事実上の承認. **2 a** (奉仕・功労などを)認める[多とする]こと, 感謝 (consideration) : official ~ 表彰 / deserve ~ for …に対して感謝を受ける価値がある / in ~ of the service 奉仕の功労を認めて[の返礼として] / receive much ~ 大いに認められる, 大いに注目を集める. **b** 挨拶(㊟㊟), 会釈 (salutation) : He only gave me a passing ~. 彼は私に通りすがりにちょっと会釈しただけであった. **3** 見てそれと分かること, 識別, 見[聞き]覚え, 見知り : the ~ of a portrait 肖像画を見てだれかわかること / My ~ of him was immediate. 私は見てすぐ彼だと分かった / escape ~ 人目につかない, 見破られない / Then a look of ~ came over her face. すると彼女の顔に私が誰だか判ったらしい表情が表われた / They mutilated his face *beyond* ~. 彼らは彼の顔を見分けがつかぬほど傷つけた / The village was altered *out of* all ~. その村はまったく見分けのつかないほど変貌していた. **4** (個人に対し)権利を認めること; 発言権を認めること. **5** 〖電算機〗認識《印刷または筆記された文字などをデータを読取り識別して電算機に記憶させること》. **6** 〖演劇〗認知, 発見 (anagnorisis).

recognítion màrk *n.* 〖動物〗識別目標《動物が同類の仲間と他種の動物とを見分けるための目標; たとえばある種のシカの尻まわりの白斑など》.

recognítion sèrvice *n.* 〖教会〗(新任牧師)紹介礼拝.

recognítion sìgnal *n.* 〖軍事〗(友軍)識別信号.

re·cog·ni·tive [rɪkɑ́gnəţɪv, rə- | -kɔ́gnɪt-] 〖← L *recognitus* (↓)+-IVE〗 *adj.* =recognitory.

re·cog·ni·to·ry [rɪkɑ́gnətɔ̀:ri, rə-, -tò:ri | -kɔ́gnɪtəri] 〖← L *recognitus* (⇨ recognition) + -ORY[1]〗 *adj.* 承認[認知]の.

rec·og·niz·a·bil·i·ty [rèkɪgnàɪzəbɪ́ləţi, -kəg- | -kəgnàɪzəbɪ́lɪti, -lɪ-] *n.* 認知[承認]可能性.

rec·og·niz·a·ble [rékɪgnàɪzəbl, -kəg-, ━ ━ ━ ━ ━ | -kəg-] *adj.* **1** 認知[承認]できる. **2** 見てそれと分かる, 識別できる, 見[聞き]覚えのある : The dead man's face had been battered out of all ~ shape. 死体の顔はまったく判別できぬほどめった打ちにされていた.

réc·og·nìz·a·bly *adv.*

re·cog·ni·zance [rɪkɑ́gnəzəns, rə-, -kɑ́n- | -kɔ́gnɪ-, -kɔ́n-] 〖《*c*1390》 *recognisance, reconisaunce* ⊏ OF *recon(n)issance* (F *reconnaissance*) ← *reconnoisant* (pres.p.) ← *reconnaistre* : ⇨ recognize, -ance : RECONNAISSANCE と二重語〗 ── *n.* **1** 〖法律〗(ある義務を遵守するという)誓約; その誓約書; (有罪判決者が一定期間の善行の保証として出す)誓約書; 誓約保証金 : enter into ~*s* 誓約する / forfeit one's ~ (誓約違背の結果)誓約保証金を没収される. **2** 《古》認めること, 承認, 認知 (recognition). **3** 《古》印, 表象 (token).

re·cog·ni·zant [rɪkɑ́gnəzənt, rə-, -kɑ́n- | -kɔ́gnɪ-, -kɔ́n-] 〖⇨ ↓, -ant〗 *adj.* **1** 〈好意などを〉認める 〔*of*〕. **2** 〔…を〕意識[感知]している 〔*of*〕.

rec·og·nize [rékɪgnàɪz, -kəg- | -kəg-] 〖《16C》《逆成》← RECOGNIZANCE ∽ 《1456》(Sc.) *racunnys* ⊏ OF *recon(n)iss-* (stem) ← *reconnaistre* (F *reconnaître*) < L *recognōscere* ← RE- (A)+*cognōscere* to learn : cf. reconnoiter〗 ── *vt.* **1 a** 〔…として〕(正式に)認める, 認知する 〔*as*〕: ~ rebels *as* belligerents 反乱軍を交戦者と認める / ~ a claim *as* justified 要求を正当と認める / She was ~*d as* a major novelist. 彼女は一流の作家として認められた / He ~*d* John *as* his son and heir. ジョンを自分の息子および跡取りとして認知した. **b** 〈国家・政府などを〉公式に認める, 承認する (acknowledge) : ~ the independence of a new state 新国家の独立を承認する / a ~*d* school 認可学校. **2 a** (…の事実[重要性, 存在]などを)認める : ~ one's duty 自分の義務を認める / ~ defeat 敗北を認める / His great learning has at last been ~*d* by his university. 彼の学識はついに大学の認める所となった. **b** 〈親切・尽力・功労などを〉(感謝・表彰・報酬などによって)認める, 多(㊟)とする, 感謝する, 謝礼する : ~ a person's services with the award of a medal 功労を認めメダルを贈る. **c** (挨拶・握手などで)〈人〉と知り合いであることを認める, (人を認めて)会釈する (salute) : I will not ~ him any longer. もうこれからやつに会っても知らん顔をしてやるぞ. **3 a** (以前に知っていたものだと)わかる, 識別する, 見てそれと分かる, 見[聞き]覚えがある, 思い出す (know again) : His change was

so great that one could scarcely ~ him. ひどく変っていたので中々彼だとはわからなかった / Hullo, this is Tom, ~ the voice? もしもし, トムだよ, 声で分かるだろ. **b** (外見・特徴などから)〈人・形象・物を〉…と見抜く, …と知る (identify): ~ a person from a description 人相書によってある人だとわかる. **c** 〈…ということを〉はっきり知覚する, 十分意識する, 悟る, 認める (realize) 〈*that*〉: ~ *that* one is beaten 負けたことを悟る[認める] / I must ~ *that* I am not qualified to do it. それをやる資格がないことを認めないわけにいかない. **4** (議長などが)〈人〉の発言権を認める, 〈人〉に発言させる.
— *vi.* 〖法律〗誓約書[保釈証]を出す, 誓約する.

réc·og·nìz·er *n.*

re·cog·ni·zee [rɪkɑ̀(g)nəzíː, rə- | -kɔ̀(g)nɪ-] 〖⇨ ↑, -ee¹〗 *n.* 〖法律〗受誓約者.

re·cog·ni·zor [rɪkɑ̀(g)nəzɔ́ə, rə- | -kɔ̀(g)nɪzɔ́ː(r)] *n.* 〖法律〗誓約者.

re·coil 〖《?a1200》 *recu(y)elle(n)* ⊏ (O)F *recul-er* to go back < VL **reculāre* ← RE- (A)+L *cūlus* posterior, tail〗 — [rɪkɔ́ɪl, rə-] *vi.* **1 a** 退却する, 敗走する (retreat): The advancing troops ~*ed before* the counterattack. 前進部隊は逆襲を受けて退却した. **b** (驚き・恐れ・嫌悪などで)後ずさりする, 畏縮(いしゅく)する, (ぎょっとして)ひるむ (start back, shrink) 〔*from, before, at*〕: ~ in horror *from* the spectacle その光景を見て恐ろしくなって後ずさりする. **2** 〈銃などが〉(発射の際に)はね返る, 後座する, 反動する (rebound, kick). **3** 報いをもたらす (react) 〔*on, upon*〕: Their attacks will ~ *on* [*upon*] themselves. 彼らが(人を)攻撃すればその報いが我が身に返るだろう / Violence ~*s upon* the violent. 暴力を用いれば暴力で報いられる, 暴は暴を招く. **4** 〖物理〗〈原子・原子核などが〉反跳する.
— [ríːkɔɪl, rɪkɔ́ɪl, rə-] *n.* **1 a** 退却 (retreat). **b** (驚き・恐れ・嫌悪などによる)後ずさり, ひるみ, 畏縮 (shrinking); 嫌気(いやけ) (repugnance) 〔*from*〕. **2** (銃・ばねなどの)はね返り, 反動; 後座 (kickback); はね返る距離[範囲]: the ~ of a gun 大砲の後座 / the ~ of a spring ばねのはね返り.
~·er [-lə | -lə(r)] *n.* **~·ing·ly** [-lɪŋli | -lɪ] *adv.*

récoil àtom *n.* 〖物理〗反跳原子《核反応や核壊変の際に反作用により反跳された原子》.

récoil cỳlinder *n.* 〖軍事〗駐退管[筒]《大砲発射の反動による砲の後座の後退速度を緩めるために用いられるばね・液体・空気利用のシリンダー》.

récoil escàpement *n.* 〖時計〗退却脱進機 (⇨ anchor escapement).

récoil·less *adj.* 〈銃砲など〉反動のない[少ない], 無反動の: a ~ rifle 無反動小銃[砲].

récoil-óperated *adj.* 〖銃砲〗〈銃など〉反動利用(発射式)の, 反動式の.

rè·cóin 〖⇨ re-, coin (v.)〗 *vt.* 改鋳する.

rè·cóinage 〖⇨ ↑, -age〗 *n.* **1** 改鋳. **2** 改鋳貨幣.

rec·ol·lect [rèkəlékt | ⌐—⌐, ⌐—⌐] 〖《1559》← L *recollect-us* (p.p.) ← *recolligere* ← RE- (A)+*colligere* 'to COLLECT¹'〗 — *vt.* **1** 思い出す[起こす], 回想する (remember): ~ one's childhood days / I ~ having heard him say so. = I ~ *that* I (have) heard him say so. 彼がそう言うのを聞いた覚えがある / I can't ~ the exact words. 正確な言葉は(どうしても)思い出せない (cf. I don't remember the exact words. 正確な言葉は覚えていない) / I'm sorry, I don't ~ you. どなたでしたか, どうも思い出せませんが. **2** [~ one*self* で] **a** 思い出させる: Before saying 'goodbye,' he ~*ed himself* just in time and returned the borrowed money. さよならを言うときになってやっと思い出し, 借りていた金を返した. **b** 〈自分自身・心などを〉黙想[黙禱, 思索など]に没入[集中]させる: He could not ~ *himself* in church. 教会で黙禱に集中できなかった.
— *vi.* 思い出す: as far as I ~ 私の記憶する限りでは.

re-collect 〖《1513》← RE- (B)+COLLECT¹〗 — *vt.* **1** [rìːkəlékt] 再び集める (rally). **2** [rìːkəlékt | rèk-, rìːk-] (*also* **recollect**) 〈心などを〉落ち着ける, 冷静にする (compose): ~ one's mind [thoughts] 心[思い]を落ち着ける / ~ oneself 気を落ち着ける; (はっと気づいて)自戒する / be ~*ed* 落ち着いている. **3** [rìːkəlékt | rèk-, rìːk-] (*also* **recollect**) 〈勇気・力などを〉奮い起こす (summon up): ~ one's force 力を奮い起こす.
— [rìːkəlékt] *vi.* 再び集まる.

rec·ol·lect·ed¹ [rèkəléktɪd, -təd] *adj.* **1** 思い出した, 思い出の. **2** 黙想に耽る: a ~ Zen priest 黙想三昧(ざんまい)の禅僧.

rec·ol·lect·ed² [rìːkəléktɪd, -təd | rèk-, rìːk-] *adj.* 落ち着いた, 冷静な (calm, composed): She was ~, cool as a cucumber. まったく落ち着き払っていた. **~·ly** *adv.* **~·ness** *n.*

rec·ol·lec·tion [rèkəlékʃən] 〖《1642》⊏ F *récollection* // L *recollectiō(n-)*: ⇨ recollect, -tion〗 — *n.* **1** 回想, 追憶 (remembrance); 覚え, 記憶(力): outside one's ~ 記憶にない, 忘れている / His name was past [beyond] ~. 彼の名は思い出せなかった / It is in [within] my ~ that ... …ということを覚えている / have no ~ of ... …の記憶がない / to the best of my ~ 私の記憶する限りでは. **2** [しばしば *pl.*] 思い出, 思い出すことども (reminiscence): vivid ~*s* of one's childhood 幼い頃の鮮やかな思い出. **3** 心の平静[落着き]; (特に, 宗教的)黙想, 沈思.

rè·colléction *n.* 再び集める[集まる]こと, 再集結.

rec·ol·lec·tive [rèkəléktɪv] *adj.* **1** 追[記]憶力のある. **2** 追憶の, 思い出の (recollected): ~ scenes of the silent film その無声映画の思い出の場面. **~·ly** *adv.* **~·ness** *n.*

rè·colonizátion *n.* 再植民.

rè·cólonize *vt.* …に再び植民させる[する].

rè·cólor *vt.* 新たに着色する, 色上げする, 塗り直す.

re·com·bi·nant [rìːkɑ́mbənənt | -kɔ́mbɪ-] *n.*, *adj.* 〖生物〗(遺伝子間の)組換え(の): ~ progeny 組換え子孫《遺伝子の組換えが起こった子孫》.

rè·combinátion *n.* **1** 再結合. **2** 〖生物〗(遺伝子間の)組換え《相同染色体間で染色体の交叉によって遺伝子の組合せが変わる現象》. **3** 〖電子工学〗再結合《電子と正孔, 陽イオンと陰イオンなどが中和すること》. **~·al** *adj.*

rè·combíne *vt.*, *vi.* 再び結合する, 結合し直す.

rè·comménce 〖《15C》⊏ (O)F *recommenc-er*: ⇨ re-, commence〗 *vt.*, *vi.* 再び始める, やり直す, 再開する.

rè·comméncement *n.* 再開.

rec·om·mend [rèkəménd, ⌐—⌐ | ⌐—⌐] 〖《c1390》 *recommende(n)* ⊏ ML *recommend-āre* ← RE- (A)+*commendāre* 'to COMMEND'〗 — *vt.* **1** [しばしば二重目的語を伴って] 推薦する, 推奨する (↔ discommend): ~ a good dictionary [doctor] *to* a person / ~ one's own person 自己推薦する / Can you ~ me a good teacher *for* my boy? うちの子供にいい先生を世話していただけませんか / ~ a person *as* a baby-sitter [*for* a post] 人をベビーシッターとして[ある職に]推薦する. **2** 〈振舞い・性質などが〉人の気に入らせる, …の長所[取り柄]となる, の人気のもとになる: His manners ~ him. 彼は行儀がいいので人に好かれる / That hotel has nothing [very little] to ~ it. そのホテルはいい所なしだ[取り柄がほとんどない]. **3** [しばしば do*ing*, また二重目的語を伴って] 勧告する, 忠告する; [*that*-clause または目的語+*to* do を伴って]〈…するように〉勧める(advise): ~ (tak*ing*) light food 少食を勧める / I ~ you a change of air. 転地をお勧めします / I ~ *that* you should go [~ you *to* go] to the doctor. 医者に行ったほうがよい《★ ~ a person *to* do の型は《米》では非標準的とみなされることがある》/ He ~*s* (*that*) I apply [my apply*ing*] for it. 私に応募するように勧めている. **4** 頼む, 〔神・人・人の世話などに〕ゆだねる, 託する〔*to*〕. ★ 今は通例 commend を用いる: ~ oneself [one's child, one's spirit] *to* God 自己[子供, 魂]を神にゆだねる. — *n.* 《英口語》推薦(状). **~·er** *n.*

rec·om·mend·a·ble [rèkəméndəbl̩] *adj.* **1** 推薦できる, 推挙できる, 推薦に値する. **2** 勧められる (advisable). **rèc·om·ménd·a·bly** *adv.*

rec·om·men·da·tion [rèkəməndéɪʃən, -men- | -men-, -mən-] 〖《1450》⊏ ML *recommendātiō(n-)*: ⇨ recommend, -ation〗 — *n.* **1** 推薦, 推挙; 推薦状; 推薦のことば: a letter of ~ 推薦状 / Good looks, in many cases, are a big ~. 顔がいいということは立派な推薦状(代り)になることが多い. **2** 勧告, 忠告. **3** 取り柄, 長所: a poor ~ 貧弱な取り柄.
on the recommendation of …の推薦で; (医師など)の勧告で.

rec·om·mend·a·to·ry [rèkəméndətɔ̀ːri, -tòːri | -tərɪ] 〖← L *recommendātus* ((p.p.) ← *recommendāre* 'to RECOMMEND')+-ORY¹〗 — *adj.* **1** 推薦の; 推薦する: a ~ letter 推薦状. **2** 勧告の, 忠告的な (advisory). **3** 取り柄となる.

recommend price *n.* 推奨価格《メーカーがこの値段で売って欲しいと小売に望む価格》.

rè·commíssion *vt.* 再び任命[委任]する. — *n.* **1** 再任(命). **2** = recommitment.

rè·commít *vt.* (-mit·ted; -mit·ting) **1 a** 〈議案などを〉再び委員会に付託する. **b** 再び委託する[任せる]. **2** 再び投獄[拘留]する. **3** 〈犯罪・過誤などを〉再び行う, 再び犯す.

rè·commítment *n.* **1 a** (議案の)再付託. **b** 再委託. **2** 再投獄. **3** 二度目の行為; 再犯.

rè·commíttal *n.* = recommitment.

rec·om·pense [rékəmpèns] 〖[v.: 《1422》⊏ (O)F *récompens-er* ⊏ LL *recompensāre* ← RE- (A)+*compensāre* 'to COMPENSATE'. — n.: 《c1420》⊏ (O)F *récompense* ← *récompenser*〗 — *vt.* **1** 〔行為に対して〕〈人〉に報いる, 〈人を〉罰する (punish) 〔*for*〕; 〔人に対して〕〈行為〉に報いる, 〈行為を〉罰する 〔*to*〕: ~ a person's services = ~ a person *for* his services = ~ his services *to* him = ~ him his services 人の尽力に対して報いる / ~ good *with* evil 善に報いるに悪をもってする, 忘恩的なことをする. **2** 〔損害・傷害などに対して〕〈人〉に償う 〔*for*〕: ~ a person *for* his losses 人の損失を償う / be ~*d for* damages 損害の賠償を受ける. **3** 〈損害などを〉償う, 補償する: ~ losses. — *vi.* 償いをする, 報いる.
— *n.* **1** 返報 (requital), 応報; 報い, 報酬 (reward): a ~ *for* service 尽力に対する報酬 / without ~ 無報酬で. **2** 償い, 補償 (compensation, amends): a ~ *for* the breach of one's promise 約束を破ったことに対する償い / by way of ~ 罪ほろぼしのつもりで / in ~ *for* the nonfulfillment of a contract 契約不履行に対する補償として.

rè·compóse *vt.* **1** 作り直す, 再び組み立てる, 改造する(rearrange): ~ the Cabinet 内閣を改造する / ~ a design 計画を立て直す. **2** 〈感情・争いなどを〉落ち着かせる, 静める: ~ one's feelings 気持を落ち着かせる / ~ a quarrel 喧嘩を静める. **3** 〖印刷〗組替える, 組直す. — *vi.* 落ち着く.

rè·composítion *n.* **1** 作り直し, 改組. **2** 〖印刷〗組替え, 組直し.

re·con¹ [rɪkɑ́n, rə- | -kɔ́n] 〖略〗 *n.* 《口語》= reconnaissance.

re·con² [ríːkɑn] 〖← *rec(ombination)*+(MUT)ON〗 *n.* 〖生物〗レコン《遺伝子の最小の組換え単位》.

rè·cóncentrate *vt.*, *vi.* 再び集中する. **rè·con·centrátion** *n.*

rec·on·cil·a·bil·i·ty [rèkənsàɪləbíləti | -lətɪ, -lɪ-] *n.* 和解[調停]の可能性[見込み].

rec·on·cil·a·ble [rèkənsáɪləbl̩, ⌐—⌐—] *adj.* **1** 調停[和解]の見込みのある. **2** 調和[一致]させられる. **~·ness** *n.*

rèc·on·cíl·a·bly [-bli | -blɪ] *adv.* 和解[調停]できるように.

rec·on·cile [rékənsàɪl] 〖《c1380》⊏ (O)F *réconcilier* // L *reconcili-āre* ← RE- (A)+*conciliāre* 'to CONCILIATE'〗 — *vt.* **1 a** 〈一度不和になった人を〉再び友好的にさせる, 和解させる, 仲直りさせる, 融和させる: ~ persons *to* each other = ~ a person *to* [*with*] another 人を互いに和解させる / ~ a person *to* himself 人を自分に融和させる / ~ a hostile man 反対の人を融和させる. **b** 〈不和などを〉調停する, 治める (adjust, settle): ~ a quarrel 喧嘩の仲裁をする. **2** 調和させる, 適合[一致]させる (harmonize): ~ two opposite arguments 二つの反対議論を調和させる / ~ duty and pleasure 義務と快楽とを両立させる / ~ one's statement *with* one's conduct 言行を一致させる / How can you ~ it *to* your conscience? そんなことをして良心がとがめはしないか / The head of an American university has to ~ students, faculty, trustees and alumni. 米大学の学長は学生, 教授, 評議員, 卒業生などの間に立って調和を図らねばならない. **3** [通例 ~ one*self* または Passive で] 満足させる, 甘んじさせる, 黙って従わせる〔*to*〕: ~ *oneself to* hardships [one's fate] 苦労[運命]に甘んじる / *be* ~*d to* a life of obscurity 無名[下積み]の(わびしい)生活に甘んじている[満足している] / *be* ~*d to* living in the country 田舎の生活に満足している. **4** 〖カトリック〗〈汚れた場所などを〉清める (purify); 〈破門されたり聖務禁止になった人を〉復帰させる. **5** 〖造船〗〈板などを〉平らに接合する.
— *vi.* 和解する; 調和する (harmonize).

réc·on·cìle·ment *n.* = reconciliation.

réc·on·cìl·er [-lə | -lə(r)] *n.* 調停者: Death is the great ~. 死は偉大な調停者だ《死は万事を解決する》.

rec·on·cil·i·a·tion [rèkənsìliéɪʃən | -lɪ-] 〖《c1380》⊏ OF ~ // L *reconciliātiō(n-)* ← *reconciliāre*: ⇨ reconcile, -ation〗 — *n.* **1** 和解, 仲直り; 調停. **2** 調和, 一致 (harmony): a ~ of religion and science. **3** 服従, 諦め (resignation). **4** 〖カトリック〗(教会堂などの)清め, 復聖.

rec·on·cil·ia·to·ry [rèkənsíljətɔ̀ːri, -liə-, -tòːri | -ljətərɪ, -lɪə-] 〖← RECONCILE+-ATORY〗 *adj.* **1** 和解的な, 調停的な. **2** 調和[一致]の.

réc·on·cì·lor [-lə | -lə(r)] *n.* = reconciler.

rè·condensátion *n.* 再凝結.

rè·condénse *vt.* 再び凝結させる.

re·con·dite [rékəndàɪt, rɪkɑ́ndaɪt, rə- | rɪkɔ́ndaɪt, rə-, rékəndàɪt] 〖《1649》 *recondit* ⊏ L *recondit-us* (p.p.) ← *recondere* to put away, conceal ← RE- (A)+*condere* to put together, hide (← COM-+-*dere* to put)〗 — *adj.* **1** 深遠な, 幽玄な, 難解な (profound): ~ studies [treatises] 深遠な研究[論文]. **2** 目に見えない, 秘められた (hidden): the ~ motives of human action 人の行為の秘められた動機. **3** ほとんど一般の人に知られていない (obscure): a ~ writer 無名の作家. **4** 〈作家が〉深遠[難解]な. **~·ly** *adv.* **~·ness** *n.*

rè·condítion *vt.* **1 a** 修理する, 修繕する (repair, refit); 元通りの良い状態に戻す. **b** 〈人・性格・態度などを〉変える. **2** 〖生理・心理〗〈有機体・生物〉の反射条件を変える, 条件反射をつけ直す (cf. conditioned reflex). **rè·condítioned** *adj.*

rè·condúct 〖← L *reconduct-us* (p.p.) ← *recondūcere* to lead back ← RE- (A)+*condūcere* 'to CONDUCT'〗 *vt.* 連れ戻す, (出発点へ)戻す.

rè·confígure *vt.* 〈航空機・電算機など〉の構成を変更する, 部品を変える.

rè·confírm *vt.* **1** 再確認する; 〈飛行機の座席など〉の予約を再確認する. **2** 更に強固にする. **rè·con·firmátion** *n.*

re·con·nais·sance [rɪkɑ́nəzəns, rə-, -zn̩s, -səns, -sn̩s | -kɔ́nɪsəns, -sn̩s] 〖《1810》⊏ F ~: ⇨ recognizance〗 — *n.* **1 a** 踏査, 下検分: The boys made a ~ of the strange house. 少年たちはその妙な家を調べた. **b** 〖軍事〗偵察 (reconnoitering); 捜索: ~ in force 強行偵察 / send a person on a ~ 偵察に出す / a ~ machine [plane] 偵察機 / a ~ flight [photo] 偵察飛行[写真]. **c** = reconnaissance car. **d** 偵察隊. **2** 〖土木〗(確定測量をする前の)踏査. **3** 〖地質〗地形踏査 (survey).

recónnaissance càr *n.* (機関銃・二方向ラジオなどを備えた軽装で高速の)(軍用)偵察車.

recónnaissance sàtellite *n.* 〖軍事〗偵察衛星, スパイ衛星.

re·con·nois·sance [rɪkɑ́nəzəns, rə-, -zn̩s, -sn̩s | -kɔ́nɪsəns, -sn̩s] *n.* = reconnaissance.

re·con·noi·ter, 《英》 **re·con·noi·tre** [rìːkənɔ́ɪtə, rèk- | rèkənɔ́ɪtə(r)] 〖《1707》⊏ F 《廃》 *reconnoître* = *reconnaître* < L *recognōscere* 'to RECOGNIZE'〗 — *vt.*

1 a (軍事上の目的で)〈敵・地域を〉偵察する. **b** 《測量・地学上》踏査する. **2** 《廃》思い出す (recall). — *vi.* 偵察する；踏査する. — *n.* 偵察；踏査.

rè·con·nói·ter·er, 《英》**rèc·on·nói·trer** [-ṭərə, -trə | -t(ə)rə(r)] *n.* 偵察者；踏査者.

rè·cónquer *vt.* **1** 再び征服する. **2** 征服して取り返す.

rè·cónquest *n.* **1** 再征服. **2** 征服して取り返すこと.

rè·cónsecrate *vt.* 〈汚れた教会堂などを〉再び聖別する, 再び神の用に供する[奉献する]. **rè·consecrátion** *n.*

rè·consíder *vt.* **1** 再び考える；(修正・変更を前提に)再考する, 考え直す：～ one's decision 決定を再考する. **2** 〈動議・投票などを〉再議[再審]に付する. — *vi.* 再考する；再議する. **rè·considerátion** *n.*

rè·consígn *vt.* 再び交付[委託, 託送]する, 交付[委託, 託送]し直す.

rè·consígnment *n.* **1** 再び交付[委託, 託送]すること. **2** 〘商業〙送り状(の経路・荷渡し地・荷受け人など)の変更.

rè·consólidate *vt.* 再び固める；再統合する. — *vi.* 再び固まる；再統合される. **rè·consolidátion** *n.*

rè·constítuent *adj.* 新組織を造る；組織増強の働きのある, 体力回復的な. — *n.* (病後など体力を回復するために服用する)強壮剤, 組織増強剤.

rè·cónstitute *vt.* **1** 再構成[組成, 編制, 設定]する (recompose, reconstruct). **2** 〈粉末化[濃縮]した物質を〉水を加えて液体状に戻す, 〈乾燥食品などを〉戻す. **rè·constitútion** *n.*

rè·constrúct *vt.* **1 a** 〈建物などを〉再建[改造, 改築]する, 〈組織・団体などを〉復興[再組織]する (rebuild, reorganize). **b** 修理[修復]する (repair, reassemble). **2** =reconstitute 2. **3** (発掘された資料などによって)再現する, 復元する：～ an extinct animal from a fragment of jawbone and a couple of teeth あごの骨片と二, 三本の歯から絶滅した動物の骨格を復元する. **4** 〘言語〙(比較言語学の理論によって)〈消滅した言語・方言・語・発音などを〉再建する. **5** 〘宝石〙(粉末化した原石などで)〈(人造)宝石を〉造る. **rè·constrúctible** *adj.*

rè·constrúction 《(1791)》 — *n.* **1 a** 再建, 改造, 改築, 復興：be under ～ 改築[改造, 復興]中. **b** 〘医学〙再建. **c** [R-]〘米史〙再編入, 連邦再建《脱退した南部諸州を南北戦争後合衆国に統合したこと；cf. unreconstructed 2》；その期間, 再建時代 (1867–77). **2 a** 再建物, 改築家屋. **b** (ばらばらになったものの)再構成(物), 復元(物). **c** (ある物の)復製 (replica)；雛形(ひな), 模型. **3** 〘郵趣〙復元《1 枚ずつの切手の版面の特徴を調べ, 2 枚以上の連なった切手によって特徴を重ね合わせながら, もとのシートに復元すること》：a ～ sheet 復元シート.

Reconstrúction Àcts *n. pl.* 〘米史〙再建法《南北戦争後 Tennessee 州を除き南部 10 州を合衆国に復帰するように措置した法律 (1867–68)》.

Reconstrúction Fìnance Corporàtion *n.* [the ～]〘米史〙復興金融会社《企業・銀行に金融および財政的援助を行なった公社 (1932–57)》.

rè·constrúctionism *n.* **1** 再建主義, 改造主義. **b** [R-]〘米史〙再編入主義 (⇨ reconstruction 1 c). **2** [しばしば R-]〘ユダヤ教〙(米国での)再建主義. **re·constrúctionist** *n.*

rè·constrúctive *adj.* 再建的な, 改築の, 改造の. **～·ly** *adv.*

reconstrúctive súrgery *n.* 〘外科〙再建手術.

rè·convéne *vi.* 再召集[召喚]する. — *vt.* 再召集[召換]させる.

rè·convéntion 《(15C) ▭ (O)F ～：⇨ re-, convention》 *n.* 〘法律〙=counterclaim.

rè·convérsion *n.* **1** 再改宗, 復党；復旧, 復帰. **2** (軍需産業・軍需工場の平和産業への)再転換, 再切換え. **3** (元の燃料使用のための, 機械の)再改装.

rè·convért *vt.* **1** 再改宗[復党]させる；元の意見に返らせる. **2** 旧態に復させる. **3** 〈軍需産業に転換した産業[工場]を〉(平和産業に)再転換[再切換え]する. **4** 〈他の燃料用に改装した機械を〉(再び元の燃料用に)再改装する, 復元する. — *vi.* 再改宗する；旧態に復する.

rè·convéy *vt.* **1** 再び送る, 送り返す. **2** 〈土地などを〉元の所有者へ戻す. **rè·convéyance** *n.*

re·cord 《*v.*：《(?*a*1200)》 *recorde(n)* ▭ (O)F *record-er* < L *recordāre* to call to mind ← RE- (A)+*cord-*, *cor* 'HEART'. — *n.*：《(*a*1325)》 ▭ (O)F ～ ← *recorder* (*v.*)》 — [rɪkɔ́əd, rə- | -kɔ́:d] *v.* — *vt.* **1** 記録する, 書き留める, 登録する, 記録に残す (register)：～ a speech 演説を書き留める / ～ every one of the events 事件を一つ一つ記録する / ～ one's thoughts in a diary 考えたことを日記に書き留める / ～ the date of a birth in the family Bible 出生の日を家庭用聖書に書込んでおく. **2** (はっきり)述べる, 示す：～ one's protest. **3 a** 〈温度計・体温計などが〉表示する (indicate)：The thermometer ～s 37°C. 体温計は 37 度を示している. **b** 〈自動記録計・地震計・オシログラフ・心電図などが〉(永久的な形で)表示する (register). **4** 〈文献・傷痕・惨状などが〉〈事実などを〉物語る (relate)；〈事実などが〉〈真相など〉の証拠となる, 物語る. **5 a** 〔レコード・録音機・テープに〕〈言葉・音楽・実況などを〉吹き込む, レコーディングする 〔*on*, *by*〕. **b** 〈音楽家・役者など〉の演奏[演技]を録音[録画]する. **6 a** 《古》歌う (sing). **b** 《廃》思い出す (remember). — *vi.* **1** 記録する, 登録する. **2** 録音[録画]する. **3** 〈声が〉録音に向く：Her voice does not ～ well. あの声は録音には向かない. **4** 《古》歌う.

— [rékəd, -kɔəd | -kɔ:d] *n.* **1** 記録すること；登録, 登記；記録：⇨ COURT of record. **2 a** 公記録 (register)；公判録, 記録証拠；(委員会などの)議事録 (minutes)：⇨ Public Record Office. **b** 記録に残して記念されるべきもの, 記念物 (memorial), 記録写真：the ～s of medieval life in the British Museum 大英博物館にある中世生活の記録《絵画・彫刻など》. **3 a** (人・馬・船などの)経歴, 履歴, 素性 (career)：His ～ is against him. 彼の履歴は彼の不利になる《履歴が悪い》/ have a good [bad] ～ 履歴がよい[悪い] / one's family ～ 系図. **b** 前科：a son with a ～ 前科のある息子 / have a ～=have police [(previous) criminal] ～s 前科がある. **4 a** (学校などの)成績：school ～s 学業成績 / make fine ～s at school 学校でよい成績をとる. **b** (競技などの)記録, レコード；最優秀記録, 最高記録：hold the world's ～ for [in] the high jump 走り高跳びの世界記録を保持する / beat [break] the ～ レコード[記録]を破る / set (up) a new ～ 新記録を作る / The output reached a ～ in 1980. 生産高は 1980 年に最高記録に達した / The crowd was a ～. 空前の人出だった. **5 a** (録音盤・磁気テープなどに収められた)記録. **b** レコード：cut a ～ レコードに録音する / long-playing ～s LP レコード.

bear record to ...を保証する. ***call*** [***take***] ***to record*** 証人として喚問する, 証人になってもらう (call to witness). ***crack a record*** ⇨ crack 成句. ***for the record*** 公式の[に]；事実を記録するために. ***get*** [***keep, put, set***] ***the record straight*** 誤解を解く. ***go*** [***place oneself, put oneself***] ***on record*** 記録に残る；公に意見を述べる, 言質(げんち)を与える；態度を明らかにする. ***off the record*** 公表を目的としない, 新聞に書かない, 非公式の[に], 「オフレコ」で[の]《政治家が用いる言葉》：speak *off the* ～ オフレコで話す. ***of record*** (1) 裁判手続の記録に現れた. (2) 文書などで証明されて. (3) 文書[記録]に出ている：a matter *of* ～ 記録に載っている事柄《確かな事実》. (4) 公式記録によれば. ***on*** [***upon***] ***record*** (1) 公に知られて[た]. (2) (出版物・文書・書類などに)記録されて[た]：He is *on* ～ as having said that ... 彼が...と言ったことが記録に残って[公に知られて]いる / the greatest earthquake *on* [*upon*] ～ 古今未曾有(みぞう)の大地震 / leave [place, put] *on* ～ 記録に残す[留める] / It is *on* [*upon*] ～ that ... ということは記録に載っている[先例がある]. ***travel out of*** [***keep to***] ***the record*** 〈話が〉本題からそれる[それない].

— [rékəd, -kɔəd | rékɔ:d] *attrib. adj.* 記録的な, レコード破りの：a ～ crop [snow] 未曾有の大豊作[大雪] / a ～ output 記録的な生産高 / a ～ year for sales 売上げ最高の年 / He won by a ～ margin of nearly 200,000 votes. 20 万票に近い記録的票差で勝った.

～·a·ble [-dəbḷ] *adj.*

re·cor·da·tion [rèkɔədéɪʃən, rì:-, rɪkɔ̀ə-, rə- | rèkɔ:-, rì:-] *n.* 記録すること.

récord-brèaking *n.* レコード[記録]破り. — *adj.* レコード[記録]破りの：a ～ crop / in ～ time 空前の短時間で.

récord chànger *n.* レコードチェーンジャー, 自動レコード交換装置《単に changer ともいう》.

recórd·ed delívery *n.* 《英》書留配達便 (《米》certified mail).

re·córd·er 《(1426) ▭ AF *recordour*=OF *recordeur*：⇨ record, -er¹》 — *n.* **1 a** 記録者, 登録者, 記録係. **b** (公務上の)記録官, 登記係. **2 a** (各種の)自動記録器[計]：a time ～=time clock / an automatic speed ～ 自動速力記録装置. **b** 受信器；録音機. **c** テープレコーダー (tape recorder). **3** リコーダー《柔らかな音色をもつ縦笛型のフルート；大小さまざまの種類がある；cf. flute 1 a》. **4** 〘英法〙**a** (ある都市の)市裁判所判事；下級判事. **b** (ある都市の)法律顧問《訴訟と地方慣行を記録保管することも職務》.

recórder·shìp *n.* **1** 記録官[登記係]の職[任期]. **2** recorder (*n.* 4) の職[任期].

récord fìlm *n.* 〘映画〙ニュース映画, 報道用フィルム, 文献記録用フィルム (cf. documentary film).

récord hòlder *n.* 記録[レコード]保持者.

re·córd·ing 《*n.*：ME *recordinge* remembrance》 — *adj.* **1** 記録する. **2** 自動記録仕掛けの：a ～ meter [instrument] 記録計器. — *n.* **1 a** 録音, レコーディング. **b** 録音[録画]状態, (特に)元のものに対する音声的[視覚的]忠実度. **c** 録音時間. **2** 録音[録画]したもの《レコードまたはテープ》. **3** 録音[録画]するために使うもの《テープ・フィルムなど》.

recórding àmmeter *n.* 〘電気〙記録電流計.

recórding àngel *n.* 〘キリスト教〙記録天使《人の善悪の行為を記録するという》.

recórding sècretary *n.* (団体の)議事等を記録する係, 記録係.

recórding vòltmeter *n.* 〘電気〙記録電圧計.

re·córd·ist [-dɪst, -dəst | -dɪst] *n.* 〘映画〙録音係.

récord plàyer *n.* レコードプレーヤー.

re·count¹ [rɪkáunt, rə- | rɪ-] 《(1456) *recounte(n)*, *recompte(n)* ▭ AF *recont-er* to recount ← RE- (A)+*conter* 'to tell, COUNT¹'》 — *vt.* **1** 物語る, 詳説する (narrate). **2** 数え挙げる, 列挙する (enumerate). **3** 《廃》考慮する, 考える (consider). **～·er** [-ṭə | -tə(r)] *n.*

rè·cóunt² *vt.*, *vi.* 再び数える, 数え直す. — *n.* (投票などの)数え直し, 再計算.

re·count·al [rɪkáunṭḷ, rə- | rɪkáuntḷ] *n.* 詳説, 詳しい話.

re·coup [rɪkú:p, rə- | rɪ-] 《(*c*1430) *recoupe(n)* ▭ OF *recoup-er* to cut again ← RE- (A)+*couper* to cut (← *coup* 'stroke, COUP¹')》 — *vt.* **1 a** 〈損失などを〉取り戻す (recover)：～ one's fortune (失った)財産を取り戻す. **b** 〈人〉に〔損失などの〕償いをする, 償う, 埋め合わせる (compensate) 〔*for*〕：～ a person *for* a loss 人に損失の償いをする / ～ oneself *for* the delay 遅れを取り戻す. **2** 〘法律〙差し引く, 控除する (deduct)：～ rising costs of materials and labor 資材と人件費の上昇分を控除する. — *vi.* **1** 取り戻す, 埋め合わせがつく. **2** 〘法律〙控除する《原告の請求について被告が原告に対して請求権があるとして一部を控除する》. — *n.* 〘法律〙差引き, 控除 (deduction). **～·a·ble** [-pəbḷ] *adj.*

re·cóup·ment *n.* **1** 弁償 (compensation). **2** 〘法律〙差引き, 控除(権).

re·course [rí:kɔəs, -koəs, rɪkɔ́əs, rə- | rɪkɔ́:s, rə-] 《(*c*1380) *recours* ▭ (O)F ▭ L *rescursus* a running ← *recurrere* 'to RECUR'：cf. course¹》 — *n.* **1** (援助・保護・安全などを求めて)頼ること, 依頼：have ～ *to*... (忠告者・救助者・応急手段として)...に頼る, ...に訴える / without ～ *to* ...によらないで / If threats proved ineffectual, he had often ～ *to* violence. 脅しがきかなくなると彼はよく暴力に訴えた / *Recourse to* brandy is unwise. 酒の勢いを借りることは賢明でない. **2** 頼みとするもの[人]：Their usual ～ is perjury. 彼らの常套(じょう)手段は偽証だ. **3** 〘法律・商業〙償還請求(権)《小切手などの振出人または裏書人に対する支払請求権》. ★ 主に次の成句で：***without recourse*** 《なぞり》← F *sans recours*》遡求(そきゅう)排除《手形が不渡りになった場合の償還義務否定》.

re·cov·er [rɪkʌ́və, rə- | -və(r)] 《(*a*1338) *recovere(n)* ▭ AF *recover-er*=OF *recovrer* (F *recouvrer*) ▭ L *recuperāre* 'to RECUPERATE'》 — *vt.* **1** 〈失った物・取られた物・捨てた物などを〉取り戻す, 回復する (win back, regain)：～ a lost umbrella, stolen property, a conquered town, the friendship, one's health, one's reputation, etc. / ～ one's sight [appetite] 元通り目が見えるようになる[食欲が出る] / ～ one's feet [legs] (倒れた後)起き上がる / ～ consciousness [one's senses] 意識を取り戻す / ～ the track (迷った後)元の道へ出る / ～ one's breath (切れかかった)息をつぐ / bodies ～*ed* from the lake 湖から収容した遺体. **2** 〈損失を〉償う, 埋め合わせる (make up for)：～ one's losses 損失を償う / ～ high cost of living by a raise in pay 生活費の高騰を昇給によって埋め合わせる. **3** [～ *oneself* として] **a** 平生の自分を取り戻す：正気に戻る；心が落ち着く. **b** (失った)体のバランスを取り戻す, (転んだ後)立ち上がる, 立ち直る. **4** 再発見する, 新たに見出す：～ a nova 新星を再発見する / ～ a lost art 忘れられた技術を再発見する. **5 a** 〔悪の道から〕〈人を〉改悟させる 〔*from*〕：～ a person *from* a bad practice. **b** (沼地・海などを)埋め立てて〈土地を〉作る, 埋め立てる：～ land *from* the sea 海を埋め立てる. **c** 〔原鉱・廃物・副産物などから〕〈有用な物資などを〉取り出す, 再生する (reclaim) 〔*from*〕. **6** 《古》生き返らせる, 正気づかせる；〔病気から〕回復させる 〔*from*〕：～ a corpse *to* life 死体をよみがえらせる / ～ a person *from* his cold 人の風邪を直す / be ～*ed from* one's cold 風邪が直る. **7** 《古》**a** 救済する (rescue). **b** 治療する (cure). **8** 《古》...まで引き返す, ...に帰着する；...に到達する (reach)：～ the shore 海岸に戻る[着く, 達する]. **9** 〘法律〙**a** 〈損害賠償を〉受ける, 取る (secure)：～ damages for false imprisonment 不法監禁に対する損害賠償を取る. **b** (訴訟によって)権利を取得する. **10** 〘軍事〙〈武器などを〉元の位置へ戻す：～ a sword (突いた後)剣を構えの姿勢に戻す / *Recover* arms! 元へ《「狙(ね)え (=ねらえ) (aim)」の姿勢から「用意 (ready)」の姿勢に戻す号令；cf. ready *adj.* 5 b》. **11** 〘スポーツ〙〈ファンブルしたり, 受け損なったりしたボールなどを〉うまくコントロールする.

— *vi.* **1 a** 元通りになる, 回復[復旧]する 〔*from*〕：～ *from* a defeat [disaster] 敗北[災厄]から立直る[回復する] / The mine soon ～*ed from* the effects of the explosion. 炭鉱は爆発の災害からすぐ回復した / Japan was ～*ing from* its most severe postwar recession. 日本は戦後最大の不況から立直ろうとしていた. **b** 〔病気・心配・驚愕などから〕回復する, 直る 〔*from*〕：～ *from* an illness / ～ *from* the surprise and shock 驚愕とショックから立直る. **2** 〈転び[倒れ]かけた人などが〉安定[バランス, 平均]を取り戻す. **3** 《廃》戻る, 帰る (return). **4** 〘フェンシング・ボクシング〙(攻撃の後で)構えの姿勢になる, 元の位置に戻る：～ after a lunge (フェンシングで)突きの後で構えの姿勢に戻る. **5** 〘アメリカンフットボール〙リカバーする：**a** ファンブルしたボールが地面に触れる前にキャッチする. **b** 直接相手のパスをキャッチする. **c** ルーズボールを押える. **6** 〘ボートレース〙(次のストロークをするために)元の姿勢に戻る. **7** 〘法律〙(訴訟に勝って)権利を取得する, 勝訴する：The client will not ～. 訴訟依頼人は訴訟に勝つまい.

— *n.* 〘フェンシング・ボクシング〙=recovery 5.

～·er [-vərə | -rə(r)] *n.*

rè·cóver 〘(*c*1400)〙 — *vt.* **1** 再びおおう, おおい直す **2** 張り替える; …の表紙を付け替える: have an old umbrella ~*ed* こうもりがさの張替えをさせる / ~ an old chair 古椅子を張り替える.

re·cov·er·a·ble [rɪkʌ́v(ə)rəbl̩, rə-] 〘(15C)〙 *adj.* 回復できる, 取り戻される. **re·còv·er·a·bíl·i·ty** [-rəbíləṭi | -lɪ̀ti, -lɪ-] *n.* **~·ness** *n.*

re·cov·er·y [rɪkʌ́v(ə)ri, rə- | -ri] 〘(*c*1385) ▭ AF *recoverie* = OF *reco(u)vree*: ⇨ recover, -y[1]〙 — *n.* **1 a** 取り戻し. **b** 元の状態へ返る[返す]こと, 回復, 復旧, 復興; 回復[復旧]に要する時間: ~ *from* illness / make a quick ~ 早く回復する / He is past [beyond] ~. 回復の見込みがない. **c** (不景気後の)景気の回復[上向き] (upturn), 景気回復期. **d** (宇宙飛行後のカプセルやノーズコーンなどの)回収. **2** 取り戻したもの. **3** (廃物などからの有用物資の)取出し, 活用, 再生. **4** 〘法律〙 **a** (訴訟による)権利の回復. **b** = common recovery. **5** 〘フェンシング・ボクシング〙防御の姿勢に戻ること. **6** 〘アメリカンフットボール〙リカバー (⇨ recover *vi.* 5). **7** 〘ダンス〙回復《落下 (fall) の後で元の姿勢に戻ること》. **8** 〘ゴルフ〙ラフなどに入ってしまったボールをうまくグリーンかフェアウェイに戻すこと. **9** 〘ボートレース〙(次のストロークをするために)元の姿勢に戻ること.

recóvery ròom *n.* 回復室, リカバリー室《麻酔回復過程での異常状態に対処できるために手術後の患者を一時的に収容する部屋》.

recóvery tìme *n.* 〘電気〙回復時間.

recóvery vòltage *n.* 〘電気〙回復電圧.

réc·re·ance [-riəns | -rɪ-] *n.* = recreancy.

rec·re·an·cy [rékriənsi | -rɪənsɪ] 〘⇨ ↓, -ance〙 *n.* 《文語・詩》 **1** 臆病, 卑怯(ひきょう) (cowardice). **2** 不信義, 不実, 変節 (apostasy).

rec·re·ant [rékriənt | -rɪ-] 〘(?*c*1300) ▭ OF ~ (pres.p.) ← *recroire* to change one's faith, 《原義》 yield in trial by combat < ML (*sē*) *recrēdere* to surrender (oneself) ← RE- (A) + *crēdere* to believe (⇨ creed): ⇨ -ant〙 《文語・詩》 — *adj.* **1** (特に戦闘において)臆病な, 卑怯な (cowardly): a ~ knight. **2** 変節した, 不信の (false, unfaithful). — *n.* **1** (特に戦闘における)卑怯者, 臆病者 (coward). **2** 背信者, 裏切者 (apostate, traitor). **~·ly** *adv.*

rec·re·ate [rékrièɪt | -rɪ-] 〘(*c*1470) ← L *recreāt-us* (p.p.) ← *recreāre* to make anew, revive, refresh: ⇨ re- (A), create〙 — *vt.* **1** (労働・疲労の後などに休養・娯楽などで)気晴らしをさせる, …に英気を養わせる (refresh): ~ oneself with baseball [by a holiday] 野球で[休暇を取って]英気を養う / It ~*s* him to invent stories for his neighbors. 隣人に自分の作った話をして聞かせるのがあの人の楽しみだ. **2** 元気づける, …に元気を出させる. — *vi.* (娯楽などで)気晴らしをする, レクリエーションをする.

rè·creáte *vt.* **1** 造り直す, 改造する. **2** (想像の中で)再現する.

rec·re·a·tion [rèkriéɪʃən | -rɪ-] 〘(*a*1393) ▭ (O)F *récréation* ▭ L *recreātiō(n-)* recovery from illness: ⇨ recreate, -ation〙 — *n.* **1** 気晴らし, 娯楽, 休養, 保養, レクリエーション; (元気の)回復した状態. **2** 《廃》気晴らしとなるもの, 笑いの種. — *adj.* = recreational.

rè·creátion *n.* 改造(物); 再形成, 再創造.

rèc·re·á·tion·al [-ʃənl, -ʃnəl] *adj.* 休養[娯楽, レクリエーション]の[に関する]: a ~ equipment [facility] レクリエーション施設.

recreátion gròund *n.* 《英》 (フットボールなどの試合をするための公共の)遊園地, 運動場.

rèc·re·á·tion·ist [-ʃ(ə)nɪst, -nəst | -nɪst] *n.* (特に, 戸外での)レクリエーションを楽しむ人.

recreátion ròom *n.* 《米》 (病院・クラブ・家庭の)娯楽室《遊戯室・ゲーム室など; rec room ともいう》.

rec·re·a·tive [rékrièɪṭɪv | -rièɪt-] *adj.* 気晴らしになる, 休養になる, 元気を回復させる (entertaining).

rè·creátive *adj.* 改造的な; 再創造する.

rec·re·ment [rékrəmənt | -rɪ-] 〘(1599) ▭ F *récrément* ∥ L *recrēment-um* dross ← RE- (A) + *cernere* to separate: ⇨ -ment〙 — *n.* **1** 〘生理〙再帰液《分泌後再吸収されてまた血液中にもどる分泌液; 唾液(だえき)・胃液など》. **2** 《まれ》(有用なものから より分けた)廃物; かなくそ, 鉱滓 (scoria). **rec·re·men·tal** [rèkrəméntl̩ | -rɪméntl] *adj.*

rec·re·men·ti·tious [rèkrəmɑntíʃəs, -men-] *adj.* **1** 不純物の(含まれる), 不純物から成る. **2** 余計な, むだな (superfluous).

re·crim·i·nate [rɪkrímənèɪt, rə- | -mɪ-, -mə-] 〘(1611) ← ML *recrimināt-us* (p.p.) ← *recrimināre* ← RE- (A) + L *crīminārī* to accuse (← *crīmen* 'CRIME')〙 — *vi.* **1** 相手の非難に対して言い返す, 非難し返す. **2** 反訴する. — *vt.* (告発されて)〈相手を〉反訴する.

re·crim·i·na·tion [rɪkrìmənéɪʃən, rə- | -mɪ-, -mə-] 〘(1611) ▭ F *récrimination*: ⇨ ↑, -ation〙 — *n.* **1** (相手の非難に対する)難詰, やり返し. **2** 反訴 (countercharge).

re·crim·i·na·tive [rɪkrímənèɪṭɪv, rə-, -m(ə)nət- | -mɪnət-, -mə-, -nèɪt-] *adj.* 負けずに非難する, やり返す.

re·crim·i·na·to·ry [rɪkrím(ə)nətɔ̀:ri, rə-, -tɔ̀:ri | -mɪnət(ə)ri, -mə-] *adj.* = recriminative.

réc ròom [rék-] *n.* 《米口語》 = recreation room.

re·cru·desce [rì:kru:dés | rì:k-, rèk-] 〘▭ L *recrūdescere* ← RE- (A) + *crūdus* 'raw, bleeding, CRUDE'〙 — *vi.* 〈病気・犯罪・不満などが〉再発する, 再燃する, ぶり返す.

re·cru·des·cence [rì:kru:désn̩s | rì:k-, rèk-] 〘← L *recrūdescere* (↑) + -ENCE〙 *n.* (病気・犯罪・不安などの)再発, ぶり返し, 再燃.

re·cru·des·cent [rì:kru:désn̩t | rì:k-, rèk-] 〘▭ L *recrūdescent-em* (pres.p.) ← *recrūdescere*: ⇨ recrudesce, -ent〙 — *adj.* 〈病気・犯罪・不満など〉再発する, 再燃する.

re·cruit [rɪkrú:t, rə-] 〘(1635–56) ▭ F *recrut-er* to levy troops ← 《方言》 *recrute* = *recrue* a new growth (p.p.) ← *recroître* to grow again < L *recrēscere* ← RE- (A) + *crēscere* to grow (cf. crescent)〙 — *vt.* **1 a** 〈新兵を〉募る, 徴募する (raise, enlist). **b** 〈軍隊〉に新兵を入れる: ~ a regiment 連隊に新兵の補充をする. **2 a** …に新会員[加入者]を補充する: ~ a team with new players チームに新人を入れて補強する. **b** 〈団体・会・大学などが〉〈…を〉新会員[新入生]として入れる: The University of Virginia is actively ~*ing* blacks. バージニア大学では黒人学生を積極的に入れている. **3 a** 補充する, 補給する (replenish): ~ one's stores 店の品を補充する. **b** 〈活力・元気を〉回復する (restore): ~ one's health [strength, energies] 健康[体力, 精力]を回復する. **c** [~ *oneself* で] 保養する, 体力[元気]をつける. — *vi.* **1** 新兵[新会員]を募る[隊に入れる]. **2** 《古》 **a** 補充する, 補給する. **b** 健康を回復する, 元気になる; 保養する: He has gone to the seaside to ~. 海岸に保養に行っている. — *n.* **1 a** 新兵, 初年兵, 補充兵; (米国陸海軍の)最下級兵; 《空軍俗》初級訓練機. **b** 新会員, 新党員. **c** 新米, 新入生, 新参者 (novice): a raw [new] ~ 新参者, 新米. **2** 《古》(新たな)供給, 補給. **~·a·ble** [-ṭəbl̩ | -tə-] *adj.* **~·er** [-ṭə | -tə(r)] *n.*

re·cruit·al [rɪkrú:ṭl̩, rə- | -tl] *n.* 補充, 補給.

re·crúit·ing gròund [-ṭɪŋ- | -tɪŋ-] *n.* **1** 新兵[初年兵]補充地[徴募区]. **2** 補充地, 補給地.

re·crúit·ment *n.* **1** 新兵[初年兵]徴募. **2** 〘生理〙リクルートメント, 漸増《神経系への反復刺激によって新規のニューロンがつぎつぎに興奮するため, 反応が次第に強くなること》.

rè·crystallizátion *n.* 再結晶.

rè·crýstallize *vi.* 再結晶する. — *vt.* 再結晶させる.

Rec. Sec., rec. sec. 《略》 recording secretary.

rect. 《略》 receipt; rectangle; rectangular; rectified.

Rect. 《略》 Rector; Rectory.

rec't, rect. 《略》 receipt.

rect-[1] [rekt] (母音の前に来る時の) recti- の異形: *rectangular*.

rect-[2] [rekt] (母音の前に来る時の) recto- の異形: *rectitis* 直腸炎.

recta *n.* rectum の複数形.

rec·tal [réktl̩] 〘← RECTO- + -AL[1]〙 *adj.* 〘解剖〙直腸 (rectum) の[に関する, を冒す, の近くにある, による]. **~·ly** [-təli, -tli | -təli, -tḷi] *adv.*

rec·tan·gle [réktæ̀ŋgl̩] 〘(1571) ▭ F ~ ∥ ML *rēctangul-um* (neut.) ← **rēctianglus* ← L *rēctus* (⇨ rectus) + *angulus* 'ANGLE[1]'〙 *n.* 〘数学〙長方形, 矩形(くけい).

réc·tàn·gled *adj.* = rectangular.

rec·tan·gu·lar [rektǽŋgjʊlə | -lə(r)] 〘← ML *rectangulum* (⇨ rectangle) + -AR[1]〙 — *adj.* **1 a** 長方形の, 矩形(くけい)の: a ~ ground, room, etc. **b** (底面や断面が)矩形の: a ~ building. **2** 直角の, 直角を持っている; 直角をなす (square); 直交する: a ~ ax, line, etc. **~·ly** *adv.*

rectángular coórdinates *n. pl.* 〘数学〙直交座標 (cf. Cartesian coordinates).

rectángular cópper wíre *n.* 〘電気〙平角銅線.

rectángular hypérbola *n.* 〘数学〙直角双曲線《漸近線が直交する双曲線; equilateral hyperbola ともいう》.

rec·tan·gu·lar·i·ty [rektæ̀ŋgjʊlǽrəṭi, -lér- | -lǽrətɪ, -rɪ-] *n.* 矩形(くけい)[長方形]であること; 直角をなすこと.

rectángular parallelépiped *n.* 〘数学〙直方体《cuboid ともいう》.

rectángular wáveguide *n.* 〘電気〙方形導波管.

recti *n.* rectus の複数形.

rec·ti- [réktɪ, -tə | -tɪ] 〘← L *rēctus* straight: ⇨ right〙「まっすぐな (straight), 直角の (right)」の意の連結形: *rectilinear*. ★ 母音の前では通例 rect- になる.

rec·ti·fi·a·ble [réktəfàɪəbl̩, ←ー←ーー] *adj.* **1** 改正[修正, 矯正, 調整]できる (correctable, amendable). **2** 〘数学〙〈弧・曲線が〉有限の長さの: a ~ curve 長さの有限な曲線. **3** 〘化学〙精留できる (cf. rectification).

rec·ti·fi·ca·tion [rèktəfɪkéɪʃən, -fə- | -tɪfɪ-] 〘(*a*1475) ▭ (O)F ~ ∥ LL *rectificātiō(n-)*: ⇨ rectify, -fication〙 — *n.* **1** 改正, 修正, 矯正, 調整 (correction, amendment): the ~ of errors [a frontier line] 誤り[境界線]の修正. **2** 〘化学〙精留《分留によって液体を精製すること》. **3** 〘電気〙整流《交流を直流に変えること》. **4** 〘数学〙求長法. **5** 〘写真〙ひずみ修正《写真測量で平行線のゆがみなどを引伸しの時に修正すること》.

réc·ti·fi·er *n.* **1** 改正者, 修正者. **2** 〘化学〙精留器. **3** 〘電気〙整流器; 整流素子《整流器として用いる半導体ダイオードなどの素子》. **4** 〘海事〙(磁気羅針(らしん)儀の)違差測定器.

rec·ti·fy [réktəfàɪ | -tɪ-] 〘(*a*1400) *rectifie(n)* ▭ (O)F *rectifi-er* ▭ ML *rēctificāre* to make right, correct ← L *rēctus* straight: ⇨ rectus, -ify〙 — *vt.* **1** 〈誤り・従来の意見などを〉改正[修正, 訂正]する (remedy); 直す (correct, amend): ~ a frontier line 境界線を修正する / ~ errors [anomalies] 誤り[異常な点]を訂正する. **2** 〈悪風などを〉矯正する (cure): ~ abuses 悪弊を矯正する. **3** 〈機械・器具などを〉調整する (adjust); 〈船・人工衛星などの針路を〉修正する. **4** 〘化学〙精留する (refine): ~ alcohol [spirits] アルコール[酒類]を精留する. **5** 〘電気〙整流する: ~*ing* action 整流作用 / a ~*ing* detector 整流検波器 / a ~*ing* valve [tube] 整流管. **6** 〘数学〙直線に直す; 〈弧・曲線〉の長さを求める, 求長する. **7** 〘地理〙〈地球の大きさ・形などを〉(新しい資料によって)修正[更正]する.

rècti·líneal *adj.* = rectilinear.

rècti·línear 〘(1659) ← LL *rēctilīneus* (← L *rēctus* 'RECTUS' + *līnea* 'LINE[2]') + -AR[1]〙 — *adj.* **1** 直線の. **2 a** 直線をなす[から成る, で囲まれた] (cf. curvilinear): a ~ angle 〘数学〙直線角. **b** 直線に進む: ⇨ rectilinear motion. **3** 垂直の (perpendicular). **4** 〘光学〙〈レンズが〉歪曲収差が補正された. **~·ly** *adv.* **rècti·lineárity** *n.*

rectilínear léns *n.* 〘光学〙直線収差矯正レンズ, レクチリニアレンズ《直線がゆがまずに直線に結像されるように, 特に歪曲収差補正した写真レンズ》.

rectilínear mótion *n.* 〘機械〙直線運動.

rec·tion [rékʃən] 〘▭ L *rēctiō(n-)* a guiding, government ← *rēctus*: ⇨ rectus, -tion〙 *n.* 〘文法〙支配.

rècti·róstral 〘← RECTI- + L *rōstrum* beak (⇨ rostrum) + -AL[1]〙 *adj.* 〘鳥類〙〈鳥が〉まっすぐな嘴(くちばし)をした.

rec·ti·tude [réktət(j)ù:d | -tɪtjù:d] 〘(1423–50) ▭ (O)F ~ ∥ LL *rectitūd-ō*: ⇨ recti-, -tude〙 — *n.* **1** 公正, 方正, 正直 (righteousness, integrity): the ~ of one's motives 動機の公正. **2** (知的・芸術活動で判断や手続き上の)正確さ: scientific ~ 科学的正確. **3** 《まれ》まっすぐなこと (straightness).

rec·ti·tu·di·nous [rèktət(j)ú:dnəs, -dn̩- | -tjú:dɪn-] *adj.* 独善的な信仰心を持っている, 己独り清しとする. **~·ly** *adv.*

rec·to [réktoʊ | -təʊ] 〘▭ L *rēctō* (*foliō*) on the right (leaf) ← *rēctus* right〙 — *n.* (*pl.* **~s**) 〘印刷・製本〙 (cf. verso) **1 a** (原稿の)第 1 ページ, 表ページ, 紙の表面. **b** (本の)奇数ページ, 右ページ. **2 a** (本の)表表紙 (front page). **b** 表カバー.

rec·to- [réktoʊ, -tə | -tə(ʊ)] 〘← RECTUM〙「直腸 (rectum)」の意の連結形: *rectoscope*. ★ 母音の前では通例 rect- になる.

rec·to·cele [réktəsì:l] 〘⇨ ↑, -cele[1]〙 *n.* 〘病理〙直腸ヘルニア, 直腸瘤(りゅう).

rec·tor [réktə | -tə(r)] 〘(*a*1387) ▭ OF *rectour* (F *recteur*) ∥ L *rēctor* ruler, leader ← *rēctus* (p.p.) ← *regere* 'to RULE': ⇨ -or[2]〙 — *n.* **1 a** 〘英国国教会〙(十分の一税 (tithes) を領収した, parish の)司祭[牧師], 教会区司祭[牧師]; 主任司祭[牧師] (cf. vicar 1): ⇨ lay rector. **b** 《米》〘米国聖公会〙教区牧師. **c** 〘カトリック〙(イエズス会などの)修道院長, 院長 (cf. superior *n.* 3). **2** (各種学校・大学・学寮などの)校長, 学長, 総長.

rec·tor·ate [rékt(ə)rət, -rɪt | réktər-] 〘▭ LL *rectorātus*: ⇨ ↑, -ate[1]〙 *n.* rector の職[地位, 任期].

rec·tor·ess [rékt(ə)rɪs, -rəs | réktərɪs, -rès, -rəs] 〘← RECTOR + -ESS[1]〙 *n.* rector の夫人.

rec·to·ri·al [rektɔ́:riəl, -tó:r- | -tɔ́:rɪ-] *adj.* **1** 教区牧師 (rector) の: ~ tithes 牧師に払うべき十分の一税. **2** 総長[学長, 校長]の. — *n.* (スコットランドの大学の学長選挙.

réctor·shìp *n.* = rectorate.

rec·to·ry [rékt(ə)ri | -ri] 〘(1536) ▭ AF & OF *rectorie* ∥ ML *rēctōri-a*: ⇨ rector, -y[1]〙 — *n.* **1** 〘英国国教会〙 (rector の住む)牧師館 (parsonage) (cf. vicarage); 〘米国聖公会〙牧師館. **2** 〘英国国教会〙教会区牧師 (rector) の所領[収入]. **3** 〘カトリック〙教区教会を預る牧師の住む家.

rec·to·scope [réktəskòʊp | -skə̀ʊp] 〘← RECTO- + -SCOPE〙 *n.* 〘医学〙直腸鏡 (proctoscope).

rec·trix [réktrɪks] 〘▭ L ~ (fem.) ← *rēctor* one who rules: ⇨ rector〙 — *n.* (*pl.* **rec·tri·ces** [réktrəsì:z, rektráɪsì:z | réktrɪsì:z, rektráɪsì:z]) [通例 *pl.*] 〘鳥類〙(飛ぶ方向をコントロールするのに重要な)尾羽 (tail-feather) (⇨ bird 挿絵).

rec·tum [réktəm] 〘(1541) ▭ L *rēctum* (*intestīnum*) straight (intestine) (neut.) ← *rēctus* (↓)〙 *n.* (*pl.* **~s, rec·ta** [-tə]) 〘解剖〙直腸.

rec·tus [réktəs] 〘← NL *rēctus* (*musculus*) straight (muscle) ← L *rēctus* 'straight, RIGHT'〙 *n.* (*pl.* **rec·ti** [-taɪ]) 〘解剖〙直筋.

re·cúm·bence [-bəns] *n.* = recumbency.

re·cum·ben·cy [rɪkʌ́mbənsi, rə- | -sɪ] *n.* 横たわること, 横臥(おうが); もたれかかること.

re·cum·bent [rɪkʌ́mbənt, rə-] 〘(1642) ▭ L *recumbent-em* ← *recumbere* to lie down ← RE- (A) + -*cumbere* to lie down (cf. *cubāre* to lie down)〙 — *adj.* **1** 横たわった; もたれた, 寄りかかった: a ~ odalisque by Ingres アングル筆のオダリスク横臥像. **2** だらりとしている, 不活発な (inactive), 怠惰な (idle). **3** 〘生物・解剖〙(他のものの上に)横臥(おうが)している. — *n.* 寄りかかる[横臥している]もの. **~·ly** *adv.*

re·cu·per·a·bil·i·ty [rɪk(j)ù:pərəbíləṭi, rə- | -lətɪ, -lɪ-] *n.* 回復力.

re·cu·per·a·ble [rɪk(j)úːp(ə)rəbḷ, rə-] *adj.* 回復できる.

re·cu·per·ate [rɪk(j)úːpərèɪt, rə-] 〖(1542) ← L *recuperāt-us* (p.p.) ← *recuperāre* to recover 《変形》? ← *recipere* to obtain again: ⇨ receive: cf. recover〗 ― *vi.* **1** (疲労・病気から)回復する, 直る, 元気づく: He will soon ～ and return to duty. 彼はすぐ全快して仕事に戻るでしょう: He was *recuperating from* a stroke. 発病後快方に向かっていた. **2** (損失から)立ち直る, 回復する. ― *vt.* 〈健康などを〉回復する.

re·cu·per·a·tion [rɪk(j)ùːpəréɪʃən, rə-] 〖▭ L *recuperātiō(n-)*: ⇨ ↑, -ation〗 *n.* (疲労・病気・損失などからの)回復 (recovery).

re·cu·per·a·tive [rɪk(j)úːpərèɪtɪv, rə-, -p(ə)rət-|-tɪv] 〖▭ LL *recuperātīv-us*: ⇨ recuperate, -ative〗 ― *adj.* **1 a** 回復させる, 元気づける. **b** 回復の[に関する], 回復力のある; 回復促進力のある, 元気回復に役立つ (restorative): the bodily ～ capacity 身体に備わっている回復力. **2** 回収装置をもった: a ～ furnace 復熱炉. **～·ness** *n.*

re·cú·per·à·tor [-tə | -tə(r] 〖▭ L *recuperātor* 《原義》 recoverer: ⇨ -or[2]〗 ― *n.* **1** 回復者; 回復物. **2** 〘機械〙 =regenerator 2. **3** 〘軍事〙(大砲の)復座機《発射の際の反動で後退した砲身を射撃位置に復座させる装置》.

re·cu·per·a·to·ry [rɪk(j)úːpərətɔ̀ːri, rə-, -tòːri|-tərɪ] *adj.* =recuperative.

re·cur [rɪkə́ː, rə- | -kə́ː(r] 〖(1468) ▭ L *recurr-ere* to turn back, recur ← RE- (A)+*currere* to run: ⇨ current〗 ― *vi.* (**re·curred**; **re·cur·ring**) **1** 〈考え・話などが〉元に戻る, 立ち返る (go back): ～ *to* one's former subject 元の話題に立ち返る. **2** 〈言葉・名などが〉出て来る, 飛び出して来る, 使われる: The name of Chopin ～*red* frequently in her conversation. ショパンの名が会話の中にしょっちゅう出て来た. **3** 〈考え・場面などが〉再び心に浮かぶ, 回想される, 思い出される: The scene ～*red to* my mind [memory]. その場面が再び心に浮かんだ. **4** 〈問題・困難などが〉再発する, 繰り返される: The question often ～*s*. この問題は繰り返し起こる. **5** 頼る, 訴える (resort) 〔*to*〕: ～ *to* arms 武力に訴える. **6** 〘数学〙 循環する (circulate): ⇨ recurring decimal.

re·cur·rence [rɪkə́ː(r)əns, rə- | -kʌ́rəns] 〖(1646): ⇨ ↑, -ence〗 ― *n.* **1** 再起, 再現, 再発 (repetition); 循環: ～ of an epidemic 流行病の再発 / frequent ～ 頻発(ひんぱつ) / ⇨ eternal recurrence. **2** 回想, 思い出. **3** 元の考え[話, 状態]に戻ること. **4** 頼ること (resort, recourse) 〔*to*〕: have ～ *to* arms 武器に頼る[訴える]. **5** 〘植物〙 原始形態が後代に繰返し現われること.

recúrrence fòrmula *n.* 〘数学〙 漸化式(ぜんかしき), 回帰公式《列をなす数学的対象の各項を, それに先立つ項から決定する式; recursion formula ともいう》.

re·cur·rent [rɪkə́ː(r)ənt, rə- | -kʌ́r-] 〖(1597) ▭ L *recurrent-em* (pres.p.) ← *recurrere*: ⇨ recur, -ent〗 ― *adj.* **1 a** 再発する, 周期的に起こる, 回帰[再発]性の; 循環する. **b** 時々[周期的に]起こる: ～ appearances, complaints, etc. **2** 〘解剖〙 〈神経・血管などの走向が〉逆の方に戻る, 回帰の: ～ nerves 回帰神経 / a ～ artery 回帰動脈. **～·ly** *adv.*

recúrrent féver *n.* 〘病理〙 回帰熱 (relapsing fever).

recúrrent nóva *n.* 〘天文〙 再帰新星《変光星の一種》.

re·cúr·ring [-kə́ː(r)ɪŋ | -kə́ːr-, -kʌ́r-] *adj.* **1** 繰り返し発生する, 回帰する. **2** 〘数学〙 循環する: a ～ curve 循環曲線. **～·ly** *adv.*

recúrring décimal *n.* 〘数学〙 循環小数《30.12361-74174174... のようにある桁以降同じ数字の列が繰り返される無限小数; repeating decimal, circulating decimal ともいう; cf. terminating decimal》.

re·cur·sant [rɪkə́ːsənt, rə- | -kə́ː-] 〖▭ L *recursant-em* ← *recursāre* to hasten back ← *recurrere* 'to RECUR'〗 *adj.* 〘紋章〙〈鷲が〉背面を見せた.

re·cur·sion [rɪkə́ːʒən, rə- | -kə́ːʃən] 〖▭ L *recursiō(n-)*: ⇨ recur, -sion〗 ― *n.* **1** 〘電算機〙 再帰. **2** 〘数学〙 帰納, 回帰《列をなす数学的対象の各項を, それに先立つ項から一定の規則で決定すること》.

recúrsion fòrmula *n.* 〘数学〙 =recurrence formula.

re·cur·sive [rɪkə́ːsɪv, rə- | rɪkə́ː-, riː-] 〖← RECURS(ION)+-IVE〗 ― *adj.* **1** 繰返して使用できる. **2** 〘数学〙 帰納的な, 回帰的な. **3** 〘電算機〙 **a** 再帰的な, 帰納的な, 回帰的な, リカーシブな. **b** 〈プログラムが〉周期(反復)的な. **～·ly** *adv.* **～·ness** *n.*

recúrsive definítion *n.* 〘論理・数学〙 回帰的定義《任意数の基本的要因を設定し, それらから有限回の操作によって構成する形での定義》.

recúrsive fúnction *n.* 〘論理・数学〙 回帰(的)関数《有限回の操作で値を計算できる数論的関数》.

re·cur·vate [rɪkə́ːvət, rə-, -vɪt, -veɪt | -kə́ː-] 〖▭ L *recurvāt-us* (p.p.) ← *recurvāre*: ⇨ recurve, -ate[2]〗 *adj.* 〘植物〙 反(そ)りかえった, 反曲した (recurved).

rè·cúrvature *n.* 〘植物〙 反(そ)り返り, 反曲.

rè·cúrve 〖▭ L *recurv-āre* ← RE- (A)+*curvāre* 'to CURVE'〗 ― *vt.* 後方に反(そ)らす[曲げる]. ― *vi.* 〈風・流れなどが〉曲がって戻る, 回れ右をする, 逆転する (turn back).

rè·cúrved *adj.* 後方[内側]へ曲がった.

réc·u·sance [-zəns, -zn̩s] *n.* =recusancy.

rec·u·san·cy [rékjʊzənsi, rɪkjúːz-, rə-, -zn̩- | -sɪ] 〖⇨ ↓, -ancy〗 *n.* **1** 不従順, 服従拒否, 反抗. **2** 〘英史〙(カトリック教徒の)英国国教忌避 (nonconformity).

rec·u·sant [rékjʊzənt, rɪkjúːz-, rə-, -znt] 〖(1552-53) ▭ L *recūsant-em* (pres.p.) ← *recūsāre* to decline, refuse ← RE- (A)+*causa* 'CAUSE': ⇨ -ant〗 ― *adj.* **1** 不従順の, 強情に従わない, (権威に)屈しない, 反対する 〔*against*〕. **2** 〘英史〙 英国国教を奉じない, 国教忌避の: a ～ priest 国教を奉じない聖職者. ― *n.* **1** 強情な反抗者, 権威に屈しない者. **2** 〘英史〙(16-17 世紀のカトリック教徒で)英国国教忌避者 (refuser) (cf. nonconformist 2, dissenter 2).

re·cuse [rɪkjúːz, rə-] 〖ME ▭ (O)F *récus-er* ▭ L *recūsāre* (↑)〗 *vt.* 〘法律〙〈裁判官・陪審員等を〉忌避する.

re·cy·cle [rìːsáɪkḷ] *vt.* **1** 〈廃物などを〉再生利用する; 循環処理する, リサイクルする. **2** 〘電気〙〈発電機などを〉加速的に全出力運転させる. ― *vi.* **1** 〈廃物が〉再生(利用)される. **2** 秒読みを中止して始めに戻る. **3** 〘電子工学〙(操作を再開するために)元の状態に戻す. ― *n.* 再生品. **rè·cý·cla·ble** [-kḷəbḷ, -kl-] *adj.*

red[1] [réd] 〖OE *rēad* < Gmc **rauðaz* (Du. *rood* / G *rot* / ON *rauðr*) ← IE **reudh-* red (L *rūfus* 'RUFOUS' & *rubeus* / Gk *eruthrós*)〗 ― *adj.* (**red·der**; **red·dest**) **1 a** 赤い, 赤色の; 赤色に染まった: (as) ～ as a rose / (as) ～ as blood [scarlet, a turkey cock] 真赤になって / turn [get, become] ～ 赤くなる. **b** (他と区別するために)赤のしるしをつけた: the ～ team 赤組. **c** (怒り・当惑などで)顔を赤らめた, 真赤になった: ～ *with* anger [indignation] 真赤になって怒って. **d** 〈目が〉(泣いたりして)充血した, 血走った (bloodshot): Her eyes were ～ *with* recent weeping. 少し前まで泣いていたらしく目を赤くしていた. **e** 燃えるような; 赤熱の: ～ iron 赤熱の鉄. **2 a** 血に染まった (bloodstained), 〈戦いなど〉流血の: with ～ hands (血で)真赤な手をして, 殺人を犯して (cf. red-handed) / a ～ battle 血戦, 激戦. **b** 〈肉が〉血の多い, 赤身の: ⇨ red meat. **3 a** 〈人種が〉赤い皮膚の, 銅色人種の: ⇨ red man, redskin, Red Indian. **b** 血色のよい. **c** 赤毛の: a ～ dog 赤毛の犬. **4** 〘革命主義者・共産主義者の赤旗から〙 **a** (政治的に)過激な, 革命的な, 赤化の (revolutionary) (cf. white 9, pink[1] 3): ～ activities 赤化運動 / the ～ menace 赤化の脅威 / a ～ anarchist 過激な無政府主義者. **b** [しばしば R-] 共産主義の (communistic); ソ連の, ロシヤの (Soviet, Russian); 中共の (of Chinese Communist): the *Red* Air Force ソ連空軍. **5** 〘簿記・会計〙 赤字の, 収支決算が赤字[マイナス]の (↔ black).

see the red light ⇨ red light 1 b.

red prussiate of potash 〘化学〙 =potassium ferricyanide.

― *n.* **1 a** 赤色, 赤. **b** 赤色絵具; 赤色染料; 紅(べに), ルージュ. **c** 赤光. **2 a** 赤い布; 赤い服: be dressed in ～ 赤い服を着ている / a woman in ～ 赤いドレスを着た女. **b** (運動チームなどで)赤い記章[しるし]をつけている人, 赤組の人: the Cincinnati *Reds*. **3 a** 赤い物. **b** (roulette, rouge et noir の)赤枠, 赤側. **c** (玉突の)赤玉. **d** 赤毛の動物. **e** 赤ぶどう酒. **f** 赤銭《1 セント銅貨; cf. red cent》. **4** [しばしば Reds] アメリカインディアン (cf. black 4). **5 a** 過激論者 (cf. pink[1] 4), 革命主義者; 過激な共和主義者, 無政府主義者. **b** [R-] (特に)共産党員[主義者]: the *Reds* 赤軍, 共産軍. **6** [the R-] 〘英史〙(17 世紀に英国の艦隊が Blue, Red, White に分かれていた時の)赤色艦隊 (Red Squadron). **7** [the ～] 〘簿記・会計〙 赤字, 借方, 損失 (cf. black 7): be in *the* ～ (会計簿に借方を赤字で記入したことから)赤字を出している, 負債[欠損]になっている, 借金している / go (a million dollars) into *the* ～ (100 万ドルの)赤字を出す, 欠損をきたす / take a business out of *the* ～ and put it into the black 商売の赤字を消して黒字にする / The company was $1,000,000 in *the* ～. 社は百万ドル赤字になっていた / We are now out of *the* ～. 我が社も今や赤字から脱した. **8** 〘アーチェリー〙 赤的《金的の外まわりの大きな的》.

see red 〘闘牛が赤い布に興奮することから〙〘口語〙 激怒する.

― *vt., vi.* (**red·ded**; **red·ding**) 《古・方言》 =redden.

red out (*vi.*) (1) 〘航空医学〙(レッドアウト (redout) によって)目がくらんだり意識を失う (cf. BLACK *out* (*vi.*) (5), redout 1). (2) (少年・少女たちが戯れに)顔面を充血させて自ら失神寸前までいく《深く息を吸ってかがみ, 親指をくわえて息が出ないようにする; cf. redout 2》.

～·ness *n.*

red[2] *v.* (**red**; **red·ding**) =redd[1].

Red [réd] 〖← RED[1] 《原義》 red-faced[-haired]: 赤毛の人につける米国の一般的な nickname〗 *n.* **1** 男性名. **2** 女性名.

red. 《略》 redeemable; reduce(d); reduction.

-red [rɪd, rəd] 〖OE *-rǣden* ← *rǣden* rule, condition: ⇨ read[1]〗 *suf.* 性質・状態などを表わす名詞語尾: hat*red*, kind*red*.

réd ácetate *n.* 〘染色〙 =red liquor.

re·dact [rɪdǽkt, rə- | rɪ-] 〖(15C) ← L *redact-us* (p.p.) ← *redigere* to collect ← RE- (A)+*agere* to bring (⇨ agent)〗 ― *vt.* **1** 《廃》 縮小する (reduce), まとめる. **2** 〖《逆成》← REDACTION〗〈原稿などを〉編集する (edit), 〈口述書などを〉作成する (compose).

re·dac·tion [rɪdǽkʃən, rə- | rɪ-] 〖(1621) ▭ F *rédaction* ▭ LL *redactiō(n-)*: ⇨ ↑, -tion〗 ― *n.* **1** 編集 (editing); 校訂, 改訂 (revision). **2** 版 (edition, version); (特に)新版, 改訂版. **3** 翻案 (adaptation). **～·al** [-ʃənḷ, -ʃnəl] *adj.*

re·dác·tor 〖▭ G *Redacteur* ▭ F *rédacteur* ← L *redactus*: ⇨ redact, -or[2]〗 *n.* 編集人 (editor); 校訂者 (reviser).

réd ádmiral *n.* 〘昆虫〙 ヨーロッパアカタテハ (*Vanessa atalanta*)《ヨーロッパおよび北米産のアカタテハの一種; scarlet admiral ともいう》.

réd álder *n.* 〘植物〙 北米太平洋岸産のカバノキ科ハンノキ属の高木 (*Alnus rubra*); その材《家具用》.

réd alért *n.* **1** 防空警報赤, 赤(防空)警報, 空襲警報《敵機の攻撃が差し迫るか始まっている段階; cf. alert 1》; (空襲警報の)警報 合図. **2** 緊急非常事態.

réd álga *n.* 〘植物〙 紅藻(こうそう)《紅藻植物綱の藻》.

re·dan [rɪdǽn, rə- | rɪ-] 〖▭ F ～ 《変形》← *redent* double notching or jagging ← RE- (A)+*dent* (< L *dentem* 'TOOTH')〗 ― *n.* 〘築城〙 凸角堡(とっかくほ)《V 字形に突出して築かれた防備壁》.

réd ánt *n.* 〘昆虫〙 アカアリ; (特に) イエヒメアリ (Pharaoh ant).

réd árchangel *n.* 〘植物〙 ヒメオドリコソウ (*Lamium purpureum*)《道端や畑地にはえるヨーロッパ原産シソ科の帰化植物; red dead nettle ともいう》.

re·dar·gue [rɪdɑ́əgjuː, rə- | -dɑ́ː-] 〖ME *redargue(n)* ▭ L *redarguere* ← *red-* 'RE- (A)'+*arguere* 'to accuse, ARGUE'〗 *vt.* 《古》 反証を示す, 論駁する, 論破する.

Réd Ármy *n.* [the ～] 赤軍《ソ連の軍隊 (1918-1946); 最初は志願制であった; cf. White Army》.

réd ársenic *n.* 〘鉱物〙 =realgar.

réd-bàit 〖《逆成》← *redbaiter, redbaiting*: ⇨ red[1], baiter; cf. bearbaiting, Jewbaiting〗 ― *vi., vt.* [しばしば R-] 《米口語》 過激派(特に共産主義者)だとして弾圧する, 赤狩りする.

réd-bàiter *n.* 《米口語》 共産党弾圧者; 赤狩り屋.

réd-bàiting *n.* 《米口語》(特に, 証拠がほとんどまたは全くない)共産党弾圧, 赤狩り.

réd bálm *n.* 〘植物〙 タイマツバナ (*Monarda didyma*)《北米産シソ科ヤグルマハッカ属の多年草; 花冠は緋紅色; 花壇植えに適する》.

réd-bànded léaf ròller *n.* 〘昆虫〙 アカオビハマキガ (*Argyrotaenia velutinana*) の幼虫《果樹の害虫》.

réd báneberry *n.* 〘植物〙 北米産キンポウゲ科ルイヨウショウマ属の植物 (*Actaea rubra*)《紅赤色の有毒な漿果(しょうか)を結ぶ》.

réd bárk *n.* 〘植物〙(上等の)赤キナ皮《アカネ科キナノキ属のアカキナノキ (*Cinchona succirubra*) の樹皮; 薬用》.

réd báy *n.* 〘植物〙 米国南部産のクスノキ科アボカド属の常緑小高木 (*Persea borbonia*)《葉は香料, 材は有用; sweet bay ともいう》.

Réd Béard *n.* 赤鬚王《Frederick Barbarossa のあだ名》.

réd béet *n.* 〘植物〙 赤カブ, サンゴジュナ (*Beta vulgaris* var. *rubra*)《beet の変種でサラダ用》.

réd-bèllied térrapin [túrtle] *n.* 〘動物〙 ハラアカガメ (*Pseudemys rubriventris*)《米国東部 Chesapeake 湾沿岸の淡水産のアメリカヌマガメ属のカメ; 腹と背が赤味を帯びている; redbelly, red fender ともいう》.

réd-bellied wóodpecker *n.* 〘鳥類〙 シマセゲラ (*Melanerpes* (or *Centurus*) *carolinus*)《北米産》.

réd·bèlly *n.* 〘動物〙 ハラアカガメ (⇨ red-bellied terrapin).

réd·bélly dáce *n.* 〘魚類〙 北米東部の河川にすむ真紅の腹をしたコイ科 *Phoxinus* 属の小魚 (*P. eos* や *P. erythrogaster*).

réd-bèrried élder *n.* 〘植物〙 アカミセイヨウニワトコ (*Sambucus pubens*)《スイカズラ科のニワトコの一種》.

réd bíddy *n.* **1** 安物の赤ぶどう酒. **2** 赤ぶどう酒とメチルアルコールの混合酒.

réd bírch *n.* 〘植物〙 **1** =river birch. **2** 北米産カバノキ属の yellow birch (*Betula lutea*) および sweet birch (*Betula lenta*) の赤く美しい家具材として有用な心材. **3** ニュージーランド産ナンキョクブナ属 (*Nothofagus*) の有用な木 (*N. fusca*); その堅い材.

réd·bìrd *n.* 〘鳥類〙 **1** =cardinal 5. **2 a** =summer tanager. **b** =scarlet tanager. **3** =bullfinch[1].

réd-blìnd *adj.* 赤色盲の.

réd blìndness *n.* 赤色盲.

réd blóod cèll [còrpuscle] *n.* 赤血球 (erythrocyte).

réd-blóoded *adj.* 男らしい, 勇ましい, 元気な, 精力的な, エネルギッシュな (vigorous, energetic).

réd·bòne *n.* レッドボーンハウンド《米国産の赤毛の中型猟犬; アライグマ (coon, raccoon) 狩りに用いる》.

réd bòok *n.* **1** 赤表紙の本 (cf. blue book). **2** [通例 R- B-] 《英》 **a** 職員録《公務員や国家の年金を受けている人の名を掲載》. **b** (19 世紀の)英王室・貴族名鑑.

réd bòx *n.* 〘植物〙 **1** オーストラリア産フトモモ科ユーカリ属の植物の一種 (*Eucalyptus polyanthemos*)《高さ 12-45 m に達する》. **2** トベラモドキ (*Tristania conferta*)《オーストラリア産トベラモドキ属の木材用の木》.

réd bráss *n.* 〘冶金〙 赤色黄銅《銅の含有量の多い黄銅》.

réd·brèast 〖(15C)〗 ― *n.* **1** 〘鳥類〙 胸が赤褐色をした鳥類の総称《ヨーロッパコマドリ (robin), コオバシギ (knot), コマツグミ (American robin) など》. **2** 〘魚類〙 米国東部産サンフィッシュ科の腹の赤い淡水魚 (*Lepomis auritus*)《redbreast sunfish ともいう》. **3** =robin redbreast 2.

réd-brèasted mergánser *n.* 〘鳥類〙 ウミアイサ (*Mergus serrator*)《ヨーロッパおよびアメリカ大陸に広く分布するガンカモ科の鳥》.

réd·brìck 《英》 *adj.* (古い大学が石の建物であるのに対して)赤れんがの, 〈大学が〉近代になって創立された (cf. Oxbridge); (専門学校から昇格した)英国大学の (cf. plateglass, whitetile). ― *n.* [集合的] (Oxford, Cambridge など長い歴史をもつ大学と区別して)新大学.

rédbrick univérsity *n.* 《英》 **1** 赤レンガ大学《19 世紀後半以来成立した近代大学で, 当時の地域産業の要請を受けて科学・技術の研究と教育に重点をおく; この名称には軽蔑的な響きがあるため現在では, 市民大学 (civic university) という方が一般的》. **2** Oxford や Cambridge のような伝統をもたない大学 (cf. bluebrick university).

Red·bridge [rédbrɪdʒ] *n.* Greater London 北東部の自治区 (borough); 人口 239,000.

réd·bùd *n.* 《口語》〘植物〙アメリカハナズオウ (*Cercis canadensis*) 《北米産マメ科ハナズオウ属の小高木; American Judas tree ともいう; cf. Judas tree》.

réd·bùg *n.* **1** 〘動物〙《米南部・中部》 =chigger 2. **2** 〘昆虫〙 **a** リンゴの木にいる赤い虫. **b** =cotton stainer.

réd cálla lìly *n.* 〘植物〙モモイロカイウ, ムラサキカイウ (*Zantedeschia rehmannii*) 《南アフリカ共和国原産の赤いらっぱ状の花が咲くサトイモ科の草本》.

réd·càp *n.* **1** 《米》(鉄道・空港などの)赤帽 (cf. skycap). **2** 《英口語》憲兵. **3** 《英方言》〘鳥類〙ニシキヒワ (goldfinch). **4** 〘畜産〙レッドキャップ《英国原産のバラ冠をもった卵用品種の鶏》.

réd-càrpet 〘賓客に対して赤じゅうたんを敷いて迎えた習慣から〙 *adj.* 丁重な, 下にも置かない, 盛大な: a ~ reception 盛大な歓迎.

réd cárpet *n.* **1** (身分ある人が歩く場所に敷く)赤じゅうたん. **2** [the ~] 敬意の表明; 丁重な扱い. **3** 〘昆虫〙鱗翅目シャクガ科の小型のガの一種 (*Xanthorhoë munitata*).
roll out the red carpet (***for** a person*) (人を)丁重に迎え盛大にもてなす.

réd cédar *n.* 〘植物〙 **1 a** エンピツビャクシン (*Juniperus virginiana*) 《米国産ネズの一種; 鉛筆製造用材》. **b** エンピツビャクシン材. **2 a** ベイスギ (canoe cedar). **b** ベイスギ材《材質が密で芳香がある》. **3** = incense cedar.

réd céll *n.* 赤血球《略 r.c.》.

réd cént *n.* 《米口語》 **1** 1 セント銅貨, 赤銭 (cf. red[1] *n.* 3 f). **2** [否定構文で] わずかな量, 少量 (penny, whit): be *not* worth [do *not* care] a ~ びた一文の値打もない[ちっともかまわない].

Réd Chína *n.* People's Republic of CHINA の俗称.

réd chókeberry *n.* 〘植物〙米国東部産の赤い実をつけるバラ科の低木 (*Amelanchier arbutifolia*).

réd cláy *n.* 〘地質〙赤粘土《深海の広い部分を占め, 風成塵やプランクトン遺骸などから成る海洋性粘土》.

réd clóver *n.* 〘植物〙ムラサキツメクサ, アカツメクサ (*Trifolium pratense*) 《clover に似てピンクの花をつけるマメ科の牧草》. ★ 米国 Vermont 州の州花.

réd clúster pèpper *n.* 〘植物〙ヤツブサ (*Capsicum annuum* var. *fasciculatum*) 《ナス科トウガラシ属の変種; 果実は細長く赤色で辛味が強い》.

réd·còat 〘もと赤服を着ていたところから〙 *n.* (アメリカ独立戦争当時の)英国兵.

réd cópper óre *n.* 〘鉱物〙赤銅鉱 (cuprite).

réd córal *n.* 〘動物〙ベニサンゴ (*Corallium nobile*) 《赤または桃色の枝状のサンゴで装飾・宝石に用いる》.

réd córpuscle *n.* 赤血球 (erythrocyte).

Réd Créscent *n.* [the ~] イスラム教諸国において赤十字社に当たる活動を行なう組織《宗教的に十字章をきらうため赤い三日月を記章とする》.

Réd Cróss 〘《15C》〙 ― *n.* **1** [the ~] 赤十字社《1863 年, Geneva で設立され, 翌年国際機構となった; 正式名 the International Red Cross Society》: the British ~ 英国赤十字社 / the American National ~ 米国赤十字社 / a ~ hospital [nurse] 赤十字病院[看護婦]. **2** 赤十字章: the Royal ~ 《英》(看護婦に与えられる)従軍章. **3** [r- c-] (白地に赤の)聖ジョージ十字章 (St. George's Cross) 《イングランドの国章》. **4** 赤十字《白地に赤のギリシャ十字架 (Greek cross) の印 (+) で, 1863 年以降赤十字運動の標章; Geneva cross ともいう》. **5** [r- c-] (十字軍の)キリスト教国側.

réd cúrrant *n.* 〘園芸〙アカフサスグリ, フサスグリ, レッドカランツ《ヨーロッパ北部原産のスグリ属の *Ribes sativum*, garnetberry を改良した果実の赤い栽培品種のスグリ; その食用の赤色果》.

redd[1] [réd] 〘《15C》《混成》? ← 《廃》 *redd* (< OE *hreddan* to free) + 《廃》 *rede* to put in order (< OE *rǣdan*)〙 ― *v.* (~, **red·ded**) ― *vt.* **1** 《スコット・方言》 **a** 整頓(とん)する, 片付ける 〈*up, over*〉. **b** 解決する (settle) 〈*up*〉. **2** 《米中部》〈髪を〉くしけずる (comb). ― *vi.* 《スコット・方言》整頓する 〈*up*〉.

redd[2] [réd] 〘← ?〙 *n.* **1** (魚の)卵 (spawn). **2** (サケ・マスなどの)産卵床, 孵化(ふ)するための巣.

réd dead néttle *n.* 〘植物〙 =red archangel.

réd déal *n.* 赤松材《Scotch pine の木材》.

réd dèer 〘《15C》〙 ― *n.* 〘動物〙 **1** アカシカ (*Cervus elaphus*) 《ヨーロッパ・アジア産》. **2** オジロ(尾白)ジカ《米国東部産 white-tailed deer の夏季毛色の赤い期間の名称》.

red·den [rédn̩] 〘← RED[1] + -EN[1]〙 ― *vt.* 赤くする; 赤面させる. ― *vi.* **1** 赤くなる. **2** 顔を赤らめる (blush): His face slowly ~*ed* with gratitude. 顔が感謝の気持で次第に赤くなった.

red·den·dum [rədéndəm, re-|re-] 〘□ L ~ (neut.) ← *reddendus* ← *reddere* to give back: cf. render〙 ― *n.* (*pl.* **-den·da** [-də]) 〘法律〙保留条項《賃貸証書中で賃料および支払い時期を定めている条項》.

Réd Désert *n.* [the ~] =Nafud.

réd dévil *n.* 《俗》〘薬学〙セコバルビタールまたはそのナトリウム塩を含む赤色のカプセル剤《催眠薬》.

réd·dish [-dɪʃ] 〘ME〙 *adj.* やや赤い, 赤味がかった, 赤茶けた. **~·ness** *n.*

red·dle [rédl̩] 〘《転訛》← RUDDLE〙 *n.*, *vt.* =ruddle.

réddle·man [-mən] *n.* (*pl.* **-men** [-mən, -mèn]) = ruddle man.

réd-dòg 〘↓〙〘アメリカンフットボール〙 *vt.* 〈パサーに〉突進する, ブリッツする (blitz). ― *vi.* (パサーへ)突進する.

réd dòg 〘← RED[1] (伝統的に赤のシャツを着用しているところから) + DOG (vt.)〙 *n.* 〘アメリカンフットボール〙レッドドッグ (⇨ blitz 3).

réd dógwood *n.* 〘植物〙 **1** セイヨウミズキ (*Cornus sanguinea*) 《ヨーロッパ原産の赤味のある枝に白い花をつけるミズキ科ミズキ属の低木》. **2** =red osier 2.

réd drúm *n.* 〘魚類〙 =channel bass.

réd dúster *n.* [しばしば R- D-] 《英俗》 =red ensign.

réd dwárf *n.* 〘天文〙赤色矮(わい)星.

red·dy [rédi|-dɪ] 〘ME: ⇨ red[1], -y[4]〙 *adj.* =reddish.

rede [ríːd] 〘n.: OE *rǣd* (n.) < Gmc *rǣðaz ← *rǣðan 'to READ[1]'. ― v.: OE *rǣdan* 'to READ[1]'〙 ― *n.* **1** 《英方言》忠告, 勧告 (advice, counsel). **2** 《古》 **a** 物語 (tale, narrative). **b** 諺(ことわざ) (proverb). **3** 決心, 決意; 意図, 意向. ― *vt.* **1** 《英古・方言》…に忠告する (advise): ~ a person (to) go. **2** 《方言》〈夢・なぞなどを〉解く (read); 説明する (explain). **3** 《英方言》 **a** 推測する (guess). **b** 予言する (predict). **c** 物語る.

réd·ear súnfish *n.* 〘魚類〙米国南部および東部にすむサンフィッシュ科の淡水魚 (*Lepomis microlophus*) 《単に redear, shellcracker ともいう》.

réd éarth *n.* 〘地質〙熱帯や亜熱帯地方に見られる赤色土壌.

rè·décorate *vt.*, *vi.* 改装する. **rè·decorátion** *n.* **rè·décorator** *n.*

re·deem [rɪdíːm, rə-] 〘《c1425》 *redeme(n)* □ F *rédimer* // L *redim-ere* to buy back (from the devil) ← *red-* 'RE-' + *emere* to buy: cf. exempt〙 ― *vt.* **1 a** 〈競売品・質流れ品などを〉買い戻す (buy back). **b** 取り戻す (get back); (努力して)回復する, 挽回する: ~ one's honor [rights, position] 名誉[権利, 地位]を回復する. **2 a** 〈債務などを〉清算する, 弁済する, 償却する, 償還する (clear): ~ a mortgage 抵当を受け戻す / ~ a loan 借金を清算する. **b** (証文通りに金を払って)請け出す, 質受けする: ~ one's pawned diamond ring = ~ one's diamond ring from pawn 質入れしたダイヤの指輪を請け出す. **3 a** (身代金・賠償金を払って)〈捕虜・都市などを〉救い出す (ransom): ~ oneself [a person's life] 身代金を出して我が身[人の命]を救う / ~ a prisoner 犯人を身請けする / ~ a captured city 攻略された都市を賠償金を出して取り戻す. **b** 〔障害物・不利な条件などから〕救う, 助ける, 助け出す (liberate) 〔*from*〕: The new hobby ~*ed* his later years *from* ennui. 新しい趣味ができて晩年を退屈せずに過ごすことができた. **c** 〈時間・人生などを〉有効に利用する, 有意義に過ごす: ~ the time. **4 a** 〈義務・約束などを〉履行する (fulfill): ~ a promise [an engagement] 約束を履行する. **b** 実現する (realize). **5** 改良する, 改善する (reform). **6 a** 〈紙幣を〉正貨と引き換える, 兌換(だ)する; 〈株式などを〉現金化する: ~ paper money 紙幣を兌換する《金貨に換える》. **b** 〈クーポン・引換券などを〉商品に換える: ~ trading stamps 引換券を出して品物をもらう. **7 a** 〈欠点・過失などを〉補う, 償う, 埋合わせをする (compensate, counterbalance): ~ an error [a defect] 誤り[欠点]を償う / Her eyes ~ her face *from* ugliness. 目もとが顔の醜いのを補う《目がいいので顔の醜さが幾分よく見える》. **b** 価値ある[やりがいのある]ものにする, 正当化する. **8** 〘神学〙〈神・キリストが〉〈人を〉罪から救う, 贖(あがな)う: Christ hath ~*ed* us from the curse of the law. キリストは律法の詛(のろい)より我らを贖い出し給えり (*Gal.* 3: 13).

re·deem·a·ble [rɪdíːməbl̩, rə-] *adj.* **1** 買戻し[請戻し, 質受け, 身請け]できる. **2** 償還[償却]される(予定の): bonds ~ in ten years 10 年後に償還の債券. **3** 救済できる, 救える; 贖(あがな)われ得る: a ~ sinner. **re·déem·a·bly** *adv.* **re·dèem·a·bíl·i·ty** [-məbílətɪ|-lətɪ, -lɪ-] *n.*

re·déem·er 〘《1432–50》〙 *n.* **1** 買戻し人, 請戻し人, 質受人. **2** 身請人; 贖(あがな)い主[者]; 救助者. **3** [the R-] 贖い主, 救い主, 救世主 (Jesus Christ).

re·déem·ing *adj.* (欠点・過失・失望などを)補う, 償いをする, 埋合わせる: a ~ feature [point] 埋合わせとなる特徴, 取り柄, 長所 / the ~ power of a woman's love 失意の人を奮い立たせる女の愛の力.

rè·defíne *vt.* **1** 〈概念・意味・用語等を〉再定義する, 再規定する, 定義[規定]し直す. **2** (定義を変更する意図で)再検討する, 再評価する. **rè·definítion** *n.*

rè·delíver *vt.* **1** 再び配達する. **2** 《古》〈物を〉返す, 戻す (deliver back). **3** 《廃》報告する (report). **rè·delívery** *n.*

réd élm *n.* 〘植物〙 =slipperly elm 1.

rè·demánd *vt.* **1** 再び要求する. **2** …の返却を要求する.

re·demp·ti·ble [rɪdém(p)təbl̩, rə-] *adj.* =redeemable.

re·demp·tion [rɪdém(p)ʃən, rə-] 〘《16C》□ L *redemptiō(n-)* ← *redemptus* (p.p.) ← *redimere* ∽ 《c1340》 *redempcio(u)n* □ OF: ⇨ redeem, -tion: RANSOM と二重語〙 ― *n.* **1 a** 買戻し. **b** 取り戻し. **2 a** (支払いによる)債務の解除; 償却, 回収. **b** 請け戻し, 質受け; 買受け: by ~ 買い受けて, 金を出して. **3 a** (身代金・賠償金を払っての)身請け. **b** (過ち・悪の道からの)救済, 済度: beyond [past, without] ~ 救済の見込みのない, 済度し難い. **c** 改良, 改善, 改革 (reform, improvement): the ~ of society 社会の改善. **d** 〔社会悪・公害・悪環境などからの〕防衛, 解放 (release) 〔*from*〕. **4** 救うもの; 償うもの, 贖(あがな)うもの; 取り柄 (redeeming point): That blow was [proved] his ~. あの一撃が彼の救済となった《打たれて改心した》. **5** (約束の)履行. **6 a** (紙幣の)正貨への兌換(だ)性. **b** 払い戻し. **7 a** 〘神学〙(キリストによる)罪の贖(あがな)い, 贖罪(しょくざい), 救い: ⇨ YEAR of our redemption. **b** (自己の罪の)贖い, 罪ほろぼし (expiation).
redemption of bond 〘簿記〙社債償還.
~·al [-ʃənl̩, -ʃnəl] *adj.*

re·démp·tion·er [-ʃ(ə)nə|-nə(r)] *n.* 〘米史〙(18–19 世紀に一定期間の労役を代償としたヨーロッパから米国への)無賃渡航移住者 (indentured servant).

re·demp·tive [rɪdém(p)tɪv, rə-] 〘← REDEMPT(ION) + -IVE〙 ― *adj.* **1** 買戻しの; 請け戻しの, 質受けの; 身請けの; 償還の. **2** 救いの, 救済の; 贖罪(しょくざい)の. **3** 改良の, 改善の.

Re·demp·tor·ist [rɪdém(p)tərɪst, rə-, -rəst|-rɪst] 〘《1842》□ F *rédemptoriste* ← LL *redemptor* ← L *redimere* 'to REDEEM': ⇨ -ist〙 ― *n.* 〘カトリック〙レデンプトール会員《1732 年イタリアの聖職者 St. Alphonso Maria Liguori [alfónso maríːa ligwɔ́ːri] (1696–1787) が Naples に創設したレデンプトール会 (Congregation of the Most Holy Redeemer) の修道士》.

re·demp·to·ry [rɪdém(p)təri, rə-|-rɪ] *adj.* =redemptive.

réd énsign *n.* [しばしば R- E-] (英国の商船が掲げる)赤旗《左上の一角に英国の国旗が描かれている; red duster ともいう; cf. white ensign》.

rè·deplóy *vt.* 〈部隊・警察隊・労働力・補給品を〉転用する, 移動展開[転進]させる, 配置転換する. ― *vi.* 配置転換する.

rè·deplóyment *n.* **1** (部隊・補給品などの)転用, 移動展開, 転進, 配置転換. **2** (増産などのための工場・施設の)配置転換, 再配置.

rè·depósit *vt.* 再び預ける. ― *n.* 再預金, 再寄託物[金].

rè·descénd *vi.* 元の位置に降りて来る. ― *vt.* (元の通りに)再び降りる.

rè·descríbe *vt.* **1** 再び記述する. **2** 〘生物〙〈群分類を〉(従来より)新しく完全な記述[記載]にする.

rè·desígn *vt.* …のデザインを変更する, 模様変えする. ― *n.* デザイン変更, 模様変え.

rè·detérmine *vt.* 決定し直す. **rè·determinátion** *n.*

rè·dévelop *vt.* **1** 再び発達させる. **2 a** 〈荒廃した地域などを〉再建する, 再開発する, 復興させる (rebuild). **b** 〈ある地域の〉経済的発展を促進する, 復興させる. **3** 〘写真〙再現像する. ― *vi.* **1** 再発達する. **2** 再建する. **rè·devéloper** *n.*

rè·devélop·ment *n.* 再開発; 復興.

redevélopment còmpany *n.* 再開発会社《特定地域の経済的発展を促進するため, その土地に本拠を置くことを望む企業に対して資金を貸しつけたり, 土地を貸したり売ったりする公的または私的法人》.

réd·èye *n.* (*pl.* ~, ~s) 〘魚類〙 **1** =rudd[2]. **2** =rock bass 1. **3 a** =smallmouth bass. **b** 北米産サンフィッシュ科のブラックバス (*Micropterus coosae*) 《redeye black bass ともいう》.

réd-èye *n.* (*pl.* ~, ~s) **1** 《米俗》安ウイスキー. **2** 〘鳥類〙 =red-eyed vireo.

réd-èyed *adj.* 目の(ふちの)赤い, 赤目の.

réd-èyed víreo *n.* 〘鳥類〙アカメモズモドキ (*Vireo olivaceus*) 《北米産のモズモドキの一種; 背が灰緑色で腹が白く目の紅彩が赤い; 単に red-eye ともいう》.

réd-èye grávy *n.* 〘料理〙レッドアイグレービー《ハムを用いて作った肉汁》.

réd-fáced *adj.* **1** 赤ら顔の. **2** 赤面した, 紅潮した. **réd-fác·ed·ly** *adv.*

réd féed *n.* 〘動物〙海面をただよう魚の餌(えさ)になる赤いミジンコの類《red seed ともいう》.

réd fénder *n.* 〘動物〙 =red-bellied terrapin.

réd féscue *n.* 〘植物〙オオウシノケグサ (*Festuca rubra*) 《ヨーロッパ・北米原産イネ科の匍匐(ほふく)性多年草; 赤味を帯びた小穂花をもち, 芝生用とする》.

réd-fígure *adj.* 〘美術〙赤絵の《紀元前 6 世紀の末から前 4 世紀頃までアテネで発達した壺装飾の様式で, まわりは黒く塗られ画像の部分が赤褐色の地肌を出している; 画像は神話から題材をとったものが多く, 優雅な線が特徴; cf. black-figure》.

réd-fígured *adj.* 〘美術〙 =red-figure.

réd·fìn *n.* 〘魚類〙尾びれの赤いコイ科の淡水魚の総称; (特に)北米東部・中部産の魚 (*Notropis umbratilis*) (redfin shiner) 《雄は繁殖期になるとひれが赤くなる》.

rédfin píckerel *n.* 〘魚類〙米国大西洋沿岸諸州産の体側に黒い縞のあるカワカマス科の淡水魚 (*Esox americanus americanus*).

réd fír *n.*〖植物〗 **1 a** 米国西部産のモミ (*Abies magnifica*). **b** ヨーロッパモミ (*A. alba*). **2** その木材. **3** =Douglas fir.
réd fíre *n.* 赤色花火《花火・信号用》.
réd·fish 〖《15C》〗 — *n.* (*pl.* ~, ~·es)〖魚類〗 **1 a** ベニマス (*Oncorhynchus nerka*). **b** 《英》(白子をもった)サケ (salmon). **2** =rosefish. **3** =channel bass. **4** 米国 California 州産のベラの一種 (*Pimelometopon pulcher*).
réd flág *n.* **1** 赤旗《革命旗》; 開戦旗. **2** 赤旗《危険信号》. **3** [the R- F-] 赤旗の歌《英国労働党歌》. **4** 人の怒りを刺激する物 (red rag). **5**〖海事〗国際信号「B 旗」《赤色の燕尾旗で「われ危険物を荷役中または運送中」の意味をもつ》.
réd flásh *n.*〖天文〗赤閃光《日出没時に太陽に見られる》.
réd flóur bèetle *n.*〖昆虫〗コクヌストモドキ (*Tribolium castaneum*)《赤褐色のゴミムシダマシ科の甲虫; 穀類・貯蔵果実などの害虫》.
réd fóx *n.*〖動物〗アカギツネ, キツネ (*Vulpes vulpes*)《ヨーロッパ・アジア・北米に生息し尾端は白色, 体上面は赤橙色のキツネ; 黒ギツネ (black fox) と銀ギツネ (silver fox) がある; cf. arctic fox》.
réd gíant *n.*〖天文〗赤色巨星《Antares などのように表面温度が低く赤色に輝く大きな星》.
réd góatfish *n.*〖魚類〗西大西洋の熱帯海域・西インド諸島地方に生息するヒメジ科の小魚 (*Upeneus maculatus*).
réd góld *n.*《古・詩》本物の金(きん); 金(貨).
réd-gréen blindness *n.*〖眼科〗赤緑色盲 (daltonism)《cf. deuteranopia, protanopia》.
réd gróuper *n.*〖魚類〗南大西洋およびメキシコ湾産スズキ科マハタ属の食用魚 (*Epinephelus morio*) (cf. red hind).
réd gróuse *n.*〖鳥類〗アカライチョウ (*Lagopus scoticus*)《英国・スコットランド産; 英国で grouse といえば通例この種類を指す; moorbird, moorfowl, moor game ともいう》.
Réd Guárd *n.* **1** (中国の)紅衛兵《毛沢東指揮下の果敢な十代の少年兵; 文化大革命 (1966–67) の際, 先頭に立って活躍した》. **2** 政治的急進派グループの一員.
Réd Guárd·ism [-dɪzm] *n.* (中国の)紅衛兵運動.
réd gúm[1] *n.*〖植物〗 **1** オーストラリア産ユーカリの一種 (*Eucalyptus rostrata*); その樹脂; その材. **2** モミジバフウ(の材) (⇨ sweet gum 1, 2).
réd-hánded *adj., adv.* **1** 手を血まみれにした. **2** (殺人罪に限らず, 一般に犯罪の)現場で, 現行犯の: be caught [taken] ~ 現行犯で捕えられる.
réd hát *n.*〖カトリック〗(枢機卿の)赤帽子 (⇨ cardinal's hat).
réd·hèad *n.* **1** 赤毛の人. **2**〖鳥類〗アメリカホシハジロ (*Aythya americana*)《北米産; ヨーロッパ産のホシハジロ (pochard) に似た猟鳥》.
réd·hèaded *adj.* **1** 〈人が〉赤毛の; 頭の赤い; 〈鳥が〉頭の羽毛の赤い. **2** 短気な (hot-tempered); 興奮しやすい (excitable). **~·ly** *adv.*
réd-headed wóodpecker *n.*〖鳥類〗ズアカキツツキ (*Melanerpes erythrocephalus*)《北米東部および中部に普通にみられるキツツキの一種》.
réd·héart *n.*〖植物〗米国 California 州産の青または白の花が咲くクロウメモドキ科ソリチャ属の低木または小高木 (*Ceanothus spinosus*).
réd héat *n.* 赤熱(状態); 赤熱温度 (cf. red-hot).
réd hématite *n.*〖鉱物〗=hematite.
réd hérring 〖《c1420》〗 — *n.* **1** 燻製(くんせい)にしん《十分塩をして時間をかけて燻製にしたにしん; 身が赤味をおびるのが特徴; cf. kipper[1] 2》: ⇨ *neither* FISH[1], *flesh, fowl, nor good red herring.* **2**〖猟犬に狐と他の物の匂いをかぎ分けさせる訓練に red herring を用いることから〗人の注意を他へそらす物: draw a ~ across the track [path] 無関係な事を引き出して論題からそらす.
red·hi·bi·tion [rèd(h)əbíʃən | -(h)ɪ-] 〖□F *rédhibition* // L *redhibitiō(n-)* ← *redhibitus* ← *redhibēre* ← *red-* 'RE- (A)' + *habēre* to hold〗 — *n.*〖ローマ法〗売買契約取消し[無効の]主張《契約の目的物に瑕疵(かし)があって, 使用不能や使用困難であり, 買主がそれを知っていたら買わなかったような場合の主張》.
réd hínd *n.*〖魚類〗西インド諸島からブラジルにかけて生息するスズキ科マハタ属の食用魚 (*Epinephelus guttatus*) (cf. red grouper).
réd·hòrse *n.*〖魚類〗 **1** 北米の河川や湖にすむサッカー科 *Moxostoma* 属および *Placopharynx* 属の大型サッカーの総称. **2** =channel bass.
red-hot 〖ME〗 — [ˊ ˊ] *adj.* **1** 赤熱の, 真赤に焼けた (cf. red heat, white-hot): ~ iron 赤熱した鉄. **2** 猛烈に興奮した, 熱中している (enthusiastic); 激しい, 猛烈な (intense); 激しい興奮を誘う: ~ anger 激怒 / a ~ argument 激論 / a ~ reactionary [anarchist] 極端な反動主義者[無政府主義者]. **3** 最新の (recent): ~ news 最新のニュース. — [ˊ ˊ] *n.* **1** 激情家; 熱烈な党員. **2** (シナモンの香りをつけた)赤い小型のキャンデー. **3**《米口語》ウィンナソーセージ; ホットドッグ.
réd-hòt póker *n.*〖植物〗アフリカ南部原産ユリ科トリトマ属 (*Kniphofia* [*Tritoma*]) の植物の総称《初夏に長い花穂を出し黄橙色の管状花を多数下向きにつける; flameflower ともいう》.
réd hùnt *n.* 赤狩り《共産主義者およびその同調者に対する迫害; cf. witch-hunt 2》.
re·di·a [ríːdiə | -dɪə] 〖← NL ~ ← *Francesco Redi* (1626?–97: イタリアの博物学者) + -A[1]〗 — *n.* (*pl.* **re·di·ae** [-dìiː]) 〖動物〗レジア《二生吸虫類の幼生の一型》. **ré·di·al** [-diəl | -dɪ-] *adj.*
rè·díal *vt.* (電話番号を)回し直す.
rè·diffúsion *n.*《英》〖ラジオ・テレビ〗 **1** 番組の放送[再放送]. **2** (劇場や映画館で行なう)番組の公開放送[上映]. **3** (特に有線方式の)受信番組中継.
Réd Índian *n.*〖皮膚が赤銅色なのにちなむ〗アメリカインディアン (redskin).
red·in·gote [rédɪŋgòut | -gəʊt] 〖□F ~《転訛》← *riding-coat*〗 — *n.* **1** レディンゴート《18 世紀のフランスの執政時代に始まり英国で流行したダブルのフロックコート風の男子用外套(とう)》. **2 a** (プリンセスラインのベルトつきコートで下に着ているドレスを見せるため打合せのない)前あき婦人コート. **b** (前スカートに三角形の別布を接(は)いで上記コートのように見せかけた)コートドレス.

redingote 1

réd ínk *n.* **1** 赤インク. **2**《口語》 **a** 損失, 赤字 (deficit). **b** 赤字経営, 赤字状態.
réd-ìnk éntry *n.*〖会計〗赤字記入《勘定におけるマイナス記入, あるいは損失を示すため, 赤インクで記入すること》.
re·din·te·grate [rɪdíntəgrèɪt, rə-, riː-, re- | redíntɪ-, rɪ-] 〖《1432–50》← L *redintegrāt-us* (p.p.) ← *redintegrāre* ← *red-* 'RE- (A)' + *integrāre* 'to make whole, INTEGRATE'〗 — *vt.* 元の完全な状態に戻す, 復旧する, 復原する. **re·dín·te·grà·tive** [-grèɪtɪv | -tɪv] *adj.*
re·din·te·gra·tion [rɪdìntəgréɪʃən, rə-, riː-, re- | redìntɪ-, rɪ-] 〖《1471》□ L *redintegrātiō(n)-*: ⇨ ↑, -ation〗 *n.* 復旧, 復原 (renewal).
Réd Internátional *n.* [the ~] 赤色インターナショナル《1919 年 Moscow に創立, 第三インターナショナルともいう; ⇨ international *n.* 2》.
rè·diréct *vt.* **1 a** 再び向ける, 向け直す. **b** 〈手紙〉の宛名を書き換える (readdress): ~ a letter. **2** …の方向を変える. — *adj.*〖法律〗再直接の: ⇨ redirect examination. **rè·diréction** *n.*
rediréct examinátion *n.*〖法律〗再直接尋問《反対尋問の後, 召喚した側が証人に対してする尋問; cf. reexamination》.
réd íris *n.*〖植物〗チャショウブ (*Iris fulva*)《米国南部産の赤褐色の花が咲くアヤメの一種; copper iris ともいう》.
rè·díscount *n.* **1** 再割引き. **2** [通例 *pl.*] 再割引き手形. — *vt.* 再割引する. **rè·discóuntable** *adj.*
redíscount ràte *n.*〖銀行〗(中央銀行の行なう)商業手形再割引率.
rè·discóver *vt.* 再発見する.
rè·discóvery *n.* 再発見.
rè·dissolútion *n.* 再融解, 再分解.
rè·dissólve *vt.* 再び溶かす. — *vi.* 再び溶ける.
rè·distríbute *vt.* **1** 再分配[区分]する, 分配[区分]し直す. **2** 他の区域[地域, 区分]に(まで)広げる (disseminate). **rè·distríbutive** *adj.*
rè·distribútion *n.* 再分配[区分], 分配[区画]のやり直し: ~ of (the) wealth 富の再分配.
rè·dístrict *vt.* (行政上または選挙のために)〈州・郡を〉再区画する, 区画改正する.
rè·divíde *vt.* 再分割する.
rè·divísion *n.* 再分割.
red·i·vi·vus [rèdəváɪvəs, -víː- | -dɪ-] 〖□L *redivīvus* ← *red-* 'RE- (A)' + *vīvus* living: cf. revive〗 — *adj.* よみがえった, 生れ変わった (renewed): This is Ligeia ~. これこそリジアの再現[生れ変わった姿]だ / a Napoleon ~ ナポレオンの生れ変り(のような人物).
réd jásmine [jéssamine] *n.*〖植物〗 **1** インドソケイ (*Plumeria rubra*)《メキシコからベネズエラにかけての原産のキョウチクトウ科の低木; 花は桃・赤・紫色で芳香が強い; 熱帯各地で観賞用に栽培》. **2** =cypress vine.
réd káuri *n.*〖植物〗=kauri 1.
réd láne *n.*《英俗》のど (throat).
réd lárkspur *n.*〖植物〗米国太平洋岸産の赤黄色の花が咲くキンポウゲ科ヒエンソウ属の多年草 (*Delphinium nudicaule*).
réd láttice *n.*《古》居酒屋 (tavern)《もと免許の標章として赤格子の看板を用いた》. **réd-láttice** *adj.*
réd láuan *n.* **1**〖植物〗アカラワン, レッドラワン (*Shorea teysmanniana*). **2** アカラワン材《数種の *Shorea* 属の木材の総称》.
réd-léad [-léd] *vt.* …に鉛丹を塗る.
réd léad [-léd] 〖《15C》〗 *n.* **1**〖化学〗鉛丹, 光明丹 (Pb_3O_4)《酸化鉛から作った顔料; minium ともいう》. **2**《俗》ケチャップ (catsup).
réd léad òre *n.*〖鉱物〗紅鉛鉱 (crocoite).
réd-lèad pútty *n.* =putty[1] 2.
réd léaf *n.* **1**〖植物〗ヤナギタデ (*Polygonum hydropiper*)《水湿地に生えるタデ科タデ属の一年草》. **2**〖植物病理〗葉が赤くなるナシ・ブドウなどの病気.
réd·lèg *n.* **1**〖鳥類〗脚の赤い鳥類の総称: **a** アカアシシギ (redshank)《red-legs ともいう》. **b** キョウジョシギ (turnstone). **c** アカアシイワシャコ (red-legged partridge). **2**〖赤い脚絆をつけていたことから〗[R-]〖米史〗 **a** 南北戦争中, 特に Missouri などの境界諸地域に出没した南部支持派のゲリラ. **b** [しばしば r-] 砲手, 砲兵 (artilleryman). **3** 茎の赤い植物.
réd-lègged grásshopper *n.*〖昆虫〗アカアシバッタ (*Melanoplus femurrubrum*)《北米の後肢(こうし)の赤い小型のバッタ; 穀物に大害を与える》.
réd-legged pártridge *n.*〖鳥類〗アカアシイワシャコ (*Alectoris rufa*)《脚と嘴が赤いイワシャコの一種で猟鳥》.
réd-létter 〖《15C》〗 — *attrib. adj.* **1** 赤文字の, 赤字で示された (cf. black-letter). **2**〖暦の文字を赤色で示してあることから〗祝日の, 聖人記念の; 吉日の, 記念すべき, 幸運の.
réd-lètter dáy *n.* **1** (聖人や教会の)祝日, 祭日 (cf. black-letter day). **2** 記念すべき日, 吉日.
réd líght *n.* **1 a** (交通の)停止[ストップ]信号, 停止灯, 赤信号 (cf. green light). **b** 危険信号 (danger signal): see the ~ 危険の近づいたことを知る, おびえる. **c** (行動・計画などの)中止命令, 停止命令[指示]. **2** 売春宿. **3**〖遊戯〗鬼たたき《鬼が背を向けて 1 から 10 まで数え, "red light" と言ってさっと振り向いた時にまだ動いているのを見つかった者はスタートの線まで戻され, 最初に鬼に触った者が勝ち》.
réd-líght dìstrict *n.* 紅灯の巷(ちまた), 赤線[売春]地域, 花柳街, 夜の町.
réd·lìne *vt.* **1** (赤線を引いて)消す, 削除する (cancel). **2**〖航空〗 **a** =ground[1] 7 a, b. **b** 〈飛行機〉の最高安全速度を指示する.
réd lìne *n.*〖アイスホッケー〗レッドライン《赤で引かれているセンターライン》.
réd líquor *n.*〖染色〗酢酸アルミニウムの酢酸溶液《媒染染料の赤系媒染剤に用いる; red acetate, mordant rouge ともいう》.
réd·ly *adv.* 赤く, 赤色に; 赤々と.
réd mággot *n.*〖昆虫〗wheat midge の赤い色をした幼虫.
réd máids *n.* (*pl.* ~)〖植物〗マツバボタンの一種 (*Calandrinia menziesii*)《北米太平洋岸産の紅色の花が咲くスベリヒユ科の一年草》.
réd màn *n.* **1** (アメリカ)インディアン. **2**〖1834 年に Baltimore に設立された友愛慈善団体 Improved Order of Red Men (インディアン向上同盟)にちなむ〗[R- M-] 慈善[友愛]団体のメンバー.
réd máple *n.*〖植物〗米国産の早春に葉よりも早く紅色の花を開くカエデ科の高木の総称; (特に)アメリカハナノキ (*Acer rubrum*)《特に, 東部および中部の湿地に育つカエデの一種》.
réd márrow *n.*〖解剖〗赤色髄《造血活動をしている骨髄部分》.
réd máss *n.*〖カトリック〗赤ミサ《司祭が赤い祭服をつけて行なうミサ》.
réd mèat *n.* 赤身の肉《牛・羊肉など; cf. white meat, dark meat》.
réd mercúric óxide *n.*〖化学〗赤色酸化水銀《赤色の粉末, 軟膏(なんこう)に用いる; 薬学部門では red precipitate と呼ばれる》.
réd míte *n.*〖動物〗赤いダニの総称: **a** =citrus red mite. **b** =European red mite.
réd mombín *n.*〖植物〗=Spanish plum.
Red·mond [rédmənd] 〖cf. OE **rǣd-mund* counsel-protector: ⇨ rede, Edmund〗 *n.* 男性名.
Redmond, John Edward *n.* (1856–1918) アイルランドの政治家.
réd múlberry *n.*〖植物〗アカミグワ (*Morus rubra*)《北米産, その実は黒紫色に熟し食べられる》.
réd múllet *n.*〖魚類〗紅または金色のヒメジ科の魚類の総称《goatfish ともいう》.
réd-nèck *n.*《軽蔑》《米俗》赤っ首(野郎)《米南部の無教育な白人労働者》.
réd-nècked *adj.* **1** 〈鳥など〉首の赤い. **2** 怒っている; 怒りっぽい.
rè·dó *vt.* (**re·did; re·done**) **1** 再びする, やり直す. **2** 〈家・部屋など〉の装飾を変える, 改装する (redecorate): have the walls *redone* (色を塗り変えたり壁紙を張り替えたりして)壁の模様を変える. **3** 書き直す, 編集する. — *n.* **1** やり直し. **2** 改装. **3** 編集.
réd óak *n.*〖植物〗北米産アカガシワの類《北米産のカシワ; *Quercus rubra*, *Q. falcata* など》; その材.
réd ócher *n.*〖地質〗紅土, 代赭(たいしゃ)石《赤鉄鉱の赤色土状のもの; 顔料に使う; ruddle ともいう》.
red·o·lence [rédələns, -dl- | -də(ʊ)l-] 〖《c1420》: ⇨ ↓, -ence〗 *n.* 芳香, 香気 (aroma).
red·o·lent [rédələnt, -dl- | -də(ʊ)l-] 〖《?c1400》□ OF ~ // L *redolent-em* (pres.p.) ← *redolēre* ← *red-* 'RE- (A)' + *olēre* to smell (cf. olfactory): ⇨ -ent〗 — *adj.* **1** 芳香のある, 香りのよい (fragrant). **2 a** 〔…の〕匂いがする〔*of, with*〕: honey ~ *of* spring 春の匂いのする蜂蜜 / a little girl's breath ~ *of* seaweed 海草の匂いのする少女の息 / air ~ *with* the scent of the incense 香の匂いのただよう空気 / spices ~ *of* the East 東洋の匂いが強い香味料. **b** 〔…を〕偲(しの)ばせる, 暗示する〔*of, with*〕: tales ~ *of* mystery 神秘を暗示する物語 / be ~ *of* the past 昔を偲ばせる. **~·ly** *adv.*
Re·don [rədɔ́ː(ŋ), -dɔ́(ː)ŋ; *F.* rədɔ̃], **O·di·lon** [ɔdilɔ̃] *n.* ルドン《1840–1916; フランスの画家・石版画家》.
réd órpiment *n.*〖鉱物〗鶏冠石.
réd ósier *n.*〖植物〗 **1** ヨーロッパ産ヤナギ属のコリヤナギの類の植物 (*Salix purpurea*)《バスケット製造用》. **2** 北米産の赤紫色の枝に白い花が咲き青または白い実をつけるミズキ科の低木 (*Cornus stolonifera*).
re·dou·ble [riːdʌ́bl | riː-, rɪ-] 〖《c1477》□ F *redoubler* ← RE- (A) + *doubler* 'to DOUBLE'〗 — *vt.* **1** 強める, 倍加する (intensify), 増す (increase): ~ one's

efforts 努力を倍加する. **2 a** 《古》繰り返す (repeat). **b** 《廃》反響させる (reecho). **3** 〖トランプ〗(ブリッジで)〈相手がダブルをかけたビッド[コントラクト]〉にさらにダブルをかける《得点, 失点とも4倍になる; cf. double *vt.* 8》.
— *vi.* **1** 倍加する, 増す, 強まる: The noise ~*d.* 物音は一層大きくなった. **2** 《古》反響する (resound). **3** 〖トランプ〗(ブリッジで)リダブルをかける.
— *n.* **1** 〖トランプ〗リダブル(という宣言). **2** 〖フェンシング〗ルドゥブルマン《相手が攻撃を避けて後退し, リポスト (riposte) しないときになされる攻撃》.

re·doubt [rɪdáut, rə-] 〚《*a*1608》□ F *redoute* □ It. *ridotto* □ ML *reductus* a retreat (p.p.) ← *redūcere* to lead back: ⇨ reduce: -*b*- は REDOUBTABLE との連想による〛 — *n.* **1** 〖築城〗角面堡(ほ), 方形堡. **2** 砦.

re·doubt·a·ble [rɪdáuṭəbl, rə- | -tə-] 〚《*c*1380》□ (O)F *redoutable* ← *redouter* to fear ← RE- (A)+*douter* 'to DOUBT'〛 — *adj.* **1** 恐るべき, 侮(あなど)りがたい (formidable): a ~ antagonist 恐るべき相手. **2** 畏怖の念を起こさせる, 尊敬すべき, 威厳のある (august). **~·ness** *n.* **re·dóubt·a·bly** *adv.*

re·doubt·ed [rɪdáuṭɪd, rə-, -ṭəd | -dáut-] 〚《15C》← ME *redout* to fear (□ OF *redouter* (↑))+-ED〛 *adj.* 《古》=redoubtable.

re·dound [rɪdáund, rə-] 〚《*c*1390》 *redounde(n)* □ (O)F *rédond-er* to overflow < L *redundāre*: ⇨ redundant〛 — *vi.* 《文語》 **1 a** 〈信用・名誉・利益などを〉高める, 増す (accrue)〔*to*〕: ~ *to* a person's credit [advantage] 信用[利益]を増す. **b** 〈利益・罪などが〉〔人に〕帰する, 及ぶ (result, conduce)〔*to*〕: The sins of the fathers do not ~ *to* the children. 父親の罪は子供には及ばない. **2** 〈名誉・不名誉などが〉〔人に〕戻る, 返る (react, recoil)〔*upon*〕: His praises ~ *upon* himself. 彼が人をほめた言葉はそのまま彼自身がほめられる言葉になる. **3** 起こる, 生じる (result, issue). **4** 《古》増水する; あふれる (overflow).

réd·òut *n.* **1** 〖航空医学〗レッドアウト, 赤視視野喪失, 視力赤化喪失, 赤くらみ《大きい下向き(尻がシートから浮く方向)の加速度を受けて, 目・顔面が充血し頭蓋(とう)内圧が増し, 目がかすむ; cf. grayout》. **2** 赤っ顔(ごっこ)《少年・少女が戯れに行なう顔面充血; cf. RED[1] *out* (2)》.

red·o·wa [rédəwə, -və] 〚□ F *rédowa* ‖ G *Redowa* □ Czech *rejdovák* ← *rejdovati* to whirl round〛 — *n.* 〖ダンス〗レドワ《ボヘミアのダンス; 一部は三拍子でワルツまたはマズルカ風, 一部は二拍子でポルカ風》.

re·dox [ríːdɑks | -dɔks] 〚← RED(UCTION)+OX(IDATION)〛 〖化学〗 *n.* 酸化還元反応 (oxidation-reduction). — *adj.* 酸化還元(反応)の.

réd óxide *n.* 〖化学〗ベンガラ《帯黄赤色の顔料; red oxide of iron ともいう》.
red oxide of zinc 〖鉱物〗=zincite. 「potential.
rédox poténtial *n.* 〖化学〗=oxidation-reduction
réd-péncil *vt.* (-pen·ciled, -pen·cilled; -cil·ing, -cil·ling) …に赤[朱筆]を入れる, 〈原稿などを〉赤鉛筆で訂正する (cf. blue-pencil).
réd pépper *n.* 〖植物〗 **1** トウガラシ: **a** トウガラシ (*Capsicum frutescens*) の変種数種の植物の総称. **b** その実《辛味が強く完熟した赤い実》. **2** その実を粉末などにした香辛料 (cf. cayenne pepper 2).
réd périwinkle *n.* 〖植物〗=Cape periwinkle.
réd phálarope *n.* 〖鳥類〗ハイイロヒレアシシギ (*Phalaropus fulicarius*)《北極圏で繁殖する》.
réd phósphorus *n.* 〖化学〗赤リン.
réd pímpernel *n.* 〖植物〗=scarlet pimpernel 1.
réd píne *n.* 〖植物〗 **1 a** ポンデローサマツ (*Pinus ponderosa*)《北米産; ponderosa pine ともいう》. **b** ポンデロサマツ材《建築・土木用材》. **2** ヤニアカマツ (*Pinus resinosa*)《主としてパルプ用》.
réd podzólic sóil *n.* 〖土壌〗赤色ポドゾル性土壌《現在, 赤黄色ポドゾル性土壌に含まれる; cf. red-yellow podzolic soil》.
réd·pòll 〚⇨ poll[1]〛 *n.* 〖鳥類〗 **1** ベニヒワ (*Acanthis linaria*). **2** =linnet.
Réd Póll 〚⇨ poll[2]〛 *n.* レッドポール《英国原産で無角・赤色の乳肉兼用の一品種の牛》.
réd póppy *n.* 〖植物〗=corn poppy.
Réd Pówer *n.* レッドパワー《アメリカインディアンが Black Power をまねて作った文化的・政治的運動のスローガン; cf. black power, Brown Power》.
réd precípitate *n.* 〖薬学〗赤降汞(こう)(⇨ red mercuric oxide). 「ferricyanide.
réd prússiate of pótash *n.* 〖化学〗=potassium
rè·dráft *n.* **1** 書き直した下書き; (法案などの)再起草. **2** 戻り為替手形《初めの手形が不渡りになり, 遡求のために新たに振り出される手形》. — *vt.* 書き直す; 再び起草する: ~ the 85-year-old state constitution 85年の歴史をもつ州憲法を再起草する.
réd rág 〚闘牛士が牛を怒らせるのに使う赤い布から〛 *n.* (人を)怒らせるもの: a ~ to a bull (ある人を)必ず怒らせるもの.
rè·dráw *vt.* (-drew; -drawn) 再び描く; 描き直す.
re·dress[1] 〚《*c*1325》 *redresse(n)* □ (O)F *redress-er* to straighten: ⇨ re- (A), dress〛 — [rɪdrés, rə-] *vt.* **1 a** 〈不正・損害・弊害などを〉直す, 矯正する (remedy): ~ abuses 弊害を矯正する / ~ distress [wrongs, damage] 不平[不正, 損害]を直す. **b** 〈苦情・不平〉の種[原因]を除く: ~ one's grievances. **c** …に仕返しをする, 報復する (avenge). **2 a** 〈平衡を〉復する (readjust): ~ the balance of… の均衡を取り戻す, 平衡に復する. **b** 〈飛行機を〉通常飛行位置に戻す (flatten out). **3** 〔不正・損害に対して〕〈人〉に補償する, 救済する〔*for*〕. **4** 《廃》 **a** まっすぐにし直す. **b** 正しい状態に戻す.
— [rɪdrés, rə-, ríːdres | rɪdrés, rə-] *n.* **1 a** (不正などの)是正. **b** (不平・苦情などの)除去: the ~ of grievances 苦情の(原因の)除去, 苦情の出ぬようにすること. **2 a** 救済: afford ~ 救済する. **b** 救済策; 矯正手段; 矯正の可能性: a villain without ~ 救済[矯正]の余地のない悪人. **3** 補償, 賠償 (reparation). **re·dréss·a·ble** [-səbl] *adj.* **~·er** *n.* **re·dréss·or** *n.*
rè·dress[2] *vt.* 再び着せる, 着せ直す; 包帯し直す.
re·dress·al [rɪdrésəl, rə-, -sl] *n.* =redress[1] *n.*
re·dréss·ment *n.* =redress[1] *n.*
réd ríbbon *n.* **1** 赤綬(じゅ)《Bath 勲章や Légion d'Honneur 勲章の綬》; 赤綬勲章; 赤綬勲章所持者の地位 (cf. blue ribbon 1). **2** (競争で2等の人がもらう)赤リボン.
Réd Ríver *n.* [the ~] **1** 米国南西部の川で Mississippi 川の一大支流; Texas と Oklahoma の州境を流れる (1,938km). **2** 米国 North Dakota 州と Minnesota 州の境を北流してカナダ Manitoba 州の Winnipeg 湖に注ぐ川 (515km)《Red River of the North ともいう》. **3** 紅河《Song Coi の英語名》. 「の.
réd-róan *adj.* 〈馬・犬など〉白や灰色の混ざった赤毛
réd róbin *n.* 〖鳥類〗=scarlet tanager.
réd·ròot *n.* 〖植物〗 **1** 根に赤色の色素をもつ北米産のヘモドラ科の植物 (*Lachnanthes tinctoria*). **2** =New Jersey tea. **3** =bloodroot 1. **4** =alkanet 1. **5** =pigweed 1. 「WARS of the Roses》.
réd róse *n.* 〖英史〗紅ばら《Lancaster 家の記章; cf.
réd rót *n.* 〖植物病理〗サトウキビの赤腐れ病: **a** *Physalospora tucumanensis* 菌による茎の赤腐れ. **b** *Sclerotium rolfsii* 菌による葉鞘の赤腐れ.
réd róver *n.* 〖遊戯〗レッドローバー《二チームに分かれてする子供の遊び; 挑戦を受けた者が手をつないだ相手の隊列を突破しようとして, 突破できなかった者は相手チームの一員となる》. 「するロシヤ》.
Réd Rússia *n.* 赤色ロシヤ《革命後の共産党の支配
réd rúst *n.* 〖植物病理〗 **1** 赤さび病《コムギの赤サビ病菌 (*Puccinia tritici*) が葉に発生し, その夏胞子により銹色になる》. **2** 赤さび《熱帯で気生藻類が茶・柑橘類の葉・茎に寄生し銹色になる》.
réd ságe *n.* 〖植物〗ランタナ, コウオウカ, セイヨウサンダンカ, シチヘンゲ (*Lantana camara*)《熱帯アメリカ産のクマツヅラ科の半つる性低木; 花は初め黄色か桃色で後緋色または橙色に変化する; wild sage, yellow sage ともいう》.
réd sálmon *n.* 〖魚類〗=sockeye salmon.
réd sándalwood *n.* 〖植物〗 **1 a** シタン(紫檀) (*Pterocarpus santalinus*)《インド・東インド諸島産のマメ科の常緑高木; red sanders ともいう; cf. santal》. **b** シタン(材)《家具の製作に用いる; ruby wood ともいう》. **c** シタンの赤色心材《赤色系植物染料として使われる》. **2** ナンバンアカアズキ (*Adenanthera pavonina*)《東インド諸島産マメ科の高木; 観賞用に栽培される; bead tree, Barbados pride, coralwood ともいう》.
réd sánders *n.* 〖植物〗=red sandalwood 1 a.
Réd Séa 〚(なぞり) ← L *Mare Rubrum*: cf. Heb. *Yam Sūph* 《原義》sea of reeds〛 — *n.* [the ~] **1** 紅海《アラビア半島とアフリカ大陸の間の海; Suez 運河によって地中海に通じ, Aden 湾によってインド洋に通じる; 長さ 2,330 km, 面積 438,000 km^2》. **2** Moses に率いられたイスラエル人が渡ったといわれる海 (cf. *Exod.* 15:4).
réd séaweed *n.* 〖植物〗紅藻(そう) (red alga); (特に)細く分かれた葉状体を持つイトグサ属 (*Polysiphonia*) の 「海藻.
réd séed *n.* 〖動物〗=red feed.
réd·shànk *n.* **1** 〚衣服が脚部をむき出しにすることから〛[しばしば軽蔑的に]ケルト族のスコットランド高地人およびアイルランド人. **2** 〖鳥類〗アカアシシギ (*Tringa totanus*): run like a ~ 非常に速く走る.
réd shíft *n.* 〖天文・物理〗(恒星・恒星状天体などの光の波長の)赤方偏移《光のスペクトルが本来の波長より長い方へずれること》.
réd·shirt[1] *n.* 革命党員 (revolutionist); (特に)赤シャツ党員《イタリア戦役 (1859–67) で Garibaldi の率いた赤シャツを着た軍人》.
réd·shirt[2] 〚スクラムを組む選手の着る赤シャツにちなむ〛《米俗》〖スポーツ〗 — *vt.* (もう一年出場資格が存続するように)〈選手を〉大学チームから引込める. — *n.* 留年選手. **~·ing** *n.*
réd-shórt 〚□ Swed. *rödskört* (*jern*) red brittle (iron) (neut.) ← *rödskör* ← *röd* (< ON *rauðr* 'RED[1]')+*skör* brittle〛 — *adj.* 〖金属加工〗赤熱脆性(ぜい)の《鉄鋼が高温でもろくなる性質にいう; 含有される硫黄によって引き起こされる; cf. cold-short, hot-short》.
réd-shórt·ness *n.* 〖金属加工〗赤熱脆性(ぜい), 赤熱もろさ《鉄鋼中の硫黄などの不純物のため高温でもろくなること》.
réd-shòuldered háwk *n.* 〖鳥類〗カタアカノスリ (*Buteo lineatus*)《北米東部産の肩が赤褐色をしたワシタカ科の鳥》.
réd síndhi *n.* 〖畜産〗レッドシンド《インド原産の赤色の肩にこぶのある乳用品種の牛; 熱帯地方でヨーロッパ産の牛との交配に用いられる》.
réd sískin *n.* 〖鳥類〗ショウジョウヒワ (*Carduelis cucullata*)《南米北部産のアトリ科の鳥; 頭が黒く体が赤い》. 「ン.
réd·skìn *n.* [しばしば軽蔑的に]アメリカインディア
réd snápper *n.* 〖魚類〗 **1** メキシコ湾産フエダイ科フエダイ属の大型食用魚 (*Lutjanus aya*). **2** 赤い色をしたカサゴ科の魚類数種の総称《*Sebastodes ruberrimus*, メバル (*S. inermis*) など》.
réd snów *n.* **1** 赤雪(せき), 紅雪(こう)《赤雪藻 (snow plant) の色素によって雪の表面が赤くなったもので極地や高山に見られる》. **2** 〖植物〗赤雪藻《赤雪を生じさせる藻》.
réd sóil *n.* 〖土壌〗赤色土.
réd spíder *n.* 〖動物〗ブドウや綿に害を与えるハダニ科のハダニの総称; (特に)=two-spotted spider mite.
réd-spòtted púrple *n.* 〖昆虫〗アオイチモンジ (*Limenitis astyanax*)《北米産の後翅(こうし)に赤い斑点のあるタテハチョウ科のチョウ》.
réd sprúce *n.* 〖植物〗北米東部産のマツ科トウヒ属の高木 (*Picea rubens*)《パルプ材として有用》. 「n. 6).
Réd Squádron *n.* [the ~] 〖英史〗赤色艦隊 (⇨ red[1]
Réd Squáre *n.* [the ~] 赤の広場《Moscow の Kremlin 宮殿付近にある》.
réd squíll *n.* 〖植物〗アカネカイソウ《ヨーロッパ原産のユリ科の球根植物; カイソウ (*Urginea scilla*) の一品種で球根の赤いもの; 殺鼠(そ)剤に用いる》.
réd squírrel *n.* 〖動物〗 **1** アカリス (*Tamiasciurus hudsonicus*)《北米産のリス; chickaree ともいう》. **2** ヨーロッパリス (*Sciurus vulgaris*)《英国原産のアカリス; cf. gray squirrel》. 「Antares など》.
réd stár *n.* 〖天文〗赤星《表面が低温で赤く見える星;
Réd Stár *n.* **1** [the ~]「赤い星」《ソ連国防省機関紙(日刊); cf. Izvestia, Pravda》. **2** いくつかの共産主義国の記章.
réd·stàrt 〚← RED[1]+《廃》*start* (< OE *steort* tail < Gmc **stertaz* ← IE *(*s*)*ter* stiff): cf. stark-naked〛 — *n.* 〖鳥類〗 **1 a** シロビタイジョウビタキ (*Phoenicurus phoenicurus*)《ヨーロッパ全土に生息するツグミ科ジョウビタキ属の鳴鳥; 胸はオレンジがかった赤, 尾は赤茶色; redtail ともいう》. **b** ジョウビタキ属の鳥類の総称《クロジョウビタキ (*P.ochruros*), ジョウビタキ (*P. auroreus*) など》. **2** サンショクアメリカムシクイ (*Setophaga ruticilla*)《北米東部産の鳴鳥の一種》. 「化して枯らす》.
réd stéle *n.* 〖植物病理〗イチゴの病気《根の中心を赤
Réd·stòne *n.* 〖米陸軍〗レッドストーン《野戦軍支援用の一段式ロケットエンジンの付いた地対地弾道ミサイル》.
réd stópper *n.* 〖植物〗米国 Florida 州および西インド諸島原産フトモモ科フトモモ属の小高木 (*Eugenia rhombea*)《白い花とオレンジ色または黒色の実をつける; 材は有用》.
réd stúff *n.* 赤い研磨剤, 紅殻(べに), 弁柄(べんがら)《酸化第二鉄を主とする金属研磨剤; cf. crocus[1] 3》.
réd·tàb *n.* 《英俗》(英軍の)高級将校.
réd tái *n.* 〖魚類〗マダイ (*Pagrus major*)《日本各地から東南アジアに分布》.
réd·tàil *n.* 〖鳥類〗=red-tailed hawk.
réd-tàiled háwk *n.* 〖鳥類〗アカオノスリ (*Buteo jamaicensis*)《北米産ワシタカ科の鳥; redtail ともいう》.
réd-tápe *adj.* お役所風の, 官僚的形式主義の: the ~ system [habits] 繁雑な官僚制度[慣習].
réd tápe 〚《*c*1700》: 英国で公文書を結ぶのに用いた赤いひもから〛 — *n.* お役所風, (官僚的な)繁雑な手続き, 繁文縟礼(はんぶんじょくれい): bureaucratic ~ / cut away as much ~ as possible 面倒な手続きはなるべく省略する.
réd-tápe·ism [-pɪzm] 〚《1855》〛 *n.* (*also* **red-tap·ism** [~]) お役所風, 官僚的な形式主義; 繁文縟礼(はんぶんじょくれい)的な組織.
réd tássel flòwer *n.* 〖植物〗北米中部の紫色の花が咲くマメ科の多年草 (*Petalostemon purpureus*).
Réd Térror *n.* [the ~] 革命恐怖政治, 赤色テロ (cf. White Terror).
réd tíde *n.* 〖生物・水産〗赤潮 (red water).
réd·tòp *n.* 〖植物〗コヌカグサ (*Agrostis alba*)《北半球に分布するイネ科の多年草; 牧草; fiorin ともいう》.
réd tríllium *n.* 〖植物〗北米の赤または暗紫色の花が咲くユリ科エンレイソウ属の多年草 (*Trillium sessile*).
réd túrtlehead *n.* 〖植物〗ジャコウソウモドキ (*Chelone lyoni*)《米国南東部の山地に生えるゴマノハグサ科の多年草》.
re·duce [rɪd(j)úːs, rə- | -djúːs] 〚《*c*1375》 *reduce(n)* □ L *redūc-ere* to bring back ← RE- (A)+*dūcere* to bring (⇨ duct)〛 — *vt.* **1 a** (範囲・大きさ・数量・程度などの点で)減じる, 縮小する (lessen); 縮める, 切り詰める, 減少する (abridge, curtail): ~ expenses 費用を切り詰める / ~ production [supplies] 生産[供給]を減じる / ~ speed 速力を落とす / ~ the temperature 温度を下げる / ~ the personnel of a company 会社の人員を減らす. **b** 〈スープ・肉汁などを〉(煮詰めて)濃くする: ~ soup to two-thirds by boiling スープをその3分の2にまで煮詰める. **c** 〈ペンキ・顔料などを〉薄める, 希薄にする. **d** (水を入れて)〈アルコール濃度を〉薄める: ~ the proof from 86 to 80 アルコール濃度を86度から80度に薄める.
2 a 〈地位・階級などを〉下げる, 格下げする (demote): be ~*d to* the ranks [*to* the rank of private] 〈下士官が〉兵卒に引き下げられる / ~ an embassy *to* a liaison

office 大使館を連絡事務所に格下げする. **b** 〈人格・品位などを〉落とす, 低下させる (debase); 零落させる: be ~*d to* poverty 貧乏になる / be ~*d* in circumstances 零落している. **c** 〈値段・価値などを〉下げる: ~ a price 値段を下げる / The shares have been ~*d to* the lowest level. 株は底(そこ)値をついている.
3 〈体力・視力などを〉弱らせる, 衰えさせる (weaken, exhaust): ~ one's sight [power of hearing] 視力[聴力]を弱らせる / be ~*d to* nothing [*to* a skeleton, *to* skin and bones] (やせて)骨と皮になる / Old age ~*s* one's power to remember names and figures. 年をとると名前や数字を記憶する力が衰える.
4 余儀なく…させる (compel), 強いて…させる, 強いて〔…に〕ならせる 〔*to, into*〕/〈*to* do〉: ~ children *to* discipline (腕白な)子供たちをしつける / ~ …*to* order [chaos] …の秩序を回復する[無秩序にする, 混乱に陥れる] / ~ oneself *into* …の羽目に陥る / ~ a person *to* reason (説得して)人を聞き分けさせる / ~ a person *to* submission 人を服従[屈服]させる / ~ a person *to* terror [despair, silence] 人を怖がらせる[絶望させる, 黙らせる] / be ~*d to* beg [begging] in the streets 乞食をして歩くよりほか仕方がなくなる / A blow ~*d* him *to* measure his length on the ground. 一撃を加えると彼はばったり倒れた.
5 a (整理して)〔はっきりした[簡単な]形に〕する, まとめる, 分類する (classify)〔*to*〕: ~ a statement *to* plain terms 陳述を平明な形にする / ~ one's thoughts *to* writing 思想を文につづる / ~ anomalies *to* rule 変則的なものをまとめて法則化する / The facts may all be ~*d to* three heads. その事実は3項に分類される. **b** 〔…に〕変形する, 変える, 移す, 結局〔…に〕落ち着ける (render)〔*to, into*〕: ~ a syllogism of one form *to* another 三段論法の命題の様式を変形する / ~ an argument [a scheme] *to* an absurdity ⇨ absurdity 成句 / ~ a rule *to* [*into*] practice 規則を実施する / ~ the death sentences *to* lengthy terms in jail 死刑を長期の禁固刑に変える / This word, if ~*d to* English orthography, may be spelt 'Houyhnhnm.' この言葉は英語風の綴りにすれば Houyhnhnm と綴られる.
6 (粉砕・破壊・分解・圧搾などして)〔単純な形に〕化する (convert), 〔…に〕する, 帰する, 還元する〔*to*〕: ~ clods *to* powder 土塊を砕いて粉々にする / ~ wood *to* pulp 木材を砕いてパルプにする / ~ a compound *to* its components 化合物を各成分に分解する / ~ a house *to* ashes (火事で)家を灰にする / ~ ripples *to* their mechanical elements さざ波を力学的要素に還元する.
7 〈都市・砦などを〉(包囲・攻撃して)鎮定する, 降伏させる, 従わせる (subdue, conquer): ~ the revolted town 反逆した町を降伏させる / ~ all the countries of the continent 大陸のすべての国を征服する.
8 《古》 **a** 元へ戻す. **b** 〈人を〉正しい道へ戻す, 救う.
9 〘天文〙(天体観測の結果から誤差を除いたりして)修正[調整]する (adjust), 整約する.
10 〘数学〙換算する, 変形する, 約分[通分, 通約]する, 簡約する: ~ a fraction 分数を約する / ~ an equation 方程式を解く / ~ dissimilar quantities to one denomination 諸等数を単名数にする / ~ an integer to the form of a fraction 整数を分数の形に変える.
11 〘医学〙 **a** 〈脱臼(だっきゅう)などを〉整復[復位]する, 〈ヘルニアを〉還納する, 直す (set, remedy): have one's shoulder [a dislocation] ~*d* 肩[脱臼]を整復してもらう. **b** 〈血圧その他上昇した異常値を〉下げる.
12 〘化学・冶金〙 **a** 還元する (deoxidize). **b** 水素と化合させる, …に水素を加える. **c** 〈化合物〉の陽性元素の原子価を低減する.
13 〘冶金〙精錬する: ~ metals from their ores.
14 〘哲学・論理〙還元する《事象・理論・命題・概念などをそれと等価で通常より単純で根本的な他の事象・理論・命題・概念などで, 定義し解明して, 後者へと分析し, 帰着させる》.
15 〘写真〙〈濃過ぎたネガを〉薄くする, 減力する, 〈ネガ〉のかぶりを抜く.
16 〘生物〙〈細胞核〉の染色体数を半減する (⇨ reduction division).
17 〘音声〙〈強勢や母音を〉弱化する (weaken); 〈音を〉短くする (shorten): ⇨ reduced vowel.
— *vi.* **1 a** 減じる, 縮小する, 下がる; 衰える, 弱る. **b** 〈液体が〉(蒸発によって)濃くなる. **c** 〈ペンキなどが〉〔希釈液によって〕薄くなる〔*with*〕. **2** (減食などによって)体重を減らす. **3 a** 〔…に〕変わる〔*to*〕. **b** 〈物事が〉(整理・分類すると)〔…に〕(等しく)なる〔*to*〕. **4** 〘生物〙減数[還元]分裂をする.

re·dúced *adj.* **1** 減じた, 縮小した, 縮めた; 切り詰めた; 引き下げた: a map on a ~ scale 縮尺した地図 / at a ~ price 割引き値段で. **2 a** 零落した (impoverished): a ~ family / in ~ circumstances 零落して, 落ちぶれて. **b** 衰弱[衰微]した (weakened): a nation in a ~ state 衰微した国家. **3** 〘化学〙還元した. **4** 〘数学〙既約の.

redúced íron *n.* 〘化学〙還元鉄, 水素還元鉄《酸化物の還元によって得られた粉末状の鉄触媒; 医薬品用》.

redúced máss *n.* 〘物理〙換算質量.

redúced ófficer *n.* 《英廃》待命将校《現役から退き従来の半額の俸給を受ける将校》.

redúced vówel *n.* 〘音声〙弱化母音《弱音節で弱く発音される母音; about [əbáʊt] の [ə], schooling [skúːlɪŋ] の [ɪ], accumulate [əkjúːmjʊlèɪt] の [ʊ] など; cf. full vowel》.

re·dúc·er *n.* **1** 縮小[変形]するもの. **2** 〘写真〙 **a** 減力剤, 減力液, 減度液. **b** 現像液. **3** 〘化学〙=reducing agent. **4** 〘機械〙レジューサー, 径違いソケット[管継手], 片落ち管.

re·dúc·i·ble [rɪd(j)úːsəbḷ, rə- | -djúːsə-, -sɪ-] 〘《15C》← REDUCE+-IBLE〙 — *adj.* **1** 縮小[減少]できる; 安くすることができる. **2** 変形できる, 変形可能な. **3** 〘数学〙約せる, 可約の; 換算できる. **4** 〘化学〙還元できる. **5** 〘外科〙整復[還納]できる. **re·dùc·i·bíl·i·ty** [-səbílət̬i | -səbílətɪ, -sɪ-, -lɪ-] *n.* **re·dúc·i·bly** *adv.*

redúcible polynómial *n.* 〘数学〙可約多項式《因数分解できる多項式》.

re·dúc·ing àgent *n.* 〘化学〙還元剤《reducer, reductant ともいう; cf. oxidizing agent》.

redúcing flàme *n.* 〘化学〙還元炎《炎の内側で空気の補充が不十分なため不完全燃焼している部分; 酸化炎 (oxidizing flame) に比べて温度が低く還元性がある》.

redúcing fùrnace *n.* 〘冶金〙還元炉.

redúcing glàss *n.* 〘光学〙縮小レンズ《2 枚の凹(おう)レンズを重ね, 色収差・球面収差を補正したレンズ》.

redúcing sùgar *n.* 〘化学〙還元糖.

redúcing vàlve *n.* 〘機械〙減圧弁.

re·duct [rɪdʌ́kt, rə-] 〘□ ML *reduct-us* retired place (p.p.) ← L *redūcere* 'to REDUCE'〙 — *n.* 〘建築〙(暖炉や控えの間とバランスがとれるように比較的広い部屋の一部を仕切って設けた)小間(こま), 小部屋, 小室.

re·duc·tant [rɪdʌ́ktənt, rə-] 〘← REDUCT(ION)+-ANT〙 *n.* 〘化学〙リダクタント (⇨ reducing agent).

re·duc·tase [rɪdʌ́kteɪs, rə-, -teɪz | -teɪs] 〘← REDUCT(ION)+-ASE〙 — *n.* 〘生化学〙還元酵素, レダクターゼ《分子状酸素以外の物質を電子受容体とする酵素の総称》.

redúctase tèst *n.* 〘化学〙レダクターゼ試験《飲用に適するかどうかを決定するため, メチレンブルーを用いて牛乳中の細菌数を間接的に測定する方法; methylene blue reduction test ともいう》.

re·duc·ti·o ad ab·sur·dum [rɪdʌ́ktiòʊ-æd-æbsɜ́ːdəm, rə-, -ʃiòʊ-, -siòʊ-, -zɜ́ː-, reɪdúktiòʊ-ɑːd-ɑːbsúədʊm | -ʃɪəʊ-æd-æbsɜ́ː-, -tɪəʊ-ɑːd-ɑːbsúə-] 〘□ L *reductiō ad absurdum* 'reduction to absurdity': ⇨ reduction, absurd〙 — *L. n.* **1** 〘論理〙帰謬(きびゅう)法, 背理法, 間接証明法《ある命題の真であることを立証するために, それの否定[反立]を仮定すると矛盾が生じることを証明する方法》. **2** 議論倒れ, 議論の行き過ぎ.

redúctio ad im·po·ssí·bi·le [-ɪmpɑsíbəlèɪ | -pɔsíbɪ-] 〘□ L *reductiō ad impossibile*: ⇨ ↓, impossible〙 *L. n.* 〘論理〙=reductio ad absurdum 1.

re·duc·tion [rɪdʌ́kʃən, rə-] 〘《1474》□ (O)F *réduction* ∥ L *reductiō(n-)*: ⇨ reduce, -tion〙 — *n.* **1** 縮小, 削減, 割引き; 減少量, 割引き高: 10% ~ 1 割引き / a 7.4% ~ in auto accidents 7.4 パーセントの自動車事故の減少 / a ~ in the tax 減税 / great ~*s* in prices 大割引き / a ~ in [of] numbers 減数 / the ~ of armaments=armament ~ 軍備縮小, 軍縮 / at a ~ of 20 percent 2 割引きで. **2** 縮写; 縮図: a ~ of a map. **3 a** 格下げ. **b** (地位などの)低下, 下落, 零落: a ~ in rank 降等 (cf. 17). **4 a** 〔…の〕形にすること, 〔…への〕変形〔*to*〕: ~ of wood *to* pulp 木材のパルプ化. **b** 整理, 分類. **5 a** 征服, 鎮圧 (conquest). **b** (要塞・陣地などの)陥落, 降伏; 撤退. **6 a** (スペインの宣教師などが文化移入または統制のために)南米インディアンを再植民させて作った村または居留地. **b** (そのような)再植民, 再定住. **7** 〘天文〙整約, 修正《観測中の誤差の補正など》. **8** 〘気象〙補正《気圧を海水面の値に換算すること》. **9** 〘数学〙約分, 通分, 換算, 変形; 簡約: ascending [descending] ~ 小さい[大きい]単位から大きい[小さい]単位への換算. **10** 〘化学〙還元. **11** 〘論理〙還元(法)《一般には三段論法の任意の格を他の格に変えること; より狭くは, 第 1 格にそれ以外の格を変形すること》. **12** 〘外科〙整復(術), 復位, 還納(術). **13** 〘生物〙=reduction division. **14** 〘写真〙減力(法)《濃い陰画や陽画を薄くすること; ↔ intensification》. **15** 〘音楽〙リダクション, 簡約編曲《原曲よりも小さな編成の演奏手段(特にピアノ)のために総譜を書き変えること》; 簡約編曲譜. **16** 〘心理〙還元《心理実験の目的で刺激を弱めること; 反応の変化を見る方法》. **17** 〘軍事〙降等 (demotion). **18** 〘音声〙(強勢や母音の)弱化; (音の)短化.
reduction to absurdity =reductio ad absurdum.
~·al [-ʃənḷ, -ʃnəl] *adj.*

redúction divìsion *n.* 〘生物〙減数分裂, 還元分裂, 成熟分裂 (meiosis).

redúction gèar *n.* 〘機械〙減速歯車[ギヤ, 装置] (↔ multiplying gear).

re·dúc·tion·ism [-ʃənìzm] *n.* **1** 〘哲学・論理〙還元主義, 還元法[説]《一般に事象・理論・命題・概念などを通常より単純で根本的な他の事象・理論・命題・概念などへ還元する可能性と必要を主張する立場や方法》: phenomenalistic ~ 現象論的還元主義. **2** 単純化; (特に)過度な単純化 (oversimplification). **3** 〘生物〙還元主義《生命現象はすべて物理学的・化学的に説明できるという考え》. **re·dúc·tion·ist** [-ʃ(ə)nɪst, -nəst | -nɪst] *n.* **re·duc·tion·ís·tic** [rɪdʌ̀kʃənístɪk, rə-] *adj.*

redúction potèntial *n.* 〘化学〙=oxidation-reduction potential.

re·duc·tive [rɪdʌ́ktɪv, rə-] 〘← REDUCT+-IVE: cf. F *réductif*〙 — *adj.* **1** 減じる, 減縮する, 減少する, 削減的な. **2** 還元法[説, 主義]の[に関する] (reductionistic). **3** 〘化学〙還元する. **4** 〘外科〙整復する, 復位する; 還納する. **5** 〘美術〙minimal art の[に関する]. **~·ly** *adv.*

re·dúc·tiv·ism [-vìzm] *n.* 〘美術〙=minimal art.

re·duc·tor [rɪdʌ́ktə, rə- | -tə(r] 〘← REDUCT(ION)+-OR[2]〙 *n.* 〘化学〙還元装置《特に第二鉄を第一鉄に還元する装置》.

re·dún·dance [-dəns] *n.* =redundancy.

re·dun·dan·cy [rɪdʌ́ndənsi, rə- | -sɪ] 〘《1601》: ⇨ redundant, -ancy〙 — *n.* **1** 余分(なこと) (superfluity). **2 a** 余分なもの, 過剰物. **b** 豊富, たくさん: a ~ of food. **3 a** (文章などの)冗長, 多言 (verbosity). **b** 不必要な重複; 冗語. **4** 《英》解雇: ~ pay 退職手当 / ~ payment 退職手当支給. **5** 冗長性《電算機・宇宙船などの装置の一部が故障した際, 代わりに機能を果す代行能力を備えていること》.

redúndancy bìt *n.* 〘電算機〙冗長ビット《冗長検査 (redundancy check) のために挿入したビット; cf. parity bit》.

redúndancy chàracter *n.* 〘電算機〙冗長キャラクター《情報に誤りが生じた時に検出あるいは訂正できるように挿入した字 (character)》.

redúndancy chèck *n.* 〘電算機〙冗長検査《情報の誤りを検出・訂正するために冗長情報を検査すること》.

re·dun·dant [rɪdʌ́ndənt, rə-] 〘《1604》□ L *redundant-em* (pres.p.) ← *redundāre* to overflow ← *red-* 'RE- (A)'+*undāre* to overflow (← *unda* wave: ⇨ water): ⇨ -ant〙 — *adj.* **1 a** 余分の, 余計な, 過多の (superfluous, excessive). **b** 〈表現など〉(不必要な語句や重複などによって)冗長な: ~ words 冗語 / a ~ style 冗漫な文体. **2** たくさんの, 豊かな (copious, plentiful): ~ food あり余るほどの食糧. **3** 《英》〈被雇用者が〉不必要な, 冗員とみなされる, 冗員的な. **4** 〈電算機・宇宙船などの装置が〉冗長性(redundancy)をもつ. **5** 〘機械〙(構造が, 余分の部材から構成されていて)〈(部材)力が〉静力学的に確定できない (cf. indeterminate 7). **~·ly** *adv.*

redúndant chèck *n.* 〘電算機〙=redundancy check.

redúndant mémber *n.* 〘機械〙余り材, 過剰部材, 遊び材.

redúndant vérb *n.* 〘文法〙二重変化動詞《例えば二重過去形をもつ hang, spill, work など》.

re·du·pli·cate [rɪd(j)úːpləkèɪt, rə-, riː- | -djúːplɪ-] 〘《1570》□ LL *reduplicāt-us*: ⇨ re- (A), duplicate〙 — *vt.* **1** 二重にする, 倍加する, 反復する, 繰り返す (repeat). **2** 〘文法・言語〙〈文字・音節を〉重ねる; (音節を重ねて)〈派生語・活用形・変化形を〉作る《例えばラテン語で caedere の初めの音節を重ね cecī-di としPerfect (tense) を作るなど, あるいは英語で wash(y) を重ねて wish(y)-wash(y) を作るなど》. — *vi.* **1** 二重になる, 倍加する. **2** 〘文法・言語〙〈文字・音節が〉重なる. **3** 〘生物〙〈染色体が〉重複する. — [-plɪkɪt, -plə-, -kət, -pləkèɪt | -plɪkɪt, -kət, -kèɪt] *adj.* **1** 繰り返した, 倍加した. **2** 〘植物〙花弁などのへりが(外方へ)そり返った (valvate). **3** 〘文法・言語〙反復した.

re·du·pli·ca·tion [rɪd(j)ùːpləkéɪʃən, rə-, riː- | -djùːplɪ-] 〘《1589》□ LL *reduplicātiō(n-)*: ⇨ ↑, -ation〙 — *n.* **1 a** 倍増し; 二重, 重複; 反復, 繰返し (repetition). **b** 重複物; 写し, 模写 (replica). **2** 〘文法〙 **a** 語頭音節の重複《サンスクリット・ラテン語・ゴート語などで完了・現在時制などの文法的機能を表わす; 例: *Goth.* haita (=I call) → haíhait (=I have called)》. **b** (複数を形成する)重複形《マレー語の orang → orang-orang (人々), 日本語の日々, 度々など》. **3** 〘言語〙重複部分, 加重音節《例: papa, mamma, bowwow; seesaw, higgledy-piggledy, tittle-tattle, wishy-washy, etc.》. **4** 〘修辞〙=anadiplosis.

re·du·pli·ca·tive [rɪd(j)úːpləkèɪt̬ɪv, rə-, riː- | -djúːplɪkət-, -kèɪt-] *adj.* **1** 繰り返す, 反復する; 倍増しの, 二重の. **2** 〘植物〙=reduplicate 2. **~·ly** *adv.*

re·du·vi·id [rɪd(j)úːviɪd, rə-, -viəd | -djúːvɪɪd] 〘↓〙〘昆虫〙 *adj.* サシガメ(科)の. — *n.* サシガメ《サシガメ科の昆虫の総称》.

Red·u·vi·i·dae [rèdʒuváɪədìː | -djuváɪɪ-] 〘← NL ~ ← *Reduvius* (属名: ← L *reduvia* hangnail)+-IDAE〙 *n. pl.* 〘昆虫〙(半翅目)サシガメ科.

red·u·zate [rédʒuzèɪt | -dju-] 〘□ G *Reduzat* reduction〙 — *n.* 〘地球物理〙還元沈積物, レデュゼート《強還元性環境で沈積した堆積物; 石炭・石油・沈殿硫化鉱など》.

réd valérian *n.* 〘植物〙ベニカノコソウ (*Centranthus ruber*)《ヨーロッパ産の小さい深紅色または白色の花が咲くオミナエシ科の多年草; French honeysuckle ともいう》.

réd vítriol *n.* 〘化学〙赤礬(せきばん)《硫酸コバルト七水塩 ($CoSO_4 \cdot 7H_2O$) の俗称; 紅色柱状結晶》.

réd·wàre[1] 〘← RED[1]+*ware* (< OE *wār* seaweed ← Gmc **wī-* to bind: cf. wire)〙 *n.* 〘植物〙北大西洋産のコンブの類 (*Laminaria digitata*)《褐色の食用海藻》.

réd·wàre[2] *n.* **1** 《米》赤色の素焼(すやき)の土《器酸化鉄を多く含む粘土で作る》. **2** 《英》ロッキンガムウェア《赤色粘土を用いて作ったティーポットで, 褐色のマンガン釉(ゆう)がかかっている》.

red-wat [rédwæ̀t] 〘← RED[1]+《スコット》*wat* (《変形》← WET)〙 *adj.* 《スコット》血でぬれた, 血だらけの.

réd wáter *n.* **1** (鉄分などを含んで)赤茶けた水. **2** 〘生物・水産〙赤潮(せきちょう)《海水や湖水が微生物の発生のため赤色を帯びるもの; 生物に有害; red tide ともいう》. **3** 〘獣医〙 **a** 血色素尿症《飼料中のオギザロ酸 (oxalic acid) による膀胱(ぼうこう)の病巣から尿中へ血液が流出するもので特に冬の終りに牛にみられる》. **b** バベシア病, テキサス熱 (Texas fever).
réd·wèed *n.* 《英方言》〘植物〙ヒナゲシ (corn poppy).
réd whéat *n.* 〘植物〙赤色穀粒のコムギ.
réd whórtleberry *n.* 〘植物〙＝mountain cranberry.
réd wíne *n.* 赤ぶどう酒, 赤ワイン (⇨ wine 1).
réd·wìng *n.* 〘鳥類〙 **1** ワキアカツグミ (*Turdus musicus*)《ヨーロッパ・シベリアに分布するツグミの一種》. **2** ＝redwing blackbird.
rédwing [réd-winged] bláckbird *n.* 〘鳥類〙ハゴロモガラス (*Agelaius phoeniceus*)《北米に広く分布するムクドリモドキ科の鳥; maizebird ともいう》.
réd·wòod[1] *n.* 〘植物〙 **1 a** セカイヤメスギ (⇨ sequoia 1). **b** セカイヤメスギ材《赤色を帯びた木材》. **2** 赤色木材《一般にこれから赤色植物染料が採れる》.
réd·wòod[2] 〘⇨ wood[2]〙 *adj.* 《スコット》 **1** 激怒した (furious). **2** 狂気の (insane).
Rédwood Nátional Párk *n.* レッドウッド国立公園《米国 California 州 San Francisco 市の南方にあり, 多数の redwood で有名, 1968 年指定; 面積 227km²》.
réd wòrm 〘《15C》〙 *n.* 〘動物〙 **1** ＝bloodworm. **2** イトミミズ, イトメ (*Tubifex* 属の動物の総称).
réd·wùd *adj.* 《スコット》＝redwood[2].
rè·dýe *vt.* (～·ing) 染め直す.
réd-yéllow podzólic sóil *n.* 〘土壌〙赤黄色ポドゾル性土壌《湿潤な暖温帯から熱帯の森林下で排水良好な条件下に生成し, A 層位の下部が漂白されて淡色となり, その B 層位は赤ないし黄色を示す》.
réd zínc óre *n.* 〘鉱物〙紅亜鉛鉱 (⇨ zincite).
ree[1] [riː] 〘《尾音消失》← REEVE[3]〙 *n.* 〘鳥類〙＝reeve[3].
ree[2] [riː, reɪ] *vt.* 《英方言》＝sift.
ree·bok [ríːbɑk | -bɔk] *n.* 〘動物〙＝rhebok.
rè·écho *vi.* 反響する, 反響を返す; 響き渡る, 鳴り響く (resound): Every word we spoke ～*ed* in the tunnel. 話した言葉が一々トンネルの中にこだました. ── *vt.* 反響し返す; 反響のように繰り返す. ── *n.* (*pl.* ～es) 反響の返し (return echo); 鳴り響く音[声], どよめき (reverberation).
reech·y [ríːtʃi | -tʃɪ] 〘《15C》← 《方言》*reech* reek＋-Y[4]〙 *adj.* (**reech·i·er; -i·est**) 《古》 **1** すすけた (smoky). **2** 臭い, 悪臭のする (stinking).
reed[1] [riːd] 〘OE *hrēod* < (WGmc) *χreuða (Du. *riet* / G *Riet*) ← IE **kreut-* to shake, tremble〙 ── *n.* **1** 〘植物〙アシ, ヨシ (アシ (ditch reed), ダンチク (giant reed) など); アシの茎: ⇨ broken reed / lean on a ～ 薄弱な物[人]に頼る / a ～ shaken with [by] the wind 風に揺らぐ葦(あし); 定見のない[他から影響を受けやすい]人 (cf. *Matt.* 11:7) / *Reeds* become darts. 《諺》葦も槍となる《Cervantes, *Don Quixote* 中の句》/ a thinking ～「考える葦」, 人間《B. Pascal, *Pensées* 中の句 un roseau pensant の訳》. **2** [集合的] **a** (川辺などに群生した)アシ, ヨシ, (干した)アシ, ヨシ. **b** 《英》(屋根ふき用の)ふきわら. **3 a** 葦(あし)笛, 牧笛 (reed pipe). **b** 田園詩. **4** 《詩》矢 (arrow). **5** 〘音楽〙 **a** (楽器の)簧(した), 舌, リード. **b** [*pl.*] 有簧(ゆうこう)楽器 (reed instrument)《oboe, bassoon, clarinet など》. **c** [the ～s] (管弦楽団の)有簧楽器部 (cf. brass 3 b, wind[1] 13). **6** 〘紡織〙(織機の)筬(おさ), 針. **7** [*pl.*] 〘建築〙＝reeding 1 a. **8** 〘聖書〙古代ユダヤの尺度 (＝6 cubits; cf. *Ezek.* 41:8).
── *vt.* **1 a** 〈家・屋根を〉葦(あし)でふく. **b** 〈葦・わらを〉屋根ふきに用いる; 葦で飾る. **2** 〘建築〙ごまがら繰り形にする; ごまがら繰り形に飾る (⇨ reeding 1). **3** 〈硬貨・メダルなどのふち〉にぎざぎざをつける. **4** 〘造船〙(まいはだを詰めた後に)〈板の縁を〉滑らかにする.
reed[2] [riːd] *n.* ＝read[3].
Reed [riːd] 〘← OE *rēad* 'RED[1]'〙 *n.* 男性名《異形 Read, Reid》.
Reed, Sir Carol *n.* (1906–76) 英国の映画監督・製作者.
Reed, John *n.* (1887–1920) 米国の新聞記者・社会主義者; *Ten Days That Shook the World* (1919).
Reed, Walter *n.* (1851–1902) 米国の軍医; 黄熱病は蚊によって伝染されることを発見; Washington, D.C. にある陸軍病院は彼の名にちなむ.
réed·bird *n.* 〘鳥類〙＝bobolink.
réed·bùck 〘《なぞり》← Afrik. *rietbok*〙 ── *n.* (*pl.* ～, ～s) 〘動物〙リードバック《アフリカに生息するリードバック属 (*Redunca*) のレイヨウの総称; ネイゴー (nagor), リードバック (reitbok) など》.
réed bùnting *n.* 〘鳥類〙 **1** オオジュリン (*Emberiza schoeniclus*)《沼沢地にすみ, 頭が黒く背が栗色で腹が白いホオジロ属の鳥; reed sparrow ともいう》. **2** ＝reedling.
réed canáry gràss *n.* 〘植物〙クサヨシ (*Phalaris arundinaceae*)《ヨーロッパおよび北米原産のイネ科の多年草; 家畜の飼料になる》.
réed gràss *n.* 〘植物〙川辺などに群生する背の高いイネ科の植物の総称《ノガリヤス属 (*Calamagrostis*), ダンチク属 (*Arundo*), ヨシ属 (*Phragmites*) などの草本》.
rè·édify 〘《1420–22》□ OF *re(e)difi-er* < LL *reaedificāre* ← RE- (A)＋*aedificāre* 'to EDIFY'〙 ── *vt.* **1** 〈家を〉再建する (rebuild). **2** 〈希望を〉再び持ち始める; 〈健康を〉回復する (restore); 〈組織などを〉立て直す (renew). **rè·edificátion** *n.*
réed·ing 〘《1440》: ⇨ reed[1]〙 ── *n.* **1 a** 〘建築〙ごまがら, ごまがら繰り形《柱・壁・家具などに数条平行して施される溝; ⇨ molding[1] 挿絵》. **b** 〘家具〙ごまがら装飾. **2** (硬貨などの縁の)ぎざぎざ.
réed ìnstrument *n.* 有簧(ゆうこう)楽器, 舌楽器《bassoon, oboe, clarinet など簧(した) (reed) を用いる木管楽器》.
rè·édit *vt.* 編集し直す.
rè·edítion *n.* 再編集.
reed·ling [ríːdlɪŋ] 〘← REED[1]＋-LING[1]〙 *n.* 〘鳥類〙ヒゲガラ (*Panurus biarmicus*)《ヨーロッパから中国北部まで分布する鳴鳥の一種; bearded tit ともいう》.
réed màce *n.* 《英》〘植物〙ガマ (⇨ cattail 1).
réed òrgan *n.* リードオルガン, 足踏みオルガン《harmonium, American organ など; cf. pipe organ》.
réed phèasant *n.* 〘鳥類〙＝reedling.
réed pìpe *n.* **1** 葦(あし)笛, 牧笛. **2** (パイプオルガン・リードオルガンの)舌管 (cf. flue pipe).
réed spàrrow 〘《15C》〙 *n.* 〘鳥類〙＝reed bunting 1.
réed stòp *n.* (パイプオルガンの)舌管音栓 (cf. flue stop).
rè·éducate *vt.* **1** 再教育する, 教育し直す. **2** 〈身体障害者などを〉教育して普通の職に復させる,…にリハビリテーションを施す[与える]. **rè·educátion** *n.* **rè·éducative** *adj.*
réed wàrbler *n.* 〘鳥類〙ヨシキリ《ウグイス科ヨシキリ属 (*Acrocephalus*) の鳴鳥の総称》; (特に)ヨーロッパヨシキリ (*A. scirpaceus*).
réed·wòrk *n.* [集合的] (パイプオルガンの)舌管音栓 (cf. fluework).
réed wrèn *n.* 〘鳥類〙＝reed warbler.
reed·y [ríːdi | -dɪ] 〘《*c*1390》: ⇨ reed[1], -y[4]〙 ── *adj.* (**reed·i·er; -i·est**) **1** 葦(あし)の多い, 葦の生い茂った: a ～ marsh, lake, etc. **2** 《詩》葦で作った: a ～ pipe 葦笛 / a ～ couch 葦製の寝いす. **3** (弱さ・細さが)葦のような; か細い, ひょろひょろした: a ～ youth か細い青年. **4** 舌楽器 (reed instrument) の音のような音を出す; 細くて鋭い, かん高い,「黄色い」(shrill, piping): a ～ voice / the ～ quaver of a person's high notes 高い音を歌うときの葦笛のような声の震え. **réed·i·ness** *n.*
reef[1] [riːf] 〘《*a*1393》*riff* □ (M)Du. *reef, rif* □ ON *rif* 'RIB[1]', reef '〙 ── *n.* 〘海事〙(風を受ける面積を少なくするための)縮帆部; 畳み込み: shake [take] out the ～s 解帆する.
take in a reef (1) 縮帆する. (2) 用心して進む.
── *vt.* **1** 〘海事〙 **a** 〈帆を〉縮める (shorten): single-[double-, treble-]*reefed* 一[二, 三]段縮帆して. **b** 〈トップマストやバウスプリットを〉縮める, (外輪の軸を中心に近付けて)〈水かきを〉少くする. **2** 〈パラシュートなどを〉(縮帆するように)畳む. ── *vi.* 〘海事〙縮帆する.
reef one's sails ⇨ sail 成句.
reef[2] [riːf] 〘《1584》《古形》*riff(e)* □ MLG *ref, rif* □ ON *rif* (↑)〙 ── *n.* **1 a** 浅瀬, 礁, 礁脈; 砂洲(す) (sand bank); 珊瑚礁. **b** 障害 (obstruction). **2** 〘鉱山〙 **a** 鉱脈 (vein, lode). **b** (鉱脈の周囲の)床岩.
strike [go on] a reef 座礁する.
réef bànd *n.* 〘海事〙縮帆帯, リーフバンド《帆の面の下端近くにある縮帆索取付け座用の帆布帯》.
réef cringle *n.* 〘海事〙リーフクリングル《縮帆のためのリーフバンドの両端にある鉄環で, これにロープを通して縮帆の力を持たせる所》.
réef·er[1] *n.* **1** 〘海事・海軍〙 **a** 縮帆する人, 縮帆係. **b** 《俗》海軍少尉候補生 (midshipman)《縮帆がその役目の一つであったことから》. **2** 〘服飾〙リーファー: **a** (体にぴったりした厚地の)ダブルジャケット. **b** (プリンセスラインの)婦人コート《襟付きでシングルまたはダブル打合せのもの》. **3** 〘海事〙＝reef knot.
réef·er[2] 〘← REEF[1]＋-ER[1]: 形が帆の縮帆した部分 (reef) に似ていることから〙 *n.* マリファナ入り巻きたばこ.
ree·fer[3] [ríːfə | -fə(r)] 〘《変形》← REFRIGERATOR〙 *n.* 《米口語》 **1** (特に, 大型の)冷蔵庫. **2** (鉄道の)冷凍車 (chill car); 冷蔵トラック; 冷蔵船.
réef·fish *n.* (*pl.* ～) 〘魚類〙さんご礁にすむスズメダイ科の魚の総称.
réef hòok *n.* 〘海事〙＝ravehook.
réef·ing bàtten *n.* 〘海事〙縦帆において縮帆に好都合なように垂直に帆に縫い込んである当て木.
réefing bówsprit *n.* 〘海事〙＝running bowsprit.
réefing-jàcket *n.* 体にぴったりした厚地のダブルの上衣.
réef knòt *n.* 〘海事〙こま結び (flat knot).
réef pòint *n.* 〘海事〙縮帆(しゅくはん)索, リーフポイント《縮帆用として帆に帯が付いておりその帯の所々に帆を丸めて縛るためについている細索》.
reef·y [ríːfi | -fɪ] *a.* 〈海岸などが〉岩礁[浅瀬, 礁]の多い.
reek [riːk] 〘*n.*: OE *rēc* < Gmc **raukiz* (G *Rauch* / ON *reykr*) ← **rauk-, *reuk-*. ── *v.*: OE *rēocan* to smoke ← Gmc **reuk-* (G *riechen* to smell) ← IE **reu-* to vomit, smoke: 現在の n. の語形は ON と v. の影響〙 ── *n.* **1** 湯気, 蒸気 (vapor, steam). **2** 悪臭, 異臭, 臭気 (stench): the ～ of stale tobacco かび臭い古たばこの匂い / amid ～ and squalor 悪臭と不潔の中で / I smell the ～ of chloroform. クロロホルムの匂いがする. **3** 《スコット・文語》煙 (smoke).
── *vi.* **1** 煙を吐く, 煙る, いぶる; 〈熱い飲食物などが〉湯気を立てる. **2** 〔汗・血などに〕まみれている〔*with, of*〕: ～ *with* sweat 汗をかいて湯気を立てる / the hands ～*ing with* [*of*] blood 血まみれの手 / laborers ～*ing* from their toil 働いて汗で湯気を立てている労働者 / a ～*ing* horse 汗まみれになって湯気を立てている馬. **3** 〔…の〕悪臭を放つ, 〔不快な臭いが〕する (stink)〔*of, with*〕: ～ *of* garlic [cheap perfume] にんにく[安香水]臭い / ～ *with* filth 汚物の匂いがする / The room ～*ed of* tobacco smoke. 部屋はぷんぷんたばこの匂いがした. **4** 〔…の〕気味がある, 風(ふう)を帯びている〔*of, with*〕: ～ *of* mystery [*with* snobbery] 神秘的[俗物根性]の気味がある / ～ *of* affectation きざが鼻につく, いやにぶっている / ～ *of* murder 殺気を帯びている / The whole thing ～*ed of* swindle. 全体的にインチキ臭かった.
── *vt.* **1** いぶす. **2** 〈煙・臭気などを〉発する: His manner ～*s* prosperity. 彼は見るからに裕福らしい.
～·er *n.*
reek·y [ríːki | -kɪ] 〘《?*a*1425》: ⇨ reek, -y[4]〙 *adj.* (**reek·i·er; -i·est**) **1** 煙る, くすぶる (smoking). **2** 湯気の立つ (steaming). **3** 悪臭を放つ.
reel[1] [riːl] 〘OE *hrēol* < ? Gmc **χreχulaz* (ON *hræll*) ← IE **krek-* to weave, beat〙 ── *n.* **1 a** (針金・ゴム管・紙・ケーブルなどを巻く)巻き枠, リール. **b** 〘釣〙リール. **c** (フィルムを巻く)巻き枠, スプール (spool). **d** 糸車, 舞羽(まいは); 《英》糸巻き, ボビン (bobbin). **2 a** (糸・針金・紙・ケーブル・鉛管などの)一巻き(の量). **b** 〘映画〙(フィルムの)巻《通例 1 巻は 1,000 または 2,000 ft.》. **3 a** (種々の機械の)回転部. **b** (芝刈機の回転する)螺旋(らせん)状の刃. **4** 〘写真〙(フィルム現像タンクの)中枠. **5** 巻取紙 (web); (抄紙機の紙を巻き取る)リール.
(right) off the reel (1) 〈糸が〉まっすぐに出て. (2) すらすらと, 立て続けに, 続々と. (3) 躊躇(ちゅうちょ)せずに, すぐに.
── *vt.* **1 a** 〈糸・釣糸などを〉(糸巻きなどに)巻き取る. **b** 〈生糸を〉繭(まゆ)から糸車に巻き取る. **2** 〈魚・釣糸・測線などを〉リールで巻き取る 〈*in, up*〉: ～ a fish *in* [*up*] 魚をリールで引き寄せる. ── *vi.* **1** リールを回す. **2** リールで巻き取る: ～ *in* slowly until the line is taut 釣糸がピンとなるまで糸をゆっくり巻き込む.
reel off (1) 〈繭から〉〈糸を〉繰り取る. (2) 〈物語・詩句などを〉よどみなく[すらすら]話す[書く]; 素早く[続々と]作る[達成する]: She ～*ed off* a few well-known names. 有名人の名を立ちどころに 5 つ 6 つ言ってのけた. ***reel out*** 〈糸を〉繰り出す.
～·a·ble [-ləbl] *adj.*
reel[2] [riːl] 〘《1375》*rele(n)* ← REEL[1]〙 ── *vi.* **1 a** (強く打たれたりして)よろめく, ひょろつく: ～ back 後ろによろめく / ～ under a heavy blow 強い一撃でよろめく. **b** (酔ったり目まいがして)千鳥足で歩く (stagger) 〈*about, along*〉: ～ *about* よろめきながら歩く / ～ to and fro ふらふらよろめきながら行ったり来たりする / ～ down a street 通りを千鳥足で歩いて行く. **c** 動揺する, 揺らぐ, ぐらつく (rock, swing): The ship ～*ed* in the storm. 船は嵐の中をよろめくように進んだ / The old order was ～*ing* to its foundations. 旧体制は土台までぐらついていた. **2 a** 〈目が〉回る. **b** めまいがする: My brain ～*ed*. めまいがした, 目がくらんだ, ふらふらした / Her head was ～*ing with* a kind of fury. 怒りに似た気持ちで目まいがするほどだった. **c** 〈物が〉ゆらゆら動くように見える; 〈山などが〉震動するように見える: The mountains ～*ed* before his eyes. 山々が彼の目にはゆらゆら動くように見えた. **3** 〈軍隊・戦線が〉たじろぐ, 浮足立つ (waver). **4** ぐるぐる回る (whirl). ── *vt.* **1** よろめかす, ぐらつかせる. **2** 《廃》〈街路などを〉よろよろと通る. ── *n.* **1** よろめき; 千鳥足 (stagger): without a ～ or a stagger しっかりした足取りで, ひょろひょろせずに / the (drunken) ～ of vice and folly round us 我らの周囲にうごめく悪習愚行 (cf. R. Browning, *Poets Croisic* 157). **2** めまい (giddiness).
～·er [-lə | -lə(r)] *n.*
reel[3] [riːl] 〘《転用》← ? REEL[1] (n.)〙 ── *n.* 〘ダンス〙 **1** リール《スコットランドやアイルランドに共通な 4/4 拍子の活発な踊り; 二組あるいはそれ以上のカップルで踊る》; その曲: the foursome [eightsome] ～ 二人ずつ二[四]組で踊るリール. **2** ＝Virginia reel. ── *vi.* リールを踊る.
rè·eléct *vt.* 再選する.
rè·eléction *n.* 再選.
réeled sílk *n.* 繭(まゆ)から直接かせに巻き取った一本の連続した上質の生糸.
réel·er [-lə | -lə(r)] *n.* **1** 巻取り係[機, 装置]. **2** リーラー《継目なしの管類の外側と内側を磨く機械》. **3** [複合語の第 2 構成素として] (映画フィルムの長さを数える単位としての)巻, …巻物(の映画): a three-*reeler* 3 巻物.
rè·éligible *adj.* 再選[再任]できる. **rè·eligibílity** *n.*
réel·ing·ly [-lɪŋli | -lɪ] *adv.* **1** よろめきながら, 千鳥足で. **2** めまいがしたように, ふらふらして **3** 動揺して, ぐらついて, たじろいで.
réel-to-réel *adj.* 〘電気〙(カセット式でない)2 リール往復式の, 外走式の: a ～ tape recorder オープンリールテープレコーダー.
rè·embárk *vi.* 再び乗船する. ── *vt.* 再び乗船させる; 再び積み込む.
rè·embarkátion *n.* 再乗船.
rè·embódy *vt.* 再形成する, 再編成する; 形成[編成]

し直す, 新たに具体化する. **rè·embódiment** *n.*
rè·embróider *vt.* 〖服飾〗〈レースなど〉に刺繡(ししゅう)ステッチで模様の輪郭をとる.
rè·emérge *vi.* 再出[再現]する. **rè·emérgence** *n.* **rè·emérgent** *adj.*
rè·émphasize *vt.* 再び力を入れて〈…と〉言う〈*that*〉; 再び強調[力説]する; 再び目立たせる; …に変わらぬ信念を持っていることを表明する.
rè·emplóy *vt.* 再雇用する. **~·ment** *n.*
reen [ríːn, réɪn] 〖《変形》← RHINE〗 *n.* =rhine.
rè·enáct *vt.* **1** 再び制定する, 再び法律で定める. **2** 〈前にあった[起こった]ことを〉再演する, 〈役を〉再び演じる. **~·ment** *n.*
rè·enfórce *v.* 《米》=reinforce. **~·ment** *n.*
rè·enlíst *vt., vi.* 再登簿する. **~·ment** *n.*
rè·énter 〖《15C》〗 — *vt.* **1** 〈部屋・会場など〉に再び入る; 〈会・党・クラブなど〉に再び加入する. **2** 再び記入する: ~ a person [person's name] in the list [roll] 名簿に人の名を再記入する. **3** 〖法律〗〈貸主が〉〈賃貸物件を〉取り戻す. **4** 〖彫刻〗〈はっきりしない線などを〉深く彫り直す. **5** 〖染色〗…に二度色をかける.
— *vi.* **1** 再び[また]入る; 再加入する. **2** 〖法律〗賃貸した土地などを回復する. **3** 〖築城〗〈外壁・堀などの線が〉凹入(おうにゅう)する; 内側に曲がる[突起する], 凹(へこ)む, 内曲する.
re·énter·ing àngle *n.* **1** 〖数学〗凹角(おうかく)《多角形の内角で, 180° より大きいもの; reentrant angle ともいう; ↔salient angle》. **2** 〖軍事〗(要塞・戦線などの)凹角. **3** 〖建築〗入隅(いりすみ)《部屋の隅部などのように建物の凹んだ角の部分; cf. external angle 2》.
reéntering pòlygon *n.* 〖数学〗凹(おう)多角形《凹角のある多角形》.
rè·éntrance *n.* **1** 再び入ること, 再入室, 再入場; 再加入. **2** =reentrancy. **3** =reentering angle.
rè·éntrancy *n.* 凹入(おうにゅう), 内曲(していること).
rè·éntrant *adj.* **1** 凹入(おうにゅう)の, 内曲する (↔salient). **2** 〖築城〗凹入の (pointed inward). — *n.* **1** 再び入る人[もの]. **2** 〖数学〗凹角. **3** 〖軍事〗凹角; 凹角部, 敵の侵入部.
reéntrant àngle *n.* =reentering angle.
rè·éntry 〖《15C》〗 — *n.* **1** 再び入る[入れる]こと; 再加入. **2** 再記入. **3** (人工衛星・ロケットなどの大気圏への)再突入. **4** 〖法律〗占有(権)の再獲得, 土地再立入り. **5** 〖トランプ〗=reentry card.
reéntry càrd *n.* 〖トランプ〗(ブリッジ・ホイストで)打出 (lead) した側の手に再度打出し権が戻ることを可能にする札《別なスーツ (suit) のエースなど; 単に reentry ともいう》.
reest[1] [ríːst] 〖ME ← ?〗 *vt.* 《スコット・北英》〈肉・魚を〉燻製(くんせい)にして[乾燥などして]保蔵処理する.
reest[2] [ríːst] 〖《略》← ?《スコット》*areest* 'to ARREST'〗 *vi.* 《スコット・北英》〈馬が〉(急に)立ち止まる, 進むことを拒む (balk).
rè·estáblish *vt.* **1** 復職[復位]させる; 再設する, 再建する. **2** 復旧する, 回復する, 復興する (restore): He agreed to ~ diplomatic relations with Japan. 日本との外交関係を回復することに賛成した / Peace has now been ~*ed*. 平和は回復された. **~·ment** *n.*
rè·eváluate *vt.* 再評価する. **rè·evaluátion** *n.*
rè·evaporátion *n.* 〖機関〗再蒸発.
reeve[1] [ríːv] 〖OE (*ġe*)*rēfa* officer ← Y- + -*rōf* array, number: cf. sheriff〗 — *n.* **1** 〖英史〗 **a** (町または地方の)執事, 奉行, 代官 (chief magistrate)《アングロサクソン時代には gerefa といった; 主君に仕え, 地方で主君を代表した役人の総称で, 上は sheriff から下は manor の役人までを含んだ》. **b** (荘園の)農奴 (villeins) の監督. **2** (英国または米国の, 特別の任務をもった)下級地方官: a field ~ (地方)林野官. **3** 《カナダ》(町会・村会の)議長.
reeve[2] [ríːv] 〖《1627》□ ? Du. *reve-n* 'to REEF[1]'〗 — *vt.* (**rove** [róʊv | rə́ʊv], **reeved**) 〖海事〗 **1 a** 〈ロープを〉〈穴・滑車などに〉通す (pass) 〔*through*〕. **b** 〈輪など〉にロープを通す. **c** (穴に通して)結び[取り]つける 〔*in, on, round, to*〕: ~ a rope to a yard ロープを帆桁に結びつける. **2** 〈船が〉〈浮氷群・浅瀬など〉の間を縫って行く. 「シギ (ruff) の雌鳥.
reeve[3] [ríːv] 〖《変形》← ? RUFF[1]〗 *n.* 〖鳥類〗エリマキ
Reeve [ríːv], **Clara** *n.* (1729-1807) 英国の女流小説家; *The Champion of Virtue, a Gothic Story* (1777)《翌年の再版で *The Old English Baron* と改題》.
Reeves [ríːvz], **James** *n.* (1909-) 英国の詩人・詩集編集者《*Poetry Bookshelf*; *The Imprisoned Sea* (詩集, 1949); 詩誌 *Quarto* を創刊 (1951)》.
rè·examinátion *n.* **1** 再試験; 再検査, 再調査, 再吟味. **2** 〖法律〗(証人の)再尋問 (cf. redirect examination).
rè·exámine *vt.* **1** 再び試験する; 再び検査[調査]する, 再吟味する. **2** 〖法律〗〈証人を〉(反対尋問の後で)再尋問する. **rè·exáminer** *n.*
rè·exchánge *n.* **1** 再交換, 再交易. **2** 戻り為替手形 (redraft); 償還請求金額. — *vt.* 再交換[交易]する, 取換え直す.
re·export [ˌ−ˈ−] *vt.* 〈輸入した品を〉再輸出する, 逆輸出する; 積み戻す. — [ˈ−ˌ−] *n.* **1** 再輸出; 積み戻し. **2** 再輸出品; 積み戻し品. **rè·exportátion** *n.* **rè·expórter** *n.*
ref [réf] 〖略〗 *n., v.* 《口語》=referee.
ref. 《略》 refer; referee; reference; referred; refining; reformation; reformed; reformer; refund; refunding; refuse(d).
re·fáce *vt.* **1** 〈建物など〉に新しい上張りを施す. **2** 〈建物・石など〉の表面を新しくする[替える]. **3** 〈衣服〉の見返しを新しくする[取り替える].
rè·fáshion *vt.* 新たに作り直す, 改造する; 〈建物・内装・衣服・いすなど〉の形[模様, 配列]を変える. **~·ment** *n.* 「り]直す.
rè·fásten *vt.* 再び取り付ける[くくる], 取り付け[くく
re·fect [rɪfékt, rə-] 〖《15C》← L *refect-us* (p.p.) ← *reficere* to remake ← RE- (A) + *facere* 'to make, DO[1]'〗 *vt.* 《古》(食べ物や飲み物を与えて)元気づける (refresh).
re·fec·tion [rɪfékʃən, rə-] 〖《c1340》□ (O)F *réfection* □ L *refectiō(n-)* a remaking ← *refectus* (↑): ⇨ -tion〗 — *n.* **1** (空腹・疲労後の飲食による)元気回復 (refreshment). **2** 軽い食事, 軽食.
re·fec·to·ry [rɪfékt(ə)ri, rə- | rɪfékt(ə)rɪ, rə-, réfɪ(k)t-] 〖《1483》□ ML *refectōri-um* ← L *refectus*: ⇨ refect, -ory[2]〗 — *n.* (修道院・尼僧院・大学などの)食堂 (dining hall).
reféctory tàble *n.* **1** (修道院・尼僧院・大学などの食堂で用いるがっしりした重い脚のついた)細長い矩形(くけい)の食卓. **2** 自在板が両端の下に畳み込める矩形の食卓.

refectory table 1

re·fer [rɪfə́ː, rə- | -fə́ː(r)] 〖《c1380》 *re-ferre(n)* □ (O)F *référ-er* // L *refer-re* ← RE- (A) + *ferre* 'to carry, BEAR[2]'〗 — *v.* (**re·ferred; -fer·ring**)
— *vt.* **1 a** 〔…に〕帰する, 起因するものとする, 〔…の〕せいにする (attribute, assign) 〔*to*〕: He ~*red* his wealth *to* his own hard work. 彼は自分の富は自分の努力の賜物であるとした / His actions are ~*red to* ignorance. 彼の行為は無知のせいだとされている / He ~*s* the evils *to* the war. 彼はこの悪弊は戦争のためだと言っている. **b** 〔ある種類・所・時代に〕属するものとする, 含まれているものとする (assign, attach) 〔*to*〕: ~ bacteria *to* the vegetable kingdom 細菌は植物界に属するものとする[と考える] / ~ the manuscript *to* China その稿本を中国のものだとする / ~ Stonehenge *to* the neolithic age ストーンヘンジは新石器時代に属するとする. **2** 〈事件・問題などを〉〔…に〕委託する, 付託する, 持ち込む (hand over) 〔*to*〕; 〈提案などを〉〔…に〕差し戻す 〈*back*〉 〔*to*〕: ~ a bill *to* a committee 議案を委員会に付託する / ~ a matter *to* arbitration 事件を調停に付する / She often ~*red* questions *to* me. 彼女はよく質問を私の所へ持ち込んで来た. **3** 〈人を〉〔…に〕差し向ける, 〈人〉に〔…に〕行って聞け[もらえ]と言う, 〔…を〕調べよと言う, 〔…を〕参照させる; 〈事実など〉に注目させる, 留意させる 〔*to*〕: ~ a person *to* a dictionary 人に辞書を引くように言う / I was ~*red to* the secretary for information. 秘書の所に行って問い合わせるようにと言われた / ~ a person *to* a good dentist 人を良い歯科医に紹介する. **4** [~ *oneself* で] 〔…に〕身を委(ゆだ)ねる, すがる, 訴える 〔*to*〕: ~ *oneself to* a person's generosity. **5** 〈受験者〉に落第点をつける, 落とす (reject): ~ 80 percent of the candidates 受験者の 8 割を落とす. **6** 〈人の言った事などを〉〔…に対して〕言われたものと解釈する[とる] 〔*to*〕.
— *vi.* **1 a** 〔…に〕言及する, 〔…のことを〕暗に言う, 指して言う (mention, allude) 〔*to*〕: The speaker ~*red to* his past experiences. 講演者は自分の過去の経験に言及した / Do you ~ *to* me by that insinuation? 君のその皮肉は私のことを言っているのか / She always ~*red to* him *as* a pompous ass. 彼女は彼のことはいつも「威張り屋のばか」と呼んでいた. **b** 〔…を〕引用する, 引合いに出す (quote) 〔*to*〕: For my proof I ~ *to* the facts of human nature. 私の論拠として人間性の事実(というもの)を引き合いに出したい. **2 a** 指示する (point) 〔*to*〕: The asterisk ~*s to* a footnote. 星印は脚注参照のしるし. **b** 〖言語〗〈語・記号などが〉〈対象(物)を〉指示する. **c** 〖文法〗〈代名詞が〉〔名詞などを〕指す, 受ける 〔*to*〕. **3** 関係する, 関連している (relate) 〔*to*〕: I have examined all the documents ~*ring to* this matter. この件に関する一切の書類を調べた. **4 a** (人物・技量などについて)〔人に〕問い合わせる, 尋ねに行く, 照会する 〔*to*〕: I ~*ed to* his former employer for his character. 前の雇い主に彼の人物について問い合わせた. **b** 〔…に〕訴える, 頼る, 〔…を〕参考にする, 参照する (resort) 〔*to*〕: ~ *to* one's notes 〈演説者が〉草稿に頼る[を見る] / ~ *to* a dictionary 辞書を引く / ~ *to* one's watch for the exact time 正確な時間を知ろうと時計を見る.
re·fér·rer [-fə́ːrə | -fə́ːrə(r)] *n.*
ref·er·a·ble [réf(ə)rəbl, rɪfə́ː(r)ə-, rə- | rɪfə́ːrə-, rə-, réf(ə)rə-] 〖《1646》: ⇨ ↑, -able〗 — *adj.* 〔…に〕帰することができる, 起因させうる, 〔…の〕せいにしうる (ascribable) 〔*to*〕: This disease is ~ *to* a microbe. この病気は微生物によって発生する.
ref·er·ee [rèfəríː, ˌ−ˈ−] 〖《1621》: ⇨ refer, -ee[1]〗 — *n.* **1** 問題の決定・解決を委任された人. **2** (競技・試合の)審判員, レフェリー. **3** 《英》身元[信用]照会先; 身元保証人 (reference). **4** (出版の前にする, 科学)論文校閲者[審査員]. **5** 〖法律〗(裁判所または当事者が依頼する)仲裁人, 調停者, 審査人, 鑑定人. — *vt.* **1** (裁判官または第3者として)〈論争などを〉調停する. **2** 〈試合〉の審判をする, 〈試合〉でレフェリーをつとめる. **3** 〈科学論文などを〉(出版前に)校閲する. — *vi.* 仲裁人[調停者, 審判, レフェリー]を務める.
ref·er·ence [réf(ə)rəns, -fəns | -f(ə)rəns] 〖《1589》← REFER + -ENCE〗 — *n.* **1** (人物・身元・技量などに関する)照会, 問合わせ (inquiry): make a ~ *to* a person's former employer 元の雇い主へ照会する. **2 a** (身元・人柄・技量などの)証明書 (testimonial, 《英》character): He came to me with excellent ~*s*. 立派な人物証明書を何枚も持って来た. **b** 身元[信用]照会先: a satisfactory ~ 確実な照会先 / Who are your ~*s*? 君のことはどこに照会すればわかりますか. **3 a** (書物などへの)参照, 参考 (consulting); (書物の中の他の部分への)参照(事項); 出典[典拠](指示) (direction): backward [forward] ~ 前[後]の語句を受けること / ~*s to* sources 出典指示 / a book of ~ 参考図書 (reference book) / for ~ 参考のために / make ~ *to* a guidebook 案内書を参照する[に当たってみる] / *Reference* [A ~] *to* a dictionary would have enlightened him. ちょっと辞書を参照したら疑いが解けただろうに / ~*s to* footnotes 脚注参照 / a mark of ~ = reference mark / ~*s* on the margin 欄外引照 / ⇨ cross-reference / load one's pages with ~*s* 参照を豊富に付ける. **b** (知識を得るための)参照, 問合せ, 参考: a library for public ~ 参考図書館. **c** 参照符 (reference mark). **d** 参考図書; 参考文献. **4** 言及, 論及 (mention, allusion): make ~ *to* …に言及する / *Reference* was made *to* the event in *The Times*. タイムズ紙はその事件に論及した / He makes no ~ *to* the plan in his letter. 彼の手紙にはその計画のことは全然触れていない. **5** 関連, 関係 (relation): bear [have] ~ *to* …に関係がある / in [with] ~ *to* …に関して, …と関連して, …について / without ~ *to* …に関係なく, …をかまわず / all persons, without ~ *to* sex 男女を問わずすべての人々 / The great sales of this book have no ~ *to* its value. この本のすばらしい売行きは本の価値とは関係がない / The parts of a machine all have ~ *to* each other. 一つの機械の各部分は互いに関連している. **6** (委員・仲裁人・審査人への)委託, 付託, 回付 (commitment); 委託の条件[範囲]: ~ of a bill *to* a committee 議案の委員会付託 / That is a question outside the ~. それは委託権限外の問題である / The commission must confine itself to the ~. 委員は付託の範囲内に止まらなければならない / The ~ is very wide [strictly limited]. 委託の範囲は非常に広い[きわめて狭い]. **7** (価値などの)基準と考えられている物. **8** 〖文法〗(代名詞が)指す[受ける]こと. **9** 〖言語〗指示《語・記号などが対象(物)を指示すること》; 意味 (denotation, meaning).
— *attrib. adj.* **1** 参考の, 参照用の (referential). **2** 基準となる: a ~ Bible 引照付き聖書《欄外に他項への引照を付けたもの》.
— *vt.* **1** 〈書物〉に参照事項[参照指示, 参照符]を付ける. **2** 〈資料・表などを〉挿入する. **3** 参考として引用する.
réference bèam *n.* 〖光学〗参照光(線)《振幅・強度・位相等の変化を検出する際の基準となる光(線); ホログラフィー (holography) においてはレーザー光線を二分し, 一つを物体に当て, 変化をうけた光に他の一つ(参照光)を重ねて振幅・位相をホログラムに記録する》.
réference bòok *n.* **1** 参考図書《百科事典・辞書・年鑑・地図など》. **2** 〖図書館〗(館外持出しを禁止している)参考図書. 「合電極.
réference eléctrode *n.* 〖物理化学〗参照電極, 照
réference equìvalent *n.* 〖通信〗通話当量《通話音量の表示法の一つ.》
réference fràme *n.* =FRAME of reference.
réference fùel *n.* 〖化学〗標準燃料《ガソリンのオクタン価やディーゼル油のセタン価測定の際に用いられる基準となる炭化水素》. 「gage).
réference gàge *n.* 〖機械〗検定ゲージ (⇨ master
réference gròup *n.* 〖社会学〗レファレンスグループ, 準拠集団《個人が態度や行動の依拠すべきモデルとみなしている集団》.
réference lìbrary *n.* **1** (館外貸出しをしない)参考図書館. **2** (特定事項[テーマ]の)参考図書[文献]: a ~ of psychology 心理学参考図書類.
réference lìne *n.* 基準線《座標軸や極座標系の始線のように点の座標を定める際に基準となる線》.
réference màrk *n.* **1** 参照符《asterisk (*), dagger (†), double dagger (‡), section (§), parallel (‖), paragraph (¶), index (☞) や, superior figure (X^3 の ^{3}) のように脚注などを指示する記号》. **2** 〖測量〗基準点.
réference nùmber *n.* 整理番号.
referenda *n.* referendum の複数形.
ref·er·en·da·ry[1] [rèfəréndəri | -rɪ] 〖□ ML *referendāri-us*: ⇨ referendum, -ary〗 *n.* **1** 仲裁人 (referee). **2** 〖歴史〗文書発送・上奏請願受理官, 伝奏官.
ref·er·en·da·ry[2] [rèfəréndəri | -rɪ] 〖⇨ ↓, -ary〗 *adj.* referendum の[に関する].
ref·er·en·dum [rèfəréndəm] 〖《1882》□ L ~ 'a thing to be referred' (neut. gerundive) ← *referre* 'to REFER'〗 — *n.* (*pl.* **-en·da** [-də], **~s**) **1 a** (議会を通過した政策または国民発案 (initiative) などについてその可否を選挙民に問う)国民投票(制度) (cf. plebiscite 1): The revolutionaries demanded a ~ on the question of independence. 革命党員たちは独立問題について国

民投票を要求した. b (国民投票の)票. c 国民議決権. d (労働組合などの)一般[全員]投票(制度). 2 (本国政府に対する)請訓書.

ref·er·ent [réf(ə)rənt, rɪfə́ː(r)ənt, rə- | réf(ə)rənt, rɪfə́ːr-, rə-] 〚(1844) ▭ L *referent-em* (pres.p.) ← *referre* 'to REFER'〛 — *n.* 1 〘言語〙(語・記号などが)指示[象徴]する対象(物)[概念], 指示物. 2 〘論理〙関係項《複数項の場合には特に最初の項》; (名辞・命題等の記号の指示)対象. — *adj.* 関係のある, 関する, 言及している〔*to*〕. **~·ly** *adv.*

ref·er·en·tial [rèfərénʃəl] 〚(1660) ← REFERENCE+-IAL〛 *adj.* 1 参考[参照]の[のための, 用の]. 2 参照付きの. 3 関係のある, 関連のある〔*to*〕. **~·ly** *adv.*

referéntial méaning *n.* 〘言語〙指示的意味《言語記号が本来的に持っていると考えられる意味, すなわち, 外界の事物を指し示す作用; cf. emotive meaning, differential meaning》.

re·fer·ra·ble [rɪfə́ː(r)əbl̩, rə- | -fə́ːrə-] *adj.* =referable.

re·fer·ral [rɪfə́ː(r)əl, rə- | -fə́ːr-] *n.* 1 a 参照, 照会; 紹介, 推薦; 委託, 付託. b (特に)面接後求職者を求人先に差し向けること; 診察後患者を専門医に紹介, 依頼すること. 2 (ある人の所へまたはある事に)推薦される[差し向けられる]人.

reférred páin *n.* 〘病理〙関連痛, 投射痛, 遠隔痛《実際の患部から離れた所で感じられる苦痛》.

re·fer·ri·ble [rɪfə́ː(r)əbl̩, rə- | -fə́ːrə-, -rɪ-] *adj.* =referable.

rè·fértilize *vt.* 〘農業〙(施肥をして)〈土地を〉再び肥やす.

ref·fo [réfou | -fəu] 〚← REF(UGEE)+-O〛 *n.* (*pl.* ~s) 《豪俗》ヨーロッパからの避難民[亡命者].

re·fill [ˌ–ˈ–] *v.* — *vt.* 再び満たす, 再び詰める, 補充する, 再び満ちる: ~ one's jug ジョッキにまた一杯注(つ)ぐ / He was ~*ing* his pipe. またパイプにたばこを詰めていた. — *vi.* 補充される. — [ˈ–ˌ– | ˌ–ˈ–, ˈ–ˌ–] *n.* 1 新補充物, (元の容器を利用しての)詰め替え品, (ボールペンなどの)替え芯(しん) (recharge): a ~ *for* a lipstick case 口紅[ルージュ]の詰め替え(品). 2 (飲食物の)お代わり. 3 〘薬学〙(医師の指示なしに)追加して調合した処方薬.

rè·fíllable *adj.* 詰め替えのできる, 補充のできる.

re·fin·a·ble [rɪfáɪnəbl̩, rə-] *adj.* 精製できる, 精錬できる; 清められる, 洗練できる, 風雅[上品]にできる.

rè·fínance *vt.* 〈国家・州・会社などの〉財政を立て直す, …に資金を補充する. — *vi.* 1 財政を立て直す. 2 海外発行の一覧払為替手形と同額の為替手形を振り出し, これを割引いてもらう.

re·fine [rɪfáɪn, rə-] 〚(1582) ← RE- (A)+FINE[1] (v.): cf. F *raffiner*〛 — *vt.* 1 a …の不純物を除く, 精製する; …の濁りを除く, 清澄にする (clarify): ~ sugar [wine, olive oil, petroleum] 砂糖[ぶどう酒, オリーブ油, 石油]を精製する. b 〈金属を〉精錬する (purify): ~ metals. 2 上品[優美]にする, 洗練する; 風雅[風流]にする, みがきをかける (polish): ~ manners [style, taste] 態度[文体, 趣味]を洗練する / ~ one's language 言葉にみがきをかける, 言葉を上品にする / ~ one's thoughts 思想を純化する / a *refining* influence 洗練する力[働き](を持つもの) / Unhappiness ~*d* her features. 不幸を味わってから彼女の表情に深みが出て来た. 3 〈精神・心などを〉浄化する, 高尚にする (elevate). 4 (過度の洗練・簡素化・純化などによって)〈文体・表現など〉の効果[力強さ]を殺(そ)ぐ[弱めてしまう].
— *vi.* 1 純粋になる, 清くなる, 澄む. 2 洗練される, 上品になる. 3 〔言葉・動作などに〕みがきをかける, 洗練する, 改良する (improve)〔*on, upon*〕: ~ *on* a theory 理論にみがきをかける / ~ *upon* another's invention 他人の発明に改良を加える. 4 細かな区別をする; 細かく論ずる〔*on, upon*〕.

re·fined 〚(1574)〛 — *adj.* 1 不純物を取り除いた, 精製した, 精錬した; 純化した (purified): ~ sugar [copper] 精糖[銅]. 2 洗練された, みがきのかかった, あか抜けのした, 品のある, 優雅な; 趣味のいい (polished, elegant): a ~ gentleman 上品な紳士 / a person of ~ manners and taste 態度と趣味が上品な人 / It's not ~ for girls to smoke cigarettes. 女性の喫煙は上品とは言えない. 3 微細な, 精妙な, 手の込んだ (fine, subtle); 厳密な, 正確な (precise): ~ distinctions 微細な区別 / a ~ analysis [test] 厳密な分析[検査] / the ~ cruelty of a tyrant 暴君の手の込んだ残虐ぶり. **re·fin·ed·ly** [-nɪdli, -nəd- | -lɪ] *adv.* **re·fin·ed·ness** [-nɪdnɪs, -nəd-, -nd-, -nəs] *n.*

re·fine·ment 〚(1611) ← REFINE+-MENT〛 — *n.* 1 精製, 精錬, 純化. 2 洗練, 向上, 改善〔*of, on, upon*〕: the gradual ~ *of* the public taste 一般大衆の趣味の漸次的向上. 3 上品, 高雅, 優美 (elegance, polish): a person of ~ (教養のある)上品な人. 4 a (思想・推理・論談などの)微妙, 精妙, 精巧 (subtlety). b 細かな区別立て (fine distinction). c 工夫の凝り過ぎ, 手の込んだ細工; 過飾 (overelaboration). d 潔癖 (fastidiousness). 5 a 改善[完成]のための方策[工夫]. b 洗練[進歩, 改善]したもの; 手の込んだもの, 極致: the ~*s* of logic 論理の精密さ / ~*s* of cruelty 念の入った残虐ぶり, 残虐の極み / ~*s* of torture 残虐を極めた拷問. 6 〘数学〙細分.

re·fin·er *n.* 1 a 精製(業)者, 精錬(業)者. b 洗練する人, 改良者. c 厳密に区別を立て過ぎる人, 精密に論じる人. 2 a 精製機, 精錬機. b 〘製紙〙(原料を精砕する)リファイナー.

re·fin·er·y [rɪfáɪn(ə)ri, rə- | -nəri] 〚← REFINE+-ERY〛 *n.* 1 精製所, 精錬所: a sugar ~ 精糖所. 2 精製[精錬]装置.

re·fin·ing *n.* 〘ガラス製造〙清澄(せいちょう)《溶融状態にあるガラス中に含まれている気泡を除くこと; plaining, fining ともいう》.

rè·fínish *vt.* (削ったり磨いたりして)〈家具・木などの〉表面をきれいに再仕上げする. — *vi.* 家具の削り[磨き]直しをする, 家具の再生を行なう. **~·er** *n.*

re·fit [ˌ–ˈ–] *v.* (-**fit·ted**; -**fit·ting**) — *vt.* 修復する, 修繕する (repair); 〈船などを〉再び装備する, 改装する. — *vi.* 修理を受ける; 〈船が〉再び装備される, 改装される. — [ˈ–ˌ–, ˌ–ˈ–] *n.* 修理, 修復; (船の)再装備, 改装.

rè·fit·ment *n.* =refit.

refl. 《略》reflection; reflective; reflectively; reflex; reflexive.

re·flate [riːfléɪt, rə- | rɪ-] 〚← RE- (B)+(IN)FLATE〛 〘経済〙 — *vt.* 〈通貨などを〉(インフレにならぬ程度に)膨張させる (cf. inflate 3, deflate): ~ the economy 経済の再膨張を図る. — *vi.* 不況期に膨張政策をとる.

re·fla·tion [riːfléɪʃən, rə- | rɪ-] *n.* 〘経済〙リフレーション, (デフレーションの後の)通貨再膨張, 通貨の正常復帰(政策). **~·àr·y** [-ʃənèri | -ʃ(ə)nəri] *adj.*

re·flect [rɪflékt, rə-] 〚(*c*1390) *reflecte(n)* ▭ (O)F *réflect-er* ∥ L *reflect-ere* ← RE- (A)+*flectere* 'to bend, FLEX'〛 — *vt.* 1 〈表面・物体などが〉〈光・熱・音などを〉はね返す, 反射する, 照り返す (throw back): This wall ~*s* heat waves. この壁は熱波を反射する. 2 〈鏡などが〉〈像を〉映す, 映じる (mirror): a ~*ed* image 映像, 反射像 / Nature is the glass ~*ing* God. 自然は神を映す鏡 / The placid lake ~*ed* the white clouds. 静かな湖面に白雲が映っていた / The stars were ~*ed* in the waters. 星が水面に映っていた. 3 反映する, 表わす (express): His face ~*ed* his emotions. 彼の顔は感情を表わしていた / These laws ~ the average moral attitude of the people. こうした法律はその国民一般の倫理感の水準を反映している / if the Republican Party ~*s* the interests of the American people もしも共和党が米国人の利益を反映しているとするならば. 4 〈信用・不名誉などを〉(結果として)〔…に〕招く, もたらす, こうむらせる (throw)〔*on, upon*〕: His conduct [courage, kindness] ~*ed* great credit *on* [*upon*] him. 彼はその行為[勇気, 親切]によって大いに信用を博した. 5 熟考する, 思案する; つくづく考える, しみじみ思う (think, consider) 〈*that, what, how, etc.*〉; (考えて)思い出す, 気が付く 〈*that*〉: Just ~ *what* misery dishonesty brings upon the guilty. 不正はこれを犯した者にどういう不幸をもたらすかちょっと考えてみなさい / He ~*ed that* life would soon be over. 彼は間もなく死ぬだろうと考えた / He ~*ed how* to get out of the difficulty. どうすればその難関を越えられるかと思案した. 6 a [通例 p.p. 形で] 他にそらせる, 転じさせる; 折り返す. b 《古》道からそらせる (divert).
— *vi.* 1 〈光・熱・音などが〉反射する, 反照する, 反響する. 2 〈水面などが〉反射させる, 〈像が〉映じる: swans ~*ing* in the water 水に映った白鳥の影. 3 a つくづく考える, 沈思する, 熟考する, 思案する (ponder)〔*on, upon*〕: ~ *on* oneself 反省する / ~ *upon* a problem 問題を熟考する / ~ *on* what one is going to say 何を言おうかと思案する / I want time to ~. 熟考する時間が欲しい / *Reflect upon* all I have said to you. 今私が言ったことをよく考えてみなさい. b (熟考して得た)意見[見解]を述べる. 4 非難する, 難癖をつける, 中傷する, けなす (blame, disparage): ~ *on* [*upon*] a person's frankness 人の率直さに難癖をつける. 5 a 〈行為などが〉(悪)影響を及ぼす, 体面を傷つける, 不名誉となる〔*on, upon*〕: This decision will ~ *on* his future career. この決定は彼の将来に悪影響を及ぼすだろう / His conduct ~*ed on* his parents. 彼の行為は両親の恥辱となった. b 〈人・物に〉(ある)外観を呈せしめる, (ある)性格づけをする〔*on, upon*〕: His conduct ~*ed* unfavorably *on* his career. 彼の行為が彼の経歴に災いした.

re·flec·tance [rɪfléktəns, rə-] 〚⇨↑, -ance〛 *n.* 〘物理・光学〙反射率[係数]《入射[波]光と反射波[光]の振幅またはエネルギーの強さの比; reflection coefficient, reflection factor, reflectivity ともいう; cf. albedo》.

re·flect·ed 〚ME〛 — *adj.* 1 反射した, 照り返しの: the ~ light of the sun 太陽の反射光. 2 他人から受けた, 間接的に生じる: the ~ glory of one's (famous) father (知名の)親の七光り. **~·ly** *adv.* **~·ness** *n.*

re·flect·er·ize [rɪfléktəràɪz, rə-] *vt.* =reflectorize.

re·flect·ing *adj.* 1 a 反射による; 反射的な, 反映している. b 光[熱]を反射する装置をもった. 2 内省的な, 考え込んでいる (thoughtful). 3 非難している: Use ~ words sparingly. 人を非難するようなことはなるべく言うな. **~·ly** *adv.*

reflécting galvanómeter *n.* 〘電気〙反照[反射]検流計.

reflécting mìcroscope *n.* 〘物理・光学〙反射顕微鏡《レンズの代わりに反射鏡を用いた顕微鏡》.

reflécting tèlescope *n.* 反射望遠鏡.

re·flec·tion, 《英》**re·flex·ion** [rɪflékʃən, rə-] 〚(*c*1380) ▭ (O)F *réflexion* ∥ L *reflexiō(n-)*: ⇨ reflect, -tion〛 — *n.* 1 a 反射, 反照, 照返し; 反響: ⇨ total reflection / the ~ of light 光の反射 / the angle of ~ 反射角. b 映す[映る]こと, 反映, 映写. 2 a 映像, (水などに映った)影, 倒影: one's own ~ in [on] the water 水に映った自分の姿 / mirror the ~ of …の影を映す. b 反射光, 反射熱, 反響音, 反射色. c 《比喩》(社会・教育・環境・家庭などの)反映, 投影, 影響. d よく似ている人[もの]; (親・師・先輩などに)よく似た言葉遣い・動作・思想など: He is simply a ~ of his father. 彼は全く父親そっくりだ. 3 内省 (introspection), 黙想, 沈思, 熟考 (meditation); 反省, 再考 (reconsideration): a wise ~ 賢明な反省 / on [upon] ~ よく考えてみれば, 熟考した上で / without (due) ~ 軽々しく / I want time for ~. 熟考する時間が欲しい / A moment's ~ will make it clear. ちょっと考えてみればわかることだ / *Reflection* increases wisdom. 反省すれば知恵が増す. 4 (熟考した結果の)思想, 感想, 意見, 考察; 警句, 格言: intersperse ~*s* with descriptions 説明に感想を織りまぜて書く[言う] / I have a few ~*s* to offer on what you have said. 君が述べたことについて少しばかり愚見を述べたい. 5 とがめ立て, 非難 (censure, reproof)〔*on, upon*〕; 不名誉の種, 不面目のもと: a ~ *on* one's character 人格に対する非難 / cast a ~ *upon* …を非難する, …の不名誉となる / His behavior in this matter is a grave ~ *upon* his honor. この件における彼の行為は彼の大きな名折れだ. 6 〘解剖〙反転(部), 屈折(部). 7 〘数学〙鏡映, 線対称変換《図形を一つの直線に関して対称的な図形に移す変換》.

re·flec·tion·al [-ʃənl̩, -ʃnəl] *adj.* 1 反射の, 照返しの, 反射による. 2 反省の, 熟考の, 沈思の, 再考の.

refléction coeffìcient [fàctor] *n.* 〘物理・光学〙反射係数 (⇨ reflectance).

refléction·less *adj.* 1 反射[反映]しない, 反響しない. 2 反省のない, 熟慮しない.

refléction plàne *n.* 〘結晶〙鏡映面《ある平面の両側で原子配列が互いに鏡像の関係にある場合の平面; symmetry plane ともいう》.

re·flec·tive [rɪfléktɪv, rə-] *adj.* 1 a (光・熱などを)反射する, 反照する; 反映する, 影の映る: a ~ surface 反射面 / a ~ mirror 反射鏡. b 反射の[に関する]; 〈光・熱など〉反射した; 〈音が〉反響した (reflected): ~ power 反射能. 2 〈動作が〉反射的な; 相互的な (reciprocal). 3 黙想に耽る, 考え込む, 思慮深い (meditative, thoughtful); 反省[内省]的な: a ~ person [mind] 内省的な人[心] / his ~ eyes 考え深そうな目. 4 〘文法〙=reflexive 2. **~·ly** *adv.* **~·ness** *n.*

re·flec·tiv·i·ty [riːflektívəṭi, rɪflèk-, rə- | -vətɪ, -vɪ-] *n.* 1 反射性[力]. 2 〘物理・光学〙=reflectance.

re·flec·tom·e·ter [rìːflektɑ́məṭə(r, rɪflèk-, rə- | -tɔ́mɪtə(r, -mə-] 〚← REFLECT+-O-+-METER[1]〛 *n.* 反射計.

re·flec·tom·e·try [rìːflektɑ́mətri, rɪflèk-, rə- | -tɔ́mɪtri, -mə-] 〚⇨↑, -metry〛 *n.* 〘光学〙反射(光)測定.

re·fléc·tor 〚← REFLECT+-OR[2]〛 — *n.* 1 a 反射物; 反射器. b 反射鏡. c 反射笠[板, 面]. d (望遠鏡などの)映像装置, 反射望遠鏡. 2 (習慣・感情・意見などを)反映するもの: The newspaper is a true ~ of public opinion. 新聞は世論を正しく反映する. 3 熟考者, 沈思者, 思索者, 反省者. 4 〘原子力〙反射体《原子炉の炉心から漏れ出た中性子を散乱・減速させて炉心に戻すように炉心を囲む物質》.

re·flec·tor·ize [rɪfléktəràɪz, rə-] *vt.* 1 〈表面を〉反射させるようにする. 2 …に反射物[器, 鏡]をつける.

re·flet [rɪfléɪ, rə-; *F.* rəflɛ] 〚▭ F ~, *reflés* reflection ▭ It. *riflesso* ← LL *reflexus* (↓): ただし ModF の *reflet* は L *reflectere* (↓) の影響〛 — *F, n.* (陶磁器表面の)光沢, 虹色, 真珠色, 「ルフレ」.

re·flex 〚(adj.: 1649; n.: 1508; v.: *c*1390) ▭ L *reflexus* (p.p.) ← *reflectere* 'to REFLCT'〛 — [ríːfleks] *adj.* 1 a 逆戻りする (retroactive): ~ motion 逆戻り運動, 反動. b (効果・影響などの)反動的な (reactive). 2 反省する, 内省的な. 3 〈光・色など〉反射した (reflected). 4 (複写する印刷物からの)反射光を利用して複写する. 5 〘植物〙〈花弁・葉・茎など〉反(そ)り返った, 反曲した, 折り返った (recurved): a ~ petal 反り返った花弁. 6 〘生理・心理〙反射(性)の, 反射的な. 7 〘通信〙リフレックス増幅装置の: ~ amplification リフレックス増幅《1 個の真空管で同時に高周波と低周波の増幅をさせること》. 8 〘数学〙〈角が〉180° より大きく 360° より小さい, 優角の (major).
— [ríːfleks] *n.* 1 a (光・熱の)反射 (reflection). b 反射光. c (栄誉の)余映, 余光. 2 a (鏡などに写った)映像, 影. b 《比喩》(本質などの)反映, 現われ: Legislation should be a ~ of public opinion. 立法は世論の反映でなければならない / A man's behavior is but a ~ of his character. 人の行動はその品性の反映に過ぎない. c 写し, 焼直し (likeness, copy): Lamb and mint sauce is a popular ~ of the passover with bitter herbs. 子羊の肉にはっかソースを付けて食べるのはその昔過越節(すぎこしのいわい)に苦い薬草を用いたことの民間遺風である (cf. *Exod.* 12). 3 a すばやい無意識の[習慣的な]反応. b [*pl.*] すばやく反応(して行動)する能力, (俗に)反射神経: a boxer with good ~*es* 反射神経のいいボクサー. 4 =reflex camera. 5 〘言語〙(前期からの)発達形, 対応語: 'Gossip' is a ~ of Old English 'godsibb'. 'gossip' は OE 'godsibb' から発達した語だ. 6 〘生理・心理〙反射; 反射作用, 反射運動: Achilles tendon [pathologic] ~ アキレス腱[病的]反射. 7 〘通信〙リフレックス増幅装置 (reflex set).
— [rɪfléks, rə-] *vt.* 1 反転させる, 反(そ)らせる, 折り返す. 2 …に反射作用を起こさせる. 3 〘通信〙…にリフレックス増幅装置を施す. **~·ness** *n.*

réflex ángle *n.* 〘数学〙優角 (⇨ major angle).

réflex árc *n.* 〘生理〙反射弓, 反射弧《反射作用が起こる時に働く神経の全走行路》.

réflex cámera *n.* レフレックスカメラ: a twin-[single-]lens ～ 二眼[一眼]レフ(カメラ).

re·flexed [ríːflekst, rɪflékst, rə- | rɪflékst, riː-, ríː-flekst] 〘ME〙 *adj.* 〘生物〙〈花弁など〉反(そ)り返った, 折り返った, 反曲した (recurved) (cf. reduplicate 2).

re·flex·i·bil·i·ty [rɪflèksəbíləṭi, rə- | -sɪbílətɪ, -sə-, -lɪ-] *n.* 反射性.

re·flex·i·ble [rɪfléksəbḷ, rə- | -sə-, -sɪ-] *adj.* 〈光・熱など〉反射される, 反射性の.

reflexion *n.* ＝reflection.

re·flex·ive [rɪfléksɪv, rə-] 〘← REFLEX＋-IVE〙 ── *adj.* **1** 《まれ》 **a** 内省的な (introspective), 反省的な (reflective). **b** 〈行動・対応など〉反射的な (reflex): The patient gave no ～ response to external stimuli. 患者は外部の刺激には一切反応を示さなかった. **2** 〘文法〙再帰の: the ～ use 再帰用法《述語の他動詞の動作が主語にかかって来る用法; 例: He killed him*self*. (彼は自殺した). この場合の動詞を Reflexive verb (再帰動詞), 目的語を Reflexive object (再帰目的語) といい, 再帰目的語としての -*self* 形の代名詞を Reflexive pronoun (再帰代名詞)という》. **3** 〘論理・数学〙反射的な《数の相等, 図形の合同のように, 任意の対象とそれ自身との間に成り立つ関係にいう》. ── *n.* 〘文法〙再帰動詞; 再帰代名詞. **～·ly** *adv.* **～·ness** *n.*

refléxive prónoun *n.* 〘文法〙再帰代名詞 (⇨ reflexive *adj.* 2).

re·flex·iv·i·ty [rìːfleksívəṭi, rɪflèk-, rə- | -vətɪ, -vɪ-] *n.* 反射性, 再帰性.

re·flex·i·vi·za·tion [rɪflèksəvɪzéɪʃən, rə-, -və- | -sɪvaɪ-, -vɪ-] *n.* 〘文法〙再帰代名詞化(変形).

réflex klýstron *n.* 〘電気〙反射形クライストロン.

ré·flex·ly *adv.* 反射的に; 反射作用によって.

re·flex·ol·o·gy [rìːfleksɑ́lədʒi | -sɔ́lədʒɪ] 〘← REFLEX＋-(O)LOGY: cf. Russ. *refleksologija*〙 ── *n.* 〘心理・生理〙反射学. **re·flex·o·log·ic** [rɪflèksəlɑ́dʒɪk, rə- | -lɔ́dʒ-] *adj.* **re·flèx·o·lóg·i·cal·ly** *adv.*

rè·flóat *vt.* 〈沈没船・座礁した船などを〉浮き上がらせる, 引き揚げる, 離礁させる. 「réscent *adj.*

rè·floréscence *n.* (花の)再開, 返り咲き. **rè·flo-**

re·flow [ˌ-ˊ-] *vi.* **1** 〈潮が〉引く (ebb): The tide flows and ～*s*. 潮は差しては引く. **2** 《比喩》戻る 〔*to*〕; 再び押し寄せる. ── [ˊ-ˌ-] *n.* **1** 引き潮, 退潮. **2** 再

rè·flówer *vi.* 返り咲く. ⌊度の氾濫[出水].

ref·lu·ence [réfluəns, reflúːəns | réfluəns] 〘⇨ ↓, -ence〙 *n.* 退潮; 逆流 (reflux).

ref·lu·ent [réfluənt, reflúːənt | réfluənt] 〘▭L *refluentem*: ⇨ re- (A), fluent〙 *adj.* 〈潮流など〉引く, 退潮の, 逆流の; 〈血液などが〉逆流の.

re·flux [ríːflʌks] 〘《15C》▭ ML *reflux-us* ← RE- (A) ＋L *fluxus* 'flow, FLUX'〙 ── *n.* **1 a** 逆流(refluence); 退潮(ebbing): the flux and ～ ⇨ flux 1. **b** 寄せ[盛り]返し. **2** 〘化学〙 **a** ＝reflux condenser. **b** 環流液. **c** 環流《環流冷却器で蒸気を凝縮液化した流れ》. ── *vt.* **1** 逆流させる; 退潮させる. **2** 〘化学〙(還流冷却器で)還流させる.

réflux condénser *n.* 〘化学〙還流冷却器《溶媒蒸気を冷却凝縮して液体として下の容器に戻す装置》.

rè·fócus *v.* (～ed, 《英》-focussed) ── *vt.* **1** …に再び焦点を合わす. **2** …の重点[方向]を変える: ～ one's life 人生の方向を変える, 生き方を変える. ── *vi.* **1** 再び焦点が合う. **2** 重点[方向]を変える.

rè·fórest *vt.* 〈伐採した土地〉に再び植林する. **rè·forestátion** *n.*

rè·fórge 〘《15C》▭ OF *reforg-ier* (F *reforger*): ⇨ re-, forge[1]〙 *vt.* 再び鍛える; 作り直す (make over).

re·form [rɪfɔ́ərm, rə- | -fɔ́ːm] 〘《*c*1340》*reforme(n)* ▭ (O)F *réform-er* ∥ L *reformāre*: ⇨ re- (A), form〙 ── *vt.* **1** (欠点を除去したり改変したりして)〈制度・事態などを〉改善する, 改良する, 改正する, 改革する, 革新する (amend, improve): ～ a system of education 教育制度を改革する / The authorities ～*ed* the currency. 当局は通貨を改正した. **2** 〈弊害・混乱などを〉一掃する, 除く, なくする. **3** 〈人を〉改心させる, 〈人〉に行ないを改めさせる; 〈人の品行などを〉矯正する: ～ oneself 改心する. **4** 〘化学〙改質する, リフォームする《熱または触媒によって炭化水素組成を変化させてガソリンの性質を改善する; ⇨ reforming》. **5** 《米》〘法律〙〈法律文書を〉正す, 訂正する. ── *vi.* 行ない[習慣]を改める, 改心する, 堅気になる. ── *n.* **1** (社会・政治などの)改良, 改造, 改革, 革新, 刷新 (amendment, improvement): social [tax] ～ 社会[税制]改革 / educational ～*s* 教育改革. **2** (弊害などの)除去, 一掃. **3** (品行・品性などの)矯正; 感化, 改心. **4** [R-] ＝Reform Judaism. ── *attrib. adj.* **1** 改革の[に関する]: a ～ movement 改革運動. **2** [R-] 改革的ユダヤ主義 (Reform Judaism) の.

rè·fórm 〘《*c*1340》← RE-＋FORM〙 ── *vt.* **1** 再び作る, 作り直す (remake). **2** 〈軍隊などを〉編成し直す, 改編[再編]する. ── *vi.* **1** 再び[新しく]形ができる. **2** 〈軍隊などが〉編成し直される, 改編される; 再び隊形を整える. **3** 〈氷が〉再び張る; 再び結氷する.

re·form·a·ble [rɪfɔ́əməbḷ, rə- | -fɔ́ːm-] 〘《15C》〙 ── *adj.* 改良[改善, 改革]できる, 救済できる; 矯正できる, 改正可能の. **re·fòrm·a·bíl·i·ty** [-məbíləṭi, | -lətɪ, -lɪ-] *n.*

Refórm Àct *n.* [the ～] 〘英史〙(特に 1832 年の)選挙法改正法 (cf. Reform Bill).

re·for·mate [rɪfɔ́əmeɪt, rə-, -mət, -mɪt | -fɔ́ːm-] 〘⇨ reform, -ate[1]〙 *n.* 〘化学〙改質ガソリン, リフォーメート《改質 (reforming) によって得られるガソリン》.

ref·or·ma·tion [rèfəméɪʃən | -fə-, -fɔː-] 〘《*c*1425》▭(O)F *réformation* ∥ L *reformātiō(n-)*: ⇨ reform, -ation〙 ── *n.* **1** 改良, 改善, 改正, 改革, 革新 (amendment). **2** (品性・品行などの)矯正, 感化, 改心(させること). **3** [the R-] 〘キリスト教〙宗教改革《16–17 世紀に全ヨーロッパに起こった旧教[ローマ カトリック教会]に対する改革運動; その結果プロテスタント教会 (Protestant churches) が生れた; Protestant Reformation ともいう》. **4** 〘法律〙訂正命令《当事者の真意と合致するようにするため文書の訂正を命ずるエクイティー裁判所 (equity court) の命令》. 「再編成.

rè·formátion 〘《15C》〙 *n.* 再造, 再構成, 造り替え,

rèf·or·má·tion·al [-ʃənḷ, -ʃnəl] *adj.* **1** 改革[改良]の[に関する]. **2** [R-] 宗教改革の[に関する].

re·for·ma·tive [rɪfɔ́əməṭɪv, rə- | -fɔ́ːmət-] 〘← L *reformātus* ((p.p.) ← *reformāre* 'to REFORM') ＋ -IVE〙 ── *adj.* **1** 改良[改革, 刷新]する, 革新的な. **2** 矯正的な, 感化する(ための). **～·ly** *adv.* **～·ness** *n.*

re·for·ma·to·ry [rɪfɔ́əmətɔ̀ːri, rə-, -tòːri | -fɔ́ːmə-t(ə)rɪ] 〘《1589》← L *reformātus* (↑)＋-ORY[2]〙 ── *adj.* 矯正[感化]するための: a ～ school 教護院 (reform school)(旧称感化院). ── *n.* 《英古・米》 **1** 教護院 (cf. industrial school 2). **2** 女囚刑務所.

Refórm Bìll *n.* [the ～] 〘英史〙選挙法改正法案《1832, 67, 84 年に英国議会を通過したもので, 特に 1832 年のものをさす; cf. Reform Act》.

re·fórmed *adj.* **1** 改良[改善, 改革, 革新, 刷新]された. **2** 改心した, 品行方正になった: a ～ criminal 改心した罪人. **3** [R-] 宗教改革派の, プロテスタント派の (cf. catholic 3); (特に)改革派の《ルター派の新教に対して Zwingli や Calvin の主張に従う新教にいう》: the *Reformed* Church(es) 改革派教会《プロテスタント派教会全体, 特にルター派教会に対してカルヴァン派教会》/ the *Reformed* Faith プロテスタンティズム (Protestantism). **4** [R-] 改革的ユダヤ主義 (Reform Judaism) の[に関する].

refórmed spélling *n.* 改良綴字《through の代わりに thru, slow の代わりに slo のように, 発音されない文字を除いて簡単にしたもの》.

re·fórm·er *n.* **1** 改革家, 改造家, 改良者, 革新者. **2** [R-] 宗教改革(指導)者. **3** 〘英史〙(19 世紀の) 選挙法改正論者. **4** 〘化学〙改質装置.

re·fórm·ing *n.* 〘化学〙リフォーミング, 改質《ガソリンやナフサを分留して高オクタン価ガソリンを得る操作; cf. hydroforming》.

re·fórm·ism [-mɪzm] *n.* 改良主義.

re·fórm·ist [-mɪst, -məst | -mɪst] *n.* **1** 改良主義者. **2** (宗教・教派の)改革派の人. ── *adj.* **1** 改革主義[運動]の. **2** 改良主義(者)の.

re·form·is·tic [rɪfɔ̀əmístɪk, rə- | -fɔ̀ːm-] *adj.* ＝re-

Refórm Jéw *n.* 改革的ユダヤ主義者. ⌊formist.

Refórm Júdaism *n.* 改革的ユダヤ主義《19 世紀の初めにドイツに起こった合理主義的なユダヤ教; 理性と科学を重んじ Talmud への盲従を排し儀式の簡素化を励行した; Liberal Judaism ともいう; cf. Conservative Judaism, Orthodox Judaism》.

refórm schòol *n.* 《米》教護院 (reformatory).

refr. 《略》refraction.

re·fract [rɪfrǽkt, rə-] 〘《1612》← L *refractus* (p.p.) ← *refringere* ← RE- (A)＋*frangere* 'to BREAK[1]'〙 ── *vt.* **1** 〈水・ガラスなどが〉〈光線などを〉屈折する: a ～*ing* angle＝ANGLE[1] of refraction. **2** 〈目・レンズなど〉の屈折力を測定する. 「1, 2.

re·frac·tile [rɪfrǽktḷ, rə-, -taɪl | -taɪl] *adj.* ＝refractive

re·fract·ing tèlescope *n.* 屈折望遠鏡.

re·frac·tion [rɪfrǽkʃən, rə-] 〘《1578》▭F *réfraction* ∥ L *refractiō(n-)*: ⇨ refract, -tion〙 ── *n.* **1** 〘光学・物理〙 **a** (光線・音波などの)屈折 (deflection); 屈折作用: the index of ～＝refractive index / ⇨ double refraction, ANGLE[1] of refraction. **b** (目の)屈折力; 目の屈折力測定. **2** 〘天文〙大気差《大気中で屈折した光によって測定した天体の見かけの高度と真の高度とに差ができること; またその差; atmospheric refraction ともいう》. **～·al** [-ʃənḷ, -ʃnəl] *adj.*

refráction àngle *n.* **1** 〘天文〙大気差《大気屈折により測定した天体の見かけの高度と真の高度との差》. **2** 〘光学〙＝ANGLE[1] of refraction.

re·frac·tive [rɪfrǽktɪv, rə-] *adj.* **1** (光線などを)屈折する; 屈折力を有する. **2** 屈折の[による, に関する]. **3** 〘免疫〙＝refractory 5. **～·ly** *adv.* **～·ness** *n.* **re·frac·tiv·i·ty** [rìːfræktívəṭi, rɪfræ̀k-, rə- | -vətɪ, -vɪ-] *n.*

refráctive índex *n.* 〘光学〙屈折率《真空中の光の位相速度を媒質中の光の位相速度で除した値をその物質の(真空に対する)屈折率という; 単に index, また index of refraction ともいう; cf. RELATIVE index of refraction》.

refráctive pówer *n.* 〘光学〙(レンズの)屈折力.

re·frac·tom·e·ter [rìːfræktɑ́məṭə, rɪfræ̀k-, rə- | -tɔ́mɪtə(r, -mə-] 〘← REFRACT＋-O-＋-METER[1]〙 *n.* 〘物理〙屈折計: an interference ～ 干渉屈折計.

re·frac·tom·e·try [rìːfræktɑ́mətri, rɪfræ̀k-, rə- | -tɔ́mɪtrɪ, -mə-] 〘⇨ -metry〙 ── *n.* **1** 〘物理〙屈折率測定《種々の物理の屈折率を測定すること》. **2** 〘眼科〙(眼の)屈折率測定(法)《dioptometry ともいう》. **re·frac·to·met·ric** [rɪfræ̀ktəmétrɪk, rə-] *adj.*

re·frác·tor *n.* **1** 屈折させるもの《レンズなど》, 屈折媒体. **2** 屈折望遠鏡 (refracting telescope).

re·frac·to·ry [rɪfrǽkt(ə)ri, rə- | -rɪ] 〘《1601》《変形》← 《廃》*refractary* ▭L *refractāri-us* stubborn: ⇨ refract, -ory[1]〙 ── *adj.* **1** 手に負えない (unmanageable), 制御できない, 御(ぎょ)し難い, 言うことをきかない (disobedient), 強情張りの, 頑固(がんこ)な: a ～ horse [child] 御し難い馬[言うことをきかない子供]. **2** 〘病理〙〈傷・病気など〉治療しにくい, 抗療性の; 不治の: a ～ disease 難病. **3** 〘冶金〙〈鉱石・金属など〉溶解しにくい, 処理しにくい; 耐火性の, 高温度に耐える: a ～ ore. **4** 〘生理〙〈神経が〉刺激に反応しない, 無反応性の, 不応の. **5** 〘免疫〙病気[感染, 菌]に抵抗力のある, 病気を受けつけない (insusceptible); 免疫性の (immune). ── *n.* **1** 耐火物質《耐火粘土・マグネサイト・黒鉛など》. **2** 〘冶金〙(炉の内側をたたむ)耐火れんが.

re·frac·to·ri·ly [rɪfrǽkt(ə)rəli, rìːfræktɔ́ːrəli, rɪfræ̀k-, rə-, -tóːr- | rɪfrǽkt(ə)rəlɪ, rə-, -rɪlɪ] *adv.* **re·fráctoriness** *n.*

refráctory pèriod [**phàse**] *n.* 〘生理〙不応期《筋肉・神経などが刺激を受けて反応した直後の一時的な刺激不感応期》.

re·frain[1] [rɪfréɪn, rə-] 〘《*c*1375》*refreyne(n)* ▭(O)F *refrén-er* ▭L *refrēnāre* to bridle ← RE- (A)＋*frēnāre* (← *frēnum* bridle)〙 ── *vi.* やめる, 断つ, 差し控える, 慎しむ, 我慢する, 自制する, 遠ざかる (forbear, abstain) 〔*from*〕: ～ *from* food 食物を差し控える / ～ *from* comment 意見を言うのを控える / I carefully ～*ed from* calling her first name. 彼女の名は呼ばないように気をつけた / I cannot ～ *from* laughing [tears]. 笑わ[泣か]ずにはいられない. ── *vt.* 《古》抑制する (restrain): ～ one's tears 涙を押える / ～ oneself 慎む, 自制する, 我慢する. **～·er** *n.* **～·ment** *n.*

re·frain[2] [rɪfréɪn, rə-] 〘《*c*1385》*refreyne* ▭(O)F *refrain* ▭ ? Prov. *refranh* bird's song ← *refranhar* ▭ VL **refrangere*＝L *refringere* to break up: ⇨ refract〙 ── *n.* **1** (詩歌の各連の終わりなどに付ける)折り返し(句), 反復句, 畳句, リフレイン (burden); 決まり文句. **2** 〘音楽〙リフレイン, ルフラン: **a** 歌詞の部分的な反復に伴って音楽も反復すること (burden, chorus ともいう). **b** (その反復される)旋律; 反復句. **c** ロンド形式の主題.

re·fran·gi·bil·i·ty [rɪfræ̀ndʒəbíləṭi, rə- | -dʒɪbílətɪ, -dʒə-, -lɪ-] *n.* 〘光学〙(光線などの)屈折(可能)性, 屈折度.

re·fran·gi·ble [rɪfrǽndʒəbḷ, rə- | -dʒə-, -dʒɪ-] 〘《混成》← RE(FRACT)＋FRANGIBLE〙 *adj.* 〈光線など〉屈折性の, 屈折できる. **～·ness** *n.*

re·fresh [rɪfréʃ, rə-] 〘《*c*1380》*refres(c)he(n)* ▭OF *refresh-er* ← RE-＋*fresche* 'FRESH'〙 ── *vt.* **1 a** (娯楽・飲食物・涼風・休息などによって)〈人の心身を〉さわやかにする: ～ the body [mind, spirits] 体[頭, 気分]を爽快(そうかい)にする. **b** [～ *oneself* または p.p. 形で] (人の)気分をさわやかにする, 活気[元気]づける (reinvigorate): ～ *oneself with* food and drink 飲食して元気を出す / feel ～*ed* 気が清々する. **2** (補給・練習などによって)〈記憶などを〉新たにする (quicken), 再び明瞭にする, 〈しばらく使わずにいた技術など〉の腕をみがく, …にみがきをかける: ～ one's memory / ～ one's surgical technique 外科の技術にみがきをかける. **3 a** 〔まきなどを補給して〕〈火などを〉再び盛んにする〔*with*〕: ～ a fire *with* more fuel まきを足して火を盛んにする. **b** 〈船など〉に新たに供給する〔*with*〕: ～ a ship *with* stores and water 糧食や水を積み込む. **c** 〈電池〉に充電する (recharge). **d** 〈飲料・食物など〉に新たに注ぎ足す[加える]: She ～*ed* his drink. 飲み物を注ぎ足した. **4** (加工して[手を加えて])新しくする (freshen): ～ a surface 削って表面を新しくする. **5** 再び冷やす. ── *vi.* **1** (飲食・休養などして)元気を回復する, 生き返ったような心持になる, 清々する. **2** 飲み食いする; 一杯やる[引っ掛ける] (drink). **3** 〈船などが〉新たに糧食・用水などを補給する.

re·fresh·en [rɪfréʃən, rə-, riː-] *vt.* ＝refresh.

re·frésh·er 〘《15C》〙 ── *n.* **1 a** 気分を清々させる[元気を回復させる]人[もの]. **b** 飲食物. **c** 《口語》清涼飲料 (cooling drink). **2** 記憶を新たにする物, 思い出させるもの (reminder). **3** 〘英法〙(事件が長引いたときバリスター (barrister) に中途で贈る)割増し謝礼, 増額報酬 (extra fee). ── *attrib. adj.* 復習の, 補習の, 再履修の; 再教育の: ～ training 補習, 復習, 再教育.

refrésher còurse *n.* 補習科; 再履習科; (外国語・新技術などの)再教育コース.

re·frésh·ing *adj.* **1** 心身をさわやかにする, すがすがしい, 元気づける: a ～ breeze すがすがしい微風 / a ～ beverage [drink] 清涼飲料 / a ～ sleep 快眠. **2** 倦怠感を追い払ってくれる, 生き返ったような気持のする; 目新しくて面白い, 斬新で気持のよい: a ～ sermon (元気づけてくれるような)新味のある説教 / ～ innocence (享楽に飽きた人にはかえって楽しめる)稚拙[素朴(そぼく)]なあどけなさ. **～·ly** *adv.* **～·ness** *n.*

re·frésh·ment 〘《*c*1385》▭ OF *refreschement*: ⇨ refresh, -ment〙 ── *n.* **1** (飲食・休養などによる)元気の回復, 気分をさわやかにすること (reanimation): feel ～ of mind and body 身も心も[心身ともに]爽快(そうかい)になる. **2 a** 元気を回復させるもの; 気分をさわやかにするもの (restorative): A hot bath is a great ～ after a long journey. 長旅の後風呂に入ると疲れが

よく取れる / The sight was a ~ to me. それは目の保養になった. **b** [*pl.*] 軽い食事, 飲食物, 茶菓(ˢᵃ): a light ~ 軽い飲物 / Let me offer you some ~. 軽いお食事を差し上げましょう / take some ~(*s*) 飲食をする, 腹ごしらえをする / *Refreshments* can be obtained at the station. 飲食物は駅で売っている.

refréshment ròom *n.* (駅・展覧会場・園遊会場などの)食堂.

Refréshment Súnday 〖この日に読まれる福音書がイエスが5千人にパンと魚を分け与える箇所 (*John* 6:1-14) であることから〗 ── *n.* 〖教会〗 =Laetare Sunday.

refrig. 《略》 refrigerate(d); refrigerating; refrigeration; refrigerator.

re·frig·er·ant [rɪfrídʒ(ə)rənt, rə-] 〖⊏F *réfrigérant* ∥ L *refrīgerant-em* (pres.p.) ← *refrīgerāre* (↓): ⇨ -ant〗 ── *adj.* **1** 凍らせる, 冷却する (cooling, freezing); 清涼にする. **2** 〖医学〗〈薬など〉体の熱を取る, 解熱する: Aspirin and quinine are ~. アスピリンとキニーネは解熱作用がある. ── *n.* **1 a** 冷却剤, 冷媒《アンモニア・炭酸ガスなど》; 冷却用物質《電気によらない冷蔵庫に入れる氷やドライアイスなど》. **b** 冷やすもの: a ~ to passion 激情を冷やすもの. **2** 解熱剤.

re·frig·er·ate [rɪfrídʒərèɪt, rə-] 〖《1534》← L *refrīgerātus* (p.p.) ← *refrigerāre* ← RE- (A)+*frīgerāre* to make cold (← *frīgus* coldness: cf. frigid): ⇨ -ate[3]〗 ── *vt.* **1** さます, 冷やす, 冷却させる, 冷やしておく. **2** 凍らせる, 冷凍させる; 〈食糧を〉冷蔵する. ── *vi.* 冷える, 冷却する, 凍る.

re·fríg·er·àt·ing èngine [**machìne**] [-ṭɪŋ-|-tɪŋ-] *n.* 〖機械〗 冷凍機, 冷凍装置; 冷房装置.

re·frig·er·a·tion [rɪfrìdʒəréɪʃən, rə-] 〖《15C》⊏L *refrīgerātiō(n-)*: ⇨ refrigerate, -ation〗 *n.* **1** 冷却, 冷凍. **2** (食糧の)冷蔵. **3** 〖外科〗 冷凍麻酔(法).

re·frig·er·a·tive [rɪfrídʒərèɪṭɪv, -rəṭ- | -tɪv] *adj.* 冷やす, 冷却する.

re·fríg·er·à·tor [-ṭə | -tə(r)] 〖《1611》〗 *n.* **1** (電気)冷蔵庫, 冷凍室, 氷室 (cf. icebox 1). **2** 冷凍機, 冷却[冷凍]装置; 蒸気凝縮器.

refrígerator càr *n.* 冷蔵車.

refrígerator vàn *n.* 《英》 =refrigerator car.

re·frig·er·a·to·ry [rɪfríd(ə)rətɔ̀ːri, rə-, -tɔ̀ːri | -təri] 〖《1605》⊏L *refrīgerātōri-us*: ⇨ refrigerator, -ory[1,2]〗 ── *adj.* 冷やす, 冷却する. ── *n.* **1** (冷凍装置の)冷却室, 冷却タンク, 氷室. **2** (蒸留器の)蒸気凝縮器.

re·frin·gence [-dʒəns] *n.* =refringency.

re·frin·gen·cy [rɪfríndʒənsi, rə-] *n.* 屈折性.

re·frin·gent [rɪfríndʒənt, rə-] 〖⊏L *refringent-em* (pres.p.) ← *refringere* to break up: ⇨ refract〗 *adj.* 屈折する, 屈折性の (refractive).

reft[1] *v.* reave[1] [reive] の過去形・過去分詞.

reft[2] *v.* reave[2] の過去形・過去分詞.

rè·fúel *v.* (**~ed, re·fu·elled; ~·ing, -el·ling**) ── *vt.* **1** …に燃料を補給する: ~ a ship [plane] 船[飛行機]に燃料を補給する / ~ a bomber in flight 爆撃機に空中給油する. **2** 勢いづける, (一層)激化させる: His words ~*ed* the controversy. 彼の言ったことが論争に油を注いだ. ── *vi.* 燃料の補給を受ける.

ref·uge [réfjuːdʒ] 〖《c1385》⊏(O)F ~ ⊏L *refugium* a taking refuge ← *refugere* ← RE- (A)+*fugere* to flee (⇨ fugitive)〗 ── *n.* **1** (危険・災禍などからの)保護 (protection); 逃避, 避難 (shelter): a place [harbor] of ~ 避難所[港] / ⇨ HOUSE of refuge, CITY of refuge / take ~ from a fire 火事を避ける[避難する] / give ~ to …をかくまう, 保護する / seek ~ from boredom at the movies 映画を見て退屈を紛らす / seek ~ with a person [in flight] 人の所へ逃げ込む[逃げて難をのがれる] / take ~ in [at, behind] …に[に, の陰に]避難する[逃げ込む]. **2 a** 保護所, 避難場, 逃げ場, 隠れ家: find a ~ 避難所を見出す, 難をのがれる / Work is their only ~ from ennui. 彼らにとっては仕事をすることが唯一の退屈しのぎの方法なのだ. **b** 鳥獣保護区域 (sanctuary). **c** (交通頻繁(ˢᵃ)な街路に設けてある)安全地帯 (safety island). **3 a** 保護者, 頼みになる人[もの], 頼り, 慰め, 慰安物: He is the ~ of the distressed. 彼は悩める者の友だ. **b** 手段 (resource); 逃げ口上, 口実 (plea, pretext): Patriotism is the last ~ of a scoundrel. 国のためと言うのは悪党の最後の言い逃れである (Boswell, *Life of Dr. Johnson*).
── *v.* 《古》 ── *vt.* かくまう, 保護する (shelter, protect). ── *vi.* 逃げ込む, 避難する.

ref·u·gee [rèfjudʒíː, -fjuː-] 〖《1685》⊏F *refugié* (p.p.) ← (*se*) *refugier* to take refuge ← *refuge* (↑): ⇨ -ee[1]〗 ── *n.* **1 a** 避難者; 逃亡者. **b** (特に, 宗教・政治上の迫害を避けるため国外へ脱走する)亡命者; 難民. **2** (被占領国民中の)亡命者, 脱走者 (fugitive). ── *attrib. adj.* **1** 亡命の: a ~ government 亡命政権. **2** 〖経済〗〈資本など〉逃避的な《不利な投資状況から逃避して他国で営むことにいう》: ~ capital 逃避資本.

rè·fu·gée·ism [-ɪzm, -fjuː-] *n.* 難民の状態(であること); 亡命中であること.

re·fu·gi·um [rɪfjúːdʒiəm, rə- | -dʒɪ-] 〖⊏L ~: ⇨ refuge〗 *n.* (*pl.* **-gi·a** [-dʒiə | -dʒɪə]) 〖古生物〗 避難圏, 避難地域《氷河期など, 生物にとって生活困難の時期に集合的に避難したと推定される地域; 通例化石などが多く出土する》.

re·ful·gence [rɪfʌ́ldʒəns, rə-, -fʊ́l- | -fʌ́l-] 〖⊏L *refulgentia*: ⇨ refulgent, -ence〗 *n.* 光輝, 輝き, 光彩 (splendor, brilliance).

re·fúl·gen·cy [-dʒənsi | -sɪ] *n.* =refulgence.

re·ful·gent [rɪfʌ́ldʒənt, rə-, -fʊ́l- | -fʌ́l-] 〖《1509》⊏L *refulgentem* (pres.p.) ← *refulgēre* to flash back ← RE- (A)+*fulgēre* to shine: ⇨ -ent〗 *adj.* 輝く, きらきら輝く, 光輝ある, 光彩陸離たる (brilliant). **~·ly** *adv.*

re·fund[1] 〖《1386》 *refunde(n)* ⊏L *refund-ere* to pour or throw back, restore: ⇨ re- (A), fund: 意味は FUND の影響による〗 ── [rɪfʌ́nd, rə-, rìː-, ríːfʌ̀nd | riːfʌ́nd, rɪ-] *v.* ── *vt.* **1** 〈金銭を〉返済する, 払い戻す; 返還する, 返却する (repay). **2** 〈人に〉償還する. ── *vi.* 返済する, 払い戻しする, 弁償する (indemnify). ── [ríːfʌ̀nd] *n.* **1** 返済, 払い戻し, 返付, 返還, 償却 (repayment). **2** 払い戻し金. **~·ment** *n.*

rè·fúnd[2] 〖← RE-+FUND〗 *vt.* **1** 再び積み立てる. **2** 〖証券〗〈満期になった公社債・債務を〉借り替える《新債による借入資金で旧債を返済する》.

re·fund·a·ble [rɪfʌ́ndəbḷ, rə-, riː- | riː-, rɪ-] *adj.* 払い戻しの可能な, 〈公債など〉借り替えの可能な. **re·fùnd·a·bíl·i·ty** [-dəbíləṭi | -lətɪ, -lɪ-] *n.*

réfund annùity *n.* 〖保険〗 死亡時払い戻し金付き年金.

rè·fúrbish *vt.* みがき直す; 新しくする, 改装する (renovate): ~ a movie theater. **~·er** *n.* **~·ment** *n.*

rè·fúrnish *vt.* …に再び設備する, 再び取り付ける; …に新しい備品[家具]を備える.

re·fus·a·ble [rɪfjúːzəbḷ, rə-] *adj.* 拒絶[謝絶]できる.

re·fus·al [rɪfjúːzəl, rə-, -zḷ] 〖《1474》: ⇨ ↓, -al[1]〗 ── *n.* **1** 拒絶, 拒否; 謝絶, 辞退 (denial, rejection): a flat ~ to obey orders 命令服従の断固たる拒否 / the ~ of an invitation 招待の辞退 / I will take no ~. いやとは言わせないぞ / He gave them a flat ~. 彼らにきっぱり断った. **2** [the ~] (受け入れるか否かの)取捨選択(権); [(the) first ~] (他人に先立つ)取捨の優先権, 先買権: ask [stipulate] for *the* ~ of …の(取捨の)優先権を求める[条件とする] / buy *the* ~ of… (手付金を渡して)…の優先権を得る / have *the* ~ of …の取捨権がある / I will give you *the* ~ of my offer till the end of the month. 私の申し入れに対する諾否のご返答は月末までお待ちします. **3** 〖馬術〗(馬が障害物を)飛び越えそうとしないで急に立ち止まること. **4** 《廃》 拒絶されたもの. **5** 《廃》〖法律〗(妻に対する)遺棄 (repudiation)《離婚訴訟の重要な訴因の一つ》; 離婚.

re·fuse[1] [rɪfjúːz, rə-] 〖《?a1300》⊏(O)F *refus-er* < VL **refūsāre* 《変形》← ? L *recūsāre* to refuse: ⇨ recusant〗 ── *vt.* **1 a** 〈依頼・要求・命令などを〉拒絶する, 拒否する, 退ける, 断る; 〈人を〉はねつける (reject, deny) (↔ accept): ~ a request [demand] 要請[要求]を拒絶する / ~ obedience 命令に従わない / ~ one's consent 同意しない, 承諾しない / ~ a suitor 男の結婚の申し込みを断る / ~ a person money [satisfaction] 金の無心を断る[(損害)賠償を拒む] / He asked for help, but they ~*d* him. 彼は助力を求めたが彼らはそれを拒んだ / One can't ~ a lady. ご婦人の頼みは断れない / I have never been ~*d*. 私は頼みを断られたことはない / Their pets were ~*d* admittance. ペットの連れ込みを断わられた. **b** 〈提供などを〉断る, 辞退する, 謝絶する: ~ a bribe [an office] 賄賂(ᵂᵃ)[公職]を断る / ~ an offer 申し出を謝絶する / He ~*s* food. 食物をとろうとしない. **2** [~ *to* do として] …しようとしない: ~ *to* go 行くのを拒む, 行こうとしない / His legs ~*d to* carry him farther. それ以上は足が前に進まなかった / ~ *to* help a person 人を援助することを断る / ~ *to* burn 〈薪(ᵐᵃᵏⁱ)などが〉なかなか燃え(てくれ)ない / ~ *to* shut 〈戸などが〉なかなか閉まらない / The engine ~*d to* start. エンジンがなかなかかからなかった. **3** 〈馬が〉〈障害物を〉飛び越そうとしないで急に立ち止まる: ~ a fence. **4** 《廃》 **a** 〈嫌疑などを〉否認する (disown). **b** 断念する, 放棄する (renounce); 〈妻を〉離婚する. **c** 〈罪・悪徳などを〉避ける (avoid). **5** 〖トランプ〗 **a** 《古》〈親と同じスーツ (suit) の札を〉なくて出せない: ~ hearts. **b** (ブリッジ・ホイストで)〈あるトリック (trick) を〉取れるのにわざと取らない, 戦略上わざと敵に譲る (cf. duck[2] *vt.* 4). **6** 〖軍事〗(防御戦などで)〈味方の側面の部隊[翼側]を〉引き留めておく, 正面の線より下がらせる (move back).
── *vi.* **1** 拒絶する, 謝絶する, 辞退する, 承知しない, はねつける, 許可しない. **2** 〈馬が〉(障害物の前で)立ち止まる. **3** 〖トランプ〗 親と同じスーツ (suit) の札を出さない[が出せない].

refuse stays ⇨ stay[2] 成句.

ref·use[2] [réfjuːs, -fjuːz | -fjuːs] 〖(*n.*: 1440; *adj.*: *c*1385)⊏? OF *refusé* (p.p.) ← *refuser* (↑)〗 ── *n.* **1** くず, かす, おり. **2** 廃物, ごみ (rubbish); 残り物 (leavings). ── *attrib. adj.* 捨てられた (rejected), 不用な, 無価値の (worthless), くずの, かすの: ~ matter.

rè·fúse *vt.* 再び溶かす.

re·fús·er 〖《15C》〗 *n.* **1** 拒絶者, 辞退者, 否認者. **2** (英国)国教忌避者 (recusant). **3** 〖馬術〗 飛越拒否の馬《障害物を嫌って飛び越えずに立ち止まる馬》.

re·fut·a·ble [rɪfjúːṭəbḷ, rə-, réfjʊṭ- | réfjʊt-, rɪfjúːt-, rə-] 〖⊏LL *refūtābil-is*: ⇨ refute, -able〗 ── *adj.* 論駁(ᵇᵃᵏᵘ)[論破]できる; 論駁[反駁]の余地のある, 誤りのある. **re·fùt·a·bíl·i·ty** [-ṭəbíləṭi | -təbílətɪ, -lɪ-] *n.* **re·fút·a·bly** *adv.*

re·fut·al [rɪfjúːṭḷ, rə- | -tḷ] *n.* =refutation.

ref·u·ta·tion [rèfjʊtéɪʃən | -fjuː-, -fjʊ-] 〖《a1548》⊏L *refūtātiō(n)* ← *refūtātus* (p.p.) ← *refūtāre* 'to REFUTE': ⇨ -ation〗 ── *n.* **1** 論駁(ᵇᵃᵏᵘ), 論破, 反駁. **2** 〖チェス〗 とがめること《相手の着手を悪手化すること; 旧来の定跡を無価値にする新手を出すこと》.

re·fut·a·tive [rɪfjúːṭəṭɪv, rə- | -tət-] *adj.* 論駁の, 反駁になる, 反駁できる.

re·fute [rɪfjúːt, rə-] 〖《1513》⊏L *refūt-āre* to repel ← RE- (A)+-*fūtāre* to beat〗 ── *vt.* **1** 〈人の説・非難などを〉論破する, 論駁(ᵇᵃᵏᵘ)する, 反駁する, 誤りを指摘する (confute): ~ a statement 陳述を論駁する. **2** 〈人〉の誤りを明らかにする, やり込める: ~ an opponent 相手をやり込める. **3** 〖チェス〗 とがめる (⇨ refutation 2). **re·fút·er** [-ṭə | -tə(r)] *n.*

reg. 《略》 regent; regiment; region; register; registered; registrar; registry; regular; regularly; regulation; regulator.

Reg. 《略》 *L.* Rēgīna (=Queen); regiment; Reginald; Regius.

re·gain [rɪgéɪn, rə- | rɪ-, riː-] 〖⊏MF *regeign-er* (F *regagner*): ⇨ re-, gain[1]〗 ── *vt.* **1** 回復する, 取り戻す, 奪還する (recover): ~ stolen property [one's health, a person's affections] 盗まれた品物[自分の健康, 人の愛情]を取り戻す / ~ consciousness 正気づく, 意識を回復する / ~ one's feet [footing, legs] 〈転んだ者が〉起き上がる, 立ち直る. **2** 〈場所〉に復帰する, 戻り着く; …に再び到達する: ~ one's native country 故郷に帰り着く / Their car ~*ed* the highway. 彼らの車は本道に戻った. ── *n.* **1** 回復, 奪還; 復帰. **2** 回復した[取り戻した]量; (繊維などの)公許水分.

re·gal[1] [ríːgəl] 〖《c1380》⊏OF ~ ∥ L *rēgāl-is* ← *rēx* 'REX[2]': ⇨ -al[1]: ROYAL, REAL[2] と三重語〗 ── *adj.* **1** 王の, 帝王の (royal): ~ power 王権 / ~ government 王政 / the ~ office 王位. **2 a** 帝王にふさわしい, 王者らしい (kingly). **b** 荘厳な, 豪奢(ᵍᵒᵘˢʰᵃ)な, 堂々として立派な (magnificent, stately): a ~ gathering 豪華な集会[会合] / He lives in ~ splendor. 彼は王侯のような豪奢な生活をしている. **~·ly** *adv.*

re·gal[2] [ríːgəl] 〖⊏F *régale* ← OF *regal* 'REGAL[1]'〗 *n.* リーガル《16-17世紀のフランス・イタリアで行なわれた小型の携帯用アコーディオン》.

re·gale[1] [rɪgéɪl, rə- | rɪ-] 〖《1656》⊏F *régal-er* ← RE- (A)+《廃》 *gale* pleasure (cf. gala)〗 ── *vt.* **1 a** 〈人を〉大いにもてなす, 大いにごちそうする. **b** [~ *oneself* で] 〔おいしいものを〕食べる, 食べて元気になる 〔*with*〕: ~ *oneself with* soup スープを飲む / ~ *oneself with* a cigar 葉巻を存分に吸う. **2 a** 〈美・花などが〉大いに喜ばす, 楽しませる, 満足させる, いい気持にする (delight, gratify) 〔*with, on, upon*〕: Delightful music ~*d* their ears. 快い音楽が彼らの耳を楽しませた / He ~*d* us *with* a lot of anecdotes about her. 彼女に関する逸話をたくさん聞かせてくれた. **b** [皮肉を込めて] たっぷり与える: He ~*d* us *with* fulsome compliments. いやというほどお世辞を並べた. ── *vi.* ごちそうを食べる, 美味を食する 〔*on, upon*〕.
── *n.* 《古・文語》 **1** ごちそう, 供応 (feast). **2 a** 美味, 山海の珍味, おいしい食物や飲物 (dainty). **b** 絶佳の風味 (choice flavor): a French dish of the highest ~ 最高の風味のフランス料理. **3** 軽食.

re·ga·le[2] [rɪgéɪli, rə- | -lɪ] 〖⊏F *régale* ⊏L *rēgālia* ← *rēgālis* 'REGAL[1]'〗 ── *n.* (*pl.* **-ga·lia** [-ljə, -liə | -ljə, -lɪə]) **1 a** [通例 *pl.*] 王権, 王の特権[大権]. **b** 〖教会〗(中世時代に国王などが主張した)空席の司教または修道院管轄区の収入をとる権利, レガレ. **2** [*pl.*] **a** 王位を象徴するもの, (王冠・王笏(ˢʰᵃᵏᵘ)(scepter)・宝珠(orb)・刀剣など)王家の表章, 即位の宝器 (cf. crown jewels). **b** (特定の職または団体の一員であることを示す)印, 衣装(など); (官位・等級などの)記章 (insignia, emblems). **3** [*pl.*] 盛装, 晴着 (finery).

Reg·a·lec·i·dae [règəlésədìː | -sɪ-] 〖← NL ~ ← *Regalecus* (属名: ← L *rēg-, rēx* king+*allēc* fish pickle)+-IDAE〗 *n. pl.* 〖魚類〗 リュウグウノツカイ科.

re·gále·ment *n.* **1** ごちそうを食べること; ごちそう(の供応). **2** 山海の珍味; 美味 (dainty).

re·ga·li·a[1] [rɪgéɪljə, rə-, rèɪgəlíːə | rɪgéɪljə, rə-, -lɪə; *Sp.* rèɣalíːa] 〖⊏Sp. *regalia* royal privilege: cf. regale[2]〗 *n.* (Cuba 島などに産する)大型上等葉巻.

regalia[2] *n.* regale[2] の複数形.

ré·gal·ìsm [-lɪzm] *n.* (教会政治に関して国王の絶対権を認める)帝王教権説[主義].

ré·gal·ist [-lɪst, -ləst | -lɪst] *n.* 帝王教権論者.

re·gal·i·ty [rɪgǽləṭi, rə- | rɪgǽlətɪ, riː-, -lɪ-] 〖《1414》⊏OF *regalité* ∥ ML *rēgālitāt-em*: ⇨ regal[1], -ity〗 ── *n.* **1 a** 王位, 王の地位[身分] (royalty, sovereignty). **b** 王権, 王の特権. **2** 王土, 王国 (kingdom). **3** 〖スコット法〗(昔王が人民に与えた)地方管轄権; (その)管轄区域: the lord of ~ (国王委任の)地方管轄者.

régal móth *n.* 〖昆虫〗 北米産の翅に黄色い斑点のあるヤママユガ科のガ (*Citheronia regalis*).

Re·gan [ríːgən] *n.* リーガン《Shakespeare 作の悲劇 *King Lear* 中の人物; 王の次女で冷酷な娘; Duke of Cornwall に嫁す; cf. Goneril, Cordelia 2》.

re·gard [rɪgɑ́ːəd, rə- | -gɑ́ːd] 〖*n.*: 《c1380》⊏(O)F ~ ← *regarder* ← RE-+*garder* 'to GUARD'. ── *v.*: 《c1430》⊏(O)F *regard-er*: cf. reward〗 ── *vt.* **1 a** 見る, 見詰める, 凝視する, 注目する, じっと見る: ~ a person with a fixed eye じっと人を見詰める / Many passed, but none ~*ed* her. 大勢の人が通りかかったがだれ一人彼女に目をくれる者はなかった / He was ~*ing* us intently [carefully]. 我々をじっと[注意深く]見詰めていた / She ~*ed* him with curiosity. 彼をもの

珍らしそうに見詰めた. b (愛情・憎しみなどの目で)見る, 遇する: ～ a person with favor [dislike, reverence] 好意[憎しみ, 敬意]をもって人を見る / ～ a situation with anxiety 事態を憂慮する / I still ～ him kindly. 今でも私は彼に好意をもっている. 2 考察[考慮]する (consider): ～ a matter from every point of view 問題をあらゆる角度から考察する. 3 〔…であると〕考える, 〔…と〕みなす (look upon) 〔*as*〕: I ～ him *as* a friend. 私は彼を味方だと思っている / He ～*ed* the money *as* gone. 彼はその金はなくなったものと考えた / I ～ the situation *as* serious. 私は事態を重大視する. 4 [主に否定・疑問構文で]顧慮する, …に耳を借す; 重要視する, 尊敬する: Nobody ～*s* his opinion in such questions. そういう問題では誰も彼の意見に気も留めない / He *neither* fears God *nor* ～*s* man. 彼は神を恐れずまた人を人とも思わない. 5 《古》…に関係する, 関連を持つ (concern): That does not ～ me at all. それは私には全く関係のないことだ. — *vi.* 1 眺める, 見やる, 見詰める, 凝視する (look, gaze). 2 注意を払う, 注目する.

as regards …に関しては (concerning), …について言えば, …の点では (as to): I cannot agree with you *as* ～*s* that. それについては君に賛成できない.

— *n.* 1 注目, 注視, 凝視 (look, gaze): He looked at the boy with a reproachful ～. 彼はとがめるような目つきで少年をじっと見た. 2 注意, 留意, 顧慮, 心配; (健康などへの)心遣い (consideration); 関心 (concern)〔*to, for*〕: act without ～ *to* [*for*] decency [other people's feelings] 場所柄もわきまえずに[他人の気持も考えずに]振舞う / pay no ～ *to* one's studies 勉強をほったらかす / He pays no ～ *to* expostulations. 彼は説論[訓戒]に耳を傾けない / *Regard* must be had *to* his wishes. 彼の希望も聞いてやらなければならない / The next object of ～ is his conduct. 次に注意すべきは彼の行為である. 3 a (あるもの[人]の置かれている)評価, 価値: a man of small ～ つまらぬ人. b 尊敬, 敬意 (respect, esteem); 好意, 好感, 愛情 (affection)〔*to, for*〕: have no [a great] ～ *for* …を重んじない[じる], 尊敬しない[する] / be held in high [slight] ～ 大いに尊敬される[あまり重んじられない] / pay [give] due ～ *to* authority 権威に対して正当な敬意を払う. c [通例 *pl.*] (手紙・挨拶などの中で敬意・好意・愛情などを表わす)よろしくとの言葉 (best wishes, compliments): Give him my ～*s* [best ～*s*]. あの人にどうぞ[くれぐれも]よろしく / Kind ～*s* to you all. 皆様によろしく. 4 a 考慮されるべき面, 点, 事項 (respect, point): It is quite satisfactory in this [that] ～. この[その]点では全く満足である. b 関係, 関連 (relation): in his ～ 彼に関しては, 彼については / in ～ to [of] = with ～ to …に関して(は) / His remarks have special ～ to the question at issue. 彼の言葉はその問題と特別な関係がある. 5 《古》容貌(ぼう), 外観, 態度. 6 《廃》意図 (intention).

re·gar·dant [rɪgɑ́ədn̩t, rə-|-gɑ́ː-] 〖《c1450》□ AF & (O)F ～ (pres.p.) ← *regarder* (↑): ⇨ -ant〗 — *adj.* 1 〖紋章〗〈ライオンなどの猛獣が〉顔を後ろ (sinister) に向けた (cf. guardant 1). 2 《古》じっと見詰めている, 注意深い.

re·gard·ful [rɪgɑ́ədfəl, rə-|-gɑ́ːd-] *adj.* 1 注意深い, 思慮深い, 気にかける, 用意周到な (mindful, attentive)〔*of*〕: be ～ *of* one's promises 約束を守る. 2 敬意を表する, 尊敬する〔*for*〕. **～·ly** *adv.* **～·ness** *n.*

re·gard·ing *prep.* [– – –, – – –] …に関して(は), について(言えば), …の点では (concerning): He spoke to me ～ his future. 彼は自分の将来について私に話した / He said nothing ～ the lost money. 彼は失くした金については何も言わなかった.

regárd·less 〖《1591》〗 — *adj.* 1 尊敬しない, 無視する; 注意しない, 不注意な (careless); 無関心な, 無頓着な (heedless)〔*of*〕: a man who was openly ～ *of* religious rites 宗教的儀式を公然と無視した男. 2 《古》顧慮する価値のない; 顧みられない (slighted).

regardless of …に構わずに, …にかかわらず, …を無視して: ～ *of* expense 費用をいとわず(に) / ～ *of* one's duties 義務を無視して / ～ *of* age or sex 年齢・性別(のいかん)を問わず / I shall go ～ *of* the weather. 天候のいかんにかかわらず行きます.

— *adv.* 《口語》 1 費用[危険(など)]をいとわずに: be got up [be dressed] ～ 金に飽かして着飾っている. 2 (忠告・警告などに)構わず, どうしても (anyway). **～·ly** *adv.* **～·ness** *n.*

re·gat·ta [rɪgǽtə, rə-, -gɑ́ːtə|-gǽtə] 〖《1652》□ It. (Venetian) 《廃》 *regatta* (It. *regata*) 《原義》contention〗 — *n.* 1 a レガッタ, 競艇, ボートレース, ヨットレース. b (Venice の大運河で行なわれた)ゴンドラ競漕. 2 レガッタ織《英国産のあや織りの丈夫な綿織物[服地]; 通例色のついた縞(しま)またはチェックの模様がある》.

regd. 《略》 registered.

re·ge·late [ríːdʒəlèɪt, – – –] 〖《1860》← L *regelāt-us* ← *regelāre* ← RE- (A)+*gelāre* to freeze (cf. cold)〗 — *vi.* 1 〈砕氷・積雪などが〉(一時溶解した後)再び凍って氷塊となる. 2 〖物理〗復氷する.

re·ge·la·tion [rìːdʒəléɪʃən] 〖← RE-+GELATION[1]〗 *n.* 〖物理〗復氷《氷に圧力を加えると融点が下がって水になるが, 圧力を取り除くと再び氷に戻る現象》.

re·gence [ríːdʒəns] 〖□ F *Régence* ← *régence* regency〗 *adj.* (フランスの Orléans 公 Philippe の)摂政時代の; 摂政時代の家具様式の (cf. regency *n.* 4).

re·gen·cy [ríːdʒənsi|-sɪ] 〖《1429-30》 *regencie* □ ML *regentia*: ⇨ regent, -ency〗 — *n.* 1 摂政政治. 2 a 摂政の任, 執権職. b 摂政[執権]期間. c 摂政管区. 3 摂政[執権]団. 4 [the R-] 摂政時代《英国では George 三世の病気の間皇太子(後の George 四世)が摂政をつとめた時代 (1811–20); フランスでは Louis 十五世の治世に Orléans 公 Philippe 二世が摂政をつとめた時代 (1715–23) 等がある》. — *attrib. adj.* 1 摂政の. 2 [R-] (英国・フランスの)摂政時代の: *Regency* dress. 3 [R-] 〖建築・家具〗摂政様式の, レジャンス様式の《フランスでは 18 世紀前半, 英国では 19 世紀前半の摂政時代様式についていう》.

Régency stripes *n. pl.* (織物の)等幅で広い色筋模様.

re·gen·er·a·ble [rɪdʒén(ə)rəbl̩, rə-, riː-] 〖← REGENERATE+-ABLE〗 *adj.* 1 再び生じさせられる, 再生できる. 2 革新[改新]できる, 改造できる. 3 〖教会〗更生させられる, 新生命を与えられる, 改心させられる.

re·gen·er·a·cy [rɪdʒén(ə)rəsi, rə-, riː-|-sɪ] *n.* 再生; 更生, 改心; 改新; 復興.

re·gen·er·ate 〖《1471》□ L *regenerāt-us* ← *regenerāre* ← RE- (A)+*generāre* 'to GENERATE': ⇨ -ate[3,2,1]〗 — [rɪdʒénərèɪt, rə-, riː-] *v.* — *vt.* 1 再び生じさせる, 再生させる; よみがえらせる (revive): ～ one's self-respect (失った)自尊心を再び取り戻す / Some animals can ～ lost parts of the body. 動物には身体の失った部分を再生できるものもある. 2 (道徳的に)改心させる, 更生させる, 別人にする. 3 (新生命を吹き込んでよりよい状態に)〈国家・社会・制度などを〉更生させる, 再建[刷新, 改造]する. 4 〖神学〗(聖霊の力によって)再生させる, 新生命を与える; 神の子[キリスト教徒]にする. 5 〖機械〗〈使用済みの熱などを〉回生[利用]する (reutilize): ～ a battery 電池を充電し直す[再生する]. 6 〖通信〗再生する. 7 〖化学〗再生する《イオン交換樹脂・乾燥剤などを元の形に戻す》. 8 〖電気〗回生する《電力を負荷から電源に返す》. 9 〖電子工学〗再生する: a 正帰還をかけて増幅度などを増す. b 不完全な波形などを整形して出力する. — *vi.* 1 再び生じる, 再びできる. 2 新生命を得る, 生れ変る, 更生する; 改心する, 心機一転する. — [rɪdʒén(ə)rət, rə-, riː-, -rɪt|rɪdʒén(ə)rət, rə-, -rɪt, -rèɪt] *adj.* 1 改良された, 改造された, 再興した, 再生した (reformed). 2 〖神学〗(精神的に)生れ変わった, 新生命を得た, 再生した; 回心した, キリスト教徒になった. — [rɪdʒén(ə)rət, rə-, riː-, -rɪt|rɪdʒén(ə)rət, rə-, -rɪt, -rèɪt] *n.* 1 再生したもの; 再生部分[器官]. 2 更生した人; 回心者. **～·ly** *adv.* **～·ness** *n.*

re·gén·er·àt·ed céllulose [-rèɪtɪd-, -təd-|-tɪd-, -təd-] *n.* 〖化学〗再生セルロース, 再生繊維素.

re·gen·er·a·tion [rɪdʒènəréɪʃən, rə-, riːdʒen-] 〖《c1380》□ (O)F *régénération* // L *regenerātiō(n-)*: ⇨ regenerate, -ation〗 — *n.* 1 再生, 再建. 2 復興, 復活 (revival), 改造, 建直し, 革新, 改新. 3 〖キリスト教〗再生, 更生, 新生. 4 〖生物・生理〗(失った部分の)再生. 5 〖電気・電子工学・通信・化学〗再生, 回生.

re·gen·er·a·tive [rɪdʒénərèɪtɪv, rə-, riː-, -n(ə)rət-|-n(ə)rət-, -nərèɪt-] 〖《a1400》□ (O)F *régénératif* // ML *regenerātīv-us*: ⇨ regenerate, -ative〗 — *adj.* 1 再生的な, 更生させる; 生れ変らせる, 改心させる; 改新の, 改造の. 2 〈機械など〉回生式の, 蓄熱式の. 3 〖通信〗再生式の: ～ detection 再生式検波. **～·ly** *adv.*

regénerative bráking *n.* 〖電気〗回生制動.

regénerative cóoling *n.* 〖物理〗再生冷却法.

regénerative cýcle *n.* 〖機械〗(蒸気機関の)再生サイクル.

regénerative fùrnace *n.* 蓄熱炉.

re·gén·er·à·tor [-tə|-tə(r] 〖□ LL *regenerātor*: ⇨ regenerate, -or[2]〗 — *n.* 1 再生者, 更生者; 刷新者, 改革者 (renovator). 2 〖機械〗蓄熱器, 復熱装置《熱気機関・ガス炉などで空気や原料ガスを廃ガスで予熱して燃焼室に送るための熱交換装置; recuperator ともいう》. 3 〖通信〗再生器.

rè·génesis 〖← RE-+GENESIS〗 *n.* 更生, 再生, 生れ変り (rebirth); 復活 (revival), 更新, 新生 (renewal).

Re·gens·burg [réɪgənzbɜ̀ːg, -bʊ̀ək|-genzbɜ̀ːg, -gənsbʊ̀ək; G. réːgənsbʊrk] *n.* レーゲンスブルク《西ドイツ南部 Bavaria 州の Danube 川に臨む商工業都市; 人口 131,000; 旧英語名 Ratisbon》.

re·gent [ríːdʒənt] 〖adj.: 《a1387》□ (O)F *régent* // L *regentem* (pres.p.) ← *regere* 'to RULE': ⇨ -ent〗 — *n.* 1 摂政. 2 《米》a 州立大学理事. b (米国大学の)学生監. 3 (カトリック系大学で, 非聖職者の学部長と協力する)聖職の理事. 4 a 《古》(Oxford, Cambridge 大学の学位試験で)討論 (disputation) を主宰した文学修士. b (スコットランドの大学の)研究指導教授. 5 《古》a 統治者, 支配者 (ruler). b 支配的原理[勢力]. — *adj.* 1 [通例名詞に後置して] a 摂政の任にある: the Prince *Regent* 摂政の宮, 摂政皇太子 / the Queen *Regent* 摂政王妃. b 《古》(Oxford, Cambridge 大学で)(文学修士が)討論主宰の (cf. *n.* 4). 2 《古》統治する, 支配する. **～·al** [ríːdʒəntl̩|-tl̩] *adj.*

régent bìrd 〖摂政皇太子時代の George 四世にちなむ〗 *n.* 〖鳥類〗= bower bird.

Régent Hòuse *n.* [the ～] (Cambridge 大学の)大学評議委員会《学内提案は卒業生からなる senate か, 学内に post を持つ senior member からなるこの評議委員会に出され討議決定される》.

régent·ship *n.* = regency.

Régent's Párk 〖← *Prince Regent*〗 *n.* リージェント公園《London 北西部にある公園; 動物園 (通称 the Zoo) がある》.

Re·ger [réɪgə|-gə(r; G. réːgɐ], **Max(imilian)** *n.* レーガー《1873–1916; ドイツの作曲家》.

rè·gérminate *vi.* 再び芽を出す.

rè·germinátion *n.* 再発芽.

reges *n.* rex[2] の複数形.

reg·gae [régeɪ, rég-, regéɪ] 〖← ?〗 *n.* レゲエ《英領西インド諸島起原のロック音楽; 4 拍子の弱拍の部分に強勢がくる》.

Reg·gie [rédʒi|-dʒɪ] 〖(dim.) ← REGINALD〗 *n.* 男性名.

Reg·gio di Ca·la·bri·a [rédʒiòu-dɪ-kəlɑ́ːbriə, -dʒou-|réɪdʒɪəʊ-dɪ-kɑlɑ́ːbrɪə; It. réddʒodikaláːbria] *n.* レッジョ ディ カラブリア《イタリア南部, Messina 海峡に臨む海港; 1783 年と 1908 年に大地震があった; 人口 178,000》.

Réggio nèl·l'E·mí·lia [-nèlɪmíːliə, -əm-|-emíːlɪə; It. -nèllemíːlja] *n.* レッジョ ネレミリア《イタリア北部の工業都市; 人口 130,000》.

Reg·gy [rédʒi|-dʒɪ] 〖(dim.) ← REGINALD〗 *n.* 男性名.

regia dona *n.* regium donum の複数形.

reg·i·cid·al [rèdʒəsáɪdl̩|-dʒɪ-] *adj.* 国王殺しの.

reg·i·cide [rédʒəsàɪd|-dʒɪ-] 〖《1548》← L *rēgi-* (《連結形》← *rēx* king)+-CIDE: cf. F *régicide*〗 — *n.* 1 弑逆(しいぎゃく), 国王殺し《行為》. 2 国王殺し《人》, 国王殺しに参加した者. 3 [the ～s, the Regicides] a 〖英史〗国王死刑判決者《1649 年 Charles 一世を審問した 67 人の判事の内, 死刑執行令状に署名した 59 名》. b 〖フランス史〗国王処刑者たち《Louis 十六世を死刑に処した革命党員》.

re·gie [reɪʒíː; F. reʒi] 〖《1883》□ F *régie* (fem. p.p.) ← *régir* to rule〗 *F. n.* (フランス・オーストリアなどのたばこ・塩などの)政府直営, 官営, 専売制度.

re·gíe-bòok *n.* 〖演劇〗(演出家が携帯する)演出ノート.

rè·gild *vt.* …に再び金メッキをする[金をかぶせる].

re·gime [reɪʒíːm, rɪ-, rə-, -dʒíːm|reɪʒíːm, reʒ-, – –; F. reʒim] 〖《1776》□ F *régime* □ L *regimen* (↓)〗 — *n.* (also **ré·gime** [～]) 1 a 統治方式[体制], 管理体制; 政治形態, 政体: be placed under an international ～ 国際管理下に置かれる / Hitler's dictatorial ～ ヒトラー独裁制. b (特定の政体・統治方式の)支配する期間, 政権保持期間: during the Tokugawa ～ 徳川幕府の治政中. 2 社会制度, 制度 (institution): under the ～ of protection [competition] 保護[競争]制度下に[で] / the Parliamentary ～ 議会制度 / establish a new ～ 新制度を樹立[確立]する / ⇨ ancien régime. 3 科学的[工業的]過程が行なわれる状況. 4 〖地理〗(自然現象などの)規則性; (特に)季節による川の水量[水位]の変化. 5 養生法, 摂生 (regimen).

reg·i·men [rédʒəmən, réʒə-, -mèn|rédʒɪmèn, rédʒ-men] 〖《a1400》□ L ～ 'rule' ← *regere* to rule: cf. regent〗 — *n.* 1 a 〖医学〗生活規制, 摂生, 養生法, 食養生. b (手順の決まった一連の)激しい訓練: the daily ～ of ballet dancers バレエダンサーたちの強化訓練. 2 a 《まれ》支配, 統轄 (control), 統治 (government). b 《古》政体; 現行制度. 3 〖文法〗a 支配 (government). b (動詞の目的語 'object' と区別して)前置詞の目的語.

reg·i·ment 〖《a1393》□ (O)F *régiment* // LL *regimentum* ← *regere* (↑)〗 — [rédʒ(ə)mənt|-dʒ(ɪ)-] *n.* 1 〖軍事〗連隊 (⇨ army 3); (砲・戦車・装甲車などの)連隊: the colonel of the ～ 連隊長. 2 [しばしば *pl.*] 多数, 大勢, 大群 (large number): a ～ of people 大勢の人々 / whole ～*s* of locusts いなごの大群. 3 支配 (rule), 統治 (government). — [rédʒəmènt -dʒ(ə)-mənt|rédʒɪmènt, – – –] *vt.* 1 〖軍事〗連隊に編制[編入]する. 2 〈職工・労働者などを〉団体に[一定の組織下に]編制訓練する; 団体[軍隊式]訓練をする, 型にはめて教育する: an education that ～*s* students 学生を型にはめ込む教育. 3 〈資料などを〉組織化する, 系統立てる, 規格化する (systematize, standardize).

reg·i·men·tal [rèdʒəméntl̩|-dʒɪméntl̩, -dʒə-] *adj.* 1 連隊の[に関する, に使われる, 付きの]: a ～ district 連隊区 / a ～ color [standard] 連隊旗. 2 型にはめこもうとする, 統制的な; 命令的な, 権威を振りかざす (authoritative). — *n.* [通例 *pl.*] 1 連隊服; 軍服 (military uniform). 2 制服. **～·ly** *adv.*

reg·i·men·ta·tion [rèdʒəməntéɪʃən, -men-|-dʒɪmen-, -mən-] *n.* 1 連隊編制[編入]. 2 編制, 類別. 3 組織化; 規格化. 4 団体訓練, 一律訓練.

Re·gin [réɪgɪn] 〖□ ON *Reginn*: cf. Reginald〗 — *n.* 〖北欧伝説〗レギン《*Volsunga Saga* 中の人物, 鍛冶(かじ)屋で Fafnir の兄弟; Sigurd を育て, Fafnir の守護する黄金を得ようとして Sigurd にこれを殺させる》.

re·gi·na [rɪdʒáɪnə, rə-, -dʒíː-|-dʒáɪ-] 〖□ L *rēgina* queen (fem.) ← *rēx* king: ⇨ rex[2]〗 — *n.* (*pl.* **re·gi·nae** [-dʒáɪniː, -dʒíːnaɪ|-dʒáɪniː]) 現女王 (略 R.) (cf. rex[2]). ★ 布告などの署名または刑事事件の女王の名称として用いる: Elisabeth R. (＝Elisabeth Regina) / V.R. (＝Victoria Regina) / *Regina* [R.] v. Jones 女王対ジョーンズ《刑事事件》.

Re·gi·na[1] [rɪdʒáɪnə, rə-] 〖← L *rēgina* (↑)〗 *n.* 女性名《愛称形 Rena, Rina》.

Re·gi·na[2] [rɪdʒáɪnə, rə-] 〖↑〗 *n.* カナダ南中部 Saskatchewan 州の工業都市で同州の首都, 人口 140,000.

reginae *n.* regina の複数形.

re·gi·nal [rɪdʒáɪnl̩, rə-, -dʒíː-|-dʒáɪ-] 〖□ ML *rēgīnālis*: ⇨ regina, -al[1]〗 *adj.* 女王の, 女王らしい, 女王にふさわしい (queenly).

Reg·i·nald [rédʒənḷd | -dʒɪ-] 〖《変形》← REYNOLD (cf. OHG *Reginald*)〗 *n.* 男性名《愛称形 Reggie Reggy》.

re·gion [ríːdʒən] 〖《*a*1338》□ (O)F *région* □ L *regiō(n-)* direction, quarter ← *regere* to direct, rule: ⇨ regent, -ion〗 — *n.* **1** [しばしば *pl.*] **a** (漠然とした広大な)地域, 区域: various ~*s* of the world 世界の各地. **b** (自然的・風土的特徴で分けられる)地方, 地帯 (tract, area): a fertile ~ 地味の肥えた地方 / a desert ~ 砂漠地帯 / the Arctic ~*s* 北極地方 / forest ~*s* 森林地帯. **c** (天地を上下に区分した)部分, 域, 境, 層, 界: the lower [infernal, nether] ~*s* 冥土(めいど), 地獄 / the middle [lower, upper] ~ of the air 空の中[下, 上]層圏 / the airy ~ 気界, 天空 / the ~ beyond the grave 冥土 / the upper ~*s* 天, 天国. **2** (学問などの)領域, 範囲, 分野 (sphere, realm): the ~ of science [metaphysics] 科学[形而(けい)上学]の領域. **3** 行政区, 管区, 区《Augustus 帝治下の古代ローマおよび現代イタリアの「州」, ソ連の「地方」(*Russ.* krai), アイルランドやスコットランド (1975年以降)の「州」などのような行政単位》. **4** 〘解剖・動物〙(身体の)部位, 領域, 局部: the abdominal [lumbar] ~ 腹[腰]部. **5** 〘生物地理〙 **a** (動物分布区の)区 (cf. realm 3): the Nearctic ~ 新北区. **b** (植物分布区の)区系区. **6** 〘数学〙領域《連結な (connected) 開集合; cf. topology》.

in the region of …の近辺[近く]で, 約… (approximately): *in the* ~ *of* £350 350ポンド見当で.

ré·gion·al [-dʒənḷ, -dʒnəl] 〖《1654》□ LL *regiōnālis*: ⇨ region, -al[1]〗 — *adj.* **1 a** (かなり広い)地帯の, 地域の: ~ planning 地域計画, 地方計画《数個の市町村にわたる開発計画》. **b** 一地帯に特有の; 局地的な, 地方の (local). **2** 〈文学・芸術など〉地域の, 地方主義的な: ~ literature [art] 地方的特色のある文学[美術], 地方主義文学[芸術]. **3** 〘解剖・動物〙(身体の)局所の. — *n.* 《米》 **1** 地方支所. **2** (雑誌・新聞などの)地方版. **~·ly** *adv.*

régional ileítis *n.* 〘病理〙限局性回腸炎.

ré·gion·al·ism [-dʒ(ə)nəlìzm] *n.* **1** 地方分権主義[制度]. **2 a** 地域的特質; 地方習慣, 地方制度. **b** 愛郷心, 地方主義. **3** 〘文学〙地方主義. **4** [しばしば R-]〘美術〙地方主義《主に 1930–40 年頃発展し, 主題を主に田園地帯にとった米国の絵画の一様式》.

ré·gion·al·ist [-lɪst, -ləst | -lɪst] *n.* 地方分権主義者; 地方主義者. — *adj.* 地方分権主義(者)の; 地方主義(者)の.

re·gion·al·is·tic [rìːdʒ(ə)nəlístɪk] *adj.* ＝regionalist.

ré·gion·al·ize [-dʒ(ə)nəlàɪz] *vt.* 地域[行政区域]に分ける; 地区的に配列する. **re·gion·al·i·za·tion** [rìːdʒ(ə)nəlɪzéɪʃən, -lə- | -laɪ-, -lɪ-] *n.*

régional líbrary *n.* 地域図書館.

re·gis·seur [rèɪʒɪsə́ː | -sə́ː(r; *F.* reʒisœːr] 〖□ F *régisseur* ← *régir* to manage〗 — *n.* (*pl.* ~**s** [~(z); *F.* ~]) (*also* **ré·gis·seur** [~]) **1** 〘バレエ〙レジッスール, 演出家. **2** 〘映画・演劇〙映画[舞台]監督; 演出家《《英》の director, 《米》の producer に当たる》.

reg·is·ter [rédʒɪstə, -dʒəs- | -dʒɪstə(r] 〖*n.*: 《*c*1378》 □ (O)F *registre* ∥ ML *registr-um*＝L *regestum* (neut. p.p.) ← *regerere* to record ← RE- (A)＋*gerere* to carry (⇨ digest). — *v.*: 《*a*1393》□ (O)F *régistr-er* ∥ ML *registr-āre* ← *registrum*〗 — *n.* **1 a** 記録, 記入, 登記, 登録. **b** (出生・結婚・死亡などの)記載事項, 記録: No ~ of his death was found. 彼の死亡の記載がなかった. **2** (出生・結婚・死亡・海員・船舶・選挙人などの)登録簿; 登記簿, 記録簿; (特定の人々の)名簿; 表, 目録 (roll, list): a hotel ~ 宿帳 / a visitors' ~ 来客の芳名簿 / a voting ~ 選挙人(登録)名簿 / ⇨ church register, Lloyd's register, parish register. **3** 〖《変形》← REGISTRAR〗登録[記録]係, (特に)登記[登録]官 (registrar): a ~ of wills 《米》遺言検認官. **4 a** (速度・金銭出納などの)自動記録器, 登録器, レジスター, 記録指示器: a cash ~ 金銭登録器, レジ(スター). **b** (レジスターなどで)記録された数[量]. **5** (ストーブ・炉・部屋の壁・煙突などの)通風装置, 換気調整弁; 温度調整装置. **6** 書留郵便(の一通) (cf. registered mail). **7** 〘音楽〙 **a** (オルガンの)音管の一組; 音栓(おんせん) (stop), 音栓のつまみ (stop knob). **b** (楽器の)音域 (range); 声域, 換声区域《人間の声域は発声法によって, 頭声 (head register), 中声 (middle [throat] register), 胸声 (chest register) の三つに分けられる》. **8** 〘印刷〙 **a** 見当(けんとう)《両面刷りで, 各版を刷り合せる位置》: in [out of] ~ 見当の合った[はずれの]. **b** (色刷りの)見当. **9** 〘製本〙 **a** 折記号表. **b** しおり(紐). **10** 〘写真〙感光板[フィルムなど]を重ね合わすこと《例えば三色写真の時に黄フィルムと赤フィルムと青フィルムを画像がずれないように正しく重ね合わすことなど》. **11** 〘貿易〙(税関の)船籍証明書, 税関証明書: a ship's ~. **12** 〘電算機〙(少量のデータの)蓄積装置; データ蓄積装置. **13** 〘言語〙音域, 声域, 使用域; 言語使用域.

— *vt.* **1** 正式に記載する, 登記する, 登録する (enter in a register); 登記[登録]してもらう: ~ a birth [death] 出生[死亡]を登記する / ~ oneself 選挙人名簿に登録する; 宿帳[芳名簿]に記入する; (会議で参加者として)名前を記入する / He is ~*ed* as a doctor. 医者として登録されている / The gun was ~*ed* in his name. 銃は彼の名で登録された / The cars are often ~*ed* to fictitious names and addresses. 架空の住所氏名で登録されている車がよくある. **2** 〈郵便物を〉書留にする[してもらう]: ~ a letter [parcel] 手紙[小包み]を書留にする / I want to have [get] this letter [parcel] ~*ed*. この手紙[小包]を書留にして欲しい / ~ luggage on a railway 《英》手荷物を特別料金配達扱いにする. **3** 心に銘記する, 印象づける (impress): ~ something in one's memory あることを記憶に留める. **4** 〈温度計などが〉示す, 指す (indicate); 〈機械が〉自記する: The thermometer ~*ed* zero. 温度計は零度を示した. **5** 〈驚き・喜び・怒りなどを〉表情[身振り]で表わす, 表現する (express): His face ~*ed* comprehension. 「判った」という表情になった / Mary ~*ed* amazement [alarm and surprise]. メアリーは驚きの色を顔に浮かべた[びっくり仰天という顔つきをした] / Patients usually ~ some symptoms of their diseases. 患者には通例その病気の徴候が顔に現われるものだ. **6** 〘印刷〙(両面刷り・多色刷りで, 各版の)見当(けんとう)を合わせる. **7** 〘軍事〙一定の点に命中するよう〈砲火を〉修正する. **8** 船舶国籍証書を発行して〈外国貿易に携わる商船を〉証明する. — *vi.* **1 a** (宿帳などに)記名する; 署名する: ~ at a hotel. **b** 《米》選挙人名簿に登録する. **c** 入学の登録をする; 聴講の手続きをする, 登録する [*for*]: ~ *for* English course. **2** 〈機械などが〉自記する: a ~*ing* weather vane 自記風見計. **3** 何らかの効果がある, 印象を与える, 心に残る: The name of the woman did not ~ *with* me. その女の名前は特に心に残りはしなかった. **4** 《口語》(驚き・喜び・怒りなどの)表情[身振り]をする. **5** 〘機械〙〈穴などが〉正しく合わさる. **6** 〘印刷〙見当が合う. **7** 〘音楽〙オルガンの音栓 (stop) を選び配合する. **8** 〘軍事〙(後の射撃に有効な正確なデータを得るために)試射する, 修正射撃をする.

reg·is·ter·a·ble [rédʒɪst(ə)rəbḷ, -dʒəs- | -dʒɪs-] *adj.* ＝registrable.

rég·is·tered *adj.* **1 a** 登録した, 登記した, 記名の: a ~ design [trademark] 登録意匠[商標] / a ~ reader 予約講読者. **b** 書留の: a ~ letter [package, parcel] 書留書状[小包] / ~ post 書留郵便. **2 a** 公許の, 公認の. **b** 公式登録の: ~ horses [cattle, dogs] (血統などが公認協会に登録されている)登録馬[牛, 犬].

régistered bónd *n.* 記名債券 (cf. bearer bond).

régistered bréadth *n.* 〘海事〙(船体の)登録幅《登録してある船幅》.

régistered dépth *n.* 〘海事〙(船体の)登録深さ.

régistered léngth *n.* 〘海事〙(船体の)登録長さ.

régistered máil *n.* 書留郵便(物) (cf. certified mail).

régistered núrse *n.* 正看護婦, 正看 (略 RN).

régistered pláyer *n.* 〘テニス〙登録選手《国際テニス連盟 (International Lawn Tennis Federation) の登録選手》.

régistered represéntative *n.* 《米》〘証券〙(証券取引所または証券業協会に)登録された証券外務員[セールスマン] (cf. customer's broker).

régistered tónnage *n.* 〘海事〙＝register tonnage.

régister óffice *n.* 戸籍役場, (出生・結婚・死亡などの)戸籍登記所, 登記所: the General *Register Office* 《英》(London の)戸籍本署 / be married at a ~ (宗教的儀式を用いないで)登記所で結婚をする (cf. civil marriage, regular *adj.* 5).

régister tón *n.* 登簿トン (⇨ ton[1] 5).

régister tónnage *n.* 〘海事〙登簿トン数《機関室・船員室などを除いた乗客および積荷のための容積》.

reg·is·tra·ble [rédʒɪstrəbḷ, -dʒəs- | -dʒɪs-] *adj.* **1 a** 記入[登録, 登記]できる. **b** 書留にできる. **2** 〘印刷〙見当合わせできる.

reg·is·trant [rédʒɪstrənt, -dʒəs- | -dʒɪs-] 〖← REGISTER (*v.*)＋-ANT〗 *n.* 登録する人; (特に, 商標・特許の)登録者.

reg·is·trar [rédʒɪstrɑ̀ː, -dʒəs-, ⏑⏑⏑ | rèdʒɪstrɑ́ː(r, ⏑⏑⏑] 〖《1675》← REGISTER (*v.*)＋-AR[2] ∽ ME *registrer* □ AF **registrere*＝OF *registreur*〗 — *n.* **1 a** (公式の)記録係; 登記[登録]官, 戸籍吏 (register officer): ⇨ Registrar-General. **b** (大学の)学籍担当事務官, 学籍係《学生の学籍・進級・成績などを記録する》. **c** 記名株券[債券]の登録機関《発行者から委託される銀行・信託会社など》. **d** (病院の)入院係. **2** 《英》臨床研修医《病院で専門医としての訓練を受けている医師》. **3** 〘英法〙登録官《高等裁判所 (High Court) などで, 判事の下にあって令状の発行, 訴訟の受理および簡単な裁判の審理もする事務官》.

Régistrar-Géneral *n.* (*pl.* **Registrars-**) (London の)戸籍本署 (General Register Office) 長官.

régistrar·shìp *n.* 登録官吏[戸籍吏, 大学の学籍係]の職[任期].

reg·is·tra·ry [rédʒɪstrəri, -dʒəs- | -dʒɪstrərɪ] 〖《*c*1541》□ ML *registrāri-us*: ⇨ registrar, -ary〗 *n.* 《英》(Cambridge 大学の)学籍担当事務官 (registrar).

reg·is·trate [rédʒɪstrèɪt, -dʒəs- | -dʒɪs-] 〖← ML *registrāt-us* (p.p.) ← *registrāre* 'to REGISTER': ⇨ -ate[3]〗 *vi.* 〘音楽〙パイプオルガンの音栓(おんせん)を選び配合する.

reg·is·tra·tion [rèdʒɪstréɪʃən, -dʒəs- | -dʒɪs-] 〖《?1566》□ F 《廃》 ~ ∥ ML *registrātiō(n-)* ← *registrāre*: ⇨ register (*v.*), -ation〗 — *n.* **1 a** 記載, 登記, 登録; 記名. **b** 書留: a ~ fee 書留料. **c** (学生の学籍・進級・成績・公式文書などの)記録《enrollment ともいう》. **2** [集合的] 登録された人たち[選挙人]; 登録者数: a course with a small ~ 登録者数の少ないコース. **3** 登録済証明書. **4** (温度計などの)記録, 表示. **5** 〘印刷〙見当(けんとう) (⇨ register *n.* 8). **6** 〘音楽〙(所期の奏音効果を出すために)適当な音栓(おんせん)を選ぶこと, またその組合わせ. **7** 〘政治〙選挙人登録《正式な手続きを経て選挙人名簿に名を登録すること》.

registrátion màrk *n.* 〘自動車〙(文字と数字を組み合せた)自動車登録標識.

reg·is·try [rédʒɪstri, -dʒəs- | -dʒɪstrɪ] 〖《1589》← REGISTER (*v.*)＋-ERY ∽ 《15C》 *registery* □ ML *registerium*〗 — *n.* **1 a** 記入, 記載, 登記, 登録, 記録 (registration). **b** 書留. **2 a** (登録によって立証される船の)船籍: ⇨ CERTIFICATE of registry / a ship of Liberian ~ リベリア国籍の船 / the port of ~ 船籍港. **b** 船籍証明書. **3 a** 戸籍役場, 登記所. **b** 《古》雇い人紹介所 (servants' registry office).

régistry óffice *n.* 《英》 **1** 戸籍役場, 登記所: a marriage at a ~ (宗教的儀式をしない)登記所結婚 (cf. civil marriage). **2** ＝register office. **3** 《古》＝registry 3 b.

re·gi·um do·num [ríːdʒiəm-dóunəm | -dʒɪəm-dáʊ-] 〖← NL *rēgium dōnum* royal gift〗 — *n.* (*pl.* **re·gi·a do·na** [-dʒiə-dóunə | -dʒɪə-dáʊ-]) 王室御下賜金《特に 17 世紀末から 1870 年までアイルランドの長老教会牧師に英国から年々贈られた補助金》.

Re·gi·us, r- [ríːdʒiəs, -dʒəs | -dʒɪəs, -dʒəs] 〖□ L *rēgius* royal ← *rēx* king〗 *adj.* 王が設けた, 欽定(きんてい)の, 勅任の.

régius proféssor *n.* 《英》[しばしば R-] (Oxford と Cambridge 大学およびスコットランドのある大学の)欽定講座担任教授《Henry 八世の創設; その後の同様の講座担任教授にもいう》.

reg·let [réglɪt, -lət | rég-, ríg-] 〖《1576》□ (O)F *réglet* (dim.) ← *règle* 'RULE': ⇨ -et〗 — *n.* **1** 〘建築〙平縁(ひらぶち), 平条(ひらじょう). **2** 〘印刷〙木インテル《木製のインテル; cf. lead[1] *n.* 5》.

reg·ma [régmə] 〖← NL ~ ← Gk *rhêgma* rupture ← *rhḗgnunai* to break〗 — *n.* (*pl.* ~**·ta** [~tə | ~tə]) 〘植物〙弾分朔果(さくか), 破而多房乾果《熟すと軸から分離する三つまたはそれ以上の心皮からなる乾果; 縦に分裂して種子をはじき飛ばす》.

regna *n.* regnum の複数形.

reg·nal [régnəl, -nḷ] 〖《1612》□ ML *regnāl-is* ← L *rēgnum* 'REIGN': ⇨ -al[1]〗 *adj.* 御代の, 御治世の; 王(国)の: the ~ day 即位記念日. **~·ly** *adv.*

régnal yéar *n.* 即位紀元: in the third ~ 即位第三年に.

「統治, 支配.

reg·nan·cy [régnənsi | -sɪ] 〖← REGNAN(T)＋-CY〗 *n.*

reg·nant [régnənt] 〖《1600》□ L *rēgnant-em* (pres.p.) ← *rēgnāre* 'to REIGN': ⇨ -ant〗 — *adj.* **1** [通例名詞に後置して] 統治する, 君臨する, 支配する (reigning): ⇨ queen regnant. **2 a** 優勢な, 勢力のある, 支配的な, 有力な, 主要な. **b** 一般に行なわれている, 流行している (prevalent): the ~ fashion.

Re·gnard [rənjɑ́ə | -njɑ́ː(r; *F.* rəɲaːr], **Jean François** *n.* ルニャール《1655–1709; フランスの喜劇作家; *Les Folies amoureuses*「恋の痴(し)れごと」(1704)》.

Re·gnáult's láw [rənjóuz- | -njə́uz-; *F.* rəɲo-] 〖← *Henri V. Regnault* (1810–78: フランスの物理学者・化学者)〗 — *n.* 〘物理〙ルニョーの法則《一定量の気体の定圧比熱は圧力に関係しないという法則》.

reg·num [régnəm] 〖□ L *rēgnum*〗 *L. n.* (*pl.* **reg·na** [-nə]) 統治(期間) (kingdom).

reg·o·lith [régəlìθ] 〖← Gk *rhêgos* blanket＋-LITH〗 *n.* 〘地質〙表土《地表の最上部をなす土壌; mantle rock, surface soil ともいう》; 月表面の石粉状物質.

rè·górge 〖□ F *regorg-er* ← RE-＋*gorger* (⇨ gorge[1])〗 — *vt.* **1** 戻す, 吐き出す (disgorge, vomit). **2** 投げ返す (throw back). **3** 再び飲み込む. — *vi.* (坑・溝などから)〈水が〉噴き返る, 流れ戻る.

reg·o·sol [régəsɑ̀l, -sɔ̀(ː)l | -sɔ̀l] 〖← REGO(LITH)＋L *sol(um)* ground〗 — *n.* 〘農業〙レゴゾル, 非固結岩屑土(がんせつど)《砂・火山灰・氷河堆積物などに由来する非固結性の無成層土壌》.

Reg. Prof. 《略》Regius Professor.

rè·gránt *vt.* 再び許す, 再び交付する, …に再び交付金を与える. — *n.* 再交付金.

re·grate[1] [rɪgréɪt, rə-] 〖《1467》□ OF *regrat-er* ← RE- (A)＋*grater* 'to GRATE[2]'〗 — *vt.* **1** 〈穀物・食料品などを〉(同一のまたは近くの市場で高く売るつもりで)買い占める《不法行為; cf. forestall 3 b》. **2** 〈買い占めた食料品などを〉(高値で)売りさばく, 小売する.

re·grate[2] [rɪgréɪt, rə-] 〖□ F *regratt-er* ← RE-＋*gratter* to scrape〗 *vt.* 〘石工〙叩き直す《壁石などの表面を削って新しく見せる》.

re·grát·er [-tə | -tə(r] 〖《*c*1378》□ OF *regratier*: ⇨ regrate[1], -er[1]〗 — *n.* (*also* **re·gra·tor** [~]) **1** 《英》買占め人. **2** 《方言》(農家を回って麦などの買付けなどをして行く)仲買人 (middleman), 買集め商.

rè·gréet *vt.* **1** 《廃》再び挨拶(あいさつ)する, 会釈し直す. **2** 《古》答礼する, 返礼する. — *n.* 《古》答礼, 返礼.

re·gress 〖《*c*1375》□ L *regress-us* (p.p.) ← *regredi* ← RE- (A)＋*gradi* to step (⇨ grade)〗 — [ríːgres] *n.* **1 a** 後戻り, 復帰 [*to, into*]. **b** 復帰権. **c** 退歩, 堕落 (retrogression) (↔ progress). **2** 〘法律〙(取り戻した土地への)再立入り, 復帰. **3** 〘論理・哲学〙(結果[帰結]から原因[理由]への)遡及(そきゅう), 背進, 後退. **4** 〘天文〙＝regression 4. — [rɪgrés, rə-, riː- | rɪ-, riː-] *v.* — *vi.* **1 a** 後戻りする, 戻る, 帰る; 復帰する. **b** 退歩[退化, 逆行]する. **2** 〘天文〙後退する, 逆行する (retrograde). — *vt.* 〘精神分析〙退行させる.

re·grés·sor *n.*

re·gres·sion [rɪgréʃən, rə-, riː- | rɪ-, riː-] 〖《*c*1520》□ L *regressiō(n-)*: ⇨ ↑, -sion〗 — *n.* **1** 後戻り, 回帰, 復帰. **2** 退歩, 退化, 堕落 (retrogression). **3**

〘数学・統計〙回帰《いくつかの変量 (variate) 間の(推測された)関数関係》. **4** 〘天文〙(惑星の)後退, 逆行(運動)《惑星等が見かけの上で恒星の間を西へ動くこと; retrogression, retrogradation ともいう》. **5** 〘生物〙退行. **6** 〘精神分析〙退行《精神発達のより幼い段階に戻ること》. **7** 〘地理・地質〙海退《陸地の上昇または海面の下降によって, 海底が陸化する現象; ↔ transgression》. **8** 〘病理〙(病勢の)退行; (原状への)回帰.

regression coefficient *n.* 〘数学・統計〙回帰係数《回帰が一次関数であると考えた場合のその係数》.

regréssion cùrve *n.* 〘数学・統計〙回帰曲線《2つの変量の相関関係を表わす曲線》.

regréssion lìne *n.* 〘数学・統計〙回帰直線《回帰が一次関数であると考えた場合のそのグラフの直線》.

re·gres·sive [rɪgrésɪv, rə-, riː- | rɪ-, riː-] 〘《1634》← REGRESS＋-IVE〙 — *adj.* **1** 後戻りする, 後退の, 逆行の. **2** 退歩する, 退化する, 堕落の. **3** 回帰する, 復帰する. **4** 〘財政〙〈税率が〉所得が増すにつれて下がる, 逆累進の. **5** 〘論理・哲学〙(結果[帰結]から原因[理由]へ)遡及(そきゅう)[背進, 後退]する, 遡及的な. **6** 〘生物〙退行の, 退化の, 退化を起こさせる. **~·ly** *adv.* **~·ness** *n.*

regréssive assimilátion *n.* 〘音声〙逆行同化《前の音が後の音の影響で変化すること; 例: horseshoe [hɔ́əsʃùː | hɔ́ːs-] が [hɔ́əʃʃùː | hɔ́ːʃ-] となるなど; cf. progressive assimilation》.

re·gret [rɪgrét, rə-] 〘《?c1380》*regrette(n)* ⊏ (O)F *regrett-er* ← RE-＋Gmc **ʒrētan* 'to weep, GREET[2]'〙 — *vt.* (**re·gret·ted**; **-gret·ting**) **1** 後悔する, 悔む, くやしがる, 残念に思う, 遺憾とする: ~ one's marriage 結婚を後悔する / He ~*s* having done such a thing. そんなことをしたことを後悔している / I deeply ~ ever having met you. あなたになんか会うんじゃなかった / I'll never ~ knowing you; it's been an education. 君を知ったことは絶対後悔しないつもりだ, 勉強になったから / I have never ~*ted* being a teacher. 教師であることを後悔したことは一度もない / I ~ *that* I did not take your advice. 君の忠告を聴かなかったことを後悔している / I ~ *to* say that I am unable to help you. 残念ながらご援助致しかねます / It is to be ~*ted* that ...は残念なことだ. **2** 気の毒に思う, 悼(いた)む, 嘆く, 悲しむ: ~ a person's death / I ~ *to* hear of his ill luck. 彼が不幸な目にあった話を聞いて気の毒に思う / I deeply ~ the passing of your mother. ご母堂のご逝去を悼み心からお悔み申し上げます. **3** 惜しむ, 未練に思う, 名残り惜しく思う: ~ one's happy youth 自分の幸福だった青年時代を懐かしむ.
— *n.* **1** 残念, 無念, 遺憾; 後悔, 悔恨 (repentance, remorse): express ~ at ...を残念がる / express ~ for ...を悪かったと詫(わ)びる[謝る] / feel ~ for past misdeeds 過去の不心得を後悔する / have no ~*s* 悔いることはない, 悪いことをしたと思わない / To my deep ~ I cannot accept your invitation. 残念ですがお招きをお受けすることはできません / hear with ~ that [of] ...ということを聞いて残念[遺憾]に思う / It is a matter for [of] ~ that ...とは残念[遺憾]なことだ / He refused the proposal with much ~ [many ~*s*]. 本当に残念ですと言って申し出を断った. **2** 悲しみ, 悲嘆, 落胆, 失望; 哀悼, 哀惜, 未練: a letter of ~ お悔みの手紙 / express ~ over a person's death 人の死を悼(いた)む. **3** [*pl.*] (招待状に対する丁寧な)断り, 断り状: Please accept my ~*s*. 残念ながらお受けすることはできません / send ~*s* 断り状を出す / *Regrets* only. (招待状で)お断りの方だけご返事下さい.
~·ter [-ṭə | -tə(r)] *n.*

re·gret·a·ble [rɪgréṭəbl̩, rə- | -tə-] *adj.* ＝regrettable.

re·gret·ful [rɪgrétfəl, rə-] *adj.* **1** 後悔して[悔んで]いる: He was ~ *for* what he had done. 彼のやったことを後悔した. **2** 嘆いている; 惜しがっている, 未練がましい, 名残り惜しげな: a ~ glance 名残り惜しげな一瞥(いちべつ). **3** 遺憾[哀悼, 悔恨, 悲嘆]の意を表わす: a ~ apology お詫(わ)び(の言葉). **~·ly** *adv.* **~·ness** *n.*

re·gret·ta·ble [rɪgréṭəbl̩, rə- | -tə-] 〘《1603》⊏ F ~: ⇨ regret, -able〙 — *adj.* 悲しむべき, 痛ましい, 慨嘆すべき, 遺憾な, 残念な, 無念な, 気の毒な: a ~ fact, error, loss, etc. / It's ~ that ...ということは遺憾なことだ. **~·ness** *n.*

re·grét·ta·bly [-bli | -blɪ] *adv.* **1** 悲しむべく, 遺憾ながら; 残念なほど. **2** 残念なことには, 残念にも, 口惜しくも: *Regrettably*, he failed in the expedition. 残念なことに彼は遠征に失敗した.

rè·gróup *vt.* **1** 新しくグループ分けする; まとめ直す. **2** 〘軍事〙(特に作戦の新局面の開始にあたって〈部隊を〉再区分する, 編制し直す. — *vi.* **1** 再組織する. **2** 〘軍事〙(部隊の)区分変えを行なう, 編制し直す.

rè·grów *vt.* 再生させる. — *vi.* 再生する.

Regt. 《略》Regent; Regiment.

re·guar·dant [rɪgɑ́ədn̩t, rə- | -gɑ́ː-] *adj.* 〘紋章〙＝regardant.

reg·u·la [régjulə] 〘⊏ L *rēgula* 'ruler, RULE'〙 *n.* (*pl.* **reg·u·lae** [-lìː]) **1** 〘建築〙レーグラ, 小縁, 受桟(うけざん) (fillet) (⇨ entablature 挿絵). **2** 〘教会〙規則.

reg·u·la·ble [régjuləbl̩] 〘← REGUL(ATE)＋-ABLE〙 *adj.* **1** 整理のできる; 調節のできる. **2** 規定される; 取り締まれる; 制限できる.

regulae *n.* regula の複数形.

reg·u·lar [régjulə | -lə(r)] 〘《15C》⊏ L *rēgulār-is* of a ruler or bar ∽ 《a1387》*reguler* ⊏ OF (F *régulier*): ⇨ regula, -ar[1]〙 — *adj.* **1** 規則的に組み立てられた[建てられた, 配列された], 規則的な, 整然とした (well-ordered), 均斉の取れた (symmetrical), 調和した (harmonious): a ~ design 規則的な模様 / ~ teeth きれいな歯並び / ~ sequence 整然たる順序 / ~ verse 格調の正しい詩 / ~ formation 〘地質〙規則正しい成層. **2 a** 規則的になされる[行なわれる]; 規則正しい, きちんとした (orderly, methodical): ~ habits 規則正しい習慣 / ~ attendance 精勤 / a ~ attendant at the meetings 集会に必ず出席する人, 常連 / a ~ churchgoer いつも欠かさず教会に通う人 / keep ~ hours (時間的に)規則正しい生活をする / (as) ~ as clockwork [sunrise, military drums] 時計仕掛け[日の出, 軍隊の太鼓]のように規則正しく / live a ~ life (節度を守った)規律ある生活を送る. **b** 〈便通が〉きちんとある, 正常な. **c** 〈人が〉規則的に便通のある; 規則正しく月経のある. **3** 定時の, 定期的な (periodic): a ~ meeting 定期的会合, 例会 / ~ meals 三度三度の食事 / ~ service (列車・バスなどの)定時[期]運転. **4** 定時に働く; 定期的に寄稿する; 定まった (constant): ~ employ 常雇い / a ~ contributor 常時寄稿家 / a store's ~ customers 常客, 常得意 / a ~ salary 定給 / a ~ income 定収入 / He has no ~ profession. 定職を持たない. **5** 法律[規則, 慣例, 標準など]に合った; 正規の, 正式の (formal, standard); 免許[資格]を得た, 本職の: a ~ course 正科, 正規の課程 / ~ procedure [steps] 正規の手続き[手段] / a ~ member 正会員 / a ~ cook 本職のコック / a ~ marriage 正規の結婚《登記所結婚でなくて教会で行われるもの; cf. civil marriage, register office》/ I have had no ~ introduction. 別に改まって紹介してもらったのではない / The nomination was ~. 推薦は正式のものであった. **6** 習慣に従った, 通例の, いつもの (usual, customary); 一定の, 決まった, きまぐれでない, 偶然でない: one's ~ hour of rising いつもの起床時刻 / put it in its ~ place それをいつもの場所に置く / a ~ orbit 一定の軌道 / ~ bedtime 決まった就寝時刻 / at ~ intervals 一定の間隔で, 定期的に. **7** 〘口語〙完全な, 全くの, 立派な (complete, perfect); 疑いもない, 紛れもない, 純然たる (undoubted), 正真正銘の, その名に恥じない, 徹底的な (thorough): a ~ hero 真の英雄 / a ~ rascal 全くの[札つきの]悪党 / a ~ fool 大ばか / a ~ smash 強烈な一撃 / a ~ overhauling 徹底的な分解修理. **8** 〘米口語〙〈人が〉(意見や行動の点で)まともな; いい, 気持のいい: a ~ guy いい奴(やつ), 好漢. **9** 〘文法〙規則変化の; 弱変化の (weak): ~ verbs 規則動詞. **10** 〘軍事〙**a** 正規の, 常備の (standing): ~ soldiers 正規兵《義勇兵・国民兵・臨時募集兵に対する》. **b** 正規兵からなる, 正規軍の. **11** 〘教会〙**a** 〈聖職者が〉規則 (regula) に拘束されている, 修道会に属する (↔ secular): the ~ canon＝canon regular / the ~ clergy 修道士 / the ~ clerk＝clerk regular. **b** [R-] Regular Baptist 派に属する. **12** 〘米政治〙政党で公式に選ばれた, 党指名の, 公認の (authorized): a ~ candidate 公認候補. **13** 〘植物〙〈花が〉均整の, 整正の (symmetrical): a ~ flower 整正花. **14** 〘結晶〙等軸の (isometric): the ~ system 等軸晶系. **15** 〘数学〙正則の, (平面図形で)等辺等角の; (立体で)各面の大きさと形が等しい: a ~ function 正則関数《微分できる複素関数》/ a ~ curve 正則弧 / a ~ polygon 正多角形 / ⇨ regular solid, regular triangle.
— *adv.* 《方言》**1** 規則正しく, 定期的に, きちんきちんと (regularly): He pays his rent ~. 家賃はきちんきちんと納めている / It happens ~. きちんきちんと[決まったように]起こる / He comes ~. 彼は決まってやって来る. **2** 完全に, 徹底的に (thoroughly): He is ~ angry. とても怒っている.
— *n.* **1** 〘口語〙**a** 常雇い人, 常雇い職工; 常連; 常客. **b** (スポーツの)レギュラー選手, 正選手. **2** 安心[信頼]できる人[もの]. **3** (既製服などの平均身長者用)標準サイズ (cf. long[1] *n.* 3 b, short *n.* 2 b). **4** 〘軍事〙正規兵, 常備兵, 職業軍人. **5** 〘教会〙修道士 (monk, friar). **6** 〘米政治〙(自党の)忠実な党員.

régular ármy *n.* [the ~] 正規軍, 常備軍.

Régular Báptist *n.* 〘キリスト教〙**1** 正規バプテスト《主に米国南部に見られる穏健な Calvin 的なバプテストで, 初期の英国のバプテストを代表する》. **2** 正規バプテスト派の一員《北部バプテストから脱退した諸教会によって 1932 年設立された正規バプテスト教会に所属するバプテスト》.

régular chécking accòunt *n.* 《米》〘銀行〙普通当座預金《毎月の取扱手数料が保有されている平均預金残高と行なわれた取引回数に基づいて支払われる当座預金; cf. special checking account》.

Reg·u·lar·i·a [règjulé(ə)riə | -léəriə] 〘← NL ~ (neut. pl.) ← L *rēgulāris* 'REGULAR'〙 *n. pl.* 〘動物〙正形類.

reg·u·lar·i·ty [règjulǽrəṭi | -rəti, -rɪ-] *n.* **1** 規則正しいこと: ~ in conduct 行為の規則正しさ / with ~ 規則正しく, きちんきちんと. **2** 秩序整然, 整正, 均整: ~ of form [features] 形[目鼻立ち]の整っていること. **3** 調和. **4** 正規, 尋常.

reg·u·lar·i·za·tion [règjulərɪzéɪʃən, -rə- | -raɪ-, -rɪ-] *n.* **1** 秩序立て, 組織化, 整理; 規則正しくすること. **2** 調整, 一様化. **3** 合法化.

reg·u·lar·ize [régjulərὰɪz] 〘《1623》← REGULAR＋-IZE: cf. F *régulariser*〙 — *vt.* **1** 秩序立てる, 組織化する, 整理する. **2** 調整する, 一様化する. **3** 正式のもの[合法的]にする: ~ a marriage 正式に結婚手続きをとる. **rég·u·lar·ìz·er** *n.*

régular láy *n.* (なわ[ロープ]の編み方 (lay) の)中(ちゅう)編み《並みの強さの編み方; medium lay ともいう》.

rég·u·lar·ly 〘《1526》〙 — *adv.* **1** 規則正しく, きちんと, 整然と, 一様に; 釣合いよく: arrange ~ 整然と配列する. **2** 本式に, 正式に; 適当に, 適法に. **3** いつも決まったように, 定期的に, きちんきちんと, いつものように, 例の如く: attend church ~ 休まずに教会に出る. **4** 〘口語〙徹底的に, 全く, まんまと (thoroughly): I was ~ taken in over that business. あの一件ではまんまといっぱい食わされた.

régular óde *n.* 〘詩学〙＝Pindaric ode.

régular polyhédron *n.* 〘数学〙＝regular solid.

régular pýramid *n.* 〘数学〙正角錐(すい).

régular refléction *n.* 〘光学〙正反射.

régular sólid *n.* 〘数学〙(5つの)正多面体(の一つ)《正4面体, 正6面体, 正8面体, 正12面体, 正20面体; regular polyhedron ともいう》.

régular spáce *n.* 〘数学〙正則空間《点とそれを含まない閉集合とが, それらを含む開集合で分離される位相空間 (topological space)》.

régular tértiaries *n. pl.* 〘教会〙律修第三会員 (⇨ tertiary 3).

régular tríangle *n.* 〘数学〙正三角形 (cf. right triangle).

régular yéar *n.* 〘ユダヤ暦〙(354 日から成る)平年《閏(うるう)年は 384 日から成る》.

reg·u·late [régjulèɪt] 〘《c1630》← LL *rēgulāt-us* (p.p.) ← *rēgulāre* ← L *rēgula* 'RULE': ⇨ -ate[3]〙 — *vt.* **1 a** (法則・原理などに従って)支配する, 律する: the laws that ~ the movement of heavenly bodies 天体運行をつかさどる法則. **b** ...の規則を作る, 規制する, 統制する: ~ industries 産業を統制する. **c** (規則・法規などで)取締まる: The traffic should be strictly ~*d*. 交通の取締りは厳重に行なわなければならない. **2** 〈数量などを〉加減する, 調節する, ほどよくする (moderate); 〈機械などを〉(正しく動くように)調整する (adjust): ~ the speed of a machine 機械の速度を調節する / ~ prices 物価を調節する / ~ a clock 時計を調整する / ~ excessive air pollution 過度の大気汚染を規制する. **3** 規則[規律]正しくする, 規則的にする (regularize): ~ one's habits / a well-*regulated* family きちんとした[規律のある]家庭. — *vi.* 規定[規則]を作る.

rég·u·lat·ing rèservoir [pòndage] [-ṭɪŋ- | -tɪŋ-] *n.* 〘電気〙調整池《発電所への流量調整用の池》.

régulating transfòrmer *n.* 〘電気〙負荷時電圧調整器《負荷状態でタップの切換えなどを行ない, 電圧調整をするための変電所等の変圧器》.

reg·u·la·tion [règjuléɪʃən] 〘《1672》: ⇨ -ation〙 — *n.* **1** 取締り, 規制, 統制. **2** 規則, 規定; 条例, 法規 (rule, order): army ~*s* 陸軍規定, 軍規, 軍律 / safety ~*s* (工場・実験室などの)安全規則 / school ~*s* 校則. **3** 加減, 調節, 規整. **4** 規則正しくすること. **5** 〘生物〙調整《多細胞生物の初期胚の割球を分離した時, 残った部分で完全な胚に発生できること》; 調節. **6** 〘電気〙変動率《負荷をかけることによって電圧, 回転速度などが低下する割合》. — *attrib. adj.* **1** 規定通りの, 正規の: a ~ cap 制帽 / ~ balls [boots] 正規のボール[靴] / a ~ sword 正式の帯刀 / exceed the ~ speed [size] 規定の速度[大きさ]を超過する. **2** 普通の, 尋常の, お決まりの, 例の (ordinary, usual): the ~ decorations for a Christmas party クリスマスパーティーのありふれた飾りつけ / the ~ size 並のサイズ.

reg·u·la·tive [régjulèɪṭɪv, -ləṭ- | -lət-, -lèɪt-] *adj.* **1** 規定する, 取締りの. **2** 調整[調節]的な, 加減する. **3** 〘哲学〙(カント哲学で)統制[規制]的な《悟性の構成的原理に対し認識の限界, 目標などを定め, 認識を規制する理念の原理を形容する語; ↔constitutive》. **4** 〘生物〙調整[調節]しうる.

rég·u·là·tor [-ṭə | -tə(r)] 〘《1655》← REGULATE＋-OR[2]〙 — *n.* **1 a** 規定者; 取締り人, 整理者, (交通などの)取締官. **b** 〘英史〙選挙調査[監視]委員《1688 年の選挙に際し, その前年設けられた委員会の一員》. **c** [R-] 〘米史〙世直し団員《North Carolina 州で公務員の汚職行為を糾弾するために立上がった幾つかの団体 (1767–71) の団員》. **2** 調整係[員]. **3** 〘機械〙調整装置, 調整器, 調速器, 調整弁: a current ~ 整流器 / ⇨ voltage regulator. **4** 〘時計〙**a** 緩急針《進み遅れを調節するための針; index ともいう》. **b** (標準時計として使われた高精度の)長枠時計 (long case clock). **5** 〘生物〙＝regulatory gene. **6** 〘海事〙圧搾空気調節器《潜水器に送る圧搾空気を水深に応じて調節する装置》.

régulator gène *n.* 〘生物〙＝regulatory gene.

régulator pìn *n.* 〘時計〙ひげ棒《緩急針の頭部に取り付けられひげぜんまいの外端部に接触しているピン; curb pin, index pin ともいう》.

reg·u·la·to·ry [régjulətɔ̀ːri, -tɔ̀ːri | -təri] 〘← REGULATE＋-ORY[1]〙 — *adj.* **1** 規定する, 取り締まる; 調整する, 調節する: the penguin's remarkable heat ~ system ペンギンの驚くべき体温調節機構. **2** 取締りを受ける.

régulatory géne *n.* 〘生物〙調節遺伝子《構造遺伝子の働きを調節する遺伝子》.

reguli *n.* regulus の複数形.

reg·u·line [régjulàɪn, -lɪn, -lən | -làɪn, -lɪn] 〘⇨ ↓, -ine[3]〙 *adj.* 〘化学・冶金〙金属状の固まり (regulus) の: ~ deposits 金属状沈積物.

reg·u·lus [régjuləs] 〘⊏ L *rēgulus* (dim.) ← *rēx* king:

⇨ rex[2]〙 ── n. (pl. ~·es, reg·u·li [-lài]) 1 〘化学・冶金〙金属状の固まり《鉱石を溶かす時に, るつぼまたは溶鉱炉の底にたまる粗金属または硫化物・ヒ化物等の固まり》. 2 〘cf. *Arab.* rijl paw (of the lion)〙 [R-] 〘天文〙レグルス《しし座 (Leo) の α 星で 1.4 等星》.

Reg·u·lus [régjʊləs], **Marcus A·til·i·us** [ətíliəs | -lɪəs, -ljəs] *n.* レグルス《?–?250 B.C.; 第一ポエニ戦争 (Punic War) 当時のローマの将軍》.

re·gur·gi·tant [rɪgə́ːdʒətənt, rə- | rɪgə́ːdʒɪt-, riː-] 〘⊏ ML *regurgitant-em* (pres.p.) ← *regurgitāre* (↓): ⇨ -ant〙 ── *adj.* 〘医学〙吐き戻す, 吐き出す; 〈血液が〉逆流する; 反芻(はんすう)する.

re·gur·gi·tate [rɪgə́ːdʒətèɪt, rə- | rɪgə́ːdʒɪ-, riː-] 〘《1653》← ML *regurgitāt-us* (p.p.) ← *regurgitāre* ← RE- (A)+L *gurgitāre* to engulf (← *gurges* whirlpool): ⇨ -ate[3]〙 ── *vt.* 〈気体・液体などを〉逆流させる; (特に)〈食物を〉吐き戻す: Ruminants ~ food already swallowed. 反芻(はんすう)動物は一度のみ下した食物を吐き戻す. ── *vi.* 逆流する; (特に)〈食物が〉吐き戻される, 戻る. **re·gúr·gi·tà·tive** [-tèɪtɪv | -tɪv] *adj.*

re·gur·gi·ta·tion [rɪgə̀ːdʒətéɪʃən, rə- | rɪgə̀ːdʒɪ-, riː-] 〘《1601》⊏ ML *regurgitātiō(n-)*: ⇨ ↑, -ation〙 ── *n.* 1 逆流. 2 〘動物〙(反芻動物や鳥類などが半消化の食物を胃から)吐き戻すこと, 吐き戻し. 3 〘生理・病理〙逆流; 吐出, 吐き戻し; 反芻.

re·ha·bil·i·tant [rìː(h)əbílətənt | rìː(h)əbílɪt-, rìə-] 〘← REHABILIT(ATION)+-ANT〙 *n.* 社会復帰の訓練を受けている身体障害者.

re·ha·bil·i·tate [rìː(h)əbílətèɪt | rìː(h)əbílɪ-, rìə-] 〘《1580–01》← ML *rehabilitāt-us* (p.p.) ← *rehabilitāre*: ⇨ re-, habilitate〙 ── *vt.* 1 a 元へ戻す, 旧態に復させる, 修復[復興]する: ~ an old house. b 復職[復位, 復権]させる: ~ a social outcast [a purgee] 社会から追放された者[公職追放者]を復帰させる[解除する]. c …の名誉[信用]を回復させる: ~ oneself 名誉[信用]を回復する, 雪辱する, 青天白日の身となる. 2 a 〈身体障害者・負傷者などを〉社会復帰させる, リハビリテーションを施す, 再び役立つものとする: ~ disabled soldiers 戦傷兵を自活できる[社会で働ける]ようにする. b 〈非行者などを〉更生させる: ~ young offenders. 3 〈破産した会社などを〉再建する, 弁済能力のある状態に戻す.

re·ha·bil·i·ta·tion [rìː(h)əbìlətéɪʃən | rìː(h)əbìlɪ-, rìə-] 〘《1533–34》⊏ ML *rehabilitātiō(n-)*: ⇨ ↑, -ation〙 ── *n.* 1 a 復職, 復位, 復権. b 復旧, 復興. c 名誉[信用]回復, 雪辱, 身のあかし. 2 a (身体障害者・負傷者・非行者などの)社会復帰, 更生. b リハビリテーション《社会復帰のための身体精神機能・技能・職能訓練》: medical [social, vocational] ~.

re·ha·bil·i·ta·tive [rìː(h)əbílətèɪtɪv, -tət- | rìː(h)əbílɪtèɪt-, rìə-, -tət-] *adj.* 1 a 旧態に復させる, 復興の. b 復権[復職]の. c 名誉回復の. 2 社会復帰のための, リハビリテーションの.

rè·hándle *vt.* 再び扱う, …の形[配列]を改める.

rè·háng *vt.* (-hung) 〈絵・カーテンなどを〉掛け直す, 違った掛け方をする.

re·hash [⌐⌐] *vt.* 1 〈肉などを〉刻み直す. 2 古い材料で作り直す, 焼き直す, 言い直す: ~ old stories [ideas, opinions] 古い話[考え, 意見]を焼き直す. ── [⌐⌐, ⌐⌐] *n.* 1 (古いものの)焼直し, 蒸返し. 2 焼き直したもの, 改作.

rè·héar *vt.* (re·heard) 1 再び聞く; 聞き直す. 2 〘法律〙再審理する.

rè·héaring *n.* 〘法律〙再審理, 続審.

re·hears·al [rɪhə́ːsəl, rə-, -sl | -hə́ː-] 〘《c1395》 *rehersayle*: ⇨ ↓, -al[1]〙 ── *n.* 1 (劇・音楽などの)練習, 下稽古(げいこ), 本読み, リハーサル; 試演: in ~ リハーサル(中)で / at a public ~ 公開リハーサルで / a full ~ 俳優総出の下稽古 / ⇨ dress rehearsal. 2 暗唱; 復唱. 3 詳しく話すこと; 詳しい話, 一部始終: a ~ of one's experiences 経験談(をすること) / a ~ of grievances 不平の並べ立て.

re·hearse [rɪhə́ːs, rə- | -hə́ːs] 〘《?a1300》 *reherce(n)* ⊏ AF *rehears-er*=OF *reherc(i)er* to reharrow ← RE-+*herc(i)er* to harrow (⇨ hearse)〙 ── *vt.* 1 (公演などの前に)練習する, 下稽古(げいこ)する, 本読みする, 試演する: ~ a play [scene, symphony] 劇[場面, 交響曲]を試演する / ~ a wedding ceremony 結婚式の予行をする. 2 …に下稽古をつける, 下稽古で練習させる: ~ actors [opera singers] 俳優[オペラ歌手]に稽古をつける. 3 暗唱[復唱]する, 繰り返して言う (repeat); 〈人から聞いたことを〉(そのまま)話す, 伝える. 4 a 詳しく述べる, 細かく話す (recount): ~ one's recent experience. b 列挙する, 並べ立てる (enumerate): ~ one's complaints. ── *vi.* 下稽古をする, リハーサルをする. **re·héars·er** *n.*

rè·héat *vt.* 再び熱する, 熱し返す. ── *n.* =reheating.

rè·héat·er *n.* 1 再熱器《一度使った蒸気を再び使うために熱する装置》. 2 〘航空〙(ジェットエンジンの)再燃焼装置 (⇨ afterburner 1).

rè·héat·ing *n.* 1 再び熱すること. 2 〘航空〙(ジェットエンジンの)再燃焼.

rehéating fùrnace *n.* 再熱炉.

Re·ho·bo·am [rìː(h)əbóʊəm | rìː(h)əbə́ʊ-, rɪə-] 〘⊏ Heb. *Rᵉḥabh'ām*《原義》the nation is enlarged〙 ── *n.* 1 〘聖書〙レハベアム《南王国 Judah の王; Solomon 王の子; 彼の治世にイスラエルは南北に分裂した; cf. *1 Kings* 12》. 2 〘cf. jeroboam 3〙 [しばしば r-] (ワイン・シャンペン用の)リーホボウアムびん《約 5 quarts 入り; 普通のびんの 5 本分, jeroboam の倍の量》.

re·house [rìːháʊz] *vt.* 新住宅を供給する; (特に, 不健康な住宅を取り壊した後などに)新住宅に住まわせる.

rè·húmanize *vt.* 1 再び人間的にする, 人間性を回復させる (cf. dehumanize). 2 a 人間としての権利と尊厳に適合させる. b 人間らしい(充実した)生活を回復させる. 3 真人間にする. **rè·humanizátion** *n.*

re·hy·drate [rìːháɪdreɪt] *vt.* 1 〈乾燥[粉化]食品などを〉元に戻す. 2 〘医学〙〈脱水状態に陥った患者〉に水分を補給する. **rè·hý·drat·a·ble** [-təbl | -tə-] *adj.* **re·hy·dra·tion** [rìːhaɪdréɪʃən] *n.*

rei *n.* reus の複数形.

Reich [ráɪk, ráɪç; G. ráɪç] 〘⊏ G ~ 'empire, kingdom': cf. OE *rīce*〙 ── *n.* ドイツ国 (Germany): the First ~ 第一帝国《神聖ローマ帝国 (Holy Roman Empire) (962–1806)》/ the Second ~ 第二帝国《Bismarck によって打ち建てられたドイツ帝国 (Deutsches Reich) (1871–1918)》/ the Third ~ 第三帝国《Hitler 総統下のナチ国家 (Drittes Reich) (1933–45)》.

Réi·chert-Méi·ssl nùmber [vàlue] [ráɪkət-máɪsl̩- | -kət-; G. ráɪçɐtmáɪsl̩-] 〘← *Karl Reichert* & *E. Meissl* (19 世紀のドイツの化学者)〙 ── *n.* 〘化学〙ライヘルトマイスル価《脂肪中の脂肪酸含量を表わす値; 5 g の脂肪から得られる脂肪酸を中和するのに必要な $^1/_{10}$ モル水酸化ナトリウム溶液の ml 数》.

Reichs·bank [ráɪksbæ̀ŋk, ráɪçs-; G. ráɪçsbaŋk] *n.* ライヒスバンク, ドイツ国立銀行《1876 年創立, 1945 年閉鎖》.

Reichs·land [ráɪkslàːnt, ráɪçs-; G. ráɪçslànt] 〘⊏ G ~ 'empire's land'〙 ── *n.* 帝国領地: 1 (1806 年までの)神聖ローマ帝国の領地. 2 ドイツに併合されていた時期 (1871–1918 年)の Alsace-Lorraine.

reichs·mark, R- [ráɪksmàək, ráɪçs- | -màːk; G. ráɪçsmàrk] 〘⊏ G *Reichsmark* empire's mark: ⇨ Reich, mark[2]〙 ── *n.* (*pl.* ~s, ~) ライヒスマルク《1925–48 年間のドイツの通貨単位》.

reichs·pfen·nig, R- [ráɪksfènɪg, ráɪçs-, -nɪk | -pfèn-, -fèn-; G. ráɪçspfɛ̀nɪç] 〘⊏ G *Reichspfennig* empire's penny〙 ── *n.* (*pl.* ~s, **-pfen·ni·ge** [~ə; G. ~ə]) ライヒスペニヒ《1925–48 年間のドイツの青銅貨; =$^1/_{100}$ reichsmark》.

Reichs·rat [ráɪksràːt, ráɪçs-; G. ráɪçsràːt] 〘⊏ G ~ 'empire's council': ⇨ Reich, rede〙 ── *n.* [the ~] 1 〘ドイツ史〙(旧ドイツ共和国の各邦政府代表者からなる)参議院 (1919–34) (cf. Bundesrat 1). 2 〘歴史〙オーストリア議会《オーストリアハンガリー帝国のオーストリア部分の二院制議会 (1867–1918)》.

Reichs·tag [ráɪkstàːg, ráɪçs-, -tàːk; G. ráɪçstàːk] 〘⊏ G ~ ← *Reichs* (↑)+*Tag* legislative assembly (cf. *tagen* to hold assembly): ⇨ Reich〙 ── *n.* [the ~] 〘ドイツ史〙(ドイツの)国会 (cf. Bundestag): 1 (1806 年までの)神聖ローマ帝国の帝国議会. 2 北ドイツ連邦(1867–71) の議会. 3 ドイツ帝国 (1871–1918) の帝国議会. 4 ワイマール共和国 (1919–33) の国会.

reichs·ta·ler, R- [ráɪkstàːlə, ráɪçs- | -lə(r; G. ráɪçstàːlɐ] 〘⊏ G ~〙 *n.* =reichsthaler.

Reich·stein [ráɪkstaɪn, ráɪçʃtaɪn; G. ráɪçʃtaɪn], **Ta·de·usz** [tádeʊs] *n.* ライヒシュタイン《1897– ; ポーランド生れのスイスの化学者; Nobel 医学生理学賞 (1950)》.

reichs·tha·ler, R- [ráɪkstàːlə, ráɪçs- | -lə(r; G. ráɪçstàːlɐ] 〘⊏ G《古》*Reichsthaler* Reich taler〙 *n.* (*pl.* ~) ライヒスターレル《1623–1873 年のドイツの旧銀貨》.

Reichs·wehr [ráɪksvèə, ráɪçs- | -vèə(r; G. ráɪçsvèːɐ] 〘⊏ G ~ 'empire's defense': ⇨ Reich, weir〙 ── G. *n.* (1919 年に編成された旧ドイツ共和国の)国防軍《1935 Wehrmacht 年と改称》.

re·i·fi·ca·tion [rèɪəfɪkéɪʃən, rìːə-, -fə- | ríːɪfɪ-, rèɪɪ-] 〘《1846》← L *rēs* thing+-(I)FICATION〙 *n.* (抽象観念などの)具体化, 具[物]象化 (materialization).

re·i·fi·ca·to·ry [réɪəfɪkətɔ̀ːri, ríːə-, -fə-, -tɔ̀ːri | ríːɪfɪkətəri, réɪɪ-, -kèɪt-] *adj.* 具体化[具象化]する.

re·i·fy [réɪəfàɪ, ríːə- | ríːɪ-, réɪɪ-] 〘《1854》← L *rēs* thing+-(I)FY〙 *vt.* 〈人・抽象観念などを〉具体化して考える, 具体[具象]化する (materialize).

Rei·gate [ráɪgɪt, -gət | -gɪt, -geɪt] 〘ME *Regata*《原義》roe gate ← OE *rǣge* female roe: ⇨ gate[1]〙 *n.* イングランド Surrey 州の都市; 人口 56,000.

reign [réɪn] 〘n.: 《a1272》 *reyne* ⊏ OF *reign-e* (F *règne*) ⊏ L *rēgnum* kingdom ← *rēx* king (⇨ rex[2]). ── v.: 《c1300》 *regne(n)* ⊏ OF *regni-er* (F *régner*) ⊏ L *rēgnāre* to reign ← *rēgnum*: cf. regal[1], rule〙 ── *n.* 1 a (帝王などの)統治, 支配, 君臨 (sway, rule); 主権, 統治権 (sovereignty): under the ~ of Queen Anne アン女王の統治下に. b 統治期間, 治世, 御代(みよ), 代: in [during] the ~ of Richard I リチャード一世の御代に / After a ~ of fifty years, he died. 50 年にわたる治世の後で世を去った. 2 a 支配, 勢力; 支配期間: the ~ of fashion, peace, violence, etc. / the ~ of law in nature 自然界における法則の支配 / Night resumes her ~. また夜の支配が始まる, また夜になる. b 《詩》勢力範囲, 領域 (dominion). 3 《古》王国 (realm).

Reign of Terror (1) [the —] 〘フランス史〙恐怖政治(時代)《フランス革命において 1793 年 3 月(もしくは 7 月)から Robespierre が処刑された 1794 年 7 月までの期間; この間大量の処刑が行なわれた; 単に the Terror ともいう》. (2) [r- of t-] (暴力・威嚇の横行する)恐怖時代.

── *vi.* 1 主権を握る, 君臨する, 統治する, 支配する (govern): ~ over a vast domain 広大な領土を支配する / Better to ~ in Hell than serve in Heaven. 天国にあってしもべであるよりは地獄の王である方がよい (Milton, *Paradise Lost* 1. 263) / The English sovereign ~s, but does not rule. 英国王は君臨すれど統治せず. 2 〈人が〉勢力を振るう, 権勢を振るう, 羽振りをきかせる (dominate). 3 盛んに行なわれる, 大いに流行する, 行き渡る (prevail): Silence ~*ed*. 沈黙が支配していた, しんとして音もなかった / Disaffection ~*ed* among the people. 国民の間に不満が広がっていた.

réign·ing *adj.* 1 君臨する: the ~ emperor [king] 現皇帝[現国王] / the ~ champion 現チャンピオン. 2 勢力を振るう, 全盛の, 羽振りをきかせる: the ~ beauty 当世第一の美人. 3 大流行の, 行き渡る.

rè·ignite *vt.* …に再び火をつける; 〈火を〉再び起こす. ── *vi.* 再発火する.

Rei·lly [ráɪli | -lɪ] 〘⊏ Ir. *Raghailligh*《原義》descendant of valiant: もと家族名〙 *n.* 男性名.

re·im·burse [rìːɪmbə́ːs, -əm- | -ɪmbə́ːs] 〘《1611》← RE-+《廃》*imburse* (⊏ ML *imburs-āre* to put in purse ← IN-[1]+*bursa* purse)〙 ── *vt.* 1 〈費用を〉払い戻す, 返済する, 償還する (repay, refund): ~ travel expenses 交通費を払い戻す. 2 〈人〉に弁償する, 賠償する (compensate) 〔*for*〕: ~ a person *for* a loss 損害に対して人に弁償する / ~ a person *for* his expenses = ~ a person his expenses かかった費用を人に弁済する. **rè·im·búrs·a·ble** [-səbl] *adj.* **~·ment** *n.*

re·import [⌐⌐⌐] *vt.* 〈輸出品を〉再輸入する, 逆輸入する. ── [⌐⌐⌐] *n.* 1 再輸入, 逆輸入. 2 [通例 *pl.*] 再輸入品, 逆輸入品. **rè·importátion** *n.*

rè·impóse *vt.* 新たに負わす, 課する, 再び負わす[課する].

rè·imposítion *n.* 新たに負わす[課する]こと, 再賦課.

rè·impréss *vt.* 1 再び印象づける. 2 再版する.

rè·impréssion *n.* 1 再度の印象. 2 重版, 増刷, 再刷, リプリント (reprint).

Reims [ríːmz; F. rɛ̃ːs] *n.* ランス《フランス北東部の都市, 有名な大聖堂がある; 第二次大戦で独軍降伏の地 (1945); 人口 184,000》.

rein [réɪn] 〘《?a1300》 *rene* ⊏ OF *re(i)gn-e, resne* (F *rêne*) < VL **retinam* ← L *retinēre* 'to RETAIN'〙 ── *n.* 1 [*sing.* または *pl.*] a (通例革製の)手綱 (⇨ harness 挿絵): gather up one's ~s 手綱を引き締める. b (歩き始めた子供などにつけて一端を親がもつ)安全ベルト[ひも]. 2 [しばしば *pl.*] 統御手段, 制御法, 拘束物 (check); 統御, 制御, 掣肘(せいちゅう), 牽制(けんせい); 統御力, 拘束力, 影響力, 抑制作用[力] (restraint): assume [drop] the ~s of government 政権を執る[捨てる] / hold the ~s of government 政権を握っている / hold [keep] a tight [firm] ~ over [on] …を厳格に制御する, しっかりと抑える / without ~ on one's expenditure of money 金に糸目をつけずに / take the ~s 指導する, 指揮する, 支配する. 3 行動[活動]の自由: throw (up) the ~s to 〈馬〉の手綱を離す, …の自由に任せる, 勝手気ままにさせる / give the horse the ~(s) 馬を行きたい方に行かせる / give (a) free ~ [the free ~s] to one's imagination [fancy] 想像をたくましくする / give loose ~ to one's passions 放縦に身を持ちくずす.

draw rein*=*draw in the reins =DRAW *bit.*

── *vt.* 1 手綱をあやつる, 御する, 手綱で制止する: ~ back [up] 〈馬などを〉手綱で引き戻す[留める]. 2 制御する (control), 抑制する, 牽制(けんせい)する (restrain); 支配する (rule), 統御する (govern), 導く (guide) 〈*in, up*〉: ~ in one's passions 激情を抑える. 3 《古》〈馬〉に手綱を付ける. 4 《廃》〈馬などを〉〔…に〕手綱でつなぐ 〔*to*〕. ── *vi.* 1 馬を御する 〈*in, up*〉: ~ in (手綱を引いて)馬を止める. 2 自制する 〈*in, up*〉. 3 《古》〈馬が〉手綱に従う, 制御に従う.

re·in·car·nate [rìːɪnkáənèɪt, -ən-, -íŋkaənèɪt | -ɪnkɑːnèɪt, -íŋ-, -ɪnkɑ́ːneɪt, -ɪŋ-] *vt.* 再び肉体を賦与する; 化身させる, 生れ変らせる. ── [-ɪnkáənət, -ən-, -nɪt, -neɪt | -ɪnkɑ́ː-] *adj.* 再び肉体を得た; 化身した, 生れ変った.

re·in·car·na·tion [rìːɪnkaənéɪʃən | -ɪnkɑː-, -ɪŋ-] *n.* 1 再び肉体を賦与する[受ける]こと. 2 (魂の)再生, 再来; 化身; 生れ変り. 3 (死後の魂が再び新しい肉体で生れるという)霊魂再来説.

rè·in·car·ná·tion·ist [-ʃ(ə)nɪst, -nəst | -nɪst] *n.* 霊魂再来説信者.

rè·incórporate *vt.* 〈地域などを〉再併合する, 再編入する.

rè·incorporátion *n.* 再併合, 再編入.

rein·deer [réɪndɪə | -dɪə(r] 〘《?a1400》 *raynedere* ⊏ ON *hreindȳr-i* ← *hreinn* reindeer+*dȳr* 'animal, DEER'〙 ── *n.* (*pl.* ~, ~s) 〘動物〙トナカイ (*Rangifer tarandus*)《ヨーロッパ・アジア産; cf. caribou》. ── *adj.* [R-] 〘考古〙=Magdalenian: ⇨ Reindeer period.

Réindeer àge [èpoch] *n.* [the ~] 〘考古〙=Reindeer period.

Réindeer Láke *n.* レインディアー湖《カナダ中部, Saskatchewan 州と Manitoba 州にまたがる湖; 面積 6,390 km^2》.

réindeer mòss [lìchen] *n.* 〘植物〙ハナゴケ, トナ

カイゴケ (*Cladonia rangiferina*)《北地産の地衣で冬季トナカイの食料となる》.
Réindeer pèriod *n.* [the ~]〖考古〗トナカイ時代《中央ヨーロッパで人間の生活にトナカイが特に深い関係をもっていた旧石器時代の後期マドレーヌ期; Reindeer age, Reindeer epoch ともいう》.
reine [réɪn, rén; *F.* rɛn]〖□F ~ < L *rēgīnam*〗*F. n.* 女王 (queen). ★ Le *roi* le veult. (王これを裁可す)などの形式文中では, 女王が王位にある場合は *La reine* le veult. と変えて用いる (⇨ roi).
Rei·nette [reɪnét; *F.* rɛnɛt] *n.*〖園芸〗レネット《フランスから英国に導入された一群のリンゴ品種; *Reinette pippin* など》.
Rei·ner [ráɪnə | -nə(r], **Fritz** *n.* (1888–1963) ハンガリー生れの米国の指揮者.
rè·inféction *n.*〖病理〗再感染.
re·in·force [rìːɪnfɔ́əs, -ən-, -fóəs | -ɪnfɔ́ːs]〖(1600) ← RE- + *inforce* ((変形) ← ENFORCE)〗— *vt.* **1** a 〈人・材料・数量・大きさ・厚さなどを〉増して強める, 補強[増補, 補足, 増員]する: ~ a bank 土手を補強する / ~ a party (党員を増加して)党勢を強化する / ~ the basses (合唱団の)低音部を強化する, バス歌手を増員する / ~ provisions 糧食を補充する. b (兵員・装備を増加して)〈陸・海・空の部隊を〉増強する, 増援[増員]する, …に増援隊を送る, 増援艦隊を送る: ~ a fortress 要塞を増援する. c 増大する, 強力にする, 強化する, …に勢いを付ける (strengthen): ~ efforts 努力を倍加する / ~ one's argument with facts 事実を支えとして所論を強める / ~ public skepticism in the U. S. 米国人一般の疑惑を強める / ~ one's health 健康を増進する / These data ~*d* his conviction that…. これらのデータが彼の…という確信を強めた. **2**〖心理・精神医学〗強化する《ほうび(や反対に罰)を加えることで刺激に対する反応の起こり方を強化する》.
— *vi.* 補強[増援]を求める[得る].
— *n.* **1** 補強材, 増補物. **2**〖銃砲〗(砲身の)後身《砲耳から砲尻までの部分; ⇨ cannon 挿絵》.
ré·in·fòrced cóncrete *n.*〖建築〗鉄筋コンクリート(構造)《ferroconcrete ともいう》.
rè·in·fórce·ment〖(1607)〗— *n.* **1** 補強, 強化, 補給; 増援, 増派. **2** [しばしば *pl.*] 援兵, 増援隊; 増派艦隊. **3** 補強材, 強化物, 増補物; (コンクリートを強める)鉄筋; 補給品. **4**〖心理・精神医学〗強化 (cf. reinforce *vt.* 2).
reinfórcement thèrapy *n.*〖心理・精神医学〗強化治療(法)《オペラント条件づけ (operant conditioning) を利用した治療法で, 患者が刺激に正常に反応した時に賞を与え正常な行動に戻らせる心理療法》. **reinfórcement thèrapist** *n.*
rè·in·fórc·er *n.* **1** 補強[強化]する人[もの]. **2**〖心理〗強化子《強化に用いる手段としての具体的な賞罰; cf. reinforcement therapy》.
Rein·hardt [ráɪnhɑət | -hɑːt; *G.* ráɪnhart], **Max** *n.* ラインハルト《1873–1943; オーストリア生れのドイツ劇場経営者・演出家・俳優; 本名 Goldman》.
Rein·hold [ráɪnhoʊld | -həʊld; *G.* ráɪnhɔlt]〖□G ~〗*n.* 男性名.
réin·less *adj.* **1** 手綱を付けない. **2** 束縛のない, 拘束されない, 自由な (unchecked); 放縦な (indulgent).
réin órchis *n.*〖植物〗= fringed orchis.
reins [réɪnz]〖(?c1380) □(O)F ~ < L *rēnēs* (pl.) ← **rēn* kidney: cf. OE *rēnys* □L〗— *n. pl.*《古》**1** 腎, 腎臓 (kidneys). **2** 腎臓のあたり, 腰 (loins). **3**〖聖書〗感情・愛情などの座 (cf. *Ps.* 7: 9, 16: 7, *Rev.* 2: 23).
rè·insért *vt.* 元通りに差し込む[挿入する].
rè·insértion *n.* 元通りに差し込むこと, 再挿入.
réins·man [-mən]〖← *reins* ((pl.) ← REIN) + -MAN〗*n.* (*pl.* **-men** [-mən, -mèn]) (馬車などの)御者 (driver); (特に)上手な御者[騎手].
rè·instáte *vt.* **1** 元通りにする, 復旧する; 復位[復権]させる, 復任[復職]させる, 復縁させる, 復帰させる: ~ a person in his former office [to his lost privileges] 人を元の職に復させる[復権させる]. **2** …の健康を回復させる. **3** 〈破損物を〉元通りに修理する, 修復する: ~ damaged property 損傷した財産を修復する. **~·ment** *n.*
rè·insúrance *n.*〖保険〗再保険《危険の分散を図るため, ある保険会社が引受けた危険の一部(または全部)を別の保険会社に保険をつけること》: quota share ~ 比例再保険. **rè·insúrer** *n.*
rè·insúre *vt.*〖保険〗再保険する: the ~*d* 被再保険者.
rè·integrate *vt.* **1** 再び完全にする, 再統合する, 回復する; 再建する. **2**《古》= reinstate. **rè·inte·grátion** *n.*
rè·intér *vt.* (**re·in·terred; -ter·ring**) 再び埋める, 埋め替える, 改葬する. **~·ment** *n.*
rè·intérpret *vt.* 解釈し直す; …に新しい解釈[説明]を施す. **rè·interpretátion** *n.*
rè·invént *vt.* **1** 〈前に発明[考案]されたことがあるものを〉(それと知らずに)再発明[考案]する. **2** 完全に作り直す, 改革する. **3** 再生する, 復興する (reestablish). **rè·invéntion** *n.*
rè·invést *vt.* **1** 〈前の投資から得た金を〉再投資する, 投資し直す. **2** 再び与える, 再び授ける〔*with*〕: ~ a person *with* his former privileges 以前の特権を人に再び与える. **3** 再び叙任する〔*in*〕. — *vi.* 再投資する. **~·ment** *n.*
rè·invígorate *vt.* …の元気を回復させる, 一層活気づける (reanimate). **rè·invigorátion** *n.* **rè·in·vígorator** *n.*
reis *n.* real² 2 の複数形.
Rei·schau·er [ráɪʃaʊə | -ʃaʊə(r], **Edwin O(ldfather)** *n.* (1910–) 米国の歴史学者; 駐日大使 (1961–66).
rè·íssue *vt.* 〈証券・為替・通貨などを〉再発行する, 〈書籍・切手などを〉再発行する; 〈映画を〉(新版の形で)再上映する. — *vi.* 再び出て来る. — *n.* **1** (本の内容をそのままで版型・価格などを変えての)重版, 再発行. **2**〖郵趣〗a (使用中止としていた切手の)再発行《在庫の切手を発行することも新しく印刷することもある; cf. reprint 4》. b 再発行の切手. **3**〖映画〗新版(提供), リバイバル (rerelease).
reist [ríːst, ráɪst] *vi.* = reest².
reit.《略》〖印刷〗reiteration.
reit·bok [ríːtbʌ̀k | -bɔ̀k]〖□ Afrik. *rietbok* ← Du. *riet* reed + *bok* buck〗— *n.* (*pl.* ~, ~s)〖動物〗リードバック (*Redunca arundinum*)《アフリカ中部・南部にすむレイヨウ; 雄は先が左右に広がった角がある》.
re·it·er·ant [riːítərənt | riːít-, rɪ-]〖□ L *reiterant-em* (pres.p.) ← *reiterāre* (↓): ⇨ -ant〗*adj.* 繰り返す, 反復する, 繰り返して[再び]言う.
re·it·er·ate [riːítərèɪt | riːít-, rɪ-]〖(1526) ← L *reiterāt-us* (p.p.) ← *reiterāre*: ⇨ re- (A), iterate〗— *vt.* (しつこく)重ねて言う; 再び[繰り返して]行なう, 反復する; 何度も繰り返す: iterate and ~ 何度も何度も繰り返す / To his increasingly uncomfortable audience, he ~*d* that claim. 聴衆が次第にじりじりして来ているのに, 彼はまたもその主張を繰り返した.
re·ít·er·àt·ed·ly [-tɪdli, -təd- | -tɪdlɪ, -təd-] *adv.* 繰り返して, 何度も (repeatedly).
re·it·er·a·tion [riːìtəréɪʃən | riːìt-, rɪ-]〖□ ML *reiterātiō(n-)*: ⇨ reiterate, -ation〗— *n.* **1** 繰返し, 反復; 繰り言. **2**《米古・英》〖印刷〗(既に印刷された紙の)裏刷り(印刷物); 両面印刷(物).
re·it·er·a·tive [riːítərèɪtɪv, -rət- | riːít(ə)rət-, rɪ-, -tərèɪt-] *n.*〖言語〗**1** 重畳語, 畳成語《例: dilly-dally, pell-mell など》. **2** 反復語 (frequentative)《反復を表わす動詞など; 例えば prattle, flicker など》. — *adj.* 繰り返す, 反復する. **~·ly** *adv.* **~·ness** *n.*
Réi·ter's sỳndrome [disèase] [ráɪtəz- | -təz-; *G.* ráɪtɐ-]〖← *Hans Reiter* (1881–1969: ドイツの医師)〗— *n.*〖病理〗ライター症候群《高熱・関節炎・結膜炎・尿道炎を伴う》.
reive [ríːv]〖ME《スコット》*reife(n)* < OE *rēafian* 'to REAVE¹'〗*v.* (~**d**; **reft**)《スコット・英》= reave¹.
re·jas·er [riːdʒéɪsə | -sə]〖← REJAS(ING) + -ER¹〗*n.*《米俗》廃物利用する人.
re·jas·ing [riːdʒéɪsɪŋ]〖← *re(using) j(unk) a(s) s(omething) (else)*〗*n.*《米俗》廃物利用.
re·ject〖(1494) ← L *reject-us* (p.p.) ← *rejicere* ← RE- (A) + *jacere* to throw (cf. jet²)〗— [rɪdʒékt, rə-] *vt.* **1** 〈提供・申し入れなどを〉謝絶する, 拒絶する, はねつける: ~ an offer [a suitor] 申し出[求婚者]を断る. **2** 〈要求・請願などを〉拒否する, 却下する, 否認する: ~ a demand [an appeal] 要求[訴願]を却下する / The Ways and Means Committee ~*ed* the President's proposal. 歳入委員会は大統領の提案を否認した. **3** 信じようとしない, 受け入れない, 信奉しない: ~ the doctrines of the church 教会の教義を受け入れない. **4** (無用・無価値・無効なものとして)退ける, 捨てる, 放棄する, 除く, はねる: ~ a literary contribution [a vote] 寄稿を没にする[投票を無効としてはねる] / ~ a candidate 志願者をはねる. **5** 〈人・口・胃が〉〈食物を〉受けつけない, 吐き出す, 戻す. **6** 〈演奏するようにセットしたレコードを〉(演奏しないで)とばす. **7**〖医学〗(移植した組織・器官などを)拒否[拒絶]する.
— [ríːdʒekt] *n.* **1** 廃棄物, 棄却物, 傷[はね]物, 拒絶品, 不合格品《粗製品など》. **2** 拒絶された人: (徴兵などの)不合格者.
re·jéct·er *n.* **re·jéct·ing·ly** *adv.* **re·jec·tive** [rɪdʒéktɪv, rə-] *adj.*
re·ject·a·ble [rɪdʒéktəbl, rə-] *adj.* **1** 排除[棄却]すべき, 拒絶[謝絶]すべき. **2** 認可できない, 否認[拒絶]できる.
re·jec·ta·men·ta [rɪdʒèktəménṭə, rə-, riː- | -tə]〖← NL ~ (pl.) ← L *rejectamentum*: ⇨ reject, -ment〗— *n. pl.* **1** 廃物, 廃棄物, くず (refuse). **2** 海岸に打ち上げられた海草類[漂着物, 難破物]. **3**〖生理〗排泄(はいせつ)物 (excrement).
re·jec·tant [rɪdʒéktənt, rə-] *n.*〖薬学〗忌避剤, 駆虫剤《昆虫が忌避する植物より取り出された駆虫剤》.
re·ject·ee [rɪdʒèktíː, rə-, rìːdʒek-] *n.* 拒絶された人; (特に)兵役不合格者 (reject).
re·jec·tion [rɪdʒékʃən, rə-]〖(1552) □F *réjection* // L *rejectiō(n-)*: ⇨ reject, -ion〗— *n.* **1** 謝絶, 拒絶; 却下, 棄却, 否決; 廃棄. **2** 廃棄物; 排泄(はいせつ)物 (excrement). **3**〖免疫〗拒否[拒絶]反応.
rejéction slìp *n.*〖出版〗拒絶票, 謝絶票《出版者が執筆者の原稿を返却するときにつける出版引受け不可能の通知書》.
rejéctive árt *n.*〖美術〗= minimal art.
re·jéc·tor〖□L ~: ⇨ reject, -or²〗*n.* **1** 拒絶者. **2**〖通信〗除波器《受信機の空中回路に付加し, 混信・妨害を除去または弱める回路; cf. acceptor 2, wave trap》.
rè·jíg *vt.* (**re·jigged; -jig·ging**) 〈工場などに〉新たに設備を施し直す.
rè·jígger *vt.* 変える (alter), 整理し直す (rearrange); (別の[異なる]仕方で)操作する[操る], やり直す.
re·joice [rɪdʒɔ́ɪs, rə-]〖(c1303) □ OF *rejoiss-* (stem) ← *rejoir* (F *réjouir*) ← RE- (A) + *joir* 'to JOY' ∽ ME *reioy* □ OF *re(s)joi-r* ← RE- (A) + *es-* 'EX-¹' + *joir*〗《文語》— *vi.* うれしがる, 喜ぶ, 狂喜する, 悦に入る (exult): ~ *at* [*in*] one's success 自分の成功を喜ぶ / ~ *at* the sight of …を見て喜ぶ / ~ *at* [*by*] *hearing* …を聞いて喜ぶ / ~ *over* the news 知らせを聞いて喜ぶ / He ~*d to* see me well. = He ~*d that* I was well. 私が達者なのを(見て)喜んだ. — *vt.* **1** 〈知らせなどが〉喜ばせる, うれしがらせる, 楽しませる: The news ~*ed* my father's heart. その知らせは父の心を喜ばせた / It ~*s* me to hear of your success. ご成功だそうでうれしく存じます. **2** [Passive で] 喜ぶ, うれしく思う〔*at, by*〕/〈*to do*〉: I *am* ~*d to* hear of [*at* (hearing of)] your success. ご成功と聞いてうれしい. **3** 〈出来事などを〉祝う.
rejoice in (1) …に恵まれている, …を享有する: ~ *in* good health 健康を享有する, 幸い健康である / ~ *in* one's youth 年が若い. (2)《戯言》〈奇妙な名前〉を持っている (have): an attic *rejoicing in* the name of East Room「東の間」という名の屋根裏部屋.
re·jóic·ing〖ME〗*n.* **1** 喜び, 喜悦, 歓喜. **2** [しばしば *pl.*] 歓呼, 歓声; 祝賀; 歓楽, 宴楽 (festivity).
re·jóic·ing·ly *adv.* 喜んで, 歓喜して.
re·join¹ [rɪdʒɔ́ɪn, rə-]〖(1456) □ AF *rejoyn-er* = (O)F *rejoindre* to join: ⇨ re- (A), join〗— *vi.* **1** 答える, 応答する, 答弁する (reply). **2**〖法律〗〈被告が〉第二訴答をする, 抗弁する《原告の訴答に対して訴答する》. — *vt.* 応答する, 答弁する.
re·join² [riːdʒɔ́ɪn | rìː-, riː-]〖(1541) ← (O)F *rejoindre* (↑) // ← RE- + JOIN〗— *vt.* **1** 再合同させる, 再結合させる〔*to, with*〕. **2** 〈元の党・隊・仲間など〉と再び一緒になる, 再び仲間入りする: ~ the former regiment 原隊に復帰する / You go on and I will ~ you later. 先に行って下さい, 私は後でご一緒になります. — *vi.* 再合同する, 再結合する; 再会する.
re·join·der [rɪdʒɔ́ɪndə, rə- | -də(r]〖(15C) *rejoyner* □F *rejoindre*: ⇨ rejoin¹〗— *n.* **1** 答弁, 返答, 応答 (reply, response); (特に)答弁に対する答弁: a witty ~ 機知に富んだ答弁 / a sharp ~ 激しい抗弁 / in ~ 返答に, 応答して. **2**〖法律〗(原告の第二訴答 (reply) に対する)被告の第二訴答 (cf. pleading 2 c).
re·ju·ve·nate [rɪdʒúːvənèɪt, rə- | -vɪ-, -və-]〖(1807) ← RE- + L *juvenis* young + -ATE³〗— *vt.* **1** a 若返らせる, 活気づける: They have been searching hard to ~ the party. 彼らは党若返りの方策を必死に練って来た / He was ~*d* by new hope. 彼は新しい希望で活気づいた. b (性的に)回春させる. **2** 〈中古の車などを〉新品同様に直す: ~ an old car / Her needle work ~*d* the decrepit couch. ぼろぼろだった寝いすが彼女のかがり細工で元通りきれいになった. **3**〖地質〗若返らせる, 回春させる《川の浸蝕作用を活発にする》: a ~*d* river 回春川, 復活川. — *vi.* 若返る, 元気を回復する; 若返らせる力がある.
re·ju·ve·na·tion [rɪdʒùːvənéɪʃən, rə- | -vɪ-, -və-] *n.* **1** 若返らせること, 若返り, 元気の回復. **2**〖地質〗(特に, 河川の)若返り, 回春(作用).
re·jú·ve·nà·tor [-tə | -tə(r] *n.*〖薬学〗若返り薬, 回春剤.
re·ju·ve·nesce [rɪdʒùːvənés, rə-, riː- | rɪ̀dʒuːvɪ-, rɪdʒùː-, -və-]〖(1879) □ LL *rejuvenēscere* ← RE- (A) + *juvenēscere* to become young (← *juvenis* young)〗— *vi.* **1** 若返る; 新活力を得る. **2**〖生物〗細胞の再生が起こる[行なわれる]. — *vt.*〖生物〗〈細胞を〉復活させる, 若返らせる.
re·ju·ve·nes·cence [rɪdʒùːvənésns, rə-, riː- | rɪ̀dʒuːvɪ-, rɪdʒùː-, -və-]〖(a1631) ← LL *rejuvenēscere* + -ENCE〗— *n.* **1** 若返り, 回春 (rejuvenation). **2**〖生物〗(細胞の)復活, 再生.
re·ju·ve·nes·cent [rɪdʒùːvənésn̩t, rə-, riː- | rɪ̀dʒuːvɪ-, rɪdʒùː-, -və-]〖(1763): ⇨ ↑, -ent〗*adj.* **1** 若返る. **2** 若返らせる, 回春の.
re·ju·ve·nize [rɪdʒúːvənàɪz, rə- | -dʒúːvɪ-, -və-] *v.* = rejuvenate.
rè·kíndle *vt.* **1** 再び点火する, 再燃させる. **2** 再び元気づける, 再びあおる: Kemal Atatürk was trying to ~ pride in his countrymen. ケマル アタチュルクは自国民に再び誇りを持たせようとしていた. — *vi.* **1** 再び火がつく, 再び燃える. **2** 再び元気づく. **rè·kíndler** *n.*
rè·knít *vt.* 編み直す. — *vi.* 編み直しをする.
rel.《略》relating; relative; relatively; released; relic; religion; religious.
-rel [rəl] *suf.* = -erel: mong*rel*, scound*rel*.
rè·lábel *vt.* …にラベル[レッテル]を貼り直す.
relaid *v.* relay² の過去形・過去分詞.
re·lapse [rɪlǽps, rə-]〖(1568) ← L *relaps-us* (p.p.) ← *relabi* to slip, fall back: ⇨ re- (A), lapse〗— *vi.* **1** a〔元の状態・習慣に〕帰る, 逆戻りする (fall back)〔*into*〕: He ~*d into* silence [meditation]. 彼はまた黙り[考え]込んだ / ~ *into* dialect (標準語で話していたのが)また方言に戻ってしまう. b (一度立直っていた後に)邪道・非行などに〕再び陥る, 堕落する, 退歩する (backslide)〔*into*〕: ~ *into* vice [crime, heresy] 再び邪道[犯罪, 邪教]に陥る. c (病気が)ぶり返す, 再発する: He ~*d* after he was out of hospital. 退院してから彼の病気が再び悪化した. **2**〔…に〕陥る, なる (lapse)〔*into*〕: ~ *into* stupor [unconsciousness] 昏睡状態[意識不明]になる. — [rɪlǽps, rə-, ríːlæps] *n.* **1** (一度改善されたものの元の状態・習慣への)後戻り, 逆戻り;

堕落, 退歩 (backsliding): a ~ *into* vice [heresy] 邪道[異端]への後戻り. **2** (病気の)再発, ぶり返し: have a ~ ぶり返す. **re·láps·er** *n.*

re·láps·ing féver *n.* 〘病理〙(熱帯地方に見られる)回帰熱.

relata *n.* relatum の複数形.

re·lat·a·ble [rɪléɪtəbl̩, rə- | -tə-] *adj.* **1** 話される, 語られる. **2** 関係づけられる, 結び付けられる.

re·late [rɪléɪt, rə-] 〘《1490》← L *relāt-us* (p.p.) ← *referre* to bear back, report: ⇨ refer〙 — *vt.* **1 a** 〈体験談などを〉(詳細に順序正しく)話す, 述べる, 物語る (narrate): ~ one's adventures 冒険談をする / horrible to ~ 言うも恐ろしいことだが / Curious to ~, the giraffe has no voice. 妙な話だがキリンは声が出ない. **b** 《古》言う, 主張する (say). **2** …の間の関係[関連]を示す[説明する]; 関係させる, 関連させる, 結びつける (connect) 〔*to, with*〕: ~ facts *to* events 事実を出来事と関連させる / The two things are said to be ~*d*. この両者は相関連していると言われている / We cannot ~ the phenomena *to* anything we know. その現象は我々の知っている何物とも関連させることができない / How can you ~ these two facts? 君はどうしてこの二つの事実の関連を説明できるのか. **3** [p.p. 形で] 血族的に結びつける, 分類上関連させる (cf. related 2): be ~*d* by marriage 婚姻によって親類である / be distantly ~*d to* …の遠縁に当たる. — *vi.* **1 a** 〔…と〕関係をもつ, 関連がある〔*to*〕: He notices nothing but what ~*s to* himself. 自分に関係のある事以外は少しも注意しない. **b** 〔…に〕関する, 関(かか)わる, 指す〔*to*〕: This paragraph ~*s to* my father. この記事は私の父のことを言っている. **2** 〔…と〕符合する, 合致する (fit in) 〔*with*〕: Your statement does not ~ well *with* the facts. 君の言うことは事実とうまく符合しない. **3** 〈人が〉〔他の人または事物に対して〕有意義な社会的関係をもつ, (うまく)つきあう, うまが合う, なじむ, 適応する〔*to*〕: Many teenagers ~ better *to* their friends than *to* their family. 十代のヤングたちの中には家族より友人たちの方とうまが合う者が多い. **4** 〈ある楽曲・雰囲気などと〉気持[気分]が合う〔*to*〕.
relating to …に関して.

re·lát·ed [-tɪd, -təd | -tɪd, -təd] *adj.* **1** …と関係のある, 関連している (connected); 相関している: a body of ~ facts 一連の関連した事実. **2 a** 親類の, 縁続きの, 血縁の, 姻戚(いんせき)の (cf. relate *vt.* 3): a person ~ in the third degree 三親等の人. **b** 〈起源など〉同類の, 同族の: ~ languages 同族語. **3** 〘音楽〙〈音が〉近接の, 〈調が〉近親の. **~·ly** *adv.* **~·ness** *n.*

reláted kéy *n.* 〘音楽〙 **1** (主音・属音・下属音などと近い関係をもつ)近親[関係]調. **2** =relative key.

re·lát·er [-tə | -tə(r)] *n.* 物語る人 (narrator).

re·la·tion [rɪléɪʃən, rə-] 〘《a1393》◻ (O)F ~ // L *relātiō(n-)*: ⇨ relate, -ation〙 — *n.* **1** (抽象的な)関係 (connection), 関連, 相関 (reference): the ~ between cause and effect 因果関係 / the ~ of master to servant 主従関係 / the ~ of ruler and subject 君臣の関係 / the ~ of Confucianism *to* Buddhism 儒教と仏教との関係 / The report has ~ to a state of things now past. この報告は今や過去となった事態に関するものだ / have no ~ *to* …と無関係である / The outlay seems to bear no ~ to the object aimed at. この費用は所期の目的と釣合いを失している[費用倒れの]観がある. **2** [*pl.*] **a** (具体的な)関係, 間柄, 折合い, 交渉, 利害関係; 交際 (intercourse): foreign ~*s* 対外関係 / have ~*s* with …と関係[交渉]がある / labor-management ~*s* 労使の関係 / the ~*s* between the two families その二家族の折合い / My ~*s* with him are now quite friendly. 彼とは今は非常に親しくしている / The ~*s* between the two countries have become rather strained. 二国の関係がかなり緊張して来た / The air base has had very good ~*s* with nearby communities. この空軍基地は地元民との間にずっといざこざなしで来ている / maintain [establish] diplomatic ~*s* with …と外交関係を維持[確立]する. **b** 情交, 性交 (sexual intercourse): have ~*s* with a woman 女と関係する. **3 a** 親族[血族, 姻戚(いんせき)]関係, 縁故. ★ relationship の方が普通. **b** 親戚, 親類, 姻戚. ★ relative の方が普通: a ~ by marriage = a matrimonial ~ 姻戚 / I have ~*s* on my father's side. 父方に親類がある / Is he any ~ to you?—No, he is no ~. あの人は君のご親戚ですか?—いや何の関係もありません. **c** [集合的]《方言》親戚 (relatives). **4 a** 物語ること, 陳述 (narration, statement); 言及 (reference): make ~ to …に言及する. **b** 話, 物語. **5** 〘法律〙 **a** 告発, 申告 (information) (cf. relator 2): proceed at the ~ of the Board of Works 土木局の告発によって訴訟手続きをとる. **b** (法の効力の)遡及(そきゅう): ~ to an earlier date 日をさかのぼっての適用 / by ~ 遡及によって, 遡及して. **6** 〘数学〙関係《いくつかのものの順序づけられた組についての性質; 相等, 大小, 相似など》.
in* [*with*] *relation to …に関連して, …について.

re·lá·tion·al [-ʃənl̩, -ʃnəl] *adj.* **1** 関係のある, 近似の. **2** 親類の, 縁続きの. **3** 〘文法〙(前置詞・接続詞などのように)文法的な関係を表わす (cf. notional 5). **~·ly** *adv.*

relátion·less *adj.* **1** 無関係の, 縁のない. **2** 親戚(しんせき)[身寄り]のない.

relátion·shìp 〘《c1740》〙 — *n.* **1** 親族[姻戚(いんせき)]関係, 縁故: blood ~ 血縁. **2 a** 関係, 関連 (connection): human ~ 人間関係 / the ~ between God and Man 神と人間の関係 / have a close ~ to …と密接な関係がある. **b** (人と人との情緒的な)関係: have a good ~ with …と親密な関係がある / the ~ between students and instructors 師弟の関係 / ~ among brothers and sisters 兄弟姉妹間の関係. **3** 《婉曲》(異性との)関係, 恋愛 (relation).

rel·a·ti·val [rèlətáɪvəl] 〘← RELATIVE + -AL[1]〙 *adj.* 〘文法〙関係詞 (relative) の. **~·ly** *adv.*

rel·a·tive [rélətɪv | -tɪv] 〘(adj.: 1530; n.: c1390) ◻ (O)F *relatif* // LL *relātīv-us* ← L *relātus* carried back: ⇨ relate, -ative〙 — *adj.* **1 a** 〔…に〕関係のある, 関する, 関(かか)わる (connected); 適切な (pertinent) 〔*to*〕: a letter [fact] ~ *to* the matter その事についての手紙[関する事実] / the proof ~ *to* the affair その事件に適切な[関わる]証拠. **b** 《古》関係した, 関連した: a different yet ~ reason 別ではあるが関連した理由. **2 a** 他との関係によって生じる[定まる], 相対的な, 比較しての, 比較的の (comparative): the ~ speed of two moving bodies 二つの運動体の相対速度 / with ~ coolness 比較的落ち着いて / the ~ merits of capitalism and communism 資本主義と共産主義との優劣 / ~ height 〘地理〙(二地点間の)比較高度, 高度差, 比高. **b** 相対的な (↔ absolute, positive); 条件付きの (conditioned): a ~ truth 相対的真理 / Beauty is ~ *to* the beholder's eye. 美醜は見る人の目のいかんによる. **3 a** 〔他に〕呼応する, 比例する〔*to*〕: The price is ~ *to* the demand. 値段は需要に比例する. **b** 相互の (mutual), 相関的な (correlative): the ~ duties of employer and employee 雇い主と雇われ人との相互義務 / a ~ position 相互の位置関係 / The conceptions of husband and wife are ~ to each other. 夫婦という概念は相関的である. **4** 〘数学〙 **a** (他との量の比較などを)比率で示した: ⇨ relative error. **b** 相対的な: ⇨ relative complement. **5** 〘音楽〙関係の, 同じ記号をもつ. **6** 〘文法〙関係を表わす; 関係詞に導かれた.
relative to (1) …に関して: I wrote to him ~ *to* the renewal of the lease. 借地契約の更新に関して彼に手紙を出した. (2) …と比較して, …に比例して, …の割合に: The population of the town is large ~ *to* its size. その町の人口は面積の割に多い.
relative index of refraction 〘光学〙相対屈折率《第一の媒質中の光の位相速度を第二の媒質中の光の位相速度で除した比; cf. refractive index》.
— *n.* **1 a** 親類, 縁者, 姻戚(いんせき), 身内 (relation): a distant ~ 遠縁の人. **b** 同じ分類単位に属する動物[植物]. **2** 関係物, 関係事項; (absolute に対して)相対的存在[事物], 相対物. **3** 〘言語・論理〙相対語《man, boy の代わりに father, son という場合など》. **4** 〘文法〙関係詞; (特に)関係代名詞 (relative pronoun).
~·ness *n.*

rélative ádjective *n.* 〘文法〙関係形容詞《例: He was a genius, *which* fact had long been kept secret. の 'which'》.

rélative ádverb *n.* 〘文法〙関係副詞《when, where, why など》.

rélative áperture *n.* 〘光学〙口径比《光学系の入射瞳の直径と焦点距離の比で明るさを表わす; aperture ratio ともいう》.

rélative béaring *n.* 〘海事・航空〙相対方位《船または航空機の針路を基準とした他の対象物の方位》.

rélative biológical efféctiveness *n.* 〘生物〙(放射線生物学で)生物学的効果比率, 生物効果比《電離放射線が一定の効果を示す生物学的作用を起こさせるのに必要な吸収線量の比; 略 RBE》.

rélative cláuse *n.* 〘文法〙関係(詞)節《例: This is the book (*which*) *he gave me.*》

rélative cómplement *n.* 〘数学〙相対補集合, 差集合, 差《与えられた第一の集合に属し, 第二の集合に属さないものの全体からなる集合; difference ともいう》.

rélative dénsity *n.* 〘物理〙比重 (specific gravity).

rélative dispérsion *n.* 〘光学〙相対分散度 (⇨ nu-value).

rélative érror *n.* 〘数学〙相対誤差《ある量の真値に対する比で表わされた測定値の誤差》.

rélative fréquency *n.* 〘統計〙相対度数, 相対頻度(ひんど)《度数とデータの総数との比》.

rélative humídity *n.* 〘気象〙相対湿度《実際の水蒸気量とその温度での飽和水蒸気との比; 単に humidity ともいう; cf. absolute humidity, dew point, mixing ratio, specific humidity》.

rélative impédiment *n.* 〘法律〙近親婚の禁止.

rélative inclinómeter *n.* 〘航空〙相対傾斜計《航空機の加速度と重力とを合成した方向に対する航空機の傾きを測定する計器; bank indicator ともいう; cf. turn indicator》.

rélative kéy *n.* 〘音楽〙関係[平行]調《例えば「ハ長調」と「イ短調」,「イ長調」と「嬰ヘ短調」など調号を同じくする長調と短調; attendant key ともいう》.

rélative locátion *n.* 〘図書館〙相関排架, 移動排架《図書の位置が可動する排架方式; cf. fixed location》.

rél·a·tive·ly 〘《1561》〙 — *adv.* 他と比べて, 割合に, 比較的に (comparatively): (a thing) of ~ small value 比較的価値の少ない[余り値打のない](物) / He is ~ a wealthy man. 彼は比較的金持ちだ.
relatively to 《古》(1) 他との関係で, 相対的に, 相関的に: I put a value on myself ~ *to* others. 私は他の人との関連において自分を評価する. (2) …と比較して; …に比例して, …の割合に (in proportion to).

rélatively príme númbers *n. pl.* 〘数学〙互いに素な数《1 以外の公約数をもたない二数; 最大公約数 (greatest common measure) が 1 である二数》.

rélative májor *n.* 〘音楽〙関係長調《イ短調に対するハ長調など》.

rélative máximum *n.* 〘数学〙 **a** 極大《局所的な最大; local maximum ともいう; cf. absolute maximum》. **b** 極大値.

rélative mínimum *n.* 〘数学〙 **a** 極小《局所的な最小; local minimum ともいう; cf. absolute minimum》. **b** 極小値.

rélative mínor *n.* 〘音楽〙関係短調《ト長調に対するホ短調など》.

rélative mótion *n.* 〘物理〙相対運動《ある座標で見た物体の運動; cf. absolute motion》.

rélative pítch *n.* 〘音楽〙 **1** 相対音高 (cf. absolute pitch). **2** 相対音感.

rélative prónoun *n.* 〘文法〙関係代名詞《関係詞の一種で, 先行詞を修飾する節を導く who, which, that などや名詞として働く節を導く who, whoever, what, whatever など》.

rélative térm *n.* 相対語《関係を表わす語 (father, employee など), または相対的な意味を持つ語 (hot, cold, strong, weak など)》.

rélative thréshold *n.* 〘心理〙相対弁別閾(いき)《標準になる刺激を変えていき, 変化がようやく弁別できた場合の変化値を(絶対)弁別閾といい, この弁別閾の標準刺激値に対する比》.

rélative topólogy *n.* 〘数学〙相対位相, 誘導位相《位相空間の部分集合に自然に入る位相; 本来の開集合とその部分集合との共通部分を開集合とするもの; subspace topology ともいう》.

rélative velócity *n.* 〘物理〙相対速度《ある座標系で測定される物体の速度; cf. relative motion》.

rélative wínd *n.* 〘航空〙相対風《空気中のある物体から見た周囲の空気の動き》.

rél·a·tiv·ism [-tɪvìzm, -tə- | -tɪ-] *n.* **1** 〘哲学〙相対論, 相対主義. **2** 〘物理〙=relativity 3.

rél·a·tiv·ist [-vɪst, -vəst | -vɪst] *n.* 相対論者, 相対主義者.

rel·a·tiv·is·tic [rèlətɪvístɪk, -tə- | -tɪ-] *adj.* **1** 相対主義の. **2** 〘物理〙相対性理論的な: **a** 相対性理論による: ~ dynamics [mechanics] 相対論的力学. **b** 光速に近い速さで運動している: a ~ electron 相対論的(取り扱いを要する高速の)電子 / a ~ velocity 相対論的(取り扱いを要するほどの大きな)速度.

rel·a·tiv·i·ty [rèlətívəti | -vɪti, -vɪ-] 〘cf. F *relativité*〙 — *n.* **1 a** 関係[関連]のあること, 関連性, 相関(性). **b** 関連[相関]性のあるもの; 相互依存. **2** 〘哲学〙相対論[主義]; 相対性: ⇨ RELATIVITY of knowledge. **3** 〘物理〙相対性(原理): the principle of ~ 相対性原理《Einstein の唱えた説; 光速度不変と等速運動の相対性を主張し時空を四次元ミンコフスキー空間とする特殊相対性理論 (special theory of relativity) と, 重力を時空の歪みとして記述する一般相対性理論 (general theory of relativity) とがある》.
relativity of knowledge [the ~] 〘哲学〙知識の相対性《実在についての知識はすべて人間の心に依存し, 相対[相関]的であるとする説》.

rel·a·tiv·ize [rélətɪvàɪz | -tɪ-] 〘⇨ -ize〙 — *vt.* **1** 相対的なものとする; 〈絶対的なものを〉相対化する. **2** …に相対性原理を適用する. **rel·a·tiv·i·za·tion** [rèlətɪvɪzéɪʃən, -və- | -tɪvaɪ-, -vɪ-] *n.*

re·lá·tor [-tə | -tə(r)] 〘◻ L *relātor*: ⇨ relate, -or[2]〙 *n.* **1** 物語る人. **2** 〘法律〙告発者 (informer).

re·la·tum [rɪléɪtəm, rə- | -təm] 〘◻ L *relātum* (neut.) ← *relātus*: ⇨ relate〙 *n.* (*pl.* **re·la·ta** [-tə | -tə]) 関係項, 相関語[項], 関連名辞[項] (correlative) (cf. referent).

re·lax [rɪlǽks, rə-] 〘《c1450》◻ L *relaxāre* ← RE- (A) + *laxāre* to loosen (← *laxus* 'LAX[2]'): RELEASE と二重語〙 — *vt.* **1 a** 〈緊張・堅いものなどを〉緩める: ~ the muscles 筋肉を緩める[ほぐす] / ~ one's hold [grasp] 握った手を緩める. **b** 〈便秘した腸〉に通じをつける: ~ the bowels. **2** 〈規律・訓練・刑罰などを〉寛大にする, 緩やかにする, 和らげる, 軽減する (mitigate): ~ a rule [discipline] 規則[訓練]を緩める[和らげる] / ~ a punishment 罰を軽減する / ~ censorship 検閲を緩める. **3** 〈注意・勉強・努力・勢力などを〉緩める, 緩慢にする, 控え目にする, 減じる (slacken, abate): ~ one's studies 勉強を控え目にする / ~ one's attention [efforts] 気[努力]を緩める. **4** 精神的緊張から解放する, くつろがせる, 楽にさせる (cf. relaxed): A smoke ~*d* him. たばこを一服して気分が軽くなった / ~ oneself くつろぐ / I am feeling ~*ed*. 楽な気分になってきた.
— *vi.* **1 a** 緩む, 弛緩(しかん)する: His hold [grip, hands] ~*ed*. 彼の握った手が緩んだ / Her grave face ~*ed into* a smile. 彼女の重々しい顔が緩んで笑顔になった. **b** 衰える, 弱くなる, 下火になる: ~ in one's force 力が衰える / You must not ~ in your efforts. 努力を緩めてはならぬ. **2** 緩やかになる, 和らぐ, なごむ, 寛大になる: His eyes ~*ed* from a formal expression to friendliness. 固い表情だった目つきが緩んで親しげな表情になった. **3 a** 骨を休める, くつろぐ: ~ from a state of tension 緊張の状態からくつろぐ / ~ at the resort 保養地で骨休めをする. **b** 精神的緊張を解く, 安心する, リラックスする: I cannot ~ when I drive a car. 車を運転する時には堅くなってしまう. **4** 便秘が直る. **5** 〘物理〙(高温・圧力などの突然の除去によって)平衡(こう)状態に戻る.
~·er *n.*

re·lax·ant [rɪlǽksənt, rə-, -sn̩t] 〘□L *relaxant-em*: ⇨↑, -ant〙 ── *adj.* 緩める, 弛緩(しかん)させる, 緊張をほぐす. ── *n.* 〘医学〙 **1** 弛緩薬; (特に)筋弛緩薬. **2** 緩下(かげ)剤 (laxative).

re·lax·a·tion [rìːlækséɪʃən, rɪlæk-, rə- | rìːlæk-] 〘(1526) □L *relaxātiō(n-)*: ⇨relax, -ation〙 ── *n.* **1** (緊張・筋肉・精神などの)緩み, 弛緩(しかん): undergo ~ 気が緩む. **2** (刑罰・義務などの)軽減; (規律・訓練などの)緩和, 手心: ~ of international tension 国際関係の緊張緩和[デタント]. **3** 休養, 休息 (rest), 息抜き, くつろぎ; 気晴らし, 慰み, 娯楽 (recreation): ~ from one's labors 骨休め / His chief ~*s* were hunting and shooting. 彼の主な慰みは狩猟と射撃だった. **4** 〘数学〙緩和法《変分法の考えに基づく逐次近似解法》. **5** 〘物理〙緩和《平衡状態へ漸近すること》.

relaxátion oscillàtion *n.* 〘物理〙緩和発振, 弛張(ちょう)振動《緩やかな減衰のあとに急激に振幅が増大する過程が周期的に繰り返される運動》.

relaxátion tìme *n.* 〘物理・化学〙緩和時間《外的条件を突然変化させた時, 系が追随して新しい定常状態に到達するために必要な時間》.

re·lax·a·tive [rɪlǽksət̬ɪv, rə- | -tɪv] *adj.* 弛緩(しかん)[緩和]性の, 緊張を和らげる: ~ reading.

re·lax·a·to·ry [rɪlǽksətɔ̀ːri, rə-, -tɔ̀ːri | -tərɪ] *adj.* = relaxative.

re·láxed *adj.* **1** 緩やかな, 厳格でない, 寛大な. **2** くつろいだ, のんきな: a ~ air about the bus tour そのバス旅行のくつろいだ雰囲気. **3** ざっくばらんな, 格式ばらない (informal). **re·láx·ed·ly** [-sɪdli, -səd- | -lɪ] *adv.* **re·láx·ed·ness** [-sɪdnɪs, -səd-, -st-, -nəs] *n.*

re·lax·in [rɪlǽksɪn, rə-, -sən | -sɪn] 〘← RELAX+-IN[1]〙 *n.* 〘医学〙リラキシン, 子宮弛緩(しかん)因子《骨盤靱帯(じんたい)を弛緩させ, 出産を促進する黄体ホルモン様物質》.

re·láx·ing clímate *n.* 体がだるくなるような気候 (cf. bracing).

re·láx·or 〘← RELAX+-OR[2]〙 *n.* 《米》縮れ毛をまっすぐにするもの, 縮毛矯正剤 (hair straightener).

re·lay[1] 〘(*c*1410) □(O)F *relai* (F *relais*) 《原義》hounds or horses held in reserve ← *relayer* to leave behind ← RE-+OF *laier* to leave, let (< L *laxāre* ← *laxus* 'LAX[2]')〙 ── [ríːleɪ | ríːleɪ, rɪléɪ] *n.* **1 a** (旅や狩で疲れた馬や犬に代わるべき一組の)換え馬, 継ぎ馬, 換え犬. **b** (継ぎ馬のある)宿場. **2 a** (仕事の)交替 (shift): work in [by] ~(*s*) 交替で働く. **b** (一組の)交代者, 新手(あらて). **c** 補給[補充, 備蓄]物資. **3 a** リレーによる[リレー式の]運送[伝達, 転送]; 中継地点. **b** 次々と伝え送られるもの[伝達事項]. **c** 〘野球〙(ボールの)転送. **4** [《英》ríːleɪ]〘スポーツ〙**a** リレー競走 (relay race). **b** [*pl.*] リレー競技会. **c** (リレー競走の)一区間 (leg). **5** [《英》riːléɪ, ˊ−]〘電気〙継電器. **6** 〘軍事〙逓伝(ていでん), 中継《伝達事項を次々と伝え送ること》. **7** [《英》riːléɪ, ˊ−]〘通信〙中継. **8** [R-]《米》〘宇宙〙リレー衛星《ラジオ・テレビ・電波中継用の低高度を回る一連の衛星》. **9** 〘機械〙**a** リレー, 継電器, 中継器《動力機構により調節される自動制御装置》. **b** =servomotor.

── [ríːleɪ, rɪléɪ, rə- | riːléɪ, ˊ−] *v.* ── *vt.* **1 a** …の代わりを用意する. **b** 新手に代わらせる; …に継ぎ馬を供給する. **c** 新たに提供する. **2** 中継で送る. **3** 〘通信〙中継する. ── *vi.* **1** 代わりを得る. **2** 中継放送する.

rè·láy[2] *vt.* (**re·laid**) **1** 再び置く, 置き直す; 積み直す. **2** 〈敷石・鉄道・海底電信などを〉敷き替える. **3** 〈壁などを〉塗りかえる. **4** 〈税などを〉再び課す. 「台中継.

rélay bròadcast *n.* 〘通信〙中継放送: a stage ~ 舞

rélay gòvernor *n.* 〘機械〙間接調速機《他力式調速機; 動力源を直接使わない》.

rélay hòrse *n.* 継ぎ馬.

rélay ràce *n.* 〘スポーツ〙リレー競走, 継走.

rélay stàtion *n.* 〘放送〙中継局.

re·leas·a·ble [rɪlíːsəbl̩, rə-] *adj.* **1** 放免[解放]できる. **2** 免除できる. **3** 放棄できる; 譲渡できる. **4** 公表[発表, 公開]できる. **5** 〈スキーの締め具が〉(転倒したときなど)自動的にはずれる. **re·léas·a·bly** *adv.* **re·lèas·a·bíl·i·ty** [-səbílət̬i | -lətɪ, -lɪ-] *n.*

re·lease [rɪlíːs, rə-] 〘n.: (*a*1333) □OF *reles* ← *relesser.* ─ v.: (*c*1300) *reles(s)e(n)* □OF *relesser* to remit < L *relaxāre* 'to RELAX' と二重語〙 ── *vt.* **1** 〔固定したもの・留めたものから〕放つ, 放出する, 離す, はずす, 投下する〔*from*〕: ~ an arrow *from* a bow 弓から矢を放つ / ~ one's hold 握った手を放す / ~ hair *from* pins 頭髪のピンをはずす / ~ one's hair *from* the tight coil 固く結んで玉にしてあった髪をほどく / ~ a bomb *from* an airplane 飛行機から爆弾を投下する. **2** 〔監禁・束縛・苦痛・心配などから〕釈放する, 放免する, 解放する, 自由にする (relieve)〔*from*〕: be ~*d* on parole 宣誓して釈放される / Death ~*d* him *from* his torments. 死が彼を苦痛から解放した. **3** 〔仕事・義務・約束・罰などから〕〈人を〉免除する (remit)〔*from*〕: ~ a person *from* his debt [promise] 人の借金[約束]を免除してやる / ~ a person for an interval of rest and refreshment 休憩時間の間休ませる. **4** 〈映画・レコード・ニュースなどを〉封切りする, 公開する, 発売する; 発表[公表]する. **5** 〘法律〙(特に, 他人のために)〈権利・主張などを〉放棄する, 譲る; 〈財産を〉譲与する, 譲渡する (convey): ~ a debt [claim] 債権[請求権]を放棄する.

── *n.* **1** (固定したもの・留めたものからの)放出, はずすこと, 発射; (爆弾の)投下 (discharge). **2** 解放, 釈放, 放免 (deliverance); (借金・税金・差押え・義務などからの)免除, 解除 (remission). **3** 救出, 救済 (liberation): His death was a happy ~ *from* great suffering. 彼の死は大きな苦痛からの幸福な解放であった. **4 a** 発表(物), 公開(物). **b** (映画の)封切(物). **c** (本・雑誌・レコードなどの)発売(品), (食料・物資などの)放出(品): news [press] ~ / *Release* of the food will push prices down. (退蔵)食料を放出すれば値段は下がるだろう. **5** 〘法律〙**a** (権利の)放棄, 譲渡. **b** 放棄確認証, 譲渡証書, 免除証書. **6** 〘心理〙発散, 解除《情動的緊張からの解放》. **7 a** 〘機械〙(仕掛けの)緩め; 釈放機. **b** (カメラの)レリーズ. **c** 〘機械〙《動作流体・液体の》吐出し; 放気装置; 放気時期. **d** 車両連結の解きはずし. **8** 〘電気〙復旧《動作中の機械・器具が平常状態に戻ること》; 開放《接続中の機械器具が平常状態に戻ること》; 解錠, 釈放《電磁力による拘束状態からの引きはずし》. **9** 〘音楽〙リリーズ (⇨ bridge[1] 9). **10** 〘音声〙(閉鎖音の)開放, 破裂 (plosion).

rè·léase *vt.* 〈土地・家屋を〉新たに契約して貸す.

reléase còpy *n.* 〘ジャーナリズム〙**1** リリースコピー, 公表前発行物《公表日時を指定した発表文・公表文書》. **2** リリースコピーの内容. 「の公表日時.

reléase dàte *n.* 〘ジャーナリズム〙リリースコピー

reléased tíme [périod] *n.* **1** 《米》リリースタイム《公立学校の生徒が学校外で宗教教育を受けるために学校の授業を受けなくてもよい時間》. **2** リリースタイム《企業が従業員の教育または社会的活動のために勤務時間中に解放する時間》.

re·leas·ee [rɪlìːsíː, rə-] 〘← RELEASE+-EE[1]〙 *n.* **1** (債務などの)被免除者. **2** 〘法律〙(権利・財産の)譲受人 (cf. releasor).

re·léase·ment *n.* 《古》釈放, 解放, 放免; 免除, 解除.

reléase prìnt *n.* 〘映画〙映写用プリント.

re·léas·er *n.* **1** 解放者, 釈放者. **2** 放気装置; 緩め装置. **3** 〘生物〙解発因, レリーサー《複雑な反射行動を起こさせる引き金になる刺激》.

reléase thèrapy *n.* 〘心理・精神医学〙解除療法《欲求や感情などを発散させる心理療法》.

re·léas·ing fàctor *n.* 〘生理〙(下垂体ホルモンの)放出[遊離]因子, リリーシングファクター《脳の視床下部で分秘される》. 「人 (cf. releasee).

re·léa·sor *n.* 〘法律〙権利放棄者; (権利・財産の)譲渡

rel·e·ga·ble [réləgəbl̩, -lɪ-] *adj.* **1** 左遷すべき; 追いやるべき. **2** 帰せられる, 属させうる. **3** (他に)委託できる, 委(ゆだ)ねられる.

rel·e·gate [réləgèɪt | -lɪ-, -lə-] 〘(1599) ← L *relēgātus* (p.p.) ← *relēgāre* to banish ← RE- (A)+*lēgāre* to send: ⇨legate[1], -ate[3]〙 ── *vt.* **1 a** 〔重要でない状態・地位に〕追いやる, 退ける, 左遷する〔*to, into*〕: ~ some old books *to* the attic 何冊かの古本を屋根裏部屋に放り込んでしまう / be ~*d to* the past [*into* oblivion] 過去のものとして[忘却の中に]葬られる. **b** 追放する (banish). **2** 〔ある種類・等級などに〕属させる, 所属させる, 帰する〔*to*〕: ~ a new plant *to* a certain family 新植物をある科に入れる. **3** 〈事件・仕事などを〉〔…に〕移す, 付託する, 委(ゆだ)せる, 照会する (consign, commit)〔*to*〕: ~ a question *to* a committee [another authority] 問題を委員会に付託する[他の権威へ問い合わせる]. **4** 〈チームを〉下位のリーグに落とす; 《英》〘サッカー〙格下げする《サッカーチームを連盟(1928 年創立)の下位クラスに格下げする》. **rel·e·ga·tion** [rèləgéɪʃən | -lɪ-, -lə-] *n.*

re·lent [rɪlént, rə-] 〘(*c*1395) *relente(n)* □ML **relentāre* (cf. L *relentēscere*) ← RE- (A)+L *lentus* soft〙 ── *vi.* **1** 優しくなる, 寛大になる, 心が解ける, 気が和らぐ; 哀れに思う: ~ at the sight of misery 哀れな様子を見て不憫(ふびん)に思う. **2** 〈風などが〉弱くなる, 緩む. ── *vt.* **1** 《古》心を打ち解けさせる, 不憫に思わせる. **2** 《廃》緩める, 弱める. **3** 《廃》〈考えなどを〉捨てる, やめる (give up).

re·lént·ing [-t̬ɪŋ | -tɪŋ] *adj.* 優しい, 和らいでいる; 言いなり放題になる (yielding); 心の打ち解けている, 不憫に思う. **~·ly** *adv.*

relént·less 〘(1592): ⇨relent, -less〙 *adj.* 無情な, 無慈悲な (pitiless), 容赦ない, 残忍な (cruel), 仮借(かしゃく)しない, 邪慳(じゃけん)な. **~·ly** *adv.* **~·ness** *n.*

rel·e·vance [réləvəns | -lə-, -lɪ-] 〘(1733)〙 *n.* **1** 関連(性), 適切, 適当: have ~ to …に関連している. **2** 〘電算機〙(使用者の必要とするデータの)検索能力.

rél·e·van·cy [-vənsi | -sɪ] *n.* =relevance.

rel·e·vant [réləvənt | -lə-, -lɪ-] 〘(1560) □ML *relevant-em* (pres.p.) ← *relevāre* to raise up, assist, (L) lift up: ⇨relieve〙 ── *adj.* **1** (当面の問題に)関連した, 適切な (pertinent), 当てはまる (applicable)〔*to*〕: matters ~ *to* the subject 問題に直接関係のある事柄 / a ~ question 適切な質問. **2** 〔…と〕相対的な, 相応する〔*to*〕. **3** 目的をもった, 有意味な. **4** 〘電算機〙(使用者の必要とするデータの)検索能力のある. **~·ly** *adv.*

re·le·vé [rèləvéɪ; *F.* rəlve] 〘□F ~ 'raised' (p.p.) ← *relever* to raise: ⇨relieve〙 ── *n.* 〘バレエ〙ルルヴェ《踵を床につけた状態から(完全に, もしくはある程度)爪先立ちになる動作》.

re·li·a·bil·i·ty [rɪlàɪəbílət̬i, rə- | -lətɪ, -lɪ-] 〘(1816): ⇨↓, -ity〙 ── *n.* **1** 信頼できること, 当てになること, 信頼性[度], 確実性, (証拠・証言・報告書・数字などの)信憑(ぴょう)性. **2** 〘心理・工学〙(テスト・実験などの)信頼性《何度試みても同一の結果が得られる範囲》. **3** 〘統計〙**a** 信頼性《製品などの時間的安定性の程度》. **b** 信頼度《製品などが定められた期間に定められた機能を持ち続ける確率》.

re·li·a·ble [rɪláɪəbl̩, rə-] 〘(1569) ← RELY+-ABLE〙 ── *adj.* **1** 信用の置ける, 信頼できる, 当てになる, 頼もしい (dependable), 確かな, 確実な (sure): a ~ man 信用の置ける人 / ~ sources 確かな筋 / It is reported on ~ authority that …確かな筋からの報道によれば…である. **2** 〘心理・工学〙(テスト・実験などで)同じ結果が得られる, 信頼性のある. **3** 〘統計〙**a** 信頼性が高い. **b** 信頼度が規定の確率より高い. **~·ness** *n.*

re·lí·a·bly [-bli | -blɪ] *adv.* 信頼できるように, 当てになるように, 確実に: We are ~ told that …と確かな筋から聞いている.

re·li·ance [rɪláɪəns, rə-] 〘(1607) ← RELY+-ANCE〙 ── *n.* **1** 信頼, 信用, 信任 (trust); 当て, 頼み, 頼り; 依存 (dependence)〔*on, upon, in*〕: place [put] ~ *on* [*in*] …を信頼する / feel [have] no ~ *on* …を頼みと思わない / I waited in ~ *on* your promise. 君の約束を当てにして待っていた. **2** 頼りにする人[物], 心頼み, より所: My ~ is my own courage. 私の頼みとするところは自分の勇気だ / This well is our chief ~. この井戸が我々の第一の頼りだ.

re·li·ant [rɪláɪənt, rə-] 〘(1856)《逆成》: ↑〙 ── *adj.* **1** 信頼する, 頼る, 頼み[当て]にしている (confident)〔*on, upon*〕: be ~ *on* [*upon*] one's parents 両親を当てにしている. **2** 独立独行の (self-reliant). **~·ly** *adv.*

rel·ic [rélɪk] 〘(?*a*1200) *relik* □(O)F *relique* □L *reliquiae* (⇨ reliquiae) ∽ OE *reliquias* □L *reliquiās* (acc.pl.)〙 ── *n.* **1** [通例 *pl.*] (過去の)遺物 (remnant): precious ~*s* of ancient days 古代の貴重な遺物 / historic ~*s* 歴史的遺物, 史跡; 遺跡. **2** (過去の風習・信仰・考え方などの)面影, 名残り, 遺風 (survival): a ~ of a superstitious age 迷信時代の名残り / an odious ~ of the imperialist age 帝国主義時代の嫌(いと)わしい名残り[残存物] / Death penalty is a ~ of human barbarism. 死刑は人間の蛮風の名残りだ. **3 a** 形見, 遺品 (memento), 記念品 (souvenir). **b** [*pl.*] 遺体, 遺骨, 遺骸 (remains). **4** 〘教会〙聖遺物, 聖遺骨《聖人などの死体の一部または身の回りの品を崇敬物として保存したもの》. **5** 〘生態〙=relict 3. **6** 〘地質〙=relict 4. **7** 〘言語〙(かつては広い地域で用いられていたが現在では遠隔の地だけに残っている)残存語[発音, 形態].

rélic àrea *n.* 〘言語〙残存語地域, (古語)残留地域《他の地域では使われなくなった, (特有の)残存する言語を使っている地域》.

rel·ict [rélɪkt] 〘(*c*1450) □L *relict-us* (p.p.) ← *relinquere* 'to RELINQUISH'〙 ── *n.* **1 a** 生存者, 残存者 (survivor). **b** [*pl.*] 残存物, 遺物. **2** 〔□ML *relicta* widow (fem.) ← L *relictus*〕《古》未亡人, 寡婦 (widow). **3** 〘生態〙残存種, 遺存種, 残存生物, 生き残り《過去から現在までの気候などの環境条件の変化に耐えて生き残った生物種; 普通狭い地域に生息している》. **4** 〘地質〙レリック《残存鉱物, 残存組織, 残存構造(変らないで残っている物)のこと》. ── *adj.* **1** 《古》生き残った; (特に)やもめになった. **2** 〘生態〙残存種の[に関する]. **3** 〘地質〙(浸食・風化作用で)残存している (residual): ~ minerals 残存鉱物 / a ~ structure 残存構造.

re·lic·tion [rɪlíkʃən, rə-] 〘□L *relictiō(n-)*: ⇨↑, -ion〙 ── *n.* **1** 〘地質〙海水・湖水などが退いてできた土地. **2** 〘法律〙増地, 露呈地《海・湖・河川の永久的後退によって生じたもの; 隣接地主の所有地とされる; dereliction ともいう》.

re·lief[1] [rɪlíːf, rə-] 〘(*a*1338) *relef* □AF=(O)F *relief* ← *relever* 'to RELIEVE'〙 ── *n.* **1 a** (苦痛・心配・圧迫などの)除去, 軽減 (removal); 安楽, 安心 (ease): afford great ~ to the pain 苦痛を大いに和らげてくれる / The medicine brought ~. 薬が効いて楽になった / feel a sense of ~ ほっと安心する / find ~ from …を免かれて楽になる / give a sigh of ~ ほっと一息する / to my great ~ 大変安心したことには. **b** 苦痛[心配, 圧迫など]を除去するもの[方法], 安心[安堵(あんど)]を与えてくれるもの: It is a ~ to come across an optimist. 楽天家に出会うとほっと救われた気持になる / What a ~! ああ, ありがたい / It was an immense ~ to find that my family were all safe. 家族がみな無事だったのでほっとした. **2 a** (貧民・難民・苦境にある軍隊などの)救助, 救済, 救援 (help, aid): for the ~ of …の救済のために / ~ of the poor 貧民救済 / be in need of ~ 救助の必要がある / indoor [outdoor] ~ 〘英史〙(救貧法による)救貧院内[院外]救済 / recipients of public ~ 公共の救済を受ける人たち / The reinforcements were sent to the ~ of the besieged garrison. 援軍が包囲された守備隊の救援に派遣された. **b** 救援金[物資], 救助食糧. **3 a** 退屈しのぎ, 気散じ, 気晴らし, 慰安, 息抜き: A comic scene follows by way of ~. その後に息抜きに喜劇的場面が来る / seek ~ from the world in Wagner's "Parsifal" ワグナーの「パルジファル」を聞いて浮世の憂さを忘れる / a blank wall without ~ (絵も何も掛かっていないような)のっぺりした白壁. **b** 退屈しのぎ[気晴らし]になるもの; 薬: a ~ to the eye 目の法薬《変っていて珍しい物》/ horehound, an age-old ~ for coughs

昔から咳どめの妙薬となっているにがはっか. **4 a** 交代[替]: the ～ of a guard 番兵の交代. **b** 交代者, 交代兵 (relay). **5** 〘法律〙(訴訟上の)救済 (remedy, redress). **6** 〘封建法〙相続上納金《後継者が土地を相続する際, 領主に支払った金; cf. heriot》. **7** 〘機械〙密閉された空間(タンクなど)を一定圧力以上の状態または真空状態から解放すること. **8** 〘文学・演劇〙 **a** 場面や動きを急に変え, それまでの昂揚の息抜きをすること. **b** ＝comic relief.

on relief 〈失業者などが〉政府の救済を受けて.

— *attrib. adj.* **1** 救済(用)の, 救済となる[のための]: ⇨ relief pitcher / a ～ society 救済会 / a ～ fund 救済基金. **2** 臨時の: a ～ bus 臨時増発バス.

re·lief² [rɪlíːf, rə-] 〘(1662) □ F ～ □ It. *rilievo* ← *rilevare* 'to raise, RELIEVE' ∞ 《廃》 *releve* □ It.〙 **— *n.*** **1** 目立つ[際立つ]こと; 卓越; 鮮明さ (vividness); 対照, (対照による)強調 (contrast, emphasis): bring [throw] something into ～ あるものを目立たせる / The mountains stand out *in* bold ～ against the blue sky. 山々は青空にくっきりと際立ってそびえている / bring out the fact *in* full ～ 事実を躍如たらしめる / His deeds stand out *in* ～. 彼の功績は異彩を放っている. **2** 〘美術〙 **a** 浮彫り, レリーフ; 盛上げ; (絵画で)浮き上がったように描くこと, 輪郭の際立たせ (relievo): ⇨ high relief, low relief, demirelief, sunk relief. **b** 浮彫り細工: the profile of Elizabeth II *in* ～ エリザベス二世の横顔の浮彫り像. **3** 〘地理〙 **a** (土地の)起伏, 高低 (elevations). **b** ＝relief map. **4** 〘機械〙逃げ角 (relief angle) をつけること《切削工具と仕上り面が触れないように, 工具の刃にある角度をつけること》. **5** 〘印刷〙凸版《版面の突起した部分によって印刷する技法》.

— *attrib. adj.* **1** 浮彫りにした. **2** 表面に凹凸(おうとつ)のある: ⇨ relief map. **3** 活字印刷(用)の: ⇨ relief printing.

re·líef·er *n.* **1** 公共の救済を受ける人. **2** 〘野球〙＝relief pitcher.

relíef fràme *n.* 〘機械〙調圧環《蒸気機関のすべり弁の摩擦力を和らげるために設けられたリング》.

relíef màp *n.* 〘地理〙レリーフマップ, 起伏地図: **1** (立体)模型地図《種々の技法により, 地形の高低を立体的に表わした地図; 通例起伏を実際よりも誇張してある. **2** けば・ぼかし・段彩などで起伏を表わした地図.

relíef pìtcher *n.* 〘野球〙救援投手, リリーフピッチャー (cf. starting pitcher).

relíef prìnting *n.* 〘印刷〙＝letterpress 1 a.

relíef ròad *n.* 混雑緩和のための道路, わき道, バイパス (bypass).

relíef tùbe *n.* 〘宇宙〙非常排出管《宇宙飛行中に, 尿を体から容器へ運ぶ管》.

relíef vàlve *n.* 〘機械〙逃がし弁, 安全弁 (safety valve)《容器・ボイラー内の圧力が規定以上に増した時, それを制限圧まで下げるために作用する弁》.

re·lí·er *n.* 信頼者, 依頼者 〔*on, upon*〕.

re·liev·a·ble [rɪlíːvəbl, rə-] *adj.* **1** 救済できる; 救出できる. **2** 楽にできる, 安心させられる. **3** 軽減できる. **4** 浮き上がらせられる, 目立たせられる.

re·lieve [rɪlíːv, rə-] 〘(1375) *releve(n)* □ (O)F *relev-er* < L *relevāre* to raise again, lighten ← RE- (A)＋*levāre* to lift (← *levis* 'LIGHT²')〙 **— *vt.*** **1 a** 〈心配・苦痛・厄介(やっかい)物・窮乏などを〉少なくする, 和らげる, 緩和する, 軽減する, 除去する, 免れさせる (mitigate); 〈圧力・重さなどを〉減少させる, 軽くする: ～ distress / a medicine to ～ an aching head 頭痛(を直す)薬. **b** 〔苦痛などを除いて〕〈人を〉安心させる, 楽にさせる (free) 〔*from, of*〕: ～ a person *from* sorrow [fear, doubt] 人の悲しみ[恐怖, 疑念]を取り除いてやる / ～ a person *of* a headache 人の頭痛を直してやる. **c** 〈人〉から〔荷物・義務・重職などを〕除去する, 解放する, 免除する 〔*of*〕: ～ a person *of* a load 人の荷をおろして(運んで)やる / ～ a person *of* a task 人の仕事を免除してやる / Let me ～ you *of* your bag. かばんをお持ちしましょう / He ～*d* me *of* my overcoat. 彼は私の外套を脱がせてくれた / He was ～*d of* his post (at his own request). 彼は(依願)免職になった. **d** 《戯言》〈人〉から〔物を〕失敬する, 盗む, ふんだくる 〔*of*〕: ～ a person *of* his wallet 人の札入れを盗む[ふんだくる]. **2 a** 〈貧窮民を〉救済する (help): ～ the poor and needy [the distressed] 貧窮民[難民]を救済する. **b** 〈包囲された都市など〉の包囲を解く, 救援する: ～ a besieged town. **c** 〈人を〉〔危険・窮地・苦痛などから〕救い出す, 脱却させる, 救助する (rescue) 〔*from*〕: ～ a person *from* pain. **3** [通例 p.p. 形で] 安める, 安心させる, ほっとさせる (cf. relieved): I was ～*d at* [*to* hear] the news. その知らせを聞いて安心した / He seemed ～*d that* she was smiling. 彼女が笑っていたので彼はほっとしたようだった. **4** (変化などによって)〈退屈を〉紛らす; …の退屈を紛らす, 気を晴らす, 単調さを救う: ～ one's boredom / He ～*d* the gloomy silence with some witty jokes. 気のきいた冗談を言って陰気な沈黙を破った / a black dress ～*d* with white lace 白レースで引き立てた黒のドレス. **5 a** 〈番兵などを〉交替する; 自ら交替して(または交替者を出して)休ませる: ～ a switchboard operator 電話交換手を交替する / ～ guard 歩哨(ほしょう)を交替する / You will be ～*d* at 10:30. 十時半に交替させる[交替してやる]. **b** 〘野球〙〈投手を〉交替させる, リリーフする. **6** [～ one*self* で] 用便を足す, 排尿[便]する. **7** 〘法律〙〈義務・負担などを〉(法的措置によって)免れさせる, 援助する, 免除する, (訴訟などによって)救済する, 軽減する. **8** 〘機械〙 **a** 〈密閉空間を〉一定以上の圧力から解放する. **b** 〈密閉空間を〉一定の圧力まで下げる. **9** 〘cf. relief²〙 **a** 浮き上がらせる, 引き立たせる, 際(きわ)立たせる: The tower was ～*d against* the evening sky. 塔は夕空にくっきり浮き上がっていた. **b** 〘美術〙浮彫り(細工)にする.

— *vi.* **1** 救援する. **2** 〘野球〙救援投手[リリーフ]をつとめる. **3** くっきりと浮き上がる, 際立つ.

re·líeved *adj.* ほっとした, 安心の様子[表情]の (cf. relieve *vt.* 3): in a ～ tone ほっとした口調で. **re·líev·ed·ly** [-vɪdli, -vəd-, -vd- | -lɪ] *adv.*

re·líev·er 〘(15C)〙 **— *n.*** **1** 救済者[物]; 慰める[苦しみを和らげる]者[物]. **2** 〘機械〙緩和装置《圧力・ひずみ等を緩和するための装置の総称》. **3** 〘野球〙＝relief pitcher.

re·líev·ing àrch *n.* 〘建築〙隠しアーチ《壁内の中に埋め込まれたアーチ; 開口部の上の壁面の補強に用いる; discharging arch ともいう》.

relíeving òfficer *n.* 〘英史〙(もとの)貧民[精神病者]救済係.

relíeving tàckle *n.* 〘海事〙予備舵取りテークル《波浪による舵への衝撃を和らげ, 舵の向きを保つためのテークル装置》.

re·lie·vo¹ [rɪlíːvou, -ljéɪv-, -ljév- | -líːvəu] 〘《変形》← It. *rilievo*: ⇨ rilievo〙 **— *n.*** (*pl.* **～s**) 〘美術〙浮彫り, レリーフ, 盛上げ (relief): in ～ 浮彫りにして[した] / ⇨ alto-relievo, basso-relievo, cavo-relievo, mezzo-relievo.

re·lie·vo² [rɪlíːvou, rə- | -vəu] 〘← ? RELIEVE＋-O〙 *n.* 〘遊戯〙《隠れた組と捜す組の二手に分かれてする》集団かくれんぼ《ring-a-lievo ともいう》.

relig. 《略》religion.

re·li·gieuse [rəliʒjə́ːz; *F.* rəliʒjøːz] 〘□ F ～ (fem.): ↓〙 *n.* (*pl.* **～s** [～; *F.* ～]) 修道女 (nun).

re·li·gieux [rəliʒjə́ː; *F.* rəliʒjø] 〘□ F ～ 《原義》religious〙 *n.* (*pl.* ～) 修道士 (monk) (cf. religious *n.*).

re·lig·i·o- [rɪlídʒiou, rə-, -dʒo(ʊ) | -dʒɪə(ʊ), -dʒə(ʊ)] 〘↓〙「宗教; 宗教と…との」の意の連結形: *religio*centric 宗教中心の / *religio*philosophical 宗教哲学的な.

re·li·gion [rɪlídʒən, rə-] 〘(?a1200) □ (O)F ～ □ L *religiō(n-)* reverence for gods, fear of God ← ? *religāre* to bind strongly (to one's faith) ← RE- (A)＋*ligāre* to bind, fasten: ⇨ ligature, -ion〙 **— *n.*** **1 a** 宗教: believe in ～ 宗教を信じる / ⇨ natural religion, revealed religion. **b** (特定の)宗教, 宗旨, …教: the Christian [Buddhist] ～ キリスト教[仏教] / the established ～ 国教. **2 a** 宗教心, 信仰, 信心: the life of ～ 信仰生活 / a man without ～ 信仰のない人. **b** 修道生活: be in ～ 修道生活をしている, 修道士[女]である / enter (into) ～ 修道生活に入る, 修道士[女]になる / a nun in her twentieth year of ～ 20 年の経歴を持つ修道女 / She is, in ～, Sister Mary. 彼女の修道名はシスターメアリーである. **3** (宗教のように)信奉するもの, 専念するもの: make (a) ～ of doing＝make it ～ to do 堅く守って必ず…する, …することを欠かさない / Money-making is his ～. 金もうけが彼の宗教だ. **4** 《古》 **a** 勤行(ごんぎょう). **b** [*pl.*] 宗教儀式 (rites).

experience religion 《米》信仰に入る, 入信する. ***find religion*** (霊的経験によって)信仰を得る(cf. find *vt.* 4). ***get religion*** 《口語》(1) ＝*experience* RELIGION. ★《英》では通例戯言的に用いる. (2) 良心的になる; 熱心になる. ***profess religion*** (1) (公けに何か)宗教を信仰する, 入信している: *profess* no ～ 無宗教である. (2) 修道士の誓いを立てる.

re·lí·gion·àr·y [-dʒənèri | -dʒ(ə)nəri] 〘⇨ ↑, -ary〙 *n.* 《廃》聖職者; 出家, 修道士[女]. **— *adj.*** ＝religious.

re·lí·gion·er [-dʒ(ə)nə | -nə(r)] *n.* **1** 修道士, 出家. **2** 熱心な宗教家, 信心家.

re·lí·gion·ìsm [-dʒənɪ̀zm] *n.* **1** 宗教に凝ること, 狂信, 信心三昧(ざんまい). **2** 信心家ぶること, えせ信心.

re·lí·gion·ist [-dʒ(ə)nɪst, rə-, -nəst | -nɪst] *n.* **1** 狂信的な信心家. **2** えせ信心家.

re·lí·gion·ìze [-dʒənàɪz] *vt.* **1** 〈人〉に信心を起こさせる. **2** 宗教的に解釈[理解]する.

relígion·less *adj.* **1** 無宗教の. **2** 信仰[信心]のない.

re·li·gi·ose [rɪlídʒiòus, rə-, —⌣—⌣́ | rɪlídʒɪəus, rə-, —⌣—⌣́] 〘□L *religiōs-us*: ⇨ religion, -ose¹〙 *adj.* 狂信的な, 宗教に凝り過ぎた.

re·li·gi·os·i·ty [rɪlìdʒiɑ́səṭi, rə- | -dʒɪɔ́sətɪ, -sɪ-] 〘ME *religiosite* □ L *religiōsitāt-em*: ⇨ ↑, -ity〙 **— *n.*** **1** 信心深いこと. **2** 信心ぶること, えせ信心. **3** 狂的信仰, 信仰の凝り過ぎ, 狂信.

re·li·gious [rɪlídʒəs, rə-] 〘(?a1200) □ OF ～ (F *religieux*) □ L *religiōsus* ← *religiō*: ⇨ religion, -ous〙 **— *adj.*** **1** 宗教の[に関する, を教える] (↔secular): a ～ book 宗教書 / a ～ question 宗教問題 / a ～ scholar 宗教学者 / a ～ reformation 宗教改革 / a ～ war 宗教戦争. **2** 宗教的な, 信仰の; 信心深い (devout), 敬虔(けいけん)な, 敬神の念の厚い (pious): a ～ life 信仰[宗教, 修道]生活 / a ～ man 信心家 / ～ ecstasy 法悦 / the ～ 信心[信仰]の厚い人々, 宗教家たち / ～ services 礼拝. **3 a** 良心的な (conscientious), 細心な, 用意周到な (scrupulous); 謹直な, 厳正な (strict): with ～ care [exactitude] 細心の注意をもって[きわめて正確に]. **b** 熱烈な (fervent): ～ zeal 猛烈な熱意. **4** 戒律に服する, 修道の; 修道会の, 修道会に属する: a ～ order 修道会. **— *n.*** (*pl.* ～) 修道者, 修道士 (monk), 修道女 (nun): the hard life of a ～ 修道者の辛苦の生活 / I saw some ～. 何人かの修道士[女]に会った.

Religious of the Cenacle 〘カトリック〙最後の晩餐女子修道会会員《1826 年フランスに創立され, 女子に黙想を指導する女子修道会の会員》.

Religious of the Sacred Heart 〘カトリック〙聖心会会員《1800年フランスに創立された女子教育の修道会の会員》.

Religious Society of Friends *n.* [the ―] ＝SOCIETY of Friends.

～·ness *n.*

relígious formátion *n.* 宗教教育《修道者としての養成・訓練》.

relígious hòuse *n.* 修道院 (convent).

re·lí·gious·ly 〘ME〙 **— *adv.*** **1** 信心深く, 敬虔(けいけん)に. **2** 宗教的に, 宗教上. **3** 良心的に; 細心に (conscientiously): observe the rule ～ 規則を厳守する / Most directors ～ review their rushes. たいていの監督は編集前の社内試写を丹念に見る.

rè·líne *vt.* **1** …の裏を取り換える. **2** …に線を引き直す.

re·lin·quish [rɪlíŋkwɪʃ, rə-, -lín- | -líŋ-] 〘(1472–73) □ OF *relinquiss-* (stem) ← *relinquir* □ L *relinquere* ← RE- (A)＋*linquere* to leave (cf. lend, loan¹): ⇨ -ish²〙 **— *vt.*** **1** 〈習慣・企画・希望・信仰・故郷・生国などを〉捨てる, 放棄する, やめる, …から手を引く (give up): ～ a plan of reform 改革の計画を放棄する. **2** 〈所有地・陣地などを〉放棄する (renounce); 〈権利・財産などを〉譲渡する, 手離す (surrender): ～ a claim 要求を放棄する / ～ a position to the enemy 陣地を敵の手に渡す / ～ one's secret tapes (手もとに押えていた)秘密のテープを差出す. **3** 〈握っている物を〉放す, 手をゆるめる (let go, loosen): ～ one's hold of a rope 綱を握っている手を放す. **～·ment** *n.*

rel·i·qu·ar·y [réləkwèri | -lɪkwəri] 〘(1656) □ (O)F *reliquaire* ← *relique* 'RELIC': ⇨ -ary〙 **— *n.*** 聖遺物匣(はこ), 聖骨箱, 聖遺物箱. **— *adj.*** 遺骨[遺物, 遺跡]の[に関する].

re·lique [rɪlíːk, rə-, rélɪk | rélɪk, rɪlíːk, rə-; *F.* rəlik] *n.* 《古》＝relic.

re·liq·ui·ae [rɪlíkwiàɪ, rə-, -kwiː | -kwɪàɪ, -kwiː] 〘□ L ～ 'remains, relics' ← *reliquus* remaining (adj.) ← *relinquere* 'to RELINQUISH'〙 **— *n. pl.*** **1** なきがら, 遺骨. **2** (動植物の)化石; 遺存種《過去に栄え, 現在では衰えて生き残っている生物》, 生きている化石.

rel·ish [rélɪʃ] 〘*n.*: (1530) *rellish, rellice* ← ME *reles* taste □ OF *reles, relais* what is left, aftertaste ← *relaisser* 'to RELEASE'. ― v.: (1586) ← (n.): ⇨ -ish²〙 **— *vt.*** **1** おいしく食べる, 賞味する, 味わう: ～ one's food 食物をおいしく食べる. **2** たしなむ, 楽しむ, 好む (like, appreciate): ～ a joke しゃれの味が分かる / He does not ～ my advice. 私の忠告をありがたがらない. **3** 〈地位・職権・役割などを〉ゆっくりかみしめる, しみじみ味わう: She was ～*ing* her role as hostess. (宴会の)ホステス[女主人公]の楽しさを満喫していた. **4** …に味[風味]を付ける: Hunger will ～ the plainest fare. 空腹にはどんな粗食でもうまい. **— *vi.*** **1 a** 〔…の〕味がする (taste), 〔…の〕風味がある (savor) 〔*of*〕: Greek wine ～*es of* resin. ギリシャのぶどう酒は樹脂の味がある. **b** [よい・悪いなどの意の副詞を伴って] (…な)味がする (taste): ～ *well* [*ill*] 味がよい[悪い]. **2** 〔…の〕気味[臭味]がある, 〔…の〕あるのを思わせる (smack) 〔*of*〕: a conversation which ～*es of* wit 機知に富んだ談話. **3** 楽しい, 気持がいい.

— *n.* **1** 味 (taste), 風味, かおり (flavor); (食物などの)持味 〔*of*〕; 美味: a ～ *of* garlic にんにくの味 / Hunger gives ～ to any food. すき腹にまずいものはない / Food has no ～ [loses its ～] when one is ill. 病気の時は食物に味がない. **2** 趣き, 面白味, 興味; 興味を湧かすもの: Hide-and-seek loses its ～ after childhood. 隠れん坊は大きくなると面白くなくなる / Danger gives ～ to adventure. 冒険は危険であるために面白い. **3 a** 薬味 (condiment); (特にピクルスや刻んだ果物や野菜を混ぜたものなどの)付合わせ: be eaten as a ～ 付合わせ物として食べられる. **b** 前菜, オードブル (hors d'oeuvre). **4 a** 食欲 (appetite), 楽しみ味わうこと: eat it with keen ～ それを大変おいしく食べる / drink off one's glass with ～ いかにもうまそうに飲みほす. **b** 愛好, 興味, 趣好, 趣味 (fondness) 〔*for, of*〕: appreciate a jest with great ～ しゃれを非常に面白がる / have no ～ *for* poetry [jokes] 詩に趣味を持たない[しゃれの面白味がわからない]. **5** 少量, 気味, 気分, 風(ふう), …らしいところ (smack) 〔*of*〕: There is no ～ *of* nature in his poetry. 彼の詩には自然の味わいがない. **6** 《廃》鑑賞 (appreciation).

rel·ish·a·ble [rélɪʃəbl] *adj.* **1** 味わえる; 美味な, おいしい (sweet). **2** 面白い (interesting).

rè·líve *vi.* 《古》再生する, よみがえる. **— *vt.*** **1** (想像の中で)生活し直す, 再び体験する: ～ one's life [the past] (追想などによって)自分の生活[過去]を再び体験する. **2** 《廃》再生させる (revive).

rè·lóad *vt.* 再び積む[載せる]; 〈銃など〉に再び弾丸を込める, 再装填する.

re·lo·cate [riːlóukeɪt, -lo(ʊ)kéɪt | -lə(ʊ)kéɪt] *vt.* **1** 再び配置する, 配置し直す. **2** 〈住居などを〉移転させる, 移す; (動かして)新しい位置に置く: For fear of earthquakes, the residents began *relocating* their houses on safer terrain. 地震の恐れがあるため住民たちは安全な土地に住居を移し始めた. **— *vi.*** 新しい場所に移動[移転]する. **rè·ló·ca·tor** [-ṭə | -tə(r)] *n.*

re·lo·cat·ee [rìːləkeɪtíː, -lòʊkə- | -lə(ʊ)kə-] n. 移転者; 配置換えされる[された]人.

rè·locátion n. **1** 再配置; 配置転換; 転置. **2**〘法律〙(賃貸契約の)更新.

rel. pron.《略》〘文法〙relative pronoun.

re·lu·cent [rɪlúːsn̩t, rə- | -lúː-, -ljúː-]〘(c1507) ◻ L *relūcent-em* (pres.p.) ← *relūcēre* ← RE- (A)+*lūcēre* to shine ∽ ME *relusant* ◻ OF *reluisant* ← *reluire*: ⇨ lucent〙 — *adj.* 輝く (shining), 光る (gleaming), きらきらした (bright).

re·luct [rɪlʌ́kt, rə-]〘(1526) ◻ L *reluct-ārī* ← RE- (A) +*luctārī* to struggle〙 — *vi.*《古》**1** 嫌う, いとう, 気が進まない; ためらう (hesitate)〔*at*〕. **2** 反抗する, 抵抗する (struggle)〔*at, to, against*〕.

re·luc·tance [rɪlʌ́ktəns, rə-]〘(1641) ← L *reluctārī* (↑)+-ANCE〙 — *n.* **1** 気が進まないこと, 不承不承, 不本意 (disinclination): show ~ to help 助けたがらない / feel no ~ in acknowledging errors 誤りを認めるのにやぶさかでない / with ~ いやいやながら, 不本意ながら, 不承不承 / without ~ いやがらずに, 喜んで, 進んで. **2**《廃》反抗, 抵抗 (resistance). **3**〘電気〙磁気抵抗 (cf. reluctivity).

re·lúc·tan·cy [-tənsi | -sɪ] *n.* =reluctance.

re·luc·tant [rɪlʌ́ktənt, rə-]〘(1662) ◻ L *reluctant-em* ← *reluctārī* 'to struggle, RELUCT': ⇨ -ant〙 — *adj.* **1 a** 気の進まない, いやがっている, 好まない (unwilling)〈*to do*〉: be ~ *to* help a person 人を援助するのを好まない, 人を助けたがらない. **b** 不承不承の, 渋渋の, いやいやながらの: ~ obedience 渋々の服従 / He gave me ~ assistance. 不承不承助力してくれた. **2** 扱いにくい, 細工[作業, 処理]しにくい: a ~ tumor 厄介(ﾔｯｶｲ)な腫(ﾊ)れもの / The soil is hard and ~ to the plough. 土が堅くて鋤が入れにくい. **3**《まれ》反抗する, 抵抗する (resisting). **~·ly** *adv.*

re·luc·tate [rɪlʌ́kteɪt, rə-]〘(1643) ← L *reluctāt-us* (p.p.) ← *reluctārī* (↑): ⇨ -ate[3]〙 *vi.*《まれ》=reluct.

re·luc·ta·tion [rɪlʌ̀ktéɪʃən, rə-, rìːlʌk-]〘◻ L *reluctātiō(n-)*: ⇨ ↑, -ation〙 *n.*《まれ》=reluctance 1, 2.

re·luc·tiv·i·ty [rɪlʌktívəti, rə-, rìːlʌk- | -vətɪ, -vɪ-] *n.*〘電気〙抗磁率, 磁気抵抗率《導磁率の逆数; cf. reluctance 3》.

re·lume [rìːlúːm, rɪ-, rə-, -ljúːm]〘(1604) ← RE-+(IL)LUME〙 *vt.*《詩》**1** …に再び点火する, 再燃させる. **2** 再び照らす. **3**〈目などを〉再び輝かす.

re·lu·mine [rìːlúːmɪn, rɪ-, rə-, -ljúː-, -mən | -mɪn]〘◻ LL *relūmin-āre*: ⇨ re- (A), illuminate〙 *vt.* =relume.

re·ly [rɪláɪ, rə-]〘(*a*1338) *relie(n)* ◻ (O)F *reli-er* to bind together < L *religāre*: ⇨ religion〙 — *vi.*〔人・物・約束などに〕頼る, 信頼する, すがる, 力にする, 当てにする, 期待を掛ける (depend)〔*on, upon*〕: ~ *upon* others 他人に頼る / ~ *on* one's own efforts 自分の努力に頼る / He is ~*ing upon* a broken reed. 当てにならないことを当てにしている / I ~ *upon* you to finish it today. 君が今日それを仕上げてくれると思って当てにしている / You may ~ *upon* my being punctual. 私はきっと時間を厳守するよ / He [His promise] is not to be *relied upon*. あの男[彼の約束]は当てにできない / Most of them *relied on* him a lot for odd jobs. 大抵の者は半端(ﾊﾝﾊﾟ)仕事をやたらと彼に押しつけた.
rely upon it 確かに, きっと, 大丈夫 (I assure you): We may ~ *upon it that* he will come. 彼は大丈夫やって来るよ.

rem [rém]〘← *r(oentgen) e(quivalent in) m(an)*〙 — *n.* (*pl.* ~, ~**s**)〘医学〙レム, 生理的レントゲン当量《放射線の作用を表わす単位; 1 レントゲンのエックス線やガンマ線を受けた時と同じ被害を人体組織に与えるような放射線量を 1 レムという; cf. roentgen》.

REM, R.E.M. [rém]《略》〘心理〙rapid eye movement.

rem.《略》remarks; remittance.

rè·máil *vt., vi.* 返送する, 返信を出す.

re·main [rɪméɪn, rə-]〘(c1375) *remeyne(n)* ◻ OF *remain-* (stem) ← *remanoir* (cf. OF *remaindre* < VL **remanere*) < L *remanēre* ← RE- (A)+*manēre* to stay (⇨ mansion)〙 — *vi.* **1 a** 残る, 残存する, 残留する; 生き残る (survive); 取り残される: the ~*ing* snow 残雪 / the few pleasures that ~ to an old man 老人に残されたわずかな楽しみ / This visit will always ~ in my memory. この訪問は長く私の記憶に残るだろう / This ~*ed* over from yesterday's dinner. これは昨日のごちそうの残りものです / Some columns ~ to attest to the magnificence of the building. 幾本かの柱が立っていてその建物の(ありし日の)壮観を物語っている / All that ~*s* of the original building is a chunk of wall. もとの建物のうち原形を留めているのは壁の断片ぐらいなものだ / The fact ~*s* that the situation is hopeless. 事態は絶望的だということは依然として事実である. **b** [通例受動不定詞を伴って] (これからのことにして)残してある, まだしないで残してある: Little now ~*s to be* done. もう仕事はほとんど(残って)ない / Much yet ~*s to be* done. すべきことはまだまだ沢山ある / It ~*s* to her *to* do it. それをするのは彼女の役目だ / It ~*s to be* seen if …. …かどうかはあとになってみないとわからない / It ~*s to be* proved that … という証明は今後の問題だ《まだ証明されていない》. **2** 居留する, 滞在する (stay): ~ abroad 外国に滞在する / ~ at home 家[国内]にいる / ~ at one's post 留任する / I ~*ed* three weeks in Paris. パリに 3 週間いた / *Remain* where you are for the present. 当分今の所にいなさい. **3** [補語を伴って] …のままでいる, 相変らず[依然]…である: ~ a bachelor〈男が〉独身でいる / ~ unmarried 独身でいる[のままでいる] / ~ faithful 忠義[操]を守る, 変節しない / the Geneva accord which will ~ in force for the next three years あと 3 年間有効であるジュネーブ協定 / One thing ~*s* certain. 一つの事だけは依然確実である / The house ~*ed* empty for a long time. その家は長い間空家になっていた / I ~ yours truly [sincerely]. 敬具《やや旧式な手紙の結び文句》/ Let it ~ as it is. そのままにしておきなさい / She ~*ed* a widow until death. 彼女は死ぬまで後家を通した / The weather ~*s* unsettled. 天候は相変わらずはっきりしない. **4** 結局…のものとなる, の手に帰する (rest)〔*with*〕: The victory ~*ed with* the Thebans. 勝利はテーベ人のものだった.
— *n.* **1 a** [通例 *pl.*] 残り, 残余, 残物; 遺物, 遺跡; 残高, 残額 (remnant): the ~*s of* lunch 弁当の食べ残し / the ~*s of* a glass コップの飲み残し / the ~*s* of a meal 食事の残り, 食べ残し / the ~*s* of a temple 殿堂の遺跡 / the ~*s* of the former glory 昔の栄華の名残 / ~*s* of one's conscience まだ少しは残っている良心 / ~*s* of one's strength 残っている体力. **b** 残存者, 遺族, 生還者 (survivors): the ~*s* of a family 遺族 / the ~*s* of an army 軍隊の生存者. **2** [*pl.*] **a** なきがら, 遺体, 遺骨; 死体 (corpse). **b** (古生物などの)化石: fossil ~*s* 化石. **3** [*pl.*] 遺筆, 遺著; 遺稿: literary ~*s*. **4**《廃》滞在 (stay).

re·main·der [rɪméɪndə, rə- | -də(r)]〘(1424) ◻ AF ~ =OF *remaindre* to remain (↑): 不定詞の名詞用法〙 — *n.* **1** [the ~] **a** 残留者, 他の人々 (the rest): *The* ~ of the company was lost. 一行の他の者は行方不明になった. **b** 残り, 残余, 残部, 残物 (remnant): *the* ~ of a feast [one's life] ごちそうの残り[余生] / throughout *the* ~ of that night その夜はその後ずっと, 夜明けまでずっと. **2** [*pl.*] 遺物, 遺跡, 遺風. **3** 売れ残りの本, 残本, ぞっき本. **4**〘数学〙(引算・割算の)残り, 剰余: Take 3 from 10 and the ~ is 7. 10 から 3 を引けば 7 が残る. **5**〘法律〙残余権《ある不動産権を A に一生涯, A の死後 B に譲渡する場合, B の有する将来不動産権; cf. reversion 4》. **6** [*pl.*]〘郵趣〙リメインダー《発売期間が過ぎたのちの未使用在庫切手》. **7** 爵位などの継承権.
— *adj.* **1** 残本の[を売る]: a ~ counter. **2**《まれ》残りの, 余りの (remaining). — *vt.*〈書物を〉残本[ぞっき本]として安売りする; 特価販売する.

remáinder·man [-mən] *n.* (*pl.* **-men** [-mən, -mèn])〘法律〙残余権者.

remáinder thèorem *n.*〘数学〙剰余(の)定理《多項式 $f(x)$ を $x-a$ で割った時の剰余は $f(a)$ に等しいという定理》.

re·make [⌐⌐] *vt.* (**re·made**) **1** 再び作る, 造り直す; 改造する. **2**〘映画〙再撮影する, 再映画化する. — [⌐⌐] *n.* **1** 改作, 改造, 翻案. **2** 改作[改造, 翻案]したもの. **3**〘映画〙再撮影; 再映画化作品.

rè·mán *vt.* (**re·manned**; **-man·ning**) **1**〈艦船・飛行機など〉に再び[新しく]人員を乗り組ませる. **2** 再び男らしくする, 再び勇気を出させる.

re·mand [rɪmǽnd, rə- | -máːnd]〘(1439) ◻ OF *remand-er* ‖ ML *remand-āre* ← RE- (A)+*mandāre* to order (cf. mandate)〙 — *vt.* **1** (命令で)送り返す, 戻す, 呼び戻す;〈人〉に帰還を命じる: ~ a soldier to his post 兵に任地へ帰還を命じる. **2**〘法律〙**a** (裁判・再取調べのため)再拘留[留置]する. **b**〈事件を〉下級裁判所へ差し戻す. — *n.* **1** 返送; 召還; 帰還. **2**〘法律〙再拘留, 再留置; 差戻し: on ~ 再拘留中の[で].

remánd cèntre *n.*《英》少年拘置センター《乱暴で remand home では手に負えない非行少年を収容する》.

remánd hòme *n.*《英》非行少年収容所, 少年鑑別所 (《米》detention home)《未成年非行者の拘置所; cf. borstal, spinning house》.

rem·a·nence [rémənəns]〘⇨ ↓, -ence〙 *n.* **1** 残存性. **2**〘物理〙残留磁気《磁界を取去っても, 一度磁化した磁性体に残る磁気》.

rem·a·nent [rémənənt]〘(15C) ◻ L *remanent-em* ← *remanēre* 'to REMAIN': cf. remnant〙 — *adj.* **1**《まれ》残された (left), 残留する, 残存している (remaining). **2**〘物理〙残留磁気の.

rémanent mágnetism *n.*〘物理〙=residual magnetism.

rem·a·net [rémənèt]〘(1511) ◻ L ~ 'it remains' ← *remanēre* 'to REMAIN'〙 — *n.* **1** 残部, 残り (remnant), 残物 (residue). **2**〘法律〙(審理を延期された)延期訴訟事件. **3**〘英法〙(議会で次の会期まで審議を持ち越された)延期議案.

re·ma·nié [rəmàːnjéɪ; *F.* rəmanje]〘◻ F ~ (p.p.) ← *remanier* to rehandle ← RE-+*manier* to handle (← *main* hand)〙 — *n.*〘地質〙**1** 残留化石 (relict)《ある時代の地層・堆積物の中に残留したそれより古い時代の化石・堆積物の断片》. **2** 残留層《新しい時代の地層中にはさまれて残留したより古い時代の地層》.

rè·manufácture *vt.* 再生する,〈製品を〉別の製品にする. — *n.* 再生. **rè·manufácturer** *n.*

rè·máp *vt.*〈土地など〉の図[地図]を作り直す; 新たに計画する.

rè·márgin *vt.* **1** …のへり[ふち]を付け換える. **2**〘証券〙(負債について)追加担保により担保余価を回復する. — *vi.*〘証券〙追加証拠金を納める《相場変動により, 証拠金不足となった客が追加証拠金を証券業者に納める》.

re·mark[1] [rɪmáːək, rə- | -máːk]〘*v.*: (1633) ◻ F *remarqu-er* ← RE- (A)+*marquer* to mark (◻ It. *marcare* ← *marca* a mark ◻ Gmc **markō* 'MARK[1]'. — *n.*: (1654) ◻ F *remarque*〙 — *vt.* **1** …に注目する (note); 見る (observe); (五感で)感知する, 感づく, 気づく (perceive): ~ the resemblance between two things 二物の類似に気づく / I ~*ed* him pass by the windows. 彼が窓のそばを通るのを見た / I ~*ed* the heat as soon as I entered the room. 部屋に入るとすぐ熱いのに気がついた. **2** 言う, 一言する, 所見を述べる[書く]: He ~*ed that* it had suddenly grown cold. 急に寒くなって来たと彼は言った / as ~*ed* above 上述の通り / "Good morning," he ~*ed*.「お早う」と彼は言った. **3**《廃》はっきり区別する; 明示する: A big mole on the nose ~*s* him. 鼻の先に大きなほくろがあるからすぐ彼だと判る. — *vi.* 言う, 一言する; 評する〔*on, upon*〕: ~ *on* an event 出来事を評する.
— *n.* **1** 注目, 観察, 認知, 感知 (notice, observation): worthy of ~ 注目に値する. **2** 短評, 評言, 意見, 所見: make a ~ 何か言う / make ~*s* かれこれ言う, 批評する; 演説する / exchange a few ~*s* in a low voice 低い声で二言三言いい交わす / Did you make a ~ on the subject? 君はそのことについて何か言ったか / make no ~(*s*) 何も言わない / pass a ~ 所見を述べる, 一言する / the ~*s* column 備考欄 / Let it pass without ~. 触れないで黙過したまえ / His ~*s* are often interesting. 彼はよく面白いことを言う / It was the theme of general ~. それは世間の話題であった. **3**《廃》**a** 目立つ印[特徴], 目印. **b** 表示するもの (token). **c** 目立つもの, 注目すべきもの.

re·mark[2] [rɪmáːək, rə- | -máːk] *n.* =remarque.

re·mark·a·ble [rɪmáːəkəbl̩, rə- | -máːk-]〘(1604) ◻ F *remarquable*: ⇨ remark[1], -able〙 — *adj.* **1** 注目すべき, 驚くべき (noteworthy): a ~ occurrence 驚くべき出来事. **2** 異常な, 非凡な, すぐれた (exceptional), 著しい, すばらしい (striking), 目立った (conspicuous), 珍しい (strange): a ~ increase 著しい増加 / You have a ~ memory. 記憶力がすばらしいですね / He is ~ at arithmetic. 算数がとてもできる / The weather was ~. すばらしい天候だった / He is ~ for precocity [wisdom]. 彼は驚くほど早熟だ[賢い] / It is ~ that I should not have been told. 私に話がなかったとは珍しい. **3**《廃》目に見える, 認識できる (discernible). — *n.*《古》認識できるもの[事象].
~·ness *n.*

re·márk·a·bly [-bli | -blɪ]〘(1638)〙 — *adv.* 注目すべきほどに, 目につくほど, 目立って, 非常に, ことの外, 大層, 珍しく, 不思議なほど: She sang ~ well. 彼女はとてもうまく歌った.

re·mark·ed·ly [-kɪdli, -kəd- | -lɪ] *adv.* 目立って, 著しく.

re·marque [rɪmáːək, rə- | -máːk; *F.* rəmark]〘◻ F ~ 'REMARK[1]'〙 — *n.* **1** (図版印刷の進度を示すために彫版のへりに記し, 校正が進行すると消す)目印, おぼえ. **2** 略図[目印]付き図板, 目印付き校正刷り (remarque proof ともいう).

Re·marque [rəmáːək | -máːk; *G.* rəmárk], **Erich Maria** *n.* レマルク《1898–1970; ドイツ生れの小説家; 1939 年米国へ移り, 1947 年帰化; 本名 Erich Paul Remark [rəmárk]; *Im Westen nichts Neues*「西部戦線異常なし」(1929), *Arc de Triomphe*「凱旋門」(1947)》.

rè·márriage *n.* 再婚, 再縁.

rè·márry *vt.* **1**〈夫・妻を〉再び迎える, …と再婚する. **2**〈牧師が〉(婚礼の儀式を行なって)再婚させる. — *vi.* 再婚する.

rè·mátch *n.* 再試合.

rem·blai [rɑːmbléɪ; *F.* rɑ̃blɛ]〘◻ F ~ ← *remblayer* to embark〙 *n.* **1** (塁城・胸壁などを築くための)盛り土. **2** (鉄道の築堤を築くための)盛り土.

Rem·brandt [rémbrænt, -brɑːnt, -brænt, -brɑnt; *Du.* rémbrɑnt] *n.* レンブラント《1606–69; オランダの画家・版画家; Rembrandt Harmensz(oon) van Rijn [Ryn] [hármənsoːn vɑn réin]》.

Rem·brandt·esque [rèmbræntésk, -brɑːn- | -bræn-, -brɑn-]〘⇨ ↑, -esque〙 *adj.* レンブラント流[風]の《画面中の明暗の対照の著しいことにいう》.

re·me·di·a·ble [rɪmíːdiəbl̩, rə- | -djə-, -dɪə-]〘(15C) ◻ F *remédiable* ‖ L *remediābil-is*: ⇨ remedy (v.), -able〙 — *adj.* **1** 治療できる. **2** 救治[救済]できる, 取返しのつく; 矯正できる. **3** 補修できる. **~·ness** *n.* **re·mé·di·a·bly** *adv.*

re·me·di·al [rɪmíːdiəl, rə- | -djəl, -dɪəl]〘(1651) ◻ LL *remediāl-is*: ⇨ remedy, -al[1]〙 — *adj.* **1** 治療する(ための), 治療上の: ~ treatment 治療. **2** 改善する(ための); 救済的な; 矯正的な; 補修する(ための). **3**〘医学〙(薬品や手術などによらず)運動などによって身体的欠陥を直す. **4**〘教育〙治療(教育)の《学習の遅れている[適応性のない]子供を教育するための, または誤った学習習慣を矯正し学力を増進させるための教育にいう》. **~·ly** *adv.*

remédial láw *n.*〘法律〙修正的法律《既存の法律を補足し, 修正する法律; cf. substantive law》.

remédial réading *n.*〘教育〙読書力増進法, 読書治療.

remédial ríght *n.*〘法律〙保護的[救済的]権利《正当防衛の権利のように, 実体的権利 (substantive right) の侵害に際して生ずるその保護のための権利》.

re·me·di·a·tion [rɪmìːdiéɪʃən, rə- | -dɪ-] *n.* 改善, 矯正; 治療教育.

rém·e·di·less 〘(15C)〙 ── *adj.* **1 a** 〈病気が〉不治の. **b** 〈損失など〉取返しのつかない. **c** 〈弊害・事情など〉改善[矯正]できない. **2** 〈人が〉法的救済手段のない;《廃》救い[助け]ようのない (hopeless).
~·ly *adv.* **~·ness** *n.*

rem·e·dy [rémədi | -mɪdɪ, -mə-] 〘n.: (?*a*1200) ▭ AF *remedie*=(O)F *remède* ▭ L *remedium* ← RE- (A) +*medērī* to heal (cf. medicine). ─ v.: (1412) ▭ (O)F *remédi-er* ∥ LL *remedi-āre* ← *remedium*〙 ── *n.* **1** 医薬, 薬剤 (medicine); 治療, 療治 (treatment). **2** 〔欠点・弊害などの〕矯正法, 救済(手段), 除去〔*for, against*〕: a ~ *for* social ills 社会悪の矯正[除去]法 / There is no ~ but to fight. 戦うよりほかに救う道はない / be past ~ 救済の見込みがない / beyond ~ 直すことのできない, 救済の道のない, 矯正できない / a liar that has no ~ つける薬のないうそつき. **3** 〘法律〙(不法に侵害された権利の)救済方法, (損害の)賠償, 弁償. **4** 〘造幣〙(貨幣の)公差 (tolerance).
── *vt.* **1** 〈病気を〉治療する, 直す (cure). **2 a** 補修する, 修繕する; 〈事態などを〉改善する, 矯正する (reform); 救治する: ~ a leak in a pipe 管の漏る個所を補修する / ~ a situation 事態を収拾する / ~ a state of things 事態を改善する. **b** 除去する, 軽減する(remove): ~ social ills 社会悪を除去する.

re·mem·ber [rɪmémbə | rə- | -bə(r)] 〘(*a*1338) *remembre(n)* ▭ OF *remembr-er* < LL *rememorārī* ← RE- (A)+*memorārī* (← L *memor* mindful): ⇨ memory〙 ── *vt.* **1 a** (記憶を働かせて)思い出す, 思い起こす (recollect) (↔ forget): I can't ~ him. 彼を思い出せない / I ~*ed* (*that*) I had an appointment today. 今日約束があるのに気がついた. **b** [~ one*self* として](自分の不作法などに)気がついてはっとする. **2 a** 覚えている, 記憶している, 覚えがある: I don't ~ his name. 彼の名前を覚えていない / I ~ see*ing* him once.=I ~ *that* I saw him once. 彼には一度会った覚えがある / I don't ~ hav*ing* said anything of the sort. そんなことを言った覚えはない / I am not as good as I was at ~*ing* faces. 人の顔はどうも昔のようには覚えられない / I shall always ~ your kindness to me. ご親切はいつまでも忘れません / I ~ him *for* his kindness. あの人は親切な人なので覚えている / I don't ~ *where* I put it. どこに置いたか覚えていない / Do you ~ *how* to spell his name? 彼の名はどう綴るか覚えていますか / Jenner is ~*ed as* the discoverer of vaccination. ジェンナーは種痘の発見者として記憶されている / She could not ~ him so angry. 彼がこんなに腹を立てたのは見たことがなかった. **b** 忘れずに…する〈*to* do〉: Please ~ *to* call me at eight. どうぞ忘れずに 8 時に起こして下さい. **c** (祈禱の中で)…の名前を挙げる, のために祈る: ~ a person in one's prayers. **3** (贈り物・報酬・賞などを与えて)〈人〉の労などを認める, のことを心に掛ける; …に報酬[チップ]を与える, 謝礼する, 贈り物をする: She ~*s* me always *with* a Christmas card. 彼女はいつも私にクリスマスカードをくれる / ~ a child on its birthday 子供の誕生日にお祝いをやる / ~ the waiter 給仕人にチップをやる / Grandfather ~*ed* us all in his will. おじいさんは遺言状の中に我々皆の名を書いておいてくれた《皆に遺産を分けてくれた》. **4** …からよろしくと伝言する: He wished [begged, asked] to be ~*ed* to you. あの人があなたによろしくと言っていました / *Remember* me (kindly) to your mother. (どうぞ)お母様によろしくお伝え下さい. **5** [~ one*(self)* で]《古》〔…を〕…に思い起こす〔*of*〕(cf. 1 a): They ~*ed* them *of* my name. 彼らは私の名を思い出した. ── *vi.* **1 a** 覚えて[記憶して]いる: if I ~ right(ly) 私の記憶が正しければ / If I ~ correctly, he was not present. 確か彼は出席していなかった. **b** 〔…のことを〕覚えている〔*about*〕: Do you ~ *about* that day? あの日のことを覚えていますか. **c** 記憶力がある: As one gets old, one does not ~ as one used to (do). 年を取ると若い時ほど記憶力がなくなる / I'll ~. 覚えていよう / They will ~. 彼らは[なら]覚えているだろう. **2 a** 思い出す: Now I ~. やっと思い出した / Have you met him before?—Not that I can ~. 彼に以前会ったことがありますか—さあ, 思い出せませんが (cf. *Not that I* KNOW *of.*). **b** 《英古・米》〔…の〕記憶がある, 〔…を〕思い出す〔*of*〕: I ~ *of* him. 彼を覚えている. **~·er** [-bərə | -rə(r)] *n.*

re·mem·ber·a·ble [rɪmémb(ə)rəbl̩, rə-] *adj.* 《古》記憶できる, 覚えられる; 記憶すべき (memorable).
re·mèm·ber·a·bíl·i·ty [-rəbíləṭi | -lətɪ, -lɪ-] *n.*

re·mem·brance [rɪmémbrəns, rə-, -bər- | -brəns] 〘(?*a*1300) ▭ (O)F ~: ⇨ remember, -ance〙 ── *n.* **1** 覚えていること, 記憶; 思い出, 回想, 追懐 (recollection): bear [have, keep] in ~ 心に留めて[覚えて]いる / bring to ~ 思い出させる / call to ~ 思い出す, しのぶ / come to ~ 心に思い浮かぶ / put in ~ 思い出させる, 気付かせる / She smiled in ~. 思い出してにっこりした / I have no ~ of it. それを少しも記憶していない / That man's name struck a chord of ~. その男の名はどこか聞き覚えがあった / She stood frowning in ~. 懸命に思い出そうとして額にしわを寄せていた. **2 a** 記憶力: to the best of one's ~ 自分の覚えている限りでは. **b** 記憶の及ぶ範囲[期間]: within one's ~ 自分の記憶する所では / It has escaped [passed from] my ~. それは失念してしまった. **3 a** 記念 (commemoration): a service in ~ of the fallen 戦没者追悼のための礼拝式[供養]. **b** 思い出させるもの, 形見, 記念物, 記念品, 記念の贈り物 (keepsake): I send a small ~. ささやかな贈り物を致します. **c** [*pl.*] (よろしくとの)伝言 (greetings): Give my kind ~*s* to your uncle. おじさんによろしく.

Remémbrance Dày *n.* **1** 《英・カナダ》(第一・第二次大戦の戦没者に対する)英霊記念日《11 月 11 日; cf. Armistice Day》. **2** =Remembrance Sunday.

re·mém·branc·er 〘(1430–01) ▭ AF *remembrauncer*: ⇨ remembrance, -er¹〙 ── *n.* **1** 思い出させる人. **2 a** 思い出させるもの, 記念品, 忘れ形見 (memento). **b** 備忘録. **3** [R-] **a** (英国で王または政府の)重要案件備忘係: ⇨ King's Remembrancer. **b** ⇨ City Remembrancer.

Remémbrance Súnday *n.* 《英》(第一次・第二次大戦の戦没者に対する)英霊記念日曜日《11 月 11 日に最も近い日曜日; Poppy Day ともいう; cf. Remembrance Day 1》.

re·mex [ríːmeks] 〘▭ L *rēmex* oarsman (pl. *rēmigēs*) ← *rēmus* oar ← IE **erə-* 'to ROW²'〙 *n.* (*pl.* **rem·i·ges** [rémədʒìːz | -mɪ-]) 〘鳥類〙=flight feather.

rem·i- [rémɪ, -mə | -mɪ] 〘← L *rēmex* (↑)〙「オール (oar)」の意の連結形: *remi*form.

remiges *n.* remex の複数形.

re·mig·i·al [rɪmídʒiəl, rə-, -dʒəl | -dʒɪəl, -dʒəl] 〘← L *rēmigēs* (⇨ remex)+-IAL〙 *adj.* 風切羽 (remex) の[に関する].

re·mi·grant [rémɪgrənt, -mə- | -mɪ-] *n.* (移民の)帰国者.

rè·mígrate *vi.* **1** 再び移動[移住]する. **2** 〈移民などが〉本国に帰り住む, 帰国する. **rè·migrátion** *n.*

rè·militarize *vt.* 再軍備する. **rè·militarizátion** *n.*

re·mind [rɪmáɪnd, rə-] 〘(1645) ← RE-+MIND (v.): cf. 《廃》*rememorate* ← LL *rememorāt-us* (p.p.) ← *rememorārī* 'to REMEMBER'〙 ── *vt.* **1** 〈人〉に〔…のことを〕思い出させる, 思い起こさせる, 気づかせる〔*of, about*〕/〈*that, how, to* do〉: You ~ me *of* your father. 君を見ると君のお父さんを思い出す / Please ~ me *to* write tomorrow. 明日手紙を書くのを(忘れぬよう)注意してくれ / That ~*s* me *that* I must go home. それで私は家へ帰らなければならないことを思い出した / Actresses don't like being ~*ed of* the exact age they are. 女優はずばり年齢(とし)を言われるのを好まない. **2** 《廃》思い出す.

re·mínd·er 〘(1653)〙 ── *n.* **1** 思い出させる人. **2** 思い出させるもの; (思い出させるための)助言, 注意, 合図, 催促状: a gentle ~ ほのめかし, 暗示 / The current state of affairs is a sharp ~ that the Senate has become an anachronism. 昨今の状況を見ていると上院というものが時代遅れになったことが痛感される.

re·mind·ful [rɪmáɪndfəl, rə-] *adj.* **1** 〈物が〉思い出させる, 思い出の種となる〔*of*〕. **2** 〈人が〉覚えている, 忘れない (mindful)〔*of*〕.

Rem·ing·ton [rémɪŋtən, -tn̩], **Frederic** *n.* (1861–1909) 米国の画家・彫刻家; 西部の風物や生活を多く描いた.

rem·i·nisce [rèmənís | -mɪ-, -mə-] 〘(逆成) ← REMINISCENCE〙 ── *vi.* 《口語》思い出に耽る, 過去を思い出す; 思い出話をする[書く]〔*about, of, on*〕: ~ *about* one's childhood 幼いころの思い出に耽る. ── *vt.* 回想して書く[言う].

rem·i·nis·cence [rèmənísns | -mɪ-, -mə-] 〘(1589) ▭ LL *reminiscentia* ← L *reminiscī* to remember ← RE- (A)+*mēns* 'MIND': ⇨ -ence〙 ── *n.* **1** 回想, 追懐, 懐旧; 記憶: a faint ~ of what happened 出来事のかすかな記憶 / the doctrine of ~ 〘哲学〙想起説《すべての知識は前世で魂に知られていた事物の想起であるとする Plato の説》. **2 a** 思い出す出来事, 思い出, 追懐事: a painful ~ 痛々しい思い出. **b** [しばしば *pl.*] 懐旧談, 経験談, 回顧録, 回想録, 追想録, 思い出の記 (memoirs): give [publish] one's ~*s* 懐旧談をする[追想録を出版する]. **3** 〔他のものを〕連想させる点, 暗示するもの, 髣髴(ほう)させるもの〔*of*〕: There is a ~ *of* the Greek type in her face. 彼女の顔はどことなくギリシャ型を思わせるものがある.

rem·i·nis·cent [rèmənísnt | -mɪ-, -mə-] 〘(1765) ▭ L *reminiscent-em* (pres.p.) ← *reminisci* (↑): ⇨ -ent〙 ── *adj.* **1** 昔をしのぶ, 追憶する: Her eyes became ~. 往時を懐しむような目つきになった. **2 a** 追憶に耽る, 追憶を語る: in a ~ frame of mind 追憶に耽るような気分で / in a ~ tone 追憶に耽るような口調で / a ~ smile (何かを)思い出して浮かぶほほえみ. **b** 懐旧(談)の, 追憶(談)の; 懐旧(談)的な, 回顧(録)的な: a ~ talk 回顧談. **3** 〔他の物を〕思い出させる, しのばせる, 暗示する (suggestive)〔*of*〕: mountain meadows ~ *of* the pictures of a fairy tale おとぎ話の絵を思い出させるような山間の牧草地 / make a person ~ *of*… 人に…を思い出させる / Those scenes are ~ *of For Whom the Bell Tolls.* ああした場面は「誰(た)がために鐘は鳴る」を彷彿(ほう)させる. ── *n.* 思い出を語る人; 思い出の記[回想録]を書く人. **~·ly** *adv.*

rem·i·nis·cen·tial [rèmənɪsénʃəl, -nə- | -mɪnɪ-, -mə-] *adj.* =reminiscent. **~·ly** *adv.*

rè·mínt *vt.* 〈貨幣を〉再鋳する; 〈古貨幣を〉改鋳する.

rem·i·ped [rémɪpèd | -mɪ-] 〘▭ F *rémipède*: ⇨ remi-, -ped〙〘動物〙 *adj.* 〈甲殻類が〉橈(かい)脚の《水生動物のように, 櫂(かい)状の脚をもつ》. ── *n.* 橈脚類の甲殻類.

re·mise¹ [rəmáɪz, rɪ- | -míːz; *F.* rəmiːz] 〘(1698) ▭ F ~ (fem. p.p.) ← *remettre* < L *remittere*: ⇨ remit〙 ── *n.* **1** 〘フェンシング〙ルミーズ, 突き直し《最初の突きがはずれた時そのままの姿勢で今一度行なう突き》. **2** 《古》**a** (hackney より高級な)貸馬車. **b** 馬車小屋. ── *vi.* 〘フェンシング〙ルミーズする.

re·mise² [rɪmáɪz, rə-] 〘(15C) ← F *remise* (p.p.) ← *remettre* (↑)〙 ── *vt.* **1** 〘法律〙(証書を作成して)〈権利・財産などを〉引き渡す, 譲渡する, 放棄する (surrender). **2** 《廃》送り返す, 戻す (return). ── *n.* **1** 《古》〘法律〙(放棄証書によるすべての財産・権利などの)譲渡, 譲与. **2** 《廃》送金.

re·miss [rɪmís, rə-] 〘(? *a*1412) ▭ L *remiss-us* (p.p.) ← *remittere* 'to REMIT'〙 ── *adj.* **1 a** 不熱心な, 怠慢な, 不注意な (careless)〔*in*〕: ~ housekeeping 怠慢な家事 / be ~ *in* one's payments [duties] 金払いが悪い[職務怠慢である] / I have been very ~ *in* writing to you. 大変ごぶさたいたしました. **b** だらしない, いい加減な (negligent): The service in the new hotel was rather ~. あの新しいホテルのサービスはいい加減だった. **2** 《古》無気力な; ぐずな, のろい (slow).
~·ly *adv.* **~·ness** *n.*

re·mis·si·ble [rɪmísəbl̩, rə- | -sə-, -sɪ-] 〘▭ F *rémissible* ∥ LL *remissibil-is* ← L *remissus* (↑): ⇨ -ible〙 ── *adj.* 免じてよい, 許される: a ~ fine [penalty] 免じられる罰金[許される罰]. **re·mis·si·bíl·i·ty** [-səbíləṭi | -sɪbílətɪ, -sə-, -lɪ-] *n.* **re·mís·si·bly** *adv.*

re·mis·sion [rɪmíʃən, rə-] 〘(?*a*1200) ▭ (O)F *rémission* ▭ L *remissiō(n-)*: ⇨ remiss, -sion〙 ── *n.* **1** (罪の)赦免; 容赦, 許容, 恩赦 (forgiveness): the ~ of sins 罪の赦(ゆる)し / gain ~ 許してもらう. **2** (負債・租税などの)(一部または全部の)免除; (模範囚の)刑期短縮. **3** (怒り・圧力・寒さなどの)和らぎ, おさまり. **4** 〘病理〙(病気の)寛解, 軽快: complete [spontaneous] ~ 完全[自然]寛解. **5** 〘法律〙事件記録移送 (remitter).

Remíssion Thúrsday *n.* 〘キリスト教〙=Maundy Thursday.

re·mis·sive [rɪmísɪv, rə-] 〘(15C) ▭ ML *remissivus*: ⇨ remiss, -ive〙 *adj.* **1** 赦免する, 免除する, 寛大な. **2** 軽減する (abating), 緩める. **3** 鎮静させる.

re·mit [rɪmít, rə-] 〘(*c*1375) ▭ L *remitt-ere* ← RE- (A) +*mittere* to send: cf. mission〙 ── *v.* (**re·mit·ted; re·mit·ting**) ── *vt.* **1** 〈神が〉〈罪などを〉許す, 赦免する, 恩赦を与える (pardon): ~ sins. **2 a** 〈罰金・支払い・租税・刑罰などを〉(一部または全部)免除する, 軽減する: ~ a penalty, debt, etc. / ~ a fine to half the amount 罰金を半額に免じる. **b** 〈怒り・苦痛などを〉和らげる, 減じる: ~ one's anger 怒りを和らげる. **3 a** 〈注意・努力・攻撃などを〉緩める (abate): ~ one's vigilance 警戒を緩める / ~ one's efforts 努力を控え目にする / ~ the siege. **b** 〈行動を〉やめる, 思いとどまる. **4 a** (助け・知識などを得るために)〈人を〉差し向ける, 照会させる. **b** 〈事件の決定などを〉〔…に〕付託[委託]する, 持ち込む (submit)〔*to*〕. **c** 〘法律〙〈事件記録を〉下級裁判所へ差し戻す, 移送する (remand). **5** 元に戻す, (以前の状態に)戻す, 回復する (restore)〔*to, into*〕. **6** (さらに調査するため)延期する (adjourn)〔*to, till*〕: ~ a matter *till* a certain date for further consideration ある事をさらに考慮するためある時期まで延期する. **7** 〈金銭・荷物を〉送る, 送達する (transmit)〔*to*〕: ~ money *to* the creditor 債権者へ金を送る. **8** 《廃》〈罪人などを〉放免[釈放]する (release). **9** 《廃》〈権利・所有などを〉諦める, 放棄する (abandon).
── *vi.* **1** 送金する: Kindly ~. ご送金願います. **2 a** 〈力・強さなどが〉弱まる, 和らぐ, 静まる, 緩む (abate). **b** 〈病気・異常などが〉減退する, 寛解する.
── [rɪmít, rə-, ríːmɪt | ríːmɪt, rɪmít, rə-] *n.* **1** (考慮のために)延期された事項. **2** (委員会などの)委託された権限, 委任事項. **3** 〘法律〙(事件記録の他の裁判所への)回送, 移送.
~·ment *n.* **~·ta·ble** [-təbl̩ | -tə-] *adj.*

re·mit·tal [rɪmítl̩, rə- | -tl] *n.* =remission.

re·mit·tance [rɪmítns, rə-, -təns | -tns, -təns] 〘(1705) ← REMIT+-ANCE〙 *n.* **1** 送金: make (a) ~ 送金する / telegraphic ~ 電信為替. **2** 送金高[額], 送り高.

remíttance màn *n.* 《英》本国からの送金で海外で暮している人《怠け者の標本》.

re·mit·tee [rɪmɪtíː, rə-, ─ ─ ́] 〘← REMIT+-EE¹〙 *n.* (為替・送荷などの)受取り人.

re·mit·tence [rɪmítns, rə-, -təns | -tns, -təns] 〘← REMIT+-ENCE〙 *n.* 〘病理〙弛張(しちょう), (熱の)増減, 高低.

re·mít·ten·cy [-tnsi, -tən- | -tnsɪ, -tən-] *n.* 〘病理〙=remittence.

re·mit·tent [rɪmítnt, rə-, -tənt | -tnt, -tənt] 〘▭ L *remittent-em*: ⇨ remit, -ent〙〘病理〙 ── *adj.* 症状が交互に軽くなったり重くなったりする, 〈熱が〉出たり引いたりする, 弛張性の (cf. intermittent): a ~ fever. ── *n.* 弛張熱. **~·ly** *adv.*

re·mit·ter¹ [-tə | -tə(r)] *n.* =remittor.

re·mit·ter² [rɪmíṭə, rə- | -tə(r)] *n.* 〘法律〙 **1** (保有権を有する土地に対する他人の占有を排除するため)より有効な名義に書き換えること. **2** 原権回復; 復権 (restoration). **3** 事件記録移送《上訴裁判所が原審に事件記録を移送すること》.

re·mit·tor [-tə | -tə(r)] *n.* 送金人.

Re·mi·zof [réɪmɪzɔ(ː)f | -zɔf; *Russ.* rjémjizəf], **Aleksei Mikhailovich** *n.* レミゾフ《1877–1957; ロシヤの小説家》.

rem·nant [rémnənt] 〘(?*a*1300) *remenant* ▭ OF *re-*

manant ← remanoir 'to REMAIN': ⇨ -ant〙 ── n. 1 [the ～] (通例, 僅かな)残り, 余り, 残余, 残物 (remainder): the ～s of a feast ごちそうの残物. 2 (売り物・使い物にならない)くず, はした; 残り切れ, 半端切れ. 3 残存物, 遺物, 面影 (relic): the ～s of former grandeur 昔の壮大さの名残 / ～s of the building その建物の残骸 / a ～ of the feudal times 封建時代の遺風. 4 [しばしば pl.] 生存者 (survivor).
── adj. 残った (remaining); 残り物の: a ～ sale 端物(はもの)の安売り, 半端物売出し.

rè·módel vt. (**re·modeled, -modelled; -eling, -elling**) …の型を直す, 作り直す; 改造する, 模様替えする; 〈小説・劇などを〉改作[改造]する; 〈行為などを〉改める; 〈軍などを〉改編[再編成]する: ～ a room 部屋を模様変えする / a ～(l)ed army 改編軍.

re·mo·lade [rèɪməlάːd] n. ＝remoulade.

rè·móld vt. 1 再び造る[形造る], 新たに造り直す. 2 〘自動車〙〈タイヤ〉の踏面を再生する. ── n. 〘自動車〙再生タイヤ.

rè·mónetize vt. 〘経済〙再び法定貨幣として用いる, 再び通貨とする: ～ silver 銀(貨)を通貨とする. **rè·monetizátion** n.

re·mon·strance [rɪmάnstrəns, rə-|-mɔ́n-] 〘(c1477) ▭ OF ～ (F remontrance) ∥ ML remonstrantia: ⇨ ↓, -ance〙 ── n. 1 忠告, いさめ, 諫言(かんげん); 抗議, 抗弁: say in ～ that ...と抗議する / make ～s with a person against his conduct [on his folly] 人の行為[愚行]について忠告をする[いさめる]. 2 〘英史〙(正式の)悪政陳情(書): the (Grand) Remonstrance 大諫議書, 悪政大陳情書《1641 年英国下院から国王 Charles 一世に提出した専制批判文書》. 3 [the R-] 〘キリスト教〙(アルミニウス派の)抗議書, アルミニウス派信徒声明書《カルヴァン派信徒との対抗についてオランダのアルミニウス派信徒 (Arminians) が 1610 年政府に提出したもの》. 4 《古》証拠 (proof).

re·mon·strant [rɪmάnstrənt, rə-|-mɔ́n-] 〘▭ ML remonstrant-em (pres.p.) ← remōnstrāre (↓): ⇨ -ant〙 ── adj. いさめる, 諫言(かんげん)する, 忠告の, 抗議の (expostulatory). ── n. 1 いさめる人, 諫言者, 忠告者; 抗議者. 2 [R-] 〘キリスト教〙(オランダの)抗議[諫争]派の人, レモンストラント派の人《アルミニウス派信徒 (Arminians) の別称; cf. antiremonstrant 2》. **～·ly** adv.

re·mon·strate [rɪmάnstreɪt, rə-, rémənstrèɪt | rémənstrèɪt, rɪmɔ́nstreɪt, rə-] 〘(1599) ← ML remōnstrāt-us (p.p.) ← remōnstrāre ← RE- (A)+L mōnstrāre to show (← mōnstrum a sign)〙 ── vi. いさめる, 諫言(かんげん)する, 忠告する (expostulate); 抗議する; 異議を唱える (protest): ～ with a person against his conduct その行為を改めるよう人をいさめる / ～ with a person on [upon] his action その行動について人に忠告する. ── vt. 1 いさめる; 抗議する, 抗議して言う 〈that〉: ～ to [with] him that he is too narrow-minded あまりに心が狭すぎると言って彼をいさめる. 2 《廃》指摘する, 証明する, 示す: ～ to them the unlawfulness of the war その戦争の正義に反する理由を彼らに示す.

re·món·strat·ing·ly [-tɪŋli | -tɪŋlɪ] adv. いさめて, いさめるように; 忠告して, 忠告的に; 抗議して.

re·mon·stra·tion [rɪmὰnstréɪʃən, rə-, rèmən-|rèmən-, rɪmɔ̀n-, rə-] 〘(c1489) ▭ OF ～ ∥ ML remōnstrātiō(n-): ⇨ remonstrate, -ation〙 ── n. いさめ, 諫言(かんげん), 忠告; 抗議 (protest).

re·mon·stra·tive [rɪmάnstrətɪv, rə-|-mɔ́nstrət-] adj. 諫言[忠告, 抗議]の[を表わす]. **～·ly** adv.

re·món·stra·tor [-tə|-tə(r)] n. いさめる人, 諫言(かんげん)者, 忠告者; 抗議者.

re·mon·tant [rɪmάntənt, rə-|-mɔ́nt-] 〘▭ F ～ (pres.p.) ← remonter 'to REMOUNT': ⇨ -ant〙 〘園芸〙 ── adj. 〈バラなど〉一季節中に何度も咲く, 返り咲きの. ── n. ＝hybrid perpetual rose 《remontant rose ともいう》.

rem·on·toir [rèmantwάə | -twάː(r; F. rəmɔ̃twaːr] 〘▭ F ～ ← remonter (↑)〙 ── n. (also **rem·on·toire** [～]) 〘時計〙 1 (がんぎ車に加えるトルクを一定にするように工夫された)巻上げ装置《種々の形式のものがある》. 2 (振子などを等しい時間間隔で駆動する)がんぎ.

rem·o·ra [rémərə, rɪmɔ́ːrə, -mɔ́ːrə | rémərə, rɪmɔ́ːrə] 〘(1567) ▭ L ～ 'impediment, sucking fish' ← RE- (A)+mora delay: ⇨ mora¹〙 ── n. 1 〘魚類〙コバンザメ, コバンイタダキ《頭上の吸盤でサメ・カメ・船などの下部に吸着するコバンザメ科の魚類の総称; shark sucker ともいう》. 2 《古》妨害物, 障害物 (obstacle).

rem·o·rid [rémərɪd, -rɪd | -rɪd] adj.

re·morse [rɪmɔ́əs, rə-|-mɔ́ːs] 〘(c1385) ▭ OF remors (F remords) ▭ ML remorsus ← remordēre to vex ← RE- (A)+L mordēre to bite: cf. mordant, morsel〙 ── n. 1 (罪悪・非行に対する)後悔, 悔恨 (regret); 良心のとがめ, 自責 (compunction) 〔at, for, of〕: ～ of conscience 《古》良心の呵責(かしゃく) / feel a twinge of ～ for one's past 自分の過去に対して良心のとがめを感じる / He was filled with ～. 悔恨の情がこみ上げて来た / suffer from ～ 自責の念に苦しむ. 2 哀れみ, 同情, 慈悲: without ～ 容赦なく, 無慈悲にも.

re·morse·ful [rɪmɔ́əsfəl, rə-|-mɔ́ːs-] adj. 後悔している, 前非を悔いている, 良心の呵責(かしゃく)に堪えない: ～ confessions 後悔の告白, 懺悔(ざんげ) / feel ～ for ...に後悔の念を感じる. **～·ly** adv. **～·ness** n.

remórse·less adj. 1 悔いる心のない, 無慈悲な, 無情な, 邪険な, 仮借しない, 容赦のない, 因業(いんごう)な, 残忍な: ～ cruelty 残忍酷薄. 2 持続的な, 執拗(しつよう)な (persistent). **～·ly** adv. **～·ness** n.

re·mote [rɪmóut, rə-|-mə́ut] 〘(c1450) ▭ L remōtus (p.p.) ← removēre 'to REMOVE'〙 ── adj. (**more ～, most ～; re·mot·er, re·mot·est**) 1 (空間的に)遠い, 遠く離れた, 遠方の, 遠隔の (distant): a ～ island 離島 / a ～ place 遠い所, 遠隔地. 2 a (時間的に)遠く離れた, 遠い: the ～ past [future] 遠い過去[未来] / a custom of ～ antiquity 遠い昔の風習 / ～ in time 時の隔たった. b [副詞的に] 遠い先に[将来に]; 遠い昔に. 3 a (血族関係の)遠い, 遠縁の: a ～ ancestor [descendant] 遠い祖先[子孫] / a ～ kinsman 遠縁の人. b (関係の)遠い, かけ離れた, 別種の (alien), 大いに異なる〔from〕: be ～ from one's intentions 心にもないことだ. 4 a 人里離れた, 辺鄙(へんぴ)な (retired, secluded): a ～ village 僻村(へきそん) / the ～ regions of the earth 地の果て. b [副詞的に] 遠く離れて (far off): live ～ 片田舎に住む / live ～ from cities 都市から遠く離れた所に住む. 5 直接に作用しない, 間接的な (indirect): a ～ effect 間接的な影響 / ～ damage 〘法律〙被告の行為と直接に因果関係のない損害 / ⇨ remote cause. 6 〈気持・態度など〉よそよそしい, 他人行儀の, 打ち解けない (cold). 7 [しばしば否定語と共に用いて] かすかな, わずかの(slight): a ～ resemblance かすかな類似 / a ～ possibility およそあり得ないこと / There is not the remotest chance of success. 成功の見込みは全くない / I have only a very ～ [have not the remotest] idea of what he means. 彼が何を言おうとしているのか漠然としか[さっぱり]わからない / The chances of their winning the game grew more ～. 彼らがその試合で勝つ見込みはさらに薄くなって来た. 8 ＝remote-controlled.
── n. 〘ラジオ・テレビ〙スタジオ外中継放送(番組)《マイクロ無線中継などによってスタジオ外から得られるスポーツ・ニュースなどの放送(番組); remote pickup ともいう》.
～·ness n.

remóte bátch n. 〘電算機〙リモートバッチ《バッチ処理を計算機から離れた地点の入出力装置から実行する処理の形式; cf. batch¹ 4》.

remóte cáuse n. 〘法律〙遠因《ある結果の直接の原因を誘発させた原因; cf. proximate cause》.

remóte contról n. 遠隔操作[制御, 操縦], リモートコントロール.

remóte-contrólled adj. 遠隔操作[制御, 操縦]の, リモコンの: a ～ bomb.

remóte cút-óff adj. 〘電気〙〈真空管など〉遮断特性が緩やかな, リモートカットオフの (cf. sharp cut-off).

remóte indicátion n. 〘電気・物理〙遠隔指示《ある点からの情報を離れた地点へ指示する》.

remóte jób èntry n. 〘電算機〙＝remote batch《略 RJE》.

re·móte·ly 〘(1598)〙 ── adv. 1 (時間的に)遠く, はるかに, 遠く隔たって. 2 関係薄く; 間接に: be ～ related 関係が薄い, 遠縁になっている. 3 僅かに, かすかに: He is only ～ responsible for it. 彼の責任はほんのわずかだ. 4 よそよそしく, 打ち解けないで.

remóte sénsing n. 〘電子工学〙遠隔検査, 遠距離測定《赤外線を用いた非接触の温度測定など》.

re·mo·tion [rɪmóuʃən, rə-|-mə́u-] 〘(15C) ▭ L remōtiō(n-) ← remōtus: ⇨ remote, -tion〙 ── n. 1 a 移動, 除去. b 《廃》出発. 2 遠く離れていること, 遠隔; 縁[関係]の薄さ.

re·mou·lade [rèɪməlάːd; F. remulad] 〘▭ F rémo(u)lade ← 《方言》rémola(t) horse radish《変形》← L armoracea: ⇨ -ade〙 ── n. レムラード(ソース)《マヨネーズに刻んだピクルスやケーパー・からし・香草類などを入れたソース; 冷たい料理に用いる》.

rè·móuld vt., n. ＝remold.

re·mount 〘(c1380) ▭ OF remont-er: ⇨ re-, mount¹〙 ── [ーˊー] v. ── vt. 1 〈馬など〉に再び乗る, 再騎乗する. 2 〈はしご・台・山など〉に再び登る. 3 〈大砲など〉をすえ替える, 〈絵・写真・宝石など〉を入れ[はめ]替える; 装備し直す. 4 〈騎手・騎兵隊など〉に新馬を支給する. 5 〈川などを〉さかのぼる. ── vi. 1 馬などに再び乗る. 2 再び登る. 3 〔ある時代・本源まで〕さかのぼる〔to〕: Royal pedigrees often ～ to the remotest antiquity. 王家の系図は時に太古の時代にさかのぼる. ── [ˊーー, ーˊー] n. 新馬, 交替馬, 補充馬, 予備馬; 新馬補充.

re·mov·a·bil·i·ty [rɪmùːvəbíləti, rə-|-lətɪ, -lɪ-] n. 1 移動できること, 可動性; 除かれること. 2 免職[解任, 転任]の可能性.

re·mov·a·ble [rɪmúːvəbl, rə-] adj. 1 移動できる: a ～ partition 取りはずしできる仕切り. 2 除去できる: a ～ evil 除去しうる弊害. 3 〈官吏など〉免職[解任]できる; 転任させられる: Judges are not ～ at the pleasure of a Minister. 判事は大臣の思うままに免職させられない. 4 〘数学〙除去可能な (cf. essential 6): a 〈複素変数関数の特異点が〉除去可能な. b 〈関数の不連続点が〉除去可能な. **re·móv·a·bly** adv. **～·ness** n.

re·mov·al [rɪmúːvəl, rə-] 〘(1597) ← REMOVE+-AL²〙 ── n. 1 移動, 移転; 転居, 立退き: ～ of furniture (別室または別宅への)家具の移動[移転] / a ～ to a new house 新居への移転. 2 (官吏の)解任, 免職; 転任: the ～ of a judge 判事の解任. 3 a 除去, 排除; 撤退: snow ～ 除雪, 雪よけ / ～ of grievances 苦情の種の除去[解消] / ～ of a cancerous breast 癌にかかった乳房の切除 / demand the ～ of the U.N. troops 国連軍の撤退を要求する. b 《婉曲》殺害. 4 〘法律〙＝remover².

re·móv·al·ist [-lɪst, -ləst|-lɪst] n. 《豪》引越業者, 運送業者.

remóval vàn n. 引越用荷物運搬車.

re·move [rɪmúːv, rə-] 〘v.: (a1325) remove(n) ▭ OF remov-eir (F remouvoir) < L removēre to take away. ―n.: (1553) ← (v.): ⇨ re- (A), move〙 ── vt. 1 a 〔他の場所へ〕移す, 移転させる〔to〕: ～ the troops to the front 軍隊を前線に移す / ～ one's residence to Hammersmith 住居をハマースミスに移す. b 〔場所から〕動かす, 移動さす; 取り払う, 片付ける〔from〕: ～ the dishes [tea things] from the table 食卓の皿[茶道具]を片付ける / ～ oneself from the room 部屋から立ち退く, 部屋を去る / ～ one's eyes from the book 本から目をそらす. 2 a 取り去る, 取り除く, 除去する: ～ a name from a list 名簿から名前を消し去る, 除名する / ～ spots しみを取り去る / ～ hair by a razor かみそりで毛をそり落とす / ～ the cause of doubts [apprehensions] 疑惑[不安]の原因を取り除く. b 《婉曲》殺害する: ～ a person by poison 人を毒殺する. 3 立ち退かせる, 追っ払う; (地位・職から)去らせる, やめさせる, 免職[解職]する: ～ a tenant 借家人を立ち退かせる / ～ a postmaster 郵便局長をやめさせる / He was ～d from school. 退学になった. 4 脱ぐ, はずす: ～ one's coat [spectacles] / ～ one's hat (挨拶(あいさつ)のために)ちょっと帽子を上げる; (敬意を表して)脱帽する. 5 [p.p 形で]《英古》(dinner の献立で, 次に)…が出る (cf. n. 5): Fish was ～d by bacon. 魚の次はベーコンが出た. 6 〘法律〙〈事件を〉移送する.
── vi. 1 移動する; (特に)転居する, 引っ越す: ～ from New York to Boston / ～ into the country. 2 《詩》去る, 立ち去る, 消える〔from〕. 3 [副詞の補語を伴って] 取り除くことができる, 取れる: a stain of grease which ～s easily 簡単に取れる脂じみ.
── n. 1 a 移動; 退去. b 《古》移転, 転居. 2 距離, 隔たり; 食い違い, 相違: at many ～s from ...から遠く離れて / at a ～ of forty centuries 4 千年(という時間)を隔てて / At a certain ～ its shape seems to change. 少し離れて見ると形が変るように見える / an action but one ～ from crime 犯罪すれすれの行為 / He is only one ～ from a fool. 彼はばかと紙一重だ / Genius is but one ～ from insanity. 天才は狂人と紙一重. 3 段階, 階程, 等級 (degree); (血族関係の)一世代ずれている[下または上である]こと, …親等 (cf. removed 2): a (first) cousin at one ～ ＝a (first) cousin once removed (⇨ removed 2) / a cousin in the second ～ ＝a cousin twice removed (⇨ removed 2) / He is but one ～ [a few ～s] from me. 彼は私とはたった一親等[二, 三親等]の隔たりだ. 4 《英》a 進級: The boy has not got [has missed] his ～. 進級できなかった. b (Charterhouse 校などで四年上級と五年下級との)中間級. 5 《英古》空皿の片付け; 次の皿《料理》.

re·móved adj. 1 a (時間・空間的に)遠く離れた. b 隔たった, かけ離れた〔from〕: motives entirely ～ from self-interest 全く私欲を離れた動機 / Such a man is not many degrees ～ from the brute. こういう人間は獣類を去ること遠くない. 2 〘法律〙[cousin に伴って, once [twice, etc.] ～ で] (血族関係が)…世代隔たった, …親等の: a (first) cousin once ～ いとこの子; 親のいとこ / a (first) cousin twice ～ いとこの孫; 祖父母のいとこ《六親等》/ a second cousin once ～ またいとこの子, 親のまたいとこ. **re·móv·ed·ly** [-vɪdli, -vəd-, -vd-|-lɪ] adv. **re·móv·ed·ness** [-vɪdnɪs, -vəd-, -vd-, -nəs] n.

re·móv·er¹ n. 1 移動者, 移転者, 転居者; 除去者. 2 《英》引っ越し屋, 引っ越し運送屋. 3 〘化学〙剝離(はくり)剤, リムーバー《塗膜を洗い去る溶剤》: a paint ～ ペンキ除去剤.

re·móv·er² 〘(1663) ← REMOVE+-ER³〙 n. 〘法律〙事件移送.

Rem·sen [rémsn, -zn], **I·ra** [áɪrə | áɪərə] n. (1846–1927) 米国の化学者.

RÉM slèep [rém-] 〘《頭字語》← rapid eye movement〙 n. 〘心理・生理〙レム睡眠 (⇨ paradoxical sleep).

re·mu·da [rɪm(j)úːdə, rə-] 〘▭ Am.-Sp. ～ ← Sp. remuda (de caballos) ← relay (of horses) ← remudar to exchange ← RE-+mudar to change〙 ── n. [集合的]《米南西部》(替え馬用の)一群の乗用馬《その中から牧童がその日に乗る馬を選ぶ》.

re·mu·ner·a·ble [rɪmjúːn(ə)rəbl, rə-|-mjúːn-, -mjʊ́n-] adj. 報酬を与えられる, 報酬に値する, 報酬[賞]を与えてよい. **re·mú·ner·a·bly** adv.

re·mu·ner·ate [rɪmjúːnərèɪt, rə-|-mjúːn-, -mjʊ́n-] 〘(1523) ← L remūnerāt-us (p.p.) ← remūnerārī ← RE- (A)+munerare to give (← mūnus reward): ⇨ -ate³〙 ── vt. 1 〈人〉に報いる, 報酬を与える, 代償を与える, 償う: ～ a person for his labor [sacrifices] 人の骨折り[犠牲]に対して報いる[礼をする]. 2 〈努力・尽力など〉に報いる: His efforts were amply ～d. 彼の努力は十分に報いられた. **re·mú·ner·à·tor** [-tə|-tə(r)] n.

re·mu·ner·a·tion [rɪmjùːnəréɪʃən, rə-|-mjùːn-, -mjʊ̀n-] 〘(1477) ▭ F rémunération ∥ L remūnerātiō(n-): ⇨ ↑, -ation〙 ── n. 1 報いること. 2 報

酬, 報償, 代償; 給料, 俸給: a generous ~ *for* his services 働きに対する十分な報酬.

re·mu·ner·a·tive [rɪmjúːn(ə)rətɪv, rə-, -nərèɪt- | -mjúːn(ə)rət-, -mjúːn-] *adj.* **1** 報いる. **2** 利益[収益]のある, 引き合う, 割の合う, 有利な (paying, profitable): a ~ deal 有利な取引 / a ~ salary 引き合う俸給. **~·ly** *adv.* **~·ness** *n.*

re·mu·ner·a·to·ry [rɪmjúːnərətɔ̀ːri, rə-, -tɔ̀ːri | -mjúːn(ə)rətəri, -mjúːn-] *adj.* =remunerative.

Re·mus [ríːməs] 〘◻L ~〙 *n.* **1** 〘ローマ神話〙レムス (⇨Romulus). **2** =Uncle Remus.

Re·nais·sance [rènəsɑ́ː(n)s, -zɑ́ː(n)s, -sɑ́ːns, -zɑ́ːns, ⌐⌐⌐ | rənéɪsəns, rɪ-, -sn̩s, -sɑ̃ː(n)s, -sɔ̃ː(n)s, -sɑːns, -sɔ(ː)ns, rénəsəns, -sn̩s, -sɑ̃ː(n)s, -sɔ̃ː(n)s, -sɑ̀ːns, -sɔ̀(ː)ns; *F.* rənɛsɑ̃ːs] 〘(1840) ◻F ~《原義》rebirth ← OF *renaistre* (F *renaître*) to be born again < L *renāscī*: cf. renascent〙 — *n.* **1** [the ~] **a** 文芸復興, ルネサンス《ヨーロッパにおいて14-16世紀に起こった古典(特にギリシャ・ローマ)文芸・学術の復興; cf. Risorgimento 2》. **b** 文芸復興期《中世から近世への過渡期》. **2** ルネサンスの美術・建築様式. **3** [時に r-] (文芸・宗教などの)復興, 復活: the *renaissance* of the church, popular music, the theater, etc. / ⇨ Irish Renaissance. — *adj.* **1** 文芸復興[ルネサンス](期)の; ルネサンス式の: ~ painters [sculpture]. **2** [時に r-] 復興の[に関する].

Renaissánce árchitecture *n.* 〘建築〙ルネサンス式建築《15世紀にイタリアに始まり, 17世紀の初めまでヨーロッパ各国に流行した建築様式; 大体は古典様式, 特にローマ建築の復興であるが, これに各時代の新しい形式感覚や各建築家の個性が織り込まれた》.

Renaissánce mán *n.* **1** ルネサンスタイプの人, 多芸多能の人《ルネサンス時代に見られたような芸術・科学など多岐にわたって博識な人》. **2** 該博な知識人 (cf. savant).

re·nais·sant [rɪnéɪsənt, rə-, -sn̩t] 〘◻F ~ (pres.p.) ← *renaître*: ⇨Renaissance〙 *adj.* 復活しつつある.

re·nal [ríːnl̩] 〘(1656) ◻F *rénal* ◻LL *rēnālis* ← *rēnēs* 'REINS': ⇨ -al[1]〙 — *adj.* 〘解剖〙腎(じん)の, 腎臓(じんぞう)の[に関する], 腎臓部の[にある] (nephric): ~ diseases 腎臓病, 腎疾患 / the ~ region 腎臓部.

rénal cálculus *n.* 〘病理〙腎(結)石 (kidney stone).

rénal cápsule *n.* 〘解剖〙腎被膜.

rénal cléarance *n.* 〘医学〙腎クリアランス (⇨clearance 8).

rénal córpuscle *n.* 〘解剖〙腎小体 (Malpighian body).

rè·náme *vt.* …の名前を改める, 改めて命名する.

Re·nan [rənɑ́ː(ŋ), -nɔ́ː(ŋ), -nɑ́ːŋ, -nɔ́(ː)ŋ; *F.* rənɑ̃], **(Joseph) Ernest** *n.* ルナン《1823-92; フランスの歴史家・批評家; *La Vie de Jésus* (英訳 *The Life of Jesus*) (1863)》.

Ren·ard [rénəd | -nəd] *n.* =Reynard[1,2].

Re·nard [rənɑ́ə | -nɑ́ː; *F.* rənaːr], **Jules** *n.* ルナール《1864-1910; フランスの小説家・劇作家; *Poil de carotte*「にんじん」(1894)》.

re·nas·cence [rɪnǽsn̩s, rə-, -néɪs- | -nǽs-] 〘(1727): ⇨ ↓, -ence〙 — *n.* **1** 新生, 再生: the ~ of plants in spring 春の植物の新生. **2** 復活, 復興: a period of moral ~ 道徳復興の時期. **3** [the R-] =Renaissance 1.

re·nas·cent [rɪnǽsn̩t, rə-, -néɪs- | -nǽs-] 〘(1727) ◻L *renāscent-em* (pres.p.) ← *renāscī* to be born again: ⇨ re- (B), nascent〙 — *adj.* 再生する; 再起する, 復活[復興]しつつある; 盛り返そうとしている.

Re·na·ta [rənɑ́ːtə | -tə; *It.* renáːta] 〘← L *renāta* born again: cf. René〙 *n.* 女性名《愛称形 Renée, Rennie》.

rè·náture *vt.* 〘生化学〙〈変性した蛋白質などを〉正常の状態に戻す. **re·na·tur·a·tion** [riːnèɪtʃəréɪʃən] *n.*

Re·nault [rənóu | -nə́u; *F.* rəno], **Jean Louis** *n.* ルノー《1843-1918; フランスの法学者・平和主義者; Nobel 平和賞 (1907)》.

Re·nault [rənóu | rénəu; *F.* rəno], **Louis** *n.* ルノー《1877-1944; フランスの自動車製造業者; 自動車工場を創設し, 後国有化された》.

ren·con·tre [rɑ̃ː(n)kɔ̃ː(n)tr(ə), rɑːn-, -kɔ́(ː)n-, renkɑ́ntə | rɑ̃ː(n)kɔ̃ː(n)tr(ə), rɔ̃ː(n)-, rɑːn-, rɔ(ː)n-, -kɔ́(ː)n-, renkɔ́ntə(r; *F.* rɑ̃kɔ̃ːtr] 〘(1619) ◻F ~ ← *rencontrer* to encounter ← RE-+*encontrer*: ⇨encounter〙 — *n.* 《古》**1** 遭遇戦, 決闘, 衝突, 合戦. **2** (機知・議論などの)応酬; 論戦, 論争. **3** (不意の)出合い, 遭遇, めぐり合い.

ren·coun·ter [renkáuntə | -tə(r] 〘《変形》← F *rencontre* (↑)〙 — *n.* =rencontre. — *vt.* **1** 〈友人など〉に偶然出合う, めぐり合う. **2** 《古》会戦[衝突]する, 果し合いをする. — *vi.* **1** 偶然出合う, めぐり合う 〔*with*〕. **2** 《古》会戦する 〔*with*〕.

rend [rénd] 〘OE *rendan* to tear, cut < Gmc *randjan (OFris. *renda* / MLG *rende*) ← IE *rendh- to tear up (Skt *randhra-* s(p)lit)〙 — *v.* (**rent** [rént], **~·ed**) — *vt.* **1 a** 《古・文語》引き裂く, 引きちぎる, 八つ裂きにする: ~ a boat to [in] pieces = ~ a boat apart [asunder] ボートをこっぱみじんにする. **b** 〈人の仲を〉割る, 裂く, 分裂させる; (特に)党派に分裂させる: Europe was *rent* in two by the question. その問題でヨーロッパは二つに割れた. **2** 《古・文語》もぎ取る, 裂き取る, 強奪する 〔*from*〕〈*off, away, up*〉: ~ *off* a fruit *from* the tree 木から果物をもぎ取る / The infant was *rent from* its mother's arms. 赤ん坊は母親の腕からもぎ取られた. **3** 《古・文語》(憤激・落胆・悲嘆などの余り)〈衣服・頭髪を〉引きちぎる, かきむしる: ~ garments [hair] (着ている)服[髪の毛]をかきむしる. **4** 〈歓呼などが〉〈空気・ホールなどを〉つんざく (pierce): ~ the air with cries 空気をつんざくような叫び声を出す. **5** 〈悲嘆・嘆息などが〉〈胸・心を〉引き裂く, かき乱す: Her heart was *rent by* [*with*] grief. 彼女は悲しみの余り胸も張り裂けんばかりだった. — *vi.* **1** 引き裂く, ちぎる, もぎ取る. **2** 裂ける, 割れる, ばらばらになる, 分裂する: The mist ~*s*. かすみが途切れる.

ren·der [réndə | -də(r] 〘(*c*1325) *rendre(n)* ◻(O)F *rendre* < VL *rendere《混成》← L *praehendere* to take (cf. prison)+*reddere* to give back (← RE- (A) + -*dere*, *dare* to give)〙 — *vt.* **1** [目的補語を伴って] …にする, …たらしめる (make): Climbing a ladder ~*s* me giddy. 梯子(はしご)に登ると目まいがする / be ~*ed* homeless 家を失う; 宿無しになる / My efforts were ~*ed* futile. せっかくの努力もむだになった / The tone ~*ed* it an insult. 語気でそれが侮辱に聞こえた / This accident has ~*ed* me very cautious. この出来事から私はひどく用心深くなった. **2 a** 〈援助を〉与える: ~ first aid 応急の手当をする / ~ assistance 助力する, 援助する / ~ help *to* a person 人に援助を与える. **b** 〈奉仕を〉する, 尽くす: ~ a person a service = ~ a service *to* a person 人に尽くしてやる. **c** 〈尊敬・敬意を〉示す, 払う: ~ homage 臣従の礼を示す / ~ attention *to* a person 人に注意を払う. **d** 〈挨拶を〉する: ~ a salute 挨拶する. **3 a** (芸術的に)表現する, 描写する, 伝える: ~ an atmosphere, a meaning, etc. / ~ a haiku in English (ニュアンスを含めて)俳句を英語にする[直す] (cf. 4). **b** 〈音楽を〉再現する, 演奏する: ~ a song 歌を歌う / The quartet was well ~*ed*. その四重奏は演奏がよかった. **c** 演出する; 演じる: ~ a play / ~ the role of Hamlet ハムレットの役を演じる. **d** 〈詩を〉朗読する, 暗誦する. **4** 〔…に〕翻訳する 〔*into*〕: ~ English *into* Japanese 英語を日本語に訳す. **5 a** 《古》〈借りたものを〉返す, 返済する 〈*back*〉: ~ *back* a person's gift 贈り物を返す / *Render* (un)to Caesar the things that [which] are Caesar's. 《諺》カイザルのものはカイザルに返すべし (cf. *Mark* 12:17; *Matt.* 22:21; *Luke* 20:25). **b** 返報[返礼]として与える, 報いる, 仕返しする: ~ good for evil 善をもって悪に報いる / ~ thanks for blessings 祝福に対して感謝する / What thanks can we ~ to God again for you? 汝のために如何なる感謝をか神に献ぐべきや (*1 Thess.* 3:9). **c** 〈税金・貢物などを〉払う, 納める: ~ a tribute to …に貢物を納める. **d** 反射する, 反映する, 〈音を〉はね返す 〈*back*〉. **6 a** 〈伝言・説明・計算書などを〉手渡す, 託す; 伝える, 提出する: ~ a message 伝言を伝える / ⇨ *render an* ACCOUNT, account rendered / ~ a bill for payment 勘定書を差し出す. **b** (法廷で)〈判決を〉言い渡す, 〈評決を〉下す: ~ a decision 判決を下す. **c** (一般に)〈決定を〉下す: ~ a decision 決定する. **d** 《古》引き渡す, 明け渡す, 放棄する 〈*up*〉: ~ a fortress 要塞(ようさい)を放棄する / ~ *up* a city *to* the enemy 敵に町を明け渡す / ~ oneself *up to* …に身をゆだねる, 降参する. **7** 〈脂肪などを〉溶かして精製する, 溶出する 〈*down*〉. **8** [~ oneself で] 《古》姿を現わす: ~ *oneself* at the court 出廷する. **9** 〘石工〙(漆喰(しっくい)などで)〈石・れんがなどを〉下塗りする (cf. *n.* 2): ~ a wall *with* cement. **10** 〘海事〙(滑車などを通るように)〈綱・索を〉緩める, 繰り出す. — *vi.* **1** (相応に)報いる, 報酬を与える. **2** 溶かして脂肪[油, 蠟(ろう)]をとる[抽出する]. **3** 〘海事〙〈綱・綱が〉(滑車などを)通る.
— *n.* **1** 〘英史〙年貢, 地代, 家賃. **2** 〘石工〙(漆喰などの)下塗り.

rén·der·a·ble [-d(ə)rəbl̩] *adj.* **~·er** [-dərə | -rə(r] *n.*

rénder-and-sét *vt.*, *adj.*, *n.* =renderset.

rén·der·ing [-d(ə)rɪŋ] 〘(15C)〙 — *n.* **1 a** 翻訳, 訳文; 訳し方: oral ~*s* 口述訳. **b** (作品などの)解釈, 表現, 描出, 演出, 演奏. **2** 〘建築〙レンダリング《建物・室内などの完成された状態が理解しやすいように遠近法によって描くこと》; その図. **3** 〘石工〙(漆喰(しっくい)などの)下塗り, モルタル塗り.

réndering plànt *n.* (動物性)脂肪精製工場《屠場・調理室・家畜の死体などから出る油脂類を処理して石鹸・肥料などを製造する工場》.

réndering wòrks *n. pl.* [単数または複数扱い] = rendering plant.

rénder·sèt 〘← RENDER (n. 2)+SET〙 *vt.* 〈壁〉に漆喰(しっくい)を二度塗りする. — *adj.* 漆喰を二度塗った《render-and-set ともいう》. — *n.* (漆喰の)二度塗り.

ren·dez·vous [rɑ́ːndɪvùː, -də-, -deɪ- | rɔ́ndɪ-, rɑ̃ː(n)-, rɔ̃ː(n)-, rɑ́ːn-, -deɪ-; *F.* rɑ̃devu] 〘(1591) ◻F *rendez vous* render or betake yourselves ← *rendez* ((2nd pl. imper.) ← *rendre* 'to RENDER')+*vous* you〙 — *n.* (*pl.* ~ [~z; *F.* ~]) **1 a** (約束による)面会, 集会, 会合, あいびき, ランデブー, デート; 面会[会合]の約束: a place [point, port] of ~ 集合所[点, 港]. **b** (軍隊などの)集合, 集結. **c** (宇宙船の)会合. **2 a** 会合場所. **b** (作戦の前または後の軍隊・艦隊・飛行隊などの指定された)集合地, 集結地, 会合点. **c** (宇宙船の)ドッキング地点. **d** 人のよく行く所, 盛り場. **e** (暴力団などの)巣, 隠れ家(が). — *v.* (**-dez·voused** [~d]; **-vous·ing** [~ɪŋ]) — *vi.* (約束の場所に)集まる. — *vt.* 〈軍隊などを〉(予定の場所に)集める.

ren·di·tion [rendíʃən] 〘(1601) ◻F《廃》~ ← *rendre* 'to RENDER': cf. -ition〙 — *n.* **1 a** 翻訳. **b** (音楽・劇の役などの)解釈; 演奏, 演技. **c** (芸術的な)表現, 描写. **2** 《古》(ことに逃亡犯人の本国への)引渡し, (城の)明渡し.

ren·du [rɑ́ːnduː | -djuː; *F.* rɑ̃dy] 〘◻F ~ 'rendering' (p.p.) ← *rendre* 'to RENDER'〙 *n.* 〘建築〙(デザインを主とした)完成予想図.

ren·dzi·na [rendʒíːnə] 〘◻Pol. ~ 'rich limy soil'〙 *n.* 〘土壌〙レンジナ《腐植炭酸塩土》.

Re·né [rənéɪ; *F.* rəne] 〘◻F ~ ← L *renātus* born again (p.p.) ← *renasci*: ⇨ renascent〙 *n.* 男性名.

Re·née [rənéɪ; *F.* rəne] 〘◻F ~ ← RENATA〙 *n.* 女性名.

ren·e·gade [rénɪgèɪd, -nə- | -nɪ-] 〘(1583) ◻Sp. *renegado* ◻ML *renegātus* (p.p.) ← *renegāre*: ⇨ renege, -ade〙 — *n.* **1** 背教者; (特に, スペインで)イスラム教に改宗したキリスト教徒. **2** 脱党者, 変節者, 脱走者, 裏切り者, 反逆者. **3** 法や慣習の束縛を拒否する人. — *adj.* **1** 自分の宗教にそむく. **2** 裏切りの, 変節する[した]. — *vi.* **1** 背教者となる. **2** 脱党する, 変節する, 裏切る.

ren·e·ga·do [rènəgɑ́ːdou, -géɪ- | -nɪgɑ́ːdəu, -géɪ-] 〘⇨↑, -ado〙 *n.* (*pl.* **~es**) 《古》=renegade.

re·nege [rɪníg, rə-, -nég, -níːg, -néɪg | -níːg, -néɪg] 〘(1548) ◻ML *reneg-āre* ← RE- (A)+L *negāre* 'to DENY'〙 — *vi.* **1 a** [しばしば ~ *on* として] (約束を)破る: They ~*d on* their promise [word]. 彼らは約束を破った, 違約した. **b** [~ *on* として] (約束を破って)〈人を〉失望させる. **2** 《米》〘トランプ〙=revoke 2. — *vt.* 《古》**1** 否認する, 見捨てる. **2** 断る. — *n.* 〘トランプ〙=revoke 1. **re·nég·er** *n.*

rè·negótiate *vt.* **1** 再交渉する. **2** 〘政治〙(暴利を排除するため)〈政府の戦時契約などを〉余分の利益がでないように再調整する. — *vi.* 再交渉する; 再調整する. **rè·negótiable** *adj.* **rè·negotiátion** *n.*

re·negue [rɪníg, rə-, -nég, -níːg, -néɪg | -níːg, -néɪg] *v.*, *n.* =renege.

re·new [rɪn(j)úː, rə- | -njúː] 〘(*c*1385) ← RE-+NEW: cf. ME *renovel* ◻OF *renovel-er*〙 — *vt.* **1** 〈古くなったものを〉再び新しくする, 更新[一新]する, 新しいもの[新品]のようにする: His coat was ~*ed* in places. 彼の上着は所々つぎが当たっていた / The moon ~*s* itself. 月は再び新月となる. **2** 〈新しいもの〉と取り換える, 入れ換える; 新たに供給する: ~ the carpets 敷物を新しいのと取り換える / ~ laboratory equipments 実験設備を更新する / ~ water in a tank タンクの中の水をまた一杯にする / ~ the garrison 守備隊を交替させる / A snake ~*s* its skin. 蛇は脱皮する / Buttons have been ~*ed* upon the pants. ズボンのボタンが付け変えられていた. **3 a** 〈昔の力・若さなどを〉取り返す, 取り戻す, 回復する; 〈感情を〉よみ返らせる: ~ one's health 健康を取り戻す / ~ one's old friendship with …との旧交を暖める / ~ one's youth 若返る / ~ one's sorrow 悲しみを新たにする. **b** 復活[復興]する, 再興[再建]する. **4** (精神的に)生れ変らせる, 更生させる: ~ a person's life 生れ変った人間にする / God is able to ~ us daily. 神は我々を日ごとに生れ変らせることができる. **5** 繰り返す, 反復する, 繰り返して言う[する]: ~ a gesture / ~ one's excuses. **6** 再び始める, 再開する, 再び取り上げる: ~ an attack 攻撃を再開する / ~ an old quarrel 昔の喧嘩(けんか)をまた始める[蒸し返す] / ~ a conversation [an acquaintance] 談話[交際]を再び始める / ~ a subject 話題を再び取り上げる / We ~*ed* our correspondence. 再び手紙のやり取りを始めた. **7** 〈契約・手形などの期限を〉書き換える, 更新する, 期限を延ばす: ~ a lease [bill] 借地契約を更新する[手形を切り換える] / a ~*ed* bill 書換為替手形 / ~ a magazine subscription 雑誌の定期講読を継続する. — *vi.* **1** 新しくなる, 回復する: I feel my youth ~*ing*. 若返るような気持だ. **2** 再び始まる[起こる]: The clamor ~*ed*. また騒がしくなった. **3** 契約期間などを延長する, 手形を切り替える. **~·er** *n.*

re·new·a·ble [rɪn(j)úːəbl̩, rə- | -njúːə-, -njúːə-] *adj.* **1** 〈契約など〉継続[更新, 延長]できる; 〈手形など〉切り替えられる. **2** 一新[回復]できる; 復活できる. **3** 再び始められる, やり直しできる. **4** 〘生態〙更新しうる, 再生しうる《生態系や群落などの一部が失われた時に, 失われたものと同じかほとんど同じものが再びつくられて元に近く戻る現象にいう》. **re·nèw·a·bíl·i·ty** [-n(j)ùːəbílәti | -njùːəbílәti, -njùə-, -lɪ-] *n.* **re·néw·a·bly** *adv.*

renéwable fúse *n.* 〘電気〙再用ヒューズ.

re·new·al [rɪn(j)úːəl, rə-, -n(j)úːl | -njúːəl, -njúəl, -njúːl] 〘(1681-86) ← RENEW+-AL[2]〙 — *n.* **1** 新しくなる[する]こと, 一新, 更新. **2** 回復; 復興, 復活: There has been a ~ of interest in poetry. 詩に対する興味が復活して来た / She felt the ~ of courage. 勇気がよみがえるのを感じた. **3** 再生, 更生. **4** 再開, やり直し, 繰返し. **5** (手形などの)書換え, (賃貸借契約などの)更新, 継続, 期限の延期: the ~ of a subscription to a periodical 雑誌購読の継続. **6** [通例 *pl.*]〘簿記・会計〙更新《固定資産の取替》: ~ expense accounting 更新費法 (replacement method).

re·new·ed·ly [-n(j)úːɪdli, -ədli | -njúːɪdli, -ədli] *adv.* 再び, 繰り返して; 新たに, 更新されて.

Renf. 《略》Renfrewshire.

Ren·frew [rénfruː] *n.* スコットランド南西部の旧州で, 現在の Strathclyde 州中部に当たる; 面積583 km^2, 首都 Renfrew; Renfrewshire ともいう.

Ren·frew·shire [rénfruːʃɪə, -ʃə | -ʃə(r, -ʃɪə(r] 〖⊏ Welsh *rhen friu* flowing brook〗 *n.* =Renfrew.

ren·ga [réŋgə] 〖⊏ Jap.〗 *n.* 〖詩学〗(日本の)連歌(れんが) (linked verse).

Re·ni [réɪniː; *It.* réːni], **Gui·do** [gwíːdo] *n.* レーニ《1575–1642; イタリア バロックの画家》.

re·ni- [ríːnɪ, rénɪ, -nə | -nɪ] 〖← L *rēn* kidney: ⇨reins〗「腎臓(じんぞう)」の意の連結形: *reniform.* ★時に reno- になる.

re·ni·fleur [rènəflɜ́ː | -nɪflɜ́ː(r; *F.* rəniflœːr] 〖⊏ F ~ 'sniffer' ← *renifler* to sniff ← RE-+OF *nifler* to sniff〗 —— *n.* 〖精神医学〗ルニフリュール《尿の匂いで性的刺激を受ける人》.

re·ni·form [rínəfɔ̀ːm, rén- | -nɪfɔ̀ːm] 〖⇨ reni-, -form〗 *adj.* 〈葉など〉腎臓(じんぞう)形の.

re·nig [rɪníg, rə-, -níːg] *v.* (**re·nigged; -nig·ging**), *n.* =renege.

re·nin [ríːnɪn, rén-, -nən | ríːnɪn] 〖← RENI-+-IN¹〗 —— *n.* 〖生化学〗レニン《腎臓(じんぞう)皮質部から分泌される蛋白質分解酵素で, 高血圧などの原因と考えられる angiotensin を生ぜしめる》.

ren·i·tence [rénətəns, rɪnáɪtns, rə- | rénɪtəns, rɪnáɪtns, rə-] *n.* =renitency.

ren·i·ten·cy [rénətənsi, rɪnáɪtnsi, rə- | rénɪtənsɪ, rɪnáɪtn-, rə-] 〖⇨↓, -ency〗 *n.* 抵抗すること; 反抗.

ren·i·tent [rénətənt, rɪnáɪtnt, rə- | rénɪtənt, rɪnáɪtnt, rə-] 〖⊏ L *renitent-em* (pres.p.) ← *reniti* to resist ← RE- (A)+*niti* to strive: ⇨-ent〗 —— *adj.* **1** (圧力に)抵抗する. **2** 頑強(がんきょう)に反抗する, 手に負えない.

ren·min·bi [rénmìnbíː; *Chin.* ɹə́nmínpì] 〖⊏ Chin. ~ ← *renmin*=*jênmin* (人民)+*bi*=*pi* (幣)〗 *n.* 人民币《中国の通貨; 記号 RMB; 単位 yuan (元)》.

Ren·ner [rénə | -nə(r; *G.* rénɐ], **Karl** *n.* レンナー《1870–1950; オーストリアの社会民主主義者・政治家; 大統領 (1945–50)》.

Rennes [rén; *F.* ʀɛn] *n.* レンヌ《フランス北西部の都市; Ille-et-Vilaine 県の首都で, もと Brittany の首都; 人口 206,000》.

ren·net [rénɪt, -nət] 〖《15C》 *renniet* < ? OE *rynet ← Gmc *ri-nu- ← IE *er- to set in motion: cf. G *Renne*: ⇨-et〗 —— *n.* **1 a** レンネット《子牛などの第四胃の内膜で, rennin を含有している; これによって牛乳中のカゼイン (casein) を凝固させてチーズを造る》. **b** (乳離れしない子牛などの胃中にある)凝結乳. **2** 〖生化学〗=rennin.

rénnet càsein *n.* 〖生化学〗レンネット カゼイン《乳またはカゼイン溶液がキモシンで凝固されたもの; ⇨ casein 1 c》.

ren·nin [rénɪn, -nən | -nɪn] 〖← RENN(ET)+-IN¹〗 —— *n.* 〖生化学〗凝乳酵素, レニン, レンネット, ラープ《牛乳中のカゼイノゲンに作用してこれをカゼインに変じ凝固させる酵素》.

Re·no [ríːnou | -nəu] 〖← *J. L. Reno* (1823–62: この付近で戦死した米国陸軍大将)〗 —— *n.* 米国 Nevada 州西部の都市; 離婚手続きが容易なことと賭博(とばく)場と飛行機レースで有名; 人口 78,000: a ~ divorce.
go to Reno (Reno へ行って)離婚する.

re·no- [ríːno(ʊ), rén- | -nə(ʊ)] reni- の異形: *renogram.*

re·no·gram [ríːnəgræ̀m] 〖⇨↑, -gram〗 *n.* 〖医学〗レノグラム《腎機能を知るため微量の放射性物質注射後に腎の放射能を経時的に描写したもの》.

re·nog·ra·phy [riːnágrəfi | -nɔ́grəfɪ] *n.* 〖医学〗レノグラム法. **re·no·graph·ic** [rìːnəgrǽfɪk] *adj.*

Re·noir [rénwɑə, rənwɑ́ə | rénwɑː(r, rənwɑ́ː(r; *F.* ʀənwaːʀ], **Jean** *n.* ルノワール《1894–1979; フランスの映画監督・俳優; P. A. Renoir の息子》.

Renoir, (Pierre) Auguste *n.* ルノワール《1841–1919; フランスの後期印象派の画家》.

rè·nóminate *vt.* 再指名する, 再任する. **rè·nominátion** *n.*

re·nounce [rɪnáuns, rə-] 〖《c1375》 *reno(u)nce(n)* ⊏ (O)F *renonc-er* ⊏ L *renuntiāre* to announce ← RE- (A)+*nuntiāre* to report (← *nūntius* message: cf. nuncio)〗 —— *vt.* **1** 捨てる, 中止する; (公式に宣言して)放棄する, 廃棄する, 破棄する, 棄権する, 断念する: ~ one's right [claim] 権利[要求]を放棄する / ~ war 戦争を放棄する / ~ faith 信仰を捨てる / ~ an heir 廃嫡(はいちゃく)する / ~ an attempt 企画を中止する / ~ one's principles 自分の主義を放棄する / ~ all thoughts of success 成功を全く思い切る / ~ smoking and drinking 禁酒禁煙する / ~ the world 世を捨てる, 隠遁(いんとん)する; 修道生活に入る / ~ U.S. citizenship 米国の市民権を捨てる / ~ a treaty 条約を破棄する. **2** 否認する, 否定する: ~ the authority of the law 法の権威を否認する / ~ a debt 借財を否認する. **3** 〈関係を〉絶つ, …との縁を切る, 絶交する, 勘当する: ~ a relation 関係を絶つ / ~ one's friend [son] 友人と絶交する[息子を勘当する]. —— *vi.* **1** 〖法律〗(特に相続人または受託者としての)地位[権利]を拒否[放棄]する. **2** 〖トランプ〗(親と同じスーツ (suit) の札がないため)別の組の札を出す (cf. revoke *vi.* 2). —— *n.* 〖トランプ〗(親と同じスーツ (suit) の札がないため)別の組の札を出すこと; その(手を使う)チャンス: have a ~ in hearts ハートがないので別の札を出す.

re·nóunc·er *n.*

re·nóunce·ment 〖《15C》⊏ F *renoncement*: ⇨↑, -ment〗 *n.* =renunciation.

rèno·váscular 〖← RENI-+VASCULAR〗 *adj.* 〖解剖〗腎血管(性)の: ~ hypertension 腎血管性高血圧.

ren·o·vate [rénəvèɪt | -nə(ʊ)-] 〖《1535》← L *renovāt-us* (p.p.) ← *renovāre* ← RE- (A)+*novāre* to make new (← *novus* 'NOVEL¹')〗 —— *vt.* **1** 新しくする, 革新する, 更新する; 新しいもの[新品]のようにする; 修理[修繕]する: ~ a garment 衣服を繕う / ~ a garden 庭に手を入れる. **2** 元気を回復させる, 活気づける, 清新にする. —— *adj.* 〈古〉修理した, 新しくした. **rén·o·và·tor** [-tə | -tə(r] *n.*

ren·o·va·tion [rènəvéɪʃən | -nə(ʊ)-] 〖《1432–50》⊏ F *rénovation* // L *renovātiō(n-)*: ⇨↑, -ation〗 —— *n.* **1** 革新, 更新, 改革; 修繕, 修理. **2** 元気回復, 活気づく[づける]こと.

re·nown [rɪnáun, rə-] 〖《?a1300》⊏ AF *renoun*=OF *renon* (F *renom*) ← *renomer* to make famous ← RE- (A)+*nomer* (< L *nōmināre* 'to NOMINATE'): cf. noun〗 —— *n.* **1** 誉れの高いこと, 有名, 名声, 令名, 声望: have great ~ for …で大変有名である / win one's ~ 名声を得る / gain ~ as a first-rate cellist 一流のチェリストとしての名声を得る / of (great, high) ~ (非常に)有名な, 評判の, 令名のある / a man of ~ 知名の士. **2** 〈廃〉評判, うわさ. —— *vt.* 〈古〉有名にする.

re·nówned 〖《1375》← RENOWN+-ED ∽ ME *renomed* ⊏ OF *renome* (F *renommé*) ((p.p.) ← *renomer* (↑))〗 —— *adj.* 有名な, 名声[令名]のある〔*for*〕: western Kansas, ~ *for* the longevity of its Indian summers 小春日和が長く続くので有名なカンザス州西部 / a world-*renowned* man 世界的に有名な人. **re·nówn·ed·ly** [-nɪdli, -nəd-, -nd- | -lɪ] *adv.* **re·nówn·ed·ness** [-nɪdnɪs, -nəd-, -nd-, -nəs] *n.*

rens·se·laer·ite [rénsələràɪt, rènsəlí(ə)raɪt | rénsələràɪt, rènsɪlíəraɪt] 〖← *Stephen Van Rensselaer* (1764–1839: その発見者の米国陸軍大将): ⇨-ite¹〗 —— *n.* 〖鉱物〗レンセレル石《New York 州やカナダなどに産する滑石 (talc) の一種; 加工してインク壺・装飾品などにする》.

rent¹ *v.* rend の過去形・過去分詞.

rent² [rént] 〖← (廃) *rent* to tear, rend 《変形》← REND // 《変形名詞用法》REND (v.)〗 —— *n.* **1 a** (衣服・織物などの)裂け目, ほころび: mend a ~ in a sleeve 袖の裂け目を繕う. **b** (雲・岩などの)切れ目, 割れ目: a ~ in the clouds [a hillside] 雲[丘]の切れ目. **c** 峡谷. **2** (関係・結合・意見などの)分裂, 不和: a ~ in a party 党の分裂.

rent³ [rént] 〖《c1154》⊏ (O)F *rente* < VL *renditam ← *rendere: ⇨render〗 —— *n.* **1 a** (土地・家屋の)賃貸料, 地代, 小作料, 年貢; 家賃, 間代: The main charm of the village is the cheap ~. その村の一番の魅力は家賃が安いことだ. **b** (設備・機械・電話などの)借賃, 使用料: at a very reasonable ~ 手ごろな使用料で. **2** 〈方言〉(人に賃貸した)貸地, 貸家, 家作. **3** 〈廃〉**a** 収益, 収入. **b** 税. **4** 〖経済〗地代, 賃料《もともと土地の使用料だが, 設備(家屋など)の使用料の意味にも使う》.
for rent 《米》借用できる, 賃貸用の: an apartment *for* ~ 貸室, 賃貸アパート / costumes *for* ~ 貸衣裳. ***For Rent*** 《米》[掲示]貸家[室] (《英》To Let).
—— *vt.* **1** 賃借する: a ~*ed* car (損料を払って)借りた車 (cf. rental *adj.* 1) / ~ a farm [a house, rooms] *from* …から農場[家, 部屋]を賃借する. **2** 賃貸する〈*out*〉: ~ a farm[a house] *to* …に農場[家]を賃貸する / ~ one's tenants low 借地[家]人に安く貸す. —— *vi.* 貸される, 借りられる〔*at, for*〕: The house ~*s at* £80 a year. その家の家賃は年額 80 ポンドだ.

rent·a·ble [réntəbl | -tə-] *adj.* 賃貸[賃借]できる. **rènt·a·bíl·i·ty** [-təbíləti | -təbílətɪ, -lɪ-] *n.*

rént-a-càr 〖← *Rent a car*: 広告文から〗 *n.* 《米》レンタカー, 貸自動車.

rent·al [réntl | -tl] 〖《?a1387》 *rentall* ⊏ AF *rental* // Anglo-L *rentāle* rent roll: ⇨rent³, -al¹〗 —— *n.* **1** 賃貸[賃借]料: 総地代[家賃, 使用料]収入, 総小作料. **2** 地代帳, 小作帳, 家賃帳, 貸付け台帳. **3** 《米》金をとって貸すもの《貸アパート・貸家・レンタカー・貸衣裳など》. **4** 《米》レンタル業. —— *adj.* **1** 《米》賃貸[賃借]の: a ~ car. **2** 地代[家賃]の. **3** 《米》レンタル業の, レンタルを取扱う: a ~ agent レンタル業者.

réntal collèction *n.* 有料貸し出し図書《大学図書館などで一日単位の利用料をとって貸し出す蔵書》.

réntal library *n.* 《米》貸本屋, 貸出文庫 (lending library).

rént chàrge 〖《15C》〗 —— *n.* (*pl.* **rents c-**) 〖法律〗 **1** 地代負担《遺言または譲渡証書によってその土地の所有者でない者に定期的に払うように定められた地代; 権利者は滞納者に対する差押え権を有する; cf. rent seck》. **2** 《英》(土地の収入から支払われる)年間地代.

rént contròl *n.* 家賃統制《家賃の適正化, 借主が滞納した場合の立退き要求などについての統制》.

rente [rɑ́ː(n)t, rɔ̃ː(n)t, rɑ́ːnt, rɔ́(ː)nt; *F.* ʀɑ̃ːt] 〖⊏ F ~ 'RENT³'〗 —— *F. n.* **1** 年金, 年収, 定期収入; (それを証明する)証書. **2** [通例 *pl.*] (フランスの)長期国債; その利子.

rént·ed [-tɪd, -təd | -tɪd, -təd] 〖ME〗 *adj.* [通例複合語の第 2 構成素として] 地代が…の, 家賃の…な: high-[low-]*rented* 高い[安い]地代[家賃]の.

Ren·ten·mark, r- [réntnmàək | -mɑ̀ːk; *G.* réntn̩màrk] 〖⊏ G ~ ← *Rente* income (⊏ (O)F *rente*: ⇨ rent³)+*Mark* 'MARK²'〗 —— *n.* 〖貨幣〗レンテンマルク《1923–24 年間にドイツ政府が通貨安定のため中央銀行に発行させた紙幣》.

rént·er [-tə | -tə(r] 〖ME〗 *n.* **1 a** (土地・家屋などの)賃借人, 借地人, 小作人, 借家人, 間借人. **b** 貸す人; 借りる人. **2** 《英》〖映画〗映画配給者.

rént-frée *adj.* 無地代の, 使用料[家賃]なしの. —— *adv.* 無地代[家賃]で, 使用料なしで: live ~ 家賃なしで住む.

ren·tier [rɑ̃ː(n)tjéɪ, rɔ̃ː(n)-, rɑːn-, rɔ(ː)n- | rɔ́ntɪèɪ; *F.* ʀɑ̃tje] 〖《1881》⊏ F ~ ← *rente* 'RENT³'+-*ier* '-ER¹'〗 —— *F. n.* (投資による)利子生活者, 金利・地代・年金・利子などで暮らす人, (株主・地主・家主などのような)不労所得生活者.

rént pàrty *n.* レントパーティー《主催者の賃借料を払うために入場料をとる有料パーティー》.

rént-ròll *n.* **1** 地代帳, 小作帳, 家賃帳, 貸付け台帳. **2** (地代・家賃などの)総収入額, (土地の)総上り高.

rént séck 〖《15C》⊏ AF *rente seque* 《原義》dry rent〗 —— *n.* (*pl.* **rents s-**) 〖法律〗(自救)差押え不能地代《自救的動産差押え (distress) 条項を含まないで rent charge と同じ条件で貸し付けた地代; 1730 年廃止》.

rént sèrvice 〖《15C》〗 *n.* 〖英法〗 **1** 地代奉仕《通常の地代; 忠誠の義務(奉仕の一つ)が付随していたことに由来》. **2** 地代奉仕によって土地を借りること.

rént strìke *n.* 家賃(不払い)スト《借家人・間借り人などが結束して行なう家賃[部屋代]の支払い拒否》.

rént tàble *n.* 地代書類用テーブル《18 世紀に英国で作られた小引出のある円形または多角形のテーブルで, 地代書類の整理に使われた》.

rè·númber 〖《15C》〗 *vt.* **1** 再び数える, 数え直す. **2** …に番号を付け変える, …の番号を変更する: ~ the houses in a street 町内の家の番地を変更する.

re·nun·ci·ant [rɪnʌ́nsiənt, rə- | -sɪ-] 〖⊏ L *renunti-ant-em*: ⇨renounce, -ant〗 *n.* 放棄者, (特に)世捨て人. —— *adj.* =renunciative.

re·nun·ci·a·tion [rɪnʌ̀nsiéɪʃən, rə- | -sɪ-] 〖《1399》⊏ (O)F *renonciation* // L *renuntiātiō(n-)*: ⇨renounce, -ation〗 —— *n.* **1** (権利・要求などの正式の)放棄, 廃棄, 棄権: the ~ of a lease 借地[借家]の引渡し / the ~ of war 戦争の放棄. **2** 否認, 拒絶; 拒絶書, 否認書. **3** 断念, 中止; (禁欲的)自制. **4** 《英》(遺言執行者の)権利放棄承認書.

re·nun·ci·a·tive [rɪnʌ́nsièɪtɪv, rə- | -sɪèɪt-] 〖ME〗 *adj.* 放棄する, 棄権の; 否認[拒絶]の; (禁欲的)自制の.

re·nun·ci·a·to·ry [rɪnʌ́nsiətɔ̀ːri, rə-, -tɔ̀ːri | -sɪətəri] *adj.* =renunciative.

ren·ver·sé [rɑ̀ː(n)vɛəséɪ, rɔ̀ː(n)-, rɑ̀ːn-, rɔ̀(ː)n-, ーーー | -vɛə-; *F.* ʀɑ̃vɛʀse] 〖⊏ F ~ 'turned back'〗 —— *adj.* 〖バレエ〗ランヴェルセ《上体を後ろに倒した姿勢で回転する》.

ren·voi [renvɔ́ɪ] 〖⊏ F ~ ← *renvoyer*: ⇨re-, envoy¹〗 —— *n.* 〖法律〗 **1** 強制送還; (特に, 外交官の)国外追放. **2** 〖国際法〗国際司法上の問題を自国の法律以外の法律に委託すること. **3** 〖国際私法〗反致《A 国の国際私法は B 国の法律を準拠法としているが, B 国の国際私法は逆に A 国の法律を準拠法としている場合, A, B 両国の定めを考慮して準拠法を決定することを認めること》.

rè·óccupy *vt.* 〈場所・地位などを〉再び占有する[占める]. **rè·occupátion** *n.* 再占有, 再占領.

rè·óffer *vt.* **1** 再び offer する. **2** 〖商業〗〈担保物件を〉売りに出す.

rè·ópen *vt.* **1** 再び開く[開ける]: ~ a window [theater, wound] 窓[劇場, 傷口]を再び開く. **2 a** 再び始める, 再開する: ~ a discussion [fire, an attack] 討論[砲火, 攻撃]を再開する. **b** …の討論[考察]を再開する. —— *vi.* 〈窓・劇場・傷口などが〉再び開く; 〈砲火・攻撃・討論・授業などが〉再開する.

rè·ópener *n.* 〖労働〗=reopening clause.

rè·ópening clàuse *n.* 〖労働〗交渉再開条項《労働協約において, 一定期間経過後に生計費の一定の上昇があった場合に, 組合が賃金改訂要求を提出しうる, と規定した条項》.

rè·órder *vt.* **1** 再び秩序立てる, 整理し直す. **2** 再注文する, 追加注文する. —— *vi.* 再注文を出す. —— *n.* 再注文, 追加注文.

rè·ordinátion 〖⊏ ML *reordinātiō(n-)*〗 —— *n.* **1** 〖キリスト教〗二度目の聖職叙任. **2** 〖カトリック〗(無効叙品者に対する)再品級, 再叙品. **3** 〖教会〗(分派・異端の教会によって按手(あんしゅ)された場合, 罷免されたり正規の按手を受けてない主教に按手された場合の)再按手. **4** 〖キリスト教〗(deacon, priest, bishop などの)昇叙の秘蹟.

rè·organizátion *n.* **1** 再編成, 再組織; 組織変更, 改組, 改造, 改革. **2** 〖財務〗(失敗・破産などによる企業組織の)再組織, 再建, 建直し, 大改革. **~·al** *adj.*

rè·órganize *vt.* **1** 再編成する, 組織を改める, 改組する, 改造する, 改革する. **2** 〈財政などを〉建て直す. **rè·órganizer** *n.*

rè·órient *vt.* 新しく順応させる, 新しい方向に向ける.

rè·órientate *vt.* =reorient. **rè·orientátion** *n.*

rè·o·vírus [rìːo(ʊ)- | rìːə(ʊ)-] 〖← *r(espiratory and) e(nteric) o(rigin) virus*〗 —— *n.* 〖医学〗レオウイルス《大型で二本鎖の RNA をもち, 腫瘍(しゅよう)の原因と考えられているウイルス》.

rep[1] [rép] 〘《1860》□F *reps* ← ? // 《変形》← ? *ribs* (pl.) ← RIB[1]〙 *n.* (毛・絹・人絹・木綿などの)横畝(うね)織り《窓掛け・家具布張用》.

rep[2] [rép] 〘《略》← REPROBATE〙 *n.* 《俗》だらしのない男, 道楽者.

rep[3] [rép] 〘《*a*1705》《略》← REPUTATION〙 *n.* 《俗》名声; (暴力団などの)組内の地位[順位].

rep[4] [rép] 〘《略》← REPRESENTATIVE〙 *n.* 《口語》代表, (特に)外交員.

rep[5] [rép] 〘略〙 *n.* 《口語》〘演劇〙 =repertory; repertory theater.

rep[6] [rép] 〘《頭字語》← *R*(*öntgen*) *e*(*quivalent*) *p*(*hysical*)〙 *n.* 〘医学〙物理的レントゲン当量《放射線の作用を表わす単位; rep unit ともいう; cf. roentgen》.

rep. 《略》repair; repeat; 〘処方〙 *L.* repetatur (=let it be repeated); repertory; report(ed); reporter; represent; representative; reprint; republic; republican.

Rep. 《略》《米》Representative; Republic; 《米》Republican.

rè·páckage *vt.* **1** 荷造り[包装]し直す; よりよく[より見栄えのするように]包装し直す. **2** 〈建物・商品・人など〉の外見をよくする: ~ a school building 校舎をスマートにする / ~ a master of ceremonies 司会者の押し出しを立派にする. **rè·páckager** *n.*

repaid *v.* repay の過去形・過去分詞.

re·paint [ーー́] *vt.* 〈ペンキ・色を〉塗り直す, 復色する. — [ーー, ーー́] *n.* **1** 塗り直し[復色](すること). **2** 塗り直したもの[自動車, ゴルフボール].

re·pair[1] [rɪpéə, rə- | -péə(r)] 〘《?*c*1380》*repaire*(*n*) □ (O)F *répar-er* // L *repar-āre* ← RE- (A)+*parāre* to prepare (⇨ pare)〙 — *vt.* **1 a** 直す, 修繕[修理, 修復]する: ~ a watch, clothes, a road, shoes, etc. / ~ a puncture パンクを直す. **b** 治療する (cure, heal): ~ a wound 傷を直す. **2** 取り返す, 回復する: ~ one's (bodily) strength 体力を回復する. **3** 訂正する, 矯正する, 救治する: ~ a mistake 誤りを訂正する. **4** 償う, 賠償[補償]する, 埋め合わせる: ~ a wrong [an injury, a loss] 非行[損害, 損失]を償う. — *vi.* 修繕する. — *n.* **1** 修繕, 修理, 手入れ: the ~ of a roof, a watch, clothes, etc. / a house in need of ~ 修繕を要する家屋 / beyond [past] ~ 修繕のできないほど(の) / a building under ~ 修繕中のビル / The pool is under ~. プールは修理中. **2** 修繕[修理]した(良い)状態; (良いまたは悪い)維持状態: keep roads in ~ 道路をよく手入れしておく / in good [bad] ~ 手入れが行き届いて[届かないで] / out of ~ 手入れが行き届かないで. **3** [通例 *pl.*] **a** 修繕作業: house ~*s* 家の修理 / do ~*s* 修理[修繕]する / make ~*s* on a house 家を修繕する / undergo ~*s* 修繕される / *Repairs* done while you wait. 修繕はお待ちの間にいたします《広告文》/ The shop is closed during ~*s*. 店は修理中は休業している. **b** 修繕(で付け足した)部分. **4** 取り戻し, 回復: the ~ of one's health, strength, etc. **5** [*pl.*] 〘簿記・会計〙 **a** 修繕: ~*s* charges. **b** 修繕費《固定資産を修繕して効用を保つための費用》: allowance for ~*s* 修繕引当金.

re·pair[2] [rɪpéə, rə- | -péə(r)] 〘《?*c*1300》*repaire*(*n*) □ OF *repair-ier* (F *repairer*) < LL *repatriāre* ← RE- (A) +L *patria* native land (← *patrius* paternal ← PATER 'father'): REPATRIATE と二重語〙 — *vi.* **1 a** 行く, 進む: ~ *to* one's home 家路につく. **b** ちょくちょく行く, 通う. **c** 寄り集まる; 大勢で行く. **2** 《廃》帰る. — *n.* 《古》**1** (足繁く)行く[通う]こと: have [make] ~ to London ロンドンへ行く / a place of great [little] ~ 人出の多い[少ない]所. **2** 足繁く通う所, 多数の人の行く所, 人出の多い場所, 盛り場. **3** 《スコット》(特に, 人々の)集まり, 群れ.

re·pair·a·ble [rɪpé(ə)rəbḷ, rə- | -péər-] 〘《15C》〙 *adj.* 修繕[賠償, 修復]できる; 取返しのできる, 償える. **re·pàir·a·bíl·i·ty** [-rəbíləṭi | -lətɪ, -lɪ-] *n.*

re·páir·er [-pé(ə)rə | -péərə(r)] *n.* 修繕する人, 修理工: a shoe ~ 靴直し(職人).

repáir·man [-mən] *n.* (*pl.* **-men** [-mən, -mèn]) 《米》修繕屋, 修理工, 修理業者, 修理人: a TV ~ テレビ修理人.

repáir órder *n.* 〘簿記・会計〙修繕指図書.

repáir shìp *n.* 工作船.

repáir shòp *n.* 修理工場, 修理場: a bicycle ~.

re·pand [rɪpǽnd, rə-] 〘《1760》□ L *repand-us* bentback ← RE- (A)+*pandus* bent (← *pandere* to spread)〙 — *adj.* **1** わずかに波打った. **2** 〘植物・動物〙〈葉などが〉波状のへりをした.

rè·páper *vt.* 〈壁〉に元通りに[再び]壁紙を貼る.

rep·a·ra·ble [rép(ə)rəbḷ] 〘《1570》□ F ~ □ L *reparābilis*: ⇨ repair[1], -able〙 — *adj.* **1** 修繕[訂正]のできる, 償いのつく, 賠償できる. **2** 取り返せる. **rép·a·ra·bly** *adv.*

rep·a·ra·tion [rèpəréɪʃən] 〘《*c*1380》*reparacion* □ (O)F *réparation* □ L *reparātiō*(*n-*): ⇨ repair[1], -ation〙 — *n.* **1** (不正・損害などに対する)償い, 補償, 賠償: a wrong which admits of no ~ 償いのできない悪事 / demand ~ for ...の補償を求める / make ~ for ...の補償[賠償]をする. **2** [通例 *pl.*] (戦敗国がする)賠償金, 賠償物件: German ~*s* for the War 戦争に対するドイツの賠償金 / ~*s* in kind 現物賠償. **3** 回復, 修理, 修復.

re·par·a·tive [rɪpǽrəṭɪv, rə- | répərətɪv, rɪpǽr-, rə-] 〘□ LL *reparātīv-us*: ⇨ repair[1] (v.), -ative〙 — *adj.* **1** 修繕[修理]の[に関する]. **2** 回復の, 回復させる: the ~ effect of a medicine 薬の回復効果. **3** 賠償[償い]になる.

re·par·a·to·ry [rɪpǽrətɔ̀ːri, rə-, -tòːri | -tərɪ] *adj.* = reparative.

rep·ar·tee [rèpətíː, -pɑə-, -téɪ | -pɑːtíː] 〘《*c*1645》□ F *repartie* ← *repartir* to start again, reply promptly ← RE-+*partir* 'to divide, PART'〙 — *n.* **1** 当意即妙の応答, 巧妙な即答. **2** 巧妙な即答の才: a great power [a storehouse] of ~ 当意即妙の応答をする才能[無尽蔵の才能]. **3** 当意即妙の会話[談話]. — *vi.* 《廃》当意即妙に答える.

re·par·ti·tion [rèpɑətíʃən, rìːp-, -pə- | -pɑː-, -pə-] 〘← RE-+PARTITION: cf. Sp. *repartición*〙 — *n.* **1** 分割, 分配, 区分, 割り分, 割当. **2** [rìː-] 再分割, 再分配. — *vt.* 分割する; 再分割[分配]する.

rè·páss 〘《1456》□ (O)F *repass-er*: ⇨ re-, pass[1]〙 — *vi.* 逆戻りして[帰りに]再び通る, 引き返す. — *vt.* **1 a** 〈海・川などを〉帰りに再び渡る. **b** 〈道・門・場所などを〉再び通る, 再び通過する. **2** 再び通らせる, 再び通す. **3** 〈議案などを〉再び通過させる[可決する]: ~ a bill after a veto 拒否された議案を再び可決する.

rè·pássage 〘《15C》□ (O)F ~: ⇨ ↑, -age〙 *n.* 逆戻り; 再通過.

re·past 〘《?*a*1300》□ OF ~ (F *repas*) ← *repaistre* (F *repaître*) < LL *repascere* ← RE- (A)+L *pascere* to feed regularly (cf. pasture)〙 — [rɪpǽst, rə-, ríːpæst | rɪpɑ́ːst, rə-] *n.* **1 a** 食事: a dainty [rich] ~ 美食 / after the evening ~ 夕食の後. **b** (一度の)食事量: a light [slight] ~ 軽い食事. **2** 《古》**a** 食物を取ること. **b** 食事時間. **3** 《廃》食物. — [rɪpǽst, rə- | -pɑ́ːst] *v.* — *vi.* 《まれ》ごちそうを食べる, 食事をする 〔*on, upon*〕. — *vt.* 《廃》〈ごちそうを〉食べさせる.

re·pa·tri·ate 〘《1611》← LL *repatriāt-us* (p.p.) ← *repatriāre* to return to one's country: REPAIR[2] と二重語〙 — [rìːpéɪtrièɪt, -pǽt- | rìːpǽtrɪ-, rɪ-] *vt.* 〈移住民・捕虜・亡命者などを〉本国に帰らせる, 送還する, 復員させる. — [-triət, -trɪɪt, -trièɪt | -trɪət, -trɪɪt, -trɪèɪt] *n.* (本国)送還者, 帰還者, 復員者, 引揚者 (cf. evacuee).

re·pa·tri·a·tion [riːpèɪtriéɪʃən, -pæ̀t- | riːpæ̀trɪ-, rɪ-] 〘《1592》□ ML *repatriātiō*(*n-*): ⇨ ↑, -ation〙 *n.* 本国送還, 復員.

re·pay [riːpéɪ, rɪ-, rə- | riː-, rɪ-] 〘《1530》□ OF *repaier*: ⇨ re-, pay[1]〙 — *v.* (**re·paid**) — *vt.* **1 a** 〈金銭を〉払い戻す, 返済する, 償還する; 〈人に〉払い戻す: ~ a loan 借金を返す / ~ a creditor 債権者に返済する. **b** 返す: ~ a salutation 答礼する / ~ a blow なぐり返す. **2 a** 〈親切・尽力など〉に報いる, 恩返しする: ~ a person's kindness [service] 人の親切[働き]に報いる / They have collected ample material that will ~ close scrutiny. 厳密な吟味に値する資料が豊富に集められている / ~ evil with good = ~ good for evil 悪に報いるに善をもってする. **b** 〈人に〉報いる, 恩返しをする 〔*for*〕: ~ a person *for* his kindness 親切に対して人に報いる / He gave the customary 'return banquet' to ~ his hosts *for* their hospitality. 自分を歓待してくれた人々に報いるため例によって「お返しの晩餐会」を催した. — *vi.* **1** 払い戻し[返済]する. **2** 報いる, 返報する.

re·pay·a·ble [riːpéɪəbḷ, rɪ-, rə- | riː-, rɪ-] *adj.* 払い戻し[返済]できる; 払い戻し[返済]すべき; 恩返しできる; 返報できる.

re·páy·ment 〘《15C》〙 *n.* **1** 払い戻し, 返済, 償還, 償却. **2** 恩返し; 報酬, 報償; 返報, 仕返し.

re·peal [rɪpíːl, rə-] 〘《*c*1325》*repele*(*n*) □ AF *repel-er* =OF *rapeler* (F *rappeler*) ← RE-+*appeler* to call (⇨ appeal)〙 — *vt.* **1** 〈法律・決議などを〉無効にする, 廃止する, 廃棄する, 取り消す, 撤回する: ~ a statute [an act] 法律を廃止する / ~ a sentence [resolution] 宣告[決議]を破棄する / ~ a grant 補助金を取り消す. **2** 諦める, 放棄する. **3** 《廃》(特に, 追放から)呼び戻す; 連れ戻す. — *n.* **1** (法律・決議などの)廃止, 廃棄, 取消し, 撤回. **2** 《廃》(特に, 追放からの)呼び戻し. **3** 〘英史〙連合撤回運動《アイルランドと英国の合併を定めた 1801 年の連合法[合同法] (Act of Union) を撤廃しようとした D. O'Connell らアイルランド民族主義者の運動 (1829–43); cf. repealer 2》.

re·peal·a·ble [rɪpíːləbḷ, rə-] *adj.* 〈法律などが〉廃止できる, 取消しできる.

re·péal·er [-lə | -lə(r)] *n.* **1** 廃止[撤回]論者. **2** [通例 R-] 〘英史〙アイルランド・英国合併撤回論者 (cf. repeal *n.* 3): the Great *Repealer* アイルランドの Daniel O'Connell のこと. **3** 《米》既存の制定法を廃止する制定法.

re·peat [rɪpíːt, rə-] 〘《*c*1375》*repete*(*n*) □ (O)F *répéter* □ L *repetere* to do or say again ← RE- (A)+*petere* to seek (⇨ petition)〙 — *vt.* **1 a** 繰り返して[重ねて, 改めて]言う: ~ an order 命令を繰り返して言う / The language will not bear ~*ing*. その言葉は重ねて口にするに忍びない / I ~ *that* I cannot accept your offer. 重ねて言うが君の申し出は受け入れかねる / Not, ~ not. 繰り返していうが絶対に違う. **b** 〈人の言ったことを〉そのまま伝える, おうむ返しに言う, 復唱する: ~ what has been said 言われたことをそのまま復唱する / We ~*ed* the sentence after the teacher. 教師のあとについて文を復唱した[繰り返して言った]. **c** 人に知らせる, 他言する: Please don't ~ this to anybody. これはだれにも話さないで下さい / I'll tell you a secret if you'll promise not to ~ it. 人に言わないと約束してくれれば秘密を打ち明けよう. **d** 暗唱する: ~ a poem, passage, etc. **2 a** 繰り返して行なう, 再び行なう[なす]; 〈実験などを〉やり直す: ~ an effort [error] 努力[誤り]を繰り返し行なう / ~ a pattern 模様を繰り返して出す. **b** 〈経験などを〉再びする, 〈賞・罰などを〉再び受ける: ~ the second grade 二年(生)をもう一度やり直す. **c** [~ *oneself* で] 同じこと[しゃれ, 冗談など]を繰り返して言う[する]; (同じ姿で)再び現れる: History ~*s itself*. 《諺》歴史は繰り返す. **3** 〈音楽・演劇・講演などを〉再生させる: ~ a musical program on tape 音楽番組をテープで流す.
— *vi.* **1** 繰り返す; 再び起こる[現れる]. **2** 〈数・小数などが〉循環する (cf. repeating decimal). **3** 《米》(選挙で)二度以上投票する《不法行為》. **4** 〈銃・ピストルなどが〉連発する. **5** 〈一度のみ込んだ食物が〉(のど元まで)何度も戻しそうになる, (げっぷが出て)いつまでも後味が残る 〔*on*〕: Chocolate ~*s on* me. チョコレートを食べると後味が残る. **6** 〘時計〙最前の時刻を繰り返して打つ.
— *n.* **1** 繰返し, 反復. **2 a** 繰り返されるもの. **b** (ラジオ・テレビの)再放送; 再放映. **c** 写し, 複製. **d** 繰返し模様. **3** 〘音楽〙反復; 反復楽節; 反復記号. **4** 〘商業〙再供給, 再注文.

re·peat·a·ble [rɪpíːṭəbḷ, rə- | -tə-] *adj.* 繰り返すことのできる, 繰り返しに適した; 繰り返して述べられる. **re·pèat·a·bíl·i·ty** [-ṭəbíləṭi | -təbílətɪ, -lɪ-] *n.*

re·péat·ed [-ṭɪd, -ṭəd | -tɪd, -təd] *adj.* **1** 度々の (frequent): ~ offenses 累犯 / accuse them of their ~ acts of bad faith 彼らの度重なる背信行為を非難する. **2** 繰り返した, 再度の: a ~ experience.

re·péat·ed·ly *adv.* 繰り返して, 再三再四, 幾度も.

re·péat·er [-ṭə | -tə(r)] 〘《16C》〙 — *n.* **1 a** 繰り返す人. **b** 暗唱者, 朗唱者. **c** 《米》(選挙で)二度以上投票する人. **d** 《米》年中刑務所にぶち込まれる者, 常習犯. **e** 《米》再履修生, 落第生. **2** 繰り返すもの. **3** 連発(ライフル)銃. **4** 〘時計〙リピーター, 二度打時計, 復打(ふくだ)時計, 引打時計《昔マッチがない頃暗闇でも時刻がわかるように考案された時計》. **5** 〘通信〙(電信・電話・ラジオ・レーダーなどの)中継器: a telegraph ~ 電信中継器. **6** 〘数学〙循環小数 (recurring decimal). **7** 〘海事〙**a** レピータ《ジャイロコンパスの主コンパスの示度を伝える従コンパス; gyro repeater ともいう》. **b** 信号中継器. **8** 〘海事〙代表旗《国際信号旗; 他旗を代表する三角旗で, 第一, 第二, 第三代表旗がある; substitute ともいう》. **9** 〘金属加工〙レピーター《圧延機が並列配列の場合, 鋼材の方向を変換して次の孔型に導く装置》.

re·péat·ing còil [-ṭɪŋ- | -tɪŋ-] *n.* 〘電気〙中継コイル《主に電話回線に用いられ, インピーダンス整合や重信回線作成に使われる変成器》.

repéating décimal *n.* 〘数学〙=recurring decimal.

repéating fírearm *n.* 連発銃.

repéating rífle *n.* 連発ライフル銃.

repéating sígnal *n.* 〘鉄道〙中継信号(機).

repéating theódolite *n.* 〘測量〙累積記録用セオドライト[経緯儀] (cf. direction theodolite).

repéating wátch *n.* 〘時計〙二度打(懐中)時計 (cf. repeater 4).

repéat perfórmance *n.* 〘ラジオ・テレビ〙再放送.

re·pe·chage [rèpəʃɑ́ːʒ, rəpeʃ-; *F.* rəpɛʃaːʒ] 〘□ F *repêchage* second chance ← *repêcher* to rescue〙 — *F. n.* 〘スポーツ〙(ボートレースなどの)敗者復活戦 (cf. consolation 3).

re·pel [rɪpél, rə-] 〘《1432–50》□ L *repell-ere* ← RE- (A) +L *pellere* to drive (cf. compel, impel)〙 — *v.* (**re·pelled**; **-pel·ling**) — *vt.* **1 a** 〈攻撃者・侵入軍などを〉追い払う, 撃退する; 〈攻撃・打撃などを〉寄せつけない, かわす: ~ an enemy attack [invader, a blow] 敵軍の攻撃[侵入軍, 打撃]を撃退する. **b** 〈感情・誘惑などを〉抑える, 抑制する: ~ evil thoughts 邪心を抑える. **c** 反駁(はんばく)する, 抵抗する: ~ an accusation 非難に反駁する. **2** 〈人・提案などを〉拒絶[拒否]する, 退ける, はねつける: ~ a request [a suggestion, person's advances] 依頼[提議, 言寄り]をはねつける / ~ a suppliant 嘆願者をはねつける. **3 a** 〈水などを〉はじく[通さない]: a fabric that ~*s* moisture. **b** ...に混ざらない: Oil ~*s* water. / Water ~*s* oil. 水は油と混ざらない. **4** いやがらせる, ...に不快を感じさせる: Her manner ~*s* me. 彼女の態度は不愉快だ / A study which ~*s* you is invaluable. いやな勉強が大いに役に立つものだ / The prospect ~*led* him. 前途を考えて不快な思いをした. **5** 〘物理〙はじく, はね返す, 反発する (↔ attract): ~*ling* power 反発力 / ~ electric charge with same sign 同符号の電荷を反発する. — *vi.* **1** 追い払う, はねつける, 退ける. **2** 不快を感じさせる.

re·pel·lance [rɪpéləns, rə-] *n.* =repellence.

re·pél·lan·cy [-lənsi | -sɪ] *n.* =repellency.

re·pel·lant [rɪpélənt, rə-] *adj.* =repellent.

re·pel·lence [rɪpéləns, rə-] 〘⇨ repellent, -ence〙 *n.* **1** 反発(性), 撃退(性). **2** 防虫[水](性). **3** 不快感, いやらしさ.

re·pél·len·cy [-lənsi | -sɪ] *n.* =repellence.

re·pel·lent [rɪpélənt, rə-] 〘《1643》□ L *repellent-em* (pres.p.) ← *repellere*: ⇨ repel, -ent〙 — *adj.* **1** [しばしば複合語の第 2 構成素として] 反発する, はねつける; (昆虫などを)寄せつけない, (水などを)はじく: a mosquito-*repellent* spray 防蚊散布剤 / water-*repel-*

lent cloth 防水生地. **2** 不快感を与える, 人好きのしない; 虫の好かない, いやらしい, いやな: a ~ fellow いやな奴 / ~ work いやな仕事 / There was something ~ about the man. その男にはなにかいや(味)なところがあった / Loneliness is ~. 孤独というのはいやなものだ. **—** *n.* **1** 反発力. **2** (布地に塗って防水布を作る)防水剤. **3** 忌避剤, 駆虫剤. **4** 《廃》〖医学〗忌避薬, リペレント《はれもの・吹出物などの散らし薬》. **~·ly** *adv.*

re·pél·ler [-lə | -lə(r] *n.* **1** 撃退する人, はねつける人. **2** 〖電気〗反射電極, リペラ.

re·pél·ling·ly [-lɪŋli | -lɪ] *adv.* はねつけるように, 反発するように: look at him ~.

re·pent[1] [rɪpént, rə-] 〖《*c*1300》 *repente(n)* ▭ (O)F *repentir* ← RE-+OF *pentir* (< VL **pœnitire*=L *pœnitēre* to make sorry: cf. penitent)〗 **—** *vi.* **1** 悔いる, 後悔[懺悔(ざんげ)]する, 悔しがる, まずいことをしたと思う〔*of*〕: ~ *of* one's sins 自分の罪を悔いる / ~ *of* having said so そういったことを後悔する / I have nothing to ~ *of*. 何も後悔することはない / Marry in haste, and ~ at leisure. ⇨ marry[1] *vi.* 1. **2** (まずいことをしたと思って)気持[態度]を変える, 悔い改める〔*of*〕. **—** *vt.* **1** 後悔する, 懺悔する: ~ a fault [one's sin, one's misconduct] 過失[罪, 非行]を後悔する / I ~*ed* my injustice to him. 私は彼にすまぬことをしたと後悔した / You shall ~ this. 今にきっとこれを後悔するぞ / I ~ having offended her. 彼女の感情を損ねたことを後悔している. **2** しなければよかったと思う, 悔しがる: ~ one's generosity [rashness, folly] 自分の寛大[軽率, 愚行]を悔しがる / I ~ my kindness. 親切にしなければよかったと思う. **3** 《古》 **a** [me, him などを再帰目的語として] 悔いる, 遺憾に思う: I now ~ *me*. 私は今は後悔している / He ~*eth him* of the evil. 彼は罪悪を悔いている. **b** [it を主語として非人称的に用いて] 遺憾に思わせる, 後悔させる: *It* ~*ed* me of my former sins. 私は前非を悔いた / *It* ~*ed* me that I did it. そうしたのを私は後悔した. **~·er** [-tə | -tə(r] *n.*

re·pent[2] [ríːpənt] 〖▭ L *rēpent-em* (pres.p.) ← *rēpere* to creep〗 *adj.* **1** 〖植物〗はう, 匍匐(ほふく)性の. **2** 〖動物〗はって歩く.

re·pen·tance [rɪpéntṇs, rə-, -təns | -tṇs, -təns] 〖《*c*1303》 ▭ (O)F ~: ⇨ repent[1], -ance〗 *n.* **1** 後悔, 悔悟, 悔恨; 悔い改め, 懺悔(ざんげ): ~ for one's sins 自分の罪の悔悟. **2** 〖カトリック〗痛悔.

re·pen·tant [rɪpéntṇt, rə-, -tənt | -tṇt, -tənt] 〖《*c*1300》 ▭ (O)F ~ (pres.p.) ← *repentir* repent: ⇨ repent[1], -ant〗 **—** *adj.* **1** 後悔している, 遺憾に思う, 懺悔(ざんげ)する: a ~ sinner / be ~ for one's sins 自分の罪を後悔している. **2** 後悔[悔悟]の気持を表わした: ~ tears 悔悟の涙 / ~ sighs 後悔のため息. **~·ly** *adv.*

rè·péople 〖《15C》 ▭ (O)F *repeupl-er*: ⇨ re-, people〗 *vt.* **1** ...に再び人を住まわせる, 再び植民する. **2** ...に再び蜜蜂・魚などをすまわせる.

re·per·cus·sion [rìːpəkʌ́ʃən, rèp- | -pə-] 〖《1536》 ▭ (O)F *répercussion* ‖ L *repercussiō(n-)* ← *repercussus* (p.p.) ← *repercutere* ← RE- (A)+*percutere* 'to PERCUSS': ⇨ -sion〗 **—** *n.* **1** (光の)反射; (音の)反響. **2** **a** 相互作用[影響]. **b** [通例 *pl.*] (しばしば間接的あるいは予期されないような)反響, 影響; The ~*s* of the Second World War are still felt all over the world. 第二次大戦の影響は今もなお世界中に感じられている. **3** 《古》はね返り, はね戻り. **4** 〖音楽〗 **a** (グレゴリオ聖歌の詩篇誦で)反復音, レペルクッシオ. **b** 再提示《フーガで展開部または間奏部ののち主題と応答が再度現れること》. **5** 〖医学〗 **a** 浮球感 (cf. ballottement). **b** (腫瘍などの)駆散.

re·per·cus·sive [rìːpəkʌ́sɪv, rèp- | -pə-] 〖《*a*1400》 ▭ (O)F *répercussif* ← L *repercussus* (↑): ⇨ -ive〗 **—** *adj.* **1** **a** 〈音が〉反響する, 音を反響する, 鳴り響く: a ~ banjo, tomtom, etc. **b** 《比喩》反響する, 反射的な. **2** 音を反響させる: a ~ cave, ceiling, wall, etc.

rè·pérforator *n.* 〖通信・電算機〗受信鑽孔(さんこう)機《電信信号を受信し, 対応する電信符号をテープに符号のまま鑽孔する再送に便利な受信装置》; 紙テープ複製機.

rep·er·toire [répətwɑ̀ə, -pə- | -pətwɑ̀ː(r, -twɔ̀ː(r] 〖《1847》 ▭ F *répertoire* ▭ LL *repertōrium* (↓)〗 **—** *n.* **1** **a** (演奏[演技]者または一座がいつでも演奏[上演]できるように準備してある)上演目録, 演奏曲目, レパートリー. **b** (演劇・オペラ・音楽などの上演[演奏]可能な)全作品, 全曲目. **2** 個人が持つ[特定の職業・分野で必要とされる]技術[工夫, 手段など]のすべて, 持ち駒. **3** (レストランなどの)料理品目. **4** 〖電算機〗(記憶力などの)能力範囲, インプットリスト.

rep·er·to·ry [répətɔ̀ːri, -pə-, -tɔ̀ːri | -pət(ə)ri] 〖《1552》 ▭ L *repertōri-um* ← *repertus* (p.p.) ← *reperīre* to procure again, discover ← RE- (A)+*parīre* to get, produce: ⇨ -ory[2]: REPERTOIRE と二重語〗 **—** *n.* **1** 倉庫, 貯蔵所, 宝庫; (知識の)宝庫: a ~ of useful information 有益な知識の宝庫《百科辞典など》. **2** (物の)貯蔵, 収集: an inexhaustible ~ 無尽蔵. **3** =repertoire 1-3. **4** 〖演劇〗 **a** =repertory system. **b** =repertory theater. **c** レパートリー劇団 (repertory company) の行なう上演.

in repertory レパートリーシステムで (cf. repertory system).

répertory càtalog *n.* 〖図書館〗=union catalog.

répertory còmpany *n.* 〖演劇〗レパートリー劇団《一定の出し物 (repertoire) を上演する repertory theater 専属の劇団; stock company ともいう》.

répertory sỳstem *n.* 〖演劇〗レパートリーシステム《一つの演劇集団が一定数の演目を交互に上演する方式; cf. star system》.

répertory thèater *n.* 〖演劇〗レパートリー劇場《専属の劇団を持ち同じ出し物を長く続けずに幾種類も替りの劇を上演する劇場; 単に repertory ともいう》.

rep·e·tend [répətènd, ⌐—⌐ | rèpɪténd, ⌐—⌐] 〖▭ L *repetend-um* (gerundive) ← *repetere*: ⇨ repeat〗 **—** *n.* **1** 〖数学〗循環節《循環小数の循環する部分; 1.3585858... の 58, 0.333... の 3》. **2** 〖音楽〗反復[繰返し]楽節[句]; 反復音. **3** 〖韻律〗一つの詩の中で不規則な間隔で(時に変化した形で)繰り返される語[句, 行など], リフレイン.

re·pe·ti·teur [rèpeɪtətə́ː, -peṭ- | -tɪtə́ː(r; *F.* repetitœːr] 〖▭ F *répétiteur* singing coach ← L *repetitus* (↓)〗 **—** *F. n.* (*also* **ré·pé·ti·teur** [~]) (*pl.* **~s** [~z; *F.* ~]) (音楽家・オペラ歌手などの)指導者, 教師.

rep·e·ti·tion [rèpətíʃən | -pɪ-, -pə-] 〖《1526》 ▭ (O)F *répétition* ‖ L *repetitiō(n-)* ← *repetitus* (p.p.) ← *repetere*: ⇨ repeat, -ition〗 **—** *n.* **1** **a** 繰返し, 反復, 再説: the ~ of a word / a ~ of the offense 犯罪の繰返し, 重犯. **b** 復唱. **c** 暗唱. **2** **a** 繰り返された[反復された]もの[ことば]: That is a mere ~ of what you said before. それは君が前に言ったことの繰返しに過ぎない. **b** 写し, 複写, 模写; 模倣物. **c** 復唱[暗唱]すべき詩句[文]. **3** 〖修辞〗反復《同一または類似の語句を繰り返すこと; 例: 'Words, words, words.' (Shak., *Hamlet* 2:2:195)》. **4** 〖音楽〗反復奏, レペティション《ピアノで音の急速な反復演奏を可能にする打法機構》. **5** 〖スコット法〗(債務がないのに弁済した金銭の)返還要求.

rèp·e·tí·tion·al [-ʃənḷ] *adj.* =repetitionary.

rèp·e·tí·tion·ar·y [-ʃənèri | -ʃ(ə)nəri] *adj.* 繰返しの, 繰り返す, 反復性の.

ré·pé·ti·tion gé·né·rale [rèɪpeɪtiːsjɔ́ː(ŋ)-ʒèɪnəɪrɑ́ːl, -sjɔ́(ː)ŋ-; *F.* repetisjɔ̃ʒeneral] 〖▭ F ~ 'general repetition'〗 **—** *F. n.* 〖演劇〗一般には公開しない上演, ゲネプロ, ドレスリハーサル (dress rehearsal).

rep·e·ti·tious [rèpətíʃəs | -pɪ-, -pə-] 〖《1675》 ← REPETIT(ION)+-IOUS〗 **—** *adj.* **1** 繰返しの多い; (特に)くだくだしい, くどい. **2** 同じ行動[過程]を繰り返す, 反復性の. **~·ly** *adv.* **~·ness** *n.*

re·pet·i·tive [rɪpéṭəṭɪv, rə- | -tət-, -tɪt-] 〖《1839》 ← REPETIT(ION)+-IVE〗 *adj.* **1** 繰返しの, 反復性の. **2** =repetitious 1. **~·ly** *adv.* **~·ness** *n.*

rè·phráse *vt.* 言い直す, 言い替える, 別の用語で表現する.

re·pic [rɪpíːk, rə- | riːpíːk] *n.* 〖トランプ〗=repique.

Re·pin [réɪpɪn, -pən | -pɪn; *Russ.* rjépjin], **Ilya E·fi·mo·vich** [jifjíməvjitʃ] *n.* レーピン《1844-1930; ロシヤの画家; 革命前後の世相を写実的に描いた》.

re·pine [rɪpáɪn, rə-] 〖《*c*1530》 ← RE-+PINE[1]: REPENT[1] との連想による〗 **—** *vi.* **1** じれる, ぶつぶつ言う, 愚痴をこぼす, かこつ, 嘆く〔*at*〕: ~ *at* [against] one's fate 自分の運命をかこつ. **2** 切望する〔*for*〕. **re·pín·er** *n.*

re·pín·ing·ly *adv.* ぶつぶつ言いながら, 愚痴をこぼしながら.

re·pique [rɪpíːk, rə- | rìːpíːk, ⌐—⌐] 〖▭ F *repic* 《逆成》 ← *repiquer* to prick again: ⇨ re-, pique[2]〗 〖トランプ〗 **—** *n.* (piquet で)持札の手役点だけで相手を 30 対 0 に抑えること《ボーナスとしてさらに 60 点加算される; cf. pique[2]》. **—** *vt., vi.* (相手を)手役で 30 対 0 に抑える.

repl. 《略》replace; replacement.

re·place [rɪpléɪs, rə- | rɪ-, riː-] 〖《1595》 ← RE-+PLACE[1]: cf. F *remplacer*〗 **—** *vt.* **1** **a** 元の所へ置く, 元へ戻す: ~ a book on the shelf 本を(元の)棚に戻す / ~ the telephone on its rest 受話器を受け台に戻す. **b** 返す, 返済する: ~ borrowed money. **c** 復職[復位]させる. **2** **a** ...に取って代わる, ...の後継者となる, 後釜(あとがま)にすわる: The computer is rapidly *replacing* the abacus. 電算機がどんどんそろばんに取って代わりつつある / A ~*s* B as pitcher. A が B に代わって投手をやる / December ~*d* November. 11 月が去って 12 月になった. **b** ...の代わりを立てる[作る, 入れる], 取り替える, 交替する〔*by, with*〕: ~ coal fires *by* gas 石炭の火をガスに取り替える / ~ autocracy *by* constitutional government 立憲政治をもって独裁政治に代える / ~ a broken dish 壊れた皿を取り替える / a person [thing] hard [difficult] to ~ またと得難い人[物], 余人をもって代えがたい人 / His plan is to ~ people *with* automation. 彼の計画は人の代わりにオートメ化するということだ / The trolleys were ~*d by* buses. 路面電車が(廃止されて)バスになった.

re·plác·er *n.*

re·place·a·ble [rɪpléɪsəbḷ, rə- | rɪ-, riː-] *adj.* 元へ戻される; 取り替えられる, 置き換えられる, 代りのある.

re·plàce·a·bíl·i·ty [-səbíləṭi | -lətɪ, -lɪ-] *n.*

re·pláce·ment *n.* **1** **a** 元へ戻すこと, 返還; 返済. **b** 復職, 復位. **2** **a** 代置, 置換え, 取替え, 交替: the ~ of worn-out parts 摩滅した部分品の取替え. **b** 後任(者), 後継ぎ; 取替え品: His ~ was General A. 彼の後任は A 将軍だった. **3** 〖化学〗置換. **4** 〖軍事〗補充員, 交替要員; (補給品の)補充, 交換. **5** 〖地質〗交代作用 (cf. metasomatism). **6** 〖簿記・会計〗(資産の)取替: ~ costs 取替原価 / ⇨ replacement method. **7** 〖論理・数学〗置換: the axion of ~ 置換公理.

replácement dèpot *n.* 〖軍事〗(人員の補充業務を行なう)補充処.

replácement mèthod *n.* 〖会計〗取替法《同種の物品が多数集まって 1 つの固定資産を構成する場合, 帳簿上はその固定資産を取得原価のままで据え置き, 老朽部分の取替額をその年度の費用に計上する方法; cf. retirement method》.

rè·plánt *vt.* **1** 再び植える; 植え替える, 移植する. **2** 〈花壇など〉に別の草花を植え込む. **3** ...に植民し直す, 再植民させる. **—** *n.* 移植された物[植物]; (欠株になった場所へ)補植した苗や株.

rè·plantátion *n.* **1** 再植; 移植. **2** 移植物.

re·play [⌐—⌐] *vt.* **1** 〈試合を〉再び行なう, やり直す. **2** 再演する. **—** [⌐—⌐, ⌐—⌐ | ⌐—⌐] *n.* **1** やり直しの試合, 再試合. **2** (録音テープ・ビデオテープなどの)再生. **3** 再演, 繰返し.

rè·pléader *n.* 〖法律〗 **1** 再訴答命令《訴答 (pleading) に欠陥があるとき評決後に再び訴答を行なうことを命じること》. **2** 再訴答権.

re·plen·ish [rɪplénɪʃ, rə-] 〖《*c*1380》 *replenysshe(n)* ▭ OF *repleniss-* (stem) ← *replenir* ← RE-+*plenir* (← *plein* < L *plēnum* 'full, PLENUM'): ⇨ -ish[2]〗 **—** *vt.* **1** **a** 再び満たす, 元通り一杯にする〔*with*〕: ~ a glass *with* wine グラスにぶどう酒を再び一杯にする / a pipe ~*ed with* tobacco タバコをつめかえたパイプ. **b** ...に燃料をつぐ[くべる]: ~ a fire, stove, etc. **c** 補充する, 補給する (↔ deplenish): ~ one's purse 財布に金を補充する / ~ a stock of goods = ~ one's stocks 在庫(品)を補充する. **d** 埋め合わせる, 償う. **2** 〈場所〉に人間や動物を満たす: ~ the earth 地に満ちる (*Gen.* 1:28). **3** ...に補充液 (replenisher) を加える. **—** *vi.* 再び満ちる[一杯になる].

re·plén·ish·er *n.* **1** 補充するもの. **2** 〖化学〗補充液, 増し液《フィルムの現像で, 現像液の量と活性を一定に保つために加える溶剤》. 「補充物, 補給物.

re·plén·ish·ment *n.* **1** 補充, 注ぎ足し, 補給. **2**

re·plete [rɪplíːt, rə- | rɪ-] 〖《*c*1390》 ▭ (O)F *replet, replète* (fem.) ‖ L *replēt-us* (p.p.) ← *replēre* ← RE- (A)+*plēre* to fill〗 **—** *adj.* **1** 充満した, 一杯詰まった〔*with*〕. **2** 十分に備えている, 十分に持っている〔*with*〕: a mind ~ *with* learning 博学の人. **3** **a** 飽満[飽食]した, 思う存分食べた[飲んだ], 堪能(たんのう)した〔*with*〕. **b** 太った. **4** 完全な, 十分な. **—** *n.* 〖昆虫〗膨腹蟻(ぼうふくぎ)《胴部を拡張させ, その集団の他のアリのために液体食物を貯蔵するハタラキアリ; plerergate ともいう; cf. honey ant》. **~·ness** *n.*

re·ple·tion [rɪplíːʃən, rə- | rɪ-] 〖《*c*1390》 ▭ (O)F *réplétion* ‖ L *replētiō(n-)*: ⇨ ↑, -tion〗 **—** *n.* **1** 充満, 充実, 過多: a vessel filled to ~ あふれるばかりに満たした容器. **2** 飽食, 満腹, 過食: eat to ~ 飽食する. **3** 満足. **4** 〖病理〗充満(症); 多血(症).

re·plev·i·a·ble [rɪpléviəbḷ, rə- | -vɪ-] 〖← REPLEVY +-ABLE〗 *adj.* 〖法律〗=replevisable.

re·plev·in [rɪplévɪn, rə-, -vən | -vɪn] 〖《1461》 *replevine(n)* ▭ AF ← OF *replevir*: cf. replevy〗 〖法律〗 **—** *n.* (不当に差し押えられたり奪われた)動産の訴訟による回復; 動産占有回復訴訟; 動産占有回復令状. **—** *vt.* =replevy.

re·plev·i·sa·ble [rɪplévəsəbḷ, rə- | -vɪ-] 〖▭ AF *replevis(s)able* ← OF *repleviss-* (stem), *replevir* (↓): ⇨ -able〗 **—** *adj.* 〖法律〗〈不当に差し押えられたり奪われた動産が〉回復できる (cf. replevin).

re·plev·y [rɪplévi, rə- | -vɪ] 〖《1451》 ▭ OF *replevi-r* ← RE-+*plevir* to pledge (▭ Gmc **plegjan* 'to PLEDGE')〗 〖法律〗 **—** *vt.* 〈不当に差し押えまたは奪われた物を〉動産占有回復訴訟によって回復する. **—** *vi.* 動産占有回復訴訟によって動産を回復する. **—** *n.* =replevin.

rep·li·ca [réplɪkə, -lə- | réplɪkə, rɪplíːkə, rə-] 〖《1824》 ▭ It. ~ ← *replicare* < L *replicāre*: ⇨ replicate[1]〗 **—** *n.* **1** レプリカ《原作者の手に成る原作の写し》. **2** 写し, 模写, 複製, 生写し: a ~ of one's father 父親そっくりの子 / The dining room was a small ~ of the nave of Westminster Abbey. その食堂はウェストミンスター寺院の本堂をそっくりそのまま小型にしたような感じだった. **3** 〖音楽〗反復; 反復記号.

rep·li·ca·ble [réplɪkəbḷ, -lə- | réplɪ-, rɪplíː-, rə-] 〖▭ LL *replicābil-is*: ⇨ replicate[1], -able〗 *adj.* **1** 反復し得る. **2** 〖生物〗複製し得る.

rep·li·case [réplɪkèɪs, -lə-, -kèɪz | -lɪkèɪs] 〖← REPLIC(ATION)+-ASE〗 *n.* 〖生化学〗レプリカーゼ (⇨ RNA replicase).

rep·li·cate[1] [réplɪkèɪt, -lə- | -lɪ-] 〖← L *replicāt-us* (p.p.) ← *replicāre* to fold back, (LL) 'to REPLY, repeat'〗 **—** *vt.* **1** 返答[応答]する. **2** 写す, 模写する; 繰り返す. **—** *n.* **1** 〖音楽〗与えられた音に対して 1 オクターブ(あるいは 2 オクターブ以上)上[下]で反復される同音. **2** 〖統計〗反復実験《実験の反復 (replication) における個々の実験》. **—** [-kət, -kɪt] *adj.* 多数の, 種々の, 繰り返しの.

rep·li·cate[2] [〖▭ L *replicāt-us* (↑)〗 〖植物〗 [réplɪkət, -lə-, -kɪt | -lɪ-] *adj.* 〈葉など〉折り返った, 曲り返った. **—** [-kèɪt] *vt.* 〈葉などを〉折り返す, 曲げ返す.

rép·li·càt·ed [-tɪd, -təd | -tɪd, -təd] *adj.* 〖植物〗=replicate[2].

rep·li·ca·tion [rèpləkéɪʃən | -lɪ-] 〖《*c*1380》 ▭ OF *replicacion* ▭ L *replicātiō(n-)*: ⇨ replicate[1], -ation〗 **—** *n.* **1** 返答; (特に, 答弁に対する)応答. **2** 写し,

模写. **3** 反響. **4**〘統計〙(誤りを減らすための, 同じ時間・同じ場所での)実験の反復. **5 a**〘法律〙=reply 3. **b**〘英法〙再抗弁書. **rep·li·ca·tive** [réplɪkèɪtɪv, -lə- | -lɪkéɪt-] *adj.*

re·ply [rɪpláɪ, rə-] 〖《(*c*1386)》 *replye(n)* ← (O)F *repli-er* < L *replicāre* ← RE- (A) + *plicāre* to fold (⇨ ply¹)〗 — *vi.* **1 a** 答える, 返事をする: ~ *to* a person [question, letter] 人[質問, 手紙]に答える[返事をする]. **b** (代わって, または代表して)回答[答弁]する: ~ *for* the Prime Minister 首相に代わって答弁する / ~ *for* the Navy (乾杯のお礼に)海軍を代表して謝辞を述べる / He rose to ~ *for* the ladies. 彼は婦人たちに代わって答辞を述べるために立ち上がった. **2** (言葉・動作で)応じる, 応答する, 応酬する, 応戦する: ~ by a violent blow 激しい打撃で応酬する / ~ to the enemy's attack 敵の攻撃に応戦する / ~ to a signal 信号に応じる. **3** 反響する. **4**〘法律〙〈原告が〉(被告の最初の訴答に対し)第二の訴答をする. — *vt.* 答える; 回答する, 応答する; (公式に)答える: I have nothing to ~. 答えることは何もない[何も答えたくない] / He did not know what to ~. どう答えてよいかわからなかった / She *replied that* she knew nothing about it. その事は何も知らないと答えた.
— *n.* **1** 答, 応答, 回答, 返事: make a ~ 答える / wire a ~ 返電を打つ / in ~ to your letter お手紙に答えて / He neither said nor did anything in ~. 彼はそれに答えるようなことは何も言わず何もしなかった. **2** (所作・行為による)応答, 応酬, 返報, 応戦. **3**〘法律〙(被告の最初の訴答に対する)原告の第二の訴答 (cf. pleading 2 c). **4**〘音楽〙(フーガの)応答(部).
re·plí·er *n.*

replý càrd *n.*〘郵便〙往復はがき《double postal card, reply postal card ともいう; cf. return card》.

replý cóupon *n.*〘郵便〙返信券: ⇨ International Reply Coupon.

replý-páid *adj.*〘郵便〙返信料先払いの, 返信料付きの; (郵便)料金受取人払いの: a ~ telegram.

replý póstal càrd *n.*〘郵便〙=reply card.

rè·póint *vt.* 〈れんが積みなど〉に元通りに目地塗りをする.

rè·pólish *vt.* 元通りにみがく, みがき直す.

ré·pon·dez s'il vous plaît [reɪpɔ̃:(n)deɪ-si:l-vu:-pléɪ, -pɔ́(:)n-; *F.* repɔ̃desilvuplɛ] 〖□F ~ 'reply, if you please'〗 — *F.* お返事お願い申し上げます《招待状などに書き添える句で通例 R.S.V.P. と略す》.

rè·pópulate *vt.* 〈場所〉に以前のように住みつく.

re·port [rɪpɔ́ət, rə-, -póət | -pɔ́:t] 〖*v.*: 《(*c*1395)》 *reporte(n)* □ OF *report-er* (F *rapporter*) < L *reportāre* ← RE- (A) + *portāre* to carry (⇨ port³). — *n.*: 《(*c*1385)》 □ OF ~ ← (v.)〗 — *vt.* **1 a** 伝える; 報じる, 報告する: He ~*ed* her disappearance *to* the police. 彼女の失踪を警察に届けた / It is ~*ed* that ...という話[評判]だ; ...との報道がある, と伝えられる / All variations are to be ~*ed* daily. すべての変動は毎日報告されなければならない / He ~*s that* the party gained the summit. 彼は一行が頂上を極めたと報じている / He ~*ed* having met her. 彼は彼女に会ったと報告した. **b** [目的補語を伴って]...だと報じる: They ~*ed* him much recovered. 彼が随分回復したと報じた / He ~*s* open water (to be) at the pole. 彼は極地に不凍海があると報じている / He was ~*ed* killed (in action). 彼は戦死したと伝えられた. **c** ...の存在[到着, 接近など]を報告する[知らせる]: ~ the train 列車の到着を伝える. **d**〘英議会〙〈法案審議委員会の結果を〉〈委員長が〉(本会議で)報告する: ~ the progress of a conference 会議の経過を報告する / ⇨ *move to report* PROGRESS / The Chairman of the Committee ~*s* the Bill *to* the House. 委員長は委員会の議案に対する決議を議院に報告する[第三読会にかける]. **2** 公表する, ...の公報を発する, 発表する: The Treasury ~*s* the total receipt and expenditure for the year. 大蔵省は歳入歳出総額を公表する. **3** 〈議事・講演などを〉記録する, 速記する; 〈新聞記者・ラジオ・テレビなどが〉...の実況を報告する, 探訪記事を書く, レポートする: ~ debates in Congress 議会の討論を記録する / ~ a trial [marriage ceremony] 公判[結婚式]の実況記事を書く. **4 a** 〈人〉のことについて〔上役・主人などに〕上申する, 不都合を知らせる, 言い付ける〔*to*〕: I shall ~ you *to* the superiors *for* being unpunctual. 君が時間にだらしないことを上役に言い付けてやる. **b** 〈不正なこと〉について〔上役・主人などに〕言い付ける, 告げ口する〔*to*〕: I shall ~ your unpunctuality *to* the superiors. 君の時間にだらしないことを上役に言い付けてやる. **5** [~ *oneself* で] **a** 〔当局・上役に〕到着などを報じる[届ける]〔*to*〕. **b** 出頭する.
— *vi.* **1** 伝える; 報告する; 報告書を作成[提出]する〔*of, on, upon*〕: ~ *on* the condition of the crops 作柄報告をする / He ~*s* well *of* the prospects. 前途有望だと報告している / The matter is badly ~*ed of*. その事件は悪意に報告されている. **2** 〈新聞記者が〉〔新聞などのために〕探訪する, 報道する, 通信する; 〔新聞の〕通信員を勤める〔*for*〕: ~ *for* a newspaper. **3 a** 所在[行動]を〔当局に〕報告する[届ける]; 出頭する〔*to, at*〕: ~ *to* the police 警察に所在を報告する, 警察に出頭する / ~ *for* duty [work] 出勤する / ~ *to* [*at*] the office 事務所に出頭する. **b** 〔上役・監督などに対して〕責任を負う, 〔...に〕指揮[監督]される, 〔...の〕直属である〔*to*〕: We ~ (direct) *to* him here. ここでは我々の直接の上役は彼である.
report out〘政治〙〈法案審議委員会が〉〈委託案件を〉修正条項付きで討論と投票のために本会議に戻す.
— *n.* **1** (調査・研究後の, 通例詳細な)報告(書): a ~ *on* a new discovery 新発見に関する報告 / make a ~ 報告をする / a news ~ 報道 / ⇨ weather report / a ~ *on* the condition of the crops 作柄報告. **2** 公の報告, 公報. **3 a** (新聞などの)報道, 記事, レポート: a newspaper ~ 新聞報道[記事]. **b** (講演・討論などの)記録, 速記; (議会の)議事録. **c**〘議会〙(総会への)委員会報告. **4** 成績通告表, 通知表: The boy has had a bad ~ this term. あの子は今学期は通知表[成績]が悪かった. **5 a** うわさ, 風評: as ~ has it [goes] うわさによると / idle ~*s* くだらない風説 / a matter of common ~ だれでも知っているうわさ / The ~ goes [runs, has it] *that* ...というううわさである, 風説によれば...だ / Mere ~ is not enough to go upon. うわさばかりではそれを根拠に行動するわけに行かない. **b** 世評, 評判: things of good [ill] ~ 好評[不評判]のもの / through good and evil ~ 評判の善悪[毀誉褒貶(きよほうへん)]にかかわらず (cf. *2 Cor.* 6 : 8). **6** (鉄砲などの)どんという音, とどろき, 爆音: The rifle went off with a loud ~. 鉄砲がずどんという音を立てて発射された. **7**〘法律〙 **a** 判決文; 判決理由書《審理した訴訟の事実およびそれを裁定した法廷または類似の行政機関の判決[決定]および意見の報告書》. **b** [通例 *pl.*] 判例集, 判決録.
on report (規則違反などで)出頭を命じられて.
Report to the Nation「国民への報告」《英国政府が2週間ごとに一流新聞に発表する経済・時事問題などの情報》.

re·port·a·ble [rɪpɔ́ətəbl̩, rə-, -póət- | -pɔ́:t-] *adj.* **1** 報告[報道]できる[してもよい]; 報告[報道]価値がある. **2** 〈病気・所得など〉申告の義務のある: a ~ income 要申告所得.

re·port·age 〖□F ~ 'reporting': ⇨ report, -age〗 — *n.* **1** [rɪpɔ́ətɪdʒ, rə-, -póə- | -pɔ́:t-] (ニュースの)報道, 報道活動[技術]. **2** [rèpətá:ʒ, -pɔə- | rèpɔ:-; *F.* rəpɔrta:ʒ] **a** [集合的] 報道記事, ルポルタージュ《現地報告・探訪記など; 録音構成によるラジオの報道番組をいうこともある》. **b** 実録, 報告文学, 記録文学.

repórt càrd *n.* 《米》(学童・生徒の)成績表, 通知表.

re·pórt·ed·ly [-tɪdli, -ṭəd- | -tɪdlɪ, -təd-] *adv.* 伝えられる所によれば, うわさでは: a ~ haunted room うわさによると幽霊の出る部屋.

re·pórt·ed spéech [-tɪd-, -ṭəd- | -tɪd-, -təd-] *n.*〘文法〙間接話法 (indirect discourse); (直接話法における)伝達内容, 被伝達部.

re·pórt·er [-ṭə | -tə(r)] 〖《(*c*1387–95)》 □ OF *reporteur* (F *rapporteur*): ⇨ report, -er¹〗 — *n.* **1** 報告者, 報道係, 申告者. **2** (新聞・雑誌・ラジオ・テレビの)報道員, 探訪[取材]記者, レポーター: a TV ~ / a ~ *for The Times* タイムズ紙記者 / a political [police] ~ 政治[警察詰め]記者. **3** 判例集執筆者, (裁判所)書記官; 議事速記者. **4**《古》ピストル.

re·pórt·ing pày [-ṭɪŋ- | -tɪŋ-] *n.*〘労働〙無工事給《出勤しても仕事がなかった労働者に支払われる最低保障賃金; call-in pay ともいう》.

rep·or·to·ri·al [rèpətɔ́:riəl, rì:p-, -pə-, -pɔə-, -poə-, -tɔ́:r- | -pɔ:tɔ́:r-, -pə:-] 〖← REPORT(ER) + -ORIAL〗 — *adj.* 《米》**1** 報告者の; 探訪記者の, 探訪員の; 記録係の, 速記者の. **2** 報告の, 報告的な; 記録の, 記録的な. **~·ly** *adv.*

repórt stàge *n.*〘英議会〙報告審議《法案審議・委員会の結果を委員長が本会議に報告し, それに基づいて審議すること; この後が第三読会 (third reading)》.

re·pos·al [rɪpóuzəl, rə-, -zl | -páu-] 〖⇨↓, -al²〗 *n.* (信頼・信用などを)置くこと: the ~ of a trust *in* another 他の人を信頼すること.

re·pose¹ [rɪpóuz, rə- | -páuz] 〖《(*c*1450)》 *repose(n)* (DEPOSE との類推から) ← RE- (A) + F *poser* to place (⇨ pose¹)〗 — *vt.* **1** 〈信用・信頼・希望などを〉置く, かける〔*in*〕: ~ trust *in* another [*in* promises] 他人[約束]を信頼する / ~ one's faith *in* God 神を信じる. **2** 〈力・管理などを〉〔...の管理・処理に〕ゆだねる, 任す〔*in*〕. **3**《古》預ける, 委託する.

re·pose² [rɪpóuz, rə- | -páuz] 〖《(*a*1470)》 □ (O)F *reposer* < LL *repausāre* ← RE- (A) + *pausāre* 'to PAUSE': 意味は REPOSE¹ に影響された〗 — *vt.* **1** [しばしば ~ *oneself* で] **a** 寝かせる, 横たえる: ~ one's head on ...に頭を横たえる / ~ *oneself* on a bed ベッドに横になる. **b** 休ませる, (休ませて)元気を回復させる. **2** 落ち着かせる. — *vi.* **1 a** 休む, 休息する, 休養する; 寝る: ~ on a bed ベッドに寝る / ~ in sleep 眠る / ~ on a bed of roses [down] 贅沢(ぜいたく)に暮らす (cf. *a* BED *of roses*). **b** 死んで横たわる, 永眠する: ~ in death 永眠する. **c** 〈土地などが〉静かに[ひそかに, かくれて]横たわる. **2** 〔土台などの上に〕載っている, 基礎を置く〔*on, upon*〕: The statue ~*s on* a pedestal. その彫像は台の上に載っている / The scheme ~*s on* a revival of trade. この計画は貿易の復興をその基礎としている / *On* the top shelf there ~*d* four hats. 一番上の棚には帽子が四つ載っていた. **3** 〈記憶などが〉いつまでもまつわる〔*on, upon*〕: My mind ~*d on* the past. 過去のことがいつまでも心から消えなかった. **4**《古》信頼する, 頼る〔*on, in*〕: His trust ~*d in* God. 彼は神を信じていた.
— *n.* **1 a** 休憩; (特に, 睡眠による)休息; 睡眠; 休養, 静養: take [seek, make] ~ 休息する. **b** 永眠, 冥福(めいふく). **2** (苦労・心配・興奮などからの)解放, 安らぎ, くつろぎ: ~ of mind 心の平静. **3 a** 平穏, 静けさ, 静寂: the ~ of the country 田舎の静けさ. **b** (活動の)休止, 静止: a volcano in ~ 休火山. **4** 落着き, 沈着, おっとりしたところ: well-bred ~ 上品な落着き / lack ~ 落着きがない. **5**〘美術〙(色彩の)落着き; まとまり.
angle of repose〘物理〙⇨ angle¹.
re·pós·er *n.*

rè-póse *vt.* **1** 再び姿勢[ポーズ]をとらせる. **2** 再び持ち出す: ~ a question. — *vi.* 再び姿勢[ポーズ]をとる.

re·pose·ful [rɪpóuzfəl, rə- | -páuz-] *adj.* **1** 平静な, 安らかな, 平穏な. **2** 落ち着いた. **~·ly** *adv.* **~·ness** *n.*

re·pós·ing ròom *n.* 霊安室《葬儀の際, 遺体を安置する部屋》.

re·pos·it [rɪpá:zɪt, rə-, -zət | -pɔ́zɪt] 〖← L *reposit-us* put back in place (p.p.) ← *repōnere* to put back: ⇨ repose¹〗 — *vt.* **1** 保存する, 貯蔵する, 預ける. **2**《まれ》元へ戻す.

re·po·si·tion [rì:pəzɪ́ʃən, rèp-] 〖□LL *repositiō(n-)*: ⇨↑, -ition〗 — *n.* **1** 貯蔵, 保存, 保管. **2**〘外科〙(骨などの)整復(法); (ヘルニアなどの)還納(法).
— *vt.* **1** ...の位置を変える. **2**〘外科〙整復する; 還納する.

re·pos·i·to·ry [rɪpá:zətɔ̀:ri, rə-, -tò:ri | -pɔ́zɪt(ə)rɪ] 〖《(1485)》□F《廃》*repositoire* ∥ L *repositōri-um* storehouse ← *repositus*: ⇨ reposit, -ory²〗 — *n.* **1 a** (貯蔵用)容器. **b** 貯蔵所; 納戸(なんど), 物置. **c** 地下埋葬室 (vault); 墓所. **2** 博物館, 倉庫, 商店, ショールーム(など). **3 a** (資源の)宝庫. **b** (知識などの)宝庫: He is a ~ of learning. 彼は学問の宝庫だ《博学だ》/ The book is a ~ of valuable information. この本には貴重な事柄がたくさん書いてある. **4** (秘密などを)打ち明けられる人, 信頼される人: He was the only ~ of all her secrets. 彼こそ彼女が秘密を打ち明けられる唯一の相手だった. — *adj.* 〈薬剤が〉持効性の《徐々に吸収され効果が持続する性質の》.

rè·posséss 〖《(15C)》〗 — *vt.* **1 a** 〈奪われたものなどを〉回復する, 取り返す. **b** (月賦の払えない買手から)〈商品を〉取り返す. **2**《まれ》〈人〉に取り返させる, 回復してやる: be ~*ed in* a title to land 土地所有権を回復する / ~ oneself *of* ...を取り返す, 回復する, 再び自分のものにする. **rè·posséssion** *n.*

re·post [rɪpóust, rə- | -páust] *n.*, *vi.* =riposte.

rè·pót *vt.* 別の鉢[大鉢]に植え替える.

re·pous·sage [rɪpu:sá:ʒ, rə-; *F.* rəpusa:ʒ] 〖□F ~: ⇨↓, -age〗 — *n.*〘美術〙**1** (金属細工で)打ち出し細工の技術[過程] (⇨ repoussé). **2** エッチングや写真腐食製版の版のへこみを裏から軽く打ち出して平らにすること.

re·pous·sé [rɪpu:séɪ, rə-, ─ ─ ˊ | rəpú:seɪ, rɪ-; *F.* rəpuse] 〖《(1852)》□F ~ (p.p.) ← *repousser* ← RE- + *pousser* 'to PUSH'〗〘美術〙 — *adj.* (金属細工で)裏から打ち出した, 打出し細工の, ルプッセの: ~ work 打出し細工品. — *n.* 打出し細工; 打出し[ルプッセ]装飾.

re·pous·soir [rəpu:swá:ə, rɪ- | -swá:(r; *F.* rəpuswa:r] 〖□F ~ ← *repousser* (↑): cf. -ory¹〗 — *n.*〘絵画〙ルプッソアル《絵のコントラスト・深みの効果・情景の奥行の印象を強めるため前景に描かれる人物[物体]》.

rè·pówer *vt.* **1** 〈人・動物・物など〉に再び力を与える. **2** 〈船など〉に新しい発動機を取り付ける. — *vi.* **1** 再び力を与える. **2** 発動機の付け替えを行なう.

repp [rép] *n.* =rep¹.

repped [répt] *adj.* うね織りの, 横うねのある.

repr. 《略》represent; representative; represented; representing; reprint; reprinted.

rep·re·hend [rèprɪhénd, -rə-] 〖《(*c*1340)》□L *reprehend-ere* ← RE- (A) + *prehendere* to seize〗 *vt.* 〈人・行動を〉しかる, とがめる, 責める, 非難する.

rep·re·hen·si·ble [rèprɪhénsəbl̩, -rə- | -sə-, -sɪ-] 〖《(*c*1390)》□LL *reprehensibil-is* ← *reprehensus* (p.p.) ← *reprehendere* (↑): ⇨ -ible〗 — *adj.* とがむべき, しかるべき, 責むべき, 非難すべき, 不都合な, 不埒(ふらち)な. **rèp·re·hèn·si·bíl·i·ty** [-səbílət̬i | -sɪbílətɪ, -sə-, -lɪ-] *n.* **~·ness** *n.* **rèp·re·hén·si·bly** *adv.*

rep·re·hen·sion [rèprɪhénʃən, -rə-] 〖《(*c*1385)》□L *reprehensiō(n-)*: ⇨ reprehend, -sion〗 *n.* 叱責(しっせき), 譴責(けんせき), 非難.

rep·re·hen·sive [rèprɪhénsɪv, -rə-] 〖⇨↑, -ive〗 *adj.* 非難する, 譴責する. **~·ly** *adv.*

rep·re·sent [rèprɪzént, -rə-] 〖《(1375)》 *represente(n)* □ (O)F *représent-er* ∥ L *repraesent-āre* ← RE- (A) + *praesentāre* 'to PRESENT²'〗 — *vt.* **1** (説明によって)はっきりと思い浮かばせる, 理解させる, 言って聞かせる: I can only ~ it to you by metaphors. ただ比喩をもって説明できるだけだ / It would be useless to ~ these things to him. こんなことを彼に言って聞かせてもむだだろう. **2 a** (文字・記号などで)表わす, 表現する: ~ intensity by symbols 記号で強度を表わす. **b** (絵画・彫刻・音楽などで)表現する, 表わす, 描き出す, 描写する, 描く: The picture ~*s* the murder of Abel. この絵はアベルの殺される所を描いたものだ / The prince is ~*ed* in hunting costume. 王子は狩猟姿で描かれている. **c** (言葉で)表わす, 表現する, 叙述する: ~ ideas by words 観念を言葉で表わす / ~ one's thought 思想を表現する. **3 a** かたどる, 象徴する, 意味する: The stars in the American flag ~

the States. 米国の旗の星は州を象徴している / The sovereign ~*s* the majesty of the State. 君主は国家の尊厳を象徴する. **b** 意味する, 意義がある: It ~*s* very little to me. それは私にはほとんど意味がない / His excuses ~*ed* nothing to me. 彼の言い訳は私には無意味だった. **4 a** 〈言語・文章などによって〉(…として)描く〔*as*〕; 〈…であると〉述べる 〈*to be*〉: Macaulay ~*s* King Charles *as* a faithless fanatic. マコーレーはチャールズ王を不信心な熱狂者だと書いている / He ~*ed* himself *to be* starving. 彼は飢えかけていると言った / ~ oneself *as* …であると称する[触れこむ, 偽る] / I am not what you ~ me *to be*. 私は君が言っているような者ではない / They ~*ed* him *as* the chief conspirator. 彼らは彼を陰謀の主謀者だとした. **b** (抗議を目的で)〈…だと〉言う, 主張する, 断言する 〈*that*〉: He ~*ed that* his salary was inadequate. 俸給が不足だと言った. **5** (想像によって心に)描き出す, 考える, 想像する: ~ something to oneself あるものを思い描く, 想像する / Can you ~ infinity to yourself? 君は無限ということが想像できるか. **6 a** 〈劇などを〉演じる, 上演する: ~ a play 劇を上演する. **b** …に扮(ふん)する, …の役を勤める: ~ Othello オセロの役を勤める. **7 a** …の標本[一例]である, の代表として出ている, 代表している: Every class was ~*ed* at the meeting. その会合にはあらゆる階級の代表者が出ていた / A dozen nationalities were ~*ed* in the steerage. 三等船室には12か国の人たちがいた / a union ~*ing* 3,600 clerks 3,600人の組合員を擁(よう)する組合. **b** 代理する, 名代に立つ, 代表する: An attorney ~*s* his client. 弁護士はその依頼人の代理をする / ~ Japan at a conference 日本を代表して会議に出席する. **8 a** 〈選挙民・選挙区を〉代表して国会議員となる, …選出の代議士である: He ~*s* Bristol. 彼はブリストル選出代議士である / members ~*ing* urban constituencies 都市選出議員. **b** [Passive で] 代表者[代議士]を出している: The State was ~*ed* by three Republicans. その州は3人の共和党員を議員に出していた. **9** …に相当する, 該当する: The civilization of the Bushman pretty nearly ~*s* that of primitive man. ブッシュマン族の文明はほぼ原始人のそれに相当する. **~·er** [-ṭə | -tə(r)] *n.*

rè·presént *vt.* **1** 再び贈る[進呈する]; 再び差し出す. **2** 〈劇などを〉再演する. **rè·presentátion** *n.*

rep·re·sent·a·ble [rèprɪzéntəbl̩, -rə- | -tə-] *adj.* **1** 説明できる. **2** 描き出される, 表現できる. **3** 上演できる. **4** 象徴できる, 示される. **5** 代表[代理]できる.

rep·re·sen·ta·tion [rèprɪzentéɪʃən, -rə-, -zən-] 〖(c1425) ◻ (O)F *représentation* ∥ L *repraesentātiō(n-)*: ⇨ represent, -ation〗 — *n.* **1 a** (絵画・彫刻などによる)表現, 描写, 描出: the ~ of movement 運動の描出. **b** (印・符号などによって)表わすこと, 表示; 記号, 表象: a symbolic ~ 象徴 / a phonetic ~ 発音の表示, 発音表記. **2 a** [しばしば *pl.*] (言葉による)描写, 説明, 陳述; 主張, 断言. **b** 申し入れ, 陳情, 建議, 抗議: make a ~ to [against] …に陳情[抗議]する / on a false ~ 偽って, 虚偽の申し立てをして. **3 a** 想像(力), 概念作用, 概念力. **b** 〖心理〗 表象. **4** 演出; 上演; 演劇. **5 a** 代表[代理]となること; 代表され(てい)ること; 代表者を出すこと. **b** [集合的] 被選出者, 代表者. **c** 選挙区民代表; 代議制度; 代議士[代議員]選出権, 代議権: vocational ~ 職能代表(制) / proportional ~ 比例代表(制) (略 P.R.) / regional ~ 地域代表(制) / ⇨ functional representation / No taxation without ~. 代議権なければ納税義務なし. **d** [集合的] (同一選挙区などの)議員団: demand ~ on the governing board 管理委員会に代表者を入れることを要求する. **6** 肖像(画), 似顔, 彫像, 絵画: be ornamented with a ~ of a bird of paradise 極楽鳥の彫刻[絵画]で飾ってある. **7** 〖外交〗 国家代表(行為); 国家を代表しての発言. **8** 〖法律〗 **a** 代襲相続, 承祖相続 《遺言を残さないで死亡した際, 決定相続人が既に死亡している時はその相続人の子孫が相続分を継承すること》. **b** (意思や意見の)表示.

rèp·re·sen·tá·tion·al [-ʃənl̩, -ʃnəl] *adj.* **1** 再現的な, 描写的な. **2** 〖美術〗 (抽象美術 (abstract art) に対して)具象的な, 具象主義の (↔ abstract): ~ art 具象美術. **~·ly** *adv.*

rèp·re·sen·tá·tion·al·ìsm [-ʃ(ə)nəlɪzm̩] *n.* **1** 〖哲学〗 表象主義 《心の直接の対象は観念・表象・現象であり, 後者はそれ自体は認識できない外的実体, 物自体の写像であると考える立場; representationism, representative realism ともいう; cf. idealism 1, phenomenalism 1》. **2** 〖芸術〗 =representative art. **rèp·re·sen·tá·tion·al·ist** [-lɪst, -ləst | -lɪst] *n.*

rèp·re·sen·tá·tion·ìsm [-ʃənɪzm] *n.* 〖哲学〗 =representationalism 1. **rèp·re·sen·tá·tion·ist** [-ʃ(ə)nɪst, -nəst | -nɪst] *n.*

rep·re·sen·ta·tive [rèprɪzéntəṭɪv, -rə- | -tət-] 〖(c1385) ◻ (O)F *représentatif* ∥ ML *repraesentātīvus*: ⇨ represent, -ative〗 — *adj.* **1** (…を)描写する, 表現する, 象徴する〔*of*〕: a painting ~ *of* rural life 田園生活を描いた絵. **2** 観念を心に起こさせる, 象徴的な, 表象的な (cf. presentive): a ~ faculty 表象的能力. **3** 代表的な, 典型的な; 〔…を〕代表している〔*of*〕: a ~ selection of American poetry アメリカ詩代表作選集 / a ~ scientist 典型的な科学者 / The exhibition is ~ *of* modern French art. その展覧会は現代フランス美術を代表している. **4** 代理する, 代理の, 代表の; (国民を代表して)政治・立法に参与する; 代議制の: in a ~ capacity 代表の資格で / a ~ body 代表団 / a meeting of ~ men 代表者の会合 / a ~ chamber [house] 代議院 / ~ government 代議政治[政体] / the ~ system 代議制. **5** 〖哲学〗 表象主義 (representationalism) の. **6** 〖芸術〗 具象(主義)の, 具象派の 《対象を模倣あるいは再現する》. **7** 〖生物〗 (他の地方などの)他の種属に相当[類似]する: The Spanish fighting bulls are ~ survivors of the extinct aurochs. スペインの闘牛は絶滅した野牛に相当する残存物である.
— *n.* **1** 代表するもの, 見本, 標本, 典型: a ~ of the national character 国民性の典型. **2 a** 代表(者) (delegate); 使節, (在外)使臣: a diplomatic ~ 外交官. **b** [R-] 国会議員, 代議士; (米国の)下院議員: ⇨ House of Representatives. **c** 代理人: a legal [personal] ~ 遺言執行者, 破産管財人 / a real [natural] ~ 家系相続人. **d** (商事会社などの)外交員. **~·ly** *adv.* **~·ness** *n.* **rep·re·sen·ta·tiv·i·ty** [rèprɪzèntətívəṭi, -rə- | -tətívətɪ, -vɪ-] *n.*

represéntative árt *n.* 〖芸術〗 自然模写芸術 《真実, 特に自然や生物をありのままに描写する芸術》.

represéntative demócracy *n.* 〖政治〗 代議[間接, 代表]民主制[主義].

represéntative péer *n.* 〖英政治〗 貴族代表議員 《スコットランド・アイルランドで他の貴族を代表して貴族院に議席をもつ選出議員》.

represéntative réalism *n.* 〖哲学〗 =representationalism 1.

rèp·re·sént·ed spéech [-tɪd-, -ṭəd- | -tɪd-, -təd-] *n.* 〖文法〗 描出話法 《直接話法と間接話法との中間的性質をもった話法》.

re·press [rɪprés, rə-] 〖(c1385) *represse(n)* ← L *repressus* (p.p.) ← *reprimere* ← RE- (A)+*premere* 'to PRESS¹'〗 — *vt.* **1** 〈暴動・暴徒などを〉抑圧する, 鎮圧する; 屈服させる, おとなしく従わせる: ~ a disturbance, riot, etc. **2** 〈欲望・感情などを〉抑える, 抑制する; 〈行動・涙・怒り・笑いなどを〉こらえる, 我慢する, 止める: ~ a desire to sneeze くしゃみをしたいのをこらえる / I could not ~ a smile [giggle]. 思わずにっこりしてしまった[くすくす笑ってしまった]. **3** 〖精神分析〗 〈欲求・衝動・不愉快な考えなどを〉抑圧する. **4** 〖生物〗 〈遺伝子を〉抑える, 抑制する: ~ a gene.

rè·préss *vt.* 再び押す, 再び緊(し)める; (特に)〈レコード〉の原版から新しいレコードを複製する, 再プレスする: ~ a record.

re·préssed *adj.* **1** 抑圧[鎮圧, 抑制]された. **2** 抑制に原因する.

re·préss·er 〖(15C)〗 *n.* 鎮圧者, 制止者.

re·press·i·ble [rɪprésəbl̩, rə-|-sə-, -sɪ-] *adj.* **1** 鎮圧[制止, 抑制]できる. **2** 〖生物〗 抑制される 《酵素の活性がその生産物により抑制されることにいう》. **re·prèss·i·bíl·i·ty** [-səbíləṭi, -sɪbílətɪ, -sə-, -lɪ-] *n.*

re·pres·sion [rɪpréʃən, rə-] 〖(c1385) ◻ LL *repressiō(n-)*: ⇨ repress, -sion〗 — *n.* **1** 鎮圧, 圧服, 制止, 抑制〔*of*〕: ~ *of* Christians キリスト教徒抑圧. **2** 〖心理〗 抑圧 《罪の感じ・不安などを引き起こす恐れのある無意識の観念や欲求を意識に昇らせないようにする防衛機制; cf. inhibition 2 a, defense mechanism 2, suppression 4》. **~·ist** [-ʃ(ə)nɪst, -nəst | -nɪst] *n.*

re·pres·sive [rɪprésɪv, rə-] *adj.* 制止する, 抑圧的な, 鎮圧する: in a ~ voice 威圧的な声で. **~·ly** *adv.* **~·ness** *n.*

re·prés·sor 〖◻ L ~: ⇨ repress, -or²〗 — *n.* **1** =represser. **2** 〖生物〗 リプレッサー, 抑制(因)子 《オペレーター (operator) の行動を抑制する働きをする物質; cf. inducer 2》.

re·priev·al [rɪprí:vəl, rə-] *n.* 《古》 =reprieve.

re·prieve [rɪprí:v, rə-] 〖(1494) ← AF & OF *repris*: ⇨ reprise〗 — *vt.* **1** …の刑の執行を延期する, (特に)〈死刑囚〉の刑の執行を延期する. **2** 〔…から〕一時的に救う[楽にする, 軽減する]〔*from*〕. — *n.* **1 a** (刑の)執行延期; (特に)死刑執行延期. **b** 執行延期令状. **2** 一時的救済, 当座のしのぎ, 一時のがれ, 猶予. **re·priev·a·ble** [-vəbl̩] *adj.*

rep·ri·mand 〖(1636) ◻ F *réprimande* ← *réprimer* ◻ Sp. *reprimenda* ◻ L ← *reprimere* 'to REPRESS'〗 — [réprəmæ̀nd | -rɪmɑ̀:nd] *n.* 非難, 叱責(しっせき); (特に, 職権をもって行なう公式の)譴責(けんせき), 戒告, 懲戒: administer a ~ 譴責[戒告]する. — [ˊ–ˋ, ˋ–ˊ] *vt.* 譴責[戒告]する, 懲戒する; 厳しく叱る〔*for*〕.

re·print 〖(1551)〗 — [ˋˊ] *vt.* **1** 複刻[翻刻]する; 再刊する; 再び刷る. **2** 〈同一版を〉増刷する. — [ˊˋ, ˋˊ] *n.* **1** リプリント, 複刻版, 翻刻; 再刊. **2** (同一版の)増刷, 再刷, 重版 (new impression; cf. new EDITION); 増刷[重版]部数. **3** (論文などの)抜刷り (offprint). **4** 〖郵趣〗 **a** (初版の切手が使用停止になったあと)収集家のため再版された切手 《刷色を変えたり無目付にされることが多い》. **b** (初版の切手が売切れ)収集家のため再版された切手 《同じ原版を使い区別しにくいものもある》. **c** (英連邦で)通用している普通切手の増刷. **re·prínt·er** *n.*

re·pris·al [rɪpráɪzəl, rə-, -zl̩] 〖(1447) *reprisail* ◻ AF *reprisaille* ← F *repris(e)* taken back: ⇨ ↓, -al²〗 — *n.* **1 a** 仕返し, 報復; 報復手段: ~ measures 報復措置 / make ~(s) 仕返しする, 報復する / in ~ for …の報復として. **b** 報復行為. **2** (国家による)報復的強奪 《報復的に敵国の人間・財産を強奪すること; cf. retortion 2》.

letters of reprisal ⇨ letter².

re·prise [rɪprí:z, rə-; *F.* rəpri:z] 〖(a1393) ◻ (O)F ~ ← *repris* (p.p.) ← *reprendre* < L *reprehendere* 'to REPREHEND'〗 — *n.* **1** [-prí:z, -práɪz] [通例 *pl.*] 〖英法〗 所有地[地所]からの毎年の支払い 《借地料 (rent charge, rent seck), 年金など》: beyond [besides, above] ~*s* 借地料その他の支払い後に(残る). **2** 〖音楽〗 **a** ルプリーズ 《17世紀フランス音楽で, 二部形式による作品の第二部》. **b** (ソナタ形式で)提示部の反復; 再現部 (recapitulation). **c** 反復奏 (repetition). **3** (音楽のプログラムの中で)繰り返される曲目. **4** 〖フェンシング〗 防御の姿勢に戻ってから行なう新攻撃. — *vt.* **1** 繰り返して演奏[上演]する. **2** [-prí:z, -práɪz] 《古》 取り戻す. **3** [-prí:z, -práɪz] 《古》 償う.

re·pris·ti·nate [rɪ:prístənèɪt | -tɪ-] *vt.* 元の状態に戻す. **re·pris·ti·na·tion** [rɪ:prìstənéɪʃən | -tɪ-] *n.*

re·pro [rí:proʊ | -prəʊ] 〖《略》 ← REPRODUCTION〗 *n.* (*pl.* **~s**) 〖印刷〗 =reproduction proof.

re·proach [rɪpróʊtʃ, rə- | -práʊtʃ] 〖v.: (c1489) ◻ OF *reproch-ier* (F *reprocher*) < VL **repropiāre* 《原義》 to bring back near ← RE- (A)+*prope* near (cf. proximate). — n.: (c1420) ◻ (O)F *reproche* ← (v.)〗 — *vt.* **1 a** 〈人を〉責める, とがめる; 〈行為などを〉非難する, 攻撃する〔*for*〕: ~ a person *for* ingratitude 人の忘恩を責める / His eyes ~ me. 彼は目で私をとがめている. **b** 〈人を〉叱る, 叱責する〔*with*〕: ~ a person *with* his reckless folly 人の向こう見ずの愚行を叱る. **2** 《まれ》 …の体面を傷つける, の不名誉[名折れ]になる: ~ a person [a person's character] 人の体面[人格]を傷つける. — *n.* **1 a** 叱責(しっせき); とがめ, 非難: a term of ~ 非難[侮蔑]の言葉 / above [beyond] ~ 非の打ちどころのない, 申し分のない[なく] / without fear and ~ ⇨ sans peur et sans reproche / the mute ~ in a person's eyes 人の目に感じられる無言の非難 / abstain from ~ 叱責を控える / feel a ~ in a person's tone 人の口調に非難がこもっているのを感じる. **b** 叱責[非難]の言葉, 小言(こごと): heap ~*es* on …を散々しかる[非難する]. **2** 不名誉(の種), 恥辱, 不面目, 名折れ: bring [draw] ~ on [upon] …の恥辱となる, の顔に泥を塗る / The state of the roads is a ~ to civilization. 道路がこんな状態にあるのは文明の恥だ / wipe away a ~ 恥辱をそそぐ / She lived in ~ and ignominy. 彼女は恥辱と不面目の生活を送った. **3** 《廃》 非難[侮蔑]の的: I will make thee a ~ among the nations. 我なんじの周囲の国々の中(うち)になんじを物笑いとなすべし (*Ezek.* 5:14). **4** [the Reproaches] 〖カトリック・英国国教会〗 聖金曜日 (Good Friday) に唱える交唱聖歌, インプロペリア 《内容は不信仰の民をとがめるキリストの言葉》. **~·er** *n.*

re·proach·a·ble [rɪpróʊtʃəbl̩, rə- | -práʊtʃ-] *adj.* 責むべき, とがむべき, 非難すべき. **~·ness** *n.* **re·próach·a·bly** *adv.*

re·proach·ful [rɪpróʊtʃfəl, rə- | -práʊtʃ-] *adj.* **1** 叱責(しっせき)[非難]を表わした, 責めるような, 非難がましい: a ~ speech [letter, glance, look] 非難がましい言葉[手紙, 目つき, 顔つき]. **2** 《古》 恥ずべき, 面目ない, 非難すべき: a ~ life 恥ずべき生活. **~·ly** *adv.* **~·ness** *n.*

re·próach·ing *adj.* 小言がましい, 非難する(ような). **~·ly** *adv.*

repróach·less *adj.* 非の打ち所がない, 申し分のない.

rep·ro·ba·cy [réprəbəsi | -rə(ʊ)bəsi] 〖← REPROBA(TE)+-CY〗 *n.* 神に見捨てられた状態.

rep·ro·bance [réprəbəns | -rə(ʊ)-] 〖← REPROB(ATE)+-ANCE〗 *n.* 《古》 =reprobation.

rep·ro·bate 〖(1432–50) ◻ LL *reprobāt-us* (p.p.) ← *reprobāre*: ⇨ reprove, -ate¹,²,³〗 — [réprəbèɪt, -bət, -bɪt | -rə(ʊ)-] *adj.* **1 a** 神に見捨てられた, 救済できない. **b** [the ~; 名詞的に; 複数扱い] 神に見放されて救いにあずからない人々 (cf. elect *n.* 2, chosen 3). **2 a** 邪悪な, 放埒(ほうらつ)な, 堕落した: a ~ character, person, etc. **b** 堕落者(特有)の. **3** 《古》 無価値[劣等, 不純]であるとされた: ~ silver 捨てられし銀 (*Jer.* 6:30). **4** 非難の[を表わす]. — [-bèɪt, -bət, -bɪt] *n.* **1** 神に見捨てられた罪の深い人. **2** 堕落者, 無頼漢: a drunken ~ 飲んだくれのならず者. — [-bèɪt] *vt.* **1** とがめる, 非難する. **2 a** 退ける, 排斥する, 拒絶する. **b** 〈神が〉見捨てる, 見放す; 救いにあずからせない, 済度しない.

rep·ro·ba·tion [rèprəbéɪʃən | -rə(ʊ)-] 〖(1436) ◻ (O)F *réprobation* ∥ LL *reprobātiō(n-)*: ⇨ ↑, -ation〗 — *n.* **1** 非難, 叱責(しっせき): meet with general ~ 一般の非難を買う. **2** 排斥, 排撃: ~ against a person, thing, etc. **3** 〖神学〗 永罰, (永遠の)定罪[断罪] (cf. election 4).

rep·ro·ba·tive [réprəbèɪṭɪv | -rə(ʊ)bèɪt-] *adj.* 非難するような, とがめ立てする. **~·ly** *adv.*

rep·ro·ba·to·ry [réprəbətɔ̀:ri, -tòːri | -rə(ʊ)bèɪtəri] *adj.* =reprobative.

rè·prócess *vt.* **1** 〈廃品などを〉再加工する, 再生する. **2** 〈核燃料などを〉再処理する.

rè·prócessed *adj.* 再加工した; (特に)ラシャの裁ちくずなどをほどいて再び紡いだ, 再生毛の: ~ wool.

re·pro·duce [rì:prəd(j)ú:s | -djú:s] 〖(1611) ← RE-+PRODUCE: cf. F *reproduire*〗 — *vt.* **1** 再生させる, 再現する, 再び造る: Lobsters are able to ~ claws when these are torn off. ウミザリガニははさみを切り取られても再生することができる. **2 a** …の写しを作る, 模写[模造]する, 複写[複製]する, 書写する: ~ a work of art [a photograph] 美術品を模造する[写真を

複写する]. **b** 〈音・音楽・人の声などを〉再生する：～ a voice on the tape recorder テープレコーダーで声を再生する. **c** (擬音などで)〈波・雷鳴など〉の効果[感じ]を出す, に似た音を出す. **3** 再び世に出す, 再演する, 再刊する：～ a play [novel] 劇[小説]を再上演[再刊]する. **4** 再現する；心にはっきりと思い浮かべる：～ the social conditions of prewar days 戦前の社会状態を再現する / ～ a past scene 過ぎ去った情景を思い浮かべる. **5**〘生物〙産む, 繁殖させる：～ offspring [one's kind] 子孫[同類]を繁殖させる / ～ oneself 生殖する, 繁殖する. **6**〘経済〙再生産する. ── *vi.* **1** 生殖する, 繁殖する. **2** 複写[複製]できる：～ well うまく複写ができ(てい)る. **rè·pro·dúc·er** *n.*

re·pro·duc·i·ble [rìːprəd(j)úːsəbl̩ | -djúːsə-, -sɪ-] *adj.* **1** 再生[再現]できる. **2** 複写[複製, 模造]できる. **3** 繁殖させうる. **rè·pro·dùc·i·bíl·i·ty** [-səbíləṭi | -sɪbílətɪ, -sə-, -lɪ-] *n.* **rè·pro·dúc·i·bly** *adv.*

re·pro·duc·tion [rìːprədʌ́kʃən] 〘《1659》← REPRODUCE＋-TION〙 ── *n.* **1** 再生, 再現, 再建, 再構成：the ～ of thunder 雷鳴の再生(効果). **2** 写し, 模写, 複写(物), 複刻(物), 翻刻(物), 複製, 模造(物)；転載(物). **3** 再刊；再演. **4**〘生物〙生殖(作用)：～ by division [ramification] 分裂[分枝]生殖 / ～ by gemmae 無性芽による生殖. **5**〘心理〙再生作用. **6**〘経済〙再生産. ── *attrib. adj.* 〈家具など〉古い様式を模した, …風の.

reprodúction pròof *n.*〘印刷〙清刷(きよずり)《repro または repro proof ともいう》.

re·pro·duc·tive [rìːprədʌ́ktɪv] *adj.* **1** 再生[再現]の：～ industries 再生産業. **2** 生殖の (cf. vegetative 1 b)：～ organs [functions] 生殖器[機能]. **3**〘経済〙《特にマルクス経済学で》再生産の. ── *n.*〘昆虫〙生殖型《シロアリ類における生殖性の雄と雌をいう；cf. soldier 6, worker 5》. **～·ly** *adv.* **～·ness** *n.* **re·pro·duc·tiv·i·ty** [rìːprədʌktívəṭi | -vətɪ, -vɪ-] *n.*

reprodúctive imaginátion *n.*〘心理〙再生想像.

rè·prógram〘電算機〙*vt.* 〈電算機〉のプログラムを作り直す. ── *vi.* 電算機のプログラムを作り直す.

re·prog·ra·phy [rɪprɑ́grəfi, rə- | -prɔ́grəfɪ] 〘← REPRO(DUCTION)＋-GRAPHY〙 ── *n.* (電子)複写術, リプログラフィー《写真・電子工学による本・書類などの複写術》. **re·prog·ra·pher** [rɪprɑ́grəfə, rə- | -prɔ́grəfə(r)] *n.* **re·pro·graph·ic** [rìːprəgrǽfɪk, rèp-] *adj.*

re·proof[1] [rɪprúːf, rə-] 〘《c1330》*reprove* □ OF *reprover* 'to REPROVE'：cf. proof〙 ── *n.* **1 a** とがめ立て, 叱責(しっせき), 譴責(けんせき), 非難：a glance [word] of ～ 叱責の一瞥(いちべつ)[言葉] / speak in ～ of idleness 怠惰をとがめて言う. **b** とがめの言葉, 小言：receive a ～ 小言を食う. **2**《古》論駁(ろんばく), 反駁.

rè·próof[2] *vt.* **1**〘印刷〙…の新しい校正刷をとる. **2** 〈コートなどを〉再防水する.

répro pròof *n.*〘印刷〙＝reproduction proof.

re·prov·a·ble [rɪprúːvəbl̩, rə-] 〘ME *reprouable* □ (O)F *réprouvable*：⇨ reprove, -able〙 *adj.*《廃》しかってよい, 非難すべき, 不都合な, 不埒(ふらち)な.

re·prov·al [rɪprúːvəl, rə-] *n.* ＝reproof[1].

re·prove [rɪprúːv, rə-] 〘《a1325》*reprove(n), repreve(n)* □ OF *reprov-er* (F *réprouver*) < L *reprobāre* to disapprove：⇨ reprobate：cf. prove〙 ── *vt.* **1** 〈人を〉しかる, 叱責(しっせき)する, 譴責(けんせき)する, 小言を言う, 意見する：I ～*d* him for his carelessness. 彼の不注意をしかった / ～ a person to his face 人を面責する. **2** 〈行為などを〉とがめる, 非難する：I ～*d* his carelessness. 彼の不注意をとがめた. **3**《廃》反証を挙げる, 反駁(はんばく)する. ── *vi.* 小言を言う, しかる, 責める. **re·próv·er** *n.*

re·próv·ing·ly *adv.* しかるように, 小言がましく, 非難するように.

rè·provísion *vt.* …に再び糧食を給する.

reps [réps] *n.* ＝rep[1].

rept.《略》receipt；report.

rep·tant [réptənt] 〘□ L *reptant-em* (pres.p.) ← *reptāre* (freq.) ← *rēpere* to creep〙 *adj.* **1**〘動物〙はい回る. **2**〘植物〙はう, 匍匐(ほふく)性の, 爬行(はこう)性の.

Rep·tan·ti·a [reptǽnʃiə, -ʃə, -ṭiə | -tǽnʃɪə, -tɪə] 〘← NL ～：⇨↑, -ia[2]〙 ── *n. pl.*〘動物〙歩行亜目《イセエビなど歩く型のエビ類およびヤドカリやカニを含めた総称；cf. Natantia》.

rep·tile [réptl̩, -taɪl | -taɪl] 〘《c1393》□ (O)F ～ // LL ～ (neut.) ← *reptilis* ← L *reptus* (p.p.) ← *rēpere* to creep ← IE **rēp-* (cf. repent[2])：⇨ -ile[1]〙 ── *n.* **1** 爬虫類の動物；爬行(はこう)動物《ヘビ・トカゲ・ワニ・カメなど；古くはカエル・ガマ・イモリなど両生類をも含めた》. **2** 虫けら同然の人間, 軽蔑すべき[卑劣な]人間, 意地の悪い人間. ── *adj.* **1** はい回る, 爬行する；爬行性の. **2** 卑劣な, 見下げ果てた, 意地の悪い：the ～ press (官権にへつらう)御用新聞.

Rep·til·i·a [reptíliə, -ljə | -lɪə, -ljə] 〘← NL ～ (neut. pl.) ← LL *reptilis*：⇨↑, -ia[2]〙 *n. pl.*〘動物〙爬虫綱.

rep·til·i·an [reptíliən, -ljən | -lɪən, -ljən] 〘⇨ reptile, -ian〙 ── *adj.* **1** 爬虫(はちゅう)類の[に関する]. **2 a** 爬行性の；爬虫類に似た. **b** 卑劣な, 見下げ果てた, 意地悪の. ── *n.* 爬虫類の動物.

reptílian àge *n.*〘地質〙爬虫(はちゅう)類時代《爬虫類が大発展をとげた中生代 (Mesozoic era) をいう》.

Rep·ton [réptən], **Humphry** *n.* (1752–1818) 英国の指導的な風景式造園家.

re·pub·lic [rɪpʌ́blɪk, rə-] 〘《1603》□ F *république* □ L *rēspublica* public thing ← *rēs* thing (cf. real[1])＋*publicus* 'PUBLIC'〙 ── *n.* **1 a** 共和国：the French *Republic* フランス共和国 / the Union of Soviet Socialist *Republics* ソビエト社会主義共和国連邦. **b** 共和政体 (cf. monarchy). **2** 連邦共和国《ソ連やユーゴスラビアの領土・政治上の単位》. **3** (フランスの)共和制《第一共和制 (First Republic) から第五共和制 (Fifth Republic) までの一つ》. **4** (各員を平等に見なす)…社会, …界, …壇 (cf. commonwealth 4)：the ～ of letters 文壇, 文学界. **5**《廃》国家. **6** [The R-]「国家篇」《Plato の対話篇の一つ》.

re·pub·li·can [rɪpʌ́blɪkən, rə-, -lə- | -lɪ-] 〘《1691》：⇨↑, -an[1] ∽《廃》*republical*〙 ── *adj.* **1 a** 共和国の, 共和政体の：～ government 共和政治 / a ～ system of government 共和政体. **b** 共和主義の, 共和制支持の. **c** 共和国の市民らしい[に属する]：a ～ way of thinking. **2** [R-] (米国の)共和党 (Republican Party) の. **3** 〈鳥が〉群住する. ── *n.* **1** 共和論者, 共和主義者, 共和制支持者. **2** [R-] (米国の)共和党員 (cf. democrat 2).

Repúblican Coórdinating Commìttee *n.* (米国の)共和党調整委員会《共和党員の知事, 指導的国会議員, 大統領候補などで 1965 年に設立された団体；定期的に党の政策を発表する》.

re·púb·li·can·ism [-nìzm] 〘《1689》：⇨↑, -ism〙 ── *n.* **1** 共和制度. **2** 共和主義, 共和政体論. **3** [R-] **a** (米国の)共和党の主義[政策]. **b** (米国の)共和党(員たち).

re·pub·li·can·ize [rɪpʌ́blɪkənàɪz, rə-, -lə- | -lɪ-] *vt.* **1** 共和国にする, 共和政体にする. **2** 共和主義に転向させる. **re·pub·li·can·i·za·tion** [rɪpʌ̀blɪkənɪzéɪʃən, rə-, -lə-, -nə- | -lɪkənaɪ-, -nɪ-] *n.*

Repúblican Párty *n.* [the ～] 共和党《米国の二大政党の一つ；1854–56 年に奴隷制廃止の目的で創始；cf. Democratic Party》.

Repúblican Ríver〘この近辺に住んだ Pawnee 族の部族統制の特徴にちなむ〙*n.* [the ～] 米国 Colorado 州東部に発する Kansas 川の支流 (679 km).

rè·publicátion *n.* **1** 再発布, 再発表；再発行, 再出版. **2** 再出版物, 再刊書, 翻刻書.

Repúblic Dày *n.* 共和国建国記念日《インドでは 1 月 26 日》.

rè·públish *vt.* **1** 再発布する：～ a decree 法令を再発布する. **2** 〈本を〉再刊する, 翻刻する. **3**〘法律〙〈撤回された遺言書など〉に効力を与える. **～·er** *n.*

re·pu·di·ate [rɪpjúːdièɪt, rə- | -dɪ-] 〘《1545》← L *repudiāt-us* (p.p.) ← *repudiāre* to put away (a wife), reject ← *repudium* divorce ← RE- (A)＋? *pudēre* to feel shame)：⇨ -ate[3]〙 ── *vt.* **1** (特に, 古代または非キリスト教国で)〈妻を〉振り捨てる, 離縁する. **2** 〈息子など〉と縁を切る, 放棄する：～ one's son 息子を勘当する. **3** 拒絶[謝絶, 否認]する：～ a gift 贈物を拒絶する / ～ a doctrine [one's creed, authority, treaty] 教義[信条, 権威, 条約]を否認する. **4 a** 〈要求・非難などを〉(正当でないとして)はねつける, 拒む：～ a claim [an accusation] 要求[非難]をはねつける. **b** 〈債務など〉の履行を拒む；(特に)〈国家・政府などが〉〈公債〉の支払いを拒む：～ an obligation [a public debt] 義務の履行[公債の支払い]を拒む. **re·pu·di·a·tive** [rɪpjúːdièɪṭɪv, rə- | -dɪèɪt-] *adj.* **re·pú·di·à·tor** [-ṭə | -tə(r)] *n.*

re·pu·di·a·tion [rɪpjùːdiéɪʃən, rə- | -dɪ-] 〘《1545》□ L *repudiātiō(n-)*：⇨↑, -ation〙 *n.* **1** 離婚, 離縁. **2** 絶縁；放棄. **3** 拒絶, 拒否, 否認. **4** 公債支払い拒絶, 債務履行拒否. **5**〘教会法〙(聖職者の)聖職禄の謝絶.

re·pù·di·á·tion·ist [-ʃ(ə)nɪst, -nəst | -nɪst] *n.* 国債廃棄[支払い拒絶]論者.

re·pugn [rɪpjúːn, rə-] 〘《c1380》*repugne(n)* □ (O)F *répugn-er* // L *repugn-āre* ← RE- (A)＋*pugnāre* to fight：cf. pugnacious〙 ── *vt.* **1**《古》…に反抗[抵抗]する, 反対する. **2**《廃》…と矛盾する. **3** 〈人〉に反感[嫌悪の情]を抱かせる：～ one's companions. ── *vi.*《古》反対する, 抵抗する〔*against*〕.

re·pug·nance [rɪpʌ́gnəns, rə-] 〘《c1385》□ (O)F *répugnance* // L *repugnantia*：⇨ repugnant, -ance〙 ── *n.* **1** 嫌気(いやけ), 反感, 嫌悪(けんお), 憎悪〔*to, towards, against, for*〕：feel [have] a ～ for …を嫌う / be inspired with ～ 嫌気がさす. **2** 矛盾, つじつまの合わないこと；気質が合わないこと〔*between, of, to, with*〕：a ～ *between* two theories 二つの理論の間の矛盾.

re·púg·nan·cy [-nənsi | -sɪ] *n.* ＝repugnance.

re·pug·nant [rɪpʌ́gnənt, rə-] 〘《c1385》□ (O)F ～ // L *repugnant-em* (pres.p.) ← *repugnāre*：⇨ repugn, -ant〙 ── *adj.* **1** 気に食わない, いやな, 大嫌いな, いまいましい〔*to*〕：a ～ character いやな人物 / Great exertion was ～ *to* him. 骨折り仕事は彼は大嫌いであった. **2** つじつまの合わない, 矛盾した〔*to*〕；一致しない, 不調和な〔*with*〕：a principle ～ *to* the constitutional law 憲法に反する考え方[原理]. **3**《詩》反抗する, 反感を持っている, 逆らう〔*to*〕：～ forces 相反する力. **～·ly** *adv.*

re·pulse [rɪpʌ́ls, rə-] 〘《1489》← L *repuls-us* (p.p.) ← *repellere* 'to REPEL'〙 ── *vt.* **1 a** 〈敵・攻撃などを〉追い払う, 撃退する：～ the enemy 敵を撃退する / be ～*d* by difficulties 困難にひるむ. **b** 論駁(ろんばく)する, 反駁する：～ charges [an accusation] とがめ[非難]を論駁する. **2** 〈人を〉寄せつけない, はねつける, 退ける；〈要望・言寄り・好意的態度などを〉拒否する, 謝絶する. **3** 〈人〉に不快感を与える. ── *n.* **1 a** 撃退. **b** 退却, 敗北. **2** (否認・冷遇などによる)はねつけ, ひじ鉄砲, 拒絶, 拒否：inflict a ～ はねつける, ひじ鉄砲を食わせる / meet with [suffer] (a) ～ 撃退[拒絶]される, はねつけられる.

re·pul·sion [rɪpʌ́lʃən, rə-] 〘《1412–20》□ LL *repulsiō(n-)*：⇨↑ (v.), -sion〙 ── *n.* **1** 撃退, 反駁, 拒絶, 拒否. **2** 反感, 嫌悪(けんお), 嫌気(いやけ)：feel a ～ toward(s) a person 人に嫌悪の念を抱く. **3**〘物理〙反発作用, 斥力 (↔ attraction). **4**〘医学〙(吹出物などの)消散；相反.

repúlsion-indúction mòtor *n.* 反発誘導電動機[モーター].

repúlsion mòtor *n.* 反発電動機, 反発(式)モーター.

re·pul·sive [rɪpʌ́lsɪv, rə-] 〘《1598》□ (O)F *répulsif*：⇨ repulse, -ive〙 ── *adj.* **1** 嫌悪(けんお)の情を起こさせる, いやな, 胸を悪くする, ぞっとする, むっとする：a ～ sight ぞっとする光景 / a ～ smell [taste] いやな臭い[味]. **2**《古》寄せつけない, よそよそしい；冷淡な. **3**〘物理〙はね返す, (音を)反響する；反発する：a ～ force 斥力. **～·ly** *adv.* **～·ness** *n.*

rép ùnit〘← *rep(eating) unit*〙*n.*〘数学〙レップユニット《同じ数字が続く数；例えば 11, 111, 1111 など》.

rép ùnit *n.*〘医学〙＝rep[6].

rè·púrchase *vt.* 買い戻す；再び買う. ── *n.* 買い戻し；買い戻し品. **rè·púrchaser** *n.*

rè·púrify *vt.* 元通り清浄[清潔]にする.

rep·u·ta·ble [répjuṭəbl̩ | -tə-] 〘← REPUTE＋-ABLE〙 ── *adj.* **1** 評判のよい, 令名のある, 誉れの高い；恥ずかしからぬ, 立派な, 尊敬すべき：a man of ～ character 人格高潔の士 / a ～ occupation 恥ずかしからぬ職業 / a ～ cigar 定評のある葉巻 / lead a ～ life 立派な生活をする. **2** 〈言葉など〉一流の作家によく使われる, 正用法として認められた, 標準的な. **rép·u·ta·bly** *adv.* **rèp·u·ta·bíl·i·ty** [-ṭəbíləṭi | -təbílətɪ, -lɪ-] *n.*

rep·u·ta·tion [rèpjʊtéɪʃən | -pjʊ-, -pjuː-] 〘《c1375》□ L *reputātiō(n-)* ← *reputāre*：⇨↓, -ation〙 ── *n.* **1** 評判, 世評, 声価；うわさ, 風評：people of great [small] ～ 評判の高い[大して評判でない]人々 / have [enjoy] a good [poor] ～ 評判がよい[悪い] / have a ～ for integrity [swindling, being kind] 清廉をもって[人をかたるので, 親切だというので]聞こえている / enjoy a high ～ as a man of science 科学者として令名がある / have the ～ of (being) a good physician いい医者だというので評判だ / I know his ～ with the girls. 彼が女性とかくのうわさのあることは知っている / He has the ～ of a Don Juan. 彼のドンファンぶりは有名だ. **2** 好評, 令名, 名声, 世間の信用, 徳望：a man of ～ 令名のある人, 信望のある人 / a man of worldwide ～ 世界的に有名な人 / build up [win, make] a ～ 名声を博する / ruin [lose] one's ～ by misconduct 非行によって名声を傷つける[信用を失う] / live up to one's ～ 行ないが評判通りである / As a solicitor his ～ stood very high. 弁護士としての評判はとても高かった / His recent discoveries have greatly added to his ～. 最近の発見によって彼の名声はますます上がった.

re·pute [rɪpjúːt, rə-] 〘《1432》□ (O)F *réput-er* // L *reput-āre* to reckon ← RE- (A)＋*putāre* to think (⇨ putative)〙 ── *n.* **1** (良い・悪い)評判, 世評, 声価：a man of good [bad] ～ 評判のよい[悪い]人, 信用のある[ない]人 / be in high ～ 評判がよい, 信用がある / know a person by ～ (直接でなく)うわさを聞いて人を知っている / persevere through good or ill ～ 世評などは意に留めないで耐え忍んで行く / In common ～ it was a victory. 世間の評判ではそれは勝利であった / He is a fine fellow by ～. 立派な男だという評判だ. **2** よい評判, 令名, 声望, 信望, 信用：authors of ～ 有名な[好評の]作家. **3**《廃》評価, 判断. ── *vt.* [通例 Passive で] 思う, 考える, 見なす (cf. reputed)：*be* ～*d* (to be) a millionaire 百万長者だと評判されている / He *is* ill [well, highly] ～*d*. 評判が悪い[良い] / Coriander seed *is* ～*d* to be good for flavoring gin. コエンドロの実はジンの味付けに有効だといわれている / His wealth *is* ～*d* enormous. 財産は莫大(ばくだい)だというわさだ. ★ be reputed *as* は《まれ》. ── *vi.*《廃》〔…を〕(よく・悪く)思う, 考える〔*of*〕；高く評価する.

re·pút·ed [-ṭɪd, -ṭəd | -tɪd, -təd] 〘《1549》〙 ── *adj.* **1** 評判のいい, 名声のある (famous) (cf. repute *vt.*)：Buy our ～ gin. 当方の評判のジン酒をお買い下さい / He's ～ to have a good memory. 記憶がよいので有名. **2** (実際はともかく)世間の想像する, 世にいわゆる：his ～ wealth 世評の高い彼の財産 / the ～ father of the boy その少年の父といわれる人.

re·pút·ed·ly *adv.* 世評によれば, 評判では：a ～ corrupt political boss 黒いうわさのある政界のボス.

repúted pínt *n.*《英》(酒などの) 1 パイント入りと称するびん.

req.《略》request；require；required；requisition.

reqd.《略》required.

re·quest [rɪkwést, rə-] 〘《a1338》□ OF *requeste* (F *requête*) < VL **requaesita* (things) asked for (p.p.) ← **requaerere* 'to REQUIRE'〙 ── *vt.* **1** (丁寧にまたは形式的に)願う, 請う, 求める, 要請[懇請]する：～ attention / ～ permission [a person's aid, a person's presence] 許可[援助, 出席]を懇請する / ～ a loan from a bank 銀行に貸付を頼む / We ～ the pleasure [honor] of your company at dinner. 晩餐(ばん)会にはご臨席のほどお願い申し上げます / What I ~ *of* you is that you (should) keep it in mind. 君にお願いしたいことは君がそのことを忘れずにいてほしいということです. **2** [Infinitive または *that*-clause を伴って] **a** 〈人に〉〈…するように〉求める, 願う, 頼む: I must ~ you *to* obey orders. 命令に従っていただきます / Gentlemen are ~*ed* not *to* smoke. おたばこはご遠慮下さい / He ~*ed (of)* his guests *to* sit down [*that* his guests (should) sit down]. 彼は客にどうぞおすわり下さいと言った / They ~*ed that* something (should) be done immediately. 直ちに何とかしてもらいたいと要請した / It is ~*ed that* a vote (should) be taken. 採決をしていただきます. **b** 《古》〈…させてもらうように〉頼む, 願う, 求める 〈*to* do〉: ~ *to* go / I ~*ed to* see the principal. 校長先生にお会いしたいと頼んだ. **3** 《廃》〈人〉に〔…に〕来る[行く]よう頼む〔*to*〕: I was ~*ed to* supper last night. ゆうべ夕食に招待された.

as requested 請われるままに.

— *n.* **1** 要請, 要望, 懇請: by [at] ~ 頼みに応じて, 依頼により / on ~ 申し込み[請求あり]次第 / He came at our urgent ~. 彼は私たちのたっての願いでやって来た / make (a) ~ for …を願う, 懇請する. **2** (世間一般の)需要: be much in ~ 大いに需要がある / He is in great ~ as a tutor. 彼は家庭教師として引っ張りだこだ / These goods are in [came into] great ~. この品はよく売れる[売れ出した]. **3 a** 願い事, 頼み事; 要求物, 請求物; 需要品; リクエスト曲: grant a person's ~ 人の願い事をかなえてやる / You shall have your ~. 君の願いをかなえてあげよう / I have a ~ to make of you. 君にお願いがある. **b** 懇請文, 依頼文, 請願書.

~·er *n.* **re·qués·tor** *n.*

requést nòte *n.* 《英》〘法律〙課税対象貨物陸揚許可申請書.

requést prògram *n.* 〘放送〙リクエスト番組《視聴者の希望を取入れて作る番組》.

requést stòp *n.* 乗客の要求のあった時のみ停まるバス停留所.

rè·quícken *vt.* 元通り活発にする, 再び活気づける.

Re·qui·em, re·qui·em[1] [rékwiəm, réɪk-, ríːk- | rékwɪəm, -èm] 〘(*c*1303) ▭ L ~ (acc. sing.) ← *requiēs* rest ← RE- (A)+*quiēs* rest (⇨ quiet): 死者ミサの入祭文の最初の句 *Requiem aeternam dona eis, Domine* (Grant unto them eternal rest, O Lord) の最初の語から〙 — *n.* **1** 〘カトリック〙 **a** レクイエム, 死者ミサ, 鎮魂ミサ《死者のためのミサ; Requiem [requiem] mass ともいう》. **b** レクイエム, 死者のためのミサ曲, 鎮魂ミサ曲. **2** [r-] 死者の平安を祈る歌; 悲歌, 哀歌, 挽歌(ばんか). **3** 《古》安息, 平安, 安静.

req·ui·em[2] [rékwiəm, réɪk-, ríːk- | rékwɪəm, -èm] 〘▭ F 《廃》~ 《変形》← *requin*〙 *n.* 〘魚類〙 =requin.

Réquiem máss *n.* =Requiem 1 a.

réquiem shàrk *n.* 〘魚類〙 =requin.

re·qui·es·cat [rèkwiéskɑːt, -kæt | -kwɪ-] 〘▭ L ~ 'may he rest'〙 *n.* 死者のための祈り.

re·qui·es·cat in pa·ce [rèkwiéskɑːt-ɪn-pɑ́ːkeɪ, -pɑ́ːtʃeɪ, -éskæt-ɪn-péɪsi | -kwɪéskæt-ɪn-péɪsɪ] 〘▭ L *requiēscat in pāce* may he [she] rest in peace〙 — *L.* 彼[彼女](の霊魂)が安らかならんことを, 世を去りし人に冥福(めいふく)あれかし《特に, カトリック教徒の碑銘に用いる句; 略 R.I.P.》.

re·quin [rɪkǽn, rə-] 〘▭ F ~ ← ?〙 *n.* 〘魚類〙ミズワニ科ミズワニ属 (*Pseudocarcharias*) のサメの総称《ミズワニ (*P. kamoharas*) など》.

re·quire [rɪkwáɪə, rə- | -kwáɪə(r)] 〘(1375) *requere(n)* ▭ OF *requ(i)er-* (stem) ← *requere* (F *requérir*) < VL **requaerere* = L *requīrere* ← RE- (A)+*quaerere* to seek, ask (⇨ query)〙 — *vt.* **1** (権利として, または権力によって)請求する, 要求する; 〈法・規則などが〉命じる, 命令する, (義務として)求める: He ~*d* a gift *at* my hand [*from* me]. 私から贈り物を要求した / Your presence is urgently ~*d* in Tokyo. ぜひ上京されたい / He has done all that is ~*d* by the law. 彼は法律の規定することをことごとく履行した / I will do all that is ~*d of* me. 私は求められることは何でもいたします / They ~*d* an oath *of* me. 彼らは私に誓言を求めた / He ~*d* more money *from* me. もっと金を出して欲しいと私に要求した. **2** 要する, 必要とする: Operations ~ calmness. 手術には冷静さが必要だ / The work ~*s* infinite patience. その仕事は非常な忍耐を要する / Your services will not be ~*d* after next week. 来週が終れば君の仕事はない《来てくれなくてよい》/ The fort would ~ an army to take it. この砦を占領するには一軍隊を必要とするだろう / The banquet ~*s* formal dress. この晩餐(さん)会には夜会服の着用を必要とする / He did not ~ *to* be told twice [a second telling]. 二度と言われないうちにさっさとやった / It ~*s* to be stated (for it) to be admitted at once. 即時承認が得られるよう述べ立てる必要がある / Those children ~ looking after. あの子供たちは世話をしてやる必要がある. **3 a** 〈人〉に〈…するように〉要求する, 命じる, 必要とする 〈*to* do, *that*〉: ~ him *to* account for money spent 彼に金銭の支出の説明をするように求める / Circumstances may ~ us *to* submit. 事情によっては降参しなければなるまい / The judge ~*d* me *to* give evidence. 判事が私に証言せよと命じた / They ~ (of) me *to* appear [*that* I (should) appear]. 彼らは私に出頭せよと要求する / The situation ~*s that* this (should) be done. こういう情況だからそうしなければならない. **b** 欲しい, 入用である: Will you ~ breakfast earlier than usual? いつもより早目に朝食を召し上がりますか. **4** 《英》〈…する〉必要を感じる〈*to* do〉: You do not ~ *to* get married. 別に結婚する必要はない.

— *vi.* 《古》 **1** 要求する, 命じる: do as the regulations ~ 規則の命じる通りに行なう / if circumstances ~ 事情が必要とすれば, 事情やむを得なければ. **2** 必要である, 入用である: Don't tie it more tightly than ~*s*. 必要以上に固く縛るな.

re·quíred *adj.* 〈学科が〉必修の (↔ elective): ~ courses [subjects] 必修課程[科目] / ~ reading 必読書[記事, 論文].

re·quíre·ment 〘(1530) ← REQUIRE+-MENT〙 — *n.* **1** 要求(すること). **2** 要求される[する]もの, 要件, 必要条件, 資格: meet the ~*s* of the times 時勢の要求に応じる / college entrance ~*s* 大学入学の必要条件 / the first ~ for a candidate 候補者としての第一要件 / Health is the first ~. 健康は第一の必要条件だ / A knowledge of English is among the ~*s*. 英語の知識は必要条件の一つである. **3** 必要とするもの, 必要品: My ~*s* are few and reasonable. 私が必要としている物は数も少なく無理もないものだ.

req·ui·site [rékwəzɪt, -zət | -kwɪzɪt] 〘(1472-73) ▭ L *requīsīt-us* (p.p.) ← *requīrere*: ⇨ require〙 — *adj.* (ある目的または事情で)入用な, 必要な, なくてはならない〔*to*, *for*〕: the ~ amount of …の必要額 / ~ *to* happiness 幸福には欠くことのできない / ~ *for* the purpose この目的達成に必要な / get the ~ two-thirds majority on the first ballot 1回目の投票で必要条件の3分の2以上を獲得する / Decision is a quality ~ *to* a commander. 決断力は指揮者たるものの必要条件だ / Have you the ~ patience *for* such a task? こういう仕事になくてはならない忍耐力があるか. — *n.* 必需品, 入用品, 必要物, 必要条件: indispensable ~*s* 必要条件 / traveling ~*s* 旅行必携品 / the ~*s* for a long journey 長旅に必要な品々 / ~*s* to good health 健康保持の必要条件 / Fresh air is a ~ of life. 新鮮な空気は生存になくてはならぬものだ. **~·ness** *n.*

req·ui·si·tion [rèkwəzíʃən | -kwɪ-] 〘(1503) ▭ (O)F *réquisition* ∥ L *requīsītiō(n-)* inquiry: ⇨ ↑, -tion〙 — *n.* **1 a** (権利・権力などによる, 通例文書の)要求, 請求, 強請, 命令: on the ~ of …の要求で. **b** 請求書; 命令書. **2** (軍事目的のための物質・労力などの)徴発, 徴用, 接収: bring [call, place] *into* ~ =put *in* ~ =lay *under* ~ 接収する, 徴発する. **3 a** 入用, 需要: be in [under] ~ 需要がある, 使用されている / ~ for provisions 食糧の需要 / The articles are in great ~. その品は非常に需要が多い. **b** 必要条件. **4** 〘法律〙(前所有者に対しての権利説明書に関する)質疑(書). **5** 〘国際法〙(国際間の公式の)逃亡犯罪人引渡し要求. — *vt.* **1** 〈軍需品などを〉徴発[徴用]する; 〈都市など〉に徴発を命じる: ~ all the horses in a district ある地方の馬を全部徴発する / ~ food for the troop 隊員の食料を調達する / ~ a town for provisions 都市に糧食の徴発を命じる. **2** 要求する, 要請する; 強制的に使用する (略 req.).

re·quit·al [rɪkwáɪtl̩, rə- | -tl̩] 〘(1579): ⇨ ↓, -al[2]〙 — *n.* **1** お礼, 返礼, 報償: a poor ~ *for* one's self-sacrifice 献身的な働きに対する僅かな報償. **2** 仕返し, 返報, 報復; 罰.

***in requital of* [*for*]** …の仕返し[お礼]に, 報復[報償]として.

re·quite [rɪkwáɪt, rə-] 〘(1529) ← RE- (A)+《廃》*quite* (《変形》← QUIT)〙 — *vt.* **1** 〈奉仕・親切など〉に報いる, 報酬する, 恩返しする: ~ a service [kindness] 働き[親切]に報いる / ~ evil *with* good 悪に報いるに善をもってする / ~ a person *for* a benefit 恩恵に対して人に恩返しする / ~ a person's love 人の愛にこたえる / His servility was ~*d with* cold contempt. 彼の屈従は冷たい侮蔑をもって報いられた / I must ~ you *for* your service *with* a present. お骨折りのお礼に贈り物をしなければならない. **2 a** 〈加害・虐待など〉に返報する, 報復する: ~ a wrong 不法に対して返報する / ~ a person for an offense 人の不法に対して返報する. **b** 《古》…の仕返しをする: ~ like for like 相手と同様の手段で報いる, 同じ仕返しをする; お返しをする. **3** 《廃》償う, …の償いをする: The charms of travel ~ its inconvenience. 旅行の面白味はその不便を償う. **re·quít·er** [-tə | -tə(r)] *n.*

rè·rádiate *vt.* 再放射する《吸収した放射を再び放出する》.

rè·radiátion *n.* **1** 再生放射, 再放射; 再生妨害. **2** 〘電子工学〙二次放射.

rè·réad [-ríːd] *vt.* (**re·read** [-réd]) 再び読む, 読み直す.

réré-árch [ríə- | ríə-] *n.* =rear-arch.

rere·brace [ríəbrèɪs | ríə-] 〘ME *rer(e)bras* ▭ AF **rerebras* ← OF *r(i)ere* back (< L *retrō* 'RETRO-')+*bras* arm (⇨ brace)〙 — *n.* 〘甲冑〙(鎧(よろい)の)上腕当 (⇨ armor 挿絵).

rè·recórd *vt.* **1** 再び録音する, 録音し直す. **2** 〈録音してあるもの〉を他のテープ[フィルム, レコードなど]に移す.

rè·recórding *n.* 〘映画〙再録音《ある録音媒体から別の録音媒体への移しかえ, 磁気テープから光学録音フィルムへの再録音, またはその逆》.

réré·dórter [ríə- | ríə-] *n.* 修道院の寮の裏の便所.

re·re·dos [ré(ə)rədɑ̀s, ríərə-, ríədɑs | ríədɒs] 〘(1372-73) ▭ AF **reredos* 《頭音消失》← OF *areredos* ← *arere* at the back (⇨ arrear)+*dos* (< L *dorsum* back (⇨ dorsal[1]))〙 — *n.* **1** (教会堂の)祭壇背後の飾り壁[ついたて], 背障 (cf. altarpiece). **2** 壁炉の背部, 昔の館などの平炉の越し屋根 (louvre) の真下に当たる背部.

rè·refíne *vt.* 〈使用した自動車用オイルを〉再精製する. **rè·refíner** *n.*

rè·régulating rèservoir *n.* 〘電気〙逆調整池《発電所から下流への放流量調整用の発電所下流側の調整池》.

rè·reléase *n.* (映画・レコードなどの)再公開[発売]. — *vt.* 〈映画・レコードなどを〉再公開[発売]する.

réré·mòuse [ríə- | ríə-] 〘OE *hreremūs* ← ? *hrēran* to move+*mūs* 'MOUSE'〙 *n.* (*pl.* **-mice**) 《古》〘動物〙コウモリ (bat).

rere·ward [ríəwɔ̀əd | ríəwɔ̀ːd] 〘ME *rer(e)ward(e)*: cf. rearward〙 *n.* 《廃》 =rear guard.

re·run [⌐⌐] *vt.* (**re·ran**; **re·run**; **-run·ning**) **1** 再上映[放送]する. **2** 〈レースを〉再び行なう, やり直す. — [⌐⌐, ⌐⌐] *n.* **1** (映画・テレビの)再上映[放送], 再興行. **2** 再上映映画; 再放送番組.

res [réɪs, ríːz | ríːz] 〘▭ L *rēs* thing: ⇨ real[1]〙 *n.* (*pl.* ~) 〘法律〙物《訴訟の目的物》, 物件 (thing); 事件 (matter); (訴訟に含まれた)財産 (property).

RES 《略》〘解剖〙reticuloendothelial system.

res. 《略》research; reserve; reserved; residence; resident; resistance; resolution.

res ad·ju·di·ca·ta [ríːz-ədʒùːdɪkéɪtə, réɪs-ɑːdjùːdɪkɑ́ːtə | -tə] 〘▭ LL *rēs adjūdicāta* thing adjudged: ⇨ res, adjudicate〙 — *n.* 〘法律〙既判力, 既決事件 (cf. res judicata).

rè·sáil *vt.* 再び帆走する: ~ a race 帆走競争をやり直す. — *vi.* **1** 再び出帆する. **2** 帰航する.

rè·sálable *adj.* 転売できる, 再び売れる; 再販に適した.

re·sale [⌐⌐, ⌐⌐] *n.* **1** 再販売; (特に第三者への)転売, 消費者への販売. **2** (買手への)再度の販売.

résale prìce *n.* **1** 再販価格. **2** 〘商業〙小売価格.

résale prìce màintenance *n.* 〘経済〙再販売価格維持, 公正販売 (cf. fair-trade agreement).

res a·li·e·nae [ríːz-èɪlɪíːniː] 〘▭ L *rēs aliēnae* things belonging to another: ⇨ res, alias〙 *L. n. pl.* 他人の物《財産》.

rè·sáw *vt.* (製材のため)再び鋸(のこ)でひく. — *n.* (製材用の)縦びき鋸[機械].

res·az·ur·in [rezǽʒərɪn, -rən | -rɪn] 〘← RES(ORCINOL)+AZUR(E)+-IN[1]〙 — *n.* 〘化学〙レザズリン, レゾアズリン, レサゾイン ($C_{12}H_7NO_4$)《ミルク中の細菌検査に用いられる緑青色の酸化還元指示薬; 天然には樹脂中に含まれる》: a ~ test.

re·scind [rɪsínd, rə-] 〘(1637-50) ▭ L *rescind-ere* ← RE- (A)+*scindere* to cut (⇨ scission)〙 — *vt.* **1 a** 〈法律・条令などを〉廃止する, 撤回する, 廃棄する: ~ a rule 規則を撤廃する / ~ the ban on growing opium poppies ケシ栽培を解禁する. **b** 〈行為・契約などを〉無効にする, 破棄する, 取り消す: ~ a judgment [contract, decision] 判決[契約, 決定]を破棄する[取り消す]. **2** 取り除く, 削除する. **~·a·ble** [-dəbl̩] *adj.* **~·er** *n.* **~·ment** *n.*

re·scis·si·ble [rɪsísəbl̩, rə- | -sə-, -sɪ-] *adj.* 廃止[撤回, 破棄, 削除]できる.

re·scis·sion [rɪsíʒən, rə-] 〘▭ L *rescissiō(n-)* ← *rescissus* (p.p.) ← *rescindere*: ⇨ rescind, -sion〙 — *n.* **1** 無効, 取消し; 廃止, 廃棄; 解除, 撤回. **2** 〘法律〙契約解除, 解約.

re·scis·so·ry [rɪsízəri, rə-, -sís- | -rɪ] 〘▭ LL *rescissōri-us* ← *rescissus* annulled: ⇨ ↑, -ory[1]〙 — *adj.* **1** 無効にする; 廃止する, 取り消す, 廃棄の. **2** 〘法律〙解除する, 解約の: a ~ action 証書無効確認訴訟.

re·script [ríːskrɪpt] 〘(1528) ▭ L *rescrīpt-um* (neut. p.p.) ← *rescrībere* to write in reply ← RE- (A)+*scrībere* to write (⇨ scribe[1])〙 — *n.* **1** (法律上の疑点・請願などに関する)ローマ皇帝[教皇]の答書, 勅裁書. **2** 詔勅, 詔書, 勅令, 布告. **3 a** 書直し; 書き直した物. **b** 〘英法〙写し, 副本. **c** 〘米法〙(裁判所の書記官に対する)命令書. **4** =palimpsest.

res·cue [réskjuː] 〘(?*c*1300) *rescowe(n)* ▭ OF *rescoure* (F *recourre*) < VL **reexcutere* ← RE- (A)+L *excutere* to shake off, drive away ← EX-[1]+*quatere* to shake (⇨ quash[2])〙 — *vt.* **1** 〔監禁・暴力・危険・悪などから〕(敏速な行動によって)救い出す, 救助する, 解放する〔*from*〕: ~ a prisoner [slave] 捕虜[奴隷]を解放する / ~ persons *from* shipwreck [fire] 人々を難船[火事]から救い出す / ~ a drunkard 大酒飲みを禁酒させる / ~ a woman *from* the streets 売春婦を正業に就かせる. **2 a** 〘法律〙〈人監中の囚人や押収・差押え中の物などを〉奪い出す, 脱走させる. **b** 〘国際法〙〈敵の分捕り品 (prize) などを〉奪回[奪還]する. **3** 〘トランプ〙(ブリッジで)〈敵側にダブルをかけられた味方のビッドを〉救済する《別なスーツ (suit) またはノートランプに変える》.

— *n.* **1** 救出, 救助, 救援: go [come] to a person's ~ =go [come] to the ~ of a person 人を救助[援助]する, 人の救助に努める. **2** 〘法律〙(囚人の)不法奪還; (差押え財産・被捕獲物の)不法奪回.

— *attrib. adj.* 救助の, 救済の: a ~ party 救援隊 / a ~ train 救援列車 / a ~ home 更生婦人寮 / ~ work

(婦女子の)救援事業 / a ~ bid 〖トランプ〗(ブリッジで)救済ビッド《敵側にダブルをかけられたため, 急に切札を他のスーツまたはノートランプに変更するビッド》.

réscue archaeólogy *n.* 〖考古〗緊急発掘, 救急発掘《開発・洪水などによる破壊予定地の遺跡・遺物を記録・保護救済するため急拠発掘調査すること》.

réscue gràss 〖《変形》? ← *fescue grass*〗 *n.* 〖植物〗イヌムギ (*Bromus catharticus*)《熱帯アメリカ産イネ科スズメノチャヒキ属の草本》.

rés·cu·er [-kjuːə | -kjuːə(r, -kjʊə(r] *n.* **1** 救助者. **2** [the Rescuer]〖天文〗=Perseus 2.

re·search [rɪsə́ːtʃ, rə-, ríːsəːtʃ | rɪsə́ːtʃ, rə-, ríːsəːtʃ] 〖《1577》□ F《廃》*recerche* (F *recherche*): ⇨ re- (A), search〗 **—** *n.* **1** (用意周到な)探索, 捜索, 探求, 調査: a ~ for [after] facts 事実の調査. **2** [時に *pl.*] (新事実発見・理論の確立・修正などのための学術的な)研究, 調査, 探究: ~ and publication 研究と発表 / make scientific ~*es* on a subject [into the history of…] あるテーマの科学的研究をする[…の歴史の科学的調査をする] / make ~*es* for a paper 論文を書くために調査[研究]をする / ~*es* in Eastern literatures 東洋文学の研究 / antiquarian [biblical, literary, linguistic] ~*es* 古物[聖書, 文学, 語学]研究 / be engaged in ~ (work) 研究に従事している / His ~*es* were fruitful. 彼の研究は稔(みの)りが多かった. **3** 研究能力, 研究心: a scholar of great ~ 非常に研究的な学者.
— [rɪsə́ːtʃ, rə-, ríːsəːtʃ | rɪsə́ːtʃ, rə-] *v.* **—** *vi.* 研究に従事する, 調査をする: ~ into [on] a subject あるテーマを綿密に[徹底的に]調査[研究]する. **—** *vt.* 研究する, …の準備として徹底的に調査する.
~·a·ble [-tʃəbl] *adj.*

rè·séarch *vt.* 捜し直す, 調べ直す.

re·séarch·er *n.* 研究[調査]者, 研究[調査]員.

re·search·ful [rɪsə́ːtʃfəl, rə-, ríːsəːtʃ- | rɪsə́ːtʃ-, rə-, ríːsəːtʃ-] *adj.* 研究に没頭している, 学究的な.

re·séarch·ist [-tʃɪst, -tʃəst | -tʃɪst] *n.* =researcher.

reséarch làboratory *n.* 研究所.

reséarch lìbrary *n.* (特殊研究者・専門家の利用に供する)学術図書館, 研究図書館.

reséarch pàper *n.* **1** 研究論文. **2** =term paper.

reséarch proféssor *n.* 研究教授《教室授業をしない研究専門の教授》.

reséarch wòrker *n.* 研究員.

rè·séat *vt.* **1** 再び坐らせる; 復職[復位, 復職]させる: ~ oneself 〈立った人が〉また坐る / ~ a deposed king on the throne 廃王を復位させる. **2** …に新調の席を設ける: ~ a church [theater] 教会[劇場]に席を新しく設ける. **3 a** 〈椅子(いす)〉の座を張り替える: ~ a chair 椅子の座を張り替える. **b** 〈ズボン〉のしりを付け替える: The boy's trousers want ~*ing*. 子供のズボンのしりが破れているから付け替えてやらなければならない. **c** 〈金具〉に新しい座を付ける.

re·seau [reɪzóu, rɪ-, rə- | -zəu; *F.* rezo] 〖□ F *réseau* < OF *resel* (dim.) ← *rais* < L *rētis*=*rēte* net: cf. retiary〗 **—** *n.* (*pl.* **~s, re·seaux** [~z; *F.* ~]) **1** 網状組織. **2** レースの網地[ネット]. **3** 〖天文〗レゾー《天体写真で各天体の位置を測定するために同一乾板上に写し込まれた方眼》. **4** 〖気象〗気象観測網. **5** 〖写真〗加色法カラー写真の撮影および観察時にパンクロ感材に重ねる3原色の微細な規則的モザイクのスクリーン.

re·sect [rɪsékt, rə- | riː-, rɪ-] 〖← L *resect-us* (p.p.) ← *resecāre* to cut off ← RE- (A)+*secāre* to cut (⇨ section)〗 **—** *vt.* 〖外科〗〈組織・器官の一部を〉切除する, 切り取る, 削り取る. **re·sect·a·bil·i·ty** [rɪsèktəbíləṭi, rə- | riːsèktəbíləti, rɪ-, -lɪ-] *n.* **~·a·ble** [-təbl] *adj.*

re·sec·tion [rɪsékʃən, rə- | riː-, rɪ-] 〖□ L *resectiō(n-)*: ⇨ ↑, -tion〗 **—** *n.* **1** 〖外科〗切除(術). **2** 〖測量〗後方交会法《図上で既知の2(以上の)点から引いた方向線によって平面位置を求める方法》. **~·al** [-ʃənl, -ʃnəl] *adj.*

re·sec·to·scope [rɪséktəskòup, rə- | riːséktəskəup, rɪ-] 〖← RESECT(ION)+-O-+-SCOPE〗 *n.* 〖外科〗レゼクトスコープ, 切除用内視鏡.

re·se·da 〖《1753》□ L *resēdā* (imper.) ← ? *resēdāre* to allay ← RE-+*sēdāre* to heal (⇨ sedate): *resēdā morbīs* (=assuage diseases) と唱えながらはれものを治すのにこれを用いたことから〗 **—** *n.* **1** [rɪsíːdə, rə- | résɪdə, -zɪ-, rɪsíː-]〖植物〗モクセイソウ, レセダ《主として地中海沿岸地域原産のモクセイソウ科モクセイソウ属 (*Reseda*) の植物の総称; mignonette など》. **2** [rézədùː, rɪsíːdə, rə- | résɪdə, -zɪ-; *F.* rezeda] 灰緑色《reseda green ともいう》. **—** [rézədùː, rɪsíːdə, rə- | résɪdə, -zɪ-; *F.* rezeda] *adj.* 灰緑色の.

Res·e·da·ce·ae [rèsədéɪsiːiː | rèsɪ-] 〖← NL ~: ⇨ ↑, -aceae〗 *n.* 〖植物〗モクセイソウ科. **rès·e·dá·ceous** [-ʃəs] *adj.*

ré·se·da gréen [réɪzədùː-, rɪsíːdə-, rə- | résɪdə-, -zɪ-; *F.* rezeda-] *n.* =reseda 2.

rè·séed *vt.* **1** 〈土地・畑など〉に再び[新たに]種をまく. **2** [~ one*self* で] 自から種をまく, 自生の種で繁殖する, 自生する. **—** *vi.* 自生の種で繁殖する, 自生する.

rè·ségregate *vt.* 《米》(学校などで一度非隔離に成功したあとで)〈ある人種を〉元通り隔離する, 再隔離する, …に人種差別を復活する. **rè·segregátion** *n.*

rè·séize *vt.* **1** 再び捕える, 再び占領する, 奪い返す. **2** 〖法律〗〈横領された土地を〉再び占有する, …の占有権を回復する. **rè·séizure** *n.* 「する.

rè·séll *vt.* (**re·sold**) 買ってすぐ売る, 転売する, 再販

re·sem·blance [rɪzémbləns, rə-] 〖《*a*1393》□ AF ~ (F *ressemblance*): ⇨ resemble, -ance〗 **—** *n.* **1** 類似, 似寄り, 類似点〔*between, of, to*〕: bear (a) ~ *to* …に似ている / have a faint [remote] facial ~ *to* …に顔が少し似ている / He has a strong ~ *to* his father. 彼は父親そっくりだ / There is a close [great] ~ *between* the two. 両者は酷似している / There is no [least] ~ *between* his promise and performance. 彼の約束と実行とは似ても似つかない. **2** 類似物; 似顔, 肖像, 像, 画. **3** 《古》(外見上の)特徴, 外形, 外観, 様子. **4** 《廃》見込み.

re·sem·blant [rɪzémblənt, rə-] 〖ME □ OF ~ (F *ressemblant*): ⇨ ↓, -ant〗 **—** *adj.* **1** 類似点のある, 似ている〔*to*〕. **2** 事物の描写を目的とする, 写実的な: a ~ art.

re·sem·ble [rɪzémbl, rə-] 〖《1340》*resemble(n)* □ OF *resembl-er* (F *ressembler*) ← RE-+*sembler* (< L *simi-lāre* to simulate ← *similis* '*SIMILAR*')〗 **—** *vt.* **1** 〈外観・性質などが〉〈人・事物〉に類似している, 似ている, …と共通点がある. ★ 受動態には用いられない: They ~ each other in shape. 形が互いに似ている. **2** 《古》たとえる, なぞらえる〔*to*〕. **—** *vi.* 似る, 似通う.

rè·sénd *vt.* (**re·sent**) **1** 送り返す. **2** 再び送る. **3** 〖通信〗 **a** 再送信する. **b** (中継器で)電送する.

re·sent [rɪzént, rə- | rɪ-] 〖《1605》□ F《廃》*resent-ir* (F *ressentir*) ← RE-+*sentir* < L *sentīre* to feel (⇨ sense, sentient)〗 **—** *vt.* 〈他人の言行などを〉不快に思う, 憤慨する, 憤る, 怒る, 恨む: ~ being called an ass ばか呼ばわりされて憤慨する / ~ a person's actions [remarks] 人の行動[言葉]に憤慨する / ~ a person's undue familiarity 人がいやに慣れ慣れしくするのを不快に感じる / He ~*ed* his father's remarriage. 父親の再婚に憤慨した.

re·sent·ful [rɪzéntfəl, rə- | rɪ-] 〖⇨ ↑, -ful[1]〗 **—** *adj.* **1** 憤慨して, 怒って, 憤然たる: be ~ of …を怒っている / She gave [threw] one ~ glance at them. 彼らに憤然たる一瞥(べつ)を投げた. **2** 腹を立てやすい, 怒りっぽい: a ~ temper 怒りっぽい気質. **~·ly** *adv.* **~·ness** *n.*

re·sént·ment 〖《1619》□ F《廃》*resentiment* (F *ressentiment*): ⇨ resent, -ment〗 **—** *n.* 憤り, 立腹, 憤慨; 恨み, 敵意: cherish [harbor] ~ against an opponent 相手に恨みを抱く / a surge of ~ against the enemy 敵に対してこみあげて来る怒り.

re·ser·pine [rɪsə́ːpiːn, rə-, -pɪn, -pən, résəpìːn | résəpɪn, -piːn] 〖□ G *Reserpin*《短縮》← NL *Rauwolfia serpentina*: ⇨ Rauwolfia, serpentine〗 **—** *n.* 〖薬学〗レセルピン ($C_{33}H_{40}N_2O_9$)《インドジャボク (*Rauwolfia serpentina*) の根茎にあるアルカロイド; 鎮痛・鎮静・血圧降下作用をもつ》.

re·ser·pi·nized [rɪsə́ːpɪnàɪzd, rə-, -pə- | résəpɪ-, -piː-] *adj.* 〖医学〗レセルピンで処置[治療]した. **re·ser·pin·i·za·tion** [rɪsə̀ːpɪnɪzéɪʃən, rə-, -pə-, -nə- | rèsəpɪnaɪ-, -piː-, -nɪ-] *n.*

re·serv·a·ble [rɪzə́ːvəbl, rə- | -zə́ːv-] *adj.* 保存される; 貯蔵される; 貸し[買い]切ることができる.

res·er·va·tion [rèzəvéɪʃən | -zə-] 〖《*c*1390》□ (O)F ~ ∥ LL *reservātiō(n-)* ← *reservātus* (p.p.) ← *reservāre*: ⇨ ↓, -ation〗 **—** *n.* **1 a** (将来の使用またはある目的のために)取っておくこと; (権利などの)保留. **b** 保留された権利[権力]. **c** 〖法律〗(財産の売渡し・貸与の際の売主・貸主の)権利[利益]の留保; 留保された権利; 法的権利の留保を定めた条項. **2** [しばしば *pl.*] (部屋・席などの)予約, 指定, 借切り, 貸切り; 予約席, 予約した部屋[船室]: cancel ~*s* 予約を取り消す / make ~*s* (席などの)予約をする / secure steamship [sleeping car] ~ 船室[寝台車]の予約をとる. **3 a** 《米・カナダ》(特殊の目的, 例えばインディアン保護のためなどの)一定土地の居住指定; 指定居住地 (cf. reserve *n.* 2b): an Indian ~ インディアン指定居住地 / a military [school] ~ 軍事[学校]用地. **b** (鳥獣)禁猟区域, 保護区. **c** 《英》(車道の)中央分離帯 (central reservation). **4** 制限, 条件, 留保, 但し書: ⇨ mental reservation / make ~*s*(条約などに)保留を付する / agree with some ~*s* 多少の条件付きで賛成する / voice strong ~*s* about …に関して厳しい但し書をつけるよう主張する. **5** 〖カトリック〗(教皇による)聖職任命権の保留; (教皇に保留された)聖職任命権; 聖餐(さん)物の一部(特にパン)を(病人・不参列者のために)残して置くこと; 特殊の罪の赦しの保留.
off the reservation 普段の束縛[緊張, 支配]から解放されて; 気楽に. ***without reservations*** (1) 無条件で: yield *without* ~*s* 無条件で屈する. (2) 腹蔵なく, 率直に: answer *without* ~*s*.

re·serve [rɪzə́ːv, rə- | -zə́ːv] 〖v.: 《*c*1375》*reserve(n)* □ (O)F *réserv-er* □ L *reservāre* ← RE- (A)+*servāre* to keep (⇨ conserve). — n.: 《1644》□ F *réserve*〗 **—** *vt.* **1** (将来の使用またはある目的のために)取って置く, 残して置く, 蓄えて置く: ~ money for emergencies まさかの場合の用意に金を貯えて置く / ~ oneself for …のために精力を蓄えて置く / money ~*d* for holiday-making 行楽のために取ってある金 / God ~*d* this evil man for a worse destiny. 神はこの悪漢をもっと苦しめるために生かして置いた / in the ominous tones he ~*s* for grave occasions 重大な事態に臨んだときしか用いない険(けわ)しい口調で. **2** (ある運命・経験のために)取って置く; 予定する, 運命づける〔*for, to*〕: ~ a person *for* some fate / This discovery was ~*d for* Marconi [to our times]. この発見はマルコーニによって[現代に至って]初めてなされた / It was ~*d for* Mr. Dalton to make the admirable discovery. この賞賛すべき発見はドールトン氏の手で初めてなされた / A great future is ~*d for* you. 君は将来には大きな仕事が約束されている. **3** (約束・契約などで)取って置く, 確保して置く; 予約する; あらかじめ指定する: ~ a seat for a person [at a theater] 人のために[劇場に]席を取って置く / "*Reserved*" [掲示]「貸切り」;「予約席」「ご予約済み」. **4** 〈処理・処置などを〉持ち越す, 見合わせる, 留保する. **5** 〈権利・利益を〉保留する, 保有する: All rights of translation and republication in this book are ~*d*. 本書の翻訳複製を許さない. **6** 〖窯業〗〈着色磁器など〉の特定部分の表面を元の色のままに残しておく. **7** 〖カトリック〗〈聖餐(さん)の一部を〉(病人・不参列者のために)取って置く. **8** 〖カトリック〗〈教皇・司教が〉〈特殊な罪悪の赦免権を〉保留する; 〈教皇が〉〈聖職任命権を〉保留する.
— *n.* **1** (他日の使用のため)貯えてあること, 保留, 保存, 準備: money in ~ 予備金 / have [keep] in ~ 予備[準備]に取って置く. **2 a** 取って置かれるもの, 貯え, 保存物, 予備品: with one's last ~*s* of strength 最後の力を振り絞って / He has a great ~ of energy. 大いに力[精力]を貯えている. **b** 特別保留地, 指定保護地区 (cf. reservation 3): a ~ for wild animals 野獣保護のための特別保留地 / a ~ for Indians インディアンのための指定居住地 / a forest ~ 保安林. **3 a** 制限, 条件, 除外: We publish this with all ~ [all proper ~*s*]. これを発表はするが真偽は保証の限りでない. **b** (競売などで)価格の制限, 最低(競売)価格: place a ~ upon a house 家屋に最低価格を付ける. **4** 自制, 慎み, 遠慮; 隠し立て, 沈黙; 冷淡, 打ち解けないこと, よそよそしさ; (文学・美術で)誇大的描写を避けること: an air of ~ 控え目[遠慮がち]な様子 / break down all ~ すっかり打ち解ける / throw off ~ 打ち解ける. **5 a** (スポーツなどでの)予備選手, 補欠選手. **b** (入賞者の失格を予想しての)予備入賞者. **6** 〖簿記・銀行・財政〗準備金, 予備金, 積立金, 引当金: the ~(*s*) of a bank 銀行の積立金 / a special ~ 特別積立金 / a general ~ 別途積立金 / a sinking fund ~ 減債積立金 / a valuation ~ 評価性引当金 / a liability ~ 負債性引当金 / place [carry] to ~ 準備金[積立金]に繰り込む / a hidden ~ =secret reserve / ⇨ gold reserve, legal reserve. **7** 〖軍事〗 **a** [通例 *pl.*] (あとの決戦に残される)予備隊, 予備艦隊, 予備軍: call up the ~*s* 予備軍を召集する. **b** 予備[後備]役兵[人員], 予備兵力: the first [second] ~ 予備[後備]役[軍] / a lieutenant on ~ 予備中尉 / a soldier in the ~ 予備役軍人 / be placed to the ~ 〈軍艦が〉予備艦に編入される. **8** 〖生理〗予備, 予備力[量]: ~ air 予備呼気量 / alkali ~ アルカリ予備 / ~ protein 貯蔵蛋白.
without reserve (1) 腹蔵なく, 遠慮なく. (2) 無制限に, 無条件で: I accept your statement *without* ~. 君の陳述を無条件で承認する. (3) (競売の際)価格無制限で: a sale [an auction] *without* ~ 価格無制限売立て[競売]. ***with reserve*** (1) 条件つきで (cf. 3 a). (2) 遠慮して.
reserve of buoyancy 〖海事〗=reserve buoyancy.
— *attrib. adj.* **1** 取って置いた, 予備の, 準備の: one's ~ strength 蓄積してある力 / a ~ supply of money 準備金 / a ~ troops 予備軍 / a ~ fund 準備[積立]金. **2** (価格などの)制限の, 限度の.

rè·sérve *vt.* …に再び勤める; …を再び供する; 〖法律〗…を再び送達する.

resérve bànk *n.* 《米》〖銀行〗連邦準備銀行《Federal Reserve System による12の中央銀行の一つ》.

resérve buóyancy *n.* 〖海事〗予備浮力《満載喫水線以上の船体水密部分の容積で, 船が沈みそうになった時付加浮力になる; reserve of buoyancy ともいう》.

resérve capácity *n.* 〖電気〗予備容量《事故あるいは予想外の需要の際に供給される出力》.

resérve càrd *n.* 〖図書館〗貸出予約カード, 保留図書カード《予約図書の利用貸出し可能の旨を知らせる》.

resérve cìty *n.* 《米》準備金市《商業中心地と目される47の都市で, そこにある国立銀行は一定率の準備金を維持するよう規定されている; cf. central reserve city》.

resérve clàuse *n.* 〖法律〗(職業的な運動の選手と所属クラブとの専属契約中の, 競技出場などについてクラブの有する)留保条項.

resérve cùrrency *n.* 〖銀行・財政〗準備通貨《国際的通用性が高く, 多国間の決済に広く通用し, 対外支払準備として利用される通貨》.

re·sérved 〖《15C》〗 **—** *adj.* **1** 遠慮がちな, 打ち解けない, 無口な; よそよそしい, 内気な, 他人行儀な: a ~, self-contained man 遠慮深い無口な男 / a ~ manner 遠慮がちな態度. **2 a** 保留[保存]してある, 取って置いた, 貯蔵してある. **b** 予約した, 貸切[借切]の, 指定の: a ~ car [carriage] (列車の)貸切車 / a ~ seat 予約[貸切, 指定]席. **3** 〖軍事〗予備の: a ~ officer 《英》海軍予備士官. **4** 〖カトリック〗(上位聖職者のために)保留された: ~ sins 司教など上位聖職者でなければ赦免できない罪. **re·sérv·ed·ness** [-vɪdnɪs, -vəd-, -nəs] *n.*

reserved ármy *n.* 〖軍事〗予備軍 (↔ active army).

reserved book *n.* 〖図書館〗指定図書《大学図書館などで一般図書と区別して置かれる学生必読書》.
reserved list *n.* 〖英史〗海軍予備士官名簿.
re·serv·ed·ly [-vɪdli, -vəd-|-lɪ] *adv.* 遠慮して, 差し控えて, 打ち解けないで, よそよそしく; 用心して.
reserved occupation *n.* 兵役免除職.
reserved power *n.* [*pl.*] 《米》〖政治〗保留権限《憲法または法令に記述がないか他の権限に属すとみなされるため, 特に制止されているか裁判上制止されると解釈される行政機関の権限》.
reserve officer *n.* 〖軍事〗予備役将校[士官].
reserve price *n.* 〖商業〗(競売などでの)最低(競売)価格, 限定値段 (upset price ; cf. by-bidder).
reserve ration *n.* 〖軍事〗予備糧食《緊急時に限り使用する密閉容器内に包装した濃縮食物から成る糧食; (旧称)携帯口糧》.
re·serv·ist [-vɪst, -vəst | -vɪst] 〖《1876》← RESERVE (n.)+-IST : cf. F *réserviste*〗 *n.* 予備[後備]兵, 補充兵; 在郷軍人.
res·er·voir [rézəvwɑ̀ə, -zə-, -vɔ̀ə, -zəvɔ̀ɪ | rézəvwɑ̀ː(r, -vwɔ̀ː(r] 〖《1690》□ F *réservoir* ← *réserver* 'to RESERVE'〗 ── *n.* **1 a** 貯蔵所; 貯蔵器. **b** 貯水池, 貯水場, 給水所, 溜池(ためいけ); 貯水槽(そう), 水槽: a depositing ~ 沈殿池 / a distribution ~ 配水池 / a receiving ~ 集水池 / a storing ~ 貯水池 / ⇨ settling reservoir. **c** (ランプの)油つぼ; (万年筆の)インク筒; ガスだめ, 気槽, タンク: an air ~ 気槽. **2 a** (知識・富・精力などの)貯蔵, 蓄積: a ~ of information [wealth, strength] 情報[富, 力]の蓄積 / The champion tapped a last ~ of energy. チャンピオンは最後の力を振り絞った. **b** (知識人・有能者などの)集り, 集団. **3** 〖生物〗(樹脂・香油・蜜・分泌物などを貯える)貯蔵器. **4** 〖病理〗保有宿主《病原体を常に宿している生物; reservoir host ともいう》: Rats are ~*s* of (the) plague. **5** 〖生理〗レザバー, 貯蔵所. ── *vt.* **1** 貯水池に貯える; 蓄積する. **2** 〈土地・広場など〉に貯水池などを備える.
reservoir type power plant *n.* 〖電気〗貯水池式発電所.
re·set[1] [⌐⌐] *vt.* (**re·set ; -set·ting**) **1** 再び置く; 再び据える, 据え替える. **2** 〈時計のベルなどを〉かけ直す: He ~ the alarm clock for six-thirty instead of seven. 目覚ましを7時でなく6時半にかけ直した. **3** 〈活字を〉再び組む, 組み直す. **4** 〈宝石を〉台にはめ直す. **5** 〖外科〗〈折れた骨などを〉継ぎ合わせる, 整復[整形]する. ── [⌐⌐, ⌐⌐] *n.* **1** 再び置くこと, 置替え, 据え直し; はめ直し. **2** (活字の)組直し版, 再組版. **3** (道具・制御装置などの)復元[セットし直す]装置. **4** 〖園芸〗植え替えた植物. **re·settable** *adj.*
re·set[2] [rɪsét, rə-] 〖《c1300》 *resete(n)* □ OF *recet-er* < LL *receptāre* (freq.) ← L *recipere* 'to RECEIVE'〗 ── *vt.* (**re·set·ted ; -set·ting**) **1** 〖スコット〗…に保護[避難所]を与える; 歓迎する. **2** 〖スコット法〗〈盗品を〉収受する, 故売する. ── *n.* 〖スコット法〗盗品収受, 故売. **~·ter** [-tə | -tə(r] *n.*
re·settle *vt.* **1** 再び据える. **2** 〈人を〉再び定住させる, 新たに住まわせる. **3** 〈人を〉新たな生活に落ち着かせる.
re·settlement *n.* 再び植民すること, 再定住.
reset time *n.* 〖電気〗積分時間.
res ges·tae [réɪs-géstaɪ, riːz-dʒéstiː | riːz-dʒéstiː] 〖□ L *rēs gestae* things done : ⇨ res, gest[1]〗 ── *n. pl.* **1** なされた事, 業績. **2** 〖法律〗(訴訟事件の)付帯状況《証拠能力を持つ重要な事実》.
resh [réɪʃ] 〖□ Heb. *rēš* 《原義》head〗 *n.* レーシュ《ヘブライ語アルファベット22字中の第20字: ר (ローマ字のRに当たる); ⇨ alphabet 表》.
re·shape *vt.* 造り直す, 形を直す, 新形態を取らせる: Affairs are gradually *reshaping* themselves. 事態は徐除に転換しつつある / They began to ~ the plan. その計画の練り直しを始めた. ── *vi.* 新形態を取る, 姿を変える, 新生面を開く, 新しい方向に発展する. **re·shap·er** *n.*
re·ship *v.* (**re·shipped ; -ship·ping**) ── *vt.* **1** 再び船に積む. **2** 別の船に積み替える. ── *vi.* 再び乗船する, 再び乗り組む; 乗船勤務の再契約をする.
re·shipment *n.* **1** 再船積み, 積替え. **2** 再船積み貨物; 再船積み貨物の量.
Resht [réʃt] *n.* =Rasht.
re·shuffle *vt.* **1** 〈トランプの札を〉切り直す, まぜ直す. **2** 〈人員など〉の配置転換をする; 〈内閣などを〉(主に横すべりによって)改造する. ── *n.* **1** (トランプ札の)切直し, まぜ替え. **2** (内閣などの)入替え, 改造: a ~ of the Cabinet 閣僚の椅子(いす)の入替え, 内閣の改造.
re·sid [rɪzíd, rə-] 〖略〗 *n.* 〖化学〗=residual oil.
re·side [rɪzáɪd, rə-] 〖《1456》□ (O)F *résid-er* ∥ L *re-sid-ēre* ← RE- (A)+*sedēre* 'to SIT'〗 ── *vi.* **1 a** (比較的長い期間)住む, 居住[定住]する 〔*at, in*〕: ~ abroad 海外に居住する / He ~*s in* Boston, but is now staying in the country. 彼はボストンに住んでいるが今は田舎に行っている. **b** 〈官公吏が〉駐在する, 在勤する. **2 a** 〈性質が〉存在する, 備わっている 〔*in*〕: It is *in* such actions that true courage ~*s*. かような行動にこそ真の勇気が見られる. **b** 〈権力・権利などが〉ある, 存する, 属する, 帰する 〔*in*〕: Sovereignty ~*s in* Parliament. 主権は議会にある. **re·sid·er** *n.*
res·i·dence [réz(ə)dəns, -zədn̩s, -zədèns | -zɪdəns, -dn̩s] 〖《c1390》□ (O)F *résidence* ∥ ML *residentia* ← L *residentem* (pres.p.) ← *residēre* : ⇨ ↑, -ence〗 ── *n.* **1 a** 居住, 在住, 居留; 駐在: ⇨ *in* RESIDENCE / *Residence* is required. 任地に居住することが必要である. **b** (権力などの)所在. **2** 住宅, 住居; (特に高官などの)官邸, 公邸; 大邸宅 (mansion): an official ~ 官舎, 公邸 / have [keep] one's ~ at [in] …に住む, 居住する / take up one's ~ at [in] …に居を定める / Desirable family ~ for sale. 格好の家族向き邸宅売物あり《広告の文句》/ He will be found at his ~. 家へ行って見たらいるだろう. **3 a** 在住[駐在]期間. **b** (大学での)専任研究[教授]期間. **4** 〖法律〗(法人や商社が法によって登録してある)主たる事務所が置かれている[事業が行なわれている]場所, 現実に事業が行なわれている[事務所のある]場所. **5** 〖化学〗(媒体中での溶解物質・汚染物質などの)滞留.
in residence (1) 〈公職にある人が〉駐在している, 官舎[公邸]に住んで. (2) 〈大学関係者など〉学内[病院]に寄宿して, 住込みで: a doctor *in* ~ (病院の)住込み医師 / There are about a hundred students *in* ~. 100人ぐらいの学生が学内に寄宿している.
res·i·den·cy [réz(ə)dənsi, -zədn̩-, -zədèn- | -zɪdənsɪ, -dn̩-] 〖⇨ ↓, -ency〗 ── *n.* **1** =residence 2. **2** 〖英史〗**a** (もとインド駐在の)英国総督の公邸. **b** (インドの)英国総督代表者の管轄地域. **c** (旧オランダ領東インドの)行政区画. **3** 《米》レジデントであること, 専門医学実習期間《インターンを終えたあとで病院に住み込んで実習する期間》.
res·i·dent [réz(ə)dənt, -zədn̩t, -zədènt | -zɪdənt, -dn̩t] 〖《c1390》□ (O)F *résident* ∥ L *resident-em* : ⇨ residence, -ent〗 ── *adj.* **1** 居住する, 在住の, 在留する: the ~ population 現住人口 / whether ~ at home or abroad 国内国外のいずれに居住するとしても / be ~ at [in] …に居住[在留]する / ~ aliens 在留外人 / ~ students (通学生に対して)寄宿生 / a ~ visitor 泊り客. **2 a** 駐在する; 住込みの: a ~ physician =resident *n.* 3 *a* / a ~ minister =minister resident / a ~ surgeon 駐在軍医 / a ~ tutor 住込みの家庭教師 / a ~ employee 住込みの雇い人. **b** 〈技師・大学教授など〉専任の. **3** 存する, 内在する, 固有の: a right ~ in the nation 国民固有の権利 / powers of sensation ~ in the nerves 神経に内在する知覚力. **4** 〖動物〗〈鳥類など〉移住しない, 留鳥の (↔ migratory).
── *n.* **1** 居住者, 定住者 (cf. visitor 1 a); (ホテルの)長期滞在客 (↔ transient); 在住者, 居留民: summer ~*s* 避暑客 / foreign ~*s* 在留外人. **2 a** 外地駐在事務[外交]官; (特に)弁理公使. **b** (もとインド地方政府の)英国総督代表者《政治顧問》; (旧オランダ領東インドの)知事. **3 a** 《米》(病院住込みの)研修医, レジデント《開業に先立って病院で(臨床)実習を行なう; cf. residency, intern[2] 1》. **b** 研究助手, 実習生《研究室などでの手伝い・専門の研究などをする大学院生など》. **4** 〖動物〗留鳥 (↔ migratory bird).
resident commissioner *n.* **1** 〖政治〗保護領[属領]代表《米国で, 下院の委員会に出席し, 発言できる Puerto Rico の代表者; 但し投票権はない》. **2** (英政府の)常駐代表, 弁務官.
res·i·den·tial [rèzədénʃəl, rezdén- | rèzɪ-] 〖⇨ residence, -ial〗 ── *adj.* **1 a** 住宅の, 居住の; 居住による[に関する]: the ~ qualification for voters 投票者に必要な居住資格. **b** 住宅向きの: a ~ district [area, section] 住宅地区 / a ~ street 住宅街. **2** 〈ホテルなど〉長期滞在客向きの: a ~ hotel / a ~ home 老人ホーム. **3 a** (学生のための)居住[宿泊]設備のある: a ~ college 寄宿制大学. **b** 教室に出席を必要とする: a ~ course 出席を必要とする科目. **~·ly** *adv.*
res·i·den·ti·ar·y [rèzədénʃièri, -ʃəri | -zɪdénʃərɪ] 〖《c1525》□ ML *residentiāri-us* ← L *residentia* : ⇨ residence, -ary〗 ── *adj.* **1** 居住する, 在住する. **2** 公舎に居住する義務のある; 官邸[公邸]の, 官邸のための: a canon ~ =residentiary *n.* 2 *a* / at his ~ house 官邸で. ── *n.* **1** 居住者, 在住者. **2** 〖教会〗大聖堂 (cathedral) の公舎に居住することを要する聖堂参事会員 (canon), 定住キャノン.
resident·ship *n.* 英国総督代表者の地位[職].
residua *n.* residuum の複数形.
re·sid·u·al [rɪzídʒuəl, rə-, -dʒʊl | -djuəl, -djʊl] 〖《1557》← L *residuum* 'RESIDUUM'+-AL[1]: cf. F *résiduel*〗 ── *adj.* **1** 残余の, 残りの, 残された; 後遺症的な: ~ property 残余財産 / the ~ hostility of World War II 第二次大戦の後遺症的な敵対意識. **2** 再放送料[ビデオテープ使用料]の[に関する]. **3** 〖医学〗(排出後も器官などに)残っている, 残留の; 後遺症の: The medical test disproved the existence of ~ brain damage. 脳傷害の後遺症はないことが医学的検査で判った. **4** 〖数学〗**a** 残りの, 剰余の: a ~ quantity 残量. **b** 〈計算との食い違いなどが〉説明のつかない, 除去できない. **c** 〈有向集合の部分集合が〉終の (cf. residually 2). **5** 〖地質〗残積成の: ⇨ residual soil.
── *n.* **1** 残余, 残り物. **2** [*pl.*] 再放送料, ビデオテープ使用料《テレビ放送などで再放送に際して出演者・作者などに支払われる追加報酬》. **3** 〖数学〗剰余; 誤差; 残差. **4** [しばしば *pl.*] 〖医学〗(病気・怪我・手術などの後に残る)後遺症, 後遺障害. **5** 〖海事・航空〗残留自差《自差修正後に残るかすかな自差》.
residual charge *n.* 〖電気〗残留電荷《誘電体において電界を取った後まで僅かに残る分極電荷; 電荷結合素子などで取残された電荷; cf. absorption 4》.
residual error *n.* 〖数学〗説明のつかない誤差, 残差.
residual image *n.* 〖電気〗(ブラウン管などの)残像.
residual induction *n.* =residual magnetism.
re·sid·u·al·ly [-dʒuəli, -dʒʊli | -djuəlɪ, -djʊlɪ] *adv.* **1** 残りの[残余, 残留物]として. **2** 〖数学〗等終に《有向集合(有限部分集合が常に上に有界であるような順序集合)の部分集合が, 前者のある要素以上のすべての要素を含むことについていう》.
residual magnetism *n.* 〖電気・磁気〗残留磁気《磁界を取去った後にも磁性体に残る磁気; 永久磁石の磁気》.
residual oil *n.* 〖化学〗残油, 釜残油《石油蒸留の際に残る重質部分; 重油・アスファルト原料; resid ともいう》.
residual power *n.* 〖米政治〗残留権限《他の権限が特別にもしくは暗に別の行政機関に割当てられた後の, 連邦制度に組織された行政機関の行使する権限》.
residual product *n.* (残り物から取れる)残余生産物, 副産物.
residual ray *n.* 〖光学〗残留線, 残存線《固体の格子振動のため強く反射される物質に固有な波長の赤外線》.
residual security *n.* 〖証券〗普通株; 普通株に転換できる証券.
residual soil *n.* 〖地質〗原生土, 残留土《岩石の風化作用でもとの場所にできた土壌》.
residual stress *n.* **1** 〖冶金〗残留応力《外力を取去った後に材料内に残る応力》. **2** 〖物理・機械〗残留応力《外力・荷重を取去った後に残る応力; cf. Prince Rupert drop》.
re·sid·u·ar·y [rɪzídʒuèri, rə- | -djuərɪ, -djʊrɪ] 〖⇨ residuum, -ary〗 ── *adj.* **1** 残りの, 残余の; かすの, 残滓(ざんし)(性)の: ~ substances 残滓, かす / ~ odds and ends 残りのがらくた. **2** 〖法律〗(遺贈控除後に残る)残余財産の: a ~ bequest 残余遺贈. ── *n.* 〖法律〗=residuary legatee.
residuary clause *n.* 〖法律〗(遺言中の)残余財産処分条項.
residuary estate *n.* 〖法律〗(遺言中の)残余不動産《債務および遺贈控除後に残る遺産の残部》.
residuary legacy *n.* 〖法律〗残余遺贈《遺贈の履行後に残る遺産の残部に対してさらに行なわれた遺贈》.
residuary legatee *n.* 〖法律〗残余遺産(動産)受遺者.
res·i·due [rézəd(j)ùː | -zɪdjùː] 〖《*a*1376》□ (O)F *résidu* □ L *residuum* 'RESIDUUM'〗 ── *n.* **1** 残り, 残余. **2** 〖法律〗(遺産から遺贈控除後の)残余財産. **3** 〖数学〗剰余; 留数. **4** 〖化学〗残渣(ざんさ), かす; (分子の)根基部, 残基; (こし紙に残る)残留物, 残渣(ざんさ); (溶液を蒸発して残る)残留物.
for the residue 《廃》その他について言えば.
residue class *n.* 〖数学〗剰余類《ある整数で割った時の剰余が同じであるような整数全体の集合》.
re·sid·u·um [rɪzídʒuəm, rə- | -dju-] 〖《1672》□ L ~ (neut.) ← *residuus* remaining ← *residēre* 'to remain behind, RESIDE': RESIDUE と二重語〗 ── *n.* (*pl.* **~s, -sid·u·a** [-dʒuə | -djuə]) **1 a** 残余, 残り物. **b** 副産物: the ~ from the distillation of coal tar コールタールの蒸留から得られる副産物. **2** 〖化学〗(燃焼・蒸発などの後に残る)残滓(ざんし)《かす・おり・灰など》. **3** 〖数学〗**a** (引算の)余り, 剰余. **b** =residual error. **c** (関数論において)留数. **4** 〖法律〗=residue 2.
re·sign [rɪzáɪn, rə-] 〖《c1370》 *resigne(n)* □ (O)F *ré-sign-er* □ L *resignāre* to unseal, cancel ← RE- (A)+*signāre* 'to seal, SIGN'〗 ── *vt.* **1 a** 〈地位・官職などを〉(公式に)辞する, やめる: ~ office [one's seat in Parliament] 官[議員]を辞する / ~ one's post as headmaster 校長の地位を辞す. **b** 〈権利・希望・生命などを〉放棄する, 断念する: ~ rights [all hope] 権利[すべての希望]を放棄する. **2 a** 〈仕事・財産などを〉〔人に〕譲る, 譲り渡す〔*to*〕: ~ *into* a person's hands 人手に渡す / ~ one's duties *to* more able hands もっと有能な人に職務を譲る / He ~*ed* his seat *to* a lady. 婦人に席を譲った. **b** (諦めて)〔…に〕委(ゆだ)ねる, 任せる〔*to*〕(cf. resigned 1): ~ one's mind *to* one's fate 何事も運命と諦める. **c** [~ *oneself* で]〔運命などに〕身を任せる, 従う; 諦める〔*to*〕: ~ *oneself to* another's guidance 他人の指導に身を任せる / ~ *oneself to* meditation 黙想にふける / ~ *oneself to* sleep [rest] 睡眠[休憩]をとる / ~ *oneself to* (one's) fate 運命と諦める / The boy ~*ed himself to* passing the night under the stars. その少年は野宿をする覚悟を決めた. ── *vi.* **1** 辞職する, 辞任する; 退職する〔*from*〕: ~ *from* public life 公生活から退く / ~ *from* one's office 職を辞する. **2** 服する, 従う, 任せる〔*to*〕: ~ *to* it as predestination 前世の約束と諦める. **3** 〖チェス〗負けを認める, 投了する. **4** 《廃》放棄[譲渡]する. **~·er** *n.*
re-sign *vt.* …に再び署名する, 署名し直す.
res·ig·na·tion [rèzɪgnéɪʃən, -zəg- | -zɪg-] 〖《*a*1387》□ (O)F *résignation* ∥ ML *resignātiō(n-)* : ⇨ resign, -ation〗 ── *n.* **1 a** 辞職, 辞任, 退職, 譲位: a letter of ~ 辞表 / a general ~ 総辞職 / ~ under instruction 諭旨免職. **b** 辞表, 辞職願い: hand in [give in, send in, tender] one's ~ 辞表を提出する / accept a person's ~ 人の辞職願いを聞き届ける, 辞表を受理する. **2** 放棄, 断念; (神意・運命などに対する)服従, 甘受, 忍従, 諦め, 諦観: ~ *to* one's fate [the will of God] 運命の甘受[神意への服従] / In spite of his hard lot, he shows great ~. 彼は運が悪いのに(運命にさからわず)諦め切っている / He met his fate with ~. 彼は運命を甘受した.

re·sígned *adj.* **1** 諦めている, 諦めの, 観念している; 忍従している: I am quite ~ *to* die [*to* my fate]. 私はもう死ぬものと[のがれぬ運命と]諦め切っています / with ~ obedience (抵抗してもむだだと)諦めておとなしく / accept a task with ~ grace 仕方がないと諦めていやな顔をせずに引受ける. **2** 辞職[退職]した. **re·sígn·ed·ness** [-nɪdnɪs, -nəd-, -nəs] *n.*

re·sign·ed·ly [-nɪdli, -nəd- | -lɪ] *adv.* 諦めて, 断念して; 忍従して.

re·sile [rɪzáɪl, rə-] 〘(1529) □ F 《廃》 *resil-ir* ∥ L *resilīre* ← RE- (A)+*salīre* to jump (⇨ salient)〙 ── *vi.* **1** **a** 〈ゴムまりなどが〉はね返る, 飛び返る; 弾力がある; 戻る, 返る. **b** (精神的に)弾力がある, 打てば響く; すぐ元気を回復する, 快活である, 陽気である. **2** **a** ひるむ 〔*from*〕. **b** 〔契約などから〕手を引く 〔*from*〕.

re·sil·i·ence [rɪzíljəns, rə-, -liəns | -zíliəns, -síl-, -ljəns] 〘⇨ resilient, -ence〙 *n.* **1** はね返り, 飛返り; 弾力, 弾性; 反発力. **2** 元気の回復力, 快活性; 不幸・変化からの回復力. **3** 〘物理・機械〙弾性エネルギー《弾性物体内に貯えられる弾性変形によるエネルギー》.

re·síl·ien·cy [-ljənsi, -liən- | -liənsɪ, -ljən-] *n.* = resilience.

re·sil·i·ent [rɪzíljənt, rə-, -liənt | -zíliənt, -síl-, -ljənt] 〘□ L *resilient-em* (pres.p.) ← *resilīre* 'to RESILE'〙 ── *adj.* **1** はね返る, 飛び返る; 弾力のある, 弾力性の: ~ steel 弾力鋼. **2** **a** たちまち元気を回復する, 復元力のある; 快活な, 陽気な, 潑剌(ﾊﾂﾗﾂ)とした. **b** 不幸[困難, 変化など]にめげない. **~·ly** *adv.*

res·in [rézṇ | -zɪn] 〘(*c*1395) *resyn* □ L *rēsīna*: cog. Gk *rhētínē*〙 ── *n.* **1** 樹脂; 松やに《薬用またはワニス製造用; copal, dammar, guaiacum 2, mastic, rosin, sandarac など; cf. amber》: ⇨ natural resin, synthetic resin. **2** = synthetic resin. ── *vt.* …に樹脂を塗る[引く, 用いる], 樹脂でこする[処理する].

res·i·na·ceous [rèzənéɪʃəs, -zṇ- | -zɪn-] 〘□ L *rēsināceus*: ⇨ ↑, -aceous〙 *adj.* 樹脂質の; 樹脂を含む.

résin ácid *n.* 〘化学〙樹脂酸《天然樹脂中に存在する有機酸の総称》.

res·i·nate [rézənèɪt, -zṇ- | -zɪn-] 〘← RESIN+-ATE[1,3]〙 *vt.* 〈ある物質〉に樹脂を混ぜる[しみ込ませる], 樹脂で処理する. ── *n.* 〘化学〙樹脂酸塩.

résin canàl *n.* 〘植物〙樹脂道《樹脂を分泌する細胞を持つ分泌道; resin duct ともいう》.

résin cèll *n.* 〘植物〙樹脂細胞《樹脂を分泌する細胞》.

résin dùct *n.* 〘植物〙= resin canal.

res·in·if·er·ous [rèzəníf(ə)rəs, -zṇ- | -zɪn-] 〘← RESIN+-I-+-FEROUS〙 *adj.* 樹脂の出る, 樹脂を分泌する.

re·sin·i·fi·ca·tion [rezìnəfɪkéɪʃən, -fə- | -nɪfɪ-] *n.* **1** 樹脂化. **2** 樹脂による処理; 樹脂塗布.

re·sin·i·form [rezínəfɔ̀ːm | -nɪfɔ̀ːm] *adj.* 樹脂状の.

re·sin·i·fy [rezínəfàɪ | -nɪ-] 〘□ F *résinifi-er* ← *résine*: ⇨ resin, -ify〙 ── *vt.* **1** 樹脂化する. **2** 樹脂で処理する; …に樹脂を塗る[しみ込ます]. ── *vi.* 樹脂になる, 樹脂化する.

res·in·o- [rézəno(ʊ), -zṇ- | -zɪnə(ʊ)] 〘← L *rēsīna* 'RESIN'〙「樹脂 (resin); 樹脂と…と」の意の連結形.

res·in·og·ra·phy [rèzənágrəfi, -zṇ- | -zɪnɔ́grəfɪ] 〘← RESINO-+-GRAPHY〙 *n.* 〘化学〙レジノグラフィー《プラスチックの表面を顕微鏡で観察・研究すること》.

res·in·oid [rézənɔ̀ɪd, -zṇ- | -zɪn-] 〘← RESIN+-OID〙 *adj.* 樹脂状の, 樹脂に似た. ── *n.* **1** レジノイド, 樹脂性物質; 熱硬化性合成樹脂. **2** ゴム樹脂.

res·in·ous [réz(ə)nəs, -zṇ- | -zɪn-] 〘□ L *rēsinōs-us*: ⇨ resin, -ous〙 ── *adj.* **1** 樹脂の[に関する]; 樹脂質の; 樹脂に似た: ~ luster 樹脂光沢. **2** 樹脂を含んだ: a ~ pine. **3** 樹脂製の: a ~ bowl, plate, panel, etc.

résin sòap *n.* 樹脂石鹸《製紙用サイジング (sizing) に用いる》.

res·in·y [réz(ə)ni, -zṇi | -zɪnɪ] *adj.* = resinous.

res·i·pis·cence [rèsəpísṇs | -sɪ-] 〘(1570) □ L *resipiscentia*: ⇨ ↓, -ence〙 *n.* 《古》過去の過失の自覚; 悔悟, 改心.

res·i·pis·cent [rèsəpísṇt | -sɪ-] 〘□ L *resipiscentem* (pres.p.) ← *resipiscere* to recover one's senses ← RE- (A)+-*spiscere* (← *sapere* to taste)〙 ── *adj.* 悔悟[改心]した.

re·sist [rɪzíst, rə-] 〘(*c*1375) *resiste(n)* □ (O)F *résister* ∥ L *resist-ere* to withstand ← RE- (A)+*sistere* to cause to stand (← *stāre* 'to STAND')〙 ── *vt.* **1** 抵抗[反抗]する, 負けない, 耐える; 阻止する, 食い止める: She ~*ed* a temptation to open the casket. 小箱の蓋(ﾌﾀ)を開けてみたい誘惑を抑えた / ~ cutting edge, weapon, frost, moisture, etc. / ~ the enemy 敵軍を阻止する / ~ the police 警察に反抗する / It ~*s* [It is able to ~] fire. 耐火力がある / Who can ~ God's will? 神意に抗することなど誰ができよう. **2** 〈病気・化学作用など〉に侵されない, 影響されない: ~ disease 病気に侵されない / Gold ~*s* acid. 金は酸に強い. **3** 〈提案など〉に反対する, 賛成しない; 〈法律などを〉無視する, …に逆らう. **4** [通例 cannot ~ で] 我慢する, 控える: *cannot* ~ smiling [a smile] 微笑を禁じ得ない / I *never can* ~ strawberries and cream. いちごクリームを見ると(食べたくて)我慢できない / I *cannot* ~ a joke. 冗談を言われると笑わずにはいられない; 冗談が思い浮かぶと言わずにはいられない. ── *vi.* 抵抗する; 反対[妨害]をする; 耐える: ~*ing* force [power] 抵抗力. ── *n.* **1** **a** 防食用塗料, 防腐剤. **b** 絶縁塗料. **2** 〘染色〙防染《布を染める際に望みの模様に型置きしてその部分が色に染まらないようにすること》.

re·sis·tance [rɪzístəns, rə-, -tṇs] 〘(1417) □ F *résistance* 《変形》 ← OF *resistence* ∽ (*c*1385) *resistence* □ OF □ LL *resistentia* ← *resistere*: ⇨ ↑, -ance〙 ── *n.* **1** 抵抗, 反抗, 抗争, 反対; 阻止, 妨害: ⇨ *the* LINE[2] *of least resistance*, passive resistance / offer [make, put up] ~ 抵抗する, 反対する; 妨害する / meet (with) stiff ~ 強硬な反対に会う[を受ける] / I felt his ~ *to* telling me anything about it. その件について彼が私には何も話したがらないことは感じていた. **2** 抵抗力, 抵抗性; (細菌などの示す)耐性: build up ~ *to* insecticides 殺虫剤に対する抵抗力を形成する / show ~ *to* wear and tear 損耗に対する耐久力を示す / The people of this country have a greater ~ *to* the fever than we have. この国の人々はその熱病に対して我々よりも強い抵抗力を持っている. **3** [しばしば the ~, the R-] **a** レジスタンス, 地下抵抗(運動)《占領された地域の人民の占領軍に対する組織的な地下活動による抵抗運動; 特に, 第二次大戦中のフランスの反ナチ抵抗運動をいう》. **b** レジスタンス[地下抵抗運動]組織. **4** 〘物理〙抵抗: atmospheric ~ 大気抵抗 / The ~ of fluids varies with their specific gravity. 流体の抵抗はその比重によって異なる. **5** 〘電気〙 **a** 抵抗: apparent ~ 皮相抵抗 / electric ~ 電気抵抗 / ohmic ~ オーム抵抗 / specific ~ = resistivity 2. **b** (電流の)抵抗装置, 抵抗器. **6** 〘心理・精神医学〙抵抗《治療者に対して感情的に逆らう傾向》. **7** 〘証券〙= resistance level.

resístance àrea *n.* 〘証券〙= resistance level.

resístance bòx *n.* 〘電気〙抵抗箱《多くの抵抗器を入れて可変抵抗として用いる装置》.

resístance còil *n.* 〘電気〙抵抗コイル.

resístance cóupled ámplifier *n.* 〘電子工学〙抵抗結合増幅器《直流増幅器の一種》.

resístance dròp *n.* 〘電気〙抵抗降下《抵抗の両端に起こる電圧降下》.

resístance fùrnace *n.* 〘電気〙抵抗炉《抵抗発熱体を使用した電気炉》.

resístance lèvel *n.* 〘証券〙抵抗線《相場がよいために売りが活発となり, それ以上の相場の上昇が鈍くなる価格水準; resistance area ともいう; ↔ support level》.

resístance lòad *n.* 〘電気〙抵抗負荷.

resístance móvement *n.* = resistance 3.

resístance thermòmeter *n.* 〘機械・冶金〙抵抗温度計《導体の温度によって電気抵抗が異なる性質を利用したもの》.

resístance wèlding *n.* 〘金属加工〙抵抗溶接, 電気抵抗溶接《金属接合面に電流を通して, その抵抗により生じるジュール熱を利用して接合する溶接法; cf. seam welding》.

re·sis·tant [rɪzístənt, rə-, -tṇt] 〘□ F *résistant* ← *résister* 'to RESIST': ⇨ -ant〙 ── *adj.* **1** 抵抗する, 耐える 〔*to*〕: ~ *to* change 変化に抵抗する. **2** 〘医学〙抵抗性の(ある); 耐性の(ある). **3** [しばしば複合語の第 2 構成素として] (…の)抵抗力のある, 耐…の: corrosion-*resistant* material 耐食材 / quake-*resistant* buildings [houses] 耐震建築[住宅] / wrinkle-*resistant* cloth 防しわ性布地, しわを防ぐ布地. ── *n.* **1** 抵抗者, 抗争者, 反対者; 徴兵忌避者. **2** 防染物; 防腐剤. **~·ly** *adv.*

re·sis·tate [rɪzísteɪt, rə-] 〘← RESIST+-ATE[1]〙 *n.* 〘地質〙レジステート《風化作用による破壊に対し強い抵抗を示す鉱物からなる堆積物》.

resíst dýeing *n.* 〘染色〙= resist printing.

re·sis·tent [rɪzístənt, rə-, -tṇt] *adj.* = resistant.

re·síst·er 〘ME〙 *n.* 抵抗者, 抗争者.

re·sist·i·bil·i·ty [rɪzìstəbíləṭi, rə- | -tɪbílətɪ, -tə-, -lɪ-] *n.* **1** 抵抗できること[状態], 耐えられること[状態]. **2** 抵抗力, 抵抗性.

re·sist·i·ble [rɪzístəbḷ, rə- | -tə-, -tɪ-] *adj.* 抵抗[反抗]できる, 阻止できる: a ~ attack 抵抗できる(程度の)攻撃.

resísting àgent *n.* 〘染色〙防染剤.

re·sis·tive [rɪzístɪv, rə-] *adj.* 抵抗する, 抵抗力のある, 抵抗性の. **~·ly** *adv.* **~·ness** *n.*

re·sis·tiv·i·ty [rɪzìstívəṭi, rə-, rìːzɪs- | rìːzɪstívətɪ, -vɪ-] *n.* **1** 抵抗力[性]. **2** 〘電気〙固有抵抗, 抵抗率《specific resistance ともいう》.

resíst·less *adj.* 《古》 **1** 抵抗できない, 不可抗力の, 抑えられない, 耐えられない: the ~ march of events 止めようのない事件の続発. **2** 抵抗力のない, 抵抗しない, 無抵抗の. **~·ly** *adv.* **~·ness** *n.*

re·sis·to·jet [rɪzísto(ʊ)dʒèt, rə- | -tə(ʊ)-] 〘← RESIST(ANCE)+-O-+JET[2]〙 ── *n.* 〘宇宙〙電気抵抗ジェットエンジン, レジストジェット(エンジン)《電熱線によってガスを加熱し, ノズルから噴射した高速流またはこの原理を用いたロケットエンジン》.

re·sís·tor *n.* 〘電気〙抵抗器, 抵抗装置.

resíst páste *n.* 〘染色〙防染糊.

resíst prìnting *n.* 〘染色〙防染《あらかじめ生地に防染糊を印捺した後, 地染めして模様をあらわす染色法; cf. discharge printing》.

re·sít [⁻́⁻] *vt.* (-sat; -sit·ting) 《英》《落ちた後で》〈筆記試験を〉再受験する. ── [⁻́⁻] *n.* 再受験 (resitting).

res·ite [rézaɪt] 〘← RES(IN)+-ITE[1]〙 *n.* 〘化学〙レジット《フェノールホルムアルデヒド樹脂の不溶融性となった状態; C-stage resin ともいう; cf. resol》.

res·i·tol [rézətɔ̀(ː)l, -tòʊl | -zɪtɔ̀l] 〘← RESIT(E)+(RES)OL〙 ── *n.* 〘化学〙レジトール《レゾールを加熱して, 架橋反応における中間段階のフェノール樹脂; B-stage resin ともいう; cf. resol》.

rè·sítting *n.* (議会などの)再開.

res ju·di·ca·ta [ríːz-dʒùːdɪkáːṭə, -də-, -kéɪ- | réɪs-jùːdɪkáːtə, -də-] 〘□ L *rēs jūdicāta* thing decided〙 *n.* 〘法律〙既決の事件, 既判事項 (cf. res adjudicata).

res·na·tron [réznətrɑ̀n | -trɔ̀n] 〘← RES(O)NA(TOR)+-TRON〙 *n.* 〘電気〙電波探知機妨害機, レスナトロン《高い出力を有し広範囲の周波数の電波を出す発信管》.

rés·o·jet èngine [rézo(ʊ)dʒèt- | rézə(ʊ)-] 〘*resojet*: ← RESO(NANCE)+JET[2]〙 *n.* 〘航空〙共振脈流ジェットエンジン.

res·ol [rézɔ(ː)l, -zoʊl | -zɔl] 〘□ G ~ ∥ ← RES(IN): ⇨ -ol[2]〙 ── *n.* (*also* **res·ole** [~]) 〘化学〙レゾール《フェノール樹脂生成中における可溶可融性の状態で, 架橋反応が進み, レジトールを経てレジットとなる; A-stage resin ともいう; cf. resite, resitol》.

rè·sóle *vt.* 〈靴〉の底を張り替える: have one's shoes ~*d* 靴の底革を張替える.

re·sol·u·ble[1] [rɪzáljubḷ, rə-, rézəlju- | rɪzɔ́lj-ʊ, rə-, rézəljʊ-] 〘□ LL *resolūbil-is*: ⇨ re- (A), soluble〙 *adj.* **1** 分析[溶解]できる 〔*into*〕. **2** 解決できる: a ~ problem. **re·sòl·u·bíl·i·ty** [-bíləṭi | -lətɪ] *n.* **~·ness** *n.*

rè·sóluble[2] *adj.* 再び溶ける.

res·o·lute [rézəlùːt, -ljùːt, -lət | -lùːt, -ljùːt] 〘(1432–50) □ L *resolūt-us* (p.p.) ← *resolvere* 'to RESOLVE'〙 ── *adj.* **1** 決心の堅い, 決然とした; 不抜の, 不動の, 確固とした, びくともしない: a ~ man 毅然とした人 / a man of ~ will 断固たる意志の人 / be ~ *to* fight 戦う決意をしている / John and Mary are ~ *for* peace. ジョンとメアリーは仲直りする気でいる. **2** 確固たる意志を示す: a ~ chin 意志の堅さを示すあご先 / I like his ~ mouth. 意志の強そうな彼の口元が好きです. ── *n.* 意志の堅固な人. **~·ly** *adv.* **~·ness** *n.*

res·o·lu·tion [rèzəlúːʃən, -ljúː-] 〘(*c*1390) □ OF *resolucion* (F *résolution*) ∥ L *resolūtiō(n-)* ← *resolvere* 'to RESOLVE': ⇨ -tion〙 ── *n.* **1** **a** 決断, 決意, 決心, 覚悟: make a firm ~ to give up drink 酒をやめようと堅く決心する / good ~*s* 行ないを改めようとする決意 / come to [form, make, take] a ~ 決心する, 覚悟する / with ~ in his eyes 決然たる目つきで. **b** 確固, 堅忍不抜, 決然とした気性, 不屈: a man of no ~ of character ちっともしっかりしたところのない男. **c** (議会などの)決議; 決議案[事項], 決議文 (cf. motion 3 a): pass a ~ in favor of [against] …に賛成[反対]の決議をする / adopt a ~ 決議を採択する / endorse two ~*s* 二つの決議案を承認する: ⇨ concurrent resolution, joint resolution. **2** (疑問・問題などの)解決, 解答: the ~ of a doubt 疑問の解決. **3** **a** 分解, 分析 〔*into*〕. **b** (より簡単な形への)変形, 変化, 転化 〔*into*〕: ~ *into* a different form [something else] 別の形[他の物]への変化. **4** 〘病理〙(炎症・腫張などの)消散・消退. **5** 〘音楽〙解決《不協和音から協和音に進行すること; 和音内の不協和な音が協和音に進行すること》; (こうして解決された)協和音. **6** 〘古典詩学〙音節分解《1 長音節の代りに 2 短音節を用いること》. **7** (カメラレンズ・顕微鏡などの)解像力; 〘テレビ〙解像度[力]《映像の鮮明度, 精細度》. **8** 〘文学〙解明部《演劇や他の文学作品の筋が解き明かされる部分》. **9** 〘化学〙(ラセミ体の)分割, 分解, 分解能. **10** 〘光学〙分解力, 分解能《顕微鏡・望遠鏡において, 見分け得る近接した 2 点の最小間隔; また分光器において分解し得る隣接した二つのスペクトル線の間隔; cf. resolving power》. **11** 〘電子工学〙(レーダーで二つの目標を識別できる)最小識別距離. **12** 〘数学〙 **a** (ベクトルなどの)分解. **b** (特異点などの)解消.

rès·o·lú·tion·er [-ʃ(ə)nə | -nə(r)] *n.* 決議に参加[署名]する人, 決議賛成者.

rès·olú·tion·ist [-ʃ(ə)nɪst, -nəst | -nɪst] *n.* = resolutioner.

re·sol·u·tive [rɪzáljuṭɪv, rə-, rézəlùː- | rɪzɔ́ljʊt-, rə-, rézəlùːt-, -ljùːt-] 〘(*a*1400) □ (O)F *résolutif* □ ML *resolutivus*: ⇨ resolute, -ive〙 ── *adj.* **1** 溶解できる, 分解力のある. **2** 〘医学〙消散[消退]させる: a ~ cataplasm 散らし罨法(ｱﾝﾎﾟｳ). **3** 〘法律〙(契約・義務などを)解消する, 解除する: a ~ clause 解除条項. ── *n.* 《古》〘薬学〙散らし薬, 解凝薬.

re·solv·a·bil·i·ty [rɪzɑ̀ːlvəbíləṭi, rə-, -zɔ̀(ː)l- | -zɔ̀lvəbílətɪ, -zəʊlv-, -lɪ-] *n.* 分解[溶解]可能, 分解[溶解]性.

re·solv·a·ble [rɪzáːlvəbḷ, rə-, -zɔ́(ː)lv- | -zɔ́lv-, -zəʊlv-] *adj.* **1** 分解できる, 解像できる, 溶解性の. **2** 解明[解決]できる.

re·solve [rɪzáːlv, rə-, -zɔ́(ː)lv | -zɔ́lv, -zəʊlv] 〘(*c*1380) *resolve(n)* □ L *resolv-ere* to loosen, solve: ⇨ re- (A), solve〙 ── *vt.* **1** **a** (慎重な選択と意志で)決心する, 決定する 〈*to do, that*〉: I ~*d to* give up smoking. たばこをやめようと決心した / I ~*d that* I would have my revenge. 私は報復[復讐]しようと決心した. **b** 決心させる (cf. resolved): This discovery ~*d* us *on* [*upon*] going [*to* go]. この発見で我々は行く決心をした. **c** 〈議会・会議などが〉(決議・投票によって)正式に決定する, 議決する 〈*to do, that*〉: It was ~*d that*… (議会の決議要録の文句で, 会議または投票の結果)…と議決した, と決議通過した / *Resolved* …右決議する《討議の題目としても用いる》. **2** **a** 〈問題などを〉解く, 解明する, 説明する, 解決する: ~ a difficulty 難問題を解決する / The problem of its origin has not yet been ~*d*. その起源に関する問題はまだ解決され

ていない. **b** 〈疑惑などを〉晴らす, 除く: ～ doubts 疑惑を解明する. **3 a** 〈化合物を〉〈構成要素に〉分解する〔*into*〕: ～ water *into* oxygen and hydrogen 水を酸素と水素に分解する / ～ something *into* its elements ある物をその構成要素に分解する / The matter ～*s* itself *into* three elements. その物質は分解すると三つの元素となる. **b** 〈ラセミ体を〉二つの構成要素に分割[分解]する. **c** (分解・分析などして)〈別の形に〉変える, 化する, 変形させる; 結局〔…に〕する, 帰着させる〔*into, to*〕: ～ an idea *into* more elementary forms ある概念を一層基本的な形に変える / The problem ～*s* itself *into* this. 問題はつまりこういうことに帰着する / We might ～ Christianity *into* a system of morality. キリスト教を道徳体系に変えることはできないものでもない. **4** 《廃》溶解する〔*into*〕: O, that this too too solid flesh would melt, thaw and ～ itself *into* a dew! ああ, このあまりに頑丈すぎる肉体が溶けて, 解けて露となって消えてしまえばいいのに (Shak., *Hamlet* 1. 2. 129–130). **5** 〘光学〙〈望遠鏡などが〉分解する: The telescope ～*s* a nebula *into* stars. 望遠鏡で見ると星雲は星群に分かれて見える. **6** 〈腫物(はれもの)などを〉(化膿(かのう)させずに)散らせる, 分散させる: The tumor was ～*d*. 腫物が散った. **7** 〘音楽〙解決させる, 不協和音から協和音に移行させる. **8** 〘文学〙〈劇など〉の結末へ導くように組み立てる. **9** 〘詩学〙〈長音節〉に二つの短音節を置き換える. **10** 〘物理〙(ベクトルを与えられた座標系で)成分に分解する.

— *vi.* **1** 決心する〔*on, upon*〕; 決定する, 決議する: He ～*d upon* amendment. 改心しようと決心した / I ～*d upon* having my revenge [*upon* vengeance]. 報復を決心した. **2 a** 分解する; (分解などして)変じる, 還元する〔*into, to*〕: Blood first coagulates and then ～*s*. 血液は先ず凝結してその後で分解する. **b** 帰着する, なる〔*into*〕. **3** 〘医学〙消散[消退]する, 〈腫物(はれもの)などが〉散る. **4** 〘音楽〙解決する, 協和音になる. **5** 〘法律〙無効となる, 消滅する.

— *n.* **1** 決心, 決意, 覚悟: make a ～ 決心をする / keep one's ～ 決心を持ち続ける. **2** 《詩》確固, 堅忍不抜, 不屈: a man [mind] of high ～ 決心の堅い人[心]. **3** 《米》(議会などの)決議. **4** 《廃》解決, 解答.

re·sólv·er *n.*

re·sólved *adj.* **1** 決心している, 決意した〈*to do*〉(cf. resolve *vt.* 1 b): She is ～ *to* stay at home. 彼女は家に留まることを決心している. **2** 確固たる, 堅忍不抜の.

re·sól·ved·ly [-vɪdli, -vəd- | -lɪ] *adv.* 意を決して, 断固として, 決然(と).

re·sol·vent [rɪzɑ́lvənt, rə-, -zɔ́(ː)l- | -zɔ́l-, -zɔ́ul-] 〘▭ L *resolvent-em*: ⇨ resolve, -ent〙 — *adj.* **1** 分解する, 溶解する. **2** 〘薬学〙分解力のある, 散らせる: a ～ drug 分解剤. — *n.* **1** (問題などを)解決するもの[手段]. **2** 〘数学〙逆核, 解核《積分方程式の解の積分の核》. **3** 〘化学〙溶解剤, 溶剤. **4** 〘薬学〙溶解薬《病的分泌物などの溶解・消散を促進する薬物》.

re·sólv·ing pòwer *n.* **1** 〘光学〙分解能《相接する二本のスペクトル線を分光器が分離できる度合; 顕微鏡・望遠鏡・眼球など光学器械で見分けられる二点間の極限の距離; cf. resolution *n.* 10》. **2** 〘写真〙解像力《レンズ・光学系フィルム・印画紙などの細部を再現する能力; 普通 1 mm 当たりの白黒の線の 1 対の数で評価する》.

resólving tìme *n.* 〘物理〙分解(可能)時間《(二つのパルス信号などを)別の信号として識別可能な最小時間間隔; cf. dead time》.

res·o·nance [réz(ə)nəns, -zn- | -zən-, -zn-] 〘《1491》▭ OF *reson(n)ance* (F *résonance*): ⇨ resonant, -ance〙 — *n.* **1** 反響, 響き: His teachings found no ～ in them. 彼の教えも彼らからは何の反響もなかった. **2** 〘物理〙共鳴, 共振《互いに近接した周波数をもつ振動系の間に強い相互作用の起こる状態》. **3** 〘化学〙共鳴《共軛(きょうやく)二重結合分子(ベンゼンなど)におけるエネルギーの等しい, あるいは殆んど等しい状態が混じり合って一つの状態を作ること》. **4** 〘電気〙(波長の)同調, 共振. **5** 〘医学〙清音《胸部を打診して肺内に正常に空気があれば聞こえる音》. **6** 〘音楽〙共鳴. **7** 〘音声〙(声道の)共鳴: vocal ～ 声音反響 / nasal ～ 鼻腔共鳴. **8** 〘物理〙**a** 共鳴《素粒子・原子核・原子・分子などの系が特定のエネルギーの入射粒子(光子を含む)を吸収して励起状態ができること》. **b** 極めて短命な素粒子.

résonance absòrption *n.* 〘電気・物理〙共鳴吸収《特定の波長の光など, 一定エネルギーの入射粒子を吸収して共鳴[励起]状態ができること》.

résonance accelerὰtion *n.* 〘電気〙共振加速《荷電粒子の動きに合わせて加速電界の周波数等を変化させる粒子加速方法》.

résonance bànd *n.* 〘機械〙共振帯.

résonance bòx *n.* (楽器の)共鳴箱.

résonance cìrcuit *n.* 〘電気〙共振回路.

résonance cùrve *n.* 〘物理・電気〙共振曲線《振動系や共振回路の共振点付近の周波数に対する共振状態を表わした曲線》.

résonance hỳbrid *n.* 〘化学〙共鳴混成体《分子の構造が二つ以上の構造の共鳴と考えられる時をいう》.

résonance pìpe *n.* 〘音楽〙(楽器の)共鳴管.

résonance potèntial *n.* 〘電子工学〙共振電圧, 共鳴ポテンシャル, 共鳴電位, 励起電位《resonance absorption に対応するエネルギー差》.

résonance radiàtion *n.* 〘物理〙共鳴放射《原子核や原子・分子の励起状態から光子が放出されること》.

résonance spèctrum *n.* 〘物理〙共鳴スペクトル《共鳴放射のスペクトル; cf. resonance radiation》.

résonance thèory *n.* **1** 〘生理〙共鳴説《Helmholtz による聴覚理論》. **2** 〘心理〙共鳴《蝸牛の基底膜にある長さの違う多くの線維がそれぞれ周波数の違う音に共鳴し, それらがめいめい違う神経を通じて大脳に伝えられ聴覚を生じるとする Helmholtz の聴覚説》.

res·o·nant [réz(ə)nənt, -zn- | -zən-, -zn-] 〘《1592》▭ (O)F *résonnant* ▭ L *resonantem* (pres.p.) ← *resonāre* ← RE- (A)+*sonāre* 'to SOUND[1]': ⇨ sonant〙 — *adj.* **1 a** 〈音・声など〉反響する, 鳴り響く, 響き渡る, 鳴り続く: a ～ voice 太く響く声. **b** 〈言葉など〉仰々しい, 大げさな. **2** 〈物体・壁・室など〉共鳴を起こす, 鳴り響かせる; 〈場所が〉〔音で〕響き渡っている, こだましている〔*with*〕: a valley ～ *with* the sound of trees. **3** 〘物理〙共鳴の, 共振の, 同調の. **4** 〘音声〙共鳴音の. — *n.* 〘音声〙共鳴音《調音の際, 音響学的特性が声帯の振動と声道における共鳴による音; 母音や半母音 [i] [w], 鼻音 [m] [n] [ŋ], 流音 (liquid) [l] [r] など; cf. obstruent 3, sonorant》. **～·ly** *adv.*

résonant càvity *n.* 〘電子工学〙=cavity resonator.

res·o·nate [rézənèɪt, -zn-] 〘← L *resonāt-us* (p.p.) ← *resonāre*: ⇨ resonant, -ate[3]〙 — *vi.* **1** 鳴り響く, 響き渡る. **2** 共鳴する, 共振する, 反響する. **3** 〈幼児などが〉〔家族の話し声などを〕反響のように繰り返す, (何度も)反復する〔*to*〕. **4** 〘電子工学〙共振する. — *vt.* 鳴り響かせる, 共鳴[共振]させる.

rés·o·nà·tor [-tə | -tə(r)] 〘← NL ～ ← L *resonātus*: ⇨ resonate, -or[2]〙 — *n.* **1** 共鳴器, 共振器; 共鳴分析器; 共鳴子, 振動子. **2** 〘音楽〙共鳴器, 強音器 (cf. mute[1] 4). **3** 〘通信〙共振器《送受信装置の同調のための電気的共振回路または導波管に接続する空胴共振器》. **4** 〘自動車〙レゾネーター《排気系に付ける共鳴現象を利用した消音器》.

res·o·na·tron [rézənətrὰn, -zn- | -trɔ̀n] 〘⇨ ↑, -tron〙 *n.* 〘電子工学〙レゾナトロン《高周波用の高出力ビーム四極管の一種で共振空胴 (cavity resonator) をもつ》.

re·sorb [rìːsɔ́əb, rɪ-, rə-, -zɔ́əb | -sɔ́ːb, -zɔ́ːb] 〘▭ L *resorb-ēre* ← RE- (A)+*sorbēre* to drink〙 — *vt.* **1** 〈浸出液などを〉再び吸収する, 吸収し直す. **2** 〘生物〙〈生体によって造られた物質を〉分解吸収する. — *vi.* 再吸収される.

re·sor·bent [rìːsɔ́əbənt, rɪ-, rə-, -zɔ́ə- | -sɔ́ː-, -zɔ́ː-] 〘▭ L *resorbent-em*: ⇨ ↑, -ent〙 *adj.* 再び吸収する.

rè·sór·bence [-bəns] *n.*

res·or·cin [rɪzɔ́əsɪn, rə-, re-, -sən, -sn̩ | rɪzɔ́ːsɪn, re-] 〘← RES(IN)+ORCIN〙 *n.* 〘化学〙レゾルシン (resorcinol).

res·or·cin·ol [rɪzɔ́əsɪnɔ̀(ː)l, rə-, re-, -sə-, -nòʊl, -sn̩- | rɪzɔ́ːsɪnɔ̀l, re-] 〘⇨ ↑, -ol[1]〙 *n.* 〘化学〙レゾルシノール ($C_6H_4(OH)_2$)《染料・医薬・写真用》.

re·sorp·tion [rìːsɔ́əpʃən, rɪ-, rə-, -zɔ́əp- | -sɔ́ːp-, -zɔ́ːp-] 〘← L *resorptus* ((p.p.) ← *resorbēre* 'to RESORB')+-ION〙 — *n.* **1** 再吸収. **2** 〘病理〙吸収.

re·sorp·tive [rìːsɔ́əptɪv, rɪ-, rə-, -zɔ́əp- | -sɔ́ːp-, -zɔ́ːp-] *adj.*

re·sort [rɪzɔ́ət, rə- | -zɔ́ːt] 〘*v.*: 《?*a*1400》 *resorte(n)* ▭ OF *resort-ir* (F *ressortir*) ← RE-+*sortir* to come out (⇨ sortie). — *n.*: 《*c*1385》 ▭ (O)F *ressort* ← (*v.*)〙 — *vi.* **1** (大挙して)行く; (特に)しげしげと通う, 常々行く〔*to*〕: a park *to* which many people ～ 多くの人が出かける公園 / a place *to* which he was known to ～ その男の行きつけの場所 / Visitors ～*ed to* the shrine by the hundred(s). 参詣(さんけい)者が何百となくその社に詣(もう)でた. **2** 〔ある手段に〕訴える, 頼る, 助けを求める, 力を借りる〔*to*〕: ～ *to* experiment 実験に頼る / ～ *to* force [arms, violence] 腕力[武力, 暴力]に訴える / ～ *to* law 法律に訴える / They ～*ed to* a strike *for* higher wages. 賃上げを要求してストに突入した.

— *n.* **1 a** 行くこと; 足しげく通うこと; 多人数の往訪, 人出: a place of public [great] ～ 人の多数寄り集まる所, 盛り場 / He encouraged the ～ of artists. 芸術家の来訪を歓迎した. **b** よく行く所, 出入りの場所, 盛り場; 行楽地, 遊山地(ゆさんち), リゾート: a (place of) popular ～ 盛り場 / a fashionable ～ 上流階級の人々の遊びに行く所 / a health ～ 保養地 / a holiday ～ 休日に遊びに行く場所, 行楽地 / a mountain [seaside] ～ 山[海辺]の行楽地 / a pleasure ～ 遊山地 / a summer [winter] ～ 避暑[寒]地 / a ～ of thieves [beggars, tramps] 盗賊[こじき, 浮浪者]の巣[集合場所]. **c** [集合的] 人だかり, 群衆 (throng): a great ～ of men. **2 a** 頼りにする[訴える]こと, 頼み〔*to*〕: have [make] ～ *to* a strike ストライキに訴える / It cannot be done without ～ *to* compulsion. それは強制手段に訴えなければできない / the ～ *to* ultimate tactics 最後の手段の採用. **b** 頼りにする人[物]; (訴える)手段, 方便, 策: the last ～ 最後の頼り[手段] / without ～ 訴えるすべもなく, 頼む所なく / A carriage was the only ～. 馬車が唯一の頼りであった.

in the last resort (百計尽き)最後の手段として, 最後の頼みに, 結局, 遂に.

rè·sórt *vt.* 再び分類する, 再び仕分けする.

re·sórt·er [-tə | -tə(r)] *n.* 盛り場[行楽地]へ足しげく通う人, 行楽者.

resórt wèar *n.* リゾートウェア《休暇中の社交やスポーツ向けにデザインされた衣類》.

re·sound [rɪzáʊnd, rə-, -sáʊnd | -záʊnd] 〘《*c*1395》 *resoune(n)* ← RE-+*soune(n)* 'to SOUND[1]': cf. OF *resoner* / L *resonāre*〙 — *vi.* **1 a** 〈場所・部屋などが〉鳴り響く, 反響する: All England ～*s* with his praise. 英国中が彼をほめたたえている. **b** 〈楽器・音などが〉共鳴する, 鳴り響く, 鳴り渡る. **2** 〈名声・事件などが〉評判になる, 知れ渡る: His name ～*s* throughout the land. 彼の名声は国中に知れ渡っている. — *vt.* **1** 〈音を〉反響する, こだまさせる. **2 a** 声を大にして繰り返す: ～ the praises of a hero. **b** 〈言葉などを〉大声で言う.

rè·sóund *vt.* 再び鳴らす, 再び響かせる. — *vi.* 再び鳴る, 再び響く.

re·sóund·ing *adj.* 反響する, 鳴り響く, 響き渡る; 顕著な, 完全な: a ～ success [victory] 大成功[勝利]. **～·ly** *adv.*

re·source [ríːsɔəs, -soəs, -zɔəs, -zoəs, rɪsɔ́əs, rə-, -sóəs, -zɔ́əs, -zóəs | rɪsɔ́ːs, rə-, -zɔ́ːs] 〘《1611》 ▭ F *ressource* (p.p.) ← OF *resourdre* to rise again < L *resurgere* 'to RESURGE[1]'〙 — *n.* **1 a** (まさかの時の供給・援助の)源, 原泉, 貯蔵; 蓄積. **b** [*pl.*] 財源, 財力, 資産, 資金: a man of no ～*s* 無資力の人 (cf. 4). **c** [*pl.*] (一国の)資源: natural ～*s* 天然資源 / Australia's vast energy ～*s* オーストラリアの莫大なエネルギー資源 / A war will be a drain upon our country's ～*s*. 戦争があれば我が国の資源は枯れてしまうだろう. **2** (まさかの時の)頼み, 方便, 方策, やり繰り, 算段: Flight was his only ～. 逃げるよりほかに道はなかった / I am at the end of my ～*s*. 百計尽きた / I am thrown on my own ～*s*. (頼む所がなく)自力でやるよりほかに道がなくなった / Smiling was her usual ～. 彼女は困るといつも微笑でごまかした / She had no other ～ but to weep. 泣くより外に仕方がなかった. **3** やり繰り上手, 機略縦横, 知謀; 臨機の才, 機転: a man of great ～ 機略縦横の人, 非常な知恵者 / He is full of ～ in any emergency. 臨機応変の才に富んでいる. **4** 憂さ晴し, 退屈しのぎ, 娯楽: a man of no ～*s* 無趣味な人 (cf. 1 b) / Reading is a great ～. 読書は非常な楽しみだ. **5** [通例否定構文で] 《古》援助の見込み: be lost without ～ 援助を受ける見込みもなく途方に暮れる.

left to one's own resources 誰の援助もなくて, 自分だけの力で.

re·source·ful [rɪsɔ́əsfəl, rə-, -sóəs-, -zɔ́əs-, -zóəs-, ríːsɔəs-, -soəs-, -zɔəs-, -zoəs- | rɪsɔ́ːs-, rə-, -zɔ́ːs-] — *adj.* **1** 機略縦横の, 計略[知謀]に富んだ, 思い付きのうまい, やり繰り上手の: a ～ wife. **2** 資力のある, 物資の豊かな, 資源に富んだ. **～·ly** [-fəli | -lɪ] *adv.* **～·ness** *n.*

résource·less *adj.* **1** 方策のない. **2** 資力のない, 資源の乏しい. **～·ness** *n.*

resp. 《略》respective; respectively; respondent.

re·spect [rɪspékt, rə-] 〘*n.*: 《?*c*1380》 ▭ (O)F ～ ∥ L *respect-us* (p.p.) ← *respicere* to look (back) at ← RE- (A)+*specere* to look at (cf. species). — *v.*: 《1542》 ← L *respect-us* ∥ ▭ L *respect-āre* (freq.) ← *respicere*〙 — *vt.* **1 a** 重んじる, 尊重する, 尊敬する: ～ a man [one's elders] 人[目上の人々]を尊敬する / ～ oneself 自重する, 自尊心がある (cf. self-respect). **b** 《古》顧慮する, 考慮に入れる, 斟酌(しんしゃく)する, 注意する: ～ a person's prejudices [grief, wishes] 人の偏見[悲しみ, 希望]を顧慮する. **2** 守る, 犯さない, 妨害しない: ～ the law [one's word] 法律[約束]を守る / ～ a person's privacy 人の私生活を尊重する / ～ innocence 無邪気さに付け込まない / ～ a person's silence 人の沈黙を妨げない, 黙っている人にみだりに話しかけない / ～ privileges [property, neutral territory] 特権[所有権, 中立地帯]を尊重する[侵害しない]. **3** 《古》…に関係する, かかわる (cf. respecting).

respect persons [***the person***] (地位などによって)特別待遇する, 人によって区別立てをする, えこひいきする (cf. respecter). (***so far***) ***as respects*** …について, に関して.

— *n.* **1 a** 尊敬, 敬意: have (a) deep [great] respect *for* …に対して深い尊敬を懐(いだ)いている / have no ～ *for* (old) age 老人に対して敬意の「け」の字も持たない / with all ～ *to* your opinion ご意見は誠にごもっともですが / hold a person in ～ 人を尊敬する / He has won [conquered] the ～ of all. 彼は万人の尊敬を受けるに至った. **b** [*pl.*] (言動に表わされた)敬意, 挨拶, ご機嫌伺い: send one's ～*s* to …によろしくと言ってやる / Give him my best ～*s*. あの人にはくれぐれもよろしくお伝え下さい. **2** 尊重, 重視; 顧慮, 斟酌(しんしゃく), 考慮, 注意, 関心〔*for, to*〕: have ～ *for* one's promise 約束を尊重する[守る] / pay ～ *to* a person's wishes 人の希望を酌量(しゃくりょう)する / He has not had [paid] ～ *to* anything but beauty. 美以外は何も考慮しなかった / show ～ of persons 人を差別する, えこひいきする / There is no ～ of persons with God. 神には偏(かた)り視(み)給うことなし《一視同仁; *Rom.* 2:11》. **3** 点, 個所, 細目: in all [many, some] ～*s* すべての[多くの, 幾つかの]点において / in every ～ あらゆる点で, どこから見ても / in no ～ いかなる点においても[全然]…でない / in this [that] ～ この[その]点で / be defective in some ～*s* ある点で欠陥がある. **4** 関係; 関連〔*to*〕: have ～ *to* the problem その問題と関係がある. **5** 《廃》**a** 考慮すべき事柄; 目的, 動機. **b** 比較: in ～ 比較して.

in respect of [***to***] (1) …に関しては, については: *In* ～ *of* that there is nothing to be said. その点につい

ては何も言うことがない. (2)《古》…を考慮して, …にかんがみて, …の故に. ***in respect that*** …《古》…ということを考えると, …であることを思えば, …だから. ***pay** one's **last respects*** 葬儀に参列する. ***pay** one's **respects*** (人の所へ行って)敬意を表する. ***without respect to*** [***of***] …を無視して, を顧慮しないで: *without* ~ *of* persons (ことに高位の人などに対して)特別扱いすることなく / He did it *without* ~ *to* the results. 結果のことなど考えずにそれをやった. ***with respect to*** …に関して(は), について(は).

re·spect·a·bil·i·ty [rɪspèktəbíləṭi, rə- | -lətɪ, -lɪ-] 〘《1785》: ⇨↓, -ity: cf. F *respectabilité*〙 ― *n.* **1** 尊敬に値すること, 人格高潔; 品行方正; 立派な態度[行動]. **2 a** 体面, 世間体; お上品振り: for ~'s sake 世間体をつくろうために. **b** (住居・衣服などが)恥ずかしくないこと; 立派な社会的地位. **3 a** 人格高潔品行方正な人, 君子. **b** [the ~; 集合的] 身分のある人々; 名士達, お歴々. **4** [しばしば *pl.*] 因襲的儀礼, 慣習: observe the *respectabilities* 慣習を守る.

re·spect·a·ble [rɪspéktəbl̩, rə-] 〘《*a*1586》← RESPECT + -ABLE: cf. F *respectable*〙 ― *adj.* **1** 尊敬すべき, 立派な; 人格高潔な, 品行方正な (↔ despicable): a ~ person [physician] 立派な人[医師] / He did it from ~ motives. 彼は立派な動機からそれをした. **2** 身分のよい, 相当な地位にある, 名望のある. **3** 品のある, 卑しからぬ, 上品な, 見苦しくない, 押し出しのいい; 上品振った: ~ behavior 上品な振舞い / ~ clothes りゅうとした服 / look ~ 体裁がよい / He is too ~ for my taste. 彼は余りお上品過ぎて私には向かない. **4 a** 相当な, かなりの: a ~ painter かなりの[相当な]画家 / ~ talents 相当な才能 / live in ~ style かなりの暮しをする. **b** (数量など)相当な, かなりの, 少なからぬ: a ~ income 相当な収入 / a ~ hill かなりの高さの小山 / a ~ minority 少数とは言えかなりの数. ― *n.* 立派な人, 尊敬すべき人. **~·ness** *n.*

re·spéct·a·bly [-bli | -blɪ] 〘《1775》〙 *adv.* **1** 立派に. **2** かなりに, 相当に. **3** 上品に, 見苦しくなく, 体裁よく: be ~ clothed 立派な服を着ている.

re·spect·ant [rɪspéktənt, rə-] 〘▭ L *respectant-em*: ⇨ respect, -ant〙 *adj.* **1** 〚紋章〛〈弱い動物・魚などが〉向き合っている. **2** 後ろ向きの.

re·spéct·er *n.* [通例否定構文で] 人を差別待遇する人, えこひいきする人 (cf. RESPECT *persons*): God is *no* ~ of persons. 神は偏(ᵏᵗᵃ)ることをせず (*Acts* 10: 34) (cf. respect *n.* 2) / Law is *no* ~ of persons. 法律は人を差別しない.

re·spect·ful [rɪspéktfəl, rə-] *adj.* 敬意を表する, 丁寧な, 丁重な, うやうやしい: a ~ bow 丁寧なお辞儀 / in his most ~ voice 非常に丁寧な感じのする声で / be ~ *to* age 老人に丁重である / be ~ *of* tradition 伝統を重んじる / keep at a ~ distance from …を敬遠する / He stood at a ~ distance. 彼は失礼にならぬよう少し下がって立っていた. **~·ness** *n.*

re·spéct·ful·ly *adv.* 敬意を表して, うやうやしく, 謹んで, 丁重に, いんぎんに: *Respectfully* yours = Yours ~ 敬具《かしこまった手紙の結辞; cf. yours 3》.

re·spect·ing [―⁻―, ―⁻―] *prep.* …に関して[する], について(の): questions ~ the matter その件に関する諸問題 / He talked ~ his future. 彼は自分の将来について話した.

re·spec·tive [rɪspéktɪv, rə-] 〘《1525》▭ ML *respectīv-us*: ⇨ respect, -ive〙 ― *adj.* **1** それぞれの, めいめいの, 各自の: A and B contributed the ~ sums of $4 and $3. A と B とはそれぞれ 4 ドルと 3 ドルを寄付した / They went their ~ ways. 彼らはめいめいの道を歩いて行った / The election result depends on the ~ popularity of the candidates. 選挙(の結果)は候補者各自の人望で決まる / They were given places according to their ~ rank [ranks]. 彼らはその階級に応じてそれぞれ地位を与えられた / All the members of the club have distinguished careers in their ~ fields. そのクラブのメンバーはそれぞれの畑で立派な経歴を持った人たちばかりだ. ★ respective は複数名詞を伴うことが多い. **2** 《廃》不公平な, 差別する. **~·ness** *n.*

re·spéc·tive·ly 〘《1556》〙 ― *adv.* それぞれ, 各々, 各自, 銘々に: The first, second, and third seats belong to Tom, Ned, and me ~. 第一, 二, 三の席はそれぞれトム, ネッド, 私のものです / Her two sons are ~ in the Civil Service and in an oil firm. 二人の息子の内, 一人は公務員, もう一人は石油会社に勤めている / Charlotte, Emily and Anne were ~ 20, 18, and 16 years old then. 当時シャーロットとエミリーとアンはそれぞれ20歳, 18歳, 16歳だった.

rè·spéll *vt.* (**re·spelled, re·spelt**) 綴り直す; (特に発音記号などを用いて)綴り替える.

Re·spi·ghi [rɪspíːgi, rə-, re- | respíːgɪ; *It.* respíːgi], **Ot·to·ri·no** [ɔ̀ttoríːno] *n.* レスピーギ《1879–1936; イタリアの作曲家; *I Pini di Roma*「ローマの松」(交響詩, 1924)》.

res·pi·ra·ble [résp(ə)rəbl̩, rɪspáɪ(ə)r-, rə- | réspɪr-, rɪspáɪər-, rə-] *adj.* **1** 呼吸できる: ~ beings. **2 a** 呼吸に適する: ~ air. **b** (呼吸の際に)吸い込まれ(う)る: ~ particles of chalk のどに入り易いチョークの粉. **~·ness** *n.*

res·pi·ra·tion [rèspəréɪʃən | -pər-, -pɪr-] 〘《*c*1430》▭ F ∼ ‖ L *respīrātiō(n-)*: ⇨ respire, -ation〙 ― *n.* **1** 呼吸: artificial ~ 人工呼吸 / abdominal [chest] ~ 腹式[胸式]呼吸. **2** 一呼吸, 一息. **3** 〚生物〛 **a** 呼吸, 呼吸作用, 呼吸運動. **b** 嫌気性の生物が遊離酸素以外の物質を使って行なう同様の作用. **~·al** [-ʃənl̩, -ʃnəl] *adj.*

res·pi·ra·tor [réspərèɪṭə | -pəreɪtə(r, -pɪr-] 〘《1792》← L *respīrātus* ((p.p.) ← *respīrāre* 'to RESPIRE') + -OR²〙 ― *n.* **1** ガス[防毒]マスク. **2** 〚医学〛レスピレーター, 人工呼吸器, 機械的調節呼吸器.

res·pi·ra·to·ry [résp(ə)rətɔ̀ːri, rɪspáɪ(ə)rə-, rə-, -tòːri | rɪspáɪərət(ə)rɪ, re-, rə-, -píːr-, réspɪrə-, réspɪrèɪtərɪ] 〘▭ LL *respīrātōri-us* ← *respīrātus* (↑): ⇨ -ory¹〙 ― *adj.* 呼吸(作用)の, 呼吸による[に関する]; 呼吸器の: a ~ organ 呼吸器 / a ~ disease 呼吸器病[疾患].

réspiratory distrèss sỳndrome *n.* 〚病理〛(特発性)呼吸窮迫症候群, 新生児呼吸障害症候群.

réspiratory énzyme *n.* 〚生化学〛 **1** 呼吸酵素《生物の細胞呼吸機構に関与する酵素; 酸化酵素・脱水酵素・カタラーゼ (catalase) など》. **2** = cytochrome oxidase.

réspiratory pígment *n.* 〚生化学〛呼吸色素《生体内における呼吸に関係する色素蛋白(ᵗᵃⁿ)質; hemoglobin, chlorocruorin, hemerythrin, hemocyanin, cytochrome など》.

réspiratory quòtient [**ràtio**] *n.* 〚生化学〛呼吸商, 呼吸率, 呼吸比《呼吸の際排出する炭酸ガスの量と外界から吸収する酸素の量との比; 略 R.Q.》.

réspiratory sỳstem *n.* 〚生理〛呼吸器系.

réspiratory trèe *n.* **1** 〚動物〛呼吸樹, 水肺《ナマコ類にある 1 対の樹枝状の盲管》. **2** 〚解剖〛呼吸管, 気管支, 細気管支.

re·spire [rɪspáɪə, rə- | -spáɪə(r)] 〘《*c*1385》*respire(n)* ▭ (O)F *respir-er* ‖ L *respīr-āre* ← RE-(A) + *spīrāre* to breathe (⇨ spirit)〙 ― *vi.* **1** 呼吸する, 息をする. **2** (努力・不安のあとで)ほっと一息つく, やれやれと思う, 休息する; 元気[希望, 勇気]を取り戻す. **3** 〚生理〛〈皮膚・細胞が〉呼吸する《酸素を吸入し炭酸ガスを排出する》. ― *vt.* **1** 〈空気を〉呼吸する. **2** 《古》〈薫(ᵏᵃ)りなどを〉発散する, 〈気分などを〉漂わせる.

res·pi·rom·e·ter [rèspərάməṭə | -pɪrɔ́mɪtə(r, -mə-] 〘← L *respīrāre* (↑) + -METER¹〙 *n.* 呼吸計[測定器].

res·pite [réspɪt, -pət, rɪspáɪt, rə- | réspaɪt, -pɪt] 〘n.: 《*c*1300》*respit* ▭ OF (F *répit*) < LL *respectum* 《原義》'a looking back, RESPECT'. ― v.: 《*c*1330》*respite(n)* ▭ OF *respit-ier* < L *respectāre* (freq.) ← *respicere* 'to look back, RESPECT'〙 ― *n.* **1** 猶予, 延期; 〚法律〛死刑の執行延期, 弁済の延期, 期間の延長: put in ~ 猶予する, 延期する. **2** (労働・苦悩・戦争などの)一時的中止; 休止, 休息, 休息期間: take a brief ~ *from* one's work 仕事を少し休む / The civil war continued without ~. 内戦は絶え間なく続いた. ― *vt.* **1** 〈死刑囚〉に執行を猶予する; 〈刑罰・義務などを〉猶予する, 延期する: ~ a condemned man 死刑囚に刑の執行を猶予する. **2 a** 〈苦しんでいる人〉の苦痛を一時的に和らげる: ~ a sufferer. **b** 〈苦痛を〉一時的に和らげる: ~ pain. **3** 《古》〚軍事〛〈俸給支払いを〉停止する: ~ a person's pay.

re·splen·dence [rɪspléndəns, rə-] 〘《15C》▭ L *resplendentia*: ⇨ resplendent, -ence〙 *n.* 輝き, 光輝, 光彩, まばゆさ.

re·splen·den·cy [rɪspléndənsi, rə- | -sɪ] *n.* **1** = resplendence. **2** きらきら輝くもの[衣装].

re·splen·dent [rɪspléndənt, rə-] 〘《1448》▭ L *resplendent-em* (pres.p.) ← *resplendēre* ← RE- (A) + *splendēre* to shine: ⇨ splendent〙 ― *adj.* **1** きらきらと輝く, まばゆく輝く. **2** きらびやかな, 華麗な: ~ in full uniform 礼装きらびやかに / the bride ~ in her white dress 白いドレスに包まれて輝くばかりの花嫁. **~·ly** *adv.*

re·spond [rɪspάnd, rə- | -spɔ́nd] 〘n.: 《*a*1387》▭ OF ∼ ← *respondre* (F *répondre*) < VL *respondere = L *respondēre* to answer ← RE- (A) + *spondēre* to answer to an engagement (⇨ sponsor). ― v.: 《1588》▭ L *respond-ēre*〙 ― *vi.* **1 a** 〈質問などに〉(口頭で)返答する, 応答する〔*to*〕: ~ *to* a question 質問に答える / ~ by a nod うなずいて答える / ~ *to* the cheers of the crowd 群衆の歓呼に答える. **b** 〈会衆が〉〔牧師に〕答えを唱和する, 応唱する〔*to*〕. **2 a** 〈主義・要求などに〉(動作で)応じる, 応酬する, 反響する, 感応[反応]する〔*to*〕: ~ quickly *to* the appeal for subscriptions 寄付の求めに速やかに気前よく応じる[たくさん寄付する] / ~ *to* a demand 請求に応じる / ~ *to* kindness 親切さをしみじみと感じる / ~ with a left-hander 〚ボクシング〛左打ちで打ち返す / He gave no sign of ~*ing to* her energetic advances. 猛烈にモーションをかけているのに彼の方は一向反応を示さなかった / cameras that ~ *to* a variety of wave lengths of light いろいろな波長の光に対応できるカメラ / Horses ~ *to* the bridle. 馬は手綱さばきに応じる. **b** 〈治療などに対して〉積極的な[好ましい]反応がある[を示す]〔*to*〕: a disease that ~*s to* treatment. **3** 《古》一致する, 相応する〔*to*〕. **4** 《米》〚法律〛責任を果たす, 賠償する: ~ in damages 損害を賠償する. **5** 〚生理〛(自発的に)反応する〔*to*〕: ~ *to* a stimulus 刺激に反応する. **6** 〚トランプ〛(ブリッジで)レスポンスする《パートナーのビッド (bid) を受け, その応答となるような何らかのビッドをする》.
― *vt.* **1** 答える, 応答する. **2** 《米》〚法律〛…に答える, …の責を負う, 履行する: ~ the judgment of the court 裁判所の判決を履行する.
― *n.* **1** 〚キリスト教〛日課後の応唱聖歌, 答辞; (日課中の短い)応答聖歌; 唱和句. **2** 〚建築〛(アーチ受けの)付け柱, 壁付き柱; 対応柱.

re·spon·dence [rɪspάndəns, rə- | -spɔ́n-] 〘▭ F 《廃》∼: ⇨↑, -ence〙 ― *n.* **1** 反応, 応答: ~ *to* a visual sensation 視覚に対する反応. **2** 《廃》適合, 相応, 合致.

re·spón·den·cy [-dənsi | -sɪ] *n.* = respondence.

re·spon·dent [rɪspάndənt, rə- | -spɔ́n-] 〘《1528》▭ L *respondent-em* (pres.p.) ← *respondēre* 'to RESPOND': ⇨ -ent〙 ― *adj.* **1** 答える, 応答[答弁]する; 応じる, 反応[感応]する〔*to*〕. **2** 《廃》相応[相当]する. **3** 〚法律〛被告の立場にある. **4** 〚生理〛反射[行動]の: ~ conditioning. ― *n.* **1** 応答[答弁]者; (世論調査・アンケートなどの)回答者; (論文などの)正しさを論じる[弁護する]人. **2** 〚法律〛 **a** 被控訴人, 被上告人. **b** (以前あったエクイティー裁判所 (court of equity)・海事裁判所・離婚裁判所の)被告 (cf. corespondent). **3** 〚生理・心理〛(特定の外部の刺激に応じて起きる)反射行動 (cf. operant 3, reflex 5).

re·spon·den·ti·a [rìːspandénʃiə, -ʃə | -spɔndénʃɪə] 〘← NL: ⇨↑, -ia¹〙 ― *n.* 〚海法〛冒険貸借《積荷が目的地に無事に着いた場合に限り返済するという契約による船舶もしくは積荷または双方抵当の金銭貸借; cf. bottomry》.

re·spónd·er *n.* **1** 応答者, 応答物. **2** 〚通信〛(応答機 (transponder) の)応答電波発射部.

responsa *n.* responsum の複数形.

re·sponse [rɪspάns, rə- | -spɔ́ns] 〘《*c*1300》▭ OF *respons* (F *répons*) ‖ OF *response* (F *réponse*) ‖ L *responsum* (neut. p.p.) ← *respondēre* 'to RESPOND'〙 ― *n.* **1** 応答, 返答: a quick ~ 即答 / make no ~ 返答しない / oracular ~*s* (託宣を求める者への)神の答え / His ~ was the proclamation of martial law. 彼の答えは戒厳令を公布することだった / in ~ to journalists' questions 記者の質問に答えて / In ~ to your advertisement in yesterday's *Times*, I wish to apply for the situation in question. 昨日のタイムズ紙に出た募集広告によりその仕事に応募致します. **2** (他人の行動や感情によって誘起された)感情, 動作, 反応, 反響: His oratorical efforts evoked [produced] no ~ in his audience. 彼の熱弁も聴衆になんらの反響も呼び起こさなかった / That called forth no ~ in his breast. そのことは彼の胸になんらの感動も起こさなかった. **3** 〚生物〛〔刺激に対する〕反応〔*to*〕: ~ *to* stimulus. **4** 〚キリスト教〛 **a** (司祭者に答えて聖歌隊または会衆が唱える)応答文, 応答歌, 応唱 (記号 R, ℟; ↔ officiant; cf. versicle 2). **b** (日課後の)応唱聖歌, 答辞. **5** 〚トランプ〛(ブリッジで)レスポンス《パートナーのビッド (bid) に対する応答としてのビッド》. **6** 〚電子工学〛レスポンス, 応答: **a** 自動制御系で入力信号に対する出力信号. **b** マイクロホンで音圧と印加電圧の比.

respónse cùrve *n.* 〚電気〛応答曲線《様々な刺激(入力)に対する応答(出力)の大きさをグラフで表わした曲線》.

respónse generalizàtion *n.* 〚心理〛反応般化《ある刺激がある反応を引き起こす学習ののち, それに似た反応が引き起こされること; cf. generalization 4 a》.

re·spóns·er *n.* = responder.

re·spon·si·bil·i·ty [rɪspὰnsəbíləṭi, rə- | -spɔ̀nsəbílətɪ, -sɪ-, -lɪ-] 〘《1787》: ⇨↓, -ity〙 ― *n.* **1** 責任, 義務, 義理〔*for, of, to*〕: a sense of ~ 責任感 / The ~ lies with you. 責任は君にある / He declines all ~ *for* it. 彼はそれに対しては全然責任を負わないと言っている / He is not afraid of ~. (独断でやって)責任のかかることを恐れない / He took the ~ upon himself. 責任は彼が引き受けた / I will take [assume] the ~ *of* [*for*] doing it. 責任を負ってそれをしよう / be relieved of one's ~ [*responsibilities*] 責任を解かれる.
2 (それに対し)責任を負うべきもの; (具体的な)責任, 責務, 負担, 重荷: the *responsibilities* of parenthood 親の責務 / The education of children is a grave ~. 子供の教育は重大な(親の)責務である / seek relief from one's *responsibilities* 責任の免除を求める.
3 《米》 **a** 信頼性. **b** 義務履行能力, 支払い能力.
on one's own responsibility 自己の責任で; 自分の一存で, 独断で: I did it *on my own* ~. 私は私の責任でそれをした; 私は独断でそれをやった.

re·spon·si·ble [rɪspάnsəbl̩, rə- | -spɔ́nsə-, -sɪ-] 〘《1599》▭ F 《廃》∼ ← L *responsus* (p.p.) ← *respondēre*: ⇨ respond, -ible〙 ― *adj.* **1** (答弁の)責めを負うべき, (道徳的に)責任のある, 責任を伴う; 〔…に対して〕責任がある〔*to, for*〕: be ~ *for* a person's safety 人の安全に対して責任がある / hold a person ~ *for*… 人に…の責任を負わせる / make oneself ~ *for* …(の責任)を引き受ける / I am not ~ *to* you *for* my actions. 私の行為に関して君に弁明する義務はない. **2 a** 責任[義務]を果たせる; 信頼できる, 確実な, しっかりした: ~ tenants 責任を果たしうる借地人 / a ~ face しっかりした顔. **b** 徳義心のある, 理非の弁別ができる: Man is a ~ being. 人間は理非の弁別ができる. **c** 義務履行能力のある, 支払能力のある. **3** 〈仕事など〉責任の重い: a ~ office [post, position] 責任の重い職務[役目, 地位], 重職, 要職 / a ~ act 責任重大な行為 / a ~ job 責任の重い任務. **4** …の原因となる〔*for*〕: Cigarette smoking is ~ *for* at least 80% of lung cancer. 紙巻きたばこは肺癌(ᵍᵃⁿ)の原因の少なくとも 8 割を占めている / The weather is ~ *for* the delay. 遅延は天気のせいである. **5**〘政治〙〈(特に)英国内閣が〉政治責任のある: a ~ government [ruler] 責任政府[君主]《立法府に対して政治上の責任を負う》. **—** *n.*〘演劇〙(臨時に)いつでも重要な役を引受けられる俳優.

~·ness *n.* **re·spón·si·bly** *adv.*

re·spon·sion [rɪspɑ́nʃən, rə- | -spɔ́n-]〘《c1470》□F ~ ∥ L *respōnsiō(n-)* reply ← *respōnsus* (p.p.) ← *respondēre* 'to RESPOND': ⇨ -sion〙 **—** *n.* **1** [*pl.*]《英》(Oxford 大学で) B.A. 学位の第一次試験《俗に smalls ともいい, Cambridge 大学の previous examination に相当する; cf. moderation 2, great *n.* 3》. **2**《まれ》応答, 返答.

re·spon·sive [rɪspɑ́nsɪv, rə- | -spɔ́n-]〘《1529》□L *respōnsīv-us* ← *respōnsus* (↑): ⇨ -ive〙 **—** *adj.* **1** 答える, 応答する; 応答的な, 応報的な: a ~ smile / ~ aggression 応答[即応]的な攻撃[攻勢]. **2** 反応する, 共鳴する; 感応しやすい, 敏感な, 物わかりのよい: be ~ *to* the condition その条件に感じやすい / I did not find him very ~ when I talked to him. 話して見たが彼は大して共鳴しないようだった. **3**〘教会〙〈礼拝式などで〉応唱する, 応答歌を歌う: a ~ prayer. **4**〘生理〙〈刺激に〉反応する. **~·ly** *adv.*

re·spón·sive·ness *n.* **1** 感応的なこと, 敏感さ, 反応性. **2**〘機械〙敏感度《動いた指針などが敏速に確定すること》.

re·spón·sor〘← RESPONSE+-OR²〙*n.*〘通信〙応答機.

re·spon·so·ry [rɪspɑ́ns(ə)ri, rə- | -spɔ́nsəri]〘《1432–50》□L *respōnsōri-um* ← *respōnsus*: ⇨ responsion, -ory²〙 **—** *n.*〘教会〙(日課後独唱でまたは聖歌隊が歌う)応唱, 答辞.

re·spon·sum [rɪspɑ́nsəm, rə- | -spɔ́n-]〘← NL ~: ⇨ response〙 **—** *n.* (*pl.* **-spon·sa** [-sə])〘ユダヤ教〙ラビ回答書《問題提議書・質問書などに対する律法博士(rabbi)らの回答書》.

rè·spráy *vt.* **1**〈果樹などに〉スプレーし直す. **2**(車体の色をかえるために)〈自動車などに〉再吹き付け塗装をする. **—** *n.*(自動車などの)再(吹き付け)塗装.

res pu·bli·ca [réɪs-pú:blɪkɑ̀:, -blə-, rí:z-pʌ́blɪkə | -blɪ-]〘□L *rēs pūblica*《原義》public thing: ⇨ republic〙*L. n.* (*pl.* **res pu·bli·cae** [-kàɪ]) 国家, 社会.

res·sen·ti·ment [rəsɑ̃̀:(n)ti:mɑ́:(ŋ), sɔ̃̀:(n)ti:mɔ́:(ŋ), -sɑ̀:nti:mɑ́:ŋ, -sɔ̀(:)nti:mɔ́(:)ŋ; *F.* rəsɑ̃timɑ̃]〘□F ~: ⇨ resentment〙 **—** *F. n.*〘心理・社会学〙ルサンティマン, 怨念(㊞), 怨恨: **1**(自分の憎んでいる人間が大切にしていること[もの]を軽蔑することなどによって)間接に示す怒り; 鬱憤(㊞)晴らし. **2 a** 敗北主義的な拗(㊞)ねた態度. **b**(自分より上の生活レベルにある人々に対する)怒りの気持.

rest¹ [rést]〘n.: OE *rest, ræst* ← Gmc **rast-* (G *Rast*). — v.: OE *restan, ræstan* (Du. *rusten* / G *rasten*)〙 **—** *n.* **1 a**(仕事・労働の後にとる)休み, 休息: take [have] a ~ 一休みする / a ~ from work 仕事を休むこと, 一休み / the day of ~ 休日, 安息日, 日曜日 / give a person [horse] a ~ 人[馬]を休ませる / You must get some ~. 少し休まなくちゃいけないよ. **b** 安静, 静養: absolute [complete] ~ 絶対安静 / I need a long ~ in the country. 田舎で静養する必要がある. **c** 睡眠, (睡眠による)休息; 永眠, 死: retire to ~ 床につく, 寝る / take (one's) ~ 寝る, 休む / enjoy a good night's ~ ひと晩ぐっすり寝て休む / go to (one's) ~ 寝る; 永眠する / be laid to ~ 埋葬される. **2**(心の)平静, 安息, 安心(tranquillity). **3**(運動の)休止, 停止, 静止; (話題を)ひとまず措(㊞)くこと: give a machine a ~ 機械を止める. **4** 休息所, 安息所; (特定の人のための)宿泊所: a seamen's ~ =a ~ for sailors 海員宿泊所 / travelers' ~*s* 旅人宿泊所. **5 a**(物を載せる)台, 支え(support); 足かけ台: ⇨ footrest. **b**《英》(玉突きの)キュー架(㊞)(bridge); 銃架; (電話器の)受話器おき; 〘機械〙(旋盤などの)刃物置台. **6**〘音楽〙休止(pause); 休止符(⇨ note 挿絵): ⇨ eighth rest. **7**〘詩学〙中間休止. **8**(朗読の)間(㊞). **9**〘歯科〙レスト, 停止突起.

at rest (1) 休息して. (2) 永眠して, 死んで. (3) 静止して, 休止して: a volcano *at* ~ 休火山. (4) 安んじて: put [set] a person *at* ~ 人を安心させる, 休ませる; 人を落着かせる / set a person's mind [heart] *at* ~ 人を安心させる. (5) 解決して: set a matter [question] *at* ~ 問題を落着させる[解決する].

— *vi.* **1 a** 休息する, 休憩する, 休む: ~ *from* one's work 骨休めする / ~ *from* one's labors ⇨ labor 8 / ~ on one's arms 武装のまま休む, 油断しない / ⇨ *rest on one's* OARS. **b** 横になって休む, 眠る: He is too feverish to ~. 熱が高くて眠れない. **c** 地下に眠る, 永眠する: ~ in the grave [churchyard] 地下に眠る / May he [his soul] ~ in peace! 彼の冥福(㊞)を祈る. **d**〘進行形で〙《英》〈役者が〉舞台を休んでいる, 役がつかない. **2** 安心している, 平穏である, 落ち着いている: I cannot ~ under an imputation. 汚名を着てはじっとしておれない / be content to ~ in God 神に任せて安心する. **3 a** 静止[休止]している: The ball ~*ed on* the street. ボールは通り道のところで止まった. **b** そのままである[いる]: The matter cannot ~ here. 事件をこのままにしては置けない / let the matter ~ 問題をそのままにして置く. **4 a** 安心して信頼する, 頼る, 信じる: ~ *on* one's laurels 既に得た成功に甘んじる, 小成に安んじる / I ~ *upon* your promise. 君の約束を当てにしている. **b** 拠(㊞)る, 基づく, 基礎を置く〔*on, upon*〕: Science ~*s on* phenomena. 科学は現象に基礎を置く. **5 a** ある, 位置を占める, かかる〔*on, upon*〕: A light ~*s on* his face. 彼の顔に光[希望の色]が見える / Clouds always ~ *upon* the mountaintop. その山頂には常に雲がかかっている / Their left ~*ed on* the river. (軍の)左翼は川べりに布陣した / A smile ~*s on* the lips. 微笑が口元に漂っている. **b**〈目・視線が〉留まる, 向けられる〔*on, upon*〕: His gaze ~*ed upon* a strange scene. 妙な場面に目が留まった. **c** 載っている, 支えられている, よりかかる〔*against, on, upon*〕: His hands were ~*ing on* his knees. 彼の手はひざの上に載っていた / The roof ~*s on* arches. 屋根はアーチに支えられている. **6**〈成就・決定・責任などが〉かかって〔…に〕ある〔*with*〕: The choice ~*s with* you. 選択は君の自由である / The decision ~*s with* you.=It ~*s with* you to decide. 決定は君にかかっている / The ultimate responsibility ~*s with* him. 最終責任は彼にある. **7**〘農業〙〈土地が〉作付けされないでいる, 休耕中である: The land was allowed to ~. 土地は(作付けせずに)休ませ[遊ばせ]てあった. **8**〘法律〙(訴訟で提示すべき証拠を出し尽くしたので)自ら進んで新たな証拠の提示を中止する. **9**〘法律〙証人の喚問を終了する.

— *vt.* **1 a** 休ませる, 休息[安息]させる, 休養させる; (休ませて)元気を回復させる: *Rest* your men for an hour. 従者を一時間休ませよ / *Rest* [God ~] his soul! 《古》神よ彼の霊を休ましめたまえ / Colored spectacles ~ one's eyes. サングラスをかけると目が休まる. **b** [~ one*self* または Passive で] 休息する, 憩う: Are you quite ~*ed*? よく休み[元気を回復し]ましたか / I am ~*ed* and refreshed. すっかり体が休まって元気が回復した / I feel thoroughly ~*ed*. 休んでいい気持になった / I stayed there a day to ~ myself. 休養のために一日そこに滞在した. **2 a** 置く, 載せる, よりかからせる, もたれかからせる; …の基礎を置かせる: ~ the head on one's wife's lap 妻のひざを枕にする / ~ a ladder *against* the wall 壁にはしごを立て掛ける / ~ one's chin *on* one's hand ほおを手にのせる, ほおづえをつく / ~ one's case *on* unimpeachable evidence 訴訟の根拠をかれこれ言われないようなしっかりした証拠に据える / ~ one's claim *on* justice 正義を盾(㊞)に取って請求する. **b**〈目などを〉〔…に〕据える〔*on, upon*〕: ~ one's eyes *on* the scene その光景をじっと見詰める. **3** 休止[停止]させる, 止める. **4**〘農業〙〈畑などを〉作付けしないでおく, 休耕にしておく. **5**〘法律〙〈訴訟事件〉の新たな証拠の提示を進んで中止する.

rest up《米》すっかり体を休める, 十分休息を取る.

~·er *n.*

rest² [rést]〘n.: 《c1450》□(O)F *reste* ← *rester* (v.) □L *restāre* ← RE- (A)+*stāre* 'to STAND'. — v.: 《1463》□(O)F *rest-er*〙 **—** *n.* **1 a** [the ~; 単数扱い] 残り, その他(のもの), 残余: for *the* ~ of one's life その後一生涯, 余生中 / You know *the* ~. あとは言わずとも知れたこと / *The* ~ of the money is safe at the bank. 残りの金は銀行に預けてある / He ate half and gave me *the* ~. 彼は半分を食べて残りを私にくれた / *The* ~ is silence. あとは沈黙だ (*Hamlet* 5. 2. 369). **b** [the ~; 複数扱い] 残員, 残留者, その他の人々: Three of us will go; *the* ~ are to stay at home. 我々のうち3人が出かけて, 残りの者は家に留まることになっている. **2** [the ~]《英》〘銀行〙準備金, 積立金; (特にイングランド銀行の)資産負債の差引残高. **3**(テニス・バドミントンなどで)休みなしの打返し(の時間).

among the rest その中に加わって; なかんずく: myself *among the* ~ 私もその中の一人で. ***and the rest*** =***and all the rest of it*** その他などなど, その他何もかも, 何やらかやら: She is young and beautiful and rich *and all the* ~ *of it*. 彼女は若くて美しくて金があってその他何もかもいいことずくめだ. ***(as) for the rest*** その他(について)は, その他のものはと言えば: *As for the* ~, it is all right. あとはそれで結構. ***as to the rest*** その他の点については, その他のことはと言えば.

— *vi.* **1** [補語を伴って] 依然…である, …のままである[いる]: ~ content [satisfied] 満足している, 甘んじている / *Rest* [You may [can] ~] assured that I will do my best. 誓って[必ず]全力を尽します(から御安心ありたい) / The affair ~*s* a mystery. 事件は依然として迷宮の中にある / I ~ your devoted friend. あなたの忠実な友《書簡の古風な結句》. **2**《古》残る, 元のまま残っている: whatever ~*s* of hope 一縷(㊞)の望み.

rest³ [rést]〘《a1387》《頭音消失》← ME *arest* 'ARREST'〙 **—** *n.*〘甲冑〙槍受け, 槍支え《馬上で槍を構えるため鎧(㊞)の胸当につけた掛け金》: lay [set] one's lance in ~ 槍を構える / with lance in ~ 槍を構えて.

rè·stáge *vt.* 再上演する.

rè·stárt *vt.* **1** 再び出発させる; 再始動させる. **2**(一時中止した後に)再開する, 再び着手する. **—** *vi.* 再出発する, 再着手する.

rè·stártable *adj.* 再出発[始動]のできる: a ~ rocket engine.

rè·státe *vt.* 再び述べる[言う]; 言い直す[換える].

rè·státement *n.* 再陳述, 再声明; 換言, 言直し.

res·tau·rant [rést(ə)rənt, -tərɑ̀:nt, -trɑ:nt, -tənt | réstərɔ̃̀:(ŋ), -rɑ̃̀:(ŋ), -rɑ̀:ŋ, -rɔ̀ŋ, -tərɔ̀nt, -trɔnt, -t(ə)rənt; *F.* rɛstɔrɑ̃]〘《1827》□F ~ (pres.p.) ← *restaurer* to restore, repair: ⇨ restore, -ant〙 **—** *n.* 料理店, 飲食店, レストラン, 食堂.

réstaurant càr *n.*《英》食堂車 (dining car).

res·tau·rant·er [-trənṭə, -tərɑ̀:n-, -trɑ:n-, -tən- | -tərɔ̀ntə(r, -trɔnt-, -t(ə)rənt-] *n.* =restaurateur.

res·tau·ran·teur [rèstərɑ:ntə́:, -tʊ́ə | -tɔrɑ:ntə́:(r, -tɔ:r-, -tər-] *n.* =restaurateur.

res·tau·ra·teur [rèstərətə́:, -rɑ:-, -tʊ́ə | -tɔrətə́:(r, -tɔ:r-, -tər-; *F.* rɛstɔratœ:r]〘□F ~ < LL *restaurātōrem* ← L *restaurāre* 'to RESTORE': ⇨ restaurant, -or²〙 **—** *n.* 料理店主[支配人].

rést·bàlk〘農業〙*n.* すき残しの畝(㊞). **—** *vt.* 〈土地〉の畝をすき残す.

rést cùre *n.*〘医学〙(神経衰弱・結核などの)安静療法.

rést dày〘OE *ræst(e)dæg*: ⇨ rest¹〙*n.* **1** 休日. **2** 安息日. **3**(猟期中に設けられる)禁猟日.

rést ènergy *n.*〘物理〙静止エネルギー《静止している物体のエネルギーで質量と光速度の自乗との積》.

rest·ful [réstfəl]〘ME〙 **—** *adj.* 休息を与える, 休まる; 安らかな, 平穏な, 静かな, 落ち着いた, 閑静な: a ~ life [day] 安らかな一生[一日] / a ~ scene 落ち着いた[心の休まる]光景 / a ~ weekend 静かな週末 / a ~ color scheme 落ち着いた配色. **~·ly** *adv.* **~·ness** *n.*

rést·hàrrow〘《c1550》← REST³ (廃) to check+HARROW¹: harrow を使う時邪魔になる草の意: cf. OF *reste boef* stop-ox〙 **—** *n.*〘植物〙マメ科ハリモクシュクの類のクローバーに似た根の強い雑草 (*Ononis repens*).

rést hòme *n.*(老人・回復期の病人などのための)保養所, 療養所.

rést hòuse *n.* **1**(旅人の)休泊所. **2** 憩いの家《行楽地で静かな生活を送れる宿泊施設》. **3**《インド》= dak bungalow.

res·tiff [réstɪf, -təf | -tɪf]〘《15C》□OF *restif* (F *rétif*) < VL **restivum* ← LL *restāre* 'to REST²'〙*adj.* (*also* **res·tif** [~])《古》=restive 1 b.

res·ti·form [réstəfɔ̀əm | -tɪfɔ:m]〘← NL *restiformis* ← L *restis* rope+-FORM〙*adj.* 索状の, ロープ状の.

réstiform bòdy *n.*〘解剖〙索状体.

rést·ing〘ME〙*adj.* **1** 休止状態の, 活動していない. **2**〘生物〙休眠している: a ~ stage 休眠期. **3**〘生物〙〈細胞が〉分裂を行なっていない, 休止期の, 間期の.

résting núcleus *n.*〘生物〙静止核, 休止核《細胞が核分裂[細胞分裂]をしていない休止期における核》.

résting-plàce〘ME〙*n.* **1** 休息所, 憩い所. **2** 永眠の場所, 墓: one's last ~ 墓. **3**(階段の)中継段, 踊場.

résting spòre *n.*〘植物〙休眠胞子《発芽前に休眠する胞子で, 暑熱・乾燥・寒冷などの不良環境に耐えるように細胞膜の肥厚したもの; cf. akinete, chlamydospore》.

res·ti·tute [réstət(j)ù:t | -tɪtjù:t]〘《c1500》← L *restitūt-us* (p.p.) ← *restituere* ← RE- (A)+*statuere* to set up (⇨ statute)〙 **—** *vt.* **1** 元の状態[地位]に復させる[戻す]. **2** 返還する; 賠償する. **—** *vi.* **1** 元の状態[地位]に戻る. **2** 返還する; 賠償する.

res·ti·tu·tion [rèstət(j)ú:ʃən | -tɪtjú:-]〘《a1325》□(O)F ~ ∥ L *restitūtiō(n-)* a restoring: ⇨ ↑, -tion〙 **—** *n.* **1**(元の持主への)返却, 返還; 損害賠償: make ~ 返還[償還]する, 賠償する. **2** 復位, 復職, 復旧, 回復; 〘英法〙(夫婦)同居権の回復, 同居命令《離婚訴訟の一手続き; restitution of conjugal rights ともいう》. **3**〘法律〙**a**(判決破棄による物の)返還, 回復. **b** 原状回復. **c**(投荷の損害の)補償. **4**〘神学〙(万物の)更新, 改新《最後において万人万物が神の意志に一致すること》: the times of ~ of all things 万物の改まる時 (*Acts* 3: 21). **5**〘物理〙弾力による復原, 戻り: force [power] of ~ 復原力. **res·ti·tu·tive** [rèstət(j)ù:tɪv | -tɪtjù:t-] *adj.* **res·ti·tu·to·ry** [rèstət(j)ú:təri | -tɪtjú:təri] *adj.*

res·tive [réstɪv]〘《1599》← ME *restif* stationary (⇨ restiff): ⇨ -ive〙 **—** *adj.* **1 a**〈馬が〉頑強(㊞)に反抗して前へ進まない, 後ずさりをしたり左右にはね回ったりする; 御し難い: be ~ to the rein 手綱で御し難い. **b** 扱いにくい, 始末の悪い, 手に負えない, 言うことを聞かない: The crowd grew ~. 群衆は不穏になってきた. **2** 落ち着きのない: feel ~. **~·ly** *adv.* **~·ness** *n.*

rést·less〘OE *restlēas*: ⇨ rest¹, -less〙 **—** *adj.* **1** 休息のない, 休めない, 眠れない: spend a ~ night 眠れない一夜を過ごす. **2 a** 落ち着かない, 不安な: a ~ heart 落ち着かない心. **b**〈動作・態度など〉落ち着きのない, じっとしていない, せかせかしている: a ~ child 落ち着きのない[じっとしていない]子供. **3** 静止することのない, 不断の, やむことのない: a man of ~ energy 活動家, 精力家 / ~ waves 寄せては返す波. **~·ly** *adv.* **~·ness** *n.*

réstless cávy *n.*〘動物〙=guinea pig 1.

réstless flýcatcher *n.*〘鳥類〙=dishwasher 2.

rést màss *n.*〘物理〙静止質量《静止している物体の質量》.

rè·stóck *vt.* …に再び繁殖[繁茂]させる: ~ a lake *with* trout 湖に元通りに鱒(㊞)を放つ. **—** *vi.* 再び仕入れする.

re·stor·a·ble [rɪstɔ́:rəbḷ, rə-, -stó:r- | -stɔ́:r-] *adj.* 元に戻せる, 元通りになる.

re·stor·al [rɪstɔ́:rəl, rə-, -stó:r- | -stɔ́:r-]〘⇨ restore, -al²〙*n.* =restoration.

res·to·ra·tion [rèstəréɪʃən | -tər-, -tɔ:r-]〘《1660》← RESTORE+-ATION ∞ ME *restauration* □(O)F ∥ L *restaurātiō(n-)* ← *restaurātus* (p.p.) ← *restaurāre* 'to RE-

STORE '〗 ― *n.* **1 a** 復帰, 復職, 復位. **b** (制度などの)復興, 再興; (領土・状態などの)回復, 復活, 復旧: the ~ of friendship 仲直り / the ~ of democracy 民主主義の復活 / the ~ of order 秩序の回復. **c** (損傷した美術品・文献などの)修復, 補修, 校訂: the ~ of a painting 絵の修復. **d** (建物などの)原形模造, 復原; 復原した建物; (死滅動物などの)原形模造. **e** (健康の)回復, 本復, 全治, 意識の回復: the ~ of health 健康の回復. **f** 義歯(を入れること). **g** 返還, 還付. **2** 〖神学〗万民救済 (⇨ restorationism): universal [final] ~ 万民救済. **3** [the R-]〖歴史〗王政復位, 復古時代: **a** (英国では) 1660 年の Charles 二世の即位; 復古時代《1660–85 年, 時には James 二世の治世をも含めて 1688 年まで》: *Restoration* comedy 復古時代の喜劇. **b** (フランスでは) 1814 年のブルボン (Bourbon) 王朝の復位. **c** (日本の)維新: the Meiji *Restoration*.

rès·to·rá·tion·ìsm [-ʃənìzm] *n.* 〖神学〗(一時神罰を受けても結局は後世において万人が救済されるという)万人救済説.

rès·to·rá·tion·ist [-ʃ(ə)nɪst, -nəst | -nɪst] *n.* **1** 建物復原技術者. **2** 〖神学〗万人救済論者.

re·stor·a·tive [rɪstɔ́ːrəṭɪv, rə-, -stóːr- | -stɔ́rətɪv, -tɔ́ːr-] 〖《*a*1400》 *restoratif* 《変形》← *restaurative* ▭ OF *restauratif* ← L *restaurātus* (p.p.) ← *restaurāre* (↓): ⇨ -ative〗 ― *adj.* **1** 復興の; 復旧する. **2** 回復させる, 力をつける, 栄養になる, 気付けとなる. ― *n.* 強壮剤, 補強薬, 栄養食; 気付け薬. **~·ly** *adv.* **~·ness** *n.*

re·store [rɪstɔ́ə, rə-, -stóə | -stɔ́ː(r] 〖《*c*1300》 *restore(n)* ▭ OF *restor-er* (F *restaurer*) < L *restaurāre* ← RE-(A)+-*staurāre* to repair: ⇨ store〗 ― *vt.* **1 a** 元に戻す, 復帰させる; 〈王などを〉復位させる; 〔元の地位などに〕復する, 復職させる 〔*to*〕: ~ a dethroned king 廃王を復位させる / ⇨ *restore a person in* BLOOD / He is ~*d to* the path of virtue. 彼は正道に立ち返った[真人間になった] / The captain was ~*d to* his rank. 隊長は元の地位[階級]に戻された. **b** 〔元の位置に〕戻す, 返却する 〔*to*〕: ~ a book *to* its place on a shelf 本を棚の元の位置に戻す. **c** 〈失くしたもの・奪われたものを〉元に返す, 戻す, 返還する: The stolen article has been ~*d to* its owner. 盗難品が持主に戻った / Who can ~ the lost years of our youth? だれが失われた青春時代を取り返すことができようか / ~ a captured turtle *to* its natural aquatic habitat 捕えたカメを自然の住所(すみか)である海に戻してやる. **d** 元通りにする, 復原する, 修復する, 再建する: be spoilt in *restoring* 修復しようとしてかえってだめになる / be ~*d* out of all recognition 見違えるくらいに復旧[修復]される / The castle has recently been ~*d* without losing its taste and dignity. 城は最近風格を損わずに修復された. **e** 校訂する: ~ a text 原文を校訂する. **f** 〈欠落した語句などを〉推定により補う[挿入する]. **g** 〈死滅した動物などを〉推定によって原形を模造する; 推定補修する: ~ an extinct animal 死滅した動物を復原する. **2** 〈制度・習慣・状態などを〉復活する, 復興する, 再興する: ~ calm [public order] 平和[社会の秩序]を取り戻す / ~ public confidence 国民の信頼を回復する / Press freedom was ~*d*. 報道の自由が回復した / The monarchy [old order] has been ~*d*. 王政が復古した[旧制度が復活した]. **3** 〈健康・元気・意識などを〉回復させる, 本復させる, 〈人〉に意識を回復させる; 〈患者を〉治す: He ~*d* sight to the blind. 盲人の目を見えるようにしてやった / His health is quite ~*d*. 彼は全く健康を回復した[全快した] / He was soon ~*d* to life [consciousness]. すぐ正気に返った[意識を取り戻した]. **4** 〈加工食品〉に加工で失われた栄養価を補給する.

re·stór·er [-stɔ́ːrə, -stóːrə | -stɔ́ːrə(r] *n.* 元へ戻す人[もの]: a hair ~ 毛生え薬.

re·stór·ing fórce [-stɔ́ːrɪŋ-, -stóːr- | -stɔ́ːr-] *n.* 〖物理〗復原力《平衡状態にない物体に作用してそれを平衡状態に引き戻すように作用する力; restoring torque ともいう》.

restóring mòment *n.* 〖海事・航空〗＝righting moment.

restóring tòrque *n.* 〖物理〗＝restoring force.

re·strain [rɪstréɪn, rə-] 〖《*c*1340》 *restreyne(n)* ▭ OF *restrai(g)n-* (stem) ← *restraindre* < L *restringere* ← RE-(A)+*stringere* to tie: ⇨ stringent〗 ― *vt.* **1 a** 〈人などを〉制止する, 阻む, 牽制(けんせい)する 〔*from*〕: ~ a person *from* wasting his property 人に財産を浪費させない / ~ a person *from* interference 人に干渉をさせない. **b** 〈怒り・欲望・涙・笑いなどを〉抑制する, 束縛する, 止(と)める, 制限する, 抑える: ~ one's anger [desire, curiosity] 怒り[欲望, 好奇心]を抑える / ~ laughter 笑いを抑える / She ~*ed* tears with difficulty. 彼女は涙を辛うじて押えた. **c** [~ one*self* で] 押えて…しない, …するのを我慢する, 自制する (cf. self-restraint): He ~*ed himself from* (doing) mischief. いたずらしたいのを我慢した / She could not ~ *herself* for joy. 嬉しくてじっとしていられなかった. **2** …の活動[効果, 成長]を制限する, 過度にならぬようにする: ~ trade 貿易を制限する. **3 a** 〈人を〉(逮捕などして)拘束する, 検束する, 監禁する: ~ an incendiary. **b** 〈人〉から〔自由などを〕奪う 〔*of*〕: ~ a person *of* his liberty 人の自由を奪う. **4** 《廃》〈手綱などを〉強く引き締める.

rè·stráin *vt., vi.* 再び引っ張る.

re·strain·a·ble [rɪstréɪnəbḷ, rə-] *adj.* 制止[防止]できる; 抑制できる, 抑えられる; 拘束できる.

re·stráined *adj.* **1** 〈人が〉控え目の, 節度のある; 〈表現・文体など〉抑制された (↔ flamboyant, extravagant): ~ music 表現を抑制した[落ち着いた]音楽 (cf. extravaganza 1). **2** 制止[抑制]された; 拘束された.

re·stráin·ed·ly [-nɪdli, -nəd-, -nd- | -lɪ] *adv.* 自制して.

re·stráin·er *n.* **1** 制止[防止]者; 抑制者[物]. **2** 〖写真〗現像抑制剤, 熟成抑制剤.

re·stráin·ing òrder *n.* 〖法律〗禁止命令《差止命令の申請期間中に暫くある行為を禁止する予備的命令》.

re·straint [rɪstréɪnt, rə-] 〖《*c*1400》 *restraynte* ▭ OF *restrainte* (p.p.) ← *restraindre* 'to RESTRAIN'〗 ― *n.* **1** (活動などの)制止, 抑制, 禁止; 抑制[抑止]力: in ~ of vice 悪を抑制するために / be beyond ~ 抑制できない. **2** 拘束, 束縛; 検束, 監禁; (特に精神病者の)拘禁; 拘束力, 拘束[束縛]する方法[もの]: free from ~ 束縛のない, 自由な / the ~*s* of illness [poverty] 病気[貧困]による束縛 / be under ~ 監禁中である / keep under ~ 監禁[束縛]しておく / The accused man has been put under ~. 被告は監禁された. **3** 自由通商制限; (船の)入港[出港]禁止. **4** 気兼ね, 慎み, 控え目, 遠慮, 我慢, 自制: without ~ 自由に; 遠慮なく / speak without ~ 何の気兼ねもなくしゃべる. **5** (表現・文体などの)誇張・突飛などを慎しむこと, 抑制.

restraint of princes 《古》＝embargo.

restraint of trade 〖経済〗(価格維持の目的でなされる)取引制限.

rè·stréss *vt.* 〖音声〗…に再強勢をつける《弱形 (weak form) で発音されつけている単音節語に再び強い強勢を置いて元来の強形 (strong form) とは違った形で発音する; 例えば本来の強形は [wɛ́ə | wɛ́ə(r], [frʌ́m | frɔ́m] である were [wə | wə(r], from [frəm] から生じた再強勢形 (restressed form) はそれぞれ[wə́ː | wə́ː(r], [frʌ́m]》.

re·strict [rɪstríkt, rə-] 〖《1535》 ← L *restrict-us* (p.p.) ← *restringere* 'to RESTRAIN'〗 ― *vt.* 制限する; 〔…に〕限定する, 局限する 〔*to*〕: ~ a meaning 意味を限定する / I am ~*ed* by time. 私は時間に制限されている / I am ~*ed to* advising. 忠告をするだけに止められている / It is ~*ed* within narrow limits. それは狭い範囲に限られている / My doctor has ~*ed* me *to* a light diet. 医者が軽い食事だけにせよと言った.

re·stríct·ed *adj.* **1** 限られた, 狭い: a widow lady of ~ means 生計の苦しい未亡人 / It has a very ~ application. その応用範囲は大層狭い. **2 a** (特定の集団・階層の人々を排除して)特定の人々の使用だけに限られた, 非開放的な《人種差別論者が「白人専用」の意に用いる婉曲表現》: a ~ club 非開放的なクラブ / a ~ residential area 居住(者)制限地域《「白人専用地区」の婉曲表現》. **b** 一般非公開の: a ~ garden 非公開庭園. **c** 〖米政治・軍事〗部外秘の, 限定頒布の《書類・情報など機密ではないが, 一般に配布・公開はしない; 米国では公式には 1953 年 11 月まで用いられた; cf. classification 1 d, restricted data》: ~ military information 非公開軍事情報 / a ~ document マル秘書類. **~·ly** *adv.*

restrícted área *n.* **1** 《英》自動車速度制限区域. **2 a** 《米》〖軍事〗(軍人・兵士等の)立入禁止区域. **b** 制限区域[海域, 空域]《味方同士が作戦の妨害とならないように友軍の部隊・艦艇・飛行機の行動を制限した区域》.

restrícted dáta *n. pl.* 〖米政治・軍事〗部外秘資料《核兵器・核燃料に関する部外秘の資料; cf. restricted 2 c》.

restrícted propéllant *n.* 〖宇宙〗端面燃焼《燃焼抑制剤を施した面をもつ固体推薬; end burner ともいう; cf. unrestricted propellant》.

re·stric·tion [rɪstríkʃən, rə-] 〖《*c*1412》 ▭ (O)F ~ ‖ L *restrictiō(n-)* ← *restrictus*: ⇨ restrict, -tion〗 ― *n.* **1** 制限, 限定, 拘束; 制限するもの, 制約, 拘束物: the ~ of expenditure, production, etc. / ~*s* imposed by law 法律によって科せられた拘束 / impose [place, put, lay down] ~*s* on …に制限を加える / lift [remove, withdraw] ~*s* 制限を解除する / *under* certain ~*s* ある種の制限を受けて / without ~*s* 無制限に / The new bill will place tough ~*s* on nonferrous metal companies. 新法案は非鉄金属会社に厳しい制限を加えることとなろう. **2** 差控え, 遠慮: a mental ~ 心中留保. **3** 〖論理〗限定. **4** 〖数学〗**a** (写像の)制限, 縮小《写像の定義域をその部分集合に制限したもの》. **b** 制限, 条件: ~ of finite character 有限的制限[条件]. **5** 〖チェッカー〗相手の序盤の駒の動きを指定すること.

re·stríc·tion·ìsm [-ʃənìzm] *n.* **1** (貿易・移民などに関する)制限主義政策. **2 a** (工場などで労働者が打ち出す)機械[オートメーション]化阻止方策. **b** (仕事をなるべく永続させるための)生産(量)制限方策. **re·stríc·tion·ist** [-ʃ(ə)nɪst, -nəst | -nɪst] *n., adj.*

re·stric·tive [rɪstríktɪv, rə-] 〖《*c*1400》 ▭ (O)F *restrictif* ‖ LL *restrictīv-us*: ⇨ restrict, -ive〗 ― *adj.* **1** 制限する, 限定する, 拘束する: ~ regulations 制限規定 / a ~ monetary policy 金融引き締め政策. **2** 〖文法〗〈語・節が〉制限[限定]を表わす, 限定的な (cf. continuative 2): the ~ use 制限的用法《特に, 関係代名詞 who, that, which の用法についていう; cf. nonrestrictive》. **~·ly** *adv.* **~·ness** *n.*

restríctive cláuse *n.* 〖文法〗制限節《関係代名詞または関係副詞によって導かれる節で, 先行詞の意味を限定し普通その前に comma のないもの; cf. nonrestrictive clause, descriptive clause》.

restríctive cóvenant *n.* 《米》土地使用制限契約《人種・宗教などの条件によってある地区の使用を制限する土地所有者間の契約》.

restríctive práctice *n.* **1** 〖経済〗(企業間の)競争抑制協定. **2** 〖労働〗**a** (労働組合などによる)生産制限的慣行. **b** 新雇用制限.

re·strike [ˌ-ˈ-] *v.* (**re·struck; -struck,** 《古》**-stricken**) ― *vt.* **1** 再び打つ, 打ち直す. **2** 〈貨幣を〉改鋳する. ― *vi.* 打ち直す. ― [ˈ-ˌ-, ˌ-ˈ-] *n.* 〖造幣〗再鋳造貨, 再鋳造メダル《普通収集家などのため正規の発行がなされた後で元の型を使って再び鋳造された貨幣[メダル]》.

rést ròom *n.* (劇場・デパート・事務所などの)洗面所, 手洗い.

rè·strúcture *vt., vi.* 建築[構成, 編成]し直す, 作り直す.

rè·stúdy *vt.* 再び研究[調査, 評価]する. ― *n.* 再研究, 再調査.

rè·stýle *vt.* 新しい格好で作り直す.

re·sult [rɪzʌ́lt, rə-] 〖*v.*: 《1432–50》 ▭ L *result-āre* to spring back (freq.) ← *resilīre* to leap back (⇨ resile): cf. saltation. ― n.: 《1626》 ← (v.)〗 ― *n.* **1** 結果, 結末, 帰着, 成果, 成績; 満足な結果: as a [《まれ》 the] ~ of …の結果として / get poor ~*s* 不成績である / bring about [yield] good ~*s* 好結果をもたらす, 好成績を挙げる / meet with good ~*s* 好結果を得る / publish the ~*s* of the examination 試験の成績を発表する / a desired ~ 望み通りの結果 / give instant ~*s* 〈薬などが〉てきめんに効く / Please don't expect much ~. どうぞあまり期待をなさらぬように願います / The ~ was that... 結果は…であった. **2** [*pl.*] (新聞などに発表された)スポーツの結果[成績]: the football ~*s*. **3** 〖数学〗(計算や推論の)結果, 答.

as a result その結果; それ故に (cf. *n.* 1). ***in result*** 《米》その結果. ***in the result*** 結局. ***without result*** 成果なく, 無効で, 無益に, 空(むな)しく.

― *vi.* **1** 〔条件・前提・原因から〕結果として生じる[起こる] 〔*from*〕: Nothing has ~*ed from* my efforts. 努力が水泡(すいほう)に帰した / The war ~*ed from* a mistaken policy. 戦争は誤った政策から起こった. **2** 〔…に〕帰着する, 帰する, 終わる 〔*in*〕: ~ *in* failure 失敗に終わる / His enterprise has ~*ed in* a loss [a large profit]. 彼の事業は結局損失に終わった[大もうけになった] / It ~*ed* badly. それは不首尾に終わった / The match ~*ed in* a draw. 試合は結局引分けになった. **3** 〖法律〗〔…に〕帰属[復帰]する 〔*to*〕: The estate ~*ed to* him. その財産は彼に復帰した.

re·sul·tant [rɪzʌ́ltənt, rə-, -tn̩t | -tənt, -tn̩t] 〖《1615》 ▭ L *resultant-em* (pres.p.) ← *resultāre* (↑): ⇨ -ant〗 ― *adj.* **1** (さまざまな相対する力の)結果として生じる, 結果の. **2** 〖物理〗合成の, 合成的な: a ~ force 合力. ― *n.* **1** 結果として生じるもの, 結果. **2** (多数の人の協力と反対との結果生じた)合力. **3** 〖物理・数学〗ベクトルの和, 合力, 合成運動. **4** 〖数学〗終結式《2 つの多項式の係数からつくられたある行列式で, それらの多項式が共通の因子をもつかどうか調べるためのもの》. **~·ly** *adv.*

resúltant tóne *n.* 〖音響〗＝combination tone.

re·sult·ful [rɪzʌ́ltfəl, rə-] *adj.* 成果のある, 成績のよい, 効果のある, 有効な. **~·ly** *adv.* **~·ness** *n.*

re·súlt·ing·ly [-ṭɪŋli | -tɪŋlɪ] *adv.* 結果として.

resúlting trùst *n.* 〖法律〗復帰信託.

resúlt·less *adj.* 成果のない, かいのない, むだな, 効果のない, 無益な.

re·sum·a·ble [rɪzúːməbḷ, rə- | -z(j)úːm-] *adj.* **1** 取り戻される, 回復できる. **2** 再び始められる.

re·sume [rɪzúːm, rə- | -z(j)úːm] 〖《*a*1420》 ▭ (O)F *résumer* ‖ L *resūm-ere* ← RE-(A)+*sūmere* to take up (cf. assume, consume)〗 ― *vt.* **1** 〈一度やめたことを〉再び始める, 〈話・議論などを〉また[再び]続ける; 再び取り上げる, 再び使用し始める: ~ one's pipe またたばこを始める / ~ a game (中断した)ゲームを続ける / ~ dominion 再び支配する / ~ acquaintance (*with* a person) (人と)また交際を始める / ~ conversation また話を始める / ~ one's labors [office] (一旦休んで)再び努力を続ける[復職する] / ~ play (途中で休んだ後)再び遊戯[演奏, 演技など]を続ける / ~ the thread of one's discourse 話の元の筋に戻る, 話の穂をつぐ / ~ one's maiden name 旧姓に復する / The House ~*d* work [its labors]. また議会が始まった. **2 a** 〈場所・席などを〉再び取る, 再び占める, …に再びつく: ~ one's seat [place] 再び(自分の)席[位置]につく, 席に復する. **b** 〈衣服などを〉再び着る: ~ one's coat. **3** 〈人に与えたもの・失ったものなどを〉取り戻す, 取り返す, 回復する: ~ one's sway [liberty] 勢力[自由]を回復する / ~ grant (取消された)認可を再び得る / ~ territory 失地を回復する. **4 a** 〈既述の事を〉約言する, …の摘要を述べる. **b** 〈文などを〉繰り返す.

― *vi.* **1 a** (特に)談話・仕事などを再び始める: Let us ~ where we left off. 前の続きに移りましょう / Well, to ~... さて話を続けると…. **b** (中断後に)続行する, 再び始まる, 再開する: The trial ~*d* on Monday morning at ten. 公判は月曜日の午前 10 時に再開された. **2** 再び占める, 取り戻す.

ré·su·mé [rézumèɪ, réɪz-, -zuː-, ˌ-ˌ-ˈ- | réz(j)uːmèɪ, réɪz-, -z(j)ʊ-; *F.* rezyme] 〖《1804》 ▭ F ~ (p.p.) ← *résumer* to resume (↑)〗 ― *n.* **1** 概要, 摘要, 要約, 約説, 梗概(こうがい), レジュメ: a clear ~ 明快な要約 / Tom gave her a brief ~ of the interview. トムはその会見

(の際聞いた話)のあらましを彼女に伝えた. **2** 《米》(就職希望者の)履歴書.　「する.
rè·súmmon vt. 〘法律〙再び召喚[召集]する, 再喚問
rè·súmmons 〖《15C》□ AF *resomons*: ⇨re-, summon〗 n. 〘法律〙再召喚(状), 再喚問(状).
re·sump·tion [rɪzʌ́m(p)ʃən, rə-] 〖《1449》□ (O)F *résumption* ∥ L *resumptiō(n-)* ← *resumptus* (p.p.) ← *resūmere*: ⇨ resume, -tion〗 ── n. **1** (中絶したものの)再開, 続行, 再開始, 再使用. **2** (与えた[失った]ものの)取り戻し, 回収, 回復; 再取得, 再占有. **3** 〘銀行〙正貨支払い再開.
re·sump·tive [rɪzʌ́m(p)tɪv, rə-] 〖ME □ L *resumptīvus* ← *resumptus* (↑): ⇨ -ive〗 adj. **1** 要約する, 概説の. **2** 取り戻す; 繰り返す; 再び始める. ～**·ly** adv.
re·su·pi·nate [rɪsúːpənèɪt, rə- | -s(j)úːpɪ-] 〖□ L *resupīnāt-us* (p.p.) ← *resupīnāre* ← RE- (A)+*supīnāre* to place on the back (← *spīnus* 'SUPINE[2]'): ⇨ -ate[2]〗 ── adj. **1** 後ろへ曲がった, 逆向した. **2** 〘植物〙〈葉・花など〉転倒[反転]した, 逆の, 仰向けの.
re·su·pi·na·tion [rɪsùːpənéɪʃən, rə- | -s(j)ùːpɪ-] 〖⇨ ↑, -ation〗 n. 〘植物〙転倒, 反転.
re·su·pine [rìːsəpáɪn, rès-, -suː- | rìːs(j)uːpáɪn, rès-, ─ ─ ╯] 〖□ L *resupīn-us*: ⇨ re-, supine[2]〗 adj. 仰向けの.
rè·supplý vt. 再び供給する. ── n. 再供給.
rè·súrface vt. …に新しい表(おもて)[表面, 表紙]を付ける, 表を付け替える; 再舗装する: ～ a street. ── vi. 〘海軍〙〈潜水艦が〉再び浮上する; 再び水面に顔を出す; 再び現われる.
re·sur·gam [rɪsə́ːgæm, rə-, resúəgɑːm | rɪsə́ːgæm, rə-, resúəgɑːm] 〖□ L ～ 'I shall rise again': ↓〗 L. 我よみがえらん.
re·surge[1] [rɪsə́ːdʒ, rə- | -sə́ːdʒ] 〖《1575》□ L *resurgere* to rise again ← RE- (A)+*surgere* 'to rise, SURGE'〗 vi. 復活する, 生き返る, よみがえる, 復興する.
rè·súrge[2] vi. 〈戦闘・部隊・波などが〉寄せたり返したりする.
re·sur·gence [rɪsə́ːdʒəns, rə- | -sə́ː-] 〖⇨ ↓, -ence〗 n. 生き返り, 再起, 復活, よみがえり: a possible ～ of inflation インフレ再来の恐れ.
re·sur·gent [rɪsə́ːdʒənt, rə- | -sə́ː-] 〖《1768–74》□ L *resurgent-em* (pres.p.) ← *resurgere* 'to RESURGE[1]': ⇨ -ent〗 ── adj. 生き返る, 復活する, よみがえる, 再生する: ～ hopes. ── n. 復活者, 生き返った人.
Resurr. 《略》Resurrection キリストの復活.
res·ur·rect [rèzərékt] 〖《1772》《逆成》← RESURRECTION〗 ── vt. **1** 〈人を〉生き返らせる, 復活させる, よみがえらせる. **2** 《口語》**a** 〈忘れられていたものなどを〉再び行なわれるようにする, 再び世に出す, 復興する: ～ an obsolete custom 古い慣習を復活させる. **b** …の思い出をよみがえらせる; 〈記憶を〉呼び戻す. **3** 墓をあばいて〈死体を〉掘り出す[盗む]. ── vi. よみがえる, 復活する.
res·ur·rec·tion [rèzərékʃən] 〖《c1300》□ (O)F *résurrection* ∥ LL *resurrectiō(n-)* ← L *resurrēctus* (p.p) ← *resurgere*: ⇨ resurge[1], -tion〗 ── n. **1** 生返り, 復興, 再起, 復活; 再流行; 記憶によみ返ること: the ～ of one's hopes / nature's ～ in the spring 春の自然の目覚め. **2** [the R-] 〘キリスト教〙**a** キリストの復活. **b** 復活祭. **c** (最後の審判日における)万人の復活; 万人復活の時. **3** 死体盗掘. **4** 〘クリスチャンサイエンス〙思考の霊化[浄化]《物質的信心が霊的理解に屈すること》. **rès·ur·réc·tion·al** [-ʃənl̩, -ʃnəl] adj.
rès·ur·réc·tion·àr·y [-ʃənèri | -ʃ(ə)nəri] adj. **1** 復活する, 復活の. **2** 死体盗掘の.
resurréction bòdy n. 〘キリスト教〙復活体《すべての人々の(死後)総復活の際, 人々がとると想像される姿》.
resurréction fèrn 〖乾期には枯葉状を呈するが, 湿気に合うと緑色を取り戻すのにちなむ〗 n. 〘植物〙= gray polypody.
rès·ur·réc·tion·ìsm [-ʃənìzm] n. 死体盗掘《墓をあばいて死体を盗み解剖学者などに売る行為》.
rès·ur·réc·tion·ist [-ʃ(ə)nɪst, -nəst | -nɪst] n. **1** 死体盗掘者《resurrection man ともいう》. **2** 復活[復興]させる人. **3** (キリストのまたは最後の審判日の万人の)復活信仰者. **4** 〘カトリック〙御復活(修道)会員, キリスト復活司祭会会員《1836 年創立の御復活修道会 (Congregation of the Resurrection) の会員; 略 C.R.》.
resurréction màn n. 〘歴史〙= resurrectionist 1.
resurréction pìe n. 《口語》食事の残り物で作った肉入りパイ.
resurréction plànt n. 〘植物〙**1** テマリカタヒバ, フッカツソウ (*Selaginella lepidophylla*)《米国南部産イワヒバ科の多年草; 乾燥すると一見枯死したように縮まり, 水を与えると再び活気づいて広がる》. **2** = ROSE of Jericho. **3** = fig marigold.
re·survey [╲ ─ ╯] vt. 再び測量[踏査, 調査, 閲読]する. ── [╲ ╯ ─] n. 再測量, 再踏査, 再調査.
re·sus·ci·tate [rɪsʌ́sətèɪt, rə- | -sɪ-] 〖《1532》← L *resuscitāt-us* (p.p.) ← *resuscitāre* to revive ← RE- (A)+*sus-* 'SUB-'+*citāre* to rouse (⇨ cite)〗 ── vt. **1** 生き返らせる, (人工呼吸などで)蘇生(そせい)させる, 〈人〉の意識を回復させる: ～ a nearly drowned person 溺れた人を蘇生させる. **2** 復興する, 復活させる; 再流行させる. ── vi. 復活する, 生き返る, 蘇生する; 元気を回復する, 活気づく; 再び流行する.
re·sus·ci·ta·tion [rɪsʌ̀sətéɪʃən, rə- | -sɪ-] 〖《1526》□ LL *resuscitātiō(n-)*: ⇨ ↑, -ation〗 n. **1** 生返り, (救急)蘇生(そせい)(法), 復活, 意識回復. **2** 復興, 再興.
re·sus·ci·ta·tive [rɪsʌ́sətèɪtɪv, rə- | -sɪ-] adj. 生き返らせる, 復活させる, 復興させる.
re·sús·ci·tà·tor [-tə | -tə(r)] n. **1** 復活[復興]させる人, 振興者. **2** 蘇生器, 呼吸回復器.
ret [rét] 〖《1440》 *rete(n)* to soak □ ? ON **reyta* < Gmc **rutjan* (⇨ rot) ∥ □ MDu. *reet-en* (Du. *reten*)〗 ── v. (**ret·ted; ret·ting**) ── vt. **1** (繊維を取るために)〈亜麻などを〉(水に漬(つ)けまたは湿気にさらして)柔らかくする. **2** [Passive で] 湿気で腐らせる: be ～*ted* 湿って腐る. ── vi. **1** (水などに漬かって)柔らかになる; 柔らかになって繊維が離れてくる. **2** 〈乾草などが〉湿って腐る.
ret. 《略》retain; retired; returned.
re·ta·ble [ríːteɪbl̩, rétə- | rɪtéɪ-, rə-] 〖《1823》□ F *rétable* □ Sp. *retablo* □ ML **retabulum* = *retrotabulum* ← L *retrō* 'RETRO-'+*tabula* 'TABLE'〗 ── n. 〘教会〙**1** 祭壇背後の棚《十字架・花びん・蠟燭(ろうそく)などを置く》. **2** (祭壇背後の)装飾付きつい立て.
re·tail [ríːteɪl | ríːtéɪl, rɪ-] 〖n.: 《1433》□ AF **retaille* a cutting = OF *retaille* a piece cut off ← *retaillier* ← RE- (A)+*taillier* to cut (cf. tailor[1]). ─ v.: 《1365》□ OF *retaill-ier*〗 ── vt. **1** 小売りする, 切売りする. **2** [《米》ではまた rɪtéɪl, rə-] 詳細に話す; 言い伝える, 受け売りする, 言いふらす: ～ gossip. ── vi. 〈商品が〉(…で)小売りされる 〔*at, for*〕: The bookmark ～*s at* [*for*] 50 pence. このしおりは小売り 50 ペンスだ. ── [ríːteɪl | ╯ ─, ─ ╯] n. 小売り (cf. wholesale).
by [***at***] ***retail*** (1) 小売りで. (2) 少しずつ.
── [ríːteɪl | ╯ ─, ─ ╯] adj. 小売りの, 小売商の, 切売りの (cf. wholesale 1): a ～ dealer 小売商人 / a ～ price 小売価格[値] / a ～ excise 小売税 / ～ goods 小売商品 / a ～ shop 小売店 / a ～ grocer 食料品小売業者. ── adv. 小売りで: sell ～ 小売りする / Do you buy wholesale or ～? 君の買うのは卸しでか小売りでか.
re·tail·er [ríːteɪlə | riːtéɪlə(r), rɪ-] 〖《15C》〗 n. **1** 小売商人. **2** [《米》ではまた rɪtéɪlə, rə-] 話を受け売りする人, (うわさなどを)しゃべり回る人.
re·tail·ing [ríːteɪlɪŋ | riːtéɪl-, rɪ-] 〖ME〗 n. 小売り(業).
rétail stòre n. 小売り店; 直売店.
re·tain [rɪtéɪn, rə-] 〖《c1390》 *reteyne(n)* □ AF *retei(g)n-* ← (O)F *retenir* < VL **retenēre* = L *retinēre* ← RE- (A)+*tenēre* to hold (cf. tenable, contain, detain)〗 ── vt. **1** 保持する, 保有する, 保留する; 持ち続ける, 維持する: ～ heat 熱を保持する / ～ a secret 秘密を守る / ～ a remarkable composure 泰然自若としている / ～ one's rights 権利を保有する / ～ one's self-respect 自尊心を失わずにいる / ～ one's presence of mind うろたえない, 自若としている / ～ an appearance of youth 今もまだ若さを失わない / He ～*s* something of the professor in his features. 顔立ちにどこか大学教授をしていた人らしい面影が残っている. **2** 〈弁護士・家臣・召使いなどを〉雇っておく, かかえる: ～ a barrister 弁護士をかかえておく. **3** (ある場所に)保つ, しっかりとどめておく: ⇨ retaining wall. **4** (廃止しないで)実行し続ける, そのまま行なっている, そのままにしておく: ～ an old custom 古い習慣を依然として行なっている. **5** 忘れないでいる; 記憶する: ～ the scene in one's memory その情景を忘れずにいる. ── vi. 《廃》家臣[家来]である 〔*to*〕.
re·tain·a·ble [rɪtéɪnəbl̩, rə-] adj. **1** 保持できる, 保有できる, 保留できる. **2** 雇っておける, かかえておける. **3** 従来通りに実行できる. **4** 記憶していられる, 覚えていられる.
re·táined íncome n. 〘会計〙= earned surplus.
retáined óbject n. 〘文法〙(被)保留目的語《例えば She gave him a book. の受身文 He was given a book. における a book; A book was given him. における him》.
retáined objéctive cómplement n. 〘文法〙保留目的補語《例えば He was considered a genius. の genius》.
re·táin·er[1] 〖《1540》〗 ── n. **1 a** 保持者, 保有者, 保留者. **b** 保有している物. **2** 〘歴史〙**a** 家臣, 家来, 従者: a chief ～ 家老. **b** 召使い, 従僕: an old ～ 《戯言》老いて忠実な召使い. **c** (特に, 中世末期の livery を支給された)封建的家臣, 郎党. **3** 〘機械〙保持器《玉軸受け・ころ軸受けの玉またはころを配列するための容器; separator ともいう》. **4** 〘歯科〙**a** 維持装置, 支台装置《ブリッジなどの歯に取り付ける部分》. **b** 保定装置《歯列矯正後の顎または歯をその位置に保持する装置》.
re·tain·er[2] [rɪtéɪnə, rə- | -nə(r)] 〖《1453》□ (O)F *retenir*: 不定詞の名詞用法: ⇨ -er[3]〗 ── n. **1** かかえ入れておくこと; 雇っておくこと; 雇われていること. **2** 〘法律〙**a** (弁護士と依頼者の間の)訴訟依頼関係, 弁護約束. **b** 顧問弁護士料, 弁護士依頼料《retaining fee ともいう》. **c** 訴訟依頼書. **d** 保留権《自己の物として正式に保留すること; およびその権利》.
re·táin·ing fèe n. 〘法律〙= retainer[2] 2 b.
retáining fòrce n. 〘軍事〙牽制部隊.
retáining wàll n. (土砂の崩落などを防ぐ)擁壁.
re·take 〖《15C》〗 ── [╲ ╯] vt. (**re·took; -taken**) **1** 再び取る. **2** 取り戻す, 奪還する, 奪い返す. **3** 〘映画・写真〙再撮影する, 〈写真を〉撮り直す. ── [╯ ╲] n. (映画の)再撮影, 撮直し, 撮り直された場面[写真].
re·tal·i·ate [rɪtǽlièɪt, rə- | -lɪ-] 〖《1611》← L *retaliāt-us* (p.p.) ← *retaliāre* to retaliate: ⇨ re-, talion, -ate[3]〗 ── vt. **1** 〈加害・侮辱など〉に(先方と同一手段で)報いる, 返報する, 報復する, 仕返しする, 応酬する, しっぺい返しをする: ～ an injury. **2** 〈非難などを〉〔…に〕し返す 〔*upon*〕: ～ the same charge *upon* a person 人に同じ非難を返す. ── vi. (先方と同一手段で)報いる; 〔…に〕(特に, 悪をもって)報いる, 仕返しする, 返報する, 報復する 〔*against, upon, on*〕: It's very like him to ～ *against* them with such tactics. こういう術策で彼らに一矢報いようというのはいかにも彼らしい. **re·tál·i·à·tor** [-tə | -tə(r)] n.
re·tal·i·a·tion [rɪtæ̀liéɪʃən, rə- | -lɪ-] 〖← L *retaliātus* (↑)+-ION〗 n. 返報, 仕返し, 報復, 敵(かたき)討ち: in ～ for ... の仕返しに.
re·tal·i·a·tive [rɪtǽlièɪtɪv, rə- | -lɪèɪt-] adj. = retaliatory.
re·tal·ia·to·ry [rɪtǽljətɔ̀ːri, rə-, -liə-, -tɔ̀ːri | -tǽlɪət(ə)ri, -ljə-, -lièɪt-, -tæ̀liéɪt-] 〖← RETALIATE+-ORY[1]〗 adj. 返報の, 報復的な, 仕返しの: ～ measures 報復措置.
retáliatory táriff n. 報復税率[関税].
re·ta·ma [rɪtɑ́ːmə, rə-, riː-, -téɪ-] 〖□ Sp. *retáma* □ Arab. *rátamaʰ* (fem.) ← *rátam* 'RETEM'〗 ── n. 〘植物〙熱帯アメリカ産マメ科の低木の総称: **a** = Jerusalem thorn 2. **b** = paloverde.
re·tard [rɪtɑ́ːd, rə- | -tɑ́ːd] 〖《c1489》□ (O)F *retard-er* < L *retardāre* ← RE- (A)+*tardāre* (← *tardus* 'slow, TARDY')〗 ── vt. **1 a** …の速力を減じる; 遅らせる, 遅延させる, 延着させる, 長引かせる, 手間取らせる: ～ a person's arrival 人の到着を遅らせる / Bad roads ～*ed* the car. 道が悪くて自動車が遅れた / I was ～*ed* by a visitor at the last moment. 出がけに来客があって遅れました. **b** …の成長[発達, 進行]を妨げる, 阻止する, 妨害する (cf. retarded): ～ the economic recovery 経済の回復を妨げる / His death was ～*ed* by some years by the skill of the surgeons. 彼の生命は外科医たちの技量によって数年延ばされた. **2** 〈病気・環境・栄養不良などが〉〈植物〉の成長を阻害する. **3** 〈ある生徒を〉進級させるのが無理なためその生徒の学習の進度を遅らせる. **4** 〘機械〙遅角させる《エンジンの点火時期または燃料噴射時期を(正規の値よりも)遅らせる, 進角を減らす》. ── vi. 遅れる; (特に)〈潮の干満・天体の運行などが〉遅れる, 遅延する.
── n. **1** 遅滞, 遅延. **2** 〘機械〙遅角装置 (cf. vt. 4).
at retard 妨げられて, 遅らされて. ***in retard*** (***of***) 《古》(…に)遅れて, 引き留められて, 〈発育・進行など〉阻止されて, 妨げられて.
retard of the tide [**high water**] 〘天文〙遅潮時間《満月とそれに続く満潮との間の時間》.
re·tar·dant [rɪtɑ́ːdn̩t, rə- | -tɑ́ː-] 〖⇨ ↑, -ant〗 ── n. 〘化学〙抑制剤《反応速度を抑制する物質》; 緩染剤. ── adj. (薬品の効果・火の燃え移りなどを)遅らせる, 防ぐ: fire-[flame-]*retardant* cloths (準)難燃性織物.
re·tar·date [rɪtɑ́ːdeɪt, rə- | -tɑ́ː-] 〖□ L *retardāt-us* (p.p.) ← *retardāre*: ⇨ retard, -ate[1,2]〗 《米》adj. 知恵遅れの. ── n. 〘心理・教育〙知能の遅れた人.
re·tar·da·tion [rìːtɑːdéɪʃən, rɪtɑ̀ː-, rə- | rìːtɑː-] 〖《1426》□ (O)F ～ ∥ L *retardātiō(n-)*: ⇨ retard, -ation〗 ── n. **1 a** 遅滞, 遅延; 阻止, 妨害. **b** 妨害物, 足止め. **2** 遅延程度, 遅滞量, 妨害量. **3** 〘物理〙遅れ, 減速度 (⇨ negative acceleration). **4** 〘音楽〙リタルダンド; 掛留(けいりゅう), 掛留音. **5** 〘心理・教育〙**a** 知能の停滞[遅滞]《通例 IQ が 70 以下の場合》. **b** 学業遅滞.
retardátion tìme n. 〘電気〙遅延時間.
re·tar·da·tive [rɪtɑ́ːdətɪv, rə- | -tɑ́ːdət-] 〖← RETARDATE+-IVE〗 adj. 遅延させる, 遅滞させる, 阻止する, 妨害する.
re·tar·da·to·ry [rɪtɑ́ːdətɔ̀ːri, rə-, -tɔ̀ːri | -tɑ́ːdətəri] adj. = retardative.
re·tárd·ed adj. 〘心理・教育〙進歩[発育]の遅い, 精神遅滞の, 知能の遅れた: ～ children 知能遅延児.
re·tard·ee [rɪtɑ̀ːdíː, rə- | -tɑ̀ːd-] 〖← RETARD+-EE[1]〗 n. 〘心理・教育〙知能遅滞者; 遅進児.
re·tárd·er n. **1** 〈活動・発達などを〉遅らせる人[もの]. **2** 〘化学〙**a** 抑制剤《化学反応を遅らせるための物質》. **b** 加硫遅延剤《ゴムの硬化を防ぐ物質》. **3** 〘建築〙凝結遅延剤, リターダー, 緩結剤《セメント・しっくいの凝結時間を遅らせる混和剤》. **4** 〘写真〙= restrainer 2.
re·tárd·ment n. = retardation.
retch [rétʃ | rétʃ, ríːtʃ] 〖《1548》《変形》← REACH[2]〗 ── vi. 吐き気を催す, むかつく, (特に, 吐くものが出ずに)げーげーする. ── vt. 吐く. ── n. むかつき, 吐き気; 吐き気を催す時の音.
retd. 《略》retained; retired; returned.
re·te [ríːti, réɪ- | -tɪ] 〖ME *riet* □ L *rēte* net ← IE **erə-* to separate: ⇨ rare[1]〗 ── n. (pl. **re·ti·a** [ríːʃiə, -tiə, réɪtiə | ríːʃɪə, -tɪə, réɪtɪə]) **1** レーテ, 雷文盤《アストロラーベ (astrolabe) の構成要素で打抜き金網状の円形板; 主な恒星の位置を示す》. **2** 〘解剖〙(血管・神経・線維などの)網, 網状組織; 叢(そう) (plexus).
rè·téll vt. (**re·told**) **1** 再び語る[述べる], 繰り返して語る; 形を変えて語る[述べる]. **2** 数え直す.
rè·télling n. (物語の)書き直し, 改作.
re·tem [rɪtém, rə-, rétəm | rɪtém, rə-, rétəm] 〖□ Arab. *rátam* (col.)〗 ── n. 〘植物〙シリア・アラビア地方に産し白い小花をつけるマメ科ヒトツバエニシダ属の低木 (*Genista raetam*)《旧約聖書の juniper はこれを指すといわれる》.
réte mi·rá·bi·le [-mɪrǽbəlìː, -mə- | -mɪrǽbɪ-] 〖← NL ～ 'wonderful net': ⇨ rete, mirabilia〗 ── n. (pl. **retia mi·ra·bi·li·a** [-mìrəbíliə | -lɪə]) 〘解剖〙怪網《大血管が分岐して小血管の網目になったもので,

再び1本の大血管になる；人は腎だけにあるとされる》.

re·tene [ríːtiːn, rét-] 〖□ Gk *rhētínē* resin：⇨ -ene〗 *n.* 〖化学〗レテン ($C_{18}H_{18}$)《松タールや化石樹脂から採る無色結晶化合物》.

re·ten·tion [rɪténʃən, rə-] 〖《*a*1400》□ (O)F *rétention* ∥ L *retentiō(n-)* a holding back ← *retentus* (p.p.) ← *retinēre* 'to RETAIN'：⇨ -tion〗 — *n.* **1 a** 保留, 保有, 保持. **b** 持ち続ける力, 保持力. **c** 保留[保有]されるもの. **2** (習慣などの)保存, 維持. **3 a** 記憶. **b** 記憶力. **4** 〖スコット法〗(相手方の履行を促すためにする)契約の履行の差控え. **5** 〖病理〗鬱滞(うっ), 停留, 停滞, 分泌閉止：～ of urine 尿閉. **6** 〖保険〗保有(額)《再保険において元受保険者が原保険の一部を再保険せずに自己の計算に残す部分》.

re·tén·tion·ist [-ʃ(ə)nɪst, -nəst | -nɪst] *n.* (政策などの)存続[維持]論者；(特に)死刑存続論者.

re·ten·tive [rɪténtɪv, rə- | -tɪv] 〖《*c*1375》□ OF *retentif* ∥ ML *retentīv-us* ← L *retentus* (↑)：⇨ -ive〗 — *adj.* **1** 保持力のある；〔…を〕保持する〔*of*〕：be ～ *of* heat [moisture] 熱[湿気]を保持する / be ～ *of* antiquity よく古代の形[姿]を保つ. **2** 湿気を保つ. **3** 記憶力のよい；物忘れしない (cf. receptive 1, creative 1)：a ～ faculty 暗記力, 記憶力 / a ～ memory よい記憶力 / a ～ man 記憶力の強い人. **4** けちな, しみったれの. **5** 控え目の, 無口の. **6** 〖医学〗(器官・包帯などを)動かないようにする, 固定[保定]させる, 保持する. **～·ly** *adv.* **～·ness** *n.*

re·ten·tiv·i·ty [rìːtentívəṭi, rɪtèn-, rə- | rìːtentívəti, -vɪ-] *n.* **1** 保持力. **2** 〖物理・電気〗残磁性, 保磁性.

re·te·pore [ríːṭəpɔ̀ə, -pòə | -tɪpɔ̀ː(r)] 〖← NL *Retepora* ← L *rēte* net＋*-pora* (□ Gk *póros* pore[1])〗 — *n.* 〖動物〗アミコケムシ《苔虫綱アミガイ科の群体性動物の総称；ベニアミコケムシ (*Retepora cellulosa*) など》.

re·test [⌐ ⌐] *vt.* 〈人〉に再びテストする, 再試験をする. — [⌐ ⌐] *n.* 再テスト, 再試験.

rè·thínk *vt., vi.* (**re·thought**) 再考する, 考え直す. — *n.* **1** 再考. **2** 再評価. **～·er** *n.*

R. et I. 《略》*L.* Rēgīna et Imperātrix (＝Queen and Empress); *L.* Rēx et Imperātor (＝King and Emperor).

retia 〖□ L *rētia*〗 *n.* rete の複数形.

retia mirabilia *n.* rete mirabile の複数形.

re·ti·ar·i·us [rèɪtiáːriəs, rìːʃiɛ́(ə)r- | rèɪtiáːrɪ-, rìːʃiɛ́ərɪ-] 〖□ L *rētiārius* (↓)〗 *n.* (*pl.* **-ar·i·i** [-riàɪ | -rɪ-]) 〖ローマ史〗網闘士《三つ叉槍と網をもって戦った剣闘士》.

re·ti·ar·y [ríːʃièri | -ʃɪəri] 〖□ L *rētiāri-us* (gladiator) with net ← *rēte* net：⇨ rete, -ary〗 — *adj.* **1** 網状の. **2** 網を作る, 網状の巣を張る. **3** 網を用いるのがうまい, 巧みにからみつける. — *n.* 網状の巣を張るクモ.

ret·i·cence [réṭəsəns, -sns | rétɪ-] 〖《1603》□ F ～ □ L *reticentia* ← *reticēre*：⇨ reticent, -ence〗 — *n.* **1** 寡黙, 寡言, 無口. **2** 控え目, 遠慮. **3** (芸術表現・演技などを)控え目にする[抑える]こと, 抑制. **4** (事実を)部分的に伏せておくこと.

rét·i·cen·cy [-sənsi, -sn- | -sɪ] *n.* ＝reticence.

ret·i·cent [réṭəsənt, -snt | rétɪ-] 〖《1834》□ L *reticent-em* (pres.p.) ← *reticēre* ← RE- (A)＋*tacēre* to be silent (⇨ tacit)〗 — *adj.* **1** 多くを語らない, 無口な, 黙りがちの：a sensitive and ～ boy 感受性の強い無口な少年 / He is ～ *about* his past. 自分の過去については語りたがらない / be ～ *on* [*upon*] what happened 出来事について黙っている / She was ～ *upon* family affairs. 家族のことについてはあまり語らなかった. **2** 〈表現・外見など〉控え目な, 抑制した. **～·ly** *adv.*

ret·i·cle [réṭɪkḷ, -ṭə- | -tɪ-] 〖□ L *rēticul-um* (dim.) ← *rēte* net：⇨ reticulum〗 — *n.* 〖光学〗レチクル《望遠鏡などの光学器械の主軸や像の位置を決めるため, 像面に取り付ける十字線 (cross wires) や目盛りをつけたガラス製の焦点板など》.

re·tic·ul- [rɪtíkjʊl, rə- | rɪ-, re-, rə-] (母音の前に来る時の) reticulo- の異形.

reticula *n.* reticulum の複数形.

re·tic·u·lar [rɪtíkjʊlə, rə- | rɪtíkjʊlə(r, re-, rə-] 〖《1597》← NL *rēticulār-is* ← L *rēticulum*：⇨ reticulum, -ar[1]〗 — *adj.* **1** 網状(組織)の. **2** 錯雑した, 紛糾した. **～·ly** *adv.*

retícular formátion *n.* 〖解剖〗(脳の)網様体.

re·tic·u·late 〖《1658》□ L *rēticulāt-us* made like a net：⇨ reticulum, -ate[2,3]〗 — [rɪtíkjʊlət, rə-, -lɪt, -lèɪt | rɪ-, re-, rə-] *adj.* **1** 網状の；網状組織の, 方眼組織の；網目のある. **2** 〖植物〗網状の. **3** 〖生物〗網状進化の《相互に雑種を形成し合って進化していく状態》. — [-lèɪt] *v.* — *vt.* **1 a** 網にする, 網状にする, 網目でおおう. **b** 網形に配列する. **2** (網羅的に)広い範囲に行き渡らせる. — *vi.* 網(状)になる, 網状をしている, 網状に分かれる. **～·ly** *adv.*

re·tíc·u·làt·ed [-ṭɪd, -ṭəd | -tɪd, -təd] *adj.* ＝reticulate.

reticulated pýthon *n.* 〖動物〗アミメニシキヘビ (*Python reticulatus*)《東南アジア産の最大のヘビ；体長 9 m に達し, 濃い網目模様がある》.

re·tic·u·la·tion [rɪtìkjʊléɪʃən, rə- | rɪ-, re-, rə-] *n.* **1** 網状にする[である]こと, 網形. **2** 網状物, 網状組織, 網細工. **3** 〖写真〗ちりめんじわ《感光材料のゼラチンの伸縮によりできる網状のしわ》.

ret·i·cule [réṭɪkjùːl, -ṭə- | -tɪ-] 〖《1727-38》□ F *réticule* □ L *rēticul-um*：⇨ reticulum, -cule〗 — *n.* **1** 《古》婦人の手提げ袋, 網袋《元は網で作ったが, 今は絹その他の物で作り, ハンカチ・財布・香水びんなどを入れる》. **2** 〖光学〗＝reticle.

re·tic·u·li- [rɪtíkjʊlɪ, rə-, -lə | rɪtíkjʊlɪ, re-, rə-] reticulo- の異形 (⇨ -i-).

re·tic·u·lo- [rɪtíkjʊlo(ʊ), rə- | rɪtíkjʊlə(ʊ), re-, rə-] 〖← L *rēticulum*：⇨ reticulum〗「網状組織[構造]; 網状と…との」の意の連結形. ★ 時に reticuli-, また母音の前では通例 reticul- になる.

re·tic·u·lo·cyte [rɪtíkjʊlo(ʊ)sàɪt, rə- | rɪtíkjʊlə(ʊ)-, re-, rə-] 〖⇨ ↑, -cyte〗 — *n.* 〖解剖〗網赤血球. **re·tic·u·lo·cyt·ic** [rɪtìkjʊlo(ʊ)sɪ́tɪk, rə- | rɪtìkjʊlə(ʊ)sɪ́t-, re-, rə-] *adj.*

re·tic·u·lo·cy·to·sis [rɪtìkjʊlo(ʊ)saɪtóʊsɪs, rə-, -səs | rɪtìkjʊlə(ʊ)saɪtə́ʊsɪs, re-, rə-] 〖⇨ ↑, -osis〗 *n.* 〖医学〗網赤血球増加.

retìculo·endothélial 〖← RETICULO-＋ENDOTHELIAL〗 *adj.* 〖解剖〗細網内皮組織の, 網内系の.

reticuloendothélial sýstem *n.* 〖解剖〗網内系, 細網内皮系《略 RES》.

re·tic·u·lose [rɪtíkjʊlòʊs, rə- | rɪtíkjʊlə̀ʊs, re-, rə-] 〖⇨ ↓, -ose[1]〗 *adj.* 網状の.

re·tic·u·lum [rɪtíkjʊləm, rə- | rɪ-, re-, rə-] 〖《1658》□ L *rēticulum* (dim.) ← *rēte* net：⇨ rete〗 — *n.* (*pl.* **-u·la** [-lə]) **1** 網状物；網状構造. **2** 〖動物〗蜂巣(ほう)胃, 蜂の巣胃《反芻(すう)動物の第二胃；honeycomb stomach ともいう；cf. rumen 1》. **3** 〖植物〗(ヤシなどの葉脚部にあるような)網状繊維. **4** 〖解剖〗網状質[組織], 細網(組織). **5** [R-] 〖天文〗レチクル座《南天の星座；the Net ともいう》.

retículum céll *n.* 〖解剖〗細網細胞.

re·ti·form [ríːṭəfɔ̀əm, réṭ- | -tɪfɔ̀ːm] 〖← NL *rētiformis* ← L *rēti-* (← *rēte* net：⇨ rete)＋*-formis* '-FORM'〗 — *adj.* 網状組織の, 網状の：a ～ tissue 〖解剖〗網状組織.

ret·in- [rétən, -tn | -tɪn] (母音の前に来る時の) retino- の異形.

ret·i·na [rétənə, -tnə | -tɪnə] 〖《*a*1400》□ ML ～ ← ? L *rēte* net：⇨ rete〗 *n.* (*pl.* **～s, -i·nae** [-tənìː, -tn- | -tɪn-]) 〖解剖〗(目の)網膜 (⇨ eye 挿絵).

ret·i·nac·u·lum [rètənǽkjʊləm, -tn- | -tɪn-] 〖□ L *retinaculum* ← *retinēre* 'to RETAIN'〗 *n.* (*pl.* **-u·la** [-lə]) 〖昆虫〗保帯《多くのガの前翅と後翅をつなぐ翅鉤 (frenulum) を支持している部分》. **ret·i·nac·u·lar** [rètənǽkjʊlə, -tn- | -tɪnǽkjʊlə(r)] *adj.*

retinae *n.* retina の複数形.

ret·i·nal[1] [rétənḷ, -tnəl | -tɪnḷ] 〖← RETINA＋-AL[1]〗 *adj.* 〖解剖〗網膜の[に関する].

ret·i·nal[2] [rétənæ̀l, -nɔ̀(ː)l, -tn- | -tɪnæ̀l] *n.* 〖生化学〗レチナール ($C_{20}H_{28}O$)《黄色ないし橙色のビタミン A, アルデヒド；オプシン (opsin) という蛋白質と共に網膜の桿状細胞の視紅 (rhodopsin) を形成する》.

ret·ine [rétiːn] 〖← RET(ARD)＋-INE[3]〗 *n.* 〖生理〗レチン《広く動物細胞内に存在し細胞の成長を抑える物質；cf. promine》.

ret·i·nene [rétəniːn, -tn- | -tɪn-] 〖⇨ retina, -ene〗 *n.* 〖生化学〗＝retinal[2].

ret·i·nis·po·ra [rètənɪ́spərə, -tn- | -tɪn-] 〖← NL ～ ← Gk *rhētínē* resin＋NL *spora* 'SPORE'〗 — *n.* 〖植物〗**1** ヒノキ《ヒノキ科ヒノキ属 (*Chamaecyparis*) の装飾用低木の総称》. **2** クロベ《ヒノキ科クロベ属 (*Thuja*) の針葉植物の総称》.

ret·i·nite [rétənàɪt, -tn- | -tɪn-] 〖□ F *rétinite*：⇨ retino-, -ite[1]〗 *n.* 〖鉱物〗樹脂石《こはくの一種》.

ret·i·ni·tis [rètənáɪṭɪs, -tn-, -ṭəs | -tɪnáɪtɪs] 〖← NL ～：⇨ retina, -itis〗 *n.* (*pl.* **-i·nit·i·des** [-tənɪ́ṭədìːz, -tn- | -tɪnɪ́tɪ-]) 〖病理〗網膜炎.

ret·i·no- [rétəno(ʊ), -tn- | -tɪnə(ʊ)] 〖← NL ～：⇨ retina〗「網膜」の意の連結形. ★ 母音の前では通例 retin- になる.

rètino·blas·tó·ma [-blæstóʊmə | -tə́ʊ-] 〖← RETINO-＋BLASTO-＋-OMA〗 *n.* 〖病理〗網膜芽腫.

ret·i·nol [rétənɔ̀(ː)l, -nòʊl, -tn- | -tɪnɒ̀l] 〖← RETINO-＋-OL(E)[1]〗 — *n.* 〖生化学〗レチノール ($C_{32}H_{16}$)《樹脂を蒸留して採った黄色味を帯びた油(ビタミン A)；溶剤・防腐剤などに用いる》.

ret·i·nop·a·thy [rètənɑ́pəθi, -tn- | -tɪnɒ́pəθɪ] 〖← RETINO-＋-PATHY〗 *n.* 〖眼科〗網膜症《非炎症性の網膜異常》.

ret·i·no·scope [rétənəskòʊp, -tn- | -tɪnəskə̀ʊp] 〖← RETINO-＋-SCOPE〗 *n.* 〖眼科〗検影器.

ret·i·nos·co·py [rètənɑ́skəpi, -tn- | -tɪnɒ́skəpɪ] 〖← RETINO-＋-SCOPY〗 *n.* 〖眼科〗検影法. **ret·i·no·scop·ic** [rètənəskɑ́pɪk, -tn- | -tɪnəskɒ́p-] *adj.*

ret·i·nue [rétən(j)ùː, -tn- | -tɪnjùː] 〖《*c*1375》□ (O)F *retenue* (fem. p.p.) ← *retenir* 'to RETAIN'〗 — *n.* 〖集合的〗(王侯・顕官などの)従者, 随行員, 供奉(ぐぶ)員：be in the ～ of …に随行する.

re·tin·u·la [retɪ́njʊlə] 〖← NL ～ (dim.) ← RETINA〗 — *n.* (*pl.* **-u·lae** [-lìː]) 〖動物〗網膜細胞, 小網膜《節足動物の複眼の各個眼にそなわる視感光部をなす細胞群》. **re·tin·u·lar** [retɪ́njʊlə | -lə(r] *adj.*

re·tir·a·cy [rɪtáɪ(ə)rəsi, rə- | -táɪərəsɪ] 〖← RETIRE：conspire-conspiracy の類推から〗 *n.* 《米》**1** 引退, 隠居. **2** 引退しても食べて行かれるだけの資産.

re·tir·al [rɪtáɪ(ə)rəl, rə- | -táɪər-] *n.* **1** 退却. **2** 《スコット・英古》引退.

re·tir·ant [rɪtáɪ(ə)rənt, rə- | -táɪər-] 〖⇨ ↓, -ant〗 *n.* ＝retiree.

re·tire [rɪtáɪə, rə- | -táɪə(r] 〖《1533》□ (O)F *retir-er* ← RE-＋*tirer* to draw：cf. tirade〗 — *vi.* **1 a** 〔商売・職・実社会などから〕引退する, 退職する, 退役する〔*from*〕；商売をやめる, 廃業する：～ *from* public life 公的生活から引退する / ～ *from* the service 辞職[退職]する / ～ *from* active work 現役を退く / ～ on a pension 恩給が付いて退職する / ～ under the age clause 定年で退職する / She ～*d from* the screen eight years ago. 8年前銀幕を退いた / He ～*d from* office in disgrace. 懲戒免職になった / Professors are now generally compelled to ～ at 60. 今日では教授は大概満60歳で定年になる. **b** 引っ込む, 隠退する, 隠棲(いん)する：～ *from* the world 隠退する；世捨て人となる / ～ *to* one's home country 郷里に引っ込む. **2 a** 退く, 立ち去る：The ladies ～. (デザートの後で)婦人たちが(食堂から応接間へ)引き揚げる / ～ *to* one's room 自室に(引き)下がる. **b** 寝る：～ to rest [to bed, for the night] 床に就く, 寝る / He always ～*s* before midnight. いつも12時前に床に就く. **3** (戦闘・危険などから)離隔する, 後退する, (随意)退却する, 避難する (withdraw)《敵の圧迫によらず計画的に整然と後退することにいう；cf. retreat 1》：The enemy ～*d* in good order. 敵は整然と後退した. **4** 〈波などが〉後へ引く；〈海岸などが〉引っ込む：The shore ～*s* in bays. 海岸は所々引っ込んで湾をなしている. **5** 〖クリケット〗**a** 〈打者が〉(アウトになるか負傷によって)打撃を中止し退場する：The batsman ～*d* hurt. 打者はけがをして退いた. **b** 〈全打者が〉(アウトになる前に)イニングスを自意[強制]により終了する. **6** 〖フェンシング〗後退する, 後へ下がる.

— *vt.* **1** 退職させる, 退役させる：～ an admiral 提督を退役させる / He was compulsorily ～*d* as incompetent. 不適任として強制的に罷(や)めさせられた / He is ～*d* on his pension. 引退して恩給[年金]で暮らしている / I am now ～*d* into private life. 今は退職して隠居暮らしだ. **2** 立ち去らせる, 退かせる. **3** 〖軍事〗〈部隊〉に離隔[後退]命令を下す, 離隔[後退]させる. **4** 〈手形・紙幣などを〉回収する, 引き上げる：～ a bill, bond, etc. **5** 〈機械・船などを〉通常の使用目的[役目]に使うことをやめる, 廃棄する, 廃物[廃船]にする. **6** 〖野球・クリケット〗**a** 〈打者を〉アウトにする. **b** 〈攻撃側を〉チェンジにする.

retire into oneself 非社交的になる, 自分の殻に閉じこもる；ひどく引っ込み思案になる, 無口になる.

— *n.* **1** 《まれ》**a** 世事や他人との交際から退くこと, 隠退, 隠居, 閑居. **b** 引っ込む[引きあげる, 避ける]場所. **2** 〖軍事〗(らっぱによる)離隔[後退]命令：sound the ～ 退却らっぱを吹く.

re·ti·ré [rəṭiːréɪ; *F.* ʀətiʀe] 〖□ F ～ (p.p.) ← *retirer* (↑)〗 *n.* (*pl.* **～s** [～z; *F.* ～]) 〖バレエ〗ルチレ《足先を他の脚のひざに持って行く動作》.

re·tíred *adj.* **1** (特に, 高齢のため商売・職から)引退した, 退職した；隠退した：a ～ general [officer] 退役将官[将校] / a ～ life 隠退[隠居]生活 / a ～ schoolteacher 退職した教師 / live ～ 隠居生活をする. **2** 退職者に与えられる：a ～ allowance ＝ ～ pay 恩給. **3** 世と離れた, 世間と交渉を絶った, 人里離れた, 辺鄙(ぴ)な, 片田舎の：a ～ part [spot] 辺鄙な所 / a ～ valley 山奥の谷 / live a ～ life 世間と交渉を絶った[人目を避けた]生活を送る. **4** 内にこもった, 非社交的な, 遠慮がちな. **～·ly** *adv.* **～·ness** *n.*

retíred lìst *n.* 〖軍事〗(将校または下士官兵の)退役軍人名簿；退職職員名簿：go [place, put] on the ～ 退職[退役]する[させる].

re·tir·ee [rɪtàɪ(ə)ríː, rə- | -tàɪər-] *n.* 《米》(職業などから)引退した人.

re·tíre·ment 〖《1596》← RETIRE＋-MENT〗 — *n.* **1 a** (商売・職からの)引退, 退職, 退役：the ～ of a partner 組合員の退社. **b** 世間と没交渉の生活, 独居, 隠居；隠居所：go into ～ 隠居[独居]生活を始める, 隠退する / live [dwell] in ～ 世間と交渉を絶って独居する, 閑居する. **2** 辺鄙(ぴ)な所, 片田舎. **3** 退去, 退却. **4** (通貨などの)回収, 引上げ, (自社発行の社債などの)買上げ. **5** 〖軍事〗(敵の圧力によらない計画的な)離隔, 後退, (随意)退却, 離脱 (cf. retreat 1 a).

— *attrib. adj.* 引退[後退, 退職]の[に関する]；退職者のための.

retirement and withdrawal 〖軍事〗撤退：**a** 部隊などをまとめて後退すること. **b** 敵の圧迫によらず, 自由意志で計画的に秩序整然と後退すること.

retirement annùity *n.* 〖保険〗退職年金.

retírement mèthod *n.* 〖会計〗廃棄法；除却法《固定資産を取得時から廃棄時まで, 取得原価で計上し, 廃棄時にその全額をその年度の費用に計上する方法；cf. replacement method》.

retírement pènsion *n.* 〖保険〗退職年金 (old age pension).

re·tír·ing [-táɪ(ə)rɪŋ | -táɪər-] *adj.* **1** 〈性質・態度など〉交際嫌いな, 引っ込みがちな, 内気な；遠慮がちな：～ manners 内気な態度 / He is of a ～ disposition. 彼は内気なたちだ. **2** 去り行く；退却する；引退する, 隠居する. **～·ly** *adv.* **～·ness** *n.*

retíring àge *n.* 退職年齢.

rè·tóol *vt.* **1** (工具などを切り換えて)〈工場・機械〉の再整備を行なう. **2** (新たな[異なった]必要[条件]に対処するため)組織し直す, 再編成する.

re·tor·sion [rɪtɔ́əʃən, rə- | -tɔ́ː-; *F.* ʀətɔʀsjɔ̃] 〖□ F *rétorsion* ∥ ML *retorsiō(n-)* 《変形》← *retortiō(n-)*：⇨ retortion〗 *n.* 〖国際法〗＝retortion 2.

ré·tor·sion de droit [rèɪtɔəsjɔ̃ː(n)dədrwɑ́ː, -sjɔ́(ː)n- | -tɔː-; *F.* ʀetɔʀsjɔ̃dədʀwa] 〖□ F ～ 《原義》retorsion of right〗 — *n.* (*pl.* **rétorsions de droit**) 〖法律〗国際法上の合法的報復.

re·tort[1] [rɪtɔ́ət, rə- | -tɔ́ːt] 〘《c1557》← L *retort-us* ← *retorquēre* ← RE- (A)+*torquēre* to twist (⇨ tort)〙 ── *vt.* **1** 〈侮辱・攻撃・非難などに〉に報いる, 報復[返報]する, 仕返しする; 〈非難・皮肉・冗談・いたずらなどを〉〔相手に〕そのまま返す〔*on, upon*〕: ～ an insult 侮辱に仕返しをする / The aggression against God is ～*ed upon* the aggressor. 神を犯す者は神に報復される《自分から出た悪事は自分に帰って来る》. **2** (相手の論法をそのまま使って)〈相手の議論を〉やり込める, 逆襲する, 一本きめつける, しっぺい返しする, 揚げ足を取る〔*against*〕: ～ an argument. **3** …と言い返す, 切り返して言う: "It's none of your business," he ～*ed*. 「お前の知ったことじゃない」と言い返した. ── *vi.* **1** 鋭く言い返す, しっぺい返しする, 口答えする: He ～*ed upon* [*against*] me, saying I was to blame. 彼は私に口答えして, 君の方が悪いのだと言った. **2** 報復する, 仕返しする. ── *n.* **1** しっぺい返し, (鋭い)口答え, うまい応酬; (議論の)逆襲, 反駁: be quick at ～ しっぺい返しがうまい. **2** 報復, 仕返し.

re·tort[2] [rɪtɔ́ət, rə- | -tɔ́ːt] 〘《1605》□ F *retorte* □ ML *retorta* (fem.) ← L *retortus* (↑): その曲がった形にちなむ〙 ── *n.* **1** 〘化学〙(化学実験用)レトルト, 蒸留器. **2** 〘冶金〙(製錬用)レトルト. **3** 〘化学〙乾留レトルト《石炭ガス製造用の耐火粘土・鉄またはシリカなどで出来た半円筒形の乾留装置》. ── *vt.* **1** 〈水銀を〉レトルトで熱して分離する. **2** 〈缶詰食品を〉(加圧がまなどで)殺菌する.

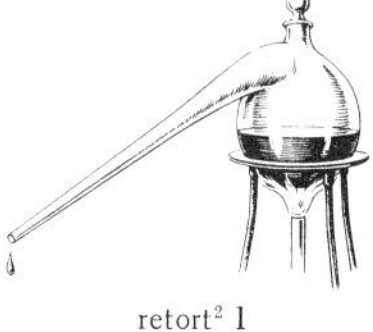
retort[2] 1

re·tórt·ed [-tɪd, -təd | -tɪd, -təd] *adj.* 後方へ曲がった, 後方にねじれた.

re·tor·tion [rɪtɔ́əʃən, rə- | -tɔ́ː-] 〘□ ML *retortiō(n-)* ← L *retortus* (p.p.) ← *retorquēre*: ⇨ retort[1]〙 ── *n.* **1** 曲げ返し, ねじり. **2** 〘国際法〙報復《被害国が自国民が受けたと同様の仕方で加害国の国民に対してすること; 特に高い関税などに対する報復; cf. reprisal 2》.

rè·tóuch 〘□ F *retouch-er*: ⇨ re-, touch〙 ── *vt.* **1** 〈絵・文章などに〉に手を入れる, 加筆する. **2** 〈あとから生えた毛を〉既に染めたり脱色したりした毛の色に合うように染める[脱色する]. **3** 〘写真〙〈陰画または陽画を〉修正する. ── *n.* **1** (絵・写真・文章などの)手入れ, 修正, 加筆. **2** あとから生えた毛を染める[脱色する]こと. **3** 加筆[修正, 染色]部分; 修正写真. **～·er** *n.*

re·tour [rɪtúə, rə- | -túə(r)] 〘ME □ (O)F ～ ← *retourner* 'to RETURN'〙 ── *n.* **1** 《スコット》帰還. **2** 〘スコット法〙 **a** (エクイティー裁判所への)差戻し(書)《同裁判所が陪審に与えた審査許可書 (brieve) に関して, 陪審の評決を付して行なわれる》. **b** 差戻し書の写し. ── *vt.* 〘スコット法〙…をエクイティー裁判所へ差戻す.

re·trace [riːtréɪs | rɪ-, riː-] 〘□ F *retrac-er*: ⇨ re-, trace[1]〙 ── *vt.* **1** 引き返す, 後戻りする; [比喩的に]〈した事を〉元に戻す, 再考する: ～ one's steps [way] 元来た道を戻る; 元した事をもう一度する, 仕直す, 繰り返す. **2** …のもとを尋ねる, さかのぼって調べる: ～ the progress of civilization 文明の進歩の跡を尋ねる. **3** 《古》見直す, 見返す; 回顧する, 追想する, 思い出す: ～ a book 本を読み直す / ～ the experiences of one's youth 若いころの経験を追想する. **4** [riːtréɪs] (*also* **re-trace**) 〈文字・線などを〉あとなでする; 再び透写する, 透写し直す. ── *n.* 〘電子工学〙帰線《特にテレビの画面で一本の走査線の終わりから次の走査線の初めに移る戻り》. **～·a·ble** [-səbl̩] *adj.* **～·ment** *n.*

re·tract[1] [rɪtrǽkt, rə-] 〘《1432–50》□ L *retract-us* (p.p.) ← *retrahere* ← RE- (A)+*trahere* to draw (⇨ tract[1])〙 ── *vt.* **1 a** 〈体の一部を〉後へ引く, 引っ込ませる: A snail ～*s* its horns. カタツムリは角を引っ込める / The surgeon ～*s* skin with instruments. 外科医はハーケンで皮膚を引く. **b** 〈着陸装置などを〉機体内に引っ込める; 〈掃除機のコード・カメラの三脚などを〉引っ込める, 納める. **2** 収縮させる. **3** 〘音声〙〈舌を〉後に引く (↔ advance). ── *vi.* 〈着陸装置・三脚・猫のつめ・蜂の針・カタツムリの角などが〉引っ込む, 縮む.

re·tract[2] [rɪtrǽkt, rə-] 〘《1545》□ L *retract-āre* to recall, revoke (freq.) ← *retrahere* (↑)〙 ── *vt.* 〈前言を〉翻えす, 取り消す; 〈意見・宣言・約束・命令などを〉撤回する, 廃棄する: ～ one's word 前言を取り消す. ── *vi.* 〔意見・約束・言葉などを〕取り消す, 撤回する〔*from*〕: ～ *from* an engagement 約束を取り消す.

re·tract·a·ble [rɪtrǽktəbl̩, rə-] *adj.* 〈飛行機の車輪・自動車のヘッドライトなど〉引っ込められる, 引っ込み式の, 可倒式の, 格納式の: a ～ landing gear 〘航空〙引っ込み脚. **re·tràct·a·bíl·i·ty** [-təbíləṭi | -lɪ̀tɪ, -lɪ-] *n.*

re·trac·ta·tion [rìːtræktéɪʃən] 〘《1451》□ L *retractātiō(n-)*: ⇨ retract[2], -ation〙 *n.* (約束・意見・言葉などの)取消し, 撤回.

re·tráct·ed *adj.* 〘音声〙(調音点が)後寄りの (↔ advanced).

re·tract·i·ble [rɪtrǽktəbl̩ | -təbl̩, -tɪ-] *adj.* =retractable.

re·trac·tile [rɪtrǽktl̩, rə-, -taɪl | -taɪl] 〘← RETRACT[1] + -ILE[1]〙 ── *adj.* 〘動物〙(ネコのつめ・カメの頭のように)引っ込められる. **re·trac·til·i·ty** [rìːtræktíləṭi, rɪtræ̀k-, rə- | -lɪ̀tɪ, -lɪ-] *n.*

re·trac·tion [rɪtrǽkʃən, rə-] 〘《c1390》□ L *retractiō(n-)* ← *retractus* (p.p.) ← *retrahere* to withdraw: ⇨ retract[1,2], -tion〙 ── *n.* **1** (約束・陳述・意見・非難などの)取消し, 撤回. **2 a** 引っ込ませること. **b** 引っ込める能力, 収縮力.

re·trac·tive [rɪtrǽktɪv, rə-] 〘《15C》□ (O)F *rétractif*: ⇨ retract[1], -ive〙 *adj.* 引っ込む, 伸縮できる, 収縮性の.

re·trác·tor *n.* **1** 前言を取り消す人; 撤回者. **2** 〘外科〙レトラクター, 開創器, (開)創鉤, ハーケン《手術の際, 傷口を引っ張りあけるフォーク状の器具》. **3** 〘解剖〙収縮筋, 牽引筋 (cf. protractor 3).

re·trad [ríːtræd, rét-] 〘← RETRO-+-AD[3]〙 *adv.* 〘解剖・動物〙後方へ, 背側へ, 尾側へ.

rè·tráin *vt.* 〈兵士・学生・筋肉・指先などを〉再訓練する: ～ workers for better jobs より良い仕事に就けるように労務者を再訓練する / ～ employees 従業員の再教育を行なう. ── *vi.* 再教育される, 再訓練を受ける. **～·able** *adj.*

re·train·ee [rìːtreɪníː, ─ ─ ─] 〘⇨ -ee[1]〙 *n.* 再訓練され(ている)る人.

re·tral [ríːtrəl, rét-] 〘← RETRO-+-AL[1]〙 *adj.* 〘生物〙 **1** 後部(へ)の, 後方(へ)の. **2** 背部にある. **～·ly** *adv.*

rè·transláte *vt.* **1** (元の国語に)再翻訳する, 復文する. **2** …の別訳[新訳]を作る, 改訳する, 翻訳し直す. **3** 第三の言語に訳す. ── *vi.* 改訳を行なう, 翻訳のし直しをする. **rè·translátion** *n.*

re·tread [─ ─] *vt.* (～·ed) **1** 〈自動車などの古いタイヤに〉新しい踏面 (tread) を付ける, すり減った踏面を取り去り, はだかになったタイヤコードの上に新しい踏面を付ける (cf. recap[1] 1). **2** 新しく作り直す; 新品同様に作り直す. ── [─ ─] *n.* **1 a** (再生タイヤの)新しい踏面. **b** (踏面を付け換えた)再生タイヤ. **2** 《俗》再度従軍[応召]者《一旦軍務から退き再び軍務についた者》.

rè·tréad *vt.* (**re·trod; -trod·den, -trod**) 再び踏む; 踏み戻る, 歩み戻る: ～ a path.

re·treat [rɪtríːt, rə-] 〘*n.*: 《?c1300》 *retret* □ OF *retret(e)* (変形) ← (O)F *retraite* (p.p.) ← *retraire* < L *retrahere* 'to RETRACT[1]'. ── *v.*: 《?a1425》□ OF *retrait-er* □ L *retractāre* 'to RETRACT[2]'〙 ── *n.* **1 a** (危険・不快な所などからの)退却, 後退, 退去; 〘軍事〙退却, 不随意退却《敵に圧迫されて行なうもの; cf. retirement 5》; 退却の進路: make a prearranged ～ 予定の退却をする / cover the ～ of …の退却を援護する / cut off the ～ 退路を断つ / make one's ～ good 無事退却する / be in full ～ 総退却する / He is beyond ～ now, so he must go through with it. 今となっては手が引けないからやり通すよりほか仕方がない. **b** (勢力・病勢などの)減衰, 衰退: the ～ of epidemic diseases. **2** (公職・社交などからの)隠退, 隠遁(いんとん); 退職. **3 a** 隠居所, 隠れ家, 避難所: a rural [country] ～ 田舎の引きこもり場所 / a mountain ～ 山荘 / a summer ～ 避暑地 / a seaside ～ 海岸の別荘 / his vacation ～ in Nice 休暇に出かけるニースの別荘 / He lives in a quiet ～. 彼は閑静な所に住んでいる. **b** (常習の酔払い・精神病者・年金生活者などの)収容所. **4** 〘教会〙静修; 黙想会, 修養会《多く修道院などにこもって祈禱・冥想・研究・学習など宗教的修業に専念すること; cf. retreatant》; その期間: go into ～ 修道院にこもって黙想に入る[を始める]. **5** 〘建築〙(壁・羽目などの)表面が周囲よりもへこんでいること; 凹所. **6** 〘航空〙(翼などの)後退. **7** 〘軍事〙 **a** 国旗降下式《軍隊の駐留地で日没時に行なわれる》. **b** 国旗降下のらっぱ, 日没号音《国旗降下式の際のらっぱや太鼓》. **c** 退却の合図.

beat a retreat (1) 退却する; 逃亡する; 手を引く, 事業をやめる: The thief *beat a* hasty ～. 泥棒はあわてて逃げた. (2) 〘軍事〙退却の合図の太鼓を打つ.

── *vi.* **1** 退く, 後退する, 引き揚げる; 〘軍事〙(敵に圧迫されて)退却する, 不随意退却をする (cf. retire 3): They ～*ed* before the enemy. 敵前から[敵に追われて]退却した / They watched his ～*ing* figure. 帰って[去って]行く彼の後姿を見送った. **2** 引っ込む, 隠退する. **3** 後方にへこむ, 引っ込む: ～*ing* eyes 引っ込んだ目, くぼんだ目 / a ～*ing* forehead はげ上がった額. **4** 〘航空〙後方に傾斜する. ── *vt.* **1** 退かせる, 後退させる. **2** 〘チェス〙〈駒を〉引く.

～·al [-ṭl̩ | -tl̩] *adj.* **～·er** [-ṭə | -tə(r)] *n.*

re·treat·ant [rɪtríːṭənt, rə-, -tn̩t | -tənt, -tn̩t] 〘⇨ retreat (v.), -ant〙 *n.* 〘教会〙(修道院などにこもる)黙想者, 静修者 (cf. retreat *n.* 4).

re·tree [rɪtríː, rə-] 〘□ ? F *retrait* shrinkage ← *retraire* 'to withdraw, RETREAT'〙 ── *n.* 〘製紙〙きず紙《紙を造る工程でしみ・破損・しわなどが生じたもの; 包装紙に米国では R, 英国では XX の印を押す; cf. cassie paper》.

re·trench [rɪtréntʃ, rə-] 〘《1598》□ F 《廃》 *retrench-er* (F *retrancher*): ⇨ re-, trench〙 ── *vt.* **1** 短縮する, 縮小する, 削減する; 〈費用などを〉節減する, 切り詰める: ～ expenses. **2** 削除する, 省く: ～ words [passages] 語[章句]を削る. **3** 〘築城〙(複郭などで)〈城郭・陣地を〉固める. ── *vi.* 出費を切り詰める, 節約する: ～ in expenditure 経費を節約する.

re·trénch·ment 〘《c1600》□ F 《廃》 *retrenchement* (F *retranchement*): ⇨ ↑, -ment〙 ── *n.* **1** 短縮, 縮小, 削減, 削除; 経費節減, 節約: a ～ policy 緊縮政策 / ～ in finance 財政の緊縮. **2** 〘築城〙複郭, 内郭.

rè·tríal *n.* **1** 〘法律〙再審: a petition for a ～ 再審請求. **2** 再吟味, 再試験.

re·trib·al·ize [rìːtráɪbəlàɪz] *vt.* 伝統的な種族の生活に戻す. **re·trib·al·i·za·tion** [rìːtràɪbəlɪzéɪʃən, -lə- | -laɪ-, -lɪ-] *n.*

re·trib·ute [rɪtríbjuːt, rə-, rétrəbjùːt | rɪtríbjuːt, rə-, rétrɪbjuːt] *vt.* 仕返しする, 報復する. **re·tríb·u·tor** [-ṭə | -tə(r)] *n.*

ret·ri·bu·tion [rètrəbjúːʃən | -trɪ-] 〘《c1390》□ L *retribūtiō(n-)* ← *retribūtus* (p.p.) ← *retribuere* ← RE- (A) + *tribuere* to pay, grant: ⇨ tribute, -tion〙 ── *n.* **1** 返報, 仕返し, 報復. **2** 報復として与えられるもの, 懲罰. **3** 〘神学〙(来世での)応報, 天罰: the day of ～ 応報の日《最後の審判の日》/ the ～ theory 来世応報説.

re·trib·u·tive [rɪtríbjuṭɪv, rə- | -tɪv] 〘《1678》← 《廃》 *retribute* to give in return (← L *retribūt-us* (↑)) + -IVE〙 *adj.* 報復の; 懲罰の, 因果応報の. **～·ly** *adv.*

retríbutive jústice *n.* 〘法律〙応報的正義.

re·tríb·u·tiv·ìsm [-ṭɪvɪzm̩, -ṭə- | -tɪ-] *n.* (刑罰の)報復[懲罰]主義. **re·tríb·u·tiv·ist** [-vɪst, -vəst | -vɪst] *n., adj.*

re·trib·u·to·ry [rɪtríbjʊtɔ̀ːri, rə-, -tɔ̀ːri | -tərɪ] *adj.* = retributive.

re·triev·a·ble [rɪtríːvəbl̩, rə-] *adj.* **1** 取り戻される, 回復できる, 取返しのつく; 訂正できる. **2** 償いができる, 埋合わせできる. **3** 救われる.

re·triev·al [rɪtríːvəl, rə-] 〘⇨ ↓, -al[2]〙 ── *n.* **1** 取返し, 回復, 挽回(ばんかい), 復旧: beyond ～ 取返しのつかない, 回復できない(ほど). **2** 修繕, 修正, 訂正; 埋合わせ, 償い. **3** 〘電算機〙検索: information ～ 情報の検索.

re·trieve [rɪtríːv, rə-] 〘《c1410》 *retreve(n)* □ OF *retroev-* (stem) ← *retrover* (F *retrouver*) ← RE- + *trover* to find (⇨ trover)〙 ── *vt.* **1 a** 取り戻す, 回収する: ～ a lost purse / ～ freedom 自由を取り戻す / ～ one's child from a kidnapper 子供を誘拐犯人の手から取り戻す. **b** 回復する; 復旧[修繕, 訂正]する: ～ one's honor [credit] 名誉[信用]を回復する. **c** 改心させる, 更生させる: She wanted to ～ herself. 更生したいと思った. **2** 〔不幸・悪の道などから〕救う, 救い出す〔*from, out of*〕: ～ a person *from* [*out of*] misfortune [ruin, bad ways] 人を不幸[破滅, 悪の道]から救い出す. **3** 〈罪などを〉償う, 埋合わせする: ～ a fault [sin] 過失[罪]の埋合わせをする. **4** 思い出す, 想起する. **5** 〘釣〙〈釣糸を〉引き戻す, リールで巻き取る. **6** 〘狩猟〙〈猟犬が〉〈撃たれた獲物を〉捜して持って来る (cf. retriever 2). **7** 〘球技〙(テニスなどで)〈難しいボールなどを〉(相手陣内に)うまく返す. **8** 〘電算機〙〈情報を〉検索する. ── *vi.* **1** 〘狩猟〙〈猟犬が〉獲物を捜して持って来る. **2** 〘釣〙釣糸を取り込む.

── *n.* **1** 回復, 回収, 取返し(の可能性): beyond [past] ～ 回復の見込みがない, 取り返せそうもない. **2** 〘球技〙(テニスなどで)難しいボールをうまく返すこと.

re·tríeve·ment *n.* =retrieval.

re·tríev·er 〘《1486》〙 ── *n.* **1** 取り返す人[もの]. **2** レトリーバー《射留めた獲物を捜して持って来るように訓練された猟犬》: ⇨ curly-coated retriever, flat-coated retriever. **3** 〘電気〙=trolley retriever.

rè·trím *vt.* 再び[新たに]刈り込む; 〈帽子などに〉に縁取りをし直す.

ret·ro [rétroʊ | -trəʊ] 〘略〙 *n.* (*pl.* ～**s**) =retro-rocket.

ret·ro- [rétro(ʊ), -trə | rétrə(ʊ), ríː-t-] 〘ME □ L *retrō-* ← *retrō* backwards ← RE- (A) + (*in*)*trō* inwardly (⇨ intro-), (*ex*)*trō* outwardly〙 ── *pref.* **1** 「後方へ, 遡って」の意: *retro*grade, *retro*-rocket, *retro*spect. **2** 「逆に, 反して」の意: *retro*act, *retro*virus. **3** 「後方にある」の意: *retro*choir, *retro*nasal.

rètro·áct 〘⇨ ↑, act (v.)〙 *vi.* **1** 後方に[逆に]働く; 反動[反作用]する. **2** 既往の行為[事件など]に影響[作用]する, 遡及(そきゅう)効を持つ.

rètro·áction *n.* **1** 逆働; 反動, 反作用. **2** 〘法律〙遡及効.

rètro·áctive 〘□ F *rétroactif*〙 ── *adj.* **1** 〈法令などが〉既往に作用する, 遡及(そきゅう)効を持つ, 遡及する. **2** 〈昇給などが〉過去に遡(さかのぼ)って有効な, 遡及分を含んだ (cf. back pay 2): ～ to April 1 四月一日に遡って(適用する, など) / ～ pay 遡及分給与. **～·ly** *adv.*

retroáctive láw [**státute**] *n.* 〘法律〙遡及(そきゅう)法 (⇨ ex post facto law).

rètro·activity *n.* 既往に遡(さかのぼ)って作用していること, 遡及(そきゅう)(力).

rètro·búlbar *adj.* 〘解剖〙 **1** 眼球後の, 球後の. **2** 延髄後の.

ret·ro·cede[1] [rètro(ʊ)síːd, -trə- | rètrə(ʊ)-, rìːt-] 〘□ L *retrōcēd-ere* ← RETRO- + *cēdere* 'to go, CEDE'〙 ── *vi.* **1** 返る, 戻る, 後退する, 退却する. **2** 〈病気が〉内攻する (strike inwards).

ret·ro·cede[2] [rètro(ʊ)síːd, -trə- | rètrə(ʊ)-, rìːt-] 〘□ F *rétrocéd-er*: ⇨ retro-, cede〙 ── *vt.* **1** 〈領土などを〉返還する, 還付する. **2** 〘保険〙再々保険に出す (cf. retrocession[2] 2).

ret·ro·ce·dence [rètro(ʊ)síːdns, -trə- | rètrə(ʊ)-, rìːt-] 〘⇨ ↓, -ence〙 *n.* =retrocession[1].

ret·ro·ce·dent [rètro(ʊ)síːdn̩t | rètrə(ʊ)-, rìːt-] 〘□ L *retrōcēdent-em* (pres.p.) ← *retrōcēdere* 'to RETROCEDE[1]': ⇨ -ent〙 ── *adj.* **1** 後退する, 戻る. **2** 〈病気が〉内攻する.

ret·ro·ces·sion[1] [rètro(ʊ)séʃən, -trə- | rètrə(ʊ)-, rìːt-] 〘□ LL *retrōcessiō(n-)*: ⇨ retrocede[1], cession〙 ── *n.* **1** 後退, 退去. **2 a** (病気の)内攻. **b** 〘病理〙(特に子宮の)後屈.

ret·ro·ces·sion² [rètrə(ʊ)séʃən, -trə- | rètrə(ʊ)-, rìːt-] 〚□ F *rétrocession*: ⇨ retrocede²〛 ── *n.* **1** (領土の)返還. **2** 〘保険〙再々保険《再保険者が引き受け塡補責任の全部または一部をさらに他の保険者に再保険すること》.

ret·ro·ces·sive [rètrə(ʊ)sésɪv, -trə- | rètrə(ʊ)-, rìːt-] 〚← L *retrōcessus* ((p.p.) ← *retrōcēdere* 'to RETROCEDE¹')+-IVE〛 ── *adj.* **1** 後退する. **2** (病気が)内攻する.

rétro·chòir 〚← RETRO-+CHOIR〛 *n.* 〘建築〙(大聖堂などで)聖歌隊席または大祭壇後方の部分, 奥内陣.

rètro·displácement 〚← RETRO-+DISPLACEMENT〛 *n.* 〘病理〙(体内器官の)後方転位.

rétro·èngine *n.* 〘宇宙〙=retro-rocket.

rétro·fire *vt.* 〈逆推進ロケット(retro-rocket)〉に点火する. ── *vi.* 〈逆推進ロケットが〉点火[着火]する. ── *n.* 逆推進ロケット点火.

retro·fit [⌐－⌐] *n.* (新しい改良を組み込むためになされる)(航空機や工作機械などの)デザイン・構造・装置などの変更. ── [⌐－⌐] *v.* ── *vt.* 改装する; …に新たな改善を施す. ── *vi.* 改装される; 新たな改善を施される.

ret·ro·flex [rétrəflèks | -trə(ʊ)-] 〚← NL *retrōflex-us* (p.p.) ← ML *retroflectere* ← RETRO- + *flectere* 'to bend, FLEX'〛 ── *adj.* **1** 反転した, そり返った. **2** 〘音声〙そり舌の, 反転(音)の. **3** 〘病理・解剖・植物〙後屈の. ── *n.* 〘音声〙そり舌音, 反転音《舌先がそり返って硬口蓋(がい)または歯茎の後部に対して調音される音》.

rét·ro·flèxed *adj.* =retroflex.

ret·ro·flex·ion [rètrəflékʃən | -trə(ʊ)-] *n.* **1** そり返り, 後屈, 反転. **2** 〘病理〙子宮後屈 (cf. anteflexion, retroversion 4). **3** 〘音声〙そり舌, 反転; そり舌化, そり舌性 (⇨ retroflex *n.*).

rétroflex vówel *n.* 〘音声〙そり舌母音, 反転母音《米音の murmur [mə́ːmə] の母音 [ə] など; cf. hooked schwa》.

ret·ro·gra·da·tion [rètro(ʊ)greɪdéɪʃən, -trə-, -grə- | rètrə(ʊ)grə-, rìːt-] 〚(1554) □ LL *retrōgradātiō(n-)* ← L *retrōgradāre* ← *retrōgradus* (↓): ⇨ -ation〛 ── *n.* **1** 後退 (retrogression); 退去, 退却; 逆戻り, 遡行(そう). **2** 退歩, 退化. **3** 〘天文〙=regression 4.

ret·ro·grade [rétrəgrèɪd | -trə(ʊ)-] 〚(1391) *retrograd* □ L *retrōgrad-us* going backward ← RETRO-+*gradī* to walk (⇨ -grade)〛 ── *vi.* **1 a** 後退する, 後ずさりする; 退去する, 退却する; 逆行する. **b** 〈話・議論などが〉元に戻って繰り返す. **2** 退歩する; 堕落する. **3** 〘生物〙退化する. **4** 〘天文〙〈惑星などが〉逆行する, 天球上を東から西へ動く(ように見える). ── *vt.* 《古》後戻りさせる, 逆(向き)にする. ── *adj.* **1 a** 後退する, 逆戻りの; 退去する, 退却する; (順序など)逆(方向)の: a ~ movement 後退, 逆行 / in ~ order 逆順に. **b** 退歩する, 悪くなる, 堕落する. **2** 《古》逆の, 矛盾する〔*to*〕: It is most ~ *to* our desire. それは我らの願うことと最も反することだ (Shak., *Hamlet* 1. 2. 114). **3** 〘生物〙退化する: ~ metamorphosis [development] 退行変性. **4** 〘天文〙〈惑星などが〉逆行する, 天球上で恒星間を東から西へ動く(ように見える) (↔ direct): ~ motion 逆行(運動). **5** 〘音楽〙逆行の: ~ imitation (対位法音楽における)逆行模倣. **6** 〘宇宙〙逆行用の (cf. posigrade): a ~ rocket (軟着陸の際の, 減速用の)逆行用ロケット. ── *adv.* 逆戻りして, 逆に: flow ~ 逆流する. ── *n.* **1** =retrogression. **2** 堕落者. **~·ly** *adv.*

ret·ro·gress [rètrəgrés, ⌐－⌐ | rètrə(ʊ)grés, rìːt-, ⌐－⌐] 〚← L *retrōgressus* (p.p.) ← *retrōgradī* to go backward: ⇨ retro-, -grade〛 ── *vi.* **1** 後戻りする, 逆戻りする, 後退する. **2** 退歩[退化]する, 悪化する.

ret·ro·gres·sion [rètrəgréʃən | rètrə(ʊ)-, rìːt-] 〚(1646) ← L *retrōgressus* (↑)+-SION〛 ── *n.* **1** 後戻り, 逆戻り, 逆行, 後退. **2** 退歩, 退化, 衰退. **3** 〘生物〙退化. **4** 〘天文〙=regression 4. **5** 〘病理〙退行, 退化; 軽快. **6** 〘音楽〙逆行模倣.

ret·ro·gres·sive [rètrəgrésɪv | rètrə(ʊ)-, rìːt-] 〚← L *retrōgressus* (↑)+-IVE〛 *adj.* **1** 後退[逆行]する, 逆戻りの. **2** 退歩する; 退化する. **~·ly** *adv.*

ret·ro·ject [rétro(ʊ)dʒèkt, -trə- | rètrə(ʊ)dʒékt, rìːt-, ⌐－⌐] 〚← RETRO-+(PRO)JECT²〛 ── *vt.* **1** 後ろに突出する, 後方に投げる, 投げ返す. **2** 過去に投影する. **re·tro·jec·tion** [rètrədʒékʃən | rétrə(ʊ)-, rìːt-] *n.*

ret·ro·len·tal [rètro(ʊ)lénṭl | rètrə(ʊ)léntl, rìːt-] 〚← RETRO-+NL *lent-*, *lens* 'LENS'+-AL¹〛 *adj.* (目の)水晶体後の[にある, 起こる].

retrolental fibroplásia *n.* 〘病理〙水晶体後線維増殖症《早産児で網膜剝離(はく)を起こす疾患》.

rètro·língual *adj.* 〘解剖〙舌後の[にある].

ret·ro·min·gent [rètro(ʊ)míndʒənt | rètrə(ʊ)-, rìːt-] 〚← RETRO-+L *mingent-*, *mingens* ((pres.p.) ← *mingere* to urinate)+-AL¹〛 ── *adj.* 〘動物〙後方放尿性の: ~ animals (尿を後ろに飛ばす)雄のネコやライオン等の動物.

rètro-óperative *adj.* =retroactive.

rétro·pàck *n.* 〘宇宙〙逆推進ロケット装置, レトロパック《宇宙船が軟着陸する際, 減速するため小ロケットが自動的に発動するシステム; cf. retro-rocket》.

rètro·peritonéal *adj.* 〘解剖〙腹膜後の, 腹膜の後ろにある. **~·ly** *adv.*

ret·ro·pul·sion [rètrəpʌ́lʃən | rètrə(ʊ)-, rìːt-] 〚← RETRO-+L *pulsus* (⇨ pulse¹)+-SION〛 *n.* 〘病理〙後方突進《後ろ向きによろめく症状》.

rètro·refléction *n.* 〘光学〙逆反射(作用)《光源に光を反射し返す作用》. **rètro·refléctive** *adj.*

rètro·refléctor *n.* 〘光学〙(逆)反射装置《レーザー光線を反射し天体などの遠い物体に当て往復の所要時間によって地球からの距離を推定するプリズムのような装置》.

rétro·ròcket *n.* 〘宇宙〙逆(推)進ロケット: **a** 切離後衝突しないために逆方向に噴射し, 相手物と離すために用いられるロケット. **b** 大気圏に帰還する際など逆方向に噴射するロケット.

re·trorse [ríːtrɔːs, rɪtrɔ́ːs, rə- | ríːtrɔːs, rɪtrɔ́ːs] 〚□ L *retrōrs-us* ← *retrōversus* ← RETRO-+*versus* ((p.p.) ← *vertere* to turn: ⇨ version)〛 ── *adj.* 〘生物〙後方に向いた. **~·ly** *adv.*

rètro·sérrate *adj.* 〘生物〙後[下]方向きの歯[とげ]のある.

rètro·sérrulate *adj.* 〘生物〙逆向きの小さい髭や剛毛がある.

ret·ro·spect [rétrəspèkt | rétrə(ʊ)-, ríːt-] 〚(1602) ← L *retrōspect-us* (p.p.) ← *retrōspicere* to look back ← RETRO-+*specere* to look at (⇨ species)〛 ── *n.* **1** (過去の出来事などに対する)回顧, 追憶, 思い出: A short ~ is now necessary. 今や少し以前のことを回顧する必要がある / The ~ was depressing. 思い返すと気のふさぐことであった. **2** 先例[過去の状態, 権威]を参考にすること[への配慮].

in retrospect 振り返ってみて[みると]: review 1980 *in* ~ 1980 年を回顧する.

── *vt.* 回顧する, 追想する. ── *vi.* **1** 追想する, 過去をしのぶ[顧みる]〔*on*〕. **2** 〔過去のことに〕言及する〔*to*〕.

ret·ro·spec·tion [rètrəspékʃən, -trə- | rètrə(ʊ)-, rìːt-] 〚(1633): ⇨ ↑, -tion〛 ── *n.* **1** 回顧, 追憶, 懐旧; 思い出: indulge in ~ 追憶に耽る. **2** 《古》(過去のものへの)言及. **3** 〘心理〙追観《自分の情動・思考などをそれを経験した直後に観察すること》.

ret·ro·spec·tive [rètrəspéktɪv | rètrə(ʊ)-, rìːt-] 〚(1664) ← L *retrōspectus* (⇨ retrospect) + -IVE〛 ── *adj.* **1 a** 過去を振り返る, 回顧的な, 懐旧の: a ~ exhibition 回顧展 / a ~ poem 回顧的な詩. **b** 思い出に耽る, 追憶癖の. **2** 〈風景など〉後ろの方にある, 背後の: a ~ glance. **3** 〘法律〙既往に遡(さかのぼ)る, 遡及(そきゅう)効を有する (retroactive): a ~ law 遡及法, 事後法《公布の日より既往に遡って効力を有する成文法》. ── *n.* 回顧展《画家・彫刻家などの長年にわたる制作活動を包括的に示す展覧会》: a ~ of the works of J. M. W. Turner. **~·ly** *adv.*

rèt·ro·spéc·tiv·ist [-vɪst, -vəst | -vɪst] *n.* 過去の出来事を回顧する人, 回顧者; 回顧趣味の人.

rètro·stérnal *adj.* 〘解剖〙胸骨後の.

ret·rous·sage [rətrusáːʒ; *F.* rətrusaːʒ] 〚□ F ~ 《原義》a turning up ← *retrousser* (↓): ⇨ -age〛 ── *n.* 〘美術〙ルトルサージュ《版画技法の一つ; エッチングや彫版で, 墨入れした版を布で軽くふいて刻線にたまった墨を周辺部へ広げ, 彫り上がりの線を軟らかくすること, またその技術》.

re·trous·sé [rətrùːséɪ, -trúːseɪ, rètruséɪ | rətrúːseɪ, rɪ-; *F.* rətruse] 〚(1837) □ F ~ (p.p.) ← *retrousser* to turn up ← RE-+*trousser* 'to TRUSS'〛 ── *F. adj.* 〈鼻の形が〉先のそった, 天井を向いた: a girl with a ~ nose 鼻が上を向いた娘.

ret·ro·ver·sion [rètro(ʊ)və́ːʒən, -trə-, -ʃən | rètrə(ʊ)və́ːʃən, rìːt-] 〚← L *retrōversus* 'RETRORSE'+-SION〛 ── *n.* **1** 後ろを振り向くこと, 後ろに[逆に]曲がる[曲げられる]こと, 振返り, 振向き; 反転. **2** 退歩. **3** 元の言語に翻訳し直すこと. **4** 〘病理〙(子宮などの)後傾 (cf. version 4 a). ★ retroflexion (後屈)とは別.

ret·ro·vert [rètro(ʊ)və́ːt, -trə- | rètrə(ʊ)və́ːt, rìːt-] 〚□ LL *retrōvert-ere* ← RETRO- + L *vertere* to turn (⇨ version)〛 *vt.* 後方に[逆に]曲げる[向ける].

rèt·ro·vért·ed [-tɪd, -ṭəd | -tɪd, -təd] *adj.* 後方に[逆に]曲がった[向いた]; (特に)〈子宮が〉後傾した.

rètro·vírus *n.* 〘生化学〙レトロウイルス《RNA 腫瘍ウイルスのこと》.

re·trude [rɪtrúːd, rə-] 〚□ L *retrūd-ere* to thrust backward ← RE- (A)+*trūdere* to thrust〛 *vt.* 〘歯科〙〈前歯・下顎(がく)〉の後退を引起こす, 〈下顎を〉後方に引く.

re·tru·sion [rɪtrúːʒən, rə-] 〚← L *retrūsus* ((p.p.) ← *retrūdere* (↑))+-SION〛 *n.* 〘歯科〙**1** 前歯[下顎(がく)]後退. **2** 前歯[下顎]が後退している状態.

re·trú·sive occlúsion [rɪtrúːsɪv-, rə-] *n.* 〘歯科〙後方咬合《通常の咬み合わせより後方で咬み合わせること》.

rè·trý *vt.* **1** 再び試みる; 再吟味する. **2** 〘法律〙再審理する.

ret·si·na [retsíːnə, rétsə- | retsíː-, rétsɪ-] 〚□ ModGk *retsína* □ ? It. *resina* 'RESIN'〛 ── *n.* レチナ(ワイン)《ギリシャ・キプロス産の樹脂で香りをつけた強い白[赤]ぶどう酒》.

ret·ter·y [rétəri | -təri] 〚← RET+-ERY〛 *n.* 亜麻の浸水場.

re·túrf *vt.* …に再び[新たに]芝を植える.

re·turn [rɪtə́ːn, rə- | -tə́ːn] 〚v.: (*c*1380) *retorne(n)* □ OF *retorn-er* (F *retourner*) < VL **retornāre*. ── n.: (*a*1393) *retorn* ← (v.): ⇨ re- (A), turn (v.)〛 ── *vi.* **1** 〔元の場所・地位・状態・持主, 前の話などに〕帰る, 戻る, 復帰する, 逆戻りする〔*to*〕: ~ *from* Europe ヨーロッパから帰国する / ~ home 帰宅する, 帰省する, 帰朝する / ~ *to* dust 塵(ちり)に帰る, 死ぬ (cf. *Gen.* 3: 19) / ~ *to* life 生き返る / ~ *to* oneself 我に帰る / ~ *to* one's duty 帰任する / ~ *to* one's old forms again 元の姿に戻る / ~ *to* one's subject 本論に帰る / ~ *to* power 政権に返り咲く / ~ *from* a digression 余論をやめて本論に戻る / He has gone never to ~. 行ったきり帰って来ない / The property ~*ed to* the original owner. 財産が元の持主の手に戻った / I went an enemy, and ~*ed* a friend. 行く時は敵だったが味方になって帰って来た / The bad weather has ~*ed*. また悪天候が戻って来た / A small amount of color was ~*ing* to his face. 彼の顔に幾分血の気が戻ってきた / They are ~*ed*. 《古》=They have ~*ed*.
2 返答する, 答弁する, しっぺい返しする, 応酬する.

── *vt.* **1** 〔元の場所・地位・状態・持主, 前の話などに〕返す, 戻す, 返却する, 送り返す〔*to*〕: ~ a book *to* the case 本を本箱に戻す / ~ the borrowed money 借金を返す / The fish must be ~*ed to* the water. 魚は水に放してやらなければならない / Application forms should be ~*ed* within three weeks. 願書は3週間以内に提出のこと. **2 a** 〈受けたものに相応するもの, または同じものを〉返す, 応じる, 報いる, 返報する: ~ a blow なぐり返す / ~ evil for good=~ good with evil 恩をあだで返す / ~ like for like 先方と同じ手段で報いる, 売り言葉に買い言葉 / ~ a person's love 人の愛に報いる / She always ~*s* my greeting with a smile. 彼女はいつもにっこり笑って私の挨拶に答える / ~ a salute [bow, compliment] 答[返]礼する / ~ a visit [call] (訪問を受けて)答礼訪問する / ~ thanks (食卓の感謝の祈りの中で, 乾杯・悔みなどに対して)感謝をささげる, 感謝する. **b** 答える, 返事をする, 答弁する; 言い返す: ~ no reply 全く返事をしない. **c** 〈光・音などを〉反射する, 反響する. **3** 〈利子・利益などを〉生む, 生じる: an investment which ~*s* a good interest よい利子を生む投資. **4** (命令書に対して正式に)報告する, 上申する, 復命する: ~ a soldier as killed 兵士を戦死したと報告する / The liabilities were ~*ed* at $5,000. 負債は5千ドルと報告された. **5** 〈選挙区が〉〈候補を〉(正式に)選挙する, 選出する: ~ a person *to* Parliament 人を国会議員に選挙する / the members ~*ed* 当選議員 / He was ~*ed for* Bath. 彼は Bath 市から選出された / A great Conservative majority was ~*ed*. 保守党の当選が大多数を占めた. **6** 〘法律〙〈陪審員が〉答申する: ~ a person guilty 人を有罪と答申する / The accused was ~*ed* not guilty. 被告は無罪と答申された. **7** 〘トランプ〙〈パートナーの出した札と同じスーツの札を〉打ち返す: ~ clubs [one's partner's lead] クラブ[パートナーの打ち出したスーツ]を返す. **8 a** (テニス・バドミントンなどで)〈ボールを〉打ち返す; 〘野球・クリケット〙〈ボールを〉投げ返す. **b** 〘アメリカン・フットボール〙〈ボールを〉リターンする (cf. *n.* 11). **9** 〘軍事〙〈武器を〉さやに戻す[おさめる]: ~ a sword. **10** 〘建築〙〈壁・繰形(くりかた)を〉(直角に)折り返す, 折り重ねる: a ~*ed* molding 返り繰形.

return to one's muttons [*sheep*] 〚《なぞり》← F *revenons à nos moutons*: 中世フランスの喜劇 *La Farce de Maître Pathelin* の中で, 羊飼いが羊を虐待したと訴えた毛織物商が脱線ばかりしているのを裁判官がたしなめて, "Mais, mon ami, *revenons à nos moutons*" (=Now, my friend, let us return to our muttons) と言ったことにちなむ〛《戯言》本論に帰る, 話の本筋に戻る. ***To return*** (枝葉にわたる話をした後)さて本論に戻って, 余談はさて置き, 閑話休題.

── *n.* **1 a** 帰還, 帰宅, 帰省, 帰郷, 帰国; 再訪問, 再び来ること; (元の方向への)後戻り, 逆戻り: a ~ home 帰宅[国] / await a person's ~ 帰宅を待つ / As it was getting dark, we set out on our ~. 暗くなって来たので帰途についた. **b** (元の状態への)復帰, 回復; 巡り来ること, 回帰, 再発: the ~ of spring 春が巡り来ること / the ~ of health 健康の回復 / at (the) ~ of the year 年が改まるとともに / He had a ~ of illness. 彼の病気が再発した / Many [I wish you many] happy ~*s* (of the day)! このめでたい日が幾度も[幾久しく]繰り返されることを祈ります《誕生日や祝日の祝いの挨拶》. **c** (元の場所へ)戻すこと, 返送; (元の所有主へ)返すこと, 返却, 返還: the ~ of the books to the shelves 本を本棚に戻すこと / request the ~ of the money 金の返済を求める. **2 a** 返礼, 報酬, 返報: the ~ of affection (受けた愛情に対して)愛情を返すこと / the ~ of a salute 答礼 / I can make no ~ for your kindness. ご親切に対しては御礼のしようもありません. **b** 返事, 回答, 応答; 言い返し, 口答え, 買い言葉. **3 a** [通例 *pl.*] 戻された物, 返品. **b** [*pl.*] 返本. **4 a** (命令書に対する)公式の報告, 申告: an income tax ~ 所得税申告 / ⇨ false return / make a ~ 報告をする. **b** [通例 *pl.*] 報告書; 申告書; (報告を集めた)統計表; 〘法律〙回付(書), (執行吏の)執行報告書; 《英》(sheriff の)令状の執行報告書: official ~*s* 公報 / election ~*s* 選挙開票報告書 / ⇨ tax returns. **c** 《英》(選挙管理官の出す)当選[選出]報告書; (代議士などの)当選, 選出: He secured his ~ for Manchester. 彼はマンチェスターから選出された. **5** [しばしば *pl.*] 収入, 収益, 利潤: ⇨ diminishing returns / without ~ もうけなしで, 利益なしで / a good ~ on one's capital 投下資本に対する高(率の)利潤 / bring [yield] a prompt [quick] ~ すぐもうかる / Small profits and quick ~*s*. 薄利多売《略 S.P.Q.R.》/ The ~*s* were large. もうけは大きかった. **6** 《英》往復切符(《米》round-trip ticket): I took a ~ to London. ロンドン行きの往復切符を買った. **7** [*pl.*] 《英》リター

ン《味の柔らかい一種の刻みたばこ》. 8〘建築〙a (繰形などの)返り, 見返し, 折返し. b 転回《直線部に続く通例直角の屈曲》; 転回[屈曲]部. c 曲り壁《長壁に対してある角度で隣接する小壁》: a ~ angle 折れ壁 / ~ side 控壁 / ~ wall 袖壁. 9 a〘テニス・クリケット〙球の打返し, 返球: That fielder has a good ~. あの野手はうまい返球をする. b (アメリカンフットボール・サッカーなどで) リターン《相手側によって蹴られたボールを受取り前進すること》. 10〘フェンシング〙突返し, 打返し. 11 =return game. 12〘トランプ〙打返し《パートナーの打出しと同じスーツの札を続けて打ち出すこと》. 13〘経済〙(生産計画など1単位あたりの)収益, 収益率. 14〘演劇〙舞台脇の書割り《tormentor と対になる》. 15〘電気〙帰路, 帰線.

by return (*of post*, 《米》 ***mail***) 折返し(郵便で), 大至急で: Please send your reply *by* ~. 折返しご返事ください. ***in return*** 報酬[返礼]として; 返事に[として]; 〔…に対する〕返報[報復]として; 代わりに〔*for, to*〕: write *in* ~ 返事を書く / thanks *in* ~ *for* aid 援助に対する感謝 / profits *in* ~ *for* outlay 支出に対する収益 / He received neglect *in* ~ *for* attention. 親切を尽くしてかえって冷たくされた.

return on capital〘経済〙資本利益率.

return on investment〘会計〙投下資本利益率, 投資収益率《企業の収益性を示す比率; 略 R.O.I.; rate of retrun on investment ともいう》.

— *attrib. adj.* 1 a 帰りの, 帰路の: a ~ voyage 帰航, 帰りの船旅 / a ~ passenger 帰りの乗客 / ⇨ return fare, return ticket. b 戻りの: a ~ cargo 積み戻し貨物, 帰り荷 / ~ air 還り空気《空調システムで機械に戻る空気》. c 返信[返送]用の: a ~ envelope 返信用封筒. 2 返しの, 返事の; 返礼の; 返報の, 仕返しの; 〈ゲームなど〉二度目の, 再度の, 雪辱の: a ~ visit 答礼訪問 / a ~ performance 再上演 / a ~ shot 応射; (テニスなどの)リターンショット / ⇨ return game. 3 a 折り返しの: ⇨ return bend. b 折れ曲がった: a ~ flue 折れ曲がった煙道.

~·er *n.*

re·turn·a·ble [rɪtə́ːnəbl̩, rə- | -tə́ːn-] 〘《15C》□ AF *retornable*=OF *retournable*: ⇨ return, -able〙 — *adj.* 1 a 返すことができる, 返却[返品]できる: ~ goods. b 〈空きびんなど〉買い取ってもらえる: a ~ bottle. 2 (一定の時間・場所に)返還[報告, 提出]すべき: Application forms, ~ by June 20th, are obtained from the office. 6月20日までに提出すべき願書は当事務所に請求のこと. 3 (法的に) 報告すべき; 回付すべき. **re·tùrn·a·bíl·i·ty** [-nəbɪ́ləṭi | -ləti, -lɪ-] *n.*

retúrn addrèss *n.* 〘郵便〙リターンアドレス《返送用の差出人住所氏名》.

retúrn bènd *n.* 〘機械〙戻り[返し]ベンド《管の方向を180°変えるための U 字形管継手》.

retúrn càrd *n.* 〘広告〙返送用注文カード《商店などが広告に用いるもので半片は注文用; cf. reply card》.

retúrn connécting ròd 〘力がピストンからクロスヘッドへ伝わり, 連接棒をへて再びエンジンの方向へ帰るようになることから〙 — *n.* 〘機械〙帰り連接棒《クランクピン側端がクロスヘッドに対してエンジンシリンダーと同じ側にある連接棒》.

retúrn créase *n.* 〘クリケット〙両三柱門における投手が, それより後方で投球しなければならない限界線 (bowling crease) に直角の短い左または右の線 (⇨ cricket² 挿絵).

retúrn dày *n.* 〘法律〙(命令書に対する)報告提出日.

re·túrned 〘《15C》〙 — *adj.* 1 戻った, 帰来した, 帰還した: a ~ soldier [emigrant] 帰還兵士[帰国した移民]. 2 戻された, 返送された: a ~ letter 差し戻された手紙 / ~ articles 返品 / ~ empties (送り主に)返送された空箱・かご・樽.

re·turn·ee [rɪtə̀ːníː, rə-, ─ ─ ─ | rɪtə̀ːníː, rə-, ─ ─ ─] 〘⇨ -ee¹〙 — *n.* 1 《米》(外地勤務からの)帰還者[軍人]: a ~ from Vietnam ベトナム(からの)帰還兵. 2 (刑務所からの)帰還者, 刑務所帰り.

retúrn fàre *n.* 往復料金[運賃].

retúrn gàme *n.* 雪辱戦, リターンマッチ《return match ともいう》.

re·túrn·ing òfficer *n.* 《英》選挙管理官《選挙を管理し, 結果を当局に報告する公務員》.

retúrn·less *adj.* 1 報酬[収益, もうけ]のない. 2 帰ることのできない. 3 逃がれることのできない.

retúrn màtch *n.* =return game.

retúrn pòstcard *n.* 往復はがき (reply card).

retúrn recéipt *n.* 配達証明書《受け取り人の署名をつけて書留[保険つき]郵便物の差出人に返送される配達証明のはがき》.

retúrn shòck *n.* 〘気象〙リターン, リターン電撃《雷の一過程で雲から大地への放電に引き続いて起こる大地から雲への大電流放電》.

retúrn tìcket *n.* 1 《英》往復切符 (《米》round-trip ticket) (cf. single *adj.* 11, one-way *adj.* 1). 2 《米》帰りの切符.

retúrn tríp *n.* 《英》=round trip 1.

retúrn wìre *n.* 〘電気〙帰線(の電線).

re·tuse [rɪt(j)úːs, rə- | -tjúːs] 〘□ L *retūs-us* (p.p.) ← *retundere* ← RE- (A)+*tundere* to beat〙 — *adj.* 〘植物・昆虫〙〈葉・羽が〉先端が丸くて少しへこんだ, 軍配うちわ形の.

rè·týpe *vt.* タイプライターで打ち直す.

ret·zi·na [retsíːnə, rétsə- | retsíː-, rétsɪ-] *n.* =retsina.

Reu·ben¹ [rúːbɪn, -bən] 〘□ Heb. *Rᵉ'ūbhēn*《通俗語源》behold a son ← *rᵉ'ū* ((imper.) ← *rā'āʰ* to behold)+ *bēn* son〙 — *n.* 1 男性名《愛称形 Rube》. 2〘聖書〙a ルベン《Jacob の第1子, 母は Leah; cf. *Gen.* 29:32》. b ルベン族《ルベンを祖とするイスラエル十二支族の一つ》.

Reu·ben² [rúːbɪn, -bən] *n.* ルーベン漫画賞の彫像《米国の漫画家 Reuben L. Goldberg を記念して優秀な漫画家に贈られる小彫像》.

Reuch·lin [rɔ́ɪklɪn, rɔ́ɪç-, -lən | -lɪn; G. rɔ́ʏçliːn], **Johann** *n.* ロイヒリン《1455–1522; ドイツの古典学者・ヘブライ学者》.

rè·únify *vt.* 再び一つにする, 再統一[合一, 統合]する. **rè·unificátion** *n.*

re·u·nion [riːjúːnjən | -njən, -nɪən] 〘《1610》□ F *réunion*: ⇨ re-, union〙 — *n.* 1 再結合, 再合同; 融和, 仲直り: the ~ of the Churches (教義などの相違から分裂した)キリスト教の各宗派の大合同 / the ~ of hearts (仲違いしていた二人の)心の融和. 2 a (離別していたものの)再会. b (親族・親友または共同の利害関係ある人々の)再会の集い; 懇親会, 親睦会: a class ~ (卒業後の)クラス会, 同窓会 / a family ~ 家族会. ★ reunion の代わりにフランス語形の réunion を用いることもある.

Ré·u·nion [riːjúːnjən; F. reynjɔ̃] *n.* レユニオン(島)《Madagascar 島東方のインド洋上にある島でフランスの海外県; 人口 500,000, 面積 2,512 km², 首都 St. Denis》.

rè·ú·nion·ism [-nɪ̀zm̩] *n.* 1 教会再一致. 2 [通例 R-] カトリック教会と英国国教会との再一致[合同]論.

rè·ú·nion·ist [-nɪst, -nəst | -nɪst] *n.* [通例 R-] 教会再一致論者. **re·u·nion·is·tic** [rìːjùːnjənɪ́stɪk | -njə-, -nɪə-] *adj.*

rè·uníte 〘《1591》← ML *reūnīt-us*: ⇨ re- (A), unite¹〙 — *vt.* 〈分離・離別したものを〉再び結合[合同]させる, 再会させる: ~ the orphans with their relatives 孤児たちを親類の者と再会させる. — *vi.* 再び結合[合同]する, 再会する.

rè·úp 〘← RE-+(*sign*) *up* (⇨ sign (v.) 成句)〙 *vi.* (**re-upped**; **-up·ping**) 《軍俗》再入隊する.

rè·úrge *vt.* 再び力説する, 改めて主張する.

re·us [ríːəs] 〘□ L ~: cf. res〙 *n.* (*pl.* **re·i** [ríːaɪ]) 〘大陸法・教会法〙被告(人), 当事者《民(刑)事の被告(人), 契約当事者》.

re·use [rìːjúːz] *vt.* 再び用いる, 再び利用する: 再生利用[使用]する. — [rìːjúːs, ─ ─] *n.* 再度の使用[利用]; 再生利用. **rè·úsable** *adj.*

re·used [rìːjúːzd] *adj.* 〈羊毛など〉再使用の, 再生の: ~ wool.

Reu·ter [rɔ́ɪṭə | -tə(r; G. rɔ́ʏtɐ], **Christian** *n.* ロイター《1665–?1712; ドイツの劇作家・風刺作家》.

Reu·ters [rɔ́ɪṭəz | -təz] *n.* (英国の)ロイター通信社《Baron Paul Julius von Reuter (1816–99) が 1851年 London に創設; cf. AFP》.

Réuter's Néws Àgency *n.* =Reuters.

Reu·ther [rúːθə | -θə(r)], **Walter Philip** *n.* (1907–70) 米国の労働運動指導者; CIO 議長 (1952–55).

rev [rév] 〘《略》← REVOLUTION〙《口語》 — *n.* (エンジンの)回転. — *v.* (**revved**; **rev·ving**) — *vt.* 1 〈エンジンの〉回転速度を上げる 〈*up*〉. 2 〈生産力・生産回転数などを〉増加させる 〈*up*〉. 3 高速で運転[操作]する 〈*up*〉. 4 より活動的[活発]にする, …のメーターを上げる 〈*up*〉. — *vi.* 1 〈エンジンが〉回転する; 回転速度が速くなる[増す] 〈*up*〉. 2 活動的になる; 運動量が増す 〈*up*〉.

REV 《略》〘宇宙〙reentry vehicle 再突入飛翔体.

rev. 《略》revenue; reverse; reversed; review; reviewed; revise; revised; revision; revolution; revolving.

Rev. 《略》Revelation (新約聖書の)黙示録; Reverend; Review; Revised.

rè·váccinate *vt.* …に種痘[ワクチン]を再接種する.

rè·vaccinátion *n.* 種痘[ワクチン]の再接種.

Re·val [réɪvɑːl] *n.* レイバール《Tallinn の旧名》.

rè·válidate *vt.* (法律的に)再び有効にする, 再合法化する. **rè·validátion** *n.*

rè·valorizátion *n.* 〘財政〙平価復元《一国の通貨価値の回復》.

rè·válorize *vt.* 〈通貨など〉の価値を変える[回復させる], 平価復元させる.

rè·váluate *vt.* =revalue; (特に)〈平価を〉切り上げる.

rè·valuátion *n.* 再評価; (特に)平価切上げ.

rè·válue *vt.* 1 新たに評価する, 評価し直す, 再評価する. 2 〘経済〙〈資産・通貨を〉再評価する.

rè·vámp *vt.* 1 〈靴〉に新しい甲革を付ける; 補修する; 繕う. 2 〈古い物を〉改造する; 〈古本・劇などを〉(時代に合うように)改訂[改作]する; 〈機構などを〉改造[改革]する; 〈政策などを〉手直しする. — *n.* 新しい甲革を付けること[付けた状態]; 修繕[改造](すること[した状態]).

re·vanche [rəvɑ́ːn(t)ʃ, -vɔ̃ː(n)ʃ, -vɑ́ːnʃ, -vɔ̃(ː)nʃ; F. ʀəvɑ̃ːʃ] 〘□ F ~ 'return match' ← *revancher* < L *revindicāre*: ⇨ revenge〙 — *n.* 1 報復, 復讐. 2 (戦争などで失った土地の回復を図る)報復政策[主義]; (特に, 1870年の普仏戦争後フランスの望んだ)報復[雪辱]戦.

re·vánch·ism [-ʃɪzm̩] *n.* =revanche 2.

re·vánch·ist [-ʃɪst, -ʃəst | -ʃɪst] *n.* (戦争などで失った土地の回復を図る)報復政策の主張者[支持者]. — *adj.* 1 報復[失地奪還]政策の[に関する]. 2 報復政策主張者[支持者]の, 報復主義の.

re·vas·cu·lar·ize [rìːvǽskjʊləràɪz] 〘← RE-+VASCULAR+-IZE〙 — *vt.* 〘医学〙(血液の供給を増加させるために)〈心臓その他の器官〉に新しい血管を移植する; 〈臓器〉の血管再生を行なう. **re·vas·cu·lar·i·za·tion** [rìːvæ̀skjʊlərɪzéɪʃən, -rə- | -raɪ-, -rɪ-] *n.*

Revd. 《略》Reverend.

re·veal¹ [rɪvíːl, rə-] 〘《c1375》*revele(n)* □ (O)F *révéler* // L *revēlāre* to unveil ← RE- (A)+*vēlāre* (← *vēlum* 'VEIL')〙 — *vt.* 1 〈今まで隠されていた物を〉現わす, 示す, 見せる: Daylight ~*ed* a strange scene. 夜が明けると見慣れない光景が現われた / The telescope ~*s* many distant stars to our sight. 望遠鏡で見ると多くの遠方の星が見える / When the mist cleared up, the lake ~*ed* itself. 霧が晴れると湖がその姿を現わした. 2 〈今まで分からなかったことを〉知らせる, 明らかにする; 〈秘密などを〉明かす, 漏らす, ばらす, 暴露[摘発]する: ~ a secret *to* him 彼に秘密を漏らす / ~ one's identity 名を名乗る, 身分を明かす / His face ~*ed* his thoughts. 思っていることが顔に書いてあった / ~ a mystery 神秘を明らかにする / A recent survey by the Human Rights Commission ~*ed that*… 最近の人権(擁護)委員会の調査で…ということがわかった / The book was banned by the military authorities for ~*ing* military secrets. その本は軍の機密を漏洩するという理由で軍当局によって発禁処分となった / A close scrutiny ~*ed* the lines at the corners of her eyes. よく注意して見ると彼女の目尻にしわがあるのがわかった / In this book the author ~*s* himself *as* full of insight. この本の中で著者は洞察力あふれる人であることを明らかにしている / The fact ~*s* him *as* [*to be*] an honest man. その事実は彼が正直な人であることを示している. 3 〈神または超自然的な力が〉示現する, 啓示する, 黙示する: ⇨ revealed religion.

— *n.* 《まれ》顕現, 示現, 啓示.

~·er [-lə | -lə(r)] *n.*

re·veal² [rɪvíːl, rə-] 〘《変形》← 《廃》*revale* to lower □ OF *reval-er* ← RE-+*avaler* to lower (← *à val* down)〙 — *n.* 1 (自動車の)窓枠. 2 〘建築〙(窓や入口の外側両脇の)だき (jamb), そで壁. 3 〘劇場〙見込み, 仮抱《窓・ドアかまちなどの見せかけの厚さを示すためのもの》.

re·veal·a·ble [rɪvíːləbl̩, rə-] *adj.* 1 現わせる, 明らかにできる. 2 啓示[黙示]される.

re·véaled relígion *n.* 〘哲学〙啓示[天啓]宗教《超自然的啓示を根拠とする宗教でキリスト教はその代表; cf. positive religion, natural religion》.

revéaled theólogy *n.* 〘キリスト教〙啓示神学, 天啓神学《イエス・キリストの啓示にのみ基づく神学的教説; cf. natural theology》.

re·véal·ing *adj.* 1 隠されていたものを見せる; 〈ドレスなど〉空き[刳り]の多い. 2 啓発的な, 参考になる; 意義深い: be ~ *of* …の真相(など)を示す. **~·ly** *adv.*

re·véal·ment *n.* =revelation.

rè·végetate *vt.* 〈植物の生えなくなった土地を〉再び[新たに]植物でおおう. **rè·vegetátion** *n.*

re·ve·hent [révəhənt, rɪvíːənt, rə-] 〘□ L *revehent-em* (pres.p.) ← *revehere* to carry back ← RE- (A)+*vehere* to carry (⇨ vehicle)〙 *adj.* 運び返す: ~ veins.

re·veil·le [révəli | rɪvǽli, rə-, -véli] 〘《1644》□ F *réveillez* (imper. pl.) ← *réveiller* ← RE-+*veiller* (< L *vigilāre* to watch: ⇨ vigilant)〙 — *n.* 1 〘軍事〙a 起床らっぱ[太鼓], 起床号音. b 起床らっぱ後の整列《通例ここで点呼がとられる》. 2 起床[開始]の時刻; 仕事開始の時刻.

réveille gùn *n.* 〘軍事〙=morning gun.

rev·el [révəl] 〘《c1325》*revele(n)* □ OF *revel-er* to riot < L *rēbellāre* 'to REBEL²'〙 — *v.* (**rev·eled**, **-elled**; **-el·ing**, **-el·ling**) — *vi.* 1 酒宴を催す; お祭り騒ぎをする, どんちゃん騒ぎをする. 2 a 耽る, 凝る 〔*in*〕: ~ *in* luxury, mischief, vice, etc. b 非常に喜ぶ, 大いに楽しむ 〔*in*〕: ~ *in* music [art] 音楽[芸術]を楽しむ. — *vt.* 〈時・金を〉お祭り騒ぎで浪費する 〈*away*〉. — *n.* 1 お祭り騒ぎ, 底抜け騒ぎ, 飲めや歌えの大騒ぎ. 2 a (祭り・結婚式などの)祝宴. b [*pl.*] 祝宴の余興: Master of (the) Revels ⇨ master¹ *n.* 6 b.

rev·e·la·tion [rèvəléɪʃən | -və-, -vɪ-] 〘《15C》□ L *revēlātiō(n-)* ← *revēlāre* 'to REVEAL¹' ∽ 《c1303》 *revelacioun* □ OF (F *révélation*)〙 — *n.* 1 a (隠れた事実などの)摘発, 暴露, すっぱ抜き. b 暴露された事物: Strange ~*s* are expected during the trial. 公判中に奇妙な事実が表に出て来ると期待されている. 2 意外な新事実[経験]: a startling ~ 驚くべき新発見[事実] / It was a ~ to me. それは私には実に意外な話だった / What a ~! 何という意外な話だろう. 3 〘神学〙a (神の)啓示, 啓示された摂理, 天啓, 黙示, お告げ. b 神がその摂理を教える[知らせる]行為. c 聖書. 4 [the R-] (新約聖書の)ヨハネの黙示録 (The Revelation of St. John)《新約聖書最後の書; the Apocalypse ともいう; 略 Rev.》. ★《口語》では複数形単数扱いで (the) Revelations ということもある. **~·al** [-ʃənl̩, -ʃnəl] *adj.*

rèv·e·lá·tion·ist [-ʃ(ə)nɪst, -nəst | -nɪst] *n.* 1 啓示論者, 天啓信者: the contention between evolutionists and ~s 進化論者と啓示論者との論争. 2 [the R-] 「黙示録」の作者. 3 天啓[啓示]を伝える人.

rev·e·la·tor [révəlèɪṭə | -vəlèɪtə(r, -vɪ-] 〘□ LL *revēlātor*: ⇨ reveal¹, -or²〙 *n.* 1 表わす人, 暴露する人. 2 天啓[啓示]を伝える人.

rev·e·la·to·ry [révələtɔ̀:ri, rɪvél-, rə-, -tɔ̀:ri | -t(ə)rɪ] 〖⇨↑, -ory¹〗 ━ *adj.* **1** (隠れていた物を)表わす, 暴露的な : a ～ story. **2** 〈感情・信念などを〉表出する, 明かす〔*of*〕: a passage ～ *of* his belief 彼の信念を表わしている章句. **3** 天啓 (Revelation) の, 天啓的な ; 天啓に関する.

rév·el·er, 《英》 **rév·el·ler** [-v(ə)lə | -vələ(r] 〖ME *reuelour*〗 *n.* **1** 飲めや歌えの大騒ぎをする者, 飲み騒ぐ者, 底抜け騒ぎをする者. **2** 道楽者.

rével·ròut *n.* **1** 《古》[集合的] 飲めや歌えの大騒ぎをする人々. **2** 《廃》 ＝revelry.

rev·el·ry [révəlri | -rɪ] 〖ME *revelrye* : ⇨ revel, -ry〗 *n.* 飲めや歌えの大騒ぎ, どんちゃん騒ぎ, 歓楽.

rev·e·nant [révənɑ̃:(ŋ), -nɔ̃:(ŋ), -nɑ̀:ŋ, -nɔ̀(:)ŋ, -nənt; *F.* rəvnɑ̃] 〖□F ～ (pres.p.) ← *revenir* to return (⇨ revenue)〗 ━ *n.* **1** (流罪・長旅などから)帰った人. **2** 幽霊, 亡霊. ━ *adj.* **1** (流罪・長旅などから)戻ってきた, 帰ってきた. **2** 幽霊の[に関する, に特有の].

re·ven·di·cate [rɪvéndəkèɪt, rə-|-dɪ-] 〖《逆成》← *revendication*〗 ━ *vt.* **1** 〈失った土地・財産などを〉公式の要求によって回復[奪還]する. **2** 〈失った土地・財産などの〉の返還を公式に要求する. **3** 〈傷んでいない売掛商品を〉破産した買主から回収しようとする.

re·ven·di·ca·tion [rɪvèndəkéɪʃən, rə- | -dɪ-] *n.*

re·venge [rɪvéndʒ, rə-] 〖《1375》 *revenge(n)* □OF *reveng-er* 《変形》← *revencher* (F *revancher*) < LL *revindicāre* ← RE- (A)+*vindicāre* 'to VINDICATE'〗 ━ *vt.* **1** [～ oneself または Passive で]〔人に〕あだを返す, 返報する, 腹いせをする, 復讐する〔*on, upon*〕: ～ *oneself on* [*upon*] a person＝*be* ～*d on* [*upon*] a person 人にあだを返す[恨みを晴らす] / She wished to *be* ～*d on* that impudent fellow *for* the wrong done to her. 彼女はそのずうずうしい男にひどい仕打ちを受けた仕返しをしてやりたいと思った. **2 a** 〈被害者など〉のために敵を打つ, あだを取ってやる : He took up arms to ～ his deceased brother. 彼は死んだ兄[弟]の敵討ちをしようと武器をとった. **b** 〈加害・侮辱など〉の返報[仕返し]をする : ～ an insult 侮辱の返報をする / ～ wrong with wrong あだをもってあだに報いる / Her brother was slain, and she ～*d* his death. 彼女は兄[弟]が殺されたのでそのあだを討った. ━ *vi.* あだを討つ, 恨みを晴らす, 返報をする〔*upon*〕.
━ *n.* **1** 復讐, 返報, 腹いせ, 報復 : out of ～ 復讐心から / in ～ for [of] …に対する復讐として, に対して恨みを晴らすため / carry out ～ 恨みを晴らす / have [take] one's ～ *on* [*upon*] a person 人に恨みを晴らす / promise ～ 報復[復讐](すること)を誓う / take ～ for one's father's death 殺された父のあだを討つ / meditate ～ 復讐をたくらむ / seek one's ～ *on* [*upon*] …に復讐をする機会を狙う / threaten ～ 復讐をするぞと言っておどす. **2** 復讐心, 遺恨, 意趣. **3** 復讐[返報]の機会 ; (スポーツ・トランプなどで)負けた者に雪辱させる機会, 雪辱戦 : give a person his ～ 負けた人に雪辱の機会を与える, 人の雪辱戦に応じる / You have won the game ; I must now have my ～. 君が勝負に勝ったから今度は私が復讐する番だ.

re·véng·er *n.*

re·venge·ful [rɪvéndʒfəl, rə-] *adj.* 復讐心に燃えている, あだを忘れぬ, 執念深い. **～·ly** *adv.* **～·ness** *n.*

rev·e·nue [révən(j)ù: | -vənjù:, -vɪ-] 〖《?*a*1425》□ (O)F *revenu* (p.p.) ← *revenir* < L *revenīre* ← RE- (A) +*venīre* to come : ⇨ venue〗 ━ *n.* **1 a** (税金・関税などによる国家・公共団体の)歳入 : inland ～ 《英》内国税収入, 租税 (《米》 internal revenue) / the Public ～ 国庫歳入. **b** (土地・財産などからの)収入, 収益, 所得 ; (特に, 定期的な)収入 : enjoy an immense ～ 巨額の収入がある. **2 a** 収入項目, 収入源, 財源. **b** [*pl.*] 歳入の内訳 ; (個人・国家などの)総収入, 総所得額. **3 a** (国家の)財務部, 国税庁, 税務局 : a ～ officer 税務官 / defraud the ～ 脱税する. **b** ＝revenue stamp.

révenue accòunt *n.* 〔会計〕 収益勘定.

révenue bònd *n.* 《米》〔財政〕 歳入担保債《有料道路や上下水道など国庫の財源となるような公共物の建造・取得・修理などを担当する官庁が発行する国債・市債など》.

révenue cùtter *n.* (密貿易監視の)税関監視船.

révenue expènditure *n.* 〔会計〕 収益支出《材料や賃金の支払など, その期の収益を獲得するために行なわれる支出 ; cf. capital expenditure》.

révenue òfficer *n.* (密貿易を取り締まる)税関監視官, 密輸監視官. 「cutter.

rév·e·nù·er *n.* **1** ＝revenue officer. **2** ＝revenue

révenue shàring *n.* 《米》(国税の)州政府[地方自治体]への交付, 歳入分与.

révenue stàmp *n.* 収入印紙. 「tariff).

révenue tàriff *n.* 〔経済〕 収入関税 (cf. protective

re·verb [rɪvɔ́:b, rə-, rí:vɔ:b | rɪvɔ́:b | rí:vɔ:b] 〖《略》← REVERBERATION〗 *n.* 〔電子工学〕 リヴァーブ《電子的に作られた音響[エコー]効果》; (そのような効果を作り出す)音響装置, 残響装置. ━ *vt., vi.* ＝reverberate.

re·ver·ber·ant [rɪvɔ́:b(ə)rənt, rə- | -vɔ́:-] 〖□L *reverberant-em* : ⇨↓, -ant〗 *adj.* 反響する, 鳴り響く. **～·ly** *adv.*

re·ver·ber·ate 〖《1547》□L *reverberāt-us* (p.p.) ← *reverberāre* to beat back ← RE- (A)+*verberāre* (← *verbera* rods, scourge : ⇨ vervain)〗 ━ [rɪvɔ́:bərèɪt, rə- | -vɔ́:-] *v.* ━ *vt.* **1** 〈音を〉反響させる, 鳴り響かせる. **2** 〈光・熱を〉反射する. **3** 〔冶金〕(反射炉などで)〈火炎・熱を〉反射させる ; 反射炉で処理する. ━ *vi.* **1** 反響する, 響き渡る : Machine-gun fire ～*d* throughout the capital. 機関銃の火を吐く音が首都中に響き渡った / The hotel ～*d* for some time with the rumors. ホテルはしばらくの間そのうわさで持ち切りだった. **2** 〔物理〕 反射する〔*on, upon, from*〕; 〈火炎・熱が〉反射する. ━ [-b(ə)rət, -rɪt, -bərèɪt] *adj.* 《まれ》反響[反射, 屈折]する.

re·vér·ber·àt·ing fùrnace [-tɪŋ- | -tɪŋ-] *n.* 反射炉.

re·ver·ber·a·tion [rɪvɔ̀:bəréɪʃən, rə- | -vɔ̀:-] 〖《*c*1395》□OF ～ (F *réverbération*) // LL *reverberātiō(n-)* : ⇨ reverberate, -ation〗 ━ *n.* **1 a** 反響. **b** 反響音, 余韻. **c** 反響[余韻]効果. **2 a** (熱の)反射. **b** 反射熱. **c** 〔冶金〕(反射炉の)反射炎 ; 反射炉処理法. **3** 〔物理〕残響.

reverberátion tìme *n.* 〔物理〕 残響時間《音源を止めてから室内の音のエネルギー密度が 60 デシベル減衰, すなわち 100 万分の 1 に減衰するのに要する時間》.

re·ver·ber·a·tive [rɪvɔ́:bərèɪtɪv, rə-, -b(ə)rət- | -vɔ́:bərèɪt-, -rət-] *adj.* **1** 反響する. **2** 反射する, 反射性の.

re·vér·ber·à·tor [-tə | -tə(r] *n.* **1** 反響物 ; 反射物. **2** 反射器 ; 反射鏡 ; 反射灯 ; 反射炉.

re·ver·ber·a·to·ry [rɪvɔ́:b(ə)rətɔ̀:ri, rə-, -tɔ̀:ri | -vɔ́:bərət(ə)ri, -rèɪtəri] 〖《1605》← REVERBERATE+-ORY¹·²〗 ━ *adj.* **1 a** 〈熱・炎など〉反射された, 屈折した : ～ heat 反射熱. **b** 〈炉が〉反射式の : a ～ furnace [kiln] 反射炉. **2** 反響する, 残響の ; 反響式の. ━ *n.* 反射炉.

re·vere¹ [rɪvíə, rə- | -víə(r] 〖《1661》□F *révérer* // L *reverērī* ← RE- (A)+*verērī* to fear (⇨ ware²)〗 ━ *vt.* (強い尊敬・愛情・敬意の念で)崇(あが)める, 崇拝する, 尊敬する (venerate) : The poet is ～*d* by all. その詩人は万人の尊敬を得ている.

re·vere² [rɪvíə, rə- | -víə(r] 〖《変形》← *rever* 《異形》← REVERS〗 *n.* 〔服飾〕 ＝revers.

Re·vere [rɪvíə, rə- | -víə(r] 〖↓〗 *n.* 米国 Massachusetts 州東部, Massachusetts 湾に臨む Boston 近郊の都市 ; 美しい浜辺で知られる海浜行楽地 ; 人口 44,000.

Re·vere [rɪvíə, rə- | -víə(r], **Paul** *n.* (1735–1818) 米国の銀細工師・彫版師で愛国者 ; 1775 年 4 月 18 日の夜 Boston から Lexington まで馬を飛ばして英軍の進撃を報じた.

rev·er·ence [rév(ə)rəns] 〖《*c*1300》□ (O)F *révérence* □L *reverentia* ← *reverērī* 'to REVERE¹' : ⇨ -ence〗 ━ *n.* **1 a** 崇敬, 崇拝 ; 尊敬, 敬意 ; 畏敬の念 : at (the) ～ of 《廃》…を尊敬して / pay [《廃》do, make] ～ to …を崇敬する / feel ～ for …に尊敬の念を起こす, に畏敬の念を抱く / hold a person in [regard a person with] ～ 人を尊敬する. **b** 崇敬[尊敬]されている状態 : be in ～ 崇敬されている. **2** 《古》崇敬の念の表われ ; うやうやしいおじぎ, 会釈, 敬礼 : bow in humble ～ うやうやしくお辞儀[敬礼]する / do [pay] ～ to …に敬意を表する, 敬礼する / make a profound ～ 丁寧にお辞儀[敬礼]する. **3** 威厳, (身に備わる)貫禄(かんろく). **4** [通例 your [his] R- で ; 聖職者に対する敬称として] 《古・アイル・戯言》(you, he の代わりに)尊師.
saving your reverence ⇨ saving *prep.* 2.
━ *vt.* 尊崇[尊敬, 崇敬]する. **rév·er·enc·er** *n.*

rev·er·end [rév(ə)rənd] 〖《1449》□ (O)F *révérend* // L *reverend-us* to be revered (gerundive) ← *reverērī* (↑)〗 ━ *adj.* **1** 崇(あが)めるべき, 尊い, 尊崇すべき. **2 a** 聖職の, 僧の : the ～ gentleman その牧師[僧] / ～ utterances 聖職者[僧]の言葉. **b** [通例 the R- ; 聖職者に対する敬称として] …師 (略 Rev.). ★ (1) the Very *Rev.* は dean の, the Right *Rev.* は bishop の, the Most *Rev.* は archbishop の敬称. (2) 英米ともに the *Rev.* John [J.] Smith, the *Rev.* Mr. [Dr.] Smith が正式であるが, the を省いて *Rev.* J. Smith, *Rev.* Smith の形も用いられる. ━ *n.* 《口語》牧師, 僧.

Réverend Móther *n.* 女子修道院長.

rev·er·ent [rév(ə)rənt] 〖《*c*1390》□L *reverent-em* (pres.p.) ← *reverērī* : ⇨ revere¹, -ent〗 *adj.* 敬虔(けいけん)な, うやうやしい. **～·ly** *adv.* **～·ness** *n.*

rev·er·en·tial [rèvərénʃəl] 〖《*c*1555》□F 《廃》 *reverential* (F *révérenciel*) ← L *reverentia* 'REVERENCE' : ⇨ -al¹〗 ━ *adj.* **1** うやうやしい, 崇敬の念に満ちた, 敬虔(けいけん)な : ～ awe おそれ崇める心 / a ～ fear of God 神をおそれる敬虔な心持 / greet a person in a ～ manner うやうやしい態度で人を迎える. **2** 崇敬の念を起こさせる, 尊敬すべき : a ～ teacher. **～·ly** *adv.* **～·ness** *n.*

rev·er·ie [rév(ə)ri | -vərɪ] 〖《*c*1380》□OF ～ (F *rêverie*) ← *rever* to revel, act or speak wildly (F *rêver* to dream) ← ? (cf. rave¹) : ⇨ -ery〗 ━ *n.* **1** 沈思 ; 空想, 幻想 : fall into [indulge in] (a) ～ 空想に耽る. **2** 《古》 **a** 夢のような考え, 奇想 ; 夢想, 白日夢 (daydream). **b** 妄想(もうそう) (delusion). **3** 〔音楽〕 夢幻曲.

re·vers [rɪvíə, rə-, -véə | -víə(r, -véə(r ; *F.* rəvɛ:r] 〖□F ～ : ⇨ reverse〗 ━ *n.* (*pl.* ～ [～z ; *F.* ～]) 〔服飾〕 **1** リバース, 折り返し《ラペル (lapel) や袖口のカフスなど身返しや裏を見せるために折り返した部分》. **2** リバース用生地. **3** (婦人服の)折り襟.

re·ver·sal [rɪvɔ́:səl, rə-, -sl | -vɔ́:-] 〖《1488》: ⇨ reverse, -al²〗 ━ *n.* **1** 転倒, 反転, 逆転 : a ～ of wind 急に風向きが逆になること / That would be a ～ of the order of host and guest. それでは主客転倒になるだろう. **2** 〔法律〕(下級審の判決の)破棄 (revocation). **3** 〔写真〕 反転(現像), リバーサル《陽画から陰画への, またその逆の転換》. **4** 〔レスリング〕 リバーサル《アマチュア レスリングで守勢から一転して優勢な状態になること ; cf. takedown 4》.

revérsal fìlm *n.* 〔写真〕 リバーサルフィルム《反転現像用のフィルム》.

revérsal plàte *n.* 〔写真〕 リバーサルプレート《反転現像用の感光板》.

revérsal pròcess *n.* 〔写真〕 反転法, 反転処理《現像操作段階でフィルムまたは感光板上の陰画を陽画に転換する方法》.

re·verse [rɪvɔ́:s, rə- | -vɔ́:s] 〖[adj.: 《*c*1303》□OF *revers(e)* □L *reversus* (p.p.) ← *revertere* to turn back : ⇨ revert. ━ v. : 《*a*1333》□OF *reverser* □ LL *reversāre* ← L *reversus*〗 ━ *vt.* **1 a** 〈方向・順序などを〉逆にする, 反対にする ; 逆に向ける : ～ a motion [the order] 運動[順序]を反対にする[逆にする] / *Reverse* arms! 反(はん)せ銃(つつ)《葬式などで銃口を下に向けて銃を逆に担(にな)わせる時の号令》/ ～ the tide of inflation インフレの波をデフレに変える. **b** 裏返す, ひっくり返す ; 置き換える, 転換する : ～ positions 位置を換える. **2 a** 〈主義・立場・決定などを〉正反対なものにする, 逆転させる, すっかり変える : Since that time the trend has been ～*d*. その時以来傾向が逆転した / ～ a decision [resolution] 決議をくつがえす / ～ a policy 政策を逆転させる / The letter ～*d* his conviction. 手紙を読んで彼の信念が変った. **b** [～ *oneself* で] 《米》自説を翻す〔*about, over*〕. **3** 《英》〈電話料金を〉受信人[先方]払いにする : ～ the charge(s). **4** 〈車両を〉バックさせる. **5** 〔機械〕 逆転させる, 逆動させる, 逆流させる : ～ an engine エンジンを逆転する. **6** 〔法律〕〈命令を〉破棄する, (同一事件で)〈下級審の判決を〉破棄する (revoke) : ～ a decision 判決を破棄する. **7** 〔印刷〕 反転印刷する.
━ *vi.* **1 a** 逆方向に回る[進む]. **b** (ワルツなどで)逆に回る ; 逆戻りする. **2 a** 〈エンジンなどが〉逆転する. **b** 〈自動車などが〉バックする ; 車をバックさせる : The car ～*d* out of the parking space. 車は駐車場からバックして出て来た. **3** 〔トランプ〕(ブリッジで)リバースビッド (reverse bid) をする.
━ [《英》ではまた rí:vɔ:s] *n.* **1** [the ～] 逆, 反対 : *the* very ～ 正反対 / He is *the* ～ of intelligent. 聡明(そうめい)どころかその反対だ / He made remarks *the* ～ of complimentary. 賛辞どころかまるで反対のことを言った / With others *the* ～ (of this) happens. 他の人には(これと)全く反対の事が起こる / Is he rich?—No, quite *the* ～. 彼は金持ちかーいやまるで反対. **2** [the ～] **a** 裏, 背面. **b** (貨幣・メダルなどの)裏面(の模様) (↔ obverse). **c** (本の)裏[左]ページ (verso). **3 a** 反対に向けること, 反転 ; 完全な転換 ; 転換 : a ～ of a gun 大砲の逆転《反対に向けること》. **b** 〔ダンス〕 逆回り. **4** [しばしば *pl.*] 不運, 失敗, 敗北 : the ～*s* of fortune 悲運, 災難 / business ～*s* 商売上の破綻(はたん) / under the stroke of unexpected ～*s* 思いがけない不幸に出会って / suffer [sustain, have] a ～ ひどい羽目になる ; 敗北する / express one's sympathy at a person's ～*s* 人の不幸に対して同情の言葉を述べる. **5** 〔機械〕 逆転 ; 逆転装置 : drive a car in ～ 車を後退させる / on the ～ 〈自動車が〉後退して. **6** 〔トランプ〕 ＝reverse bid. **7** 〔アメリカンフットボール〕 リバース《攻撃側のトリックプレイの一種 ; 一度バックスの選手にパスまたは手渡しされたボールを持ってある方向に走ると同時に, 他のバックスの選手に再びボールを手渡しして逆の方向に走ること》. **8** 〔印刷〕 反転印刷物《白黒が反対に現われた印刷物》.
in reverse (1) 逆に, 逆の方向に ; 反対に ; 反対のやり方で. (2) 後尾に, 背面に : take the enemy *in* ～敵を背面攻撃する.
━ [《英》ではまた rí:vɔ:s] *adj.* **1** (位置・方向・順序・性質などにおいて)反対の ; 相反する, あべこべの ; 逆の, 上下転倒した, 転倒した : a result ～ *to* what was intended 意図されたものとは正反対の結果 / in the ～ order 逆の順序で / in ～ proportion to … と反比例して / in the ～ direction 逆の方向に. **2** 裏の, 背後の ; 後向きの : the ～ side of a medal メダルの裏側 ; 事件[問題]の裏面 / ～ battery (背後から敵の背面または要塞(ようさい)の内部を打つ)背面砲撃の砲台 / ～ fire 背面砲撃, 背射. **3** 普通と反対に動く, 逆転する ; 逆進させる : a ～ drive 逆進 / a ～ gear 逆転[後退]歯車 / drive a car in ～ gear 車を後退させる. **4** 〈印刷物の白黒の部分が〉普通と逆の. **5** (鏡に移る像のように)左右が逆の (inverted). **6** 〔畜産〕〈焼印が〉裏がえしに押された.

revérse bàr *n.* 〔造船〕 **1** 副フレーム材《船の副フレームの一部をなす補強用材》. **2** ＝reverse frame.

revérse bìd *n.* 〔トランプ〕(ブリッジで)リバースビッド《一度低位のスーツをビッドした人が二度目に高位のスーツをビッドすること ; 比較的強い手を示す ; cf. rank¹ 5 b》.

revérse cúrrent *n.* 〔電気〕 逆電流《整流素子のように一方向にのみ電流を流すべきものに逆方向に流れる電流》.

revérse-cúrrent círcuit brèaker *n.* 〔電気〕 逆流遮断(しゃだん)器《電流の方向が反対になった時に作動する直流遮断器》.

revérse cúrve *n.* 反向曲線《鉄道や道路などの反対方向のカーブを二つつないだ S 字状カーブ》.

re·vérsed 〘ME〙 ― *adj.* **1** 逆にした, 反対の, 裏返しの, 転倒した. **2** 〈契約·決定·決意など〉取り消された, 破棄された: a ～ contract, decision, etc. **3** 〘生物〙〈巻貝など〉左巻きの (sinistral).

revérsed cóllar *n.* =clerical collar.

revérse Énglish *n.* **1** 《米》〘玉突〙リバースイングリッシュ《突き玉がクッションまたは他の玉に当たった後, 止まるかはね返るように突き玉に加えられたひねり; cf. running English》. **2** 〘言語〙《誤用あるいは不注意な構文に基づく》矛盾英語(法)《例えば You had better not go there if you can. のような文では, can の後に go が省略されていると考えられるため意味が逆になるような場合》.

revérse fáult *n.* 〘地質〙逆断層《上盤が下盤に対して相対的にずり上がった断層; reversed fault ともいう; cf. normal fault》.

revérse fràme *n.* 〘造船〙副フレーム《フロアの頂部に取付けられる山形材で, 下部に取付けられる正フレームと対をなす》.

re·vérse·ly *adv.* **1** 逆に, 反対に, あべこべに; 転倒して. **2** また一方では, これに反して.

revérse osmósis *n.* 〘物理化学〙逆浸透(性)《高圧をかけて高濃度側から低濃度側へ溶媒を透過させること; 圧力をかけなければ低濃度側から溶媒が移行してくる; 純水の製造に利用される》.

revérse perspéctive *n.* 〘絵画〙逆遠近法《ビザンチン美術·中世写本の彩飾画·日本の絵巻物などに見られる》. 「れている版」.

revérse plàte *n.* 〘印刷〙白抜き版《黒地に白く現わ

re·vérs·er *n.* **1** 逆にする人[もの]. **2** 〘電気〙反転器, 逆転器.

revérse rácism *n.* 《米》逆人種差別《白人に対する人種差別; 特に, 黒人を差別待遇しないようにするための極端な手段から生じた差別》.

revérse síde *n.* **1** (コイン·メダルなどの)裏側. **2** 〘玉突〙=reverse English 1.

revérse spélling *n.* 〘言語〙(発生的にみた)逆つづり字《例えば ME *doute(n)* から *dout* となるべきであるのに, 逆に L *dubitāre* の影響で *b* を入れるようになった doubt など; inverse spelling ともいう》.

revérse transcríptase *n.* 〘生化学〙逆転写酵素 (⇨ Temin enzyme).

revérse túrn *n.* **1** 〘航空〙宙返り反転 (⇨ Immelmann turn). **2** 〘ダンス〙逆回転《ダンスの進行方向と逆方向へ回転する動作》.

re·ver·si [rɪvə́ːsi, rə- | -vɜ́ːsɪ; *F.* ʀɛvɛʀsi] 〘□F ～ ← *reverser* to turn back〙 ― *n.* **1** 〘遊戯〙裏返しゲーム, ルベルシ《表と裏の色が異なる 64 個のこまを用いて二人で遊ぶはさみ将棋に似た昔の遊戯; 自分のこまで相手のこまを囲めば, そのこまを裏返して自分の方の色とすることができる》. **2** 〘トランプ〙リバーシー《ハート ゲームの前身で, ハートだけでなく, どの札もできるだけ取らないようにすると勝つゲーム; cf. heart 10 d》.

re·vers·i·bil·i·ty [rɪvə̀ːsəbíləṭi, rə-|-vɜ̀ːsəbílətɪ, -sɪ-, -lɪ-] *n.* **1** 逆にできること, 転倒できること, 裏表とも使えること; 転換可能; (化学反応などの)可逆性. **2** (命令·判決などの)撤回できること, 取消し可能.

re·vers·i·ble [rɪvə́ːsəbḷ, rə- | -vɜ́ːsə-, -sɪ-] 〘← REVERSE＋-IBLE: cf. F *réversible*〙 ― *adj.* **1** 逆にできる, 転倒できる. **2 a** 〈織物など〉リバーシブルの, 裏表ともに使える, 両面仕立の: ～ fabric. **b** 〈衣類など〉裏表とも着用できる, 両面[リバーシブル]の: a ～ coat 裏表兼用コート / a ～ necktie 表も裏も使えるネクタイ. **3** 〈命令·判決など〉取消し得る, 破棄できる. **4** 〘物理·化学〙可逆の, 元へ戻せる. ― *n.* 両面織りの布. **～·ness** *n.* **re·vérs·i·bly** *adv.*

revérsible céll *n.* 〘電気〙可逆電池《充電可能な電池, 2 次電池》.

revérsible eléctrode *n.* 〘物理·化学〙可逆電極.

revérsible élement *n.* 〘電気〙=reversible cell.

revérsible-pítch propèller *n.* 〘海事·航空〙可逆ピッチプロペラ《着陸時に制動力を出せるように羽根のピッチ角が変えられるプロペラ》.

revérsible reáction *n.* 〘化学〙可逆反応《正方向と逆方向の反応が同時に起こるような反応; cf. equilibrium 5》.

re·vérs·ing *adj.* 逆動の, 逆進の: a ～ gear 逆動ギヤ / a ～ lever 反転レバー.

revérsing láyer *n.* 〘天文〙反彩層《彩層 (chromosphere) の最下層, 光球の上層部で, スペクトル吸収線の発生に関係が深い》. 「ランプ.

revérsing lìght *n.* 〘自動車〙後退灯, バックアップ

revérsing prìsm *n.* 〘光学〙逆像プリズム《内部反射によりプリズムを通して見える物体の像を平行移動を伴わず逆にする接合した直角プリズム; cf. Porro prism》.

revérsing swìtch *n.* 〘電気〙転極器, 反転スイッチ《極性を逆にするスイッチ》.

revérsing thermómeter *n.* 〘海洋〙転倒温度計《一定深度の所で温度計を逆さにすると水銀が分離しその点での示度を保つ》.

re·ver·sion [rɪvə́ːʒən, rə-, -ʃən | -vɜ́ːʃən] 〘《1426》□ (O)F *réversion* ∥ L *reversiō(n-)* ← *reversus*: ⇨ reverse, -sion〙 ― *n.* **1** 転倒, 逆転, 方向転換. **2** (以前の習慣·信仰·状態などへの)逆戻り, 復帰. **3** (生命保険による)死亡一時金, 保険金. **4** 《古》(食後の食物や飲物の)残り物. **5** 〘生物〙 **a** 先祖返り, 帰先遺伝, 隔世遺伝. **b** 隔世遺伝を受けた個体. **6** 〘法律〙 **a** (権利存続期間満了後における, 譲渡人またはその相続人への)財産の復帰; 復帰権; 復帰財産; 継続権, 相続権. **b** 将来所有権, 将来(特に, 死後)受ける物. **7** 〘植物病理〙葉反(ᵍ)り病《クロスグリ (black currant) に発生する葉が逆に反る病気》. **8** 〘年金〙=reversionary annuity.

in reversion 譲渡人の死亡または譲渡期間満了を条件として(の); 将来所有に帰すべき; 将来実現さるべき.

re·vér·sion·al [-ʒənḷ, -ʒnəl, -ʃənḷ, -ʃnəl|-ʃənḷ, -ʃnəl] *adj.* =reversionary. **～·ly** *adv.*

re·vér·sion·àr·y [-ʒənèri, -ʃən-|-ʃ(ə)nəri] *adj.* **1** 復帰の, 逆戻りの. **2** 〘法律〙復帰権を有する, 将来享有すべき, 他日継承すべき. **3** 〘生物〙先祖返りの, 隔世遺伝の.

revérsionary annúity *n.* 生残(ᵍᵏ)年金《被保険者の死亡時に, 年金受領資格者が生存している場合にのみ給付される年金》.

re·vér·sion·er [-ʒ(ə)nə, -ʃ(ə)nə | -ʃ(ə)nə(r] *n.* 〘法律〙復帰権を有する者, 将来財産を享有する権利のある人.

re·ver·so [rɪvə́ːso(ʊ), rə- | -vɜ́ːsə(ʊ)] *n.* =verso.

re·vert [rɪvə́ːt, rə-|-vɜ́ːt] 〘《?a1300》*reverte(n)* □ OF *revert-ir* < L *revertere* ← RE- (A)＋*vertere* to turn (⇨ verse¹)〙 ― *vi.* **1** 〔元の話に〕立ち帰る, 戻る, 戻って〔元の問題を〕考える; 回想する, 振り返る 〔*to*〕: ～ *to* the question of ...の問題に戻る / ～ *to* the original topic of conversation 元の話題に立ち戻る. **2** 〔以前の習慣·考え方·状態·信仰などに〕戻る, 逆戻りする, 帰る, 低い[悪い]状態に戻る 〔*to*〕: It ～*ed to* its old state. それは旧態に復した. **3** 〘生物〙先祖返りする, 祖先の状態に戻る 〔*to*〕. **4** 〘法律〙〈不動産(権)が〉〔前の所有者またはその相続人などに〕復帰する 〔*to*〕. ― *vt.* **1** 〈目を〉振り向ける. **2** 〈歩を〉めぐらす, 転じる. ― *n.* **1** (一旦改宗したのち)元の宗旨に復帰した人. **2** 〘英法〙=reversion 6.

re·ver·tant [rɪvə́ːtṇt, rə- | -vɜ́ː-] 〘⇨↑, -ant〙〘生物〙 ― *n.* 復帰突然変異体《突然変異により, 再び野生型の表現型に戻った個体, あるいは菌株》. ― *adj.* 復帰突然変異体の.

re·vért·ed [-ṭɪd, -ṭəd | -tɪd, -təd] *adj.* **1** 〘植物〙〈葉が〉逆に反った. **2** 〘植物病理〙葉反り病にかかった.

re·vért·er [-ṭə | -tə(r] 〘《15C》〙 *n.* 〘法律〙復帰権, 将来不動産権《現在は占有していないが, 将来占有し利用できる(復帰権者のもつ)不動産権》.

re·vert·i·ble [rɪvə́ːṭəbḷ, rə- | -vɜ́ːtə-, -tɪ-] 〘《15C》〙 *adj.* **1** 逆戻りできる, 戻る. **2** 〈財産など〉復帰すべき[できる].

rev·er·y [rév(ə)ri|-vəri] *n.* =reverie.

re·vest [rɪvést, rə-] 〘ME *reveste(n)* □ OF *revest-ir* < LL *revestīre* (↓)〙 ― *vt.* **1** 〈人を〉復任させる, 復職させる. **2** 〈権力·地位などを〉再び与える, 復権させる, 再び所有権を得させる. **3** 《廃》 **a** 〈人に〉衣服を再び着せる. **b** 〈衣服を〉再び着る. ― *vi.* 〈称号などが〉〔元の所有者に〕復帰する, 帰属する 〔*in*〕.

re·vet [rɪvét, rə-] 〘《1812》□ F *revêt-ir* < L *revestīre* ← RE- (A)＋*vestīre* 'to clothe, VEST'〙 ― *vt.* (**re·vet·ted; -vet·ting**) 〘軍事·土木〙〈堤防·壁などを〉石·コンクリートなどで固める: ～ a trench.

re·vét·ment 〘《1771》□ F *revêtement*: ⇨↑, -ment〙 ― *n.* **1** 〘土木〙護岸《堤防を補強するために石·コンクリートなどで固めた舗装》. **2** 〘軍事〙(爆薬の破片·銃撃などから飛行機·火薬庫·要員などを守るため土·砂袋を盛って造る)防壁, 被覆, 防塞(ᵍᵏ).

rè·víctual 〘← RE-＋VICTUAL (v.)〙 *vt.* ...に新たに食物を給する, 糧食を補給する. ― *vi.* 食物の補給を受ける.

re·vie [rɪ̀vái] 〘□F *renvi* ← *renvier* ← RE-＋*envier* 'to challenge, VIE'〙 ― *vt.* 〘トランプ〙〈勝札など〉に上手(ᵍ)賭(ᵍ)けする《相手より多い金額を賭ける》. ― *vi.* **1** 《廃》〘トランプ〙相手以上の金額をはる[賭ける]. **2** 返答返しをする, 言い返す.

re·view [rɪvjúː, rə-] 〘《1565》□ OF *reveue* (F *revue*) (p.p.) ← *revoir* < L *revidēre* ← RE- (A)＋*vidēre* 'to see, VIEW'〙 ― *vt.* **1** 再調査する, 再吟味する; 〈学業·業務など〉の成績をよく調べる; 精査する; 観察[考察]する: Let us ～ the whole case [circumstance, matter]. 委細をよく調べてみよう. **2** 回顧する, 回想する: ～ one's conduct 行為を振り返ってみる. **3** 〈新刊書など〉を書評する, 批評を書く, 論評する. **4** 視察する; 〈軍隊·隊員などを〉観閲する, 閲兵する: ～ the troops 軍隊を閲兵する. **5** 《米》〈学課などを〉復習する (《英》revise). **6** 《古》再び見る. **7** 〘法律〙〈下級裁判所で扱った事件を〉再審(理)する. **8** 〘トランプ〙(ブリッジで)〈ビッド (bid) を〉おさらいする《他の競技者たちにそれぞれのビッドを繰返して言ってもらう》. ― *vi.* **1** 〔雑誌などに〕書評を書く, 論評[批評]する 〔*in*〕. **2** 《米》復習する: ～ *for* a test. ― *n.* **1 a** 再調査, 再吟味. **b** 検査, 検閲, 査閲: ⇨ BOARD of Review. **2** 回顧, 反省. **3** 《米》 **a** 復習, おさらい (《英》revision): ～ lessons 復習. **b** (復習のための)練習問題. **4** (出来事·時代などの)観察, 概観: take a historical ～ of the age その時代を歴史的に概観する. **5 a** (雑誌などに書かれる文学作品などの)批評, 論評. **b** 評論雑誌: a weekly ～ 週刊評論雑誌. **6** 〘軍事〙閲兵, 観閲式, 観兵式: a military ～ 観閲式, 観兵式, 閲兵式 / a naval ～ 観艦式 / an air ～ 空中観閲[観兵]式. **7** 〘法律〙再審理, 覆審: a court of ～ 再審(上訴)裁判所 / The magistrate's decision is not subject to ～ in any court. 治安判事のこの決定[判決]はいかなる裁判所においても再審理できない / ⇨ judicial review. **8** 〘演劇〙=revue.

in review 吟味中, 検査中. *march in review* (観閲式で)観閲行進をする, 閲兵を受ける. *pass in review* (*vi.*) (1) 閲兵[観閲]を受ける. (2) 検討される; (次々に)回想される. (*vt.*) (1) 〈軍隊などを〉観閲する. (2) 検討する; (次々に)回想[回顧]する: *pass* one's life *in* ～ 一生を振り返ってみる / He *passed* all his chances *in* ～. あらゆる機会を考えてみた. *under review* (再)検討[論評]されて(いる): be [come] *under* ～ (再)検討される / the period *under* ～ (今)論じている時期.

re·view·a·ble [rɪvjúːəbḷ, rə- | -vjúːə-, -vjúə-] *adj.* **1** 検査[検閲]できる. **2** 回顧される[しうる]. **3** 批評できる. **4** 閲兵できる. **5** 覆審できる. **re·view·a·bíl·i·ty** [-vjùːəbíləṭi | -vjùːəbílətɪ, -vjùə-, -lɪ-] *n.*

re·view·al [rɪvjúːəl, rə- | -vjúːəl, -vjúəl] *n.* **1** 再調査, 再検査, 検閲. **2** 《米》復習. **3** 批評, 評論.

re·view·er [-vjúːə|-vjúːə(r, -vjúə(r] *n.* **1** (新刊書などの)批評家, 評論[書評]家; 評論雑誌記者. **2** 検閲者.

re·vile [rɪváɪl, rə-] 〘《c1303》*revile(n)* □ OF *revil-er* ← RE-＋*vil* (< L *vīlem* 'cheap, VILE')〙 ― *vt.* 〈人〉の悪口を言う, 悪しざまに言う, ののしる, そしる. ― *vi.* 悪口を言う, ののしる 〔*at*〕.

re·víle·ment *n.* 悪口, 罵詈(ᵍ).

re·víl·er [-lə | -lə(r] *n.* 悪口を言う人, 悪口屋.

re·víl·ing·ly [-lɪŋli | -lɪ] *adv.* 悪口を言って, 悪しざまに. 「できる.

re·vis·a·ble [rɪváɪzəbḷ] *adj.* 校訂できる; 訂正[修正]

re·vis·al [rɪváɪzəl, rə-, -zḷ] 〘⇨↓, -al²〙 *n.* **1** 訂正, 改訂, 校訂, 校正: second ～ (印刷物の)再校. **2** 改訂本[版]. **3** 再検査.

re·vise 〘《1567》□ (O)F *révis-er* ∥ L *revis-ere* to look back ← RE- (A)＋*vīsere* to visit, examine (← *vīs-, vidēre* to see: ⇨ vision)〙 ― [rɪváɪz, rə-] *vt.* **1** 〈原稿·印刷物などを〉改訂[校訂, 訂正, 修正]する, 校閲する, 校正する; 〈法律·憲法などを〉改正する; (正誤·補正の目的で)再検査する: ～*d* and enlarged 改訂増補の, 増訂の / a ～*d* version 改訂版 / ⇨ Revised Version. **2** (試験に備えて)復習する (《米》review). **3** 〈意見などを〉変える, 変更する: I find no reason to ～ my initial judgment. 最初の判断を変更する理由は何も見当たらない. **4** 〘生物〙〈植物などを〉再分類する, 分類し直す. ― [ríːvaɪz, rɪváɪz, rə-|rɪváɪz, rə-] *n.* **1** 改訂, 修正, 訂正; 校閲, 校正. **2** 改訂版, 訂正版. **3** 〘印刷〙再校ゲラ[刷り].

re·vísed edítion *n.* 改訂版 (cf. reprint).

Revísed Stándard Vérsion *n.* [the ～] 改訂標準訳聖書(「米国改訂訳聖書 (American Standard Version)」をさらに改訂し, 「新約」は 1946 年, 「旧約」は 1952 年に出版; 略 R.S.V., RSV).

revísed státutes *n.* 〘法律〙 **1** 《英》年代順法令集《現行の法令を年代順に再編集したもの; 3 版が 1951 年に 32 巻で出版された》. **2** 《米》主題別法令集《連邦のすべての法令を 75 の主題に分けて, 一冊にまとめた政府刊行の法令集; 初版は 1875 年に発行; United States Code の前身; cf. STATUTES at Large》.

Revísed Vérsion *n.* [the ～] 改訳聖書(「欽定(ᵍᵏ)訳聖書 (Authorized Version)」の改訂訳で「新約」は 1881 年, 「旧約」は 1885 年に出版; Revised Version of the Bible ともいう; 略 R.V., RV).

re·vís·er *n.* **1 a** 校訂[校閲]者; 訂正[修正]者. **b** [*pl.*] 聖書改訳者 (cf. Revised Version). **2** 校正者[係].

re·vís·ing bàrrister *n.* 《古》〘英法〙選挙人名簿修正委員バリスター, 選挙人名簿改訂係《7 年以上の経験のある barrister から毎年選ばれたが, 現在は廃止》: the ～'s court 選挙人名簿修正所.

re·vi·sion [rɪvíʒən, rə-] 〘《1611》□ (O)F ～ ∥ L *revīsiō(n-)*: ⇨ revise (v.), -sion〙 ― *n.* **1** 改訂, 校訂, 校閲; 修正, 改正; 校正: a ～ of taxes 税の改正 / a ～ of the present exchange-rate system 現行為替レートの改正. **2 a** 校訂本; 改訂版; 改訳(書). **b** [the R-] 改訳聖書. **3** 《英》復習 (《米》review). **～·al** [-ʒənḷ, -ʒnəl] *adj.* **～·ar·y** [-ʒənèri | -ʒ(ə)nəri] *adj.*

re·ví·sion·ìsm [-ʒənɪzṃ] *n.* **1** 修正主義, 改正論. **2** 修正主義, 修正社会主義《K. Marx の革命的社会主義を漸進主義的に修正したもの; ドイツの E. Bernstein などによって主唱された》: a defender of Soviet ～ ソ連の修正主義擁護者.

re·ví·sion·ist [-ʒ(ə)nɪst, -nəst|-nɪst] *n.* **1** 修正論者. **2** 修正社会主義者. **3** 修正者. ― *adj.* **1** 修正主義(者)の. **2** 修正社会主義(者)の; 修正(社会)主義的な.

rè·vísit *vt.* **1** 再び訪問する, 再び訪れる; ...に再遊する; ...に立ち戻る, 立ち帰る. **2** 《廃》再検査する. ― *n.* 再訪問, 再遊; 帰還.

rè·visitátion *n.* 再度の訪問, 再訪問; 立戻り.

re·ví·sor *n.* =reviser.

re·vi·so·ry [rɪváɪz(ə)ri, rə-|rɪ-] *adj.* **1** 校訂[訂正]の, 改訂の. **2** 修正を目的とした[する力のある]: a ～ committee 修正委員会.

rè·vítalize *vt.* ...に生気を回復させる; 生き返らせる; 復興させる: ～ one's city 自分の(住む)市を復興させる. **rè·vitalizátion** *n.*

re·viv·a·ble [rɪváɪvəbḷ, rə-] *adj.* **1** 生き返らせられる; 復活できる. **2** 復興できる, 再興可能の.

re·viv·al [rɪváɪvəl, rə-] 〘《1651》← REVIVE＋-AL²〙 ― *n.* **1 a** 生返り, 復活, 再生. **b** (健康·気分·気力などの)回復. **c** (古い習慣·伝統などの)復興, 再興: the ～ of ancient customs 古い風習の復活 / the ～ of letters [learning] 学問の復興 (cf. the REVIVAL of Learning) / the ～ of architecture＝Gothic revival / a ～ of poetic drama 詩劇の復活. **d** (古い劇などの)再上演,(映画の)再上映: stage a ～ (往年の映画の)再上映をする. **2** 信仰復興(運動); 信仰復興特別伝道集会[礼拝式] (cf. anxious meeting). **3** 〘法律〙(判決・契約などの効力の)復活, 回復, 更新. **4** [the R-] 〘建築〙(19世紀建築の)ゴシック式建築様式の復活.

Revival of Learning [Letters, Literature] [the ―] 文芸復興 (Renaissance).

re·vív·al·ism [-lìzṃ] 〘《1815》: ⇨↑, -ism〙 *n.* **1** 復興気運. **2** (特に, 20世紀初期の英国での)信仰復興運動.

re·vív·al·ist [-lɪst, -ləst | -lɪst] *n.* **1** 信仰復興運動者. **2** (古い風習などの)復興者, 再興者. **re·viv·al·is·tic** [rɪvàɪvəlístɪk, rə-] *adj.*

re·vive [rɪváɪv, rə-] 〘《1432–50》▭(O)F *reviv-re* ∥ LL *reviv-ere* ← RE- (A)＋*vivere* to live (⇨ vivid)〙 ── *vi.* **1 a** よみがえる, 生き返る; 〈気分が〉直る: ～ from a swoon 息を吹き返す. **b** 回復する, 一新する: His spirits [courage, hopes] ～*d*. 元気[勇気, 希望]が回復した / Her courage ～*d* with the sun. 日が昇ると勇気が出て来た / The market has ～*d*. 市場の景気が回復した. **c** 復興する, 再興する, 再び流行する[行なわれる]: a fashion that has ～*d* 復活した流行. **2** 〘化学〙〈触媒などが〉再生する. ── *vt.* **1 a** よみがえらせる, 生き返らせる. **b** 回復する, 一新する; …の元気を回復させる: A good result ～*d* his hope and spirits. 好結果で彼の希望と元気が回復した. **c** 復活させる, 復興[再興]する, 再び流行させる, 再び行なわせる, 再び取り上げる: ～ economy 経済を回復させる / ～ old quarrels 昔の喧嘩(ｹﾝｶ)をまた始める[蒸し返す]. **2** 想起する, 回想する, 喚起する: ～ old memories 昔のことをいろいろと思い出す. **3** 〈古い劇などを〉再演する, 〈映画を〉再上映する: ～ an old play 古い劇を復活上演する. **4** 〘化学〙〈触媒などを〉再生させる.

re·vív·er *n.* **1** 生き返らせるもの, 蘇生[復活]させるもの. **2** 《俗》刺激性飲料, 興奮剤. **3** 〘染色〙色揚げ剤.

rè·vivificátion 〘▭LL *revivificātiō(n-)*: ⇨↓, -ation〙 *n.* **1** 蘇生(ｿｾｲ), 復活. **2** 元気回復. **3** 〘化学〙再生.

rè·vívify 〘▭F *revivifi-er* ∥ LL *revīvificāre* to restore to health: ⇨ re- (A), vivify〙 ── *vt.* **1 a** 蘇生(ｿｾｲ)させる, よみがえらせる, 復活させる. **b** 元気[活気]づける. **2** 〘化学〙(元の状態へ)再生させる.

re·vi·vis·cence [rìːvaɪvísṇs, rɪvàɪ-, rə-, rèvə-, -səns | rèvɪ-, rìːvaɪ-] 〘← L *revivīscere* (⇨ reviviscent)＋-ENCE〙 *n.* 生返り, 復活; 元気回復.

rè·vi·vís·cen·cy [-sṇsi, -sən- | -sɪ] ＝reviviscence.

re·vi·vis·cent [rìːvaɪvísṇt, rɪvàɪ-, rə-, rèvəvís-, -sənt | rèvɪ-, rìːvaɪ-] 〘▭L *revīvīscent-em* (pres.p.) ← *revīvīscere* to come to life again ← RE- (A)＋*vīvīscere* (← *vīvere* to live: cf. vivid)〙 ── *adj.* 生き返る, 元気づく, 復活する; 元気[活気]づける.

re·ví·vor *n.* 〘英法〙(当事者の死などによって中断された訴訟の)復活手続.

rev·o·ca·bil·i·ty [rèvəkəbíləṭi, rɪvòʊk-, rə- | rèvəkəbílətɪ, -lɪ-] *n.* 廃止[取消し, 解除]できること.

rev·o·ca·ble [révəkəbḷ, rɪvóʊ-, rə- | révə-] 〘《15C》▭(O)F *révocable* ∥ L *revocābil-is*: ⇨ revoke (v.), -able〙 ── *adj.* 廃止される, 取り消される, 解除される. **～·ness** *n.* **rév·o·ca·bly** *adv.*

rev·o·ca·tion [rèvəkéɪʃən, rìːvo(ʊ)-| rèvə(ʊ)-] 〘《c1420》▭(O)F *révocation* ∥ L *revocātiō(n-)*: ⇨ revoke, -ation〙 ── *n.* **1** 廃止, 取消し. **2** 〘法律〙(法令・検認・遺言・契約などの)取消し, 撤回, 破棄, 解除 (reversal).

rev·o·ca·to·ry [révəkətɔ̀ːri, -tòːri | -t(ə)rɪ] 〘《15C》▭LL *revocātōri-us* ← *revocāre*: ⇨ revoke, -ory¹〙 ── *adj.* 廃止の, 取消しの, 解除の: a ～ action 契約解除訴訟.

rè·vóice *vt.* **1** 再び[応答して]声に出す; 反響する. **2** 〈オルガンの音管などを〉調律する. 「cable.

re·vok·a·ble [rɪvóʊkəbḷ, rə- | -vóʊk-] *adj.* ＝revo-

re·voke [rɪvóʊk, rə- | -vóʊk] 〘《c1390》*revoke(n)* ▭(O)F *révoqu-er* ∥ L *revoc-āre* ← RE- (A)＋*vocāre* to call (⇨ vocal)〙 ── *vt.* **1** 〈命令・免許・約束などを〉取り消す, 廃止する, 無効にする, 解除する: ～ a license 免許を取り消す. **2** 《廃》〈過ぎ去ったことを〉思い出す. ── *vi.* **1** 命令[権利, 約束など]を取り消す, 無効にする. **2** 〘トランプ〙(打ち出された札と同じスーツ (suit) の札があるのに)他のスーツの札を出す. ── *n.* **1** 取消し: beyond ～ 取り消しできない. **2** 〘トランプ〙リボーク, 反則《親札と同じスーツの札があるのに, 他のスーツの札を出すこと》: make a ～＝revoke *vi.* 2. **re·vók·er** *n.*

re·volt [rɪvóʊlt, rə-, -vɔ́(ː)lt | -vóʊlt] 〘v.: 《1548》▭F (*se*) *révolt-er* ▭It. *rivoltare*. ─ n.: 《1560》▭F *révolte* ▭It. *rivolta* revolt ← *rivoltare* < VL **revolvitāre* ← L *revolvere* 'to REVOLVE'〙 ── *vi.* **1 a** 〔権威・忠誠などに〕そむく, 反抗する, 反乱を起こす〔*against, from*〕: ～ *against* authority 権威にそむく / ～ *from* one's allegiance 忠誠を裏切ってそむく / Many states ～*ed from* the Romans. 多くの国がローマ人にそむいた. **b** そむいて〔敵に〕走る, 寝返りを打つ〔*to*〕: The hopes of great plunder allured many to ～ *to* the enemy. 大略奪ができるという望みが多数の者を誘惑して敵方に走らせた. **2 a** 胸が悪くなる, 不快を感じる; いやになる, 反感を催す, むっとする〔*at, against*〕: ～ *against* a treatment ある扱いに心底から不快を覚える / My spirit ～*s at* the thought. そのことを考えると不快でたまらない. **b** 胸が悪くなって顔をそむける[ひるむ]〔*from*〕: His blunted sense does not ～ *from* the idea. 彼は感覚が鈍っているのでその考えを不快に思わない, そんな考えも彼は鈍感だから平気だ. ── *vt.* …に吐き気を催させる; むっとさせる, 〈人〉に不快の念[反感]を抱かせる: be ～*ed at* [*by*] the scene その情景を不快に思う / The meal ～*ed* him. その食事は彼の胸を悪くさせた / Meanness ～*s* decent people. 卑劣な行為は立派な人に反感を催させる. ── *n.* **1** 反抗, 反逆, 反乱, 一揆(ｲｯｷ): in ～ *against* …に反抗して, 反乱を起こして / rise in ～ そむく, 反乱[一揆]を起こす. **2** 嫌気(ｲﾔｹ), 反感, 嫌悪. **～·er** *n.*

re·vólt·ed [-ṭɪd, -ṭəd | -tɪd, -təd] *adj.* (国家・国王などに)そむいた, 反逆した: ～ subjects.

re·vólt·ing [-ṭɪŋ | -tɪŋ] *adj.* **1** 胸の悪くなる, 吐き気を催させる, いやな: a ～ tale ぞっとするいやな話 / It is ～ *to* our idea [sense] of morality. それは我々の道義心にそむく / This is ～ *to* me. これには私はぞっとする. **2** そむく, 反逆する. **～·ly** *adv.*

rev·o·lute¹ [révəlùːt, -ljùːt] 〘《1432–50》▭L *revolūtus* (p.p.) ← *revolvere*: ⇨ revolve〙 ── *adj.* 〘植物〙〈葉など〉後ろへ[下へ]巻いた; 外旋した, 外巻きの (cf. convolute 2, involute 3).

rev·o·lute² [révəlùːt, -ljùːt | ⏑–⏑–] 〘《逆成》↓〙 *vi.* 《俗》革命に加わる; 革命を起こす[経る].

rev·o·lu·tion [rèvəlúːʃən, -ljúː-] 〘《a1393》*revolucion* ▭(O)F *révolution* ∥ L *revolūtiō(n-)* a revolving ← *revolūtus* (p.p.) ← *revolvere* 'to REVOLVE'〙 ── *n.* **1 a** (政治上の)革命: a bloodless ～ 無血革命. **b** 大変革, 大改革, 革新: a ～ in opinion 意見の激変 / bring about a ～ in the art of war 戦術に大革新をもたらす / ⇨ Industrial Revolution, July Revolution, Russian Revolution. **c** [the R-] ＝English Revolution 1; American Revolution; French Revolution. **d** 社会経済改革運動《人種・宗教・教育などの面から社会経済的見地に立つ根本的改革を行なおうとする運動》. **2 a** (ある形態が点または直線を中心として)回転すること. **b** (機械などの)回転(運動), 旋回; 一回転. **3 a** (天体の)公転; 周転 (cf. rotation 5). **b** 一公転(時間, 距離). **c** 《俗用》(天体の)自転. **4** (年月・季節などの)一巡, 循環, 回帰; 一周期. **5** 〘地質〙変革《汎大陸的・世界的な規模の造山運動》; 変革期.

rèv·o·lú·tion·àr·y [-ʃənèri | -ʃ(ə)nəri] 〘《1774》: ⇨↑, -ary〙 ── *adj.* **1** 革命の[に関する]; 革命的な; 過激な (radical): a ～ speech 革命的言辞[演説] / a ～ song [war] 革命歌[戦争] / ～ activities 革命運動[活動] / a ～ group 革命(活動家)グループ / a man of a ～ temperament 革命児 / a ～ anarchist 過激な無政府主義者. **2** 大変革の, 大変動の; 変革を起こさせる: ～ discoveries 大変革をもたらす発明. **3** 回転の, 旋転の. **4** [通例 R-] アメリカ独立戦争(の時代)の[に関する]. ── *n.* 革命家, 革命党員; 革命論者. **rev·o·lu·tion·ar·i·ly** [rèvəlùːʃənérəli, -ljùː-, ⏑–⏑–⏑–⏑– | rèvəlúːʃ(ə)nərəlɪ, -ljúː-, -rɪlɪ] *adv.* **rèv·o·lú·tion·àr·i·ness** *n.*

Revolútionary cálendar *n.* [the ～] フランス革命暦《フランス革命中の1793年に採用された暦; 1792年9月22日から下表の通り1年を12か月に分け, 1か月を30日とし, 平年の場合, 残りの5日(9月17日から同21日まで)は国民祭日 (sans-culottide) に当てた; 1805年9月にグレゴリオ暦に復帰した》.

1 Vendémiaire (葡萄月)《グレゴリオ暦の9月22 [23, 24] 日から10月21 [22, 23] 日までに当たる》.
2 Brumaire (霧月)《11月20 [21, 22] 日まで》.
3 Frimaire (霜月)《12月20 [21, 22] 日まで》.
4 Nivôse (雪月)《1月19 [20, 21] 日まで》.
5 Pluviôse (雨月)《2月18 [19, 20, 21] 日まで》.
6 Ventôse (風月)《3月20 [21] 日まで》.
7 Germinal (芽月)《4月19 [20] 日まで》.
8 Floréal (花月)《5月19 [20] 日まで》.
9 Prairial (草月)《6月18 [19] 日まで》.
10 Messidor (収穫月)《7月18 [19] 日まで》.
11 Thermidor (熱月)《8月17 [18] 日まで》.
12 Fructidor (実月)《9月16 [17] 日まで》.

Revolútionary Wár *n.* [the ～] 〘米史〙⇨ American Revolution.

revolútion cóunter *n.* 積算回転計《回転機械の軸の回転数を積算して記録する計器》.

rèv·o·lú·tion·ism [-ʃənìzṃ] *n.* 革命主義, 革命論.

rèv·o·lú·tion·ist [-ʃ(ə)nɪst, -nəst | -nɪst] 〘《1710》〙 *n.* 革命党員, 革命家; 革命論者. ── *adj.* 革命党員の; 改革的な; 革命家的な.

rev·o·lu·tion·ize [rèvəlúːʃənàɪz, -ljúː-] 〘《1797》← REVOLUTION＋-IZE: cf. F *révolutionner*〙 ── *vt.* **1** …に革命を起こす. **2** …に革命主義[思想]を鼓吹する. **3** …に大変革を起こさせる, 大変動をもたらす: ～ the whole film industry 映画産業全体に変革をもたらす / The new type of submarine will ～ modern naval warfare. その新型潜水艦の出現で現代海戦は革命的な変化を受けるだろう / Motors have largely ～*d* modern life. 自動車が近代生活に大変革を起こした. ── *vi.* 革命を遂行する. **rev·o·lu·tion·i·za·tion** [rèvəlùːʃənɪzéɪʃən, -ljùː-, -nə- | -naɪ-, -nɪ-] *n.* **rèv·o·lú·tion·iz·er** *n.*

re·volv·a·ble [rɪvɑ́(ː)lvəbḷ, rə-, -vɔ́(ː)l- | -vɔ́l-, -vóʊlv-] *adj.* 回転のできる.

re·volve [rɪvɑ́lv, rə-, -vɔ́(ː)lv | -vɔ́lv, -vóʊlv] 〘《c1385》▭L *revolv-ere* ← RE- (A)＋*volvere* to roll (⇨ voluble)〙 ── *vi.* **1 a** 〔自己の軸を中心にして〕回る, 回転する; 〈天体が〉自転する〔*on*〕: The earth ～*s on* its own axis. 地球は自転する. **b** 〔他の人・物を中心にしてその周囲を〕ぐるぐる回る〔*round, around*〕: The pigeons ～*d* in circles. ハトが輪を描いて飛んでいた / Her life ～*s around* her four children. 彼女の生活は4人の子供を中心に営まれている / In my own village, things ～ *round* the church. 私の村では(万事)教会が生活の中心になっています. **c** 〈天体が〉公転する, 運行する〔*round, around*〕: Planets ～ *round* the sun. 惑星は太陽の周囲を運行する. **2** 循環する, 一巡する, 回帰する; 周期的に起こる, 巡って来る: Seasons [Years] ～. 季節[歳月]は巡る. **3 a** 〈考え・思いが〉〔胸中に〕ぐるぐる回る, 去来する, 思いめぐらされる, あれこれと思案される〔*around, on*〕: an idea *revolving around* [*on*] the new enterprise 新事業についてあれこれ思いめぐらす思案. **b** 〈人が〉(あれこれと)思いめぐらす. ── *vt.* **1 a** 回転させる, 旋転させる, 自転させる: a mechanism for *revolving* the turntable 回転台の回転装置. **b** 運行させる, 公転させる. **2** 思いめぐらす, 思案する, つくづく考える: ～ a problem (in one's mind) ある問題をとくと考える.

re·vólv·er 〘《1835》〙 ── *n.* **1** 連発拳銃(ｹﾝｼﾞｭｳ), 輪胴[回転(弾倉)]式拳銃, リボルバー (cf. automatic pistol, pistol): a six-chambered ～ 輪胴[弾倉回転]式六連発拳銃 / a chrome-plated .38 Smith & Wesson ～ クロームメッキを施した38口径のスミスアンドウェッソン製リボルバー. ★ 一般に「ピストル」と称する小型の銃で, 連発発射の可能な回転弾倉を持ったもの; 最も普通の口径は .38, .32, .22 または .45インチ: use a .45[45]. **2** 回転する[させる]もの, 回転装置.

re·vólv·ing *adj.* **1** 循環する, 回帰する, 巡って来る: the ～ seasons 巡り来る季節. **2 a** 回転する; 回転装置[仕掛け]の: a ～ bookstand [chair] 回転書架[椅子] / a ～ furnace 回転炉. **b** 〈拳銃など〉回転(弾倉)式の, 連発の. **3** 〘金融〙回転信用の: ～ L/C 回転信用状《繰返し自動的に使える信用状》. **～·ly** *adv.*

revólving chárge accóunt *n.* 〘商業〙月賦支払勘定《月賦支払分に割増金を加算した勘定》.

revólving crédit *n.* 〘商業〙回転クレジット《支払いが定期的に行なわれる限り, 一定限度までなら何回でも買物ができるクレジット》.

revólving dóor *n.* (十字)回転ドア, 回転戸, 回転扉.

revólving fúnd *n.* 〘金融〙**1** 回転資金《ある目的のための貸出しと回収とのバランスが取れ, 回収分が同じ目的の次の貸出しを円滑にさせるようになっている資金》. **2** 米国政府回転資金《公共事業などの援助に用いられる》.

revólving líght *n.* 回転灯 (flashlight).

revólving magnétic fíeld *n.* 〘電気〙回転磁界.

revólving stáge *n.* 〘演劇〙回り舞台.

revólving stórm *n.* 〘気象〙＝cyclone 1.

re·vue [rɪvjúː, rə-] 〘▭F ～ 'review' ← *revoir* 'to REVIEW'〙 *n.* 〘演劇〙レビュー《ダンス・歌・音楽などに時事風刺劇などを組み合わせた構成の軽喜劇; review ともいう》: a ～ girl レビューガール.

re·vul·sant [rɪvʌ́lsənt, rə-, -sṇt] 〘▭F *révulsant* ← *révulser* to pull back〙 〘医学〙 ── *adj.* 誘導を引き起こす. ── *n.* 誘導剤《体の部位から他の部位へと血液を誘出する薬剤》. 「もった.

re·vulsed [rɪvʌ́lst, rə-] *adj.* 急変した; 強い反感を

re·vul·sion [rɪvʌ́lʃən, rə-] 〘《1541》▭F *révulsion* ∥ L *revulsiō(n-)* ← *revulsus* (p.p.) ← *revellere* to pluck off ← RE- (A)＋*vellere* to pull: ⇨ -sion〙 ── *n.* **1** (感情・状態などの)激変, 急変; 急激な反動[反応]. **2** 嫌悪の気持, 強い反感. **3** 引き戻し, 引き離し; 回収: the ～ of capital from an industry ある産業からの資本の回収. **4** 〘医学〙誘導(法)《特に反対刺激剤 (counterirritant) による治療(法)》.

re·vul·sive [rɪvʌ́lsɪv, rə-] 〘← L *revulsus* (↑)＋-IVE〙 〘医学〙 *adj.* 誘導法の, 誘導する. ── *n.* 誘導薬, 反対刺激剤; 誘導器具.

Rev. Ver. 《略》Revised Version.

rè·wáke *vt., vi.* (-**waked**, -**woke**; -**woken**, -**woke**) 再び目を醒まさせる[醒ます].

rè·wáken *vt., vi.* ＝rewake.

re·ward [rɪwɔ́ərd, rə- | -wɔ́ːd] 〘n.: 《a1338》▭ONF ～ ← *rewarder* (v.). ─ v.: 《a1333》*rewarde(n)* ▭ONF *reward-er*＝OF *reguarder* (F *regarder*) 'to look at, REGARD'〙 ── *n.* **1** (善悪に対する)報い, 償い, 応報: the ～ of virtue 徳に対する報い / meet a due ～ 当然の報いを受ける. **2** (奉仕などに対する)報酬, 報償, 償い, 褒美(ﾎｳﾋﾞ): He was granted a pension in ～ for his services. 功労に対して恩給を受けることとなった. **3** 報酬金, 懸賞金, 礼金《遺失物の返還, また罪人の逮捕や発見などに対する謝礼》.

gone to one's reward 死んで天国に在る.

── *vt.* **1** …に報いる, 報酬を与える, 報酬[賞, 褒美]を与える: ～ a service 功労に報いる / Her patience was ～*ed* at last. 彼女の忍耐がついに報いられた / He was ～*ed for* saving a drowning child. おぼれかけた子供を救ったために褒美をもらった / I ～*ed* him *for* his services. 彼の功労に報いた / My efforts have been ～*ed* by success. 努力は成功によって報いられた. **2** …に返報する; 罰する. ── *vi.* 報いる, 報酬を与え

る：～ according to a person's deserts 人の功過に応じて報いる. **～·a·ble** [-dəbl] *adj.* **～·er** *n.*

re·ward·ful [rɪwɔ́ədfəl, rə- | -wɔ́ːd-] *adj.* 努力するかいのある, 報い[報酬]のある. **～·ness** *n.*

re·wárd·ing *adj.* **1** 報いる, 報酬を与える；(…するだけの)価値のある, (…する)かいのある：a ～ experience 貴重な体験 / a ～ book 読む価値のある本. **2** (労苦などに対する)報いとなる, 報いる気持を表す；謝礼としての：a ～ smile of gratitude 感謝の気持を表わす笑顔. **～·ly** *adv.*

rewárd·less 〖《15C》〗 *adv.* 報いのない, 賞のない, 無報酬の.

rè·wínd [-wáɪnd] 〖⇨ wind³〗 — *vt.* (**re·wound**) 再び巻く, 巻き直す；〈フィルム・テープなどを〉元のリールに巻き戻す. — *n.* **1** 巻き直す[戻す]こと. **2 a** 巻き直した[巻き戻した]もの. **b** (映画フィルム・テープなどの)巻戻し機[装置].

rè·wínd·er *n.* **1** 〖機械〗巻戻し機, 再送機《糸・布・紙などを巻返す装置》. **2** =rewind 2 b.

rè·wíre *vt.* **1** 〈家・機械・ラジオなど〉の針金[配線]を付け[張り]直す. **2 a** 〈返事を〉返電として打つ. **b** 〈人〉に返電する.

rè·wórd *vt.* **1** 言い換える, …の言葉を換える. **2** 繰り返す, 反復して述べる.

rè·wórk *vt.* **1** 再加工する, 再工事する；再製[再生]する. **2** 書き直す, 改訂する.

ré·wòrked wóol *n.* 再生ウール《shoddy, mungo など》.

re·write [ˌ–ˈ–] *vt., vi.* (**re·wrote**; **-writ·ten**) **1** 再び書く；〈本などを〉書き直す, 訂正[修正]する. **2** 《米》(取材記者などの提出した記事を新聞に組み込めるように)書き直す, (記事用に)書き改める, リライトする. — [ˈ–ˌ–] *n.* 《米》書き直したもの[記事], 書き直し, リライト. **rè·wrít·er** *n.*

réwrite màn *n.* (*pl.* **-men**) リライト専門の(新聞)記者 (rewriter).

réwrite [rewríting] rúle *n.* 〖言語〗書き替え規則《生成変形文法で記号列を用い, 文法的関係の定義と深層構造における要素の順序づけを決定する》.

rex¹ [réks] 〖⊏ L *rēx* king (of breeds)〗 — *n.* (*pl.* **～·es**, ～) 〖動物〗短上毛変異《イエウサギの変異の一つで, 上毛が下毛より短い；単純劣性》. — *vt.* 〈イエウサギを〉短上毛変異種に改良する, 短上毛変異の品種にする.

rex² [réks] 〖⊏ L *rēx* king：cf. realm, right, royal〗 — *n.* (*pl.* **re·ges** [ríːdʒiːz]) 国王 (cf. regina). ★(1) R. と略して王の署名などに用いる：George *R.*=King George. (2) 治安の維持に責任を負うところから, 国王が訴追の当事者とみなされるので, 刑事事件の原告[訴追]側の表示として用いる：～ [*R.*] v. Jones 国王対ジョーンズ《刑事事件》.

Rex¹ [réks] 〖⊏ L *rēx* (↑)〗 *n.* 男性名.

Rex² [réks] 〖← L *Chrīstus Rēx* Christ the King (カトリック系のある青年団体の出版物の名)〗 — *n.* レックス党《ベルギーの政治家 Léon Degrelle [dəgrél; *F.* dəgrɛl] (1906–　) によって結成 (1935) された Fascist 系の団体》.

Rex·ane [reksǽn] 〖《混成》← REX¹+ANNE¹〗 *n.* 女性名.

Rex·ine [réksiːn] 〖商標：⇨ rex², -ine³〗 *n.* レキシン《椅子の表張り・製本用などの模造[レザー]クロス》.

Réx·ist [-sɪst, -səst | -sɪst] *n.* レックス党 (Rex) 員.

Rey·kja·vík [réɪkjəvìːk, -vik | rérk-, rék-] *n.* レイキャビック《アイスランド南西部の海港で同国の首都；人口 85,000》.

Rey·mont [réɪmɑnt | -mɔnt; *Pol.* rɛ́jmɔnt], **Wła·dy·sław Sta·ni·sław** [vwadíiswaf staníswaf] *n.* レイモント《1867–1925；ポーランドの小説家; Nobel 文学賞 (1924)；*The Peasants* (4 vols., 1902–09)》.

Rey·nard¹ [rénəd, rén-, -nɑəd | rénəd, -nɑːd, réɪnɑːd] 〖《?c1390》⊏ (O)F *renard*, OF *renart* (*Roman de Renart* 中の狐の名) ⊏ OHG *Reginhart* (G *Reinhart*) (人名) (原義) strong in counsel：cf. hard〗 — *n.* **1** ルナール《*Reynard the Fox* などの寓話や童話に出て来る狐の名》. **2** [時に r-] 狐.

Rey·nard² [réɪnəd, rén-, -nɑəd | rénəd, -nɑːd, réɪnɑːd] 〖↑〗 *n.* 男性名.

Réynard the Fóx *n.* 「狐物語」《中世ヨーロッパに行なわれた動物寓話；狐・狼・鶏などの動物に託して時世を風刺したもの》.

Rey·naud [reɪnóu | -nə́u; *F.* rɛno], **Paul** *n.* レノー《1878–1966；フランスの政治家；首相 (1940)》.

Reyn·old [rénld, -nəld] 〖《変形》← REGINALD〗 *n.* 男性名.

Reyn·olds [rénldz, -nəldz], Sir **Joshua** *n.* (1723–92) 英国の肖像画家；Royal Academy 初代院長.

Reynolds, Osborne *n.* (1842–1912) 英国の工学者；流体力学およびその応用に貢献し, 熱量拡散計を発明；Reynolds number を発見.

Reynolds, Roger *n.* (1934–　) 米国の作曲家.

Reynolds, Stephen *n.* (1881–1919) 英国の著述家・漁業通；*A Poor Man's House* (1908).

Réynolds nùmber 〖← *Osborne Reynolds*〗 *n.* 〖物理〗(流体力学における)レノルズ数《管中を流れる流体の乱流の限界を与える無次元の数》.

Rey·no·sa [reɪnóusə | -nə́u-; *Sp.* rreinósa] *n.* レイノーサ《メキシコ北東部, Rio Grande 川に臨む都市；人口 207,000》.

Re·za·i·eh [rɪzɑ́ːiː(j)ə] *n.* =Rizaiyeh.

Re·za·nov [reɪzɑ́ːnɔ̀(ː)f, -nɔ̀(ː)v | -nɔ̀f, -nɔ̀v; *Russ.* rjizánəf], **Nikolai Petrovich** *n.* レザノフ《1764–1807；ロシヤの実業家；1804 年(文化元年)長崎に来航し通商を求めた》.

Re·zá Sháh Páhlavi [rɪzɑ́ː-] *n.* =Riza Shah Pahlavi.

rez-de-chaus·sée [rèɪdəʃo(u)séɪ | -ʃə(u)-; *F.* redʃose] 〖⊏ F ～ 'level of the street'〗 — *F. n.* (*pl.* **-sées** [～(z); *F.* ～]) 〖建築〗《特に, ヨーロッパの建物の》路面に一番近い階, 一階《路面と水平なものおよび路面よりやや高いもの》.

rè·zóne *vt.* …の地域区分を変更する, (地域)再区分する.

rf 《略》refunding.

rf, r.f. 《略》range finder; rapid fire; rheumatic fever; 〖野球〗right field(er).

Rf 《略》rutherfordium.

RF, R.F., r.f., r-f 《略》〖通信〗radio frequency (cf. AF).

Rf. 《略》〖音楽〗rinforzando.

R factor 〖← R(ESISTANCE)〗 *n.* 〖医学〗R 因子《抗生物質に対する耐性の原因になる細菌成分》.

r.f.b., R.F.B. 《略》〖アメリカンフットボール〗right fullback.

R.F.C. 《略》《米》Reconstruction Finance Corporation；〖軍事〗Royal Flying Corps《今は R.A.F.》；《英》Rugby Football Club.

RFD, R.F.D. 《略》《米》Rural Free Delivery 地方無料配達.

r-ful [ɑ́əfəl | ɑ́ː-] *adj.* 〖音声〗r を発音する《star [stɑ́ə], board [bɔ́əd, bóəd] のように語末および子音の前の r を発音する米国の大多数の方言についていう；cf. r-less》.

rg, r.g. 《略》〖アメリカンフットボール〗right guard ライトガード《ラインマンポジションの名称》.

RG 〖記号〗⇨ VARIG.

R.G.S. 《略》Royal Geographical Society.

Rh [ɑ́ə(r)éɪtʃ | ɑ́ːr-] *adj.* 〖生化学〗Rh 因子の[に関する, である]：an ～ antigen Rh (因子)抗原 (⇨ Rh factor).

Rh 〖記号〗〖化学〗rhodium；〖生化学〗Rh factor.

RH, R.H., r.h. 《略》right hand 〖音楽〗右手(使用) (cf. LH).

Rh$^-$ 〖記号〗〖生化学〗Rh negative.

Rh$^+$ 〖記号〗〖生化学〗Rh positive (cf. Rh negative).

r.h. 《略》relative humidity.

R.H. 《略》Royal Highlanders; Royal Highness; Royal Hospital.

rhabd- [ræbd] (母音の前に来る時の) rhabdo- の異形.

Rhab·dit·i·dae [ræbdítədiː | -tɪ-] 〖← NL ～ ← *Rhabditis* (属名：↓)+-IDAE〗 *n. pl.* 〖動物〗杆線虫科.

rhab·do- [rǽbdo(u), -də | -də(u)] 〖← Gk *rhábdos* rod〗「棒 (rod, stick)；桿[棒]状体」の意の連結形. ★母音の前では通例 rhabd- になる.

Rhab·do·coe·la [ræ̀bdəsíːlə] 〖← NL ～：↓〗 *n. pl.* 〖動物〗(扁形動物門渦虫綱)棒腸目, 単腸目.

rhab·do·coele [rǽbdəsìːl] 〖← NL ～：⇨ rhabdo-, -coele〗 *n.* 〖動物〗棒腸類[単腸類]の扁虫.

rhab·dom [rǽbdɑm, -dəm | -dɔm, -dəm] 〖⊏ LGk *rhábdōma* ← Gk *rhábdos* rod〗 — *n.* 〖動物〗棒状体, 桿状体, 桿体, 円柱体, 感桿《節足動物の複眼を構成する個眼の中にある棒状の視覚神経繊維；光刺激を感じる部分と考えられている》. **rhab·do·mal** [ræbdóuməl | -dóu-] *adj.*

rhab·do·man·cy [rǽbdəmæ̀nsi | -də(u)mæ̀nsɪ] 〖《1646》⊏ Gk *rhabdomanteía*：⇨ rhabdo-, -mancy〗 *n.* 棒占い《棒で地下の鉱脈や水脈等を探り当てる術》.

rháb·do·màn·tist [-tɪst, -təst | -tɪst] *n.* 棒占い師.

rhab·dome [rǽbdoum | -dəum] *n.* 〖動物〗=rhabdom.

rhab·do·mere [rǽbdəmìə | -mɪə(r)] 〖← RHABDOM+-MERE〗 *n.* 〖動物〗感桿分体[小体]《節足動物の複眼中の棒状体 (rhabdom) を構成する繊維》.

rhàbdo·myóma 〖← NL ～：⇨ rhabdo-, myoma〗 *n.* 〖病理〗横紋筋腫(しゅ) (cf. leiomyoma).

rhàbdo·vírus 〖⇨ rhabdo-, virus〗 *n.* 〖細菌〗桿状ウイルス《狂犬病の病原体などを含む一群の RNA ウイルス》.

rha·chis [réɪkɪs, -kəs | -kɪs] 〖← NL ～ ← Gk *rhákhis* spine〗 *n.* (*pl.* **～·es**, **rha·chi·des** [rǽkədìːz, réɪk- | -kɪ-]) =rachis.

Rhad·a·man·thine, r- [ræ̀dəmǽnθɪn, -θən, -θaɪn | -θaɪn] 〖《1840》：⇨ ↓, -ine¹〗 — *adj.* **1** ラダマンテュス (Rhadamanthus) の[に関する, を特徴づける]. **2** 厳正な, 剛直な.

Rhad·a·man·thus [ræ̀dəmǽnθəs] 〖⊏ L ～ ⊏ Gk *Rhadámanthos*〗 — *n.* (*also* **Rhad·a·man·thys** [-θɪs, -θəs | -θɪs]) **1** 〖ギリシャ神話〗ラダマンテュス《Zeus と Europa の子；生前正義の模範とされ, 死後はその兄弟 Minos や, Aeacus と共に黄泉(よみ)の国の裁判官に任じられた》. **2** 厳正剛直な裁判官.

Rhae·tia [ríːʃə, -ʃiə | -ʃɪə, -ʃə] *n.* ラエティア, レティア《古代ローマの属州で, 今の Bavaria, スイスの東部, Tyrol の一部にわたった地域》.

Rhae·tian [ríːʃən, -ʃiən | -ʃɪən, -ʃən] *adj.* **1** ラエティア[レティア] (Rhaetia) の, ラエティア[レティア]地方の. **2** ラエティア[レティア]人の. **3** =Rhaeto-Romanic. — *n.* **1** ラエティア[レティア]人. **2** =Rhaeto-Romanic.

Rháetian Álps *n. pl.* [the ～] レートアルプス《Rhaetia 地方のアルプス；最高峰 Piz [píts] Bernina (4,049 m)》.

Rhae·tic [ríːtɪk | -tɪk] 〖⊏ L *Rhaetic-us*：⇨ Rhaetia, -ic¹〗 *adj.* 〖地質〗レーティック層の《Rhaetian Alps に見られる三畳紀 (Triassic) 最後期の層にいう》.

Rhàe·to-Románce [rìːto(u)- | -tə(u)-] 〖← L *Rhaetus* Rhaetian+-o-+ROMANCE¹〗 *n., adj.* =Rhaeto-Romanic.

Rhàeto-Románic 〖《なぞり》← G *rätoromanisch*〗 — *n.* レトロマン(ス)語《スイス南東部と北イタリアの Alps 地方に行なわれるロマンス語族で, Romansh, Ladin, Friulian の諸語を含む》. — *adj.* レトロマン(ス)語の.

rhag·i·o·nid [rǽdʒiənɪd | -dʒɪə-] 〖↓〗〖昆虫〗 *adj.* シギアブ(科)の. — *n.* シギアブ《シギアブ科の昆虫の総称》.

Rhag·i·on·i·dae [ræ̀dʒiɑ́nədiː | -dʒiɔ́nɪ-] 〖← NL ～ ← *Rhagio* (属名：← Gk *rhágion* spider (dim.) ← *rháx* grape, berry)+-IDAE〗 — *n. pl.* 〖昆虫〗(双翅目)シギアブ科.

rha·gon [réɪgɑn, rǽg- | -gɔn] 〖← *rhag-* (← Gk *rháx* (↑))+(LEUC)ON〗 *n.* 〖動物〗ラゴン《四軸海綿類の幼生》. **rha·go·noid** [réɪgənɔ̀ɪd, rǽg- | -gɔn-] *adj., n.*

Rham·na·ce·ae [ræmnéɪsiìː] 〖← NL ～ ← *Ramnus* (属名：← Gk *rhámnos* thorn, prickly shrub)+-ACEAE〗 — *n. pl.* 〖植物〗クロウメモドキ科. **rham·ná·ceous** [-néɪʃəs] *adj.*

Rham·na·les [ræmnéɪliːz] 〖← NL ～：⇨ ↑, -ales〗 *n. pl.* 〖植物〗クロウメモドキ目.

rham·nose [rǽmnous, -nouz | -nəus] 〖← Gk *rhámnos* (↓)+-OSE¹〗 — *n.* 〖化学〗ラムノース ($CH_3(CHOH)_4CHO$)《広く植物中に配糖体の成分として存在する糖の一種》.

rham·nus [rǽmnəs] 〖⊏ L ～ ⊏ Gk *rhámnos* thorn〗 *n.* 〖植物〗クロウメモドキ《球形の実をつけるクロウメモドキ属 (*Rhamnus*) の植物の総称；cf. buckthorn》.

rham·pho·the·ca [ræ̀mfəθíːkə] 〖← NL ← Gk *rhámphos* beak+THECA〗 *n.* 〖動物〗(うろこが変化して出来た)鳥の嘴(はし)の角質のさや[おおい].

rha·phe [réɪfi | -fɪ] *n.* 〖解剖・植物〗=raphe.

rhap·sode [rǽpsoud | -səud] 〖⊏ Gk *rhapsōid-ós* ← *rháptein* to stitch+*ōidḗ* 'song, ODE'〗 *n.* (古代ギリシャの)吟遊詩人；(特に Homer の)叙事詩吟唱者.

rhap·sod·ic [ræpsɑ́dɪk | -sɔ́d-] 〖《1782》⊏ Gk *rhapsōidik-ós*：⇨ ↑, -ic¹〗 — *adj.* **1 a** ラプソディー (rhapsody) (風)の. **b** ラプソディー(風)の作曲[表現]をする：a ～ composer. **2** 熱狂的な, 熱狂的に大げさな. **～·ly** *adv.*

rhap·sód·i·cal [-dɪkəl, -də- | -dɪ-] *adj.* =rhapsodic.

rháp·so·dist [-dɪst, -dəst | -dɪst] *n.* **1** (古代ギリシャの)吟遊詩人, 叙事詩吟唱者《特に Homer の詩を歌い歩いた職業的な吟唱者》. **2** 狂想的詩文作者. **3** 熱狂的に話す[書く]人.

rhap·so·dize [rǽpsədàɪz] *vt.* **1** ラプソディー (rhapsody) 風に書く[作曲する]. **2** 〈叙事詩を〉朗唱[吟唱]する. — *vi.* **1** 狂想的詩文を作る. **2** 熱狂的に語る 〔*about, on*〕.

rhap·so·dy [rǽpsədi | -dɪ] 〖《1542》⊏ L *rhapsōdia* ⊏ Gk *rhapsōidía* ← *rhapsōidós* 'RHAPSODE'〗 — *n.* **1** ラプソディー《吟唱に適するように一部改作した叙事詩, 特に Homer 作 *Odyssey* または *Iliad* 中の一節》. **2 a** 熱狂的で突飛な言辞[文章, 詩歌]：wild and vehement *rhapsodies* / go into *rhapsodies* 熱狂的に言う[書く]. **b** 大きな喜び, 歓喜. **3** 《古》 **a** 文集, 雑纂(ざっさん)《寄せ集めて作った文学作品》. **b** (物・言葉などの)寄せ集め, ごたまぜ. **4** 〖音楽〗狂詩曲：Liszt's *Hungarian Rhapsodies* リストの ハンガリー狂詩曲.

rha·son [réɪsən, rɑ́ːsɔ(ː)n | rǽsən, rɑ́ːsɔn] 〖⊏ MGk *rhason* ← ? L *sāsus* (p.p.) ← *rādere* to scrape〗 — *n.* 〖東方正教会〗(東方式典礼で司祭常服の上にまとう)広袖長外被《exorhason ともいう》.

rhas·o·phore [rǽzəfɔ̀ə, -fɔ̀ə | -fɔ̀ː(r)] 〖⇨ ↑, -phore〗 *n.* 〖東方正教会〗(東方式典礼で rhason をまとう修道生活初期の)修道士.

rhat·a·ny [rǽtəni, -tni | -tənɪ] 〖《1808》← NL *rhatania* ← Port. *ratanha* // Sp. *ratania* ⊏ Quechua *rataña*〗 — *n.* 〖植物〗 **1** ラタニア《ペルーラタニア (Peruvian rhatany), ブラジルラタニア (Pará rhatany) など南米産マメ科の小低木》. **2** ラタニアの根《収斂(しゅうれん)剤またはぶどう酒の色付け用》.

rha·thy·mi·a [rəθáɪmiə | -mɪə] 〖⊏ Gk *rhāithumía* ← *rhā́ithumos* light-hearted ← *rhā* easy+*thūmós* mind：⇨ -ia¹〗 *n.* 〖心理〗気楽[のんき](な状態).

r.h.b. 《略》〖アメリカンフットボール〗right halfback ライトハーフバック《バックスポジションの名称》.

rhe [ríː] 〖← Gk *rheîn* to flow〗 *n.* 〖物理〗レー《流動度の cgs 単位；ポイズ (poise) の逆数》.

rhe·a¹ [ríːə | ríə, ríːə] 〖← RHEA²〗 — *n.* 〖鳥類〗レア《南米産のアメリカダチョウ (*Rhea americana*), またはダーウィンレア (*Pterocnemia pennata*) をさす；アフリカのダチョウより小さく足指の数は三つ》.

rhe·a² [ríːə | ríə, ríːə] 〖⊏ Assamese *rihā*〗 *n.* 〖植物〗=ramie.

Rhe·a¹ [ríːə | ríə, ríːə] 〖↓〗 *n.* 女性名.

Rhe·a² [ríːə | ríə, ríːə] 〖⊏ L *Rhēa* ⊏ Gk *Rhéā*〗 — *n.* **1** 〖ギリシャ神話〗レ(イ)アー《Uranus と Gaea の娘；Cronus の妻で Zeus を初め Hera, Poseidon などの諸神の母で Mother of the Gods と呼ばれる；ローマ神話の Ops に当たる》. **2** 〖天文〗レア《土星 (Saturn) の第 5 衛星》.

-rhe·a [ríːə | ríːə, ríə] =-rrhea.

Rhe·a Sil·vi·a [ríːəsílviə | ríəsílvɪə, ríːə-, -vjə] *n.* 〖ローマ神話〗レア シルヴィア《Romulus と Remus の母；Ilia とも呼ばれる》.

rhe·bok [ríːbɑk | -bɔk] 〖⊏ Afrik. *reebok* ⊏ MDu. *reeboc* male of roe deer：⇨ roe¹, buck¹〗 — *n.* (*pl.* ～, **～s**) 〖動物〗リーボック (*Pela capreolus*)《アフリカ南部産のレイヨウの一種》.

Rhee [ríː], **Syng·man** [sɪ́ŋmən] *n.* 李承晩《1875–1965；韓国の政治家；大統領 (1948–60)》.

Rhe·i·dae [ríːədiː | ríːɪ-] 〖← NL ～：⇨ rhea¹, -idae〗 *n. pl.* 〖鳥類〗レア科, アメリカダチョウ科.

Rheims [rí:mz; *F.* rɛ̃:s] *n.* =Reims.
Rhéims-Dóuay Bíble [Vérsion] [rí:mz-] *n.* = Douay Bible.
Rhein [*G.* ráɪn] *n.* [the ~] ライン(川)《Rhine のドイツ語名》.
Rhein·gold [ráɪngòʊld | -gəʊld; *G.* ráɪngɔlt] *n.* ⇨ Ring of the Nibelung.
Rhein·land [*G.* ráɪnlànt] *n.* ラインラント《Rhineland のドイツ語名》.
Rhein·land-Pfalz [*G.* ráɪnlantpfálts] *n.* ラインラントプファルツ《Rhineland-Palatinate のドイツ語名》.
rhe·mat·ic [rɪmǽṭɪk, rə- | -tɪk] 〘▭ Gk *rhēmatik-ós* belonging to a verb or word ← *rhēma* word, verb: ⇨ -ic¹〙 ── *adj.* 〘言語〙 **1** 語形成の. **2** 動詞の；動詞から出た.
Rhe·mish [rí:mɪʃ] 〘← 《廃》 *Rhemes* Reims+-ISH¹〙 *adj.* ランス (Reims) の.
Rhémish Téstament *n.* ランス新約聖書《1582 年フランスのランス (Reims) で英国のカトリック教徒によって翻訳された英訳聖書》.
rhe·nic [rí:nɪk] 〘← RHENIUM+-IC¹〙 *adj.* 〘化学〙 レニウム (rhenium) の.
Rhen·ish [rénɪʃ, rí:n- | rí:n-, rén-] 〘《16C》 ← L *Rhēnus* 'RHINE'+-ISH¹ ∽ 《1375–76》 *Rinisch(e)* ▭ AF *reneis*=OF *rinois* ▭ ML **Rhēnēnsis*=L *Rhenānus* ← *Rhēnus*〙 《古》 ── *adj.* ライン (Rhine) 川(地方)の: ~ wine [hock]. ★ 今は, 通例この語の代わりに Rhine を形容詞的に用いる. ── *n.* =Rhine wine.
Rhénish Prússia *n.* =Rhine Province.
rhe·ni·um [rí:niəm | -nɪəm, -njəm] 〘← L *Rhēnus* (⇨ Rhenish)+-IUM〙 ── *n.* 〘化学〙 レニウム《希有金属元素の一つ；記号 Re, 原子番号 75, 原子量 186.207, 比重 21.3, 融点 3160°C》.
rhe·o- [rí:ə(ʊ), ríə(ʊ)] 〘← Gk *rhéos* stream〙「流れ (current)」の意の連結形.
rhe·o·base [rí:o(ʊ)bèɪs | rí:ə(ʊ)-, ríə(ʊ)] 〘⇨ ↑, base²〙 ── *n.* 〘生理〙 基電流《組織を刺激するのに必要な最小電流；cf. chronaxie》. **rhe·o·ba·sic** [rì:o(ʊ)béɪsɪk | rì:ə(ʊ)-, rɪə(ʊ)-] *adj.*
rhe·ól·o·gist [-dʒɪst, -dʒəst | -dʒɪst] *n.* レオロジー学者.
rhe·ol·o·gy [riɑ́lədʒi | rɪɔ́lədʒɪ] 〘← RHEO-+-LOGY〙 ── *n.* 〘物理化学〙 レオロジー, 流動学, 流性学《弾性・粘性・可塑性の諸物質の流動・変形について研究する》. **rhe·o·log·i·cal** [rì:əlɑ́dʒɪkəl, -dʒə- | rì:ə(ʊ)lɔ́dʒɪ-, rɪə(ʊ)-] *adj.* **rhè·o·lóg·i·cal·ly** *adv.*
rhe·om·e·ter [ri:ɑ́məṭə | rɪɔ́mɪtə(r, -mə-] 〘← RHEO-+-METER¹〙 *n.* **1** 流動計, レオメーター《物質のレオロジー的性質を測定する装置の総称》. **2** 〘医学〙 血行計.
rhe·om·e·try [ri:ɑ́mətri | rɪɔ́mɪtrɪ, -mə-] *n.* **1** レオメトリー, 流動測定. **2** 〘医学〙 血行測定. **rhe·o·met·ric** [rì:əmétrɪk | rì:ə(ʊ)-, rɪə(ʊ)-] *adj.*
rhe·o·pex·y [rí:əpèksi | ríə(ʊ)pèksɪ] 〘← RHEO-+-PEXY〙 ── *n.* 〘物理化学〙 レオペクシー《チキソトロピー (thixotropy) を示すゾルの動揺を与えることにより固化が促進される現象》.
rhe·o·phil [rí:əfɪl | rí:ə(ʊ)-, ríə(ʊ)-] *adj.* 〘生態〙 =rheophile.
rhe·o·phile [rí:əfàɪl | rí:ə(ʊ)-, ríə(ʊ)-] *adj.* 〘生態〙 流水にすむ, 流水を好む.
rhe·oph·i·lous [ri:ɑ́fələs | rɪɔ́fɪ-] *adj.* 〘生態〙 =rheophile.
rhe·o·scope [rí:əskòʊp | ríə(ʊ)skəʊp] 〘← RHEO-+-SCOPE〙 *n.* 〘物理〙 検電器 (electroscope). **rhe·o·scop·ic** [rì:əskɑ́pɪk | rì:ə(ʊ)skɔ́p-, rɪə(ʊ)-] *adj.*
rhe·o·stat [rí:əstæ̀t | ríə(ʊ)-] 〘← RHEO-+-STAT〙 *n.* 〘電気〙 加減抵抗器；調光器. **rhe·o·stat·ic** [rì:əstǽṭɪk | rì:ə(ʊ)stǽt-, rɪə(ʊ)-] *adj.*
rheostátic bráking *n.* 〘電気〙 発電ブレーキ, 発電抵抗ブレーキ.
rheostátic contról *n.* 〘電気〙 抵抗制御.
rhe·o·tax·is [rì:ətǽksɪs, -səs | rì:ə(ʊ)tǽksɪs, rɪə(ʊ)-] 〘← RHEO-+-TAXIS〙 ── *n.* (*pl.* **-tax·es** [-si:z]) 〘生物〙 走流性《魚が流れに逆らって上流へ上るなど, 水の流れが刺激となって起こる走性》. **rhe·o·tac·tic** [rì:ətǽktɪk | rì:ə(ʊ)-, rɪə(ʊ)-] *adj.*
rhe·o·trope [rí:ətròʊp | ríə(ʊ)trəʊp] 〘← RHEO-+-TROPE〙 *n.* 〘電気〙 変流器.
rhe·ot·ro·pism [ri:ɑ́trəpɪzm | rɪɔ́t-] 〘← RHEO-+-TROPISM〙 ── *n.* 〘植物〙 向流性, 屈流性《ダイコンの根が水流の方向に屈曲するなど, 水流に対して起こる屈性》. **rhe·o·trop·ic** [rì:ətrɑ́pɪk | rì:ə(ʊ)trɔ́p-, rɪə(ʊ)-] *adj.*
rhe·sus [rí:səs] 〘↓〙 *n.* 〘動物〙 =rhesus monkey.
Rhe·sus [rí:səs] 〘▭ L *Rhēsus* ▭ Gk *Rhêsos*〙 ── *n.* 〘ギリシャ神話〙 レーソス《Thrace の王で Troy の味方；彼の馬が Xanthus 川の水を飲めば Troy は陥落しないという神託があったが, Odysseus と Diomedes に盗まれた》.
Rhésus ántigen *n.* 〘生化学〙 =Rh factor.
Rhésus fàctor 〘← *rhesus* (*monkey*): このサルの血液中に初めて発見されたことから〙 *n.* 〘血清・生化学〙 リーサス因子 (⇨ Rh factor).
rhésus mónkey [macáque] 〘← NL *Rhēsus*: ⇨ Rhesus〙 ── *n.* 〘動物〙 アカゲザル, (俗に)ベンガルザル (*Macacus mulatta*)《北インド産の短尾種で, 動物園で飼育される普通種；医学実験に用いられる；単に rhesus ともいう；cf. Rh factor》.
rhet. 《略》 rhetoric; rhetorical.
Rhe·tian [rí:ʃən, -ʃiən | -ʃɪən, -ʃən] *adj., n.* =Rhaetian.
Rhe·tic [rí:ṭɪk | -tɪk] *adj.* 〘地質〙 =Rhaetic.
rhe·tor [rí:tɔə, rét-, -ṭə | rí:tɔ(r, rét-] 〘《*c*1375》 ▭ LL *rethor* 《変形》 ← L *rhētor* ▭ Gk *rhḗtōr* ← IE **wer-* to speak (cf. verb, word)〙 ── *n.* **1** 古代ギリシャ・ローマの演説法[雄弁術]教師；修辞学者 (rhetorician). **2** 職業的演説家.
rhet·o·ric [réṭərɪk | -tə-] 〘《*c*1330》 *ret(h)orik* ▭ OF *rethorique* (F *rhétorique*) ▭ L *rhētorica* ▭ Gk *rhētorikḗ* (*tékhnē*) the rhetorical (art) ← *rhḗtōr*: ⇨ ↑, -ic²〙 ── *n.* **1** 修辞学；レトリック《言葉を効果的に表現する方法を研究する学問》. **2 a** 修辞法. **b** 美辞麗句で飾った言葉遣い, 華麗な文体, 巧言. **c** 言葉遣い, 文体. **3 a** 雄弁術, 演説法；(雄弁術による)説得術. **b** (作詩法に対して)作文法. **4** 修辞学書, 修辞学論文；(特に)作文法の教科書. **5** (演技・表情などのもつ)感動させる力, 説得力.
rhe·tor·i·cal [rɪtɔ́(:)rɪkəl, rə-, -tɑ́r-, -rə- | -tɔ́rɪ-] 〘《1476》 ← L *rhētoricus* (← *rhētor* 'RHETOR')+-AL¹〙 ── *adj.* **1** 修辞学[法]の, 作文法の；修辞学上の. **2** 〈言葉遣い・文体が〉華麗な, 修辞的な, 誇張的な, 美辞麗句をもてあそぶ: ~ artifice 修辞的技巧 / ~ speakers, writers, etc. **3 a** 言葉(上)の (verbal): They have been engaged in a bitter ~ feud. 彼らはすさまじいやりとり[舌戦]をずっと続けて来ている. **b** 雄弁術の. **~·ly** *adv.* **~·ness** *n.*
rhetórical quéstion *n.* 修辞的疑問(文), 反語《陳述意味強調のために文を(その答が自明である)反語的疑問形にしたもの；例: Who does not know?=Everyone knows.》.
rhet·o·ri·cian [rèṭəríʃən | -tə-, -tɔr-] 〘《1412–20》 ▭ (O)F *rhétoricien*: ⇨ rhetoric, -ian〙 ── *n.* **1 a** 修辞学者；(古代ギリシャ・ローマの)修辞学の教師. **b** 修辞法[雄弁術, 作文法]に通じた人. **c** 雄弁家. **2** [しばしば軽蔑的に] 美辞麗句を使う人, 修辞家, 誇張的な演説者[作者].
Rhèto-Románce *n.* =Rhaeto-Romance.
rheum [rú:m, rúm | rú:m] 〘《*c*1378》 *rewme* ▭ OF *reume* (F *rhume*) ▭ L *rheuma* ▭ Gk *rheûma* a flow, stream〙 ── *n.* **1 a** (涙・唾液(だえき)・鼻汁のような)粘膜分泌物. **b** 鼻カタル, 感冒. **2** 《古》 涙 (tears).
rheum·ic [rú:mɪk] *adj.*
rheu·mat·ic [rumǽṭɪk, ru:-, rə- | ru:mǽt-, rʊ-] 〘《*a*1398》 *r(e)umatyk(e)* ▭ OF *reumatique* (F *rhumatique*) ▭ L *rheumaticus* ▭ Gk *rheumatikós* ← *rheûma* (↑): ⇨ -ic¹〙 ── *adj.* **1** 〘病理〙 リューマチ(性)の, リューマチから起こる；リューマチにかかった: ~ contraction リューマチ性収縮 / ~ gout 慢性関節リューマチ / his ~ back [fingers, joints] リューマチにかかった背[指, 関節] / ~ paper リューマチ膏(こう), あんま膏 / ~ walk リューマチ患者の歩き振り / ⇨ rheumatic fever / I can't walk very fast because of my ~ leg. 足がリューマチなのであまり速くは歩けない. **2** 〈天候・場所が〉リューマチにかかりやすい: ~ weather / a ~ area. ── *n.* **1** リューマチ患者. **2** [the ~s] [《米》ではまた rú:məṭɪks, rúm-] 《口語・方言》 リューマチ (rheumatism). **rheu·mát·i·cal·ly** *adv.*
rheumátic féver *n.* 〘病理〙 リューマチ熱《特に子供や若年層に多い》.
rheumátic héart disèase *n.* 〘病理〙 リューマチ性心疾患《リューマチ熱が原因となって起こる心臓病；心筋・弁膜が障害を起こす》.
rheu·mat·ick·y [rumǽṭɪki, ru:-, rə-, rú:məṭɪki, rúm- | ru:mǽtɪkɪ, rʊ-] *adj.* 《口語》 リューマチにかかった.
rheu·ma·tism [rú:mətɪzm, rúm-] 〘《1601》 ▭ F *rhumatisme* // LL *rheumatism-us* ▭ Gk *rheumatismós* liability to rheum ← *rheûma* (⇨ rheum): ⇨ -ism〙 ── *n.* 〘病理〙 **1** リューマチ(性疾患): acute [chronic] ~ 急性[慢性]リューマチ / articular [muscular] ~ 関節[筋肉]リューマチ. **2** =rheumatoid arthritis.
rhéumatism ròot *n.* 〘植物〙 **1** =spotted wintergreen. **2** =twinleaf.
rhéumatism wèed *n.* 〘植物〙 民間療法で関節炎に効くとされた植物の総称: **a** ウメガサソウ (pipsissewa). **b** キョウチクトウ科バシクルモン属 (*Apocynum*) の植物《Indian hemp, *A. androsaemifolium* など；cf. dogbane》.
rheu·ma·tiz [rú:mətiz, rúm-] *n.* 《方言》 =rheumatism.
rheu·ma·to- [rú:məṭo(ʊ), rúm- | -tə(ʊ)] 〘← Gk *rheumat-*, *rheûma* 'RHEUM'〙「リューマチ」の意の連結形: *rheumatology*.
rheu·ma·toid [rú:mətɔ̀ɪd, rúm-] 〘《1859》: ⇨ ↑, -oid〙 ── *adj.* **1** リューマチ性[様]の. **2** リューマチの. **3** リューマチ性関節炎にかかった. ── *n.* リューマチ性関節炎患者.
rheu·ma·toi·dal [rù:mətɔ́ɪdl, rùm-] *adj.* =rheumatoid.
rhéumatoid arthrítis *n.* 〘病理〙 リューマチ性関節炎, 関節リューマチ.
rhéumatoid fáctor *n.* 〘病理〙 リューマチ因子《リューマチ性関節炎などに見られる自己抗体の一種》.
rheu·ma·tol·o·gy [rù:mətɑ́lədʒi, rùm- | -tɔ́lədʒɪ] 〘← RHEUMATO-+-LOGY〙 ── *n.* リューマチ(病)学. **rheu·ma·to·log·i·cal** [rù:məṭəlɑ́dʒɪkəl, rùm-, -dʒə- | -təlɔ́dʒɪ-] *adj.* **rhèu·ma·tól·o·gist** [-dʒɪst, -dʒəst | -dʒɪst] *n.*
rheum·y [rú:mi, rúmi | rú:mɪ] 〘← RHEUM+-Y⁴〙 ── *adj.* (**rheum·i·er**; **-i·est**) 《英古》 **1** 粘膜分泌液 (rheum) の, 粘液過多の, 粘液を分泌する: with ~, twinkling eyes 涙っぽい目をしばたたいて. **2 a** 鼻カタルにかかった. **b** 鼻カタルを起こしやすい；〈空気が〉冷湿の.
rhex·is [réksɪs, -səs | -sɪs] 〘← NL ~ ← Gk *rhêxis* ← *rhēgnúnai* to break〙 *n.* (*pl.* **rhex·es** [-si:z]) 〘病理〙 (器官・血管などの)破裂 (rupture).
Rh fàctor *n.* 〘生化学〙 Rh 因子, Rh 血液型《人間およびアカゲザルの赤血球の中に発見される凝血素；この因子をもつ血液型を Rh positive, もたないものを Rh negative という；Rh$^+$ の父と Rh$^-$ の母の子または Rh$^-$ の人が Rh$^+$ の輸血を受ける時などには危険な溶血反応を呈する；Rhesus factor, Rhesus antigen ともいう；cf. Hr factor》.
R.H.G. 《略》《英》 Royal Horse Guards.
rhig·o·lene [rígəli:n, -lɪn, -lən | -lì:n, -lɪn] 〘← Gk *rhîgos* cold+-OLE¹+-ENE〙 *n.* 〘化学〙 リゴレン《石油精製の際とれる揮発性液体；局部寒冷麻酔剤に用いる》.
rhin- [raɪn] (母音の前に来る時の) rhino- の異形.
rhi·nal [ráɪnl] 〘← RHINO-+-AL¹〙 *adj.* 〘解剖〙 鼻[鼻腔(こう)]の[に関する] (nasal): the ~ cavities 鼻腔.
rhi·nar·i·um [raɪnέ(ə)riəm | -néərɪ-] 〘← NL ~: ⇨ rhino-, -arium〙 ── *n.* (*pl.* **-nar·ia** [-riə | -rɪə]) 〘動物〙 **1** 前頭楯《トンボなどある種の昆虫の額片 (clypeus) の下部》. **2** 鼻鏡《哺乳(ほにゅう)類の鼻先の毛がない粘液質に富む部分》.
rhine [rí:n] 〘《変形》 ← ? ME *rune* stream < OE *ryne* ← Gmc **ri-nu-* ← IE **rei-* to flow ← **er-* to set in motion (OE *rinnan* 'to RUN¹')〙 ── *n.* 《英方言》 大きい溝, 下水路.
Rhine [ráɪn] 〘《混成》 ? ← L *Rhēnus* the Rhine (▭ Gaul. *Rēnos* 《原義》 river: cf. rhine)+G *Rhein* (▭ Gaul.)〙 ── *n.* **1** [the ~] ライン(川)《スイスの南東部に発してドイツ・フランス国境をなしドイツおよびオランダを貫流して北海に注ぐ川 (1,320 km)；ドイツ語名 Rhein》. **2** =Rhine wine.
-rhine [ràɪn] -rrhine の異形.
Rhine·gold [ráɪngòʊld | -gəʊld] *n.* =Rheingold.
Rhine·land [ráɪnlæ̀nd, -lənd] *n.* [the ~] ラインラント《ドイツ語名 Rheinland》: **1** 西ドイツの Rhine 川以西の地方. **2** =Rhine Province.
Rhíneland-Palátinate *n.* ラインラントプファルツ《西ドイツ南西部の州；人口 3,646,700, 面積 19,838 km², 首都 Mainz；ドイツ語名 Rheinland-Pfalz》.
rhìn·encéphalon [ràɪn-] 〘← RHINO-+ENCEPHALON〙 *n.* 〘解剖〙 嗅脳(きゅうのう). **rhìn·encephálic** *adj.*
Rhíne Palátinate *n.* [the ~] ⇨ Palatinate 2 a.
Rhíne Próvince *n.* [the ~] ライン州《旧プロイセン最西部の州；Rhine 川にまたがっていた；首都 Coblenz；Rhenish Prussia ともいう》.
rhíne·stòne 〘← RHINE+STONE: cf. F *caillou du Rhin*〙 *n.* ラインストーン《ガラスなどで作られた模造のダイヤ・ルビー・エメラルド》.
Rhíne wìne *n.* **1** ラインワイン《ドイツの Rhine 川沿岸産の辛口白ぶどう酒で, 英国では特に hock という；茶色のびんに詰めてある；cf. Moselle 3》. **2** (ラインワインに似た)白ぶどう酒.
rhi·ni·tis [raɪnáɪṭɪs, -ṭəs | -tɪs] 〘← RHINO-+-ITIS〙 *n.* (*pl.* **rhi·nit·i·des** [-nɪ́ṭədi:z | -tɪ-]) 〘病理〙 鼻炎.
rhi·no¹ [ráɪnoʊ | -nəʊ] 〘《1688》 ← ? (*heavy as a*) RHINOCEROS〙 *n.* 《英俗》 金 (money): ready ~ 現なま.
rhi·no² [ráɪnoʊ | -nəʊ] 〘《略》 ← RHINOCEROS〙 ── *n.* (*pl.* ~, **~s**) **1** 《口語》 =rhinoceros. **2** 〘米海軍〙 自動箱船, 平底モーター船《船外モーターで目標地点に進みそのまま浮桟橋となる上陸作戦用の平底船》.
rhi·no- [ráɪno(ʊ) | -nə(ʊ)] 〘← Gk *rhīnós*, *rhís* nose〙「鼻, 鼻腔(こう)；鼻と…と(の)」の意の連結形. ★ 母音の前では通例 rhin- になる.
Rhi·no·bat·i·dae [ràɪno(ʊ)bǽṭədì: | -nə(ʊ)bǽtɪ-] 〘← NL ~ ← *Rhinobatos* (属名: ← Gk *rhīnóbatos* a kind of fish ← *rhínē* shark, rasp+*bátos* skate²)+-IDAE〙 ── *n. pl.* 〘魚類〙 サカタザメ科.
rhi·noc·er·os [raɪnɑ́s(ə)rəs, rɪ-, rə- | raɪnɔ́s-] 〘《?*a*1300》 *rinoceros* ▭ L *rhinocerōs* ▭ Gk *rhīnókerōs* ← RHINO-+*-kerōs* horned (← *kéras* 'HORN')〙 ── *n.* (*pl.* **~·es**, ~, **-er·i** [-səràɪ]) 〘動物〙 サイ《サイ科の動物の総称；インドやジャワ産は一角, スマトラやアフリカ産は二角；クロサイ (black rhinoceros), シロサイ (white rhinoceros) など》. **rhi·noc·er·ot·ic** [raɪnɑ̀sərɑ́ṭɪk, rɪ-, rə- | raɪnɔ̀sərɔ́t-] *adj.*
rhinóceros bèetle *n.* 〘昆虫〙 ヨーロッパから中央アジアに生息するコガネムシ科 *Oryctes* 属のカブトムシの総称；(特に)サイカブトムシ (*O. nasicornis*).
rhinóceros bìrd *n.* 〘鳥類〙 **1** ウシツツキ (⇨ oxpecker). **2** =rhinoceros hornbill.
rhinóceros hórnbill *n.* 〘鳥類〙 ツノサイチョウ (*Buceros rhinoceros*)《マレー半島・スマトラなどに生息するサイチョウ科の大型の鳥；くちばしの上に角質の突起がある》.
Rhi·noc·er·ot·i·dae [raɪnɑ̀sərɑ́ṭədì:, -róʊṭ- | -nɔ̀sərɔ́tɪ-, -rə́ʊt-] 〘← NL ~: ⇨ rhinoceros, -idae〙 *n. pl.* 〘動物〙 サイ科.
Rhi·no·cryp·ti·dae [ràɪnəkríptədì: | -tɪ-] 〘← NL ~: ⇨ rhino-, crypto-, -idae〙 *n. pl.* 〘鳥類〙 オタテドリ科.
rhíno fèrry *n.* 〘米海軍〙 =rhino² 2.
rhinol. 《略》 rhinology.
rhi·no·la·li·a [ràɪno(ʊ)léɪliə, -ljə | -nə(ʊ)léɪljə, -lɪə] 〘← RHINO-+-LALIA〙 *n.* 〘病理〙 鼻声.
rhino·laryngólogy 〘← RHINO-+LARYNGO-+-LOGY〙 *n.* 〘医学〙 鼻喉頭科学. **rhìno·laryngólogist** *n.*
rhi·no·lith [ráɪnəlɪθ] 〘← RHINO-+-LITH〙 *n.* 〘病理〙

鼻石《鼻腔内にできる結石》. **rhi·no·lith·ic** [ràɪnəlíθɪk] *adj.*

rhi·nól·o·gist [-dʒɪst, -dʒəst | -dʒɪst] *n.* 鼻科医.

rhi·nol·o·gy [raɪnάlədʒɪ | -nɔ́lədʒɪ] 〘← RHINO-＋-LOGY〙 *n.* 〘医学〙鼻科学. **rhi·no·log·ic** [ràɪnəlάdʒɪk | -lɔ́dʒ-] *adj.* **rhì·no·lóg·i·cal** *adj.*

rhi·nol·o·phid [raɪnάləfɪd, -fəd | -nɔ́ləfɪd] 〘↓〙 *n.* 〘動物〙キクガシラコウモリ科のコウモリの総称.

Rhi·no·loph·i·dae [ràɪnəlάfədìː | -lɔ́fɪ-] 〘← NL ～ ← *Rhinolophus* (属名: ← RHINO-＋Gk *lóphos* crest)＋-IDAE〙 *n. pl.* 〘動物〙キクガシラコウモリ科.

Rhi·no·nys·si·dae [ràɪnənáɪsədìː | -sɪ-] 〘← NL ～ ← *Rhinonyssus* (属名: ← RHINO-＋Gk *nússein* to prick)＋-IDAE〙 *n. pl.* 〘動物〙ハナダニ科.

rhìno·pharyngéal *adj.* 〘解剖・病理〙鼻咽頭(ぴいんとう)(部)の, 鼻と咽頭の.

rhìno·pharyngítis 〘← NL ～: ⇨ rhino-, pharyngitis〙 *n.* 〘病理〙鼻咽頭(ぴいんとう)炎.

rhìno·phárynx *n.* 〘解剖〙鼻咽腔, 上咽頭; 鼻と咽頭.

rhi·no·pho·ni·a [ràɪnəfóunɪə | -nə(ʊ)fə́unjə, -nɪə] 〘← NL ～: ⇨ rhino-, -phone, -ia[1]〙 *n.* 〘病理〙鼻声.

rhi·no·phore [ráɪnəfɔ̀ə, -fɔ̀ə | -fɔ̀ː(r)] 〘← RHINO-＋-PHORE〙 *n.* 〘動物〙嗅覚突起《軟体動物の2対の頭触角のうち, 後部にある嗅覚器》.

rhi·no·phy·ma [ràɪnəfáɪmə] 〘← NL ～ ← RHINO-＋L *phȳma* (⊏ Gk *phûma* tumor ← *phúein* to cause to grow)〙 *n.* 〘病理〙酒皶鼻(しゅさび), 鼻瘤(びりゅう), 赤鼻.

rhi·no·plas·ty [ráɪnəplæ̀stɪ | -nə(ʊ)plæ̀stɪ] 〘← RHINO-＋-PLASTY〙 *n.* 〘外科〙鼻形成(術), 造鼻術. **rhi·no·plas·tic** *adj.*

rhi·nor·rhe·a [ràɪnəríːə | -ríə, -ríːə] 〘← NL ～: ⇨ rhino-, -rrhea〙 *n.* (*also* **rhi·nor·rhoe·a** [～]) 〘病理〙鼻漏《鼻の粘液が出すぎる症状》.

rhi·no·scope [ráɪnəskòup | -skə̀up] 〘← RHINO-＋-SCOPE〙 *n.* 〘医学〙鼻鏡.

rhi·nos·co·py [raɪnάskəpɪ | -nɔ́skəpɪ] 〘← RHINO-＋-SCOPY〙 *n.* 〘医学〙鼻鏡検査(法), 検鼻(法). **rhi·no·scop·ic** [ràɪnəskάpɪk | -skɔ́p-] *adj.*

rhìno·sporídium 〘← NL ～ ← RHINO-＋*sporidium* (⇨ sporo-, -idium)〙 *n.* 〘動物・病理〙リノスポリジウム《鼻たけなどの原因になる微生物》.

Rhi·no·ter·mit·i·dae [ràɪno(ʊ)tɜːmítədìː | -nə(ʊ)tɜːmítɪ-] 〘← NL ～ ← *Rhinotermit-* (属名: ← L *rhinotermes* worm which eats wood)＋-IDAE〙 — *n. pl.* 〘昆虫〙(等翅目)ミゾガシラシロアリ科.

rhìno·vírus 〘← NL ～: ⇨ rhino-, virus〙 *n.* 〘細菌〙ライノウイルス《感冒など呼吸器病の原因になる》.

Rhip·i·do·glos·sa [rìpədo(ʊ)glάsə, -glɔ́(ː)sə | -pɪdə(ʊ)glɔ́sə] 〘← NL ～ ← *rhipido-* (← Gk *rhipís* fan)＋-GLOSSA〙 *n. pl.* 〘動物〙(軟体動物門)扇舌亜目.

rhi·piph·o·rid [rɪpífərɪd, rə-, -rəd | rɪpífərɪd] 〘↓〙 〘動物〙 *n.* オオハナノミ《オオハナノミ科の甲虫》. — *adj.* オオハナノミ(科)の.

Rhip·i·phor·i·dae [rìpəfɔ́(ː)rədìː, -fάr- | -pɪfɔ́rɪ-] 〘← NL ～ ← Gk *rhipís* fan＋-PHOROUS＋-IDAE〙 *n. pl.* 〘昆虫〙オオハナノミ科.

rhiz- [raɪz] (母音の前に来る時の) rhizo- の異形.

-rhi·za [ráɪzə] 〘← NL ～ ← Gk *rhíza* 'ROOT[1]'〙 — 次の意味を表わす名詞連結形: **1** 「根 (root), 根に類似した[接続した]部分」: coleo*rhiza*. **2** (植物学の属名に用いて)「…の根をもった植物」: Balsamo*rrhiza*.

rhiz·an·thous [raɪzǽnθəs] 〘⇨ rhizo-, -anthous〙 *adj.* 〘植物〙(寄生の植物の)根から直接花を咲かせる(ような外観を呈する). 「根 (root) の.

rhiz·ic [ráɪzɪk] 〘← Gk *rhíza* (↓)＋-IC[1]〙 *adj.* 〘数学〙

rhi·zo- [ráɪzo(ʊ) | -zə(ʊ)] 〘← Gk *rhíza* 'ROOT[1]'〙「根 (root)」の意の連結形. ★ 母音の前では通例 rhiz- になる.

rhi·zo·bi·um [raɪzóubiəm | -zə́ubɪəm, -bjəm] 〘⇨ ↑, -bium〙 *n.* (*pl.* **-bi·a** [-biə | -bɪə, -bjə]) 〘細菌〙リゾビウム《*Rhizobium* 属の根粒バクテリア》.

rhízo·càrp 〘← RHIZO-＋-CARP〙 *n.* 〘植物〙宿根性植物.

rhìzo·cárpic *adj.* 〘植物〙＝rhizocarpous.

rhìzo·cárpous 〘← RHIZO-＋-CARPOUS〙 *adj.* 〘植物〙宿根性の.

Rhi·zo·ceph·a·la [ràɪzo(ʊ)séfələ | -zə(ʊ)-] 〘← NL ～: ⇨ rhizo-, cephalo-, -a[2]〙 *n. pl.* 〘動物〙(節足動物門甲殻綱, 蔓脚亜綱)根頭目.

rhi·zo·ceph·a·lan [ràɪzo(ʊ)séfələn | -zə(ʊ)-] *n.* 〘動物〙根頭目の(甲殻)動物.

rhi·zo·ceph·a·lid [ràɪzo(ʊ)séfəlɪd, -ləd | -zə(ʊ)séfəlɪd] *n.* 〘動物〙＝rhizocephalan.

rhi·zo·ceph·a·lous [ràɪzo(ʊ)séfələs | -zə(ʊ)-] 〘← RHIZOCEPHALA＋-OUS〙 *adj.* 〘動物〙根頭目の.

rhi·zoc·to·ni·a [ràɪzɑktóuniə | -zɔktə́unɪə, -njə] 〘← NL ～ ← RHIZO-＋Gk *któnos* murder＋-IA[2]〙 — *n.* 〘植物〙木材に寄生する *Rhizoctonia* 属の菌類の総称; 植物の病原菌を含む.

rhizoctónia disèase *n.* 〘植物病理〙(ジャガイモの)黒変病《黒変病菌 (*Rhizoctonia solani*) によって起こる芋に黒点が生じる病気》.

rhizo·génesis *n.* 〘植物〙根の生長.

rhìzo·genétic 〘← RHIZO-＋-GENETIC〙 *adj.* 〘植物〙＝rhizogenic.

rhizo·génic 〘← RHIZO-＋-GENIC〙 *adj.* 〘植物〙根を生じるもととなる《例えば根の皮部の組織の中の将来根となる部分についていう》.

rhi·zog·e·nous [raɪzάdʒənəs | -zɔ́dʒɪ-] 〘← RHIZO-＋-GENOUS〙 *adj.* 〘植物〙＝rhizogenic.

rhi·zoid [ráɪzɔɪd] 〘← RHIZO-＋-OID〙 〘植物〙 *adj.* 根のような. — *n.* 仮根《こけ類などの有する毛髪状の根状器官; cf. holdfast 3》. **rhi·zoi·dal** [raɪzɔ́ɪdl] *adj.*

rhi·zo·ma [raɪzóumə | -zə́u-] 〘← NL ～ ← Gk *rhízōma* mass of roots ← *rhizoûsthai* to take root ← *rhíza* root〙 — *n.* (*pl.* **～·ta** [～tə | ～tə]) 〘植物〙＝rhizome.

rhi·zo·mat·ic [ràɪzəmǽtɪk | -tɪk] *adj.* **rhi·zóm·a·tous** [-zάmətəs, -zóum- | -zɔ́mət-, -zə́um-] *adj.*

rhi·zome [ráɪzoum | -zəum] 〘↑〙 *n.* 〘植物〙根茎《地下茎の一種; cf. bulb 1 a》. **rhi·zo·mic** [raɪzóumɪk, -zάm- | -zə́um-, -zɔ́m-] *adj.*

rhízo·mòrph 〘← RHIZO-＋-MORPH〙 *n.* 〘植物〙菌糸束. **rhìzo·mórphic** *adj.*

rhìzo·mórphous 〘← RHIZO-＋-MORPHOUS〙 *adj.* 〘植物〙根の形をした, 根状の.

rhi·zo·my·id [ràɪzo(ʊ)máɪɪd, -máɪəd | -zə(ʊ)máɪɪd] 〘↓〙 *adj., n.* 〘動物〙タケネズミ科の(動物).

Rhi·zo·my·i·dae [ràɪzo(ʊ)máɪədìː | -zə(ʊ)máɪɪ-] 〘← NL ～ ← *Rhizomys* (属名: ← RHIZO-＋Gk *mûs* 'MOUSE')＋-IDAE〙 *n. pl.* 〘動物〙タケネズミ科.

rhi·zoph·a·gous [raɪzάfəgəs | -zɔ́f-] 〘← RHIZO-＋-PHAGOUS〙 *adj.* 根を食べる.

Rhi·zoph·o·ra·ce·ae [raɪzὰfəréɪsiìː, ràɪzəf- | raɪzɔ̀f-, ràɪzəf-] 〘← NL ～: ⇨ rhizo-, -phora, -aceae〙 *n.* 〘植物〙ヒルギ科. **rhi·zòph·o·rá·ceous** [-ʃəs] *adj.*

rhi·zo·phore [ráɪzəfɔ̀ə, -fɔ̀ə | -fɔ̀ː(r)] 〘← RHIZO-＋-PHORE〙 — *n.* 〘植物〙根持体《シダ類イワヒバ属に特有な無葉の枝で, 茎と根の中間的性質を示し, 地面についた所に根を生ずる》.

rhi·zo·plane [ráɪzəplèɪn] *n.* 〘植物・生態〙根面《細粒状の土や雑多な微小物・くずなどの付着したままの根の表面; cf. rhizosphere》.

rhi·zo·pod [ráɪzəpὰd | -pɔ̀d] 〘↓〙 *adj., n.* 〘動物〙根足虫亜綱に属する原生動物. **rhi·zop·o·dal** [raɪzάpədl | -zɔ́p-] *adj.*

Rhi·zop·o·da [raɪzάpədə | -zɔ́p-] 〘← NL ～: ⇨ rhizo-, -poda〙 *n. pl.* 〘動物〙(肉質綱)根足虫亜綱《葉状または網状の偽足を有するアメーバを含む》.

rhi·zop·o·dan [raɪzάpədn | -zɔ́p-] *adj., n.* 〘動物〙根足虫亜綱の(動物). 「rhizopodan.

rhi·zop·o·dous [raɪzάpədəs | -zɔ́p-] *adj.* 〘動物〙＝

rhi·zo·pus [ráɪzəpəs, -pʊ̀s | -zə(ʊ)pəs] 〘← NL ～: ⇨ rhizo-, -pus〙 — *n.* 〘植物〙クモノスカビ《ケカビ科クモノスカビ属 (*Rhizopus*) の菌類の総称; パンカビ (*R. nigricans*) (bread mold) は最もよく知られている》.

rhi·zo·sphere [ráɪzəsfɪə | -zə(ʊ)sfɪə(r)] 〘← RHIZO-＋-SPHERE〙 *n.* 〘植物・生態〙根圏, 根域《土壌中で植物の根が分布し, その影響が及ぶ範囲; cf. rhizoplane》.

Rhi·zos·to·mae [raɪzάstəmìː | -zɔ́s-] 〘← NL ～: ⇨ rhizo-, -stoma[1]〙 *n. pl.* 〘動物〙(腔腸動物, 鉢水母綱)根口水母目.

rhi·zot·o·my [raɪzάtəmɪ | -zɔ́təmɪ] 〘← RHIZO-＋-TOMY〙 *n.* 〘外科〙根切り術, (脊髄(せきずい))神経(後)根切断(術)《苦痛・麻痺(まひ)除去のために行なう》.

rhm [rʌ́m] 〘《頭字語》← *r*(*oentgen per*) *h*(*our at one*) *m*(*eter*)〙 — *n.* 〘化学〙ラム, レントゲン時メートル《放射線源の強度を表わす単位; 放射線源から 1m の距離において1時間に1レントゲンの線量を示す時, その強さを1ラムという》.

Rh-negative *adj.* 〘生化学〙〈血液が〉Rh 陰性の.

Rh négative *n.* 〘生化学〙Rh 陰性《血液がリーサス因子を含んでいない; 記号 Rh⁻; cf. Rh factor》.

rho [róu | rə́u] 〘⊏ Gk *rhô*: cf. Heb. *rēš* 'RESH'〙 — *n.* (*pl.* **～s**) **1** ロー《ギリシャ語アルファベット24字中の第17字: *P, ρ* (ローマ字の R, r に当たる); ⇨ Alphabet 表》. **2** 〘物理〙ロー中間子《ごく短命な中間子; 質量は電子の1490倍; 正, 負の電荷をもつものと中性のものとがある; cf. omega, phi meson》.

Rhod. 《略》Rhodesia. 「異形.

rhod- [roud | rəud] (母音の前に来る時の) rhodo- の

Rho·da [róudə | rə́u-] 〘⊏ Gk *rhódon* rose〙 *n.* 女性名.

rho·da·mine, R- [róudəmìːn, -mɪn, -mən | rə́(ʊ)dəmìːn, -mɪn] 〘← RHODO-＋AMINE〙 — *n.* (*also* **rho·da·min, R-** [-mɪn, -mən | -mɪn]) 〘化学〙ローダミン ($C_{28}H_{31}ClN_2O_3$) 《アミノフェノールと無水フタール酸とを縮合させて得る赤色染料》.

rho·da·nate [róudənèɪt, -dn- | rə́u-] 〘← RHODO-＋-AN[1]＋-ATE[1]〙 *n.* ロダン酸塩 (⇨ thiocyanate).

rho·da·nide [róudənàɪd, -dn- | rə́u-] 〘⇨ ↑, -ide[2]〙 *n.* 〘化学〙＝thiocyanate.

Rhòde Ísland [ròud- | rəud-] 〘← RHODES: cf. Du. *Rood Eiland* Rhode Island ← *rood* (＜ MDu. *root*) 'RED[1]'＋*eiland* (＜MDu. *eilant*) 'ISLAND'〙 — *n.* 米国北東部 New England の一州, 米国最小の州 (⇨ United States of America 表).

Rhòde Ísland bént *n.* 〘植物〙北米東部産の茎 (culm) の細長いイネ科ヌカボ属の草本 (*Agrostes tenuis*).

Rhòde Ís·land·er [-áɪləndə | -də(r)] *adj.* (米国) Rhode Island 州(人)の. — *n.* Rhode Island 州人.

Rhode Island Red [ˌ‐‐‐‐] 〘↑〙 *n.* ロードアイランドレッド《米国産の一品種の鶏; 色は暗褐色で卵肉兼用種》.

Rhòde Ísland Whíte *n.* ロードアイランドホワイト《Rhode Island Red と同様の一品種の鶏; 色が白い》.

Rhodes [róudz | rə́udz] 〘⊏ L *Rhodus* ⊏ Gk *Rhódos* ← *rhódon* 'ROSE[2]': バラを表象とする太陽神を島民が崇拝したことから〙 — *n.* ロードス《ギリシャ語名 Rodos, Rhodos》: **1** エーゲ海のトルコ南西岸沖にあるギリシャ領の島; 人口 62,000, 面積 1,400 km². **2** この島にある海港; 人口 32,000.

Rhodes [róudz | rə́udz], **Cecil John** *n.* (1853–1902) 英国生れの南ア連邦の政治家, ケープ植民地 (Cape Colony) の首相 (1890), その名にちなむ Rhodesia を英帝国に加えた.

Rhodes, James Ford *n.* (1848–1927) 米国の歴史家.

Rhodes, the Colossus of *n.* ⇨ COLOSSUS of Rhodes.

Rhódes gràss 〘← *Cecil J. Rhodes*〙 *n.* 〘植物〙米国乾燥地帯で飼料として栽培されるアフリカ南部原産のイネ科ヒゲシバ属の多年草 (*Chloris gayana*).

Rho·de·sia [ro(ʊ)díːʒə, -ʒiə | rə(ʊ)díːzjə, -zɪə, -ʒɪə, -ʒə, -sjə, -sɪə, -ʃɪə, -ʃə] 〘← (*Cecil J.*) *Rhodes*＋-IA[1]〙 — *n.* ローデシア: **1** ⇨ Zimbabwe. **2** アフリカ南東部の英国植民地で Northern Rhodesia と Southern Rhodesia に分かれていた; 1953年 Nyasaland と共に Federation of Rhodesia and Nyasaland を形成したが, 1963年解体, 現在 Northern Rhodesia は Zambia, Southern Rhodesia は Zimbabwe として独立国となっている.

Rho·de·sian [ro(ʊ)díːʒən, -ʒiən | rə(ʊ)díːzjən, -zɪən, -ʒɪən, -ʒən, -sjən, -sɪən, -ʃɪən, -ʃən] *adj.* ローデシア (Rhodesia) の; ローデシア人の. — *n.* ローデシア人.

Rhodésian mán 〘その頭骨の化石が Northern Rhodesia (＝Zambia) の Broken Hill で発見されたことから〙 — *n.* 〘人類学・考古〙ローデシア人 (*Homo rhodesiensis, Africanthropus rhodesiensis*) 《洪積世人類の一種; cf. Boskop man》.

Rhodésian Rídge·back, R- r- [-rídʒbæ̀k] *n.* ローデシアンリッジバック《アフリカ南部原産の犬種で, 荒野のライオン狩り猟犬; 背の毛が他の被毛と反対の方向に生えて背筋ができている》.

Rhódes schólar *n.* ローズ奨学金受領者.

Rhódes schólarship *n.* ローズ奨学金《C. J. Rhodes の遺言により彼の遺産を基金として設けられた奨学金で, Oxford 大学の学生に対して, 一学期(二学期, 三か年)間与えられる; 対象は英連邦・米国・ドイツの出身者》.

Rho·di·an [róudiən | rə́udjən, -dɪən] 〘← L *Rhodius* of Rhodes (← *Rhodus* 'RHODES')＋-AN[1]〙 — *adj.* ロードス (Rhodes) 島(人)の: the ～ (sea) laws ロドス海商法《紀元前900年ごろ制定された世界最古の海商法》. — *n.* ロードス島人.

rho·dic [róudɪk | rə́u-] 〘← RHOD(IUM[1])＋-IC[1]〙 *adj.* 〘化学〙ロジウム (rhodium) の.

rho·di·nol [róudənɔ̀(ː)l, -nòul, -dn- | rə́udɪnɔ̀l] 〘← L *rhodinus* made from roses (← Gk *rhódon* 'ROSE[2]')＋-OL[1]〙 *n.* 〘化学〙ロジノール (⇨ citronellol).

rho·di·um[1] [róudiəm | rə́udjəm, -dɪəm] 〘《1804》← NL ～: ⇨ rhodo-, -ium: この金属の含む塩分が溶解してばら色を呈することから〙 — *n.* 〘化学〙ロジウム《白金属元素の一つ; ペン先などに付ける; 記号 Rh, 原子番号 45, 原子量 102.9055, 比重 12.4, 融点 1985°C, 沸点 2500°C 以上》.

rho·di·um[2] [róudiəm | rə́udjəm-, -dɪəm] *n.* ＝rhodium wood.

rhódium óil *n.* 〘化学〙ロジウム油《rhodium wood から採れる黄色の精油; rhodium wood oil, rosewood oil ともいう》.

rhódium wóod 〘《1661》《部分訳》← NL *lignum rhodium* ← L *lignum* wood＋Gk *rhódon* (↓): ⇨ -ium〙 — *n.* Canary 諸島の Tenerife 島産のヒルガオ科サンシキアサガオの類の *Convolvulus scoparius* と *C. virgatus* から得る香木《単に rhodium ともいう》.

rho·do- [róudo(ʊ) | rə́udə(ʊ)] 〘← Gk *rhódon* 'ROSE[2]'〙 —「ばら色 (rose); 赤 (red)」の意の連結形: *rhodo*dendron, *rhodo*lite, *rhod*opsin, etc. ★ 母音の前では通例 rhod- になる.

rho·do·chro·site [ròudəkróusaɪt, roudάkrəsàɪt | rə̀udəkrə́usaɪt, rəudɔ́krəsàɪt] 〘⊏ G *Rhodochrosit* ← RHODO-＋Gk *khrôsis* coloring＋G *-it* '-ITE[1]'〙 — *n.* 〘鉱物〙菱(りょう)マンガン鉱 ($MnCO_3$) 《dialogite ともいう》.

rho·do·den·dron [ròudədéndrən | rə̀udə-, rəd-, -drɪd-] 〘《1601》⊏ L ～ ⊏ Gk *rhodódendron*: ⇨ rhodo-, -dendron〙 — *n.* 〘植物〙ツツジ, シャクナゲ《ツツジ属 (*Rhododendron*) の各種の植物の総称; 日本特産のレンゲツツジ (*R. joponicum*), ヤマツツジ (*R. kaempferi*), ハクサンシャクナゲ (*R. brachycarpum*) など》; (特に)北米東部産 *R. roseum*.

rho·do·lite [róudəlàɪt, -dl- | rə́u-] 〘← RHODO-＋-LITE〙 *n.* 〘鉱物〙ロードライト《ばら色または紫色のざくろ石の一種; 宝石として用いられる》.

Rho·dom·e·la·ce·ae [ro(ʊ)dὰməléɪsiìː | rə(ʊ)dɔ̀mɪ-] 〘← NL ～ ← *Rhodomela* (属名: ← RHODO-＋Gk *mélās* black)＋-ACEAE〙 — *n. pl.* 〘植物〙フジマツモ科. **rho·dòm·e·lá·ceous** [-ʃəs] *adj.*

rhod·o·mon·tade [rὰdəmɑntéɪd, ròud-, -mɑn-, -tάːd, ˌ‐‐‐‐ | rɔ̀dəmɔntéɪd, -tάːd] *n., adj., vi.* ＝rodomontade.

rho·do·nite [róudənàɪt, -dn- | rə́udən-] 〘⊏ G *Rhodonit* ← RHODO-＋-*it* '-ITE[1]'〙 — *n.* 〘鉱物〙バラ輝石 ($MnSiO_3$) 《Mn を主成分とする輝石; 装飾石として用いることがある; manganese spar ともいう》.

Rhod·o·pe [rάdəpìː, -pi | rɔ́dəpɪ; *Mod. Gk.* rɔðɔ́pi]

n. [the ~] ロドペ山地《ブルガリア南西部とギリシャの境の山脈》.

Rho·do·phy·ce·ae [ròʊdəfáɪsiː | ràʊ-] 〖← NL ~ : ⇨ rhodo-, -phyceae〗 n. pl. 〖植物〗紅藻植物綱. **rhò·do·phý·ce·ous** [-fáɪsiəs, -fís- | -sɪ-] adj.

Rho·doph·y·ta [ro(ʊ)dáfəṭə | rə(ʊ)dɔ́fɪtə] 〖← NL ~ : ⇨ rhodo-, -phyte, -a²〗 n. pl. 〖植物〗紅藻植物門.

rho·do·plast [róʊdəplæ̀st | ráʊ-] 〖← RHODO- + -PLAST〗 n. 〖生物〗紅色体《紅藻類の細胞に含まれている紅色の色素体; cf. phaeoplast》.

rho·dop·sin [ro(ʊ)dápsɪn, -sən | rə(ʊ)dɔ́psɪn] 〖← RHODO- + -OPS(IS) + -IN¹ : cf. opsin〗 — n. 〖生化学〗視紅, ロドプシン《網膜の桿状体に含まれる紫紅色の感光物質で, 暗所での視力に関係する; visual purple ともいう; cf. porphyropsin》.

rho·do·ra [rədɔ́ːrə, -dóːrə | rə(ʊ)dɔ́ːrə] 〖□ L *rhodōra*〗 n. 〖植物〗カナダシャクナゲ (*Rhododendron canadense*).

Rho·dos [*Mod. Gk.* rɔ́ðɔs] n. ロードス《Rhodes のギリシャ語名》.

Rho·dy·me·ni·a·ce·ae [ròʊdəmìːniéɪsiː | ràʊdɪmìːnɪ-] 〖← NL ~ ← *Rhodymenia* (属名: ← RHODO- + Gk *humḗn* 'HYMEN' + -IA¹) + -ACEAE〗 — n. pl. 〖植物〗(紅藻類)ダルス科. **rhò·dy·mè·ni·á·ceous** [-ʃəs] adj.

Rho·dy·me·ni·a·les [ròʊdəmìːniéɪliːz | ràʊdɪmìː-nɪ-] 〖← NL ~ ← *Rhodymenia* (↑) + -ALES〗 n. pl. 〖植物〗ダルス目.

Rhoe·a·da·les [rìːədéɪliːz] 〖← NL ~ ← Gk *rhoiad-*, *rhoiás* corn poppy + -ALES〗 n. pl. 〖植物〗ケシ目.

rhomb [rɑ́(ː)m(b) | rɔ́m] 〖(c1578) □ L *rhomb-us* □ Gk *rhómbos* spinning top, lozenge〗 — n. **1** = rhombus. **2** (形・輪郭が)菱形[斜方形]のもの[部分]. **3** 〖結晶〗= rhombohedron.

rhomb- [rɑmb | rɔmb] (母音の前に来る時の) rhombo-の異形.

rhòmb·encéphalon 〖← RHOMBO- + ENCEPHALON〗 n. (pl. ~s, -ala) 〖解剖〗菱脳; 後脳 (hindbrain).

rhombi n. rhombus の複数形.

rhom·bic [rɑ́mbɪk | rɔ́m-] 〖(1701) ← RHOMB + -IC¹〗 — adj. **1** 菱(ひし)形の, 斜方形の, 菱面を有する, (底面・断面が)菱形の: a ~ dodecahedron 菱形[斜方]十二面体 (⇨ dodecahedron 挿絵) / a ~ prism 斜方柱 / a ~ pyramid 斜方錐(すい). **2** 〖結晶〗斜方晶系の: the ~ system 斜方晶形.

rhómbic anténna [áerial] n. 〖電気〗ロンビックアンテナ《菱形(ひしがた)に張った導線によるアンテナ》.

rhom·bi·form [rɑ́mbəfɔ̀ːm | rɔ́mbɪfɔ̀ːm] 〖← RHOMBO- + -FORM〗 adj. 菱(ひし)形の, 斜方形の.

rhom·bo- [rɑ́mbo(ʊ) | rɔ́mbə(ʊ)] 〖← Gk *rhómbos* 'RHOMB'〗「菱形 (rhomb); 菱形と…の」の意の連結形. ★ 母音の前では通例 rhomb- になる.

rhombohedra n. rhombohedron の複数形.

rhòmbo·hédral adj. 〖結晶・数学〗 **1** 斜方六面体の, 菱面体の. **2** 菱面体晶系の.

rhòmbo·hédron 〖← NL ~ : ⇨ rhombo-, -hedron〗 n. (pl. ~s, -hedra) 斜方六面体, 菱(ひし)面体.

rhom·boid [rɑ́mbɔɪd | rɔ́m-] 〖(1570) □ F *rhomboïde* ∥ LL *rhomboïd-es* □ Gk *rhomboeidḗs* : ⇨ rhombo-, -oid〗 — adj. **1** 〖数学〗偏菱(ひし)形の, 長斜方形の. **2** 菱形(ひしがた)の: the ~ muscle 〖解剖〗菱形筋. — n. **1** 〖数学〗偏菱形, 長斜方形, (長方形でない)平行四辺形. **2** 〖解剖〗菱形筋.

rhom·boi·dal [rɑmbɔ́ɪdl | rɔm-] adj. 偏菱(ひし)形の, 長斜方形の. **~·ly** adv.

rhom·boi·de·us [rɑmbɔ́ɪdiəs | rɔmbɔ́ɪdɪ-] 〖← NL ~ ← LL *rhomboïdes* 'RHOMBOID'〗 n. (pl. -de·i [-diàɪ | -dɪ-]) 〖解剖〗菱形筋: **a** 大菱形筋. **b** 小菱形筋.

Rhom·bo·zo·a [rɑ̀mbəzóʊə | rɔ̀mbəzáʊə] 〖← NL ~ : ⇨ rhombo-, -zoa〗 n. pl. 〖動物〗= Mesozoa.

rhom·bus [rɑ́mbəs | rɔ́m-] 〖□ L ~ 'RHOMB'〗 n. (pl. ~·es, rhom·bi [-baɪ]) 菱(ひし)形, 斜方形; 菱面体.

rhó mèson n. 〖物理〗= rho 2.

rhonchi n. rhonchus の複数形.

rhon·chi·al [rɑ́ŋkiəl | rɔ́ŋkɪ-] adj. 〖病理〗= rhonchal.

rhon·chus [rɑ́ŋkəs | rɔ́ŋ-] 〖□ LL ~ □ Gk *rhónk(h)os* a snoring〗 — n. (pl. rhon·chi [-kaɪ]) 〖病理〗ラ音, 水泡(すいほう)音, ラッセル《喉頭やその直下の気管に分泌物が多いときに聴取される音; cf. rale》. **rhon·chal** [rɑ́ŋkəl | rɔ́ŋ-] adj.

Rhon·dda [rɑ́ndə, -ðə | rɔ́n-] 〖□ Welsh ~ 《原義》? noisy (river) ← Celt. **rād-* (cf. Welsh *ad-rawdd* to tell)〗 n. ウェールズ南東部 Mid Glamorgan 州の都市; 人口 88,000.

Rhone [róʊn | ráʊn; F. roːn] n. [the ~] ローヌ(川)《スイスの南部アルプスに源を発してフランスの南東部を流れて地中海に注ぐ川 (812 km)》.

Rhône [róʊn | ráʊn; F. roːn] n. **1** [the ~] = Rhone. **2** ローヌ《フランス中部の県; 人口 1,430,000, 面積 3,241 km², 首都 Lyons》.

rhó pàrticle n. 〖物理〗= rho 2.

R-horìzon n. 〖土壌〗R 層位《C 層位の下にあってまだ強く風化を受けていない岩石; 花崗(こう)岩・砂岩・石灰岩など; cf. ABC soil》.

rho·ta·cism [róʊṭəsɪzm | ráʊtə-] 〖(1834) ← NL *rhōtacism-us* : ⇨ ↓, -ism〗 — n. **1** 〖音声〗[r] を不完全に発音すること[癖] (cf. lallation). **2** 〖言語〗[r] 音の転換《英語では is—are, was—were, raise—rear など》.

rho·ta·cize [róʊṭəsàɪz | ráʊtə-] 〖□ Gk *rhōtakiz-ein* ← *rhō* the Greek letter ρ : ⇨ -ize〗 — vi. 〖言語・音声〗[r] を不完全に発音する《[r] に他の音を当てたり, 他の音に [r] を当てたりすること》. **rho·ta·ci·za·tion** [ròʊṭəsɪzéɪʃən, -sə- | ràʊtəsaɪ-, -sɪ-] n.

r.h.p. 《略》〖機械〗rated horsepower.

Rh-pósitive adj. 〖生化学〗〈血液が〉Rh 陽性の.

Rh pósitive n. 〖生化学〗Rh 陽性《血液がリーサス因子を含んでいる; 略 Rh⁺; cf. Rh factor》.

R.H.S. 《略》Royal Historical Society; Royal Horticultural Society; Royal Humane Society.

rhu·barb [rúːbɑːəb | -bɑːb] 〖(c1390) *rubarbe* □ OF *reubarbe* (F *rhubarbe*) ← ML *r(h)eubarbarum* 《変形》← *rha barbarum* barbarian rhubarb ← LL *rhā* (□ Gk *Rhā* (ボルガ河の古名: その両岸にこの草が生育していたことから)) + LL *barbarum* 'BARBAROUS'〗 — n. **1** 〖植物〗ダイオウ《タデ科ダイオウ属 (*Rheum*) の植物の総称; 根茎が薬用になるダイオウ (*R. officinale*) や茎または葉柄が食用になるショクヨウダイオウ (pieplant) など》. **2** ダイオウの根《下剤または苦味薬》. **3** 大黄(だいおう)色, 淡黄色 (citrine). **4** 〖群集場面で俳優が騒音効果を出すため "rhubarb" という語を繰り返すことから〗《口語》ぶつぶつがやがや, 群集の低いささやき声. **5** 《米俗》口論, 騒ぎ, 騒動; (特に, 野球の試合などでの)物言い, 苦情, 口論.

~·y [rúːbɑəbi | -bɑːbɪ] adj.

rhumb [rʌ́m(b) | rʌ́m] 〖(1578) □ F *rumb* □ ? Du. *ruim* 'space, ROOM': 現在の語形は L *rhombus* 'RHOMB' との連想による〗 — n. 〖海事〗 **1** = rhumb line. **2** 点《羅針盤[羅牌(らはい)]上の 32 方位の点で, 各点間の角度は 11°15′》.

rhum·ba [rʌ́mbə, rúm-, rúːm- | rʌ́m-] n., vi. = rumba.

rhum·ba·tron [rʌ́mbətrɑ̀n | -trɔ̀n] 〖⇨ ↑, -tron: その短波のリズミカルな振動から〗 — n. 〖電子工学〗 **1** クライストロン (klystron). **2** クライストロンの空洞共振器.

rhúmb lìne n. 〖海事〗航程線, 等角航路《同一針路で進む船が地球上に描く線; 大圏でも小圏でもなく, 極に無限に近づく一種の渦巻線になる; Mercator track ともいう》.

rhus [rʌ́s] 〖□ L *rhūs* □ Gk *rhoûs*〗 — n. (pl. ~·es, ~) 〖植物〗ウルシ《温帯・亜熱帯産ウルシ属 (*Rhus*) の植物の総称; 触れると皮膚がかぶれる; ウルシ (*R. verniciflua*), ハゼノキ (*R. succedanea*) など》.

rhy·ac·o·lite [raɪǽkəlàɪt] 〖← Gk *rhúako-*, *rhúax* stream of lava + -LITE〗 n. 〖鉱物〗ライアコライト (⇨ sanidine).

Rhy·ac·o·phil·i·dae [raɪæ̀kəfíləd iː, ràɪəko(ʊ)- | raɪ-æ̀kəfílɪ-, ràɪəkə(ʊ)-] 〖← NL ~ ← *Rhyacophila* (← Gk *rhúako-* (↑) + -PHILA) + -IDAE〗 — n. pl. 〖昆虫〗(毛翅目)ナガレトビケラ科.

rhyme [ráɪm] 〖(1610) 《異形》← RIME²: rhyme は二重語 RHYTHM との折衷形〗 — n. **1** 〖詩学〗韻, 押韻《二つ(以上)の語または詩行の末尾で, 最後の強勢のある母音とそれに続く子音とが等しく, かつその強勢母音の前に来る子音が異なっているもの; 例えば greet: deceit / quality: frivolity は押韻し, seat: deceit / visible: divisible は押韻しない; cf. stanza¹》: end ~ 脚韻《二つ(以上)の詩行の末尾に同韻語を用いること》/ imperfect ~ 不完全韻《同音韻 (*sea*: *see*)・近似韻 (*house*: *thus*)・視覚韻 (*mood*: *good*)・古体韻 (*eye*: *symmetry*) など》/ printer's [sight, spelling, visual] ~ = eye rhyme / ⇨ double rhyme, feminine rhyme, internal rhyme, masculine rhyme, single rhyme, triple rhyme. ★ 通例 end rhyme (脚韻)を意味するが, 広義には alliteration (頭韻), internal rhyme (行中韻), consonance (子音韻)および assonance (母音韻)も含められる. **2** 同韻語: I can't find a ~ to 'teacups'. 'teacups' に対する同韻語が見付からない. **3 a** 押韻詩. **b** [集合的にも用いて]韻文, 詩 (verse, poetry): an old ~ 古詩 / nursery ~s 子守歌, 童謡 / It should be written in ~. 韻文で書かなければならない / I am sending you some ~s. 詩を二, 三編お送りします. **4** 《まれ》リズム (rhythm).

neither rhyme nor reason わけも理由も(ない): There is *neither* ~ *nor reason* about it. そのことについてはさっぱりわけがわからない. ***without rhyme or reason*** 〖《なぞり》← F *sans rime ni raison*〗分別のない, 全くわけのわからない: The whole thing is nonsense, *without* ~ *or reason* in it. 何から何までばからしいことばかりでてんでわけがわからない.

— vi. **1** 韻文(詩)を作る; 同韻語を選ぶ. **2 a** 韻を踏む, 押韻する: The quatrain usually ~s a b a b. 四行連句は通例 a b a b と押韻する / This song ~s well. この歌はうまく韻を踏んでいる. **b** 〈ある語が〉〈他の語〉と韻が合う, 韻を踏む, 同韻語である: 'Profound' ~s to [with] 'ground.' profound は ground と韻を踏む. **3** 韻を用いる; 同韻語を見出す[与える]. **4** 〈詩文などが〉押韻体で作られている, 押韻詩になっている. **5** 〔…と〕調和する〔*with*〕. — vt. **1 a** 〈韻文・詩を〉作る. **b** 〈物語・所感などを〉韻文にする, 詩に書く; 〈散文を〉韻文に直す. **c** …に韻を踏ませる; 〈語を〉〔…と〕押韻させる〔*with*〕. **2** 〈時を〉詩作に費す, 詩作に暮す〈*away*〉.

rhymed adj. 〖詩学〗韻を踏んだ, 押韻の: ~ verse 押韻詩 (cf. blank verse).

rhýme·less adj. 押韻しない, 韻を踏まない.

rhým·er n. **1** 作詩者 (versifier): such a ~ as Dryden ドライデンのような(れっきとした)詩人. **2** へぼ詩人 (rhymester): I am only a ~, not a full-fledged poet. 私はつまらない歌よみにすぎません—まともな詩人なんかじゃありません.

rhýme róyal n. 〖詩学〗ライムロイヤル, 帝王韻詩《a b a b b c c と押韻して各行 10 音節を含む 7 行からなる詩型; スコットランド王 James 一世が用いたことから royal というが, 起源はさらに古い》.

rhýme schème n. 〖詩学〗押韻形式《通例, 文字で表わす押韻形式; 例えば rhyme royal は a b a b b c c とするなど》.

rhyme·ster [ráɪmstə | -stə(r)] 〖(1719) ← RHYME + -STER〗 n. 詩人, (特に)へぼ詩人.

rhým·ing adj. **1** 押韻する, 韻を有する: ~ words / ⇨ rhyming slang. **2** 同韻語を見出すための.

rhýming dìctionary n. 押韻辞典《押韻する語をグループ分けした辞書》.

rhýming slàng n. 〖言語〗 **1** 押韻俗語, 脚韻俗語《ある語の代わりにその語と押韻する語句またはその一部を置き替えるもの; eyes に対する《英》mince-pies, 《米》applepies; wife に対する trouble and strife, 'apples and pears' で 'stairs' を表わすなど》. **2** [集合的] (特に Cockneys の使う)この種の表現.

rhým·ist [-mɪst, -məst | -mɪst] n. 作詩者: a poor ~ へぼ詩人.

rhynch- [rɪŋk] (母音の前に来る時の) rhyncho- の異形.

rhyn·cho- [ríŋko(ʊ) | -kə(ʊ)] 〖← Gk *rhúnkhos* snout〗(主に動物分類名に用いて)「口吻 (snout)」の意の連結形. ★ 母音の前では通例 rhynch- になる.

Rhyn·cho·ce·pha·lia [rìŋko(ʊ)sɪféɪljə, -sə-, -liə | -kə(ʊ)sɪféɪljə, -se-, -lɪə] 〖← NL ~ : ⇨ ↑, cephalo-, -ia²〗 n. pl. 〖動物〗ムカシトカゲ目.

rhyn·cho·ce·pha·lian [rìŋko(ʊ)sɪféɪljən, -sə-, -liən | -kə(ʊ)sɪféɪljən, -se-, -lɪən] 〖⇨ ↑, -an¹〗 〖動物〗 — adj. ムカシトカゲ目の. — n. ムカシトカゲ目の動物《現存するものはムカシトカゲ (sphenodon) だけ》.

Rhyn·choph·o·ra [rɪŋkɑ́fərə | -kɔ́f-] 〖← NL ~ : ⇨ rhyncho-, -phora〗 — n. pl. 〖昆虫〗(節足動物門)異吻類, 有吻類《甲虫類中の 1 群でゾウムシ科・ミツギリゾウムシ科・ヒゲナガゾウムシ科・キクイムシ科・ナガキクイムシ科などを含む》. **rhyn·choph·o·ran** [rɪŋkɑ́fərən | -kɔ́f-] adj., n.

rhy·o·lite [ráɪəlàɪt] 〖□ G *Rhyolith* ← *rhyo-* (← Gk *rhúax* stream of lava) + -LITE〗 n. 〖岩石〗流紋岩《火山岩の一種》. **rhy·o·lit·ic** [ràɪəlíṭɪk | -tɪk] adj.

Rhys [ríːs; *Welsh* hriːs] 〖□ Welsh ~ ← OWelsh *ris* ardor〗 n. ウェールズで一般的な男性名《異形 Rice》.

Rhys [ríːs], **Ernest** n. (1859–1946) 英国の著述家・編集家; *Everyman's Library* の監修者.

rhyta n. rhyton の複数形.

rhythm [ríðm | ríðm, ríθm] 〖(c1557) □ F *rhythme* ∥ L *rhythm-us* □ Gk *rhuthmós* ← IE **sreu-* to flow (Gk *rheîn* to flow / OE *strēam* 'STREAM'): RIME² と二重語〗 — n. **1 a** 規則的な循環[反復]運動, 周期運動, 律動, リズム: the ~ of the heartbeat 規則的な心臓の鼓動 / the ~ of seasons 四季の(規則的な)変化. **b** (文章などの)快適な調子, リズム: the ~ of a sentence 文章のリズム[調子]. **2** 〖詩学〗韻律, 律動; 韻律形式 (cf. sprung rhythm): iambic ~ 弱強調. **3** 〖音楽〗 **a** リズム (cf. melody, harmony), 律動, 節奏, 調子: tango ~ タンゴのリズム / a sense of ~ リズムに対する感覚, リズム感 / play [sing] in quick ~ 急調子で演奏する[歌う]. **b** = rhythm section. **4** 〖映画・演劇・文学〗リズム《演劇・映画・小説などで本筋の時間的展開に関係する要素(場面の長短・科白(せりふ)・照明・演技者のタイミングなど)によって作り出される効果; (特に)映画のモンタージュによる緊迫感または筋のはこびの効果》. **5** 〖文学〗(主題などの)反復. **6** 〖美術〗主題・形態などが一定の型に従って反復されること. **7** 〖生理〗 **a** リズム, 律動《定期的・周期的に発現する作用》. **b** = rhythm method.

in rhythm with …とリズム[調子]が合って; …と調和して.

rhythm and blues 〖音楽〗リズムアンドブルース《ブルースのリズムを強調し, 黒人霊歌の特徴をもつ黒人系の音楽; ロックンロールの母体; 略 r & b, R & B》.

rhýthm bànd n. リズムバンド《リズム感を養うため組織された幼少年からなるタンバリン・シンバル・カスタネット・リズム棒など簡単な打楽器のバンド》.

rhythmed adj. = rhythmical.

rhyth·mic [ríðmɪk | ríð-, ríθ-] 〖(1603) □ F *rhythmique* ∥ L *rhythmic-us* □ Gk *rhuthmikós*: ⇨ rhythm, -ic¹〗 adj. = rhythmical. — n. = rhythmics.

rhýth·mi·cal [-mɪkəl, -mə- | -mɪ-] 〖(1567): ⇨ ↑, -ical〗 — adj. **1** リズムの, 律動の; 律動的な, リズミカルな, 韻律的な, 調子のよい, リズムのはっきりした, リズムの快い: ~ movements リズミカルな運動. **2** 規則的に循環する: the ~ courses of nature 規則的に循環する自然の推移. **~·ly** adv.

rhyth·mic·i·ty [rɪðmísəṭi | rɪðmísɪtɪ, rɪθ-, -sɪ-] n. 律動的[リズミカル]なこと[状態], 規則的[周期的]に起こること.

rhyth·mics [ríðmɪks | ríð-, ríθ-] n. リズム法[理論].

rhýth·mist [-mɪst, -məst | -mɪst] n. リズムを研究している[上手に利用する]人, リズム感の豊かな人.

rhyth·mize [ríðmaɪz | ríð-, ríθ-] vt. リズミカルにする. **rhyth·mi·za·tion** [rìðmɪzéɪʃən, -mə- | rìð-maɪ-, rìθ-, -mɪ-] n. **rhýth·mìz·a·ble** [-zəbl] adj.

rhýthm·less *adj.* リズムのない；韻律のない；調子の合わない.

rhýthm mèthod *n.* 〘医学〙リズム[周期]避妊法《いわゆる荻野式避妊法；cf. safe period》.

rhýthm sèction *n.* リズムセクション《ダンス[ジャズ]バンドなどで主にリズムを担当する楽器群》.

rhýthm stìck *n.* リズム棒《特に, 幼児に音楽のリズムの基本を覚えさせるのに使う木製の棒で, 刻み目をつけたものもある；二本一組にしてたたいたり, こすり合わせたりする；cf. rhythm band》.

rhyt·i·dome [rítədòum, ráɪt- | -tɪdəum] 〘← NL *rhytidōma* ← Gk *rhutidōma* ← *rhutidoûn* ← *rhutis* wrinkle〙 ― *n.* 〘植物〙殻皮(かく)《最も新しくできた周皮 (periderm) のすぐ外側の部分》.

rhy·ton [ráɪtɑn | -tɔn] 〘⊏ Gk *rhutón* (neut. adj.) flowing：cf. Gk *rheîn* to flow (⇨ rhythm)〙 ― *n.* (*pl.* **rhy·ta** [-tə | -tə], **~s**) 〘考古〙リュトン《角(つの)形盃；陶または金属製で, 台の部分が女性や動物の頭部をかたどっている場合もある》.

RI 《略》〘米郵便〙Rhode Island (州).

r.i. 《略》reflective insulation；〘光学〙refractive index; reinsurance；rubber insulated；rubber insulation.

R.I. 《略》Regimental Institute；*L.* Rēgīna et Imperātrīx (=Queen and Empress)；*L.* Rēx et Imperātōr (=King and Emperor)；Rhode Island；Rotary International；Royal Institute；Royal Institution.

ri·a [ríːə；*Sp.* rría] 〘⊏ Sp. *ria* ← *rio* river〙 *n.* 〘地理〙おぼれ谷, リアス《谷の沈水によって形成された小さな入江；cf. fjord》；[*pl.*] リアス式海岸.

ri·al[1] [riɔ́ːl, -ɑ́ːl | riɑ́ːl] 〘⊏ Pers. ~ ⊏ Arab. *riyāl*〙 ― *n.* **1** リアル：**a** イランの通貨単位 (=100 dinars；記号 R, Rl). **b** オーマンの通貨単位 (=1000 baizas；記号 R). **c** イエメンアラブ共和国の貨幣単位 (=40 buqshas；記号 YR). **2** 1 リアル硬貨.

ri·al[2] [ri(j)ɔ́ːl, -ɑ́ːl | riɑ́ːl] *n.* =ryal.

Ri·al·to [riǽltou | riǽltəu；(*1, 2* では) *It.* riálto] 〘⊏ It. ~ 《短縮》← *Rivoalto* ← L *rivus alto* deep river ← *rivus* river+*altus* 'deep, high, ALT'〙 ― *n.* **1** リアルト(島)《Venice の二大島の一つで, 商業中心区域を成す；cf. San Marco》. **2** [the ~] リアルト橋《Venice の Grand Canal にかけてある大理石の橋；1588-91 年に建設されたもので, Rialto 島と San Marco 島を結ぶ》. **3 a** [the ~] リアルト街《New York 市の Broadway に面した劇場街》. **b** 劇場街. **4** [r-] (*pl.* **~s**) 〘証券〙取引所；市場.

What news on the Rialto? 何か変わったこと[話]はないか (cf. Shak., *Merch* V 1. 3. 39.).

ri·ant [ráɪənt, ríː- | ráɪ-；*F.* rjɑ̃] 〘《1567》⊏ F ~ (pres. p.) ← *rire* to laugh < L *rīdēre*：⇨ -ant〙 ― *adj.* 〈顔・風景などが〉にこやかな, 喜びに輝いた, 陽気な, 快活な. **~·ly** *adv.*

ri·at·a [riǽtə, riɑ́ːtə | riɑ́ːtə] 〘《1869》⊏ Sp. *reata* ← *reatar* to tie again ← RE-+*atar* (< L *aptāre* 'to fit, ADAPT')〙 *n.* 《米》(牛馬捕獲用の)輪なわ, 投げなわ.

rib[1] [ríb] 〘OE *rib(b)* < Gmc **rebja*, **rebjō* (Du. *rib(be)* / G *Rippe*) ← IE **rebh-* to roof over (OSlav. *rebro* rib, side)〙 ― *n.* **1** 肋骨(ろっこつ), あばら骨：asternal ~=false rib / ⇨ floating rib, short ribs, true rib / poke [nudge, dig] a person in the ~*s* (意味ありげに)そっと人の横腹を突く / smite a person under the fifth ~ 人の心臓を刺す, 人を突き殺す (cf. *2 Sam.* 2：23). **2 a** (肋骨の付いた牛・羊などの)あばら肉, リブ (⇨ beef, mutton[1], veal 挿絵)：a ~ of beef / a fore [middle] ~. **b** [*pl.*] =spareribs. **3 a** 肋骨状のもの. **b** (田畑の)あぜ. **c** (織物・編み物の)うね. **d** 〘銃砲〙照準線, 照準用うね《小銃の銃身に沿って付けたうね状の直線》. **e** (砂上の)波の跡. **f** (船の)肋骨, 肋材(ろくざい). **g** 〘航空〙小骨《翼の内部に気流方向に入れて断面形を保つ部材》. **h** (こうもりがさの)骨. **i** 〘地理〙(山などの)突出部, 山脚. **4** 〘Adam の肋骨から Eve が作られたことから：cf. *Gen.* 2：21-22〙《戯言》妻, 女房, 女. **5** 〘建築〙**a** リブ, 迫持(せりもち)の肋 (⇨ boss[3] 挿絵). **b** (橋の)横ばり. **6** 〘植物〙葉脈 (vein) 中の主な脈《中脈と支脈》, 肋(ろく)；〘鳥類〙羽軸(うじく) (quill)；〘昆虫〙翅脈(しみゃく). **7** 〘鉱山〙(支柱として掘り残した)鉱壁, 鉱柱, 炭柱. **8** 〘窯業〙仕上げ板, 仕上げべら《ろくろを回しながら壺などの外側に当てて表面を滑らかにさせる当て板[べら]》.

stick to the [one's] ribs 《口語》(食事が)内容があって滋養分が多い, 腹もちのよい.

― *vt.* (**ribbed**; **rib·bing**) **1** …に肋骨[肋材]を付ける, 肋骨[肋材]を付けて補強する；肋骨[肋材]で囲む. **2** …の肋骨[肋材]として使われる[役立つ]. **3** 〈布・編物など〉にうねを作る；うねを立てて〈土地を〉耕す. **ríb·ber** *n.*

rib[2] [ríb] 〘← ? RIB[1]：肋骨のあたりをくすぐることから?〙《口語》 ― *vt.* (**ribbed**; **rib·bing**) いじめる, 冷やかす, からかう. ― *n.* **1** からかい[冷やかし] (の言葉・行為), 冗談. **2** 風刺, 茶化し. **ríb·ber** *n.*

rib- [raɪb] (母音の前に来る時の) ribo- の異形.

R.I.B.A. 《略》Royal Institute of British Architects 英国王立建築家協会.

rib·ald [ríbəld, -bɔːld, ráɪbɔːld | ríbəld] 〘《c1225》*ribaud, ribald* ⊏ OF *ribau(l)d* (F *ribaud*) ← *riber* to dissipate ⊏ OHG *rīban* to be in heat, copulate, 《原義》to rub (cf. OHG *hrība* / MHG *rībe* whore) ← Gmc **wrīb-* ← IE **wer-* to turn, bend〙 ― *adj.* 〈言葉が〉卑猥な, 下品な, みだらな, 口汚い, 不敬にわたる；〈人が〉猥褻(わいせつ)なこと[冗談]を言う[書く], みだらな言葉遣いの：His answer was lost in a shout of ~ laughter. 彼の返事は下品な笑い声の中にかき消されてしまった / a ~ jest [joke] 下卑た冗談 / A ~ thought crossed his mind. みだらなことがふと頭に浮かんだ. ― *n.* 下卑た冗談を言う人, 下劣[猥褻]なことを言う[書く, 思う]人, 口汚い人, 不敬な事を言う人.

rib·ald·ry [ríbəldri, -bɔːld-, ráɪb- | ríbəldri] 〘《a1325》⊏ OF *ribauderie*：⇨ ↑, -ry〙 *n.* **1** 下劣, 下等. **2** 卑猥(ひわい)[下等]な言葉, 口汚い言葉.

rib·and [ríbənd] 〘《15C》《変形》← *riban* 'RIBBON'：-*d* は添え字〙 *n.* **1** (装飾用の)リボン. **2** 〘紋章〙=cotise.

ríb·and·ed *adj.* 《古・英》=ribboned.

rib·band[1] [ríbənd] *n.* =riband.

rib·band[2] [ríbbæ̀nd, ríbən(d)] 〘《1711》← RIB[1]+BAND[1]〙 ― *n.* **1** 〘造船〙帯板 (ribbon) 《肋骨(ろっこつ)が固定されるまで倒れないように, 仮にそれらを水平方向で連結する帯状の薄板》. **2** 〘土木〙(木道・船橋などに用いる)小割材, 円材, 板. **3** 〘海事〙=ribbon 8.

ribbed *adj.* [しばしば複合語の第 2 構成要素として] **1 a** 肋骨(ろっこつ)のある；肋材のある；肋骨状物のある. **b** 肋材で支えた. **2** うねのある, うね立った：~ fabric うね織り / close-*ribbed* 細いうねのある / ~ sea sand うねのように波跡のついた砂浜 / a ~ sweater リブ編みのセーター.

ríbbed váult *n.* 〘建築〙リブヴォールト, 肋骨穹窿(きゅうりゅう)《交差ヴォールトの稜線の部分をアーチで補強した天井架構》.

Rib·ben·trop [ríbəntrɑ̀p, -tròup | -trɔ̀p；*G.* ríbəntrɔp], **Joachim von** *n.* リッベントロップ《1893-1946；ドイツのナチス指導者；外相 (1938-1945)；戦犯として処刑された》.

ríb·bing[1] *n.* **1** [集合的] 肋骨(ろっこつ) (ribs)；肋材；(織物・編み物の)うね. **2** 肋骨状に並べること, うね作り；あぜ. **3** (葉脈・昆虫の翅脈(しみゃく)などの)肋骨状組織.

ríb·bing[2] *n.* 《口語》いじめる[からかう]こと.

rib·ble-rab·ble [ríbḷræ̀bḷ] 〘《加重》← RABBLE[1]〙 *n.* **1** 野次馬連, わいわい連. **2** くだらないむだ話, 訳の分からない話.

rib·bon [ríbən] 〘《c1378》*riban* ⊏ OF (F *ruban*) ⊏ MDu. *ringhband* necklace ← *ringh* 'RING[1]'+*band* (< Gmc **bandam* 'BAND[1]')〙 ― *n.* **1 a** リボン：a baby ~ 細リボン. **b** (タイプライターなどの)インク[カーボン]リボン. **c** (帽子の)はち巻き. **d** (勲章の代わりの)略綬(りゃくじゅ), 綬章. **e** (勲爵士 (Sir) の身分を示す)綬章. **f** (クラブ・学寮・チームなどのメンバーであることを示す)リボン：⇨ blue ribbon, red ribbon. **2 a** ひも状のもの, 帯状のもの：a ~ of blue sky (雲間に)帯のように見える青空 / the thin ~ of a lake リボンのように細長い湖 / a broad ~ of wet seaweed 幅の広いリボンのような濡れた海草 / a ~ of road across the fields 畑地を貫く一条の道路. **b** (本につける)しおり. **c** 〘時計〙リボン材《ぜんまいの材料》. **d** 帯のこぎりの身. **e** 金属性巻尺. **3** [*pl.*] 細く裂けたもの：torn to ~*s* ぼろぼろ[ずたずた, きれぎれ]に切れた[裂けた] / She cut the dress to ~*s*. 彼女はドレスをずたずたに切り裂いてしまった / The sails hung in ~*s* from the yard. 帆がぼろぼろに裂けて帆げたから下がっていた. **4** [*pl.*] 手綱：handle [take] the ~*s* 手綱を取る, 馬[馬車]を駆る. **5** 〘造船〙帯板 (⇨ ribband[2] 1). **6** 〘木工〙帯板, 根太掛け. **7** 〘建築〙=came[2]. **8** 〘海事〙リボン《船体外部に飾りのためペンキで描いた細い(白い)帯状の線；ribband ともいう》.

to a ribbon 《米口語》完全[完璧]に, 申し分なく.

― *vt.* **1** …にリボンを付ける, リボンで飾る. **2** ひものように裂く, 細く裂く：The banner was ~*ed* by the wind. その長旗は風で細かくひものように裂けていた. **3** …にひも状の筋[縞(しま)]をつける. ― *vi.* ひも状になる, リボン状になる[広がる].

ríbbon bùilding *n.* 〘都市工学〙帯状建築 (⇨ ribbon development).

ríbbon bùsh *n.* 〘植物〙カンキチク (⇨ centipede plant).

ríbbon càndy *n.* リボンキャンデー《リボンを折り重ねた形のキャンデー；特にクリスマスに売られる》.

ríbbon còpy *n.* (複写紙を使って作った写しと区別して)オリジナル, (契約書などの)正本《文書などタイプライターでじかに打ったもの；cf. carbon copy 1》.

ríbbon devèlopment *n.* 〘都市工学〙帯状開発《都市から郊外へ幹線道路に沿って無秩序に伸びて行く住宅建築；ribbon building, string development ともいう》.

ríb·boned *adj.* [しばしば複合語の第 2 構成要素として] **1** リボンを付けた[で飾った]：a silk-*ribboned* hat 絹のリボンの付いた帽子. **2** リボン状の筋[縞(しま)]のある.

ríbbon·fìsh *n.* (*pl.* **~**, **~·es**) 〘魚類〙**1** リュウグウノツカイ科リュウグウノツカイ属 (*Regalecus*) の海産魚の総称 (oarfish)；(特に)リュウグウノツカイ (*R. glesne*). **2** タチウオ (cutlassfish). **3** =dealfish.

ríbbon gràss *n.* 〘植物〙リボングラス, シマヨシ (*Phalaris arundinacea* var. *picta*) 《イネ科クサヨシ属の草本》.

Ríb·bon·ìsm [-nìzm] *n.* 緑リボン会 (Ribbon Society) 会員の奉じた主義；その陰謀.

ríbbon·lìke *adj.* リボンのような, 帯状の.

Ríbbon·màn [-mæ̀n] *n.* (*pl.* **-men** [-mèn]) 緑リボン会 (Ribbon Society) の会員.

ríbbon microphone *n.* 〘電気〙リボンマイクロホン《可動導体が薄い金属製のリボンのマイクロホン》.

ríbbon pàrk *n.* 帯状公園《細長い公園》.

ríbbon snàke *n.* 〘動物〙北米産の黄色とこげ茶の縞(しま)のあるガーターヘビ属のヘビ (*Thamnophis sauria*).

Ríbbon Socìety *n.* 緑リボン会《1808 年アイルランドでオレンジ党 (Orangemen) に対抗するために作られたカトリック教徒の秘密結社で, 会員は緑色のリボンを記章とした；後には地主の小作人放逐反対運動に発展した；その会員は Ribbonman という》.

ríbbon trèe *n.* 〘植物〙ニュージーランド産のアオイ科の木 (*Plagianthus betulinus*) 《内樹皮から亜麻に似た繊維が得られる》.

ríbbon·wòod *n.* 〘植物〙**1** ニュージーランド産のアオイ科の低木 (*Hoheria populnea*) 《樹皮からなわを造る》. **2** =ribbon tree.

ríbbon wòrm *n.* 〘動物〙=nemertean.

rib·by [ríbi | -bi] *adj.* (**rib·bi·er**; **-bi·est**) 肋骨[うね]が見える[目立つ].

ríb càge *n.* 胸郭《thoracic cage ともいう》.

Ri·be·ra [riːbέ(ə)rə | -béərə；*Sp.* rriβéra], **José** *n.* リベラ《1591?-1652；スペイン バロックの画家；Naples で活躍；Lo Spagnoletto [lo spàɲolétto] (スペインっ子)と呼ばれる》.

ri·bes [ráɪbiːz] 〘《1562》⊏ ML *rībēs* ⊏ Arab. *rībās* sorrel〙 *n.* (*pl.* **~**) 〘植物〙スグリ《ユキノシタ科スグリ属 (*Ribes*) の植物の総称；スグリ (*R. grossularioides*) など》.

ríb èye *n.* 《米》あばら肉《ステーキ用のあばら骨の外側にある大きな赤身肉部分》.

ríb·gràss *n.* 〘植物〙**1** オオバコ (plantain). **2** (特に)ヘラオオバコ (*Plantago lanceolata*) 《ヨーロッパ産の温暖な地域に繁茂するオオバコ科オオバコ属の多年草；日本にも帰化；English plantain, ribwort ともいう》.

ri·bi·tol [ráɪbətɔ̀(ː)l, -tòul | -bɪtɔ̀l] 〘← RIBO-+-ITOL〙 *n.* 〘化学〙リビトール (⇨ adonitol).

ríb·less *adj.* **1** 肋骨(ろっこつ)のない；肋材のない. **2** 肋骨が見えない；肥えている.

ri·bo- [ráɪbo(u) | -bə(u)] 〘← RIBOSE〙「リボース (ribose) の[に関する]」の意の連結形. ★ 母音の前では通例 rib- になる.

ri·bo·fla·vin [ràɪbo(u)fléɪvɪn, -vən, ←―⌒― | -bə(u)fléɪvɪn, ←―⌒―] 〘← RIBO-+FLAVIN〙 ― *n.* (*also* **ri·bo·fla·vine** [-vɪn, -vən, -viːn | -vɪn, -viːn]) 〘生化学〙リボフラビン ($C_{17}H_{20}N_4O_6$) 《成長促進要素；牛乳・筋肉・肝・腎・卵・緑菜・酵母中に発見される；lactoflavin, vitamin B_2, vitamin G, ovoflavin ともいう》.

ri·bon·ic [raɪbɑ́nɪk | -bɔ́n-] 〘← G *Ribon(säure)* 《文字の置換による変形》← ARABINOSE+-IC[1]〙 *adj.* 〘化学〙リボース (ribose) の.

ri·bo·nu·cle·ase [ràɪbo(u)n(j)úːkliès, -èɪz | -bə(u)njúːklièɪs] 〘← RIBONUCLE(IC)+-ASE〙 *n.* 〘生化学〙リボヌクレアーゼ《リボ核酸の解重合を触媒する酵素》.

ribo·nucléic ácid 〘← RIBO-+NUCLEIC ACID〙 ― *n.* 〘生化学〙リボ核酸《2 種類の糖の一つのリボース (ribose) を構成成分とする核酸で, 細胞質および細胞核中に見られる；RNA, yeast nucleic acid ともいう；cf. deoxyribonucleic acid》.

rìbo·nùcleo·prótein 〘← RIBONUCLE(IC) (↑)+-O-+PROTEIN〙 *n.* 〘生化学〙リボ核蛋白質《RNA に蛋白質が結合したもの》.

rìbo·núcleoside 〘← RIBO-+NUCLEOSIDE〙 *n.* 〘生化学〙リボヌクレオシド《リボースにプリンまたはピリミジン塩基が結合したもの》.

rìbo·núcleotide 〘← RIBO-+NUCLEOTIDE〙 *n.* 〘生化学〙リボヌクレオチド《リボヌクレオシドにリン酸が結合したもの；RNA の構成単位》.

ri·bose [ráɪbous, -bouz | -bəus] 〘← RIB(ONIC)+-OSE[2]〙 *n.* 〘化学〙リボース ($C_5H_{10}O_5$) 《五炭糖の一種；リボ核酸 (RNA) の成分として存在》.

ríbose nucléic ácid *n.* 〘生化学〙=ribonucleic acid.

ri·bo·so·mal [ràɪbəsóuməl | -sə́u-] 〘← RIBOSOME+-AL[1]〙 *adj.* 〘生化学〙リボゾームの.

ribosómal RNA *n.* 〘生化学〙リボゾーム RNA《リボゾームの構成要素となっている RNA；略 rRNA；cf. messenger RNA》.

ri·bo·some [ráɪbəsòum | -səum] 〘← RIBO-+-SOME[3]〙 ― *n.* 〘生化学〙リボゾーム, リボソーム《RNA と蛋白質を主成分とする直径約 20 mμ の細胞内構造物；粗面小胞体に結合するが遊離して存在する；蛋白質生合成の場》.

ríb ròast *n.* 《米》ロースト用の肋骨の外側の肉《骨付きの standing rib roast と骨を抜いて巻いた rolled rib roast がある》.

ríb stìtch *n.* ゴム編み.

Rib·ston pip·pin [ríbstən pípɪn, -stn-] 〘《1769》← *Ribston* (イングランド Yorkshire の地名) < lateOE *Ripestain* ← *Hrypa stān* 'the STONE of the *Hrypa* (部族名)'〙 ― *n.* リブストン ピピン《英国の古い品種のリンゴ》.

ríb·wòrt 〘← RIB[1]+WORT[2]〙 *n.* 〘植物〙=ribgrass 2.

-ric [rɪk] 〘ME *-ricke, -riche* realm, power ← OE *rīce* reign, dominion：⇨ rich〙「管区；領域」などの意の名詞連結形：bishop*ric*.

Ri·car·di·an [rɪkɑ́ədiən, rə- | rɪkɑ́ːdjən, -diən] *adj.* **1** リカード (Ricardo) の；リカード学派[学説]の. **2** Richard 二世時代の. ― *n.* リカード学徒.

Ri·car·do [rɪkɑ́ədou, rə- | rɪkɑ́ːdəu], **David** *n.* (1772-1823) 英国の古典派経済学者；*Principles of Political*

Economy and Taxation (1817).

Ric·cá·ti equàtion [rɪkɑ́ːṭi-|-tɪ-; *It.* rikkáːti-] 〖← *J. F. Riccati* (1676–1754: イタリアの数学者)〗 — *n.* 〖数学〗リッカチの微分方程式《$y'+a(x)y^2+b(x)y+c(x)=0$ という形の常微分方程式》.

Ric·ci [rítʃiː; *It.* ríttʃi], **Mat·te·o** [mattɛ́ːo] *n.* リッチ《1552–1610; イタリアの宣教師, イエズス会士; 中国などに布教; 漢名 利瑪竇(りまとう)》.

Ric·ci·a·ce·ae [rɪtʃiéɪsiː | -tʃɪ-] 〖← NL ~ ← *Riccia* (属名: ← *P. F. Ricci* (18 世紀のイタリアの貴族)+-IA[1])+-ACEAE〗 *n. pl.* 〖植物〗ウキゴケ科《苔類》.

Ric·cio [rítʃiòʊ|-tʃiəʊ; *It.* ríttʃo], **David** *n.* =David RIZZIO.

rice [ráɪs] 〖《1234》 *rys* ▭ OF *ris* (F *riz*) ▭ It. *riso* < VL **orizum* = LL *orȳza* ▭ Gk *óruzon, óruza* ▭ ? OPers. **brizi*: cf. Skt *vrīhi* (「ウルチ」との関係は不詳)〗 — *n.* (*pl.* ~) **1** 米; 飯: boil [cook] ~ 飯を炊く. ★ 欧米では主にプディングやケーキの原料とする. また花嫁花婿の新婚旅行への門出を祝ってこれを投げかける風習がある. **2** 〖植物〗イネ (*Oryza sativa*): rough ~ もみ / a ~ crop 米作. — *vt.* 〖料理〗〈ジャガイモなどを〉ライサー (ricer) にかける[かけてつぶす].

Rice [ráɪs] 〖《変形》← RHYS〗 *n.* 男性名.

Rice, Elmer *n.* (1892–1967) 米国の劇作家; *Street Scene* (1929).

ríce bèan *n.* 〖植物〗ツルアズキ (*Phaseolus pubescens*)《アジアで栽培されるマメ科インゲン属の一年草》.

ríce·bìrd *n.* 〖鳥類〗コメを食べる数種の小鳥の総称: **a** コメクイドリ (⇨ bobolink). **b** =Java sparrow.

ríce bòwl *n.* **1** ご飯茶碗. **2** (特に, 東南アジアなどの)米作地帯.

ríce bràn *n.* 米糠(ぬか)《玄米の種皮・糠層・胚芽および砕け米からなるもっとも普通の糠》.

ríce Chrìstian *n.* ものもらいクリスチャン《宣教師から与えられる食糧・医療など現実的な利益が目的でキリスト教に改宗した者, 特にアジア人・アフリカ人など》.

ríce fìeld *n.* 稲田, 水田.

ríce-fìeld èel *n.* 〖魚類〗中国からインドにかけて水路や田に生息するタウナギ科の魚類の総称.

ríce-flòur *n.* 米粉, 糝粉(しんこ); 米糠.

ríce flòwer *n.* 〖植物〗オーストラリア産ジンチョウゲ科ピメレア属 (*Pimelea*) の植物の総称《その花は米粒に似ている》.

ríce glùe *n.* (細工物用の)米糊(のり); 続飯(そくい)《飯粒を練ったもの》.

ríce grùb *n.* 〖昆虫〗アメリカズイムシ《米国南部地方のイネを荒らす幼虫》.

ríce hùller *n.* もみすり機, もみ精米機.

ríce-mìlk *n.* 米粉を混ぜて煮つめた牛乳.

ríce mìll *n.* **1** 精米機. **2** 精米所.

ríce nùrsery *n.* 苗代(なわしろ).

ríce òil *n.* 米糠(ぬか)油.

ríce pàper *n.* **1** ライスペーパー《薄くて丈夫な不透明の紙; 紙巻たばこ用に使用》. **2** 蓪草紙(つうそうし)《ツウソウ (rice-paper tree) の太い髄を薄くはいで平圧した紙状にしたもの; 中国式の花鳥画・クッキングシートなどに用いられる》.

ríce-pàper trèe [**plànt**] *n.* 〖植物〗カミヤツデ, ツウダツボク(通脱木), ツウソウ(通草) (*Tetrapanax papyriferus*)《中国・台湾・沖縄に産する高さ 3 m 位のウコギ科の直立低木; rice paper の原料》.

ríce pòlish *n.* 米糠(ぬか)《玄米の糠層とその内側の澱粉層が少量混じった白っぽい糠》.

ríce pòlisher *n.* =rice polishing machine.

ríce pòlishing machine *n.* 研米機.

ríce pòlishings *n. pl.* 米糠(ぬか)《玄米の内側の糠層のみからなる細かな糠》.

ríce púdding *n.* ライスプディング《牛乳と米で作った甘いプディング》.

ríc·er *n.* 〖⇨ rice (vt.)〗《米》ライサー《じゃがいもなどを圧搾して小さな穴を通し, 米粒程の太さのひも状にする台所用具; cf. rice *vt.*》.

ri·cer·car [rìːtʃəkɑ́ə | -tʃəkɑ́ː(r; *It.* rìtʃerkár] 〖▭ It. ~ ← *ricercare* to seek again: cf. research〗 — *It. n.* (*pl.* **~s, -cer·ca·ri** [-káːri: | *It.* -ri]) (*also* **ri·cer·ca·re** [-kɑ́ːreɪ | *It.* -káːre]) 〖音楽〗リチェルカーレ: **a** 一つ(以上)の主題に基づく対位法的な 16, 17 世紀の器楽形式; フーガの前身. **b** その形式による楽曲.

ríce scrèenings *n. pl.* [単数または複数扱い] 屑米.

ríce wàter *n.* (米を煮て作った)重湯(おもゆ).

ríce wèevil *n.* 〖昆虫〗コクゾウ(穀象) (*Sitophilus oryzae*)《鞘翅目ゾウムシ科の昆虫》.

ric·ey [ráɪsi | -sɪ] *adj.* (**~·er, ~·est**) 米の, 米に似た, 米を含む.

rich [rítʃ] 〖OE *rīce* powerful, noble, rich (people), 《原義》royal < Gmc **rīkja* ruler (Du. *rijk* / G *reich* / ON *ríkr*) ▭ Celt. *rīx* (Ir. *rig*) ▭ L *rēx* king ← IE **reg-* to move in a straight line, lead, rule: ME で (O)F *riche* (← Gmc) 《原義》powerful の影響を受けた〗 — *adj.* **1 a** 富んだ, 金持の: a ~ man, family / a ~ industrial nation, etc. / (as) ~ as Croesus [a Jew] 巨万の富を持った / ~ beyond the dreams of avarice 大金持の / the ~ man's side (of the river)《英口語》(London の) Thames 川北岸(地区) (↔ the poor man's side (of the river)) / *Rich* men feed, and poor men breed.《諺》「金持の食道楽, 貧乏人の子沢山」. **b** [the ~; 名詞的] 金持の人々, 富裕な階層: *the* idle ~ 遊び暮らす金持連 / *the* vulgar ~ 成金ども / *the* new ~ 新興成金連 / *The* ~ are not always happy. 金持が幸福とは限らない / ~ and poor 富める者と貧しい者, 金持も貧しい者も. **2 a** 天然資源に富む: a ~ country. **b** [しばしば複合語の第 2 構成素として] 沢山ある, 豊富な, 恵まれた; 〔…に〕富んでいる 〔*in, with*〕: an island ~ *in* traditions 伝統に富んだ島 / a castle ~ *with* incidents of interest 興味ある事件に富んだ城 / a country ~ *in* minerals 鉱物資源に富んだ国 / a man ~ *in* ideas アイデアの豊富な人 / an oil-*rich* country 石油の豊富な国. **3 a** 豊かな, 沢山な, 潤沢な: a ~ crop [harvest] 豊作 / ~ brown hair ふさふさした茶色の髪の毛 / a ~ supply 豊かな供給. **b** 豊富に産する; 〈土地が〉肥えた, 肥沃な; 〈鉱石など〉含有量の多い: ~ soil 肥えた土地 / a ~ mine 産出の多い鉱山 / a ~ ore 富鉱. **4 a** 〈宝石・衣服など〉高価な, 貴重な, 華美な (fine): ~ presents [fabrics] 高価な贈り物[織物]. **b** 豪勢な, 豪華な, 贅沢な: a ~ banquet. **c** 最高の材料と最高の細工で作られた: ~ decorations. **d** [分詞と複合して副詞的に] 立派に, 贅沢に: *rich*-bound (本など) 装丁の立派な, 極美装の, 豪華版の / *rich*-clad 豪奢(ごうしゃ)な服装をした, 着飾った. **5 a** 〈飲食物など〉(バター・クリーム・卵・砂糖・香料などがたくさん入って)滋味に富んだ, 濃厚な: ~ food 濃厚な食物. **b** 〈酒が〉こくのある, 芳醇な: ~ wine こくのあるぶどう酒. **c** 〈肉など〉脂の多い, 脂肪分の多い: ~ meat. **6 a** 〈色が濃い, 鮮やかな, 冴(さ)えた; 鮮やかな色彩の: ~ purple velvet 濃紫(こむらさき)のビロード / a ~ autumn sunset 赤々と燃える秋の落日 / a ~ landscape 色鮮やかな景色. **b** 濃緑の, 青々とした; 青草の多い: ~ meadows. **7** 〈声が〉朗々とした, 太い, 豊かな: a ~ voice. **8** 〈においが〉強烈な, よい匂い[香り]のする: ~ perfume / a ~ odor 強烈な匂い. **9** 〈内燃機関内の燃料が〉可燃性混合比の高い; (理論混合比よりも)濃い (cf. lean[1] 4 d): a ~ mixture. **10** 意味深長な: a ~ allusion, epigram, metaphor, etc. **11** 《口語》**a** 非常におもしろい, 大層おかしい: a ~ joke [scene, idea] おもしろいしゃれ[場面, 思い付き] / That is ~! それはうまいしゃれだ. **b** とんでもない, ばかげた, 愚にもつかぬ.

strike it rich ⇨ strike 成句.

Rich·ard[1] [rítʃəd | -tʃəd; *G.* ríçart, *F.* riʃaːr] 〖ME *Rycharde* ▭ (O)F *Richard* ▭ OHG *Richart* 《原義》strong king ← *rīhhi* powerful, rule (< Gmc **rīkja*: ⇨ rich)+*hart* 'HARD'〗 — *n.* 男性名《愛称形 Dick, Dicky, Rick, Ricky, Richie, Ritchie》.

Richard's himself again. 〖Shakespeare の *Richard III* の (Colley) Cibber 版中の挿入句から〗リチャードは旧に復した《失望・恐怖・疾病などから回復した人が自ら言い, またその人に対して他の人が言う言葉》.

Rich·ard[2] *n.* (1209–72) 英国王 John の第二子; 一部の選挙侯によりドイツ皇帝に選ばれた; 称号 Earl of Cornwall.

Richard I *n.* (1157–99) 英国王 (1189–99); Henry 二世の第三子で, 父の跡を継いで Plantagenet 朝第 2 代の王になった; 第三次十字軍に従軍し, Saladin と戦った; 通称 Richard the Lion-Hearted, Richard Cœur de Lion (cf. Robin Hood).

Richard II *n.* **1** (1367–1400) 英国王 (1377–99), 黒太子 (Black Prince) の子, Edward 三世の孫でその後継者; Wat Tyler の乱を鎮定した. **2** 「リチャード二世」《Shakespeare 作の史劇 (1595)》.

Richard III *n.* **1** (1452–85) 英国王 (1483–85); Edward 四世の弟; 初め Duke of Gloucester. **2** 「リチャード三世」《Shakespeare 作の史劇 (1592–93)》.

Rich·ar·dine [rìtʃədíːn | -tʃə-] 〖← RICHARD[1]+-INE[4]〗 *n.* 女性名.

Ríchard Róe [-róʊ | -rə́ʊ] *n.* **1** 〖法律〗もと土地(占有)回復訴訟 (ejectment) で被告の実名が不明の場合に用いた仮想名 (cf. John Doe). **2** (一般に, 取引・手続き・訴訟の)一方の仮想名《日本では法律文書中で簡記するために「乙」とする;「甲」は John Doe》.

Rich·ards [rítʃədz | -tʃədz], **Dickinson Wood·ruff** [wʊ́drʌf] *n.* (1895–1973) 米国の生理学者; Nobel 医学・生理学賞 (1956).

Richards, I(**·vor**) [áɪvə | -və(r] **A**(**rmstrong**) *n.* (1893–1979) 英国の文芸批評家・言語研究家; *The Meaning of Meaning* (1923) (C. K. Ogden と共著), *Principles of Literary Criticism* (1924).

Richards, Theodore William *n.* (1868–1928) 米国の化学者; 種々の元素の原子量を精密測定; Nobel 化学賞 (1914).

Rich·ard·son [rítʃədsn | -tʃəd-], **Dorothy M.** *n.* (1882–1957) 英国の女流小説家; *Pilgrimage* (1915–38) 《*Pointed Roofs* (1915) に始まる 12 巻の大河小説》; 本名 Mrs. Alan Elsden Odle [étzdən óʊdl | ə́ʊdl].

Richardson, Henry Handel *n.* (1870–1946) オーストラリア生れの英国の女流小説家; 本名 Mrs. Ethel Florence Lindesay Richardson; *The Fortunes of Richard Mahony* (1917–29).

Richardson, Henry Hobson *n.* (1838–86) 米国の建築家.

Richardson, Sir **Owen** (**Wil·lans** [wílənz]) *n.* (1879–1959) 英国の物理学者; Nobel 物理学賞 (1928).

Richardson, Sir **Ralph** *n.* (1902–　) 英国の俳優.

Richardson, Samuel *n.* (1689–1761) 英国の小説家; *Pamela* (1740, '41) *Clarissa Harlowe* (1747–48).

Ríchardson gróund squìrrel 〖*Sir John Richardson* (1787–1865: スコットランドの博物学者)〗 *n.* 〖動物〗リチャードソンジリス (⇨ flickertail).

Rich·ard·so·ni·an [rìtʃədsóʊniən | -tʃədsə́ʊnjən, -niən] 〖← *Samuel Richardson*〗 — *adj.* 〈作家・作品・文体など〉(サミュエル)リチャードソン風の; (ドロシー)リチャードソン風の.

Rich·e·bourg [ríʃəbʊ̀əɡ, ríːʃ- | -bʊ̀əɡ; *F.* riʃbuːr] *n.* リシュブール(ワイン)《ブルゴーニュ (Burgundy) 産の赤ぶどう酒》.

Rich·e·lieu [ríʃəlùː | -ljɜ̀ː, -ljùː; *F.* riʃəljø] *n.* [the ~] リシュリュー(川)《カナダ南東部 Quebec 州南部の川 (337 km)》.

Rich·e·lieu [ríʃəlùː, -ljùː | -ljɜ̀ː, -ljùː; *F.* riʃəljø], **Duc de** *n.* リシュリュー《1585–1642; フランスの枢機卿・政治家; Louis 十三世の宰相で事実上のフランスの支配者 (1624–42); 本名 Armand Jean du Plessis [armɑ̃ ʒɑ̃ dy plesi]》.

rich·en [rítʃən] *vt.* (より)金持に[豊かに, 濃く]する. — *vi.* 〈色彩などが〉濃くなる.

Riche·pin [riːʃəpɛ̃ː(ŋ), riːʃp-, -pæ̃ŋ; *F.* riʃpɛ̃], **Jean** *n.* リシュパン《1849–1926; フランスの詩人・劇作家; *Le Chemineau* 「浮浪者」(戯曲, 1897)》.

rich·es [rítʃɪz, -tʃəz] 〖《?a1200》 *richess* ▭ OF *richeise* (F *richesse*) ← *riche* 'RICH'+-ESS[2]〗 — *n. pl.* [通例複数扱い] **1** 財, 富; 財産[富]を持っていること: ~ and honor 富と名誉 / heap [pile] up ~ 巨万の富を築き上げる / *Riches* do not always bring happiness. 富は必ずしも幸福をもたらさない / *Riches* have wings. 《諺》金には羽がある,「金はお足」. **2** 豊富, 沢山: the ~ of knowledge [the harvest] 知識[収穫]の豊富.

Ri·chet [riːʃéɪ; *F.* riʃɛ], **Charles Robert** *n.* リシェ《1850–1935; フランスの生理学者; Nobel 医学生理学賞 (1913)》.

Rich·ie [rítʃi | -tʃɪ] 〖(dim.) ← RICHARD[1]〗 *n.* 男性名.

Ri·chier [riːʃjéɪ; *F.* riʃje], **Ger·maine** [ʒɛrmɛn] *n.* リシエ《1904–59; フランスの彫刻家》.

rích·ly 〖OE *rīclīce*〗 — *adv.* **1** 富んで, 富裕に. **2** 産出力に富んで, 肥えて, 豊饒(ほうじょう)に. **3** 高価に; 立派に, 豪華に. **4** 滋味に富んで; 濃厚に; 朗々として; 強烈に: a ~ lighted saloon 照明の強烈な客間. **5** [通例 ~ deserve の形で] 十分に, 完全に: He ~ *deserves* a peerage [thrashing]. 貴族に列せられる[むち打たれる]に十分値する.

Rich·mond [rítʃmənd] 〖↓〗 — *n.* **1** 米国 Virginia 州の東部にある同州の首都, 工業都市; 南北戦争当時南部同盟の首都 (1861–65); 人口 233,000. **2** New York 市の南西部の区; Staten 島を含む; 人口 296,000, 面積 148 km². **3** =Richmond upon Thames.

Ríchmond upòn Thámes 〖← F *Richemont* 《原義》splendid hill: Richmond 伯であった Henry VII の即位にちなみ旧名 Sheen を改称したもの〗 — *n.* Greater London 南西部の自治区, 住宅地区; Kew Gardens がある; 人口 169,000.

rích·ness 〖ME〗 *n.* **1** 《まれ》富んでいること, 裕福, 富裕. **2** 豊富, 沢山, 潤沢, 十分なこと. **3** 産出力の多いこと, 豊饒(ほうじょう), 肥沃(ひよく). **4** 貴重, 高価, 立派さ. **5** 滋味, 濃厚; (音・声の)朗々としていること; (色の)鮮やかなこと; (香りの)強烈さ, 芳醇.

rích rhýme *n.* 〖詩学〗=rime riche.

Rich·ter [ríktə | -tə(r], **Burton** *n.* (1931–　) 米国の原子物理学者; Nobel 物理学賞 (1976).

Richter, Conrad *n.* (1890–1968) 米国の小説家; *The Town* (1950).

Rich·ter [ríktə, ríç- | -tə(r; *G.* ríçtɐ], **Jean** [**Johann**] **Paul Friedrich** *n.* リヒター《1763–1825; ドイツの長編ユーモア作家; 筆名 Jean Paul; *Flegeljahre* 「生意気盛り」(1804–05)》.

Rích·ter scàle [ríktə- | -tə-] 〖← *C. F. Richter* (1900–　: 米国の地震学者)〗 *n.* 〖地震〗リヒタースケール《地震の規模[マグニチュード]を示すスケール》.

Richt·ho·fen [ríkthòʊfən, ríçt- | -hə̀ʊ-; *G.* ríçthòːfən], Baron **Ferdinand von** *n.* リヒトホーフェン《1833–1905; ドイツの地理・地質学者》.

Richthofen, Baron **Manfred von** *n.* リヒトホーフェン《1892–1918; ドイツの飛行士; 第一次大戦の撃墜王; 通称 Red Baron》.

rích·wèed *n.* 〖植物〗 **1** =ragweed 1. **2** =white snakeroot.

ri·cin [ráɪsn, rísn | -sɪn] 〖⇨ ricinus〗 *n.* 〖化学〗リシン《ヒマの種子 (castor bean) に含まれる有毒蛋白質》.

Ri·cin·i·dae [rɪsínədiː, rə-, raɪ- | rɪsíni-, raɪ-] 〖← NL ~: ⇨ ricinus, -idae〗 *n. pl.* 〖昆虫〗(食毛目) タネハジラミ科.

ric·in·o·le·ate [rìsənóʊliət, ràɪs-, -sn̩-, -liɪt, -lièɪt | -sɪnə́ʊlɪət, -lɪɪt, -lɪeɪt] 〖⇨ ↓, -ate[1]〗 *n.* 〖化学〗リシノール酸塩[エステル].

ri·cin·o·le·ic [ràɪsəno(ʊ)líːɪk, rìs-, -sn̩-, -léɪ- | -sɪnə(ʊ)líː-] 〖← L *ricinus* (⇨ ricinus)+OLEIC〗 *adj.* 〖化学〗リシノール酸の.

ricinoléic ácid *n.* 〖化学〗リシノール酸 ($C_{17}H_{32}$(OH)COOH)《グリセリンエステルの形でひまし油の中に存在し, 繊維油剤などの原料》.

ri·cin·o·le·in [ràɪsənóʊliɪn, rɪs-, -sn̩-, -liən | -sɪnə́ʊlɪɪn] 〖← RICIN+-OLE[1]+-IN[1]〗 — *n.* 〖化学〗リシノリン《リシノール酸のグリセリンエステルで, ひまし油の主成分》.

Ric·i·nu·le·i [rìsən(j)úːliàɪ, -sn̩- | -sɪnjúːlɪ-] 〖← NL ~ (pl. dim.) ← L *ricinus* tick (↓)〗 *n. pl.* 〖動物〗(節足動物門) 節腹目.

ric·i·nus [rísənəs, -sn̩- | -sɪn-] 〖← NL ~ ← L castor-oil plant, tick, louse: その種子がダニに類似しているところから?〗 — *n.* 〖植物〗ヒマ (castor-oil plant)《トウダイグサ科ヒマ属 (*Ricinus*) の植物》.

rícinus òil *n.* 〖化学〗=castor oil.

rick¹ [rík] 〚OE *hrēac* ← ?: cf. Du. *rook* / ON *hraukr*〛 — *n.* **1** (麦・干し草・麦わらなどの)大きな山, にお, 稲むら, 干し草積み《屋外に作るが, 雨に濡らさないために通例屋根をかける; cf. rick cloth》. **2** 小さい[細い]薪束(たば), 粗朶(そだ)の束. **3** (ウィスキーを長期間寝かせておくための木製または鉄製の)組棚(くみだな). — *vt.* 〈麦・干し草・麦わらなどを〉積む, 積んで大きな山にする.

rick² [rík] *v., n.* 《英》 = wrick.

Rick [rík] 〚(dim.) ← RICHARD¹〛 *n.* 男性名.

rick·ard·ite [ríkədàɪt | -kə-] 〚← *Thomas A. Rickard* (1864–1953: 米国の鉱山技師): ⇨ -ite¹〛 *n.* 〚鉱物〛リッカーダイト (Cu_4Te_3).

rick clòth *n.* 《英方言》干し草の山にかけるズック製のおおい.

Rick·en·back·er [ríkənbæ̀kə | -kə(r], **Edward Vernon** *n.* (1890–1973) 米国の飛行士; 第一次大戦の米国の撃墜王.

Rick·ert [ríkət | -kət; G. ríkɐt], **Heinrich** *n.* リッケルト《1863–1936; ドイツの哲学者》.

rick·et-prodùcing [ríkɪt-, -kət-] 〚*ricket*: 《逆成》 ← RICKETS〛 *adj.* 佝僂(くる)病を生じる[の原因となる].

rick·ets [ríkɪts, -kəts] 〚(1645) ← ? RACHITIS〛 *n.* [《米》単数扱い; 《英》単数または複数扱い] 〚病理〛佝僂(くる)病.

rick·ett·si·a [rɪkétsiə, rə- | -sɪə] 〚← *Howard T. Ricketts* (1871–1910: 米国の細菌学者): ⇨ -ia¹〛 — *n.* (*pl.* **-si·ae** [-siì:], **~s**) 〚生物〛リケッチア《シラミ・ダニなどに寄生する一般細菌より小さいリケッチア属 (*Richettsia*) の微生物の総称; 発疹(ほっしん)チフスやツツガムシ病などの病原体となるものもある》. **rick·étt·si·al** [-siəl | -sɪ-] *adj.*

Rick·ett·si·a·les [rɪkètsiéɪli:z, rə- | -sɪ-] 〚← NL ~: ⇨ Rickettsia, -ales〛 *n. pl.* 〚生物〛リケッチア目《寄生細菌の一目》.

rickéttsial·póx 〚← RICKETTSIA (↑) + -AL¹ + POX〛 *n.* 〚病理〛リケッチア痘《ネズミに寄生するダニから人に伝染するリケッチア病》.

rick·et·y [ríkɪṭi, -kə- | -tɪ] 〚← RICKETS + -Y⁴〛 — *adj.* **1** 佝僂(くる)病の[にかかっている]. **2 a** 関節が弱い; よろめく, よろよろする. **b** ぐらぐらする, つぶれそうな: a ~ staircase, bridge, table, etc. / a ~ motorcar がたがたの自動車. **rick·et·i·ness** *n.*

rick·ey [ríki | -kɪ] 〚← ? *Colonel Rickey*〛 *n.* リッキー《アルコール飲料(特に, ジンなど)と炭酸水の中にライムジュースと砂糖を入れたもの》: gin ~.

rick·le [ríkl̩] 〚← ? Scand.: cf. Norw. 《方言》 *rikl, rukl* small heap of stones〛 《北英・スコット》 — *n.* **1** 干し草などの小さな山. **2** 乱雑に積んだ山: a ~ of stones. — *vt.* 積む, 積んで山にする.

rick·rack [ríkræ̀k] 〚《加重》 ← RACK¹〛 *n.* 〚服飾〛リクラク, 蛇腹(じゃばら)《ジグザグ状のブレード; 子供服などの装飾に用いる》.

rick·sha [ríkʃɔ:] 〚《短縮》 ← JINRIKISHA〛 *n.* (*also* **rick·shaw** [~]) 人力車.

rick·stànd *n.* 干し草積み台《rick の支えにする木または石の柱》.

Rick·y [ríki | -kɪ] 〚(dim.) ← RICHARD¹〛 *n.* 男性名.

rick·yàrd *n.* 干し草積み場[庭].

rick·y-tick [ríkitík | -kɪ-] 〚擬音語〛 — *n.* 〚ジャズ〛リッキーティック《1920 年代を思い出させるようなスイートジャズ; 機械的で規則的なビートと速いテンポをもつ》. — *adj.* **1** 〚ジャズ〛リッキーティックの[に似た]. **2** 《米俗》旧式な, 古めかしい.

rick·y-tick·y [ríkitíki | -kɪtíkɪ] *adj.* = ricky-tick.

ric·o·chet [ríkəʃèɪ, ⌣⌣⌣ | ríkəʃèɪ, -kɔʃ-, -ʃèt, ⌣⌣⌣] 〚(1769) ▭ F ~ ← (*fable du*) *ricochet* endless exchange of question and answer ← ?〛 — *n.* **1** 跳飛, 跳弾《弾丸・石などが数回地面または水面に触れて飛んで行くこと》; 跳飛して当たること. **2** 跳飛する弾丸[石など]. — *vi.* (**-cheted** [-ʃèɪd, -ʃéɪd], 《英》ではまた **-chet·ted** [-ʃètɪd, -təd]; **-chet·ing** [-ʃèɪɪŋ, -ʃéɪɪŋ], 《英》ではまた **-chet·ting** [-tɪŋ]) **1** 跳飛する; 水を切って飛ぶ: The bullet ~*ed* off the wall. 弾丸は塀に当たってはね返った. **2** 跳弾射撃する, 跳射する.

ricochet fìre *n.* 〚砲術〛跳飛射撃, 跳弾射撃《一度弾着してからはねて地面近くの空中で破裂するように行なう射撃》.

ri·cot·ta [rɪkɔ́(:)ṭə, -kɑ́ṭə | -kɔ́tə; It. rikɔ́tta] 〚▭ It. ~ ▭ L *recota* (fem. p.p.) ← *recoquere* ← RE- (B) + *coquere* 'to COOK'〛 — *n.* 〚畜産〛リコッタ《イタリア産の柔らかい白チーズ; cottage cheese の一種》.

ric·rac [ríkræ̀k] *n.* 〚服飾〛= rickrack.

ric·tus [ríktəs] 〚(1760) ▭ L ~ 'open mouth' (p.p.) ← *ringi* to open the mouth, gape〛 — *n.* (*pl.* **~**, **~·es**) **1** 〚鳥類〛口角, 口の開き, 嘴(くちばし)の開き. **2 a** (恐怖・驚愕・唖然とした気持などのために)大口をあけた顔[表情]. **b** 〚解剖〛口腔(こう). **3** 〚植物〛(仮面花冠の)のど. **ríc·tal** [-tl̩] *adj.*

rid¹ [ríd] 〚(?a1200) *ridde(n)* ▭ ON *ryðja* to clear (land) < Gmc **rudjan* (OHG *riuten*) ← IE **reudh-* ← **reu-* to tear up, dig out〛 — *vt.* (**rid**, 《古》**rid·ded**; **rid·ding**) **1 a** 〈悪習・苦痛・障害物などから〉免れさせる, 自由にする 〔*of*〕; 〔…を〕取り除く, 除去する, 駆逐する 〔*of*〕: ~ the house *of* rats 家からねずみを駆逐する / ~ a person *of* his fears 人の恐怖を取り除く / ~ the sea *of* pirates 海賊を海から一掃する / ~ the world *of* criminals この世から犯罪者を一掃する / try to ~ one's memory *of* the fears of one's childhood 子供のころの恐怖の記憶を追い払おう[なくそう]とする. **b** [~ oneself または Passive で] 〔望ましくないものを〕免れる, 脱する, …がなくなる: He *is* ~ *of* fever. 彼は熱がとれた / India thought she must first ~ *herself of* English rule. インドはまず第一に英国の支配から脱却しなければならぬと考えた / The world *is* well ~ *of* him. あんなやつが死んで(かえって)結構だ[いい厄介払いをした] / ~ *oneself of* bad habit 悪習から抜ける. **2** 《古》〈人を〉〔…から〕救う 〔*from, out of, of*〕. **3** 《古》除去する, 片付ける; 〈疫病などを〉追い払う, 一掃する. **4** 《方言》〈仕事を〉終える.

get rid of …を免れる, 脱する, 除く, 追い払う, 駆除する: *get* ~ *of* a cold 風邪(かぜ)を直す[が抜ける].

rid² 〚pret.: OE *ridon(e)* (pl.); p.p.: ME *rid(d)e*〛 *v.* 《古・方言》ride の過去形・過去分詞.

rid·a·ble [ráɪdəbl̩] *adj.* **1** 〈馬など〉乗ることができる. **2** 〈道路・川など〉乗馬で通ることができる, 騎行できる.

rid·dance [rídn̩s, -dəns] 〚← RID¹ + -ANCE〛 — *n.* 免れること, 脱却, 除去; 追払い; 厄介払い, 一掃: ~ from adversity 不運からの脱出 / make clean ~ of … を一掃する / He is a good ~. 彼がいなくなっていい厄介払いだ / Good ~! いい厄介払いだ (cf. rubbish 1).

rid·del [rídl̩] 〚(c1380) ▭ OF *ridel* (F *rideau*) curtain ← *rider* to wrinkle ▭ OHG *rīdan* to turn, twist〛 *n.* 〚教会〛祭壇の側面垂れ幕.

Rid·dell [rídl̩, rɪdél, rə- | rídl̩, rɪdél], **George Al·lar·dice** [ǽlədàɪs | ǽlə-] *n.* (1865–1934) 英国の新聞経営者, *The News of the World* の社長; 称号 1st Baron Riddell.

rid·den [rídn̩] 〚ME *iriden*〛 — *v.* ride の過去分詞. — *adj.* [通例複合語の第 2 構成素として] **1** …がやたらに多い: a slum-*ridden* town スラム街だらけの町 / a weed-*ridden* garden 雑草の生い茂る庭. **2** 支配された, 圧制された, しいたげられた; 悩まされた, 苦しめられた: a country ~ by priests [soldiers] 僧[軍人]が幅をきかす国 / fear-*ridden* 恐怖にかられた[て] / ⇨ bedridden 1, priest-ridden / a crime-*ridden* city 犯罪の横行する都市 / inflation-*ridden* countries インフレに悩む国 / a drought- and famine-*ridden* country 干魃(かんばつ)と飢饉に悩まされている国.

rid·dle¹ [rídl̩] 〚(14C) *redele* (語尾の *s* を pl. suf. とみて) ← OE *rǣdels(e)* counsel, opinion, riddle ← *rǣdan* 'to READ¹, REDE' + *-els* (< Gmc **-islo-z* (n. suf.): cf. -le¹): cog. Du. *raadsel* / G *Rätsel*: cf. cherry, pea¹〛 — *n.* **1** なぞ, 判じ物: propound [ask] a ~ なぞをかける / solve [find out, guess] a ~ なぞを解く / speak in ~*s* なぞをかけるような言い方をする / Don't go on talking in ~*s*. (いつまでも)なぞめいた話し方ばかりするな. **2** 難問, 難題; 不可解なもの[こと, 人]: What he did it for is still a ~ to me. 彼がなぜそうしたのかまだ私には判らない.
— *vi.* **1** なぞをかける. **2** なぞのような(曖昧な)ことを言う. — *vt.* 〈なぞを〉解く, 解明する.

riddle me [命令形で] 《古》私のかけたなぞを解いてごらん: *Riddle me* a [my] riddle, what is this? = *Riddle me*, ~ *me* what it is. なぞなぞ, なあに, これなあに?

ríd·dler [-dlə, -dl̩ə | -dlə(r, -dl-] *n.*

rid·dle² [rídl̩] 〚OE *hriddel* 《異化》 ← *hridder* ← *hrīdrian* to shake ← Gmc **hridra-* sieve ← IE **sker-* to cut, separate, sift (L *cribrum* sieve & *discrīmen* 'to DISCRIMINATE' / Gk *krínein* (⇨ crisis))〛 — *n.* **1** (穀物・砂利・鉱石・燃え殻などをふるう)粗目のふるい. **2** 《古》針金をまっすぐにするための釘が植えてある板. — *vt.* **1 a** 〈穀物・砂利などを〉ふるい分ける, ふるいにかける. **b** 〈証拠・議論などを〉精査する, 吟味する. **2 a** (弾丸などで)〈船・人などを〉穴だらけにする, …に蜂(はち)の巣のように穴をあける: a ship ~*d with* shots 弾痕(だんこん)だらけの船 / The sun ~*d* the clouds. 日光が雲を突き抜けて輝い(ていた). **b** 〈人・理論などを〉(事実を挙げて)散々やっつける. **3** 腐敗[堕落]させる; [通例 p.p. 形で] 〈好ましくないもので〉満たす 〔*with*〕: a yard ~*d with* weeds 雑草の生い茂っている庭 / Those high officers are ~*d with* corruption. あの高官たちは腐敗しきっている. — *vi.* **1** ふるいをかける[使う]. **2** 〈寒さなどが〉しみる; 〈風などが〉吹き抜ける: The wind ~*d through* the broken window. 風がこわれた窓を吹き抜けていた.

ríddle cànon *n.* 〚音楽〛なぞのカノン《主題のみが記譜され, そこに記された声部記号・文字・象徴記号などを手がかりとして応答声部を解明するカノン; 15–16 世紀に多く作られた; enigma canon ともいう》.

rid·dle·me·ree [rìdl̩mərí:, ⌣⌣⌣⌣] 〚《短縮》 ← *riddle me a riddle* (⇨ riddle¹ 成句)〛 *n.* くだらない長話.

ríd·dling¹ [-dlɪŋ, -dl̩- | -dl̩-, -dl-] 〚← RIDDLE¹〛 *adj.* **1** なぞのような, なぞを含む, 不可解な: a ~ speech なぞめいた言葉. **2** なぞを解く, 判じる. **~·ly** *adv.*

ríd·dling² [-dlɪŋ, -dl̩- | -dl̩-, -dl-] 〚← RIDDLE²〛 *n.* **1** ふるいにかけること. **2** [*pl.*] ふるいくず, ふるい残り.

ride [ráɪd] 〚OE *rīdan* < Gmc **rīdan* (Du. *rijden* / G *reiten*) ← IE **reidh-* to ride〛 — *v.* (**rode** [róud | ráud], 《古・方言》**rid** [ríd]; **rid·den** [rídn̩], 《古・方言》**rid, rode**) — *vi.* **1 a** (馬などに)乗る, 乗って行く; 乗馬をする, 馬を御する; 駆ける: ~ *on* horseback 馬に乗る / ~ away [off] 馬に乗って去る / ~ into a crowd 馬で群衆の中へ乗り込む / ~ bareback 裸馬に乗る / ~ behind 騎手の後ろに乗る / ~ double 馬に合乗りする / ~ full speed 全速力で駆ける / ~ well 乗馬がうまい / ~ at full gallop (全速力で)疾駆する / learn to ~ 乗馬練習をする / I can't ~. 馬に乗れません. **b** 騎兵である, 騎兵隊にいる: ~ in the Life Guards 近衛騎兵隊勤務である. **2 a** 〔乗物に〕乗る, 乗って行く 〔*in, on*〕: ~ *in* a carriage, an omnibus, etc. / ~ *in* [*on*] a train / ~ *on* a cart, bicycle, etc. / ~ *in* a ship. **b** 〔人の肩などに〕馬乗りになる, またがる; 〔担架などで〕運ばれる 〔*on*〕: let a child ~ *on* one's back 子供を背に馬乗りさせる. **3 a** (乗物に乗っているかのように)運ばれる, 支えられる; 乗る, 乗っかる: ~ *on* the wave of popularity 人気の波に乗る. **b** 〔車軸などに〕載せられている, 支えられて動く, 載せられて回る 〔*on*〕: The wheel ~*s on* the axle. 車輪は車軸で回る. **4 a** 〈船などが〉浮かぶ; 進む, 動く: The yacht *rode* lightly *on* the waves. ヨットが波の上に静かに浮かんでいた. **b** 〈船が〉停泊する: ~ *at* anchor 停泊する. **c** 〈天体などが〉空中に掛かる, 浮かぶ: The moon ~*s* above the clouds. 月が雲の上に掛かっている / The sun ~*s* high in heaven. 太陽が空高く昇っている. **5** 〈事が〉すらすら進む[運ぶ]: Let it [the matter] ~. (干渉しないで)成行きにまかせよ, ほっておけ. **6** 〈折れた骨・物などが〉重なる; 〈色が〉刷り重なる: A bone ~*s*. 折れた骨が(元のようにまっすぐに継がれないで)重なる / A rope ~*s*. (巻かれた)なわが重なる. **7** 〔…に〕依る, かかっている, …次第である 〔*on*〕: The change ~*s on* his approval. その変更は彼が承認するかどうかにかかっている. **8 a** 〈雄の動物が〉交尾でまたがる[乗る]. **b** 《卑》性交する. **9** 賭けてある 〔*on*〕: His money is *riding on* the horse. 彼の金は馬に賭けてある. **10** [補語を伴って] 〈乗物や土地が〉乗って…である, 乗り心地が…である: ~ easy 〈馬が〉乗り具合がよい; 〈船が〉動揺が少ない / ~ hard 〈馬・地面が〉乗り具合が悪い; 〈船が〉動揺がひどい / The car ~*s* smoothly. この自動車は揺れない / The country ~*s* well [hard, stickly]. その田舎道は馬車[自動車]で走って乗り心地がよい[悪い, 泥がねばつく]. **11** [補語を伴って] (乗馬服などで)乗れば…の目方がある, 馬上で…の目方である: I ~ 12 stone. 私は乗馬服を着て目方が 12 ストーンだ. **12** 〚ジャズ〛〔主題を〕自由に変奏[即興演奏]する 〔*on*〕.
— *vt.* **1** 〈馬・乗物など〉に乗る, 乗って行く; 〈馬などを〉御する, 疾駆[全力疾走]させる: ~ a horse, bicycle, etc. / ~ one's horse at a fence 垣(かき)を乗り越そうと馬を駆けさせる / ~ one's horse at the enemy 馬に乗って敵に突撃する / ~ the elevator to the ninth floor エレベーターに乗って 9 階まで行く. **2 a** 馬で〈道を〉進む, 馬で通る[渡る, 越す]: ~ a circuit 馬で巡回する / ~ the country 地方を馬で通る / ~ a ford 浅瀬を馬で渡る / ~ fifty miles 馬で 50 マイル行く. **b** 馬に乗って行なう; 乗物に乗って行なう; 馬に乗って狩る, 乗馬で狩る: ~ a race 競馬をする; 自転車競走をする. **c** 〈馬などを〉駆使する; 使い[やり]過ぎる: ~ one's horse *to* death 馬を乗り殺す; おはこを出し過ぎていやがられる / ~ a method [jest] *to* death ある方式[冗談]をやり過ぎ(てだめにす)る. **3** 乗らせる, またがらせる, 馬乗りさせる; 乗せて行く, 載せて運ぶ: ~ one's child *on* one's back [shoulders] 子供を背中[肩車]に乗せる / ⇨ *ride a person (out) on a* RAIL¹. **4** …に浮かぶ, 乗って運ばれる: ~ the waves 〈船が〉波に乗って進む / The bird *rode* the storm. その鳥はあらしに乗って飛んだ. **5 a** 〈困難・苦境などを〉乗り切る, 切り抜ける: ~ the difficulties. **b** 〈暴風雨などに〉耐える; うまく持ちこたえる 〈*out*〉《特に錨泊中または洋上停船の場合にいう》: ~ *out* the storm in safety 無事にあらしを乗り切る. **6** (特に, 重なるようにして)…に掛かる, に載っている: Spectacles ~ his nose. めがねが鼻に載っている. **7 a** 〚動物〛交尾のために〈雌〉に乗る. **b** 《卑》〈女〉と性交する. **8** [主に p.p. 形で] 支配する, 圧制する, 虐げる (⇨ ridden 2). **9** 《米》からかう, やじる; 悩ます, 苦しめる: Don't ~ me. 私をからかうな / Grim fear *rode* him day and night. ものすごい恐怖が日夜彼を悩ました / The nightmare ~*s* the sleeper. 眠っている人が悪夢にうなされる. **10** (衝撃を柔らげるために)〈打撃を〉後退して受ける. **11** 《古》〈船を〉つなぐ, 停泊させる. **12** 〚ジャズ〛〈主題を〉自由に変奏[即興演奏]する. **13** 〚自動車〛(足をずっと乗せたまま)〈ペダルを〉半踏みの状態にしておく: ~ the clutch [brake] 半クラッチにする[ブレーキを半踏みする]. **14** 〚競馬〛= RIDE *out* (3).

ride again 元気を回復する. ***ride and tie*** 《古》二人交代で一頭の馬に乗る. ***ride down*** (1) 馬で追跡する[追い詰める]. (2) 打ち負かす. (3) 馬に乗ったまま踏みつける[つぶす]. (4) 〚海事〛全体重をかけておさえる《ヨットなどで帆を揚げる時に, 揚帆索 (halyard) をつかんでこれに全体重をかけて引き, 帆を揚げる》. ***ride for a fall*** ⇨ fall 成句. ***ride high*** うまく行く, 成功する, 成功の波に乗る. ***ride off*** (1) (ポロで)球と敵との間に自分の馬を入れて〈相手を〉妨げる. (2) = RIDE *out* (*vt.*) (1). ***ride off on*** 〈枝葉の問題〉を持ち出して要点を避ける. ***ride out*** (*vi.*) 外へ(馬に)乗って出る, 郊外へ馬で出る. (*vt.*) (1) (馬を操って)〈牛・羊などを〉群れから切り離す. (2) ⇨ *vt.* 5 b. (3) 〚競馬〛〈競走馬を〉限界まで駆り立てる. ***ride over*** (1) …を踏みにじる; 圧制する; 無視する. (2) = WALK *over* (1). ***ride up*** 〈衣服が〉(上の方へ)ずれる, 抜け上がる, (服の外に)出て来る: Her new tight skirt *rode up* when she sat down. 座ったとき新しいタイトスカートがずり上がった.
— *n.* **1 a** (馬・乗物・人の背などに)乗る[乗せる]こと, 乗って[乗せて]行くこと[仕方, 機会]: a ~ on a bicycle, horse, etc. / a ~ in a bus, train, car, carriage,

etc. / give a person a ～ 人を乗せてやる / go for a ～ 乗りに[乗馬に]出かける / pick up a ～ (通りがかりの)車に乗せてもらう / have [take] a ～ (馬・馬車などに一回)乗る. **b** 馬[乗物など]による旅行, 騎馬[乗物]旅行; 乗っている時間: The hotel is within ten minutes' ～ of the station. 旅館は駅から乗物で10分以内の所だ / It was a long bus ～ to the town. 町までバスでかなりかかった. **c** 乗り心地[具合]: a smooth ～. **2** (特に森林の中の)騎馬道路. **3** (遊園地などにある)乗物《観覧車・メリーゴーランド・ローラーコースターなど》. **4** (自動車競走の)レーサーの職.

take for a ride 《俗》 (1) 〈人を〉自動車で連れ出して殺す. (2) 〈人を〉だます, かつぐ.

ri·dent [ráɪdn̩t] 〖□L *rident-em* (pres.p.) ← *ridēre* to laugh: ⇨ ridicule〗 *adj.* 《古》 笑っている, にやりと笑っている.

ríd·er 〖lateOE *rīdere*〗 ── *n.* **1** (馬・乗物などに)乗る人, 乗り手 (cf. foot passenger); 上手な乗り手, 騎手: He'll never make a ～. 彼の乗馬は上達しないだろう. **2 a** 追って書き, 添え書き, 添付書類: by way of ～ (to) (…の)追加として, 添付して. **b** 追加個条[条項]. **c** 《英》 (特に, 議案の第三読会の)補足条項. **d** 《英》 陪審員の評決 (verdict) に付記した副申書. **3** 〖論理〗 演繹(えき)されたもの, 系 (corollary). **4** 〖数学〗 応用例題. **5 a** 他の上に置かれて[またがって]いる物[装置]. **b** (欄干の上部をなす)手すり. **c** 他の索上に重なっている索[巻き索]. **d** 補強のための横木. **6** 〖化学〗 (精密測定用天秤の)ライダー, 馬乗り分銅, 乗子. **7** [*pl.*] 〖造船〗 (木造船の肋骨を外部から斜に押える)連結(鋼)帯材. **8** 〖古銭〗 **a** 〖《なぞり》← Du. *rijder*〗 ライダー《裏面に騎馬像のあるオランダ金貨》. **b** ライダー《1475年 James 三世の時にその第2次通貨として発行されたスコットランドの金貨》. **9** 〖鉱山〗 はさみ《炭層や岩層中にはさまれて存在する石炭や岩石の薄層》.

ríder·less *adj.*

Ri·der [ráɪdə | -də(r] 〖↑〗 *n.* 男性名《異形 Ryder》.

ríd·ered *adj.* **1** 〈波形のへいが〉補強のための横木 (rider) のある. **2** 〖鉱山〗 〈炭層など〉はさみ (rider) のある, はさみの走っている.

ríder plàte *n.* 〖造船〗 ライダープレート, 冠板《金属製の内竜骨で, 竜骨上面に沿ってその頂部を縦に走る水平縦材》.

ríder's bòne *n.* 〖医学〗 乗馬骨《ももの上側および内側の筋肉の腱が骨化したもので, 乗馬歴の長い人に生じる》.

ridge [rídʒ] 〖OE *hryċġ* < Gmc *χruȝjaz (Du. *rug* / G *Rücken*) ← IE *(s)ker- to turn, bend (L *curvus* curved (⇨ curve) & *crista* 'CREST')〗 ── *n.* **1 a** 山の背, 山背, 山稜, 尾根; 小山脈; 分水嶺. **b** 海嶺《海底の山脈》. **2 a** 動物[人間]の背筋に沿って隆起した部分. **b** 《廃》 (動物・人間の)背. **3 a** (背骨のような)隆起, うね: the ～ of a wave 波の背[うね] / the ～ of the nose 鼻筋, 鼻梁(びりょう). **b** (屋根の)棟(むね) (⇨ beam 挿絵). **c** (すきで作った)うね. **d** (織物の)うね. **4** (天気図で)高気圧の張出部《細長く突き出た部分; cf. trough 6》. **5** 〖築城〗 斜堤頂. **6** 〖製本〗 耳, 山《バッキング (backing) によってできる本の中身の背の両側のでっぱり; shoulder ともいう》.
── *vt.* **1** 〈家〉に棟を付ける. **2 a** 〈土地・畑〉にうねを立てる (《英》 rafter) 〈*up*〉. **b** 〈作物〉に土寄せする. **3** 〈きゅうりなどを〉うねに植える. ── *vi.* うねをなす; うね状に波立つ.

ridged *adj.*

rídge·bòard *n.* 〖建築〗 = ridgepole 1.

rídge·bòne *n.* 《古》 背骨 (backbone).

rídge·line *n.* (尾根の)稜線.

ridge·ling [rídʒlɪŋ] 〖《1555》← ? RIDGE + -LING¹: 睾丸が背中にとどまっていると考えられたため?〗 ── *n.* 〖獣医〗 **1** 陰睾(いんこう)《雄の動物(特に馬)で精巣が陰嚢(のう)に落ち込んでいないもの》. **2** 去勢の不十分な雄(の動物).

rídge·pìece *n.* 〖建築〗 = ridgepole 1.

rídge·pòle *n.* **1** 〖建築〗 棟木(むなぎ) (⇨ queen post 挿絵). **2** (テントの)棟ポール, リッジポール.

rídge rìb *n.* 〖建築〗 棟リブ《ヴォールト天井の頂部に水平に配される肋材》.

rídge ròof *n.* 〖建築〗 切妻(きりづま)屋根 (gable roof).

rídge·ròpe *n.* **1** 〖海事〗 リッジロープ: **a** 船の手すりと並行する索. **b** 第一斜檣 (bowsprit) に添って張ってある救命索. **2** (テントのポールとポールの間の)張り綱.

rídge tìle 〖《15C》〗 *n.* 〖建築〗 棟瓦(むねがわら) (cf. crest tile).

rídge·tòp *n.* 〖登山〗 尾根の頂.

rídge·trèe *n.* 《古》 = ridgepole.

rídge·wày 〖OE *hryċġweġ*〗 *n.* 峰[尾根]伝いの道, 山背道.

rídging plòw *n.* 〖農業〗 両へらすき, うね立てすき.

ridg·ling [rídʒlɪŋ] *n.* 〖獣医〗 = ridgeling.

ridg·y [rídʒi | -dʒɪ] *adj.* (**ridg·i·er**; **-i·est**) 背のある, うねのある; 隆起している: a man with great ～ shoulders 両肩が隆々と盛り上がった男.

rid·i·cule [rídɪkjùːl, -də- | -dɪ-] 〖《1677》□F ～ □L *rīdiculum* laughable thing (neut.) ← *rīdiculus* laughable ← *rīdēre* to laugh ← ? IE *wrizd- to avert the face ← *wer- to turn〗 ── *n.* **1** 冷やかし; あざけり, あざ笑い: bring a person into ～ = cast ～ upon a person = cover a person with ～ = hold up a person to ～ 人をばかにする[あざける, 冷やかす] / in ～ of … をあざけって / He turns everything into [to] ～. 何でも冷やかしてしまう. **2** 《古》 あざけりの的, なぶりもの, 笑い草. **3** 《古》 ばからしさ, ばかばかしさ. ── *vt.* 冷やかす; あざける, なぶりものにする (deride): He was always ～*d* by his neighbors. いつも隣人たちにばかにされていた. **ríd·i·cùl·er** [-lə | -lə(r] *n.*

ri·dic·u·lous [rɪdíkjuləs, rə-] 〖《1550》□L *rīdiculōsus* ← *rīdiculus* (↑): ⇨ -ous〗 ── *adj.* **1 a** おかしい, ばかげた, ばかばかしい; [the ～; 名詞的]ばかげたこと[もの], 滑稽(こっけい): ～ in dress [shape] 着物[形]がおかしい. **b** とんでもない, 途方もない: It is ～ to expect me to believe such stories. そんな話を私に信じさせようなんてとんでもないことだ. **2** 《方言》 下品な, 見苦しい, みだらな. **～·ly** *adv.* **～·ness** *n.*

ríd·ing¹ 〖ME〗 ── *n.* **1** 乗ること, 乗馬: take a ～ 馬[馬車]に乗る / *Riding* is a very healthy exercise. 乗馬は非常に健康に良い運動である. **2** (森の中の[森に沿った])騎道, 馬場. **3** [形容詞的に] **a** 乗馬の, 乗馬用の: ～ lessons 馬術の稽古(けいこ) / a ～ suit 乗馬服 / ～ togs 《俗》 婦人乗馬服 / a ～ road 乗馬道 / ⇨ riding-coat, riding crop. **b** 〈農機・農具など〉乗って操作するように作られた: a ～ plow.

ri·ding² [ráɪdɪŋ] 〖《12C》 *redyng* 《変形》 ← lateOE *þriding, *þriðing □ON *þriðjung-r* third part ← *þriði* 'THIRD': ⇨ -ing³: *North* [*East*, *West*] *Riding* のように -*t*(*h*) の後で語頭の *th*- が消失〗 *n.* [通例 R-] 〖英史〗 ライディング: **1** イングランド旧 Yorkshire 州を北・東・西に三分した行政区画《1974年の行政区再編成でこの名称は廃止された》: the Three *Ridings* ヨーク全州. **2** 連合王国または植民地におけるイングランドの riding に類似した行政区画: **a** ニュージーランドの同様の区画. **b** カナダの選挙区.

ríding bìtts *n. pl.* 〖海事〗 繋船ビット《もと投錨した船の錨索の根本を留めつないだ短い柱》.

ríding bòot *n.* [通例 *pl.*] 乗馬靴 (cf. top boot).

ríding brèeches *n. pl.* 乗馬ズボン.

ríding-còat *n.* 乗馬用上着, (特に)乗馬用外套(がいとう).

ríding cròp *n.* 乗馬用鞭(むち) (⇨ crop B 6 b).

ríding hàbit *n.* (特に, 婦人用の)ズボン・靴・ジャケットなどの乗馬服一式.

ríding hòod 〖《15C》〗 *n.* 乗馬用フード, 頭巾《乗馬または戸外用に婦人・子供が用いたかぶりもの》.

ríding làmp [**lìght**] *n.* 〖海事〗 = anchor light.

ríding màster *n.* 馬術教師, (特に)騎兵隊馬術教官.

ríding rhỳme 〖この韻律を Chaucer が騎馬巡礼者が語る *The Canterbury Tales* に用いたことから〗 *n.* 〖詩学〗 = heroic couplet.

ríding sàil *n.* 〖海事〗 船が投錨中などに船首を風上に向けておくため, 後部マストに揚げる小形縦帆.

ríding schòol *n.* 乗馬学校, (特に)陸軍馬術練習所.

ríding whìp *n.* 乗馬用鞭(むち) (riding crop).

rid·ley [rídli | -lɪ] 〖← ? *Ridley* (人名)〗 *n.* 〖動物〗 ヒメウミガメ (*Lepidochelys kempii*)《米国大西洋岸産のウミガメ; bastard turtle ともいう》.

Rid·ley [rídli | -lɪ], **Nicholas** *n.* (1500?-55) London の主教, 英国国教会の宗教改革者; Mary 一世の治世に殉教.

ri·dot·to [rɪdɑ́ːtou, rə-, -dɔ́(ː)t- | rɪdɔ́təu; *It.* ridɔ́tto] 〖□It. ～ 'resort': ⇨ redoubt〗 ── *n.* (*pl.* ～**s**) **1** (18世紀に行なわれた)社交親睦会; (特に, 仮面をつけての)舞踏音楽会. **2** 〖音楽〗 = reduction 15.

rie·beck·ite [ríːbekàɪt] 〖□G *Riebeckit* ← *Emil Riebeck* (*d.*1885: ドイツの採鉱家・探検家): ⇨ -ite¹〗 ── *n.* 〖鉱物〗 曹閃(そうせん)石, リーベック閃石 ($Na_2Fe_5Si_8O_{22}(OH)_2$).

riel [ríːl] 〖《変形》? ← Arab. *riyal* ∥ Sp. *real*: cf. rial¹, real²〗 *n.* リール《カンボジアの通貨単位; = 100 sen; 記号 CR》; 1リール白銅貨[紙幣].

Rie·mann [ríːmɑːn, -mən; G. ríːman], **Georg Friedrich Bernhard** *n.* リーマン《1826-66; ドイツの数学者; 非ユークリッド幾何学の創始者》.

Rie·mán·ni·an geómetry [riːmɑ́ːniən-, -mǽn- | -nɪən-] 〖← *G. F. B. Riemann*〗 ── *n.* 〖数学〗 リーマン幾何学: **1** G. F. B. Riemann の非ユークリッド幾何学; 三角形の内角の和が2直角よりも大きくなるようなもの; elliptic geometry ともいう. **2** ユークリッド空間 (Euclid space) を一般化した空間の微分幾何学.

Ríemann ìntegral 〖← *G. F. B. Riemann*〗 ── *n.* 〖数学〗 リーマン積分《区間を小区間に分割した時の, それら小区間の長さとそれらの1点での関数値の積の総和の極限値として定められる積分》.

Ríemann sphère 〖← *G. F. B. Riemann*〗 ── *n.* 〖数学〗 リーマン球面《半径1の球面の南極にガウス平面 (Gauss plane) を原点で接せしめ, 北極と点 $x+yi$ とを結ぶ線分と球面との交点に複素数 $x+yi$ を, また北極に ∞ を付随せしめたもの》.

Ríemann-Stíel·tjes ìntegral [-stíːltʃɪz-; *Du.* -stíːltjəs-] 〖← *G. F. B. Riemann* + *T. J. Stieltjes* (1856-94: オランダの数学者)〗 ── *n.* 〖数学〗 リーマンスティールチェス積分《一つの関数を定めておき, 区間と小区間に分割した時のそれら小区間での関数の増し高とそれらの1点での被積分関数の値との積の総和の極限値として定められる積分》.

Ríemann sùrface 〖← *G. F. B. Riemann*〗 *n.* 〖数学〗 リーマン面《複素多価関数を一価関数とみなすため, その定義域として構成される曲面》.

Ríemann zéta fùnction 〖← *G. F. B. Riemann*〗 *n.* 〖数学〗 リーマンのゼータ関数 (⇨ zeta function).

Rie·men·schnei·der [ríːmənʃnàɪdə | -də(r; G. ríːmənʃnàɪdɐ], **Til·man** [tílman] *n.* リーメンシュナイダー《1460?-1531; ドイツの彫刻家; 彩色木彫に秀れる》.

Rien·zi [riénzi | riéntsɪ; *It.* rjéntsi], **Co·la di** [kóːla di] *n.* リエンツィ《1313?-54; ルネサンス期ローマの平民出身の政治家; 本名 Niccolo Gabrini; Rienzo [rjéntso] ともいう》.

Ries·ling [ríːzlɪŋ, ríːs-] 〖□G ～ ← 《古》 *Rüssling* ← ?〗 ── *n.* リースリング: **1** 〖園芸〗 ブドウの品種名. **2** リースリング種のブドウで作ったラインワイン風の辛口の白ぶどう酒.

Ries·man [ríːsmən], **David** *n.* (1909-) 米国の社会学者; *The Lonely Crowd* (1950).

riet·bok [ríːtbɑ̀k | -bɔ̀k] *n.* 〖動物〗 = reitbok.

RIF [ríf] 〖《頭字語》← *R*(*eduction*) *i*(*n*) *F*(*orce*)〗 *n.* 《米》 (特に, 財政的理由による政府関係組織の)人員削減; (人員削減による, 公務員の)解雇通知.

Rif [ríf], **Er** [ɛə | ɛə] *n.* リフ《アフリカ北西部 Morocco 北部の海岸の山岳地帯; the Rif ともいう》.

ri·fa·ci·men·to [riːfɑ̀ːtʃɪméntou | -təu; *It.* rifàtʃiménto] 〖□It. ～ ← *rifare* to remake ← *ri*- 'RE-' + *fare* (< L *facere* to make)〗 ── *It. n.* (*pl.* **-men·ti** [-tiː; *It.* -ti], ～**s**) (文学作品・楽曲などの)改作.

ri·fam·pi·cin [raɪfǽmpəsɪn, -sən | -sɪn] 〖← RIF(AMYCIN) + AMPIC(ILL)IN〗 *n.* 〖薬学〗 リファンプシン《結核菌などに対する半合成の抗生物質》.

ri·fa·my·cin [rɪ̀fəmáɪsn̩ | -sɪn] 〖← *rifa*- (← *r*(*eplication*) *i*(*nhibiting*) *f*(*ungus*)) + -MYCIN〗 ── *n.* 〖薬学〗 リファマイシン《南フランスの松林の中の土から単離した菌 (*Streptomyces mediterranei*) の発酵作用によって生じた抗生物質》.

rife [ráɪf] 〖lateOE *rȳfe* abundant □ ? ON *rīf-r* ← Gmc *rif- (Du. *rijf*) ← IE *rei- to cut, tear, scratch〗 ── *pred. adj.* (**rif·er**; **-est**) **1** 〈悪疫・うわさなど〉流行して, 一般に行なわれて, 広まって: grow [wax] ～ with …が大流行となる / Typhoid fever is ～. チフスが流行している / Theories were ～ as to [concerning, that] …に[…という事に]関して様々な憶測が行なわれた / Existentialism was ～ among the students in those days. 当時学生の間には実存主義がもてはやされた. **2** 多い, おびただしい; 〔…に〕富む, 〔…が〕多い〔*with*〕: The air is ～ *with* rumors. 盛んにうわさが飛んでいる. **～·ly** *adv.* **～·ness** *n.*

riff¹ [ríf] 〖《短縮》← REFRAIN²〗 〖ジャズ〗 ── *n.* リフ, 反復楽節[句]《2ないし4小節, 時としてはさらに長く強いリズミカルな楽節; 伴奏部に現われることが多い》. ── *vi.* リフを演奏する.

riff² [ríf] *v.* = riffle¹.

Riff¹ [ríf] *n.* = Er Rif.

Riff² [ríf] 〖土語〗 *n.* リフ族の人 (Riffian)《モロッコ北部沿岸の山地 (Er Rif) に住むベルベル人 (Berber)》.

Riff·i·an [rífiən | -fɪən, -fjən] *adj.* リフ族の. ── *n.* リフ族の人.

rif·fle¹ [rífl̩] 〖《混成》← RIPPLE¹ + RUFFLE¹〗 ── *n.* **1** 《米》 **a** (川の)流れの速い所, 早瀬. **b** (水面の)さざ波. **2** 〖トランプ〗 リッフル《トランプ札の切り方; 一組を二つに分け, 双方の端に拇指を当てぱらぱらとやって交互に混ぜる》. ── *vi.* **1** さざ波が立つ. **2** 〈人・指などが〉〔本のページなどを〕ぱらぱらとめくる〔*through*〕: He ～*d through* a pile of papers on the desk and abstracted one. 机上の書類の束をぱらぱらとめくって一通を抜き出した / His fingers ～*d* neatly *through* typewritten pages. タイプしたページを指先がぱらぱらと手際よくめくった. ── *vt.* **1** …にさざ波を立てる. **2 a** 〈本のページなどを〉ぱらぱらとめくる. **b** 〖トランプ〗 〈トランプ札を〉二つに分けて両方からぱらぱらと切り混ぜる (cf. ruffle¹ *vt.* 5 b, shuffle 4 b). **3** 〈小さい物を〉指につまんでもてあそぶ.

rif·fle² [rífl̩] 〖← ? RIFFLE¹〗 *n.* 〖鉱山〗 **1** (砂金採集用流鉱どいに付けた)溝(みぞ), 桟(さん). **2** (砕いた鉱石などを)より分ける装置[ホッパー].

rif·fler [ríflə, -flə | -flə(r, -fl-] 〖《変形》← F *rifloir* ← *rifler* to scrape (↓)〗 *n.* 〖機械〗 波形やすり《打型彫刻などに用いる先の曲がった小型やすり》.

riff·raff [rífræ̀f] 〖《*a*1470》← ME *rif and raf* every particle 《部分訳》← OF *rif et raf* completely ← OF *rifler* 'to plunder, RIFLE²' + *raffe* a sweeping (cf. raffle¹)〗 ── *n.* **1** [the ～] **a** 下層階級[社会], 下層民. **b** (人間の)くず, くず人間. **2** 《方言》 くず, がらくた, つまらぬ物.

ri·fle¹ [ráɪfl̩] 〖n.: 《*a*1751》← ? *rifle*(*d*) *gun*. ── v.: 《1635》□F *rifl-er* (↓): cf. LG *rifeln* to groove ← *rive*, *riefe* groove〗 ── *n.* **1 a** 施(し)線火器 (cf. smoothbore). **b** ライフル銃, 小銃, 施条銃, 施線銃. **c** 施条

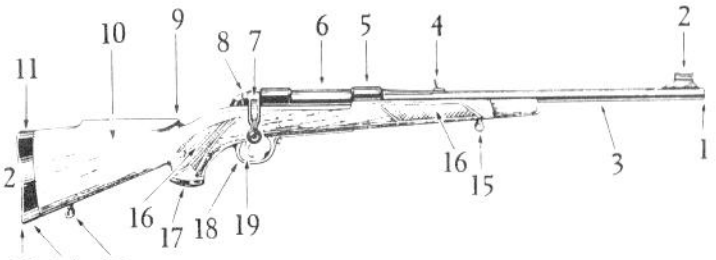

rifle¹ 1 b

1 muzzle; 2 front sight; 3 barrel; 4 rear sight; 5 receiver; 6 bolt; 7 bolt handle; 8 safety; 9 point of comb; 10 stock; 11 heel; 12 butt; 13 toe; 14 butt plate; 15 sling swivel; 16 checkering; 17 grip; 18 trigger guard; 19 trigger

砲, 施線砲, 無反動砲. **2** [*pl.*]〘軍事〙ライフル銃隊. **3**《古》(銃身・砲身などの筒の内側に施した)腔線, ねじれ溝, 旋条. **— *vt.* 1**〈銃砲〉に旋線する, 施条する: ～ a gun barrel. **2**〘← n.〙《口語》(投げたり, バットで打ったりして)〈ボールを〉すごい勢い[速さ]で飛ばす.

ri·fle² [ráɪf!] 〘《*c*1333–52》*rifele(n)* ◻ OF *rifl-er* to plunder, graze, scratch ← ?: cf. Du. *riffelen* to scrape〙 **— *vt.* 1**〈場所・人などを〉くまなく捜して物を奪う: The burglars ～*d* the large safe and made off with their booty. 強盗どもは大金庫の中身を奪い獲物を持って逃げ去った. **2** 略奪する; 奪う, 盗む. **— *vi.*** (くまなく捜して)略奪する, 盗む.

ríﬂe·bird〘その鳴き声が弾丸が風を切って飛ぶ音に似ていることから〙**— *n.*** 〘鳥類〙ハシナガクロフウチョウ (*Ptiloris paradisea*)《New Guinea 島産のフウチョウ (bird of paradise) の一種》.

Ríﬂe Brigàde *n.*《英》ライフル旅団《第60ライフル連隊や近衛ライフル大隊などで編成》.

rífle còrps *n.* (昔の志願兵による)ライフル銃隊.

ri·fled *adj.*〈銃砲が〉腔線(ｾﾝ)[旋条(ｼﾞｮｳ)]を施した, 施線[施条]の;〈弾丸が〉腔線[旋条]に合うようにされた: a ～ gun.

rífled slúg *n.* 旋条散弾《散弾銃の銃身を通り抜ける時に回転を生じ, 精度が高まるように螺旋(ﾗｾﾝ)の山を施したもの》.

rífle gréen〘rifleman の軍服の色〙*n.* 暗緑色. **— *adj.*** (*also* **rífle-gréen**) 暗緑色の.

rífle grenàde *n.*〘軍事〙小銃擲(ﾃｷ)弾《銃口に取り付けて特別な薬莢(ｷｮｳ)によって発射する手榴弾》.

rífle gùn *n.*《古》=rifle¹ *n.* 1.

rífle·man [-mən | -mən, -mæ̀n] *n.* (*pl.* **-men** [-mən, -mèn]) **1** 小銃手[兵], ライフル銃兵, ライフル銃隊員. **2** ライフル銃の名手. **3**〘鳥類〙=riflebird.

ríﬂeman bìrd〘その羽が英国の志願ライフル銃隊の制服に似ていたことから〙**— *n.*** 〘鳥類〙モリサザイ, ライフルマン (*Acanthisitta chloris*)《ニュージーランド産の緑青銅色の羽毛をもつ小型の鳥》.

rífle pìt *n.*〘軍事〙射撃壕(ｺﾞｳ), 小銃手用個人壕, 散兵の各個掩(ｴﾝ)体.

rí·fler [-flə, -fl̩ə | -flə(r, -fl̩ə(r]〘ME〙*n.* 強奪者; 強盗.

rífle rànge *n.* **1** ライフル銃[小銃]射撃(練習)場, 射的場. **2** ライフル銃の着弾距離, ライフル銃射程.

ri·fle·ry [ráɪf!ri | -rɪ]〘⇨ -ry〙*n.* **1** ライフル(銃)射撃(術), ライフル(銃)射撃競技. **2** 射撃の腕前.

rífle·scope [ráɪf!skòup | -skəup]〘← RIFLE¹+-SCOPE〙*n.*《米》ライフル銃望遠照準装置.

rífle·shòt *n.* **1** ライフル銃による射撃. **2** ライフル銃射程. **3** ライフル銃射手; 上手な射手.

rí·fling [-flɪŋ, -fl̩-] *n.* **1** (銃身[砲身]の内側に)腔線(ｾﾝ)[旋条]を施すこと. **2** 施線, 施条.

rift¹ [ríft]〘《*a*1325》← ON (cf. Icel. *ript* / Norw. & Dan. *rift* cleft, chink): cf. rive〙**— *n.* 1** 切れ目, 切り口, 切れ間; 裂け目, 割れ目. **2** (友好関係の)断絶; (そのような断絶のもととなる)信条・利害などの相違. **3** 丸太を放射状に裂いて[切って]作った木材《柾目(ﾏｻﾒ)板がとれる》. **4**〘地質〙**a** 断層. **b** 断層に沿った谷. **5**〘石工〙石目《岩石, 特に花崗(ｺｳ)岩中で外力を受けると割れやすい方向》.

a* (*little*) *rift* (*with*)*in the lute 不和[分裂, 狂気]のきざし (cf. Tennyson, *Idylls of the King*, '*Merlin and Vivien*').

— *vt.* [通例 p.p. 形で] 裂く, 割る: clouds ～*ed* by lightning. **— *vi.*** 裂ける, 割れる.

rift² [ríft]〘ME *rifte(n)* ◻ ON *rypt-a*〙*vi.*《方言》**1** げっぷをする. **2** おならをする.

rift³ [ríft]〘← ?《廃》*riff*《変形》← REEF²: RIFT¹ と連想〙*n.* (急流の)浅瀬; (川中の)岩場.

ríft·less *adj.* 切れ目[割れ目]のない.

ríft sàw *n.*〘林業〙(製板用の)薄切り鋸(ﾉｺ).

ríft-sàwed *adj.*〘林業〙**1** 柾目(ﾏｻﾒ)に挽(ﾋ)いた. **2** (丸材を板にする前に)縦に四つ割りにした, 四つ割り材にした.

ríft-sàwn *adj.*〘林業〙=rift-sawed.

ríft válley *n.*〘地理〙裂谷, 地溝(谷)《ほぼ平行して走る2本の断層(群)によって, その間の地盤が陥没してできた細長い谷状の低地; graben ともいう》.

Ríft Válley *n.* [the ～] =Great Rift Valley.

Ríft Válley fèver〘← *Great Rift Valley*〙*n.*〘獣医〙リフトバレー熱《アフリカ東部に見られるウイルスによる羊・やぎなどの肝炎》.

rift·y [ríftí | -tɪ] *adj.* 裂け目[割れ目]のある[多い].

ríft zòne *n.*〘地質〙地割れ地帯, リフト帯《地殻に張力性の力が作用してできた大きな裂け目地帯》.

rig¹ [ríg]〘《*c*1489》← ? ON (cf. Norw. *rigga* to wrap round / Swed.《方言》*rigga på* to harness)〙**— *v.*** (**rigged**; **rig·ging**) **— *vt.* 1 a**〈船〉に出港の用意をする,〈帆船を〉装備する, 艤装(ｷﾞｿｳ)する. **b**〈帆柱・帆桁(ﾎｹﾀ)など〉に索具を装着する. **c**〈飛行機〉の各部を装備[組立て調整]する. **2** 支度する, 用意する, 装備する〈*up*〉〔*with, in*〕. **3** …に身支度をさせる, 着飾る, 目立った[異様な]服装をさせる〈*out*〉: ～ oneself *out* 着飾る / She was ～*ged out as* a boy. 彼女は男の子の服装をしていた. **4 a** 一時しのぎに建てる, 間に合わせに造る, 急ごしらえする〈*up*〉: ～ *up* a tent テントを急設する. **b**〈機械・機具・乗物など〉に手を加える, 手直しする. **— *vi.*** 《廃》〈船が〉索具を装着する, 出港準備をする.

rig down〈ロープ・船具・索具などを〉取りはずす,〈装備を〉解く.

— *n.* 1 (船の)帆装, 艤装, 装備: ⇨ schooner rig. **2** 支度, 準備. **3** 衣服; 身なり, 服装; 目立った[異様な]いでたち; (物の)外見, 様子. **4**《米口語》**a** 馬をつけた[支度を整えた]馬車; 馬車. **b** トレーラートラック. **5 a** (広く)道具類, 装備(品). **b** 釣道具. **c** (油井などの)鑿井(ｻｸｾｲ)機械, 鑿岩機械.

in full rig (1) 完全帆装で. (2)《口語》盛装して, めかし込んで. ***the cut of a person's rig*** ⇨ cut 成句.

rig² [ríg]〘《1725》← ? *rig* to wanton ← ?〙**— *n.* 1**《英》奇計, 計略; 詐欺, いんちき. **2**《英》いたずら, 悪ふざけ: run a [the] ～=run (one's) ～(*s*) いたずらをする, ふざける〔*upon*〕. **3**〘商業〙(買占めなどによる)市場操作. **— *vt.*** (**rigged**; **rig·ging**) **1** 不正手段で操る[操作する]; ごまかす, 一杯食わす: ～ an election 選挙に不正運動をする[干渉する] / ～ a committee 委員会を操る / ～ the market price 相場を操る. **2** (参加者に解答をあらかじめ教えておいて)〈クイズ番組を〉スムーズに進める: ～ a quiz program.

Ri·ga [ríːgə; *Russ.* rjígə] *n.* リガ《ソ連邦西部, Riga 湾に臨む Latvia 共和国の首都; 人口 827,000》.

Riga, the Gulf of *n.* リガ湾《バルト海 (Baltic Sea) 東部の湾; Latvia 共和国と Estonia 共和国の間》.

rig·a·doon [rìgədúːn]〘《1691》◻ F *rigodon, rigaudon* ← ? *Rigaud* (この踊りを始めた Marseilles のダンス教師)〙**— *n.* 1**〘ダンス〙リゴドン《17–18世紀に流行した $^2/_4$ または $^4/_4$ 拍子の快活な二人舞踏》. **2** リゴドンの曲.

rig·a·ma·role [rígəmərə̀ul | -rə̀ul] *n.* =rigmarole.

rig·a·ree [rígəriː, ←−⌐]〘← ?〙*n.*〘ガラス製造〙《酒つぎびん (decanter) などにガラス細糸を溶かしつけた)並行縦線浮き出し模様.

rig·a·to·ni [rìgətóunì | -tə́unɪ]〘◻ It. ～ (pl.) ← *rigato* (p.p.) ← *rigare* to draw a line ← *riga* line ← Gmc (cf. OHG *rīga* line)〙**— *n.*** (*pl.* ～) リガトーニ《大型で縦溝つきの曲がった形のマカロニ; 詰めものをし, ソースをかけることが多い》.

ri·gau·don [rìgo(u)dɔ́ː(ŋ), -dɔ́(ː)ŋ | -gə(u)-; *F.* rigodɔ̃] *n.* =rigadoon.

Ri·gel [ráɪdʒəl, -gəl, rídʒəl | ráɪgəl]〘◻ Arab. *rijl* foot: 星座中で Orion の左足にあることから: cf. regulus 2〙**— *n.*** 〘天文〙リゲル《オリオン座の β 星で, 青味を帯びた0.2等星》.

rigg [ríg]〘《方言》← ?〙*n.*《英》〘魚類〙=dogfish 1.

rigged [rígd]〘⇨ rig¹〙**— *adj.*** [複合語の第2構成素として] …式帆装の: barque-*rigged* バーク式帆装の / full-*rigged* 全帆装の / schooner-*rigged* スクーナー式帆装の / square-*rigged* 横帆式帆装の, 横帆装置の.

ríg·ger¹〘⇨ rig¹〙**— *n.* 1** (船の)索具装着者, 綱具員, 艤装(ｷﾞｿｳ)者, 装備者. **2** (索具などの)巻揚げ係. **3** (航空機の)組立て整備工. **4** 準備係, 支度係. **5** 吊(ﾂﾘ)足場《物が落下して通行人に危害を与えないようにするための(建築場の)板囲い・吊床(ﾄｺ)など》. **6** [複合語の第2構成素として] …式の帆装を有する船: square-*riggers*. **7**〘機械〙帯輪, 帯車. **8**〘絵画〙(油絵用の)先のとがった長い絵筆. **9**〘海事〙=outrigger 1.

rig·ger²〘⇨ rig²〙*n.* 相場を操る人, 買いあおる[売りたたく]人; 不正を働く人.

rig·ging¹ [rígɪŋ, -gɪn, -gən | -gɪŋ]〘《15C》〙**— *n.* 1**〘海事〙(船の綱や鎖などを総称して)索具: **a** 操帆装置, 艤装(ｷﾞｿｳ). **b** マストの横静索(ｾｲｻｸ). **2** 衣服, 衣類. **3**〘劇場〙(舞台装置を動かすための)綱具類, 仕掛け (cf. rigging loft 2).

rig·ging² [rígɪŋ] *n.*《スコット》屋根; (屋根の)棟(ﾑﾈ).

rígging bàtten *n.*〘海事〙=scotchman.

rígging lòft *n.* **1** (造船所内の)索具工場. **2**〘劇場〙背景仕掛け場《舞台の天井にある》.

rígging plàn *n.*〘造船〙帆装図, 索具装置図.

rígging scréw *n.*〘海事〙リギングスクリュー: **1** ロープやワイヤーを, 鉄輪 (thimble) などを回って, 折り曲げて取り付ける作業などの時使う締めつけ用具. **2**《英》=turnbuckle.

Ríggs' disèase [rígz-]〘← *J. M. Riggs* (1810–85: 米国の歯科医)〙*n.*〘歯科〙歯槽膿漏(ﾉｳﾛｳ) (pyorrhea alveolasis).

right [ráɪt]〘adj. & n.: OE *riht, reht* < Gmc **rextaz* (Du. & G *recht* / ON *rēttr*) ← IE **reg-* 'to move in a straight line, lead, RULE' (L *rēctus* straight / Gk *orektós* upright). — adv. & v.: OE *rihte* (adv.) & *rihtan* (v.) ← (adj.): cf. erect, rector, region〙**— *adj.* A** (↔ wrong) **1 a** 正義にかなった, 公正な (righteous): a ～ man. **b** (道徳上または世間一般の通念からみて)正しい, 正当な, 当然の: ～ conduct 正しい行為 / act a ～ part 正しい行為をする / do the ～ thing by …に義務を果たす / It is ～ that one should speak well of the absent. いない人をほめるのはよいことである. **c**〈人が〉(考え方・判断・意見などにおいて)正しい, 当を得た: You are perfectly ～. 君の言うことは全く正しい, 君の言う通りだ / He is always ～. 彼の言動に間違いはない / *Right!* =*Right* you are! 君の言う通りだ, ごもっとも; [提議・命令に答えて] よろしい, 承知した / *Right* oh! ⇨ righto / It was quite ～ of you to refuse the offer.=He was ～ *in* refusing the offer. 彼がその申し出を断わったのは全く当然だった. **2 a** 事実[道理]に合った, 間違いのない, 正しい; 正確な, 的確な: the ～ answer 正答 / get it ～ はっきり理解する; はっきりさせる / Can you tell me the ～ time? 正確な時間を教えていただけませんか / Is your watch ～? 君の時計は合っていますか / He does not do it the ～ way. 彼のやり方は間違っている / ～ or wrong 正しくても間違っていても, どうしても, ぜひ / That's ～.《口語》そうです, その通り / Is that ～?=*Right?*《口語》わかりましたか, いいですか / Your opinion is ～ enough. 君の意見は至極もっともだ. **b**〈道など〉正しい方向に導く[行く], 正しい: take the ～ road 道を間違えない / go in the ～ direction 正しい方向に行く / Tell me the ～ way to your house. お宅へ行く道順を教えて下さい / See that you take the ～ train. 列車を間違えないようにしなさい. **3** 適当な, 適切な; 当然の, 正常な: ⇨ all right / the ～ thing to say 適切な言葉 / the ～ man in the ～ place 適材適所 / at the ～ time [moment] ちょうどよい時に / Pay what you think ～. いいと思うだけ払って下さい / His heart is in the ～ place. 彼の心は正常である, 彼は親切な人だ / He took the ～ way to offend us. ちょうど我々を怒らすような方法を取ったのだ. **4** 望み通りの, おあつらえ向きの, 申し分のない, 好都合な: All will be ～. 万事うまく行くでしょう / I found them all ～. みんな異状がなかった[ちゃんとしていた, よかった] / The weather is just ～ for traveling. 天気は旅行に持って来いだ, 絶好の旅行日和だ / All's ～ *with* the world. 世界は万事申し分がない《Browning 作の詩 *Pippa Passes* 中の句》/ She's ～.《豪口語》それでよい[結構だ] (That's all right.) / She'll be ～.《豪口語》それでよかろう. **5** 整っている, 整然とした, 順序正しい: put [set] things ～ 物を整頓する. **6 a** 体の調子がよい, 健康な: I am all ～ again. 健康が回復した / I am not [don't feel] quite ～. どうも体の調子が悪い / Are you ～ now? 具合はいいか, 病気は直ったか. **b** 正気の, 正常な: He is (quite) ～ in his [the] mind [senses].=He is (quite) in his ～ mind [senses]. 彼は正気[まともな人]だ / He is not (quite) ～ in his [the] head. 頭が狂っている. **7** 表の, 表面の, 正面の: the ～ side of the fur 毛皮の銀面[表側] / the ～ side up 表を上にして / a fault on the ～ side 表に出ているきず[あら]. **8** 直立した; (円錐・円柱・プリズムなどの)底面が軸と直交する, 直角の[を含んだ]: a ～ pyramid 直角錐(ｽｲ) / ⇨ right angle, right triangle. **9**《古・口語》正当な; 本当の, 真正の, 真実の: the ～ author 真実の著者 / the ～ account of a matter 事件の真相 / the ～ heir 正しい後継者. **10**《古》まっすぐな (straight): a ～ line 直線.

B (↔ left) [主に Attributive に用いて] **1** 右の, 右方の, 右側の, 右にある;〘野球〙右翼の: the ～ bank (川下に向って)右岸 / ⇨ right hand. **2** [しばしば R-] (政治上の)右派の, 右党の (cf. n. B 2); 保守主義の, 国家主義の: ⇨ right wing 2. **3**〘数学〙右の, 右側の《集合や元に右側から作用することに関していう; ↔ left》: a ～ inverse 右逆元 / a ～ module 右加群.

get right (1) ⇨ A 2 a. (2) 正常な状態にする[なる]. ***on the right side of*** ⇨ side 成句. ***put* [*set*] *right*** (1) ⇨ A 5. (2) 矯正[訂正]する. (3) 再び健康にする, 直す: A good sleep will *put* you ～. ぐっすり寝たら直るよ. ***put* [*set*] *oneself right***〔人に〕自己を正しいと主張する〔*with*〕. ***Too right!***《豪口語》[強い同意などを表わして] 全く, その通り; よろしい, 結構, オーケー.

— *adv.* A 1 正しく, 公正に, 正義にかなって: act ～ 正しく行動する. **2** 正確に, 誤りなく, 的確に: answer ～ 正しく答える / do the sum ～ 正しく運算をする / if I remember ～ 私の記憶に誤りがなければ, 確か (cf. rightly 2). **3 a** 適当に, 当を得て, ふさわしく, うまく, 当然: do a thing ～ うまく事をする / work ～〈機械などが〉うまく作動する, 調子がよい / ⇨ SERVE *a person right*. **b** 望み通りに, おあつらえ向きに, 申し分なく, 都合よく, うまく: turn out ～ 都合よくなる / come ～ 都合よくなる / go ～ うまく行く / set oneself ～ with another person 他人とうまくやって行く[協調する] / Nothing goes ～ with me. 何一つうまく行かない / All will come ～ in the end. 結局は万事うまく解決するだろう. ★ これらの例における right は *adj.* とも見られる. **4 a** 全く, すっかり: He took the door ～ off the hinges. 彼は蝶番(ﾁｮｳﾂｶﾞｲ)から戸をすっかり外してしまった / I will blot these letters ～ out. これらの文字をすっかり消してしまおう / be rotten ～ through すっかり腐っている / turn ～ round 体をぐるりと回す / with a veranda ～ round the house 家の四方にぐるりと縁側をめぐらして. **b** ずっと: go ～ to the end 果ての果てまで行く / ～ through the winter 冬中ずっと. **c** まっすぐに, 真一文字に: I went ～ at him. 彼を目がけて真一文字に進んだ / go ～ on 直進する / The ship sank ～ to the bottom. 船はずんずん底へ沈んで行った. **5** [前置詞・副詞の前で] ちょうど, きっかり: ～ after lunch 昼食のすぐ後で / ～ against …の真向こうに / ～ before me 私の真ん前に / ～ here ちょうどここに, この場で; 今すぐ, たった今 / ～ there ちょうどあそこに, その場で / ～ now 今すぐ, たった今 / ～ in the wind's eye 真正面から風に向かって / ～ in the middle of one's work 仕事の真っ最中 / ～ on time きっかり時間通りに / ～ opposite 真向こうに, 正反対に / ～ over the way 道の真向こう側に. **6**《口語》すぐ, じきに: I'll be ～ down [back]. すぐに降りて行きます[帰って来ます]. **7 a** 非常に: Make yourself ～ at home. どうぞお楽に / I know ～ well. よく知っています / I am ～ glad to see you. お会いしてとてもうれしい / ⇨ right smart. **b** [敬称として]: the *Right* Honorable ⇨ honorable 4 / the *Right* Reverend ⇨ reverend 2 b / the *Right* Worshipful ⇨ worshipful 1.

B 右に, 右方に, 右側に: turn ~ 右へ回る / Keep ~. [掲示]右側通行 / Eyes ~! [号令] かしら右 / *Right!* 《米》〘海事〙面かじ (cf. starboard *vt.* ★) / *Right* dress! [号令] 右へならえ / *Right* turn! [号令] 右向け右 / *Right* about (face [turn])! [号令] 回れ右 (cf. right-about) / look neither ~ nor left わき目も振らぬ / The crowd divided ~ and left. 群衆は左右に分かれた.
right along (1) (その間)ずっと: work ~ *along.* (2) 順調に; 遅れずに, どんどん: The car ran ~ *along.* 車は順調に走った / Go ~ *along.* どんどん先へ行きなさい. ***right and left*** (1) 右へ左に, 左右に (⇨ B). (2) そこにもここにも; まわり中で[に], あちこちに, いたる所で: He was abused ~ *and left.* 彼はあっちからもこっちからも悪く言われた. ***right away*** [***off***] すぐさま, ぐずぐずしないで. ***right, left, and center*** 四方八方に, いたる所で. ***right on*** 〘Black Panther 党の掛声から〙《口語》[間投詞的に] (1) よーし, そうだそうだ, 賛成. (2) しっかりやれ, がんばれ. ***right out*** (1) 包み隠さずに, 率直に: He told me ~ *out* that he did it. 自分がやったと率直に語ってくれた. (2)《廃》全く, すっかり.
— *n.* **A** (↔ wrong) **1 a** (道徳的に)正しいこと, 正当, 正義, 正道; 公平: the difference between ~ and wrong 正邪の別 / ~ and might 正義と力 / defend the ~ 正義を擁護する / keep to the ~=keep on one's ~ 正道を歩む (cf. B 1 a) / Might is ~. 《諺》力は正義である,「勝てば官軍」. **b** 正義にかなった行為[扱い]; 正しい[公正な]行為[扱い]; 正しい考え方: be in *the* ~ 道理がある, 考えが正しい / do a person ~=do ~ by a person 人を公平に取り扱う[正当に判断する]. **2 a** 正確, 的確: in the ~ 正しく, 正確に. **b** [通例 *pl.*] (事の)真相: the ~*s* of the matter [case affair] 事[事件, 件]の真相. **3** [*pl.*] 本来の状態[秩序, 健康]: set [put]...*to* ~*s* ...を整頓する / set the world to ~*s* 《口語》天下国家を論じる, 気炎を上げる / bring...*to* ~*s* ...を本来の状態にする, 直す, 正す / He is always setting people *to* ~*s.* 彼はしょっちゅう人をとがめている. **4 a** 正当な要求; (法的・政治的な)権利, 人権; 公民権: civil ~*s* 民権, 公民権 / ⇨ absolute right, legal right, natural right, DIVINE right of kings / claim a ~ *to* the use of land 土地を使用する権利を主張する / have a [the] ~ *to* do [*of* do*ing*] 当然...してさしつかえない, ...してもよろしい, ...すべき理由がある / have no ~ to do [*of* do*ing*]... 全然...する資格がない, 決して...すべきでない / have no [a, the] ~ *to* ... を要求する権利がない[ある] / You have a ~ *to* my service. 君のためなら私は何でもしなければならない / the ~ of the strongest 強者の権力《弱肉強食》/ stand on [assert] one's ~*s* 自己の権利を主張する / within one's ~*s* 自分の権利[枠]内で, のりを越えずに / Admiration is her ~. 彼女が称賛を受けるのは当然だ / the bill of ~*s* ⇨ bill³. **b** [時に *pl.*] (有形無形を問わず)ある財産に対して個人・集団または事業が有している権利, 所有権, 利権. **c** (権利として所有しているまたは要求できる)もの, 財産; その価値. **5** [しばしば *pl.*]〘証券〙新株引受権《所定の金額を払い込むことにより, 一定数の新株を取得することができるという内容の選択権》.
B (↔ left) **1 a** [the [a person's] ~] 右, 右手, 右方, 右側: turn to *the* ~ 右に曲がる, 右折する / keep on *one's* ~ 右側を進む (cf. A 1 a) / keep to *the* ~ 右側を通行する (cf. A 1 a) / Keep to *the* ~. [掲示] 右側通行 / *on the* [*a person's*] ~ 右側に / turn to *the* ~ about 回れ右をする; 主義・政略などを変じる (cf. right-about) / Close to *the* ~! [号令] 右へつめよ. **b** 右の物, 右に用いる物: Is this glove a ~ or a left? この手袋は右手か左手か. **c** (分かれている所で)右へ曲がる[行く]こと; 右手の道: take the [a] ~ at the fork 二叉になっている道で右の方の道を行く. **d** 〘劇場〙=right stage. **2** 〘⇨ left² (n.) 2〙[通例 the R-] **a** (議会の)右側の席. **b** [集合的] (議会の)右側の席を占める議員たち; 右翼, 右派, 保守派 (cf. left² *n.* 2, center *n.* 6). **3** 〘軍事〙右翼 (right wing). **4 a** 〘スポーツ〙右方の位置; 右方に位置する選手. **b** 〘野球〙右翼 (right field); 右翼手 (right fielder). **5** 〘ボクシング〙右手; 右手の一撃. **6** 右脚《行進のときなどにいう》. **7** 〘海事〙(船の)右舷(げん); 面かじ.
as of right =by RIGHT(*s*). ***bang to rights*** =*dead to* RIGHTS. ***be in right with*** 《米》...の気に入っている, ...に取り入る, ...の気に入る. ***by right*(*s*)** 正しく, 正当に; 当然: That house is now yours *by* ~*s.* あの家は今では(法的にも)当然あなたのものだ / I should *by* ~*s* have refused. 本当なら断わるべきだった. ***by right of*** ...の理由で; ...の権限で: *by* ~ *of* his office 彼の職権で / He reigned *by* ~ *of* worth, not blood alone. 血統だけでなく君主としての立派な資格で統治した. ***dead to rights*** 《俗》現行犯で(捕えられて); 言い逃れの余地がない. ***get in right with*** =*be in* RIGHT *with.* ***in one's own right*** 自己[生得]の権利で, 相続権(など)で; 自己[それ自身]の資質[価値]によって: a queen *in her own* ~ (王妃としてでなく)独自の権利で君臨する女王 (cf. queen consort) / a peeress in her own ~ ⇨peeress 2 / She has a little money *in her own* ~. 自分名義[自身]の金を少し持っている / a statesman *in his own* ~ (天分による)真の政治家 / good music *in its own* ~ 本当にすぐれた音楽. ***in right of*** =*by* RIGHT *of.* ***Mr. Right*** 《米口語・戯言》結婚の相手としてふさわしい男性. ***of right*** =*by* RIGHT(*s*).
right of asylum [the —]〘法律〙被(収容)保護権《政治亡命者・逃亡犯人などが慣習や条約によって認められた大使館・外国などで保護を受ける権利》.
right of common [the —] =common *n.* A 2 a. 「利.
right of privacy [the —]〘法律〙プライバシーの権
right of search [the —]〘国際法〙捜索権《公海上で中立国の船が中立違反の積荷を持つか否かを調査しうる交戦国の権利; right of visit (and search) ともいう》.
right of visit [**visitation**] (**and search**) [the —]〘国際法〙臨検(捜索)権 (⇨ right of search).
right of way [the —] =right-of-way.
rights of war [the —]〘法律〙戦時特権《平和時には違法性を有する特定の行為を, 交戦国に対して許容すること》.
— *vt.* **1** 〈不正・過誤などを〉矯正する, 改善する, 訂正する; 正す, 直す: Wrongs should be ~*ed.* 不正は正すべきである. **2 a** 直立させる, 立てる, 起こす, 正しい位置に戻す, まっすぐにする: ~ a fallen [falling] object 倒れた[倒れかかっている]物を起こす / ~ the helm 〘海事〙(曲げた)かじをまっすぐにする / ~ a capsized ship 転覆した船を再び水平に立て直す. **b** [~ one*self* で] 再び釣合い[バランス]を得る; 足場を回復する, 立ち直る; 再び本来[正常]の状態になる: The ship [airplane] has ~*ed itself* [*herself*]. 船[飛行機]は再び水平に立ち直った / This is a fault that will ~ *itself.* これは自然に直る過失である. **c** 整える, 整理する, 整頓する: ~ the room 部屋を片付ける. **3 a** 〈人〉に権利を回復する; 救済する, 救う: ~ the oppressed 被圧迫者を救う. **b** [~ one*self* で] 弁明する, 名誉を回復する: ~ *oneself* at court 法廷で弁明する.
— *vi.* 〈船などが〉平衡を回復する, 起きる, 本来の位置に戻る.
right·a·ble [ráɪtəbl | -tə-] *adj.* **1** 正す[直す]ことができる. **2** 立て直すことができる; 本来の状態に戻せる. **3** 救済できる.
right-abòut 〘← *right about* (⇨ right (adv.) B)〙 — *n.* **1** [the ~] 反対の方向: turn *to the* ~ 回れ右をする. **2** =right-about-face.
send [***turn, put***] ***a person to the right-about*(*s*)** (1) 〈人を〉追い払う, 退ける, はねつける, 即座に解雇する. (2) 〈軍隊を〉退却させる.
— *adj.* 反対の方向(へ)の: a ~ turn 回れ右; (主義・政策などの) 180 度転換, 転向, 逆転.
— *adv.* 反対の方向に.
right-about-fáce *n.* **1** 回れ右(の号令). **2** (主義・政策などの) 180 度転換; 転向. **3** あわただしい[迅速な]退却. — *vi.* **1** 回れ右をする. **2** (主義・政策などの) 180 度転換をする.
right-and-léft *adj.* **1 a** 左右の. **b** 両手[両足]共用に造った[デザインした]. **2** 〘機械〙左右の《一本の軸の両端に右ねじと左ねじを切ったねじ・ターンバックル・連結パイプなどにいう》. — *n.* 〘ダンス〙ライトアンドレフト《男女が向かい合って立っている時, 向こう側の組と位置を交換する運動》.
right-ángle *adj.* =right-angled.
right ángle 〘ME〙 — *n.* 〘数学〙直角《90 度(の角), $^1/_2\pi$ ラジアン(の角); cf. straight angle, round angle》: *at* ~*s to* [*with*] ...と直角に, と直角をなして / The segment AB is *at* ~*s to* AC. 線分 AB は AC と直角である / The walls stand *at* ~*s with* the floor. 壁は床と直角になっている. 「triangle 直角三角形.
right-ángled *adj.* 直角の, 直角をなした[含む]: a ~
right-angle gàuge *n.* =try square.
right árm *n.* **1** 右腕, きき腕. **2** 最も頼りになる助力者, 右腕,「片腕」.
give one's right arm 《口語》どんな犠牲を払ってもよい (sacrifice anything): I would *give my* ~ *for* a sight of it [just *to* see it]. それを一目見られるならどんなことをしてもよい.
right ascénsion *n.* [the ~]〘天文〙赤経《春分点から赤道に沿って東回りに測った角》.
Right Bánk *n.* [the ~] (Paris の Seine 川の)右岸[北岸](地区) (cf. Left Bank).
right bówer *n.* 〘トランプ〙⇨ bower³.
right-cénter, Right-c- *adj.* (中道政党中で)右寄りの, 保守接近の. — *n.* 中道右派, 中道保守派(のグループ[立場]). 「circular cone).
right círcular cóne *n.* 〘数学〙直円錐 (cf. oblique
right círcular cýlinder *n.* 〘数学〙直円柱 (cf. oblique circular cylinder).
right cóne *n.* 〘数学〙=right circular cone.
right cýlinder *n.* 〘数学〙=right circular cylinder.
right-dówn *adj.* 全くの, 純然たる, 徹底的な: a ~ scoundrel. — *adv.* 全く, 徹底的に. 「正す, 直す.
right·en [ráɪtn] 〘(*c*1340) ← RIGHT (adj.)+-EN¹〙 *vt.*
righ·teous [ráɪtʃəs | -tʃəs, -tjəs] 〘《古形》*rightwos*(*e*), *rightwis*(*e*) < OE *rihtwīs* ← *riht* 'RIGHT'+*wīs* 'WISE²': cf. duteous, bounteous, piteous, etc.〙 — *adj.* **1 a** (道義的に)正しい, 正義の, 公正な; 正直な, 廉潔な: a ~ man [act] 公正な人[正直な行為] / twelve ~ men 12 名の陪審員 (common jury). **b** [the ~; 名詞的に; 複数扱い] 正義の人々. **2** 当然な, もっともな, 無理もない: ~ wrath 義憤 / trembling with ~ anger 無理からぬ怒りに身を震わせて. **~·ly** *adv.*
righ·teous·ness 〘OE *rihtwīsnesse*〙 *n.* **1** 正義, 公正; 正直. **2** 《廃》正しい行為[振舞い].
right·er [-tə | -tə(r)] 〘OE *rihtere* director, ruler〙 *n.* 正す[矯正する]人: a ~ of wrongs 邪悪を正す人, 正義漢.
right-èyed flóunder *n.* 〘魚類〙カレイ科の魚類の総称《righteye flounder ともいう》. 「令).
right fáce 〘⇨ right (adv.)〙 *n.* 〘軍事〙右向け右(の号
right fíeld *n.* 〘野球〙右翼; 右翼手の守備位置.
right fíelder *n.* 〘野球〙右翼手, ライト.
right·ful [ráɪtfəl] 〘OE *rihtful*: ⇨right, -ful¹〙 — *adj.* **1** 〈行動など〉正しい, 正義に基づく: a ~ cause 正義 / a ~ act 正しい行為. **2** 適法の, 合法の, 正当な, 当然の: the ~ owner of the house その家の正当な所有者 / one's ~ position 当然の地位 / the ~ heir (to) (...の)適法の相続人. **3** 適当な, 適した, ふさわしい. **4** 《古》公正な: a ~ judge. **~·ly** *adv.* **~·ness** *n.*
right-hànd *adj.* **1** 右の, 右側の, 右手の: the ~ side [edge] 右側[右端] / a ~ turn 右折 / a ~ engine (航空機の)右回り発動機《プロペラを後方から見て時計回りに回る》/ a ~ drive 〘自動車〙(左側通行に適する)右ハンドル(の車). **2 a** 右手の[を用いる]. **b** 右手で用いる, 右手用の: a ~ glove. **3** =right-laid. **4** 片腕となる, 頼りになる, 大いに役に立つ, 腹心の: ⇨ right-hand man 2. **5 a** 〈ドアなど〉右開きの《右手に蝶番(ちょうつがい)がつき, 向こう側に開くドアにいう》. **b** 〈鍵など〉右開き用の. **6** 〘機械〙=right-handed 5.
right hánd 〘OE〙 — *n.* **1 a** 右手. **b** (友情・親愛・歓迎を示す)握手の手. **2** 最も頼みになる援助者, 腹心, 片腕, 右腕: He's my ~. **3** [the ~] 右側, 右方向, 右方: at [on, to] one's ~ 右側に[の方に]. **4** 栄誉[名誉]の座, 上席; 名誉の地位.
give the right hand of fellowship 交わりの手を差し伸べる, (握手して)仲間に入れる (cf. *Gal.* 2 : 9). ***put one's right hand to the work*** 本気で仕事をする, 仕事に精を出す.
right-hand búoy *n.* 〘海事〙右舷浮標《水路で水源と定められた方に向いて右側であることを示す円錐形頭標をつけた円錐浮標》.
right-hánded 〘ME〙 — *adj.* **1** 右利きの (cf. left-handed): ~ people 右利きの人々 / a ~ pitcher 右腕投手. **2** 右手の, 右手での; 右手用の: a ~ throw 右手投げ / a ~ tool 右手用の道具. **3** 〈なわ・ロープなど〉右撚(よ)りの: a ~ rope 右撚り[Z 撚り]綱. **4** =right-hand 5. **5** 〘機械〙 **a** 右回りの, 時計回りの: a ~ screw 右ねじ. **b** 右旋(性)の: a ~ rotation [revolution] 右回り回転. — *adv.* **1** 右手(用)に, 右回りに, 右の方に. **2** 右手で: bat ~. **~·ly** *adv.* **~·ness** *n.*
right-hánder *n.* **1** 右利きの人; 右腕投手. **2** 右手打ち; (バスケットボール・クリケットなどの)右手投げ, 右手でするスロー.
right-hànd mán *n.* **1** (整列した時に)自分の右隣に並ぶ兵士. **2** 腹心の人物, 片腕, 股肱(ここう)の臣.
right-hànd rúle *n.* [the ~]〘電気〙右手の法則 (⇨ Fleming's rules a). 「ある側).
right héart *n.* 〘解剖〙右心《心臓の右心室と右心房の
right·ing lèver [-tɪŋ- | -tɪŋ-] *n.* 〘造船〙復原てこ《船の重心を通る鉛直線に沿って働く下向きの力と, 浮心を通る鉛垂線に沿って働く上向きの力によって作られる偶力のてこで, 両線間の水平距離と位置関係からして傾斜した船を水平にもどす場合のもの, すなわち傾いた船が元の垂直の姿勢に戻されるために働く力の点で作られるてこ》. 「ト, 復原偶力.
righting mòment *n.* 〘海事・航空〙復原モーメン
right·ish [-tɪʃ | -tɪʃ] *adj.* やや右に寄った. 「義.
right·ism [-tɪzm] *n.* [時に R-] 保守主義, 保守反動主
right·ist [-tɪst, -təst | -tɪst] *n.* **1** [しばしば R-] 保守派[右派]の人 (cf. leftist). **2** 保守主義者. — *adj.* 保守主義の, 右翼の, 右派の; 保守(反動)的な.
right-láid *adj.* 〈なわ・ロープなど〉右撚(よ)りの.
right·less *adj.* 権利のない[を奪われた]; 資格のない.
right·ly 〘OE *rihtlīċe*〙 — *adv.* **1** 正しく, 正当に, 正義にかなって, 公正に. **2** 正確に, 間違いなく; 真実に, 本当に: if I remember ~ 記憶に間違いがなければ, 確か (cf. right *adv.* A 2) / Do I understand you ~? 私はお言葉を聞き違えていませんでしょうか. **3** 適当に, 然るべく, 当を得て, 当然に, 当然のことながら: ~ or wrongly 良かれ悪しかれ, 当否のほどはわからないが / She resented me—and quite ~. 私に腹を立てていたが無理もなかった / It is ~ said that time is money. 時は金なりとはもっともな言である / He is ~ served. 当然の報いを得たのだ, 罰が当たったのだ. **4** [否定構文で]《口語》確実に, はっきりと (positively). ★ 通例次の句で: I don'*t* ~ know. はっきりは分らない / I can'*t* ~ say whether ...かどうか断言できない.
right-mínded *adj.* 心の正しい, 正しい考えの, 節を守る, 正しい意見を持つ, 正義感を持っている. **~·ly** *adv.* **~·ness** *n.*
right·mòst *adj.* 最も右(側)の.
right·ness 〘OE *rihtnesse*〙 *n.* **1** 正しいこと; 正直, 廉直; 正義, 公正. **2** 正確; 真実; 正真. **3** 適当, 適切.
right·o [ràɪtóu, ⌐⌐ | ràɪtə́u] 〘← RIGHT+-O 2〙 *int.* 《英口語》よろしい, 大丈夫, 承知した (all right, O.K.).
right-of-wáy *n.* (*pl.* **rights-**, **~s**) **1** (隣接する他人の土地の)通行権. **2 a** 通行権のある道路[場所]. **b** 《米》鉄道用地, 線路用地, 路盤; 道路[公道]用地; 送電線用地; 天然ガス輸送パイプ用地. **3 a** 優先権; 先議権. **b** (法律上の)先行権《車または船が他より先に通行する権利》.
right-of-wáy sìgnal *n.* 〘海事〙先行権信号《制限水路で, 個々の船に進行順を示し通行権を与える信号》.
right-oh [ràɪtóu, ⌐⌐ | ràɪtə́u] *int.* 《英口語》=righto.
right-ón *adj.* 《米俗》**1** 完全に正しい; 非常に正確な. **2** 時代精神に合った.

right sáiling *n.* 〘海事〙四方点航法, 等緯[経]度航法《東西南北のどれか一つの方向に針路をとって航行する方法; 緯度または経度の一方だけが変わる》.
right séction *n.* (長軸に垂直な平面で切った)横断面.
right shóulder árms *n.* 〘軍事〙担(ﾆﾅ)え銃(ﾂﾂ)の号令[姿勢]《銃を右肩に担い, 床尾を右手で握る》.
right side *n.* 〘製紙〙 **1** ＝wire side a. **2** ＝felt side.
ríghts íssue *n.* 〘証券〙新株の株主割当発行《現在株主に新株引受権を与えて行なう新株発行》.
right smárt 《米南西部》 *n.* 大量, 多数, 多額. ── *adv.* かなり, 大いに, とても.
right stáge *n.* 〘劇場〙舞台左方, 下手(ｼﾓﾃ)《観客に向かって舞台中央から右側; cf. left stage》.
right-to-wórk *adj.* 《米》労働権の[に関する]《労働者が特定の組合への加入を拒否しても雇用機会を奪われない権利についていう》: ⇨ right-to-work law.
right-to-wórk làw *n.* 《米》自由労働権法《クローズドショップとユニオンショップを禁じた州法》.
right tríangle *n.* 〘数学〙直角三角形 (cf. regular triangle).
right túrn *n.* (体を)右方へ 90° 回転させること.
right·ward [ráɪtwəd | -wəd] *adj.* 右に向かう, 右への, 右側の. ── *adv.* 右へ[に], 右側へ.
right·wards [-wədz | -wədz] *adv.* ＝rightward.
right whàle 〘《原義》鯨の名に値する鯨〙 ── *n.* 〘動物〙極地付近に生息するセミクジラ科の頭部の大きいヒゲクジラの総称《ホッキョククジラ (Greenland whale), セミクジラ (southern right whale), コセミクジラ (*Caperea marginata*) など》.
right-wíng *adj.* **1** (スポーツで)右翼の. **2** (政治上の)右翼の, 右派の; 右翼的な: a ～ coup 右翼クーデター / a ～ organization 右翼の団体[組織] / ～ terrorists 右翼のテロリストたち / extreme ～ forces [guerrillas] 極右勢力[ゲリラ].
right wíng *n.* **1** (スポーツで)ライトウイング, 右翼(のポジション); 右翼手. **2** [the ～] **a** [しばしば R-W-] (政治上の)右翼, 右派, 保守派, 反動派. **b** [集合的] 右翼の人々, 右翼政党. **3** 〘軍事〙右翼.
right-wíng·er [-wíŋə | -ŋə(r] *n.* **1** 右翼[右派]の人; 保守(反動)主義者. **2** 右翼手.
right-wíng·ism *n.* 右翼主義[思想].
right·y [ráɪti | -tɪ] 〘← RIGHT＋-Y²〙《口語》 *n.* **1** 右利きの人. **2** 右派の人, 保守主義者 (↔ lefty). ── *adj.* 右利きの. ── *adv.* 右手で.
Ri·gi [ríːgi | -gɪ; *G.* ríːgi] *n.* リーギ(山)《スイス中央部, Lucerne 湖と Zug 湖の間にある山; 1,801 m》.
rig·id [rídʒɪd, -dʒəd | -dʒɪd] 〘《1538》□ F *rigide* // L *rigid-us* ← *rigēre* to be or become stiff: ⇨ rigor〙 ── *adj.* **1 a** 堅くて曲がらない, たわまない, 堅い, 硬直した: a ～ stem 堅い幹 / a ～ frame たわまない枠; 〘土木〙ラーメン, 剛構, 架構 / a ～ body 〘物理〙剛体. **b** 〈顔・表情など〉(緊張して)堅くなった, こわばった: His face looked ～ with distress. 彼の顔は苦悩でこわばったように見えた. **2** 固定した, 動かない; 不動の. **3** 〈考え方・意見など〉融通のきかない (↔ pliable); 堅苦しい, 硬化した; 考え方の堅い[厳しい], 頑固(ｶﾞﾝｺ)な: He is ～ in his views. 彼は考えが堅い / a ～ schedule がっちり決められたスケジュール / His mind has become rather ～. 彼は頭が大分硬くなってきた. **4 a** 厳格な, 厳重な, 厳粛な (↔ loose): ～ discipline 厳格なしつけ / ～ adherence to duty 義務を固く守ること / ～ economy 厳しい節約 / ～ measures 厳しい方策 / ～ determination 不退転の決意 / ～ Catholics 厳粛なカトリック教徒 / his ～ belief 小ゆるぎもしない彼の信念[信仰] / a ～ principle 厳粛な主義. **b** 厳密な, 厳正な, 精密な: a ～ competitive examination 厳正な試験競争 / ～ reasoning 精密な推論. **5** 〘航空〙〈飛行船が〉硬式の《骨組と羽布外皮とでその形状を保たせる式のものにいう》; 〈ヘリコプターが〉硬式の《回転翼がその基部に固定しているものにいう》: the ～ airship [dirigible] Zeppelin 硬式飛行船ツェッペリン号. **～·ly** *adv.* **～·ness** *n.*
rigid constitútion *n.* 〘法律〙硬性憲法《通常の法律の改正手続よりも慎重な手続によらなければ改正できない成文憲法; 例えば合衆国憲法や日本国憲法》.
ri·gid·i·fy [rɪdʒídəfaɪ, rə- | rɪdʒídɪ-] 〘⇨ ↑, -ify〙 ── *vt.* **1** 堅くする, 硬化させる; 固定させる. **2** 厳格[厳密]にする. ── *vi.* **1** 堅くなる, 硬化する; 固定する. **2** 厳格[厳密]になる. **ri·gid·i·fi·ca·tion** [rɪdʒìdəfɪkéɪʃən, -fə- | -dɪfɪ-] *n.*
ri·gid·i·ty [rɪdʒídəti, rə- | rɪdʒídɪti, -dɪ-] 〘□ L *rigiditās*: ⇨ rigid, -ity〙 ── *n.* **1** 堅いこと, 堅さ, 硬直; 剛直, 不屈. **2** 厳格, 厳重, 厳粛; 厳密, 厳正, 精密. **3** 硬直したもの. **4 a** 〘物理〙剛性. **b** 〘機械〙剪断弾性係数 (shear modulus)《rigidity modulus ともいう》.
rigid mótion *n.* 〘数学〙剛体運動《2 点間の距離を変えない変換のうち, 平行移動と回転の合成として表わせるもの》.
rigid rótor *n.* 〘航空〙リジッド回転翼《ヘリコプター回転翼の一型式で, 軸まわりの回転以外の羽根の運動が弾性的に規制されているもの; 操縦モーメントが大きくできるので, ヘリコプターに軽快な運動性を与えることができる; cf. fully articulated rotor》.
Ri·gil Kent [ráɪdʒəl-ként, ráɪgəl- | -dʒɪl-, -gɪl-] *n.* 〘天文〙＝Rigil Kentaurus.
Rígil Ken·táu·rus [-kentɔ́ːrəs] 〘□ ML ～ □ Arab. *Rijl Qinṭūrus* ← *rijl* foot of＋Gk *Kéntauros* Centaur: ⇨ Rigel, centaur〙 ── *n.* 〘天文〙リギルケンタウルス (⇨ Alpha Centauri).
rig·ma·role [rígmərəʊl | -m(ə)rəʊl] 〘《1736》《変形》← RAGMAN ROLL〙 ── *n.* **1** くだらない長話, くだらない長談義[長文]. **2** 煩雑で手のこんだ[形式的でくだらない]手順[手続き]. ── *adj.* **1** くだらない, 筋の通らない. **2** 煩雑で無意味な.
rig·o·let [rígəlèt, ⌐⌐⌐] 〘□ Am.-F ～ (dim.) ← F *rigole* drain: ⇨ -et〙 *n.* 《米南部》小川.
rig·or, 《英》**rig·our** [rígə | -gə(r] 〘《*c*1395》 *rigour* □ OF (F *rigueur*) □ L *rigōrem* ← *rigēre* to stiffen ← IE **reig-* to stretch out: cf. rigid〙 ── *n.* **1 a** 厳重, 厳格; 手厳しさ; 過酷: with the utmost ～ of the law 法律を極度に厳しく適用して / enforce a law with ～ 法律を厳しく適用する. **b** 過酷な仕業[手段, 行為]. **2** [しばしば *pl.*] (気候などの)厳しさ, 酷烈: escape [avoid] the ～s of winter 避寒する. **3** (生活などの)苦しさ, 困苦, 難儀: the ～ of famine 飢饉(ｷｷﾝ)の苦しみ. **4** (生活態度などの)厳しさ, 謹厳; 厳正, 厳密, 精密. **5 a** 〘病理〙悪感(ｵｶﾝ). **b** 〘生理〙硬直, 強直. ★ 5 a, b の意味では《英》でもラテン語の形のままの rigor の綴りが普通 (cf. rigor mortis).
ríg·or·ìsm [-gərìzm] 〘□ F *rigorisme* ← L *rigor* (↑): ⇨ -ism〙 ── *n.* **1 a** 厳粛, 厳格, 厳正. **b** 厳格主義, 厳正主義, 厳粛主義, リゴリズム. **2** 〘カトリック〙厳格主義《道徳に関して対立する意見がある時は, 掟に対して忠実な方の意見を常に採用すべきだとする考え方; 1690 年教皇 Alexander VIII によって異端説とされた》.
ríg·or·ist [-rɪst, -rəst | -rɪst] 〘□ F *rigoriste*: ⇨ ↑, -ist〙 *n.* 厳格主義者, 厳正主義者, 厳粛主義者. ── *adj.* ＝rigoristic. 「の.
rig·or·is·tic [rìgərístɪk] *adj.* **1** 厳正な. **2** 厳正主義
rig·or mor·tis [rígə-mɔ́ətɪs, -təs | ráɪgɔː-mɔ́ːtɪs, rígə-] 〘□ L ～ 'stiffness of death': ⇨ rigor, mortal〙 *n.* 〘医学〙死体硬直.
rig·or·ous [ríg(ə)rəs] 〘《*c*1390》□ OF ～ (F *rigoureux*): ⇨ rigor, -ous〙 ── *adj.* **1** 厳しい, 厳重な, 厳格な, 厳粛な, 過酷な: ～ discipline 厳格なしつけ / ～ enforcement of the law 法律の厳しい適用. **2** 〈気候・風土など〉厳しい, 酷烈な. **3** 厳密な, 精密な, 正確な: ～ accuracy 厳密な正確さ. **4** 〘数学〙厳密な《精密で正しいことをいう》. **～·ly** *adv.* **～·ness** *n.*
rigour *n.* ＝rigor.
ríg-òut 〘← RIG¹ (n.) 3〙 *n.* 《英口語》着衣[衣服]一式.
Rigs·dag [rígzdɑ̀ːg; *Dan.* ríksdaːˀɣ] 〘□ Dan. ～ ← *rige* kingdom (⇨ Reich)＋*dag* 'DAY': cf. G *Reichstag*〙 ── *n.* [the ～] (1849–1953 の)デンマークの議会 (cf. Folketing, Landsting, Riksdag).
rigs·da·ler [rígzdɑ̀ːlə | -lə(r; *Swed.* rígzdɑlər] 〘《古形》: ⇨ rix-dollar〙 ── *n.* リグズダラル《ライヒスターレル (reichstaler) と等価のデンマークの銀貨; ＝6 marks＝96 skillings》.
Rig-Ve·da [rìgvéɪdə, -víːdə | -véɪ-] 〘《1776》□ Skt *Ṛigveda* ← *ṛic* praise＋*veda* knowledge〙 *n.* [the ～] 〘バラモン教〙「リグヴェーダ(詩篇吠陀)」(⇨ Veda).
Riis [ríːs], **Jacob August** *n.* (1849–1914) デンマーク生れの米国の新聞記者・社会改革者.
Ri·je·ka [ri(j)ékə | rɪ-; *Serbo-Croat.* rijěka] *n.* リエーカ《ユーゴスラビア北西部, Croatia の海港; 1927–47 までイタリア領; 人口 133,000; イタリア語名 Fiume》.
rijks·daal·der [ráɪksdɑ̀ːl(d)ə | -(d)ə(r; *Du.* réiksdɑ̀ːl-(d)ər] 〘□ Du. ～: cf. rix-dollar〙 ── *n.* レイクスダールダー: **a** ライヒスターレル (reichstaler) と等価で 16 世紀初めから Louis Napoleon (1806–10) の治世まで行なわれたオランダの旧銀貨. **b** オランダの $2^1/_2$ グルデン銀貨 (guilder).
rijst·ta·fel [ráɪstɑ̀ːfəl] 〘□ Du. ～ ← *rijst* 'RICE'＋*tafel* 'TABLE'〙 *n.* (*also* **rijs·ta·fel** [～]) インドネシアの昼食《米に多種多様の添え料理がつく》.
Rikh·ter [ríktə | -tə(r; *Russ.* rjíxtjir], **Svya·to·slav** [sjvjɪtɐsláf] *n.* リヒテル (1915– ; ソ連のピアニスト).
Riks·dag [ríksdɑ̀ːg; *Swed.* ríksdɑg] 〘□ Swed. ～: ⇨ Rigsdag〙 *n.* [the ～] スウェーデンの国会 (cf. Reichstag).
Riks·mål [ríksmɔːl, ríːks-; *Norw.* ríːksmoːl] 〘□ Norw. ～ ← *rik* kingdom＋*mål* speech〙 *n.* (*also* **Riksmaal** [～]) 〘言語〙リクスモール (⇨ Bokmål).
rile [ráɪl] 〘《1825》《変形》←《廃・方言》*roil* □ OF *ruiler* to mix mortar < LL *rēgulāre* 'to REGULATE'〙 *vt.* **1** 《口語》怒らせる, いら立たせる. **2** 《米》濁らす.
ril·ey [ráɪli | -lɪ] 〘⇨ ↑, -y⁴〙 *adj.* **1** 《口語》怒った, いらいらしている. **2** 《米》濁った.
Ri·ley [ráɪli | -lɪ] 〘← Ir.-Gael. *rag-hallach* valiant one〙 *n.* 男性名《異形 Reilly, Ryley》.
the life of Riley ⇨ life 成句. 「米国の詩人.
Riley, James Whit·comb [(h)wítkəm] *n.* (1849–1916)
ri·lie·vo [rìliéɪvoʊ | -lɪéɪvəʊ; *It.* riljéːvo] 〘□ It. ～ 'RELIEF²': cf. relievo〙 *It. n.* (*pl.* **～s, -lie·vi** [-viː; *It.* -vi]) 〘美術〙＝relievo¹.
Ril·ke [rílkə, -ki | -kə; *G.* rílkə], **Rai·ner** [ráɪnɐ] **Maria** *n.* リルケ《1875–1926; オーストリアの詩人・著述家; Paris に在住; *Die Aufzeichnungen des Malte Laurids Brigge*「マルテの手記」(1910), *Duineser Elegien*「ドゥイノの悲歌」(1923)》.
rill¹ [ríl] 〘《1538》□ ? Du. *ril* // LG *ril(le)*〙 *n.* 小川, 小流. ── *vi.* 細流で流れる; 小川のように流れる.
rill² [ríl] 〘□ G *Rille*《原義》furrow: cf. rill¹〙 *n.* (*also* **rille** [ríl, rílə]) 〘天文〙谷, 裂溝《月の表面に見える細長い溝》.
rill·et [rílɪt, -lət] 〘← RILL¹＋-ET〙 *n.* 小流, 細流.
ril·lett [rɪlét, rə-] 〘□ F *rillette* (dim.) ← *rille* piece of pork < OF *reille*: ⇨ rail¹, -ette〙 ── *n.* (*also* **rillette** [～]) [しばしば *pl.*] 〘料理〙リエット《火を通した豚肉を挽きつぶし調味した加工食品》.
ríll·màrk *n.* 〘地質〙流痕(ﾘｭｳｺﾝ)《退潮によって砂の上に残された小さな溝》.
rim¹ [rím] 〘OE *rima* < ? Gmc **rīmo* (ON *rimi* ridge) ← ?〙 ── *n.* **1 a** (円形の物体などの)へり, 縁(ﾌﾁ): red at the ～s 縁の赤い / the ～ of an eyeglass [a cup] 単眼鏡[茶わん]のふち. **b** 周辺, 縁辺; 近辺: the southern ～ of the town その町の南部[南郊]. **c** (岩山の)縁, 岩縁(ｶﾞﾝｴﾝ); 盆地などの縁の山地. **2 a** (車輪の)リム, 枠. **b** リム《自動車の車輪にタイヤを取り付けるための取外し可能な金属製外枠》. **3** 《詩》丸いもの: a golden ～ 王冠. **4** 〘紡織〙(ミュール精紡機などの)動輪; はずみ車 (flywheel). **5** (バスケットボールのネットをつるす)鉄リング. **6** 〘海事〙水面, 海面《地球を考えた場合の一番外端》. **7** (新聞社などの)整理[編集]担当の記者席《通常 U 字形または馬蹄形をした編集デスクの外側の縁に位置することから; cf. rim man, slot¹ 5, copydesk》. **8** 〘冶金〙鋳塊の縁.
── *vt.* (**rimmed; rim·ming**) **1 a** ...に縁[へり]を付ける; ...の縁[へり]となる, を取り囲む: a belt of wood ～*ming* the field 畑地を取り囲む樹林帯. **b** 〈車輪〉にリム[枠]を付ける. **2** 〈ゴルフのボールが〉(カップに入らずに)〈カップ〉のへりを転がる; 〈バスケットボールが〉(ネットに入らずに)〈鉄リング〉に沿って転がる.
rim² [rím] 〘OE *rēoma* membrane (現在の形は RIM¹ の影響): cog. Du. *riem* / G *Riemen* strap〙 ── *n.* 《英古》膜 (membrane); 腹膜 (peritoneum): the ～ of the belly [womb, paunch] 腹膜.
ri·ma [ráɪmə] 〘← NL ～ ← L *rīma* cleft, slit〙 *n.* (*pl.* **ri·mae** [-miː]) **1** 細長い亀裂[裂け目, 割れ目]. **2** 〘解剖〙声門裂《rima glottidis ともいう》.
ríma glóttidis *n.* 〘解剖〙＝rima 2.
Rim·baud [rɛ̃ː(m)bóʊ, ræm-, rǽmboʊ | rɛ̃ː(m)bə́ʊ, ræm-; *F.* rɛ̃bo], **Arthur** *n.* ランボー《(1854–91; フランスの象徴派詩人; *Une Saison en Enfer*「地獄の一季節」(1873)》.
rím-bràke *n.* リムブレーキ《車輪の枠[リム]に作用させるブレーキ》.
rím-drìve *n.* 〘電気〙リムドライブ, リム駆動(装置)《レコードプレーヤーのターンテーブルの回転伝達法の一つで, モーターの軸とターンテーブルのリムとを接触させ摩擦で伝達する方式; cf. direct drive》.
rime¹ [ráɪm] 〘OE *hrīm* (cog. Du. *rijm* / ON *hrīm*) ← ? IE **krei-* to touch lightly〙 ── *n.* **1** 霜 (hoarfrost)《rime frost ともいう》. **2** 〘気象〙霧氷《樹氷など, 大気中の水蒸気が凍結または昇華してできた付着氷》. **3** 外被, 殻: a ～ of snow 雪殻. ── *vt.* 霜でおおう; 霜に似た(白い)ものでおおう.
rime² [ráɪm] 〘*n.*: 《?*c*1200》 *rim(e)* □ (O)F *rime* □ ML *rithmus*＝L *rhythmus* 'RHYTHM'. ──*v.*: 《*c*1290》 □ (O)F *rim-er* ← *rime*〙 *n.*, *v.* ＝rhyme.
rime³ [ráɪm] *vt.* 《方言》〘海事〙＝ream² 6.　**rimed** *adj.*
ríme fròst *n.* 〘ME〙 *n.* ＝rime¹ 1.
rim·er¹ [ráɪmə | -mə(r] *n.* 《英》＝reamer.
rím·er² 〘《15C》〙 *n.* ＝rhymer.
rime riche [ríːm-ríːʃ; *F.* rimriʃ] 〘□ F ～ 'rich rhyme'〙 (*pl.* **rimes riches** [～]) 〘詩学〙＝identical rhyme.
rime·ster [ráɪmstə | -stə(r] *n.* ＝rhymester.
rime suf·fi·sante [ríːm-sùːfiːzɑ́ː(n)t, -zɔ́ː(n)t, -zɑ́ːnt, -zɔ́ːnt; *F.* rimsyfizɑ̃ːt] 〘□ F ～ 'sufficient rhyme'〙 ── *n.* (*pl.* **rimes suffisantes** [～]) 〘詩学〙＝perfect rhyme 1.
rím·fire 〘⇨ rim¹〙 ── *adj.* 〘銃砲〙 **1** 周縁起爆式の《起爆薬が弾薬筒の基部周縁に環状に詰まっている型式; cf. center-fire 1》. **2** 周縁起爆式弾薬筒を使用する: a ～ rifle.
Ri·mi·ni [rímənìː, ríːm-, -ni | -mɪnɪ; *It.* ríːmini] *n.* リミニ《アドリア海に臨むイタリア北東部の海港; 人口 126,000》.
Ri·mi·ni [rímənìː, ríːm-, -ni | -mɪnɪ; *It.* ríːmini], **Francesca da** *n.* リミニ《?–?1285; イタリアの貴婦人; 夫の弟 Paolo との情交中に夫に殺された; Dante の「神曲」地獄篇 (*Inferno*, Canto V) 中に登場し, Ingres ほか多くの画家の題材となった》.
rím·lànd *n.* 中核地帯 (heartland) に対する周縁地域 (cf. fringeland).　「なしめがね.
rím·less *adj.* 縁(ﾌﾁ)のない: ～ glasses [spectacles] 縁
rím lìghting *n.* 〘写真〙光源を被写体のほぼ後ろ側において縁を光らせる照明法《backlighting ともいう》.
rím lòck *n.* 面(ﾂﾗ)付け錠《戸に埋め込まず表面に直接取りつける錠; cf. mortise lock》.
rím màn 〘⇨ rim¹ (n.) 7〙 *n.* (新聞社の)整理(編集)担当の記者 (copyreader) (cf. slot man).
rimmed *adj.* [通例複合語の第 2 構成素として] ...の縁(ﾌﾁ)[へり]の: gold-[shell-]*rimmed* glasses 金[べっ甲]縁のめがね.
rímmed stéel *n.* 〘冶金〙リムド鋼《凝固前に脱酸されない鋼; 低炭素鋼でプレス用鋼材などに用いる; rimming steel ともいう; cf. killed steel》.
Rim·mon [rímən] 〘□ Heb. *Rimmōn* □ Assyr. *Rammān*《原義》? the roarer〙 ── *n.* 〘聖書〙リンモン《昔

Damascus で崇拝された神の名》.
bow down in the house of Rimmon 自己の体面を保つために悪いとわかっていることをする，自分の信念を曲げる (cf. *2 Kings* 5:18).

ri·mose [ráɪmoʊs, ―́ ― | ráɪməʊs] 〚⊏ L *rīmōs-us* ← *rīma* ' RIMA ' : ⇨ -ose[1]〛 *adj.* 〘植物〙裂け目[割れ目]の多い.

ri·mous [ráɪməs] *adj.* ＝rimose.

rim·ple [rímpl̩] 〚《15C》 *rimpyl* < OE *hrympel* ← Gmc **hrimp-, *hrump-* ← IE **(s)kerb(h)-* to turn, bend〛《まれ》 ― *n.* しわ，ひだ；折り目. ― *vt.* …にしわを寄らせる，しわくちゃにする，折り目をつける. ― *vi.* しわがつく，しわくちゃになる，折り目がつく.

rím·ròck *n.* 〘地質〙(プラトー (plateau)・メサ (mesa) などの)堅固な上層岩(盤)《露出して急な崖をなす》.

rím sàw *n.* (歯の部分が取りはずしできる)リング式丸鋸(のこ).

Rim·ski-Kor·sa·kov [rímskikɔ́ːəsəkɔ̀(ː)f | -skɪkɔ́ːsəkɒ̀v, -kɔ̀f; *Russ.* rjímskjijkórsəkəf] **Nikolai Andreevich** *n.* リムスキーコルサコフ《1844–1908；ロシヤの作曲家；*Scheherazade*「シェエラザード」(交響組曲, 1888), *Le Coq d'Or*「金鶏」(オペラ, 1907)》.

rím·stòne *n.* 〘地質〙リムストーン，畦石(けいせき)《石灰洞内の緩斜面を水が流れ落ちる所につくる畦状の石灰質堆積物；百枚皿，千枚皿などと呼ばれる》.

ri·mu [ríːmuː] 〚← Maori〛 *n.* **1** 〘植物〙リーム (*Dacrydium cupressinum*)《ニュージーランド産マキ科リーム属の高木》. **2** リーム材《家具・建築用》.

rim·y [ráɪmi | -mɪ] 〚OE *hrīmig*: ⇨ rime[1], -y[4]〛 *adj.* (**rim·i·er**; **-i·est**) 霜の降った，霜[霧氷]で真っ白な，霜[霧氷]の多い[でおおわれた].

rind[1] [ráɪnd, ráɪn | ráɪnd] 〚OE *rind(e)* 《原義》torn-off thing ← ? Gmc **rind-* (G *Rinde*) ← IE **rendh-* to tear up〛 ― *n.* **1 a** (スイカ・オレンジなどの)皮；その一片：an orange ～. **b** 樹皮. **c** (ベーコン・チーズなどの堅い)外皮：the ～ of a whale 鯨の皮. **2** 外観，外面，外見. ― *vt.* …の皮をむく，殻を取る.

rind[2] [ráɪnd, ríːnd] 〚ME *rynd(e)* ← ?: cf. MDu. *rijn*〛 *n.* 石臼(うす)の(上石にはめた)心棒受け金.

rind·ed [ráɪndɪd, -dəd] 〚⇨ rind[1] (n.)〛 ― *adj.* [通例複合語の第 2 構成要素として] …の皮[殻]のある，皮が…の：smooth-*rinded* 皮のなめらかな / thick-*rinded* 皮の厚い.

rin·der·pest [ríndəpèst | -də-] 〚⊏ G *Rinderpest* ← *Rinder* ((pl.) ← *Rind* ox)+*Pest* ' PEST '〛 *n.* 〘獣医〙牛疫 (⇨ cattle plague).

rínd gàll *n.* 〘建築〙入皮(いりかわ)，猿喰(さるばみ)《樹皮に傷があるとその上に年々層ができるために生じる木材のきずの一種》.

Rine·hart [ráɪnhɑət | -hɑːt], **Mary Roberts** *n.* (1876–1958) 米国の女流探偵小説家・劇作家；*The Circular Staircase* (1908).

rin·for·zan·do [rɪ̀nfɔətsɑ́ːndoʊ | -fɔːtsɑ́ːndəʊ; *It.* rìnfortsándo] 〚⊏ It. ～ ' reinforcing ' (pres.p.) ← *rinforzare* ← *ri-* ' RE- '+*inforzare* ' to ENFORCE '〛 ― *adv.* 〘音楽〙一つの音[和音]に強くアクセントをおいて (略 Rf., rf, rfz).

ring[1] [ríŋ] 〚n.: OE *hring* < Gmc **χreŋgaz* (Du. *ring* / G *Ring* / ON *hringr*) ← IE **(s)ker-* to turn, bend. ― v.: 《15C》 ← (n.): ⇨ curve, rank[1]〛 ― *n.* **1** (物を吊したり，繋いだり，引っぱったりするのに用いる)輪[円]形の物；輪，環：⇨ key ring, napkin ring. **2** (装飾・お守りなどに用いる)輪：**a** 指輪，耳輪，イヤリング，鼻輪，腕輪，足首輪：wear a ～ on one's finger 指に指輪をはめる / ⇨ engagement ring, wedding ring. **b** 《英》(鳥の足につける)足輪. **c** [the R-] 〘ドイツ・北欧伝説〙ニーベルンゲンの指輪 (⇨ Ring of the Nibelungs). **3 a** 輪[円]形のもの：puff out ～*s* of smoke ＝blow smoke ～*s* たばこ(の煙)を輪に吹く / He has livid [dark] ～*s* around [beneath] his eyes. 彼は目の縁[下]が黒い《衰弱・疲労の現れ》/ The moon has a ～ round it. 月がかさをかぶっている / ～*s* in water 波紋 / a lake set in a ～ of giant mountains 高山に囲まれた湖 / ⇨ RING of fire. **b** (物を並べて[人が並んで]作った)輪，車座：in a ～ 輪をなして；輪状[螺旋形]を描いて / a ～ of stones 円形に並べた石 / dance in a ～ 輪になって踊る / sit in a ～ 輪になって[車座に]すわる / form a ～ 輪をなす，車座になる. **c** 巻毛：～*s* in one's hair. **d** 円状の動き[螺旋(らせん)，渦など]の一回り：run in ～*s* ぐるぐる走る / ⇨ *run* RINGS *round*. **e** 円形の食物：a ～ cake. **f** 輪形につないだソーセージ. **4** (貨幣・皿など円形の物の)外側の縁，へり：the ～ of a cup 茶わんのへり. **5 a** (円形の)試合場，競馬場，競技場，(相撲などの)土俵，サーカスの演技場，ショーの舞台. **b** 動物展覧会の陳列場. **c** 闘牛場. **d** (ボクシング・レスリングの)リング. **e** (特に，政治の)競争の場；競争：He is in the ～ for the governorship. 彼は知事選挙に打って出ている. **6** [the ～] **a** (プロ)ボクシング (prizefighting)：meet in *the* ～ ボクシングの試合をする. **b** サーカス団員の仕事，サーカス業. **7 a** (競馬場の)賭博(とばく)に使われる場所. **b** [the ～；集合的] (競馬の)賭博師仲間，賭博業者. **8** (私利を狙って結託した政治上・商業上の)徒党，同盟；一味，連中：a smuggler ～ 密輸業者仲間 / lead the ～ 率先する，張本人[リーダー]となる (cf. ringleader) / the inner ～ 幹部連. **9** 〘植物〙**a** 年輪 (annual ring). **b** (生長の抑制などを目的に枝や幹の樹皮に)環状につけた切り込み，または環状剝皮した部分. **10** [*pl.*] 〘体操〙**a** つり輪. **b** (競技としての)つり輪. **11** 〘数学〙**a** 環(かん)《二つの同心円で囲まれた図形》. **b** ＝toroid 1. **c** 環《加・減・乗の三つの演算が可能な集合》. **12** 〘化学〙環《環式の結合に帰せられる原子の集団；cf. chain 5》. **13** 〘建築〙輪状平縁(ひらぶち) (annulet). **14** 〘天文〙(土星などの)環(わ). **15** 〘海事〙リング《錨の上端にある弓状または円形の鎖またはケーブルを固定する部分；⇨ anchor 挿絵》. **16** 〘機械〙**a** ＝piston ring. **b** ＝spinning ring.

hold [***keep***] ***the ring*** (けんか・紛争・戦いなどに)巻き込まれずにいる，中立的立場を取る；けんか[紛争，戦いなど]を傍観する. ***make a ring*** 輪状に取り巻く；同盟して市場を左右する. ***run*** [***make***] ***rings*** (***a***)***round*** (1) 〈人〉よりはるかに早く走る[する]. (2) 〈人〉よりはるかにまさる，〈人〉をゆうゆう負かす：He can *run* ～*s around* us in everything. 彼は何をやっても我々より役者が上だ. ***throw*** [***toss***] ***one's hat in*** [***into***] ***the ring*** ⇨ hat 成句.

ring of fire 〘地質〙環太平洋火山帯《太平洋周縁の火山地帯》.

― *vt.* **1 a** 輪で[に]取り囲む，取り巻く，囲む 〈*round, about, in*〉：～ a house 家を取り巻く / a lake ～*ed* by trees 木で囲まれた湖 / ～ major cities *with* nuclear-tipped missiles 核弾頭付きミサイルで主要都市を防備する / Police ～*ed* the captive train. 警官たちは捕虜(護送)列車を取り囲んだ / a large garden ～*ed with* elms ニレで囲まれた広い庭. **b** [～ *oneself* で] 車座になる：They ～*ed themselves* on the grass. 彼らは草の上で車座になった. **2 a** 〈動物〉の鼻などに輪をはめる. **b** 《まれ》〈人〉に指輪[耳輪，鼻輪など]をはめる. **c** 〈鳥など〉に足輪をはめる. **3** ＝girdle[1] 2. **4** 〈りんご・玉ねぎなどを〉輪切りにする. **5** (輪投げ・蹄鉄投げで)〈棒・杭〉に輪[蹄鉄]を投げる：～ a post 輪を棒に投げ入れる. **6** 巻狩する：～ (up) cattle 家畜の周囲を乗り回して一個所に集める，牛を一個所に集めるために周囲を乗り回す. ― *vi.* **1 a** 輪になる，丸くなる. **b** 車座にすわる. **2** 環状に動く，ぐるぐる回る；〈タカ・トビなどが〉輪を描いて舞い上がる；〈キツネなどが〉円を描いて走る.

ring[2] [ríŋ] 〚OE *hringan* ← Gmc **χring-* (ON *hringja* / Du. & G *ringen*) ← IE **ker-* (高い音や鳥の鳴き声を表わす擬音語?)：cf. raven[1], scream, shriek〛 ― *v.* (**rang** [rǽŋ], 《まれ》 **rung** [rʌ́ŋ]; **rung**) ― *vi.* **1 a** 〈鐘・ベル・金属製品具が〉鳴る，響く；〈らっぱなどが〉鳴り響く. **b** 〈音・声が〉鳴る，響く，鳴り響く，響き渡る 〈*out*〉：with a ～*ing* laugh からからと笑って / ～ again (to) (…に)鳴り響く，反響する / A shot *rang out*. 一発どんと聞えた. **c** 〈耳が〉鳴る：My ears *rang* with unusual sounds. 耳に聞き慣れない音が響いた. **2 a** [true, false などの補語を伴って] …の音(ね)がする；〈物の性質・真偽などが〉…に響く，…らしく聞こえる：The bells *rang* clear. ベルが澄んだ音で鳴り響いた / The coin ～*s* true [false]. この硬貨は本当の[にせ金の]音がする / That story ～*s* true [false]. あの話は本当[うそ]らしく聞こえる. **b** 〔心・耳に〕響く，心に思い浮かぶ：words ～*ing in* one's mind 心に絶えず去来する言葉 / ～ *in* one's ears 耳に残っている，記憶に残る / ～ *in* one's fancy [heart] 心に残っている. **3 a** 〈場所が〉〔音で〕鳴り響く，響き渡る 〔*with*〕：The hall *rang with* laughter. ホールは笑い声でどよめいた. **b** 〈場所が〉〔名声・評判などで〕知れ渡る，評判が高い 〔*with*〕：The whole town was ～*ing with* his fame. 町中彼の評判で持ち切りだった. **4 a** 合図の鐘[呼び鈴]を鳴らす：Did you ～, sir? お呼びになりましたか / ～ at the front door 玄関のベルを鳴らす. **b** 鐘[呼び鈴]を鳴らして呼ぶ[求める]〔*for*〕；〈鐘・呼び鈴が〉鳴って合図する，鐘[呼び鈴]が鳴って呼ぶ〔*for*〕：～ *for* tea [a servant] ベルを鳴らして茶を命じる[召使いを呼ぶ] / ～ *for* prayers [dinner] お祈り[食事]の合図の鐘を鳴らす / The bells are ～*ing for* church. 教会へ行く鐘が鳴っている. **5** 《英》電話をかける 〈*up, through*〉：～ *through* to Peter.

― *vt.* **1 a** 〈鐘・ベルなどを〉鳴らす；打つ，打ち鳴らす：⇨ *ring a* BELL[1] / ～ the knell (of…) (…の)弔鐘を鳴らす. **b** 〈物を〉鳴らして真偽などを試す：～ a coin on the counter 硬貨を売台の上に落としてその音(ね)を聞いて真偽を調べる. **2 a** 鐘[ベル]を鳴らして告げる[知らせる，響かせる]〔*with*〕：～ an alarm 鐘を鳴らして急を告げる / ～ a peal [chime] 鐘楽を奏する / The chimes of New Orleans were ～*ing* the noon hour. ニューオーリンズの鐘が正午を告げていた. **b** 鐘[呼び鈴]を鳴らして呼ぶ：～ a servant *down* [*up, out, in*] 呼び鈴を鳴らして召使いを下へ[上へ，外へ，中へ]呼ぶ / ～ persons *to* divine service [church] 鐘を鳴らして人々を礼拝式[教会]へ呼ぶ. **c** 鐘を鳴らして送る 〈*out*〉；鐘を鳴らして迎える 〈*in*〉：～ *out* the old year and ～ *in* the new (year) 鐘を鳴らして行く年を送り，来る年を迎える (cf. Tennyson, *In Memoriam*). **3** 高らかに言う[ふれる]，響き渡らせる 〈*out*〉；うるさく言う，繰り返し言う：～ a person's praises 声高く人を称賛する / ～ persecution in a person's ear やかましくうるさいことを言って人をいじめる. **4** 《英》…に電話をかける 〈*up*〉：～ *up* a doctor 医者に電話をかける / ～ a person *up* on the telephone 人に電話をかけ，人を電話口に呼び出す.

ring back 《英》(電話をかけて来た人に)こちらから電話をかける. ***ring in*** (*vt.*) (1) ⇨ *vt.* 2 b. (2) ⇨ *vt.* 2 c. (3) 《口語》そっと入れる，すり換える；不正手段で持ち込む. (*vi.*) (タイムレコーダーで)到着の時間を記録する. ***ring off*** 《英》(1) 電話を切る. (2) 話をやめる. ***ring out*** (*vi.*) (タイムレコーダーで)退社[退出]時間を記録する. (*vt.*) (1) ⇨ *vt.* 2 b. (2) ⇨ *vt.* 2 c. (3) ⇨ *vt.* 3. ***ring up*** (*vt.*) (1) ⇨ *vt.* 4. (2) 〈売上げなどを〉金銭登録器に記録する. (3) 記録する. (4) 〈教会の鐘を〉梁の上に上げて鳴らす. (*vi.*) ⇨ *vi.* 5.

― *n.* **1 a** 鐘・ベルなどを鳴らすこと，鐘・ベルが鳴ること；呼び鈴[鐘]を鳴らす[の鳴る]音：answer a person's ～ 人の呼び鈴に答える / give the bell a ～ ベルを鳴らす / There is a ～ at the door. 戸口でベルが鳴っている. **b** 《口語》電話のベルの音，電話をかけること：give a person a ～ 人に電話をかける. **2** (金属性の物の)音(ね)，響き，鳴る音：the ～ of coins 硬貨の(ちゃりんという)音. **3 a** (笑い・声などの)響く音，よく通る声：the ～ of one's voice [laughter] 響き渡る声[笑い]. **b** (話・文章などの)響き，感じ，調子：There was a ～ of sincerity in his voice. 彼の声には誠実な感じがした / His story has a ～ of truth about it. 彼の話は本当らしく聞こえる / This poem has a ～ of Homer. この詩はホーマーの調子に似たところがある. **c** (物の真偽などを示す)響き：have the false ～ 音が悪い，にせ金[にせ物]だ，劣悪だ / have the true [right] ～ 音がよい，本物の音がする；本物だ，実力がある，真価がある. **4** (教会の)一組の鐘(の音)：a ～ of bells 一組の鐘，組鐘(の音).

ring-a-lie·vo [rìŋəlíːvoʊ | -vəʊ] 〚《変形》← *ring relievo*〛 *n.* (*also* **ring-a-le·vi·o** [-líːvioʊ | -vɪəʊ]) 〘遊戯〙＝relievo[2].

ríng-aròund-a[-the]-rósy *n.* 〘遊戯〙円形に並んで歌を歌い踊りながら進み，予め決めた合図に従って素早くしゃがむ遊戯《「羅漢さん」に似ている》.

ríng·bàrk *vt.* ＝girdle[1] 2.

ríng·bìll *n.* 〘鳥類〙＝ring-necked duck.

ríng-bìlled gúll *n.* 〘鳥類〙オビハシカモメ (*Larus delawarensis*)《北米産のカモメの一種；くちばしに黒い環紋がある》.

ríng bìnder *n.* リングバインダー《ルーズリーフを綴じるバインダーで，綴じ込む部分に金属製の輪を使っているもの》.

ríng blàckbird *n.* 〘鳥類〙＝ring ouzel.

ríng·bòlt *n.* 〘機械〙リングボルト，環付きボルト，目玉ボルト.

ríng·bòne 〚cf. OE *hringbān*〛 *n.* 〘獣医〙(馬の)趾骨瘤(しこつりゅう)《馬の繋(けい)骨に生じる骨瘤で跛行の原因となる》. **ríng·bòned** *adj.*

ríng-càrtilage *n.* 〘解剖〙輪状軟骨.

ríng cìrcuit *n.* 〘電気〙環状回路.

ríng còmpound *n.* 〘化学〙環状化学物.

ríng connèction *n.* 〘電気〙環状接続，環状結線.

ríng·cràft *n.* ボクシングの技術.

Ríng Cýcle *n.* [the ～] Wagner の「ニーベルンゲンの指輪」(The Ring of the Nibelung) 四部作.

ríng dànce *n.* ＝round dance a.

ríng dòllar *n.* ＝holey dollar.

ríng·dòve 〚《1538》《なぞり》← Du. *ringduif*〛 ― *n.* 〘鳥類〙**1** モリバト (*Columba palumbus*)《ヨーロッパ産；wood pigeon ともいう》. **2** ジュズカケバト (*Streptopelia risoria*).

ringed 〚ME〛 ― *adj.* **1** 環[輪]のある[を着けた，から成る，で囲まれた]. **2** 指輪をはめた；結婚指輪をはめた；正式に結婚した. **3** 環状の；環紋のある. **4** 〘甲冑〙(鎖輪を)鍛接した.

ringed pláin *n.* 〘天文〙＝walled plain.

ringed plóver *n.* 〘鳥類〙＝ring plover.

ringed séal *n.* 〘動物〙フイリアザラシ，ワモンアザラシ (*Phoca hispida*)《環紋のあるアザラシ》.

ringed snáke *n.* 〘動物〙**1** ヨーロッパヤマカガシ (*Natrix natrix*)《英国でよく見られる無毒のヘビ》. **2** ＝ring-necked snake.

rin·gent [ríndʒənt] 〚⊏ L *ringent-em* (pres.p.) ← *ringī* to open the mouth〛 ― *adj.* **1** 口を大きく開けた；にやにや笑っている. **2** 〘植物〙開口状の《唇(しん)状花冠にいう》.

ríng·er[1] 〚《15C》〛 ― *n.* **1 a** 鐘[鈴(すず)]を鳴らす人. **b** (教会の)鳴鐘係. **2** 鳴鐘装置；(電話の呼出し信号のための)信号発信機. **3** 《米口語》**a** 身元・経歴などを偽って出場する人[馬]，不正競技参加者，替玉[馬]；詐欺師. **b** [しばしば dead ～ で] 非常によく似ている人[もの]：He's a (*dead*) ～ for you as far as physique goes. 体つきだけは君に(まったく)そっくりだ.

toot the ringer 《米俗》玄関のベルを鳴らす.

ríng·er[2] *n.* **1** 輪で取り巻く[囲む]人[もの]. **2 a** (輪投げ・蹄鉄投げなどで，棒・杭に投げ入れられる)輪，蹄鉄(など). **b** その一投. **3** (樹皮を丸く切りとって)木材の皮はぎの準備をする人，皮はぎ下職人. **4** (葉巻・びんなどに)ラベルを貼りつける)ラベル貼り職人. **5** 《豪》熟練した羊毛刈り職人. **6** 〘遊戯〙地面に線を引いた円の中央の十字形の中におはじきを入れておき，他のおはじきを飛ばしてなるべく多く円の外にはじき出そうとするおはじき遊びの一種《ringtaw ともいう》. **7** 〘狐狩〙狩り立てられて環状に逃げ回る狐.

Ring·er [ríŋə | -ŋə(r)], **Sydney** *n.* (1835–1910) 英国の医学者；リンゲル液 (Ringer's solution) を考案.

Ríngerʼs solùtion [**flùid**] 〚← *Sydney Ringer*〛 *n.* 〘医学〙リンゲル液《塩化ナトリウム・塩化カリウム・塩化カルシウムなどを含む血液代用液》.

ríng fènce *n.* (大きな地所を囲んだ)囲い.

ríng finger 〚OE *hring fingere*〛 ― *n.* (エンゲージ

リングまたは結婚指輪をはめる, 通例左手の)薬指, 無名指(third finger)《ただし結婚式の時は ring finger を fourth finger という》.
ríng formàtion *n.* 〖天文〗環状体《月面のクレーター・壁平原 (walled plain) など環状地形の総称》.
ríng fràme *n.* 〖紡織〗=ring spinner.
ríng gàge *n.* 〖機械〗リングゲージ, 輪ゲージ《円柱形の製品の直径を測る道具; 円筒形や座金(ざがね)形などで, 製品の最大または最小許容直径などに合わせた穴があり, 製品がその穴を通るか通らないかを検査する》.
ríng gèar *n.* 〖機械〗内歯車の大歯車《環形の歯車で歯が内側にあるもの》.
ring·git [ríŋgɪt, -gət | -gɪt] 〚□ Malay〛 *n.* リンギット《マレーシアの通貨単位; =100 sens》.
ríng-gòal *n.* 〖遊戯〗輪なげ遊び.
ring·hals [ríŋhæls] 〚□ Afrik. ~, *rinkals* ← *ring* (⇨ ring¹)+*hals* neck〛 —— *n.* (*pl.* ~, ~·**es**) 〖動物〗ドクハキコブラ (*Haemachates haemachatus*)《アフリカ産のコブラの一種; 獲物の目に毒液を吹きかける性質がある》.
ríng hèad *n.* 〖電気〗リングヘッド《磁心を環状にした録音ヘッド》.
ríng·ing 〚ME〛 —— *adj.* **1** 鳴り響く, 鳴り渡る, 響き渡る: a ~ voice [laugh, cheer] (朗々と)鳴り響く声[笑い声, 歓声] / a ~ frost 踏めばざくざくと音のする霜. **2** 明確な, 断固とした: a ~ declaration. —— *n.* **1** 鳴ること. **2** 鳴る[鳴り渡る]音: the ~ of the telephone 電話の(ベルの)音. **~·ly** *adv.*
ringing cìrcuit *n.* 〖電気〗信号回路《電話の呼出信号送出回路》.
rínging éngine *n.* 〖機械〗(数人で綱を引いておもりを上げ落とす)杭打ち機; 地形(じぎょう)つきやぐら.
ríng·lèader 〚(1503) ← *lead the ring* (⇨ ring¹ (n.) 8)〛 *n.* (暴動・不法行為などの)リーダー, 首謀者.
ríng·less *adj.* **1** 環のない, 環をつけない. **2** 指輪をはめてない.
ring·let [ríŋlɪt, -lət] 〚(1555) ← RING¹ + -LET〛 *n.* **1** (毛髪の)巻毛. **2** 《古》 **a** 小環, 小輪. **b** =fairy ring. **3** 〖昆虫〗ジャノメチョウ科のチョウ.
ríng·let·ed [-tɪd, -təd | -tɪd, -təd] *adj.* (*also* **ring·let·ted** [~]) 巻毛にした.
ring·let·y [ríŋlɪti, -lə- | -tɪ] *adj.* 巻毛のような, 巻縮れ癖のある.
ríng lòck *n.* 環錠《切り欠きのある数個の環を組み合わせた一種の組合わせ錠》.
ríng lubricàtion *n.* 〖機械〗リング注油《軸にはめたオイルリングによる給油方法》.
ríng machìne *n.* 〖印刷〗リングマシーン《校正・訂正用のライノタイプ》.
ríng màin *n.* 〖電気〗環状配電系統《閉じた環状の配電系統; 通常どの負荷にも二重の経過から給電される》.
ríng·man [-mən] *n.* (*pl.* **-men** [-mən, -mèn]) **1** 《英》(競馬の)賭屋. **2** 《米》ボクサー, 拳闘の選手.
ríng màn *n.* 〖印刷〗リングマン《ring machine を操作する人》.
ríng·màster *n.* (サーカスなどの馬の)演技主任; =equestrian director.
ríng mòdulator *n.* 〖電気〗リング変調器.
ríng nébula *n.* 〖天文〗**1** 環状星雲. **2** [the R- N-] こと座 (Lyra) の環状星雲.
ríng·nèck *n.* **1** 〖鳥類〗 **a** 首の回りに環紋のある鳥の総称 (ring plover, ring-necked duck, ring-necked pheasant など). **b** 《豪》=parrot 1. **2** 〖動物〗首に環紋のある動物の総称《クビワヘビ (ring-necked snake) など》.
ríng-nèck *adj.* =ring-necked.
ríng-nècked *adj.* 〖動物〗首に環紋のある.
ríng-necked dúck *n.* 〖鳥類〗クビワキンクロ (*Aythya collaris*)《北米産の海ガモの一種》.
ríng-necked phéasant *n.* 〖鳥類〗キジ, (俗に)コウライ(高麗)キジ (*Phasianus colchicus*)《アジア産; Japanese pheasant と違って白い首輪があり, 羽色も異なる; cf. pheasant 1》.
ríng-necked snáke *n.* 〖動物〗クビワヘビ (*Diadophis punctatus*)《北米産の首に黄色の環紋のある無毒のヘビ》.
ríng·neck snáke *n.* 〖動物〗=ring-necked snake.
ríng nèt *n.* 〖漁業〗きんちゃく網の一種《網裾に ring をつけ, これに締括綱を通した網》.
Ring of the Ní·be·lung [-ní:bəlʊ̀ŋ; *G.* -ní:bəlʊ̀ŋ], **The** *n.* **1**「ニーベルンゲンの指輪」《R. Wagner 作の楽劇; *Das Rheingold*「ラインの黄金」(1854), *Die Walküre*「ワルキューレ」(1856), *Siegfried*「ジークフリート」(1871), *Götterdämmerung*「神々の黄昏(たそがれ)」(1874) の四部からなる; ドイツ語名 Der Ring des Nibelungen》. **2** 〖ドイツ・北欧伝説〗ニーベルンゲンの指輪《世界支配権を象徴する黄金の指輪で, この指輪にこもる呪いのため次々に争いと悲劇が生れる》.
ríng òuzel *n.* 〖鳥類〗クビワツグミ (*Turdus torquatus*)《首に環紋のあるツグミの一種; ring blackbird, ring thrush ともいう》.
ríng plòver *n.* 〖鳥類〗ユーラシア大陸のツンドラで繁殖するチドリ属 (*Charadrius*) の鳥類の総称《ハジロコチドリ (*C. hiaticula*) など》.
ríng-poròus *adj.* 〖植物〗秋材部との境に春材部の大きな導管が環状に並んでいる (cf. diffuse-porous).
ríng-pùll *adj.* 〈かんなど〉環[リング]を引っぱると蓋がとれる (cf. pop-top, ziptop): a ~ can.
ríng ròad *n.* 《英》環状道路 (《米》 belt highway).
ríng ròt *n.* 〖植物病理〗輪腐(わぐされ)病《*Corynebacterium sepedonicum* 細菌によるじゃがいもの病気; 維管束が輪状に黒ずんでくる》.
ríng shàke *n.* 〖林業〗目回り, 輪裂《年輪に沿って弧状に生じる木材の割れ; cup shake ともいう; cf. heart shake》.
ríng·sìde *n.* **1** リングサイド《競技場の最前列の席》. **2** (ショーなどの)近くから見られる場所,「かぶりつき」. —— *attrib. adj.* **1** リングサイドの;「かぶりつき」の: a ~ seat. **2** 間近に見える, よく見える. —— *adv.* リングサイドで;「かぶりつき」で.
ríng·sìd·er *n.* リングサイドの観客.
ríng-sìlicate *n.* 〖鉱物〗環状ケイ酸塩 (⇨ cyclosilicate).
ríng snàke *n.* 〖動物〗 **1** 《英》=ringed snake 1. **2** 《米》=ring-necked snake.
ríng spìnner *n.* 〖紡織〗リング精紡機《ボビンの周囲にあるリング状レールの上を小さな金属ループ(トラベラー)に糸をかけて廻し, よりかけして糸を紡績する機械; ring frame ともいう》.
ríng spìnning *n.* リング精紡《リング精紡機を用いる紡績方法》.
ríng spòt *n.* 〖植物病理〗輪状斑紋: **1** 植物組織に生じる黄・紫色等の輪状または同心円状の斑紋. **2** この斑紋を生じる植物の病害《ウイルスによるタバコの葉の病害など》.
ring·ster [ríŋstə | -stə(r] 〚← RING¹ (n.) 8 + -STER: cf. gangster〛 *n.* 《米口語》一味[徒党]の一人.
ríng·stràked 〚← RING¹ + *straked* (《変形》 ← *streaked*)〛 *adj.* 《古》=ring-streaked.
ríng-strèaked *adj.* 環紋のある, 環状のぶちの.
ríng·tàil *n.* **1** 〖動物〗 **a** =ring-tailed opossum. **b** =ring-tailed cat. **2** 〖鳥類〗 **a** ハイイロチュウヒ (hen harrier) の雌. **b** (生れて3年以内の)イヌワシ (golden eagle). **3** 〖海事〗リングテイル《ガフスル (gaff sail) の後部に張るスタンスル (studding sail)》.
ríng-tàiled *adj.* **1** 尾に環紋のある. **2** 〈犬が〉尾を巻いた, 巻尾の.
ríng-tailed cát *n.* 〖動物〗カコミスル (⇨ cacomistle 1).
ríng-tailed opóssum *n.* 〖動物〗リングテイル《有袋目クスクス科リングテイル属 (*Pseudocheirus*) の動物の総称; 尾が長く, その先が巻いている》.
ríng-tailed róarer *n.* 左右の脚の長さが不揃いでうなり声の大きい想像上の動物《短脚の側を急な崖[岩壁]に掛けて, 転ばぬように歩くという》.
ríng-tailed snórter *n.* 《米俗》強くて勇敢な男,「タフガイ」.
ríng·tàw 〚⇨ ring¹, taw¹〛 *n.* 〖遊戯〗=ringer² 6.
ríng thrùsh *n.* 〖鳥類〗=ring ouzel.
ríng·tòss *n.* 〖遊戯〗輪投げ.
ríng vaccinàtion *n.* 〖医学〗全員接種《伝染病患者に関係のある全員に対する予防接種》.
ríng·wàll *n.* (地所を取り囲んだ)塀.
ríng·wày *n.* =ring road.
ríng wìnding *n.* 〖電気〗環状巻《環状鉄心にコイルを螺旋(らせん)状に巻いた電機子の巻線の一種; cf. drum winding》.
ríng·wòrm 〚(15C)〛 *n.* 〖病理〗白癬(はくせん)《たむし・ぜにだむし・みずむし・しらくもなど》.
rink [ríŋk] 〚(1375) 《スコット》 *renk, rinc* 《原義》 jousting ground □ OF *renc* (F *rang*) 'course, RANK¹'〛 —— *n.* **1** (スケート)リンク, アイススケート[ローラースケート]場《滑るための平面だけについても, そういう場所のある建物全体についても用いられる》. **2** (氷上の)カーリング (curling) 場. **3** ローンボーリング (lawn bowling) 場. **4** カーリング[ローンボーリング] 競技の一方の組《4人1組》. —— *vi.* リンクで滑る.
rink·y-dink [ríŋkidìŋk | -kɪ-] 〚《変形》 ← ? RICKY-TICK〛 《米俗》 —— *adj.* **1** 使い古した, 古臭い. **2** 下等な. —— *n.* **1** 使い古したもの; 古臭い人. **2** 〖ジャズ〗=ricky-tick.
rínky·tìnk [-tìŋk] *adj., n.* 《米俗》=rinky-dink.
Rín·man's gréen [rínmənz-] *n.* 〖顔料〗リンマングリーン (⇨ cobalt green).
rinse [ríns] 〚(*a*1338) *rince(n), rinse(n)* □ OF *reincer, raincier* < ? VL **recentiāre* to renew ← L *recens* 'fresh, RECENT'〛 —— *vt.* **1** (水で)ゆすぐ, すすぐ; ゆすぎ落とす, すすぎ落とす, 洗い落とす ⟨*out, away*⟩: ~ *out* clothes in water 洗濯(せんたく)した着物を水でゆすぐ / ~ *out* a coffee cup with one's forefinger 人さし指でコーヒー茶碗をこすって洗う / ~ the soap *out* of washed clothes 洗濯物から石けんをゆすぎ落とす / ~ the ink stain off one's fingers 指についたインク(のしみ)を洗い落とす / ~ *out* one's mouth 口をすすぐ, うがいをする. **2 a** 〈織物・衣類を〉染料液につける. **b** 〈毛髪〉にヘアリンス[頭髪染料]を使う, リンスする. —— *vi.* 水洗いで落ちる[とれる]: This oil does not ~ easily. この油は(手などから)落ちがよくない.
rinse down 〈食物を〉(飲み物と一緒に)胃に流し込む: ~ *down* one's dinner with a glass of beer.
—— *n.* **1 a** ゆすぎ, すすぎ; ゆすぎ落し, すすぎ落し. **b** (ヘア)リンスすること. **2 a** すすぎ用の水[液]. **b** (ヘア)リンス(液); 頭髪染料.
rins·er *n.*
rins·ing 〚ME〛 *n.* **1** =rinse 1. **2** [通例 *pl.*] ゆすぎ水《物をゆすいだ後の水》. **3** [通例 *pl.*] 残滓(ざんし), 残りかす.
Ri·o [rí:oʊ | rí:əʊ, ríaʊ; *Braz.* ʁíu] *n.* =Rio de Janeiro.
Rí·o Bra·vo [*Sp.* rríoβráβo] *n.* リオブラボ (Rio Grande 1 のスペイン語名).
Ri·o de Ja·nei·ro [rí:oʊdeɪʒənέ(ə)roʊ, -di:-, -də-, -dʒə-, -ní(ə)roʊ | rí:əʊdədʒəníərəʊ, ríəʊ-, -deɪ-; *Braz.* ʁíudʒiʒenéiru] 〚□ Port. ~ 'River of January' ← *rio* < L *rivum* brook, stream, 《原義》 that which flows: cf. rival〛 —— *n.* **1** リオデジャネイロ《ブラジル南東部にある Rio de Janeiro 州の首都・海港; 同国の旧首都; Guanabara 湾に臨む; 人口 4,252,000; cf. Brasília》. **2** リオデジャネイロ(州)《ブラジル南東部の州; 人口 9,110,000, 面積 44,268 km², 首都 Rio de Janeiro》.
Río de Janéiro Báy *n.* リオデジャネイロ湾 (⇨ Guanabara Bay).
Rí·o de O·ro [rí:oʊdi:ɔ́:roʊ, -ɔ́:roʊ | rí:əʊdi:ɔ́:rəʊ; *Sp.* rríoðeóro] *n.* リオデオーロ: **1** 西サハラ (Western Sahara) の南部約3分の2を占める部分. **2** Western Sahara の旧名.
Ri·o Gran·de [rí:oʊgrǽnd, -grǽndi, ráɪoʊ-grǽnd | rí:əʊ-grǽndɪ, ríəʊ-, -grǽnd; 2, 3 では *Braz.* ʁiugɾɐ̃dʒi] 〚cf. Rio de Janeiro, grand〛 —— *n.* **1** [the ~] リオグランデ(川)《米国 Colorado 州に発してメキシコとの国境を流れ, Mexico 湾に注ぐ川; 3,034 km; スペイン語名 Río Bravo》. **2** [the ~] リオグランデ(川)《ブラジルの南東部を西流する Paraná 川の支流; 1,050 km》. **3** リオグランデ《ブラジル南部の海港; Rio Grande do Sul ともいう; 人口 129,000》.
Río Gránde do Nór·te [-dənɔ́əṭə, -do(ʊ)- | -də(ʊ)-nɔ́:tə; *Braz.* -dunɔ́rt(ʃ)i] *n.* リオグランデドノルテ(州)《ブラジル北東部の州; 人口 2,163,000, 面積 53,015 km², 首都 Natal》.
Río Gránde do Súl [-dəsú:l, -do(ʊ)- | -də(ʊ)-; *Braz.* -dusúl] *n.* **1** リオグランデドスル(州)《ブラジル南端の州; 人口 8,341,000, 面積 282,184 km², 首都 Pôrto Alegre》. **2** =Rio Grande 3.
Rí·o Mu·ni [rí:oʊmú:ni | rí:əʊmú:nɪ; *Sp.* rríomúni] *n.* リオムニ《アフリカ中西部, Equatorial Guinea のアフリカ本土にある部分; 人口 191,000, 面積 28,051 km²》.
Río Negro *n.* ⇨ Negro.
Rio Roosevelt *n.* ⇨ Roosevelt.
ri·ot [ráɪət] 〚(?*a*1200) □ OF *riot(e)* (F *riotte*) ← *r(u)ihoter* to quarrel ← ? *ruire* to make an uproar < L *rugīre* to roar〛 —— *n.* **1 a** (集団による)暴動, 騒動, 一揆: raise [start, get up] a ~ (*against*...) (...に)暴動を起こす / A serious ~ broke out. 大暴動が起こった. **b** 〖法律〗騒擾(そうじょう)(罪)《三人以上共同の暴力行為》. **2** 騒乱, 大混乱, ごった返し. **3** (想像・感情などの)奔逸, 爆発: a ~ of emotion(s) 湧き立つ感情(の渦巻). **4** [a ~ of で] (色彩・音などの)非常に豊富[過多]なこと: *a* ~ *of* sound 入り乱れた騒音 / He will often create *a* ~ *of* laughter. 彼はよく皆に大笑いをさせる / *a* ~ *of* autumn coloring とりどりの秋の色. **5** 《口語》すごく面白い人[もの, 演技]: His new comedy is simply a ~. 彼の新作の喜劇は全く笑わせる. **6 a** 《古》放埓(ほうらつ), 放縦, 放蕩. **b** ばか騒ぎ, 底抜け騒ぎ. **7** 〖狩猟〗何の臭跡であろうとむやみに追うこと.
run riot 〚猟犬が臭跡を失ってむやみに追い回すことから〛 (1) 放埓に振舞う, 放蕩する, 奔放自在に行なう; 荒れ回る, 騒ぎ回る. (2) やたらにはびこる; 〈花が〉咲き乱れる. (3) やたらにしゃべる. (4) 荒唐無稽(けい)な想像をたくましくする.
—— *vi.* **1** 騒動に加わる; 騒ぐ: The residents ~*ed* to protest (against) the building of a seventy-story skyscraper. 住民たちは70階の超高層ビル建設に反対して騒いだ. **2** 放埓な生活をする, 放蕩する; 飲み騒ぐ, 底抜け騒ぎをする. **3** 過度にふける, 耽溺(たんでき)する 〔*in, upon*〕. **4** 〖狩猟〗〈猟犬が〉狙った獲物以外の動物の臭跡を追う. —— *vt.* 《まれ》放埓な生活をして〈時間・金を〉浪費する ⟨*away, out*⟩.
Ríot Àct *n.* 《英》 **1** [the ~] 騒擾(そうじょう)取締令《1715年英国で発布されたもので, 12人以上の者が不穏な集会を催した際, 官憲が本条令を読み上げ(これを read the Riot Act という)解散を命じても応じない者は重罪に処せられた》. **2** [r- a-] 戒告, 警告.
read the Riot Act 〚騒擾条令を読み聞かせることから〛 (1) 不穏な集会をしている者に解散を命じる. (2) 《口語》厳重な戒告をする: *read the* ~ to one's son 言うことを聞かない子供を(言うことを聞かないとひどいぞと)戒める[しかる].
rí·ot·er [-ṭə | -tə(r] 〚(16C) ← RIOT + -ER¹ ∞ ME *riotour* □ AF〛 *n.* **1** 暴動者, 暴徒, 暴民. **2** 《古》放埓(ほうらつ)な人, 放蕩(ほうとう)者; 飲み騒ぐ人.
ríot gùn *n.* (暴徒の殺傷よりも離散を目的とする)暴動用小型銃; (特に)短銃身霰弾銃.
ri·ot·ous [ráɪəṭəs | -təs] 〚(1340) □ OF *riotous*: ⇨ riot, -ous〛 —— *adj.* **1 a** 〈人が〉暴動を起こして騒ぐ, 暴動に加わった. **b** 〈行動が〉暴動的な: a ~ demonstration 騒然としたデモ. **2** 騒々しい: ~ laughter 騒々しい笑声. **3** 放埓(ほうらつ)な, 放蕩(ほうとう)な; 飲み騒ぐ, 底抜け騒ぎをする. **4** 〈感情・想像など〉奔逸な, 奔放な: a ~ fancy 奔放自在な空想. **5** あり余るほど豊富な: a garden ~ *with* flowers 花の咲き乱れる庭. **~·ly** *adv.* **~·ness** *n.*
ríot políce *n.* (警察の)機動隊.
ri·ot·ry [ráɪətri | -trɪ] 〚ME〛 *n.* 《古》 **1** 暴動, 大暴れ; 乱痴気騒ぎ. **2** [集合的] 暴動を起こす人たち.
ríot shìeld *n.* (警官が用いる)暴徒鎮圧用の盾.
ríot squàd *n.* (暴動・騒乱鎮圧の)警官隊, 機動隊.
rip¹ [ríp] 〚(*c*1477) □ ? Flem. *ripp-en* to rip: cf. 《方言》 *ripple* to scratch / reave¹〛 —— *v.* (**ripped**; **rip·ping**) —— *vt.* **1 a** (ぐいと)裂く, 引き裂く, 切り裂く ⟨*up*⟩; 裂いて開く: The bull ~*ped up* the horse with his horns. 雄牛は角で馬の体を引き裂いた / ~ *open* a bag [an envelope] 袋[封筒]を引き裂いて開ける / Her blouse was ~*ped* at the elbow. 彼女のブラウスは肘

のところが裂けていた. **b** 〈木材・石を〉裂く, 割る. **c** 〈木材を〉縦挽(び)きにする. **2 a** はぎ取る, 裂き取る, 切り取る 〈*off, away, out*〉: ~ *out* [*off*] the lining 裏をはぎ取る / ~ (the seams of) a garment (縫い目を切って)着物を解きほどく / He ~*ped* the sheet *out* of the typewriter. 用紙をタイプライターから抜き取った / The telephone cord had been ~*ped out*. 電話線は引きちぎられていた / ~ the sheets *off* a bed ベッドからシーツをはがす. **b** 《英》〈屋根〉から瓦(かわら)[スレートなど]をはがす; 屋根から〈瓦などを〉はがす. **3** 〈裂け目・通路などを〉裂いてつくる[開く]. **4** 《古》 **a** 〈直りかかった傷口を〉再びあける. **b** 〈不愉快なこと・過去・悲しみなどを〉再び思い出させる, 暴露する: ~ *up* an old sore 古傷をえぐり出す, 昔のいやなことを思い出させる. **c** 〈喧嘩などを〉蒸し返す. **5** 〈ののしりの言葉を〉吐く 〈*out*〉: ~ *out* an oath. **6** 〖野球〗シャープに〈ヒットを〉打つ: ~ a hit to right field ライトにヒットをきれいに打つ. — *vi.* **1** 裂ける, 破れる; ほころびる. **2 a** 突進する, まっしぐらに進む: The typhoon is now ~*ping* through the city. 台風は今市内を吹き抜けつつある / let her [it] ~ (船・車などを)ぶっとばす. **b** 自由に振舞う, 勝手にする: let things ~ (手を出さずに)成行き次第に任せる. **3** 《口語》荒荒しい[ののしりの]言葉を吐く 〈*out*〉: ~ *out* with a curse ののしりの言葉を放つ.

rip into (肉体的にまたは言葉で)…を激しく[鋭く]攻撃する: He ~*ped into* the press for bias. (その)新聞には偏見ありと激しく非難した. ***rip off*** (1) ⇨ *vt.* 2 a. (2) 《俗》〈人を〉だます. (3) 《俗》〈物を〉盗む.

— *n.* **1** 裂け目; ほころび; 裂傷, 傷口. **2** 縦挽(び)き鋸(のこ); 縦挽き鋸で切ること. **3** 《英》突進.

like rips 《米俗》ひどく; 鋭く; 元気に.

rip[2] [ríp] 〖《1778》《変形》← REP[2]〗 *n.* **1** 《口語》放蕩(とう)者, 道楽者, やくざ者, ならず者. **2** 駄馬, 廃馬. **3** 役に立たぬ物.

rip[3] [ríp] 〖← ? RIP[1]: cf. ripple[1]〗 *n.* **1** 川の早瀬に立つ波, さざ波; (暗礁上などにできる)激浪. **2** 激潮《反対に流れる潮流の衝突によって起こる激浪》.

R.I.P. 《略》 *L.* Requiēscat (or Requiēscant) in pāce (=May he [she] (or they) rest in peace).

ri·par·i·an [rɪpέ(ə)riən, rə-, raɪ- | raɪpéərɪ-] 〖《1849》← L *rīpārius* (← *rīpa* river bank: ⇨ river[1])+-AN[1]〗 — *adj.* **1 a** 河岸(上)の, 水辺の; 湖辺の: a ~ proprietor 河岸所有者. **b** 水辺[河岸]に生じる; 水辺[河岸]にすむ. **2** 海岸の, 臨海の (littoral). — *n.* 〖法律〗河岸所有者.

ripárian ríght *n.* 〖法律〗河岸[河川敷]所有者特権《漁業・発電・用水などのために川を利用するなどの河岸所有者の権利》.

ríp còrd *n.* **1** 〖航空〗(気球の)引裂き綱《これを引けば, 気嚢(のう)の頭部が開いてガスが出て, 気嚢は急降下する; ripping cord ともいう》. **2** 〖航空〗(パラシュートの)開き綱, リップコード. **3** 〖電気〗リップコード: **a** 接続のために容易に引き裂けるように絶縁電線を2本並べたコード. **b** 接続のために外皮を裂く目的でケーブル中に埋め込まれた紐.

ríp cùrrent *n.* =riptide.

ripe[1] [ráɪp] 〖adj.: OE *rīpe* ← Gmc **rīpja-* 《原義》ready for reaping (Du. *rijp* / G *reif*: cf. OE *rīpan* to reap) ← IE **rei-* to cut, tear. — v.: OE *rīpian* ← (adj.)〗 — *adj.* (**rip·er; -est**) **1 a** 〈果物・穀物など〉熟した, 実った: ~ grain 実った穀物 / Soon ~, soon rotten. 《諺》早く熟すれば早く腐る (cf.「大器晩成」). **b** 刈り取りの十分できる: a ~ field. **2 a** 〈動物など〉十分太って食べごろの. **b** 〈酒・チーズなど〉飲みごろとなった, 食べごろとなった: ~ cheese 熟成チーズ. **3 a** 爛熟(らんじゅく)した, 盛りの, 豊満な, 成熟した; 円熟した, 熟達した, 老練な: a person of ~(r) years 成熟した人, 大人 / ~ beauty 女盛り / a ~ scholar 円熟した学者 / ~ judgment [wisdom] 円熟した判断力[知恵]. **b** 年取った: live to a ~ old age 長生きする. **4** 機の熟した, 準備の整った, すっかり用意のできた〔*for*〕/ 〈*to do*〉: ~ *for* action [*to* act] 行動の時機が熟して / He judged the moment ~. 機が熟したと判断した / The news is ~ *for* publication. その知らせは発表の機が熟している / This is an opportunity ~ *to* be seized. 絶好の機会だ. **5** (熟した果物のように)赤くふっくらした: ~ lips. **6** 〈はれ物など〉化膿(のう)した, 膿(う)んだ. **7** 《古》酔った: reeling ~ 酩酊して. **8** 〖生物〗 **a** 〈魚が〉成熟卵[精子]をもった (cf. spent 4, green 11 a): a ~ herring. **b** 〈卵が〉成熟した. — *vt.*, *vi.* 《詩・方言》=ripen. **~·ness** *n.*

ripe[2] [ráɪp] 〖OE *rȳpan*: cf. G *raufen, rupfen* to pull, pluck〗《スコット》 — *vt.* **1** 捜す, 残るくまなく捜す. **2** 調査する, 吟味する. **3** 略奪する. **4** 一掃する. — *vi.* 捜す.

rípe·ly 〖ME〗 *adv.* **1** 熟して, 爛熟(らんじゅく)して; 円熟して. **2** 用意が整って, 機が熟して; 好時機に.

rip·en [ráɪpən] 〖《1561》← RIPE[1]+-EN[1]〗 — *vi.* **1** 熟する, 成熟する; 食べ[飲み]ごろになる. **2** 機が熟する, 円熟する: The friendship ~*ed* quickly. すぐに友情が深まった / Her immature beauty bloomed and ~*ed* into its splendor. 未熟だった美しさは開花して爛漫と咲き誇った. **3** 〈腫れ物などが〉膿(う)む. — *vt.* **1** 熟させる, 成熟させる; 食べ[飲み]ごろにする. **2** 円熟させる, 発達させる. **3** 〈腫れ物などを〉膿ませる. **~·er** [-p(ə)nə | -nə(r] *n.*

rípe ròt *n.* 〖植物病理〗リンゴの炭疽病(⇨ bitter rot).

ri·pid·o·lite [rɪpídəlàɪt, rə-, raɪ-, -dḷ- | rɪpídəl-, raɪ-] 〖□ G *Ripidolith* ← Gk *rhipid-, rhipis* fan+G *-lith* '-LITE'〗 — *n.* 〖鉱物〗リピドライト, 鉄緑泥石 ($(Mg, Fe)_9Al_6Si_5O_{20}(OH)_{16}$) 《prochlorite ともいう》.

ri·pie·no [rɪpjéɪnoʊ, rə- | rɪ̀piéɪnəʊ; *It.* ripjέ:no] 〖□ It. ~ 'stuffed' ← *ri-* 'RE-'+*pieno* full〗〖音楽〗 — *n.* (*pl.* **~s**, *It.* **-pie·ni** [-ni:; *It.* -ni]) **1** リピエーノ《バロック時代の合奏協奏曲などで, 独奏楽器群 (concertino) に対する総奏部》. **2** =tutti 1, 2. — *adj.* =tutti 2.

Rip·ley [rípli | -lɪ], **George** *n.* (1802–80) 米国の(宗教)思想家・著述家; Brook Farm の創立者.

ríp-òff *n.* 《俗》 **1** 盗み, 略奪, 強盗; 詐取, 詐欺; 搾取. **2** いかさま[いんちき]商品; 換骨奪胎の作品.

Rip·on [rípən] 〖OE *Rypum* (dat.pl.) ← *Hrype* (部族名) ← ?〗 *n.* イングランド North Yorkshire 州の門前町; 有名な大寺院がある; 人口 11,000.

ri·poste [rɪpóʊst, rə- | rɪpə́ust, -pɔ́st] 〖《1707》□ F ~ □ It. *risposta* ← *rispondere* < L *respondēre* 'to RESPOND'〗 — *n.* **1** 〖フェンシング〗リポスト, 突き[斬り]返し《相手の攻撃を剣で防いだあとに続く攻撃》. **2** 当意即妙の答, しっぺ返し. **3** 報復手段; 反撃. — *vi.* **1** 〖フェンシング〗敏速に突き返す. **2** 当意即妙の答をする, しっぺ返しをする. **3** 反撃する.

ríp pànel *n.* 〖航空〗(気球の緊急ガス放出口.

ríp·per *n.* **1 a** 引き裂く[はぎ取る]人. **b** 人切り(犯人) (cf. Jack the Ripper). **2 a** 引き裂くもの. **b** 縫い目を解きほどく器具. **c** 屋根のスレートをはぐ道具. **d** 縦挽(び)き鋸(のこ). **e** (鉱物)破砕機. **f** (岩石・舗装道路など)堅い物を砕く機械. **3** 《古俗》 **a** すてきな人[物], 出来物(でき), 秀才; 優秀なもの (cf. ripping 2). **b** 向こう見ずな人. — *attrib. adj.* 《米》〈法案など〉党派的目的から大幅な人事の変更をもくろんだ, 改造含みの: a ~ bill, amendment, etc.

ríp·ping *adj.* **1** 引き裂く. **2** 《英古俗》すてきな, すばらしい (cf. ripper 3 a): a ~ pace すばらしい速度 / How perfectly ~ to see you! 君に会えてすごくうれしいよ. **3** [副詞的に] すてきに, すばらしく: We had a ~ good time. すごくおもしろかった. **~·ly** *adv.* **~·ness** *n.*

rípping còrd *n.* 〖航空〗=rip cord 1.

rípping sàw *n.* =ripsaw.

rip·ple[1] [rípḷ] 〖v.: 《1670–71》(freq.) ? ← RIP[1]. — n.: 《1755》← (v.): ⇨ -le[3]: cf. rip[3]〗 — *n.* **1 a** さざ波, 小波. **b** (影響の)波紋, 動揺: The affair has caused barely a ~ in the village. その事件は村にほとんど何の波紋も起こさなかった / The coup d'état hardly sent a ~ across the surface of the society. クーデターは社会の表面にほとんど影響らしい影響を与えなかった. **2 a** (毛髪などの)波状, ウェーブ. **b** (たっぷりしたスカートなどの)柔らかいひだ. **c** 帽子のひさしの波. **3** さざ波の音, さらさら, ぴちゃぴちゃ; (談話・笑い声などの)さざめき: a ~ of laughter / the ~ of rats ネズミの(走り回る)かさこそという小さい音. **4** 《米》小さな早瀬. **5** =ripple mark. **6** 〖電気〗リプル, 脈動《電流の強度の微小な変化》.

— *vt.* **1** 〈水面など〉にさざ波を起こす; …に波紋を起こす, 小さく波打たせる: The wind ~*d* the curtains. 風がカーテンを波立たせた. **2** 〈毛髪などを〉波状に縮らせる; 〈筋肉を〉ぴくぴく動かす; …に波状の跡をつける. **3** さらさら[ぱらぱら, ぴちゃぴちゃ]と(いう)音を立てる, くすくす笑う: ~ chords ころころと和音を鳴らす. — *vi.* **1** さざ波が立つ; 波紋をなす, さざ波を立てて流れる. **2** 〈布・毛髪・筋肉などが〉小さなひだ[波状]をなす; 〈畑の穀物などが〉風にさらさらと揺れる; 〈小舟・ボートなどが〉さざ波を立てる[立てて進む]: The muscles down the shoulders and back ~*d*. 肩から背にかけての筋肉がぴくぴく動いた / A little shiver ~*d* over her body. 体中にぞくぞくと寒気(のようなもの)が走った. **3** さざ波のような音がする, ざわざわ音がする, さらさら[ぴちゃぴちゃ]という音を立てる, ちょろちょろ[さらさら]と流れる.

rip·ple[2] [rípḷ] 〖《c1340》*rip(e)le(n)*: cf. Du. *repelen* / G *riffeln* to comb for flax〗 — *vt.* **1** 〈亜麻を〉(種を取り除くために)亜麻こきにかける. **2** (亜麻こきにかけて)〈種を〉こき落とす. — *n.* 亜麻こき機 (flax comb)《亜麻や麻などの種をこき落とす機械》.

rípple-clòth *n.* =zibeline 2.

ripple màrk *n.* **1** (波や風によって砂上などにできた)波跡; (地層面・岩石表面などに残された)漣痕(れんこん). **2** 〖林業〗木材の板目面に繊維方向に直角に現われる筋状の杢(もく)筋, 横しま. **rípple-màrked** *adj.*

ríp·pler [-plə, -plə | -plə(r, -pl-] *n.* **1** 亜麻をこく人. **2** 亜麻こき機 (ripple).

rip·plet [ríplɪt, -lət, -pḷ-] *n.* 小さなさざ波, 小さな波紋.

rípple vóltage *n.* 〖電気〗リプル電圧, 脈動電圧《交流成分を含んだ直流電圧またはこのうちの交流成分》.

ríp·pling [-plɪŋ, -pḷ-] *adj.* **1** さざ波を立てる: a ~ brook さざ波を立てて流れる小川. **2** 〈笑い声など〉さざめく; 〈ピアノの音・旋律など〉ころころと鳴る: The pianist effortlessly bounced off ~ melodies. ピアニストはさざ波のような細かい旋律をなんの苦もなくころころと弾むように弾いてのけた. **~·ly** *adv.*

rip·ply [rípli, -pḷi | -pḷɪ, -plɪ] *adj.* **1** さざ波が立っている; 波紋のある. **2** (さざ波のように)さらさら[ざわざわ]音がする.

rip·rap [rípræ̀p] 〖《加重》← RAP[1]〗《米》〖土木〗 — *n.* **1** [集合的] 捨石(すていし)《基礎を作るために軟地盤や水中に投げ込む粗石または割り栗(ぐり)》: ~ work 捨石工事 / a ~ slope (道路・トンネル工事などの際, 運び出して捨てた)粗石などでできた斜面. **2** 捨石基礎. — *vt.* (**rip·rapped; -rap·ping**) **1** …の捨石(すていし)基礎[護岸壁]などを造る. **2** 〈防波堤などを〉捨石して補強する.

ríp·ràp·ping *n.* 〖土木〗(捨石基礎などに使われている集合体としての)石, 石材.

rip-roar·ing [ríprɔ́:rɪŋ, -rɔ́:r- | -rɔ́:r-] *adj.* 《口語》騒がしい, 騒々しい; 乱痴気騒ぎの: a ~ farce 騒々しい茶番劇 / have a ~ time どんちゃん騒ぎをする.

rip·roar·i·ous [ríprɔ́:riəs, -rɔ́:r- | -rɔ́:rɪ-] 〖← RIP[1]+(UP)ROARIOUS〗 *adj.* 《口語》=rip-roaring.

ríp·sàw 〖← RIP[1] (v.)+SAW[1] (n.)〗 *n.* 縦挽(び)きのこぎり (cf. crosscut saw).

ríp·sàwyer *n.* (製材用の)縦挽(び)き鋸(のこ)の使い手, 縦挽き工.

ríp·snórter 〖⇨ rip[1]〗 — *n.* 《俗》 **1** ひどく騒々しい[乱暴な]人. **2 a** ものすごいもの, 激しいもの: The boat race was a ~. あのボートレースはものすごかった. **b** とてもすばらしいもの[人].

ríp·snórting *adj.* 《俗》 **1** 騒々しい; 向こう見ずな. **2** すばらしい; 健康な, うれしい, 楽しい.

ríp·tìde 〖⇨ rip[3]〗 *n.* **1** 潮衝《他の潮流に衝突して激潮を起こす潮流; cf. rip[3] 2》. **2** 《比喩》相反する2つの心理的な力.

Rip·u·ar·i·an [rìpjuέ(ə)riən | -pjuέərɪ-] 〖《1781》← ML *rīpuārius* (← ? L *rīpa* river bank)+-AN[1]: cf. riparian〗 — *n.* ラインフランク人《4–5世紀に Rhine 河畔の Cologne の近くに来て住んだフランク人》. — *adj.* ラインフランク人の.

Ripuárian láw *n.* ラインフランク人の法律.

Rip Van Win·kle [ríp-vænwíŋkḷ] *n.* **1** Washington Irving 作 *The Sketch Book* (1820) 中の物語; その主人公《20年間山中に眠った後起き出て来て, 世の移り変わりに驚いたという男》. **2** 時代遅れの人, 「浦島太郎」.

rise [ráɪz] 〖v.: OE *rīsan* < Gmc **rīsan* (Du. *rijzen* / G *reisen* to travel / ON *rīsa*) ← ? IE **erei-* to move, flow. — n.: 《1599》← (v.): cf. raise, arise〗 — *v.* (**rose** [róuz | rə́uz]; **ris·en** [rízn]) (↔ fall) — *vi.* **A 1 a** (横になっていたり, ひざまずいていたり, 座っていたりする状態から)立ち上がる: ~ to one's feet 立ち上がる / All *rose* to receive him. 皆立って彼を迎えた / The house *rose* at the actor. その役者が出ると観客が総立ちになって喝采した / *Rise*, Sir Thomas. トーマス卿よ, 立て《爵位士 (knight) に叙する儀式で, 王がその人 (Thomas) を前にひざまずかせて, 剣の背で肩を軽く打ってこう呼び掛ける; cf. dub[2] 1》. **b** 起床する, 起きる: ~ at 5 a.m. 午前5時に起きる / ~ early 早起きする / ~ with the larks [the sun] 早起きする. ★ rise より get up のほうが口語的. **c** (倒れた状態から)起き上がる; 再起する: He fell never to ~ again. 倒れたきり再起できなかった. **2** 〈毛髪などが〉(驚きまたは恐怖で)立つ, 直立する: The hair *rose* on his head. 頭髪が逆立った. **3** 〈馬が〉棒立ちになる, 飛び上がる: The horse ~*s* on its hind legs. 馬が(驚いて)棒立ちになる / ~ to a fence 〈馬が〉垣根を飛び越えようと飛び上がる. **4** 席を立つ, 引き上げる, 去る; 閉会する, 散会する: ~ from (the) table (食事を終えて)食卓を去る / Parliament will ~ next week. 議会は来週閉会になる. **5** 反抗して立つ, 反旗を翻す, 蜂起(ほうき)する: ~ against oppression [an oppressor] 圧制[圧制者]に反抗して立つ / ~ in arms 武装して立つ / ~ in rebellion 暴動を起こす, 蜂起する. **6** 奮い立つ, 応じて立つ, 応じる〔*to*〕: ~ *to* the emergency [crisis] 危急に応じて立つ[危機に善処する] / ~ *to* the occasion 機に応じて才能を発揮する[腕前を見せる] / ~ *to* the requirement 要求に応じられる[任に耐える] / I can't ~ *to* it. それをやる力[気持]がない. **7** 〖神学〗よみがえる, 生き返る: ~ again / ~ *from* the dead よみがえる / Christ is ~*n*. キリストはよみがえりぬ.

B 1 a 〈太陽・月などが〉(地平線上に)昇る (↔ set): The sun ~*s* in the east. 太陽は東から出る / The moon is ~*n*. 月が出た. **b** 〈船が〉(地平線上に)見えてくる, 近づいて大きく見える. **2 a** 〈鳥などが〉舞い上がる, 飛び立つ: The lark ~*s* in the air. ヒバリが空中に飛び立つ[昇る] / The birds ~ well today. (狩猟で)今日は鳥がよく飛び立つ. **b** 〈煙などが〉空に昇る: Smoke ~*s* straight up in [into] the air. 煙がまっすぐに空に昇る. **c** 〈舞台の幕などが〉揚がる: The curtain ~*s*. 幕が揚がる; 新局面が展開する / The curtain ~*s* at 6 p.m. 午後6時開演 / Dawn [Morning] ~*s*. 夜が明ける. **3** そびえ立つ, (樹木などが)…の高さに達する: ~ above the clouds [out of the sea] 雲の上に[海の中から]そびえ立つ / The tower ~*s* (to a height of) 80 feet. 塔は80フィートの高さにそびえている. **4** (水面に)浮かび上がる, 浮かび出る: The fish ~*s*. 魚が(餌を求めて)水面(近く)に浮かび上がってくる[現われる] / A drowning man ~*s* three times. 人はおぼれる時3度浮かび上がる《それから後は絶望》/ Bubbles ~. あわが立つ / ~ to the bait [fly] 〈魚が〉餌[毛鉤]に食いつく. **5** 上り坂になる, 上りになる: The ground ~*s* as it approaches the house. 家に近づくにつれ上り道になっている / The land ~*s to* a plateau. その土地はせり上がって高原になっている. **6 a** 〈川・洪水〉の水かさが増す, 増水する: The river [flood] is *rising*. **b** 〈潮が〉上がる, 上げ潮になる：The tide was *rising*. 潮がさしてきた. **c** 〈パンなどが〉膨れ上がる，膨張する：The bread will not ～. パンがうまく膨れない. **d** 〈水疱(ﾎｳ)などが〉腫れ上がる；隆起する：A blister is *rising* on my heel. かかとのまめが膨れて来た. **7 a** 〈温度計などが〉昇る：The mercury [barometer, glass] is *rising*. 温度計[晴雨計]が昇って来た. **b** 〈物価が〉上がる，騰貴する：～ to 100 yen 100 円に騰貴する / Prices ～. 物価が上がる / Stocks ～ in price. 株価が上がる. **8** (信用・興味・重要性などが)増大する，増す；地位が高まる，出世する，立身する；向上する，栄える：～ in a person's opinion [estimation] 人の信用[尊敬]が増して来る，人に重んじられる / The interest ～*s* with each act. 一幕ごとに興味が増す / The demands ～. 需要が増大する / ～ in the world 出世する / ～ in status 地位が向上する / ～ *from* the ranks 兵卒から将校に昇進する；卑しい身分から出世する / ～ *to* fame 名声を揚げる / ～ *to* greatness 偉くなる / ～ *to* a high position 高い地位に昇る / ～ *to* be a general 昇進して大将になる / ～ and fall 盛衰する / You will ～ high in your profession. 君は出世するよ. **9 a** 〈感情などが〉強まる，激しくなる；〈気分が〉愉快[陽気]になる：His indignation ～*s* [spirits ～]. 怒りが激しくなる[元気が出てくる] / His temper ～*s*. 感情が激して来る / His suspicions *rose to* a certainty. 彼の疑心は嵩じて確信となった. **b** 〈気持が〉いら立つ，むかつく：My whole soul ～*s* against it. 心の底から腹が立つ / My gorge [stomach] ～*s* at it. それを見ると胸が悪くなる[むっとする] (cf. Shak., *Hamlet* 5. 1. 207). **10 a** 〈音・声が〉調子が上がる，高くなる：Her voice *rose to* a scream. 彼女の声は金切声になった / His voice *rose* high and stern. 彼の声は高く厳しくなった. **b** 〈色が〉濃くなる：The color *rose* on her cheeks. 彼女のほおはぽっと赤くなった / A slight flush *rose* in her face. 彼女の顔がかすかに紅潮した. **c** 〈熱が〉高くなる：The fever was again *rising*. 熱がまた上がっていた. **11** 上に出る，超越する〔*above*〕：～ *above* petty jealousies つまらない嫉妬(ｼｯﾄ)心を超越する / He does not ～ *above* mediocrity. 凡庸の域を出ない. **C 1** 源を発する〔*in, from, at*〕：The river ～*s in* a mountain [*from* a spring]. その川は山地[泉]に源を発する. **2 a** 〈風・あらしなどが〉起こる，発生する，生じる：The wind *rose*. 風が出た / A fog was *rising* in the hollow. 窪地で霧が立ちこめてきた. **b** 《詩》〈事件などが〉起こる〔*from, out of*〕：The trouble *rose from* misunderstanding. 紛争は誤解がもとで起こった / A feud *rose*. 不和が生じた. **c** 〈うわさが〉広まる，立つ：A rumor *rose*. あるうわさが立った. **3** 〈音などが〉起こる，聞こえて来る：A sound of laughter *rose* in the next room. 隣の部屋で笑い声が起こった / The murmurs *rose* upon my ear. ささやきが私の耳に聞こえて来た. **4 a** 見えて来る，視界[水平線]に現われる：The land *rose* to view. 陸地が見えて来た / The fabric *rose* like a dream. 建物は夢のように現われた. **b** (心の中に)出て来る，思い浮かぶ：The scene *rose before* my mind. その情景が私の心に浮かんだ / A thought now ～*s in* [*to*] my mind. 一つの考えが私の心に浮かんで来た. **c** 〈家などが〉建つ，建築される：Many houses *rose* on the heights. 高台に多くの家が建った. **5** 《古》〈植物が〉芽を出す，生える.

— *vt.* **1** 上げる，上がらせる，昇らせる，高める. **2** 《古》〈山・坂〉の頂上に着く. **3** 〘釣〙〈魚を〉水面に誘い出す. **4** 〘狩猟〙〈鳥を〉飛び立たせる，狩り出す.

rise and shine 《戯言》(ベッドから)起きる；[しばしば命令形で] 起床!，さっさと[早く]起きなさい.

— *n.* **1 a** 上がること，上がった状態；上昇：be on the ～ 上がりつつある，上昇している. **b** (太陽・月・星の)出ること (cf. sunrise, moonrise)：at ～ of sun [day] 日の出に. **c** 《米》(劇場の)幕が揚がること，幕開き. **2** 立身，出世，昇進：make [have, achieve] a ～ (in life [in the world]) 立身する，出世する. **3** 向上，進歩，繁栄：the ～ and fall of the Roman Empire ローマ帝国の興亡[盛衰]. **4 a** 騰貴，値上がり：a ～ of prices 物価の騰貴 / buy for the ～ 騰貴を見越して買い込む / Prices are on the ～. 物価が上昇基調にある. **b** 《英》増俸，昇給：a ～ of 2 pounds a week 一週 2 ポンドの昇給 / ask for a ～ 昇給を求める. **5 a** 増加(量)，増大(量)，増水(量)：a ～ in unemployment 失業の増加 / The ～ of the tide is 30 feet. 潮昇は 30 フィートである / the ～ of water in the river 川の増水. **b** 〘音楽〙音高[音調]の高くなること：the ～ and fall of the pitch 音の高さの昇降. **c** 〘音声〙上昇調. **6 a** 上り坂，上り道：a ～ in the road 上り坂. **b** 台地，高台，丘：a ～ of land 高地，高所 / A chapel stands on the ～. 丘の上に礼拝堂が立っている. **7** 発源；発生，起源〔*in, from*〕：The river takes [has] its ～ *in* the lake. その川はその湖に源を発している. **8** 出現(すること)，目立つ[注目を集める]ようになること：the ～ of a new star 新スターの出現 / the ～ of the Nazis ナチスの台頭. **9** 《古》復活，蘇生(ｿｾｲ)：the ～ of Jesus Christ. **10** 〘狩猟〙鳥が飛び立つこと. **11** 〘釣〙ライズ《魚が餌を食おうとして水面(近く)に現われること》：There was not a sign of ～. 魚が水面近くに現われる気配は全くなかった. **12** 〘建築〙 **a** 階段[傾斜物]の垂直高；(階段の)蹴(ｹ)上げ《階段の一段の垂直高》. **b** ライズ，迫高(ｾﾘﾀﾞｶ)《アーチの迫台上端から迫頭までの垂直高；⇨ arch[1] 挿絵》. **13** 〘鉱山〙掘上がり，切上がり《raise ともいう》. **14** 〘海事〙重心高《船において，ある想定線から見た重心の高さ》. **15** 〘服飾〙ズボンの股からウエストラインまでの長さ；スカートのウエストラインから上の長さ.

get* [*have, take*] *a* [*the*] *rise out of *a person* 〈人〉を(わざとからかったりして)怒らせる；〈人〉を怒らせて[じらせて]思うつぼにはまった反応を示させる. ***give rise to*** …を起こす，…のもとである：These words will *give* ～ *to* suspicion. こういう言葉は疑いを起こさせるもとになる.

rise of floor [bottom] 〘造船〙＝dead rise.

ríse-fàll *n.* 〘音声〙下降上昇調 (falling-rising tone).

ris·en [rízn] 〘OE **risen*〙 *v.* rise の過去分詞. — *adj.* **1** 昇った：the ～ sun 昇った太陽，朝日；旭日昇天の勢いの人[もの]. **2** よみがえった：the ～ Christ.

rís·er 〘ME〙 — *n.* **1** 起きる[立ち上がる]人[もの]；(特に)[多く形容詞を伴って] 起床者：an early ～ 早起きする人 / a late ～ 朝寝坊. **2** 反徒，暴徒. **3 a** 〘建築〙(階段の)蹴(ｹ)込み，蹴上げ；蹴込み[上げ]板 (⇨ flight[1] 挿絵). **b** 〘劇場〙台，二重《登場人物を観客席から見やすくするために舞台上に臨時に置く台》. **4** (配水塔などの)立上り管[パイプ]. **5** 〘航空〙ライザー《(落下傘(ｻﾝ)の傘とハーネス (harness) をつなぐ 4 本のベルトの 1 本》. **6** [通例 *pl.*] 〘海事〙下帯《ボートの座席板の両端を支える，左右の)縦通材. **7** 〘金属加工〙 ⇨ feedhead.

ríse·tìme *n.* 〘電気〙立上り時間《パルス振幅が，例えば 10 % から 90 % まで，変化するのに要する時間》.

rish·i [ríʃi | -ʃɪ] 〘□ Skt *ṛṣi*〙 *n.* 〘ヒンズー教〙リシ：**a** 霊感を受けた賢者・詩人. **b** 聖仙《特に高名な 7 人のリシをサプタリシという》.

ris·i·bil·i·ty [rìzəbíləṭi | rìzɪbílətɪ, ràɪz-, -zə-, -lɪ-] 〘(1620) □ LL *rīsibilitāt-em*：⇨ ↓, -ity〙 — *n.* **1 a** すぐ笑いたくなる性質，笑い性，笑い癖. **b** [しばしば *pl.*] 笑える[おかしさが判る]能力，笑いの感覚，ユーモア(のセンス). **2** 笑い；陽気な騒ぎ.

ris·i·ble [rízəbl | rízəbl̩, ráɪz-, -zɪ-] 〘(1557) □ LL *rīsibil-is* ← *rīsus* (p.p.) ← *rīdēre* to laugh：⇨ rident, -ible〙 — *adj.* **1** 笑える；笑いたがる，笑い性の，笑い癖のある. **2** 笑いの[に関する，に用いられる]：～ nerves 笑いの神経 / the ～ faculties 笑う能力. **3** 笑わせる，笑止な，おかしい，滑稽な. — *n.* [*pl.*] 笑いの感覚，ユーモア(のセンス).

rís·ing 〘ME〙 — *adj.* **1 a** 昇る，上がる，上昇する. **b** 〈太陽・月など〉地平線上に昇る，出る：the ～ sun 朝日. **2 a** 騰貴する：a ～ market 上向き相場 / the ～ cost of imported petroleum 輸入石油の上昇コスト. **b** 増大する；増加する；増水する：～ unemployment 増大する失業率 / a ～ anger こみ上げて来る怒り / a ～ tide of nationalist sentiment 民族主義的感情の高まり. **3 a** 昇進する；向上する；新進の，売出しの：a ～ novelist [lawyer] 新進の小説家[弁護士] / a ～ man 新進の人物 / a ～ comedienne 売出し中の喜劇女優. **b** 発達中の，成長中の：the ～ generation やがて次代を担う人たち，(現代の)青年(層) / the ～ middle classes 台頭する中産階級. **4** 上り坂の，上りの；高くなった：a ～ hill 上り坂 / ～ ground 高台. **5** [前置詞的に] **a** (年齢など)…に近い，もう少しで…になる：He is ～ fifteen years. 彼はもう少しで 15 歳になる / He is nine, ～ ten. 9 歳ですがもうじき 10 歳です. **b** 《米中部》(数・量が)…以上の；…よりやや多い〔*of*〕：a crop ～ (*of*) a million bushels 100 万ブッシェルを上回る収穫 / *Rising* (*of*) a thousand men were injured. 1 千人以上の人が負傷した. **6** 〘紋章〙〈鳥が〉飛び立とうとする姿勢の (cf. soaring 1 b, volant 3). — *n.* **1 a** 上がること，上昇. **b** (太陽・月・星の)出：the ～ of the sun 日の出；〘天文〙日出(ﾆｯｼｭﾂ). **c** 起きること，起立；起床. **d** 生き返り，甦(ﾖﾐｶﾞｴ)り，復活：～ from the dead (死からの)復活. **e** 閉会，散会. **2** 反乱，反旗：a peasants' ～ 農民一揆. **3 a** 上り坂，坂道，高台. **b** 隆起，突出部. **4 a** (酵母で練り粉が)膨らむこと，膨らみ. **b** (焼く前に)膨らむのに要する時間：a short ～ 短時間の膨らませ. **5** 《方言》腫れ物，でき物. **6** [通例 *pl.*] 〘海事〙＝riser 6.

rísing bútt *n.* 〘建築〙＝rising hinge.

rísing díphthong *n.* 〘音声〙上昇二重母音《後の母音が前の母音よりも強い二重母音；日本語の矢 [ja]，英語の you [juː] など；cf. falling diphthong》.

rísing hínge *n.* 〘建築〙昇り蝶番(ﾁｮｳﾂｶﾞｲ)《開いたとき戸が少し持ち上がるように作られている蝶番》.

rísing líne *n.* 〘海事〙ライジングライン《フロアーなどの面の，直線より中央が上に膨らんでいる設計上の線》.

rísing rhýthm *n.* 〘詩学〙上昇韻律《強音節の前に一つまたはそれ以上の弱音節のある詩脚からなる韻律形式 (iambic, anapaestic)；↔ falling rhythm》.

rísing vòte *n.* 起立投票 (cf. voice vote).

rísing wòod *n.* 〘造船〙(木造竜骨の)上縁部《ここに肋材がはまる》.

risk [rísk] 〘*n.*：(1661) □ F *risque* □ It. *risc(hi)o* (n.) ← *rischiare, risicare* to run into danger < ? VL **risicāre* 《原義》 to navigate among cliffs ← Gk *rhizā* cliff, root. — v.：(*a*1687) □ F *risqu-er* □ It. *rischiare*〙 — *n.* **1** 損失[危害，不利，破滅など]の可能性；危険，賭(ｶ)け，冒険：at all ～*s*＝at any [whatever] ～ どんな危険を冒しても，ぜひとも / at one's own [a person's] ～ 自分[人]の責任[危険負担]において / Beyond this barricade at your own ～. この柵から向こうは安全を保障しません《危険警告の掲示》 / at the ～ of one's life 生命を賭けて / at the owner's [buyer's] ～ 所有者[買い手]の責任[危険負担]で / at the ～ of offending a person 人の気にさわるのを承知の上で / run [take] a ～＝run [take] ～*s* 一か八かやってみる，危険を冒す / run [take] the [a] ～ of …の危険を冒す / There is the ～ of his catching cold. 彼は風邪を引く恐れがある. **2** 〘保険〙危険(率)；保険金(額)；被保険者[物]；(死亡・火事・海難・地震などの)事故発生の可能性：a good [bad, fair] ～ 優良[不良，普通]危険 / against all ～*s* 〘海上保険〙オールリスク担保で (略 A.A.R.) / take a ～ on a cargo 〈保険会社が〉積荷に対して保険を引き受ける / ⇨ AMOUNT at risk, fire risk, war risk insurance. **3** 〘医学〙(手術などの)危険度，リスク：a good [poor] ～ 予後良好[不良]，グッド[プア]リスク.

at risk (1) 危険な状態で[の]. (2) (特に，避妊の手段をとっているにも拘らず)妊娠の恐れのある.

— *vt.* **1** 〈財産・生命などを〉危険にさらす，危なくする，賭(ｶ)する：～ one's fortune [neck, life] 身代[命]を賭ける. **2** 一か八かやってみる，敢行する；…の危険を冒す：～ it 一か八かやってみる / ～ a [the] jump 思い切って飛んでみる / He ～*ed* losing his job. 職を失うかも知れないようなことをやった / ～ war (あえて)戦争の危険を冒す / ～ a person's anger 人にしかられる覚悟でやってみる.

rísk càpital *n.* 〘経済〙危険(負担)資本 (⇨ venture capital).

rísk·er *n.* 危険を冒す人，冒険家，向こう見ず，山師.

risk·ful [rískfəl] *adj.* 危険の多い，危険な，危ない.

rísk·less *adj.* 危険のない，安全な.

rísk-mòney *n.* 不足金補償手当《銀行などで出納係に与える》.

risk·y [ríski | -kɪ] 〘(1826) ← RISK + -Y[4]〙 — *adj.* (**risk·i·er**; **-i·est**) **1** 危険な；冒険的な，向こう見ずな：a ～ business 冒険的な仕事 / a ～ gamble 危険な賭け / dabble in ～ speculation 危険な投機にちょっと手を出す. **2** 〘(変形) ← F *risqué*〙 みだらな，際どい. **rísk·i·ly** [-kɪli, -kə- | -lɪ] *adv.* **rísk·i·ness** *n.*

Ri·sor·gi·men·to [riːsɔ̀ədʒɪméntoʊ, -zɔ̀ə-, -dʒə- | -sɔ̀ːdʒɪméntəʊ; *It.* risòrdʒiménto] 〘□ It. ～ ← *risorgere* to rise again < L *resurgere*：cf. resurrection〙 — *n.* **1** リソルジメント《自由・独立・統一を求めて起こった 19 世紀イタリアの解放統一運動；この運動の指導者の一人が創刊した新聞の名から》. **2** [r-] 《まれ》文芸復興期《フランスおよび北欧の Renaissance と区別して 14–15 世紀におけるイタリアのものをいう》.

ri·sot·to [rɪsɔ́(ː)ṭoʊ, rə-, -sɑ́ṭ-, -zɔ́(ː)ṭ-, -zɑ́ṭ- | rɪzɔ́təʊ, -sɔ́t-; *It.* risɔ́tto] 〘□ It. ～ ← *riso*：⇨ rice〙 — *n.* (*pl.* ～*s*) リゾット《米を玉ねぎなどと共にバターで炒め，だし汁 (stock) で炊き込んだ米料理；パルメザンチーズと共に出す》.

ris·qué [rɪskéɪ, rəs- | ríːskeɪ, rís-; *F.* riske] 〘□ F ～ (p.p.) ← *risquer* 'to RISK'〙 *adj.* 猥褻(ﾜｲｾﾂ)気味の，きわどい：a ～ jest [pun] きわどい冗談[洒落].

ris·soid [rísɔɪd] 〘↓〙 *adj.*, *n.* 〘貝類〙ホソスジチョウジガイ科の(巻貝).

Ris·so·i·dae [rɪsóʊədiː, rə-, -sóɪdiː | rɪsə́ʊɪdiː, -sɔ́ɪdiː] 〘← NL ～ ← *Rissoa* (属名：← *Giovanni A. Risso* (19 世紀イタリアの博物学者) + -A[2]) + -IDAE〙 — *n. pl.* 〘貝類〙ホソスジチョウジガイ科.

ris·sole [rɪsóʊl, rə-, rísoʊl | rísəʊl; *F.* risɔl] 〘(1706) □ F ～ < OF *ruissolle* ← LL *russeolus* reddish ← *russus* red：⇨ russet〙 — *n.* リソール《パイ生地に詰めものをして，小さな半月形にまとめて揚げたもの》.

ris·so·lé [rísəli, rìsəléɪ | rísəli, rìsəléɪ; *F.* risɔle] 〘□ F ～ (p.p.) ← *rissoler* to brown ← *rissole* (↑)〙 *adj.* 〈食物が〉狐色に揚げた：～ potatoes.

rit. 《略》〘音楽〙ritardando.

rit·a [ríːṭə | -tə] 〘□ Skt *ṛta*〙 *n.* 〘ヒンズー教〙天則《Veda 文献において宇宙の理法・秩序を意味する》.

Ri·ta [ríːṭə | -tə] 〘(dim.) ← MARGARET：cf. It. *Margarita*〙 *n.* 女性名.

ritard. 《略》〘音楽〙ritardando.

ri·tar·dan·do [rìːtɑədɑ́ːndoʊ, -dǽn- | -tɑːdǽndəʊ; *It.* ritardándo] 〘□ It. ～ ← *ritardare* < L *retardāre* to hinder：⇨ retard〙 〘音楽〙 — *adv.*, *adj.* リタルダンドで[の]，次第にゆっくり (略 rit., ritard.). — *n.* (*pl.* ～*s*) リタルダンドをかける楽句.

rite [ráɪt] 〘(*a*1333) □ (O)F *rit(e)* ∥ L *rīt-us* rite ← IE **ar-* to fit together：cf. art[2]〙 — *n.* **1** (宗教上の規定の方式や慣習によって執行される，通例荘厳な)儀式：the ～ of baptism 洗礼式 / the burial [funeral] ～*s* 葬式 / the conjugal [marriage, nuptial] ～*s* 《古》夫婦の肉体の交わり / the ～ of confirmation 堅信式，堅振礼，信徒按手(ｱﾝｼｭ)式. **2 a** 儀式形式，典礼：the Roman [Anglican] ～ ローマ教会[英国国教会]の儀礼[典礼] / in Buddhistic ～ 仏式で. **b** 儀式的な行為[行動]. **3** (儀礼的)慣習，慣例，習わし，風習：the ～*s* of hospitality 客のもてなし. **4** [しばしば R-] 〘キリスト教〙儀式形式による教会の区別[区分].

rite of intensification 〘人類学〙強化儀礼《四季の変化，月の満ち欠け，種まきから収穫までの諸段階など，社会集団の全員に影響を及ぼすような周期的変化を迎えるごとに，集団の成員全体が新しい状況に適応することを目的として行なう儀式》.

rite of passage (1) 〘文化人類学〙通過儀礼《個人がある集団から他の集団に移るとき，またある年齢から次の年齢や世代へと移るとき行なわれる儀式》. (2) 通過儀礼に相当するような経験や出来事.

～·less *adj.*

rite de pas·sage [ríːt-də-pæsɑ́ːʒ, -pɑː-; *F.* ritdəpasa:ʒ] 〖▭F ～ 'rite of passage'〗 *F. n.* 〖文化人類学〗=RITE of passage.

riten. 《略》〖音楽〗ritenuto.

ri·te·nu·to [rì:tənú:tou | -tənú:təu; *It.* ritenú:to] 〖▭It. ～ (p.p.) ← *ritenere* < L *retinēre* 'to RETAIN'〗〖音楽〗 ── *adv.* 急に緩徐に (略 riten.). ── *n.* (*pl.* ～**s, -ti** [-ti:; *It.* -ti]) リテヌートの楽節.

rítes cóntroversy *n.* [the ～]〖カトリック〗典礼問題《17-18 世紀の中国布教で, 中国風習との融合に関する論争; 神を[天主]と呼ぶべきか, 孔子崇拝の儀式を認めるべきか否かをめぐって論争が行なわれた》.

ri·tor·nel·lo [rìtənélou, -tɔə- | -tənéləu, -tɔ:-; *It.* ritornéllo] 〖▭It. ～ (dim.) ← *ritorno* 'RETURN': cf. F *ritournelle*〗 ── *n.* (*pl.* **-nel·li** [-li:; *It.* -li], ～**s**) (*also* **ri·tor·nelle, ri·tor·nel** [rìtənél, -tɔə- | -tə-, -tɔ:-])〖音楽〗リトルネロ: **1** (歌劇の場面およびアリアの歌詞各節ごとに)反復される短い器楽曲. **2** (バロック時代の協奏曲で, 独奏の挿入部をはさみ)反復される楽節. **3** 管弦総奏 (tutti).

Ritsch·li·an [rítʃliən | -lɪ-] 〖← *Albrecht Ritschl* (1822-89: ドイツの神学者)+-IAN〗〖神学〗 ── *adj.* リッチュル(学派)の. ── *n.* リッチュル学派(の人)《神学から形而上学を排し, キリストにおける歴史的啓示を強調した学派; Schleiermacher 以後のプロテスタント神学に大きな影響力をもった》.

rit·ter [rítə | -tə(r; *G.* ríte] 〖▭G *Ritter* ← *Reiter* rider〗 *n.* (*pl.* ～, ～**s**) **1** 騎士. **2** (ドイツ・オーストリアの)最下級貴族.

rit·u·al [rítʃuəl, -tʃʊl | rítʃuəl, -tʃʊl, -tjuəl, -tjʊl] 〖《1570》▭L *rituāl-is* ← *ritus* 'RITE': ⇨ -al¹: cf. F *rituel*〗 ── *n.* **1** (宗教的)儀式の一定の形式. **2** (宗教的)儀式の執行; (宗教的)儀式, 式典: the ～ of the dead 葬式, 埋葬式. **3** 儀式書, 式典書, 礼典. **4** (挨拶の形式など)社会的な行動を規制している行動規範[慣例]. **5 a** 儀式的な[儀式ばった]行為. **b** (細部まで忠実に守って繰り返される)習慣的行為: Coffee making is a ～ for him. コーヒーをいれるのは彼の場合毎日の儀式のようなものだ. ── *adj.* 儀式の[に関係する, に用いられる]: a ～ dance 儀式舞踏《神楽など》/ ～ laws 儀式規則.

rít·u·al·ism [-lìzm] 〖《1843》: ⇨ ↑, -ism: cf. F *ritualisme*〗 ── *n.* **1 a** 儀式主義. **b** [R-]〖英国国教会〗典礼主義《19 世紀, E.B. Pusey らによって英国国教会へ中世あるいはローマ教会の典礼や慣行を導入した運動》. **2** 儀式偏重, 儀式に対する過度の愛着[傾倒]. **3** 儀式研究, 礼典学, 儀式学.

rít·u·al·ist [-lɪst, -ləst | -lɪst] 〖《1657》← RITUAL+-IST: cf. F *ritualiste*〗 *n.* **1 a** 儀式主義者; 儀式偏重者. **b** [R-]〖英国国教会〗典礼主義者. **2** 儀式精通者, 礼典研究家. **3** 一定の手続[規範]を忠実に守る人.

rit·u·al·is·tic [rìtʃuəlístɪk, -tʃʊl- | -tʃuəl-, -tjuəl-] *adj.* **1** 儀式の. **2 a** 儀式主義の, 典礼派の, 儀式を尊重する. **b** [R-]〖英国国教会〗典礼主義者の. **rit·u·al·ís·ti·cal·ly** *adv.*

rit·u·al·ize [rítʃuəlàɪz, -tʃʊl- | -tʃuəl-, -tʃʊl-, -tjuəl-, -tjʊl-] *vt.* **1** 儀式化する, 儀式として行なう. **2** 〈人を〉儀式主義者に変える; …に儀式主義を押しつける. ── *vi.* 儀式主義になる, 儀式的になる. **rit·u·al·i·za·tion** [rìtʃuəlɪzéɪʃən, -tʃʊl-, -lə- | -tʃuəlaɪ-, -tʃʊl-, -tjʊl-, -tjuəl-, -lɪ-] *n.*

rít·u·al·ly [-tʃuəli, -tʃʊli | -tʃuəlɪ, -tʃʊlɪ, -tjuəlɪ, -tjʊlɪ] *adv.* 儀式的に, 儀式によって[に従って, として].

rítual múrder *n.* 儀式的殺害《人身御供(ごくう)など儀式的な犠牲行為》.

ritz [ríts] 〖← *the Ritz hotels* ← *César Ritz* (1850-1918: スイスの著名なホテル経営者; Paris, London, New York などにその名を冠した大ホテルがある)〗《俗》 ── *n.* 見せびらかし, 誇示.

put on the ritz 《俗》(財産を誇示するために)優雅で贅沢な暮らしをする.

── *vt.* 慇懃(いんぎん)無礼に扱う, 鼻であしらう.

Rítz combinátion prìnciple [ríts-; *G.* ríts-] 〖← *Walther Ritz* (1878-1909: これを見出したスイスの物理学者)〗 ── *n.* 〖物理〗リッツの結合原理《原子の出す線スペクトルの振動数が, 原子に固有な量(項という)の差として表わされること; 量子論を生み出す基礎の一つとなった; 単に combination principle ともいう》.

ritz·y [rítsi | -sɪ] 〖← RITZ+-Y⁴〗 ── *adj.* (**ritz·i·er, -i·est**) [しばしば皮肉に用いて]《口語》豪華な; 上流の; 横柄な; きざな: a ～ lady, bar, etc. **rítz·i·ly** [-sɪli, -sə- | -lɪ] *adv.* **rítz·i·ness** *n.*

riv. 《略》river.

ri·vage [ráɪvɪdʒ, rív-] 〖ME ▭(O)F ～ ← *rive* < L *rīpam* river bank: ⇨river¹, -age〗 *n.* **1** 《詩》河岸, 沿岸, 海岸. **2** 《古》〖英法〗河川通行税.

ri·val [ráɪvəl] 〖《1577》▭L *rivāl-is* 《原義》one who uses the same stream with another ← *rivus* stream: ⇨-al¹〗 ── *n.* **1** 競争相手, 対抗者, ライバル: a ～ in love [trade] 恋[商売]敵. **2** 肩を並べる人, 匹敵する者; 好敵手, 対等の人: without a ～ 比類なく / ～*s* in wealth 財産で負けず劣らずの人たち. **3** (質的に)匹敵するもの, 肩を並べるもの. **4** 《廃》同僚, 相棒. ── *attrib. adj.* 競争する, 対抗する: ～ firms 競争会社 / ～ lovers 恋敵同士 / put forth a ～ candidate 対立候補をたてる / a clash between ～ political groups ライバル的政党派閥間の衝突. ── *vt.* (**ri·valed, -valled; -val·ing, -val·ling**) **1** …と競争する, 対抗する, 張り合う: Donne cannot ～ Milton in grandeur and beauty. 雄大さと美しさの点でダンはミルトンに及ばない / I hardly know a bell which would ～ this for fullness and sweetness of tone. これほど豊かで美しい音色を持つ鐘はほかにはまずないと思う. **2** …と比べられる, …に似ている: Her cheeks ～ the rose in hue. 彼女のほおの色はバラに似ている. ── *vi.* 《古》競争する, 張り合う 〔*with*〕.

ri·val·rous [ráɪvəlrəs] 〖⇨↓, -ous〗 *adj.* 張り合う, 競争的な. **～·ness** *n.*

ri·val·ry [ráɪvəlri | -rɪ] 〖《1598》← RIVAL+-RY〗 ── *n.* 競争, 張合い, 対抗: friendly ～ 互いに励まし合うこと, 相互激励 / enter into ～ with …と競争を始める / factional *rivalries* 党派間の抗争.

ríval·shìp *n.* =rivalry.

rive [ráɪv] 〖《c1300》 *rive(n)* ▭ON *rīf-a*: cf. OFris. *rīva*: cf. rift¹, rope〗 ── *v.* (**rived, rove** [róuv | róuv]; **riv·en** [rívən], **rived**) ── *vt.* **1 a** (激しくまたは乱暴に)裂く, 割る: ～ a tree 〈落雷などが〉木を裂く. **b** 分裂させる: The Government is still ～*n* with disagreement about the problem. 政府はその問題でまだ意見が分かれている. **2** 《古・詩》ねじ取る, もぎ取る 〈*away, from, off*〉. **3** 〈職人・職工が〉〈木材を〉割る, 裂く; 〈石を〉割る; 〈木ずり (lath) を〉割ってつくる. **4** 〈心を〉苦しめる, 悩ます: Nero's ruthless words ～*d* thousands of hearts. ネロの残忍な言葉は何千人という人々の心をかきむしった. ── *vi.* **1** 裂ける, 割れる. **2** 〈木が〉うまく[きれいに]割れる.

riv·el [rívəl] 〖《c1325》 *rivele(n)* 《逆成》← *riveled* riveled, wrinkled < OE *rifelede* ← ? **rifel* wrinkle: cf. rift¹〗 ── *v.* (**riv·eled, -elled; -el·ing, -el·ling**) 《古》 ── *vi.* しわが寄る; 縮まる; しなびる. ── *vt.* …にしわを寄らせる; 縮ませる; しなびさせる.

riven 〖ME〗 *v.* rive の過去分詞.

riv·er¹ [rívə | -və(r] 〖《c1300》▭AF *rivere*=(O)F *rivière* < VL **rīpāriam* ← L *rīpārius* riparian ← *rīpa* river bank, 《原義》something cut out by a river ← IE **rei-* to cut〗 ── *n.* **1** 川: The ～ past and God forgotten.=The DANGER past and God forgotten. ★ (1) 河川の名称には, 通例, 英国では the river [River] Thames, 米国では the Hudson River のように用いる; the river of Jordan の形は古体. (2) ラテン語系形容詞: fluvial. **2 a** (水以外の)流れ: a ～ of glacial ice 氷河の氷の流れ. **b** [*pl.*] 大量の流出: ～*s* of blood (虐殺・戦争などによる)血の海. **c** [*pl.*] 大量(の液体): drink ～*s* of tea お茶をがぶがぶ飲む. **3** [the R-]〖天文〗エリダヌス座 (⇨Eridanus). **4** 〖印刷〗小川《語間のあきが連続することによって生じる曲がりくねった白い流れ; channel, gutter, lizard, staircase ともいう》.

cross the river* (*of death*)** 死ぬ (cf. 「三途(さんず)の川を渡る」). ***sell a person down the river 〖昔奴隷を罰として Mississippi 川下流のさとうきび農園主に売りつけたことから〗《口語》〈人を〉売り渡す, 〈人を〉裏切る, 見捨てる; (現在より)悪い立場[地位, 環境]に落とす[送り込む]. ***up the river*** 〖もと囚人を New York 市から Hudson 川を上って Sing Sing 刑務所に送ったことから〗《米口語》刑務所[監獄]へ[で]: send a person *up the* ～ 刑務所にぶち込む.

── *attrib. adj.* [動植物・物の名と共に用いて] 川に生息する, 川に生える, 川にある, 川で用いる.

riv·er² [ráɪvə | -və(r] 〖《1483》← RIVE〗 *n.* 裂く人; 割る人, 割る物.

Ri·ve·ra [rɪvé(ə)rə, rə- | rɪvéərə; *Sp.* ribéra], **Diego** *n.* リベラ《1886-1957; メキシコの画家》.

riv·er·ain [rívərèɪn, ⌐⌐⌐] 〖▭F ～ ← *rivière* 'RIVER¹': ⇨rivière, -an¹〗 *adj.* 川の, 川辺の[にある, に住む]. ── *n.* 川辺に住む人.

Rivéra y Or·ba·né·ja [-ì:-ɔəbənéɪhə: | -ɔ:-; *Sp.* -iòrbanéxa], **Miguel Pri·mo** [prímo] **de** *n.* リベラ イ オルバネハ《1870-1930; スペインの将軍・政治家; 独裁執政官 (1925-30)》.

ríver·bànk *n.* 河岸.

riverbank grápe *n.* 〖植物〗リバリア種ブドウ(*Vitis riparia*)《米国東部の河岸に多く生じる野生のブドウ; 高くはい登り, 実は黒く酸っぱい》.

ríver bàsin *n.* 〖地理〗=basin 4 b.

ríver·bèd *n.* 川床, 河床: in the ～ 川床に.

ríver bìrch *n.* 〖植物〗カワカバ (*Betula nigra*)《赤褐色の樹皮をもつ北米産のカバノキ》.

ríver blìndness *n.* 〖病理〗=onchocerciasis.

ríver·bòat *n.* 川船 (cf. sea boat 1).

ríver bòttom *n.* 《米》河川に沿った低地.

ríver cárpsucker *n.* 〖魚類〗米国の河川にすむサッカー科の魚 (*Carpiodes carpio*).

ríver·cràft *n.* =riverboat.

ríver dùck *n.* 〖鳥類〗=dabbler 1 b.

ríver fèver *n.* 〖病理〗=tsutsugamushi disease.

ríver·frònt *n.* (都市・町の)河岸(地域).

ríver-gòd 〖cf. Du. *riviergod*〗 *n.* 川の神, 河神, 水神.

ríver·hèad *n.* 河川の源, 川の発源[水源]地.

ríver hòg *n.* 〖動物〗カワイノシシ (⇨ bushpig).

ríver hòrse *n.* 〖動物〗カバ (hippopotamus).

riv·er·ine [rívəràɪn, -rì:n | -ràɪn] 〖《1860》← RIVER¹+-INE¹〗 *adj.* **1** 川の[に関する, のような, によって作られた]. **2** 河岸[川辺]にある; 河岸に住む.

ríver·less *adj.* 川のない, 河川のない.

ríver nòvel 〖《なぞり》← ROMAN-FLEUVE〗 *n.* 大河小説.

Riv·ers [rívəz | -vəz], **William Halse** [hɔ́:ls] *n.* (1864-1922) 英国の生理学者・人類学者.

riv·er·scape [rívəskèɪp | -və-] 〖← RIVER¹+(LAND)SCAPE〗 *n.* 川の景色, 河川風景.

ríver·sìde 〖ME〗 *n.* 河岸, 川辺, 河畔. ── *attrib. adj.* 川辺の, 河岸の, 河畔の: a ～ hotel, villa, etc.

Ríverside Párk *n.* リバーサイド公園《米国 New York 市 Manhattan の Hudson 河畔の公園》.

ríver sùnflower *n.* 〖植物〗ノヒマワリ, コヒマワリ (*Helianthus decapetalus*)《北米東部産キク科ヒマワリ属の多年草》.

ríver·wàll *n.* 堤防, 護岸.

river·ward [rívəwəd | -vəwəd] 〖⇨ -ward〗 *adv., adj.* 川に向って(の), 川の方へ(の).

ríver·wards [-wədz | -wədz] *adv.* =riverward.

ríver·wèed 〖⇨ weed¹〗 *n.* 〖植物〗カワゴケソウ科の水草の総称.

riv·et [rívɪt, -vət] 〖《15C》 *ryvette* ▭(O)F *rivet* ← *river* to fix < ? VL **rīpāre* to make firm, 《原義》fasten to the shore ← L *rīpa* shore: ⇨river¹〗 ── *n.* リベット, 鋲(びょう). ── *vt.* (**riv·et·ed, -et·ted; -et·ing, -et·ting**) **1** リベット[鋲]で留める 〈*together, down*〉. **2** 〈打った釘などを〉(しっかりさせるために)先を打って曲げる[つぶす]. **3** 固くする, 動かなくする: a ～*ed* error 根強い誤り / ～*ed* hatred 根深い恨み / stand ～*ed on* the spot その場に釘付けされたように立っている / It is ～*ed in* my mind. それは私の心に深く刻み付けられている. **4** 〈目・注意などを〉集中する, 注ぐ; 引きつける, 心を奪う: ～ one's attention [eyes] *upon* …に深く注意[注目]する / Her eyes were ～*ed on* his face. 彼女の目は彼の顔にじっと注がれていた / His deep voice ～*ed* the jury's attention. 彼の太い声は陪審員たちの注目を集めた.

rívet bùster *n.* 〖機械〗リベット切取機.

rív·et·er [-tə | -tə(r] *n.* **1** リベット工. **2** リベッター, リベット打ち機.

rívet fòrge *n.* リベット火床《リベット加熱用の鉄炉》.

rívet gùn *n.* (自動式)リベット打ち機.

rívet hèater *n.* **1** =rivet forge. **2** リベット加熱工.

rívet hòle *n.* リベット穴.

rív·et·ing hàmmer [-tɪŋ- | -tɪŋ-] *n.* 〖機械〗リベッ トハンマー.

ríveting sèt *n.* =setting punch.

rívet lìne *n.* リベット線.

rívet pìtch *n.* リベット ピッチ《一列に並んだリベットとリベットの中心間距離》.

rívet sèt *n.* =setting punch.

rívet whèat *n.* 〖植物〗=poulard wheat.

Ri·vie·ra [rìviέ(ə)rə, rɪvjέ(ə)rə, rə- | rìviέərə; *It.* rivjέ:ra] 〖▭It. ～ 《原義》sea coast < VL **rīpāriam*: cf. river¹〗 ── *n.* [the ～] **1** リビエラ(地方)《地中海 Genoa 湾の沿岸で, フランスの Cannes からイタリアの La Spezia までの海岸地方; 風光明媚(めいび)で知られ, 冬期にはヨーロッパ各地からの避寒客が多い; フランス側は Côte d'Azure ともいう》. **2** 海岸の避寒地: the Cornish ～ (英国南西海岸の)コーンウォールの「リビエラ」《避寒地》.

ri·vière [rìviέə, rɪvjέə, rə- | rìviέə(r, rɪvjέə(r; *F.* rivjɛ:r] 〖▭F ～ 'RIVER¹'〗 *n.* リビエール《ダイヤモンドなどの首飾りで, 特に数本から成るもの》.

Riv·u·lar·i·a·ce·ae [rìvjulὲ(ə)riéɪsiì: | -lὲərɪ-] 〖← NL ～ ← *Rivularia* (属名: ← L *rivulus* (↓)+-ARIA¹)+-ACEAE〗 ── *n. pl.* 〖植物〗(藍藻類)ヒゲモ科. **riv·u·làr·i·á·ceous** [-ʃəs] *adj.*

riv·u·let [rívjulɪt, -lət | -lɪt, -lèt, -lət] 〖《1587》← L *rivulus* ((dim.) ← *rīvus* stream: ⇨ rival)+-ET // 《古形》 *rivolet* ▭It. *rivoletto* (dim.) ← *rivolo* < L *rivulum*〗 ── *n.* 小川; 細い流れ: He was perspiring in little ～*s*. 汗が筋を引いてしたたり落ちていた.

riv·u·lus [rívjuləs] 〖← NL ～ ← L *rivulus* (↑)〗 *n.* 〖魚類〗リビュルス (*Rivulus marmoratus*)《中・南米産キプリノドント科リビュルス属の魚》.

rix-dol·lar [ríksdɑ̀lə | ríksdɔ̀lə(r, ⌐⌐⌐] 〖《1598》《部分訳》← Du. 《廃》 *rijksdaler* ← *rijk* kingdom (⇨ rich)+*daler* 'DOLLAR': cf. G. *Reichsthaler* ← *Reich* kingdom+*Thaler* dollar〗 ── *n.* リックスドル: **1** 英国が 1803-21 年にかけてセイロン用につくった銀貨. **2** 16-19 世紀の中ごろまでオランダ・ドイツ・スウェーデン・デンマークなどで使用された銀貨; cf. reichsthaler, rigsdaler, rijksdaalder.

Ri·yadh [ri(j)á:d | rɪ-] *n.* リヤド《Saudi Arabia 中部にある同国の首都; 人口 667,000》.

ri·yal [ri(j)ɔ́:l, -(j)á:l | ri(j)á:l] 〖▭Arab. *riyāl* ▭Sp. *real* 'REAL²'〗 ── *n.* **1** リヤル《サウジアラビアの通貨単位; =20 qursh, =100 halala; 記号 R》. **2** リヤル《カタールの通貨単位; =100 dirham》. **3** 1 リヤル紙幣. **4** リヤル《1/5 dinar に相当するイラクの旧銀貨》.

riz [ríz] 〖← RISEN (p.p.): 過去形は ME *risen* (pl.) から〗 *v.* 《方言》rise の過去形・過去分詞.

Ri·za·i·yeh [rɪzà:í:(j)ə] *n.* リザイエ《イラン北西部の都市; 人口 164,000; 旧名 Urmia》.

Rizaiyeh, Lake *n.* リザイエ湖《イラン北西部の塩湖; 面積 5,600 km²; Lake Urmia ともいう》.

Ri·zal [rɪzá:l, -sá:l], **José** *n.* リサール《1861-96; フィリピンの愛国者・小説家・詩人・医師; スペイン反逆の罪で銃殺された》.

Rizál Dày *n.* リサールデー《フィリピンの法定祝日 (12 月 30 日); José Rizal の死を記念》.

Ri·zá Sháh Páhlavi [rɪzá:-ʃá:-pǽləvi:, -ʃɔ́:-, -pá:l-, -vi | -ʃá:-pá:ləvɪ] *n.* リザ シャー パハレビ《1877-1944; イラン国王 (1925-41)》.

Riz·zio [rítsiòu | -tsɪəu; *It.* ríttsjo], **David** *n.* リッ

チョ《1533?-66; イタリアの音楽家; スコットランド女王 Mary 一世の秘書・顧問に登用されたが, 女王の夫 Darnley の嫉妬を買い, 惨殺された; David Riccio ともいう》.

RJ《略》road junction 道路交差点.

RKVA, rkva《略》〖電気〗reactive kilovolt-ampere 無効キロボルトアンペア《無効電力を表現する単位》.

Rl《記号》〖貨幣〗rial(s).

R.L.《略》《英》Rugby League.

r-less [ɑ́əlɪs, -ləs | ɑ́ː-] *adj.* 〖音声〗r を発音しない《star [stɑ́ː], board [bɔ́ːd] のように語末および子音の前の r を発音しない南部イングランドや米国東部および南部の方言についていう; cf. r-ful》.

ŕ-lìnking [ɑ́ə- | ɑ́ː-] *n.* 〖音声〗r のつなぎ (⇨ linking r).

R.L.O.《略》railway liaison officer; returned letter office (cf. D.L.O.).

R.L.S.《略》Robert Louis Stevenson.

rly《略》railway.

RM, R.M.《略》reichsmark(s).

rm.《略》ream 紙の一連; room.

R.M.《略》Registered Midwife; Resident Magistrate; riding master; Royal Mail; Royal Marines.

R.M.A.《略》Royal Marine Artillery; Royal Military Academy; Royal Military Asylum.

RMB《記号》〖貨幣〗Renminbi.

R.M.C.《略》《英》Royal Military College《今は R.M.A.》.

Ŕ [ŕ, 'ŕ'] **mònths** 〖この間の月の英語名に r 字が含まれていることから〗 — *n. pl.* アールの月《9月から翌年4月までの8か月; 英国でカキ (oyster) が安心して食べられるといわれている季節》.

rms, r.m.s., RMS《略》〖数学〗root-mean-square.

rms.《略》reams; rooms.

R.M.S.《略》Railway Mail Service; Royal Mail Service; Royal Mail Ship; Royal Mail Steamer; Royal Mail Steamship.

ŕ.ḿ.ś. vàlue *n.* 〖電気〗=root-mean-square value.

Rn《記号》〖化学〗radon.

R.N.《略》《米》registered nurse; 《英》Royal Navy.

ŔŃÁ 〖← R(IBO)N(UCLEIC) A(CID)〗 *n.* 〖生化学〗=ribonucleic acid.

RNA·ase [ɑ́əènéɪeɪs, -eɪeɪz | ɑ́ː(r)ènéɪeɪs] 〖← RNA + -ASE〗 *n.* 〖生化学〗=ribonuclease.

ŔŃÁ pólymerase *n.* 〖生化学〗RNA ポリメラーゼ《RNA を合成する酵素; DNA を鋳型として依存するものをいう; cf. DNA polymerase》.

ŔŃÁ réplicase *n.* 〖生化学〗RNA リプリカーゼ《RNA を鋳型として依存する RNA ポリメラーゼ; 単に replicase ともいう》.

R.N.A.S.《略》《英》〖軍事〗Royal Naval Air Service; Royal Naval Air Station 英国海軍航空基地.

RNase [ɑ́əènéɪs, -éɪz | ɑ́ː(r)ènéɪs] *n.* 〖生化学〗=RNAase.

RNav《略》〖航空〗area navigation.

R.N.C.《略》〖軍事〗Royal Naval College.

rnd《略》round.

R.N.L.I.《略》《英》Royal National Lifeboat Institution.

R.N.R.《略》《英》〖軍事〗Royal Naval Reserve 英国海軍予備隊(員).

R.N.Z.A.F.《略》〖軍事〗Royal New Zealand Air Force.

R.N.Z.N.《略》〖軍事〗Royal New Zealand Navy ニュージーランド海軍.

Ro [róu | rə́u] 〖造語〗 *n.* ロー語《1906年米国 Ohio 州の Rev. Edward P. Foster (1853–1937) の創案した国際語》. **Ró·ist** [~ɪst, ~əst | ~ɪst] *n.*

roach¹ [róutʃ | rə́utʃ] 〖《1314》 *roche* ◻ OF ← ? Gmc (MLG *roche* / OE *ruhha* roach): cf. Gmc *rūχ- 'ROUGH': その皮がざらざらしていることから?〗 — *n.* (*pl.* ~, ~·es)〖魚類〗 **1 a** ローチ (*Rutilus rutilus*)《ヨーロッパ産のコイ科ローチ属の淡水魚》: (as) sound as a ~ とても元気で. **b** 北米東部産のローチに似た魚 (*Notemigonus crysoleucas*). **2** =sunfish 3.

roach² [róutʃ | rə́utʃ] 〖← ?〗 — *n.* **1 a** ブラシをかけて弧状に巻いた髪の毛. **b** (毛が立つように)短く切った馬のたてがみ. **2** 〖海事〗 **a** 横帆下縁の弧状の切取り《マストの支索などに触れないようにするため》. **b** 帆縁の凹形孤状の切り込み. — *vt.* **1 a** 〈髪の毛を〉ブラシをかけて弧状に(巻くように)する 〈*up*〉. **b** 〈馬のたてがみを〉毛が立つくらいに短く刈る. **2** 〖海事〗〈帆〉に弧状の切取りを入れる.

roach³ [róutʃ | rə́utʃ] 〖《略》← COCKROACH〗 *n.* 《米》 **1** =cockroach. **2** 《俗》(マリファナの)短い吸いさし.

roach⁴ [róutʃ | rə́utʃ] 〖← ?〗 *n.* 〖航空〗踊り水《水上機のフロート (float) の背後にはね上がる水幕》.

róach bàck 〖⇨ roach¹〗 *n.* (馬・犬などの)丸くなっている背.

róach-bácked *adj.* 背中の丸い.

róach-béllied *adj.* 丸く腹の出た.

róach clìp [hòlder] *n.* 《俗》(マリファナの)吸いさしはさみ.

road [róud | rə́ud] 〖OE *rād* riding ← Gmc *raid- (OFris. *rēd* / ON *reið*) ← IE *reidh- 'to RIDE'〗 — *n.* **1 a** 道, 道路, 街道; (都市間の市街地を走る)公道, 主要道路 (highway): a main ~ 幹線道路 / the *Road to* Boston = the Boston ~ ボストンへの道[街道] / This ~ goes [leads] to Dover. この道はドーバーへ通じる / All ~s lead to Rome. ⇨ lead² *vi.* 4 a / ⇨ RULE of the road. **b** [(the) R-] …街道: *the* Bath *Road* バス街道. **c** [R-; 主に都市の主要街路の名に用いて] 街 (cf. street 2) (略 Rd.): York *Road* ヨーク街. **d** 車道. **2 a** (旅の)進路, 道筋: the ~ *to* London ロンドンへの道順 / be uncertain of one's ~ 道がはっきり分からない / give a person the ~ 人を通行させる. **b** 《比喩》〔…への〕道 〔*to*〕: the ~ *to* success [honor, peace, ruin] 成功[名誉, 平和, 破滅]に至る道 / the high ~ *to* perdition 間違いなく地獄に落ちる道, 身の破滅を招く道 / Japan is on the ~ back *to* prosperity. 日本は(不況から立ち直って)再び好況への道を進んでいる / West Germany moved steadily along the ~ of postwar prosperity. 西独は戦後の繁栄の道を着々と進んだ / There is no royal ~ to learning [geometry]. ⇨ royal road 1. **3** 《米》鉄道. **4** [the ~] (劇団・プロ野球チームなどが巡業する, New York・本拠地以外の)巡業地, 遠征地, ロード: ⇨ *on the* ROAD. **5** [しばしば *pl.*] 〖海事〗=roadstead. **6** 〖鉱山〗(石炭運搬用の)トンネル, 坑道.

any road =anyroad. ***break a road*** (1) 道を切り開く. (2) 困難を排して進む. ***burn up the road*** ⇨ BURN² *up* (3). ***by road*** (鉄道に対して)道路輸送によって, 徒歩で, 車で(など). ***for the road*** 《口語》別れの印に[を惜しんで]: ⇨ *one for the* ROAD. ***get out of one's [the] road*** …を取りのける, 片付ける, 追い払う. ***get out of a person's [the] road*** 〈人・車などの〉通行の邪魔にならぬようにわきへ寄る. ***go upon the road*** 《古》追いはぎになる. ***hit the road*** 《口語》(1) 旅に出る; 再び旅を続ける. (2)《米》去る, 出かける. (3)《米》放浪する; 浮浪人になる. ***hold [hug] the road*** 〈自動車などが〉路面にしっかりくっついて走る; 滑らかに路上を走る (cf. road-holding): The larger [heavier] cars *hug the* ~ better than the small cars. 大きな[重い]車の方が小さな車より走り具合に安定感がある. ***in a person's [the] road*** (1) 〈人・車などの〉道をふさいで. (2)《口語》〈人などの〉邪魔になって. ***one for the road*** 《口語》(別れを惜しんで)出かける前の(もう)一杯 (cf. *for the* ROAD): get [have] *one for the* ~. ***on the road*** (1) 旅行して(いる); 旅行中で(ある). (2) (セールスマンとして)地方を回って(いる); 行商[旅かせぎ]して(いる). (3) 〈劇団など〉地方巡業に出て; 〈プロ野球チームなど〉ロードに出て. (4) 放浪して: I was *on the* ~ two weeks. 二週間放浪していた. ***over the road*** 刑務所に[へ]: go *over the* ~ 刑務所入りする; 刑に服する. ***take the road*** (1) 旅に出る. (2) 放浪する. (3) 〈劇団・プロ野球チームなどが〉地方巡業[ロード]に出る. ***take the road of*** 〈人〉の上に立つ. ***take to the road*** 《英古》追いはぎになる.

— *vt.* 〈犬が〉〈猟鳥〉の跡をかいで追う.

road·a·bil·i·ty [ròudəbíləti | rə̀udəbílɪtɪ, -lɪ-] *n.* 〖自動車〗ロードアビリティー, 路行性能《道路上で自動車に要求される安定性・速度柔軟性・バランスなどの走行能力》.

road·a·ble [róudəbl | rə́ud-] *adj.* **1** 〈自動車など〉路行可能な, 路行能力のある. **2** 〈飛行機が〉(翼などの取外し, または折り畳みによって)自動車に変わりうる.

róad àgent *n.* 《米》(昔の駅馬車道に出没した)追いはぎ.

róad·bèd *n.* **1 a** (鉄道の)路盤. **b** バラスト《枕木の床となる砂利面》. **2** (道路の)路床, 道床. **3** 舗装材料《砕石・砂利・石炭殻など》. **4** 《米》(道路の)車両通行部分.

róad·blòck *n.* **1 a** (敵軍の進撃を妨げるための道路上の)防塞(ぼうさい), 道路閉塞(へいそく)物. **b** (逃亡防止・検問などのための道路上の)バリケード. **c** 道路上の障害物《倒木・崩れた岩など》. **2** (目的を)妨げる物, 障害(物). — *vt.* …の障害となる, 邪魔する.

róad·bòok *n.* 道路案内書.

róad brèaker *n.* 〖土木〗(舗装道路修理用の)動力つき舗装破砕機.

róad còmpany *n.* 《米》(New York で成功を収めた芝居を打って回る)巡業劇団, どさ[旅]回りの劇団.

róad dràg *n.* 路面ならし機.

róad èngine *n.* 〖鉄道〗(運行用)機関車 (cf. switch engine).

road·e·o [róudiòu | rə́udiə̀u] 〖← ROAD+(ROD)EO〗 *n.* ローデオ《特に職業トラック運転手の運転の腕前を競う競技会》.

róad fùnd *n.* 〖英史〗(1920年制定の道路法 (Roads Act) に基づいて道路や橋の建設・維持のために設けられた)道路基金.

róad gàme *n.* (プロ野球・バスケットボールチームなどの本拠地を離れての)遠征試合, ロードゲーム.

róad gàng *n.* **1** [集合的] 道路建設[修繕]人夫. **2** 《米》道路修繕を行なう囚人グループ.

róad hòg *n.* 《口語》乱暴な運転をする人, 無茶なドライバー.

róad-hòlding *n.* ロードホールディング, 路面保持性能《カーブや凹凸路面を自動車が高速で走行しても車輪が路面から離れず, しっかりと路面を保持する性能; cf. *hold the* ROAD》.

róad hòrse 〖OE *rādhors* riding-horse〗 *n.* 道路で用いる乗用[馬車]馬.

róad·hòuse *n.* **1** ロードハウス《通例, 食事・酒類を供し, またダンスや賭博もできる道路沿いの簡易ホテル》. **2** (旅行者用の)宿, 宿屋.

road·ie [róudi | rə́udɪ] *n.* 街頭演芸興業師《road manager ともいう》.

róad·less *adj.* 道のない, 道路のない.

róad·man [-mən, -mæ̀n | -mən] *n.* (*pl.* **-men** [-mən, -mèn]) 道路工夫[修理工]. **~·shìp** *n.*

róad mànager *n.* =roadie.

róad màp *n.* (自動車の運転者のための)道路地図, ロードマップ.

róad mènder *n.* 道路修理工.

róad mètal *n.* 道路舗装[鉄道路床]用の割石[砕石](など).

róad òil *n.* 道路油《道路の防塵(ぼうじん)・防水用に散布》.

róad pèn *n.* 〖製図〗道路ペン《地図製作で道路を描き入れるのに用いる二叉の烏口(からすぐち)》.

róad ràcing *n.* 〖自動車〗(自動車やオートバイなどの)ロードレース《公道または左折・右折のコーナーや急な曲がり角・坂道などを設けて実際の公道に似せたコースで行なう自動車レース》.

róad ròller *n.* 道路をならす[固める]人[もの]; (道路を固める)道ならし機, ロードローラー.

róad·rùnner *n.* 〖鳥類〗ミチバシリ (*Geococcyx californianus*)《米国西部産の地上を疾走するカッコウ科の鳥; ヘビ・トカゲを好んで捕食する; chaparral cock ともいう》.

róad sènse *n.* (歩行中・運転中に)道路上で適切に行動する[事故をうまく避けられる]能力.

róad-shòw *vt.* 〈映画を〉ロードショー公開する, ロードショーにかける, 一般封切前に一部地区に公開する.

roadrunner

róad shòw 〖《1944》〗 *n.* **1** (芝居などの)巡回[旅]興行, (地方)巡業 (cf. road *n.* 4). **2** (座席前売りの映画の)特別独占興行, ロードショー.

róad·sìde *n.* 路傍, 路辺: by [on, at] the ~ 路傍に. — *attrib. adj.* 路傍の: a ~ inn 路傍の宿屋 / ~ plants 街路樹 / a ~ restaurant 道路沿いのレストラン.

róad sìgn *n.* 道路標識.

róad·stèad *n.* 〖海事〗(沖合の)停泊地, (港外の)錨地(びょうち).

road·ster [róudstə | rə́udstə(r)] 〖← ROAD + -STER〗 — *n.* **1 a** (道路上で用いる)乗用[馬車]馬. **b** (hunter (猟馬), charger (軍馬), plow horse (農用馬)などと区別して, 軽装馬車を引く)馬車馬. **2 a** ロードスター《通例背部に折り畳み式の席が付いている二[三]人乗りの屋根なし自動車》. **b** (道路用)自転車. **c** 軽装馬車. **3 a** 追いはぎ. **b** 浮浪者. **4 a** (沖合の停泊地に)停泊中の船. **b** (潮・風が悪いために)沖に仮泊中の船.

róad tèst *n.* (路上で行なう車・運転者の)実地試験, 路上試験. — *vt.* 〈車・運転者〉に路上試験をする.

Róad Tòwn *n.* 英領バージン諸島 (British Virgin Islands) の首都; 人口 2,200.

róad-tràin *n.* 《豪》路面列車, トラック列車《鉄道のない地域で用いる数両連結のトラック》.

róad·wày *n.* **1 a** 道路; (特に)車道 (cf. sidewalk). **b** (橋の上の)車道. **2 a** 道路用地. **b** (列車の運行に必要な)鉄道用地(権).

róad·wòrk *n.* 路上訓練[トレーニング], ロードワーク《体調を整えるためにスポーツ選手などが行なうランニング》.

róad-wòrks *n. pl.* 道路工事: *Road-works* ahead. [掲示] この先道路工事中.

róad·wòrthy *adj.* 道路に適した; 〈馬・馬車・車など〉道路で使用に適する; 〈人が〉旅行に耐える. **róad·wòrthiness** *n.*

roam [róum | rə́um] 〖《?a1300》 *rome(n)* ← ?: cf. OF *romier* to pilgrim to Rome〗 — *vi.* (あてどもなく)歩き回る, (土地・海上を)漂泊する 〈*about, over*〉: ~ *about* the forest 森の中を歩き回る / ~*ing* gypsies 放浪のジプシーたち. — *vt.* 〈場所を〉歩き回る, 放浪する: ~ the country 田舎を歩き回る / the hundreds of lions that ~ the area その地域を歩き回る何百頭ものライオン / drunken gangs of youths ~*ing* dirty streets 汚ない街路を酔っ払ってうろつき回る若者たちの群れ. — *n.* 歩き回ること, 漫歩; 放浪: a half hour's ~ 半時間のぶらぶら歩き. **~·er** *n.*

roan¹ [róun, róuən | rə́un] 〖《1530》 ◻ OF ~ (F *rouan*) ◻ OSp. *roano* ← ? L *rāvidus* yellow-gray〗 — *adj.* 〈動物が〉葦毛(あしげ)の《黒・赤・灰・茶などの地色に白の差毛(さしげ)のあるものにいう》. — *n.* 葦毛の動物《馬・牛など》.

roan² [róun, róuən | rə́un] 〖《1818》 ← ? *Rouen* (フランスの都市の名)〗 〖製本〗 *n.* ローン革《モロッコ革に似せた柔らかい羊皮》. — *adj.* ローン革(装)の.

Ro·a·noke [róuənòuk, róunouk | rə́uənə̀uk] 〖◻ ? N-Am-Ind. (Algonquian) *Roanok*《原義》northern people, white-shell place, wampum〗 — *n.* **1** 米国 Virginia 州西部の工業都市; 人口 101,000. **2** [the ~] 米国 Virginia 州南西部から North Carolina 州を通って Albemarle 海峡に流れる川 (660 km).

Róanoke Ísland *n.* ロアノーク島《米国 North Carolina 州, 北東沿岸沖の島; Raleigh が植民しようとして失敗した (1585–87)》.

roar [rɔ́ə, róə | rɔ́ː(r)] 〖OE *rārian* ← (WGmc) (MDu. *reeren* / G *röhren*) ← ? IE *reu- to bellow (L *raucus* hoarse)〗 — *vi.* **1** 〈猛獣・牛などが〉ほえる. **2 a** 〈人が〉どなる, わめく, 叫ぶ. **b** 大笑いする: ~ *at* the show ショーにげらげら笑う. **3** 〈海・風・雷・火・砲などが〉ごうごういう[鳴る], とどろく: The fire ~*ed* up the chimney. 火がごうごうと煙突を燃え上がった. **b** 〈車などが〉大きな音を立てて…する: ~ away 大きな音を立てて走り去る. **4** 〈喘鳴(ぜんめい)症にかかった馬が〉喘鳴する (⇨ roaring *n.* 2). **5** 〈場所・部屋などが〉鳴り響く. — *vt.* **1** 〈命令・賛成・反対などを〉大声で言う[歌う, どなる, 叫ぶ]: ~ out a song 大声で歌を歌う / The audience ~*ed* its approval. 聴衆は叫んで賛意を表した. **2** どなって…にする: ~ a speaker down 大声で騒いで弁士を黙らせる / ~ oneself hoarse どなって声をからす.

— *n.* **1** (猛獣・牛などの)うなり声, ほえ声, 咆哮(ほうこう).

2 (海・風・雷などの)吠えるような音, とどろき: the ~ of the waves 波のとどろき. **3 a** (人の)叫び声, 怒号; どよめき: in a ~ わあっと叫んで / a ~ of anger どなる声, 怒声. **b** 大笑い, 爆笑: go into ~s of laughter げらげら笑い出す / set the table [company] in a ~ 食卓を囲む人々をどっと笑わせる.

roar·er [rɔ́:rə, róːrə | rɔ́:rə(r)] 〖ME〗 ── *n.* **1 a** どなるもの; 怒号するもの. **b** うなるもの《動物・人・エンジンなど》. **c** 噴油井 (oil gusher). **2** 〖獣医〗喘鳴(ぜん)症の馬 (cf. roaring *n.* 2).

roar·ing [rɔ́:rɪŋ, róːr- | rɔ́:r-] 〖adj.: ME *rorende*. ─ n.: OE *rārung*〗 ── *adj.* **1** ほえる; 怒号する; とどろく; 荒天の: ~ applause 割れんばかりの拍手喝采 / a ~ night 暴風雨の夜. **2** 〈商売など〉活発な, 大繁昌の; 活気のある, 盛んな: do [drive] a ~ business [trade] 商売が大いに繁昌する[景気がよい] / a ~ fire 勢いよく燃え盛る火 / in ~ health 健康ではち切れそうな. **3 a** 騒々しい, 大騒ぎの: ~ traffic 騒々しい車の往来. **b** どんちゃん騒ぎの, 飲み騒ぎの: a ~ party 飲み騒ぎのパーティー. ── *n.* **1** ほえ声, うなり声; 怒号; とどろき: the ~ of the wind ごうごう鳴る風の音. **2** 〖獣医〗(馬の)喘鳴(ぜん)症《喉頭(こう)が弛緩して狭くなるために, 呼吸に伴って音を発する》. ── *adv.* 非常に, ものすごく: ~ drunk ぐでんぐでん[へべれけ]に酔っ払って.

róaring bòy *n.* 〖英史〗おどし屋《Elizabeth 一世, James 一世のころ, 大声をあげて通行人を威嚇した暴漢; circling boy とも呼ばれた》.

róaring fórties *n. pl.* [the ~] 緯度 40-50 度の暴風雨帯《普通, 南緯 40-50 度の風浪の高い海域をいう》.

róaring gàme *n.* [the ~] =curling.

roast [róʊst | rə́ʊst] 〖v.: 《c1300》 *roste(n)* ◻ OF *rost-ir* (F *rôtir*) ◻ Gmc **raustjan* (Du. *roosten* / OHG *rōsten* (G *rösten*)) ← **raust(a)* gridiron (OHG *rōst*). ─ n.: 《?c1300》 ◻ OF *rost* (F *rôt*) ← (v.)〗 ── *vt.* **1 a** 〈肉などを〉(オーブンで)焼く, あぶる, ローストする. **b** (串に刺して)火であぶる. **c** (熱灰で)蒸し焼きにする. **2** 〈コーヒー豆・栗などを〉炒(い)る, 焙(ほう)じる: ~ coffee コーヒー豆を炒る. **3 a** (火で)暖める: ~ one's hands at the fire 手を火にあてて暖める / ~ oneself 火にあた(って暖ま)る. **b** (拷問・処刑で)火あぶりにする: be ~*ed* alive 火あぶり[火刑]にされる. **4** ひどく熱する: the scorching sun ~*s* the desert [sands] 焦げつくような日が砂漠に照りつける. **5 a** からかう, ばかにする. **b** 《米》非難する, 酷評する. **6** 〖冶金〗〈鉱石などを〉焙焼(ばいしょう)する《鉱石を溶融しない程度の温度で処理する精錬法の一過程をいう》. ── *vi.* **1** 肉(など)を焼く[あぶる], ローストする. **2** 焼ける, 炒(い)る.

── *n.* **1 a** 焼肉; (特に)ローストビーフ. **b** 焼肉用の肉, ロース(肉). **2** 焼くこと; あぶること. **3** 焼いたもの; あぶったもの. **4** 《米》(焼いた料理を食べる)戸外でのパーティー[ピクニックなど]. **5 a** からかい, あざけり. **b** 《米》酷評, 非難. **6** 〖冶金〗焙焼.

rule the roast 事を主宰する, 事件の采配(さい)を取る, 支配する, 牛耳る.

── 〖ME *roste* (p.p.)〗 *adj.* 焼いた, あぶった, 炒(い)った: ~ beef (牛の)焼肉, ローストビーフ.

róast·er 〖《15C》〗 ── *n.* **1** 焼く人, あぶる人. **2 a** ロースター《オーブンなどでローストするときに用いる深い金属製の皿》. **b** あぶり焼き器具 (rotisserie). **c** (コーヒー・木の実などの)焙煎器. **3** 丸焼き用の若鶏[子豚, 兎など]. **4** 〖印刷〗=scorcher 5.

róast fùrnace *n.* 〖冶金〗焙焼(ばいしょう)炉.

róast·ing *n.* **1** 焼く[あぶる, 炒(い)る]こと. **2** [形容詞的に] ロースト用の[に適した]. ── *adj.* **1** 焼けつくような, とても暑[熱]い: a ~ day / I'm simply ~. 全くうだっちゃう. **2** [副詞的に] 焼けつくように, じりじりと.

róasting èar *n.* **1** (通例皮つきで焼いて食べる)トウモロコシの実. **2** [(現地ではしばしば) róusnɪə, -sn-] 《米南部・中部》(通例皮をとって蒸したり煮たりする)トウモロコシの実.

róasting jàck *n.* (あぶり焼き器の)焼き串(ぐし)回転具.

rob [rá(ː)b | rɔ́b] 〖《?a1200》 *robbe(n)* ◻ OF *rob(b)-er* ◻ Gmc **raubōn* (G *rauben*) ← IE **reu-* to snatch: cf. reave[1]〗 ── *vt.* (**robbed; rob·bing**) **1** 〈人〉から〈物・権利などを〉奪う, 強奪[略奪, 奪取]する 〔*of*〕: ~ a person *of* his money 人から金を奪う / He was ~*bed of* his watch. 時計を奪われた (cf. He had his watch stolen.) / ~ a person *of* his inheritance [rights] 人から遺産[権利]を奪い取る / ~ a person *of* his fair name 人に名声を失わせる / The pickpocket ~*bed* the lady *of* her purse. すりがその婦人の財布をすった / The shock ~*bed* him *of* speech. 彼はショックで口もきけなかった / The despair ~*bed* him *of* his youth. 絶望のあまりいっぺんに老けてしまった / They ~*bed* him *of* peace of mind. 彼らは彼の心の平和をかき乱した. **2** 〈金庫・家・箱など〉の中の物を盗む: ~ a safe [till, house] 金庫[銭箱, 家]をかき回して盗む / ~ a bank 銀行強盗をする. **3** 《まれ》〈金・宝石・人などを〉盗む: ~ money [jewelry] *from* a house 金[宝石]を家から盗む / They used to ~ Negroes *from* Africa. 彼らは昔黒人をアフリカから盗んで来たものだ. **4** 〖鉱山〗 **a** 〈炭鉱〉の良鉱部分を乱掘して, 以後の採鉱をだめにしてしまう. **b** 〈石炭・原鉱を〉あとのことを構わず掘り[採り]まくる. **c** (廃坑にする直前の最後的処置として)〈炭鉱〉から炭柱を取る. **5** 〖野球〗〈相手〉からヒット[点]を奪う. ── *vi.* 強盗をする; 略奪をする.

rob Peter to pay Paul ⇨ Peter 成句. ***rob the cradle*** ⇨ cradle 成句.

Rob [rá(ː)b | rɔ́b] 〖(dim.) ← ROBERT〗 *n.* 男性名.

ro·ba·lo [roʊbáːloʊ | rəʊbáːləʊ] 〖◻ Sp. *róbalo* // Port. ~ ← Catalan *elobarro* ← L *lupus* 'WOLF'〗 *n.* (*pl.* ~, ~s) 〖魚類〗=snook[2].

ro·band [róʊbænd, -bənd | rə́ʊ-] 〖《13C》 ◻ Du. *raband* yard band ← *rā* sailyard+*band* 'BAND[1]'〗 *n.* 〖海事〗ロバンド《帆を帆桁(ほげた)に結び付ける短い索》.

rób·ber 〖lateOE *robbere* ◻ AF & OF *rob(b)ere* ← *rob(b)er* 'to ROB': ⇨ -er[1]〗 ── *n.* 強盗, 追いはぎ, (力ずくの)泥棒 (cf. burglar, thief): an armed ~ 凶器を持った強盗.

róbber ànt *n.* 〖昆虫〗奴隷使役アリ《奴隷アリを使う各種のアリ; アカヤマアリ (*Formica sanguinea*), サムライアリ (*Polyergus samurai*) など》.

róbber báron *n.* **1** 〖英史〗追いはぎ貴族《自分の領地内を通行する旅人に追いはぎを働いたり, 人質にとって身の代金を強要したり, 法外な通行税を取り立てたりした中世の貴族》. **2** (19 世紀後半の米国の)追いはぎ成金《自然資源の乱掘・不正取引・労働者の搾取などにより財を成したと考えられた資本家・企業家》.

róbber cràb *n.* 〖動物〗 **1** =purse crab. **2** =hermit crab.

róbber flỳ *n.* 〖昆虫〗ムシヒキアブ《ムシヒキアブ科の昆虫の総称; 枝葉上に静止していて飛んでくる昆虫を捕食する》.

róbber fròg *n.* 〖動物〗中央アメリカに生息するユビナガガエル科コヤスガエル属 (*Eleutherodactylus*) の犬がほえるような声で鳴くカエルの総称.

rob·ber·y [rá(b)əri | rɔ́bəri] 〖《?a1200》 ◻ AF & OF *rob(b)erie*: ⇨ rob, -ery〗 ── *n.* **1** 強盗, 強奪, 略奪: a daylight bank ~ 白昼の銀行強盗 / commit ~ 強盗を働く / It is sheer ~ to ask such prices. こんな値段を吹っかけるとは全く泥棒みたいなものだ. **2** 〖法律〗強盗罪.

Rob·bia [rábiə, róʊb- | rɔ́biə, rə́ʊb-; *It.* róbbja], **Luca del·la** [lúːka délla] *n.* ロッビア《1400?-82; イタリアのテラコッタ彫刻家》.

rob·bin [rábɪn, -bən | rɔ́bɪn] *n.* 〖海事〗=roband.

Rob·bins [rábɪnz, -bənz | rɔ́bɪnz], **Frederick Chapman** *n.* (1916-) 米国の微生物学者; Nobel 医学生理学賞 (1954).

robe [róʊb | rə́ʊb] 〖《c1275》 ◻ (O)F ~ < VL **raubam* clothes taken as booty ◻ Gmc **raubō* booty ← IE **reu-* to snatch: cf. rob〗 ── *n.* **1 a** ローブ《裾まで垂れる長いゆったりとした外衣[部屋着]; 主に中世の男女が着用し, 現在ではアジア・アフリカ諸国の男女が着用する》. **b** (洗礼の時などに着せる)長いベビー服. **c** [*pl.*] 《古》衣装, 衣服. **2** (長いワンピースの)婦人服, ローブ: a ~ for the evening 夜会服 / a ~ décolleté ローブデコルテ (⇨ décolleté 1). **3 a** [しばしば *pl.*] (儀式用または職業・官職を表わす, 裾まで垂れる長いゆったりとした)礼服, 官服, 職服: ~s of office=official ~s (正式の)職服 / the king's coronation ~s 戴冠(かん)式の際の王の式服 / royal ~s 王服 / the (long) ~ (法律家や聖職者の)長服 / the short ~ 軍服 / ~ of estate 〖紋章〗=mantle 11 b. **b** [the ~] 法律関係の職業 (cf. silk 3 b): gentlemen of *the* (long) ~ 法曹界の人々, 弁護士連, 裁判官連 / follow *the* ~ 法律家になる / a man of *the* ~ 法律家, 弁護士. **4** 《米》(獣皮・毛糸などで作った)旅行用ひざ掛け: a lap ~ ひざ掛け. **5** ローブを思わせるもの; おおい: the ~ of night 夜のとばり / Nature wore a ~ of snow. 山野は雪におおわれていた. **6** 《米》洋服だんす.

both robes [***Robes***] 法曹と軍職, 法官(達)と軍人(達).

── *vt.* 〈人〉に礼服・官服などを着せる. ── *vi.* 礼服[官服]を身にまとう.

robe de cham·bre [róʊb-də-ʃá(ː)mbr(ə), -ʃɔ́(ː)m-, -ʃáːm-, -ʃɔ́(ː)m- | rə́ʊb-; *F.* ʀɔbdəʃɑ̃:bʀ] 〖◻ F ~ 'ROBE of CHAMBER'〗 ── *F. n.* (*pl.* **robes d-** [~]) 化粧着.

róbe de stýle [-də-stíːl; *F.* -dəstil] 〖◻ F ~ 《原義》robe of style〗 ── *n.* (*pl.* **robes d-**) ローブドスティール《正装用のドレスで, たっぷりしたロングスカートとぴったりした身頃が特長》.

Rob·ert [rábət | rɔ́bət; *F.* ʀɔbɛ:ʀ, *G.* ró:bɛʀt] 〖ME ◻ ONF ~ ◻ OHG *Hrōdebert* ← *hruod-* fame+*beraht* 'BRIGHT' ∽ OE *Hreodbeorht*: cf. Rupert〗 ── *n.* 男性名《愛称形 Bob, Bobby, Dob, Dobby, Dobbin (馬にも用いられる), Rab (スコットランド), Rob, Robby, Robin》.

Robert I *n.* **1** (1274-1329) スコットランド王 (1306-29); イングランド王に反抗して一旦は亡命したが, 1314 年の Bannockburn の戦いでイングランド軍に勝ち, スコットランドの独立を確保した; Robert de Bruce, Robert (the) Bruce ともいう (cf. Arbroath). **2** (?-1035) Normandy 公 (1028-35); William the Conqueror の父; 異名 Robert the Devil.

Robert II *n.* (1316-90) スコットランド王 (1371-90); Robert 一世の孫で Stuart 朝の創始者.

Ro·ber·ta [rəbə́ːtə, ro(ʊ)- | rə(ʊ)bə́ːtə, rə-] 〖(fem.) ← ROBERT〗 *n.* 女性名.

Ro·bert Guis·card [*F.* ʀɔbɛːʀgiskaːʀ] *n.* ⇨ Guiscard.

Rob·erts [rábəts | rɔ́bəts], **Elizabeth Mad·ox** [mǽdəks] *n.* (1886-1941) 米国の女流詩人・小説家; *The Time of Man* (小説, 1926).

Roberts, Frederick Sleigh [sléɪ] *n.* (1832-1914) インド生れの英国陸軍元帥 1st Earl Roberts of Kandahar, Pretoria, and Waterford; 通称 Bobs.

Roberts, Kenneth (**Lewis**) *n.* (1885-1957) 米国の小説家; *Northwest Passage* (1937).

Rob·ert·son [rábətsn̩ | rɔ́bət-], **Thomas William** *n.* (1829-71) 英国の俳優・劇作家; *David Garrick* (1864), *Society* (1865), *Caste* (1867).

Robertson, William *n.* (1721-93) スコットランドの歴史家, Edinburg 大学学長 (1762-92); *History of the Reign of the Emperor Charles V* (1769).

Robertson, Sir **William Robert** *n.* (1860-1933) 英国の陸軍元帥; 一兵卒から身を起こし, 第一次大戦中参謀総長 (1915-18) をつとめた.

Robe·son [róʊbsn̩ | rə́ʊb-], **Paul** *n.* (1898-1976) 米国の黒人歌手・俳優.

Ro·bes·pierre [róʊbzpɪə, -pjɛə, ròʊbespjɛ́ə | rə́ubzpjɛə(r, rə́ʊbs-; *F.* ʀɔbɛspjɛ:ʀ], **Maximilien** (**François Marie I·si·dore** [izidɔ:ʀ] **de**) *n.* ロベスピエール《1758-94; フランス革命における山岳党の指導者; 1793 年, Jacobin 独裁・恐怖政治を確立した; 94 年 Thermidor 9 日のクーデターで刑死》.

rob·in[1] [rábɪn, -bən | rɔ́bɪn] 〖《1549》《略》← *robin redbreast*: ⇨ Robin〗 ── *n.* 〖鳥類〗 **1** ヨーロッパコマドリ (*Erithacus rubecola*)《胸が黄色がかった赤色; redbreast, robin redbreast ともいう》. **2** コマツグミ (*Turdus migratorius*)《胸と腹が栗色がかった赤色のツグミの一種; American robin ともいう》. **3** ヨーロッパコマドリ・コマツグミに似た各種の鳥.

rob·in[2] [rábɪn, -bən | rɔ́bɪn] *n.* 〖海事〗=roband.

Rob·in [rábɪn, -bən | rɔ́bɪn] 〖1: (dim.) ← ROBERT. 2: ← ROBINA〗 *n.* **1** 男性名. **2** 女性名.

Ro·bi·na [ro(ʊ)bíːnə, rə- | rə(ʊ)-] 〖(fem.) ← ROBIN: cf. Roberta〗 *n.* 女性名.

Róbin Góod·fel·low [-gúdfèloʊ | -ləʊ] *n.* 〖英国伝説〗昔英国の田舎家に現われていたずらをすると信じられた妖精《Puck ともいう》.

rób·ing ròom *n.* (教会の)式服着替え室; (参列者)式服着用室.

Róbin Hóod [-húd] *n.* **1** 〖英国伝説〗ロビンフッド《英国の 12 世紀ごろの伝説的英雄; 弓術に長じ, その徒党と共に緑色の服を着て Sherwood Forest に住み, イギリスを侵略したノルマン人の貴族・金持などを襲って金品を奪い, 土着のアングロサクソン系の貧しい人々に分け与えたといわれる義賊; cf. Maid Marian》. **2** ロビンフッドのような英雄[義賊], 目を見張るような活躍をする人[義人].

ro·bin·i·a [ro(ʊ)bíniə | rə(ʊ)bíniə] 〖← NL ~ ← *Jean Robin* (17 世紀フランスの植物学者)+-IA[1]〗 ── *n.* 〖植物〗ニセアカシア《北米産マメ科ハリエンジュ属 (*Robinia*) の落葉性高木・低木の総称; cf. locust 3 a》.

róbin rédbreast 〖《15C》〗 *n.* **1** 〖鳥類〗=robin[1] 1. **2** 〖赤い布装のチョッキを着けていたことから〗《英古俗》=Bow Street runner.

róbin's-ègg blúe *n.* (コマドリの卵の殻の色のような緑色がかった青色.

róbin snòw 〖コマツグミの帰還後に降る雪は淡いところから〗 *n.* 《ニューイングランド》春の淡雪.

Rob·in·son [rábɪnsn̩, -bən- | rɔ́bɪn-] 〖ME *Robynson* 《原義》'SON[1] of ROBIN'〗 *n.* 男性名.

Robinson, Edwin Arlington *n.* (1869-1935) 米国の詩人; *The Man Against the Sky* (1916).

Robinson, James Harvey *n.* (1863-1936) 米国の歴史家.

Robinson, Joan (**Violet**) *n.* (1903-) 英国の女性経済学者; *The Accumulation of Capital* (1956).

Robinson, Lennox *n.* (1886-1958) アイルランドの劇作家; *The White Headed Boy* (1920).

Robinson, Sir **Robert** *n.* (1886-1975) 英国の化学者; Nobel 化学賞 (1947).

Robinson, (**William**) **Heath** *n.* (1872-1944) 英国の漫画家・挿絵画家.

Róbinson Crú·soe [-krúːsoʊ | -səʊ] *n.* **1** ロビンソンクルーソー《Defoe 作の同名の小説 (1719) の主人公; 難船して数年間無人島生活をした; cf. Friday[2] 1》. **2** 孤独な漂着者; (自給自足で)一人暮しをしている人.

Róbin's plántain *n.* 〖植物〗キク科ヒメジョオン属の多年草 (*Erigeron pulchellus*).

ro·ble [róʊbleɪ, -bl̩ | rə́ʊ-] 〖◻ Am.-Sp. ~ ◻ Sp. ~ < L *rōbor-*, *rōbur* (⇨ roborant)〗 ── *n.* 〖植物〗 **1** 米国 California 州産ブナ科コナラ属 (*Quercus*) のオークの総称《*Q. lobata*, *Q. chrysolepis* など》. **2** 南米産ナンキョクブナ属 (*Nothofagus*) の樹木の総称.

ro·bomb [róʊbɑ̀m | rə́ʊbɔ̀m] 〖← *ro(bot) bomb*〗 *n.* 〖軍事〗=robot bomb.

rob·o·rant [rábərənt, róʊb- | rɔ́b-, rə́ʊb-] 〖◻ L *rōborant-em* (pres.p.) ← *rōborāre* to strengthen ← *rōbor-*, *rōbur* oak tree, strength: ⇨ robust〗 〖医学・薬学〗 *adj.* 強壮にする, 力をつける, 保健的な. ── *n.* 強壮剤.

ro·bot [róʊbɑt, -bət | rə́ʊbɔt, rɔ́b-, -bət] 〖《1923》 ◻ Czech ~ ← *robota* compulsory service ← OSlav. *rabŭ* slave: Karel Čapek 作の劇 *R.U.R.* (=Rossum's Universal Robots) 中の名から〗 ── *n.* **1** ロボット, 人造人間, 機械人間. **2** (ロボットのような)機械的な人間, (仕事はきちんとするが)無情な人間. **3** 自動装置. **4** 〖軍事〗=robot bomb. **5** 《南アフリカ》自動式交通信号. ── *attrib. adj.* 無人操縦の.

róbot bòmb *n.* 〖軍事〗ロボット爆弾《第二次大戦末期にドイツが英国攻撃に用いた無線操縦の無人飛行

機型爆弾 V-1 のあだ名; buzz bomb, fly bomb, flying bomb, robomb ともいう》.

ro·bot·ics [ro(ʊ)bɑ́ṭɪks | rə(ʊ)bɔ́t-] 〘← ROBOT＋-ICS〙 *n.* ロボット工学, 人造人間学《ロボットの構造・行動・管理・維持を研究する工学の分野》.

ró·bot·ìsm [-tɪzm] *n.* (感情抜きの)機械的な行為[性格].

ro·bot·is·tic [ròubətístɪk, -bɑt- | ròubɔt-, rɔ̀b-, -bət-] *adj.* (ロボットのように)全く機械主義的な, 非人間的な, 無情な.

ro·bot·ize [róubətàɪz, -bɑt- | róubɔt-, rɔ́b-, -bət-] *vt.* **1** 〈人間を〉ロボット化する. **2** 〈工場・装置などを〉自動化する. **ro·bot·i·za·tion** [ròubəṭɪzéɪʃən, -bə-, -ṭə- | ròubɔtaɪ-, rɔ̀b-, -bə-, -tɪ-] *n.*

róbot pìlot *n.* 〘航空・海事〙 =automatic pilot.

Rob Roy [rɑ́b-rɔ́ɪ | rɔ́b-] 〘□ Gael. ～ 'Red Rob'〙 **—** *n.* **1** ロブ ロイ《1671-1734; スコットランド高地の義賊; Sir Walter Scott の小説 *Rob Roy* のモデル; 本名 Robert Macgregor *or* Campbell》. **2** ロブロイ《スコッチウイスキー・甘口のベルモット・ビタースに氷を入れて混ぜ, マラスキノチェリーを添えて出すマンハッタンカクテルの一種》.

Rob·son [rɑ́bsn̩ | rɔ́b-], **Mount** *n.* ロブソン山《カナダ British Columbia 州東部の山, カナダ Rocky 山脈中の最高峰 (3,954 m)》.

ro·bur·ite [róubəràɪt | ráu-] 〘← L *rōbur* (↓)＋-ITE[1]〙 *n.* 〘化学〙 ロブライト《鉱山用無炎爆薬の一種》.

ro·bust [ro(ʊ)bʌ́st, róubʌst, -bəst | rə(ʊ)bʌ́st] 〘《1549》 □ (O)F *robuste* ∥ L *rōbust-us* ← *rōbur* oak, strength ← IE **reudh-* 'RED[1]'〙 **—** *adj.* (**more** ～, **most** ～; ～·**er**, ～·**est**) **1 a** たくましい, 強健な; 〈動植物など〉丈夫な; 健康な, 達者な (↔ delicate): a ～ constitution 頑丈(がんじょう)な身体. **b** 〈知性・精神・約束・信念など〉しっかりした, 強固な: a ～ intellect 強健な知性. **2** 〈装置など〉頑丈につくられた, 耐久力の大きい. **3** 体力を要する, 骨の折れる: ～ exercise 体力を要する(激しい)運動. **4** 〈会話・冗談など〉粗野な, 荒っぽい. **5** 〈ワインなど〉こくのある, 濃い: ～ stew. ～·**ly** *adv.* ～·**ness** *n.*

ro·bús·ta cóffee [ro(ʊ)bʌ́stə- | rə(ʊ)-] 〘← NL *Coffea robusta* (コーヒーノキの一種)〙 **—** *n.* **1** 〘植物〙 ロバスタコーヒーノキ《中央アフリカ原産アカネ科コーヒーノキ属の植物; *Coffea robusta* およびそれと *C. canephora* の交配品種》. **2 a** ロバスタコーヒーノキの実. **b** (ロバスタコーヒーノキの実から製した)ロバスタコーヒー.

ro·bus·tious [ro(ʊ)bʌ́stʃəs, rə- | rə(ʊ)-] 〘《1548》: ⇨ robust, -ious〙 *adj.* **1** 《古》 強壮な, 頑丈な, がっしりできている. **2** 自己を主張する, 我を張る, 出しゃばりの. **3** 騒々しい; がさつな. ～·**ly** *adv.* ～·**ness** *n.*

roc [rɑ́k | rɔ́k] 〘《1579》 □ Arab. *rokh, rukhkh* ← ? Pers. *rukh*〙 **—** *n.* **1** 〘アラビア伝説〙 ロック《巨大な伝説上の白い怪鳥で, 象を爪で持ち上げ餌にしたという; cf. simurgh》: a ～'s egg 話だけで実際にはないもの, 到底手に入らない物. **2** 〘軍事〙 ロック(爆弾)《テレビカメラ装置を備えた爆弾で, 爆撃手は遠距離無線操縦によって目標への照準を絶えず修正できる》.

R.O.C. 《略》 《英》 Royal Observer Corps.

Ro·ca [róukə | ráu-; *Port.* ʁókɐ], **Cape** *n.* ロカ岬《ポルトガルの西部 Lisbon 付近の岬; ヨーロッパ大陸の最西端》.

ro·caille [roukáɪ, rɑ- | rəu-, rɔ-; *F.* rɔka:j] 〘□ F ～ ← *roc* 'ROCK[1]'〙 *n.* **1** 〘美術〙 ロカイユ《18 世紀に発達した岩石・貝殻状の装飾モチーフ》. **2** =rococo.

roc·am·bole [rɑ́kəmbòul | rɔ́kəmbə̀ul] 〘□ F ～ □ G *Rockenbolle* ← *Rocken* distaff＋*Bolle* bulb〙 **—** *n.* 〘植物〙 ヒメニンニク (*Allium scorodoprasum*)《ニンニクの代わりに用いる; giant garlic ともいう》.

Ro·cham·beau [ròuʃæmbóu, -ʃɑ̃:(m)-, -ʃɑ:m- | ròu-ʃɑ̃:(m)bə́u, -ʃɔ̃:(m)-, -ʃɑ:m-, -ʃɔ:(m)-; *F.* rɔʃɑ̃bo], **Jean Baptiste Do·na·tien de Vi·meur** [dɔnasjɛ̃ d vimœ:r] *n.* ロシャンボー《1725-1807; フランスの陸軍元帥, アメリカ独立戦争の際のフランス軍の司令官; 称号 Comte de Rochambeau》.

Roch·dale [rɑ́tʃdeɪl | rɔ́tʃ-] 〘ME *Rachedal* 《原義》 the dale of the river Roch〙 **—** *n.* イングランド北西部, Greater Manchester 州の都市; 英国最初の協同組合がここで設立された (1844); 人口 211,000.

Róchdale Pionéers *n. pl.* ロッチデール協同組合の創立者(たち)《1844 年英国の Rochdale で協同組合を興した機業家 28 名》.

Róchdale prìnciples *n. pl.* ロッチデール協同組合原則《Rochdale Pioneers の根本規則; 掛売りしないこと, 利益はみな購買者に分配することなど》.

Rochefoucauld *n.* ⇨ La Rochefoucauld.

Róche límit [rɔ́(:)ʃ-, róuʃ-, rɑ́uʃ-, rɔ́ʃ-; *F.* rɔʃ-] 〘← *Edouard A. Roche* (1820-83: フランスの天文学者)〙 **—** *n.* 〘天文〙 ロッシュ(の)限界《ある天体の中心と隣接天体との接近限界距離; それ以上接近すると隣接天体は崩壊する; Roche's limit ともいう》.

Rochelle *n.* ⇨ La Rochelle.

Ro·chélle pòwders [rouʃét- | rəu-; *F.* rɔʃɛl-] 〘↓〙 *n. pl.* 〘薬学〙 ロシェル粉 (Seidlitz powders).

Rochélle sàlt 〘《1753》 ← *La Rochelle* (フランス西部の海港): この町の薬剤師が発見したことから〙 **—** *n.* 〘化学・薬学〙 ロッシェル塩 ($KNaC_4H_4O_6·4H_2O$)《酒石酸ナトリウムカリウム (potassium sodium tartrate) の別名で, 緩下剤・圧電素子として, あるいは鏡の銀びきにも用いられる》.

roche mou·ton·née [rɔ́(:)ʃ-mù:ṭənéɪ, róuʃ-, -ṭn̩- | rɔ́ʃ-mù:tən-; *F.* rɔʃmutɔne] 〘□ F ～ 《原義》 fleecy rock〙 **—** *F. n.* (*pl.* **roches mou·ton·nées** [～; *F.* ～]) 〘地質〙 羊背岩, 羊群岩《氷河の作用で丸く滑らかにされた岩盤突起》.

Roch·es·ter [rɑ́tʃɪstə, -tʃəs-, -tʃes- | rɔ́tʃɪstə(r, -tʃəs-] 〘OE *Hrofesċeaster* 《原義》 the Roman fort *Hrofi* ← *Durobrivis* (dat.pl.) ← Celt. *duro-* stronghold＋*brivā* bridge〙 **—** *n.* **1** 米国 New York 州西部にある工業都市; 人口 297,000. **2** イングランド南東部, Kent 州北西部の都市, 大聖堂がある; 人口 56,000.

Roch·es·ter [rɑ́tʃɪstə, -tʃəs-, -tʃes- | rɔ́tʃɪstə(r, -tʃəs-], 2nd Earl of *n.* (1647-80) 英国の詩人・才人; Charles 二世治下の Restoration 期の退廃的風潮を代表する宮廷詩人; 本名 John Wilmot.

roch·et [rɑ́tʃɪt, -tʃət | rɔ́tʃ-] 〘《c1390》 □ (O)F ～ 《変形》 ← *roquet* ← **roc* outer garment ← Gmc: cf. G *Rock* coat / OE *rocc*〙 **—** *n.* 〘教会〙 ロチェット《bishop や時に高位聖職者などの着るリンネルまたは寒冷紗(かんれいしゃ)製の白色の法衣で, surplice に似ているが袖は筒状をしている; ⇨ vestment 挿絵》.

rock[1] [rɑ́k | rɔ́k] 〘《c1390》 *rokk(e)* □ ONF *ro(c)que* 《変形》 ← (O)F *roche* < VL **rocca*: cf. OE *-rocc*〙 **—** *n.* **1 a** 岩, 岩石, 岩塊: (as) firm [steady] as a ～ 不動の; 十分に信頼のおける / belief founded on the ～ of reason 磐石(ばんじゃく)の理性に基づく信念 (cf. *Matt.* 7: 25, 24, etc.). **b** 岩山, 岩壁; 岩盤; 岩床: dig down to (the) ～ 岩床[岩のある所]まで掘り下げる (cf. 6 a). **c** (物質としての)岩, 岩石: a mass of ～ 岩塊 / a needle of ～ 針のように切り立った岩山. **d** 〘略〙 [the R-] = the Rock of GIBRALTAR. **2 a** [しばしば *pl.*] 岩礁(がんしょう), 暗礁: a sunken ～ 暗礁 / run against a ～ 座礁する / be wrecked on the ～s 座礁して難破する / *Rocks* ahead! 暗礁だ; 危いぞ. **b** 危険, 破綻(はたん)のもと, 禍根: Strife was the ～ on which the party split. 党は内紛がもとで分裂した. **3** 堅固な支え; 防護物, 拠(よ)り所: The Lord is my ～. 主はわが岩なり (2 *Sam.* 22: 2). **4** 《米・豪》 (種々の大きさの)石, 小石: throw ～s at a person 人に石をぶつける. **5 a** 岩の形をした物. **b** ロック《英国の観光地などで, 様々な香料を入れ色を流し込んだ棒状の堅いキャンデー》: an almond ～ アーモンド入りのロック. **c** 《米》 =rock candy 1. **d** =rock cake. **6** 〘地質〙 **a** 岩石(種類): an aqueous ～ 水成岩 / a volcanic ～ 火山岩. **b** 岩石《地殻の一部を構成する物質》. **7** 《俗》 **a** ダイヤ(モンド). **b** 宝石. **8** 《米俗》 **a** 1 ドル札. **b** [*pl.*] 金 (money): pile up the ～s 金を貯めこむ. **9** 《野球俗》 間抜けな失策 (boner), ボーンヘッド (bonehead play): pull a ～ ボーンヘッドをやる. **10 a** 〘魚類〙 =rockfish. **b** 〘鳥類〙 =rock pigeon.

have rocks in one's head 《米口語》 頭がどうかしている, ばかだ. ***off the rocks*** 《口語》 危険[破綻]を免れて. ***of the old rock*** 〈宝石が〉本物で上等の. ***on the rocks*** (1) ⇨ 2 a. (2) 《口語》 進退窮まった; 金に窮して: a firm *on the* ～*s* 破産しかかった会社 / Their finances are *on the* ～*s*. 彼らの経済状態はもうお手上げだ / Their marriage went *on the* ～*s*. 二人の結婚生活は破綻した. (3) 〈ウイスキーなど〉氷の上に注いだ, オンザロックの: She was sipping Dubonnet *on the* ～*s*. デュボネをオンザロックでちびちび飲んでいた.

rock and rye ロック アンド ライ《ライウイスキーに氷砂糖・レモン・オレンジなどを加えた米国のびん詰め飲料》.

Rock of Ages (1) [the ―] 「ちとせのいわよ」《英国国教会牧師 A. M. Toplady (1740-78) 作詞の賛美歌 (1776)》. (2) [the r- of a-] 千年(ちとせ)の岩, キリスト; キリスト教の信仰 (cf. *Matt.* 16: 18, *1 Cor.* 10: 4). (3) [r- of a-] 頼り[支え]になるもの.

— *attrib. adj.* 岩石の(ような); 堅い: a ～ wall 岩壁.

— *vt.* 《米俗》 …に石を投げつける.

～·**lìke** *adj.*

rock[2] [rɑ́k | rɔ́k] 〘lateOE *roccian* ← Gmc **rukk-* to move, remove (Du. *rukken* / G *rücken* / ON *rykkja* to jerk)〙 **—** *vt.* **1 a** (優しく)前後[左右]に動かす, 揺する: ～ a cradle [rocker] 揺りかご[揺り椅子]を揺する / ～ a child in a cradle 子供を揺りかごに乗せて揺する / The waves ～ the boat. 波が舟を前後に揺り動かす. **b** 揺すって…にさせる: ～ a child *to* [*into*] sleep 揺すって子供を眠らせる. **c** (なだめ, すかし, 慰めて)〔安全・希望などの状態に〕置く, 安心させる 〔*in*〕: be ～*ed in* security 危険はないと安心している / He was ～*ed in* the vainest hopes. 彼ははかない希望を抱いてのんきな気分でいた. **2** 〈地震・爆弾・爆風などが〉振動させる, よろめかす; 揺さぶる: The earthquake ～*ed* the house. / The bomb blast ～*ed* the tower. 爆風が塔を揺さぶった. **3 a** (感情的に)強く動かす, ひどく感動させる. **b** ひどく混乱させる, 呆然とさせる: ～ a person's belief 人の信念をぐらつかせる / The murder case ～*ed* the whole country. その殺人事件は国中を震撼させた. **4** 〘鉱山〙 選鉱器 (rocker) で揺すって選び出す: ～ gravel 砂利を揺すり出す. **5** 〘版画〙 (メゾチント版画のために)〈銅版〉に砂目を作る.

— *vi.* **1** 前後[左右]に動く, 揺れる, 動揺する, 振動する: The boat ～*s* on the water. ボートが水上で揺れる / He sat ～*ing* in his chair. 彼は揺り椅子に腰掛けて体を前後に揺らしていた. **2 a** 感動する. **b** 身も揺れるほど仰天する; 恐怖などでおののく: She ～*ed* with horror. 恐怖のあまり身も震えるほどだった. **3** ロックンロールを踊る (rock 'n' roll). **4** 〘鉱山〙 選鉱器 (rocker) で揺すられて選鉱される: ～ slowly 〈鉱石が〉(揺すぶられて選鉱される時)出が遅い.

rock along 〈事業などが〉安全着実に楽々と続いて[やって]いく.

— *n.* **1** 揺すること, 揺れること, 動揺; 一揺れ. **2** 〘音楽〙 **a** =rock 'n' roll. **b** ロック《ロックンロール (rock 'n' roll) から派生したポピュラー音楽; 体を揺さぶるようなリズムをもち, 他の様々な音楽的要素と結びつく》: ⇨ acid rock, country rock[2], folk-rock, jazz-rock, ragarock.

get one's rocks off 性的興奮を経験する; 興奮する.

rock and roll =rock 'n' roll.

— *attrib. adj.* ロックンロールの, ロック(音楽)の: a ～ band, music, musician, record, etc. / a ～ magazine ロックの雑誌 / the ～ era ロック(の)時代.

rock[3] [rɑ́k | rɔ́k] 〘《c1310》 □ MLG *rock-en* & MDu. *rocke* (Du. *rok, rokken*) ∥ ON *rokk-r* = OHG *rocko* (G *Rocken*) < Gmc **rukkon*: cf. It. *rocca*〙 **—** *n.* (昔の)糸巻きざお[棒].

Rock [rɑ́k | rɔ́k] 〘cf. rock[1]〙 *n.* 男性名《愛称形 Rocky》.

rock·a·bil·ly [rɑ́kəbìli | rɔ́kəbìlɪ] 〘《混成》 ← *rock a(nd roll＋hill)billy*〙 〘音楽〙 **—** *n.* ロカビリー《1950 年代末に流行した音楽で, カントリー音楽の楽器でロックを演奏したもの》. **—** *attrib. adj.* ロカビリー風の.

róck ásphalt *n.* 〘地質〙 =asphalt rock.

róck àster *n.* 〘植物〙 北半球の高山地帯に分布するキク科シオン属の青または紫の花が咲く多年草 (*Aster alpinus*).

rock·a·way [rɑ́kəwèɪ | rɔ́k-] 〘← *Rockaway* (米国 New Jersey 州の町・避暑地): この町で生産されていたことから〙 **—** *n.* ロックアウェー馬車《米国で用いられた二, 三人乗りの四輪馬車》.

róck bàdger *n.* 〘動物〙 =hyrax 2.

róck bàss [-bæ̀s] *n.* 〘魚類〙 **1** 北米産サンフィッシュ科の淡水魚の一種 (*Ambloplites rupestris*). **2** = striped bass.

róck bèauty *n.* 〘植物〙 ムラサキイヌナズナ (*Draba pyrenaica*)《ヨーロッパの高山に生えるアブラナ科イヌナズナ属の多年草; 香りのよい紫の花が咲く》.

rόck-bèd *n.* 岩石の基盤; 岩石から成る底部.

róck·bìrd *n.* 〘鳥類〙 **1** 岩壁に営巣するウミガラス (murre) の類の海鳥の総称. **2** =COCK[1] of the rock. **3** =purple sandpiper.

róck-bòlt *n.* 〘鉱山〙 ロックボルト《坑道・採掘切羽などにおいて落盤・落石などを防止するために用いられるボルト; 岩盤に小孔を穿ち, その孔に差し込んで固定する; roof-bolt ともいう》.

róck-bóttom *adj.* 《口語》 最底の, 最下の: ～ prices 底値.

róck bóttom *n.* 《口語》 最低, どん底; 底値: Prices have hit ～. 物価は底をついた.

róck·bòund *adj.* **1** 岩に囲まれた, 岩だらけの: a ～ island [coast] 岩だらけの島[海岸]. **2** (性格・主義・主張など)小揺るぎもしない, 確固たる: one's ～ mind.

róck bràke *n.* 〘植物〙 岩上に生じる数種のシダの総称《cliff brake, リシリシノブ属 (*Cryptogramma*) のシダなど》.

róck càke *n.* 《英》 ロックケーキ《ごつごつした岩のように焼き上げた干しぶどう入りの小さなケーキ》.

róck cándy *n.* 《米》 **1** 氷砂糖 (《英》 sugar candy). **2** =rock[1] *n.* 5 b.

róck-clìmber *n.* (ロック)クライマー, 岩壁登山家.

róck-clìmbing *n.* ロッククライミング, 岩登り.

róck còd *n.* 〘魚類〙 **1** =rockfish a. **2** 岩の間に生息するスズキ科マハタ属の魚 (*Epinephelus dameli*).

róck còrk *n.* 〘鉱物〙 (コルク状の)石綿の一種.

Róck Córnish *n.* 〘畜産〙 ロックコーニッシュ《Cornish 種と White Rock 種を交雑してつくり出した肉用鶏; Rock Cornish hen ともいう》.

róck cràb *n.* 〘動物〙 海岸の岩場にすむカニの総称: **a** マダラガニ (*Cancer irroratus*)《北米東海岸 (特に New England) 産イチョウガニ科のカニ》. **b** イチョウガニ (*C. antennarius*)《北米西海岸産》.

róck·cràft *n.* **1** ロッククライミング[岩登り]の技術. **2** 石組配置法, 石庭造園術 (cf. rock garden).

róck crèss *n.* 〘植物〙 岩上に生えるアブラナ科ハタザオ属 (*Arabis*) の丈の低い多年草の総称.

róck·crùsher *n.* **1** 〘機械〙 砕岩機; 砕石機. **2** 〘トランプ〙 (ブリッジなどで)きわめて強力な手.

róck crỳstal *n.* 〘鉱物〙 水晶《無色透明の石英》: a ～ chandelier 水晶(ガラス)製シャンデリア.

róck dàsh *n.* 〘建築〙 小石打込み[埋込み]仕上げ《スタッコ (stucco) が硬化する前に, 砕石[小石]を壁面に並べて埋め込んだ外壁仕上げ; pebble dash, roughcast ともいう》.

róck dòve *n.* 〘鳥類〙 =rock pigeon 1.

róck drìll *n.* 削岩機.

Rock·e·fel·ler [rɑ́kɪfèlə, -kə-, rɑ́kfelə | rɔ́kɪfèlə(r, -kə-], **John D(avidson)** *n.* (1839-1937) 米国の資本家; Standard 石油会社を創立し (1870), また Chicago 大学および Rockefeller 研究所などを設立した.

Rockefeller, John D(avidson), Jr. *n.* (1874-1960) 米国の資本家・博愛主義者; J. D. Rockefeller の子息.

Rockefeller, Nelson Aldrich *n.* (1908-) 米国の政治家; New York 州知事 (1958-73), 副大統領 (1974-76).

Róckefeller Cénter *n.* 米国 New York 市 Manhattan 地区の中心にある, 18 の高層建築群が構成する商業・娯楽地区 (49,487 m²).

Róckefeller Foundàtion *n.* [the ~] ロックフェラー財団《1913 年 John D. Rockefeller の創設》.
róck èlm *n.* 〘植物〙 **1** 北米東部産のニレの一種 (*Ulmus thomasii*). **2** ニレ材《淡褐色で堅い》.
róck·er 〘lateME *rokkere*: ⇨ rock²〙 **—** *n.* **1** 揺り動かす人[もの]. **2 a** 揺れるもの. **b** (揺り木馬や揺り椅子の下部についている)揺り子 (⇨ rocking chair 挿絵). **c** =rocking chair. **d** 揺り木馬. **e** ロッカースケート《揺り椅子の脚のように弧状に曲がった滑走部のあるスケート靴》. **3** 《英》(1960 年代に革ジャンパーなどを着てオートバイを乗り回した)暴走族の若者 (cf. TON-UP boys, mod² 1). **4** ロック歌手; ロック音楽. **5** ロッカー《軍曹以上の下士官の山形袖(ﾁ)章の下部の曲線》. **6** 〘機械〙ロッカー(部)《振り子[首振り]運動をする機械の一部[仕掛け]》. **7** 〘鉱山〙選鉱器, 揺汰器(ﾖｳﾀｷ) (cradle). **8** 〘版画〙ロッカー《メゾチント版画のための, 銅板に砂目を作る道具》. **9** 〘フィギュアスケート〙ロッカー, 逆カウンター《ターンの先端が真ん中の円の中心からみて内側を向く; 進行順はカウンター (counter) に同じ》.
off** one's **rocker 《俗》気が狂って.
rócker àrm *n.* 〘機械〙ロッカーアーム, 揺れ腕《内燃機関のシリンダーの吸排弁を押し開けるてこ》.
rócker pànel *n.* ロッカーパネル《乗物の客室のしきいの下に設けられた外板[荷台]》.
rócker shàft *n.* 〘機械〙 =rockshaft.
rock·er·y [rákəri | rɔ́kəri] 〘← ROCK¹+-ERY〙 *n.* = rock garden.
rock·et¹ [rákɪt, -kət | rɔ́k-] 〘(1611) ◻ (O)F *roquette* ◻ It. *rocchetta* (dim.) ← *rocca* ◻ OHG *rocko* 'ROCK³': その形にちなむ: ⇨ -et〙 **—** *n.* **1 a** 〘宇宙〙ロケット《酸素を液体酸素か化合物の形で積載し外界の空気から採らない噴射式エンジン; 宇宙船の発射・飛行などに使う; rocket engine ともいう》. **b** ロケット爆弾; ロケットミサイル, ロケット弾. **c** ロケットで軌道上に打ち上げられた宇宙船(のカプセル). **2** (花火・信号・救命索などを打ち出す)火矢, のろし, 打上げ. **3** 《英俗》叱責, 大目玉.
— *vt.* **1** ロケット弾で攻撃する. **2** ロケットで動かす[運ぶ]. **—** *vi.* **1 a** ロケットのように突進する. **b** 〈値が〉急騰する. **c** 急に[とんとん拍子に]出世[昇進]する. **2** 〈猟鳥, 特にきじが〉一直線に飛び上がる.
— *attrib. adj.* ロケット推進(式)の: ⇨ rocket bomb.
rock·et² [rákɪt, -kət | rɔ́k-] 〘(1530) ◻ F *roquette* ◻ It. *rochetta* (変形) ← *ruchetta* (dim.) ← *ruca* < L *ērūcam* colewort ← ? *ēr* hedgehog〙 **—** *n.* 〘植物〙 **1** = garden rocket 1. **2** =dame's violet.
rócket astrónomy *n.* 〘天文〙ロケット天文学《ロケットに積んだ機器を使って高所で得た天文学上のデータを用いての研究》.
rócket bàse *n.* ロケット[ミサイル]基地.
rócket bòmb *n.* 〘軍事〙ロケット爆弾.
rócket·dròme [-dròum | -drəum] 〘← ROCKET¹+ (AERO)DROME〙 *n.* ロケット発射基地.
rock·e·teer [ràkɪtíə, -kə- | rɔ̀kɪtíə(r, -kə-] 〘← ROCKET¹+-EER〙 *n.* **1** ロケット射手; ロケット操縦者[搭乗者]. **2** ロケット技師[研究家, 設計家].
rócket èngine *n.* (飛行機などの)ロケットエンジン.
róck·et·er [-ṭə | -tə(r] *n.* **1** まっすぐに飛び上がる猟鳥. **2** =rocketeer.
rócket gùn *n.* ロケット砲《rocket launcher, bazooka など》.
rócket lárkspur *n.* 〘植物〙ヒエンソウ (飛燕草) (*Delphinium ajacis*)《南欧原産キンポウゲ科の一年草; 青, 時に紫または桃色がかった花が咲く》.
rócket làuncher *n.* 〘軍事〙 **1** (歩兵用)ロケット弾発射筒 (⇨ bazooka). **2** (航空機の翼下に取り付けた)ロケット発射機[射出装置, ランチャー]. **3** ロケット弾発射用車両.
rócket plàne *n.* ロケット機.
rócket-propélled *adj.* ロケット推進式の: a ~ bomb ロケット爆弾.
rócket propùlsion *n.* 〘航空〙ロケット推進 (cf. jet propulsion).
rócket ràngе *n.* 〘宇宙〙ロケット発射場.
rock·et·ry [rákɪtri, -kət- | rɔ́kɪtri] *n.* **1** ロケット研究, ロケット実験[使用]. **2** [集合的] ロケット.
rócket sàlad *n.* 〘植物〙 =garden rocket 1.
rócket shìp *n.* **1** ロケット推進船. **2** 〘軍事〙ロケット弾発射砲を装備した小艦艇. **3** 〘宇宙・航空〙ロケット船《ロケットで推進する航空機; rocket vehicle ともいう》.
rócket slèd *n.* ロケットスレッド《通例, 単軌道の上をロケット推進で走る高速そり》.
rócket·sònde 〘← ROCKET¹+(RADIO)SONDE〙 *n.* 〘気象〙高空用ロケットラジオゾンデ (cf. radiosonde).
rócket vèhicle *n.* 〘宇宙・航空〙 =rocket ship 3 a.
róck-fàced *adj.* **1** 岩石の(ような)表面を持つ. **2** 〈人が〉石のように固い無表情な顔をした.
róck·fàll *n.* 落石(の山) (cf. rockslide).
Róck fèver 〘← ROCK¹ (n.) 6〙 *n.* 〘病理〙マルタ熱《Malta または Gibraltar で流行する熱病; cf. brucellosis》.
róck·fìsh *n.* 〘魚類〙岩間や岩棚に生息する各種の魚類の総称: **a** カサゴ科 *Sebastodes* 属の魚《rock cod ともいう》. **b** =striped bass. **c** =greenling.
róck flòur *n.* 〘地質〙岩粉《氷河などの剝蝕(ﾊｸｼｮｸ)作用によって生じた岩石の微細な粉砕物; glacial meal ともいう》.
róck flòwer *n.* 〘植物〙米国南西部の荒地に生えるバラ科 *Crossosoma* 属の低木の総称.
Rock·ford [rákfəd | rɔ́kfəd] 〘この近辺に石の多い浅瀬があることから〙 *n.* 米国 Illinois 州北部の都市; 人口 146,000.
róck gàrden *n.* ロックガーデン, 岩石庭園《高山植物などを植え付けるため岩を築いて作った庭; または岩石を配した日本などの石庭; rockery ともいう》.
róck geràniun *n.* 〘植物〙 =alumroot 1 a.
róck glàcier *n.* 〘地質〙岩石氷河《氷河に形態の似た岩石の流れ》.
róck gòat *n.* 〘動物〙 =ibex.
róck gòldenrod *n.* 〘植物〙北米西部産キク科アキノキリンソウ属の黄色の花が咲く多年草 (*Solidago pumila*).
róck-hèwn *adj.* 岩を切った[切って造った].
róck hìnd *n.* 〘魚類〙岩棚・サンゴ礁などにすむ大西洋・地中海産のハタ科マハタ属の食用魚 (*Epinephelus adscensionis*).
róck hòpper *n.* 〘鳥類〙イワトビペンギン (*Eudyptes crestatus*)《Falkland 諸島・ニュージーランド・亜南極海などにすむ黄色の冠のある小型のペンギン; rock hopper penguin, crested penguin ともいう》.
róck hòund *n.* 《口語》 **1** 地質学者,「地質屋」; (特に)石油[油田]を探し求める人. **2** 趣味で石[宝石, 鉱物]を集める人.
róck hỳrax *n.* 〘動物〙ケープハイラックス《アフリカ・シリアなどの岩の多い地方に生息するケープハイラックス属 (*Procavia*) のイワダヌキ類の総称; ケープハイラックス (*P. capensis*), シリアハイラックス (*P. syriaca*) など》.
Rock·ies [rákiz | rɔ́kiz] *n. pl.* [the ~] =Rocky Mountains.
Rock·ing 〘lateME *rokking*〙 *adj.* 前後[左右]に揺れる.
rócking bàr *n.* 〘時計〙揺り棒《りゅうずを回すことによってぜんまい巻きと針合わせの 2 動作を古い時計では別なボタンを使って切りかえたが, その際ボタンに連動して動く切り換えレバー》.
rócking bèd *n.* 〘医学〙(人工呼吸用)揺れベッド.
rócking chàir *n.* 揺り椅子, ロッキングチェア.
rócking fùrnace *n.* 〘冶金〙揺動炉.
Rock·ing·ham [rákɪŋəm, -kɪŋhæ̀m | rɔ́kɪŋəm], 2nd Marquis of *n.* (1730-82) 英国の政治家; 首相 (1765-66; 1782); Whig 党の指導者で, 米国独立を支持; 本名 Charles Watson-Wentworth.

rocking chair
1 spindle; 2 stretcher; 3 rockers

rócking hòrse *n.* (子供の)揺り木馬 (hobbyhorse ともいう).
rócking rhýthm 〘G. M. Hopkins の用法〙 **—** *n.* 〘詩学〙一つの強音節を二つの弱音節がはさんでいる単語が押韻する韻律形式《undulating cadence ともいう》.
rócking shàft *n.* 〘機械〙 =rockshaft.
rócking slíde vàlve *n.* 〘機械〙 =rocking valve.
rócking stòne *n.* 〘地質〙ゆるぎ岩《わずかな力で動く巨岩; 氷河が運んできた場合と風化によって周囲の岩がとれた場合とがある》.
rócking vàlve *n.* 〘機械〙揺れ弁《蒸気機関において円板または円筒形をした弁で, 往復角運動をすることにより管路を開閉する; rocking slide valve ともいう》.
Róck Ísland 〘川の中の岩だらけの小島にちなむ〙 *n.* 米国 Illinois 州北西部, Mississippi 川に臨む港市; 連邦政府の兵器廠(ｼｮｳ)がある; 人口 51,000.
róck jàsmine *n.* 〘植物〙北半球の高山地帯に生えるサクラソウ科チシマザクラ属 (*Androsace*) の一年草または多年草の総称.
róck kangaróo *n.* 〘動物〙 =rock wallaby.
róck lèather *n.* 〘鉱物〙 =mountain leather.
róck·less *adj.* 岩の無い.
rock·let [ráklɪt, -lət | rɔ́k-] 〘← ROCK¹+-LET〙 *n.* 小岩, 小岩石.
rock·ling [ráklɪŋ | rɔ́k-] *n.* (*pl.* ~, ~s) 〘魚類〙小型で細長いタラ科の魚の総称; (特に)イタチダラ (*Ciliata mustela*)《ノルウェーからポルトガルにかけての大西洋に生息するイタチダラ属のひげのある魚》.
róck lóbster *n.* 〘動物〙 **1** イセエビ (spiny lobster). **2** ザリガニ (crawfish).
róck màple *n.* 〘植物〙 =sugar maple.
róck mìlk *n.* 〘鉱物〙 =agaric mineral.
rock 'n' roll [rάkənróul | rɔ́kənrə́ul] 〘← *rock and roll*: ⇨ rock² (n.)〙 **—** *n.* 〘音楽〙ロックンロール《1950 年代に黒人の rhythm and blues と白人の country-and-western の合体で形成されたアフタービートを強調したポピュラー音楽; rock and roll ともいう》; その曲. **—** *vi.* ロックンロールを踊る. **~·er** [-lə | -lə(r] *n.*
róck òil *n.* 岩油 (petroleum).
rock·oon [rɑkúːn | rɔk-] 〘(混成) ← ROCK(ET)¹+(BALL)OON〙 **—** *n.* 〘宇宙〙ロックーン《ロケットと気球を結合した飛行体で, ロケットは高空で気球から打ち出される》.
róck pigeon *n.* 〘鳥類〙 **1** カワラバト (*Columba livia*)《ヨーロッパおよびアジア産の野生バトで, 飼いバトの原種; rock dove ともいう》. **2** サケイ (sandgrouse).
róck plànt *n.* 〘植物〙岩生植物.
róck ràbbit *n.* 〘動物〙 **1** =hyrax 2. **2** =pika.
róck-ríbbed *adj.* **1** 〈地面・海岸など〉岩石の層のある, 岩石の多い: a ~ coast 岩石の多い海岸. **2** 確固たる, 堅固な, 毅然とした; 頑強な, 不屈な: a ~ nationalist [Conservative] 頑固な国家主義者[保守党員] / a ~ policy 確固たる政策 / ~ determination 断固たる決意.
róck·róse *n.* 〘植物〙ハンニチバナ科ゴジアオイ属 (*Cistus*)・ハンニチバナ属 (*Helianthemum*) の植物の総称 (cf. labdanum).
róck sálmon *n.* **1** 《英》数種の海産食用魚の総称《dogfish, wolffish など; 魚屋の用語》. **2** 《米》〘魚類〙 =amberjack.
róck sàlt *n.* 岩塩 (NaCl) (cf. sea salt).
róck·shàft *n.* 〘機械〙揺軸.
róck·slìde *n.* 岩が斜面をすべり落ちること, 盤すべり; 盤すべりの岩 (cf. rockfall).
róck snàke *n.* 〘動物〙ニシキヘビ (python).
róck spéedwell *n.* 〘植物〙ヨーロッパ原産ゴマノハグサ科クワガタソウ属の青い花の咲く多年草 (*Veronica fruticans*).
róck sprày *n.* 〘植物〙ベニシタン (*Cotoneaster horizontalis*)《Himalaya 地方原産バラ科の常緑低木; 白い花が咲き赤い実がなる》.
róck squírrel *n.* 〘動物〙 **1** 北米西部にすむイワリス属 (*Otospermophilus*) の大型の地上性リスの総称. **2** アジア中東部の岩地にすむシナイワリス属 (*Sciurotamias*) または *Rupestes* 属の地上性リスの総称.
róck-stàff *n.* 〘機械〙ふいごてこ《鍛冶屋がふいごを伸縮させるために前後[上下]に動かすてこ》.
róck sùcker *n.* 〘魚類〙ヤツメウナギ (lamprey).
róck tàr *n.* 原油 (petroleum).
róck thrùsh *n.* 〘鳥類〙イソヒヨドリ《ツグミ科イソヒヨドリ属 (*Monticola*) の鳥の総称; コシジロイソヒヨ (*M. saxatilis*), イソヒヨドリ (*M. solitarius*) など》.
róck trìpe *n.* 〘植物〙イワタケ《北極から北温帯にかけての岩地に生えるイワタケ属 (*Umbilicaria*) の食用地衣類の総称》.
róck wállaby *n.* 〘動物〙イワワラビー (*Petrogale xanthopus*)《オーストラリアの岩石地帯に生息する夜行性の小型のカンガルー》.
róck·wèed *n.* 〘植物〙ヒバマタの類の各種の海藻《主にヒバマタ属 (*Fucus*) および ホンダワラ属 (*Sargassum*) の藻の総称; 干潮時には露出する》.
Rock·well [rákwel, -wəl | rɔ́k-], **Norman** *n.* (1894-　) 米国の挿絵画家.
Róckwell hárdness 〘← *Stanley P. Rockwell* (20 世紀の米国の冶金学者)〙 **—** *n.* 〘冶金〙ロックウェル硬度《ダイヤモンドコーンを用いて測定した金属の硬度; cf. Brinell hardness》.
róck wòol *n.* 岩綿(ｶﾞﾝﾒﾝ)《鉱石を溶かして造った羊毛様の繊維; 絶縁・断熱および防音材料として用いる》.
róck·wòrk *n.* **1** (自然の)岩石の集まり, 岩山. **2 a** (岸壁・石垣・岩石庭園などの)積石工事, 築山. **b** ロックガーデン, 石庭 (rock garden).
róck wrèn *n.* 〘鳥類〙イワミソサザイ (*Salpinctes obsoletus*)《米国東部およびメキシコ地方の岩間にすむミソサザイの類の鳴鳥》.
rock·y¹ [ráki | rɔ́ki] 〘(15C) ← ROCK¹+-Y⁴〙 **—** *adj.* (**rock·i·er**; **-i·est**) **1** 岩の多い, 岩だらけの; 岩石から成る: a ~ hill [canyon] 岩の多い山[渓谷]. **2 a** 岩に似た, 岩のような; ごつごつした. **b** 石のように不動な, 泰然とした. **c** 〈心など〉非情な, 冷酷な; 頑固(ｶﾞﾝｺ)な, 強情な: a ~ heart. **3** 困難に満ちた, 苦難の: the ~ road to accomplishment 達成への苦難の道. **róck·i·ly** [-kɪli, -kə- | -lɪ] *adv.* **róck·i·ness** *n.*
rock·y² [ráki | rɔ́ki] 〘← ROCK² (v.)+-Y⁴〙 **—** *adj.* (**rock·i·er**; **-i·est**) 《口語》 **1 a** 不安定な, ゆらゆらする, ぐらぐらする: a ~ chair ぐらぐらする椅子. **b** 不確実な, 当てにならない. **c** (精神的に)不安定な: a ~ marriage 不安定な結婚. **2** (病気・二日酔いなどで)ふらふらする, めまいのする, よろめく. **róck·i·ly** [-kɪli, -kə- | -lɪ] *adv.* **róck·i·ness** *n.*
Rock·y [ráki | rɔ́ki] 〘(dim.) ← ROCK〙 *n.* 男性名.
Rócky Móuntain bée plànt *n.* 〘植物〙セイヨウフウチョウソウ (*Cleome serrulata*)《北米北中部および西部産の一年草または多年草; stinking clover ともいう》.
Rócky Móuntain góat *n.* 〘動物〙 =mountain goat.
Rócky Móuntain júniper *n.* 〘植物〙 Rocky 山脈地方に自生するヒノキ科ビャクシン属の常緑高木 (*Juniperus scopulorum*).
Rócky Móuntain Nátional Párk *n.* ロッキー山脈国立公園《米国 Colorado 州北部にあり, 山岳および野生動物で有名; 1915 年指定; 面積 1,060 km²》.
Rócky Moúntain réd cédar *n.* 〘植物〙 =Rocky Mountain juniper.
Rócky Móuntains 〘(なぞり) ← F *les montagnes Rocheuses*〙 **—** *n. pl.* [the ~] ロッキー山脈《北米大陸西部の山脈, Alaska 西部からメキシコにまでおよぶ; 延長 4,800 km, 最高峰 Mt. Elbert [élbət | -bət] (4,399 m); the Rockies ともいう》.
Rócky Móuntain shéep *n.* 〘動物〙 =bighorn.
Rócky Móuntain spótted féver 〘Rocky 山岳地方で最初に病例が発見されたことから〙 **—** *n.* 〘病理〙ロッキー山紅斑(ﾊﾝ)熱《ダニの一種 Rocky Mountain wood tick によって媒介される rickettsia 病; 発熱・関節筋肉痛・発疹(ｼﾝ)を伴う》.
Rócky Móuntain Stàtes *n. pl.* [the ~] Rocky 山脈地帯に位置する米国の州; Colorado, Idaho, Montana, Nevada, Utah, Wyoming (時に Arizona, New Mexico を含める) の各州.
Rócky Móuntain whítefish *n.* 〘魚類〙米国西部

およびカナダ産の whitefish の一種 (*Prosopium williamsonii*).

Rócky Móuntain whíte píne *n.* 〖植物〗ロッキーマツ (⇨ limber pine).

Rócky Móuntain wóod tìck *n.* 〖動物〗ロッキー山紅斑熱を媒介するダニの一種 (⇨ wood tick).

ro·co·co [rəkóukou, ro(ʊ)-, ròukəkóu | rə(ʊ)kóukəu; *F.* rɔkɔko] 〖《1836》▭ F ～《変形》← *rocaille* pebble-work ← *roc* 'ROCK[1]'〗 — *n.* (*pl.* ～s) **1** ロココ式《18世紀に室内装飾を中心に行なわれた華麗な建築・美術様式》; ロココ建築; ロココ趣味. **2** 〖音楽〗ロココ様式《軽快で華やかな装飾を特徴とする, Louis 十五世時代のフランスを中心として栄えた音楽様式》. — *adj.* **1 a** ロココ式の, ロココ(様式)の, ロココ趣味の; ロココ時代の: ～ knights and ladies in the tapestry 壁掛けの(模様の)ロココ風の騎士や貴婦人たち. **b** 〈建築・家具・文体など〉飾り過ぎて俗悪な, 派手すぎる. **2** 《古》古くなった, すたれた, 古臭い, 古風の.

roc·om·bole [rɑ́kəmbòul | rɔ́kəmbəul] *n.* 〖植物〗= rocambole.

rod [rɑ́(ː)d | rɔ́d] 〖lateOE *rodd* ← Gmc **rodd-* (ON *rudda* club) ← IE **rēt-* post: cf. rood〗 — *n.* **1 a** (自然のままの, または切り取った)細いまっすぐな枝. **b** コリヤナギの細い枝 (osier). **2 a** (木・金属などの)細いまっすぐな棒: a curtain ～ カーテン吊りの棒 / ⇨ divining rod. **b** (懲罰用の)むち (cf. ferule[1] 1 a); [the ～] むち打ち; 懲罰: give *the* ～ むち打つ / make a ～ for oneself [for one's own back] 自ら苦しみ[災い]を招く / have a ～ in pickle for a person ⇨ *in* PICKLE[1] / kiss the ～ 神妙に[素直に]罰を受ける / Spare the ～ and spoil the child. 《諺》むちを惜しめば子供はだだっ子になる,「かわいい子には旅をさせよ」. **c** 釣ざお; 釣師, 漁夫: a ～ and line 釣ざおと釣糸. **d** 避雷針 (lightning rod). **e** (羊飼いの用いる狼よけの)棍棒. **3 a** 職標; 権標, 官杖(笏). **b** 職権, 権力, 権威; 支配, 圧制. **4 a** 物差し; ($5\frac{1}{2}$ ヤードの)さお尺. **b** ロッド《長さの単位; = $5\frac{1}{2}$ yards, 16.5 feet, 5.029 m; 略 rd.; perch, pole ともいう》. **c** 平方ロッド《面積の単位; = $30\frac{1}{4}$ 平方ヤード, 0.006 エーカー, 25.293 m^2; 略 sq.rd., rd^2; perch, pole ともいう》. **5** 《米俗》ピストル. **6** 《米俗》= hot rod. **7** 《俗》ペニス (penis). **8** 〖機械〗棒, 桿(かん), 連桿. **9** 〖測量〗標尺, 箱尺. **10** 〖鉄道〗(貨車などの床下の)棒軸: ride [take] the ～*s* 《米俗》〈浮浪者が〉(棒軸に乗って)汽車にただ乗りする. **11** 〖解剖〗(網膜内の)桿状体. **12** 〖生物〗**a** 桿菌. **b** 桿状染色体. **13** 〖聖書〗(一家[一族]の)分家, 支族; 子孫: the ～ of Iesse [Jesse] エサイの子孫[血筋の者] (cf. *Isa.* 11:1). **14** 〖建築〗(モルタル[漆喰]塗装工事に用いる)直線鏝(こて). — *vt.* (**rod·ded**; **rod·ding**) **1** …に棒(特に避雷針)を付ける[備える]. **2** 〈モルタル・漆喰などを〉直線鏝でならす. **～·like** *adj.*

Rod [rɑ́(ː)d | rɔ́d] 〖《(dim.)》← RODERICK // RODNEY〗 *n.* 男性名.

Rod·ber·tus [rɑdbə́ːtəs | rɔdbə́ː-; *G.* roːtbɛ́rtʊs], **Johann Karl** *n.* ロートベルトゥス《1805-75; ドイツの経済学者・国家社会主義者》.

Rod·dy [rɑ́di | rɔ́dɪ] 〖《(dim.)》← RODERICK // RODNEY〗 *n.* 男性名.

rode[1] 〖OE *rād* (pret.)〗 *v.* ride の過去形; 《古・方言》ride の過去分詞.

rode[2] [róud | rə́ud] 〖← ?〗 *n.* 〖海事〗(ニューイングランド・カナダ東部で用いる, 船の)もやい綱.

rode[3] [róud | rə́ud] 〖← ?〗 *vi.* 〈ガン・カモなど水鳥が〉夕方陸に向かって飛ぶ; 〈ヤマシギ (woodcock) が〉繁殖期の間夕方に飛ぶ.

ro·dent [róudənt | rə́udənt, -dənt] 〖《1833》▭ L *rōdent-, rōdēns* (pres.p.) ← *rōdere* to gnaw: ⇨ -ent〗 — *adj.* **1** 嚙(か)む, かじる. **2** 〖病理〗〈潰瘍(かいよう)が〉蚕食性の. **3** 〖動物〗齧歯(げっし)目の. — *n.* 〖動物〗齧歯動物《ネズミ・リス・ビーバーなど》. **～·like** *adj.*

Ro·den·ti·a [ro(ʊ)dénʃiə, -ʃə, -ṭiə | rə(ʊ)dénʃɪə, -ʃə, -tɪə, -tjə] 〖← NL ～ (neut. pl.) ← L *rōdent-* (↑) + -IA[2]〗 — *n. pl.* 〖動物〗齧歯(げっし)目《Simplicidentata ともいう》. **ro·dén·tial** [-ʃəl] *adj.*

ro·den·ti·cide [roudénṭəsàɪd | rəudéntɪ-] 〖← RODENT + -I- + -CIDE〗 *n.* 殺鼠(そ)剤《有害齧歯類に用いる》. **ro·den·ti·cid·al** [roudènṭəsáɪdl | rəudentɪ-] *adj.*

ródent òfficer *n.* 《英》捕鼠官.

ródent últer *n.* 〖病理〗(皮膚, 特に顔面にできる)蚕食性[侵食性]潰瘍(かいよう).

ro·de·o [róudiòu, rədéɪou | rə(ʊ)déɪəu, róudɪəu] 〖《1834》▭ Sp. ～ 'cattle ring' ← *rodear* to go round ← *rueda* wheel < L *rotam*: cf. roll〗 — *n.* (*pl.* ～s) **1** ロデオ《荒馬を乗り回したり投げなわ (lariat) を投げて牛を捕えたりして見せるカウボーイの公開演技》. **2 a** (数を調べたり, 焼印を押したりするための)牧牛の駆り集め. **b** (牧牛を収容する)囲い, 柵. **3** (オートバイなどの)曲乗りショー.

Rod·e·ri·ca [rɑ̀dəríːkə | rɔ̀d-] 〖《(fem.)》← RODERICK〗 *n.* 女性名.

Rod·er·ick [rɑ́d(ə)rɪk | rɔ́d-] 〖▭ ML *Roderic-us* ▭ OHG *Hrōd(e)rich* (G *Roderich*) 《原義》ruling in fame ← *hruo* fame + *-rich* rule, ruler (⇨ rich)〗 — *n.* 男性名《愛称形 Rod, Roddy, Rick, Ricky; 異形 Roderic》.

Rodg·er [rɑ́dʒə | rɔ́dʒə(r)] 〖《異形》← ROGER〗 *n.* 男性名.

Rodg·ers [rɑ́dʒəz | rɔ́dʒəz], **Richard** (**Charles**) *n.* (1902-79) 米国のミュージカル作曲家; Oscar Hammerstein 二世と組んで *Oklahoma!* (1943), *South Pacific* (1949), *The Sound of Music* (1959) などを作曲.

Ro·din [roudǽ(ː)ŋ, -dǽŋ, -dǽn, ⌐ー | rəu-; *F.* rɔdɛ̃], **Auguste** (**René**) *n.* ロダン《1840-1917; フランスの彫刻家, 近代写実派の代表者; *Le Penseur*「考える人」(1898)》.

ród·less *adj.* 棒[さお, 杖]のない.

rod·let [rɑ́dlɪt, -lət | rɔ́d-] *n.* 小さな棒[さお, 杖].

ród·man [-mən, -mæ̀n] *n.* (*pl.* **-men** [-mən, -mèn]) **1** 〖測量〗標尺手, 測桿(かん)手. **2** 鉄筋(組込)工《鉄筋コンクリートの鉄筋を入れる[組む]人》.

ród mìll *n.* **1** 〖金属加工〗**a** 金属棒製造工場. **b** 棒鋼圧延機, (熱間)線材圧延機. **2** 〖機械〗ロッドミル《鋼鉄の棒を粉砕媒体とした回転円筒粉砕機; cf. ball mill》.

Rod·ney [rɑ́dni | rɔ́dnɪ] 〖← *Rodney Stoke* (英国 Somerset 州の地名) ← *Richard de Rodene* (最初の地主) + OE *stoc* place: もと家族名〗 — *n.* 男性名. ★ G. B. Rodney にちなんで命名されることが多い.

Rodney, George Brydg·es [brídʒɪz, -dʒəz] *n.* (1719-92) 英国の提督; アメリカ独立戦争中の 1780 年 St. Vincent 岬沖でスペイン艦隊を, 1782 年カリブ海でフランス艦隊を破る; 1st Baron Rodney.

Ro·dolph [róudɑlf | rə́udɔlf] *n.* = Rudolph.

Ro·dol·phus [ro(ʊ)dɑ́lfəs | rə(ʊ)dɔ́l-] *n.* = Rudolph.

rod·o·mon·tade [rɑ̀dəmɑntéɪd, ròud-, -mɑn-, -tɑ́ːd, ⌐ー⌐ー | rɔ̀dəmɔntéɪd, -tɑ́ːd] 〖《1612》▭ (O)F ～ ▭ It. *rodomontata* ← *rodomonte* braggart ← *Rodomonte* (Ariosto 作 *Orlando Furioso* (1532) 中の自慢たっぷりのサラセンの首領: 《原義》one who rolls (away) the mountain): ⇨ -ade〗 — *n.* (*also* **ròd·o·mon·tá·do** [-dou | -dəu]) **1** だぼら, 自慢, 大風呂敷, 大言壮語. **2** 自慢屋, ほら吹き. — *adj.* 自慢する, ほら吹きの, 大言する. — *vi.* ほらを吹く, 自慢する.

Ro·dos [*Mod. Gk.* rɔ́ðɔs] *n.* ロードス《Rhodes のギリシャ語名》.

Ro·dri·gues *n.* [ro(ʊ)dríːgeθ, -ges | rə(ʊ)-; *Sp.* rrodríɣeθ] *n.* ロドリゲス(島)《インド洋にあるモーリシャスの島; Mauritius 島東北島にあたる》.

rod·ster [rɑ́dstə | -stə(r)] 〖← ROD + -STER〗 *n.* 釣師.

Ro·dzin·ski [ro(ʊ)dʒínski, rə- | rə(ʊ)dʒínskɪ], **Artur** *n.* ロジンスキー《1892-1958: ポーランド生れの米国の指揮者》.

roe[1] [róu | rə́u] 〖OE *rā(a), rāha* ← Gmc **raiχ-* (Du. *ree* / G *Reh*) ← IE **rei-* flecked〗 *n.* (*pl.* ～, ～s) 〖動物〗= roe deer.

roe[2] [róu | rə́u] 〖《15C》*row(e)* ▭ ? MLG & MDu. *roge*: cf. OHG *rogo* (G *Rogen*) / ON *hrogn*〗 — *n.* 〖動物〗**1** (魚類・甲殻類・両生類などの)卵, 卵塊: hard ～ はららご. **2** (雄魚の)白子 (soft roe).

Roe, Richard *n.* ⇨ Richard Roe.

Roeb·ling [róublɪŋ | rə́ub-], **John A**(**ugustus**) *n.* (1806-69) ドイツ生れの米国の土木技師; 鋼索吊(つ)橋の創案者; New York の Brooklyn Bridge の設計者.

róe·bùck *n.* (*pl.* ～, ～s) 〖動物〗ノロジカ (roe deer) の雄.

roed [róud | rə́ud] 〖⇨ roe[2]〗 — *adj.* [通例複合語の第 2 構成要素として] 〈魚が〉卵[白子]をもった: a full-*roed* fish 卵を一杯もった魚 / a soft-*roed* fish 白子をもった魚.

róe dèer *n.* 〖動物〗ノロジカ (*Capreolus capreolus*) 《ヨーロッパ・アジア産の敏速・優美な小型のシカ》.

roent·gen [réntgən, rʌ́nt-, -dʒən, -ntʃən | rɔ́ntjən, rʌ́n-, rɔ́ːn-, -tgən; *G.* rœ́ntgən] 〖《1896》← W. K. *Roentgen*〗 — *adj.* [時に R-] **1** レントゲンの. **2** レントゲン線の: a ～ photograph レントゲン写真. — *n.* 〖物理〗レントゲン《X 線またはガンマ線の放射線量の単位; 1 レントゲンは, 温度 0°C, 1 気圧の乾燥した空気 1 cm^3 の中に 20 億 8 千万個のイオン対を作る X 線またはガンマ線の量; 記号 r; cf. curie, rad, rem, rep[6]》.

Roent·gen [réntgən, rʌ́nt-, -tdʒən, -ntʃən | rɔ́ntjən, rʌ́n-, rɔ́ːn-, -tgən], **Wilhelm Konrad** *n.* レントゲン《1845-1923; ドイツの物理学者でレントゲン線の発見者; Nobel 物理学賞 (1901)》.

roent·gen·ize [réntgənàɪz, rʌ́nt-, -tdʒən-, -ntʃən- | rɔ́ntjən-, rʌ́n-, rɔ́ːn-, -tgən-] *vt.* **1** 〖医学〗…にレントゲン(線)をかける. **2** 〖物理〗(レントゲン線をかけて)〈空気・その他の気体〉に導電性を与える.

roent·gen·o- [réntgənou, rʌ́nt-, -tdʒən-, -ntʃən- | rɔntgénə(ʊ), rʌnt-, rɔːnt-, rɔ́ntjən-, rʌ́n-, rɔ́ːn-] 〖← ROENTGEN + -O-〗「レントゲン (roentgen)」の意の連結形: *roentgenology*.

roent·gen·o·gram [réntgənəgræ̀m, rʌ́nt-, -tdʒən-, -ntʃən- | rɔntgénə-, rʌnt-, rɔːnt-, rɔ́ntjənə-, rʌ́n-, rɔ́ːn-] 〖← ROENTGENO- + -GRAM〗 — *n.* レントゲン写真, レントゲン像.

róent·gen·o·gràph [-græ̀f | -grɑ̀ːf, -græ̀f] 〖← ROENTGENO- + -GRAPH〗 *n.* = roentgenogram.

roent·gen·og·ra·phy [rèntgənɑ́grəfi, rʌ̀nt-, -tdʒən-, -ntʃən- | rɔ̀ntgənɔ́grəfɪ, rʌ̀nt-, rɔ̀ːnt-, -ntjən-] 〖← ROENTGENO- + -GRAPHY〗 — *n.* レントゲン撮影(法). **roent·gen·o·graph·ic** [rèntgənəgrǽfɪk, rʌ̀nt-, -tdʒən-, -ntʃən- | rɔ̀ntgən-, rʌ̀nt-, rɔːnt-, -ntjən-] *adj.* **ròent·gen·o·gráph·i·cal·ly** *adv.*

roent·gen·ol·o·gy [rèntgənɑ́lədʒi, rʌ̀nt-, -tdʒən-, -ntʃən- | rɔ̀ntgənɔ́lədʒɪ, rʌ̀nt-, rɔ̀ːnt-, -ntjən-] 〖← ROENTGENO- + -LOGY〗 — *n.* X 線(医)学, 放射線科. **roent·gen·o·log·ic** [rèntgənəlɑ́dʒɪk, rʌ̀nt-, -tdʒən-, -ntʃən- | rɔ̀ntgənəlɔ́dʒ-, rʌ̀nt-, rɔ̀ːnt-, -ntjən-] *adj.* **ròent·gen·o·lóg·i·cal** *adv.* **ròent·gen·o·lóg·i·cal·ly** *adv.* **ròent·gen·ól·o·gist** [-dʒɪst, -dʒəst | -dʒɪst] *n.*

roent·gen·o·paque [rèntgəno(ʊ)péɪk, rʌ̀nt-, -tdʒən-, -ntʃən- | rɔ̀ntgənə(ʊ)-, rʌ̀nt-, rɔ̀ːnt-, -ntjən-] 〖← ROENTGENO- + OPAQUE〗 *adj.* レントゲン線を通さない.

ròentgeno·pár·ent [-pέ(ə)rənt | -péər-] 〖← ROENTGENO- + (AP)PARENT〗 *adj.* レントゲン線で見える, レントゲン透視可能な.

roent·gen·o·scope [réntgənəskòup, rʌ́nt-, -tdʒən-, -ntʃən- | rɔ́ntgənəskə̀up, rʌ́nt-, rɔ́ːnt-, -ntjən-] 〖← ROENTGENO- + -SCOPE〗 — *n.*, *vt.* 〖医学〗= fluoroscope. **roent·gen·o·scop·ic** [rèntgənəskɑ́pɪk, rʌ̀nt-, -tdʒən-, -ntʃən- | rɔ̀ntgənəskɔ́p-, rʌ̀nt-, rɔ̀ːnt-, -ntjən-] *adj.* **roent·gen·os·co·py** [rèntgənɑ́skəpi, rʌ̀nt-, -tdʒən-, -ntʃən- | rɔ̀ntgənɔ́skəpɪ, rʌ̀nt-, rɔ̀ːnt-, -ntjən-] *n.*

ròentgeno·thérapy 〖← ROENTGENO- + THERAPY〗 *n.* 〖医学〗レントゲン(線)療法, X 線療法.

Róentgen rày, r- r- *n.* [通例 *pl.*] レントゲン線, X 線 (X rays).

Róentgen-rày túbe *n.* X 線管.

Roe·rich [rɔ́ːrɪk, rέ(ə)r- | rɔ́ːr-, réər-], **Nicholas Konstantinovitch** *n.* レーリヒ《1874-1947; ロシヤ生れの米国の画家》.

róe·stòne 〖⇨ roe[2]〗 *n.* 〖岩石〗魚卵状石灰岩 (oolite).

Roeth·ke [rétkə, réθ-], **Theodore** *n.* (1908-63) 米国の詩人; *The Waking* (1953).

Roffen. 《略》*ML.* Roffēnsis (= of Rochester) 《Bishop of Rochester が署名に用いる; ⇨ Cantuar. 2》.

R.O.G., ROG 《略》〖商業〗receipt of goods 到着払い, 現金引換.

ro·ga·tion [ro(ʊ)géɪʃən | rə(ʊ)-] 〖《16C》▭ L *rogātiō(n-)* ← *rogātus* (p.p.) ← *rogāre* to ask, 《原義》to stretch toward ∞ ME *rogacio(u)n* ▭ OF (F *rogation*): ⇨ -ation〗 — *n.* **1** (古代ローマの, 人民の議決を求めるために執政官または護民官の行なう)法律案の提出; その提出法律案. **2** 〖キリスト教〗**a** [*pl.*] (Rogation Days に行なわれる)祈願(祭), 祈禱(とう), 連禱, 嘆願; 祈願祭の儀式. **b** 《廃》連禱; 祈願. **～·al** [-ʃənl, -ʃnəl] *adj.*

Rogátion Dàys 〖《*a*1400》〗 — *n. pl.* 〖キリスト教〗祈願祭[節]《御昇天の祝日 (Ascension Day) 前の三日間(月・火・水), 昇天前祈禱日; カトリック教会では,「諸聖人の連禱(とう)」(Litany of the Saints) を唱えながら行列を行なう; 英国国教会では豊年の祈願を行ない, 地方には行列の風習が残っている所がある》.

rogátion flòwer *n.* 〖植物〗ヒメハギ科ヒメハギ属の多年草 (*Polygala vulgaris* または *P. incarnata*).

Rogátion Súnday *n.* 〖キリスト教〗祈願祭前の日曜日.

Rogátion·tìde *n.* 〖キリスト教〗祈願祭 (Rogation Days) のころ[期間].

Rogátion wéek *n.* 〖キリスト教〗祈願祭週間.

rog·a·to·ry [rɑ́gətɔ̀ːri, -tòri | rɔ́gətərɪ] 〖▭ ML *rogatōri-us* ← L *rogātus* (⇨ rogation, -ory[1]): cf. interrogatory〗 *adj.* 査問の, 調査の; (他裁判所に対する)調査依頼の: a ～ commission 査問委員会 / ⇨ letters rogatory.

rog·er[1], **R-** [rɑ́dʒə | rɔ́dʒə(r)] *n.* = Jolly Roger.

rog·er[2] [rɑ́dʒə | rɔ́dʒə(r)] 〖《(*message*) *r*(*eceived and understood*) の 'r' をかりに男性名の Roger で呼んだもの》〗 *int.* **1** 〖通信〗了解. **2** 《俗》よし, 承知した.

rog·er[3] [rɑ́dʒə | rɔ́dʒə(r)] 〖← ROGER〗 《卑》 *n.* **1** = penis. **2** 性交. — *vt.* 〈女〉と性交する. — *vi.* 〈男が〉性交する 〔*with*〕.

Rog·er [rɑ́dʒə | rɔ́dʒə(r), (特にスコットランドでは) rə́u-; *F.* rɔʒe] 〖ME ▭ NF ～ ▭ OHG *Hrōdgēr* ← *hruod* fame + *gēr* spear ∞ OE *Hrōþgār*〗 — *n.* 男性名《愛称形 Dodge, Rodge; 異形 Rodger》.

Roger de Coverley, Sir *n.* ⇨ Coverley.

Roger de [of] Coverley, Sir *n.* 〖ダンス〗= Sir Roger de Coverley.

Rog·ers [rɑ́dʒəz | rɔ́dʒəz], **Bruce** *n.* (1870-1957) 米国の書籍装丁家・印刷師.

Rogers, Samuel *n.* (1763-1855) 英国の詩人; *The Pleasures of Memory* (1792).

Rogers, Will(**iam Penn A·dair** [ədέə | ədéə(r)]) *n.* (1879-1935) 米国の俳優・ユーモア作家.

Ro·get [ro(ʊ)ʒéɪ, róuʒeɪ | rɔ́ʒeɪ], **Peter Mark** *n.* (1779-1869) 英国の医師・語学者; *Thesaurus of English Words and Phrases* (1852) の編者.

rogue [róug | rə́ug] 〖《1561》← ? 《廃》*roger* begging vagabond (Oxford や Cambridge の苦学生を装った) ← ? L *rogāre* to ask: ⇨ rogation〗 — *n.* **1 a** 不正直者, 詐欺師: play the ～ 詐欺を働く. **b** 悪党, ごろつき (rascal): an arrant ～ 途方もない悪党. **2** 《戯言》いたずら者, 剽軽(ひょうきん)者, 茶目公: You dear little ～! いたずらっ子ね. **3** 浮浪の象, はぐれ象[水牛など]《性質が荒く群れを離れてさまよう動物》. **4** 《古》浮浪人, こじき: ～*s* and vagabonds 浮浪人たち. **5** 〖生物〗(通例, 劣等な)変異個体. **6** 〖園芸〗**a** 並はずれて劣等な苗《普通, 生長不良や異常な苗をさす》. **b** (たまたま種子が混じって生じた)異型の苗. — *adj.* 〈野生動物が〉(群れから離れていて)狂暴な: a ～ animal / ⇨ rogue elephant. — *v.* (**rogued**; **rogue·ing, rogu·ing**) — *vt.* **1** だます, 欺く. **2 a** 〈悪い苗を〉引き抜く, 抜き捨てる **b** 〈畑〉から悪い苗を間

引く: ～ a field. ── *vi.* **1** 浮浪生活をする. **2** 間引きをする.
rógue élephant *n.* 浮浪[はぐれ]象.
rogu·er·y [róugəri | ráugəri] 〘(1596-97) ← ROGUE＋-ERY〙 ── *n.* **1** 悪事, 詐欺: play ～ upon a person 人をだます, 人に対して詐欺を働く. **2** いたずら, 悪ふざけ.
rógues' gállery *n.* (警察の)犯罪者写真台帳.
rógue's márch *n.* 追い出しマーチ, 悪党行進曲《もと人を軍隊や社会から追放する時に演奏した曲》.
rógue's yàrn *n.* 〘海事〙識別糸《索具・ロープの中にねじり込まれた他と違う撚(よ)り・材料・色などの細ロープで, 盗難防止, 欠陥ロープの製造所識別用にする; identification thread ともいう》.
rógu·ish [-gɪʃ] *adj.* **1 a** ごろつきの, 無頼の, 悪党らしい. **b** 悪事をする, 不正をする. **2** いたずらっぽい, ふざけた, 茶目な: a ～ look いたずらっぽい顔つき[表情, 様子]. **～·ly** *adv.* **～·ness** *n.*
roi [rwáː; *F.* rwa, rwɑ] 〘◻F ～ < L *rēgem, rēx*: cf. royal〙 ── *F. n.* (*pl.* ～s [～z; *F.* ～]) 〘英議会〙王 (cf. reine): Le ～ le veult (＝veut) [lvø]. 朕(ちん)は裁可す (＝the King wills it)《フランス王が議案に裁可を下す時の形式文句; 英国王は今もこの形式を用いる; cf. royal assent》/ Le ～ s'avisera [savizra]. 朕は考慮せん (＝the King will consider)《フランス王が議案に裁可を拒む時の形式文句》.
R.O.I. 《略》〘会計〙return on investment; Royal Institute of Oil Painters (英国)王立油彩画家協会.
roi fai·né·ant [～ fèɪneɪáː(ŋ), -ɔ̃ː(ŋ), -áːŋ, -ɔ́(ː)ŋ; *F.* rwafɛneɑ̃] 〘◻F ～ 'King Do-nothing': ⇨ roi, fainéant〙 ── *F. n.* (*pl.* **rois fai·né·ants** [～; *F.* ～]) **1** 名義だけの国王. **2** (王権が有名無実になった)後期メロビンガ (Merovingian) 朝の王.
roil [rɔ́ɪl] 〘◻? F《廃》*ruil-er* to mix mortar < LL *rēgulāre* 'to REGULATE': cf. rile〙 ── *vt.* **1** 底にたまった物[おり]をかき立てて〈液体を〉濁らす. **2** 〈心を〉かき乱す, 混乱させる; 怒らせる, いら立たせる. ── *vi.* **1** 乱れる. **2** 荒れ狂う, 狂ったように動き回る. ── *n.* **1** (水・流体などの)動揺. **2** (川の)激流の部分, 早瀬.
roil·y [rɔ́ɪli | -lɪ] *adj.* (**roil·i·er**; **-i·est**) 濁った; 怒った; 激しい, 荒れ狂う: ～ waters 激流.
roi·nek [rɔ́ɪnek] *n.* 《アフリカ南部》＝rooinek.
rois·ter [rɔ́ɪstə | -tə(r)] 〘(1582)《動詞用法》← *roister* (n.) ◻? OF *ru(i)stre* ruffian《変形》← *ru(i)ste* rustic < L *rūsticum* 'RUSTIC'〙 ── *vi.* **1** どんちゃん騒ぎをする, 飲み騒ぐ. **2** 威張り散らす, わめく. **～·er** [-tərə | -t(ə)rə(r)] *n.*
róis·ter·ing [-t(ə)rɪŋ] *adj.* **1** 飲み騒ぐ. **2** 威張り散らす.
rois·ter·ous [rɔ́ɪst(ə)rəs] *adj.* ＝roistering.
ROK [rák | rɔ́k] 〘《頭字語》← *R(epublic) o(f) K(orea)*〙 *n.* **1** 韓国. **2** (*also* **Rok**) 韓国兵.
roke [róuk | ráuk] 〘(*c*1250) ◻ ON **rauk-r* smoke, steam (cf. ON *reykr* / Da. *røg*): ⇨ reek〙 *n.* 《英方言》 **1 a** 湯気, 水蒸気, 蒸気. **b** 霧, もや. **2** 煙.
rol·a·mite [róuləmàɪt | ráu-] 〘← ROL(LER)¹＋*-amite* (← ? DYNAMITE): 発明者 D. F. Wilkes (1931- : 米国の工学者)の造語〙 ── *n.* 〘機械〙ローラマイト《金属またはプラスチック製の薄いベルトを2個(以上)のローラーにS字状にかけた一種の滑車装置; 摩擦抵抗が非常に小さい》.
Ro·land¹ [róulənd | ráu-] 〘lateOE ◻ ONF ～ ◻ OHG *Hrōdland* ← *hruod-* fame＋*land, lant* 'LAND¹': cf. Orlando²〙 ── *n.* 男性名《愛称形 Rollo, Rolly, Rowe; 異形 Rolland, Rowland》.
Roland² 〘(*a*1325) ◻ OF ～ (↑)〙 ── *n.* **1** ローラン《フランスの騎士道物語に伝えられる Charlemagne の甥(おい)で, その旗下の十二勇士 (twelve paladins) の一人; その友で同じく Charlemagne の旗下の勇士 Oliver と試合をしたが5日間戦ってついに勝負がつかなかったという; cf. Roncesvalles》. **2** 勇将, 勇士.
a Roland for an Oliver 対等の力量ある好取組; 負けず劣らず; しっぺ返し, 売り言葉に買い言葉: give a person *a* ～ *for an Oliver* 人に同一手段で仕返しする, 人にしっぺ返しする.
role [róul | rə́ul] 〘(1606) ◻ F *rôle*, 《廃》*roule*《原義》roll (役者の台詞(せりふ)を書いた巻物): cf. roll〙 ── *n.* **1** (演劇・映画などの出演者の)役割, 役: the leading ～ 主役 / a small ～ 端(は)役. **2** 任務, 役目, 本務: the ～ of religion in society 社会における宗教の役割 / the ～ of cholesterol in blood and heart disease 血液および心臓疾患(発生)におけるコレステロールの役割 / fill the ～ of ... の任を満たす / play an important [a leading] ～ in ... で重要[指導的]な役割を演じる. **3** 役割《ある集団や社会の中で個人が占める地位 (status) にふさわしいものと期待される行動様式》. **4** 〘電算機〙(データベースにおける)各データの役割.
róle-plàying *n.* 〘心理〙役割演技《ある情況に実際に居合わせているように特定の役割・行動を被験者に演技させて, その経過を討議させること; 心理療法・社会復帰促進に利用される; cf. psychodrama》.
Rolf [rálf, rɔ́lf, ráuf] 〘◻ ON *Hrōlf-r*＝OHG *Hrōdulf* 'RUDOLPH'〙 *n.* 男性名.
roll [róul | rául] 〘*v.*: (*c*1375) *rolle(n)* ◻ OF *roll-er* (F *rouler*) < VL **rotulāre* ← L *rotulus* (n.). ── n.: (?*a*1200) ◻ OF *ro(u)lle* (F *rôle*) < L *rotulum*《変形》← *rotula* (dim.) ← *rota* wheel: ⇨ rota¹〙 ── *vi.* **1 a** 〈球・車輪が〉転がる; 回る, 回転する; 転がって進む: ～ down 転がり落ちる / ～ on 転がって行く, 転がり進む / ～ *over* (ぐるりと)転がる / The coin ～*ed* under the counter. 硬貨はカウンターの下に転がって行った / The ball ～*ed* into a ditch. ボールはどぶの中に転がり込んだ / The barrel started ～*ing*. 樽は転がり始めた / Heads will ～. (失策などで責任者の)何人か首がとぶだろう / ⇨ *set a* STONE *rolling* / ⇨ rolling stone. **b** 〈涙・汗などが〉流れ落ちる: The sweat was ～*ing* down his face. 汗が顔を流れ落ちていた. **2 a** 〈人・動物が〉(寝て, または仰向いて)転(ころ)がる, 転がり回る: ～ *over* ごろごろ転がる / ～ in bed (寝床で)寝返りを打つ / The mule tried to ～. ラバは地面に転がろうとした《乗り手または荷をいやがって》. **b** 〘毛布代わりに札束にくるまっているの意から〙[通例 be ～*ing* として]《口語》〈...の中でごろごろ暮らす, 贅沢に暮らす〔*in*〕: He *is* ～*ing in* money [wealth]. 金[富]に埋まっている, 金が有り余っている / He *is* ～*ing in* luxury. 贅沢三昧(ざんまい)に暮らしている. **c** 《口語》腹をかかえて笑う 〈*about*〉. **3 a** 〈車が〉進む, 走る 〈*along, by*〉: A carriage [train] ～*ed along*. 馬車[列車]が通った. **b** 車に乗って行く[走る]: He ～*ed* past in his car. 車に乗って通って行った. **c** (流れに乗って)運ばれる, 流れて行く: The logs ～*ed* down the river. 丸太は川を流れて行った. **d** さまよう, ぶらぶら歩き回る. **4** 〈目が〉ぎょろぎょろ動く: His eyes ～*ed*. **5 a** 〈歳月・時間が〉過ぎ去る 〈*on, by*〉; 〈季節などが〉巡る 〈*round*〉: Time ～*s* away. 時は過ぎ去る / Winter ～*ed round* again. 冬がまたやって来た / The years ～*ed on* [*by*]. 歳月は経過した, 年月は過ぎた. **b** [命令形で ～ on として](季節などに向かって)早く来い: *Roll on*(,) Christmas. クリスマスが早く来ればいいなあ. **6** 〈天体が〉運行する: The planets ～ on their courses. 惑星は軌道を運行する. **7 a** 〈波などが〉うねる, 波動する: The sea ～*s*. 海は大きく波打つ. **b** 〈土地が〉起伏する, うねる; 広がる: a ～*ing* plain 起伏する平原. **c** 〈雲などが〉漂う; 〈煙などが〉もくもく昇る: The fog ～*ed away*. 霧は動いて消え去った / Smoke ～*s up*. 煙が巻き上がる. **d** 〈言葉などが〉流れるように出る. **8 a** 〈船・飛行機が〉横揺れする (cf. pitch² *vi.* 5); 〈船が〉横揺れしながら進む: The ship pitched and ～*ed* in the storm. 船はあらしの中で前後左右に揺れた. **b** 体を揺すって歩く; よろめく: He ～*ed up* to her. 体を揺すぶりながら彼女に近づいた. **9 a** 〈雷・太鼓などが〉ごろごろ[どんどん]鳴り響く, とどろく. **b** 〈鳥が〉(玉を転がすように)さえずる (trill). **10 a** 〈糸・布・紙などが〉丸くなる, 巻かれる 〈*up*〉: Carpets ～ *up* easily. カーペットは楽に巻ける. **b** 〈猫などが〉背中を丸くする, 丸くなる 〈*up*〉: The hedgehog ～*ed up*. ハリネズミは丸くなった. **11 a** (いったん巻かれた後)広がる, 延びる 〈*out*〉. **b** 〈金属・印刷インク・練り粉などが〉(ローラーにかけられて)伸びる: The metal ～*s* easily. この金属はよく伸びる[圧延される] / The ink ～*s* well. そのインクは伸びがいい. **12 a** 動き出す, 活動を始める: The motor ～*ed*. モーターが始動した. **b** 進んでいく: get business ～*ing* 商売をうまくやっていく. **13** とんぼ返りする, 宙返りする. **14** 《古》心に去来する. **15** 〘宇宙〙〈ロケット・誘導弾が〉横揺れする《回転して安定飛行の状態から外れる》. **16** 〘印刷〙印刷に付される.
── *vt.* **1 a** 転がす, 回す, 回転させる; 転がして行く: ～ a barrel [ball] 樽[ボール]を転がす / Rapids ～ down stones. 急流は石を転がし流す. **b** (なぐって)転倒させる: ～ a person *over*. **c** 転がして丸くする. **2 a** 〈車を〉ころころ転がす: ～ a wheelbarrow. **b** 車で運ぶ. **c** ころ (rollers) で運ぶ: ～ a stone to the garden 石を庭までころで運ぶ. **d** 流す, 押し流す: The flood ～*ed* its muddy waters over the village. 洪水は濁流で村を水びたしにした / The chimney ～*s* up smoke. 煙突がもくもく煙を吐く. **3** 〈目を〉ぎょろぎょろさせる; 〈頭などを〉ぐるぐる回す: He ～*ed* his eyes *at* me. 目をぎょろぎょろさせて私を見た / He ～*ed* his head. 顔をぐるぐる回した. **4** 〈船・飛行機などを〉横揺れさせる, 左右に揺する: The rough waves ～*ed* the ship along. 荒波は船を左右に揺らした / He ～*ed* himself from side to side. 身体を左右に揺すった. **5 a** 〈太鼓を〉どんどん鳴らす[打つ]; 鳴り響かせる. **b** 太い強い声で発する, 朗々と言う[歌う] 〈*out*〉: ～ *out* verses [a song] 太く強い声で詩を朗吟する[歌を歌う]. **c** 〈オルガンなどを〉重々しく共鳴音で奏する. **6** 〘音声〙〈音を〉顫動音[ふるえ音]で発音する (cf. trill¹ *n.* 3): He ～*s* his r's. 彼は 'r' の音を巻き舌で発音する. **7 a** 〈糸・布・紙などを〉巻く, 丸める: ～ bandages / ～ cotton round a reel 綿糸を糸巻に巻き取る / ～ wool *into* a ball 毛糸を巻いて球にする / ～ a greatcoat 外套(がいとう)を巻き畳む / ～ a huge snowball 大きな雪の球をつくる / ～ snow into a ball 雪を丸めて雪つぶてを作る. **b** [しばしば ～ *itself* で]〈動物が〉背を丸くする (cf. *vi.* 10 b, ROLL *up* (2)): The kitten ～*ed itself* (*into* a ball). 子猫は丸くなった. **c** 巻いて作る; 巻いて包む, 包み込む, くるむ: ～ a cigarette 巻たばこを巻く / ～ a baby *in* a shawl 赤ちゃんをショールにくるむ / ～ oneself *in* a blanket 毛布にくるまる. **8 a** 〈地面・道路・芝生などを〉ローラーでならす; 〈布・紙・インクなどを〉ローラーで伸ばす: ～ a lawn 芝生をならす. **b** 〘金属加工〙〈金属を〉ローラーで伸ばす: ～*ed* steel 圧延鋼 / ⇨ rolled gold. **c** 〈巻いた物を〉広げる, 延ばす; ...にアイロンをかける 〈*out*〉. **d** 〈練り粉などを〉めん棒で伸ばす; 〈麦などを〉押して平らにする (⇨ rolled 3). **9** 〈カメラなどを〉作動させる, 始動する. **10** [～ on として] **a** 〈ペンキなどを〉(ブラシで伸ばしながら)塗る. **b** 〈輪ゴムなどを〉(ぐるぐる回しながら)はめる, 巻き付ける (cf. roll-on *n.* 1). **c** 〈化粧液などを〉ロールオンで付ける[塗付する] (cf. roll-on *n.* 2). **11** 〘ダイス〙(クラップス (craps) で)〈さいころを〉転がす[振る, 投げる]. **12** 《米》〈酔っ払いなど〉から盗む (rob): ～ a drunk 酔っ払いから金などを奪う. **13** 《古》(心に)思いめぐらす. **14** 〘印刷〙〈版面など〉にローラーで印刷インクを塗る, インク付けをする. **15** 〘海事〙〈船・帆桁(ほげた)・マストが〉〈索具などを〉揺り動かす.
roll back (1) 逆転[後退]させる; 逆転[後退]する: ～ *back* the tide of war 戦況を逆転させる. (2) 《米》(統制によって)〈物価を〉元の水準に戻す (cf. rollback 2).
rolled into one 合わせて一つになった: a saint and a philosopher ～*ed into one* 聖人と哲学者とを合わせたような人. ***roll in*** (1) 〈物・人が〉転がり[流れ]込む, たくさん入る[集まる]: The waves ～ *in*. 波が打ち寄せる / Money is ～*ing in*. (2) 《口語》やって来る, 現われる. (3) 《口語》(寝るために)毛布にくるまる; 寝る. (4) ⇨ *vi.* 2 b. (5) (ホッケーで)サイドラインを越えたボールをゴロで再びプレーに戻す. ***roll out*** (1) 転がり出る. (2) 《俗》(ベッドから)起き出る. (3) ⇨ *vi.* 11 a, *vt.* 8 c. (4) 《口語》...を量産する. (5) 〘アメリカンフットボール〙〈クォーターバックが〉パスまたは走る前に右[左]に回りこむ《フルバックにボールを手渡す(と見せかける)ため》. ***roll over*** (1) ⇨ *vi.* 1 a, 2 a; *vt.* 1 b. (2) 〘証券〙〈償還期限の来た債券を〉同一の条件の新たな債券と交換する, ロールオーバーする.
roll up (*vt.*) (1) 巻き上げる, まくり上げる: ～ *up* one's pants ずぼんをまくり上げる / ⇨ *roll up one's* SLEEVES. (2) くるくると巻く; くるむ (cf. *vi.* 10 a): ～ *up* a map [picture] 地図[絵]を丸く巻く / ～ a thing *up* in paper 物を紙にくるむ / The hedgehog ～*ed itself up*. ハリネズミは丸まった (cf. *vt.* 7 b) / He ～*ed* himself *up* in a blanket. 毛布にくるまった. (3) 〈金などを〉貯める, 増やす: ～ *up* a fortune 財産を作る. (4) 〘軍事〙〈敵の隊列〉の側面から包囲するように攻め立てる[追い詰める], 〈敵を〉取り囲む. (*vi.*) (1) ⇨ *vi.* 7 c; 10 a, b. (2) 〈金などが〉貯まる, 増える: A fortune ～*s up*. 財産ができる. (3) 《口語》(車で)やって来る; 現われる: ～ *up* late / ～ *up to* the door in a carriage 馬車で玄関に着く. (4) [通例命令形で]《口語》〈見物客たちが〉(見世物の)中に入る: *Roll up*, ～ *up*! いらっしゃい, いらっしゃい. (5) 《豪》大勢で集まる; 会合に出席する.
── *n.* **A 1 a** 転がり; 回転: a ～ on the grass 芝生の上での一回転. **b** とんぼ返り, 宙返り. **2 a** (船の)横揺れ (cf. pitch² *n.* 7). **b** (歩く時の)体の揺すぶり. **3** うねり; (土地の)起伏: the ～ of waves 波のうねり / the ～ of a plain 平野の起伏. **4 a** (雷・波などの)とどろき: the ～ of breaking waves 岸に砕ける波の音 / the ～ of thunder 雷鳴. **b** (太鼓の)連打, ロール打ち; 連打の音: the ～ of a drum 太鼓のとどろき. **c** 長い叫び声. **d** (韻文など)朗々とした調子. **e** (玉を転がすようなカナリアなどの)さえずり (trill). **5** 〘航空〙横揺れ, ロール.
B 1 a (紙・羊皮紙などの)巻物, 軸, 巻子本(かんすぼん); 写本. **b** 公文書; 記録簿: the ～ of arms 紋章鑑《登録紋章の公式記録簿》. **2 a** 目録; 表; 名簿: a ～ of honor 名誉の戦死者名簿[芳名録]; 合格者名簿 / a long ～ of fame 大勢の英雄の名の列, 多くの英雄 / in the ～ of saints 聖人録中に載って, 聖人中に加わって / on the ～*s* of fame 英傑録[名士録]に載って. **b** (学校・軍隊などの)出席簿: call the ～ 出席をとる. **c** [*pl.*]《英》弁護士名簿: on the ～*s* 《英》弁護士録に載って / be struck off the ～*s* (不正行為などのために)弁護士名簿から名を削られる; 除名される. **3 a** 巻いてある物, 一巻き, 一本: a ～ of film フィルム1本 / a ～ of carpet カーペットの一巻き. **b** 《米俗》札束 (wad); 金. **4 a** 巻いて作ったもの; (特に)ねじたばこ, 巻きたばこ; 毛糸のより子; 巻いた食品; 巻肉; 巻菓子. **b** (脂肪などの)盛り上がり: have ～*s* of fat 丸々と太っている. **5 a** ロール, ころ, 転子, 地ならし機, 圧延機, ローラー (roller); 巻き上げろくろ (windlass). **b** (タイプライターの)ローラー. **6** 〘製本〙花車. **7** 〘製紙〙巻取り(紙) (web). **8** 〘建築〙(コリント式・イオニア式の柱頭などの)渦巻き (volute); ＝roll molding. **9** 〘音楽〙＝music roll. **10** 折り返したもののみね; 〘服飾〙(服の)襟. **11 a** ロールパン《生地を巻くか折りたたむかしてから焼いた小さなパン; 形はさまざま》. **b** ロールケーキ《薄く焼いたスポンジケーキにジャムやクリームをぬって巻き上げたもの》.
roll·a·ble [róuləbl | rául-] *adj.* **1** 転がすことのできる; ならすことのできる; 伸ばすことのできる. **2** 巻くことのできる, 巻き込める.
Rol·land [rɔ(ː)láː(ŋ), ro(u)-, -lɔ̃ː(ŋ), -láːŋ, -lɔ́(ː)ŋ | rɔ-, rə(u)-; *F.* rɔlɑ̃], **Ro·main** *n.* ロラン《1866-1944; フランスの小説家・音楽批評家・劇作家; Nobel 文学賞 (1915); *Jean-Christophe*「ジャン クリストフ」(1906-12)》.
róll-and-fíllet mòlding *n.* 〘建築〙平縁(ひらぶち)付き円縁形(えんくりがた).
róll·awày 《米》 *adj.* ころ[脚輪]を付けた: a ～ bed. ── *n.* 折畳み式ころ付きベッド.
róll·bàck 《米》 **1 a** (以前の位置までの)撃退, 巻返し. **b** (特に, ソ連に対する米国の)巻返し(戦術). **2** (統制による)物価[賃金]引下げ(策): a ～ of prices 物価の引下げ. **3** ロールバック《鍵を外すためにドアの把手の軸につけた突起》.

róll bàr *n.* 〘自動車〙ロールバー《転覆時に搭乗者を保護するため自動車の屋根を補強している金属棒》.

róll-bíllet mólding *n.* 〘建築〙ロールビレット繰形(ぶち)《ノルマン様式の建築に見られる, 円筒形を横に市松に配した繰形》.

róll bóok *n.* (教師が使う生徒の)出席簿.

róll càge *n.* 〘自動車〙ロールケージ《競走用自動車などで, 転覆した時にドライバーを保護する金属棒の枠》.

róll-càll *vt.* 〈生徒・兵員など〉の出席[点呼]をとる, 出欠を調べる.

róll càll *n.* **1** 点呼, 出席調べ: the ~ of the graduates 卒業生の氏名点呼. **2** 点呼時刻. **3** (太鼓などの)点呼の合図, 点呼らっぱ.

róll-cùmulus *n.* 〘気象〙層積雲の一種《地平線上では長い棒状をしている》.

rolled *adj.* **1** 巻いた. **2** 〘音声〙顫動音 (trill) の, ふるえ音の. **3** 押し(つけ)た, 伸ばした: ~ barley 押し麦 / ⇨ rolled oats.

rólled gláss *n.* 〘ガラス製造〙ロール法板ガラス《ロールにかけて成形した平面ガラス》.

rólled góld *n.* 〘金属加工〙 **1** 金を薄く圧着した黄銅板. **2** 圧延または引抜き加工された薄い金の電極板. 《rolled gold plate ともいう》

rólled óats *n. pl.* ロールドオート, 押しオート麦《外皮をとり, 蒸した後にローラーで平たくつぶしたオート麦; オートミールを作るのに使う》.

rólled ríb róast *n.* 《米》⇨ rib roast.

róll·er[1] [-lə | -lə(r)] 〘《c1420》〙 **—** *n.* **1 a** ローラー《木・石・金属などで作られた円筒状のもの; 地ならし・印刷・粉砕・布巻き・紙の巻取り・摩擦減らしなどに用いる》. **b** (髪をカールする)ローラー, カール器. **c** 〘金属加工〙(圧延用の)ローラー, ロール; 金属圧延機. **d** 〘印刷〙印肉棒. **2** (掛図・映写用小型スクリーン・窓の日除けなどを巻きつける)軸, 巻軸. **3 a** (重い物を転がすための)シリンダー, 車. **b** (機械の)ころ, ローラー. **4** (暴風雨後の)大うねり, 巻き波. **5** 巻き包帯《roller bandage ともいう》. **6 a** 転がる[転がす]人. **b** 圧延機係. **7** 〘時計〙 **a** 軸受に使われる小さなころ. **b** つば《レバー脱進機のてん真にはめられる》. **8** 〘野球〙ゴロ (grounder). **9** =tumbler 2.

rol·ler[2] [róulə | róulə(r)] 〘□G *Roller*: ↑〙 **—** *n.* 〘鳥類〙 **1** ブッポウソウ《ブッポウソウ科の鳥類の総称; ニシブッポウソウ (*Coracias garrulus*), 日本にいるブッポウソウ (*Eurystomus orientalis*) など; 繁殖期に急上昇と急降下の飛び方を繰り返す》. **2** ローラーカナリア.

róller bèaring *n.* 〘機械〙ころ軸受け, ローラーベアリング (cf. ball bearing).

róller-blìnd shùtter *n.* 〘写真〙ローラーブラインドシャッター《レンズの前に枠を取り付け, 枠の上方のローラーから下方のローラーへ不透明な膜をスプリングの力で移動させ, 膜の中央の穴によって露光するシャッター》.

róller chàin *n.* 〘機械〙ローラーチェーン, ローラー鎖《自転車のチェーンのように, 摩擦減少のため中空円筒がピンの上を自由に回転するようになった鎖》.

róller chòck *n.* 〘海事〙ローラー付き導索器.

róller còaster *n.* **1** (ローラー)コースター, ジェットコースター (《英》switchback)《所々に急勾配(こうばい)を付けた環状のレールの上を車が惰性で走るのを楽しむ娯楽設備; 《米》では単に coaster ともいう》: ride on a ~. **2** (ローラー)コースター(用の)車.

róller convèyor *n.* 〘機械〙ローラーコンベヤー.

róller dèrby *n.* ローラーダービー, ローラーゲーム《2 チームがローラースケート場内を回りながら相手チームの選手を一定時間内に一周(以上)抜いて得点しようとするゲーム》.

róller fàirlead *n.* 〘海事〙=roller chock.

róller gàte *n.* 〘土木〙ローラーゲート《両端にローラーのある水門》.

róller hòckey *n.* ローラーホッケー《ローラースケート靴をはいてするホッケー》.

róller jèwel *n.* 〘時計〙振り石 (⇨ impulse pin).

róller mìll *n.* ローラーミル, ローラー製粉機.

róller-skàte *vi.* ローラースケートで滑る. **róller skàter** *n.*

róller skàte *n.* **1** ローラースケート靴《靴に直接車輪の付いているもの》. **2** ローラースケート板(いた)《普通の靴に付けてローラースケートとして用いる車輪付きの板》.

róller-skàting *n.* ローラースケート.

róller tàble *n.* 〘時計〙=impulse roller.

róller tòwel *n.* ローラータオル, 環状タオル《両端を縫い合わせ, ローラーに吊るしたタオル; ぐるぐる回して使う》.

Rólle's théorem [róulz- | róulz-] 〘← *Michel Rolle* (1652–1719: フランスの数学者)〙 **—** *n.* 〘数学〙ロールの定理《閉区間 [*a*, *b*] で連続, *a*, *b* を除いて微分可能な関数が, *a*, *b* で等しい値を取れば, *a*, *b* 以外のどこかで導関数の値が 0 になるという定理》.

róll fìlm *n.* (写真の)ロールフィルム (cf. plate[1] *n.* 4).

rol·lick [rɑ́lɪk | rɔ́l-] 〘《混成》← RO(MP)+(FRO)LIC〙 *vi.* はしゃぎ回る, ふざけ回る, はね回る. **—** *n.* 大はしゃぎ, 大浮かれ, はね回り.

ról·lick·ing *adj.* **1** はしゃぎ回る, ふざけ回る, 跳ね回る. **2** 陽気な. **~·ly** *adv.*

rol·lick·some [rɑ́lɪksəm | rɔ́l-] *adj.* =rollicking.

róll·ing [-lɪŋ] 〘ME〙 **—** *n.* **1 a** 転がり, 回転 (cf. sliding). **b** 体の揺すぶり. **c** (波の)うねり. **d** 目をぎょろつかすこと. **2** ローリング《船・飛行機などの横揺れ; cf. pitching 2》. **3** (雷の)とどろき. **4 a** (金属の)圧延《回転するロールの間に材料を通して板・棒などを作る塑性加工法》. **b** 転造《丸棒を回転させながらダイスを通してねじ・歯車などを塑性加工する方法》. **—** *adj.* **1** 転がる, 回転する. **2 a** 〈雲・波など〉うねっている. **b** 〈土地・平原・山脈など〉なだらかに起伏する: the ~ hills of Burgundy 緩やかにうねるブルゴーニュの山々. **3 a** 横揺れする. **b** 体を揺すぶる; 威張って歩く: a ~ gait. **4** 〈カラー・帽子の縁など〉折れ曲がった, そりかえった. **5 a** とどろく, 鳴り響く; 音を立てて流れる. **b** 〈小鳥の鳴声・歌手の歌声など〉玉を転がすような, 震え声の. **6** 〈目が〉ぎょろつく. **7** 〈季節など〉循環する: the ~ years. **8** 《口語》金がうなるほどある, 大金持の. **~·ly** *adv.*

rólling barráge *n.* 〘軍事〙移動弾幕射撃《すべての砲火が互いに一定の関係位置を保ちながら一度に一線ずつ前進して行く弾幕射撃; creeping barrage ともいう》.

rólling brídge *n.* 転開橋, 回転はね橋.

rólling búnt *n.* 〘海事〙=low bunt.

rólling chàir *n.* 車椅子《特に, 人に押してもらって甲板上などで気晴らしに乗る車椅子》.

rólling chòck *n.* 〘海事〙=bilge keel.

rólling cìrcle *n.* 〘機械〙ころがり円, サイクロイド円.

rólling frìction *n.* 〘物理〙回転摩擦, ころがり摩擦《ある物体が他の物体に沿って転がる場合の摩擦; cf. sliding friction》.

rólling hìtch *n.* 〘海事〙(円材や大索に索の小枝を出させる場合の)枝結び, ローリングヒッチ.

rólling kìtchen *n.* 〘軍事〙(トラックやトレーラーに取り付けた)移動料理室; 移動式炊事車.

rólling mìll *n.* **1** 圧延工場. **2** 圧延機.

rólling mòment *n.* 〘航空〙(飛行機の)横揺れモーメント.

rólling pìn *n.* 麺(めん)棒, のし棒.

rólling prèss *n.* ローリングプレス: **1** 鉄ロールで紙などに光沢を付けるカレンダー (calender). **2** D 型シリンダーを使う銅版印刷機.

rólling stòck *n.* **1** (鉄道の)全車両《機関車・客車・貨車など全部》. **2** 《米》(運輸会社所有の)全車両《トラック・トレーラーなど》.

rólling stóne *n.* **1** 転がり回る石, 転石: A ~ gathers no moss. 《諺》転石苔(こけ)むさず《しばしば商売[住居]を変える人は金がたまらない; 絶えず愛人を変える人は真の愛は得られない》. ★ 米国では, 絶えず活動している人はいつも清新だという意味に用いることもある. **2** 何度も職業[住居, 愛人]を変える人.

róll jòint *n.* 〘金属加工〙ロールジョイント《2 枚の板金を接合する際, 両端を一緒に巻き, 圧して平らにする方法》.

róll mòlding *n.* 〘建築〙巻物繰形, 丸線形《円筒形状をした繰形の総称》.

roll·mop [róulmɑ̀p | róulmɔ̀p] *n.* =rollmops.

roll·mops [róulmɑ̀ps | róulmɔ̀ps] 〘□G *Rollmops* ← *rollen* to roll+*Mops* pug (dog)〙 **—** *n.* (*pl.* ~) ロールモップス《ニシンの切身を野菜のピクルスに巻いて漬け汁 (marinade) に漬けたもの; 前菜の一種》.

róll-nèck *adj.* 《英》ロールネックの《巻いて折り返す長いタートルネック (turtleneck) にいう》.

Rol·lo[1] [rɑ́lou | rɔ́ləu] 〘《dim.》← RUDOLPH〙 *n.* 男性名.

Rollo[2] *n.* ロロ《北欧の Viking 首領の一人, Normandy 公国や (1066 年以後の) 英国王の祖といわれる》.

rol·lock [rɑ́lək | rɔ́l-] *n.* =rowlock.

róll-òff *n.* (ボーリングの)優勝決定戦, プレーオフ.

róll-òn *n.* **1** ロールオン(ガードル)《ゴムや伸縮性の繊維で作った婦人用ガードル; cf. roll *vt.* 10 b》. **2 a** ロールオン《開口部に付けた回転するボールで直接皮膚に当てて塗布する化粧液などの容器》. **b** ロールオンで塗布する化粧液(など). **—** *adj.* 〘海事〙〈船が〉貨物を積んだトラック[トレーラーなど]を乗り入れさせて運ぶ設備のある.

róll-òut *n.* **1** 〘航空〙ロールアウト: **a** 新型航空機の初公開. **b** 飛行機の接地からタキシング (taxiing) に移る間の滑走. **2** 〘アメリカンフットボール〙ロールアウト《オフェンスプレーの一つで, クォーターバックが右[左]に大きく回りこむこと》.

róll·òver *n.* **1** (車などの)転覆; 転倒. **2** 転覆[転倒]事故.

róll óver *n.* 〘経済〙ロールオーバー, 短期資金の借り[貸し]つなぎ《短期融資を継続することによって実質的には長期貸借を行なうこと》.

róll-òver árm *n.* 張出し型ひじ掛け《詰物をして被覆した椅子の座の左右に張り出した形のひじ掛け》.

róll ràgging *n.* 〘金属加工〙ロールラッギング (⇨ ragging).

Róll·right Stónes [róulraɪt- | róul-] 〘*Rollright*: lateOE *Rollendri, Rollandri* 《原義》'the property of *Hrolla*' ← OE **Hrolla* (人名: 《短縮》← *Hrōþlāf* ← *hrōþ-* fame (⇨ Roger)+*lāf* remnant)+*landriht* landowner's privileges〙 **—** *n. pl.* [the ~] イングランド Oxfordshire 州の村 Little Rollright 付近の巨石群; 人が魔女によって石に化されたものとの伝説がある.

róll spòt wélding *n.* 〘金属加工〙ロールスポット溶接, ロール点溶接《電極を回転して点溶接を連続して行なう方法》.

Rolls-Royce [róulzróɪs | róulz-] 〘← *Charles S. Rolls* (1877–1910)+*Henry Royce* (1863–1933): 共に英国の自動車製造業者〙 **—** *n.* 〘商標〙ロールスロイス《英国製の高級乗用車》.

róll tòp *n.* **1** (rolltop desk の)巻き込み式のふた. **2** =rolltop desk.

róll·tòp désk *n.* ロールトップデスク《巻き込み式のふた付き(事務)机》.

rolltop desk

róll·ùp *adj.* 〈ブラインド・掛地図など〉巻上げ式の. **—** *n.* **1** (詰物をした, または詰物なしで)巻き込んだ料理: a bacon ~ ベーコン巻き. **2** (石版画用の)色インキ. **3** 《豪》人の集まり, 集会. **4** (18 世紀に用いられた)男子用の長ズボン.

róll·wày *n.* **1** (その上を)物を転がす[ころで動かす]場所. **2 a** (材木を川の中に転落させる)滑り台, 転斜路. **b** (輸送するために河岸に積んである)材木の山. **3** 外部から地下室に通じる入口.

róll wélding *n.* 〘金属加工〙ロール鍛接, ロール溶接《回転するロールの間に, 加熱した 2 種類の材料を通して圧縮接合する方法》.

Rolph [rɑ́lf | rɔ́lf, róuf] 〘⇨ Rolf〙 *n.* 男性名.

Röl·vaag [róulvɑːg | róul-; *Norw.* rœlvoːg], **O·le Ed·vart** [óːlə édvart] *n.* ロールバーグ《1876–1931; ノルウェー生れの米国の小説家; *Giants in the Earth* (1927)》.

ro·ly-po·ly [róulipóuli | róulɪpóulɪ] 〘《1848》《変形》← 《古形》*rowle powle* worthless fellow 《加重》← ROLL (v.): ⇨ poll[1], -y[4] 4〙 **—** *n.* **1** ローリーポーリー《ジャムや果物を, 薄く伸した生地に巻いて蒸すか焼くかした菓子》. **2 a** ずんぐりした人[動物]. **b** 《米》=tumbler 3. **—** *adj.* 〈通例, 子供が〉丸々とした, ずんぐりむっくりの.

Rom [róum | rɔ́um] 〘《1841》□ Romany *rom* man, husband □ Skt *ḍom(b)a* minstrel dancer of low caste〙 *n.* (*pl.* **~s, Ro·ma** [róumə | rɔ́u-]) ジプシー男.

ROM 《略》〘電算機〙read-only memory 読み取り専用記憶装置 (cf. RAM); run of mine.

rom. 《略》〘活字〙roman (type).

Rom. 《略》Roman; 〘言語〙Romance; Romania; 〘言語〙Romanian, Romanic; Romans (新約聖書の)ローマ書.

Roma[1] *n.* Rom の複数形.

Ro·ma[2] [róumə | rɔ́u-] 〘← *Roma*[3]〙 *n.* **1** 女性名. **2** 〘ローマ伝説〙ローマ, ローメ《地名ローマにその名を与えた女で, Evander の娘》.

Ro·ma[3] [*It.* róːma] *n.* ローマ《Rome のイタリア語名》.

Ro·ma·gna [ro(u)mɑ́ːnjə | rə(u)-; *It.* romáɲɲa] *n.* ロマーニャ《イタリア北東部の地域で, Emilia-Romagna 州の一部; 1860 年まで教皇領; 首都 Ravenna》.

Ro·ma·ic [ro(u)méɪɪk | rə(u)-] 〘《1809》□ Gk *Rhōmaikós* Roman of the Eastern Empire ← Gk *Rhṓmē* □ L *Rōma* 'ROME'〙 **—** *n.* 現代ギリシャ語. **—** *adj.* 現代ギリシャ(語, 人)の[に関する].

Ro·ma·i·ka, r- [ro(u)méɪɪkə | rə(u)-] 〘□ Gk *Rhōmaikḗ* (fem.) ← *Rhōmaikós* (↑)〙 *n.* ロメイカ《近世ギリシャの民族舞踊; 古代の戦舞の名残りと考えられる》.

Ro·main [ro(u)mɛ̃ː(ŋ), -mǽn, -méɪn | rə(u)-; *F.* rɔmɛ̃] 〘□ F ~ 《原義》Roman〙 *n.* 男性名.

ro·maine [ro(u)méɪn | rə(u)-] 〘□ F ~ (fem.) ← *romain* < L *Rōmānum* 'ROMAN'〙 **—** *n.* **1** 《米》〘植物〙コスチシャ (⇨ cos lettuce). **2** ロメインクレープ《絹か人造絹維を用いた平織またはななこ織の薄い織物; romaine crepe ともいう》.

Ro·mains [ro(u)mɛ̃ː(ŋ), -mǽŋ, -méɪnz | rə(u)mɛ̃ː(ŋ), -mǽŋ; *F.* rɔmɛ̃], **Jules** *n.* ロマン《1885–1972; フランスの小説家・詩人・劇作家; *Les Hommes de bonne volonté* 「善意の人々」(1932–47); 本名 Louis Farigoule》.

ro·ma·ji [róumədʒi | rɔ́umədʒɪ] 〘□ Jap.〙 *n.* (日本語表記のための)ローマ字.

ro·man [ro(u)mɑ́ː(ŋ), -mɔ́ːŋ, -mɑ́ːŋ, -mɔ́(ː)ŋ | rə(u)-; *F.* rɔmɑ̃] 〘□ F ~ < OF *romanz* 'ROMANCE[1]'〙 **—** *F. n.* (*pl.* **~s** [~z; *F.* ~]) **1** (特に, 中古フランス文学の)ロマン, 韻律体物語. **2** 物語, 小説, ロマンス.

Ro·man [róumən | rɔ́u-] 〘adj.: 《16C》□ L *Rōmānus* of Rome ← *Rōma* 'ROME' ∞ 《*a*1325》*Romain* □ (O)F □ L *Rōmānus*: ⇨ -an[1]. — n.: OE *Rōmāne, Rōmanan* (pl.) □ L *Rōmān-us*〙 **—** *adj.* **1 a** ローマ (Rome) の, ローマ人の; 古代ローマ(人)の: ~ history (主として古代ローマの王政・共和政および東西分離以前の帝政の歴史を取り扱う)ローマ史 / ⇨ Roman architecture, Roman Catholic, Roman holiday, Roman numeral, etc. **b** 古代ローマ人風の, 古代ローマ人気質(かたぎ)の: ~ simplicity [honesty, virtue, patriotism] 古代ローマ人の質素[正直, 徳義, 愛国心]. **c** 《古》古代ローマ人の言語の. **d** 〈道路など〉ローマ時代から残っている, ローマ時代の. **2** (ローマ)カトリック教会の: ⇨ Roman collar. **3** 〈鼻が〉鼻梁(びりょう)の高い: a ~ nose ローマ鼻, 段鼻 (cf. Grecian nose). **4** [r-] 〘活字〙ローマ字(体)の, ローマン(体)の (cf. italic, Gothic 7): *roman* type ローマ字(体), ローマン(体). **—** *n.* **1** 古代ローマ人; (中世・近世・現代の)ローマ人: a King [an Emperor] of the ~s 神聖ローマ帝国皇帝 / Do at [in] Rome as the ~s do. ⇨ Rome 1 a. **2 a** [通例 the ~s] 古代ローマのキリスト教徒 (⇨ Romans). **b** [しばしば軽蔑的に] (ローマ)カトリック教徒. **3** [r-]〘活字〙ローマ字(体), ローマン(体)《現用普通の字体; 略 rom.》. **4** 《古》ラテン語.

ro·man à clef [ro(ʊ)mɑ́ː(ŋ)-ɑːkléɪ, -mɔ́ː(ŋ)-, -mɑ́ːŋ-, -mɔ́(ː)ŋ-|rə(ʊ)-; *F.* rɔmɑ̃-akle] 〘▭F ～《原義》novel with a key〙 ── *F. n.* (*pl.* **romans à c-** [-mɑ́ː(n)zɑː-, -mɔ́ː(n)-, -mɑ́ːn-, -mɔ́(ː)n-; *F.* rɔmɑ̃za-]) 実話小説.

Róman álphabet *n.* [the ～] ローマ字 (⇨ Latin alphabet).

Róman árch *n.* 〘建築〙半円(形)アーチ.

Róman árchitecture *n.* 〘建築〙(古代)ローマ式建築《アーチや円天井構造を好んで用い, ギリシャ式装飾法をやや過度に用いた古代ローマ帝国の建築》.

Róman bríck, r- b- *n.* ローマれんが《黄褐色の扁平な 2 in.×4 in.×12 in. の大きさの建築用れんが》.

Róman cálendar *n.* [the ～] ローマ暦《現代暦の先駆であるユリウス暦 (Julian calendar) の原型となった古代ローマ暦》.

Róman cándle *n.* ローマ花火, 筒形花火《円筒の中に火薬を入れたもので, 手に持って上げる; 吹き出る火花の中から時々火の玉が飛び出る》.

Róman Cátholic 〘《1605》← L (*Ecclesia*) *Rōmāna Catholica et Apostolica* Roman Catholic and Apostolic (Church): *Roman(ist), Romish* などが蔑称的に使われるのを避けるための造語〙 ── *adj.* (ローマ)カトリック教会の[に関する]. ── *n.* (ローマ)カトリック教徒, ローマ教徒, 天主公教徒.

Róman Cátholic Chúrch *n.* [the ～] (ローマ)カトリック教会, ローマ教会, 天主公教会《その中心は Rome にあり, 教皇 (Pope) を首長とするキリスト教会; 全世界のキリスト教徒の約半分を有する》.

Róman Cathólicism *n.* (ローマ)カトリック《ローマカトリック教会の教義・儀式・慣習など》.

ro·mance[1] [ro(ʊ)mǽns, rə-, róʊmæns | rə(ʊ)mǽns] 〘《?a1300》 *roma(u)nz* ▭ OF *romanz* < VL **rōmānicē* (something written) in Romance, i.e. in the popular tongue (adv.) ← L *Rōmānicus* 'ROMANIC'〙 ── *n.* **1** 中世騎士(の武勇)物語《通例韻文で, ロマンス語で書かれた》: the Arthurian ～*s* アーサー王物語. **2 a** 伝奇物語, 空想小説, ロマンス(文学)《冒険や驚くべき武勇行為, きわめて純情な恋愛事件, その他各種の空想的な事柄を含む物語》. **b** 冒険物語. **c** 恋愛物語. **3** 小説よりも不思議な[感動的な]事実[挿話]. **4** 伝奇的雰囲気[気分, 生活, 世界]; 空想癖: a girl full of ～ 空想癖のある少女. **5 a** 作り事, 虚構. **b** 誇張, 見て来たような嘘. **6** 恋愛, ロマンス (love affair). **7** [R-] 〘言語〙ロマンス語(の一つ)《俗ラテン語から分化した諸言語; フランス語, プロバンス語, スペイン語, ポルトガル語, イタリア語, ルーマニア語など》.
── *adj.* [R-] ロマンス語の: the ～ languages ロマンス系諸言語.
── *vi.* **1** (ひどい)作り事を話す[書く], (ひどく)誇張して話す 〔*about*〕. **2** ロマンチックに考える. **3** 〔異性と〕恋愛をする 〔*with*〕. ── *vt.* **1** 〈出来事などを〉でっちあげる, 誇張する. **2** (お世辞・贈物などによって)〈人〉に取り入ろうとする, 〈人〉の気に入ろうとする. **3** 〈人〉に求愛する, 〈人〉と恋愛する[愛を語らう]: ～ one's date デートの相手と愛を語る.

ro·mance[2] [ro(ʊ)mǽns, rə-, ⸗⸗ | rə(ʊ)mǽns; *F.* rɔmɑ̃ːs] 〘▭F ～ ▭Sp. 'ballad or tale in Spanish' < VL **rōmānicē* (↑)〙 ── *n.* **1** 〘音楽〙ロマンス, 華想曲《ゆっくりとした優美な旋律に富む楽曲》. **2** 〘スペイン文学〙 **a** 小物語詩. **b** 小抒情詩; 民謡.

Róman cemént *n.* 〘化学〙ローマンセメント《天然セメントの一種》.

ro·mánc·er 〘《a1338》: cf. F *romancier*〙 *n.* **1** 伝奇物語作者; ロマンス作家. **2** 空想家. **3** 誇張する人, 作り事を話す人, 途方もない嘘をつく人.

ro·manc·ist [ro(ʊ)mǽnsɪst, rə-, -səst | rə(ʊ)mǽnsɪst] 〘cf. Sp. *romancista*〙 *n.* =romancer 1.

Róman cóllar *n.* (聖職者用の)ローマンカラー (⇨ clerical collar).

Róman Cúria *n.* [the ～] ローマ教皇庁.

Róman Émpire *n.* [the ～] ローマ帝国《紀元前 27 年に Augustus によって帝政が樹立され, Theodosius 一世の死後, 395 年 Western Roman Empire と Eastern Roman Empire とに分裂したが, 前者は 476 年に衰亡し, 後者は 1453 年にオスマントルコに滅ぼされた》.

Rom·an·es [rɑ́mənès | rɔ́m-] 〘▭Gipsy ～ (adv.) ← *Romano* (adj.) ← *Rom*: ⇨ Rom, Romany〙 *n.* = Romany 2.

Ro·ma·nes [ro(ʊ)mɑ́ːnɪz, -nəz | rə(ʊ)mɑ́ːnɪz], **George John** *n.* (1848–94) 英国の生物学者.

Ro·man·esque [ròʊmənésk | rəʊ-] 〘《1715》← ROMAN+-ESQUE: cf. F *romanesque* romantic〙 ── *adj.* **1** 〈建築様式など〉ロマネスク様式の: ⇨Romanesque architecture. **2** [しばしば r-] 伝奇[空想]小説の; 空想的な. **3** ロマンス語の. ── *n.* **1** 〘美術・建築〙ロマネスク様式《ゴシック様式の興る 12 世紀まで続いた様式で, ローマ的技術の影響を一部にとどめるが, キリスト教文明の様式として全ヨーロッパに広く見られる》. **2** ロマンス語.

Romanésque árchitecture [**stýle**] *n.* 〘建築〙ロマネスク建築[様式]《10 世紀末から 12–13 世紀までヨーロッパ西部および南部に行なわれた建築の一様式; 大体は半円アーチと厚い壁からなる重厚な形態で, ゴシック様式以前のキリスト教様式の代表》.

ro·mán-fléuve [-flɜ́ːv; *F.* -flœːv] 〘▭F ～ ← *roman* novel+*fleuve* large river〙 ── *F. n.* (*pl.* **romans-fleuves** [～; *F.* ～]) 大河小説 (river novel, saga)《一家・一族の人々の生活・思想の流れを長期にわたって描出した連作長編小説; 例えば Romain Rolland の *Jean-Christophe*「ジャンクリストフ」, Martin du Gard の *Les Thibault*「チボー家の人々」》.

Róman hóliday 〘Byron 作 *Childe Harold* 中の 'Butchered to make a Roman holiday' から; 古代ローマで大衆の娯楽のため奴隷や捕虜などに武器を持たせて戦わせた故事にちなむ〙 ── *n.* **1** ローマの休日《他人の苦しみによって得られる娯楽[利得]; 残忍な悦楽にふける時[日など]》. **2** (古代ローマの休日に似た)騒ぎ, 騒動.

Rom·a·ni [rɑ́məni, róʊm- | rɔ́mənɪ, ráʊm-] *n.* = Romany 2.

Ro·ma·ni·a [ruméɪniə, ruː-, ro(ʊ)-, -njə | ruːméɪnjə, rʊ-, -nɪə] 〘← NL ～ 'RUMANIA'〙 *n.* =Rumania.

Ro·ma·ni·an [ruméɪniən, ruː-, ro(ʊ)-, -njən | ruːméɪnjən, rʊ-, -nɪən] *adj., n.* =Rumanian.

Ro·man·ic [ro(ʊ)mǽnɪk | rə(ʊ)-] 〘《1708》▭L *Rōmānic-us* ← *Rōmānus* 'ROMAN': ⇨ -ic[1]〙 ── *adj.* **1** ロマンス語の. **2** 古代ローマ人(風)の, 古代ローマ人の文化を受け継いだ. **3** ロマンス語を話す. ── *n.* ロマンス語.

Ro·man·ish [róʊmənɪʃ | ráʊ-] 〘← ROMAN+-ISH[1]: cf. OE *rōmānisċ* Roman〙 *adj.* [通例軽蔑的に用いて] (ローマ)カトリック教(会)の.

Ró·man·ism [-nɪzm] *n.* **1** [通例軽蔑的に] (ローマ)カトリック. **2** 古代ローマの政体[制度, 精神]. **3** 古代ローマ好き.

Ró·man·ist [-nɪst, -nəst | -nɪst] 〘《1523》▭G ～ // ← NL *Romanista*: ⇨Roman, -ist〙 ── *n.* **1** [通例軽蔑的に] (ローマ)カトリック教徒. **2** 古代ローマの制度[法律, 文化, 言語]研究者. **3** ロマンス語学者[のうまい人]. ── *adj.* =Romanistic.

Ro·man·is·tic [ròʊmənístɪk | ràʊ-] *adj.* **1** [通例軽蔑的に用いて] (ローマ)カトリック教徒の. **2** ローマ法の[に関する].

Ro·man·i·ty [ro(ʊ)mǽnəṭi | rə(ʊ)mǽnətɪ, -nɪ-] *n.* = Romanism.

Ro·man·ize [róʊmənàɪz | ráʊ-] 〘《1607》← ROMAN (adj.)+-IZE〙 ── *vt.* **1** (古代)ローマ化する, ローマ人風にする. **2** (ローマ)カトリック化する. **3** [しばしば r-] **a** ローマ字体で書く, ローマン活字で印刷する. **b** ローマ字体に改める, ローマ字体に転写する: ～ Japanese 日本語をローマ字で書く[に改める]. ── *vi.* **1** 古代ローマの風習[文化]を模倣する, 古代ローマ人風になる. **2** (ローマ)カトリック教に帰依(きえ)する, (ローマ)カトリック教徒になる. **Ro·man·i·za·tion** [ròʊmənɪzéɪʃən, -nə- | ràʊmənaɪ-, -nɪ-] *n.* **Ró·man·iz·er** *n.*

Róman láw *n.* 〘法律〙ローマ法《広義ではローマ市人の間に行なわれていたすべての法を意味する; 狭義ではヨーロッパ大陸に継受された主としてユスティニアヌス法典を指す; 英米においてはローマ法大全 (Corpus Juris Civilis) を含むローマ法律学の全体系の意味で用いられる》.

Róman míle *n.* 古代ローマの長さの単位《1,000 歩, 約 1,480 m》.

Róman néttle *n.* 〘植物〙ヨーロッパ南部産イラクサ属の葉に刺毛がある一年草 (*Urtica pilulifera*).

Róman númeral, r- n- *n.* ローマ数字《用法は昔とは多少異なっている; 現在用いられる符号は I=1, V=5, X=10, L=50, C=100, D=500, M=1,000; その配列は価の高いものに順次低いものを後続させる; 例えば MDCLXVI=1666; この配列が逆になって価の低い文字が先行している場合は, その数を高いものから引き去る; 例えば XC=90, MCMXCIX=1999; なお符号の起源については V, L, D はそれぞれ X, C (← *L.* centum), M (← *L.* mille) の半形をかたどったもの; cf. Arabic numeral》. ★ 1,000 以上のローマ数字は次の通り: MM (=2,000), $\bar{V}$ (=5,000), $\bar{X}$ (=10,000), $\bar{C}$ (=100,000), $\bar{M}$ (=1,000,000).

Ro·ma·no, r- [rəmɑ́ːnoʊ, ro(ʊ)- | rə(ʊ)mɑ́ːnəʊ] 〘▭It. ～ 'ROMAN'〙 ── *n.* (*pl.* ～**s**) ロマノ(チーズ)《通例, 羊の乳からつくられる固くて色の薄い香りの強いイタリア産のチーズ; Romano cheese ともいう》.

Romano, Giulio *n.* ⇨ Giulio Romano.

Ro·ma·no- [ro(ʊ)méɪnoʊ | rə(ʊ)méɪnəʊ] 〘← L *Rōmān-us* 'ROMAN'〙「ローマ(風)の; ローマと…との」の意の連結形: *Romano*-Byzantine ローマ風ビザンチン式の.

Románo chéese *n.* =Romano.

Ro·ma·noff [róʊmənɔ̀(ː)f, -nɑ̀f | róʊmənɔ̀f; *Russ.* ramánəf] *n.* =Romanov.

Róman órder *n.* 〘建築〙 **1** =Composite order. **2** =arch order.

Ro·ma·nov [róʊmənɔ̀(ː)f, -nɑ̀f | róʊmənɔ̀f; *Russ.* ramánəf] *n.* ロマノフ朝の人《1613 年 Michael によって興され, 1917 年 Nicholas 二世の廃位まで続いたロシヤの王朝の人》.

Róman páce *n.* 古代ローマの長さの単位の一つ (=5 Roman feet=4.85 English feet)《歩測 (pacing) では一方の足のかかとから次にその同じ足が地面についた時のかかとまで; 現在は geometrical pace と同一視される》.

Róman péace 〘《なぞり》← L *pāx Rōmāna*〙 *n.* = Pax Romana.

Róman péarl *n.* (ガラス玉製の)模造真珠.

Róman ríde *n.* 古代ローマ風立ち乗り《二頭一組の各々の馬の背に片足を乗せ, 立って乗る乗馬法》.

Róman ríte *n.* [the ～] 〘キリスト教〙ローマ(式)典礼, ラテン式典礼, ローマ定式書, ローマ挙式法《ローマカトリック教会の典礼様式; ラテン語を用いる; cf. Greek rite》.

Róman róad *n.* ローマ人道路, ローマンロード《ローマ人が英国占領中に築いた道路; 今もその跡や名称が残存している; Watling Street, Foss Way, Icknield Street, Ermine Street が代表的なもので, Four Roman roads と呼ばれる》.

Ro·mans [róʊmənz | ráʊ-] *n. pl.* [the ～; 単数扱い] (新約聖書の)ローマ人への手紙, ローマ書 (The Epistle of Paul to the Romans) (略 Rom.).

Ro·mansch [ro(ʊ)mɑ́ːnʃ, -mǽnʃ | rə(ʊ)mǽnʃ] 〘《1663》▭Rhaetian *roman(t)sch* < VL **rōmānicē*: ⇨ romance[1], Rhaeto-Romanic〙 ── *n.* **1** =Romansh. **2** =Rhaeto-Romanic.

Ro·mansh [ro(ʊ)mɑ́ːnʃ, -mǽnʃ | rə(ʊ)mǽnʃ] *n.* ロマンシュ語《スイス東部のグリゾン (Grisons) 州に行なわれるレトロマン(ス)語 (Rhaeto-Romanic) の一方言; スイスではドイツ語・フランス語・イタリア語と共に正式国語の扱いを受けている》. ── *adj.* ロマンシュ語の[に関する].

Róman snáil *n.* 〘動物〙リンゴマイマイ (*Helix pomatia*)《ヨーロッパ産食用カタツムリ》.

Róman stríking *n.* 〘時計〙ローマ式打鐘(法)《昔の大時計の打鐘法の一つで, 低音の一点打がローマ数字の V を, 高音の一点打が同じく I を表わした》.

ro·man·tic [ro(ʊ)mǽnṭɪk, rə- | rə(ʊ)mǽnt-] 〘《1659》▭F *romantique* ← 《廃》*romant* (⇨ romaunt)+-*ique* '-IC[1]'〙 ── *adj.* **1** 空想物語[伝奇小説](的)の, ロマンチックな: a ～ story ロマンチックな物語. **2 a** 〈考え・計画など〉非実際的な, 実行し難い; 突飛な: ～ ideas [motives] 突飛な考え[動機]. **b** 英雄的な, 冒険的な, 理想主義的な. **c** 〈話など〉架空の, 虚構の, 出たらめな. **d** 神秘的な, 不思議な: a ～ glen 神秘な峡谷. **3 a** 〈人が〉空想に耽る; 空想的な. **b** 恋愛に耽る, 恋愛に夢中の: a ～ girl. **c** 恋愛に適した, ロマンチックな: a ～ night. **4 a** 愛[強い情愛]を表わす; 熱情的な, 熱烈な: a ～ love. **b** 情事を扱った: a ～ film, play, novel, etc. **5** (軽い喜劇または恋を主題にした喜劇で)主人公[恋人]役の[に関する]: play the ～ role 恋人役を演じる. **6** [しばしば R-] **a** 〘文学・芸術〙ロマン的な, ロマン派の《古典の厳格な形式と均整を無視し感情と空想と手法の自由を特色とした, 18 世紀末から 19 世紀初頭に復興した近世の文学芸術の風潮をいう; cf. romanticism 1 a, classic 2 b, classical 2 c》: the ～ revival (18 世紀後半のヨーロッパに起こった)ロマン派復興 / the ～ school (近世の)ロマン派 (⇨ romanticism) / the ～ poets (19 世紀初頭の)ロマン派詩人. **b** 〘音楽〙ロマン派の《主観的情緒と自由な形式を重んじる 19 世紀の音楽の流れについていう; cf. classical 6 a》.
── *n.* **1 a** [しばしば R-] ロマン主義の作家, ロマン派の詩人[芸術家]. **b** ロマンチックな人: an incurable ～ 手のつけられぬ夢想家. **2** [通例 *pl.*] ロマンチックな考え[話, 振舞いなど]: indulge in ～*s* ロマンチックな考えに耽る.
ro·mán·ti·cal·ly *adv.*

ro·mán·ti·cìsm [-ṭəsɪzm | -tɪ-] 〘《1803》〙 ── *n.* **1** [しばしば R-] **a** ロマンチシズム, ロマン主義《18 世紀の末から 19 世紀の初頭にかけて西欧に興った, 文芸・思想・哲学・音楽などにおける擬古主義に反対し, 旧来の束縛を脱し熱烈な感情の解放を主張する主義; cf. classicism, realism 2》. **b** ロマンチシズム[ロマン主義]の尊重[実践]. **2** 空想的な気分[傾向].

ro·mán·ti·cist [-sɪst, -səst | -sɪst] 〘《1830》〙 *n.* **1** [しばしば R-] ロマン主義者, ロマン派の作家・画家・音楽家(など). **2** ロマンチックな人.

ro·man·ti·cize [ro(ʊ)mǽnṭəsàɪz, rə- | rə(ʊ)mǽntɪ-] *vi.* **1** ロマン風[空想的, ロマンチック]に書く[作る, 話す]. **2** ロマンチックな考えを持つ. **3** ロマンチックな振舞いをする. ── *vt.* ロマン化する, …にロマン的性格を与える, 空想的[ロマンチック]に描写する[書く, 話す]. **ro·man·ti·ci·za·tion** [ro(ʊ)mæ̀nṭəsɪzéɪʃən, rə-, -sə- | rə(ʊ)mæ̀ntɪsaɪ-, -sɪ-] *n.*

Romántic Móvement *n.* [the ～] ロマン主義運動《18 世紀末から 19 世紀初頭にかけてフランス・ドイツ・イギリスに興った運動; 文学・美術・音楽など芸術の諸分野で, 旧来の古典的形式を脱して, 天真な感情の流露を唱えた》.

Róman vítriol *n.* 〘化学〙=blue vitriol.

Róman wáll, R- W- *n.* [the ～] =Hadrian's Wall.

Róman wórmwood *n.* 〘植物〙 **1** ヨーロッパ原産キク科ヨモギ属の草本 (*Artemisia pontica*). **2** = ragweed 1.

Rom·a·ny [rɑ́məni, róʊm- | rɔ́mənɪ, ráʊm-] 〘《1812》▭Gipsy *Romani* (fem. pl.) ← *Romano* (adj.) ← ROM〙 ── *n.* **1 a** ジプシー (Gypsy). **b** [the ～; 集合的] ジプシー族. **2** ロマニ語《世界各地のジプシー族の言語の総称; インドアーリア語系統に属するが地方差が大きい》: deep ～ 純粋ロマニ語. **3** [しばしば r-] 暗紫色. ── *adj.* **1** ジプシーの, ジプシー風俗の. **2** ロマニ語の.

Rómany rýe 〘▭Romany *romani rei* ← *romani* (↑) +*rei, rai* lord (▭Skt *rājan* king: ⇨ raja)〙 *n.* ジプシーと交わる人; ジプシーの言語[風俗]に通じた人.

ro·maunt [ro(ʊ)mɔ́ːnt, -mɑ́ːnt | rə(ʊ)mɔ́ːnt] 〘《1530》▭OF *roma(u)nt* (F *roman*) ← *romanz, romans* 'RO-

MANCE[1]'〗 n. 《古》伝奇物語.

Ro·máyne wòrk, r- w- [ro(ʊ)méɪn-|rə(ʊ)-] 〘*Romayne*: ▭ F *romaine* (fem.) ← *romain* 'ROMAN'〙 — *n.* 〘家具〙ロメイン装飾《特に, 17 世紀英国の人間の頭像やグロテスクな頭像を刻んだ円形浮彫り・球飾り・先端装飾などを使った家具装飾》.

Rom·berg [rámbəːg|rɔ́mbəːg], **Sigmund** *n.* (1887-1951) ハンガリー生れの米国の軽歌劇作曲家; *The Student Prince* (1924).

Rom·blon [ramblóun, -blán|rɔmblɔ́n] *n.* ロンブロン: **1** フィリピン諸島中部, Visayan 諸島中の小群島. **2** 同群島中の一島; 首都 Romblon がある.

Rome [róum|rə́um] 〘OE *Rōm* ▭ OF *Rome* // L *Rōma* ← ? Etruscan〙 — *n.* **1 a** ローマ《イタリアの首都; 古代ローマ帝国の首都; 市内にローマ教皇庁 Vatican City がある; 人口 2,843,000; イタリア語名 Roma; 別称 Eternal City, Imperial City》: When (you are) at [in] ~ do as ~ does. = Do at [in] ~ as the Romans do. 《諺》「郷(ご)に入っては郷に従え」/ ~ was not built in a day. 《諺》ローマは一日にして成らず《大事業は短日月の間には成らない》/ All roads lead to ~. ⇨ lead[2] *vi.* 4 a. **b** = Roman Empire. **2** (ローマ)カトリック教会; (ローマ)カトリック: go over to ~ ⇨ GO[1] *over* (8). **3** 米国 New York 州中部の都市; 人口 51,000. **4** 米国 Georgia 州北西部の都市; 人口 31,000.

fiddle while Rome is burning 〘紀元 64 年ローマ炎上の際, 竪琴を奏しながら見物したと伝えられる暴君 Nero の故事から〙大事をよそにして安逸に耽る.

Rom·el·dale [rámәldèɪl|rɔ́m-] 〘《混成》← *Romney* + *Rambouillet* + *Corriedale*〙 — *n.* ロメルデール《Romney, Rambouillet, Corriedale の 3 種の羊のかけ合わせによる羊毛用の一品種の羊》.

Ro·me·o [róumiòu|rə́umɪəʊ] *n.* **1** ロミオ《Shakespeare 作 *Romeo and Juliet* 中の Juliet の恋人》. ★ Shakespeare の作品中では [róumjou|rə́umjəʊ] のように 2 音節に発音されることもある. **2 a** 女性に心を奪われた男; 色男. **b** 恋する男, 恋に悩む男. **3** [r-; 通例 *pl.*] 両側に(普通 U 字形の)ゴム布のついている男性用室内靴[スリッパ].

Rómeo and Júliet *n.*「ロミオとジュリエット」《Shakespeare 作の悲劇 (1595-96); cf. Capulet, Montague[2]》.

ro·me·ro [ro(ʊ)mé(ə)rou|rə(ʊ)méərəʊ] 〘▭ Sp. ~ 《原義》pilgrim (headed for Rome)〙 *n.* (*pl.* ~**s**) 〘魚類〙ブリモドキ (pilot fish).

Rome·ward [róumwәd|rə́umwәd] 〘ME〙 *adv., adj.* **1** ローマへ(の). **2** (ローマ)カトリックへ(の).

Róme·wards [-wәdz|-wәdz] *adv.* = Romeward.

Rom·ford [rʌ́mfәd|rɔ́mfәd] 〘ME *Rumford* ← OE (i) *rūm* roomy (⇨ room) // (ii) *rūn* council // (iii) *hruna* fallen trees: ⇨ ford〙 — *n.* London 北東部の Havering 区の一部; 人口 119,000.

Ro·mic [róumɪk|rə́ʊ-] 〘← ROM(AN) + -IC[1]〙 — *n.* 〘音声〙ローミック表記《Henry Sweet の工夫したローマ字だけを用いる音声表記方式》: broad [narrow] ~ 簡略[精密]ローミック記号.

Róm·ish [-mɪʃ] 〘《(1531)》← ROME + -ISH[1]〙 *adj.* [しばしば軽蔑的に用いて] (ローマ)カトリック教会の; (ローマ)カトリックの. **~·ly** *adv.* **~·ness** *n.*

Rom·ma·ny [ráməni|rɔ́mənɪ] *n., adj.* = Romany.

Rom·mel [rʌ́məl|rɔ́m-; G. rɔ́məl], **Erwin** *n.* ロンメル《1891-1944; ドイツの陸軍元帥; 第二次大戦中, 司令官として北アフリカで活躍; 通称 the Desert Fox》.

Rom·ney[1] [rʌ́mni, rám-|rɔ́mnɪ, rʌ́m-] 〘↓〙 *n.* 男性名.

Rom·ney[2] [rʌ́mni, rám-|rɔ́mnɪ, rʌ́m-] 〘← *Romney* (イングランド南西部の原産地名) < OE *Rumenea* ← *rūm* roomy (⇨ room) + *ēa* river〙 — *n.* ロムニー《英国産の一品種の羊; 強健で長い毛をもち, 沼沢地での飼育に適する; Romney marsh ともいう》.

Rom·ney[3] [rʌ́mni, rʌ́m-|rɔ́mnɪ, rʌ́m-] *n.* ⇨ New Romney.

Rom·ney, George *n.* (1734-1802) 英国の画家《Nelson 提督の愛人 Lady Hamilton の肖像で知られる》.

Rómney mársh *n.* = Romney[2].

Ro·mo·la [rəmóulə|rɔ́mələ] 〘▭ It. ~ (fem.) ← *Romolo* < *Rōmulum* (ローマの建設者)〙 *n.* 女性名.

romp [rámp, rɔ́(ː)mp|rɔ́mp] 〘*v.*: 《(1709)》《変形》← RAMP[1]. — *n.*: 《(1706)》《変形》←《廃》*ramp* rude girl, 《原義》one who ramps: ⇨ ramp[1]〙 — *vi.* **1 a** 〈子供などが〉はね回る, 飛び回る, ふざけ回る. **b** 恋愛する 〔*with*〕. **2** 《口語》(競馬・競技などで)快走する 〈*along, past*〉: ~ in [home] 楽勝する / ~ *through* 〈仕事・難関などを〉楽々とこなす[突破する]. — *n.* **1** はね[ふざけ]回る子供; 《古》お転婆娘[な女], はねっ返り. **2** 騒々しい遊戯; はね[ふざけ]回ること: a game of ~s はね回る遊戯. **3** (競馬・競技などで)快走; 楽勝: win in a ~ 楽勝する.

rómp·er *n.* **1** はね回る人. **2** [通例 *pl.*] **a** ロンパース《身頃とブルマー(bloomers)のつながっている短い小児用の遊び着》. **b** ロンパース風の運動着.

rómp·ing *adj.* はね回る, ふざけ回る. **~·ly** *adv.*

rómp·ish [-pɪʃ] *adj.* お転婆の; はね回る, ふざける. **~·ly** *adv.* **~·ness** *n.*

rom·pu [rámpuː|rɔ́m-] 〘▭ F ~ (p.p.) ← *rompre* to break ▭ L *rumpere*〙 *adj.* 〘紋章〙図形が破れた, 一部が段違いになった.

romp·y [rámpi, rɔ́(ː)m-|rɔ́mpɪ] *adj.* (**romp·i·er**; **-i·est**) お転婆の, はね回る, ふざけ回る.

Rom·u·lus [rámjuləs|rɔ́m-] 〘▭ L ~〙 *n.* 〘ローマ神話〙ロムルス《Mars と Rhea Silvia との間に生れた双生児の一人(他の一人は Remus)で, 生後間もなく捨てられ, 狼に育てられたと伝えられる; ローマの建設者 (753 B.C.) で最初の国王; cf. Numa Pompilius》.

Romulus and Remus

Ron·ald [ránld|rɔ́n-] 〘▭ ON *Rögnvald-r*: cf. Reynold〙 — *n.* 男性名《愛称形 Ron, Ronnie, Ronny》.

ron·ca·dor [ràŋkədɔ́ə|rɔ̀ŋkədɔ́ː(r)] 〘▭ Sp. ~ ← *roncar* to snore〙 — *n.* (*pl.* ~**s**, **-ca·do·res** [-dɔ́ːreɪs, -dɔ́ːr-|-dɔ́ːr-]) 〘魚類〙 **1** アメリカ太平洋岸産のニベ (croaker) の類の魚類の総称. **2** イサキ科の魚; (特に) 太平洋・大西洋沿岸産の魚 (*Haemulon steindachneri*).

Ron·ces·va·lles [rɔ̀(ː)nsəsváɪəs, rʌnsəvǽlz|rɔ̀nsəsváɪəs, rɔ́nsəvǽlz; *Sp.* rɔ̀nθesbáʎes] *n.* ロンセスバリェス《スペインの北部, ピレネー山脈 (Pyrenees) 中の一村; ここの峠で Charlemagne 大帝の軍が敗れて勇士 Roland が戦死した (778) 故事は *The Song of Roland* に歌われている; フランス語名 Roncevaux》.

Ronce·vaux [*F.* rɔ̃svo] *n.* ロンスボー《Roncesvalles のフランス語名》.

ron·co [ráŋkou|rɔ́ŋkəʊ] 〘▭ Am.-Sp. ~ ← Sp. ~ 'hoarse' 《変形》← L *raucus*〙 — *n.* 〘魚類〙イサキ科 *Haemulon* 属の魚類の総称; (特に)熱帯大西洋西部産の灰色の地に褐色の縞のある小型食用魚 (*H. parra*).

ron·da·vel [rándəvèl|rɔ́n-] 〘▭ Afrik. *rondawel*〙 *n.* (南アフリカの)土壁小屋, ロンダヴェル《土でできた草屋根の円形の小屋》.

rond de jambe [rɔ̃ː(n)-də-ʒɑ̃ː(m)b, rɔ́(ː)n-, -ʒɔ́ː(m)b, -ʒɑ́ːmb, -ʒɔ́(ː)mb; *F.* rɔ̃dʒɑ̃ːb] 〘▭ F ~ 《原義》circle of the leg〙 — *n.* (*pl.* **ronds de j-** [~]) 〘バレエ〙ロン(ド ジャンブ)《床上で, または飛躍中に片足で円を描く動作》.

ronde [rɑ́ːnd|rɔ́nd] 〘▭ F ~ (fem.) ← *rond* 'ROUND[1]'〙 *n.* = round hand.

ron·deau [rándou, ─ ́|rɔ́ndəʊ; *F.* rɔ̃do] 〘《(1525)》▭ F ~ 《原義》small circle 《変形》← *rondel* 'RONDEL'〙 — *n.* (*pl.* **ron·deaux** [~(z)|~]) **1** 〘詩学〙ロンドー体(の詩)《通例 3 連 15 行, 2 脚韻からなり, 第 1 連の最初の語句が次の 2 連の句 (refrain) として用いられるフランス起源の詩型; 脚韻は一般に a a b b a, a a b refrain, a a b b a refrain の形式をとる》. **2** 〘音楽〙 **a** ロンドー《中世・ルネサンスのフランスの音楽形式; 二つの楽節がほぼ交互に数回反復される; はじめ単声, のち多声の声楽曲》. **b** = rondo.

rondeau re·dou·blé [-rəduːbléɪ; *F.* -rəduble] 〘▭ F ~ 'double rondeau'〙 — *n.* (*pl.* **rondeaux redoublés** [~; *F.* ~]) 〘詩学〙二重ロンドー体(の詩)《6 連 4 行, 2 脚韻からなり, 第 1 連の各行は順次次の 4 連の末尾に繰り返され, さらに第 1 行の前半行が最後の連の末尾に添えられる》.

rondeaux *n. pl.* rondeau の複数形.

ron·del [rándl, randél|rɔ́ndl] 〘《c1300》 *rondeal* ▭ OF *rondel* (dim.) ← *rond* 'ROUND[1]': cf. rondeau, roundel〙 — *n.* **1** 〘詩学〙ロンデル体(の詩)《ロンドー体 (rondeau) と同種の詩型; 通例 3 連 14 行, 2 脚韻からなり, 第 1 連の最初の 2 行が次の 2 連で繰り返される》. **2** 〘劇場〙= roundel 5. **3** = rondelle[2]. **4** 〘甲冑〙(よろいの)腋当《特に円盤型のもの; cf. besague; ⇨ half armor 挿絵》.

ron·de·let [ràndəlét, -léɪ, ─ ─ ́|rɔ̀ndəlét, ─ ─ ́] 〘ME *roundelet* ▭ OF ~: ⇨ ↑, -let〙 — *n.* 〘詩学〙小ロンドー体(の詩)《ロンドー体(rondeau)の変形で 2 個の折り返し句 (refrain) をもつ 7 行詩》.

ron·delle[1] [randél|rɔn-] 〘▭ F ~: ⇨ rondel〙 *n.* 〘冶金〙(るつぼの中で溶融した金属の)こけら, 薄片, 湯あか.

ron·delle[2] [randél|rɔn-] 〘▭ F ~: ⇨ rondel〙 — *n.* **1** 円形[環形]の物体. **2** 〘宝石〙 **a** 丸環, 輪つなぎ, ロンデル《特に, 大型の宝石の間に小型の宝石を入れてつないだ輪》. **b** 輪つなぎにした首環[ネックレス].

ron·di·no [randíːnou|rɔndíːnəʊ; *It.* rondíːno] 〘▭ It. ~ (dim.) ← *rondo* (↓)〙 *n.* (*pl.* ~**s**) 〘音楽〙ロンディーノ《短い rondo》.

ron·do [rándou, ─ ́|rɔ́ndəʊ; *It.* rondɔ́ː] 〘《(1797)》▭ It. ~ ▭ F *rondeau*: cf. rondeau, round[1]〙 *n.* (*pl.* ~**s**) 〘音楽〙ロンド, 回旋曲.

róndo fòrm *n.* 〘音楽〙ロンド形式《主題が挿入部 (episode) をはさんで数回反復される器楽曲の形式》.

ron·do·let·to [ràndəlétou|rɔ̀ndəlétəʊ; *It.* rɔ̀ndolétto] 〘▭ It. ~: ⇨ rondino〙 *n.* (*pl.* ~**s**) = rondino.

Ron·dô·nia [rɔ(ː)ndóunjə|rɔndə́ʊ-; *Braz.* ʁõdónja] *n.* ロンドニア《ブラジル西部のボリビアと接する地域で連邦地区; 人口 173,000, 面積 243,043 km²》.

ron·dure [rándʒə, -d(j)ʊə|rɔ́ndjə(r), -djʊə(r)] 〘▭ F *rondeur* ← *rond* 'ROUND[1]'〙 *n.* 《文語》 **1** 球面, 球体. **2** 丸さ, 丸み.

rone [róun|rə́ʊn] 〘← ?〙 *n.* 《スコット》雨どい.

Ro·ne·o [róuniòu|rə́ʊnɪəʊ] 〘《(混成)》← RO(TARY) + *neo*(*style*)〙 *n.* (*pl.* ~**s**) 〘商標〙ロネオ複写器. — *vt.* [r-] 複写する.

Ron·ga [ráŋgə|rɔ́ŋ-] *n.* (*pl.* ~, ~**s**) **1 a** [the ~(s)] ロンガ族《Mozambique の農耕民族》. **b** ロンガ族の人. **2** ロンガ語《バンツー語 (Bantu) 系》.

ron·geur [rɔ̃ː(n)ʒə́ː, rɔ(ː)n-|-ʒə́ː(r); *F.* rɔ̃ʒœːr] 〘▭ F ~ 《原義》gnawer ← *ronger* to gnaw〙 *n.* (*pl.* ~**s** [~z; *F.* ~]) 〘外科〙骨鉗子(かん).

rong·geng [ráŋgeŋ|rɔ́ŋ-] 〘▭ Malay. ~〙 *n.* ロンゲン(踊り)《マレーシアの歌と踊り》.

Ron·ky [ráŋki|rɔ́ŋkɪ] 〘(dim.) ← VERONICA〙 *n.* 女性名.

ron·nel [ránl|rɔ́nl] 〘商標名〙 *n.* ロンネル ($C_8H_8Cl_3O_3PS$)《牛などを伝染病から守るための殺虫剤》.

Ron·nie [ráni|rɔ́nɪ] 〘1: (dim.) ← RONALD. 2: (dim.) ← VERONICA〙 *n.* **1** 男性名. **2** 女性名.

ron·quil [ráŋkɪl, -kəl|rɔ́ŋkɪl] 〘▭ Am.-Sp. *ronquillo* (dim.) ← *ronco*: ⇨ ronco〙 *n.* 〘魚類〙北米北西岸産のメダマウオ科の魚類の総称.

Ron·sard [rɔ̃ː(n)sɑ́ə, rɔ(ː)n-|-sɑ́ː(r); *F.* rɔ̃saːr], **Pierre de** *n.* ロンサール《1524-85; フランスの詩人; プレイヤード派 (the Pleiad) のリーダー; *Sonnets pour Hélène*「エレーヌに寄せるソネット集」(1578)》.

rönt·gen [réntgən, rʌ́nt-, -tdʒən, -ntʃən|rɔ́ntjən, rʌ́n-, rə́ːn-, -tgən; *G.* rœ́ntgən] *n.* = roentgen.

Rönt·gen [réntgən, rʌ́nt-, -tdʒən, -ntʃən|rɔ́ntjən, rʌ́n-, rə́ːn-, -tgən; *G.* rœ́ntgən], **Wilhelm Konrad** *n.* ⇨ Roentgen.

rönt·gen·o- [réntgənou, rʌ́nt-, -tdʒən-, -ntʃən-|rɔntgénə(ʊ), rʌn-, rəːnt-, rɔ́ntjən-, rʌ́n-, rə́ːn-] = roentgeno-.

ron·yon [rʌ́njən, rán-|rʌ́n-, rɔ́n-] 〘← F *rogne* scab〙 *n.* 《廃》皮癬(ひぜん)にかかった[だらけの]動物.

roo[1] [rúː] 〘← Scand.: cf. Norw. 《方言》*rua*〙 *vt.* 《英》〈羊毛を〉羊から手でむしり取る.

roo[2] [rúː] 〘略〙 *n.* (*pl.* ~**s**) 《豪口語》= kangaroo.

rood [rúːd] 〘OE *rōd* cross ← Gmc **rōd-* (cf. G *Rute*) ← IE **rēt-* post: ⇨ rod〙 — *n.* **1 a** 十字架上のキリスト像《通例 rood beam または rood screen の上に立てたもの》. **b** [the ~] 《古》(キリストが処刑された)十字架: by *the* (holy) *Rood* 十字架にかけて, 十字架に誓って, 神かけて, 確かに. **c** = Holy Rood Day. **2** ルード《長さの単位; 地方によって異なるが $5^1/_2$ yards から 8 yards に相当》. **3** ルード《面積の単位》: **a** = $^1/_4$ acre, 約 1,011.7 m²: Not a ~ remained to him. 彼には猫の額ほどの土地も残らなかった. **b** 1 平方 rod の面積 ($25^1/_3$ m²).

róod àrch *n.* 〘建築〙 **1** 内陣正面仕切り (rood screen) の中央部のアーチ《真上に rood が立つ》. **2** 身廊(nave) と内陣 (chancel) の間の rood 上方の天井アーチ.

róod bèam 〘ME〙 *n.* (教会の)十字架梁(はり)《内陣または聖歌隊席入口の上に渡した横梁で, キリスト十字架像 (holy rood) を支える》.

róod clòth 〘《(15C)》〙 *n.* 十字架掛布《四旬節 (Lent) の間キリスト十字架像 (holy rood) をおおうスミレ色または黒色の布》.

roo·dle [rúːdl] 〘▭ G *Rudel* pack, troop〙 — *n.* [通例 *pl.*] 〘トランプ〙(ポーカーで)ルードル場(ば), ぞろ場《競技者間の取決めにより参加料や賭金の上限を 2 倍にするなど, 高い場にしてプレーする方式の総称; rang doodles または whang doodles ともいう》.

róod lòft 〘《(15C)》〙 *n.* 〘建築〙(教会の)内陣仕切り桟敷(さじき), 内陣桟敷.

róod scrèen *n.* (教会の)内陣正面仕切り《精巧な装飾を施した内陣 (chancel) と身廊 (nave) の間の仕切りで, その真上にキリスト十字架像(holy rood)を立てる》.

róod spìre *n.* 〘建築〙(教会の身廊 (nave) と翼廊 (transept) の交差部分の屋根の上に立つ)尖塔付きの塔 (rood steeple).

róod stàir *n.* rood loft へ通じる階段.

róod stèeple *n.* 〘建築〙= rood spire.

roof [rúːf, rʊ́f|rúːf] 〘*n.*: OE *hrōf* < Gmc **χrōfam* (Du. *roef* cover, cabin) ← IE **krapo-* roof. — *v.*: 《(c1475)》← (n.)〙 — *n.* (*pl.* ~**s** [~s], **rooves** [rúːvz]) **1 a** 屋根. **b** 《比喩》家, 住居: be (left) without a ~ = have no ~ over one's head 住む家がない. **2 a** (形や機能が)屋根のようなもの: under a ~ of foliage 木の葉の茂った下で, 木陰に. **b** (口内の)上顎(うわあご): the ~ of the mouth 上顎, 口蓋(こうがい). **c** = tegmentum. **d** (体の)おおう部分: the ~ of the skull (頭蓋の)頭頂部. **e** (車や飛行機の)おおい, 屋根(上)(top). **3 a** 最高部, 頂部, てっぺん: the ~ of the world 世界の屋根《非常に高い所にある山・山脈・高原など, 特に Everest 山, Himalaya 山脈, Pamir 高原をいう; cf. ceiling 3 b》. **b** 最高限度, 上限. **c** 天空: the ~ of heaven 天空 / this majestical ~ fretted with golden fire 金色の光をちりばめた壮麗な天空 (Shak., *Hamlet* 2. 2. 313). **4** 〘鉱山〙天盤《水平鉱床・坑道などの天井をなす岩盤》.

hit the roof = ***go through the roof*** 《口語》(ひどく)怒り出す, 腹をたてる. ***raise the roof*** 《口語》(1) (屋根が飛ぶほど)大喝采(かっさい)をする, 大騒ぎする. (2) かんかんになって怒る, 騒ぎ立てる. ***under one*** [***the same***] ***roof*** 同じ家[建物]の中で[の]. ***under a person's roof*** 人の家に(泊めてもらって); 人の世話になって.

— *vt.* **1 a** 〈建造物・家などに〉屋根を付ける, 屋根でおおう. **b** 〈屋根〉に屋根材料を載せる; 〈屋根を〉葺(ふ)く 〔*with*〕: the top of a tower ~*ed with* copper 銅葺きの塔の屋根. **2** 屋根のようにおおう, おおう 〈*in, over*〉: Huge trees ~*ed* a gully *in*, and made a night of noon. 巨木が峡谷を屋根のようにおおって日中でも暗かった.

roof·age [rúːfɪdʒ, rʊ́f-|rúːf-] *n.* 屋根材, 屋根葺(ふ)き材料.

róof-bòlt *n.* 〘鉱山〙=rock-bolt.

róof-dèck *n.* (テラスなどとして使われる)屋根の平たい部分.

roofed *adj.* [通例複合語の第2構成素として] …の屋根のある, …屋根の; おおいのある: a ~ wagon 有蓋(ゆうがい)荷車 / flat-*roofed* 平屋根の / thatch-*roofed* 草葺(ぶ)き屋根の / a red-*roofed* cottage 赤屋根の小住宅.

róof·er *n.* **1** 屋根屋, 屋根職人. **2** 屋根葺きに用いる板[材木]. **3** 《英口語》饗応(きょうおう)に対する礼状(Collins).

róof gàrden *n.* **1** 屋上庭園. **2** (高層建築物・ホテルなどの)屋上レストラン.

róof guàrd *n.* =snow guard.

róof héliport *n.* 屋上ヘリポート.

róof·ing 〘(15C)〙 *n.* **1** 屋根葺(ぶ)き. **2** 屋根葺き材料. **3** 屋根. **4** [形容詞的に] 屋根葺き用の: a ~ tile [slate] 屋根瓦(がわら)[スレート].

róofing nàil *n.* 〘建築〙屋根釘《アスファルトルーフィングなどをとめる, 頭が大きく短い釘; ⇨ nail 挿絵》.

róof ìris *n.* 〘植物〙イチハツ (*Iris tectorum*)《日本・中国産》.

róof·less *adj.* **1** 屋根のない. **2** 宿なしの.

róof·lìne *n.* 〘建築〙屋根線《屋根側面の輪郭; 破風(はふ)の輪郭》.

róof prìsm *n.* 〘光学〙屋根型プリズム, ダッハプリズム《屋根型の反射面をもつプリズムで, 像の上下を反転させるアミーチプリズムや一眼レフカメラに用いられる光線の方向を90度曲げるものなどがある》.

róof-ràck *n.* 〘自動車〙ルーフラック, 屋根上荷台.

róof ràt *n.* 〘動物〙エジプトネズミ (*Rattus rattus alexandrinus*)《暖かい地方の建物の上の方に巣を造るクマネズミの変種; 体は灰褐色》.

róof-spòtter *n.* 《英》(民間人の)対空監視人.

róof stày *n.* 〘機械〙(ボイラーの)天井控え.

róof·tòp *n.* 屋根, 屋上: from the ~*s* = *from the* HOUSETOPS. — *adj.* 屋根[屋上]にある[置かれた]: a ~ weathercock / a ~ restaurant.

róof·trèe 〘(15C)〙 *n.* **1** 棟木(むなぎ) (ridgepole). **2** 屋根.

roo·i·nek [rúːɪnèk] 〘□ Afrik. ~ 《原義》red neck〙 *n.* 《アフリカ南部》[通例軽蔑的に] 新来者, イギリス人; (特に)新来移民.

rook[1] [rúk] 〘OE *hrōc* < Gmc **χrōkaz* (Du. *roek* / G *Ruch*) ← IE **ker-* (擬音語)〙 — *n.* **1** 〘鳥類〙ミヤマガラス (*Corvus frugilegus*)《群居性で樹木や建物の付近に巣を造る; ユーラシア産で日本にも来る》. **2** (遊び事で)ペテン師, いかさま師. — *vt.* **1** 〈相手を〉ごまかす, だます. **2** 〈客〉に不当な値段を吹っ掛ける.

rook[2] [rúk] 〘(*a*1300) *rok(e)* □ OF *roc(k)* □ Arab. *rukhkh* □ Pers. *rukh*〙 — *n.* 〘チェス〙ルーク《縦と横に自由に動く城塔形の駒; 日本の将棋の飛車に当たる; castle ともいう; 略 R; ⇨ chess[1] 挿絵》.

rook·er·y [rúkəri | -ri] 〘← ROOK[1]+-ERY〙 — *n.* **1** ミヤマガラス (rook) の雑居[繁殖]する所[森]; ミヤマガラスの群. **2** (ペンギン・アザラシなどの)繁殖所; (ペンギンなどの)群: a penguin ~. **3** (同類の人・物の)集まり, 集まる所. **4** (多くの人が住んだ昔の)安アパート; (特に)貧民窟(くつ), スラム.

rook·ie [rúki | -ki] 〘(転訛) ← RECRUIT: cf. -ie〙 *n.* 《俗》 **1** 新兵; 新参者, 新米. **2** 《米》(プロチームなどの)新人選手, ルーキー.

róok-rìfle *n.* ミヤマガラスを撃つのに用いるライフル銃.

rook·y[1] [rúki | -ki] *adj.* (**rook·i·er**; **-i·est**) ミヤマガラスのすむ[多い, 群居する].

rook·y[2] [rúki | -ki] *n.* 《俗》=rookie.

room [rúːm, rúm] 〘OE *rūm* < Gmc **rūmaz* (Du. *ruim* / G *Raum*) ← (adj.) 'spacious' (OE *rūm* roomy / ON *rūmr*) ← IE **rewə-*, **rū-* space (L *rūs*, *rūris* open land, the country)〙 — *n.* **1 a** 部屋, 室, 間(ま): an upper ~ 屋根裏部屋 / ⇨ dining room, rest room, strong room. **b** [*pl.*] (一組の)室, 部屋; 下宿部屋, 借間: Come to my ~*s*. うち[私の所]へ来なさい / take ~*s* at the seaside for the holidays 休暇中海岸で部屋を借りる. ★《英》ではこの語単独では [rúːm] を用いるが, classroom のような複合語では [rùm] を用いる人もある. **2** [通例 the ~; 集合的] 室内にいる人々; 集合した人々, 会合した仲間: set *the* whole ~ in a roar 満座[部屋中]の人々を大笑いさせる. **3** (人・物などの占める)場所, 空間, 余地 (space): The table takes up too much ~. このテーブルは余りに場所を取り過ぎる / We have no ~ here *for* idlers. ここには怠け者などを入れる余地はない / There is no [not (enough)] ~ *to* swing a cat (in). 《口語》ねこを振り回すだけの余地もない, 全く狭苦しい / I would rather have his ~ than his company. 彼のいない方がずっといい / *Room for* the man! 《古》その男のために道を明けてやれ. **4 a** (…する)機会, 余地 〔*for*〕/〈*to* do〉: leave ~ *for* evasion 言抜けの余地を残しておく / There is great [much] ~ *for* improvement. 改善の余地が十分ある / There is no ~ *for* complaint [compromise, hope]. 不平を言うべき[妥協の, 希望を抱く]余地がない / leave no ~ *for* doubt 疑いを容れる余地をなくす. **b** 〔…の〕能力〔*for*〕: have no ~ *for* study 勉強する能力がない. **5** 《廃》地位, 身分. **6** 〘鉱山〙採掘場, 切羽(きりは), 切場(きりば)《breast, stall ともいう》.

in a person's room 《古》人に代わって. ***in the room of*** 《古》…の代わりに: eat fish *in the* ~ *of* meat 肉の代わりに魚を食う. ***leave the room*** 《口語》トイレに行く. ***make room*** (1) (通る)道を明ける; 席[場所]を明ける; (時間的に)都合をつける〔*for*〕. (2) 地位を譲る, 退く〔*for*〕. ***room and board*** 賄い付き貸間 (cf. table-board 1).

— 《米》 *vi.* 止宿[下宿, 寄寓]する, 室を占める〔*at*, *with*〕: ~ *at* a place ある場所に止宿する / ~ *with* a person 人と同宿する / ~ together 同宿する. — *vt.* **1** 〈客を〉泊める; 〈客などを〉部屋に案内する. **2** 〈下宿人・テナントを〉に部屋を貸す.

róom-and-píllar *adj.* 〘鉱山〙柱房法の《採鉱のとき, 先ず房 (bord) を掘り進めて鉱柱 (pillar) を残し, 次に鉱柱を掘り取って進んで行く方法にいう; bord-and-pillar ともいう》.

róom clèrk *n.* 客室係《ホテルで部屋の割当てを担当する係》.

róom divìder *n.* 間仕切り家具《部屋を仕切るためのテーブル・椅子・ついたてなど》.

roomed *adj.* [通例複合語の第2構成素として] …の室のある: a ten-*roomed* house 10室ある家.

róom·er *n.* 《米》間借り人, (特に, 賄いなしの)止宿者.

room·ette [ruːmét, rʊm-] 〘← ROOM+-ETTE〙 *n.* **1** (寄宿舎などの)小部屋. **2** 《米》(寝台車の)個室.

room·ful [rúːmfʊ̀l, rúm-] *n.* **1** 部屋一杯: a ~ *of* people [books] 部屋一杯の人達[本]. **2** [集合的] 満座[列席]の人々; 部屋一杯のもの[品物]: the whole ~ 満座の人々.

room·ie [rúːmi, rúmi | -mɪ] *n.* 《米口語》=roommate.

róom·ing hòuse *n.* 《米》下宿屋 (lodging house).

róoming-ìn *n.* 母子同室育児《病院で新生児を乳児室に置かず母親の近くのベッドで育てること》.

róom·màte *n.* 同宿[室]者, ルームメイト.

róom sèrvice *n.* **1** (ホテルなどで部屋に食物を運ぶ)ルームサービス. **2** ルームサービス部[係].

róom tèmperature *n.* (通常の)室温《20°C 前後》.

room·y[1] [rúːmi, rúmi | -mɪ] *adj.* (**more ~, most ~; room·i·er, -i·est**) **1** 部屋数の多い; 広い: a ~ closet 広い戸棚. **2** 〈雌の動物が〉繁殖に適する大きな均勢のとれた体をした: a ~ mare. **róom·i·ly** [-mɪli, -mə- | -lɪ] *adv.* **róom·i·ness** *n.*

room·y[2] [rúːmi, rúmi | -mɪ] *n.* 《米口語》=roomie.

roor·back [rúəbæk | rúə-] 〘← *Baron von Roorback* (1844年の大統領選挙の候補者 J. K. Polk を中傷した *Roorback's Tour through the Western and Southern States* の著者と称する架空の人物名)〙 — *n.* (*also* **roor·bach** [~]) 《米》(選挙前などの政敵に対する)中傷, 悪口, 中傷的流言.

roose [rúːz] 〘*n.*: ME *ros* □ ON *hrōs*. — *v.*: ME *rose(n)* □ ON *hrōs-a* to praise〙《スコット》 *n.* **1** 賞賛. **2** 自慢. — *vt.* 賞める, 賞めそやす.

Roo·se·velt [róuzəvèlt, rúː-, -vèlt | ráuzəvèlt, rúːs-velt], **(Anna) Eleanor** *n.* (1884–1962) 米国の著述家・社会事業家; Franklin D. Roosevelt の妻.

Roosevelt, Franklin Del·a·no [délənòu | -nàu] *n.* (1882–1945) 米国の政治家; 第32代大統領 (1933–45); New Deal 政策をとった (略 F.D.R.).

Roo·se·velt [róuzəvèlt, rúː-, -vèlt | ráuzəvèlt, rúːs-velt], **Rio** [ríːou | ríːəu, ríːau] *n.* [the ~] ルーズベルト(川)《ブラジル西部に発し Madeira 川に合流する川 (640 km); 1914年 Theodore Roosevelt が探検; 旧名 Rio da Dúvida [ʁíudadúvida]》.

Roosevelt, Theodore *n.* (1858–1919) 米国の政治家; 第26代大統領 (1901–09); Nobel 平和賞 (1906) (cf. rough rider 2).

Róosevelt Dám *n.* [(the) ~] ルーズベルトダム《米国 Arizona 州中部, Salt 川にあるダム; 高さ 87 m, 長さ 330 m》.

Roo·se·velt·i·an [ròuzəvéltiən, rouzvél- | ràuzəvél-tiən, ruːsvél-, -tjən] *adj.* **1** Theodore Roosevelt (の主義, 見解, 政策)の[に関する, を支持する]. **2** Franklin Roosevelt (の主義, 見解, 政策)の[に関する, を支持する].

roost[1] [rúːst] 〘OE *hrōst* ← ? Gmc **χrō(d)-st-* (Du. *roest*) ← IE **kred-* framework, timberwork〙 — *n.* **1 a** (鳥の)止まり木. **b** ねぐら. **c** 鶏舎; (鶏舎の中の)鶏の寝る場所. **2** [集合的] 止まり木に止まっている一群の鳥, ねぐらの鳥. **3** (人の)休み場所, 寝所; 宿.

at roost (1) 〈鳥が〉ねぐらについて. (2) 〈人が〉休んで, 眠って. ***come home to roost*** 〈呪い・企みなどが〉本人の所へ戻る; 身から出たさびとなる; Curses(, like chickens,) *come home to* ~. 《諺》呪いは呪い主に返る,「人を呪わば穴二つ」. ***go to roost*** (1) 〈鳥が〉ねぐらに帰る. (2) 〈人が〉休む, 寝る. ***rule the roost*** = *rule the* ROAST.

— *vi.* **1** 止まり木に止まる, ねぐらにつく. **2** すわる, 着席する. **3** 〈人が〉宿る, 泊る; 一夜を過ごす. — *vt.* **1** …に止まり木[ねぐら]を与える. **2** 泊める.

roost[2] [rúːst] 〘□ ON *rǫst* (Norw. *røst*)〙 *n.* (スコットランド Orkney 諸島, Shetland 諸島近くの)激しい潮流.

roost·er [rúːstə, rús- | rúːstə(r)] 〘(1772) ← ROOST[1]+-ER[1]〙 *n.* **1** 《米》 **a** 雄鶏(おんどり). **b** 鳥の雄. **2** 《口語》威張った男, 気取った男. **3** 〘魚類〙=roosterfish.

róoster·fish *n.* 〘魚類〙北米太平洋岸産アジ科の海魚 (*Nematistius pectoralis*)《papagallo ともいう》.

root[1] [rúːt, rút | rúːt] 〘*n.*: lateOE *rōt* □ ON ← Gmc **wrōt-* (OE *wyrt* 'WORT[1]') ← IE **w(e)rād-* branch, root (L *rādix* 'RADIX' & *rāmus* 'RAMUS' / Gk *rhíza* 'RHIZO-'). — *v.*: (?*a*1200) ← (n.)〙 — *n.* **1 a** 根《通俗には地下茎・根茎・塊茎・球根などをも含む; cf. stock[2] 1, top[1] *n.* 2 b》. **b** [*pl.*]《英》根菜類 (root crops). **c** [*pl.*] 〘植物〙枝分かれした根, ひげ根. **2 a** 根状のもの. **b** (歯・毛・爪などの)根. **c** (神経の)根. **d** (舌・耳・翼・指・毛などの)付け根, 根元: blush to the ~*s* of one's hair 耳の付け根まで真っ赤になる. **3 a** [*pl.*] (海などの)底; (山などの)麓(ふもと). **b** 他の物に付着している部分: the ~ of a gem 宝石(特に緑玉)の根《他の石に付着していた部分》. **4 a** 根源, (根本的)原因: The love of money is the ~ of all evil. 金を愛するはもろもろの悪しきことの根なり (*1 Tim.* 6:10) / War has its ~(*s*) in selfishness. 戦争の根源は私欲である. **b** [通例 the ~] 根底, 根本, 基礎, 核心: at (*the*) ~ 根本において / be [lie] at *the* ~ of …の根本にある / ⇨ *the* ROOT *of the matter*. **c** [集合的にも用いて] 始祖, 祖先: the ~ and father of many kings 歴代国王の祖先であり祖父 (Shak., *Macbeth* 3. 1. 5). **d** 〘聖書〙子孫, 後裔(こうえい). **5** [*pl.*] **a** 人の生れ育った環境[文化], (精神的な)故郷(ふるさと): Nursery tales are often the ~*s* of grown-up people. おとぎ話が大人の心の故郷となっている場合が多い. **b** (土地・習慣・時代・祖国などとの)結びつき, 愛着: The ~*s* connecting them with the prewar days have been lost. 彼らと戦前の時代との結びつきは失われてしまった. **6** 《俗》(尻などへの)一蹴り. **7** 〘言語〙 **a** (派生語などの)語根《loving, loved, lovely などに対する love; cf. base[2] 13》. **b** (共通基語の)語根, 語基《語の中核的意味を表わしそれ以上分析できない究極要素; 記号 √ または星印 (*) をつけて表わす; 例えば water の語根は Gmc √ wat-, *wat-, IE √ wed-, *wed-》. **8** 〘音楽〙(和音の)根音, 基礎音. **9** 〘数学〙 **a** 根, (累)乗根, 根数: a cubic [second, square] ~ 立方[平方]根 / an even [odd] ~ 偶[奇]数乗根 / The cube [third] ~ of 27 (i.e. $\sqrt[3]{27}$) is 3. 27の立方根は3 / The square [second] ~ of 4 is 2. 4の平方根は2《略して The root of 4 または Root 4 と言い, 記号で $\sqrt{4}$ と表わす》/ $\sqrt{3}$ is irrational. 3の平方根は無理数である. **b** (方程式の)根, 解. **10 a** 〘天文〙(諸現象の)起算時点. **b** 〘占星〙(誕生日・惑星の位置など人の運命を計出するための)起算時点. **11** 〘金属加工〙ルート, 底《溶着金属の底と母材の交点》. **12** 〘機械〙 **a** (ねじの)谷底 (cf. crest 8, flank 6 a). **b** (歯車の)歯元 (cf. flank 6 b). **13** 〘造船〙ルート《両板を溶接する時, 両板端が斜になっているために作られる V 字型の溝の最下部; bosom ともいう》.

by the root(s) 根こそぎ: dig [pull, pluck] up a tree *by the* ~*s* 木を根こそぎにする / pull up [tear out] the evil *by the* ~*s* 悪を根絶する. ***pull up** one's **roots*** (長年の)住居[職業]を変える. ***put down roots*** (1) 〈植物が〉根付く. (2) 居[生活の根拠]を構える, (一家を構えて)落ち着く: *put down* new ~*s* (居を移して, 職を変えて)新しく根を降ろす, 新しい地盤を作る. ***root and branch*** 完全に, すっかり: eliminate an error ~ *and branch* 誤りを完全に除去する. ***strike at the root(s) of*** …の根底を破壊しようとする: *strike at the* ~ *of* vices [evils] 諸悪の根源を打ち破ろうとする. ***take* [*strike*] *root*** (1) 根が付く. (2) 定着する, 落ち着く: His teaching *struck* ~ deeply in the hearts of his disciples. 彼の教えは深く弟子たちの心に染み込んだ. ***the root of the matter*** 〘(なぞり) ← Heb. *shōreš dābār* (*Job* 19:28)〙事の根[根源], 本質: go [get] to *the* ~ *of the matter* 事の本質[核心]をつかむ / He has *the* ~ *of the matter* in him. 彼は性根がしっかりしている.

root of unity 〘数学〙1の累乗根《$x^n=1$ を満たすような実数または複素数》.

— *vt.* **1** 〈植物などを〉根付かせる, …の根を降ろさせる. **2 a** 根深く植え付ける, 強く染み込ませる: ~ a principle in the mind 主義を心に植え付ける. **b** 動かぬようにする, 固着させる, 縛りつける, (その場に)釘付けにする, 定着させる: Terror ~*ed* him to the spot. 恐怖のためにそこから動けなくなった / She stood there ~*ed* like a plant. 彼女は根が生えたようにその場にじっと立っていた. **3** 〈植物・思想・信仰などの〉根を抜く, 根こぎにする; 根絶する〈*out*〉: ~ *out* evils. **4** 《詩》〔大地から〕引き抜く, むしり取る〔*from*〕. — *vi.* **1** 根付く, 根を降ろす. **2** 動かないようになる, 固着する, 定着する. **3** 〔…に〕起源をもつ〔*in*〕: The crime ~*ed in* his pride. その犯罪は彼の高慢に端を発していた.

— ***attrib. adj.*** 根の[に関する]; 根本の: the ~ cause 根本的原因 / a ~ idea 根本観念 / a ~ fallacy 根本的な誤謬(ごびゅう).

~·lìke *adj.*

root[2] [rúːt, rút | rúːt] 〘(1538) (↑ と連想) ← (古形) *wroot* < OE *wrōtan* ← Gmc **wrōt-* (OE *wrōt* snout / G *Rüssel*) ← ? IE **rēd-* to gnaw (L *rōdere* to gnaw)〙 — *vt.* **1** 〈豚などが〉鼻で掘る, 鼻で掘り出す; 鼻で引っくり返す〈*up*〉. **2** 捜す, 捜し出す, ほじくり出す〈*out*〉: The cats ~*ed* the fishbones *out*. 猫が魚の骨を掘り出した. **3** 狩り回る〈*up*〉. — *vi.* **1** 〈豚などが〉鼻で地を掘る, 鼻で地を掘って食べ物を捜す〈*about*〉. **2** (物を捜して)かき回す〈*about*〉〔*among*, *in*〕: ~ *about in* a drawer 引出しの中をかき回す.

root[3] [rúːt, rút | rúːt] 〘← 《廃》*rout* to shout, roar □ ON *rauta*〙 — *vi.* 《米口語》 **1** 応援する, 声援する〔*for*〕: ~ *for* one's team. **2** 〔人・物を〕精神的に支持する, 精神的支援を与える〔*for*〕.

Root [rúːt, rút | rúːt], **Elihu** *n.* (1845–1937) 米国の弁護士・政治家; 国務長官 (1905–09); Nobel 平和賞 (1912).

root·age [rúːtɪdʒ, rút- | rúːt-] *n.* **1** 根付くこと; 根付いていること, 定着(していること). **2** 根《一植物の根全体をいう》. **3** 根源, 原因.

róot bèer *n.* ((米)) ルートビヤー((サルサ根・サッサフラス根などから取った汁を発酵させて造った清涼飲料; cf. beer 2)).

róot bòrer *n.* 〘昆虫〙根食い虫((植物の根に孔(あな)をあける昆虫やその幼虫; ブドウなどの害虫のカミキリムシ科のノコギリカミキリの一種 *Prionus laticollis* やスカシバガ科ブドウスカシバ属の *Paranthrene polistiformis* など)).

róot canàl *n.* 〘歯科〙(歯)根管.

róot canàl thèrapy [trèatment] *n.* 〘歯科〙根管治療((endodontia の一部)).

róot càp *n.* 〘植物〙根冠((根の先端の生長点を包む部分)).

róot cèllar *n.* ((半)地下の))根菜類貯蔵室.

róot chòrd *n.* 〘航空〙翼付根の翼弦((通例翼の前後縁の延長が胴体中心線と交わった 2 点を結ぶ仮想の線)).

róot cìrcle *n.* 〘機械〙=dedendum circle.

róot clìmber *n.* 〘植物〙付着根攀縁(はんえん)植物((ツタのように茎から不定根を出し他物に付着してよじ登る植物)).

róot cròp *n.* 根菜((砂糖大根・カブ・ニンジン・ジャガイモなど; cf. green crop, white crop)).

róot divìsion *n.* 〘園芸〙根分け((株分けの一種; 塊根や地表近くの茎 (crown) を分ける)).

róot·ed [-tɪd, -təd | -tɪd, -təd] 〘ME〙 — *adj.* **1** 根付いた, …に根を降ろした: a theater-*rooted* filmmaker 演劇畑出身の映画監督. **2** 根深い, 根強い, 深く染み込んだ, 定着した: a deeply ～ prejudice 根強い偏見 / a ～ dislike 根深い嫌悪. **3** 〘歯科〙〈歯が〉根で歯槽骨に付着した. **～·ly** *adv.* **～·ness** *n.*

róot·er[1] [-tə | -tə(r] *n.* **1** 鼻で地面を掘る動物. **2** 〘魚類〙=black buffalo. **3** 〘土木〙ルーター((下向きの大きなつめをもった被牽引土木機械; 硬い土や舗装を掘り起こすのに適する)).

róot·er[2] [-tə | -tə(r] 〘⇨ root[3]〙 *n.* ((米口語)) **1** 応援者. **2** 支持者, 支援者.

root·er·y [rúːtəri, rʊ́t- | rúːtərɪ] 〘← ROOT[1] (n.)+-ERY〙 *n.* 樹木の大きな根で造った築山((根の間に土を入れてシダ類などを植え付ける)).

róot flỳ *n.* 〘昆虫〙=cabbage fly.

róot fùngus *n.* 〘植物〙根生菌((高等植物の根に寄生, 腐生または共生する菌類)).

róot gràft *n.* 〘園芸〙 **1** 根接ぎ((根を台木として用いる接木法; cf. crown graft, topworking)). **2** 根接ぎした植物. **3** 異なる植物の根同士が自然条件下で癒合する現象.

róot hàir *n.* 〘植物〙根毛.

róot·hòld *n.* **1** 根付き. **2** 根付く場所.

róot knòt *n.* 〘植物病理〙根瘤(こぶ)病.

róot-knòt nématode *n.* 〘動物〙根瘤(こぶ)線虫((Heteroderidae 科 *Meloidogyne* 属に属する線虫類で, 植物の根に寄生し瘤をつくる)).

roo·tle [rúːtl | -tl] 〘← ROOT[2]+-LE[3]〙 *v.* ((英)) =root[2].

róot·less 〘ME *rooteles*〙 *adj.* **1** 根のない. **2** 根無し草の: a ～ fellow. **～·ness** *n.*

root·let [rúːtlɪt, rʊ́t-, -lət | rúːt-] *n.* 〘植物〙 **1** 小根, 幼根, 細根 (radicel). **2** 仮根 (rhizoid).

róot màggot *n.* 〘昆虫〙根食い虫((タマナバエ (cabbage fly) などの幼虫)).

róot-méan-squáre *n.* 〘数学〙二乗平均の平方根((いくつかの数の平方の平均値の平方根; 略 rms, r.m.s., RMS)).

róot-méan-squáre vàlue *n.* 〘電気〙二乗平均平方根((r.m.s. value とも略記する; ⇨ effective value)).

róot nòdule *n.* 〘植物〙根粒.

róot posìtion *n.* 〘音楽〙基本位置((根音が低音部に置かれた和音の形)).

róot prèssure *n.* 〘植物〙根圧((根から水分を押し上げる浸透圧)).

róot ròt *n.* 〘植物病理〙根腐れ病.

róot sìgn *n.* 〘数学〙=radical sign.

róot·stàlk *n.* 〘植物〙根茎 (rhizome).

róot·stòck *n.* **1** 〘植物〙根茎 (rhizome). **2** 〘園芸〙(接ぎ木の)台木. **3** 根源, 起源.

róot·wòrm *n.* **1** 〘昆虫〙根食い虫((植物の根を食う種々の昆虫の幼虫; corn rootworm など)). **2** 〘動物〙ネクイムシ((植物の根に害を与える線虫; テンサイに大被害を与える *Heterodera schachtii* など)).

root·y [rúːti, rʊ́ti | rúːtɪ] 〘((15C))〙 *adj.* (**root·i·er**; **-i·est**) **1** 根の多い. **2** 根のような, 根状の. **róot·i·ness** *n.*

roove [ruːv] *n.* 〘造船〙=rove[3] 1.

rooves *n.* roof の複数形.

R.O.P. ((略)) 〘畜産〙record-of-production 〈乳牛・ニワトリなどが〉平均生産量合格の; 〘広告〙run of paper 新聞社の都合でどこの欄に広告を掲載してもよいという指示; 〘広告〙run of press 紙のあるだけ印刷するようにとの指示.

rop·a·ble [róupəbl | rə́up-] *adj.* **1** 縛ることができる. **2** ((豪俗))〈人が〉怒り狂った, 不機嫌な.

rope [róup | rə́up] 〘OE *rāp* < Gmc **raipaz* (Du. *reep* / G *Reif*) ← IE **rei-* to scratch, tear, cut: cf. river[1]〙 — *n.* **1** 縄, 綱, ロープ((通例, 周囲 1 インチ以上, または直径 ¼ インチないし 5 インチまでの繊維・鋼線などで縒(よ)って作った丈夫で太いもの; または紐状の細長いもの; cf. cable, cord)): Name not a ～ in his house that hanged himself. ((諺)) 首つり人のあった家でなわの話をするな; cf. 「病人の前で死人の話をするな」. **2 a** (動物などをつなぐ)縄. **b** (登山者用)ロープ, ザイル. **c** ((米)) (カウボーイの)投げ縄, 輪縄 (lasso). **d** 綱渡りのロープ. **e** [*pl.*] (ボクシングのリングなどの)囲い綱, 綱張り, ロープ. **3 a** (縄・紐などでつないだ物の)ひとつなぎ, ひと下げ: a ～ of pearls [onions] ひとつなぎの真珠[玉ねぎ]. **b** ザイルで体をつなぎ合った登山者たち. **4** (あめ・練り粉などに生じる)糸状の粘質物, 糸. **5** [the ～] **a** 絞首索. **b** 絞首刑. **6** 自由(の範囲): give a person (plenty of) ～ 人に(十分な)勝手を許す, 随意にさせる / Give a thief ～ enough and he'll hang himself. ((諺)) 泥棒[悪いやつ]にはしたい放題のことをやらせておけばいつかは自滅する. **7** [the ～s] (仕事などの)こつ, 秘訣(ひけつ): learn [show a person] *the ～s* 仕方を学ぶ[教える], こつを覚える[教える] / put a person (up) to *the ～s* こつ[仕方]を教える / ⇨ *know the* ROPES. **8** 〘建築〙縄飾り.

a rope of sand 薄弱な結びつき, 頼むに足らないもの. ***dance on a rope*** ⇨ dance *v.* 成句. ***jump* [*skip*] *rope*** なわ跳びをする. ***know the ropes*** 内部の事情に明るい, こつを心得ている; 世慣れている (cf. 7). ***money for old rope*** ⇨ money 成句. ***on the* [*one's*] *high ropes*** 〘綱渡り芸人が観客を見下(みお)ろすことから〙((口語)) 得意になって; 傲慢(ごうまん)な, 威張って. ***on the rope*** 〈登山者が〉ザイルで身体をつなぎ合って. ***on the ropes*** (1) 〘ボクシング〙グロッギー[ふらふら]の状態でロープにもたれて. (2) ((口語)) 全く窮して, 困って. ***the end of one's rope*** ⇨ end[1] 成句.

— *vt.* **1 a** 縄[綱, ロープ]で縛る[くくる, 結ぶ]〈*up*〉: ～ a box 箱に縄を掛ける / ～ a robber *to* a tree 泥棒を木に縛りつける / The robbers *～d* her feet together. 泥棒どもは彼女の両足を縛り上げた. **b** 〘登山〙〈登山者を〉ザイルでつなぎ合わせる, アンザイレンする〈*up*〉. **c** ((米)) 投げ縄[輪縄]で捕える. **2** 縄[ロープ]で囲う[仕切る], 縄張りする〈*away, in, off, out*〉: ～ *off* the arena ロープで闘技場を仕切る. **3** ((口語)) **a** 誘い[つり]込む, 引き入れる〈*in*〉/〔*into*〕: I was *～d in to* help them. 彼らを手伝うために引き入れられた. **b** だます, たらし込む〈*in*〉. **4** 〘海事〙(縁索 (boltrope) を縁に縫いつけて)〈帆を〉補強する. **5** ((英)) 〘競馬〙(わざと負けるように)〈馬を〉遅く走らす, 引っぱる.

— *vi.* **1** 〈あめ・シロップなどが〉ねばねばになる, 糸を引く: Syrup *～s* when you lift it with a spoon. シロップはさじですくうと糸を引く. **2** [～ up として] 〘登山〙ザイルで体をつなぎ合う, アンザイレンする. **3** ((英)) 〘競馬〙(わざと負けるように)馬の速度を緩める, 引っぱる.

rope down ロープを使って降りる. ***rope up*** (1) ⇨ *vt.* 1 a, b, *vi.* 2. (2) ロープを使ってよじ登る.

rope·a·ble [róupəbl | rə́up-] *adj.* =ropable.

rópe·dàncer *n.* 綱渡り芸人 (tightrope dancer) (cf. wiredancer).

rópe·dàncing *n.* 綱渡り(芸).

rópe làdder *n.* 縄ばしご.

rópe·màking *n.* 縄製造, 製綱(法).

rópe·man·shìp [-mən-] *n.* 綱渡り技術; 綱登り技術.

rópe mòlding *n.* 〘建築〙縄形繰形.

rópe-quòit *n.* 縄製の投げ輪((デッキ輪投げ (deck quoits) に用いる)).

róp·er 〘ME〙 — *n.* **1** 縄[ロープ]を作る人; 縄[ロープ]作り機を動かす人. **2** ((米)) (輪縄 (lasso) で牛馬を捕える)カウボーイ. **3 a** (賭場(とば)へ人をつり込む)おとり. **b** おとり刑事. **c** スト破り仕掛人.

rópe ràce *n.* 〘機械〙綱溝((綱車などでロープの通る溝)).

rópe ràilway *n.* =ropeway.

rop·er·y [róup(ə)ri | rə́upərɪ] 〘ME〙 *n.* **1** 縄[ロープ]製造所. **2** ((古)) いたずら, 悪ふざけ.

rópe's-ènd *vt.* 縄むちで打つ.

rópe's ènd 〘((15C))〙 *n.* **1** (処罰用の)縄むち, (特に, もと水夫の処罰に用いた笞刑用の)短いロープ: give a person a ～ 人を縄むちで打つ. **2** 絞首索 (halter).

rópe slìng *n.* 〘海事〙ロープスリング((ロープの輪で, 荷物を吊りあげる時の吊り索)).

rópe stitch *n.* 〘服飾〙ロープステッチ((ブランケットステッチ (blanket stitch) の針目をつめて短く刺す刺繍の一種)).

rópe tòw *n.* ロープトウ (⇨ ski tow 1).

rópe wàlk *n.* **1** 縄[ロープ]製造所((ロープ職人が往復してロープを作る長廊)). **2** 縄[ロープ]工場((ロープ製作用の長廊[往復路]のある細長い建物)).

rópe·wàlker *n.* =ropedancer.

rópe-wàlking *n.* =ropedancing.

rópe·wày *n.* ロープウェー; 空中索道 (cableway).

rópe·wòrk *n.* **1** ロープ製造工場. **2** 製綱[縄ない]法. **3** (ロープで作った)結節 (knot); ロープを編んで作ったもの((足場など)).

rop·ey [róupi | rə́upɪ] *adj.* (**rop·i·er**; **-i·est**) =ropy.

rópe yàrd *n.* =rope walk 1.

rópe yàrn *n.* **1** (縄の)もと子((それをより合わせて縄にする)). **2** つまらぬもの.

róp·ing *n.* **1** [集合的] 索類, 綱具類. **2** 〘海事〙=boltrope 1.

rop·y [róupi | rə́upi] 〘((15C))〙 — *adj.* (**rop·i·er**; **-i·est**) **1** 〈液体など〉ねばねばする, 〈パンなど〉糸を引く, 粘着性の. **2 a** 縄[ロープ]のような. **b** 綱[ロープ]のように強い; 筋ばった, 筋骨たくましい. **3** ((口語)) 品質の悪い, 劣った: a ～ suit. **róp·i·ness** *n.*

roque [róuk | rə́uk] 〘((変形)) ← CROQUET〙 *n.* ((米)) croquet の一種.

Roque·fort [róukfət | rɔ́kfɔː(r; *F.* rɔkfɔːr] 〘南フランスの産地名〙 *n.* 〘商標〙ロクフォール(チーズ)((風味の強い, 羊乳から作った青カビチーズ)).

ro·que·laure [ròukəlɔ́ə, ràk-, -lóə, ⌐⌐⌐ | rɔ́kəlɔː(r; *F.* rɔklɔːr] 〘((1716)) ▭ F ～ ← *Duc de Roquelaure* (1656–1738: フランスの陸軍元帥)〙 — *n.* ロックロール((18–19 世紀初頭の膝丈の男性用外套(がいとう)[マント])).

ro·quet [roukéɪ | rə́ukɪ, -keɪ] 〘((1862)) ((変形)) ← CROQUET〙 〘クロッケー〙 — *v.* (～**ed** [～d]; ～**·ing** [～ɪŋ]) — *vt.* 自分の球を〈相手の球〉に当てる; 〈球が〉〈他の球〉に当たる. — *vi.* 他の球に当たる[当てる]. — *n.* 自分の球を相手の球に当てること((これによってもう一回続けて打つ, あるいは croquet 2 を行なうなどの選択権を与えられる)).

ro·ral [rɔ́ːrəl, rɔ́ːr- | rɔ́ːr-] 〘⇨ ↓, -al[1]〙 *adj.* ((古)) =roric.

ro·ric [rɔ́ːrɪk, rɔ́ːr- | rɔ́ːr-] 〘← L *rōr-*, *rōs* dew+-IC[1]〙 *adj.* 露の[に関する]; 露にぬれた (dewy).

Ro-Ro [róurou | rə́urəu] ((略)) 〘海事〙roll-on roll-off ローロー船 (ro-ro ship).

ró-ro shìp [róurou- | rə́urəu-] 〘← *ro*(*ll-on*) *ro*(*ll-off*) *ship*〙 *n.* 〘海事〙ローロー船((貨物を積んだトラック・トレーラーなどを運ぶフェリー式貨物船)).

ror·qual [rɔ́ːəkwəl, -kwɔːl | rɔ́ː-] 〘((1827)) ▭ F ～ ▭ Norw. *røyrkval* ((原義)) red whale〙 *n.* 〘動物〙=finback.

Ror·schach [rɔ́əʃɑːk | rɔ́ː-; *G.* róːʁʃax, rɔ́r-] 〘↓〙 〘心理〙 — *adj.* **1** ロールシャッハ検査(法)の[に関する, による], ロールシャッハ検査用の: ⇨ Rorschach test. **2** ロールシャッハ検査に熟達した: a ～ psychologist. — *n.* =Rorschach test.

Rórschach tèst 〘← *Hermann Rorschach* (1884–1922: この方法を考案したスイスの精神病学者)〙 — *n.* 〘心理〙ロールシャッハ検査((不明瞭なインクのしみのような, 色々に解釈できる 10 個の図形を示し, それを自由に解釈させて人の性格を検査する心理診断の一方法; Rorschach inkblot test ともいう)).

rort [rɔət | rɔːt] 〘((逆成)) ?: ↓〙 *n.* ((豪)) 計略.

ror·ty [rɔ́əti | rɔ́ːtɪ] 〘← ?〙 *adj.* (**ror·ti·er**; **-ti·est**) **1** ((英俗)) 愉快な, 楽しい: We had a ～ time. 愉快だった. **2** 娯楽好きな, 刺激を好む.

Ro·ry [rɔ́ːri, róːri | rɔ́ːrɪ] 〘▭ Ir. ～ ← Gael. *Ruaidhri* Red King, ((原義)) man whose spirit was as flamboyant as his hair〙 *n.* 男性名.

Ros. ((略)) Roscommon.

Ro·sa [róuzə | rə́u-; *F.* roza, *G.* róːza] 〘▭ L ～: ⇨ rose[2]〙 *n.* 女性名.

Ro·sa [róuzə | rə́u-; *It.* rɔ́ːza], **Mon·te** [mɑ́unti, mɑ́n- | mɔ́ntɪ; *It.* mónte] *n.* モンテローザ, ローザ山((スイスとイタリアの国境, Pennine Alps 中の山で, Alps 山脈中第二の高峰 (4,638 m))).

Ro·sa [róuzə | rə́u-; *It.* róːza], **Sal·va·tor** [sàlvatór] *n.* ローザ((1615–73; イタリア バロックの画家)).

Ro·sa·bel [róuzəbèl | rə́u-] 〘← ROSE: Christabel にならった造語〙 *n.* 女性名.

ro·sace [rouzéɪs, -zɑ́ːs | rə́uzeɪs] 〘▭ F ～ ← *rose* < L *rosam* 'ROSE[2]'〙 *n.* **1** ばら花形飾り; ばら花形意匠. **2** ばら形窓.

ro·sa·ce·a [rouzéɪʃiə | rəuzéɪʃɪə] 〘← NL ～ (fem.) ← L *rosāceus* of rose: ⇨ rose[2], -aceous〙 *n.* 〘病理〙酒皶(しゅさ) (cf. acne rosacea).

Ro·sa·ce·ae [rouzéɪsiiː | rəu-] 〘← NL ～ ← *Rosa* (属名: ⇨ rose[2])+-ACEAE〙 *n. pl.* 〘植物〙バラ科.

ro·sa·ceous [rouzéɪʃəs | rəu-] 〘((1731)) ▭ L *rosāceus*: ⇨ rose[2], -aceous〙 *adj.* **1** 〘植物〙バラ科の[に関する]. **2** (バラのように)五弁の. **3** ばらのような; ばら色の.

Ro·sa·les [rouzéɪliːz | rəu-] 〘← NL ～: ⇨ rose[2], -ales〙 *n. pl.* 〘植物〙バラ目.

ro·sa·lia [rouzɑ́ːljə | rəu-; *It.* rozáːlja] 〘▭ It. ～ ← *Rosalia* (この種の反復旋律をもつ古謡の冒頭の語): ↓〙 — *n.* 〘音楽〙ロザリア((短い楽句を音程関係を変えずに 1 度ずり上げて繰り返す反復進行)).

Ro·sa·li·a [rouzéɪliə, -ljə | rəuzéɪljə, -lɪə] 〘▭ L ～ (↓)〙 *n.* 女性名.

Ro·sa·lie [róuzəli, rɑ́z- | rə́uzəlɪ, rɔ́z-] 〘▭ F ～ ▭ L *Rosalia* ((原義)) the festival of roses: ⇨ Rosa〙 *n.* 女性名.

Ros·a·lind [rɑ́zəlɪnd, róuz-, -lənd | rɔ́zəlɪnd] 〘▭ Sp. *Rosalinda* (pretty rose の意と誤解された) ▭ ? OHG *Roslindis* ← (*h*)*ros* 'HORSE'+*lind-* linden〙 — *n.* **1** 女性名. **2** ロザリンド((Shakespeare 作の喜劇 *As You Like It* の女主人公)).

Ros·a·line [rɑ́zəlàɪn | rɔ́z-] 〘↑〙 *n.* 女性名.

Ros·a·mond [róuzəmənd, rɑ́z- | rɔ́z-] 〘ME *Rosamund*(*a*) ▭ OF *Rosamonde* ‖ Sp. *Rosamunda* ▭ ML *Rosamunda* (L *rosa munda* clean rose と誤解された) ▭ OHG ← (*h*)*ros* 'HORSE'+*munda* protection〙 — *n.* 女性名((異形 Rosamund)).

Ro·sa·mund [róuzəmənd, rɑ́zə- | rɔ́z-] 〘↑〙 *n.* 女性名.

ros·an·i·line [rouzǽnəlɪn, -lən, -nl- | rəuzǽnɪliːn, -lɪn] 〘← ROSE[2]+ANILINE〙 — *n.* (*also* **ros·an·i·lin** [-lɪn, -lən, -nl- | rəuzǽnɪlɪn]) 〘化学〙ローザニリン, フクシン, マゼンタ ($C_{20}H_{19}N_3 \cdot HCl$) ((赤色塩基性染料)); その塩基 ($C_{20}H_{19}ON_3$).

rosaria *n.* rosarium の複数形.

ro·sar·i·an [rouzé(ə)riən | rəuzéərɪ-] 〘← L *rosārium*+-AN[1]: ⇨ rosary〙 — *n.* **1** バラ栽培者. **2** [R-] 〘カトリック〙ロザリオ信心会 (Fraternity of the Rosary) の会員.

Ro·sa·ri·o [rouzɑ́ːriòu, -sɑ́ː- | rəuzɑ́ːrɪəu, -sɑ́ː-; *Sp.* rrosárjo] *n.* ロサリオ((アルゼンチン東部の都市,

Paraná 川に臨む港; 人口 751,000》.

ro·sar·i·um [rouzέ(ə)riəm | rəuzέəri-] 〖□L *rosārium* (↓)〗 *n.* (*pl.* ~**s**, -**i·a** [-riə | -riə]) バラ園.

ro·sa·ry [róuz(ə)ri | rə́uzəri] 〖(*a*1387) □L *rosāri-um* rose garden ← *rosa* 'ROSE²': ⇨ -ary: 1 の意味は LL *rosārium* chaplet から〗 —— *n.* **1 a** 数珠(じゅず). **b** 〖カトリック〗ロザリオ《小珠10個と大珠1個を一組とし普通15組(165珠)から成る; また5組(55珠)から成る lesser rosary と呼ぶものもある; 小珠を繰って「めでたし」(Ave Maria) を10回唱え, その後に栄誦 (Gloria) を唱える; 大珠では主の祈り (Paternoster) を唱える》. **c** [しばしば R-] ロザリオを繰りながら唱える祈り. **d** ロザリオを繰りながら唱える祈りを載せた本. **2** =rosarium. **3** バラ花壇.

rósary pèa *n.* 〖植物〗東インド産マメ科のつる草 (*Abrus precatorius*).

Rosc. 《略》Roscommon.

Ros·ci·an [rάʃiən, -ʃən | rɔ́ʃiən] 〖□L *Rosciān-us* ← *Quintus Roscius* (↓): ⇨ -an¹〗 —— *adj.* **1** ロスキウス (Roscius) の[のような, に関する]. **2** 演技の[に関する, のすぐれた]. —— *n.* 俳優, (特に)名優.

Ros·ci·us [rάʃiəs, -ʃəs | rɔ́ʃiəs], **Quin·tus** [kwíntəs | -təs] *n.* **1** ロスキウス《126?-62 B.C.; ローマの喜劇俳優; Cicero の友》. **2** 名優; 名優をもって自任する人.

ros·coe [rάskou | rɔ́skəu] 〖? ← *Roscoe* (人名)〗 *n.* 《俗》ピストル.

Ros·coe [rάskou | rɔ́skəu] 〖イングランド北部の地名から: もと家族名: cf. ON *raskogr* the roe-deer park〗 *n.* 男性名.

ros·coe·lite [rάskoulàit | rɔ́skəu-] 〖← *Sir Henry E. Roscoe* (1833-1915: 英国の化学者)+-LITE〗 *n.* 〖鉱物〗バナジン雲母 ($K_2(Mg, Fe, V, Al)_4(Si, Al)_8O_{20}(OH)_4$).

Ros·com·mon [rɑskάmən | rɔskɔ́m-] *n.* アイルランド共和国中北部の州; 人口 54,000, 面積 2,463 km², 首都 Roscommon.

rose¹ 〖OE *rās*〗 *v.* rise の過去形.

rose² [róuz | rə́uz] 〖OE *rōse* (cog. Du. *roos* / G *Rose* / ON *rōs(a)*) □ VL **rōsa*=L *rosa* □ ? Gk *rhódon* (□ ? OIran. **wrda-*): cf. rhodo-〗 —— *n.* **1 a** 〖植物〗バラ《バラ科バラ属 (*Rosa*) の植物の総称》: Every ~ has its thorn. = No ~ without a thorn. 《諺》とげを持たぬバラはない《世に完全な幸福はない》. **b** バラの花《純潔・美などの象徴》: a blue ~ 青いバラ《有り得ないもの, できない相談; cf. blue dahlia》/ (as) fair [fresh] as a ~ バラのように美しい[新鮮な] / (as) red as a ~ ⇨ red *adj.* 1 a / A ~ by any other name would smell as sweet. バラは外のどんな名で呼んでも同じようによい香りがする (Shak., *Romeo* 2:2:43-44). **2 a** ばら色, ピンク(色), 淡紅色. **b** [通例 *pl.*] 健康(な皮膚の)色, (若い女性・少年などの)ピンクの顔色: She has quite lost her ~s. すっかり血色が悪くなった. **c** [the ~] 《口語》丹毒 (erysipelas). **3** バラの香りの[バラから造った]香料. **4 a** ばら花形のもの. **b** (装飾など)ばら模様. **c** (リボンなどの)ばら結び. **d** (ホースの先や如雨露(じょうろ)の)口. **e** 〖海事〗=compass rose. **f** 海図上に示してあるコンパス面図《方位の線を描く基準に使用》. **g** (ドアのノブの回りに付ける装飾の)ばら花形飾り. **5 a** 非常にすぐれた人; (特に)非常に美しい[貞淑な]女性; 花形, 名花: She was the ~ of the party. 彼女は一行の中の花だった. **b** 楽な立場; 楽な仕事: ⇨ a BED of *roses*. **6** (靴や牧師の帽子などに付ける)バラ飾り, ロゼット. **7** 〖紋章〗《五枚花弁の》ばら: **a** イングランドを示す badge《正しくは Tudor rose; cf. leek, shamrock 1 a》. **b** 七男を示す血統マーク (cadency mark) (⇨ heraldry 挿絵 G). **8** 〖建築〗**a** 円花飾り (rosette). **b** ばら窓, 車輪窓《中世の教会堂正面にしばしば用いられる大きな円形の窓; wheel window, rose window ともいう》. **9** 〖宝石〗**a** ローズ形《宝石の面を三角形の面にカットしたもので, 昔のダイヤモンドの普通のカット; cf. rose-cut》. **b** =rose diamond. **c** ローズ形宝石. **10** 〖数学〗ばら形曲線《極方程式 $r=a\sin n\theta$ または $r=a\cos n\theta$ のグラフ; 原点から花びら状の輪が三つ以上出ている》.

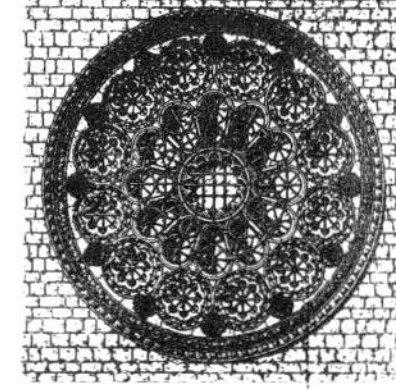

rose 8 b

a bed of roses ⇨ bed 成句. ***be not all roses*** 楽しい[のんきな]ことばかりではない. ***gather* (*life's*) *roses*** 快楽を追う, 楽しみを求める. ***under the rose*** 〖(なぞり) ← L *sub rosa*: 昔バラは秘密の象徴であった〗秘密に, 内証(ないしょう)で: He told me about it *under the* ~. 彼は内証で話をしてくれた.

rose of China 〖植物〗=China rose 3.

rose of Heaven 〖植物〗コムギセンノウ (小麦仙翁) (*Lychnis coeli-rosa*)《地中海沿岸産のピンク色の花が咲くナデシコ科センノウ属の一年草》.

rose of Jericho 〖植物〗アンザンジュ (*Anastatica hierochuntica*)《シリア地方産のアブラナ科の一年草; 乾燥すると葉を巻き, 水気を得ると開く; また巻いたまま砂漠を転がり種子をまき散らす; resurrection plant ともいう》.

rose of May 〖植物〗=poet's narcissus.

rose of Sharon (1) 〖聖書〗シャロンの野花《その実体は不詳; cf. *Solom.* 2:1》. (2) 〖植物〗ムクゲ (*Hibiscus syriacus*)《althaea ともいう》. (3) 〖植物〗オトギリソウ属の一種 (*Hypericum syriacus*) (cf. St.-John's-wort).

Wars of the Roses [the —] ⇨ war 1.

—— *attrib. adj.* **1 a** バラの[に関する]. **b** バラのある[生えている]. **c** バラの(ような)匂いを付けた[香りのする]. **2** ばら色の, 淡紅色の, ピンクの.

—— *vt.* 〈暁・夕焼けの空などを〉ばら色にする; 〈羊毛・布などを〉ばら色に染める; 〈顔などを〉赤らめる.

Rose [róuz | rə́uz] 〖ME *Roesia* ← Gmc **(χ)rōs* 'HORSE': L *rosa* 'ROSE²' と混同〗 *n.* 女性名《愛称形 Rosetta, Rosette, Rosie, Rosy, Zita》.

ro·sé [rouzéi | rəu-; *F.* rɔze] 〖□F ~ 《原義》(adj.) pink〗 *F. n.* ローゼワイン (⇨ wine 1).

róse acàcia *n.* 〖植物〗ハナエンジュ (*Robinia hispida*)《北米南部, Allegheny 山脈産マメ科ハリエンジュ属の低木で, 美しいばら色の花をつける》.

ro·se·al [róuziəl | rə́uziəl, -zjəl] *adj.* 《古》バラに似た, バラを思わせる.

Rose·an·na [rouzǽnə | rəu-] 〖← ROSE+ANNA〗 *n.* 女性名.

róse àpple *n.* 〖植物〗**1** フトモモ, ホトウ (*Eugenia jambos*)《テンニンカ科フトモモ属の熱帯性高木》. **2** (食用になる)フトモモの果実.

ro·se·ate [róuziət, -ziit, -zièit | rə́uziət, -ziit] 〖← L *roseus* rosy (← *rosa* 'ROSE²')+-ATE²〗 *adj.* **1** ばら色の. **2 a** しあわせそうな, 明るい. **b** ひどく楽観的な. **~·ly** *adv.*

róseate cóckatoo *n.* 〖鳥類〗モモイロインコ (⇨ galah).

róseate spóonbill *n.* 〖鳥類〗ベニヘラサギ (*Ajaia ajaja*)《米国南部からアルゼンチン南部にかけて生息する羽毛がピンクで, 頭とのどに羽毛の少ない鳥》.

róseate térn *n.* 〖鳥類〗ベニアジサシ (*Sterna dougallii*)《世界各地に生息する海鳥の一種》.

róse·bày 〖← ROSE²+BAY⁴〗 *n.* 〖植物〗**1** セイヨウキョウチクトウ (oleander). **2** =big laural 2. **3** ヤナギラン (willow herb).

róse bèetle *n.* 〖昆虫〗=rose chafer.

Rose·ber·y [róuzberi, -b(ə)ri | rə́uzb(ə)ri], 5th Earl of *n.* (1847-1929) 英国の政治家・著述家; 自由党員で, Gladstone 引退後首相(1894-95); *William Pitt* (1891), *Sir Robert Peel* (1899); 本名 Archibald Philip Primrose.

róse bìt *n.* 〖機械〗=rose reamer.

Róse Bòwl *n.* **1** [the ~] ローズボール《米国 California 州, Pasadena, Rose Bowl Stadium でシーズン終了後の招待大学チームが行なうフットボールゲーム》. **2** [r- b-] バラの花の展示用ガラスばち.

róse bòx *n.* (ポンプの吸水管の端に付ける)ごみよけ器[箱].

róse-brèasted grósbeak *n.* 〖鳥類〗北米産のホオジロ科の鳥の一種; イカルのように嘴(くちばし)が大きく胸が赤いムネアカイカル (*Pheucticus ludovicianus*).

róse·bùd *n.* **1 a** バラのつぼみ: Gather ye ~s while ye may. バラのつぼみはできるうちに摘むがよい; 若いうちに青春を味わえ (R. Herrick, *To the Virgins*). **b** バラのつぼみに似たもの. **2** 年頃の(美)少女; 初めて社交界に出た女子. **3** 青味がかった赤色.

róse bùg *n.* 〖昆虫〗=rose chafer 2.

róse·bùsh *n.* バラの木; バラの茂った所.

róse càmpion *n.* 〖植物〗**1** スイセンノウ (⇨ mullein pink). **2** =corn cockle.

róse chàfer *n.* 〖昆虫〗**1** モモブトコガネ (*Macrodactylus subspinosis*)《コガネムシ科のバラ・ブドウなどに害を与える黄褐色の甲虫》. **2** ツヤハナムグリ (*Cetonia aurata*)《バラの花粉や果実を食べるヨーロッパ産ハナムグリの類のコガネムシ》.

róse còld *n.* 〖病理〗(バラの花粉によって起こる)枯草熱《rose fever ともいう》.

róse còlor 〖ME〗 —— *n.* **1** ばら色, ピンク, 淡紅色. **2** 好状態, 好況: seem all ~ すごく具合がよさそうに見える / Life is not all ~. 人生はすべてよい時ばかりではない.

róse-còlored *adj.* **1** ばら色の, ピンクの, 淡紅色の. **2** 有望な; 楽観的な; 陽気な: take a ~ view 楽観的見解をとる / see things through ~ spectacles [glasses] 事物を楽観的に見る.

róse còmb *n.* 〖鳥類〗ばら冠(かん)《肉の厚いとさか》. **róse-còmb** *adj.* **róse-còmbed** *adj.*

Ro·se·crans [róuzəkræ̀nz, róuzkræns | rə́uz-], **William Starke** [stάək | stά:k] *n.* (1819-98) 米国の軍人・政治家; 南北戦争当時の北軍の将軍.

róse-cùt *adj.* 〈宝石など〉ローズ形にみがき上げた, ローズ形仕上げの, ローズ形の (cf. rose² *n.* 9).

róse cùtter *n.* 〖機械〗菊形フライス《菊形の刃をもった半球状のフライス》.

rosed *adj.* **1** ばら色になった. **2 a** ばら模様にした. **b** [複合語の第2構成素として]〈如雨露(じょうろ)が〉…の散水孔のある: a fine-*rosed* watering pot 目の細かい如雨露.

rose d'An·vers [róuz-dɑ̃:(m)vέə, -dɑ:m- | rə́uz-dɑ̃:(m)vέə(r, -dɔ̃:(m)-, -dɑ:m-, -dɔ(:)m-; *F.* rozdɑ̃vɛ:r] 〖□F ~ 《原義》rose of Anvers〗 *n.* 〖宝石〗ローズダンベール《小面10またはそれ以下のローズ形の宝石》.

róse dìamond *n.* 〖宝石〗ローズ形(24面)ダイヤモンド (cf. rose² 9).

róse èngine *n.* 〖機械〗ロゼット模様機《曲線模様を彫刻する旋盤の付属器具; cf. engine turning》.

róse fèver *n.* 〖病理〗=rose cold.

róse·fish *n.* 〖魚類〗北大西洋産のメバル属の一種 (*Sebastes marinus*)《New England では重要な食用魚》.

róse-gàll *n.* 〖植物病理〗バラの木に生じた虫癭(ちゅうえい).

róse gàrden *n.* バラ園.

róse geránium *n.* 〖植物〗ニオイテンジクアオイ (*Pelargonium graveolens*)《アフリカ南部原産アオイ科の低木》.

róse hàw *n.* =rose hip.

róse·hèad nàil *n.* =rose nail.

róse hìp *n.* バラの実.

róse·lèaf 〖ME〗 *n.* バラの花弁[葉]. ***a crumpled roseleaf*** 幸福の最中に起こるちょっとした厄介事, 「花に風」.

róse·lìke *adj.* バラのような.

róse-lìpped *adj.* ばら色の唇をした.

ro·se·lite [róuzəlàit | rə́u-] 〖← *Gustav Rose* (1798-1873: ドイツの鉱物学者)+-LITE〗 *n.* 〖鉱物〗ローズ石 ($Ca_2(Co_1Mg)(AsO_4)_2 \cdot 2H_2O$).

ro·sel·la [ro(u)zélə | rə(u)-] 〖(変形) ← *Rose-hill* (オーストラリア Sydney 近郊の Paramatta にある地名): ROSE² の連想が加わっている〗 —— *n.* 〖鳥類〗ナナクサインコ (*Platycercus eximius*)《オーストラリア産の美しいインコ; 飼鳥として珍重される》.

ro·selle [ro(u)zél | rə(u)-] 〖(転訛) ← F *l'oseille de Guinée* 《原義》sorrel of Guinea〗 —— *n.* (*also* **ro·sel·la** [ro(u)zélə | rə(u)-]) 〖植物〗ローゼル, ローゼルソウ (*Hibiscus sabdariffa*)《東インド諸島産アオイ科フヨウ属の一年草; 多肉質の萼(がく)はタルト (tart) やゼリーにする》.

Ros·el·len [rouzélən | rəu-] 〖← ROSE+HELEN〗 *n.* 女性名.

róse lòcust *n.* 〖植物〗=bristly locust.

róse mádder *n.* 〖化学〗ローズマダー《アリザリンと水和アルミナから造る薄桃色の顔料; cf. madder lake 2》.

ro·se·mal·ing [róuzəmɑ̀:liŋ, -sə- | rə́u-] 〖□ Norw. ~ ← *rose* 'ROSE²'+*maling* painting (cf. G *malen*)〗 —— *n.* ローズマリング《スカンジナビアの農家で用いる木製の食器・家具・壁面などに見られる彩色[彫刻]を施した装飾》.

róse màllow *n.* 〖植物〗**1** アオイ科フヨウ属 (*Hibiscus*) の植物の総称; (特に)アメリカフヨウ, クサフヨウ (*H. moscheutos*) (sea hollyhock). **2** タチアオイ (⇨ hollyhock).

rose ma·rie, R- m- [róuz-mərí: | rə́uz-] 〖← ? *Marie* (女性名)〗 *n.* (明るい)珊瑚(さんご)色.

rose·mar·y [róuzmeri, -məri | rə́uzm(ə)ri] 〖(1440) (変形) ← ME *rosmarine* □ LL *rōsmarīn-um* ← L *rōs* dew+*marīnus* of the sea (← *mare* sea: cf. marine): ROSE² および MARY (the Virgin) の連想が加わっている〗 —— *n.* 〖植物〗マンネンロウ (*Rosmarinus officinalis*)《地中海地方原産のシソ科の常緑低木; 調味料・香料に用いる; 忠実・貞操・追憶の表徴》.

Rose·mar·y [róuzmeri, -məri | rə́uzm(ə)ri] 〖↑〗 *n.* 女性名《異形 Rosemarie》.

rósemary òil *n.* 〖化学〗ロスマリン油《rosemary の花から採る精油; 石鹸(せっけん)・香料の原料にする》.

róse medállion *n.* 〖窯業〗各種の図形を円形の縁で囲み, 外側に花・蝶などの地模様を置いた19世紀ごろの上絵装飾中国磁器.

róse mòss *n.* 〖植物〗マツバボタン (*Portulaca grandiflora*).

róse nàil *n.* 花頭釘《頭に三角形の小面の付いた, 手打ちハンマーで叩いた釘; rosehead nail ともいう》.

Ro·sen·berg [róuznbə̀:g, -bèəg | rə́uznbə̀:g; *G.* ró:znbɛrk], **Al·fred** [álfre:t] *n.* ローゼンベルク (1893-1946; ドイツの政治家, ナチズムの理論家; *Der Mythus des 20 Jahrhunderts* 「20世紀の神話」(1930)).

Ro·sen·berg [róuznbə:g | rə́uznbə:g], **Harold** *n.* (1906-78) 米国の美術評論家.

Ro·sen·crantz and Guil·den·stern [róuznkræ̀nts-ən-gíldənstə̀:n, -zən- | rə́u-, -stə:n] *n.* Shakespeare 作の *Hamlet* に出てくる二人の廷臣; 王 Claudius の命によって Hamlet の死を図った.

róse nóble 〖(15C)〗 *n.* =ryal 1.

róse òil *n.* ばら油《芳香のある精油; 香料・香水に用いられる; attar of roses ともいう》.

ro·se·o·la [ròuzióulə, ro(u)zí:ələ | rə(u)zí:ələ, -zíə-] 〖← NL ~ ← L *roseus* rosy: ⇨ -ole²〗 —— *n.* 〖病理〗**1** 小児ばら疹, 特発性発疹《roseola infantum ともいう》. **2** ばら疹, 薔薇疹(しょうびしん), 紅疹(こうしん) (rubella). **ro·se·o·lar** [ròuzióulə, ro(u)zí:ələ | rə(u)zí:ələ(r, -zíə-] *adj.* **rò·se·ó·lous** [-ləs] *adj.*

roseóla in·fán·tum [-ınfǽntəm | -təm] 〖← NL ~ 'roseola of infants'〗 *n.* 〖病理〗=roseola 1.

róse pínk *n.* 薄いばら色, 淡紅色, ピンク色. **róse-pínk** *adj.*

róse pòint *n.* 〖服飾〗ローズポイント《バラなどの花や葉の模様をつないだ Venice 原産のレース》.

róse quàrtz *n.* 〖鉱物〗紅水晶, ばら石英.

róse rèamer *n.* 〖機械〗菊形リーマー《鉄の厚板などに穴をあける回転菊形穂先錐(きり)》.

róse réd 〖ME〗 *n.* 濃いばら色, 深紅色. **róse-réd** *adj.*

róse·ròot *n.* 〖植物〗イワベンケイ (*Sedum rosea*)《北半球北部産のベンケイソウ科の多年草; 雌雄異株; 根がバラの匂いがする》.

ro·ser·y [róuz(ə)ri | rə́uzəri] 〖← ROSE²+-ERY〗 *n.* バラ園, バラの繁み.

róse scàle *n.* 〖昆虫〗バラカイガラムシ (*Aulacaspis rosae*)《バラ・イチゴ・キイチゴ・ナシなどにつく》.

róse slùg *n.* 〖昆虫〗バラの葉を食べるハバチ類の幼虫《クシヒゲハバチ類 (*Cladius isomerus* や *Endelomyia aethiops*) のぬるぬるした青虫》.

ros·et [róuzɪt, -zət | ráʊ-] 〖《変形》← ROSIN〗 *n.* 《スコット》=resin.

róse trèe 〖ME〗 *n.* (特に立木作りの)バラの木.

Ro·set·ta¹ [ro(ʊ)zétə | rə(ʊ)zétə] 〖(dim.) ← ROSE〗 *n.* 女性名.

Ro·set·ta² [ro(ʊ)zétə | rə(ʊ)zétə] *n.* ロゼッタ《エジプト北部, Nile 河口にある都市; 人口 37,000》.

Rosétta stóne *n.* [the ~] ロゼッタ石, ロゼッタストーン《1799 年 Napoleon 軍のエジプト遠征の際, Nile 河口にある Rosetta の付近で発見された高さ 114 cm の板状の石碑で, ヒエログリフ・デモティックおよびギリシャ文字の三通りで記された碑文が彫ってある; フランスの J. F. Champollion が 1822 年その解読に成功し, エジプトのヒエログリフ解読の端緒となった; 現在大英博物館所蔵》.

ro·sette [ro(ʊ)zét | rə(ʊ)-] 〖□F ~ : ⇨ rose², -ette〗 — *n.* **1 a** (布製の)ばら造花. **b** (リボンなどの)ばら結び, ロゼット. **c** ばら飾り《服飾に用いたり, 名誉・支持を表わすために胸に付けたりする》.

rosettes 4 a

2 a ロゼット《天井に取り付ける陶器製のコードつり》. **b** (鏡をとめたりする)ねじ[釘(くぎ)]の装飾用の頭. **3** 〖宝石〗=rose diamond. **4** 〖建築〗 **a** 円花飾り (rose). **b** ばら窓 (rose window). **5** 〖植物〗座葉, ロゼット《根性葉が放射状に地上に広がったもの》. **6** 〖冶金〗ばら模様《溶けた金属の表面を水で急冷した時にできる》. **7** 〖植物病理〗ロゼット病《葉がウイルスなどに痛められて, バラの花のように重なり固まってくる病気; rosette disease ともいう》. **8** 〖動物〗 **a** (ヒョウの)斑紋. **b** ロゼット《タコノマクラ・ブンブクなどのウニにみられる 5 個の花弁状の歩帯》. **9** 《米》ロゼット《ベーコンを巻いて, 串で止めた, 小さな丸い子牛肉の切り身》.

Ro·sette [ro(ʊ)zét | rə(ʊ)-] 〖(dim.) ← ROSE〗 *n.* 女性名.

ro·sét·ted [-tɪd, -təd | -tɪd, -təd] *adj.* **1** ばら結びを付けた[で飾った]. **2** バラ花形に作った.

rosétte disèase *n.* 〖植物病理〗ロゼット病 (⇨ rosette 7).

róse vìnegar *n.* 〖薬学〗薔薇酢(しょうびす)《酢にバラの花弁を浸出させたもので, 頭痛の塗布薬などに用いる》.

róse·wàter *adj.* **1** バラ(香)水のような. **2** 優しい, 上品を気取る, 感傷的な: ~ philosophy 感傷的な哲学.

róse wàter *n.* **1** (バラの花を蒸留した)バラ(香)水. **2** お世辞. **3** 上品な扱い方; 感傷的な気持: Revolutions are not made with ~. 革命は生やさしい手段ではできない.

róse·wàtered *adj.* =rosewater.

róse wìndow *n.* 〖建築〗=rose² 8 b.

róse·wòod *n.* 〖植物〗シタンの類《マメ科 *Dalbergia* や *Pterocarpus* 属などの植物》; センダン科のシマセンダン (*Dysoxylum fraserianum*).

rósewood òil *n.* 〖化学〗 **1** =rhodium oil. **2** =bois de rose oil.

Rosh Cho·desh [róuʃ-xóudeʃ, rɔ́(ː)ʃ-, ráʃ- | rɔ́ʃ-xáʊ-, ráʊʃ-] *n.* =Rosh Hodesh.

Rosh Ha·sha·nah [róuʃ-(h)əʃóunə, rɔ́(ː)ʃ-, ráʃ-, -ʃáːnə | rɔ́ʃ-həʃáːnə] 〖□Heb. *rōš haššānā^h* 《原義》 beginning of the year ← *rōš* head + *haš-šānā^h* the year〗 — *n.* (*also* **Rosh Ha·sha·na** [~], **Rosh Ha·sho·noh** [~], **Rosh Ha·sho·no** [-(h)əʃóunə | -ʃáʊ-]) 〖ユダヤ教〗新年祭《Tishri 月 1–10 日はユダヤ教徒にとって厳粛な日で, 1 日, 2 日の両日は特に, 神とその審判を想って悔い改める; この日に角笛 (shophar) が吹奏される; 太陽暦の 9, 10 月; New Year, Feast of Trumpets ともいう; cf. Jewish holidays》.

Rosh Ho·desh [róuʃ-xóudeʃ, rɔ́(ː)ʃ-, ráʃ- | rɔ́ʃ-xáʊ-, ráʊʃ-] 〖□Heb. *rōš ḥōdheš* 《原義》 beginning of the new moon〗 — *n.* (ユダヤ暦の)月始め《特別の礼拝が行なわれる》.

Ro·si·cru·cian [ròuzəkrúːʃən, ràz- | ràʊzɪkrúːʃɪən, rɔ̀z-, -ʃən] 〖《1624》← NL *rosa crucis* ← G *Rosenkreuz* (この結社の創始者の名) 《原義》 rose cross: ⇨ -ian〗 — *n.* 薔薇(ばら)十字会員, ローゼンクロイツ派の人《17–18 世紀ごろのヨーロッパの神秘主義的秘密結社員で, 錬金術・長命術などの研究に耽った; 19 世紀に英米およびヨーロッパに同種の結社が復活し, 米国では薔薇と十字架を記章とし, この名称を用いる神秘家たちの数団体がある》. — *adj.* 薔薇十字会(員)の.

Rò·si·crú·cian·ism [-nìzm] *n.* 薔薇十字会の神秘思想[知識, 行事, 技術など].

Ro·sie [róuzi | ráʊzi] 〖(dim.) ← ROSE〗 *n.* 女性名.

ros·in [rázn, rɔ́(ː)zn | rɔ́zɪn] 〖《*a*1350》《変形》← RESIN〗 — *n.* 〖化学〗ロジン《松脂(まつやに)からテレビン油を蒸留した後の残留物; ワニスの製造や弦楽器の弓に塗るのに用いるほか, インク・石鹸(せっけん)・絶縁用に用いる; colophony ともいう; cf. resin》. — *vt.* **1** 〈バイオリンの弓など〉にロジンを塗りつける, ロジンでこする. **2** 〈石鹸など〉にロジンを加える.

Ro·si·na [ro(ʊ)zíːnə | rə(ʊ)-] 〖□It. ~ (dim.) ← *Rosa* 《原義》 rose²: cf. Rose〗 *n.* 女性名.

Ros·i·nan·te [ràzənǽnti, ròuz-, -zn- | rɔ̀zɪnǽntɪ] 〖□Sp. *Rocinante* (Don Quixote の馬の名) ← *rocin* jade: cf. ME *rouncy* nag □ OF *ronci(n)* (F *roussin*)=Sp. *rocin*〗 — *n.* **1** ロシナンテ《Don Quixote のやせ馬》. **2** [しばしば r-] 役立たない馬, 老いぼれ馬, やくざ馬.

rósin bàg *n.* 〖野球〗ロジンバッグ《手の汗を取るのに用いるロジンの粉末を入れた布袋》.

rósin cérate *n.* 〖薬学〗ロジン蠟(ろう)剤 (⇨ basilicon ointment).

rósin éster *n.* 〖化学〗=ester gum.

rósin òil *n.* ロジン油《ロジンの乾留によって得られる粘性のある無臭の油; 滑剤・亜麻仁(あまに)油の混和剤・印刷インキの展色剤などに使う》.

ros·in·ous [rázənəs, rɔ́(ː)z-, -zn-, -zn- | rɔ́zɪn-] *adj.* ロジンを含む; ロジン状の.

rósin plànt *n.* 〖植物〗=rosinweed.

rósin sòap *n.* ロジン石鹸(せっけん).

rósin·wèed *n.* 〖植物〗樹脂のような液を有し, ねばねばする葉と強い匂いをもつ北米産キク科ツキヌキオグルマ属 (*Silphium*), ネバリオグルマ属 (*Grindelia*) の植物の総称: **a** =compass plant a. **b** =gumweed. **c** =prairie dock.

ros·in·y [rázəni, rɔ́(ː)z-, -zni | rɔ́zɪnɪ] *adj.* ロジン状の, ロジンの多い[の匂いのする].

Ro·si·ta [ro(ʊ)zíːtə | rə(ʊ)zíːtə] 〖□Sp. ~ (dim.) ← *Rosa* 《原義》 rose²: cf. Rose〗 *n.* 女性名.

Rós·kopf escápement [ráskɑpf- | rɔ́skɔpf-; G. rɔ́skɔpf-] 〖← G.F. *Roskopf* (*d.* 1889: スイスの時計製作者)〗 — *n.* 〖時計〗ロスコフ脱進機《ピンレバー脱進機 (pin pallet escapement) の通称》.

ros·ma·rine [rázmərìːn, -ràin | rɔ́z-] 〖ME〗 *n.* 《廃》〖植物〗=rosemary.

ro·so·glio [rouzóuliòu, -ljou | rəuzəʊliəʊ, -ljəʊ; *It.* rozɔ́ʎʎo] *n.* (*pl.* ~s) =rosolio.

ro·sól·ic ácid [ro(ʊ)zálɪk-, -zóul- | rə(ʊ)zɔ́l-, -zə́ʊl-] 〖*rosolic*: ← G *Rosol(säure)* rosolic acid ← L *rosa* rose²: ⇨ -ol², -ic¹〗 — *n.* 〖化学〗ロゾール酸 ($C_{19}H_{14}O_3$)《示色染料・指示薬に使用; aurin ともいう》.

ro·so·lio [rouzóuliòu, -ljou | rəuzə́ʊliəʊ, -ljəʊ; *It.* rozɔ́ːljo] 〖□It. ~ ← ? ML *rōs sōlis* sundew ← L *rōs* dew + *sōlis* of the sun ((gen.) ← *sol* sun): もとは sundew という植物から造った〗 — *n.* (*pl.* ~s) ロゾリオ《ブランデー・干しぶどう・砂糖などで造った強壮酒》.

ro·so·lite [róuzəlàit | ráʊ-] 〖← ROSE² + -O- + -LITE〗 *n.* 〖宝石〗ロゾライト《ピンク色のガーネット》.

Rospa, RoSPA 《略》《英》 Royal Society for the Prevention of Accidents.

ross [rɔ́(ː)s, rá(ː)s | rɔ́s] 〖← ?: cf. Norw. 《方言》 *ros* scrapings〗 — *n.* (樹皮の)ざら面《ざらざらでしばしばうろこ状の樹皮の外側》. — *vt.* 〈丸太など〉から粗い樹皮の外側を取り除く.

Ross [rɔ́(ː)s, rá(ː)s | rɔ́s] 〖← Breton *ros* hillock (where heather grows) // Ir. *ros* promontory: もと地名に由来する家族名〗 *n.* 男性名. ★ スコットランドに多い.

Ross [rɔ́(ː)s, rá(ː)s | rɔ́s], **Betsy** *n.* (1752–1836) 米国国旗を考案したといわれる米国の婦人; Mrs. Elizabeth Griscom Ross.

Ross, Harold W(allace) *n.* (1892–1951) 米国の雑誌 *The New Yorker* の編集者.

Ross, Sir James Clark *n.* (1800–62) 英国海軍軍人で極地探検家; 北極, つづいて南極をたびたび探検し, 1831 年に北磁極を発見した; 南極の Ross Island, Ross Sea は彼の名にちなむ.

Ross, Sir John *n.* (1777–1856) 英国海軍軍人・北極探検家; Sir James Clark のおじ.

Ross, Sir Ronald *n.* (1857–1932) 英国の物理学者; Nobel 医学生理学賞 (1902).

Ross. 《略》 Ross and Cromarty.

Rós·sall Schóol [rásəl-, -sl- | rɔ́s-] *n.* ロッサルスクール《1844 年創立の英国の public school; イングランド Lancashire 州の Fleetwood にある》.

Róss and Cróm·ar·ty [-krámərti | -krɔ́mətɪ] 〖*Cromarty*: 《原義》 bend between the heights ← Gael. *cromb athan* crooked little bay + *àrd(e)* height: ⇨ Ross〗 — *n.* スコットランド北西部の旧州; 以前は別々の州だったが 1891 年合併; 現在の Highland 州中部; 面積 8,000 km², 首都 Dingwall [díŋwɔːl, -wəl].

Róss Bárrier *n.* [the ~] =Ross Ice Shelf.

Róss Depéndency *n.* [the ~] ロス属領《南極大陸の一地域で, 英国が領有を主張, ニュージーランドが統治; 面積 427,348 km²》.

róss·er *n.* **1** 樹皮はぎ人《引きずりやすいように丸太の皮をむき, 片側を滑らかにする伐木者》. **2** 皮取機《一般に丸太やパルプ材の皮を取り除く機械[装置]》. **3** (歯が傷まる前に荒い樹皮の外側を取り除くために)丸鋸(まるのこ)の先端につける部品.

Ros·set·ti [ro(ʊ)zéti, rə-, -séti | rɔsétɪ, rə-], **Christina (Georgina)** *n.* (1830–94) 英国の女流詩人; *Goblin Market* (1862).

Rossetti, Dante Gabriel *n.* (1828–82) 英国の詩人・画家, Pre-Raphaelites の中心人物; C. G. Rossetti の兄; *The Blessed Damozel* (1850, 改訂版 1870), *The House of Life* (1870, '81).

Rossetti, William Michael *n.* (1829–1919) 英国の著述家・批評家; D. G. Rossetti の弟, C. G. Rossetti の兄.

Róss Íce Shèlf *n.* [the ~] ロス氷棚(ひょうほう)《Ross 海南部の氷棚; Ross Barrier, Ross Shelf Ice ともいう》.

Ros·si·ni [rə(ʊ)síːni, rə- | rɔsíːni, rə-, -niː; *It.* rossíːni], **Gio·ac·chi·no** [dʒòakkíːno] **(Antonio)** *n.* ロッシーニ《1792–1868; イタリアの作曲家; *Il Barbiere di Siviglia*「セビリャの理髪師」(1816), *Guillaume Tell*「ウィリアムテル」(1829)》.

Róss Ísland *n.* ロス島《南極大陸 Ross Dependency 西部, Ross Sea の一島》.

Róss Séa *n.* [the ~] ロス海《南極大陸太平洋側の湾》.

Róss Shélf Ìce *n.* [the ~] =Ross Ice Shelf.

Ros·tand [rɔːstɑ́ː(ŋ), -tɑ́ːŋ, rástænd | rɔstɑ́ː(ŋ), -tɔ́ː(ŋ), -tɑ́ːŋ, -tɔ́(ː)ŋ; *F.* rɔstɑ̃], **Edmond** *n.* ロスタン《1868–1918; フランスの劇作家・詩人; *Cyrano de Bergerac*「シラノドベルジュラック」(1897)》.

rostella *n.* rostellum の複数形.

ros·tel·late [rástəlèɪt, rɑstélət, -lɪt | rɔ́stəlèɪt, rɔstélət, -lɪt] 〖← NL *rostellāt-us*: ⇨ ↓, -ate²〗 *adj.* 〖植物〗小嘴(しょうし) (rostellum) のある.

ros·tel·lum [rɑstéləm | rɔs-] 〖□L ~ (dim.) ← *rōstrum* beak: ⇨ rostrum〗 — *n.* (*pl.* ~s, **-tel·la** [-lə]) **1** 〖植物〗小嘴(しょうし)《花弁のある部分が延びて細い管状の袋になったもの》. **2** 〖動物〗 **a** 小嘴, 額嘴(がくし)《条虫類の頭部前端から出入する固着器官》. **b** (ある種の昆虫の)小吻(ふん)状器.

ros·ter [rástə, rɔ́(ː)s-, róus- | ráustə(r, rɔ́s-] 〖《1727》□ Du. *rooster* list, 《原義》 gridiron ← *roosten* 'to ROAST': ⇨ -er¹: 焙(あぶ)器の平行した鉄格子(こうし)にちなむ〗 — *n.* **1 a** 〖軍事〗勤務当番表; 〖海軍〗当直表. **b** [集合的]当番[当直]表に載った人達. **2** 名簿; 登録簿: a ~ of the new cabinet 新内閣の閣僚名簿. — *vt.* 当番表[名簿]に載せる.

Ros·tov [rɑstɑ́f, rɑs-, -tɔ́(ː)f, -tɑ́v, -tɔ́(ː)v | rɔstɔ́v, -tɔ́f; *Russ.* rastóf] *n.* ロストフ《ソ連邦ロシヤ共和国西南部, Don 川下流の港市; Rostov-on-Don ともいう; 人口 921,000》.

Ro·stov·tzeff [rɑstɔ́(ː)ftsef | rɔstɔ́f-; *Russ.* rastóftsjif], **M(ichael) I(vanovitch)** *n.* ロストフツェフ《1870–1952; ロシヤ生れの米国の歴史家・考古学者》.

rostra *n.* rostrum の複数形.

ros·tral [rástrəl | rɔ́s-] 〖ME □ LL *rōstrāl-is* ← *rōstrum* 'ROSTRUM'〗 — *adj.* **1** 〈柱など〉船嘴(せんし)装飾のある, 船嘴 (rostrum) で飾った. **2** 〖動物〗嘴(くちばし)[吻(ふん)]の(ような); 嘴[吻]にある.

róstral cólumn *n.* 海戦記念柱《敵船の船嘴(せんし)を付けた, または船嘴模様を彫刻した柱》.

róstral crówn *n.* (古代ローマの)海戦冠《海戦で敵船に一番乗りした将士に与えられた》.

ros·trate [rástreɪt, rɔ́(ː)s-, -trət, -trɪt | rɔ́s-] 〖□L *rōstrāt-us* ← *rōstrum* 'ROSTRUM'〗 *adj.* 〖動物〗嘴(くちばし)[吻(ふん)]のある; 嘴[吻]突起のある.

ros·trat·ed [rástreɪtɪd, rɔ́(ː)s-, -təd | rɔstréɪtɪd, -təd] *adj.* **1** 〖動物〗=rostrate. **2** 船嘴(せんし)装飾のある.

ros·trif·er·ous [rɑstríf(ə)rəs | rɔs-] 〖← ROSTR(UM) + -I- + -FEROUS〗 *adj.* 〖動物〗嘴(くちばし)[吻(ふん)]のある.

ros·tri·form [rástrəfɔ̀əm | rɔ́strɪfɔ̀ːm] *adj.* 〖動物〗嘴(くちばし)[吻(ふん)]状の.

ros·tro·car·i·nate [ràstro(ʊ)kǽrənèɪt, -kér-, -nət, -nɪt | rɔ̀strə(ʊ)kǽrɪ-] 〖← ROSTR(UM) + -O- + CARINATE〗 — *n.* 〖考古〗ロストロキャリネート, 嘴(くちばし)状石器, 竜骨形石器《最初イングランド東部で発見され, その後ヨーロッパ・アフリカの前期旧石器時代のものとされる鷲(わし)の嘴状の石器》. — *adj.* 鷲の嘴状の.

ros·trum [rástrəm, rɔ́(ː)s- | rɔ́s-] 〖《1579》□ L *rōstrum* beak ← L *rōdere* to gnaw: ⇨ rodent〗 — *n.* (*pl.* ~s, **ros·tra** [-trə]) **1** (古代ローマの)船嘴(せんし)《特に軍艦の舳(へさき)から嘴(くちばし)状に突き出たもので, これで敵艦の中腹を突き破った》. **2 a** 〖紀元前 338 年ローマ軍が Antium の海戦で捕獲した敵船の船嘴を Forum に飾ったことから〗[通例 rostra; 単数扱い](古代ローマの)船嘴演壇. **b** 演壇, 講壇, 説教壇, 公開演説会場: take the ~ 登壇する. **c** [集合的]演説家(達). **3** 〖劇場〗(舞台上の移動できる)壇, 平台. **4** 〖動物〗額角, 嘴[吻(ふん)]状突起, 口先.

ros·u·late [rázjələt, róuz-, róuʒə-, -lɪt | rɔ́zjʊ-] 〖← LL *rosula* ((dim.) ← L *rosa* 'ROSE²') + -ATE²〗 *adj.* 〖植物〗ロゼット (rosette) 状に集まった.

ros·y [róuzi | ráʊzi] 〖《*c*1385》: ⇨ rose², -y⁴〗 — *adj.* (**ros·i·er; -i·est**) **1 a** ばら色の, 淡紅色の. **b** 〈ほおなど〉健康で赤みを帯びた; ほてった; 〈唇が〉真っ赤な; (恥ずかしそうに)顔を赤くした: a ~ blush [face] ほんのり赤くなった顔 / ~ cheeks ばら色のほお. **2** 明るい, 有望な; 楽観的な: a ~ outlook 明るい見通し / The prospect for the future is ~. 将来の見通しは明るい / ~ views 楽観論 / see the world through ~ spectacles 世の中を楽観的に見る. **3** 《古》 **a** バラで作った. **b** バラで飾った; バラのように匂う. **rós·i·ly** [-zɪli, -zəl- | -lɪ] *adv.* **rós·i·ness** *n.*

Ro·sy [róuzi | ráʊzɪ] 〖(dim.) ← ROSE〗 *n.* 女性名《異形 Rosie》.

rósy cróss *n.* 薔薇(ばら)十字(章)《薔薇十字会 (Rosicrucians) の会員章》.

rósy fínch *n.* 〖鳥類〗 **1** ハギマシコ《ハギマシコ属 (*Leucosticte*) の鳥類の総称》; (特に)ハギマシコ (*L. arctoa*), クロハギマシコ (*L. atrata*) (など). **2** (一般に)ばら色の羽色の小鳥の総称.

rósy-fíngered 〖《なぞり》← *rhododáktulos* (*ēōs*)「ばら色の指なせる(曙)」(cf. Homer, *Odyssey* ix. 194)〗 *adj.* 《詩》ばら色の指をした.

rot [rát | rɔ́t] 〖n.: 《*a*1325》 *rote* □ ON *rot.* — v.: OE *rotian* to rot < ? Gmc **rutjan* (Du. *rotten* / G *rössen*)〗 — *v.* (**rot·ted; rot·ting**) — *vi.* **1 a** 腐る, 腐敗する, 腐朽する: ~ off [away, out] 〈木の枝など〉腐って落ちる, 朽ち落ちる / The eaves were ~*ting* away. ひさし[軒]がどんどん朽ちていった. **b** 〈社会・制度など〉衰亡する. **c** (薬物などの影響で)弱体[劣質]化する, 弱まる. **d** 〈囚人などが〉やせ衰える. **2** (道徳的に)腐敗する, 堕落する. **3** 《英俗》ナンセンスなこと

を言う, ばかなことを言う; 冗談を言う: He was only ～ting. 彼はただ冗談を言っていただけだ. **4** 〘植物病理〙腐敗病にかかる. — *vt.* **1** 腐らせる, 腐敗させる, 腐朽させる. **2** (道徳的に)腐敗させる, 堕落[退廃]させる: God ～ them! ='Od ～ 'em! 《俗》畜生め, あんな物が何だ. **3** 〈亜麻などを〉(柔らかくするために)水につける. **4** 《英俗》からかう, 冷やかす. **5** 〈羊を〉肝蛭(かんてつ)症にかからせる.

— *int.* 畜生め, くだらない, ばかばかしい.

— *n.* **1 a** 腐れ, 腐敗, 腐朽. **b** 腐敗物, 腐朽物; 腐りかけている物. **2** (社会的・精神的な)腐敗, 堕落, 退廃. **3** 《英俗》たわごと, ばかなこと, ナンセンス (tommyrot): Don't talk ～! ばかを言うな / It is perfect ～ to trust him. 彼を信用するなんて全くばかげたことだ / What ～ that it is not open on Sundays! 日曜日にやってないなんて何とばかなことだ. **4** 〘植物病理〙(菌類による)腐敗病: ⇨ black rot, dry rot 1. **5** [通例 the ～]〘獣医〙(羊の)肝蛭(かんてつ)症. **6** 《古》〘病理〙悪疾《結核・性病・疱瘡(ほうそう)など》. **7 a** 〘クリケット〙三柱門の(しばしば説明のつかない)連続くずれ. **b** (突然の)失敗続き: A ～ set in. (物事が)次々にうまく行かなくなった.

stop the rot 危機を防ぐ, 失敗しないようにする[手を打つ] (cf. *n.* 7).

rot. 《略》rotating; rotation.

ro·ta¹ [róuṭə | ráutə] 〘《(1660)》⇐ L ～ 'wheel' ← IE **ret(h)-* to run, roll (G *Rad* / Skt *ratha*)〙 — *n.* **1 a** 勤務当番表. **b** (人・仕事などの)輪番, 当番. **2** [the R-] 〘カトリック〙教皇庁控訴院《公式名 Sacra Romana Rota (=Sacred Roman Rota); cf. Sacred Penitentiary》. **3** 〘音楽〙輪唱 (round).

ro·ta² [róuṭə | ráutə] *n.* =rote².

ro·ta·me·ter [róuṭəmìːṭə, ro(u)tǽmə- | ráutəmìːtə(r, rə(u)tǽmɪ-, -mə-] 〘← L *rota* (↑)+-METER¹〙 — *n.* ロタメーター: **1** 目盛りのついたガラス管に自由に動く浮きを入れた液体[気体]流量計測器. **2** 小さい車を曲線に沿って動かして曲線の長さを測る計器.

Ro·tar·i·an [ro(u)tɛ́(ə)riən | rə(u)tɛ́əri-] 〘← ROTARY (CLUB)+-AN¹〙 *adj.* ロータリークラブ (Rotary Club) の. — *n.* ロータリークラブ会員.

Ro·tár·i·an·ìsm [-nìzm] 〘⇨↑, -ism〙 *n.* ロータリー主義 (⇨ Rotary Club).

ro·ta·ry [róuṭəri | ráutəri] 〘《(1731)》⇐ LL *rotārius* ← L *rota* wheel: ⇨ rota¹, -ary〙 — *adj.* **1 a** 回る, 回転する; 循環する, 環状式の: ～ motion 回転運動 / a ～ intersection 環状交差路. **b** 人が交替する, 交替制の. **2 a** 〈機械など〉回転する部分のある, 回転式の: a ～ drill 回転ドリル / a ～ fan 扇風機 / a ～ air pump 回転式空気ポンプ, ロータリーポンプ. **b** ロータリーエンジンの[に関する]. **3** 輪転(印刷)機による[用いられる]: ～ printing.

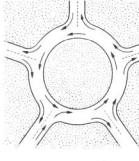

rotary 1

— *n.* **1** 《米》環状交差路, ロータリー (《英》roundabout)《circle, traffic circle ともいう》. **2 a** (回転機関・輪転機などの)回転機械. **b** 〘機械〙=rotary engine. **c** 〘電気〙=rotary converter. **d** 〘印刷〙=rotary press. **3** [(The) R-] =Rotary International.

rótary béater *n.* (手で動かす)回転式攪拌(かくはん)器.

Rótary Clùb 〘⇨ rotary: もと各会員の事務所で会合を順番に開いたことから〙 *n.* ロータリークラブ《支部; ⇨ Rotary International》.

rótary condénser *n.* 〘電気〙=synchronous condenser.

rótary convérter *n.* 〘電気〙回転変流機, 同期変流機.

rótary cúltivator *n.* 〘農業〙回転耕耘(こううん)機.

rótary éngine *n.* 〘機械〙**1** ロータリーエンジン《タービンのように, 回転円板の周りに備えた羽根に流体の動力を与えるエンジン; cf. reciprocating engine》. **2** 回転シリンダー発動機. **3** 回転ピストンエンジン (cf. Wankel engine).

rótary hóe *n.* 回転草掻(そうそう)機.

Rótary Internátional 〘⇨ Rotary Club〙 — *n.* 国際ロータリー《社会奉仕 (Service above Self) と世界平和を目的とする実業家および専門職業人の団体; 1905 年 Chicago の弁護士 Paul Harris (1868-1947) が同市に創設; 世界各地に支部をもつようになり, 1922 年現在名に改称; 単に Rotary ともいう; 旧称 International Association of Rotary Clubs》.

rótary kíln *n.* 〘窯業〙ロータリーキルン, 回転窯(がま)《ゆっくり回転するやや傾斜させた円筒形の窯で, 端部からバーナーで焼成する; ポルトランドセメントなどの製造に用いる》.

rótary mílling machìne *n.* 〘機械〙回転フライス盤.

rótary pláner *n.* 〘機械〙回転平削り盤.

rótary plów *n.* **1** 〘農業〙回転耕耘(こううん)機, ロータリープラウ《rotary tiller ともいう》. **2** 回転式雪掻(ゆきかき)機.

rótary préss *n.* 〘印刷〙輪転(印刷)機.

rótary púmp *n.* 〘機械〙回転ポンプ.

rótary tíller *n.* 〘農業〙=rotary plow 1.

rótary válve *n.* 〘機械〙回転弁, 回り弁.

rótary wíng *n.* 〘航空〙回転翼.

rótary-wíng àircraft *n.* 〘航空〙=rotorcraft.

ro·tat·a·ble [róuteɪṭəbl | rə(u)téɪt-] *adj.* 回転できる.

ro·tate¹ [róuteɪt | rə(u)téɪt] 〘《(1808)》← L *rotāt-us* (p.p.) ← *rotāre* to turn like a wheel ← *rota* wheel: ⇨ rota¹, -ate³〙 — *vi.* **1** 回転する. **2** 循環する, 交替する: The seasons ～. 季節は巡る. — *vt.* **1** 回転させる. **2** 循環[交替]させる; 次々と役職に任命する: ～ men in office 交替制[ローテーション]で人を役職に任命する. **3** 〈作物を〉輪作する: ～ crops 作物を輪作する.

ro·tate² [róuteɪt | ráu-] 〘← L *rota* wheel+-ATE²: ⇨ rota¹〙 *adj.* 〘植物〙花弁が車輪状[車輪の輻(や)のように]に平らに広がった: a ～ flower 輻(ふく)状花, 放射状花.

ró·tat·ing béacon [-ṭɪŋ- | -tɪŋ-] *n.* 〘通信〙回転無線航路標識.

rótating fíeld *n.* 〘電気〙=revolving magnetic field.

rótating rádio bèacon *n.* 〘通信〙回転無線標識.

rótating-wìng áircraft *n.* 〘航空〙=rotorcraft.

ro·ta·tion [ro(u)téɪʃən | rə(u)-] 〘《(1555)》⇐ L *rotātiō(n-)* ← *rotātus*: ⇨ rotate¹, -ation〙 — *n.* **1 a** 回転. **b** 一回転. **2** 循環: the ～ of the seasons 四季の循環. **3** 輪番; 循環交替; 交替: in [by] ～ 輪番制で / hold office in ～ 交替(制)で就任する. **4** 〘農業〙輪作: ～ of crops. **5** 〘天文〙自転 (cf. revolution 3). **6** 〘数学〙**a** (点または直線のまわりの図形の)回転. **b** 回転《ベクトルと偏微分作用素を成分とするベクトルとのベクトル積として得られるベクトル》. **7** 〘玉突〙ローテーション《プール (pool) で, 15 の玉を番号順に入れて行くゲーム》. **8** 〘トランプ〙(配り手・ビッド権・打出し権などが回ってくる)順番, 回り方.

ro·tá·tion·al [-ʃnəl, -ʃənl] *adj.* 回転の, 旋転の; 循環の; 輪作の; 輪番の. **～·ly** *adv.*

rotátional véctor *n.* 〘数学〙渦のある[回転的]ベクトル (cf. irrotational 2).

rotátion àxis *n.* 〘結晶〙回転軸《回転の操作における特定の軸》.

ro·ta·tive [róuteɪṭɪv, ro(u)téɪṭ- | rə(u)téɪt-] 〘← ROTATE¹+-IVE〙 *adj.* **1** 回転の; 回転する. **2** 回転運動を起こす. **3** 循環する; 輪番(制)の. **～·ly** *adv.*

ro·ta·tor [róuteɪṭə | rə(u)téɪtə(r] 〘← ROTATE¹+-OR²: 2 は L *rotātor* (← *rotāre* 'to ROTATE¹') より〙 — *n.* (*pl.* ～s, 2 では **-ta·to·res** [ròuṭətɔ́ːriːz, -tóːr- | ràutətɔ́ːr-]) **1** 回転するもの; 回転子. **2** 〘解剖〙回旋筋. **3** 〘海事〙旋回子, ローテイター《測程器に付属したスクリュー状のもので水中で測程器を回転させる; ⇨ taffrail log》. **4** 〘電気〙(テレビ)アンテナ回転装置. **5** 〘天文〙回転[自転]する天体《惑星・恒星・銀河など》.

Ro·ta·to·ri·a [ròuṭətɔ́ːriə, -tóːr- | ràutətɔ́ːriə] 〘← NL ～ ← *rotātōrius* (↓): ⇨ -ia²〙 *n. pl.* 〘動物〙=Rotifera.

ro·ta·to·ry [róuṭətɔ̀ːri, -tòːri | ráutət(ə)ri, rə(u)téɪtəri] 〘← NL *rotātōrius* ← L *rotātus*: ⇨ rotate¹, -ory¹〙 — *adj.* **1 a** 回転の, 回転する: ～ motion 回転運動. **b** 回転運動を起こす. **2** 循環する; 輪番(制)の.

rótatory dispérsion *n.* 〘光学〙回転分散, 旋光分散.

ROTC, R.O.T.C. 《略》〘米軍事〙Reserve Officers' Training Corps 予備役将校訓練部.

rotch [rɑ́ːtʃ | rɔ́tʃ] 〘《古形》*rotge* ⇐ Du. *rotje* petrel〙 *n.* (*also* **rotche** [～]) 〘鳥類〙=dovekie.

rote¹ [róut | ráut] 〘《(c1315)》《古》habit, practice ← ?: cf. OF *rote* 'ROUTE' / L *rota* wheel〙 — *n.* **1** (深い理解なしに行なう)暗記; 棒読み的な暗唱. **2** 機械的な反復, 機械的な経過[手順]. ★ 今は主に次の成句に用いられる.

by rote 機械的に; そらで: do *by* ～ (意味も目的も知らずに)機械的にやる / have [get, learn] *by* ～ 丸暗記する, 機械的に覚える / know [say] *by* ～ そらで覚えている[言う] / recite a poem *by* ～ 詩を暗唱する.

rote² [róut | ráut] 〘《(a1325)》⇐ OF ～ ← ? Celt. (cf. MIr. *crott* harp)〙 *n.* =crwth.

rote³ [róut | ráut] 〘ME *rot(e)* ← ? Scand.: cf. ON *rōt* commotion〙 *n.* (海岸に打ち寄せて砕ける)波の音.

ro·te·none [róutənòun, -tṇ- | ráutɪnəun] 〘← ? Jap. *rōten* derris plant+-ONE〙 — *n.* 〘化学〙ロテノン ($C_{23}H_{22}O_6$)《熱帯性有毒植物デリス (derris) やキュベ (cube) の根から抽出した結晶; 殺虫剤などに用いる》.

rót·gùt 〘← ROT (v.)+GUT〙 *n.* 《俗》(混ぜ物をした)下等酒, 悪(あく)酒.

Roth [rɔ́(ː)θ, rɑ́(ː)θ | rɔ́θ], **Henry** *n.* (1906-) 米国のユダヤ系小説家; *Call It Sleep* (1934).

Roth, Philip *n.* (1933-) 米国の小説家; *Goodbye, Columbus* (1959).

Roth·er·ham [rɑ́ðərəm | rɔ́ð-] 〘lateOE *Rodreham* ← *Roþer*《原義》chief river ← ? *ro-* (強意接頭辞: cf. Welsh *rhy-* (← *rhylaw* heavy rain))+Welsh *dw(f)r* water, river: ⇨ ham³〙 — *n.* イングランド中部, South Yorkshire 州の工業都市; 人口 250,000.

Roth·er·mere [rɑ́ðəmɪə | rɔ́ðəmɪə(r], 1st Viscount *n.* Harold Sidney Harmsworth の称号.

Roth·ko [rɑ́θkou | rɔ́θkəu], **Mark** *n.* (1903-70) ロシア生れの米国の抽象画家.

Roth·schild [rɔ́(ː)θ(s)tʃaɪld, rɑ́θ(s)-, rɔ́(ː)stʃaɪld, rɑ́s- | rɔ́θ(s)tʃaɪld, rɔ́stʃaɪld], **Lionel Nathan** *n.* (1808-79) ドイツ系の英国の銀行家; 最初のユダヤ人議員 ("Lord Natty").

Roth·schild [rɔ́(ː)θ(s)tʃaɪld, rɑ́θ(s)-, rɔ́(ː)stʃaɪld, rɑ́s- | rɔ́θ(s)tʃaɪld, rɔ́stʃaɪld; G. róːtʃɪlt], **Meyer Am·schel** [ɑ́mʃəl] *n.* ロートシルト, ロスチャイルド《1743?-1812; ドイツの銀行家; 代表的な国際金融業一家の祖》.

Rothschild, Nathan Meyer *n.* ロスチャイルド《1777-1836; ドイツ生れの英国の銀行家; 英国に帰化し (1804), 政府の代理商人となって反ナポレオン諸国への軍資金貸付業務により巨富を得た; Meyer Amschel Rothschild の子》.

Rothschild, Sir **Nathan Meyer** *n.* (1840-1915) 英国の銀行家; 1st Baron Rothschild.

rô·ti [routíː | rəu-; F. ʀɔti] 〘⇐ F ～ ← *rôtir* 'to ROAST'〙 *F. n.* =roast 1.

ro·ti·fer [róuṭəfə | ráutɪfə(r] 〘↓〙 — *n.* 〘動物〙ワムシ《ワムシ綱の微小動物の総称; wheel animal, wheel bearer ともいう》. **ro·tif·er·al** [routíf(ə)rəl | rəu-] *adj.* **ro·tíf·er·ous** [-f(ə)rəs] *adj.*

Ro·tif·er·a [routíf(ə)rə | rəu-] 〘← NL ～ ← *roti-* (↓)+-FER: ⇨ -a²〙 *n. pl.* 〘動物〙(袋形動物門)ワムシ綱.

ro·ti·form [róuṭəfɔ̀əm | ráutɪfɔ̀ːm] 〘← *roti-* (← L *rota* wheel: ⇨ rota¹)+-FORM〙 *adj.* =rotate².

ro·tis·ser·ie [routís(ə)ri | rəutísərɪ; F. ʀɔtisʀi] 〘⇐ F *rôtisserie* ← *rôtir* 'to ROAST': ⇨ -ery〙 — *n.* (*pl.* ～s [～z; F ～]) **1** 焼肉店《ローストビーフなどを専門に売る店やレストラン》. **2** 回転する焼き串(くし)のついたあぶり焼き器.

rot·l [rɑ́ṭl | rɔ́tl] 〘⇐ Arab. *raṭl* ← ? Gk *lítra* 'LITER'〙 — *n.* (*pl.* ～s, **ar·tal** [ɑətǽl | ɑː-]) ロットル《イスラム教国で用いられる重量および乾量の単位; 地方により 1 ポンド弱から 6 ポンド強までいろいろある》.

ro·to [róuṭou | ráutəu] 《略》*n.* (*pl.* ～s) =rotogravure.

ro·to- [róuṭo(u), -ṭə | ráutə(u)] 〘← L *rota* wheel+-o-〙「回転する (rotary)」の意の連結形.

ro·to·chute [róuṭəʃùːt | ráutə-] 〘← ROTO-+(PARA)CHUTE〙 — *n.* ロートシュート《傘(かさ)の代わりにヘリコプターのそれに似た回転翼が落下速度を落とすようになっているパラシュート》.

ro·to·graph [róuṭəgræ̀f | ráutəgrɑ̀ːf, -græ̀f] 〘《(1898)》← ROTO-+-GRAPH〙 — *n.* 〘写真〙回転印画(写真), ロートグラフ《左右を反転するプリズムをつけて, 直接ブロマイド紙に複写した黒地に白字・白線の印画》.

ròto·gravúre 〘← ROTO-+GRAVURE〙 — *n.* **1** 〘印刷〙**a** グラビア(印刷), ロートグラビア, 輪転グラビア《輪転機で印刷されるグラビア印刷》. **b** グラビア写真. **2** 《米》〘新聞〙=roto section.

ro·tor [róuṭə | ráutə(r] 〘《略》← ROTATOR〙 — *n.* **1** 〘電気〙回転子, ローター (cf. stator 1). **2** 〘航空〙(ヘリコプターなどの)回転翼, ローター. **3** 〘海事〙(円筒船 (rotor ship) の)旋回円筒, 風筒, ロートル. **4** 〘機械〙(蒸気タービンの)軸車, ローター.

rótor blàde *n.* 〘航空〙(ヘリコプターなどの)ローターブレード, 回転翼羽根, (回転圧縮機などの)動翼.

ro·tor·craft [róuṭəkræ̀ft | ráutəkrɑ̀ːft] *n.* 〘航空〙回転翼航空機《ヘリコプター, オートジャイロなど》.

rótor plàne *n.* 〘航空〙=rotorcraft.

rótor shìp *n.* 〘海事〙円筒船, ロートル船《帆の代わりに円筒を立て, これを回転させて起こる気流変化を利用して走る船; cf. Magnus effect》.

róto sèction 〘*roto*: ← ROTO(GRAVURE)〙 *n.* 〘新聞〙(輪転)グラビア(写真)ページ.

ro·to·till [róuṭətɪ̀l | ráutə(u)-] 〘《逆成》↓〙 *vt.* 〈土地・畑を〉回転式耕耘(こううん)機で耕す.

Ro·to·till·er [róuṭətɪ̀lə | ráutə(u)tɪ̀lə(r] 〘← ROTO-+TILLER¹〙 *n.* 〘商標〙ロートティラー《回転刃または回転熊手[レーキ]付きの動力耕耘(こううん)機の商品名》.

rót·próof *adj.* 防腐性の, 耐腐性の.

rot·ta [rɑ́ṭə | rɔ́tə] *n.* (*also* **rot·te** [～]) =rote².

rot·ten [rɑ́tṇ | rɔ́tṇ] 〘《(?a1200)》*roten* ⇐ ON *rotinn* (p.p.) ← *rotna* to rot: ⇨ rot, -en³〙 — *adj.* (～·**er**; ～·**est**) **1 a** 腐った, 腐敗した, 腐朽した: These bananas will go ～ in a week. このバナナは一週間もすれば腐ってしまうだろう. **b** 不潔な, きたない; 悪臭を放つ, 臭い. **2 a** (道徳的・社会的・政治的に)腐敗した, 堕落した: ～ to the core すっかり堕落した / Something is ～ in the state of Denmark. (わが)デンマークには何かけしからぬことがある (cf. Shak., *Hamlet* 1. 4. 90). **b** 行儀[態度]の悪い; 無礼な: a ～ child / It's a ～ thing to say to a lady. 婦人にそんなことを言うのは失礼だ. **3** 〈土地・岩石など〉砕けやすい, もろい, 柔らかな. **4** 《口語》不快な, いやな, うんざりする: ～ weather / It's ～ waiting for things. 待つっていやなことだ. **5** 《俗》劣等の, 下等の, つまらない, だめな: a ～ book [concert, film] / ～ luck 不運 / I'm a ～ hand at drawing. 私は絵は下手です. **6** 《廃》悪疾の: a ～ disease. **7** 〘獣医〙**a** 〈羊が〉肝蛭(かんてつ)症にかかった. **b** (羊の)肝蛭を起こさせる. **～·ly** *adv.* **～·ness** *n.*

rótten bórough *n.* **1** 〘英史〙腐敗選挙区, 過疎選挙区《有権者が激減して, 有力者の私物と化した選挙区; 1832 年改正された; cf. pocket borough》. **2** 不平等選挙区《選挙民の数による割合よりも多い代議士を送っている選挙区》.

Rot·ten Row [rɑ́tṇróu | rɔ́tṇráu] 〘《転訛》← ? OF *route le roi, route du roi* royal route // ← ? 《北部方言》*ratton* (=rat) *raw*: 《原義》? ネズミの巣くう廃屋の並ぶ通り〙 — *n.* ロットン通り《London の Hyde Park の並木道; ここを上流人士が騎馬または馬車で通るのを日課とした; 単に the Row ともいう》.

rótten·stòne *n.* 〘岩石〙トリポリ石《分解したケイ質石灰岩; 金属研磨用; cf. tripoli》.

rótten stóp *n.* 〘海事〙ロッテンストップ《帆を張るために引き上げる間, それを一時的に束ねておくひも》.

rót·ter [-ṭə | -tə(r] *n.* 《俗》**1** やくざ者, ろくでなし. **2** 役に立たない[無能な]人, だめ人間; 嫌われ者.

Rot·ter·dam [rɑ́ṭədæ̀m | rɔ́tədæ̀m, ⌐─⌐; *Du.* rɔ̀tərdɑ́m] *n.* ロッテルダム《オランダ南西部の海港, 工業都市; 人口 601,000》.

Rott·wei·ler [rɑ́twaɪlə | rɔ́twaɪlə(r; G. rɔ́tvaɪlɐ] 〘⇐

G ~ ← *Rottweil* (ドイツ南西部の都市名)〗 ── *n.* ロットワイラー《ローマの牛追いのイヌを祖犬とする短毛・短尾・垂れ耳で黒色の牧畜・作業・警察犬》.

rot·u·la [rɑ́tʃʊlə | rɔ́tjʊ-] 〖← NL ~ ← L (dim.) ← *rota* wheel : ⇨ -ula[1]〗 *n.* (*pl.* **~s, rot·u·lae** [-lìː]) 〖解剖〗膝蓋(しつがい)骨. **rot·u·lar** [rɑ́tʃʊlə | rɔ́tjʊlə(r] *adj.*

ro·tund [routʌ́nd, ─́ ─ | rə(ʊ)tʌ́nd] 〖《1705》□ L *rotund-us* round ← *rotāre* 'to ROTATE[1]': ROUND[1] と二重語〗 ── *adj.* (**~·er**; **~·est**) **1 a** 円形の. **b** 〈口など〉丸く開いた. **2** 丸々と太った, 豊満な : a ~ face 丸顔 / a ~ little man 丸々太った小男. **3 a** (口を大きく開いて出した声のように)朗々とした, よく通る[響く], 太い : a ~ voice. **b** 〈文体など〉釣合いのとれた, 堂々とした, 豊麗な. **~·ly** *adv.* **~·ness** *n.*

ro·tun·da [ro(ʊ)tʌ́ndə | rə(ʊ)-] 〖《1687》□ L ~ (fem.) ← *rotundus* (↑) ∽ 《17C》 *rotonda* □ It.〗 ── *n.* **1** (丸屋根のある)円形の建物, ロトンダ. **2** (丸天井のある)円形大広間. **3** 〖印刷〗円形ゴシック体.

ro·tun·date [ro(ʊ)tʌ́ndət, -dɪt, -deɪt | rə(ʊ)-] 〖□ L *rotundāt-us* (p.p.) ← *rotundāre* to make round ← *rotundus* : ⇨ rotund, -ate[2]〗 *adj.* 先[角]の丸くなった.

ro·tun·di·ty [ro(ʊ)tʌ́ndəṭi | rə(ʊ)tʌ́ndəti, -dɪ-] 〖《1589》□ F *rotondité* // L *rotundit-as* : ⇨ rotund, -ity〗 ── *n.* **1 a** 丸いこと; 円形, 球形. **b** 丸いもの, 球形のもの. **2** 丸々と太っていること, 肥満, 脂肪過多. **3 a** (声の)朗々としていること. **b** (文章の)豊麗, 豊かさ.

ro·tu·ri·er [ro(ʊ)t(j)ʊ́(ə)rièɪ | rətjʊ́əri-; *F.* ʀɔtyʀje] 〖□ F ~ 'plebeian' ← *roture* plebeian rank < L *ruptūram* a breaking : ⇨ rupture, -ier[1]〗 ── *F. n.* (*pl.* **~s** [~z ; *F.* ~]) **1** 平民, 庶民. **2** 成金.

Rou·ault [ruːóʊ | ruːə́ʊ; *F.* ʀwo], **Georges** *n.* ルオー《1871-1958; フランスの画家・石版画家》.

rou·ble [rúːbḷ] *n.* =ruble.

rou·cou [ruːkúː; *F.* ʀuku] 〖□ F ~ □ Tupi *urucú*〗 *n.* ⌈=annatto.

roué [ruéɪ, ruː- | rúːeɪ, rúeɪ; *F.* ʀwe] 〖《1800》□ F ~ (p.p.) ← *rouer* to break on a wheel ← *roue* wheel < L *rotam* : ⇨ rota[1] : 《原義》車裂きの刑に値するもの〗 ── *n.* (特に初老の)道楽者, 放蕩(ほうとう)者; 女たらし.

Rouen [ruːɑ́ː(ŋ), -ɔ́ː(ŋ), -ɑ́ːŋ, -ɔ́(ː)ŋ; *F.* ʀwɑ̃] *n.* **1** ルーアン《フランス北部, Seine 川に臨む都市; 大聖堂がある; Joan of Arc の処刑地 (1431); 人口 119,000》. **2** ルーアン《ペキンダックに似た一品種のアヒル》.

Rouén lílac *n.* 〖植物〗ルーアンライラック (*Syringa chinensis*)《フランスで交配作出されたモクセイ科ハシドイ属の低木; 花は薄紫色》.

rouge[1] [rúːʒ] 〖n.: 《1485》□ (O)F ~ 'red' < L *rubeum* 'RED[1]' (cf. rubric). ─v.: 《1777》← (n.)〗 ── *n.* **1** (化粧用)紅(べに), ルージュ; 口紅, ほお紅. **2 a** 〖化学〗弁柄(べんがら), 鉄丹, ルージュ《酸化第二鉄 (Fe_2O_3) が主成分; 顔料または塗料, セメントや瓦の着色料》. **b** = jeweller's rouge. ── *vi.* **1** (ほお)紅をつける. **2** 赤くなる, 赤面する. ── *vt.* **1** 〈ほお・唇〉に紅[ルージュ]をつける : heavily ~*d* cheeks ほお紅を厚く塗ったほお / ~ one's lips. **2** 赤面させる. ── *adj.* 赤色の.

rouge[2] [rúːdʒ] 〖← ?: もと Eton 校の用語〗 ── *n.* 《英》 **1** (Eton 式ラグビーで)スクラム (scrummage). **2** (カナディアンフットボールで)タッチダウン(による相手チームの得点)《3回繰り返すと1点とられる》. **3** = Canadian football.

rouge et noir [rúːʒ-eɪ-nwɑ́ː | -nwɑ́ː(r; *F.* ʀuʒenwaːʀ] 〖□ F ~ 'red and black'〗 ── *n.* 〖トランプ〗ルージュ エ ノワール《赤・黒の菱形模様のあるテーブルで行なう賭博ゲームで, 二列に分けて配られるカードのうち, 列の数の合計が (31 から 40 までのうち) 31 に近いほうに賭ける; trente-et-quarante ともいう》.

róuge-róyal márble *n.* 〖岩石〗赤味がかったベルギー産の大理石.

Rou·get de Lisle [ruːʒéɪ-də-líːl; *F.* ʀuʒɛdlil], **Claude Joseph** *n.* ルジェ ド リール《1760-1836; フランスの詩人・作曲家; フランスの国歌 *La Marseillaise* を作詞・作曲 (1792) した軍人》.

rough [rʌ́f] 〖adj.: OE *rūh* < (WGmc) **rūχ(w)az* (Du. *ruig* / G *rauh*) ← IE **reu-* rough; to scrape (L *rūga* 'RUGA' / Gk *orússein* to dig). ─n.: 《1480》← (adj.). ─v.: 《1483》← (adj.)〗 ── *adj.* (**~·er**; **~·est**) **1 a** (表面が)手ざわりの荒い, ざらざらした (↔ smooth) : ~ paper ざら紙 / ~ hands (きめの)荒い手 / This cloth feels ~. この布は手ざわりが荒い[ざらざらする]. **b** 〈布地が〉地の粗い, ざっくりした地の : a ~ tweed skirt 地の粗いツイードのスカート. **c** ぎざぎざの, アンカットの (uncut) : a book with ~ edges (小口を裁たない)ぎざぎざべり[アンカット]の書物.

2 a でこぼこの, 起伏の多い : a ~ track でこぼこの小道. **b** 出入りが困難な, 未開の : a ~ jungle 通り抜けできそうもないジャングル / the ~ woods 未開の森, 原生林.

3 a 毛むくじゃらの; 毛の多い : a dog with a ~ coat of hair 毛深い[毛むくじゃらの]犬. **b** 毛を刈ってない, ひげを剃(そ)ってない : a ~ sheep / a face ~ with a week's beard 一週間(あごひげをそってない顔.

4 a 〈海・空など〉荒れる; 荒天の : a ~ wind 吹き荒れる風, 強風 / a ~ sea 荒海 / a ~ night あらしの夜. **b** 〈航海・飛行など〉荒天をついた, 荒れた : a ~ voyage [passage, crossing] 荒天の航海[渡航] / have a ~ flight 荒天下に飛行する, 飛行機が揺れる.

5 a 乱暴な, 暴れる; 粗暴な, 激烈な : ~ sports 荒々しいスポーツ / ~ to deal with 扱いにくくて手に負えない / a ~ boy [play, blow] 乱暴な少年[遊び, 打撃] / a ~ gesture 激しい身振り. **b** 気性の激しい; 手荒な, 荒っぽい : The horse has ~ paces. 馬が荒っぽく[乗っている人を振り落とさんばかりに]歩く / ~ surgery 手荒な手術. **c** むごい, 不親切な, 思いやりのない : a ~ usage of children 子供のむごい扱い方 / ~ dealings of the world 浮世の荒波 / get ~ *with* a person 人を手荒く扱う / He is ~ *on* her. 彼は彼女に辛く当たる / It's ~ *on* her working on Sundays. 日曜日まで働かせるのは彼女には酷だ.

6 《口語》辛い, 苦しい, ひどい, 不愉快な : a ~ life in the jungle / have ~ luck 不幸な目に会う / have a bit ~ going 少々苦戦[難航]する / We had a ~ time of it. ひどい[辛い]目に会った.

7 a 粗野な, 下品な, 無作法な, 無骨な, ぶしつけな : a ~ fellow 粗野な男 / a ~ tongue 荒っぽい口のきき方 / ~ manners 無作法 / a ~ bow ぞんざいなお辞儀 / call a person ~ names 人に向かって(ばかだの間抜けだのと)ひどいことを言う / a ~ element of the population 住民中の(無教育で)粗野な連中 / the ~*er* sex 男性 (↔ the softer sex) / the ~ quarter of the town 粗野な人々の住む地区 / be ~ of [in] speech 言葉遣いがぞんざいである. **b** 素朴な : a ~ welcome 素朴な(しかし真心をこめた)歓迎.

8 a 目に荒く見える, 目障りな : a ~ landscape 殺風景な景色. **b** 耳に荒々しく聞こえる, 耳障りな, 調子外れの. **c** 〈ワイン・ウイスキーなど〉(味わって)きつい, 渋い, 酸(す)い, 未熟な : ~ whiskey. **d** 粗末な, 粗悪な : ~ clothes 粗末な服 / ~ accommodation 粗末な設備. **e** 〈表現・文体など〉雑な, ぞんざいな, 推敲(すいこう)してない : a ~ style 荒っぽい文体. **f** 品のない, みだらな : ~ words がさつな言葉.

9 未完成の, でき上がっていない, 加工していない, 自然のままの : ~ stone (切り出したばかりで未加工の)荒石 / ~ materials 原料 / ~ skin なめしてない皮, 荒皮.

10 a おおざっぱな, あらましの, 大体の, 概略の : a ~ sketch [draft] 略画[草稿] / a ~ estimate およその見当[見積り], 概算 / a ~ circle 不正確な円 / ~ cost 原価概算, 概略費用 / a ~ copy 概略の写し[草稿] / give a ~ outline 概略を説明する. **b** ぞんざいな, 粗っぽい, 粗造[粗製]の : ~ coating (壁の)荒塗り, (しっくいの)下塗り / a ~ makeshift 間に合わせのやりくり. **c** 〈仕事など〉(知力より)体力を要する, 荒[力]仕事の : ~ work 荒仕事, 荒仕上げ; 力仕事; 暴行.

11 〖音声〗(ギリシャ語の語頭母音が)帯気音の (cf. smooth 10) : ⇨ rough breathing.

12 〖トランプ〗(ポーカー, 特に lowball で)(手作りの)難しい手, 荒れ手.

13 〖生物〗ラフ《細菌の集落の表面がざらざらになった状態; 細菌の突然変異で, 表面をおおう莢(きょう)膜 (capsule) が失われるとこのようになる》.

rough and ready =rough-and-ready. ***rough and tough*** 頑丈(がんじょう)な, たくましい.

── *adv.* (**more ~, most ~**; **~·er, ~·est**) **1** 粗く : Land should be plowed ~. 土地は粗く耕すべきものだ. **2** 荒く, 手荒く : treat a person ~ 人を乱暴に[手荒く]取り扱う / play ~ ラフ[荒っぽい]プレーをする. ***cut up rough*** ⇨ CUT *up* (*vi.*) (4). ***live rough*** (1) 苦しい生活をする (live hard). (2) 〈浮浪者などが〉戸外に住む. ***sleep* [*lie*] *rough*** 戸外に寝る, 野宿する.

── *n.* **1 a** 未完成品, 未加工品. **b** (画家・デザイナーなどの)大ざっぱなスケッチ[下書き], ラフ (スケッチ). **2** (蹄鉄(ていてつ)の)滑り止め (spike). **3 a** でこぼこの土地[地面], 荒地 : over ~ and smooth でこぼこのある所も平らな所も, 至る所に. **b** [the ~] 〖ゴルフ〗ラフ《fairway 以外の雑草など刈り込んでない荒地》. **4** [the ~] 辛い[苦しい, 不愉快な]こと[点, 状態]; 辛苦; 虐待 : *the* ~(*s*) and smooth(s) 浮沈, 幸運と不運 / take *the* ~ with the smooth 苦楽を受け入れる, 苦楽を甘受する. **5** 乱暴者, 与太者. **6** 〖テニス〗ラフ《ラケットの飾りガットが滑らかでない方の面; ↔ smooth》. **7** やかましい大騒ぎ.

in* (*the*) *rough (1) 未完成のままの[で]; 未加工[未仕上]のままの[で]; 下ごしらえのままの[に] : a picture *in* (*the*) ~ 未完成の絵 / a diamond *in the* ~ =rough diamond / I have seen it only *in* (*the*) ~. 私はその生地[未完成]のままのを見ただけです. (2) 乱雑な[に], だらしない[く]; 普段のままの状態の[で]; 準備なしの[に]. (3) おおよそ, 概略, 大体において; 大ざっぱに, ざっと : It is true *in* (*the*) ~. 大体その通りです. ***rough and tumble*** ⇨ rough-and-tumble.

── *vt.* **1 a** 粗くする, ざらざらにする, でこぼこにする 〈*up*〉. **b** 〈羽・毛などを〉逆立てる, 荒立てる; くしゃくしゃにする, かき乱す 〈*up*〉 : The wind ~*ed up* her hair. 風で彼女の髪は乱れた / ⇨ *rough a person* (*up*) *the wrong* WAY[1]. **c** 〖製靴〗起毛する《接着剤がよくきくように, 革その他の材料の表面をけば立てる》. **2 a** 手荒く[乱暴に]扱う, 虐待する; 暴力を振るう 〈*up*〉 : The hooligans ~*ed up* foreigners. 与太者たちが外国人に暴力を振るった. **b** (球技で)〈相手方〉にわざと乱暴する; 〈相手〉にラフプレーをする. **3 a** 〈蹄鉄(ていてつ)〉に滑り止めをつける. **b** 《豪》〈馬を〉馴らす. **4 a** 粗ごしらえする, 大体の形に作る[切る]; 〈ダイヤモンドなど〉に粗いカットを施す; …にざっと形をつける 〈*down, off, out*〉; 〈レンズ〉を粗ずりする. **b** …の概略を書く 〈*in*〉; おおまかに描く[説明する] 〈*out*〉. **5** [~ it として] (キャンプ生活・探険などで)不自由な生活を忍ぶ (cf. tough). ── *vi.* **1 a** 乱暴に振舞う. **b** (球技で)ラフプレーをする. **2** 《まれ》〈表面が〉ざらざらになる.

~·ness *n.*

rough·age [rʌ́fɪdʒ] 〖⇨ ↑, -age〗 *n.* **1** 素材. **2 a** 栄養価の少ない食物や飼料. **b** (腸の蠕動(ぜんどう)の刺激材としての)繊維質食品.

róugh-and-réady *adj.* **1** (当座の役には立つが)間に合わせの, 拙速主義の, 手っ取り早い, 大ざっぱな : the ~ rule 拙速主義. **2** 粗雑な, ぞんざいな : a ~ bow ぞんざいなお辞儀. **3** 〈人が〉ぞんざいだが有能な, 荒削りな : a ~ collegian.

róugh-and-túmble *adj.* **1** 無秩序な, でたらめな, 無鉄砲な, 入り乱れた : a ~ fight [struggle] 乱戦[乱闘]. **2** 間に合わせの, 応急の : a ~ bridge. ── *n.* 乱戦, 乱闘, 立回り : It was very difficult for him to cope with the ~ of life. この世の悪戦苦闘を生き抜くのは彼には至難のわざだった.

róugh blúegrass *n.* 〖植物〗=bird grass 2.

róugh bréathing 〖《なぞり》← LL *spiritus asper*〗 ── *n.* **1** 帯気音符 (ʽ)《ギリシャ語で語頭の母音または r が帯気音を伴うことを示し, ローマ字化するときは h で表わす; spiritus asper ともいう; cf. smooth breathing》. **2** ʽ の表わす帯気音.

róugh·càst 〖《(adj.: 1519; v.: 1565)》← ROUGH (adv., adj.)+CAST to cover by casting mortar on〗 ── *n.* **1** 〖建築〗=rock dash. **2** 大体のひな形, 粗形. ── *attrib. adj.* **1** 荒塗りの. **2** 〈計画などが〉ざっとした, ぞんざいな; あらかたの. ── *vt.* (**roughcast**) **1** 荒塗りする, 荒塗りにする. **2** 粗[下]ごしらえする; あらまし整える, …に大体の筋を立てる, あらかたの準備をする : ~ a plot (小説などの)粗筋を立てる. **~·er** *n.*

róugh cóat *n.* (ペンキやしっくいの)下地塗, 粗面塗.

róugh-cút *adj.* 〈たばこなど〉雑切りの (cf. fine-cut).

róugh díamond *n.* **1** 未加工のダイヤモンド(原石). **2** (無骨で)荒削りだがすぐれた素質の人. **3** 《米口語》荒削りながらもすぐれた着想(など).

róugh·drý *vt.* 〈洗濯物を〉(アイロンなどをかけずに)ただ乾かす. ── *adj.* **1** 〈洗濯物が〉(アイロンを掛けないで)洗って乾かしただけの. **2** 洗濯物をアイロンを掛けずに洗って乾かして返す(方式の).

rough·en [rʌ́fən] 〖《1582》← ROUGH + -EN[1]〗 ── *vt.* 荒くする, ざらざら[でこぼこ]にする : her skin ~*ed* from exposure 日に焼けた彼女の皮膚 / Her hands were ~*ed* by work. 彼女の手は仕事で荒れていた. ── *vi.* 荒くなる, ざらざら[でこぼこ]になる.

róugh·er *n.* **1** 荒造りする人, 下ごしらえする人. **2** 〖金属加工〗=roughing rolls.

róugh físh *n.* 釣りの対象にもならず商品価値もない魚 (《英》 coarse fish).

róugh-fóoted 〖《15C》〗 *adj.* 〈鳥が〉足に羽毛のある.

róugh grázing *n.* 《英》自然(のままの)牧場.

róugh-gríndl *vt.* 〈刃物などを〉荒研ぎする.

róugh·héw *vt.* **1** 〈材木・石を〉荒切り[荒削り]する. **2** 荒造りする, 荒仕上げする.

róugh·héwn 〖(p.p.) ← ROUGHHEW〗 *adj.* **1** 荒切りの, 荒削りの; 荒造りの, 未仕上げの. **2** 粗野な, 品のない, 教養のない.

róugh·hòuse 《俗》 [-hàus] *n.* (室内・屋内での)大騒ぎ, ばか騒ぎ; 大げんか, 乱暴. ── [-hàus, -hàuz] *v.* ── *vi.* 大騒ぎ[ばか騒ぎ]する; 乱暴する. ── *vt.* **1** (面白がって)手荒く扱う. **2** 〈幼児などを〉(投げ上げたりして)やや荒っぽくあやす.

róugh·ing-ín *n.* 〖建築〗 **1** (しっくいの)下地塗. **2** (建築物の壁や床下などの)配管工事.

róughing rólls *n. pl.* 〖金属加工〗荒引き圧延機, 粗圧延機, ラファー (rougher)《鋼鉄などの初段階圧延用の並列ローラー》.

róugh·ish [-fɪʃ] *adj.* **1** やや荒い. **2** やや乱暴な; やや手荒い, 荒っぽい : a *roughish*-looking young man. **3** やや荒れ気味の. **4** やや粗野な; 少し無作法な. **5 a** 少し耳障りな; やや不調和な. **b** やや渋い; 〈酒など〉少しぴりっとくる. **6** 〈言葉遣い・表現・説明など〉ややぞんざいな, やや大ざっぱな.

róugh·lèg *n.* 〖鳥類〗=rough-legged hawk.

róugh-lègged *adj.* 〈馬などが〉脚に毛のある, 脚が毛深い; 〈鳥が〉脚に羽毛のある[が密生している].

róugh-legged háwk *n.* 〖鳥類〗ケアシノスリ (*Buteo lagopus*)《北半球に分布するワシタカ科ノスリ属の大型のタカ; ネズミなどを捕食する》.

róugh lémon *n.* 〖園芸〗ラフレモン《インド原産と考えられるレモン; カンキツ類の接木用台木として用いられる》.

róugh lúmber *n.* (切り出したばかりで未加工の)荒 ⌈板, 粗板.

róugh·ly 〖ME *rughli*〗 ── *adv.* **1** 荒く; でこぼこに. **2** 荒れて. **3** 乱暴に, 手荒く. **4** 粗野に, 下品に; 無作法に, 無骨に. **5** 耳障りに, 不調和に. **6** ぞんざいに, 荒っぽく. **7** 大ざっぱに, 大よそ, 概略 : estimated ~ 概算で / ~ 10% およそ一割 / ~ 50 people ざっと 50 人 / at ~ the same time ほぼ同時刻に / ~ speaking 大ざっぱに言えば / The doctor put the time of death as, ~, about three hours ago. 医師は死亡時刻を大体3時間ぐらい前と推定した.

róugh músic *n.* 《英方言》(はた迷惑な)どんちゃん ⌈騒ぎ.

róugh·nèck 《米俗》 *n.* **1** 無作法者, 乱暴者, 与太者. **2** (原油の)井戸掘り人夫《掘削工 (driller) 以外の人夫》. ── *attrib. adj.* 無作法者にふさわしい, 無骨な, 粗野な.

róugh·nècked *adj.* =roughneck.

róugh ríce *n.* 籾米(もみごめ) (paddy).

róugh·rìder *n.* **1 a** 荒馬を乗りこなせる人. **b** 調教師. **2** [R-] 義勇騎馬隊員, ラフライダー《1898 年米西戦争当時, Theodore Roosevelt と Leonard Wood (1860–1927) によって組織された義勇騎兵隊の隊員》.

róugh·shód *adj.* **1** 滑り止め釘(くぎ)付きの蹄鉄(ていてつ)を付けた. **2** 冷酷な; 圧制的な, 専制的な.
ride roughshod over ...に威張り散らす, (他の迷惑をかまわずに)我(が)を通す; 〈人を〉踏みつけにする; 手荒く扱う.

róugh shóoting *n.* 狩猟地ではない土地での銃猟.

róugh-spóken *adj.* 言葉遣いの荒い, 乱暴な口をきく, 言葉のぞんざいな.

róugh·string *n.* 〘建築〙(階段の)中桁(なかけた)《階段を支える登り桁で, 外からは見えない》.

róugh·stùff *n.* ペンキの下塗り. **—** *vt.* 〈板・塀・ドアなど〉にペンキの下塗りをする.

róugh stùff *n.* 《俗》 **1** 乱暴(な行為); 大暴れ, 大騒ぎ. **2** (スポーツなどでの)不必要なラフプレー; 反則(行為). **3** ひどい低俗さ[猥褻(わいせつ)].

róugh-trèe ráil *n.* 《廃》〘海事〙 舷墻手摺(てすり)《木船のふなべりの上端の手摺板》.

róugh-wìnged swállow *n.* 〘鳥類〙 北米産のツバメ科の鳥の一種 (*Stelgidopteryx ruficollis*).

róugh wóodbine *n.* 〘植物〙 北米中東部産スイカズラ科の黄色い花が咲くつる植物 (*Lonicera hirsuta*).

róugh-wróught *adj.* 荒ごしらえの, 荒造りの.

roul. 《略》〘郵趣〙 roulette.

rou·lade [ruːlɑ́ːd] 〘□F ~ ← *rouler* 'to ROLL': ⇨ -ade〙 **—** *n.* **1** 〘音楽〙 ルーラード: **a** 装飾音として挿入された迅速な連続音. **b** 声楽曲でひとつづりの語に付された装飾音; 無意味な coloratura の蔑称. **2** 〘料理〙 ルーラード, 巻肉《種々の詰めものを薄切りの肉片で巻き込んだもの》.

rou·leau [ruːlóu | -ləu; F. rulo] 〘□F ~ (dim.) ← *rôle* 'ROLL'〙 **—** *n.* (*pl.* **~s, rou·leaux** [~(z); F. ~]) **1 a** 細長く巻いたもの. **b** 密封硬貨《一定の個数のコインを柱状に重ねて紙に巻いたもの; 一定の単位ごとにまとまったコインのセットをいうこともある》. **2** (衣服や帽子などの)装飾用パイピングリボン. **3** 〘生理〙 (赤血球の)連銭状態《コインを積み重ねたように集合していること》: ~ formation 連銭形成.

rou·lette [ruːlét | ruː-, rʊ-] 〘《1734》□F ~ (dim.) ← *rouelle* wheel ← *roue* < L *rotam* wheel: ⇨ rota[1], -ette〙 **—** *n.* **1 a** ルーレット《すり鉢形の円盤の中央で回転する小円板の上に小球を転がして, その球が赤・黒の区画内のどこに止まるかに賭ける賭博(とばく)道具》. **b** ルーレット賭博: ⇨ Russian roulette. **2** ルーレット《メゾチント銅版に砂目を付ける鋼鉄製回転筒》. **3** (裁縫用)ルーレット (tracing wheel); 波線状の切込み具. **4** 〘郵趣〙 (郵便切手の)不貫通目打穴《目打ち傷だけで穴を打ち抜かないもの; cf. perforation 3》. **5** 〘数学〙 ルーレット《一定の曲線上を別の閉曲線が滑らずに転がる時に, その閉曲線上の 1 点が描く曲線; cycloid, epicycloid など》. **—** *vt.* **1** ...にルーレットで跡を付ける; 〈紙など〉に点線状の不貫通目打穴を付ける, 点線(状の目)で模様を作る. **2** 〈切手シート〉に目打ち[不貫通目打穴]を付ける: ~*d* stamps 目打ち入りの切手.

Rou·man [rúːmən] *adj.* =Rumanian.

Rou·ma·ni·a [ruːméɪniə, ruː-, -njə | ruːméɪnjə, rʊ-, -nɪə] *n.* =Rumania.

Rou·ma·ni·an [ruːméɪniən, ruː-, -njən | ruːméɪnjən, rʊ-, -nɪən] *n., adj.* =Rumanian.

Rou·mansh [ruːmɑ́ːnʃ, rʊ-, -mǽnʃ | -mǽnʃ] *n.* = Romansch.

Rou·me·li·a [ruːmíːliə, rʊ-, -ljə | -míːljə, -lɪə] *n.* = Rumelia.

Rou·me·li·an [ruːmíːliən, rʊ-, -ljən | -míːljən, -lɪən] *adj., n.* =Rumelian.

Rou·me·li·ote [ruːmíːliòut, rʊ- | -liə̀ut] 〘□ ModGk *Rhumeliṓtēs* ← *Rhumeliā* 'RUMELIA': ⇨ -ote〙 *n.* ルーメリア人 (Rumelian).

rounce [ráuns] 〘□Du. *ronse, rondse* ← ? *rond* round〙 *n.* 〘印刷〙 ラウンス《手引き印刷機の版盤を往復させるハンドル》.

roun·ce·val [ráunsəvəl | -sɪ-] 〘← ? Sp. *Roncesvalles* (=F *Roncevaux*) (Pyrenee 山脈の麓の地名): 778 年 Roland の率いるシャルルマーニュ(Charlemagne)(大帝)の後衛軍がこの地で敗れた時, 倒れた武将のものとしてのちに見せ物にされた巨大な骨にちなむ?〙 **—** *n.* (*also* **roun·ci·val** [~]) 〘園芸〙 (剝実用)エンドウの一種《marrowfat に類似》.

roun·cy [ráunsi | -sɪ] 〘□ MF *ronci* charger〙 *n.* 《古》 乗馬用の馬.

round[1] [ráund] 〘adj.: 《1290》□ OF *round-, rond-* (stem) ← *ro(o)nt* (F *rond*) < VL *retundum=L *rotundus* 'ROTUND': ROTUND と二重語. — n.: 《c1330》 ← (adj.). — adv.: 《c1300》←(adj.). — v.: 《a1325》□ OF *rond-ir* ← *rond* // ← (adj.)〙 **—** *adj.* (**~·er, ~·est; more ~, most ~**) **1 a** 丸い, 円形の; 輪[環]状の: a ~ pond 丸い池 / a ~ hoop [ring] 丸い輪 / a ~ dish 丸い皿 / ⇨ round table. **b** 球形の, 球状の: a ~ ball 丸いボール / the ~ earth 丸い地球. **c** 円筒状の: a ~ can 円筒形のかん. **d** ほぼ丸い: a ~ face 丸い顔 / ~ eyes 丸い目. **e** 丸味を帯びた, 丸くなった, 彎曲した: a ~ nose 丸い鼻, 団子鼻 / a ~ back 丸くなった背 / ~ shoulders 猫背. **f** 〈アーチが〉半円(形)の, 弧状の: ⇨ round arch. **2 a** 丸々と太った, 丸くふくれた: a ~ man 丸々と太った人 / ~ cheeks [arms] 丸々と太った頬[腕]. **b** 〈筆跡が〉丸味のある, 角(かど)のない: ⇨ round hand. **3 a** 回る, 順に回る: ⇨ round dance. **b** 一周する; 一回りする: a ~ tour 周遊旅行 / ⇨ round trip. **4 a** 〈数・量が〉ちょうどの, 端数のない: a ~ dozen [score] ちょうど 1 ダース [20] / a ~ number 端数のない数. **b** 概数の, 大体の, おおよその: express in ~ numbers 概数で表わす / a ~ guess おおよその見当 / a ~ half million 約 50 万 / ⇨ round figure. **c** 〈金額など〉かなりの, 沢山の, 相当な: a good ~ fee かなりの謝礼 / a ~ sum かなりの(金)額. **5** 〈声が〉太く豊かな, 朗々と響く; 〈音が〉鳴り響く, 響き渡る. **6 a** 〈文体など〉円熟した, 釣合いの取れた, 流暢(りゅうちょう)な: a ~ style 流暢な文体. **b** 〈酒など〉熟成した, 慣れた: a ~ wine 味のまろやかなぶどう酒. **7 a** 威勢のよい, 活発な; 迅速な, 快速な: a ~ pace 活発な歩調. **b** 腕を大きく振って与えた[打った]: a ~ blow. **8 a** 率直な, 真っ正直な, ありのままの; 遠慮のない, 断固とした: ~ dealing 公明正大なやり方 / in good ~ terms 遠慮のない言葉で / a ~ reproof 率直な説諭 / have a ~ scolding うんとしかられる / a ~ assertion 断固とした主張 / a ~ answer はっきりした返答 / a ~ oath ひどい悪態 / be ~ with a person 人に包み隠しをしない / a ~ unvarnished tale ありのままの[包み隠しのない]話. **b** きびしい: give a person a ~ hiding (鞭で)ひどく打つ. **9** 〘音声〙 円唇(えんしん)の (rounded): ~ vowels 円唇母音. **10** 〘服飾〙 〈ジャケットが〉すそが平らにカットされた.
a round peg in a square hole*=*a square peg in a round hole ⇨ peg 成句.
— *n.* **1 a** 円, 輪. **b** 円形[環状]のもの[建物, 部屋, 塔など]. **c** 円形[環状]部分. **d** 車座(の人々); 一団: a ~ of politicians 一団の政治家. **e** (糸・鎖・へびなどの)一巻き. **f** 《廃》 王冠: the golden ~ 金色の王冠 (Shak., *Macbeth* 1. 5. 29). **2 a** 球. **b** 球状のもの: this (earthly) ~ この地球. **3 a** 円筒. **b** 円筒形のもの. **4 a** 彎曲形. **b** 彎曲したもの; 彎曲部. **c** 〘製本〙 (丸み出しによる)丸背; (丸み出しで)くぼんだ前小口. **5 a** (牛の)もも肉 (⇨ beef 挿絵). **b** (パンの)輪切り, 一切れ: a ~ of bread [toast]. **6 a** (はしごの丸く仕上げた)横木, 子(こ) (rung): attain the upmost ~ 最上段まで昇る. **b** (椅子の脚の間の丸く仕上げた)横木. **7 a** (円形物・球形物などの)周囲, 回り. **b** 回ること, 一回転; 循環: the earth in its daily [yearly] ~ 自転[公転]している地球 / the ~ of seasons 季節のめぐり. **8** 全範囲, 域内: the whole ~ of knowledge 知識の全範囲 / in all the ~ of Nature 自然の全範囲内において, 世界中で. **9 a** (散歩・観光・買物・訪問・販売などの)一巡り, 一巡, 一周: go for a long [good] ~ 遠い道を一回りして来る / a ~ of calls [visits] 歴訪 / make the ~*s* of firms 次々と会社を訪問して歩く / make [go] one's ~*s* 巡回する / take a ~ 一巡する; 歩き回る, 散歩する / He took his wife on a ~ of Manhattan stores. 彼は細君を連れてマンハッタン(区)をショッピングして歩いた / make the ~*s* of nightclubs ナイトクラブを次々にはしごして回る. **b** [通例 *pl.*] (警察官・巡察隊などの)巡回, 巡察, 巡回区域; (郵便・新聞・牛乳配達夫などの)配達順路, 受持区域; (医者・看護婦などの)回診: go [pace, walk] the ~(*s*) 巡視する, 巡回する. **c** [しばしば *pl.*] (うわさ・ニュースなどの)広まる経路: go the ~(*s*) 〈うわさなどが〉伝わる, 広まる. **d** [*pl.*] 《英》 渡り歩き《もと, 農業労務者が農場を次々と渡り歩くこと》. **10** (決まりきった仕事・日常の出来事などの)繰返し, 連続: a ~ of gaieties お祭り騒ぎの連続 / the boring ~ of office routine 会社での退屈な決まり仕事 / the daily ~ (of life) 日々の生活[仕事, 務め] / have a further ~ of talks さらに何回か会談[会議]を続ける. **11** (酒・ジュースなどの)全員[一同]への一渡り(分): serve out a ~ of brandy to all hands 全乗組員に一渡りブランデーを出す. **12 a** (試合の)一勝負, 一試合; (勝抜きトーナメントの)...回戦, ラウンド (cf. set *n.* 13): play a ~ 一勝負[試合]やる / reach the ~ of eight ベスト 8 に残る / The winners in the first ~ are paired for the second. 1 回戦の試合に勝ったものは 2 回戦の試合に組み合わされる. **b** (ボクシングの) 1 回, ラウンド《1 回は 3 分で, 回の間隔は 1 分》: a fight of ten ~*s* (ボクシングの) 10 回戦. **c** (ゴルフの)ラウンド《通例 18 ホールのすべてを一巡する》. **13 a** 一斉射撃: fire two ~*s* 一斉射撃を 2 度続ける. **b** 一回の発射, 一発: 20 ~*s* of ball cartridge 20 発の弾丸. **c** (歓声の)一しきり: a ~ of cheers [applause] 万歳の斉唱[一斉の拍手] / three ~*s* of cheers 3 度湧き起こる歓呼; 万歳三唱 / ~ after ~ of cheers 万歳万歳の繰返し. **d** 一斉に[総がかりで]すること, 一斉協議, 「ラウンド」: Tokyo ~ 東京ラウンド / ⇨ Kennedy Round. **14** 〘トランプ〙 **a** 競技者一巡; 一巡して場に出された札. **b** (rubber bridge で)パートナーが一巡する間《競技者 4 人の場合は 3 ラバー》. **c** (デュープリケイトブリッジで)一つのテーブルに着いている間《通例 2 ボード (boards)》. **15** 〘音楽〙 輪唱《無限カノンの一種; 全声部が同じ旋律を歌う》. **16** [*pl.*] 〘鳴鐘法〙 (長音階高音から順次低音に向かう)鐘の鳴らし方. **17** 〘ダンス〙 円舞(曲) (round dance). **18** 〘アーチェリー〙 (一定距離から発射する)矢の一定数《色々な方式がある》. **19** 〘建築〙 円形繰形. **20** 《廃》〘美術〙 丸彫り像 (cf. relief[2] 2). **21** 〘海事〙 ラウンド, 丸味《縦帆の上端や下端などを直線として裁断せずに, 上下に丸みをもたせるが, そのふくらみの曲線》.
in round 〘製本〙 (図書の背を)丸み出しにして. ***in the round*** (1) 〈彫刻が〉丸彫りで: a sculpture *in the* ~ 丸彫りの彫刻. (2) 全体的に見た, あらゆる角度から(の). (3) 観客が舞台を取り巻いた[ている]; 円形劇場式に[の]: ⇨ theater-in-the-round. (4) 〈魚が〉丸ごと(の), 調理してない. ***out of round*** 丸さ[円形]が完全でない[不完全な].
— *adv.* ★《米》では一般に round よりは around の方を多く用いるが, 《英》でもその傾向が強い; *prep.* の場合も大体同じ. **1 a** 回って, ぐるりと; ぐるぐると, 回転して; 循環して: fly ~ 飛び回る / look ~ (ぐるりと)見回す / ⇨ TURN *round* / The earth goes ~. 地球は運行する / Christmas soon comes ~ again. クリスマスがじきにやって来る / ~ and ~ ぐるぐる(回って). **b** 始めから終わりまで, 一巡して: all the year ~ 年中(絶え間なく) (cf. *prep.* 6). **2 a** (場所の)周囲に, 回りに, 四囲に, 取り巻いて: A crowd gathered ~. 群衆が回りに集まった. **b** 周囲が...で: a ball 10 inches ~ 周囲 10 インチの球 / The land is fenced ~. その土地には柵がめぐらしてある. **3 a** 界隈(かいわい)に, 近くに; あち(ら)こち(ら)へ, 四方へ: show a person ~ 人を案内して回る / spread rumors ~ 流言をまき散らす / all the country ~ 国中に / all the houses for a mile ~ 周囲 1 マイル以内の家々. **b** 《口語》 どこかこの[その]辺に(ぶらぶらして) (cf. around *adv.* 6). **4** (グループのそれぞれに)一巡して, 行き渡って, 次から次へと: hand ~ cigars 皆に葉巻を配る / Tea was carried ~. お茶が皆に運ばれた / provisions enough to go ~ 皆に行き渡るだけの食料 / glasses ~ 酒杯が座にいる人に行き渡って. **5** 回り道して: a long way ~ 回り道 / go a long way ~ 遠回りして行く / ⇨ GO[1] *round*. **6 a** (ある場所から他へ)回って, 回して; こちら[そちら]の方へ: She'll be ~ in a minute. じきに来るでしょう / Come ~ and see us this evening. 今晩遊びに来なさい / ask a person ~ 人を(自宅に)招く / Bring my car ~. 私の車を(玄関へ)回して下さい / ⇨ BRING *round*, COME *round*, WIN[1] *round*. **b** (結局)意見が変わって; (意識などを)回復して, 正気づいて: He is ~ now. もう正気になった. **7** 大体, ほぼ: He lived ~ here. 彼はこの辺に住んでいた.
all round (1) ぐるりと一回り(して). (2) あらゆる点で[から]: taking it *all* ~ あらゆる点から考えて. (3) 万遍なく (cf. all-round). ***round about*** (1) 輪になって, 回りに; 四方八方に; 付近に. (2) 反対の側に, 逆方向に: turn ~ *about* くるりと背を向ける. (3) 回り道して. (4) およそ: It will cost ~ *about* ten dollars.
— [raʊnd, ràʊnd, ráʊnd] 〘《1600》〘頭音消失〙? ← AROUND〙 *prep.* (⇨*adv.* ★) **1** ...を(ぐるりと)回って, を一周して: sail ~ the world / a tour ~ the world 世界一周旅行 / go ~ the sun 太陽の回りを運行する. **2** ...を迂回して, 回って; ...を曲がった所に: sail ~ a cape 岬(みさき)を回航する / go ~ a corner 角を曲がって行く / There is a shop ~ the corner. 角を曲がると店がある. **3 a** ...を(ぐるりと)取り巻いて, ...の周囲[回り]に: a rope ~ a tree 樹木に巻いた綱 / be seated ~ the table 食卓を囲んですわっている / She had a shawl ~ her. 彼女はショールに身を包んでいた. **b** ...の近くに, 界隈(かいわい)に, 付近に: the country ~ Kyoto 京都近郊. **c** 〈問題など〉の周辺を, 核心を避けて: ⇨ TALK *round*. **4** ...を中心にして, ...について: write a play ~ a labor trouble 労働争議を中心にして劇を書く. **5** ...の中に[を]ぐるりと, の回りに[を], の四方に; ...をあちこちと[に]: look ~ a room 部屋を見回す / walk ~ a park 公園内を一巡する / show a person ~ a house 人を家中案内して回る / There are service stations all ~ the city. 町のあちこちにガソリンスタンドがある. **6** ...の間中: all ~ the year 年中(絶え間なく) (cf. *adv.* 1 b). **7** ...ごろ, 約...: ~ five o'clock 5 時ごろ.
round and round (1) ...の回りをぐるぐる(回って). (2) (議論などで)〈問題〉の(核心に触れずに)堂々めぐりをして (cf. 3 c).
— *vt.* **1 a** 丸くする, 円形にする; 球状にする 〈*off*〉: ~ *off* the angles 角を落とす / ~*ed* eyes 丸く見張った目 / His shoulders were ~*ed* from much study. 研究のしすぎで背が丸くなっていた. **b** 〈犬の耳など〉の端を切り取る[落とす]. **c** 〈本の背など〉に丸味をつける, 彎曲させる. **d** 円筒状にする. **2** 丸々と太らせる; 丸く発達させる, 丸くふくらませる 〈*out*〉. **3** 回る; 回り道する; 一周する: The ship ~*ed* the cape. 船は岬を回った / The train ~*ed* a long curve. 列車は長いカーブを曲がった / ~ the corner of a street 町角を曲がる / ~ the world 世界を一周する. **4** 完成する, 完全にする; 〈文章などを〉(手際よく)仕上げる, しめくくる; 〈物事〉に有終の美を添える 〈*off, out*〉〈*by, with*〉: ~ one's character 人格を完成する[円満にする] / ~ *off* a dinner *with* an entertainment 晩餐会の最後に余興を添える / His election to the mayoralty ~*ed off* his career. 市長当選が彼の生涯の最後を飾った. **5** 回す, 転じる 〈*off*〉; ...の向きを変えさせる, 振り向かせる 〈*off*〉; 回転させる: ~ a boat *off* (波などの方向に)ボートを回す. **6** 《まれ》 囲む, 取り巻く (surround). **7** 〘音声〙 唇を丸くして発音する (↔ unround): The vowel [i] when ~*ed* becomes [y]. 唇を丸めて発音した場合の [i] の母音は [y] となる. **8** 〘数学〙 (切り上げ, 切り捨て, 四捨五入して)〈数を〉丸める, 四捨五入する 〈*off*〉. **9** 〘宝石〙 (研磨作業で)〈石の〉ガードル (girdle) を丸く縁取る.
— *vi.* **1 a** 丸くなる, 円形になる, 丸味がつく 〈*out*〉; 球状になる; 円筒状になる; 彎曲する. **b** 丸々と太る

〈*out*〉: Her form is ～*ing*. 彼女は体に段々丸味がついてきた. **2** 発達する, 成長する, 完成する, 円熟する: A boy ～*s into* manhood. 少年は成長して男子となる. **3** 巡回する; 〈守衛などが〉巡察する, 巡視する. **4 a** 回る, 曲がる; 向きを変える, 振り向く: He ～*ed* on his heels to look at me. 彼はかかとでくるりと回って私を見た. **b** 〔人に〕(出し抜けに)襲いかかる; 〔人に〕いきなり食ってかかる 〔*on, upon*〕. **c** 〔人を〕裏切る, 密告する 〔*on*〕: Always smiling, the bastard ～*ed on* me. いつもにこにこしているくせに奴は私を裏切った. **5** 〘数学〙 数を丸める 〈*down, up*〉 (cf. *vt.* 8).

round down (1) (切り捨て, 四捨五入などして)〈金額・数を〉端数のない数[必要な桁の数]に切り下げる (cf. *adj.* 4 a) (↔ round up). (2) 〘海事〙 = ROUND *in*. ***round in*** 〘海事〙 〈ロープなどや, 特に風上の帆綱のゆるみを〉たぐり込む. ***round to*** 〘海事〙 〈船が〉(漂ちゅうする (heave to) か投錨するかの直前に)船首を風上に立てて一時水上に止まる. ***round up*** (*vt.*) (1) 〈牧場の家畜を〉(馬を乗り回して)駆り集める. (2) 〈散っている人・物を〉集める, 寄せ集める: ～ *up* the two-thirds majority 全体の 3 分の 2 (の票)をかき集める. (3) (一網打尽に)逮捕する: ～ *up* a gang of criminals 犯人の一味を逮捕する. (4) (切り上げ, 四捨五入などして)〈金額・数を〉端数のない数[必要な桁の数]に切り上げる, 四捨五入する (cf. *adj.* 4 a) (↔ round down). (5) 〘海事〙 〈ゆるんだロープを〉導滑車をへてたぐり込む. (*vi.*) 一団に集まる.

～·ness *n.*

round[2] [ráund] 〘OE *rūnian* ← *rūn* a secret: ⇨ rune: *-d* は非語源的添加音〙 *vt., vi.* 《古》 ささやく: ～ a person *in* the ear (*that*...) (...と)人の耳にささやく.

róund·abòut *adj.* **1 a** 〈道が〉遠回りの, 回り道の: a ～ way 回り道; 迂遠(ぅぇん)な方法 / a ～ journey 迂回旅行. **b** 〈言葉・方法など〉婉曲な, 遠回しの, 回りくどい, 間接的な: a ～ phrase 遠回しの文句 / a ～ method 回りくどい方法 / in a ～ way 回りくどく, 遠回しに, 間接(的)に. **2** 肥満した, 丸々と太った, でっぷりした. **3** 《米》〈コートなどが〉すそを平らに[燕尾のないように]切った. ― *n.* **1 a** 回り道. **b** 遠回しの言葉, 婉曲な言い方; 回りくどい方法. **2** 《米》 往復旅行 (round trip). **3 a** 円形のもの; 円形場. **b** 《英》 環状交差路, ロータリー (⇨ rotary 1). **c** 《古》 円陣. **d** 《方言》 囲い生垣(ぃけ). **4** 《英》 回転木馬: You lose on the swings what you make on the ～*s*. ⇨ swing 4. **5** 《米》 ラウンダバウト 《19 世紀の男性[男児]用の短いきっちりしたジャケット》. **～·ness** *n.*

róundabout chàir *n.* = corner chair.

róundabout jàcket *n.* = roundabout 5.

róund ángle *n.* 〘数学〙 周角, 四直角 《360 度の角, 2π ラジアン(の角); cf. right angle, straight angle, radian》.

róund árch *n.* 〘建築〙 半円アーチ (cf. pointed arch).

róund-àrm *adj.* 〈クリケットの投球などが〉横に[水平に]腕を振ってする (cf. overarm 1, underhand 1): ～ bowling 横手投げ.

róund bráсket *n.* 〘印刷〙 丸括弧 (cf. bracket 3 c).

róund clám *n.* 〘貝類〙 = quahog.

róund dánce *n.* 輪舞(曲) (cf. square dance): **a** 民族舞踊・儀式舞踊・カップルダンスなどで, 参加者が輪をつくり, 指示された方向へ移動するもの. **b** 社交ダンスでカップルが室内を回るように進行するもの.

róund·ed 〘《15C》〙 ― *adj.* **1** (形が)丸い, 丸みのある, 曲線的な. **2** 〈身体などが〉均整のとれた. **3 a** 完全な. **b** 〈人格など〉円満な, 円熟した. **c** 〈文体など〉洗練された. **4** 〈声が〉太くてよく響く. **5** 〘音声〙 唇を丸めて発音される, 円唇の (↔ unrounded; cf. spread 4, neutral 8 a): ～ vowels 円唇(ぇんしん)母音 《[u] [o] [ɔ] [ɒ] など》. **6** 〘数学〙 小さい数を切り捨てた[切り上げた], おおよその (round). **～·ness** *n.*

roun·del [ráundḷ] 〘《1290》 *roundele* ◻ OF *rondel* ← *rond* 'ROUND[1]': ⇨ -el[1]〙 ― *n.* **1 a** 丸くて小さい物. **b** 環, 輪, 円盤. **c** 飾りメダル. **d** (装飾用の)丸皿. **e** 小さい丸窓(のガラス). **2 a** 輪形に並んだ人[もの]. **b** 円舞, 輪舞 (round dance). **3** (航空機などの)円形標識. **4** 〘詩学〙 **a** ロンドー体 (rondeau), ロンデル体 (rondel). **b** ラウンドル体(の詩) 《ロンドー体の変形で 2 個の折り返し句 (refrain) をもつ 3 連 11 行詩》. **5** 〘劇場〙 (照明燈の前に付ける)ゼラチン色彩膜. **6** 〘甲冑〙 (鎧(ょろい)の)腋当て円盤. **7** [*pl.*] 〘紋章〙 ラウンドル 《紋章図形の小円の総称; bezant, fountain, hurt, plate, pellet, torteau を含む; 紋章学では通例 roundle の方を用いる; ⇨ heraldry 挿絵 D》.

roun·de·lay [ráundəlèɪ, rán- | ráundɪ-] 〘《1573》 ◻ OF *rondelet* (dim.) ← *rondel* (↑): *-lay* は lay[3] との連想〙 ― *n.* **1 a** = rondeau 2 a. **b** 生き生きとした単純な歌[曲]. **2** 《古》 鳥のさえずる声. **3** 円舞, 輪舞 (round dance). **4** 短い折返しのある詩.

róund·er *n.* **1** 丸くする人[もの]; 物を丸くする器具. **2** 《米俗》 酒場[ダンスホール]回りをする人; 同じことを繰り返す人; 常習犯人; 常習浮浪人; 酔っ払い常習者; 金使いの荒い人; はしご酒をする人. **3 a** [R-] 《英》 (メソジスト派の)巡回説教師. **b** 《古》 巡視者, 巡回者, 巡行者. **4 a** [*pl.*; 単数扱い] 《英》〘球技〙 ラウンダーズ 《野球に似た球技》. **b** (ラウンダーズで)各塁を一巡すること. **5** 《米》〘ボクシング〙 ...回戦(の試合): win a 15-*rounder* 15 回戦で勝つ.

róund fígure *n.* **1** 概数. **2** 推定数.

róund fíle *n.* 丸やすり (cf. rattail file; ⇨ file[2] 挿絵).

róund gáme *n.* ラウンドゲーム 《通例 4 人以上の競技者が組にならず各自単独で行なうゲーム; cf. square game》.

róund-hánd *adj.* = round-arm.

róund hánd *n.* 円形書体 (cf. running hand).

Róund·hèad 〘頭髪を短く刈っていたことから王党派がつけたあだ名〙 ― *n.* 〘英国史〙 円頂党員, 議会党員 (Parliamentarian) 《17 世紀の英国の内乱当時, 王党 (Cavaliers) に敵対した議会派清教徒》.

róund·héaded *adj.* **1** 頭の丸い; 短頭[顱(ろ)]の. **2** 頭髪を短く刈った, いがぐり頭の. **3** 〈ねじなど〉頭が丸い[半球形]の. **4** 〈窓など〉上部が半円形の. **5** [通例 R-] 円頂党員 (Roundhead) の[に関する]. **b** = puritanical. **～·ness** *n.*

róund·hèaded ápple trèe bòrer *n.* 〘昆虫〙 = apple tree borer b.

róundheaded bórer *n.* 〘昆虫〙 テッポウムシ 《木材を食うカミキリムシ科の甲虫の幼虫; 頭が小さくて丸く, 顎(ぁご)が大きい》.

róund·hèel 〘靴のかかとが厚く丸ければ簡単に負かされやすいということからか〙 ― *n.* 《俗》 簡単に影響される[負ける]人; (特に)男にすぐに応じて性的関係をもつ女, 尻軽女. **róund·hèeled** *adj.*

róund hérring *n.* 〘魚類〙 熱帯海域にすむウルメイワシ科の腹の丸い魚の総称.

róund·hòuse 〘《なぞり》 ← Du. *rondhuis* guardhouse〙 ― *n.* **1** 《米》 円形機関車庫 《中央に転車台 (turntable) がある》. **2** 〘古〙 拘留所, 留置所; = guardhouse. **3** 〘海事〙 丸部屋 《昔の大型帆船の船尾楼甲板直下の円形船室》. **4** 《米》〘ボクシング〙 大振りのパンチ. **5** 〘トランプ〙 (pinochle 戯で)キングとクイーンの組札 (cf. marriage 4 b). **6** 《米》〘野球〙 遅めのスライダー 《ほとんどまたは全く落ちずに大きく曲がる緩いアウトカーブ; cf. slider 3》.

róund·ing *adj.* **1** 丸くなる. **2** 周りを囲む[巡る], 回転[旋回]する. ― *n.* **1** 丸くする[なる]こと; 丸くなったもの[表面, 角(かど)]. **2** [形容詞的に] 丸くする[角を落とす]のに用いる. **3** 〘音声〙 唇の丸め. **4** 〘海事〙 ラウンディング 《摩損を防ぐためにケーブルに巻いた古索》. **5** 〘数学〙 丸め 《切り上げ, 切り捨て, 四捨五入して, 必要な桁の概数をつくること》.

róund·ish [-dɪʃ] *adj.* 丸みのある, やや丸い.

róund kúmquat *n.* 〘植物〙 マルキンカン (*Fortunella japonica*) 《日本原産ミカン科の常緑低木》.

roun·dle [ráundḷ] *n.* = roundel.

round·let [ráundlɪt, -lət] 〘《1380》 *roundelet* ◻ OF *rondelet*: ⇨ roundelay〙 *n.* 小円; 小円形のもの.

róund·lìne *n.* 〘海事〙 ラウンドライン, 括着索 《索端結着 (seizing) 用の右巻き三つ撚(ょ)りの索; cf. hambroline》.

róund lót *n.* 〘証券〙 **1** 取引所における単位 《米国では, 債券は額面千ドル, 株式は取引所によって異なり, New York 取引所では普通の銘柄は 100 株, 一部の不活発な銘柄では 10 株》. **2** 売買単位株 (cf. odd lot 2).

róund·ly 〘《15C》〙 ― *adv.* **1** 丸く, 円[球]形に: swell out ～ 丸く膨れる. **2** 勢いよく, 活発に: go ～ to work 熱心に仕事を始める. **3 a** 容赦なく, 仮借なく. **b** 率直に, あからさまに, 腹蔵なく, 有りていに: He ～ asserted that it was true. 彼はそれが本当であるとずばり言い切った / He was ～ abused. 彼はこてんぱんに[口汚なく]やっつけられた. **4** 十分に, 完全に, 徹底的に, したたかに. **5** 概略, おおよそ, ざっと.

róund róbin 〘《転訛》 ← ? F *rond* round + *ruban* ribbon〙 ― *n.* **1 a** 円形署名上申[抗議]書 《署名順を明らかにしないために円形に署名した上申[抗議]書; 日本の「傘(からかさ)連判」に当たる》. **b** 数人が連署した上申[抗議]書. **c** (受取り人が順次追記していく)回状. **2** 《米》 (チェス・テニスなどの)総当り戦, リーグ戦; ラウンドロビン (略 R.R.; cf. tournament 1 b, tie 6 c). **3** 円卓会議. **4** 連続, 順繰り(にするもの), シリーズ (series).

róunds chéf *n.* = roundsman 2.

róund shót *n.* (昔の大砲の)球形弾[砲]丸.

róund-shóuldered *adj.* 猫背の (cf. square-shouldered).

róunds·man [-mən] *n.* (*pl.* **-men** [-mən, -mèn]) **1 a** 《米》 巡査部長, 監督巡査 《巡回して勤務中の巡査を監督する》. **b** 巡回員. **c** 《英》 (牛乳やパンなどの)御用聞き (《米》 routeman). **2** コック(長)代理 (rounds chef).

róund stéak *n.* ラウンドステーキ 《牛のもも肉 (round) から取った骨付きの厚切肉》.

róund stíngray *n.* 〘魚類〙 北米 California 州沿岸のガンギエイ科の魚 (*Urobatis halleri*) 《stingaree ともいう》.

róund-tàble *adj.* 円卓の, 円卓を囲んでする: a ～ conference 円卓会議.

róund tàble 〘《c1300》〙 ― *n.* **1 a** 丸テーブル, 円卓. **b** 円卓会議. **c** [集合的] (討論などのために)円卓を囲んだ人々. **2** [the R- T-] 〘アーサー王物語〙 **a** (Arthur 王が部下の騎士に上下の別をつけぬために坐らせた大理石の)円卓. **b** [集合的] アーサー王と部下の騎士たち; 円卓の騎士.

róund-the-clóck *adj.* 24 時間ぶっ通しの; 休みなしの, 不眠不休の.

róund tímber *n.* 丸太 (roundwood).

róund·tòp *n.* 〘海事〙 檣楼(しょうろう) 《下部マストの頂付近にある円形の脚場》.

róund tówer *n.* 円塔 《アイルランドに多く残っている 18-45 m の石造の尖塔(せんとう)で, 9-13 世紀に建設された; 教会堂に付属した鐘楼として以外に, 北欧海賊 (Vikings) の侵入に備えた望楼または要塞(ょうさい)でもあった》.

róund trèe 〘《変形》 ← *rowan tree*〙 *n.* 〘植物〙 = American mountain ash.

róund-tríp *adj.* 《米》 往復旅行の: a ～ ticket 往復切符 (《英》 return ticket) (↔ one way ticket).

róund tríp *n.* **1 a** 周遊旅行. **b** 《米》 往復旅行. **2** 〘トランプ〙 = roundhouse 5.

róund-trípper *n.* 《米》 **1** 往復旅行者. **2** 《俗》〘野球〙 ホームラン.

róund túrn *n.* 〘海事〙 **1** (船を急に止めたり仮につなぐ場合などに桟橋上の係柱などに取った)ロープの一巻き: take a ～ *about* a bollard 係柱にロープを一巻きする. **2** ラウンドターン 《双錨泊している船が錨(いかり)の回りを 2 回転して, チェーンのクロスが 3 回巻きにからまっている状態; cf. ELBOW *in* (*the*) *hawse*》.

bring up with a round turn (1) 〘海事〙 (柱などに)ロープを一巻きして〈船を〉急に止める. (2) 《口語》 急に[ぐっと]止める.

róund·ùp 〘← *round up* (⇨ round[1] (v.) 成句)〙 ― *n.* **1 a** (米国西部やオーストラリアでする)家畜の駆り集め 《数を確かめたり焼印を押したりするため》. **b** [集合的] 駆り集めた家畜(の群); (家畜の)駆り集め隊. **2 a** (人や物の)狩り集め, 集合, (人の)集まり: a ～ of the alumni 同窓生の集まり, 同窓会. **b** (犯人などの)一斉検挙, 手入れ, 逮捕, ...狩: a ～ of suspected terrorists. **3** (事実・情報などの)要約, 抄録; (ニュースの)総括報告.

róund wíndow *n.* 〘解剖〙 (耳の)正円窓, 蝸牛窓.

róund·wòod *n.* **1** 〘植物〙 = American mountain ash. **2** = round timber.

róund·wòrm *n.* 〘動物〙 カイチュウ(回虫) (*Ascaris lumbricoides*).

roup[1] [róup, rúːp | ráup, rúːp] 〘ME *roupe(n)* to shout ◻ (M)Du. *roepen* to cry out: cf. OE *hrōpan* / G *rufen*〙 《スコット・北英》 ― *vt.* 〈品物・家畜などを〉競売する. ― *vi.* しわがれ声で叫ぶ[呼ぶ]. ― *n.* **1** 競売 《通例 public roup という》. **2** 叫び声, 絶叫.

roup[2] [rúːp, ráup | rúːp] 〘《1551》 擬音語?〙 ― *n.* 〘獣医〙 **1** 家禽の呼吸器疾患 (coryza) 《目・鼻・口からチーズ様の粘液が出るウイルスによる病気》. **2** 家禽のビタミン A 欠乏.

roup[3] [rúːp] 〘擬音語: cf. roup[1]〙 *n.* しわがれ.

roup·y[1] [rúːpi, ráupi | rúːpi] 〘← ROUP[2] + -Y[4]〙 *adj.* (**roup·i·er**; **-i·est**) roup[2] にかかった.

roup·y[2] [rúːpi | -pɪ] 〘← ROUP[3] + -Y[4]〙 *adj.* (**roup·i·er**; **-i·est**) しわがれ声の, ハスキーな (cf. roup[3]).

Rous [ráus], **Francis Peyton** *n.* (1879-1970) 米国の病理学者; Nobel 医学生理学賞 (1966).

rous·ant [ráuzənt, -znt] 〘⇨ ↓, -ant〙 *adj.* 〘紋章〙 〈鳥, 特に白鳥が〉飛び立とうとしている: a swan ～.

rouse[1] [ráuz] 〘《1486》 *rowse(n)* ← ? AF: もと狩猟用語〙 ― *vt.* **1 a** 〈人を〉〔眠り・不活発・無気力などから〕目覚ませる, 起こす 〈*up, out*〉 / 〔*from*〕. **b** 喚起する, 鼓舞する, 激励する: ～ a person *to* action [energy] 人を奮起させる / ～ a person *to* do a thing 人を刺激して...させる / ～ oneself 奮起する / He wants *rousing*. 彼は(なまけ者だから)刺激してやらねばだめだ. **c** 〈感情を〉起こさせる, 激発する, 激怒させる: He was ～*d to* anger by the insult. 彼は侮辱を受けてかっとなった. **2** 〈猟鳥獣を〉〔隠れ場所から〕飛び立たせる, 狩り出す 〔*from*〕: ～ game *from* the bushers 茂みから獲物を狩り出す. **3** 〈液体を〉かき回す, (醸造中のビールを)攪拌(かくはん)する. **4** 〘海事〙 〈綱を〉手で強く引っ張る, 強くたぐる 〈*in, out, up*〉. ― *vi.* **1** 目覚める, 目を覚ます 〈*up*〉. **2** 〈猟鳥獣が〉飛び立つ, 飛び出る. **3** 奮い立つ, 奮起する 〈*up*〉. **4** 〈毛が〉逆立つ. **5** 〈感情が〉激発する 〈*up*〉.

rouse and bitt 《古俗》〘海事〙 (当直のために)起床する, 起きる.

― *n.* **1** 覚醒(かくせい); 奮起, 鼓舞. **2** 〘軍事〙 起床らっぱ[合図].

～·ment *n.*

rouse[2] [ráuz] 〘《1600》 《頭音消失》 ← CAROUSE: *drink carouse* を *drink a rouse* と異分析したものか〙 ― *n.* 《古》 **1** 乾杯: give a ～ 乾杯する, 祝杯を挙げる. **2** 飲み騒ぎ, 底抜け騒ぎ: take one's ～ 飲んで騒ぐ.

rouse[3] [ráuz] 〘《頭音消失》 《廃》 *arrouse* to sprinkle, bedew ◻ OF *arous-er* < L *adrōrāre* ← AD- + *rōrāre* to drip (← *rōs* dew)〙 *vt.* 〈にしんなどを〉塩漬けにする.

róuse·abòut 〘← ROUSE[1] + ABOUT (adv.): cf. roustabout〙 *n.* 《豪》 (牧羊場などの)雑役夫; 半端(はんぱ)仕事をする人.

róus·er *n.* **1** 覚醒者, 覚醒させるもの; 喚起者; 激励者, 啓蒙家; 喚起[激励]するもの. **2** 《口語》 はっとさせるもの[事], すごいもの[事], 面白いもの[事], びっくりさせるような言葉[行動]. **3** (醸造用の)攪拌(かくはん)器.

róus·ing *adj.* **1 a** 鼓舞する, 奮起させる, 興奮させる, 感動させる, 心を動かす: ～ cheers 励ましの喝采(かっさい) / a ～ shake 激励, 鼓舞 / a ～ speechmaker 出席者に感動を与える(ような)弁士. **b** 活発な: a ～ dance tune 軽快なダンスの曲. **2** 〈火が〉燃え盛る. **3** 《口語》 **a** ひどい, ものすごい: a ～ lie 大うそ, 大ぼら. **b** すばらしい, 最高の: a ～ picture, skier, etc. ― *n.* **1** 騒ぎ, 騒動. **2** 《豪俗》 叱言, (大)目玉: give *a person* a ～ 人に文句を言う, 人を叱りつける.

Róus sarcóma 〘*Rous*: ← *F. Peyton Rous*〙 ― *n.* 〘獣医〙 ラウス肉腫 《鳥類の可移植性の悪性腫瘍; 移植は細胞濾過液で行なえることからウイルス性腫瘍と考えられている》.

Rous·seau [ruːsóu, ruː-, rúːsou | rúːsəu; *F.* ruso], **Henri** *n.* ルソー 《1844-1910; フランスの画家; 日曜画家の代表者; 愛称 Le Douanier [dwanje] (税関吏)》.

Rousseau, Jean Jacques *n.* ルソー《1712–78; スイス生まれのフランスの哲学者・社会改良家・作曲家; *Le Contrat Social*「社会契約論」(1762), *Émile*「エミール」(1762), *Les Confessions*「告白」(1781–88)》.

Rousseau, (Pierre Étienne) Théodore *n.* ルソー《1812–67; フランスの風景画家; cf. Barbizon School》.

Rous·seau·esque [rùːsouésk | -səu-] *adj.* ルソー (J. J. Rousseau または P. E. T. Rousseau) 流[風]の.

Rous·seau·i·an [ruːsóuiən, ruː- | ruːsə́uɪ-] *adj.* ルソー(J. J. Rousseau) 的な[風の].

Rous·seau·ism [ruːsóuɪzm, ruː-, rúːsouìzm | rúːsəuìzm] *n.* ルソー (J. J. Rousseau) の(社会契約)説, ルソー(の自然)主義; ルソー主義信奉.

Rous·séau·ist [-ɪst, -əst | -ɪst] *n.* ルソー (J. J. Rousseau) の学徒[学説を奉じる人], ルソー主義者[信奉者]. **Rous·seau·ís·tic** [rùːsouístɪk, rùː- | rùːsəu-] *adj.*

Rous·seau·ite [ruːsóuaɪt | rúːsəuàɪt] *n.* ＝Rousseauist.

roust[1] [ráust] 〘《変形》← ROUSE[1]: *-t* は非語源的添加〙 *vt.* 《口語》 **1** 呼び起こす, 引っ張り出す 〈*up*〉: Newsmen were ～*ed* out of bed at 4 a.m. 記者達は朝4時に叩き起こされた. **2** 駆逐[駆除]する, 追い出す 〈*out*〉.

roust[2] [rúːst] 〘《異形》← ROOST[2]〙 *n.* 《英方言》(特に, 狭い海峡・瀬戸などでの)強い潮流, 高潮.

róust·abòut [ráust-] 〘← ROUST[1]＋ABOUT〙 ── *n.* **1** 《米》 **a** (Mississippi 川などの)波止場人足; 甲板人夫. **b** (油田・精油所で働く)未熟練労働者. **c** (サーカスで大道具を運んだり, 組み立てたり, 動物の世話をしたりする)何でも屋, 雑役夫. **2** 《豪》＝rouseabout.

rout[1] [ráut] 〘《?*a*1200》 *r(o)ute* crowd, host ◻ AF *rute* ＝OF *route* < VL **ruptam* ← L *rupta* broken (fem. p.p.) ← *rumpere* to break: ⇨ rupture〙 ── *n.* **1 a** (算を乱した)大敗走, 総くずれ, 潰走(かいそう): put ... to ～ 〈敵を〉敗走させる. **b** 《古》敗走する軍隊. **2** 混乱した群衆; 暴民, 暴徒. **3** 《古》 **a** 騒ぎ; 騒乱, 暴動. **b** (反逆者・暴徒などの)群, 団, 隊. **c** (動物・鳥などの)群: a ～ of sheep. **d** 多数. **4** 《英古》社交的集会, 招待パーティー, 大夜会. **5** 《法律》(2人以上の)不穏集合. ── *vt.* **1** 〈軍隊を〉敗走させる. **2** 完全に負かす.

rout[2] [ráut] 〘《変形》← ROOT[2]: cf. MDu. *ruten* to root out〙 ── *vt.* **1** 〈豚などが〉(鼻先で)掘る, 掘り出す. **2** たたき起こす 〈*up*〉; 引きずり出す, 追い出す 〈*out*〉: ～ a person *out* of bed 人をたたき起こす. **3** 捜し出す. **4** 〈板などに〉溝(みぞ)をつける; (版画などの)〈地の部分を〉丸のみで削り取る, えぐり取る. ── *vi.* **1** 〈豚などが〉(鼻先で)掘り出す. **2** 引っかき回す; 捜し出す.

rout[3] [ráut] 〘ME *rowte(n)* ◻ ON *rauta* to roar〙 《英方言》 *vi.* **1** 〈家畜・獣が〉啼(な)く, 吠(ほ)える. **2** どなる. ── *vt.* どなる. ── *n.* 吠え声, 啼き声, 唸り声.

rout[4] [ráut] 〘OE *hrūtan* ← Gmc: 擬音語?〙 *vi.* 《古》いびきをかく.

route[1] [rúːt, ráut | rúːt, (軍)ではまた ráut] 〘《?*a*1200》 *rute* ◻ OF *r(o)ute* (F *route*) < VL **ruptam (viam)* broken-up (way) ← L *rupta*: cf. rout[1], street〙 ── *n.* **1 a** 道, 道路; (特に, 一定の)通路, ルート, 路線, 道筋, 航路: the shortest ～ 一番の近道 / take one's ～ to ...へ向かって進む, へ行く / There are no stations on the ～. 途中に駅がない / a steamer on the American ～ アメリカ航路の汽船 / the great circle ～ 大圏航路 (cf. great circle). **b** (...への)道, 手段: a ～ to peace 平和への道. **2** 《米》郵便集配区域, 配達路, (新聞や牛乳の)配達区域. **3** 《古》〘軍事〙行軍命令, 進発令: give [get] the ～ 進発令を下す[受ける]. **4 a** 〘医学・生理〙(食物などの)通路: the alimentary ～ 消化管. **b** 〘医学〙(医薬を体内に入れる)経路. **c** 〘病理〙(病気・病菌の)感染経路. **5** 〘競馬〙1マイル(以上)の競走.
en* [*on*] *route ＝en route. ***go the route*** (1) 最後までやりとげる. (2) 《口語》〘野球〙〈投手が〉完投する.
── *vt.* **1** 〈ある事〉のための道筋[ルート]を計画する, ...の手順を考える[決める], ある手順によって〈事を〉運ぶ. **2 a** (ある道筋・路線によって)発送する. **b** (ある道筋・路線によって)発送を命じる.

route[2] [ráut] *n.* 《古》＝rout[1] 3 c.

róute lòcking [rúːt-, ráut- | rúːt-] *n.* 〘鉄道〙進路鎖錠《列車の信号機内への進入から通過まで, その信号機のてこが動かないように電気鎖錠すること》.

route·man [rúːtmən, ráut-, -mæ̀n | rúːt-] *n.* (*pl.* **-men** [-mən, -mèn]) 《米》 **1 a** 御用聞き《《英》 roundsman》. **b** (郵便配達人・トラック運転手などの)特定の区域[路線]で働く人. **2** (新聞配達などの)配達監督, 責任者《配達順路の決定, 苦情処理, 配達人の給料支払いなどを行なう》. **3** (造船所などで)一部門の仕事の割り振り[手順]を決める人.

róute màrch [rúːt-, ráut-] *n.* 〘軍事〙道(みち)足行進, 旅次行軍 (cf. route step).

rout·er[1] [ráutə | -tə(r)] 〘⇨ rout[2]〙 *n.* 〘工具〙ルーター, 高速面取り彫刻機械, えぐり道具; 溝かんな (⇨ plane 挿絵); (銅版などの)空白部をえぐり取る機械.

rout·er[2] [rúːtə, ráutə | rúːtə(r)] 〘⇨ route[1] (v.)〙 *n.* 手順[道筋]を考案[立案]する人.

rout·er[3] [rúːtə, ráutə | rúːtə(r)] 〘⇨ route[1] (n.) 5〙 *n.* 長距離用競走馬 (cf. sprinter 2).

róute stèp [rúːt-, ráut- | rúːt-] *n.* 〘軍事〙道(みち)足, 旅次行軍歩調《歩調もとらず, 話してもよく, 銃の持ち方も随意な徒歩部隊の行進》.

róute·wày [rúːt-, ráut- | rúːt-] *n.* (旅行などの)予定路, 予め決めた道[ルート].

routh [ráuθ, rúːθ] 〘← ?〙 《スコット》 *n.* 多量, 多数, たくさん, 豊富. ── *adj.* 多量[多数, たくさん]の.

routh·y [ráuθi, rúːθi | -θɪ] *adj.* 《スコット》＝routh.

rou·tine [ruːtíːn | ruː-, rʊ-] 〘《1676》 ◻ F ～ ← *route*: ⇨ route[1], -ine[2]: cf. rote[1]〙 ── *n.* **1 a** 決まりきった仕事, 日常の仕事, 日課; 慣例, 定石: the day's ～ 一日の課程, 日課 / daily ～ 日々の決まり仕事, 日課 / the monotonous ～ of the store 店の決まりきった単調な仕事 / the ～ of office work 事務所の決まった日常の仕事 / break the ～ (平凡な日常の仕事と)変わったことをする. **b** 機械的操作[手順], 型にはまった手口, 慣例, 定石. **c** 型にはまっていること: the ～ of speech [phrases] 型にはまった言葉[文句]. **2 a** (芸能人などが)決まってする出し物[手順の決まった演技, 所作]. **b** (ある舞踊の)定められた一連のステップ. **3** 〘電算機〙ルーチン, 手順《電子計算機の定形的プログラム》. ── *attrib. adj.* 決まりきった, 型にはまった, 常習的な, 機械的な: ～ work (決まりきった)日常の仕事 / policemen's ～ questions 警官達の型通りの職務質問. **～·ly** *adv.*

rou·tin·eer [rùːtəníə, -tn̩- | -tɪníə(r)] *n.* 慣例尊重主義者; 紋切型生活(の愛好)者, 機械的事務家; 型通りのこと[仕事]をする人, 杓子定規(しゃくしじょうぎ)な人.

rout·ing [rúːtɪŋ, ráut- | rúːt-] *n.* **1 a** 旅程. **b** (仕事・計画の)手順決定. **2** (一定のコースによる)伝達, 発送; (船荷)発送手順. **3** (配達路順による)郵便物選別[分類].

rou·tín·ism [-nɪzm] *n.* (千篇一律の)慣例[慣習]尊重.

rou·tín·ist [-nɪst, -nəst | -nɪst] *n.* ＝routineer.

rou·tin·ize [ruːtíːnaɪz, rúːtənàɪz, -tn̩- | ruːtíːnaɪz, rʊ-, rúːtɪnaɪz] *vt.* **1** 一定の手順にする, 慣例化する. **2** 決まりきった型にはめる.
rou·tin·iz·a·tion [ruːtìːnɪzéɪʃən, rùːtən-, -nə-, -tn̩- | ruːtìːnaɪ-, rùːtɪn-, -nɪ-] *n.*

róut·sèat *n.* 《英古》(業者から借り入れる)大夜会 (rout) 用ベンチ《軽便なもの》.

roux [rúː] 〘◻ F (*beurre*) *roux* brown (butter) < L *russum* red: cf. russet〙 ── *n.* (*pl.* ～ [～(z)]) ルー《小麦粉を油脂(特にバター)で炒めたもの; ソースなどのつなぎに用いる》.

rove[1] [róuv | rə́uv] 〘《1474》← ? 《方言》 *rave* to stray ← Scand. (cf. Icel. *rāfa*): cf. OF *rouer, roer* to wander (< L *rotāre*)〙 ── *vi.* **1 a** (当てもなく)うろつく, さまよう, 歩き回る. **b** (定住せずに)〔広い区域を〕流浪する, 漂泊する 〔*over, through*〕: The plunderers ～*d through* towns and villages. 略奪者達は町や村をうろつき回った. **2** 〈目が〉(絶えず)あちこちと動く, きょろきょろする (cf. roving[3] 1 c): His eyes ～*d* (a)round the room. 彼の目は(物色するように)部屋を眺め回していた. **3** 《古》〘釣〙生き餌(え)で引き釣をする. **4** 《古》〘アーチェリー〙臨時的(まと) (rover) を射る. ── *vt.* 〈場所を〉うろつく; 漂浪する: ～ the woods 森をうろつく.
── *n.* **1** さまよい, 歩き回り; 漂泊, 流浪: on the ～ うろついて, 漂泊して. **2** (目の)絶え間ない動き.

rove[2] [róuv | rə́uv] 〘← ?〙 〘紡織〙 *n.* (糸にする前の)粗紡糸《わずかに撚(よ)りを掛けた太糸, これを細く引き伸ばして糸にする》. ── *vt.* 粗紡糸にする, 紡(つむ)いで粗撚(あらよ)りをかける.

rove[3] [róuv | rə́uv] 〘◻ ON *rō*: *v(e)* は非語源的添加〙 *n.* **1** 〘造船〙座金 (burr). **2** 〘海事〙＝rope sling.

rove[4] *v.* reeve[2] の過去形・過去分詞.

rove[5] 〘ME *rof*〙 *v.* rive の過去形.

róve bèetle 〘← ? ROVE[1]〙 *n.* 〘昆虫〙ハネカクシ《ハネカクシ科の甲虫の俗称の総称》.

róve-òver 〘← ROVE[1]: G. M. Hopkins の造語〙 *adj.* 〘詩学〙(sprung rhythm において)前行の終わりと次行の初めとで1詩脚を成す.

róv·er[1] 〘《1468》: ⇨ rove[1]〙 ── *n.* **1 a** さまよう人; 漂泊者, 流浪人. **b** 恋愛遊戯に耽る人, プレーボーイ[ガール], 女[男]たらし. **2** 〘アーチェリー〙 **a** [通例 *pl.*] 臨時的(まと)《不定の距離にある臨時の目標》. **b** 遠的(とおまと). **c** 遠的を射る人. **3** 〘クロッケー〙 **a** すべての門柱 (hoop) を通過して決勝標に当たるばかりになっている球. **b** その球をプレーする競技者. **4** ポジションの決まっていない選手. **5** [R-] 《英》Venture Scout の旧名. **6** 〘宇宙〙月面車 (lunar rover).
at rovers 《廃》でたらめに, やたらに.

róv·er[2] *n.* **1** 粗紡工. **2** 粗紡機.

ro·ver[3] [róuvə | rə́uvə(r)] 〘《*a*1393》 ◻ MDu. or MLG *rōver* ← *rōven* to rob: cf. reave[1]〙 *n.* 海賊; (しばしば騎馬の)追いはぎ.

Ro·ver [róuvə | rə́uvə(r)] 〘⇨ rover[1]〙 *n.* 飼犬の名 (cf. Fido).

Ró·ver Bòy [róuvə- | rə́uvə-] 〘← *Rover boys* (米国の児童文学作家 Edward Stratemeyer (1862–1930) の連続読物に登場する主人公の少年達)〙 ── *n.* (いささか世間知らずだが)勇敢で節操のある男.

róv·ing[1] *n.* 〘紡織〙 **1** 粗紡糸, 粗撚(あらよ)り糸. **2** 練紡《梳(そ)毛[綿] (carding) の最終過程; cf. slubbing》.

róv·ing[2] *n.* 〘海事〙＝roband.

róv·ing[3] *adj.* **1 a** (あちこち)放浪する; 移動する[できる], 常駐しない. **b** 〈仕事・行動など〉ある地域[領域]に限らない. **c** 〈目・視線が〉あちこちと移る: have a ～ eye (きょろきょろ)色目を使う癖がある; 浮気っぽい. **2** 〈考えなど〉取り留めのない, 散漫な.

róving ambássador *n.* 《米》移動大使.

róving commíssion *n.* (海軍本部から艦長に賦与される)自由航行権限; (調査員の)自由旅行権限.

róving correspóndent *n.* (一個所に駐留しない)移動通信員.

róving mínister *n.* 《米》移動公使.

row[1] [róu | rə́u] 〘OE **rāw* 《異形》← *rǣw* < Gmc **rai(ʒ)wa* 《原義》something cut out (G *Reihe* row) ← IE **rei-* to scratch, tear, cut (Skt *rekha* stroke, line): cf. reap, rope〙 ── *n.* **1 a** (通例, まっすぐな線に並んだ人・物の)列, 行: a ～ of trees 並木 / a ～ of houses 立ち並ぶ家々, 家並み / a ～ of teeth 歯列 / ⇨ *in a* ROW / in ～*s* 何列にもなって, 列を作って (in lines) / in three ～*s* 3列に. **b** (劇場・公会堂などの)席の列: in the front [third] ～ 最前列[3列目]に. **c** 作物[植木](など)の列. **d** (表の数字などの)横の列 (↔ column). **2** (両側[片側]に家の並んでいる)通り, 町, (特に特定の職業・種類の人が多く住んでいる)通り[地域]. ★ 英国ではしばしば町名として用いる: Rochester Row《London の町名》. **3** [the R-] 《英》＝Rotten Row. **4** (チェッカー盤の)横筋.
a hard* [*long*] *row to hoe 骨の折れる仕事, うんざりする[いやな]生活. ***at the end of one's row*** ⇨ end[1] 成句. ***hoe one's own row*** 《米》自分の仕事をする. ***in a row*** (1) 一列になって[並んで] (in a line). (2) 《口語》続けて, 立て続けに, 連続的に: three holidays in a ～ 3日間の連休.
── *vt.* 列に並べる 〈*up*〉.

row[2] [róu | rə́u] 〘OE *rōwan* ← Gmc **rō-* (ON *rōa*) ← IE **erə-* to row (L *rēmus* (cf. remex) / Gk *eretmón* oar)〙 ── *vi.* **1** 船を漕(こ)ぐ: ～ dry 水を飛ばさないように漕ぐ; 空(から)漕ぎする, 漕ぐまねをする / ～ wet 水を飛ばして漕ぐ / ～ in the galley ⇨ galley 1. **2** ボートレースに参加する: ～ in the Oxford boat オックスフォード大学の選手としてレースに出る / ～ in the eight エイト[8人漕ぎのボート]の選手としてレースに出る. **3** 〈船が〉櫂(かい)[オール]で漕がれる[進む].
── *vt.* **1 a** 〈船・ボート・カヌーなどを〉漕ぐ: ～ a boat. **b** 〈船・ボート・何番席[オール]〉の漕ぎ手となる: ～ bow [stroke] 軸手[整調]を漕ぐ / ～ five in the boat 5番を漕ぐ. **c** 〈何ピッチ・何ストローク〉で漕ぐ: ～ a few strokes 二漕ぎ三漕ぎする / ～ a long [fast] stroke 大きく[速く]漕ぐ / ～ 30 to the minute 1分間に30のピッチで漕ぐ. **2 a** 〈ボートレースなど〉に参加する: ～ a race ボートレース[レガッタ]に出る. **b** 〈相手と〉ボートレースをする: Oxford ～*s* Cambridge. (レガッタで)オックスフォードの相手はケンブリッジだ. **3 a** 〈櫂[オール]を〉用いる; 〈櫂[オール]を〉備える, 有する: a boat that ～*s* 6 oars 6丁のオールで漕ぐボート. **b** 〈ある人・選手などを〉漕ぎ手として使う; 〈漕ぎ手〉にボートを漕がせる: ～ an untrained man 素人をボートレースに使う. **4** 舟で[舟を漕いで]運ぶ; 舟を漕ぐようにして運ぶ[進ませる]: ～ a person across the lake 漕いで〈人を〉湖の向こう岸へ渡す.
look one way and row another ⇨ look 成句. ***row against the tide* [*stream, wind*]** (1) 潮流[流れ, 風]に逆らって漕ぐ. (2) 困難[障害]と戦う, 困難な仕事と取り組む. ***row down*** 〘ボートレース〙漕いで〈相手〉に追いつく. ***Rowed of all!*** 《廃》〘海事〙櫂(かい)上げ, 漕ぎ方止め. ***row out*** (舟を漕いで)漕ぎ疲れさせる: The crew were all ～*ed out*. クルーは全員漕ぎ疲れていた. ***row over*** 〘ボートレース〙独漕(どくそう)して勝者となる. ***row up*** 力漕(りきそう)する.
── *n.* **1** 漕ぐこと, 一漕ぎ: It was a long ～ to the island. その島までボートを漕いで行くのはかなり時間がかかった. **2** 船漕ぎ[遊び], 短艇巡航: Let's go for a ～. 船漕ぎ[ボート遊び]に行こう.

row[3] [ráu] 〘《1787》《逆成》? ← ROUSE[1]〙 ── *n.* 《口語》 **1** (騒々しい)口論, 激しい喧嘩: have [pick] a ～ *with* ...と口論する / have a terrific ～ *over* [*about*] trifles つまらない事ですさまじい喧嘩をする / an open ～ between them 彼らの間の大っぴらな喧嘩. **2** 騒ぎ, がやがや, 騒動: make [kick up] a ～ やかましい音を立てる; 反対して騒ぐ, しつこく抗議する / What is the ～? 何を騒いでいるのだ, 何事だ. **3** 《英》叱責: get into a ～ 叱られる.
hold* [*shut*] *one's row [通例命令形で] 《俗》黙る: Shut your ～!
── *vt.* 《英》叱る: ～ a person *up* 人を叱りつける.
── *vi.* 口論する, 喧嘩する.

R.O.W. 《略》right of way.

row·an [ráuən, róu- | ráu-, rə́u-] 〘《1804》← Scand.: cf. Norw. *rogn* / Icel. *reynir*〙 *n.* 《スコット・北英》 **1** 〘植物〙ナナカマド (rowan tree). **2** ナナカマドの実.

rówan·bèr·ry [-bèri, -b(ə)ri | -b(ə)rɪ] *n.* ＝rowan 2.

rówan trèe *n.* 〘植物〙 **1** ヨーロッパ産バラ科ナナカマドの類の植物 (*Sorbus aucuparia*)《mountain ash ともいう》. **2** アメリカナナカマド (American mountain ash).

rów·bòat [róu- | rə́u-] *n.* 漕(こ)ぎ舟, 櫓櫂(ろかい)船.

rów cròp [róu- | rə́u-] *n.* 〘農業〙一列植えの作物, 条植作物《トウモロコシ, ワタなど》.

rów cùlture [róu- | rə́u-] *n.* 〘農業〙条植栽培.

row-de-dow [ráudidàu | -dɪdáu] *n.* ＝rowdydow.

row·dy [ráudi | -dɪ] 〘《1819》《米・原義》backwoodsman ← ? ROW[3]〙 ── *adj.* (**row·di·er; -di·est**) **1 a** 乱暴な, 粗野な; 喧嘩好きな. **b** 騒々しい, やかましい. **c** 下品な. **2** 《豪》〈家畜など〉言うことをきかない. ── *n.* 乱暴者, 暴れ者, 喧嘩好きな人; 無頼漢, 与太者. **rów·di·ly** [-dɪli, -də-, -dl̩i | -dɪlɪ, -də-] *adv.* **rów·di·ness** *n.*

row·dy·dow [ráudidàu | -dɪdáu] 〘↓〙 *n.* **1** 騒ぎ, 騒々しさ, がやがや. **2 a** 大喧嘩. **b** 宴会, 酒宴.

row·dy·dow·dy [ráudidáudi | -dɪdáudɪ] 〘《加重》←

ROWDY〛 *adj.* **1** がやがやする, 騒々しい, やかましい. **2** 下品な, 野卑な.

rów·dy·ish [-diɪʃ] *adj.* 乱暴な, 無法な ; 騒々しい.

rów·dy·ism [-diìzṃ] *n.* 乱暴(な行為), 喧嘩腰, 無法.

Rowe [róu|ráu], **Nicholas** *n.* (1674–1718) 英国の詩人・劇作家; 桂冠(㍍)詩人 (1715–18); *Tamerlane* (1702), *The Fair Penitent* (1703).

row·el [ráuəl] 〚《?*a*1400》▭OF *rouel, roel* (F *rouelle*) (dim.) ← *roue, roe* < L *rotam* wheel : ⇨ rota¹, -le¹〛 ── *n.* **1** 〘馬術〙(乗馬用長靴の)拍車 (spur) の先の小車, 馬刺輪(ぎ)歯車, 歯輪, 花車 (⇨ spur 挿絵). **2** 〘獣医〙串線打膿条(ぎんせんだのう)《膿(え)を出すために馬などの皮膚の下に差し込むゴムや革の小片; cf. seton》. ── *vt.* (**row·eled, -elled; -el·ing, -el·ling**) **1** 〘馬術〙花車で突く, 〈馬・馬の横腹〉に花車を当てる. **2** 〘獣医〙〈馬などの皮膚の下〉に串線打膿条を挿入する.

rówel-spùr *n.* 花車形の拍車.

row·en [ráuən, -ɪn] 〚《*c*1440》 *rewayn* ▭ONF **rewain* =(O)F *regain* ← RE-+*gain* 'GAIN¹'〛 ── *n.* 《米》 **1** [しばしば *pl.*] (牧草の)二番刈り. **2** (晩季の牧草地として使うために刈り残してある)刈株畑.

Row·e·na [rouwíːnə|rəuíː-] 〚? OE *Hrōþwyn* ← *hrēð* fame (⇨ Roger)+*wine* friend // ▭OWelsh *rhon(g)-wen* ← *rhon* lance ; slender+*gwen* fair : Scott 作 *Ivanhoe* の女主人公の名から一般化〛 ── *n.* 女性名.

rów·er 〘ME〙 *n.* 漕(こ)ぎ手.

rów hòuse *n.* 《米》 **1** (建売住宅のように同規模・同様式の)軒続きの家の一軒. **2** 間仕切り壁を共有する家, 長屋, 連続住宅.

rów·ing *n.* **1** ボート漕(こ)ぎ, 漕艇(てい). **2** ロウイング《丸い枠の中に入って枠を回しながら進む競走》.

rówing bòat *n.* 《英》 漕(こ)ぎ舟, 櫓櫂(ろかい)船.

rówing machine *n.* 漕力強化台《漕艇選手の筋力を強くするのに用いる器具》.

Row·land [róulənd|ráu-] 〚《異形》← ROLAND¹〛 *n.* 男性名.

row·lock [rálək, rʌ́l-, róulàk|rɔ́lək, ráulɔ̀k, rʌ́lək] 〚《*a*1750》← ROW²+(OAR)LOCK〛 ── *n.* **1** (ボートの)オール受け, 櫂(かい)受け. **2** 〘石工・建築〙 **a** れんがの小端立(こばだて)積み (cf. soldier 7 ; ⇨ brick 挿絵). **b** (小端立積みしたれんがの)端.

Rów·ton hòuse [ráutṇ-, rɔ́ː-] 〚← *Baron Rowton* (1838–1903 : 英国の社会改良家)〛 *n.* 《英》 改良型低所得者用住宅.

rów vèctor *n.* 〘数学〙行ベクトル, 横ベクトル (cf. column vector).

Rox. 《略》 Roxburgh ; Roxburghshire.

Rox·an·a [rɑksǽnə|rɔk-] 〚▭L *Rōxānē* ▭Gk *Rhōxánē* ← Pers. : cf. Avest. *raoxshna-* shining〛 *n.* 女性名《愛称形 Roxie, Roxy ; 異形 Roxane》.

Rox·ane [rɑksǽn|rɔk-] 〚▭F ～ : ↑〛 *n.* 女性名.

Ro·xas [rɔ́ːhɑːs | róu-], **Manuel** *n.* ロハス《1892–1948 ; フィリピンの政治家, 初代大統領 (1946–48) ; Manuel Roxas y Acuña》.

Rox·burgh [rɑ́ksbəː(r)ə, -b(ə)rə | rɔ́ksb(ə)rə] 〚ME *Rokisburc*《原義》? castle of *Rywc* (人名) : ⇨ borough〛 ── *n.* スコットランド南東部の旧州, 現在の Borders 州南部 ; 面積 1,722 km², 首都 Jedburgh ; Roxburghshire ともいう.

Rox·burghe [rɑ́ksbəː(r)ə, -b(ə)rə|rɔ́ksb(ə)rə] 〚← *the third Duke of Roxburghe* (1740–1804 : この装丁の愛好者)〛 ── *n.* 〘製本〙ロックスバラ装丁《平(ひら)はクロースまたは紙 ; 金文字入りの背革で天(金)以外の縁は裁たない》.

Rox·burgh·shire [rɑ́ksbəː(r)əʃɪə, -b(ə)rə-, -ʃə|rɔ́ksb(ə)rəʃə(r, -ʃɪə(r] *n.* =Roxburgh.

Rox·i [rɑ́ksi | rɔ́ksɪ] 〚↓〛 *n.* 女性名.

Rox·ie [rɑ́ksi | rɔ́ksɪ] 〚(dim.) ← ROXANA〛 *n.* 女性名.

Roy [rɔ́ɪ] 〚▭Gael. *rhu* red : OF *roy* (F *roi*) king と混同〛 *n.* 男性名.

roy·al [rɔ́ɪ(ə)l, rɔ́ɪəl | rɔ́ɪ(ə)l] 〚《*c*1374》▭OF *roial* (F *royal*) < *rēgālem* → *rēx* 'REX²' : ⇨ -al¹ : REGAL¹, REAL² と三重語〛 ── *adj.* **1 a** [しばしば R-] 国[女]王の[に関する, に属する]; 王室の : a ～ family [household] 王室 / a ～ house 王家 / a ～ palace [crown] 王宮[王冠] / of ～ blood 王族の / a ～ prince [princess] 王子[王女] / the blood ～ 王家, 王族 / the ～ estates 王室の領地, 王領 / the Princess *Royal* 国王の長女 / a *Royal* salute 皇礼砲 / ～ "we" ⇨ we 2 a. **b** 国王から与えられた, 国王の保護を受ける ; 勅許の, 勅定の : a ～ bounty [国王下賜の扶助料 / a ～ warrant [charter] 勅許状 / a ～ speech (議院への)勅語. **c** [通例 R-] 《英》 国王[国家]に奉仕する ; 国王[国家]の保護下にある ; 王立の《公共[国家]の機関・協会・学会・施設・団体などの名称に用いる》: the *Royal* Academy of Music 王立音楽院 / the *Royal* Courts of Justice (London の Strand 街にある)王立裁判所《高等法院 ; 控訴院などのある建物を指す》/ the *Royal* Artillery 英国砲兵隊 (略 R.A.) / the *Royal* Botanic Gardens 王立植物園 (London 郊外 Kew にあり, the Kew Gardens とも呼ばれる) / the *Royal* Horse Guards ⇨ Horse Guards / the *Royal* Victorian Chain=Victorian Chain / the *Royal* Victorian Order=Victorian Order. ★ 公共機関・施設・団体の名称では「王立」とは限らない. **2 a** 王者の, 王(様)らしい, 王にふさわしい ; 気高い, 高貴な, 威厳のある : live in ～ state [splendor] (王侯のように)豪奢(ごうしゃ)な生活をする. **b** 《口語》 すばらしい, 堂堂たる, 立派な, この上ない : a ～ view すばらしい眺め / a ～ feast [welcome] すばらしい宴会[歓迎] / have a ～ time とても愉快な時を過ごす / He is in ～ spirits. おそろしく元気だ / He gave us ～ entertainment. すばらしいもてなしをしてくれた. **c** 非常に[めっぽう]大きな, 非常に重要な. **d** 特権を与えられた ; 楽な : ⇨ royal road. **3** 〘化学〙不活性の : ～ metals 貴金属《酸化などに対して抵抗力のある金属 ; 金・銀など》/ ～ gases 貴ガス《ヘリウム・ネオンなど》. **4** 〘海事〙ロイヤルの《トゲルン (topgallant) の上にあり一番上の》: ⇨ royal mast, royal sail, royal yard.
── *n.* **1** 《口語》 王家の一員. **2** [the Royals] **a** = Royal Scots Regiment. **b** =Royal Marines. **3** = royal stag. **4** =royal blue. **5 a** =ryal. **b** =real². **6** 〘海事〙 **a** =royal sail. **b** =royal mast. **7** 〘製紙〙 **a** ロイヤル(版)《紙の寸法名 ; 筆記用は 24×19 インチ [609.6×482.6 mm]. 印刷用は 25×20 インチ[635×508 mm] ; cf. super royal》. **b** [形容詞的に] ロイヤル(版)を用いた : ～ octavo ロイヤル オクタボ(判)《10×6.25 インチ》/ ～ quarto ロイヤル クォート(判)《12.5×10 インチ》. **8** 〘鳴鐘法〙(教会堂鐘楼の)十鐘(変化)鳴鐘法. **9** 〘トランプ〙=royal flush.

Róyal Acadèmícian *n.* (英国の)王立美術院会員《略 R.A.》.

Róyal Acádemy *n.* [the ～] (英国の)王立美術院《1768 年英国王 George 三世によって創設された ; Royal Academy of Arts ともいう ; 略 R.A.; cf. Royal Society》.

Róyal Áir Fòrce *n.* [the ～] 英国空軍; 英連邦(Commonwealth of Nations) 加盟国の空軍 (略 R.A.F.).

Róyal Ánthem *n.* [the ～] 英国国歌.

róyal ántler *n.* 鹿の角の(付け根から)三本目の枝角《tres-tine ともいう》.

Róyal Áscot *n.* ロイヤルアスコット (⇨ Ascot 2 a).

róyal assént *n.* [the ～] 〘英議会法〙国王の裁可《英国では議会を通過した法案は国王が Le roi le veult (⇨ roi) と記す裁可の形式によって発効する》.

róyal báy *n.* 〘植物〙ゲッケイジュ(月桂樹) (*Laurus nobilis*) 《bay, bay laurel, bay tree ともいう》.

róyal blúe *n.* 《英》 花紺青(はなこんじょう), 藤紫.

róyal búrgh *n.* 勅認自治都市《国王からじきじきに自治の勅許 (charter) を得たスコットランドの都市》.

Róyal Canádian Móunted Políce *n.* [the ～] 王立[英国王室直轄]カナダ騎馬警察隊 (⇨ Northwest Mounted Police).

róyal cóachman *n.* 〘釣〙=coachman 2.

róyal cólony *n.* **1** 直轄植民地. **2** 〘英史〙英王直轄植民地《英国王が総督および総督任命の議会を通じて直接治めていた植民地 ; cf. proprietary colony》.

Róyal Crówn Dérby *n.* ⇨ Derby china.

róyal demésne *n.* (英国王室の)御料地.

róyal dúke *n.* **1** 大公《王家の男子, 特に王子に授けられる世襲称号》. **2** 《英》 (Cornwall または Lancaster の)王族公爵.

róyal éagle *n.* **1** 〘鳥類〙=golden eagle. **2** 〘紋章〙=imperial eagle 2.

Róyal Engineérs *n. pl.* [the ～] 英国陸軍工兵隊《略 R.E.》.

Róyal Exchánge *n.* [the ～] 王立取引所《London の Cornhill 街にある Elizabeth 一世時代以来の商業・金融取引所 ; 略 R.E.》.

róyal férn *n.* 〘植物〙ゼンマイの一種 (*Osmunda regalis*) ; (その他の)ゼンマイ属の植物の総称.

róyal físh *n.* 〘英法〙御料魚, 王魚《クジラ・チョウザメ (sturgeon)・ネズミイルカ (porpoise) の三大海産動物, 岸に打ち上げられた場合や海浜近くで捕えられた場合は王または王から勅許を得た者の所有となる》.

róyal fízz *n.* ロイヤル フィズ《レモンジュース・ジン・卵・砂糖で作る飲物》.

róyal flúsh *n.* 〘トランプ〙ロイヤルフラッシュ《ポーカーで同じスーツ (suit) の最高位札 5 枚続き (ace から 10 まで) ; 一番強い出来役 ; ⇨ poker²》.

Róyal Flýing Còrps *n.* [the ～] 英国陸軍航空隊《略 R.F.C. ; 現在は Royal Air Force》.

Róyal Híghlanders *n. pl.* [the ～] 英国高地連隊, 第四十二スコットランド高地連隊《Black Watch の公式名》.

Róyal Híghness, r- h- *n.* **1** (英国で)殿下 : **a** (1917 年以前に称号として)君主の男系の子(兄弟, 姉妹, おじ, おば, 孫). **b** (1917 年以後の称号として)君主の子[孫] : His [Her] ～ 殿下[妃殿下] (略 H.R.H.). **c** 英国の君主がこの称号を与える人. **2** (英国以外の国の)王室・皇室の種々の構成員.

Róyal Hórse Guàrds *n. pl.* [the ～] (英国の)近衛(このえ)騎兵第二連隊 (cf. Household Cavalry).

Róyal Hóspital *n.* [the ～] =Chelsea Royal Hospital.

Róyal Humáne Society *n.* [the ～] (英国の)王立投身者救助会《1774 年創立 ; 略 R.H.S.》.

Róyal Institútion *n.* [the ～] (英国の)王立科学研究所《1799 年 London に創立, 科学研究と科学知識普及を目的とする ; 略 R.I.》.

roy·al·ism [rɔ́ɪəlìzṃ, rɔ́ːjəl- | rɔ́ɪəl-] *n.* 勤王[尊王]主義, 王党主義.

róy·al·ist [-lɪst, -ləst | -lɪst] 〚《1643》← ROYAL+-IST : cf. F *royaliste*〛 ── *n.* **1** 勤王家 ; 王党派. **2** [しばしば R-] **a** (特に 17 世紀清教徒革命時代の英国の)王党派 (Cavalier) (cf. parliamentarian 4, Roundhead). **b** (米国独立戦争当時の)英国派, 王党員 (Loyalist). **c** (フランス革命以降の)ブルボン (Bourbon) 家支持者, レジチミスト, (七月革命以降の)オルレアン家支持者, オルレアニスト, 王党派. **3** 《米》 保守主義者, 旧弊家 : an economic ～ 経済上の保守主義者, 保守的財政家[財界人]. ── *adj.* =royalistic.

roy·al·is·tic [rɔ̀ɪəlístɪk, rɔ̀ːjəl- | rɔ̀ɪəl-] *adj.* 勤王[尊王]の, 勤王家の, 王党の.

roy·al·ize [rɔ́ɪəlàɪz, rɔ́ːjəl- | rɔ́ɪəl-] *vt.* 《古》 王らしくする, 王にふさわしくする. ── *vi.* 《廃》 王権を執る.

róyal jélly *n.* ローヤルゼリー, 王乳《女王バチになるべき幼虫の食用として働きバチが分泌する粘性の栄養物》.

róyal líly *n.* 〘植物〙リーガルリリー, オウカンユリ, ホソバハカタユリ (*Lilium regale*) 《中国西部原産ユリ属の球根草 ; 花は内側が白, 外側は紫がかったピンク色で基部は黄色》.

roy·al·ly [rɔ́ɪəli, rɔ́ːjəli|rɔ́ɪəlɪ] 〘ME〙 *adv.* **1 a** 王らしく, 王侯然として. **b** 王によって. **2** 壮大に ; 立派に. **3** 《口語》 すばらしく, 物すごく, (ものの)見事に.

Royal Maríne *n.* 英国海兵隊員《英国海軍の要員》.

Royal Marínes *n. pl.* [the ～] 英国海兵隊《もとの Royal Marine Artillery と Royal Marine Light Infantry とが合体したもの》.

róyal márriage *n.* 〘トランプ〙(pinochle, bezique などで)切札のキングとクイーンの組合わせ (cf. marriage 4 b).

róyal mást *n.* 〘海事〙ロイヤルマスト《大型帆船の一番上のマストで, royal sail を張る部分 ; topgallant (mast) の上につける》.

Róyal Mílitary Acádemy *n.* [the ～] 英国士官学校《Sandhurst にある ; もと Woolwich にあった工・砲兵の Royal Military Academy と Sandhurst にあった歩・騎兵の Royal Military College とを合併したもの ; 略 R.M.A.》.

róyal móth *n.* 〘昆虫〙ヤママユガ科 *Citheronia* 属の大型の美しいガの総称《regal moth など》.

Róyal Nával Áir Sèrvice *n.* [the ～] 英国海軍航空隊《略 R.N.A.S. ; 現在は Royal Air Force》.

Róyal Nával Cóllege *n.* [the ～] 英国海軍兵学校《London の Thames 川南岸の Greenwich にある ; cf. naval academy 2》.

Róyal Návy *n.* [the ～] 英国海軍 ; 英連邦 (Commonwealth of Nations) 加盟国の海軍.

Róyal Nórthwest Móunted Políce *n.* [the ～] ⇨ Northwest Mounted Police.

róyal óak *n.* ローヤル オーク : **1** 1651 年 9 月英王 Charles 二世が Worcester の戦いに敗れたとき身を隠して助かったことを記念して 5 月 29 日に身につけるオークの木の小枝 (cf. Oak-Apple Day). **2** (上の故事から) 1660 年 5 月の同王の London 帰還時に市民が歓迎の意で身につけたオークの小枝 ; また Oak-Apple Day に身につけるオークの小枝.

Róyal Ópera Hòuse *n.* [the ～] =Covent Garden Theatre.

róyal pálm *n.* 〘植物〙ダイオウヤシ (*Roystonea regia*) 《米国 Florida 州およびキューバ産》.

róyal páper *n.* 〘製紙〙=royal 7.

Róyal Pecúliar, r- p- *n.* 《英》 (特権を許された)王室直轄教会[教区].

róyal péndulum *n.* 〘時計〙ロイヤル振り子, 秒振り子 (seconds pendulum).

róyal poinciána *n.* 〘植物〙ホウオウボク (*Delonix regia*) 《Madagascar 島原産のマメ科の落葉高木 ; 赤い房状の見事な蝶(ちょう)形花をつける ; 熱帯地方で街路樹に植える ; flamboyant, flame tree, peacock flower ともいう》.

róyal póle *n.* 《豪》〘海事〙=royal mast.

róyal púrple *n.* 青みがかった紫.

Róyal Régiment *n.* [the ～] 英国砲兵連隊《正式名 Royal Regiment of Artillery》.

róyal róad *n.* **1** 王道, 近道, 楽な手段 : There is no ～ to learning [knowledge]. 《諺》 学問には楽な道はない, 学問に王道なし《Euclid が Ptolemy 一世に言ったと伝えられる There is no royal road to geometry. の転用》. **2** [しばしば R- R-] 古代イランのアケメネス朝が建設した Achaemenid の国道の一つ《長さ 2,700 km, イラン西部から小アジアを貫く》.

róyal sáil *n.* 〘海事〙ロイヤルスル, 最上檣帆(しょうはん) (⇨ royal mast).

Róyal Scóts Régiment *n.* [the ～] 〘軍事〙ロイヤル スコットランド兵連隊.

Róyal Socíety *n.* [the ～] 王立協会, 英国学士院《1662 年 Charles 二世によって認可された科学研究の学会 ; 略 R.S. ; 正式名 the Royal Society of London for Improving Natural Knowledge ; cf. Royal Academy》: a Fellow of *the* ～ 王立協会員 (略 F.R.S.).

róyal stág *n.* 両方の角を合せて 12 尖(せん) (points) 以上の枝角 (antlers) をもつシカ.

róyal stándard *n.* [the ～] 王旗《England, Scotland, Ireland の国章を組み合わせたもので, 英国王滞在中の宮殿・艦船などに掲げる》.

róyal ténnis *n.* 《豪》 =court tennis.

róyal tóuch *n.* お手付け《帝王の手に触れると, 瘰癧(るいれき) (scrofula) が直ると信じられた ; cf. king's evil》.

Róyal tréssure *n.* 〘紋章〙ロイヤル トレッシャー《スコットランド王の紋章で, 2 本の tressures に fleur-de-lis が交互に向きを変えて配されたもの》.

roy·al·ty [rɔ́ɪ(ə)lṭi, rɔ́ːjəl- | rɔ́ɪ(ə)ltɪ] 〚《*c*1398》▭OF *roialte* (F *royauté*) ∽ 《14C》 *realte* ▭OF *realté, reaute* < VL **rēgālitātem* 'REGALITY' : ⇨ royal, -ity〛 ── *n.* **1** 王[君主]であること, 王の身分, 王位 ; 国王の尊厳, 王威. **2 a** 王らしさ, 高貴(さ). **b** 《廃》 荘厳 ; 豪華(さ). **3 a** 王室の一人. **b** [集合的] 王族, 皇族. **c** 特権階級. **4 a** 王領, 王国. **b** [通例 *pl.*] 《古》 王の特

権, 王権. **5 a** 鉱山[鉱区]使用料. **b** 特許権使用料. **c** (劇などの)上演料; (著者などの)印税, 著作権使用料: a ~ of ten percent *on* a book 著書に対する1割の印税 / The new record brought her half a million dollars in *royalties.* 新しく出たレコードは彼女に50万ドルの印税をもたらした. **d** 貨幣鋳造税.

róyal wáter *n.* 〘化学〙王水 (aqua regia).

róyal wáter lily *n.* 〘植物〙オオオニバス (*Victoria amazonia*)《南米 Amazon 川, British Guiana に産する浮葉の直径1–2mのスイレン科の植物; Amazon water lily, giant water lily ともいう》.

róyal yárd *n.* 〘海事〙最上檣帆(しょう)の帆桁(ほた).

Royce [rɔ́ɪs], **Josiah** *n.* (1855–1916) 米国の哲学者.

roys·ter [rɔ́ɪstə | -tə(r] *vi.* =roister.

Róys·ton crów [rɔ́ɪstən-, -tn̩-] 〘← *Royston* (英国 Hertfordshire 州北部の地名)〙 *n.* 《英》〘鳥類〙=hooded crow.

Rozh·dest·ven·ski [rɔ(ː)ʒdéstvənski | rɔʒdéstvənskɪ; *Russ.* raʒdjéstvjinskjij], **Gen·na·di** [gjinádjij] **Nikolaevich** *n.* ロジェストヴェンスキー《1931– ; ソ連の指揮者》.

Rozhdestvenski, Zi·no·vi [zjinóvjij] **Petrovich** *n.* ロジェストヴェンスキー《1848–1909; 帝政ロシヤの海軍大将, 日露戦争の日本海海戦のときの司令官》.

roz·zer [rɑ́zə | rɔ́zə(r] 〘← ?〙 *n.* 《英俗》=policeman 1.

Rp 《記号》〘貨幣〙rupiah(s).

RP 《略》relief pitcher; reprint; reprinting.

Rp. 《略》Rappen.

r.p. 《略》reply paid.

R.P. 《略》reaction product; reception poor; recovery phase; Reformed Presbyterian; Regimental Police; Regius Professor; reinforced plastic; rocket projectile; rules of procedure.

R.P., RP 《略》Received Pronunciation.

R.P.C. 《略》《英》Royal Pioneer Corps.

r.p.m., rpm 《略》revolutions per minute 毎分…回転: a $33^1/_3$ *r.p.m.* LP record $33^1/_3$ 回転の LP.

r.p.m., R.P.M. 《略》resale price maintenance.

R.P.O. 《略》Railway Post Office; Regional Personnel Officer; Royal Philharmonic Orchestra.

r.p.s., rps 《略》revolutions per second 毎秒…回転.

R.P.S. 《略》Royal Philatelic Society 英国郵趣協会; Royal Philharmonic Society; Royal Photographic Society.

rpt. 《略》repeat; report; reprint.

R.Q., r.q. 《略》〘生化学〙respiratory quotient.

rr 《記号》〘気象〙continuous rain ひっきりなしの雨.

RR 《記号》〘気象〙continuous heavy rain ひっきりなしの強雨.

r.r. 《略》radiation resistance; radio ranging; ready reckoner; respiratory rate.

R.R. 《略》railroad; research reactor; research report; return rate; Right Reverend; 〘チェス〙Round Robin; 《米》Rural Route.

R-R, r-r, RR, R.R. 《略》Rolls-Royce.

RRB 《略》《米》Railroad Retirement Board.

R.R.C. 《略》《英》(Lady of the) Royal Red Cross.

-rrhage [rɪdʒ] 〘← NL *-rrhagia* ← Gk *-rrhagia* ← *rhēgnúnai* to burst forth〙「異常流出[排出]」の意の名詞連結形: hemo*rrhage*.

-rrhag·i·a [-réɪdʒiə, -dʒə | -dʒɪə, -dʒə] -rrhage の異形.

-rrhe·a [ríːə | ríːə, ríə] 〘⇨ LL *-rrhoea* ⇨ Gk *-rrhoia* ← *rhoía* flow, flux ← *rheîn* to flow〙「流出 (flow), 排出 (discharge)」の意の名詞語尾: diar*rhea,* logor*rhea.*

-rrhine [ràɪn] 〘← Gk -rrhín- ← *rhís* nose〙「…の鼻をした」の意の形容詞連結形: cata*rrhine,* platy*rrhine.*

-rrhi·za [ráɪzə] =-rhiza.

-rrhoe·a [ríːə | ríːə, ríə] =-rrhea.

rRNA 《略》〘生化学〙ribosomal RNA.

Rs 《記号》〘貨幣〙reis; rupees.

R$ 《記号》〘貨幣〙Rhodesian dollar(s).

r.s. 《略》right side.

R.S. 《略》reconaissance squadron; Recording Secretary; recruiting service; Reformed Spelling; research station; Revised Statutes; Rolls series《Henry 八世までの英国の年代記・歴史文献を編集した叢書》; Royal Scots; Royal Society.

R.S.A. 《略》Royal Scottish Academy; Royal Scottish Academician; Royal Society of Antiquaries; Royal Society of Arts; Royal Society of Australia.

R.S.C.J. 《略》*L.* Virginēs Religiōsae Societātis Sacrātissimī Cordis Jēsus (=Nuns of the Most Sacred Heart of Jesus).

R.S.D. 《略》Royal Society of Dublin.

R.S.E. 《略》Royal Society of Edinburgh.

R.S.F.S.R., RSFSR 《略》Russian Soviet Federated Socialist Republic.

R.Sigs. 《略》《英》Royal Corps of Signals.

R.S.M. 《略》regimental sergeant major.

R.S.P.C.A. 《略》Royal Society for the Prevention of Cruelty to Animals 英国動物愛護協会.

R.S.S. 《略》*L.* Rēgiae Societātis Socius (=Fellow of the Royal Society); Royal Statistical Society.

RSV, R.S.V. 《略》Revised Standard Version.

R.S.V.P., r.s.v.p. 《略》*F.* Répondez s'il vous plaît. (=Please reply).

r.s.w.c., R.S.W.C. 《略》right side up with care 天地無用.

rt. 《略》right.

r.t. 《略》〘アメリカンフットボール〙right tackle ライトタックル《右側エンドとガードの間のポジション》.

R.T. 《略》radio telephone; radio telephony; reaction time; reading test; 《英》return ticket; room temperature; round table; round trip.

R.T., R/T 《略》radio telegraphy.

'rt [ət | ət] 〘⇨ be¹〙 *v.* 《古》art の略: thou'*rt* =thou art.

rte., Rte. 《略》route.

Rt. Hon. 《略》《英》Right Honourable.

R.T.O., RTO 《略》〘米軍事〙Railroad Transportation Officer 鉄道輸送指揮官; 〘英軍事〙Railway Transport Officer.

RTOL [ɑ́ətoʊl, -tɔ(ː)l, -tɑl | ɑ́ːtɔl] 〘《頭字語》← *r(educed) t(ake)-o(ff and) l(anding)*〙 *n.* 〘航空〙アールトール, 短縮離着陸《離着陸距離について STOL と CTOL との中間にあるもの; cf. STOL》.

Rt. Rev. 《略》Right Reverend《bishop の尊称》.

Rts. 《略》〘証券〙rights.

r-t-w 《略》ready-to-wear.

Ru 《記号》〘化学〙ruthenium.

R.U. 《略》〘医学〙rat unit ラット単位, ねずみ単位; 《英》Rugby Union.

ru·a·na [ruɑ́ːnə | rʊ-] 〘⇨ Am.-Sp. ~ ⇨ Sp. ~ 'woolen fabric'〙 *n.* ルアーナ《特に Colombia で着用されるポンチョ (poncho) に似た毛織物の外衣》.

Ru·an·da [ruɑ́ndə | rʊ-] *n.* (*pl.* ~, ~s) **1 a** [the ~(s)] ルアンダ族《ルワンダ (Rwanda) とザイール (Zaire) に住むバンツー族 (Bantu)》. **b** ルアンダ族の人. **2** ルアンダ語《ルアンダ族の用いるバンツー語の一種で, ルワンダとブルンジ (Burundi) で使われる二つの商用語の一つ; cf. Rundi》.

Ruánda-U·rún·di [-urúːndi | -dɪ] *n.* ルアンダウルンジ《アフリカ中央部の一地方; もとドイツ領東アフリカの一部, ベルギーの委任統治領 (1919–45), 国連ベルギー信託統治領 (1946–62) などを経て, 1962年 Rwanda と Burundi の二つに分かれて独立》.

rub¹ [rʌ́b] 〘v.: 《*a*1338》*rubbe(n)* ⇨ ? LG *rubb-en* ← ?: cf. Norw. *rubba* to scrub ← IE **reup-* to tear out ← **reu-* to dig, tear out (L *rumpere* to break). — n.: 《1586》← (v.)〙 **— *vt.*** (**rubbed; rub·bing**) **1 a** こする, する, 摩擦する; こすって磨(みが)く: ~ one's face *with* one's hands 手で顔をこする / ~ one's forehead (思い出そうとして)額をこする / ~ a glass *with* a cloth 布でグラスを磨く / ~ a blade *with* one's finger 刃を指でなでる / ~ oneself *with* a towel タオルで体を(こすって)拭(ふ)く. **b** こすって[磨いて]…にする: ~ silver bright 銀器を磨いてぴかぴかにする / ~ oneself dry 体をこすって乾かす. **c** こすり合わせる 〈*together*〉: ~ one's hands (*together*) 両手をもみ合わせる《通例深い満足のしるし》/ ~ noses (動物などが挨拶のしるしに)鼻をすり合わせる / ⇨ *rub* ELBOWS, *rub* SHOULDERS. **2 a** 〔…の上に, …に当てて〕こする, 塗り広げる〔*against, on, over*〕: The dog ~*bed* itself *against* my legs. 犬は私の脚にすり寄ってきた. **b** 〔…に〕こすり付ける, すり込む; 〈教訓など〉繰り返し言って覚えさせる〔*in, into, on, through*〕: She ~*bed* a lotion *on* her face. 顔にローションをすり込んだ / The dog ~*bed* its nose *in* the dust. 犬は鼻を土にすりつけた. **3** 〈碑銘など〉の拓本をとる. **4** すり落とす, すり消す, すり拭(ぬぐ)う; 〈目新しさ, はにかみなどを〉拭い去る, なくす 〈*away, off, out*〉: ~ *off* the dirt *from* one's shoes 靴から泥をこすり落とす / ~ sleep *out* of one's eyes 目をこすって眠気を覚ます. **5** 粉にする〔*to*〕; 裏ごしする〔*through*〕. **6** すりむく, すって痛くする: My shoe ~*s* my heel. かかとに靴ずれができる. **7** 《俗》じらす, いらいらさせる. **— *vi.*** **1 a** すれる, 摩擦する〔*against, on, upon*〕. **b** すれ合う 〈*together*〉. **c** 〈布地が〉すれる; 〈皮膚が〉すりむける, すりむけて痛む. **2** すれて取れる 〈*off, out*〉. **3** 《口語》無理やりに進む, 骨折って進む; どうかこうかやって行く 〈*on,* 《英》*along*〉/〔*through*〕: ~ *through* [*along*] the world どうにかこうにか暮らして行く / We can ~ *on* somehow. どうにかやって行くことができる. **4** (九柱戯などで)〈ボール (bowl) が〉芝生の上の障害物に当たる.

rub down (1) (上から下へ)摩擦する, こすって拭く; マッサージする: ~ a horse *down* 馬にブラシをかけてやる / ~ oneself *down* 体を摩擦する, 体を拭く. (2) こすって平らにする; こすって小さくする. (3) (絵をかく前に)〈画布など〉にサンドペーパーをかける. ***rub (it) in*** 《口語》いやなこと[失敗など]を繰り返して言う[力を入れて言う]. ***rub off on*** 《口語》(*vt.*) (摩擦したり, (人と)接触したりすることによって)〈物・人〉の上に跡[印]として残る: I hope some of his strength ~*s off on* me. 彼の力がいくらかでも私に乗り移ってくれればよい. ***rub out*** (*vt.*) (1) すり消す; 消しゴムで消す. (2) 《俗》殺す, 「消す」. (*vi.*) 消える; 消しゴムで消える. ***rub up*** (*vt.*) (1) 十分にこする, 磨き上げる: ~ *up* spoons. (2) 磨きをかける: ~ *up* one's Latin ラテン語に磨きをかける. (3) 〈記憶などを〉喚起する, 新たにする: ~ *up* (on) one's memory 記憶を呼び起こす. (4) 〈顔料などを〉よく練って糊状にする. (*vi.*) 〔人と〕接触する, 近づきになる〔*against*〕.

— *n.* **1** こすること, こすり, 摩擦: give a thing a ~ 物をこする[拭く]. **2** [the ~] 邪魔, 障害, 困難: *the* ~*s* and worries of life 人生の色々な故障や苦労 / There's *the* ~. それが厄介な[危い]のだ (Shak., *Hamlet* 3. 1. 65). **3** 感情を害するもの, いやなこと; 非難, 皮肉, 当てこすり, いやみ. **4** (すれて)ざらざらした所[面]. **5** (九柱戯などの球戯場の)でこぼこ, (障害物のための)球のそれ (cf. *vi.* 4): a ~ of [on] the green 〘ゴルフ〙球が何かに当たって進行・位置などに変化を生じること. **6** 《英方言》砥石(とし) (rubstone).

rub² [rʌ́b] 《略》 *n.* =rubber² 1 a.

Rub 《記号》〘貨幣〙ruble(s).

rub. 《略》rubber; ruble(s); 〘処方〙*L.* ruber (=red).

rub·a·boo [rʌ́bəbùː] *n.* =rubbaboo.

rub-a-dub [rʌ́bədʌ̀b] 〘擬音語〙 *n.* どんどん《太鼓の音》; 太鼓の音に似た音. **— *vi.*** (**-dubbed; -dub·bing**) 〈太鼓が〉どんどん鳴る.

ru·ba'i [ruːbɑ́ːiː] 〘↓〙 *n.* (*pl.* **ru·bái·yát** [rúːbijɑ̀ːt, -bə-, -baɪ-, -jæ̀t | rúːbaɪjæ̀t, -jɑ̀ːt, ˌ–ˌ–ˈ–]) =quatrain.

Ru·bái·yát [rúːbijɑ̀ːt, -bə-, -baɪ-, -jæ̀t | rúːbaɪjæ̀t, -jɑ̀ːt, ˌ–ˌ–ˈ–] 〘⇨ Pers. ~ ⇨ Arab. *rubā'iyā́t* (fem. pl.) quatrain ← *rubā'i* quadruple ← *árba'* four〙 **— *n.*** **1** [The ~] 「ルバイヤート」《ペルシャの Omar Khayyám の詩集; Edward FitzGerald の英訳 (1859) で有名》. **2** 〘詩学〙=Rubaiyat stanza.

Rúbaiyat stánza *n.* 〘詩学〙Rubáiyát 風の四行連《弱強調五歩格で a a b a と押韻する; Omar stanza ともいう》.

Rub' al Kha·li [rùbæłkɑ́ːli | -lɪ] *n.* [the ~] ルブアルハリ(砂漠)《アラビア南部の大砂漠; Great Sandy Desert, Empty Quarter ともいう》.

Rú·barth's disèase [rúːbɑəθs-, -bɑəts- | -bɑːθs-, -bɑːts-; *Swed.* rúːbart-] 〘← *C. Sven Rubarth* (1905– : スウェーデンの獣医)〙 **— *n.*** 〘獣医〙ルバルト病, イヌ伝染性肝炎《イヌのウイルス性肝炎》.

ru·basse [ruːbǽs | -bɑ́ːs] 〘⇨ F *rubace* < OF *rubi(s)* 'RUBY'〙 *n.* 〘鉱物〙ルバス《赤鉄鉱の剝片(はくへん)がはいって赤く見える石英》.

ru·ba·to [ruːbɑ́ːtoʊ | rʊbɑ́ːtəʊ, ruː-; *It.* rubáːto] 〘⇨ It. (*tempo*) *rubato*《原義》robbed (time) ← *rubare* to rob ← Gmc〙〘音楽〙 **— *n.*** (*pl.* ~**s, -ba·ti** [-tiː; *It.* -ti]) (テンポ)ルバート, (テンポを)按配した奏法《1音を長くする代わりに他の音を短くして演奏すること; tempo rubato ともいう》. **— *adj.*** ルバートの, 表情のため按配した. **— *adv.*** テンポルバートで, 意図的にテンポを変えて[按配して].

rub·ba·boo [rʌ́bəbùː] 〘← ?〙 *n.* 《カナダ》ラバブー《ペミカン (pemmican) を水で煮て作ったスープ; 時に小麦粉を入れて濃くする》.

rúb·ber¹ [rʌ́bə | -bə(r] 〘《1536》〙 **— *n.*** **A** **1 a** こするもの[人]; 磨くもの[人]. **b** (碑銘などの)拓本[石摺(ず)り]をとる人 (cf. rubbing). **c** 按摩(あんま), マッサージ師; 競走馬のマッサージをする人; トルコ風呂の三助. **2** =cutter 5. **3 a** 紙やすり; あらやすり; 砥石(とし); 磨き砂. **b** (マッチ箱の)摩擦面. **c** 《英》ふきん; タオル, 湯上げタオル. **4 a** (機械の)摩擦部; 消す物, 黒板ふき. **b** 衝突; 障害, 困難; 不運, 不幸. **5** (bowls で, 球戯場の)でこぼこ. **B** 〘《略》← *India(n) rubber*〙 **1 a** ゴム, 生ゴム, 天然ゴム, 弾性ゴム: hard ~ 硬質ゴム. **b** 合成ゴム. **2 a** ゴム製品. **b** 《英》消しゴム (eraser). **c** 輪ゴム. **d** 《俗》コンドーム. **e** ゴムタイヤ; [集合的] 一台の車のタイヤ. **f** (アイスホッケーの)パック (puck). **g** [通例 *pl.*] 《米》(特に, 留め金具がなく足首以下の短い)ゴム製のオーバーシューズ (cf. overshoe, galosh): a pair of ~*s.* **3** 〘略〙=rubberneck. **4** 《俗》〘野球〙**a** 本塁. **b** 投手板.

burn rubber 《米俗》自動車[バイクなど]を全速力でスタートさせる; 〈人が〉大急ぎで出かける. ***peel rubber*** ⇨ peel¹ 成句.

— *attrib. adj.* **1** ゴムの, ゴム製の: a ~ boat / ~ cloth ゴム引き布. **2** ゴムを産する: a ~ plantation.

— *vt.* …にゴムを引く.

~·lìke *adj.*

rub·ber² [rʌ́bə | -bə(r] 〘《1593》← ? ME *at rebours* 《なぞり》← (O)F *à rebours* backwards: bowls 用語でもとの形は *a rubbers*〙 **— *n.*** **1 a** 〘トランプ〙(特に, ブリッジ・ホイストで)ラバー《3回[5回]戦勝負; どちらかが 2[3] ゲーム先取すれば勝; rub ともいう》. **b** (クリケット・テニスなどで)(3回戦・5回戦などの)一連の試合. **2** [the ~] (3回[5回]戦勝負での)2[3] ゲーム先取; 決勝戦.

rub·ber³ [rʌ́bə | -bə(r] 〘略〙 *vi.* 《米俗》=rubberneck.

rúbber bánd *n.* 輪ゴム, ゴムバンド.

rúbber-bàse páint *n.* (塩素処理した)ゴムを接合材としたペンキ.

rúbber bélt *n.* ゴムベルト.

rúbber bélting *n.* 〘機械〙ゴムベルト装置.

rúbber bóot *n.* [通例 *pl.*] ゴム長靴.

rúbber-brick *n.* =cutter 5.

rúbber brídge *n.* 〘トランプ〙ラバー方式で行なうブリッジ《最も一般的な競技方式; cf. duplicate *n.* 5》.

rúbber cemént *n.* ゴムのり, ゴムセメント《加硫していないゴムをベンゼン・ガソリン等に溶かした接着剤》.

rúbber chéck 〘弾んだボールがはね返って来るのに類推して〙 *n.* 《戯言》(銀行から返された)不渡り小切手 (⇨ bounce *vi.* 4).

rúbber dám *n.* 〘歯科〙ラバーダム《治療中, 歯が唾液などで汚染されるのを防ぐために用いるゴムシート》.

rúbber góods *n. pl.* 「ゴム製品」《避妊用品 condom》.

rúbber hydrocárbon *n.* 〘化学〙ゴム炭化水素《天

然ゴムの主成分を成す天然炭化水素》.
rúbber-ínsulated cáble *n.* 〘電気〙ゴム絶縁電線, ゴムケーブル.
rub·ber·ize [rʌ́bəràɪz] *vt.* …にゴムを引く, ゴムを含ませる, ゴムで処理する.
rúbber látex *n.* 〘化学〙ゴムラテックス《パラゴムの木から採取した白色乳液で, 生ゴムの製造に用いる》.
rúbber·nèck 《米口語》 *n.* **1** (首を伸ばして)むやみに見たがる[聞きたがる]人. **2** 観光客. ― *vi.* **1** (首を伸ばして)むやみに聞きたがる. **2** 観光旅行をする. **～·er** *n.*
rúbberneck bús *n.* 《米俗》観光バス.
rúbber plànt *n.* 〘植物〙 **1** インドゴムノキ (*Ficus elastica*). **2** (その他)ゴムの取れる木の総称. **3** (室内装飾用観葉植物としての)ゴムの木《しばしば小型化して鉢植えにしたもの》. 「ル.
rúbber-shéathed cáble *n.* 〘電気〙ゴム装ケーブ
rúbber shéet *n.* (病人や子供のベッドに用いる)ゴムシート, ラバーシート.
rúbber shóe *n.* ゴム靴.
rúbber-sóled *adj.* ゴム底の.
rúbber solútion *n.* =solution 3 b.
rúbber-stámp *vt.* **1** …にゴム印を押す. **2** 《口語》十分考えずに[盲判的に]〈計画・提案など〉に賛成する.
rúbber stámp *n.* **1** ゴム印. **2** 《口語》 **a** 他人の言葉[意見]を受売りする人, 独創性のない人. **b** 十分考えずに何でも賛成する人[官庁, 議会など]. **3** 《口語》 **a** 独創性のないもの, 型にはまったもの[思考, 表現, 作品, 批評]. **b** 機械的な[盲判的な]承認.
rúbber thréad *n.* 糸ゴム.
rúbber trèe *n.* 〘植物〙 =Pará rubber 2.
rub·ber·y [rʌ́b(ə)ri | -bəri] *adj.* ゴムのような; 弾性のある, 強い.
rúb·bing 〘ME〙 *n.* **1** こすること, 摩擦; 研摩; マッサージ. **2** (碑銘などの)石摺(ずり), 摺り写し, 拓本作り (cf. heelball 2): ⇨ brass-rubbing.
rúbbing àlcohol *n.* 〘医学〙消毒用アルコール.
rúbbing pàunch *n.* 〘海事〙すれどめ, 防摩材《摩擦を防ぐためにとりつけたマストを抱く木片》.
rúbbing stòne *n.* (砥瑯(ろう)のこぶ状のきずを除くのに用いる細かい研摩材から成る)砥石(といし).
rúbbing strìp *n.* 〘海事〙防舷材《船が岸壁や他の船に接する時, 船側に傷をつけないためにぶらさげる木の棒やロープで作ったクッション》.
rúbbing vàrnish *n.* 研摩ワニス.
rub·bish [rʌ́bɪʃ] 〘《c1400》 *robous, robys* ▭ AF *rubbous* (pl.) ← **robel* '**RUBBLE**'〙 ― *n.* **1** 屑(くず), がらくた, 壊れ物, 廃物: a pile of ～ がらくたの山 / Good riddance to bad ～! 大助かりだ《特にいやな人が去った時に言う》. **2 a** つまらないもの: This book [poem, play] is ～. この本[詩, 脚本]は駄作だ. **b** くだらない考え, つまらない話, ばかげたこと: He is always talking ～. いつもばかなことばかり言っている / What ～! 何てくだらない. **c** [間投詞的に] くだらない《軽蔑の意を表わす》: Oh, ～! ばかなことを. ― *vt.* 《豪》〈物・作品などを〉無価値なものとして退ける; 酷評する, けなす.
rúb·bish·ing *adj.* 《口語》 =rubbishy.
rúb·bish·y [rʌ́bɪʃi | -ʃɪ] [⇨ rubbish, -y⁴] *adj.* **1** 屑(くず)みたいな, がらくたの, 廃物の. **2** くだらない, つまらない.
rub·ble [rʌ́bl̩] 〘《a1400》 *robyl, robel* ▭ ? AF **robel* ← OF *robe* spoils: ⇨ robe, -le¹: cf. rubbish〙 ― *n.* **1 a** (石切場から切り出した)荒石. **b** =rubblework. **2 a** (建物が壊れてできた)砕石, 割りぐり. **b** 雑多な物[がらくた]の集積[山]. **3** =rubble ice. **4** 〘地質〙(岩石の表面の)分壊層; (水にすり減らされた)河原石(層). ― *vt.* くだらない物にしてしまう, 破壊する.
rúbble cóncrete *n.* 〘土木〙粗石コンクリート《半成コンクリートに粗石を加えたコンクリート》.
rúbble dràin *n.* 〘土木〙 =French drain.
rúbble ìce *n.* (北氷洋などの)砕氷, 浮氷《直径 1–2.5m ほどのものにいう》.
rúbble·wòrk *n.* 〘石工〙 =rag work.
rub·bly [rʌ́bli, -bl̩i | -bl̩ɪ] *adj.* (**rub·bli·er**; **-bli·est**) 砕石で作った[から成る, の多い].
rúb·dòwn 〘← *rub down* (⇨ rub (v.) 成句)〙 *n.* **1** (上から下へ)こすること: have a ～ with a wet towel 冷水摩擦をする. **2** マッサージ.
rube [rúːb] 〘? ← RUBE (↓)〙 *n.* 《米口語》うぶな田舎者.
Rube [rúːb] 〘(dim.) ← REUBEN¹〙 *n.* 男性名.
ru·be·fa·cient [rùːbəféɪʃənt | -bɪféɪʃɪənt] 〘▭ L *rubefacient-em*: ⇨ rubify, -facient〙 ― *adj.* 〈薬品など〉皮膚を赤くする, 発赤の. ― *n.* 〘薬学〙引赤剤《練芥子(ねりがらし)などの外用薬》.
ru·be·fac·tion [rùːbəfǽkʃən | -bɪ-] 〘← L *rubefactus* (p.p.) ← *rubefacere* (⇨ rubify): ⇨ -ion〙 *n.* 〘医学〙 **1** (皮膚の)発赤(状態). **2** 発赤作用.
ru·be·fy [rúːbəfàɪ | -bɪ-] *vt.* **1** =rubify. **2** 〘薬学〙〈反対刺激剤が〉〈皮膚などを〉発赤させる.
Rúbe Góld·berg [-góʊl(d)bəːg | -gə́ʊl(d)bəːg] 〘Reuben L(ucius) Goldberg (1883–1970: 米国の漫画家・彫刻家) の通称から〙 ― *adj.* **1** (R. Goldberg の漫画のように)ごちゃごちゃした, 必要以上[ばかげたほど]に込みいった; 簡単にできることを複雑な方法でする. **2** 複雑すぎて実際的でない.
ru·bel·la [ruːbélə | rʊ-, ruː-] 〘← NL ～ (neut. pl.) ← L *rubellus* reddish ← *rubeus* red: ⇨ ruby〙 *n.* 〘病理〙風疹(ふうしん)《German measles ともいう》.
ru·bel·lite [ruːbélaɪt, rúːbəlàɪt | rúːbɪlàɪt, -bə-] 〘← L *rubellus* (↑)+-ITE¹〙 *n.* 〘鉱物〙紅電気石, ルベライト《ルビーに似ているが, それより色の淡い宝石(の原石)》.
Ru·ben·esque [rùːbɪnésk, -bə- | -bɪ-, -bə-, -be-] 〘← *Rubens* (↓)+-ESQUE〙 *adj.* ルーベンス[ルーベンスの描いた絵]のような.
Ru·bens [rúːbɪnz, -bənz | -bɪnz, -bənz, -benz; *Flem.* rý:bəns], **Peter Paul** *n.* ルーベンス《1577–1640; フランドルの画家; バロック絵画の代表者》.
Ru·ben·si·an [ruːbénziən | -zɪ-] 〘← *Rubens* (↑)+-IAN〙 *adj.* =Rubenesque.
ru·be·o·la [rùːbióʊlə, ruːbíːə- | rʊbíːə(ʊ)lə, ruː-, -bíələ] 〘← NL ～ (dim.) ← L *rubeus*: ⇨ ruby〙 ― *n.* 〘病理〙 **1** 麻疹(ましん), はしか. **2** 風疹(ふうしん). **ru·be·o·lar** [rùːbióʊlə, ruːbíːə- | rʊbíːə(ʊ)lə(r, ruː-, -bíə-] *adj.*
ru·bes·cent [ruːbésn̩t] 〘▭ L *rubēscent-em* ← *rubēscere* to become red ← *ruber*: ⇨ rubify, -escent〙 *adj.* 赤くなる, 紅潮する. **ru·bés·cence** [-sn̩s] *n.*
Ru·bi·a·ce·ae [rùːbiéɪsiìː | -bɪ-] 〘← NL ～ ← *Rubia* (属名: ← L *rubia* madder)+-ACEAE〙 *n. pl.* 〘植物〙アカネ科. **rù·bi·á·ceous** [-ʃəs] *adj.*
Ru·bi·a·les [rùːbiéɪliːz | -bɪ-] 〘← NL ～ ← *Rubia* (↑)+-ALES〙 *n. pl.* 〘植物〙アカネ目.
ru·bi·celle [rùːbəsél, ⌐⌐⌐ | -bɪ-] 〘▭ ? F *rubacelle* (dim.) ← *rubace* 'RUBASSE': ⇨ -ella〙 ― *n.* 〘鉱物〙ルビセル《帯黄ないし帯橙紅色の尖(せん)晶石; spinel の一種で宝石》.
Ru·bi·con [rúːbɪkɑ̀n, -bə- | -bɪkən, -kɔ̀n] 〘▭ L *Rubicon-em* ← ? *rubeus* 'RED¹': その流域の赤土にちなむ ?〙 ― *n.* **1** [the ～] ルビコン(川)《イタリアと Cisalpine Gaul の Caesar 管轄領域との境の川; 紀元前 49 年に Caesar が 'Jacta est alea' (=The die is cast. 賽(さい)は投げられた)と言ってこの川を渡り, ローマ政府の大権を握る Pompey との会戦を始めた》. **2** (事を決する)最後の一線, (のるかそるかの)決意のしどころ. **3** [r-] 〘トランプ〙(pinochle 系のゲームで)ルビコン《規定得点数に達しないうちに負けること; 勝者の得点が倍以上になる》.
cross* [*pass*] *the Rubicon のっぴきならぬ処置を取る, 決定的な挙に出る, 重大な決意をする.
― *vt.* [r-] 〘トランプ〙(piquet, bezique などで)〈相手〉をルビコンに抑えて勝つ.
rúbicon bezíque *n.* 〘トランプ〙ルビコン ベジーク《4 組(128 枚)のカードで行なう bezique の一種; 規定点 1,000 に達しないで負けると相手にルビコン点を加算する》.
rúbicon piquét *n.* 〘トランプ〙ルビコン ピケット《規定点 100 に達しないで負けると相手にルビコン点 100 を加算する方式の piquet》.
ru·bi·cund [rúːbɪkʌ̀nd, -bə-, -kənd | -bɪkənd] 〘《1503》 ▭ L *rubicund-um* ← *rubēre* to be red: ⇨ rubify〙 ― *adj.* 〈顔など〉赤い, 赤みを帯びた; 赤ら顔の: a round ～ face 赤みを帯びた丸顔.
ru·bi·cun·di·ty [rùːbɪkʌ́ndəṭi, -bə- | -bɪkʌ́ndətɪ, -dɪ-] 〘⇨ ↑, -ity〙 *n.* (顔色などの)赤いこと, 赤色.
ru·bid·i·um [ruːbídiəm | ruːbídɪəm, rʊ-, -djəm] 〘《1862》← NL ～ ← L *rubidus* reddish (← *ruber* 'RED¹')+-IUM〙 ― *n.* 〘化学〙ルビジウム《金属元素の一つ; 記号 Rb, 原子番号 37, 原子量 85.4678, 比重 1.532, 融点 38.5°C, 沸点 700°C》.
rú·bied *adj.* ルビー色をした; 深紅色の.
ru·bi·fy [rúːbəfàɪ | -bɪ-] 〘《c1386》 ▭ OF *rubifi-er, rubefier* (F *rubéfier*) < VL *rubeficāre* =L *rubefacere* to redden ← *rubeus* 'RED¹': ⇨ -fy〙 *vt.* 赤くする.
ru·big·i·nose [ruːbídʒənòʊs | ruːbídʒɪnə̀ʊs, rʊ-] *adj.* =rubiginous.
ru·big·i·nous [ruːbídʒənəs | ruːbídʒɪ-, rʊ-] 〘← L *rūbigin-, rūbīgō* rust (← *ruber* 'RED¹')+-OUS〙 *adj.* 〘生物〙赤褐色の, 錆(さび)色の.
Ru·bin·stein [rúːbɪnstàɪn, -bən- | -bɪn-; *Russ.* rubjinʃtéjn], **Anton** *n.* ルビンシュテイン《1829–94; ロシヤのピアニスト・作曲家・指揮者》.
Ru·bin·stein [rúːbɪnstàɪn, -bən- | -bɪn-; *Pol.* rúbinʃtain], **Ar·tur** [ɑ́əṭə | ɑ́ːtə(r; *Pol.* ártur] *n.* ルービンスタイン《1887–　　; ポーランド生れの米国のピアニスト》.
ru·bi·ous [rúːbiəs | -bɪəs, -bjəs] 〘← RUBY+-OUS〙 *adj.* 《詩》赤い, ルビー色の.
ru·ble [rúːbl̩; *Russ.* rúblj] 〘《1554》 *rubbel* ▭ Russ. *rubl'* 《原義》 silver bar, (ORuss.) bar, block ← *rubit'* to cut up: cf. F rouble〙 ― *n.* **1** ルーブル, ルーブリ《ソ連の通貨単位; =100 kopecks; 記号 R, Rub》. **2** 1 ルーブル銀貨[紙幣].
ru·bric [rúːbrɪk] 〘《c1375》 *rubryke* ▭ L *rubrica* red chalk ← *ruber* 'RED¹' ∽ 《c1386》 *rubriche* ▭ OF〙 ― *n.* **1 a** 朱書き題目, 赤文字, 赤刷り題目, ルーブリック《昔の写本や印刷物で赤や装飾文字で書かれた[印刷された]章・節の題目・頭文字など》. **b** (書物・論文などの章・節の)題名, 題目, 見出し. **c** 項目, 範疇, 部門, 部類: the three ～s of race, language, and culture 人種・言語・文化の 3 範疇. **2 a** (法令・規程などの)題目, 項目《昔は朱書された》. **b** [集合的にも用いて] 法令, 令式; 規程. **3** 注解, 注釈, 解説. **4** 確立した習慣[形式, 手続]. **5** 《古》 =red ocher. **6** 〘教会〙(赤字)典礼法規, 典礼執行規定, 礼拝[儀式]規程《儀式の指図書き, ミサなどの次第書き; 本文と区別するため昔は朱書または赤刷りにしたが, 今はイタリック体で印刷することが多い》. ― *adj.* =rubrical. ― *v.* (**ru·bricked**; **-brick·ing**) ― *vt.* …に赤い印をつける, 赤く塗る, 朱書する, 赤文字で書く, 赤刷りする, 赤色で飾る. ― *vi.* (氏名の代わりに)マークを記して署名とする, 署名代わりのマークを記す.
rú·bri·cal [-brɪkəl, -brə- | -brɪ-] *adj.* **1 a** 赤色の, 赤色で記した. **b** 赤文字の[で示された]: a ～ day 祝祭日; 大切な日, 記念日. **2** 〘教会〙(赤字)典礼法規の, 礼拝[儀式]規程の. **～·ly** *adv.*
ru·bri·cate [rúːbrɪkèɪt, -brə- | -brɪ-] 〘← L *rubricātus* (p.p.) ← *rubricāre* to color with red ← *rubrica*: ⇨ rubric, -ate³〙 ― *vt.* **1** 朱書する, 赤文字で書く, 赤刷りする. **2** …に赤表題を付ける; 赤表題などで整理する. **rú·bri·cà·tor** [-ṭə | -tə(r] *n.*
ru·bri·ca·tion [rùːbrɪkéɪʃən, -brə- | -brɪ-] *n.* **1** 朱書, 赤刷り. **2** 赤題目; 朱書の物. 「礼墨守家.
ru·bri·cian [ruːbríʃən] *n.* **1** 典礼に明るい人. **2** 典
rú·bri·cism [-brəsɪzm̩ | -brɪ-] *n.* 典礼(法規)墨守, 礼拝[儀式]規定遵守.
rú·bri·cist [-sɪst, -səst | -sɪst] *n.* =rubrician. 「色.
ru·bric·i·ty [ruːbrísəṭi | -sətɪ, -sɪ-] *n.* 赤さ, 赤み, 赤
Ru·brouck [ruːbrúːk] (*also* **Ru·bruck**, **Ru·bruk** [rúːbrʊk]), **William of** *n.* ⇨ Rubruquis.
Ru·bru·quis [rùːbrukíː; *F.* rybryki], **Guillaume** *n.* リュブリュキ《1220?–93; フランドル生れのフランシスコ会の宣教師; モンゴルに布教(1253); 英語名 William of Ruysbroeck [Rubrouck, Rubru(c)k]》.
rúb·stòne 〘《15C》〙 *n.* 砥石(といし) (whetstone).
rúb-ùp *n.* 十分にこする[摩擦する]こと, 磨き上げ.
ru·bus [rúːbəs] 〘← NL ～ ← L ～ 'blackberry-bush'〙 *n.* 〘植物〙キイチゴ《バラ科キイチゴ属 (*Rubus*) の低木の総称; cf. blackberry 1, raspberry 1 a》.
ru·by [rúːbi | -bɪ] 〘《a1310》 ▭ OF *rubi* (F *rubis*) ▭ ML *rubīnus* (*lapis*) red (stone) ← L *rubeus, ruber* 'RED¹'〙 ― *n.* **1** 紅玉, ルビー (⇨ birthstone): Oriental [true] ～ 東洋紅玉[純紅玉] / ⇨ spinel ruby. **2 a** ルビー色, 鮮紅色. **b** ルビー色のもの. **3** 〘時計〙石《関係部品の摩擦・摩耗を少なくする目的で軸受や衝撃を受ける個所に使われる; jewel ともいう》: a watch with 23 *rubies* 23 石[ルビー]入りの時計. **4** 《英》〘活字〙ルビー《活字の大きさの古い呼称; $5^1/_2$ アメリカンポイント相当, 米国の agate に当たる; ⇨ type 10 ★》. **5** 〘鳥類〙ルビーハチドリ《ブラジル産の *Clytolaema* 属のハチドリ; 雄は胸がルビー色》.
above rubies 価値の計り難い, きわめて貴重[重要]な.
― *adj.* (**ru·bi·er**; **-bi·est**) ルビー色の: ～ lips 真紅の唇. ― *vt.* ルビー色に染める.
Ru·by [rúːbi | -bɪ] 〘↑〙 *n.* 女性名. ★ 19 世紀末より一般化した.
rúby-cròwned kínglet [**wrén**] *n.* 〘鳥類〙ベニイタダキ (*Regulus calendula*) 《米国産キクイタダキ属の鳴鳥; 雄は頭に鮮紅色の冠羽をもつ》.
rúby gláss *n.* (金・酸化銅・硫化鉄などで色付けした)ルビーガラス, 紅色ガラス, 赤色ガラス.
rúby pìn *n.* 〘時計〙振り石 (⇨ impulse pin).
rúby sílver *n.* 〘鉱物〙 **1** 濃紅銀鉱 (⇨ pyrargyrite). **2** 淡紅銀鉱 (⇨ proustite).
rúby spániel *n.* ルビースパニエル《被毛がルビー色のスパニエル; Cavalier King Charles spaniel, King Charles spaniel などに見られる》.
rúby spinèl *n.* 〘鉱物〙ルビースピネル, 紅尖(せん)晶石《spinel ruby ともいう》.
rúby-tàil *n.* 〘昆虫〙腹が光沢の強い赤色をしたヨーロッパ産セイボウ科のハチ (*Chrysis viridula*) 《ruby-tailed fly ともいう》.
rúby·thròat *n.* 〘鳥類〙 **1** =ruby-throated hummingbird. **2** ノゴマ (*Erithacus calliope*) 《アジア北部で繁殖するコマドリの一種》.
rúby-thròated húmmingbird *n.* 〘鳥類〙ノドアカハチドリ (*Archilochus colubris*) 《北米東部産のハチドリ; 背が緑色, 腹が白く, 成鳥の雄は首の下部が光沢のある赤い羽根におおわれている》.
rúby wédding *n.* ルビー婚式《結婚 40 周年の記念式[日]; ⇨ wedding 4》.
rúby wòod *n.* 〘植物〙 =red sandalwood 1 b.
R.U.C. 《略》 Royal Ulster Constabulary.
ruche [rúːʃ; *F.* ryʃ] 〘《1827》 ▭ F ～ 《原義》 beehive < ML *rūscam* bark of a tree ← Celt.〙 ― *n.* ルーシュ《レース・リボン・紗(しゃ)などにギャザーやひだを入れてつくった服飾付属品で, 婦人服の襟(えり)・袖口などの飾りに用いる》. ― *vt.* ルーシュで飾る.
ruched *adj.* ルーシュで飾った.
rúch·ing *n.* **1 a** [集合的にも用いて] ルーシュ (ruche(s)). **b** ルーシュの材料. **2** ルーシング《ルーシュで飾ること》; ルーシュ飾り.
ruck¹ [rʌ́k] 〘《?a1200》 *ruke* heap ▭ ? ON *hroki*: cf. rick¹ / Norw. *ruka* little heap〙 ― *n.* **1 a** 多数, 多量, 群: a ～ of people. **b** 《方言》(積み重ねた)山 (heap). **2** [the ～] 凡人の群, 有象無象(うぞうむぞう), 大衆; つまらない物の集まり: the general ～ of singers 平凡な歌手たち. **3** [the ～] **a** (競走などで人・物の)後続集団[グループ]. **b** 〘競馬〙後続馬の群. **4** 〘ラグビー〙ラック《地面にあるボールの周りに両チームのプレーヤーが密集して押し合った状態; cf. maul 3》. ― *vi.* 〘ラグビー〙ラックする.
ruck² [rʌ́k] 〘《1600》 ▭ ON *hrukk-a*〙 *vt.* しわにする 〈*up*〉. ― *vi.* しわになる, ひだになる 〈*up*〉. ― *n.* しわ, ひだ.

Rück·ert [rúkət, rík- | -kət; G. rʏ́kɐt], **Friedrich** *n.* リュッカート《1788–1866; ドイツの詩人; *Liebesfrühling*「愛の春」(1844)》.

ruck·le[1] [rʌ́kl̩] 〖← RUCK[2]+-LE[3]〗 *n.*, *v.* 《英》=ruck[2].

ruck·le[2] [rʌ́kl̩, rúkl̩] 〖← Scand.: cf. Norw.《方言》*rukla* (v.)〗 ― *vi.*《スコット・英方言》〈臨終の人が〉のどをごろごろ鳴らす. ― *n.*(臨終の人の)のどをごろごろ鳴らす音.

ruck·sack [rʌ́ksæ̀k, rúk-; G. rúkzak] 〖《1895》□ G *Rucksack* ← *Rucken* (《南ドイツ方言》← *Rücken* 'back, RIDGE')+*Sack* 'SACK[1]'〗 ― *n.* 背囊(はいのう), (登山用の)リュック(サック), ザック.

rück·um·laut [rúkùmlaut; G. rʏ́kùmlaut] 〖□ G ~ 《原義》back umlaut ← *rück* (← *zurück* backward)+UMLAUT〗 ― *n.*〘言語〙後位[バック]ウムラウト, ウムラウト欠如《ゲルマン系言語のある種の弱変化動詞の過去形・過去分詞形の語幹母音にウムラウトが欠けている現象; ウムラウト形成期前に語幹母音に後続するシラブル中の i 音が消失したことによる》.

ruck·us [rʌ́kəs, rúːk-, rúk-] 〖《混成》? ← RUC(TION)+(RUMP)US〗 ― *n.*《口語》 **1** 騒動, 騒ぎ; 喧嘩: raise a ~ 騒ぎを起こす / She is in some kind of a ~ with her husband. 夫と喧嘩中である. **2** (激しい)論争.

ruc·tion [rʌ́kʃən] 〖《1825》《短縮》← ? INSURRECTION: cf.《廃》*ructation* belching《頭音消失》← ERUCTATION〗 ― *n.* [しばしば *pl.*]《口語》騒ぎ, 騒動; 喧嘩: raise a ~ 騒動を起こす / There will be ~*s*. 無事には収まるまい, 一騒動持ち上がるだろう.

rud [rʌ́d] 〖OE *rudu*: ⇨ ruddy〗 *n.*《方言》 **1** 赤, 赤色. **2** 色; 顔色. ― *vt.* (**rud·ded; rud·ding**) 赤くする.

rud·beck·i·a [rʌdbékiə, ruːd- | -kiə] 〖← *Olof Rudbeck* (1630–1702: スウェーデンの植物学者): ⇨ -ia[2]〗 ― *n.*〘植物〙オオハンゴンソウ《北米産のキク科オオハンゴンソウ属 (*Rudbeckia*) の多年生草本の総称; black-eyed Susan など》.

rudd[1] [rʌ́d] *n.*, *vt.* =rud.

rudd[2] [rʌ́d, rúd | rʌ́d] 〖← RUD〗 *n.* (*pl.* ~)〘魚類〙ラッド (*Scardinius erythrophthalmus*)《ヨーロッパ産のコイ科の腹びれと尾びれが赤い淡水魚》.

rud·der [rʌ́də | -də(r)] 〖OE *rōþer* ← (WGmc) **rōþra-* (Du. *roer* / G *Ruder*) ← **rō-* ← IE **erə-* 'to ROW[2]'〗 ― *n.* **1 a**〘海事〙舵(かじ), 楫(かじ). **b**〘航空〙方向舵(だ), ラダー. **2** 指導原理[標準]; 指導者. **3** (カワウソなどの)尾. **4**〘木工〙支え板《バタフライ[折り曲げ式]テーブルの折り下げ部分を支える(船の舵に形の似た)縦板》.

rúdder chàin *n.*〘海事〙舵鎖: **1** 小船で舵輪を回すと舵がその方向へ回るように力を伝える鎖. **2** 事故で舵頭が破損した時など応急処置として舵を取るために舵面へ直接取り付ける鎖.

rúdder·fìsh *n.*〘魚類〙船について行く(といわれる)種々の魚類の総称: **a** =pilot fish 1. **b** =banded mackerel [rudderfish].

rúdder·hèad *n.*〘海事〙ラダーヘッド, 舵頭(だとう)《舵の軸頭》.

rúdder hòrn *n.*〘海事〙舵頭角《昔, 舵が過度にとられないように鎖で制止したが, その鎖を取り付けるために舵頭にはめ込んだ横棒》.

rúdder·less *adj.* **1** 舵(かじ)のない, 舵を失った. **2** 指導者のない.

rúdder·pòst *n.*〘海事〙 **1** 舵柱(だちゅう)《船尾にある小柱で, そこへ舵が取り付けられる》. **2** =rudderstock.

rúdder·stòck *n.*〘海事〙舵幹(だかん)《舵の軸材》.

rúdder tàckle *n.*〘海事〙ラダーテークル《操舵装置が破損した時, 応急に取り付けられる操舵用滑車装置》.

rúdder trùnk *n.*〘海事〙ラダートランク《舵幹(だかん)が船内を貫通する部分の防水用の囲い》.

rud·der·va·tor [rʌ́dəvèɪtə | -dəvèɪtə(r)] 〖《混成》← RUDD(ER)+(EL)EVATOR〗 ― *n.* (*also* **rud·de·va·tor** [-də-])〘航空〙ラダベーター《V 形尾翼の舵面(だめん)で方向舵と昇降舵の両方の働きをする》.

rud·dle [rʌ́dl̩] 〖《1538》← RUD+-LE[1]〗 ― *n.*〘地質〙紅土, 代赭(たいしゃ)石《特に, 羊に印を付けるため, または顔料として用いる; red ocher ともいう》. ― *vt.* **1** 紅土で赤く染める, (特に)〈羊〉に紅土で印をつける. **2** =raddle[2] 2. **3**〈顔などを〉赤くする.

rúddle·man [-mən] *n.* (*pl.* **-men** [-mən, -mèn]) 代赭(たいしゃ)石商人.

rud·dock [rʌ́dək, rúd- | rʌ́d-] 〖OE *rudduc* robin ← *rudu* red: ⇨ ↓, -ock〗 *n.*〘鳥類〙=robin[1] 1.

rud·dy [rʌ́di | -dɪ] 〖OE *rudiġ* ← *rudu* red < Gmc **rudō* ← IE **reudh-* 'RED[1], ruddy': ⇨ -y[4]〗 ― *adj.* (**rud·di·er; -di·est**) **1**〈顔色・人など〉血色のよい, ばら色の, 健康そうな: ~ cheeks 紅顔 / a ~ complexion 血色のよい顔色 / ~ health 壮健. **2** 赤い, 赤らんだ: a ~ firelight 赤い火明り / a ~ sky 赤く輝く空, 朝[夕]焼け空. **3** [動物名に付けて] 赤い, 赤味がかった: ⇨ ruddy duck, ruddy plover. **4** [しばしば(言葉に勢いをつけるだけの)虚辞として用いて]《英俗》いやな, いまいましい《bloody の婉曲な代用語》: a ~ lie 真っ赤なうそ. ― *adv.* [強意語として用いて]《英俗》ひどく, ものすごく: It seems so ~ peculiar, doesn't it? なんだかひどく変ですね. ― *vt.* 赤くする. ― *vi.* 赤くなる. **rúd·di·ly** [-dɪli, -də-, -dl̩i | -dɪli, -də-] *adv.* **rúd·di·ness** *n.*

rúddy dúck [díver] *n.*〘鳥類〙アカオタテガモ (*Oxyura jamaicensis*)《北米・ジャマイカ産の羽根が赤く尾羽がとがり嘴(くちばし)の青いカモ》.

rúddy plóver *n.*〘鳥類〙=sanderling.

rúddy túrnstone *n.*〘鳥類〙キョウジョシギ (*Arenaria interpres*)《米国産シギ科の渡り鳥》.

rude [rúːd] 〖《a1375》□ (O)F ~ □ L *rudis* raw: cf. ruderal〗 ― *adj.* (**rud·er; rud·est**) **1 a** 不作法な, 失礼な, 無礼な: a ~ fellow 不作法な男 / ~ in manners 不作法な / be ~ *to* a person 人に失礼をする, 人を侮辱する / say ~ things 失礼なことを言う / He was ~ enough to contradict me. 無礼にも私に反対した / It is ~ to speak with your hands in your pockets. ポケットに手を入れてしゃべるのは失礼です / I hope it is not ~ of me to say so. こんなことを言って失礼かもしれませんが. **b** 粗野な, 無骨な; 下品な, みだらな: a ~ joke. **2 a** 野蛮な, 未開の, 原始的な: ~ times 未開時代 / ~ mountain tribes 未開の山岳部族. **b** 教養のない, 無教育の: ~ peasants. **3** 未熟な, 下手な; 雑な: a ~ observer 粗雑な観察者 / a ~ writer 悪文家. **4** 粗暴な, 乱暴な, 荒々しい; 突然の, 出し抜けの: a ~ awakening 突然の目覚め[幻滅]. **5** 頑健(がんけん)な, 壮健な: ~ health たくましい健康. **6 a** 自然のままの, 未加工の: ~ ore 粗(あら)石, 原石 / ~ produce 天然産物. **b** 荒れたままの, 荒涼とした: a ~ path 荒れた道 / ~ scenery 荒涼とした光景. **c**〈波・風など〉激しい, ひどい: a ~ blast of wind 激しい一陣の風 / ~ waves 激浪. **7 a** 粗製の, 粗(あら)造りの, 未完成の; 粗雑な, ざっとした; 下手な, 不器用な, 不細工な: a ~ estimate 大体の見積り / a ~ drawing ぞんざいな画 / a ~ method 粗雑なやり方 / ~ classification 大別 / a ~ version 意訳, 大体の話 / a little ~ hut 仮小屋 / a ~ plan ぞんざいな計画. **b** 舌[耳]にさわる, まずい: ~ fare 粗末な飲食物 / ~ music 耳障りな音楽 / ~ plenty まずいものたくさん. **~·ly** *adv.* **~·ness** *n.*

ru·den·ture [ruːdéntʃə | -tʃə(r)] 〖□ F ~ ← L *rudent-*, *rudēns* ship's rope: ⇨ -ure〗 *n.* =cabling 3.

ru·der·al [rúːdərəl] 〖← NL *rūderāl-is* ← L *rūdera* (pl.) ← *rūdus* broken stone ← IE **reud-* to tear apart: ⇨ -al[1]〗〘植物〙 ― *adj.* 荒地に生える. ― *n.* 荒地性植物[雑草].

rud·er·y [rúːdəri | -rɪ] *n.*《口語》失礼[無礼]な振舞い.

rudes·by [rúːdzbi | -bɪ] 〖← RUDE+-sby (Grimsby などの家族名をまねた戯言的接尾辞)〗 *n.*《古》無作法者, 騒々しい人.

Rü·des·hei·mer [rúːdɪshàɪmə, -dəs- | -dɪshàɪmə(r; G. rýːdəshàɪmɐ] 〖□ G ~ ← *Rüdesheim* (ドイツ Rhine 河畔の産地名)〗 ― *n.* リューデスハイム(ワイン)《西ドイツ Rhine 河畔地方産の白ぶどう酒》.

ru·di·ment [rúːdəmənt | -dɪ-] 〖《1548》□ F ~ // L *rudīment-um* a beginning ← *rudis* unwrought: ⇨ rude, -ment〗 ― *n.* **1** [通例 *pl.*] **a** 根本, 基本, 基礎, 基礎的原理: the ~*s* of a plan 計画の基礎. **b** 初歩: the ~*s* of Latin ラテン語初歩. **2** [通例 *pl.*] (発展が期待される)もと, 兆し: some ~*s* of common sense 常識の基礎(とも言えるもの) / the ~*s* of civilization 文明の兆し / the ~*s* of socialism 社会主義の根源. **3**〘生物〙 **a** (これから発達する器官の)原基, 原始細胞. **b** 退化器官, 痕跡(こんせき)器官.

ru·di·men·tal [rùːdəméntl̩ | -dɪméntl̩] *adj.* =rudimentary.

ru·di·men·ta·ry [rùːdəméntəri, -tri | -dɪmént(ə)ri] 〖《1839》← RUDIMENT+-ARY: cf. F *rudimentaire*〗 ― *adj.* **1 a** 根本の, 基本の. **b** 初歩の, 初等の: a ~ knowledge of arithmetic 算数の初歩的知識. **2**〘生物〙未発達[未発育]の, 未成の; 痕跡(こんせき)の (cf. functional 4): a ~ organ 痕跡器官 / Some types of monkeys show evidence of ~ intelligence. サルの中には未発達ながら知能らしいものの証左を示すものもある / ~ forms of life さまざまな原始的生物. **ru·di·men·ta·ri·ly** [rùːdəmentérəli, -mən-, ⸗⸗⸗⸗⸗, rùːdəméntərəli, -trəli, ⸗⸗(⸗)⸗⸗ | rùːdɪmént(ə)rəli, -rɪli] *adv.* **rù·di·mén·ta·ri·ness** *n.*

rúd·ish [-dɪʃ] *adj.* =rude 4.

Ru·dolf [rúːdɑːlf | -dɒlf; G. rúːdɔlf, Du. rýːdɔlf] 〖□ G ~ < OHG *Hrodulf* ← *hruod-* fame+*wolf* 'WOLF': cf. Rolf〗 ― *n.* 男性名《愛称形 Rudy, Rolph, Rollo, Dolf; 異形 Rodolf, Rodolph, Rudolph》.

Ru·dolf [rúːdɑːlf | -dɒlf], **Lake** *n.* ルドルフ湖《アフリカ東部, ケニヤ北部にある湖; 長さ約 274 km, 面積 6,405 km^2》.

Rudolf I *n.* (*also* **Rudolph I**) ルドルフ一世《1218–91; Hapsburg 朝初代の神聖ローマ皇帝 (1273–91)》.

Ru·dolph [rúːdɑːlf | -dɒlf; G. rúːdɔlf, Du. rýːdɔlf] 〖《異形》← RUDOLF〗 *n.* 男性名.

Ru·dy [rúːdi | -dɪ] 〖(dim.) ← RUDOLF〗 *n.* 男性名.

Rud·yard [rʌ́djəd | -djəd] 〖cf. OE *rudu-ġeard* red enclosure〗 *n.* 男性名.

rue[1] [rúː] 〖OE *hrēowan* to grieve < Gmc **χrewwan* (Du. *rouwen* / G *reuen*) ← IE **kreu-* to push, strike (Gk *kroúein* to push): cf. ruth〗 ― *v.* (**~·ing, ru·ing**) ― *vt.* 後悔する, 悔悟する, 残念に思う, 遺憾に思う; …しなければよかったと思う: ~ a bargain 取引き[契約]したことを後悔する / ~ the day [hour] when … した日[時]を悔いる[が悔(くや)しい] / You shall ~ it. 今に後悔するぞ / You will live to ~ it. いつかそれを後悔する日が来るだろう. ― *vi.*《古》後悔する, 悔悟する, 残念[遺憾]に思う. ― *n.*《古》 **1 a** 後悔, 悔悟. **b** 悔い改め, 懺悔. **2** 哀れみ, 同情.

rue[2] [rúː] 〖《1382》□ (O)F ~ < L *rūtam* □ Gk *rhūtḗ* bitter herb ← ?〗 ― *n.*〘植物〙ヘンルーダ (*Ruta graveolens*)《南欧原産のミカン科の常緑低木; 昔, 薬草として用いられた; 葉は苦く, 強い香りがあり興奮剤に用いられ, rue[1] に結び付けて悔い改めの表象として herb of grace と呼ばれた》.

rúe anémone 〖↑〗 *n.*〘植物〙バイカカラマツソウ (*Anemonella thalictroides*)《北米産キンポウゲ科のイチリンソウ属の多年草; 花は白色》.

rúe bárgain *n.*《英方言》後で後悔する(ような)取引契約.

rue·ful [rúːfəl] 〖ME〗 ― *adj.* **1** 後悔している, 悔んでいる, 悲しげな: a ~ smile 悲しげな笑み / the Knight of the *Rueful* Countenance 憂(うれ)い顔の騎士《ドンキホーテ (Don Quixote) の異名》. **2** 哀れな, 悲惨な: a ~ sight. **~·ly** *adv.* **~·ness** *n.*

ru·fes·cent [ruːfésn̩t] 〖□ L *rūfescent-em* (pres.p.) ← *rūfescere* to redden ← *rūfus* red: ⇨ rufous, -escent〗 *adj.*〘動物〙赤みがかった. **ru·fés·cence** [-sns] *n.*

ruff[1] [rʌ́f] 〖《1523》← ? RUFFLE[1] // 《転用・変形》← ? ROUGH〗 ― *n.* **1** 襞襟(ひだえり)《16 世紀から 17 世紀初頭に男女共に用いたリンネルまたはモスリン製の円形に襞をとった白襟; レースの縁取りをしたものが多い》. **2 a** 襞襟状のもの. **b** (鳥の)首羽; (獣の)首毛. **3**〘鳥類〙エリマキシギ (*Philomachus pugnax*)《ヨーロッパ・アジアなどに生息するシギ科の鳥; 雌は reeve という》. ― *vt.* **1 a**〈布・レースを〉襞(ひだ)にする. **b**〈服など〉に襞襟を付ける. **2** (髪の毛をふわりと浮かせるために細歯の櫛(くし)を当てて)〈髪〉に逆毛(さかげ)を立てる. **3**〈鷹が〉〈一旦襲った鳥・うさぎなどを〉捕えそこなう.

ruffs 1

ruff[2] [rʌ́f] 〖《15C》*ruf*, *rowe* ← ? ROUGH〗 *n.*〘魚類〙 **1** =ruffe. **2** =pumpkinseed 2 a.

ruff[3] [rʌ́f] 〖《1589》□ OF *roff-le* ← *ronfle* □ ? It. *ronfa* a card game《転訛》← *trionfo* triumph, trump □ L *triumphus* 'TRIUMPH'〗〘トランプ〙 ― *n.* **1** ラフ, 切り《他のスーツが打ち出されたとき, 切札を出して取ること》: double ~ =crossruff. **2**《古》ラフ《16 世紀に行なわれ whist の前身となったゲーム》. ― *vt.*, *vi.* (他のスーツの札を)切札で取る, ラフする, 切る (trump).

ruff out〘トランプ〙(ブリッジで)〈あるスーツを〉敵方の上位札がなくなるまで切ってエスタブリッシュする (cf. establish *vt.* 10).

ruffe [rʌ́f] 〖⇨ ruff[2]〗 *n.*〘魚類〙ヨーロッパ産のパーチ科の淡水小魚 (*Gymnocephalus cernua*).

ruffed *adj.* **1** 襞襟(ひだえり) (ruff) のある. **2**〈鳥など〉首羽のある;〈獣など〉首毛のある.

rúffed bústard *n.*〘鳥類〙フサエリノガン (⇨ houbara).

rúffed gróuse *n.*〘鳥類〙エリマキライチョウ (*Bonasa umbellus*)《北米産; 地方によって partridge または pheasant と呼ばれる》.

ruf·fi·an [rʌ́fiən | -fjən, -fɪən] 〖《1531》□ (O)F *ruf(f)ian* □ It. *ruffiano* ← 《方言》*rof(f)ia* scab, filth ← Gmc (cf. OHG *ruf* scurf)〗 ― *n.* **1** 悪党, 悪人; ごろつき, 与太者. **2**《廃》女郎屋の主人, ぽん引き. ― *adj.* **1** 悪党の; ごろつきの. **2** 残忍な, 狂暴な.

rúf·fi·an·ìsm [-nɪzm̩] *n.* 残忍(な行為); 悪党根性.

rúf·fi·an·ly *adj.* 悪党の[に関する, らしい]; 残忍な, 乱暴な, 無法な.

ruf·fle[1] [rʌ́fl̩] 〖v.: 《a1325》*ruffele(n)* ← ?: cf. MDu. *ruffelen* to crumple. ― n.: 《1508》《廃》impairment of one's reputation〗 ― *vt.* **1 a**〈水面を〉波立たせる,〈水面〉に小波(さざなみ)を立てる: The wind ~*d* the water. 風で水面が波立った. **b**〈頭髪などを〉くしゃくしゃにする; しわくちゃにする: Her nice hair-do was ~*d* by a gust of wind. 彼女の折角の髪が突風で乱れた. **c**〈額など〉に皺(しわ)を寄せる. **d**〈皮膚を〉擦(す)りむく. **2** (怒った時など)〈鳥が〉〈羽を〉逆立てる〈*up*〉: ~ *up* the feathers [plumage]〈鳥が〉怒って[寒さを防ぐために]羽を逆立てる;〈人が〉怒る. **3**〈心を〉乱す; いら立たせる, 怒らせる: ~ a person's composure 人の落着きを失わせる, 人の心を乱す / Nothing ever ~*d* him. どんな事にも彼は腹を立てたためしがない / ~ a person's temper 人の機嫌を悪くさせる. **4 a**〈布地など〉にギャザーを入れる, 襞(ひだ)をとる. **b**〈袖口や襟元に〉幅広のフリルをつける. **5 a**〈本のページを〉ぱらぱらめくる: She ~*d* the pages of her diary. 日記をぱらぱらとめくった. **b**〈トランプ札を〉(左右の手から飛ばすようにして)すばやく混ぜる, 切る (cf. riffle[1] *vt.* 2 b). **6** [~ it として]《古》威張る, 威張り散らす. ― *vi.* **1 a** 波立つ, さざ波が立つ. **b**〈旗が〉翻る. **c**〈頭髪が〉乱れる. **2** いら立つ, 怒る, むしゃくしゃする. **3** 襞になる; しわくちゃになる. **4**《古》威張る. ― *n.* **1** (服・カーテンなどの)襞飾り, 幅の広いフリル (frill). **2 a** 襞べり状のもの. **b** (鳥の)首羽; (獣の)首毛. **3** 波立ち, 小波. **4** 混乱, 動揺, 動乱; いら立ち, 立腹: without ~ or excitement 騒がず激せず, 落ち着き払って / put a person in a ~ 人を怒らせる; 人をじらす[怒らせる].

ruf·fle[2] [rʌ́fl̩] 〖← 《廃》*ruff* ruffle[2] 《擬音語》+-LE[3]〗〘軍

事〗 ── *n.* 低くどろどろと鳴る太鼓の音. ── *vt.* 〈太鼓を〉低くどろどろと鳴らす. ── *vi.* 〈太鼓が〉低くどろどろと鳴る；低くどろどろと太鼓を鳴らす.

rúf·fled *adj.* **1** 襞(ひだ)べりのついた[のある]. **2** 首羽[首毛]のある.

rúf·fler [-flə, -flə | -flə(r, -flə(r] 〖《1535》← RUFFLE[1]〗 ── *n.* **1** 威張り散らす人. **2** 平和を乱す者, 邪魔立てする人. **3** (ミシンの)襞(ひだ)飾り[フリル]用装置. **4** 《古》(16 世紀に負傷兵と称して放浪した)乞食(こじき), 浮浪者.

ruf·fly [rʌ́fli, -fli | -fli, -fli] *adj.* ＝ruffled.

ru·fous [rúːfəs] 〖《1782》← L *rūfus* red, reddish＋-OUS: cf. red[1]〗 *adj.* 赤みがかった；〈特に, 動物が〉赤褐色の, 赤茶けた.

rúfous húmmingbird *n.* 〖鳥類〗チャイロハチドリ (*Selasphorus rufus*)《米国西部産のハチドリ；雄は羽が赤褐色をしている》.

rúf·ter hòod [rʌ́ftə- | -tə-] 〖*rufter*: ← ? RUFF[1] (v.)〗 *n.* 〖鷹狩〗新しく捕まえた鷹にかぶせるフード《単に rufter ともいう》.

Ru·fus [rúːfəs] 〖□ L *rūfus* red-haired〗 *n.* 男性名. ★ ユダヤ人がしばしば Reuben の代わりに用いる.

rug [rʌ́g] 〖《1551》← Scand. (cf. Norw.《方言》*rugga* coarse coverlet / Swed. *rugg* matted hair)〗 ── *n.* **1 a** (床の一部や炉の前に敷く)敷物, じゅうたん《一枚で模様の完成したもの, または継ぎ合わせずに一枚で用いるもの；cf. carpet, hearthrug》. **b** 毛皮の敷物. **2** 《英》ひざ掛け (《米》lap robe): a travelling ～ 旅行用ひざ掛け. **3** 《俗》＝toupee 2.
cut a rug 《米俗》ダンスをする；(特に)ジルバを踊る. ***pull the rug* (*out*) *from under a person*** (1) 人の計画をぶち壊す[無効にする],〈人を〉出し抜く. (2) 人の支えとなる物[隠れ場所]を取り去る[取り除く].
sweep under the rug 《米》＝*sweep under the* CARPET.

ru·ga [rúːgə] 〖□ L *rūga* wrinkle: cf. rough〗 *n.* (*pl.* **ru·gae** [rúːgaɪ, rúːdʒiː]) 〔通例 *pl.*〕〖生物・解剖〗(特に, 胃壁・膣の)皺(しわ), 襞(ひだ). **rú·gal** [-gəl] *adj.*

ru·gate [rúːgeɪt, -gət, -gɪt] 〖□ L *rūgāt-us*: ⇨ ↑, -ate[2]〗 *adj.* 襞(ひだ)のある, 皺(しわ)のある.

Rug·be·ian [rʌgbíːən | rʌgbíːən, -bíən] *adj.* (英国の)ラグビー校 (Rugby School) の. ── *n.* ラグビー校の生徒[卒業生].

Rug·by [rʌ́gbi | -bɪ] 〖ME *Rokebi* (cf. ON *bȳ-r* village, homestead) ∽ OE *Rocheberie*《原義》'burg of *Hrōca* (人名)' or village inhabited by rooks〗 ── *n.* **1** イングランド中部, Warwickshire 州東部にある都市；人口 86,000. **2** ＝Rugby fives. **3** ＝Rugby School. **4** ＝Rugby football.

Rúgby fíves *n. pl.* 〔単数扱い〕〖球戯〗ラグビーファイブズ《背面と前面それに両側面それぞれが壁で囲まれたコート内で, 壁にボールを打ち当てるゲーム；プレーヤーが手にグローブをはめ, またはバットを持ってプレーする；⇨ fives 挿絵》.

Rúgby fóotball, r- f- 〖← *Rugby School*: 同校で初めて行なわれたところから〗 ── *n.* ラグビー《アマチュアは各チーム 15 名, プロは各チーム 13 名で競技する》.

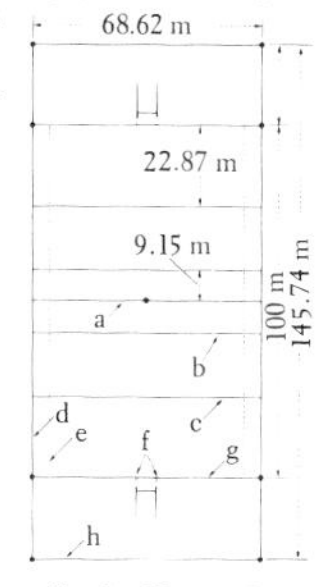

Rugby Union field
a halfway line
b 10 yard line
c 25 yard line
d touch line
e 5 yard line
f goal posts
g goal line
h dead ball line

FB CTQ WTQ
WTQ SOH
SH
F
WTQ
SOH
CTQ WTQ
FB

scrum
FB fullback
WTQ wing three-quarter
CTQ center three-quarter
SOH stand off half
SH scrum half
F packs of forwards in scrum

Rúgby Lèague *n.* 《英》 **1** [the ～] ラグビー連盟《プロラグビーチームの連合；公式名 The Rugby Football League》. **2** [時に r- l-] 連盟ラグビー《各チーム 13 名でするラグビー》.

Rúgby Schòol *n.* ラグビー校《Rugby にある有名な public school；1567 年設立》.

Rúgby Ùnion *n.* 《英》 **1** [the ～] ラグビー同盟《アマチュアラグビーチームの連盟；公式名 The Rugby Football Union》. **2** [時に r- u-] 同盟ラグビー《各チーム 15 名でするラグビー》.

rúg-cùtter 〖← *cut a rug* (⇨ rug 成句)〗 *n.* 《米俗》ジルバを踊る人.

rug·ged [rʌ́gɪd, -gəd] 〖《*c*1300》← ON (cf. Swed. *rugga* to roughen & *ruggig* rugged): cf. rug, rough〗 ── *adj.* (**more** ～, **most** ～; **-ged·der**; **-ged·dest**) **1 a** 凹凸(おうとつ)のある, でこぼこの, 高低の多い；険しい, 岩だらけの: a ～ road でこぼこの多い道路 / a ～ mountain 岩だらけの[凹凸の激しい]山 / a ～ country 険しい山国. **b** ざらざらした, ぎざぎざの: a ～ bark ざらざらした樹皮 / ～ rocks ごつごつした岩. **2 a** 〈顔が〉しわの寄った: a ～ face. **b** 〈顔つきなど〉(力強さ・精神力の強さを示して)いかつい, がっしりした: his ～ looks 彼のいかつい顔つき / ～ features がっしりした顔[目鼻立ち]. **3 a** 洗練されていない, 失敬な, 無骨な, 粗野な: ～ kindness [honesty] 無骨な親切[正直] / ～ manners 粗野な振舞い, 無作法 / a ～ mountaineer 山好きの荒くれ男, 荒っぽい山男. **b** 磨きのかかっていない, 洗練されていない: ～ verses 推敲(すいこう)の足りない[調子の悪い]詩 / In his style Simonides has none of Pinder's ～ majesty. シモニデスの文体にはピンダロスの粗(あら)削りではあるがまた荘重でもあるあの調子はない. **4** 〈音声・言葉など〉耳障りな, 聞きづらい. **5** 〈天候など〉ひどく荒れる, 険悪な, 暴風雨の: ～ weather 荒天. **6** 苦しい, つらい, 困難な: live a ～ life 苦しい生活をする / have ～ times つらい目に会う. **7 a** 厳格な, 厳しい, やかましい: a ～ teacher / ～ training つらい訓練. **b** 《口語》(能力・決断力・忍耐力の)厳しい試練になる, 厳しい: a ～ test 厳しい試験[テスト]. **8 a** がっちりした, たくましい, 頑丈(がんじょう)な；元気一杯の: ～ health 頑健 / a ～ physique 頑丈な体格. **b** 〈機械など〉長年の使用に耐えられる, しっかりした, 堅固な: a ～ machine 頑丈な機械. **9** 《廃》毛むくじゃらの, 毛でぼうぼうの: a ～ beard. **～·ly** *adv.* **～·ness** *n.*

rúgged indivídualism *n.* 徹底個人主義《経済・社会関係における強力な個人的自由・自由競争をよしとする立場》.

rug·ged·ize [rʌ́gɪdàɪz, -gə-] *vt.* 《米》〈機械・構造などを〉(摩耗・圧力・ショック・酷使などに一層よく耐えるように)強化[補強]する. **rug·ged·i·za·tion** [rʌ̀gɪdɪzéɪʃən, -gə-, -də- | -daɪ-, -dɪ-] *n.*

rug·ger [rʌ́gə | -gə(r] 〖← RUG(BY)＋-ER[1]: cf. soccer〗 *n.* 《英俗》ラグビー (Rugby football).

rúg·ging *n.* (床の敷物用の)深くけばをたてた粗い毛織物.

ru·gó·sa ròse [ruːgóʊsə-, -zə- | -gə́ʊ-] 〖← NL *Rosa rugosa*《原義》wrinkled rose ← L *rosa* 'ROSE[2]'＋*rūgōsa* ((neut.pl.) ← *rūgōsus* (↓))〗 ── *n.* 〖植物〗ハマナシ, ハマナス (*Rosa rugosa*)《中部日本以北の海岸に産するバラ科バラ属の低木》.

ru·gose [rúːgoʊs, -goʊz | -gəʊs] 〖《1703》□ L *rūgōsus* ← *rūga* wrinkle: ⇨ ruga, -ose[1]〗 ── *adj.* **1** 皺(しわ)が多い, 皺だらけの；皺になった. **2** 〖植物〗〈葉が〉皺のある《網脈が裏面に目立ち, それが表面で皺になっている》. **～·ly** *adv.*

ru·gos·i·ty [ruːgɑ́səṭi | -gɔ́sətɪ, -sɪ-] *n.* 皺(しわ)だらけの状態；皺.

ru·gous [rúːgəs] 〖⇨ ↑, -ous〗 *adj.* ＝rugose.

ru·gu·la [rúːgjʊlə] 〖← NL ～ (dim.) ← L *rūga* wrinkle: ⇨ ruga, -ule〗 *n.* (*pl.* **-gu·lae** [-lìː]) 小皺(こじわ).

ru·gu·lose [rúːgjʊlòʊs | -ləʊs] 〖← RUGA＋-ULOSE〗 *adj.* 小皺(こじわ)のある[多い].

Rúhm·korff còil [rúːmkɔəf- | -kɔːf-; *G.* rúːmkɔrf-] 〖← *Heinrich Daniel Ruhmkorff* (1803–77: これを発明したドイツの物理学者)〗 ── *n.* 〖電気〗誘導コイル, ルームコルフ線輪 (induction coil).

Ruhr [rúə | rúə(r; *G.* rúːɐ] *n.* [the ～] **1** ルール(川)《ドイツの西部を流れる Rhine 川の支流 (233 km)》. **2** ルール(地方)《Ruhr 川流域の石炭鉱業および産業の盛んな地方》.

ru·in [rúːɪn, rúːən, rúɪn, rúən | rúːɪn, rúːɪn] 〖n.: 《*c*1375》□ (O)F *ruine* □ L *ruīna* ← *ruere* to fall violently ← IE **ereu-* ← **er-* to set in motion. ── v.: 《1581》□ (O)F *ruin-er* ∥ ML *ruināre* ← L *ruīna*: cf. run[1]〗 ── *n.* **1 a** 破壊, 破滅, 滅亡, 崩壊, 衰亡: fall into ～ 破滅[崩壊]する / the ～ of one's country [health, hopes, reputation] 国の滅亡[健康の衰退, 希望の消滅, 名声の衰微] / rapine and red ～ 略奪と火災. **b** 没落, 破産, 零落: His very intelligence has caused his ～. 頭のいいことがかえって身の破滅のもととなった. **c** (女の)堕落. **d** 《古》(建物・壁などの)倒壊. **2 a** 破壊[破滅, 荒廃]したもの；くずれ落ちた建物, 零落した人, 残骸(ざんがい): the ～ of a ship 船の残骸 / He is but the ～ of what he was. 今の彼は昔の面影などないほど落ちぶれている / His mind is a ～. 彼の知性[精神]は衰え果てた / The castle is a mere ～. 城はすっかり荒れ果ててしまった / He lives in an old ～. 古びたあばら家[廃屋]に住んでいる. **b** [*pl.*] 廃墟(はいきょ), 荒れ跡: the ～*s* of Rome ローマの廃墟 / the ～*s* of a house (火事・地震・爆弾などで)破壊された家の跡[焼け跡, 崩れ跡など] / The house lies [stands] in ～*s*. 廃墟になっている. **c** 破壊[荒廃]した状態: be in ～ 荒廃状態にある. **3** [one's ～, the ～] 破滅[衰微, 零落など]の原因, 禍根: Her beauty was *her* ～. 彼女の美貌が身の破滅のもとだった / Drink will be *the* ～ of him [*his* ～]. 彼は酒でしくじるだろう.
bring* [*reduce*] *to ruin 没落[零落]させる；失敗させる. ***fall* [*go, come*] *to ruin*** 崩壊する；零落する.
── *vt.* **1 a** 〔通例 p.p. 形で〕〈場所を〉破壊する, 破滅させる, 荒廃させる, 崩壊させる (⇨ ruined 1 a). **b** 台なし[だめ]にする: ～ a dress, plan, etc. / ～ one's health ひどく健康を害する / ～ one's prospects 前途を台なしにする. **2 a** 没落させる, 破産させる, 零落させる: be ～*ed* by drink 酒で身を持ちくずす / His extravagance ～*ed* him. 彼は浪費の結果零落してしまった. **b** [～ *oneself* で] 身を滅ぼす, 零落する: He ～*ed himself* on the turf. 競馬で身を持ち崩した. **3** 〈女を〉傷ものにして捨てる[堕落させる]. ── *vi.* **1** 破滅する, 滅びる, 荒廃する. **2 a** 没落する, 破産する. **b** 堕落する. **3** 《古・詩》真っ逆さまに[大音響を立てて]落ちる.

ru·in·ate [rúːɪnèɪt, rúːən-, rúɪneɪt, rúən- | rúɪneɪt, rúːɪnèɪt] 〖《v.: 1547; adj.: 1538》← ML *ruināt-us* (p.p.) ← *ruināre* ← *ruīna*: ⇨ ruin (v.), -ate[2,3]〗 《古》 ── *vt.* 破壊[破滅]させる, 台なしにする；没落させる；堕落させる. ── *adj.* 破壊[破滅]した；没落した, 堕落した.

ru·in·a·tion [rùːɪnéɪʃən, rùːən-, ruɪn-, ruən- | ruɪn-, rùːɪn-] 〖《1664》: ⇨ ↑, -ation〗 ── *n.* **1 a** 破壊, 破滅, 荒廃；衰微, 没落, 破産, 零落. **b** 破壊[破産, 零落など]の状態. **2** 堕落[破滅]のもと, 禍根；(談話・料理などを)台なしにしてしまう原因[もと].

rú·ined *adj.* **1 a** 破壊された, 滅びた, 荒廃した: a ～ castle 荒れ果てた城, 荒城. **b** 没落[零落, 破産]した. **c** 〈女が〉堕落した: a ～ maid 身を持ち崩した女. **2** 枯らされた, 害された: ～ health 衰えた健康.

rú·in·er *n.* 破滅[破壊]させる人[もの].

ru·in·ous [rúːɪnəs, rúːən-, rúɪn-, rúən- | rúɪn-, rúːɪn-] 〖《*c*1390》□ L *ruīnōs-us* ← *ruīna*: ⇨ ruin, -ous〗 ── *adj.* **1** 破壊をもたらす, 破滅を招く, 破壊的な: a ～ war 破壊的な戦争 / ～ inflation 破滅的インフレ / ～ folly 身の破滅を招く愚行 / Her motherly love was a wonderful and a ～ thing. 彼女の母性愛はすばらしかったが子供たちをだめにしてしまうものでもあった. **2** 没落させる, 破産させる, 零落させる: ～ expenditure [taxes] 身代限りになるような出費[税(金)]. **3** 荒廃した, 荒れている: a ～ heap 山のようなくずれた跡, 廃墟 / a ～ old house 荒れ果てた古家, 廃屋. **～·ly** *adv.* **～·ness** *n.*

Ruis·dael [ráɪzdɑːł, ráɪs- | ráɪz-; *Du.* rœ́ysdaːl], **Jacob van** *n.* ⇨ Ruysdael.

Ruisdael, Salomon van *n.* ⇨ Ruysdael.

Rui·slip North·wood [ráɪslɪp-nɔ́əθwʊd, ráɪz- | -nɔ́ːθ-] 〖*Ruislip*: OE *Rislepe* ← *rysc* rush＋*slǣp* slippery place〗 *n.* London の Hillingdon 区の一部.

Ru·iz de Alar·cón y Men·do·za [ruíθ de-, -mendóʊsə, -θə | -dóʊ-; *Sp.* mendóθa], **Juan** *n.* ルイス デ アラルコン イ メンドーサ《1580?–1639；メキシコ生まれのスペインの劇作家；*La Verdad Sospechosa*「疑わしき真実」(1630)》.

rul·a·ble [rúːləbl] *adj.* **1** 規則上許される. **2** 《廃》支配できる；統治できる.

rule [rúːl] 〖n.: 《?a1200》 *riwle* □ OF *riule* (F *règle*) < VL **regulam* = L *rēgula* straight stick, ruler ← IE **reg-* to move in a straight line (L *regere* to rule (⇨ regent) & *rēx* king / OE *riht* 'RIGHT'): RAIL[1] と二重語. ── v.: 《?a1200》 *reule(n)* □ OF *reul-er* □ LL *rēgulāre* 'to REGULATE'〗 ── *n.* **A 1 a** (行動などを規制する)規則, 規定: a ～ against smoking 喫煙禁止の規定 / the ～*s* of cricket クリケットの競技規定 / the ～*s* of decorum 礼法 / make [break, obey] ～*s* 規則を作る[破る, 守る] / ⇨ golden rule, ground rule / We made a ～ *that* every one should get up at six. みな 6 時に起床との規則を作った. **b** [集合的] (修道会などの)宗規, 法規: the *Rule* of St. Benedict ベネディクト修道会の宗規. **2 a** 常習, 習わし, 習慣, 決まり: My ～ is to breakfast at eight o'clock. 8 時に朝飯を食べるのが私の習慣だ / I make it a ～ to rise early. 朝は早く起きることにしている. **b** 常の事, 通例, 通則, 常態: Failure is the ～, success the exception. 失敗が常態で成功は例外 / Exception proves the ～. 《諺》例外(のあること)が通則(の存在すること)を証明する / There is no general ～ without some exceptions. 《諺》例外のない規則はない / In some communities illiteracy is the ～. ある社会では無学が普通だ. **c** 大体の傾向[状態]: During this season fair weather is the ～. この季節は大体が晴天である. **3 a** 法則, 方式；標準: a hard and fast ～ (融通のきかない)堅苦しい規準 / a ～ for forming the plural 複数形を作る法則. **b** (科学・芸術上の)法則. **c** (数学などの)規則, 解法, 解式: ⇨ RULE of three. **4 a** 物差し, 定規: a carpenter's ～ (大工の使う)折り尺 / a foot ～ 1 フィート差し / by ～ and line [measure] ⇨ 成句. **b** 計算尺. **5** 《廃》振舞い, 態度: one's uncivil ～ 乱行. **6** 〖法律〗(特定の訴訟に関する法廷の)命令, 法規範, 規則, 裁判所規則: a ～ absolute 絶対命令 (cf. rule nisi) / the *Rules* of the High Court 高等法院規則 / ⇨ general rule, special rule. **7** [the R-] 〖天文〗じょうぎ(定規)座 (⇨ norma 2). **8** 〖印刷〗 **a** 罫(けい), 罫線《線を印刷するための薄い板金》: a dotted ～ 星罫 / a wave ～ 波罫, ブル罫. **b** 《英》ダッシュ (dash). **c** セッテン (composing rule). **9 a** [the ～s] 〖英史〗ルール区域《London の Fleet 監獄および King's Bench 監獄側の一区域で, 囚人が保証金を出して居住を許された》. **b** ルール区域での居住の自由. **10** [Rules] 《豪》＝Australian Rules.
B 1 a 支配, 統治；支配状態: the ～ of force 武力政治 / under Communist [military, the British] ～ 共産党[軍部, 英国]の支配下に / bear ～ 支配[統治]する / He was entrusted with the ～ of half the tribe. 彼はその部族の半分の支配を委ねられ(てい)た. **2** 統治期間, 治世: during the ～ of Elizabeth I エリザベス一世の治世中.
(*a*) ***rule of thumb*** (1) 親指で計ること；大ざっぱなやり方；目の子算: by ～ *of thumb* 目の子算で. (2) 経験法: by ～ *of thumb* (学理でなく)経験によって. ***as a* (*general*) *rule*** 概して, 一般に, 普通. ***by rule*** ＝ ***according to rule*** 規定通りに；機械的に, 杓子(しゃくし)定規に. ***by rule and line* [*measure*]** 正確に, 厳密に. ***out of rule*** (1) 慣例に反して, 常例を外(はず)れて. (2) 《古》規準[規定]から外れて, 混乱して, 無秩序で. ***run the rule over*** (正確さ, 適否などについて)ざっと調べる. ***work to rule*** 《英》〈労働者が〉順法闘争を

行なう (cf. work-to-rule).
rule of detachment [the —]〘論理〙離切の法則 (⇨ modus ponens).
rule of eleven〘トランプ〙(ブリッジ, ホイストで)「11 引く」の法則《打出しの札が fourth highest である場合, その札の番号(例えば 6)を 11 から引くと, 他の 3 人の手中にあるそれより高い同種札の総枚数(すなわち 5)がわかるという法則》.
rule of faith [the —]〘キリスト教〙(窮極の)信仰規準; (公的な)信仰告白.
rule of law〘法律〙(1) 法規範, 法規, 法原則; 準用法規の決定. (2) 法の遵守. (3) 法の支配, 法律による統治.
rule of the road [the —] (1) (歩行者・車馬・船などの)交通規則. (2)〘海事〙海上衝突予防規則.
rule of three [the —]〘数学〙**a** 三の法則《第一項と第四項(外項)の積は第二項と第三項(内項)の積に等しいという法則》. **b** 比例算, 三数法《三の法則を用いて問題を解く方法》: the double ~ *of three* 複比例算.
— *vt.* **1 a** 支配する, 統治する: ~ the country. **b** 指図する, 導く, 指導する, 命令する: 《古》be ~*d* by …の忠告[指導]に従う. **c** [通例 Passive で]《古》説得する; 左右する: Listen to me, and *be* ~*d* by me. よく聴きなさい, そして私の言う通りにしなさい / *be* ~*d* by passion 感情に支配される. **2** 抑制する, 抑える: ~ one's passions [actions] 感情[行動]を抑制する / ~ a horse 馬を御する. **3** 〈裁判官・議長・司会者などが〉判決する, 決定する, 裁定する: ~ a person [thing] out of order 人[事]を違反と判定する / The court ~*d that* A should evacuate the building within a week. 裁判所は A は一週間以内にその建物から立ち退かなければならないと決定した / The appellate court ~*d* him innocent. 控訴[上告]裁判所は彼に無罪の判決を与えた. **4** 〈線を〉定規で引く; …に線[罫(けい)]を引く: ~ lines on paper = ~ paper *with* lines 紙に罫を引く / ~ a notebook ノートに罫を引く.
— *vi.* **1** 支配する, 統治する: ~ *over* many millions 幾千万の人々を統治する / The king should ~ by love. 王たるものは愛によって統治しなければならない. **2** 裁決する, 決定する, 裁定する: The judge ~*d* against him. 判事は彼の敗訴とした. **3** 〈値段など〉保合(もちあ)う, 大体…の状態を保つ: Prices ~ high [low]. 物価は高値[安値]が保合って[続いて]いる / Crops ~ good. 農作物は概して堅調である / The market ~*s* high. 市況は堅調だ.
rule off〘競技・競馬・ドッグレース〙〈選手・騎手・馬・犬など〉の出場を禁止する, 失格させる (cf. WARN *off* (2)): The racehorse was ~*d off* for having been doped. 薬物[興奮剤]使用の理由でその競走馬は出場禁止になった. ***rule out*** (1) (規定によって)除外する. (2) 不可能にする, 妨げる: Rain ~*d* our going *out*. 雨で出かけられなかった. (3) 不適切[不適格]であると宣言する. ***rule the roast* [*roost*]** ⇨ roast 成句.
Rúle, Británnia *n.*「ブリタニア[英国]よ, 統治せよ」《英国の愛国歌; James Thomson と David Mallet [mǽlɪt, -lət] 共作の台本に基づく T. A. Arne 作曲の仮面劇 'Alfred' (1740) 中の音楽: この歌の題名は first stanza, ll. 5–6, Rule, Britannia! rule the waves! / Britons never will be slaves. から; cf. God Save the King [Queen]》.
rúled súrface *n.*〘数学〙線織(せんしき)面, 線織曲面《1 本の直線が動いてできる曲面; 円筒・円錐・平面など》.
rúle jòint *n.*〘木工〙肘接(ひじつ)ぎ《折れ板などに用い, 凸部と凹部がすり合って一方向に回転できる継ぎ手》.
rúle·less 〖《15C》*rewleless*〗 *adj.* **1** 支配[統治]されない: a ~ tribe, island, etc. **2** 規則のない, 無規律な; 法(律)の規制を受けない, 法律のない, 無法の.
rúle nísi 〖⇨ nisi〗 *n.*〘法律〙仮命令《一定期間内に反対の事由が示されない限り効力を生じる命令》.
rúle-of-thúmb 〖← *rule of thumb* (⇨ rule (n.) 成句)〗 — *adj.* (正確な科学的方法でなく)経験・常識などによって判断した, 常識で割り出した; 目の子算による, 大まかな.
rúl·er [-lə | -lə(r] 〖《a1325》*rewler*〗 *n.* **1** 支配者; 統治者, 主権者. **2** 罫(けい)[線]を引く人[機械]. **3** 定規, 物差し.
rúler·shìp *n.* 統治者[支配者]の位[職権, 在任期間].
Rúles Committee *n.*〘政治〙(米国下院の)議事運営規則常設委員会《一般規制の修正や特別規制の提案, 法案修正の禁止, 審議期日の決定など議事運営に大きな権限をもつ》.
rúl·ing [-lɪŋ] 〖《adj.: 1593; n.: ?a1200》〗 — *adj.* **1** 支配する; 統治する: the ~ race [class] 支配民族[階級] / the ~ spirit 主動者, 首脳 / the ~ party 与党. **2** 優勢な, 有力な, 主な: the ~ principle of conduct 支配的な行動原理 / a ~ passion 主情《金銭欲・恋のように行動を支配する動機》/ Freud was my ~ passion. フロイト一辺倒だった. **3**〘商業〙〈価など〉市場に行なわれている, 現下の: the ~ price(s) 時価, 通り相場.
— *n.* **1** 支配; 統治. **2**〘法律〙裁定, 決定: accept the ~ 決定[裁定]に従う / give a ~ in favor of a person 人に有利な決定をする. **3 a** 罫(けい)引き. **b** [集合的] 罫線. **4**〘数学〙線織面 (ruled surface) の母線《線織面をつくり出すもとになる直線》.
rúling élder *n.* (長老派教会の)俗人[非聖職者]の長老.
rúling èngine *n.*〘機械〙罫(けい)線作製器《精密な回折格子(こうし)などを製作するとき用いる》.
rúling gràde *n.*〘鉄道〙制限勾配(こうばい)《1 台の機関車が牽引(けんいん)する列車の重量を制限する勾配; cf. pusher grade》.
rúling pèn *n.* = drawing pen.
rul·y [rúːli | -lɪ] 〖《?a1400》← RULE (n.)+-Y^4 // 《逆成》← UNRULY: 現在の用法は後者か〗 *adj.* 《古》規則を守る, 従順な.
rúly Ènglish *n.*〘電算機〙従順英語《電算機用の人工英語; 単語はすべて単一の意味を持ち, 一つの意味は常に単一の語だけによって表わされ, 意味も語も選択に迷うことがない》.
rum^1 [rʌ́m] 〖《1654》《略》← 《廃》*rumbullion* or *rumbustion* rum ← ?〗 *n.* **1** ラム(酒)《糖蜜または砂糖きびのしぼり汁を発酵させ蒸留して造る酒》. **2** 《米》酒, アルコール飲料. **3** = rum baba. **4** = rum shrub.
rum^2 [rʌ́m] 〖《1774》《変形》← ROM〗 — *adj.* (**rum·mer; rum·mest**) 《英俗》**1** 奇妙な, 変な, おかしな: a ~ old fellow 変わった男 / a ~ go 困った破目 / a ~ start 《口語》驚くべき出来事 / feel ~ 気分が悪い; いらいらする. **2** 危険な, 手ごわい, ごろつきの: a ~ customer うかつに手出しのできないやつ[代物]. **3** 下手な, まずい: a ~ joke. **4** よい, すてきな. **~·ly** *adv.* **~·ness** *n.*
rum^3 [rʌ́m] 〖略〗 *n.*〘トランプ〙= rummy^2.
Rum [rúːm] 〖□ Arab. *rūm*〗 *n.* ルーム《Rome のアラビア語名; Byzantine Empire を指す名称》.
Rum. 《略》Rumania; Rumanian.
Ru·ma·ni·a [ruméɪniə, ruː-, -njə | ruːméɪnjə, rʊ-, -nɪə] 〖← NL ~ ← Rumanian *Român* a Rumanian ← L *Rōmānus* 'ROMAN': ⇨ -ia^1〗 — *n.* ルーマニア《ヨーロッパ南東部の共和国; 人口 21,560,000, 面積 237,500 km^2, 首都 Bucharest; 公式名 the Socialist Republic of Rumania ルーマニア社会主義共和国》.
Ru·ma·ni·an [ruméɪniən, ruː-, -njən | ruːméɪnjən, rʊ-, -nɪən] *adj.* **1** ルーマニア(人)の. **2** ルーマニア語の. — *n.* **1** ルーマニア人. **2** ルーマニア語《ロマンス語に属する》.
Ru·mansh [ruːmǽnʃ, rʊ-] *n., adj.* = Romansh.
rum·ba [rʌ́mbə, rúm-, rúːm- | rʌ́m-] 〖□ Am-Sp. ~ ← *rumbo* carousal, spree ← ? Afr.〗 — *n.* **1** ルンバ: **a** もとキューバ黒人の踊り. **b** そのアメリカ化したもの. **2** ルンバの曲《シンコペーションを頻繁(ひんぱん)に使い, テンポの速い $^2/_4$ 拍子の舞踏曲; 1920 年代ジャズ音楽へ導入された》. — *vi.* ルンバを踊る.
rúm bába *n.* = baba.
rum·ble^1 [rʌ́mbl] 〖v.: 《c1380》*romble(n)* □ ? (M)Du. *rommelen* 《擬音語》: cf. G *rummeln*: ⇨ -le^3. — n.: 《c1385》← (v.)〗 — *vi.* **1** 〈雷・地震・腹などが〉ごろごろ音がする, ごろごろと鳴る, とどろく: a *rumbling* sound ごろごろ[がらがら]いう音 / My stomach ~*s*. お腹がごろごろ鳴る / The earth swayed and ~*d*. 地面が揺れて地鳴りがした. **2** 〈列車などが〉がらがら[ごうごう]音を立てながら進む[通る], 〈人が〉がらがら車に乗って行く 〈*along, by*〉: The train ~*d* away. 列車はごうごう音を立てて走り去った / Thirteen Soviet-built tanks ~*d* through the city. 13 両のソ連製戦車ががらがらと市内を通り抜けて行った. **3** 低く響く声で話す. **4** 《米俗》〈ティーンエイジャーの不良集団同士が〉喧嘩(けんか)う, 喧嘩に加わる. — *vt.* **1** 低い太い声で叫ぶ[言う] 〈*out*〉. **2 a** 〈音を〉がらがら立てる 〈*forth*〉, がらがら[ごろごろ]言わせる: ~ money [coins] with hands 金を手でじゃらじゃら言わせる. **b** 転摩器 (tumbling box) などでごろごろ転がして磨く.
— *n.* **1 a** (雷や重い車などの)ごろごろ[がらがら]という音, とどろき; やかましい音, 騒音: a ~ of thunder in the distance 遠雷のごろごろと鳴る音. **b** (録音・再生の際の)低周波ノイズ, ランブル. **2** (人々の)不満[不安]のつぶやき[ささやき]声. **3 a** = rumble seat. **b** (車両後部の)補助的な荷物の載せ場所. **4** 転摩器 (tumbling box). **5** 《米俗》(特に, 十代の不良集団間の)喧嘩(けんか).
rum·ble^2 [rʌ́mbl] 〖cf. tumble (to)〗 *vt.* 《俗》…の真相を突き止める, 見抜く.
rúm·bler [-blə, -bḷə | -blə(r, -bḷ-] *n.* **1** ごろごろ[がらがら]いうもの[人]. **2 a** = tumbling barrel. **b** 転摩器 (⇨ tumbling box). **c** 転摩器(など)の操作員.
rúmble sèat *n.* 《米》**1** ランブルシート《coupé や roadster の自動車の後部に取り付けた屋根のない折り畳み補助席》. **2** = wagon seat.
rúmble-tùmble *n.* **1** がたがた車. **2** ひどい動揺.
rúm·bling [-blɪŋ, -bḷ-] *n.* **1** ごろごろ[がらがら, がたがた]いう音. **2** [通例 *pl.*] (政府などに対する)不満, 批判.
rúm·bling·ly *adv.* ごろごろと, がらがらと.
rum·bly [rʌ́mbli, -bḷi | -blɪ, -bḷɪ] *adj.* **1** ごろごろ[がらがら]いう. **2** 〈車など〉がたがたする, がたがたと音を立てる.
rum·bus·tious [rʌmbʌ́stʃəs | -tɪəs, -tjəs, -tʃəs] 〖《混成》← ? RUM^2+(RO)BUSTIOUS: cf. rambunctious〗 *adj.* 《口語》やかましい, 騒々しい, 大騒ぎの (boisterous).
Ru·me·lia [ruːmíːljə, rʊ-, -liə | -ljə, -lɪə] 〖□ F *Roumélie* □ Turk. *Rumili*: ⇨ -ia^1〗 — *n.* ルメリア《Balkan 半島の旧トルコ帝国領土の一部; Albania, Macedonia, Thrace の地域を含んでいた》.
Ru·me·lian [ruːmíːljən, rʊ-, -liən | -ljən, -lɪən] *adj.* ルメリアの. — *n.* ルメリア人[の住民].
ru·men [rúːmɪn, -mən | -men] 〖□ L *rūmen* throat, gullet〗 — *n.* (*pl.* **ru·mi·na** [rúːmənə | -mɪ-], ~*s*) **1**〘動物〙こぶ胃《反芻(はんすう)動物の第一胃; paunch ともいう; cf. reticulum 2, psalterium, abomasum》. **2** (第一胃からの)食い戻し, 齝(にれか)みする食物 (cud).
Rum·ford [rʌ́mfəd | -fəd], Count *n.* ⇨ Benjamin THOMPSON.
rumina *n.* rumen の複数形.
ru·mi·nant [rúːmənənt | -mɪ-] 〖《1661》□ L *rūminant-em* (pres.p.) ← *rūminārī*: ⇨ ruminate, -ant〗 — *adj.* **1**〘動物〙**a** 食い戻して再びかむ, 反芻(はんすう)する, 齝(にれか)む. **b** 反芻亜目の. **2** 黙考する, 沈思する, 黙想に耽る, 考え込む. — *n.* 反芻動物《ウシ・スイギュウ・ヒツジ・ヤギ・シカ・ラクダなど》. **~·ly** *adv.*
Ru·mi·nan·ti·a [rùːmənǽnʃiə, -ʃə | -mɪnǽnʃiə, -ʃə] 〖← NL ~: ⇨ ↑, -ia^2〗 *n. pl.*〘動物〙反芻(はんすう)亜目 (cf. Nonruminantia).
ru·mi·nate [rúːmənèɪt | -mɪ-] 〖《1533》← L *rūminātus* (p.p.) ← *rūminārī* to chew the cud ← *rūmen* throat: ⇨ rumen, -ate^3〗 — *vi.* **1** 反芻(はんすう)する, 食い戻してかむ, 齝(にれか)む. **2** 〔…を〕思いめぐらす, 黙思する, 黙考する 〔*on, of, over, about*〕. — *vt.* **1** 反芻する, 再びかむ, 齝む. **2** 思いめぐらす, 沈思[黙考]する.
rú·mi·nàt·ing·ly [-tɪŋli | -tɪŋlɪ] *adv.* 沈思[黙考]して, 考え込んで.
ru·mi·na·tion [rùːmənéɪʃən | -mɪ-] 〖《1599》□ L *rūminātiō(n-)*: ⇨ ruminate, -ation〗 — *n.* **1** (反芻動物の)反芻(はんすう), 齝(にれか)み. **2**〘病理〙反芻(病). **3** 思案, 沈思, 黙考.
ru·mi·na·tive [rúːmənèɪtɪv, -nət- | -mɪnət-, -nèɪt-] *adj.* **1** 反芻する. **2** 黙想に耽る, 思いめぐらすような, 黙想的な, 沈思黙考的な. **~·ly** *adv.*
rú·mi·nà·tor [-tə | -tə(r] 〖□ L *rūminātor*: ⇨ ruminate, -or^2〗 *n.* 思いめぐらす人, 思案[黙考]する人.
rum·mage [rʌ́mɪdʒ] 〖n.: 《1526》□ AF *rumage* 《頭音消失》← OF *arrumage* (F *arrimage*) ← *arrumer* 《異形》← *arimer* to stow ← AD-+*run* ship's hold (⇨ run^3): ⇨ -age. — v. 《1544》← (n.)〗 — *vt.* **1** (かき回して)捜す, くまなく捜す: ~ a book [drawer, house, pocket] / ~ a ship *for* contraband [runaways] 禁制品[逃亡者]を捜して船内をくまなく調べる. **2 a** 捜すためにひっくり返す 〈*about, out*〉, (かき回して)捜し出す, 見付け出す 〈*out, up*〉. **b** 詳細に調べる. — *vi.* (かき回して)捜す, (物を捜して)かき回す〔*through, among*〕: ~ *in* her handbag *for* her purse ハンドバッグの中をかき回して財布を捜す. — *n.* **1** (物捜しの)かき回し, かき回して捜すこと; (税関吏の)検索, 臨検. **2 a** (かき回して)捜し出したもの. **b** がらくた, 雑多な品物. **3** = rummage sale. **4** (船荷の)積込み; 船内での積み付け換え.
rúm·mag·er *n.* (かき回して)捜す人; (禁制品などの)検査人.
rúmmage sàle *n.* がらくた市; (教会などの基金集めの)慈善市, バザー.
rum·mer [rʌ́mə | -mə(r] 〖《1654》□ Du. *roemer* ← *roemen* to praise: cf. G *Römer*〗 *n.* (通例, 脚つきの)大杯.
rum·my^1 [rʌ́mi | -mɪ] 〖← RUM^2+-Y^4〗 *adj.* (**rum·mi·er; -mi·est**) 《英俗》= rum^2 1.
rum·my^2 [rʌ́mi | -mɪ] 〖← ?〗 — *n.*〘トランプ〙ラミー《2–6 人の競技者が 6–10 枚の手札を順位札 (sequence) や同位札 (set) の揃いにまとめて得点を競うゲーム; 我が国では俗にブリッジともいう》.
rum·my^3 [rʌ́mi | -mɪ] 〖← RUM^1+-Y^2〗 *n.* 《俗》**1** 飲んだくれ, 大酒飲み. **2** 酒屋; 酒造業者. — *adj.* (**rum·mi·er; -mi·est**) ラム酒の[に関する, のような].
ru·mor, 《英》**ru·mour** [rúːmə | -mə(r] 〖《c1380》*rum(o)ur* □ OF *rum(o)ur* (F *rumeur*) □ L *rūmor* common talk ← IE **reu-* to bellow (Gk *ō-rúesthai* to roar)〗 — *n.* **1** うわさ, 風聞, 風評, 風説: a mere ~ 単なる風聞 / ~*s* of a coup クーデターのうわさ / the author of a ~ うわさを立てた本人 / start a ~ うわさを立てる / The ~ ran *that* …といううわさが立った / *Rumor* has it *that* [says *that*] …といううわさだ / There is a persistent ~ *that* …といううわさが絶えない. **2** 《古》(長くはっきりしない)騒音, ざわめき; つぶやき. **3** 《古》評判, 名声. — *vt.* [通例 Passive で] うわさする, 評判する, …という風説を立てる: the ~*ed* event うわさの事件 / It *is* ~*ed that* …といううわさだ / He *is* ~*ed to* be an infant prodigy. 彼は神童だといううわさだ. **~·er** [-mərə | -rə(r] *n.*
rúmor·mònger *n.* うわさを触れ歩く人, デマ屋, 金棒引き.
ru·mor·ous [rúːmərəs] *adj.* **1** うわさの[で一杯の]. **2** 《古》つぶやくような.
rumour *n., vt.* = rumor.
rump [rʌ́mp] 〖《c1440》*rumpe* ← ON (cf. Dan. *rumpe* / Swed. & Norw. *rumpa*): cog. G *Rumpf* trunk〗 — *n.* **1**〘解剖・動物〙**a** (四足獣の)臀部(でんぶ). **b** (鳥の)仙骨の部分. **c** 尻(しり), 臀部 (buttocks). **2** (牛の)臀部肉, ランプ (⇨ beef 挿絵). **3** 残り物, 残り滓(かす); 切れ端. **4 a** (多数の構成員の脱退や追放後, 残余の構成員だけで正規の名のもとに活動を続ける)残余国会[委員会など]. **b** [the R-] (英国の)残余議会《1648 年 12 月の Pride's Purge による長老派議員の追放以後, 残余議員で維持された Long Parliament の後期; 1653 年に解散されたが, 1659–60 年の間しばらく復活した; Rump Parliament ともいう》.
Rum·pel·stilts·kin [rʌ̀mpḷstíltskɪn, -kən | -kɪn]

〚⇨ G *Rumpelstilzchen* ← ? *rumpeln* rumble[1] +《古》*Stülz* cripple〛 — *n.*〚ドイツ伝説〛ルンペルシュティルツヒェン《ドイツの伝説に出て来る足の悪い小人》.

rumpf [rʌ́m(p)f] 〚⇨ G *Rumpf* : ⇨ rump〛 *n.*〚物理化学〛核 (core).

rum·ple [rʌ́mpḷ] 〚*n.*:《1500-20》⇨ (M)Du. *rompel* ← MDu. *rompe* (cf. MLG *rumpe* wrinkle). — *v.*:《1603》← (*n.*)〛 — *vt.* **1** 〈織物・衣類・紙などを〉しわにする, しわくちゃにする : a ~*d* sheet of paper しわくちゃになった(1 枚の)紙. **2** 〈頭髪などを〉くしゃくしゃにする, もつれさせる, 乱す 〈*up*〉: His hair was ~*d* by the wind. 髪の毛が風で乱れ(てい)た. — *vi.* しわになる, しわくちゃになる, くしゃくしゃになる ; もつれる. — *n.* しわ.

rúmp·less *adj.* 〈鳥が〉尾のない ; 〈鶏が〉尾骶(ﾃｲ)骨のない.

rum·ply [rʌ́mpli, -pḷi|-plɪ, -pḷi] *adj.* しわのある ; しわくちゃな.

Rúmp Pàrliament *n.* [the ~] =rump 5.

rúmp stèak *n.*《英》ランプステーキ《牛の最も臀部に近い側の腰部(loin)からとる切り身; cf. sirloin steak》.

rum·pus [rʌ́mpəs] 〚《1764》← ? : cf. romp〛 *n.*《俗》 **1** 騒音, がやがや ; 騒ぎ, 騒動 : kick up [make, raise] a ~. **2** 激しい論争, 激論.

rúmpus ròom *n.*《米》遊戯室, 娯楽室《通例, 家屋の地下にあり, 遊戯道具を備え, パーティーを催したりして家族が遊ぶ部屋》.

rump·y [rʌ́mpi|-pɪ] 〚← RUMP+-Y[2]〛 *n.* (マン島(Isle of Man) 産の)尾なしネコ, マン島ネコ (Manx cat).

rúm·rùnner *n.*《米口語》酒類密輸入者[船].

rúm-rùnning *n.*《米口語》酒類密輸入.

Rum·sey [rʌ́mzi|-zɪ], **James** *n.* (1743–92) 米国の機械技師 ; 蒸気船の改良者.

rúm·shòp *n.*《米口語》酒場, バー.

rúm shrùb *n.* ⇨ shrub[2].

run[1] [rʌ́n] 〚*v.*:《14C》*runne(n)* (p.p., pret.pl. との類推形) ∞ ME *rinne(n)*, *renne(n)* < OE *rinnan*, *yrnan* < Gmc **ri-nw-an* (G *rinnen* / ON *rinna*) ← IE **er-*, **ergh-* to set in motion. — *n.*:《*c*1450》← (*v.*)〛 — *v.* (**ran** [rǽ(ː)n] ; **run** ; **run·ning**) — *vi.* **1 a** 走る, 駆ける : ~ down 駆け降りる / ~ on 走り続ける / ~ out 走って外へ出る / ~ a mile 1 マイル走る / He who ~*s* may read. ⇨ read[1] *vi.* 1 a. **b** 逃亡[逃走]する, 逃げる, 逐電する : ~ for one's life 一生懸命[命からがら]逃げる / After the third volley the enemy *ran*. 3 回目の斉射の後敵は逃げた. **c** 〈馬が〉疾駆[疾走]する. **2 a** 急ぐ, 駆けつける ; 突進する : ~ to a person's aid 人の救助に急行する / **b** ~ at …を目がけて突進する, …に飛びかかる. **b** 急いで[短期間]旅行する ; ちょっと行く[訪ねる], (気軽に)立ち寄る : ~ *up to* London 急いでロンドンへ行く / I'll ~ *over* to my uncle's. おじさんの所へちょっと行ってこよう / ~ *over* to borrow money 金を借りに気軽にやってくる. **c** (困って)援助・慰めを求めて〔…へ〕出かけて行く〔*to*〕: ~ *to* the police.
3 a 競走に加わる, 競走に出る : I used to ~ when I was at school. 学校にいたころはランニングをやったものだ / This horse *ran* in the Derby. この馬はダービー競馬に出た. **b** 走って…着になる : His horse *ran* second. 彼の馬は 2 着だった. **c**《米》〔選挙などに〕立候補する (《英》stand)〔*for*〕: ~ *for* Congress 国会議員に立候補する / ~ *for* President [the Presidency] 大統領に立候補する.
4 a 〈車・船などが〉進む, 走る, (帆をかけて)走る, 帆走する : The car *ran* fast. / Trains ~ on rails. 列車はレールを走る. **b** するする動く, 滑る, 滑走する ; 滑らかに動く, よく動く : Curtains ~ on metal rods. カーテンは金属棒を滑って動く / A rope ~*s* through the pulley. 綱が滑車をするする通る / His tongue ~*s* on. 彼の舌はよく動く《よくしゃべる》. **c** 〈ボールが〉転がる ; (ゴルフで)〈打ったボールが〉一度着地したあと弾んで[転がって]行く.
5 a 自由に動く[行く] ; ぶらぶらする, ぶらつく, さまよう 〈*about*, *around*〉: ~ *around* in the wood. **b** 〈船・車などが〉コースを外(ﾊｽﾞ)れる : ~ aground 暗礁に乗り上げる. **c** 〈のこぎりの切り目が〉それる. **d** 交際する ; (特に)〈動物の雄が〉〔雌と〕交わる, つがう〔*with*〕.
6 〈魚が〉(産卵のため群をなして)移動する, 遡上(ｿｼﾞｮｳ)する ; 群れ泳ぐ : ~ wide 〈魚群が〉沖に群れ泳ぐ / The salmon ~*s* up the rivers. サケは川に上る.
7 〈車馬・船が〉通う, 往復する ; 発車[出帆]する : Trains [Buses] ~ every five minutes. 列車[バス]は 5 分ごとに出る / Steamers ~ daily between France and England. 汽船は毎日フランスと英国の間を通う.
8 a 〈川・潮が〉流れる : The river Arno ~*s* into the Mediterranean. アルノ川は地中海に注ぐ / The current is ~*ning* strong. 流れが強い / The river ~*s* clear [thick]. 川が澄んで[濁って]いる. **b** 〈血・涙・鼻汁・よだれ・うみなどが〉流れる, したたる ; 〈目が〉涙を流す, 〈鼻が〉鼻水をたらす : Blood was ~*ning* from his wound. 傷口から血が流れていた / He ~*s* at the nose.=His nose ~*s*. 鼻水が出る / ~ at the mouth よだれを流す / ~ *with* sweat 汗を流す. **c** 漏れる, こぼれる ; 流れ出す ; 〈砂時計の砂が〉流れ落ちる 〈*out*〉: Water ~*s* from a tap. 水が飲み口から流れる / Beer ~*s* from a cask. ビールが樽から流れる / The sands are ~*ning out*. 砂時計[猶予時間]が切れかかっている / be ~*ning with* oil 油でぬれている.
9 〈道路などが〉(一定の方向に)延びている, 通る, 通じる : The road ~*s* some miles by the sea. 道路は海岸を数マイル走っている / The road ~*s* along [at right angles to] the river. 道路は川に沿って通っている[直交している] / The fence ~*s* round the house. 塀(ﾍｲ)が家を取り巻いている / A scar *ran* across his cheek. 傷跡が彼のほほを走っていた.
10 a 〈時が〉経過する, 過ぎる, 推移する : How fast the years ~ by! 年月は何と早くたつものであろう. **b** 〈心像・記憶などが〉ふと浮かぶ, 去来する : His words were ~*ning* in my head all day. 彼の言葉が終日私の頭に去来していた / An idea *ran* through his mind. ふとある考えが頭に浮かんだ. **c** ざっと目を通す, 急いで読む : He [His eyes] *ran through* a book [*over* an account]. 彼は本[計算書]にざっと目を通した.
11 a 〈色などが〉しみ出る, 〈インクなどが〉にじむ : The colors of dyed material are apt to ~ if exposed to wet. 染め物の色はぬれるとにじみやすい. **b** 溶けて流れる, 熱で溶ける, 溶解する : The candle ~*s*. 蠟燭(ﾛｳｿｸ)が溶けて流れる.
12 〈編物・織物などが〉するするとほどける ;《米》〈靴下〉の糸が線となって解ける,「伝線」する : Silk stockings sometimes ~. 絹の靴下は伝線することがある.
13 a 迅速に移って行く[広がる] : Fire *ran* along the street. 火が通りを走った / A cold shiver *ran up* [*down*] my spine. 冷たい身震いが背筋を走った / The news *ran* like wild fire. そのニュースは野火のように広がった. **b** 〈うわさなどが〉広まる, 流布する : The rumor ~*s* that he is going to resign. 彼が辞職するといううわさが広まっている. **c** 通用する : ~ by the name of …の名で通る / The law doesn't ~ among the royal family. その法律は王家では通用しない.
14 〈匍匐(ﾎﾌｸ)性の植物が〉はびこる, はう, 広がる : ~ wild はびこる / The vine *ran* along the fence. つるがフェンスにそって広がっていた.
15 a 回転する. **b** 〈機械などが〉運転する : ~ idle 空(ｶﾗ)回りする / I can't make the lawn mower ~ properly. 私は芝刈器をうまく動かせない / leave the engine ~*ning* エンジンを掛けっ放しにしておく. **c** うまく行く, 望み通りに進行する : All his arrangements *ran* smoothly. 彼の計画はすべて順調に進んだ / His life ~*s* smoothly. 彼の人生は順風満帆だ.
16 a 続く, 継続する : The lease ~*s* seven years. 賃貸契約は 7 年(間)だ. **b** 〈劇などが〉打ち続けられる : a brilliant new play now ~*ning* on Broadway 目下ブロードウェーで上演中の素晴しい新作の芝居. **c** 〈利子などが〉かさむ, たまる. **d** 〈血統などが〉(継続して)流れる, 伝わる : Bad blood ~*s* in his veins. 悪い血が彼の血管を流れている / Genius ~*s* in the family [blood]. その家には天才の血統がある.
17 a 〈話題などが〉及ぶ, 渡る : His talk *ran on* current events. 彼の話は時事問題に及んだ. **b** さまざまな段階を含む : His works ~ *from* poems *to* novels. 彼の作品は詩から小説に及ぶ.
18 a 発達する, 成長する : Children ~ up rapidly. 子供はぐんぐん大きくなる. **b** (出来が)大体…である : Our peaches have ~ big this year. 今年はうちの桃は大きいのができた / Oats ~ forty-four pounds to the bushel. オート麦は 1 ブッシェルにつき 44 ポンドである.
19 a [形容詞の補語を伴って] 〈ある状態に〉なる, 変わる : ~ amock 暴れ狂う / ~ mad 発狂する / ~ dry 乾く ; 〈水・乳などが〉出なくなる, かれる / His blood *ran* cold. 彼はぞっとした / His feelings never ~ high. 彼の感情は高ぶることがない / ⇨ *run* LOW[1], *run* SCARED, *run* SHORT (*of*). **b** 〔ある状態に〕なる〔*to*〕: ~ *to* leaves 葉となる / ~ *to* seed 種になる / ~ *to* ruin 荒廃する / He is slightly ~*ning* to fat. やや太り気味である. **c** 〔ある傾向に〕向かう, 傾く〔*to*〕: ~ *to* extremes 極端に走る / ~ *to* sentiment 感傷に傾く[走る]. **d** 〈数量などが〉〔…に〕達する, 及ぶ〔*to*〕: The cost ~*s to* ten thousand dollars. 費用は 1 万ドルに達する. **e** 〔別の状態に〕移る, 陥る, はまる〔*into*〕: ~ *into* peril [debt] 危険に陥る[借金する].
20 a 〔…と〕書いてある, 述べられてある〔*as*〕: The will ~*s as* follows. 遺言書には次のように書いてある / So the story ~*s*. 話がそういう風になっている. **b** 〈話・写真などが〉〔新聞・雑誌などに〕掲載される, 載る〔*on*〕: The story *ran on* the magazine. その物語は雑誌に載った.
21〚法律〛〈令状などが〉効力を持つ, 有効である.
22〚音楽〛(走句などを)速く演奏する[歌う].
23〚アメリカンフットボール〛(攻撃に際して)ランニングプレーを利用する.
24〚トランプ〛(ブリッジのビッドで)逃げる 〈*out*〉《パートナーのビッドがダブられた場合 (cf. double *vt.* 8), 別のスーツあるいはノートランプをビッドして難を避ける ; cf. rescue *vt.* 3》.
25〚クリケット〛(両打者が, 得点するためにそれぞれ反対側の)三柱門へ走る.
— *vt.* **1 a** 〈馬などを〉走らせる, 駆けさせる : ~ a horse up and down 馬をあちこち走らせる. **b** 走って…させる : ~ a horse *to* death 馬を乗りつぶす / ~ oneself *out* 走り疲れる / He *ran* himself *out of* breath. 走って息が切れた / He *ran* me off my legs. 彼に走らされて足が棒になった.
2 a 競馬に出す, 出走させる : He *ran* three horses. 彼は 3 頭の馬を出走させた. **b** …と競走する : I will ~ him two miles. 私は彼と 2 マイルかけっこをする. **c**《米》〔選挙などに〕立候補させる : ~ a person *for* the Senate 人を上院議員に立候補させる / ~ a candidate 候補者を立てる.
3 a 〈道・コースなどを〉走って行く, 走る ; 通る, 経る ; 走って横切る : ~ a street 通りを走る / ~ a road through 通路を走り抜ける / The disease will ~ its course in a week. その病気は 1 週間で直るであろう / have ~ one's [its] course 一生を終わる[行く所まで行く] / Things must ~ their course. 物事はなるようにしかならぬ. **b** 走って行なう : ~ a race 競走する / ~ errands [messages] 走り使いをする / The Derby was ~ in the rain. ダービーは雨の中で行なわれた.
4 a 〈車馬・船を〉通わせる, 往復させる ; 〈車・列車を〉走らせる : ~ a steamer 汽船を通わせる / ~ a car into the garage 車を車庫に入れる / ~ a train 列車を走らせる. **b** (船・車で)運ぶ, 車に乗せて行く : ~ a person to the station 駅まで人を乗せて行く. **c** 密輸する : ~ liquor [guns] 酒[銃]を密輸する.
5 a 〈機械などを〉動かす, 運転する ; 〈実験などを〉行なう, 実行する : ~ a machine. **b** 経営する, 管理する, 支配する, 〈人を〉指揮する : ~ a hotel [shop, school] 旅館[商店, 学校]を経営する / ~ a campaign [party] 政治運動[政党]を指揮する.
6 a …から逃亡[逃走, 脱走]を企てる ; 逃亡[脱走]する : ~ one's country 亡命する. **b** 走り抜ける, 通り抜ける, 突破する, 乗り切る : ~ a blockade 封鎖を突破する / ~ a stop signal 停止信号を突破する.
7 a 追う, 追跡する, 狩り立てる : ~ a scent 臭跡を追う / ~ a fox [hare] 狐[うさぎ]を狩り立てる / ~ a hare *to* earth [ground, cover] うさぎを穴まで追い詰める / ~ a criminal *to* earth 犯人をとことん捜して発見する / ~ a person *out of* town 人を町から追い出す. **b** (考えて)追求する, 突きとめる : ~ a rumor back *to* its source うわさの根拠を突きとめる.
8 a 〈家畜を〉〔牧場へ〕追い出す〔*to*〕: ~ cattle (*to* pasture) 牛を牧場に追い出す. **b** 〈家畜を〉放牧する : ~ 200 head of sheep 200 頭の羊を牧場で飼っている.
9 a 突き刺す, 突き通す, 突っ込む : ~ a knife into a person 人にナイフを突き刺す / ~ a sword through 剣を突き通す. **b** 通す, 通過させる : ~ a string through a hem へりに糸を通す / ~ a rope through an eyelet 綱を穴に通す / ~ one's fingers [a comb] through one's hair 指[くし]で髪をかく[さっととかす].
10 打ちつける, 突き当てる, 打ち当てる : ~ one's head against a wall 頭を壁に打ちつける / ~ a cart into a guardrail 車をガードレールに突き当てる / ~ a ship aground 船を座礁させる.
11 a 流れさす, 流す : ~ water into casks 水を樽へ流し込む / ~ tears [blood] 涙[血]を流す. **b** 〈溶液を〉流し込む ; 鋳造する : ~ lead into molds (溶けた)鉛を型に流し込む / ~ bullets 弾丸を鋳造する. **c** 〈風呂おけなどに〉水を張る : ~ a hot tub 風呂をたてる.
12 a 加工する, 精製する : ~ crude oil. **b** 処理する : ~ a problem through a computer 電算機にかけて問題を処理する.
13 a 〈危険〉に身をさらす, こうむる, 遭遇する, 冒す, かける : ~ risks 冒険する / ~ the risk of …の危険を冒す / ~ one's fortune 身代をかける / ~ a chance of being killed 殺されるかもしれない危険を冒す. **b** 〈病気〉にかかる, 〈熱を〉出す : ~ a temperature [fever] (病気で)熱を出す.
14 陥らせる, 追い込む : ~ a person *into* trouble [debt] 人を困難[借金]に陥らせる.
15 a ざっと〈目を〉通す〔*over*, *through*〕(cf. RUN *over* (*vt.*) (1), RUN *through* (1)) : ~ one's eyes *over* a letter 手紙にさっと目を通す. **b** 〈指などを〉走らせる (cf. RUN *over* (*vt.*) (5)) : ~ a finger down the pages of a ledger 元帳のページに指を走らせる / ~ a tongue *over* one's dry lips 乾いた唇を舌でなめる.
16 〈線・仕切りなどを〉引く, 画する, 立てる : ~ a boundary 境界を画する / ~ a partition across a room 部屋に仕切りを立てる.
17《米》〈靴下〉に伝線を作る : ~ a stocking on the nail ストッキングを爪にひっかけて伝線をこしらえる.
18 〈布地を〉直線縫い[ランニングステッチ]で縫う.
19《米》**a** 〔新聞・雑誌に〕〈連載物・広告などを〉掲載[連載]する〔*in*, *on*〕: ~ an ad *in* an evening paper 夕刊に広告を出す. **b** 印刷する, 出版する, …のコピーを取る 〈*off*〉.
20 〈勘定などを〉滞らせる : ~ an account, a bill, etc.
21 a 費用[価]が〈いくら〉かかる : This coat *ran* fifty dollars. この上着は 50 ドルした. **b** 〈人〉に〈いくら〉費用がかかる : The repairs will ~ me fifty pounds. 修理は 50 ポンドかかるだろう.
22〚ゴルフ〛〈ボールを〉(特にグリーン上で)着地してから転がるようにショットする, ランさせる.
23〚トランプ〛(ブリッジやホイストで)〈切札などのスーツ (suit) を〉走らせる《勝てることが確実な一連の札を上から順に出してトリック (trick) を取り続ける ; cf. establish *vt.* 10》.
24〚玉突〛ミスをしないで〈連続の得点を〉あげる.
25〚クロッケー〛球を打って〈門柱を〉くぐらせる, 〈柱〉に当てる : ~ a croquet hoop.
run about (1) 走り[駆け]回る ; (方々)遊び回る. (2) (仕事で)駆けずり回る. ***run across*** 〈人〉に偶然出会う, 不

意に行き合う；〈物〉を偶然見つける：I *ran across* him in the park. 公園で彼に出くわした. ***run after*** (1) …の後を追う, 追跡する (chase). (2) …の尻を追う；〈研究など〉に熱中する, に夢中になる；〈人〉との交際を求める. ***run against*** (1) …と衝突する, ぶつかる. (2) …に偶然出会う. (3) …の不利になる：At first luck *ran against* him. 初めは彼は運がなかった. ***run ahead of*** …の先を行く, …をしのぐ. ***run along***〘口語〙(1) 去る, 出掛ける, 発(た)つ. (2) [通例, 命令形で] あっちへ行く：*Run along!* (うるさいから)あっちへ行っていなさい. ***run around*** (1) ⇨ *vi.* 5 a. (2) (*vt.*)〘英〙〈人を〉車であちこち連れて行く[案内する]. (3)〘米〙次々とうまくかわす[はずす]. (4) 交際する；(異性と)遊び回る〔*with*〕. (5)〈既婚者が〉浮気する. ***run at*** (突進して)…を攻撃する. ***run away*** (1) 逃げる, 逃走する；急いで立ち去る. (2)〈馬が〉逸走する, 逃げ出す. (3) 家出する, 出奔する, 駆け落ちする. (4)〈競走馬・競走者が〉〈相手を〉引き離す〔*from*〕. ***run away with*** (1) …を持ち逃げする；盗む. (2) …を連れて逃げる, …と駆け落ちする. (3)〈馬が〉〈車・乗客など〉を付け[乗せ]たまま駆け出す. (4)〈感情などが〉〈人〉の自制心を失わせる：Don't let your feelings ~ *away with* you. 感情に駆られてはいけない. (5)〈人の意見など〉を早のみ込みする, 早合点する. (6)〈金など〉を浪費する, 費す. (7)〈試合など〉で圧倒的に[やすやすと]勝つ；優勝して[優等で]〈賞など〉をもらう. (8)〈ショーなど〉で人気をさらう. (9)〘海事〙〈滑車のロープ〉を(大きく引くために)甲板を走って引く. ***run back*** (1) 走って帰る, 走って戻る. (2)〈家系などが〉(…に)遡(さかのぼ)る；回想する：~ *back* over the past 過去を追想する / His memory ~*s* not so far *back*. 彼はそんなに前の事は覚えていない. (3)〘アメリカンフットボール〙(キックオフのボールを取ったりした後で)〈ボールを〉持って相手ゴールめがけて走る. ***run a person close*** (1)〈競争相手を〉追い詰める. (2)〈人を〉窮迫させる. ***run down*** (*vi.*) (1) ⇨ *vi.* 1 a. (2) (ぜんまいの巻きがほぐれたり, 動力がなくなって)〈時計が〉止まる；〈運転が〉止まる, 〈電池などが〉切れる. (3) (過労・栄養不良などのために)〈人が〉衰弱する, 衰弱させる, 〈健康が〉衰える：I feel ~ *down*. 私は体の衰えを感じる. (4) (都会から)田舎を訪れる：~ *down* to Torquay. (5)〘英〙(洪水のあと)〈川〉の水が引く. (6)〘海事〙〈岸〉に平行して近くを航行する. (*vt.*) (1)〈人を〉突き倒す, 衝突する；〈車が〉〈人などを〉轢(ひ)き倒す. (2)〈船〉に衝突して沈没させる. (3) 威圧する, 圧倒する. (4)〈人・獲物を〉追い詰める, 狩り立てる. (5) 捜して見つけ出す. (6) けなす, くさす, そしる. (7)〈人員などを〉減らす, 削減する. (8)〈物〉の価値[量]を減らす：~ a stock *down*. (9)〘野球〙〈走者を〉挟殺(きょうさつ)する. ***run false***〘狩猟〙〈猟犬が〉(臭跡に付いて走らずに)獲物を目がけてまっすぐに走る. ***run for it***〘口語〙(危険などから)急いで逃げる. ***run full***〘海事〙帆を十分にはらませて走る. ***run a person hard*** = RUN *a person close*. ***run in*** (*vi.*) (1) 駆け込む. (2)〈列車が〉駅へ入って来る. (3) 突進して取り組む, 肉薄する〔*to*〕. (4)〘口語〙〔人の家に〕立ち寄る, ちょっと訪問する〔*to*〕. (5)〈負債〉を作る, 産む. (6)〘ラグビー〙ボールを持って敵のゴール内へ駆け込みこれを地につける. (7)〘印刷〙〈原稿が〉(組んでみて)予想外に縮まる. (*vt.*) (1) 差し込む, はさむ. (2)〘口語〙(捕縛して)投獄する, ぶち込む. (3)〘印刷〙追込みにする；〈母型を〉装填する. (4)〈新しい機械, 特に新車を〉ならし運転して調子を出す[整える]. ***run into*** (1)〈川などが〉…に流れ込む. (2) ⇨ *vi.* 19 e. (3) …に達する：~ *into* a large sum of money 大きな金額に達する. (4) …と合体する. (5) …に続く[代わる]. (6) …に出食わす. (7) …に衝突する. (8)〈習慣など〉に染まる[がつく]；〈ばかばかしい結果など〉に陥る. ***run into the ground*** ⇨ ground¹ 成句. ***run in with*** (1) …と一致する, …に同意する. (2)〘海事〙〈岸・船など〉に接近して航行する. ***run it fine*** ⇨ fine¹ *adv.* 成句. ***run off*** (*vi.*) (1) 逃げる. (2) 流れ去る. (3) 突然脱線する；〈話が〉脇道にそれる. (*vt.*) (1)〈一覧表・詩などを〉すらすらと読む, すらすらと書く. (2) 刷る, 印刷する, 刷り出す. (3) (機械で)造り出す, 製作する. (4)〈液体を〉流出させる, 乾(ひ)上がらせる；放出する. (5)〈レースなど〉の決勝戦をする. (6)〈侵入者などを〉追い出す. (7)〘米〙〈家畜を〉(追い払って)盗む. ***run off with*** (1) …と駆け落ちする. (2) …を持ち逃げする；盗む. ***run on*** (*vi.*) (1) ⇨ *vi.* 1 a. (2) 続ける；話し続ける. (3)〈書体が〉続き文字になる. (4) 作用[効力]を続ける. (5)〈時が〉経過する. (6) ⇨ *vi.* 17 a. (7)〈車が〉…を燃料とする, …で走る：~ *on* diesel oil. (8)〈印刷物〉の行[段]が切れずに続く. (*vt.*) (1)〈印刷物〉の行[段]を追い込む, 行[段]を切らずに続ける. (2) (辞書などの項目の)最後に付け加える, 追い込む. ***run out*** (*vi.*) (1) ⇨ *vi.* 1 a. (2) ⇨ *vi.* 8 c. (3)〈土地などが〉突き出る, 突出する. (4) 尽きる, 終わる, なくなる. (5) 満期になる. (6) 使い尽くす；無一文になる, 貧乏になる. (7) (交配などの結果)〈植物・動物が〉特徴をなくす, 退化してしまう. (8) (ある成績で)競争[コンテスト]にパスする；必要な得点を挙げる. (9)〘海事〙〈索が〉ロープ一杯繰り出される, 繰り出す. (*vt.*) (1) ⇨ *vt.* 1 b. (2)〈競技などを〉終了する, けりをつける. (3)〈ロープなどを〉繰り出す. (4)〈人を〉追い出す, 追放する. (5)〘印刷〙〈行を〉(クワタ (quad) や飾りなどを入れて)いっぱいに組む, 広く組む；〈段落の一行目などを〉頭を出して組む (cf. hanging indention). (6)〘クリケット〙〈打者線 (popping creases) 間を走っている走者を〉アウトにする. (7)〘野球〙〈打者を〉アウトにする. (8)〘野球〙〈打者が〉(ヒットを打って)一塁へ全力疾走する. (9) 突き出す：~ *out* a gun. ***run out of*** …を使い果たす, 切らす, …が欠乏する, なくなる：~ *out of* coffee, fuel, money, etc. ***run out on***〘口語〙…を見捨てる. ***run over*** (*vi.*) (1) ⇨ *vi.* 2 b. (2)〈液体またはその容器が〉あふれる：The last drop makes the cup ~ *over*. 最後の一滴でカップはあふれる《物事は程合いを知らねばならぬ》. (3) 超過する. (*vt.*) (1) ざっと見る, 通読する (cf. *vt.* 15 a)；考えてみる；急いで述べる, かいつまんで話す. (2) 繰り返す, 復唱[復習]する, (もう一度)調べて[考えて]みる. (3)〈車が〉〈人などを〉轢(ひ)く：He was ~ *over* by a car. 車に轢かれた. (4)〈限度を〉越す, 超過する. (5)〈鍵盤など〉に続けざまに素早く触れる (cf. *vt.* 15 b). ***run through*** (1) 通読する, ざっと目を通す；一通りやってみる. (2)〈財産などを〉使い尽くす, 浪費する. (3) 突き通す, 刺し貫く；貫通する. (4)〈書いた文字を〉線を引いて消す. (5) 行き渡る, 浸透する. ***run to*** (1) ⇨ *vi.* 19 b, c, d. (2) …の能力[財力]をもっている. (3)〈金が〉〈経費・事業など〉に(十分)足りる. ***run to meet***〈不幸などを〉(早まって)先取りする (anticipate)：⇨ *run to meet one's* TROUBLES. ***run to pattern*** ⇨ pattern 成句. ***run up*** (*vi.*) (1) 速やかに成長する. (2)〈物価などが〉騰貴する. (3)〈数量が〉〔…に〕達する〔*to*〕. (4)〈出費・借金などが〉(どんどん)かさむ, ふえる. (5) 二位になる, 二着に入る. (*vt.*) (1)〈出費・借金などを〉(どんどん)ふやす：~ *up* debts / She *ran up* bills. (やたらに買物などをして)勘定がたまった. (2) (競売で)〈競う相手〉にせり上げさせる. (3)〈旗などを〉(するすると)掲げる. (4)〈家などを〉建てる, 作る；安普請(やすぶしん)で建てる, 大急ぎで建てる, 急造する；高く建てる. (5) 大急ぎで縫う. (6)〈数字の列を〉迅速に寄せる, 加える. (7)〈物価を〉押し上げる；〈日用品など〉の価格を上げる. ***run up against*** (1) …に衝突する. (2) …に出くわす. ***run upon*** (1) …に不意に出会う. (2)〈考えなどが〉…に集中する, に奪われる.

— *n.* **1 a** 走ること, 駆けること, 走り：go for a ~ before breakfast 朝食前に一走りしに行く / be on the ~ 走っている / give a good ~ 十分に走らせる / have a good ~ (狩猟・船・列車などで)散々[たっぷり]走る / break into a ~ 急に走り出す. **b** 駆け足(の速度)；〘米〙早駆け (cf. double time 1 a)：at a [the] ~ 駆け足で. **c** 走る力, 疾走力, 逃げる力：There is no more ~ left in him. 彼にはもう走る力がない. **d** (飛行機の)滑走：a landing ~ 着陸滑走.
2 競走, 競馬 (cf. dash¹ 2)：a mile ~ 1マイル競走 / a ~ for a stake 懸賞競走[競馬].
3 a (自動車などに乗って)速く行くこと, 一走り[とばし]：take a ~ to town 町へ一走り行ってくる. **b** 急ぎの旅行, 短い旅行：a ~ on the Continent 急ぎの(ヨーロッパ)大陸旅行.
4 a 走程, 行程, (一定時間, 特に24時間に走る)航程：a ~ of several hours [a mile] 数時間[1マイル]の走程 / the ship's ~ 船の航程《一日の進行マイル数》. **b** 通路；走路, 滑走路.
5 (大急ぎの)逃走, 逃亡：put a person to the ~ 人を逃げさせる, 退却させる.
6 a (特に, 産卵期のサケ・マス類の河川への)遡上. **b** 移行中の魚群[鳥群, 獣群]：a ~ of salmon.
7 a 流れる[流す]こと；流れるもの. **b** 流れる量, 流出量. **c**〘金属加工〙(鋳造などの)流し込み. **d** 流れ；〘米中部〙(時期によって水の枯れる)小川, 細流. **e** (水を流す)樋(とい), 水管.
8 リズミカルな動き；素速い動き[運動]：come down with a ~ 急速に落ちる[下がる].
9 a 方向, 向き：the ~ of a range of hills 山脈の方向 / the ~ of the grain of wood 木目の方向. **b** 形勢, 気配；進行, 成行き：the ~ of the market 市場の気配 / the ~ of events 事の成行き, 形勢.
10 a 連続, 継続, 続き, 引続き：a ~ of bad luck 不運続き / have a good [bad] ~ at play 勝負で勝ち[負け]続ける / a ~ *on* the red (トランプで)赤の札続き / ⇨ long run, short run 1. **b** (演劇・映画などの)連続公演, 続演：The play had a ~ of twenty months. その劇は20か月打ち続けた / ⇨ long run 2. **c** = press-run. **d** (鉱脈などの)広がり, 続き：a 500 ft. ~ of pipe 500フィート一続きの管.
11 a 大需要, 大売行き〔*on*〕：a great ~ *on* a new novel 新しい小説の大当たり. **b** 流行, 人気：the ~ of a style of dress 服のスタイルの流行 / have a good [great] ~ 非常に人気を取る, 大いに流行する. **c** (銀行の)取付け：a ~ *on* a bank.
12 a (連続的な仕事の)作業高, 仕事量；作業, 操業：an eight-hour ~ of a factory 工場の8時間操業. **b** 作業[操業]時間.
13 a (動物の)(決まった)通り道, 獣(けもの)道：a deer ~. **b** [通例複合語の第2構成素として] (家畜などの)囲い場：a fish ~ 養魚場 / a poultry [chicken] ~ 養鶏場. **c**〘豪〙放牧場：a sheep ~.
14 [the ~, one's ~] 出入[使用]の自由：have *the* ~ of a person's house 人の家に自由に出入りできる / give a person *the* ~ of one's library 人に蔵書を自由に使わせる / let a person have *his* ~ 人に自由にさせる, 気ままにさせておく / ⇨ *have the* RUN *of one's teeth*.
15 [通例 the ~] 普通の種類[型] (sort)；普通の人[もの], 平均のもの〔*of*〕：above the ordinary ~ *of* mankind [things] 人並[普通]以上で[の] / the common [general] ~ 普通の人間, 凡人；凡事, 凡物 / out of the usual ~ 並外れて[の].
16 一緒に生れた[育った]一群れの動物.
17〘米〙(靴下・編物などの)縦のほころび, ラン, 「伝線」(〘英〙ladder)：get a ~ *in* a stocking.
18 a 傾斜した走路, コース：a bobsled ~ ボブスレーコース. **b** (劇場などの)通路の斜面 (ramp).
19 [*pl.*; 単数または複数扱い]〘俗〙下痢 (diarrhea).
20〘音楽〙= roulade 1 b.
21〘野球〙ベースの一巡《1点；cf. home run, earned run》；得点(すること), (投手にとっての)失点.
22〘クリケット〙打球後両打者が三柱門の位置を交換すること《1点》.
23〘ゴルフ〙ラン《着地したボールが地面を転がること；その距離》.
24〘アメリカンフットボール〙ラン《ランニングプレーでボールが進んだヤード数》.
25〘建築〙**a** (屋根で)棟から壁面までの水平距離. **b** 踏面(ふみづら)《階段の一段の長さ》. **c** (ひと続き (flight) の階段の)水平距離.
26〘時計〙= slide 13.
27〘軍事〙**a** = bomb run. **b** (任務飛行中の)一区切りの航程[飛行経路]《爆撃・ロケット攻撃・対地機銃掃射など特定の任務遂行中, 例えば攻撃開始のため目標に向かって直進する区間など, 一区切りの飛行経路》：a strafing ~ 対地射撃航程.
28〘トランプ〙(rummy や cribbage で) 同種札3枚以上の揃い；(pinochle で) 切札の揃い.
by the run (1) 突然に, 急速に, 急落して. (2) 出来高で. (3)〘海事〙(全部)一ぺんに(下方に)：come down *by the* ~ どっと倒れる, 急に下がる. ***get the run upon***〘米口語〙〈人〉をばかにする, 冷やかす. ***go and have a run*** [命令形で]〘俗〙出て[とっとと]失せろ. ***have [get] a (good) run for one's money*** (1) 激しい競争をする, 接戦を演じる. (2) 金や努力を費やしただけの甲斐(かい)がある[楽しい思いをする, 満足する]. ***have the run of one's teeth*** (通例, 勤労・奉仕の報償として)ただで食事する, (気兼ねなしに)自由に食事する. ***in the long run*** ⇨ long run 成句. ***in the short run*** ⇨ short run 1. ***keep the run of***〘米口語〙…と接触を保つ；…(の事情)に注意している. ***on the run*** (1) 走りながら (while running) (cf. 1 a). (2) 駆け(ずり)回って. (3) 逃走して, 退却して. ***the run of the mill [mine]*** (1) (選別品でない)平均的[標準的]製品 (cf. run-of-the-mill[-mine]). (2) 普通の状態, 取り立てて言うほどのこともない状態. ***with a run*** にわかに, どっと；すらすらと.

run² [rʌ́n]〘OE (*ge*)*runnen*〙— *v.* run¹ の過去分詞. — *adj.* **1** 走り疲れた, 走って息切れした. **2**〈魚が〉上(のぼ)った：a freshly ~ salmon (海から)川へ上ったばかりのサケ. **3** 絞り取った, 抽出した：~ honey 抽出した蜂蜜(はちみつ). **4 a** 溶けた, 溶解した：~ butter 溶けたバター. **b** 鋳造された：~ metal [bronze] 鋳鉄[鋳造青銅]. **5** 密輸入した, 密輸入の：~ goods 密輸品 / ~ liquor 密輸入の酒. **6**〘スコット〙続く, 継続的な：~ joists 続き根太(ねだ)；続き梁(はり).

run³ [rʌ́n]〘□ OF ~ 'ship's hold' □ (M)Du. *ruim* space：⇨ room〙*n.*〘海事〙船尾端部.

rún·abòut〘ME ← *run about* (⇨ run¹ (*v.*) 成句)〙— *n.* **1** うろつき回る人, のらくら者, 放浪者. **2 a** 小型無蓋(むがい)馬車. **b** 小型のロードスター, 小型無蓋自動車；小型飛行機. **c** 小型モーターボート. **3** 幼児.

runabout 2 a

run·a·gate [rʌ́nəgèɪt]〘(*c*1530) ← RUN¹ + 〘廃〙*agate* away (← A-¹ + GAIT¹)：〘廃〙*renegate* (< ME *renegat* □ ML *renegāt-us* 'RENEGADE') の通俗語源による変形〙— *n.*〘古〙**1** 脱走者, 逃亡者. **2** 浮浪人, 放浪者. **3** 背教者, 変節者.

rún·aròund〘← *run around* (⇨ run¹ (*v.*) 成句)〙— *n.* **1**〘口語〙**a** 曖昧な返事, 言い逃れ, ごまかし：give a person the [a] ~ 人に言い逃れを言う. **b** (要求に対する役所などでの)たらい回し. **2**〘印刷〙囲み組み《挿絵などを囲んで組むため活字の行が幅狭くなっていること》.

rún·awày〘← *run away* (⇨ run¹ (*v.*) 成句)〙— *n.* **1 a** 逃亡者, 脱走者, 出奔者. **b** 逸走馬《乗手・御者を振り切って逃げた馬》. **2** 逃亡, 脱走；駆け落ち. **3** 一方的[圧倒的]勝利, 楽勝；楽な成功. — *attrib. adj.* **1 a** 逃亡[脱走]した：a ~ girl 家出少女 / a ~ slave 逃亡奴隷. **b**〈馬など〉逃げ出した, 手に負えない：a ~ horse 放れ馬[駒], 逸走馬. **2** 逃げながらの；駆け落ちの[による]：a ~ ring [knock] ベルを押して[戸をたたいて]逃げ去るいたずら / a ~ marriage 駆け落ち結婚 / ~ lovers 駆け落ちした恋人同士. **3**〈競馬・勝利など〉段違いの, 一方的勝利の, 楽勝の：a ~ victory. **4** どんどん上がる, 止めどもない：a ~ market 急騰相場 / ~ prices and taxes うなぎ昇りの物価と税金 / a ~ inflation 天井知らずのインフレ / a ~ bestseller 独走するベストセラー.

rúnaway shòp *n.* 《米》逃げ出し工場《労働組合の規制やその地域・州の法律などを逃れるために経営者が他へ移転させた工場》.

rúnaway spéed *n.* 〘電気〙(直巻電動機などの)無拘束速度.

rún·bàck *n.* **1** 〘アメリカンフットボール〙 **a** ランニングバック《kickoff を受けてからボールを持って退走すること》. **b** 退走距離. **2** 〘テニス〙(テニスコートの)ベースラインから背後の壁[金網]までの部分.

rún·ci·ble spóon [rʌ́nsəbl̩- | -sə-, -sɪ-] 〖*runcible*: 《1871》《変形》← ? ROUNCEVAL (⇨ runcinate, -ible): Edward Lear の造語〗 ── *n.* 幅の広い三本[二本]叉のフォーク《さじのように湾曲し外側の一方に刃がついている; ピクルス・オードブルなどを取るのに用いる》.

Run·ci·man [rʌ́nsəmən | -sɪ-], **Walter** *n.* (1870–1949) 英国の政治家・実業家.

run·ci·nate [rʌ́nsənət, -nɪt, -nèɪt | -sɪ-] 〖← NL *runcinātus* ← L *runcina* ▭ Gk *rhukánē* plane: L で誤って「のこぎり」とも解されていたため: ⇨ -ate²〗 ── *adj.* 〘植物〙(タンポポの葉のように)下向き歯のある, 下向きの鋸歯(きょし)状の.

run·dale [rʌ́ndèɪl] 〖《*a*1545》《変形》← 《スコット》 *ryndale* ← *ryn* 'RUN¹ (v.)' + *dale* 'DOLE¹': ⇨ deal³: cf. runrig〗 ── *n.* 〘英史〙(アイルランドまたは改革前のスコットランドの)土地配分[保有]方法《各自の保有地が幾つかに分断され, 他人の土地と交互にはさまれた状態となり, 長い間農業の発展を阻害した》.

Run·di [rúːndi | -dɪ] *n.* (*pl.* ~, ~**s**) **1 a** [the ~(s)] ルンディ族《Burundi の大部分を占めるバンツー系住民》. **b** ルンディ族の人. **2** ルンディ語《ルンディ族の用いるバンツー語の一種で, Burundi と Rwanda で使われる二つの商用語の一つ; cf. Ruanda》.

run·dle¹ [rʌ́ndl̩] 〖《変形》← ROUNDEL〗 ── *n.* **1** (梯子(はしご)の)横木, 格(こ) (rung). **2** ピン歯車 (lantern wheel) の棒[ピン]. **3 a** 軸で回転する物. **b** 車輪. **4** 〘海事〙(巻揚げ機・車地(しゃち) (capstan) などの)回転胴 (drum).

run·dle² [rʌ́nl̩, rʌ́nl̩] *n.* 《方言》=runnel.

rund·let [rʌ́ndlɪt, -lət] 〖ME *roundelet* ▭ (O)F *rondelet* 'little barrel, ROUNDLET'〗 ── *n.* 《古》 **1** (小さな)樽(たる). **2** ランドレット《昔の液体容量の単位; = 15 英ガロン = 18 米ガロン; runlet ともいう》.

rún·dòwn *n.* **1** 減数, 減員; (特に, 武装解除による)兵員減少; 減退: the ~ of the coal industry over the last 10 years 最近 10 年間の石炭産業の衰退. **2** (項目別の)調査, 分析, 報告: He gave a full ~ on company progress. 社業の経過について詳しい報告をした. **3** 要約, 概要. **4** 〘野球〙挟殺(きょうさつ).

rún-dówn 〖← *run down* (⇨ run¹ (v.) 成句)〗 ── *adj.* **1** 健康を害した, 病気の; 疲れた: You look a bit ~. 少し調子が悪そうだね. **2** 荒廃した: a ~ house あばら家. **3** 〈時計のぜんまいが〉巻きがほぐれた; 〈時計が〉止まった.

Rund·stedt [rʊ́ntstet, -ʃtet; *G.* rʊ́ntʃtɛt], **Karl Rudolf Gerd** [gɛ́rt] **von** *n.* ルントシュテット《1875–1953; ドイツの陸軍元帥》.

rune¹ [rúːn] 〖《1685》▭ ON *rūn* < Gmc **rūnaz* ← **reu-* mystery, secret (Dan. *rune* / Swed. *runa* / OE *rūn* mystery, secret counsel): cf. round²〗 ── *n.* **1 a** [通例 *pl.*] ルーン文字, 古代北欧文字《紀元 300 年ごろから古代ゲルマン人種, 特にスカンジナビア人およびアングロサクソン人の用いた文字; おそらくギリシャ文字を変形したもので, その一つは thorn と呼ばれる þ (=th); 神秘的な記号としてまたは神秘的記録に用いられた; cf. futhark》. **b** ルーン文字で書かれた[刻まれた]もの. **2** 8 世紀のモンゴル系トルコ人の用いたルーン文字に類似した文字. **3 a** ルーン文字に似た秘密の意味をもつ[魔術の]記号. **b** 魔術, 神秘.

f u þ(th) a r k g w h n i j ï
p z(R) s t b e m l ŋ(ng) d o

runes 1 a

rune² [rúːn] 〖▭ Finn. *run-o* poem, canto ▭ ON **rūn* (↑)〗 *n.* **1** 《詩》詩, 詩歌. **2** [*pl.*] 北欧(フィンランド)の古代詩《カレワラ (Kalevala) など》.

runed *adj.* ルーン文字を刻んだ.

rúne·smìth *n.* ルーン文字で書く人, ルーン文字を判読[研究]する人.

rúne·stàff 〖▭ Swed. *runstaf* ← *runa* 'RUNE¹' + *staf* 'STAFF¹'〗 *n.* **1** ルーン文字の彫り込んである魔法杖. **2** (北欧の)ルーン暦, 棒ごよみ (⇨ clog almanac).

rung¹ [rʌ́ŋ] 〖OE *hrung* crossbar: cog. Du. *rong* / G *Runge* / Goth. *hrugga*〗 ── *n.* **1 a** (梯子の)丸く削った横棒, 格(こ). **b** (椅子の脚の間の)丸く削った桟(さん). **2** 段階: the lowest [topmost] ~ of Fortune's ladder 運命のどん底[幸運の絶頂] / start at the bottom [lowest] ~ 最低の地位からたたき上げる / rise some ~*s* on the social scale 社会的地位が数段上がる. **3** (車の)輻(や) (spoke): the ~*s* of a wheel 車の輻. **4** 《スコット》棍棒(こんぼう). **~ed** *adj.* **~·less** *adj.*

rung² 〖《16C》*roong*〗 *v.* ring の過去分詞(まれに過去形).

Rúng·e-Kút·ta mèthod [rúŋəkúːtɑː-; *G.* rúŋəkúta:-] 〖ドイツの数学者 *Carl D. T. Runge* (1856–1927) と *W. Kutta* (1867–1944) にちなむ〗 *n.* 〘数学〙ルンゲクッタ法《微分方程式の逐次近似による解法の一つ》.

ru·nic [rúːnɪk] 〖《1662》← NL *rūnic-us* ← ON **rūn*: ⇨ rune¹, -ic¹〗 ── *adj.* **1** ルーン文字 (runes) の[に関する, で記した, を刻んだ]: ~ verses ルーン文字で書いた詩 / a ~ calendar = clog almanac. **2** 秘密の意味をもつ, 秘儀[魔術]の; 不可解な. **3** 〈詩など〉古代北欧風の. **4** 〈装飾が〉ルーン文字のように組み合わせられた. ── *n.* 〘活字〙ルーニック《装飾的な肉太の活字書体》.

rúnic álphabet *n.* (古代ゲルマン人の使用した)ルーンアルファベット, ルーン字母《futhark, futhorc ともいう》.

rúnic stàff *n.* = clog almanac.

ru·ni·form [rúːnəfɔ̀ːm | -nɪfɔ̀ːm] 〖← RUNE¹ + -FORM〗 *adj.* ルーン文字に似た.

rún·ìn *n.* **1** 《口語》喧嘩, 口論. **2** 《英》最終局面, 追込み (run-up) 〔to〕: the ~ *to* an election. **3** 〘印刷〙追込み(記事)《段落なしで詰め込む事》. ── *adj.* 〘印刷〙段落なしの, 追込みの.

rún-in gróove *n.* = lead-in groove.

Run·jeet Singh [rʌ́ndʒɪt-síŋ] *n.* = Ranjit Singh.

rún·less *adj.* 〘野球〙得点のない, 無得点の.

run·let¹ [rʌ́nlɪt, -lət] *n.* 《古》= rundlet.

run·let² [rʌ́nlɪt, -lət] 〖← RUN¹ (n.) + -LET〗 *n.* = runnel.

run·na·ble [rʌ́nəbl̩] *adj.* 狩猟可能の; 狩に適した: a ~ stag.

run·nel [rʌ́nl̩] 〖《1577》∽ ME *rinel* < OE *rynel* ← *ryne* stream: ⇨ run¹, -el²〗 *n.* **1** 小さな流れ, 小川. **2** 小さな水路, 溝(みぞ).

rún·ner 〖《16C》∽ ME *urnare, rennere*: cf. OE *foreiornere* fore-runner〗 ── *n.* **1 a** 走る人[動物]: a fast ~ 速く走る人; 快走者. **b** 出走馬. **c** 〘鳥類〙走禽類の鳥類の総称; (特に)クイナ (water rail). **d** 〘野球〙走者, ランナー. **e** 〘クリケット〙二つの三柱門の間を走りながらスコアしつつある打者. **f** 〘アメリカンフットボール〙ボールを持って走っている競技者. **g** 《北英》小川. **2 a** 使い走りする人; (周旋業者などの)使者; (商店の)外交員, 集金人. **b** (旅館などの)客引き, 送迎係. **c** 密輸入[出]業者; 密売買者, 売人(ばいにん). **d** (18 世紀の London の)巡査: ⇨ Bow Street runner. **3 a** 快速船. **b** 密輸船. **c** 封鎖を突破する人. **4 a** (機械・機関車などの)運転手, 機関手. **b** (短い一航海のための)臨時船員. **5 a** (そりなどの)滑走部. **b** (スケートの)刃. **c** (そりなどの)すべり. **d** (タービンの)羽根車. **e** (計算尺の)滑子, 「カーソル」(cursor). **f** (物が滑り走る)溝(みぞ); (引戸などの)敷居(しきい). **6** (靴下の)縦糸のほどけ[ほつれ], 「伝線」(run). **7** (廊下などに敷く)細長いじゅうたん; (テーブルの中央に掛ける)細長いテーブル掛け. **8 a** (挽臼(ひきうす)の)上臼, 回転臼. **b** 動滑車. **c** (洋傘の)輪金(ろくろ). **9** 〘魚類〙 **a** = rainbow runner. **b** = blue runner. **10** 〘植物〙 **a** (オランダイチゴなどの)匍匐(ほふく)茎. **b** 匍匐茎を出す植物. **c** = scarlet runner. **11** 〘海事〙(テークルを構成している)通索(つうさく)《一端は上方に固定され, 他端は単滑車を抜けて上方に引き上げられる》. **12** 〘冶金・金属加工〙(溶融金属の)湯満(ゆみち), 湯道.

rúnner bèan *n.* 《英》〘植物〙= scarlet runner.

rúnner-úp *n.* (*pl.* runners-up) **1 a** (競技の)次点者[チーム], 第二着. **b** (優勝者ではないが)上位に入って賞や名誉を受ける人《ベストテンに入っている一位以外の人など》. **2** (競売で)値をせり上げる者.

rún·ning 〖adj.: 《15C》*runnynge* ∽ ME *rynnand, rennande*: cf. OE *eornende*. ── n.: 《15C》∽ ME *rennyng(e)*: cf. OE *ærninge*〗 ── *adj.* **1** 走る, 駆ける: at the ~ pace 駆け足で. **2 a** 〈馬が〉疾走している. **b** 競馬用に訓練された, 競馬用の: a ~ horse. **3** 走りながら行なう, 走るようにして行なう: the ~ high jump 走り高跳び / ⇨ running broad jump, running fight. **4 a** 〈事が〉すらすら運ぶ, 円滑に行く. **b** 〈結び目・輪などが〉するすると抜ける, 簡単にほどける[締まる]: ⇨ running knot. **c** 〈綱などが〉引っぱった[たぐった]時に動く. **d** 〈機械などが〉動いている, 運転している. **5** 連続する, 引き続きの, 繰り返される: a ~ pattern 連続模様 / ~ days 継続日数. **6 a** 〈水などが〉流れる, 流動する; 流体の, 液体の: books in the ~ brooks 流れる小川にも教訓(がひそんでいる) (Shak., *As Y L* 2. 1. 16). **b** 〈うみが〉流れる; 〈傷など〉うみの出る: a ~ sore うみの出ているはれもの. **7** 〈植物などが〉はう, はい伸びる, よじ登る. **8** 〈書体など〉走り書きの: ⇨ running hand. **9** 現在の, 現行の; 今行なわれている: the ~ month 今月. **10** 〈測量など〉まっすぐに計った, 直線の; 急いで計った. **11** 〘海事〙〈滑車などの綱が〉移動する: a ~ part 動索部, (滑車索の)移動部分 / ⇨ running rigging.
── *adv.* 続けて, 連続: two summers ~ 二夏続けて.
── *n.* **1 a** 走ること; 一走り. **b** ランニング; 競走(すること). **c** 〘野球〙走塁. **2** 走力, 疾走力. **3** 走路[競走路, トラック]の状態. **4** 競馬. **5** 経営: the ~ of a school 学校の経営. **6** 流出物; 流出量.
in the running (1) 競技[競走]に加わって; 競技[競走]に耐えられる, 立候補して. (2) 勝算がある. ***make the running*** (1) 〈馬が〉他の馬の歩調を決める (set the pace). (2) (事業・話題などで)主導者となる, リードする. ***out of the running*** (1) 競技[競走]に加わらない[耐えない], 立候補しないで. (2) 勝算がない. ***take up the running*** (1) (レースなどで)先頭に立つ (take the lead). (2) = *make the* RUNNING (2).

rúnning accóunt *n.* 〘銀行〙(現に取引関係のある)経常勘定, 当座勘定.

rúnning bále *n.* 〘商業〙(繰綿(くりわた))機にかけ, いつでも船積みできるように梱包(こんぽう)した)棉花の梱(こり)《通例 500–508 ポンドの重量》.

rúnning blòck *n.* 動滑車 (cf. standing block).

rúnning bòard *n.* (自動車・機関車などの両脇に設けられた)踏み板, ステップ.

rúnning bónd *n.* 〘石工〙(れんがの)長手積み《stretcher bond ともいう; ⇨ bond¹ 挿絵》.

rúnning bówline *n.* 〘海事〙もやい結び (bowline knot) を使った滑り輪なわ《ひっこきになっていて, 引っぱると輪が締まる》.

rúnning bówsprit *n.* 〘海事〙船首帆を張る時には突き出させ, 帆を下ろした時は艇内に取り込めるようになっているバウスプリット.

rúnning bóx *n.* 〘植物〙= partridge berry.

rúnning bróad jùmp *n.* 《米》〘陸上競技〙走り幅跳び(の跳躍)《《英》running long jump》.

rúnning cómmentary *n.* **1** (本文[物事]の進行の順序に従って付けた, またはその主題を扱った)連続した注釈[解説, 批評]. **2** 〘ラジオ・テレビ〙実況放送.

rúnning dòg 〖《なぞり》← Chin. *tsou kou* (走狗)〗 *n.* **1** 〘政治〙人の命令に従う人, 走狗(そうく), 追従者. **2** 〘建築〙= Vitruvian scroll.

rúnning Énglish *n.* 《米》〘玉突〙ランニングイングリッシュ《突き玉がクッションまたは他の玉に当たった後, 同方向に回転するように突き玉に加えられたひねり; cf. reverse English¹》.

rúnning expénses *n. pl.* 〘会計〙経常費.

rúnning fíght *n.* (追う船と逃げる船との)追撃戦, 航走戦, 移動戦.

rúnning fíre *n.* **1** 連続速射. **2** (批判・反対など)矢継早にやって来るもの: a ~ of criticism [questions] 批評[質問]の集中砲火.

rúnning fít *n.* 〘機械〙動きばめ, すきまばめ《軸の寸法が穴の寸法より小さくて, すきまのあるはめ合い》.

rúnning fíx *n.* ランニングフィックス: **1** 〘航空〙ある無線局の方位を二つ以上の異なる時刻に測ったデータから自機の位置を求める方法. **2** 〘海事〙最初の観測で求めた位置の線を, 新たに観測して得た位置の線と組み合わせて船位を求める方法.

rúnning gèar *n.* **1 a** (車体と区別して)荷馬車・馬車の車輪および車軸の総称. **b** 自動車のシャシーの一部で, 動力の発生・伝達・制御には用いられない部分《フレーム・ばね・車軸・車輪など》. **c** (フレームと区別して)汽関車または機械の作動部分および支持部. **2** 〘海事〙動索《帆船の帆を操るためのロープ》.

rúnning hànd *n.* 続け書き(書体), 草書 (cf. round hand).

rúnning héad [**héadline**] *n.* 〘印刷〙 **1** ランニングヘッド《図書や雑誌の上部欄外の行》. **2** 通し書名[柱] (running title).

rúnning júmp *n.* 助走をつけた跳躍, 走り跳び《走り幅跳び・走り高跳びなどの総称》.
(Go and) take a running jump (at yourself)! 《俗》あっちへ行け, うるさいな.

rúnning knót *n.* 引き解け結び, 滑り結び《ロープにそって滑って動くようにした結び目; slipknot ともいう; cf. running noose》.

rúnning lìght *n.* 航海灯; 航空灯《夜間航行[飛行]中の艦[飛行機]などの大きさ・位置・方向などを示す》.

rúnning lóng jùmp *n.* 《英》= running broad jump.

rúnning màte *n.* 《米》 **1** 〘競馬〙 **a** ペースメーカー《出走馬の歩調を整えるために初めのうち一緒に走らせる馬; cf. *make the* RUNNING》. **b** 同厩舎の馬. **2** 〘政治〙(憲法で組み合わされた二つの官職の内)次位の職の選挙に立つ候補者, (特に)副大統領候補. **3** (特定の人と)密接な関係にあると見られる人, 親しい仲間, 腹心.

rúnning nóose *n.* 輪なわ《running knot で作った輪; その中に物を入れてなわの一方の端を引っ張ればきつく引き締まる; slip noose ともいう》.

rúnning nóse *n.* 鼻感冒, はなかぜ.

rúnning píne *n.* 〘植物〙= coral evergreen.

rúnning póstman *n.* 《豪》〘植物〙オーストラリア産マメ科ケネディア属 (*Kennedya*) の鮮かな赤または紫の花をつけるつる植物の総称《*K. prostrata* など; coral-pea ともいう》.

rúnning pówers *n. pl.* 〘鉄道〙軌道共用権《他社の線路上に列車を乗り入れる権利》.

rúnning repáirs *n. pl.* 簡単な修理[補修], 応急修理.

rúnning rhýthm *n.* 〘詩学〙諧調律《弱と強の組合わせによる普通の韻律のことで, sprung rhythm に対し伝統的なものをいう; common rhythm ともいう》.

rúnning rìgging *n.* 〘海事〙動索《帆の操作や積荷の扱いに用いる索具; cf. standing rigging》.

rúnning shèd *n.* 《英》円形機関車庫 (roundhouse).

rúnning stárt *n.* **1** 〘スポーツ〙(三段飛びの)助走 (flying start). **2** (何か事をなすに当たって)最初から与えられる有利さ[勢い], 有利なスタート[出だし]; (事業などの)開始当初の好条件.

rúnning stítch *n.* 〘服飾〙直線縫い, ランニングステッチ《布目を表, 裏, 表, 裏と同間隔で一針ずつすくって行く普通の縫い方; cf. darning stitch》.

rúnning stóry *n.* **1** (新聞や雑誌などの)連続[連載]もの. **2** 〘印刷〙植字工の所へ何回にも分けて送られ(て来)る記事.

rúnning téxt *n.* 〘印刷〙(新聞や雑誌などの普通組)本文《見出し, 変わった活字, 表(ひょう)などのように組版に時間のかかるものを除いた「本文」の部分》.

rúnning títle *n.* 〚印刷〛通し書名, 通し柱[見出し]《図書の各左ページ欄外に刷り込んだその本の題名・章題など; running head ともいう》.
rúnning wáter *n.* **1** 配管で給水される水, 水道の水. **2** 流水《川・水路などを流れる水》.
run·ny [rʌ́ni | -nɪ] 〚← RUN¹ (v.)+-Y⁴〛 *adj.* **1** 〈練り粉など〉柔らかすぎる, 腰がない. **2** 〈鼻が〉鼻水の出る[たれる]: a ~ nose.
Run·ny·mede [rʌ́nimìːd | -nɪ-] 〚ME *Runimede* ← OE *Rūnieġ*《原義》council island (← *rūn* council (cf. rune¹)+*ieġ* 'ISLAND')+*mǣd* 'MEADOW': 昔, 集会地であった〛 **—** *n.* イングランド南部, Surrey 州の Thames 川南岸の草原; London の西方 33 km; John 王が Magna Carta に調印した (1215) 地といわれる.
rún·òff *n.* **1** 同点決勝(の競走); 決勝戦 (cf. jump-off 2, play-off). **2 a** 流れ去るもの. **b** (地中に吸収されずに流れる)雨水[雪融け水].
rúnoff prìmary *n.* 〚米政治〛(特に, 南部諸州での最高得票者二人の)決選投票, 第二次予備選挙.
rún-of-míll *adj.* =run-of-the-mill.
rún-of-míne *adj.* =run-of-the-mine.
rún-of-páper *adj.* 〚新聞〛〈記事・広告など〉(編集者の一存で) 紙面のどこに置いてもよい.
rún-of-ríver *adj.* (上流で水を堰(せ)き止めるなどの操作を加えない)自然河川[流水]利用の: a ~ power plant 流れ込み(自流)式発電所《ダムや水路で水量調節をしない発電所》.
rún-of-the-míll *adj.* 普通の, 並の (cf. mill-run): a ~ pianist.
rún-of-the-míne *adj.* **1** 選(え)り分けてない, 選別してない; 精錬してない. **2** ありきたり前の, 並の, 平凡な.
rún-of-the-ríver *adj.* =run-of-river.
rún-òn *adj.* **1** 〚詩学〛句[行]またがりの (↔ end-stopped; cf. enjambment): a ~ line. **2** 〚印刷〛追込みの, 追加の: a ~ entry (辞書で派生語などの)追込み見出し. **—** *n.* 追加事項; (辞書などの)追込み事項[語, 記事].
rún-on séntence *n.* 〚文法〛無終止文《接続詞を用いずに二つ以上の文をコンマで一つに結びつけた文; cf. comma fault》.
rún·òut *n.* **1** 逃げ, 逃亡. **2** 〚機械〛ふれ: **a** 機械部品の実際の表面が正規の面から外れている量. **b** 運動する機械部品の位置が正規の位置から外れる量. **3** 〚クリケット〛打者が二つの三柱門の間を走っている間に球を投げられて, あるいは球を手にもって三柱門上の横木 (bail) を落とされてアウトになること.
rún·òver *n.* **1** 超過(量), 余り. **2** 〚印刷〛 **a** はみ出し《割当てスペースを超過する組版》. **b** (次ページ・次欄などへの)送り.
rún·òver *adj.* 超過の; はみ出しの; スペースをはみ出した, 送りの.
rún·próof *adj.* **1** 〈靴下が〉「伝線」にならない. **2** 〈染めが〉散らない; 〈インクなど〉にじまない.
run·rig [rʌ́nrìg] 〚《15C》← RUN¹ (v.)+*rig* (《北部方言》← RIDGE): 「うね」状に細長く土地を区別することから: cf. rundale〛 *n.* 《スコット》=rundale.
runt [rʌ́nt] 〚《1501》← ?: cf. MDu. *runt* bullock〛 **—** *n.* **1 a** (同一種類中の)標準より小さいもの[植物, 動物]; (特に, 豚の一腹の子の中で)最も小さい子. **b** (スコッチハイランド種・ウェールズ種の)小牛. **2** [軽蔑的に] 小人, ちび. **3 a** 《スコット》固くなった植物の茎. **b** 老いた牛. **c** やせ衰えた[しなびた]老婆. **4** [時に R-] 〚鳥類〛ラント種の大型のハト.
rún-thròugh *n.* **1** (一回だけの)通し稽古. **2** 通読. **3** 要約(すること), 大要, 概観, あらまし.
rúnt·ish [-tɪʃ | -tɪʃ] *adj.* =runty.
runt·y [rʌ́nti | -tɪ] *adj.* (**runt·i·er**; **-i·est**) 発育不良の; ちびの. **rúnt·i·ness** *n.*
rún-ùp 〚← *run up* (⇨ run¹ (v.) 成句)〛 **—** *n.* **1** (株価などの)値上がり; 物価[価格]騰貴. **2** 〚航空〛ランナップ《試験・検査のため, 地上で航空機のエンジンの回転を上げてみること》. **3 a** (幅跳び・棒高跳びなどの)助走. **b** 《英》(ある出来事へ向けての)準備期間[活動]: during [in] the ~ *to* the election 選挙運動期間中に. **4 a** (サッカー・ポロで)ゴールに向かってボールを進める[送る]こと. **b** 〚ゴルフ〛低いアプローチショット. **4** =run-in 2.
rún·wày *n.* **1 a** 走路. **b** 自動車道. **c** (飛行場の)滑走路. **2 a** (戸が動く)溝. **b** (カーテン・アコーディオンドアなどの環の走る)レール(パイプ). **c** (列車などの走る)レール. **d** (窓枠の)滑り溝. **3** (動物が水飲みなどのために)往来する道, 獣(けもの)道. **4** 舞台から客席へ細長くつき出ている部分《日本の劇場の花道の類》. **5** 鶏の囲い場. **6** 川筋, 流路. **7** (木材を滑り落とす)斜路, 落し. **8** 〚ボウリング〛球が投球者に送り返される溝. **9** 〚陸上競技〛(跳躍技の)助走路.
Run·yon [rʌ́njən], **(Alfred) Da·mon** [déɪmən] *n.* (1884-1946) 米国のジャーナリスト・短篇小説家; *Guys and Dolls* (1932).
ru·pee [ruːpíː, ∸∸ | ruːpíː, rʊ-] 〚《1612》← Hindi *rupiyā* ← Skt *rūpya* wrought silver ← *rūpa* shape〛 **—** *n.* **1 a** ルピー《インド・ブータン・パキスタンの通貨単位; =100 paise; 記号 Re》. **b** 1 ルピー貨. **2 a** ルピー《スリランカ・モーリシャス・モルディブ・セーシェルの通貨単位; =100 cents; 記号 Re》. **b** 1 ルピーニッケル貨. **3 a** ルピー《ネパールの通貨単位; =100 pice; 記号 Re》. **b** 1 ルピー白銅貨.
Ru·pert [rúːpət | -pət] 〚□ G *Rup(p)recht* < OHG *Hrodebert*: ⇨ Robert〛 *n.* 男性名.
Rupert, Prince *n.* ルーパート《1619-82; ドイツの選帝侯・ボヘミア王 Frederick 五世の息子, 英国の Civil War の時に自分のおじである Charles 一世を援助》.
Rúpert's dróp *n.* =Prince Rupert drop.
ru·pes·trine [ruːpéstrɪn, -trən | -trɪn] 〚← L *rūpes* rock+(LACUS)TRINE〛 *adj.* 〚生物〛=rupicolous.
ru·pi·a¹ [ruːpíːə] 〚← NL ~ ← Gk *rhúpos* filth: ⇨ -ia¹〛 *n.* 〚病理〛(第 3 期梅毒の症候としての)牡蠣殻(かきがら)疹, 蠣殻(かきがら)疹. **ru·pí·al** [-píːəl] *adj.*
ru·pi·a² [ruːpíːə] 〚□ Port. ~ □ Hindi *rupīyā*: ⇨ rupee〛 *n.* ルピア《旧ポルトガル領インドの通貨単位; =16 tanga》.
ru·pi·ah [ruːpíːə] 〚□ Hindi *rūpaiyā, rupīyā*: ⇨ rupee〛 *n.* (*pl.* **~s**, **~**) **1** ルピア《インドネシアの通貨単位; =100 sen; 記号 Rp》. **2** 1 ルピア紙幣.
ru·pic·o·line [ruːpíkəlàɪn] 〚← L *rūpes* rock+-I-+-COLINE〛 *adj.* 〚生物〛=rupicolous.
ru·pic·o·lous [ruːpíkələs] 〚← L *rūpes* rock+-I-+-COLOUS〛 *adj.* 〚生物〛岩の間にすむ, 岩の上に生える.
rup·ture [rʌ́ptʃə | -tʃə(r] 〚n.: 《1481》□ (O)F ~ // L *ruptūra* (fem. fut. part.) ← *rumpere* to break: ⇨ reave¹,², -ure. — v.: 《1739》← (n.)〛 **—** *n.* **1 a** 破裂; 破壊. **b** 破裂した状態. **2** (友好関係の)決裂, 断絶; 仲違(なかたが)い, 不和, 争い: come to a ~ 〈交渉が〉決裂する / a ~ *between* friends. **3** 〚病理〛(器官・血管などの)破裂, 断裂, 裂傷; ヘルニア, 脱腸: the ~ of a blood vessel 血管の破裂 / He has a ~. ヘルニアがある. **—** *vt.* **1** 〈血管などを〉破る, 破裂させる. **2** 〈関係・婚約などを〉破棄する; 決裂させる, 仲違いさせる, 不和にする: ~ friendship 絶交する, 交友関係を断つ. **3** 〚病理〛ヘルニアを起こさせる. **—** *vi.* **1** 破れる, 裂ける, 破裂する. **2** 〚病理〛ヘルニアになる[を起こす].
rúptured dúck *n.* 《米俗》(軍人の除隊章に描かれた)羽を広げたワシ; 第二次大戦従軍記章, 召集解除記念章.
ru·ral [rú(ə)rəl | rʊ́ər-] 〚《1412-20》□ (O)F ~ // L *rūrāl-is* ← *rūr-, rūs* country ← IE **rewə-*, **rū-* to open; space (⇨ room): ⇨ -al¹: cf. rustic〛 **—** *adj.* **1 a** 田園の, 田舎の, 村落の; 田園風の, 田舎風の (↔ urban): a ~ community 農村 / ~ life 田園生活 / ~ sports 田園的なスポーツ / ~ quiet 田舎の閑静 / a ~ scene 田園風景 / in ~ seclusion 田舎に引っ込んで, 人里を離れて / ~ France フランスの田舎. **b** 田舎に住む; 農業に従事する. **2** 農業の, 農事の: ~ economy 農業経済. **3** 田舎者らしい, 田舎くさい[じみた] (rustic). **~·ly** *adv.* **~·ness** *n.*
rúral déan 〚《15C》〛 *n.* 〚英国国教会〛地方監督, 地方参事《主教区 (diocese) 中の数個の教会区 (parish) の監督で, 主教 (bishop) を補佐する》.
rúral déanery *n.* 〚英国国教会〛地方監督区《地方監督 (rural dean) の管轄する数個の教会区 (parish)》.
rúral delívery *n.* 《米》〚郵便〛地方(地区)無料郵便配達《昔は騎馬で, 今は車で, 僻地の郵便物を rural route によって配達する; rural free delivery ともいう》.
rúral delívery ròute *n.* 《米》〚郵便〛=rural route.
rúral dístrict *n.* 《英》地方自治区, 郡《county の中の自治体; urban district よりも権限が狭く, これがさらにいくつかの parish に分かれた; 1974 年の地方行政制度改革により廃止》.
rúral frée delívery *n.* ⇨ rural delivery.
rú·ral·ism [-lìzm] *n.* **1** 田舎風. **2** 田園生活. **3** 田舎言葉.
rú·ral·ist [-lɪst, -ləst | -lɪst] *n.* **1** 田園生活者, 農夫. **2** 田園[農村]生活賛美[主義]者.
ru·ral·i·ty [rʊ(ə)rǽləṭi | rʊərǽlətɪ, -lɪ-] 〚cf. F *ruralité*〛 *n.* **1** 田舎風, 田園風. **2** 田舎の場所[事物]; 田園風景.
ru·ral·ize [rú(ə)rəlàɪz | rʊ́ər-] *vt.* 田舎風にする; 田園化する. **—** *vi.* 田舎に行く; 田園生活をする. **ru·ral·i·za·tion** [rù(ə)rəlɪzéɪʃən, -lə- | rʊ̀ərəlaɪ-, -lɪ-] *n.*
rúral ròute *n.* 《米》〚郵便〛地方無料郵便配達巡回路《rural delivery route ともいう; cf. star route》.
rur·ban [rə́ːbən, rʊ́ə- | rə́ː-, rʊ́ə-] 〚《混成》← R(URAL)+URBAN〛 *adj.* 《米》田園都市の[に住む]; 都市郊外の[に住む]: a ~ home, life, population, etc.
ru·ri·de·ca·nal [rʊ̀(ə)rədɪkéɪnḷ, -də-, -dékə- | rʊ̀ərɪdɪkéɪ-, -de-] 〚← L *rūr-, rūs* country+-I-+DECANAL〛 *adj.* 地方監督 (rural dean) の, 地方監督職[管区]の.
Ru·rik [rʊ́(ə)rɪk | rʊ́ər-] *n.* リューリック《?-879; スカンジナビアの族長で, ロシヤ建国の祖とされる; Rurik 王朝 (862-1598) を開く》.
Ru·ri·ta·ni·a [rʊ̀(ə)rətéɪniə | rʊ̀ərɪtéɪnjə, -niə] 〚《1894》← L *rūri-, rūs* country+(LUSI)TANIA: Anthony Hope の造語〛 **—** *n.* ルリタニア: **1** Hope の小説の背景を成すヨーロッパ中部の架空の小王国. **2** ロマンスと冒険と陰謀の物語や劇で, しばしばその背景として設定される小国. **Rù·ri·tá·ni·an** [-niən | -njən, -niən] *adj.*, *n.*
rurp [rə́ːp | rə́ːp] 〚《頭字語》← *r(ealized) u(ltimate) r(eality) p(itons)*〛 *n.* 〚登山〛ラープ《ピトン (piton) の一種》.
Rus. 《略》Russia; Russian.
ru·sa [rúːsə] 〚← NL ~ ← Malay *rūsa*〛 **—** *n.* 〚動物〛 **1** ルサジカ (*Cervus timorensis*)《インドネシア産の三尖の角をもつシカ》. **2** ルサジカに類似するがやや小型のサンバー亜属 (*Rusa*) のシカの総称《サンバー (sambar), マリアナジカ (*R. mariannus*) など》.
ruse [ruːs, ruːz | ruːz] 〚《c1410》□ (O)F ~ ← OF *ru(s)ser* to drive back < ? VL **ru(r)sāre* ← L *rursus* backwards: cf. rush²〛 *n.* 謀計, 策略, 計略.
rush¹ [rʌ́ʃ] 〚OE *rysċ(e)* ← Gmc **ruski-* (Du. *rusch* / G *Rusch*) ← IE **rezg-* to plait〛 **—** *n.* **1 a** 〚植物〛イグサ, イ(藺), トウシンソウ(灯心草)《イグサ科イグサ属 (*Juncus*) の植物の総称; 茎は椅子の座部・むしろ・籠などを作り, 昔は灯心に用いた》. **b** イグサの茎; [集合的] (材料としての)イ (rushes): made of ~(s). **2** 《古》つまらない物, 価値のない物: not care a ~ 少しも気にかけない / not worth a ~ 何の価値もない.
seek a knot in a rush 《廃》(節のないイグサの節を捜すように)むだな騒ぎをする.
— *vt.* イグサで細工する; 〈床〉にイグサを敷く. **—** *vi.* イグサを刈る[刈り取る].
rush² [rʌ́ʃ] 〚《1375》*rusche(n)* □ AF *russ(h)-er*=OF *rus(s)er* to drive back: ⇨ ruse〛 **—** *vi.* **1 a** 物凄い勢いで進む, 突進する; 急行する: ~ out of a room [house] 部屋[家]から飛び[駆け]出す / ~ at …に向かって突進[攻撃]する / ~ for …に向かって[を求めて]駆けて行く / ~ in 飛び込む, 乱入する / ~ down the stairs 階段を駆け下りる / ~ to the scene 現場に駆けつける / A dark horse ~*ed* past the favorite. 名もない新馬が人気馬を駆け抜いた / Fools ~ in where angels fear to tread. ⇨ angel 1. **b** 性急にやる, 軽率にやる: ~ *to* a conclusion 軽率に結論を下す / ~ *into* extremes 極端に走る / ⇨ rush into PRINT / ~ *to* arms 急いで武器を取る[取って立つ] / ~ headlong 向こう見ずに突進する, 前後の考えなしに行なう. **2** 勢いよく[音を立てて]流れる, どっと落ちる: Avalanches ~ down. なだれがどうっと落ちる / The river ~*es* past. 川が非常な勢いで流れて行く. **3** にわかに起こる, 急に現われる: ~ *into* [*in, upon*] one's mind 突然心に浮かぶ / Words ~*ed to* her lips. 言葉が口を突いて出て来た / Blood ~*ed to* his face. さっと顔に血がさした / His past life ~*ed into* his memory. 過去の生活が急に記憶に浮かんだ. **4** 急に襲いかかる, 急襲する〔*on, upon*〕: ~ *on* the enemy. **5** 〚アメリカンフットボール〛ラッシュする (⇨ *n.* 7).
— *vt.* **1 a** 突進させる, 駆り立てる, 急がせる, せき立てる: be ~*ed* 急がされる / He ~*ed* them (a)round the sights. 急いで彼らを見物に引っ張り回した. **b** 〈人を〉せき立てて働かせる[やらせる]: ~ oneself 向こう見ずにやる / be ~*ed* off one's feet きりきり舞いさせられる. **c** 〈子供・生徒など〉に(急速な)詰め込み教育を施す. **2 a** 大急ぎでする[進める]: ~ one's work 急いで仕事を進める / ~ a bill through 議案を急いで通過させる. **b** 急送する; 至急報で送る: ~ a message 音信を急送する / He was ~*ed to* (the) hospital. 急いで病院へ運ばれた. **c** 大急ぎで越える, 突破する: ~ a fence 馬で垣(かき)を飛び越える. **3 a** 〚軍事〛急襲[襲撃]する; 急襲して奪取する[占領]する: ~ a position 陣地を突撃して奪取する. **b** 押し寄せて占領する; 圧倒する: ~ a gold field. **4** 《俗》〈客〉に高値を吹っかける: They ~*ed* me shockingly. 目をむくほど吹っかけられた / They ~*ed* us £100 a head. 一頭 100 ポンドの高値を請求した. **5** 《米口語》 **a** 〈女〉にしつこく言い寄る[求愛する]. **b** 〈fraternity, sorority 入会申込み前の学生〉から入会約束を取ろうと歓待する. **6** 〚アメリカンフットボール〛 **a** ラッシュする (⇨ *n.* 7). **b** =blitz 2.
— *n.* **1 a** 突進, 猛進: a ~ of rain [wind] 激しい雨[一陣の突風] / the ~ of the tide 強い潮の流れ / make a ~ for the door 戸口へ向かって突進する. **b** 突撃, 急襲: a ~ of troops 軍隊の突撃 / carry a position with a ~ 突撃して陣地を占領する. **c** (感情などの)激発: a ~ of anger 激怒. **2** あわただしい活動; 忙殺; 混雑時: the ~ of city life 都会生活のあわただしさ / live in a ~ 多忙な生活をしている, ひどく忙しい / a ~ of business 商売繁盛 / He talked in a ~. あわただしくしゃべった / The ~ is over. ラッシュ(アワー)は終わった. **3 a** 急激な増加; 急激な発達[成長]: a ~ of buds 芽の急な成長. **b** 大需要, 需要の急増[殺到]: a ~ *on* mining stocks 鉱山株への人気の殺到 / a ~ *for* iron 鉄の需要の急増. **c** (新開地・新金山などへの)多くの人の殺到; =gold rush: a ~ to the gold fields 金鉱地への殺到. **4** 《米》(大学の各クラス間などで行なわれる)取っ組み合い《旗・棒・歩道・垣などを争奪するもの》. **5** 《米口語》 **a** (求婚者が女性に対して示す)親切な心尽くし[気遣い, 心配り]. **b** (fraternity, sorority による入会勧誘の)歓待. **6** 《俗》(値段の)ひどいぼり方, ふんだくり (cf. *vt.* 4). **7** 〚アメリカンフットボール〛ラッシュ: **a** ランニングプレーでボールを持って進むこと. **b** ボールを持った攻撃側の選手を守備側が追いかけること. **8** [通例 *pl.*] 《口語》〚映画〛ラッシュ《撮影の直後に作る下見・編集用プリント》. **9** 《俗》 **a** 麻薬による快感. **b** 急激な快感.
at a rush 大急ぎで. ***with a rush*** (1) ⇨ *n.* 1 b. (2) 一気に, 大急ぎで.
— *attrib. adj.* **1** 殺到する, 突然の, 急ぎの: a ~ order [job] 大急ぎの注文[仕事]. **2 a** 人が殺到する: ⇨ rush hour. **b** あわただしい, 多忙を極める.
Rush [rʌ́ʃ], **Benjamin** *n.* (1745-1813) 米国の医師・政治家; 独立宣言署名者の一人.
rúsh-bèaring *n.* 《英》教会献堂記念祭《イングランド北部で行なわれる年中行事で, この日村の人たちがイグサ (rush) や花を取って来て, 教会の床にまいたり壁に飾ったりする》.

rúsh-bóttomed *adj.* 〈椅子が〉イグサで座部を張った.
rúsh cándle *n.* ＝rushlight 1 a, 2 c.
rúsh cúrrent *n.* 〘電気〙突入電流, 突流.
rush·ee [rʌʃíː] 〘← RUSH²＋-EE¹〙 *n.* 《米》(fraternity, sorority から)目をつけられた学生 (cf. rush² *vt.* 5 b).
rush·en [rʌ́ʃən] 〘OE *ryscen*: ⇨rush¹, -en²〙 *adj.* イグサ[灯心草] (rushes) でできた.
rúsh·er *n.* **1** 仕事の早い[精力的な]人; 猪突猛進する人. **2** (金鉱・新開地などへ)殺到する人. **3** 〘アメリカンフットボール〙ディフェンスクォーターに殺到するプレーヤー.
rúsh-hòur *attrib. adj.* ラッシュアワーの, 混雑時の: ～ traffic.
rúsh hòur *n.* **1** (出勤・退出時における交通の)混雑時間, ラッシュアワー (↔ slack time): in [at] the ～ / in the ～*s*. **2** (一日の中で)電話・注文などの殺到する時間: the ～(*s*) in a restaurant 料理店の混む時間.
rúsh·ing *n.* **1** (fraternity や sorority が入会見込者などのために行なう)社交的行事. **2** 〘アメリカンフットボール〙 **a** ラッシング《走りながらボールを前に送ること》. **b** ディフェンスがクォーターバックに突進すること. **c** (ラッシングによって)ボールの進んだ距離. ― *adj.* **1** 突進する, 突進している: a ～ mighty wind 激しい突風. **2** 大急ぎの, あわただしい: a ～ business. **～·ly** *adv.*
rúsh·lìght *n.* **1 a** 灯心草蠟燭(ろうそく)《昔, 灯心草 (rush) の髄を蠟(ろう)にひたして作った細い蠟燭》. **b** その明かり. **2 a** 微かな光. **b** 僅かばかりの知性; 不十分な知識; 微々たるもの. **c** 微力な人.
rúsh·lìke *adj.* イグサ[灯心草]のような.
rúsh lìne *n.* 〘フットボール〙前衛線 (forward line).
Rush·more [rʌ́ʃmɔə, -moə | -mɔː(r)], **Mount** 〘← *C. E. Rushmore* (New York の弁護士)〙 ― *n.* ラッシュモア山《米国 South Dakota 州西部の Black Hills 中の山, 高さ 1,707 m; この山には米国の四人の大統領の約 18 m の高さの頭像群(Mount Rushmore National Memorial)が, 向かって左から Washington, Jefferson, Theodore Roosevelt, Lincoln の順に刻まれており, この一帯は国立記念公園に指定されている》.
rúsh rìng *n.* (イグサを真田(さなだ)に編んで作った)結婚指輪《17-19 世紀に結婚式のまねごとをするのに用い, また指輪を買う金や時間がないときの形ばかりの結婚式に用いられたが, 後にこれを悪用して結婚詐欺を企てる男などが出たため, 禁止された》.
rúsh·wòrk *n.* イグサ[灯心草]細工(品).
rush·y [rʌ́ʃi | -ʃɪ] 〘(*c*1390) *resshi*〙 *adj.* (**rush·i·er**; **-i·est**) **1** イグサ[灯心草]で作った. **2 a** イグサの多い: a ～ pond. **b** イグサでおおわれた; イグサをまき散らした.
rú·sine ántler [rúːsaɪn-, -sɪn-, -sən- | -saɪn-, -sɪn-] 〘*rusine*: ← RUSA＋-INE¹〙 ― *n.* 〘動物〙(ルサジカ (rusa) の角のように根に近い所から一本の枝角が出, 先の方が二本に分れた)離れ三叉(さんさ)角(つの).
rus in ur·be [rʌ́s-ɪn-ɚ́ːbi, -úəbeɪ | -ɜ́ːbɪ, -úəbeɪ] 〘◻ L *rūs in urbe* the country in the town〙 ― *L. n.* 都会の中の田舎《樹木や芝生の多いところ; Martial, *Epigrammata* Bk 12.57:12》.
rusk [rʌ́sk] 〘(1595) ◻ Sp. & Port. *rosca* roll, twist of bread, 《原義》coil, screw〙 *n.* ラスク《薄切りのパンをオーブンできつね色に焼いたもの》.
Rus·ki [rʌ́ski | -kɪ; *Russ.* rúskjij] *n.* ＝Russki.
Rus·kin [rʌ́skɪn, -kən | -kɪn], **John** *n.* (1819-1900) 英国の著述家・批評家・社会改良家, Oxford 大学美術史教授 (1870-79, 83-84); *Modern Painters* (1843-60), *The Stones of Venice* (1851-53), *Unto this Last* (1862).
Russ¹ [rʌ́s] 〘◻ ORuss. *Rus'* Russia, Russian: ⇨Russia〙 *adj., n.* 《古》＝Russian.
Russ² [rʌ́s] 〘↑〙 *n.* 男性名.
Russ. 《略》Russia; Russian.
Rus·sell [rʌ́səl, -sl̩] 〘◻ F ～ (dim.) ← *roux* red〙 *n.* 男性名.
Russell, Bertrand (**Arthur William**) *n.* (1872-1970) 英国の数学者・論理学者・哲学者・著述家; Lord John Russell の孫; Nobel 文学賞 (1950); *Principia Mathematica*「数学原理」(1910-13) (A. N. Whitehead と共著), *Human Knowledge, its Scope and its Limits* (1948); 称号 3rd Earl Russell.
Russell, Elizabeth Mary Annette *n.* (1866-1941) 英国の女流小説家; 称号 Countess Russell.
Russell, George William *n.* (1867-1935) アイルランドの詩人・劇作家・画家; *Deirdre* (戯曲, 1902 年上演); 筆名 Æ または A.E.
Russell, Lord **John** *n.* (1792-1878) 英国の政治家; Bertrand Russell の祖父; 首相 (1846-52, 1865-66); 称号 1st Earl Russell of Kingston Russell.
Russell, Lord **William** *n.* (1639-83) 英国の Whig 党の政治家; 豪毅の気性で知られたが, 非国教徒が Charles 二世の暗殺を企てて起こしたライハウス事件 (Rye House Plot) (1683) に加担したという無実の嫌疑を受け, 死刑に処せられた.
Rússell córd 〘製造者の名から?〙 *n.* 羊毛または綿毛交織の一種のうね効果を出したラシャ《学生ガウン・婦人服用》.
Rus·sell·ite [rʌ́səlàɪt, -sl̩-] 〘← *Charles T. Russell* (1852-1916: 米人でこの宗教運動の指導者): ⇨-ite¹〙 *n.* [しばしば軽蔑的に] Jehovah's Witnesses の一員.
Rússell's víper 〘← *Patrick Russell* (*d.* 1805: シリア Aleppo の在の英国人医師)〙 ― *n.* 〘動物〙ラッセルクサリヘビ (*Vipera russellii*)《東南アジア産クサリヘビ科の毒蛇》.
rus·set [rʌ́sɪt, -sət] 〘(*c*1275) ◻ AF *russet* ← OF *r(o)usset* ← *rous* red < L *russum* ← IE **reudh-* 'RED¹': ⇨ -et〙 ― *adj.* **1** あずき色の, 赤褐色の, 朽葉(くちば)色の: in ～ mantle clad 〈暁が〉あかね色の衣をまとって (Shak., *Hamlet* 1.1.166). **2** あずき色の手織りラシャの[で作った]. **3** 《古》ひなびた, 素朴(そぼく)な. ― *n.* **1** 赤褐色, あずき色, 朽葉色. **2** 仕上げしてない自然なタンニン色の革. **3** (昔, 農夫が着た)あずき色[灰色]の手織りラシャ; それで作った衣服. **4** 〘園芸〙 **a** さび《リンゴなどで傷, 農薬散布, 降霜などにより果皮に生じるコルク化した褐変組織》. **b** ＝russet apple. **5** 〘植物病理〙＝russeting.
rússet ápple *n.* 〘園芸〙果皮にさびが発生しやすく, それが品種の特徴となっているリンゴの品種の総称; Roxbury russet など.
rús·set·ing [-ṭɪŋ | -tɪŋ] *n.* 〘植物病理〙褐色斑点《降雪, 虫, 菌害, 薬液などでリンゴ, ナシ, 柑橘類の果皮に生じる斑点》.
rus·set·y [rʌ́sɪṭi, -sə- | -tɪ] *adj.* あずき[枯葉]色がかった.
Rus·sia [rʌ́ʃə] 〘◻ ML ～ ← *Russi* ◻ ORuss. *Rus'* Russians, Russia, 《原義》Norsemen ← ON *Rōþsmenn* 《原義》sea-farers ← *rōþr* a rowing ← *rōa* to row: ⇨ -ia¹〙 ― *n.* **1** ＝Russian Empire. **2** ソビエト(社会主義共和国)連邦 (Union of Soviet Socialist Republics) の俗称. **3** ロシヤソビエト連邦社会主義共和国 (Russian Soviet Federated Socialist Republic) の通称《特にヨーロッパに含まれる部分》. **4** ＝Russia leather.
Rússia léather *n.* ロシヤ革《製本用および袋物製造用の上質革; かば皮油で処理するため特有なにおいがある; Russia calf ともいう》.
Rus·sian [rʌ́ʃən] 〘(1538) ◻ ML *Russiān-us*: ⇨Russia, -an¹〙 ― *adj.* **1** ロシヤの[に関する]. **2** ロシヤ人[語]の. ― *n.* **1** ロシヤ人: ⇨ Great Russian, Little Russian, White Russian. **2** ロシヤ語.
Rússian blúe, R- B- *n.* ロシヤネコ《灰青色の短毛が密生し, 耳が大きく体の細長いロシヤ原産の飼いネコ; Russian blue cat ともいう》.
Rússian bóot *n.* (ふくらはぎまであるゆるい)ロシヤ式長靴.
Rússian Chúrch *n.* [the ～] ＝Russian Orthodox Church.
Rússian dándelion *n.* 〘植物〙＝kok-saghyz.
Rússian dréssing *n.* ロシヤ風ドレッシング《チリソース・ピメント (pimento)・刻んだピクルスなどを加えたマヨネーズソース》.
Rússian Émpire *n.* [the ～] ロシヤ帝国《ヨーロッパ東部からアジアにわたった大帝国で首都は St. Petersburg (1713-1917) (1914 年に Petrograd と改名, 現在の Leningrad); 1917 年の革命で崩壊した》.
Rússian Fíve *n.* [the ～] 〘音楽〙＝five 11.
Rússian gráy *n.* ＝slate gray.
Rús·sian·ism [-nìzm̩] *n.* **1** ロシヤ(人)びいき; ロシヤ(人)への関心. **2** ロシヤ[ロシヤ人, ロシヤ語]の特質.
Rus·sian·ize, r- [rʌ́ʃənàɪz] *vt.* **1** ロシヤ(人)化する, ロシヤ風にする. **2** 〈皮を〉ロシヤ革と同様の(仕上がりを得る)処理法で処理する. **Rus·sia·ni·za·tion** [rʌ̀ʃənɪzéɪʃən, -nə- | -naɪ-, -nɪ-] *n.*
Rússian ólive *n.* 〘植物〙ホソバグミ (*Elaeagnus angustifolia*)《西部アジア・南部ヨーロッパ原産のグミ属の高木状低木; 実は食用; oleaster ともいう》.
Rússian Órthodox Chúrch *n.* [the ～] (1918 年以前の)ロシヤ国教会 (Russian Church); ロシヤ正教会.
Rússian Revolútion *n.* [the ～] ロシヤ革命: **a** 第一次革命《血の日曜日 (Bloody Sunday) 事件がその発端となった》. **b** 二月革命《1917 年 3 月 (旧暦 2 月) 兵士や労働者が起こした革命; これで Romanov 王朝が崩壊して臨時政府が樹立された》. **c** 十月革命 (⇨ October Revolution).
Rússian roulétte *n.* **1** ロシヤ式ルーレット《弾丸が一個入っている拳銃の輪胴を回し, 銃口を自分の頭に向けて引金を引くゲーム》. **2** (命取りにもなりかねない)無謀な行為, 暴挙.
Rússian sálad *n.* ロシヤ風サラダ《賽(さい)の目に切ったビーツ, じゃがいも, きゅうりなどの野菜, 塩漬けの舌, ソーセージなどを Russian dressing をかけてあえたもの》.
Rússian Sóviet Féderated Sócialist Repúblic *n.* [the ～] ロシヤソビエト連邦社会主義共和国《ソ連邦構成共和国の一つ; Kaliningrad から太平洋まで, また北極海から中国との国境におよぶ共和国; ソ連邦の主要部をなす; 人口 136,500,000, 面積 17,075,400 km², 首都 Moscow; 略 R.S.F.S.R., RSFSR》.
Rússian téa *n.* ロシヤ紅茶《ジャムなどを入れて飲む紅茶》.
Rússian thístle *n.* 〘植物〙アカザ科オカヒジキ属の塩生植物 (*Salsola kali* var. *tenuifolia*).
Rússian wólfhound *n.* ＝borzoi.
Rússian wórmwood *n.* 〘植物〙アジア北部産キク科ヨモギ属の花壇用の草本あるいは半低木 (*Artemisia sacrorum*).
rus·si·fy, R- [rʌ́səfàɪ | -sɪ-] *vt.* ＝Russianize. **rus·si·fi·ca·tion, R-** [rʌ̀səfɪkéɪʃən, -fə- | -sɪfɪ-] *n.*
Russ·ki [rʌ́ski | -kɪ; *Russ.* rúskjij] 〘◻ Russ. *Russkii* (adj., n.) Russian ← *Rus'* 'RUSSIA'〙 *n.* (*also* **Russ·ky** [～]) 《戯言・軽蔑》ロシヤ人.
Russ·ni·ak [rʌ́sniæ̀k | -nɪ-] 〘◻ Russ. *Rusnyak*〙 *n.* ＝Ruthenian.
Rus·so- [rʌ́so(ʊ) | -sə(ʊ)] 〘⇨ Russ¹, -o-〙「ロシヤ(人)の (Russian); ロシヤと…との (Russian and…)」の意の連結形.
Rùsso-Byzántine *adj.* 〘建築〙ロシヤ風ビザンチン式の.
Rùsso-Japanése *adj.* 日本とロシヤの, 日露の: the ～ War 日露戦争 (1904-05).
Rus·so·phile [rʌ́səfàɪl] 〘⇨ Russo-, -phile〙 *n., adj.* (*also* **Rus·so·phil** [-fɪl]) 親露主義者(の), ロシヤ(人)びいきの(人); ロシヤ政策支持者(の).
Rus·so·phobe [rʌ́səfòʊb | -fə̀ʊb] 〘⇨ ↓, -phobe〙 *n., adj.* ロシヤ恐怖症の(人), ロシヤ(人)ぎらいの(人).
Rus·so·pho·bi·a [rʌ̀səfóʊbiə | -fə́ʊbjə, -bɪə] 〘← RUSSO-＋-PHOBIA〙 *n.* ロシヤ恐怖症, ロシヤぎらい, ロシヤアレルギー.
Rùsso-Túrkish *adj.* ロシヤとトルコ(との間)の: the ～ War 露土戦争《ロシヤが Balkan 半島のスラブ民族主義者の保護を口実に Balkan 進出を果たそうとしたトルコとの戦い (1877-78)》.
rust [rʌ́st] 〘*n.*: OE *rūst* ← Gmc **rudh-*, **reudh-*, **raudh-* 'RED¹' (Du. *roest* / G *Rost*): ⇨ russet. ― *v.*: (?*a*1200) ← (n.)〙 ― *n.* **1** (金属の)さび; さびに類したもの: gather [develop] ～ さびがつく[を生じる] / get [rub] the ～ off さびを落とす / keep a knife from ～ ナイフがさびないようにする / be in ～ さびている **2** (精神・才能・価値などに悪影響を及ぼす)無為, 不活発; 悪習慣(など): the ～ of idleness 怠け癖 / a life of ～ (かびの生えたような)無為の生活. **3** さび色. **4** 〘植物病理〙 **a** ＝rust fungus. **b** ＝rust disease. ― *vi.* **1** 〈鉄などが〉さびる, さびつく; 腐食する. **2** (使わずに)鈍くなる, 鈍って来る, 怠け癖がつく, かびが生えたようになる: talents left to ～ 才能の持腐れ / His mind has ～*ed.* 彼も焼きがまわった / Better wear out than ～ out. いても一生立っても一生《老年の無為を戒める言葉》. **3** 〈木の葉などが〉さび色になる. **4** 〘植物病理〙銹(さび)病にかかる. ― *vt.* **1** さびつかせる, さび腐らせる: Water ～*s* iron. 水気は鉄をさびつかせる. **2** (使わずにいて)〈才能などを〉だめにする. **3** さび色にする. **4** 〘植物病理〙銹病にかからせる.
rust together 〈鉄管など金属同士〉の合わせ目をさびつかせて接合する, 腐着接続させる.
rúst-còlored *adj.* 赤さび色の.
rúst disèase *n.* 〘植物病理〙銹(さび)病《銹菌類の多くの種類が種々の高等植物の葉・茎・果実などに寄生して起こす病気; 小麦の銹病など》.
rúst fúngus *n.* 〘植物病理〙銹菌《担子菌類の総称; 種種の高等植物の葉・茎・果実などに寄生し, 銹色の斑点を生じる; 病害を起こすものが多い》.
rus·tic [rʌ́stɪk] 〘(*c*1440) ◻ L *rūstic-us* ← *rūs* country: ⇨ rural, -ic¹〙 ― *adj.* **1 a** 田舎(者)らしい, 田舎臭い; ひなびた, 野趣のある (cf. urbane). **b** 質朴な, 純真な, 飾り気のない: ～ simplicity 純朴. **c** 田舎向きの: a ～ hat 田舎風の帽子. **d** 無骨な, 無作法な, 粗野な: ～ manners 無作法 / ～ speech 田舎風な言葉遣い. **2** 《古》田舎の, 田舎にある: a ～ dwelling 田舎家 / a ～ beauty 田舎美人. **3** 丸木[丸太]造りの: a ～ bridge 丸木橋 / a ～ chair 丸木椅子 / a ～ seat 東屋(あずまや)風の腰掛 / ⇨ rustic work 1. **4** 〘石工〙石の面を粗く仕上げた; 目地を深く取った, 二面切りの: ⇨ rustic work 2. **5** 〈古代ラテン字体が〉不規則体の (cf. square capital). ― *n.* **1** 田舎の人; 百姓. **2 a** 粗野な人. **b** 純朴な人. **rús·ti·cal·ly** *adv.*
rus·ti·cate [rʌ́stɪkèɪt, -tə- | -tɪ-] 〘(1660) ← L *rūsticāt-us* (p.p.) ← *rūsticārī* to live in the country ← *rūsticus*: ⇨ rustic, -ate³〙 ― *vi.* 田舎へ行く; 田舎に滞在する; 田舎に引きこもる; 田舎[田園]生活を送る. ― *vt.* **1** 田舎へやる, 田舎へ放逐する; 田舎に住まわせる. **2** 田舎風にする, ひなびさせる. **3** 〈大学生を〉停学[退学]させる, 停学[退学]処分にする. **4** 〘石工〙粗面仕上げ[二面切り]にする. **rús·ti·cà·tor** [-ṭə | -tə(r)] *n.*
rus·ti·ca·tion [rʌ̀stɪkéɪʃən, -tə- | -tɪ-] 〘(1623) ◻ L *rusticātiō(n-)*: ⇨ ↑, -ation〙 ― *n.* **1** 田舎へやること, 田舎へ放逐すること. **2** 田舎に引きこもること; 田園生活. **3** 《英》(大学生の)停学(期間). **4** 〘石工〙粗面仕上げ, 粗石積み.
rus·tic·i·ty [rʌstísəṭi | -sɪti, -sɪ-] 〘(1531) ◻ F *rusticité*: ⇨ rustic, -ity〙 ― *n.* **1 a** 田舎者らしいこと. **b** 田舎風[らしさ]; 野趣. **c** 田舎[田園]生活. **2 a** 質朴(しつぼく), 飾り気のないこと. **b** 無骨, 無作法, 粗野. **c** 無知. **3** (表記などの)生硬さ.
rústic jóint *n.* 〘石工〙面取り目地《石材の角を落として目地を深く強調するもの》.
rústic wórk *n.* **1** 〘木工〙丸木細工, 東屋(あずまや)造り. **2** 〘石工〙粗面仕上げ, 粗石積み, 二面切り, 江戸切り.
rúst jòint *n.* 〘機械〙さび継手《水密に保つため継目にさびを生じるようにした継手》.
rus·tle [rʌ́sl̩] 〘*v.*: (*a*1398) 《擬音語》: cf. OE *hrūxlian* to make a noise / Du. *ritselen*. ― *n.*: (1759) ← (v.)〙 ― *vi.* **1 a** 〈葉・絹・紙などが〉さらさら音がする, かさかさいう; 〈雨が〉ぱらぱら音を立てて降る: The leaves ～*d.* 葉がさらさらと鳴った. **b** さらさら音をさせて動く[歩く], かさかさ音を立てて動く, 衣(きぬ)ずれの音をさせて歩く 〈*along*〉: ～ in silks 絹物を着ている. **2** 《米口語》 **a** 精力的に動く, 活躍する, せっせと働く, ハッスルする. **b** 牛[馬]を盗む. **3** 《口語》〈動物などが)食べ物を捜す. — *vt.* **1 a** さらさら[かさかさ]と音をさせる, 衣ずれの音をさせる. **b** さらさら[かさかさ]音を立てて動かす[振り落とす]: The wind ~*s* the leaves. 風が葉を鳴らす. **2** 《米口語》 **a** さっさと動かす[持って来る, 扱う]. **b** 〈牛・馬を〉盗む. **3** 《米口語》努力して得る[集める]〈*up*〉.

rustle up 《口語》 (1) (捜し回って)手に入れる, かき集める: ~ *up* money to pay a debt 借金を払うために金をかき集める. (2) 〈料理を〉急いで作る: ~ *up* sandwiches *for* a guest.

— *n.* **1** さらさら, かさかさ, 衣ずれの音: the ~ of bedclothes 寝具のすれるかすかな音 / a ~ of talk among the students 学生たちの間の静かな話し声 / the ~*s* of leaves in the wind 風にそよぐ木の葉の音. **2** 《米口語》精力的な活動, ハッスル.

rús·tler [-slə, -slə | -slə(r, -slə(r] *n.* **1** さらさら[かさかさ]音を立てる人[物]; (風にそよいで)さらさら音を立てる植物. **2** 《米口語》 **a** 活動家, 活躍家. **b** 牛[馬]泥棒: a cattle ~ 牛泥棒.

rúst·less *adj.* **1** さびのない. **2** さびない.

rús·tling [-slɪŋ, -sl̩-] *adj.* **1** さらさら音がする, かさかさいう, ぱらぱら鳴る, 衣(きぬ)ずれの音がする: ~ leaves. **2** 《米口語》活動的な, 活発な. — *n.* **1** さらさら音を立てること. **2** 《米口語》牛を盗むこと, 牛泥棒. **~·ly** *adv.*

rúst·próof *adj.* さびない. — *vt.* 〈鉄・刀など〉にさび留めをする.

rus·tre [rʌ́stə | -tə(r] 〖□F ~ ← ?〗 *n.* 〖紋章〗円形の穴のある菱形図形.

rustre

rust·y[1] [rʌ́sti | -tɪ] 〖OE *rūstig* (cog. G *rostig*): ⇨rust (n.), -y[4]〗 — *adj.* (**rust·i·er, -i·est; more ~, most ~**) **1** さびた, さびを生じた: a ~ blade [sword] さび刀 / a knife ~ with disuse 使わなかったためさびたナイフ / a ~ iron door さびた鉄のドア / a ~ pen point さびたペン先 / ~ spots [stains] さび, しみ. **2** (使用しないために, または年をとって)鈍くなった, 不活発になった, 下手になった, 役に立たない,「さびついた」: be a bit ~ in shooting 射撃が少し下手になる / My French is rather ~. 私のフランス語は少々あやしくなった. **3 a** さび色の; さび色がかった. **b** 〈黒い服が〉(使い古して)色のさめた, 羊羹(ようかん)色になった. **c** 古ぼけた, 古めかしい, 旧式な, 時代遅れの: ~ clothes. **4** 〈植物など〉さび病にかかった: ~ wheat. **5** しわがれ声の. **rúst·i·ly** [-tɪli, -tə- | -lɪ] *adv.* **rúst·i·ness** *n.*

rust·y[2] [rʌ́sti | -tɪ] 〖《1562》《変形》← 《古形》 *resty* restive〗 — *adj.* (**rust·i·er; -i·est**) **1** 《古・方言》強情な, 頑固(がんこ)な: a ~ horse / ride [run] ~ 強情になる. **2** 《英口語・米方言》不機嫌な; 意地悪な. ★ 主に次の句で用いる: turn ~ 機嫌が悪くなる / cut up ~ ⇨ CUT *up* (vi.) (4).

Rus·ty [rʌ́sti | -tɪ] 〖← ONF *russet*=OF *ro(u)sset* (dim.) ← *rous* red(-haired): ⇨ -y[2]〗 *n.* **1** 男性名. **2** 女性名.

rústy bláckbird *n.* 〖鳥類〗クロムクドリモドキ (*Euphagus carolinus*) 《米国東部産ムクドリモドキ科の鳥; 雄の羽毛は, 春は青黒色, 秋には縁がさび色になる》.

rústy dáb *n.* 〖魚類〗北米東海岸産カレイ科の小型食用魚 (*Limanda ferruginea*).

rústy gráckle *n.* 〖鳥類〗=rusty blackbird.

rústy gúm *n.* 〖植物〗=gum-myrtle.

rut[1] [rʌ́t] 〖《1580》 *ru(p)t, rotte* □ ? OF *rute, rote* 'ROUTE'〗 — *n.* **1 a** 轍(わだち), 車の跡. **b** 細長いくぼみ, 溝(みぞ), 水路. **2** 決まり切ったやり方, 常例, 慣例, 常軌; (単調でやりきれない)決まり切った行動[思考, 生活]の様式[やり方]: get into a ~ 型にはまって(来)る / go on in the same old ~ 十年一日のように同じ事をやって行く / move in a ~ 常軌に従って行動する,決まり切った事をやる. — *vt.* (**rut·ted; rut·ting**) [通例 p.p. 形で] 〈道など〉に車の跡[轍]をつける; …に溝をつける: The track was ~*ted* by heavy lorries. 路には重いトラックの通った跡がついていた.

rut[2] [rʌ́t] 〖《c1410》 *rutte* □(O)F ~ < VL **rūgitum* = L *rugitus* a roaring ← *rugire* to roar ← IE **reu-* (⇨ rumor)〗 — *n.* **1** (シカ・ヤギ・ヒツジなどの)盛り, 発情. **2** [しばしば the ~] 盛りのついた時, 発情期: be in [at] (*the*) ~ 盛りがついている / go to (*the*) ~ 盛りがつく. — *vi.* (**rut·ted; rut·ting**) 盛りがつく, 発情する: a ~*ting* deer 発情しているシカ / the ~*ting* season 発情期.

Rut. 《略》 Rutland.

ru·ta·ba·ga [rùːtəbéɪgə, rʊ̀t-, -bégə | rùːtəbéɪgə] 〖□Swed. 《方言》 *rotabagge* ← *rot* (< ON *rōt* 'ROOT[1]') + *bagge* bag, ram〗 — *n.* **1** 〖植物〗カブハボタン (*Brassica napobrassica*) 《根が黄色のカブの一種; Swede (turnip) ともいう》. **2** カブハボタンの根《食用・飼料用》.

Ru·ta·ce·ae [ruːtéɪsiiː] 〖← NL ~ ← *Ruta* (属名: ← L *rūta* 'RUE[2]') + -ACEAE〗 *n. pl.* 〖植物〗ミカン科.

ru·ta·ceous [ruːtéɪʃəs] 〖⇨↑, -aceous〗 *adj.* 〖植物〗 **1** ヘンルーダ (rue) の[に似た]. **2** ミカン科の.

ruth [rúːθ] 〖OE *reuþe* ← *hrēowan* 'to RUE[1]': ⇨ -th[2]〗 *n.* 《古》 **1** 哀れみ, 同情. **2** 悲しみ; 悔悟, 後悔.

Ruth[1] [rúːθ] 〖□ Heb. *Rūth* ← ? *rᵉʿūth* companion〗 *n.* 女性名.

Ruth[2] [rúːθ] 〖↑〗 — *n.* 〖聖書〗 **1** ルツ《Boaz の妻; ダビデ (David) の曾祖母となったモアブ (Moab) の婦人; 前夫の母ナオミ (Naomi) に対する孝養で知られる》. **2** (旧約聖書の)ルツ記 (The Book of Ruth).

Ruth [rúːθ], **George Herman** *n.* (1895–1948) 米国の野球選手; 史上最強打者の一人; 通称 Babe Ruth.

Ru·thene [ruːθíːn | ruː-, rʊ-] 〖□ ML *Rut(h)ēnī* Little Russians ← Russ. *Rusin* ← *Rus'* 'Russ[1]': cf. Russia〗 *n.* =Ruthenian.

Ru·the·ni·a [ruːθíːniə | ruːθíːnjə, rʊ-, -nɪə] 〖□ ML ~ 'Russia' ← *Rut(h)ēnī* (↑): ⇨ -ia[1]〗 *n.* ルテニア《Carpatho-Ukraine の旧名》.

Ru·the·ni·an [ruːθíːniən | ruːθíːnjən, rʊ-, -nɪən] *adj.* ルテニア[小ロシヤ]人の; ルテニア[小ロシヤ]語の. — *n.* **1 a** ルテニア[小ロシヤ]人《Galicia, Ruthenia などに住んでいるウクライナ人》. **b** ルテニア[小ロシヤ]語. **2** 〖教会〗ルテニア教会信徒《ポーランド・チェコスロバキア・ハンガリーなどの帰一教会信徒 (Uniate)》.

ru·then·ic [ruːθénɪk, -θíːn- | ruː-, rʊ-] *adj.* 〖化学〗ルテニウムの; (特に)高い原子価のルテニウムを含む.

ru·the·ni·ous [ruːθíːniəs | ruːθíːnjəs, rʊ-, -nɪəs] 〖⇨↓, -ous〗 *adj.* 〖化学〗ルテニウムの; (特に)低い原子価のルテニウムを含む.

ru·the·ni·um [ruːθíːniəm | ruːθíːnjəm, rʊ-, -nɪəm] 〖《1848》 ← NL ~ ← ML *Ruthenia* (⇨ Ruthenia) + -IUM: この金属が Ural 山脈中で発見されたため〗 — *n.* 〖化学〗ルテニウム《白金に類する金属元素の一つ; 記号 Ru, 原子番号 44, 原子量 101.07》.

Ruth·er·ford [rʌ́ðəfəd | -ðəfəd], **Ernest** *n.* (1871–1937) ニュージーランド生れの英国の化学・物理学者; Nobel 化学賞 (1908); 称号 1st Baron Rutherford of Nelson.

Rutherford, Mark *n.* William Hale WHITE の筆名.

Rútherford átom 〖← *E. Rutherford*〗 *n.* 〖物理〗ラザフォード原子(模型)《陽電荷の原子核の周りを電子が軌道運動をしている原子模型》.

ruth·er·ford·i·um [rʌ̀ðəfɔ́ːdiəm | -ðəfɔ́ːdɪəm, -djəm] 〖⇨ E. Rutherford, -ium〗 *n.* 〖化学〗ラザフォーディウム (記号 Rf) (⇨ element 104).

Rútherford scàttering 〖← *E. Rutherford*〗 *n.* 〖物理〗ラザフォード散乱《荷電粒子がクーロン力により原子核で散乱されること》.

ruth·ful [rúːθfəl] 〖ME *re(o)uðful*〗 *adj.* 《古》 **1** 哀れみ深い. **2** 悲しみに満ちた, 悲しい: a ~ smile. **3** 悲しみを誘う. **~·ly** *adv.* **~·ness** *n.*

rúth·less 〖《c1327》 *reutheles*〗 — *adj.* 無慈悲な, 無情な; 残酷な: a ~ egoist 冷酷なエゴイスト / ~ slaughter and destruction during World War II 第二次大戦中の容赦のない殺戮と破壊. **~·ly** *adv.* **~·ness** *n.*

ru·ti·lant [rúːtələnt, -tl̩- | -tɪl-] 〖□ L *rutilant-em* (pres.p.) ← *rutilāre* to make reddish ← *rutilus* red: ⇨ red[1]〗 *adj.* 赤く光る; きらきら(金色に)輝く.

ru·ti·lat·ed [rúːtəlèɪtɪd, -tl̩-, -təd | -tɪlèɪt-] 〖← L *rutilātus* ((p.p.) ← *rutilāre* (↑)) + -ED〗 *adj.* 〖鉱物〗金紅石 (rutile) の針状結晶を含んだ.

ru·tile [rúːtiːl, -taɪl] 〖□F ~ 'shining' ← L *rutilus* red〗 — *n.* **1** 〖鉱物〗金紅石, ルチル (TiO_2). **2** 人工金紅石《チタニア (titania) の名前で人工宝石として広く使われている; ダイヤモンドより屈折率が高い》.

ru·tin [rúːtn | -tɪn] 〖□ G *Rutin* // F *rutine* ← L *rūta* 'RUE[2]': ⇨ -in[1]〗 — *n.* 〖薬学〗ルチン ($C_{27}H_{30}O_{16}$) 《ヘンルーダ (rue) やタバコの葉・ソバ・エンジュ(槐)の花などから得られる配糖体で黄色い結晶; 毛細血管のもろくなるのを防ぐのに用いる》.

Rut·land [rʌ́tlənd] 〖cf. Rutlandshire〗 *n.* イングランド中東部の旧州; 1974 年, Leicestershire 州の一部となる; 面積 394 km², 首都 Oakham.

Rutland. 《略》 Rutlandshire.

Rut·land·shire [rʌ́tləndʃɪə, -ʃə | -ʃə(r, -ʃɪə(r] 〖late OE *Roteland* 'land of *Rōta* (人名)'〗 *n.* =Rutland.

Rut·ledge [rʌ́tlɪdʒ], **Anne** *n.* (1816–35) 若き日の Abraham Lincoln の許婚者だったと言われる女性.

Rutledge, Edward *n.* (1749–1800) 米国の政治家・法律学者; 独立宣言署名者の一人.

rút·tish [-tɪʃ | -tɪʃ] *adj.* **1** 〈動物が〉盛りのついた. **2** 〈人が〉好色な; 猥褻(わいせつ)な; 性欲を誘う(ような). **~·ly** *adv.* **~·ness** *n.*

rut·ty [rʌ́ti | -tɪ] 〖← RUT[1] + -Y[4]〗 *adj.* (**rut·ti·er; -ti·est**) 〈道路など〉轍(わだち)の多い, 車の跡だらけの. **rút·ti·ness** *n.*

Ru·wen·zo·ri [rùː(w)ənzɔ́ːri, -zóːri | -zɔ́ːrɪ] *n.* ルウェンゾリ(山地)《アフリカ中部, Zaire と Uganda の国境, Albert 湖と Edward 湖との中間の山群; 最高峰 Mt. Stanley (5,109 m)》.

Ruys·broeck [ráɪsbruːk; *Du.* rœ́ɪsbruːk], **William of** *n.* ⇨ Guillaume RUBRUQUIS.

Ruys·dael [ráɪzdɑːl, ráɪs- | ráɪz-; *Du.* rœ́ɪsdaːl], **Jacob van** *n.* (ファン)ロイスダール《1628?–82; オランダの風景画家》.

Ruysdael, Sa·lo·mon [sáːlomɔn] **van** *n.* (ファン)ロイスダール《1601?–70; オランダの画家; Jacob van Ruysdael の叔父》.

Ruy·ter [ráɪtə | -tə(r; *Du.* rœ́ytər], **Michel A·dri·aans·zoon de** [àdriánsoːn də] *n.* ロイテル《1607–76; オランダの海軍提督》.

Ru·žič·ka [rúːʒɪtʃkə, -zɪtʃ-, -ʒɪts-; *Yugoslav.* rúʒitʃka], **Le·o·pold** [léopɔld] *n.* ルジチカ《1887–1976; ユーゴスラビア生れのスイスの化学者; Nobel 化学賞 (1939)》.

R.V., RV. 《略》 rateable value; 〖宇宙〗 reentry vehicle 再突入飛翔体; research vessel; Revised Version (cf. A.V.).

RVA, rva 《略》〖電気〗 reactive volt-amperes.

R.V.S.V.P. 《略》 *F.* répondez vite s'il vous plaît 至急御返事願い上げます (please reply immediately).

R.W. 《略》 radioactive warfare; radiological warfare; rainwater; right of way; Right Worshipful, Right Worthy 閣下; Royal Warrant; runway.

Rwan·da [ruáːndə | ruǽn-, ruː-, rwǽn-] *n.* ルワンダ《アフリカ中東部の共和国; もと国連ベルギー信託統治領 Ruanda-Urundi の一部であったが, 1962 年独立; 人口 4,000,000, 面積 26,338 km², 首都 Kigali; 公式名 the Republic of Rwanda ルワンダ共和国》.

Rwán·dan [-dən] *adj.*

Rx 〖《変形》 ← R (処方箋(せん)の書き出しに用いる L *recipe* の意の略記号)〗 *n.* **1** 処方箋. **2** 治療法; (問題・紛争などの)解決法.

Rx 《記号》〖処方〗 recipe (=take).

Rx, rx 《記号》 tens of rupees.

Ry. 《略》 Railway.

-ry [ri | rɪ] 〖ME *-rie* □ OF ← *-erie* '-ERY'〗 *suf.* -ery の異形《d, t, l, n, sh に終わる弱音節の後に付く時に多い》: Jewry, chivalry, heraldry, Irishry, pedantry.

ry·a [ríːə] 〖□ Swed. *rya* (*matta*) < ON *ry* coarse woollen cover: cf. rough〗 — *n.* **1** リーヤ絨毯(じゅうたん)《スカンジナビア産の手織りの小型絨毯》. **2** リーヤ織り; リーヤ絨毯模様.

ry·al [ráɪəl] 〖ME *ryal* □ OF *rial* 《変形》 ← *roial* 'ROYAL'〗 — *n.* ライアル: **1** Edward 四世が最初に鋳造した金貨《10 シリング, 後に Elizabeth 一世のもとで 15 シリング相当; それ以前からあった noble 金貨のデザインにバラを加えたもの; rose noble ともいう》. **2 a** スコットランド女王 Mary Stuart の発行した 60 シリング相当の金貨《3 ポンド金貨ともいわれ, 22 karats, 18 grains》. **b** スコットランド女王 Mary Stuart および James 六世が発行した 30 シリング相当の銀貨《22 karats, 472 $^1/_2$ grains》.

ry·a·ni·a [raɪéniə | -nɪə, -njə] 〖← NL *Ryania* (属名) ← *John Ryan* (18 世紀英国の医師): ⇨ -ia[2]〗 — *n.* リアニア《南米産熱帯性低木の幹から製する殺虫剤; アルカロイドの混合でアワノメイガ (European corn borer) に効果がある》.

rýa rùg *n.* =rya 1.

Rya·zan [rìːəzáːn, rjɑː-; *Russ.* rjizánj] *n.* リャザン《ソ連邦ロシヤ共和国 Moscow 南東, Oka 河畔の都市; 人口 442,000》.

ryb·at [ráɪbət] 〖《1554》《変形》 ← RABBET〗 *n.* 《スコット》窓・ドアなどの側面部の磨いた石.

Ry·binsk [ríbɪnsk, -bənsk | -bɪnsk; *Russ.* ríbjinsk] *n.* ルイビンスク湖《ソ連邦ロシヤ共和国西部, Volga 川上流の人造湖; 面積約 4,550 km²; Rybinsk Reservoir ともいう》.

Ry·der [ráɪdə | -də(r], **Albert Pink·ham** [píŋkəm] *n.* (1847–1917) 米国の画家.

rye[1] [ráɪ] 〖OE *ryge* < Gmc **ruʒiz* (ON *rugr*), **roʒan-* (Du. *rogge* / OHG *rokko*) ← IE **wrughyo-*〗 — *n.* **1** 〖植物〗ライムギ (*Secale cereale*) 《北欧では黒パンとウイスキーの原料, 北米南部・ニューイングランドでは間作 (cover crop) 用・土壌改善用, また家畜飼料としても用い, 英国では主に家畜の飼料》. **2** =rye bread. **3** ライウイスキー (rye whiskey) (一杯).

rye[2] [ráɪ] 〖□ Romany *rai* □ Skt *rājan* king: cf. royal〗 *n.* (特に, ジプシーの)紳士《ジプシー用語》.

Rye [ráɪ] 〖← (*at the*) *rye* 《異分析》 ← ME *at ther ye* < OE *æt þǣre iege* at the island〗 — *n.* イングランド南東部, East Sussex 州の都市 (⇨ Cinque Ports); 人口 5,000.

rýe bréad *n.* (ライムギで作った)ライムギパン, 黒パン (cf. black bread).

rýe·gràss 〖《変形》 ← *ray-grass* ← 《廃》 *ray darnel* ← ?〗 — *n.* 〖植物〗ライグラス《イネ科ドクムギ属 (*Lolium*) の一年草または多年草で, 生長が早く芝生・秣(まぐさ)用; cf. perennial ryegrass》.

Rye·land [ráɪlənd] 〖← *Ryelands* (英国 Herefordshire の産地名)〗 *n.* ライランド《英国産の角がなく短毛で顔が白い, 食肉用の一品種の羊》.

rýe whískey *n.* ライウイスキー《51% 以上のライムギを用いたウイスキー》.

ryke [ríːk, ráɪk] *v., n.* 《スコット》 =reach[1].

Ryle [ráɪl], **Gilbert** *n.* (1900–76) 英国の哲学者; *The Concept of Mind* (1949), *Dilemmas* (1954), *Plato's Progress* (1966); 学術誌 *Mind* の編集者 (1947–71); cf. GHOST in the machine.

rynd [ráɪnd, rínd] *n.* =rind[2].

ry·ot [ráɪət] 〖《1625》 □ Hindi *raiyat* □ Arab. *ra'īyaʰ* 'flock, RAYA'〗 *n.* (インドの)百姓, 農夫; 自作農.

ry·ot·war [ràɪətwɔ́ə | -wɔ́ː(r] 〖□ Hindi *raiyatwār* ← *raiyat* (↑) + *-wār* pertaining to〗 — *n.* (インドの)政府対小作人納税契約《地代や租税を直接小作人から取り立てる契約》. — *adj.* 政府対小作人納税契約の.

ry·ot·wa·ri [ràɪətwáːri | -rɪ] *n., adj.* (*also* **ry·ot·wa·ry** [~]) =ryotwar.

Ryú·kyu Íslands [ri(j)úːkjuː-, rjúː- | rɪ(j)úː-, rjúː-] *n. pl.* [the ~] 琉球諸島.

R.Y.S. 《略》 Royal Yacht Squadron 王立ヨット隊[クラブ].

S

S, s [és] 〖OE *S, s* ▭ L (Etruscan を経由) ▭ Gk *Σ, σ, ς* (sigma) ▭ Phoenician *w* : cf. Heb. שׁ (šīn)《原義》 tooth : ⇨ A[1] ★〗 ── *n.* (*pl.* **S's, Ss, s's, ss** [~ɪz, ~əz]) **1** 英語アルファベットの第 19 字. **2** (活字・スタンプなどの)S または s 字. **3** [S] S 字形(のもの): ⇨ COLLAR of SS [S] / ⇨ S wrench / The river makes an *S* there. 川はそこで S 字形に曲っている. **4** 文字 s が表わす音《seed, roofs などの [s]》. **5** (連続したものの)第 19 番目(のもの); (J を数に入れない時は)第 18 番目(のもの). **6** (中世ローマ数字の) 7 ; 70.

s 《略》 stere(s).

s 《記号》 second(s)《角度の秒》;〖化学〗 symmetrical.

s, S, s., S. 《略》 south ; southern.

S 《略》 September ;〖処方〗 *L.* signa (=label) ; square.

S 《記号》〖物理化学〗 entropy ;〖物理・数学〗 scalar ;〖貨幣〗 schilling(s) ;〖電気〗 siemens ;〖時計〗 slow《緩急針ダイヤル用; cf. F》;〖物理〗 S-matrix ;〖チェス〗 *G.* Springer (=knight) ;〖統計〗 standard deviation of a sample ;〖物理〗 strangeness ;〖化学〗 sulfur ;〖米軍〗 antisubmarine plane 対潜攻撃機 ;〖化学〗 svedberg.

S/ 《記号》〖貨幣〗 sol(s), soles ; sucre(s).

s. 《略》 scruple ; second(s) ; section ; see ; semi ; *It.* senza (=without) ; sermon ; set ;〖貨幣〗 shilling(s), sou(s) ; *F.* siècle (=century) ; sign ; signed ; sine ; *L.* sinister (=left) ; sire (動物の)雄親 ; small ; smooth ; snow ; *L.* solidus (=shilling) ; solo ; son ; spade('s) ; spherical ; steamer ; steel ; stock ; stratus cloud ; subject ; substantive ; suit ; sunny ; surplus.

s., S. 《略》 school ; sea ; seaman ; secondary ; series ;〖処方〗 signature ; silver ; singular ; sister ; society ;〖音楽〗 soprano ; stem ; succeeded.

S. 《略》 Sabbath ;〖紋章〗 sable ; Saint ; *Port.* São (= Saint) ; Saxon ; Scotch ; Scottish ; scribe ; secret ; secretary ; section ; *It.* Segno (=sign) ; *G.* Seite (=page) ; Senate ; *Sp.* Señor (=Mr.) ; *L.* sepultus (=buried) ; ship ; Signor ; Signore ; socialist ; *L.* socius (=fellow) ; *L.* sodālis (=fellow) ; solar ; staff ; statute ; submarine summer ; sun ; Sunday ; Sweden.

's[1] [s] *v.* 《口語》 is, has, does の縮約形 : He'*s* out. / He'*s* been here. / What'*s* he say about it?

's[2] [s] *pron.* us の縮約形 : Let'*s* go. ★ let's (=let us) の場合のほかは《方言》.

's[3] [z] 〖《転訛》← *God's* : cf. zounds〗《古》 =God's : '*s*death ! = *God's* DEATH ! / ⇨ 'sblood.

s- [és] [通例イタリック体で]〖化学〗 =sym-[2].

-s[1] 〖ME -*(e)s* < OE -*as* (nom. & acc. pl.) : cf. OS -*os* / Skt -*āsas*〗 ── *suf.* ★ 発音は [s] [z] [ʃ] [ʒ] [tʃ] [dʒ] の後では [ɪz, əz], その他の有声音の後では [z], その他の無声音の後では [s]. **1** s, x, sh, ch および '子音+y' に終わらない名詞の複数語尾 (cf. -es) : boy*s*, cat*s*, dog*s*, state*s*. **2** '子音+y' に終わる固有名詞の複数語尾 : Mary*s*. **3** 名詞的に用いられた略語・数字・記号などの複数語尾 : MP*s*, 8*s*, #*s*. ★ この場合 -s の前に省略符 ' を伴うことがある(⇨ -'s[2]) : A'*s*, 1920'*s*, &'*s*.

-s[2] [(有声音の後では) z, (無声音の後では) -s] 〖ME -*(e)s* < OE -*es* (gen. sing.)〗 ── *suf.* **1** 副詞形成語尾 : always, need*s*, perhap*s*, unaware*s* /《米口語》 We go dancing night*s* (=of a night). ★ (1) always, oftentimes などでは複数語尾の -s (⇨ -s[1]) と連想されることがある. (2) -s の有無によって意味・用法を異にする場合がある : sometime (いつか)—sometime*s* (ときどき) / indoor (*adj.*)—indoor*s* (*adv.*). (3) once, hence, whence, since などの -ce は -s の変形. **2** 名詞の所有格語尾 : craft*s*man, trade*s*man. ★ これらの類推で一般に職業などを表わす語の構成要素として用いられる : spoke*s*man, spoil*s*man. **3** 父名のあとに付いて son of の意の姓を造る (cf. patronymic) : Howell*s*, Jenkin*s*, Simon*s*, Sim*s*, William*s*. **4** 所有代名詞を造る《his との類推による二重属格》: her*s*, our*s*, their*s*.

-s[3] 〖ME《北部方言》-*(e)s* < OE (Northumbrian) -*es*, -*as* (第二人称単数直説法現在語尾からか : ⇨ -est[2]) ∽ -ETH[1], -TH[3]〗 ── *suf.* ★ 発音については ⇨ -s[1]. **1** s, x, sh, ch および '子音+y' に終わらない動詞の第三人称単数直説法現在語尾 (cf. -es) : It rain*s*. / He jump*s*. / She rise*s*. **2** 《俗》 次のような歴史的現在の第一人称単数語尾 : Then I say*s* to him.

-'s[1] 〖OE -*es* (masc., neut.) : cog. OHG -*es* / ON -*s* / Goth. -*is* / Skt -*asya*〗 ── *suf.* 名詞の所有格語尾 : a woman'*s* life / Frank'*s* cap / Charles'*s* poems. ★ (1) [s] [z] [ʃ] [ʒ] [tʃ] [dʒ] の後では [ɪz, əz], その他の有声音の後では [z], その他の無声音の後では [s]. (2) [s] [z] で終わる古典の人名では通例単に ' だけを付ける : Zeus', Achilles', Venus', Herodotus' ; また -s で終わる複数形も同じ : ladies', wives'.

-'s[2] 〖⇨ -s[1]〗 *suf.* アルファベットの文字や数字・略語・記号などの複数形を表わす : t'*s*, z'*s* / 1940'*s* (1940 年代) / M.P.'*s*. ★ 発音については ⇨ -'s[1].

$, $ 〖《1797》: *pesos* (=dollars : ⇨ peso) の始めと終わりの p と s を重ねた略字, または SOLIDUS の頭字 s の装飾化したもの, または PIECE of eight に印した数字の 8 の変形〗 ──《記号》 dollar(s). ★ ただし dollar と称しない通貨単位にも国によって $ の記号を用いるところがある. 例 : escudo(s) (ポルトガル) ; peso(s) (アルゼンチン・チリー・コロンビア・キューバ・メキシコ・ウルグアイ) ; sol(s), soles (ペルー) ; cruzeiro(s) (ブラジル) など.

Sa, Sa. 《略》 Saturday.

$A 《記号》〖貨幣〗 Australian dollar(s).

s.a. 《略》 safe arrival ;〖処方〗 *L.* secundum artem ; see also ; semiannual ; *L.* sine annō (=without year, undated) ; small arms ; special agent ; *L.* sub annō (= under the year) ; subject to approval.

S.A. 《略》 Salvation Army ;〖海軍〗 Seaman Apprentice ; semi annual ;《俗》 sex appeal ; *Sp.* Sociedad Anónima, *F.* Société Anonyme (=Anonymous Society) 株式会社 ; South Africa ; South America ; South Australia.

Saa·di [sɑːdíː] *n.* サーディ《1184?–?1291 ; ペルシャの詩人 ; *Gulistan*「薔薇の園」(1258) ; 本名 Muslih-ud-Din》.

Saar [sɑ́ə, zɑ́ə | sɑ́ː(r, zɑ́ː(r ; *G.* zá:ɐ] *n.* [the ~] **1** ザール(川)《フランス北東部, Vosges 山脈に発し Saar Basin を貫流して西ドイツの Moselle 川に合する川 (246 km)》. **2** =Saarland.

Sáar Básin *n.* [the ~] ザール盆地《西ドイツ Saarland 地方の炭田地区》.

Saar·brück·en [zɑəbrúkən, sɑə-, -brík- | zɑː-, sɑː- ; *G.* za:ɐbrÝkən] *n.* ザールブリュッケン《西ドイツ Saarland 州の首都 ; 人口 204,000》.

Sa·a·re·ma·a [sɑ́ːrəmɑ̀ː ; *Russ.* sáərjimaə] *n.* サーレマ(島)《ソ連邦 Estonia 共和国, バルト海 Riga 湾頭の島 ; 面積 2,714 km²》.

Saa·ri·nen [sɑ́ːrənèn, -nən | -rɪ- ; *Finn.* sɑ́:rinɛn], **Ee·ro** [í(ə)roʊ | íərəʊ ; *Finn.* é:ro] *n.* サーリネン《1910–61 ; フィンランド生れの米国の建築家 ; Eliel の息子》.

Saarinen, (Gottlieb) El·iel [éljel] *n.* サーリネン《1873–1950 ; 米国に在住したフィンランドの建築家》.

Saar·land [sɑ́əlænd, zɑ́ə- | sɑ́ː-, zɑ́ː- ; *G.* zá:ɐlant] *n.* [the ~] ザールラント《西ドイツとフランスとの国境付近 Saar 川流域の地方で, 鉄・石炭を多く産する ; フランス領 (1797–1815), ドイツ領 (1815–1919), フランスの国際連盟の委任統治領 (1919–35), ドイツ領 (1935–45), 第二次大戦後はフランスの支配下にあり, 1957 年政治的に西ドイツに編入されその一州となり, ついで 1959 年経済管理権も西ドイツに返還された : Saar ともいう ; 人口 1,120,000, 面積 2,568 km², 首都 Saarbrücken》.

Sa·a·ve·dra La·mas [sɑːvéɪdrə-lɑ́məs ; *Sp.* sàabédralámas], **Carlos** *n.* サーベドラ ラマス《1880–1959 ; アルゼンチンの外交官 ; チャコ (Chaco) 戦争の調停者 ; Nobel 平和賞 (1936)》.

Sa·ba *n.* **1** [sɑ́ːbə | sǽbə] サバ(島)《Leeward 諸島北部のオランダ領 Antilles 諸島の島》. **2** [séɪbə | sɑ́ː-] =Sheba 1 a.

sab·a·dil·la [sæ̀bədílə, -díː(j)ə] 〖▭ Sp. *cebadilla* (dim.) ← *cebada* barley ← *cebo* feed〗 ── *n.*〖植物〗 **1** メキシコ産のユリ科の薬用植物 (*Schoenocaulon officinale*). **2** その種子《veratrine の原料》.

Sa·bae·an [səbíːən, sæ-, -bíən] 〖《*a*1586》← L *Sabaeus* (▭ Gk *Sabaîos* ← *Saba* 'SHEBA')+-AN[1]〗 ── *adj.* **1** 南西アラビアの古国シバ (Sheba) の. **2 a** シバ人の. **b** シバ語の. ── *n.* **1 a** シバ人. **b** シバ語. **2** =Mandaean.

Sa·bah [sɑ́ːbə | sɑ́bə] *n.* サバ《Borneo 島北部にある Malaysia の一州 ; もと英国直轄植民地で (British) North Borneo といった ; 1966 年以降 Sarawak と合わせて East Malaysia と呼ばれる ; 人口 698,000, 面積 76,522 km², 首都 Kota Kinabalu [kóʊtə kìnəbəlúː | kə́ʊtə]》.

Sa·bah·an [sɑ́ːbəhən | sɑ́b-] *adj.* サバの. ── *n.* サバの原住民.

Sa·ba·ism [séɪbiìzm] 〖《1669》▭ F *sabaïsme* ← Heb. *ṣābhā'* host (of heaven) : ⇨ -ism〗 *n.* (古代アラビヤ・メソポタミヤで行なわれた)拝星教.

Sá·ba·ist [-ɪst, -əst | -ɪst] *n.* 拝星教徒.

Sab·a·oth [sǽbiɑ̀θ, -ɔ̀θ, sæbeɪ-, səbéɪoʊθ | sæbéɪɔθ, səb-, sǽbeɪɔθ, -əθ] 〖《*a*1325》▭ LL *Sabaōth* ▭ LGk *Sabaṓth* ▭ Heb. *ṣᵉbhā'ōth* (pl.) ← *ṣābhā'* host (of heaven), army〗 ── *n. pl.* 万軍, 天軍 : the Lord [God] of ~ 万軍の主, 神 (cf. *Rom.* 9 : 29, *James* 5 : 4).

Sa·ba·thé's cýcle [sæ̀bətéɪz- ; *F.* sabate-] 〖← ? *Sabathé* (人名)〗 *n.*〖機械〗 サバテサイクル《Otto cycle と diesel cycle が合成されたサイクル》.

Sa·ba·tier [sæ̀bətjéɪ ; *F.* sabatje], **Paul** *n.* サバティエ《1854–1941 ; フランスの化学者 ; Nobel 化学賞 (1912)》.

Sa·ba·ti·ni [sæ̀bətíːni | -nɪ ; *It.* sàbatíːni], **Raf·a·el** [rǽfiəl | -fɪ-] *n.* サバティーニ《1875–1950 ; イタリア生れの英国の歴史小説家 ; *Scaramouche* (1921)》.

sab·a·ton [sǽbətɑ̀n | -tɔ̀n] *n.*〖甲冑〗 =sabbaton.

Sab·bat, s- [sǽbət, sæbɑ́ː ; *F.* saba] 〖▭ F ~ 'SABBATH'〗 ── *n.* 魔女の宴会《中世に始まる俗信で魔女や魔法使いが Walpurgis の夜や Halloween の深夜などに悪魔に忠誠を誓い, 悪魔のミサや乱飲乱舞の大酒宴を催した集会》.

Sab·ba·tar·i·an, s- [sæ̀bətɛ́(ə)riən | -tɛ́əri-] 〖《1613》← LL *sabbatārius* (← *sabbatum* 'SABBATH')+-AN[1]〗 ── *adj.* 安息日の ; 安息日厳守主義の. ── *n.* 安息日厳守主義者, 安息日を厳守する人 : **a** 土曜日を安息日とするユダヤ教徒. **b** 土曜日を安息日とする安息日再臨派の信徒 (Seventh-Day Baptist). **c** 日曜日を安息日として厳守するキリスト教徒.

Sàb·ba·tár·i·an·ism, s- [-nìzṃ] 〖⇨ ↑, -ism〗 *n.* 安息日厳守(主義) (⇨ Sabbath, Sabbatarian).

Sab·bath, s- [sǽbəθ] 〖OE *sabat* ▭ LL *sabbat-um* ▭ Gk *sábbaton* ▭ Heb. *šabbāth* (day of) rest ← *šābhāth* to rest〗 ── *n.* **1** [the ~] 安息日《ユダヤ教では 1 週の最終日(土曜日) ; キリスト教では日曜日 ; イスラム教では金曜日 ; Sabbath day ともいう ; cf. *Exod.* 20 : 8–11, *Deut.* 5 : 13–14》: break [keep, observe] *the ~* 安息日を破る[守る]. **2** [s-] 休息[安息]の時間 ; 休息, 平和, 静寂 : a *sabbath* of sound 静けさ, しじま / a *sabbath* of the tomb 墓の中の静かな安息. **3** [s-] = Sabbat. ── *adj.* 安息日の.

Sábbath-brèaker, sábbath-b- *n.* 安息日を守らない人.

Sábbath-brèaking, sábbath-b- *n.* 安息日を守らないこと, 安息日破り. ── *adj.* 安息日を守らない, 安息日破りの.

Sábbath dày, s- d- *n.* =Sabbath 1.

Sábbath-day's jóurney, sábbath-d- j- *n.* **1** ユダヤ人が安息日に許された旅行道程《2,000 cubits, 約 ²/₃ マイル》. **2** 楽な旅行.

Sábbath·less, s- *adj.* 安息日のない, 休日なしの.

Sábbath Schòol, S- s- *n.* **1 a** 日曜学校 (Sunday school). **b** [集合的] 日曜学校の生徒たち[先生と生徒]. **2** 安息日学校《土曜日を安息日とする安息日再臨派 (Seventh-day Adventists) の土曜学校》.

Sab·bat·ic, s- [səbǽṭɪk | -tɪk] *adj.* =Sabbatical.

Sab·bát·i·cal, s- [səbǽṭɪkəł, -ṭə- | -tɪ-] 〖《1613》← LL *sabbaticus* (▭ LGk *sabbatikós* ← *sábbaton* 'SABBATH')+-AL[1]〗 ── *adj.* **1** 安息日の ; 安息日にふさわしい : ~ peace. **2** [s-] サバティカルイヤーの. **3** [s-] 安息の, 休息の. ── *n.* [s-] **1** =sabbatical year 2 : on ~. **2** 休暇.

sabbátical léave *n.* ⇨ sabbatical year 2.

sab·bát·i·cal·ly *adv.* 安息日らしく, 安息日を守って.

sabbátical ríver *n.* [the ~]〖ユダヤ伝説〗 安息日には流れを中止すると言われた川.

sabbátical yéar *n.* **1**〖聖書〗 安息の年《古代ユダヤ人が 7 年ごとに地に安息を与えて耕作を休む年 ; cf. *Lev.* 25 : 4 ; cf. jubilee 4》. **2** サバティカルイヤー, 休暇年度《ある大学で休養や研究のため 7 年ごとに教授などに与えられる 1 年間の休暇 ; sabbatical leave ともいうが, この場合は休暇が 1 学期間のこともある》.

Sab·ba·tize, s- [sǽbətàɪz] 〖ME *sabbatise(n)* ▭ LL *sabbatizāre* ▭ Gk *sabbatízein* ← *sábbaton* 'SABBATH' : ⇨ -ize〗 *vi.* 安息日を守る. ── *vt.* 安息日にする.

sab·ba·ton [sǽbətɑ̀n | -tɔ̀n] 〖ME ▭ OProv. *sabató* ← *sabata* shoe = F *sabate*〗 *n.*〖甲冑〗 (鎧(よろい)の)鉄靴 (solleret) (⇨ armor 挿絵).

sab·e [sǽbi | -bɪ] *v., n.* (**sab·ed ; sab·e·ing**) =savvy.

Sa·be·an [səbíːən | səbíːən, sæ-, -bíən] *adj., n.* = Sabaean.

Sa·bel·li·an[1] [səbéliən | -lɪən, -ljən] 〖← L *Sabellus* Sabine+-IAN〗 ── *n.* **1** サベリ人《古代イタリアの中部に住んでいた ; Sabines, Samnites などを含む》. **2** サベリ語[方言]《古代イタリアの中央部で用いられた言語で, Oscan, Umbrian 方言に近いと考えられる》. ── *adj.* サベリ人の ; サベリ語[方言]の.

Sa·bel·li·an[2] [səbéliən | -lɪən, -ljən] 〖《1402》▭ LL *Sabelliān-us* ← *Sabellius* : ⇨ -an[1]〗 ── *n.* サベリウス (Sabellius) 主義者, サベリウス説信奉者. ── *adj.* サベリウス主義[説]の.

Sa·bél·li·an·ìsm [-nìzṃ] *n.*〖神学〗 サベリウス主義[説] (⇨ Sabellius ; cf. Modalism).

Sa·bel·li·us [səbéliəs | -lɪəs, -ljəs] *n.* サベリウス《3 世

紀にローマで活躍した神学者で三位一体の三位は唯一の神の単なる三つの顕現様式に過ぎないと説いた》.

sa·ber, 《英》**sa·bre** [séɪbə | -bə(r] 〘《1680》▭F *sabre* 《変形》← *sable* ▭G《方言》*Sabel* (=*Säbel*) ← ORuss. *sablya*: cf. Pol. *szabla*〙 ― *n.* **1** サーベル, 騎兵用の彎刀. **2** [the ～] 武力, 武断政治: by *the* ～ 武力によって. **3** 騎兵; [*pl.*] 騎兵隊 (cf. bayonet 3): have 5,000 ～*s*. **4** 〘フェンシング〙 **a** サーブル《斬りと突きを併用して用いる剣; cf. épée, foil³》. **b** サーブル競技(種目).
rattle the saber サーベルをがちゃがちゃいわせる; 武力で脅かす, 武力行使をほのめかす.
― *vt.* サーベルで斬る[殺す, 傷つける].

sáber bèan *n.* 〘植物〙 ナタマメ (⇨ sword bean).

sáber·bill *n.* 〘鳥類〙 **1** =curlew. **2** オニキバシリ《中・南米産オニキバシリ属ユミハシオニキバシリ属 (*Campylorhamphus*) の鳥類の総称; くちばしが細長くて曲がっている》. 「ベル傷(の跡).

sáber cùt *n.* **1** サーベルの一撃[切りつけ]. **2** サー

sáber-ràttler *n.* 横暴な軍国主義者.

sáber ràttling *n.* 武力による威嚇, 武力の誇示.

sáber sàw *n.* 〘木工〙 携帯用電動糸のこ盤.

sáber·tòoth *n.* 〘古生物〙 =saber-toothed tiger.

sáber·tòothed [-tù:θt | -tù:θt, -tù:ðd] *adj.* 剣歯のある《犬歯がサーベル状に発達した状態で, ある種の化石動物に見られる》.

sáber-toothed tíger *n.* 〘古生物〙 剣歯虎《トラ類の化石獣で, 漸新世から更新世の終わりごろまで存続》.

sáber·wing *n.* 〘鳥類〙 南米産ハチドリ科カタバネハチドリ属 (*Campylopterus*) と *Eupetomena* 属のハチドリの総称《アオカタバネハチドリ(*C. falcatus*) など; cf. hummingbird》.

Sa·bi·a·ce·ae [sèɪbiéɪsiì: | -bɪ-] 〘← NL ～ ← *Sabia* (属名: ← ? Hindi *sabjā*)+-ACEAE〙 ― *n. pl.* 〘植物〙 (双子葉植物ムクロジ目)アワブキ科. **sà·bi·á·ceous** [-ʃəs] *adj.*

Sa·bi·an [séɪbiən, sá:b- | -bɪən, -bjən] 〘《1661》← Arab. *ṣābi'* Sabian,《原義》? baptizer+-AN¹〙 ― *n.* **1** サバ教徒《イスラム教の経典 Koran の中でイスラム教・ユダヤ教・キリスト教徒と同じく真の神の信者とされている》. **2** 〘Heb. *ṣābhā'* host (of heaven) との混同による: ⇨ Sabaism〙《俗用》拝星教徒 (Sabaist). ― *adj.* **1** サバ教の. **2** 《俗用》拝星教 (Sabaism) の.

Sá·bi·an·ìsm [-nìzm] *n.* サバ教《イスラム発生の頃に行なわれていたグノーシス的傾向をもった一派》.

sab·i·cu [sǽbəkù: | -bɪ-] 〘▭ Cuban Sp. *sabicú* ←《土語》〙 ― *n.* 〘植物〙 メキシコ・西インド諸島産のマメ科の高木 (*Lysiloma sabicu*); マホガニーに似たその堅材《造船用; sabicu wood ともいう》.

sa·bin [séɪbɪn, sǽb-, -bən | -bɪn] 〘← Wallace C.W. *Sabine* (1868-1919: 米国の物理学者)〙 *n.* 〘物理〙 セイビン《吸音力の単位》.

Sa·bi·na [səbáɪnə, -bí:-] 〘▭L *Sabīna*《原義》SABINE¹ woman〙 *n.* 女性名.

Sa·bine¹ [séɪbaɪn, sǽb- | sǽb-] 〘ME ▭L *Sabīn-us*《原義》? of its own kind; cog. OE *sibb* 'SIB': ⇨ -ine¹〙 ― *n.* **1** サビニ人《昔 Apennines 山脈地方に住んでいたが, 紀元前3世紀ごろローマ人に征服された民族の人》. **2** サビニ語. ― *adj.* サビニ人[語]の.

Sa·bine² [səbí:n | səbí:n, sæ-] 〘↑〙 ― *n.* [the ～] 米国 Texas 州北東部に発し Louisiana 州との境を流れて Mexico 湾に注ぐ川 (930 km); 河口から約 8 km の所から Sabine 湖 (長さ 27 km, 幅 11 km) を形成する.

Sa·bíne's gúll [səbí:nz | sə-, sæ-] 〘← *Sir Edward Sabine* (1788-1883: 英国の天文・物理学者・探検家)〙 ― *n.* 〘鳥類〙 クビワカモメ (*Xema sabini*)《北極地方で繁殖する, 首に黒色の輪がつき, ツバメのような二叉の尾のカモメ; fork-tailed gull ともいう》.

Sá·bin vaccìne [séɪbɪn-, -bən- | -bɪn-] 〘← *A. B. Sabin* (1906- : ロシヤ生れの米国の細菌学者)〙 ― *n.* 〘薬学〙 セービンワクチン《小児麻痺免疫のための経口生ワクチン》.

sa·ble [séɪbl̩] 〘《c1353》▭(O)F ～ 'sable(-fur), black' ▭ML *sabelum* ← ? Slav. (cf. Russ. *sobol'*)〙 ― *n.* **1** 〘動物〙 **a** クロテン (*Martes zibellina*)《マツテンに似たユーラシア北部産のテンの一種. 毛が長く下毛が密で, 毛色は淡黄褐色, 茶褐色または黒褐色; その黒褐色の皮は珍重される; cf. marten》. ★ ラテン語系形容詞: zibeline. **b** アメリカテン (American sable). **c** =sable antelope.

sable 1 a

2 a クロテンの毛皮. **b** クロテンの毛の画筆《sable's hair pencil ともいう》. **3** [通例 *pl.*]《詩》喪服: in ～*s* 喪服をつけて. **4 a** 〘紋章〙 黒色《無彩色図では縦横の線で示す》. **b** 《詩》黒. **c** (クロテンの毛皮の濃い茶色. ― *adj.* **1** クロテンの毛[皮]で作った. **2 a** 〘紋章〙 黒色の. **b** 《詩》〈黒人・空・海・夜・運命など〉黒い, 黒色の, 暗黒の; 陰気な, 陰鬱(ｳﾂ)な, 恐ろしい. **3** 悪魔の: His *Sable* Majesty 悪魔大王.

Sa·ble [séɪbl̩], **Cape** 〘← F *sable* sand〙 ― *n.* セーブル岬: **1** 米国 Florida 州南端の岬《米国本土の最南端》. **2** Canada の Nova Scotia 南西端にある小島 (Sable Island) の岬.

sáble àntelope *n.* 〘動物〙 セーブルアンテロープ (*Hippotragus niger*)《アフリカ産の大型のレイヨウ; 体の色が黒っぽく, 角は 1 m 以上に達し, 後方に曲がる》.

sá·bled *adj.* 喪服をつけた.

sáble·fìsh *n.* 〘魚類〙 ギンダラ (*Anoplopoma fimbria*)《北太平洋産の大型で黒色の食用魚》.

sa·bo·ra, S- [sɑbó:rɑ:] 〘▭ Aram. *sābhōrā'* sharp thinker ← *sᵉbhár* to think〙 ― *n.* (*pl.* ～**·im** [sɑ̀:bo(ʊ)rá:ɪm | -bə(ʊ)-]) 〘ユダヤ教〙 サボラ《6 世紀ごろ Babylonia で Talmud を編集したユダヤ人の律法学者; ⇨ amora》.

sa·bot [sæbóʊ, ⌐ —, sǽbòʊ | sǽbəʊ; *F.* sabo] 〘《1607》▭F ～ < OF *çabot*《混成》? ← *çavate* (F *savate*) old shoe+*botte* boot〙 ― *n.* (*pl.* ～**s** [～z; *F.* ～]) **1** [通例 *pl.*] **a** 木靴, サボ《フランス・オランダ・ベルギーなどの農民などがはく》. **b** 木底の靴; クロッグ (clog). **2 a** サンダル型靴の甲にある革製の帯《sabot strap ともいう》. **b** sabot strap 付きの靴. **3** 〘軍事〙 **a** 弾底板《昔の先込め砲の発射体に装着した木片または金属片》. **b** (縮射用)送弾筒《大口径の砲腔内に縮射弾を保持し, 発射されると砲口まで弾丸とともに動き, 砲口から出ると落ちる金属環》. **c** (曳光高速徹甲弾の)装弾筒《アルミの弾体で, 中に炭化タングステンの弾身を包む》. **4** 〘機械〙 やすりぐつ.

sabot 1 a

sab·o·tage [sǽbətà:ʒ | -tà:ʒ, -tà:dʒ; *F.* sabɔta:ʒ] 〘《1910》▭F ～: ⇨ ↑, -age: もとフランスの労働者が争議中 sabot で機械などを破壊したことにちなむ〙 ― *n.* **1** サボタージュ《労働争議中労働者たちが機械・製品などに故意の損害を与えたり, 戦時中軍事行動や重要生産を妨害したりなどする行為》: acts of ～ サボタージュ行為. ★「サボタージュ」を「怠業」とするのは日本化した意味で, 英語にはない; cf. strike 4, slowdown 2, go-slow, ca' canny. **2 a** (運動などに対する)中傷, 妨害. **b** 故意の転覆[破壊]. ― *vt.* **1** ...にサボタージュを起こす: ～ the government 政府に対してサボタージュをする. **2** 〈計画・政策・綱領などを〉破壊する, 妨害する: ～ a scheme. ― *vi.* サボタージュを起こす. 「(sabots) をはいた.

sa·boted [sǽbòʊd, ⌐ —, sǽbòʊd | sǽbəʊd] *adj.* 木靴

sab·o·teur [sæ̀bətə́:, ⌐—⌐ | sæ̀bətə́:(r, ⌐—⌐; *F.* sabɔtœ:r] 〘▭F ～: ⇨ sabotage〙 *n.* サボタージュをする人.

sa·bra [sá:brə, -brɑ:] 〘▭ ModHeb. *ṣabrāh* a kind of cactus〙 *n.* **1** [しばしば S-] 土着のイスラエル人. **2 a** Palestine 産サボテン科 *Opuntia* 属の植物の食用果実. **b** =Indian fig 2.

sabre *n., vt.* =saber.

sab·re·tache [séɪbətæ̀ʃ, sǽbə- | sǽbə-] 〘▭F ～ ▭G *Säbeltasche*《原義》saber pocket ← *Säbel* 'SABER'+*Tasche* pocket〙 ― *n.* (騎兵がもとサーベルの帯皮から左の腰に長く下げた革製の)小かばん.

sa·breur [səbrə́:, sæ- | -brə́:(r; *F.* sabrœ:r] 〘▭F ～ ← *sabrer* 'to SABER'〙 *n.* **1** サーベルをつけた騎兵: a beau ～ いきな姿の騎兵将校. **2** サーベルを使う人.

Sa·bri·na¹ [səbrí:nə] *n.* [the ～] Severn 川の古名.

Sa·bri·na² [səbrí:nə] 〘▭L *Sabrīna*《原義》from the boundary line ← ?〙 *n.* 女性名.

sab·u·lous [sǽbjʊləs] 〘《1632》▭L *sabulōs-us* ← *sabulum* gravel, sand: ⇨ -ous〙 ― *adj.* **1 a** 砂の多い. **b** 砂質の, 砂のような. **2** 〘医学〙〈尿など〉沈渣(ｻ)の多い.

sa·bur·ra [səbə́:rə | -bʌ́rə] 〘▭L ～ 'sand'〙 *n.* 〘病理〙 (口・歯・胃中の)食物残渣(ｻ).

sac [sǽk] 〘《1741》▭F ～ ∥ L *sacc-us*: ⇨ sack¹〙 *n.* **1** 〘生物〙 袋状の部分, 嚢(ﾉｳ)《通例液体を含む》. **2** 〘服飾〙 =sack¹ 3.

Sac [sɔ́:k, sǽk] *n.* (*pl.* ～**s**, ～) =Sauk 1.

SAC, S.A.C. 《略》〘米空軍〙 Strategic Air Command 戦略空軍(司令部).

S.A.C. 《略》〘英空軍〙 Senior Aircraftman.

sa·ca·huis·te [sɑ̀kəwístə, sɑ̀:-, -ti | -tə, -tɪ] 〘▭ Am.-Sp. *zacahuiscle* ← Am.-Ind. 《土語》: cf. Nahuatl *zacatl* coarse grass〙 ― *n.* 〘植物〙 リュウゼツラン科トックリラン属の葉の細長い植物 (*Nolina texana*)《秣(ﾏｸﾞｻ)用》.

sac·a·ton [sǽkətòʊn | -tàʊn] 〘▭ Am.-Sp. *zacatón* ← *zacate* grass, hay ▭ Nahuatl *zacatl* (↑)〙 ― *n.* 〘植物〙 米国南西部産イネ科ヒゲシバの類の牧草 (*Sporobolus wrightii*).

sacc- [(a, o, u の前では) sæk, (e, i の前では) sæk(s)] (母音の前に来る時の) sacco- の異形.

sac·cade [sæká:d, sə- | sæ-] 〘▭F ～ ← MF *saquer* to draw: ⇨ -ade〙 ― *n.* **1** (読書の時などの)眼のぴくぴく動く運動, がたつき運動. **2** 〘馬術〙 手綱をぐいと引っぱって馬を急激に止めること. **sac·cad·ic** [sæká:dɪk] *adj.*

sac·cate [sǽkeɪt] 〘← NL *saccāt-us* ← SACCO-+L *-ātus* '-ATE²'〙 *adj.* **1** 袋状の部分のある, 嚢(ﾉｳ)状の (sac-shaped). **2** 包嚢 (cyst) に包まれた.

sac·cat·ed [sǽkeɪtɪd, -ṭəd | -tɪd, -təd] 〘⇨ ↑, -ed〙 *adj.* =saccate. 「の異形.

sac·char- [sǽkər] (母音の前に来る時の) saccharo-

sac·cha·rase [sǽkərèɪs, -rèɪz | -rèɪs] 〘← SACCHARO-+-ASE〙 *n.* 〘生化学〙 サッカラーゼ (invertase).

sac·cha·rate [sǽkərèɪt, -rət, -rɪt] 〘← SACCHARO-+-ATE¹〙 *n.* 〘化学〙 **1** サッカラート《糖と金属水酸化物とから生じる塩または付加物》. **2** サッカラート, 蔗(ｼｮ)糖塩《カルシウム・バリウム・ナトリウムなどの酸化物または水酸化物の蔗糖との化合物》.

sac·cha·rat·ed [sǽkərèɪṭɪd, -ṭəd | -rèɪt-] 〘⇨ ↑, -ed〙 *adj.* 蔗糖を含む[混ぜた]; 甘くした. 「-i-).

sac·cha·ri- [sǽkərɪ, -rə | -rɪ] saccharo- の異形 (⇨

sac·char·ic [səkǽrɪk, sæ-] 〘← SACCHARO-+-IC¹〙 *adj.* 〘化学〙 **1** 糖の, 糖から誘導した. **2** 糖酸の[から誘導した].

sacchàric ácid *n.* 〘化学〙 糖酸 (HOOC(CHOH)$_4$COOH).

sac·cha·ride [sǽkəràɪd, -rɪd, -rəd | -ràɪd, -rɪd] 〘← SACCHARO-+-IDE〙 *n.* 〘化学〙 **1** 炭水化物; (特に)単糖類 (monosaccharide). **2** 蔗糖エステル.

sac·cha·rif·er·ous [sæ̀kərɪ́f(ə)rəs] 〘← SACCHARO-+-FEROUS〙 *adj.* 糖を生じる[含む].

sac·char·i·fy [səkǽrəfàɪ, sæ- | -rɪ-] 〘← SACCHARO-+-FY〙 *vt.* 糖化する. **sac·char·i·fi·ca·tion** [səkæ̀rəfɪkéɪʃən, sæ-, -fə- | -rɪfɪ-] *n.*

sac·cha·rim·e·ter [sæ̀kərímәṭə | -mɪtə(r, -mə-] 〘▭F *saccharimètre*: ⇨ saccharo-, -meter¹〙 *n.* 〘化学〙 検糖計, サッカリメーター.

sac·cha·rim·e·try [sæ̀kərímətrɪ | -mɪtrɪ, -mə-] 〘▭F *saccharimétrie*: ⇨ ↑, -metry〙 *n.* 〘生化学〙 検糖計法, 糖計測法.

sac·cha·rin [sǽk(ə)rɪn, -rən | -kərɪn] 〘《1880》▭G ～: ⇨ saccharo-, -in¹〙 *n.* 〘化学〙 サッカリン ($C_6H_4COSO_2NH$)《gluside ともいう》.

sac·cha·rine [sǽk(ə)rɪn, -rən, -kəràɪn, -rì:n | sǽkəràɪn, -rì:n] 〘《1674》← ML *saccharum* 'SUGAR'+-INE³〙 ― *adj.* **1** 糖の (sugary), 糖質の; 糖を含む[生じる]: ～ taste, vegetables, etc. **2** 甘すぎる, 甘ったるい: ～ flavor. **3** 〈態度・言語など〉いやに甘ったるい: a ～ smile, poetry, etc. ～**·ly** *adv.*

sac·cha·rin·i·ty [sæ̀kərínəṭɪ | -nətɪ, -nɪ-] 〘⇨ ↑, -ity〙 *n.* 糖質, 甘さ (sweetness).

sáccharin sódium *n.* 〘化学〙 サッカリンナトリウム塩 ($C_6H_4COSO_2NNa\cdot2H_2O$)《可溶性サッカリン; 甘味料, 白色結晶》.

sac·cha·rize [sǽkəràɪz] 〘← SACCHARO-+-IZE〙 *vt.* 糖化する; 発酵させる (ferment). **sac·cha·ri·za·tion** [sæ̀kərɪzéɪʃən, -rə- | -raɪ-, -rɪ-] *n.*

sac·cha·ro- [sǽkəro(ʊ) | -rə(ʊ)] 〘← ML *saccharum* 'SUGAR': ⇨ -o-〙「糖 (sugar); 糖の, 糖質の (saccharine)」の意の連結形: *saccharo*meter. ★ 時に sacchari-, また母音の前では通例 sacchar- になる.

sàccharo·farináceous *adj.* 糖と穀粉の[で出来ている].

sac·cha·roid [sǽkərɔ̀ɪd] 〘← SACCHARO-+-OID〙 〘地質〙 *adj.* 〈石質が〉棒砂糖 (loaf sugar) 状の: ～ stone. ― *n.* 糖状《棒砂糖の組織に類似した岩石の組織》.

sac·cha·roi·dal [sæ̀kərɔ́ɪdl̩] 〘⇨ ↑, -al¹〙 *adj.* 〘地質〙 =saccharoid.

sàccharo·láctic ácid *n.* 〘化学〙 =mucic acid.

sac·cha·rom·e·ter [sæ̀kərɑ́məṭə | -rɔ́mɪtə(r, -mə-] 〘← SACCHARO-+-METER¹〙 ― *n.* 検糖計, 糖液比重計, サッカロメーター. **sac·cha·rom·e·try** [sæ̀kərɑ́mətrɪ | -rɔ́mɪtrɪ, -mə-] *n.*

sac·cha·ro·my·ces [sæ̀kəro(ʊ)máɪsi:z | -rə(ʊ)-] 〘← NL ～ ← SACCHARO-+Gk *múkēs* mushroom〙 ― *n.* 〘植物〙 サッカロミケス《有胞子酵母菌 *Saccharomyces* 属の微生物; ビール酵母・ぶどう酒酵母・清酒酵母などが含まれる》.

Sac·cha·ro·my·ce·ta·ce·ae [sæ̀kəro(ʊ)màɪsətéɪsiì: | -rə(ʊ)màɪsɪ-] 〘← NL ～: ⇨ ↑, -aceae〙 ― *n. pl.* 〘植物〙 サッカロミケス科《酵母菌》. **sàc·cha·ro·my·ce·tá·ceous** [-ʃəs] *adj.*

sac·cha·rose [sǽkəròʊs, -ròʊz | -rəʊs] 〘← SACCHARO-+-OSE²〙 *n.* 〘化学〙 **1** 蔗糖(ｼｮﾄｳ) (sucrose). **2** =disaccharide. 「sacciform.

sac·ci- [sǽk(s)ɪ, -(s)ə | -(s)ɪ] sacco- の異形 (⇨ -i-):

sac·ci·form [sǽk(s)əfɔ̀ːm | -k(s)ɪfɔ̀:m] 〘⇨ sacco-, -form〙 *adj.* 嚢(ﾉｳ)状の.

Sac·co [sǽkoʊ | -kəʊ; *It.* sákko], **Nicola** *n.* サッコ《1891-1927; 米国に在住したイタリア生れの過激思想家; ⇨ Sacco-Vanzetti Case》.

sac·co- [sǽko(ʊ) | -kə(ʊ)] 〘← L *saccus* 'SAC': ⇨ -o-〙「嚢(ﾉｳ) (sac)」の意の連結形. ★ 時に sacci-, また母音の前では通例 sacc- になる.

Sácco-Vanzétti Càse *n.* サッコヴァンゼッティ事件《米国 Massachusetts 州の製靴会社での強盗殺人罪のかどで 1921 年 N. Sacco と B. Vanzetti が共に死刑を宣告され, 1927 年処刑されたが, 審理に公正を欠いていたとの理由で欧米各地で物議をかもした裁判; Upton Sinclair の *Boston* (1928), Maxwell Anderson の *Winterset* (1935) などの作品にも取り上げられている》. 「嚢(ﾉｳ)状の.

sac·cu·lar [sǽkjʊlə | -lə(r] 〘← SACCUL(US)+-AR¹〙 *adj.*

sac·cu·late [sǽkjʊlət, -lɪt, -lèɪt] 〘← SACCUL(US)+-ATE²〙 *adj.* =sacculated.

sac·cu·lat·ed [sǽkjʊlèɪṭɪd, -ṭəd | -lèɪt-] 〘⇨ ↑, -ed〙 *adj.* 嚢(ﾉｳ)[小嚢]の[からなる]; 多数の嚢[小嚢]からできた. **sac·cu·la·tion** [sæ̀kjʊléɪʃən] *n.*

sac·cule [sǽkju:l] 〘▭L *saccul-us* small bag (dim.) ← *saccus* 'SAC': ⇨ -ule〙 *n.* **1** 小嚢(ﾉｳ) (little sac). **2** 〘解剖〙 (内耳の迷路の)球形嚢, 小嚢. 「cule.

sac·cu·lus [sǽkjʊləs] 〘↑〙 *n.* (*pl.* **-cu·li** [-làɪ]) =sac-

sac·er·do·cy [sǽsədòʊsi, sǽkə- | -sədəʊsɪ] 〘← L *sacerdōtium* priestly office ← *sacerdōs* priest: ⇨ -cy〙 *n.* **1** 司祭職, 聖職者たること. **2** 聖職者の役目[資格].

sac·er·do·tage [sǽsədòuṭɪdʒ, sǽkə- | -sədàut-] 〖← L *sacerdōt-* (↓)+-AGE〗 *n.* 《戯言》＝sacerdotalism.

sac·er·do·tal [sæ̀sədóuṭḷ, sæ̀kə- | sæ̀sədə́utḷ] 〖《c1400》 ▭ (O)F ～ // L *sacerdōtāl-is* ← *sacerdōtem, sacerdōs* priest ← *sacer* holy (⇨ sacred): ⇨ -al[1]〗 ── *adj.* **1 a** 聖職者[僧, 司祭]の; 聖職の, 僧門の: ～ literature. **b** 聖職に属する: a ～ teacher. **2** 聖職[司祭]制の; 僧権[聖権]尊重の. **～·ly** *adv.*

sàc·er·dó·tal·ism [-ṭəlìzm, -ṭḷ- | -təl-, -tḷ-] 〖⇨ ↑, -ism〗 ── *n.* **1** 聖職[司祭, 僧]制 (priestly order). **2** 聖職者かたぎ, 聖職者の慣行. **3** 祭司主義, (過度の)聖職[司祭]制主義, 僧権[聖権]尊奉主義. **4** [軽蔑的に] (特に, 世俗的目的のための)聖職者の政略[策謀] (priestcraft).

sàc·er·dó·tal·ist [-ṭəlɪst, -ləst, -ṭḷ- | -təlɪst, -tḷ-] *n.* 聖職制主義者, 聖職尊奉論者. ── *adj.* 聖職制(主義)の.

sac·er·do·tal·ize [sæ̀sədóuṭəlàɪz, sæ̀kə-, -ṭḷ- | -sədə́utəl-] 〖← SACERDOTAL+-IZE〗 *vt.* **1** 聖職制にする, 聖職尊奉主義にする. **2** 聖職制(主義)に従わせる.

sa·chem [séɪtʃəm, sǽtʃ- | séɪtʃəm, -tʃem] 〖← N-Am.-Ind. 《土語》〗 ── *n.* **1** (アメリカインディアンの)首長 (chief) (cf. sagamore); (特に, 北大西洋沿岸のアルゴンキアン族 (Algonquian tribes) 連合の)大首長. **2** 《米》政党の指導者; (特に, New York 市の Tammany Society の)役員: the Grand *Sachem* タマニー協会総裁.

Sa·cher tor·te [sɑ́ːkəːtɔ́əṭə, zɑ́ː- | -kətɔ́ːtə; G. záxɐtɔ́rtə] 〖▭ G *Sachertorte* ← *Sacher* (オーストリアのホテル経営者の家族名)+*Torte* 'TORTE'〗 ── *n.* ザッヒャートルテ《アプリコットジャムを塗り, チョコレート入りの砂糖衣をかけたオーストリアのチョコレートケーキ; 通常泡立てクリームを添える》.

sa·chet [sæʃéɪ | ⌐ ⌐; F. saʃɛ] 〖▭ F ～ (dim.) ← *sac* 'SACK[1]': ⇨ -et〗 ── *n.* (*pl.* ～s [～z; F. ～]) **1 a** におい袋. **b** (におい袋に入れる)香粉《sachet powder ともいう》. **2** (シャンプーなど) 1 回分の分量を入れたプラスチックの袋[包み].

Sachs [zɑ́ːks, sǽks; G. záks], **Curt** [kúət | kúːət; G. kʊ́rt] *n.* ザックス《1881–1959; ドイツ生れで, 米国の比較音楽・楽器学者》.

Sachs, Hans *n.* ザックス《1494–1576; ドイツの靴屋で職匠歌人 (Meistersinger) の一人; 約 6,000 編におよぶ歌や戯曲を書いた》.

Sachs, Nelly *n.* ザックス《1891–1970; ドイツ生れユダヤ系のスウェーデンの女流詩人・劇作家; Nobel 文学賞 (1966)》.

Sach·sen [zɑ́ksn̩] *n.* ザクセン《Saxony のドイツ語名》.

sack[1] [sǽk] 〖OE *sacc* ▭ L *sacc-us* ▭ Gk *sákkos* ▭ Heb. *śaq* sackcloth, sack, bag: cf. sac〗 ── *n.* **1 a** 大袋《穀物・石炭・くだもの・じゃがいも・羊毛などを入れる麻・ズックなど粗布製の大きな通例長方形の袋》: a ～ of potatoes. **b** 食料品などを入れる小さな紙[ナイロン]製の袋; (特に)紙袋: a ～ of candy キャンデー一袋. **c** (小包み, 第二種, 第三種の郵便物を入れる)郵便袋《mail sack ともいう》. **2 a** 中身の入った一袋, 一包. **b** 一袋の量《特に, 穀物や羊毛の計量単位として用いられるが, 一定しない》. **3 a** (17 世紀後半から 18 世紀前半に流行した)背の中心にワトープリーツ (Watteau pleat) のあるガウン[上着]. **b** (婦人・子供用の室内または外出用の)ゆったりしたオーバーブラウスのような上着. **c** ＝sack dress. **d** ＝sacque 2. **e** ＝sack coat. **4** [the ～] (古代ローマの)袋詰めの刑罰《罪人を袋に入れて水死させた》. **5** [the ～] 《口語》解雇; (求愛などの)はねつけ, ひじ鉄砲: get [have] *the* ～ 暇を出される, 解雇される (cf. *get the* GATE[1]); はねつけられる, ひじ鉄砲を食う / give a person *the* ～ 人を解雇する; 人をはねつける. **6** [the ～] 《俗》**a** 寝床: hit *the* ～ 床に就く, 寝る. **b** 《米》ハンモック. **7** 《古》＝sackcloth. **8** 〘野球〙ベース, 塁. **9** 〘生物〙＝sac 1.

hold the sack ＝*hold the* BAG[1].

── *vt.* **1** 袋に入れる. **2** 《口語》得る, 獲得する〈*up*〉: ～ a profit. **3** 《口語》(特に, 即座に)解雇する: ～ a worker.

sack in 《米俗》就寝する, 寝る (go to bed). ***sack out*** 《米俗》床に就く, 寝る.

sack[2] [sǽk] 〖《a1547》 ▭ F (*mettre à*) *sac* (to put to) sack ▭ It. *sacco* < L *saccum* 'SACK[1]': cf. ML *saccāre* to put in a sack〗 ── *vt.* **1** (占領後)〈都市などを〉略奪する. **2** 〈強盗などが〉〈貴重品を〉奪い去る. ── *n.* **1** (占領地などの)略奪: put to the ～ 略奪する / the ～ of Rome ローマの略奪. **2** 略奪品.

sack[3] [sǽk] 〖《1531》 (*wyne*) *seck* ▭ (O)F (*vin*) *sec* dry (wine) < L *siccum* dry: ⇨ sec[1]〗 ── *n.* サック(ワイン)《16–17 世紀にスペインおよび Canary 諸島などから輸出された辛口の白ぶどう酒》.

sáck-bèarer *n.* 〘昆虫〙ミノムシ (bagworm).

sack·but [sǽkbʌ̀t, -bət] 〖《1533》 ▭ F *saquebute* trombone ← OF *saquer* to pull+*bouter* to push〗 ── *n.* **1** サックバット《trombone に似た中世の低音らっぱ》; サックバットの奏者. **2** 〖《誤訳》← Aram. *sabbᵉkhā* trigon〗〘聖書〙三角琴 (trigon)《弦楽器の一種》.

sáck·clòth 〖ME *sekkcloth*: ⇨ sack[1], cloth〗 *n.* **1** ズック, 袋地(麻布) (sacking). **2** (特に, 服喪・懺悔(ざんげ)・抗議の印に着た)袋地の粗服.

in sackcloth and ashes 悲哀に沈んで; 深く悔いて (*Matt.* 11: 21; cf. 2 *Sam.* 3: 31; *Esth.* 4: 1): repent [be] *in* ～ *and ashes*.

sáck còat *n.* サックコート《ウエストラインのない短かめのゆったりした男性用上着》.

sáck drèss *n.* サックドレス《体の線に合わせないでゆったりと作った婦人用ドレス》.

sáck·er[1] *n.* **1** 袋を造る[詰める]人. **2** [通例 first, second, third ～ として]《米》〘野球〙塁手 (baseman).

sáck·er[2] *n.* (占領地などの)略奪者.

sack·ful [sǽkfʊ̀l] 〖《15C》〗 (*pl.* ～**s**, **sacks·ful**) *n.* 一袋, 一俵(分); たくさん (large quantity): a ～ of... 一袋[たくさん]の....

sáck·ing[1] 〖cf. OE *sæccing* bed〗 *n.* **1** 袋地, ズック, 粗麻布. **2** 袋材料 (bagging).

sáck·ing[2] *n.* **1** 略奪, 強奪. **2** 決定的勝利.

sack·less [sǽklɪs, -ləs] 〖OE *sacléas* innocent ← *sacu* dispute: ⇨ sake[1], -less〗 ── *adj.* **1** 《古》罪のない (guiltless). **2** 《スコット》**a** 気力のない (dispirited), 気の弱い (feeble-minded). **b** 害のない.

sáck ràce *n.* サックレース, 袋競走《袋に足を入れて走る競走》.

sáck sùit *n.* 《米》背広(服)《上着に sack coat を用いたビジネス用スーツ》.

Sack·ville [sǽkvɪl], **Thomas** *n.* (1536–1608) 英国の詩人・外交官; T. Norton との合作で *Gorboduc* (1562); 称号 Baron Buckhurst, 1st Earl of Dorset.

Sack·ville-West [sǽkvɪlwést], **Victoria** (**Mary**) *n.* (1892–1962) 英国の女流小説家・詩人; *The Edwardians* (1930).

sác·lìke *adj.* 嚢状の, 袋状の.

sacque [sǽk] 〖《フランス語形化》← SACK[1]〗 *n.* **1** ＝sack[1] 3 a, b, c. **2** 赤ちゃん用の上着.

sacr-[1] [sǽkr, seɪkr] (母音の前に来る時の) sacro-[1] の異形.

sacr-[2] [sǽkr, seɪkr] (母音の前に来る時の) sacro-[2] の異形.

sacra *n.* sacrum の複数形.

sa·cral[1] [sǽkrəl, séɪk- | séɪk-] 〖← NL *sacrāl-is*: ⇨ sacrum, -al[1]〗〘解剖〙 *adj.* 仙(せん)骨の, 仙骨部の; 仙椎(つい)の: the ～ vertebrae 仙椎(骨). ── *n.* 仙骨[神経].

sa·cral[2] [séɪkrəl, sǽk- | séɪk-] 〖← SACRO-[1]+-AL[1]〗 *adj.* 聖礼の, 聖式の.

sa·cral·ize [séɪkrəlàɪz, sǽk- | séɪk-] *vt.* (宗教的儀式によって)神聖にする. **sa·cral·i·za·tion** [sèɪkrəlɪzéɪʃən, sæ̀k-, -lə- | sèɪkrəlaɪ-, -lɪ-] *n.*

sac·ra·ment [sǽkrəmənt | -rə-, -rɪ-] 〖?OE ▭ L *sacrāment-um* ← *sacrāre* to set apart as sacred ← *sacer* 'SACRED': ⇨ -ment〗 ── *n.* **1** 〘キリスト教〙サクラメント《神の恩寵(ちょう)の印として, 特に神聖と考えられる宗教的儀式; ローマカトリック教会の用語としては「秘跡」といい, 洗礼 (baptism)・堅信 (confirmation)・聖体 (the Eucharist)・告解 (penance)・終油 (extreme unction)・叙階 (holy orders)・婚姻 (matrimony) の七秘跡を指す; ギリシャ正教会系の用語としては「機密」といい, 聖公会・プロテスタント教会の用語としては「聖奠(てん), 聖礼典」といい, 洗礼 (baptism) と聖餐 (the Eucharist) だけを指す》. **2** [しばしば the S-] **a** 聖餐(式), 聖晩餐(式) (the Eucharist, Lord's Supper): the last ～ 臨終の聖餐[秘跡] / administer the ～ 聖餐式を行なう / go to ～ 聖餐式に列する / take [receive] the ～ (...することを誓って)聖餐を受ける〈*to do*〉〈*upon*〉. **b** 聖体, 聖餐用パン. ★ 英国国教会・ローマカトリック教会では通例 Blessed [Holy] Sacrament という. **3** 神聖なもの; 神秘的な意味のある事[もの]. **4** 《古》**a** しるし, 象徴 (sign, symbol). **b** 神聖な誓い, 宣誓, 誓約 (oath, pledge): take a ～ 誓う, 宣誓する.

sacrament of the altar [the ―] ＝2.

── *vt.* [通例 p.p. 形で] 誓約でしばる; 神聖にする.

sac·ra·men·tal [sæ̀krəménṭḷ | -rəméntḷ, -rɪ-] 〖《c1400》 ▭ OF ～ // LL *sacrāmentāl-is*: ⇨ ↑, -al[1]〗 ── *adj.* **1** サクラメントの, 聖礼(典)の, 秘跡の, 機密の; 聖餐(式)の[に用いる]: ～ rites 聖餐式 / ～ wine 聖餐用ぶどう酒. **2** 特に神聖な (sacred); 宣誓した: a ～ obligation. **3** 〈教義など〉サクラメント[聖典礼]を重んずる. ── *n.* 〘カトリック〙準秘跡《例えば聖水・十字架像・十字架の道行・教会の鐘・ロザリオなど》. **～·ly** *adv.*

sàc·ra·mént·al·ìsm [-ṭəlìzm, -ṭḷ- | -təl-, -tḷ-] 〖⇨ ↑, -ism〗 ── *n.* **1** 〘キリスト教〙礼典主義, 聖餐重視主義《サクラメントが魂の救済に必要であるとする主義》. **2** サクラメンタリズム《全自然・全生命は霊的意義に満ちあふれており, 見えないもの・永遠を象徴しているものとする考え》.

sàc·ra·mén·tal·ist [-ṭəlɪst, -ṭḷ-, -ləst | -təlɪst, -tḷ-] *n.* 礼典主義者, 聖餐重視(主義)者.

Sac·ra·men·tar·i·an [sæ̀krəmentέ(ə)riən | -rəmentέərɪ-, -rɪm-] 〖← SACRAMENT+-ARIAN: cf. G *Sakramenter, Sakramentierer*〗 ── *n.* 〘キリスト教〙**1** 聖餐形式論者《聖餐用パンとぶどう酒はキリストの肉と血を単に表象するに過ぎないと主張する Zwingli などの説に賛成する人》. **2** [s-] ＝sacramentalist. ── *adj.* **1** 聖餐形式論の. **2** [s-] 礼典主義の, 聖餐重視の. **3** [s-] 秘跡[聖礼典]の.

sàc·ra·men·tár·i·an·ìsm [-nìzm] *n.* 〘キリスト教〙**1** 礼典形式主義. **2** ＝sacramentalism.

sac·ra·men·ta·ry[1] [sæ̀krəméntəri | -rəméntərɪ, -rɪ-] 〖▭ ML *sacrāmentāri-us*: ⇨ sacrament, -ary〗 ── *adj.* **1** サクラメントの, 聖礼典の; 聖餐式の (sacramental). **2** 聖餐形式論者の. ── *n.* [S-] ＝Sacramentarian 1.

sac·ra·men·ta·ry[2] [sæ̀krəménṭəri | -rəméntərɪ, -rɪ-] 〖▭ ML *sacrāmentāri-um* (neut.): ↑〗 *n.* 聖礼典式書, 式文.

Sac·ra·men·to [sæ̀kəméntou | -təu] 〖← Sp. ～ 'SACRAMENT'〗 ── *n.* **1** 米国 California 州中部, Sacramento 河畔の港市で同州の首都; 人口 261,000. **2** [the ～] 米国 California 州北部から南流して San Francisco 湾に注ぐ川 (615 km).

Sacraménto Mòuntains *n. pl.* [the ～] サクラメント山脈《米国 New Mexico 州と Texas 州南西部にわたる山脈》.

Sácrament Súnday *n.* 聖餐式を行なう日曜日.

sa·crar·i·um [səkrέ(ə)riəm, sæ-, seɪ- | -rέərɪ-] 〖《1727》 ▭ L *sacrārium* ← *sacr-, sacer* 'SACRED': ⇨ -arium〗 ── *n.* (*pl.* **-i·a** [-riə | -rɪə]) **1** (古代ローマの)サクラリウム《邸宅内の聖所または聖堂》. **2** 〘キリスト教〙至聖所, 聖所 (sanctuary), (教会堂の)内陣 (chancel). **3** 〘カトリック〙聖杯洗盤, 手洗い盤 (piscina).

Sa·cra Ro·ma·na Ro·ta [sɑ́ːkrə-ro(u)mɑ́ːnə-róuṭə | -rə(u)mɑ́ːnə-rə́utə] 〖▭ L *sacra Rōmāna rota*: ⇨ ↓, Roman, rota[1]〗 ── *n.* 〘カトリック〙教皇庁控訴院 (⇨ rota[1] 2).

sa·cred [séɪkrɪd, -krəd] 〖《?a1300》 (p.p.) ← ME *sacre(n)* to make holy ▭ (O)F *sacr-er* ▭ L *sacrāre* to consecrate ← *sacr-, sacer* holy ← IE **sak-*, **sank-* to sanctify: cf. saint, sanction〗 ── *adj.* **1 a** 清められた; 聖別された; 神聖な, 聖なる: the ～ elements of the Eucharist 聖餐の聖別されたパンとぶどう酒 / the ～ altar 聖壇 / the ～ name of Jesus イエスの聖なる名. **b** 崇敬[尊敬]に値する, 尊い, 立派な (venerable): ～ old age. **2 a** 〔神に〕捧げた, 〈寺院など〉〔...を〕祭った〔*to*〕: a tree ～ *to* the gods 神木 / a monument ～ *to* the memory of ...を祭った碑, ...の記念碑. **b** 〔人・集団・目的などに〕慎んで献じた, ささげられた (dedicated)〔*to*〕: Lombard Street has been ～ *to* the banking interest. ロンバート街は金融業者の天地となっている / a fund ～ *to* charity 慈善のための資金. **3** 宗教(的儀式)に関する; 宗教的な (cf. profane, secular): the ～ writings [books] 聖典 / a ～ concert 宗教音楽会, 聖楽会 / a ～ edifice [building] 教会, 聖堂, 寺院 / ～ history 聖書に記された歴史 / a ～ hymn 賛美歌, 聖歌 / a ～ number 宗教的に神秘な数《例えば 7》/ ～ music 宗教音楽, 聖楽 / ～ songs 聖歌, 賛美歌. **4** 〈動物が〉(宗教的・神秘的意味を持つものとして)特別に神聖視される: the ～ cat 神猫(ねこ)《古代エジプト人が神の使いだと信じた》/ the ～ elephant (インド人が神聖視する)聖象 / ⇨ sacred beetle, sacred monkey. **5** 神聖で侵すことのできない (sacrosanct), 侵されない (inviolable): His [Her, Your] most *Sacred* Majesty (the King [Queen]) 陛下《以前用いた英国王[女王]の尊称》/ Their property [persons] will be held ～. 彼らの財産[生命]は安全に保護されるだろう / No place was ～ from outrage. 乱暴を受けない場所はなかった. **6** 《古》呪われた (accursed).

Sacred Heart of Jesus [the ―] 〘カトリック〙(イエズスの)聖心《やりで貫かれたキリストの心臓; 人類に対する彼の愛の象徴としてローマカトリック教会ではそのために特別の祭式を行なう》.

～·ness *n.*

sácred babóon *n.* 〘動物〙マントヒヒ (*Papio hamadryas*)《エチオピアと西南アラビアに分布; 古代エジプトでは霊獣として神聖視された; hamadryas baboon ともいう》.

sácred bambóo *n.* 〘植物〙＝nandina.

sácred béetle *n.* 〘昆虫〙オオタマオシコガネ, 聖玉押金亀子虫 (⇨ scarabaeus 1).

Sácred Cóllege *n.* [the ～] 〘カトリック〙＝COLLEGE of Cardinals.

sácred ców 〖インドでは牡牛が神聖視されることから〗 *n.* **1** 《戯言》神聖で侵す[批判する]べからざる人[物, 思想, 制度]. **2** 〘ジャーナリズム〙批判や攻撃など受けない人[機関など].

Sácred Héart *n.* [the ～] 〘カトリック〙＝SACRED Heart of Jesus.

sácred íbis *n.* 〘鳥類〙アフリカクロトキ, コシグロトキ (*Threskiornis aethiopica*)《古代エジプトでは神の使者として尊んだ; cf. white ibis 2》.

sácred lótus *n.* 〘植物〙ハス (Indian lotus).

sá·cred·ly *adv.* 神聖に; 侵し難く: a secret to be ～ kept 神聖に[堅く]守るべき秘密.

sácred mónkey *n.* (インド人が尊ぶ)神聖猿《ハヌマンヤセザル (hanuman) など》.

sácred múshroom *n.* 〘植物〙**1** 米大陸産の幻覚を感じさせるシビレタケ属 (*Psilocybe*) のキノコの総称《インディアンが儀式に用いることがある》. **2** ＝mescal button.

Sácred Níne *n.* [the ～] 〘ギリシャ神話〙ミューズの九女神 (the Muses).

sácred órder *n.* [通例 *pl.*] 〘キリスト教〙聖職, 上級聖職階 (major order).

Sácred Peniténtiary *n.* [the ～] 教皇庁内赦院《信者の良心上の問題に関して解答・赦しを与える役所; cf. rota[1] 2》.

Sácred Ròman Ròta *n.* [the ～] 〘カトリック〙＝rota[1] 2.

sácred thréad *n.* 〘ヒンズー教〙聖紐《ヒンズー教徒の上層三階級の青年男子が入門式に帯びる紐; 左肩から右腋にかける》.

Sácred Wrìt *n.* [the ～] 聖書 (Scripture).

sac·ri·fice [sǽkrəfàɪs, -fɪs, -fəs, -fàɪz | -rɪfàɪs] 〖《c1275》 ▭ (O)F ～ ▭ L *sacrificium* ← *sacer* 'SACRED': ⇨ -fic〗 ── *n.* **1** 神[霊的存在]に生けにえを捧げること, 供犠; (神霊的存在に捧げる)生けにえ, 捧げ物: a human ～ 人身御供(ごくう) / as a ～ to God 神への生けにえとして. **2** 犠牲(物); 犠牲的行為: at [by] the ～

of …を犠牲にして / at a tremendous ～ 途方もない犠牲を払って / at any ～ どんな犠牲を払っても / at all ～s 万難を排して / fall a ～ to …の犠牲になる / make ～s (子供などのために)犠牲を払う[になる] / make the ～ of …を犠牲にする / His health was the ～ demanded of him. 彼は健康を犠牲にしなければならなかった / the great [last, supreme] ～ (国家のための)一死奉公 / poor ～s of our enmity 両家の憎しみの哀れな犠牲者 (Shak., *Romeo* 5. 3. 304). **3** 投売り, 捨売り；投売りによる損失：sell at a ～ 特価で売る / the surplus stock for sale at a large ～ 残品大見切売り. **4 a** 〘神学〙キリストの犠牲[はりつけ] (the Crucifixion)；聖餐 (the Eucharist). **b** 〘カトリック〙(聖体の)犠牲. **5** 〘野球〙犠打《sacrifice bunt [hit] ともいう》. **6** 〘チェス〙捨て駒《局面を有利にするため, 初めわざと損をすること》. **7** 〘トランプ〙(ブリッジで)サクリファイス《敵方のゲーム (game) 達成を阻止するために, 多少の損失を承知で敢てオーバーコール(overcall)すること》. — [-fàɪs, -fàɪz, -fɪs, -fəs | -fàɪs] *v.* — *vt.* **1** 犠牲にする；〔…に〕生けにえとして捧げる〔*to*〕: ～ one's life / ～ sheep *to* God 神に羊を生けにえに捧げる. **2** 〔…のために〕犠牲に供する, 捧げる〔*to, for*〕: ～ accuracy *to* effect (文章などの)効果をねらって正確さを犠牲にする / ～ appearance *to* comfort 気楽さのためにはなりふりは構わない / ～ an inheritance *for* a principle 遺産を投げうって主義のために尽くす / I could not ～ my political beliefs *for* money. 金のために政治信念を捨てることはできなかった. **3** 安く売る, 投売りする：～ a house. **4** 〘野球〙犠打で〈走者を〉進塁させる. — *vi.* **1** 〔…に〕犠牲を[として]捧げる〔*to*〕: ～ *to* God. **2** 〘野球〙犠打を打つ. **sác·ri·fìc·er** *n.*

sácrifice búnt *n.* 〘野球〙＝sacrifice hit.

sácrifice flý *n.* 〘野球〙犠牲フライ.

sácrifice hít *n.* 〘野球〙犠打, 犠牲バント (略 SH).

sac·ri·fi·cial [sæ̀krəfíʃəl | -rɪ-] 〘(1607) ← L *sacrificium*＋-AL[1]: ⇨ sacrifice〙 — *adj.* **1** 生けにえの, 犠牲の：a ～ rite 生けにえの儀式. **2** 犠牲的な；献身的な. **3** 投売りの, 見切売りの：～ prices 捨値. **～·ly** *adv.*

sacrifícial ánode *n.* 〘化学〙電気防食用陽極《水中構造物などの防食のために, 自らが溶解することによって保護作用を示す陽極》.

sac·ri·lege [sǽkrəlɪdʒ | -rɪ-, -rə-] 〘(c1303) ▭ OF ～ (F *sacrilège*) ▭ L *sacrilegium* ← *sacer* 'SACRED'＋*legere* to gather, steal (⇨ lecture)〙 — *n.* **1** 神聖[聖所, 聖物]を汚すこと, 神聖冒瀆(ぼうとく), 瀆聖. **2** 聖物窃盗罪, 教会泥棒, 神社荒らし. **sác·ri·leg·er** *n.*

sac·ri·le·gious [sæ̀krɪlídʒəs, -rə-, -líːdʒ- | -rɪlídʒəs, -rə-, -dʒɪəs] 〘(1582): ⇨↑, -ous〙 — *adj.* **1** 神聖を汚す, 神聖冒瀆(ぼうとく)の：～ practices 冒瀆行為. **2** 聖物盗みの, 教会泥棒の, 神社荒らしの. **～·ly** *adv.* **～·ness** *n.*

sa·cring [séɪkrɪŋ] 〘(c1300) ← ME *sacre(n)* to consecrate: ⇨ sacred, -ing[1]〙 — *n.* 《古》 **1** 神聖にすること[行為], 清めること；(特に)ミサの聖別 (Consecration of the Mass). **2** (bishop, 君主などの)就任式, 即位式, 聖別式 (ordination, consecration).

sácring bèll 〘ME〙 — *n.* 〘カトリック〙 **1** 祭鈴《ミサ聖祭執行中, 聖変化の行なわれる際, 聖体と聖血を奉挙する時に侍者の使用する鈴》. **2** 奉挙を告げる教会の鐘(を鳴らすこと).

sac·rist [sǽkrɪst, séɪk-, -rəst | -rɪst] 〘(c1580) ▭ (O)F *sacriste* // ML *sacrista* ← *sacer* 'SACRED': ⇨ -ist〙 *n.* ＝sacristan.

sac·ris·tan [sǽkrɪstən, -rəs-, -tn̩ | -rɪs-] 〘(c1375) ▭ ML *sacristān-us* ← *sacrista*: ⇨↑, -an[1]〙 — *n.* **1** (教会・修道院などの)聖具室係, 聖物納室係, 香部屋係, 聖具保管人. **2** 《古》教会堂番人, 寺男 (sexton).

sac·ris·ty [sǽkrɪsti, -krəs- | -rɪstɪ] 〘(1656) ▭ F *sacristie* // ML *sacristia* ← *sacrista*: ⇨ sacrist, -y[1]〙 — *n.* (教会・修道院の)聖器[聖物]保管室, 聖物納室, 聖具室, 香部屋 (cf. vestry 1).

sacro-[1] [sǽkroʊ, séɪk- | -rə(ʊ)] 〘ME *sacro-* ▭ MF // L ← *sacr-, sacer* 'SACRED'〙 —「神聖な (holy)；神聖にしてまた…」の意の連結形. ★ 母音の前では通例 sacr- になる.

sacro-[2] [sǽkroʊ, séɪk- | -rə(ʊ)] 〘← NL ～: ⇨ sacrum〙 — 〘解剖〙「仙(せん)骨 (sacrum), 仙椎(せんつい)；仙骨と…との (sacral and…)」の意の連結形. ★ 母音の前では通例 sacr- になる.

sac·ro·il·i·ac [sæ̀kroʊɪ́liæ̀k, sèɪk- | -rəʊɪ́lɪ-] 〘⇨↑, iliac〙 〘解剖〙 *adj.* 仙(せん)骨 (sacrum) と腸骨 (ilium) の；仙腸関節の. — *n.* 仙腸関節.

sac·ro·sanct [sǽkroʊsæ̀ŋ(k)t, -krə- | -krə(ʊ)-] 〘(1601) ▭ L *sacrōsanct-us* ← *sacrō* ((abl.) ← *sacrum* sacred rite ← *sacer* 'SACRED')＋*sanctus* consecrated (⇨ sanction)〙 — *adj.* **1** 神聖で侵すことのできない, きわめて神聖な, 至聖の. **2** [しばしば反語的に]いやに神聖な.

sac·ro·sanc·ti·ty [sæ̀kroʊsǽŋ(k)təṭi, -krə- | -krə(ʊ)sǽŋ(k)tətɪ, -tɪ-] 〘⇨↑, -ity〙 *n.* 神聖性, 至聖.

sàcro·sciátic 〘← SACRO-[2]＋SCIATIC〙 *adj.* 〘解剖〙仙(せん)骨 (sacrum) と坐骨 (ischium) の.

sac·rum [sǽkrəm, séɪk-] 〘← NL ～ ← LL (*os*) *sacrum* sacred (bone) ← (neut. sing.) ← L *sacer* 'SACRED': この骨が生けにえに用いられたことから〙 — *n.* (*pl.* **sac·ra** [-rə]) 〘解剖・動物〙仙(せん)骨.

sad [sǽ(ː)d] 〘OE *sæd* sated, satiated, weary < Gmc **saðaz* (G *satt* satiated) ← IE* *sā-* to satisfy (L *satis* enough)〙 — *adj.* (**sad·der**; **sad·dest**) **1** 悲しい, 嘆き悲しむ：a ～ heart 悲しむ心 / feel ～ *about* …を悲しむ / It makes me ～ to think of her. 彼女のことを思うと悲しくなる / He was ～ to leave them. 彼らのもとを去るのが悲しかった / He was ～ *that* his business failed. 事業が失敗したことを悲しんだ. **2** 悲しそうな, ふさぎ込んだ, 憂鬱な：a ～ countenance 悲しげな顔つき / look ～ 意気消沈した様子である. **3** 悲しく思わせる, 悲しむべき, 嘆かわしい：a ～ event [song] 悲しい出来事[歌] / ～ news 悲報 / ～ weather 気の滅入るような天気 / the ～ light of the moon 哀れを催させる月影 / ～ to say 悲しいことには / It's ～ *about* her child's death. 《口語》あの方のお子さんが亡くなってお気の毒です / It is ～ that you failed in your examination. 試験に落ちたとは悲しいことだ. **4** 《口語・戯言》けしからぬ, ひどい, 始末におえない, あきれた：a ～ slut 手に負えないお転婆 / a ～ dog やくざ, ならず者 / a ～ mistake とんでもない間違い / write ～ stuff ひどい文章[もの]を書く / He made a ～ mess of it. それをめちゃくちゃにした / make ～ work of it ⇨ work 7. **5** (色が)黒ずんだ, くすんだ (somber). **6 a** 《米中部・英》〈パン・ケーキなど〉ふくれそこねた, なま焼けの (doughy, soggy). **b** 《英方言》〈土地・土が〉粘つく, 粘土質の. **7** 《古》真剣な, まじめな：in ～ earnest 真剣で, 悲壮に. **8** 《廃》確固たる, 堅い (fixed)：～ resolution.

a sadder and a wiser man 悲しい経験の末賢明になった人, 苦労人 (Coleridge, *The Rime of the Ancient Mariner*). — *adv.* 《古》＝sadly.

Sa·dat [sədáːt, sə-], **(Mohammad) An·war el-** [ɑ́ːnwɑːr el- | -wɑ́ː(r)] *n.* サダト《1918–81；エジプトの政治家；大統領 (1970–81)；暗殺された》.

sád-cólored *adj.* 黒ずんだ, くすんだ (dark, somber).

sad·den [sǽdn̩] 〘(1600) ← SAD[1]＋-EN[1]〙 — *vt.* **1** 悲しませる, 悲しみに沈ませる (depress). **2** 黒ずんだ色にする (darken)：～ cloth. — *vi.* **1** 悲しむ, 悲しくなる. **2** くすんだ色になる[染める].

sád·dish [-dɪʃ] 〘← SAD＋-ISH[1]〙 *adj.* **1** やや悲しい, 悲しげな. **2** 少しくすんだ色の.

sad·dle [sǽdl̩] 〘n.: OE *sadol* < Gmc **saðulaz* (G *Sattel*) ← IE* *sed-* 'to SIT' (L *sella* / Gk *hellá* seat)〙 — *n.* **1 a** (馬などの)鞍(くら) (cf. harness 1)：lose one's ～ 馬から落ちる / take [get into] the ～ 馬に乗る. **b** (荷車用動物につける)荷鞍 (packsaddle). **c** (自転車・トラクターなどの)サドル, 腰掛け. **2** (動物の)鞍(くら)状部《鞍を乗せる両肩から腰までの部分》. **3 a** (羊肉・鹿肉の)鞍下肉《両腰骨付きの背肉；cf. chine[2] 1 b》: a ～ of mutton. **b** 動物の背にある鞍形模様. **c** 雄の家禽(かきん)の背の後部. **d** (ミミズなどの)環帯 (clitellum). **4 a** 鞍(くら)部 (col)《山の尾根の低くなっている部分》. **b** 二つの峰をつなぐ山の背. **5** (屋根の棟の)おおい. **6 a** 台座の役をするもの. **b** (つり橋の支柱にある)鋼索の支え. **c** (砲架の)砲耳支え. **d** 〘機械〙サドル, 軸鞍《工作機械の往復台などの案内面にまたがる部分》. **e** 〘陶磁器〙サドル《焼成を行なう時に品物を支える耐火粘土製の支柱》. **f** 〘海事〙サドル《帆桁の先端またはバウスプリットにブームを取り付けるための枕木で, 上下が半円に凹部をもち両円材に合うようになっている》. **7** (靴の)鞍形の飾り革《ひも穴のある甲の部分, 他の部分の皮と対照的な色をしている；cf. saddle shoe》. **8** (鉄道車両本体と台車をつなぐ)荷重受の腕金. **9** 〘建築〙沓摺(くつずり), ドアの下框(したがまち).

saddles 1 a

A western saddle
1 horn; 2 pommel; 3 fork; 4 seat; 5 cantle; 6 back jockey; 7 skirt; 8 lace strings; 9 fender *or* flap; 10 stirrup leather; 11 stirrup; 12 seat jockey; 13 front jockey

B English saddle
1 pommel; 2 skirt; 3 seat; 4 cantle; 5 pads; 6 flap; 7 knee puff; 8 girth; 9 stirrup leather; 10 stirrup

cast out of [***get into***] ***the saddle*** 免職[就職]する. ***for the saddle*** 乗用に[の]. ***in the saddle*** (1) 馬に乗って；馬乗りになって：He is quite at home *in the* ～. 馬術が非常にうまい. (2) 仕事について；仕事にかかる用意ができて. (3) 権力を握って, 事をよく制御して. ***put the saddle on the right*** [***wrong***] ***horse*** 《英》責むべき[おかど違いの]人を責める.

— *vt.* **1** 〈馬など〉に鞍を置く〈*up*〉: ～ a horse. **2 a** 〈人など〉に〔責任・負担などを〕負わせる, 課する〔*with*〕: ～ a person *with* debts [responsibilities] 人に負債[責任]を負わせる. **b** 〈人など〉に〈厄介な責任・名声など〉を〉課する, 負わせる〔*on, upon*〕: ～ an onerous responsibility *on* him 彼に厄介な責任をなすりつける. **3** サドル[サドル状のもの]で支える[つなぐ]. **4** 〈調教師が〉〈調教した馬を〉レースに送る. — *vi.* **1** 鞍にまたがる, 馬に乗る. **2** 馬に鞍を付ける〈*up*〉.

sáddle·bàck *n.* **1** 鞍(くら)形の山の背[尾根]. **2** 背に鞍形模様のある鳥獣：**a** 〘動物〙＝harp seal. **b** 〘鳥類〙＝black-backed gull. **c** 〘鳥類〙＝hooded crow. **d** 〘鳥類〙セアカホオダレムクドリ (*Philesturnus carunculatus*). **3** 《英》サドルバック《45×36 インチの包み紙のサイズ》. **4** 〘建築〙笠石(かさいし)《石塀の最上部に並べる切妻形の石》. — *adj.* ＝saddle-backed.

sáddle-bàcked *adj.* **1 a** 〈山の頂の間の尾根が〉鞍(くら)形をした. **b** (馬の背が)鞍形にくぼんだ. **2** 〈鳥獣が〉背中に鞍形模様のある.

sáddleback róof *n.* 〘建築〙＝saddle roof.

sáddleback stìtch *n.* 〘製本〙＝saddle stitch 2.

sáddle·bàg *n.* **1** 鞍(くら)袋, サドルバッグ《鞍, 自転車・オートバイの後輪などの左右に一つずつつける皮製または布製の大きな袋》. **2** 鞍袋地《ラクダの鞍袋を作るようなペルシャ製の毛せん地；今は安楽椅子などを張るのに用いる》.

saddlebags 1

sáddle-bìll *n.* 〘鳥類〙クラハシコウ (*Ephippiorhynchus senegalensis*)《川岸や沼沢地にすむアフリカ産コウノトリ科の鳥》.

sáddle blànket *n.* 〘馬具〙鞍(くら)敷き, 鞍下毛布《鞍の下に敷いて馬の皮膚を刺激しないようにする》.

sáddle blòck *n.* 〘医学〙＝saddle block anaesthesia.

sáddle blòck anaesthésia *n.* 〘医学〙サドル麻酔, サドルブロック《脊髄麻酔の一種で乗馬の際鞍(くら)に接触する部位が麻酔される；無痛分娩に利用する》.

sáddle bòiler *n.* (暖房装置用)鞍(くら)形ボイラー.

sáddle·bòw [-bòʊ | -bəʊ] 〘OE *sadulborga*: ⇨ saddle, bow[1]〙 *n.* 〘馬具〙鞍(くら)の前弓, 猪の首《鞍の前方にある弓形に彎曲した部分》.

sáddle·clòth 〘(15C)〙 *n.* **1** 〘競馬〙ゼッケン《馬の鞍にかける番号をつけた布》. **2** 〘馬具〙 **a** ＝saddle blanket. **b** (馬の鞍の下に敷く鞍型の)鞍敷き《フェルト・羊毛製など》.

sáddled próminent *n.* 〘昆虫〙シャチホコガの一種 (*Heterocampa guttivitta*)《幼虫は北米東部と中西部で各種の広葉樹を食害する》.

sáddle·fàst *adj.* 《古》しっかり鞍(くら)にまたがった.

sáddle-gìrth *n.* (馬の)鞍(くら)用腹帯.

sáddle hòrse *n.* **1** 乗用馬. **2** ＝American saddle horse. **3** 鞍(くら)掛け《保管・手入れのために鞍を乗せる木製の架台》.

sáddle jòint *n.* **1** 〘建築〙立ちはぜ継ぎ《屋根板金の継ぎ合わせ法》. **2** 〘石工〙鞍(くら)目地《石造やれんが造りで, せり出した層の下に水が入らぬよう段をつけた目地》. **3** 〘解剖〙鞍関節.

sáddle kèy *n.* 〘機械〙サドルキー, 鞍(くら)キー (cf. flat key, sunk key).

sáddle lèather *n.* **1** サドルレザー《馬具用の植物タンニンなめし革》. **2** なめし革に似せて造った革《ハンドバッグ・ジャケットなどに用いる》.

sáddle·less *adj.* 鞍(くら)なしの, 裸馬の.

sáddle òxford *n.* ＝saddle shoe.

sáddle-pìn *n.* (自転車の)鞍(くら)軸.

sáddle pòint *n.* 〘数学〙鞍(あん)点, 鞍形点《2 変数関数の表わす曲面が馬の鞍ないしは峠のようになっている点；anticlastic point ともいう》.

sád·dler [-dlə | -lə(r)] 〘ME: ⇨ saddle, -er[1]〙 *n.* **1** 馬具製造[販売]人, 馬具屋. **2** 《米》乗用馬 (saddle horse). **3** 〘動物〙タテゴトアザラシ (harp seal) の雄.

sáddle ròof *n.* 〘建築〙両切妻屋根.

sad·dler·y [sǽdləri, -dl̩- | -rɪ] 〘(15C): ⇨ saddler, -y[1]〙 *n.* **1** 馬具製造[販売](業). **2** [集合的] 馬具一式, 馬具. **3** 馬具店, 馬具製作所, 馬具置場.

sád·dle sèat *n.* サドルシート《中央隆起部の両側と後方が凹状にくりぬかれた椅子の座型》.

sáddle shòe *n.* 《米》サドル シューズ《鞍(くら)形の飾りのある通例白に茶または黒のコンビネーションのスポーツシューズ；oxford (内羽根式短靴)の変形；cf. saddle 7》.

saddle shoe

sáddle sòap *n.* 革みがき石鹸(せっけん)《通例 Castile 石鹸と牛の油で造り, 馬具その他の革製品をみがくのに用いる》.

sáddle·sòre *adj.* 鞍(くら)ずれで痛む, 鞍ずれができた.

sáddle sòre *n.* **1** (合わない鞍(くら)による馬の)鞍ずれ, 鞍傷. **2** (鞍による乗馬者の)またずれ, 鞍ずれ.

sáddle stìtch *n.* **1** サドルステッチ《革の周囲を縫う一方式》. **2** 〘製本〙(一折丁形式の週刊誌・パンフレットなどをとじる)中綴(なかとじ), 鞍形綴じ；cf. double stitch, side stitch》. — *vt.* 〘製本〙中綴じで綴じる.

sáddle·trèe 〘(15C)〙 *n.* **1** 鞍枠(くらわく), 鞍骨(くらぼね). **2** 〘植物〙＝tulip tree 1.

sáddle wíre stìtch *n.* 〘製本〙＝saddle stitch 2.

Sad·du·ce·an [sæ̀dʒʊsíːən, -djʊ- | -djʊ-] 〘⇨↓, -an[1]〙 *adj.* (*also* **Sad·du·cae·an** [～]) サドカイ人[教]の.

Sad·du·cee [sǽdʒʊsìː, -djʊ- | -djʊ-] 〘OE *Sad(d)ucēas* (pl.) ▭ LL *Saddūcae-i* ▭ LGk *Saddoukaîoi* ▭ Heb. *ṣᵉdōqī* 《原義》descendants of Zadok (cf. *2 Sam.* 8: 17) ← *ṣādáq* to be just〙 — *n.* **1** サドカイ人《復活と天

使と霊魂の存在を信じず, 成文律法を文字通り解釈して口伝律法を退(しりぞ)け, 紀元前2世紀より西暦1世紀ごろのパリサイ人と対立したユダヤ教徒の一派》. **2** [しばしば s-] 物質主義者.

Sád·du·cèe·ism [-sìːɪzm] 〖⇨↑, -ism: cf. F *Saducéisme*〗 *n.* サドカイ教[主義].

sa·de [sáːdeɪ, -di | -deɪ, -dɪ] *n.* =sadhe.

Sade [sáːd, séɪd, sǽ(ː)d | sáːd; *F.* sad], **Do·na·tien** [dɔnasjɛ̃] **Alphonse François**, comte de *n.* サド《1740–1814; フランスの作家; *Justine* (1791), *Juliette* (1797); 通称 Marquis de Sade; ⇨ sadism》.

sád-fáced *adj.* 悲しげな表情[顔つき]の.

sa·dhe [sáːdeɪ, -di | -deɪ, -dɪ] 〖□ Heb. *ṣādhē*《原義》fishing hook ← *ṣādh* to hunt, catch〗 ― *n.* サーデー《ヘブライ語アルファベット22字中の第18字: צ; ⇨ alphabet 表》.

sa·dhu [sáːduː] 〖□ Skt *sādhu* straight, good〗 *n.* 《インド》聖人 (holy man); 賢者 (sage); 苦行者 (ascetic).

Sa·di [sɑːdíː] *n.* =Saadi. 「★ 米国に多い.

Sa·die [séɪdi | -dɪ] 〖(dim.) ← SARAH〗 *n.* 女性名.

sad·i·ron [sǽdàɪən|-àɪən] 〖← SAD《廃》solid, heavy〗 *n.* (中空でない)アイロン, ひのし (cf. box iron).

sa·dism [séɪdɪzm, sǽd- | séɪd-, sǽd-, sáːd-] 〖《1888》□F *sadisme* ← *Marquis de Sade* (1740–1814: この変態症を小説で扱ったフランスの作家): ⇨ -ism〗 ― *n.* **1** 〖精神医学〗サディズム, 加虐嗜愛, 加虐性愛《好んで異性を虐待したり屈辱を与え性的興奮を得る性癖; cf. masochism》. **2** 残酷好き; 過度な残酷.

sá·dist [-dɪst, -dəst | -dɪst] 〖↑〗 *n.* サディスト《異性を虐待したり屈辱を与えることによって性的興奮を得る人》; 残酷好きな人.

sa·dis·tic [sədístɪk, seɪ-, sæ- | sə-, sæ-] 〖⇨ sadism, -istic〗 *adj.* サディスト的な. **sa·dís·ti·cal·ly** *adv.*

sád·ly 〖ME: ⇨ sad, -ly¹〗 ― *adv.* **1** 悲しんで, 悲しげに, 悲惨に; 悲しいことに. **2** ひどく, いたく (grievously): The house is ～ neglected. その家はひどく荒されている. **3** 《廃》真剣に, まじめに (seriously). ― *adj.* 《英方言》[Predicative に用いて] 加減が悪くて, 気分がすぐれないで: She is very ～. ひどく具合が悪い / look ～ 顔色が悪い.

sád·ness 〖ME: ⇨ sad, -ness〗 *n.* **1** 悲しみ, 悲哀, 悲嘆. **2** 悲惨, 悲しいこと. **3** 《古》まじめさ: in sober [good] ～ まじめに, 本気で.

sa·do- [séɪdoʊ, sǽd- | séɪdə(ʊ), sǽd-, sáːd-] 〖← SADISM〗「サディスト的な; サディズムに関する」の意の連結形: *sado*sexuality.

sàdo·másochism 〖⇨↑, masochism〗 *n.* 〖精神医学〗サドマゾヒズム《一人の人間が sadism と masochism の両面を持つ異常性格》. **sàdo·masochístic** *adj.*

sàdo·másochist 〖⇨↑, -ist〗 *n.* サドマゾヒスト《サディズム, マゾヒズムの両傾向を強くもっている人》.

Sa·do·wa [zɑːdóʊvə, sɑː- | sáːdəvə(r)] *n.* サドバ《チェコスロバキア西部, Bohemia 北東部の村; 1866年サドバの戦いでプロイセン軍がオーストリア軍を破った地; チェコ語名 Sadová [sádɔvaː]》.

sád sàck 〖←《軍俗》*sad sack of dung*〗 ― *n.* 《米口語》**1** (軍隊生活で)善意でありながらへまばかりやる兵士, (要領をのみ込めない)のろま兵士 (cf. eight ball 4). **2** 要領の悪い人, へまをやる人 (blunderer).

sád trèe 〖《なぞり》← NL *arbor tristis*〗 *n.* 〖植物〗=hursingar.

sae [séɪ] *adv.* 《スコット》=so¹.

s.a.e. 《略》stamped adressed envelope.

SÁE nùmber 〖*SAE*: ← *S(ociety) of A(utomotive) E(ngineers)*〗 ― *n.* 〖機械〗SAE 粘度番号. SAE 数《SAE 規格による潤滑油の粘度を示す数; 数の多いほど粘度が高い》.

Sa·far [səfáə | -fáː(r)] 〖□ Arab. *ṣafar*〗 *n.* (イスラム暦の)二月 (⇨ Islamic calendar).

sa·fa·ri [səfáːri, -fǽri | səfáːrɪ] 〖《1892》□ Arab. *safarī* of a journey ← *sáfar* journey〗 ― *n.* **1** (アフリカ東部の)旅行 (journey), (特に)狩猟旅行, サファリ: on ～ (狩猟)旅行に(出掛けて). **2** (特に, アフリカ東部でのらくだ・荷車・荷かつぎ人夫または自動車などを伴った)狩猟[旅行]隊. **3** 冒険旅行, 探険旅行.

safári pàrk *n.* サファリーパーク《ライオンなどの野獣が柵のない所で飼われている動物園》.

Sa·fa·vi [səfáːwi | -wɪ] *n.* =Safavid.

Sa·fa·vid [səfáːwid | -wɪd] 〖← Arab. *ṣafawī* ← *ṣafī-al-Dīn Isḥāq* (1252–1334: イランの聖者): ⇨ -id¹〗 ― *n.* **1** [the ～s] (イランの)サファヴィー王朝[王家] (1501–1736). **2** サファヴィー王朝の人.

Sa·fa·wid [səfáːwid | -wɪd] *n.* =Safavid.

safe [séɪf] 〖《*c*1300》*sa(u)f* □(O)F *sauf* (AF *saf*) < L *salvum* uninjured ← IE **sol-* whole (Gk *hólos* whole / Skt *sarva*): cf. save¹, solid, holo-〗 ― *adj.* (**saf·er**; **saf·est**) **1 a** 安全な, 危険のない, 心配のない: a ～ harbor, road, toy, etc. / a ～ place to hide / a place ～ *from* attack [one's enemy] 攻撃を受ける[敵にあう]危険のない場所 / We are ～ *from* discovery [infection]. 見つかる[伝染の]心配はない / at a ～ distance 安全な距離をおいて / (as) ～ as houses [《米》a bank vault] まったく安全な / (as) ～ as the Bank of England 本当にたよりになる / Is the rope [bridge, ice] ～? その綱[橋, 氷]は大丈夫か / This beach is ～ *for* bathing. この浜辺は泳いでも危険がない / The dog is ～ *to* touch. その犬はさわっても大丈夫だ. **b** [Predicative に用いて] 安全に, 無事に[で] (unharmed); 危険を脱して. ★ arrive, be, bring, come, keep などと共に用いられる: arrive ～ 安着する / come back [home] ～ from the war 戦争から無事帰還する / come ～ to land 無事上陸する / bring something back ～ 無事に物を持って帰る / We got ～ into port. 無事港に着いた / I saw her ～ home. 無事家まで送り届けた / God keep you ～! どうぞご無事で / Your secret will be ～ *with* me. 君の秘密は私になら漏らしても大丈夫 / The patient is now ～. 病人は危険を脱した(もう大丈夫) / wishing it ～ to hand 《古》無事お手元に届くことを望んで《手紙の結び文句》. **2** (監禁・死亡などによって)悪いことをする恐れのない, 逃げられる心配のない: a ～ place *for* confining criminals 罪人を入れておくのに安心な場所 / in ～ custody [convoy] 安全に保護[護衛]されて / We have got him ～. (逃げたりあばれたりしないよう)しっかりとつかまえて[監禁して]ある / He is ～ *in* prison [the grave]. もう刑務所[墓場]に入っているから大丈夫だ. **3 a** 〈推量・投資・方法など〉間違いのない, 無難な, 安全な; 〈会社など〉危険のない, 着実な; 〈見積りなど〉内輪の, 〈経費の余裕など〉多目の; 〈書籍・薬品など〉害毒を与えない, 害のない: a ～ estimate, guess, investment, margin, method, vaccine, etc. / a ～ bet 成功間違いないこと; 確実なこと / a ～ book for boys and girls 少年少女に安心して与えられる本 / It is better ～ than sorry. 悔やむより安全がよい, 転ばぬ先の杖. **b** (…しても)差しつかえない, 大丈夫な〈*to* do; *in* doing〉: It is ～ *to* say that …と言っても差しつかえない[過言ではない] / The weather is a subject quite ～ *to* talk about. 天気は話題としては全く無難である / You are ～ *in* doing so. 君はそうしても大丈夫だ. **4 a** 〈人が〉あぶなげのない, 用心深い, 着実な, 慎重な, 信頼できる: a ～ critic, driver, guide, statesman, etc. / a ～ doctor to consult 安心してかかれる医者 / a ～ person to confide in 打ち明けても大丈夫な人 / prefer a ～ man to a reckless 無鉄砲な人より慎重な人を取る / be in ～ hands 信頼できる人の手に任せて[預けて]ある. **b** 大事をとり過ぎる, 臆病な. **5 a** 確実な, 確かな (reliable): a ～ first 確かに第一番になる人 / a ～ catch 名捕手 / a ～ winner 優勝確実な人[馬] / from a ～ quarter 確かな筋から. **b** [be ～ *to* do として] 確実に〈…する〉(certain, sure): He is ～ *to* get in [*to* be hanged]. 当選[絞首刑]は確実だ / The Liberals *are* ～ *to* win. 自由党は大丈夫勝つ. **6** 〈選挙区など〉当選確実な: a ～ seat 当選確実の議席 / The district will be ～. その地区は大丈夫(わが党のものだ)ろう. **7** 〈暗号など〉解読不可能な, 安全な: a ～ code. **8** 〈やすりなどの片面が〉歯のついてない: a ～ edge (of a file). **9** 《廃》〈精神・心などが〉健全な, 確かな (sound): with a ～ conscience 良心にやましいところがなく, 安んじて / Are his wits ～? あれで気は確かなのか (Shak., *Othello* 4. 1. 280). **10** 〖野球〗セーフの (cf. out *adv.* 17 a): a ～ hit / The runner is ～ on first. ランナーは1塁セーフ.

on the safe side 大事を取って: I took my umbrella to be *on the* ～ *side*. 大事を取ってかさを持って行った / It is always best to err *on the* ～ *side*. 大事を取るに越したことはない. ***safe and sound*** 無事息災に, 恙(つつが)無く (*Luke* 15: 27): arrive ～ *and sound* 無事に到着する《よく手紙の形式文句として用いる》.

― *adv.* 《口語》安全に, 無事に; 確かに: play (it) ～ 用心深く[慎重に]やる, 冒険をしない / *Safe* bind, ～ find. 《諺》ちゃんと締めときゃちゃんとある (cf. Fast bind, fast find. ⇨ fast² *adv.* 1). ★ しばしば複合語に用いる: *safe*-borne 無事に出生した.

― *n.* **1** 〖《17C》《変形》← 《1440》*save* ← SAVE¹〗金庫: a fireproof ～ 耐火金庫. **2** (冷蔵の)食料貯蔵庫; 蠅帳(はいちょう) (meat safe). **3** (配管で)漏水受け; (洗面台などの)大理石の台座. **4** 《米俗》コンドーム (condom). **5** 〖馬具〗擦(す)止革.

sáfe·blòwer *n.* 爆薬使用の金庫破り《人》.

sáfe·blòwing *n.* 爆薬使用の金庫破り《行為》.

sáfe·brèaker *n.* 金庫破り《人》.

sáfe·brèaking *n.* 金庫破り《行為》.

sáfe-cónduct 〖ME *sa(u)f condu(i)t* □(O)F *sauf conduit*: ⇨ safe, conduct〗 ― *n.* **1** (戦時に, 敵国内または被占領地内などを通過することを保証する)護照, 通行券: in [with] ～=under [upon] (a) ～ 護照を所持して. **2** (護照・通行券によって保証される)通行権. **3** 護衛, 護送. ― [ˌ-ˌ-, ˌ-ˌ-] *vt.* 《廃》**1** …に護照を与える. **2** 護送する, 護衛する.

sáfe·cràcker *n.* 金庫破り《人》.

sáfe·cràcking *n.* 金庫破り《行為》.

sáfe-depòsit *adj.* 貴重品を安全に保管する: a ～ company 貸金庫会社 / a ～ box [vault] (銀行の地下室などにあって各個人に貸す)貸金庫[室], 安全庫《safety-deposit box [vault] ともいう》.

sáfe depòsit *n.* 貴重品保管所《金庫や金庫室の設備があってこれを賃貸しする》.

sáfe·guàrd 〖《*c*1385》*saufgarde* □(O)F *sauve garde*: ⇨ safe, guard〗 ― *n.* **1** 保護, 擁護: for (the) ～ of …の保護のために / in [under] (the) ～ of …の保護を受けて. **2** 守るもの, 保護手段[方法], 保証; 保護条件, 保証条項: a ～ for liberty 自由を守る手段 / a ～ against temptation 安全に誘惑から身を守ってくれるもの. **3** (機械などの)事故防止装置, 安全装置. **4 a** 安全通行券, 護照 (safe-conduct). **b** 護衛《人》. **5** 《古》(ほこりよけのため乗馬服の外に着る)上スカート. **6** 〖経済〗緊急輸入制限. ― *vt.* 保護する, 擁護する, 保障する: ～ the Constitution 憲法を擁護する / ～ industries (外国品の競争に対し)産業を保護する.

sáfe hóuse *n.* (スパイなどが連絡場所などに用いる, 盗聴・監視などの恐れのない)アジト.

sáfe·kéeping 〖《15C》〗 *n.* (毀損・損失・逃亡のないように)安全に護ること, 保護; 保管: be in ～ with him 彼の所に保管してある.

sáfe·lìght *n.* 〖写真〗**1** 安全光《感光材には影響を与えず肉眼には感じる光で, 感光材を取扱うのに用いる》. **2 a** (感光防止用の)カラーフィルター. **b** (カラーフィルター付きの暗室用)安全灯[光].

sáfe·ly 〖ME: ⇨ safe, -ly¹〗 ― *adv.* **1** 安全に, 無事に. **2** 危険を冒さずに, 大事をとって. **3** 不安がなく, 間違いなく, 大丈夫: It may ～ be said that… と言っても大丈夫[差しつかえない].

saf·en [séɪfən] 〖← SAFE＋-EN¹〗 *vt.* 無害にする; (特に)毒性緩和剤を混ぜて〈物質〉の毒性を緩和する.

sáf·en·er [-f(ə)nə | -nə(r)] *n.* (毒性)緩和剤.

sáfe·ness 〖ME: ⇨ safe, -ness〗 *n.* 安全; 無事; 大丈夫; 確実; 大事をとること.

sáfe pèriod *n.* (受胎)安全期間《妊娠の可能性が最も少ないとされている通例月経前後の数日間; 周期避妊法 (rhythm method) において利用される》.

sáfe-tìme *n.* 〖宇宙〗セーフタイム《飛翔中のロケットやミサイルの弾頭に安全装置が働いていて起爆しない時間》.

safe·ty [séɪfti | -tɪ] 〖《*c*1300》*sauvete* □(O)F *sauveté* < ML *salvitātem*: ⇨ safe, -ty〗 ― *n.* **1** 危害[損失]のない状態, 安全, 無事, 無難; 安全性; (財政上の)不安のない状態: public ～ 公安 / in ～ 無事に, 安全に / with ～ 危険なく, 安全に, 無難に / *Safety* First 安全第一《危険防止の標語》/ flee for ～ 避難する / play for ～「やま」をかけない; 大事をとる / seek ～ in flight 避難する / There is ～ in numbers. 《諺》数の多い方が安全. ★ 次の聖書の文句から出たもの: In the multitude of counsellors there is ～. 議士多ければ安らかなり (*Prov.* 11: 14) / I fear [am anxious] for his ～. 彼の安否が心配だ. **2 a** (銃・砲の)安全装置《safety catch, safety lock ともいう; ⇨ rifle¹ 挿絵》; 安全装置をかけた状態: a gun at ～ 安全装置をかけた銃[砲]. **b** 危険[事故]防止装置; 事故防止の知識[技術], 安全策: traffic ～ 交通安全. **c** 《俗》=condom. **3** 《廃》監禁, 拘留: Hold him in ～. 彼を逃げないように押えておけ (Shak., *Romeo* 5. 3. 183). **4** 〖アメリカンフットボール〗**a** セーフティ《オフェンス側のボール保持者が自軍エンドゾーン内でタックルにあうなどしてボールをダウン (down) した場合, またはオフェンス側のボールが自軍ゴールライン後方でアウトオブバウンズ (out of bounds) になった場合に, ディフェンス側に与えられる得点 (2点); cf. touchback》. **b** =safetyman. **5** 〖野球〗安打, ヒット; (特に)単打 (base hit). **6** 〖玉突〗(得点しようとせず)相手に不利になるような位置をねらって球を突くこと. ― *attrib. adj.* **1** 安全であるように作った: a ～ trigger 安全引金. **2** (社会・工員などの)安全を保護する: a ～ device [apparatus, appliance] 安全装置 / ～ measures 安全処置. ― *vt.* **1** (危険・事故のないように)保護する, 守る. **2** …に安全装置をつける.

sáfety bèlt *n.* **1** (飛行機・自動車などの座席の)安全ベルト《seat belt ともいう》. **2** (高所で働く人の)命綱, 安全バンド. **3** 救命帯, 浮袋 (life belt).

sáfety bìcycle *n.* 《古》安全自転車《両輪がほぼ等大で, 現在普通に用いられているもの; cf. ordinary *n.* 6》.

sáfety bòlt *n.* **1** (戸・扉・門などの)安全錠, かんぬき. **2** (銃・砲などの)安全装置. 「入れた作業靴」.

sáfety bòot *n.* 安全靴《底を厚くし爪先部に鋼芯を

sáfety càr *n.* 〖海事〗=life car.

sáfety càtch *n.* **1** 〖機械〗安全つかみ《エレベーターなどが故障を起こした時に落下を防止する装置》. **2** =safety 2 a. 「製」.

sáfety cùrtain *n.* (劇場の)防火幕《石綿または金属

sáfety-depòsit *adj.* =safe-deposit.

sáfety explòsive *n.* 安全爆薬. 「safety).

sáfety fàctor *n.* 〖機械〗安全率, 安全係数 (factor of

sáfety fìlm *n.* 安全フィルム《酢酸繊維素などで造った不燃性フィルム》.

sáfety fùse *n.* **1** 安全導火線. **2** 〖電気〗筒形ヒューズ (cartridge fuse).

sáfety glàss *n.* 〖ガラス製造〗安全ガラス《破損しても飛散せず人体に傷害を与えないような板ガラス; laminated glass, tempered glass; wire glass など》.

sáfety hòok *n.* 安全フック《蝶番(ちょうつがい)付きの開閉式金具で, 閉じると環になる》.

sáfety ìnk *n.* 安全インキ《酸・アルカリ・水などにあっても消えないインキ》.

sáfety ìsland *n.* (街路上の)安全島, 安全地帯《交通量の多い街路の歩行者の安全を守るため, また交通の流れのために設けられた地帯》.

Sáfety Íslands *n. pl.* [the ～] サルー諸島, セーフティ諸島《南米フランス領 Guiana 近海の群島; Île Royale [iːlrwajáːl], Joseph, Devil's Island の3島からなり, フランス領でもと徒刑地; フランス語名 Îles du Salut [ildysaly]》.

sáfety ìsle *n.* =safety island.

sáfety làmp *n.* (鉱山用)安全灯.

sáfety lòck *n.* **1** (盗難防止用に作られた)安全錠. **2 a** (銃・砲の)安全装置. **b** 安全子《安全装置の部品》.

sáfety·màn [-mæ̀n] *n.* (*pl.* **-men** [-mèn]) 〖アメリカンフットボール〗セーフティ《守備陣の最後尾に位

置しゴールラインの守備に当る; 単に safety ともいう).
sáfety màtch 〘(1863)〙 *n.* 安全マッチ《黄燐を用いないもので, 特別の擦り面でのみ点火するマッチ; 現在普通に用いられているマッチのこと》.
sáfety nèt *n.* (曲芸師の危険防止にはられる)安全網.
sáfety pìn 〘(1857)〙 *n.* **1** 安全ピン. **2** 〘時計〙 = guard pin.
sáfety plày *n.* 〘トランプ〙(ブリッジで)セーフティプレー, 万全策《余分な組数を取ることを狙わず, 確実にコントラクト (contract) を達成するようにプレーすること, またその方策》.
sáfety ràzor *n.* 安全かみそり.
sáfety ròller *n.* 〘時計〙小つば《てん真にはめ込まれ, アンクルのけん先と係合しててんぷの振り切りを防ぐ.
sáfety shòe *n.* = safety boot.
sáfety sprìng *n.* 〘時計〙 = brake spring.
sáfety squéeze *n.* 〘野球〙 ⇨ squeeze play 2 《safety squeeze play ともいう》.
sáfety stòp *n.* 〘機械〙安全止め.
sáfety stràps *n. pl.* 〘航空〙セーフティストラップ《急激な加・減速時に, シートベルトとは別に体を広い範囲で拘束する締具》.
sáfety swìtch *n.* 〘電気〙安全開閉器, 金属箱開閉器《金属箱の中に納めて外から手動で操作できるようにした開閉器》.
sáfety vàlve *n.* **1** (ボイラーなどの)安全弁 (cf. relief valve). **2** (感情・精力などの)吐け口 (outlet): act [serve] as a ~ *for* …の安全弁の役をする.
sit on the safety valve 抑圧手段をとる.
sáfety wìre *n.* (振動などでナットが緩まないようにからげる)緩み止め線.
sáfety zòne *n.* 《米》 = safety island.
saf·fi·an [sǽfiən | -fɪ-] 〘□Russ. *saf'yan* □ Turk. *sahtiyan* □ Pers. *sakhtiyān* goatskin ← *sakht* hard, strong〙 — *n.* 〘皮革〙サフィアン, モロッコ革 (saffian leather) 《sumac でなめして鮮麗な黄色または赤色に染めた羊または山羊の皮》.
saf·flor [sǽflɔə | -lɔ:(r] *n.* = safflower.
saf·flor·ite [sǽfləràɪt] 〘□G *Safflorit* ← *Safflor* (↓): ⇨ -ite[1]〙 *n.* 〘鉱物〙サフロライト ($CoAs_2$).
saf·flow·er [sǽflàuə | -flàuə(r] 〘(1583) □ Du. *saffloer* ∥ G *Safflor* □ OF *saffleur* □ OIt. *saffiore* ← ? Arab. *ṣafrā'* yellow+(O)It. *fiore* flower〙 — *n.* **1** 〘植物〙ベニバナ (*Carthamus tinctorius*)《キク科の多年草でとげが多い; 花から食紅をとる》. **2** べにばな染料, べに《医療用にも用いる》.
sáfflower òil *n.* サフラワーオイル《ベニバナの種子からとった油; 食用・薬用》. 「= safranine.
saf·fra·nine [sǽfrəni:n, -nɪn, -nən | -nì:n, -nɪn] *n.*
saf·fron [sǽfrən] 〘(?*a*1200) □ (O)F *safran* □ Arab. *za'farān* ← ?〙 — *n.* **1 a** 〘植物〙サフラン (*Crocus sativus*)《アヤメ科の植物》. **b** サフラン《サフランの雌蕊の柱頭を乾燥させたもの; 薬用・染料・香辛料用》. **2** = saffron yellow. — *adj.* サフランの; サフラン色の, 鮮黄色の. — *vt.* サフラン色にする[染める]; サフランで着色する[味付けする].
sáffron càke *n.* サフラン(で風味を付けた)菓子パン《英国 Cornwall 地方の伝統的な菓子》.
saffron crócus *n.* 〘植物〙 = saffron 1a.
saf·fron·y [sǽfrəni | -nɪ] 〘⇨ -y[4]〙 *adj.* サフラン色の, 鮮黄色の.
sáffron yéllow *n.* サフラン色, 鮮黄色.
Sa·fi [sǽfi, sɑ:fi | -fɪ; *F.* safi] *n.* サフィ《Morocco 西部, 大西洋岸の海港; 人口 130,000》.
S. Afr. 《略》South Africa; South African.
saf·ra·nine [sǽfrəni:n, -nɪn, -nən | -nì:n, -nɪn] 〘□ F ~ ← *safran* 'SAFFRON'+-INE[3]〙 — *n.* (*also* **saf·ra·nin** [sǽfrənɪn, -nən | -nɪn], **saffranine**) **1** 〘化学〙 = phenosafranine. **2** 〘染色〙サフラニン《綿およびタンニン媒染した木綿を赤く染める塩基性染料》.
S. Afr. D. 《略》South African Dutch.
saf·role [sǽfroʊl | -rəʊl] 〘← F *safran* ∥ G *Safran*+-OLE: ⇨ saffron〙 — *n.* (*also* **saf·rol** [-roʊl | -rɔl]) 〘化学〙サフロール ($C_{10}H_{10}O_2$)《サッサフラス油の成分で薬用・香水用》.
sag [sǽ(:)g] 〘v.: (1440) □ ? (M)LG *sack-en*: cf. Du. *zakken* to subside / Da. *sakke* to lag〙 — *v.* (**sagged**; **sag·ging**) — *vi.* **1** 《横に張った物が》(重量・圧力などのために)たるむ, たわむ, (真中が)落ち込む; ゆがむ, 曲がる: Elm beams are apt to ~. ニレ材の梁(はり)はたわみやすい / The roof is ~*ging*. 屋根が下がっている / a ~*ging* board たわんだ板. **2 a** (老齢・疲労などで)張りをなくす: a ~*ging* face. **b** (筋肉の締りがなくなって)倒れる: ~ to one's knees ひざをつく. **3** 不平均に垂れる; しだれる, だらしなく垂れる[下がる]: ~*ging* shoulders 落ちた肩. **4** 〈力・迫力・弾力などが〉なくなる, 弱る, 元気がなくなる: His spirits ~*ged* when he knew his friends had given him up. 友人に見限られたと知って彼の気力は衰えた. **5** 興味を保持し[そそら]ない: His plays are apt to ~ in the middle. 彼の劇は中だるみしがちだ. **6** 〈道路などが〉(通常の位置から)徐々に沈下する, 下がる. **7** 〈物価・価値・売れゆきなどが〉漸次下落する, 下押しになる (decline): ~ off from…to… 〈相場が〉…から…へ漸落する / Production ~*ged* during the depression. 不況中に生産は漸落した. **8** のらくら[ふらふら]進む: ~ along. **9** 〘海事〙 **a** 〈船が〉(風下へ)押し流される (drift). ★ 通例次の句で用いられる: ~ to leeward. **b** 〈船体が〉(中央部が自重によって)垂下する (cf. hog *vi.* 1). — *vt.* **1** たるませる. **2** 〘海事〙〈船体〉の中央部下を垂下させる.
— *n.* **1 a** たるみ, 垂下; (道路の)沈下. **b** 沈下した所, 窪地. **c** たるみ[垂下]の程度[部分]. **2** (物価の)小下落, 下押し. **3** 〘海事〙(船の風下への)流落 (drift).
sa·ga [sɑ́:gə, sǽgə | sɑ́:gə] 〘(1709) □ ON ~ 'story, legend, history, saga': ⇨ saw[2]〙 — *n.* **1** サガ, 北欧(王侯)伝説《中世の Iceland および Norway の英雄・国王などの戦争や業績を中心に述べた(散文)物語; cf. Edda》. **2** 軍談, 武勇談, 冒険談. **3** 一族物語, 年代記《一家一門または一社会を伝記[歴史]的に述べた長編小説》: *The Forsyte Saga* フォーサイト物語《フォーサイト家を主題にした J. Galsworthy 作の連作小説》. **4** 長いこみ入った物語.
sa·ga·cious [səgéɪʃəs, sɪ- | sə-] 〘(1607) ← L *sagāc-*, *sagāx* sagacious (← IE **sāg-* 'to SEEK out')+-IOUS〙 — *adj.* **1** 賢明な, 明敏な, 利口な; 機敏な (shrewd): a ~ remark, writer, etc. **2** 《廃》〈動物など〉感覚の鋭い; (特に)嗅(きゅう)覚の鋭い. **~·ly** *adv.* **~·ness** *n.*
sa·gac·i·ty [səgǽsəṭi, sɪ- | səgǽsətɪ, -sɪ-] 〘(1555) □ F *sagacité* ∥ L *sagācitās* ← *sagāx* (↑): ⇨ -ity〙 — *n.* **1** 賢明, 明敏, 利口; 機敏: the ~ of age and experience 年の功. **2** 《廃》感覚(特に, 嗅覚)の鋭さ.
sag·a·more [sǽgəmɔ̀ə, -mòə | -mɔ̀:(r] 〘□ N-Am-Ind. (Algonquian) *sāgimau* 《原義》he prevails over〙 — *n.* **1** (アルゴンキアンインディアン (Algonquian Indians) 部落の)族長 (tribal chief). **2** = sachem 1.
Sa·gan [sǽgɑ̃:(ŋ), sɑ:-, -gɔ̃:(ŋ), -gɑ́:ŋ, -gɔ́(:)ŋ; *F.* sagɑ̃], **Françoise** *n.* サガン《1935– ; フランスの女流小説家; *Bonjour tristesse*「悲しみよ今日は」(1954)》.
sága nóvel *n.* = saga 3.
sag·but [sǽgbʌ̀t, -bət] 〘(変形) ← SACKBUT〙 *n.* = sackbut 1.
sage[1] [séɪdʒ] 〘(*c*1300) □ (O)F ~ < VL **sapium* ← L *sapere* 'to be SAPIENT'〙 — *n.* **1** 賢人, 聖人, 哲人: ⇨ Seven Sages. ★ しばしば皮肉・滑稽に用いられる: the ~ of the village. **2** 経験に富み判断の健全な人.
Sage of Chelsea 〘London の Chelsea に住んでいたことから〙[the —] Thomas Carlyle の異名.
Sage of Concord 〘米国 Massachusetts 州の Concord に住んでいたことから〙[the —] Ralph Waldo Emerson の異名.
Sage of Samos [the —] = Samian sage.
— *adj.* (**sag·er**; **sag·est**) **1** 賢い, 賢明な. **2** [しばしば反語的に用いて] 思慮深い; 経験に富んだ; 賢人らしい, 哲人ぶった; いやに取りすました, 何でもわかったような: ~ advice / a ~ counselor / He looks as ~ (as) an owl. ひどくまじめくさった顔をしている. **3** 《廃》厳粛な, いかめしい.
~·ly *adv.* **~·ness** *n.*
sage[2] [séɪdʒ] 〘(*a*1310) *sauge* □ (O)F < L *salviam*: SALVIA と二重語〙 — *n.* **1** 〘植物〙セージ, ヤクヨウサルビア (*Salvia officinalis*)《シソ科アキギリ属の多年性草本; 葉を香料とする; garden sage ともいう; cf. salvia 2》. **2** セージ《その葉を乾燥させたもの; 薬用・香辛料》: ~ and onions セージと玉ねぎの詰物《かも・がちょう・豚肉などの詰物にする》. **3** 〘植物〙 = sagebrush. **4** = sage green.
SAGE [séɪdʒ] 〘(頭字語) ← *s(emi)a(utomatic) g(round) e(nvironment)*〙 — *n.* 〘軍事〙セージ, 半自動式地上管制組織《各地の防空警戒所からの情報をコンピューターによって総合的に処理し, 最適の防空作戦を決定する体制; cf. BADGE》.
Sage [séɪdʒ], **Russell** *n.* (1816–1906) 米国の実業家.
ságe·brùsh 〘← SAGE[2]〙 — *n.* 〘植物〙キク科ヨモギ属の雑草の総称; (特に) *Artemisia tridentata* 《小低木状となり, 米国西部の不毛地に多く自生する; 米国 Nevada 州の州花》. 「称.
Ságebrush Stàte *n.* [the ~] 米国 Nevada 州の俗
ságe chéese *n.* セージチーズ《セージで味と色をつけた Cheddar cheese》. 「の雄.
ságe còck *n.* 〘鳥類〙キジオライチョウ (sage grouse)
ságe Dérby *n.* セージダービー《セージで香味を付けた Derby cheese》.
ságe gréen *n.* 帯黄緑色《セージの葉の色》.
ságe gròuse *n.* 〘鳥類〙キジオライチョウ (*Centrocercus urophasianus*)《米国西部の sagebrush の多い地方にいるライチョウの一種; その雄は sage cock, 雌は sage hen という》. 「の雌.
ságe hèn *n.* 〘鳥類〙キジオライチョウ (sage grouse)
sag·e·nite [sǽdʒənàɪt | -dʒɪ-] 〘□ F *sagénite* ← L *sagēna* 'SEINE': ⇨ -ite[1]〙 *n.* 〘鉱物〙網目状をなす針状金紅石を含む鉱物《主に石英をさす; cf. love arrows》.
ságe spàrrow *n.* 〘鳥類〙ヤチヒメドリ (*Amphispiza belli*)《北米西部産のホオジロ科の小鳥》.
ságe tèa *n.* サルビア湯《サルビアの葉の浸出液で収斂(しゅうれん)剤として咽喉(いんこう)炎のうがい薬にする》.
ságe thràsher *n.* 〘鳥類〙北米西部産マネシツグミ科の鳥の一種 (*Oreoscoptes montanus*).
sage·y [séɪdʒi | -dʒɪ] *adj.* (**sag·i·er**; **-i·est**) = sagy.
sag·gar [sǽgə | -gə(r] *n.*, *vt.* 〘窯業〙 = sagger.
sag·ger [sǽgə | -gə(r] 〘(変形) ? ← SAFEGUARD〙 〘窯業〙 *n.* さや, 円五郎《耐火材料でできた容器; 陶磁器を入れて焼く》. — *vt.* 〈陶磁器を〉さやに入れる.
ság·ging 〘(15C)〙 *n.* 〘海事〙(船体中央部の, 自重による)垂下, サッギング (cf. hogging).
sag·gy [sǽgi | -gɪ] 〘← SAG (n.)+-Y[4]〙 *adj.* (**sag·gi·er**; **-gi·est**) 重さで垂れ下がった, たるんだ, 不平均に垂れ下がった, ゆがんだ, 曲った.
Sag·i·naw [sǽgənɔ̀: | -gɪ-] 〘← N-Am.-Ind. (Ojibway) 《原義》? at the mouth of a river〙 — *n.* 米国 Michigan 州の同名の川 (Saginaw River) に臨む港市・工業都市; 人口 87,000.
Ságinaw Báy *n.* サギノー湾《米国 Michigan 州東方, Huron 湖の入江》.
sa·git·ta [sədʒíṭə | -tə] 〘← NL ~ ← L ~ 'arrow'〙 — *n.* (*pl.* **~s**, **sa·git·tae** [-ti:, taɪ]) **1** [S-] 〘天文〙や(矢)座《北天の星座; the Arrow ともいう》. **2** ヤムシ (*Sagitta bipunctata*)《毛顎動物門ヤムシ属 (*Sagitta*) の海洋性浮遊動物の総称; 日本近海にいるフクラヤムシ (*S. euflata*) など; cf. arrowworm》. **3** 〘数学〙矢《円弧の中点からその弦の中点に至る長さ》.
sag·it·tal [sǽdʒəṭḷ | -dʒɪtḷ] 〘← L *saggitta* (↑)+-AL[1]〙 *adj.* **1** 矢の; 矢(じり)状の. **2** 〘解剖〙(頭蓋(とう)の)矢状縫合の; 矢状方向の《前後の方向をいう》. **~·ly** *adv.*
Sag·it·tar·i·us [sæ̀dʒəté(ə)riəs | sæ̀dʒɪtéəriəs, sæ̀gɪ-, -tɑ́:r-] 〘(*a*1393) □ L *sagittārius* 《原義》archer ← *sagitta*: ⇨ sagitta, -ary〙 — *n.* (*pl.* **Sag·it·tar·i·i** [-riàɪ | -rɪ-]) **1** 〘天文〙いて(射手)座《南天の星座; the Archer ともいう》. **2** 〘占星〙 **a** いて座, 人馬宮《黄道 12 宮の第 9 宮; the Archer ともいう; ⇨ zodiac》. **b** 射手座生れの人.
sag·it·tar·y [sǽdʒətèri | -dʒɪtəri] 〘(15C) □ L *sagittārius* (↑)〙 — *n.* **1** 〘ギリシャ伝説〙 = centaur 1. **2** 〘紋章〙サギタリウス《半人半馬で弓を引く架空の動物; King Stephen のしるしであったと伝えられる》.
sag·it·tate [sǽdʒətèɪt | -dʒɪ-] 〘⇨ sagitta, -ate[2]〙 *adj.* **1** 矢じりの形をした. **2** 〘植物〙〈葉が〉矢じり状の (cf. hastate 1): a ~ leaf 箭(や)状葉《クワイの葉など》.
sa·git·ti·form [sədʒíṭəfɔ̀əm | -tɪfɔ̀:m] 〘← L *sagitta* (⇨ sagitta)+-I-+-FORM〙 *adj.* = sagittate.
sa·go [séɪgoʊ | -gəʊ] 〘(1555) □ Malay *sagu*〙 — *n.* (*pl.* **~s**) **1** サゴ《サゴヤシ (sago palm) の髄から採る澱粉で, 南洋諸島原住民の重要な食品; プディング材料や布地用のりにもする》. **2** 〘植物〙 = sago palm 1.
ságo pàlm *n.* 〘植物〙 **1** サゴヤシ《マライ産ヤシ科サゴヤシ属 (*Metroxylon*) の, その髄から sago を採るヤシの総称; マサゴヤシ (*M. laeve*), トゲサゴヤシ (*M. rumphii*) など》. **2** ソテツジュロ (*Phoenix farinifera*). **3** コウリバヤシ属の植物 (*Corypha elata*). **4** サトウヤシ (gomuti). **5** パルミラヤシ (palmyra). **6** ソテツ (*Cycas revoluta*)《中国・東インド産》. **7** = coontie.
Sa·guache Móuntains [səwɑ́tʃ-, sɑ́wəʃ- | səwɔ́tʃ-] *n.* [the ~] = Sawatch Mountains.
sa·gua·ro [sə(g)wɑ́:roʊ | -rəʊ] 〘□ Mex.-Sp. ~ 《土語》〙 *n.* (*pl.* **~s**) 〘植物〙ベンケイチュウ(弁慶柱) (*Carnegiea gigantea*)《米国 Arizona 州産の非常に背の高いハシラサボテンの一種; 茎は用材とし, 果実は食用にする; その花は米国 Arizona 州の州花》.
Sag·ue·nay [sæ̀gənéɪ, ⌐—⌐] *n.* [the ~] カナダの南東部, Quebec 州の St. John 湖に発して St. Lawrence 川に注ぐ川 (169 km).
Sa·gui·a el Ham·ra [səgí:ə-el-hǽmrə] *n.* サギアエルアムラ《西サハラ (Western Sahara) の北部約 3 分の 1 を占める部分; 面積 82,310 km²》.
Sa·gun·to [səgú:ntoʊ | -təʊ; *Sp.* sagúnto] *n.* サグント《スペイン東部, Valencia の北部にある地中海沿岸の都市; 人口 47,000》.
sag·y [séɪdʒi | -dʒɪ] 〘← SAGE[2]+-Y[4]〙 *adj.* (**sag·i·er**; **-i·est**) セージで味をつけた[を入れた].
Sa·hap·tan [səhǽptən] *n.* = Shahaptian.
Sa·hap·ti·an [səhǽptiən | -tɪən] *n.* = Shahaptian.
Sa·hap·tin [səhǽptn, -tən | -tɪn] *n.* = Shahaptian.
Sa·ha·ra [səhǽ(ə)rə, -hɑ́:rə | -hɑ́:rə] 〘□ Arab. *ṣaḥrā'* desert (fem.) ← *áṣḥaru* yellowish red〙 — *n.* **1** [(the) ~] サハラ(砂漠)《アフリカの北部, 大西洋岸から Nile 川流域にわたる世界最大の砂漠; 面積 9,065,000 km²》. ★ Sahara Desert ともいうが, Sahara または the Sahara に砂漠の意味が含まれているので, 冗語と考えられている. **2** 砂漠, 荒野 (desert, wilderness). **3** シエナ色《一種の茶色》. — *attrib. adj.* サハラ砂漠の.
Sa·har·an [səhǽ(ə)rən, -hɑ́:r- | -hɑ́:r-] 〘⇨ ↑, -an[1]〙 *adj.* サハラ砂漠の(ような); 不毛の.
Sa·ha·ran·pur [səhɑ́:rənpùə | -pùə(r] *n.* サハランプル《インド北部, Uttar Pradesh 州の都市; 人口 226,000》. 「haran.
Sa·har·i·an [səhǽ(ə)riən, -hɑ́:r- | -hɑ́:rɪən] *adj.* = Sa-
sa·hib [sɑ́:(h)ɪb, -(h)i:b | sɑ́:b, sɑ́:(h)ɪb] 〘(1690) □ Hindi *sāhib* □ Arab. *ṣāḥib* friend, master〙 — *n.* **1** [S-] 《古》(インドで)貴人や高位の人に対する尊称《名や官職名などの後につける》: Smith *Sahib* スミス様 / the Colonel *Sahib* 大佐殿 / Raja *Sahib* ラージャ閣下. **2** 《口語》ヨーロッパ人, 英国人, 紳士 (gentleman); (特に, 非ヨーロッパ人の中の)ヨーロッパ人の官吏[植民者]: a pucka ~ (真の)ヨーロッパ人; (立派な)紳士.
sa·hi·bah [sɑ́:i:bə] 〘□ Hindi *ṣāhiba*: ↑〙 *n.* (*also* **sa·hi·ba** [~]) sahib の女性形.
saice [sáɪs] *n.* = syce.
said[1] [séd; sed, sɪd, səd] 〘OE *sæ̆gde* (pret.), (*ge*)*sæ̆gd* (p.p.)〙 — *v.* say[2] の過去形・過去分詞. — *attrib. adj.* [the ~] 前記の, 上述の. ★ 法律用語としてまたは戯言的に用いる: *the* ~ person 当該人物, 当人.
sa·id[2] [sɑ:ɪd, -əd | -ɪd] *n.* 〘イスラム教〙 = sayyid.
Sa·i·da [sɑ́ɪdə] *n.* サイダ《Lebanon 南西部, 地中海に

臨む港市；古代フェニキアの都市 Sidon の所在地；人口 34,000).

sai·ga [sáɪgə; *Russ.* sajgá]〘▭Russ. *saīga* ← Tartar〙 **—** *n.*〘動物〙サイガ (*Saiga tatarica*)《シベリアの草原地帯産のサイガ属のレイヨウの一種；鼻部がふくれ，下方にのびる；saiga antelope ともいう》.

saiga

Sai·gon [saɪgɑ́n, ⌐–| saɪgɔ́n; *F.* saigɔ̃] *n.* サイゴン《ベトナム南部の海港で，もと South Vietnam の首都；⇨ Ho Chi Minh City》.

Sáigon cínnamon *n.* **1**〘植物〙ニッケイ (*Cinnamomum loureirii*)《インドシナ原産のクスノキ科の常緑高木》. **2** 肉桂，(俗に)にっき《ニッケイの樹皮》.

sail [séɪl]〘*n.*: OE *seǵ(e)l* < Gmc **seʒlam* (n.) (G *Segel*) ← ? IE **sek-* to cut (L *secare* to cut)：原義は a piece of cloth cut off か. —v.: OE *seǵl(i)an* < Gmc **seʒljan* (G *segeln*)〙 **—** *n.* **1 a** (船の)帆：a set ～

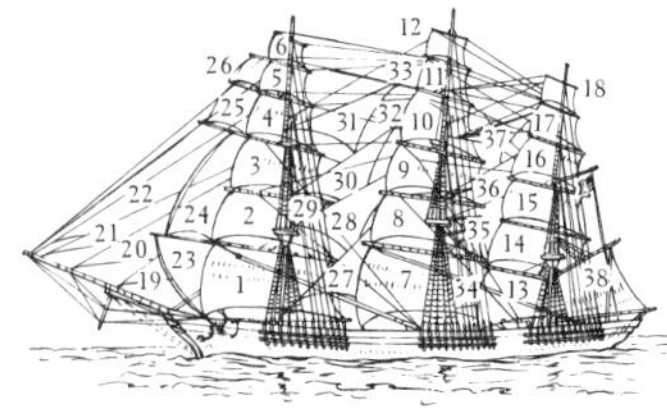

sails on full-rigged ship

1 foresail; 2 fore lower topsail; 3 fore upper topsail; 4 fore-topgallant sail; 5 fore royal; 6 fore skysail; 7 mainsail; 8 main lower topsail; 9 main upper topsail; 10 main-topgallant sail; 11 main royal; 12 main skysail; 13 crossjack; 14 mizzen lower topsail; 15 mizzen upper topsail; 16 mizzen-topgallant sail; 17 mizzen royal; 18 mizzen skysail; 19 fore-topmast staysail; 20 jib; 21 flying jib; 22 jib topsail; 23 lower studding sail; 24 fore-topmast studding sail; 25 fore-topgallant studding sail; 26 fore-royal studding sail; 27 main lower topmast staysail; 28 main-topmast studding sail; 29 main upper topmast staysail; 30 main-topgallant staysail; 31 main royal staysail; 32 main-topgallant studding sail; 33 main-royal studding sail; 34 mizzen staysail; 35 mizzen-topmast staysail; 36 mizzen-topgallant staysail; 37 mizzen-royal staysail; 38 spanker

揚げた帆 / a ～ taken aback 裏帆，逆帆 / a ～ well taut 風を受けて張りきった帆 / with all ～s set＝with every ～ set out 帆を全部張って，全部の帆を揚げて / hoist [haul down, lower] a ～ 帆を揚げる[降ろす] / bend a ～ 帆を桁(けた)[支索など]に縛りつける / furl a ～ 帆をたたむ[巻く] / get in a ～ 縮帆する / spread the ～s 帆を張る / loose the ～s 帆を解く / keep full ～s 満帆を揚げている / fill a ～ 帆に風をはらませる. **b** [集合的](ある船の)帆 (sails)《一部または全部》: in full ～ 満帆を張って / clap on ～ (速力を増すため)帆を揚げる / hoist [carry] ～ 帆を揚げる[揚げている] / mend ～ 帆をたたみ[巻き]直す / a crowd of ～ ⇨ crowd¹ 3. **c** (氷上ヨット (iceboat) などの)帆. **2 a** (*pl.* 通例 ～) 帆船；船：in the days of ～ 帆船時代に / There wasn't a ～ in sight. 帆かげ一つ見えなかった，船は一隻も見えなかった / *Sail* ho! 船が見えるぞ《他船が見えた時の叫び》. **b** [通例数詞を伴って；集合的に] …隻(の船・帆船)：the ～ of the line 戦列艦 / ten ～ of ships 10 隻の船 / a fleet of twenty ～ 20 隻の船[艦]隊. **c**《廃》(泳ぎ進む白鳥などの)群れ. **3 a** 帆走，航行；航海，船旅 (voyage)；帆船による回遊，巡航；帆走距離，航程：a few hours' ～ / go for a ～ 回遊の船旅に出掛ける / ten days' ～ (from…) (…から)10 日の航程. **b**《廃》帆走力，航統力. **4** [*pl.*；単数扱い]《俗》〘海事〙**a** 製[縫]帆員. **b**《英俗》掌帆長. **5 a** 帆形の物. **b** 風車の羽根，風受け. **c**《詩》(鳥の)翼 (wing). **d** (潜水艦の)艦橋，展望塔. **6**《アフリカ》＝buck sail. **7**〘動物〙**a** バショウカジキ (sailfish) の大背びれ. **b** オウムガイ (nautilus) の大触手《2 個あって昔帆の役をすると信じられた》. **8** [the S-]〘天文〙ほ(帆)座 (⇨ Vela).

(at) [《廃》*with*] *full sail(s)* 順風満帆で；全速力で；順調に進捗して. *bear low sail*《古》謙遜した態度をとる. *crowd (on) sail*〘海事〙＝*pack on all* SAIL. *get under sail* 出帆[出港]する. *give the sails to the wind*〈船が〉帆を風に向ける. *haul in one's sails* 競争から退く，遠慮する，さし控える. *hoist sail* (1) ⇨ 1 b. (2) しりに帆を掛ける，逃げ出す. *in sail* (1) 帆を揚げて. (2) 帆船に乗って. *lower one's sail* 恐れ入って降参する，しっぽを巻く，かぶとを脱ぐ. *make sail* (1) ＝*set* SAIL. (2) 展帆する，帆を増して急ぐ：*make* ～ to a breeze 軟風に帆を揚げる. (3) 帆の方向を調節するため桁(けた)を檣(ほばしら)の周囲に移動する. *more sail than ballast* 実質よりみえ. *pack on all sail*＝*press sail*〘海事〙〈帆を〉できるだけたくさん張る. *reef one's sails* 活動範囲を縮少する；少々控える. *set sail* (1) 帆を揚げる. (2) 出帆する〔*from, for, to*〕. *shorten sail* ＝*take in* SAIL. *strike sail* (1) (突風の時または他船に敬意を表して)帆を降ろす. (2)《古》出しゃばらない；降参する，かぶとを脱ぐ. *take in sail* (1) 帆を減らす[しぼる]，縮帆する. (2) (欲望・活動・野心などを)控え目にする. *take sail* 乗船する. *take the wind out of the sails of* ⇨ wind¹ 成句. *trim the* [*one's*] *sails* (*to the wind*) (1) 適帆する《風受けのいいように帆を調節する》. (2) 臨機の処置をとる. *under sail* (1) 帆を揚げて[掛けて]；帆走で：*under* all ～ 満帆に風を受けて / *under* easy ～ おだやかな風を帆に受けて. (2) 航行中で.

— *vi.* **1 a**〈船・人が〉帆で走る，帆走する；船で行く；航海する：go ～*ing* 帆走に行く / ～ *out* [*round*] 出港[回航]する / ～ in a steamer [on the Queen Elizabeth] 汽船で[クイーンエリザベス号に乗って]航海する / ～ under the Japanese flag 日本船に乗って航海する[行く] / ～ under false colors ⇨ color 成句 / ～ *along* the coast 沿岸を航行する / ～ *across* [*over*] the sea 海を航行する / ～ *into* harbor 入港する / ～ with a fair wind 順風に乗って航行する. **b** ヨットで遊航する；(スポーツとして)ヨットを操縦する. **2** 出帆する，出港する (set sail)：We ～ tomorrow *from* London *for* [*to*] America. 明日ロンドンからアメリカへ向けて出帆します / The ship ～*ed* with the tide. 船は潮の出と共に出港した. **3**〈白鳥・魚などが〉(帆船のように)なめらかに泳ぎ進む；〈鳥・航空機などが〉すべるように飛ぶ (glide) (cf. swim¹ *vt.* 2)；〈雲・月などが〉浮かぶ，浮動する，渡る (float)：The airship ～*ed over* our heads. 飛行船はゆうゆうとわれわれの頭上を飛んで行った. **4 a** (特に)〈婦人が〉(満帆を揚げた船のように)堂々と進む，もったいぶって歩く：She ～*ed into* the room. (そり身になって)さっそうと部屋に入って来た. **b** 苦もなく進む，簡単に通る：He ～*ed through* the door [examination]. ドアをさっと通り抜けた[試験に楽々と通った]. **c** 仰々しく[騒々しく]やって来る〈*up*〉. **5**《口語》**a** 〔…に〕勢いよく取り掛かる〔*into*〕：～ *into* a job [hamburger] 威勢よく仕事を始める[ハンバーグに食らいつく]. **b** 〔…を〕ののしる，しかる；攻撃する，なぐる〔*into*〕：～ *into* a person *for* loafing on a job 仕事をさぼっていると言って人にくってかかる.

— *vt.* **1 a**〈船・人が〉〈海・川などを〉渡る，航海する：～ the sea, the Pacific, etc. **b**〈鳥・航空機が〉〈空を〉わたる，軽く飛ぶ：～ the air, the sky, etc. **c**〈円盤などを〉すべるように飛ばす：～ a discus. **2 a**〈船を〉(帆で)走らせる，操縦して行く：～ a boat, ship, yacht, etc. **b**〈おもちゃの船を〉浮かべる：～ a boat on a pond 池におもちゃの船を浮かべる. **3**〈帆走競争を〉行なう：～ a race [sailing match] *through* [*out*] 帆走競争を最後までやり抜く.

sail fine なるべく風上に詰めて航行する. *sail free* 順走する，帆を一杯に開かずに航走する. *sail in* (1) 入港する. (2)《口語》(議論・改革などに)勢いよく[大胆に]乗り出す：～ *in* and settle the dispute 紛争解決に精力的に乗り出す. (3)《口語》ののしる，くってかかる，しかる.

sáil àrm *n.* 風車の翼 (whip)《翼板を張った腕木》.

sáil·àxle *n.* 風車の腕木の軸.

sáil·bòard *n.* (1 本マスト・3 角帆・平らな船底で通例コックピットのない一人または二人乗りの)小帆船.

sáil·bòat *n.*《米》帆船 (《英》sailing boat).

sáil·clòth *n.* **1** (帆・テントなどに用いる)帆布，帆木綿(ほもめん)，ケンバス，ズック：a ～ bucket (船などで用いる)ズック製のバケツ. **2** (衣服・カーテン用の)粗麻布の一種.

sailed〘← SAIL (n.)＋-ED 2: cf. OE *ġeseġled*〙*adj.* [通例複合語の第 2 構成素として] 帆のある，(…の)帆を張った：full-*sailed* 満帆をあげた / red-*sailed* 赤帆の.

sáil·er [-lə | -lə(r)]〘(?*a*1400): ⇨ sail (v.), -er¹〙 **—** *n.* **1** 帆船 (cf. steamer 1). **2** [前に帆船の速力・航法などを表わす限定詞を伴って] (船脚(ふなあし)の…な)船：a good [fast] ～ 船脚の速い船 / a heavy [bad, poor, slow] ～ 船脚の遅い船.

sáil·fìn *n.*〘魚類〙セールフィンモーリー (*Mollienisia latipinna*)《米国南部およびメキシコ産の背びれの大きいカダヤシ科の淡水小魚；sailfin mollie ともいう》.

sáil·fìsh *n.* (*pl.* ～, ～·es)〘魚類〙**1** バショウカジキ《マカジキ科バショウカジキ属 (*Istiophorus*) の背びれが著しく発達している魚類；バショウカジキ (*I. orientalis*) など》. **2** ＝basking shark.

sáil·ing [-lɪŋ]〘OE *seġlung* (n.): ⇨ sail (v.), -ing¹·²〙 **—** *n.* **1** 帆走；航海，航行；船旅；ヨット遊び[競技]；航行力[速力]，船脚(ふなあし)：fast ～ 速い船脚 / *Sailing* was bad near the coast. 沿岸では難航した / ⇨ plain sailing. **2** (定期船の)出帆，出港：a list of ～s from Kobe 神戸出帆表 / make ready for ～ 出港用意をする. **3** 帆走法，航海術，航行法：⇨ great-circle sailing, composite sailing, parallel sailing, plane sailing. **4** [形容詞的に] 航海の；船の.

sáiling bòat *n.*《英》帆船 (《米》sailboat).

sáiling canòe *n.* 帆走カヌー.

sáiling dày *n.* **1** (客船の)出帆[出港](予定)日. **2**〘海事〙貨物船積み最終日.

sáiling lèngth *n.* ヨットの全長《舳先(へさき)から艫(とも)まで；時にはその喫水線上の長さをいうこともある》.

sáiling list *n.* 出港(予定)表.

sáiling màster *n.* 航海長. ★ 英国では大型ヨットの，米国では 19 世紀初めまでの海軍の航海長 (warrant officer) をいう.

sáiling màtch *n.* 帆走競争.

sáiling òrders *n. pl.* 出帆命令(書)，航海指図(書).

sáiling shìp *n.* (大型の)帆船，帆前船.

sáiling vèssel *n.* (特に大型の)帆船 (↔ steamer).

sáil·less *adj.* **1**〈船が〉帆のない. **2**〈海が〉帆かげの見えない，船のない.

sáil lòft *n.* 帆を作る部屋[小屋].

sáil·màker *n.* **1** 縫帆(ほう)工，(船の)縫帆員. **2**〘米海軍〙(旧制度の)掌帆(兵曹)長.

sáil nèedle *n.* 帆縫い針.

sail·or [séɪlə | -lə(r)]〘(*a*1642)《変形》← SAILER (cf. tailor¹): ⇨ -or²〙 **—** *n.* **1** 船員，海員，航海者，船乗り，セーラー (seaman, mariner)：a ～'s life 船乗り生活. **2** [前に good, bad などの限定詞を伴って] 船に強い[弱い]人：a good [bad, poor, wretched] ～ / What kind of a ～ are you? 船はどうですか《強いか弱いか》. **3** 甲板員，水夫；(海軍士官の下位の)水兵 (cf. officer 1 b)；海軍軍人 (cf. soldier 1). **4** ＝sailor hat；sailor suit. *a sailor before the mast* 平水夫，平水兵.

sáilor còllar *n.* セーラーカラー《背に四角い大きな襟が下がっていて前は V ネックになっている；アメリカの水兵服からきたもの》.

sáilor hàt *n.* セーラーハット《山 (crown) は平らで低く，縁は真っすぐな紳士用麦わら帽，またはそれに似た婦人帽；単に sailor ともいう》.「[職務].

sáil·or·ing [-lərɪŋ] *n.* 海員[船乗り]生活；水夫の仕事

Sáilor Kíng *n.* [the ～] 水夫王，船乗り王《英国王 William 四世の異名；1779 年海軍少尉候補生として海軍に入り，1827 年海軍大臣になったことから》.

sáil·or·ly *adj.* 船乗りらしい[に適した].

sáilor·man [-mən, -mæ̀n | -mæ̀n] *n.* (*pl.* **-men** [-mən, -mèn | -mèn])《戯言》＝sailor 1.

sáilor's-chóice *n.* (*pl.* ～)〘魚類〙北米大西洋沿海産タイ科の小魚の総称：**1** ピンフィッシュ (pinfish). **2** ＝pigfish. **3** 西インド諸島産イサキ科の魚 (*Haemulon parra*).「館.

sáilors' hóme *n.* 海員宿泊所，海員ホーム，海員会

sáilor's-knòt *n.*〘植物〙北米産のフウロソウ属の一種 (*Geranium maculatum*).

sáilor's knòt *n.* **1** セーラーズノット《水夫の用いる結索(法)》. **2** 船乗り結び《ネクタイを結ぶ時の引結びの一種》.

sáilor sùit *n.* 水兵服；セーラー服《セーラーブラウスにらっぱずぼんの少年の服；単に sailor ともいう》.

sáil-òver *n.* **1**〘建築〙(屋根・バルコニーなどの)張出し (overhang). **2**〘ヨット〙セールオーバー《レースでヨットがゴールに進まずに行きつ戻りつすること》.

sáil plàn *n.*〘造船〙帆装図，帆船艤装図《帆船において円材・索具・帆を装着した状態を真横から見た図》.

sáil·plàne *n.*〘航空〙セールプレーン《上昇気流中で滑翔する性能を備えた翼面荷重の小さいグライダー》. **—** *vi.* セールプレーンで滑空する[飛ぶ]. **sáil·plàn·er** *n.*

sáil-ròom *n.* (船中の)帆庫，帆室.

sáil tràck *n.*〘海事〙セールトラック《マストの後部やブームの下端に取り付けたレールで，これに帆鐶(はん) (hanks) が掛けられ，帆の揚げ降ろしの際に滑りの良いようにしたもの》.「桁(けた) (yard).

sáil yàrd〘OE *seġlġerd*: ⇨ sail, yard¹〙*n.*〘海事〙帆

sain [séɪn]〘OE *seġnian* to bless ▭ LL *signāre* 'to SIGN'〙 **—** *vt.*《英古・方言》**1** (災難除けに)…に十字を切る；十字を切って…の災を払う；(災を払うために)清める (bless, consecrate). **2** 祈願して悪から守る.

sain·foin [séɪnfɔɪn | sǽn-, séɪn-]〘(1626) ▭ F《廃》*saintfoin* (F *sainfoin*) ▭ ML *sanctum faenum* holy hay《変形》← *sānum faenum* wholesome hay: ⇨ sane: 薬草として用いられたことから〙 **—** *n.*〘植物〙**1** イガマメ (*Onobrychis viciifolia*)《ヨーロッパ産マメ科の植物；牧草として栽培する；esparcet ともいう》. **2** アメリカハギ (*Desmodium canadense*).

saint [séɪnt；(人名などの前には) sèɪnt | sən(t), sɪn(t), sn̩(t)]〘? OE ▭ (O)F ～, OF *seint* < L *sanctum* (p.p.) ← *sancire* to consecrate (⇨ sacred, sanction) ∽ OE *sanct* ▭ L〙 **—** *n.* **1 a** 聖人，聖徒，聖者《地上の生活が清浄であったため天上において至福の状態にあるとみなされ，キリスト教会で正式に認定され，信者から尊崇される人；cf. canonize》：⇨ All Saints' Day, patron saint. ★ (1) しばしばまたは慣用的に St. と略し，名に冠して St. Paul 聖パウロ，St. Cecilia 聖セシリアのように書く. (2) 本辞典の見出し語では，地名・複合名詞の場合は慣用に従って St. Louis, St. Agnes's Eve などとし，聖人自身の場合には Agnes, Saint として収めた；St. が前接する見出しは本辞典ではつづり字面に従って St の後の個所に配置した. **b** 聖人[聖者]像. **2 a** 天国に昇った人，死者：a departed ～ 故人，死者 / ⇨ blessed Saints. **b** 天使 (angel)：*Saint* Michael the archangel 大天使聖ミカエル. **3 a**〘聖書〙神の選民，聖徒：with all the ～*s* which are in all Achaia アカヤ全国に在るすべての聖徒に (*2 Cor.* 1:1). **b** [S-] Saints と称するキリスト教団体の一員，(特に) ＝Latter-day Saint. **4 a** 聖人のように清らかな人，高徳の人，君子. **b**《皮肉》聖人ぶる人：play the ～ 信心家ぶる / Young ～(s), old devil(s) [sinner(s)].《諺》「若いうちの神信心は当てにならない」. **c** 忍耐強い人，慈悲深い人：It is enough to provoke [try the patience of] a ～. それじゃどんな人だって勘忍袋の緒が切れるよ (cf.「仏の顔も三度」). **5** (芸術・運動などの)創始者，創設者，後援者.

― *vt.* **1** 聖人にする, 聖人の列[聖列]に加える. **2** …に聖人の名を与える, 聖人として崇拝する. **3** [～ it として] 聖徒らしく振舞う, 信心家ぶる.

Saint-Cyr-l'É·cole [sɛ̃ː(n)sɪ́əleɪkɔ́(ː)ɫ, sæn- | -sɪ́əleɪkɔ́ɫ; *F.* sɛ̃sirlekɔl] *n.* サンシルレコル《フランス北部の Versailles 近くの町; 陸軍士官学校の所在地; 人口 18,000》.

sáint·dom [-dəm] *n.* ＝sainthood 1.

Sainte-Beuve [sɛ̃ː(n)(t)bə́ːv, sænt-, seɪnt-, sənt- | sən(t)-, sɪn(t)-, sn̩(t)-; *F.* sɛ̃tbœːv], **Charles Augustin** *n.* サントブーヴ《1804–69; フランスの批評家・詩人・小説家; *Port-Royal* (1840–59), *Causeries du Lundi*「月曜閑談」(1849–69)》.

sáint·ed [-t̬ɪd, -t̬əd | -tɪd, -təd] *adj.* **1** 聖人とされた, 聖列にはいった (canonized). **2** 聖人の, 聖人にふさわしい; 神聖な (sacred), 聖なる (holy); 高徳な; 信心深い (devout). **3** 天国にいった, 死んだ: my ～ mother [wife] わが亡(な)き母[妻].

saint·ess [séɪnt̬ɪs, -t̬əs | -tɪs, -tes] 《(15C): ⇨ saint, -ess¹》 *n.* 《まれ》 女聖人[聖者].

Saint-Ex·u·pé·ry [sɛ̃ː(n)tègz(j)uperíː, sæn-; *F.* sɛ̃tɛgzyperi], **Antoine de** *n.* サンテグジュペリ《1900–44; フランスの小説家・飛行家: *Vol de nuit*「夜間飛行」(1931), *Le Petit Prince*「星の王子さま」(1943)》.

saint·foin [séɪntfɔɪn] *n.* 〘植物〙 ＝sainfoin.

Saint-Gau·dens [sèɪntgɔ́ːdn̩z | sən(t)-, sɪn(t)-, sn̩(t)-], **Augustus** *n.* (1848–1907) アイルランド生れの米国の彫刻家.

sáint·hòod *n.* **1** 聖人[聖徒, 聖者]であること; 聖人の身分[位]. **2** [集合的] 聖人, 聖徒 (saints).

Saint-John Perse [sɪ́ndʒən-pə́ːs | -pə́ːs; *F.* sɛ̃dʒɔnpɛrs] *n.* サンジョンペルス《Alexis Saint-Léger Léger の筆名》.

Saint-Just [sɛ̃ː(n)ʒúst, sæn-, -ʒúːst, -ʒɪst, -dʒʌ́st; *F.* sɛ̃ʒyst], **Louis Antoine Léon de** *n.* サンジュスト《1767–94; フランス革命の指導者の一人》.

sáint·like *adj.* 聖人[聖徒]らしい[のような] (saintly).

saint·ling [séɪntlɪŋ] 《⇨ -ling》 *n.* [軽蔑的に] 小聖人.

sáint·ly *adj.* (**saint·li·er**; **-li·est**) **1** 聖人[聖徒]らしい, 聖人のような (saintlike). **2** 非常に高徳な, 気高い (holy). **sáint·li·ness** *n.*

Sàint Márk *n.* San Marco の英語名.

Sàint Máry *n.* 聖(母)マリア (Virgin Mary).

Sàint Mónday *n.* 《英戯言》 聖月曜日《労働者などが日曜日に大酒など飲んで月曜日に休む時にいう; cf. Black Monday, blue Monday》: keep *Saint* [*St.*] *Monday* (日曜を飲み遊んで)月曜休日をきめ込む.

saint·pau·li·a [seɪntpɔ́ːliə | sən(t)pɔ́ːljə, sɪn(t)-, sn̩(t)-, -lɪə] 《← NL ～ ← *Walter von Saint Paul* (1860–1910: ドイツの男爵で軍人, その最初の発見者): ⇨ -ia¹》 *n.* 〘植物〙 セントポーリア, アフリカスミレ《アフリカ産のイワタバコ科の多年草の総称; 花が美しいので温室に栽培; cf. African violet》.

Saint-Pierre [sèɪntpjɛ́ə | sən(t)pjɛ́ə(r, sɪn(t)-, sn̩(t)-; *F.* sɛ̃pjɛːr], **Jacques Henri Ber·nar·din de** [bɛrnardɛ̃ d] *n.* サンピエール《1737–1814; フランスの作家; *Paul et Virginie*「ポールとヴィルジニー」(1787)》.

Saint-Saëns [sɛ̃ː(n)sɑ́ː(n)s, -sɔ́ː(n)s, sænsɑ́ːns, -sɔ́(ː)ns; *F.* sɛ̃sɑ̃ːs], (**Charles**) **Camille** *n.* サンサーンス《1835–1921; フランスの作曲家》.

Saints·bur·y [séɪntsberi, -b(ə)ri | -b(ə)rɪ], **George** (**Edward Bate·man**) [béɪtmən] *n.* (1845–1933) 英国の文学史家・文芸批評家; Edinburgh 大学の英文学教授 (1895–1915); *A Short History of English Literature* (1898), *A History of English Prosody* (1906–10).

sáint's dày *n.* 聖人の祝日, 聖人記念日《教会で記念礼拝を行ない, 学校が休日となることがある》.

sáint·shìp *n.* **1** 聖人[聖徒]の身分[位], 聖人であること. **2** 聖人[聖徒]らしさ, 高徳.

Saint-Si·mon [sɛ̃ː(n)sɪmɔ̃ː(ŋ), sæ̀nsɪmɔ́(ː)ŋ, sèɪntsáɪmən | sən(t)sáɪmən, sɪn(t)-, sn̩(t)-; *F.* sɛ̃simɔ̃], comte de *n.* サンシモン《1760–1825; フランスの空想的社会主義者・著作家; 本名 Claude Henri de Rouvroy [ruvrwa, -rwa]》.

Saint-Simon, duc de *n.* サンシモン《1675–1755; フランスの宮廷人・外交官; *Mémoires*「回想録」; 本名 Louis de Rouvroy [ruvrwa, -rwa]》.

Saint-Si·mo·ni·an [sèɪntsaɪmóuniən | sən(t)saɪmə́uniən, sɪn(t)-, sn̩(t)-, -njən] 《⇨ -ian》 ― *adj.* サンシモン (comte de Saint-Simon) の, サンシモン社会主義の, 国家社会主義の. ― *n.* サンシモン社会主義遵奉者, 国家社会主義者.

Sàint-Si·mó·ni·an·ìsm [-nìzm̩] *n.* サンシモン社会主義, 国家社会主義《国家が全財産を所有し, 労働者はその労働に応じて財産を享有する資格を持つとする空想的社会主義》.

Sàint-Si·món·ism [-nìzm̩] *n.* ＝Saint-Simonianism.

Sàint-Si·món·ist [-nɪst, -nəst | -nɪst] *n.* ＝Saint-Simonian.

Sai·pan [saɪpǽn, -pɑ́ːn, ⌐―] *n.* サイパン(島)《北太平洋 Mariana 諸島中の一島; もと日本の委任統治領; 太平洋戦争激戦地 (1944); 人口 11,000, 面積 122 km²》.

sair [sɛ́ə | sɛ́ə(r] *adj., n., adv.* 《スコット》 ＝sore.

Sa·ïs [séɪɪs, séɪəs | séɪɪs] *n.* サイス《Nile 川三角洲(ᵗ)地帯にあった古都; Lower Egypt の古代首都》.

Sa·ite [séɪaɪt] 《⊏L *Saītēs* ⊏Gk *Saïtēs* ← *Sáis* (↑): ⇨ -ite¹》 ― *n.* サイス (Saïs) の住民. ― *adj.* **1** サイスの; サイスの住民の: the ～ dynasty サイス王朝《古代エジプト第 26 王朝 (664–525 B.C.)》. **2** サイス王朝の.

saith [séθ, séɪθ; səθ, sɪθ] *vt., vi.* 《古・詩》 say の第三人称単数直説法現在形.

saithe [séɪθ, séɪð] 《← Scand.: cf. ON *seiþr* coal fish》 *n.* 〘魚類〙 ＝pollack b.

Sa·it·ic [seɪɪ́t̬ɪk | -tɪk] 《⊏L *Saïtic-us* ⊏Gk *Saïtikós* ← *Sáis*》 *adj.* ＝Saite.

Sai·va [síːvə, ʃáɪ-] 《⊏Skt *Śaiva* ← *Śiva*: ⇨ Siva》 *n.* 〘ヒンズー教〙 シバ派《ヒンズー教の一派で Siva を最高主神とするもの》. **Sai·vism** [-vɪzm̩] *n.*

sake¹ [sèɪk, séɪk] 《OE *sacu* contention, cause < Gmc **sakō* affair, thing, cause, crime (G *Sache* thing) ← IE **sāg-* 'to SEEK out'》 ― *n.* (…の)ため, 目的, 理由; 利益 (interest). ★ 現在では for the sake of …, for …'s sake「…のために」「…に免じて」の形だけで用いる; sake を修飾する名詞の語尾が [s] 音の場合には通例所有格の s (時には 's) を省略する: for the ～ of health 健康のために, 保養[養生]に / art [beauty] for art's [beauty's] ～ 芸術[美]のための芸術[美]《芸術至上[唯美]主義の motto》 / for appearance' ～＝for the ～ of appearance 体裁上, 外見をつくろうために, 世間の手前 / for both [all] our ～s われわれ双方[皆]のために / for brevity's [shortness'] ～ 簡潔のために / for charity's ～ 慈善のために / for conscience' ～ 気のすむように, 気休めに / for convenience' [convenience] ～ 便宜上 / for form's ～ 形式上, 念のために / for God's [goodness', goodness, heaven's, Pete's] ～ 後生(ごしょう)だから, どうぞ《★ あとにくる命令形を強める》 / for mercy's [pity's] ～ お情けに, かわいそうだと思って, 後生だから / for his name's ～ 彼の名前が名前だから; 彼の名誉のために / for old ～'s ～＝for old times' ～ 昔のよしみに, 昔なじみに / for your own ～ 君自身のために, (君が)わが身がかわいくて.

for any sake [懇願のときに用いて] とにかく, ぜひ (by all means).

sa·ke² [sɑ́ːki | -kɪ] 《(1687) ⊏Jap.》 *n.* (*also* **sa·ké** [～], **saki**) (日本の)酒, 清酒.

sa·ker [séɪkə | -kə(r] 《(?a1425) *sacre, sagre* ⊏(O)F *sacre* ⊏Arab. *ṣaqr* hawk》 ― *n.* **1** セイカーハヤブサ (*Falco cherrug*)《鷹狩用のハヤブサの一種; 特に雌をいう》. **2** セーカー砲《culverin 砲の第 3 番目; 17 世紀では 5.5 ポンド砲》.

Sa·kha·lin [sǽkəlìːn, -lɪn, -lən | sæ̀kəlíːn; *Russ.* səxalʲín] 《⊏Russ. ～ ⊏Manchu *Sakhalin-Oula*》 ― *n.* サハリン(島), 樺太(からふと)《ソ連邦ロシヤ共和国東部, オホーツク海の島; もと北緯 50 度を境に北半分はソ連, 南半分は日本に分割されていたが, 1945 年 Yalta 協定によって全島ソ連の所有となった; 人口 600,000, 面積 76,400 km²》.

Sa·kha·rov [sɑ́ːkərɔ̀(ː)v, -rɑ̀v, -rɔ̀(ː)f, -rɑ̀f | -rɔ̀v, -rɔ̀f; *Russ.* sáxərəf], **Andrei Di·mi·tri·e·vich** [djimjitrjíjivjitʃ] *n.* サハロフ《1921– ; ソ連の物理学者, ソ連の水爆の父といわれる; Nobel 平和賞 (1975)》.

sa·ki¹ [sǽki, sɑ́ːki | -kɪ] 《(1774) ⊏F ～ ⊏S-Am.-Ind. (Tupi) *saguí*》 ― *n.* 〘動物〙 サキ《南米産オマキザル科サキ属 (*Pithecia*) のサルの総称; 尾が長くて太く, 鼻が大きい》.

saki
(*P. monachus*)

sa·ki² [sɑ́ːki | -kɪ] *n.* ＝sake².

Sa·ki [sɑ́ːki | -kɪ] *n.* H(ector) H(ugh) MUNRO の筆名.

sak·i·eh [sǽkièɪ | -kɪ-] 《⊏Arab. *sáqiyaʰ* ← *sáqā* to irrigate》 ― *n.* (*also* **sak·i·a** [sǽkiə | -kɪə]) (エジプトの)水上げ車.

sak·kos [sɑ́ːkɔ(ː)s, sǽk- | -kɔ̀s] 《← NGk *sákkos* 《原義》 'SACK¹'》 *n.* 〘東方正教会〙 サッコス《主教 (bishop) が礼拝中に着るダルマチカ (dalmatic) に似た上祭服》.

Sak·ta [ʃɑ́ːktə] *n.* 〘ヒンズー教〙 ＝Shakta.

Sak·ti [ʃɑ́ːkti | -tɪ] *n.* 〘ヒンズー教〙 ＝Shakti.

Sak·tism [ʃɑ́ːktɪzm̩] *n.* 〘ヒンズー教〙 ＝Shaktism.

Sa·kun·ta·la [ʃəkʊ́ntəlɑ̀ː | -tə-] *n.*「シャクンタラー」《Kalidasa 作の古代インド詩劇; 序詩および 7 章からなる; Dushyanta 王が隠者の娘 Sakuntala に与えた婚約の指輪が紛失したため道士ののろいを受けたが, のち指輪が出て王と娘はめでたく結ばれる》.

Sa·kya·mu·ni [sɑ́ːkjəmùni | -nɪ] 《⊏Skt *Śākyamuni* 《原義》 a hermit sage of the Sakyas (釈迦族)》 ― *n.* 〘仏教〙 釈迦牟尼(しゃかむに)《560–480 B.C.; あるいは 463–38 B.C.; 仏教の開祖》.

sal¹ [sɑ́ːl] 《⊏Hindi *sāl* ← Skt *sāla*》 ― *n.* **1** 〘植物〙 サラソウジュ(沙羅双樹), サラノキ (*Shorea robusta*)《インド北部原産フタバガキ科の常緑高木; sal tree ともいう》. **2** サラソウジュ材《ラワン (lauan) の一種》.

sal² [sǽ(ː)l] 《ME ⊏L *sāl* 'SALT'》 *n.* 〘化学・薬学〙 [通例複合語の第 1 構成素として] 塩 (salt): ⇨ sal ammoniac.

Sal [sǽ(ː)l] 《(dim.) ← SARAH: cf. Sally》 *n.* 女性名.

sa·la [sɑ́ːlə; *Sp.* sála, *It.* sáːla] 《⊏Sp. & It. ～: ⇨ saloon》 *n.* (個人の家の)大きな部屋, 広間《特に, 接客用》.

Sa·la [sǽlə, séɪlə] *n.* [the ～] サラ川 (IJssel 川の旧名).

sa·laam [səlɑ́ːm] 《⊏Arab. *salām* saluting, 《原義》 peace: cf. Islam, Moslem, shalom》 ― *n.* **1** 額手礼《からだをかがめ右手の手のひらを額に当てて行うイスラム教徒の敬礼》: make one's ～ 額手礼をする. **2** [*pl.*] 挨拶 (salutation), 敬意: send ～s 敬意を表する, よろしく言ってやる. ― *vt.* …に額手礼をする, …に挨拶する; 額手礼をして[敬意を表して]迎える. ― *vi.* 額手礼をする, 挨拶する.

sal·a·bil·i·ty [sèɪləbíləti | -lətɪ, -lɪ-] *n.* 販売可能性.

sal·a·ble [séɪləbɫ] 《(1530) ← SALE＋-ABLE》 ― *adj.* **1 a** (品質など)売るに適した, 売れのいい, はける, 需要のある. **b** (値段が)ころ合いの, 買手がすぐつく. **2** 《古》 買収されやすい (venal). **sál·a·bly** *adv.* **～·ness** *n.*

Sa·la·cia [səléɪʃə] 《⊏L *Salācia* ← *salum* the (open) sea ⊏Gk *sálos*》 *n.* 〘ローマ神話〙 サラーキア《Neptune の后》.

sa·la·cious [səléɪʃəs] 《(c1645) ← L *salāc-, salāx* fond of leaping, lustful (← *salīre* to leap: ⇨ salient)＋-IOUS》 ― *adj.* **1** 好色な, みだらな (lewd, lustful). **2** 〈話・本・絵など〉猥褻(わいせつ)な (obscene): ～ writings 猥褻な著作物. **3** 《古》 〈食物が〉催淫性の (aphrodisiac). **～·ly** *adv.* **～·ness** *n.*

sa·lac·i·ty [səlǽsəti | -sətɪ, -sɪ-] 《⊏(M)F *salacité* ∥ L *salācitāt-em*: ⇨ ↑, -ity》 *n.* 好色; 猥褻.

sal·ad [sǽləd, -lɪd | -ləd] 《(a1399) ⊏(O)F *salade* ⊏OProv. *salada* < VL **salātam* (*herbam*) salted (herb) ← **salāre* to salt ← L *sāl* 'SALT'》 ― *n.* **1** サラダ, サラダ料理: fruit [lobster, chicken] ～ / dress ～ サラダを作る. **2** サラダ用野菜; (特に)レタス, チシャ, サラダ菜 (lettuce). **3** ごたまぜ (hodgepodge).

sálad bòwl *n.* サラダボール《サラダを盛る大皿[大鉢], またはサラダを取分ける小皿[小鉢]》.

sálad bùrnet *n.* 〘植物〙 オランダワレモコウ, サラダバーネット (*Sanguisorba minor*)《時にサラダに使うバラ科ワレモコウ属の植物》.

sálad dàys *n. pl.* 無経験な青二才時代: My ～, when I was green in judgment 物を見る目もなかった青二才時代 (Shak., *Antony* 1. 5. 73).

sálad drèssing *n.* サラダ(用)ドレッシング《フレンチドレッシング・マヨネーズなど》.

sa·lade [səlɑ́ːd, -lǽd] *n.* 〘甲冑〙 ＝sallet.

sálad fòrk *n.* サラダ(用)フォーク: **a** サラダを食べるための小型のフォーク. **b** サラダをよそうための木製で大型のフォーク.

Sal·a·din [sǽlədɪn, -dən, -dn̩ | -dɪn] *n.* サラディン, サラーハッディーン《1138–93; クルド人; イスラム世界を代表する君主; アイユーブ朝を興し, エジプトおよびシリアを支配したスルタン (1169–93); Jerusalem を奪取して十字軍と戦い Richard 一世の好敵手となった; アラビア語名 Ṣalāḥal-Dīn al Ayyūb》.

Sa·la·do [səlɑ́ːdou | -dəu; *Sp.* saláđo], (**Río** [río]) *n.* [the ～] サラド(川)《アルゼンチン北部の川; 同国の北部 Andes 山脈中に発し南東に流れて Paraná 川に合する (2,010 km)》.

sálad òil *n.* サラダオイル《サラダドレッシング用の植物油》.

sálad plàte *n.* **1** サラダ用銘々皿. **2** (レストランなどで昼食にサラダ菜の上に盛って出される)サラダ.

sálad spòon *n.* サラダ用スプーン《普通は木製》.

sal·ae·ra·tus [sæ̀ləréɪt̬əs | -təs] *n.* ＝saleratus.

Sa·lah [sɑ́lɑ́ː] 《⊏Arab. *ṣalāʰ*》 *n.* 〘イスラム教〙 サラー《イスラム教徒の行なう礼拝で, 日の出・昼・午後・夕方・夜の 5 回行なわれる》.

sa·lal [səlǽɫ, sæ-] 《⊏Chinook jargon *sallal*》 ― *n.* 〘植物〙 北米太平洋岸産のツツジ科の常緑小低木 (*Gaultheria shallon*)《果実を乾して食用にする; shallon ともいう》.

Sa·lam [sɑ́ːlɑːm], **Ab·dus** [ɑ́ːbdʊs] *n.* サラム《1926– ; パキスタンの物理学者; イタリアと英国で活躍》.

Sal·a·man·ca [sæ̀ləmǽŋkə; *Sp.* sàlamáŋka] *n.* サラマンカ《スペイン西部, Madrid 西方の都市; この付近で英将 Wellington がフランス軍を敗った (1812); 人口 140,000》.

sal·a·man·der [sǽləmæ̀ndə, ⌐―⌐― | sǽləmæ̀ndə(r, -mɑ̀ːn-] 《(1340) *salamandre* ⊏(O)F ⊏L *salamandra* ⊏Gk *salamándrā* ← ?》 ― *n.* **1** 〘動物〙 サンショウウオ《有尾両生類の総称; ヨーロッパ産のマダラサンショウウオ (*Salamandra saramandra*)・北米産のトラフサンショウウオ属 (*Ambystoma*) のものなど約 20 種におよぶ; cf. giant salamander》. **2 a** 火とかげ, サラマンダー《火中に住んで焼けないと信じられた伝説の動物》. **b** 火中に住む魔神, 火の精 (cf. gnome² 1, nymph, sylph 1). **3** 火に耐えるもの; 熱さに平気な人; 砲火の下をくぐる軍人. **4 a** (料理用)焼ごて《熱して食品の上に載せてその上部を焼くのに用いる》. **b** (上から加熱する)料理用ガスオーブン. **c** 携帯用ストーブ[燃焼器]《salamander stove ともいう》. **5** 〘冶金〙 サラマンダー, べこ, 炉底滞積物.

sal·a·man·dri·an [sæ̀ləmǽndriən | -mǽndrɪ-, -mɑ́ːn-] 《⇨ ↑, -ian》 *adj.* ＝salamandrine 1.

sal·a·man·drid [sǽləmǽndrɪd, -drəd, ⌐―⌐― | sæ̀ləmǽndrɪd, -mɑ̀ːn-] 《↓》 〘動物〙 *adj., n.* イモリ科の(動物).

Sal·a·man·dri·dae [sæ̀ləmǽndrədìː | -mǽndrɪ-, -mɑ́ːn-] 《← NL ⊏ *Salamandra* (属名: ⇨ salamander)＋-IDAE》 *n. pl.* 〘動物〙 イモリ科.

sal·a·man·drine [sæ̀ləmǽndrɪn, -drən, -draɪn | -mǽndrɪn, -mɑ́ːn-, -draɪn] 《← L *salamandra* 'SALAMANDER'＋-INE³》 ― *adj.* **1** salamander の(ような). **2** 火に耐える, 耐火の; 熱さに平気な. ― *n.* 火中に住むと信じられた魔神, 火の精.

sal·a·man·droid [sæ̀ləmǽndrɔɪd | -mǽn-, -mɑ́ːn-] 〘⇨ -oid〙 *adj.* 〘動物〙サンショウウオに似た.

Sa·lam·bri·a [səlǽmbriə | -brɪə] *n.* [the ~] サランブリア(川)(⇨ Piniós).

sa·la·mi [səlɑ́ːmi | -mɪ, -miː] 〘(1852) ▭ It. ~ (pl.) ← *salame* ← L *salāre* to salt ← *sāl* 'SALT'〙 ━ *n.* サラミ(ソーセージ)《赤身の肉と脂肪分に香辛料をきかせたソーセージ；堅く乾燥させた保存性のあるものと,柔かくて冷蔵の必要なものとがある》.

Sal·a·mis [sǽləmɪs, -məs | -mɪs] *n.* サラミス：**1** ギリシャの南東, Aegina 湾にある島；この付近の海戦でギリシャ軍が Xerxes 一世指揮下のペルシャ軍を破った(480 B.C.)；人口 15,000, 面積 96 km². **2** 地中海東部の Cyprus 島にあった古都；使徒 Paul の第1回伝道地 (cf. *Acts* 13：5). **3** 〘ギリシャ神話〙Asopus と Metope の娘；Poseidon との間に男子 Cychreus をもうけた. **Sal·a·min·i·an** [sæ̀ləmíniən | -nɪ-] *adj., n.*

sál ammóniac 〘(c1325) ▭ L *sal ammōniac-us*：⇨ sal, ammoniac〙 *n.* 〘化学〙塩化アンモニウム (NH_4Cl).

sal·an·gane [sǽləŋgæ̀n, -gèɪn] 〘▭ F ~ ▭ Malay *salamga*〙 ━ *n.* 〘鳥類〙アマツバメ《燕巣(えんそう)(edible bird's nest) を作る数種のアマツバメ (swift) の総称；cf. swiftlet》.

sa·lan·gid [səlǽndʒɪd, -dʒəd | -dʒɪd] 〘↓〙 *adj., n.* 〘魚類〙シラウオ科の(魚).

Sa·lan·gi·dae [səlǽndʒədiː | -dʒɪ-] 〘← NL ~ ← *Salang-*, *Salanx* (属名)＋-IDAE〙 *n. pl.* 〘魚類〙シラウオ科.

sa·lar [səlɑ́ɚ | -lɑ́ː(r)] 〘▭ Am. Sp. ~ ← Sp. *salar* to salt：cf. salad〙 ━ *n.* 乾燥気候の地域で塩湖が(完全にまたは季節的に)干上ってできた平地《一面に塩の結晶が堆積している；cf. salt lick》.

sa·lar·i·at [səlɛ́(ə)riət, -riæ̀t | -rɪ-] 〘▭ F ~ (混成) ← *sala(ire)* 'SALARY'＋(*prolé ta*)*riat* 'PROLETARIAT'〙 *n.* 俸給生活者[サラリーマン]階級.

sál·a·ried *adj.* **1** 月給取りの, (時間給でなく)俸給を受ける：a ~ man 月給取り, サラリーマン (cf. wage earner) / the ~ class 俸給生活者[サラリーマン]階級. **2** 〈地位・官職など〉有給の (paid)：a ~ office 有給職.

sal·a·ry [sǽl(ə)ri | -rɪ] 〘(c1378) *salarie* ▭ AF＝(O)F *salaire* ▭ L *salārium* soldier's salt money, salary ← *sāl* 'SALT'：⇨ -ary〙 ━ *n.* **1** (週, 月, 年ごとに定期的に支払われる固定の)俸給, 給料, 月給, 年俸, サラリー (cf. wage, salt 5)：a beginning [starting] ~ 初任給 / a clerk with [on] a small [low] ~ 薄給の書記 / get [draw, earn] a high ~ 高給をとる / work on a ~ 給料を貰って働く / *Salary* Range [Scale]：£3,000 to £3,500 p.a. plus London (Weighting) Allowance [広告]給与限度[等級]：年俸 3,000-3,500 ポンド, 他にロンドン地域手当あり. **2 a** 《廃》謝礼, 報酬金 (fee). **b** 報酬 (reward). ━ *vt.* **1** …に俸給を与える, 給料を払う. **2** …に報いる.

sálary sávings insùrance *n.* 〘保険〙給料積立保険.

Sa·la·zar [sæ̀ləzɑ́ɚ, sɑ̀ːl- | -zɑ́ː(r); *Port.* sɐlɐzár], **Antonio de O·li·vei·ra** [olivéirɐ] *n.* サラザール《(1889-1970；ポルトガルの政治家, 首相 (1932-68)》.

sal·did [sǽldɪd, -dəd | -dɪd] 〘↓〙 〘昆虫〙 *adj.* ミズギワカメムシ(科)の. ━ *n.* ミズギワカメムシ《ミズギワカメムシ科の昆虫の総称》.

Sal·di·dae [sǽldədiː | -dɪ-] 〘← NL ~ ← *Salda* (属名：← ?)＋-IDAE〙 *n. pl.* 〘昆虫〙(半翅目)ミズギワカメムシ科.

sale [séɪl] 〘OE *sala* ▭ ON ← Gmc **saljan* 'to SELL'〙 ━ *n.* **1** 販売, 売却, 売渡し, 売出し：dispose of a thing by ~ 売り払う, 売却する / offer for ~ 売りに出す / They advertised the ~ of a large estate. 大きな屋敷の販売広告を出した / We have made no ~ today. 今日は何も売れなかった / No ~ took place yesterday. 昨日は全く売れなかった / There were no ~*s* during the morning. 午前中は商売が全くなかった / a ~ for cash [money]＝a cash ~ 現金売り, 現金取引き, 直取引き / a ~ on credit＝a credit ~ 掛け売り. **2** 売行き, 売れ口, はけ[さばけ]口, 需要：be dull [easy] of ~ 売行きが悪い[よい] / find a good [poor] ~ 売行きがよい[悪い] / find no ~ 少しも売れない / command [have, meet with] a ready ~ 飛ぶように売れる, ばたばた売れる. **3** [*pl.*] 売上げ高：The ~*s* were enormous. 売上げは巨額に上った / Today's ~*s* were over five hundred dollars. 今日の売上げ高は5百ドルを越えた / a book [an account] of ~*s* 売上げ帳[勘定書]. **4** 競売, せり売り：a public ~ 公売, 競売 / ⇨ forced sale. **5** [*pl.*] 販売業務, 販売部門 (cf. sales *adj.*)：a chief in charge of ~*s* 販売部門主任. **6** 蔵払い売出し, 安売り, 見切売り：a bargain ~ 大安売り, バーゲンセール / a clearance ~ 蔵払い, 在庫一掃セール / ⇨ rummage sale. **7** 〘法律〙売買契約, 売渡し：conclude a ~ 売買契約を結ぶ.

for sale 売り物の, 売りに出した：a house *for* ~ 売家 / not *for* ~ 非売品. ***on sale*** (1) 売りに出した (for sale)：Many things were *on* ~ in the streets. いろんな物を路上で売っていた / place a thing *on* ~ 物を売りに出す. (2) 《米》割引き価格で, 特価で：This ten-dollar hat is now *on* ~ for 5. この 10 ドルの帽子は特価で 5 ドルだ / I bought this dress *on* ~. このドレスを特価で買った. ***on sale or* [*and*] *return*** 〘商業〙(1) 残品引受けの約定で(小売人へ渡すこと). (2) (顧客への)点検売買の条件で, 解除条件付き売買で (cf. *on* APPROVAL). ***put up for* [*to*] *sale*** 売りに出す；競売に付する：*put up* a house *for* ~.

sale of work 慈善市《宗教団員などの製作品を売る》.

sale·a·bil·i·ty [sèɪləbíləti | -ləti, -lɪ-] *n.* ＝salability.

sale·a·ble [séɪləbl] *adj.* ＝salable.

sále-and-léaseback *n.* 〘金融〙リース, 設備賃付 (leaseback).

sal·eb [sǽlɪb, -ləb, səléb | sǽlɪb, səléb] *n.* ＝salep.

Sa·lem¹ [séɪləm | -lem, -ləm] 〘▭ Heb. *Šālôm* (原義) peace：cf. *Gen.* 14：18〙 *n.* サレム《Canaan の古代都市, 現代の聖都 Jerusalem ともいわれる；cf. *Heb.* 7：1》.

Sa·lem² [séɪləm | -lem, -ləm] 〘↑〙 ━ *n.* **1** 米国 Massachusetts 州北東部の海港・工業都市；N. Hawthorne の出生地, 魔女裁判 (1692) で有名；人口 41,000. **2** 米国 Oregon 州の首都；人口 79,000. **3** サレム《インド南部 Tamil Nadu 州の都市；人口 309,000》.

Sálem sécretary [**désk**] 〘⇨ Salem² 1〙 *n.* 《米》上部は引き出しと棚, 下部は扉と書きものができる開閉の板を備えた大型書机.

sal·ep [sǽlɪp, -ləp, səlép | sǽlɪp, səlép] 〘(1736) ▭ F ~ ∥ Sp. ~ ▭ Arab. *sáhlab* (変形) ← *khuṣā ath-thá'lab* (原義) the fox's testicles〙 ━ *n.* サレップ粉《諸種のラン科植物の根を乾燥粉末にしたもので, タピオカのようにして食用, または薬用にする》.

sále prìce *n.* (特別)販売価格.

sal·e·ra·tus [sæ̀ləréɪtəs | -təs] 〘(1846) ← NL *sal aerātus* (原義) 'aerated SALT'〙 *n.* 《米》(料理用)重曹(じゅうそう) (baking soda).

sále-rìng *n.* 競売者を取り巻く買手.

Sa·ler·no [səlɜ́ːnoʊ, -lɛ́ə- | -lɜ́ːnəʊ, -lɛ́ə-; *It.* salérno] *n.* サレルノ《イタリア南西部の港市；人口 162,000》.

sále·ròom *n.* ＝salesroom.

sales [séɪlz] 〘← SALE＋-S² 2〙 *adj.* 販売の：a ~ department 販売部.

sáles allòwances *n. pl.* 〘会計〙売上げ値引.

sáles chèck *n.* ＝sales slip.

sáles·clèrk *n.* 《米》(商店の)店員, 販売員.

sáles dìscounts *n. pl.* 〘会計〙売上げ割引.

sáles engineèr *n.* 販売専門技術者, セールスエンジニア《契約者などと密接な連絡を保ちながら計画・予算を考慮して製品などの販売を専門とする人；また技術的知識と助言を与えてセールスマンを補佐する販売部所属の技術者》.

sáles·gìrl *n.* 《米》(商店の)女子店員, 女子販売員.

Sa·le·sian [səlíːʒən, -ʃən] 〘← *St. Francis de Sales* (1567-1622：Savoy の聖職者)：⇨ -ian〙 〘カトリック〙 ━ *n.* サレジオ会の会員. ━ *adj.* **1** 聖フランソア ド サル (St. Francis of Sales) の. **2** サレジオ会の.

sáles·làdy *n.* ＝saleswoman.

sáles·man [-mən] *n.* (*pl.* **-men** [-mən, -mèn]) **1** (男子)販売係, 店員. **2** 外交員, セールスマン：an insurance ~ 保険外交員.

sálesman·shìp *n.* **1** 販売術；販売員としての適性；説得効果. **2** 販売外交的手腕.

sáles·pèople *n. pl.* [集合的] 販売人, 販売員, 販売外交員.

sáles·pèrson *n.* 販売員, 外交員.

sáles promòtion *n.* 〘経営〙販売促進, セールスプロモーション《広告やセールスに加えて, 展示・無料見本・クーポン・景品・特売などで購買力を換起する方法》.

sáles rèbate *n.* 〘会計〙売上割戻し.

sáles règister *n.* ＝cash register.

sáles resistance *n.* 販売抵抗《商品の売行きを阻止するような事情；例えばその品質・販売人の態度・広告方法などの点で買手に与える不快など；cf. consumer resistance》.

sáles retùrns *n. pl.* 〘会計〙戻り品.

sáles·ròom *n.* 売場；(特に)競売場.

sáles slìp *n.* 売上げ伝票.

sáles tàlk *n.* **1** 売込み口上[談義]. **2** 説得談義.

sáles tàx *n.* 《米》取引(高)税, 売上税《売上高を課税標準とする税；cf. purchase tax》.

sáles·wòman *n.* (*pl.* **-women**) 女子店員, 女子販売員, 女子外交員.

sal·et [sǽlɪt, -lət] *n.* 〘甲冑〙＝sallet.

Sal·ford [sɔ́ːlfəd, sǽl- | sɔ́ːlfəd, sɔ́l-] 〘OE *Saleford* (原義) sallow ford：⇨ sallow¹, ford〙 ━ *n.* イングランド北西部, Greater Manchester 州 Manchester 付近の工業都市；人口 262,000.

sa·li- [séɪlɪ, sǽlɪ, -lə | -lɪ] 〘▭ L *sāli-* ← *sāl* 'SALT'〙「塩 (salt)」の意の連結形.

Sa·li·an¹ [séɪliən, -ljən | -ljən, -lɪən] 〘(1653) ← L *Salii* (pl.) (原義) leapers, dancers (← *salīre* to leap：⇨ salient)＋-AN¹〙 ━ *adj.* 〘ローマ神話〙(軍神 Mars の神官)サリイー (Salii) の：a ~ hymn 軍神の賛歌.

Sa·li·an² [séɪliən, -ljən | -ljən, -lɪən] 〘(1614) ← LL *Saliī* Salian Franks, (原義) those living near the river *Sala* (＝IJssel)＋-AN¹〙 ━ *n.* (フランク族に属した)フランクサリ支族 (Salian Franks) の人《4-5 世紀に Rhine 河口 Sala 川付近に移住し, メロビング (Merovingian) 王朝を興した》. ━ *adj.* フランクサリ支族の.

Sa·lic [sǽlɪk, séɪl- | sǽl-] 〘▭ (M)F *salique* ∥ ML *salic-us* ← LL *Saliī* (↑)〙 *adj.* フランクサリ (Salian) 支族の：⇨ Salic law.

Sal·i·ca·ce·ae [sæ̀ləkéɪsiː | -lɪ-] 〘← NL ~ ← *Salic-*, *Salix* (属名：← L *salix* willow)＋-ACEAE〙 ━ *n. pl.* 〘植物〙(双子葉植物ヤナギ目)ヤナギ科. **sàl·i·cá·ceous** [-ʃəs] *adj.*

Sal·i·ca·les [sæ̀ləkéɪliːz | -lɪ-] 〘← NL ~ ← *Salic-* (↑)＋-ALES〙 *n. pl.* 〘植物〙(双子葉植物)ヤナギ目.

salices *n.* salix の複数形.

sal·i·cet [sǽləsèt, ⌐ー⌐] 〘▭ G ~ ← L *salic-*, *salix* (↓)：⇨ -et〙 *n.* 〘音楽〙＝salicional.

sal·i·cin [sǽləsɪn, -sən | -lɪsɪn] 〘▭ F *salicine* ← L *salic-*, *salix* willow：⇨ salix, -in¹〙 ━ *n.* 〘化学〙サリシン, サリゲニン-B-D-グルコシド ($C_{13}H_{18}O_7$)《ヤナギの皮に含まれている配糖体；解熱剤・リューマチ治療薬・強壮剤用となる》.

sa·li·cion·al [səlíʃənl̩, -ʃnəl] 〘(1843) ▭ G ~ ← L *salic-* (↑)〙 〘音楽〙(オルガンの)笛声音管.

Sálic láw *n.* [the ~] サリカ法典《フランクサリ (Salian) 支族の制定した法律で, 女子の土地相続権や王位継承権を否認したもの；フランスやスペインに行なわれた》.

sal·i·cyl [sǽləsɪl, -səl | -lɪsɪl] 〘(1840) ▭ F *salicyle* ← *salicine*：⇨ salicin, -yl〙 *n.* 〘化学〙サリチル基.

sálicyl álcohol *n.* 〘化学〙サリチルアルコール (⇨ saligenin).

sálicyl álcohol glúcoside *n.* 〘化学〙＝salicin.

sàlicyl·áldehyde 〘← SALICYL＋ALDEHYDE〙 *n.* 〘化学〙サリチルアルデヒド (HOC_6H_4CHO).

sal·ic·yl·ate [səlísəlèɪt, -s(ə)lɪt, -lət | sæ̀lísɪ-, sə-] 〘⇨ salicyl, -ate¹〙 *n.* 〘化学〙サリチル酸塩[エステル], (特に)サリチル酸ナトリウム (sodium salicylate).

sal·i·cyl·ic [sæ̀ləsílɪk | -lɪ-] 〘⇨ -ic¹〙 *adj.* 〘化学〙サリチル酸の.

salicýlic ácid *n.* 〘化学〙サリチル酸 (HOC_6H_4COOH).

salicýlic áldehyde *n.* 〘化学〙＝salicylaldehyde.

sa·lience [séɪljəns, -liəns | -lɪəns] 〘⇨ salient, -ence〙 ━ *n.* **1** 突出, 突起(物). **2** きわ立つこと, 顕著, 特徴：give ~ to the important points 重要な諸点を強調する. **3** 突起[突出]物；顕著な点, (話・筋書・議論などの)重要点, やま (highlight).

sa·lien·cy [séɪljənsi, -liən- | -ljənsɪ, -lɪən-] 〘⇨↓, -ency〙 *n.* ＝salience.

sa·lient [séɪljənt, -liənt | -ljənt, -lɪənt] 〘(1562) ▭ L *salient-em* (pres.p.) ← *salīre* to leap ← IE **sel-* to jump (Gk *hállesthai*)：cf. sally〙 ━ *adj.* **1** 外[上]部に突起した, 突出した, 隆起した (↔ reentrant)：a ~ nose / a ~ feature (海岸線・顔面の)突出部 / ⇨ salient angle. **2** 顕著な, 目立った, 目ざましい：~ features [points, characteristics] 目立った特徴. **3** 〈水が〉噴出する：a ~ fountain. **4** 《古》〈無尾類の動物が〉はねる, 跳ぶ；無尾類の：a ~ amphibian. **5** 〘紋章〙〈動物が〉獲物におそいかかるため立上った姿勢の (cf. forcene, saltant 2). **6** 〘音声〙強音の.
━ *n.* **1 a** 凸角(とつかく) (salient angle)：a ~ of the bastion 〘築城〙稜堡 (bastion) の突出部, 凸角. **b** (岬などの)突出部. **2 a** 〘軍事〙(要塞・戦線・塹壕(ざんごう)線の)凸角[突出部]. **b** [the S-] (第一次大戦当時, Ypres における連合軍の)塹壕線凸角[突出]部.

sálient ángle *n.* **1** 〘数学〙凸角(とつかく)《多角形の内角で, 2直角より小さいもの；↔ reentering angle》. **2** 〘軍事〙(要塞・戦線などの)凸角 (⇨ bastion 挿絵).

Sa·li·en·ti·a [sèɪliénʃiə, sæ̀l-, -ʃə, -tiə | -lɪénʃɪə, -ʃə, -tɪə] 〘← NL ~ ← L *salientem* 'SALIENT'＋-IA²〙 *n. pl.* 〘動物〙カエル目.

sa·li·en·ti·an [sèɪliénʃiən, -ʃən, -tiən | -lɪénʃɪən, -ʃən, -tɪən] 〘⇨↑, -an¹〙 *adj., n.* 〘動物〙カエル目の(動物).

sálient·ly *adv.* 目立って, 著しく.

sálient póint 〘cf. F *point saillant* / NL *punctum saliens*〙 *n.* **1** 目立った特徴[細部]. **2** 《古》出発点, 源泉 (source).

sálient-póle machìne *n.* 〘電気〙突極機《界磁磁極が突出している同期発電機などの電気機械》.

Sa·lie·ri [sɑ̀ːljéːri | -lɪérɪ; *It.* saljéːri], **Antonio** *n.* サリエリ《1750-1825；イタリア生れの作曲家》.

sa·lif·er·ous [səlíf(ə)rəs, sæ-] 〘← SALI-＋-FEROUS〙 *adj.* 〘地質〙塩を含んだ[生じる], 含塩の：a ~ system 含塩系.

sal·i·fi·a·ble [sǽləfàɪəbl̩, ⌐ー⌐ー⌐] *adj.* 〘化学〙塩化できる.

sal·i·fi·ca·tion [sæ̀ləfɪkéɪʃən, -fə- | -lɪfɪ-] 〘▭ ? F ~：⇨ sali-, -fication〙 *n.* 〘化学〙塩化.

sal·i·fy [sǽləfàɪ | -lɪ-] 〘▭ F *salifi-er*：⇨ sali-, -fy〙 *vt.* 〘化学〙**1** 塩化する. **2** 塩と混合する；塩で処理する.

sal·i·gen·in [sæ̀lədʒénɪn, səlídʒə-, -nən | sæ̀lɪdʒénɪn, səlídʒɪ-] 〘← SALI(CIN)＋-GENIN〙 *n.* 〘化学〙サリゲニン ($HOC_6H_4CH_2OH$)《白色板状晶のフェノール系アルコール；salicyl alcohol ともいう》.

Sal·i·i [sǽliàɪ | -lɪ-] 〘▭ L *Salii* (原義) leapers：⇨ Salian¹〙 *n. pl.* 〘ローマ神話〙サリイー《軍神 Mars と Quirinus の神官たち》.

sa·lim·e·ter [səlímətɚ, sə- | -mɪtə(r, -mə-] 〘← SALI-＋-METER¹〙 *n.* 検塩計, 塩分計. 〔salino- の異形.

salin- [séɪliːn, -laɪn, səlíːn, -láɪn] (母音の前に来る時の)

sa·li·na [səláɪnə, -líː-] 〘▭ Sp. ~ ▭ L *salīnae* salt works, salt pits ← *salīnus* 'SALINE'〙 ━ *n.* **1 a** 塩水性沼沢 (salt marsh)《米国西部からラテンアメリカにかけてある》. **b** 乾燥した塩湖《動物がそこに結晶した塩をなめに来る；cf. salt lick》. **2** 塩田, 製塩所.

Sa·li·nas [səlíːnəs] 〘← Sp. *salina* 'SALINA'＋-s¹：この町の辺を流れる川の名から；その河口付近には塩分を含んだ沼が多い〙 ━ *n.* 米国 California 州西部の町；人口 71,000；J. Steinbeck の生地.

sa·line [séɪliːn, -laɪn | séɪlaɪn, sǽl-, səláɪn] 〘(c1450) ▭ L **salīn-us* ← *sāl* 'SALT'：⇨ -ine³〙 ━ *adj.* **1 a** 塩の；塩のような, 塩からい：a ~ taste 塩味. **b** 塩を含んだ, 塩分のある, 塩気のある：a ~ solution 食塩溶液[水] / a ~ lake 塩水湖 / a ~ cathartic 含塩下剤. **2** (特に, ナトリウム・カリウム・マグネシウムなどの)塩類の, 塩性の. ━[《英》səláɪn] *n.* **1** ＝salina 1.

2 塩類；含塩物；(特に)薬用塩類, マグネシウム下剤, 含塩下剤.

Sal·in·ger [sǽlɪndʒə, -lən- | sǽlɪndʒə(r, séɪ-], **J(erome) D(avid)** *n.* (1919–) 米国の小説家；*The Catcher in the Rye* (1951).

sal·i·ni- [séɪli:nɪ, -laɪnɪ, -lí:nɪ, -láɪnɪ, -nə | -nɪ] salino- 「の異形 (⇨ -i-).

sa·lin·i·ty [seɪlínəṭi, sə- | səlínətɪ, -nɪ-] 〖⇨ saline, -ity〗 *n.* 〖化学〗塩分, 塩度《海洋学では海水 1,000 g 中に溶解している固型物質のグラム数》.

sa·li·no- [séɪli:no(ʊ), -laɪn-, səlí:n-, -láɪn- | -nə(ʊ)] 〖← SALINE：⇨ -o-〗 ━「塩 (salt)；塩の (saline)」の意の連結形：*salino*meter. ★ 時に salini-, また母音の前では通例 salin- になる.

sal·i·nom·e·ter [sæ̀lənɑ́məṭə, sèɪ- | -lɪnɔ́mɪtə(r, -mə-] 〖← SALINO- + -METER[1]〗 *n.* ＝salimeter.

Sa·lique [séɪlɪk, sǽl-, səlí:k, sə- | sǽlɪk, səlí:k, sæ-] 「*adj.* ＝Salic.

Sálique láw *n.* [the ~] ＝Salic law.

Salis·bur·y [sɔ́:lzberi, -b(ə)ri | sɔ́:lzb(ə)rɪ, sɔ́lz-] 〖OE *Sarisberie, Searoburh* ← *Searo-* (《変形》(OE *searu* trick, armor と連想) ← *Sorvio-* (Avon 川の古名?)) + *burg* 'fort, BOROUGH'：ME 初期に *r-r* の異化により *Salis-* となった〗 ━ *n.* **1** イングランド Wiltshire 州の宗教上の中心地；有名な大聖堂がある；人口 104,000. **2** ソールズベリー《アフリカ南東部, Zimbabwe の首都；人口 503,000》.

Salis·bur·y [sɔ́:lzberi, -b(ə)ri | sɔ́:lzb(ə)rɪ, sɔ́lz-], 3rd Marquis of *n.* (1830–1903) 英国の政治家 Robert Arthur Talbot Gascoyne-Cecil [gǽskɔɪn-] の称号；首相 (1885–86, 1886–92, 1895–1902).

Sálisbury Pláin *n.* [the ~] ソールズベリー平原《英国南部 Salisbury の北方にある起伏性高原地帯；Stonehenge がある；cf. plain as Salisbury ⇨ plain[1] *adj.* 3 a》.

Sálisbury stéak 〖← *J. H. Salisbury* (食生活改善を唱えた 19 世紀の英国の医師)〗 *n.* ソールズベリーステーキ《ハンバーグステーキの一種》.

Sa·lish [séɪlɪʃ] 〖□ N-Am.-Ind. (Salishan) *sälst* people〗 ━ *n.* **1 a** [the ~(s)] サリッシュ族《サリッシュ語族(Salishan)に属する言語を話す北米インディアンの一種族；もと米国 Montana 州に住み, しばしば周囲の種族から Flatheads と呼ばれた》. **b** サリッシュ族の人. **2** ＝Salishan.

Sa·lish·an [séɪlɪʃən, sǽl-] 〖⇨ ↑, -an[1]〗 ━ *n.* サリッシュ語族《もとカナダの British Columbia および米国北西部地方に住んだアメリカインディアンの話す諸語からなる語族》. ━ *adj.* サリッシュ語族の.

sa·li·va [səláɪvə] 〖《1676》□ L *salīva*：cf. sallow[2]〗 *n.* 唾液(だえき), つば (spittle).

sal·i·var·y [sǽləvèri | sǽlɪvəri, səláɪv-] 〖《1709》□ L *salīvāri-us* slimy：⇨ ↑, -ary〗 *adj.* つばの, 唾液の；唾液を分泌する.

sálivary chrómosome *n.* 〖生物〗唾液腺(だえきせん)染色体《ある双翅類の昆虫の唾液腺の細胞にある大形の「染色体.

sálivary glánd *n.* 〖解剖〗唾液腺.

sal·i·vate [sǽləvèɪt | -lɪ-] 〖《1669》← L *salīvāt-us* (p.p.) ← *salīvāre* to spit：⇨ saliva, -ate[3]〗 ━ *vt.* (水銀を用いたりして)…に過度につばを出させる, 異常に唾液を分泌させる；…に流涎(りゅうぜん)症を生じさせる. ━ *vi.* (過度に)唾液を分泌する, つば[よだれ]を出す.

sal·i·va·tion [sæ̀ləvéɪʃən | -lɪ-] 〖《1598》□ (M)F ~ // LL *salīvātiō(n-)*：⇨ ↑, -ation〗 ━ *n.* **1** 唾液の分泌, つばを出すこと. **2** 〖病理〗 **a** 流涎(りゅうぜん)症 (ptyalism), 唾液(分泌)過多. **b** 水銀中毒.

sál·i·và·tor [-ṭə | -tə(r] 〖⇨ -or[2]〗 *n.* 〖医学〗流涎(りゅうぜん)を起こす因子, 流涎[催唾]剤.

sal·ix [séɪlɪks, sǽl-] 〖← NL ~：⇨ sallow[1]〗 *n.* (*pl.* **sa·li·ces** [-ləsì:z | -lɪ-]) 〖植物〗ヤナギ属 (*Salix*) の植物の総称《北半球の温帯を中心に約 500 種ある》.

Salk [sɔ́:(l)k, sɔ́:k], **Jonas E(dward)** *n.* (1914–) 米国の細菌学者；ポリオのソークワクチン (Salk vaccine) を造った. 「ン.

Sálk vaccìne 〖↑〗 *n.* (ポリオ予防用)ソークワクチ

salle [sɑ́:l, sǽl; *F.* sal] 〖□ F ~ ← Gmc (cf. OHG *sal* hall)〗 *F. n.* (*pl.* ~**s** [~z; *F.* ~]) 広間, ホール, 室, 部屋 (hall, room).

salle-à-man·ger [sæ̀ləmɑ̃:(n)ʒéɪ, -mɔ̃:(n)-, -mɑ:n-, -mɔ(:)n- | ← ― ―; *F.* salamɑ̃ʒe] 〖□ F ~ 《原義》 room for eating〗 *F. n.* (*pl.* **salles-**) 食堂 (dining room).

salle-d'at·tente [sæ̀ldætɑ́:(n)t, -tɔ̃:(n)t, -tɑ́:nt, -tɔ́(:)nt; *F.* saldatɑ̃:t] 〖□ F ~ 《原義》 hall for attending〗 *F. n.* (*pl.* **salles-** [~]) (駅の)待合室.

sal·len·ders [sǽləndəz, -lɪn- | -dəz] 〖← ?：cf. F *solandres*〗 *n. pl.* [単数扱い]〖獣医〗(馬の第一足関節の)乾発疹(しん) (cf. malanders).

sal·let [sǽlɪt, -lət] 〖《c1440》□ (M)F *salade* □ Sp. *celada* // It. *celata* < ? L *caelātam* (*galeam*) (helmet) ornamented with engraving ← *caelum* chisel〗 ━ *n.* 〖甲冑〗サレット《15 世紀頃の一種の軽い鉄かぶとで, 後のひさしが長く通例 beaver と共に用いる》.

sallet

sal·low[1] [sǽlou, -lə | sǽləʊ] 〖OE *s(e)alh* < Gmc **salχaz* (OHG *salaha*) ← IE **salih-* (L *salix* willow)：SALLOW[2] との関係は不詳〗 ━ *n.* 〖植物〗低木性で葉の広いヤナギ属の植物の総称；(特に)サルヤナギ (*Salix caprea*)《火薬用の木炭にする；goat willow ともいう》.

sal·low[2] [sǽlou, -lə | sǽləʊ] 〖OE *salo* < Gmc **salwa-* (OHG *salo* dirty gray / ON *sǫlr* dirty) ← IE **sal-* dirty gray〗 ━ *adj.* (~**·er**; ~**·est**) (顔・肌など)(病的に)青みがかった黄色の, 青白い, 土色の, 黄ばんだ, 血色の悪い：a ~ skin, face, etc. ━ *vt.* 〈顔色を〉青白くする, 黄ばんだ色にする. **~·ness** *n.*

sál·low·ish [-ɪʃ] 〖⇨ -ish[1]〗 *adj.* 少し黄ばんだ, 少しどす黒い, 土色を帯びた：a ~ complexion. 「の多い.

sal·low·y [sǽloui | -ləʊɪ] 〖⇨ -y[4]〗 *adj.* ヤナギ (sallow)

Sal·lust [sǽləst] *n.* サルスティウス《86–34 B.C.；ローマの歴史家；ラテン語名 Caius Sallustius Crispus [kéɪəs səlʌ́stiəs kríspəs, káɪəs -tɪəs | káɪəs səlʌ́stɪəs]》.

sal·ly [sǽli | -lɪ] 〖《1542》□ (O)F *saillie* (fem. p.p.) ← *saillir* to leap, rush forward < L *salīre*：⇨ salient〗 ━ *vi.* **1** 〈籠(ろう)城軍・飛行機などが〉(急に)出撃する, 打って出る, 反撃する 〈*out*〉. **2** (旅行・散歩などに)出掛ける, 出発する 〈*forth, out*〉：~ *forth* for an evening walk. **3** 勇み立って[勢いよく, 急に]出る 〈*forth*〉：~ *forth* in triumph 意気揚々と繰り出す. **4** 《古》出る, ほとばしり出る：Blood *sallied* from the wound. 血が傷口からほとばしり出た. ━ *vt.* 〖海事〗(船底が泥に吸い付いたのを離すような時に)〈船を〉人為動揺させる《多人数まとまって甲板上を右へ左へと移動して動揺させる》. ━ *n.* **1** (籠城軍などの包囲陣に対する)出撃, 突撃：make a ~ 出撃する. **2** 急に飛び出すこと；出発, 外出；(通例人のよく行くコースをはずれた)小旅行, 遠足：make a ~ into the country 田舎へ遠足に行く. **3** 突発；(感情・機知・想像などの)ほとばしり出ること, 激発：a ~ of anger 怒りの爆発. **4** (機知縦横の)警句, 機知に富んだ言葉, しゃれ. **5** 《古》突飛な行為, 脱線. **6** 〖木工〗突出, 出(で)《(棰(たるき)の先など, 外側に突き出した部分》.

Sal·ly [sǽli | -lɪ] 〖(dim.) ← SARAH〗 *n.* **1** 女性名. **2** ⇨ Aunt Sally.

sálly lúnn, S- L- [-lʌ́n] 〖《1798》← *Sally Lunn* (1800 年ごろ英国の Bath でこれを呼売りした女)〗 ━ *n.* サリーラン《お茶の時間に食べる軽い菓子パンの一種；焼立てにバターをつけて食べることが多い》.

sálly pòrt *n.* 〖築城〗(出撃用の)裏門, 非常門, 出撃門.

Sal·ma·cis [sǽlməsɪs, -səs | -sɪs] 〖□ L ~ □ Gk *Salmakís*〗 *n.* 〖ギリシャ神話〗サルマキス (⇨ Hermaphroditus).

sal·ma·gun·di [sæ̀lməgʌ́ndi | -dɪ] 〖《1674》□ F *salmigondis* ← ?〗 ━ *n.* (*also* **sal·ma·gun·dy** [~]) **1** サルマガンディー：**a** サラダの一種；火を通して刻んだ肉・アンチョビー・固ゆで卵・玉葱・ピクルス・クレソンなどとドレッシングで作る. **b** 残りものの肉など, 種々の材料を煮込んだ料理. **2** ごたまぜ, 寄せ集め (miscellany), 雑集, 雑録 (potpourri).

Sal·ma·naz·ar [sæ̀lmənǽzə | -zə(r] 〖← *Salmanasar* (＝*Shalmaneser*) *IV* (紀元前 8 世紀の Assyria の王：cf. *2 Kings* 17：3)〗 ━ *n.* (ワイン用の)サルマナザルびん《約 12 quarts 入り；普通のびんの 12 本分》.

sal·mi [sǽlmi | -mɪ, -mi:] 〖《1759》□ F *salmis* 《略》← *salmigondis* 'SALMAGUNDI'〗 ━ *n.* (*pl.* ~**s**) サルミ：**a** 主に猟鳥を用いた料理；半ばローストしてから胸肉などを外し, そのガラとぶどう酒・だし汁・香辛料などで濃厚なソースを作り, さきの肉を入れて軽く煮込む. **b** そのソース.

sal·mis [sǽlmi, -mi: | -mɪ, -mi:; *F.* sálmi] *n.* (*pl.* ~ [~z; *F.* ~]) ＝salmi.

salm·on [sǽmən] 〖《?a1300》 *sa(l)moun* □ AF *sa(u)moun* ＝ (O)F *saumon* < L *salmōnem* ← ?. (cf. *salīre* to leap：⇨ salient)〗 ━ *n.* (*pl.* ~, ~**s**) **1** 〖魚類〗 **a** タイセイヨウサケ (*Salmo salar*)《北大西洋沿岸産サケ科ニジマス属の, 北米・ヨーロッパの川を溯って産卵する魚；毛鉤釣の好対象魚；Atlantic salmon ともいう；cf. grilse, parr, smolt 1, landlocked salmon, ouananiche》. **b** [しばしば限定詞を伴って] サケ《サケ科サケ属 (*Oncorhynchus*) の魚類の総称；北太平洋に生息し, 産卵のため溯河する魚；サケ (chum salmon), マスノスケ (king salmon), ギンマス (silver salmon), ベニマス (sockeye salmon) など；Pacific salmon ともいう》. **2** 〖魚類〗(サケではないが)鮭(さけ)肉色をした魚の総称：**a** ＝barramunda. **b** ＝walleye 5. **3** 鮭肉：a kippered ~ 燻製鮭 / smoked ~ スモークトサモン. **4** 鮭肉色, サ(ー)モンピンク (salmon pink). ━ *attrib. adj.* 鮭肉色の, サ(ー)モンピンクの.

sálmon·bèrry *n.* 〖植物〗サーモンベリー (*Rubus spectabilis*)《北米太平洋岸からアラスカに産するキイチゴの一種》；その実.

sálmon brìck *n.* 焼きが不十分なまたは石灰が入っているために明るい色になっている赤れんが.

sálmon-còlor *n.* 鮭(さけ)肉色 (salmon pink).

sálmon-còlored *adj.* 鮭肉色の.

sal·mo·nel·la [sæ̀lmənélə] 〖← NL ~ ← *D. E. Salmon* (1850–1914：米国の獣医) + -ELLA〗 ━ *n.* (*pl.* **-nel·lae** [-li:], ~**s**, ~) 〖細菌〗サルモネラ (*Salmonella* 属の好気性グラム陰性の杆菌；腸チフス・パラチフスや多くの食中毒の病原菌を含む).

sal·mo·nel·lo·sis [sæ̀lmənelóusɪs, -səs | -ləʊsɪs] 〖← NL ~：⇨ ↑, -osis〗 *n.* (*pl.* **-lo·ses** [-si:z]) 〖病理〗サルモネラ症.

sal·mon·et [sǽmənɪt, -nət] 〖← SALMON + -ET〗 *n.* 〖魚類〗＝samlet.

Sal·mo·ne·us [sælmóuniəs | -məʊnɪ-] 〖□ L *Salmōneus* □ Gk *Salmōneús*〗 ━ *n.* 〖ギリシャ神話〗サルモネウス《Aeolus と Enarete の息子；Zeus を模倣したため神の怒りを買い, 罰として雷に打たれて死ん「の(魚).

sal·mo·nid [sǽlmənɪd] 〖↓〗 *adj., n.* 〖魚類〗サケ科

Sal·mon·i·dae [sælmɑ́nədi: | -mɔ́nɪ-] 〖← NL ~：⇨ salmon, -idae〗 *n. pl.* 〖魚類〗(サケ目)サケ科.

sálmon làdder [lèap] *n.* 魚梯(ぎょてい)《サケを川の上流に上らせるために作った魚道；fish ladder ともいう》.

sal·mon·oid [sǽ(l)mənɔ̀ɪd, sɑ́:m-] 〖↓〗 〖魚類〗 *adj.* **1** サケ科の. **2** サケ亜目の. ━ *n.* サケ科の魚類の総称.

Sal·mo·noi·de·a [sæ̀lmənɔ́ɪdiə | -dɪə] 〖← NL ~：⇨ salmon, -oidea〗 *n. pl.* 〖魚類〗サケ亜目.

sálmon pàss *n.* ＝salmon ladder.

sálmon pínk *n.* 鮭(さけ)肉色, 帯黄紅色, サーモンピンク (salmon-color).

Sálmon Ríver *n.* [the ~] 米国 Idaho 州中部を流れ Snake River に合流する川；長さ約 680 km.

Sálmon Ríver Móuntains *n. pl.* [the ~] サーモンリバー山脈《米国 Idaho 州中部の山脈》.

sálmon shàrk *n.* 〖魚類〗ネズミザメ科の魚 (*Lamna nasus*) (cf. porbeagle).

sálmon stàir *n.* ＝salmon ladder.

sálmon stéak *n.* サーモンステーキ《鮭の切身のステーキ》.

sálmon tàil *n.* 〖海事〗スエズ運河舵, ダニューブ舵《スエズ運河内で, 低速時でも舵ききが良いように, 舵面の後方へ継ぎ足す補助舵面；Suez Canal rudder ともいう》.

sálmon tròut *n.* 〖魚類〗 **1** ヨーロッパ産の降海型の brown trout. **2** ＝lake trout 1. **3** ＝cutthroat trout. **4** ＝steelhead.

sal·ol [sǽlɔ(:)l, -loul | -lɒl] 〖← *Salol* (商標) ← SAL(ICYL) + -OL[1]〗 *n.* 〖化学〗ザロール, サリチル酸フェニル (⇨ phenyl salicylate).

Sa·lo·me [səlóumi | -ləʊmɪ] 〖□ LL ~ □ Gk *Salṓmē* □ Aram. *Šᵉlāmṣā* ← *Šᵉlamṣiyōn* 《原義》 peace of Zion：cf. Solomon〗 ━ *n.* **1** 女性名. **2** サロメ《Herod Antipas の後妻 Herodias の娘；その踊りが Herod の気に入ったため, 彼女は所望する John the Baptist の首をもらった；cf. *Matt.* 14：6–11, *Mark* 6：22–28》.

sal·on [səlɑ́n, sǽlɑn, sælɔ́:(ŋ), -lɔ́(:)ŋ | sǽlɔ̃:(ŋ), -lɔ(:)ŋ, -lɔn; *F.* salɔ̃] 〖《1715》□ F ~ □ It. *salone* saloon (aug.) ← *sala* hall, room ← Gmc (cf. OE *sæl* hall / G *Saal*)〗 ━ *n.* **1** (フランスなどの大邸宅の上品な)大広間, 客間, サロン. **2** (17–18 世紀にはやった, サロンで催す)名士の集り, サロン. **3 a** 美術展覧会場. **b** [the S-] サロン《毎年パリで催される現代美術展覧会》. **4** サロン《流行品などをそろえたハイカラな店；美容院》：a shoe ~ / a beauty ~ 美容院.

Sa·lo·ni·ka [səlɑ́nɪkə, -nə-, sæ̀ləní:kə | sәlɔ́nɪ-] *n.* (*also* **Sa·lo·ni·ca** [~]) サロニカ, テサロニキ《ギリシャ北東部 Macedonia の港市；Salonika 湾に臨む；人口 346,000；ギリシャ語公式名 Thessaloniki；古名 Thessalonica》. 「部の湾.

Salonika, the Gulf of *n.* サロニカ湾《エーゲ海北西

sa·lon·ist [səlɑ́nɪst, sǽlɑn-, sælɔ́:n-, -lɔ́(:)n-, -nəst | sǽlɔ̃:nɪst, -lɔ(:)n-] *n.* サロン[上流社会の集り]に出入りする人, サロン人種.

salón mùsic *n.* サロン音楽《客間で小人数の楽団が演奏するのに適するような上品で軽い音楽》.

sa·loon [səlú:n] 〖《1728》□ F *salon*：⇨ salon, -oon〗 ━ *n.* **1** (宮廷・大邸宅・ホテルなどの)大広間；(汽船の)談話室；一等船室；旅客機の客室. **2** 展覧会場, 陳列場, 演芸場；集会場. **3** 《英》(娯楽・飲食その他特殊の目的に当てられる)部屋：a dining ~ 食堂 / a hairdressing [hairdresser's, shaving] ~ 理髪店 / a refreshment ~ 喫茶店 / a dancing ~ ダンスホール / a billiard ~ 玉突場 / a shooting ~ 屋内射的場. **4 a** 《米》(酒類販売提供を許可されている)酒場, バー (tavern). **b** 《英》(パブ (pub) での)中級のバー (cf. public house 1). **5** 《英》 **a** 一等客車 (《米》 parlor car)：a family ~ 特別客車. **b** サルーン型自動車 (《米》 sedan).

salóon bàr *n.* ＝saloon 4 b.

salóon càr *n.* ＝saloon 5.

salóon càrriage *n.* ＝saloon 5 a. 「板(ばん).

salóon dèck *n.* 一等[サルーンクラス]船客用甲

sa·lóon·ist [-nɪst, -nəst | -nɪst] *n.* 《米》 **1** ＝saloon-keeper. **2** 酒場の常客. 「客.

salóon·kèeper *n.* 《米》酒場の主人[経営者].

salóon pàssenger *n.* 一等船客, サルーンクラス船

salóon pistol *n.* 《英》屋内射的場用ピストル.

salóon rifle *n.* 《英》屋内射的場用ライフル.

sa·loop [səlú:p] 〖《1712》《変形》← SALEP〗 *n.* **1** サループ《salep (後には sassafras) の浸出液・牛乳・砂糖で造った温飲料》. **2** ＝salep. **3** ＝sassafras 2.

Sal·op [sǽləp] 〖《短縮》← AF *Salopescira* 《異化による変形》← OE *Scrobbesbyrigscīr* 'SHREWSBURY'〗 ━ *n.* イングランド中西部の州；1974 年まで Shropshire と呼ばれた；人口 361,000, 面積 3,491 km², 首都 「Shrewsbury.

Salop. 《略》 Shropshire.

Sa·lo·pi·an [səlóupiən | -ləʊpjən, -pɪən] 〖《1706》← SALOP + -IAN〗 ━ *adj.* **1** (イングランドの) Salop 州の. **2** Shrewsbury School の. ━ *n.* **1** Salop 州の人. **2** Shrewsbury School の在校[卒業]生.

Salópian wáre *n.* 〖陶器〗 **1** イングランドの Salop (旧名 Shropshire)州で 1550 年頃に最初に造られた陶器. **2** (18 世紀末に最初に造られた現代の)シュロップシャー磁器.

salp [sǽlp] 〘↓〙 *n.* 〘動物〙＝salpa.

sal·pa [sǽlpə] 〘← NL ～ ← L ～ ‘stockfish’ ▭ Gk *sálpē*〙 *n.* (*pl.* **～s, sal·pae** [-piː, -paɪ]) 〘動物〙サルパ《原索動物サルパ綱サルパ科に属する動物の総称》.

sal·pi·form [sǽlpəfɔ̀ːm | -pɪfɔ̀ːm] 〘⇨ ↑, -form〙 *adj.* サルパ (salpa) 状の[に似た].

sal·pi·glos·sis [sæ̀lpəglɑ́sɪs, -glɔ́(ː)s-, -səs | -pɪglɔ́sɪs] 〘《1846》← NL ～ ← Gk *sálpigx* trumpet＋*glôssa* tongue〙 ── *n.* 〘植物〙サルメンバナ (*Salpiglossis sinuata*)《チリ原産のナス科の観賞植物》.

sal·ping- [(a, o, u の前では) sǽlpɪŋ, -pəŋ | -pɪŋ; (e, i の前では) -pɪndʒ, -pəndʒ | -pɪndʒ] (母音の前に来る時の) salpingo- の異形.

sal·pin·gec·to·my [sæ̀lpɪndʒéktəmi, -pən- | -pɪndʒéktəmɪ] 〘← SALPINGO-＋-ECTOMY〙 *n.* 〘外科〙卵管切除(術).

salpinges *n.* salpinx の複数形.

sal·pin·gi·an [sælpíndʒiən | -dʒɪ-] 〘← SALPINGO-＋-IAN: ⇨ salpinx〙 *adj.* 〘解剖〙 **1** 卵管 (salpinx) の. **2** 耳管の, 欧氏管 (Eustachian tube) の.

sal·pin·gi·tis [sæ̀lpɪndʒáɪtɪs, -pən-, -təs | -pɪndʒáɪtɪs] 〘← NL ～: ⇨ ↓, -itis〙 *n.* 〘病理〙 **1** 卵管炎. **2** 耳管炎.

sal·pin·go- [sǽlpɪŋgo(ʊ), -pəŋ- | -pɪŋgə(ʊ)] 〘← NL ～ ← Gk *sálpigx* trumpet: ⇨ -o-〙 ──「卵管; 欧氏管 (salpinx)」の意の連結形. ★ 母音の前では通例 salping- になる.

sal·pin·gos·to·my [sæ̀lpɪŋgɑ́stəmi, -pən- | -pɪŋgɔ́stəmɪ] 〘⇨ ↑, -stomy[1]〙 *n.* 〘外科〙卵管開口(術).

sal·pin·got·o·my [sæ̀lpɪŋgɑ́təmi, -pən- | -pɪŋgɔ́təmɪ] 〘← SALPINGO-＋-TOMY〙 *n.* 〘外科〙卵管切開(術).

sal·pinx [sǽlpɪŋks] 〘← NL ～ ← Gk *sálpigx* trumpet〙 ── *n.* (*pl.* **sal·pin·ges** [sælpíndʒiːz]) 〘解剖〙 **1** 卵管, らっぱ管 (Fallopian tube). **2** 耳管, 欧氏管 (Eustachian tube).

salse [sɑ́ːls, sǽls; *F.* sals] 〘▭F ～ ▭It. *salsa* ‘SAUCE’〙 *n.* (*pl.* **sals·es** [～ɪz, ～əz; *F.* ～]) 〘地質〙＝mud volcano.

sal·si·fy [sǽlsəfi, -fàɪ | sǽlsɪfɪ] 〘《1675》▭F *salsifis* ▭It. *salsefica, salsefrica* ← ?〙 ── *n.* 〘植物〙バラモンジン, セイヨウゴボウ (*Tragopogon porrifolius*)《キク科の二年草; その根は食用; その風味から oyster plant または vegetable oyster とよばれる》.

sál sòda *n.* 〘化学〙結晶ソーダ, 洗濯ソーダ (sodium carbonate)《洗濯に用いられる炭酸ナトリウム結晶》.

salt[1] [sɔ́ːlt | sɔ́ːlt, sɔ́lt] 〘*n.*: OE *s(e)alt* < Gmc **salta-* (G *Salz*) ← IE **sal-* (L *sāl* / Gk *háls*). ── v.: OE *s(e)altan* ← (n.)〙 ── *n.* **1 a** 塩, 塩化ナトリウム (NaCl); 食塩《common salt ともいう》: in ～ 塩をふった; 塩漬けにした / spill ～ 塩をこぼす《★ 縁起が悪いと古くからの迷信がある》. ★ ラテン語系形容詞: saline. **b** 〘化学〙塩(えん)《酸の水素を金属元素(塩基)で置き換えた化合物; 例えば硫酸塩, 硫酸ナトリウムなど》. **2** [*pl.*] **a** 薬用塩類《緩下剤・防腐剤など》: a dose of ～*s* 下剤一服 (⇨ *like a dose of* SALTS) / ⇨ Epsom salts, Glauber's salt, Rochelle salt. **b** ＝smelling salts. **3 a** 刺激・興味・生気(など)を与えるもの: Adventure is the ～ of life. 冒険は人生の刺激剤である / ～ of youth (若さの)潑剌としたもの, 生気 (cf. Shak., *Merry W* 2. 3. 50). **b** 痛快味, 機知, ぴりっとしたしゃれ: a talk full of ～ 機知に富んだ談話 / ⇨ Attic salt. **c** 常識, 思慮分別. **4** [通例 old ～] 水夫, (特に)老練な水夫: a story of adventure told by an *old* ～ 老練な水夫の語る冒険話. **5** 主人に給する食事, 主人から与えられる食事[給料] (cf. salary 1). ★ 主に次の句に用いる: eat a person's ～＝eat ～ with a person 人の客となる; 人の家の居候(いそうろう)になる / earn one's ～ 食うだけかせぐ / be faithful [true] to one's ～ 主人に忠実に勤める / not worth one's ～ ⇨ 成句. **6** 塩入れ, 塩つぼ: above [below, beneath] the ～ ⇨ 成句. **7** ＝salt marsh. **8** [*pl.*] (川への)海水の異常な逆流.

above [***below, beneath***] ***the salt*** 〘昔食卓の真中に大きな塩入れを置き, その上手は身分の高い人が坐る上席であり, その下手には身分の低い人が坐ったことから〙上席[末席]に, 上座[下座]に. ***be neither sugar nor salt***＝***not made of*** (***sugar or***) ***salt*** ⇨ sugar 成句. ***drop*** [***lay, put, cast***] (***a pinch of***) ***salt on the tail of*** 〘鳥を捕えるには尾に一つまみの塩を落とせと戯れに子供に教えることから〙…を造作なく捕える. ***like a dose of salts*** 《俗》急速に. ***not worth one's salt*** 給料だけの働きがない, 穀(ごく)つぶしで, 役に立たない. ***rub salt into wound***＝***rub salt in a person's wound***(***s***) 恥辱[悲しみ, 苦痛など]をつのらせる. ***the salt of the earth*** (世の腐敗を防ぐ)地の塩, (社会の)健全な人(々), 世の師表 (*Matt.* 5: 13). ***with a grain*** [***pinch***] ***of salt*** 〘《なぞり》← L *cum grāno salis*〙加減して, 控え目に, 話し半分に: receive [take] a person's story *with a grain of* ～ 人の話しを割引きして聞く[受け取る].

salt of hartshorn 〘化学〙 (1) ＝ammonium chloride. (2) ＝ammonium carbonate.

salt of lemon 〘化学〙＝potassium oxalate.

salt of sorrel 〘化学〙＝potassium tetrahexalate.

salt of tin 〘染色〙塩化スズ《塩化スズ (II) と塩化スズ (IV) がある; 前者は抜染剤, 後者は媒染剤・絹のスズ増量剤などに使われる》.

salt of vitriol 〘化学〙＝zinc sulfate.

salt of wisdom 〘化学〙＝alembroth.

salt of wormwood 〘化学〙＝potassium carbonate.

salts of lemon [**sorrel**] 〘化学〙＝potassium oxalate.

── *adj.* (～·**er**; ～·**est**) **1 a** 塩を含んだ; 塩気のある, しょっぱい: a ～ breeze 潮風 / a ～ spring 食塩泉 / ⇨ salt water / The dish is too ～. この料理は塩辛すぎる. **b** 〈土地など〉海水に浸った; 塩の混じった: a ～ pasture / ⇨ salt marsh. **2** 塩漬けの: ～ beef, cod, etc. **3** 〈涙・悲哀など〉辛(つら)い, 苦しい: ～ tears. **4** 《古》**a** 皮肉な, 痛快な: a ～ wit. **b** 痛烈な: a ～ reproach. **5** 〘植物〙海水[塩性沼沢地, 海辺]に生じる: ～ grasses.

── *vt.* **1 a** …に塩を加える, 塩をふりかける. **b** …に塩をまき散らす; …にまき散らす. **c** 塩をふりかけて〈街路の雪を〉溶かす. **d** 〈家畜〉に塩を与える: ～ cattle. **2** 〈魚・肉などを〉塩漬けにする, 塩漬けにして貯蔵する: ～ fish, beef, pork, etc. **3** 〈言葉・話など〉に味[興味]をつける; ぴりっとさせる: ～ one's speech *with* anecdotes 逸話を入れて話に味をつける. **4** 白くする (gray): ～ one's hair. **5 a** 〈鉱山を〉(よく見せるために)よその良質鉱石などを(鉱山の)目につく所へ置く; 〈油井を〉(よく見せるために)石油を(油井に)入れて置く: ～ a mine. **b** 〈商品などを〉(ごまかして)実際以上に見せる, 〈にせ物を〉本物らしく見せかける; 〈記録・勘定などを〉ごまかす; 実際以上の〈値を〉つける: ～ an account 勘定をごまかす / ～ the books 実際より多く利益があったようにごまかして記帳する / ～ prices (あとでまけるつもりで)でたらめに高い値をつける. **6** 〘化学〙(硝酸銀を除去するために)食塩溶液に浸す; 化学塩で処理をする.

salt away [***down***] (1) 塩漬けにして貯蔵する. (2) 《口語》〈金・情報などを〉しまって置く, 貯える; 〈金を〉(安全に)投資する: ～ *away* information 情報を収集して貯えておく. ***salt out*** (*vt.*) 〘化学〙塩析する《蛋白質・石鹸などの水溶液に塩を加えて分離析出させる》. (*vi.*) 塩の沈殿ができる, 塩が沈殿する.

～·like *adj.*

salt[2] [sɔ́ːlt | sɔ́ːlt, sɔ́lt] 〘《頭音消失》← 《廃》(*go* or *be*) *assaut* to seek the male, rut ← (O)F *à saut* on the jump: cf. assault〙 ── *adj.* 《廃》 **1** 〈人が〉好色な, みだらな: his ～ and most hidden loose affection 彼のいやらしい隠秘根性 (Shak., *Othello* 2. 1. 244). **2** 〈雌の動物が〉さかりがついた.

SALT [sɔ́ːlt | sɔ́ːlt, sɔ́lt] 《略》Strategic Arms Limitation Talks 戦略(核)兵器制限交渉《1969 年 11 月米ソ間で始まった戦略核兵器生産制限のための交渉》.

Sal·ta [sɑ́ːtə | -tə; *Sp.* sálta] *n.* サルタ《アルゼンチン北西部の都市; 人口 177,000》.

sal·tan·do [sɑːltɑ́ːndoʊ | -dəʊ; *It.* saltándo] 〘▭It. ～ ← L *saltāre*: ⇨ saltant〙 *adv., adj.* 〘音楽〙弦の上で弓を跳ねさせて《弦楽器運弓法の指示; sautillé ともいう》.

sált-and-pépper *adj.* ＝pepper-and-salt.

sal·tant [sǽltnt, sɔ́ːl-, -tənt | sǽltənt, sɔ́ːl-, sɔ́l-] 〘▭L *saltant-em* (pres.p.) ← *saltāre* to leap, dance (freq.) ← *salīre*: ⇨ salient〙 ── *adj.* **1** 《まれ》跳ぶ, 踊る, はねる; 舞踏の (saltatory). **2** 〘紋章〙〈小動物が〉跳びはねる姿勢の《ライオンなどの salient に当たる》.

sal·ta·rel·lo [sæ̀ltərélou, sɔ̀ːl- | -təréləʊ; *It.* sàltarèllo] 〘▭It. ～ ← *saltare* to jump < L *saltāre* (↑)〙 ── *n.* (*pl.* **～s, -rel·li** [-liː; *It.* -li]) 〘音楽〙サルタレロ《16 世紀イタリア起源の速い 3 拍子の舞曲》.

sal·ta·tion [sæltéɪʃən, sɔːl- | sæl-] 〘《1623》▭L *saltātiō(n-)* ← *saltātus* (p.p.) ← *saltāre*: ⇨ saltant, -ation〙 ── *n.* **1** はね回り, 跳躍; 踊ること, 舞踏. **2** 急激な変動[変化, 推移], 激変. **3** 〘生物〙＝saltatory evolution. **4** 〘地質〙サルテーション, 跳動, 躍動《水中または空中を砂泥粒子がバウンドしながら運ばれること; cf. traction transport》.

sal·ta·to·ri·al [sæ̀ltətɔ́ːriəl, sɔːl-, -tɔ́ːr- | sæ̀ltətɔ́ːrɪ-] 〘《1789》← L *saltātōrius* (↓)＋-AL[1]〙 ── *adj.* **1** 跳躍の; 舞踏の: ～ exercises 跳躍運動. **2** 〘動物〙跳躍に適した[のできる]: ～ legs.

sal·ta·to·ry [sǽltətɔ̀ːri, sɔ́ːl-, -tə̀ri | sǽltətəri] 〘《1656》▭L *saltātōri-us* ← *saltātus*: ⇨ saltation, -ory〙 ── *adj.* **1** 跳躍の; 舞踏の: the ～ art. **2** 一足とびに進化する, 躍進する; 飛躍的な: ～ thinking.

sáltatory evolútion *n.* 〘生物〙跳躍進化, 飛躍的進化《進化は, 飛躍的な変量で起こるという考え; cf. macroevolution》.

sált·bòx *n.* **1** 塩入れ《台所に備える木製のもの》. **2** ソートボックス《17 世紀から 19 世紀初期にかけて New England に見られた前が二階建て, 後ろが一階建ての家; saltbox house ともいう》.

saltbox 2

sált·bùsh *n.* 〘植物〙乾燥したアルカリ性土壌に繁茂するアカザ科の低木の総称.

sált càke *n.* 粗製硫酸ソーダ《ガラス・石膏・洗剤製造用》, 芒硝(ぼうしょう) ($Na_2SO_4 \cdot 10H_2O$)《硫酸ナトリウム十水塩の俗称; cf. Glauber's salt》.

sált·càt 〘《?a1425》← SALT[1]＋? CAT《方言》a chump of clay stone〙 *n.* **1** 塩塊. **2** 塩土《鳩を誘ったり家畜飼養に用いたりする塩・礪割(とがらし)麦・石灰の塊》.

sált cèdar *n.* 《米南西部》〘植物〙ギョリュウ属 (*Tamarix*) の低木または高木の総称《tamarisk ともいう》.

sált·cèllar *n.* **1** (食卓用の)塩入れ, 塩つぼ. **2** 《口語》(特に, やせた女の人の)首の付根(左右)のくぼみ.

sált dàmage *n.* 塩害《海水によって引き起こされる障害の総称; 例えば電線などの碍子に潮風により運ばれた海水が付着して起こる障害》.

sált dòme *n.* 〘地質〙岩塩ドーム《地層中の岩塩層がドーム状にもち上がってきたもの》.

sált·ed [-tɪd, -təd | -tɪd, -təd] 〘ME〙 ── *adj.* **1** 塩を入れた, 塩漬けにした; 塩で味をつけた[加工した]. **2** 《俗》〈人が〉(ある職などに)経験をつんだ, 腕の達者な. **3** 〘獣医〙〈馬など〉(伝染病に一度かかって)免疫となった, 鍛えられた: a ～ horse.

sált·er [-tə | -tə(r)] 〘OE *sealtere*: ⇨ salt[1] (v.), -er[1]〙 ── *n.* **1** 製塩業者, 塩商. **2** 《英》塩物商 (drysalter). **3** (肉・魚・チーズなどの)塩漬け加工業者. **4** 肉や魚など塩漬けしたものを入れる容器.

sal·tern [sɔ́ːltən | sɔ́ːltən, sɔ́l-] 〘OE *sealtærn* ← *sealt* ‘SALT[1]’＋*ern, ærn, ren* house (⇨ barn[1])〙 *n.* 塩田; 製塩所 (saltworks).

sált flàt *n.* 〘地質〙ソールトフラット《塩水の蒸発で, 沈殿した塩の層でおおわれた平地》.

sált glànd *n.* 〘鳥類〙塩腺《海鳥および海産爬虫類にあり, 過剰の塩分の排出にかかわる》.

sált glàze *n.* 〘窯業〙食塩釉(ゆう)《焼成中に火床に食塩を投入し, 分解したソーダと素地とを反応させて生成される釉》.

sált-glàzed *adj.* 〘窯業〙食塩釉のかかった.

sált gràss *n.* 《米》〘植物〙塩生草《塩分の多い牧草地・沼沢地やアルカリ性土壌に生える草の総称; イネ科の *Distichlis spicata, Spartina patens* など》.

sált hày *n.* 塩生草 (salt grass) で作った干草.

sált hórse *n.* 《俗》〘海事〙(牛・豚などの)塩漬け肉.

sal·ti·cid [sǽltəsɪd, sɔ́ːl- | -tɪ-] 〘↓〙 *adj., n.* 〘動物〙＝attid.

Sal·tic·i·dae [sæltísədìː, sɔːl- | -sɪ-] 〘← NL ～ ← *Salticus* (属名: ← LL *salticus* dancing ← L *saltāre* to dance: ⇨ saltant)＋-IDAE〙 ── *n. pl.* 〘動物〙ハエトリグモ科《以前用いられた名; 現在は Attidae》.

sal·tier [sǽltɪə, sɔ́ːl-, -taɪə | sɔ́ːltɪə(r), sɔ́l-, -tjə(r)] *n.* 《古》〘紋章〙＝saltire.

sal·ti·grade [sǽltəgrèɪd, sɔ́ːl- | -tɪ-] 〘《1840》← L *saltus* leap＋-GRADE〙〘動物〙 *adj.* 〈クモが〉跳躍に適した足をもった. ── *n.* ハエトリグモ (attid).

Sal·til·lo [sɑːltíː(j)oʊ, sæl- | -(j)əʊ; *Am. Sp.* saltíjo] *n.* サルティヨ《メキシコ北部の都市; Coahuila [kòawíla] 州の首都; 人口 222,000》.

sal·tim·ban·co [sæ̀ltɪmbǽŋkoʊ, sɔ̀ːl-, -təm- | -tɪmbǽŋkəʊ] 〘《1646》▭It ～ 《原義》one who jumps upon a bench ← *saltare* (⇨ saltarello)＋*in* ‘IN, on’＋*banco* ‘BENCH’〙 ── *n.* (*pl.* **～s**) (*also* **saltimbanque** [-bǽŋk], **saltimbank** [-bǽŋk]) 《古》やし, 山師 (mountebank, quack).

salt·ine [sɔːltíːn | sɔːl-, sɔl-] 〘← SALT[1]＋-INE[3]〙 *n.* (薄くてかりかりした)塩をふりかけたクラッカー.

sált·ing [-tɪŋ | -tɪŋ] 〘ME〙 *n.* **1** 塩を使うこと. **2** [通例 *pl.*] 《英》〘地理〙潮間陸地《干潮線と満潮線の間の部分; cf. salt marsh 2》.

sal·tire [sɔ́ːltaɪə, sǽl- | -taɪə(r)] 〘《c1440》 *sawturoure, sawtire* ▭MF *sau(l)toir* (F *sautoir*) stirrup cord, stile, saltire < ML *saltātōrium* ← L *saltātōrius* ‘SALTATORY’〙 ── *n.* 〘紋章〙X 形十字(⇨ heraldry 挿絵 C).

in saltire 〈図形が〉X 形十字形にならんだ. ***party per saltire*** 〈盾が〉X 形十文字に分けられた (⇨ heraldry 挿絵 E).

── *adj.* X 形の: a ～ stretcher.

sáltire·wàys *adv.* ＝saltirewise.

sáltire·wìse *adv.* **1** 打違いに; X 形に. **2** 〘紋章〙X 形十字に.

sált·ish [-tɪʃ | -tɪʃ] 〘ME〙 *adj.* 少し塩辛い, 塩気のある. **～·ly** *adv.* **～·ness** *n.*

sált júnk *n.* 塩漬けにして乾燥させた牛肉.

sált láke *n.* 塩湖《海への出口がなく塩分を多量に含んだ湖》.

Sált Láke *n.* [the ～] ソルト湖 (⇨ Great Salt Lake).

Sált Làke Cíty *n.* 米国 Utah 州の北部 Great Salt Lake の近くにある同州の首都; モルモン教会 (Mormon Church) の本山がある; 人口 170,000.

sált·less 〘ME〙 *adj.* **1** 塩のない, 塩味のない. **2** 面白みのない, つまらない, くだらない: a ～ life. **～·ness** *n.*

sált lìck *n.* (草食動物のなめる)岩塩のかたまりのある場所 (lick).

sált·ly *adv.* 塩のように, 塩辛く, 塩くさく.

sált màrsh 〘OE〙 *n.* **1** (砂漠などの)塩性湿地[沼沢地]. **2** (海岸の)潮間帯沼沢地 (cf. salting 2).

sált-màrsh cáterpillar *n.* 〘昆虫〙作物に害を与えるヒトリガ科のガ (*Estigmene acrea*) の幼虫.

sált méadow *n.* 海水に浸った牧草地.

sált mìne *n.* **1** 岩塩坑, 岩塩産地. **2** [通例 *pl.*] 閉じこもって退屈な骨折仕事をする場所.

sált·ness 〘OE *saltnisse*: ⇨ salt[1], -ness〙 *n.* **1** 塩気を含むこと, 塩気, 塩辛さ, 塩くささ. **2** 辛辣さ, ぴりっとした味 (pungency).

Sál·ton Séa [sɔ́ːltn-] 〘*salt on* (the dry lake bed)〙 *n.* [the ～] 米国 California 州南東部にある塩湖, 標高 −85 m; ⇨ Salton Sink.

Sálton Sínk *n.* [the ～] 米国 California 州南東部, Imperial Valley にあった低地; 現在は Salton Sea となる.

sált pàn 〘《15C》〙 *n.* **1** (製塩用の)塩がま. **2** [通例 *pl.*] 塩田. **3** [*pl.*] 製塩所 (saltworks).

salt·pe·ter, 《英》 **salt·pe·tre** [sɔ̀ːltpíːtə, ⌐⌐ー | sɔ́ːltpìːtə(r, sɔ́lt-, ⌐⌐ー] 〘《1501-02》《原義》《変形》← 《廃》 *salpetre* ▭ (O)F *salpètre* ▭ ML *salpetra* rock salt ← L *sāl* 'SALT¹' + *petra* rock : 岩石に外皮状に生じることから〙 ── *n.* **1** 〘化学〙硝石 (⇨ potassium nitrate). **2** 〘鉱物〙チリ硝石 (Chile saltpeter).

sáltpeter pàper *n.* ＝touch paper.

sált pìt 〘ME〙 *n.* 塩坑.

sált-pònd *n.* 塩池.

sált-póor díet *n.* 〘医学〙＝low-sodium diet.

sált pórk *n.* 塩漬け豚肉《特に, 脂肪の多い腹肉・背肉・脇腹肉の塩漬けをいう》.

sál trèe *n.* 〘植物〙＝sal¹ 1.

sált rhèum *n.* 《米》湿疹 (eczema).

sált-rìsing bréad *n.* 塩・牛乳・小麦粉・砂糖・コーンミールにソーダを加えて焼いたパン.

Sált Ríver *n.* [the ～] 米国 Arizona 州東部に発し西流して Gila 川に合する川 (322 km); Roosevelt Dam がある.

row up Salt River 〘一説に 1832 年の米国大統領選挙に立候補した Henry Clay が演説のため Louisville へ向う途中, 船頭が Ohio 川を遡らずその支流のこの川を遡り選挙妨害をしたため敗れたことによるという〙《米俗》(1) 〈反対党(の人)を〉敗北させる. (2) 酔っ払う.

sált·shàker *n.* **1** 《米》(上に小穴の一つあいた)塩振出し容器, 塩入れ, 食卓塩容器. **2** 《俗》無指向性マイクロホン《形が似ていることから》.

sált spòon *n.* (食卓用の)塩スプーン《小型の丸いもので saltcellar についている》.

sált trèe *n.* 〘植物〙 **1** シオノキ (*Halimodendron halodendron* or *argenteum*)《トランスコーカサス原産のマメ科の落葉低木》. **2** ＝athel tree.

sal·tus [sǽltəs, sɔ́ːl- | -təs] 〘← NL ～ ← L ～ 'leap' (p.p.) ← *salīre* : ⇨ salient〙 *n.* **1** (論理などの)中断; 飛躍. **2** 〘数学〙＝oscillation 4 b.

sált·wáter *attrib. adj.* **1** 塩水の[から成る, に生ずる]; 海水に住む, 海水産の (cf. freshwater 1) : ～ fish. **2** 航海に慣れた : a ～ sailor. **3** 海の[に関する] : a ～ song.

sált wáter 〘OE〙 *n.* **1** 塩水; (特に)海水. **2** [the ～] 海. **3** 《戯言》涙.

sált wèll 〘OE *saltwælla* : ⇨ salt, well¹〙 *n.* 塩井《地下の岩塩を水に溶かしてくみ上げる岩塩坑の井戸》.

sált·wòrks *n. pl.* [単数または複数扱い] 製塩所.

sált·wòrt 〘《なぞり》? ← Du. *zoutkruid* : cf. G *Salzkraut*〙 ── *n.* 〘植物〙 **1** 海岸や塩湖などに生えるアカザ科オカヒジキ属 (*Salsola*) の植物の総称; (特に)オカヒジキ (*S. kali* and *S. soda*)《焼いてソーダ灰を採る》. **2** アッケシソウ (glasswort).

salt·y [sɔ́ːlti | sɔ́ːlti, sɔ́l-] 〘《1440》: ⇨ salt, -y⁴〙 ── *adj.* (**salt·i·er**; **-i·est**) **1** 塩気のある, しょっぱい. **2** 辛辣な, ぴりっとしたところのある; 機知のある : ～ humor 機知に富んだユーモア. **3** 粗野な, 俗悪な. **4** 経験をつんだ, 世故にたけた. **5** 海の, 海上生活の; 航海の. **6** 〈馬が〉御しにくい, 手に負えない. **sált·i·ly** [-təli, -tə- | -təli, -tɪ-] *adv.* **sált·i·ness** *n.*

sa·lu·bri·ous [səlúːbriəs | -lúːbri-, -ljúː-] 〘《1547》← L *salūbris* (← *salūs* health) + -OUS〙 ── *adj.* **1** 〈気候・空気・土地など〉健康によい. **2 a** 精神的に健全な. **b** 有益な, ためになる. **～·ly** *adv.* **～·ness** *n.*

sa·lu·bri·ty [səlúːbrəti | -lúːbrəti, -ljúː-, -brɪ-] 〘《*c*1400》*salubrite* ▭ L *salūbritās* : ⇨↑, -ty²〙 *n.* 健康[衛生]によいこと, 健全さ.

sa·lud [sɑːlúːd; *Sp.* salúd] 〘▭ Sp. ～ < L *salūtem* : ⇨ salute²〙 *Sp. int.* 乾杯.

sa·lu·ki, S- [səlúːki | -kɪ] 〘▭ Arab. *salūqī*《原義》from *Salūq* (アラビア南部の古都市)〙 ── *n.* サルーキ《古代からエジプト・ペルシャ・アラビアなどを含むカスピ海からサハラ砂漠に及ぶ地域で主として視力による狩りをした, ガゼル狩用の猟犬種のイヌ》.

sal·u·ret·ic [sæljurétɪk | -tɪk] 〘← L *sāl* 'SALT' + (DI)URETIC〙 ── *n.* 〘薬学〙塩分排泄促進剤, 溶質排泄剤《塩分, 特にナトリウムとクロールの排泄を促進する》. **sàl·u·rét·i·cal·ly** *adv.*

Sa·lus [séɪləs] 〘▭ L *Salūs* (↓)〙 *n.* 〘ローマ神話〙サルス《健康と繁栄の女神; cf. Hygeia》.

sal·u·tar·y [sǽljutèri | -t(ə)ri] 〘《1490》▭ (O)F *salutaire* // L *salūtār-is* ← *salūt-*, *salūs* health : ⇨ -ary〙 ── *adj.* **1** 有益な, ためになる : a ～ lesson ためになる教訓. **2** 《古》健康によい, 健康に効く, 健康増進の : ～ medicine. **sal·u·tar·i·ly** [sæ̀ljutérəli, ⌐⌐⌐ー | sǽljut(ə)rəli, -rɪ-] *adv.* **sál·u·tàr·i·ness** *n.*

sal·u·ta·tion [sæ̀ljutéɪʃən | -ljuː-, -lju-] 〘《*c*1390》▭ (O)F ～ // L *salūtātiō(n-)* ← *salūtāre* 'to SALUTE' : ⇨ -ation〙 ── *n.* **1** 挨拶(を述べること) : bow in ～ 挨拶に頭を下げる / return one's ～ 答礼をする. **2 a** 挨拶の言葉; [*pl.*] (手紙などで)よろしくとの挨拶の言葉 : give a perfunctory ～ 形ばかりの挨拶をする / utter a cordial ～ ねんごろな挨拶を述べる / ⇨ Angelic Salutation. **b** 《まれ》(会釈・握手・キスなどによる)挨拶の動作; 敬礼. ★ 今は salute を用いる. **3** (手紙の書出しの)挨拶文句《Dear Sir, Mr. President など》. **～·al** [-ʃənl, -ʃnəl] *adj.*

sa·lu·ta·to·ri·an [səlùːtətɔ́ːriən, -tóːr- | -lùːtətɔ́ːriən, -ljùː-] 〘⇨ salutatory (n.), -an¹〙 ── *n.* (米国の大学や学校で)式辞 (salutatory) を述べる卒業生《通例学業成績が次席の卒業生; cf. valedictorian》.

sa·lu·ta·to·ri·um [səlùːtətɔ́ːriəm, -tóːr- | -lùːtətɔ́ːri-əm, -ljùː-] 〘▭ ML *salūtātōrium* : ⇨ ↓, -ium〙 ── *n.* (*pl.* **-ri·a** [-riə | -rɪə]) サルタトリウム《中世の修道院の玄関(porch)や聖具室(sacristy)の一部で, 施し物の施与・集会の場所となる》.

sa·lu·ta·to·ry [səlúːtətɔ̀ːri, -tòːri | -lúːtətəri, -ljúː-] 〘▭ ML *salūtātōri-us* ← L *salūtāre* : ⇨ ↓, -ory〙 ── *adj.* 挨拶の : a ～ oration 式辞. ── *n.* (米国の大学や学校の卒業式で通例次席卒業生が述べる)開会の式辞 (cf. valedictory 2).

sa·lute¹ [səlúːt | -lúːt, -ljúːt] 〘v. : 《*c*1390》▭ L *salūtāre* ← *salūtem*, *salūs* health, safety, greeting (cf. *salvus* 'SAFE, healthy'). ── n. : 《?*a*1400》*salut* ▭ (O)F < L *salūt-em*〙 ── *vt.* **1** …に挨拶する, 会釈する; …に挨拶の言葉をかける : ～ each other by raising hats [shaking hands] 帽子をちょっと持ち上げて[握手して]互いに挨拶する. **2 a** 〔挙手・捧げ銃(ﾂﾂ)・刀礼・礼砲・降旗などで〕…に敬礼する 〔*with*〕: ～ one's superior officer 上官に敬礼する / ～ a general by lowering the colors [striking sails] 軍旗[帆]を下げて将官に敬意を表する / ～ an honored guest *with* a sword 貴賓に刀礼する / ～ an honored guest *with* cannon [guns] 貴賓に礼砲を放って敬意を表する. **b** 〈人を〉〔…で〕迎える, 〔…を〕〈人〉に浴びせる 〔*with*〕: ～ a person *with* a smile [scowl] にこにこ[しかめつら]して人を迎える / ～ a person *with* cheers [oaths] 歓呼して人を迎える [人にののしりの言葉を浴びせる] / ～ the enemy *with* a volley 敵に一斉射撃を浴びせる. **3** 推賞する(praise). **4** 《古》〈光景・音などが〉〈目・耳〉にはいる, 映る, 聞こえてくる : A gloomy sight ～*d* our eyes [us]. 陰気な光景が目に映った / Our ears were ～*d* by hostile shouts. 敵意ある叫び声を浴びせられた. **5** 《詩》〈小鳥などが〉〈太陽・暁を〉さえずって迎える : ～ the dawn. **6** 《古》(人を送迎する時に)〈手・頬など〉に接吻[キス]する. **7** 〘フェンシング〙〈相手〉に試合始めの礼をする. **8** 〘ダンス〙〈パートナー〉に会釈をする. ── *vi.* **1** 挨拶する, 会釈する, 敬礼する : ～ properly and smartly. **2** 礼砲を放つ. ── *n.* **1** 挨拶, 会釈, 敬礼 : acknowledge [return] a ～ 答礼する. **2 a** (軍人・警官などの)敬礼, 挙手の礼; 礼砲; 捧げ銃(ﾂﾂ), 刀礼, 旗[帆]を下げる敬礼 : in ～ 敬礼として / a Royal [an Imperial] ～ of 21 guns 21 発の王[皇]礼砲 / fire [give] a ～ 礼砲を放つ / exchange ～*s* 礼砲を交換する / take the ～ (特に)〈最高将校が〉敬礼を受ける / come to the ～ 敬礼する. **b** 敬礼[挙手の礼, 捧げ銃]の姿勢 : stand at (the) ～ 敬礼の姿勢で立つ. **3** 爆竹, 爆竹 (firecracker). **4** サリュート金貨《聖母マリアに大天使 Gabriel が挨拶を送る図の描かれた金貨; フランスの Charles 六世および英国の Henry 五世と Henry 六世によって発行された》. **5** 《古》(通例, 挨拶のための)接吻, キス. **6** 〘フェンシング〙試合始めの礼. **sa·lút·er** [-tə | -tə(r] *n.*

sa·lu·te² [sɑːlúːteɪ; *It.* salúːte] 〘▭ It. ～ < L *salūtem* health (↑)〙 *It. int.* 乾杯.

sal·u·tif·er·ous [sæ̀ljutíf(ə)rəs | -lju-, -ljuː-] 〘← L *salūtifer* (← *salūt-*, *salūs* health + *-fer* '-FER') + -OUS〙 *adj.* 《古》＝salutary.

Salv. 《略》Salvador; *L.* Salvātor (＝Savior).

sal·va·ble [sǽlvəbl] 〘← LL *salvāre* 'to SAVE¹' + -ABLE〙 *adj.* 救える, 救済できる; (難船・火災などから)救出できる.

Sal·va·dor¹ [sǽlvədɔ̀ə, ⌐⌐ー | sǽlvədɔ̀ː(r, ⌐⌐ー; *Sp.* salβaðór] 〘▭ Sp. ～《原義》savior〙 *n.* 男性名.

Sal·va·dor² [sǽlvədɔ̀ə, ⌐⌐ー | sǽlvədɔ̀ː(r, ⌐⌐ー; *Braz.* sɑlvadór] *n.* サルバドル《ブラジル東部の港市; Bahia 州の首都; 人口 1,238,000; 旧名 São Salvador》.

Salvador, El *n.* ⇨ El Salvador.

Sal·va·do·ran [sæ̀lvədɔ́ːrən, -dóːr- | -dɔ́ːr-] 〘← *El Salvad*(*or*) + -AN¹〙 *adj.* エルサルバドル (El Salvador) 共和国(の住民)の. ── *n.* エルサルバドルの住民.

Sal·va·dor·i·an [sæ̀lvədɔ́ːriən, -dóːr- | -dɔ́ːrɪ-] 〘⇨ -ian〙 *adj.*, *n.* ＝Salvadoran.

sal·vage [sǽlvɪdʒ] 〘《1645》▭ (O)F ～ ▭ ML *salvāgium* ← L *salvāre* 'to SAVE¹' : ⇨ -age〙 ── *n.* **1 a** 海難救助, サルベージ《海難した船舶や貨物の救助》: There is little hope of her ～. (船の)救助の見込みはほとんどない. **b** (沈没船の)救難作業, 引揚作業. **2** 海難救助償金[救助料]. **3 a** 救助された船舶[貨物]. **b** (火災などの際の)救助財産; 財産救助. **4** 廃物利用(物). **5** 〘保険〙(損害額填(ﾃﾝ)補によって保険者の所有物となる)残存物. **6** 〘医学〙救命. ── *vt.* **1 a** (難船・略奪・火災などから)〈船・船荷・家財などを〉救い出す, 救助する (salve). **b** 〈沈没船を〉引き揚げる. **2** 〈廃品を〉利用する. **3** 〘医学〙救命する. **sal·vage·a·bil·i·ty** [sæ̀lvɪdʒəbíləti | -ləti, -lɪ-] *n.* **sal·vage·a·ble** [sǽlvɪdʒəbl] *adj.* **sál·vag·er** *n.*

sálvage archaeólogy *n.* 〘考古〙＝rescue archaeology.

sálvage bòat *n.* 救難船, サルベージ船.

sálvage còrps *n.* 〘保険〙(火災保険会社の)火災救助隊《fire patrol ともいう》.

Sal·var·san [sǽlvəsæ̀n | -vəsn, -sæ̀n] 〘← L *salvus* 'SAFE, healthy' + G *Arsenik* 'ARSENIC' + -AN¹〙 ── *n.* 〘商標〙サルバルサン, (俗に)606 号《ドイツの医学者 Paul Ehrlich (1854–1915) と日本の秦(ﾊﾀ)佐八郎博士 (1873–1938) の協力発見 (1910) による梅毒特効薬アルスフェナミン (arsphenamine) の商品名》.

sal·va·tion [sælvéɪʃən] 〘《?*a*1200》*sa(l)vacioun*, *sauvacioun* ▭ OF *sauvation*, (O)F *salvation* ▭ LL *salvātiō(n-)* ← *salvāre* 'to SAVE¹' : ⇨ -ation〙 ── *n.* **1** (破壊・損害・損失・災難などからの)救い, 救済, 救助, 救出; (無知・幻想などからの)解放 : ～ *from* slavery 奴隷状態からの救出. **2** 救済手段; 救済者 : be the ～ of … 救済の手段となる, …を救済する / Work was her ～. 仕事は彼女の救いだった. **3** 〘神学〙(罪からの)救い, 救済, 救世; 救世主, 救い主 (cf. damnation 1) : Christ's ～ of the world キリストの世界救済 / Christ is our ～. キリストはわれらの救い主. **4** 〘クリスチャンサイエンス〙癒(ｲﾔ)し, 救い《神の導きによって幻影[非実在]にすぎない病気・災害などが除去されること》.

find salvation (1) 罪を悔いキリストを信じる, 改宗する. (2) 《戯言》得たり賢し[これ幸い]と変節する.

work out one's own salvation 努力して自己の魂の救済をとげる; 自力で問題を解決する (cf. *Philip.* 2 : 12).

～·al [-ʃənl, -ʃnəl] *adj.*

Salvátion Ármy *n.* [the ～] 救世軍《1865 年 William Booth が London で組織し, 1878 年軍隊式組織に改編された, 伝道と社会事業を目的とするキリスト教団体; Through Blood and Fire がその motto》.

Sal·vá·tion·ìsm [-ʃənɪzm] *n.* **1** 救世軍の教旨[主義, やり方]. **2** [s-] 魂の救済を強調する宗教上の教義.

Sal·vá·tion·ist [-ʃ(ə)nɪst, -nəst | -nɪst] *n.* **1** 救世軍軍人. **2** [s-] 福音の宣教者, 福音伝道者 (evangelist).

salve¹ [sǽ(ː)v, sɑ́ːv | sǽlv, sɑ́ːv] 〘n. : OE *sealf* ointment < Gmc **salbō* (G *Salbe*) ← IE **selp-* fat, oil (Gk *élpos* oil). ── v. : OE *sealfian* < Gmc **salbōjan*〙 ── *n.* **1** 膏薬, 軟膏 : ⇨ lipsalve. **2 a** (心痛を)いやすもの, 慰安, 慰め : a ～ *for* a tender conscience 感じやすい良心に対する鎮静剤. **b** お世辞, おべっか. **3** (羊の)塗剤《通例タールと油脂の混合物》. ── *vt.* **1** 膏薬を塗っていやす; 〈苦痛を〉鎮める, 緩和する, 軽減する; 〈自尊心・良心などを〉慰める : ～ a sore 心痛をいやす. **2** 《古》…に膏薬を塗る; いやす. **3** 《廃》〈難局・意見の相違・疑惑・欠陥などを〉うまく処理する, ごまかす, 言いつくろう, 釈明する.

salve² [sǽlv] 〘《逆成》← SALVAGE〙 *vt.* **1** …の海難を救う; 〈船・貨物を〉救う. **2** 火災から〈家財を〉救う, 救助する, 持ち出す (salvage).

sal·ve³ [sǽlvi | -vɪ] 〘《15C》▭ L *salvē* hail (imper.) ← *salvēre* to be well〙 ── *n.* 〘カトリック〙サルヴェ (*L.* Salvē, rēgīna misericordiāle (＝Hail, queen of compassion) で始まる聖母マリアに対する賛美の交誦); その音楽. ── *int.* 幸あれ, 万歳 (hail).

Sal·ve·mi·ni [sælvéɪməni, sɑːl- | -mɪnɪ; *It.* salvéːmini], **Ga·e·ta·no** [gàetáːno] *n.* サルヴェミニ《1873–1957; ファシズムを批判して米国に亡命したイタリアの歴史学者》.

sal·ver¹ [sǽlvə | -və(r] 〘《1661》《変形》← F *salve* tray for presenting food (to the king) ▭ Sp. *salva*《原義》sampling of food to detect poison ← *salvar* to sample food to detect poison < L *salvāre* 'to SAVE¹' : -ER¹ の影響をうけた〙 ── *n.* 盆《通例円形金属製で召使いが食物・飲物・手紙などを載せて出すもの; cf. tray¹ 1 a》.

salv·er² [sǽlvə | -və(r] 〘《15C》〙 *n.* ＝salvor.

Sal·ve Re·gi·na [sɑ́ːlveɪ-rɪdʒíːnə, -rə- | -rɪ-] 〘▭ L *salvē rēgīna* hail queen〙 *L. n.* 〘カトリック〙＝salve³.

sal·ver·form [sǽlvəfɔ̀əm | -vəfɔ̀ːm] 〘← SALVER¹ + -FORM〙 *adj.* 〘植物〙〈花冠が〉高盆(ﾀｶﾂｷ)形の.

sálver-shàped *adj.* 〘植物〙＝salverform.

sal·vi·a [sǽlviə | -vɪə, -vjə] 〘《1844》← NL ～ : ⇨ sage²〙 ── *n.* 〘植物〙サルビア《シソ科アキギリ属 (*Salvia*) の植物の総称; 特に, 観賞用のサルビア (scarlet sage), セージ (sage), オニサルビア (clary) など》.

sal·vif·ic [sælvífɪk] 〘▭ LL *salvific-us* ← *salvus* : ⇨ safe, -fic〙 *adj.* 救いをもたらす. **sal·víf·i·cal·ly** *adv.*

Sal·vi·ni [sælvíːni, sɑːl- | -nɪ; *It.* salvíːni], **Tom·ma·so** [tommáːzo] *n.* サルビーニ《1829–1916; イタリアの悲劇俳優》.

Sal·vin·i·a·ce·ae [sælvɪniéɪsiiː | -nɪ-] 〘← NL ～ ← *Salvinia* (属名 : ← *Antonio Maria Salvini* (1653–1729 : Florence の古典学者) : ⇨ -ia¹) + -ACEAE〙 ── *n. pl.* 〘植物〙(サンショウモ目)サンショウモ科.

sal·vo¹ [sǽlvou | -vəu] 〘《1591》《変形》← It. *salva* ▭ L *salvē* : ⇨ salve³〙 ── *n.* (*pl.* **～s, ～es**) **1** 一斉射撃, 斉射; (礼砲などの)一斉発射, 斉射; 爆弾の一斉[同時]投下; ロケットの一斉発射; 一斉に発射[投下]された砲弾[ロケット, 爆弾]; 翼次射《砲列の一端から通例 2 秒の間隔で順次に発射すること; cf. stick¹ 15 a》. **2** (笑い・歓呼・拍手などの)爆発, 盛んな[一斉の]拍手喝采 : ～(*e*)*s* of applause, cheering, etc. / laugh in ～ 一斉に笑う. **3** 賞賛の言葉, 賛辞. ── *vt.* 〈爆弾・ロケットなどを〉一斉投下[発射]する. ── *vi.* 一斉射撃する.

sal·vo² [sǽlvou | -vəu] 〘《1642》▭ L *salvō* (abl.) ← *salvus* 'SAFE' : cf. L *salvō jūre* with the right intact, saving the right〙 ── *n.* (*pl.* **～s**) **1** (良心・自尊心などを傷つけない)慰め, 気休め; (名誉・名声などの)保全手段. **2** 《古》言いわけ, 言抜け, ごまかし. **3** 〘法律〙保留条項, 但書 : with an express ～ of …の保留を明示して.

sal vo·la·ti·le [sæ̀l-vo(ʊ)lǽtəliː, -li, -tḷ- | -və(ʊ)lǽtəlɪ, -tḷ] 〘← NL *sal volātile* 'VOLATILE SALT'〙 ── *n.* 〘化学〙 **1** 炭酸アンモニウム (ammonium carbonate) 《smelling salts の主薬》. **2** (炭酸アンモニウムをアルコールに溶解した)アンモニア水.

sal·vor [sǽlvə, -vɔə | -və(r, -vɔː(r] 〘← SALV(AGE) + -OR²〙 *n.* 難船救助者, 水[海]難救助隊員, 難船引上げ人; 救助船.

Sal·ween [sǽlwiːn] *n.* [the ～] サルウィン(川)《中国

南西部からビルマを貫流して Bengal 湾に注ぐ川 (2,400 km)》.

Salz·burg [sɔ́:lzbə:g, sɑ́:lz-, sǽlz-, sɔ́:lts-, -buəg | sǽłtsbə:g, sɑ́:łts-; *G.* záltsbʊrk] *n.* ザルツブルク《オーストリア西部の都市; Mozart の生誕地で毎年音楽祭が催される; 人口 139,000》.

Sam [sǽ(:)m] 〘(dim.) ← SAMUEL¹〙 *n.* 男性名.
stand Sam 〘米兵士の背のうに書かれた U.S. を Uncle Sam と解し, "The government of 'Uncle Sam' has to pay for all." (勘定はおやじの政府もち) としゃれたものか〙《英俗》(みんなの)勘定を持つ, (特に)酒をおごる. ***upon my Sam*** 〘← (廃) *salmon* (cf. *by* (*the*) *salmon, so help me salmon*) 《変形》← ? SERMON〙《英俗·戯言》誓って, 大丈夫 (『'pon my sacred Sam ともいう》.

SAM [sǽ(:)m, ésèiém] 〘《頭字語》← *s*(*urface-to-*)*a*(*ir*) *m*(*issile*)〙 *n.* サム, 地対空ミサイル, 艦対空ミサイル.

Sam. 《略》Samaria; Samaritan; Samoa; Samuel (旧約聖書の)サムエル記.

S. Am. 《略》South America; South American.

sa·ma·dhi [səmɑ́:di | -dɪ] 〘□ Skt *samādhi* 《原義》 application ← *sam* together : ⇨ same〙 ― *n.* 〘ヒンズー教·仏教〙深い瞑想, 専心; 定, 禅定, 等持; 三昧, 三摩地《禅定 (dhyana) の対象だけが輝いて, 心自体は空であるかのようになった状態》.

Sa·ma·nid [səmɑ́:nɪd, sɑ́:mən-, -nəd | -nɪd] *n.* [the ~s] サーマーン朝《中央アジアから東部イランにかけて支配したイラン系王朝 (874–999)》. 「女性名.

Sa·man·tha [səmǽnθə] 〘□ Aram. ~ 'listener'〙 *n.*

Sa·mar [sɑ́:mɑə | -mɑ:(r] *n.* サマル(島)《フィリピン東部, Luzon 島の南東方の島; 人口 1,020,000, 面積 13,080 km²》.

sam·a·ra [sǽmərə, səmέ(ə)rə, -mɑ́:rə | sǽmərə, səmέərə, -mɑ́:rə] 〘← NL ~ ← L ~, *samera* seed of the elm〙 ― *n.* 〘植物〙翅(ㇱ)果, 翼果《モミジ・トネリコなどの種子のように果皮が翼状になって飛ぶもの; 俗に key, key fruit という》. 「shev の旧名》.

Sa·ma·ra [səmɑ́:rə; *Russ.* samárə] *n.* サマラ《Kuiby-

Sa·ma·rang [səmɑ́:rɑ:ŋ] *n.* =Semarang.

Sam·ar·cand [sǽməkæ̀nd, -kɑ̀:nd, sɑ́:mɑəkɑ̀:nd | sæ̀məkǽnd, -mə-; *Russ.* səmarkánt] *n.* =Samarkand.

Sa·mar·i·a [səmέ(ə)riə | -mέəriə] *n.* サマリア: **1 a** Jordan 川と地中海の間にあった古代の王国; のち Palestine の北部の一州となった. **b** 同王国の首都. **2** Jordan 川西方の地帯.

sam·a·ri·form [sǽmərəfɔ̀əm | -rɪfɔ̀:m] 〘← SAMARA + -FORM〙 *adj.* 〘植物〙翅(ㇱ)果 (samara) 形の.

Sa·mar·i·tan [səmǽrətṇ, -mér-, -tən | -mǽrɪtṇ] 〘OE □ LL *Samaritān-us* □ Gk *Samareítēs* inhabitant of Samaria ← *Samareía* : ⇨ -an¹〙 ― *adj.* **1** サマリア (Samaria) の. **2** サマリア人の. **3** [s-] 哀れみ深い, 情のあつい (compassionate). ― *n.* **1** サマリア人. **2** サマリア語《サマリア人の用いるヘブライ語方言》. **3** [時に s-] (困っている人を助ける)哀れみ深い人, 情のあつい人 (⇨ good Samaritan).

Sa·már·i·tan·ism [-tənìzm, -tn- | -mǽrɪt-] 〘⇨ ↑, -ism〙 *n.* **1** サマリア人の信仰[教義]. **2** サマリア語法. **3** [時に s-] (困っている人への)慈悲, 慈善, 親切.

Samáritan Péntateuch *n.* 〘聖書〙サマリア五書《ユダヤに対立してサマリア人が唯一の正典として用いたモーセの五書》.

sa·mar·i·um [səmέ(ə)riəm | -mέərɪ-] 〘← NL ~ ← F *samarskite* 'SAMARSKITE' : ⇨ -ium〙 ― *n.* 〘化学〙サマリウム《希土類族元素の一つ; 記号 Sm, 原子番号 62, 原子量 150.43; samarskite の中に発見された》.

Sam·ar·kand [sǽməkæ̀nd, -kɑ̀:nd, sɑ́:mɑəkɑ̀:nd | sæ̀məkǽnd | -mə-; *Russ.* səmarkánt] *n.* サマルカンド《ソ連邦南西部, Uzbekistan 共和国の都市; Alexander 大王の占拠地 (329 B.C.); 14 世紀にはチムール (Tamerlane) が都をここに定めた; 人口 312,000》.

sa·mar·skite [səmɑ́əskaɪt, sǽmə- | -mɑ́:-, -mə-] 〘□ F ~ ← *Col. von Samarski* (19 世紀のロシヤの鉱山技官): ⇨ -ite¹〙 ― *n.* 〘鉱物〙サマルスカイト《ウラニウムを含有する斜方晶系鉱物; cf. hjelmite》.

Sa·ma-Ve·da [sɑ́:məvéɪdə, -ví:də] *n.* [the ~] 〘バラモン教〙「サマー ヴェーダ」(⇨ Veda).

sam·ba [sǽmbə, sɑ́:m-] 〘□ Port. ~ ← Afr. 《土語》〙 ― *n.* **1 a** サンバ《アフリカ起源の軽快なブラジルのダンス》. **b** サンバの曲. **2** 〘トランプ〙サンバ《3 組のトランプと 6 枚のジョーカーを用いてする canasta の一種》. ― *vi.* サンバを踊る.

sam·bar [sɑ́:mbə, sǽm- | -bə(r] 〘□ Hindi *sābar* ← Skt *śambara*〙 ― *n.* 〘動物〙スイロク(水鹿), サンバー (*Rusa* (or *Cervus*) *unicolor*)《大きな三枝に分れた角をもつインド·東南アジア·中国南部·台湾などに分布する大型のシカ》.

sam·bo¹ [sǽmbou | -bəu] 〘《1748》□ Am.-Sp. *zambo* Negro, mulatto □ ? Kongo *nzambu* monkey〙 ― *n.* (*pl.* ~s) **1** サンボ (zambo)《黒人と mulatto またはアメリカインディアンとの混血児》. **2** [しばしば S-; 侮蔑的に] 黒人 (Negro). ★ 一般に黒人のあだ名として用いる.

sam·bo² [sǽmbou | -bəu; *Russ.* sámbə] 〘□ Russ. ← *sam*(*ozashchita*) *b*(*ez*) *o*(*ruzhiya*) self-defense without weapons〙 ― *n.* 〘スポーツ〙サンボ《レスリングと柔道に似た格技》.

sam·bouk [sæmbú:k] *n.* =sambuk.

Sám Brówne bèlt [sǽm-bráun-] 〘← *Sir Samuel J. Browne* (1824–1901: その発明者である英国の将官)〙 ― *n.* サム ブラウン ベルト, 帯剣用帯革《士官および准士官用の帯剣の重みを軽くするように右肩に(後には両肩にも)掛けるためのつり革付きベルト; 単に Sam Browne ともいう》.

Sam Browne belt

sam·bu·ca [sæmb(j)ú:kə] 〘□ L *sambūca* □ Gk *sambúkē* ← ? Sem.〙 ― *n.* サンブカ《古代ギリシャではハープやプサルテリウム, 中世ではハーディーガーディ, フルートの一種などを指すこともある楽器》.

sam·buk [sæmbúk] 〘□ Arab. *sunbūq*〙 *n.* (*also* **sam·bouk, sam·buq** [~]) 紅海で用いられる小型帆船.

sam·bur [sɑ́:mbə, sǽm- | -bə(r] *n.* 〘動物〙=sambar.

same [séɪm] 〘《?*c*1200》□ ON ~ (masc.), *sama* (fem. & neut.) < Gmc **samaz* (OHG & Goth. *sama*) ← IE **sem-*, **sm̥-* single, united (L *similis* 'like, SIMILAR' / Gk *homós* same (⇨ homo-) / Skt *samas* level, same) : cf. some〙 ― *adj.* [3, 4 の外は通例 the ~] **1** 同じ, 同一の (identical), 同様の (similar): books of *the* ~ kind 同種類の本 / be born on *the* ~ day and in *the* ~ town 同じ日に同じ町で生れる / eat *the* ~ (sort of) food every day 毎日同じようなものを食べる / It is *the* ~ old game. よくある例の手だ / It is *the* ~ old story. よくある話[こと]さ / Human nature is *the* ~ everywhere. 人情はどこでも変わらない / It is *the* ~ with me. 私もその通り / He died at *the* ~ age *with* her. 《古》彼女と同じ年で死んだ. ★ (1) 意味を強調するためにはしばしば 'the very same', 'one and the same' を用いる(cf. selfsame): The two were *the very* ~ [*one and the* ~] person. その 2 人は全くの同一人物だった. (2) this, that, these, those などに付けて強調または対照を示すために用いられる (cf. *adj.* 3): I happened to be absent last Monday, and *that* ~ day the school was burnt down. たまたま先週の月曜日は欠席したが, その当日学校は焼けてしまった. (3) as, that, who, when, where などと相関的にも用いられる: I have *the* ~ watch *as* you have [*as* yours]. 君と同じ時計を持っている / I'm *the* ~ age *as* you are. 君と同じ年だ / *the* ~ umbrella (*that*) I lost なくしたのと同じ傘(㊄)《同種の場合も同一の場合もありうる》/ He is *the* ~ person *who* was here yesterday. 昨日来たのと同じ人だ / I put it back to *the* ~ place *where* I had found it. それを元の所へ戻しておいた. (4) 従属節で動詞が省かれると as が用いられる: I read *the* ~ book *as* you. 君と同じ本を読んだ / He gave *the* ~ answer *as* before. 前と同じ返事をした. **2** [通例 Predicative に用いて] (以前と)同じ, 変わらない: The patient is much [about] *the* ~ (*as* yesterday). 病人は(昨日と)ほとんど変わりがない / The town is still *the* ~ after the war. 町は戦前と少しも変わっていない / She has been always *the* ~ *to* me. 彼女の私に対する態度はいつも変わらない / He's not *the* ~ man since his illness. 病後すっかり変わってしまった. **3** [this, that, these, those に続いて; しばしば軽蔑的に] 例の, あの, その, …とかいう (cf. *adj.* 1 ★ (2)): I have heard too much of *that* ~ patience. 例の忍耐の話はもう聞きあきた / *This* ~ man afterwards told a lie. こいつが後でうそをついたんだ. **4** 《まれ》相変わらずの, 単調な: The life may be a little ~. その生活は少々単調かも知れない.
at the same time ⇨ time 成句. ***come*** [***amount***] ***to the same thing*** (結局)同じことになる. ***much*** [***about***] ***the same*** ほとんど[大体]同じ (cf. *adj.* 2).
― *pron.* [3 の外は通例 the ~] **1 a** 同一物[事], 同様の物[事]: Is this *the* ~ *as* [*that*] you showed me before? これは前に君が見せてくれたのと同じ物ですか / I wish you *the* ~! =(*The*) ~ to you! ご同様に《Happy New Year! とか Merry Christmas! とか言われた時に返す挨拶の言葉》/ (*The*) ~ again. 《口語》お代わりもう一つ《物を注文する時の言葉》. **b** 《古》同一人: To [From] *the* ~ 同人へ[より]《手紙·詩の初めに用いる》/ He that shall endure unto the end, *the* ~ shall be saved. 終わりまで耐え忍ぶものは救わるべし (*Matt.* 24 : 13). **2** 《口語》[副詞的に] 同様に, 相変わらず (in like manner): think *the* ~ of [feel *the* ~ to] a person 人に対する考え[気持]に変わりがない / They do not think *the* ~ *as* we do. 彼らはわれわれと同じようにはものを考えない. ★ the を省くのは《俗》: He speaks with a slight lisp, ~ *as* his brother. 兄さんと同じようにちょっと舌足らずだ. **3** 《俗》〘法律·商業〙=he [him], she [her], they [them], it, this, etc. ★《俗》〘商業〙では the を省くことがある: We have heard from Mr. Jones and have written to ~. ジョーンズ氏より来信あり, 同氏に返信す / To dry-cleaning coat, 50p; to repairing ~, 25p. 上着ドライクリーニング代 50 ペンス, 同直し代 25 ペンス.
all [***just***] ***the same*** (1) 全く同じ (the very same). (2) どうでもよい (indifferent): if it is *all the* ~ *to* you おかまいなければ / Whatever you do, it's *all the* ~ *to* me. 君が何をしようと僕は一向に構わない. (3) 《口語》[副詞的に] それでも, やはり (yet, still): He gives us a lot of trouble, but I like him *all the* ~. いろいろ面倒はかけるがそれでも彼が好きだ. ***Same here.*** 《口語》こちらもご同様だ; (注文で)こっち[私]にも同じ物を下さい.

sa·mekh [sɑ́:mex, -mek] 〘□ Heb. *sāmekh* ← *sāmákh* to support〙 ― *n.* (*also* **sa·mech** [~]) サーメク《ヘブライ語アルファベット 22 字中の第 15 字; ס (ローマ字の S に当たる); ⇨ alphabet 表》.

sam·el [sǽməł] 〘← ? OE **samǣled* ← *sam-* half + *ǣlan* to burn〙 *adj.* 〈れんが·かわらが〉(完全に焼けてない[生焼けで])柔かくぼろぼろした.

sáme·ness *n.* **1** 同一 (identity); 同様; 酷似 (similarity). **2** 一様, 一律, 単調 (monotony).

Sam Hill [sǽ(:)m-híł] 〘《婉曲語法》? ← HELL : cf. Sam〙 ― *n.* 《米俗·婉曲》[強意語として] 地獄; 悪魔: What *in the* ~ are you doing? いったい何をしてるんだ.

Sam·hi·ta [sʌ̀mhɪtɑ́:] 〘□ Skt *saṁhitā* 《原義》 combination ← *sam* together (⇨ same) + *hita* (p.p. ← *dadhāti* he places): cf. sandhi〙 ― *n.* 〘バラモン教〙「サンヒター」(⇨ Veda).

Sa·mi·an [séɪmiən | -mɪən, -mjən] 〘← L *Samius* Samian (□ Gk *Sámios* ← *Sámos*) + -AN¹〙 ― *adj.* (ギリシャ, エーゲ海の)サモス島 (Samos) の. ― *n.* サモス島人[の住人].

Sámian ságe *n.* [the ~] サモスの賢者《Samos 島で生れた Pythagoras の異名》. 「ware).

Sámian wáre *n.* 〘窯業〙サモス焼き (⇨ Arretine

sam·iel [sæmjéł] 〘□ Turk. *samyeli* ← *sam* poisonous + *yel* wind〙 *n.* 〘気象〙=simoom. 「線.

sam·i·sen [sǽməsèn | -mɪ-] 〘《1864》□ Jap.〙 *n.* 三味

sam·ite [sǽmaɪt, séɪm-] 〘《?*a*1300》□ OF *samit* □ ML *examitum, samitum* □ MGk *hexámiton* ← Gk *hexámitos* of six threads ← HEXA- + *mítos* thread of the warp〙 ― *n.* サマイト《金糸などを織交ぜた中世の豪華な絹織物》.

sam·iz·dat [sɑ́:mɪzdɑ̀:t; *Russ.* samjizdát] 〘□ Russ. ~ ← *sam* self + *izdat* (*el'stvo*) publisher〙 ― *n.* (ソ連の)地下出版, サミズダート, アングラ出版; (秘密)地下出版物.

Sam·khya [sɑ́:ŋkjə] *n.* 〘インド哲学〙=Sankhya.

Saml. 《略》Samuel (旧約聖書の)サムエル記.

sam·let [sǽmlɪt, -lət] 〘《1655》← SALM(ON) + -LET〙 *n.* 〘魚類〙(海へ下る前の)若いタイセイヨウサケ (parr).

Sam·mar·ti·ni [sɑ̀:mɑətí:ni | -mɑ:tí:ni; *It.* sàmmartí:ni], **Giovanni Battista** *n.* サンマルティーニ《1698–1775; イタリアの作曲家·オルガン奏者》.

sam·mel [sǽməł] *adj.* =samel.

Sam·my¹ [sǽmi | -mɪ] 〘↓: Uncle Sam から生じたもの〙 *n.* **1** 《米俗》(第一次大戦時の)米国兵士. **2** [s-] 《英方言》ばか, 間抜け (simpleton). 「名.

Sam·my² [sǽmi | -mɪ] 〘(dim.) ← SAMUEL¹〙 *n.* 男性

Sam·nite [sǽmnaɪt] 〘《*a*1393》□ L *Samnīt-ēs* (pl.) ← *Samnium* = ? **Sabniom* : cf. L *Sabīnus* 'SABINE¹' : ⇨ -ite¹〙 ― *n.* **1** (オスカン語 (Oscan) を話す)サムニウム (Samnium) の人. **2** サムニウム語. ― *adj.* **1** サムニウムの. **2** サムニウム人[語]の.

Sam·ni·um [sǽmniəm | -nɪ-] *n.* サムニウム《イタリア中部にあった古代の地域》.

Sa·mo·a [səmóuə | səmə́uə, sɑ:-] *n.* サモア(諸島)《南太平洋の 14 の火山島から成る群島; Western Samoa と米国領の American Samoa とに分かれている; その一島で R. L. Stevenson が 5 年間居住の後, 死んだ; 人口 151,000, 面積 3,110 km²; 旧名 Navigators Islands》.

Sa·mo·an [səmóuən | səmə́uən, sɑ:-] 〘⇨ ↑, -an¹〙 ― *n.* **1** サモア島人. **2** サモア語《サモア島人の用いるポリネシア語》. ― *adj.* **1** サモア島の. **2** サモア島人[語]の.

Sa·mos [séɪmɑs | -mɔs] *n.* サモス《エーゲ海中の一小島, ギリシャ領; Pythagoras の生地; 面積 476 km²》.

SAMOS [séɪmɑs | -mɔs] 〘《頭字語》← *s*(*atellite*) *a*(*nti*-)*m*(*issile*) *o*(*bservation*) *s*(*ystem*)〙 *n.* サモス《米国の偵察衛星》.

Sam·o·thrace [sǽməθrèɪs | -mə(ʊ)-] 〘□ L *Samothrācē* □ Gk *Samothrā́kē*〙 ― *n.* サモトラケ(島), サモトラキ(島)《エーゲ海北東部の島; 欽定訳聖書では Samothracia [sæ̀məθréɪʃiə, -ʃə | -sjə, sɪə, -ʃɪə] という; cf. *Acts* 16 : 11》.

Sam·o·thra·cian [sæ̀məθréɪʃən | -mə(ʊ)θréɪʃɪən, -ʃən] 〘⇨ ↑, -ian〙 *adj., n.* Samothrace の(人).

Sam·o·thrá·ki [*Mod. Gk.* sàməθráki] *n.* Samothrace のギリシャ語名.

sam·o·var [sǽməvɑ̀ə | sæ̀mə(ʊ)vɑ́:(r, ―――; *Russ.* səmavár] 〘《1830》□ Russ. *samovar* ← *samo-* self + *varit'* to boil〙 ― *n.* サモワール《ロシヤのお茶用湯沸かし; 通例銅製で中央に炭火を入れる》.

samovar
1 lid of water container
2 teapot holder
3 spigot
4 teapot

Sam·o·yed [sǽməjèd, sǽmɔɪ(j)èd | sæ̀mɔɪéd; *Russ.* səmajét] 〘《1613》□ Russ. *Samoed* □ ? Lapp *Sāme-Ǣednàma* of Lapland〙 ― *n.* (*pl.* ~, ~s) (*also* **Sam·oy·ede** [~]) **1 a** [the ~(s)] サモイェード族《中央シベリアに住むモンゴル人種の一部族》. **b** サモイェード族の人. **2** サモイェード語 (Samoyedic)《ウラル語族の一つ》. **3** [しばしば s-] 〘《英》 səmɔ́ɪed〙 サモイェード《サモイェード族が, トナカイの番犬やそり犬

としてきた犬種のイヌ). ― *adj.* 1 サモイェード人の. 2 サモイェード語の.

Sam·o·yed·ic [sæməjédɪk, -mɔɪ(j)éd- | -mɔɪ-] *adj.* =Samoyed. ― *n.* =Samoyed 2.

samp [sǽmp] 〖▭N-Am.-Ind. (Algonquian) *nasaump* corn mush, soup〗 *n.* 《米》ひき割りとうもろこし; それで作ったかゆ (cf. hominy).

sam·pan [sǽmpæn] 〖《1620》▭Chin. *san* (=shan) *pan* (舢板(さんばん)):「三板」(san pan), つまり三枚の板で組み立てた船とするのは通俗語源〗 ― *n.* 〖海事〗舢板, 通い船《もとは中国の河川や沿岸で, 後には一般に極東水域に用いられるようになった木造の小型平底船》.

sam·phire [sǽmfaɪə· | -faɪə(r)] 〖《古形》*samp(i)ere* ▭(M)F (*herbe de*) *Saint Pierre* St. Peter('s herb)〗 ― *n.* 〖植物〗 1 ヨーロッパ産セリ科クリスマム属の草本 (*Crithmum maritimum*)《海岸の岩間に生え, 葉は多肉で塩気があって香ばしく酢漬けにする》. 2 アッケシソウ (glasswort).

sam·ple [sǽmpḷ | sɑ́ːm-] 〖《*a*1325》《頭音消失》← AF *assample*=OF *essample* 'EXAMPLE'〗 ― *n.* 1 **a** (全体または種類を代表する)見本, 標本, サンプル: come up to ~ 見本に合う, 見本通り / sell by ~ 見本で売買する. **b** (無料で配布する)商品見本, 試供品. 2 実例: That is a fair ~ of his manners. 彼の行儀作法はあんなものさ. 3 〖統計〗サンプル, 標本; 標本抽出, サンプリング (sampling); 無作為標本抽出 (random sampling). 4 《廃》模範. ― *attrib. adj.* 1 見本の, 標本の: a ~ copy 書籍の見本 / a ~ ore (鉱石の)試料 / a ~ bottle [package] (見本品の入っている)見本びん[包み]. 2 実験の (experimental). 3 〖統計〗サンプルの, 標本の. ― *vt.* 1 **a** …の見本を取る. **b** (見本によって)…の品質を試す, …の味をみる, 試食[試飲]する: ~ wine. 2 ためす, 経験する. 3 さっと目を通す. 4 …の見本[標本, 範例]になる. 5 〖統計〗サンプルをぬき出す, 標本抽出をする.

sámple bàllot *n.* 模擬投票用紙《有権者に周知させるため選挙前に配布される本物そっくりのもの》.

sámple càrd *n.* 見本をはり付けた紙; 型見本.

sámple pòint *n.* 〖数学〗標本点《考察を簡単にするため標本を点で表わしたもの》.

sámple pòst *n.* 〖郵便〗(特別料金で取扱われる)商品「見本郵便.

sám·pler [-plə· | -plə(r)] 〖《*a*1325》《頭音消失》← OF *essamplaire*: ⇨ sample (v.), -er[1]〗 ― *n.* 1 見本を取る人, 見本検査人; 〖統計〗サンプラー《世論調査などでサンプルの意見を聞いてまわる人》. 2 試食[試飲]者. 3 試料採取器《米屋の使う「さし」など; cf. taster 2》. 4 見本集, 選書: a ~ of English poets. 5 〖ME ▭OF *essamplaire* 'EXEMPLAR'〗刺繍練習品, 試作品《布切れに種々の縫い方や刺繍を見本的に施したもの》. 6 〖電気〗サンプラー《指定の時間間隔で電気信号を取出す回路》.

sámple ròom *n.* 見本陳列室, 鉱石見本分析室; (特に, ホテル内の, 商品を陳列する)見本展示室.

sámple spàce *n.* 〖数学〗標本空間《標本調査において標本として可能なもの全体のつくる集合》.

sám·pling [-plɪŋ, -pḷ-] *n.* 1 抽出[抜取り]見本《調査・実験・分析などのために無作為に抜き取ったり切り取ったりくみ取ったりする少量の物質》. 2 抽出, 抜取り, 試料採取: ⇨ random sampling. 3 (宣伝のための)無料商品見本[サンプル]配布; 商品見本, 試供品.

sámpling inspèction *n.* 〖商業〗(品物を受理するか否かを決める)見本検査, 抜取り検査 (cf. acceptance sampling).

Sam·po [sɑ́ːmpoʊ | -pəʊ; *Finn.* sɑ́mpo] 〖▭Finn. Sämpo: cf. Ske *skambha* pillar〗 ― *n.* 〖フィンランド伝説〗サンポ《*Kalevala* に出る, 天空を支える柱または望みをかなえる魔法のひき臼(うす); 初め Ilmarinen が Louhi のために作ったが, 後 Väinämöinen, Lemminkäinen と共にこれを奪う》.

sam·sa·ra [səmsɑ́ːrə] 〖▭Skt *saṁsāra*《原義》running together〗 ― *n.* 〖ヒンズー教・仏教〗サンサーラ, 輪廻(りんね)(転生(てんしょう)), 流転(るてん), 生死(しょうじ)輪廻《一つの生から他の生へと巡り巡ること; 生死を繰り返すこと》.

sam·shu [sǽmʃuː, ⏤⏤; *Cant.* saːmsiu] 〖▭? Chin. 《広東方言》*saam shin* (三燒):「3度も蒸留された酒」の意から: cf. Chin. *shao chiu* (焼酒)〗 ― *n.* 焼酒《米またはきび (millet) を蒸留して造った中国の酒》.

Sam·son [sǽmsṇ] 〖▭LL *Sam(p)sōn* ▭Gk *Sampsṓn* ← Heb. *Šimšōn* 'child of *Šemeš* (=the sun god)'〗 ― *n.* 1 男性名. 2 〖聖書〗サムソン《旧約聖書に出るイスラエルの士師 (judge); 大力無双の勇士 (cf. Delilah 2 a); cf. *Judges* 13-16》. 3 (サムソンのような)大力無双の人, 力持ち. 4 〖海事〗=Samson post.

sam·son·ite [sǽmsənàɪt] 〖▭G *Samsonit* ← *Samson* (*mine*) (ドイツ中部の Harz 山脈中にある鉱山): ⇨ -ite[1]〗 *n.* 〖鉱物〗サムソナイト ($Ag_4MnSb_2S_6$).

Sámson pòst, s- p- 〖《1577》← SAMSON: cf. *Judges* 16:25-30〗 ― *n.* 〖海事〗1 鳥居型デリック支柱. 2 (小舟の)錨索(びょうさく)止め短柱. 3 副竜骨から梁材下面までの間に立てられる支柱.

Sam·sun [saːmsúːn; *Turk.* sɑ́msun] *n.* サムスン《トルコ共和国北部, 黒海に臨む都市; 人口 169,000》.

Sam·u·el[1] [sǽmjuəl, -mjʊɫ | -mjuəl, -mjʊɫ; *F.* samɥɛl, *G.* záːmueːl, -ɛl] 〖▭LL ~ ▭Gk *Samouḗl* ▭Heb. *Šᵉmū'ēl*《原義》? name of god ← *šēm* name+*Ēl* 'god, *El*'〗 ― *n.* 男性名《異形 Sam, Sammy》.

Sam·u·el[2] [sǽmjuəl, -mjʊɫ | -mjuəl, -mjʊɫ] *n.* 〖聖書〗 1 サムエル《ヘブライの士師 (judge) で預言者》. 2 (旧約聖書の)サムエル記 (The Books of Samuel)《上・下二書から成る; 略 Sam.》.

Sam·u·el·son [sǽmjuəlsṇ, -mjʊɫ- | -mjuəl-, -mjʊɫ-], **Paul Anthony** *n.* (1915–) 米国の経済学者; Nobel 経済学賞 (1970).

sa·mu·rai [sǽm(j)ʊràɪ, sɑ́ːmʊ-, ⏤⏤⏤ | sǽmʊràɪ, -mjʊ-] 〖《1874》▭Jap.〗 *n.* (*pl.* ~, ~**s**) 1 **a** (日本の)武士, 侍. **b** 武家階級. 2 (日本の)陸軍将校.

san [sǽ(ː)n] 〖《略》〗 *n.* 《口語》=sanatorium.

San·'a [sænɑ́ː, ⏤⏤] *n.* (*also* **San·aa** [~]) サヌア《Yemen 中部にある同国の首都; 人口 135,000》.

Sàn An·dré·as Rìft [Fáult] [sænændréɪəs-] *n.* [the ~] サンアンドレアス断層《米国 California 州西海岸の数百 km にわたる断層; 1906 年のサンフランシスコ地震を起こした》.

San An·ge·lo [sænǽndʒəlòʊ | -dʒɪlə̀ʊ] 〖▭Sp. & It. ~ (masc.) ← *Santa Angela*: メキシコの尼僧の名にちなむ〗 *n.* 米国 Texas 州中部の都市; 人口 66,000.

San An·to·ni·o [sænəntóʊniòʊ | -tə́ʊniə̀ʊ, -njəʊ] 〖▭Sp. ~ 'Saint Anthony'〗 *n.* 米国 Texas 州南部の都市; Alamo の砦(とりで)跡がある; 人口 774,000.

san·a·tive [sǽnəṭɪv | -tɪv] 〖《15C》▭OF *sanatif* ∥ LL *sānātīv-us* ← L *sānāre* to cure ← *sānus* 'SANE': ⇨ -ative〗 *adj.* 病気を直す, 治癒力のある (curative).

san·a·to·ri·um [sænətɔ́ːriəm, -tóːr- | -tɔ́ːr-] 〖《1840》← NL ~ ← LL *sānātōrium* (neut.) ← *sānātōrius* (↓): ⇨ -orium〗 ― *n.* (*pl.* ~**s**, **-ri·a** [-riə | -rɪə]) 1 サナトリウム, 療養所《特に, 回復期の病人や結核患者のために高原や山間などに設けられたもの》: a tuberculosis ~. 2 保養地, 療養地. 3 (学校の寄宿舎で)病人隔離部屋, 病室.

san·a·to·ry [sǽnətɔ̀ːri, -tòri | -t(ə)ri] 〖▭LL *sānātōrius* ← L *sānāre*: ⇨ sanative, -ory[1]〗 *adj.* 病気を直す (curative); 健康によい.

san·be·ni·to [sænbəníːṭoʊ | -təʊ] 〖《*c*1560》▭Sp. *sambenito* ← *San Benito* St. Benedict: ベネディクト会で着用した肩衣(かたぎぬ)に似ていることから〗 ― *n.* (*pl.* ~**s**) 1 囚衣; 贖罪(しょくざい)服, 悔罪服《昔スペインの宗教裁判所で悔い改めた者に着せた, 赤の X 形十字を前後につけた肩衣風の黄色服》. 2 囚衣; 地獄服《昔スペインの宗教裁判所で悔い改めない異端者を火刑に処する時に着せた火炎と悪魔の模様の黒服》.

San Ber·nar·di·no [sænbə̀ːnədíːnoʊ, -nə- | -bɜ̀ː-nədíːnəʊ] 〖▭Sp. ~ 'Saint Bernardinus' (Siena の聖者)〗 *n.* 米国 California 州南部の都市; 人口 102,000.

Sán Bernardíno, Mount *n.* サンベルナルディーノ山《米国 California 州南部, San Bernardino 山脈中の高峰 (3,240 m)》.

Sán Bernardíno Móuntains *n. pl.* [the ~] サンベルナルディーノ山脈《米国 California 州南部の山脈; 最高峰 San Gorgonio [gɔəgóʊniòʊ | gɔːgə́ʊnɪəʊ] (3,505 m)》.

Sán Bernardíno Páss *n.* [the ~] サンベルナルディーノ山道《スイス南東部, Alps の山道(最高所 2,065 m)》.

San Blas [sænblǽs | -blɑ́ːs; *Sp.* sanblás], **the Gulf of** *n.* サンブラス湾《パナマ北岸のカリブ海内の湾》.

San Blas, the Isthmus of *n.* サンブラス地峡《パナマ地峡の最も狭い所 (幅 40 km)》.

San·chia [sɑ́ːntʃiə̀ː | -tʃɪ-; *Sp.* sántʃja] 〖▭Sp. *Sancha* (fem.) ← *Sancho* ← L *sanctus* 'holy, SAINT'〗 *n.* 女性名.

San·cho Pan·za [sǽntʃoʊ-pǽnzə, sɑ́ːntʃoʊ-pɑ́ːn- | sǽntʃəʊ-pǽnzə, sǽŋkəʊ-; *Sp.* sántʃopánθa] *n.* サンチョパンサ《Cervantes 作 *Don Quixote* 中の人物で Don Quixote の従者; 常識豊かで愉快な, 打算的だが人に騙されやすい人物》.

San Cris·tó·bal [sænkrɪstóʊbəl | -tə́ʊ-; *Sp.* sàŋkristóβal] *n.* サン クリストバル《南米北部, Venezuela 南西部の都市; 人口 241,000》.

sancta *n.* sanctum の複数形.

sanc·ti·fi·ca·tion [sæŋ(k)təfɪkéɪʃən, -fə- | -tɪfɪ-] 〖《1526》▭LL *sanctificātiō(n-)* ← *sanctificāre* 'to SANCTIFY': ⇨ -fication〗 ― *n.* 1 神聖にすること, 罪を清められること, 清浄化. 2 〖キリスト教〗清め, 聖化; 成聖; 聖別(式).

sánc·ti·fied 〖《15C》〗 *adj.* 1 **a** 神聖にされた, (罪を)清められた. **b** 聖別された: ~ bread, wine. 2 信心ぶる: one's ~ attitude 殊勝ぶった態度.

sanc·ti·fy [sǽŋ(k)təfàɪ | -tɪ-] 〖《*a*1393》*sanctifie(n)*, *seintifie(n)* ▭OF *sanctifi-er*, *saintifi-er* ▭LL *sanctificāre* ← L *sanctus* holy: ⇨ saint, -fy〗 ― *vt.* 1 神聖にする; (神聖な用途のために)聖別する (consecrate, hallow): God blessed the seventh day and *sanctified* it. 神七日を祝してこれを神聖(きよ)めたまえり (*Gen.* 2: 3). 2 罪のないようにする, 清らかにする, 浄化する, 清める (purify): ~ one's heart. 3 (宗教的に)正当化する; 是認する (justify): The results ~ the work. 結果によって仕事が正当化される, 結果がよければ仕事もよいとされる / a custom *sanctified* by long practice 長年の慣行で正しいとされている慣習. 4 精神的祝福を生じさせる. **sánc·ti·fi·er** *n.*

sanc·ti·mo·ni·ous [sæŋ(k)təmóʊniəs, -njəs | -tɪ-mə́ʊnjəs, -nɪəs] 〖《1604》← L *sanctimōnia* (↓)+-OUS〗 ― *adj.* 1 信心ぶる, 殊勝ぶる. 2 《廃》神聖な (holy). ~**·ly** *adv.* ~**·ness** *n.*

sanc·ti·mo·ny [sǽŋ(k)təmòʊni | -tɪmə̀ni] 〖▭MF *sanctimonie* ▭L *sanctimōnia* ← *sanctus* holy: ⇨ saint, -mony〗 ― *n.* 1 信心ぶり, 殊勝げなこと, うわべ[見せかけ]の高徳. 2 《廃》信心, 高徳; 神聖.

sanc·tion [sǽŋ(k)ʃən] 〖《1563》▭(M)F ~ ∥ L *sanctiō(n-)* ← *sancīre* to render sacred ← *sacer* 'SACRED': ⇨ -tion〗 ― *n.* 1 (法令などの)裁可, 認可; (世論, 既存の慣習などからの行動などに対する)是認, 承認 (approval): popular ~ 世間の是認 / give ~ to …を裁可[是認]する. 2 (法・法令違反に対する)制裁, 処罰; 賞罰: social ~ 社会的制裁 / punitive [vindicatory] ~ 刑罰 / suffer the last ~ of the law 死刑に処せられる / take ~ against …に制裁手段をとる. 3 **a** (誓約・行動規則など)拘束力を生じるもの, 拘束. **b** (良心など)内的な制裁, 道徳的拘束力《行為者が道徳・義務などにそむくことを許さない強制力》. 4 [通例 *pl.*] 〖国際法〗(国際連合が国際法違反国に対してとる)制裁: financial [economic] ~**s** 財政的[経済的]制裁《国際法違反に対する借款[通商]の制限または停止》/ military ~**s** 軍事的制裁《国際法違反国に対する海上封鎖など》. 5 〖法律〗制裁, 法の強制力《法の遵守を強制するための制裁または罰》. 6 《廃》(教会の)法令 (decree). 7 《廃》誓い (oath). ― *vt.* 1 (正式手続きにより)正当とする, 裁可する, 認可する (ratify); 《法令などに》制裁規定を設ける: ~ a law. 2 認める, 容認する (countenance): It is ~*ed* by usage. それは慣習上認められている. ~**·er** *n.*

sanc·tion·a·ble [sǽŋ(k)ʃ(ə)nəbḷ] *adj.* 裁可[是認]される.

sánction·less *adj.* 1 裁可を経ない, 認可のない. 2 「制裁のない.

sanc·ti·tude [sǽŋ(k)tət(j)ùːd | -tɪtjùːd] 〖《15C》▭L *sanctitūdō* ← *sanctus* holy: ⇨ saint, -tude〗 *n.* 《古》神聖, 清浄 (sanctity).

sanc·ti·ty [sǽŋ(k)təṭi | -tɪtɪ, -tɪ-] 〖《?*c*1395》*saun(c)tite* ▭OF *sainteté*, *saintité* (F *sainteté*) ▭L *sanctitātem* ← *sanctus* holy: ⇨ saint, -ity〗 ― *n.* 1 **a** 神々(こうごう)しさ, 清浄, 高潔 (holiness): a place of great ~ 神々しい場所. **b** [*pl.*] 神聖な美徳[主義]. 2 **a** 神聖, 尊厳 (solemnity): violate the ~ of an oath [of marriage] 誓約[結婚]の神聖を冒す. **b** [*pl.*] 神聖な義務[権利, 感情など]: the *sanctities* of the home 家庭の神聖な義務.

sanc·to·ra·le [sæŋ(k)təréɪli | -lɪ] 〖▭ML *sanctorāle* (neut.) ← *sanctorālis* of saints ← LL *sanctus* 'SAINT': ⇨ -al[1]〗 ― *n.* 〖カトリック〗(聖務日課書およびミサ典書の)聖人祝日の聖務日課 (cf. temporale).

sanc·tu·ar·y [sǽŋ(k)tʃuèri | -tjʊəri, -tʃʊ(ə)ri, -tʃəri] 〖《*c*1340》*sanctuarie*, *seintuarie* ▭OF *sain(c)tuarie* (F *sanctuaire*) ▭L *sanctuārium* ← L *sanctus* holy: ⇨ saint, -ary〗 ― *n.* 1 **a** 聖所, 神聖な場所《教会・神殿・神社・寺院など》. **b** 聖壇, 至聖所《教会などの特に神聖な最奥部の祭壇を設けた所》, 内陣 (sacrarium, chancel); 奥の院. **c** 〖ユダヤ教〗(Jerusalem の)神殿, 幕屋; (特に, その)至聖所 (holy of holies). 2 **a** 聖域, 避難所《中世に法律の及ばなかった教会内; 犯罪人もここに逃げ込めば法律の適用を免れた》. **b** (逃亡犯罪人・負債者などの)逃込み場, 避難所 (refuge, asylum): take [seek] ~ 聖域[免罪区域]に逃げ込む / break [violate] ~ 避難権を犯す《避難権を犯して犯人などを連れ去る》. **c** 免罪[避難]の権利, 免罪特権, 聖域権 (right of sanctuary). 3 (繁殖期などの)鳥獣保護区域, 禁猟区: ⇨ bird sanctuary. 4 (他人に犯されない心の中などの)聖所, 安らいの場所 (haven): the ~ of one's thoughts 心の深奥 / find a ~ in sleep 眠りの中に安らいを見出す.

sanc·tum [sǽŋ(k)təm] 〖▭L ~ (neut.) ← *sanctus* holy: ⇨ saint〗 ― *n.* (*pl.* ~**s**, **sanc·ta** [-tə]) 1 **a** 聖所 (holy place): ⇨ sanctum sanctorum. **b** [しばしば *pl.*] 神聖とされるもの, 聖物. 2 《戯言》(人の妨げを受けない)私室, 書斎.

sánctum sanc·tó·rum [-sæŋ(k)tɔ́ːrəm, -tóːr- | -tɔ́ːr-] 〖《*c*1400》▭LL *sanctum sanctōrum* (← *sanctum* (↑)+*sanctōrum* (neut. gen. pl.) ← *sanctum*) 《なぞり》← Gk *tò hágion tōn hagíōn* 《なぞり》← Heb. *qōdheš haqqodhāšīm* holy of holies〗 ― *n.* 1 (ユダヤ神殿の)至聖所. 2 《戯言》=sanctum 2.

Sanc·tus, s- [sǽŋ(k)təs, sɑ́ːŋ(k)-, -tuːs | sǽŋ(k)təs] 〖《*c*1390》▭ML ~ ← L ~ 'holy': ⇨ saint〗 ― *n.* 〖キリスト教〗サンクトゥス, 三聖唱[誦], 聖誦《聖餐式に用いる「聖なる, 聖なる, 聖なるかな (*Sanctus, Sanctus, Sanctus* or *Holy, Holy, Holy*)」の聖歌; カトリックではミサ式の序唱の終わりに用いる; Tersanctus ともいう》; サンクトゥス曲.

Sánctus bèll 〖《15C》〗 *n.* 〖キリスト教〗祭鈴《教会の聖壇と本堂との間にあって Sanctus を歌う時に鳴らす》.

sánctus tùrret *n.* 祭鈴 (Sanctus bell) をおさめる鐘「楼.

San·cus [sǽŋkəs] 〖▭L ~〗 *n.* 〖ローマ神話〗サンクス《誓い・歓待・行路安全の神》.

sand [sǽnd] 〖OE ~ ← Gmc **sand-* (Du. *zand* / G *Sand*) < **samad-* ← IE **bhes-* to rub (L *sabulum* / Gk *psámathos*): cf. sabulous, psammite〗 ― *n.* 1 砂, 真砂(まさご) ($^1/_{16}$–2 mm の細い岩石の粒; gravel より小さく silt より大きい): ⇨ quicksand / a grain of ~ 砂粒 / dry ink [writing] with ~ 砂でインキ[文字]を乾かす《吸取紙のなかった時代の習慣; cf. sandbox 1 c》. 2 [通例 *pl.*] **a** 砂地, 砂原; 砂漠; 砂浜; 砂土: children playing on the ~**s** / footprints on the ~**s** of time この世に生活した(人の)足跡 (cf. Longfellow, *A Psalm of Life* 7. 4). **b** 洲(す), 砂洲(さす), 浅瀬: strike [be cast on] the ~*s* 砂洲に乗り上げる. **c** 砂粒: be (as) numberless [numerous] as the ~(*s*) on the seashore 浜の真砂(まさご)のように無数である. **3 a** [通例 *pl.*] (砂時計の)砂. **b** [*pl.*] 時刻 (moments); 命数, 寿命 (one's life): The ~*s* are running out [low]. 時間は尽きようとしている / His ~*s* are running out. 彼の寿命も尽きてきた / The ~*s* are number'd that make up my life. わが身の寿命も尽きた (Shak., 3 *Hen VI* 1. 4. 25). **4** 不安定な基礎: a house built on (the) ~ 砂上に建てた家《不安定なもののたとえ; cf. *Matt.* 7: 26》/ popularity built upon [written in] ~ 砂の上に立てられた(不安全な, 当てにならない)人気. **5** 砂色《赤味がかった黄色》. **6**《米口語》意気, 勇気, 元気 (pluck, grit): a man with plenty of ~ in him 気概のある人. **7**〘岩石〙砂岩 (sandstone). **8**〘金属加工〙鋳物砂, 型砂. **9**〘病理〙砂状の結石: urinary ~ 尿砂 / ⇨ brain sand. **10**〘ダンス〙サンド《円環状に足でけずるようなジャズダンスのステップ》.

a rope of sand ⇨ rope 成句. ***bury*** [***hide, have***] ***one's head in the sand*** ⇨ head 成句. ***plow*** [***number***] ***the sands*** 〚《なぞり》← L *lītus arāre* to labor in vain〛 (砂を耕す[数える]ように)むだ骨を折る. ***put sand in the wheels*** [***machine***] (車輪[機械]へ砂を投げ込むように)事を邪魔する, 破壊する.

— *vt.* **1** …に砂をまく: ~ a road (すべらないように凍った)道に砂をまく / ~ the ink (乾かすために)インキに砂をかける (cf. *n.* 1 用例). **2 a** 砂でおおう, 砂に埋める. **b** (潮流の作用などで)〈港湾などを〉砂で埋める. **3** (ごまかすために)〈砂糖・羊毛など〉に砂を入れる, 砂を混ぜる: ~ sugar. **4** 砂[サンドペーパー]でみがく.
— *adj.* 砂色の, 黄赤色の.

Sand [sǽ(ː)nd, sɑ́ː(n)d, sɔ̃ː(n)d, sɑ́ːnd, sɔ́(ː)nd, sɑ́ː(ŋ), sɔ̃ː(ŋ), sɑ́ːŋ, sɔ́(ː)ŋ; *F.* sɑ̃, sɑ̃ːd], **George** [ʒɔrʒ] *n.* サンド《1804–76; フランスの女流作家, Alfred de Musset および Chopin との交友は有名; *La Mare au diable*「魔の沼」(1846); 本名 Amandine Aurore Lucile Dupin, baronne Dudevant》.

san·dal[1] [sǽndl̩] 〚《c1390》 *sandalie* ⊏ L *sandal-ium* ⊏ Gk *sandálion* little sandal (dim.) ← *sándalon* sandal〛 — *n.* **1** サンダル: **a**《ギリシャ・ローマ人が用いたわらじに似た革製のはきもの》. **b** 主に婦人・子供用のサンダル靴. **c**《米》浅いオーバーシューズの一種. **2** サンダルひも《足の甲[くるぶしの回り]に回して, 短靴[スリッパ]をしばるひも[皮ひも]》. — *vt.* (**san·daled, -dalled; -dal·ing, -dal·ling**) [主に p.p. 形で] …にサンダル[サンダル靴]をはかせる[つける].

san·dal[2] [sǽndl̩] 〚《c1400》⊏ OF ~, *sandle* ⊏ ML *sandalum, santalum* ⊏ LGk *sántalon, sandanon* ⊏ ? Skt *candana*〛 *n.*〘植物〙ビャクダン (sandalwood).

sán·daled *adj.* (*also* **san·dalled** [~]) サンダルをはいた: one's ~ feet / go ~ サンダルをはいて行く.

sándal·wòod *n.*〘植物〙**1** ビャクダン(白檀) (*Santalum album*)《インド原産ビャクダン科の半寄生小高木》. **2** 白檀材《ビャクダンの心材; 質は堅く香気があるので, 扇子・手箱などの工芸品の製作および薫香の材料に用いる; cf. quandong》. **3** =red sandalwood 1.

Sándalwood Ísland *n.* Sumba の旧名.

sándalwood òil *n.* 白檀油(ゆ)《ビャクダンから採る油》.

san·da·rac [sǽndəræ̀k] 〚《c1550》⊏ L *sandarac(h)a* red pigment, beebread ⊏ Gk *sandarákē, sandarákhē* (red pigment derived from) realgar〛 — *n.* (*also* **san·da·rach** [~]) **1**〘化学〙サンダラック《sandarac tree から採る淡黄色あるいは褐色の芳香性のある樹脂; ワニスまたは香に用いる; gum juniper ともいう》. **2**〘植物〙=sandarac tree. **3**〘鉱物〙鶏冠石 (realgar).

sándarac trèe *n.*〘植物〙マオウヒバ (*Tetraclinis articulata*)《アフリカ北西部産ヒノキ科の常緑低木; 樹脂と木材は有用》.

sánd·bàg *n.* 砂袋, 砂嚢(のう)《(築城の)胸壁・塹壕(ざんごう)用材, ボート・気球のバラスト, 彫刻師用の台, 窓のすき間風よけとして用いるほか, 傷あとを残さずに人を打ち倒すため強盗などの武器としても用いる》. — *vt.* **1** 砂袋で防止する[塞ぐ]: ~ the dike 堤防に砂袋を積む. **2** 砂袋で打ち倒す. **3**《口語》**a** はげしく襲いかかる. **b**《米》強いる (coerce). **4**《俗》〘トランプ〙(ポーカーで, 強い手を持ちながらわざとパスして)〈相手を〉賭に誘いこんで負かす. — *vi.*《俗》〘トランプ〙(ポーカーで)猫をかぶっておびき寄せる.

sánd·bàg·ger *n.* **1** 砂袋を使う人; (特に)砂袋で人を打ち倒す悪漢. **2** (バラストに砂袋を使用している喫水の浅い)帆船. **3**《俗》〘トランプ〙(ポーカーで)猫かぶり屋.

sánd·bànk *n.* (河口などの)砂洲(す); (風に吹きよせられてできた)砂丘.

sánd·bàr *n.* 砂洲(す)《潮の干満や沿岸流のために形成される河口や湾口または沖合の浅瀬, およびその陸地となったもの》.

sánd bàth *n.* **1 a**〘医学〙(医療法としての)砂浴. **b** 砂風呂; (鶏の)砂浴び. **2**〘化学〙砂浴, サンドバス《砂を用いて加熱する器具; 直火では危険な時に用いる》.

sánd-bèd 〚《15C》〛 *n.* **1**〘地質〙砂床, 砂層. **2**〘金属加工〙(鋳型および型枠をおく鋳造用の)砂床.

sánd·blàst *n.* **1 a** 砂吹き, サンドブラスト《金属やガラスなどの表面をみがき[荒く]するために圧縮空気・蒸気などで砂を吹き付けること》. **b** 砂吹き機. **2** 砂塵. **3** (砂塵を思わせる)不可抗力的破壊力. — *vt.* (砂吹き機で)…に砂を吹き付ける[みがく, 切る].

sánd-blìnd 〚《15C》《通俗語源》? ← OE **samblind* ← *sam-* half (⇨ semi-)+BLIND〛 — *adj.*《古》半盲の, かすみ目の (purblind, dimsighted) (cf. stone-blind, gravel-blind). **~·ness** *n.*

sánd blùestem *n.*〘植物〙イネ科ヒメアブラスズキ属の根茎植物 (*Andropogon hallii*)《米国に広く分布しまぐさ用や地面をかためるのに用いられる》.

sánd·bòx *n.* **1 a** 砂入れ, 砂箱. **b** (レールがすべらないよう砂をまくために機関車に付けた)砂箱. **c** (吸取紙のなかったころインクを乾かすため振りかけた砂を入れた)砂入れ. **d**《米》(子供がその中で遊ぶ)砂場 (《英》sandpit). **2**〘ゴルフ〙サンドボックス《盛り砂用の砂入れ》. **3**〘金属加工〙(砂型鋳造用の)型枠 (sand mold). **4**〘植物〙=sandbox tree.

sándbox trèe *n.*〘植物〙サブリエ, スナバコノキ (*Hura crepitans*)《熱帯アメリカ産のトウダイグサ科の植物; 果実に砂を入れてインクの吸い取り用に用いた; cf. sandbox 1 c》.

sánd·bòy *n.* **1** 砂売小僧. ★ 昔英国の海浜保養地で砂を呼び売りした小僧で, 通例次の句で用いる: (as) jolly [merry, happy] as a ~ 非常に陽気な. **2** スナノミ (sand flea) など砂浜にいる跳ぶ昆虫の総称.

sánd·bùr *n.*〘植物〙**1** 米国西部産ナス属のイヌホウズキの類の毒草 (*Solanum rostratum*)《果実にとげが多い, buffalo bur ともいう》. **2** イネ科 *Cenchrus* 属の植物の総称《bur grass ともいう》.

Sand·burg [sǽn(d)bəːg | -bəːg] **Carl** (**August**) *n.* (1878–1967) 米国の詩人・伝記作者・童話作家; *Chicago Poems* (1916), *Abraham Lincoln* (6 巻 1926, '39).

sánd·bùrr *n.*〘植物〙=sandbur.

sánd·càst *vt.*〘金属加工〙溶融した金属を砂型(砂の鋳型)に流し込んで〈鋳物を〉作る.

sánd càsting *n.*〘金属加工〙砂型鋳造.

sánd·càstle *n.* (子供が浜辺などで作る)砂の城 (cf. *a* CASTLE *in the air*): build a ~.

sánd chèrry *n.*〘植物〙北米五大湖地方の砂地に生えるサクラ属 (*Prunus*) の低木; (特に) *P. pumila*.

sánd còlumn *n.* 砂柱《砂漠地方で旋風の巻き上げる砂の竜巻; cf. dust devil, waterspout 3》.

sánd cràb *n.*〘動物〙**1** =lady crab. **2** オーストラリアに生息するワタリガニ科の水中を泳ぐカニ (*Ovalipes australiensis*).

sánd cràck *n.* **1**〘獣医〙まつわれ, 裂蹄(てい)《馬のひずめの疾患; cf. quarter crack, toe crack》. **2** (人が熱砂の上を歩くために生じる)足のひび. **3**〘窯業〙混練不十分なために焼成前にれんがに生成される亀裂.

sánd·cùlture *n.*〘農業〙砂耕法, 砂栽培《水耕法に砂を利用する方法で, 植物の根が砂の中に置かれる》.

sánd dàb *n.*〘魚類〙ヒラメ科の魚類の総称《北米太平洋沿岸にいる *Citharichthys* 属の魚類など》.

sánd dìver *n.*〘魚類〙エソ科アカエソ属 (*Synodus*) の魚類の総称《昼間頭だけを出して砂中に潜み, 夜活動するアカエソ (*S. variegatus*) や西インド諸島にいる *S. intermedius* など》.

sánd dòllar *n.* **1**《米》〘動物〙カシパン《棘皮動物ウニ綱楯形目に属するカシパンの種類の総称》. **2**〘植物〙=star cactus.

sánd drìft *n.* 流砂, 漂砂《陸上では風, 水中では沿岸流などの働きによって移動する砂, またはそれによってできる地形》.

sánd dròwn 〚豪雨地帯の砂地に発生することから〛 *n.*〘植物病理〙(白化現象を起こすたばこの木の)マグネシウム欠乏病.

sánd dùne *n.* 砂丘.

sánd·ed *adj.* **1** 砂だらけの; 砂地の; 砂をしいた: a ~ floor 砂をまいた床《昔台所などのれんが床の上にきれいに砂をまく習慣があった》. **2** グラニュー糖をまぶした. **3**《廃》砂色の, 赤味がかった黄色の.

sánd èel 〚ME〛 — *n.*〘魚類〙**1** =sand launce. **2** インド洋・太平洋の海底の砂上に生息するネズミギス属の細長い円筒形の魚 (*Gonorhynchus gonorhynchus*)《sandfish ともいう》.

san·dek [sɑ́ːndek] 〚⊏ Yid. *sandik* ⊏ Mish.Heb. *sandāq*《変形》? ← LGk *súnteknos* godfather ← Gk *sunteknóun* to breed〛 — *n.*〘ユダヤ教〙割礼時に子供を抱く役目の男.

sánd·er *n.* **1** 砂[サンドペーパー]でみがく人[機械]. **2** (機関車の)砂まき装置. **3** (凍った道路などへの)砂まき装置.

san·der·ling [sǽndəlɪŋ | -də-] 〚← SAND+(UND)ERLING〛 *n.*〘鳥類〙ミユビシギ (*Crocethia alba*)《シギ科の小鳥》.

san·ders [sǽndəz | -dəz] 〚《変形》←《廃》*saunders* sandalwood ⊏ OF *sandre*《変形》← *sandal* 'SANDAL[2]'〛 *n.* (*pl.* ~)〘植物〙シタン (red sandalwood).

sánders·wòod *n.*〘植物〙=sanders.

san·de·ver [sǽndəvə | -dɪvə(r)] 〚《?c1380》⊏ ? MF *suin de verre* ← *suin* (F *suint*) exudation from wool (← *suer* to sweat)+*de* of+*verre* glass〛 — *n.*〘ガラス製造〙=glass gall.

sánd·fish *n.*〘魚類〙**1** 北太平洋産の砂の中にいるハタハタ科 *Trichodon* 属または *Arctoscopus* 属の魚類の総称《秋田県など東北地方に分布するハタハタ (*A. japonicus*) など二種いる》. **2** =sand eel 2. **3** =belted sandfish.

sánd flèa *n.* **1**〘昆虫〙スナノミ (⇨ chigoe 1). **2**〘動物〙ハマトビムシ (⇨ beach flea).

sánd-flóated *adj.*〘建築〙木鏝(きごて)仕上げの《モルタル壁の木鏝 (float) を用いた粗い仕上げの》.

sánd flỳ *n.* チョウバエ科・ブユ科・ヌカカ科などに属する双翅目の小型吸血性昆虫の総称; (特に)チョウバエ科のサシチョウバエ属 (*Phlebotomus*) のハエ.

sánd·fly fèver *n.*〘病理〙パパタシ熱, パパタチ熱《サシチョウバエ属 (*Phlebotomus*) の昆虫スナバエが媒介するウイルス病; 地中海域から中東にかけてみられる; three-day fever, phlebotomus fever ともいう》.

sánd·glàss *n.* 砂時計 (hourglass).

sánd-gròper *n.*《豪》**1**《戯言》オーストラリア西部の人. **2**《古》(ゴールドラッシュの頃の)開拓者.

sánd gròuse *n.*〘鳥類〙サケイ《ヨーロッパ・アジア・アフリカの砂漠地域にすむサケイ科の鳥の総称》.

san·dhi [sǽndi, sɑ́ːn- | sǽndhiː, sʌ́n-, -diː; *Hindi* səndhi] 〚⊏ Skt *saṁdhi*《原義》placing together ← *sam* together + *dadhāti* he places: cf. Samhita〛 — *n.*〘言語〙サンディ, 連声(れんじょう)《複合語の各要素または文中の各語の頭音または尾音が隣接音の影響によって変化または消失する現象; 例えば I'm sorry の 'm は am の連声形 (sandhi form) とよばれる; cf. liaison 3》.

sánd hìll 〚OE〛 *n.* **1** 砂山, 砂丘 (dune). **2** [*pl.*] 砂丘地帯.

sánd·hill cràne *n.*〘鳥類〙カナダヅル (*Grus canadensis*)《北米産ツル属の鳥; 灰青色の羽毛をし前額部が赤色》.

sánd·hìll·er *n.* 砂丘地帯に住む人.

sánd·hòg *n.* **1** 砂掘り人足. **2** (地下[水底]トンネル工事などで)潜函(かん) (caisson) の中で働く労働者.

sánd hòpper *n.*〘昆虫〙ハマトビムシ《ハマトビムシ科の甲殻類の総称 (beach flea)《海水の飛沫の洗う砂地にすみ, 1 m 位はねるものもある》.

Sand·hurst [sǽndhəːst | -həːst] 〚ME *Sandherst*《原義》sandy hill: ⇨ sand, hurst〛 — *n.* **1** イングランド Berkshire 州南東の村; もと Royal Military Academy (陸軍士官学校)の所在地(現在は Surrey 州 Camberly [kǽmbəli | -bəlɪ] にある); 人口 3,700. **2** Royal Military Academy の俗称.

sandh·ya [sʌ́ndjɑː, sʌ́n-] 〚⊏ Skt *saṁdhyā*: cf. sandhi〛 *n.*〘ヒンズー教〙一日の三接点《朝, 正午, 夕》, 昼夜の接点《朝夕の薄明》; 朝夕の勤行, 祈禱.

San·die [sǽndi | -dɪ] 〚1: (dim.) ← ALEXANDER. 2: (dim.) ← ALEXANDRA〛 *n.* **1** 男性名. **2** 女性名.

San Di·e·go [sæ̀ndiéɪgoʊ | -diéɪgəʊ] 〚⊏ Sp. ~ 'St. James': 15 世紀スペインの托鉢修道士の名にちなむ〛 — *n.* 米国 California 州南西海岸の港市; 海軍・海運の基地; 人口 775,000.

san·dik [sɑ́ːndiːk] *n.*〘ユダヤ教〙=sandek.

san·di·ver [sǽndəvə | -dɪvə(r)] *n.*〘ガラス製造〙= glass gall.

sánd jàck *n.*〘造船〙砂盤木《船を進水させる直前にその重量を一時的に支えている多くの砂袋で, その砂を抜くと船体は進水台上に乗るようになっている》.

sánd làunce [**lànce**] *n.*〘魚類〙砂の中にもぐって生活するイカナゴ属 (*Ammodytes*) の細長い魚の総称.

sánd lìly *n.*〘植物〙米国西部の草地に生えるユリ科の多年草 (*Leucocrinum montanum*)《mountain lily ともいう》.

sánd-lìme bríck *n.* ケイ灰れんが《ケイ砂に不純な石灰石を加えて成形し, 高圧蒸気で硬化させて造ったれんが》.

sand·ling [sǽndlɪŋ] *n.*〘魚類〙=dab[2].

sánd lìzard *n.*〘動物〙**1** ニワカナヘビ (*Lacerta agilis*)《ヨーロッパ産の普通種; 雄は緑色, 雌は褐色》. **2** アメリカハシリトカゲ (⇨ race runner).

sánd·lòt《米》*n.* (都市内またはその付近の子供たちの遊ぶ)スポーツ用あき地. — *attrib. adj.* (子供たちの遊ぶ)あき地の, あき地で行なう: ~ baseball あき地でやる野球, 草野球.

sánd·lòt·ter *n.*《米》あき地で(野球などをして)遊ぶ町の少年.

S. & M.《略》*ML.* Sodorēnsis et Manniae (=of Sodor and Man)《Bishop of Sodor & Man が署名に用いる; ⇨ Cantuar. 2》.

sánd·màn [-mæ̀n] 〚子供が眠くなると目に砂でも入ったように目をこすることから: cf. G *Sandmann*〛 — *n.* (*pl.* **-men** [-mɛ̀n]) **1** 眠りの精, 睡魔《子供の目に砂をまいて眠くするというお伽話の人物; cf. dustman 2》. **2** 砂ふるい[混ぜ, 積み]の仕事をする人; 砂[サンドペーパー]でみがく人.

sánd màrtin *n.*《英》=bank swallow.

sánd mìst *n.* 黄塵 (⇨ bai).

sánd mòld *n.*〘金属加工〙(鋳造用の)砂型.

sánd mỳrtle *n.*〘植物〙米国南東部の海岸や砂丘地帯に生えるツツジ科の常緑低木 (*Leiophyllum buxifolium*)《葉が細かく桃色の花が咲く》.

sánd pàinting *n.* **1** 砂絵《Navaho, Hopi などのインディアンが色とりどりの砂で平面に象徴的なデザインを描く宗教的・治療的儀式; dry painting ともいう》. **2** 砂絵で描いた模様.

sánd·pàper 〚《1812》〛 *n.* 紙やすり, サンドペーパー. — *vt.* 紙やすり[サンドペーパー]でみがく.

sánd·pà·per·y [-pèɪp(ə)ri | -rɪ] *adj.* 板を紙やすり[サンドペーパー]でこするような音がする, 耳ざわりな.

sánd pèar *n.*〘植物〙**1** =snow pear. **2** ニホンヤマナシ (*Pyrus pyrifolia*)《日本・中国原産のナシ属の高木; 花を観賞し, またナシの台木に使う; 果実は硬い; 時にホクシヤマナシ (*P. ussuriensis*) も含む》. **3** (それを改良して栽培化した)ニホンナシ《果肉に石細胞があり, ざらざらした舌ざわりがある; 時にチュウゴクナシもさす》.

sánd phlòx *n.*〘植物〙米国中部の砂地に生えるフロックスの一種 (*Phlox bifida*).

sánd·pìle *n.* (子供たちの遊ぶ)砂山.

sánd pìle *n.* 〘建築〙サンドパイル, 砂杭(ぐい)《軟弱な地盤の改良のために打ち込んだ砂柱》.

sánd pìllar *n.* ＝sand column.

sánd·pìpe *n.* 〘鉄道〙(機関車の)砂まき管.

sánd·pìper *n.* 〘鳥類〙海辺に生息するシギ科の数種の鳥類の総称《ムラサキシギ (purple sandpiper), アメリカイソシギ (*Tringa macularia*) など》.

sánd·pìt 〘《15C》〙 *n.* **1** 砂採取場, 砂掘り場, 砂坑. **2** 《英》＝sandbox 1 d.

sánd pùmp *n.* 砂揚げポンプ, サンドポンプ.

San·dra [sǽndrə | sǽn-, sɑ́ːn-] 〘(dim.) ← ALEXANDRA〙 *n.* 女性名.

sánd ràt *n.* 〘動物〙砂地や砂漠に生息するネズミ類の総称《ホリネズミ (gopher), ハダカネズミ属 (*Heterocephalus*) のネズミなど》.

sánd rèed *n.* 〘植物〙＝beach grass.

San·dro [sǽndroʊ | sǽndrəʊ, sɑ́ːn-; *It.* sándro] 〘(dim.) ← It. *Alessandro* 'ALEXANDER'〙 *n.* 男性名.

sánd ròller *n.* 〘魚類〙北米産サケスズキ科の淡水魚の一種 (*Percopsis transmontana*).

S and SC 《略》〘製紙〙sized and supercalendered サイズをかけスーパー仕上げをした.

sánd shàrk *n.* 〘魚類〙浅海にすむミズワニ科ミズワニ属 (*Carcharias*) のサメの総称《sand tiger ともいう》.

sánd sìfter *n.* 〘金属加工〙鋳物砂ふるい機.

sánd·shòe *n.* **1** (砂浜を歩く時に用いる)ズックのゴム底靴. **2** 《英》＝canvas shoe.

sánd skìpper *n.* 〘昆虫〙＝sand hopper.

sánd·spit *n.* ＝spit[1] 3.

sánd spòut *n.* ＝sand column.

sánd-spràyed *adj.* 〘建築〙モルタル吹付け仕上げの.

sánd·stòne *n.* 〘岩石〙砂岩.

sánd·stòrm *n.* (砂漠の)砂あらし.

sánd tàble *n.* **1** サンドテーブル《縁が高くなっていて子供が砂を入れて遊ぶテーブル》. **2** 砂盤《浅い箱に固めた砂を入れ地形・木・川・建物などをこしらえて軍隊の机上演習に用いる盤》. **3** 〘鉱山〙サンドテーブル《比較的粗粒を処理する振動テーブル (shaking table); cf. slime table》.

sánd tìger *n.* 〘魚類〙＝sand shark.

sánd tràp *n.* サンドトラップ: **1** 流水中の砂粒を捕集する装置. **2** 〘ゴルフ〙コース上にハザード (hazard) として設けてある砂地 (cf. bunker).

sánd verbèna *n.* 〘植物〙**1** キバナハイビジョザクラ (*Abronia latifolia*)《米国 California 州原産オシロイバナ科の多年草》. **2** ハイビジョザクラ (*A. umbellata*).

sánd vìne *n.* 〘植物〙ガガイモ科のつる草 (*Ampelamus albidus*).

sánd vìper *n.* 〘動物〙ツノクサリヘビ (⇨ horned viper).

sánd wàsp *n.* 〘昆虫〙砂地に坑道を掘ってすむジガバチ科のハチの総称; (特に)ハナダカバチ《ハナダカバチ属 (*Bembix*) のハチの総称》.

sánd wèdge *n.* 〘ゴルフ〙サンドウェッジ《アイアンクラブの一種で, バンカー (bunker) からボールを打ち出すのに使う; ⇨ golf club 挿絵》.

sand·wich [sǽn(d)wɪtʃ | sǽnwɪdʒ, -wɪtʃ] 〘《1762》← *John Montagu, the Fourth Earl of Sandwich* (1718–92: 食事に中断されずにかけ勝負を続けられるようにこれを考案し或る日一日中こればかり食べたと伝えられる人)〙 ―― *n.* **1** サンドイッチ: ham [egg, caviare, cucumber, etc.] ～*es* / make a ～ on rye bread 黒パンのサンドイッチを作る. **2** サンドイッチ状のもの. *ride* [*sit*] *sandwich* 二人の間にはさまれて乗る[腰をかける]. ―― *vt.* **1** サンドイッチ状にはさむ. **2** 〔二者またはそれ以上のものの間に〕(無理やりに)さし[はさみ]込む, 間にはさむ; …の場所[時間]をあける, 詰めこむ 〔*in, between*〕: be ～*ed in between* the two 両者の間にはさまる[介在する] / He was ～*ed between* two gangsters. 二人のギャングの間にはさまれた / ～ leisure *in between* two jobs 二つの仕事の間に余暇の時間をあける.

Sand·wich [sǽn(d)wɪtʃ | -wɪtʃ, -wɪdʒ] 〘OE *Sandwīc* 《原義》'*wic* (＝? market town) on sandy soil': ⇨ sand, -wick[1]〙 ―― *n.* イングランド Kent 州の東部の港市; 五港 (Cinque Ports) の一つ; 人口 4,500.

sándwich bàr *n.* (通例カウンター式の)サンドイッチ専門のレストラン.

sándwich bèam *n.* 〘建築〙合わせ梁, サンドイッチ梁 (flitch beam).

sándwich bòard *n.* サンドイッチマンが体の前後に1枚ずつ両肩から下げて歩く広告板.

sándwich-bòat *n.* 《英》(Oxford および Cambridge 大学の bumping race で)前後二区間にまたがって走るボート.

sándwich-bònded cómplex *n.* 〘化学〙サンドイッチ錯体《二つの環状炭化水素の作る平面の間に金属原子またはイオンがはさまれてサンドイッチ状構造になっている錯体; sandwich compound ともいう》.

sándwich bòy *n.* 少年のサンドイッチマン(cf. sandwich man 1).

sándwich còmpound *n.* サンドイッチ化合物(⇨ sandwich-bonded complex).

sándwich constrùction *n.* サンドイッチ構造《2枚の表板の間に(多くは蜂巣状の)芯材を挟んで接着した構造; 軽くて剛性が高いので, 飛行機の動翼・各部パネルなどに広く使用されている》.

sándwich còurse *n.* 《英》〘教育〙サンドイッチ課程《工業大学や技術専門学校 (polytechnic) 等における教育制度で, 学習と企業等の生産現場での実習とを半年[3か月, 1年]交代に繰り返す》.

sand·wich·e·ri·a [sæ̀n(d)wɪtʃí(ə)riə | -wɪtʃíərɪə, -wɪdʒ-] 〘← SANDWICH＋(CAFET)ERIA〙 *n.* ＝sandwich bar.

sándwich gìrder *n.* 〘建築〙＝sandwich beam.

Sándwich gláss 〘米国マサチューセッツ州にある製造地名から〙 ―― *n.* サンドイッチガラス器《Boston and Sandwich Glass Company (1825–88) 製の種々のガラス器; 特に押し型ガラス器で有名》.

Sándwich Íslands 〘*The Fourth Earl of Sandwich* (⇨ sandwich) にちなむ〙 *n. pl.* [the ～] サンドイッチ諸島《ハワイ諸島 (Hawaiian Islands) の旧名》.

sándwich màn 〘《1864》〙 *n.* **1** サンドイッチマン《2枚の広告板を体の前後につけてねり歩く人》. **2** サンドイッチを作る[売る]人.

sándwich shòp *n.* ＝luncheonette.

sándwich strùcture *n.* 〘化学〙サンドイッチ構造《平面状の2分子にはさまれた分子構造, 例えば $M(C_5H_5)_2$ のように, シクロペンタジエン (C_5H_5) 2分子に Fe, Co, Ni 等金属原子がはさまれた分子構造》.

sánd·wòrm *n.* **1** 砂の中にすむ多毛環虫類 (polychaete) の動物の総称《ゴカイ (clam worm), タマシキゴカイ (lugworm) など》. **2** スナノミ (chigoe).

sánd·wòrt *n.* 〘植物〙**1** 砂地に生えるナデシコ科ノミノツヅリ属 (*Arenaria*) の雑草の総称. **2** ナデシコ科タチハコベ属 (*Moehringia*) の植物の総称; (特に)オオヤマフスマ, ヒメタガソデソウ (*M. lateriflora*).

sand·y [sǽndi | -dɪ] 〘OE *sandiġ*: ⇨ sand, -y[4]〙 ―― *adj.* (**sand·i·er, -i·est; more ～, most ～**) **1** 砂の, 砂でできている, 砂をまいた, 砂を含んだ, 砂だらけの: ～ soil 砂土 / a ～ floor [path] 砂をまいた床[砂道] / a ～ desert [plain] 砂漠[砂原]. **2** ざらざらした: a ～ taste, feel, etc. **3** 砂色の, 薄茶色の; 砂色の髪の毛をした: ～ hair, beards, etc. **4 a** 砂のような. **b** 落ち着かない, 移動しやすい (shifting). **c** 面白みのない, 無味乾燥な. **5** 《米口語》勇気のある, 気力のある: a ～ man. **6 a** 〈ニス・塗料など〉砂目の. **b** 〈アイスクリームが〉乳糖結晶を含んだ. **7** 《古》(砂時計の砂で計られる)時刻の; 寿命の: one's ～ time. **sánd·i·ness** *n.*

San·dy[1] [sǽndi | -dɪ] 〘1: (dim.) ← ALEXANDER. 2: (dim.) ← ALEXANDRA〙 *n.* **1** 男性名. **2** 女性名.

San·dy[2] [sǽndi | -dɪ] 〘↑: この名がスコットランドに多いことから〙 *n.* スコットランド人 (Scotchman) 《あだ名; cf. Sawney, John Bull》.

sánd yàcht *n.* 砂上ヨット, サンドヨット《帆のあるボート状の乗物; 風を利用して海浜などで走らせる》.

sánd yàchting *n.* 砂上[サンド]ヨットレース.

sánd yàchtsman *n.* 砂上ヨット[サンドヨット]レース選手.

sándy blíght *n.* 《豪》(はやり目やトラコーマなど, 砂が目に入ったように感ずる)伝染性結膜炎.

Sándy Hóok 〘← Du. *sant hoek* sand point〙 *n.* 米国 New Jersey 州東部, New York 湾の南方に突出した半島; 長さ 10 km.

sánd·y·ish [-diɪʃ] *adj.* **1** 砂っぽい. **2** 少しざらざらした. **3** 砂色[薄茶色]がかった.

sane [séɪn] 〘《1628》□ L *sān-us* healthy, sane ← ?〙 ―― *adj.* (**san·er, -est; more ～, most ～**) **1** 正気の, 気の確かな, 気のふれない. **2** (考え方など)健全な, 穏健な; 分別に富む, 論理的な: a ～ policy / a ～ proposal. **3** 《まれ》健康な. ★ 名詞は sanity. **～·ly** *adv.* **～·ness** *n.*

Sàn Fer·nán·do Válley [sæ̀nfənǽndoʊ- | -fənǽndəʊ-] 〘13世紀の Castile の王 Fernando 三世の名をとって命名された布教団 (1797) にちなむ〙 ―― *n.* [the ～] サンファーナンド峡谷《米国 California 州南西部にある峡谷; 一部は Los Angeles に属する; 面積 670 km²》.

San·ford [sǽnfəd | -fəd], **Mount** 〘1885年 Alaska 探険隊長の H. T. Allen が曾祖父 *Reuben Sanford* にちなんで命名〙 ―― *n.* サンフォード山《米国 Alaska 州南東部の山; 4,949 m》.

San·for·ized [sǽnfəràɪzd] 〘← *Sanford L. Cluett* (1874–1968: その考案者である米国人)〙 ―― *n.* 〘商標〙サンフォライズ《洗濯しても縮まないように加工を施した綿や麻などの織物》.

San Fran·cis·co [sæ̀nfrənsískoʊ | -kəʊ] 〘□ Sp. ～ 'St. Francis (of Assisi)'〙 ―― *n.* 米国 California 州中央部 San Francisco 湾に臨む都市で同国西部最大の貿易港; 俗に Frisco と略称する; 人口 665,000.

Sàn Francísco Báy *n.* サンフランシスコ湾《米国 California 州太平洋岸の港湾; cf. Golden Gate》.

Sàn Francísco Cónference *n.* [the ～] サンフランシスコ会議《1945年4月–6月にかけ世界50か国の代表が集まって国連憲章を起草した》.

Sàn Francísco Móuntain *n.* [the ～] サンフランシスコ山《米国 Arizona 州北部の山塊; 最高峰 Humphreys Peak (3,862 m)》.

Sàn Francísco Péaks *n. pl.* [the ～] ＝San Francisco Mountain.

sang 〘OE *sang*〙 v. sing の過去形.

san·ga [sǽŋgə] 〘□ Amharic *sangā*〙 *n.* 〘動物〙アフリカ産のコブウシ.

san·gar [sǽŋgə | -gə(r)] 〘□ Hindi *saṅgar*〙 ―― *n.* **1** (天然の凹地のまわりを丸石などで補強し2, 3人を入れるだけの)小射撃壕[胸墻(きょう)]. **2** 石の橋台の原始的な木の橋.

san·ga·ree [sæ̀ŋgəríː] 〘□ Sp. *sangría* 《原義》a bleeding ← *sangre* blood 《変形》← L *sanguin-, sanguis*: ⇨ sanguine〙 ―― *n.* サンガリー《ぶどう酒や蒸留酒などに砂糖・香料・砕き氷などを入れて冷やして飲む》.

sang de boeuf [sɑ̀ː(n)dəbə́ːf, sɔ̀ː(n)-, sɑ̀ːn-, sɔ̀(ː)n-; *F.* sɑ̃dbœf] 〘□ F ～ 《原義》ox's blood: cf. beef〙 ―― *F. n.* 〘窯業〙牛血紅, 朱色《中国の康熙(こう き)帝 (K'ang Hsi) の時代に最初に用いられたあざやかな牛血色で, 銅赤の一種》.

san·ger [sǽŋə | -gə(r)] *n.* ＝sangar 1.

Sang·er [sǽŋə | sǽŋə(r), sǽŋə(r)], **Frederick** *n.* (1918–) 英国の生化学者, Nobel 化学賞 (1958).

Sanger, Margaret (Higgins) *n.* (1883–1966) 産児制限運動を指導した米国婦人.

sang·froid [sæ̃ŋfrwɑ́ː, sɑ̃ː(ŋ)-, sɔ̃ː(ŋ)-, sɑːŋ-, sɔ(ː)ŋ-, -frwɑ́ːd; *F.* sɑ̃frwa, -frwa] 〘《1750》□ F ～ 《原義》cold blood ← *sang* blood＋*froid* cold〙 *n.* 平気, 冷静, 沈着.

san·gha [sʌ́ŋgə] 〘□ Skt *saṅgha*〙 *n.* **1** 〘仏教〙僧団. **2** ジャイナ教徒団, ジャイナ修道会.

San·grail [sæŋgréɪl, sæŋ-] 〘《?a1400》 *sangrayle* □ OF *saint graal*: ⇨ saint, grail[1]〙 *n.* 聖杯 (Holy Grail).

San·greal [sæŋgréɪl, sæŋ-] *n.* ＝Sangrail.

Sán·gre de Crís·to Móuntains [sǽŋgridəkrístoʊ- | -grɪdəkrístəʊ-; *Sp.* sáŋgredekrísto-] 〘← Sp. *sangre de Cristo* blood of Christ〙 ―― *n. pl.* [the ～] サングレデクリスト山脈《米国 Colorado 州南部から New Mexico 州北部にわたる Rocky 山脈中の一山系; 最高峰 Blanca Peak (4,364 m)》.

san·gri·a [sæŋgríːə, sæn-; *Sp.* saŋgría] 〘□ Sp. *sangría* 'bleeding' ← *sangre* blood〙 *n.* サングリア《赤ぶどう酒を薄め砂糖・香料を加えて冷やして飲む飲料》.

san·gui- [sǽŋgwə | -gwɪ] 〘□ MF ～ □ L ～ ← *sanguis* blood: cf. sanguine〙「血, 血液 (blood)」の意の連結形.

san·guic·o·lous [sæŋgwíkələs] 〘⇨ ↑, -colous〙 *adj.* 〘生物〙血液中に寄生生活をする (hematobic).

san·gui·nar·i·a [sæ̀ŋgwənɛ́(ə)riə | -gwɪnɛ́ərɪə] 〘← NL ～ ← L *sanguināria* an herb that stanches blood ← *sanguinārius*: ⇨ sanguinary〙 ―― *n.* 〘植物〙**1** 北米原産ケシ科サンギナリア属 (*Sanguinaria*) の多年草《ケッコンソウ (*S. canadensis*) など; cf. bloodroot 1》. **2** サンギナリア属の植物の根茎《薬用》.

san·gui·nar·i·ly [sæ̀ŋgwənérəli, ⌐ー⌐ー | sǽŋgwɪnərəlɪ, -rɪ-] *adv.* 血なまぐさく; 残忍に.

san·gui·nar·y [sǽŋgwənèri | -gwɪnərɪ] 〘《a1550》□ L *sanguinārius* ← *sanguin-, sanguis* blood: ⇨ -ary〙 ―― *adj.* **1** 血を流す, 流血の, 血なまぐさい, 血にまみれた (bloody): a ～ battle, struggle, etc. / ～ hands, daggers, etc. **2** 流血を好む, 残忍な, 凶暴な, 殺伐な (bloodthirsty); 〈法律が〉むやみに死刑を課する: a ～ tyrant / of a ～ nature / with ～ thoughts [purpose] 殺伐な考え[目的]をもって. **3** 《英》ひどい; 〈言葉が〉口汚ない. ★ 特に, bloody のような語の代わりに婉曲的に用いる: a ～ fool 大ばか者 / ～ language. **4** 《まれ》血でできている[から成る]: a ～ stream. **sán·gui·nàr·i·ness** *n.*

san·guine [sǽŋgwɪn, -gwən | -gwɪn] 〘《c1390》□ (O)F *sanguin* □ L *sanguineus* ← *sanguin-, sanguis* blood〙 ―― *adj.* **1** 血の色をした, 血紅色の (blood-red). **2** 〈顔色など〉血色のよい (ruddy): a ～ face, lip, etc. **3** (古代生理学で四つの HUMOR のうち)特に血が多い, 多血質の: a man of ～ temperament 多血質の人《血色がよくて快活》. **4** 快活な, 楽観的な (cheerful); 希望に燃える, 自信に満ちた (confident): a ～ person [nature, disposition] 楽天家[ほがらかな気質] / ～ expectations 楽観的期待 / He was ～ *of* [*about*] his success [*that* he would succeed]. 成功するものと信じていた. **5** 《まれ》**a** 血の[から成る]: ～ rain. **b** 血を好む, 残忍な (sanguinary): ～ slaughter. **6** 〘紋章〙暗紅色の (cf. *n.* 4). ―― *n.* **1** 血紅色. **2** (古代生理学での)多血質. **3 a** (酸化鉄で作った)赤チョーク《16–18世紀ごろ好んで素描用に用いられた》. **b** 赤チョーク画. **4** 〘紋章〙暗紅色《無彩色図では bend line (向って左上からの斜線)とその逆の bend sinister line で示す》. ―― *vt.* 《詩・廃》血で汚す, 赤く汚す. **～·ly** *adv.* **～·ness** *n.*

san·guin·e·ous [sæŋgwíniəs, sæŋ- | sæŋgwínɪəs, -njəs] 〘《c1520》□ L *sanguineus*: ⇨ ↑, -ous〙 ―― *adj.* **1** 血の, 血に関する, 血から成る, 血を含む. **2** 血紅色の (blood-red). **3** 流血の, 流血[殺害]を好む, 血なまぐさい. **4** 血が多い, 多血質の, 楽観的な (sanguine): a ～ temperament.

san·guin·o·lent [sæŋgwínələnt, sæŋ-, -nl̩- | sæŋgwínəl-] 〘《c1450》□ L *sanguinolent-us* ← *sanguin-, sanguis* blood: ⇨ -ulent〙 ―― *adj.* **1** 血の. **2** 血に染まった, 血のついた.

San·he·drim [sænhíːdrɪm, sɑːn-, -héd-, sǽn(h)iː-drɪm, -nɪ-, -nə- | sǽnɪdrɪm, -ne-, -nə-, sænhédrɪm] *n.* ＝Sanhedrin.

San·hed·rin [sænhédrɪn, sɑːn-, -héd-, sænhíːdrɪn, -drən | sǽnɪdrɪn, -ne-, -nə-; (ユダヤ人の発音) sænhédrɪn] 〘《1588》□ Mish.Heb. *sanhedhrīn* □ Gk *sunédrion* council, 《原義》sitting together ← *sun-* 'SYN-'＋*hédrā* seat〙 ―― *n.* (古代エルサレムの)サンヘドリン《Gerousia ともいう》: **a** [the ～] 大サンヘドリン《祭司・長老らによって構成された最高議会; Great Sanhedrin ともいう》. **b** 小サンヘドリン《地方の小議会; Lesser Sanhedrin ともいう》.

san·i·cle [sǽnɪkḷ, -nə- | -nɪ-] 〖(?c1450) ▭ OF ～ ▭ ML *sanicula* ← L *sānus* 'healthy, SANE': ⇨ -cle〗 ― *n.* 〘植物〙ウマノミツバ《セリ科ウマノミツバ属 (*Sanicula*) の植物の総称; black snakeroot ともいう》; (特に) *S. marilandica*.

san·i·dine [sǽnədìːn, -dɪn, -dən | -nɪdìːn, -dɪn] 〖▭ G *Sanidin* ← Gk *sanid-*, *sanís* board: ⇨ -ine³〗 ― *n.* 〘鉱物〙サニディン, 玻璃(はり)長石 ($KAlSi_3O_8$)《酸性や中性の火山岩中に産する高温型のカリ長石; rhyacolite ともいう》.

sa·ni·es [séɪniìːz] 〖(1562) ▭ L *saniēs*《原義》diseased blood〗 *n.* (*pl.* ～)〘病理〙希薄腐敗膿《創傷, 潰瘍からの血清・血液・膿を含有する悪臭の分泌物》.

san·i·fy [sǽnɪfàɪ | -nə-] 〖← L *sānus* 'healthy, SANE' ＋-FY〗 *vt.* **1** 衛生的にする, 衛生化する; …に衛生的設備を施す. **2** 健康的にする, 健全化する.

San Il·de·fon·so [sænɪldəfɑ́nsoʊ | -fɔ́nsəʊ; *Sp.* sanìldefónso] *n.* サンイルデフォンソ《スペイン中部, Madrid の北方 Segovia 付近の町; もとスペイン王室の夏の宮殿 La Granja があるため, Spanish Versailles と呼ばれる; 人口 4,200》.

sa·ni·ous [séɪniəs | -nɪ-] 〖▭ L *saniōs-us* ← *saniēs*: ⇨ sanies, -ous〗 *adj.* 〘病理〙希薄腐敗膿(sanies)の(出る).

sanit. 《略》sanitary; sanitation.

sanitaria *n.* sanitarium の複数形.

san·i·tar·i·an [sæ̀nətɛ́(ə)riən | -nɪtɛ́ərɪ-] 〖← SANITARY＋-AN¹〗 *adj.* 公衆衛生(学)の. ― *n.* 公衆衛生学者[技師].

sán·i·tàr·ist [-rɪst, -rəst | -rɪst] *n.* ＝sanitarian.

san·i·tar·i·um [sæ̀nətɛ́(ə)riəm | -nɪtɛ́ərɪ-] 〖← NL ～ ← L *sānitās* (↓): ⇨ -arium〗 *n.* (*pl.* **～s**, **-tar·i·a** [-riə | -rɪə])《米》＝sanatorium 1, 2.

san·i·tar·y [sǽnətèri | -nɪt(ə)rɪ] 〖(1842) ▭ F *sanitaire* ← L *sānitās* health: ⇨ sanity, -ary〗 ― *adj.* **1** (公衆)衛生の, 衛生上の: ～ conditions (下水・便所などの)衛生設備の状態 / ～ regulations 公衆衛生規則 / ～ science 公衆衛生学. **2** 衛生的な, 清潔な: in a ～ condition / a ～ cup (紙製)衛生コップ. **3** (特に, 家庭の下水とともに流される)ごみ処理の[に用いられる]: ～ sewage. ― *n.* 水洗便所. **san·i·tar·i·ly** [sæ̀nətérəli, ―⏤―] | sǽnɪt(ə)rəlɪ, -rɪ-] *adv.* **sán·i·tàr·i·ness** *n.*

sánitary bèlt *n.* 生理帯.

sánitary córdon 〖(なぞり) ← F *cordon sanitaire*〗 *n.* (防疫のための)隔離線, 防疫線, 交通遮断線 (cordon sanitaire).

sánitary engineér *n.* 衛生工学技師.

sánitary engineéring *n.* 衛生工学《上下水道など公衆衛生上の問題を扱う》.

sánitary inspèctor *n.* 《英》(もと)公衆衛生検査官《現在 public health inspector という》.

sánitary lándfill *n.* ＝landfill 1.

sánitary nàpkin *n.* 《米》生理用ナプキン.

sánitary séwer *n.* 〘土木〙汚水管渠《汚水を流す管渠》.

sánitary tòwel *n.* 《英》＝sanitary napkin.

sánitary wáre *n.* [集合的] 衛生陶器《便器, 浴槽, 流し台など》.

san·i·tate [sǽnətèɪt | -nɪ-] 〖(逆成) ↓〗 *vt.* 衛生的にする; …に衛生設備を施す.

san·i·ta·tion [sæ̀nətéɪʃən | -nɪ-] 〖(1848) ← SANIT(ARY)＋-ATION〗 *n.* **1** 公衆衛生. **2** 衛生設備, (特に) 下水設備.

sà·nit·á·tion·ist [-ʃ(ə)nɪst, -nəst | -nɪst] *n.* 公衆衛生専門家 (sanitarian).

sanitátion·màn [-mæ̀n] *n.* (*pl.* **-men** [-mèn])《米》清掃局作業員《家庭廃棄物回収員》.

san·i·tize [sǽnətàɪz | -nɪ-] 〖← SANIT(ARY)＋-IZE: ⇨ sanity〗 ― *vt.* 《米》**1** (消毒・清掃などによって)衛生的にする, 消毒する. **2** (好ましくないものを取り除き)より気に入るようにする: ～ a document. **san·i·ti·za·tion** [sæ̀nət̬ɪzéɪʃən, -t̬ə- | -nɪtaɪ-, -tɪ-] *n.*

sáni·tìz·er *n.* (食物などの)消毒剤.

san·i·ty [sǽnət̬i | -nɪtɪ, -nɪ-] 〖(c1400) *sanite* ▭ L *sānitās* health, sanity ← *sānus* 'SANE': ⇨ -ity〗 ― *n.* **1** 正気, 気の確かなこと, 精神正常; 健康: lose one's ～ 気が狂う. **2** (思想などの)穏健.

San Ja·cin·to [sæ̀ndʒəsínt̬oʊ | -təʊ] 〖▭ Sp. ～ 'St. Hyacinth (13 世紀のドミニコ会修道士)'〗 ― *n.* [the ～] 米国 Texas 州南東部の川; この河口付近で Sam Houston 指揮下の Texas 軍が Santa Anna の Mexico 軍を破った (1836).

Sàn Jacínto Dày *n.* (4 月 21 日の)サンジャシント戦記念日《米国 Texas 州の祝日で, 1836 年対 Mexico 戦勝記念日》.

san·jak [sǽndʒæk, ⏤⏤] 〖▭ Turk. *sancàk*《原義》flag, standard〗 *n.* (オスマン帝国の)州 (vilayet) の下の行政区画; 県.

San Joa·quin [sænwɑːkíːn, -wɔː-] 〖▭ Sp. ～ 'St. Joachim (聖母マリアの父と信じられた人)'〗 ― *n.* [the ～] 米国西部の Sierra Nevada 山脈に発し Sacramento 川に合して San Francisco 湾に注ぐ川 (563 km).

San Jo·se [sæ̀nəzéɪ, -n(h)o(ʊ)- | -n(h)ə(ʊ)-] 〖▭ Sp. *San José* St. Joseph〗 *n.* 米国 California 州中西部の都市, 保養地; 人口 556,000.

San Jo·sé [sæ̀nəzéɪ, -n(h)o(ʊ)- | -n(h)ə(ʊ)-; *Am. Sp.* sànhosé] *n.* サンホセ《中米 Costa Rica の首都; 同国中部にあってコーヒー業の中心地; 人口 226,000》.

Sán Josè scále 〖← *San Jose* (その発見地)〗 ― *n.* 〘昆虫〙サンホセカイガラムシ, ナシマルカイガラムシ (*Aspidiotus perniciosus*)《米国 California 州の San Jose で発見されたバラ科の果樹(ナシ・リンゴ・モモなど)の害虫; 今は広く世界各地に広がっている》.

San Juan [sæn(h)wɑ́ːn; *Am. Sp.* sanhwán] 〖▭ Sp. ～ 'St. John'〗 ― *n.* サンフワン: **1** Puerto Rico の北岸にある同国の首都で海港; 人口 453,000. **2** アルゼンチン西部, Andes 山脈のふもとにある都市; 人口 113,000.

Sàn Juán Híll *n.* サンフワンヒル《キューバ東部, Santiago de Cuba 近くの丘; 米西戦争の戦跡 (1898)》.

Sàn Juán Íslands *n. pl.* [the ～] サンウォン[サンフワン]諸島《米国 Washington 州に属し, その北西部とカナダ Vancouver 島の間にある群島》.

Sàn Juán Móuntains *n. pl.* [the ～] サンウォン[サンフワン]山脈《米国 Colorado 州南西部から New Mexico 州北部にわたる Rocky 山脈中の連山; 最高峰 Uncompahgre Peak [ʌ̀nkəmpɑ́ːgri- | -grɪ-] (4,361 m)》.

sank 〖OE *sonc*〗 *v.* sink の過去形.

San·ka·ra [sɑ́ŋkərə] *n.* ＝Shankara.

San·khya [sɑ́ːŋkjə] 〖▭ Skt *sāṁkhya*《原義》based on calculation ← *saṁkhyā* calculation, number ← *saṁkhyāti* he counts up〗 ― *n.* 〘インド哲学〙数論(すろん)派, サーンキヤ学派《インド六派哲学の一つ; 精神 (purusha) と物質 (prakriti) の二元性を説く》.

San Le·an·dro [sænliǽndroʊ | -lɪǽndəʊ] 〖▭ Sp. ～ 'St. Leander (Seville の大司教)'〗 *n.* 米国 California 州西部 Oakland の郊外の都市; 人口 69,000.

San Luis Po·to·sí [sɑ̀ːnluíːspò(ʊ)təsíː | -luíːspəʊtə(ʊ)-; *Sp.* sanlwíspòtosí] *n.* サン ルイス ポトシ: **1** メキシコ中部の州; 人口 1,282,000, 面積 62,848 km². **2** 同州の首都; 人口 293,000.

San Mar·co [sænmɑ́əkoʊ | -mɑ́ːkəʊ; *It.* sanmárko] *n.* サンマルコ(島)《Venice の二大島の一つ; 英語名 Saint Mark; cf. Rialto》.

San Ma·ri·no [sæ̀nmərí:noʊ | -nəʊ; *It.* sànmaríːno] ― *n.* サンマリノ: **1** イタリア半島東部, Rimini の南西にある世界最小の共和国; ヨーロッパ最古の独立国; 人口 21,000, 面積 62 km²; 公式名 the Republic of San Marino サンマリノ共和国. **2** 同国の首都; 人口 4,600.

San Mar·tín [sæ̀nmɑətíːn | -mɑː-; *Am. Sp.* sànmartín], **José de** *n.* サン マルティン《1778–1850; アルゼンチン生まれの愛国者で将軍・政治家; チリおよびペルーをスペインから独立させた》.

San Ma·te·o [sæ̀nmətéɪoʊ | -téɪəʊ] 〖▭ Sp. ～ 'St. Matthew'〗 *n.* 米国 California 州西部, San Francisco 郊外の都市; 人口 79,000.

San Mi·guel [sæ̀nmɪgél; *Sp.* sànmigél], **the Gulf of** *n.* サンミゲル湾《Panama 湾の入江》.

sánn hémp [sǽn-, sɑ́ːn-] 〖▭ Hindi *san* 'SUNN'〗 *n.* ＝sunn.

san·nup [sǽnʌp, -nəp] 〖▭ N-Am.-Ind. (Algonquian) *senanbe*〗 *n.* アメリカインディアンの既婚の男 (cf. squaw 1).

sann·ya·si [sʌnjɑ́ːsi | -sɪ] 〖▭ Hindi *sannyāsī* ← Skt *saṁnyāsin* abandoning〗 ― *n.* (*also* **sann·ya·sin** [sʌnjɑ́ːsn̩ | -sɪn], **sanyasi**)〘ヒンズー教〙遊行期《アーシュラマ (ashrama) の第四期; 林住期を終えて各地を遍歴する時期》; 遊行托鉢(たくはつ)僧.

San Pá·blo Báy [sænpǽbloʊ- | -bləʊ-] 〖← Sp. *San Pablo* St. Paul〗 *n.* サンパブロ湾《米国 California 州西部, San Francisco 湾の北部の入江》.

San Re·mo [sɑːnréɪmoʊ, sænrí:- | sænréɪməʊ, -ríː-; *It.* sanréːmo] *n.* サン レモ《イタリア北西部, Riviera 海岸に臨む港市, 保養地; 人口 63,000》.

sans¹ [英語の語句では sǽ(ː)nz, sɑ́ːnz | sǽnz; フランス語の語句では sɑ̃ː(ŋ), sɔ̃ː(ŋ), sɑːŋ, sɔ(ː)ŋ; *F.* sɑ̃] 〖(?a1300) *saun(z)*, *sa(u)n* ▭ OF *san(z)*, *sen(s)* (F *sans*) < VL **sene* ＝L *sine*: OF 形は一部に L *absentia* ((abl.): ⇨ absence) の影響を受けた〗 ― *prep.*《古・戯言》…なしに, …がなくて (without). ★ 今は次の句に関連して用いる以外は主にフランス語の成句に用いる: ～ teeth, ～ eyes, ～ taste, ～ everything (老いぼれて)歯なし目なし味もなければ何もなし (Shak., *As Y L* 2. 7. 166) / ⇨ sans cérémonie, sans doute, sans façon, sans souci.

sans² [sǽ(ː)nz] *n.* 〘活字〙＝sans serif.

Sans. 《略》Sanskrit.

San Sal·va·dor [sænsǽlvədɔ̀ə | -dɔ̀ː(r; *Sp.* sansalbaðór] *n.* サン サルバドル: **1** Bahama 諸島東部の一島; 1492 年 Columbus が最初に発見した島; 人口 1,000, 面積 155 km²; 旧名 Watling Island. **2** 中米 El Salvador の首都; 人口 336,000.

sans cé·ré·mo·nie [sɑ̃ː(n)-sèrəmɔ(ː)níː, sɔ̃ː(n)-, sɑːn-, sɔ(ː)n-; *F.* sɑ̃seremɔni] 〖▭ F ～ 'without ceremony': ⇨ sans¹〗 ― *F. adv.* 四角張らずに, くつろいで, 無礼講で, 略式に, 遠慮なく, ぶしつけに.

San·scrit [sǽnskrɪt] *n., adj.* ＝Sanskrit.

sans·cu·lotte [sænsk(j)ʊlɑ́t, sænz- | sænzkjʊlɔ́t; *F.* sɑ̃kylɔt] 〖(1790) ▭ F *sans-culotte*: ⇨ sans¹, culotte〗 ― *n.* (*pl.* **～s** [～s]; *F.* ～]) **1** (フランス革命時代の)サンキュロット《上流階級の使用したキュロット(短いズボン)を排して pantaloons を用いたフランス革命当時のパリの民衆層; その独自の行動により革命を激化させる; もと貴族が軽蔑して用いた言葉だったが, 革命家が用いるようになった; cf. Jacobin 1》. **2** 過激な共和主義者, 急進革命家 (cf. Bolshevik). **3** 教養・上品さを欠いた下層階級の人.

sans·cu·lot·tic [sænsk(j)ʊlɑ́t̬ɪk, sænz- | sænzkjʊlɔ́t-] *adj.* 革命的な, 過激派の (radical).

sans·cu·lot·tide [sænsk(j)ʊlɑ́tɪd, sænz- | sænzkjʊlɔ̀t-; *F.* sɑ̃kylɔtid] 〖⇨ -ide〗 ― *n.* (*pl.* **～s** [～(z); *F.* ～]) **1** サンキュロットの日《フランス革命暦の 12 月 (Fructidor) につけ加えた 5 日 (閏年は 6 日) 中の一日; 各日はそれぞれ徳 (Virtues)・天才 (Genius)・勤労 (Labor)・世論 (Opinion)・報償 (Rewards) を象徴した; ⇨ Revolutionary Calendar》. **2** [*pl.*] その期間中に行なわれる祝祭.

sàns·cu·lótt·ism [-tɪzm̩] 〖▭ F *sans-culottisme*〗 *n.* 過激共和主義; 過激主義, 暴民政治.

sàns·cu·lótt·ist [-t̬ɪst, -t̬əst | -tɪst] *n.* 過激(共和)主義者.

sans doute [sɑ̃ː(n)dúːt, sɔ̃ː(n)-, sɑːn-, sɔ(ː)n-; *F.* sɑ̃dut] 〖▭ F ～: ⇨ sans, doubt〗 *F. adv.* 疑いもなく (without doubt); 必ず.

San Se·bas·tián [sænsɪbǽstʃən, -sə- | -sɪbǽstjən; *Sp.* sansebastján] *n.* サン セバスティアン《スペイン北部 Basque 地方の港市; 保養地; 人口 178,000》.

San·sei, s- [sɑːnséɪ] 〖▭ Jap.〗 *n.* (*pl.* ～, **～s**)《米》三世《米国に移住・帰化した日系移民の孫; cf. Issei》.

san·ser·if [sænsérɪf, -rəf | -rɪf] 〖(1830) ← SANS¹＋SERIF〗 *n.* 〘活字〙＝sans serif.

san·se·vie·ri·a [sæ̀nsəví(ə)riə | -sɪvɪə́rɪə, -víər-] 〖← NL ～ ← *Raimondo di Sangro, Prince of San Severo* (Italy) (1710–74): ⇨ -ia¹〗 ― *n.* (*also* **san·se·vie·ra** [-rə]) 〘植物〙アフリカ原産のユリ科チトセラン属 (*Sansevieria*) の植物の総称; (特に)フクリンチトセラン《葉は剣状・斑入りで美しいので観賞用に栽培される; 強い繊維は弓の弦を作るのに用いるため bowstring hemp ともいう》.

sans fa·çon [sɑ̃ː(ŋ)-fɑːsɔ̃ː(ŋ), sɔ̃ː(ŋ)-, sɑ̀ːŋ-fɑsɔ̃ː(ŋ), sɔ̃(ː)ŋ-; *F.* sɑ̃fasɔ̃] 〖▭ F ～ 'without FASHION, manner, or ceremony': ⇨ sans¹〗 ― *F. adv.* 遠慮なく, 腹蔵なく (outspokenly).

sans-gêne [sɑ̃ː(n)-ʒén, sɔ̃ː(n)-, sɑːn-, sɔ(ː)n-; *F.* sɑ̃ʒɛn] 〖▭ F ～ 'without constraint': ⇨ sans¹〗 *F. n.* 窮屈でないこと, くつろぎ, 無遠慮.

Sansk. 《略》Sanskrit.

San·skrit [sǽnskrɪt] 〖(1617) ▭ Skt *saṁskṛta*《原義》refined, cultivated ← *sam* together＋*karoti* he makes, does ⇨ same, karma: PRAKRIT (「俗語」) に対して「雅語」の意〗 ― *n.* サンスクリット, 梵(ぼん)語 (略 Skt, Skr.) (cf. Prakrit). ― *adj.* **1** サンスクリットの, 梵(ぼん)語の, 梵文の. **2** 古代インド文化の[から出た].

San·skrit·ic [sænskrítɪk | -tɪk] 〘言語〙 *adj.* サンスクリットの, 梵(ぼん)語の. ― *n.* **1** ＝Indic.

San·skrit·ist [sǽnskrɪt̬ɪst, -t̬əst | -tɪst] *n.* サンスクリット学者, 梵語学者.

San·som [sǽnsəm] 〖(変形) ← SAMSON〗 *n.* 男性名.

sans pa·reil [sɑ̃ː(m)-pəréɪ, sɔ̃ː(m)-, sɑ̀ːm-, sɔ̃(ː)m-; *F.* sɑ̃parɛj] 〖▭ F ～ 'without parallel': ⇨ sans¹〗 *F. adj.* 無比の, 無類の (without equal).

sans peine [sɑ̃ː(m)-péɪn, sɔ̃ː(m)-, sɑːm-, sɔ(ː)m-; *F.* sɑ̃pɛn] 〖▭ F ～: ⇨ sans¹, pain〗 *F. adv.* 容易に, わけなく (without trouble).

sans phrase [sɑ̃ː(ŋ)-frɑ́ːz, sɔ̃ː(ŋ)-, sɑːŋ-, sɔ(ː)ŋ-; *F.* sɑ̃frɑːz] 〖▭ F ～: ⇨ sans¹, phrase〗 *F. adv.* 率直に (plainly); かれこれ言わずに.

sans-ser·if [sænzsérɪf, -rəf | -rɪf] *adj.* 〘活字〙サンセリフ(体)の.

sans ser·if [sænzsérɪf, -rəf | -rɪf] 〖← SANS¹＋SERIF〗 *n.* 〘活字〙サンセリフ(体)《セリフ (serifs) のない活字書体; Doric, gothic, grotesque ともいう; 例: ABC》.

sans sou·ci [sɑ̃ː(n)suːsíː, sɔ̃ː(n)-, sɑ̀ːn-, sɔ̃(ː)n-; *F.* sɑ̃susi] 〖▭ F ～ 'without care': ⇨ sans¹〗 *F. n., adj.* 気楽(な), 無頓着(な), のんき(な).

Sans Sou·ci [sɑ̃ː(n)suːsíː, sɔ̃ː(n)-, sɑ̀ːn-, sɔ̃(ː)n-; *F.* sɑ̃susi] 〖↑〗 *n.* サン スーシ宮殿, 無憂宮《Frederick 大王が建てた (1745–47) プロイセンの Potsdam にある宮殿》.

San Ste·fa·no [sænstéfənòʊ | -nəʊ; *It.* sanstéːfano, -stéː-] *n.* サン ステファノ《トルコ西部の Istanbul 近くにある村; 露土戦争の講和条約締結地 (1878)》.

San·ta¹ [sǽnt̬ə | -tə] *n.* 《口語》＝Santa Claus.

San·ta² [sǽnt̬ə | -tə; *Sp., It.* sánta] 〖▭ Sp. & It. ～ (fem.) ← *santo* < L *sanctum* 'SAINT': ⇨ santo〗 *Sp., It. adj.* [名前に冠して用いて] 聖… (Holy, Saint).

San·ta An·a [sæ̀nt̬ə-ǽnə | -tə-; *Sp.* santaána] 〖▭ Sp. ～ 'St. Anne'〗 ― *n.* サンタ アナ: **1** 米国 California 州西部の都市. **2** El Salvador 北西部の都市; 人口 178,000. **3** 〘気象〙米国 California 州南部から Los Angeles にかけて吹く北東または東の強風.

San·ta An·na [sæ̀nt̬ə-ǽnə, sɑ̀ːnt̬ə-ɑ́ːnə | -tə-; *Am. Sp.* sántaána] (*also* **Santa Ana** [～]), **Antonio Ló·pez** [lópes] **de** *n.* サンタ アナ《1795?–1876; Mexico の将軍・政治家; 大統領 (1833–35, '41–42, '44, '47, '53–55); Alamo のとりでを陥落させた (1836)》.

Sàn·ta Bár·ba·ra Íslands [sæ̀nt̬əbɑ́ːb(ə)rə- | -təbɑ́ː-] 〖← Sp. *Santa Barbara* St. Barbara〗 ― *n. pl.* [the ～] サンタバーバラ諸島《米国 California 州南西海岸沖の群島》.

San·ta Cat·a·li·na [sæ̀nt̬əkæ̀t̬əlíːnə, -t̬ḷ- | -təkætəl-, -tḷ-] 〖▭ Sp. ～ 'St. Catharine'〗 ― *n.* 米国 California 州南西海岸 Santa Barbara 諸島中の島; 保養地; 面積 181 km²; Catalina Island ともいう.

San·ta Cla·ra [sæ̀nt̬əklǽrə, -tɪ-, -klɛ́(ə)rə | -təklɛ́ərə; *Sp.* sántaklára] 〖▭ Sp. ～ 'St. Clare (of Assisi)'〗 ― *n.* **1** サンタ クララ《キューバ中部の都市; 人口

147,000). **2** 米国 California 州, San Jose 付近の都市; 人口 88,000.

San·ta Claus [sǽntɪklɔ̀ːz, -tə- | sæ̀ntəklɔ́ːz, ―⌐―´] 〚(1828) ◻ Du. 《方言》 *Sinterklaas, Sante Klaas* < MDu. *Sinterclaes* 《変形》 ← *Sint Nicolaes* 'St. NICHOLAS'〛 ── *n.* サンタ クロース《4 世紀ごろ小アジア Lycia の Myra の bishop で, 子供の守護聖人聖ニコラウスのオランダ語の訛(なま)り; 伝説によると 3 人の貧しい娘の家に金の入った財布を投げ入れたという; 祝日は 12 月 6 日だが, クリスマスと結びつき, アメリカより世界中にサンタクロース伝説が広まり, クリスマス前夜の贈答の習慣が生れた; cf. Father Christmas, Saint NICHOLAS》.

San·ta Cruz [sæ̀ntəkrúːz | -tə- ; *Sp.* sántakrúθ] 〚◻ Sp. ～ 《原義》 holy cross〛 *n.* **1** 米国 California 州西部, Monterey 湾岸の都市, 観光地; 人口 37,000. **2** = St. Croix 1.

Santa Crúz de Ten·er·ífe [-də-tènərí:fi, -ríf, -rí:f | -rí:f ; *Sp.* -detènerífe] *n.* サンタ クルス デ テネリフェ《Canary 諸島中の Tenerife 島にある港市; 人口 158,000》.

Sánta Crúz wáter lìly *n.* 〚植物〛 パラグアイオニバス (*Victoria cruziana*) 《アルゼンチンまたはパラグアイ原産のスイレン科の植物; 巨大な葉を水面に浮かべる; water platter ともいう》.

San·ta Fe [sæ̀ntəféɪ | -tə-] 〚◻ Sp. ～ 《原義》 holy faith〛 *n.* 米国 New Mexico 州の首都; 同州の北部にあり, 1605 年スペイン人が建設した; 人口 43,000.

San·ta Fé [sæ̀ntəféɪ | -tə- ; *Sp.* sàntafé] *n.* サンタ フェ《アルゼンチン東部の都市; 人口 245,000》.

Sànta Fé Tráil *n.* [the ～] サンタフェ街道《米国 Missouri 州の Independence と New Mexico 州の Santa Fe とを結ぶ 1821–80 年ごろの重要交易路》.

San·ta Ger·tru·dis [sæ̀ntəgətrúːdɪs, -dəs | -təgəːtrúːdɪs] 〚米国 Texas 州の King 牧場の一区画の名称から〛 ── *n.* サンタガートルーディス《米国でショートホーン種にインド牛を交配して作られた熱帯地方に適する肉用品種の牛》.

San·ta Is·a·bel [sæ̀ntəízəbèl | -tə- ; *Sp.* sántaìsabél] *n.* サンタイサベル《Equatorial Guinea の Fernando Po 島にある海港で同国の首都; 人口 20,000》.

San·ta Klaus [sǽntɪklɔ̀ːz, -tə- | sæ̀ntəklɔ́ːz, ―⌐―´] *n.* = Santa Claus.

san·tal [sǽntl | -tl] 〚◻ F ～ ◻ ML *santalum* : ⇨ sandal²〛 ── *n.* 〚化学〛 紫檀(したん), サンタル ($C_{16}H_{12}O_6$) 《シタン (red sandalwood) や アフリカビャクダン (camwood) の心材からとれる生薬; 練歯みがきやチンキ類の着色用に供する》.

San·ta·la·ce·ae [sæ̀ntəléɪsiìː | -tə-] 〚← NL ～ ← *Santalum* (属名: ↑) + -ACEAE〛 *n. pl.* 〚植物〛 (双子葉植物)ビャクダン科. **sàn·ta·lá·ceous** [-ʃəs] *adj.*

San·ta·la·les [sæ̀ntəléɪliːz | -tə-] 〚← NL ～ ← *Santalum* (↑) + -ALES〛 *n. pl.* 〚植物〛 (双子葉植物)ビャクダン目.

san·tal·ic [sæntǽlɪk] *adj.* 〚化学〛 紫檀(したん)の: ～ acid サンタル酸 ($C_{15}H_{22}O_2$) (*α, β, γ* の 3 種の異性体があり, *β* 体, *γ* 体はビャクダン油中に含まれる).

san·ta·lin [sǽntəlɪn, -lən, -tl- | -təlɪn] 〚⇨ santal, -in²〛 *n.* 〚化学〛 サンタリン ($C_{30}H_{24}O_9$) 《シタン (red sandalwood) などに含まれる》.

Sàn·ta Lu·cí·a fír [sæ̀ntəluːsíːə- | -tə-] 〚← *Santa Lucia* (California 南西部の山脈)〛 ── *n.* 〚植物〛 サンタ ルシアモミ (*Abies venusta*) 《米国 California 州, Santa Lucia 山脈特産のモミの一種》.

San·ta Ma·ri·a [sæ̀ntəmərí:ə | -tə- ; *Sp.* sántamaría] 〚Sp. ～ 'St. Mary'〛 ── *n.* **1** [the ～] サンタマリア号《Columbus がアメリカ発見 (1492) の航海に用いた 3 隻の帆船の旗艦 (⇨ caravel 挿絵); 他の 2 隻は Niña と Pinta》. **2** 〚植物〛 メキシコ・中央アメリカ産のハシラサボテンの一種 (*Heliocereus speciosus*).

Sànta María trèe *n.* 〚植物〛 = calaba tree.

San·ta Mon·i·ca [sæ̀ntəmánɪkə, -nə- | -təmɔ́nɪ-] 〚◻ Sp. ～ 'St. Monica (Numidia の St. Augustine の母)'〛 *n.* 米国 California 州, Los Angeles 近郊の都市; Santa Monica Bay に臨む観光地; 人口 89,000.

San·tan·der [sɑ̀ːntɑːndéə, sæntæn- | sæ̀ntændéə(r), -tæn-, sæntǽndə(r ; *Sp.* sàntandér] *n.* サンタンデル《スペイン北部の港市; ⇨ Altamira; 人口 162,000》.

San·ta Ro·sa de Co·pán [sæ̀ntəróuzə-də-koupáːn | -tərə́uzə-də-kəu- ; *Sp.* sàntarósadekopán] *n.* サンタ ロサ デ コパン《中米 Honduras 北西部の町; Maya 文明の遺跡 Copán がある; 人口 18,000》.

Sànta Sophía *n.* = St. Sophia.

San·ta·ya·na [sæ̀ntəjáːnə, sæ̀ntiáː-, sɑ̀ːn- | sæ̀ntəjáː- ; *Sp.* sàntajána], **George** *n.* (1863–1952) スペイン生れの米国の詩人・評論家・哲学者; *The Life of Reason* (1905–06), *The Last Puritan* (小説) (1936).

San·tee [sæntíː, ―´] 〚← ? N-Am.-Ind.: 部族名から〛 *n.* [the ～] 米国 South Carolina 州の中部から南部に流れて大西洋に注ぐ川 (230 km).

San·ti·a·go [sæ̀ntiáːgou, sɑ̀ːn- | -tiáːgəu ; *Sp.* santjágo] *n.* サンティアゴ《チリの首都; 人口 3,362,000》.

Santíago de Com·po·sté·la [-də-kɑ̀mpəstélə | -kɔ̀m- ; *Sp.* -dekòmpostéla] *n.* サンティアゴ デ コンポステラ《スペイン北西部の都市; St. James the Greater の埋葬地の跡に建てられたという有名な大聖堂があり巡礼地; 人口 71,000》.

Santíago de Cú·ba [-də-kjúːbə ; *Sp.* -dekúba] *n.* サンティアゴ デ クーバ《Cuba 島南東部の港市; 人口 316,000》.

san·tims [sáːntɪmz, -təmz | -tɪmz] 〚◻ Latvian ～ ◻ F *centime* 'CENTIME'〛 ── *n.* (*pl.* **-ti·mi** [-təmi | -tɪmɪ]) サンティムズ《Latvia の旧通貨単位 (1922–40); = $^1/_{100}$ lat》; 1 サンティムズ青銅貨.

san·tir [sæntíə | -tíə(r)] 〚◻ Arab. *sanṭīr* ◻ Gk *psaltḗrion* stringed instrument: ⇨ psalter〛 ── *n.* サンティール《二本の曲がった撥(ばち)で奏するペルシャのチター属の撥弦楽器》.

san·to [sáːntou | -təu ; *Sp.* sánto] 〚◻ Sp. ～ < LL *sanctum* 'SAINT'〛 *n.* (*pl.* ～**s**) **1** 聖人, 聖者 (saint). **2** 聖人の肖像.

San·to An·dré [sɑ̀ːntuændréɪ | -tu- ; *Braz.* sẽtuẽdré] *n.* サント アンドレ《ブラジル東部 São Paulo の近くの都市; 人口 516,000》.

San·to Do·min·go [sæ̀ntədəmíŋgou | -tədəmíŋgəu ; *Sp.* sántodomíŋgo] *n.* サント ドミンゴ: **1** ドミニカ共和国 (Dominican Republic) 南部の海港で同国の首都; ヨーロッパ人が初めてアメリカに植民した (1496) 地で, 1936–61 年間は Ciudad Trujillo といった; 人口 817,000. **2** Dominican Republic の旧名.

san·to·li·na [sæ̀ntəlíːnə, -tl- | -təl-] 〚← NL ～ ← L *santonica*: ⇨ santonica〛 *n.* 〚植物〛 ワタスギギク《地中海沿岸原産キク科ワタスギギク属 (*Santolina*) の低木の総称; ワタスギギク (*S. chamaecyparissus*) など》.

san·ton [sǽntn, -tən | -tn, -tən ; *Sp.* santón] 〚(1599) ◻ F ～ ◻ Sp. *santón* (aug.) ← *santo*: ⇨ santo〛 ── *n.* **1** イスラム教の聖者, 聖者と尊敬されるイスラム修道僧. **2** 隠者 (hermit).

san·ton·i·ca [sæntánɪkə, -nə- | -tɔ́nɪ-] 〚← NL ～ ← L (*herba*) *santonica* ? wormwood (fem.) ← *santonicus* 'of the *Santoni* (古代 Gaul 部族名)'〛 ── *n.* 〚植物〛 セメンシナ (*Artemisia pauciflora*) 《キク科のヨモギの類の植物; 頭花を乾かして santonion の原料とする》.

san·to·nin [sǽntənɪn, -nən, -tn-, sæntánən | sǽntənɪn] 〚⇨ ↑, -in¹〛 *n.* 〚化学〛 サントニン ($C_{15}H_{18}O_3$) 《santonica の主成分で駆虫剤》.

San·tos [sǽntəs | -təs ; *Braz.* sẽtus] *n.* サントス《ブラジル南部の港市; 世界最大のコーヒー輸出港; 人口 396,000》.

Santos-Dumont [sǽntəsd(j)umɑ́nt | -təsdjuːmɔ́nt ; *Braz.* sẽtuzdumõ], **Alberto** *n.* サントスデュモン (1873–1932; フランスに在住したブラジル人航空機発明家).

san·tour [sæntúə | -túə(r)] *n.* = santir.

Sa·nu·si [sənúːsi | -sɪ] 〚← *Muhammad ibn Ali as-Sanūsī* (1787?–1859: この一派を創めたアルジェリアのイスラム教徒)〛 ── *n.* (*pl.* ～, ～**s**) 〚イスラム教〛 サヌーシーヤ教徒, セヌッシー教団員《19 世紀ごろ北アフリカで狂信的・好戦的なイスラム教運動を起こした教徒》.

san·ya·si [sʌnjáːsi | -sɪ] *n.* 〚ヒンズー教〛 = sannyasi.

São Fran·cis·co [sɑ̃ũ(m)frənsískou, sàum- | -kəu ; *Braz.* sɐ̃ũfrɐ̃sísku] *n.* [the ～] サン フランシスコ(川)《ブラジルの東部を流れて大西洋に注ぐ川 (3,200 km)》.

São Luís do Ma·ra·nhão [sɑ̃ũ(n)luːíːsdoumæ̀rənjɑ̃ũ(ŋ), sàunluːíːsdoumæ̀rənjáuŋ | -dəu- ; *Braz.* sɐ̃ũluízdumàrɐɲɐ̃ũ] *n.* サン ルイス(ド マラニャン)《ブラジル北東海岸の島にある港市; 人口 331,000; São Luís ともいう》.

São Mi·guel [sɑ̃ũ(m)miːgél, sàum- ; *Port.* sɐ̃ũmigél] *n.* サンミゲル(島)《大西洋東部, アフリカの北東にある Azores 諸島の最大島; 人口 150,000, 面積 746 km²》.

Saône [sóun | sə́un ; *F.* so:n] *n.* [the ～] ソーヌ(川)《フランス北東部から南流して Lyons で Rhone 川に合流する川 (480 km)》.

Saône-et-Loire [sóuneɪlwáə | sə́uneɪlwáː(r ; *F.* so:nelwa:r] *n.* ソーヌエロワール(県)《フランス東部の県; 人口 570,000, 面積 8,614 km², 首都 Mâcon [mɑkɔ̃]》.

São Pau·lo [sɑ̃ũ(m)páuluː, sàu(m)- ; *Braz.* sɐ̃ũpáulu] *n.* **1** サンパウロ《ブラジル南部の都市; 南米の工業の中心地; 人口 7,199,000》. **2** サンパウロ(州)《ブラジル南東部の州; 人口 20,637,000, 面積 247,898 km²》.

São Paulo de Loanda *n.* サン パウロ デ ルアンダ《Luanda の旧名》.

Saor·stat Éir·eann [sέəstɑːt-έ(ə)rən | sέəstɑːt-έər-] 〚◻ Ir.-Gael. ～ 'Irish Free State'〛 *n.* Ireland のゲール語名.

São Sal·va·dor [sɑ̃ũ(n)sǽlvədɔə, saun- | -dɔː(r ; *Braz.* sɐ̃ũsàlvadór] *n.* サン サルバドル《Salvador の旧名》.

São To·mé [sɑ̃ũ(n)təméɪ, sàun- | -tə- ; *Braz.* sɐ̃ũtumé] *n.* (*also* **São Thomé** [～]) **1** サン トメ島 (⇨ São Tomé and Principe). **2** サントメ《São Tomé and Principe の首都》.

São Tomé and Principe *n.* サントメプリンシペ《アフリカ西海岸, Guinea 湾内の二つの島 São Tomé 島 (面積 140 km²) と Principe 島 (面積 824 km²) とからなる共和国, 両島とももとポルトガル領で 1975 年独立; 人口 548,000, 首都 São Tomé; 公式名 the Democratic Republic of São Tomé and Principe サントメプリンシペ民主共和国》.

sap¹ [sǽp] 〚OE *sæp* < Gmc **sap(p)am* (Du. *sap* / G *Saft*) ← IE **sap-* juice, fluid (L *sapa* new wine boiled thick)〛 ── *n.* **1** (植物の)液汁, 樹液. **2 a** (生命・健康に必須な)体液《血液・リンパ液など》. **b** 活力, 元気, 生気: the ～ of life 活力, 元気, 精力 / the ～ of youth 血気. **3 a** 辺材 (sapwood). **b** [*pl.*] 辺材を多く含んだ材木. **4** 〚← SAPHEAD¹〛 〚口語〛 間抜け, ばか (fool). **5** 〚冶金〛 柔らかい中心部《滲炭鋼で滲炭されない柔らかい中心部》. ── *vt.* (**sapped**; **sap·ping**) 〈木〉の樹液をしぼり取る; 〈樹の辺材を〉除く.

sap² [sǽp] 〚(1591) ◻ F *sape* (n.), *sap-er* (v.) // It. *zappa* (n.), *zapp-are* ◻ LL *sappa* spade ← ?〛 ── *n.* **1** 〚軍事〛 対壕(ごう)《敵の陣地に迫るために掘るジグザグ形の塹壕》. **2** ひそかに破壊するもの, 徐々に食い入るもの. ── *v.* (**sapped**; **sap·ping**) ── *vi.* 〚軍事〛 対壕を掘る[掘って進む]. ── *vt.* **1** 〚軍事〛 〈地面〉に対壕を掘る; 対壕によって〈敵陣など〉に迫る. **2** …の下を掘ってこわす[転覆させる]: ～ a wall. **3** 〈勢力・決意・信念などを〉徐々に破壊する; 〈人〉の気力を奪う, 衰えさせる, 弱らせる: ～ one's energy, self-confidence, etc. / He had been ～*ped* by his son's death. 息子が死んで気抜けしてしまっていた / Modern science has ～*ped* much of old superstition. 近代科学は古い迷信をかなり打破した.

sap³ [sǽp] 〚(1798) ◻ ? F *sap-er* // It. *zapp-are* (↑): または SAP² の転用?〛 《英学生俗》 ── *vi.* (**sapped**; **sap·ping**) がり勉する, 精を出す: ～ at one's lessons 勉強に精を出す. ── *n.* **1** がり勉学生 (bookworm). **2** 苦しい[面倒な]仕事, 退屈な勉強: It is such a ～. 実に骨が折れる仕事だ.

sap⁴ [sǽp] 〚(略) ← SAPLING〛 《米俗》 *n.* 短い棍棒, 警棒 (blackjack). ── *vt.* (**sapped**; **sap·ping**) 棍棒[警棒]で〈人〉の頭をなぐる, なぐり倒す.

s. ap. 《略》 〚薬学〛 (apothecaries') scruple.

sap·a·jou [sǽpədʒùː, sæ̀pəʒúː ; *F.* sapaʒu] 〚(1698) ◻ F ～ ← S-Am.-Ind. (Tupi)〛 *n.* 〚動物〛 **1** = capuchin 3. **2** = spider monkey.

sap·an·wood [səpǽnwùd, sǽpæn-] *n.* = sappanwood.

sa·pe·le [səpíːli | -lɪ] *n.* = sapele mahogany.

sapéle mahógany 〚← WAfr. 《土語》 *sapele*〛 ── *n.* **1** 〚植物〛 サペリ《マホガニーに似たセンダン科 *Entandrophragma* 属のアフリカ産の樹木; (特に) *E. candollei*》. **2** サペリ材《家具材》.

sap·ful [sǽpfəl] *adj.* 液汁[樹液]の多い (sappy).

sáp-gréen *adj.* 暗緑色の.

sáp gréen *n.* **1** 緑色顔料《クロウメモドキ (rhamnus) の実から採る暗緑色絵の具》. **2** 暗緑色.

sáp·hèad¹ 〚← SAP¹〛 *n.* 〚口語〛 のろま, ばか (simpleton).

sáp·hèad² 〚← SAP² (n.) 3〛 *n.* 〚軍事〛 対壕(ごう)頭《掘り進む対壕の前端》.

sáp·hèad·ed *adj.* 〚口語〛 のろまの, ばかな (silly).

sa·phe·na [səfíːnə] 〚(*a*1398) ◻ ML ～ ◻ Arab. *ṣāfin*〛 *n.* 〚解剖〛 = saphenous vein.

sa·phe·nous [səfíːnəs, sǽfənəs] 〚⇨ ↑, -ous〛 *adj.* 〚解剖〛 伏在(静脈)の[に関する].

saphénous véin *n.* 〚解剖〛 伏在静脈.

sáp hòuse *n.* (かえで糖 (maplesuger) の)精糖所.

sap·id [sǽpɪd, -pəd | -pɪd] 〚(1634) ◻ L *sapid-us* tasty, savory ← *sapere* to taste: ⇨ -id⁴〛 ── *adj.* **1** 風味のある, 味のよい, 風味のよい, うまい. **2** 〈談話・文体など〉味のある, 面白い, 楽しめる. **sa·pid·i·ty** [səpídəti | -dətɪ, -dɪ-] *n.*

sa·pi·ence [séɪpiəns, sǽp- | séɪpjəns, -prəns] 〚(*c*1378) ◻ OF ～ ◻ L *sapientia* ← *sapientem*: ⇨ sapient, -ence〛 ── *n.* **1** 知恵 (wisdom). **2** 〚文語〛 [軽蔑的に] 知ったかぶり, 物知り顔をすること.

sá·pi·en·cy [-piənsi | -pjənsɪ, -prən-] *n.* = sapience.

sa·pi·ens [sǽpiənz, séɪp-, -ènz | -pɪ-] 〚← NL *sapiēns* 《原義》 knowing (pres.p.) ← *sapere* (↓)〛 *adj.* 〚人類学〛 (化石人と区別して)ホモ サピエンスの[に関する].

sa·pi·ent [séɪpiənt, sǽp- | séɪpjənt, -prənt] 〚(1471) ◻ OF ～ // L *sapient-em* (pres.p.) ← *sapere* to have sense, be wise ← IE **sap-* to taste: cf. sage¹〛 ── *adj.* **1** 〚詩〛 賢い, 知恵のある (wise). **2** 〚文語〛 [軽蔑的に] 物知りぶる, 知ったかぶりの, 分別顔の. ── *n.* 〚人類学〛 ホモ サピエンスの時代に属する人. **～·ly** *adv.*

sa·pi·en·tial [sèɪpiénʃəl, sæ̀p- | sèɪpɪ-] 〚(*c*1485) ◻ LL *sapientiāl-is* ← L *sapientia*: ⇨ sapience, -ial〛 *adj.* 知恵の, 知恵を教える[説く]. **～·ly** *adv.*

sapiéntial bóoks *n. pl.* [the ～] 〚聖書〛 知恵の書《旧約聖書の Proverbs, Ecclesiastes, Song of Solomon および外典の Wisdom of Solomon, Ecclesiasticus の五書; cf. wisdom literature 2》.

Sap·in·da·ce·ae [sæ̀pɪndéɪsiìː, -pən- | -pɪn-] 〚← NL ～ ← *Sapindus* (属名: ← L *sāpō* soap + *Indus* 'INDIA') + -ACEAE〛 ── *n. pl.* 〚植物〛 (双子葉植物ムクロジ目)ムクロジ科. **sàp·in·dá·ceous** [-ʃəs] *adj.*

Sap·in·da·les [sæ̀pɪndéɪliːz, -pən- | -pɪn-] 〚← NL ～ ← *Sapindus* (↑) + -ALES〛 *n. pl.* 〚植物〛 (双子葉植物)ムクロジ目.

Sa·pir [səpíə | -píə(r)], **Edward** *n.* (1884–1939) 米国の人類学者・言語学者; *Language* (1921).

Sapír-Whórf hypóthesis 〚← *Edward Sapir & B. L. Whorf*〛 ── *n.* [the ～] 〚言語〛 サピア ウォーフの仮説《言語構造の違いはそれを使用する人の宇宙観・経験様式の違いの現れであるという仮説》.

sáp·less *adj.* **1** 樹液のない; しなびた (withered). **2** 活気[生気]のない, 衰えた (feeble). **3** 味のない, 面白くない, 気の抜けた (insipid): a ～ story. **～·ness** *n.*

sap·ling [sǽplɪŋ] 〚(1415): ⇨ sap¹, -ling¹〛 ── *n.* **1** 若木, 苗木. **2** 若者, 青二才: a young foolish ～ ばかな青二才 (cf. Shak., *Pericles* 4. 2. 93). **3** グレーハウンド (greyhound) の 10–18 か月の幼犬: ～ stakes グレーハウンド幼犬の賭(か)競走.

sap·o·dil·la [sæ̀pədílə, -díː(j)ə | -dílə] 〚(1697) ◻ Sp.

zapotillo (dim.) ← *zapote* 'SAPOTA'〛 ── *n.* **1**〘植物〙サポジラ, チューインガムノキ (*Achras zapota*)《熱帯アメリカ産のアカテツ科の常緑樹; 樹液からチューインガムの原料である chicle を採る; naseberry ともいう》. **2** サポジラの実《sapodilla plum ともいう》.

sa·po·ge·nin [sæpədʒénɪn, səpɑ́dʒə-, -nən | sæpədʒénɪn, səpɔ́dʒɪ-]〚← SAPO(NIN)+-GENIN〛 ── *n.*〘生化学〙サポゲニン《サポニンのアグリコン; トリテルペン系とステロイド系とがあるが大部分は前者》.

sap·o·na·ceous [sæ̀pənéɪʃəs | -pə(ʊ)-]〚《(1710)》← NL *saponaceus* ← *sapō(n-)* 'SOAP': ⇨ -aceous〛 ── *adj.* **1** 石鹸(ケン)質の, 石鹸性の (soapy). **2**《戯言》お世辞のうまい, 口上手の. **~·ness** *n.*

sa·pon·i·fi·a·ble [səpɑ́nəfàɪəbl, ─ ─ ─ ─ ─ | səpɔ́nɪfàɪəbl, ─ ─ ─ ─ ─] *adj.*〘化学〙鹸(ケン)化できる.

sa·pon·i·fi·ca·tion [səpɑ̀nəfɪkéɪʃən, -fə- | -pɔ̀nɪfɪ-]〚□ F ~ ← *saponifier* 'SAPONIFY': ⇨ -fication〛 ── *n.*〘化学〙**1** 鹸(ケン)化《エステル (ester) をアルコールと酸またはその塩とに加水分解すること》. **2** 加水分解 (hydrolysis).

saponificátion vàlue [nùmber] *n.*〘化学〙鹸(ケン)化価.

sa·pón·i·fi·er *n.*〘化学〙**1** 鹸(ケン)化剤. **2** 鹸化装置.

sa·pon·i·fy [səpɑ́nəfàɪ | -pɔ́nɪ-]〚□ F *saponifi-er* ← L *sapō(n-)*: ⇨ saponaceous, -ify〛〘化学〙*vt.*〈脂肪・脂肪酸を〉鹸(ケン)化する. ── *vi.* 鹸化する, 石鹸になる.

sap·o·nin [sǽpənɪn, -nən, səpóʊ- | sǽpənɪn]〚□ F *saponine* ← L *sapō(n-)*: ⇨ saponaceous, -in[1]〛 ── *n.*〘化学〙サポニン《chinaberry など種々の植物から得られる配糖体; 石鹸(ケン)のようにあわ立つので洗濯用剤などにされる》.

sap·o·nite [sǽpənàɪt]〚□ Swed. *saponit* ← L *sapō(n-)*: ⇨ saponaceous, -ite[1]〛 ── *n.*〘鉱物〙サポーナイト, 石鹸(ケン)石: **a** アルミニウムとマグネシウムの含水ケイ酸塩鉱物. **b** モンモリロナイト (montmorillonite) の一種.

sa·por [séɪpə, -pɔə | -pɔː(r]〚《(c1477)》□ L ~ ← *sapere* to taste: SAVOR と二重語〛 *n.* (主に科学用語として, 甘味・苦味・辛味などの)味.

sap·o·rif·ic [sæ̀pərífɪk]〚← NL *sapōrific-us*: ⇨↑, -fic〛 *adj.* 味をだす[与える].

sa·po·rous [séɪpərəs, sǽp-]〚□ LL *sapōrōs-us* ← L *sapor*: ⇨ sapor, -ous〛 *adj.* 味[風味]のある; (特に)味のよい.

sa·po·ta [səpóʊṭə | -pə́ʊtə]〚《(?c1560)》□ Sp. *zapote* ← Nahuatl *tzapotl*〛 *n.* =sapodilla.

Sap·o·ta·ce·ae [sæ̀pətéɪsiìː]〚← NL ~: ⇨↑, -aceae〛 *n. pl.*〘植物〙(双子葉植物カキノキ目)アカテツ科. **sàp·o·tá·ceous** [-ʃəs] *adj.*

sa·po·te [səpóʊṭi | -pə́ʊtɪ]〚□ Sp. *zapote*: ⇨ sapota〛 *n.* **1**〘植物〙=marmalade tree; その実. **2** =sapodilla.

sap·pan·wood [səpǽnwʊ̀d, sǽpæn-]〚← Malay *sapang*〛 ── *n.* **1**〘植物〙スオウ (*Caesalpinia sappan*)《ジャケツイバラに似たインド原産マメ科の小低木》. **2** スオウ木[材]《タンニンを含み黒色染料に使用》.

sáp·per〚← SAP[2]+-ER[1]〛 *n.*《英》〘軍事〙(対壕・坑道・築城の工事に従事する)工兵, 土木工兵 (cf. miner 2).

Sap·phic [sǽfɪk]〚《(1501)》□ F *saphique* □ L *sapphicus* □ Gk *sapphikós* ← *Sápphō* Sappho: ⇨ -ic[1]〛 ── *adj.* **1** サッポー[サッフォー](Sappho) の. **2**〘詩学〙サッフォー風[詩体]の: a ~ stanza サッフォー連 / the ~ verse [meter] サッフォー詩体《Sappho が愛用した 5 脚の 4 行詩》. **3** [s-]〈女性同士が〉性的遊戯にふける, 同性愛の, レズの (lesbian). ── *n.*〘詩学〙サッフォー詩体 (Sapphic verse).

Sap·phi·ra [səfáɪ(ə)rə, sæ- | -fáɪərə]〚⇨ sapphire〛 *n.* **1** 女性名. **2**〘聖書〙サッピラ《Ananias の妻; 夫とともに嘘を言った罰を受けて死んだ; cf. *Acts* 5: 1–11》.

sap·phire [sǽfaɪə | -faɪə(r]〚《(a1272)》*saphir, safir(e)* □ OF *safir* (F *saphir*) □ L *sapphirus* □ Gk *sáppheiros* □ Heb. *sappīr* □ ? Skt *śanipriya*《原義》dear to the planet Saturn ← *Śani* (the planet) Saturn+*priya* dear (cf. free)〛 ── *n.* **1**〘鉱物〙サファイア, 青玉《宝石として用いる; ⇨ birthstone》. **2** サファイア色, るり色, 青空色: the ~ of the skies, of eyes, etc. ── *adj.* サファイアの(ような); サファイア色の, るり色の.

sápphire wédding *n.* サファイア婚式《結婚 45 周年の記念式[日]; ⇨ wedding 4》.

sap·phi·rine [sǽfərɑ̀ɪn, sǽfaɪ(ə)rìːn, sæfáɪrɪn, -rən | sǽfəràɪn, -rìːn]〚adj.: 《(15C)》□ L *sapphīrin-us* □ Gk *sappheírinos* (↑): ⇨ -ine[1]. ── n.: □ G *Saphirin* ← *Saphir* sapphire: ⇨ -ine[3]〛 ── *adj.* **1** サファイア[青玉]製の. **2** サファイア色の, 青玉色の. ── *n.*〘鉱物〙サファーリン《淡青または淡緑色の一種のケイ酸塩鉱物; 淡青色の水晶や尖(セン)晶石 (spinel) の俗称に用いることもある》.

sap·phism [sǽfɪzm̩]〚《(1890)》: ⇨ Sappho, -ism〛 *n.* 女子同性愛, サッフィズム (lesbianism).

sáp·phist [-fɪst, -fəst | -fɪst] *n.* 同性愛[レズ]の女 (lesbian).

Sap·pho [sǽfoʊ | -fəʊ]〚□ L *Sapphō* □ Gk *Sapphṓ*〛 ── *n.* **1** 女性名. **2** サッポー, サッフォー《紀元前 600 年ごろ Lesbos 島に生れたギリシャの女流詩人; 失恋のため岩頭からイオニア海 (Ionian Sea) に身投げをしたという伝説がある》.

sap·py [sǽpi | -pɪ]〚OE *sæpig*: ⇨ sap[1], -y[4]〛 ── *adj.* (**sap·pi·er**; **-pi·est**) **1**〈木が〉樹液の多い (sapful). **2** (若くて)活気に富む, 威勢のいい. **3**《口語》ばかな, のろまな (silly). **4**《俗》めそめそした, 感傷的な (mawkish). **5** 辺材 (sapwood) 状の; 辺材を多く含んだ. **sáp·pi·ness** *n.*

sapr- [sæpr] (母音の前に来る時の) sapro- の異形.

sa·pre·mi·a [sæpríːmiə, sə- | -mɪə, -mjə]〚← NL ~: ⇨↓, -emia〛 *n.*〘病理〙腐敗血症. **sa·pre·mic** [sæpríːmɪk, -sə-] *adj.*

sap·ro- [sǽpro(ʊ) | -rə(ʊ)]〚□ Gk ~ ← *saprós* putrid〛 ── 次の意味を表わす連結形: **1**「腐敗した (rotten)」: *sapro*genic. **2**「死体, 腐敗物」: *sapro*phyte. **3**「死物寄生植物の (saprophytic)」. **4**「腐泥 (sapropel)」. ★ 母音の前では通例 sapr- になる.

sap·robe [sǽproʊb | -rəʊb]〚← SAPRO-+Gk *bíos* life: ⇨ bio-〛 *n.*〘生物〙腐生菌.

sa·pro·bic [sæpróʊbɪk, sə-, -prɑ́b- | -prə́ʊb-, -prɔ́b-]〚⇨↑, -ic[1]〛 *adj.*〘生物〙=saprophytic.

sap·ro·gen·ic [sæ̀pro(ʊ)dʒénɪk, -prə- | -prə(ʊ)-]〚← SAPRO-+-GENIC〛 ── *adj.* **1** 腐敗を起こす, 腐敗性の: ~ bacteria 腐敗菌. **2** 腐敗から生じる; 腐敗物に生じる.

sa·prog·e·nous [sæprɑ́dʒənəs, sə- | -prɔ́dʒɪ-]〚← SAPRO-+-GENOUS〛 *adj.* =saprogenic.

sap·ro·leg·ni·a [sæ̀prəlégniə | -nɪə]〚← SAPRO-+Gk *légnon* border+-IA[1]〛 *n.*〘植物〙ミズカビ属 (*Saprolegnia*) の水生菌の総称.

sap·ro·lite [sǽprəlàɪt]〚← SAPRO-+-LITE〛 *n.*〘地質〙腐食岩石《岩石が原地で風化してできた残滓(ザン)土》.

sáp·ròller〚← SAP[2]〛 *n.*〘軍事〙坑道[対壕(ゴウ)]ローラー《坑道[対壕]を掘り進むとき敵の砲火を防ぐために前方にころがす大きな堡籃(ホラン) (gabion)》.

sap·ro·pel [sǽprəpèl]〚← SAPRO-+Gk *pēlós* clay (⇨ pel-)〛 ── *n.*〘化学〙**1** 腐泥(デイ)《プランクトン・沿岸植物などの湖水中で生産された生物の残滓(ザン)を主とした有機性沈殿物》. **2** =kerogen.

sap·ro·pel·ic [sæ̀prəpélɪk, -píːl-] *adj.* **1** 腐泥に住む. **2** 腐泥の[から生ずる].

sap·ro·pel·ite [sǽprəpelàɪt, ─ ─ ─ ─]〚← SAPROPEL+-ITE[1]〛 *n.*〘岩石〙腐泥岩《腐泥 (sapropel) でできた岩石》.

sa·proph·a·gous [sæprɑ́fəgəs | -prɔ́f-]〚《(1819)》← SAPRO-+-PHAGOUS〛 *adj.*〘生物〙腐敗物を食物とする, 腐食性の.

sap·ro·phyte [sǽprəfàɪt]〚← SAPRO-+-PHYTE〛 *n.* (*also* **sap·ro·phite** [~])〘植物〙腐生[死物寄生]植物《菌類など; cf. guild 3》.

sap·ro·phyt·ic [sæ̀prəfítɪk | -tɪk] *adj.*〘生物〙腐敗物を栄養源とする; 腐生植物の, 死物寄生植物の.

sap·ro·phyt·ism [sǽprəfàɪtɪzm̩] *n.*〘生物〙腐食性, 死食性.

sáp ròt〚← SAP[1]〛 *n.*〘植物病理〙=dry rot 1.

sap·ro·zo·ic [sæ̀prəzóʊɪk | -zə́ʊ-]〚← SAPRO-+-ZOIC[1]〛 *adj.*〘生物〙〈動物が〉死物に寄生する, 腐敗物を栄養源とする.

sap·sa·go [sæpséɪgoʊ, sǽpsəgòʊ | sæpséɪgəʊ, sǽpsəgə̀ʊ]〚《転訛》← G *Schabziger* ← *schaben* to scrape+《方言》*zi(e)ger* whey, whey cheese〛 ── *n.* (*pl.* **~s**) サップサーゴー(チーズ)《スイス原産の料理用緑色チーズ; レイリョウコウ (blue melilot) の乾燥した葉の粉末をまぜる》.

sáp·sùcker *n.*〘鳥類〙*Sphyrapicus* 属のシルスイキツツキの総称; (特に) =yellow-bellied sapsucker.

sáp·wòod *n.*〘林業〙辺材, 白太(シラタ)《心材を囲む, 樹液に富む白色の材部; alburnum ともいう; cf. heartwood》.

Saq·qa·ra [səkɑ́ːrə] *n.* サッカラ《エジプト北部, Cairo の南にある村; 古代の都 Memphis 遺跡を見おろす台地上にあり, マスタバ (mastabas) やエジプト最古のピラミッド (Djoser 王の階段ピラミッド)などがある》.

SAR, S.A.R.《略》Sons of the American Revolution 米国独立革命児会; South African Republic.

Sa·ra[1] [sɑ́ːrə] *n.* (*pl.* **~, ~s**) **a** [the ~(s)] サラ族《アフリカ中部チャドの Shari 川流域に住む農耕民族》. **b** サラ族の人.

Sa·ra[2] [sέ(ə)rə | séərə]〚《変形》← SARAH〛 *n.* 女性名.

sar·a·band [sǽrəbæ̀nd, sέr- | sǽrə-]〚《(1616)》□ F *sarabande* □ Sp. *zarabanda*〛 ── *n.* (*also* **sar·a·bande** [~]) **1** サラバンド: **a** カスタネットをもって踊る活発なスペインダンス (Spanish sarabande). **b** これから発展してできた 17–18 世紀に流行した優美な 3 拍子の宮廷ダンス. **2**〘音楽〙サラバンド《同上の舞踏の曲; ゆったりとした 3 拍子のリズムをもち組曲の構成に不可欠な楽章となった》.

Sar·a·cen [sǽrəsən, sέr-, -sn̩ | sǽrəsn̩, -sɪn, -sèn]〚OE *Sarracene* (pl.) □ LL *Saracēnī* □ LGk *Sarakēnoi* □ ? Arab. *šarqiyīn* Easterners (pl. acc.) ← *šarqī* Eastern ← *šarq* east ← *šáraqa* (the sun) rose: cf. OF *Sar(r)azin* (F *Sarrasin*) □ LL *Saracēnus* □ Gk *Sarakēnós*〛 ── *n.* サラセン人《ギリシャ時代およびローマ時代の後期ごろはシリア・アラビアの砂漠地方に住んだ遊牧民を言ったが, 中世では十字軍に対抗したアラビア人またはイスラム教徒を, 後には一般にアラビア人またはイスラム教徒を指すようになった》. ── *adj.* =Saracenic.

Sáracen córn *n.*《英古》ソバ (buckwheat).

Sar·a·cen·ic [sæ̀rəsénɪk, sèr- | sæ̀r-]〚□ ML *Saracēnic-us* ← LL *Saracēnus* (↑): ⇨ -ic[1]〛 *adj.* サラセン人の; サラセン風の.

Sàr·a·cén·i·cal [-k(ə)l, -nə- | -nɪ-] *adj.* =Saracenic.

Saracénic árchitecture *n.*〘建築〙サラセン建築, 回教建築《イスラム教徒の建築; 馬蹄形アーチ・ドームなどに特徴がある; cf. Moorish architecture》.

Sáracen's héad *n.* (紋章または旅館の看板に用いた)サラセン人の頭.

Sa·ra·gat [sɑ̀ːrɑːgɑ́ːt; *It.* sàragát], **Giuseppe** *n.* サラガット《1898–　; イタリアの政治家; 社会民主党党首; 大統領 (1964–71)》.

Sar·a·gos·sa [sæ̀rəgɑ́sə | -gɔ́sə] *n.* サラゴサ《スペイン北東部, Ebro 川に臨む都市; 人口 548,000; スペイン語名 Zaragoza》.

Sar·ah [□ Heb. *śārā^h* (fem.) ← *śar* prince ← *śārár* to rule〛 ── *n.* **1** [sέ(ə)rə | séərə; *F.* sara] 女性名《愛称形 Sadie, Sal, Sally; 異形 Sara, (アイルランド) Sorcha, Saraid》. **2** [sέ(ə)rə | séərə]〘聖書〙サラ《Abraham の妻で Isaac の母; cf. *Gen.* 17: 15–21》.

SARAH, S.A.R.A.H.《略》search and rescue and homing 捜索救難自動誘導.

Sa·ra·je·vo [sɑ́ːrəjeɪvòʊ, ─ ─ ─ ─ | sæ̀rəjéɪvəʊ; *Yugoslav.* sárajɛvɔ] *n.* サラエボ《ユーゴスラビア中央部, Bosnia and Herzegovina 共和国の首都; ここで起こったオーストリアの Ferdinand 大公の暗殺が第一次大戦のきっかけとなった (1914 年 6 月 28 日); 人口 244,000》.

Sa·ran [sərǽn]〚恣意的造語〛 ── *n.*〘商標〙サラン《塩化ビニリデンと塩化ビニルとの共重合物の商品名; 合成繊維の一種で, 魚網・防虫網・テント・耐酸性布地・服地・食品包装材料等に用いられる; cf. Saranwrap》.

Sár·a·nac Láke [sǽrənæ̀k-] *n.* サラナック湖《米国 New York 州の北東部, Lower Saranac 湖に近い村; 保養地; 人口 6,100; ⇨ Saranac Lakes》.

Sáranac Lákes〚← ? Iroquoian〛 ── *n. pl.* [the ~] サラナク湖《米国 New York 州北東部, Adirondack 山脈中の Upper Saranac, Middle Saranac および Lower Saranac の 3 つの湖》.

sa·ran·gi [sɑ́ːrəŋgi | -gɪ]〚□ Skt *sāraṅgī*〛 *n.* サーランギ《インドの共鳴弦をもつ擦弦楽器》.

Sa·ransk [sərɑ́ːnsk, -rǽnsk; *Russ.* saránsk] *n.* サランスク《ソ連邦ロシヤ共和国西部, Mordovian 自治共和国の首都; 人口 254,000》.

Sarán·wràp〚← SARAN+WRAP〛 *n.*〘商標〙サランラップ《フィルム状のサランで食品などの包装用》.

sa·ra·pe [sərɑ́ːpi | -pɪ]〚□ Mex.-Sp.《土語》*sarape*〛 ── *n.* セラーペ《ラテンアメリカ人の用いるウールブランケット地のはでな幾何学模様のポンチョのような肩掛け》.

Sar·a·sa·te [sɑ̀ːrəsɑ́ːṭi | -tɪ; *Sp.* sàrasáte], **Pablo** *n.* サラサーテ《1844–1908; スペインのバイオリン奏者・作曲家》.

Sa·ras·va·ti [sərɑ́svəṭi, sɑ́ːrəs- | sərʌ́svətɪ, sʌ́rəs-]〚□ Skt *Sarasvatī*〛 ── *n.*〘ヒンズー教〙弁天, サラスバティ《学識・音楽・弁舌をつかさどる女神; もと聖河の名, 後に弁才の天女》.

Sar·a·to·ga [sæ̀rətóʊgə, sèr- | sæ̀rətə́ʊ-]〚← Iroquoian《原義》? beaver place〛 *n.* 米国 New York 州東部, Hudson 河畔の村; 米国独立戦争の際, ここで行なわれた戦いで英国の将軍 Burgoyne が米軍に降伏し米国の勝利を決定的にした (1777).

Saratóga chíp [potáto]〚↓〛 *n.* =potato chip 1.

Saratóga Spríngs *n.* 米国 New York 州東部の都市; 鉱泉保養地; 人口 19,000.

Saratóga trúnk〚↑〛 *n.*《米》サラトガトランク《19 世紀に主に婦人が用いた丸みのあるふたのついた旅行用大型トランク》.

Sa·ra·tov [sərɑ́ːtɔ(ː)f, -tɑf, -təf | -tɔf; *Russ.* sarátəf]〚□ Russ. ~ ← Turk. *sary* yellow+*tau* mountain〛 ── *n.* サラトフ《ソ連邦ロシヤ共和国西部, Volga 河畔の港市; 人口 856,000》.

Sa·ra·wak [sərɑ́ːwɑːk, -wɑː, -wæk | sərɑ́ːwək, -wæk, -wə, sæ̀rəwǽk] *n.* サラワク(州)《Borneo 島北西部にあるマレーシアの一州; もと英国植民地; 1966 年以降 Sabah と合わせて East Malaysia と呼ばれる; 人口 977,000, 面積 125,205 km², 首都 Kuching》.

sarc- [sɑək | sɑːk] (母音の前に来る時の) sarco- の異形.

-sarc [─ ─ sɑ̀ək, ─ sɑək | ─ ─ sɑ̀ːk, ─ sɑːk]〚← Gk *sárx* (↓)〛「肉 (flesh)」の意の名詞連結形: ecto*sarc*.

sar·casm [sɑ́əkæzm̩ | sɑ́ː-]〚《(1579)》□ F *sarcasme* ∥ LL *sarcasm-os* □ LGk *sarkasmós* sneer ← *sarkázein* to tear flesh like dogs, speak bitterly, sneer ← *sark-*, *sárx* flesh: ⇨ sarco-〛 ── *n.* **1** (軽蔑・嫌悪・皮肉の響きをこめた鋭い)あてこすり, いやみ, 風刺, ひやかし (gibe, taunt). **2** 露骨な[毒々しい]皮肉(な表現).

sar·cast [sɑ́ːkæst | sɑ́ə-]〚《逆成》? ↓〛 *n.*《まれ》皮肉家.

sar·cas·tic [sɑəkǽstɪk | sɑː-]〚《(1695)》← SARCASM: ENTHUSIASM-ENTHUSIASTIC などとの類推による: ⇨ -ic[1]〛 ── *adj.* 皮肉な, あてこすりの, ひやかしの; いやみ[あてこすり]を言う. **sar·cás·ti·cal** *adj.* **sar·cás·ti·cal·ly** *adv.*

sar·celle [sɑəsél | sɑː-]〚ME □ OF *cercelle* (F *sarcelle*) < VL **cercedulam* = L *querquedula* dusk, ? teal《変形》? ← Gk *kerkithalís* heron〛 ── *n.*〘鳥類〙=teal 1.

sarce·net [sɑ́əsnɪt, -nət | sɑ́ːsnɪt, -net]〚《(1463)》□ AF *sarzinett* (dim.) ← *Sarzin* 'SARACEN': ⇨ -et〛 *n.* サーセネット《柔らかい薄い絹織物; 主に裏地・リボン用》.

sar·ci·na [sɑ́əsənə, -kənə | sɑ́ːsɪ-, -kɪ-]〚← NL ~ ← L 'bundle'〛 ── *n.* (*pl.* **~s**, **-ci·nae** [-sənìː, -kənàɪ |

[-sɪ-, -kə-]) 〘細菌〙 サルチナ, 八連球菌《サルチナ属 (*Sarcina*) の寄生性微生物》.

sar·co- [sάəko(ʊ) | sάːkə(ʊ)] 〘◻ Gk ～ ← *sark-, sárx* flesh ← IE **twerk-* to cut〙「肉 (flesh)」の意の連結形: *sarcocarp.* ★ 母音の前では通例 sarc- になる.

sàrco·adenóma 〘← SARCO-＋ADENOMA〙 *n.* 〘病理〙 腺肉腫 (⇨ adenosarcoma).

sàrco·carcinóma 〘← SARCO- ＋ CARCINOMA〙 *n.* 〘病理〙 癌肉腫 (carcinosarcoma).

sar·co·carp [sάəkəkὰəp, -ko(ʊ)- | -kə(ʊ)kὰːp] 〘◻ F *sarcocarpe*: ⇨ sarco-, -carp〙 *n.* 〘植物〙 **1** 果肉《多肉多汁の中果皮》. **2** 肉果《果肉の多い果物》.

sar·code [sάəkoud | sάːkəud] 〘◻ F ～ ◻ Gk *sarkṓdes* fleshlike substance ← *sarkṓdēs* fleshy: ⇨ sarco-, -ode[1]〙 ― *n.* 〘生物〙 サルコード, (動物の)肉質《原形質 (protoplasm) の旧称》.

Sar·co·di·na [sὰəkədάɪnə, -díː- | sὰː-] 〘← NL ～ ← Gk *sarkṓdēs* (↑)＋-INA[1]〙 *n. pl.* 〘動物〙 肉質虫亜門.

sar·co·din·i·an [sὰəkədíniən | sὰːkədíni-] 〘⇨↑, -ian〙 *adj.* 〘動物〙 肉質虫亜門の.

sàrco·enchondróma 〘← SARCO- ＋ ENCHONDROMA〙 *n.* 〘病理〙 軟骨肉腫 (⇨ chondrosarcoma).

sar·coid [sάəkɔɪd | sάː-] 〘← SARCO-＋-OID〙 ― *n.* 〘病理〙 類肉腫, サルコイド《外観は肉腫に似た良性腫瘍の一種》. ― *adj.* **1** 肉に似た, 肉状の. **2** 〘病理〙 類肉腫の, サルコイドの.

sar·coid·o·sis [sὰəkɔɪdóusɪs, -səs | sὰːkɔɪdə́usɪs] 〘← NL ～: ⇨↑, -osis〙 *n.* 〘病理〙 サルコイドーシス, 類肉腫症.

sar·co·lem·ma [sὰəkəlémə, -ko(ʊ)- | sὰːkə(ʊ)-] 〘← NL ～: ⇨ sarco-, lemma[2]〙 ― *n.* 〘解剖〙 筋線維鞘(しょう), 筋鞘《筋線維を包む薄膜》. **sàr·co·lém·mal** [-məl] *adj.*

sar·col·o·gy [sɑəkάlədʒi | sɑːkɔ́lədʒɪ] 〘← SARCO-＋-LOGY〙 *n.* 《古》〘医学〙 軟部組織解剖学; 筋肉学 (cf. osteology).

sar·co·ma [sɑəkóumə | sɑːkə́ʊ-] 〘(1657) ← NL ～ ← Gk *sarkōmat-, sárkōma* fleshy growth ← *sarkoûn* to grow flesh ← *sark-, sárx*: ⇨ sarco-, -oma〙 ― *n.* (*pl.* ～s, ～·ta [～tə | ～tə]) 〘病理〙 肉腫(しゅ). **sar·co·ma·toid** [sɑəkóumətɔ̀ɪd | sɑːkə́ʊ-] *adj.* **sar·co·ma·tous** [sɑəkóumətəs | sɑːkə́umətəs] *adj.*

sar·co·ma·to·sis [sɑəkòumətóusɪs, -səs | sɑːkə̀umətə́usɪs] 〘← NL ～ ← Gk *sarkōmat-* (↑): ⇨ -osis〙 *n.* 〘病理〙 肉腫(しゅ)症.

sar·co·mere [sάəkəmɪə | sάːkəmɪə(r)] 〘← SARCO-＋-MERE〙 *n.* 〘解剖〙 筋節. **sar·co·mer·ic** [sὰəkəmí(ə)rɪk, -mér- | sὰːkəmíər-, -mér-] *adj.*

sarcophagi *n.* sarcophagus の複数形.

sar·co·phag·ic [sὰəkəfǽdʒɪk | sὰː-] *adj.* ＝sarcophagous.

sar·coph·a·gid [sɑəkάfəgɪd, -gəd, -dʒɪd, -dʒəd | sɑːkɔ́fəgɪd, -dʒɪd] 〘↓〙 〘昆虫〙 *adj.* ニクバエ(科)の. ― *n.* ニクバエ《ニクバエ科のハエの総称》.

Sar·co·phag·i·dae [sὰəkəfǽdʒədìː | sὰːkəfǽdʒɪ-] 〘← NL ～ ← *Sarcophaga* (fem.): 属名 ⇨ sarcophagus)＋-IDAE〙 *n. pl.* 〘昆虫〙 (双翅目)ニクバエ科.

sar·coph·a·gine [sɑəkάfəgàɪn, -dʒàɪn | sɑːkɔ́f-] 〘⇨↑, -ine[3]〙 *adj.* 〘昆虫〙 ニクバエ科の.

sar·coph·a·gous [sɑəkάfəgəs | sɑːkɔ́f-] 〘◻ L *sarcophagus* (↓): ⇨ -ous〙 *adj.* 肉食の (carnivorous) (cf. entomophagous).

sar·coph·a·gus [sɑəkάfəgəs | sɑːkɔ́f-] 〘(1601) ◻ L ～ (*lapis*) limestone used for coffins ◻ Gk (*líthos*) *sarkophágos* 《原義》 flesh-eating stone: ⇨ sarco-, -phagous〙 ― *n.* (*pl.* **-a·gi** [-fəgàɪ, -fədʒàɪ, -fədʒìː], ～·**es**) 《考古》 **1** (彫刻などを施した大理石作りの)石棺. **2** (古代ギリシャ・ローマ人が死体の肉を分解すると考えていた石棺用の)石灰岩.

sarcophagus 1

sar·co·phile [sάəkəfàɪl | sάː-] 〘← SARCO-＋-PHILE〙 *n.* 〘動物〙 ＝Tasmanian devil.

sar·co·plasm [sάəkəplæ̀zm | sάː-] 〘↓〙 *n.* 〘解剖〙 筋形質. **sar·co·plas·mic** [sὰəkəplǽzmɪk | sὰː-] *adj.*

sar·co·plas·ma [sὰəkəplǽzmə | sὰː-] 〘← NL ～: ⇨ sarco-, -plasma〙 ― *n.* (*pl.* ～·ta [～tə | ～tə]) 〘解剖〙 ＝sarcoplasm. **sar·co·plas·mat·ic** [sὰəkəplæzmǽtɪk | sὰːkəplæzmǽt-] *adj.*

sarcoplásmic retículum *n.* 〘解剖〙 筋小胞体《横紋筋線維の小胞体》.

sar·cóp·tic mánge [sɑəkάptɪk- | sɑːkɔ́p-] 〘*sarcoptic*: ← NL *Sarcoptes* (属名: ⇨ Sarcoptidae)＋-IC[1]〙 ― *n.* 〘獣医〙 疥癬《頭や顔の皮膚に穴をあけてすむ *Sarcoptes* 属のダニによっておこる家畜の皮膚病》.

sar·cop·tid [sɑəkάptɪd, -təd | sɑːkɔ́ptɪd] 〘↓〙 *adj., n.* 〘動物〙 ヒゼンダニ科の(ダニ).

Sar·cop·ti·dae [sɑəkάptədìː | sɑːkɔ́ptɪ-] 〘← NL ～ ← *Sarcoptes* (属名: ← SARCO-＋Gk *kóptein* to cut)＋-IDAE〙 *n. pl.* 〘動物〙 ヒゼンダニ科.

sar·co·some [sάəkəsòum | sάːkəsə̀um] 〘← NL *sarcosoma*: ⇨ sarco-, -some[3]〙 *n.* 〘解剖〙 筋粒体《横紋筋線維の糸粒体》. **sàr·co·só·mal** [-məl] *adj.*

sar·cous [sάəkəs | sάː-] 〘← SARCO-＋-OUS〙 *adj.* 肉[筋肉]の[からできている].

sard [sάəd | sάːd] 〘(c1390) ◻ (O)F *sarde* // L *sarda* ◻ ? Gk *sárdion* ← ? *Sárdeis* Sardis〙 ― *n.* 〘鉱物〙 紅玉髄《宝石に用いる; sardine, sardius または carnelian ともいう》.

sar·da·na [sɑədάːnə | sɑː-] 〘◻ Sp. ～ ← Catalan〙 *n.* **1** サルダナ《スペイン・カタロニア地方の民族舞踊》. **2** サルダナ舞踊音楽.

Sar·da·na·pa·lian [sὰədənəpéɪljən, -dn-, -pάːl-, -lɪən | sὰːdənəpéɪljən, -pάːl-, -lɪən] 〘← L *Sardanapālus* (◻ Gk *Sardanápālos*)＋-IAN〙 ― *adj.* (Sardanapalus のように)柔弱で淫蕩な[放蕩に耽る].

Sar·da·na·pa·lus [sὰədənǽpələs, -dnəpéɪl-, -dn- | sὰːdənǽpələs, -nəpάːl-] 〘◻ LL ～ ◻ Gk *Sardanáphallos*〙 ― *n.* サルダナパロス《アッシリア最後の王; Ashurbanipal と同一人物ともいわれる》.

sar·dar [sə́ːdɑə, ― ― | sə́ːdɑː(r)] *n.* ＝sirdar.

Sar·de·gna [*It.* sardéɲɲa] *n.* Sardinia のイタリア語名.

sar·del·le [sɑədélə, -dél | sɑː-] 〘◻ It. *sardella* (dim.) ← *sarda* < L *sardam* ◻ Gk *sárdē*〙 *n.* (*also* **sar·del** [-dél]) 〘魚類〙 ＝sardine[1].

Sar·di·an [sάədiən | sάːdɪən, -djən] 〘◻ L *Sardiān-us* ◻ Gk *Sardianós* ← *Sárdeis* Sardis: ⇨ -ian〙 ― *adj.* **1** (Lydia の古都)サルディス (Sardis) の. **2** サルディスの住民の. ― *n.* サルディスの住民.

sar·dine[1] [sɑədíːn, ― ― | sɑːdíːn, ― ―] 〘(c1430) *sardeine* ◻ (O)F *sardine* ◻ L *sardina* ◻ Gk *sardínē* ← ?〙 ― *n.* (*pl.* ～, ～**s**) 〘魚類〙 イワシ科の数種の小さな魚類の総称《食用に適する程度になったヨーロッパ大西洋岸産のサーディン (pilchard) の幼魚, 北米太平洋岸の(マ)イワシ (*Sardinops sagax melanosticta*), 熱帯大西洋などに生息する *Sardinella anchovia* など》.

packed like sardines (***in a box***) すし詰めになって.

― *vt.* [通例 p.p. 形で] すし詰めにする: be ～*d* in train.

sar·dine[2] [sάədaɪn, -dn | sάːdaɪn] 〘(c1375) ◻ LL (*lapis*) *sardin-us* 《原義》 Sardian (stone) ◻ Gk *sárdinos* (*líthos*) 《異形》 ← *sárdios* 'SARDIUS'〙 *n.* 〘鉱物〙 ＝sard.

sardíne òil *n.* 〘化学〙 いわし油.

Sar·din·i·a [sɑədíniə, -njə | sɑːdínjə, -nɪə] *n.* **1** サルディニア[サルジニア](島)《イタリア半島の西方にある地中海第二の大島でイタリアの特別州の一つ; 人口 1,456,000, 面積 24,089 km², 首都 Cagliari》. **2** サルデニャ王国《同島および Savoy, Piedmont を (1815 年以後には Genoa をも)含む旧王国 (1720–1859); 首都 Turin; イタリア統一の中核となる》. 《イタリア語名 Sardegna》.

Sar·din·i·an [sɑədíniən, -njən | sɑːdínjən, -nɪən] 〘⇨ -an[1]〙 ― *adj.* **1** サルデニャ (Sardinia) 島[王国]の. **2** サルデニャ人の. **3** サルデニャ語の. ― *n.* **1** サルデニャ人. **2** サルデニャ語《ロマンス語に属する》.

Sar·dis [sάədɪs, -dəs | sάːdɪs] *n.* サルディス《小アジア西部の古都; 古代 Lydia の首都》.

sar·di·us [sάədiəs | sάːdɪəs, -djəs] 〘(c1390) ◻ LL (*lapis*) ～ 'Sardian (stone)' ◻ Gk *sárdios* (*líthos*) ← ? *Sárdeis* Sardis〙 ― *n.* **1** 〘聖書〙 ヘブライの高僧が胸当てに用いた宝石《ルビーであったと考えられている; cf. *Exod.* 28:17》. **2** 〘鉱物〙 ＝sard.

sar·don·ic [sɑədάnɪk | sɑːdɔ́n-] 〘(1638) ◻ F *sardonique* 《変形》 ← 《廃》 *sardonien* ← L *sardonius* ◻ LGk *sardónios, sardánios* derisive, sardonic: ⇨ -ic[1]〙 ― *adj.* 冷笑的な, 嘲弄(ちょうろう)的な, せせら笑いの: a ～ laugh [chuckle, smile] 冷笑, せせら笑い. ― *n.* [しばしば *pl.*] 冷笑的な表現[言葉]. **sar·dón·i·cal** *adj.* **sar·dón·i·cal·ly** *adv.*

sardónic láugh *n.* 〘病理〙 痙笑, ひきつり笑い.

sar·do·nyx [sɑədάnɪks, sάədən-, -dn- | sάːdən-, sάː-dən-, sɑːdɔ́n-] 〘(?c1380) ◻ L ～ ◻ Gk *sardónux* ← *sárdios* 'SARDIUS'＋*ónux* 'ONYX'〙 ― *n.* 〘鉱物〙 サードニックス, 紅(べに)縞めのう《cameo 細工に用いられる; ⇨ birthstone》.

Sar·dou [sɑədúː | sɑː-; *F.* saʀdu], **Vic·to·rien** [viktɔʀjɛ̃] *n.* サルドゥー《1831–1908; フランスの劇作家》.

sa·ree [sάːri | -rɪ, -riː] *n.* ＝sari.

Sa·re·ma [sάːrəmὰː] *n.* ＝Saaremaa.

Sarg [sάəg | sάːg], **Tony** *n.* サーグ《1882–1942; ドイツ生れの米国の挿絵画家・人形芝居の演出家; 本名 Anthony Frederick Sarg》.

sar·gas·so [sɑəgǽsou | sɑːgǽsəu] 〘(1598) ◻ Port. *sargaço* ← ?〙 *n.* (*pl.* ～**s**) 〘植物〙 ＝gulfweed《sargasso weed ともいう》.

Sar·gás·so Séa [sɑəgǽsou- | sɑːgǽsəu-] *n.* [the ～] サルガッソー海, 藻の海《北大西洋, 西インド諸島と Azores 諸島間の海域; 大型の sargassum などの褐藻が一面に浮かび, 魚群の豊庫であるが, 昔は船が巻き込まれて難船したこともあった》.

sar·gas·sum [sɑəgǽsəm | sɑː-] 〘← NL ～: ⇨ sargasso〙 ― *n.* 〘植物〙 ホンダワラ属 (*Sargassum*) の海藻の総称《広く沿岸に分布する; ホンダワラ (*S. fulvellum*), ウミトラノオ (*S. chunbergii*) など》.

sargássum fìsh *n.* 〘魚類〙 ホンダワラ類の海藻のなかで生活し海洋を浮遊するイザリウオ科の異様な形をした小魚の総称《ハナオコゼ (*Histrio histrio*) など》.

sarge [sάədʒ | sάːdʒ] 〘略〙 *n.* 《口語》《米軍》 ＝sergeant.

Sar·gent [sάədʒənt | sάː-], **John Singer** *n.* (1856–1925) 英国に住んだ米国の肖像・風俗画家.

sar·go [sάəgou | sάːgəu] 〘◻ Sp. ～ < L *sargum* ◻ Gk *sárgos*〙 ― *n.* (*pl.* ～**s**) 〘魚類〙 **1** タイ科 *Diplodus* 属および近縁の属の魚の総称; (特に) *D. argenteus* と *Lagodon rhomboides*. **2** 南カルフォルニア海岸のイサキ科の魚 (*Anisotremus davidsonii*).

Sar·gon [sάəgɑn | sάːgɔn] *n.* サルゴン《2400 B.C. 頃メソポタミアを統一し大帝国を築いたアッカド王朝の創始者》.

Sárgon II *n.* サルゴン二世《?–705 B.C.; アッシリア (Assyria) の王 (722–705 B.C.)》.

sa·ri [sάːri | -rɪ, -riː] 〘(1785) ◻ Hindi *sāṛī*〙 *n.* サリー《インドなどで婦人が腰から肩にかけて巻きつけ, 余った部分を頭にかぶる長い綿布または絹布; cf. dhoti》.

sa·rin [sάːrɪn, -rən, zɑːríːn | sάːrɪn, zɑːríːn; *G.* zaríːn] 〘◻ G ～〙 *n.* 〘化学〙 サリン ($C_4H_{10}FO_2P$)《神経毒ガスの一つ》.

sark [sάək | sάːk] 〘OE *serc(e)* < Gmc **sarkiz* (ON *serkr* shirt)〙 *n.* 《スコット・北英》 シャツ, 肌着.

sark·ing [sάəkɪŋ | sάːk-] 〘(15C) 《スコット》 (ger.) ← *serke(n)* to clothe in a shirt ← *serk* shirt (↑): ⇨ -ing[1]〙 ― *n.* 《スコット》 **1** シャツ地 (linen shirting). **2** 垂木と屋根の間の薄い板.

sar·ky [sάəki | sάːkɪ] *adj.* 《英口語》 ＝sarcastic.

Sar·ma·ti·a [sɑəméɪʃiə, -ʃə | sɑːméɪʃɪə, -ʃə] 〘◻ L ～ ← *Sarmatae* the Samatians ◻ Gk *Sarmátai* 《原義》 tribe of the steppe〙 ― *n.* サルマチア《黒海の北部 Vistula 川と Volga 川の中間地方の古名; 今のポーランドの一部とソ連邦西部の一部に当たる》.

Sar·ma·tian [sɑəméɪʃən | sɑːméɪʃɪən, -ʃən] 〘⇨↑, -an[1]〙 ― *adj.* **1** サルマチア (Sarmatia) の. **2** サルマチア人[語]の. **3** 《詩》 ポーランド人[語]の. ― *n.* **1 a** サルマチア人. **b** サルマチア語《イラン語と想定されている》. **2** 《詩》 **a** ポーランド人. **b** ポーランド語.

sar·ment [sάəmənt | sάː-] 〘(a1398) ◻ L *sarment-um* (↓)〙 *n.* **1** 〘植物〙 纖匐枝(せんぷくし)《細い匍匐(ほふく)茎 (runner)》. **2** (継ぎ木の)継ぎ穂 (scion).

sarmenta *n.* sarmentum の複数形.

sar·men·tose [sɑəméntous | sɑːméntəus] 〘(1760) ◻ L *sarmentōs-us* ← *sarmentum* twig: ⇨ -ose[1]〙 ― *adj.* 〘植物〙 **1** 纖匐枝(せんぷくし) (sarment) を生じる. **2** 纖匐枝の[状の].

sar·men·tous [sɑəméntəs | sɑːmént-] *adj.* 〘植物〙 ＝sarmentose.

sar·men·tum [sɑəméntəm | sɑːmént-] 〘◻ L ～〙 *n.* (*pl.* **-men·ta** [-tə | -tə]) 〘植物〙 ＝sarment 1.

Sar·ni·a [sάəniə | sάːnɪə, -njə] *n.* カナダ Ontario 州南東部の港市; 人口 57,000.

sa·rod [səróud | -rə́ud] 〘◻ Hindi ～〙 *n.* (*also* **sa·rode** [～]) サロッド《北インドのリュートに似た弦楽器》. ～·**ist** [-dɪst, -dəst | -dɪst] *n.*

sa·rong [sərɔ́(ː)ŋ, -rάŋ | sərɔ́ŋ, sάːrɔŋ, sǽr-] 〘(1834) ◻ Malay (*kain*) *sarong* ← *kain* cloth＋*sarong* sheath, covering〙 ― *n.* **1** サロン《ビルマ・インド・マレー諸島の男女がスカートのように腰に巻く衣類》. **2** サロン用布地. **3** サロン風の衣服.

Sa·rón·ic Gúlf [sərάnɪk- | -rɔ́n-] *n.* ＝the Gulf of AEGINA.

sa·ros [sέ(ə)rɑs | sέərɔs] 〘◻ Gk *sáros* ◻ Akkad. *šār* 《原義》 3600〙 *n.* サロス《600 B.C. 頃カルデア人の発見した日食・月食の周期; 6585.32 日で循環する》.

Sa·ros [sέ(ə)rɑs | sέərɔs], **the Gulf of** *n.* サロス湾《Gallipoli 半島の北部, エーゲ海北東部の入江》.

Sa·rouk [sərúːk] 〘産地名〙 *n.* 中央に模様がある中近東産のうせん, ペルシャじゅうたん.

Sa·roy·an [sərɔ́ɪən], **William** *n.* (1908–81) 米国の小説家・劇作家; *The Time of Your Life* (1939), *The Human Comedy* (1943).

Sar·pe·don [sɑəpíːdn, -dɑn | sɑːpíːdn, -dɔn] 〘◻ L *Sarpēdōn* ◻ Gk *Sarpēdṓn* ← ?〙 *n.* 〘ギリシャ神話〙 サルペードーン: **1** Zeus と Europa の息子の一人; Minos, Rhadamanthus と兄弟. **2** Lycia の王, Zeus の息子; トロイ戦争で Patroclus に殺された.

sar·plar [sάəplə | sάːplə(r)] 〘ME *sarpler* ◻ OF *sarpillere*〙 ― *n.* (*also* **sar·pler** [～], **sar·pli·er** [-pliə | -plɪə(r)]) **1** 粗い麻布地, ズック. **2** 《廃》 羊毛 1 俵の重量《80 tods または 2,240 lbs (約 1 トン)》.

sar·ra·ce·ni·a [sæ̀rəsíːniə | -nɪə] 〘← NL ～ ← *Michel Sarrazin* (1659–1734: カナダの医師・植物学者): ⇨ -ia[1]〙 ― *n.* 〘植物〙 サラセニア, ヘイシソウ(瓶子草)《北米の沼地に生じるサラセニア科サラセニア属 (*Sarracenia*) の食虫植物の総称; cf. pitcher plant》.

Sar·ra·ce·ni·a·ce·ae [sæ̀rəsìːniéɪsiːì | -nɪ-] 〘← NL ～ ← *Sarracenia* (属名: ↑)＋-ACEAE〙 ― *n. pl.* 〘植物〙 (双子葉植物)サラセニア科. **sàr·ra·cè·ni·á·ceous** [-ʃəs] *adj.*

Sar·ra·ce·ni·a·les [sæ̀rəsìːniéɪliːz | -nɪ-] 〘← NL ～ ← *Sarracenia* (↑)＋-ALES〙 *n. pl.* 〘植物〙 (双子葉植物)サラセニア目.

Sarre [*F.* saːʀ] *n.* Saar のフランス語名.

sar·ru·so·phone [sərúːzəfòun, -rʌ́sə- | -fəun] 〘← *Sarrus* (19 世紀のフランスの楽団指揮者)＋-PHONE〙 *n.* サリュソフォーン《金属製の木管吹奏楽器》.

sar·sa [sάəsə | sάː-] *n.* ＝sarsaparilla.

sar·sa·pa·ril·la [sæ̀s(ə)pərílə, sὰəs- | sὰːsəp-] 〘(1577) ◻ Sp. *zarzaparrilla* ← *zarza* bush＋**parilla* ((dim.) ← *parra* vine)〙 ― *n.* **1** 〘植物〙 サルサ(パリラ)《熱帯アメリカ産ユリ科シオデ属 (*Smilax*) の数種の植物の総称; *S. officinalis, S. papyracea, S. medica* など》. **2** サルサ根《強壮薬や飲料に用いる》; そのせんじ汁. **3** 〘植物〙 サルサに似た北米産ウコギ科の植物数種の総

称《根はサルサの代用となる》. **4** サルサパリラ《サルサ根で味をつけたルートビヤー (root beer) に似た炭酸水》.

sar·sen [sɑ́ːsn̩ | sɑ́ː-] 〘《*a*1691》《略》← *sarsen stone* 《変形》← *Saracen stone* (=pagan stone or monument)〙 ― *n.* 〖岩石〗第三紀初期のケイ質砂岩の一種《特に, イングランド Wiltshire の砂丘に点在する》.

sarse·net [sɑ́ːsnɪt, -nət | sɑ́ːsnɪt, -net] *n.* =sarcenet.

Sarthe [sɑ́ːt | sɑ́ːt; *F.* saʀt] *n.* サルト(県)《フランス西部の県; 人口 473,000, 面積 6,210 km², 首都 Le Mans》.

Sar·to [sɑ́ːtou | sɑ́ːtəu; *It.* sárto], **Andrea del** [del] *n.* サルト《1486–1531; フィレンツェ派の画家》.

sar·tor [sɑ́ːtɚ | sɑ́ːtɔː(r)] 〘▭ L ～ 'tailor' ← *sartus* (p.p.) ← *sarcire* to patch〙 *n.* 《戯言》仕立て屋(tailor).

sar·to·ri·al [sɑətɔ́ːriəl, -tóː- | sɑːtɔ́ːrɪ-] 〘《1823》← L *sartor* (↑)+-IAL〙 ― *adj.* **1** 仕立て屋 (tailor) の, 裁縫の: the ～ art 《戯言》裁縫技術 / a ～ triumph 《戯言》裁縫の傑作, みごとな仕立て. **2** 衣服の[に関する]. **3** 〖解剖〗縫工筋の. **～·ly** *adv.*

sar·to·ri·us [sɑətɔ́ːriəs, -tóː- | sɑːtɔ́ːrɪ-] 〘← NL ～ ← L *sartor* (↑)〙 *n.* (*pl.* **-ri·i** [-riàɪ | -rɪ-]) 〖解剖〗縫工筋.

Sar·tor Re·sar·tus [sɑ́ətə-rɪsɑ́ətəs, -rə- | sɑ́ːtə-rɪsɑ́ːt-, -rə-] 〘▭ L ～ 'the tailor patched'〙 *n.* 「衣裳哲学」《Thomas Carlyle の諷刺的評論 (1833–34)》.

Sar·tre [sɑ́ətr(ə) | sɑ́ː-; *F.* sáʀtʀ], **Jean-Paul** [ʒɑ̃pɔl] *n.* サルトル《1905–80; フランスの哲学者・作家; 第二次大戦後 existentialism (実存主義) を提唱; *La Nausée*「嘔吐」(1938), *L'Être et le néant*「存在と無」(1943); Nobel 文学賞 (1964) (辞退)》.

Sarum. 《略》*ML.* Sarisburiēnsis (=of Salisbury) 《Bishop of Salisbury が署名に用いる; ⇨ Cantuar. 2》.

Sár·um ùse [sέ(ə)rəm-] 〘⇨ Sarum.〙 *n.* 〖キリスト教〗ソールズベリー式典礼《11 世紀から宗教改革まで Salisbury 教区を中心に広く用いられた礼拝式順序》.

sa·rus [sɑ́ːrəs] 〘▭ Hindi *sāras* ← Skt *sārasa*〙 *n.* 〖鳥類〗インドおよびマライ地方のツルの一種 (*Grus antigone*)《sarus crane ともいう》.

SAS [sǽ(ː)s] 《略》Scandinavian Airlines System スカンジナビア航空 (記号 SK).

S.A.S. 《略》*L.* Societātis Antiquāriōrum Socius (= Fellow of the Society of Antiquaries).

Sas·a·ni·an [səséɪniən, sæ-, -njən | sæséɪnjən, -nɪən] *adj., n.* =Sassanian.

Sas·a·nid [səsɑ́ːnɪd, -sǽn-, -nəd | sæsɑ́ːnɪd] *n., adj.* =Sassanid.

sash¹ [sǽ(ː)ʃ] 〘《1590》*shash* ▭ Arab. *šāš* muslin〙 ― *n.* **1** (婦人・子供服の胴回りや肩などに飾る絹などで作った)飾り帯, サッシュ. **2 a** (軍人が肩から腰にかける)肩帯, 懸章, 飾帯. **b** (上級勲爵士が肩から帯びる)綬(じゅ). ― *vt.* **1** …に飾り帯[サッシュ]をつける[しめる]. **2** …に肩帯[懸章]をつける.

sash² [sǽ(ː)ʃ] 〘《1686》《逆成》← 《1681》*shashes* 《異形》← *chasses* (pl.) ← *chassis* ▭ OF 'frame, framework': ⇨ chassis〙 ― *n.* (*pl.* ～, ～·**es**) **1** (ガラスを支える)窓枠, サッシ; (温室などの)ガラス明り窓: ⇨ sash chain, sash line, sash window. **2** 上げ下げ窓 (cf. casement). **3** [集合的] 窓枠, サッシ (sashes). ― *vt.* 〈戸・窓〉にサッシを取付ける.

sa·shay [sæʃéɪ, saɪ- | sæ-] 〘《変形》← CHASSÉ〙《米口語》 ― *vi.* **1 a** すべるように進む (glide along), 歩く (walk), 行く (go). **b** 気取って歩く, 目立つようにして歩く. **c** 斜めに歩く. **2** 〖ダンス〗足をすって進む (chassé). ― *n.* **1** 旅行, 旅 (trip): take a ～ 旅行する. **2** 〖ダンス〗=chassé.

sásh bàr *n.* (窓などの)桟.

sásh chàin *n.* (上げ下げ窓の)つり鎖.

sásh còrd *n.* =sash line.

sásh-dòor *n.* ガラス付きの扉, 腰唐戸.

sashed¹ *adj.* 飾り帯[サッシュ, 肩章, 懸章]をつけた.

sashed² *adj.* サッシ (sash) を施した, 上げ下げ窓 (sash window) を取付けた.

sa·shi·mi [sɑ́ːʃəmi | -ʃɪmɪ] 〘《1880》▭ Jap.〙 *n.* 刺身.

sásh lìne *n.* (上げ下げ窓の)つり綱, つり紐.

sásh pòcket *n.* 窓枠分銅 (sash weight) の上下するみぞ, 分銅箱.

sásh-pùlley *n.* (上げ下げ窓の)つり綱用つり車.

sásh rìbbon *n.* (上げ下げ窓の窓枠分銅と窓枠とをつなぐ)鋼やアルミ合金のテープ.

sásh wèight *n.* (上げ下げ窓の)窓枠分銅.

sásh wìndow *n.* (二枚の窓サッシが上下する)上げ下げ窓 (cf. casement 1 b, window sash).

sas·in [séɪsn, sǽsn] 〘← ?〙 *n.* 〖動物〗ブラックバック, インドレイヨウ (black buck).

Sask. 《略》Saskatchewan.

Sas·katch·e·wan [səskǽtʃəwən, sæs-, -wɑ̀n | səskǽtʃɪwən, sæs-, -wɔ̀n] *n.* **1** カナダ西部の州; 人口 927,000, 面積 651,900 km², 首都 Regina. **2** [the ～] Rocky 山脈から東流する Canada 南西部の川; South Saskatchewan (1,392 km) と North Saskatchewan (1,223 km) が合流して Winnipeg 湖に注ぐ (合流点以下 547 km).

sas·ka·toon [sæ̀skətúːn] 〘▭ N-Am.-Ind. (Cree) *misâskwatomin* ← *misâskwat* shadbush, 《原義》tree with much wood+*min* berry〙 ― *n.* 〖植物〗=Juneberry 1; (特に)北米 Oregon 州産のバラ科ザイフリボク属の植物 (*Amelanchier alnifolia*)《実は甘く, 食用になる》.

Sas·ka·toon [sæ̀skətúːn] *n.* カナダ南西部の Saskatchewan 州の都市; 人口 127,000.

sass¹ [sǽ(ː)s] 〘《転訛》← SAUCE〙 ― *n.* 《米中部》 **1** [集合的] 野菜類 (garden vegetables). **2** (デザートまたは料理の付合わせとして食べる)果物の砂糖煮.

sass² [sǽ(ː)s] 〘《逆成》← SASSY〙《米口語》*n.* 生意気なことば[口]; 口答え (back talk). ― *vt.* …に生意気を言う; …に口答えする (talk back).

sas·sa·by [sǽsəbi | -bɪ] 〘▭ Tswana *tshêsêbê*〙 ― *n.* 〖動物〗ササビー, ダマリスクス (*Damaliscus lunatus*) 《南西アフリカ産の体が濃い赤褐色で顔の前面と足の上部が暗色, 三日月形の角をしたレイヨウ》.

sas·sa·fras [sǽs(ə)fræ̀s | sǽsə-] 〘← NL ～ ← Sp. *sasafrás*〙 *n.* **1** 〖植物〗サッサフラス (*Sassafras albidum*) 《北米東部産クスノキ科の落葉樹》. **2** サッサフラスの根皮《乾燥して香料・薬用にする; cf. sassafras tea》.

sássafras òil *n.* サッサフラス油《サッサフラスの根から採る揮発性の油》.

sássafras tèa *n.* サッサフラス茶《サッサフラスの根皮を乾燥して造った茶で, 刺激剤・発汗剤・利尿剤として用いる》.

Sas·sa·ni·an [səséɪniən, sæ-, -njən | sæséɪnjən, -nɪən] 〘⇨ ↓, -ian〙 *adj.* (イランの)サーサーン朝の. ― *n.* =Sassanid.

Sas·sa·nid [səsɑ́ːnɪd, -sǽn-, -nəd | sæsɑ́ːnɪd] 〘← NL *Sassanid-ae* Sassanids ← *Sāssān* (サーサーン朝の創始者 Ardashir I の祖父): ⇨ -id²〙 (*also* **Sas·sa·nide** [～]) ― *n.* (*pl.* ～**s**, **-sa·ni·dae** [-nədìː | -nɪ-]) **1** サーサーン朝の君主. **2** [the ～s; the Sassanidae] サーサーン朝. ― *adj.* =Sassanian: the ～ dynasty サーサーン朝 (226–642)《イランのイスラム期に先立つ王朝》.

Sas·sa·ri [sɑ́ːsəriː; *It.* sássari] *n.* サッサリ《イタリア Sardinia 島北西部の都市; 人口 116,000》.

Sas·se·nach, s- [sǽsənæ̀k, -nək, -nɑ̀ːk, -næ̀x, -nəx, -nɑ̀ːx, -sn- | -sənæ̀k, -nək, -nəx] 〘《1771》▭ Gael. *Sasunnoch*=Ir. -Gael. *Sasanach* ← *Sasan-* ▭ L *Saxonēs* 'SAXONS'〙 ― *n.* **1** [軽蔑的に] イングランド人, 英国人 (Englishman); イングランド的なもの. ★ 英国諸島に住むスコットランド人・アイルランド人が用いる. **2** 《スコット》低地スコットランド人 (Scottish Lowlander).

Sas·soon [sæsúːn, sə- | sə-], **Siegfried** (**Lo·raine** [lɔːréɪn, loː- | lɔ-, lə-]) ― *n.* (1886–1967) 英国の詩人・小説家; *War Poems* (1919), *Memoirs of an Infantry Officer* (1930).

sass·wood [sǽswʊ̀d] 〘《変形》← SASSYWOOD〙 ― *n.* 〖植物〗西アフリカ産のマメ科の有毒高木 (*Erythrophloeum guinense*)《アルカロイドを含み強心剤となる, またその皮をアフリカ原住民が矢毒用にする》.

sass·y [sǽsi | -sɪ] 〘《転訛》← SAUCY〙 ― *adj.* (**sass·i·er**; **-i·est**)《米口語》 **1** 口答えする; 生意気な, あつかましい. **2** 元気のいい, 生き生きした. **3** しゃれた, いきな: a ～ scarf.

sássy bàrk 〘↓〙 *n.* **1** sasswood の樹皮《西アフリカの原住民が試罪法 (ordeal) の毒として用いる; cf. ordeal tree》. **2** 〖植物〗=sasswood.

sássy·wòod [← WAfr. *sassy*] *n.* 〖植物〗=sasswood.

sas·tra, S- [ʃɑ́ːstrə] *n.* 〖ヒンズー教〗=shastra.

sas·tru·ga [sǽstrəgə, sɑ́ːs-, -gɑ̀ː] 〘▭ Russ. *zastruga*〙 *n.* (*pl.* **-tru·gi** [-trəgiː]) [通例 *pl.*] サスツルーガ《風の働きで雪原の表面に生じた雪の隆起》.

sat¹ 〘OE *sæt*, *ġeseten*〙 *v.* sit の過去形・過去分詞.

sat² [sʌ́t] 〘▭ Skt ～《原義》being〙 *n.* 〖ヒンズー教〗実在性, 存在一般 (cf. Sat-cit-ānanda).

SAT 《略》Scholastic Aptitude Test.

sat. 《略》saturate; saturated; saturation.

Sat. 《略》satellite; Saturday; Saturn.

Sa·tan [séɪtn̩, -tən | -tən, -tn̩] 〘OE *Satan(as)* ▭ LL *Satān*, *Satanās* ▭ Gk *Satán*, *Satanâs* ▭ Heb. *śāṭān* enemy ← *śāṭán* to oppose〙 ― *n.* **1** 〖キリスト教〗サタン, 悪魔(のかしら), 地獄の王, 魔王, 大悪魔 (the Devil) 《通例 Lucifer と同一視される》. **2** 悪魔のような人. ***Satan rebuking sin*** 〖「罪をとがめるサタン」の意から〗自分の悪いことは棚上げして人の同じような悪いことを非難する人.

Sat·a·nas [sǽtənəs, séɪtən-, -tn̩- | sǽtə-, séɪtə-] *n.* 《古》〖キリスト教〗=Satan 1.

sa·tang [sətɑ́ːŋ] 〘▭ Thai *satān*〙 *n.* (*pl.* ～**s**, ～) **1** サタン《タイの通貨単位; =$^1/_{100}$ baht》. **2** 1 サタン貨.

sa·tan·ic [sətǽnɪk, seɪ-] 〘《1667》▭ LGk *satanik-ós*: ⇨ Satan, -ic¹〙 ― *n.* **1** [時に S-] サタンの, 悪魔の: ～ influence / the *Satanic* Host 堕落天使群 (cf. Milton, *Paradise Lost* 6. 392). **2 a** 悪魔のような; (風采が)悪魔的な: a ～ face. **b** 〈笑いなど〉嘲笑的な: a ～ laugh / with ～ glee 意地悪くほくそえんで. **c** 残忍な, 極悪非道な, 凶悪な: ～ cruelties 鬼のような残虐行為. **d** 異常な, おそろしい: ～ energy 超人的なエネルギー. **e** ぞっとする, いやな (hellish): ～ conditions. **3** 悪魔派の[から成る] (cf. Satanic school).

sa·tán·i·cal *adj.* 《古》=satanic. **～·ly** *adv.*

Satánic schòol *n.* [the ～] 悪魔派《不道徳・不信仰を特色とする作家の一派; 英国では特に Byron, Shelley などの一派を R. Southey がこう呼んだ》.

Sá·tan·ism [-tənɪzm, -tn̩- | -tən-, -tn̩-] 〘《1565》: ⇨ -ism〙 ― *n.* **1** 悪魔教, 悪魔崇拝《特に, 19 世紀後半のフランスで悪魔を神としてキリスト教をあざけり, その典礼を滑稽に模倣して黒ミサ (Black Mass) と称する儀式を行なって神を冒瀆(ぼうとく)したこと》. **2** 悪魔主義 (diabolism); 悪魔的行為[傾向]. **3** 悪魔派 (Satanic school) の特徴.

Sá·tan·ist [-tənɪst, -nəst, -tn̩- | -tənɪst, -tn̩-] 〘▭ ML *satanista*: ⇨ Satan, -ist〙 *n.* **1** 悪魔崇拝[主義]者. **2** 《古》生れつき悪人と思われている人.

Sa·ta·nol·o·gy [sèɪtənɑ́lədʒi | -tənɔ́lədʒɪ] 〘← SATAN +-o-+-LOGY〙 *n.* サタン[悪魔]研究, サタン[悪魔]論.

sat·a·ra [sətɑ́ːrə] 〘← *Satara* (インド Bombay 州の産地名)〙 *n.* サタラ《横うね織の光沢のあるラシャ》.

S.A.T.B. 《略》〖音楽〗soprano, alto, tenor, (and) bass.

satch·el [sǽtʃəl] 〘《*c*1300》▭ OF *sachel* < L *saccelum* (dim.) ← *saccus* 'SACK¹': ⇨ -el¹〙 ― *n.* **1** (教科書などを入れる皮・ズック製の通例肩にかける)学生かばん, 小かばん, ランドセル: the whining school-boy, with his ～ ランドセル背負った泣虫生徒 (Shak., *As Y L* 2. 7. 145). **2** ランドセルに似たもの[かばん].

Sat-cit-ā·nan·da [sʌ́tʃítənɑ́ndə] 〘▭ Skt ～〙 *n.* 〖ヒンズー教〗実在の現象形態《実在性 (sat), 純粋意識 (cit), 歓喜 (ānanda) の三様態より成る》.

sat·com [sǽtkɑm | -kɔm] 〘← *sat(ellite) com(munication)*〙 *n.* 〖宇宙〗衛星通信センター (cf. earth station).

satd. 《略》saturated.

sate¹ [séɪt] 〘《1600》《変形》← 《方言》*sade* < OE *sadian* ← SAD: -*t-* は L *satis* enough の影響〙 ― *vt.* 〈渇き・欲望などを〉十二分に満足させる, 満たす, 満腹させる; 飽き飽きさせる: be ～*d* with food [pleasure] 食物を十二分に食べる[十二分に楽しむ] / ～ oneself with … を満喫する.

sate² 〘ME *saat*, *sate*〙 *v.* 《古》sit の過去形.

sa·teen [sætíːn, sə-] 〘《1878》《混成》← SAT(IN)+(VELVET)EEN〙 *n.* 綿繻子(じゅす), 毛繻子.

sáte·less *adj.* 《詩・古》飽きることを知らない (insatiable).

sat·el·lite [sǽtəlàɪt, -tl̩- | -təl-, -tɪl-, -tl̩-] 〘《*a*1548》▭ (O)F ～ ∥ L *satellit-*, *satelles* guard, attendant〙 ― *n.* **1 a** 〖天文〗衛星《惑星の周囲をその引力の作用で公転する天体; 地球における月の類》: an artificial [earth] ～ 人工衛星. **b** 人工衛星 (artificial satellite). **2 a** (政治的・経済的に大国に従属する)衛星国 (satellite state). **b** 《米》衛星都市 (satellite town); (都市の)近郊. **3** (飛行場の周囲にある)付属小飛行場. **4 a** 従者; 幻影; 追従者, 居候 (dependent); 下役, 小者. **b** 付随するもの, 補充物. **5** 〖生物〗付随体《染色体のくびれの先端の小球状の部分; trabant ともいう》. ― *adj.* **1** 衛星の[に関する]. **2** (大国・大都市に対して)衛星のような関係にある; 付随する, 共存する; 隣接する: ～ states [cities] 衛星国家[都市].

sat·el·lit·ed [sǽtəlàɪtɪd, -tl̩-, -təd | -təlàɪt-, -tɪl-, -tl̩-] *adj.* 〖生物〗付随体のある: a ～ chromosome.

sátellite DNÁ *n.* 〖生物〗付随 DNA, サテライト DNA《細胞の DNA を遠心器で分けた時, 核内にある主成分と違う比重をもつ DNA; ミトコンドリアなどに含まれている DNA などがこれに当たる》.

sátellite stàtion *n.* (宇宙船の給油などの目的のための)人工衛星ステーション, 宇宙船基地.

sátellite tòwn *n.* 《英》 **1** (大都市などの近郊にある)衛星都市. **2** (都市の近郊にある)団地.

sat·el·lit·ic [sæ̀təlítɪk, -tl̩- | -təlít-, -tɪl-, -tl̩-] *adj.* = satellite.

sat·el·li·za·tion [sæ̀təlɪzéɪʃən, -lə-, -tl̩- | -təlaɪ-, -lɪ-, -tɪl-, -tl̩-] *n.* 衛星化, 従属化.

sa·tem [sɑ́ːtəm | -təm] 〘▭ Avest. *satəm* hundred: *satəm* の語頭の *s-* が IE *k* の歯擦音化を表わすことから〙 ― *adj.* 〖言語〗サテム言語群の[に属する]《印欧語族のうち, 共通基語に想定される k が s [s], š [ʃ] などの歯擦音になった言語群; インド, イラン, バルト, スラブ, アルメニア語派など; cf. centum²》: ～ languages.

sa·ti [sʌtíː, ´ー | sʌ́tiː, -tɪ, sʌtíː] *n.* 〖ヒンズー教〗= suttee.

sa·tia·ble [séɪʃəbl̩ | -ʃɪə-, -ʃə-] 〘▭ LL *satiābil-is*: ⇨ ↓, -able〙 ― *adj.* 満足させることのできる, 飽き飽きさせられる. **sà·tia·bíl·i·ty** [-ʃəbíləti | -ʃɪəbílətɪ, -ʃə-, -lɪ-] *n.* **sá·tia·bly** *adv.*

sa·ti·ate [séɪʃièɪt | -ʃɪ-] 〘《v.: *c*1532.; adj.: *c*1450》← L *satiāt-us* (p.p.) ← *satiāre* to satisfy: ⇨ satis, -ate²·³〙 ― *vt.* **1** いやというほど与える, 飽かす, 飽き飽きさせる: be ～*d* with pleasure 快楽に飽き飽きする. **2** 《まれ》〈食欲・欲望などを〉十分満足させる (satisfy). ― *adj.* 《詩・古》飽き飽きした.

sá·ti·àt·ed [-tɪd, -təd | -tɪd, -təd] *adj.* 〈食欲・欲望などが〉十分満足している; 飽き飽きした (bored).

sa·ti·a·tion [sèɪʃiéɪʃən | -ʃɪ-] 〘⇨ satiate, -ation〙 *n.* 充足すること; 充足の状態, 飽満.

Sa·tie [sætíː, sɑː-; *F.* sati], **E·rik** [erik] *n.* サティ《1866–1925; フランスの作曲家; 本名 Alfred Erik Leslie-Satie [lɛsli-]》.

sa·ti·e·ty [sətáɪəti, séɪʃiəti, -ʃə- | sətáɪətɪ, -táɪɪtɪ, séɪʃɪətɪ] 〘《1533》▭ (O)F *satiété* ▭ L *satietās* ← *satis*: ⇨ satis, -ty〙 ― *n.* **1** 飽き飽きすること[状態], 飽満: to ～ 飽き飽きするほど. **2** 欲望の充足. **3** (過度, 放縦による)嫌悪, いや気.

satíety cènter *n.* 〖解剖〗(脳の)満腹中枢.

sat·in [sǽtn̩ | -tɪn] 〘《1369》▭ (O)F ～ ▭ Arab. (*aṭlas*) *zaytūnī* 'tissue brought from *Zaytūn* (▭ Chin. *Tzu-t'ing* (福建省の海港である *Tsinkiang* の旧名))'〙 ― *n.* **1 a** 繻子(じゅす), サテン. **b** サテンの衣服[衣装]. **2** 繻

子のような(柔らかくなめらかでつやのある)表面: the ～ of a fine skin 繻子のようなきめの細かい皮膚 / the ～ of the coat of a horse つやつやしたなめらかな馬の毛並. ― *attrib. adj.* **1** 繻子[サテン]で作った: ～ shoes. **2** 繻子のような; なめらかで光沢のある: a ～ polish 繻子仕上げ / a horse's ～ coat 馬の繻子のような毛並. ― *vt.* **1** 〘製紙〙繻子[サテン]がけする, 繻子仕上げにする. **2** 〘金属加工〙〈銀器を〉梨地仕上げにする.

sátin clòth *n.* 毛繻子(けじゅす).

sat·i·net [sæ̀tənét, -tṇ-|-tɪn-] 〚□F ～: ⇨ satin, -et〛 *n.* (*also* **sat·i·nette** [～]) **1** まがい繻子(しゅす), 絹綿交織繻子. **2** (品質の劣った)薄いサテン.

sátin fìnish *n.* **1** 〘金属加工〙(銀器の)梨地仕上げ《細かい針金のブラシを用いる》. **2** 〘ガラス製造〙繻子(しゅす)仕上げ《ガラス面に繻子状の光沢をだすための仕上げ》.

sátin fìnish glàss *n.* 〘ガラス製造〙繻子(しゅす)光沢のガラス器《繻子状光沢仕上げ加工したガラス器》.

sátin·flòwer *n.* 〘植物〙 **1** ゴウダソウ(合田草) (⇨ honesty 3). **2** ニワゼキショウ (blue-eyed grass). **3** タイリンゴデチア (*Godetia grandiflora*)《米国 California 州原産アカバナ科の一年草またはその花》.

sátin glàss *n.* サテンガラス器, 繻子(しゅす)仕上げガラス器《不透明な厚手のガラスに一定の深さの刻みをつけ, 色ガラスを植込んで全体を透明ガラスでおおい, 酸で薄く食刻した繻子光沢のある米国のガラス工芸品; mother-of-pearl glass ともいう》.

sátin gýpsum *n.* 〘鉱物〙繊維石膏(こう)《真珠光沢をもった繊維状の石膏》.

sat·in·ize [sǽtənàɪz, -tṇ- | -tɪn-] *vt.* ＝satin.

sátin·lèaf *n.* 〘植物〙 **1** 北米の寒地に生じるユキノシタ科の多年草 (*Heuchera hispida*). **2** ＝caimitillo.

sátin mòth *n.* 〘昆虫〙ヨーロッパヤナギドクガ (*Stilpnotia salicis*)《ヨーロッパをはじめアメリカ, カナダなどに生息するドクガ; 成虫は光沢のある白い翅がある》.

sátin pàper *n.* (光沢のある)繻子(しゅす)紙《書簡用》.

sátin·pòd *n.* 〘植物〙ゴウダソウ (⇨ honesty 3).

sátin pòppy *n.* 〘植物〙ヒマラヤ原産のケシ科メコノプシス属の多年草 (*Meconopsis napalensis*).

sátin spàr *n.* 〘鉱物〙＝satin gypsum.

sátin stìtch *n.* サテンステッチ《刺繍の刺し方; 平行な糸で図案をすき間なく埋めてゆくもので, 裏表がほとんど同じに仕上がる》.

sátin stòne *n.* 〘鉱物〙＝satin gypsum.

sátin wèave *n.* 繻子(しゅす)織.

sátin whìte *n.* 繻子(しゅす)白《アルミナおよび石膏からなる白色顔料》.

sátin·wòod *n.* 〘植物〙 **1** (インドおよびセイロン産の)センダン科マホガニーの類の植物 (*Chloroxylon swietenia*); その木材《繻子(しゅす)のような光沢があり良質の家具用材》. **2** 西インド諸島産ミカン科サンショウ属の植物 (*Zanthoxylum coriaceum*). **3** 南米ガイアナ産のバラ科の高木 (*Feronia guayanencis*)《材は黄褐色で美しく家具材にする》.

sat·in·y [sǽtəni, -tṇi, -tni | sǽtɪni] 〚← SATIN＋-Y[4]〛 *adj.* **1** 繻子(しゅす)のような(光沢のある), つやつやした, なめらかな. **2** 強く感覚に訴える, 感覚的な.

sat·ire [sǽtaɪə | -taɪə(r)] 〚(1509) □(O)F ～ ∥ L *satira* medley, satire 《変形》← (*lanx*) *satura* full (dish) ← *lanx* dish＋*satur* full (cf. satis)〛 ― *n.* **1 a** 風刺詩[小説], 風刺文学作品《社会や個人の愚行・悪徳を機智をもって嘲笑する詩(近世以後は散文も含む); Swift の *Gulliver's Travels* など》. **b** [集合的] 風刺文学. **c** 風刺文, 落首 (lampoon). **2** 風刺, 皮肉, あてこすり, いやみ: a political and social ～ 政治的社会的風刺 / *Satire* is wasted *on* him. 彼には皮肉はききめがない / Our lives are a ～ *upon* our religion. われわれの生活はわれわれの宗教に対する皮肉だ.

sa·tir·ic [sətírɪk] 〚(1509) □F *satirique* ∥ LL *satiricus*: ⇨ ↑, -ic[1]〛 ― *adj.* **1** 風刺の[を基にした]; 皮肉な, 口の悪い, いや味を言う (sarcastic), 辛辣(しんらつ)な (caustic): a ～ style 風刺的文体. **2** 風刺を好む, 風刺のうまい, 風刺詩[文]を書く: a ～ writer [poet] 風刺作家[詩人].

sa·tír·i·cal [-rɪkəl, -rə- | -rɪ-] 〚(*a*1529): ⇨ ↑, -al[1]〛 *adj.* ＝satiric. **～·ly** *adv.*

sat·i·rist [sǽtərɪst, -rəst | -tərɪst, -tɪ-] 〚(1589) ← SATIRE＋-IST ∞ (*a*1387) ME *satiric* (⇨ satiric)〛 *n.* **1** 風刺作者, 風刺詩[文]作者. **2** 風刺家, あてこすり屋.

sat·i·rize [sǽtəràɪz | -tə-, -tɪ-] 〚(1601) □F *satiriser*: ⇨ satire, -ize〛 ― *vt.* **1** …に対して風刺詩[文]を書く[で攻撃する], 風刺する, あてこする, 皮肉を言う; ひやかす. **2** 〈弱点などを〉風刺[皮肉]の対象にする, 皮肉化する, …の皮肉となる: This detestable custom ～*s* humanity. この忌むべき慣習は人類に対する皮肉だ《こんなひどい慣習があっては人類も笑われものだ》. ― *vi.* 風刺詩[文]を書く, 風刺をいう. **sát·i·rìz·er** *n.*

sat·is [sǽtɪs, -təs | -tɪs] 〚□L ～ 'enough': ⇨ sad〛 *L. adj., adv., n.* 十分(に, な) (enough); (試験成績など)合格(で): ⇨ jam satis (巻末), satis superque (巻末).

sat·is·fac·tion [sæ̀tɪsfǽkʃən, -ṭəs-|-tɪs-] 〚(*a*1325) □(O)F ～ ∥ L *satisfactiō(n-)* satisfaction, LL penitence: ⇨ satisfy, -faction〛 ― *n.* **1 a** 満足させる[する]こと; (欲望・願望の)充足, 達成, 満足, 本望, 本懐: a feeling of ～ 満足感 / find ～ in doing …することに満足を見いだす[…して満足を覚える] / I heard the news *with* great [much] ～. その知らせを聞いて非常に満足した / express one's ～ *at* [*with*] the result 結果に満足の意を表する. **b** 満足させる事物, 満足の原因[手段]: The news was *a* great ～ to all of us. その知らせはわれわれすべてにとってたいへん満足のいくものだった / It will be *a* ～ to know that …と聞けば満足だろう. **2 a** (損失・毀損などに対する)償い, 賠償, 支払い, 弁済, 義務の履行, 賠償: ～ *for* a debt 借金の返済 / in full and complete ～ 皆済して / in ～ of …の支払い[償い]として / make ～ *for* …の賠償をする. **b** (決闘などによる)名誉回復, 雪辱; 決闘. **3** 安心して[真実なものとして]受容[認容]すること; 確信; 納得, 得心: For your private ～, I will let you know. お前にだけ納得いくように教えてやろう (Shak., *Caesar* 2. 2. 73). **4 a** 〘キリスト教〙懺悔(ざんげ)の苦行. **b** 〘カトリック〙(キリストによる)贖罪(しょくざい), 罪の償い; 贖(あがな)い人.

demand satisfaction (1) 賠償[謝罪]を要求する. (2) 決闘を申し込む. ***enter*** (***up***) ***satisfaction*** 債務支払いの完了したことを裁判所の記録に留める. ***give satisfaction*** (1) 満足を与える, 満足させる (satisfy). (2) 賠償する, 謝罪する. (3) 決闘の申し込みに応じる. ***take satisfaction for*** …のかたき[賠償]をとる: *take* ～ *for* one's wrongs 不当な取扱い[ひどい目に会ったこと]に対してかたきをとる / Ye shall *take* no ～ *for* the life of a murderer. 汝ら死に当たる故殺人(こさつにん)の生命(いのち)を贖(あがな)わしむべからず (*Num.* 35: 31). ***to one's satisfaction*** 満足のいくほど, 得心のいくように; 満足したことには: I found *to my* ～ that …ということがわかって満足した.

sat·is·fac·to·ry [sæ̀tɪsfǽkt(ə)ri, -ṭəs- | -tɪsfǽkt(ə)ri] 〚(1547) □LL *satisfactōri-us*: ⇨ ↑, -ory〛 ― *adj.* **1 a** 満足な, 満足すべき, 意に満ちた, 思い通りの, 申し分のない, 十分な: The answer is not ～. 返事は満足すべきものでない / My pupil's progress was ～. 教え子の進歩は申し分なかった / His behavior is anything but ～. 彼の行状は全くおもしろくない. **b** ちょうどよい, 良好な, よい (adequate): ～ results [scores] 好結果, 好成績 / The cooking here is very ～. ここの料理は非常によい. **c** 疑念[無知]を晴らしてくれる, 納得させる, 確かな: the most ～ fact on the case. **2** 〘神学〙贖罪(しょくざい)の, 十分罪の贖(あがな)いとなる: The sacrifice of Christ was ～ *for* the sins of mankind. キリストの犠牲は全人類の罪悪を贖(あがな)うに十分であった. **sàt·is·fác·to·ri·ly** [-rəli, -rɪ- | -lɪ] *adv.* **sàt·is·fác·to·ri·ness** *n.*

sat·is·fi·a·ble [sǽtɪsfàɪəbl, -ṭəs-, ⌐－－－－ | -tɪs-] *adj.* 満足させることのできる; 支払うことのできる.

sát·is·fied *adj.* **1** 満足した, 満ち足りた. **2** 〈請求書など〉皆済した (discharged). **3** (議論・証拠などで)確信[得心, 納得]した.

sat·is·fy [sǽtɪsfàɪ, -ṭəs-|-tɪs-] 〚(*c*1430) □OF *satisfier* □L *satisfacere* ← *satis* enough＋*facere* to make: ⇨ satis, -fy〛 ― *vt.* **1 a** 〈欲望・望みなどを〉満足させる (satiate); 〈必要・条件などを〉満たす (fulfill); 〈要求・期待など〉に応(こた)える (meet): ～ one's appetite [hunger, thirst] (*with* …) (…で)食欲[空腹, かわき]をいやす / ～ one's ambitions [aspirations] 大望[宿望]を達する / ～ requirements for graduation 卒業に必要な条件を満たす / ～ a person's expectations [demands] 人の期待[要求]に応える. **b** 〈絵画・音楽などが〉〈目・耳などを〉楽しませる (please). **2 a** 〈人を〉満足させる, 〈人〉の意を満たす (gratify): ～ a person by carrying out his instructions 指示されたことを成し遂げて人の意にかなう / Nothing *satisfies* him. 何物も彼を満足させない. **b** [p.p. 形で形容詞的に] 満足して〔*with, at*〕/ 〈to do〉: rest *satisfied* 満足している, 甘んじる / I am not *satisfied with* [*at*] her work. 彼女の仕事には不満足だ / They were *satisfied to* get equal shares. 分け前を平等にもらえて満足だった. **3** 〈債務を〉果す, 履行する; 〈請求〉に応ずる; 〈負債を〉支払う, 〈債権者〉に皆済する (discharge): ～ an obligation 債務を果す / ～ a claim for damage 損害賠償の請求に応ずる / ～ one's debts [creditors] 負債を[債権者に]弁済する. **4** [しばしば p.p. 形または ～ *oneself* で] 〈人〉に納得[得心, 確信]させる〔*of, about*〕/ 〈*that*〉: I'll ～ him of the matter. そのことは私が彼に得心させよう / ～ the police *that* one is innocent 自分が無罪であることを警察に納得させる / I *satisfied myself of* his honesty [*that* he was honest]. 私は彼が正直だという確信を得た / He *was satisfied* (*that*) the report was true. その報告は間違っていないと確信していた / There's a good deal that I'*m* not *satisfied about*. 納得がいかないでいることがたくさんある. **5** 〈疑念・心配などを〉晴らす; 〈異議・疑問など〉に十分に答える: ～ one's fears, anxiety, doubts, etc. / ～ an objection, a question, etc. **6 a** 〈罪・悪事を〉償う, 贖(あがな)う: ～ a sin [wrong]. **b** 〈人〉に償い[補償]をする (indemnify): ～ people deprived of their lands 土地を奪われた人々に補償を与える. **7** 〘数学〙(…の条件を)満たす, 満足させる: ～ a hypothesis 仮説の条件を満たす / ～ an algebraic equation 代数方程式を満足させる / ～ the necessary condition 必要条件を満たす. ― *vi.* **1** 満足を与える, 十分に満足させる. **2** 〘神学〙〈キリストが〉人類の罪の贖(あがな)いをする.

satisfy the examiners ⇨ examiner 成句.

sát·is·fi·er *n.*

sát·is·fỳ·ing *adj.* **1** 満足を与える, 満足な, 申し分のない, 十分な. **2** 疑いを晴らすに十分な, 納得できる, 得心の行く, 確かな. **～·ly** *adv.* **～·ness** *n.*

sa·to·ri [sətɔ́ːri, -tóːri | -tɔ́ːri] 〚□Jap.〛 *n.* (禅の)悟り.

sa·trap [séɪtræp, sǽt-, sǽtrəp | sǽtrəp, -træp] 〚(*c*1390) □(O)F *satrape* ∥ L *satrap-ēs* □Gk *satrápēs* □OPers. *xshathrapāvan* protector of the country〛 ― *n.* **1** (古代ペルシャ帝国の)地方総督, 太守 (governor); 副王 (viceroy). **2** (属領地・植民地の)専制的な総督.

sa·trap·y [séɪtrəpi, sǽt-, -træpi | sǽtrəpɪ] 〚(1603) □F *satrapie* ∥ L *satrapīa* □Gk *satrapeía*: ⇨ ↑, -y[1]〛 ― *n.* **1** satrap の支配する管区[領地]. **2** satrap の統治.

sat·su·ma [sætsúːmə, sǽtsu- | sǽtsu-, sætsúː-] 〚(1872) □Jap.〛 ― *n.* **1** [S-] 薩摩(さつま)焼き《日本の最も有名な製品としてヨーロッパで誤って見られてきた磁器の一種; Satsuma ware ともいう》. **2** 〘園芸〙ウンシュウミカン (*Citrus unshiu*)《鹿児島原産; satsuma mandarin, satsuma orange ともいう》.

satt·va [sʌ́tvə] 〚□Skt ～ 《原義》existence ← *sa*(*n*)*t* existing, true〛 ― *n.* **1** 〘インド哲学〙サットヴァ, 純質《数論(すうろん)派 (Sankhya) の形而上学における三要素 (gunas) の一つ》. **2** 〘仏教〙衆生, 有情.

satt·vic [sʌ́ːtvɪk] *adj.* 〘インド哲学〙サットヴァ (sattva) 的な; 心が平静な, 悟った.

sat·u·ra·ble [sǽtʃ(ə)rəbl, -tʃʊ-] 〚□LL *saturābil-is*: ⇨ saturate, -able〛 *adj.* 飽和できる. **sat·u·ra·bil·i·ty** [sæ̀tʃ(ə)rəbíləṭi, -tʃʊ- | -lətɪ, -lɪ-] *n.*

sáturable reáctor *n.* 〘電気〙可飽和リアクトル (略 SR).

sat·u·rant [sǽtʃ(ə)rənt, -tʃʊ-] 〚□L *saturant-em* (pres.p.) ← *saturāre*: ⇨ ↓, -ant〛 *adj.* 飽和する (saturating). ― *n.* 飽和剤.

sat·u·rate [sǽtʃərèɪt, -tʃʊ-] 〚(1538) ← L *saturāt-us* (p.p.) ← *saturāre* to fill ← *satur* full (cf. *satis* enough): ⇨ -ate[3]〛 ― *vt.* **1 a** …に〔…を〕深くしみ込ませる, 〔…に〕浸す (steep)〔*with*〕: ～ a sponge *with* water スポンジに水を十分含ませる / ～ oneself *with* sunshine 日光浴をする. **b** ずぶぬれにする (soak): be ～*d* by the rain 雨でびしょぬれになる. **c** 〔…で〕満たす, いっぱいにする (fill)〔*with*〕: ～ a market *with* products 市場に製品を充満させる / The room was ～*d with* perfume. その部屋は香水のにおいでいっぱいだった. **2 a** [～ *oneself* で]〔研究題目・ある作家などに〕没頭させる〔*in*〕: ～ *oneself in* Roman history ローマ史に没頭する. **b** [p.p. 形で]〔学問・伝統・偏見などが〕しみ込む (imbue)〔*with*〕: His novel *is* ～*d with* prejudice to Christianity. 彼の小説はキリスト教に対する偏見を含んでいる. **3** ぎりぎりまで積む[入れこむ, いっぱいにする], 満載する. **4** (一度に多数の航空機を送り込み敵の探知追随機器を攪乱することによって)〈敵方の防空管制組織を〉無力化する[麻痺させる]. **5** 《廃》十分満足させる, 充足させる (satiate). **6** 〘軍事〙〈ある目標地区を〉(砲弾・爆弾・ミサイルなどの集中攻撃で)完全破壊する (cf. saturation bombing). **7** 〘化学・物理〙〈蒸気・溶液・化合物・電流・磁気を〉飽和させる.
― [sǽtʃ(ə)rət, -tʃʊ-, -rɪt, -tʃʊrèɪt] *adj.* ＝saturated.

sát·u·ràt·ed [-ṭɪd, -ṭəd | -tɪd, -təd] *adj.* **1 a** しみ込んだ, 充満した (pervaded): a style ～ *with* affectation よくよくきざな文体. **b** ずぶぬれの (soaked). **2** ぎりぎりいっぱいになった. **3** 満足した (satisfied). **4** 〈スペクトラムなどの色が〉強い, 鮮明な, 全然白色のはいっていない (cf. saturation 5). **5** 〘化学〙飽和した《原子価が満たされている, あるいは飽和濃度, 飽和圧に達している》: ～ solution 飽和溶液.

sáturated cómpound *n.* 〘化学〙飽和化合物《不飽和結合をもたない有機化合物》.

sáturated díving *n.* ＝saturation diving.

sáturated líquid *n.* 〘物理化学〙飽和液体.

sáturated stéam *n.* 〘化学〙 **1** 飽和水蒸気. **2** ＝wet steam.

sáturated vápor *n.* 〘化学〙飽和蒸気.

sát·u·ràt·er [-ṭə | -tə(r)] *n.* ＝saturator.

sat·u·ra·tion [sæ̀tʃəréɪʃən, -tʃʊ-] 〚□LL *saturātiō(n-)*: ⇨ saturate, -ation〛 ― *n.* **1** 十分にしみ込む[ませる]こと, 浸透, 浸潤, ずぶぬれ. **2** (蒸気・溶液・電流・磁気などの)飽和(状態). **3** ぎりぎりいっぱいになること[状態], 極限状態. **4** 充足, 満足. **5** 〘光学〙(色の)彩度《色の心理的な属性の一つで色の鮮かさの度合, 無彩色からのへだたりを表わす》. **6** 〘気象〙(大気中の水蒸気の)飽和状態《湿度 100%》. **7** 〘商業〙 **a** (商品の)市場への過剰供給, 市場飽和. **b** 消費者能力の限界. **c** 大衆受容率. **8** 〘軍事〙(敵の防御施設を圧倒[完全破壊]するに足る軍事力・火力などの)集中.

saturátion bòmbing *n.* 〘軍事〙完全爆撃, 集中爆撃《ある限定地域の完全破壊を目的とする最大限の爆撃努力; cf. pattern bombing》.

saturátion cùrrent *n.* 飽和電流.

saturátion cùrve *n.* 飽和曲線.

saturátion dìving [**dìve**] *n.* 飽和潜水《潜水法の一種で, 潜水体内の混合気体を飽和状態に保って減圧・増圧の変化に耐えるようにする方式》. **saturátion dìver** *n.*

saturátion fàctor *n.* 〘電気〙飽和率, 飽和係数.

saturátion lèvel *n.* 〘生態〙＝carrying capacity 2.

saturátion pòint *n.* 飽和点.

saturátion prèssure *n.* 〘化学〙飽和圧力.

sát·u·rà·tor [-ṭə | -tə(r)] 〚← SATURATE＋-OR[2]〛 *n.* **1**

飽和させるもの. **2** 〖化学〗飽和器, 飽和槽.

Sat·ur·day [sǽtədi, -dèɪ | -tədɪ, -dèɪ] 〖OE *Sæterdæġ, Sætern(es) dæġ* (cog. Du. *zaterdag* / LG *saterdag*)《なぞり》← L *Sāturni diēs* 'day of (the planet) SATURN'《なぞり》← Gk *Krónou hēméra* 'day of CRONUS'〗 **—** *n.* 土曜日 (略 Sat., Sa, Sa.). **—** *adv.* 《口語》土曜日に (on Saturday).

Sáturday nìght spécial 〖《1968》週末の犯罪によく使われるから〗 *n.* 《米口語》(安物の)小型ピストル.

Sat·ur·days [sǽtədiz, -dèɪz | -tədɪz, -dèɪz] 〖⇨ -s² 1〗 *adv.* 土曜日に (on any Saturday), 土曜日ごとに (on every Saturday).

Sáturday-to-Mónday *adj.* 土曜日から月曜日にかけての, 週末の (weekend). **—** *n.* 週末休暇.

Sat·urn [sǽtən | -tən, -tə:n] 〖OE *Sætern-, Saturnus* ▭ L *Sāturn-us* ← ? Etruscan: 通俗語源で L *sāt-, serere* to sow と連想された〗 **—** *n.* **1** 〖ローマ神話〗サトゥルヌス《農耕の神; Jupiter 以前の黄金時代に世界を支配した主神; ギリシャ神話の Cronus に当たる》. **2** 〖天文〗土星《太陽系で 2 番目に大きい惑星; 主な衛星 Mimas, Enceladus, Tethys, Dione, Rhea, Titan, Hyperion, Iapetus, Phoebe, Janus, その他 1979–81年にかけて数個の衛星を発見; 数条の環(ring)をもつ》. **3** 〖古化学〗鉛 (lead) (cf. saturnic). **4** 〖宇宙〗サターン《人工衛星・宇宙船などを打ち上げる米国の大型ロケット》.

Sat·ur·na·lia [sæ̀tənéɪljə, -liə | -tə(:)néɪljə, -lɪə] 〖《1591》▭ L *Sāturnālia* (neut. pl.) ← *Sāturnālis* (adj.) ← *Sāturnus* (↑): ⇨ -ia²〗 **—** *n. pl.* **1** [the ~; 単数または複数扱い] (古代ローマの)サトゥルヌスの祭り, サトゥルナリア, 農神祭《12月の収穫祭で冬至の祝い; 奴隷が解放され大祝宴が催された》. **2** [s-; 通例単数扱い] お祭り騒ぎ, 無礼講, 底抜け騒ぎ; 勝手放題: a *saturnalia* of crime したい放題の悪事. ★ 2 は複数形に saturnalias も用いられる.

Sat·ur·na·lian [sæ̀tənéɪljən, -liən | -tə(:)néɪljən, -lɪən] *adj.* **1** サトゥルヌス祭の, 農神祭の. **2** [通例 s-] お祭り騒ぎの, 底抜け騒ぎの, 無礼講の; したい放題の.

Sa·tur·ni·an [sætə́:niən, sə- | -tə́:njən, -nɪən] 〖《1557》← L *Sāturnius* (← *Sāturnus*) + -AN¹: ⇨ Saturn〗 **—** *adj.* **1** 農神サトゥルヌス (Saturn) の. **2** 《サトゥルヌス神の支配した時代は黄金時代だと考えられたことから》《古》黄金時代のような; 幸福な: the ~ age 黄金時代. **3** 〖天文〗土星の. **—** *n.* **1** 想像上の土星の住民, 土星人. **2** 〖詩学〗=Saturnian verse.

Satúrnian vérse *n.* 〖詩学〗サートゥルヌス詩体《ギリシャ詩の影響を受ける前の初期ラテン詩体》.

sa·tur·nic [sætə́:nɪk, sə- | -tə́:-] *adj.* 鉛中毒にかかった (cf. Saturn 3).

sa·tur·ni·id [sætə́:niɪd, sə-, -niəd | -tə́:nɪɪd] 〖↓〗 〖昆虫〗 **—** *adj.* ヤママユガ科の, ヤママユガ科の. **—** *n.* ヤママユ《ヤママユガ科のガの総称; 大型で美麗なものが多く, まゆは絹糸の原料》.

Sat·ur·ni·i·dae [sæ̀tənáɪədì: | -tənáɪɪ-] 〖← NL ~ ← *Sāturnia* (属名: ← L *Sāturnia* daughter of Saturn) + -IDAE〗 *n. pl.* 〖昆虫〗(鱗翅目)ヤママユガ科.

sat·ur·nine [sǽtənàɪn | -tə-] 〖《c1433》▭ (O)F *saturnin*: ⇨ Saturn, -ine³〗 **—** *adj.* **1 a** 《古》土星の影響を受けて生れた. **b** 〈気質・顔色など〉むっつりした, 気むずかしい, 陰気な: a ~ expression of face 顔の陰気な表情 / a man of ~ temper 陰気な気質の人. **c** 冷笑的な, ひねくれた: a ~ smile. **2 a** 《古》鉛の, 鉛に似た: ~ poisoning 鉛毒. **b** 鉛中毒にかかった, 鉛毒の: ~ patients [symptoms] 鉛毒患者[症状]. **~·ly** *adv.*

sát·ur·nìsm [-nìzm] *n.* 〖病理〗鉛中毒(症), 鉛毒症 (lead poisoning).

Sat·ya·gra·ha, s- [sʌtjɑ́:grəhə, sʌ́tjəgrɑ̀həj] 〖▭ Hindi *satyāgraha*《原義》truth-grasping ← *satya* truth (← *sa(n)t* existing, true) + *āgraha* clinging to (← *ā* to + *gṛbhṇāti* he seizes)〗 **—** *n.* サチャグラハ, 無抵抗非屈服運動《1919 年 M. K. Gandhi によって提唱された抗英闘争戦術; cf. Gandhism》.

sat·ya·lo·ka [sʌ̀tjəlóʊkə | -lə́ʊ-] 〖▭ Skt ~ ← *satya* (↑) + *loka* shining〗 **—** *n.* 〖インド神話〗真実の世界《そこで梵天と弁才天がバラモンと共に住むといわれる最高の世界》.

Sat·ya Yu·ga [sʌ́tjə júgə] 〖⇨ Yuga〗 *n.* 〖ヒンズー教〗黄金時代 Yuga 中の最初の時代《Krita Yuga ともいう》.

sa·tyr [séɪtə, sǽtə | sǽtə(r)] 〖《c1385》▭ (O)F *satyre* // L *satyr-us* ▭ Gk *sáturos*《原義》? sower ← IE **sē(i)-* 'to sow¹'〗 **—** *n.* **1** [しばしば S-] 〖ギリシャ神話〗サテュロス《Dionysus の従者で半人半獣の森の神の一人; 酒と女が大好物; ローマ神話の faun に当たる》. **2** 好色家; 男子性欲亢(こう)進患者, 色情狂. **3** 〖昆虫〗ジャノメチョウ《ジャノメチョウ科の蝶の総称; satyr butterfly ともいう》. **4** 〖動物〗=orangutan.

sa·ty·ri·a·sis [sèɪtəráɪəsɪs, sæ̀t-, -səs | -tɪráɪəsɪs] 〖← NL ~ ← Gk *saturíāsis*: ⇨ ↑, -iasis〗 **—** *n.* (*pl.* **-a·ses** [-si:z]) 〖病理〗**1** 男子性欲亢(こう)進症, 男子色情症 (cf. nymphomania). **2** 獅子(し)面症.

sa·tyr·ic [seɪtírɪk, sə-, sæ- | sə-] 〖《1607》▭ L *satyricus* ▭ Gk *saturikós*: ⇨ -ic¹〗 *adj.* サテュロス(satyr)の. **sa·týr·i·cal** *adj.*

satýric dráma *n.* =satyr play.

sa·ty·rid [sətáɪrɪd, séɪtər-, sǽt-, -rəd | sətáɪərɪd, séɪtər-, sǽt-] 〖↓〗 〖昆虫〗 **—** *adj.* ジャノメチョウ(科)の. **—** *n.* ジャノメチョウ《ジャノメチョウ科のチョウの総称》.

Sa·tyr·i·dae [sətírədì: | -rɪ-] 〖← NL ~ ← *Satyrus* (属名: ⇨ satyr) + -IDAE〗 *n. pl.* 〖昆虫〗(鱗翅目)ジャノメチョウ科.

sa·tyr·o·ma·ni·a [sèɪtəro(ʊ)méɪniə, sæ̀t- | -tɪrə(ʊ)méɪnjə, -nɪə] *n.* 〖病理〗=satyriasis.

sa·tyr·o·ma·ni·ac [sèɪtəro(ʊ)méɪniæ̀k, sæ̀t- | -tɪrə(ʊ)méɪnɪ-] 〖← SATYR + -O- + MANIAC〗 *n.* 好色家.

sátyr plày *n.* サテュロス劇《古代ギリシャで悲劇の後で演じた一種の茶番狂言; 神々の事績などを茶化したもので大勢の satyrs に扮した役者の合唱があった》.

sa·u [sáʊ:] 〖▭ Vietnamese *xu*, ~ ▭ F *sou* 'SOU'〗 *n.* (*pl.* ~) =xu.

sauce [sɔ́:s] 〖《a1375》▭ (O)F ~ < VL **salsa(m)* (fem.) ← *salsus* salted ← *sallere* to salt ← *sāl* 'SALT'〗 **—** *n.* **1** ソース《料理や菓子などに用いる調味料》: ⇨ barbecue sauce, white sauce, Worcester sauce / What's ~ for the goose is ~ for the gander.《諺》⇨ goose 1 b / Hunger is the best ~.《諺》⇨ hunger 1 a. **2** 《米中部》(デザートまたは料理の付合わせに用いる)果物の砂糖煮: ⇨ applesauce, cranberry sauce. **3** [《米》では sǽ(:)s, sɔ́:s] 《米》(肉の付合わせとして用いる)野菜, 青物, サラダ《garden sauce ともいう》. **4** 味をつける物, 面白味, 活を入れるもの: It is a ~ to the monotony of a quiet life. それは静かな単調な生活に興味を添えるものだ / It is tame without the ~ of danger. 危険味がないとは面白くない. **5** [《米》では sǽ(:)s, sɔ́:s] 《口語》ずうずうしさ, 厚かましさ; 生意気な言葉[行動]: give ~ to a person 人に生意気なまねをする / None of your ~! =Don't come with any of your ~! =I don't want any of your ~! 生意気言うな. **6** [the ~] 《米俗》酒 (liquor): be off *the* ~ 酒を断っている.

serve the same sauce to a person **=** ***serve a person with the same sauce*** 〈人〉にしっぺい返しをする, 返報をする. ***The sauce is better than the fish.*** 添えもののほうが本体よりすぐれている.

— *vt.* **1** …にソースをかける, に味をつける. **2** …に刺激[興味]を与える, に面白味をつける: a sermon *~d with* wit 機知で興味を添えた説教. **3** 《口語》…にずうずうしくする, 無礼[生意気]を言う. **4** 《古》…のはげしさを和げる; …に気持よくする.

sáuce-alóne *n.* 〖⇨ ↑, alone: これがあればソースは不要との意〗 **—** *n.* 〖植物〗ニンニクの香りのするヨーロッパ産バラ科ザイフリボク属の香料植物 (*Amelanchier alnifolia*) (cf. garlic mustard).

sáuce·bòat *n.* 舟形ソース入れ.

sáuce·bòx *n.* 《口語》生意気な青二才, こましゃくれ者.

sauce es·pagn·ole [sɔ́:sèspənjóʊl, -pæ- | -pənjɔ́l; F. sosɛspaɲɔl] 〖▭ F ~ 'Spanish sauce'〗 *n.* =brown sauce.

sauce fi·nan·cière [sɔ́:s-fì:nɑ̃:(n)sjέə, -nɔ̃:(n)-, -nɑ:n-, -nɔ(:)n- | -sjέə(r; F. sosfinɑ̃sjɛ:r] *n.* フィナンシエールソース (⇨ financière).

sáuce·less *adj.* ソースのない.

sáuce·pàn [-pæ̀n | -pən] *n.* ソースパン《通例, 長い柄のついた深なべ》.

sau·cer [sɔ́:sə | -sə(r)] 〖《? a1300》▭ OF *saussier* (F *saucière*) sauceboat (⇨ sauce, -er¹)《なぞり》? ← LL *salsārium*〗 **—** *n.* **1** (コーヒー茶碗の)受け皿, 下皿, 台皿, 茶托, ソーサー: a cup and ~ [kʌ́p(ə)nsɔ́:sə | -sə] ソーサー付きコーヒー茶碗. **2 a** ソーサー状のもの. **b** 植木ばちの下じき皿. **c** (土地の)浅いくぼみ. **d** =flying saucer.

sáucer dòme *n.* 〖建築〗皿状ドーム, 扁平ドーム, ソーサードーム《通常の半球形のドームより背の低いドーム; ビザンチン建築にしばしば見られる》.

sáucer èye *n.* 皿(さら)のような丸い目.

sáucer-eỳed *adj.* 目が皿のような, 目を見張った, まん丸い(大きな)目をした.

sau·cer·ful [sɔ́:səfʊ̀l | -sə-] *n.* (*pl.* **~s, sau·cers·ful**) saucer 一杯(分) [*of*].

sáucer làke *n.* 〖地理〗(近接する二本の川の間にできた小皿状の)沼湖.

sáucer·màn [-mæ̀n] *n.* (*pl.* **-men** [-mèn]) 空飛ぶ円盤で飛行する人, 宇宙人.

sauce su·prême [sɔ́:s-suprí:m, -sə-, -su:-, -préɪm | -s(j)u-, -s(j)u:-, -sə-; F. sossyprɛm] 〖▭ F ~《原義》supreme sauce〗 **—** *n.* シュプレームソース (suprême)《鶏肉の出し汁, または velouté に生クリームを加えて造った濃いソース》.

sauch [sɔ́:x, sɑ́:x] *n.* =saugh.

sau·cy [sǽsi, sɔ́:si | sɔ́:sɪ] 〖《1508》← SAUCE + -Y⁴〗 **—** *adj.* (**sauc·i·er; -i·est**) **1 a** ずうずうしい, 生意気な: a ~ answer, child, etc. / It was ~ *of* you to contradict your father. おやじにさからうなんて君も生意気なことをしたものだ. **b** 小気味のよい, 威勢のよい, 快活な. **2** 《口語》〈舟・自動車・帽子など〉気のきいた, いきな (smart, stylish): a ~ little boat [hat] スマートな小形のボート[帽子]. **sáuc·i·ly** [-sɪli, -sə- | -lɪ] *adv.* **sáuc·i·ness** *n.*

Sáu·di Arábia [sáʊdi-, sɑ:ú:di- | sáʊdɪ-, sɔ́:dɪ-] *n.* サウジアラビア《Arabia 半島の大部分を占める王国; Hejaz, Nejd などの地方からなる; 人口 7,013,000, 面積 2,240,000 km², 首都 Riyadh, 宗教上の首都 Mecca; 公式名 the Kingdom of Saudi Arabia サウジアラビア王国》.

sau·er·bra·ten [sáʊəbrɑ̀:tn̩, záʊə- | sáʊə-; G. záʊɐbrà:tn̩] 〖▭ G ~ ← *sauer* 'SOUR' + *Braten* roast-meat〗 **—** *n.* ザウアーブラーテン《酢漬けにした牛肉を表面を焼いてから蒸し煮にしたドイツの料理》.

sau·er·kraut [sáʊəkràʊt | sáʊə-; G. záʊɐkràʊt] 〖《1617》▭ G ~ ← *sauer* (↑) + *Kraut* cabbage〗 **—** *n.* ザウエルクラウト《塩漬けにして発酵させた酸味のあるキャベツ; 肉料理のつけ合わせなどに用いる; choucroute ともいう》.

sau·ger [sɔ́:gə | -gə(r)] 〖← ? Am.-Ind.〗 *n.* 《米》〖魚類〗カナダや北米などの淡水(まれに汽水)に生息するスズキ目パーチ科の一種 (*Stizostedion canadense*).

saugh [sɑ́:x, sɔ́:x, sáʊx] 〖OE (Anglian) *salh*: SALLOW¹ と二重語〗 *n.* 《スコット》〖植物〗ヤナギ (willow).

Sauk [sɔ́:k] 〖▭ N-Am.-Ind. (Algonquian) *Osākiwūg*《原義》people of the outlet〗 **—** *n.* (*pl.* ~, ~s) **1 a** [the ~(s)] ソーク族《Algonquian 族に属するアメリカインディアンの一種族; Michigan から移って今は Iowa, Oklahoma, Kansas, その他の州に居住する; Sac ともいう》. **b** ソーク族の人. **2** フォックス族 (Fox) の方言.

saul [sɔ́:l] *n.* =sal¹.

Saul [sɔ́:l] 〖▭ L *Saul* ▭ Heb. *Šā'ūl*《原義》asked for ← *šā'al* to ask〗 **—** *n.* **1** 男性名. **2** 〖聖書〗サウル《イスラエルの第一代の王; cf. *1 Sam.* 9》. **3** 〖聖書〗サウロ《使徒 Paul のもとの名; Saul of Tarsus ともいう; cf. *Acts* 9: 1–30》.

Saul among the prophets 意外な性質や才能を発揮する人, 意外な共感を示す人 (cf. *1 Sam.* 10: 11).

sault [sú:] 〖▭ F《方言》~ =*saut* < L *saltum* a leap〗 *n.* 滝 (waterfall), 急流, 早瀬 (rapid).

Sáult Sàinte Maríe *n.* =Sault Ste. Marie.

Sault Ste. Ma·rie [sú:sèɪntmərí: | -sən(t)-, -sɪn(t)-, -sn̩(t)-] 〖▭ F *Sault de Sainte Marie*《原義》falls of St. Mary〗 **—** **1** [the ~] 北米の Superior 湖と Huron 湖の間にある St. Marys 川の急流. **2** 同上の近くにある都市(カナダ側・米国側合わせて人口 81,000)《Sault Sainte Marie ともいう》.

Sáult Ste. Maríe Canáls *n. pl.* [the ~] スーセントマリー運河《米国とカナダの境 Superior 湖と Huron 湖とをつなぐ二つの運河; 一つはカナダ, 一つは Michigan 州にある; 世界一交通量の多い運河 (2.3 km); Sault Sainte Marie Canals または Soo Canals ともいう》.

sau·mur [soumjúə | səʊmjúə(r; F. somy:r] 〖← F *Saumur* (フランスの Maine-et-Loire にある産地名)〗 **—** *n.* ソーミュール(ワイン)《フランス産のシャンペンに似た白ぶどう酒》.

sau·na [sáʊnə | sɔ́:nə, sáʊnə] 〖《1936》▭ Finn. ~《原義》bathroom〗 **—** *n.* **1** サウナ(風呂)《熱い石に水をかけた蒸気を利用するフィンランドの蒸し風呂; 入浴後皮膚を樺(かば)または西洋杉の枝で軽く打つ; 熱気浴を主とするものもある》. **2** サウナ浴場.

sáun·ders·wòod [sɔ́:ndəz-, sɑ́:n- | sɔ́:ndəz-] 〖← 《廃》*saunders* (▭ MF *sandre*: ⇨ sandal²) + WOOD〗 *n.* 〖植物〗ビャクダン (sandalwood).

saun·ter [sɔ́:ntə, sɑ́:n- | sɔ́:ntə(r)] 〖《a1500》*santre(n)* ← 《廃》*sauntrell* ? pretended saint: ⇨ saint, -rel: cf. AF *s'auntre* =F *il s'aventure* he adventures (himself)〗 **—** *vi.* **1** 散歩する, ぶらつく, 歩き回る: ~ *about* [*to* and *fro*] あちこち[あてもなく]歩き回る / ~ *along* the street [*through* the park] 通りを[公園の中を]ぶらぶら散歩する. **2** 《古》のらくらと時を過ごす, ぶらぶら暮す: ~ *through* life のらくらと人生を送る. **—** *n.* **1** 散歩, 漫歩, ぶらぶら歩き. **2** ぶらぶらした歩き方[足取り]. **~·er** [-ṭərə, -trə | -t(ə)rə(r)] *n.*

sáun·ter·ing·ly [-ṭərɪŋli | -t(ə)rɪŋlɪ] *adv.* ぶらぶらと, ぶらついて.

saur- [sɔ:r] (母音の前に来る時の) sauro- の異形.

-saur [-sɔ̀:ə | -sɔ̀:(r)] 〖← Gk *saûros* lizard〗「トカゲ (lizard)」の意の名詞連結形: dino*saur*, ichthyo*saur*.

-sau·ra [sɔ́:rə] 〖← NL ~ ← Gk *saúra*: ⇨ -saur〗〖動物〗[属名に用いて]「トカゲ (lizard)」の意の名詞連結形: Chamae*saura*.

sau·rel [sɔ:rél, sɔ́:rəl] 〖▭ F ~ ← LL *saurus* ▭ Gk *saûros* horse mackerel, lizard〗 **—** *n.* 〖魚類〗マアジ属 (*Trachurus*) の海水魚の総称《マアジ (*T. japonicus*), jack mackerel など》.

Sau·ri·a [sɔ́:riə | -rɪə] 〖← NL ~ ← LL *saurus* (↑): ⇨ -ia²〗 *n. pl.* 〖動物〗トカゲ類.

sau·ri·an [sɔ́:riən | -rɪ-] 〖《1807–29》: ⇨ ↑, -ian〗〖動物〗 *adj.* **1** トカゲ類 (Sauria) の. **2** トカゲに似た. **—** *n.* トカゲの類の動物《トカゲ・カナヘビなど》.

Saur·is·chi·a [sɔ:rískiə | -kɪə] 〖← NL ~: ⇨ sauro-, ischium〗 *n. pl.* 〖古生物〗竜盤目.

saur·is·chi·an [sɔ:rískiən | -kɪ-] 〖⇨ ↑, -an¹〗〖古生物〗 **—** *n.* (恐竜を骨盤の構造によって 2 大別した中の一つ)竜盤目の肉食・草食恐竜 (cf. ornithischian). **—** *adj.* 竜盤目の.

sau·ro- [sɔ́:ro(ʊ) | -rə(ʊ)] 〖← NL ~ ← Gk *saûros* lizard〗「トカゲ (lizard)」の意の連結形. ★ 母音の前では通例 saur- になる.

sau·roid [sɔ́:rɔɪd] 〖← NL *Sauroidei*: ⇨ ↑, -oid〗 **—** *adj.* トカゲのような, トカゲ状の. **—** *n.* 〖魚類〗ガーパイクやチョウザメの仲間の魚《菱形の大きい鱗やトカゲ的な歯をもつ》.

sau·ro·pod [sɔ́:rəpɑ̀d | -pɔ̀d] 〖← NL *Sauropoda*: ⇨ sauro-, -pod〗〖古生物〗 **—** *n.* 竜脚亜目の恐竜《dinosaur の一種で, 主にジュラ紀の地層中に発見される》. **—** *adj.* =sauropodous.

Sau·rop·o·da [sɔ:rɑ́pədə | -rɔ́p-] 〖← NL ~: ⇨ sauro-, -poda〗 *n. pl.* 〖古生物〗竜脚亜目.

sau·ro·po·dous [sɔːrɑ́pədəs | -rɔ́p-] *adj.* 〖古生物〗竜脚亜目の.

Sau·ru·ra·ce·ae [sɔ̀ːrəréɪsiìː] 〖← NL ～: ⇨ sauro-, -urus, -aceae〗 *n. pl.* 〖植物〗(双子葉植物コショウ目)ドクダミ科. **sàu·ru·rá·ceous** [-ʃəs] *adj.*

-sau·rus [sɔ́ːrəs] 〖← NL ～ ← Gk *saûros* lizard〗〖動物〗「トカゲ(lizard)」の意の名詞連結形: bronto*saurus*.

sau·ry [sɔ́ːri | -rɪ] 〖← NL *saurus* (⇨ saurel)＋-Y[1]〗 *n.* 〖魚類〗 **1** 大西洋産のサンマ科の魚 (*Scomberesox saurus*). **2** サンマ (*Cololabis saira*)《太平洋産》.

saus·age [sɔ́ːsɪdʒ | sɔ́s-] 〖《15C》 *sausige* ◻ONF *saussiche* (F *saucisse*) < ML *salsīciam* ← L *salsus* salted: ⇨ sauce〗 ── *n.* **1 a** ソーセージ, 腸詰め. **b** ＝sausage meat. **2 a** ソーセージ型のもの: a ～ finger 先まで太い指. **b** ＝sausage balloon. **3** 《米口語》〖軽蔑的に〗ドイツ人 (Boche).

not a sausage 《俗》少しも…ない (nothing at all).

sáusage ballòon *n.* ソーセージ型係留観測気球 (kite balloon).

sáusage bassòon *n.* ラケット (⇨ rackett).

sáusage cùrl *n.* ソーセージカール《ソーセージの形に似せて作った巻き毛》.

sáusage dòg *n.* 《口語》ダックスフント (duchshund).

sáusage-machìne *n.* ソーセージ用肉ひき器.

sáusage mèat *n.* 豚の細かいひき肉《ソーセージまたは料理の詰め物用》.

sáusage ròll *n.* ソーセージ入りロール《ソーセージをパン生地やパイ生地で巻いて焼いたもの》.

sáusage tùrning *n.* ソーセージを一列に並べたような形の挽物部材《特に, 19 世紀の米国家具に用いられた》.

Saus·sure [soːs(j)ʊ́ə, sou- | sousjʊ́ə(r; *F.* sosyːr], **Ferdinand de** *n.* ソシュール《1857–1913; スイスの言語学者; 現代の言語理論, 特に構造主義言語学に多大な影響を与えた; *Cours de linguistique générale* 「一般言語学講義」(1916)》.

Saussure, Nicolas Théodore de *n.* ソシュール《1767–1845; スイスの化学者・博物学者》.

saus·su·rite [sɔ́ːsəràɪt] 〖◻F ～ ← *H. Bénédict de Saussure* (1740–99: スイスの博物学者, ↑の父): ⇨ -ite[1]〗 ── *n.* 〖鉱物〗ソーシュル石《斜長石の変質物》. **saus·su·rit·ic** [sɔ̀ːsərítɪk | -tɪk] *adj.*

S. Aust. 《略》South Australia.

saut de basque [sóu-də-báːsk | sáu-; *F.* sodbask] 〖◻F ～ 《原義》Basque leap: ⇨ sault, Basque〗 ── *n.* (*pl.* **sauts de basque** [～]) 〖バレエ〗ソードバスク《一方の足を他の脚の膝に添えて, 空中で回転するジャンプ》.

sau·té [soːtéɪ, sou- | sóuteɪ; *F.* sote] 〖《1813》◻F ～ (p.p.) ← *sauter* to jump < L *saltāre*: ⇨ saltant〗 ── *adj.* (少量の油で)いためた, ソテーの[にした]: pork ～ ポークソテー. ── *n.* (*pl.* **～s** [～z; *F.* ～]) ソテー, いためた料理. ── *vt.* (少量の油で)いためる, ソテーにする (cf. deep fry).

Sau·ternes [so(u)tə́ːn, sɔː-, -tέən | sə(u)tə́ːn, -tέən; *F.* sotɛrn] 〖◻F *sauternes* ← *Sauternes* (フランス南部の産地名)〗 ── *n.* **1** ソーテルヌ《フランスのボルドー (Bordeaux) 地方にある有名なワイン産地》. **2** (*also* **Sau·terne** [～]) [しばしば s-] ソーテルヌ(ワイン)《Sauternes 産の白ぶどう酒》.

sau·til·lé [sòutiːjéɪ | sàu-; *F.* sotije] 〖◻F ～ (p.p.) ← *sautiller* to hop ← *sauter* to jump: ⇨ sauté〗 *adv., adj.* 〖音楽〗ソティエ (⇨ saltando).

sau·toir [soutwáə, -twɔ́ə, ⌐⌐ | səutwáː(r, -twɔ́ː(r; *F.* sotwaːr] 〖◻F ～: ⇨ saltire〗 ── *F. n.* (*pl.* **～s** [～z; F. ～]) ソトワール《下の端が胸のところで X 十字形になっているリボン・鎖・珠数(ᶜᵘ)玉などの首飾り》.

sauve qui peut [sóuv-kiː-pə́ː | sáuv-; *F.* sovkipø] 〖◻F ～ 《原義》(let him) save himself who can〗 *F. n.* 大敗走, 総崩れ, 大敗北.

Sa·va [sáːvə; *Serbo-Croat.* sáːva] *n.* [the ～] サーバ(川)《ユーゴスラビアの北西部に発し東流して Belgrade 付近で Danube 川に合流する川 (940 km); フランス語名 Save》.

sav·a·ble [séɪvəbl] 〖《15C》◻OF *sauvable*: ⇨ save[1], -able〗 *adj.* **1** 救える. **2** 節約[貯蓄]できる.

sav·age [sǽvɪdʒ] 〖《*a*1300》 *sa(u)vage* ◻AF *savage* ＝(O)F *sauvage* < VL **salvāticum* ＝L *silvāticus* wild, of the woods ← *silva* wood: ⇨ silvan, -age〗 ── *adj.* (**sav·ag·er, -est; more ～, most ～**) **1 a** 野蛮な, 未開の (uncivilized): a ～ life / ～ tribes 蛮族 / ～ customs [beliefs] 野蛮な習慣[信仰] / a ～ country 未開の国. **b** 未開人の[によって作られた]: ～ art. **2** 洗練されていない, 下品な; 非礼な, 無礼な: ～ manners 無作法. **3 a** 〈動物が〉飼い慣らしていない, 野性の (untamed): a ～ beast 野獣. **b** 猛悪の, 凶猛な; 残忍な, 残酷な; 猛烈な: a ～ man 残忍な人 / a ～ blow [attack] 残酷[猛烈]な打撃[攻撃]. **c** 激怒した, 腹を立てた: get ～ with …に対してひどく怒る / make a person ～ 人を激怒させる. **4** 〈土地・場所など〉自然のままの, 荒涼とした: a ～ scene 荒涼たる光景. **5** 《古》〈植物が〉野生の: ～ berries 野イチゴ. **6** 〖紋章〗〈人体が〉裸の (naked). ── *n.* **1** 野蛮人, 蛮民, 未開人 (barbarian). **2 a** 野蛮人のような人, 残忍な人. **b** 礼儀をわきまえぬ人, 無作法な人. **3** 野性の動物; 癖の悪い馬. ── *vt.* **1** 野蛮[残忍]にする. **2** 猛烈に攻撃[非難]する, ひどく扱う. **3** 〈動物が〉あばれて…にかみつく[を踏みつける]. **～·ly** *adv.* **～·ness** *n.*

sav·age·dom [sǽvɪdʒdəm] *n.* ＝savagery.

Sávage Ísland *n.* サベージ島 (⇨ Niue).

sav·age·ry [sǽvɪdʒ(ə)ri | -rɪ] 〖《1594》← SAVAGE＋-RY〗 ── *n.* **1** 野蛮[未開]状態: live in ～ 野蛮な生活をする. **2** 凶暴性, 猛悪, 残忍, 残虐; 残忍[残虐]な行為: the ～ of a riotous mob 暴徒の凶暴 / during the *savageries* of bombardment 砲撃の残虐行為中に. **3** [集合的] 野獣; 蛮民. **4** 《古》(景色の)荒涼さ.

sáv·ag·ism [-dʒìzṃ] *n.* ＝savagery.

Sa·vai·i [səváiːiː] *n.* サバイー(島)《Western Samoa の最大の島; 人口 40,000, 面積 1,821 km²》.

sa·van·na [səvǽnə] 〖《1555》◻Sp. *zabana* ◻Carib. *zabana*〗 ── *n.* (*also* **sa·van·nah** [～]) **1** サバンナ《熱帯または亜熱帯(特にアフリカ)の寡雨地方の樹木のまばらな大草原; cf. llano》. **2** (米国南東部 Florida 州の)大草原.

Sa·van·nah [səvǽnə] 〖↑〗 ── *n.* **1** 米国 Georgia 州東部, Savannah 河口付近の海港; 人口 188,000. **2** [the ～] 米国 Georgia 州と South Carolina 州との州境を南東に流れて大西洋に注ぐ川 (505 km).

Savánnah spárrow 〖← SAVANNAH 2 (その発見地)〗〖鳥類〗 *n.* クサチヒメドリ (*Passerculus sandwichensis*)《北米産の草地にすむホオジロ科の小鳥》.

sa·vant [sæváːnt, sə-, -vɑ́ː(ŋ), -vɑ́ːŋ, sǽvənt | sǽvənt; *F.* savɑ̃] 〖《1719》◻F ～ (pres.p.) ← *savoir* to know < VL **sapēre* ＝L *sapere*: ⇨ sapient〗 ── *n.* (専門分野での)学識豊かな人, 学者 (scholar).

sav·a·rin [sǽvərɪn, -rən | -rɪn] 〖◻F ～ ← *Anthelme Brillat-Savarin* (1755–1826: フランスの政治家・作家・食通)〗 ── *n.* サヴァラン《卵やバターのたっぷりはいったイースト入りの生地をリング型で焼き, ラム酒やキルシュのシロップを含ませたもの; cf. baba》.

sa·vate [sǽvɑ́ːt, sæ-, -vǽt; *F.* savat] 〖◻F ～ 《原義》rough shoe ◻? Basque *zabota* shoe〗 *n.* 古いフランス式拳闘《こぶしと共に足も使う》.

save[1] [séɪv] 〖v.: 《?*a*1200》◻AF *sa(u)v-er* ＝OF *sauver, salver* < LL *salvāre* ← L *salvus* 'SAFE'〗 ── *vt.* **1** 〔危険・災難などから〕〈人・生命・身体・国家・財産などを〉救う, 救助する, 助ける, 救い出す〔*from*〕: ～ a person's life 人命を救助する / ～ one's country 自国の危難を救う / ～ a person *from* death [ruin] 死[破滅]から人を救い出す / He has ～*d* several lives at sea. 海で何度か人命救助をした / *Save* us! やれまあ, 驚いた / I ～*d* the diamonds *from* the fire. ダイヤを火事から安全に守った.

2 〔災い・不快・難儀などから〕〈人を〉免れさせる〔*from*〕: He ～*d* me *from* many annoying questions. 彼のおかげでいろいろ煩わしい質問をされずに済んだ / This route ～*s* one *from* the crowd. この道筋なら人込みが避けられる / ～ a person *from* himself 愚行のしりぬぐいをする / God ～ [*Save*] me *from* my friends! 友達顔をしてのおせっかいはご免だ《時機を失したおせっかいに対する評言》.

3 〔損害・紛失・破壊から〕〈物を〉安全に保つ, 保全する〔*from*〕: ～ a coat *from* damage by moths 上着が虫のために損われるのを防ぐ / They tried to ～ the powder *from* the rain. 火薬を雨から守ろうと努めた / ⇨ *save one's* POCKET.

4 〈名誉・信用・権利などを〉安全に守る: The loan ～*d* my credit. その借金で信用が保たれた / ～ one's honor 名誉を守る / ～ a right to a person ある人に対して権利を守る.

5 〈物品・席などを〉〔ある目的のために〕取っておく (reserve) 〔*for*〕: I ～*d* the rest of the food *for* tomorrow. 食物の残りを明日の分に取っておいた / He ～*d* a seat *for* his friend. 友人のために席を取っておいた.

6 〈金・物品を〉貯える, ため込む, 貯蓄する: He ～*d* money *for* his son's education. 息子の教育に金を貯えた / I ～ money out of my salary. 俸給から貯金する / She stored what little she could ～. 僅かばかりのへそくりを貯えた.

7 〈金・物品を〉使わないでおく: He walks to ～ the fare. 運賃を節約するために歩いて行く.

8 節約して使う, むだ使いしないようにする: I ～*d* my provisions as much as possibly I could. できる限り食糧を節約した / I am *saving* my strength. 体力を消耗しないようにしている / ⇨ *save one's* BREATH.

9 (疲労・損傷を少なくするように)大事にする, 保護する: Large print ～*s* one's eyes. 大きな活字は目を疲れさせない.

10 [しばしば二重目的語を伴って] **a** 〈出費・労力・時間などを〉〈人〉から省いてやる, 〈負担・不便などを〉〈人〉にさせないようにする, せずに済ませる, 免れさせる: *Save* me this trouble. 私にこの手間が省けるようにして下さい / Machines ～ us much time and trouble. 機械は多くの時間と骨折りを省いてくれる / That will ～ me $100. それで 100 ドル節約できる / Soap ～*s* rubbing. 石鹸を使うとこすらないですむ / A stitch in time ～*s* nine. 《諺》早いうちの一針は手おくれの九針に当たる,「きょうの一針あすの十針」/ We can ～ two hours by taking the express. 急行に乗れば 2 時間だけ助かる. **b** [～ *oneself* で] 骨惜しみをする, 体力を消耗しないようにする: ～ *oneself* trouble 手数を省く / He is *saving himself* for tomorrow's match. 明日の試合に備えて体を休めている.

11 [目的補語を伴って] (…の状態に)保つ: He risked his life to ～ his wife *whole* from any wound. 彼は妻が負傷しないように命がけで守った.

12 〈機会など〉に間に合うようにする: ～ the next mail [post] 次便に間に合わせる / ～ the dinner time [gate] 食事時[門限]に間に合うように帰る / ～ the tide 潮のある間に入[出]港する; (好)機に乗じる, 機を逸しない.

13 [～ *oneself* で] のがれる, 逃げる; 免れる: He ～*d himself* to the ship. その船へ逃げた.

14 保護する, 長生きさせる. ★ 次のような表現に限られる: God ～ the King [Queen]! 国王[女王]万歳.

15 〈勝負・試合・賭けなどを〉失わないようにする; 《俗》〖競馬〗(ブックメーカーが)馬に〕両賭けをして損をしないようにする〔*upon, on*〕(cf. saver 4): He had ～*d* his book *upon* the horse. 両賭けをしてその馬の賭けで損をしないで済んだ.

16 〖スポーツ〗敵に〈得点を〉挙げさせないようにする, 〈敵の得点などを〉のがれる, 防ぐ, セービングする; 〈試合(に負けるの)を〉防ぐ, 救う: His shot was ～*d* by the goalkeeper. 〖サッカー〗彼のシュートはゴールキーパーに阻まれた / ～ two [three, four] runs 〖クリケット〗二[三, 四]回目の得点をさせないようにする / His bowling ～*d* the game. 〖クリケット〗彼の投球でその試合は失わずに済んだ / He ～*d* three set points. (テニスで)三度セットポイントをのがれた.

17 〖神学〗〈人・魂を〉罪から救う, 救済する; 永遠の至福を得させる: ～ souls 霊魂を救済する / A man is ～*d* by the infinite grace of God. 人は神の無限の恩寵によって救済される.

── *vi.* **1** 貯える, 貯蓄する, 貯金する 〈*up*〉: He never ～*s*. 貯金など少しもしない / I set myself to ～ *up for* my own old age. 自分の老後に備えて貯金し始めた. **2** 節約する; つましく暮らす: He ～*s on* food by using leftovers. 残り物を食べて食物を節約する. **3** 《口語》〈魚・果物などが〉もつ (keep): food that will ～ / This fish ～*s* well. この魚はもちがよい. **4** 救う: 〖神学〗救済する, 済度する: Christ alone has power to ～. キリストのみが救済する力を有する. **5** 〖スポーツ〗 **a** 敵に得点させないようにする, 敵の得点を防ぐ, セービングする: He ～*d* well on several occasions. 彼は数回立派にゴールを守った. **b** 〖野球〗セーブで勝つ, セーブする.

as I hope to be saved 誓って: As *I hope to be* ～*d*, I will never mention a word of it. 誓ってそのことはひと言も言いません. ***save it*** 《米俗》(1) 〈女性が〉貞操を守る, 最後の一線を守る. (2) [命令文で] その話はよしなさい《長話を中止したり話題を変えたりしてほしいときの注文》. ***Well saved!*** (1) 落馬しなかったとはお見事. (2) 〖球技〗見事な守りだ.

── *n.* **1** 〖スポーツ〗 **a** 敵の得点を防ぐこと, セービング: Tom, in goal, made several excellent ～*s*. ゴールを守っているトムは数回見事に敵の得点を防いだ. **b** 〖野球〗セーブ《救護投手がリードを守って試合に勝った場合に与えられるポイント》. **2** 〖トランプ〗＝sacrifice 7.

save[2] [seɪv; sèɪv, séɪv] 〖《*a*1300》 *sa(u)f, sa(u)ve* ◻OF *sauf, sauve* < L *salvō, salvā* (abl. sing.) ← *salvus* (↑)〗 ── *prep.* 《古・詩》…を除けば, …のほかは, …は別として (but, except): the last ～ one 最後から 2 番目 / all ～ me 私を除いて皆 / ～ *only* me 私一人を除いて / without duties ～ to eat and sleep 食って寝る以外は仕事もなく / ～ errors 〖商業〗誤算は別として, 誤算はこの限りにあらず / ～ on special occasions 特別な場合を除いて / He has his old hat on ～ when he sleeps. 寝る時以外はいつも古帽子をかぶっている. ★ 時に主格代名詞を伴うことがある: No one knows about it ～ she. そのことは彼女のほかだれも知らない.

save and except …の外は, …を除けば: It is the most pleasing poem in English ～ *and except* one or two of Dryden's fables. ドライデンの寓話の一つ二つを除けば, それは英語で一番楽しい詩である. ***save for*** 《文語》…を除いては (except for): They are happy ～ *for* one want. ただ一つ欠けたものがあるほかは彼らは幸福だ / The house was dark ～ *for* one light. その家は灯が一つついているだけであとは暗かった.

── *conj.* **1** 《古》…でなければ (unless): *Save* he be dead, he will return. 死んでいるのでなければ戻って来よう. **2** [～ that… として] …ということを除いては (except): I know nothing ～ *that* he died suddenly. 彼が急死したということ以外は何も知らない.

Save [saːv] *n.* [the ～] サーブ(川)《Sava 川のフランス語名》.

save·a·ble [séɪvəbl] *adj.* ＝savable.

sáve-àll *n.* **1 a** むだ[損失]を省くもの[装置], 節約装置. **b** (各種機械の材料のこぼれを受ける)こぼれ受け(装置); (ろうそくを最後まで燃えさせる)ろうそく皿. **2** 《方言》(子供の)上っ張り (overalls). **3** 《方言》 **a** 貯金箱 (money box). **b** けちんぼう, 吝嗇(ᵗᵃⁱ)家. **4** 〖海事〗 **a** 付加帆《風をできるだけ多く受けるために付け加えた帆》. **b** (船と岸壁の間に張る)貨物脱落防止網. ── *adj.* けちな (miserly).

sáve-as-you-eárn *n.* 《英》天引き貯金(法).

sav·e·loy [sǽvəlɔ̀ɪ, -vɪ-, ⌐⌐⌐ | ⌐⌐⌐, ⌐⌐⌐] 〖《1837》《変形》← F *cervelas* ◻It. *cervellata* ← *cervello* brain < L *cerebellum* 'CEREBELLUM': もと豚の脳で作った〗 *n.* 《英》サヴィロイ《香辛料をきかせた豚肉の乾燥ソーセージ》.

sáv·er 〖ME: ⇨ save[1], -er[1]〗 ── *n.* **1** 救い主, 救助者, 救済者. **2** 貯蓄家, 節約家. **3** [しばしば複合語の第 2 構成素として] 節約器, 節約装置: a coal ～ 石炭節約

器 / ⇨ time-saver. **4**《俗》〘競馬〙両賭け《ブックメーカーが自分の損失を補塡(ほてん)するために他のブックメーカーに賭けること》.

Sav·ile Row [sǽvəl-róu | -vɪl-rə́u] *n.* サビルロー《London の一流の紳士服仕立屋の多い街路名》.

sav·in [sǽvɪn, -vən | -vɪn] 〘OE *savine* ⊏ L *sabīna* (*herba*) 'SABINE[1] (herb)'〙 — *n.* (*also* **sav·ine** [～]) **1 a** 〘植物〙サビナビャクシン (*Juniperus sabina*)《ヨーロッパ中南部, 小アジア原産の低木; その芽を摘んで薬用にする》. **b** サビナビャクシンから造った薬剤. **2** 〘植物〙 **a** アメリカハイネズ (creeping juniper). **b** エンピツビャクシン (red cedar).

sáv·ing 〘ME: ⇨ save[1], -ing[2]〙 — *adj.* **1** 倹約する; つましい: a ～ housewife / He is very ～. 彼はなかなか節約家だ / Be ～ *of* your money. むだ使いをしないようにしなさい. **2** (危険などから)救う, (望ましくない事から)守る; 〘神学〙(神の恩寵によって)救済する: a ～ saint 救いの聖徒 / a ～ faith (自分を)救済してくれる信仰 / ⇨ saving grace. **3** 埋合わせ(取り柄)となる: I am not without a [the] ～ sense of humor. 私だってユーモアを解するくらいの取り柄はある. **4** 除外[保留]する: ⇨ saving clause. **5**《古》損にも得にもならない: a ～ bargain 損にも得にもならない[五分五分の]取引き. — *n.* 〘ME: ⇨ -ing[1]〙 **1** 救助, 救済, 済度. **2** 節約, 倹約: the ～ of fuel 燃料の節約 / a ～ of ten percent 1割の節約 / a 30% ～ off the regular rate 正規の料金の3割の節約 / From ～ comes having.《諺》倹約は富のもと / *Saving* is getting.《諺》節約は金もうけ. **3** [*pl.*] 貯金, 貯蓄: He lost all his ～*s*. 貯金を全部なくした / She has her ～*s* invested in stocks. 貯金を株に投資している. **4** 〘法律〙留保, 保留, 除外 (reservation, exception).

saving from loading 〘保険〙費差益《事業費の節約による利益》.

saving from mortality 〘保険〙死差益《死亡率の低下による利益》.

savings and loan association 《米》貯蓄貸付組合《近年代表的銀行外金融機関として発達してきた; cooperative bank ともいう; 《英》の building society に相当》.

— *prep.* **1** 《文語》…のほかは, …を除いて (excepting, save): None remains ～ these few things. この2, 3の物以外は何も残っていない. ★ 主格代名詞を伴う用法は《廃》: none ～ I [he] 私[彼]を除いてだれも…ない. **2** 《古》…に敬意を表しながら: ～ your presence [reverence] (長上者・聖職者などの前で)こう申しては失礼ですが, 御免いただいて.

— *conj.* **1** [～ that… として] …ということを除いて (except): *Saving that* he is slightly deaf, he has preserved all his faculties. 耳が少し遠いだけで他の機能は全部元のままである. **2** [副詞語句を伴って] …のほかは: He is never idle, ～ *when* he is asleep [～ *in* sleep]. 眠っている時は別として彼は暇な時はない.

sáving clàuse *n.* 留保条項, 但し書.

sáving gràce *n.* **1** 救いの恩恵, 恩寵(おんちょう): by the ～ of God 神の加護によって. **2** (欠点を補う)取り柄: He has the ～ of modesty. 彼には謙譲という取り柄がある.

sáv·ing·ly *adv.* **1** 倹約して, 節約して, つましく (frugally): live ～. つましく暮らす. **2** 〘神学〙救われるように, 済度されるように.

sávings accòunt 〘⇨ -s[1]〙 *n.* 《米》貯蓄性預金勘定 (《英》deposit account) (cf. checking account).

sávings bànk *n.* **1** 貯蓄銀行. **2** 貯金箱.

sávings bànk life insùrance *n.* 〘保険〙貯蓄銀行生命保険《貯蓄銀行の保険部で扱う生命保険; 米国の数州で行なわれている》.

sávings bònd *n.* 貯蓄債券. 「貯蓄証書.

sávings certìficate *n.* 《英》(政府発行の利子付き)

sav·ior, 《英》 **sav·iour** [séɪvjə, -vjɔə | -vjə(r)] 〘(?*a*1300) *saviour, saveour* ⊏ OF *sa(u)veour* (F *sauveur*) < LL *salvātōrem* ← *salvātus* (p.p.) ← *salvāre* 'to SAVE[1]': ⇨ -or[2]〙 — *n.* **1** (危険・破壊からの)救助者, 救済者. **2** [the S-, Our S-, Your S-] 救い主, 救世主 (the Redeemer), キリスト (Christ). ★ 2 の意味では《米》でも Saviour のつづりが普通.

Sa·voie [sævwɑ́ː; *F.* savwa] *n.* サヴォワ: **1** フランス東部のイタリアに接する県; 人口 306,000, 面積 6,036 km², 首都 Chambéry [ʃɑ̃beri]. **2** Savoy のフランス語名.

sa·voir faire [sǽvwɑə-fέə | -vwɑː-féə(r, -vwɔː-; *F.* savwarfɛːr] 〘⊏F ～《原義》knowing how to act〙 *F. n.* 臨機応変の才, 気転 (tact).

sa·voir vi·vre [-víːvr(ə); *F.* -viːvr] 〘⊏F ～《原義》knowing how to live〙 *F. n.* しつけ[身だしなみ]のよさ, 礼儀作法[社交術]を心得ていること.

Sav·o·na·ro·la [sævənəróulə, sɑ̀ːv-, səvɑ̀nə- | sæ̀və-nərə́ulə; *It.* savonarɔ́ːla], **Gi·ro·la·mo** [dʒiróːlamo] *n.* サボナローラ《1452–98; イタリアのドミニコ会修道士; 宗教改革を企てたが異端者として火刑に処せられた》.

Savonaróla chàir 〘↑〙 — *n.* サボナローラチェア《ルネサンス時代のイタリアの折り畳み式の椅子; scissors chair ともいう》.

Savonarola chair

sa·vor, 《英》 **sa·vour** [séɪvə | -və(r)] 〘*n.*: (?*a*1200) ⊏ OF *savour* (F *saveur*) < L *sapōrem* ← *sapere* to taste: ⇨ sapient, -or[1]. — *v.*: ME ⊏ (O)F *savo(u)r-er* < LL *sapōrāre* ← L *sapōr-*, *sapor*〙 — *n.* **1 a** 味覚・臭覚に訴えるものの性質[効力]: if the salt have lost his ～ 塩もし効力を失わば (*Matt.* 5:13). **b** (物特有の)味, におい; 風味 (relish), 香味 (flavor). **2** 風味[興味]を添えるもの; 趣味, 面白味, 興味 (zest), 刺激 (stimulus): a book without ～ 面白味のない本 / the ～ of life 人生の趣. **3** 気味, 心持, 幾分 (smack) 〔*of*〕: There is a ～ *of* insolence in his manner. 彼の態度にはちょっと横柄なところがある. **4** 《古》名声, 評判: have an evil ～ 評判がわるい. — *vi.* **1** 味[におい]がする 〔*of*〕: ～ *of* garlic にんにくの味[におい]がする. **2** 〔…の〕気味[趣, 臭味]がある, 〔…な〕ところがある (smack) 〔*of*〕: His criticism ～*s of* pride [insolence]. 彼の批評には自慢らしい[横柄な]ところがある / ～ *of* the pan ⇨ pan[1] 成句. **3** 《古》〔…に〕快い 〔*to*〕. — *vt.* **1 a** …に味をつける, 風味をつける: meat ～*ed with* salt 塩味をつけた肉. **b** …に塩味をつける[与える]. **2** …に面白味を添える, 特徴付ける (season): ～ life 人生に趣を添える (cf. 3 b) / a life well ～*ed with* humor and adventure 諧謔(かいぎゃく)と冒険で味わい深い人生. **3 a** …の味[におい]を楽しむ: ～ the roses. **b** 味わう, 賞味する, 鑑賞する: ～ life しみじみと人生を味わう (cf. 2) / ～ the delicacy of Japanese 'haiku' 日本の俳句の妙味を味わう. **c** 《古》…のにおいに気付く. **4** …の経験をもつ (experience): ～ politics. **5** 《古》好む: Filths ～ but themselves. 汚物は汚物のみを好む (Shak., *Lucrece* 4. 2. 39). 「(insipid).

sávor·less 〘ME〙 *adj.* 味[におい]のない; 気の抜けた

sa·vor·ous [séɪv(ə)rəs] 〘ME ⊏ OF *savorous* (F *savoureux*) < LL *sapōrōsum*: ⇨ savor, -ous〙 *adj.* 味[におい]のよい, おいしい, 風味のある (flavorful).

sa·vo·ry[1] [séɪv(ə)ri | -rɪ] 〘(*a*1387) *saverey* 《変形》← OE *sæðerie* ⊏ L *saturēia*〙 — *n.* 〘植物〙《ヨーロッパ産の》セリ科トウバナ属 (*Satureia*) の植物の総称《種子を料理の香料に用いる; キダチハッカ (summer savory), winter savory など》.

sa·vor·y[2] [séɪv(ə)ri | -rɪ] 〘(?*c*1200) *sav(o)uri* ⊏ OF *savouré* (p.p.) ← *savo(u)rer*: ⇨ savor, -y[4]〙 — *adj.* (**sa·vor·i·er; -i·est**) **1 a** (調味料などによって)味のよい, 風味のよい, おいしそうな (tasty, appetizing): ～ fish dishes おいしい魚料理. **b** 香りのよい, よいにおいの (fragrant). **c** 〈料理など〉ぴりっとした味の, 刺激的な味のする (piquant). **2** [通例否定文で] **a** 気持のよい, 心地(ここち)よい (agreeable): a *not* very ～ district あんまり住みごこちのよくない土地. **b** 道徳的に健全な, 教化的な, 有益な: have *not* a very ～ reputation 評判が余りかんばしくない / be *none* too ～ ちっとも健全でない. — *n.* 《英》セイヴォリー《食事の最後か時には食前に出す主に辛口の料理; cf. sweet 1 c》. **sá·vor·i·ly** [-rəli | -rəlɪ, -rɪ-] *adv.* **sá·vor·i·ness** *n.*

savour *n., v.* =savor.

sa·voy [səvɔ́ɪ, sǽvɔɪ | səvɔ́ɪ] 〘(1578) ⊏ F (*chou de*) *Savoie* '(cabbage of) SAVOY'〙 — *n.* 〘園芸〙ちりめんキャベツ《キャベツの一種; 葉の面がちりめん状に波うつ; savoy cabbage ともいう》.

Sa·voy [səvɔ́ɪ] *n.* サヴォワ, サヴォイ《フランスの南東部, スイス・イタリアとの国境に近い地方; もと公国であったが後 Sardinia 王国の一部となり, 1860年フランスの一部となった; フランス語名 Savoie》.

Sa·voy [səvɔ́ɪ], **the House of** *n.* サヴォイア家《初め Savoy 公国, ついで Sardinia 王国の支配者; 1861年以後イタリアの王家となり 1946年廃朝》.

Sa·voy·ard[1] [səvɔ́ɪɑəd, sæ̀vɔɪɑ́əd, sæ̀vwɑːjɑ́ə, -jɑ́əd | səvɔ́ɪɑːd, sæ̀vɔɪɑ́ːd; *F.* savwajaːr] 〘⊏F ～ ← *Savoie*: ⇨ Savoy, -ard〙 — *n.* (*pl.* ～ [～z; *F.* ～]) サヴォワ (Savoy) の住民. — *adj.* サヴォワの; サヴォワの住民の.

Sa·voy·ard[2] [səvɔ́ɪɑəd, sæ̀vɔɪɑ́əd, sæ̀vwɑːjɑ́ə, -jɑ́əd | səvɔ́ɪɑːd, sæ̀vɔɪɑ́ːd; *F.* savwajaːr] 〘← *Savoy* (*Theater*: ⇨ Savoy operas)+-ARD〙 — *n.* (*pl.* ～ [～z; *F.* ～]) サヴォイ オペラ (Savoy operas) の俳優[演出家, ファン].

savóy càbbage *n.* 〘園芸〙=savoy.

Savóy óperas 〘← *Savoy Theater* (London の Strand にある劇場名, ここでこの喜歌劇がよく上演された)〙 — *n. pl.* サヴォイ オペラ《イギリスの作曲家 Sullivan と台本作者 Gilbert との共作により, D'Oyly Carte Company が興行した喜歌劇; 19世紀後半に最も栄えた; Gilbert and Sullivan operas ともいう》.

sav·vy [sǽvi | -vɪ] 〘(1785)《混成・転訛》? ← F *savez* (*-vous*)? do you know? + Sp. *sabe* you know〙 《俗》 — *vi.* 理解する, わかる (understand). — *vi.* 意味を知る, わかる: *Savvy*? わかったか / No ～. 知らない, わからない. — *n.* **1** 理解; 物わかり, 常識 (common sense); 機知, 気転 (wits). **2** 技術, うで; こつ (know-how): one's political ～ 政治的手腕. — *adj.* 《米》(事情に)精通している, よく知っている.

saw[1] [sɔ́ː] 〘OE *saga* (n.) < Gmc *saʒō* (Du. *zaag*: cf. G *Säge*) ← IE *sĕk-* to cut (L *secāre*): cf. section〙 — *n.* **1 a** のこぎり: ⇨ frame-saw, fretsaw, ripsaw / ⇨ band saw, bow saw, circular saw, crosscut saw. **b** のこぎりのついている機械[装置]. **2** 〘動物〙鋸歯(きょし)状部[器官]《sawfish の口先や, sawfly の産卵管など》. — *v.* (～**ed**; ～**ed, sawn** [sɔ́ːn]) — *vt.* **1 a** のこぎりでひく: ～ *up* a log 丸太をひく / ～ a log *into* boards 丸太を板にひく / ～ *off* ひき切る / ～ *through* a bone 骨をのこぎりでひき切る. **b** のこぎりでひいて作る, …にひく: ～ boards *out of* a log 丸太をひいて板にする. **2** のこぎりでひくように動かす[切る, 音をさせる]: ～ a towel across one's back / ～ the air ⇨ air[1] 成句 / ～ *out* a tune on a violin バイオリンで一曲ひく / ～ a horse's mouth 手綱を交互に締めてくつわをきかせる. **3** 〘製本〙〈背の部分を〉目引きする, に引き目を入れる 〈*in*〉《手とじの時, 折り丁の背にとじ目をつくるためにのこぎり目を入れる》. — *vi.* **1** 木をひく, のこぎりを使う: ～ crossways [lengthways, longways] of the grain 木目を横[縦]にひく. **2** のこぎりで(…に)ひける: This wood ～*s* badly [easily]. この材はのこぎりでひきにくい[やすい]. **3** のこぎりを使うような手つきをする; 弦楽器を演奏する: ～ *on* a violin バイオリンをひく.

saw alive [***through and through***] (製材で)丸太を直っすぐに切り分ける: ～ a log *alive*.

saw[2] [sɔ́ː] 〘OE *sagu* < Gmc *saʒō* (G *Sage* / ON *saga*) ← *saʒjan* 'to SAY[2]': SAGA と二重語〙 *n.* 諺, 格言: a wise ～ 金言 / an old ～ 昔からの諺, 古諺(こげん).

saw[3] 〘OE *sæh*, *seah*〙 *v.* see[2] の過去形. 「(wave).

SAW 《略》surface accoustic wave 弾性表面波 (Rayleigh

Sa·wan [sɑ́ːwən] 〘⊏ Hindi *sāwan*〙 *n.* サーワン(の月)《ヒンズー暦の月名の一つで, 太陽暦の 7–8 月に当たる; cf. Hindu calendar》.

Sa·wátch Móuntains [səwɑ́tʃ-, sɑ́wəʃ- | səwɔ́tʃ-, sɑ́wəʃ-] 〘*Sawatch*: ⊏ N-Am.-Ind. (Uto-Aztecan)《原義》? blue-earth spring〙 — *n. pl.* [the ～] サウォッチ山脈《米国 Colorado 州中央部にある Rocky 山脈の一系; 最高峰 Mt. Elbert (4,399 m)》.

sáw·bàck *n.* 鋸歯(きょし)状山稜, 櫛形山稜《のこぎりの歯のように峰々が突き立った山背 (sierra)》.

sáw bènch *n.* 〘木工〙のこぎり台《丸のこの据えられている台》.

sáw·bìll *n.* 〘鳥類〙鋸歯(きょし)状のくちばしをした鳥類の総称; (特に)アイサ (merganser).

sáw·bònes 〘← SAW[1] (v.)〙 *n.* (*pl.* ～, ～·**es**)《俗・戯言》外科医 (surgeon), 医者 (physician).

sáw·bùck 〘← SAW[1] + BUCK[1] (n.) 5《なぞり》← Du. *zaagbok*〙 — *n.* 《米》 **1** =sawhorse. **2** 〘ローマ数字の 10 を表わす X と木びき台の足の形の類似から〙《俗》10ドル紙幣 (ten-dollar bill).

sáwbuck tàble *n.* (ヨーロッパ中世に由来する)X 字形脚付きテーブル.

sáw càbbage pàlm *n.* 〘植物〙=saw palmetto 2.

saw·der [sɔ́ːdə | -də(r)] 〘(変形) ← SOLDER〙 *n.* 《口語》[通例 soft ～ で] お世辞 (flattery): ⇨ soft sawder. — *vt.* …にこびへつらう, お世辞を言う (flatter).

sáw·dòctor *n.* のこぎりの目立て器.

sáw·dùst *n.* **1** おがくず. **2** 〘獣医〙牛の肝臓の表面に出現するおがくず様の斑点[壊死巣]《sawdust liver ともいう》.

let the sawdust out of (人形の中のおがくずを出すように)…のぼろをさらけ出す, …の高慢の鼻を折る; 台無しにしてしまう.

— *attrib. adj.* **1** おがくずを入れた: a ～ doll. **2** 実質のない: a ～ answer. **3** (サーカス・信仰復興伝道集会など)テントで行なわれる興行[集会]の[に関する]: a ～ preacher, performer, etc. / ⇨ sawdust trail. — *vt.* 〈床など〉におがくずをまく.

sáwdust tràil 〘テントの伝道集会で, 悔い改めや改宗のしるしとして, おがくずを敷いた側廊を通って祭壇へ行くことから〙 — *n.* **1** 改宗[更生]の道. **2** 信仰復興特別伝道集会の巡回.

sáw·dùst·y *adj.* **1** おがくずだらけの, おがくずに似た, おがくずのにおいのする. **2** 退屈な, 飽き飽きする (wearisome). 「のある.

sáw-édged *adj.* (のこぎり状の)ぎざぎざの刃[へり]

sáwed-óff *adj.* 《米》 **1** (端を切って)短くした: a ～ shotgun 銃身をごく短く切った(ギャング用)散弾銃. **2** 《口語》やや小さい; 平均寸法[身長]以下の: a ～ man.

saw·er [sɔ́ːə | sɔ́ːə(r)] 〘ME〙 *n.* =sawyer.

sáw fèrn *n.* 〘植物〙熱帯地方, 特に米国 Florida 州から西インド諸島にかけて群生するシシガシラ科ヒリュウシダ属のシダ (*Blechnum serrulatum*)《葉のへりがのこぎりのようになっている》.

sáw·fìsh 〘cf. L *serra* sawfish,《原義》saw〙 — *n.* (*pl.* ～, ～·**es**) 〘魚類〙ノコギリエイ《ノコギリエイ科の魚類の総称; 平たく長い口先の両側に強い歯がある; *Pristis pristis* など; cf. saw shark》.

sáw·flỳ *n.* 〘昆虫〙ハバチ《膜翅目ハバチ上科の昆虫の総称; 雌の輪卵管にのこぎり状の歯がある》. 「く.

sáw gàte [**fràme**] *n.* (西洋のこぎりの)のこぎりわ

sáw gìn *n.* (のこぎり歯の付いている)綿繰り機, ソージン (cf. cotton gin).

sáw gràss *n.* 〘植物〙葉のへりに鋭いとげのあるカヤツリグサ科ヒトモトススキ属 (*Cladium*) の植物の総称; 特に *C. jamaicensis* (twig rush ともいう).

sáw·hòrse *n.* (X字形の)木挽き台《sawbuck, buck ともいう》.

sáw·lòg *n.* 製材厚木丸太《ひいて板や柱にする丸太》.

sáw·mìll 〘cf. Du. *zaagmolen* / G *Sägemühle*〙 *n.* **1** 製材所. **2** 製材用のこぎり.

sawn *v.* saw[1] の過去分詞.

saw·ney [sɔ́ːni | -nɪ] 〘(*a*1700)

sawhorse

《変形》? ← ZANY》 *n.* 《英》間抜け, ばか (fool). ── *adj.* ばかな, 間抜けの.

Saw·ney [sɔ́ːni | -ni] 〖《a1704》《変形》← ? SANDY[2]〗 *n.* [通例軽蔑的に] スコットランド人 (Scotsman).

sáw palmètto *n.* 〖植物〗 **1** ノコギリパルメット (*Serenoa repens*)《米国南部産のシュロに似たヤシの一種で葉柄に鋭い歯が並んでいる》. **2** ライトヤシ (*Paurotis wrightii*)《米国 Florida 州および西インド諸島産の低木のヤシ; everglade palm ともいう》.

sáw·pìt 〖《15C》〗 *n.* 木挽(ꜩ)き穴《上下2人で材木を挽く場合下の人が入る穴; cf. pit saw》. 「に開く道具」.

sáw sèt *n.* 〖機械〗あさり出し具《のこぎりの歯を左右

sáw shàrk *n.* 〖魚類〗ノコギリザメ《アフリカ南部や東アジアなどに生息するノコギリザメ科の魚類の総称; 日本近海にいるノコギリザメ (*Pristiophorus japonicus*) など》.

sáw·tìmber *n.* 製材に向いた木材.

sáw·tòoth *n.* **1** のこぎりの歯, 鋸歯(きょし). **2** 〖建築〗 = sawtooth roof. **3** 〖電気〗鋸歯状波 (sawtooth wave). ── *adj.* **1** = saw-toothed. **2** 〖電気〗鋸歯状波の.

sáw-tòothed *adj.* **1** 鋸歯(きょし)の, のこぎり状の歯のある. **2** 鋸歯状の, ぎざぎざになった.

sáw·tooth róof *n.* 〖建築〗のこぎり屋根.

sáwtooth wáve *n.* 〖電気〗鋸歯(きょし)状波.

sáw-whèt ówl 〖← SAW[1]+WHET: その鳴声がのこぎりの目立ての音と似ていることから〗 ── *n.* 〖鳥類〗ヒメキンメフクロウ (*Aegolius acadica*)《北米産フクロウ科の小さい鳥; 単に saw-whet ともいう》.

sáw·wòrt *n.* 〖植物〗北米産キク科タムラソウ属 (*Serratula*) の植物の総称; (特に) *S. tinctoria* 《のこぎり状の葉から黄色の染料をとる》.

saw·yer [sɔ́ːjə, sɔ́ɪə | sɔ́ːjə(r)] 〖《1350》 *sawier* ← SAW[1] (v.): ⇨ -ier: cf. lawyer〗 ── *n.* **1** 木挽(こび)き: ⇨ bottom sawyer, top sawyer. **2** 《米》(のこぎりを挽く時のように, 流れに上下に揺れる) 流木《船の事故の原因となった; cf. planter 4》. **3** 〖昆虫〗カミキリムシ《ヒゲナガカミキリ属 (*Monochamus*) の昆虫の総称; sawyer beetle ともいう》.

sax[1] [sǽks] 〖OE *seax* knife < Gmc **saxsam* (OHG *saks* / ON *sax*) ← IE **sĕk-* (L *saxum* rock): ⇨ saw[1]〗 ── *n.* 〖建築〗スレート加工用なた, スレートハンマー《屋根のスレートの耳を切り, 背にある角(つの)状の所でくぎ穴をあける道具》.

sax[2] [sǽks] 〖《略》〗 *n.* 《口語》サックス (saxophone).

Sax [sǽks; *F.* saks], **Antoine Joseph** *n.* サックス《1814–94; ベルギーの楽器製作者; saxhorn (1845), saxophone (1846) などを製作; 通称 Adolphe Sax》.

Sax. 《略》 Saxon; Saxony.

sax·a·tile [sǽksətàɪl] 〖□F ~ // L *saxātil-is* ← *saxum* rock: ⇨ sax[1], -ile〗 *adj.* 〖生物〗 = saxicolous.

sáx·bòard *n.* 〖海事〗無甲板船の最上外板.

saxe [sǽks] 〖《1864》□F *Saxe* 'SAXONY'〗 *n.* [しばしば S-] = saxe blue.

Saxe [saks] *n.* サックス《Saxony のフランス語名; 旧ドイツ帝国内の公国の名称の一部に付属して用いられた》.

Saxe [sǽks; *F.* saks], **Hermann Maurice de** *n.* サックス《1696–1750; フランスの陸軍元帥; 1745 年スイス南西部の Fontenoy [*F.* fɔ̃twa] における会戦で英・オランダ・オーストリア連合軍を破った》.

Saxe-Altenburg [sǽksáːltn̩bùəg | -bùəg; *G.* zaksáltn̩bʊrk] *n.* ザックス アルテンブルク《ドイツ中央部の旧公国; 1919 年以後は Thuringia 州の一部》.

sáxe blúe, S- b- *n.* (藍(あい)から採った) 明るい淡青色.

Saxe-Co·burg-Go·tha [sǽkskóubəːggóuṭə, -góuθə | -kə́ubəːggə́uθə, -gə́utə; *G.* zakskóːburggóːta] *n.* ザックス コーブルグ ゴータ《ドイツ中部の旧公国, 1919 年以来 Thuringia 州(東ドイツ)と Bavaria 州(西ドイツ)とに分かれる》.

Saxe-Co·burg-Go·tha [sǽkskóubəːggóuṭə, -góuθə | -kə́ubəːggə́uθə, -gə́utə], Prince of *n.* ⇨ Prince ALBERT.

Saxe-Coburg-Gotha, the House of *n.* ザックス コーブルグ ゴータ朝《旧英国王家 (1901–17) の名; Victoria 女王没後, 彼女の夫であった Prince Albert の出身家名を用いたもの; この王家の王は Edward 七世および George 五世; それ以前は Hanover 朝と呼び, 以後は the House of Windsor と改称》.

Saxe-Mei·ning·en [sǽksmáɪnɪŋən; *G.* zaksmáɪnɪŋən] *n.* ザックス マイニンゲン《ドイツ中央部の旧公国; 1919 年以後は Thuringia 州の一部》.

Saxe-Wei·mar-Ei·se·nach [sǽksvάɪmɑəáɪzənɑ̀ːk, -nɑ̀ːx | -mɑː(r)áɪzən-; *G.* zaksváɪmaráɪzənàx] *n.* ザックス ワイマール アイゼナッハ《ドイツ中央部の旧大公国; 1919 年以後は Thuringia 州の一部》.

sax·horn [sǽkshɔən | -hɔːn] 〖《1852》← (*Antoine J.*) *Sax*+HORN〗 *n.* サクソルン《A. J. Sax の考案した金管楽器, 7 種ある》.

sax·i- [sǽksɪ, -sə | -sɪ] 〖← L *saxum* rock: cf. sax[1]〗「岩石 (rock)」の意の連結形: *saxi*colous.

sax·ic·o·line [sæksíkəlàɪn, -lɪn, -lən | -làɪn, -lɪn] 〖← NL *Saxicola* 《原義》 inhabiting rocks (← SAXI-+*colere* to inhabit)+-INE[3]〗 ── *adj.* 〖鳥類〗ノビタキ属 (*Saxicola*) の.

sax·ic·o·lous [sæksíkələs] 〖← SAXI-+-COLOUS〗 *adj.* 〖生物〗岩石に生じる, 岩石の間に住む.

saxhorn

Sax·i·fra·ga·ce·ae [sæ̀ksəfrəgéɪsiiː | -sɪf-] 〖← NL ~ ← *Saxifraga* (属名: ↓)+-ACEAE〗 ── *n. pl.* 〖植物〗(双子葉植物バラ目)ユキノシタ科. **sàx·i·fra·gá·ceous** [-ʃəs] *adj.*

sax·i·frage [sǽksəfrɪdʒ, -frèɪdʒ | -sɪfrɪdʒ, -frèɪdʒ, -frèɪʒ] 〖《1440》□(O)F ~ // LL *saxifraga* 《原義》 stone-breaking (← SAXI-+*frangere* to break): SALSIFY と二重語〗 ── *n.* 〖植物〗ユキノシタ《ユキノシタ属 (*Saxifraga*) の各種の草本の総称》.

sáxifrage pínk *n.* 〖植物〗ハリナデシコ (*Tunica saxifraga*)《南ヨーロッパ原産のナデシコ科の観賞用多年草; coat flower, tunic flower ともいう》.

sax·i·tox·in [sæ̀ksətάksɪn, -sən | -sɪtɔ́ksɪn] 〖← NL *Saxi*(*domus giganteus*) a species of butter clam (この毒素はこれから抽出される)+TOXIN〗 ── *n.* 〖生化学〗サキシトキシン ($C_{10}H_{17}N_7O_4 \cdot 2HCl$)《赤潮にみられるプランクトンの一種がもっている非蛋白性毒物; 貝等による食品中毒の原因となる》.

Sax·o Gram·mat·i·cus [sǽksou-grəmǽṭɪkəs, -ṭə- | -səu-grəmǽtɪ-] *n.* サクソ グラマティクス《1150?–?1220; デンマークの歴史家; Hamlet の伝説を伝えた; *Gesta Danorum* (or *Historiae Danicae*)「デンマーク史」》.

Sax·on [sǽksn, -sən] 〖《c1300》□(O)F ~ □LL *Saxō*(*n-*) □(WGmc) **Saxon-* (G *Sachse*) 《原義》 warrior with knives ← ? **saxsam* 'SAX[1]' ∞ OE *Seaxan* (pl.)〗 ── *n.* **1 a** [the ~s] サクソン族《昔 Elbe 河口に居住した民族でその一派は Angles, Jutes と共に 5–6 世紀に英国に渡来し定住した》. **b** サクソン族の人. **2 a** アングロサクソン人 (Anglo-Saxon). **b** (アイルランド人・ウェールズ人・高地スコットランド人などに対して) イングランド人 (Englishman), スコットランド低地人 (Lowland Scot). **3** (ドイツの) ザクセン (Saxony) 人. **4** 〖言語〗 **a** サクソン語《英国に移住した当時のサクソン人が用いた言語》: ⇨ Old Saxon. **b** (フランス語・ラテン語と区別して) 英語のゲルマン語要素. ── *adj.* **1 a** サクソン人の; (ノルマン征服以前の)アングロサクソン時代の: ~ architecture サクソン式建築《ノルマン征服以前の英国の建築》. **b** (アイルランド・ウェールズに対し) イングランドの (English). **2** サクソン語の; アングロサクソン語(起源)の (Anglo-Saxon): ~ words (借入語に対し)本来の英語. **3** (ドイツの) ザクセン人の.

Sáxon blúe *n.* **1** 〖染色〗(染料用)ザクセン青. **2** 〖顔料〗 = smalt 1.

Sáx·on·dom [-dəm] *n.* = Anglo-Saxondom.

Sáx·on·ism [-sənɪzm] *n.* = Anglo-Saxonism.

Sáx·on·ist [-sənɪst, -nəst | -nɪst] *n.* アングロサクソン語[史, 文化]学者.

sax·on·ite [sǽksənàɪt] 〖← SAXONY+-ITE[1]〗 *n.* 〖岩石〗斜方輝石橄欖(かんらん)岩 (harzburgite ともいう).

Sax·on·ize, s- [sǽksənàɪz] 〖□ ML *saxoniz-āre*〗 *vt.* = Anglo-Saxonize.

sax·o·ny, S- [sǽks(ə)ni, -sn̩i | -s(ə)nɪ, -sn̩ɪ] 〖↓〗 ── *n.* **1** サクソニー毛糸《Saxony 産の細手の上等毛糸; Saxony yarn ともいう》. **2** サクソニー織《上等な紡毛織物の一種; メルトンとフランネルとの中間織物のような紡毛織物で, 最初はドイツのザクセン (Saxony) 地方産の羊毛で作ったものをいったが, 現在は細いメリノー羊毛でメルトン仕上げをしたものをもいう》.

Sax·o·ny [sǽks(ə)ni, -sn̩i | -nɪ, -n̩ɪ] 〖□ LL *Saxonia*: ⇨ Saxon, -ia[1]〗 ── *n.* ザクセン《ドイツ中部の旧地名; 現在のドイツ民主共和国の Leipzig, Karl-Marx-Stadt, Dresden 3 行政区にほぼ相当; ドイツ語名 Sachsen》.

Sáxony blúe *n.* 〖顔料〗 = smalt 1.

sax·o·phone [sǽksəfòun | -fəun] 〖《1851》□F ~ ← *Antoine J. Sax*: ⇨ saxhorn, -o-, -phone〗 ── *n.* サクソホーン《A. J. Sax の考案した単簧管楽器で, その音色は木管・金管の中間にある》. **sax·o·phon·ic** [sæ̀ksəfάnɪk, -fóun- | -fɔ́n-, -fə́un-, -fɔ́n-] *adj.*

saxophone

sax·o·phon·ist [sǽksəfòunɪst, -nəst | sæksɔ́fənɪst, sǽksəfə̀un-] *n.* サクソフォーン奏者.

sáx·túba [sǽks-] 〖← (*Antoine J.*) *Sax* +TUBA: ⇨ saxhorn〗 *n.* サックスチューバ《低音(吹奏)の大型サクソルン》.

say[1] [séɪ] 〖《c1300》□(O)F *saie* < VL **sagia* = L *saga* (pl.) ← *sagum* military cloak〗 *n.* 《古》セイ《絹毛または純毛織薄地サージで, もとクエーカー教徒たちが着た織物》.

say[2] 〖v.: OE *secġan* < Gmc **saȝ(æ)jan-* (Du. *zeggen* / G *sagen*) ← IE **sekʷ-* to show, say (L *inquam* I say / Gk *énnepe* Say!): ModE の語形と発音は OE *segeþ* (3rd sing. pres. ind.) などから〗 ── *v.* [séɪ; seɪ] (**said** [séd; sed, sɪd, səd]; 三人称単数直説法現在形 **says** [séz; sez, səz, sɪz]) (cf. speak, tell[1]) ── *vt.* **1** 言う, 言葉に言い表わす (utter); (決意・意見として)述べる (assert): ~ yes はいと言う, 承諾する / ~ a few words 簡単な挨拶[演説]をする / ⇨ *say the* WORD / Who *said* that? だれがそう言ったか / *Say* no more! もう言うな, もうたくさんだ / Do you mean what you ~? それは本気で言っているのか / No one can ~ (There is no ~*ing*) what may happen. 何が起こるやらだれだってわからない / ⇨ *Never say* DIE[2]! / Easier *said* than done. 《諺》口で言うほどやさしくはない,「言うはやすく行なうはかたし」/ No sooner *said* than done. 言うが早いか実行した[する] / The less *said* about it the better. 言わぬが花 / *Say* no ill of the year till it be past. 《諺》年の暮れないうちはその年の悪口を言うな / Who shall I ~, sir? (取次ぎの者が来客に向かって)どなた様でございますか / ...and so ~ all of us (そして)それが我々の意見だ, 我々は皆そう言っている / You may well ~ so. そう言われるのはもっともです / You can ~ that (again)! = You *said* it! 《口語》全くその通り, 賛成[同感]です / ⇨ *You don't* SAY (so)! / What do you ~ (to...) ⇨ what *pron.* 成句.

2 [通例, 被伝達部または *that*-clause を導いて] ...と言う: "I'll do it," he *said*.「そうしましょう」と彼は言った / She *said* (that) she would come today. 彼女は今日伺いますと言った / I am sorry to ~ (*that*) ... 残念ながら...です / I should ~ (*that*) ...でしょうね / I should ~ so [not]. 私はそう[そうでないと]思いますが. ★ (1) 直接話法で被伝達部のあとまたは中間に伝達部を置く場合, 伝達部の主語が名詞でも人称代名詞でも, しばしば "said+主語" の語順が用いられる: "I would prefer not to," *said* George [he].「そうしたくはありません」とジョージ[彼]は言った. (2) きびきびした文体では, *said* he [Mr. Jones] の代わりに *says* he [Mr. Jones] を用いることがある; また《俗》では said I [you] に代わって, *says* I [you] を用いることもあり, その場合, 無教養者の言葉であることを示すために says が sez とつづられることもある (cf. SAYS *you!*, SEZ *you!*). (3) 《米口語》では say が tell の意味を含み *to do* を伴って次のように用いられることがある: He *said to* tell you to hurry. = He said *for* you *to* hurry. あなたに急ぐようにとのことでした / She *said to* me *to* leave at once. 私にすぐ出かけるようにということでした.

3 [*that*-clause を伴い, しばしば Passive で; または *be said to* do で] 〈一般の人々が〉...と言う, うわさする; となえる (allege): People [They] ~ (*that*) he is going to resign. 彼は辞職しようとしているとのことだ / People ~ *of* him *that* he is mad. 人は彼を評して狂人だという / *It is* generally *said* (*that*)... 一般に...と言われている / She *is said to* be a good singer. 彼女は名歌手だそうだ / He *was said to* have taken a doctor's degree. 彼は博士号を取得したと言われていた / This tree *is said to* be two thousand years old. この樹木は樹齢 2 千年に及ぶという. ★ 最後の 3 例のような単文の表現法は常に受動構文をなして用いられる.

4 〈言い分を〉言う, 論じる (argue); (弁解として)述べる; 〈情報を〉伝える (convey): There is much to be *said* on both sides. 両方ともに言い分は大いにある / have nothing to ~ *for* one*self*. 弁解することは何もない, 文句がない; 《口語》内気で黙っている, 意気地がなくて何も言わない, 意気地がない / She has nothing to ~ *to* the event. 彼女はその事件と何の関係もない / What have you got to ~ *about* that? そのことについて何か言い分があるかね / He spoke for more than an hour but did not ~ much. 1 時間以上も話していたが大した事は言っていなかった.

5 誦(しょう)する, 暗唱する, 唱える (recite, rehearse): ~ one's prayers 祈りを唱える / ~ one's lesson (教師に)教わったことを暗唱する / ~ mass 〈聖職者が〉ミサを捧げる / to be *said* or sung 読みまたは歌うべし《祈禱書中の指示文句》.

6 〈時計などが〉〈時を〉示す, さす (indicate); 〈表情などが〉あらわしている (show); 〈本・新聞などが〉書いている 〈*that*〉: the box that ~*s* "Paper Clips"「紙ばさみ入れ」と書いてある箱 / The clock ~*s* ten minutes after three. 時計は 3 時 10 分をさしている / Her glance *said* all I wanted to know. 彼女のひとみは私の知りたいと思っていることを全部物語っていた / It is ~*ing* a great deal. それは大変な[容易ならぬ]ことだ / The papers ~ *that* exports are up. 新聞によると輸出が上昇している / *It* ~*s* in the Bible *that*... 《口語》...と聖書に言っている.

7 [命令法または Let us ~... で] ...だとしてみよ; 例えば ..., まず..., 大体...; ...とすれば: Any European country, ~ Germany, might do the same. ヨーロッパの国ならどこでも, 例えばドイツでも, 同じことをするだろう / He has, ~, fifty thousand yen. そうね, 5 万円ばかり持っているね / Well, ~ it were so, what then? まあそうだとしておこう, するとどうなるか / Let's ~ *that* you are right. かりに君が正しいとしてみよう.

── *vi.* **1** 言う, 語る (speak); 意見を述べる, 主張する, 断言する (declare): just as you ~ 君の言う通り / I cannot ~. さあどうかしら, わからないけど / You don't ~ (so)! ⇨ 成句 / I'll ~. ⇨ 成句 / 《口語》まったくね, そうね, なるほど / I'm not ~*ing*. (ご質問に)お答えしません / How ~ you? (陪審員に向かって)評決はいかがですか / ⇨ *I* SAY. **2** [挿入的に用いて (cf. *vt.* 7)] 仮定的に言う[言えば], おおまかに言って: She's, I'd ~, forty. 彼女はまず 40 歳といったところだ / A fourth of the population, ~, is illiterate. 全住民のまず 4 分の 1 が文盲と言ってよい.

as much as to say... ちょうど...とでも言うかのように, ...とでも言いたげに, ...と言わんばかりに (as if saying): The dog wagged its tail, *as much as to* "Thank you, sir." ***go without saying*** ⇨ go[1] 成句.

I say 《口語》[間投詞的] (1)《英》おい, ちょいと, あのね. (2) これは驚いた, 大したものだ: *I* ~, what a beauty! これは美しい / Well, *I* ~! これはこれは. (3) [否定を強めて]: No, *I* ~! いいえ, いけません. ***not say much for*** 《口語》…を高く評価しない: I *can't* ~ *much for* the picture. その絵はたいしたものじゃない. ***not to say*** …でなくとも, …とは言えないまでも (cf. *to say* NOTHING *of*): It is warm, *not to* ~ hot. 暖かい, 暑いと言ってもいいくらいだ. ***say away*** どしどし言う. ***say for oneself*** ⇨ *vt.* 4. ***say nothing to*** ⇨ nothing 成句. ***say on*** 続けて(言おうと思っていることを)言う. ***say out*** 洗いざらい[腹蔵なく]言う. ***say over*** 〈演説など〉の暗唱を繰り返す: ~ one's speech *over*. ***say something*** ⇨ something 成句. ***Says you*** [***who***]***!*** 《俗》[間投詞的に] (お言葉だが)さあどうかね, まさか《不信を軽蔑的に表わす; cf. *vt.* 2 ★ (2)》. ***say to oneself*** (1) (心の中で)考える (think): He *said to himself that* there was something wrong. どこかおかしなところがあると心の中で考えた. (2) 《まれ》ひとりごとを言う (talk to oneself). ***Say when!*** ⇨ when *adv.* 成句. ***that is to say*** ⇨ that[1] *pron.* 成句. ***though I say it*** (***who should not***) 私の口から言うのは変だが: I am a man of my word, *though I* ~ *it who shouldn't.* 私の口から言うのもどうかと思うが, 私は絶対に約束を破らない人間だ. ***to say nothing of*** ⇨ nothing 成句. ***to say the least*** (***of it***) ⇨ least *n.* 成句. ***when all is said*** (***and done***) ⇨ all *pron.* 成句. ***You don't say*** (***so***)***!*** 《口語》まさか, どうだか; まあ (Really!)《軽い驚きを表わす》.

— [séɪ] *n.* **1 a** 言いたいこと, 言うべきこと, 言い分: Let him say his ~. 彼に言いたいことを言わせなさい. **b** 発言の機会; 発言の番: have one's ~ (発言の機会を捕らえて)意向を表明する / It is now your ~. 今度はあなたの言う番です. **2 a** 発言権, 発言の能力: have a [no] ~ in the matter その事に発言権がある[ない], それには言い分がある[口を出す権利がない] / We had no ~ *about* our food. 食べ物について何も言う資格がなかった. **b** [the ~] (最終)決定権, 最高権威 (supreme authority): Who has *the* ~ in this matter? この件ではだれが決定権を持っているか / He has *the* ~ *about* what shall be done. 何をすべきかということについては彼に決定権がある / He had *the* ~ *on* the budget [*over* more than $50 billion]. 予算の[500億ドル以上についての]決定権は彼にあった. **3** 《古》(個人の)言葉, 発言, 陳述 (saying, statement).

Say [séɪ; *F.* sɛ], **Jean Baptiste** *n.* セー《1767–1832; フランスの古典派経済学者; ⇨ Say's law》.

say·a·ble [séɪəbl̩] *adj.* **1** 口に出して言うことができる. **2** はっきりと[効果的に]言うことができる.

Sa·yán Móuntains [səjáːn-, sɑ-; *Russ.* sajánʲ] — *n. pl.* [the ~] サヤン山脈《ソ連邦ロシヤ共和国東中央部 Altai 山脈の一部; その一部はシベリアとモンゴルとの境をなす; 最高峰 Munku Sardyk [munkú-sardík] (3,490 m)》.

S.A.Y.E. 《略》《英》save-as-you-earn.

say·ee [seɪíː] 〖⇨ -ee[1]〗 *n.* 言う[話す]相手.

sáy·er 〖ME〗 *n.* **1** 言う人. **2** 《古》詩人 (poet).

Sayers [séɪəz, séəz | séɪəz séəz], **Dorothy L(eigh)** *n.* (1893–1957) 英国の女流推理小説家・著述家; *The Nine Tailors* (1934).

say·est [séɪɪst, séɪəst] *vt., vi.* 《古》say[2] の二人称単数直説法現在形: thou ~ =you say.

say·id [sáɪ(j)ɪd, -(j)əd, sáɪd, séɪ(j)ɪd, -(j)əd, séɪd | sáɪɪd, sáɪd, séɪɪd, séɪd] *n.* 〖イスラム教〗=sayyid.

sáy·ing 〖ME〗 — *n.* **1** 言うこと, 発言: one's ~ and doing 言行. **2** 言ったこと, 言説; (特に)言い習わし, 諺 (proverb), 格言 (maxim); 警句, 名言: a common ~ 世間の言い習わし / as the ~ is [goes] よく人が言う通り, 俗にいわゆる, ことわざに言うように.

Sáy's láw, S- L- [séɪz-] 〖← *Jean Baptiste Say*〗 *n.* 〖経済〗セー法則《商品の供給はそれみずからの需要を作り出すという販路法則》.

sáy-sò *n.* 《口語》**1 a** [通例 one's ~ で] (人の)独断的断定. **b** 権威のある発言. **2** 決定権; 訓令, 命令; 権威, 権力.

sayst [séɪst] *v.* =sayest.

say·yid [sáɪ(j)ɪd, -(j)əd, sáɪd, séɪ(j)ɪd, -(j)əd, séɪd | sáɪɪd, sáɪd, séɪɪd, séɪd] 〖(1615) □ Arab. *sáyyid* lord〗 — *n.* 〖イスラム教〗 **1** マホメット (Muhammad) の正系の子孫に対する尊称. **2** 部族の長.

Saz·e·rac [sǽzəræk] 〖← ?〗 *n.* サザラック《バーボンウイスキー・ビターズ・アブサン・砂糖を入れてシェークし, 氷とレモンの皮を入れたカクテル》.

Sb 《記号》〖化学〗antimony (← *L.* stibium).

$B 《記号》〖貨幣〗Bolivian peso(s).

sb. 《略》substantive.

s.b., sb 《略》〖野球〗stolen base(s).

S.B. 《略》sales book; *L.* Scientiae Baccalaureus (=Bachelor of Science); Shipping Board 《米》船舶局; simultaneous broadcast; southbound; Statute Book.

SBA 《略》《米》Small Business Administration.

Ś-bànd *n.* 〖通信〗S 周波帯《1550–5200 メガヘルツの極超短波の周波帯; cf. L-band》.

SbE 《略》South by East.

sbir·ro [zbíroʊ | -rəʊ; *It.* zbírro] 〖□ It. ~〗 *It. n.* (*pl.* **sbir·ri** [-riː; *It.* -ri]) (イタリアの)巡査 (policeman).

'sblood [zblʌ́d] 〖略〗 *int.* 《廃》=*God's* BLOOD!

SBN 《略》Standard Book Number 標準図書番号.

SbW 《略》South by West.

Sc 《記号》〖化学〗scandium; 〖気象〗stratocumulus.

SC 《略》Security Council (of the United Nations) (国連)安全保障理事会; 〖米郵便〗South Carolina (州).

S/C 《略》〖海上保険〗salvage charges 救助費.

sc. 《略》scale; scene; science; scientific; scilicet; screw; 〖衡量〗scruple; sculpsit.

Sc. 《略》Scandinavia; Scandinavian; science; Scotch; Scotland; Scots; Scottish; Sculptor.

s.c. 《略》〖海上保険〗salvage charges 救助費; self contained; sharp cash 即金(払い); single column; 〖印刷〗small capital(s); 〖冶金〗steel casting 鋼鋳造; 〖製紙〗supercalendered.

S.C. 《略》〖保険〗Salvage Corps; 〖法律〗same case 同事件; 《英》〖教育〗school certificate; Security Council (of the U.N.); *L.* Senatus Consultum (=decree of the Senate); 〖法律〗senior counsel 年長バリスター; service certificate; 〖米陸軍〗Signal Corps; 〖カトリック〗Sisters of Charity; South Carolina; special constable; 〖軍事〗Staff College; Staff Corps; standing committee; statutory committee 常置委員会; 〖法律〗Supreme Court.

scab [skǽ(ː)b] 〖(*c*1275) □ ON **skabb-r* ← Gmc **skabb-*: ⇨ shabby〗 — *n.* **1 a** かさぶた, 痂皮(か) (crust). **b** (エナメルの表面などに出る)かさぶた状のもの. **2** 《口語》**a** 労働組合不参加者, 非組合員. **b** ストライキ[罷業]不参加者; スト[罷業]破り, スキャッブ (blackleg). **3** 《古》いやな奴; 悪党, 悪漢 (scoundrel). **4** 《古》膿疱・鱗癬を作る皮膚病. **5** 〖獣医〗(家畜の)疥癬(かいせん), 皮癬(ひぜん) (scabies), (特に) =psoroptic mange. **6** 〖金属加工〗**a** 鋳肌(はだ)のふくれ. **b** 砂型の表面疵. **c** 剝げ《圧延鋼材に現われる欠陥の一つ》. **7** 〖植物病理〗**a** 腐敗病《ジャガイモ・リンゴなどの皮にかさぶたが生じる; cf. apple scab, potato scab》. **b** 腐敗病によるかさぶた. **8** 〖木工〗添え板《二つの部材をつなぐため, ボルトなどで取り付けられる小さな板》. **9** 〖物理〗衝撃剝離《物体に打撃を与えた時にそれと反対の部分がはがれ落ちること》. — *vi.* (**scabbed; scab·bing**) **1** 〈傷口が〉かさぶたを生じる, (ふさがって)直る: The wound ~*bed* over. 傷口にかさぶたができた. **2** 《口語》スト破りをする: ~ on strikers 罷業者たちを裏切る. **3** 〖物理〗衝撃剝離する. — *vt.* **1** 〈人〉にスト破りのレッテルを貼る, 〈人を〉スト破りとして扱う. **2** 〖物理〗衝撃剝離させる.

scab·bard [skǽbəd | -bəd] 〖(14C) *scauberd* 《変形》← (*c*1300) *sca(u)berc* □ AF **escauberc*, (pl.) *escaubers* ← Gmc (cf. OHG *scār* blade, *bergan* to hide): cf. hauberk〗 — *n.* **1** (刀剣などの金属または皮製の)鞘(さや). **2** 《米》拳銃入れ.

throw [***fling***] ***away the scabbard*** 飽くまで戦う, 断固とした態度に出る.

— *vt.* **1** さやに入れる[納める]. **2** 《古》(罰として)さやでたたく.

scábbard fìsh *n.* 〖魚類〗タチウオ (⇨ cutlass fish).

scab·bed [skǽbɪd, -bəd, skǽ(ː)bd] 〖ME〗 — *adj.* **1** かさぶたのある, かさぶただらけの. **2** 疥癬(かいせん)[皮癬(ひぜん)]にかかった. **3** 〖植物病理〗腐敗病の: ~ potatoes. **4** とるに足らぬ, 卑小な (mean). **~·ness** *n.*

scab·ble [skǽbl̩] 〖《変形》← (15C) *scaple(n)* □ OF *esc(h)apel-er* to dress timber〗 — *vt.* (採石場で)〈石を〉荒仕上げ[削り]する. **scáb·bler** [-bl̩ə, -blə | -bl̩ə(r, -bl-] *n.*

scab·by [skǽbi | -bɪ] 〖(1526) ← SCAB+-Y[4]: cf. MDu. *schabbich*〗 — *adj.* (**scab·bi·er; -bi·est**) **1** かさぶた (scab) でおおわれた, かさぶただらけの: a ~ skin. **2** 疥癬(かいせん)[皮癬(ひぜん)]にかかった: a ~ dog. **3** 《口語》きたない, 卑劣な: a ~ trick. **4** 〖植物病理〗腐敗病の: ~ potatoes. **5** 〖金属加工〗〈鋳物が〉表面にふくれのある. **scáb·bi·ly** [-bɪli, -bəli | -lɪ] *adv.* **scáb·bi·ness** *n.*

scábby mòuth *n.* 《豪》〖獣医〗=sore mouth 1 a, 2.

sca·bies [skéɪbiz | skéɪbiìːz, -biːz] 〖(*a*1400) □ L *scabiēs* roughness, itch ← *scabere* to scratch〗 — *n.* (*pl.* ~) 〖病理・獣医〗(羊・牛, 時には人間に寄生する)疥癬(かいせん), 皮癬(ひぜん). **sca·bi·et·ic** [skeɪbiétɪk | -brét-] *adj.* **sca·bet·ic** [skəbétɪk | -tɪk] *adj.*

sca·bi·o·sa [skèɪbióʊsə, skæ̀b-, -zə | -bɪə́ʊ-] 〖← NL *Scabiosa* ← ML *scabiōsa* (*herba*) ← *scabiosus* (↓)〗 *n.* 〖植物〗**1** [S-] マツムシソウ属. **2** [s-] =scabious[2].

sca·bi·ous[1] [skéɪbiəs, skǽb- | -bjəs, -bɪəs] 〖□ L *scabiōs-us*: ⇨ scabies, -ous〗 — *adj.* **1** かさぶただらけの[から成る] (scabby). **2** 疥癬(かいせん)[皮癬(ひぜん)]の(ような): ~ eruptions 皮癬性の吹出物.

sca·bi·ous[2] [skéɪbiəs, skǽb- | -bjəs, -bɪəs] 〖(*a*1400) *scabiose* □ ML *scabiōsa* (*herba*) scabious (herb) ← L *scabiōsus* (↑)〗 — *n.* 〖植物〗マツムシソウ属 (*Scabiosa*) の植物の総称《セイヨウマツムシソウ (*S. atropurpurea*) など》.

scáb·lànd *n.* **1** 〖地理〗**a** 火山溶岩地の不毛でごつごつした地形《米国北西部の Spokane 付近の地形はその一例》. **b** でこぼこした不整地. **2** [しばしば *pl.*] scabland の地方.

scab·rous [skǽbrəs, skéɪb- | skéɪb-] 〖(1549) □ LL *scabrōs-us* ← L *scaber* rough (cf. *scabiēs* roughness / *scabere* to scratch): ⇨ -ous〗 — *adj.* **1** (突起などで)ざらざらした, でこぼこのある: a ~ leaf. **2** むずかしい, 厄介な: a ~ problem. **3 a** 不愉快な, いやな感じのする. **b** しみだらけの, うすよごれた: ~ furniture. **c** 〈主題・場面など〉きわどい, 猥褻(わいせつ)な; 品行の悪い. **~·ly** *adv.* **~·ness** *n.*

scáb·wòrt 〖(15C)〗 *n.* 〖植物〗=elecampane.

scad[1] [skǽ(ː)d] 〖《方言》? ← SHAD〗 *n.* (*pl.* ~, ~**s**) 〖魚類〗big-eyed scad などアジ科ムロアジ属 (*Decapterus*) の魚類の総称.

scad[2] [skǽ(ː)d] 〖□ ? Norw. *skadd* (cf. shad) // 《変形》? ← SCALD[1]〗 — *n.* **1** 《口語》[a ~ of, または ~s of として] 多量, 多数, たくさん: a ~ of fish たくさんの魚 / ~s *of* money 巨額の金. **2** 《米古》[通例 *pl.*] ドル (dollar); 金, 金銭 (money).

Scá·fell Píke [skɔ́ːfel-] 〖ME ← ? ON *Skálafell* 《原義》'FELL[2] with a SHIELING'〗 *n.* イングランド北西部, Cumbria 州の山; イングランドの最高峰 (978 m).

scaf·fold [skǽfəld, -foʊld | -fəld, -fəʊld] 〖(1349) *scaffot, scaf(f)old* □ ONF *escafaut* =OF (*e*)*scadafaut* (F *échafaud*) < VL **excatafalcum* ← EX-[1]+**catafalcum* 'CATAFALQUE'〗 — *n.* **1** (建築・修繕・改装の際の)足場, 仮構え (scaffolding); (高層建築のガラス窓拭き用や画家の制作の際の)吊り足場: a flying ~ 吊り足場. **2 a** 処刑台; 絞首台, 断頭台. **b** [the ~] 死刑: go to [mount] *the* ~ 死刑に処せられる / send [bring] a person to *the* ~ 人を死刑に処する. **3 a** (各種の目的のために組み立てる)組立てやぐら, 台. **b** 《ニューイングランド》=hayloft. **4** 《古》野外舞台; (野外の)組立てさじき, 観覧席. **5** 〖解剖・生物〗骨格, 骨組: the ~ of the skull (胎児の)頭蓋(がい)の骨組. **6** 〖冶金〗(溶鉱炉の)棚吊(づ)り. — *vt.* **1** (建築の際に)…に足場を設ける. **2** 足場に乗せる, 足場で支える. **3** 〈議論などを〉しっかりと支える.

scaf·fold·age [skǽfəldɪdʒ, -foʊld- | -fəld-, -fəʊld-] *n.* =scaffold, scaffolding.

scáf·fold·ing 〖ME〗 — *n.* **1** 足場 (scaffold), 足代(あじろ). **2** [集合的] 足場材料. **3** 足場作り. **4 a** あるものの構造[基礎, 外形]を支える骨組み. **b** あるものを確認[確証]づける証拠.

scáffold nàil *n.* 足場用の釘《深く入り過ぎず容易に抜けるように頭が二段になって止めがついている; double-headed nail, staging nail ともいう》.

scag [skǽ(ː)g] 〖← ?〗 *n.* 《米俗》ヘロイン (heroin).

sca·glia [skɑ́ːljə; *It.* skáʎʎa] 〖(1774) □ It. ~ 'scale' □ (WGmc) **skalō*: cf. scale[1]〗 *n.* 〖岩石〗(南アルプス産の)白色または赤色石灰岩.

sca·glio·la [skæljóʊlə | -ljə́ʊ-; *It.* skaʎʎɔ́ːla] 〖□ It. *scagliuola* (dim.) ← *scaglia* (↑)〗 *n.* スカリオラ《大理石のくずなどで造る人造[模造]大理石》.

scaife [skéɪf] 〖□ ? Du. *schijf* disk, wheel: cog. G *Scheibe*〗 *n.* スケイフ《金剛砂とオリーブ油が塗布処理してある宝石・工業用ダイヤモンド研磨盤》.

scal·a·ble[1] [skéɪləbl̩] *adj.* うろこ (scales) が落とせる.

scal·a·ble[2] [skéɪləbl̩] *adj.* (秤で)はかれる.

scal·a·ble[3] [skéɪləbl̩] *adj.* 〈山など〉登攀(とうはん)可能な, 登れる.

sca·la cor·do·na·ta [skɑ́ːləkɔ̀ədənɑ́ːtə | -kɔ̀ːdənɑ́ː-tə; *It.* skálakòrdonáːta] 〖□ It. ~: ⇨ scale[3], cordon, -ate[1]〗 — *It. n.* (*pl.* **sca·le cor·do·na·te** [skɑ́ːleɪ-kɔ̀ədənɑ́ːteɪ | -kɔ̀ːdənɑ́ːteɪ; *It.* skálekòrdonáːte]) (幅の広い僅かに傾斜した階段状の)坂道.

sca·lade [skəléɪd, -lɑ́ːd] 〖□ It. 《廃》*scalada* ← *scalare* 'to SCALE[3]'〗 *n.* 《古》(攻城の際の)はしご登り (escalade).

sca·la·do [skəléɪdoʊ, -lɑ́ːd- | -dəʊ] *n* (*pl.* ~**s**) =scalade.

scal·age [skéɪlɪdʒ] 〖← SCALE[3]+-AGE〗 — *n.* **1** (見積り高よりの)減少歩合, 減り, 減り高; (自然減少を見越しての)天引高. **2** (重量・面積などの)測定 (scaling). **3** (丸太の)見積り石数.

sca·lar [skéɪlə, -lɑə | -lə(r, -lɑː(r] 〖□ L *scālār-is* ← *scālae* ladder: ⇨ scale[3]〗 — *n.* 〖数学〗スカラー, 数量《数ないしはそれに準じる量をベクトル (vector) に対していう》. — *adj.* **1** 〖生物〗=scalariform. **2** 〖数学〗スカラーの. **3** 〖物理〗スカラーの: a ~ meson スカラー中間子《スピン 0 のもの》/ ⇨ scalar field.

sca·la·re [skəlɛ́(ə)ri, -lɑ́ːri | -lɛ́əri, -lɑ́ːrɪ] 〖← NL *Scalare* (neut.) ← L *scālāris* (↑): しま状の模様があることから〗 — *n.* 〖魚類〗エンゼルフィッシュ (*Pterophyllum scalare*) 《南米北部地方産カワスズメ科の鑑賞用に飼育される熱帯淡水魚; angelfish ともいう》.

scálar fíeld *n.* スカラー場: **1** 〖数学・物理〗多様体上の各点にスカラーを付随せしめたもの (cf. vector field). **2** 〖物理〗スピン 0 の粒子の場.

sca·lar·i·form [skəlǽ(ə)rəfɔ̀əm | -lǽrɪfɔ̀ːm] 〖← NL *scālāriform-is*: ⇨ scalar, -form〗 *adj.* 〖生物〗はしご状の.

scálar próduct *n.* 〖数学〗スカラー積, 内積《二つのベクトルの大きさに, その間の角の余弦を掛けたもの; inner product ともいう; *a·b* のようにドット (dot) を用いて表わした時は, dot product ともいう; cf. vector product》.

scálar tríple próduct *n.* 〖数学〗スカラー三重積《三つのベクトル *a, b, c* で作られる平行六面体の体積に適当に符号をつけたもの; *u·v·w* や [*u, v, w*] などで表わす; triple scalar product ともいう》.

sca·la·tion [skeɪléɪʃən] 〖← SCALE[1]+-ATION〗 *n.* 〖動物〗鱗(りん)相《うろこの構造とその配列》.

scal·a·wag [skǽlɪwæ̀g, -lə-] 〖《原義》undersized (i.e., worthless) animal 《転訛》? ← *Scalloway* (Shetland の地名): Shetland 産の小馬にたとえた?〗 — *n.* **1** ご

くつぶし, やくざ者, ならず者. **2** からだの小さい動物, 栄養不良の動物. **3** 《米》スキャラワグ《米国で南北戦争後の再建時代 (1865–70) に共和党員として活躍した南部白人; 南部民主党員の軽蔑的な用語; cf. carpetbagger 1 b》.

scald[1] [skɔ́ːld] 〖《?*a*1200》□ ONF *escald-er* = OF *eschald-er* (F *échauder*) < LL *excaldāre* to wash in hot water ← L EX-[1] + *cal(i)dus* hot (⇨ caldron)〗 — *vt.* **1 a** (熱湯や湯気などで)やけどをさせる (cf. burn 3 a): ~ oneself やけどをする / be ~*ed* to death やけどで[焼け]死ぬ / Don't ~ your lips in another man's porridge. 《諺》余計な世話で手を焼くな. **b** 《方言》〈日光などが〉焦がす, 焼く: sun-*scalded* sands 陽光で熱くなった砂丘. **2 a** 〈器具を〉熱湯で消毒する; 煮沸する, 湯ですすぐ 〈*out*〉: ~ (*out*) a vessel. **b** (果物・野菜の薄皮をとるため, または鶏の羽毛をとるため)熱湯処理する, 湯通しにする: ~ a tomato. **c** 〈牛乳などを〉沸騰点近くまで熱する: ~ milk. **3** (熱湯でやけどするように)ひりひりさせる. **4** 《アイル》悩ませる (worry), 苦しませる (torment). — *vi.* **1** やけどする; やけどのように痛む. **2** 〈りんごなどが〉蒸れ腐れする. — *n.* **1** (熱湯や湯気による)やけど: an ointment for ~*s* and burns 湯傷と火傷に効くぬり薬. **2** 煮沸; 熱湯消毒. **3** 〖植物病理〗 **a** (リンゴなどの)蒸れ腐れ, うれ腐れ. **b** (炎熱による)木の葉の変色, 日焼け. **4** 〖獣医〗羊の趾間腐爛.
get a good scald on 《方言》…に成功する.
— *adj.* = scalded.

scald[2] [skɔ́ːld, skɑ́ːld | skɔ́ːld] *n.* = skald.

scald[3] [skɔ́ːld] 〖《*c*1500》← SCALL + -ED 2〗 *adj.* 《古》 **1** きたない, 卑劣な. **2** 下劣な, 見下げた.

scald·ed [skɔ́ːldɪd, -dəd] 〖《15C》〗 — *adj.* **1** 熱湯処理をした, 湯通しした: ~ meal. **2** 沸騰点近くまで熱した: ~ cream 牛乳を沸騰点近くまで熱してさましてから取ったクリーム.

scald·er [skɔ́ːldə | -də(r] *n.* 熱湯消毒器, 煮沸器.

scáld hèad [skɔ́ːld-] 〖⇨ scald[3]〗 *n.* 《古》白癬(はくせん)などにかかった頭.

scald·ic [skɔ́ːldɪk, skɑ́ːld- | skɔ́ːld-] *adj.* = skaldic.

scald·ing [skɔ́ːldɪŋ] 〖ME〗 — *n.* **1** 熱湯処理, 湯通し. **2** [*pl.*] 《古》熱湯, 煮沸した液体. **3** 〖植物病理〗 = scald[1] 3. — *adj.* **1** やけどをさせるような; ひりひりする, 刺すような (biting): ~ tears (悲嘆の)熱い涙. **2** 煮えたぎっている: ~ water. **3 a** 燃えるような, 強烈な: the ~ sun. **b** [副詞的に] やけどをするほど (cf. scorching 1 c): ~ hot. **4** 〈批評・意見などが〉鋭い, 痛烈な, 辛辣な.

scal·di·no [skɑːldíːnou | -nəu; *It.* skaldíːno] 〖□ It. ~ ← *scaldare* to make hot or warm: cf. scald[1]〗 — *n.* (*pl.* **-di·ni** [-niː; *It.* -ni]) (イタリアで使う)陶器製の手あぶり火ばち.

scale[1] [skéɪl] 〖《*a*1325》□ OF *escale* (F *écale*) □ Gmc **skalō*: cf. shale, shell〗 — *n.* **1** (魚類・両生類・鳥類の脚・チョウ・ガ類の羽などの)うろこ, 鱗(りん)片, 鱗粉, こけら, こけ: remove [scrape] the ~*s* from a fish. **2 a** うろこ状の物, (うろこ状に脱落する)薄片, 鱗片. **b** (皮膚病による)皮膚の薄片, 鱗屑(りんせつ). **c** (ボイラーの内側にできる)湯あか. **d** 歯石. **e** 〖冶金〗スケール《熱した鉄・銅などの表面にできる酸化物層》. **3** [*pl.*] 目をかすませるもの: remove the ~*s* from a person's eyes 人の目のかすみをとる; 誤りを悟らせる, 目ざめさせる / The ~*s* fell from his eyes. 彼の目からうろこが落ちた; 誤りを悟った, 迷いがさめた (cf. *Acts* 9: 18). **4** 〖植物〗 **a** (芽やつぼみを保護する)芽鱗(がりん), 包葉 (bract). **b** (ユリの鱗茎・松かさなどの)鱗片. **5 a** 〖昆虫〗カイガラムシ《カイガラムシ科の小さな昆虫の総称》. **b** 〖植物病理〗カイガラムシによる病気. **6** 〖甲冑〗 **a** (scale armor の)小札(こざね). **b** = scale armor.
— *vt.* **1** 〈魚などの〉うろこを落とす, …のこけらを取る: ~ a fish. **2** …の皮をむく, …の殻をむく: ~ chestnuts. **3** [しばしば ~ *off* として] **a** …の薄片をとる. **b** …の湯あかを落とす. **c** 〈歯石を〉とる: ~ tartar from the teeth. **d** 〈木の皮を〉はぐ: ~ *off* the bark of a tree 木の皮をはぐ. **4** …に湯あかを生じさせる. **5** 〈平らな石などを〉(池などの水面を切るようにして)投げる. **6** 《古》〖砲術〗〈大砲などの〉の筒払いをする《少量の火薬を爆発させて砲腔を掃除する》.
— *vi.* **1** [しばしば ~ *off* で] **a** (うろこになって)はげる, はげて落ちる. **b** 〈ペンキなどが〉ぼろぼろ落ちる. **c** 〈木の皮が〉はがれる. **2** 湯あかがつく.

scale[2] [skéɪl] 〖《?*a*1200》□ ON *skāl* bowl, *skālar* (pl.) scales < Gmc **skǣlō* (OE *scealu* 'SHELL' / Du. *schaal* / G *Schale* shell) ← IE **(s)kel-* to cut, split (L *silex* pebble): SCALE[1] と同根〗 — *n.* **1 a** 天秤(てんびん)の皿: a beam and ~*s* 天秤, はかり. **b** [*pl.*; 時に単数扱い] 天秤: a pair of ~*s* 天秤 / weigh a thing on a big ~*s* 大きな天秤ではかる. **c** [しばしば *pl.*; 時に単数扱い] はかり, 重量計: a beam ~ さおばかり / a counter ~ (商店の売台などで用いる)上皿(うわざら)ばかり / a platform ~ 台ばかり, 看貫(かんかん) / turn the ~ at 6 pounds 6 ポンドの目方がある (cf. *turn the* SCALE(*s*) (1)). **2** [しばしば *pl.*] (両者の価値を)評価決定するもの, (運命を決する)はかり: the ~*s* of justice 正義のはかり; 正義, 裁定 / hang in the ~ (まだ)どちらとも決定しない / hold the ~*s* even [equally] 公平に裁く / Her fate was in the ~(*s*). 彼女の運命は風前のともし火であった. **3** (家畜の)重さ (weight), 大きさ (size). **4** 《方言》飲む器, コップ (cup): a ~ of beer. **5** [the Scales] 〖天文〗てんびん(天秤)座 (⇨ Libra 1).
go to scale 〈騎手が〉(競馬出場の前または後に)体重をはかる, 検量する. ***throw the*** [*one's*] ***sword into the scale*** ⇨ sword 成句. ***tip the scale(s)*** (1) 天秤の片方を重くする, 優勢である[となる]. (2) 目方がある〔*at*〕: *tip the ~s at* 150 pounds 150 ポンドの目方がある. ***turn the scale(s)*** (1) 天秤の一方を重くする (cf. 1 c). (2) 一方を優勢にする, 局面を一変させる.
— *vt.* **1** 天秤[はかり]ではかる: ~ a load of wood. **2** 〈生パンを〉はかり分ける, 重さで分ける. — *vi.* 目方がある 〈*in*〉; 目方が…ある: The deer is sure to ~ heavily. その鹿はきっと重いに違いない / It ~*s* 100 lb. 目方が 100 ポンドある / a man *scaling in* at 150 pounds 150 ポンドの目方のある人.

scale[3] [skéɪl] 〖《1391》□ L *scālae* (pl.) steps, ladder ← *scandere* to climb: cf. scan〗 — *n.* **1 a** 目盛り, 度盛り: the ~ on a slide rule, thermometer, typewriter, etc. / The ~ on this rule is in centimeters. このものさしの目盛りはセンチである. **b** (距離・面積などを計る目盛りつきの)ものさし: ⇨ architects' scale, engineer's scale, logarithmic scale. **c** (グラフ・図面・地図などに添えた)縮尺線. **2** (実物に対する模型・地図・写真などの)大きさ, 比例 (relative dimensions): a map on [drawn to] a ~ of one inch to a mile 1 マイル 1 インチの割合でかいた [1 マイル 1 インチ縮尺の] 地図 / a picture of an object reduced to a ~ of one-tenth of the natural size 実物の $^{1}/_{10}$ 大の縮小図 / a large-[small-]*scale* map 大[小]縮尺地図 / a proportional [proportionate] ~ 比例尺 / a reduced ~ 縮尺 / an enlarged ~ 拡大尺. **3** 規模, 仕掛け, スケール: *on* a small ~ 小規模に, こぢんまりと / *on* a large [grand, vast] ~ 大規模に, 大々的に. **4** (物価・賃金・課税などの)率; 等級表, 賃金表: a ~ of charges [wages, pensions] 料金[賃金, 恩給]率. **5** 階級, 等級 (gradation): the social ~ 社会階級 / the lowest ~ of existence 最低生活段階 / be high [low] in the ~ of civilization 文明の度が高い[低い] / sink in the ~ 下位に落ちる, 劣等になる[である]. **6 a** 《廃》はしご. **b** 《廃》階段. **c** 《古》登るためのもの. **7** 〖音楽〗音階: the major [minor] ~ 長[短]音階 / a chromatic [diatonic] ~ 半[全]音階 / a pentatonic [whole-tone] ~ 五音[全音]音階 / ~ notes 音階固有音 / learn one's ~*s* 音楽の勉強を始める / play [sing] one's ~*s* 音階を奏する[歌う] / run over one's ~*s* 音階の速度を早めて復習的にひく / ⇨ harmonic minor scale, melodic minor scale, natural minor scale. **8** 〖数学〗記数法, 進(記数)法 (scale of notation): the binary [ternary, decimal, duodecimal] ~ 二[三, 十, 十二]進法. **9** 〖教育・心理〗測定尺度《段階的に知能測定や人格評価を可能とする検査法によって規定された尺度》.
in scale 一定の尺度に応じて, 釣り合いがとれて 〔*with*〕: The house is *in ~ with* its place. その家は場所と釣り合っている. ***out of scale*** 一定の尺度からはずれて, 釣り合いがとれないで 〔*with*〕. ***to scale*** 一定の割合で, 一定の比例に応じて, 案分比例で: a plan drawn *to* ~ 一定の比例に応じて描かれた設計図 / The doll house is built exactly *to* ~ an inch to a foot. 1 フィートを 1 インチに縮めた正確な割合で人形の家は建てられている.
— *vt.* **1 a** …にはしごで登る. **b** はしごを登って攻める: ~ a walled town. **c** 〈山などに〉登る: ~ the highest peak of a mountain 山の最高峰に登る. **2** (努力して)〈高い所〉に登る, 達する, 極める. **3** 縮尺[比例尺]で〈図を〉引く, 比例尺で設計する, 一定の割合で造る, 率に応じて決める: ~ a map. **4 a** 〈人物・品物などを〉一定の基準で判断[評価, 試験]する. **b** 一定の率で制限する[作る, 決める]. **5** 〖林業〗 **a** 〈丸太を〉測る. **b** 〈森林の立木など〉の石数 (board feet) を概算する. — *vi.* **1** はしごで登る; よじ登る. **2** はしご[階段, 段階]になっている. **3** 〈量が〉釣り合いがとれている. **4** 〖音楽〗音階を奏する[歌う]; 〈声が〉高まる. **5** 〖林業〗 **a** 〈丸太が〉測って…である: ~ about 30 feet. **b** 〈立木などが〉…の石数と概算される: ~ thirty thousand board feet an acre.
scale down [***up***] 率に応じて減じる[増す], 縮小[拡大]する: ~ *up* [*down*] a person's pay.

scále àrmor 〖← SCALE[1]〗 *n.* 〖甲冑〗小札鎧(こざねよろい)《角(つの)や金属製の小札を布または皮に縫い付けて仕立てた古式の鎧; cf. jazerant》.

scále-bèam *n.* (さおばかりの)さお, (看貫(かんかん))ばかりの目盛りざお.

scále-bòard 〖《1711》← SCALE[1]〗 *n.* **1 a** (額や鏡の)裏板. **b** (貼合せて合板にする)薄板. **c** 《古》〖製本〗(表装材用の)薄板. **2** 《古》〖印刷〗木製[厚紙]薄インテル.

scále bùg *n.* 〖昆虫〗 = scale[1] 5 a.

scale cordonate *n.* scala cordonata の複数形.

scaled[1] 〖ME: ← SCALE[1] (n.) + -ED〗 *adj.* **1** うろこ状の斑(はん)点のある. **2** うろこのある. **3** 〖甲冑〗小札(こざね)のある. **4** 〖紋章〗 = laminated 4.

scaled[2] 〖← SCALE[1] (v.)〗 *adj.* うろこを落とした: a ~ herring.

scaled[3] *adj.* 目盛り[度盛り]のある.

scále económics *n.* 〖経済〗規模の経済.

scále effèct *n.* 〖航空〗寸法効果《縮尺模型による実験結果と実物との食違いのうち両者の寸法の差に基づく部分; 空気の流れについていえば, 両者の間のレノルズ数の差に基づくレノルズ数効果を指す》.

scále fèrn *n.* 〖植物〗ヨーロッパ産のチャセンシダ科のシダの一種 (*Asplenium officinarum*).

scále ìnsect *n.* 〖昆虫〗 = scale[1] 5 a.

scále lèaf *n.* 〖植物〗鱗片葉(りんぺんよう).

scále·less *adj.* うろこのない.

scále·like *adj.* うろこ様の, 鱗片(りんぺん)状の: ~ design.

scále lòuse *n.* 〖昆虫〗 = scale[1] 5 a.

scále móss *n.* 〖植物〗 = leafy liverwort.

sca·lene [skéɪliːn, ‒́ ‒̀ | skéɪliːn, ‒ ‒́, skæliːn] 〖《1642》□ LL *scalēn-us* □ Gk *skalēnós* unequal〗 — *adj.* **1** 〖数学〗 **a** 〈三角形が〉不等辺の: a ~ triangle 不等辺三角形. **b** 〈円錐や円柱が〉斜軸の: a ~ cone 斜円錐(体). **2** 〖解剖〗不斉の, 斜角筋の: a ~ muscle 斜角筋. — *n.* **1** 〖数学〗不等辺三角形 (scalene triangle). **2** 〖解剖〗斜角筋 (scalene muscle).

sca·le·no·he·dron [skeɪlìːnəhíːdrən | -héd-, -híːd-] 〖← NL ~: ⇨ ↑, -hedron〗 — *n.* (*pl.* **~s**, **-he·dra** [-drə]) 〖結晶〗偏三角面体《不等辺三角形でかこまれた多面体》: **a** (tetragonal system で) 正方偏三角面体. **b** (hexagonal system で) 六方偏三角面体, 複三方偏三角面体.

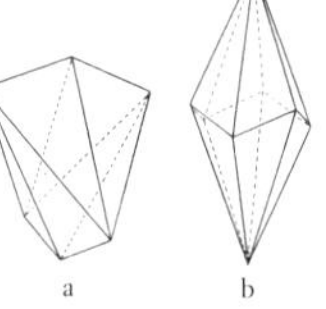

scalenohedrons
a tetragonal; b hexagonal *or* ditrigonal

sca·le·nus [skeɪlíːnəs] 〖← NL ~: ⇨ scalene〗 — *n.* (*pl.* **-le·ni** [-naɪ, -niː]) 〖解剖〗斜角筋 (scalene muscle).

scále·pàn *n.* (天秤の)はかり皿.

scál·er[1] [-lə | -lə(r] 〖← SCALE[1] (n.)〗 *n.* **1** 魚のうろこを落とす人[道具]. **2** 〖歯科〗歯石除去器, スケーラー. **3** 〖冶金〗スケールを落とす人[道具].

scál·er[2] [-lə | -lə(r] 〖← SCALE[3] (v.)〗 *n.* **1** よじ登る人; 城をよじ登る兵士. **2** 〖林業〗材木の石数を見積る人. **3** 〖物理〗計数装置, 計数回路 (scaling circuit).

scál·er[3] [-lə | -lə(r] 〖← SCALE[2] (v.)〗 *n.* 天秤[はかり]で品物をはかる人.

scále·tàil *n.* 〖動物〗ウロコオリス《アフリカ産ウロコオリス科 *Anomalurus* 属の尾の基部の裏にうろこがある齧歯(げっし)類の動物の総称; ウロコオリス (*A. fraseri*) など; scale-tailed squirrel ともいう》.

scále wàx *n.* 〖化学〗スケールワックス, 硬ロウ《発汗法で得られる融点の高い硬質のパラフィンロウ》.

scále·wìng *n.* 〖昆虫〗 = lepidopteron.

scále-wìnged *adj.* 〖昆虫〗 = lepidopterous.

scále-wòrk *n.* (かわらを重ねたような)うろこ細工, うろこ模様細工.

Scal·i·ger [skǽlɪdʒə, -lə- | -lɪdʒə(r; *F.* skaliʒɛːr], **Joseph Jus·tus** [ʒystys] *n.* スカリジェール《1540–1609; フランスの古典学者・批評家;「歴史的批判の父」と呼ばれる; Julius C. Scaliger の子》.

Scaliger, Julius Caesar *n.* スカリジェール《1484–1558; フランスに住んだイタリアの古典学者・自然哲学者; Joseph J. Scaliger の父》.

scál·ing[1] [-lɪŋ] 〖⇨ scale[1]〗 *n.* **1 a** 魚のうろこ[湯あか, スケール]を取ること. **b** 歯石をとること, スケーリング. **2** (ボイラーなどの)湯あかの付着.

scál·ing[2] [-lɪŋ] 〖⇨ scale[2]〗 *n.* 尺度化, 尺度構成.

scál·ing circuit *n.* 〖物理〗 = scaler[2] 3.

scáling làdder 〖《*a*1400》〗 *n.* **1** (敵の城壁に登るために用いる)攻城ばしご. **2** 消防用はしご.

scall [skɔ́ːl] 〖《*a*1325》□ ON *skalle* bald head: cf. ON *skāl* bowl (⇨ scale[2])〗 — *n.* 〖病理〗 **1** 結痂(けっか), かさぶた. **2** 《廃》落屑(らくせつ)性[鱗屑(りんせつ)性]皮膚症; 疥癬(かいせん): dry ~ 疥癬 / moist ~ 湿疹. **3** (頭の)ふけ.

scal·la·wag [skǽlɪwæ̀g, -lə-] *n.* = scalawag.

scalled [skɔ́ːld] 〖ME〗 *adj.* 《古》 = scald[3].

scal·lion [skǽljən | -ljən, -lɪən] 〖《?*a*1300》 *scal(y)on* □ AF *scal(o)un* = OF *eschalo(i)gne* < VL **escalōniam* = L (*caepa*) *Ascalōnia* (onion) of Ascalon: ⇨ shallot〗 — *n.* 《米》 **1 a** = shallot. **b** = leek. **2 a** (病害虫や悪条件などのために)球根の形成の悪い玉ねぎ. **b** = spring onion.

scal·lop [skɑ́ləp, skǽl- | skɔ́l-] 〖《?*a*1400》 *scalap* □ OF *escalope* ← Gmc: cf. scale[2], shell, scollop〗 — *n.* **1 a** 〖貝類〗ホタテガイ《イタヤガイ科 *Pecten* 属の二枚貝の総称; ヨーロッパ産のジェームスホタテガイ (*P. jacobaeus*), *P. maximus* など》. **b** [通例 *pl.*] (ホタテガイの)貝柱《食用》. **2 a** = scallop shell. **b** 貝殻に似た小型なべ. **3** [通例 *pl.*] スカラップ《布や皮などの端に連続して用いる半円状のカーブ》. **4** 肉叩きなどで叩いてのばした薄い肉片. — *vt.* **1** 〈魚介類を〉貝殻(形の器)でソースを加えパン粉をふりかけて焼く. **2 a** スカラップ形にする[仕上げる, 切る]. **b** …にスカラップ形を作る; スカラップで飾る. — *vi.* **1** (貝殻(形の器)で)焼ける. **2** ホタテガイを採る.

scál·lop·er *n.* **1 a** ホタテガイを採る人. **b** ホタテガイ採りの舟 (scallop dragger ともいう). **2** スカラップをつける人.

scál·lop·ing *n.* **1** ホタテガイ採り[漁業]. **2** (近世のヨーロッパ建築などに用いられた)スカラップ装飾[模様]. **3** スカラップ装飾[模様]で飾ること[仕事].

scal·lo·pi·ni [skɑ̀ləpíːni, skæ̀l- | skɔ̀ləpíːni; *It.* skàllopíːni] 〖□ It. *scaloppine* (pl.) ← *scaloppina* (dim.) ← *scaloppa* fillet of meat □ OF *escalope*: ⇨ scallop〗 — *n.* スカロッピーニ《子牛肉などの薄切りをソテーにし, ぶどう酒などの入ったソースと共に出すイタリア料理》.

scállop shèll *n.* **1** = pilgrim scallop. **2** 貝殻皿, 「貝殻なべ.

scállop squàsh *n.* 〖植物〗＝cymling.

scal·ly·wag [skǽlɪwæ̀g, -lə- | -lɪ-] *n.* ＝scalawag.

sca·lo·gram [skéɪləgræ̀m] 〖← SCALE¹＋-O-＋-GRAM〗 *n.* 〖心理〗スケーログラム《態度の尺度を測定する技法の一つ》.

scalp [skǽlp] 〖《*a*1300》□? ON *skālp-r* leather sheath: cf. scale², shell〗 ― *n.* **1 a** 人間の頭皮. **b** (オオカミ・イヌなどの)動物の頭皮. **c** (下あごなしの)クジラの頭. **2 a** 頭髪つき頭皮《特に, 北米インディアンなどが戦利品として敵の頭からはぎ取るもの》. **b** 戦利品, 戦勝記念品. **3** 《スコット》丸くはげた山頂, はげ山. **4** 《口語》(相場の小浮動から得る)小幅の利益, 小すくい. **5** 《英》(カキなどの)養殖場. **6** 《スコット》頭蓋骨 (skull), 頭 (head).
have the scalp of …を負かす, やっつける. *out for scalps* (1) 頭皮狩に出て. (2) 戦おうとして, 挑戦的に; 戦利品を得ようとして. *take a person's scalp* (1) 〈人〉の頭皮をはぎ取る. (2) 〈人〉に勝つ, 報復する.
― *vt.* **1** 〈敵など〉の頭皮をはぐ. **2** …の上部を取る, 〈山頂の樹木を〉切り倒す. **3 a** 〈政治家など〉の地位[力]を奪う. **b** 《米》〈人を〉徹底的に打ち負かす; きびしく批判する. **c** 〈人〉に恥をかかせる. **4 a** 〈穀物・鋳塊・鋼片など〉の表面をけずる. **b** …から望ましい要素を取り他を捨てる. **5** 《米口語》**a** 〈株式などを〉薄利でどしどし売る, 利食いのために売る. **b** 〈劇場などの切符を〉(買占めたりして)高く売る, プレミア付きで売る. ― *vi.* **1** 頭皮をはぐ. **2** 《口語》**a** 〈仲買人が〉相場の浮動で早く薄利を得る, 小すくいする, 早く利食いする, 小さや取りする. **b** (買占めたりした)劇場などの切符を高く売る, だふ屋をする.

scal·pel [skǽlpəl, skæ̀lpél | skǽlpəl] 〖《1742》□ L *scalpell-um* (dim.) ← *scalprum* knife ← *scalpere* to cut, scrape〗 ― *n.* 〖外科〗メス, 小刀. ― *vt.* メスを加える, 小刀で切る; 解剖する.

scálp·er¹ *n.* **1** 頭皮をはぐ人. **2** 《口語》**a** 小さや取り, 利ざやかせぎ《相場の小変動ですばやく薄利を得る人》. **b** 劇場などの切符仲買人, だふ屋(speculator).

scal·per² [skǽlpə | -pə(r] 〖□ L ～ 《変形》← *scalprum*: ⇨ scalpel〗 *n.* 彫刻用丸のみ (scauper).

scálp·less *adj.* 頭皮のない; 脳天の皮をはがれた.

scálp lòck *n.* (アメリカインディアンが敵に挑戦するため)頭皮に残す一房の髪.

scal·pri·form [skǽlprəfɔ̀əm | -prɪfɔ̀:m] 〖← L *scalprum*＋-I-＋-FORM: ⇨ scalpel〗 *adj.* 〖動物〗〈門歯が〉鑿(のみ)状の (chisel-shaped).

scal·y [skéɪli | -lɪ] 〖《1528》← SCALE¹＋-Y⁴〗 ― *adj.* (**scal·i·er**; **-i·est**) **1 a** うろこのある, うろこだらけの; うろこ状の: ～ fish. **b** うろこのようにはげ落ちる, ぼろぼろ落ちる: ～ stone. **2** 湯あかのついた: a ～ boiler. **3** カイガラムシ (scale insect) につかれた[やられた]: ～ fruit. **4** 《俗》**a** 卑しい, きたない (mean), けちな (stingy): a ～ man. **b** 劣った, ひどい, 悪い (poor, inferior): a ～ road. **5** 〖植物〗鱗(りん)片状の (cf. scale leaf). **scál·i·ness** *n.*

scály ánteater *n.* 〖動物〗＝pangolin.

scam [skǽ(:)m] 〖《変形》? ← SCHEME: cf. scamp¹〗 《米俗》*n.* 信用詐欺(さぎ); ぺてん, 詐欺. ― *vt.* (**scammed**; **scam·ming**) (信用詐欺で)だます, 欺く.

Sca·man·der [skəmǽndə | -də(r] 〖□ L ～ □ Gk *Skámandros*〗 ― *n.* **1** [the ～] スカマンドロス(川)《Menderes 川の古名》. **2** 〖ギリシャ神話〗スカマンドロス《Scamander 川の神; Oceanus と Tethys の子; Xanthus ともいう》.

Sca·man·dri·us [skəmǽndriəs | -drɪ-] 〖□ L ～ □ Gk *Skamándrios*〗 ― *n.* **1** 〖ギリシャ神話〗＝Astyanax. **2** (*Iliad* で)スカマンドリオス《Strophius の子; 弓術にたけていたが, Menelaus に殺された》.

scam·ble [skǽmbl] 〖《1539》← ?: cf. shamble, scramble〗 ― *vi.* **1** 《廃》〔群衆の中にまかれた祝儀を求めて〕争う, われ勝ちに争う[奪い合う] 〔*for, after*〕. **2** 《方言》つまずき歩く. **3** 《英方言》だらしなく歩き回る. ― *vt.* **1** 《英方言・廃》〈金・食物などを〉散らす, まき散らす; 浪費する〈*away*〉. **2** 《方言》かき集める.

scám·bling [-blɪŋ, -bl-] *adj.* **1 a** 雑然とした, 不規則な, ばらばらの. **b** ぞんざいになされた, 当座しのぎの; 出来のまずい, だらしない. **2** 《廃》われ勝ちの, 先を争う. **～·ly** *adv.*

sca·mil·lus [skəmíləs] 〖□ L ～ (dim.) ← *scamnum* bench〗 ― *n.* 〖建築〗**1** スカミラス《古典主義建築の円柱の方形(ほう)台座の下に設けられるもう一つの台座》. **2** (ギリシャドリス式の柱頭に見られる)石の角のゆるやかな曲線.

scam·mo·ny [skǽməni | -nɪ] 〖OE *scamonie* □ L *scammōnia* □ Gk *skammōnía* bindweed〗 ― *n.* **1** 〖植物〗スカモニア (*Convolvulus scammonia*)《シリア・小アジア地方産のヒルガオ科のサンシキヒルガオの類》. **2** スカモニアの根; それから採る樹脂《下剤として用いる》.

scamp¹ [skǽmp] 〖《1782》← 《廃》*scamp* to go (on the highway) 《逆成》← SCAMPER〗 ― *n.* **1** やくざ者, ならず者, ごろつき, 悪漢. **2** (親愛の意を含めて)いたずら者, わんぱく者, 茶目(cf. rogue 2): a handsome young ～ 風采のよい青年. **3** 《古》追剝(おいはぎ). **4** 〖餌を食い逃げするのが上手であるところから〗〖魚類〗西インド諸島産のハタ科の魚 (*Mycteroperca falcata*).

scamp² [skǽmp] 〖《1837》《混成》? ← SCA(NT)＋(SKI)MP: cf. 《廃》*scamp* to roam about idly〗 ― *vt.* 〈仕事を〉いい加減にする, ぞんざいにする, 手を抜いてやる. **～·er** *n.*

scam·per [skǽmpə | -pə(r] 〖《1687》□ Flem. *scamperen* to decamp □ OF *esc(h)amper* < VL **excampāre* ← EX-¹＋L *campus* field (⇨ camp¹)〗 ― *vi.* **1** (驚いた動物・子供のように)大急ぎで逃げる, 逃げ去る〈*away, off*〉: ～ *off* in all directions 四方八方へかけ出す / ～ through a yard 庭をかけ抜ける. **2** 〈子供などが〉飛び回る, かけ回る, ふざけ回る〈*about*〉. ― *n.* **1** 大急ぎで逃げること, 逃走; はね[飛び]回ること. **2** 疾走, 急ぎの旅行: a ～ through Europe. **3** 急いで一読すること, 走り読み: take (a) ～ through Dickens ディケンズを急ぎ読みする.
on [*upon*] *the scamper* かけ回って, はね回って, 急行して. *put to the scamper* はね回らせる.
～·er [-p(ə)rə | -rə(r] *n.*

scam·pi [skǽmpi, skɑ́:m- | skǽmpɪ] 〖□ It. ～ (pl.) ← *scampo* shrimp〗 ― *n.* (*pl.* ～, ～**es**) **1** 〖動物〗アカザエビ科のエビ (*Nephrops norvegicus*)《アドリア海・ダブリン湾で採れる; 食用になる》. **2** スキャンピー《ガーリックで味付けした小えび (scampi) のフライ料理》. 「**～·ness** *n.*

scámp·ish [-pɪʃ] *adj.* ならず者の; わんぱく者の.

scan [skǽ(:)n] 〖《*a*1398》□ LL *scand-ere* to scan, L to climb ← IE **skand-* to leap, climb (Skt *skandati* he leaps): *-d-* の消失は -ED との混同から〗 ― *v.* (**scanned**; **scan·ning**) ― *vt.* **1** 〈詩〉の韻律(構造)を調べる, 〈詩行を〉韻脚に分ける; 韻律的に朗読する. **2** 細かく調べる, 精査する; じろじろ[あちこち]見る: ～ a person's face 人の顔をじろじろ見る / ～ the horizon 地平線を入念に調べる / She ～*ned* the windows for the dress she wanted. 自分の欲しいドレスを求めて陳列窓をあちこち見た. **3** ざっと見る, 走り読みする: ～ a newspaper. **4** 〈体内〉の放射能を調べる. **5 a** 《古》識別する (discern). **b** 《古》批判的に試す, 判断する. **c** 《廃》…の意味を説明する, 解釈する (interpret). **6** 〖テレビ〗〈映像を〉走査する (cf. scanning 3). **7** 〖通信〗〈ある地域を〉(電波探知機で)走査する. **8** 〖電算機〗走査する《次々に調べる》.
― *vi.* **1** 詩行を韻脚に分ける, 詩の韻律を調べる. **2** 〈詩行が〉韻脚に分けられる; 韻律に合う, 韻脚が合う: The line will not ～. この行は韻律に合っていない / The line ～*s* smoothly [badly]. この行はうまく韻脚に合う[合わない]. **3** 〖テレビ〗走査する.
― *n.* **1** 韻律を調べること; 精査. **2** 視野の範囲, 理解 (apprehension). **3** 体内放射能写真. **4** 〖テレビ・通信〗走査. **5** 〖写真〗**a** 走査. **b** ＝color separation.

Scan. 《略》Scandinavia; Scandinavian.

Scand. 《略》Scandinavia; Scandinavian.

scan·dal [skǽndḷ] 〖《1581》□ L *scandal-um* trap □ Gk *skándalon* snare, stumbling block (cf. L *scandere* 'to SCAN'): cf. ME *sc(h)andle* □ ONF *escandle*＝OF *eschandle*〗 ― *n.* **1** (人の名声・信用を落とすような)醜聞, 怪聞; 疑獄, スキャンダル: a political ～ 疑獄 / A grave ～ has occurred. 大疑獄が起こった. **2** 恥辱, 不面目, 名折れ: The slums are a ～ to the town. その貧民街は町の名折れだ / It is a ～ that such things should be possible. そんなことがあるなんて不面目なこと[言語道断]だ / to the ～ of …にとって恥さらしなことには. **3** (ある恥辱的事件に対する世間の)反感, 物議, 反感[憤慨]の種: cause [give rise to] ～ 世間を騒がせる, 世人を憤慨させる. **4** 中傷, 悪口: talk ～ 悪口を言う / love a bit of ～ ちょっとした陰口をたたくのが好きだ. **5** 恥辱[侮辱]を与えるような振舞をする人. **6** 《古》他人の信仰のつまずきとなるようなこと; 教会の不面目となるようなこと. **7** 〖法律〗(訴訟に直接関係のない)中傷的申立 (cf. libel, slander). ― *vt.* (**scan·daled, -dalled**; **-dal·ing, -dal·ling**) **1** 《古・方言》…の中傷[悪口]を言う, 悪いうわさをひろめる (slander). **2** 《廃》侮辱する (disgrace).

scandala magnatum *n.* scandalum magnatum の複数形.

scándal-bèarer *n.* ＝scandalmonger.

scándal-bèaring *n.* ＝scandalmongering.

scan·dal·ize¹ [skǽndəlàɪz, -dḷ-] 〖《*c*1489》□ (O)F *scandalis-er* ‖ LL *scandalizāre* □ LGk *skandalízein*: ⇨scandal, -ize〗 ― *vt.* **1** (不道徳と思える行為によって)〈人を〉憤慨させる, あきれさせる, ひどい[けしからぬ]と思わせる (shock): be ～*d* at …に憤慨する, 愛想をつかす. **2** …の悪口をいう, 中傷する. **3** 《古》…の顔に泥を塗る, 汚辱する. **scan·dal·i·za·tion** [skæ̀ndəlɪzéɪʃən, -lə-, -dḷ- | -dəlaɪ-, -lɪ-, -dḷ-] *n.* **scán·dal·iz·er** *n.*

scan·dal·ize² [skǽndəlàɪz, -dḷ-] 〖《変形》← 《廃》*scantelize* ← SCANT〗 *vt.* 〖海事〗風抜きをする; (斜桁(こう)の先端を下げるなどして)〈縦帆〉の面積を減じる.

scándal·mònger *n.* 醜聞をひろめる人, 人の中傷[悪口]を言いふらす人, 金棒引き, 悪口屋. 「と).

scándal·mòngering *n., adj.* 醜聞を言い触らす(こ

scándal·mòngery *n.* ＝scandalmongering.

scan·dal·ous [skǽndələs, -dḷ-] 〖《1592》□ F *scandaleux* ‖ ML *scandalōs-us*: ⇨ scandal, -ous〗 ― *adj.* **1** (道徳・礼節を汚すような)恥ずべき, 外聞の悪い; けしからぬ, ひどい, 言語道断な: ～ actions / a most ～ election ひどく不正な選挙. **2** 中傷する, 中傷的な, 悪口の: a ～ story [rumor] 中傷的な話[うわさ]. **～·ly** *adv.* **～·ness** *n.* 「雑誌.

scándal shèet *n.* 醜聞新聞, 赤新聞; スキャンダル

scan·dal·um mag·na·tum [skæ̀ndələm mægnéɪṭəm, -dḷ- | -təm] 〖□ ML *scandalum magnātum* scandal of magnates: ⇨ scandal, magnate〗 ― *L. n.* (*pl.* **scan·da·la m-** [-dələ-, -dḷə-]) (昔の)貴人[高官]誹毀(ひき), 高官名誉毀損.

scan·dent [skǽndənt] 〖□ L *scandent-em* (pres.p.) ← *scandere* to climb: ⇨ scan〗 *adj.* 〖生物〗よじ登る, 攀縁(はんえん)性の (climbing): a ～ plant 攀縁植物.

Scan·der·beg [skǽndəbèg | -də-] *n.* スカンデルベグ《1403?–68; アルバニアの国民的英雄; トルコからの独立を指導; 本名 George Castriota [kæ̀strióuṭə | -trɪə́utə]》.

scan·di·a [skǽndiə | -dɪə, -djə] 〖← NL ～ (↓)〗 *n.* 〖化学〗酸化スカンジウム (Sc_2O_3).

Scan·di·a [skǽndiə | -dɪə, -djə] 〖□ ML ～ 'SCANDINAVIA'〗 *n.* スカンジア《スカンジナビア半島南部の古名》.

Scan·di·an [skǽndiən | -dɪən, -djən] 〖← ML *Scandia* (↑)＋-AN¹〗 ― *adj.* **1 a** スカンジアの. **b** スカンジナビア半島の. **2** スカンジナビア語の. ― *n.* スカンジナビア人 (Scandinavian).

scan·dic [skǽndɪk] 〖← SCAND(IUM)＋-IC¹〗 *adj.* 〖化学〗スカンジウム (scandium) の: ～ oxide 酸化スカンジウム.

Scan·di·na·vi·a [skæ̀ndənéɪviə, -vjə | -dɪnéɪvjə, -vɪə] 〖□ L *Scandināvia* (Pliny の用語: *Scan-* の *n* は誤形) □ Gmc **Skadinaujā* (スウェーデン南部の地名: OE *Scēdenег* / ON *Skāney*; cf. Gmc **aujō* 'ISLAND')〗 ― *n.* **1** スカンジナビア, 北欧《ノルウェー・スウェーデン・デンマークおよび時にはアイスランド・Faeroe 諸島をも含む昔の Norsemen の国; フィンランドを含むこともある》. **2** ＝Scandinavian Peninsula.

Scan·di·na·vi·an [skæ̀ndənéɪviən, -vjən | -dɪnéɪvjən, -vɪən] 〖《1784》: ⇨↑, -an¹〗 ― *adj.* **1** スカンジナビアの, 北欧の. **2** スカンジナビア人の, 北欧人の. **3** スカンジナビア語の, 北欧語の. ― *n.* **1** スカンジナビア人, 北欧人. **2** スカンジナビア語, 北欧語.

Scandinávian Península *n.* [the ～] スカンジナビア半島《ヨーロッパ北部の大半島でノルウェーおよびスウェーデンの両国で占めている》.

scan·di·um [skǽndiəm | -dɪəm, -djəm] 〖← NL ～: ⇨ scandia, -ium: スカンジナビアの鉱物中に発見された〗 ― *n.* 〖化学〗スカンジウム《希金属元素の一つ; 記号 Sc, 原子番号 21, 原子量 44.9559》.

scan·na·ble [skǽnəbl] *adj.* 〈詩行が〉詩脚に分けられる, 韻律分析が可能な.

scánned prínt *n.* 〖テレビ〗スキャンドプリント《アナモフィックレンズで左右を縮めて写した映画のネガから, 画面の重要部を選んだ左右を縮めてないテレビ放映用のプリント》.

scán·ner *n.* **1** 詩の韻律を分析する人, 律読者. **2** 細かく調べる人. **3** 〖テレビ〗走査機, 走査板 (scanning disk). **4** 〖電気〗走査装置《特に, 光電的な方法によるものをいうことが多い》. **5** 〖写真〗(空中写真術で)航空機の高度と速度の比を測定する装置. **6** 〖写真製版〗スキャナー《電子色分解によってネガまたはポジを作る電子製版機》.

scán·ning 〖《15C》〗 ― *n.* **1** ＝scansion. **2** 詳しい調査. **3** 〖テレビ〗走査《電波または再生しようとする影像を一定の順序に従って画点に分解すること》: ⇨ electrical scanning, scanning line. **4** 〖医学〗走査法, スキャニング, スキャン法.

scánning bèam *n.* 〖テレビ〗走査のための電子ビーム.

scánning dìsk *n.* 〖テレビ〗走査円板.

scánning eléctron mícroscope *n.* 走査電子顕微鏡 (cf. transmission electron microscope).

scánning lìne *n.* 〖テレビ〗走査線.

scan·sion [skǽnʃən] 〖《1654》□ LL *scansiō(n-)* ← **scansus* (p.p.) ← *scandere*: ⇨ scan, -ion〗 *n.* 詩の韻律分析, 律読(法).

scan·so·ri·al [skænsɔ́:riəl, -sóːr- | -sɔ́:rɪ-] 〖← L *scansōrius* for climbing (← **scansus* (↑): ⇨ -ory)＋-AL¹〗 *adj.* 〖生物〗よじ登る(のに適した); 攀(はん)木性の.

scant [skǽnt] 〖《*c*1370》□ ON *skamt* (neut.) ← *skammr* short ← Gmc **skamm-* ← IE **ekm-* hornless (cf. hind¹)〗 ― *adj.* (～**·er**; ～**·est**) **1 a** (数・量など)乏しい, 不十分な, 不足な, 貧弱な (scanty, deficient): a ～ attendance 少数の出席者[聴衆] / ～ weight 目方不足 / with ～ interest さして興味もなさそうに / She paid him ～ attention. 彼にほとんど注意を払わなかった. **b** (一定の数量に)ちょっと不足の, …足らずの: two ～ months ago 2か月足らず前 / a ～ half-hour [five yards] 小半時間[5ヤード少し切れる長さ] / The new government lasted a ～ six months. 新政府は6か月足らずしか続かなかった. **2** 〔…が〕足りない, 不足して 〔*of*〕: be ～ *of* breath 息を切らしている / ～ *of* money 金不足で. **3** 《方言・廃》**a** 惜しみがちな: treat a person with ～ courtesy 人をぞんざいに取り扱う. **b** 〔…を〕惜しむ, けちけちする 〔*of*〕: Be somewhat ～*er of* your maiden presence. 娘らしくお目にかかるのをいささか控えるように (Shak., *Hamlet* 1. 3. 121). ― *vt.* **1** 〈数量を〉減らす, 乏しくする, 削減する; 不十分にあてがう, 出し惜しむ, しぶる, けちる; 差し控える: ～ an allowance of food 食物を十分にあてがわない. **2** 軽んずる, ぞんざいに取り扱う. ― *adv.* 《方言・廃》やっと, 辛うじて (scarcely, barely). **～·ness** *n.*

scant·ies [skǽnṭiz | -tɪz] 〖《混成》← SCANT＋(PANT)IES〗 *n. pl.* スキャンティー《婦人用の短いパンティー; cf. pantie 1》.

scánt·i·ly [-ṭɪli, -ṭə-, -ṭḷi | -tɪli, -tə-] 〖⇨ scanty, -ly[1]〗 ── *adv.* わずかに, 乏しく, 不十分に: ～ clad 薄着で / a ～ furnished room 家具らしい家具の置いてない部屋.

scant·ling [skǽntlɪŋ] 〖《1526》《変形》← ME *scantillon* □ ONF *escantillon* (F *échantillon*) ← ?〗 ── *n.* **1 a** (たるき・間柱などに用いる, 特に厚さ 2 インチ以上 5 インチ未満, 幅 8 インチ未満の挽材の)小角材, 小割材. **b** [集合的] 小角[小割]材類. **2** (建築用木材・石材などの)木口(こぐち)寸法, 容積. **3** [a ～ of として] 少量, 僅少: *a* ～ *of* bacon / *a* ～ *of* labor 僅かの労働. **4 a** 《古》見本. **b** 《廃》略図, ひな形. **5** [通例 *pl.*] 〖海事〗 **a** 船の骨組として作り上げた仕上げ済み木材または圧延金属材. **b** (船の骨組の)材料寸法.

scántling-dràft vèssel *n.* 〖海事〗スカントリング喫水船《満載喫水線まで船内のどこへ貨物を積んでもよいというには構造が充分であるとはいえない船》.

scántling número [**númeral**] *n.* 〖造船〗寸法指数《船の構成材料の寸法で安全上守らなければならない規程がある》.

scánt·ly 〖ME〗 *adv.* **1** ＝scantily. **2** 《古》辛うじて (barely), ほとんど…でない (scarcely).

scant·y [skǽnṭi | -ti] 〖《1660》← SCANT (adj.)＋-Y[4]〗 ── *adj.* (**scant·i·er**; **-i·est**) **1** わずかな, 乏しい, 貧弱な (meager); 不十分な (insufficient); まばらな: a ～ diet [nourishment] 不十分な食事[栄養] / a ～ crop of rice 貧弱な米作 / the ground with ～ grass 草のまばらな地面. **2** 《古》けちけちする. **scánt·i·ness** *n.*

SCAP [skǽp] 《略》〖軍事〗Supreme Commander for [of] the Allied Powers 連合軍最高司令官.

SCAPA, S.C.A.P.A. 《略》Society for Checking the Abuses of Public Advertising.

Scap·a Flow [skǽpə-flóu | -fláu] 〖*Scapa*: ← Icel. *skālpr* boat〗 *n.* スコットランド北部, Orkney 諸島中の水域; もと英国海軍基地.

scape[1] [skéɪp] 〖《1601》□ L *scāp-us* 'SHAFT[1]'〗 ── *n.* **1** 〖植物〗根生花梗(こう), 花茎《スイセン・サクラソウなどのように直接に地中から出るもの》. **2** 〖鳥類〗羽幹 (shaft)《羽根の中軸》. **3** 〖昆虫〗柄節《触角の第 1 節; ⇨ insect 挿絵》. **4** 〖建築〗 **a** 柱身. **b** ＝apophyge.

scape[2] [skéɪp] 〖ME 《頭音消失》← ESCAPE〗 *n.*, *v.* (*also* **'scape** [～]) 《古》＝escape.

-scape [skèɪp] 〖《逆成》← LANDSCAPE〗 ──「景色 (view)」の意の連結形: cloud*scape* 雲景 / land*scape* (陸上の)風景 / river*scape* 川のながめ / sea*scape* 海景 / water*scape* 水景.

scápe·gàllows 〖← SCAPE[2]〗 *n.* (*pl.* ～, ～·**es**) 絞首刑になりそこなった悪党.

scape·goat [skéɪpgòut | -gə̀ut] 〖《1530》《原義》goat allowed to escape (into the wilderness) ← SCAPE[2]＋GOAT: Tyndale による Heb. *'azāzēl* 'goat for AZAZEL' の誤訳といわれる (cf. Luther *der ledige Bock* / Vulgate *caper emissarius* (＝goat sent out to go free))〗 ── *n.* **1** 〖聖書〗贖罪(しょくざい)の山羊(やぎ), アザゼル(Azazel)の山羊《古代ユダヤで贖(あがな)いの日 (Yom Kippur) に民の罪を負わせて荒野に放した山羊; cf. *Lev.* 16: 7–22》. **2** 他人の罪を背負うもの, 身代り: be made the ～ for …の身代り[いけにえ]にされる. ── *vt.* …に罪を転嫁する. 「り.

scápe·gòat·ing [-ṭɪŋ | -tɪŋ] *n.* 罪の転嫁, 罪の身代

scápe·gòat·ism [-tɪzm] *n.* (他人への)罪の転嫁; (失敗などの)責任を他に負わせること.

scape·grace [skéɪpgrèɪs] 〖← SCAPE[2]＋GRACE: 《原義》one who has escaped grace (of God)〗 *n.* やくざ者, 厄介者, 穀つぶし; (特に)迷惑をかける若者[子供].

scápe whèel *n.* 〖時計〗＝escape wheel.

scaph- [skæf] (母音の前に来る時の) scapho- の異形.

Sca·phan·dri·dae [skəfǽndrədìː | -drɪ-] 〖← NL ～ ← *Scaphander* (属名: ⇨ ↓, -ander)＋-IDAE〗 *n. pl.* 〖貝類〗スイフガイ科.

scaph·o- [skǽfo(u) | -fə(u)] 〖← SCAPHOID〗「舟形の (scaphoid); 舟状骨と…と」の意の連結形. ★ 母音の前では通例 scaph- になる.

scaph·o·ceph·a·ly [skæ̀fəséfəli | -séfəli, -kéf-] 〖⇨ ↑, cepholo-, -y[1]〗 *n.* 〖病理〗舟状頭症《頭蓋骨の奇形》.

scaph·oid [skǽfɔɪd] 〖← NL *scaphoid-ēs* ← Gk *skaphoeidḗs* ← *skáphē* bowl, boat (cf. *skáptein* to dig out): ⇨ -oid〗〖解剖〗 ── *adj.* 舟形の (navicular): a ～ bone 舟状骨. ── *n.* 舟状骨 (scaphoid bone).

scaph·o·pod [skǽfəpɑ̀d | -pɔ̀d] 〖↓〗〖動物〗 *adj.* 掘足綱の. ── *n.* 掘足綱の軟体動物《ツノガイなど》.

Sca·phop·o·da [skəfɑ́pədə | -fɔ́p-] 〖← NL ～: ⇨ scapho-, -pod〗 *n. pl.* 〖動物〗掘足綱《ツノガイ類》. **sca·phóp·o·dous** [-dəs] *adj.*

sca·pi·form [skéɪpəfɔ̀əm, skǽp- | -pɪfɔ̀ːm] 〖← SCAPE[1]＋-I-＋-FORM〗 *adj.* 〖植物〗花茎状の.

scap·o·lite [skǽpəlàɪt] 〖□ G *Skapolith*: ⇨ scape[1], -lite〗 ── *n.* 〖鉱物〗スカポライト, 柱石《主としてアルミニウム・カルシウム・ナトリウムから成るケイ酸塩鉱物; wernerite ともいう》.

sca·pose [skéɪpous | -pəus] 〖← SCAPE[1]＋-OSE[1]〗 *adj.* 〖植物〗根生花梗(こう) (scape) をもっている[から成る]; 根生花梗のような.

scap·ple [skǽpḷ] *vt.* ＝scabble.

scap·u·l- [skǽpjul] (母音の前に来る時の) scapulo- の異形.

scap·u·la [skǽpjulə] 〖← NL ～ ← L ～ 'shoulder (blade)'〗 *n.* (*pl.* **-u·lae** [-lìː], ～**s**) **1** 〖解剖〗肩甲骨 (shoulder blade). **2** 〖昆虫〗肩板 (tegula).

scap·u·lar [skǽpjulə | -lə(r)] 〖adj.: 《1688》← NL *scapulār-is* ← *scapula* (↑). ── n.: 《1483》□ LL *scapulāre* ← L *scapula*〗 ── *adj.* **1** 肩甲骨の; 肩の: a ～ feather 〖鳥類〗肩羽. **2** 〖鳥類〗肩羽の. ── *n.* **1** 〖教会〗無袖肩衣, スカプラリオ《ベネディクト会・ドミニコ会はその修道服の上につける; 二つの修道会の第三会, 信心会・献身会の会員が身につける場合もある》. **2** 〖外科〗肩甲包帯. **3** 〖解剖〗肩甲骨 (scapula). **4** 〖鳥類〗肩羽《scapular feather ともいう; ⇨ bird 挿絵》.

scápular árch *n.* 〖解剖〗肩甲帯 (shoulder girdle).

scápular médal *n.* 〖カトリック〗スカプラリオの代わりに身につける略章.

scap·u·lar·y [skǽpjulèri | -ləri] 〖n.: 《?a1200》□ ML *scapulāri-um* 《変形》← L *scapulāre* 'SCAPULAR'. ── adj.: □ F *scapulaire* ∥ ← NL *scapulari-us*〗 ── *n.* ＝scapular 1, 2. ── *adj.* ＝scapular.

scap·u·lo- [skǽpjulo(u) | -lə(u)] 〖← SCAPULA＋-O-〗「肩甲骨」の意の連結形. ★ 母音の前では通例 scapul- になる.

scàpulo·húmeral *adj.* 〖解剖〗肩甲上腕部の.

scar[1] [skɑ́ə | skɑ́ː(r)] 〖《c1390》*scare* □ OF *escare* (F *escarre*, *eschare*) □ LL *eschara* □ Gk *eskhára* hearth, burn ← ?〗 ── *n.* **1** (やけど・できもの・切り傷などの)あと, 瘢痕(はんこん); 傷跡 (cf. cicatrix 1): a vaccination ～ 種痘の瘢痕 / heal to a ～ 直って傷跡ができる / not leave a ～ behind あとに傷跡を残さない. **2** (鋳物・家具などの)きず. **3** (心痛・苦労などの)跡, 心の傷: the ～*s* of life's battle in his face 顔に刻まれた苦労の跡. **4** 〖植物〗葉痕(こん) (cf. cicatrix 2).

── *vt.* (**scarred**; **scar·ring**) **1** …に傷跡を残す; …の跡を残す; そこなう, 醜くする: a face ～*red with* sorrow 悲しみの跡をとどめた顔 / a typhoon-*scarred* town 台風の傷跡を残している町. **2** …に悪影響を残す. ── *vi.* **1** 瘢痕ができる, 直って瘢痕になる. **2** (瘢痕などを残して)癒(い)える.

scar up 直して瘢痕にする.

scar[2] [skɑ́ə | skɑ́ː(r)] 〖《a1387》*skerre* □ ON *sker* isolated rock in sea: cf. skerry〗 *n.* 《英》 **1** 山腹の孤岩; 断岩. **2** (海の)暗礁. **3** 〖地質〗＝clinker[2] 3.

scar·ab [skǽrəb, skér- | skǽr-] 〖《1579》□ F *scarabée* □ L *scarabaeus*: cf. Gk *kárabos* horned beetle〗 ── *n.* **1** 〖昆虫〗オオタマオシコガネ《コガネムシ科の大型のコガネムシ》; (特に) ＝scarabaeus 1 《scarab beetle ともいう》. **2** スカラベ, 甲虫石《古代エジプトで太陽神ケペラ (Khepera) の象徴として再生・豊穣をもたらすものと神聖視したオオタマオシコガネをかたどった護符; 装飾品・印章としても用いた》.

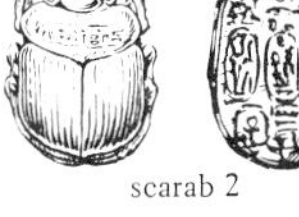

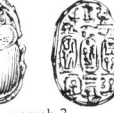

scarab 2

scarabaei *n.* scarabaeus の複数形.

scar·a·bae·id [skæ̀rəbíːɪd, skèr-, -bíːəd | skæ̀rəbíːɪd] 〖↓〗〖昆虫〗 *adj.* コガネムシ(科)の. ── *n.* コガネムシ《コガネムシ科の甲虫の総称》.

Scar·a·bae·i·dae [skæ̀rəbíːədìː, skèr- | skæ̀rəbíːɪ-] 〖← NL ～ ← *Scarabaeus* (属名: ← L *scarabaeus*: ⇨ scarab)＋-IDAE〗 *n. pl.* 〖昆虫〗コガネムシ科.

scar·a·bae·oid [skæ̀rəbíːɔɪd, skèr- | skæ̀r-] 〖← L *scarabaeus* (↓)＋-OID〗〖昆虫〗 ── *adj.* **1** コガネムシ型幼虫《ツチハンミョウなどの過変態をする昆虫の第 3 期幼虫にいう》. **2** コガネムシ上科の. ── *n.* **1** コガネムシ《コガネムシ上科の昆虫の総称》. **2** ＝scaraboid.

scar·a·bae·us [skæ̀rəbíːəs, skèr- | skæ̀rəbíːəs, -bíəs] 〖□ L ～: ⇨ scarab〗 ── *n.* (*pl.* ～·**es**, **-bae·i** [-bíːaɪ]) *n.* **1** 〖昆虫〗オオタマオシコガネ, タマコロガシ (*Scarabaeus sacer*)《糞虫 (dung beetle) の一種; sacred beetle ともいう》. **2** ＝scarab 2.

scar·ab·oid [skǽrəbɔ̀ɪd, skér- | skǽr-] 〖← SCARAB＋-OID〗 ── *n.* まがい甲虫形宝石[印]《スカラベ (scarab) をかたどった石》. ── *adj.* **1** 〖昆虫〗＝scarabaeoid. **2** 甲虫石の(ような); まがい甲虫形宝石の.

Scar·a·mouch [skǽrəmùːʃ, skér-, -mùːtʃ, -màutʃ | skǽrəmùːtʃ, -mùːʃ, -màutʃ] 〖《1662》□ F *Scaramouche* ∥ It. *Scaramuccia* 《原義》'SKIRMISH'〗 ── *n.* (*also* **Scar·a·mouche** [～]) **1** スカラムッチャ《古いイタリアの即興喜劇 (commedia dell'arte) におきまりの道化役; から威張りする臆病者で Harlequin に打たれる》. **2** [s-] から威張りする臆病者, ほら吹き; やくざ者, ならず者.

Scar·bor·ough [skɑ́əbə̀ː(r)ə, -b(ə)rə | skɑ́ːbrə, -bərə] 〖ME *Scardeburc* □ ON *Skarðaborg* 《原義》'BURG of *Skarði* (《原義》hare-lipped: その創設者)'〗 ── *n.* イングランド North Yorkshire 州東部の港市・保養地; 人口 100,000.

Scárborough líly *n.* 〖植物〗スカーバロウリリー (*Vallota purpurea*)《アマリリスに似た紫色の花をつけるアフリカ南部原産ヒガンバナ科の観賞用球根植物》.

scarce [skέəs | skέəs] 〖《c1300》□ ONF (*e*)*scars* ＝OF *eschars* (F *échars*) < VL **excarpsum* (p.p) ← **excarpere*＝L *excerpere* 'to EXCERPT'〗 ── *adj.* (**scarc·er**; **-est**) **1** [Predicative に用いて]〈金銭・生活必需品など〉不十分で, 乏しい, 欠乏している: Money is ～. 金融が逼(ひっ)迫している / Houses are getting ～*r*. 住宅がだんだん少なくなってきた / Fruit will be ～ this season. 今季は果物は少ないだろう / We are ～ *of* provisions. 食糧が欠乏している. **2** 珍しい, まれな: a ～ book 珍書 / a ～ moth 珍しいガ / Really good wines are now ～. 本当に良いぶどう酒は今はめったに見当たらない. **3** 《廃》けちな, 節約する.

make oneself scarce 《口語》(1) 急に出て行く, いなくなる. (2) 引退する, 引っ込む; 避ける.

── *adv.* 《古・文語》＝scarcely.

～·ness *n.*

scárce·ly 〖《c1300》: ⇨ ↑, -ly[1]〗 ── *adv.* **1 a** ほとんど…ない(hardly): I ～ see [know, understand] him. 彼に会うことはまずない[彼を知らないも同然だ, 彼の言うことがほとんどわからない] / I have ～ spoken to her. 彼女と口をきいたことはほとんどない / It may be ～ said that …とはまず言えまい / There is [are] ～ any. ほとんど何もない / *Scarcely* anybody believes that. それを信じる者はほとんどない / *Scarcely* a day passes that …という日はほとんどない / I ～ slept a wink. ほとんど一睡もしなかった. ★ (1) 付加疑問は肯定形をとる: He ～ seems to care, *does* he? ほとんど気にかけていないようですね. (2) 他の否定語と併用するのは非標準的: I couldn't ～ hear. ほとんど聞えなかった. **b** やっと, ようやく: ～ enough food for two なんとか 2 人分には間に合う食料 / be ～ seventeen years old (やっと) 17 歳になるかならず / *Scarcely* twenty people were present. やっと 20 人そこそこの出席者だった / He died when he had ～ reached manhood. 一人前になるかならないうちに死んだ. **2 a** 確かに…ない (certainly not): You will ～ believe that. 君はきっとそれを信じないだろう / He can ～ have said so. まさか彼がそう言ったとは思えない. **b** まず[恐らく]…ない (probably not). ★ 婉曲・皮肉・弁解などの気持をこめて物を言うときの not の代用語: I ～ know what to say. 何と申し上げてよいやら / He could ～ be described as an expert. 彼は専門家とは言いかねる. **3** 《古》やっとのことで, 辛うじて (with difficulty): if the righteous ～ be saved 義人もし辛うじて救わるるならば (*1 Pet.* 4. 18).

scarcely…but …しないものはほとんどない (cf. but[1] *rel. pron.*): There is ～ a man *but* has his weak side. 弱点を持たない人はほとんど一人もいない. ***scarcely ever*** めったに…しない: He ～ *ever* drinks. めったに酒を飲まない. ***scarcely…when*** [***before***] …するや否や, ほとんど…すると同時に: He had ～ escaped [*Scarcely* had he escaped] *when* he was recaptured. 逃げるか逃げないうちにまたつかまった. ★ when, before の代わりに than を用いるのは no sooner… *than* との混交で俗用.

scarce·ment [skέəsmənt | skέəs-] 〖← 《廃》*scarce* to diminish (< ME *scarce*(*n*) ← *scars* 'SCARCE')＋-MENT〗 ── *n.* 〖建築〗(壁の上部がセットバックしてできた)足掛かり, 犬走り, 小段.

scar·ci·ty [skέəsəṭi, -sti | skέəsəti, -sɪ-] 〖《?a1300》*scarsete* □ ONF *escarceté*＝OF *escharceté*: ⇨ scarce, -ity〗 ── *n.* **1** (需要に対して供給の)不足, 欠乏, 払底: an energy ～ エネルギー不足 / a ～ of food [resources] 食糧[資源]不足 / the ～ of maidservants. **2** 食糧難, 飢饉: a year of great ～ 飢饉年 / during the late *scarcities* 最近の食糧難時代に. **3** まれなこと (rarity): The book is dear because of its ～. その本は希覯(きこう)書なので高価だ.

scárcity prìce *n.* 〖経済〗希少価格, 品薄値段.

scárcity vàlue *n.* 〖経済〗希少価値.

scare [skέə | skέə(r)] 〖《?c1200》*skerre*(*n*) □ ON *skirr-a* ← *skjarr* timid ← ?〗 ── *vt.* **1** (急に)びっくりさせる, こわがらせる, おびえさせる, おどかす (startle, alarm) (cf. scared): You ～*d* me! びっくりさせるなよ / She was ～*d by* [*at*] the sudden noise. 突然物音がしてぎょっとした. **2 a** おどして追い払う 〈*away*, *off*〉; おびえさせて〔…を〕失わせる[やめさせる]〔*out of*〕; びっくりさせて〔ある状態に〕陥れる〔*into*, *to*〕: The guard dog ～*d away* [*off*] the burglar. 番犬におどろいて強盗は退散した / ～ a person *out of* an attempt 人をおどして計画をやめさせる / ～ a person *out of* his wits [senses] 人をびっくりさせて度を失わせる / ～ a person *into* revelations [*into* backing out] 人をおどして白状させる[手を引かせる] / ～ a person *into* fits 人の肝をつぶさせる / ～ a person *to* death 人を(死ぬほど)ひどくぎょっとさせる. **b** おどして〔人から〕引っ張り出す〔*out of*〕: ～ information *out of* a person おどして人から情報を聞き出す / ～ the wits [《口語》daylights, hell] *out of* a person 人をびっくり仰天させる. ── *vi.* (すぐに)おどろく, おびえる, 肝をつぶす: ～ *at* nothing 何でもないことにおどろく / He ～*s* easily. 彼はすぐおびえる.

be more scared than hurt 取り越し苦労をする. ***scare out*** 《米》〈ひそんでいる猟獣・猟鳥を〉狩り出す. ***scare the pants off*** ⇨ pants 成句. ***scare up*** 《米》(1) ＝SCARE *out*. (2) 《口語》〈投票・人員・金などを〉急いで[苦労して]かき集める, 用意する, 工面する (scrape up).

── *n.* **1** (むやみに)びくびくすること, (風説に)騒ぐこと, 恐慌; 恐怖を起こさせること: a cholera [war] ～ コレラ[戦争]騒ぎ / cause a ～ 人騒がせをする / throw a ～ into a person 人をびっくりさせる[あっと言わせる] / We've had a ～ in this neighborhood

lately. 最近この近所でぶっそうな事件があった. **2** (経済)恐慌.
— attrib. *adj.* **1** 恐ろしい, おっかない, こわがらせる: a ～ story. **2** 恐怖[恐慌]による.
scáre búying *n.* (品薄を見越しての)備蓄購入.
scáre·cròw 〘(1553): ⇨ scare (v.)〙 *n.* **1** かかし. **2** こけおどし. **3** (かかしのような)みすぼらしい人, やせ衰えた人.
scared (～·er; ～·est) *adj.* **1** びっくりした, おびえた (frightened): a ～ child [look] 物におびえた子供[顔つき]. **2** 《口語》こわがって〔*of, about*〕/〈*to* do, *that*〉: be ～ *of* dogs [crossing a suspension bridge] 犬が[吊橋を渡るのが]こわい / He's ～ *about* something. 何かにおびえている / I was ～ *to* tell the truth [*that* he might fail]. こわくて本当のことが言えなかった[彼が失敗するのではないかとびくびくしていた].
run scared 《俗》(政治運動などで)敗北を恐れて[恐れるかのように]あらゆる努力を傾ける.
scáre·dy-càt [skέədi- | skέədɪ-] 〘scaredy: ⇨ ↑, -y⁴〙 *n.* 《口語》臆病者.
scáre·hèad 《米口語》 *n.* (新聞の)特大見出し (cf. spreadhead). **— *vt.*** 〈センセーショナルなニュースを〉特大見出しに掲げる.
scáre·mònger *n.* (戦争・天災などの切迫した危険の)うわさ[デマ]を飛ばす人, 人騒がせをする人 (alarmist). **～·ing** *n.*
scar·er [skέ(ə)rə | skέərə(r] *n.* おどかす人[もの].
scar·ey [skέ(ə)ri | skέərɪ] *adj.* (**scar·i·er; -i·est**) = scary.
scarf[1] [skάəf | skά:f] 〘(1555) ▭ ONF *escarpe* = ? OF *escherpe* (F *écharpe*) 《原義》 purse hanging from the neck: cf. scrip²〙 **— *n.*** (*pl.* ～s, 《英》 **scarves** [skάəvz | skά:vz]) **1** スカーフ《頭・首・腰の回りにかける装飾・防寒用の布; muffler, babushka, neckerchief, headscarf などに用いる》. **2** (軍人・官吏の)懸章, 肩帯, 飾帯 (sash). **3** (たんす・ピアノの上などに掛けるレースなどの)掛け布 (runner). **— *vt.*** **1** …にスカーフをつける. **2** (スカーフでおおうように)ふんわりおおう, 包む.
scarf[2] [skάəf | skά:f] 〘n.: (1497) ▭ ? ON *skarf-r*〙 **— *vt.*** **1** 〖木工〗〈木材を〉滑り刃継ぎにする; (金属・獣皮など)面をそいで接合する. **2** 〈鯨を〉切りさく; 〈鯨〉の皮をはぐ, 脂肪を取る (flense). **3** (鋳塊・鋼片などの金ごけを焼切って)〈表面を〉なめらかに仕上げる. **— *vi.*** 〖木工〗滑り刃継ぎにする. **— *n.*** (*pl.* ～s) **1** 〖木工〗 **a** スカーフ《滑り刃継ぎをするためにそいで用意した片方》. **b** = scarf joint. **2** (鯨などの)切込み, 切割り.
scárf jòint *n.* 〖木工〗滑り刃継ぎ, スカーフ継ぎ, そぎ継ぎ, 相欠き継ぎ (cf. rabbet joint).
scárf-lòom *n.* 小幅物用織機.
scárf·pìn *n.* 《英》スカーフピン, タイピン《ネクタイやスカーフを留める装飾ピン》.
scárf-rìng *n.* 《英》スカーフリング《喉の所まで押し上げてネクタイやスカーフを留める輪》.
scárf·skìn *n.* 表皮 (epidermis); (特に, 爪の)甘皮(あま).

scarf joints

scárf·wèld *n.* 〖金属加工〗斜面溶接, はめ鍛接, そぎ鍛接.
scárf-wise 〘⇨ -wise〙 *adv.* (懸章のように)肩から脇へ掛けて, 斜めに.
scar·id [skǽrɪd, -rəd | skǽrɪd] 〘↓〙 *adj., n.* 〖魚類〗ブダイ科の(魚).
Scar·i·dae [skǽrədì:, skér- | skǽrɪ-] 〘← NL ～ *Scarus* (属名: ⇨ scarus) + -IDAE〙 *n. pl.* 〖魚類〗ブダイ科.
scar·i·fi·ca·tion [skæ̀rəfɪkéɪʃən, skèr-, -fə- | skèərɪfɪkéɪʃən, skæ̀r-] 〘(*c*1400) ▭ (O)F ～ // LL *scarificātiō(n-)* ← L *scarificātus* (p.p.) ← *scarificāre* to scratch: ⇨ scarify¹, -ation〙 **— *n.*** **1** 〖医学〗 **a** 乱切(法), 乱刺(放血法). **b** 乱切[乱刺]の傷跡. **2** 痛烈な批評, 酷評. **3** 〖農業〗 **a** 土かき. **b** 種皮処理《発芽を早めるため種皮に傷をつける処理》.
scar·i·fi·ca·tor [skǽrəfɪkèɪtə, skér-, -fə- | skέərɪfɪkèɪtə(r, skǽr-] 〘← NL *scarificātor*: ⇨ ↑, -or²〙 **— *n.*** **1** 乱切[乱刺]者. **2** 〖医学〗(外科用)乱切刀, 乱刺器. **3** 〖農業〗種皮処理器《発芽を早めるために種皮に傷をつける器械》.
scár·i·fì·er *n.* **1** 〖医学〗乱切器. **2** (道路工事などに用いるスパイクのついた)路面かき起こし機. **3** 〖農業〗土かき器《土の表面をかき起こす農具》.
scar·i·fy[1] [skǽrəfàɪ, skér- | skέərɪ-, skǽr-] 〘(*c*1450) ▭ (O)F *scarifi-er* ▭ LL *scarificāre* 《変形》 ← L *scarifāre* ▭ Gk *skariphâsthai* to sketch ← *skáriphos* stylus: ⇨ -fy〙 **— *vt.*** **1** 〖外科〗〈皮膚を〉(乱切器で)乱切する. **2** 痛烈に批評する, 散々にけなす; いじめる, 悩ます. **3** 〈道路の表面を〉掘り起こす. **4** 〖農業〗 **a** かき土する. **b** (発芽を早めるために)〈種皮〉に傷をつける.
scar·i·fy[2] [skέ(ə)rəfàɪ | skέərɪ-] 〘← SCARE + -I- + -FY〙 *vt.* 《方言》おどかす (scare).
scar·i·ous [skέ(ə)riəs | skέərɪ-] 〘(1806) ← NL *scariōsus* ← ? L *scaria* thorny shrub: ⇨ -ous〙 *adj.* 〖植物〗薄膜状の, 膜質の.
scar·la·ti·na [skὰələtí:nə | skὰ:lə-, -lɪ-] 〘(1803) ← NL ～ ← It. *scarlattina* (dim.) ← *scarlatto* 'SCARLET'〙 **— *n.*** 〖病理〗猩紅(しょうこう)熱 (scarlet fever). **scàr·la·tí·nal** [-nḷ] *adj.*
scar·la·ti·noid [skὰələtí:nɔɪd | skὰ:lətí:nɔɪd, -lɪ-] 〘⇨ ↑, -oid〙 *adj.* 猩紅(しょうこう)熱のような.
Scar·lat·ti [skɑəlά:ṭi | skɑ:lǽtɪ; *It.* skarlátti], **Alessandro** *n.* スカルラッティ《1660–1725; イタリアの作曲家》.
Scarlatti, (Giuseppe) Domenico *n.* スカルラッティ《1685–1757; イタリアの作曲家・チェンバロ奏者; A. Scarlatti の子》.
scár·less *adj.* 傷跡のない[を残さない].
scar·let [skάəlɪt, -lət | skά:-] 〘(*c*1250) 《頭音消失》 ← OF *escarlate* (F *écarlate*) ▭ ML *scarlātum* (It. *scarlatto*) ▭ ? Pers. *saqalāt* scarlet cloth ▭ Arab. *siqillāt* tissue adorned with seals ▭ L *sigillātus* sealed ← *sigillāre* to seal ← *sigillum* seal ← *signum* 'SIGN'〙 **— *n.*** **1** 緋(ひ), 深紅色, スカーレット (bright-red color). **2** **a** 緋の服《英国で高等法院判事, 陸軍将校, その他高官の礼服》: wear ～ 緋の服を着る; (市長・助役などの)制服を着る / be dressed *in* ～ 緋の服を着ている. **b** 緋の布, 猩猩(しょうじょう)緋の布. **— *adj.*** **1** **a** 緋の, 深紅色の. **b** 緋の服を着た. **c** (怒りなどで)顔を真赤にした: blush [turn] ～ 顔を真赤にする. **2** 〘cf. *Isa.* 1: 18〙 **a** 極悪の. **b** 売春の (cf. scarlet woman).
scárlet ádmiral *n.* 〖昆虫〗 = red admiral.
scárlet búgler *n.* 〖植物〗スカーレット ビューグラー (*Penstemon centranthifolius*)《北米南西部産ゴマノハグサ科の多年草, 緋色の筒状花をつけ観賞用》.
scárlet clématis *n.* 〖植物〗ベニバナハンショウヅル (*Clematis texensis*)《米国 Texas 州産キンポウゲ科クレマチス属の一種》.
scárlet éggplant *n.* 〖植物〗 = tomato eggplant.
scárlet féver *n.* **1** 〖病理〗猩紅(しょうこう)熱 (scarlatina). **2** 《戯言・俗》(婦人間の)軍人崇拝熱 (cf. scarlet *n.* 2 a).
scárlet hamélia *n.* 〖植物〗スカーレットハメリア (*Hamelia erecta*)《熱帯アメリカ産の緋色の花をつけるアカネ科の低木; 観賞用に栽培; 実は食べられる》.
scárlet hát *n.* 〖カトリック〗(枢機卿の)緋の帽子 (⇨ cardinal's hat).
scárlet lády *n.* = scarlet woman 1.
scárlet lárkspur *n.* 〖植物〗米国 California 州産キンポウゲ科の緋色の花をつけるヒエンソウの一種 (*Delphinium cardinale*).
scárlet létter 〘Hawthorne の小説 *The Scarlet Letter* (1850) から〙 **— *n.*** 緋(ひ)文字《緋の色の布で作った adultery の頭文字 A; もと姦通者が胸につけさせられた》.
scárlet líghtning 〘通俗語源による↓の変形〙 *n.* 〖植物〗 = Maltese cross 2.
scárlet lýchnis *n.* 〖植物〗 = Maltese cross 2.
scárlet mónkey flòwer *n.* 〖植物〗ベニミゾホオズキ (*Mimulus cardinalis*)《北米原産のゴマノハグサ科ミゾホオズキ属の一種; 赤い花が咲く; cf. monkey flower》.
scárlet óak *n.* 〖植物〗カシの一種 (*Quercus coccinea*)《材の木目が細やかで赤味を帯び, 葉は秋に鮮やかに紅葉する》.
scárlet pímpernel *n.* **1** 〖植物〗ベニバナルリハコベ (*Anagallis arvensis*)《サクラソウ科ルリハコベ属の植物; 日本でも暖地に帰化している; poor man's weatherglass, red pimpernel ともいう》. **2** 〘Baroness Orczy 作の *The Scarlet Pimpernel* (1905) 中の主人公の偽名である *Scarlet Pimpernel* から〙 命を脅かされている人を国外に脱出させる義侠人.
scárlet plúme *n.* 〖植物〗スカーレットプルーム (*Euphorbia fulgens*)《メキシコ原産の緋色の苞(ほう)をもったトウダイグサ科の観賞用低木; ショウジョウボクの一種》.
scárlet rúnner *n.* 〖植物〗ベニバナインゲン (*Phaseolus coccineus*)《熱帯アメリカ原産; scarlet runner bean ともいう》.
scárlet ságe *n.* 〖植物〗サルビア (*Salvia splendens*)《ブラジル産の赤花のシソ科植物; cf. sage² 1》.
scárlet tánager *n.* 〖鳥類〗アカフウキンチョウ (*Piranga olivacea*)《アメリカ産で成長した雄は羽と尾が黒く体は深紅色をしている; redbird, red robin ともいう》.
scárlet Túrk's-càp lìly *n.* 〖植物〗ギリシャ原産の深紅の花が咲くユリ (*Lilium chalcedonicum*).
scárlet whóre *n.* = scarlet woman 1.
scárlet wóman *n.* **1** 緋(ひ)色の女《*Rev.* 17: 1–6 に記載された淫(いん)婦; プロテスタント教徒の中にはこれを教皇治下のローマまたはローマカトリック教会を象徴すると悪口する人もいた》. **2** 《戯言》売春婦.
scarp[1] [skάəp | skά:p] 〘▭ It. *scarpa*: ⇨ escarp〙 **— *n.*** **1** 〖築城〗(城塁外堀の内岸の)傾斜面[壁] (escarp) (cf. counterscarp). **2** 〖地理〗 **a** (断層または浸食による)急斜面, 急な崖. **b** (波の浸食による)海岸沿いの急な崖[斜面]. **— *vt.*** **1** 〈山腹などを〉直断する, 垂直に切る. **2** 〖築城〗〈堀〉に傾斜面を設ける, 急坂を付ける.
scarp[2] [skάəp | skά:p] 〘▭ ONF *escarpe* = OF *escherpe* sash: ⇨ scarf¹〙 *n.* (*also* **scarpe** [～]) 〖紋章〗スカープ《bend sinister の ½ 幅の斜めの帯》.
scar·per [skάəpə | skά:pə(r] 〘▭ ? It. *scappare* to flee < VL **excappāre* 'to ESCAPE'〙 *vi.* 《英俗》逃げ出す (run away).
scarph [skάəf | skά:f] *v., n.* = scarf².
scarp·ment [skάəpmənt | skά:p-] 〘《頭音消失》 ← ESCARPMENT〙 *n.* 〖地理〗(平地などから)急にそそり立つ崖, 急斜面 (scarp).
Scar·ron [skɑ:rɔ̃:(ŋ), -rɔ́(:)ŋ; *F.* skarɔ̃], **Paul** *n.* スカロン《1610–60; フランスの小説家・劇作家・詩人; *Le Roman comique*「滑稽物語」(小説 1651, '57)》.
scart [skάət | skά:t] 〘ME 《音位転換》 ← *scratte(n)* 'to SCRATCH'〙 《スコット》 *vt., vi.* かきむしる, かく, こする (scratch, scrape). **— *n.*** かきむしり (scratch), かすり傷.
scár tìssue *n.* 〖病理〗瘢痕(はん)組織.
scar·us [skέ(ə)rəs | skέər-] 〘(1601) ▭ L ～ ▭ Gk *skáros* 《原義》? the leaping one (cf. *skaírein* to leap)〙 *n.* 〖魚類〗地中海産ブダイ科の魚 (*Sparisoma cretense*).
scarves *n.* scarf¹ の複数形.
scar·y [skέ(ə)ri | skέərɪ] 〘← SCARE (n.) + -Y⁴〙 **— *adj.*** (**scar·i·er; -i·est**) 《口語》 **1** 驚きやすい, おびえやすい, 臆病な. **2** 恐ろしい, おっかない: a ～ story. **3** おびえる, びくびくする: get ～. **scár·i·ness** *n.*
scat[1] [skǽt] 〘(1344–45) ▭ ON *skatt-r* tribute < Gmc **skattaz* (OE *scéat* money / G *Schatz* treasure)〙 *n.* (Orkney および Shetland 諸島で)地租 (land tax).
scat[2] [skǽt] 〘《短縮》? ← SCATTER〙 **— *vi.*** (**scat·ted; scat·ting**) 《口語》 **1** 急いで行く. **2** [通例命令文で] **a** さっさと行け. **b** (猫などに向かって)しっ, あっちへ行け, 去れ (Be off!).
scat[3] [skǽt] 〘擬音語?〙 *n.* 〖ジャズ〗スキャット《意味のない音節をもって歌詞に変える即興的な歌(い方)》. **— *vi.*** (**scat·ted; scat·ting**) スキャットする.
scat[4] [skǽt] 〘▭ Gk *skat-, skōr* dung〙 *n.* (動物の)糞(ふん).
SCAT 《略》 School and College Ability Test; supersonic commercial air transport.
scat- [skæt] (母音の前に来る時の) scato- の異形.
scát·bàck 〘← SCAT² + BACK¹ (n.)〙 *n.* 〖アメリカンフットボール〗スキャットバック《足が速く守備側の妨害を避けるのが巧みなボールキャリヤー (ballcarrier)》.
scath [skǽ(:)θ] *n., vt.* 《方言》 = scathe.
scathe [skéɪð] 〘(?*a*1200) ▭ ON *skađ-i* (n.), *skađ-a* (v.) ← Gmc **skaþ-* (OE *sceađa* malefactor, injury / G *Schade* injury, shame) ← IE **skēth-* to injure〙 **— *n.*** 《古・方言》害, 損害, 損傷 (harm, injury): keep [guard] from ～ 害を受けさせないように保護する / without ～ 害なく, 無事に. **— *vt.*** **1** 酷評する (cf. scathing). **2** 《古・方言・詩》傷つける, 害する, 損傷する: He shall be ～*d*. 彼はただではすむまいぞ.
scáthe·less 〘ME〙 *adj.* [Predicative に用いて] 無傷で, 無事で, 無難で (unharmed). **～·ly** *adv.*
scáth·ing *adj.* 仮借(しゃく)[容赦]しない, 痛烈な (bitterly severe): a ～ remark 仮借のない言葉 / ～ sarcasm [criticism] 骨を刺すような風刺[批評] / a ～ rebuke ひどい非難. **～·ly** *adv.*
scat·o- [skǽtoʊ | -tə(ʊ)] 〘▭ Gk *skato-, skōr* dung: ⇨ -o-〙「糞(ふん) (ordure)」の意の連結形: *scatology*. ★ 母音の前では通例 scat- になる.
sca·tol·o·gy [skətάlədʒi, skæ- | -tɔ́lədʒɪ] 〘(1876): ⇨ ↑, -logy〙 **— *n.*** **1** 糞便学《特に動物の糞の研究による食物の分析》. **2** 糞石学 (cf. coprolite). **3** スカトロジー《排泄物を中心とした汚穢(わい)文学(研究[趣味])》. **scat·o·log·ic** [skæ̀ṭəlάdʒɪk, -ṭḷ- | -təlɔ́dʒ-] *adj.* **scàt·o·lóg·i·cal** *adj.*
sca·to·ma [skətóʊmə | -tə́ʊ-] 〘← SCATO- + -OMA〙 *n.* (*pl.* ～s, ～·ta [～ṭə | ～tə]) 〖医学〗糞腫, 糞塊瘤.
Scat·o·phag·i·dae [skæ̀ṭəfǽdʒədì: | -təfǽdʒɪ-] 〘← NL ～ ← *Scatophaga* (属名: ← *scatophagus* (↓)) + -IDAE〙 *n. pl.* 〖昆虫〗(双翅目)フンバエ科.
sca·toph·a·gous [skətάfəgəs | -tɔ́f-] 〘← NL *scatophagus* ← Gk *skatophágos*: ⇨ scato-, -phagous〙 *adj.* 〈昆虫が〉糞便を食う.
sca·toph·a·gy [skətάfədʒi | -tɔ́fədʒɪ] 〘← SCATO- + -PHAGY〙 *n.* (病的・宗教的理由による)食糞, 食便飲尿.
sca·tos·co·py [skətάskəpi | -tɔ́skəpɪ] 〘← SCATO- + -SCOPY〙 *n.* 〖医学〗糞便検査, 検便.
scát sìnging *n.* 〖ジャズ〗 = scat³.
scatt [skǽt] 〘▭ ON *skatt-r*: ⇨ scat¹〙 *n.* 《古》税, 租税, 貢 (tribute).
scat·ter [skǽṭə | -tə(r] 〘(*a*1300) *scatere(n)* 《変形》 ← ? SHATTER: [sk-] は ON の影響か〙 **— *vt.*** **1** **a** ばらまく, ふりまく; 〔…に〕まき散らす (strew)〔*on, over*〕: ～ seed 種をまく / ～ perfume 香水をふりまく / ～ toys *about* おもちゃを散らかす / ～ gravel *on* the road 砂利を道路にまく / Mud was ～*ed* all *over* his clothes. 泥が服一面にはね掛かっていた. **b** 〔…を〕…にばらまく〔*with*〕: ～ the road *with* gravel 道路に砂利をまく / The park was ～*ed with* rubbish. 公園にはごみくずが散らばっていた / His article is ～*ed with* foreign words. 彼の論文にはあちこちに外国語が使ってある. **c** 〈建物などを〉分散して建てる, 散在させる. **2** **a** 〈群衆・敵軍などを〉四散させる, 追い散らす, 敗走させる; 〈雲・霧などを〉散らす: The sun ～*ed* the clouds. 太陽は雲を散らした / The wind ～*ed* the papers. 風で書類が飛び散った / The police ～*ed* the crowd. 警官は群衆を追い払った. **b** 〈希望を〉消散させる (dissipate); 〈疑惑・恐怖などを〉晴らす, 消す. **3** 〈力などを〉むだに分散する, 分散し過ぎて効果を失わせる: ～ one's strength. **4** 《古》〈財産を〉まき散らす, 使い果す: ～ one's inheritance 遺産を使い果す. **5** 〖物理〗〈光・粒子などを〉不規則に散らす, 散乱させる (diffuse). **— *vi.*** **1** 〈集団が〉散る, 四散する, ちりぢりになる; 〈雲などが〉消散する: The mob ～*ed about* in all directions. 暴徒はちりぢりになって逃走した. **2** 〈建物などが〉散在する. **3** 〈散弾銃の散弾が〉(発砲されて)散る.
scatter to the (four) winds ⇨ wind¹ *n.* 成句.

— *n.* **1** まき散らすこと；まき散らされたもの：a ~ of applause [rain] ばらばらの拍手[ばらばら降る雨]. **2** (散弾の)飛散範囲. **3** 〖言語〗分布, 変化表.
~·er [-tərə | -tərə(r)] *n.*

scat·ter·a·tion [skæ̀təréɪʃən | -tə-] *n.* **1 a** ばらまくこと. **b** まき散らされていること. **c** ばらまかれた[まき散らされた]もの. **2** (都市からの人口・産業の)分散, 脱都市化；地方の都市化. **3** (資金・エネルギーなどの)過度の[むだな]分散.

scátter·bràin *n.* そわそわした人, 落ち着かない人.

scátter·bràined *adj.* そわそわした, 軽率な (heedless), うかうかした, 頭の散漫な (desultory).

scátter·bràins *n.* (*pl.* ~) =scatterbrain.

scátter dìagram *n.* 〖統計〗撒布図, 点図表《二つの変量の実現値の組を平面上にプロットしたもの》.

scát·tered 〖ME〗 **—** *adj.* **1** まき散らされた, ちりぢりになった, まばらな：~ clouds ちぎれ雲 / ~ hamlets 散在する村落 / ~ hits 〖野球〗散発の安打 / ~ instances 時たま出てくる例 / lie ~ 散らばって[散在して]いる. **2 a** (各部分・要素が)分散した, ばらばらな；平均化していない：a ~ attendance [population] まばらな出席者[人口]. **b** 取りとめのない, 散漫な：a ~ story / ~ thoughts. **3** 〖植物〗散生の：~ leaves 散生葉. **4** 〖物理〗〈光・粒子など〉不規則に散らされた, 散乱された：~ light 散(乱)光.

scáttered séttlement *n.* 〖社会学〗散村《家屋の配置がちりぢりの状態にある村落形態；cf. collective village》.

scátter·gòod 〖← SCATTER (v.)+GOOD (n.)〗 *n.* 浪費家 (spendthrift).

scat·ter·gram [skǽtəgræm | -tə-] 〖← SCATTER+-GRAM〗 *n.* 〖統計〗=scatter diagram.

scat·ter·graph [skǽtəgræf | -təgrɑ̀:f, -græf] 〖⇨ -graph〗 *n.* 〖統計〗=scatter diagram.

scátter·gùn *n.* 《米》=shotgun.

scát·ter·ing [-tərɪŋ, -trɪŋ | -t(ə)rɪŋ] 〖ME〗 **—** *adj.* **1** ちりぢりの, ばらばらの, まばらな：a ~ flock of birds まばらな鳥の一群. **2** 散在する, 集中しない：~ votes 散票. **3** 散発的な：~ shots 時おり起こる銃声. **—** *n.* **1** まき散らすこと, 散布(されること). **2** 少数[少量]の分散したもの：have a ~ of visitors 訪問者がちらほらある. **3** 〖物理〗散乱《波動または粒子線が小物体・分子・原子などの標的にあたって方向を変えること》. **~·ly** *adv.*

scáttering ámplitude *n.* 〖物理〗散乱振幅《量子力学的な散乱過程を記述する確率振幅》.

scáttering coefficient *n.* 〖物理〗散乱係数.

scáttering mátrix *n.* 〖数学〗=S matrix.

scat·ter·om·e·ter [skæ̀tərɑ́mətə | -tərɔ́mɪtə(r, -mə-] 〖← SCATTER+-O-+-METER[1]〗 **—** *n.* スキャタロメーター《レーザー光線・超短波などを広範囲に放射し, その戻ってくる信号を記録するレーダー様の装置》.

scátter pìn *n.* スキャターピン《通例2つ以上組み合わせて婦人用ドレスやスーツなどにつける小さい飾りピン》.

scátter·plòt *n.* 〖統計〗=scatter diagram.

scátter rùg *n.* 小形じゅうたん《床の小部分をおおうのにあちこちにいくつも用いる》.

scátter·shòt *adj.* 不特定の広範囲に広がる；でたらめの, やみ雲な：~ accusations.

scátter shòt *n.* ライフル式火器用の散弾.

scat·ty [skǽti | -ti] 〖← ? SCAT(TERBRAIN)+-Y[4]〗 *adj.* (**scat·ti·er**; **-ti·est**) 《英口語》ばかげた, 気狂いじみた (crazy).

scaup [skɔ́:p] 〖《変形》← SCALP〗 *n.* 《詩・方言》はげ山 (bare hill).

scáup dùck 〖《*a*1672》: *scaup* 《変形》← *scalp* bank as a bed for shellfish 《転用》? ← SCALP〗 **—** *n.* 〖鳥類〗スズガモ (*Aythya marila*)《北半球産の海鴨の一種；青灰色のくちばしをもつ；単に scaup ともいう》.

scau·per [skɔ́:pə | -pə(r] *n.* =scorper.

scaur [skɑ́ə, skɔ́ə | skɑ́:(r, skɔ́:(r] *n.* 《スコット》=scar[2].

scav·enge [skǽvɪndʒ, -vəndʒ] 〖《*a*1644》《逆成》↓〗 **—** *vt.* **1** 〈街路などを〉掃除する, …のごみさらいをする：~ a street. **2 a** 〈利用できる物を〉廃品の中から取出す[集める]. **b** 〈廃品〉から利用できる物を取出す[集める]：~ the wreckage. **c** (利用できる物を求めて)〈場所を〉あさる：~ factories. **3** 〈動物が〉〈汚物・ごみなどを〉あさる, 取る；〈腐肉・廃物を〉食う. **4** 内燃機関の気筒から〈廃気を〉取り除く, 掃気する. **5 a** 〖化学〗捕集する, 捕捉する. **b** 〖冶金〗(溶融金属に添加剤を投入して)〈不純物を〉取り除く. **—** *vi.* **1** 街路掃除人として働く；ごみさらいをする. **2** 掃気する. **3** 〔利用できる物を求めて〕あさる 〔*for*〕; 食物をあさる：~ *for* food, scrap iron, etc.

scav·en·ger [skǽvɪndʒə, -vən- | -dʒə(r] 〖《1503》《変形》← 《15C》 *scavager* inspector of imports ▭ AF *scawager* ← ONF *escauwer* to inspect ▭ Flem. *scauwen* =OE *scēawian*：⇨ show〗 **—** *n.* **1** 《英》街路掃除人 (street cleaner). **2 a** ごみ集め人夫 (garbage collector). **b** くず物屋 (junkman). **3 a** 清掃動物《腐肉を食う動物；特に, ハゲタカ・カブトムシ・アリ・カニなどのある種類》. **b** 〖昆虫〗=scavenger beetle. **4** 〖化学〗不純物除去剤, 捕捉剤.

scávenger bèetle *n.* 〖昆虫〗腐敗物を食べる甲虫《ガムシ科のケシガムシ類など》.

scávenger hùnt *n.* 〖遊戯〗品物集め《パーティーなどで通例2人ずつ組になって外に行き, 手に入りにくい物を一定時間内に金で買わずに見つけてくるゲーム》.

scávenger's dáughter 〖*scavenger*：《1564》《転訛》← *Skevington*：英王 Henry 八世時代 London 塔の長官 Leonard Skeffington [Skevington]が工案した〗 **—** *n.* スカベンジャー式締め金《鉄のたがで体を締めつけた昔の拷問道具》.

scavenger's daughter

scav·en·ger·y [skǽvɪndʒəri, -vən- | -dʒəri] *n.* 街路掃除 (street cleaning).

scáv·eng·ing *adj.* 気筒から廃気を取り除く, 掃気する：a ~ pump.

sca·zon [skéɪzṇ] 〖▭ L *scazōn* ▭ Gk *skázōn* 《原義》limping verse ← *skázein* to limp〗 **—** *n.* 〖ギリシャ詩〗=choliamb. **sca·zon·tic** [skeɪzɑ́ntɪk | -zɔ́nt-] *adj.*

Sc. B. 《略》*L.* Scientiae Baccalaureus (=Bachelor of Science).

Sc. B. C. 《略》Bachelor of Science in Chemistry.

Sc. B. E. 《略》Bachelor of Science in Engineering.

Sc. D. 《略》*L.* Scientiae Doctor (=Doctor of Science).

Sc. D. Hyg. 《略》Doctor of Science in Hygiene.

S.C.E., SCE 《略》Scottish Certificate of Education.

Scel·i·on·i·dae [sèliɑ́nədi: | -lɪɔ́nɪ-] 〖← NL ~ ← *Scelio* (属名：← L *scelio* scoundrel ← *scelus* crime)+-IDAE〗 *n. pl.* 〖昆虫〗クロタマゴバチ科.

scelp [skélp] *v., n.* 《スコット・北英》=skelp.

sce·na [ʃéɪnɑ:, -nə | -nə; *It.* ʃɛ́:na] 〖▭ It. ~ ▭ L *scēna* 'SCENE'〗 **—** *n.* 〖音楽〗 **1** (イタリア歌劇の)一場面 (scene). **2** シェーナ, 劇唱《初期のオペラの伴奏付きの劇的な叙唱 (recitative) で, 通例その後に aria が続く》.

sce·na·ri·o [sɪnέ(ə)riòu, sə-, -nɑ́:r- | sɪnɑ́:rɪəu, se-, sə-] 〖《1880》▭ It. ~ ▭ L *scēnārius* ← *scēna* 'SCENE'〗 **—** *n.* **1** (*pl.* **~s**, **sce·na·ri** [-ri | -rɪ]) (劇・歌劇などの)筋書き (synopsis)《各場面・配役・俳優や歌手の出入などを書いたもの》. **2** (*pl.* **~s**) 映画脚本, シナリオ：a ~ writer [editor] 映画脚本作者[編集者] / the ~ staff 映画脚本部, (撮影所の)文芸部. **3** (計画・行動予定などの)概要, 摘要：one's ~ for an experiment.

sce·nár·i·ò·ist [-iòuɪst, -əst | -ɪəuɪst] *n.* =scenarist.

sce·nar·ist [sɪnέ(ə)rɪst, sə-, -nɑ́:r-, -rəst | sí:nərɪst, sɪnɑ́:r-, se-, sə-] 〖← SCENARIO+-IST〗 *n.* 映画脚本作者, シナリオライター.

scen·ar·ize [sɪnέ(ə)raɪz, sə-, -nɑ́:r- | sí:nər-, sɪnɑ́:r-, se-, sə-] *vt.* 〈ある作品を〉シナリオにする, 脚色する.

scend [sénd] 〖《変形》← SEND[2]〗〖海事〗 *vi.* 〈船が〉(大波などで)持ち上げられる. **—** *n.* **1** 船の持上がり (send) (cf. pitch[2] *n.* 7). **2** =send[2] 2.

scene [sí:n] 〖《1540》▭ F *scène* ∥ L *scēna* scene, stage ▭ Gk *skēnḗ* tent, stage：cf. Gk *skiā́* shadow〗 **—** *n.* **1 a** (劇の幕 (act) を構成する)場：Act I, *Scene* ii 第一幕第二場. **b** (映画・テレビなどの特定の)場面(shot), シーン：the love ~ ラブシーン, 濡れ場 / the balcony ~ in "Romeo and Juliet"「ロミオとジュリエット」のバルコニーのシーン / a ~ between Hamlet and Ophelia ハムレットとオフェリアのやりとりの場面. **c** 〖音楽〗=scena 1. **2** [しばしば *pl.*] (芝居の)書割り, 背景, 道具立て, 舞台(面) (cf. scenery 2)：shift the ~*s* 背景[道具立て]を変える / paint ~*s* 背景を描く / a set ~ 書割り, 背景, 大道具. **3** 景色, 風景. ★ scenery は集合的で特に自然の風景に用いるが, scene は限られた一場面の眺めを指すことが多い：a woodland ~ 山林風景 / the American ~ アメリカ風景 / The sunset was a beautiful ~. 日没は美しい眺めであった. **4 a** (事件・出来事などの)舞台, 場面, 現場；(目に浮かぶ)情景：a ~ of action 事の起こった場所, 現場 / a ~ of destruction [disaster] 破壊[遭難]の現場 / ~*s* of happy family life 楽しい家庭生活の場面 / ~*s* of one's boyhood 少年時代の(ありのままの)情景 / be *on* the ~ 現場にいる, 居合わせる / The police were [arrived] quickly *on* the ~. 警官はすぐ現場にかけつけた / The murderer returned to the ~ of the crime. 殺人犯は犯罪現場へ戻った. **b** (物語などの)場面, 舞台挿話 (episode); 背景 (setting)：The ~ is laid in Tokyo during the War. 舞台[場面]は戦時中の東京に置かれている / The ~ changes from London to New York. 場面はロンドンからニューヨークに移る. **5** 《口語》 **a** [the ~] 活躍の場面, 注目の場所, 流行界；(人が皆それぞれの役を演じる)現世：*the* drug [entertainment] ~ in London ロンドンの麻薬[娯楽]界 / quit *the* ~ (of troubles) (苦悩の)現世を去る, 死ぬ / on *the* U.S. fashion ~ アメリカのファッション界で. **b** 事情, 立場 (situation)：His ~ is very precarious. 彼の立場は大変不安定だ. **6** (怒りなどの見苦しい)大騒ぎ, 醜態；(泣くやわめくの)口論：have a nice ~ with …と活劇を演じる, けんか騒ぎをする / make [create] a ~ 大騒ぎをする. **7** (ギリシャ・ローマの劇場の)舞台.
behind the scenes (1) 舞台裏で：Murders were usually transacted *behind the ~s.* 殺人は通例舞台裏で行なわれた. (2) 裏面に, 秘密に (in secret); 内幕に通じて：I knew what was going on *behind the ~s.* 裏面で何が行なわれているか知っていた. ***come on the scene*** 登場する；現われる (arrive). ***make the scene*** 《米俗》(1) (特定の)場所に現われる. (2) (派手に, 特定の)活動をする, (目だつように)加わる, 派手にやる.

scéne dòck *n.* 〖劇場〗=dock[3] 5.

scéne màster *n.* 〖劇場〗配電盤.

scéne pàck *n.* 〖演劇〗張物一式.

scéne pàinter *n.* (舞台の)背景[書割り]画家.

scéne-pàinting *n.* (劇場の)背景画(法).

scen·er·y [sí:n(ə)ri | -nərɪ] 〖《1748》▭ L *scēnāri-us*：⇨ scene, -ery〗 **—** *n.* [集合的] **1** (ある土地の)景色, 風景, 景観 (⇨ scene 3 ★)：water [woodland] ~ 水景[森の景色] / This mountain ~ is picturesque. この山景は絶佳だ. **2** (芝居の)書割り, 道具立て, 舞台面, 背景 (cf. scene 2)：paint ~ 背景を描く.
chew the scenery 《米俗》過度な[誇張した]演技をする, 演技過多になる.

scénery wàgon *n.* 〖劇場〗引枠《小さな車輪をもった平台；大きな張物の移動に用いる；boat truck ともいう》.

scéne·shìfter *n.* (芝居の)道具方, 裏方.

scéne-shìfting *n.* (劇場の)舞台変え.

sce·nic [sí:nɪk, sén-] 〖《1623》▭ F *scénique* ▭ L *scēnicus*：⇨ scene, -ic[1]〗 **—** *adj.* **1 a** 景色の, 風景の：~ beauty 風景の美 / the ~ splendors [attractions] of Nikko 日光の壮麗な風景. **b** 眺めのよい, 景勝に富んだ：a ~ spot 景勝の地, 名所 / a ~ route 景勝に富んだ道. **2 a** 舞台(面)の；背景の, 道具立ての, 舞台装置[効果]の：~ art 舞台美術 / ~ effects 舞台効果 / a ~ triumph すばらしい舞台装置. **b** 劇の, 劇的な (dramatic), 芝居がかった (theatrical)：~ poets (特に, 古代ギリシャ・ローマの)劇詩人. **3** (絵画・彫刻などで, 写実的な)場面描写の：a ~ bas-relief / ~ wallpaper. **—** *n.* 風景映画[写真].

scé·ni·cal [-nɪkəł, -nə- | -nɪ-] 〖《15C》← L *scēnicus* +-AL[1]〗 *adj.* =scenic 2.

scé·ni·cal·ly *adv.* **1** 芝居がかって. **2** 景色[風景]に関して.

scénic ráilway *n.* (遊園地などの人工の景色を配した)遊覧豆鉄道.

sce·no·graph [sí:nəgræf | -grɑ̀:f, -græf] 〖《逆成》↓〗 *n.* 遠近図《建築などを透視画法で描いたもの；平面図・立面図に対していう》.

sce·nog·ra·pher [si:nɑ́grəfə | -nɔ́grəfə(r] 〖← Gk *skēnográphos* scene-painter+-ER[1]：⇨ scenography〗 *n.* 遠近図法を用いる画家.

sce·no·graph·ic [sì:nəgrǽfɪk] *adj.* 遠近図法の, 遠近画的の.

scè·no·gráph·i·cal *adj.* =scenographic. **~·ly** *adv.*

sce·nog·ra·phy [si:nɑ́grəfi | -nɔ́grəfi] 〖▭ L *scēnographia* ▭ Gk *skēnographía*：⇨ scene, -graphy〗 *n.* **1** 遠近画法. **2** (特に, 古代ギリシャの)配景図(法).

Sce·no·pin·i·dae [sì:nəpínədi: | -nɪ-] 〖← NL ~ ← *Scenopinus* (属名：← Gk *skēnopoiós* tentmaker)+-IDAE〗 *n. pl.* 〖昆虫〗マドバエ科.

scent [sént] 〖n.：《1375》. — v.：《?*c*1400》 *sente(n)* ▭ F *sent-ir* to feel, smell < L *sentire* to perceive：⇨ sense〗 **—** *n.* **1 a** (快・不快ともに臭覚に訴える)臭気；特有のにおい；(特に, よい)かおり, 香気：the sweet ~ of roses ばらの芳香 / a nasty ~ of stale tobacco 古たばこのいやなにおい. **b** (獣が通った後に残る)遺臭；臭跡 (trail)：a burning ~ 強烈な臭跡 / a cold ~ 微弱な[古い]臭跡 / a hot ~ 強い[新しい]臭跡 / a false ~ 方向を迷わせるためにわざとしかける臭跡 / cast about *for* the ~ 〈猟犬が〉鳥などを捜し回る / follow up the ~ 〈猟犬が〉獲物の跡を追う / lose [recover] the ~ 〈猟犬が〉(獲物の)手がかりを失う[再びかぎ当てる] / hunt by ~ 臭跡をつけて狩をする. **2 a** (犬などの)嗅(きゅう)覚：a dog of good ~ 鼻のよくきく犬. **b** かぎ出す力, 直覚, 勘：a keen ~ for an error 間違いを発見する鋭い勘 / have no ~ かぎつける力を持たない. **3** 手がかり；ほのめかし, 暗示：a ~ of relief. **4** 《英》香水 (perfume(s))：put ~ on one's handkerchief. **5** (動物・魚を引き寄せる時のおとりに使う)擬臭. **6** 〖遊戯〗散らし紙《紙まき鬼ごっこで hare になった人のまいて行く紙片；⇨ HARE and hounds》.
get scent of …をかぎつける, …に感づく. ***on the scent*** (嗅覚で)跡を追って, 手がかりを得て：*on the* right [wrong] ~ (求める方向を)誤らないで[誤って], 方向よろしきを得て[得ないで] / put a person *on the* ~ 人に跡を追わせる, 人に探知させる / be hot *on the* ~ of an important discovery 重大発見の端緒をつかんで夢中になって追跡している / We are not yet *on the* right ~. まだ正しい手がかりを得ていない. ***put*** [***throw***] ***a person off the scent*** 〈人を〉惑わす, 〈追手を〉まく. ***put a person on a false*** [***wrong***] ***scent*** =*put* [*throw*] *a person off the* SCENT. ***take*** [***pick up***] ***the scent of*** =*get* SCENT *of.*
— *vt.* **1** かぐ, かぎ出す, かぎ分ける 〈*out*〉：~ spring in the air 吹く風に春の気配を感じる / Hounds ~ (*out*) a fox. 猟犬がきつねの跡をつける / ~ game (猟の)獲物をかぎ分ける / ~ *out* a job 仕事をかぎ出す. **2** 〈秘密などを〉かぎつける, 疑い始める, 疑わしく思う, うすうす気付く；…の存在に感づく, 悟る：~ a plot たくらみを感知する / ~ danger [treachery] 危険[裏切り]に気付く / Methinks I ~ the morning air. 朝の空気が漂ってきたようだ (Shak., *Hamlet* 1. 5. 58). **3** におわす, かおらす：The flowers ~*ed* the air. 花がよいにおいを放っている / The air was ~*ed with* the sweet odor of flowers. 大気には花の甘いかおりが漂っていた. **4** …に香水をふりかける[つける] (perfume)：~ one's handkerchief. **—** *vi.* **1** 遺臭で追跡する, においをかいで追う：~ about 〈犬などが〉かぎ回る. **2** 〔…の〕においがする, におう 〔*of*〕：This ~*s* of vinegar. 酢のにおいがする / The atmosphere ~*ed of* revolt.

あたりの様子は反逆を思わせた.

scént bàg *n.* **1** におい袋 (sachet). **2** (drag hunt の時に用いる)アニスの実 (aniseed) を詰めた香袋. **3** 〘動物〙(動物体内の)香腺(ｺｳｾﾝ) (scent gland), におい袋.

scént-bòttle *n.* 香水びん.

scent·ed [séntɪd, -təd | sént-] *adj.* **1** 香水をつけた (perfumed); 香料入りの: a ~ handkerchief / ~ soap 香料入り石鹸(ｾｯｹﾝ), 香水石鹸. **2** [通例複合語の第2構成素として] 芳しい, においのよい; (…の)においのする: strong-*scented* においの強い. **3** [通例複合語の第2構成素として] 嗅覚が…の: ⇨ keen-scented.

scént glànd *n.* 〘動物〙(ジャコウネコなどの)香腺(ｺｳｾﾝ), 麝香(ｼﾞｬｺｳ)分泌腺.

scént·less *adj.* **1** においのない, 無臭の: ~ flowers. **2** (狩猟で)臭跡をかぐのに都合の悪い; 臭跡の消えている: ~ ground / ~ weather 臭跡をわからなくする天候. **3** 臭覚のない. **~·ness** *n.*

scéntless cámomile [máyweed] *n.* 〘植物〙イヌカミルレ (corn mayweed). ⌈gland ともいう⌉.

scént-òrgan *n.* 〘動物〙香腺(ｺｳｾﾝ) (scent bag, scent

scep·sis [sképsɪs, -səs | -sɪs] *n.* 《英》=skepsis.

scep·ter, 《英》**scep·tre** [séptə | -tə(r)] 〘《a1325》◻ OF *ceptre*, (O)F *sceptre* ◻ L *scēptrum* ◻ Gk *skēptron* staff, scepter ← *sképtesthai* to lean on: cf. shaft¹〙 — *n.* **1** (王権の表象として王の持つ)笏(ｼｬｸ), 王笏 (cf. globe 4 d). **2** [the ~] 王権 (cf. crown 2); 王位, 主権 (sovereignty): wield the ~ 君臨[支配]する / lay down the ~ 王位[帝位]を退く. — *vt.* …に(王権の表象としての)笏を与える; …に王権を与える, 王位につかせる.

scepter of the King of England

scép·tered, 《英》**scép·tred** *adj.* **1** 笏(ｼｬｸ)をもった; 王権を有する; 王位についた. **2** 王権の, 国王の.

scépter·less *adj.* **1** 笏(ｼｬｸ)のない; 王権を奪われた, 王位を退けられた. **2** 王権に従わない[の支配を受けない].

scep·tic [sképtɪk] *n., adj.* 《英》=skeptic.

scép·ti·cal [-tɪkəl, -tə- | -tɪ-] *adj.* 《英》=skeptical.

scep·ti·cism [sképtəsìzm | -tɪ-] *n.* 《英》=skepticism.

sceptre *n., vt.* =scepter.

sceptred *adj.* =sceptered. ⌈Gaelic.

ScGael, Sc.Gael., Sc.-Gael. 《略》Scottish

Sch 《記号》〘貨幣〙schilling(s). ⌈schooner.

sch. 《略》scholar; scholarship; scholastic; school;

Schacht [ʃɑ́ːkt, ʃɑ́ːxt; *G.* ʃáxt], **Hjal·mar** [jálmar] *n.* シャハト《1877–1970; ドイツの財政家・銀行家; ライヒスバンク総裁 (1923–30, '33–'39); ナチ政権の経済相 (1934–37)》.

scha·den·freu·de, S- [ʃɑ́ːdnfrɔ̀ɪdə; *G.* ʃáːdnfrɔ̀ʏdə] 〘◻ G ~ ← *Schaden* damage+*Freude* joy〙 *G. n.* 他人の不幸を痛快がること, 意地悪な喜び.

Schaef·fer [ʃéɪfə | -fə; *G.* ʃɛ́ːfɐ], **Claude-Frédéric-Armand** *n.* シェーファー《1898– ; ドイツ生れのフランス在住の考古学者; 1929 年以来のシリアの Ras Shamra にある古代都市 Ugarit の発掘調査で有名》.

Scháeffer's ácid 〘← *L. Schaeffer* (19 世紀ドイツの化学者)〙 — *n.* 〘化学〙シェファー酸 ($HOC_{10}H_6SO_3H$)《ナフトールスルフォン酸; アゾ染料の中間体として用いられる》.

Schá·fer's méthod [ʃéɪfəz- | -fəz-] 〘← *Sir Edward Albert Scharpey-Schafer* (1850–1935: 英国の生理学者)〙 — *n.* シェーファー法《患者をうつぶせにして行なう人工呼吸法; prone pressure method ともいう》.

Schäf·fer's ácid [ʃéɪfəz- | -fəz-] *n.* 〘化学〙=Schaeffer's acid.

Schaff·hau·sen [ʃɑːfháʊzn; *G.* ʃafháʊzn] *n.* シャフハウゼン《スイス北部, Rhine 河畔の都市; 付近に Rhine川が落下して作る有名な滝がある; 人口73,000》.

schan·ze [ʃɑ́ːntsə; *G.* ʃántsə] 〘◻ G *Schanze* ◻ It. *scanso* defense ← *scansare* to go out of the way < VL **excampsāre* ← L EX-¹+*campsāre* to turn around: SCONCE² と二重語〙 — *G. n.* 〘スキー〙ジャンプの踏切り台, シャンツェ.

schap·pe [ʃɑ́ːpə; *G.* ʃápə] 〘◻ G《方言》*Schappe* silk waste〙 — *n.* 絹紡糸織維, 絹紡糸織物《schappe silk ともいう》. — *vt.* (発酵作用により)〈絹屑〉のセリシン (sericin) を取除く.

schap·ping [ʃǽpɪŋ] 〘⇨↑, -ing¹〙 *n.* シャッピング, 腐化練り, 腐化精練《絹屑から発酵作用によってセリシンを取除く方法; ヨーロッパで行なわれる》.

schat·chen [ʃɑ́ːtkən] *n.* =shadchan.

Sche·at [ʃiǽt, ʃíːæt, ʃǽt | ʃiǽt, ʃíːæt, ʃǽt] 〘← ? Arab. *sa'd* good fortune〙 *n.* 〘天文〙シャート《ペガスス座 (Pegasus) の β 星; 2 等と 3 等との間で変光》.

sched. 《略》schedule.

Sched·ar [ʃédə | -dɑ(r) 〘◻ Arab. *ṣadr* upper part〙 *n.* 〘天文〙スケダル《カシオペア座の α 星, 2.2 等》.

sched·ule [skédʒuːl, -dʒʊl | ʃédjuːl] 〘《1397》*cedule, sedule* ◻ (O)F *cédule* note, slip of paper ◻ LL *schedula* (dim.) ← L *scheda, sceda* papyrus leaf ◻ Gk **skhidē* splinter of wood ← *skhízein* to split: ⇨ -ule〙 — *n.* **1 a** 表, 一覧表, 明細書: a ~ of prices 定価表 / a long ~ of speakers 沢山の演説者の一覧表. **b** 《米》時間表, 発着表: a train ~ 列車時刻表 / on ~ time=*on* SCHEDULE. **c** 議事予定表. **d** (学生の)時間割. **e** 仕事割当て表. **2** 予定, 日取り, 期日, スケジュール: according to ~ 予定通りに, 予定に従えば / behind [ahead of] ~ (time) 予定より遅れて[早く]. **3 a** (本文に付属した)別表, 目録. **b** (法的文書の)付属明細書, 付帯条項, 付則: *Schedule* D of the tariff bill 関税申告書の D 項. **4** 《廃》文書.

on schedule 時間表通りに, 定時に(punctually): The train is running *on* ~. 列車は定時に動いている.

— *vt.* **1 a** …の表[一覧表, 目録, 明細書]を作る, 表に書き込む. **b** 〈新列車などを〉時刻表に書き込む: ~ a new train. **c** 《英》〈建物を〉(建築・歴史上の理由で)保存建造物目録に入れる. **2 a** 《口語》〈日時・会合などを〉予定する: ~*d* time 予定(された)時間 / Supper is ~*d* for six o'clock. 夕食は 6 時の予定. **b** 《米》〈…するように〉予定[指定]する〈*to* do〉; (…することに)している〔*for*〕: The train *is* ~*d to* leave at five. 列車は 5 時発の予定 / He *is* ~*d for* a speech. 一言話すことになっている. **3** 〈法令〉に別表[付帯条項]を添える.

sched·u·lar [skédʒʊlə, -dʒulə | ʃédju(ː)lə(r)] *adj.*

Schéduled Cáste *n.* [通例 the ~s] 指定カースト《インドの不可触賤民 (untouchables) の階層の新しい呼び名; 公的に各種の特権を与えられている; cf. Harijan》. ⌈ライト].

schéduled flíght *n.* 時刻表通りの(飛行機の)便[フ

schéduled térritories *n. pl.* =sterling area.

schédule ràting *n.* 〘保険〙スケジュール料定法《個個の被保険物件の保険料率をその物件に関係する物理的条件を基礎として決定すること》.

Schée·le's gréen [ʃéɪləz-, -lɪz- | ʃíːlz-; *G.* ʃéːlə-] 〘↓〙 *n.* 〘化学〙シエーレ緑, 酸性亜ヒ酸銅 ($CuHAsO_3$) 《緑色顔料》.

scheel·ite [ʃéɪlaɪt | ʃíː-] 〘◻ G *Scheelit* ← *K. W. Scheele* (1742–86: 発見者であるスウェーデンの化学者): ⇨ -ite¹〙 — *n.* 〘鉱物〙灰重石 ($CaWO_4$)《タングステンの鉱石》.

schef·fer·ite [ʃéfəràɪt] 〘◻ Swed. *schefferit* ← *H. T. Scheffer* (1710–59: 発見者であるスウェーデンの化学者): ⇨ -ite¹〙 — *n.* 〘鉱物〙シェフェル輝石 ($Ca(Mg, Fe, Mn)(SiO_3)_2$)《褐色または黒色の輝石の一種》.

Sche·her·a·za·de [ʃəhèrəzɑ́ːdə, ʃə-, ʃe-, -zɑ́ːd, -hì(ə)r-, -di | ʃɪhɪərəzɑ́ːdə, ʃə-, -hèr-, -dɪ] *n.* シェーラザード《アラビアンナイト物語のペルシャ王の妻; 毎夜夫におもしろい話を聞かせて遂に殺されるのを免れたという》.

scheik [ʃiːk, ʃéɪk, ʃáɪk | ʃéɪk, ʃiːk, ʃék] *n.* =sheikh.

Schel·de [*Du.* sxɛ́ldɛ] *n.* [the ~] スケルデ(川) 《Scheldt のオランダ語名》.

Scheldt [skélt | skélt, ʃélt] *n.* [the ~] スケルト(川) 《北フランスに発し, ベルギー西部とオランダ南西部を流れ, 北海に注ぐ川 (435 km); フランス語名 Escaut》.

Schel·ling [ʃélɪŋ; *G.* ʃélɪŋ], **Friedrich Wilhelm Joseph von** *n.* シェリング《1775–1854; ドイツの哲学者》. **Schel·ling·i·an** [ʃelíŋiən | -ŋɪən] *adj.*

sche·ma [skíːmə] 〘◻ L *schēma*: ⇨ scheme〙 — *n.* (*pl.* ~·**ta** [~tə | ~tə]) **1** 図解, 図式, シェーマ (diagram). **2** 綱要, 大要, 概要 (synopsis, outline). **3** 〘論理〙シェーマ《任意の式などを代表する記号・文字》, (三段論法の)格 (figure). **4** 〘カント哲学〙先験的図式. **5** 〘修辞〙修辞的表現法.

sche·mat·ic [skɪmǽtɪk, ski:- | -tɪk] 〘《1701》← NL *schēmatic-us* ← *schēmat-, schēma*: ⇨↑, -ic¹〙 *adj.* 大要の, 図式的な, シェーマの. — *n.* (配線・機械関係の)設計図, 構成図. **sche·mát·i·cal·ly** *adv.*

sche·ma·tism [skíːmətɪ̀zm] 〘《1617》◻ L *schēmatism-us* ◻ Gk *skhēmatismós* formalization: ⇨↑, -ism〙 — *n.* **1** (ある方式による)部分的配置; (物の取る)特殊な形態. **2** (知識などの)組織的体系. **3** 〘カント哲学〙図式化, 図式論.

sche·ma·tize [skíːmətàɪz] 〘◻ Gk *skhēmatízein*: ⇨↓, -ize〙 — *vt.* **1** 組織的に配列する. **2** 図式化する. **sche·ma·ti·za·tion** [skìːmətɪzéɪʃən, -tə- | -taɪ-, -tɪ-] *n.* **sché·ma·tiz·er** *n.*

scheme [skíːm] 〘《1550》◻ LL *schēma* ◻ Gk *skhēmat-, skhēma* shape, manner: cf. G *Sieg* victory〙 — *n.* **1 a** 案, 計画, もくろみ (plan, project): an irrigation ~ 灌漑(ｶﾝｶﾞｲ)計画 / a business ~ 事業計画 / a visionary ~ 雲をつかむような計画 / a ~ for building a new bridge 新橋建設の計画 / on a five-year ~ 五か年計画で / lay down [form, contrive] a ~ of rebuilding a town 都市復興計画を立てる. **b** 夢のような計画. **c** 《英》(政府などの)公共計画. **2** たくらみ; 策動, 陰謀, 計略: a ~ to overthrow the government 政府転覆の陰謀. **3** 組織, 機構, 配列, 組立て (system): a painter's ~ of color 画家の採色法 / ⇨ color scheme / a ~ of philosophy 哲学の体系 / the ~ of a symphony 交響曲の組立て / the present ~ of society 現在の社会機構, 社会の現体制 / in the ~ of things 物事の成立ち[性質]上. **4** 概要, 大要 (outline, synopsis): the ~ of enterprise for this year 今年度企業計画概要. **5** 分類表, 表 (table); 図解, 略図 (diagram): a ~ of distribution 配当表. **6** 《古》〘占星〙天象図 (figure). — *vt.* 計画する, 工夫する, 案出する; たくらむ, …の陰謀を企てる, 策動する〈*out, to* do〉: ~ (*out*) a system of depopulation 人口減少法を計画する / ~ the downfall of one's country 国家の倒壊を企てる / ~ *to* kill one's rival 敵手の殺害をたくらむ. — *vi.* 計画を立てる; たくらむ: ~ *for* power 権力を得ようと策動する.

schém·er *n.* **1** 計画者, 設計者, 考案者 (projector). **2** 陰謀家, 策士, 策動家 (intriguer).

schém·ing *adj.* 陰謀を企てる, 策略をもてあそぶ, ずるい, 狡猾な, 腹黒い: a ~ politician. **~·ly** *adv.*

sche·moz·zle [ʃɪmɑ́zl, ʃə- | ʃɪmɔ́zl] 〘◻ Yid. *shlimazel* (bad luck ← *shlim* bad (◻ MHG *slimp* not right) +*mazel* luck (◻ LHeb. *mazāl* luck, star)〙 — *n.* 《俗》**1** 困った事[事情]. **2** ごたごた, 騒動, 大騒ぎ, けんか. — *vi.* 逃げ去る, ずらかる (run away).

Sche·nec·ta·dy [skɪnéktədi, skə- | skɪnéktədɪ] 〘◻ Du. *Scheaenhechstede* ← Iroquoian *Scheaenhech* place of the pines+Du. *stede* place, town (cf. stead)〙 — *n.* 米国 New York 州東部の工業都市; 人口 75,000.

schénk bèer [ʃéŋk-] 〘《部分訳》← G *Schenkbier* ← *schenken* to pour out+*Bier* 'BEER'〙 *n.* シェンクビール《冬に醸造し, 醸造後すぐ飲むビール; cf. lager²》.

Sché·ring brídge [ʃɛ́(ə)rɪŋ- | ʃéər-; *G.* ʃéːrɪŋ-] 〘← *H. Schering* (20 世紀ドイツの技師)〙 — *n.* 〘電気〙シェーリングブリッジ《静電容量や損失角の測定に用いる交流ブリッジの一種; cf. Wheatstone bridge》.

Scher·rer [ʃérə | -rə; *G.* ʃérɐ], **Paul** *n.* シェラー《1890–1969; スイスの物理学者; cf. Debye-Scherrer method》.

scher·zan·do [skeətsɑ́ːndoʊ, -tsǽn- | skeətsǽndəʊ, skə:-; *It.* skertsándo] 〘《1811》◻ It. ~ ← *scherzare* to sport, jest ← *scherzo* (↓)〙 〘音楽〙 — *adj., adv.* スケルツァンド《諧謔的に[な], 浮かれて[た]の意》. — *n.* スケルツァンドの楽章[曲, 楽節].

scher·zo [skɛ́ətsoʊ | skɛ́ətsəʊ, skɔ́:-; *It.* skértso] 〘◻ It. ~ 'sport, jest' ◻ ? G *Scherz* sport ← *scherzen* ← OHG *skern* jest: ⇨ scorn〙 — *n.* (*pl.* ~**s, scher·zi** [-tsi:; *It.* -tsi]) 〘音楽〙スケルツォ《四楽章のソナタまたは交響曲・四重奏曲の第三楽章にメヌエット (minuet) の代わりとしてよく用いられる 3 拍子の速い曲》.

Scheuch·ze·ri·a·ce·ae [ʃɔɪktsì(ə)riéɪsiː | -tsɪərɪ-] 〘← NL ~ ← *Scheuchzeria* (属名: ← *Johann Jakob Scheuchzer & Johann Scheuchzer* (18 世紀スイスの植物学者の兄弟))+-ACEAE〙 — *n. pl.* 〘植物〙(単子葉植物イバラモ目)ホロムイソウ科.

Sche·ven·ing·en [skéɪvənɪŋən; *Du.* sxéːvənɪŋə] *n.* スヘーヴェニンゲン《オランダ西部 The Hague 付近の都市; 海岸保養地として有名; 人口 20,000》.

Schi·a·pa·rel·li [skiɑ̀ːpəréli, skæ̀p- | skiɑ̀ːpərélɪ; *It.* skjàparélli], **Giovanni Vir·gi·nio** [virdʒíːnjo] *n.* スキアパレリ《1835–1910; イタリアの天文学者》.

Schíck tèst [ʃɪk-] 〘← *Bèla Schick* (1877–1967: ハンガリア生れの米国の小児科医)〙 *n.* 〘医学〙シックテスト《ジフテリア皮膚反応》.

Schie·dam, s- [skíːdæm, -dɑːm, —⌐ | skɪdǽm, skíːdæm; *Du.* sxiːdám] 〘← Du. ~ (オランダの産地名)〙 *n.* スキーダム《強い風味のオランダ産のジン酒》.

Schíff bàse [ʃɪf-; *G.* ʃɪf-] 〘← *Hugo Schiff* (*d.*1915: ドイツの化学者)〙 — *n.* シッフ塩基《一般式 RR′C=NR″ で表わされる化合物; 多くの有機合成の中間体として生じる; ゴムの加硫促進剤ともなる》.

schiff·li [ʃífli | -lɪ] 〘◻ G《方言》~ (dim.) ← *Schiff* 'SHIP'〙 *n.* 自動刺繍織機; それによる刺繍.

Schíff reàgent 〘⇨ Schiff base〙 *n.* 〘化学〙シッフ試薬《フクシン溶液に亜硫酸ガスを通して造る》.

schil·ler [ʃílə | -lə(r) 〘◻ G ~ 'play of colors' ← *schillern* to change colors〙 *n.* **1** 〘鉱物〙閃(ｾﾝ)光, 光彩. **2** (甲虫などの)玉虫色の色彩.

Schil·ler [ʃílə | -lə(r; *G.* ʃílɐ], **Johann Christoph Friedrich von** *n.* シラー《1759–1805; ドイツの詩人・劇作家; *Die Räuber*「群盗」(1781), *Wilhelm Tell*「ウィルヘルム テル」(1804)》.

schil·ler·ize [ʃílərὰɪz] 〘← SCHILLER+-IZE〙 — *vt.* 〘鉱物〙(繊維状や針状結晶が定方向配列をすることなどによって)〈鉱物〉に閃光[光彩]を与える《スタールビー・展石などに例がある》. **schil·ler·i·za·tion** [ʃìlərɪzéɪʃən, -rə- | -raɪ-, -rɪ-] *n.*

schíller spár 〘《部分訳》← G *Schillerspat* ← *Schiller* 'SCHILLER'+*Spat* spar〙 *n.* 〘鉱物〙絹布石.

schil·ling [ʃílɪŋ; *G.* ʃílɪŋ] 〘⇨ shilling〙 — *n.* **1 a** シリング《1924 年以来用いられているオーストリアの通貨単位; =100 groschen; 記号 S, Sch》. **b** 1 シリングアルミ貨. **2** シリング《昔ドイツで用いた小硬貨》.

Schin·kel [ʃíŋkəl; ʃíŋkəl], **Karl Friedrich** *n.* シンケル《1781–1841; ドイツの新古典主義建築家》.

schip·per·ke [skípəki, -kə | ʃípəkɪ, skíp-] 〘◻ Du. 《方言》~ (dim.) ← *schipper* 'SKIPPER²'〙 — *n.* スキッパーキー《ベルギーのフランドル地方原産の小型犬種のイヌ; 運河船の番犬や狩猟に使われた》.

-schi·sis [⌐skəsɪs, -səs | -skɪsɪs] 〘← NL ~ ← Gk *skhísis* cleavage ← *skhízein* to split〙 — (*pl.* **-schi·ses** [-sìːz], ~**·es**)「亀裂 (fissure)」の意の名詞連結形: gastro*schisis*.

schism [sízm, skízm] 〘《c1390》*scisme* ◻ OF *(s)cisme* (F *schisme*) ◻ L *schisma* ◻ Gk *skhísma* split ← *skhízein* to split: cf. schedule〙 — *n.* **1 a** 分離, 分裂; 不和, 不調和: There should be no ~ in the body. 体のうちにあい争いなし (*1 Cor.* 12: 25). **b** (対立する集団の)分裂; 分派: a ~ in a political party 政党分裂. **2** 《古》(布の)裂け目, ほころび. **3** 《古》徒党 (clique). **4** 〘キリスト教〙**a** (特に, 教会の一致を破る)分離, 分裂, 分立, シスマ: ⇨ Great Schism. **b** 教会分離[分裂]の罪. **c** 教会分離[分裂]派. ⌈Schism 2.

Schism of the East [the —] 〘キリスト教〙=Great

Schism of the West [the ―]〘キリスト教〙＝Great Schism 1.

schis·mat·ic [sɪzmǽtɪk, skɪz- | -tɪk]〘(c1378)□(O)F *schismatique* ∥ LL *schismatic-us* □ Gk *skhismatikós*: ⇨↑, -ic[1]〙 ― *adj.* **1** 分離の, 分裂の. **2** 教会分離を企てる, 教会分離の罪を犯す. ― *n.* (教会)分離者, 教会分離論者. 「**ness** *n.*

schis·mát·i·cal *adj.* ＝schismatic. **～·ly** *adv.* **～-**

schis·ma·tize [sízmətàɪz, skíz-] *vi.* 分離に加担する, 分離運動をする, 分裂を計る; 教会分離を企てる. ― *vt.* 分裂させる; …に教会分離を起こさせる.

schist [ʃíst]〘(1795)□F *schiste*□L *schistos* fissile□Gk *skhistós* split ← *skhízein* to split〙 *n.*〘岩石〙片岩, 結晶片岩.

schis·to- [ʃístoʊ | -tə(ʊ)]〘← NL ～ ← Gk *skhistós* (↑)〙「裂けた; 分かれた (divided)」の意の連結形.

schis·tose [ʃístoʊs, -toʊz | -təʊs]〘⇨↑, -ose[1]〙 *adj.*〘岩石〙片岩 (schist) の, 片岩質の, 片岩状の.

schis·to·sis [ʃɪstóʊsɪs, -səs | -táʊsɪs]〘← SCHIST＋-OSIS〙 *n.* (*pl.* **-to·ses** [-siːz])〘病理〙(スレート工の)肺塵症.

schis·to·some [ʃístəsòʊm | -sə̀ʊm]〘← NL *Schistosoma* ← Gk *skhistós* divided: ⇨-some[2]〙 ― *n.*〘動物〙住血吸虫《人を含む哺乳類の循環系に寄生する住血吸虫属 (*Schistosoma*) の扁形動物の総称; blood fluke ともいう; cf. bilharzia 1》. ―*adj.* 住血吸虫の[による].

schistosome dermatítis *n.*〘病理〙住血吸虫性皮膚炎 (swimmer's itch).

schis·to·so·mi·a·sis [ʃìstəsəmáɪəsɪs, -səs | -sə(ʊ)-máɪəsɪs]〘← SCHISTOSOME＋-IASIS〙 *n.* (*pl.* **-a·ses** [-siːz])〘病理・獣医〙住血吸虫症 (⇨ bilharziasis).

schis·tous [ʃístəs] *adj.*〘岩石〙＝schistose.

schiz [skíts, skíz | skíts, skídz]〘《略》← SCHIZOPHRENIA〙 *n.*《俗》分裂病患者. 「schizo- の異形.

schiz- [skɪz, skɪts | skɪts, skɪdz] (母音の前に来る時の)

Schiz·ae·a·ce·ae [skìziːéɪsiìː]〘← NL ～ ← *Schizaea* (属名: ← Gk *skhízein* to split): ⇨-aceae〙 ― *n. pl.*〘植物〙(シダ目)フサシダ科《カニクサ科ともいう》.

schìz·ae·á·ceous [-ʃəs] *adj.*

schi·zan·thus [skɪzǽnθəs, skə- | skɪ-]〘← NL ～: ⇨ schizo-, -anthus〙 ― *n.*〘植物〙コチョウソウ《ナス科コチョウソウ属 (*Schizanthus*) の植物の総称; 花冠に細長い切込みがある; butterfly flower ともいう》.

schiz·o [skítsoʊ, skízoʊ | skítsəʊ, skídzəʊ]〘《略》← SCHIZOPHRENIA〙《口語》*n., adj.* 分裂病患者(の).

schiz·o- [skízo(ʊ), skítso(ʊ) | skítsə(ʊ), skídzə(ʊ)]〘← NL ～ ← Gk ～ ← *skhízein* to split〙 ― 次の意味を表わす連結形: **1**〘生物〙「分裂した (divided)」. **2**〘植物〙「裂開した裂開の[で作られた]」. **3**〘精神医学〙「精神分裂病 (schizophrenia)」. ★ 母音の前では通例 schiz- になる.

schízo·càrp〘⇨↑, -carp〙 *n.*〘植物〙分果, 分離果.

schìzo·cárpic *adj.* **schìzo·cárpous** *adj.*

schi·zog·a·my [skɪzɑ́gəmi, skə-, -tsɑ́g- | skɪtsɔ́gəmɪ, -dzɔ́g-]〘← SCHIZO-＋-GAMY〙 ― *n.*〘生物〙シゾガミー《ゴカイなどでみられる特殊な生殖法で, 体が性の分化した成熟部分と, 性の分化していない未熟な部分に分かれること》.

schìzo·génesis〘← NL ～: ⇨schizo-, -genesis〙 *n.*〘生物〙分裂生殖. **schizo·génic** *adj.*

schi·zog·e·nous [skɪzɑ́dʒənəs, skə-, -tsɑ́dʒ- | skɪtsɔ́dʒɪ-, -dzɔ́dʒ-]〘← SCHIZO-＋-GENOUS〙 ― *adj.* **1**〘生物〙＝schizogonous. **2**〘植物〙離生の《細胞間隙などが組織の細胞が離れることによって生じる; cf. lysigenous》. **～·ly** *adv.*

schi·zog·o·nous [skɪzɑ́gənəs, skə-, -tsɑ́g- | skɪtsɔ́g-, -dzɔ́g-] *adj.*〘生物〙増員生殖の.

schi·zog·o·ny [skɪzɑ́gəni, skə-, -tsɑ́g- | skɪtsɔ́gənɪ, -dzɔ́g-]〘← NL *schizogonia*: ⇨schizo-, -gony〙 *n.*〘生物〙シゾゴニー, 増員生殖.

schiz·oid [skítsɔɪd]〘← SCHIZO-＋-OID〙 *adj.* 精神分裂症的傾向の; 分裂(病)質の《冷静・孤独・内省を特徴とする》. ― *n.* 分裂(病)質の人.

schizo·lysígenous *adj.*〘植物〙離破生の.

schìzo·mýcete〘《逆成》↓〙 *n.*〘植物〙分裂菌, 細菌 (bacteria).

Schìzo·mycétes〘← NL ～: ⇨schizo-, -mycetes〙 ― *n. pl.*〘植物〙分裂菌類《分裂植物門に同じ; 分裂生殖をする細菌 (bacteria) をいう; cf. Protophyta》.

schizo·mycétous *adj.* 「分裂菌病.

schìzo·mycósis〘← SCHIZO-＋MYCOSIS〙 *n.*〘病理〙

schi·zont [skáɪzɑnt, skíz- | -zɔnt]〘← SCHIZO-＋-ONT〙 *n.*〘生物〙シゾント, 分裂前体《マラリア原虫の一時期》.

schiz·o·phre·ni·a [skìtsəfríːniə, skìtsə(ʊ)fríːnjə, skìdzə(ʊ)-, -nɪə]〘(1912) ← NL ～: ⇨↑, -ia[1]〙 ― *n.* **1**〘精神医学〙精神分裂症 (以前は早発性痴呆(ちほう) (dementia praecox) と呼ばれた). **2**〘心理〙＝split personality 1.

schiz·o·phren·ic [skìtsəfrénɪk, -fríːn- | skìtsə(ʊ)-frén-, skìdzə(ʊ)-] *adj.*〘精神医学〙精神分裂症の. ― *n.* 精神分裂症患者.

Schiz·o·phy·ce·ae [skìtso(ʊ)fáɪsiìː, -dzo(ʊ)- | skìzə(ʊ)-]〘← NL ～: ⇨schizo-, -phyceae〙 ― *n. pl.*〘植物〙藍藻(らんそう)類 (Myxophyceae). **schìzo·phy·ceous** [skìzəfáɪʃəs, -ʃiəs, -fíʃəs | -tsə(ʊ)fáɪʃɪəs, -dzə(ʊ)-, -ʃəs, -fíʃəs] *adj.*

Schi·zoph·y·ta [skɪzɑ́fəṭə, skə- | skɪtsɔ́fɪtə, -dzɔ́f-]〘← NL ～: ⇨schizo-, -phyte〙 ― *n. pl.*〘植物〙分裂植物門《分裂生殖をする植物で分裂菌類 (Schizomycetes) と藍藻(らんそう)類 (Schizophyceae) とを含む》.

schiz·o·phyt·ic [skɪzəfítɪk, skɪtsə- | -tsə(ʊ)fít-, -dzə(ʊ)-] *adj.*

schiz·o·phyte [skízəfàɪt, skítsə- | -tsə(ʊ), -dzə(ʊ)-]〘↑〙〘植物〙分裂植物《主に分裂によって生殖する植物; たとえば細菌・藍藻など》.

schiz·o·pod [skízəpɑ̀d, skítsə- | -tsə(ʊ)pɔ̀d, -dzə(ʊ)-]〘↓〙〘動物〙*adj., n.* 裂脚目の(動物).

Schi·zop·o·da [skɪzɑ́pədə, skə-, -tsɑ́p- | skɪtsɔ́p-, -dzɔ́p-]〘← NL ～: ⇨schizo-, -poda〙 *n. pl.*〘動物〙(節足動物門)裂脚目. **schi·zóp·o·dous** [-dəs] *adj.*

Schle·gel [ʃléɪgəl; *G.* ʃléːgəl], **August Wilhelm von** *n.* シュレーゲル《1767-1845; ドイツの批評家・詩人; Shakespeare の独訳で有名》.

Schlegel, (Karl Wilhelm) Friedrich von *n.* シュレーゲル《1772-1829; ドイツの詩人・批評家・文学史家・比較言語学者; A. W. von Schlegel の弟》.

Schlei·den [ʃláɪdn̩; *G.* ʃláɪdn̩], **Matthias Jakob** *n.* シュライデン《1804-81; ドイツの植物学者》.

Schlei·er·ma·cher [ʃláɪərmɑ̀ːkə, -mɑ̀ːxə | ʃláɪə-mɑ̀ːkə(r, -mɑ̀ːx-; *G.* ʃláɪɐmàxɐ], **Friedrich Ernst Daniel** *n.* シュライアーマッハー《1768-1834; ドイツの神学者・哲学者》.

schle·miel [ʃləmíːl]〘□ Yid. *s(c)hlumiel* ← ? Heb. *šᵉlūmīʼēl* Shelumiel (*Num.* 1:6): 今の用法は Adelbert von Chamisso の小説 *Schlemihl* (1814) の同名の主人公の名から〙 ― *n.* (*also* **schle·mihl** [～])《米俗》不運でへまをするやつ, どじなやつ; ばかなやつ.

schlepp [ʃlép]〘□ Yid. *s(c)hlep-en*□G *schleppen* to drag〙 (*also* **schlep** [～])《米俗》― *vt.* **1** 引きずる, 引いて行く (haul). **2** 盗む. ― *vi.* 引きずるように歩く, のろのろ進む. ― *n.* **1** のろま, 役立たず, 不器用者. **2** こそどろ.

schlep·per [ʃlépə | -pə(r] *n.* ＝schlepp.

Schle·si·en [ʃléːziən] *n.* シュレジエン《Silesia のドイツ語名》.

Schles·in·ger [ʃléɪzɪŋə, ʃlésɪndʒə, -sən- | ʃléɪzɪŋə(r, ʃlésɪndʒə(r], **Arthur M(ei·er)** [máɪə | máɪə(r] *n.* (1888-1965) 米国の歴史家.

Schlesinger, Arthur M(eier), Jr. *n.* (1917-) 米国の歴史家, A. M. Schlesinger の息子.

Schles·wig [sléswɪg, ʃlés-, -wɪk | ʃlézwɪg, -vɪg; *G.* ʃléːsvɪç] *n.* シュレスウィッヒ: **1** ドイツ北部, デンマークの近くにあるバルト海に臨む海港; 人口 33,000. **2** Jutland 半島南部にあったデンマークの旧公国; 1864 年プロイセンに併合; 1920 年人民投票の結果北部はデンマークに返還; デンマーク語名 Slesvig.

Schléswig-Hólstein *n.* シュレスウィッヒホルシュタイン: **1** デンマークの二旧公国; 19 世紀に国際紛争の中心となり, Schleswig は 1864 年に, Holstein は 1866 年にプロイセンに併合. **2** 西ドイツ北部の一州; Holstein, Lauenburg の二旧公国と Schleswig の南部を含む; 人口 2,495,000, 面積 15,676 km^2, 首都 Kiel.

Schley·er [ʃláɪə | ʃláɪə(r; *G.* ʃláɪɐ], **Johann Martin** *n.* シュライアー《1831-1912; ドイツのカトリックの聖職者; 国際語 Volapük を考案し発表 (1880)》.

Schlief·fen [ʃlíːfən; *G.* ʃlíːfən], Count **Alfred von** *n.* シュリーフェン《1833-1913; ドイツの陸軍元帥; 参謀総長 (1891-1906); cf. Schlieffen Plan》.

Schlieffen Plán *n.* シュリーフェン作戦《第一次大戦前に Schlieffen が立案した対ロシヤ・フランス二正面作戦》.

Schlie·mann [ʃlíːmɑːn; *G.* ʃlíːman], **Heinrich** *n.* シュリーマン《1822-90; ドイツの考古学者; Homer の叙事詩に刺激を受け, 努力して財を成し, Troy や Mycenae を発掘, エーゲ文明研究の道を拓いた》.

schlie·ren [ʃlí(ə)rən | ʃlíər-; *G.* ʃlíːrən]〘□G ～ (pl.) ← *Schliere* streak < MHG *slier(e)*: ⇨slur〙 ― *n. pl.* **1**〘地質〙シュリーレン《ある種の火成岩中に見られる不規則のしま状の部分; 周囲との境界は余りはっきりしない場合が多いが, 大体においてレンズ状》. **2**〘物理〙シュリーレン, かげろう現象. **schlie·ric** [ʃlí(ə)rɪk | ʃlíər-] *adj.*

schlíeren efféct *n.*〘物理〙かげろう効果.

schlíeren mèthod *n.*〘物理〙シュリーレン法《透明媒質中のわずかな屈折率の変化を光学的に観測する方法》. 「写真.

schlíeren photògraphy *n.*〘物理〙かげろう(法)

schli·ma·zel [ʃlɪmɑ́ːzəl, ʃlə-, -zl̩ | ʃlɪ-]〘□ Yid. *s(c)hlimazel* ← *s(c)hlim* bad＋*mazel* luck〙 ― *n.* (*also* **schli·mazl** [～])《俗》不運続きでへまばかりする人, 不運続きの人.

schlock [ʃlɑ́k | ʃlɔ́k]〘□ Yid. *s(c)hlak* a curse □G *Schlacke* dregs〙《米俗》― *adj.* 安物の, 安っぽい (cheap); くずの (trashy). ― *n.* 安っぽい[つまらぬ]もの; がらくた (junk).

schlock·meis·ter [ʃlɑ́kmàɪstə | ʃlɔ́kmàɪstə(r]〘← SCHLOCK＋G *Meister* 'MASTER[1]'〙 *n.*《米俗》粗悪品[安物]を売る商人.

schlock·y [ʃlɑ́ki | ʃlɔ́kɪ] *adj.* ＝schlock.

Schloss [ʃlɔ́(ː)s | ʃlɔ́s; *G.* ʃlɔ́s]〘□G ～ < OHG *sloȥ* doorbolt〙 *n.* (*pl.* **Schlös·ser** [ʃlésə, ʃlʌ́sə | -sə(r; *G.* ʃlœ́sɐ]) ドイツの城, 御殿, 宮殿.

Schma·len·bach [ʃmɑ́ːlənbɑ̀ːk, -bɑ̀ːx; *G.* ʃmáːlənbàx], **Eugen** *n.* シュマーレンバッハ《1873-1955; ドイツの経営学者》.

Schmal·kál·dic Léague [ʃmɑːlkǽldɪk-]〘← *Schmalkalden* (東ドイツ南西部の都市)〙 ― *n.* [the ～] シュマルカルデン同盟《1531 年 Schmalkalden [ʃmalkáldn̩] に結成されたプロテスタント諸侯・都市の同盟》.

schmaltz [ʃmɔ́ːlts, ʃmɑ́ːlts]〘□ Yid. *s(c)hmalts* rendered fat: cf. OHG *smelzan* to melt: ⇨smelt[2]〙 ― *n.* **1**《口語》過度に感傷的な曲[作品]; (音楽やメロドラマなどの)感傷主義 (sentimentalism). **2** [ʃmɑ́ːlts]《米俗》(にわとりの)脂肪. 「らの乗ったニシン.

schmáltz hérring [ʃmɑ́ːlts-] *n.* (産卵直前の)あぶ

schmaltz·y [ʃmɔ́ːltsi, ʃmɑ́ːl- | -tsɪ]〘⇨ -y[4]〙 *adj.*《口語》過度に感傷的な (sentimental).

schmalz [ʃmɔ́ːlts, ʃmɑ́ːlts] *n.* ＝schmaltz.

schmalz·y [ʃmɔ́ːltsi, ʃmɑ́ːl- | -tsɪ] *adj.* ＝schmaltzy.

schmear [ʃmíə | ʃmíə(r]〘□ Yid. *s(c)hmir* spread〙 *n.*《俗》事柄 (matter), こと (affair).

Schmidt [ʃmít; *G.* ʃmít], **Alexander** *n.* シュミット《1816-87; ドイツの英語学者; *Shakespeare-Lexicon* (1874)》.

Schmidt, Wilhelm *n.* シュミット《1868-1954; オーストリアの言語学者・民族学者》.

Schmídt cámera [ʃmít-]〘← *Bernard Schmidt* (1879-1935: ドイツの光学研究者)〙 ― *n.*〘写真〙シュミットカメラ《天体観測に用いる明るく写野の広い反射鏡と非球面補正ガラス板を用いた特殊なカメラ》.

Schmídt óptics *n.*〘光学〙＝Schmidt system.

Schmidt-Rott·luff [ʃmítrátluf | -rɔ́t-; *G.* ʃmít-rɔ́tlʊf], **Karl** *n.* シュミット ロットルフ《1884-1976; ドイツ表現主義の画家》.

Schmídt's orthogonalizátion *n.*〘数学〙＝Gram-Schmidt orthogonalization.

Schmídt sỳstem〘cf. Schmidt camera〙 *n.*〘光学〙シュミット(光学)系《球面鏡とほぼその曲率中心においた補正板より構成される, 収差が極めて小さく口径比の大きい結像光学系で, 天体撮影等に用いられる》.

schmo [ʃmóʊ | ʃmə́ʊ]〘《短縮》? ← Yid. *s(c)hmok* fool〙 *n.* (*pl.* **～es**) (*also* **schmoe** [～])《俗》うすのろ, のうたりん (jerk).

Schmol·ler [ʃmɔ́(ː)lə, ʃmɑ́lə | ʃmɔ́lə(r; *G.* ʃmɔ́lɐ], **Gustav von** *n.* シュモラー《1838-1917; ドイツ歴史学派の経済学者》.

schmooze [ʃmúːz]〘□ Yid. *s(c)hmues* ← Heb. *šᵉmūʻōth* gossip, reports〙《米俗》― *vi.* (*also* **schmoose** [～]) くだらないおしゃべりをする (chat idly). ― *n.* むだなおしゃべり (jargon).

schmuck [ʃmʌ́k]〘□ Yid. *s(c)hmuck* penis □G *Schmuck* ornament: cf. smock〙 *n.*《俗》(通例, 不愉快な)ばか (fool), うすのろ (oaf).

Schna·bel [ʃnɑ́ːbəl; *G.* ʃnáːbəl], **Ar·tur** [ártʊr] *n.* シュナーベル《1882-1951; オーストリア生れの米国のピアニスト・作曲家》.

schnap·per [ʃnǽpə | -pə(r]〘《変形》← SNAPPER〙 *n.*〘魚類〙オーストラリア・ニュージーランド産のマダイの類の食用魚 (*Pagrosomus auratus*).

schnapps [ʃnǽps]〘(1818) □LG & Du. *snaps* gulp, mouthful ← *snappen* 'to seize, SNAP'〙 ― *n.* (*pl.* ～) (*also* **schnaps** [～]) シュナップス《アルコールの強い蒸留酒; 特に, オランダジン》.

schnau·zer [ʃnáʊtsə, ʃnáʊzə, snáʊzə | -tsə(r, -zə(r; *G.* ʃnáʊtsɐ]〘□G ～ ← *Schnauze* 'SNOUT, muzzle': ⇨-er[1]〙 ― *n.* シュナウザー《ドイツ原産の作業犬; standard を原型にして, giant, miniature の 3 大種に区別している》.

schnec·ke [ʃnékə; *G.* ʃnékə]〘□G ～ 'snail'〙 *n.* (*pl.* **schnec·ken** [～n; *G.* ～n]) [通例 *pl.*] シュネーク《肉桂入りの渦巻状ロールパン》.

schnei·der [ʃnáɪdə | -də(r; *G.* ʃnáɪdɐ]〘□G *Schneider* tailor ← *schneiden* to cut〙〘トランプ〙*n.* **1** (gin rummy で) ゼロ敗. **2** (skat で) 120 点中 90 点取ること. ― *vt.* 〈相手を〉ゼロ [30 点以下] に抑えて勝つ.

Schnei·der [ʃnáɪdə | -də(r; *G.* ʃnáɪdɐ], **Reinhold** *n.* シュナイダー《1903-58; ドイツのカトリック作家・詩人》.

schnit·zel [ʃnítsəl, snít-]〘□G ～ (dim.) ← *Shnitz* slice〙 *n.* シュニッツェル《通例薄切りの子牛肉のカツレツ: ⇨ Wiener schnitzel》.

Schnitz·ler [ʃnítslə | -lə(r; *G.* ʃnítslɐ], **Arthur** *n.* シュニッツラー《1862-1931; オーストリアの劇作家・小説家; *Anatol*「アナトール」(1893)》.

schnook [ʃnúk]〘□ Yid. *s(c)hnok* fool《変形》← *s(c)hmok*: ⇨ schmo〙 *n.*《俗》つまらぬ人間, ばか, まぬけ (dope). 「kel 1.

schnor·chel [ʃnɔ́əkəl | ʃnɔ́ː-; *G.* ʃnɔ́rçəl] *n.* ＝snor-

schnor·kel [ʃnɔ́əkəl, snɔ́ə- | ʃnɔ́ː-] *n.* ＝snorkel 1.

schnor·rer [ʃnɔ́ːrə, ʃnóːrə | ʃnɔ́ːrə(r]〘□ Yid. *s(c)hnorrer* ← *s(c)hnorren* to beg〙 *n.*《俗》こじき; 居候 (sponger).

schnoz·zle [snɑ́zl̩, ʃnɑ́tzl̩ | ʃnɔ́zl̩]〘《変形》? ← Yid. *s(c)hnoitsl* (dim.) ← *s(c)hnoits*□G *Schnauze* 'SNOUT'〙 *n.*《俗》鼻.

Schnur Ke·ra·mik [ʃnúə-keɪrɑ́ːmɪk | ʃnúə-; *G.* ʃnúːɐ-kerá:mɪk]〘□G ～ ← *Schnur* cord, string (⇨ snare[1])＋*Keramik* 'CERAMICS'〙 ― *n.*〘考古〙縄(じょう)線紋土器《糸または縄の圧痕(こん)で装飾されたヨーロッパ新石器時代の土器の一形式》.

Schoen·berg [ʃə́ːnbəːg, ʃéɪn-, ʃóʊn-, -bɛəg | ʃə́ːn-bəːg, -bɛəg; *G.* ʃǿːnbɛrk] *n.* ＝Schönberg.

Schóen·flies sýmbol [ʃóʊnfliːz- | ʃə́ʊn-; *G.* ʃǿːnflis-]〘← *Arthur Moritz Schoenflies* (1853-1928: ドイツの科学者)〙 ── *n.*〘結晶〙シェーンフリースの記号〘点群・空間群を表わす記号体系の一つ; cf. Hermann-Mauguin symbol〙.

scho·la can·to·rum [skóʊlə-kæntɔ́:rəm, -tó:r- | skə́ʊlə-kæntɔ́:r-]〘▭ ML ～ 'school of singers'〙 ── *n.* (*pl.* **scho·lae cantorum** [skóʊli:- | skə́ʊ-]) **1** (修道院・大聖堂の)聖歌隊, 聖歌隊の学校. **2** 修道院[大聖堂]聖歌隊の使用する場所[席].

schol·ar [skɑ́lə | skɔ́lə(r]〘ME *scoler* < OE *scolere* ▭ LL *scholār-is* ← *sc(h)ola* 'SCHOOL¹': ⇨ -ar²: cf. OF *escoler* (F *écolier*)〙 ── *n.* **1 a** (大学などで, 専門分野の専門家としての)学者〘もとギリシャ・ローマの文字に通じた古典学者を指したが, 現在主に人文科学の分野の学者をいう〙: a famous Shakespeare ～. **b** 学問のある人, 学識者 (learned person). **2**〘古〙**a** [通例前に限定語を伴って] 学生, 生徒 (pupil); 学ぶ人, 学習者 (learner): a good [poor] ～ よくできる[できない]生徒 / a dull [an apt] ～ のみ込みの悪い[早い]人. **b** 門下生, 門人, 弟子 (disciple). **3** 奨学金受領者, 給費生; 特待生 (cf. scholarship 2): ⇨ King's Scholar, Rhodes scholar. **4 a** [通例, 否定構文で]〘口語〙教育のある人: He is no [not much of a] ～. あまり学[才覚]のない男だ. **b**〘方言〙読み書きのできる人. *a scholar and a gentleman* 育ちもよく教育もある人.

schol·arch [skɑ́lɑək | skɔ́lɑ:k]〘▭ Gk *skholárkh-ēs* ← *skholḗ* 'SCHOOL¹' + *-arkhēs* '-ARCH'〙 *n.* **1** 校長 (head of a school). **2** (昔の) Athens の哲学学校の校長.

schól·ar·ly〘(1638) ← SCHOLAR + -LY²〙 ── *adj.* 学者らしい, 学者的な, 学問的な (academic): ～ habits 学者的な習慣 / a ～ work of criticism 学問的な批評書 / a ～ journal 学術雑誌. ── *adv.* 学者らしく, 学者的に. **schól·ar·li·ness** *n.*

schólar·shìp〘(1535-36) ← SCHOLAR + -SHIP〙 ── *n.* **1 a** (学者の持っている)学識, 博学; (特に)古典に関する学識. **b** 学問. **2** 奨学金, 給費; 奨学資金(制度) (cf. fellowship 4 a): a ～ association [society] 育英会 / receive a ～ 奨学金をもらう / win a ～ *to* Princeton プリンストン大学の奨学金を勝ち取る. **3** 奨学資金を受ける身分[資格].

scho·las·tic [skəlǽstɪk, sko(ʊ)-, skɑ- | skə-, skɔ-]〘(1596) ▭ L *scholastic-us* of a school ▭ Gk *skholastikós* ← *skholázein* to have leisure, keep a school ← *skholḗ* 'leisure, SCHOOL¹': ⇨ -ic¹〙 ── *adj.* **1 a** 学校の, (特に)中等[高等]学校の; (学校)教育の (educational): ～ attire [dress] 校服 / a ～ institution 教育施設, 学校 / ～ competitions (学校間の)対抗試合 / ～ attainments 学業成績 / the ～ profession 教職 / a ～ year 学年 (cf. calendar year) / a ～ agent 教職斡旋(あっせん)業者. **b** 学者らしい, 学者的な (scholarly): a ～ thesis. **c** 学者のための[に作られた]: a ～ association. **2 a** [しばしば S-] (中世の)スコラ哲学(者)の, スコラ学の: ～ philosophy [divinity, theology] スコラ哲学[神学]. **b** 学者ぶった, 衒学的な (pedantic); 形式的な, 堅苦しい考えの: ～ subtleties and niceties 細かな論理を追うこむずかしさ. ── *n.* **1 a** [通例 S-] (中世の)スコラ哲学者, スコラ学者 (Schoolman). **b** 学者ぶる人, 衒学者 (pedant); 形式家 (formalist). **c** (衒学的な)大学の先生. **2** 学風[芸術の伝統的方式]を固執する人. **3**〘← NL *scholastic-us* ← L (adj.)〙〘カトリック〙イエズス (Jesuit) 会の哲学生, 神学生.

scho·lás·ti·cal *adj.* **scho·lás·ti·cal·ly** *adv.*

scho·las·ti·cate [skəlǽstəkèɪt, skoʊ-, skɑ-, -tɪkət, -tə-, -kɪt | skəlǽstɪkèɪt, skɔ-, -kət, -kɪt]〘← NL *scholasticāt-us* ← *scholasticus* 'scholastic': ⇨ scholastic, -ate¹〙 ── *n.*〘カトリック〙イエズス (Jesuit) 会修道生の塾舎, 修学修士館, 修学院.

scho·lás·ti·cism [-təsɪzm | -tɪ-]〘(1756-82) ← SCHOLASTIC + -ISM〙 *n.* **1** [通例 S-] (中世の)スコラ哲学, スコラ学. **2** 学風固執, 伝統的教義固執.

scholia *n.* scholium の複数形.

scho·li·ast [skóʊliæ̀st, -əst | skə́ʊliæ̀st]〘(1583) ▭ LL *scholiasta* ▭ Gk *skholiastḗs* ← *skholiázein* to write scholia: ↓〙 ── *n.* **1** (ギリシャ・ローマの)古典注解を行なった古代の学者, 古注家. **2** (ある著書に対する)注釈者, 評注者 (annotator, commentator). **scho·li·as·tic** [skòʊliǽstɪk | skə̀ʊlɪ-] *adj.*

scho·li·um [skóʊliəm | skə́ʊljəm, -lɪəm]〘(1535) ▭ ML ～ ▭ Gk *skhólion* commentary (dim.) ← *skholḗ* 'leisure, lecture, SCHOOL¹'〙 ── *n.* (*pl.* **-li·a** [-liə | -ljə, -lɪə], ～**s**) **1** [しばしば *pl.*] (ギリシャ・ローマの古典に付けた)古代の注解. **2** (数学書などの)注釈, 評注, 注解.

Scholz [ʃɑ́lts, ʃɔ́(:)lts | ʃɔ́lts; *G.* ʃɔ́lts], **Wilhelm von** *n.* ショルツ (1874-1969; ドイツの作家・劇作家).

Schön·berg [ʃɔ́:nbəːg, ʃéɪn-, ʃóʊn-, -bɛəg | ʃɔ́:nbəːg, -bɛəg; *G.* ʃǿ:nbɛrk], **Arnold** *n.* シェーンベルク (1874-1951; 米国に在住したオーストリアの作曲家; 無調音楽・十二音技法で知られる; 米国へ移住後は Schoenberg と綴った).

school¹ [skú:l]〘ME *scole* < OE *scōl* ▭ L *schola*, leisure, lecture, school ▭ Gk *skholḗ*〘原義〙a holding back ← IE **seg̑h-* to hold (Gk *ékhein* / OE *sige* victory): cf. scholar, scholium〙 ── *n.* **1 a** (教育を与える機関としての)学校; 小[中, 高等]学校: ⇨ common school, continuation school, elementary school, finishing school, grammar school, high school, industrial school, infant school, normal school, primary school, secondary school, secondary modern school / keep a ～ (校主として)(私立)学校を経営する / teach in a ～ 学校で教える (cf. teach school ⇨ 2). **b**〘米〙大学 (college, university). **c** (大学で学位取得を目的とする)専門学部(faculty); 大学院: the ～ of medicine 医学部 / the Law *School* 法学部(大学院), ロースクール / ⇨ graduate school. **d** (特殊な技能を教える)特殊学校, 練習場, 養成所, 研修所: an artillery [gunnery] ～ 砲術学校 / a dancing ～ ダンス教習所 / a ～ of acting 演劇学校 / an artisan ～ 技能学校 / a trade [vocational] ～ 職業学校 / ⇨ riding school. **e** (私立の学校での)科: the upper [lower] ～ 高等[尋常]科. **2** [無冠詞で] (学校教育の意味での)学校, 修業, 学業; 授業; (授業への)出席: go to ～ 通学する, 登校する; 入学する / send [put] a child to ～ 子供を学校へ上げる / leave ～ 卒業する; 学校を退学する / be dismissed [expelled] from ～ 学校を出される, 放校される / teach ～〘米〙学校の教師をする (cf. teach in a school ⇨ 1) / after ～ 放課後 / be late for ～ 学校に遅刻する / out of ～ 学校を出て, 卒業して / *School* begins at 8 o'clock. 学校は 8 時始まり / We have no ～ today. きょうは学校は休み. **3 a** 校舎 (schoolhouse); 教場, 教室 (classroom): build a new ～ 学校を新築する / the chemistry ～ 化学教室 / the big ～ 講堂 / a sixth form ～〘英〙第六学年教室. **b** (英大学で)学位試験場. **4** [the ～; 集合的] 全校の生徒[学生]; (学校の)職員と学生全員: address *the* whole ～ 全校生徒に講演する / *The* whole ～ knows it. 全校中知らないものはない. **5** 道場, 鍛練場, (試練的)境遇: The duel is a good ～ of manners. 決闘は作法を学ぶよい試練だ / in the hard ～ of adversity [experience] 逆境[経験]という激しい訓練場で. **6** [集合的] (学問・美術の)流, 派, 流派, 学派, 門下, 弟子 (disciples, followers); 思想を同じくする人の集団: the Hegelian ～ of philosophy ヘーゲル派の哲学 / the Peripatetic ～ 逍遙学派〘ギリシャのアリストテレス学派〙/ the ～ of Epicurus (ギリシャの)エピクロス学派 / the Bolognese [Venetian, Roman, British] ～ ボローニャ[ベニス, ローマ, 英国]画派 / the ～ of Raphael ラファエロ画風 / the classical [romantic] ～ (文学・芸術史上の)古典[ローマン]派 / the Lake ～ 湖畔詩人派 (cf. Lake Poets) / a gentleman of the old ～ 昔風の人 / He left no ～ after [behind] him. 彼は衣鉢(いはつ)を継ぐ者を残さなかった. **7**〘英〙**a** [*pl.*] (オックスフォード大学の)優等卒業試験: in the ～*s* 学位試験を受験[施行]中で / be in [sitting] for one's ～*s* 学位試験を受験中である. **b** (オックスフォード大学の)優等卒業受験科〘このコースを取る者は honours degree の獲得資格が得られる; cf. tripos 1〙. **8** [the ～*s*; 集合的] (中世の)大学 (universities); 学界 (academic world). **9** [Schools]〘廃〙スコラ哲学者[神学者] (Schoolmen). **10** [集合的]〘軍事〙訓練規定, 訓練, 教練 (⇨ SCHOOL of the soldier [squad]). **11**〘音楽〙手引き, 教則本, 教習書 (manual).

at school (1) 授業中, 授業を受けて. (2)〘英〙就学中, 在学中 (〘米〙in school). ***go to school*** 〔…に〕教えを受ける, 学ぶ〔*to*〕: *go to* ～ *to* the wisdom of ants 蟻の知恵に学ぶ. ***in school***〘米〙在学中: The boys are still *in* ～. 子供たちはまだ在学中です. ***tell tales out of school*** ⇨ tale¹ 成句. ***the school of hard knocks*** 学校外の苦労の生活, 人生勉強.

school of further education [the ─] (英国の)継続教育のための学校 (cf. continuation school).

School of Law〘中国哲学〙法家.

School of Mind〘中国哲学〙心学.

School of Paris [the ─]〘美術〙エコールドパリ (l'École de Paris) の英語名〘第一次大戦後 Paris で活躍した主として外国人画家の一派〙.

school of the soldier〘軍事〙兵卒訓練規定, (密集教練の一部としての)各個教練.

school of the squad〘軍事〙分隊訓練規定, (密集教練の一部としての)分隊教練.

── *attrib. adj.* **1** 学校の[に関する]: a ～ library 学校図書館 / a ～ cap 学生帽 / a ～ play 学校劇 / ～ things 学用品 / ～ slang 学生俗語 / ⇨ old school tie. **2 a** 学校で教えられる, 学校教育の: ～ studies / ⇨ school grammar. **b** (乗馬学校で)調教された. **3**〘廃〙スコラ哲学者[神学者]の.

── *vt.* **1** (学校で)教える; …に学校教育を受けさせる; 教育する (educate): He was ～*ed.* 学校教育を受けた. **2 a** (訓練・訓戒などで)おとなしくする; しつける, 訓練する (train, discipline): ～ a horse 調馬する / ～ oneself *to* patience 忍耐力を鍛える / *School* yourself *to* control your temper. かんしゃくを押えるように修養せよ / ～ one's temper かんしゃくを押える / be ～*ed in* war [*by* adversity] 戦争[苦難]で鍛えられる / He will not be ～*ed.* 人の訓戒を聞き入れて行ないを直すような男でない. **b** [しばしば p.p. 形で] (長く何度も繰返して)〈人・動物〉に〔…を〕教え込む〔*in*〕: ～ a person *in* furtitude 人に不屈の精神を教え込む / ～ oneself *in* self-control 自制心を養う / a dog ～*ed in* obedience 主人に対して服従することを教え込まれた犬. **3**〘古〙しかる, 懲戒する (reprimand).

── *vi.* **1** 登校する. **2** 田野を横断して乗馬する: ～ over the country.

school² [skú:l]〘(*c*1400) *scol(e)* ▭ MDu. *schōle* (Du. *school*) < (WGmc) **skulo* (OE *scolu* troop): SHOAL² と二重語〙 ── *n.* **1** (魚・鯨などの)群 (shoal): a ～ of fish. **2** (人・鳥などの)集り, 群集: a ～ of people.

── *vi.* 〈魚などが〉群をなす, 群をなして泳ぐ. ***school up*** 〈魚などが〉水面近く群集する.

school·a·ble [skú:ləbl̩] *adj.* **1** 就学すべき, 就学年齢の: ～ children. **2** 教え[鍛え]られる, 調練できる.

schóol·àge *adj.* 学齢の.

schóol àge *n.*〘教育〙**1** 学齢, 就学年齢: reach [attain] ～ 学齢に達する. **2** 義務教育年限.

schóol·bàg *n.* 通学かばん.

schóol bòard *n.*〘教育〙**1**〘英〙学務委員会〘地方納税者の選出したもので 1870 年から 1902 年まで各地方の初等教育の運営を司った; cf. board school〙. **2**〘米〙教育委員会〘選挙または任命による委員から成り, 地方公立学校の行政を司る〙.

schóol·bòok *n.* 教科書 (textbook). ── *attrib. adj.* **1** 教科書の. **2**〘米〙教科書的な; 過度に単純化した.

schóol·bòy *n.* (小・中学校の)男生徒: Every ～ knows it. 学童でもみな知っている.

schóol bùs *n.* (通学生専用の)スクールバス.

schóol càptain *n.*〘英〙(public school の) 生徒長〘全校の規律と風紀を司る; cf. house captain〙.

schóol certìficate *n.*〘英〙〘教育〙中等教育修了証明書〘1917 年以来 16 歳の中等教育修了見込み者で school certificate 試験に合格した者に与えられた; 18 歳で受験する上級の試験 Higher School Certificate と二段階になっており, 大学入学資格の構成要素となっていた; 1951 年この制度が変わり General Certificate of Education となった〙.

schóol·chìld *n.* (*pl.* **-children**) 学童.

schóol commìttee *n.*〘教育〙= school board 2.

schóol·dàme *n.*〘英〙dame school の校長.

schóol dày *n.* **1** 授業日. **2** [*pl.*] 学校時代, 学生時代: in his ～*s*. **3** (始業時から終業時までの)授業時間.

schóol dìstrict *n.*〘米〙学区〘教育行政上の最小の単位で, 教育委員会をもち, 財源を得るための課税をする権限も与えられている〙.

schóol dìvine *n.*〘古〙スコラ神学者 (Schoolman).

schóol dìvinity *n.* スコラ神学.

schóol dòctor *n.* **1** 学校医, 校医. **2**〘廃〙= school divine.

schóol edìtion *n.* (書物の)学校版〘学校用にしばしば縮小したり注解をつけたりした本〙.

schóol·er [-lə | -lə(r] *n.* [通例複合語の第 2 構成素として] 学校の生徒: preschooler.

schóol fèe *n.* [しばしば *pl.*] 授業料.

schóol·fèllow *n.* (同期の)同窓生, 学友 (schoolmate): an old ～ of mine 私の同窓生.

schóol·fìsh *n.*〘魚類〙群をなしている魚; (特に) = menhaden.

schóol·gìrl *n.* (小・中学校の)女生徒, 女学生.

schóol gràmmar *n.* 学校文法〘科学的・理論的文法に対し学校で教える規範文法 (prescriptive grammar) をいう〙.

schóol guàrd *n.*〘米〙(学校付近の交差点にいる)交通指揮導員.

schóol·hòuse *n.* **1** (主に, 村の小さな小学校の)校舎. **2**〘英〙(小学校付属の)校長住宅 (cf. school house 1).

schóol hóuse〘(15C)〙*n.*〘英〙**1** (ある public school で)校長住宅 (cf. schoolhouse 2). **2** [集合的] 校長住宅の寄宿生.

schóol·ing [-lɪŋ]〘(15C)〙 ── *n.* **1 a** 学校教育: He never had any ～. 彼は全く学校教育を受けなかった. **b** (特に, 通信教育で行なう)教室授業, 実地訓練, スクーリング. **2** 学費, 授業料: pay a ～. **3** 訓練; (特に) 競走馬の調教, 乗馬訓練, 乗馬術教練; 障害飛越し訓練, 発馬訓練. **4**〘古〙懲罰, 懲戒.

schóol inspèctor *n.* 視学官.

schóol·kìd *n.*〘口語〙小学生, 学童.

schóol lànd *n.* [通例 *pl.*]〘米〙学校用地〘学校設立のために留保した州の土地〙.

schóol lèaver *n.*〘英〙〘教育〙離学者〘英国では小・中学校の卒業ということがなく, 法定義務年齢 (1973 年より 16 歳まで) に達すればその学期末以後, いつでも学業を離れることができる〙.

schóol·mà'am [-mɑ̀:m, -mæ̀m] *n.* (*also* **school-ma'm** [～]) = schoolmarm.

schóol·man [-mən, -mæ̀n]〘(*a*1540): cf. OE *scōlmann* learner〙 ── *n.* (*pl.* **-men** [-mən, -mɛ̀n]) **1** 細かい学問的論争に秀でた人. **2** [通例 S-] スコラ哲学者[神学者], スコラ学者 (Scholastic). **3**〘米〙学校教師.

schóol·màrm [-mɑ̀əm, -mɑ̀:m | -mɑ̀:m] *n.*〘米口語〙**1** (旧式の田舎または小都市の)女教師. **2 a** (衒学的で堅苦しいタイプの)先生くさい人〘女にも男にもいう〙. **b** 堅苦しい女. = schoolmistress.

schóol·màrm·ish [-mɪʃ] *adj.*〘米口語〙= school-marmish.

schóol·màster *n.* **1 a** 男教師. **b** 校長. **c** (旧式の田舎または小都市の)男の先生. **d**〘廃〙家庭教師 (tutor). **2** (先生を思わせるような)指導者. **3**〘魚類〙米国の Florida 州・西インド諸島産のフエダイ科の一種 (*Lutjanus apodus*) (cf. black snapper).

The schoolmaster is abroad.〘政治家 Lord Brougham (1778-1868) の下院での演説 (1828) の言葉から〙教育は普及している; 〘反語〙教育はおるすになっている.

── *vi.* 教師をする, 教える. ── *vt.* (教師のように)教える, 訓練する; (特に, 絶えず口やかましく言って)教え込む.

schóol·màster·ing *n.* 教師職[業].

schóol·màster·ly *adj.* 学校の先生らしい.

schóol·màte *n.* 学友 (fellow pupil); 同窓, 同学, 学校友達 (schoolfellow).

schóol mìss *n.* 女生徒 (schoolgirl); (特に)生意気な娘[女の子].

schóol·mìstress *n.* 女教師; (特に)女の校長 (cf.

schoolmaster 1).
schóol·mìs·tress·y [-si | -sɪ] *adj.* 《口語》女教師風の, つんとすましてこうるさい.
schóol·ròom *n.* **1** (学校の)教室. **2** (家での)子供の勉強部屋, 学習室.
schóol sèction *n.* =school land.
schóol shìp *n.* (船員養成の)練習船 (training ship).
schóol-tàught *adj.* 学校で教わった, 学校仕込みの.
schóol·tèacher *n.* (初[中等, 高等]学校の)学校教師.
schóol·tèaching *n.* 教師の職業, 教職.
schóol tíe *n.* =old school tie.
schóol·tìme *n.* **1** 授業時間, (家庭での)勉強時間; 始業時間. **2** [通例 *pl.*] 学生[勉学]時代 (school days). **3** 訓練期間.
schóol·wòrk *n.* 学業《学校での学習または宿題》.
schóol·yàrd *n.* 校庭; (学校の)運動場.
schóol yéar *n.* =academic year.
schoo·ner [skúːnə | -nə(r] 〖《1716》*scooner* ←? 《米方言》*scoon* to glide, slide ←? 《スコット》*soon* to make a flat stone skip along the surface of water: ⇨ -er[1]〗 —— *n.* **1** スクーナー《通例 2 本以上のマストの縦帆式帆船》: a three-masted ～. **2** 《米》幌(ほろ)馬車 (prairie schooner). **3 a** 《米》(大きい背の高い)ビールコップ. **b** 《英》シェリー・ビールなどの単位.
schóoner bàrk *n.* スクーナーバーク《ジャッカス艤装の 5 本マスト帆船; 1920 年に試作されたもので フォアマストとミズンマストの上帆を横帆にし, その他は全部縦帆としたもの》.
schóoner kètch *n.* スクーナーケッチ《3 本マストのスクーナーで, ミズンマストを短くし, そこのガフトップスルは略してあるのが普通》.
schóoner rìg *n.* 縦帆装置, スクーナー式帆装. **schóoner-rígged** *adj.*
Scho·pen·hau·er [ʃóupənhàuə | ʃóupənhàuə(r, ʃɔ́p-; *G.* ʃóːpənhàuɐ], **Arthur** *n.* ショーペンハウアー《1788-1860; ドイツの哲学者; *Die Welt als Wille und Vorstellung*「意志と表象としての世界」(1819)》.
Schó·pen·hàu·er·ìsm [-hàuərɪzm] *n.* ショーペンハウアー (Schopenhauer) の厭世[宿命]哲学.
schorl [ʃɔ́ət | ʃɔ́ːl] 〖《1779》⊏G *Schörl* ←?〗 *n.* 〖鉱物〗黒電気石《黒色の電気石 (tourmaline)》. **schor·la·ceous** [ʃɔəléɪʃəs | ʃɔː-] *adj.*
schot·tische [ʃɑ́tɪʃ, ʃɑtíːʃ | ʃɔtíːʃ, ʃə-] 〖《1859》⊏G ～ ← *schottisch* 'SCOTTISH'〗 —— *n.* **1** ショッティッシュ舞踊《19 世紀に流行したポルカ (polka) に似た 2 拍子の輪舞; 英国で初めて踊られた》. **2** ショッティッシュの曲. —— *vi.* ショッティッシュを踊る.
Schótt·ky effèct [ʃɑ́tki- | ʃɔ́tkɪ-] 〖← *Walter Schottky* (1886- : この現象を発見したドイツの物理学者)〗 *n.* 〖物理〗(熱電子放射における)ショットキー効果.
schrei·ner [ʃráɪnə | -nə(r] *vt.* =schreinerize.
Schrei·ner [ʃráɪnə | -nə(r], **Olive** *n.* シュライナー《1855-1920; ドイツの宣教師の娘で南ア連邦の女流小説家・女権拡張論者; *The Story of an African Farm* (1883); 筆名 Ralph Iron, のち Mrs. Cronwright [krɑ́nraɪt | krɔ́n-]》.
schréiner fìnish 〖←? *Schreiner* (創始者の名)〗 *n.* (織物の表面の)艶出し仕上げ.
schrei·ner·ize [ʃráɪnəràɪz] 〖⇨ ↑, -ize〗 *vt.* 〈木綿地〉に(特殊なローラーで)艶出し加工をする.
Schrief·fer [ʃríːfə | -fə(r], **John Robert** *n.* (1931-) 米国の理論物理学者; Nobel 物理学賞 (1972) (cf. BCS theory).
schrik [ʃrík] 〖⊏ Afrik. *skrik* ⊏ Du. *schrik*〗 *n.* 《アフリカ南部》いきなり驚かせること; 周章狼狽 (panic).
Schrö·der-Bern·stein thèorem [ʃróudəbə́ːnstiːn-, ʃrə́ː-, -staɪn- | ʃrə́udəbə́ːn-, ʃrə́ː-; *G.* ʃrǿːdɐbɛ́rnʃtaɪn-] *n.* 〖数学〗シュレーダー・ベルンシュタインの定理《集合 *A* が集合 *B* のある部分集合と対等で, *B* がまた *A* のある部分集合と対等ならば, *A* と *B* とは対等であるという定理; Bernstein's theorem ともいう》.
Schrö·ding·er [ʃréɪdɪŋə, ʃrə́ː- | ʃrə́ːdɪŋə(r; *G.* ʃrǿːdɪŋɐ], **Erwin** *n.* シュレーディンガー《1887-1961; オーストリアの物理学者; 波動力学 (wave mechanics) の確立者; Nobel 物理学賞 (1933)》.
Schrödinger equation [⌐⌐⌐⌐⌐⌐] 〖↑〗 —— *n.* 〖物理〗シュレーディンガー方程式《Schrödinger によって確立された波動力学の基礎方程式; 一般に量子力学的状態を記述する方程式》.
schtick [ʃtík; *G.* ʃtík] *n.* =shtick.
Schu·bert [ʃúːbət, -bəːt | -bət, -bəːt; *G.* ʃúːbɐt], **Franz (Peter)** *n.* シューベルト《1797-1828; オーストリアの作曲家》.
schuit [skáɪt, skɔ́ɪt, skéɪt; *Du.* sxœ́ɪt] 〖⊏Du. ～, 《廃》*schyt*: cf. scout[2], scoot, shout〗 —— *n.* スクート《オランダの内陸・沿岸航行用の平底の川船; 帆装は sloop 型で leeboard をもつ》.
schul [ʃúːl] *n.* 〖ユダヤ教〗=shul.
Schul·berg [ʃúlbəːg | -bəːg], **Budd (Wilson)** *n.* (1914-) 米国の小説家; *What Makes Sammy Run?* (1941).
Schu·man [ʃúːmɑːn, -mən | -mən, -mæn, -mɑ̀ːn; *F.* ʃumɑ̃], **Robert** *n.* シューマン《1886-1963; フランスの政治家; 首相 (1947-48); 外相時代に Schuman Plan を立案した (1950)》.
Schu·man [ʃúːmən], **William (Howard)** *n.* (1910-) 米国の作曲家.
Schu·mann [ʃúːmɑːn, -mən; *G.* ʃúːman], **Robert** *n.* シューマン《1810-56; ドイツの作曲家》.
Schu·mann-Heink [ʃùːmənháɪŋk; *G.* ʃùːmanháɪŋk], **Ernestine** *n.* シューマンハインク《1861-1936; Bohemia 生れの米国のアルト歌手》.
Schúman Plàn 〖← *R. Schuman*〗 *n.* [the ～] シューマン計画《フランス・イタリア・西ドイツ・ベルギー・オランダ・ルクセンブルグの石炭と鉄の国際管理計画》.
Schum·pe·ter [ʃúmpeɪṭə | -tə(r; *G.* ʃúmpeːtɐ], **Joseph A·lo·is** [álois, áːloiːs] *n.* シュンペーター《1883-1950; オーストリア生れの米国の経済学者》.
Schurz [ʃúəts, ʃə́ːts | ʃúəts, ʃə́ːts; *G.* ʃúrts], **Carl** *n.* (1829-1906) ドイツ生れの米国の将軍・政治家・政論家.
schuss [ʃús, ʃúːs; *G.* ʃús] 〖⊏G ～ 'SHOT[1]'〗 〖スキー〗 *n.* **1** シュス, 直滑降. **2** 直滑降コース. —— *vi.* 直滑降をする. —— *vt.* 直滑降する: ～ a slope.
schúss·bòom 〖⇨ schuss, boom[2]〗 *vi.* 《俗》〖スキー〗(高速で)直滑降をする. **～·er** *n.*
Schütz [ʃúts; *G.* ʃýts], **Heinrich** *n.* シュッツ《1585-1672; ドイツの作曲家》.
Schutz·staf·fel [ʃútsʃtɑːfəl; *G.* ʃútsʃtàfəl] 〖⊏G ～ 'protective rank'〗 —— *G. n.* (*pl.* **-feln** [-fəln; *G.* -fəln]) (Hitler 総統の)親衛隊, エスエス《1925 年組織されたナチの精鋭部隊; 1929 年来 H. Himmler が隊長; のち占領地支配・強制収容所の管理などに当たった; 略 SS, S.S.》.
Schuy·ler [skáɪlə | -lə(r], **Philip John** *n.* (1733-1804) 独立戦争当時の米国の将軍・政治家.
Schuy·ler·ville [skáɪləvɪl | -lə-] 〖⇨ ↑, -ville〗 *n.* 米国 New York 州東部の村 (⇨ Saratoga).
Schuyl·kill [skúːlkɪl, skúːkɪl, -kəl | skúːlkɪl] 〖⊏Du. *Schuilkil* hidden channel ← *schuilen* to hide + *kil* channel〗 —— *n.* [the ～] 米国 Pennsylvania 州から南東に流れて Philadelphia で Delaware 川に合する川 (210 km).
schuyt [skáɪt, skɔ́ɪt, skéɪt; *Du.* sxœ́ɪt] *n.* =schuit.
schwa [ʃwɑ́ː; *G.* ʃváː] 〖⊏G ～ ⊏ Heb. *šᵉwā́* 《原義》vain〗 —— *n.* **1** 〖言語〗シュワー《ヘブライ語・アラム語の母音表記法で, : を文字の下に付けて表わされ [ə] または無母音を表わし, 本辞典では ᵉ で転写する》. **2** 〖音声〗 **a** (アクセントのない)曖昧(あいまい)母音, シュワー《*sofa*, quiet, April, atom, circus などの [ə] 音》. **b** シュワーの記号 (ə): ⇨ hooked schwa.
Schwa·be [ʃvɑ́ːbə, ʃwɑ́ː-; *G.* ʃváːbə], **Heinrich Samuel** *n.* シュワーベ《1789-1875; ドイツの天文学者; 太陽黒点の 11 年の周期を発見 (1843)》.
Schwa·ben [*G.* ʃváːbən] *n.* シュワーベン《Swabia のドイツ語名》.
Schwann [ʃwɑ́ːn, ʃvɑ́ːn; *G.* ʃván], **Theodor** *n.* シュワン《1810-82; ドイツの解剖学者・生理学者》.
Schwánn cèll 〖← *Theodor Schwann*〗 *n.* 〖解剖〗(神経線維周囲の)シュワン細胞.
schwarz [ʃwɔ́əts, ʃvɑ́əts | ʃwɔ́ːts, ʃvɑ́ːts] 〖⊏G ～ 《原義》black (adj.)〗 —— *n.* 〖トランプ〗(skat で)総ざらい《相手の得点札を全部取ること; あらかじめ予告すれば総得点が倍になる》.
Schwartz [ʃwɔ́əts | ʃwɔ́ːts], **Delmore** *n.* (1913-66) 米国の詩人・批評家.
Schwarz [ʃwɔ́əts, ʃvɑ́əts | ʃwɔ́ːts, ʃvɑ́ːts; *G.* ʃvárts], **Hermann Amandus** *n.* シュワルツ《1843-1921; ドイツの数学者》.
Schwar·zerd [ʃvɑ́ətsɛət | ʃvɑ́ːtsɛət; *G.* ʃvártseːɐt], **Philipp** *n.* =Philipp MELANCHTHON.
Schwárz inequàlity 〖← *H. A. Schwarz*〗 —— *n.* 〖数学〗シュワルツの不等式《ヒルベルト空間ないしは内積の定義されたベクトル空間の二つのベクトルの内積の絶対値はそれらのノルムの積以下であることを示す不等式; cf. Cauchy's inequality》.
Schwarz·kopf [ʃvɑ́ətskɔpf, -kɔ(ː)pf | ʃvɑ́ːtskɔpf; *G.* ʃvártskɔpf], **Elisabeth** *n.* シュワルツコップフ《1915- ; ポーランド生れのドイツのソプラノ歌手》.
Schwárz·schild ràdius [ʃvɑ́ətsʃɪlt-, ʃwɔ́ətsʃàɪld-, swɔ́əts- | ʃvɑ́ːtsʃɪlt-; *G.* ʃvártsʃɪlt-] 〖← *Karl Schwarzschild* (1873-1916: ドイツの天文学者)〗 —— *n.* 〖天文〗シュワルツシールド半径《ブラックホール (black hole) 周辺の束縛領域の半径》.
Schwarz·wald [*G.* ʃvártsvàlt] *n.* シュワルツワルト《西ドイツ南西部の森林地帯; 英語名 Black Forest》.
Schwéd·ler's máple [ʃwédləz- | -ləz-] 〖← *Schwedler* (人名)〗 —— *n.* 〖植物〗ノルウェー産のカエデの一種 (*Acer platanoides* var. *schwedleri*)《春の葉の芽出しには赤く後に緑に変わる》.
Schweit·zer [ʃwáɪtsə, ʃvái- | -tsə(r; *G.* ʃváɪtsɐ, *F.* ʃvɛdzɛːr], **Albert** *n.* シュヴァイツァー《1875-1965; Alsace 生れのドイツ系フランスの神学者・哲学者・医師・音楽理論家・オルガン演奏家; フランス領赤道アフリカ (現在の Gabon) で黒人の医療に従事; Nobel 平和賞 (1952)》.
Schweiz [*G.* ʃváɪts] *n.* シュバイツ《Switzerland のドイツ語名》.
Schwei·zer·deutsch [ʃváɪtsədɔ̀ɪtʃ | -tsə-; *G.* ʃváɪtsɐdɔ̀ʏtʃ] *n.* 〖言語〗=Schwyzertütsch.
Schwenk·feld [ʃvéŋkfeld; *G.* ʃvɛ́ŋkfɛlt], **Kas·par** [kɑ́spɑr] **von** *n.* シュヴェンクフェルト《1489-1561; ドイツのプロテスタント神秘主義者; Luther と一時親交があった; Schwenkfelder の祖》.
Schwenk·feld·er [ʃvéŋkfeldə | -də(r; *G.* ʃvɛ́ŋkfɛldɐ] 〖⊏G ～ ← *Kaspar von Schwenkfeld*: ⇨ -er[1]〗 —— *n.* (プロテスタント教会の)シュヴェンクフェルト教会信者《Schwenkfeld の信徒で 1734 年ドイツより米国 Pennsylvania 州に移住, 同地に教会を創設したプロテスタント信者》.
Schwe·rin [ʃveɪríːn; *G.* ʃveríːn] *n.* シュベリン《東ドイツ旧 Mecklenburg 州の首都; 人口 97,000》.
Schwin·ger [ʃwíŋgə | -gə(r], **Julian Seymour** *n.* (1918-) 米国の物理学者; Nobel 物理学賞 (1965).
Schwit·ters [ʃvíṭəs | -təs; *G.* ʃvítɐs], **Kurt** *n.* シュヴィッタース《1887-1948; ドイツの抽象画家・詩人》.
Schwyz [ʃvíːts; *G.* ʃvíːts] *n.* シュビーツ: **1** スイス中央部, Lucerne 湖に接する県; 人口 93,000, 面積 908 km². **2** 同県の都市で Alps 山中の保養地; 人口 13,000.
Schwy·zer·tütsch [ʃvíːtsət(j)ùːʃ | -tsətjùːʃ; *G.* ʃvíːtsɐtyːtʃ] 〖⊏G ～, *Schwyzerdütch*: *Deutch* (=German) の発音をスイス人が tütsch ということから〗 —— *n.* 〖言語〗スイス(人)のドイツ語.
schyn·bald [ʃínbɔːld] 〖ME *shinbawde* ← SHIN[1] + *bald* protection (←?: cf. baldric)〗 *n.* 〖甲冑〗すね当て.
sci. 《略》science; scientific.
sci- [saɪ] (母音の前に来る時の) scio- の異形(⇨ skia-).
sci·a- [sáɪə] =skia-.
sci·ae·nid [saɪíːnɪd, -nəd | -nɪd] 〖↓〗 〖魚類〗 *adj.* ニベ科の. —— *n.* ニベ科の魚類の総称.
Sci·ae·ni·dae [saɪíːnədìː | -nɪ-] 〖← NL ～ ← *Sciaena* (属名: ↓) + -IDAE〗 *n. pl.* 〖魚類〗ニベ科.
sci·ae·noid [saɪíːnɔɪd] 〖← NL *Sciaena* (← L *sciaena* ⊏ Gk *skíaina* a fish, the meager) + -OID〗 *n.*, *adj.* 〖魚類〗ニベ科近縁の(魚).
sci·a·gram [sáɪəgræ̀m | skáɪə-, sáɪə-] *n.* =skiagram.
sci·a·graph [sáɪəgræ̀f | skáɪəgrɑ̀ːf, sáɪə-, -græ̀f] *n.*, *vt.* =skiagraph. **sci·ag·ra·pher** [saɪǽgrəfə | skaɪǽgrəfə(r, saɪ-] *n.* **sci·a·graph·i·cal** [sàɪəgrǽfɪkəl, -fə- | skàɪəgrǽfɪ-, sàɪə-] *adj.* **sci·ag·ra·phy** [saɪǽgrəfi | -fɪ] *n.*
sci·am·a·chy [saɪǽməki | -kɪ] 〖⊏Gk *skiāmakhía* ← *skiā́* shadow + *-makhía* '-MACHY'〗 *n.* 影との戦い; (仮想敵との)想像上の戦い; 模擬戦.
sci·am·e·try [saɪǽmətri | -mɪtrɪ, -mə-] *n.* =skiametry.
sci·a·pod [sáɪəpɑ̀d | skáɪəpɔ̀d, sáɪə-] 〖⊏L *sciăpod-es* ⊏ Gk *skiắpodes* (pl.) ← *skiā́* shadow + *pod-*, *poús* 'FOOT'〗 *n.* (*also* **skiapod**) =monopode 1.
sci·a·scope [sáɪəskòup | -skə̀up] *n.* 〖眼科〗=skiascope.
sci·as·co·py [saɪǽskəpi | -pɪ] *n.* 〖医学〗=skiascopy.
sci·at·ic [saɪǽṭɪk, -ǽṭ- | -tɪk] 〖《1541》⊏(O)F *sciatique* // ML *sciatic-us* (変形) ← L *ischiadicus*: ⇨ ischiadic〗 —— *adj.* **1** 坐骨の (ischial): the ～ foramen 坐骨孔. **2** 坐骨神経痛の[にかかった]: ～ pains 坐骨神経痛の痛み / a ～ patient 坐骨神経痛患者. —— *n.* 〖解剖〗(神経・動脈などの)坐骨部. **sci·át·i·cal·ly** *adv.*
sci·at·i·ca [saɪǽṭɪkə, -ṭə- | -tɪ-] 〖《*c*1455》← ML ～ ← (fem. sing.) ← ML *sciaticus* (↑)〗 *n.* **1** 〖病理〗坐骨神経痛. **2** 腰の痛み, 坐骨痛.
sciátic ártery *n.* 〖解剖〗坐骨動脈.
sciátic nérve *n.* 〖解剖〗坐骨神経.
sci·ence [sáɪəns] 〖《*c*1330》*siens* ⊏(O)F *science* ⊏ L *scientia* knowledge ← *scient-*, *sciēns* (pres.p.) ← *scīre* to know, 《原義》to separate one thing from another ← IE **skei-* to cut, split (Gk *skhízein*): ⇨ -ence〗 —— *n.* **1** (体系化された知識としての)科学; (特定の対象を研究する)…学: the ～ of history [politics] (歴)史[政治]学 / moral [mental] ～ 倫理[心理]学 / political ～ 政治学 / inductive ～ 帰納的科学 / pure [applied] ～ 純正[応用]科学 / exact ～ 精密科学《数学・物理学など》/ physical ～ 理学, (特に)物理学 / ⇨ dismal science, gay science, natural science, social science. **2 a** 自然科学 (natural science): ～ and learning [scholarship] 自然科学と人文学, 学術 / a man of ～ 科学者 / a bachelor [doctor] of ～ 理学士[理学博士]. **b** 自然科学の学科目 (cf. humanity 3 c). **3** 科学的原理に基づく体系, 科学的方法. **4** (体系化された訓練に基づく)技術, 術, わざ (art, skill); ボクシング, フェンシング: the ～ of boxing 拳闘術 / Of the two boxers, one had greater strength, the other more ～. 二人のボクサーの一方は力に他方はわざにすぐれていた. **5 a** 《古》(無知・誤解と区別して)知識, (特に, 経験・研究から得た)知識. **b** 特殊な学問の分野, 専門的知識, 学問: liberal ～ 自由学(科), (中世の)学芸 / occult ～ (中世の)幽玄学《錬金術・占星術・魔術など》. **6** [通例 S-] 《米》〖キリスト教〗=Christian Science.
science of language 言語学 (linguistics).
science of religion 宗教学.
science fiction *n.* 空想科学小説, SF《略 s.f., S.F.; cf. space fiction》.
sci·en·ter [saɪénṭə | -tə(r] 〖⊏L ～ 'knowingly' ← *scient-*: ⇨ science〗 〖法律〗 —— *adv.* 故意に, わざと (wittingly). —— *n.* 故意 (cf. mistake 2): prove (a) ～ 被告が故意に行なったことを立証する.
sci·en·tial [saɪénʃəl] 〖《*c*1456》⊏ML *scientiāl-is* ← L *scientia*: ⇨ science, -al[1]〗 *adj.* **1** 科学の, 学問の, 知識の. **2** 学識ある, 物知りの, よく知っている, 有能な.
sci·en·tif·ic [sàɪəntífɪk] 〖《1589》⊏LL *scientific-us* ← L *scient-*: ⇨ science, -fic〗 —— *adj.* **1** 科学の[に関する, に用いられる], (自然)科学(上)の: ～ and learned circles 科学界と文科学界, 学界 / ～ books (自然)科学書 / ～ studies 科学研究 / a ～ instrument [apparatus] 科学器具[装置] / ～ terminology 術語 / ～ training (自然)科学上の訓練. **2** 科学研究に従事する, 科学的に考える: ～ men 科学者 / a ～ body 学術研究団体 / a truly ～ mind 真に科学的に考える人. **3** 科学的に系

統立った；正確な,厳正な：～ researches 科学的研究 / a ～ argument 系統立った[厳正な]論議 / a ～ attitude (冷静で批判的な)科学的態度. **4** 〈競技・業務など〉科学的な,科学応用の；術[わざ]のうまい,巧妙な(skillful)：～ farming 科学的農業 / a ～ boxer わざのじょうずなボクサー / a ～ game わざを発揮した勝負.

sci·en·tíf·i·cal·ly *adv.*

scientífic empíricism *n.* 〘哲学〙科学的経験主義《経験科学の方法のみならず,古典経験論と違って論理・数学の方法を重視し,言語分析を通じて諸科学に統一の場を与えようとする現代実証的哲学の動向; cf. logical positivism》.

scientífic mánagement *n.* 〘経営〙科学的管理法《広義では経営の合理的な管理のことをいうが,狭義ではTaylor system のことを指す》.

scientífic méthod *n.* 科学的方法《観察・実験による資料の収集や,事例の実証的確証と合理的手段によるこれら事実間の法則の発見に基づいて,事象を体系的・組織的に研究する方法》.

scientífic náme *n.* 〘生物〙(ラテン語による)学名(taxon) (cf. vernacular *adj.* 3).

scientífic notátion *n.* 〘数学〙科学的記数法《数値を必要な有効数字と 10 の冪乗(ぎょう)の積で記す記法; 2.3×10^6, 125.08×10^{-8} の類》.

scientífic sócialism *n.* 科学的社会主義《空想的社会主義を排して歴史的現実的科学認識の上に立つマルクスなどの社会主義; cf. utopian socialism》.

sci·en·tism [sáiəntìzm] 〘← SCIENT(IST) + -ISM〙 **—** *n.* **1** 科学主義《すべての学問に科学的方法をあてはめようとする考え方》. **2** 科学者的態度[方法,主義,表現法など].

scí·en·tist [-tɪst, -təst | -tɪst] 〘《1840》← L *scientia* 'SCIENCE' + IST〙 **—** *n.* **1 a** 科学者,(特に)自然科学者,科学研究者. **b** 科学的方法を用いる人. **2** [通例 S-] ＝Christian Scientist.

sci·en·tis·tic [sàɪəntístɪk] 〘⇨ ↑, -ic[1]〙 *adj.* **1** 科学的原理[方法]尊重の. **2** 科学主義の,科学的原理[方法]の. **sci·en·tís·ti·cal·ly** *adv.*

sci. fa. 《略》scire facias.

sci-fi [sáɪfáɪ] 〘← *sci*(*ence*) *fi*(*ction*)：cf. hi-fi〙《口語》*adj.* 空想科学小説の, SF の：a ～ writer. **—** *n.* 空想科学小説, SF.

scil. 《略》scilicet.

sci·li·cet [skíːlɪkèt, -lə-, síləsèt, sáɪl- | sáɪlɪsèt] 〘《*a*1387》▭ L *scilicet* it is permitted to know ← *scīre* to know + *licet* it is permitted (← *licēre* to be permitted)：⇨ science, license〙 **—** *adv.* すなわち,言い換えると(to wit, namely)《通例 sc. と略し,改まった文に用い,'namely' に置き換えて読むことが多い》：they, ～ [*sc.*] Mr. and Mrs. Smith 彼ら,すなわちスミス夫妻.

scil·la [s(k)ílə] 〘《1824》▭ L ～ ▭ Gk *skilla* sea onion ← ?：cf. squill〙 **—** *n.* 〘植物〙ユリ科ツルボ属(*Scilla*)の植物の総称;(特に)中央・南部ロシヤなどの原産の植物(*S. sibirica*)《青紫色の鈴状の花をつける：Siberian squill ともいう》.

Scil·la [sílə; *It.* ʃílla] *n.* シラ《Scylla 1 のイタリア語名》.

scil·lism [sílɪzṃ] 〘← SCILLA + -ISM〙 *n.* 〘病理〙海葱中毒症.

Scil·lo·ni·an [sɪlóuniən, sə- | sɪláunjən, -nɪən] *adj.*, *n.* シリー諸島(Scilly Isles)の(住民).

Scil·ly Ísles [síli- | -lɪ-] 〘← lateOE *Sully* ▭ LL *Scylinancim* (acc.) ← ?〙 **—** *n. pl.* [the ～] シリー諸島《イングランドの南西端 Land's End の南西沖にある約 140 の小島群; 行政的には Cornwall の一部; 人口 2,500, 面積 16 km², 主要都市 Hugh [hjúː] Town; Isles of Scilly, Scilly Islands ともいう》.

scim·i·tar [símətə, -tàə | -mɪtə(r, -mə-] 〘《*a*1548》▭ It. *scimitarra* ▭ ? Per. *shimshīr*〙 **—** *n.* (*also* **scim·i·ter** [～], **scim·e·tar** [símɪtə, -tàə | -mɪtə(r)]) **1** (アラビア人・ペルシャ人が使う新月形の)偃月(えん)刀,彎曲刀. **2** 彎曲刀状のもの,(特に)長柄のなたがま.

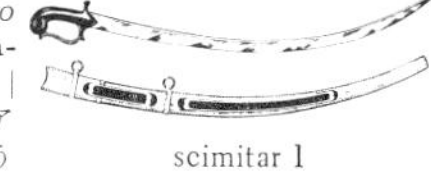

scimitar 1

scímitar fòot *n.* (一脚テーブル(pedestal table)の台脚を受ける)短い彎曲脚.

scin·cid [skíŋkɪd, -kad, sínsɪd, -səd | skíŋkɪd, sínsɪd] 〘↓〙 *adj.*, *n.* 〘動物〙トカゲ科の(動物).

Scin·ci·dae [skíŋkədiː, sínsə- | skíŋkɪ-, sínsɪ-] 〘← NL ～ ← *Scincus* (属名: L *scincus* (↓)) + -IDAE〙 *n. pl.* 〘動物〙トカゲ科.

scin·coid [s(k)íŋkɔɪd] 〘← NL *scincoīd-ēs* ← L *scincus* 'SKINK[1]'：⇨ -oid〙 *adj.* トカゲ(skink)に似た. **—** *n.* トカゲの類の動物.

scin·ti·gram [síntəgræ̀m | -tɪ-] 〘← SCINTI(LLATION) + -GRAM〙 **—** *n.* 〘医学〙シンチグラム《放射性同位元素投与後にシンチスキャナー(scintiscanner)またはシンチカメラによって得た体内の放射能分布図》.

scin·tig·ra·phy [sɪntígrəfi | -fɪ] 〘⇨ -graphy〙 *n.* 〘医学〙シンチグラフィー《シンチグラム法のこと》.

scin·ti·graph·ic [sìntəgræ̀fɪk | -tɪ-] *adj.*

scin·til·la [sɪntílə] 〘《1692》▭ L ～ 'spark'：TINSEL と二重語〙 **—** *n.* (*pl.* ～**s**, **-til·lae** [-liː]) **1** 火花(spark). **2** [通例 not a ～ of で] 微量,わずか(iota, trace)：There was *not a* ～ *of* truth in what he said. 彼の言葉には少しの真実もなかった.

scin·til·lant [síntələnt, -tḷ- | -tɪl-] 〘▭ L *scintillant-em* (pres.p.) ← *scintillāre* (↓)〙 *adj.* 火花を発する,きらきら光る. **～·ly** *adv.*

scin·til·late [síntəlèɪt, -tḷ- | -tɪl-] 〘《1623》← *scintillāt-us* (p.p.) ← *scintillāre* to spark：⇨ scintilla, -ate[3]〙 **—** *vi.* **1** 火花を発する(spark). **2** 〈星が〉またたく,きらめき光る(sparkle, twinkle)；星のようにきらきら光る：The stars ～. 星がきらめく / Her eyes ～*d with* envy. 嫉妬(しっと)で目がきらきら光った. **3** 〈才気・機知が〉ひらめく,ひらめき出る. **4** 〈レーダースクリーンの物体の位置を示す輝点が〉(平均的位置を中心にして)左右前後に動く,ちらつく. **5** 〘物理〙 **a** 〈電磁波の振幅・位相・極性が〉不規則な微変動を示す. **b** 〈素粒子などが〉螢光体に当たって閃光を放つ.

scín·til·làt·ing [-tɪŋ | -tɪŋ] *adj.* きらきら光る,きらめく；〈才気など〉ひらめき出る：a ～ diamond / ～ wit. **～·ly** *adv.*

scin·til·la·tion [sìntəléɪʃən, -tḷ- | -tɪl-] 〘《1623》▭ L *scintillātiō(n-)* ← *scintillātus*：⇨ scintillate, -ation〙 **—** *n.* **1** 火花を発すること. **2** 火花；(星・目などの)きらめき,きらきら光ること. **3** (才気・機知の)ひらめき：～ of wit. **4** 〘天文〙シンチレーション《大気密度の変化による天体の光のまたたき》. **5** (レーダースクリーンで物体の位置を示す輝点の)動揺. **6** 〘物理〙 **a** シンチレーション《電磁波の振幅・位相・極性の不規則な微変動》. **b** (素粒子などが螢光体に当たって生じる)螢光発光.

scintillátion càmera *n.* 〘光学〙シンチレーションカメラ《放射性物質のシンチレーションを撮影し,人体の器官等の中の放射性物質の分布を知る装置》.

scintillátion còunter *n.* 〘物理〙シンチレーション計数器《螢(けい)光物質を用いた放射線測定器》.

scintillátion spectrómeter *n.* 〘物理〙シンチレーション分析器.

scín·til·là·tor [-tə | -tə(r] 〘← SCINTILLAT(E) + -OR[2]〙 *n.* **1** きらめくもの《星など》. **2** (会話などで)才気のひらめきのある人. **3** 〘物理〙＝scintillation counter.

scin·til·lom·e·ter [sìntəlúmətə, -tḷ- | -tɪlɔ́mɪtə(r, -mə-] 〘← SCINTILLA + -O- + -METER[1]〙 **—** *n.* **1** 〘天文〙星の光のまたたきの程度や周期を測定する観測機器の一種. **2** 〘物理〙＝scintillation counter.

scin·ti·scan [síntəskæ̀n | -tɪ-] 〘↓〙 *n.* ＝scintigram.

scin·ti·scan·ner [síntəskæ̀nə | -tɪskæ̀nə(r] 〘← SCINTI(LLATION) + SCANNER〙 **—** *n.* 〘物理〙シンチスキャナー《放射性物質の所在をさぐる計数器の一種》.

sci·o- [sáɪo(ʊ) | sáɪə(ʊ)] scia- の異形 (⇨ skia-).

sci·o·graph [sáɪəgræ̀f | -grɑ̀ːf, -græ̀f] *n.*, *vt.* ＝skiagraph. **sci·o·graph·ic** [sàɪəgræ̀fɪk] *adj.*

sci·o·lism [sáɪəlìzm | sáɪə(ʊ)-] 〘← L *sciolus* smatterer ((dim.) ← *scius* knowing ← *scīre* to know) + -ISM：⇨ science〙 **—** *n.* 生かじり,見せかけの知識；知ったかぶり.

sci·o·list [-lɪst, -ləst | -lɪst] 〘《1615》：⇨ -ist〙 *n.* 浅学者,生かじりの人；知ったかぶりをする人,えせ学者.

sci·o·lis·tic [sàɪəlístɪk | sàɪə(ʊ)-] *adj.* 浅学の,生かじりの；知ったかぶりの,えせ学者の.

sciol·to [ʃɔ́ːḷtou | ʃɔ́ltəʊ; *It.* ʃɔ́lto] 〘▭ It. ～ (p.p.) ← *sciogliere* to loosen < L *exsolvere* ← EX-[1] + *solvere* to loosen (⇨ solve)〙 **—** *adv.* 〘音楽〙 **1** 自由に. **2** レガートなしに(non legato).

sci·om·a·chy [saɪúməki | -kɪ] *n.* ＝sciamachy.

sci·o·man·cy [sáɪəmænsi, skíːə- | -sɪ] 〘《1623》▭ LL *sciomantia* ▭ Gk *skiomanteiā* ← *skiá* shadow + *manteíā* '-MANCY'〙 **—** *n.* 死者の霊による占い,心霊占い,口寄せ. **sci·o·man·tic** [sàɪəmǽntɪk, skìːə- | -tɪk] *adj.*

sci·on [sáɪən] 〘《*c*1300》 *si(o)un* ▭ OF *sion, cion* (F *scion*) ▭ Gmc **kiðon* shoot ← IE **gēi-* to sprout：F *scier* to saw と連想?〙 **—** *n.* **1** (貴族・名門の)子,子孫(descendant)：a ～ of a royal stock 王族の出の人. **2** (接ぎ木の)接ぎ穂.

sci·os·o·phy [saɪúsəfi | -ɔ́səfɪ] 〘← *scio-* 'SKIA-' + -SOPHY〙 *n.* (占星術・伝承などに基づく)自然[超自然]力についてのえせ知識,知ったかぶり.

Scip·i·o Ae·mil·i·a·nus [sípiòʊ iːmìliéɪnəs, skíp- | skípɪəʊ, -lɪ-, síp-] *n.* スキピオ アエミリアヌス《185?–129 B.C.; Scipio Africanus の養孫でローマの将軍; カルタゴを攻略(146 B.C.); 本名 Publius Cornelius [pʌ́bliəs kɔənìːliəs | -lɪəs kɔːníːljəs, -lɪəs] Scipio Aemilianus Africanus Numantinus [n(j)ùːmæntáɪnəs | njùː-]; 通称 Scipio the Younger [Minor]「小スキピオ」》.

Scipio Af·ri·ca·nus [-æ̀frəkéɪnəs | -rɪ-] *n.* スキピオ アフリカヌス《237 or 234–183 B.C.; ローマの将軍; Hannibal を Zama で破った(202 B.C.); 本名 Publius Cornelius Scipio Africanus; 通称 Scipio the Elder [Major]「大スキピオ」; cf. Scipio Aemilianus》.

sci·re fa·ci·as [sáɪri-féɪʃiəs, -ʃəs, -ʃiæs, skíːreɪ-fáːkiɑ̀ːs | sáɪərɪ-féɪʃɪæ̀s] 〘《15 C》▭ L *scīre faciās* make (him) know〙 **—** *L. n.* 〘法律〙 **1** 告知令状《執行官(sheriff)に対して,相手方(被告)に申立人(原告)が公記録(判決・特許状など)を利用してはならない理由を立証するよう告知することを命じる令状; 略 sci. fa.》. **2** 告知令状の手続き.

sci·roc·co [ʃɪrákoʊ, ʃə- | ʃɪrɔ́kəʊ] *n.* ＝sirocco.

scir·rhi *n.* scirrhus の複数形.

scir·rhoid [s(k)írɔɪd] 〘⇨ ↓, -oid〙 *adj.* 〘病理〙硬性癌に類似した.

scir·rhus [s(k)írəs | sír-] 〘《1605》← NL ～ ← Gk *skírrhos* hard swelling ← *skīros* hard ← ?〙 **—** *n.* (*pl.* **scir·rhi** [-raɪ], ～**·es**) 〘病理〙硬性癌(がん). **scír·rhous** [-rəs] *adj.* **scir·rho·si·ty** [s(k)ɪrásəṭi, s(k)ə- | sɪrɔ́səti, -sɪtɪ] *n.*

scis·sel [sísəl, síz-] 〘▭ F *cisaille* ← *cisailler* to clip with shears ← *ciseler* to chisel：⇨ scissors〙 *n.* [集合的]〘冶金〙(板金の)切りくず,打抜きくず.

scis·sile [sísəl | -saɪl] 〘▭ L *scissil-is* easily cut ← *scissus*：⇨ ↓, -ile〙 *adj.* 容易に切断できる,切れる；裂ける,裂けやすい.

scis·sion [síʒən, síʃ-] 〘《1443》▭ (O)F ～ ▭ L *scissiō(n-)* ← *scissus* (p.p.) ← *scindere* to split：⇨ -sion〙 **—** *n.* **1** 切ること,切断(cutting)；分割,分離,分裂(division, separation). **2** 〘化学〙＝cleavage 5.

scis·sor [sízə | -zə(r] 〘《1612》《逆成》← SCISSORS〙 *vt.* **1** はさみで切る[切り取る,切り抜く]〈*off, up, out*〉：～ *out* a paragraph from a newspaper 新聞の一節を切り抜く. **2** 削減する,縮小する. **—** *n.* ＝scissors.

scíssor·bìll *n.* **1** 《米西部》階級意識のない労働者；何もわからない人(know-nothing). **2** 〘鳥類〙＝skimmer 5.

scíssor·bird *n.* 〘鳥類〙＝scissortail.

scís·sor·ing [-z(ə)rɪŋ] *n.* **1** はさみで切ること. **2** [*pl.*] はさみで切り取った物,切抜き(clippings).

scíssor·lìke *adj.* 〈構造・動きなど〉はさみに似ている,はさみのような.

scis·sors [sízəz | -zəz] 〘《*c*1380》 *sisours* ▭ OF *cisoires* shears ▭ ML *cīsōria* (pl.) ← L *cīsōrium* cutting instrument ← *caesus* (p.p.) ← *caedere* to cut (cf. caesura)：*sc-* は LL *scissor* one who cuts との混同による〙 **—** *n. pl.* **1** [通例複数扱い] はさみ：buttonhole ～ ボタン穴用はさみ / lamp ～ ランプの心切りばさみ / ⇨ nail-scissors / a pair [two pairs] of ～ はさみ一[二]ちょう / I want some ～. はさみがほしい / Where are my ～? 私のはさみはどこにあるか. ★ 単数扱いもあるが,その時は a pair of scissors が好まれる：What *a* lovely ～! / Get me *a* ～. / This *pair of* ～ *is* sharp. **2** [単数扱い] **a** 〘体操〙(跳躍の際の)両足のはさみ式開閉. **b** 〘レスリング〙はさみ絞め,シザーズ《相手の頭またはからだを両足で絞める; scissors hold ともいう》. **c** 〘高跳び〙はさみ跳び,正面跳び《バーの上で脚をはさむように交互に動かしてクリアーするフォーム; Eastern cut-off ともいう; cf. flop 5》.

scissors and paste (のりとはさみによる)つぎはぎ細工,独創性のない編集《切抜きで機械的に新聞や書物を編集すること》.

scíssors-and-páste *adj.* のりとはさみを使う,研究と独創性に欠けた.

scíssors cháir *n.* 脚が X 字型に交差した折り畳み椅子(Savonarola chair).

scíssors-grìnder *n.* 〘鳥類〙 **1** ヨーロッパヨタカ(*Caprimulgus europaeus*). **2** ＝dishwasher 2.

scíssors hóld *n.* 〘レスリング〙＝scissors 2 b.

scíssors kíck *n.* 〘水泳〙あおり足. **2** 〘サッカー〙シザースキック《ジャンプしてまず一方の脚をあげ,続いて他方の脚をあげてボールをキックすること》.

scíssors trúss *n.* 〘建築〙はさみ形トラス《はさみの形に部材が交差した屋根のトラス》.

scíssor·tàil *n.* 〘鳥類〙 **1** エンビタイランチョウ(*Muscivora forficata*)《米国南西部・メキシコ産のヒタキの類の鳥; 尾が長く二股に分かれて,はさみのように動く》. **2** 尾が長くはさみ形の二股に分かれた各種の鳥(特にハチドリ)の総称.

scíssor-tàiled *adj.* 〈鳥が〉はさみ形の尾をした：a ～ bird.

scíssor-tailed flýcatcher *n.* 〘鳥類〙＝scissortail 1.

scíssor tòoth *n.* (肉食獣の)裂肉歯(carnassial).

scíssor·wìse 〘⇨ -wise〙 *adv.* はさみのように[式に].

scis·sure [síʒə, síʃə | -ʒə(r, -ʃə(r] 〘▭ L *scissūra* ← *scissus*：⇨ scission, -ure〙 *n.* **1** 《古》縦断,縦裂,裂け目,割れ目(cleft). **2** 《廃》分裂,分離.

Scit·a·min·e·ae [sìṭəmíniiː | -tə-] 〘← NL ～ ← L *scitamenta* dainties (← *scitus* dainty ← *sciscere* to approve, seek to know ← *scire* to know：⇨ -ment) + -INEAE〙 **—** *n. pl.* 〘植物〙(単子葉植物)ショウガ目.

scìt·a·mín·e·ous [-niəs | -nɪ-] *adj.*

sci·u·rid [saɪ(j)ú(ə)rɪd, -rəd | -(j)ʊ́ərɪd] 〘↓〙 *adj.*, *n.* 〘動物〙リス科の(齧歯(げっし)動物).

Sci·u·ri·dae [saɪ(j)ú(ə)rədiː | -(j)ʊ́ərɪ-] 〘← NL ～ ← *Sciurus* (属名: ← L (↓)) + -IDAE〙 *n. pl.* 〘動物〙リス科.

sci·u·rine [sáɪjʊràɪn, -rɪn, -rən | -ràɪn, -rɪn] 〘← L *sciūrus* 'SQUIRREL' + -INE[3]〙 *adj.* 〘動物〙リス科の.

sci·u·roid [sáɪjʊrɔ̀ɪd] 〘← L *sciūrus* (↑) + -OID〙 *adj.* **1** 〘動物〙 **a** リスに似た. **b** リス科の. **2** 〘植物〙〈大麦(barley)の穂など〉リスの尾に似た.

sciv·vy [skívi | -vɪ] *n.* ＝skivvy[2].

sclaff [sklǽ(ː)f] 〘《1893》← 《スコット》 *sclaf* to shuffle 《擬音語》〙〘ゴルフ〙 **—** *n.* スクラッフ《インパクト前にクラブフェースを地面に打ち当てること》. **—** *vi.* スクラッフする. **—** *vt.* 〈クラブ〉でスクラッフする；(スクラッフの際)〈地面を〉たたく. **～·er** *n.*

scler- [sklɪ(ə)r, skler | sklɪər, skler] (母音の前に来る時の) sclero- の異形.

scle·ra [sklí(ə)rə | sklíərə] 〘← NL ～ ← Gk *sklērà* (*mênigx*) the hard (membrane)：⇨ sclero-〙 **—** *n.* (*pl.* ～**s**, **scle·rae** [-riː]) 〘解剖〙(目の)鞏(きょう)膜,強膜(sclerotic) (⇨ eye 挿絵). **sclé·ral** [-rəl] *adj.*

scle·ra- [sklí(ə)rə, sklérə | sklíərə, sklérə] sclero- の異形.

scle·rec·to·my [sklɪréktəmi, sklə- | sklɪréktəmɪ] 〘← SCLERO- + -ECTOMY〙 *n.* 〘外科〙 **1** (目の)鞏(きょう)膜切除術. **2** 硬化鼓膜切除術.

scle·re·ma [sklɪríːmə, sklə-] 〘← NL ～ ← Gk *sklērós* hard〙 *n.* 〘病理〙(皮膚)硬化症.

scle·ren·chy·ma [sklɪréŋkəmə, sklə- | sklɪ(ə)réŋ-] 〘← NL ～: ⇨ sclero-, -enchyma〙 ── *n.* (*pl.* ～**s**, **scle·ren·chym·a·ta** [sklɪ̀(ə)renkímətə, sklèr- | sklìərenkímətə, sklèr-]) 〘植物〙 厚膜組織 (cf. collenchyma). **scle·ren·chym·a·tous** [sklɪ̀(ə)renkímətəs, sklèr-, -rɪn-, -rən- | sklìərenkímət-, sklèr-] *adj.*

scle·rite [sklí(ə)raɪt, sklér- | sklíər-, sklér-] 〘← SCLERO- + -ITE[1]〙 ── *n.* 〘動物〙 (海綿動物などの)骨片, 針骨; 硬皮《昆虫体の環節を作るキチン板》. **scle·rit·ic** [sklɪrítɪk, sklə- | sklɪərít-] *adj.*

scle·ri·tis [sklɪráɪtɪs, sklə-, -təs | sklɪ(ə)ráɪtɪs, skler-, sklər-] 〘← NL ～: ⇨ sclero-, -itis〙 *n.* 〘病理〙 (目の) 鞏(きょう)膜炎.

scle·ro- [sklí(ə)ro(ʊ), sklér- | sklíərə(ʊ), sklér-] 〘← NL ～ ← Gk *sklḗr(o)-* ← *sklērós* hard (cf. *skéllein* to dry up)〙 次の意味を表わす連結形: **1** 「堅い (hard)」: *sclero*derm. **2** 「鞏(きょう)膜 (sclera) に関する」. ★ 時に sclera-, また母音の前では通例 scler- になる.

scle·ro·blast [sklí(ə)ro(ʊ)blæ̀st, sklér- | sklíərə(ʊ)-, sklér-] 〘⇨ ↑, -blast〙 ── *n.* **1** 〘動物〙 骨片母細胞, 造骨片細胞. **2** 〘魚類〙 鱗(うろこ)形成細胞《魚の真皮中にある》.

scle·ro·cau·ly [sklí(ə)ro(ʊ)kɔ̀ːli, sklér- | sklíərə(ʊ)kɔ̀ːlɪ, sklér-] 〘← SCLERO- + CAULO- + -Y[1]〙 ── *n.* 〘植物〙 茎硬化《砂漠植物のように茎が堅くなる現象; cf. sclerophylly》.

scléro·dèrm *n.* 〘動物〙 (サンゴの骨格を作る)硬皮, 硬組織. **sclèro·dérmous** *adj.*

sclèro·dérma 〘← NL ～: ⇨ sclero-, -derma〙 *n.* (*pl.* ～**s**, ～**·ta**) 〘病理〙 硬皮症, 強皮症.

Scle·ro·der·ma·ta·ce·ae [sklɪ̀(ə)ro(ʊ)dɜ̀ːmətéɪsiìː, sklèr- | sklìərə(ʊ)dɜ̀ː-, sklèr-] 〘← NL ～ ← *Scleroder-mata* (属名: (pl.) ↑) + -ACEAE〙 ── *n. pl.* 〘植物〙 ニセショウロ科. **sclè·ro·dèr·ma·tá·ceous** [-ʃəs] *adj.*

sclèro·dermatítis 〘← SCLERO- + DERMATITIS〙 *n.* 〘病理〙 硬化性皮膚炎.

sclèro·dérmatous 〘← SCLERO- + DERMATO- + -OUS〙 *adj.* **1** 〘動物〙 硬皮でおおわれた. **2** 〘病理〙 硬化性皮膚炎にかかった[による].

scle·rog·e·nous [sklɪrádʒənəs, sklər- | sklɪ(ə)rɔ́dʒɪ-, skler-, sklər-] 〘← SCLERO- + -GEN + -OUS〙 *adj.* 〘病理・植物〙 硬化組織を作る.

scle·roid [sklí(ə)rɔɪd, sklér- | sklíər-, sklér-] 〘← SCLERO- + -OID〙 *adj.* 〘生物〙 硬組織の, 硬質の.

scle·ro·ma [sklɪróʊmə, sklər- | sklɪ(ə)ráʊ-, skler-, sklər-] 〘← NL ～ ← Gk *sklḗrōma* ← *sklēroûn* to harden: ⇨ sclero-, -oma〙 ── *n.* (*pl.* ～**s**, **-ma·ta** [～tə | ～tə]) 〘病理〙 硬腫(しゅ).

scle·rom·e·ter [sklɪrámətə, sklər- | sklɪ(ə)rɔ́mɪtə(r, skler-, sklər-, -mə-] 〘← SCLERO- + -METER[1]〙 *n.* 〘地質〙 (鉱物用の)硬度計.

scléro·phỳll 〘← SCLERO- + -PHYLL〙 〘植物〙 *adj.* 硬葉の. ── *n.* 硬葉植物.

scle·ro·phyl·ly [sklí(ə)rəfìli, sklér- | sklíərəfìlɪ, sklér-] 〘← SCLERO- + PHYLL- + -Y[1]〙 ── *n.* 〘植物〙 葉硬化《砂漠植物のように含水量が少ないため葉が堅くなる現象; cf. sclerocauly》.

scle·ro·phyte [sklí(ə)rəfàɪt, sklér- | sklíər-, sklér-] 〘⇨ -phyte〙 *n.* 〘植物〙 硬葉植物.

sclèro·prótein 〘← SCLERO- + PROTEIN〙 *n.* 〘生化学〙 スクレロプロテイン, 硬蛋白質, 類蛋白質.

scle·ro·scope [sklí(ə)rəskòʊp, sklér- | sklíərəskə̀ʊp, sklér-] 〘← *Scleroscope* (商標名): ⇨ sclero-, -scope〙 ── *n.* スクレロスコープ, 反発硬さ試験機《一定高度から試料の上に鋼球を落とし, その弾んだ高さで硬度を測る金属用硬度計》.

scle·rosed [sklɪróʊst, sklər-, -róʊzd, sklí(ə)roʊst, sklér-, -roʊzd | sklɪ(ə)ráʊst, skler-, sklər-, -ráʊzd, sklíərəʊst, sklér-, -rəʊzd] 〘← NL *sclerosis* (← ML *sclirōsis* (↓)) + -ED〙 ── *adj.* **1** 〘病理〙 硬化症(sclerosis) にかかった, 硬化した. **2** 〘植物〙 木質化した.

scle·ro·sis [sklɪróʊsɪs, sklər-, -səs | sklɪ(ə)ráʊsɪs, skler-, sklər-] 〘(*a*1398) □ ML *sclirōs-is* □ Gk *sklḗrōsis* ← *sklēroûn* to harden: ⇨ sclero-, -osis〙 ── *n.* (*pl.* **-ro·ses** [-siːz]) **1** 〘病理〙 硬化(症): ～ of the arteries 動脈硬化 / ⇨ disseminated sclerosis, multiple sclerosis. **2** 〘植物〙 細胞壁硬化. **scle·ró·sal** [-səl, -sl] *adj.*

sclerotia *n.* sclerotium の複数形.

scle·rot·ic [sklɪrátɪk, sklər- | sklɪ(ə)rɔ́t-, skler-, sklər-] 〘(1543) □ ML *sclērōtic-us*: ⇨ sclero-, -ic[1]〙 ── *adj.* **1** 〘植物〙 厚い, 硬い. **2** 〘解剖〙 鞏(きょう)膜の. **3** 〘病理〙 硬化した, 硬化症にかかった (sclerosed). ── *n.* **1** 〘解剖〙 = sclera. **2** 硬結薬, 硬化剤.

scle·ro·tin [sklí(ə)rətn̩, sklér-, -tən, sklərόʊtn̩ | sklíərətɪn, sklér-] 〘← Gk *sklērótēs* hardness + -IN[1]: ⇨ sclerotium〙 ── *n.* 〘生化学〙 スクレロチン《節足動物の外皮のキチン質に含まれる不溶性硬蛋白質》.

scle·ro·tin·i·a [sklɪ̀(ə)rətíniə, sklèr- | sklìərətíniə, sklèr-] 〘← NL ～ ← *sclerotin-* (← SCLEROTIUM) + -IA[2]〙 ── *n.* 〘植物病理〙 **1** [S-] 菌核病菌属《菌核病菌科に属する一属; cf. brown rot》. **2** 菌核病菌.

scle·ro·ti·tis [sklɪ̀(ə)rətáɪtɪs, sklèr-, -təs | sklìərətáɪtɪs, sklèr-] 〘← NL ～: ⇨ ↑, -itis〙 ── *n.* 〘病理〙 = scleritis. **scle·ro·tit·ic** [sklɪ̀(ə)rətítɪk, sklèr- | sklìərətít-, sklèr-] *adj.*

scle·ro·ti·um [sklɪróʊʃiəm, sklər-, -ʃəm | sklɪ(ə)ráʊʃiəm, skler-, sklər-, -ʃəm] 〘← NL ～ ← Gk *sklērótēs* hardness ← *sklērós* hard: ⇨ -ium〙 ── *n.* (*pl.* **-ti·a** [-ʃiə, -ʃə | -ʃɪə, -ʃə]) 〘植物〙 菌核《菌糸が集まって硬い塊状になったもの》.

scle·ro·ti·za·tion [sklɪ̀(ə)rətɪzéɪʃən, sklèr-, -tə- | sklìərətaɪ-, sklèr-, -tɪ-] *n.* **1** 〘病理〙 硬化. **2** 〘昆虫〙 硬化 (⇨ sclerotized 1).

scle·ro·tized [sklí(ə)rətàɪzd, sklér- | sklíər-, sklér-] 〘← SCLEROT(IC) + -IZE + -ED〙 ── *adj.* **1** 〘昆虫〙 〈表皮が〉硬蛋白質[ろう質, カルシウム塩類]で硬化した. **2** 〘病理〙 = sclerosed 1.

scle·ro·tome [sklí(ə)rətòʊm, sklér- | sklíərətə̀ʊm, sklér-] 〘← SCLERO- + -TOME〙 ── *n.* **1** 〘生物〙 硬節《脊椎動物の胚に見られる中胚葉性の体節の一部が神経管の方へ突出した部分; 将来, 脊椎骨, 肋骨を形成する》. **2** 〘動物〙 硬節《隣接する筋節間で見られる繊維性組織》.

scle·rot·o·my [sklɪrátəmi, sklər- | sklɪ(ə)rɔ́təmɪ, skler-, sklər-] 〘← SCLERO- + -TOMY〙 *n.* 〘外科〙 強膜切開(術).

scle·rous [sklí(ə)rəs, sklér- | sklíər-, sklér-] 〘← SCLERO- + -OUS〙 ── *adj.* **1** 〘病理〙 硬い, 硬化した, 硬結した (hard); 骨状の, 骨質の (bony). **2** 〘植物〙 細胞壁硬化の.

Sc. M. 《略》 *L.* Scientiae Magister (= Master of Science).

S.C.M. 《略》 State Certified Midwife; Student Christian Movement.

Sc. M. Hyg. 《略》 Master of Science in Hygiene.

scoff[1] [skɑ́(ː)f, skɔ́(ː)f | skɔ́f] 〘(?*a*1300) □ ? ON *skop*, *skof*〙 ── *n.* **1** あざけり, 嘲弄(ちょうろう), 愚弄, 嘲笑, 冷やかし. **2** 嘲笑の的, 笑い草, 笑いもの, もの笑い (laughingstock): the ～ of the world 世のもの笑い. ── *vi.* 〔宗教・尊敬すべきものを〕あざける, 嘲弄する, 嘲笑する, 冷やかす 〔*at*〕. ── *vt.* 《米》《英廃》嘲笑する. **～·er** *n.* **～·ly** *adv.*

scoff[2] [skɑ́(ː)f, skɔ́(ː)f | skɔ́f] 〘(1864) 《変形》← 《方言》 *scaff* ← ?: cf. Afrik. *scoff* food〙 《口語》 ── *n.* **1** むさぼり食うこと: have a good ～. **2** 食料, 食いもの (food); 食事 (meal). ── *vt.* **1** むさぼり食う. **2** 強奪する. ── *vi.* むさぼり食う, 急いで食う.

scóff·ing *adj.* 嘲弄的の. **～·ly** *adv.*

scóff·làw *n.* 《米》 法律をばかにする人, (特に)常習的な法律違反者: a traffic ～.

scoke [skóʊk | skə́ʊk] 〘□ N-Am.-Ind. (Massachusett) *m'skok* (原義) that which is red〙 *n.* 〘植物〙 アメリカヤマゴボウ (⇨ pokeweed).

scold [skóʊld | skə́ʊld] 〘n.: (?*c*1200) *scald* ← ? ON *skāld* poet (風刺詩を書く人の意から ?). ── v.: ME ← (n.)〙 ── *vt.* …に小言を言う, 叱る (rebuke, rate): ～ one's husband about the low pay 少ない給料のことで夫に小言を言う / ～ a child *for* being naughty 言うことをきかないと言って子供を叱る. ── *vi.* **1** 叱る, 小言を言う 〔*at*〕. **2** がみがみ言う, 口汚なくののしる, どなりつける (brawl, rail) 〔*at*〕. ── *n.* **1** 口やかましい人, (特に)口やかましい女: a common ～ 近所迷惑ながみがみ女. **2** 小言, 叱責(しっせき). **～·er** *n.*

scóld·ing 〘(15C)〙 ── *adj.* (特に)〈女が〉口やかましい (faultfinding), 口汚なくののしる, がみがみ言う (railing), 小言を言う, 叱りつける (chiding). ── *n.* がみがみ言うこと; 叱責(しっせき), 小言: give [get, receive] a good ～ うんと叱りつける[つけられる], さんざんに小言を言う[言われる]. **～·ly** *adv.*

scólding brìdle *n.* 《英方言》 = branks.

scóld's brìdle *n.* 《英方言》 = branks.

sco·lec- [skoʊlíːk | skəʊ-] (母音の前に来る時の) scoleco- の異形.

scoleces *n.* scolex の複数形.

scol·e·cite [skáləsàɪt, skóʊl- | skɔ́lɪ-] 〘□ G *Skolezit*: ⇨ ↓, -ite[1]〙 *n.* 〘鉱物〙 灰沸石 ($CaAl_2Si_3O_{10}\cdot3H_2O$).

sco·le·co- [skoʊlíːko(ʊ) | skəʊlíːkə(ʊ)] 〘□ Gk *skōlēko-*, *skṓlēx* worm〙 「虫 (worm)」の意の連結形. ★ 母音の前では通例 scolec- になる.

sco·lex [skóʊleks | skə́ʊ-] 〘← NL ～ ← Gk *skṓlēx* worm〙 ── *n.* (*pl.* **sco·le·ces** [skoʊlíːsiːz | skəʊ-], **scol·i·ces** [skáləsiːz, skóʊl- | skɔ́lɪ-], ～**·es**) 〘動物〙 (条虫類の)頭節《通例付着器を備える》.

Sco·line [skóʊliːn | skə́ʊ-] 〘← S(UCCINYL)C(H)OLINE〙 *n.* 〘商標〙 スコリーン《一時的完全麻痺状態を作り出す筋肉弛緩剤 succinylcholine chloride の商品名》.

sco·li·o·sis [skòʊlióʊsɪs, skàli-, -səs | skɔ̀liə́ʊsɪs] 〘← NL ～ ← Gk *skoliōsis* ← *skoliós* bent, crooked: ⇨ -osis〙 ── *n.* (*pl.* **-o·ses** [-siːz]) 〘病理〙 脊(せき)柱側彎症《脊柱が左または右に曲がる病態; cf. kyphosis, lordosis》. **sco·li·ot·ic** [skòʊliátɪk, skàl- | skɔ̀liɔ́t-] *adj.*

scol·lop [skáləp | skɔ́l-] *n.*, *vt.* = scallop.

scol·o·pa·ceous [skàləpéɪʃəs | skɔ̀l-] 〘← LL *scolopac-*, *scolopax* snipe (□ Gk *skolópax*) + -OUS〙 *adj.* シギ (snipe) のような, シギに似た (snipelike).

Scol·o·pac·i·dae [skàləpǽsədìː | skɔ̀ləpǽsɪ-] 〘← NL ～ ← *Scolopac-*, *Scolopax* (属名: LL *scolopac-* (↑)) + -IDAE〙 *n. pl.* 〘鳥類〙 (チドリ目)シギ科.

scol·o·pa·cine [skàləpéɪsaɪn, -sɪn, -sən | skɔ̀ləpéɪsaɪn, -sɪn] 〘← LL *scolopac-* (↑) + -INE[1]〙 *adj.*, *n.* 〘鳥類〙 シギ科の(鳥).

sco·lop·a·le [skəlápəli | -lɔ́pəlɪ] 〘← NL ～ ← Gk *skólops* spike + -ALE〙 ── *n.* (*pl.* **scol·o·pa·li·a** [skàləpéɪliə, -ljə | skɔ̀ləpéɪljə, -lɪə]) 〘動物〙 有桿細胞, 受音波尖器《昆虫類の機械刺激を感じる感覚器の中心をなす感覚細胞》.

Scol·o·pen·drel·li·dae [skàləpendrélədìː | skɔ̀ləpendrélɪ-] 〘← NL ～ ← *Scolopendrella* (属名: (dim.) ← *Scolopendra* (⇨ Scolopendridae)) + -IDAE〙 ── *n. pl.* 〘動物〙 ヤサコムカデ科.

scol·o·pen·drid [skàləpéndrɪd, -drəd | skɔ̀ləpéndrɪd] 〘⇨ ↓, -id[2]〙 *n.* 〘動物〙 オオムカデ《オオムカデ科の動物の総称》.

Scol·o·pen·dri·dae [skàləpéndrədìː | skɔ̀ləpéndrɪ-] 〘← NL ～ ← *Scolopendra* (属名: ← Gk *skolópendra* millipede) + -IDAE〙 *n. pl.* 〘動物〙 オオムカデ科.

scol·o·pen·drine [skàləpéndraɪn, -drɪn, -drən | skɔ̀ləpéndraɪn] 〘⇨ ↑, -ine[3]〙 *adj.* オオムカデの(ような).

scol·o·phore [skáləfɔ̀ə, skóʊl-, -fɔ̀ə | skɔ́ləfɔ̀ː(r] 〘《略》 ↓〙 *n.* 〘動物〙 弦音器官《昆虫類の皮膚に存在する感覚器で, 振動刺激に対する受容器となる》.

sco·lop·o·phore [skəlápəfɔ̀ə -fɔ̀ə | -lɔ́pəfɔ̀ː(r] 〘← Gk *skolopo-*, *skólops* spike + -PHORE〙 *n.* 〘動物〙 = scolophore.

sco·lyt·id [skəlítɪd, -təd | -tɪd, -təd] 〘↓〙 〘昆虫〙 *adj.* キクイムシ(科)の. ── *n.* キクイムシ《キクイムシ科の甲虫の総称》.

Sco·lyt·i·dae [skəlítədìː | -tɪ-] 〘← NL ～ ← *Scolytus* (属名: ← Gk *skolúptein* to cut short) + IDAE〙 *n. pl.* 〘昆虫〙 (鞘翅目)キクイムシ科 (cf. bark beetle).

Scom·bre·soc·i·dae [skàmbrəsásədìː | skɔ̀mbrɪsɔ́sɪ-] 〘← NL ～ ← *Scombresco-*, *Scombresox* (属名: ← L *scomber* mackerel + *esox* pike) + -IDAE〙 ── *n. pl.* 〘魚類〙 サンマ科.

scom·brid [skámbrɪd, -brəd | skɔ́mbrɪd] 〘↓〙 *adj.*, *n.* 〘魚類〙 サバ科の(魚).

Scom·bri·dae [skámbrədìː | skɔ́mbrɪ-] 〘← NL ～ ← *Scombr-*, *Scomber* (属名: ↓) + -IDAE〙 *n. pl.* 〘魚類〙 サバ科.

scom·broid [skámbrɔɪd | skɔ́m-] 〘← NL *Scombroid-ea* ← L *scomber* mackerel □ Gk *skómbros*: ⇨ -oid〙 *adj.*, *n.* 〘魚類〙 サバ亜目の(魚).

scon [skɑ́(ː)n | skɔ́n] *n.* = scone.

sconce[1] [skáns | skɔ́ns] 〘(*c*1392) □ OF *esconse* screened lantern □ ML *sconsa* ← L *absconsus* (p.p.) ← *abscondere* to hide: ⇨ abscond〙 ── *n.* **1** (壁などに取り付けた)突き出し燭台[ガス灯, 電灯]《多く後ろに反射鏡が付いている》. **2** (突き出し燭台の)ろうそく受け.

sconce[1] 2

sconce[2] [skáns | skɔ́ns] 〘(1571) *skonce*, *scance* □ Du. *schans* ← ?: ↑ に同化: SCHANZE と二重語〙 ── *n.* **1** 〘築城〙 (ある地点を防護するための孤立した)堡(ほ)塁, 小砦. **2** 《古》 遮蔽(しゃへい)物, 避難所 (shelter), (避難)小屋 (shed); 目隠し, つい立て (screen).

build a sconce 《廃》 (居酒屋などで)借金がかさみ行けなくなる.

── *vt.* **1** 〘築城〙 堡塁で固める, …に砦を築く. **2** 《廃》 保護する, おおう; 遮蔽する (screen).

sconce[3] [skáns | skɔ́ns] 〘(1617) 《転用》? ← SCONCE[4]〙 《英大学》 ── *n.* 罰金, 科料 (fine, mulct) 《特に, 英国の Oxford 大学の食堂などで作法を破ったとき上級生から罰として課せられるビールなど》. ── *vt.* (上のような)罰を〈在学生〉に課する.

sconce[4] [skáns | skɔ́ns] 〘(1567) 《転用》? ↓〙 ── *n.* 《古・戯言》 頭, 脳天 (head); 知力, 才 (sense, wits): get a crack over the ～ 脳天をどやされる / knock a person about the ～ 人の頭をぶんなぐる.

scon·cheon [skántʃən | skɔ́n-] 〘(1435) □ OF *escoinson* (F *écoinçon*) ← *es-* 'EX-[1]' + *coin* corner (⇨ coin)〙 ── *n.* 〘建築〙 (開口部の建具の枠から内側の壁の面までの)抱き.

scone [skóʊn, skɑ́(ː)n | skɔ́n, skə́ʊn] 〘(1513) □ MDu. *schoon* (*brot*) fine (bread): cf. sheen〙 ── *n.* スコーン: **1** (本来スコットランドの)オート麦の生地を平たく丸く焼いたパンケーキの一種. **2** 通例ベーキングパウダーを加えて焼いた小型の柔らかいパンの一種; 《米》では biscuit ともいう.

Scone [skúːn, skóʊn | skúːn], **the Stone of** 〘*Scone*: ← ? Gael. *sgonn*, *sguinn* lump, block of wood〙 ── *n.* スクーンの石《スコットランド Perth の郊外, Tay 河畔の村の宮殿 (Scone Palace) にあって, 昔スコットランド王が即位に用いた石; 1296 年に Edward 一世によってイングランドに持ち去られ Westminster Abbey に置かれて英国王の即位に用いられている; Coronation Stone, Stone of Destiny ともいわれる》.

scoop [skúːp] 〘n.: (*a*1338) 《混成》 ← MLG *schōpe* ladle + MDu. *schoppe* shovel: cf. shove. ── v.: (*a*1338) ← (n.)〙 ── *n.* **1 a** (穀物・銅貨・砂糖・石炭などをすくうための, 水平の柄のついたひしゃく状の)すくいシャベル, 小スコップ. **b** (柄のついた半球状の)アイスクリーム[マッシュポテト]すくい, ディッシャー (disher). **c** 〘機械〙 (ドレッジャーの)バケツ, 泥すくい. **d** 〘医学〙 外科用さじ《異物などをすくい出すのに用いる》. **2** すくうこと; 一すくい, 一しゃくり(の量): a ～ of water 水の一すくい / a ～ icecream 一盛りのアイスクリーム / make a ～ さらう / in [at, with] one ～ 一すくいに / He earned $100 at a ～. 一挙に 100 ドルかせいだ. **3** すくい網, さじ網《scoop net ともいう》. **4 a** (すくい取られてできた)くぼみ, へこみ, 穴 (cavity, hollow). **b** (鳥が地上に営巣するために地面を足で引っかいて作る)浅いくぼみ. **c** (空気・油を通すじょうご状の)受け口：⇨ air scoop. **5**《口語》大もうけ, 大当たり (large gain): He made a big ～ *on* the deal. あの取引きで大もうけした. **6**〚《1874》〛《口語》〖ジャーナリズム〗**a** 特種(だね), 特種で他社を抜くこと, スクープ (beat): get a ～ *on* other papers 特種を出して他社の鼻をあかす. **b** (直接の取材で得た興味ある)ニュース, 新情報: a hot ～ *on* the conference. **7** (テレビ・映画撮影用の数灯で一組をなす)照明灯. **8**〖服飾〗えりぐりの大きい丸いネックライン. **9**〖フィールドホッケー〗スクープ《ボールを打つのではなく押すようにして地上からとばすこと》. **10**〖音楽〗ポルタメント (portamento), その効果.
— *vt.* **1 a** すくう, くむ; くみ出す: ～ water *out of* a boat ボートから水をくみ出す / ～ *up* a fistful of sand 手いっぱいの砂をすくい出す. **b** くみ出してからにする: ～ a boat dry ボートの水をくみ干す. **2** さらえる; えぐる, 掘る (dig out); えぐって[掘って]作る〈*out*〉: ～ (*out*) a hole in the sand 砂の中に穴を掘る. **3 a**《口語》〈利益などを〉かき集める, 大もうけする, 大当りする〈*in, up*〉: ～ *in* a good profit. **b** (両手・両腕で)かき集める; 抱き上げる〈*up*〉: ～ fallen jewels / She ～*ed up* her baby. 赤ん坊を抱き上げた. **4**《口語》〖ジャーナリズム〗他社に先んじて〈特種を〉報じる, スクープする; 特種を出して〈他社を〉抜く: The paper ～*ed* some wonderful news yesterday. その新聞はきのう超特種を出した / ～ a rival paper 特種で競争紙を抜く. — *vi.* **1** (すくいシャベルなどで)すくう, 取除く. **2**〖音楽〗ポルタメントをかける (slide).
— *adj.* 〈えりぐりが〉丸く大きくあいた: ⇨ scoop neck.

scóop·er *n.* **1** すくう人, さらう人[物]. **2** (彫刻用)すくいのみ (scorper). **3**〖鳥類〗**a** ソリハシセイタカシギ (avocet). **b** ハシビロガモ (shoveler).

scoop·ful [skúːpfʊ̀l] *n.* (*pl.* ～**s, scoops·ful**) 一しゃくり[さじ, へら](分)〔*of*〕.

scóop nèck *n.* スクープネック《ドレスやブラウスなどの深く大きくあけた丸いえりぐり》.

scóop nèckline *n.* ＝scoop neck.

scóop nèt *n.* ＝scoop 3.

scóop sèat *n.* ＝dropped seat.

scóop-whèel *n.* 水上げ水車.

scoot [skúːt]〚《1805》← ? Scand. (Swed. *skjuta* to shoot)〛《口語》— *vi.* **1** かけ出す, 走る, 飛び出す (dart, scud); 走り去る (run away): ～ *off* into the dark 暗闇の中に走り去る. **2** 滑走する. — *vt.* かけ出させる, 走らせる. — *n.* **1** かけ出し, 突進. **2** そりの一種 (dray). **3**《方言》〖鳥類〗＝scoter.

scóot·er[1] [-tə | -tə(r] *n.* **1** スクーター, 片足スケート《子供が片足を乗せ片足で地をけって走る》. **2** モータースクーター (motor scooter). **3**《米》(水上・氷上を滑走する)帆走船. — *vi.* scooter で走る[滑走する]. **～·ist** [-tərɪst, -rəst | -tərɪst] *n.*

scoo·ter[2] [skúːtə | -tə(r] *n.*〖鳥類〗＝scoter.

scop [skáp, skóʊp, ʃóʊp | skɔ́p, skáʊp]〚OE ～ (原義) maker of taunting verses ← ? IE **skeub-* to shove: cf. scoff¹〛*n.* 古英語時代の詩人[吟遊詩人] (bard).

sco·pa [skóʊpə | skə́ʊ-]〚□ L *scōpa* broom〛*n.* (*pl.* **sco·pae** [-piː], ～**s**)〖昆虫〗刷(はけ)器《ミツバチの脚にある花粉採集用の剛毛列》.

scope[1] [skóʊp | skə́ʊp]〚《1534》□ It. *scopo* □ Gk *skopós* mark to shoot at (cf. *skopeîn* to aim at / *sképtesthai* to look out)〛— *n.* **1** (活動・思考などの)自由な場, 余地 (room); 機会 (opportunity); はけ口, 出口 (outlet, vent): have an ample [a free, a full, a large] ～ *for* one's activities 活動する十分な余地[自由, 機会]を持つ / have no ～ *for* the imagination 想像の余地がない / give (full) ～ *to* the imagination 想像力を発揮する / seek ～ *for* …の(活動の)機会[余地]を求める. **2 a** (知力・研究・能力・活動などの)範囲: an investigation of wide ～ 広範囲にわたる調査 / the ～ of an inquiry [undertaking] 調査[事業]の範囲 / beyond [within] one's ～ 自分の力量のおよばない[およぶ]ところで. **b** 眼界, 視界, 視野: a man of wide [limited] ～ 視野[識見]の広い[狭い]人. **3**《方言》広さ, 広がり, 地域 (expanse, stretch): a great ～ of land 広い地面. **4**《古》目的, 意図, 目あて (aim): the ～ of a law. **5**〖海事〗(停泊中船外に出している)錨鎖(びょうさ)の長さ. **6**《まれ》〖アーチェリー〗(矢の)射程 (range).

scope[2] [skóʊp | skə́ʊp]〚↓〛*n.*《口語》**1** 見る[観察する]器械《microscope, periscope, radarscope, telescope など》. **2** ＝horoscope.

-scope [skòʊp | skəʊp]〚← NL *-scopium* ← Gk *-skopion* ← *skopeîn* to view: ⇨ scope¹〛—「見る器械; …鏡」の意の名詞連結形: laryngo*scope*, snooper*scope*, tele*scope*.

sco·pi- [skóʊpɪ, -pə | skə́ʊpɪ]〚← L *scōpa* broom〛「はけ (brush)」の意の連結形: *scopi*form.

-sco·pic [skápɪk | skɔ́p-]〚← Gk *skopeîn* to view + -IC¹〛次の意味を表わす形容詞連結形: **1**「(ある)方向に見る」. **2**「見る, 観察する」: ortho*scopic*.

Scop·i·dae [skápədiː | skɔ́pɪ-]〚← NL ～ ← *Scopus* (属名: ← Gk *skopós* watcher (⇨ scope¹)) + -IDAE〛*n. pl.*〖鳥類〗(コウノトリ目)シュモクドリ科.

sco·pol·a·mine [skoʊpáləmìːn, -mɪn, -mən | skəʊpɔ́ləmìːn, -mɪn]〚□ G *Scopolamin* ← NL *Scopolia* (*japonica*) (Japanese) belladonna ← G. A. *Scopoli* (1723-88: イタリアの博物学者): ⇨ amine〛— *n.*〖化学〗スコポラミン ($C_{17}H_{21}O_4N$)《ナス科植物の根から採るアルカロイド, 各種の塩がある; 鎮静剤などに用いる; cf. hyoscine, twilight sleep》.

sco·po·line [skóʊpəlìːn, -lɪn, -lən | skə́ʊpəlìːn, -lɪn]〚← SCOPOL(AMINE) + -INE¹〛*n.*〖化学〗スコポリン ($C_{16}H_{18}O_9$)《クマリン配糖体の一種》.

sco·po·phil·i·a [skòʊpəfíliə | skə̀ʊpəfíliə]〚← NL ～ ← Gk *skopeîn* to view: ⇨ -philia〛— *n.*〖精神医学〗窃(せっ)視症《他人の性器などをのぞき見ることで快感を得るものを active scopophilia または voyeurism, 逆に見られるのを好むものを passive scopophilia または exhibitionism という》.

sco·po·phil·i·ac [skòʊpəfíliæ̀k | skə̀ʊpəfílɪ-] *n., adj.*〖精神医学〗窃視症の(人).

sco·po·phil·ic [skòʊpəfílɪk | skə̀ʊ-] *adj.*〖精神医学〗窃視症の.

scop·to·phil·i·a [skàptəfíliə | skɔ̀ptəfíliə]〚← NL ～ ← Gk **skoptós* observed ← *skopeîn* to view: ⇨ -philia〛*n.*〖精神医学〗＝scopophilia.

scop·to·phil·i·ac [skàptəfíliæ̀k | skɔ̀ptəfílɪ-] *n., adj.*〖精神医学〗＝scopophiliac.

scop·to·phil·ic [skàptəfílɪk | skɔ̀p-] *adj.*〖精神医学〗＝scopophilic.

scop·u·la [skápjʊlə | skɔ́p-]〚← NL ～ ← L *scōpula* (dim.) ← *scōpa* broom〛— *n.* (*pl.* ～**s, -u·lae** [-lìː]) **1**〖昆虫〗＝scopa. **2**〖動物〗(クモの脚や鋏(きょう)角の先端にある)網張り用の剛毛群.

scop·u·late [skápjʊlət, -lɪt, -lèɪt | skɔ́p-]〚← NL *scopula* (↑) + -ATE²〛*adj.*〖動物〗ほうき形をした, 刷(はけ)状の.

-sco·py [⌐skəpi | -pɪ]〚□ Gk *-skopía* ← *skopeîn* to view: ⇨ -y¹〛「見る術; 検査; 観察」の意の名詞連結形: micro*scopy*.

scor·bu·tic [skɔəbjúːtɪk | skɔːbjúːt-]〚《1655》← NL *scorbūtic-us*: ⇨ ↓, -ic¹〛*adj.*〖病理〗壊血病 (scurvy) の[にかかった].

scor·bu·tus [skɔəbjúːtəs | skɔːbjúːt-]〚← NL *scorbūtus* ＝ **scorbūcus* □ MLG *schorbūk* ← *schoren* to break + *būk* belly〛*n.*〖病理〗壊血病 (scurvy).

scorch [skɔ́ətʃ | skɔ́ːtʃ]〚《15C》□ ? ON *skorpn-a* to shrivel: cf. OF *escorchier* (< LL *excorticāre* to flay)〛— *vt.* **1** 〈物〉の表面を焼く, 焦がす, あぶる, きつね色に焦がす; 〈日光が〉〈皮膚を〉焼く: ～ a shirt in ironing it アイロンをかけていてシャツを焦がす. **2** 〈日照り・不良な土壌などが〉〈草木を〉しなびさす, 枯らす (dry up, wither). **3** さんざんにけなす, こき降ろす, 罵(ば)倒する, …に毒づく (excoriate). **4**〖軍事〗(焦土戦術で)〈作物・施設・街を〉焦土化する. **5**〖冶金〗焼入れする. — *vi.* **1** 焦げる. **2** (日照りなどのために)しなびる, 枯れる. **3**《口語》**a** 〈人が〉〔自転車・自動車などで〕めちゃくちゃに飛ばす〔*on*〕: ～ *off on* one's motorbike モーターバイクでぶっ飛ばす. **b** 〈自動車などが〉疾走する[して行く]. — *n.* **1 a** 焼け焦げ. **b** 焦げ跡. **2**《口語》(自転車・自動車など(で)の)疾走. **3** (植物の)焼け《葉焼けなど》; (細菌性の)褐斑.

scórched éarth *n.* 焦土(戦術)《退却する前に侵入敵軍に役立つ一切のものを焼き払う戦術またはその状況; 第二次大戦にロシヤ軍が行なったもの》.

scórched éarth pòlicy [tàctics] *n.* 焦土政策[戦術].

scórch·er *n.* **1 a** 焦がす物, 非常に熱い物. **b**《口語》焼けつくような暑い日: Today was a ～. 今日はとても暑かった. **2**《口語》痛烈なもの; 手きびしい小言, 酷評, 非難. **3**《口語》(自転車・自動車などを)めちゃくちゃに飛ばす人, 疾駆者. **4**《俗》世間をあっと言わせるもの, びっくりさせるもの. **5**〖印刷〗スコーチャー《紙型を乾燥させ, 半円形にする機材》.

scórch·ing *adj.* **1 a** 焦がす. **b** 焼けつくほど熱い[暑い] (burning): a ～ day. **c** [副詞的に] 焼けつく[焦げる]ほど (cf. scalding): be ～ hot. **2**《口語》手きびしい, 猛烈な (severe), 痛烈な, 皮肉きわまる (caustic): a ～ criticism 酷評. — *n.* **1** 焦がすこと. **2**《口語》(自転車・自動車などでの)疾走. **3**〖植物病理〗植物体の褐変[焼け]を起こす病的症状《熱や寄生生物による》. **～·ly** *adv.*

scórch pèncil *n.* 焼画筆《焼き絵用の尖筆》.

score [skɔ́ə, skɔ́ə | skɔ́ː(r]〚*n.*: OE *scoru* twenty □ ON *skor* twenty, notch, (原義) cut ← Gmc **skur-* ← IE **sker-* 'to cut, SHEAR'. — *v.*: (*c*1390) □ ON *skor-a* ← *skor*〛— *n.* **1 a** 切り傷 (cut), 切りこんだ線, 引っかいた線[筋]: ～*s* made on ice by skates スケートで氷につけた線 / deep ～*s* of pain and sorrow on one's face 顔に残る苦悩の深い跡 / The ～*s* of the whip showed on his back. むちの傷跡が彼の背に現われていた. **b** (勘定の覚えなどのために棒につけた)刻み目 (notch); (特に)割符の刻み目: make a ～ in the tally 割符にしるしをつける. **c**《古》(競技の)出発[決勝]線 (cf. taw¹ 2); (競射会の)選手の位置, 射的線: start off from the ～ 出発線からスタートする. **2 a** (居酒屋などで黒板やドアにチョークで書く)勘定覚え書き. **b** 勘定 (account); 借金 (amount due): pay one's ～ 勘定[借金]を払う / run up a ～ [～*s*] to …に借金がかさむ / It was laid to my ～. 私の勘定につけられた / Death pays all ～*s*.《諺》死ねば勘定はすむ,「死者をうらまず」/ pay off [settle] a ～ 勘定を払う, 支払いをすます. **3** (報復すべき)恨み (grudge): I have an old ～ [old ～*s*] to settle with him. 彼には昔からの恨みがある / Heaven knows what ～*s* this man may have had to wipe out. この男が一体どんな恨みを晴らしたかったのかだれにもわからない. **4** 点 (point); 理由 (account), 根拠 (ground): You may be easy on that ～. その点では[に関する限り]御安心下さい / Upon [On] what ～? どういう理由で / on the same ～ 同じ点[事, 理由]で / on more ～*s* than one 一つならぬ理由で / on the ～ of illness [low pay] 病気[低賃金]のために. **5** 競技の得点, 得点記録, 得点表, スコア; 総得点 (total count): a clean ～ 全勝得点 / What is the ～? (競技の)得点はいくらか / keep (the) ～ (競技の)得点を記録する, 数取りをする / make a good ～ 大量得点する; 好成績をあげる / win by a ～ of 5 to 4 5 対 4 で勝つ. **6 a** (品質など最高級品を 100 点として示した)点, 評価値. **b**《米》〖心理・教育〗(テストの)得点, 点数, 成績. **7** (*pl.* ～) **a** 二十 (twenty): a ～ of balls. **b** [しばしば基数の複合語として] 二十(人, 個) (set of twenty) (cf. sixscore): five ～ of herring にしん一束《100 尾》/ four ～ and seven years ago 87 年前《Lincoln の Gettysburg Address の言葉》/ ⇨ THREESCORE and ten. **c**《古》[特に, 豚または去勢牛の重量単位として] 20 または 21 ポンド. **8** [*pl.*] 多数, 多大: ～*s* of years / People come in [by] ～*s*. 幾十人となくやって来る / ～*s* of times 数十回, 何度も何度も. **9** [the ～]《口語》(事態の)厳然たる事実, 真相, 実情, 内幕 (lowdown): know *the* ～ ＝know what *the* ～ is 真相を知っている / The home folks had no idea what *the* ～ was. 国内の人たちは事実の真相を知らなかった / What's *the* ～ *on* the new spaceship? 新宇宙船はどんな具合か / How's *the* ～? どんな具合だい. **10 a**《口語》人をやりこめること[議論], 相手をへこます返答[皮肉, 動作] (cf. SCORE *off*): He is too fond of making cheap ～*s*. 彼はくだらんことで人をへこますのが好きだ. **b** うまい手; 成功, 幸運: What a ～! なんて運がいいんだろう. **c**《俗》うまく盗むこと. **11**〖音楽〗**a** 総譜, 譜表, 楽譜, スコア: an orchestral ～ 管弦楽用(総括的および各部別の)総譜 / ⇨ close score, full score, open score, piano score, short score / in ～ 総譜で; 各声部併記して. **b** (映画・劇などの)背景音楽. **12**〖ダンス〗舞踊譜, 運動譜. **13**〖海事〗(滑車の)帯索溝(みぞ).
go off* [*get off, start*] *at* (*full*) *score (1) 〈馬などが〉全速力で走り出す; 出発線から元気よく行く. (2) 〈得意の問題を〉威勢よく話し出す; 自制しきれなくなる. ***make a score off an awkward heckler***《俗》手ごわいやじをやっつける[へこます]. ***make a score off one's own bat*** 自力でやる, 独力でやってのける. ***pay off old scores*** (前科を理由に)給料を払って〈人を〉解雇する.
— *vt.* **1 a** …に刻み目[切り目]をつける: ～ timber / rocks ～*d* by glacial action 氷河作用によって傷つけられた岩, 氷河の跡のついている岩 / a heart ～*d* by sorrow and remorse 悲哀と悔恨で傷ついた心. **b**〖料理〗〈肉片などに〉に細かい切り目をつける. **2 a** …にしるし[線, 溝]をつける: The page was ～*d* with underlinings. そのページには幾筋もアンダーラインが引いてあった. **b** 棒を引いて消す, 削除する〈*out, off*〉: ～ *out* the name. **3 a** 刻み目をつけて記録する. **b** 記録する (record), 計算する, つけておく (reckon, count)〈*up*〉: ～ *up* three pounds against [to] a person 人に 3 ポンドつけておく. **c** …の負債[勘定]を記録する〈*up*〉: ～ *up* the customer. **4 a** 〈試合〉の得点[点数]をつける. **b** 〈点を〉得る: ～ a point 1 点を獲得する / ～ a touchdown / ～ a century at cricket クリケットで 100 点を得る. **c** (何)点になる: A touchdown ～*s* six. タッチダウンは 6 点. **d** 〈競争者〉に点を割当てる. **e**〖野球〗〈走者〉に得点させる: ～ a base runner. **5** 〈利益・成功・人気などを〉得る, 収める, 博する (gain, win): ～ an advantage, a victory, a great success, etc. / She ～*d* a great hit as Nora. ノラ役で大ヒットした. **6**《米》ののしる, こきおろす (berate, censure severely): ～ him for the mistake まちがいに対して彼を非難する. **7 a** …の品質の評価値を決める. **b**《米》〖教育・心理〗〈試問・テスト〉の答を評価する, 採点する (mark). **8**〖音楽〗**a** 管弦楽曲に作る (orchestrate); 〈ある楽曲〉の総譜を書く. **b** 〈映画など〉に曲をつける, 作曲する. **9** 〈競走馬を〉スタートラインへ連れて来る.
— *vi.* **1 a** 刻み目[切り目]をつける. **b** しるし[線, 溝]をつける. **2 a** (競技で)得点をつける, 得点を計算[勘定]する. **b** 得点する: He did not ～ once. 一度も得点しなかった. **c** 勝つ (win): Who will ～? だれが勝つだろうか / A ～*d against* [*over*] B. A が B に勝った. **3** 利益を占める, 得をする, うまくやる, 成功する: ～ in a show ショーで成功する / We could not ～ by the war. 戦争でもうけることはできなかった / We found a good and cheap hotel at once, so we rather ～*d*. すぐいい安い宿を見つけたのでまあよかった. **4** 〈競走馬が〉スタートラインに現われる. **5**《廃》借金を作る. **6**《俗》不法に麻薬を買う.
score off* ＝ *score points off《口語》(議論などで)…をやっつける, へこませる, 勝つ, 負かす: ～ *off* an opponent. ***score under*** …の下に線を引く (underline).

scóre·bòard *n.* (野球などの)得点掲示板, スコアボード.

scóre·bòok *n.* スコアブック, 得点記入帳, 得点表, 採点簿.

scóre·càrd *n.* **1 a** (競技の)スコア[得点]カード. **b**〖ボクシング〗採点表, ジャッジペーパー. **2** (選手名その他の記録・情報を載せた)選手一覧表: a baseball ～.

scóre·kèeper *n.* (競技の)得点[スコア]記録係.

scóre·less *adj.* 無得点の.

scóre·pàd *n.* (ボウリング・ブリッジなどの)得点記録帳.

scór·er [skɔ́ːrə, skɔ́ːrə | skɔ́ːrə(r]〚ME〛*n.* **1** 採点者,

スコア係. **2** 得点者.

scóre-shèet *n.* スコアシート, 採点紙.

sco·ri·a [skɔ́ːriə, skóːr- | skɔ́ːrɪə, skɔ́r-] 〘(*a*1398) ◻ L *scōria* ◻ Gk *skōría* refuse ← *skōr* dung〙 ― *n.* (*pl.* **-ri·ae** [-riːː]) **1** 〘地質〙 多孔質・黒色の細粒火山放出物, 火山岩滓(がんさい) (cf. cinder 4). **2** 〘冶金〙 かなくそ, からみ, 鉱滓(こうさい) (slag). **sco·ri·a·ceous** [skɔ̀ːriéɪʃəs, skòːr- | skɔ̀ːrɪ-, skɔ̀r-] *adj.*

scória cóne *n.* 〘地質〙 岩滓(がんさい)丘.

sco·ri·fi·ca·tion [skɔ̀ːrəfɪkéɪʃən, skòːr-, -fə- | skɔ̀ːrɪfɪ-, skɔ̀r-] 〘← SCORI(A)＋-FICATION〙 *n.* 〘冶金〙 焼溶(試金法), 焼融.

scó·ri·fi·er *n.* 〘冶金〙 (金銀の乾(かん)式試金に用いる) 焼溶[焼融]皿, スコリファイヤー.

sco·ri·fy [skɔ́ːrəfàɪ, skóːr- | skɔ́ːrɪ-, skɔ́r-] 〘← SCORI(A)＋-FY〙 *vt.* (金・銀の試金において鉱石に鉛とホウ砂(しゃ)を加えて)鉱滓(こうさい)(scoria) にする, 焼溶[焼融]する.

scor·ing [skɔ́ːrɪŋ, skóːr- | skɔ́ːr-] *n.* **1 a** 試合記録(記入); 得点. **b** 《米》 評価, 採点 (cf. score *vt.* 7 b). **2** (管弦楽の)総譜(作成). **3** [集合的] 切り傷 (scores).

scorn [skɔ́ən | skɔ́ːn] 〘*n.*: (? *c*1200) *sc(h)arn, sc(h)orn* ◻ OF *esc(h)ar(n)* ← Gmc (OHG *skern* jest, trick). ― *v.*: (? *a*1200) *scarne(n), sc(h)orne(n)* ◻ OF *esc(h)arn-ir* < VL **escarnīre* ◻ Gmc **skarnjan* (OHG *skerōn* to behave rowdily)〙 ― *n.* **1** 軽蔑, さげすみ, 侮辱 (disdain, contempt); あざけり, 冷笑 (mockery, derision): with ～ 軽蔑して / have [feel] ～ for …に対して軽蔑の念をいだく / hold…in ～ …を軽蔑する, さげすむ / think ～ of …を軽蔑する / think [hold] it ～ to lie うそをつくことをいさぎよしとしない. **2** 軽蔑[冷笑]される人[もの], 笑い草, もの笑い: He is a ～ to [the ～ of] his neighbors. **3** 《古》 嘲笑的[軽蔑的]な行為[話しぶり].
laugh a person to scorn ⇨ laugh 成句.
― *vt.* **1** さげすむ, 軽蔑する (contemn). **2** [～ *to* do として] いさぎよしとしない, 恥とする, …しない (disdain): ～ *to* tell a lie うそをつくことをいさぎよしとしない. **3** 《古》 嘲笑する (mock). ― *vi.* 《廃》 あざける, 冷笑する (mock). **～·er** *n.*

scorn·ful [skɔ́ənfəl | skɔ́ːn-] 〘(?*a*1400): ⇨ ↑, -ful[1]〙 ― *adj.* 嘲笑的な, 冷笑的な (contemptuous, derisive); 〔…を〕軽蔑する, さげすむ, あざける 〔*of*〕: smile in a ～ way ばかにしたように微笑する / laugh a ～ laugh 冷笑する, せせら笑う / be ～ *of* honors 名誉を軽蔑する. **～·ly** *adv.* **～·ness** *n.*

scor·pae·nid [skɔəpíːnɪd, -nəd | skɔːpíːnɪd] 〘⇨ ↓, -id[2]〙 *adj., n.* 〘魚類〙 カサゴ科の(魚).

Scor·pae·ni·dae [skɔəpíːnədiː | skɔːpíːnɪ-] 〘← NL ～ ← *Scorpaena* (属名: ← L *scorpaena* ◻ Gk *skórpaina* sea scorpion)＋-IDAE〙 *n. pl.* 〘魚類〙 カサゴ科.

scor·pae·noid [skɔəpíːnɔɪd | skɔː-] 〘← NL *Scorpaenoid-ea* ← *Scorpaena* (↑): ⇨ -oid〙 *adj., n.* 〘魚類〙 カサゴ亜目の(魚).

scor·per [skɔ́əpə | skɔ́ːpə(r)] 〘《変形》 ← SCALPER[2]〙 *n.* **1** 彫刻用丸のみ. **2** (金属を切ったり彫刻したり穴をあけたりする)宝石細工用ののみ (scalper).

Scor·pid·i·dae [skɔəpídədiː | skɔːpídɪ-] 〘← NL ～ ← *Scorpid-, Scorpis* (属名: ← Gk *skorpís*)＋-IDAE〙 *n. pl.* 〘魚類〙 カゴカキダイ科.

Scor·pi·o [skɔ́əpiòʊ | skɔ́ːpiəʊ, -pjəʊ] 〘◻ L *scorpiō(n-)*: ⇨ scorpion〙 ― *n.* **1** 〘天文〙 ＝Scorpius. **2** 〘占星〙 **a** さそり座, 天蠍(かつ)宮《黄道 12 宮の第 8 宮; the Scorpion ともいう; ⇨ zodiac》. **b** さそり座生まれの人. **3** 〘動物〙 サソリ属《コガネサソリ科の一属; 化石種と現存種を含む》.

scor·pi·oid [skɔ́əpiɔ̀ɪd | skɔ́ːpɪ-] 〘◻ Gk *skorpioeidḗs*: ⇨ ↓, -oid〙 ― *adj.* **1** サソリに似た, サソリ状の. **2** 〘植物〙 〈花が〉サソリの尾のように巻いた (circinate). **3** 〘動物〙 サソリ類の.

scor·pi·on [skɔ́əpiən | skɔ́ːpjən, -pɪən] 〘(? *a*1200) ◻ (O)F *scorpion* < L *scorpiō(n-)* ◻ Gk *skorpios* ← ? IE **sker-* 'to cut, SHEAR'〙 ― *n.* **1** 〘動物〙 **a** サソリ《温暖な地域・熱帯に広く分布するサソリ類の総称》. **b** カキネハリトカゲ (pine lizard) などのトカゲ類の総称. **2** サソリのような人[物], 憎悪に燃える人. **3 a** [the S-] 〘天文〙 さそり(蠍)座 (⇨ Scorpius). **b** 〘占星〙 さそり座, 天蝎宮 (⇨ Scorpio 2 a). **4** 〘聖書〙 さそりむち《ひもに金属のつめの付いたものと想像される; cf. *1 Kings* 12: 11》: chastise with ～s さそりむちで懲らす《重い刑罰》. **5** (古代・中世の)大弩(ど), 小弩砲(ほう), 投石機 (catapult). **6** 〘魚類〙 ＝scorpion fish.

scórpion-bròom *n.* 〘植物〙 ヒトツバエニシダ (*Genista scorpius*) 《scorpion-plant[-thorn] ともいう》.

Scor·pi·o·nes [skɔ̀əpióʊniːz | skɔ̀ːpiə́ʊ-] 〘← NL ～ (pl.) ← L *scorpiō* 'SCORPION'〙 *n. pl.* 〘動物〙 ＝Scorpionida.

scórpion fìsh *n.* 〘魚類〙 カサゴ科の魚類の総称; (特に)背びれに毒のあるフサカサゴ属 (*Scorpaena*) の魚.

scórpion flỳ *n.* 〘昆虫〙 シリアゲムシ《長翅目シリアゲムシ科の昆虫の総称; 雄は腹端をサソリのように反上するためこの名がある》.

scor·pi·o·nid [skɔ́əpiənɪd, -nəd | skɔ́ːpɪənɪd] 〘↓〙 *adj., n.* 〘動物〙 サソリ類の(動物).

Scor·pi·on·i·da [skɔ̀əpiɑ́nədə | skɔ̀ːpiɔ́n-] 〘← NL ～: ⇨ scorpion, -ida〙 *n. pl.* 〘動物〙 サソリ類.

scórpion-plànt *n.* 〘植物〙 **1** サソリラン (*Renanthera arachnitis*)《ジャワ産のランで花は巨大なクモの形をしている》. **2** ＝scorpion-broom.

scórpion sénna *n.* 〘植物〙 南ヨーロッパ産のマメ科のサソリの尾に似た節のあるさやと黄色い花をつける低木 (*Coronilla emerus*).

scórpion shèll *n.* 〘貝類〙 サソリガイ (*Harpago chiragra*).

scórpion spìder *n.* 〘動物〙 ＝whip scorpion.

scórpion-thòrn *n.* 〘植物〙 ＝scorpion-broom.

scórpion·wèed *n.* 〘植物〙 **1** ハゼリソウ科ファセリア属 (*Phacelia*) の植物の総称《北米原産で園芸植物が多い》. **2** ハゼリソウ (fiddle-neck).

Scor·pi·us [skɔ́əpiəs | skɔ́ːpɪəs, -pjəs] 〘◻ L ～〙 *n.* 〘天文〙 さそり(蠍)座《南天の星座; the Scorpion または Scorpio ともいう》.

scor·zo·ne·ra [skɔ̀əzəní(ə)rə | skɔ̀ːzəníərə] 〘◻ It. ～ ← *scorzone* < VL **scurtione* ← ML *curtio, -ōn-* poisonous snake〙 ― *n.* 〘植物〙 フタナミソウ《地中海沿岸産キク科フタナミソウ属 (*Scorzonera*) の植物の総称; black salsify ともいう》.

scot [skɑ́t | skɔ́t] 〘(*c*1300) ◻ ON *skot* contribution: cog. OE *sc̄eot* 'SHOT, reckoning, contribution' (cf. *sc̄eotan* 'to SHOOT[1]')〙 ― *n.* 《英》 (昔の)税金 (tax, assessment); (支払いの)割前.
scot and lot 《英》 (昔の)住民税; 分相応の税, 応分の義務《lot and scot ともいう》: pay (one's) ～ *and lot* 分相応の税を収める[割前を出す], 皆済する.

Scot [skɑ́t | skɔ́t] 〘OE *Scottas* (pl.) ◻ LL *Scott-ī* (pl.) the Irish ◻ OIr. *Scuits* ((pl.) ← *Scot*) 《原義》 ? the wanderers: cf. Gael. *sguit* wanderer〙 ― *n.* **1** スコットランド人. ★ スコットランドでは Scot または Scotsman が用いられる. 英米では Scotchman が用いられるが, スコットランド人の前では通例 Scotsman を用いる. **2** スコット族の人《6 世紀にアイルランドからイングランド北西部に移住したゲール人の一派; Scotland の名はこの種族名による》.

Scot. 《略》 Scotch; Scotland; Scotsman; Scottish.

scotch[1] [skɑ́tʃ | skɔ́tʃ] 〘(*c*1412) ◻ ? AF *escoch-er* ← (O)F *es-* 'EX-[1]'＋*coche* notch < (VL **coccam*)〙 ― *vt.* **1** つぶす (crush), たたきつぶす, くじく, 強圧する (stamp out); …の息の根をとめる, 撲滅する: ～ a mutiny 暴動を押える / ～ a plot 陰謀をくじく. **2** 《古》 生殺しにする: We have ～*ed* the snake, not killed it. われわれはへびを生殺しにしたのだ, 本当に殺したのではない (Shak., *Macbeth* 3. 2. 13). **3** 《古》 切る, 刻む, 傷をつける (cut, score). ― *n.* **1** 浅く刻むこと, 浅傷 (cut, score). **2** (hopscotch の遊戯などで地面に書く)線.

scotch[2] [skɑ́tʃ | skɔ́tʃ] 〘(1601) 《変形》 ← 《廃》 *scatch* stilt ◻ ONF *escache* (F *échasse*)〙 ― *vt.* (輪止め・まくらくさびを入れて)〈車・樽などを〉動かない[滑らない]ようにする. ― *n.* (車の)輪止め, (樽などの)まくらくさび.

Scotch [skɑ́tʃ | skɔ́tʃ] 〘(1591) 《短縮》 ← SCOTTISH〙 ― *adj.* **1** スコットランドの; スコットランド人の: They are ～. 彼らはスコットランド人だ. ★ スコットランド人は Scotch よりも一般に Scottish または Scots を好んで用いるが, 英米では共に《口語》には Scotch, 《文語》には Scottish が普通; ただし次のように慣用的に固定したものもある: Scotch whisky [fir, tweeds, girl]; Scottish custom [book, history]; Scots law. **2** スコットランド語の (⇨ *n.* 2 ★). **3** つましい (frugal). ― *n.* **1** [the ～; 集合的] スコットランド人 (the Scots). **2** スコットランド語 (Scots). ★ Scotch が最も一般的で, Scottish はあまり用いられない. スコットランドでは Scots という. **3** 《口語》 スコッチ(ウイスキー).
Scotch and English 《スコット・北英》 陣取り遊戯 (prisoner's base).
Scotch and soda (スコッチ)ウイスキーソーダ.

Scótch bárley *n.* ＝hulled barley.

Scótch Bláckface *n.* ブラックフェイス《スコットランド産の顔の黒い, 山地で飼育される肉用品種の緬羊》.

Scótch bróom *n.* 〘植物〙 エニシダ (*Cytisus scoparius*)《ヨーロッパ原産のマメ科エニシダ属の黄色の蝶形花をつける低木》.

Scótch bróth *n.* スコッチブロス《牛または羊肉と野菜に大麦を混ぜた濃いスープ》.

Scótch cáp *n.* スコッチキャップ《スコットランドで用いるウール地のキャップ; cf. bonnet 1 b, glengarry, Balmoral 3》.

Scótch cátch *n.* 〘音楽〙 ＝Scotch snap.

scótch cóllops *n. pl.* スコッチコロップス《牛肉を細く切りねぎを入れたシチュー》.

Scótch crócus *n.* 〘植物〙 ヨーロッパ東南部およびトルコ原産アヤメ科のクロッカスの一種 (*Crocus biflorus*).

scótch égg *n.* スコッチエッグ《豚などのひき肉でくるんでパン粉をつけて揚げた堅ゆで卵》.

scotch·er [skɑ́tʃə | skɔ́tʃə(r)] *n.* ＝scutcher.

Scótch fír *n.* 〘植物〙 ヨーロッパ産のマツの一種 (*Pinus sylvestris*)《Scotch pine ともいう》; その材《堅牢で尊重される》.

Scótch fóursome *n.* 〘ゴルフ〙 ＝foursome 2 b.

Scótch fúrnace *n.* 〘冶金〙 スコッチ炉 (⇨ ore hearth).

Scótch Gáelic *n.* 〘言語〙 ＝Scottish Gaelic.

Scótch gále *n.* 〘植物〙 ヤチヤナギ (⇨ sweet gale).

Scotch grain *n.* 牛革に型押しでつけた石目模様のある銀面《男物の革靴に用いる》.

Scótch-Írish *adj.* **1** スコットランド系アイルランド人の《特に, 米国に移住したスコットランド系の北アイルランド人にいう》. **2** スコットランド人とアイルランド人の混血の. ― *n.* [the ～ で集合的にも用いて] **1** スコットランド系アイルランド人. **2** スコットランド人とアイルランド人の混血の人.

Scótch kále *n.* 〘園芸〙 スコッチケール《ケールの代表的品種の名; 葉は灰緑色で, ちぢれが激しい》.

scótch lóvage *n.* 〘植物〙 ＝lovage 2.

scótch·man [-mən] 〘《転用》 ↓〙 *n.* (*pl.* **-men** [-mən]) **1** 〘海事〙 (索具に付けた)摩擦よけの当て木《rigging batten ともいう》. **2** 〘魚類〙 ＝Scotsman 2.

Scótch·man [-mən] 〘(1570)〙 *n.* (*pl.* **-men** [-mən]) スコットランド人 (⇨ Scot 1 ★).

Scótch míst *n.* **1** (スコットランドの山地に多い)湿気の多い濃霧, こぬか雨. **2** スコッチミスト《細く砕いた氷にスコッチウイスキーを注いだカクテル》.

Scótch pébble *n.* 〘鉱物〙 (スコットランド各地に産する)めのう・玉髄など《磨いて各種工芸品に用いる》.

Scótch píne *n.* 〘植物〙 ＝Scotch fir.

Scótch róse *n.* 〘植物〙 ヨーロッパ産のバラの一種 (*Rosa spinosissima*)《小さな羽状の葉に, ピンク・白・黄色の花をつける; burnet rose ともいう》.

Scótch snáp *n.* 〘音楽〙 スコッチ スナップ《符点のリズムが普通と逆なもの; 例えば ♫.; Scotch catch ともいう》.

scótch-tápe 〘↓〙 *vt.* スコッチテープでとめる.

Scótch tápe *n.* 《米》 〘商標〙 スコッチテープ《粘着テープの商品名》.

Scótch térrier *n.* ＝Scottish terrier.

Scótch thístle *n.* 〘植物〙 **1** ヨーロッパ産アザミ属 (*Cirsium*) の植物の総称. **2** 〘スコットランド国民の象徴として用いられたことから〙 オオヒレアザミ (⇨ cotton thistle).

Scótch vérdict *n.* **1** 〘スコット法〙 証拠不十分という(陪審による)評決. **2** 確定的でない決定[判決].

Scótch whísky *n.* スコッチ(ウイスキー)《大麦の麦芽をピートで煙臭をつけ乾燥・発酵・蒸留して造るスコットランド原産のウイスキー; cf. bourbon whiskey》.

Scótch·wòman *n.* (*pl.* **-women**) スコットランドの女.

Scótch wóodcock *n.* スコッチウッドコック《anchovy paste をつけいり卵をのせたトースト》.

sco·ter [skóʊṭə | skə́ʊtə(r)] 〘← ?〙 *n.* (*pl.* **～s,** ～) 〘鳥類〙 クロガモ《ヨーロッパ北海岸や北米に生息するクロガモ属 (*Melanitta*) のカモの総称; ビロウドキンクロ (*M. fusca*), クロガモ (*M. nigra*) など》.

scót-frée *adj.* **1** 罰を免かれて (unpunished); 害を受けないで, 無事に (unharmed): go [get off] ～ 無事に逃げる, 罰を免かれる, 無事に済む. **2** 支払いを免かれて, 免税の.

sco·tia [skóʊʃə, -ʃiə, -ṭiə | skə́ʊʃə] 〘◻ L ～ ◻ Gk *skotía* ← *skótos* darkness: cf. shade〙 ― *n.* 〘建築〙 スコティア《古典主義建築の柱礎などに用いる深くえぐった繰形; ⇨ molding[1] 挿絵》.

Sco·tia [skóʊʃə, -ʃɪə | skə́ʊʃə] 〘◻ ML ～ ← LL *Scōtus, Scottus* 'SCOT'〙 *n.* 《詩・文語》 スコティア《Scotland の古[雅]名; cf. Caledonia》.

Scot·i·cism [skɑ́ṭəsɪzm | skɔ́tɪ-] *n.* ＝Scotticism 2.

Sco·tis·ic [sko(ʊ)tísɪk | skə(ʊ)-] *adj.* スコートス哲学[派]の.

Sco·tism [skóʊtɪzm | skə́ʊ-] 〘← (*Duns*) *Scotus*＋-ISM〙 *n.* 〘哲学〙 ドゥンス スコートス (Duns Scotus) の哲学.

Scó·tist [-ṭɪst, -ṭəst | -tɪst] 〘(1530)〙 *n.* 〘哲学〙 スコートス学派《Duns Scotus の説の信奉者》.

Scot·land [skɑ́tlənd | skɔ́t-] 〘OE ～ 'land of Scots': cf. L *Scotia*〙 ― *n.* **1** Great Britain 島の北部 (Hebrides, Orkney Islands, Shetland Islands を含む)を占め England などと共に連合王国を構成する; 1707 年に England と合併するまでは独立した王国であった; ⇨ Great Britain, United Kingdom; 人口 5,207,000, 面積 78,772 km², 首都 Edinburgh; 詩語 Caledonia, Scotia; 公式名 the Kingdom of Scotland. **2** 〘紋章〙 Royal tressure に囲まれた競い獅子 (lion rampant) の紋章.

Scótland Yárd 〘旧所在地の名にちなんだもの〙 ― *n.* **1** ロンドン警視庁(本部)《Thames Embankment にあったが, 1967 年に Broadway に移転; 公式名 New Scotland Yard》. **2** (ロンドン警視庁の)刑事部: call in ～ 〈地方警察が〉(難事件などに際して)ロンドン警視庁刑事部に捜査を依頼する.

sco·to- [skóʊṭo(ʊ), skóʊṭ- | skɔ́tə(ʊ), skəʊt-] 〘← NL ～ ← Gk *skótos* darkness: ⇨ scotia〙 「暗黒 (darkness)」の意の連結形.

scot·o·din·i·a [skɑ̀ṭədíniə, skòʊṭ- | skɔ̀tə(ʊ)díniə, skəʊt-, -njə] 〘← SCOTO-＋Gk *dînos* whirling＋-IA[1]〙 *n.* 〘病理〙 失神性眩暈(げんうん).

scot·o·graph [skɑ́ṭəgræ̀f, skóʊṭ- | skɔ́tə(ʊ)grɑ̀ːf, -græ̀f] 〘← SCOTO-＋-GRAPH〙 *n.* 放射線写真 (radiograph).

sco·to·ma [skətóʊmə, sko(ʊ)- | skə(ʊ)tə́ʊ-] 〘← NL ～ ← ML *scotōma* dimness of vision ◻ Gk *skótōma* ← *skotoûn* to darken, blind ← *skótos* darkness: ⇨ -oma〙 ― *n.* (*pl.* **～s, ～·ta** [～ṭə | ～tə]) 〘眼科〙 (視野)暗点.
sco·tom·a·tous [skətɑ́məṭəs, sko(ʊ)- | skə(ʊ)tɔ́mətəs] *adj.*

scot·o·pho·bin [skɑ̀ṭəfóʊbɪn, skòʊṭ-, -bən | skɔ̀təfə́ʊbɪn, -kəʊt-] 〘← SCOTO-＋-PHOBE＋-IN[1]〙 *n.* 〘生化学〙 スコトフォビン《暗所を恐れさせる脳内ペプチッド》.

scot·o·pho·bic [skɑ̀ṭəfóubɪk, skòuṭ- | skɔ̀təfə́u-, skəut-] *adj.*

sco·to·pi·a [skətóupiə, sko(u)- | skə(u)táupjə, -pɪə] 〚← SCOTO-＋-OPIA〛 ── *n.* 〚眼科〛暗所視 (↔ photopia). **sco·to·pic** [skətóupɪk, sko(u)-, -táp- | skə(u)tóup-, -tɔ́p-] *adj.*

sco·top·sin [skətápsɪn, sko(u)-, -sən | skə(u)tɔ́psɪn] *n.* 〚生化学〛スコトプシン《暗視野に働く網膜桿状体にある視物質の蛋白部分》.

Scots [skɑ́ts | skɔ́ts] 〚《c1340》《北部方言》 *Scottis* ← SCOTTISH〛 ── *adj.* ＝Scotch 1 (⇨ Scotch *adj.* 1 ★): the ～ language (低地)スコットランド語 / ～ law スコットランド法 / a pound ～＝pound[1] 3 / a ～ mile スコットランドマイル《英米法定マイルの 1.123 マイル (約 1,807 m) に当たる》. ── *n.* **1** [the ～; 集合的] スコットランド人. **2** スコットランド語, スコットランド方言 (⇨ Scotch *n.* 2 ★): He speaks broad ～. 彼にはひどいスコットランドなまりがある.

Scóts Gáelic *n.* 〚言語〛＝Scottish Gaelic.

Scóts Guárds *n. pl.* [the ～] ⇨ Foot Guards.

Scóts·man [-mən] 〚《c1375》〛 ── *n.* **1** (*pl.* **-men** [-mən])＝Scotchman 1 (⇨ Scot 1 ★). **2** [s-] (*pl.* **scots·men, scots·man**) 〚魚類〛アフリカ南部産の色あざやかなタイ科の食用魚 (*Polysteganus praeorbitalis*).

Scóts·wòman *n.* (*pl.* **-women**) ＝Scotchwoman.

Scott [skɑ́t | skɔ́t] 〚OE *Scottas*《原義》from Scotland: ⇨ Scot〛 *n.* 男性名《愛称形 Scottie, Scotty》.

Scott [skɑ́t | skɔ́t], **Evelyn** *n.* (1893–　) 米国の女流小説家.

Scott, Sir **George Gilbert** *n.* (1811–78) 英国の建築家.

Scott, Robert Falcon *n.* (1868–1912) 英国の海軍将校で南極探検家; 1912 年初め Amundsen より 1 か月遅れて南極点に到達したが帰路死亡.

Scott, Sir **Walter** *n.* (1771–1832) スコットランドの小説家・詩人; *The Lady of the Lake* (1810), *Waverley* (1814), *Ivanhoe* (1820).

Scott, Win·field [wínfi:ld] *n.* (1786–1866) 米国の将軍.

Scótt connéction *n.* 〚電気〛スコット結線 (⇨ T connection).

Scot·ti·cism [skɑ́ṭəsìzm | skɔ́tɪ-] 〚← LL *scōtticus* of the Scots (⇨ Scot, -ic[1])＋-ISM〛 ── *n.* **1** スコットランド語法[なまり]. **2** スコットランドびいき.

Scot·ti·cize [skɑ́ṭəsàɪz | skɔ́tɪ-] 〚← LL *scōtticus* (↑)＋-IZE〛 ── *vt.* **1** 〈語句・習慣などを〉スコットランド風にする, スコットランド化する. **2** スコットランド語に訳す.

Scot·tie[1] [skɑ́ṭi | skɔ́ti] 〚← SCOT＋-IE〛 *n.* **1** ＝《口語》Scotchman 1. **2** ＝Scottish terrier.

Scot·tie[2] [skɑ́ṭi | skɔ́ti] 〚(dim.) ← SCOTT〛 *n.* 男性名.

Scot·tish [skɑ́ṭɪʃ | skɔ́t-] 〚OE *Scottisc*: ⇨ Scot, -ish[1]〛 ── *adj.* ＝Scotch 1 (⇨ Scotch *adj.* 1 ★): ～ literature スコットランド文学 / the ～ Church＝the Church of Scotland. ── *n.* **1** スコットランド語 (⇨ Scotch *n.* 2 ★). **2** [the ～; 集合的] スコットランド人.

Scóttish Barónial *adj.* 〚建築〛スコティッシュバロニアル様式の《塔や矢狭間を備えた中世スコットランドの城塞風建築様式についていう; cf. baronial》.

Scóttish déerhound *n.* ＝deerhound.

Scóttish Gáelic *n.* 〚言語〛スコットランド高地のゲール語《Hebrides 諸島やスコットランドの高地のゲール語; Nova Scotia でも用いられる》.

Scóttish Presbytérians *n. pl.* 〚スコット史〛＝covenanter 2.

Scóttish ríte, S- R- *n.* [the ～] 〚フリーメーソン〛スコット儀礼《フリーメーソン団員の儀式の一つ; 33 級を与える; cf. York rite》.

Scóttish térrier, S- T- *n.* スコッチテリア《スコットランド原産のテリア犬種のイヌ; 肢が短く剛毛におおわれている; Scotch terrier ともいう》.

Scott-Mon·crieff [skɑ́t-mənkrí:f, -mɑn- | skɔ́t-mən-, -mɔn-], **Charles Kenneth Michael** *n.* (1889–1930) *Beowulf*, Stendhal, Proust および Pirandello などを翻訳したスコットランド生れの翻訳家.

Scot·ty[1] [skɑ́ṭi | skɔ́tɪ] *n.* ＝Scottish terrier.

Scot·ty[2] [skɑ́ṭi | skɔ́tɪ] 〚(dim.) ← SCOTT〛 *n.* 男性名.

Scotus, John Duns *n.* ⇨ Duns Scotus.

scoun·drel [skáundrəl] 〚《1589》← ?: cf. AF *escoundre*＝OF *escondre* ← L *abscondere* 'to ABSCOND'〛 ── *n.* 悪党, 悪漢 (villain), 無頼漢, ならず者, やくざ者 (rogue, rascal). ── *adj.* 《米》《英まれ》悪党の, 悪漢風の; ふらちな, 不道徳な, 破廉恥な (scoundrelly).

scóun·drel·dom [-dəm] *n.* **1** 悪党仲間[社会]; [集合的] 悪党たち (scoundrels). **2** ＝scoundrelism.

scóun·drel·ism [-lɪzm] *n.* 悪行, ふらち; 悪党根性 (rascality); 卑劣さ (baseness).

scoun·drel·ly [skáundrəli | -lɪ] 〚《1790》〛 *adj.* 悪党の, 悪漢風の, 無頼漢のような; ふらちな, 横着な (rascally); 下劣な (mean).

scoup·er [skɔ́:pə | -pə(r] *n.* ＝scalper[2].

scour[1] [skáuə | skáuə(r] 〚《a1325》□ ? MDu. *schur-en* □ OF *escurer* (F *écurer*) < LL *excūrāre* to clean off ← L EX-[1]＋*cūrāre* to care for, cleanse: ⇨ cure〛 ── *vt.* **1 a** 〈鍋・かまなどを〉(砂・みがき粉などでこすって)すりみがく (rub bright): ～ a rusty kettle さびたやかんをみがく. **b** 〈さび・しみなどを〉(こすったり, 水洗いなどして)取除く, 洗い去る (clear away) 〈*off, away, out*〉: ～ rust *off* さびを落とす. **2** 〈床・衣類などを〉(こすって)洗う, 洗濯をする, 洗ってきれいにする: ～ clothes [wool] 衣服[毛糸]を洗濯する. **3** 〈管などを〉洗いさらう, (水を通して)洗い流す, 〈港・川底などを〉洗掘する 〈*out*〉: ～ (*out*) a ditch [drainpipe] 水を流して溝[下水管]をさらう / The river has ～*ed* its bed of silt. 川は川底の泥を洗掘した. **4** (下痢などで)〈家畜の〉腸を下す, 洗浄する (purge): ～ a horse, cow, etc. / ～ worms for bait (もみがらやこけなどに入れて)餌(ᵉ)にするみみずをきれいにする. **5** 一掃する, 掃討する (sweep away): ～ the sea *of* pirates 海から海賊を一掃する. **6** 《廃》罰する (punish). **7** 〚冶金〛こすりへらす《溶鉱炉の内容物が炉の内張りの耐火物を侵すこと》. ── *vi.* **1** すりみがく, 光らせる; 洗濯する. **2** すりみがかれてきれいになる[光る]. **3** 〈くわ・耕耘(ᵘⁿ)機などが〉刃に泥がつかずに耕す. **4** 〈シャベルの先などが〉(使っているうちに)すれて光る. **5** 〈家畜が〉下痢する, 腹が下る.

── *n.* **1** (水勢で川底の砂泥などを)洗い流すこと[作用]: give it a ～ 一洗いする / the ～ of the tide 潮の洗い流し[流す力]. **2** 洗い流された場所, 水勢でできたくぼみ. **3** [通例 *pl.*; 単数または複数扱い] (家畜の)下痢, 白痢.

scour[2] [skáuə | skáuə(r] 〚《c1300》 *sc(o)ure(n)* ← ? ON (cf. Swed. *skura* to rush)〛 ── *vi.* **1** 〔…を求めて〕あさり歩く, 急いで捜し回る (range about) 〔*after, for*〕: The dogs are ～*ing* through the woods *after* [*for*] game. 猟犬は獲物を求めて森の中を捜し回っている. **2** 疾走する, 走り回る (scamper). ── *vt.* **1** 〈場所を〉急いで捜し回る (search rapidly), あさり歩く: ～ the coast *for* an escaped convict 脱走犯を求めて海岸を捜し回る / ～ the plain [the woods] 〈猟犬などが〉平原[森]をあさり回る. **2** 〈場所を〉かけ通る (traverse swiftly). **3** ざっと考える, ざっと見る: ～ a book *for* quotations 引用句を捜すためにざっと本に目を通す.

scour·er[1] [skáurə | skáuərə(r] 〚《c1515》← SCOUR[1]＋-ER[1]〛 *n.* すりみがく人[物]; 洗濯人[器].

scour·er[2] [skáurə | skáuərə(r] 〚《1672》← SCOUR[2]＋-ER[2]〛 *n.* **1** 歩き回る人; 疾走者. **2** 《古》(17–18 世紀に)夜分街路をうろつき回った浮浪者[夜盗].

scourge [skɔ́:dʒ, skóədʒ, skɔ́ədʒ, skúədʒ | skɔ́:dʒ] 〚*n.*: 《c1225》□ AF *escorge* ← OF *escorgier* to whip < VL **excorrigiāre* ← L EX-[1]＋*corrigia* shoelace, strap〛 ── *n.* **1** (懲罰に使う)むち, しもと (whip, lash). **2 a** 懲罰, 天罰, たたり (punishment). **b** 苦悩のもと, 悩み(の種); 疫病, 戦乱, 野蛮な征服者, 社会悪(など): the white ～ (風土病としての)肺病 / the ～ of war 戦争の惨害 / Flies are a regular ～ in summer. 夏のハエは全く悩みの種だ. **3** 懲罰の器具; 厳しく罰する人; 厳しい批評家. ── *vt.* **1** むち打つ (whip, lash). **2** 厳しく罰する, 懲らしめる (punish, chastise). **3** 悩ませる, 苦しめる (afflict, torment): He is ～*d* by the memory of his misdeeds. 自分の非行の思い出に苦しんでいる. **4** 〈土地を〉荒廃させる (devastate). **5** 厳しく批判する. **scóurg·er** *n.*

scour·ing [skáurɪŋ | skáuər-] 〚ME〛 ── *n.* **1** すりみがくこと; 洗濯すること, 洗浄. **2** [通例 *pl.*] **a** こすり取った汚物[ごみ, くず]. **b** (製粉前に小麦から除く)ごみ. **c** 人間のくず, 社会の落伍者. **3** 〚獣医〛(馬・牛の)劇症下痢. **4** 〚地質〛研磨(作用), 洗掘《流水・氷河による土砂・岩などの浸食》.

scóuring rùsh *n.* 〚植物〛トクサ (*Equisetum hyemale*)《昔, これを磨耗具として用いた; Dutch rush, shave grass ともいう; cf. horsetail 3》.

scouse [skáus] 〚略〛 *n.* 〚海事〛＝lobscouse.

Scouse [skáus] 〚《逆成》↓〛 *n.* 《英口語》**1** (英語の)リバプール (Liverpool) 方言. **2** リバプールの住民. ── *adj.* リバプールの.

Scous·er [skáusə | -sə(r] 〚← SCOUSE＋-ER[1]: Liverpool で scouse が好まれることから〛 *n.* リバプール (Liverpool) の住民.

scout[1] [skáut] 〚*v.*: 《?c1380》□ OF *escout-er* (F *écouter*) to listen 《変形》← *ascolter* < VL **ascultāre*＝L *auscultāre*: ⇨ auscultate. ── *n.*: 《1553》□ OF *escoute* ← *escouter*〛 ── *n.* **1 a** 斥候(兵), 偵察兵; 敵情監視兵. **b** 偵察艦. **c** 偵察機 (scout plane). **2 a** (情報を求めに出される)内偵者, 偵察者. **b** 《古》スパイ (spy). **3** スカウト《相手方の技術・競技者などについて探察報告するために送られる人; またプロスポーツ団に雇われて選手勧誘をしたり, 新人タレントを掘り出す係》: a talent ～. **4 a** ＝boy scout 1. **b** ＝girl scout 1. **5** 偵察; 探察, 見張り: be on [in] the ～ 偵察をしている. **6** 《英》(Oxford 大学で学生の世話をする)用務員(servant)《Cambridge 大学では gyp, Dublin 大学の Trinity college では skip という》. **7** 《口語》人 (person); やつ, 男 (chap). ★ 通例次の句で用いる: a good ～ (頼みになる)いい人. **8** [S-] 〚宇宙〛スカウト《米国の小型衛星打上げ用の 4 段式固体燃料ロケット》. ── *vi.* **1** 斥候をする, 偵察する, 敵の行動を見張る (reconnoitre): He is out ～*ing*. 彼は偵察に出ている. **2** 〔…を〕捜して歩き回る 〔*for*〕: ～ about [round] あさり回る. **3** スカウトする. ── *vt.* **1** 情報獲得のために調査[視察, 観察]する; 偵察する. **2** 捜す; 捜して見つけ出す 〈*out, up*〉.

scout[2] [skáut] 〚《1605》← Scand. (cf. ON *skūta* to taunt): ⇨ shout〛 ── *vt.* **1** 〈申し出・意見などを〉はねつける. **2** 鼻であしらう, ばかにする (flout, mock). ── *vi.* 嘲笑[嘲弄]する (scoff) 〔*at*〕.

Scóut Associàtion *n.* [the ～] ボーイスカウト連盟《1908 年 Sir Baden Powell が創設; 本部 London》.

scóut càr *n.* **1** (機関銃を装備した高速軽装甲の)偵察(自動)車. **2** 《米》(警察の)パトカー (patrol car).

scóut·cràft *n.* スカウト活動; (特に)ボーイスカウト[ガールスカウト]の活動.

scóut·er [-ṭə | -tə(r] *n.* **1** 探察者, 偵察者. **2** [しばしば S-] スカウター《ボーイスカウトの指導者の通称》.

scouth [skú:θ, skáuθ] 〚← ?〛 *n.* 《スコット》**1** 豊富, たくさん (plenty). **2** 活動の機会, 余地 (scope).

scóut·hòod *n.* ボーイスカウト[ガールスカウト]のメンバーの身分[性格, 特質, 精神].

scóut·ing [-ṭɪŋ | -tɪŋ] *n.* **1** 斥候[偵察]活動. **2** ボーイスカウト[ガールスカウト]運動[活動, 計画, 指導など]. **3** ＝scoutcraft.

scóut·màster *n.* **1** 偵察隊長, 斥候隊長. **2** (ボーイスカウトの)班の隊長《成人で, 通例, ボーイ隊長という》.

scow [skáu] 〚《1775》□ Du. *schouw* ferry-boat〛 ── *n.* **1** スカウ, 平底船《泥・石炭などを運搬する平底の運送船》. **2** 《米東部》(かさばる荷物を運搬する)屋根なしのはしけ. ── *vt.* スカウで運ぶ.

scowl [skául] 〚《a1400》← ON (Dan. *skule* to scowl)〛 ── *vi.* **1** (眉を寄せて)不快な表情をする, 苦い顔をする, いやな顔をする (frown): He made no reply, but simply ～*ed*. 彼は返事はしないでただいやな顔をした. **2** にらみつける 〔*at, on, upon*〕: He ～*ed at* his child. 子供をにらみつけた. **3** 陰気な[険悪な]様相を呈する. **4** 〈空などが〉荒模様になる, 今にも降り出しそうになる (lower). ── *vt.* **1** 苦い顔をして示す: ～ one's dissatisfaction いやな顔をして不満を示す. **2** 苦い顔をして追い払う 〈*away*〉; いやな顔をして[にらみつけて]…させる: ～ a person *into* silence いやな顔をして人を黙らせる / ～ *down* a person 人をにらみすえる[にらみつけて黙らせる]. ── *n.* **1** 顔をしかめること, しかめっつら, 渋面, 苦い顔, いやな顔, こわい顔: give a ～ 顔をしかめる / look at a person with a ～ 人にしかめっつらをする. **2** 荒模様, しけ模様; 陰気な様相. **～·er** [-lə | -lə(r] *n.*

scówl·ing·ly [-lɪŋli | -lɪ] *adv.* 眉をひそめて, 顔をしかめて, 苦い[こわい]顔をして.

SCP 《略》〚生化学〛single-cell protein.

SCPO 《略》senior chief petty officer.

scr. 《略》scrip; script; scruple.

S.C.R. 《略》Senior Combination Room; Senior Common Room.

scrab·ble [skrǽbḷ] 〚《1537》□ Du. *schrabbel-en* (freq.) ← *schrabben* 'to SCRAPE': ⇨ -le[3]〛 ── *vi.* **1 a** ひっかく (scratch). **b** かき回して捜す: ～ *about for* something. **2** なぐり書きする, 落書きする (scribble): ～ on the doors of the gate 門の扉に画(ᵉᵃ)く (cf. *1 Sam.* 21: 13). **3 a** よじ登る (scramble). **b** (何かをかき集めるように)必死に努力する, あがく.

── *vt.* **1** (かぎ爪や手で)ひっかく; かき集める. **2** ぞんざいに書く (scrawl), 落書きする (scribble).

── *n.* **1** (爪などで)ひっかくこと, (手で)こすること. **2** 走り書き, 落書き (scrawl); 走り書きの絵. **3** 奪い合い, 争奪 (scramble): a ～ *for* a ticket.

Scrab·ble [skrǽbḷ] *n.* 〚商標〛スクラブル《anagram や crossword puzzle に似た 2–4 人で行なう一種の語合わせ遊戯》.

scrab·bly [skrǽbḷi, -bli | -bḷɪ, -blɪ] 〚⇨ scrabble, -ly[2]〛 *adj.* (**scrab·bli·er; -bli·est**) 《口語》**1** こすれるような, 耳ざわりな. **2** みすぼらしい, 貧しげな.

scrag [skrǽ(:)g] 〚《1542》《変形》← ? CRAG[2]: cf. Norw. *skragg* lean person〛 ── *n.* **1** やせこけた人[動物, 植物]. **2 a** (羊・子牛の)首肉《scrag end ともいう; ⇨ mutton[1], veal 挿絵》. **b** 《俗》(人間の)首 (neck). ── *vt.* (**scragged; scrag·ging**) **1** 《俗》**a** 〈人〉の首をつかむ; 腕で首を締める (choke); 絞め殺す (garrote, throttle); 〈罪人を〉絞首刑に処する (hang). **b** 荒々しく扱う (manhandle). **2** 〚冶金〛〈板ばね用鋼板を〉曲げてためす.

scragged *adj.* やせた, やせこけた (lean): a ～ neck. **～·ly** *adv.* **～·ness** *n.*

scrag·gly [skrǽgli, -gḷi | -glɪ, -gḷɪ] 〚← SCRAG＋-LE[2]＋-Y[4]〛 ── *adj.* (**scrag·gl·i·er; -gl·i·est**) **1** ぎざぎざの, でこぼこの (ragged), 不揃いの. **2** まばらの (straggly). **scrág·gli·ness** *n.*

scrag·gy [skrǽgi | -gɪ] 〚《1611》← SCRAG＋-Y[4]〛 ── *adj.* (**scrag·gi·er; -gi·est**) **1** 骨と皮ばかりの, やせこけた: a ～ neck. **2** でこぼこした, ごつごつした (rugged): a ～ cliff. **scrág·gi·ly** [-gɪli, -gə- | -lɪ] *adv.* **scrág·gi·ness** *n.*

scraich [skréɪx] *v., n.* 《スコット》＝screech.

scram [skrǽ(:)m] 〚《略》↓〛 *v.* (**scrammed; scram·ming**) ── *vi.* **1** [主に命令形で] 逃げろ, 出て行け (Be off!). **2** 〚原子力〛〈原子炉が〉緊急停止する. ── *vt.* 〚原子力〛〈原子炉を〉緊急停止させる. ── *n.* 原子炉の緊急停止.

scram·ble [skrǽmbḷ] 〚《a1586》《鼻音化変形》? ← SCRABBLE〛 ── *vi.* **1 a** (手・足を使って急いで)はい上がる, よじ登る (clamber) 〈*up*〉; 伝って降りる 〈*down*〉; (はうように)骨折って進む[やり抜ける] 〈*along, on, through*〉; はい回る 〈*about*〉: ～ *up* a mountain 山によじ登る / Children love *scrambling* among rocks. 子供は岩をよじ登るのが好きだ / ～ *through* difficulties どうにか困難を切り抜ける. **b** 大急ぎでする: ～ *to* one's feet 急いで立ち上がる / ～

into one's trousers 急いでズボンをはく / ~ *into* the car 車に急いで乗り込む / ~ *into* action 急いで行動する. **2 a** 〔…を求めて〕奪い合う, 争奪する, 我勝ちに取ろうとする〔*for, after*〕: ~ *for* a seat 席を奪い合う / ~ *for* [*after*] office [promotion] 猟官[昇進運動]をする / They ~*d for* pennies. (まいた)銅貨を奪い合った. **b** (苦労して)…しようとする ⟨*to do*⟩: ~ *to* take seats 我先に席をとろうとする. **3** 不揃いに[だらだらと]延びる, 繁茂する. **4** 〘植物〙⟨植物が⟩支持物にはい登る (cf. twine[1] *vi.* 3). **5** 〘空軍〙⟨地上待機のパイロット・迎撃機が⟩(最短時間で出撃のために)緊急発進する, スクランブルする. **6** 〘アメリカンフットボール〙⟨クォーターバックが⟩自分の守備・密集を利用して, パスをやめ自らランニングにより攻撃を計る.
— *vt.* **1** よじ登る, はい上がる: ~ a cliff. **2 a** (急いで)かき集める ⟨*up, together*⟩: ~ *up* the papers 書類をかき集める. **b** 急いで処理する; 急がせる, 急いで…させる: ~ a person *out of* the house 家から人を急いで出す. **3 a** ごちゃ混ぜにする, 混乱させる (jumble). **b** ⟨鶏卵を⟩バターやミルクを加えてかき混ぜながら炒(い)る (cf. scrambled eggs). **c** ⟨トランプの札などを⟩かき混ぜる. **4** 〘通信〙⟨電話・無線の通信を⟩(盗聴できないように)波長を混乱させる[変える]. **5** 〘空軍〙⟨地上待機のパイロット・迎撃機を⟩(出撃のため)緊急発進させる, スクランブルさせる.
— *n.* **1** (ごつごつした登りにくい所を)はい上がること (clamber); よじ登ること (climb). **2** 大急ぎでやってのけること: in a ~ 大急ぎで, ざっと. **3** 奪い合い, 争奪 (struggle), 我勝ちに取ろうとすること〔*for*〕: a ~ *for* office 官職の奪い合い / scatter money *for* a ~ 銭をまいて奪い合いをさせる. **4** 無秩序な寄せ集め, ごちゃ混ぜ. **5** 〘空軍〙(敵機迎撃のための)緊急発進, スクランブル. **6** スクランブル《起伏[でこぼこ]の多いコースで行なうオートバイレース》.

scrámbled éggs *n. pl.* **1** 炒(い)り卵, かき卵. **2** 〘軍事〙炒卵飾り《中佐以上の軍帽のひさしについている金色の派手な縫い取り》; (その飾りをつける)高級将校連.

scrám·bler [-blə, -blə̀ | -blə(r, -blə(r] *n.* **1** scramble する人[物]. **2** 〘通信〙(秘密通信用の)周波数帯変換器 (cf. unscrambler 2). **3** 〘アメリカンフットボール〙スクランブルするクォーターバック (cf. scramble *vi.* 6).

scrám·bling [-blɪŋ, -bḷɪŋ] *adj.* **1** ⟨人が⟩我勝ちに争奪している. **2** 不規則な, だらだらした; ⟨植物が⟩だらだらと延びた, はびこった. **~·ly** *adv.*

scrám·jèt 〘← *s*(*upersonic*) *c*(*ombustion*) *ramjet*〙 — *n.* 《米》〘航空〙 **1** スクラムジェット《燃焼器内での燃焼が超音速流の中で行なわれるラムジェット; 極超音速機用エンジンとして考えられている一型式》. **2** スクラムジェット機.

scran [skrǽn] 〘← ?: cf. Icel. *skran* rubbish〙 *n.* 《俗》(食物の)くず (refuse), 食べ残し, 残飯 (leftovers); 食物 (food).
Bad scran to you! 《アイル》くそでも食らえ.

scran·nel [skrǽnḷ] 〘(1637) ← ?: cf. Norw. *skran* shrivelled〙 — *adj.* 《古》 **1** ⟨音など⟩細い (thin, slight), か弱い; 耳ざわりな, 調子外れの (harsh): ~ pipes (Milton, *Lycidas* 124). **2** 《方言》貧弱な (poor).

scran·ny [skrǽni | -ni] 〘⇨ ↑, -y[4]〙 *adj.* (**scran·ni·er; -ni·est**) 《英方言》やせた, やせこけた (lean).

Scran·ton [skrǽntn] 〘この町の近郊の炭鉱主の名から〙 *n.* 米国 Pennsylvania 州北東部の都市; 無煙炭の産地; 人口 104,000.

scrap[1] [skrǽp] 〘(*a*1387) ◻ ON *skrap* trifles ← *skrapa* 'to SCRAPE'〙 — *n.* **1 a** 一片, 小片, こぎれ, 破片, 切れはし, はした (shred, fragment): a ~ of bread, meat, cloth, etc. / a few ~*s* of news (まとまりのない)二, 三のニュース / ⇨ *a* SCRAP *of paper*. **b** (印刷物・書き物などの)切抜き, 抜粋, スクラップ (cf. scrapbook); 断片: ~*s* from The Times タイムス紙の切抜き / some ~*s* of poetry 詩の断片. **c** [not a ~ で] 少し, 僅か: not a ~ 少しも…ない / do *not* care *a* ~ 少しも構わない. **2** [*pl.*] 食べ残り, 残飯. **b** (動物の)脂肪かす, 魚かす, しめかす (cracklings): dry [green] ~ 乾いた[生の]魚かす, しめかす. **3 a** スクラップ, くず金, くず鉄 (scrap iron). **b** (製造中に切り取られたり削られたりする)くず, 廃物. **c** (溶解を助けるための)ガラスくず (cullet). **d** (たばこの)切れくず.
a scrap of a... (愛情・軽蔑をこめて)小さな, ちっちゃな (small, diminutive): *a* ~ *of* a baby ちいさい赤ちゃん. ***a scrap of paper*** (1) 紙切れ. (2) 〘1914 年 8 月ドイツがベルギーの中立を犯した際のドイツ外相の言葉から〙《皮肉》紙くず同然の条約.
— *attrib. adj.* **1** 破片[小片]の, くず金の, スクラップの: ~ metal [iron] くず金[鉄]. **2** 残り物の[で作る]: a ~ pie. **3** 捨てられた, 使い古した (used).
— *vt.* (**scrapped; scrap·ping**) **1** 破片[断片, くず]にする, 破り裂く (break up): ~ metal [iron] くず金[くず鉄]にする. **2** くずとして捨てる, 廃品にする; 廃棄する: ~ a chapter of one's book 本の一章を廃棄する / ~ a battleship 戦艦を廃艦にする.

scrap[2] [skrǽp] 〘(1679–80) (変形) ← SCRAPE〙《俗》 — *n.* **1** いさかい, けんか (row), なぐり合い (scuffle): have a (bit of a) ~ with ...と争う. **2** 拳闘試合.
— *vi.* (**scrapped; scrap·ping**) けんかをする, なぐり合う; 口論[激論]する (squabble): ~ *with* a person.

scráp·bòok 〘(1825)〙 *n.* (写真・新聞などの)切抜き帳, 貼込み帳, スクラップブック.

scrape [skréɪp] 〘(*c*1303) ◻ ON *skrap-a*: cog. OE *scrapian* to scrape: cf. sharp〙 — *vt.* **1 a** (鋭い[堅い, ざらざらした]もので)⟨付着物を⟩こする; こすり取る, 掻(か)き取る, すり落とす ⟨*off, away, out, down*⟩: ~ a ship's bottom (貝殻を落とすために)船底をこする / ~ *off* the paint ペンキをこすり落とす / ~ the scales *off* a fish 魚のうろこを取る / ~ (*down*) a wall 壁をこする[こすってペンキ・はり紙などを落とす] / ~ *away* [*off*] mud from one's shoes 靴の泥を掻き落とす / ~ one's boots 靴の泥をこすり落とす / ~ *out* a mark しるし[しみ]をすり落とす. **b** ⟨文字などを⟩削除する ⟨*out*⟩: ~ *out* a word. **c** こすって平らにする[すべすべにする, きれいにする]: ~ one's chin あごのひげをそる / ~ a dish [plate] 皿をなめたようにきれいに食べてしまう. **d** (地ならし機で)⟨舗装していない道路を⟩平らにする; ⟨舗装していない道路⟩に地ならし機をかける. **e** ⟨髪の毛を⟩額から後ろへなでつける. **2 a** すりつける, かする, 引っ掻く; …に掻き[かすり]傷をつける: ~ one's knee *against* a stone 石にすりつけてひざに傷をつける / ~ one's arm *on* a fence 塀で腕をすりむく. **b** (荒々しく, または音を立てて)引きずる: ~ a chair *on* the floor 椅子を音を立てて床の上を引きずる / ~ a chair back 椅子を後ろにずらせる. **3** (銅版にのせた紙を)こすって⟨エッチングなどを⟩作る. **4** 掻き集める; ⟨金などを⟩寄せ集める, (苦労して)ためる ⟨*up, together*⟩: ~ *up* the dirt from the floor 床からごみを掻き集める / ~ *up* the soil 土を掻き寄せる / ~ *up* money 金を掻き集める / ~ a living 生計費を掻き集める. **5** 掻きのける, 掻き出す ⟨*out*⟩; (掻きのけて)掘る, えぐる, 掘り出す (hollow) ⟨*out, up*⟩: ~ *out* the ashes from a grate 炉格子から灰を掻き出す / ~ *out* a hole in the ground 地面に穴を掘る. **6 a** (こすって)…にがりがり音をさせる, きしるような音を出させる, きしらせる: ~ one's nail *over* a slate 石板の上で爪をきしらせる / ~ the floor *with* one's shoes 靴で床をこすって音をたてる / ~ *out* a tune from a fiddle (ぎいぎい鳴らしながら)バイオリンで一曲奏する. **b** 〘軽蔑的に〙⟨弦楽器を⟩かき鳴らす: ~ a violin.
— *vi.* **1** こする, 掻く, すれる, かする (rub, graze) ⟨*against, on, along, by, through*⟩: branches *scraping against* a window 窓にすれる枝 / ~ *along* a building 建物にこすって行く[すれすれに通る]. **2** 足をする, (礼をしながら)片足を後ろに引く: ⇨ BOW[2] *and scrape*. **3** 〔弦楽器を〕掻き鳴らす (play)〔*on*〕: ~ *on* a fiddle バイオリンをきーきー鳴らす. **4** どうにか通り[切り]抜ける ⟨*along, through*⟩: ~ *along* on ...でどうにか食っていく / ~ *through* an examination 試験をやっと通過する / He has just ~*d through*. どうにか切り抜けた《及第した》. **5** こつこつためる; ひどく倹約する: work and ~ 勤労貯蓄する / ~ *up* enough *for* the marriage 結婚に十分な金をためる.
rake and scrape ⇨ rake[1] 成句. ***scrape down*** 《英》⟨弁士を⟩足ずりして黙らせる. ***scrape home*** ⟨目的・地位などを⟩骨折って獲得する, かろうじて達成する. ***scrape*** (***the bottom of***) ***the barrel*** ⇨ barrel 成句. ***scrape*** (***an***) ***acquaintance*** = ***scrape up an acquaintance*** ⇨ acquaintance 成句.
— *n.* **1** こする[そる, きしる]こと[音]; 掻き鳴らす音 (squeak): the ~ of a pencil *on* a slate 石盤の上を石筆で掻ききしらせること[音] / the ~ of a bow *on* a fiddle バイオリンの弦のきしみ / He pushed back his chair *with* a ~. 音を立てて椅子を後ろに押した. **2** すり傷, そり跡, すった[掻いた]跡 (scratch, abrasion): a ~ *on* the shin [the chin]. **3** 《英》薄く塗った物: bread and ~ バターを申しわけ程度に薄く塗ったパン (cf. BREAD *and butter*). **4 a** (自分の軽率から出た)難儀, 苦境, 窮境 (predicament): a fine [pretty] ~ 困ったこと, 窮境 / in [out of] ~ 窮地に陥って[を脱して] / get into a ~ (自分の失策で)窮境に陥る. **b** 争い, 対立 (conflict). **5** (足を後ろに引いてする)会釈; そうする時の足ずりの音: a bow and a ~ ⇨ bow[2] *n.*
a scrape of the pen 《スコット》一筆書くこと, 走り書き (hasty note).

scrápe-gùt *n.* 《軽蔑》バイオリン弾き (fiddler).

scrápe-pènny *n.* けちんぼう (miser).

scráp·er 〘(1552) ← SCRAPE + -ER[1]〙 — *n.* **1 a** (いろいろな)削り[すり, 掻(か)き]道具. **b** (戸口にある)靴の泥落し (shoe scraper). **c** 〘機械〙スクレーパー, きさげ《やすり仕上げした加工品のすり合わせに使用する工具》. **d** 〘土木〙スクレーパー, 削土機. **e** スクレーパー《鍋・ボウルなどの食物をこそげ落とす硬化ゴム製のへら》. **f** (土を掻きならす)鋤簾(じょれん) (large broad hoe): a road ~. **g** 地ならし機 (road grader). **h** 〘考古〙スクレーパー, 掻器《石器の一種》. **2 a** scrape する人. **b** (けずって)清掃する人. **c** 《軽蔑》バイオリン弾き (fiddler). **d** 《軽蔑》床屋 (barber). **e** こつこつ金をためる人, けちんぼう (miser). **3** 《俗》= cocked hat. **4** 〘鳥類〙土を掻きならす鳥. **5** 〘動物〙(昆虫がこすり合わせて音を出す脚や羽の)摩擦片.

scráper·bòard *n.* = scratchboard.

scráper convèyor *n.* 〘機械〙スクレーパーコンベヤー (⇨ drag conveyor).

scráper rìng *n.* 〘機械〙油掻(か)きリング《シリンダー壁から余分の油を掻き落とすピストンリングの一種》.

scráp-hèap *vt.* 廃品置場[ごみため]へ捨てる.

scráp hèap *n.* **1** くず鉄の山. **2** ごみため, 鉄くず[古鉄]だめ; 廃品置場: consign to a ~ ごみためにに捨てる / books fit only for the ~ 紙くずかごに投げ込むより用のない本, くだらない本.

scrap·ie [skréɪpi | -pɪ] 〘← SCRAPE + -IE〙 *n.* 〘獣医〙スクラピー《羊のウイルス病で瘙痒(そうよう)を伴う中枢神経疾患》.

scráp·ing 〘(15C)〙 — *n.* **1** 削る[する, 引っ掻(か)く]こと. **2** 削る[する, 掻く, 掻き鳴らす]音. **3** [通例 *pl.*] 削り[すり]落とした物, 削り[すり, 掻き]くず, ごみ: street ~*s* 道路から掻き集めた泥[ごみ, くず].
the scrapings and scourings of the street 町のごみくず; 町の無頼漢.
— *adj.* **1** ごしごし[がりがり]鳴る. **2** けちけちした. **~·ly** *adv.*

scráp ìron *n.* くず鉄, スクラップ (⇨ scrap[1] 3 a).

scráp lòg *n.* 〘海事〙甲板部(航海)日誌 (deck log).

scráp mèrchant *n.* **1** くず鉄屋. **2** くず屋.

scráp·per[1] *n.* スクラップを処理する人[物].

scráp·per[2] *n.* 《口語》 **1** けんか好きな人[に加わる人] (fighter). **2** 拳闘選手, ボクサー (prizefighter).

scrap·ple [skrǽpḷ] 〘(dim.) ← SCRAP[1]: ⇨ -le[1]〙 — *n.* 《米》スクラップル《豚肉のこまぎれと, とうもろこし粉などをいっしょに煮て冷やし固め, 薄切りにして炒めて食べる料理》.

scrap·py[1] [skrǽpi | -pɪ] 〘← SCRAP[1] + -Y[4]〙 — *adj.* (**scrap·pi·er; -pi·est**) **1** くずの, 残物の, 残物で作った: a ~ dinner. **2** きれぎれの, 断片の, はしたの (fragmentary), ちぐはぐの, 支離滅裂な, まとまりのない (disconnected): a ~ lecture (きれぎれで)まとまりのない講義 / a ~ mind 散漫な心 / *Scrappy* remembrances passed across her mind. 断片的な思い出が彼女の脳裡を横切った. **scráp·pi·ly** [-pɪli, -pə- | -lɪ] *adv.* **scráp·pi·ness** *n.*

scrap·py[2] [skrǽpi | -pɪ] 〘← SCRAP[2] + -Y[4]〙 — *adj.* (**scrap·pi·er; -pi·est**) 《口語》けんか[議論]好きな; 攻撃的な (aggressive). **scráp·pi·ly** [-pɪli, -pə- | -lɪ] *adv.* **scráp·pi·ness** *n.*

scratch [skrǽtʃ] 〘(1474) (混成) ← 《廃》*scrat* to scratch (< ME *scratte*(*n*)) + 《廃》*cratch* to scratch (< ME *cracche*(*n*) ◻ ? MDu. *kratsen*)〙 — *vt.* **1 a** (爪・針・とげなどで)掻(か)く, 引っ掻く: ~ a person's face 人の顔を引っ掻かく / ~ the paint ペンキを引っ掻いてはがす / *Scratch* a Russian, and you will find a Tartar. 《諺》文明人も一皮むけば野蛮人. **b** (爪などで)掻き取る, むしり[えぐり]取る (scrape, tear) ⟨*out, off*⟩: ~ the eyes 目をえぐり取る. **c** ⟨地面の上っつらを⟩掻く; 掻いて⟨穴を⟩掘る: ~ a hole in the ground 引っ掻いて地面に穴を掘る. **2** …に掻き傷をつける; …の表面に浅い切り傷をつける: I've ~*ed* my hand *with* the thorns. いばらで手に掻き傷をこしらえた. **3** ⟨かゆい所などを⟩(爪などで)掻く; こする, くすぐる (tickle): Never ~ a mosquito bite. 蚊にさされた所を決して掻くな / ~ a cat's neck ねこののどをくすぐる / ~ one's head (困って)頭を掻く; 困りぬく, 途方に暮れる / ~ oneself 体を掻く / *Scratch* me [my back] and I'll ~ you [yours]. 《諺》かゆい所[背中]を掻いてくれるなら掻いて返そう, おたがいにほめ合いでいこう, 「魚心あれば水心」(cf. CLAW *me and I'll claw thee.*). **4** (ざらざらの面で)こする, ⟨マッチを⟩する: ~ a match on a box. **5 a** 引っ掻いて[筋彫りで]書く. **b** 浅く耕す. **6** 走り書きする: ~ a few lines of a letter 手紙を二, 三行走り書きする / ~ one's signature 急いで署名する. **7 a** (線を引いたりして)(掻き)消す (erase out), 取り消す (cancel) ⟨*off, out, through*⟩: ~ *off* [*out, through*] a name 名前を消し去る. **b** ⟨競技参加者・競走馬などを⟩出場名簿から消す: ~ a horse. **8** 《米》⟨投票者が⟩⟨ある候補者の名を⟩(党公認候補者名簿から)削除し他党の候補者名を書き加える, 撤回する (withdraw), ⟨候補者⟩の支持を拒絶する. **9** ⟨金などを⟩掻き集める, こつこつためる (scrape) ⟨*up, together*⟩.
— *vi.* **1 a** 掻く, 引っ掻く; 掻いて傷つける: Cats ~. **b** 掻いて掘る[捜す]: The dog is ~*ing* as if he smelt a rat. ねずみのにおいでもしたのか犬が地面を引っ掻いている / Hens are ~*ing* for worms. めんどりは虫を捜して地面を引っ掻いている / ~ about (for evidence) (証拠を)ほじくり捜す. **2** かゆいところを掻く. **3** ⟨ペンなどが⟩引っかかる; 引っかかる音がする, がりがりいう: This pen ~*es* badly. このペンはひどく引っかかる / The cat is ~*ing* at the door. 猫が戸を引っ掻いている. **4** やり繰りして金をためる; どうにかやって[暮して]いく ⟨*along*⟩: ~ *along* on little money 僅かの金でやり繰りする / ~ for oneself 自分でやっていく, 一人で始末をつける. **5** 競争[競技]から退く, 出場を取り消す, 手を引く; 企てをやめる. **6** 《米》候補者の名を消す. **7** 〘玉突〙まぐれ当たりする, フロックを出す (fluke). **8** 〘トランプ〙(ある種のゲームで)点を取らない.
scratch the surface 通り一遍のことをする, 深く考えない; 〔…に〕ちょっと手を染める〔*of*〕: He has only ~*ed the surface of* science. 彼は科学の上っつらをかじったに過ぎない.
— *n.* **1 a** (引っ)掻くこと. **b** 《口語》掻き傷; かすり傷: a mere ~ ほんのかすり傷 / without a ~ かすり傷一つ負わずに. **2** (引っ)掻く音, がりがりいう音, (レコードの)針の当たる音: the ~ of one's pen on the paper ペンが紙に当たってがりがりいう音. **3** 一筆, 走り書き, なぐり書き (scrawl): The business can

be settled by a ～ of the pen. 事は一筆[署名一つ]で片付く. **4** (家禽の)まき餌(scratch feed). **5** ＝scratch wig. **6** 《俗》金 (money), 現金 (cash). **7** 〘スポーツ〙 **a** (競走の)スタートライン; (ハンディキャップを与えられない者の)スタートライン (starting line). **b** (ハンディキャップがなくてスコアが)零 (zero), パー対等 (par): ⇨ *from* SCRATCH. **8** 〘玉突〙 **a** 幸運な当たり, フロック (fluke). **b** 罰球, 失策 (miss). **9** 〘野球〙＝scratch hit. **10** [*pl.*; 単数または複数扱い] 〘獣医〙(馬脚にできる)ぶどう瘡(そう) (cf. grease heel). **11** 〘ボクシング〙(もとリング中央の)仕切り線.
come up to* (《古》*the*) *scratch 《口語》(1) (事に当たる)決意を固める; (ひるまずに)やるべきことをやる; 期待[要望]に応える. (2) 標準に達する, 満足と言える. ***from scratch*** (1) (ハンディキャップなしに)スタートラインから: start *from* ～ ハンディキャップなしに走る. (2) 全くの無[初め]から: start *from* ～ 全くの無から[準備も何もなしに]始める. ***no great scratch*** 《古俗》大したものでない. ***toe the scratch*** ⇨ toe *v.* 成句. ***up to scratch*** (1) 〈競技者が〉スタートラインに立って. (2) 《口語》(事に当たる)決心がついて, 覚悟ができて. (3) [しばしば否定構文で] 《口語》(状態・結果などが)標準に達して, 申し分なく; (体調・気分が)申し分なく, 上々で.
— *attrib. adj.* **1** 走り書き用の, 雑記用の. **2** 〈競走者が〉ハンディキャップなしの, 平等[同等]の: a ～ race 対等競走. **3** 寄せ集めの, あり合わせの; 掻き集めの, にわか仕立ての (haphazard): a ～ meal あり合わせの食事 / a ～ team 寄せ集めのチーム / a ～ vote 掻き集め投票. **4** まぐれの, まぐれ当たりの: a ～ shot まぐれ当たり. ～**·er** *n.*

Scratch [skrǽtʃ] 〘《1740》《変形》← 《廃》 *scrat* ▭ ON *skrat(t)i* monster, goblin: cf. G *Schrat* satyr〙 *n.* [通例, Old ～ で] 《口語・方言》悪魔 (Satan).

scrátch àwl *n.* 〘木工〙罫書(けが)針《木などに印をつけたりするのに用いる突き錐》.

scrátch·bàck *n.* ＝backscratcher.

scrátch·bòard *n.* スクラッチボード《ボール紙に白色顔料を塗ってその上に塗料の膜をかけたもの》.

scrátch·càrd *n.* ＝scratchboard.

scrátch còat *n.* (しっくいなどの)下塗り, 粗面塗り《中塗りの付きがよいように, 表面に荒し目をつける; first coat ともいう》.

scrátch còmma *n.* 〘印刷〙(初期の印刷者たちによって, コンマの意味で用いられた)斜線.

scrátch dìal *n.* 引っ掻(か)き日時計《教会の壁などに線で作られた昔の日時計》.

scrátch fèed *n.* ＝scratch 4.

scrátch hàrdness *n.* 〘鉱物〙引っ掻(か)き硬度《鋼鉄針で傷つけたり, 鉱物同士を引っ掻き合わせてきめた硬度; 例としてモース硬度などがある》.

scrátch hìt *n.* 〘野球〙テキサス安打, フロック (fluke).

scrátch·ing hàrdness *n.* 〘鉱物〙＝scratch hardness.

scrátching pòst *n.* 猫の爪とぎ棒.

scrátch lìne *n.* 〘スポーツ〙 **1** (競走の)スタートライン. **2** (走り幅跳の)踏み切り線. **3** (槍投げの)投擲(てき)ライン.

scrátch pàd *n.* 《米》はぎ取り式メモ用紙, メモ用紙とじ.

scrátch pàper *n.* 《米》(思いつきなどをざっと書き留めておくための)メモ用紙.

scrátch shèet *n.* 最終出馬表, 競馬新聞, 予想誌《出走取消馬, 騎手, 予想賭率などが記載されている》.

scrátch tèst *n.* **1** 〘医学〙乱切法《アレルギーを起こす物質などを皮膚の傷にすり込み, 反応が起こるかどうかをためす方法; cf. intracutaneous test, patch test》. **2** 〘鉱物〙引っ掻き硬度試験《材料の表面をダイヤモンドの圧子で引っ掻いた時にできる傷の幅で, 固さを判定する》.

scrátch wìg *n.* 半かつら (short wig)《頭の一部だけをおおうものをいう; 単に scratch ともいう》.

scrátch wòrk *n.* **1** ＝scratch coat. **2** 〘窯業〙＝sgraffito 1.

scratch·y [skrǽtʃi | -tʃɪ] 〘← SCRATCH (n.) ＋ -Y⁴〙 — *adj.* (**scratch·i·er**; **-i·est**) **1** 〈文字・絵など〉ぞんざいな, 走り書きの: a ～ drawing, writing, etc. **2** 〈ペン・レコードなど〉引っかかる音のする, がりがり音のする: a ～ pen, record, etc. **3** 〈船員・チームなど〉寄せ集めの, にわか仕立ての: a ～ crew, team, etc. **4** かゆい, むずむずする, ちくちくする (itching): ～ cloth, wool, etc. **5** むらのある (uneven), 偶然の (haphazard). **6** 引っ掻(か)き傷を作る[りやすい]: ～ bushes. **7** ずるくて意地悪な (cattish). **8** 〘獣医〙〈馬が〉ぶどう瘡(そう)にかかった. **scrátch·i·ly** [-tʃɪli, -tʃə- | -lɪ] *adv.* **scrátch·i·ness** *n.*

scrawl [skrɔ́:l] 〘《1611》《混成》? ← SPRAWL ＋ CRAWL〙 — *vt.* 走り書きする, 書き散らす, 落書きする; …になぐり書きの字[悪筆]で書く: ～ a letter 手紙を走り書きする / ～ papers with hieroglyphics 書類に悪筆で書く. — *vi.* 走り書きする, 書き散らす: ～ all over the wall 壁一面に落書きする. — *n.* 走り書き, なぐり書き, 悪筆; 落書き; 走り書きの一筆[手紙]: His letters are always ～*s*. 彼の手紙はいつもなぐり書きだ.

scráwl·er [-lə | -lə(r)] *n.* **1** 走り書きする人. **2** 〘農業〙(畑にうねを作る)農機具の一種.

scrawl·y [skrɔ́:li | -lɪ] *adj.* (**scrawl·i·er**; **-i·est**) 走り[なぐり]書きの; ぞんざいな.

scraw·ny [skrɔ́:ni | -nɪ] 〘《変形》← SCRANNY〙 — *adj.* (**scraw·ni·er**; **-ni·est**) **1** やせた, やせこけた, 骨ばった (cf. scranny): one's ～ shoulders. **2** ずんぐりした, 背の低い (stunted). **scráw·ni·ness** *n.*

scray [skréɪ] 〘▭ ? Welsh *ysgræn*〙 *n.* (*also* **scraye** [～]) 《英》〘鳥類〙アジサシ (tern).

screak [skrí:k] 〘▭ ? ON *skræk-ja*: ⇨ ↓〙 — *vi.* **1** きーきー声で叫ぶ, 金切り声を出す〈*out*〉. **2** きしる, きーきーいう. — *n.* **1** きーきー声, 金切り声. **2** きしる音. **screak·y** [skrí:ki | -kɪ] *adj.*

scream [skrí:m] 〘v.: (*a*1200) ▭ ? ON *skræm-a* to scare (cog. G *schreien* to cry) / *skræmast* to flee ← IE **ker-* (鳥の鋭い鳴声などを表わす擬音語: cf. crow[1,2])〙 — *vi.* **1 a** (恐怖・苦痛のあまりに)きゃっと叫ぶ, (怒り・いらだちで)金切り声を立てる, 絶叫する〈*out*〉; 〈子供が〉ぎゃあぎゃあ泣く: ～ (*out*) *in* anger, fright, hysteria, pain, etc. / ～ (*out*) *for* help 助けを求めて悲鳴をあげる / ～ *at* one's servant 召使いに向って金切り声でどなる. **b** 〈歌手などが〉高く耳ざわりな声で歌う; 〈楽器が〉鋭く高い音を出す. **2** 〈フクロウなどが〉鋭い声で鳴く; 〈汽笛・サイレンなど〉ぴーと鳴る; 〈風が〉ぴゅーと吹く; 〈ジェット機・パトカーなどが〉鋭い音を立てて飛ぶ[走る]. **3** きゃっきゃっと笑う, 大笑いする: ～ with laughter 心底から[きゃっきゃっと]笑う. **4** 〈衣服・色などが〉けばけばしく目立つ; 〈ポスター・見出しなどが〉どぎつく人目を引く. **5 a** はでに[ヒステリックに]書き立てる[言う]. **b** 声を張り上げて[激しく]抗議する. **c** 〔…を〕必死に求める〔*for*〕(cf. 1 a). — *vt.* **1 a** 金切り声で言う, …と思い切り高く叫ぶ: ～ (*out*) a curse [warning] かん高い声でののしり[警告]の言葉を発する / ～ an extra 〈新聞売りが〉号外号外と絶叫する / She ～*ed that* she was suffocating. 息が詰まりそうだと金切り声で叫んだ. **b** かん高い声で歌う. **2** [～ *oneself* で; 形容詞・前置詞付きの句を伴って] 金切り声で叫んで〈ある状態〉にする: ～ *oneself hoarse* 絶叫して声をからす / ～ *oneself red* in the face 顔を真赤にして叫ぶ / The baby ～*ed himself to* sleep. 赤ん坊は火の付いたように泣いたあげくに寝入ってしまった. **3** 〈…と〉声を張り上げて[盛んに]抗議する〈*that*〉.
— *n.* **1** (恐怖・苦痛の)絶叫, (怒り・いらだちの)金切り声, きーきー声: give [let out] a ～ 金切り声を出す, きゃっと叫ぶ. **2** きゃっきゃっと笑う声, 大笑い: a ～ of laughter 高笑い. **3** (フクロウなどの)鳴き声; (汽笛の)ぴーぴー鳴る音; (タイヤ・ブレーキなどがきしむ)きーという音: a ～ of brakes. **4** 《口語》吹き出さずにはいられない人[出来事], お笑い草: It [He] was a perfect ～. おかしくてたまらなかった.

scréam·er 〘《1712》: ⇨ ↑, -er¹〙 — *n.* **1** 金切り声を出す人[物], ぴーぴー鳴る物. **2** 《口語》 **a** おかしくて吹き出させるような人[喜劇役者, 劇, 話など]. **b** あっと言わせる物, 逸品, 傑作. **3** 〘鳥類〙サケビドリ《鳴き声の激しい中南米産のサケビドリ科の鳥の総称》. **4** 《米》〘新聞〙大見出し, 煽情的な見出し; (第一面の)横一杯の大見出し. **5** 《俗》〘印刷〙感嘆符 (!). **6** 《俗》〘野球〙痛烈なライナー.

scréamer bòmb *n.* 音響爆弾《敵の威嚇に用いる》.

scréam·ing 〘n.: ME〙 — *adj.* **1** 金切り声を出す; きーきー鳴く, ぴーぴー鳴る, ぴゅーぴゅー吹く: a ～ jet plane, wind, etc. **2** きゃっきゃっと笑う; きゃっきゃっと笑わせる, 吹き出させる, おかしくてたまらない (very funny): a ～ farce 腹の皮をよじらせる茶番狂言. **3** 〈色・デザインなど〉いやに目立つ, けばけばしい (startling); 〈見出しなど〉大げさな, 煽情的な: ～ headlines. **4** 《口語》あっと言わせる, すばらしい (excellent, splendid). — *n.* 金切り声(をあげること).

scréam·ing·ly *adv.* とても, ひどく (extremely): ～ funny とてもおかしい.

scréaming méemies 〘(pl.) ← *screaming meemie* (第一次大戦時の独軍の砲弾につけられたあだ名): *meemie* 《押韻変形》← SCREAM〙 — *n. pl.* [通例 the ～; 単数扱い] 《俗》極端な神経過敏, ヒステリー (hysteria).

scream·y [skrí:mi | -mɪ] 〘← SCREAM ＋ -Y⁴〙 *adj.* **1** 金切り声の, 絶叫的な: a ～ voice. **2** 〈色など〉強烈な, けばけばしい (glaring).

scree [skrí:] 〘《1781》《逆成》← *scree(th)es* (pl.) ▭ ON *skriđ-a* landslip ← *skriđa* to slide〙 — *n.* がれ(場)《風化のため崩壊して山腹や崖下にたまった岩屑(がんせつ)(地帯); cf. talus² 2》.

screech [skrí:tʃ] 〘《1560》《変形》← 《廃》 *scritch*: SHRIEK と二重語〙 — *vi.* **1** (恐怖・苦痛などのために)かん高い聞き苦しい声を立てる, 金切り声を立てる. **2** ぎゃーぎゃー叫ぶ, きーきー[ぎーぎー]鳴る: The bus ～*ed* to a stop. バスがきーと音を立ててとまった. — *vt.* 金切り声で叫ぶ〈*out*〉: ～ *out* a slogan. — *n.* **1** (恐怖・苦痛などを表わす)かん高いいやな叫び声, 金切り声 (shrill cry): let out a ～ 金切り声を出す. **2** きーきー[ぎーぎー]鳴る音 (harsh noise): the ～ of sirens. ～**·er** *n.*

scréech·ing 〘⇨ ↑, -ing¹,²〙 *adj.* 金切り声を立てる; ぎゃーぎゃー叫ぶ. — *n.* 金切り声をあげること; その音. ～**·ly** *adv.*

scréech òwl *n.* **1** 〘鳥類〙 **a** 《米》コノハズク属 (*Otus*) のミミズクの総称; (特に)アメリカオオコノハズク (*O. asio*). **b** 《英》メンフクロウ (barn owl). **2** 凶事の予言者.

screech·y [skrí:tʃi | -tʃɪ] *adj.* (**screech·i·er**; **-i·est**) 絶叫的な, 金切り声の; きーきー音を立てる.

screed [skrí:d] 〘《*a*1333》 *screade* < OE *scrēade*: ⇨ shred〙 — *n.* **1 a** 長談義, 長広舌 (harangue, tirade). **b** 非公式の報告[レポート], 私信. **2** (左官の用いる)定規モルタル, しっくい定規《塗る壁面の所々に置いて厚さの定規にする木やしっくいやモルタルの小片》. **3** (流したてのコンクリート表面を平らにするための)木片[金属片]. **4** 《英方言》 **a** (布などの)断片, 切れ端. **b** 一片の土地. **5** 《スコット》布の裂け目[ほころび]. **6** 《スコット》酒宴.

screek [skrí:k] *vi., n.* ＝screak.

screen [skrí:n] 〘《1393》▭ ONF *escren*＝OF *escran* (F *écran*) fire screen ▭ ? (M)Du. *schern*: cf. OHG *skirm, skerm* (G *Schirm*)〙 — *n.* **1** (風・熱よけまたは装飾用の)つい立て, びょうぶ: a folding ～ びょうぶ / a sliding ～ 障子, ふすま(など) / ⇨ fire screen. **2 a** 仕切り (partition). **b** (教会の)内陣仕切り: ⇨ rood screen, choir screen. **c** 〘建築〙＝nonbearing partition. **3** さえぎる[おおう, 隠す]もの; 防護物 (protection), 物陰 (shelter): a ～ of secrecy 秘密の幕 / behind a ～ of trees 木の陰に / under ～ of night 夜のやみにまぎれて / put on a ～ of indifference そしらぬ顔をする, ほおかむりする. **4 a** (映画の)映写幕, 銀幕, スクリーン: show [throw] on the ～ 映写する. **b** [the ～; 集合的] 映画; 映画界. **c** 〘テレビ〙映像スクリーン, 蛍(けい)光面. **5** 《米》 **a** (窓の防虫用の)網, 金網. **b** 網戸 (screen door). **6 a** (土・砂・石・石炭などをふるう時に立てて用いる)荒目のふるい: a coal [sand] ～ 石炭[砂]ふるい. **b** (適格)審査制度; 鑑別. **7** 〘写真〙 **a** 濾(ろ)光器, 整色スクリーン, フィルター (filter). **b** ピントグラス, 焦点板. **8** 〘印刷〙 **a** (網ネガを作る時の)網目スクリーン. **b** 網線数: a 200-*screen* engraving. **9** 〘気象〙百葉箱(ひゃくようばこ)《四方をよろい張りにした屋根つきの箱で, 中に温度計などを入れて戸外に置き気象観測に用いる》. **10** 〘電気〙(電気・磁気などの)遮(しゃ)壁: an electric [a magnetic] ～ 遮電[磁]壁. **11 a** 〘陸軍〙(敵の偵察・妨害に対する部隊援護のために配置する)遮掩(しゃえん)部隊, 前衛部隊, 遮(掩)幕. **b** 〘海軍〙(主力隊援護用の)警戒陣, 直衛(艦隊)《駆逐艦・魚雷艇などから成る》. **c** 〘空軍〙(友軍機・地上部隊・友軍地帯などを防御するための)空中哨戒(編隊). **12** 〘軍事〙遮蔽物; 煙幕 (smoke screen), カムフラージ. **13** 〘電子工学〙＝screen grid. **14** 〘バスケットボール〙スクリーンプレー, 遮断戦法《相手のプレーヤーの防御の壁になって, 味方プレーヤーを楽にシュートさせるようにするプレー》. **15** 〘アメリカンフットボール〙＝screen pass.
— *attrib. adj.* **1** (虫よけの)金網の張った: a ～ door 網戸. **2** 映画の: a ～ lover 映画愛好者 / a ～ actor [star] 映画俳優[スター] / a ～ face 映画向きの顔 / make a ～ version of a novel 小説を映画化する.
— *vt.* **1** 〔光・熱などから〕さえぎる; 〔危険・傷害・人目などから〕かくまう, かばう, おおう, 見えなくする, 隠す (conceal, protect) 〔*from*〕: ～ one's eyes *from* the sunshine with a hand 手をかざして日光から目をおおう / ～ oneself *from* observation 人目につかぬように隠れる. **2** …に仕切りを置く, 遮断する (shut off); …に仕切りをする, 仕切る〈*off*〉: ～ *off* a part of a room 部屋の一部を仕切る. **3 a** 〈石炭・砂などを〉ふるう (sift). **b** (特に, 官庁の雇用に)…の適格審査をする, 審査[選抜]する, ふるいにかける〈*out*〉. **c** 検閲する (censor). **4** (虫が入らないように)…に金網を張る. **5** 〈電気・磁気〉の干渉を阻止する, …から遮蔽する. **6** 上映する (project); 撮影する (film); 〈小説・劇などを〉映画化する. **7** 〘印刷〙網どりをする, 網がけをする. **8** 〘スポーツ〙 **a** (バスケットボール・サッカーなどで)〈敵を〉さえぎる. **b** (バレーボールで相手にサーブの方向を見られないように)〈自チームのサーバーを〉カバーする. — *vi.* **1** 上映される[できる]. **2** 〈俳優が〉映画に向く: She ～*s* well. 映画の映りがいい. **3** 〘スポーツ〙スクリーンを作る.
～**·less** *adj.*

screen·a·ble [skrí:nəbl̩] *adj.* **1** スクリーンで囲うことのできる. **2** ふるいにかけられる. **3** 映画にとれる; 上映できる.

scréen búlkhead *n.* 〘造船〙仕切り隔壁.

scréened cóal *n.* ふるいにかけた石炭.

scréen grìd *n.* 〘電子工学〙(電子管の)スクリーングリッド, 遮蔽格子.

scréen·ing *n.* **1** おおう[仕切る]こと. **2 a** ふるうこと, ふるい分け. **b** (適格)審査, 鑑別. **c** [形容詞的に] 審査する: a ～ committee 適格審査委員会. **3** 映写すること; 映画の上演. **4** (窓や戸の網として用いる)網目状の物, (網戸などの)網. **5** [*pl.*; 単数または複数扱い] (小麦などの)ふるいかす, ふるい残り(の小麦など); (ふるいにかけた)石炭くず (refuse coal). **6** 〘医学〙スクリーニング《病気の有無や薬物の効果, 発癌性などを効率よくふるい分けること》.

scréening effèct *n.* 〘電気〙遮蔽(しゃへい)作用《磁界や静電界または電波の作用を遮断する効果》.

scréening tèst *n.* **1** 適格審査, 選考テスト. **2** 〘医学〙スクリーニングテスト.

scréen·lànd *n.* 映画界 (filmdom).

scréen mèmory *n.* 〘精神分析〙隠蔽記憶《抑圧された幼児期の体験を蔽い隠している記憶内容》.

screen·o, S- [skrí:noʊ | -nəʊ] 〘← SCREEN ＋ -O〙 *n.* (*pl.* ～**s**) スクリーノ《映画館に設置されて観客が遊ぶビンゴ》.

scréen pàss *n.* 〘アメリカンフットボール〙スクリ

ーンパス《ブロッカーを回りにスクリーンの様に立てて防壁を作り投げるパス》.

scréen·plày *n.* 〖映画〗台本, 脚本, シナリオ (scenario).

scréen prìnting *n.* 〖印刷〗スクリーン印刷 (silk-screen printing).

scréen-tèst *vt.* スクリーンテストをする.

scréen tèst *n.* (映画俳優志願者の適性を決める)スクリーンテスト, 撮影オーディション.

scréen·wàsh *n.* 《英》(自動車のフロントガラスの)自動ワイパーによる洗浄.

scréen·wàsher *n.* 《英》(自動車の)自動ワイパー.

scréen wìper *n.* 《英》(自動車などの)ワイパー (windshield wiper).

scréen·wrìter *n.* 映画台本[シナリオ]作家 (scenarist).

screeve [skríːv] 〚《1851》▭ It. *scriv-ere* < L *scribere* to write: ⇨ scribe¹〛《英》— *vt.* 〈無心の手紙を〉書く. — *vi.* (喜捨を請うため)舗道の上に絵をかく, 大道絵師 (pavement artist) をする. — *n.* **1** 無心の手紙 (begging letter). **2** 舗道にかく絵.

scréev·er 〚⇨ ↑, -er¹〛 *n.* 《英》大道絵師 (pavement artist).

screw [skrúː] 〚《1404》▭ OF *escroue* (F *écrou*) nut, female screw ▭ (WGmc) **scrūva* (G *Schraube*) ▭ L *scrōba, scrōfa* 'sow²'〛 — *n.* **1** ねじ, 螺旋(らせん), ねじくぎ, ボルト; 《英》ねじ穴: a female [an interior] ~ 雌ねじ / a male [an external] ~ 雄ねじ / a right-handed [left-handed] ~ 右[左]ねじ. **2 a** ねじ[螺旋]のついている道具. **b** コルク抜き(具) (corkscrew); そのねじ. **c** [通例 *pl.*] = thumbscrew 1. **d** = screw propeller. **e** = screw-steamer. **3 a** 螺旋状の物. **b** 〖数学〗螺旋体. **c** (顔の)ゆがみ, ひきつり. **4 a** (螺旋の)一ねじ, 一回し (twist, turn): a turn of a ~ ねじの一ひねり / give a nut a good ~ ナットをぎゅっとひねる / give ... another ~ ...をもう一ひねり締める. **b** 《英》(玉突きなどで)(ボールなどの)ひねり: put a ~ on a billiard [tennis] ball 玉突き[テニス]の球をひねる. **c** 《卓球》球に与えられるスピン. **5** [通例 the ~s] (肉体的・精神的)圧迫 (pressure), 強要 (coercion); 圧制, 強制 (force) (cf. 2 c): ⇨ *put the* SCREW(*s*) *on*. **6** 《英》(たばこなどの)一包み, 一ひねり: a ~ of tobacco, salt, etc. **7** 《俗》**a** 鍵(かぎ) (key). **b** 獄吏 (jailer), 看守 (turnkey). **c** 警察官 (policeman). **8** 《英口語》廃馬, 駑(ど)馬, やくざ馬. **9 a** 《英》守銭奴, けちんぼう (miser); 値切る人 (hard bargainer): an old ~ けちんぼう. **b** ばか (fool). **10** 《英俗》給料 (salary), 賃金 (wages): a poor ~ 安給料 / a beginning ~ of £60 a week 1週60ポンドの初任給 / draw a ~ 給料をもらう. **11** 《英俗》一瞥(べつ), ひとめ (look, glance): have a ~ at a girl 女の子を一瞥する. **12** 《卑》**a** 性交, 性行為 (copulation). **b** 性交の相手.

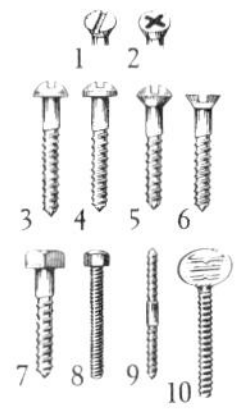

screws 1

1 slotted head; 2 cross recessed head; 3 round head; 4 fillister head; 5 oval head; 6 flat head; 7 lag; 8 machine; 9 dowel; 10 thumb

apply the screws to = *put the* SCREWS *on*. ***a screw loose*** 《口語》ねじがゆるんでいること; 変な所, 故障: He has *a* ~ *loose*. 彼は気が変だ / There is *a* ~ *loose* somewhere. どこかにねじのゆるみ[故障]がある. ***put the screw(s) on*** [*to*] = ***give the screw another turn*** (脅迫・搾取のために)...に圧力をかける, 締めつける (coerce); 無理に払わせる: *put the* ~*s on* a debtor for his money 債務者から金を無理に取り立てる. ***put under the screws*** = *put the* SCREWS *on*.

— *vt.* **1 a** ねじで締める[止める, 取り付ける], 押しつける, つなぐ, はずす] 〈*up, down, on*〉: ~ hinges *to* the door ねじでドアにちょうつがいを付ける / ~ a lock on a door ねじでドアに錠を取り付ける / ~ *up* a door [box] (開かないように)戸[箱]をねじで止める / ~ *on* a knob 取っ手をねじで取り付ける / ~ *down* the lid of a coffin 棺おけのふたのねじを締めて閉じる. **b** ねじ込む: ~ a bolt *into* the iron framework 鉄わくにボルトをねじ込む. **c** 〈弦楽器の弦を〉締める 〈*up*〉: ~ *up* the strings of a violin. **d** (thumbscrew で)拷問する. **2 a** 〈身体・腕などを〉ねじる, ひねる, 曲げる (twist): ~ a person's arm 人の腕をねじる / ~ one's head (a)round 首を(ねじるように)ぎゅっと回す. **b** 〈ふたなどを〉ねじって取る[開ける, 閉じる]: ~ the lid *on* [*off*] the jar つぼのふたをねじって閉める[開ける] / ~ open the bottle びんのふたをねじって開ける. **3 a** 〈顔などを〉ゆがめる (contort): ~ one's face into wrinkles 顔をしかめる. **b** 〈目などを〉細める (pucker): ~ the eyes 目を細める / ~ *up* one's lips 口[唇]をとがらす[すぼめる]. **c** 〈紙などを〉丸める (crumple): ~ *up* a piece of paper into a ball 紙片をねじって丸める. **4** ...の度[量]を増す (increase); 〈心を〉引き締める, 緊張させる, 〈勇気などを〉奮い起こす, 奮い立たせる 〈*up*〉: He wants ~*ing up*. 彼はねじを巻いてやる必要がある / ~ *up* one's courage 勇気を奮い起こす / ⇨ *screw one's courage to the* STICKING PLACE / ~ *oneself up to* doing 無理にしようとする / ~ *up* discipline 規律を一層厳しくする. **5 a** 〔...から〕絞り出す[取る], 無理に取る 〈*out*〉 / 〔*out of, from*〕; 〈人〉に〔...を〕強要する 〔*out of*〕: ~ water *out of* a sponge / ~ *out* a laugh 無理に笑わす / ~ money [a promise] *out of* [*from*] a person 人から金を絞り取る[に無理に約束させる]. **b** 〈地代・家賃などを〉不法に上げる 〈*up*〉: ~ *up* one's rents. **6 a** (理不尽なことで)圧迫する (oppress) 〈*down*〉: I am ~*ed down* by the rules. その規則に虐げられている. **b** 無理に下げ[まけ]させる 〈*down*〉: ~ a bookseller (*down*) 本屋に無理にまけさせる. **c** 《米俗》〈生徒を〉難問題でいじめる. **7** ...の意味を曲げる, こじつける, 曲解する: ~ *up* misdemeanors *into* felonies 軽罪をこじつけて重罪にする. **8** 〈ボルト・穴〉にねじを切る (thread). **9** 《俗》〈人を〉欺す, 欺し取る (cheat). **10** [~ *up* で] 《俗》**a** 〈心配事などが〉〈人を〉(ひどく)いら立たせる, 神経質にする: His business failure ~*ed* him *up*. 事業の失敗で彼はノイローゼになった. **b** (不手際なために)台無しにする, やりそこなう (bungle): His composition is all ~*ed up*. 彼の作文はめちゃめちゃだ. **11** 《俗》〈人の家〉に(合い鍵で)押し入る, 泥棒に入る. **12** 《卑》男が〉...と性交をする. **13** [~ *oneself* で] 《古》〔...に〕巧みに取り入る (insinuate) 〔*into*〕. **14 a** 《英》(玉突などで)〈ボールを〉ひねる. **b** 〖ラグビー〗(お互いに押し合った際, 力の均衡がくずれ, どちらかに)〈スクラムを〉(スクリューのように)回らせる.

— *vi.* **1** 〈ねじが〉回る, ねじれる, ねじがきく; ねじで取りはずせる[開く, 閉じる] 〈*on, together, off*〉; 螺旋状に回る: This handle won't ~ [~*s* stiffly]. この柄はうまく回らない[回りがかたい]. **2** 身体をねじる, 身をよじる: ~ (a)round easily 楽にからだをねじる. **3** けちけちする, ひどく倹約をする (stint). **4** 搾取する. **5** 《俗》急いで去る (hurry away): Let's ~ out of here. ずらかろうぜ. **6** 《俗》〈盗賊が〉押し入る, 押し込みを働く. **7** [~ *up* で] 《俗》へまをやる, やり損なう. **8** 《卑》性交する. **9** 《英》(玉突などで)ボールをひねる.

have one's head screwed on ⇨ head 成句. ***screw around*** 《米俗》(何もしないで)ぶらぶらする, のらくらする: He ~*ed around* with the money. その金で遊び回った. ***screw back*** 《英》〖スポーツ〗= screw *vt.* 14 a. ***Screw you!*** 《卑》ばか抜かせ; くたばってしまえ.

~·a·ble *adj.* **~·er** *n.*

scréw ànchor *n.* 〖海事〗螺旋錨 (mooring screw) 《浮標を留めておくなどのために, 係留鎖の先端につけ海底にねじ込んで固定する一種の錨》.

scréw àuger *n.* ねじ錐(きり)《刃がねじ状の木工錐》.

scréw àxis *n.* 〖結晶〗螺旋軸.

scréw-bàck *n.* 《英》= screw 4 b.

scréw·bàll *n.* **1** 〚この球を投げるとき腕をモーターボートのスクリューのように回転させるところから〛〖野球〗スクリューボール《速球または普通のカーブと同じ握り方で持ち, 手首と腕を内側に回して投げるいわゆるシュートボール》. **2** 《米俗》とっぴな人[物], 常軌を踏みはずした人[物], 気のふれた人, 変人; 変わった物. — *adj.* 《米俗》とっぴな, 常識はずれな, 風変わりな (erratic, unconventional).

scréw bèan *n.* **1** 〖植物〗米国南部産マメ科の低木 (*Prosopis pubescens*) 《tornillo ともいう》. **2** (ねじれた)そのさや《家畜飼料》.

screw·bèan mesquíte *n.* 〖植物〗= screw bean 1.

scréw bòlt *n.* ねじボルト.

scréw bòx *n.* (木製ねじの)ねじ切り.

scréw càp *n.* (びん・つぼなどの)ねじぶた.

scréw convèyor *n.* 〖機械〗ねじコンベヤー.

scréw còupling *n.* ねじ連結器.

scréw cùtter *n.* ねじ切り.

scréw cùtting láthe *n.* 〖機械〗ねじ切り旋盤.

scréw·drìver *n.* **1** ねじ回し, ドライバー. **2** スクリュードライバー《ウオツカとオレンジジュースを混ぜたカクテル》.

screwed *adj.* **1** ねじで留めた. **2** ねじを切ってある, ねじ山のある. **3** ねじれた, 曲がった (twisted). **4** 《俗》ほろ酔いの, 酔っ払った (intoxicated). **5** 《俗》ぺてんにかかった, だまされた (cheated).

scréw èye *n.* ねじ丸環《頭部が円形の環状になったねじ; 主として木材にねじ込んで使用する》.

scréw gèar [**gèaring**] *n.* 〖機械〗**1** = screw wheel. **2** ねじ歯車装置.

scréw·hèad *n.* ねじ頭.

scréw hòok *n.* ねじフック, 折れねじ《先がかぎ形をしたねじ釘》.

scréw jàck *n.* 〖機械〗= jackscrew.

scréw kèy *n.* = screw wrench.

scréw machìne *n.* 〖機械〗ねじ切り盤.

scréw mòoring *n.* 〖海事〗螺旋錨 (mooring screw).

scréw·nàil *n.* **1** 〖木工〗= wood screw. **2** 〖機械〗= drivescrew.

scréw nùt *n.* ボルトのねじ止め, ナット (nut).

scréw pìle *n.* 螺旋杭, ねじ込め杭.

scréw pìne *n.* 〖植物〗熱帯産タコノキ属 (*Pandanus*) の植物の総称《アダン, タコノキなど》.

scréw plàte *n.* ねじ羽子板, ねじ切り(型)板.

scréw pòd *n.* = screw bean.

scréw-pòd mesquíte *n.* = screw bean.

scréw pòst *n.* 〖海事〗= propeller post.

scréw prèss *n.* 〖機械〗ねじプレス.

scréw propèller *n.* 〖海事・航空〗スクリュープロペラ, ねじプロペラ (propeller).

scréw pùmp *n.* 〖機械〗ねじポンプ.

scréw pùnch *n.* 〖機械〗= screw press.

scréw rìvet *n.* 〖機械〗ねじ込みリベット.

scréw-shìp *n.* スクリュープロペラ船.

scréw spànner *n.* = screw wrench.

scréw spìke *n.* 〖鉄道〗ねじ釘, 螺釘(らてい)《レールをまくら木に締結する》.

scréw stày *n.* 〖機械〗ねじ控え (stay bolt).

scréw-stèamer *n.* スクリュー汽船.

scréw stòck *n.* 〖機械〗ねじ用棒材.

scréw stùd *n.* 〖機械〗= stud bolt.

scréw tàp *n.* 〖機械〗ねじタップ《雌ねじ切り》.

scréw thrèad *n.* ねじ山; ねじ山の一回り.

scréw-tòp *n.* (びん・つぼなどの)ひねって開け[閉め]るふた, ねじぶた. — *adj.* ねじぶたの(ついた).

scréw·ùp 〚cf. screw (vi.) 7〛 *n.* 《米俗》**1** へまばかりやる人, 気のきかないやつ. **2** 大失敗, へま (blunder).

scréw vàlve *n.* (ねじで開閉する)止め弁.

scréw whèel *n.* ねじ歯車《screw gear ともいう》.

scréw·wòrm *n.* 螺旋(らせん)虫《温帯アメリカのクロバエ科のハエ (*Callitroga hominivorax*) の幼虫; 哺乳類の傷口や鼻の中に卵を生み, 時には致命的となる》.

scréw wrènch *n.* 自在スパナー《screw spanner ともいう》.

screw·y [skrúːi | skrúːɪ, skrúɪ] 〚← SCREW + -Y⁴〛 — *adj.* (**screw·i·er**; **-i·est**) **1** 螺旋(らせん)形の, ねじ形の; 〈道路など〉ねじれた, 曲りくねった (tortuous). **2** 〈馬が〉疲れはてた. **3** 《俗》けちけちした, けちな (stingy, mean). **4** 《俗》少々酔っ払った (tipsy). **5** 《俗》**a** 気のふれた, 気が変になった (crazy). **b** 奇妙な, 風変わりな (eccentric). **scréw·i·ness** *n.*

Scria·bin [skriáːbɪn, -bən | skríəbɪn, skriǽbɪn; *Russ.* skrjábjin], **Aleksandr** (**Nikolaievich**) *n.* スクリャビン (1872–1915; ロシヤの作曲家・ピアニスト).

scrib·al [skráɪbəl] 〚← SCRIB(E)¹ + -AL¹〛 *adj.* **1** 筆写の, 書記の: ~ traditions 書き伝え, 記録的伝説 / a ~ error 誤写. **2** (ユダヤの)法学者の.

scrib·ble¹ [skríbl̩] 〚《c1465》▭ ML *scribill-āre* (freq.) ← L *scribere* to write: ⇨ scribe¹, -le³〛 — *vt.* **1** 走り書き[なぐり書き]する: ~ a note, letter, etc. **2** わけのわからないものを...に書き散らす. **3** 〈詩・文章を〉へたに書く: ~ verses へたな詩を書く. — *vi.* **1** 走り書きする, 落書きする: No *scribbling*! 落書禁止. **2** へたな文章[詩]を書く. **3** (わざと卑下や冗談などの意を含ませて)文筆を業とする, 文士である: ~ for a bare existence 文筆でやっと生計を立てる. — *n.* **1** 走り書き, 乱筆 (scrawl). **2** 走り書きした物, 落書き; へたな文章[詩], 駄作: a hasty ~ 走り書きの手紙.

scrib·ble² [skríbl̩] 〚← ? Scand. (Swed. *skrubbla* to scrub): ⇨ scrub², -le³〛 *vt.* 〈羊毛を〉あらすきする.

scríb·bler¹ [-bl̩ə, -blə | -bl̩ə(r, -blə(r] 〚《a1553》← SCRIBBLE¹ + -ER¹〛 *n.* **1** なぐり書きする人, 乱筆家, 悪筆家. **2** 駄作家, 三文文士, へぼ文士. 「らすき機.

scríb·bler² [-bl̩ə, -blə | -bl̩ə(r, -blə(r] *n.* (羊毛のあらすき機).

scríb·bling [-bl̩ɪŋ, -blɪŋ] *adj.* 走り[なぐり]書きしがちな, ぞんざいな, へたな.

scríbbling blòck *n.* 《英》走り書き用便箋, 雑記用紙 (《米》scratch pad).

scríb·bling·ly *adv.* 走り[なぐり]書きに.

scríbbling-pàd *n.* = scribbling block.

scríbbling-pàper *n.* = scribbling block.

scrib·bly [skríbl̩i, -bli | -bl̩ɪ, -blɪ] *adj.* 走り書きした, 書き散らした.

scribe¹ [skráɪb] 〚《c1378》▭ L *scriba* ← *scribere* to write ← IE **sker-* to cut (Gk *skariphâsthai* to scratch): cf. shrive〛 — *n.* **1 a** 筆記者, 写字者 (copyist). **b** (印刷術発明前に写本を筆写した職業的な)筆写者 (transcriber). **c** 代書屋; 書記 (clerk, secretary). **d** 《古》字を書く[書ける]人, 書家 (penman): I am no great ~. 字はうまく書けない《能書家ではない》. **2** 著作者 (author), 作家, 文士 (writer); ジャーナリスト, 新聞記者; 政治記者. **3** 〖ユダヤ教〗律法に通じた学者, 法学者; 記録係《記録を作成保存する; sopher ともいう; cf. rabbi¹》. — *vt.* **1** 《まれ》書く (write), 書きつける (write down). **2** 〖木工〗**a** 〈木・金属など〉に罫書(けが)針 (scriber) で線を刻みつける[印をつける]; 〈線を〉刻みつける. **b** (凹凸のある面などに)ぴったり合うように削る.

scribe² 〚↑ (v.)〛 *n.* = scriber.

Scribe [skríːb; *F.* skʀib], (**Augustin**) **Eugène** *n.* スクリーブ (1791–1861; フランスの劇作家; 合作も含めて300編以上の達者な脚本を書いた).

scríbe-àwl *n.* = scriber.

scríb·er 〚← SCRIBE¹ + -ER¹〛 *n.* (木や金属などの削り取る部分にしるしをつける)罫書(けが)針, (鉄筆状の)罫引(けびき).

scríbing blòck *n.* 〖機械〗= surface gauge.

scrim [skrím] 〚← ?〛 — *n.* **1** スクリム《目の粗い丈夫な綿布または麻布; カーテン・家具の裏張りなどにする》. **2** 《米》〖劇場〗紗幕《垂れ幕などに用いる透明の麻[綿]織物》.

scrim·mage [skrímɪdʒ] 〚《c1470》《変形》← SKIRMISH: cf. scrummage〛 — *n.* **1 a** こぜり合い (skirmish). **b** 組打ち, つかみ合い, なぐり合い, 乱闘, けんか (brawl). **2** 〖ラグビー〗= scrum. **3** 〖アメリカンフットボール〗**a** (同一チームの2組の間で行なう)練習[非公式]試合. **b** スクリメージ《ボールがスナップ (snap) されてからデッドになるまでのプレー》. **c** = LINE² of scrimmage. — *vi.* **1** つかみ合いをする, なぐり合いをする, 乱闘をする, けんかをする. **2** せわしく捜す. **3** 〖ラグビー〗スクラムを組む. — *vt.* 〖ラグビー〗**1** 〈ボールを〉スクラムの中に入れる. **2** 〈相手チーム〉とゲームを競う. **scrím·mag·er** *n.*

scrímmage lìne *n.* 〚アメリカンフットボール〛スクリメージライン[線] (⇨ LINE of scrimmage).

scrimp [skrímp] 〚《1718》← ?: cf. skimp / OE *scrimman* to skrink〛 — *adj.* 切り詰めた, けちけちした, 貧弱な (scanty, meager). — *vt.* **1** …にけちけち与える, 僅かしか与えない, 切り詰める (skimp). **2** 〈食物などを〉限って当てがう, ぎりぎりにする. — *vi.* けちけちする, 節約する (economize) 〈*on*〉. **~·er** *n.*

scrimp·y [skrímpi | -pɪ] 〚⇨ ↑ (adj.), -y⁴〛 — *adj.* (**scrimp·i·er**; **-i·est**) **1** 不足がちな (scanty), 当てがい扶持(ﾌﾁ)の, 切り詰めた (stinted), 貧弱な (meager). **2** けちな, 倹約する (parsimonious). **scrímp·i·ly** [-pɪli, -pə- | -lɪ] *adv.* **scrímp·i·ness** *n.*

scrim·shank [skrímʃæ̀ŋk] 〚← ?〛 *vi.* 《英軍俗》 職務をずるける, 仕事をさぼる. **~·er** *n.*

scrim·shaw [skrímʃɔ̀ː] 〚《1851》← ?: 人名から?〛 — *n.* **1** [集合的にも用いて] 慰み細工, 水夫の手工品 《水夫が長い航海中の手慰みとして作った貝殻・鯨骨・セイウチの牙(ｷﾊﾞ)・象牙・木片などに彫刻や彩色模様を施したもの》. **2** 手工芸彫刻の技術. — *vt.* (慰みに)〈鯨骨などを〉彫刻する. — *vi.* 慰み細工をする.

scri·ni·um [skríniəm | -nɪəm, -njəm] 〚□ L *scrīnium*: cf. shrine〛 *n.* (*pl.* **-ni·a** [-niə | -nɪə, -njə]) (通例, 金属製のふた付き円筒形の古代ローマの)書類入れ.

scrip¹ [skríp] 〚《1762》《略》← SUBSCRIPTION // 《混成》← SCRIPT + SCRAP¹〛 — *n.* **1** 簡単な書類[書き付け] 《受取証・証明書・予定表・メモなど》. **2** (一片の小さな)紙切れ (scrap of paper). **3** 《米俗》(以前米国で発行されていた) 1ドル未満の紙幣《私人・私企業のための紙幣の代用品》; (炭鉱や従軍商人の発行する)代表貨幣, 手札. **4** 〚金融〛 **a** (株式・公債などの)分払い済証書, 仮株券, スクリップ《払い込み高が額面価格に達すれば本株券・公債証書と交換する; scrip certificate ともいう; cf. scrip dividend》. **b** [集合的] 仮株券類. **c** (市や会社が生産・交易の用に供するため発行する)仮証券, 代用紙幣《scrip money ともいう》. **d** (緊急時に発行される)臨時紙幣; (占領軍の)軍票.

scrip² [skríp] 〚《?c1225》□ OF *escrep(p)e* (F *écharpe* scarf) // ML *scripp-um* 《変形》← L *scirpea* basket made of rushes ← *scirpus* rush ← ?〛 — *n.* 《古》(旅人・羊飼いの腰などに下げた)どうらん, 合財袋 (wallet): a pilgrim's ~ 巡礼の小袋.

Scrip. 《略》 Scriptural; Scripture.

scríp certìficate *n.* 〚金融〛 = scrip¹ 4 a.

scríp dìvidend *n.* 〚金融〛スクリップ配当, 仮証券配当《現金を支払う代わりに約束手形を交付する配当》.

scríp ìssue *n.* 〚証券〛 = bonus issue.

Scripps [skríps], **E(dward) W(yl·lis)** [wílɪs, -ləs | -lɪs] *n.* (1854–1926) 米国の新聞経営者; UP 通信創立者; R. P. Scripps の父.

Scripps, Robert Paine *n.* (1895–1938) 米国の新聞発行者; R. W. Howard と共に Scripps-Howard 系新聞の経営者; E. W. Scripps の子.

scrip·sit [skrípsɪt] 〚□ L *scripsit* he or she wrote (it): cf. scribe¹〛 *L.* (原稿などの著書名の後に入れる)…著.

script [skrípt] 〚《c1385》□ L *script-um* (something) written (neut. p.p.) ← *scrībere* to write ∽ ME *scrit(e)* □ OF *escri(p)t* □ L: ⇨ scribe〛 — *n.* **1 a** 手書き (handwriting); 字体. **b** 文字: in Japanese ~ 日本文字で. **c** 〚印刷〛スクリプト《手書き書体に似た活字書体》. **2 a** (著者の手書きまたはタイプの)原稿 (manuscript). **b** 《英》試験答案. **3** 行動計画. **4 a** 〚演劇〛脚本, 台本. **b** 〚映画〛台本, スクリプト《撮影中使用する》. **c** 〚ラジオ・テレビ〛(放送用)台本. **5** 〚法律〛原本, 正本, 原文書 (cf. copy 8). — *vt.* 〈劇・映画・ラジオ・テレビ放送〉の脚本[台本]を書く; …に脚色する.

Script. 《略》 Scriptural; Scripture.

scrípt èditor *n.* (ラジオ・テレビの)放送用台本編集者.

scrípt·er *n.* = scriptwriter.

scrípt gìrl *n.* 〚映画〛スクリプトガール《映画撮影中に撮影記録をつける係》.

scrip·to·ri·um [skrɪptɔ́ːriəm, -tóːr- | -tɔ́ːrɪ-] 〚《1774》□ ML *scriptōrium* ← L *scriptus* (p.p.) ← *scribere*: ⇨ script, -orium〛 — *n.* (*pl.* **-ri·a** [-riə | -rɪə], **~s**) (*also* **scrip·to·ry** [skríptəri | -rɪ]) (修道院の)写本室, 文書室《印刷術発明以前に修道士たちが写本を作ったり, その他記録などを作った部屋; 明るい廊下にあった》.

scrípt rèader *n.* = script editor.

scrip·tur·al [skríptʃ(ə)rəl] 〚《1641》□ LL *scriptūrāl-is* ← L *scriptūra* 'SCRIPTURE': ⇨ -al¹〛 — *adj.* **1** [時に S-] 神聖な書物の; (特に)聖書の[に基づく, による] (Biblical): a ~ scholar. **2** 書物の[にした]; 手書きの. **~·ly** *adv.* **~·ness** *n.*

scríp·tur·al·ìsm [-lɪzm] *n.* 聖書主義, 聖書本位主義《聖書を字義通りに守ること》.

scríp·tur·al·ist, S- [-lɪst, -ləst | -lɪst] *n.* **1** 聖書(本位)主義者《聖書を字義通りに守る人》. **2** 聖書研究家, 聖書学者.

scrip·ture [skríptʃə | -tʃə(r] 〚《a1325》□ L *scriptūra* a writing, LL the Bible ← *scriptus*: ⇨ script, -ure〛 — *n.* **1** [S-; しばしば *pl.*] 聖書 (the Bible); (ユダヤ教の)聖書《旧約聖書と同一》; (一冊の)聖書 (a Bible). ★ 通例, 外典 (Apocrypha) を除外して新約・旧約の双方または時にはその一方を指し, Holy Scripture または the (Holy) Scriptures ともいう》: (Holy) *Scripture* teaches us that… / read the *Scriptures* / the Muhammadan *Scriptures* イスラム経典. **2** [しばしば S-] 聖書からの引用, 聖書の句[一節]: There is a ~ which says…. **3** (キリスト教以外の)経典, 聖典 (sacred writing): the *Scripture* of Islam イスラム経典, コーラン. **4** 書き物, 書物 (writing). **5** 《古》銘, 碑文 (inscription). — *attrib. adj.* [しばしば S-] 聖書の[にある] (scriptural): a *Scripture* card (日曜学校で生徒に与える)聖句カード / a *Scripture* lesson 聖書日課.

scrípture-rèader *n.* (貧民や文字の読めない人の家などに行って)聖書を読んで聞かせる人.

scrípt·wrìter *n.* (劇・映画・ラジオ・テレビの)台本作家, 脚本家, スクリプトライター.

scríve bòard [skráɪv-, skríːv-] 〚*scrive*: 《変形》? ← SCRIBE (v.)〛 — *n.* 〚造船〛スクライブ ボード, 切込み現図場《船体正面線図 (body plan) などを実物大に描いた木製床》.

scriv·en·er [skrív(ə)nə | skrívnə(r] 〚《c1375》 *scriveyner* ← *scrivein* copyist □ OF *escrivain* (F *écrivain*) □ LL *scrībānus* ← L *scrībere* to write: ⇨ scribe¹, -an¹, -er¹〛 — *n.* 《古》 **1 a** 筆耕, 写字生; 代書屋; 書記 (clerk). **b** [軽蔑的に] 作家, 著述家 (author). **2** 公証人 (notary). **3** 金融業者 (money broker).

scrívener's pálsy *n.* 〚病理〛書痙(ｼｮｹｲ) (writer's cramp).

scro·bic·u·late [skro(ʊ)bíkjʊlət, -lɪt, -lèɪt | skrə(ʊ)-] 〚← LL *scrobiculus* ((dim.) ← L *scrobis* ditch) + -ATE³〛 *adj.* 〚生物〛小さなくぼみ[穴]のある.

scrod [skrɑ́(ː)d | skrɔ́d] 〚□ Du. 《廃》 *schrood* piece cut off: cf. shred〛 — *n.* 《米》 **1** 〚魚類〛大西洋産タラ科の幼魚 (*Gadus morrhua*). **2** (特に)調理するように縦に裂いたタラ(の身).

scrod·dled [skrɑ́dɫd | skrɔ́d-] 〚← ?: cf. LG *schrodel* scrap〛 *adj.* 〚窯業〛種々の顔料を混じらないように用いて斑紋様にした.

scrof·u·la [skrɔ́(ː)fjʊlə, skrɑ́f- | skrɔ́f-] 〚《a1400》□ ML *scrōfula* (sing.) ← LL *scrōfulae* (pl.) glandular swelling, 《原義》 little pigs (dim.) ← L *scrōfa* a breeding sow: cf. Gk *grompháṡ* old sow〛 — *n.* 〚病理〛瘰癧(ﾙｲﾚｷ) (⇨ king's evil).

scrof·u·lo·sis [skrɔ̀(ː)fjʊlóʊsɪs, skrʌ̀f-, -səs | skrɔ̀fjʊlə́ʊsɪs] 〚← NL ~: ⇨ ↑, -osis〛 *n.* (*pl.* **-lo·ses** [-siːz]) 〚病理〛腺病(質).

scrof·u·lous [skrɔ́(ː)fjʊləs, skrʌ́f- | skrɔ́f-] 〚← SCROFULA + -OUS〛 *adj.* **1** 悪に染まった, 堕落した. **2** 〚病理〛瘰癧(ﾙｲﾚｷ)の[にかかった]; 腺病質の. **~·ly** *adv.*

scroll [skróʊɫ | skrə́ʊɫ] 〚《15C》 *scrowle* 《変形》← ME *scrow* □ AF *escrowe* = OF *escroe* strip (of parchment): ⇨ escrow: 今の形は ROLL との連想による〛 — *n.* **1 a** 巻子本(ｶﾝｽﾎﾞﾝ), 巻物《パピルス・皮・羊皮紙で作った古代の書物で, 巻きやすいように両端に軸がついている》; (絵・書の)軸物, 絵巻物. **b** 《古》表, 名簿 (list), 目録, 一覧表 (schedule): on the ~ of fame 名を後世[歴史]に残して. **c** 《古》覚え書き, 伝言, 手紙. **d** 〚紋章〛スクロール《大紋章 (achievement) の上部または下部にある巻き物; この中に motto を加える; ⇨ heraldry 挿絵 A》. **2** (バイオリンなど弦楽器の頭部の)渦巻き, スクロール (⇨ violin 挿絵): the ~ of a violin バイオリンの渦巻き. **3** 渦形の装飾, 渦巻き模様, 渦形 (volute)《イオニア式柱頭・椅子・テーブルの脚などに見られるような建築・家具などの装飾細工や模様》: an Ionian ~ イオニア式(柱頭の)渦巻き. — *vt.* [通例 p.p. 形で] **1** 巻物に書く. **2** 渦形で飾る, …に渦巻き模様をつける. — *vi.* 巻く, 巻物のようになる (roll up).

scróll càsing *n.* 〚機械〛 = spiral casing.

scróll chùck *n.* 〚機械〛スクロール チャック《渦巻き形の溝によって爪が同時に動くチャックの一種》.

scrolled *adj.* **1** 渦形装飾のついた, 渦巻き模様のついた. **2** 曲りくねった (curved).

scróll fòot *n.* 渦形足《18 世紀の家具のキャブリオール[曲がり脚]の先端にみられる》.

scróll gèar *n.* 〚機械〛(渦巻き形の)スクロール歯車.

scróll·hèad *n.* 〚海事〛船首渦巻き模様《船首像 (figurehead) の代わりにつける渦巻き形の船首飾り》.

scróll làthe *n.* 〚機械〛スクロール[渦巻き形チャック]旋盤.

scróll sàw *n.* 雲形切りのこぎり, 糸のこ (fretsaw); 機械雲形切りのこぎり.

scróll whèel *n.* 〚機械〛 = scroll gear.

scróll·wòrk *n.* 渦形装飾, 唐草模様; (scroll saw で作った)雲形模様.

scrooch [skrúːtʃ, skrʊ́tʃ] 〚《変形》← CROUCH〛 *vi.* 《口語》うずくまる, かがむ (crouch) 〈*down*〉.

scrooge [skrúːdʒ] *vt., vi.* 《方言》 = scrouge.

Scrooge, s- [skrúːdʒ] 〚← *Ebenezer Scrooge* (Dickens 作 *A Christmas Carol* 中の主人公; 守銭奴であったが, 改心してやさしい人間となる)〛 守銭奴.

scroonch [skrúntʃ] *vt., vi.* = scrunch 2.

scroop [skrúːp] 〚擬音語〛 — *vi.* 《方言》きしる, きーきーいう (creak, grate). — *n.* **1** 《方言》きしる音, きーきーいう音 (scrooping sound). **2** 絹鳴り《絹などに特殊加工仕上げをする時の音》.

scrootch [skrúːtʃ, skrʊ́tʃ] *vi.* = scrooch.

Scroph·u·lar·i·a·ce·ae [skrɑ̀fjʊlɛ̀(ə)riéɪsiìː, skrɔ̀(ː)f- | skrɔ̀fjʊlɛ̀ərɪ-] 〚← NL ~ ← *Scrophularia* (属名: ← ML *scrōfula* 'SCROFULA' + -ARIA) + -ACEAE〛 — *n. pl.* 〚植物〛(双子植物管状花目)ゴマノハグサ科. **scròph·u·làr·i·á·ceous** [-ʃəs] *adj.*

scrota *n.* scrotum の複数形.

scrotal [skróʊtɫ | skrə́ʊtɫ] 〚← NL *scrotal-is* ← L *scrōtum*: ⇨ scrotum, -al¹〛 *adj.* 〚医学〛陰嚢(ｲﾝﾉｳ)の: ~ hernia 陰嚢ヘルニア.

scro·ti·tis [skroʊtáɪtɪs, -təs | skrəʊtáɪtɪs] 〚⇨ scrotum, -itis〛 *n.* 〚病理〛陰嚢(ｲﾝﾉｳ)炎.

scro·to·cele [skróʊtəsìːɫ | skrə́ʊt-] 〚⇨ ↓, -cele¹〛 *n.* 〚病理〛陰嚢(ｲﾝﾉｳ)ヘルニア (scrotal hernia).

scro·tum [skróʊtəm | skrə́ʊt-] 〚《1597》□ L *scrōtum*: cf. L *scrautum* skin sheath for arrows〛 *n.* (*pl.* **scro·ta** [-tə | -tə], **~s**) 〚解剖〛陰嚢(ｲﾝﾉｳ).

scrouge [skráʊdʒ, skrúːdʒ | skráʊdʒ] 〚《1755》《擬音的転訛》? ← 《方言》 *scruze* to squeeze 《混成》? ← SCREW + SQUEEZE〛 《方言》 — *vt.* …に押し込む, 詰め込む (crowd), 押しつける (squeeze). — *vi.* 押し込む, 詰め込む (crowd).

scrounge [skráʊndʒ] 〚《1919》《転訛》? ← 《方言》 *scrunge* to wander about idly〛 《口語》 — *vt.* **1** 見つけ出す, 捜し求める (salvage) 〈*up*〉. **2** うまい言葉を使って手に入れる (wheedle); 借りる (borrow). **3** 〈他人の物を〉わが物にする, 失敬する, かっ払う, くすねる (pilfer). — *vi.* **1** 捜し回る 〈*around*〉. **2** 甘言を用いる (wheedle). — *n.* **1** 捜し求めること; かっ払い. **2** 捜し求めた物; かっ払った物.

scróung·er *n.* 常習的借り手; 食客, 居候 (sponger).

scrub¹ [skrʌ́b] 〚《a1398》《変形》← SHRUB¹: cf. Dan. 《方言》 *skrub*〛 — *n.* **1 a** いじけた木, 低木; [集合的] 低木, やぶ. **b** 低木林, 雑木地帯. **2 a** ちっぽけな人[物]; つまらない人. **b** 並より小さい[劣る]もの. **3** 下等種の動物, 雑種 (mongrel): a mere ~ of a horse やくざ馬. **4** 〚スポーツ〛 **a** 補欠選手, 二軍選手. **b** 二軍チーム. — *adj.* **1** いじけた, ちっぽけな (stunted, undersized). **2** 下等の, 劣等の (inferior), やくざの, つまらない (worthless). **3** 《米》〚スポーツ〛補欠[二軍]選手から成る; にわか仕立ての, にわか仕立てチームの: a ~ team 二軍チーム / a ~ game [race] 二軍選手の試合[競走].

scrub² [skrʌ́b] 〚《?a1300》 *scrobbe(n)*, *shrubbe(n)* □ ? MLG & MDu. *schrobb-en*, *schrubben*〛 — *vt.* (**scrubbed**; **scrub·bing**) **1 a** (ブラシ・布などで)ごしごしこする, ごしごし洗う: ~ oneself with a towel タオルでからだをごしごしこする / ~ the floor 床を(たわしで)ごしごし洗う. **b** 〈汚れなどを〉ごしごしこすって洗い落とす: ~ the dirt *away* 汚れをこすり落とす / ~ dirt *off* the walls 壁の汚れをこすり落とす. **c** (外科手術の前に)〈手などを〉洗浄する. **2** (水の中や上を通過させて)〈ガス〉の不純物を除く, 洗浄する (wash, cleanse) 〈*out*〉. **3** 《口語》 **a** 〚宇宙〛〈ミサイル発射・飛行を〉延期する, 中止する. **b** 廃止する, 除く, 取り消す, 止める (cancel). — *vi.* **1** ごしごし洗う, ふき掃除をする. **2** (外科手術前に)洗浄する, 手を洗う 〈*up*〉.

scrub round 《口語》〈規則など〉を無視する, 避ける.

— *n.* **1** ごしごしこする[みがく]こと, 洗い掃除; (特に)外科手術前に行なう洗浄 (scrub-up): give a good ~ ごしごしこする[洗う]. **2 a** ごしごし洗う道具, ブラシ (brush). **b** ブラシに似たもの. **3** 〚宇宙〛ミサイル発射延期[中止].

scrub·bed [skrʌ́bɪd, -bəd, skrʌ́bd] 〚← SCRUB¹ + -ED〛 *adj.* 《古》いじけた, 成長を妨げられた (stunted); みすぼらしい (scrubby): a little ~ boy.

scrúb·ber¹ *n.* **1** ごしごしこする[力を入れて洗う]人. **2** こする[洗う]時に使う道具《ブラシ・たわし・ぞうきんなど》. **3** スクラッバー, ガス洗浄装置《ガス中の不純物を除去する装置》. **4** 《俗》身持ちの悪い女.

scrúb·ber² *n.* **1** 雑種; (特に)雑種の牡牛. **2** やせて成長の止まった牡牛. **3** 《豪》 **a** 叢林(ｿｳﾘﾝ) (scrub) に住む人[動物]. **b** 叢林の中に逃げて野生化した家畜《牛・羊・馬など》.

scrúb·bing *n.* ごしごしこする[磨く]こと, 洗い掃除: The floor wants a good ~. 床はよく洗わなければいけない.

scrúbbing brùsh *n.* = scrub brush.

scrúb·bird *n.* 〚鳥類〛クサムラドリ (*Atrichornis rufescens*)《オーストラリア産のやぶの中にすむコトドリに似たクサムラドリ科の小鳥》.

scrúb brùsh *n.* 《米》洗濯用ブラシ, (床などを洗う)たわし《scrubbing brush ともいう》.

scrub·by [skrʌ́bi | -bɪ] 〚← SCRUB¹ + -Y⁴〛 — *adj.* (**scrub·bi·er**; **-bi·est**) **1** 〈木・動物など〉いじけた, 小さい (stunted): ~ trees. **2** いじけた木のはえた, 雑木[下ばえ]のおい繁った: ~ land. **3** 〈人が〉ちっぽけな (small, insignificant); みじめな, みすぼらしい (shabby). **4** 〈ひげが〉たわしのような: a ~ beard. **scrúb·bi·ly** [-bɪli, -bə- | -lɪ] *adv.* **scrúb·bi·ness** *n.*

scrúb jày *n.* 〚鳥類〛米国南部やメキシコ産の青灰色の羽毛をしたカケス (*Aphelocoma coerulescens*).

scrúb·lànd *n.* 低木でおおわれた土地.

scrúb nùrse *n.* 手術室看護婦《手術中に手術器具を扱ったり, 外科医を補佐する訓練を受けた看護婦》.

scrúb òak *n.* 〚植物〛アメリカ産のブナ科コナラ属 (*Quercus*) の低木の総称; (特に)ヒイラギガシ (*Q. ilicifolia*).

scrúb pìne *n.* 北米東部の乾燥した砂地に生える バンクスマツ (jack pine) などの小形のマツ類; 特に *Pinus virginiana*.

scrúb týphus *n.* 〚病理〛つつが虫病 (⇨ tsutsugamushi disease).

scrúb-ùp *n.* 〚医学〛(手術前の)手洗い.

scrúb·wòman *n.* (*pl.* **-women**) 《米》 = charwoman.

scruff¹ [skrʌ́f] 〚《1790》《転訛》↓〛 — *n.* **1** うなじ, えり首, 首すじ: take [seize] a person by the ~ of the neck 人のえり首をつかまえる. **2** 衣服のゆったりした部分《コートのえり・ズボンの尻の部分など》.

scruff[2] [skrʌ́f] 〚《15C》《音位転換》← SCURF〛 ― *n.* **1** 《英方言》ふけ (dandruff). **2** 《口語》つまらない人[物]. **3** 《冶金》スクラッフ《すずめっきの際, めっき槽の上に浮かぶ浮遊物》.

scruff·y [skrʌ́fi | -fɪ] 〚⇨↑, -y[4]〛 ― *adj.* (**scruff·i·er**; **-i·est**) だらしのない, とりちらかした (untidy), ぼろぼろの, みすぼらしい (shabby). **scrúff·i·ly** [-fɪli, -fə- | -lɪ] *adv.* **scrúff·i·ness** *n.*

scrum [skrʌ́m] 〚《1888》《略》← SCRUMMAGE〛 ― *n.* 《ラグビー》スクラム, スクラメージ《フォワードのプレーヤーが肩を組んで密集し, 同様に密集して対峙した相手チームのフォワードと, グラウンド上のボールを争って押し合うこと; scrummage ともいう; ⇨Rugby football 挿絵; cf. set scrum》. ― *vi.* スクラムを組む.

scrúm hálf *n.* 《ラグビー》スクラムハーフ《ハーフバックの一人で, 通常スクラムの後方にあって, ヒールアウトされたボールをバックラインにパスし, または拾ってスクラムサイドを自ら走る役目をもつ; ⇨ Rugby football 挿絵》.

scrum·mage [skrʌ́mɪdʒ] 〚《変形》← SCRIMMAGE〛 *n.* 《ラグビー》=scrum.

scrump [skrʌ́mp] 〚← ? Scand. (cf. Swed. & Dan. *skrumpen* shriveled): cf. scrimp〛《英方言》 ― *vt.* **1** 〈りんごなどを〉萎縮させる. **2** 〈果樹園〉から盗む; 〈りんごなどを〉くすねる (pilfer). ― *vi.* 萎縮する. ― *n.* 萎縮した物, (特に)小さなりんご; 小さな人.

scrump·tious [skrʌ́m(p)ʃəs] 〚《変形》? ← SUMPTUOUS〛 ― *adj.* 《口語》すてきな, すばらしい (splendid); 〈食事など〉おいしい (delicious): What a ~ tea! おいしいお茶だこと / We had a ~ time. とても愉快だった. **~·ly** *adv.* **~·ness** *n.*

scrunch [skrʌ́ntʃ, skrúntʃ | skrʌ́ntʃ] 〚《1825》《変形》← CRUNCH〛 ― *vt.* **1** ばりばり砕く[かむ] (crunch). **2** 押しつぶす; 弓なりに曲げる (hunch). **3** しわくちゃにする (crumple). ― *vi.* **1** ばりばり音を立てる, ざくざく音を立てて進む. **2** つぶれる, うずくまる, かがむ (crouch). ― *n.* ばりばり[ざくざく]音を立てること; ばりばり砕く音, ざくざく踏む音: a ~ of wheels on the gravel 砂利道を踏む車輪のざくざくいう音.

scru·ple [skrúːpl̩] 〚《1526》□F *scrupule* // L *scrūpulus* small sharp stone, small weight, scruple (dim.) ← *scrūpus* sharp stone ← ?〛 ― *n.* **1** [否定文および成句に用いる以外は通例 *pl.*] (事の正邪・当否についての)疑念, ためらい (hesitation), 遠慮; 良心のとがめ: a man of *no* ~s 平気で悪事をする人 / without ~ ためらわずに, 平気で / have ~s [little ~, no ~] *about* doing …するのに気がとがめる[とがめない], ためらう[ためらわない, 平気でする], 疑う[疑わない] / make no ~ *to* do [*of* doing] 平気で…する, 何とも思わずに…する, …することをはばからない / stand on ~ 遠慮する. **2** スクループル: **a** 薬衡の単位 (=20 grains, 0.333 drams, 1.295 g; 略 s. ap.). **b** 古代ローマの重量単位 (=$^1/_{24}$ oz.). **3** 《古》少し, 微量 (iota, jot): do not care *a* ~ ちっともかまわない, 少しも気にかけない. ― *vi.* **1** [通例否定構文で] ためらう, 躊躇(ちゅうちょ)する, 遠慮する (hesitate): He does*n't* ~ *to* scold them. 平気で叱る / ~ *at* doing wrong [*at* nothing] 悪事をすることをためらう[どんなことでも平気でする] / Do*n't* ~ *to* ask for anything you want. いる物は遠慮なく言いなさい. **2** 良心のとがめを感じる, 気がとがめる. ― *vt.* 《古》 **1** …をためらう, …をはばかる: ~ lying [a lie] うそを言うのをはばかる. **2** 疑う (doubt).

scru·pu·los·i·ty [skrùːpjʊlɑ́səti | -lɔ́sɪti, -sɪ-] 〚《1526》□F *scrupulosité* // L *scrūpulōsitās*: ⇨↓, -ity〛 *n.* **1** 綿密[慎重]さ, 几帳面さ. **2** ためらい, 良心のとがめ.

scru·pu·lous [skrúːpjʊləs] 〚《*c*1450》□(M)F *scrupuleux* // L *scrūpulōs-us* ← *scrūpulus*: ⇨ scruple, -ous〛 ― *adj.* **1** 良心的な, もの堅い, 慎重な (conscientious): 誠実な, 実直な, 節操のある (principled): act with ~ honesty (一点のやましさもなく)全く正直に行動する. **2** 細心な, 几帳面な (punctilious); 綿密な, 正確な, きちんとした, 周到な, 行き届いた (precise, thorough): a ~ proofreader 几帳面な校正係 / pay ~ attention to …に気を使い過ぎる / be ~ *about* [*in*] one's dress 服装にやかましい / with ~ care 細心の注意を払って. **3** 《古》(良心のとがめなどで)ためらう, 躊躇(ちゅうちょ)する (hesitant). **~·ly** *adv.* **~·ness** *n.*

scru·ta·ble [skrúːtəbl̩ | -tə-] 〚□LL *scrūtābil-is* ← L *scrūtārī* (↓): ⇨ -able〛 *adj.* 調査[研究]でわかる, 理解[判読]できる (comprehensible, legible).

scru·ta·tor [skrúːteɪtə, ―⌐― | skruːtéɪtə(r)] 〚《1580》□L *scrūtātor* ← *scrūtātus* (p.p.) ← *scrūtārī* to search, examine: ⇨ scrutiny, -or[2]〛 ― *n.* 精査する人, 検査者 (investigator), 詮索者.

scru·ti·neer [skrùːtəníə, -tn- | -tɪníə(r, -tə-] 〚《1557》← SCRUTINY + -EER〛 *n.* **1** 検査者 (examiner). **2** 《英》開票検査人 (《米》canvasser).

scru·ti·nize [skrúːtənàɪz, -tn- | skrúːtɪnàɪz, -tə-, -tn-] 〚《1671》← SCRUTINY + -IZE〛 ― *vt.* 精細に調べる, 綿密に検査する, 吟味する, 詮索する; 詳しく見る, よく見る. ― *vi.* 精査する, 詳しく見る, じろじろ見る. **scrú·ti·nìz·er** *n.*

scrú·ti·nìz·ing *adj.* じろじろ見ている, 吟味するような), 小やかましい. **~·ly** *adv.*

scru·ti·ny [skrúːtəni, -tni, -tni | skrúːtɪni, -tə-, -tn̩i] 〚《*c*1450》□L *scrūtini-um* ← *scrūtārī* to search, examine ← *scrūta* trash, rags ← IE *skreu- to cut: ⇨ shred〛 ― *n.* **1** 精査, 精密な吟味, 詮索 (close investigation): make a ~ into …を精査[吟味]する / subject to the ~ of …の精査[吟味]を受けさせる / bear ~ 精査に堪える, やましい点がない / His actions do not bear ~. 彼の行動にはうしろ暗いところがある. **2** じろじろ[つくづく]見ること (close look): a ~ of a person's face 人の顔をじろじろ見ること / A close ~ revealed a crack in the vase. よくよく注意して見ると花びんにはひびがはいっているのがわかった. **3** 監視, 監督 (surveillance): be under ~ 監視される. **4** 《米古・英》開票検査, 投票再検査: demand a ~ 開票[投票再]検査を要求する.

scry [skráɪ] 〚《*a*1456》《頭音消失》← DESCRY〛 *vi.* 水晶で[水晶を見て]占う. ― *vt.* 《古・方言》見出す, 見つける (descry).

scrý·er *n.* 水晶で占う人 (crystal gazer).

S.C.S. 《略》Society of Civil Servants; Space Communications Systems.

sct. 《略》scout.

sctd. 《略》scattered.

scu·ba [sk(j)úːbə] 〚《頭字語》← *s(elf)-c(ontained) u(nderwater) b(reathing) a(pparatus)*〛 ― *n.* スキューバ《圧搾空気のシリンダーと目と鼻につけるマスクを含む潜水用水中呼吸器》.

scúba dìve *vi.* スキューバダイビングをする. **scúba dìver** *n.*

scúba dìving *n.* スキューバ ダイビング《スキューバをつけて潜水するスポーツ; cf. skin diving》.

scud[1] [skʌ́d] 〚《1532》← ? Scand. (cf. Norw. *skudda* to push / Dan. *skyde* to shoot)〛 ― *v.* (**scud·ded**; **scud·ding**) ― *vi.* **1** (推し出されるように)すうっと走る, (風などに追われて)すうっと飛ぶ 〈*about, along, off, away*〉; かすめて通る (skim along): Clouds ~ across the moon. 雲が月をよぎって飛ぶ / Rabbits ~ across the turf. うさぎが芝生を横切って走る. **2** 《海事》(ほとんど帆を揚げずに)順風に走る: ~ before the wind [gale] 追風に帆をおろした状態で走る, 帆を降ろして強風に任せて走る / ~ under bare poles 帆を揚げずに走る. **3** 《アーチェリー》〈矢が〉的を外れて高く飛ぶ. ― *vt.* **1** 《古》…をすっと走る. **2** すっと走らせる. ― *n.* **1** すうっと走る[飛ぶ]こと, 疾走, 飛走 (rush). **2 a** (吹きつける)にわか雨, 通り雨; しぶき. **b** 一陣の風, 突風. **c** 吹雪. **3** 《気象》ちぎれ雲《乱層雲の下面のあたりをちぎれて飛ぶ雲》.

scud[2] [skʌ́d] 〚《廃》'dirt' 《変形》? ← SCUT[1] // 《混成》? ← SCUM + MUD[1]〛《皮革》 ― *vt.* あか出しをする《裸皮上のあかを人手または機械により刃のついた薄板の金具(古くは石片)を用いて押出す》. ― *n.* あか, 汚物《脱毛裸皮に残った上皮組織, 毛根, あか等の汚物》.

Scud·der [skʌ́də | -də(r)], **Horace Elisha** *n.* (1838–1902) 米国の著述家・伝記作家; *The Atlantic Monthly* の編集者 (1890–98).

scúd·ding machìne *n.* 《皮革》裸皮のあか出しをする機械.

Scu·dé·ry [skùːdəríː; *F.* skydeʀi], **Ma(g)·de·leine de** [ma(g)dəlɛn də] *n.* スキュデリ《1607–1701; フランスの女流小説家; 通称 Sapho [safo]; *Le Grand Cyrus*「キューロス大王」(1649–53)》.

scu·do [skúːdou | -dəu; *It.* skúːdo] 〚《1644》□It. ~ < L *scūtum* shield: ⇨ scutum〛 *n.* (*pl.* **scu·di** [-diː; *It.* -di]) スクード《イタリアの古い銀貨》.

scuff[1] [skʌ́f] 〚← ? Scand. (cf. Swed. *skuffa* 'to SHOVE')〛 ― *vi.* **1** 足を引きずって歩く (shuffle). **2** 足をこすりつける, 足摺りをする. **3** (こすれて)すり傷がつく, 傷つく. **4** 《米》足指でつつく 〔*at*〕. **5** 《機械》スカッフする《歯車の歯面などに摩擦運動方向と直角方向に走る損傷ができることをいう》. ― *vt.* **1 a** 〈足を〉引きずる (shuffle): ~ one's feet. **b** 〈物を〉足でこする. **c** 《米》足指でつつく. **2** (足を引きずって)〈靴・床などを〉すりへらす; 〈家具などを〉使いへらす: ~*ed* slippers. **3** なぐる (cuff). **4** 《スコット》 **a** かする. **b** こすり取る, ふき取る (wipe off). ― *n.* **1** 引きずり歩き(の音). **2** (上部はつま掛けだけの)スリッパ. **3** こすってできた表面の損傷. **4** 《スコット》こすること (cuff). **5** 《ダンス》スカフ《踵(かかと)で床を打ち, 滑らすように前空中に足をあげるタップダンスのステップ》.

scuff[2] [skʌ́f] 〚← ?: cf. ON *skoft* hair of the head / G *Schopf*〛 *n.* 《古》=scruff[1].

scuf·fle [skʌ́fl̩] 〚《1579》← ? Scand.: ⇨ -le[3]: cf. scuff[1]〛 ― *vi.* **1** 取っ組み合う, つかみ合いする, 乱闘する 〔*with*〕. **2** あわてて行く (scurry). **3** 足を引きずって歩く (shuffle). ― *n.* **1** 取っ組み合い, つかみ合い, 乱闘. **2** 足を引きずって歩くこと; 足を引きずる音. **3** =scuffle hoe. **4** スカッフル《タップダンスで足を前後に動かすこと》. **scúf·fler** [-flə, -flə | -flə(r, -fl-] *n.*

scúffle hòe *n.* (園芸用の)押しくわ《Dutch hoe, thrust hoe, また単に scuffle ともいう》.

scug [skʌ́g] 〚← ? 《方言》*scug* pretence, shadow □ON *skugge* shadow〛 *n.* 《英》(社交や運動もせず教室でも活動しない)ぱっとしない学生; 見栄えのしない人.

scul·dud·der·y [skʌldʌ́d(ə)ri, ―⌐(―)― | -rɪ] 〚《1713》← ?〛 *n.* 《方言》猥褻(わいせつ)な行為, みだらな行ない.

scul·dug·ger·y [skʌldʌ́g(ə)ri, ―⌐(―)― | -rɪ] *n.* =skulduggery.

sculk [skʌ́lk] *vi.* =skulk.

scull [skʌ́l] 〚《1345–46》← ?: cf. skull[1]〛 ― *n.* **1 a** とも櫓(ろ)《小舟のともの切込みにはさんで左右にもみながらこぐ櫂》. **b** スカル《両手に一本ずつ持ってこぐ比較的短くて軽いオール》. **2** とも櫓[オール]でこぐ舟[ボート]. **3** スカル《一人または二人がおのおの両手のスカルでこぐ競漕用の軽いボート》. **4** [*pl.*] スカル競技 (cf. double sculls, single sculls). ― *vt.* **1** とも櫓[スカル]で〈舟を〉こぐ. **2** スカルで運ぶ. ― *vi.* **1** とも櫓[スカル]で舟をこぐ. **2** 〈舟が〉とも櫓でこげる.

scull 1 a

scúll·er [-lə | -lə(r)] 〚⇨↑, -er[1]〛 *n.* **1** 小舟をスカルでこぐ人. **2** =scull 2.

scul·ler·y [skʌ́ləri, skʌ́lri | -rɪ] 〚《*c*1440》□AF *squillerie*=OF *escuelerie* ← *escuele* dish < VL *scūtellam =L *scutella* salver (dim.) ← *scutra* platter: ⇨ -ery: cf. scuttle[1]〛 ― *n.* (調理室に付属の)流し場; 食器室.

scúllery-màid *n.* (大家の)流し場女中, おさんどん.

scul·lion [skʌ́ljən | -ljən, -lɪən] 〚《?*c*1475》□MF *escouillon* dishcloth (dim.) ← *escouve* broom < L *scōpam* ← ?〛 ― *n.* 《古》 **1** 台所下働き, 皿洗い. **2** げす, 下郎 (wretch).

sculp [skʌ́lp] 〚□L *sculp-ere* to carve〛 *vt., vi.* 《口語》=sculpture.

sculp. 《略》sculpsit; sculptor; sculptural; sculpture.

scul·pin [skʌ́lpɪn, -pən | -pɪn] 〚《1672》□F *scorpène* □L *scorpaena* □Gk *skórpaina* 'sea SCORPION': SKULL との連想も加わった〛 ― *n.* (*pl.* ~, ~s) **1** 《魚類》 **a** カジカ《カジカ科の淡水魚の総称; sea scorpion など; cf. miller's-thumb》. **b** シャレヌメリ (*Callionymus lyra*)《ネズッポ科の深海魚; cf. dragonet 2》. **c** 米国 California 州産のカサゴ科の釣の対象とされる食用魚 (*Scorpaena guttata*). **2** 《軽蔑》やくざ者; つまらない[役に立たない]獣.

sculp·sit [skʌ́lpsɪt, -sət | -sɪt] 〚□L ~ 'he or she carved or engraved (it)': ⇨ sculpture〛 ― *L. v.* …これを彫る, …刻《彫刻家が署名に添える; 略 sc., sculp.; cf. pinxit, fecit》.

sculpt [skʌ́lpt] 〚《逆成》← SCULPTURE〛《口語》 *vt.* **1** 彫る, 彫刻する (carve). **2** (彫刻する時のように)〈髪などを〉形造る, 扱う, 整える. ― *vi.* 彫刻する.

sculpt. 《略》sculptor; sculpture.

sculp·tor [skʌ́lptə | -tə(r)] 〚《1634》□L ~ ← *sculptus*: ⇨ sculpture, -or[2]〛 ― *n.* **1** 彫刻家; 彫り物師. **2** [the S-] 《天文》ちょうこくしつ(彫刻室)座, アトリエ座《ほうおう座 (Phoenix) とくじら座 (Cetus) の間の星座》.

Scúlptor's Tóol *n.* [the ~] 《天文》ちょうこくぐ(彫刻具)座 (⇨ Caelum).

sculp·tress [skʌ́lptrɪs, -trəs | -trɪs, -trəs] 〚← SCULPTOR + -ESS[1]〛 *n.* 女性彫刻家.

sculp·tur·al [skʌ́lptʃ(ə)rəl] 〚《1819》← SCULPTUR(E) + -AL[1]〛 *adj.* **1** 彫刻の[に関する, から成る]. **2** 彫刻的な, 彫像のような (sculpturesque).

scúlp·tur·al·ly [-rəli | -lɪ] *adv.* 彫刻で, 彫刻術上.

sculp·ture [skʌ́lptʃə | -tʃə(r)] 〚《*a*1393》□L *sculptūra* ← *sculptus* (p.p.) ← *sculpere* to carve: ⇨ scalpel, -ure〛 ― *n.* **1** 彫刻術; 彫刻; 彫塑(ちょうそ)術 (plastic art). **2** [集合的にも用いて] 彫像, 彫刻作品. **3** 《生物》彫刻したような模様. **4** 《地質》侵食 (erosion), 侵食による土地の彫刻. ― *vt.* **1** (石・木などに)彫刻する; 彫る, 刻む (carve, engrave): ~ a head, bust, etc. **2** …に彫刻を施す, 彫刻物で飾る: a ~*d* pillar. **3** 《地質》〈風雨が〉侵食する (erode). ― *vi.* **1** 彫刻する. **2** 彫刻師になる.

scúlp·tured *adj.* **1** 彫刻した, 彫刻を施した. **2** 〈容貌が〉整った, 目鼻立ちの整った. **3** 《生物》彫刻に似た模様のある: a ~ conch.

sculp·tur·esque [skʌ̀lptʃərésk] 〚← SCULPTURE + -ESQUE〛 ― *adj.* **1** 彫刻のような, 彫像のような (statuelike). **2** 形の整った, 目鼻立ちがくっきりした (clear-cut); 堂々たる (majestic): ~ beauty. **~·ly** *adv.* **~·ness** *n.*

scum [skʌ́m] 〚《*c*1250》□MDu. *schūm* (Du. *schuim*) < Gmc *skūman (G *Schaum* foam) ← *skū to cover: cf. skim〛 ― *n.* **1 a** (煮沸または発酵の際生じる)浮きかす, 浮き泡, 薄皮. **b** 《冶金》(溶けた金属の上に生じた)浮きかす. **2** [集合的にも用いて] 最下層の人々, くず, かす (refuse, dregs): the ~ of society 社会のかす / the ~ of the earth [of mankind] 人間のくず / You filthy ~! この穀つぶし. **3** 《廃》(停滞した水面にできる)浮き泡 (foam). ― *v.* (**scummed**; **scum·ming**) ― *vt.* **1** …に浮きかす[薄皮]を作る. **2** 《古》…の浮きかす[泡]を取る, 薄皮を取る (skim). ― *vi.* 浮きかす[泡]ができる, 薄皮ができる 〈*over*〉.

scum·ble [skʌ́mbl̩] 〚《1798》(freq.) ↑: ⇨ -le[3]〛《絵画》 ― *vt.* **1** (不透明色を薄く塗って)〈絵画・色彩〉の色調を和らげる. **2** 〈鉛筆画〉の線を(指先などで)こすってぼかす. ― *n.* **1** 不透明色の薄塗り. **2** (色彩の調子を和らげる)ぼかし. **3** ぼかしに使う絵具.

scúm·bling [-blɪŋ, -bl-] *n.* ぼかしの効果[技術].

scúm·bòard *n.* 《土木》スカム止め板《下水の浮きかす遮断板》.

scum·my [skʌ́mi | -mɪ] 〚← SCUM (n.) + -y[4]〛 ― *adj.* (**scum·mi·er**; **-mi·est**) **1** 浮きかす (scum) のでき

た, 泡立った. **2** 浮きかす状の. **3** 《口語》くだらない, つまらない, 卑劣な (worthless).

scun·cheon [skʌ́ntʃən] *n.* 〘建築〙=sconcheon.

scun·ner [skʌ́nə | -nə(r)] 〚ME ← ?〛 **—** *n.* 《スコット》 **1** (理不尽な)けぎらい, 大きらい, 嫌悪, 憎悪 (loathing): take a ~ *at* [*against*] …を憎悪する, …にあいそをつかす. **2** 憎悪の対象. **—** *vi.* 《スコット・北英》〔…を〕ひどくきらう; 〔…に〕むかつく〔*at, with*〕.

Scun·thorpe [skʌ́nθɔəp | -θɔ:p] 〚lateOE *Escumetorp* 《原義》'THORP of *Skūma* (古代北欧の人名)'〛 *n.* イングランド Humberside 州南部の都市; 人口 71,000.

scup [skʌ́p] 〚《1848》《頭音消失》← N-Am.-Ind. (Narragansett) *mishcùp* thick-scaled ← *mishe* big+*kuppe* close together〛 **—** *n.* (*pl.* ~, ~**s**) 〘魚類〙スカップ (*Stenotomus chrysops*) 《米国大西洋岸産のタイ科スカップ属の食用魚; cf. fair maid》.

scup·per [skʌ́pə | -pə(r)] 〚《1485》 *skopper* ← ? OF *escopir* (F *écopir*) < VL **skuppire* to spit 《擬音語》〛 **—** *n.* **1** (工場などで床に撒いた水の)排水溝. **2** (雨水などの)排水口. **3** 〘海事〙甲板排水孔, 水落し. **—** *vt.* 《英口語》 **1** 急襲してやっつける[殺す] (ambush); やっつける, だめにする: We are ~*ed.* もうだめだ / That's ~*ed* our plans. それがわれわれの計画をだめにした. **2** 〈船・乗組員を〉動けなくする (disable), 沈める (sink).

scup·per·nong [skʌ́pənɔ̀(:)ŋ, -nɑ̀ŋ | -pənɔŋ] 〚← *Scuppernong* (米国 North Carolina 州にある川・湖の名) ◻ N-Am.-Ind. (Algonquian) 《原義》 place of the magnolia〛 **—** *n.* **1** 〘植物〙マスカットブドウ (muscadine) の一品種. **2** スカッパノッグ(ワイン)《scuppernong で造った白ぶどう酒; 食卓用》.

scúpper pìpe [**shòot**] *n.* 〘海事〙排水管《船外に汚水を排出するための導管》.

scur [skə́: | skə́:(r)] *v.* =skirr.

scurf [skə́:f | skə́:f] 〚OE ◻ ON **skurf-r*: cf. OE *scéorfan* to scrape and *scéarp* 'SHARP'〛 **—** *n.* **1** (病的に多く出る)ふけ (dandruff). **2** うろこ状にはげ落ちるもの; 汚物, あか. **3** 《まれ》人間のくず (scum). **—** *vt.* **1** 〈ふけを〉とる. **2** ふけで白くする[おおう].

scúrf pèa *n.* 〘植物〙オランダビユ (⇨ psoralea).

scurf·y [skə́:fi | skə́:fi] 〚《?c1475》: ⇨ scurf, -y⁴〛 *adj.* (**scurf·i·er**; **-i·est**) **1** ふけのような. **2** ふけだらけの. **scúrf·i·ness** *n.*

scur·rile [skə́:(r)ɪl, -rəl, -raɪl | skʌ́raɪl] 〚◻ F ~ // L *scurril-is* like a buffoon ← *scurra* buffoon: ⇨ -ile〛 *adj.* (*also* **scur·ril** [-rɪl, -rəl | -rɪl]) 《古》=scurrilous.

scur·ril·i·ty [skəríləṭi | skʌrílɪti, skər-, -lɪ-] 〚《1508》 ◻ F *scurrilité*: ⇨ ↑, -ity〛 **—** *n.* **1** 下卑たこと, 下品. **2** 口汚ないこと; 口汚ない言葉, げす口, 尾籠(びろう)な悪口, 毒舌: use ~ 口汚なくののしる, げす口をきく.

scur·ril·ous [skə́:(r)ələs | skʌ́rɪ-, -rə-] 〚《1576》← SCURRILE+-OUS〛 **—** *adj.* 〈人・言葉が〉下卑た, 下品な, 尾籠(びろう)な (indecent, vulgar), 口汚ない (abusive); 口汚ない言葉を使う: ~ language 下卑た言葉 / a ~ jest [attack] 下品な冗談[口汚ない悪口]. **~·ly** *adv.* **~·ness** *n.*

scur·ry [skə́:(r)i | skʌ́rɪ] 〚《1580》《混成》? ← SC(OUR)² +(H)URRY: cf. hurry-scurry〛 **—** *vi.* **1** (小刻みな速足で)あわてて走る, ちょこちょこ走る, 急ぐ (scamper) 〈*away, off*〉. **2** 〈花・雪などが〉乱れ舞う. **—** *vt.* あわてさせる, 急がせる. **—** *n.* **1** ちょこちょこ走り, 急ぎ足 (scamper). **2 a** 短距離競馬[競走]. **b** 〘馬術〙障害タイムレース. **3** あわてふためき, 大急ぎ (bustle, hurry) (cf. hurry-scurry). **4** にわか雨 (shower); にわか雪: a ~ of rain [snow].

S̀ cùrve *n.* S字状のカーブ.

scur·vied [skə́:vid | skə́:vɪd] *adj.* 〘病理〙壊血病にかかった.

scur·vy [skə́:vi | skə́:vɪ] 〚《1515》← SCURF+-Y⁴〛 **—** *n.* 〘病理〙壊血病. **—** *adj.* (**scur·vi·er**; **-vi·est**) **1** 卑しい, 下劣な, 卑劣な, あさましい (low, mean): a ~ trick, fellow, etc. **2** 《廃》=scurfy. **scúr·vi·ly** [-vɪli, -və- | -lɪ] *adv.* **scúr·vi·ness** *n.*

scúrvy gràss *n.* 〘植物〙 **1 a** トモシリソウ (*Cochlearia officinalis*) 《アブラナ科のワサビダイコンに似た多年草; 壊血病に特効があるとされる》. **b** それと同族の植物の総称. **2** ハマヒルガオ (⇨ sea bells).

scut¹ [skʌ́t] 〚《1440》 *scut(te)* hare ← ?〛 *n.* (ウサギ・シカなどの)短い尾.

scut² [skʌ́t] 〚《変形》← ME *scoute* ← ? ON: cf. scout²〛 *n.* 《俗》下劣な人, げす.

scuta *n.* scutum の複数形.

scu·tage [sk(j)ú:tɪdʒ | skjú:tɪdʒ] 〚《c1460》 ◻ ML *scūtāgi-um*: ⇨ scutum, -age〛 *n.* (封建制度における)楯金, 兵役[賦役]免除税.

scu·tal [skjú:ṭḷ | -tl] 〚← SCUT(UM)+-AL¹〛 *adj.* 盾板(じゅんばん) (scutum) の.

Scu·ta·ri [skú:ṭəri | skú:tərɪ, sku:tɑ́:rɪ, sku-] *n.* スクタリ: **1** Üsküdar の旧名. **2** [*It.* skú:tari] Shkodër のイタリア語名.

Scutari, Lake *n.* スクタリ湖《アルバニア北西部とユーゴスラビアの間にある景色の美しい湖; 面積 370 km²》.

scu·tate [skjú:teɪt] 〚《1826》 ◻ ML *scūtāt-us* ← *scūtum*: ⇨ scutum, -ate²〛 *adj.* **1** 〘動物〙盾(たて)状の鱗(うろこ)のある, 鱗甲(りんこう)[大鱗(うろこ)]のある. **2** 〘植物〙〈葉が〉円盾(えんじゅん)状の (cf. peltate).

scu·tat·ed [skjú:teɪṭɪd, -ṭəd | -tɪd, -təd] *adj.* =scutate.

scutch [skʌ́tʃ] 〚《1611》 ◻ ? OF **escouch-er* 《変形》← *escousser* < VL **excussāre* ← L *excutere* ← EX-¹+*quatere* to shake〛 **—** *vt.* **1** 《英》〈綿を〉打ってよく開かせる. **2** 打って〈麻・亜麻など〉の木質部を取り除く (swingle). **—** *n.* **1** =scutcher 1. **2** (つるはし状の頭をもった)レンガ用ハンマー.

scutch·eon [skʌ́tʃən] 〚《c1380》《頭音消失》← ESCUTCHEON〛 *n.* **1** 〘紋章〙=escutcheon 1. **2** 〘動物〙=scute 1.

scútch·er *n.* **1** 打綿機, 綿打ち機; 麻打ち機, スカッチャー. **2** 綿・麻などを打つ人.

scute [sk(j)ú:t | skjú:t] 〚《?c1400》 ◻ L *scūtum* 'SCUTUM'〛 **—** *n.* **1** 〘動物〙(アルマジロ・センザンコウなどの)鱗甲(りんこう); 大鱗(うろこ) (large scale) (cf. scutellum 2). **2** 鱗状の組織[構造]. **3** (昆虫の)盾板(じゅんばん)(たて). **4** 《古》値打ちの少ない硬貨.

scutella *n.* scutellum の複数形.

scu·tel·lar [sk(j)u:télə | skju:télə(r)] 〚⇨ scutellum, -ar¹〛 *adj.* **1** scutellum の[に関する]. **2** scutellum のある.

scu·tel·late [sk(j)u:télət, -lɪt, skjú:ṭəlèɪt, -ṭḷ- | skju:télət, -lɪt, skjú:təlèɪt] 〚← NL *scutellāt-us*: ⇨ scutellum, -ate²〛 **—** *adj.* **1** 円盾(えんじゅん)形の. **2** 〘動物〙〈鳥の足など〉鱗甲(りんこう) (scutes) をもった; 大鱗(うろこ)のある; 角質鱗片の. **3** 〘昆虫〙小盾板(しょうじゅんばん)状の.

scu·tel·lat·ed [sk(j)ú:ṭəlèɪṭɪd, -ṭḷ-, -ṭəd | skjú:təlèɪt-] *adj.* 〘動物・昆虫〙=scutellate 2, 3.

scu·tel·la·tion [sk(j)ù:ṭəléɪʃən, -ṭḷ- | skjù:təl-] 〚← SCUTELLATE+-ATION〛 *n.* 〘動物〙盾(たて)状形成; (鳥の足などの)鱗(うろこ)片の配列.

scu·tel·li·form [sk(j)u:téləfɔ̀əm | skju:télɪfɔ̀:m] 〚⇨ ↓, -form〛 *adj.* 〘生物〙盾(たて)状の.

scu·tel·lum [sk(j)u:téləm | skju:-] 〚《1760》 ◻ L *scūtellum* (dim.) ← *scūtum*: ⇨ scutum〛 **—** *n.* (*pl.* **-tel·la** [-lə]) **1** 〘植物〙胚(はい)盤《イネ科特有の胚の器官》. **2** 〘動物〙小鱗(うろこ)片 (cf. scute 1); (鳥の足の)角質鱗片. **3** 〘昆虫〙小盾板(しょうじゅんばん)《有翅類の昆虫の胸背板の一部; cf. scutum 3》.

scu·ti·form [sk(j)ú:ṭəfɔ̀əm | skjú:tɪfɔ̀:m] 〚← NL *scūtiform-is*: ⇨ scutum, -form〛 *adj.* 盾(たて)状の (shield-shaped).

scu·ti·ger [sk(j)ú:ṭədʒə | -tɪdʒə(r)] 〚← NL ~ ← *scūti-* (↑)+*-ger* bearing〛 **—** *n.* 〘動物〙モトゲジ《ヨーロッパにいるゲジ科モトゲジ属 (*Scutigera*) の節足動物の総称; モトゲジ (*S. coleoptrata*) など》.

scut·ter [skʌ́ṭə | -tə(r)] 〚《変形》? ← SCUTTLE³〛 **—** *vi.* 《口語》あわてて駆ける, ちょこちょこ走る, 疾走する (scuttle, scurry). **—** *n.* **1** 《口語》あわてて駆けること, 疾走. **2** 《方言》(優秀・悪事などで)目立つもの.

scut·tle¹ [skʌ́ṭḷ | -tl] 〚OE *scutel* dish ◻ L *scutella* salver (dim.) ← *scutra* tray〛 **—** *n.* **1** (室内用)石炭入れ《半円形の取手のついた石炭を運ぶ金属製のバケツ; coal scuttle ともいう》. **2** (穀物・野菜・花などを運ぶ)浅い大きなかご.

scut·tle² [skʌ́ṭḷ | -tl] 〚《1497》 *skottell* ◻ OF *escoutile* hatchway ◻ Sp. *escotilla* (dim.) ← *escota* ← *escotar* to cut out a hole ← EX-¹+Gmc **skaut-* 'SHEET'〛 **—** *n.* **1** 〘海事〙(甲板の)小形の昇降口(の戸); (舷(げん)側や甲板の)天窓, 丸窓, 明り取り, 舷窓(の戸); (特に, 船荷を救助するための)船底または船側の小穴. **2** (屋根や天井に取り付けた)ふた付きの天窓; そのふた. **3** 《英》〘自動車〙スカットル《エンジンルームと車室との仕切りをする》. **—** *vt.* **1 a** (沈没させる目的で)〈船〉の底[甲板, 側]に穴をあける; 穴をあけて〈船を〉沈没させる. **b** (船荷を救助するために)〈船〉の甲板に穴をあける. **2 a** 〈計画・企てなどを〉やめる, 手放す (abandon): He was compelled to ~ his laissez-faire principles. 長年の放任主義を放棄せざるを得なかった. **b** 〈計画などを〉だめにする, めちゃめちゃにする (destroy).

scut·tle³ [skʌ́ṭḷ | -tl] 〚《c1475》《転訛》←《廃》*scuddle*: ⇨ scud¹, -le³〛 **—** *vi.* 急いで行く (hurry along), あわてて走る (scurry): ~ *away* [*off*] 逃げ去る, ほうほうの体で逃げる. **—** *n.* **1** 急ぎ足, 早足; 急ぎの出発[逃亡]. **2** あわててちょこちょこ走ること, 小走り.

scut·tle·butt [skʌ́ṭḷbʌ̀t | -ṭḷ-] *n.* **1** 《俗》うわさ (rumor, gossip). **2** 〘海事〙 **a** (甲板上にある)飲用水小出し用の水樽. **b** (船の乗組員が使用する)飲用噴水.

scúttle·càsk *n.* 〘海事〙=scuttlebutt 2 a.

scu·tum [sk(j)ú:ṭəm | skjú:t-] 〚《1771》 ◻ L *scūtum* (leather) shield: cog. OE *hȳd* 'skin, HIDE¹'〛 **—** *n.* (*pl.* **scu·ta** [-ṭə | -tə]) **1** (古代ローマの)長方形[小判形]の盾. **2** 〘動物〙鱗甲(りんこう) (scute). **3** 〘昆虫〙(昆虫の胸や背をおおう)盾板(じゅんばん) (cf. scutellum 3). **4** [S-] 〘天文〙たて(盾)座《小さく非常に明るい星雲を含む南天の星座; the Shield ともいう》.

Scyd·mae·ni·dae [sɪdmí:nədì: | -nɪ-] 〚← NL ~ ← *Scydmaenus* (属名: ← Gk *skudmainéin* to be angry with)+-IDAE〛 *n. pl.* 〘昆虫〙コケムシ科.

scye·lite [sáɪlaɪt] 〚← *Scye* (Caithness にある湖の名)+-LITE〛 *n.* 〘岩石〙ロッシェ岩《角閃石黒雲母橄欖(かんらん)岩》.

scyl·io·rhi·nid [sìlio(ʊ)ráɪnɪd, -nəd | -lɪə(ʊ)ráɪnɪd] *adj., n.* 〘魚類〙トラザメ科の(魚).

Scyl·io·rhin·i·dae [sìlio(ʊ)rínədì: | -lɪə(ʊ)rínɪ-] 〚← NL ~ ← *Scyliorhinus* (属名: ← Gk *skúlion* dogfish+-RHINUS)+-IDAE〛 *n. pl.* 〘魚類〙トラザメ科.

Scyl·la [sílə] 〚◻ L ~ ◻ Gk *Skúlla* 《原義》? the tearing one〛 **—** *n.* **1** スキラ《Sicily 島とイタリア本土の間, Messina 海峡にある岩; その前方に有名な渦巻 Charybdis がある; この海峡を通る船が渦巻の難を逃れようとして岩に近づくと, ここに住む犬のようにほえる 6 頭の女怪物のえじきになったという; cf. Homer, *Odyssey* 12》. **2** 〘ギリシャ・ローマ神話〙スキュラ《海神 Glaucus に愛されたニンフ; Circe によって怪物の姿に変えられ, Messina 海峡に身を投じた》.
between Scylla and Charybdis 進退きわまって (between the devil and the deep (blue) sea).

scyl·lar·i·an [sɪlɛ́(ə)riən, sə- | sɪlɛ́ərɪ-] 〚← NL *Scyllarus* (↓)+-IAN〛 *adj., n.* 〘動物〙セミエビ科の(動物).

Scyl·lar·i·dae [səlǽrədì: | sɪlǽrɪ-] 〚← NL ~ ← *Scyllarus* (属名: ← Gk *skúllaros* hermit crab)+-IDAE〛 *n. pl.* 〘動物〙セミエビ科.

scyph- [saɪf] (母音の前に来る時の) scypho- の異形.

scy·phate [sáɪfeɪt] 〚← SCYPHO-+-ATE²〛 *adj.* 茶わん状の (cup-shaped).

scyphi *n.* scyphus の複数形.

sy·phi- [sáɪfɪ, -fə | -fɪ] sypho- の異形.

scy·phi·form [sáɪfəfɔ̀əm | -fɪfɔ̀:m] 〚← SCYPHO-+-FORM〛 *adj.* 〘植物〙杯状の.

scy·phis·to·ma [saɪfístəmə] 〚← NL ~: ⇨ scypho-, -stoma¹〛 *n.* (*pl.* **-to·mae** [-mì:], ~**s**) 〘動物〙スキフィストマ《腔腸動物, 鉢水母(はちくらげ)類の幼生》.

scy·pho- [sáɪfo(ʊ) | -fə(ʊ)] 〚← SCYPHUS〛「杯 (cup), 大杯 (syphus)」の意の連結形. ★ 時に scyphi- また母音の前では通例 scyph- になる.

Scỳpho·medúsae 〚← NL ~ ← SCYPHO-+*medusae* ((pl.) ← *medusa* 'MEDUSA')〛 *n. pl.* 〘動物〙=Scyphozoa.

Scy·pho·zo·a [sàɪfəzóʊə | -zə́ʊə] 〚← NL ~: ⇨ scypho-, -zoa〛 *n. pl.* 〘動物〙(腔腸動物門)鉢水母(はちくらげ)綱.

scy·pho·zo·an [sàɪfəzóʊən | -zə́ʊ-] 〚⇨ ↑, -an¹〛 *n.* (腔腸動物門)鉢水母(はちくらげ)綱の動物. **—** *adj.* 鉢水母綱の[に属する].

scy·phus [sáɪfəs] 〚《1777》← NL ~ ← Gk *skúphos* cup〛 **—** *n.* (*pl.* **scy·phi** [-faɪ]) **1** スキュフォス《古代ギリシャの 2 本の取っ手のついた大杯》. **2** 〘植物〙(地衣体などの)杯状部.

Scy·ros [sáɪrəs | sáɪ(ə)r-] *n.* =Skyros.

scyt- [saɪt] (母音の前に来る時の) scyto- の異形.

scythe [sáɪð] 〚OE *siþe* < Gmc **seʒiþō* (G *Sense*) ← IE **sek-* to cut (L *secāre*: ⇨ section): 今の *sc-* は L *scindere* to cut との連想〛 **—** *n.* **1** (長柄の)大鎌《中世には主に武器, 一般には農具や死神の持ち物》. **2** 戦車鎌《古代の戦車の車軸につけた鎌》. **—** *vt.* 草刈り鎌[大鎌]で刈る. **~d** *adj.*

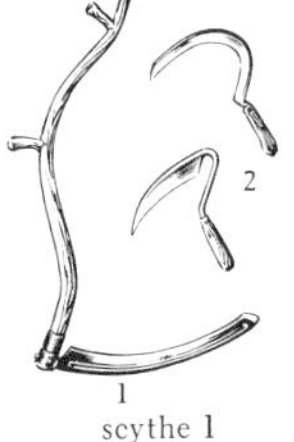

scythe 1
1 scythe; 2 sickles

scýthe·stòne *n.* 大鎌用砥石.

Scyth·i·a [síθiə, síð- | síðiə, sɪθ-, -ðjə, -θjə] 〚◻ L ~ ◻ Gk *Skuthía* ← *Skúthēs* Scythian ← ? Pers. *akhšaēna-* of a dull complexion〛 **—** *n.* スキタイ《黒海とカスピ海の北東部にあった地方; 今はソ連邦の一部》.

Scyth·i·an [síθiən, síð- | síðiən, sɪθ-, -ðjən, -θjən] 〚《1543》: ⇨ ↑, -ian〛 **—** *adj.* **1** スキタイ (Scythia) の. **2** スキタイ人の. **3** スキタイ語の. **—** *n.* **1** スキタイ人. **2** スキタイ語《死滅したイラン語の一つ》.

Scýthian lámb *n.* 〘植物〙タカワラビ (*Cibotium barometz*) 《熱帯アジア原産の木性シダの一種; 芽に生える軟毛を外傷の止血用に用いる》.

scy·to- [sáɪṭo(ʊ) | -tə(ʊ)] 〚← NL ~ ← Gk *skûtos* 'HIDE¹'〛「皮膚 (skin), 外皮 (leather)」の意の連結形. ★ 母音の前では通例 scyt- になる.

Scy·to·ne·ma·ta·ce·ae [sàɪṭo(ʊ)nì:mətéɪsiì: | -tə(ʊ)-] 〚← NL ~ ← *Scytonemat-*, *Scytonema* (属名: ⇨ scyto-, nema-)+-ACEAE〛 **—** *n. pl.* 〘植物〙(藍藻植物)スキトネマ科. **scỳ·to·nè·ma·tá·ceous** [-ʃəs] *adj.*

SD 《略》〘米郵便〙 South Dakota (州).

S/D 《略》 sight draft.

sd. 《略》 said; sewed; sound.

s.d. 《略》 safe deposit; same date; semi-detached; semi-diameter; semi-double; several dates; *L.* sine die (=without date).

S.D. 《略》 Diploma in Statistics; *L.* Scientiae Doctor (=Doctor of Science); 〘海上保険〙 sea damaged; Senior Deacon; service dress; sight draft; South Dakota; special delivery; special duty; stage direction; standard deviation; standard displacement; State Department; 〘軍事〙 submarine detector; supply department; supply depot.

SDA 《略》 specific dynamic action; Students for Democratic Action.

S.D.A. 《略》 Seventh Day Adventist.

S. Dak. 《略》 South Dakota.

'sdeath [zdéθ] 〚《1606》《略》← *God's death*: cf. 'sblood〛 *int.* 《廃》畜生, いまいましい, しまった, おやおや《怒り・驚き・決心などを表わす》.

S.D.F. 《略》 Social Democratic Federation (英国の)社会民主連盟.

SDI 《略》 selective dissemination of information.

S.D.P. 《略》 Social Democratic Party (of Germany) 《SPD の方が普通》.

SDR 《略》 Special Drawing Rights.

SDRs 《略》Special Drawing Rights.
SDS 《略》Students for a Democratic Society.
Se 〘記号〙〘化学〙selenium.
SE, S.E., s.e. 《略》southeast; southeastern.
S/E, S.E. 《略》Stock Exchange.
s.e. 《略》single end; single-ended; single engine; single entry; straight edge.
se- [sɪ, sə, se | sɪ, se] 〘□L *sē-* ← *sē*, *sēd* (prep., adv.) without, apart〙 ── *pref.*「離して, 別に (apart); なくして, …のない (without)」の意: *se*duce, *se*gregate, *se*parate.
sea [síː] 〘OE *sǣ* < Gmc **saiwiz* (Du. *zee* / G *See*) ← ?〙 ── *n.* **1** [the ～] 海; 海洋, 大洋 (ocean); 海の特定の部分: …above *the* ～ 海抜… / beyond [over, across] *the* ～ [～s] 海を渡って, 海外に[へ], 国外で / from over *the* ～ 海外から / (live) by *the* ～ 海岸(近く)に[海辺に](住む) / on *the* ～ 海に浮かんで, 船に乗って; 海に臨んで / at the bottom of *the* ～ 海底に / go (down) to *the* ～ 海岸へ行く / Let's walk as far as *the* ～. 海岸まで歩こう / Praise *the* ～, but keep on land. 《諺》「君子危きに近よらず」/ an arm of *the* ～ 入江, 入海 / the command of *the* ～ 制海権 / the freedom of *the* ～ 海洋の自由 / the mistress of *the* ～ [～s] 海上の覇(は)者, 最強海軍国 / ⇨ seven seas, four seas, closed sea, high sea, open sea, South Seas. **2** [S-; 固有名詞として] **a** (陸地によって囲まれている)…海 (cf. ocean): the North *Sea* / the Mediterranean *Sea* / the Adriatic *Sea* / the *Sea* of Japan / the *Sea* of Azov. **b** (内陸の大きな)塩水湖: the Caspian *Sea* カスピ海 / the Dead *Sea* 死海. **c** (真水の)湖: the *Sea* of Galilee ガリラヤ湖. **3** (天候・風に関連しての)海面(の状態), 海; 波, 波浪, 潮流: The ～ gets up [goes down]. 波が立つ[静まる] / a long ～ 長波, うねり / a broken ～ 砕け波 / a calm [stormy] ～ 穏かな[荒れる]海 / a ～ like a looking glass [sheet of glass] 鏡のような海 / a high [rough, heavy] ～ 荒波, 激浪 / ～*s* mountains high 山のように高い波 / A high ～ is running.＝The ～ is running high. 波が高い / a short ～ 不規則な小波の立ち騒ぐ海 / ⇨ full sea / head the ～ 波に向かって[逆らって]航行する / ship a ～ 〈ボートなどが〉波を浴びる[かぶる]. **4 a** (広がり・多量・波立ちなど)海を思わせるもの. **b** (海のような)広がり; 山ほど, たくさん 〔*of*〕 (cf. world 8): a ～ [～*s*] *of* flame [blood] 火[血]の海 / a ～ *of* (upturned) faces (聴衆などの)無数の(上向いた)顔 / a ～ *of* difficulties 山なす困難 / take arms against a ～ *of* troubles 山なす難儀に立ち向かう (Shak., *Hamlet* 3.1.59). **c** (波立つ海を思わせる)荒波: in the ～*s* of time [life] 時[人生]の荒波の中に. **5** 海岸, 海浜 (seashore): enjoy one's summer vacation at the ～ 海辺で夏休みを楽しむ. **6** [the ～] 水夫稼業, 水夫の海上生活: follow *the* ～ 船乗りを業とする, 船乗りになる / retire from *the* ～ 船乗り生活をやめる. **7** 〘聖書〙(ユダヤ人の神殿にあった)真鍮(しんちゅう)製の大洗盤 (cf. *1 Kings* 7:23). **8** 〘天文〙(月面の)海 (⇨ mare[3]).
all at sea ＝*at* SEA (2). ***at full sea*** 満潮で; 絶頂で, 盛りで. ***at sea*** (1) 航海中で, 大洋に出て, 海上の[で] (cf. in PORT[1], on SHORE[1]): be buried *at* ～ 水葬にされる. (2) [しばしば all at ～ として] どうしていいかわからないで; 五里霧中で, 途方に暮れて: He was completely [*all*] *at* ～ as to where to go. どこへ行っていいやら全く途方に暮れた. ***between the devil and the deep*** (***blue***) ***sea*** ⇨ devil 成句. ***beyond*** (***the***) ***sea***(***s***) (1) 海外に[へ]. (2) 領海外で. ***by sea*** 海路で (by ship) (cf. by LAND[1]): *by* ～ and land 海陸から[で]. ***farm the sea*** (海産物の)養殖を行なう, 栽培漁業に従事する. ***go to sea*** (1) 〈人が〉船乗りになる. (2) 〈船が〉航海に出る, 出港する. ***half seas over*** ほろ酔いで, 泥酔して (drunk). ***keep the sea*** (1) 制海権を保持する. (2) 〈船が〉続航する; 陸を離れて[沖に]いる. ***over*** (***the***) ***sea***(***s***) ＝*beyond* (*the*) SEA(*s*). ***put*** [***stand***] (***out***) ***to sea*** (1) 出帆する, 出港する. (2) 沖に出る. ***sweep the seas*** (1) 敵を海上から一掃する. (2) 〈船が〉海上を縦横に走る. ***take the sea*** (1) 乗船する, 船に乗り組む. (2) 出帆する, 沖に出る. ***when the sea gives up its dead*** よみがえりの日に (cf. *Rev.* 20:13). ***wish a person at the bottom of the sea*** 〈人が〉海のもくずになればよいと思う; 〈人を〉呪う, 〈人が〉どこへでも行ってしまえばよいと思う.
── *attrib. adj.* **1 a** 海の[に関する, にある]: ～ water 海水 / ～ smells 海のにおい / ～ air 海辺の空気, 海の空気. **b** 海上の, 海運の; 海で用いる: ～ traffic 海上交通 / ～ routes 海路, 航路 / a ～ chart 海図. **c** 海で起こる[で生ずる, によって作られる]: ～ clouds. **d** 海に住む: a ～ animal. **e** 海を描く[描写する]: a ～ poem, painter, etc. **2 a** 海辺に住む: ～ inhabitants. **b** 海岸の[に生じる]: ～ bathing 海水浴. **3 a** 海軍の (naval): ～ forces 海軍部隊. **b** 船乗りの, 水夫の: ～ discipline. **c** 遠洋に適する (seagoing): ⇨ sea boat.
séa àcorn *n.* 〘動物〙フジツボ (acorn barnacle).
séa ànchor *n.* **1** 〘海事〙海錨(かいびょう)《荒天の際, 漂流を避けるため船首から投入して船首を風上に引き留めさせるカンバス製の抵抗物; drogue ともいう》. **2** 〘航空〙(着水中の水上機用)海錨《船の使用するものと同じ構造》.
séa anèmone *n.* 〘動物〙イソギンチャク《イソギンチャク目の腔腸動物の総称》.
séa-àpe *n.* **1** 〘魚類〙＝thresher 2. **2** ＝sea otter.
séa·bàg *n.* (船員が衣類などを入れる)筒状のズック袋.
séa bànk *n.* **1** (海岸の)護岸壁, 海岸堤防 (seawall). **2** 海岸, (海岸の)砂丘 (dune).

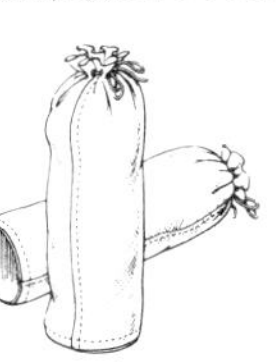

seabags

séa-bàrrow *n.* 〘魚類〙サメ・エイ類の卵殻,「さめのかけまもり」.
séa bàss [-bæ̀s] *n.* 〘魚類〙スズキ科の海魚の総称《ハタ・スズキなど》; (特に) ＝black sea bass 1.
séa·bèach *n.* 海辺, 浜辺.
séa bèan *n.* 〘植物〙モダマ (*Entada scandens*)《熱帯原産のマメ科の植物; 長大なさやの中にある大きなチョコレート色の堅い豆は装飾用, 茎から漁網用などの繊維をとる》.
séa bèar *n.* 〘動物〙 **1** オットセイ (fur seal). **2** ホッキョクグマ (polar bear).
séa·bèd *n.* 海底.
Sea·bee [síːbìː] 〘← *c. b.* (頭字語) ← *c*(*onstruction*) *b*(*attalion*)〙 ── *n.* (米国海軍)設営部隊員; [the ～s] (米国海軍)設営部隊《戦闘地域における飛行場・上陸施設などの建設にあてるため, 1941年米国海軍が民間土木義勇隊の一支隊として組織したもの》.
séa bèlls *n.* (*pl.* ～) 〘植物〙ハマヒルガオ (*Calystegia soldanella*)《scurvy grass ともいう》.
séa bèlt *n.* 〘植物〙帯状にのびたコンブなどの類の海藻 (*Laminaria saccharina*).
séa·bìrd *n.* 〘鳥類〙海鳥《アホウドリ, カモメ, ウミツバメ (petrel), ミズナギドリ (shearwater) など》.
séa bìscuit *n.* **1** 船用堅パン《暴風がひどくて料理を作れない時などに支給するビスケット》. **2** 〘動物〙＝heart urchin.
séa blìte *n.* 〘植物〙アカザ科マツナ属 (*Suaeda*) の塩生植物の総称; (特に)ハママツナ (*S. maritima*)《葉は食用になる》.
séa blùbber *n.* 〘動物〙＝jellyfish 1.
séa·bòard *n.* **1** 海岸, 海辺 (seashore); 海岸線: on ～ 海岸の, 海に臨んで. **2** 海岸地方, 沿海地. ── *attrib. adj.* 海に臨んだ, 海岸の.
séa bòat *n.* **1** 外洋航行船, 航洋船 (cf. coaster 2, river boat); (一定の)耐波性を持った船: a good [bad] ～ 耐波性の大きい[小さい]船; 乗心地のよい[悪い]船. **2** (海上で用いる)救急船(ボート).
séa·bòot *n.* (水夫・漁夫の用いる)背の高いゴム長靴.
Sea·borg [síːbɔəɡ | -bɔːɡ], **Glenn T**(**heodore**) *n.* (1912–) 米国の化学者; 超ウラン元素の権威, 原子力委員会委員長 (1961–71); Nobel 化学賞 (1951).
séa·bòrn 〘(*a*1593)〙 ── *adj.* 《詩》 **1** 〈水の精など〉海から生れた: the ～ goddess 海から生れた女神《Aphrodite あるいは Venus のこと》. **2** 〈岩礁など〉海から生じた: the ～ city 海から生れた都市《Venice のこと》.
séa·bòrne 〘(1823)〙 *adj.* **1** 船で運ばれた (cf. airborne); 海を渡ってくる: ～ articles [goods] 舶来品[貨物] / ～ coal ＝sea coal. **2** 海上輸送の: ～ trade.
séa·bòund[1] 〘← BOUND[4]〙 *adj.* 海で囲まれた, 環海の.
séa·bòund[2] 〘← BOUND[3]〙 *adj.* 海に向かう, 海行きの.
séa brèach *n.* **1** (岸壁など)海岸線の決壊. **2** 破壊力を持つ大波.
séa brèad *n.* ＝sea biscuit.
séa brèam *n.* 〘魚類〙スズキ亜目の海に生息する数種の魚類の総称: **a** タイ科の各種の食用魚; (特に)米国大西洋岸産のタイ科アメリカチヌ属の魚の一種 (*Archosargus rhombidalis*). **b** ＝pomfret 1; シマガツオ科の魚の総称.
séa brèeze *n.* 〘海事・気象〙海風《海側から陸側へ吹いて来るそよ風; 一日中では昼間に吹く; cf. land breeze》.
séa càbbage *n.* 〘植物〙 **1** ＝sea kale. **2** キャベツの原種 (*Brassica oleracea*)《ヨーロッパ原産のアブラナ科の海浜植物; キャベツ・カリフラワー・ブロッコリーなどはこの栽培品種》.
séa càlf *n.* 〘動物〙ゴマフアザラシ (harbor seal).
séa càmpion *n.* 〘植物〙ハマベマンテマ (*Silene maritima*)《ヨーロッパ原産の青灰色の葉と白い花をつけるナデシコ科の多年草》.
séa canàry 〘鳴き声が似ているところから〙 *n.* 〘動物〙＝white whale.
séa càptain *n.* (現役または退役の商船の)船長, 艦長.
séa càt 〘cf. F *chat de mer*〙 *n.* **1** 〘動物〙 **a** オットセイ (fur seal). **b** ゴマフアザラシ (harbor seal). **2** 〘魚類〙 **a** ＝weever. **b** ＝wolffish.
séa chànge *n.* **1** 海の力による変化: suffer a ～ 海の力で変えられる (cf. Shak., *Tempest* 1. 2. 400). **2** 変貌(へんぼう), 変形: undergo a ～ 面目を一新する.
séa chèst *n.* 〘海事〙 **1** (水夫の)衣服箱, 小型の長持 (cf. chest 1 d). **2** 海水箱《海水取入口の保護箱》.
séa chèstnut *n.* 〘動物〙ウニ (sea urchin)《棘皮(きょくひ)動物ウニ綱に属する種類の総称》.
séa chùb *n.* 〘魚類〙大西洋の熱帯海域にすむイスズミ科の魚 (*Kyphosus sectatrix*).
séa-clòth *n.* 〘劇場〙舞台で波を表わすのに用いる布.
séa còal 〘(1227) *secole* (⇨ sea, coal): cf. OE *sǣcol* jet〙 ── *n.* 《古》石炭《炭鉱のないイングランド南部地方で Newcastle から船で運ばれて来た石炭 (seaborne coal) を木炭 (charcoal) と区別して呼んだ名》.
séa·còast 〘ME〙 *n.* 海岸, 沿岸.
séa còck *n.* 〘海事〙(船外の海水に通じる管の)海水コック, 海水弁.
séa còconut *n.* 〘植物〙オオミヤシ, ウミヤシ (*Lodoicea callipyge*)《インド洋の Seychelles 諸島に産するヤシ; 果実は巨大で 22kg におよび, 中に 3–4 個の大種子がある; これが熟するには 10 年, 発芽には 3 年を要する; 木は sea coco, 実は double coconut ともいう》.
séa còok *n.* 《俗》船のコックさん. ★ 通例 son of a sea cook の句で, 船乗りでないのに俺は船乗りだと自慢する人を軽蔑的にいう.
séa còw *n.* 〘動物〙 **1** カイギュウ(海牛)《ジュゴン (dugong) など海生哺乳動物の総称; cf. manatee》; (特に)ステラーカイギュウ (Steller's sea cow). **2** セイウチ (walrus). **3** カバ (hippopotamus).
séa cràdle *n.* 〘貝類〙＝chiton 2.
séa cràyfish [**cràwfish**] *n.* 〘動物〙＝spiny lobster.
séa cròw *n.* 〘鳥類〙 **1** ベニバシガラス (chough). **2** ＝cormorant 1. **3** ユリカモメ (black-headed gull). **4** ウミスズメ (auk). **5** トウゾクカモメ (skua).
séa cùcumber 〘動物〙 *n.* ナマコ《棘皮(きょくひ)動物門ナマコ綱の動物の総称》.
séa·cùlture *n.* 海面増養殖.
séa dàhlia *n.* 〘植物〙北米西部原産のキク科ハルシャギク属 (*Coreopsis*) の植物の総称.
séa dèvil *n.* 〘魚類〙＝devilfish 1.
séa·dòg *n.* 〘気象〙霧虹 (fogbow)《太陽や月と反対側で, 霧にできる白っぽい円弧》.
séa dòg *n.* **1** 〘動物〙ゴマフアザラシ (harbor seal). **2** 老練な船乗り: an old ～. **3** 海賊 (pirate). **4** (悪天候の予兆とされる)地平線近くの明かり.
séa dràgon *n.* 〘魚類〙ミツマタヤリウオ科の魚類の総称.
sea·drome [síːdròum | -drəum] 〘← SEA＋-DROME〙 *n.* 〘航空〙(中継または緊急着陸用の)水上浮遊空港.
séa dùck *n.* 〘鳥類〙ウミガモ《スズガモ (scaup duck), クロガモ (scoter), ホオジロガモ (goldeneye) などを含む, 潜水性がある海鳥の総称; 特に, ケワタガモ (eider)》.
séa èagle *n.* 〘鳥類〙魚を常食とするオジロワシ属 (*Haliaeetus*) の数種の大ワシの総称《オジロワシ (white-tailed sea eagle) など》.
séa-èar *n.* 〘貝類〙アワビ (abalone).
séa èlephant *n.* 〘動物〙ゾウアザラシ (elephant seal).
séa fàn *n.* 〘動物〙腔腸動物花虫綱八放サンゴ亜綱ヤギ目の動物; (特に)(フロリダや西インド諸島産の)ウミウチワ (*Gorgonia flabellum*).
séa·fàrer 〘(1513) ← SEA＋FARER: cf. G *Seefahrer*〙 *n.* **1** 船乗り (sailor). **2** 海上旅行者.
séa·fàring 〘*adj.*: ME〙 *adj.* **1** 海上旅行の. **2** 船乗りの, 船乗りの: a ～ life 船乗り生活 / a ～ man 船乗り. ── *n.* **1** 海上旅行. **2** 船乗り業.
séa fàrming *n.* 海中植物栽培, 海中動物養殖 (mariculture).
séa fèather *n.* 〘動物〙ヤギ目の数種の腔腸動物の総称《からだが羽状になっている》; (特に)ウミエラ (sea pen).
séa fènnel *n.* 〘植物〙＝samphire 1.
séa fìght *n.* 海戦.
séa fìre *n.* (夜光虫などの発光による)不知火(しらぬい).
séa-fìsh *n.* 海魚.
séa·flòwer *n.* 〘動物〙イソギンチャク (sea anemone).
séa-fòam 〘ME〙 *n.* **1** 海の泡. **2** 〘(なぞり) ← G *Meerschaum*〙〘鉱物〙海泡石 (sepiolite, meerschaum).
séa fòg *n.* 〘気象〙海霧《海上で発生する霧》.
séa·fòod *n.* 海産食物《食用の魚類・貝類など》.
séa·fòwl 〘ME〙 *n.* (*pl.* ～, ～s) 海鳥 (sea bird) (cf. waterfowl).
séa fòx *n.* 〘魚類〙＝thresher 2.
séa·frònt *n.* (都市の)海岸通り, 臨海地区.
séa gàte *n.* **1** 海へ出る水門[水路]. **2** 波よけの門, 海門.
séa gàuge *n.* 〘海事〙 **1** (船の)喫水. **2** (水圧による)測深器.
séa·gìrt *adj.* 海で囲まれた, 環海の.
séa-gòd *n.* 海神 (cf. Neptune).
séa·gòing *adj.* **1 a** 〈船が〉(川・湾内と区別して)遠洋航海に適する, (遠洋)航海用の, 航洋性のある: a ～ vessel 航洋船 (cf. coaster 2). **b** (遠洋)航海船に適する[用いられる]: a ～ chronometer. **2** 航海を業とする (seafaring): a ～ fisherman 遠洋漁業者. **3** 〈魚が〉(産卵のため)海へ下る (catadromous).
séa gòoseberry *n.* 〘動物〙有櫛動物有触手綱テマリクラゲ属 (*Pleurobrachia*) の動物の総称.
séa gòwn *n.* 《廃》船乗りの用いた長い上着 (cf. Shak., *Hamlet* 5. 2. 13).
séa gràpe *n.* **1** 〘植物〙ホンダワラ (gulfweed). **2** 〘植物〙ハマベブドウ (*Coccoloba uvifera*)《紫のブドウ状食用果実をつける熱帯アメリカ産樹木》. **3** [*pl.*] 〘魚類〙ヤリイカ類の卵.
séa-grèen *adj.* 海緑色の.
séa grèen *n.* 海緑色《浅海の砂底の色》.
séa gùll *n.* **1** 〘鳥類〙海カモメ; カモメ (gull). **2** 《俗》(水夫相手の)港の女, 売春婦.
séa hàre *n.* 〘動物〙アメフラシ《無楯類アメフラシ科の軟体動物の総称; オオシュウアメフラシ (*Aplysia depilans*) など》.
séa hàwk *n.* 〘鳥類〙トウゾクカモメ (jaeger, skua).
séa hèdgehog *n.* **1** 〘動物〙ウニ (sea urchin). **2** 〘魚類〙 **a** フグ (globefish). **b** ハリセンボン (porcupine fish).
séa hòg *n.* 〘動物〙イルカ (porpoise).
séa hòlly *n.* 〘植物〙 **1** セリ科ヒゴタイサイコ属のヨーロッパ原産の多年草 (*Eryngium maritimum*)《深緑色で匍匐(ほふく)枝を生じ, 高さ 50–80 cm; 昔, 催淫剤として用いられた》. **2** ハアザミ (*Acanthus mollis*).
séa hóllyhock *n.* 〘植物〙アメリカフヨウ (*Hibiscus moscheutos*)《アオイ科フヨウ属の植物; rose mallow ともいう》.

séa hòrse 〖《15C》〗 ── *n.* **1** 〖魚類〗タツノオトシゴ《タツノオトシゴ属 (*Hippocampus*) の魚類の総称》. **2** 〖動物〗セイウチ (walrus). **3** 〖ギリシャ神話〗海馬《海神の車を引く馬頭魚尾の怪獣》.

séa ísland còtton *n.* 〖植物〗カイトウメン(海島綿) (*Gossypium barbadense*)《Columbus のアメリカ発見当時西インド諸島で栽培されていた長繊維のワタで現在はエジプトで大規模に栽培されている; 単に sea island ともいう; cf. upland cotton》.

Séa Íslands *n.pl.* [the ～] シー諸島《米国 South Carolina 州, Georgia 州, Florida 州北部沿岸沖の連鎖状の諸島》.

séa kàle *n.* 〖植物〗ハマナ (*Crambe maritima*)《ヨーロッパ西海岸地方に自生するアブラナ科の植物; 英国では栽培してその若芽を軟白して食用にする; sea cabbage ともいう》. 「する船の性能」.

séa-kìndliness *n.* 〖海事〗慣海性, 凌波性《波浪に対

séa-kìndly *adj.* 〖海事〗〈船が〉凌波性がある, 操縦しやすい, 慣海性の充分な: a ～ ship.

séa kìng 〖《なぞり》← ON *sǣkonungr*: cf. OE *sǣkyning*〗 *n.* (古代スカンジナビアの)海賊王 (⇨ Viking).

seal¹ [síːl] 〖OE *sēol-, seolh* < Gmc **selχaz* (ON *selr*)《原義》? that which drags its body along with difficulty ← ? IE **selk-* to pull, draw〗 ── *n.* (*pl.* **～s, ～**) **1** 〖動物〗アザラシ, アシカ《一般にセイウチ(walrus)を除く鰭(ひれ)脚亜目の海獣でアザラシ (earless seal), ゴマフアザラシ (harbor seal), ゾウアザラシ (elephant seal), アザラシ (hair seal), フィリアザラシ (ringed seal) など耳殻のないアザラシ科やアシカ (eared seal), オットセイ (fur seal) など耳殻のあるアシカ科の動物の総称》. ★ ラテン語系形容詞: phocine. **2 a** アザラシ[オットセイ]の毛皮; そのなめし皮: a ～ coat. **b** まがいもののアザラシ[オットセイ]の毛皮. **3** 暗褐色, 濃褐色《アザラシやオットセイの皮の色; seal brown ともいう》. ── *vi.* アザラシ[オットセイ]狩をする[を捕える]: go ～*ing* アザラシ[オットセイ]狩に行く.

seal² [síːl] 〖《?c1200》 *seel* □ AF = OF *seel* (F *sceau*) < L *sigillum* little sign (dim.) ← *signum* 'SIGN': cf. sigillate〗 ── *n.* **1 a** 印, 印形, 判, 璽(じ)《紋章・略字・符号などを金属・石などに彫って浮き出させ文書の真正・物の所有の証明として用いる》: the official ～ of a university 大学の公式印 / ⇨ seal ring, great seal, privy seal, the LORD Keeper of the Great [Privy] Seal. **b** (王・領主・貴族などが信書・布告書などに添付したワックス状の)印章, 証印《あらかじめ小紙片 (wafer) に印を押しまたは打ち出したもので文書にはり付けた; また, 書類にリボンを付け, そのリボンを封じる形にワックスを固めたもので, そのワックスに発行者の紋章が押印されていた》: under ～ 調印されて, 押印証明した / affix [put] one's ～ to …に押印[捺印]する. **2** (社会事業団などの発行する装飾)シール《通例クリスマス季節などに募金応募者に配布し手紙・小包などに貼(は)って用いられる》: a Christmas ～. **3 a** しっかり封をするもの; 封蠟: under [with] a flying ～ 開き封にして / break [take off] the ～ 封を切る, 開封する / put the ～ upon…=put… under ～ …を封じる, …に封印する. **b** (空気・水のもれを防ぐ)密封, 密閉. **c** 人の口を封じるもの, 秘密を保つもの; 秘密を守る義務: put a ～ upon a person's lips 人の口に封をする[口止めする] / under (the) ～ of secrecy [confidence] 秘密を守る約束で. **4 a** (確証・保証・固めの)しるし (pledge): the ～ of love 愛のしるし《キス・結婚・出産など》/ a handshake as a ～ of friendship 友愛のしるしとしての握手. **b** 著しい徴候, 予言的な表示, 相(そう) (sign, mark)〔*of*〕: He has the ～ *of* death [genius] on his face. 彼の顔には死相[天才の相]が見える. **5 a** (下水管の)防臭弁《通例鉄[鉛]管を横 S 字形に曲げてそこに水をため, 臭気を遮断する》. **b** 封水《防臭弁にためておく水》. **c** 封水の深さ. **6** [通例 the ～s]《英》大法官[国務大臣]の官職: receive [resign, return] *the ～s* 大法官[国務大臣]の職に就く[を辞する].

set one's seal to = ***set the seal on*** (1) …に捺印する. (2) …の裏書きをする (endorse), …を承認する (approve). ***under one's hand and seal*** ⇨ hand 成句.

seal of confession [the ─] 〖カトリック〗告白の秘密《聴罪司祭が告白の内容をいかなる場合もももらしてはならない義務, あるいはその義務の下にある内容》.

seal of state = great seal 1.

── *vt.* **1** 〈証書〉に印を押す, …に調印する; 批准する (ratify): ～ a document / The treaty has been signed and ～*ed.* 条約は署名調印を終わった. **2** (品質・含有量・重量など法定基準に合っていることを証明して)〈金・銀など〉に刻印を押す, …に検印を押す. **3** (昔は封蠟で, 現在はゴムのり・テープなどで)〈手紙など〉の封をする, …に封印を施す 〈*up*〉: ～ (*up*) all drawers 引出しに全部封印する / ～ (*up*) a letter. **4 a** 〈目・唇を〉堅く閉じる, 強く結ぶ: Sleep ～*ed* his eyes. 彼の目は眠りに堅く閉ざされた / My lips are ～*ed.* 口は封じられている; 口止めされている. **b** (空気・ガスなどから)密閉する, 目塗りする, ふさぐ, 締める 〈*up*〉: ～ a pipe / be hermetically ～*ed* 密閉される / Windows must be ～*ed* (*up*). 窓は目張りをしなければならない. **5** 固める, 確実にする (confirm); 確証[証明]する (certify), 保証する: ～ a promise *with* a handshake [kiss] 握手[キス]をして約束を固める / ～ one's loyalty *with* one's life 一命をささげて忠誠を証明する. **6** 〈運命・勝利などを〉動かぬものにする, 決定する (decide): ～ a person's fate, doom, victory, etc. / His fate is ～*ed.* 彼の運命は定まった《もう助からない》/ Death has ～*ed* her for her own. 彼女は死ぬべき運命に定まった, 彼女の命数は尽きた / They are ～*ed* for [to] salvation. 救われる運命に定まっている. **7** (押印の上で)〈赦免などを〉与える, 下賜する (grant). **8** (塗装する前に)〈木〉に目止めをする, 下地塗料を塗る. **9** 〖モルモン教〗結び固める《夫婦・親子・養親と養子の結び付きを永遠のものとする》. **10** 〖電気〗〈差込み・プラグなどを〉しっかりとはめ込む; 〈素子を容器などに〉封入する. **11** 〖チェス〗〈手を〉封じ手として記録する, 封じる. **12** 〖土木〗〈道路を〉タールマカダム (tarmacadam) 舗装する. ── *vi.* 捺印する.

seal off (1) 密閉する, 封をする. (2) 〈ある地域を〉封鎖する, 立入禁止にする: In 1637 Japan was hermetically ～*ed off* from the outside world. 1637 年に日本は完全に鎖国した.

Sea·lab [síːlæ̀b] 〖← SEA+LAB(ORATORY)〗 *n.* シーラブ《米海軍が開発した海洋研究用の海中実験室; cf. habitat》.

seal·a·ble [síːləbl] *adj.* 封じることのできる.

séa làce *n.* [通例 *pl.*] 〖植物〗ツルモ (*Chorda filum*)《黒みがかった紐状の海藻; sea twine ともいう》.

séa làdder *n.* **1** 〖海事〗(甲板から水面までかかっている)船腹の梯子. **2** 海面までさげた縄梯子, ヤコップ.

séa làmprey *n.* 〖魚類〗ヤツメウナギ科の円口類の一種 (*Petromyzon marinus*)《口の吸盤で魚類に寄生して吸血する; 食用; 五大湖地方ではマス類に被害をおよぼす》.

séa-làne *n.* (大洋上の)常用航路 (trade route).

seal·ant [síːlənt] 〖← SEAL² (v.)+-ANT〗 ── *n.* **1** 密閉[封緘(かん)]剤 (sealing agent)《封蠟(ろう)・粘着剤など》. **2** もれ止め液[ペイント], シーラント《配管などの中にぬり, 乾燥すると耐水被膜をつくる》.

séa làvender *n.* 〖植物〗**1** 海浜・草原に生えるイソマツ科イソマツ属 (*Limonium*) の植物の総称《花壇, 鉢物用》. **2** = sea lungwort.

séa làw *n.* 海法 (maritime law); 海事法規.

séa làwyer *n.* **1** 《口語》〖海事〗[軽蔑的に]理屈っぽい水夫. **2** 〖魚類〗**a** サメ, フカ (shark). **b** = gray snapper.

séal bròwn *n.* = seal¹ 3.

séal còat *n.* 〖土木〗シールコート《アスファルト舗装道路で仕上げに塗ったアスファルトの薄層》.

sealed 〖ME〗 ── *adj.* **1** 印を押した, 調印した; 封印[密封, 目塗り]した: a ～ letter 封書. **2** (内容不可解の書のように)不知の, 不可解な: ⇨ sealed book. **3** (封緘(かん)命令のように)指定の時まで発表されない, 秘密にされた.

séaled bóok *n.* **1** 内容不可解の書; 神秘, なぞ: It is a ～ to us. それはわれわれには全然わからない. **2** [S- B-] 祈禱書標準版《1662 年に英国の Charles 二世が審査の国璽(じ)を押して国内の各 cathedral に備えつけさせた; 正式には Sealed Book of Common Prayer》.

séaled móve *n.* 〖チェス〗封じ手.

séaled órders *n.pl.* 封緘(かん)命令《指定の時に至って初めて開封すべき命令書で, 特に船長に渡すものをいう》: sail under ～ 封緘命令の下に出帆する.

séaled páttern *n.* 《英》〖軍事〗(軍により使用が正式に認可された装備・被服などの)標準型.

séaled vérdict *n.* 〖法律〗密封評決《陪審が裁判所の開廷中に評決に達した際は, 書面にして, 密封保管され, 法廷再開後は, 開廷中になされた評決として取扱われる》.

séa lègs *n.pl.* **1** 動揺する甲板上をよろけずに歩ける能力: find [get, have] one's ～ 船に慣れ(酔わないで)甲板上をよろけずに歩ける (cf. *get one's* ICE *legs*). **2** 船に慣れること, 船酔いしないこと.

séa lèmon *n.* 〖動物〗ウミウシ《ニセワタガイ科の黄色の軟体動物の総称》.

séa lèopard *n.* 〖動物〗**1** = leopard seal. **2** = Weddell seal. **3** = harbor seal.

séal·er¹ [-lə | -lə(r)] *n.* アザラシ[オットセイ]漁夫[漁船].

séal·er² [-lə | -lə(r)] 〖ME *seeler*: ⇨ seal², -er¹〗 ── *n.* **1** 度量衡検査官《合格した度量衡に検査済みの検印を押す》. **2** 印押し係, 押印者. **3** 封印機械. **4** 〖木工〗シーラー, 吸込み止め《材木・壁などがペンキやニスを吸収するのを防ぐための塗装下地用の塗料》.

seal·er·y [síːləri | -ri] 〖← SEAL¹+-ERY〗 *n.* **1** アザラシ[オットセイ]の群集地[繁殖場, 漁場]. **2** アザラシ[オットセイ]漁業.

séa lètter *n.* (戦時中出港時に与える)中立国船舶証明書.

séa lèttuce *n.* 〖植物〗アオサ《アオサ属 (*Ulva*) のしばしばサラダ用に使われる海藻類の総称》.

séa lèvel *n.* **1** 海面. **2** 〖測量〗平均海面《満潮と干潮の中間の海面で山の海抜の高さを計る基準; mean sea level ともいう》: above ～ 海抜 / corrected to ～ (距離・重力の加速度など)海面に直した.

séa-level prèssure *n.* 〖気象〗海面気圧《任意の高度の気圧を平均海面の気圧に引直したもの》.

séal fìshery *n.* = sealery.

séa-lìft *n.* 海上輸送.

séa lìly *n.* 〖動物〗ウミユリ《深海底産棘皮(きょく)動物ウミユリ綱に属する動物; 植物のユリのような外観を呈する; crinoid ともいう》.

séa lìne *n.* **1** 海上の水平線; 海岸線. **2** (測深・釣り用の)糸.

séal·ing [-lɪŋ] *n.* オットセイ[アザラシ]漁業.

séaling wàx *n.* 封蠟(ろう).

séa lìon *n.* **1** 〖動物〗海に生息するアシカ科のカリフォルニアアシカ (*Zalophus californianus*), 首から肩にかけてライオンのたてがみのような毛があるオタリア (*Otaria byronia*), トド (*Eumetopias jubata*), ミナミアシカ (*Neophoca cinerea*) などの動物の総称. **2** 〖紋章〗前部がライオンで水かきのある足と魚の尾をもった怪物.

sea lion 2

Séa Lòrd *n.* 海軍本部委員《英国海軍を運営する文武両官の委員から成る海軍本部委員会 (Board of Admiralty) の海軍側の委員(将官); the First Sea Lord and Chief of Naval Staff (本部委員会第一軍事委員兼軍令部長) 以下 4 人いる; cf. LORD Commissioner of Admiralty》.

séal pòint *n.* 〖動物〗(濃褐色の斑点のある)シャムネコ (Siamese cat) の一種.

séal rìng *n.* = signet ring.

séal-ròokery *n.* アザラシ[オットセイ]繁殖地.

séal·skìn 〖ME〗 *n.* **1** アザラシ[オットセイ]の毛皮[皮]. **2** アザラシの毛皮で作った衣服[外套].

séa lùngwort *n.* 〖植物〗ハマベンケイソウ (*Mertensia maritima*)《ムラサキ科の植物》.

séal·wòrt 〖← SEAL²+WORT²〗 *n.* 〖植物〗**1** ナルコユリ (Solomon's seal). **2** ツメクサ (*Sagina procumbens*)《ナデシコ科の小型の雑草; cf. pearlwort》.

Séa·ly·ham térrier [síːlihæ̀m-, -liəm- | -liəm-] 〖← *Sealyham* (ウェールズ旧 Pembrokeshire 州の地名)〗 ── *n.* シーリアムテリア《ウェールズ原産の脚の長い白毛の猟犬種のイヌ; 単に Sealyham ともいう》.

séa lỳme gràss *n.* 〖植物〗テンキ (*Elymus arenarius*)《アジア・ヨーロッパ原産のイネ科の多年草; 堤防などに砂防用に植える》.

seam [síːm] 〖*n.*: OE *sēam* < Gmc **saumaz* (G *Saum*) ← **s(a)u-* 'to SEW¹'. ── v.: 《1582》← (n.)〗 ── *n.* **1 a** (布・毛皮などの)縫い合わせ, 継ぎ合わせ (cf. French seam, flat-fell seam). **b** 縫い目, 継ぎ目, とじ目. **2** [通例 *pl.*] (船板などの)合わせ目, はぎ目: leaking ～*s* 水の漏る合わせ目 / caulk the ～s 継ぎ目にまいはだを詰める. **3 a** 割れ目, 溝 (fissure, groove). **b** 傷跡 (scar): a ～ of an old wound. **c** (顔の)しわ (wrinkle). **4** 〖地質〗薄層, 薄い鉱層 (thin stratum): a coal ～ 石炭層. **5** 〖解剖〗縫合(線), 縫線 (suture). **6** 〖服飾〗裏編みの縫い目. **7** 〖金属加工〗(管・板の熱間圧延中に生じるひれ状・しわ状の)かぶりきず.

burst at the seams = ***burst one's seams*** 《口語》(はち切れんばかりに)大きく[いっぱいに, 満員に]なる, 「パンク」しそうになる[である]. ***come [break, fall] apart at the seams*** 《口語》〈人・物事が〉だめになる, つぶれる, 老いぼれる.

── *vt.* **1** 縫い合わす, 継ぎ合わす, とじ合わす. **2** [通例 p.p. 形で]〔…で〕…に傷跡[割れ目]をつける (line, scar), しわを寄らせる〔*with*〕: ～*ed with* wounds 傷跡のある / a face ～*ed with* care [old age] 苦労[寄る年波]でしわの寄った顔. **3** 〖服飾〗(裏編みをして)〈靴下など〉にすじをつける. ── *vi.* **1** 《まれ》割れ目[ひび]が入る (crack). **2** 〖服飾〗裏編みですじを出す.

séa-màid 〖《1595》〗 *n.* 《詩》**1** 人魚 (mermaid). **2** 海の女神 (sea-goddess); 海の精 (sea-nymph).

séa-màiden *n.* = sea-maid.

séa màil *n.* 海上郵便(物), 船便 (cf. surface mail).

séa·man [-mən] 〖OE *sǣmann* seaman, viking〗 ── *n.* (*pl.* **-men** [-mən, -mèn]) **1 a** 水夫, 船乗り, 海員, 船員 (sailor, mariner) (cf. landsman 1). ★ 英商船では船長および練習生 (apprentice) を除いたすべての船員; 米商船では練習生以外の全船員をいう: ⇨able-bodied seaman, merchant seaman, ordinary seaman. **b** 船の操縦ができる人: a good [poor] ～ 操船のうまい[まずい]人. **2** 〖海軍〗水兵 (bluejacket); 《米》一等水兵: a leading ～ 《英》一等水兵. **3** 男の人魚 (merman).

séaman appréntice *n.* 〖海軍〗(一通りの巡洋訓練をうけた)二等水兵《seaman の下の階級》.

séaman·lìke *adj.* 船乗りらしい.

séa·man·ly *adj.* = seamanlike.

séaman recrúit *n.* 〖海軍〗最下級の水兵, 三等水兵《seaman apprentice の下の階級》.

séaman·shìp *n.* (船舶)運用[操縦]術《船舶の操縦運用に関する百般の技能》: good ～ 船乗りとしての優秀な技能[腕前].

séa·màrk 〖《15C》〗 *n.* **1** (海岸に潮の上限を示した)満潮線. **2** 〖海事〗(航路標識として役立つ顕著な)航路目標《陸標・ビーコンなど》; 危険標識.

séa màt *n.* 〖動物〗コケムシ《触手動物, 苔虫綱の動物の総称; 特にアミガイ (*Flustra* 属) のような網目状のコケムシをいう》.

séam·er *n.* **1** 縫合する人; = seamstress. **2** 縫合する機械; 縫合機を操る人.

séa mèw 〖《15C》〗 *n.* 海カモメ (sea gull); (特に)カモメ (*Larus canus*).

séa mìle *n.* 海里 (nautical mile) (⇨ mile 1).

séa mìlkwort *n.* 〖植物〗ウミミドリ (*Glaux maritima*)《アジアと北米に産するサクラソウ科の沿岸植物; ピンク色がかった白い小花をつける》.

séam·ing 〖《15C》〗 *n.* **1** 縫い目[継ぎ目]をつけること; 縫い目. **2** 縁(ふち)レース, 玉ぶち《家具などの布[皮]張りの縁のおさえに用いる》.

séaming làce *n.* = seaming 2.

séa mìst *n.* **1** 海から発生する霧, 海霧. **2** 〖気象〗= steam fog.

séam·less *adj.* 縫い目[継ぎ目]のない, シームレスの:

a ～ pipe [tube] 継目なし管 / a ～ web 縫い目のない織物; 完全な統一体, 渾然として一体をなすもの (cf. *John* 19:23). **～·ly** *adv.* **～·ness** *n.*

séa mònster *n.* **1** 大きな海の動物. **2** (時に人食いと称される伝説上の)海の怪物.

séa mòss *n.* **1** ＝seaweed. **2** 〘動物〙 触手動物コケムシ綱の動物 (bryozoan).

séa·mòunt *n.* 〘地質〙 海山 《深海底から 1,000m 以上も高くなっている孤立した海面下の隆起部; cf. guyot》.

séa mòuse *n.* 〘動物〙 ウミネズミ 《コガネウロコムシ科コガネウロコムシ属 (*Aphrodita*) の多毛環虫類の環形動物; 背面は密毛に被われている》.

séam·prèsser *n.* 鋤(ᵗ)きあとをならす農具.

seam·ster [síːmstə, sém- | sémstə(r)] 〘OE *sēamestre* ← *sēamere* tailor, seamstress (← *sēam* 'SEAM') ＋-STER〙 *n.* 《古》 裁縫師, 仕立て屋 (tailor).

seam·stress [síːmstrɪs, -strəs | sém-] 〘《*a*1613》: ⇨ ↑, -ess¹〙 *n.* 女裁縫師, 裁縫婦, お針子 (sempstress).

séa mùd *n.* 軟泥, 骸泥 《沿岸の沈積物で, しばしば肥料用; sea ooze ともいう》.

séa mùle *n.* (港湾内で, 特にはしけや浮箱を扱う ディーゼルエンジン付きの箱型の)引き船.

séam wèlding *n.* 〘金属加工〙 シーム溶接 《ローラー電極 2 個の間に金属板をはさんで行なう溶接; cf. butt weld, percussive welding, spot welding, resistance welding》.

seam·y [síːmi | -mɪ] 〘← SEAM＋-Y⁴〙 ― *adj.* (**seam·i·er**; **-i·est**) **1** 縫い目のある, 縫い目の出た. **2 a** 裏面の, 見苦しい: the ～ side of city life 都会生活の暗黒面 (cf. Shak., *Othello* 4. 2. 146). **b** 下劣な, 卑しい (morally low), むさ苦しい (sordid). **3** 傷跡のある; しわのある: a ～ face. **séam·i·ness** *n.*

séa mỳrtle *n.* 〘植物〙 熱帯アメリカ原産キク科の低木 (*Baccharis halimifolia*) 《consumption weed ともいう》.

Sean [ʃɔ́ːn, ʃɑ́ːn | ʃɔ́ːn] 〘□ Ir. ～ ← *Eoin* □ AF *Jean*: ⇨ John¹〙 *n.* (*also* **Seán** [～]) 男性名.

Sean·ad Eir·eann [sǽnɑːd-ɛ́(ə)rən | ʃǽnəð-ɛ́ər-] 〘□ Ir. -Gael. ～ 'Senate of Ireland' ← *seanad* □ L *senātus* 'SENATE': cf. Dail Eireann〙 ― *n.* [the ～] (アイルランド共和国の)上院 (cf. Dail Eireann, Oireachtas 1).

sé·ance [séɪɑ̃ː(n)s, -ɔ̃ː(n)s, -ɑːns, -ɔ(ː)ns; *F.* seɑ̃ːs] 〘《1803》□ F ～ 《原義》 sitting ← *seoir* to sit < OF < L *sedēre*〙 ― *n.* (*pl.* **sé·anc·es** [～ɪz, ～əz; *F.* ～]) **1** 降霊術の会. **2** (学会・公共団体などの)会 (session, sitting).

séa nèedle *n.* 〘魚類〙 オキサヨリ (*Belone vulgaris*).

séa nèttle *n.* 〘動物〙 刺胞毒の強いクラゲ (jellyfish) 《クダクラゲ (siphonophore) など》.　「(Nereid).

séa-nỳmph 〘《1565》〙 *n.* 〘ギリシャ神話〙 海の精

séa ònion *n.* 〘植物〙 **1** カイソウ(海葱) (*Urginea scilla*) 《地中海地方産ユリ科の植物; 乾燥した球根が薬用の「海葱根 (squill)」》. **2** ヨーロッパ産ルツボ属の草本 (*Scilla verna*).

séa òoze *n.* ＝sea mud.

séa òtter *n.* **1** 〘動物〙 ラッコ (*Enhydra lutris*) 《北太平洋沿岸に生息するイタチ科の動物》. **2** ラッコの皮.

séa-òx *n.* 〘動物〙 セイウチ (walrus).

séa pàlm *n.* 〘植物〙 北米太平洋岸産の小型のシュロの葉に似た形の海藻 (*Postelsia palmaeformis*).

séa pàrrot *n.* 〘鳥類〙 ＝puffin.

séa pàss *n.* ＝sea letter.

séa pày *n.* 海上勤務手当て.

séa pèn *n.* 〘動物〙 ウミエラ 《腔腸動物門花虫綱ウミエラ属 (*Pennatula*) の動物の総称》.

séa pìe *n.* **1** (水夫用の)塩肉パイ. **2** 《英》 〘鳥類〙 ＝oyster catcher.

séa·pìece *n.* 海景画, 海の絵 (seascape).

séa pìg *n.* 〘動物〙 **1** イルカ (porpoise, dolphin). **2** ジュゴン (dugong).

séa pìke *n.* 〘魚類〙 **1** ダツ (garfish)・メルルーサ (hake) など各種の細長い魚類の総称. **2** ＝barracuda 1.

séa pìnk *n.* 〘植物〙 ハマカンザシ, アルメリア (thrift).

séa·plàne *n.* 飛行艇, 水上(飛行)機 (hydroplane) (cf. flying boat 1, floatplane).

séaplane càrrier *n.* 〘海軍〙 水上機母艦.

séa·plànt *n.* 海草.

séa pòacher [**pòker**] *n.* 〘魚類〙 主に北太平洋に生息するトクビレ科の魚類の総称 《外観が特異なヨロイトクビレ (pogge), 日本の北方海域にいるイヌゴチ (*Percis japonica*) など; 単に poacher ともいう》.

séa pollùtion *n.* 海洋汚染.

séa·pòrt *n.* **1** 海港. **2** 港町; 港市.　「land power).

séa pòwer *n.* **1** 大海軍国. **2** 海軍力, 海上兵力 (cf.

séa pùrse *n.* 〘魚類〙 サメ・エイ類の卵嚢(ᵏ).

séa·quàke 〘← SEA＋(EARTH)QUAKE〙 *n.* 海震 《震央が海底にあって海水に異様な震動を与える地震》.

sear¹ [síə | síə(r)] 〘OE *sēarian* < Gmc **saurōjan* ← **sauraz* 'SERE¹'〙 ― *vt.* **1** 焼く, 焦がす (burn, scorch); 〈食肉を〉(高熱で)さっと焦がす. **2 a** 〔焼きごてで〕印をつける, …に焼印を押す; 焼灼(しょうしゃく)する (cauterize) 〔*with*〕: ～ a wound *with* a hot iron 焼きごてで傷口を焼灼する. **b** やけどをさせる: ～ one's hand. **3** 無感覚にする, 麻痺させる (harden) (cf. *1 Tim.* 4:2): a ～*ed* conscience 麻痺した良心. **4** 《古》 しなびさす, 枯らす (wither, blast): A cold wind ～*s* the leaves. 寒風は木の葉を枯らす. ― *vi.* 《古》 しなびる, 枯れる. ― *n.* **1** 《詩》 しなびた状態. **2** 焼けこげ, 焼印の跡. ― *adj.* 《詩》 ＝sere¹.

sear² [síə | síə(r)] 〘《?1560》 □ ? F *serre* lock ← *serrer* to grasp < VL **serrāre*＝LL *serāre* to bolt ← *sera* bar of a door〙 ― *n.* 逆鉤(ᵍ), 掛け金 《小火器の撃鉄を発射装置または半撃ちの状態に保持する留め金》.

séa ràven *n.* 〘魚類〙 北米大西洋沿岸産ケムシカジカ属の魚 (*Hemitripterus americanus*).

search [sə́ːtʃ | sə́ːtʃ] 〘《*c*1330》 *serche(n)* □ AF *serch-er* ＝OF *cerchier* (F *chercher*) < LL *circāre* to go round ← *circum* round about: ⇨ circum-〙 ― *vt.* **1** (何かを見つけ出そうとして注意深くまたは徹底的に)〈身体・懐中・場所などを〉捜す, 捜しまわる, 探索する (explore) 〔*for*〕: ～ a drawer [one's pockets] 引出し[ポケット]の中を捜す / ～ a house for papers 家宅捜索をして書類を捜す. **2 a** 細かく[詳しく]調べる, 調査する, 精査する (examine, check): ～ a person (危険物・禁制品などの有無を確かめるため)身体検査をする / ～ a book (引用句などを求めて)本を調べる / Baggage is ～*ed* at the customhouse. 手荷物は税関で調べられる. **b** 〈人の心などを〉探る: ～ a person's mind 人の心を探る / ～ one's memory 記憶をたどる. **3** じろじろ見る, じっと見詰める: ～ a person's face 人の顔をじろじろ見る / ～ the horizon with a glass 望遠鏡で地平線をじっと見る. **4** 〈傷を〉(外科手術道具などで)探る (probe): ～ a wound. **5** 《文語》 **a** 〈風・寒気・光・弾丸などが〉…のすみずみまで入り込む, …に吹きすさぶ, 一面に注ぐ: The fog ～*ed* the mountain pass. 霧は山道一面にたれこめていた. **b** …一面に砲火を浴びせる, …を掃射する. ― *vi.* **1** 〔…を〕捜す, 捜索[探索]する 〔*after, for*〕: ～ *after* a lost child 迷い子を捜し求める / ～ *for* gold [things lost, things stolen] 金[紛失品, 盗難品]を捜す / ～ through one's pocket *for* a coin 硬貨を求めてポケットの中を捜す. **2** 〔…を〕調査する (inquire) 〔*into*〕: ～ *into* a case 事件を調べる.

Search me! = ***You can*** [***may***] ***search me!*** 《口語》 私にはわからない, 知らない: Where is he?—*Search me!* 彼はどこにいるのか―知るもんか. ***search out*** (調査・探求によって)捜し出す, 見つけ出す, 発見する (find out): ～ *out* an old friend [a mislaid book] 旧友の居所[置き忘れた本]を捜し出す / ～ *out* all the facts すべての事実を見つけ出す.

― *n.* **1** 捜索, 探索, 追求 (quest): the ～ *for* the missing aviators / the ～ *for* truth, wealth, health, etc. **2** 詮索 (inquiry), 調査 (investigation), 吟味 (scrutiny) 〔*after, for, of*〕: make a ～ *for* [*after, of*] …を捜す, 調査する. **3** (捜索権による)捜索 (cf. RIGHT of search). ***in search of*** …を捜して, を求めて: I went *in* ～ *of* her. 彼女を捜しに出た / Fish swim about *in* ～ *of* food. 魚は食物を求めて泳ぎ回る.　「る.

séarch·a·ble [sə́ːtʃəbl | sə́ːtʃ-] *adj.* 捜せる, 調査でき

séarch-and-destróy *adj.* (対ゲリラ戦で, 特定の地域の敵の戦闘力を無力化または破壊するための)索敵殲滅(せんめつ)作戦の, 掃討作戦の: ～ operations.

séarch còil *n.* 〘電気〙 さぐりコイル 《磁束を測るための小さなコイル; exploring coil, flip coil ともいう》.

séarch·er 〘ME *serchere*〙 ― *n.* **1** 捜索者, 探索者: the ～ of (men's) hearts 人の心をきわめる者, 天の神 (cf. *Rom.* 8:27). **2 a** 調査者, 検査者. **b** 税関検査官, 船舶検査官. **c** 囚人身体検査官. **3** 〘医学〙 (膀胱(ぼうこう)の結石などを探る)探り針.

séarch·ing 〘ME〙 ― *n.* 捜索, 探索; 検査, 吟味: ～*s* of heart 疑念, 良心の苦しみ[悩み] (cf. *Judges* 5:16; heart-searching). ― *adj.* **1** 捜索する; 綿密に調査する, 吟味する: a ～ examination 厳重な試験. **2** 観察の鋭い: a ～ look [gaze] 鋭い目つき[凝視]. **3** 〈寒さなど〉身にしみる, 膚を刺すような: a ～ cold, wind, etc. **4** 徹底的な, 激しい: a ～ gunfire 掃射. **～·ly** *adv.*

séarch·less *adj.* 《詩》 捕捉(ᵗ)しにくい, 計り知れない (inscrutable); 捜索のできない (unsearchable).

séarch·lìght 〘《1883》〙 *n.* サーチライト, 探照灯, 照空灯; 探照灯の光: play a ～ on …を探照灯で照らす.

séarch pàrty *n.* 捜索隊.　「令状.

séarch wàrrant *n.* 〘法律〙 (家宅)捜索令状, 差押え

séa rèach *n.* 海に通じる(河口付近の)真直な川の流れ, (川の)直線水路.　「海水帰路.

séa retùrn *n.* 〘電子工学〙 (レーダー波の)海面反射,

séar·ing-ìron [sí(ə)rɪŋ- | síər-] *n.* 焼きごて (cautery).

séa rìsks *n. pl.* 海難の危険 《難破・座礁・衝突・沈没など海上固有の危険》.　「十二音技法作曲家.

Searle [sə́ːl | sə́ːl], **Humphrey** *n.* (1915–) 英国の

séa ròad *n.* **1** 海路, 航路. **2** (港ほどは条件がよくない)船の停泊地 (road).

séa ròbber *n.* **1** 海賊 (pirate). **2** 〘鳥類〙 ＝jaeger 3.

séa ròbin *n.* 《米》 〘魚類〙 カナガシラ (gurnard); (特に) *Prionotus* 属のアメリカ産の魚.

séa ròom **1** 〘海事〙 操船余地 《操船するに十分な水面; cf. berth 1 a》. **2** 十分な活動余地 (full scope).

séa ròver *n.* **1** 海賊 (pirate). **2** 海賊船.

Sears [síəz | síəz], **Richard Warren** *n.* (1863–1914) 米国の実業家; 通信販売による世界最大の小売チェーン Sears, Roebuck & Co. を創立 (1886).

séa-rùn[-rùnning] *adj.* ＝anadromous.

séa-sàlt *adj.* 海塩の(ような); 塩からい.

séa sàlt *n.* 海塩 (cf. rock salt).

séa sànd 〘ME *se sond*〙 *n.* **1** (海岸または海底から採取した)海砂. **2** [*pl.*] (海岸の)砂浜.

séa·scàpe [síːskèɪp] 〘《1799》 ← SEA＋-SCAPE〙 *n.* **1** 海景 (seaview). **2** 海景画, 海の絵 (seapiece) (cf. landscape).

séa scòrpion *n.* **1** 〘魚類〙 カジカ (sculpin); (特に)カジカ科ギスカジカ属の魚 (*Myoxocephalus scorpius*). **2** 〘古生物〙 ＝eurypterid.

séa·scòut *n.* 海洋少年団員; [the ～s] 海洋少年団.

séa·scòuting *n.* 海洋スカウト活動 《海洋の活動を主目標とするボーイスカウト運動の一分野》.

séa sèrpent *n.* **1** 大海蛇(ᵈ) 《巨大なヘビ状の伝説上の空想的怪物》: the (great) ～ 竜. **2** 〘動物〙 ＝sea snake 1. **3** 〘魚類〙 リュウグウノツカイ (oarfish). **4** [the S- S-] 〘天文〙 うみへび(海蛇)座 (⇨ Hydra 4).

séa sèrvice *n.* 海上勤務; (陸軍に対して)海軍兵役.

séa·shèll 〘OE *sǣscel*〙 *n.* 海産の貝[貝殻]; 海水軟体動物の貝殻.

séa·shòre 〘《1526》〙 *n.* **1** 海岸, 海浜, 海辺 (seacoast). **2** 〘法律〙 海岸 《満潮線と干潮線との間の地》.

Séa·shore tèst [síːʃɔːə-, -ʃoə- | -ʃɔː-] 〘← *Carl Seashore* (1866–1949: 米国の心理学者)〙 ― *n.* 〘心理〙 シーショーア(音楽才能)テスト 《音記憶・リズム感覚などの音楽能力をレコードを用いてテストする》.

séa·sìck 〘《*a*1566》〙 *adj.* 船に酔った, 船酔いの: be [get] ～ 船に酔っている[酔う].

séa·sìck·ness *n.* 船酔い.

séa·sìde 〘ME〙 ― *n.* [通例 the ～] **1** 海辺, 海浜 (seashore), 海岸 (seacoast): go to *the* ～ (海水浴・避暑・保養などに)海岸へ行く. **2** (都市の)臨海側. ― *attrib. adj.* 海辺の, 臨海の: a ～ hotel 海浜ホテル / a ～ resort 海水浴場, 海岸避暑[避寒]地.

séaside dáisy *n.* 〘植物〙 米国太平洋沿岸地方の海岸の紫色の花をつけるアズマギクの一種 (*Erigeron glaucus*) 《beach aster ともいう》.

séaside góldenrod *n.* 〘植物〙 トキワアワダチソウ (*Solidago sempervirens*) 《北米大西洋沿岸地方の鮮かな黄色の花の咲くキク科アキノキリンソウ属の多年草; beach goldenrod ともいう》.

séaside spárrow *n.* 〘鳥類〙 カイガンヒメドリ, カイガンスズメ (*Ammospiza maritima*) 《北米大西洋沿岸地方のホオジロ科の小鳥》.

séa slùg *n.* 〘動物〙 **1** ＝holothurian. **2** ＝nudibranch.

séa snàil 〘OE *sǣsnæl*〙 ― *n.* **1** 〘動物〙 海産巻貝の総称 《エゾバイ (whelk), ホラガイ (triton), タマガイ (moon shell) など》. **2** 〘魚類〙 オタマジャクシのような形をしたクサウオ科クサウオ属 (*Liparis*) の小魚の総称.

séa snàke *n.* **1** 〘動物〙 ウミヘビ 《ウミヘビ科の毒ヘビの総称; インド洋・西太平洋熱帯部などにいる》. **2** ＝sea serpent 1.

sea·son [síːzn] 〘*n.*: 《?*a*1300》 *seson(e)* □ OF *seson* (F *saison*) < L *satiō(n-)* sowing (time) ← *satus* (p.p.) ← *serere* 'to sow¹': ⇨ semen, -ion. ― v.: 《?*c*1390》 □ OF *saisonner* ← *seson*〙 ― *n.* **1 a** 季節, 季 《四季の一つ》: the (four) ～*s* (一年の)四季 《spring, summer, autumn [fall], winter》 / at any ～ (of the year) (一年中)いつでも / in all ～*s* 四季共に[を通じて]. **b** 時候: the ～'s greetings＝the compliments of the ～ 時候の挨拶 《特に, クリスマス[新年]の賀詞》. **2** [通例修飾語を伴って] **a** (…の)季節, 時節, 時季: the blooming ～ 開花期 / a dry [rainy] ～ 乾燥[雨, 梅雨]期 / a close ～ 《英》 禁猟期 / an open ～ (*for* [*on*] deer) 《英》 (シカの)狩猟期 / the holiday ～ 休暇期 《Christmas, Easter, Whitsuntide または八月》 / the ～ of harvest 収穫期 / a busy [high] ～ (*in* hotels) (ホテルの)最盛期, 書き入れ時 / a dead [dull] ～ (*in* trade) (商売の)霜枯れ時, 不景気の時節 / ⇨ off-season, silly season. **b** (果実・魚介などの)出盛り時, 旬(しゅん): the ～ *for* oysters＝the oyster ～ かきの時節 / Everything is good in its ～. 《諺》 物はすべて旬がよい, 「鬼も十八番茶も出花」. **c** (社交・演劇・スポーツなどの)活動期, シーズン: the (London) ～ ロンドン社交期 《Ascot 競馬や Wimbledon テニスが開催される初夏のころ》 / the opera [theatrical] ～ オペラ[芝居]の季節 / the baseball [bathing, hunting] ～ 野球[水泳, 狩猟]シーズン / the tourist ～ 観光シーズン / the best ～ *for* traveling [*to* make a trip] 旅行に一番良い季節 / at the height of the ～ 季節[シーズン]の盛りに. **3 a** 〔…に〕よい頃合, 適当な時 〔*for*〕: There is a ～ *for* everything. 何事にも時機がある (cf. *Eccles.* 1:3) / This is not the ～ *for* arguing. 今は議論をしている時ではない. **b** 時期, 頃: the ～ of one's youth 青年期. **4** 閑散期, 霜枯れ時 (off-season): close a shop for the ～ シーズンオフの間店を閉める. **5** 《英口語》 ＝season ticket. **6** [*pl.*] 《文語》 年齢, …歳 (year): a child of five ～*s* 5 歳の子供. **7** 〘スポーツ〙 (試合)シーズン; シーズン中の試合予定数; シーズン中の勝敗結果: get through the ～ undefeated シーズンを無敗で切り抜ける.

for a season ある期間, しばらくの間. ***in due season*** しかるべき時機に, 間に合うように. ***in good season*** 十分間に合って, 早目に: arrive *in good* ～ *for* [*to* catch] the train 列車に十分間に合うように到着する. ***in season*** (1) (果実・魚介などが)出盛り[旬(しゅん)]で, 食べごろで[の]: Oysters are now *in* ～. かきが今食ごろだ. (2) 猟期で. (3) 時を得て[た], ちょうどよく: a word *in* ～ 時を得た忠言 (*Isaiah* 50:4). (4) ＝*in good* SEASON. (5) 〈動物が〉盛りがついて. ***in*** (***season***) ***and out of season*** (時を選ばず)いつも, 明けても暮れても, のべつまくなしに (cf. *2 Tim.* 4:2): He

is witty *in* ~ *and out of* ~. 時をきらわずしゃれを言う. ***out of season*** (1) 季節はずれで[の], 旬はずれで[の]. (2) 禁猟期で. (3) 時を得ない, 時機を失して.
— *vt.* **1 a** 調味する; 〔調味料・香辛[香味]料などで〕…に味をつける (flavor) 〔*with*〕: ~ a fish dish highly 魚料理に味付けを強くする / ~ meat *with* ginger 肉にしょうがで風味をつける. **b** 〔機知・ユーモアなどで〕…に味をもたせる, 興味[おもしろ味, 趣]を添える 〔*with*〕: ~ conversation *with* wit とんちで談話に興を添える. **2 a** 〈材木などを〉乾燥させる, 枯らす: ~ timber [tobacco] 木材[たばこの葉]を乾燥させる. **b** 〈酒を〉慣らす(mature); 〈パイプなどを〉なじませる. **3** 慣らす, 習熟させる(inure); 練る, 鍛える(harden): ~ an athlete 競技者を鍛える / ~ oneself *to* cold [hunger, fatigue] 寒気[空腹, 疲労]に身を慣らす. **4** 《文語》緩和させる, 和らげる (temper): when mercy ~*s* justice 慈悲の心が裁きを和らげるとき (Shak., *Merch* V 4. 1. 197).
— *vi.* 熟す, 慣れる; 〈材木などが〉乾燥する, 枯れる.
~·er [-znə, -zn̩ə | -znə(r, -zn-] *n.*

sea·son·a·ble [síːznəbl̩, -zn̩- | -zn-, -zn-] 〖《*c*1390》: ⇨ ↑ (v.), -able〗 — *adj.* **1** 季節の, 時節がらの, 時節[季節]相応の; 順調な: ~ weather [cold] 時節[相当]の天候[寒さ]. **2** 時を得た, 好時機の, 都合のよい, 適当[適切]な (opportune, timely): a ~ gift [aid] 時を得た贈り物[援助] / ~ advice 時宜を得た忠告 / The money came at a most ~ time. その金はちょうど都合のよい時に手にはいった. **séa·son·a·bly** *adv.* **~·ness** *n.*

sea·son·al [síːz(ə)nl̩, -zn̩l] 〖《1838》← SEASON＋-AL¹〗 — *adj.* **1** 季節の, 季節的な; 季節ごとの, 周期的な (periodical): ~ changes of climate 気候の季節的変化 / a ~ laborer 季節労働者 / the ~ migration of birds 鳥の季節ごとの移住. **2** 特定の季節だけの[に関した]: a ~ resort. **~·ly** *adv.*

séasonal adjústment *n.* 《経済》季節調整.

séasonal ráte *n.* (電力・ホテルなどの)季節料金.

séason chèck *n.* 《林業》=season crack 2.

séason cràck *n.* **1** 置割れ, 時季割れ《黄銅その他の金属に生じる使用中 または 貯蔵中の亀裂》. **2** 《林業》干割れ《木材の乾燥によって起こる割れ; season check ともいう; cf. frost crack》.

séa·soned 〖《15C》〗 — *adj.* **1** 調味した (flavored, spiced): highly ~ dishes 香味料などをたくさん入れた[味の濃厚な]料理. **2** 〈木など〉よく枯らした; 〈パイプなど〉よく使い込んだ: well-*seasoned* wood よく枯らした材木. **3** 〈人が〉慣れた, 経験豊かな, 練達の: a ~ soldier 古つわもの / a ~ politician 老練な政治家.

séa·son·ing [-zn̩ɪŋ, -zn̩- | -zn̩-, -zn-] 〖《1511》〗 — *n.* **1** 調味料《塩・こしょうなど》; 調味料で味を付けること. **2** 興趣[おもしろ味]を添えるもの: a ~ of humor ユーモアの味. **3** (材木などの)乾燥. **4** (人の新しい風土への)馴化(じゅんか); 鍛練.

séason·less *adj.* 四季[春夏秋冬]の区別のない.

séason tìcket *n.* **1** 定期乗車券, 定期券《(米) commutation ticket》. **2** (劇場・野球場などの一定期間の催し物への)定期入場券.

séa spìder *n.* 《動物》 **1** =spider crab. **2** ウミグモ綱の節足動物の総称.

séa squìrt 〖触れたりすると収縮して水を噴出することから〗 — *n.* 《動物》ホヤ《原索動物門海鞘綱の無脊椎動物の総称; マボヤ (*Halocynthia roretzi*) など; ascidian ともいう》.

séa stàghorn *n.* 《植物》ミル《ミル科ミル属 (*Codium*) の緑藻の総称; ミル (*C. fragile*) など》.

séa swàllow *n.* 《鳥類》 **1** アジサシ類の海鳥の総称 (tern); (特に)アジサシ (*Sterna hirundo*). **2** 《英》ヒメウミツバメ (storm petrel).

seat [síːt] 〖《?*a*1200》*sete* ⇐ ON *sæt-i* < Gmc **zasǣtjam* (OE *ġesete* / G *Gesäss*) ← **sǣt-*, **set-* 'to SIT'〗 — *n.* **1 a** 坐るもの《椅子, 腰掛け, ベンチなど》. **b** 玉座, 司教[主教]座 (throne); 王権, 司教権. **2 a** (椅子・腰掛け・鞍 (saddle) の)座, 座部: the ~ of a chair. **b** (からだの)尻, 臀(でん)部 (buttocks); (着物の)居敷(いしき), 尻: the ~ of one's trousers / put a ~ to a pair of trousers ズボンの尻につぎを当てる / by the ~ of one's pants ⇨ 成句. **3 a** 座席, (特に, 決まった)席: All the ~*s* in the room were empty. 部屋中の座席は全部空席だった / take [have] a ~ 坐る, 着席する / Please take [have] your ~*s*. どうぞ席にお着き下さい / resume one's ~ 席に戻る / give up one's ~ 席をゆずる / Keep your ~! 席に着いていて下さい, どうぞそのままに / rise from one's ~ 席を立つ / the ~ of judgment 裁きの座, 判事席. **b** (劇・映画などの)観覧席に着く権利): a ~ at a theater 劇観覧席 / a 500-*seat* theater 500 席の劇場 / buy [reserve] two ~*s* for the play 芝居の切符を 2 枚買う[席を二つ予約する] / engage a ~ in the train 列車に席を予約する. **4 a** 議席, 議員権, 議員の地位 (membership): a safe ~ 当選確実な選挙区 / win a ~ in Congress 国会の議席を得る, 議員に当選する / lose one's [the] ~ (in Congress) 〈議員が〉議席を失う; 落選する / take one's ~ in the House of Commons 当選後はじめて登院する / vacate [resign] one's ~ 議員を辞する / He has a ~ on the Board. 彼は評議員の一人だ. **b** (証券取引所の)会員権 (membership). **5** (馬・自転車などの)乗り方, 坐り, 腰つき; 乗った姿勢: You have a good ~ on a horse. 君は乗馬ぶりがいい. **6** (器械などの)台, 座 (base): the ~ of an engine 機関座 / the ~ of a valve 弁座. **7 a** (あるものの占めている, 起こっている, 所属している)場所 (locality, site). **b** 所在地; 中心地 (center); 首都 (capital): the ~ of war 戦場 / the ~ of government 政府所在地 / the ~ of learning [commerce] 学問[商業]の中心地 / the ~ of soul 霊魂の所在, 知覚器官, 神経中枢. **c** (田舎の)地所 (estate), (貴族の田舎の)屋敷, 邸宅: have a ~ in Devon デボン州に邸宅がある / ⇨ countryseat. **d** (病気の)(病)源, (病)巣: The lungs are the ~ of the disease. = The disease has its ~ in the lungs. 病気は肺にある. **8** 〖スコット法〗=COURT of Session. **9** 〖木工〗(榧(たる)の先端を横架材に据えるための)欠き込み.
back seat ⇨ backseat. ***by the seat of one's pants*** (1) (飛行機の操縦に)計器を用いないで, 勘で: fly *by the* ~ *of one's pants* 勘で飛行機を操縦する. (2) 直感で, 勘で. (3) わずかの差で, きわどいところで: win *by the* ~ *of one's pants* 辛勝する. ***take a front seat*** ⇨ front *adj.* 成句.
— *vt.* **1 a** 〈人を〉着席させる, 腰をかけさせる: ~ a person in an armchair 肘掛け椅子に人をかけさせる. **b** [~ *oneself* または p.p. 形で] 〔…に〕坐る, 坐っている, 着席する[している] 〔*on, at*〕: ~ *oneself on* [*in*] a chair 椅子に坐る / She was ~*ed at* a table. 彼女はテーブルについていた / I found him ~*ed on* a bench. 彼がベンチに腰かけているのを見つけた / Please be ~*ed*, ladies and gentlemen. 皆さんどうぞ御着席ください / keep [remain] ~*ed* 着席のままでいる. **2** …人分の座席を有する, 収容する, …に席を設ける (accommodate): The hall is ~*ed* for 5,000. その会館には 5000 人分の座席がある / The theater will ~ 1,000. その劇場には 1000 人はいれるだろう. **3 a** [通例 ~ *oneself* または p.p. 形で] 腰を据えさせる; 〔ある場所に〕定住する, 住む (settle) 〔*in*〕: They ~*ed themselves* along the Mediterranean coast. 地中海沿岸に定住した / a family long ~*ed* in Paris パリ在住の一家. **b** [p.p. 形で] 位置する; 〔…に〕ある 〔*in*〕: His disease is deeply ~*ed*. 彼の病気は根深い. **4 a** 〈椅子〉の座部をつけ(かえ)る; 〈ズボン〉の尻当てをつけ(かえ)る: ~ a pair of trousers ズボンに尻当てをつける / ~ a chair *with* leather 椅子に皮の座をつける. **b** 〈機械などを〉据える: ~ machinery 機械を据えつける. **5** …に議席を得させる: ~ a candidate 候補者を選挙する / He has been ~*ed* for Bridgewater. ブリッジウォーターから選出された. **6** 〈弾薬筒を〉銃に正しくこめる.

séa tàngle *n.* 《植物》=kelp; (特に)コンブ属 (*Laminaria*) の海藻の総称.

séat bèlt *n.* (自動車・飛行機の)安全ベルト, 座席ベルト, シートベルト《safety belt ともいう》: fasten a ~.

séat·ed [-tɪd, -təd | -tɪd, -təd] *adj.* [通例複合語の第 2 構成素として] **1** 座部が…の; 腰掛けが…の: cane-*seated* 〈椅子が〉座部を籐(とう)で張った / two-*seated* vehicles 二人乗りの乗物. **2** 根底が…の, 根が…の: a deep-*seated* disease 根強い病気.

-séat·er [-tə | -tə(r] 「(飛行機・自動車など)…人乗りの乗物」の意の名詞連結形: a two[four]-*seater* 二[四]人乗り.

séa tèrm *n.* 航海[海事]用語, 海語 (nautical term).

séat·ing [-tɪŋ | -tɪŋ] *n.* **1** 着席; 座席への案内: a ~ chart 着席図. **2 a** 座席の設備[設置]; 収容: a ~ capacity 座席数, 収容力. **b** [集合的に] 座席 (seats). **3** 椅子の材料; (特に) 詰め物, 張り布 (upholstery). **4** (機械などの)台, 座 (seat).

séat·less *adj.* **1** 席のない. **2** 議席のない.

séat·màte *n.* 《米》(乗物などで)同じ席に隣り合って坐る人.

séat míle *n.* 《航空》座席マイル《旅客機の輸送能力の単位で, 1 座席につき 1 マイル飛行すること; マイルによる飛行距離に座席数をかけて計算する; cf. passenger-mile》: The airline reduced costs to 15 yen per ~. 航空会社は 1 座席マイルにつき 15 円に値下げした.

SEATO, S.E.A.T.O. [síːtoʊ | -təʊ] 〖《頭字語》← *S*(*outh*) *E*(*ast*) *A*(*sia*) *T*(*reaty*) *O*(*rganization*)〗 *n.* シアトー, 東南アジア条約機構 (cf. NATO).

séa tòrtoise *n.* 《動物》=sea turtle.

séa tràin *n.* **1** 列車輸送船《荷物を積んだ列車を輸送する船》. **2** (陸・海軍の)海上輸送船団.

séa trìfoly *n.* 《植物》=sea milkwort.

séa tròut *n.* 《魚類》 **1** 降海性のあるマス類 (trouts and chars) の総称; (特に)ヨーロッパ産のブラウントラウト (brown trout). **2** ニジマスに似た海産魚類の総称《weakfish, アイナメ (greenling) など》.

Se·at·tle [siǽtl̩ | siǽtl] 〖この土地のインディアンの酋長の名 *Seathl* にちなむ〗 *n.* 米国 Washington 州西部の Puget Sound に臨む港市; 人口 1,239,000.

séa tùrtle *n.* 《動物》ウミガメ《暖海に広く分布する大型のウミガメの総称; オサガメ (leatherback turtle), タイマイ (hawksbill turtle), アカウミガメ (loggerhead turtle), アオウミガメ (green turtle) などを含む》.

séa twìne *n.* 《植物》=sea lace.

séat·wòrk *n.* 《教育》(生徒が監督者なしに)各座席で行なう学習, 座学.

séa-ùnicorn *n.* 《動物》=unicorn 2.

séa ùrchin *n.* **1** 《動物》ウニ《棘皮(きょくひ)動物門ウニ綱の動物の総称》. **2** 〖花の様子が巨大なウニに似るため〗《豪》《植物》=cushionflower.

séa vàlve *n.* 《海事》(船の)海水弁, 海水コック.

séa-vìew *n.* =seascape.

séa·wàll 〖OE *sǣweal(l)*〗 *n.* (海岸の)護岸, 防波堤, 防潮壁, 岸壁.

séa-wàlled *adj.* **1** 防波堤で守られた. **2** 海に守られた[囲まれた].

séa wàlnut *n.* 《動物》有櫛動物門 (Ctenophora) のクラゲ《くるみの形をしている》.

sea·wan [síːwɑn, -wən | -wɒn, -wən] *n.* =sewan.

sea·ward [síːwəd | -wəd] 〖《*c*1385》: ⇨ sea, -ward〗 — *adv.* 海の方へ, 海に向かって: travel ~. — *adj.* **1** 海に向かった, 海に向かおうとする, 海への: a ~ aspect 海面向き / the ~ course 外海進路. **2** 〈風など〉海から来る: a ~ wind. — *n.* [the ~] 海の方: look to *the* ~ 海の方を見る.

séa·wards [-wədz | -wədz] 〖⇨ -wards〗 *adv.* =seaward.

sea·ware [síːwɛ̀ə | -wɛ̀ə(r] 〖lateOE *sǣwār* ← OE *sǣ* 'SEA'＋*wār* alga (← Gmc **wai-ra-* ← IE **wei-* to turn, twist)〗 *n.* (肥料用の)海草, 海藻 (seaweed).

séa·wàter 〖OE *sǣwæter*〗 *n.* 海水.

séa·wày 〖OE *sǣweġ*〗 — *n.* **1** 海路, 航路. **2** 外海, 外洋 (open sea). **3** 運河, (大船舶の航行できる)深い内陸水路: St. Lawrence *Seaway*. **4** 船の進航, 船脚 (ship's progress): make ~ 進航する. **5** 荒海, 激浪 (rough sea): in a ~ 激浪にもまれて, 荒波の中で.

séa·wèed 〖《1577》← SEA＋WEED¹〗 *n.* [集合的にも用いて] 海草; 海藻 (marine alga).

séa·wìfe *n.* (*pl.* **sea·wives**) 《魚類》ヨーロッパ産ベラの類で次の二種のいずれかをさす《ベラ科の魚 *Labrus vetula, Acantholabrus yarrelli*》.

séa-wìnd *n.* 海風 (sea breeze).

séa wòlf 〖ME〗 *n.* **1** 《魚類》大食する海の魚類の総称; (特に)オオカミウオ (wolffish). **2** 海賊 (pirate); 潜水艦 (submarine).

séa wòrm *n.* **1** 海にすむ環形動物. **2** =sea serpent 1. **3** =shipworm.

séa wòrmwood *n.* 《植物》ミブヨモギ (*Artemisia maritima*)《アジア・ヨーロッパ産キク科の多年草; 根を薬用・香味料に使う》.

séa·wòrthy *adj.* 〈船が〉航海に適する, 耐航性[耐波性]のある (cf. airworthy): a ~ ship. **séa·wòrthiness** *n.*

séa wràck *n.* **1** (海岸へ打ち寄せられた)海草. **2** 《植物》=eelgrass 1.

seax [sǽks] *n.* 《建築》=sax¹.

se·ba·ceous [sɪbéɪʃəs, sə- | sɪ-, se-] 〖《1728》← L *sēbāceus* ← *sēbum* tallow: ⇨ -aceous〗 — *adj.* 《解剖・生理》 **1** 脂肪質の; 脂肪の多い (fatty). **2** 脂肪(性)の, 脂腺(性)の.

sebáceous glánd *n.* 《解剖》皮脂腺, 脂腺.

se·bac·ic [sɪbǽsɪk, siː-, -béɪs-] 〖← L *sēbāceus*＋-IC¹: ⇨ sebaceous〗 *adj.* 《化学》脂肪の.

sebácic ácid *n.* 《化学》セバシン酸 ($HO_2C(CH_2)_8CO_2H$)《ひまし油分などの加水分解で得られ, 可塑剤・潤滑油などに用いる》.

Se·bas·tian [sɪbǽstʃən, sə- | sɪbǽstjən, se-, sə-, -tɪən; G. zebástian] 〖⇐ L *Sebastiān-us* ⇐ Gk *Sebastianós* 'inhabitant of *Sebasteia* (Pontus の町の名)'〗 — *n.* 男性名《愛称形 Bassy, Bastion》.

Se·bas·tian [sɪbǽstʃən, sə- | sɪbǽstjən, se-, sə-, -tɪən], Saint *n.* セバスチアヌス, セバスティアン《3 世紀末のローマの軍人で殉教者; 迫害にあっても信仰を捨てるのを拒んだため木に繋がれ無数の矢に貫かれて殺されたが生き返り, 後棍棒で殺されたと伝えられる》.

Se·bas·to·pol [sɪbǽstəpòʊl, sə-, -pɔ̀(ː)l, sèvəstɔ́(ː)pəl, -stóʊ- | sɪbǽstəpl̩, se-, sə-, -pɒ̀l] *n.* =Sevastopol.

Se·bat [ʃəbáːt] *n.* =Shebat.

SEbE 《略》Southeast by East.

se·bes·ten [sɪbéstən, sə- | sɪ-, se-] 〖《*a*1400》⇐ ML *sebestēn* ⇐ Arab. *sibistān* ⇐ Pers. *sipistān* ← *sapista* smelling badly〗 — *n.* **1** 《植物》西アジア産ムラサキ科の白い花をつける植物 (*Cordia myxa*). **2** その実《食用として, もとは鎮痛剤用; 粘着性があり, はえとりリボンにも用いる》.

seb·i- [sébɪ, síːb-, -bə | -bɪ] sebo- の異形.

seb·o- [sébo(ʊ), síːb- | -bə(ʊ)] 〖← NL ～ ← L *sēbum* tallow〗「脂肪 (fat)」の意の連結形.

seb·or·rhe·a [sèbəríːə | -ríə] 〖← NL ～: ⇨ ↑, -rrhea〗 *n.* 《病理》脂漏(症), 皮脂漏. **seb·or·rhe·ic** [sèbəríːɪk] *adj.*

seborrhéic dermatítis *n.* 《病理》脂漏性皮膚炎.

seb·or·rhoe·a [sèbəríːə | -ríə] *n.* 《病理》=seborrhea. **seb·or·rhoe·ic** [sèbəríːɪk] *adj.*

SEbS 《略》Southeast by South.

se·bum [síːbəm] 〖⇐ L *sēbum* tallow, grease〗 *n.* 《生理》脂(し), 皮脂.

se·bun·dy [sɪbʌ́ndi, sə- | sɪbʌ́ndɪ, se-] 〖⇐ Hindi *sibandi* ← Pers. *sihbandi* ← *si* three＋*band* bond, agreement: もと 3 か月ごとに俸給が支払われたことから〗 — *n.* (*pl.* ~, **se·bun·dies**) (インドの)不正規土民兵部隊.

SEbW 《略》Southeast by West.

sec¹ [sék; *F.* sɛk] 〖《1889》⇐ F ～ < L *siccum* dry: cf. secco〗 *F., adj.* 〈シャンペンが〉辛口の, セック《糖量が 3–5% のものにいう》.

sec² [sék] 〖《略》← SECOND²〗 *n.* ちょっとの間, 瞬時: Wait a ~.

sec 《略》《数学》secant.

SEC, S.E.C. 《略》Securities and Exchange Commission (米国)証券取引委員会.

sec. 《略》second(s); secondary; secretary; section(s); sector; secundum.

Sec. 《略》Secretary.

sec- [sèk] 〖← SECONDARY〗 [通例イタリック体で用いて] 《化学》「第二の, 二次の, 二級の (secondary)」の意の連結形: *sec*-butyl.

se·cant [síːkænt, -kənt | -kənt] 〖《1593》□ L *secant-em* (pres.p.) ← *secāre* to cut : ⇨ section, -ant〗〘数学〙 **—** *n.* **1** 割線. **2** (三角関数の)正割, セカント (略 sec) : the ~ of an arc 弧の正割. **—** *adj.* 切る, 分つ, 交差する : a ~ line 割線.

sec·a·teur [sèkətɔ́ː, ＜－＜ | sèkətɔ́ː(r, ＜－＜; *F.* sekatœːr] 〖《1881》□ F *sécateur* ← L *secāre* (↑)+-*ateur* '-ATOR'〗 **—** *n.* (*pl.* **~s** [~z ; *F.* ~]) [通例 *pl.*]《英》剪定(せん)ばさみ, 植木ばさみ (pruning scissors).

sec·co [sékou | -kəu ; *It.* sékko] 〖□ It. ~ < L *siccum* dry : cf. sec[1]〗 **—** *adj.* **1** かわいた (dry). **2**〘音楽〙(叙唱で)通奏低音楽器のみを伴奏とする. **—** *n.* (*pl.* **~s**)〘絵画〙セッコ《乾いたしっくい壁面に水彩で描く画法 ; fresco secco, dry fresco ともいう ; cf. fresco》.

Sec·co·tine [sékətìːn, ＜－＜] 〖⇨↑, -ine[1]〗 *n.*〘商標〙セコチーン《にかわ代用の液体の商品名》.

se·cede [sɪsíːd, sə- | sɪ-, siː-] 〖《1702》□ L *sēcēd-ere* ← *sē-* apart+*cēdere* to go : ⇨ se-, cede〗 *vi.* 〔教会・政党などから〕脱退[脱党, 脱会]する, 分離する 〔*from*〕.

se·céd·er 〖⇨↑, -er[1]〗 *n.* **1** 脱退者, 脱党[脱会]者, 分離者. **2** [S-] (1733 年英国国教会から分離したスコットランドの)長老(派)教会の人.

se·cern [sɪsɔ́ːn, sə- | sɪsɔ́ːn] 〖□ L *sēcern-ere* (← SE-+*cernere* to separate) : cf. secret〗 **—** *vt.* **1** 区別する (separate) ; 識別する, 弁別する (discriminate). **2**〘生理〙分泌する (secrete). **—** *vi.* 識別[弁別]される.

~·ment *n.* 「〘生理〙=secern 2.

se·cer·nate [sɪsɔ́ːneɪt, sə- | sɪsɔ́ː-] 〖⇨↑, -ate[3]〗 *vt.*

se·cern·ent [sɪsɔ́ːnənt, sə- | sɪsɔ́ːn-] 〖□ L *sēcernent-em* (pres.p.) ← *sēcernere* to separate : ⇨ secern〗 **—** *adj.*〘生理〙分泌する. **—** *n.* **1**〘生理〙分泌器官 ; 分泌機能. **2**〘薬学〙分泌薬, 分泌促進薬.

se·ces·sion [sɪséʃən, sə- | sɪ-] 〖《1533》□ L *sēcessiō(n-)* ← *sēcessus* (p.p.) ← *sēcēdere* : ⇨ secede, -sion〗 **—** *n.* **1** (政党・教会などからの)脱退, 脱会, 脱党, 分離 (separation). **2** [しばしば S-]《米》1860-61 年に企てられた南部 11 州の分離《これが原因で南北戦争 (Civil War, War of Secession) (1861-65) が起こった》. **3** [S-] (スコットランドの) 1733 年の英国国教会からの離脱. **4** 《なぞり》← G *Sezession*〗 [S-]〘建築〙ゼツェッシオン, セセッション, 分離派《1897 年 Vienna に起こった, 過去の建築からの分離を唱え, 直線を主とした建築・応用美術の様式》. **~·al** [-ʃənḷ, -ʃnəl] *adj.*

Secéssion Chúrch *n.*〘キリスト教〙分離教会《1733 年に英国国教会から分離したスコットランドの長老(派)教会》.

se·cés·sion·ìsm [-ʃənìzm] *n.* **1** 分離論, 脱退論. **2** [しばしば S-]《米》(南北戦争当時の)分離主義. **3**〘建築〙ゼツェッシオン式, 分離派式.

se·cés·sion·ist [-ʃ(ə)nɪst, -nəst | -nɪst] *n.* **1** 分離[脱党]論者. **2** [しばしば S-]《米》分離主義者. **3** ゼツェッシオン式建築家. **—** *adj.* (政党・教会などの)分離論[分離主義]者の.

sech《記号》〘数学〙hyperbolic secant.

Seck·el [sékəl, sík-] 〖米国 Philadelphia 州の栽培者の名から〗 *n.*〘園芸〙セカル《米国のセイヨウナシの品種名 ; 小型だが, 品質優良》.

「law).

sec. leg.《略》*L.* secundum legem (=according to

se·clude [sɪklúːd, sə- | sɪ-] 〖《1451》□ L *sēclūd-ere* ← SE-+*claudere* 'to CLOSE[1]'〗 **—** *vt.* **1** 引き離す (separate), 遮断する, 寄せつけない, 閉じ込める (shut off) 〔*from*〕: ~ one's children *from* companions 子供を友だちから引き離す. **2** 引きこもらせる, 隠遁させる (withdraw), 孤立させる (isolate) 〔*from*〕: ~ oneself *from* the world 隠遁する / live ~*d from* the world 隠遁生活をする.

se·clúd·ed *adj.* **1** 〈場所が〉引っ込んだ, 奥まった (retired) : a ~ place [spot] 人里離れた所, 辺鄙(へんぴ)な所. **2** 〈人が〉世間と交わらない, 隠遁した : a ~ person. **~·ly** *adv.* **~·ness** *n.*

se·clu·sion [sɪklúːʒən, sə- | sɪ-] 〖《1623》□ ML *sēclūsiō(n-)* ← *sēclūsus* (p.p.) ← *sēclūdere* : ⇨ seclude, -sion〗 **—** *n.* **1** 隔離, 遮断, 隔絶 (separation) : a policy of ~ 鎖国政策. **2** 隠退, 隠遁 (retirement), 閑居, 独居 (solitude) : seek ~ in …に引きこもる / a place of ~ 隠退所 / live in ~ 隠遁する. **3** 世を遠ざかった場所, 人里を離れた場所.

「者 ; 鎖国主義者.

se·clú·sion·ist [-ʒ(ə)nɪst, -nəst | -nɪst] *n.* 隠遁主義

se·clu·sive [sɪklúːsɪv, sə-, -zɪv | sɪklúːs-] 〖⇨ seclusion, -ive〗 *adj.* 引きこもり[引きこもらせ]がちな, 隠遁的な. **~·ly** *adv.* **~·ness** *n.*

「nature).

sec. nat.《略》*L.* secundun naturam (=according to

sec·o- [sékou | -kə(u)] 〖← L *secāre* to cut+-o-〗 **—**〘化学〙「(有機化合物で)開環をもつ」の意の連結形. ★ 主としてテルペノイド, ステロイド環の開裂したものを示す.

sèco·bárbital 〖← SECO(NAL)+BARBITAL〗 *n.*〘薬学〙セコバルビタール ($C_{12}H_{18}N_2O_3$)《短時間作用型催眠剤・鎮静剤》.

Sec·o·nal [sékənɔ̀ːl, -næ̀l, -nḷ | -næ̀l] *n.*〘商標〙セコナール《secobarbital の商品名》.

sec·ond[1] [sékənd] 〖*adj.* : 《*c*1300》□ (O)F ~ □ L *secundus* ← *sequī* to follow : ⇨ sequel〗 **—** *adj.* **1** 第 2 の, 2 番目の (2nd) : the ~ day of the month, week, etc. / the ~ chapter of a book / He was the ~ (person) to come. 彼は 2 番目に来た / This is the ~ time (that) I've been here. ここへ来たのはこれで 2 度目だ / for the ~ time 再び / in the ~ place 第二に, 次に / the ~ chamber (立法府の)第二院, (両院制議会の)上院 / the ~ estate 貴族階級 (cf. estate 2). **2** 二等の ; 次位の (secondary) : a ~ secretary (of a legation) (公使館の)二等書記官 / a ~ cabin [car] 二等船室[車] / be ~ in command 副司令官である ; 次長である (cf. *n.* 5 b) / What's the ~ (largest) town in the country? この国で 2 番目の(大きい)都会はどこですか. **3** 〔…に〕劣る, ひけをとる (inferior) 〔*to*〕: He is ~ only *to* his master. 彼は先生を除いてだれにもひけをとらない / ~ *to* none 何物[何人]にも劣らない. **4 a** [a ~] 今一つの, またの, 別の, 他の (another), 付加の (additional) ; 下位の (subordinate) : *a* ~ time もう一度 / *a* ~ coat 二度塗り / *a* ~ cousin またいとこ / *a* ~ pair of boots 代わりの靴 1 足 / *a* ~ helping (食事の)お代わり. **b** 一つおきの, 互い違いの (alternate) : every ~ day [line] 1 日[1 行]置きに. **5** 第二の, よく似た, 再来の : a ~ Hannibal 第二のハンニバル / a ~ Daniel (名裁判官)ダニエルの再来 (cf. Shak., *Merch* V 4. 1. 333.). **6** 獲得した, 後天的な (acquired) : ⇨ second nature. **7**〘音楽〙第 2 《合唱・弦楽などで同じ声種・楽器が 2 部以上に分かれる時にいう》: ~ alto, violin, trombone, etc. **8**〘文法〙第二人称の. **9** (自動車などの変速機の)前進第 2 段の.

second axiom of countability [the —]〘数学〙第二可算公理 (⇨ AXIOM of countability).

second law of thermodynamics [the —]〘物理化学〙熱力学第二法則 (⇨ LAW[1] of thermodynamics (2)).

— *n.* **1** [通例 the ~] (連続したものの)第 2, 2 番目, 第 2 位, 第 2 項 ; (月の)(第) 2 日 : be *the* ~ in a race / a good [poor, bad] ~ 第 1 着と大差のない[ある]第 2 着 / *the* ~ [*2nd*] of May [May (*the*) *2nd*] 5 月 2 日. **2** 第二世, 第二代目 ; 他の人, 別の人 : James *the Second* ジェームズ二世《James II とも書く》/ He [She] will soon take a ~. じき再婚するだろう. **3** 二等車 : get into a ~ 二等車に乗り込む. **4** [*pl.*] **a** 二等[二級]品. **b** 二等メリケン粉(のパン). **c** 品質の悪いタバコの葉. **5 a** 援助者, 補佐官 (backer) : act as a most useful ~ 大いに補佐[援助]する, ふところ刀となる. **b** =second-in-command. **c** (競走・決闘・ボクシング(選手)などの)介添人, セコンド, セカンド. **6** (国会運営における)動議に対する賛意表明, 動議支持. **7** [*pl.*] (食物の)お代わり (second helping). **8** [通例無冠詞で]〘野球〙二塁, セカンド (second base). **9** (自動車などの変速機の)前進第 2 段, セカンド (second gear). **10**〘音楽〙**a** 二度音程 ; 二度音. **b** 二度音との結合による和声の組合せ. **c** 低音部, 低音部音声[楽器] ; (俗に) アルト (alto). **11**〘フェンシング〙=seconde. **12**〘トランプ〙(いかさま賭博または手品で, 一番上と見せかけて配られた)上から 2 枚目の札 : deal ~*s*「中抜き」をする / a ~ dealer 中抜き師. **13**〘冶金〙二級品[二等品]のブリキ.

— 〖《*a*1586》□ F *second-er* □ L *secundāre* to favor ← *secundus*〗 *vt.* **1** 後援する, 支持する (support), 補う (supplement) : Will you ~ me if I ask him? 私が彼に頼んだら君は口を添えてくれるか / ~ words *with* deeds 行ないで言葉を補う[補強する]. **2** 〈目的などを〉助成する, 促進する (further). **3** 〈動議・決議〉に賛成する, の賛成表明をする : ~ a proposal. **4** 〈決闘者・ボクサーなど〉の介添えをする, セコンド役を勤める : ~ a pugilist ボクサーの介添えをする. **5** [sɪkɑ́nd, sə- | -kɔ́nd] 〖□ F ~ 'second position'〗《英》**a** 〈将校を〉(幕僚勤務または連隊[軍団]外のポストに配置するため一時的に)隊付きを解く, 待命にする, 隊外勤務を命じる : be ~*ed* for service on the staff 幕僚勤務配属のため隊付きを解かれる. **b** 〈公務員などを〉(一時的に)配置替えする, 転属させる.

— *adv.* **1** 第 2 に, 2 番目に (secondly) : come ~ 2 番目に着く[来る]. **2** 二等で (cf. economy) : travel ~ 二等で旅行する.

séc·ond·er *n.*

sec·ond[2] [sékənd] 〖《1391》□ (O)F *seconde* // ML (*minūta*) *secunda* secondary (minute) ← L *secundus* (↑) : 1 時間の第 2 の 1/60 の意〗 **—** *n.* **1** 秒, 1 秒時《時間の単位 ; 1 分の 1/60 ; 記号 ″》: two minutes and twenty ~*s* 2 分 20 秒 / per ~ 1 秒につき, 毎秒. **2 a** ちょっとの間, 瞬時 (moment, instant) : We must not lose a ~. 1 秒もぐずぐずしてはいられない / He was done in a few ~*s*. 彼はたちまち疲れ果てた / Wait a ~! ちょっと待て / in a ~ またたく間に, たちまち. **b** [the ~ ; 接続詞的に] …するとすぐ (the minute). **3**〘数学〙秒, セコンド《角度の単位 ; 1 分の 1/60 ; 記号 ″》: 12°10′30″=12 degrees, 10 minutes, and 30 ~*s* 12 度 10 分 30 秒.

per second per second 毎秒毎秒ごと : The gravitational acceleration near the surface of the earth is 32.2 feet *per* ~ *per* ~. 地球表面近くの重力加速度は 32.2 フィート毎秒毎秒である.

sécond Ádam *n.* [the ~] 第二のアダム《キリストのこと ; new Adam ともいう ; cf. *1 Cor.* 15 : 45, 47》.

Sécond Ádvent *n.* [the ~] キリストの再臨 (⇨ advent 2 b).

Sécond Ádventist *n.* キリスト再臨派 (Second Adventists) の信徒, キリスト再臨論者 (Adventist).

sec·ond·ar·i·ly [sèkəndérəli, ＜－＜－ | sékənd(ə)rəlɪ, -rɪ-] 〖《*a*1500》: ⇨↓, -ly[1]〗 **—** *adv.* **1** 第 2 位に, 従属的に, 従的に. **2** 補佐として, 補助的に. **3**《廃》第 2 に, 第 2 番目に ; 2 度目に.

sec·ond·ar·y [sékəndèri | -d(ə)rɪ] 〖《?*a*1396》□ L *secundāri-us* : ⇨ second, -ary〗 **—** *adj.* **1** (地位・重要性・価値・順序など)第 2 位の (next below), 二流の (cf. primary) : a matter of ~ importance 二次的に重要な事 / a ~ cousin またいとこ / one's ~ wife (一夫多妻制度の)第二夫人 ; めかけ, 二号. **2** 次の, 副の, 従の, 副次[二次]的な (subordinate), 従属的な (auxiliary), 補遺の (supplementary) : a ~ cause 副原因, 副因 / a ~ product 副産物 / ~ bases 補助基地 / a ~ planet 衛星. **3** 派生的な ; (特に)また聞きの, 受け売りの (second-hand). **4** (原色を 2 色等分に混ぜて作る) 等和色の : ⇨ secondary color. **5** 中等教育の ; 中等学校の (cf. primary 4) : ⇨ secondary education, secondary school. **6**〘音声〙〈アクセント[強勢]が〉第二の : ⇨ secondary stress. **7**〘文法〙**a** 〈単語が〉派生的の, 二次構成の《例 : reasonableness=reasonable (=reason+-able)+-ness》. **b** (ギリシャ語・ラテン語・サンスクリット語で)過去時制の. **c** 二次語(句)の (⇨ *n.* 8). **8**〘病理〙続発性の, 第二期の (cf. primary 5) ; 次性の ; 後発の : a ~ union 第二次癒(ゆ)合, 化膿(のう)癒合 / ~ symptoms of syphilis 梅毒の第二期症候 / a ~ fever 後熱. **9**〘化学〙**a** 第二の, 二次の. **b** 2 個の原子または基で置換された. **10**〘植物〙次生の : a ~ leaf 後生葉. **11**〘電気〙二次側の, 二次の : a ~ coil [current, wire] 二次コイル[電流, 電線]. **12** [S-]《廃》〘地質〙**a** 中生代の (Mesozoic). **b** 古生代の (Paleozoic). **13**〘地質〙〈岩石が〉二次生の《初生鉱物・岩石から変質生成した》. **14**〘鳥類〙次列の : ~ feathers 次列風切羽. **15**〘冶金〙鉱石からじかに造られたのでない, スクラップから再生した (cf. virgin 7) : ~ metal 二次金属. **—** *n.* **1 a** 第二次的な物[人], 補佐的[従属的]な物[人]. **b** 代人, 代理者 (deputy, delegate), 補佐 (assistant). **c**《英》大聖堂 (cathedral) 副員. **2** 等和色. **3**〘天文〙**a** 伴星. **b** 衛星 (satellite). **4**〘鳥類〙次列風切羽 (secondary feather) (⇨ bird 挿絵). **5**〘昆虫〙(チョウ・ガなどの)後翅. **6**〘電気〙二次(電流)回路, 二次コイル. **7**〘文法〙二次語(句)《形容詞および形容詞相当語句 ; ⇨ primary *n.* 7》. **8**〘音声〙=secondary stress. **9**〘アメリカンフットボール〙セカンダリー《守備チームのバックフィールドにいる第二守備陣 ; cf. line[2] 25 b》. **10**〘証券〙=secondary distribution.

séc·ond·àr·i·ness *n.*

sécondary áccent *n.*〘音声〙=secondary stress.

sécondary álcohol *n.*〘化学〙第二アルコール. 「音.

sécondary articulátion *n.*〘音声〙副次[二次]調

sécondary báttery *n.* **1**〘電気〙二次電池 (⇨ storage cell). **2**〘軍事〙副砲.

sécondary bóycott *n.*〘法律〙第二次ボイコット《争議中の労働者が使用者をボイコットするだけでなく, 使用者との取引をする直接争議に関係のない取引先をボイコットする団結行為》.

sécondary cámbium *n.*〘植物〙二次形成層《維管束の内鞘(しょう)に生じる形成層 ; extrafascicular cambium ともいう ; cf. fascicular cambium, interfascicular cambium》.

sécondary céll *n.*〘電気〙二次電池 (⇨ storage cell).

「ary triad).

sécondary chórd *n.*〘音楽〙副次和音 (cf. second-

sécondary cólor *n.* 等和色《原色 2 色を等分に混ぜた色 ; cf. primary color》.

sécondary consúmer *n.*〘生態〙二次消費者《小型草食動物を食う小型肉食動物で, tertiary consumer に食われる ; ⇨ food chain》.

sécondary cóntact *n.*〘社会学〙二次的接触《マスメディア等を通じての間接的な人間関係 ; cf. primary contact》.

sécondary derívative *n.*〘言語〙二次的派生語《*play*-ed, *play*-er のように語幹そのものが独立しうる派生語 ; cf. primary derivative》.

sécondary distribútion *n.*〘証券〙第二次分売《既発行証券の大量売りさばき》.

sécondary educátion *n.* 中等教育《初等教育 (primary education) と高等教育 (higher education) との中間》.

sécondary eléctron *n.*〘電子工学〙二次電子《電子管の管壁や電極などに高速の電子が衝突することによってそこから放出される電子 ; cf. primary electron》.

「二次電子増倍管.

sécondary eléctron mùltiplier *n.*〘電子工学〙

sécondary emíssion *n.*〘物理〙二次放射《荷電粒子やガンマ線が標的に衝突する時, 粒子(電子や光子など)が放出されること ; 主として電子工学で, 電極に電子やイオンをあてて電子が出る二次電子放出の意味に用いられる》.

sécondary évidence *n.*〘法律〙補証, 二次的証拠《文書の内容を証明するための原本以外の証拠・証言・謄本など ; cf. hearsay evidence, original evidence》.

sécondary gròup *n.*〘社会学〙第二次集団《特殊利害を中心にして目的意識的に形成された定型的な集団で, 成員間の関係は間接的接触を特徴とする ; 学校・組合・政党・国家などがその例 : cf. primary group》.

sécondary médical cáre *n.* セカンダリーケアー《プライマリーケアー (primary care) に続く段階の医療 ; secondary care ともいう》.

sécondary méristem *n.*〘植物〙二次分裂組織, 後生分裂組織《永久組織にできた分裂組織 ; cf. primary meristem》.

sécondary módern schòol *n.* (英国の)モダンスクール《第二次大戦後設立された一般教育を重視する中等学校 ; modern school ともいう ; cf. secondary

technical school》.
sécondary phlóem *n.* 〖植物〗二次篩部(ぶ), 次生篩部《形成層の細胞分裂によってその外側に形成される篩部; cf. primary phloem》.
sécondary prodúcer *n.* 〖生態〗二次生産者《小型肉食動物に食われる小型草食動物; ⇨ food chain》.
sécondary própyl álcohol *n.* 〖化学〗第二プロピルアルコール ($(CH_3)_2CH_2OH$)《溶剤として, また不凍液製造原料に用いる; isopropyl alcohol ともいう》.
sécondary quálity *n.* 〖哲学〗第二性質《J. Locke の用語; 物体自身に備わる第一性質 (primary quality) が感覚器官に与える刺激から生じる主観と相関的な偶有的性質; 音・色・香・味など》.
sécondary radiátion *n.* 〖物理〗二次放射線.
sécondary ráinbow *n.* 〖気象〗副虹(にじ)《主虹の外側にでき, 色の配列順序は主虹と逆》.
sécondary ráy *n.* 〖植物〗二次放射組織, 後生射出組織 (cf. primary ray).
sécondary ráys *n. pl.* 〖物理〗=secondary radiation.
sécondary schòol *n.* 中等学校《米国の high school, 英国の grammar school, 日本の中学校・高等学校など》.
sécondary séventh chòrd *n.* 〖音楽〗副七(ななの)和音《属七の和音以外の「七の和音」》.
sécondary séx characterìstic [chàracter] *n.* 〖医学〗二次性徴 (secondary sexual characteristic).
sécondary spéctrum *n.* 〖光学〗二次スペクトル, 残留色収差《二つの波長の光に対し色収差を補正したレンズ系における他の波長の光に対する色収差》.
sécondary stréss *n.* 〖音声〗第二強勢[アクセント]《例: separate [sépərèɪt] の第 3 音節に置かれた強勢; secondary accent ともいう》.
sécondary substátion *n.* 〖電気〗二次変電所.
sécondary sýphilis *n.* 〖病理〗第二期梅毒.
sécondary téchnical schòol *n.* (英国の)技術中等学校 (cf. secondary modern school).
sécondary tríad *n.* 〖音楽〗副三和音《主和音・属和音・下属和音以外の三和音; cf. secondary chord》.
sécondary wáll *n.* 〖植物〗(細胞壁の)二次膜 (cf. primary wall).
sécondary wàve *n.* 〖地震〗第二次波 (⇨ S wave).
sécondary wórd *n.* 〖言語〗二次(的)語《secondary derivative, または play-boy のようにそれぞれ独立しうる語から成る複合語; cf. free form 1》.
se·con·da vol·ta [sɪkóunde-vɔ́(ː)ltə, sə-, kɑ́n- | sekɔ́ndə-vɔ́ltə; *It.* sekónda-vɔ́lta] 〚⊏ It. ~ 'second time'〛 ── *n.* 〖音楽〗第 2 回目(に演奏せよ)《繰返しの部分で第 2 回目のみ演奏される部分につけられる演奏指示語; 略 IIa volta, II; cf. prima volta》.
Sécond Bálkan Wár *n.* [the ~] 第二次バルカン戦争《セルビア・ギリシャ・モンテネグロ・ルーマニア・トルコ対ブルガリアの戦争 (1913)》.
sécond bállot *n.* 決選[第二回]投票.
sécond báse *n.* 〖野球〗二塁, セカンド; 二塁の守備位置.
sécond báseman *n.* 〖野球〗二塁手.
sécond-bést *adj.* 次善の, 第二位の: one's ~ suit 2 番目によい服.
come off second-best (試合などで)敗れる, 負ける.
sécond bést 〚(*a*1500)〛 *n.* 次善の人[物]: be content with the ~ 次善に甘んじる.
sécond bírth *n.* 再生, 更生, 生れ変わり.
sécond cátegory *n.* 〖数学〗第二類《可算個の疎集合の和集合としては表わされない, という位相空間の部分集合に対する条件; cf. first category》.
Sécond Chámber *n.* [the ~] オランダ議会 (States General) の下院.
sécond chíldhood *n.* 老衰, 老耄(もう)期 (dotage).
sécond-cláss *adj.* **1** 二流の, 余り上等でない; 平凡な, 劣った (inferior): a ~ hotel. **2** 〈列車など〉二等の: a ~ carriage [passenger] 二等客車[乗客]. **3** 〖郵便〗 **a** 《米・カナダ》第二種の: ~ matter 第二種郵便物《新聞・雑誌などの定期刊行物》. **b** 《英》普通便[配達]の (cf. first-class 3 b). ── *adv.* **1** 二等で: travel [go] ~ 二等で旅行する. **2** 〖郵便〗second-class で (cf. *adj.* 3).
sécond cláss *n.* **1** (列車などの)二等. **2** 《英》(大学の優等試験で)二級(の学生): get [take] a ~ in law 法律学で二級優等試験に合格する. **3** 〖郵便〗 **a** 《米・カナダ》第二種郵便物. **b** 《英》普通便.
Sécond Cóming *n.* [the ~] キリストの再臨 (Second Advent) (⇨ advent 2 b).
sécond cónsonant shìft *n.* 〖言語〗第二子音推移 (⇨ consonant shift 2).
sécond-cút fìle *n.* 〖金属加工〗中目やすり.
Sécond Dáy *n.* (主としてクェーカー派 (Quakers) 間で)月曜日 (Monday).
sécond déath *n.* 〖キリスト教〗第二の死, 地獄に落ちること, 永遠の死 (eternal death)《肉体の死(第一の死)後, 裁きによって定められる死のこと; cf. *Rev.* 21: 8》.
sécond déck *n.* 〖海事〗第二甲板.
sécond-degrée *adj.* 〈火傷・犯罪が〉第二級の, 第二度の: ~ murder 第二級謀殺.
sécond-degrée búrn *n.* 〖医学〗第二度熱傷《水疱性火傷; cf. burn[2] 1 a》.
sécond derívative *n.* 〖数学〗二次導関数《導関数の導関数; cf. first derivative》.
sécond dístance *n.* 〖絵画〗中景 (middle distance).
sécond divísion *n.* **1** [集合的] (政府の)下級官吏. **2** 《米》〖野球〗B クラス《米国の二大プロ野球連盟 (National League と American League) のそれぞれ下位 5 チーム; cf. first division》.

se·conde [sɪkɑ́nd, sə- | -kɔ́nd; *F.* səgɔ̃ːd] 〚(1688) ⊏ F ~ (fem.) ← *second* 'SECOND[1]'〛 ── *n.* 〖フェンシング〗スゴンド, 第二の構え《八種の受けの構えの一つ; cf. guard *n.* 6》.
Sécond Émpire *n.* [the ~] (フランスの)第二帝政《Napoleon 三世の治世 (1852–70)》.
séc·ond·er 〚← SECOND[1] (v.)+-ER[1]〛 *n.* 後援者; (特に, 会議で動議の)賛成者.
sécond fíddle *n.* **1** (オーケストラの)第二バイオリン(奏者). **2** 下位の人; 端役: ⇨ *play second* FIDDLE.
sécond fílial generátion *n.* 〖生物〗雑種第二代《雑種第一代同士を交雑して生じる子; 略 F_2》.
sécond flóor *n.* **1** 《米》二階. **2** 《英》三階 (cf. first floor). **sécond-flóor** *adj.*
sécond-generátion *adj.* **1** 混血の親をもった. **2** (米国生れの)二世の.
sécond grówth *n.* 二次林, 再生林《森林の伐採後に生えてくる林》.
sécond-guéss 《米》 *vt.* **1** 〈人(のしたこと)を〉後知恵によって批判する, 〈人〉に後知恵で忠告する, 〈物事を〉後知恵で判断する. **2** 〈人を〉出し抜く, 〈計画など〉の裏をかく (outguess). **3** 〈結果などを〉予想する. ── *vi.* 後知恵を働かす. **~·er** *n.*
sécond·hánd 〚(1654)〛 ── *adj.* **1 a** 中古の, 古手の, 古物の (used): ~ books [clothes] 古本[着] / a ~ car 中古車. **b** 古物を商う: a ~ dealer 古商人物 / a ~ bookseller [bookshop] 古本屋. **2** 間接の, また聞きの (indirect), 〈学説など〉受売りの (borrowed) (cf. firsthand): a ~ witness また聞きを陳述する証人 / ~ knowledge 受売り, 入れ知恵. ── *adv.* **1** 古物で: buy ~ 古物を買う. **2** また聞きで, 間接に: know [have] something ~ また聞きで知っている.
sécond hánd[1] 〚(?*a*1525)〛 *n.* 仲介者, 媒介物; 間接の関係者; (手仕事をする人の)助手, 手助けする人. ★ 主に次の成句に用いる: ⇨ *at second* HAND.
sécond hànd[2] 〚(1759) ← SECOND[2]〛 *n.* (時計の)秒針.
sécond hóme *n.* **1** 第二のわが家[故郷] (cf. home 5 a): He regards Japan as his ~. 彼は日本を第二の故郷と思っている. **2** セカンドハウス.
secondi *n.* secondo の複数形.
sécond-in-commánd *n.* (*pl.* **seconds-**) **1** 〖軍事〗副司令官 (cf. second[1] *adj.* 2). **2** 次長.
sécond inténtion *n.* **1** 〖外科〗二次[二期]癒合 (⇨ healing). **2** 〖スコラ哲学〗第二志向《第一志向 (first intention) に対する反省的意識》.
Sécond Internátional *n.* [the ~] 第二インターナショナル (⇨ international 2).
sécond lády *n.* (米国の)副大統領夫人 (cf. first lady).
sécond lieuténant *n.* 〖軍事〗 **1** 《米陸軍・空軍・海兵隊》少尉 (⇨ lieutenant 2). **2** 〖英陸軍〗少尉.
sécond·ly 〚ME: ⇨ second[1], -ly[1]〛 *adv.* 第二に, 次に.
sécond-màrk *n.* 秒記号 (″).
sécond máster *n.* 副校長, 教頭 (cf. head master).
sécond máte *n.* 〖海事〗=second officer.
se·cond·ment [sɪkɑ́n(d)mənt, sə- | -kɔ́n(d)-] 〚← SECOND[1] (vt.) 5+-MENT〛 *n.* 《英》(士官・公務員の)仮解任, 仮解職.
sécond místress *n.* 女性副校長[教頭] (cf. head mistress).
sécond mólar *n.* 〖歯科〗第二大臼歯.
sécond mórtgage *n.* 〖法律〗第二番抵当権.
sécond móurning *n.* (第二期の服喪中に着る多少白・灰色などを交えた)半喪服.
sécond náme *n.* 姓 (surname) (cf. first name).
sécond náture *n.* 第二の天性《習慣や性癖》: Habit is ~. 《諺》習慣は第二の天性.
sécond nérve *n.* 〖解剖〗視神経 (optic nerve)《第二脳神経に相当するための名称》.
se·con·do [sɪkóundou, sə-, -kɑ́n- | sekɔ́ndəu, sɪ-; *It.* sekóndo] 〚⊏ It. ~ ⊏ L *secundus* 'SECOND[1]'〛 ── *It. n.* (*pl.* **se·con·di** [-diː; *It.* -di]) 〖音楽〗(ピアノ 4 手連弾で)低音部(奏者) (cf. primo[1]).
sécond ófficer *n.* 〖海事〗二等航海士.
sécond pápers *n. pl.* 《米》〖法律〗第二次書類, 帰化請願書《外国人の帰化申請書; 第一次書類から 2 年–7 年の間に提出することが必要; cf. first papers》.
sécond pérson *n.* 〖文法〗第二人称(の語形).
sécond philósophy *n.* 〖哲学〗(Aristotle の)第二哲学《自然学その他のような諸個別科学; cf. First Philosophy》.
sécond posítion *n.* 〖バレエ〗第二ポジション《バレエの基本姿勢の一つ; 自分の足の 1 歩の間隔をおき, 両足を一直線上につま先を外側に向けておく; cf. first position》.
sécond-ráte *adj.* 第二流の, 二等[級]の (second-class); 劣等の, 低級の, 凡庸な (inferior, mediocre) (cf. first-rate 1): a ~ person 凡庸な人 / The team is very ~. そのチームはひどく低級だ. **~·ness** *n.*
sécond-rát·er [-réɪtə | -tə(r)] *n.* 二流の[つまらない]人[物].
Sécond Réader *n.* 〖クリスチャンサイエンス〗第二読唱者《礼拝の中で第一読唱者 (First Reader) を助けて聖書を朗読する教会員》.
sécond réading *n.* 〖議会〗第二読会 (cf. first reading, third reading): **a** (米国議会で)各委員会から差し戻された議案に十分な討議, 修正を加える. **b** (英国議会で)議案を委員会に回す前に, その議案の大筋に検討を加える.
Sécond Réich *n.* [the ~] 第二帝国 (⇨ Reich).
Sécond Repúblic *n.* [the ~] (フランスの)第二共和制 (1848–52) (cf. First Republic).

sécond rún *n.* 〖映画〗第二次興行《封切に次ぐ興行》.
sécond sélf *n.* (全く気心の知れた)親友, 腹心の友; 右腕.
sécond sérvice 〚朝の礼拝の次に行なわれることから〛 *n.* 〖英国国教会〗聖餐式[拝受] (Communion).
sécond séx *n.* [the ~; 集合的] 女性 (women).
séconds hánd *n.* =second hand[2].
sécond shéet *n.* **1** (書簡紙頭部に印刷文字 (letterhead) のある書簡用紙を 1 枚目に用いた次に用いる letterhead のない)書簡用紙. **2** 複写用紙《通例カーボン紙の下におく薄葉紙》.
sécond síght *n.* 千里眼, 透視力 (clairvoyance).
séconds péndulum *n.* 〖時計〗秒振り子《長い振り子で半周期がちょうど 1 秒である; royal pendulum ともいう》.
sécond-stóry *adj.* **1** 《米》二階の. **2** 《英》三階の.
sécond stóry *n.* **1** 《米》二階. **2** 《英》三階.
sécond-stóry màn *n.* 《米口語》(二階などの窓から忍び込む)夜盗 (cf. cat burglar).
sécond-stríke *adj.* 〖軍事〗最初の反撃用の, 第二撃の《一般に核作戦に関する用語で, 敵の核攻撃, 特に地下ミサイル格納庫に対する攻撃に報復できるように隠された核兵器についていう; cf. first-strike》: a ~ capability 最初の反撃力, 第二撃能力. ── *n.* 最初の反撃, 第二撃.
sécond-stríng *adj.* 《口語》 **1** (フットボールチームなどで)二軍選手の, 補欠の (cf. first-string). **2** (品質・重要度など)二流の. **~·er** *n.*
sécond thóught *n.* 再考, 考え直し; 熟考後の意見[決心]: *Second thoughts* are best. 《諺》再考は最善の考え / On ~(*s*), I think I'll go. 考え直して行ってみようと思う. ★《英》では通例複数形を, 《米》では単複とも用いる; ただし《米》では on second thought では単数形を用いる.
sécond tóoth *n.* 永久歯 (cf. permanent tooth).
sécond wínd [-wínd] *n.* **1** (激しい運動の際, 息が切れた後に心臓の調子の回復と共に生じる)息つぎ. **2** 盛返し, 元気の回復: get one's ~ 元気を取戻す.
Sécond Wórld, s- w- 〚(1974): cf. Third World〛 ── *n.* [the ~] 第二世界 (cf. First World): **1** 共産・社会主義国《ソ連・東ヨーロッパ諸国》. **2** 先進工業国《超大国(米国・ソ連)を除く先進国; 西ヨーロッパ諸国・日本など》.
Sécond Wórld Wár *n.* [the ~] =World War II.
se·cos [síːkɑs | -kɔs] *n.* 〖考古〗=sekos.
sec·par [sékpɑ̀ː | -pɑ̀ə] *n.* 《まれ》〖天文〗=parsec.
se·cre·cy [síːkrəsi | -krəsi, -krɪ-] 〚(1573) ← SECRE(T) + -CY (cf. private—privacy) ∽ 《廃》*secretie* ← SECRE(T)+-TY[2]〛 ── *n.* **1** 秘密(になっている[されている]こと)[状態], 内密, 内緒 (concealment): There need be no ~. 秘密にする必要はない / in ~ 秘密に, 内緒で / a meeting in strict ~ 厳重な秘密会議 / done with great ~ ごく内緒でなされた / with absolute ~ 極秘裡(り)に / in the ~ of one's own heart 心の奥底で. **2** 秘密[内密]にしようとする傾向, 隠しだて; 秘密厳守, 秘密主義: promise ~ 秘密を守ることを約束する / I rely on your ~. 君が秘密を守ってくれることを信頼している. **3** 隠しだてしたもの, 秘密事 (secret). **4** 《廃》 **a** 人目を避けること (privacy), 隠退, 隠遁 (seclusion). **b** 信頼 (trust).
sec. reg. 《略》 *L.* secundum regulam (=according to rule).
se·cret [síːkrɪt, -krət] 〚*adj.*: (*c*1399) ⊏ (O)F ~ ⊏ L *sēcrētus* (p.p.) ← *sēcrernere* to seperate ← *sē-* 'apart, SE-' + *cernere* to sift (⇨ certain) ∽ (*c*1380) *secre* ⊏ OF *secré* 《変形》 ← *secret.* ── n.: (*a*1387) ⊏ OF ~ ⊏ L *sēcrētum* (neut.) ← *sēcrētus* ∽ (*c*1300) *secre*〛 ── *adj.* **1 a** 秘密の, 機密の, 内密の, 内緒の; 秘密の目的で働く: ~ diplomacy [negotiations] 秘密外交[交渉] / a ~ treaty 秘密条約 / a ~ errand 密使 / a ~ agent 密偵, 間諜(ちょう), スパイ / keep something ~ 事を秘密にして[伏せて]おく. **b** 秘密に行なわれる, こそこそする (furtive); 隠密の, こそこそやる (clandestine): be ~ in one's habits こそこそした習慣である / a ~ marriage 秘密結婚 / ~ traffic in drugs 麻薬の秘密取引き / a ~ sin 人知れず犯した罪. **c** 公表されていない, 認められていない (unacknowledged): a ~ bride. **2** 秘密を守る, 口外しない, 口の堅い (close-mouthed): (as) ~ as the grave 決して人には漏らさない. **3** 人目につかないように作られた, 他人にはわからない, 隠れた, 見えない: a ~ code [sign] 暗号 / a ~ door [drawer, corridor] 隠し戸[引出し, 廊下] / a ~ passage 間道. **4** 〈場所が〉人目を避けた, 人目につかない, 奥まった (secluded): a ~ valley 奥まった谷, 人里離れた谷間 / ~ depths of the sea 深い海の底. **5** 人間にはわからない, 計り知れない, 神秘的な, 深遠な (inscrutable, occult): the ~ workings of nature 神秘な造化のわざ. **6** 心に秘めた, 奥底の (inmost): in one's ~ heart 心の奥底で, 人知れず. **7** 人に見せない, 陰部の: the ~ parts 《古》陰部. **8** 〖米政治・軍事〗〈書類・情報など〉(国の安全にとって)極秘の.
── *n.* **1 a** 秘密, 機密, 秘事, 内緒, 密事ごと: Let us have no ~*s* between us. われわれの間では秘密のないようにしよう / a military ~ 軍事機密 / an open ~ 公然の秘密 / the ~ of one's birth 出生の秘密 / break [let out] a ~ 秘密を漏らす / have no ~*s* from a person 人に隠しだてしない / keep a ~ 秘密を守る / keep something a ~ あることを秘密にする / make a [no] ~ of ...を秘密にする[しない] / let a person into

a [the] ~ 人に秘密を明かす. **b** 秘伝, 極意. **c** [*pl.*] 秘密の儀式, 秘儀. **2** [しばしば *pl.*] (自然界の)不思議, 神秘 (mystery): the ~*s* of nature. **3 a** 秘訣(けつ) (key): the ~ of longevity [health, success] 長寿[健康, 成功]の秘訣. **b** 理解のかぎ, 真義: Shall we ever know the ~ of Shakespeare's sonnets? シェークスピアのソネットの真義がわれわれにわかることがあろうか. **4** [*pl.*] 陰部 (secret parts). **5** 〚◻ ML *sēcrēta* (fem.) ← L *sēcrētus*〛 [S-] 〚カトリック〛 密誦(しょう)《ミサの序誦の前に司祭が低い声で唱える祈り; 最近の典礼改革によってなくなり, 声を出して祈る奉納祈願がこれに代わった》. **6** 〚米政治・軍事〛 (文書・情報の重要度の段階としての)極秘 (cf. classification 1 d).

in secret 秘密に, こっそり, かげで: cry *in* ~ 忍び泣きする. ***in the secret*** 秘密を握って: Is your brother *in the* ~ (of it)? 兄さんはその内情を知っていますか.

se·cret- [sɪkríːt̬o(ʊ), sə- | sɪkríːtə(ʊ), siː-] (母音の前に来る時の) secreto- の異形.

sec·re·taire [sèkrətéə | -rətéə(r, -rɪt-] 〚◻ F *secrétaire*: ⇨ secretary〛 *n.* =secretary 3.

sec·re·tar·i·al [sèkrətériəl | sèkrətéəriəl, -rɪt-] *adj.* **1** 秘書[書記](secretary)の, 書記官[秘書官]の: ~ duties [work] 書記[秘書]の仕事 / the ~ staff 書記[秘書]陣. **2** 《米》長官の; 《英》大臣の (ministerial).

sec·re·tar·i·at [sèkrətériət, -riæt | -rətéəriət, -rɪ-, -riæt] 〚《1811》◻ F *secrétariat* ◻ ML *sēcrētāriātus* ← *sēcrētārius* (↓): ⇨ -ate¹〛 — *n.* (*also* **sec·re·tar·i·ate** [~]) **1** 秘書[書記官]の職[地位]; 秘書(官)長の事務局; 秘書[文書]課, 官房室. **2** [集合的] 秘書課の職員(全部). **3** [S-] (国際連合の)事務局.

sec·re·tar·y [sékrətèri | -rətrɪ, -rɪ-, -tèri] 〚《*a*1387》◻ ML *sēcrētāri-us* ← L *sēcrētum* 'SECRET': ⇨ -ary〛 — *n.* **1** 秘書, 書記; 書記官, 秘書官; 事務官; (会の)幹事: a confidential ~ 《米》=a private ~ 《英》秘書 / I was ~ to a writer once. かつて作家の秘書をしていた. **2** [S-] **a** 《米》長官《他国の大臣に当たる》: ⇨ SECRETARY of State (1) / the *Secretary* of the Interior [Treasury] 内[財]務長官 / the *Secretary* of Agriculture [Commerce] 農[商]務長官 / the *Secretary* of Defense 国防長官. **b** 《英》大臣 (cf. minister 2): ⇨ SECRETARY of State (2) / the Home [Foreign] *Secretary* 内[外]相. **3** 〚◻ F *secrétaire*〛 **a** (書類整理棚と折り畳み式の蓋をつけた)書き物机 (escritoire). **b** (上部が本箱になっている)書き物机《secretary bookcase ともいう》. **4** 〚鳥類〛 =secretary bird. **5** 〚活字〛 秘書体(活字)《15-17 世紀の手書き書体の一つ秘書体 (secretary hand) に似せた活字書体》.

Secretary of State [the —] (1) 《米》国務長官《国務省 (Department of State) の長官で首席閣僚; 他国の外務大臣に当たる》. (2) 《英》所管大臣, …相《他に単に Minister と称する大臣がある; cf. CHANCELLOR of the Exchequer》: *the Secretary of State* for Foreign and Commonwealth Affairs 外務大臣, 外相 / *the Secretary of State* for Scotland スコットランド大臣 / *the Secretary of State* for Defence 国防大臣. (3) 《米》(州の法令の配布・選挙の管理などをする任命または選出による)官吏.

sécretary bìrd 〚そのとさかが羽根ペンを耳にはさみ姿勢正しく歩く中世の書記官を連想させることから〛 — *n.* 〚鳥類〛 ヘビクイワシ, (俗に)書記官鳥 (*Sagittarius serpentarius*)《アフリカ産のワシの一種; 大型で脚が著しく長くヘビを食うので serpent eater, snake-eater ともいう》.

secretary bird

sécretary bòokcase *n.* =secretary 3 b.

sécretary-géneral *n.* (*pl.* **secretaries-**) 事務総[局]長: the ~ of the United Nations 国連事務総長.

sécretary·shìp *n.* 書記[書記官, 秘書官, 長官, 大臣]の職[任期].

sécret bállot *n.* 秘密[無記名]投票(用紙) (cf. Australian ballot): voting by ~ [the use of ~*s*] 無記名投票(用紙)(の使用)による選挙.

sécret blóck *n.* 〚機械〛 隠し滑車《他の索ともつれないように囲いで密閉した滑車》.

se·crete¹ [sɪkríːt, sə- | sɪkríːt, siːk-] 〚《1707》《逆成》← SECRETION〛 *vt., vi.* 〚生理〛 分泌する (cf. excrete): a *secreting* cell [gland] 分泌細胞[腺(せん)].

se·crete² [sɪkríːt, sə-, síːkrɪt, -krət | sɪkríːt, siː-] 〚《1741》《変形》←《廃》*secret* to conceal ← SECRET (adj.)〛 — *vt.* **1** 隠す, 隠匿する (conceal); 秘密にする: ~ oneself 姿を隠す, 隠れる / ~ stolen goods 盗品を隠す. **2** こっそり我物にする, くすねる.

se·cre·tin [sɪkríːtɪn, sə-, -tn̩ | sɪkríːtɪn, siː-] 〚⇨ secreto-, -in²〛 *n.* 〚生化学〛 セクリチン《小腸内に生じる一種のホルモン; 膵(すい)臓を刺激し膵液分泌を促す》.

sécret ínk *n.* 隠顕インキ《紙に書いたものは無色で見えないが, 熱するか, 適当な化学薬品で処理すると読めるインキ》.

se·cre·tion¹ [sɪkríːʃən, sə- | sɪ-, siː-] 〚《1646》◻ F *sécrétion* ◻ L *sēcrētiōn-* ← *sēcrētus*: ⇨ secret, -tion〛 — *n.* 〚生理〛 **1** 分泌(作用) (cf. excretion). **2** 分泌物, 分泌液.

se·cre·tion² [sɪkríːʃən, sə- | sɪ-, siː-] 〚← SECRETE² + -TION〛 *n.* 隠すこと, 隠匿: the ~ of stolen goods.

se·cre·tive¹ [síːkrətɪv, -krɪ-, sɪkríːt̬-, sə- | síːkrət-, -krɪ-, sɪkríːt-] 〚《15C》← SECRET + -IVE〛 — *adj.* 隠しだてする, 秘密主義の, 黙っている (reticent): a ~ nature / be ~ about …について口をつぐんでいる. **~·ly** *adv.* **~·ness** *n.*

se·cre·tive² [sɪkríːt̬ɪv, sə- | sɪkríːt-, siː-] 〚← SECRET(E)¹ + -IVE〛 *adj.* 〚生理〛 分泌の, 分泌を促す (secretory). **~·ly** *adv.* **~·ness** *n.*

sé·cret·ly 〚ME: ⇨ secret, -ly¹〛 *adv.* **1** 秘密に, 内緒で, こっそりと. **2** (祈りの時)聞こえないような声で, 声を立てないで (inaudibly).

se·cre·to- [sɪkríːt̬o(ʊ), sə- | sɪkríːtə(ʊ), siː-] 〚← SECRETION〛「分泌 (secretion)」の意の連結形. ★ 母音の前では通例 secret- になる.

se·cre·tor [sɪkríːt̬ə, sə- | sɪkríːtə(r, siː-] *n.* **1** 〚解剖〛 分泌腺(せん); 分泌管. **2** 〚生理〛 分泌者《血液型物質を唾液など血液以外の体液にも分泌するタイプの人》.

se·cre·to·ry [sɪkríːt̬əri, sə- | sɪkríːtəri, siː-] 〚← SECRETO- + -ORY〛 〚生理〛 *adj.* 分泌の, 分泌する: a ~ organ [gland] 分泌器官[腺(せん)]. — *n.* 分泌器官[腺].

sécret pártner *n.* 匿名社員, 匿名組合員《社員名簿に載っていない社員; silent partner ともいう; cf. general partner》.

sécret políce *n.* 秘密警察 (cf. police state).

sécret resérve *n.* 〚経済〛 秘密積立金《貸借対照表に表われない積立金; hidden reserve ともいう》.

sécret sérvice *n.* **1** (国家の)秘密情報機関, 諜(ちょう)報部, 諜報機関 (cf. intelligence service). **2** [S- S-] 《米》(偽造摘発に当たる)財務省秘密検察部《大統領の秘密護衛機関でもある》. **3** 《古》(国家のための)諜報活動.

sécret socíety *n.* 秘密結社《友愛・互助・道徳的規律などを守る目的で, 秘密の入会宣誓をした者のみの組織; Freemason など》.

secs. 《略》 seconds; sections.

sect [sékt] 〚《*c*1378》◻ (O)F *secte* ∥ L *secta* ← (fem. p.p.) ← *sequī* to follow: cf. section〛 — *n.* **1** (宗教上の正統派から逸脱した)分派; 教派, 宗派 (religious denomination); (特に)英国国教から分離した教派. **2** (哲学・科学・医学・政治・思想などの)派, 学派 (school); 党派, 閥, セクト. **3** 《古》性 (sex).

sect. 《略》 section; sectional.

-sect [sékt, sèkt] 〚← L *sect-us* (p.p.) ← *secāre* to cut〛 — **1**「切った (cut), 分割された (divided)」の意の形容詞連結形. **2**「切る (cut), 分割する (divide)」の意の動詞連結形: inter*sect*, vivi*sect*.

sec·tar·i·an [sektέ(ə)riən | -téəri-] 〚《1649》← SECTARY + -AN¹〛 — *adj.* **1** 分派の, 宗派[教派]の, 学派の: ~ differences 宗派的争い. **2** 党派心の強い, 派閥的な. **3** (興味・目的・範囲など)狭い, 偏狭な (parochial): a ~ mind. — *n.* **1** (分派の)教徒, 宗徒, 信徒; 宗派心の強い人. **2** 学閥[派閥]的な人.

sec·tár·i·an·ìsm [-nìzm̩] 〚《1818》: ⇨ ↑, -ism〛 *n.* 宗派[教派]心, 分派心, 宗閥; 学閥.

sec·tar·i·an·ize [sektέ(ə)riənàɪz | -téəri-] *vt.* 宗派的にする, …の宗派[分派]心を強くする; 学閥的にする. — *vi.* 分派に分かれる; 分派の教徒として活躍する, 分派活動をする.

sec·ta·ry [séktəri | -rɪ] 〚《1556》◻ ML *sectāri-us* ← L *secta*: ⇨ sect〛 — *n.* **1** (ある教派の)信徒, 門徒, 宗徒; 宗派心の強い人 (sectarian). **2** [しばしば S-] 英国国教から分離した教派の人, 非国教徒 (Nonconformist). **3** 熱心な信奉者, 弟子; 愛好者, 心酔者.

sec·tile [séktḷ, -taɪl, -tɪl | -taɪl] 〚◻ F ~ ∥ L *sectil-is* ← *sectus*: ⇨ ↓, -ile〛 — *adj.* **1** ナイフでなめらかに切れる. **2** 〚植物〛 細く刻まれた. **sec·til·i·ty** [sektílət̬i | -lɪtɪ, -lɪ-] *n.*

sec·tion [sékʃən] 〚《1559》◻ F ~ ∥ L *sectiō(n-)* ← *sectus* (p.p.) ← *secāre* to cut ← IE **sek-* to cut (OE *sigðe* 'SCYTHE'): ⇨ -tion〛 — *n.* **1** 切ること (cutting); (外科・解剖の)切開, 切断 (severance): ⇨ Caesarean section. **2 a** 切取った部分, 切片: a triangular ~ of cloth 三角に裁断した布地 / wood cut into ~*s* 細かく切り分けた木片. **b** (検鏡用の)切片 (thin slice): a microscopic ~ 顕微鏡用切片. **3 a** 物の部分 (part): a ~ of a journey [day] 旅行[1 日]の一区分 / the ~*s* of a bamboo stem 竹の節間. **b** (オレンジなどの)袋, 房(ふさ). **4 a** 書いた物の部分; (書物・文章などの)節. **b** (規約・法律などの)項. **c** (新聞の)欄: the sports ~ スポーツ欄. **5** (立体の)切断, 切断面; 断面図: a conic ~ 円錐(すい)曲線 / a longitudinal ~ =vertical section / a cross [transverse] ~ 横断面 / ⇨ horizontal section / an oblique ~ 斜断面 / a midship ~ 船体中央切断面. **6 a** (別個の利害関係または地理的・経済的・文化的などの特質を有する町の)区域, 地区 (district): a residential ~ 住宅地区 / in an Irish-Italian ~ of New York's borough of Queens ニューヨークのクイーンズ区のアイルランド人とイタリア人の居住する区域で. **b** 社会的区画, 階級, (階)層 (division, class); (特に, 切り離した)社会の部分: various ~*s* of Christendom キリスト教徒の各階層 / a conservative ~ 保守派 / a particular ~ of society 社会のある特殊な層 / He is popular with all ~*s* and classes. すべての階層に人気がある. **7** (官庁の)課; (団体の)派; 部; (会議・学会などの)部属, セクション, 班; 部門: an accounts ~ 会計課. **8** 接合部分, (組立・組合せ用の)部分品: ~*s* of a fishing rod 釣ざおの(継ぎざおの)部分 / a bookcase built in ~*s* 組立式の本箱 / convey in ~*s* 解体して送る. **9** (米国の公有地測量で)一区画《1 マイル四方すなわち 1 平方マイル(640 エーカー)の正方形の地域; これが 36 集まって 1 township となる》. **10** 〚印刷〛 文節記号, セクション, 章標 (§)《章・節の始まりを示す記号; 第 4 番目の参照符; section mark ともいう; cf. reference mark》. **11** 〚軍事〛 **a** 《英》分隊. **b** 〚米陸軍〛 班《小隊 (platoon) より小, 分隊 (squad) より大で通例 2 分隊から成る》. **c** 〚米海軍〛 小戦隊《戦隊 (division) の半分で通例 2 隻, 航空機の場合は 2 機》. **d** 幕僚[参謀]部の区部《幕僚[参謀]部の区分としての第 1 班(総務人事), 第 2 班 (情報), 第 3 班(作戦・訓練), 第 4 班 (補給)のどれかひとつ》. **12** 〚鉄道〛 **a** 《米》(寝台車の上下両寝台または向かい合った二つの寝台を含む)一区画. **b** 保線区. **c** 閉塞(そく)区間《同時に 1 列車のみ進入することを許される線路区間》. **d** (同時に同一ダイヤで運行される)増発車両, 増発機, 増発バス. **13** 〚製本〛 折り (signature). **14 a** 〚音楽〛 (楽式構造の)段落, 楽節 (period). **b** (オーケストラの)部門, パート: the string ~ 弦楽部門. **15** 〚生物〛 区, 節《便宜的な分類階級で通例属と種の中間におかれる》. **16** 〚劇場〛 部分調光機. **17** 〚建築〛 形鋼 (⇨ shape 8).

in section 切断面で, 断面図で: show a tissue *in* ~ 組織を断面で示す.

— *vt.* **1 a** 区分[区画]する: ~ a class by ability クラスを能力別にする. **b** 段落[節, 項]に分ける. **c** …から(検鏡用の)薄片を作る. **2** …の断面図を描く. **3** 〚外科〛 切開する. — *vi.* 区分[区画]される.

sec·tion·al [sékʃənḷ, -ʃnəl] 〚⇨ ↑, -al¹〛 — *adj.* **1** 部分の, 区分の[から成る]; 部門の; 区画のある, 区間の (divided): ~ repair of a machine 機械の部分的修理. **2** 一地方の, 地域的な; 部門[部属]的な: ~ pride [interests] 地方的誇り[利害] / ~ quarrels 派閥争い. **3** 段落の, 節の. **4** 課の, 分課の: a ~ chief 課長. **5** 組立式の; 組合せ式の: a ~ bookcase [boat] 組立式本箱[ボート]. **6** 断面の, 断面図の: a ~ plan of a building 建物の断面図. — *n.* 組合せ[組立]式の家具《組合せ式ソファー, 組立式本箱など》. **~·ly** *adv.*

séctional bóiler *n.* 〚機械〛 組合せボイラー《多くの直線状小管を組み合わせて構成する小管ボイラー; 今はあまり使用されない》.

séc·tion·al·ìsm [-ʃ(ə)nəlìzm̩] 〚《1858》← SECTIONAL + -ISM〛 *n.* セクショナリズム, 地方偏重[尊重]主義, 地方的偏見; 部門[派閥]主義, 派閥(心).

séc·tion·al·ist [-ʃ(ə)nəlɪst, -ləst | -lɪst] *adj., n.* 地方偏重主義の(人).

sec·tion·al·ize [sékʃ(ə)nəlàɪz] *vt.* **1 a** 部分[部門]に分ける; 部分[地方]化する. **b** 派閥的にする, 一地方偏重にさせる. **2** (地理的状況や地方的利害関係を考慮して)区分[区画]する. **sec·tion·al·i·za·tion** [sèkʃ(ə)nəlɪzéɪʃən, -lə- | -laɪ-, -lɪ-] *n.*

séction bòss *n.* 《米》〚鉄道〛 保線区班長.

séction-éight 〚↓〛 *vt.* 《米》兵役免除にする.

séction éight, S- E- 〚1922-44 年施行の米国陸軍規則第 8 節から〛 — *n.* 《米》 **1** (身体・品行・性格上の不適格による)兵役免除. **2** (それによる)兵役免除者, 兵役不適格者, 除隊兵.

séction gàng *n.* 《米》〚鉄道〛 保線区班.

séction hànd [màn] *n.* 《米》〚鉄道〛 保線区工手, 保線区工夫.

séction màrk *n.* 〚印刷〛 =section 10.

séction mìll *n.* 〚金属加工〛 (構造用の)形鋼圧延機《structural mill ともいう》.

séction pàper *n.* 《英》方眼紙, 製図用紙 (graph paper).

sec·tor [séktə, -tɔə | -tə(r] 〚《1570》◻ LL ~ =L ~ 'cutter' (《なぞり》) ← Gk *tomeús*) ← *sectus*: ⇨ section, -or²〛 — *n.* **1** 扇形: the ~ of a sphere 球底円錐(すい). **2** (社会・グループなどの)分野, 領域, 区域 (section). **3** 〚数学〛 関数尺, 尺規. **4** 〚機械〛 扇形歯輪. **5** 〚軍事〛 (防御)地区, 防衛区域, 扇形地区《部隊が行動し, 防御の任にあたる, 通例前線の区画; cf. ZONE of action》. **6** 〚天文〛 セクター《昔, 2 天体の角距離を測るのに用いられた天文観測機器の一種》. — *vt.* **1** 扇形(部門)に分ける. **2** …に扇形歯輪をつける. — *vi.* 〚細菌〛 (変異体を作りやすい細菌やカビが)はっきり違う部分から成る菌集落を形成する.

sec·tor·al [sékt(ə)rəl] *adj.* **1** 〚数学〛 扇形の. **2** 〚軍事〛 扇形戦区の.

séctor gàte *n.* 〚土木〛 セクターゲート《ダムの扇形に開くゲート》.

séctor gèar *n.* 〚機械〛 扇形歯車.

sec·to·ri·al [sektɔ́ːriəl, -tóːr- | -tɔ́ːrɪ-] 〚← SECTOR + -IAL〛 — *adj.* **1** 扇形の. **2** 〚植物〛 (キメラ (chimera) が)区分状の《二つ以上の種類の組織が体の表面に区分状に現われる; cf. periclinal 2》. **3** 〚動物〛 (肉食獣の歯が)肉を裂くに適した. — *n.* (食肉獣の)肉裂き歯 (carnassial tooth).

sec·u·lar [sékjʊlə | -lə(r] 〚《*c*1230》 *seculer* ◻ OF (F *séculier*) ◻ LL *saeculāris* ← *saeculum* generation, age: ⇨ -ary〛 — *adj.* **1 a** (霊的 (spiritual) と区別して)俗の, 世俗の (lay), 世間的な (worldly); 現世の, この世の (temporal): the ~ power 俗権 / ~ affairs 俗事. **b** (教会と区別して)非宗教的の, 宗教と関係のない; 宗教団体と関係のない: ~ music (宗教音楽に対して)世俗[一般]音楽 / ~ education (宗教を加味しない)普通教育 / ~ courts (宗教裁判所に対して)一般裁判所. **c** (聖職者と区別して)俗人の (nonclerical, lay): a ~ benefactor. **d** 世俗主義の[を擁護する]: a ~ humanism. **2 a** 一時代[一世紀]一度の[見られる, 来る]: a ~ phenomenon 百年に一度というような奇現象. **b** 長年にわたる; 永続の (agelong) (cf. periodic¹, cyclic 1): ~ fame 不朽の名声 / the ~ rivalry between Church and State 教権政権の積年の争い / the ~ bird 不死鳥. **c** 《詩》きわめて古い, 年数を経た. **3** 〘カトリック〙 **a** 〈聖職者が〉修道院[修道士会]外の, 教区付きの (↔ regular): a ~ priest (修道院に住まない) 教区付き司祭, 在俗司祭 / ~ orders 修道院外僧団. **b** 在俗司祭の[に関する]: ~ vestments. **—** *n.* **1** (宗教家に対して)俗人 (layman). **2** 〘カトリック〙 教区付きの聖職者, 在俗司祭 (secular priest). **~·ly** *adv.*

sécular árm 〘ME *seculer arm* 《なぞり》 ← ML *bracchium saeculare*〙 *n.* [the ~] (昔の, 教権に対する) 俗権《裁判所の権力》.

sécular gámes 〘《なぞり》 ← L *ludi saeculares*〙 *n. pl.* (古代ローマの)百年祭《100 年から 120 年に 1 回行なわれた祝祭で, 3 日 3 晩行なわれた》.

sécular hýmns 〘《なぞり》 ← L *carmina saecularia*〙 *n. pl.* (古代ローマ百年祭の)百年祭歌.

séc·u·lar·ism [-lərìzm] *n.* **1** 世俗[非宗教]主義《あらゆる宗教形態を排斥する政治・社会的思想[傾向]; cf. clericalism》. **2** 非宗教的教育論, 教育宗教分離論; 政教分離論.

séc·u·lar·ist [-lərɪst, -rəst | -rɪst] *n.* 世俗[非宗教]論者[主義者]. **—** *adj.* 世俗論[主義]の[を信奉する].

sec·u·lar·is·tic [sèkjʊlərístɪk] *adj.* =secularist.

sec·u·lar·i·ty [sèkjʊlǽrəṭi, -lér- | -rəti, -rɪ-] 〘《*c*1390》 ME *seculerte* ▭ AF **seculerte* ∥ ML *saeculāritās* ← LL *saeculāris*: ⇨ secular, -ity〙 **—** *n.* **1** 俗心; 俗事. **2** =secularism.

sec·u·lar·ize [sékjʊləràɪz] 〘《1611》 ▭ F *séculariser* ← LL *saeculāris*: ⇨ secular, -ize〙 **—** *vt.* **1 a** 世俗化する. **b** 教会の手から脱せしめる, …から宗教を分離する: ~ education 教育を宗教から分離する. **2** 〈宗教的財物を〉俗用に供する. **3** 〘カトリック〙 〈修道士を〉教区付き[在俗司祭]にする (cf. laicize 4): ~ a monk. **séc·u·lar·ìz·er** *n.* **sec·u·lar·i·za·tion** [sèkjʊlərɪzéɪʃən, -rə- | -raɪ-, -rɪ-] *n.*

sécular tértiaries *n. pl.* 〘教会〙 在俗第三会員 (⇨ tertiary 3).

sécular variátion *n.* 〘天文〙 永年変化, 永年差.

sécular vícar *n.* 〘英国国教会〙 =clerk vicar.

se·cund [sɪkʌ́nd, síːkʌnd, sék-] 〘▭ L *secund-us* following: ⇨ second¹〙 **—** *adj.* 〘植物〙 〈花・葉など〉偏側生の, 一方に偏した, 片側だけの[に生じる] (unilateral). **~·ly** *adv.*

Se·cun·der·a·bad [sɪkʌ́ndərəbæ̀d, sə-, -bɑ̀ːd] *n.* セクンデラバード《インド中南部 Andhra Pradesh 州の都市; Hyderabad の一部; もと英国陸軍基地; 人口 251,000》.

sec·un·dine [sékəndàɪn, -dìːn, sɪkʌ́ndɪn, sə-, -dən | sékəndàɪn, -dìːn, sɪkʌ́ndɪn] 〘《*a*1398》 ▭ LL *secundinae* (pl.) ← L *secendus*: ⇨ second¹, -ine¹〙 **—** *n.* 〘植物〙 胚珠(はいしゅ)の内包皮, 内種皮 (cf. primine).

sec·un·dines [sékəndàɪnz, -dìːnz, sɪkʌ́ndɪnz, -dənz] 〘(pl.) ← *secundine* 《廃》 afterbirth ▭ LL *secundinae* (↑)〙 *n. pl.* 〘医学〙 =afterbirth.

se·cun·do¹ [sɪkʌ́ndoʊ, sə-, -kʊ́n- | -dəʊ; *It.* sekúndo] 〘▭ It. ~ < L *secundum* (↓)〙 *n., adj.* 〘音楽〙 第 2 部(の) (cf. primo¹).

se·cun·do² [sɪkʌ́ndoʊ, sə- | -dəʊ] 〘▭ L *secundō* ← *secundus* 'SECOND¹'〙 *L. adv.* 第二に (secondly) 《2° と略記する; cf. primo²》.

se·cun·dum [sekúndəm] 〘▭ L ~ 'according to' ← *secundus* (↓)〙 **—** *L. prep.* …によって, に従って, に応じて (according to): ~ artem [-ɑ́əṭem | -ɑ́ː-] 技術的に, 人工的に, 科学的に; 巧妙に; 〘処方〙 常法に従って / ~ naturam [-nɑːtúːrɑːm] 自然に, 天然に.

se·cun·dus [sɪkʌ́ndəs, sə-] 〘▭ L ~ 'SECOND¹'〙 **—** *adj.* 《英》 (ある男子の public school で同姓の 2 人の生徒中, 年長順や学年順により) 第 2 の (cf. primus¹ 2): Smith ~.

se·cur·a·ble [sɪkjʊ́(ə)rəbl̩, sə- | -kjʊ́ər-] *adj.* 手に入れられる, 確保できる (obtainable).

se·cure [sɪkjʊ́ə, sə- | -kjʊ́ə(r] 〘adj.: 《? 1533》 ▭ L *sēcūr-us* ← *sē-* without + *cūra* care): ⇨ se-, cure. — v.: 《1590–91》 ← (adj.)〙 **—** *adj.* **1 a** 危険のない, 安全な, 大丈夫な (safe) 〔*from, against*〕; 安全を保証する, 難攻不落の (impregnable): a ~ place [retreat] 安全な場所[避難所] / a ~ lock 安全錠 / a ~ stronghold 難攻不落の要塞 / hold a ~ position 安全な地位を保っている / be ~ *against* attack 攻撃の恐れがない / be ~ *from* danger 危険がない / make ~ 強固に[大丈夫に]する; しっかり締める. **b** しっかりした, 崩れない, 倒れない: a ~ foundation しっかりした土台. **2 a** 心配のない, 気苦労のない, 気楽な, 安心な: a peaceful and ~ life [old age] 平穏で安心な生活[晩年] / feel ~ about the future 将来が心丈夫だ / have one's mind ~ 安心する. **b** 疑惑を持たない, 疑心のない: be ~ *in* one's confidence. **3** [通例 Predicative に用いて] 逃亡の心配のない, 厳重に監禁した; 紛失の心配のない: keep the prisoners ~ 囚人を厳重に監禁しておく / I have got him ~. しっかり彼を捕えた. **4** 《古》 確かな, 確実な (sure, certain), 信頼できる, 当てにできる (well-founded); 〔…を〕確信している〔*of*〕: the ~ hope of salvation 救いの確かな望み / be ~ *of* success 成功を確信する. **5** 《古》 過信した; 油断した (careless): a ~ fool.

— *vt.* **1 a** 〔危険・攻撃などから〕安全にする, 守る (guard, protect) 〔*against, from*〕: ~ oneself *against* the cold [loss] 防寒の準備をする[自分に損のないようにする] / ~ troops *from* [*against*] a surprise attack 軍隊を急襲を受けても大丈夫にしておく. **b** (破壊・敵の干渉などを受けないように)〈要塞・城壁で〉防備する, 固める (fortify) 〔*with, by*〕: a city ~*d with* walls [*by* fortification] 城壁[要塞]で防備された都市 / ~ the town 町の防備を固める. **c** 〘軍事〙 〈銃を〉抱える: ~ arms (雨に濡らさぬため)銃口を下に脇の下に抱える / *Secure* arms! [号令]腕に銃(つつ). **2 a** 確実にする, 保証する, 請け合う: ~ the rights 権利を保証する / ~ the blessings of liberty to our selves and our posterity われらとわれらの子孫の上に自由の祝福のつづくことを確保する. **b** 〈債権者〉に支払いを保証する, …に保険をつける; (担保・抵当をつけて)〈債務〉の支払いを保証する: ~ oneself *against* accidents 傷害保険をつける / a fully ~*d* loan 十分な担保つきの借款 / a loan ~*d on* landed property 土地を担保にして借りた金 / ~ a loan *with* collateral 担保品をつけて金を借りる. **c** …の所有を確実にする, 確保する, 保障する; 遺贈する, 遺言で譲る: ~ one's liberty 自由を確保する / ~ one's property to one's son 財産を息子に遺贈する. **d** 〘軍事〙 〈陣地または地形を〉占領確保する. **3 a** しっかり締める, …に留金をかける; しまい込む: ~ a door [window] 戸締まりをする / ~ a girdle 留金で帯をしめる / ~ valuables 貴重品をしまいこむ / ~ a thing *to* 物を…に結びつける / ~ a letter *with* a seal シールで手紙の封をする. **b** 〈人を〉監禁する (confine): ~ a prisoner 囚人を監禁する. **4 a** 首尾よく手に入れる, 獲得する (obtain): ~ a prize 賞を獲得する / ~ a seat in the theater 劇場の座席を手に入れる / Can you ~ me two tickets? =Can you ~ two tickets *for* me? 切符を 2 枚手に入れてもらえませんか / ~ one's ends 目的を達する / I managed to ~ a job. やっと仕事にありついた. **b** …の結果をうむ, 引き起こす (cause, produce): ~ a laugh. **5** 《廃》 油断させる. **6** 〘海事〙 軍務から解放する, 除隊させる. **7** 〘外科〙 (出血を防ぐために)〈静脈を〉圧迫する (close): ~ a vein (外科手術で)静脈の出血を防ぐ.

— *vi.* **1** 安全になる, 安全である: ~ against danger. **2** 〘海事〙 〈海軍隊員が〉作業をやめ(て解散す)る. **3** 〘海事〙 〈船が〉係船する, 停泊する (berth). **4** 〘海事〙 開口部を密閉し移動物を固縛して船を安全状態にする.

— *n.* 〘海事〙 作業やめ解散の合図.

~·ness *n.* **secúr·er** [-kjʊ́(ə)rə | -kjʊ́ərə(r] *n.*

se·cúre·ly 〘《1593》: ⇨ ↑, -ly¹〙 **—** *adv.* **1** 安全に, 確信をもって, 大丈夫で (safely): It may ~ be said that …と言っても大丈夫だ. **2** 確実に, 疑いなく (certainly). **3** しっかりと (firmly): be ~ corked. **4** 《古》 安心して (trustingly).

se·cúre·ment *n.* **1** 保証; 確実. **2** 確保. **3** 《廃》 保護.

se·cu·ri·form [sɪkjʊ́(ə)rəfɔ̀əm, sə- | -kjʊ́ərɪfɔ̀ːm] 〘← L *secūris* ax (← *secāre* to cut) + -I- + -FORM〙 *adj.* 〘植物・昆虫〙 斧(おの)状の.

se·cu·ri·ty [sɪkjʊ́(ə)rəṭi, sə- | -kjʊ́ərəti, -rɪ-] 〘《*c*1400》 *securite* ▭ (O)F *sécurité* ∥ L *sēcūritās* ← *sēcūrus*: ⇨ secure, -ity〙 **—** *n.* **1** 危険のないこと[状態], 安全, 大丈夫, 無事 (safety): personal ~ 身体の安全 / public ~ 治安, 公安 / in ~ 安全に, 無事に / ~ *against* aggression 侵略に対する安全 / ~ *from* danger 危険のない状態. **2 a** 安心 (ease), 心丈夫, 確信 (confidence): feel great ~ 大いに安心する. **b** 財政上の安定, 不足[剥奪]のないこと. **c** 確実, 信頼性, 安定 (stability). **3 a** 防衛, 防護 (defense), 保護 (protection), 安全保障; 防衛[保護]手段 〔*against, from*〕: A watchdog is a ~ *against* burglars. 番犬は盗賊に対する防衛である / Pride should at least be a ~ *against* meanness. 自尊心があれば少なくとも卑しいことはできないはずだ / give ~ *against* …に対して保護する, …の心配をなくする. **b** (経済変動に対する)防衛, 経済的保証. **c** (犯人・囚人の)逃走[脱走]防止; その手段[方策]. **4** [*pl.*] 有価証券 (stocks and bonds): ⇨ government security / He keeps his *securities* at the bank. 彼は証券類を銀行に預けている. **5** 《古》 油断 (overconfidence): fatal ~ 取返しのつかない油断 / *Security* is the greatest enemy. 《諺》 油断大敵 (cf. *Macbeth* 3. 5. 32–33). **6** 〘法律〙 〔負債の支払いに対する〕保証 (guarantee), 抵当, 担保 (pledge); 抵当[担保]物件; 保証人 (surety) 〔*for*〕: ~ *for* a loan 貸借保証 / personal ~ 人的担保 / in ~ *for* …の保証[担保]として / give [go, stand] ~ (*for*) (…を)保証する, (…の)保証人になる / He does not lend money except on good ~. 彼は抵当がよくないと金を貸さない / What ~ can you offer *for* it? それに対してどんな抵当物を出すか. **—** *attrib. adj.* 安全の, 安全保障の; 安全に役立つ.

secúrity anàlysis *n.* 証券分析.

secúrity anàlyst *n.* 証券分析家, 証券アナリスト《証券について必要な情報を集めてその収益性・危険性などを評価する専門家》.

secúrity blànket *n.* **1** 子供が安心感のために抱いたりなでたりする使いなれた小型の毛布[布切れ]. **2** それがあると安心感をもつもの.

Secúrity Còuncil *n.* [the ~] (国連の)安全保障理事会.

Secúrity Fòrce *n.* (国連の)安全保障軍, 国連軍《正式名は United Nations Peacemaking Force》.

secúrity guàrd *n.* =security man.

secúrity interest *n.* 〘法律〙 担保権 (lien).

secúrity màn [òfficer] *n.* 保安要員[係].

secúrity pàct *n.* 安全保障条約.

secúrity políce *n.* [集合的] **1** (防諜活動に従事する)秘密警察. **2** 〘米軍〙 =air police.

secúrity rìsk *n.* 危険人物《要職にありながら地下運動などに関係があるため国の安全に危険があるとみなされる人物》.

secúrity trèaty *n.* =security pact.

secy., sec'y. 《略》 secretary.

sed. 《略》 sediment; sedimentation.

se·dan [sɪdǽn, sə-] 〘《1635》 ← ?〙 **—** *n.* **1** =sedan chair. **2** 《米》 **a** セダン型自動車 (《英》 saloon) 《運転手席を仕切らない普通の箱型自動車; cf. limousine a》. **b** セダン型モーターボート《sedan cruiser ともいう》.

Se·dan [sɪdǽn, sə-; *F.* sədɑ̃] *n.* セダン《フランス北東部, Meuse 河畔の要塞都市; 普仏戦争の際 Napoleon 三世が惨敗した地 (1870); 第一次・第二次大戦の戦跡; 人口 26,000》.

sedán chàir *n.* (17–18 世紀に用いられた一人用の)椅子付きのかご, 輿(こし).

sedán crùiser *n.* =sedan 2 b.

sedan chair

Sedarim, s- *n.* Seder の複数形.

se·date [sɪdéɪt, sə- | sɪ-] 〘《1663》 ▭ L *sēdāt-us* (p.p.) ← *sēdāre* to settle, soothe (caus.) ← *sedēre* 'to SIT'〙 **—** *adj.* (**se·dat·er, -est; more ~, most ~**) **1** 平静な, 落ち着いた, 沈着な (calm, composed). **2** 〈色・意匠が〉地味な, 落ち着いた. **—** *vt.* 〘医学〙 (鎮静剤で)〈人の気分を〉鎮める, 〈人〉に鎮静剤を飲ませる. **~·ly** *adv.* **~·ness** *n.*

se·da·tion [sɪdéɪʃən, sə- | sɪ-] 〘▭ F *sédation* ∥ L *sēdātiō(n-)* ← *sēdātus*: ⇨ ↑, -ation〙 **—** *n.* 〘医学〙 **1** (鎮静剤などによる)鎮静(作用): She was quiet under ~. 鎮静剤のため静かになっていた. **2** (鎮静剤などによる)平静状態.

sed·a·tive [sédəṭɪv | -tɪv] 〘《*c*1425》 ▭ (O)F *sédatif* ∥ ML *sēdātīv-us* ← L *sēdātus*: ⇨ sedate, -ative〙 **—** *adj.* (神経過敏・興奮などを)鎮静させる. **—** *n.* 鎮静剤[薬] (sedative agent).

se de·fen·den·do [sìː-dèfendéndoʊ | -dəʊ] 〘▭ L *sē dēfendendō* defending himself: ⇨ defend〙 **—** *L.* 〘法律〙 正当防衛のために《殺人罪の審理の際の抗弁などに用いる》: homicide ~.

Sed·en·tar·i·a [sèdnté(ə)riə | -téəriə] 〘← NL ~ (fem. pl.) ← L *sedentārius* (↓): ⇨ -aria¹〙 *n. pl.* 〘動物〙 (環形動物多毛綱)定在目.

sed·en·tar·y [sédn̩tèri | -t(ə)ri] 〘《1598》 ▭ F *sédentaire* ∥ L *sedentāri-us* ← *sedentem* (pres.p.) ← *sedēre* 'to SIT': ⇨ -ary〙 **—** *adj.* **1** 坐っている; 坐りがちの, 坐って仕事をする, 座業をする, 座業から生じる: a ~ statue 座像 / a ~ posture 着座の姿勢 / a ~ life 坐りがちな生活 / a ~ occupation 座業, 座職. **2** 《廃》 不活発な (inactive), ぐずな (sluggish). **3** 〘動物〙 **a** 定在の, 定着している; 〈クモなど〉獲物が巣にかかるのを待っている. **b** 〈フジツボ・カキなど〉固着性の. **sed·en·tar·i·ly** [sèdn̩térəli, ⁓⁓⁓ | sédn̩t(ə)rəlɪ, -rɪ-] *adv.* **séd·en·tàr·i·ness** *n.*

Se·der, s- [séɪdə | -də(r] 〘▭ Heb. *sēdher* order, arrangement〙 **—** *n.* (*pl.* **Se·da·rim, s-** [sɪdɑ́ːrɪm, sə-, -rəm | -rɪm], **~s**) 〘ユダヤ教〙 ユダヤ人のエジプト退去を記念する過ぎ越しの祝い (Passover) の第一夜に行なう祝祭と正餐.

se·de·runt [sɪdí(ə)rʌ̀nt, sə- | sɪdíər-] 〘▭ L *sēdērunt* they sat ← *sedēre* 'to SIT'〙 **—** *n.* 《スコット》 **1** (宗教・立法などの)会議 (session, sitting). **2** [集合的] 会議出席者, 出席者名簿. **3** 長時間坐っていること; 会議 (meeting), (社交的な)会合 (social gathering).

sedge¹ [sédʒ] 〘OE *secġ* < Gmc **saʒjaz* ← IE **sek-* to cut (L *secāre*: ⇨ section): その葉がぎざぎざしていることから〙 **—** *n.* 〘植物〙 **1** スゲ《カヤツリグサ科スゲ属 (*Carex*) の植物の総称; イネ科植物 grass に対していう》. **2 a** ショウブ (sweet flag). **b** キショウブ (yellow iris).

sedge² [sédʒ] *n.* 〘鳥類〙 =siege 7.

sédge bìrd *n.* 〘鳥類〙 スゲヨシキリ (sedge warbler).

sedged *adj.* **1** スゲ (sedge) でできた: a ~ crown. **2** スゲの生えた: a ~ brook.

Sedge·moor [sédʒmʊə | -mʊə(r] 〘ME *Seggemore* 《原義》 'MOOR where SEDGE¹ grew'〙 **—** *n.* イングランド南西部 Somersetshire 州の広大な原野; Duke of Monmouth の敗戦の地 (1685).

sédge wàrbler [wrèn] *n.* 〘鳥類〙 スゲヨシキリ (*Acrocephalus schoenobaenus*) 《ヨーロッパ産ヨシキリの一種》.

sedg·y [sédʒi | -dʒɪ] *adj.* (**sedg·i·er; -i·est**) **1** スゲ (sedge) の茂った. **2** スゲの(ような).

se·di·le [sɪdáɪli, sə- | sedáɪli, sɪ-] 〘▭ L *sedile* seat ← *sedēre* 'to SIT'〙 **—** *n.* (*pl.* **se·dil·i·a** [-díliə, -díːljə | -dáɪljə, -díl-, -lɪə]) [通例 *pl.*] 〘教会〙 司祭席, 牧師席《内陣の南側に設けた座席; 通例 priest と deacon および subdeacon 用として 3 個ある》.

sedilia

sedilia *n.* sedile の複数形.

sed·i·ment [sédəmənt | -dɪ-] 〘《1547》 ▭ F *sédiment* ∥ L *sedimentum* a setting ← *sedēre* 'to SIT': ⇨ -ment〙 **—** *n.* **1** (液体

の)沈殿物 (settlings), おり, かす (dregs, lees). **2** 〘地質〙砕屑物; 流送土砂 (cf. sedimentation). **3** 〘医学〙沈渣(ちんさ): urinary ～ 尿沈渣. ── *vt.* [主に p.p. 形で] 沈殿させる. ── *vi.* 沈殿する. 「mentary.
sed·i·men·tal [sèdəméntḷ | -dɪméntḷ] *adj.* ＝sedi-
sed·i·men·ta·ry [sèdəmént(ə)ri | -dɪmént(ə)rɪ] *adj.* **1** 沈殿物の[を含む], 沈積性の. **2** 〘地質〙沈積によって生じた, 水成の (aqueous): ～ clay. ── *n.* 〘地質〙堆積岩. **sed·i·men·tar·i·ly** [sèdəməntérəli, ─ ─ ─ ─ ─ | sèdɪmént(ə)rəlɪ, -rɪ-] *adv.*
sediméntary róck *n.* 〘岩石〙堆積岩, 水成岩 (cf. igneous rock).
sed·i·men·ta·tion [sèdəməntéɪʃən | -dɪmən-, -men-] 〘← SEDIMENT＋-ATION〙 *n.* 沈降 (setting); 〘地質〙堆積作用.
sedimentátion ràte *n.* 〘医学〙沈降速度[試験]: blood ～ 赤血球沈降速度, 赤沈, 血沈.
sed·i·men·tol·o·gy [sèdəməntáləʤi, -men- | -dɪmentɔ́ləʤɪ] *n.* 〘地質〙堆積学《川や海の流れによって土砂・砂利などが浸食され運ばれて沈積する現象を扱う》. **sed·i·men·to·log·ic** [sèdəmèntəláʤɪk, -tḷ- | -dɪmèntəlɔ́ʤ-, -tḷ-] *adj.*
sédiment yéast *n.* 〘醸造〙＝bottom yeast.
se·di·tion [sɪdíʃən, sə-] 〘(*c*1375) □ (O)F *sédition* ∥ L *sēditiō(n-)* separation ← *sē(d)-* apart＋*itus* ((p.p.) ← *īre* to go): ⇨ se-, itinerate, -tion〙 ── *n.* **1** 治安妨害, 扇動, 暴動教唆(さ). **2** 《古》暴動, 反乱 (tumult, riot)《insurrection, rebellion にならない程度のもの》: stir up a ～ 暴動を起こさせる. **～·ist** [-ʃ(ə)nɪst, -nəst | -nɪst] *n.*
se·di·tion·ar·y [sɪdíʃənèri, sə- | -ʃ(ə)nərɪ] 〘□ LL *sēditiōnāri-us*: ⇨ ↑, -ary〙 *n.* 治安妨害者; 動乱扇動[教唆(さ)]犯人. ── *adj.* ＝seditious.
se·di·tious [sɪdíʃəs, sə-] 〘(1447) □ (O)F *séditieux* ∥ L *sēditiōs-us*: ⇨ sedition, -ous〙 ── *adj.* **1** 治安妨害の, 扇動的な: a ～ demagogue 民衆扇動家, 扇動的政治家 / a ～ harangue 扇動演説. **2** 治安妨害[扇動]罪の. **～·ly** *adv.* **～·ness** *n.*
Sed·ra [sédrə] *n.* (*pl.* **Sed·roth** [sédrouθ, -rout | -rəuθ, -rəut], **Sed·rot** [-rout | -rəut], **～s**) ＝Sidra.
se·duce [sɪd(j)úːs, sə- | sɪdjúːs] 〘(*c*1477) □ (O)F *séduis-, séduire* ∥ L *sēdūc-ere* to lead aside ← *sē-* apart ＋*dūcere* to lead: ⇨ se-, duct〙 ── *vt.* **1 a** (うまく言い含めて)〈忠誠・主義・義務などを〉〈人〉に捨てさせる〔*from*〕: ～ a person *from* loyalty 人に忠誠を捨てさせる / ～ a person *from* his duty 人に義務を捨てさせる. **b** (うまく言い含めて)〈人を〉〔正道から〕迷わす〔*from*〕; 〔悪に〕導く, 堕落させる (corrupt)〔*to*, *into*〕: ～ a person *into* disloyalty 人を不忠に導く. **c** (うまく言い含めて)〈女性〉の純潔を奪う, だまして〈女を〉ものにする, たらし込む, 誘惑する. **2** 魅する, 引きつける (charm, attract): The beauty to the evening ～*d* me abroad. 夕景色の美しさに魅惑されて戸外に出た. 「ducible.
se·duce·a·ble [sɪd(j)úːsəbḷ, sə- | sɪdjúːs-] *adj.* ＝se-
se·duc·ee [sɪd(j)ùːsíː, sə- | sɪdjùː-] *n.* 誘惑される女.
se·dúce·ment *n.* ＝seduction. 「魔, 婦女誘拐(かい)者.
se·dúc·er *n.* 人を邪道に導く人; (特に)女たらし, 色
se·duc·i·ble [sɪd(j)úːsəbḷ, sə- | sɪdjúːs-] *adj.* 誘惑されやすい, 男にだまされやすい, 堕落させられる.
se·duc·tion [sɪdʌ́kʃən, sə- | sɪ-] 〘(1526) □ F *déduction* ∥ L *sēductiō(n-)* ← *dēductus* (p.p.) ← *sēdūcere*: ⇨ seduce, -tion〙 ── *n.* **1** 誘惑 (temptation), そそのかし (enticement), たらし込み, (誘惑による)貞操蹂躙(じゅうりん). **2** [通例 *pl.*] 人を魅惑するもの; 魅惑, 魅力: the ～*s* of country life [one's favorite study] 田園生活[好きな学科]の魅力. **3** 〘法律〙婦女誘拐(かい)(罪).
se·duc·tive [sɪdʌ́ktɪv, sə- | sɪ-] 〘□ ML *sēductīv-us* ← L *sēductus*: ⇨ ↑, -ive〙 ── *adj.* 誘惑的な (enticing), 魅惑的な, 人をうっとりさせる (captivating), 人目を引く, 人を引きつける (attractive): a ～ smile, woman, etc. **～·ly** *adv.* **～·ness** *n.*
se·duc·tress [sɪdʌ́ktrɪs, sə-, -trəs | sɪ-] 〘← (廃) *seduct(o)r* (□ OF *seducteur* □ L *seductor*: ⇨ seduce, -or²)＋-ESS¹〙 *n.* 男を誘惑する女, 男たらし.
se·du·li·ty [sɪd(j)úːləti, sə- | sɪdjúːlətɪ, -lɪ-] 〘□ L *sēdulitās*: ⇨ ↓, -ity¹〙 *n.* 勤勉, 精励 (diligence).
sed·u·lous [sédʒuləs | -dju-] 〘(1540) □ L *sēdulus* ← *sē dolō* without guile ← *sē* 'without, SE-' ＋ *dolus* guile: ⇨ -ous〙 ── *adj.* **1** せっせと働く, こつこつと勉強する, 勤勉な, 精励する (diligent, assiduous). **2** 念入りの, 丹念な; 至れり尽くせりの (industrious): ～ care 周到な注意 / ～ flattery そつのないこびへつらい / ⇨ *play the sedulous* APE. **～·ly** *adv.* **～·ness** *n.*
se·dum [síːdəm] 〘(*c*1450) ← NL ～ ← L ～ 'houseleek'〙 *n.* 〘植物〙ベンケイソウ《ベンケイソウ属 (*Sedum*) の各種の草本の総称; ムラサキベンケイソウ (orpine) など》.
see¹ [síː] 〘(*c*1300) *se(e)* □ AF *se(d)*＝OF *sie(d)* < VL *sedem＝L *sēdes* seat (cf. *sedēre* 'to SIT')〙 ── *n.* 〘キリスト教〙 bishop または archbishop の管轄権, 管(轄)区: the ～ of Canterbury カンタベリー大主教管区 / the ～ of London ロンドン主教管区 / the *See* of Rome ＝Apostolic See.
see² [síː] 〘OE *sēon* < Gmc *sexwan (Du. *zien* / G *sehen*) ← IE *sekʷ- to see (Hitt. *sakwa-* eye)〙 ── *v.* (**saw** [sɔ́ː]; **seen** [síːn]) ── *vt.* **1** [しばしば目的語＋原形不定詞, do*ing*, または p.p. 形を伴って] 見る, …が見える (cf. LOOK *at*): I ～ some people in the garden. 庭に数人の人が見える / I *saw* her come [com*ing*] across the street. 彼女が通りを横切る[横切っている]のを見た / She was nowhere to be ～*n*. 彼女はどこにも見当たらなかった / The man was ～*n* tak*ing* [*to* take] the money. その男が金を取っている[取る]ところを見られた《★ 受動態で特に to 不定詞を伴う構文は形式張ったもの》/ He *saw* the old woman knock*ed* down. 彼はその老婆が打ち倒されるのを見た / Are you going to ～ her treat*ed* like that? 彼女があんなふうに扱われるのを見ようというのか. ★ この意味の see は進行形には用いられない: What do [can] you ～? 何が見えますか (cf. What *are* you *look*ing at?).
2 眼前に浮かべて見る (visualize), (夢などに)見る: ～ visions 幻想を見る / ～ things 《口語》幻覚を起こす / I *saw* my dead father in a dream last night. 昨夜夢に死んだ父を見た / I can still ～ the professor as he was thirty years ago. 今でも 30 年前の教授の姿を目の前に浮かべて見ることができる / The blind girl *saw* the present with her fingers. 盲目の少女はその贈り物を指で触って見た.
3 a 〈劇・映画・名所などを〉見る, 観覧[見物]する, 見に行く (visit): ～ the sights (of Rome) (ローマの)名所を見物する, (ローマを)観光する / I'm going to ～ the play [show, parade, baseball game]. 劇[ショー, パレード, 野球]を見に行くところです / Have you ever ～*n* Paris? パリへ行ったことがありますか / This church is worth ～*ing*. この教会は一見に価する. **b** (テレビで)見る, 視聴する: Did you ～ the drama last night? 夕べあのドラマを見ましたか.
4 a 〈人〉に会う (meet), 会見する, 面会する (interview); 会って…だと知る: I haven't ～*n* you for ages. 随分長い間お会いしませんでしたね《久しぶりですね》/ I'm very pleased to ～ you. ようこそいらっしゃいました / I have ～*n* nothing of you lately. Let's ～ a great deal of each other. 近ごろさっぱりお見かけしないが, 今後は度々会いましょうよ / (I'll) be ～*ing* you! ＝*See* you (later)! 《口語》ではまた(お会いしましょう) / I *saw* her at the supermarket yesterday. きのう彼女にスーパーマーケットで会った / Are you ～*ing* him at dinner today? きょう夕食の時に彼にお会いになりますか. **b** 〈人〉に会いに行く, 尋ねる (call on); 〈医者〉にみてもらう(consult), 〈弁護士を〉尋ねる: Come and ～ me tomorrow, please. あす尋ねて来てください / I think he ought to ～ a doctor. 彼は医者に見てもらわなければなるまい / You must ～ the lawyer. 弁護士のところを尋ねなければならない. **c** (時間をさいて)…に会ってやる, 応待する (receive): He is too ill to ～ you. 彼は病気でお会いできません. **d** (特に)〈恋人〉とつきあう, …とデートを重ねる: Kate is ～*ing* too much of the same boy. ケートは同じ男の子とばかりつきあっている. **e** 《俗》わいろの授受にからんで…に会う.
5 a …に遭遇する (undergo), 経験する (experience): He couldn't live to ～ his son's marriage. 息子の結婚を見ずに死んだ / I have never ～*n* army service. 兵役に服したことがない / He has ～*n* a lot of life. なかなか世の中の経験を積んでいる / If a man keep my saying, he shall never ～ death. 人もしわが言葉を守らばとこしえに死を見ざるべし (*John* 8:51) / He'll never ～ 50 again. 五十は越している / We have ～*n* the day when things were better. あのころは世の中がもっと楽だった (cf. *vt.* 13) / ⇨ *have* ～*n better* [*one's best*] DAYS. **b** 《文語》〈時代・場所が〉〈事件・事態などを〉生ぜしめる, …の舞台[場面]となる, 目撃する (witness): The fifth century *saw* the end of the Roman Empire in the West. 5 世紀には西ローマ帝国が幕を閉じた.
6 [しばしば *wh*-clause (または *wh*＋*to* do) を伴って] 悟る, 理解[了解]する (understand): I can't ～ the joke [the point of the argument]. どこがおかしいのか[論点が]わからない / He did not ～ the use [good, fun] of doing it. 彼にはそうすることの値打ち[よさ, おかしさ]がわからなかった / Don't [Can't] you ～ *what* I mean? 私の言うことがわからないか / I don't ～ *why* he doesn't come. どうして来ないかわからない / We saw *how* universities originated. いかにして大学が生まれたかがわかった / I did not ～ *how to* answer. どう答えてよいのかわからなかった / I ～ it. 《口語》わかりました (cf. *vi.* 2).
7 a [しばしば *that*-clause を伴って] 気づく, 認める (notice): I don't ～ any harm in what he is doing. 彼のしていることは何も害はなさそうだ / He *saw* at once *that* he had made a mistake. 間違いをしたことにすぐ気づいた. **b** [通例 *wh*-clause を伴って] (取調べなどによって)確かめる (ascertain), 知る (find out): Go and ～ *who* it is. だれだか行って見てごらん / Please ～ *if* these shoes fit you. この靴が合うかおためしください / I believe you, but I'd rather ～ it for myself. 君の言葉を信じないわけではないが, 自分で確かめてみたい.
8 a 見てみる, よく調べる, 検査[検分]する (examine): You'd better ～ the house before taking it. 借りる前に家を見ておいたほうがよい / I have in a man to ～ the drains. 人を呼んで下水を見てもらっている / I'll ～ *what* I can do. 何ができるか考えてみよう / I wanted to ～ *how* she would solve the problem. 彼女がどのようにその問題を解決するか見てみたいと思った. **b** (ちょっと)調べてみる, 点検する: Let me ～ your ID card. 身分証明書を見せなさい. **c** [しばしば *that*-cluse を伴って] (新聞などで)見る, 読む: I *saw* his death in today's newspaper. 彼の死去のことをきょうの新聞で読みました / I ～ *that* another earthquake broke out in Italy on Monday. 月曜日にまたイタリーに地震があったのを知りました. **d** [通例命令形で]参照する, 見る (refer to) (略 s.): For further explanation, ～ page 35. なお詳細な説明は 35 ページを見よ.
9 a 〈人〉の面倒を見る, 扶養する: He had nothing to ～ his family easily. 彼には家族を楽に食べさせて行けるだけの財産がなかった. **b** [通例 *that*-clause または目的語＋p.p. を伴って] 〈…する[される]ように〉気をつける, 手はずをする, 取り計らう, きっと〈…するように〉する: *See* (*that*) you don't catch your foot. つまずかないように注意しなさい / I will ～ *that* the work gets done right away. 今すぐ仕事をやってしまうようにしよう. ★ この構文の *that*-clause には未来の動作を表わすのに現在形の述語動詞が用いられる / Stay and ～ the doors lock*ed*. あとに残ってちゃんと戸の鍵を締めて来なさい. / ～ a thing done 監督してやらせる / ～ justice done 事の公平を期する; 復讐をとげる.
10 a (ある見方で)見る: as I ～ it 私の見るところでは / I ～ things differently now. 私は今では物の考え方が以前とは違う / I ～ it in new [totally different] light. それには新しい[全く違った]見方をしている. **b** [目的語＋(*as*＋) 補語を伴って] みなす, 考える (consider): I didn't ～ *fit to* ask him the question. 彼にその質問をしないほうがよいと考えた (cf. fit¹ *adj.* 2 b) / She *saw* it *as* her duty. 彼女はそれを義務だと考えた. **c** [通例 will [would] ～ とし, 目的語＋補語を伴って] (軽いののしりとして)むしろ見たい, …であってほしいと思う: *I'll* ～ him hanged [blowed, damned, further] (first). どんなことがあってもあんな奴の言うことなど承知できない[そんなことだけはまっぴらだ] / *I'll* ～ him dead [in hell] before I accept his proposal. だれが何と言ってもあの男の提案をのむことなど絶対にできない / He *would* ～ the business fail before he admitted he was wrong about advertising. 宣伝策について自分の誤りを認めるくらいなら, いっそのことその事業が失敗してくれればよいと思った.
11 a よい[好ましい]と思う, …に長所を認める: I can't think what she ～*s* in him. 彼女が彼のどこがいいと思っているのか理解に苦しむ. **b** [通例否定構文で, しばしば do*ing* を伴って] 黙って見過ごす, 黙認する, …に賛成する (consent to): He could *not* ～ go*ing* all that way for nothing. むざむざ無為にその方向へ走ってしまうのを見過ごしておくわけにはいかなかった / He *won't* ～ being made use of. 彼はだしに使われて黙ってはいまい.
12 [しばしば目的語＋do*ing* または *as*＋補語を伴って] (ありうるものと)考えてみる, (好ましいものと)認める, 想像する (imagine): Can you ～ him agree*ing* to such a plan? 彼がそのような計画に同意するなど考えてみることができるだろうか / I cannot ～ myself submitt*ing* to it. 私がそれに服従するなどとは思いもよらない / I cannot ～ her *as* a singer. 彼女が歌手だとは想像もできない.
13 予知する, 見越す (foresee): He *saw* the day when the world government would be established. 世界政府が樹立される日を予知していた (cf. *vt.* 5 a).
14 a [目的語＋方向の副詞語句を伴って] …に付き添う, 送り届ける (escort); 見送る: I *saw* him home [*to* the door, *on to* the train]. 家[玄関, 列車の中]まで見送った / She *saw* her child *across* the road. 子供に付き添って道路を横断させてやった / Let's ～ the old year *out* and the new year *in*. 旧年を送り新年を迎えよう / Don't bother to come down. I can ～ myself *out*. どうぞそのままに, ひとりで帰りますから / ⇨ SEE *a person off* (1). **b** (援助・補導・注意して)(最終まで)見届ける〔*through*〕: I'll ～ you *through* [*through* the difficulty]. 最後[難局を切抜ける]まで君を見ていって上げよう / He was ～*ing* his sister *through* college. 大学を出るまで妹に学資を出してやっていた.
15 〘トランプ〙(poker などで)〈賭(か)け〉に応じる (meet); 〈相手〉と同額のかけに応じる (call).
── *vi.* **1 a** 見る, 目にする: as far as one can ～ 見渡す[見える]限り (cf. *vi.* 2) / It was so dark that I could hardly ～. 暗くてほとんど見えなかった. **b** 見える, 視力をもつ, 目がきく: A puppy cannot ～ till the ninth day. 犬の子は九日目までは目が見えない / Owls ～ best at night. ふくろうは夜が一番よく目が見える / She does not ～ very well in her left eye. 彼女は左目がよく見えない / He ～*s* no further than his nose. 彼はお先真っ暗だ, 一向に目先がきかない.
2 わかる, 理解する, 会得する (understand): I ～. わかりました, なるほど / So I ～. [しばしば皮肉をこめて] どうせそんなところでしょう, わかりましたよ / Now do you ～? さて, わかりましたか?, ねえ, そうだろう? / *See*? 《口語》おわかりでしょう / as you ～ ご覧のように (cf. you SEE) / as far as I can ～ 私の見るところでは, 私の考えでは (cf. *vi.* 1 a) / ⇨ SEE *beyond*.
3 a 注意する, 意を配る (take care): *See*, the car is coming! ほら, 車がやって来る / *See* here, … [しばしば警告や禁止の意をこめて] これこれ…, いいかね… /

⇨ SEE *to*. **b** [通例命令形で] (注意して)見る, 注目する (behold): *See*, the moon is out! ご覧, 月が出たよ. **4 a** 確かめる (find out), 調べる;〔家・展覧会場などを〕見回る, 検分する〔*over, round*〕: Go and ～ for yourself, if you don't believe me. 私の言うことが信用できなければ自分で行って確かめてみなさい / Let me ～ *over* the house before deciding to buy it. 買うのを決める前に家をひと回り見させて下さい / ⇨ SEE *about*. **b** なりゆき[様子]を見て決める: We can't answer you yet, but we shall ～. まだご返事できませんが, そのうち何とか致しましょう / We'll have to ～. (それをする前に)少し様子を見なければならない. **5** 考える, 熟考する, 思案する (reflect). ★ 通例 Let me ～. という慣用的命令文をなして用いられる: *Let me* ～, what shall I do next? さあて[えーっと, はてな], 次に何をしようかな.

see about ...のことを考える (consider); ...のことを調べる (inquire about); 気をつける (attend to); ...について何とか手段を講じる: I'll ～ *about* getting it done. 何とかやりおおすようにしてみよう / I'll ～ *about* it. 何とかしよう, 考えて[調べて]みよう《即刻実行を拒むときの言いわけ文句》/ We'll ～ *about* that.《口語》何とか処置しましょう[やめさせるようにしよう]. ***see after*** ⟨...⟩に気をつける, ...を世話する (look after): Let me ～ *after* the dinner. 食事のことはおまかせください. ***see beyond*** [しばしば否定構文で]⟨身近なことなど⟩の先を見通す[理解する]: ⇨ *see beyond* (*the end* [*length*] *of*) *one's* NOSE / She *can't* ～ *beyond* her own family circle. 自分の身内以外の事には頭を回すことのできない女だ. ***see into*** (1) ...を調査する (investigate). (2) ...(の本質・真意)を見抜く, 見通す (see through): He claims to ～ *into* the future. 彼は未来を見通せると言っている. ***see a person off*** (1) ⟨人を⟩見送る (send off): Many people came to ～ him *off* at the airport. 大勢の人が空港に彼を見送りにやって来た. (2) ⟨人を⟩(...から)追い払う, 追い出す (drive off): Mind you ～ him *off* the premises. いいか, 彼を家敷から追い払う[彼には家の敷居を一歩もまたがせない]ようにしなさい. ***see out*** (1) 終わりまで見る: ～ *out* a long play 長い劇を終わりまで見る. (2) ⟨仕事・計画などを⟩(最後まで)見届ける, 完成する (complete): He decided to ～ the work *out*, even if it meant another year. たとえもう 1 年かかっても, その仕事をやり抜こうと決心した. (3) 玄関まで見送る (cf. *vt.* 14 a). (4)《スコット》...よりも長生きする (outlive). ***see a person right*** ⟨人⟩が無事である[十分報われる]ように計らう (cf. *vt.* 14 b). ***see that it is good*** それがよいことを知る[認める] (cf. *Gen.* 1:4): He looked at his work and *saw that it was good*. 自分のやった仕事をながめて満足に思った. ***see through*** (1)《口語》...の真相を見抜く, ...を看破する (detect): ～ *through* a person's deception [scheme] 人の偽瞞[計略]を見抜く / I can ～ right *through* you. 君の腹の中などすっかり見通している《君なんかになめられはせぬ》. (2)《口語》⟨事を⟩うまくやってのける, ⟨仕事などを⟩やり通す (finish): Depend on him to ～ things *through*. 彼なら大丈夫うまくやってのけられる. (3) ⇨ *vt.* 14 b. ***see to*** (1) ...に注意する, 気をつける, ...をうまく用意[処置]するように計らう (attend to): Leave it to me; I'll ～ *to* it [I'll have it ～*n to*]. お任せなさい, 私が取り計らいます[取り計らわせます]. (2) [～ *to it that* ...の形式をなして](...する[される]ように)注意する, 取り計らう (cf. *vt.* 9 b): *See to it* (*that*) the work is done before dark. 暗くならないうちに仕事をやってしまうようにしなさい / The master has ～*n to it that* I did day duty only. 主人は私が日勤だけすればよいように計らってくれている. ***you see***《口語》[挿入句的に用いて] (1) ご存じの通り, ねえ, そら (cf. you KNOW): *You* ～, it's clearing up. ほら晴れて来たでしょう. (2) [説明文に用いて]だって[何しろ]...だから: He's, *you* ～, still young.

see·a·ble [síːəbl | síːə-, síə-] *adj.* 見ることのできる.

Sée·beck efféct [zéɪbek-, síː-; *G.* zéːbɛk-] 〖← *Thomas J. Seebeck* (1770–1831: ドイツの物理学者)〗 ── *n.*〖物理〗ゼーベック効果《両端を接合した二種類の金属線の二接合点の温度が異る時, 起電力が生じる現象》.

see·catch [síːkætʃ] 〖□ Russ. *sekach*〗 *n.* (*pl.* **-catch·ie** [～i | ～ɪ])〖動物〗(アラスカ産の成熟した)オットセイ (fur seal) の雄.

seed [síːd] 〖n.: OE *sǣd*, *sēd* < Gmc **sǣðiz*, **sǣðam* (G *Saat*) ← **sǣ-* 'to sow[1]'〗 ── *n.* (*pl.* ～**s**, ～) **1** [集合的にも用いて] 種, 実, 種子: It cannot be grown from ～. それは種からは生えない / sow ～ in the ground 土に種をまく / plant two ～*s* in the bed 花壇に種を 2 個まく / remove ～*s* from a melon メロンの種をとる. **2 a** (種として植え付ける)塊茎, 球根(など): a ～ potato 種ジャガイモ. **b** (ふつう皮の堅い)小粒の果実. **3 a** 精液 (semen, sperm); 魚精, 白子 (milt). **b** (昆虫・節足動物などの)卵. **c** 貝の卵 (spat). **4** [集合的](養殖場に植え付ける)種ガキ(seed oysters). **5** 子孫 (offspring, progeny); 種族 (race): the ～ of Abraham アブラハムの子孫《ヘブライ人》/ raise up ～ ⟨父が⟩子供をもうける[こしらえる]. **6** 根源, 発生源 (germ, source): the ～*s* of discord 不和の種 / sow the ～(*s*) of strife [disease, vice] 争い[病気, 悪]の種をまく. **7 a** 種のように小さなもの. **b** (結晶の)核, 種子. **c**〖ガラス製造〗微細糠泡(ぬか), 小泡, 糠泡《ガラスに残る小さい泡》. **d**〖窯業〗ほうろう釉の溶融のあと難溶性成分の一部が固結残留したもの. **8**〖スポーツ〗シード(選手) (cf. *vt.* 6): a top ～ トップシード, 第 1 シード. **9**〖物理化学〗ラジウムなど放射性元素の照射用小型容器.

go [***run***] ***to seed*** (1) 種子[実]ができる. (2) 盛りが過ぎる, 衰える, みすぼらしくなる. ***in seed*** ⟨ある種の植物が⟩種のできる時期になって, 種ができて. ***sow the good seed*** よい種をまく; 宗教の福音を伝える.

── *vt.* **1 a** ⟨土地⟩に⟨種を⟩まく (sow)〔*with*〕: ～ the field *with* wheat 畑に小麦をまく. **b** ⟨種を⟩まく: ～ wheat in the field 畑に小麦をまく. **2** ⟨果実⟩の種を取り去る: ～ fruit. **3** ...に微生物を接種する (inoculate). **4** (人工降雨のため)⟨雲⟩の間にドライアイス・沃化銀などの粒子を散布する: ～ clouds *with* silver iodide. **5** ...の成長[発展]を促す. **6**〖スポーツ〗⟨選手・チームを⟩シードする《強豪同士が早い回で対戦しないように組み合わせる; cf. *n.* 8, seeded 4》; ⟨競技者を⟩過去の戦績に従ってランクする: be ～*ed* third 第 3 シードにシードされている / ～ the draw (強豪同士が初めから顔合わせしないように)くじを組み合わせる, シード選手を置いて対戦組み合わせ表をつくる[ドローを組む]. ── *vi.* **1** ⟨花が⟩実を結ぶ, 種を生じる; 種を落とす. **2** 種まきをする.

séed·bèd *n.* ＝seed-plot.

séed bèetle *n.*〖昆虫〗マメゾウムシ《マメゾウムシ科の甲虫の総称; インゲンマメゾウムシ (bean weevil), エンドウマメゾウムシ (pea weevil) など大多数の種類は豆類の種子に食い入るが, ヤシ類の種子に食い入るものもある; seed weevil ともいう》.

séed·càke *n.* **1** 種子入りケーキ《香味としてごまや caraway などの種を入れたケーキまたはクッキー》. **2** ＝oil cake.

séed càpsule *n.*〖植物〗(ユリ・アヤメなどの種子を包む)蒴(さく).

séed·càse *n.*〖植物〗**1** ＝seed capsule. **2** 果皮 (pericarp).

séed còat *n.*〖植物〗種皮.

séed còral *n.* 粒珊瑚(さんご)《小粒で不規則な形のもので, 装飾用》.

séed còrn *n.* 種子トウモロコシ.

séed còtton *n.* 実綿.

séed-drìll *n.* 種まき機, 播種(はしゅ)機.

séed·èater *n.*〖鳥類〗種子食の鳥《穀物を食う小鳥の総称》.

séed·ed 〖← SEED (vt.)〗 ── *adj.* **1 a** 種がまかれた (sown); 種を付けた, 十分に成育した (full-grown): a ～ field / a ～ sunflower. **b** ⟨果物など⟩種のある. **c** ⟨干しぶどうなど⟩種が取り除いてある. **2** [通例複合語の第 2 構成素として] 種が...の, ...の種をもった: many-*seeded* 種が沢山ある / round-*seeded* 丸い種をもった. **3** 接種された (inoculated). **4**〖スポーツ〗シードされた, 強力な, 一流の: a ～ player シード選手 / the top-*seeded* tennis star. **5**〖紋章〗⟨ばらなど⟩種が花の色と異なる: a rose gules ～ or 金色の種をつけた赤いばら.

séed·er 〖OE *sǣdere*: ⇨ seed, -er[1]〗 ── *n.* **1** 種まき人; 種まき機, 播種(はしゅ)機(seeding machine). **2** (果物の)種取り器. **3** 沢山の種子をつける植物. **4** (人工降雨用の)沃化銀[ドライアイス]噴射装置. **5**《英》産卵(抱卵)魚, 子持ち魚.

séed fèrn *n.*〖古生物〗古生代のソテツシダ目のシダに似るが裸子植物に近縁の植物またはその化石.

séed fìsh *n.* 抱卵魚, 子持ち魚 (breeding fish).

séed·ing 〖ME〗 *n.* **1** 種まき. **2** 産卵 (spawning). **3**〖気象〗(人工降雨の)種まき. **4**〖スポーツ〗シードすること (cf. seed *vt.* 6), シード; シード順位表.

séeding machìne *n.* 種まき機, 播種(はしゅ)機.

séed·lèaf *n.* (葉巻き用の)たばこの葉.

séed lèaf *n.*〖植物〗子葉 (cotyledon).

séed·less *adj.* 種のない: ～ raisins 種なし干しぶどう. ～**·ness** *n.*

séed·like *adj.* 種子状の[に似た].

seed·ling [síːdlɪŋ] 〖(1600) ← SEED (n.) + -LING〗 *n.* **1** 実生(みしょう)の植物. **2** (3 フィート以下の)若木, 苗木 (sapling). **3** 小さな種.

séed-lòbe *n.*〖植物〗子葉 (cotyledon).

séed·man [-mən] *n.* (*pl.* **seed·men** [-mən, -mèn]) ＝seedsman.

séed mòney *n.* (新事業のための)元手, 元金.

séed òil càke *n.* ＝cotton seed cake.

séed òyster *n.* (養殖用の)種ガキ.

séed pèarl *n.* **1** 小粒真珠($^1/_4$ grain 以下). **2** 種(たね)真珠.

séed plànt *n.* 種子植物 (spermatophyte) (cf. flowering plant).

séed-plòt *n.* **1** 苗床 (seedbed). **2** 育成の場, 醸成場: the ～ of sedition 騒乱扇動の策源地.

séed·pòd *n.*〖植物〗(エンドウなどマメ科植物の)莢(さや).

séed shrìmp *n.*〖動物〗＝ostracod.

séeds·man [-mən] *n.* (*pl.* **seeds·men** [-mən, -mèn]) **1** 種をまく人. **2** 種子商.

séed snìpe *n.*〖鳥類〗南米の内陸乾燥地帯にすむヒバリチドリ科の鳥の総称《サヤハシチドリの類であるが, 外観はウズラに似ている》.

séed·tìme 〖(?c1450)〗 *n.* **1** 種まき時, 播種(はしゅ)期. **2** 発達[準備]期: the ～ of one's career 人生の準備期.

séed vèssel *n.*〖植物〗果皮 (pericarp).

séed wèevil *n.*〖昆虫〗＝seed beetle.

séed-wòol *n.* 種綿《種子を取り去らない綿花》.

seed·y [síːdi | -dɪ] 〖(1574) ← SEED + -Y[4]〗 ── *adj.* (**seed·i·er, -i·est; more ～, most ～**) **1 a** 種の多い; 実を結ぶ[結んだ]. **b** ⟨魚が⟩子持ちの. **2**《口語》**a** みすぼらしい, 見苦しい (shabby); みすぼらしいなりをした: ～ clothes / a ～ woman. **b** 少しいかがわしい, みっともない, 評判の悪い (degraded). **3** 元気のない, 気分のすぐれない (unwell, spiritless): feel [look] ～ 気分が悪い[悪そうに見える]. **4**〖ガラス製造〗⟨ガラスが⟩糠泡(ぬか)のはいった: a ～ lens 気泡のはいったレンズ. **séed·i·ly** [-dɪli, -də-, -dɪ̀ | -dɪlɪ, -də-] *adv.* **séed·i·ness** *n.*

See·ger [síːgə | -gə(r), **Alan** *n.* (1888–1916) 米国の詩人.

sée·ing 〖(n.: 1375; adj.: *a*1325; conj.: 1503)〗 ── *n.* **1** 見ること: *Seeing* is believing.《諺》見るより確かなことはない,「論より証拠」,「百聞は一見にしかず」/ I will tell you my ～*s* and doings. 自分の見たことやしたことをお話ししよう. **2** 視覚, 視力 (sight): The range of ～ is different in different persons. 視覚の及ぶ範囲は人ごとに異なる. **3**〖天文〗シーイング《地球大気の状態による天体像の質》. ── *adj.* **1** 目の見える, 目明きの, 洞察力のある: a ～ force 透視力, 洞察力. **2** [the ～; 名詞的に; 複数扱い] 目明き(の人人): Sometimes *the* ～ see less than the blind. 時時目明きの方が盲人よりも物を見ないことがある. ── *conj.* [～ (*that*) として] ...であるからには, ...だから (inasmuch as, since): *Seeing* (*that*) he was there, he may have seen her. 彼はそこにいたのだから彼女を見かけたかもしれない.

Séeing Éye *n.* **1** シーイングアイ《米国 New Jersey 州 Morristown 近くにある盲導犬を供給する慈善団体; 正式名 The Seeing Eye Inc.》. **2**〖商標〗＝Seeing-Eye dog.

Séeing-Éye dòg *n.* (Seeing Eye で訓練された)盲導犬.

séeing glàss *n.*《英方言》姿見, 鏡 (mirror).

seek [síːk] 〖OE *sēcan* < Gmc **sōkjan* (Du. *zoeken* / G *suchen*) ← IE **sāg-* to trace (L *sāgāx* 'SAGACIOUS' / Gk *hēgeîsthai* to lead): 現在の -*k* は ME の三人称単数現在形 *sēcþ* などの影響によるものか: cf. beseech〗 ── *v.* (**sought** [sɔ́ːt]) ── *vt.* **1 a** 捜し求める (look for): ～ a missing man 行方不明の人を捜す. **b** 得ようとする, 手に入れようとする; 狙う (aim at): ～ a job [position] 仕事[地位]を求める / ～ one's fortune 立身出世を求める, 成功を求める / ～ wealth [fame] 富[名声]を求める / ～ a quarrel けんかを売る / ～ safety in flight 避難して逃げる / ～ a person's life 人を殺そうとする[つけねらう] / ～ a lady's hand in marriage 婦人に求婚する. **c** 見つけようとする, 発見しようとする: ～ a solution / ～ the cause of a disease 病気の原因を究明する / ～ a mystery 神秘を探る. **2** 求める, 要求する (request): ～ advice [information] (*from* a person) (人に)助言を求める[問い合わせる] / ～ an explanation of a person's conduct 人の行動の説明を求める. **3** ⟨...しようと⟩努める (endeavor), 試みる (try) ⟨*to* do⟩: ～ *to* convince a person 人を納得させようと努める / They *sought to* come to an agreement. 協定に達しようと努めた. **4**《古》⟨人の所・場所⟩へ行く (resort to): ～ one's bed 床につく / ～ the woods *for* peace 平安を求めて森へ行く. **5**《廃》探検する (explore). ── *vi.* **1** 〔...を〕捜す, 探索する〔*through, for*〕: ～ *through* a place ある場所をくまなく[すみからすみまで]捜す / He is ～*ing for* you. 君を捜して[尋ねて]いる / Are you ～*ing for* trouble? お前「がん」つけるんか《因縁をつける時のきまり文句》. **2**《廃》行く, 赴く (resort)〔*to*〕.

be to seek まだ捜さなければならない, まだ見つからない; 欠乏している, ない: A leader *is* yet *to* ～. 首領はこれから捜さねばならない[まだいない] / Diligence *is* much *to* ～ among them. 彼らには勤勉が大いに不足している / These kinds of things *are* sadly *to* ～. こういう物がひどく欠けている / The solution is *not far to* ～. 解決は近いところにある[簡単だ]. ***seek after*** ...を求める, 尋ね求める, ほしがる (demand, desire): He *is* always ～*ing after* wealth. 常に富を求めている / Clothes and food *are* the things most *sought after*. 衣食が最も人の求めているものだ. ***Seek*** (***dead***)***!*** [犬に対する命令] ⟨射落とした獲物を⟩捜して来い. ***seek out*** 捜し出す: ～ *out* an enemy 敵を捜し出す.

séek·er 〖ME〗 ── *n.* **1** 捜す人, 求める人, 探求者, 追究者: a ～ of office 官職を求める人 / ～*s* after truth 真理の探求者. **2** (外科・解剖用の)さぐり針, 消息子 (small probe). **3** [S-]〖キリスト教〗求正教徒《17 世紀の英国の Puritan の小さな一派の人》. **4**〖空軍〗**a** (ミサイルの)目標追求装置, シーカー《目標物から出る熱線・音波・光線・電波などを感知し, これに命中するミサイルの自己誘導装置》. **b** (それを装備した)目標追求ミサイル.

seel [síːl] 〖(*a*1500)《変形》← ME *sile*(*n*) □ OF *sill-er*, *cill-er* □ ML *ciliāre* ← L *cilium* eyelid: cf. cilia〗 ── *vt.* **1**〖鷹狩〗(慣らすために糸で)⟨鷹⟩のまぶたを縫う. **2**《廃》**a** ⟨目を⟩閉じる. **b** 盲目にする (blind), 目をくらます (hoodwink); だます (deceive).

See·land [G. zéːlant] *n.* ゼーラント《Sjælland のドイツ語名》.

see·ly [síːli | -lɪ] 〖OE **sǣlig* (cf. *ġesǣliġ*) ← *sǣl* < Gmc **sǣliz* luck ← IE **sel-* of good mood (Gk *hilarós* gay)〗 ── *adj.*《古》**1 a** 弱々しい. **b** (弱くて)あわれむべき. **2 a** 単純な; 無邪気な. **b** ばかな. **3 a** 善良な. **b** 幸福な. **sée·li·ly** [-lɪli, -lə- | -lɪ] *adv.*

seem [síːm] 〖(?*a*1200) *seme*(*n*) □ ON *sœma* to honor ← *sœmr* fitting,《原義》making one ← Gmc **sōm-* ←

IE *sem- one (⇨ same)〗 ── *vi.* **1** [通例 *to* be+名詞・形容詞・p.p 形・-ing 形を伴って] (…であるように)見える, 外観は…だ, …らしい, …のようだ, …そうだ. ★ この構文では seem のあとの to be はしばしば省略されう る: He ~*s* (*to* be) a nice fellow. 彼はいい奴らしい / He ~*s* (*to* be) happy [nervous]. 彼は幸せそうだ[いらいらしているようだ] / She ~*ed* (*to* be) *satisfied*. 彼女は満足して いる様子だった / The baby ~*ed to* be asleep [*to* be sleeping]. 赤ん坊は眠っているようだった / Be what you ~ (*to* be). 外観に対する実を備えよ, 言行を一致させよ / Things are not always what they ~. 物事は外観の通りであるとは限らない / She ~*ed as if* [*as though*] she had forgotten to grow old. 彼女はまるで年を取るのを忘れてしまっているかのように見えた (cf. 3 a). **2** [通例 *to* do を伴って] 〈…する〉ように思われる, ような気がする: I ~*ed to* hear footsteps. 足音が聞こえるような気がした / They ~ *to* know the truth. 彼らは真相を知っているようだ / He ~*s to* have been ill. 彼は病気だったらしい. ★ to do が to be の場合の用法は 1 に準じる (cf. 1 ★): I ~ (*to* be) tired today. 今日は疲れたような気がする / The situation ~*ed to* me (*to* be) hopeless. 情勢は絶望的に見えた / My presence ~*s to* be expected. 私の出席が期待されているらしい / You ~ *to* be enjoying yourself. お楽しみのようですね / He ~*ed* not *to* notice it.=《口語》He didn't ~ *to* notice it. 彼はそれに気がつかないようだった / I don't ~ *to* like him.《口語》私は何だか彼が気に入らない / He ~*s* (*to* be) unable to solve the problem.=《口語》He can't ~ *to* solve the problem. 彼にはその問題が解けないようだ / I will do as ~*s* best. 私は一番よいと思われるようにやってみよう. **3** [it を主語にして] **a** …らしい, …のようだ, …に思われる: *It* ~*s* (*that*) there was a fire yesterday. (何でも)きのう火事があったらしい / *It* would [《古》should] ~ *that* you object to the plan. 君はどうやら計画に不服のようだね (★ It ~*s* that… よりも婉曲な表現法) / *It* ~*s to* me *that* he is mistaken. 彼が間違っているように私には思える / *It* ~*s*, dear, *that* you were drunk last night. 《皮肉》あなた, だれかさんは夕べご酩酊(めいてい)らしかったわね / The road is still, *it* ~*s*, blocked. 道路はまだ封鎖されているようだ / *It* ~*s* so.=So *it* ~*s*. そうらしい, そのようだ / *It* ~*s* not. そうではないらしい (★ 上記 2 例中の so, not は *that*-clause の代用) / *It* ~*ed as if* [*as though*] he didn't understand. どうも彼には理解できなかったようだ (★ *that*-clause を用いるよりも婉曲的な表現法; cf. 1) / as it ~*s* 見たところ(では) (seemingly). **b** [補語を伴って] …に見える; …のように思われる: *It* ~*s* likely to rain. 雨らしい / *It* ~*s* good *to* me *to* do so. そうするのがよさそうだ, そうしたい, そうするつもりだ / *It* ~*s* a pity *to* give it up. 断念するのは惜しいみたいだ / *It* doesn't ~ much use go*ing* on. このまま続けても大して利益にはならないだろう / *It* ~*s* probable *that* he will be elected. おそらく彼が選出されよう. **4** [There ~(*s*)… として] …がありそうだ: *There* ~*s* (*to* be) no need to tell him. 彼に言う必要はなさそうだ / *There* ~*s to* be some mistake. 何か思い違いがありそうだ / *There* ~ *to* be more people coming. もっと人がやって来ているようだ.

séem·er *n.* (外観上)そう思われる人; (特に)うわべ[見せかけ]だけの人 (pretender).

séem·ing 〖ME〗 ── *adj.* (真偽は別として)外に現われた, うわべの, 表面上の, 外観上の (apparent); 表面だけの, 外観だけの, 見せかけの (ostensible): his ~ loyalty (真実らしくない[らしい])彼の外に現れた忠誠心 / a ~ advantage 一見利点と思えない[思える]もの / with ~ sincerity さも誠実らしく. ── *adv.* [複合語の第一構成素として]うわべは…の, 表面は…に見える: *seeming*-changeless 外観上は変らない / *seeming*-virtuous うわべは高潔な. ── *n.* うわべ, 表面, 外観 (appearance); 見せかけ (semblance): the ~ and the real うわべと実際 / to all [outward] ~ どう見ても[見たところ] / to one's ~ 《古》だれそれが見る[考える]ところでは. **~·ness** *n.*

séem·ing·ly 〖《15C》〗 *adv.* **1** うわべは, 表面[外観]上(は); 見たところ(では). **2** 《古》ふさわしく.

seem·ly [síːmli | -lɪ] 〖adj.: (?*a*1200) ▭ ON *sœmilig-r* ← *sœmr*. ― adv.: ME ▭ ON *sœmilig-a* ← *sœmiligr*: ⇨ seem, -ly[1,2]〗 ── *adj.* (**seem·li·er, -li·est; more ~, most ~**) **1** 上品な, 品のいい, 礼儀にかなった (decent). **2** (場・目的・人などに)ふさわしい, 適当な (fitting, suitable). **3 a** みばのよい, 美しい (handsome). **b** 均勢のとれた, 魅力的な (attractive). ── *adv.* (**seem·li·er, -li·est; more ~, most ~**) 《古》**1** 上品に (decently), 心地よく (pleasingly). **2** 適切に, ふさわしく. **séem·li·ness** *n.*

seen [síːn] *v.* ── see[2] の過去分詞. ── 〖OE (*ge*)*sewen*〗 *adj.* **1** (目に)見える: things ~ (幻想でない)現実の物. **2** 《古》〔…に〕通じた, 精通している (versed) 〔*in*〕: be well [ill] ~ *in* …に通じている[いない].

seep[1] [síːp] 〖《1790》《変形》←《廃》*sipe* < OE *sipian* to soak〗 ── *vi.* **1** 〈液体が〉(小孔・すき間を通して徐々に)しみ出る, 滲(にじ)出する (ooze). **2** 〈考え方・方法などが〉少しずつ浸透する. **3** 広がる, 拡散する, 行き渡る, 充満する. **4** 洩れる. ── *n.* **1 a** 水や石油のしみ出し[出た所]. **b** 《米》小さな泉. **2** =seepage.

seep[2] [síːp] 〖《混成》← s(EA)+(J)EEP〗 *n.* 《米》水陸両用のジープ (amphibious jeep).

seep·age [síːpɪdʒ] *n.* **1** (水や油の)しみ出し, 浸透, 浸潤 (leakage). **2** しみ出るもの. **3** (液体の)浸出量.

seep·y [síːpi | -pɪ] 〖← SEEP[1]+-Y[4]〗 *adj.* (**seep·i·er, -i·est**) 〈地面が〉水につかった, 水のしみでる, 水はけの悪い.

se·er[1] 〖《*c*1390》〗 ── *n.* **1** [síːə, síə | síːə(r, síə(r] 見る人. **2** [síə | síə(r] **a** 先見者, 先覚者, 予言者 (prophet). **b** 非凡な直観・洞察力をもった人. **3** [síə | síə(r] 占い師; (特に)水晶占い師 (crystal gazer).

seer[2] [síə, séə, sɔː | sɪə(r] 〖《1618》▭ Hindi *sēr*〗 ── *n.* シーア: **1** インドの重量単位; 通例 $^{1}/_{40}$ maund; 8 オンスないし 3 ポンド; 所によって異なる. **2** インドの液量単位; 約 1 リットル.

seer[3] [síə | síə(r] *n.* 〖魚類〗 =seerfish.

se·er·ess [síː(ə)rɪs, -rəs | síː(ə)r-] 〖← SEER[1]+-ESS[1]〗 *n.* 女予言者 (prophetess).

séer·fish [síə- | síə-] 〖《部分訳》← Port. *peixe serra* 《原義》saw fish ← *peixe* (< L *piscem* fish)+*serra* (< L *serram* saw)〗 ── *n.* (*pl.* ~, **~·es**) 〖魚類〗 **1** インド近海のサバ科サワラ属 (*Cybium*) の食用魚の総称. **2** インド産ツバメコノシロ属の魚 (*Polynemus indicus*).

seer·suck·er [síəsʌ̀kə | síəsʌ̀kə(r] 〖▭ Hindi *śīrśakar* ▭ Pers. *shīr-o-shakkar* 《原義》'milk and SUGAR'〗 ── *n.* シアサッカー, サッカー (亜麻(と絹)で織った青縞のあるインド産の薄地の織物で, 経糸(たていと)の縞目の部分を織り方などで縮ませ波状の凹凸を出したもの; 衣類・カーテン・ベッドカバーなどに用いられる).

see·saw [síːsɔː | ⌐⌐, ⌐⌐] 〖《1640》《加重》← SAW[1] (v.): cf. singsong, wishy-washy, etc.〗 ── *n.* **1 a** シーソー(遊び), ぎっこんばったん: play at ~ シーソーをして遊ぶ. **b** シーソー台 (teeter-totter ともいう). **2** 上下動; 前後動; 動揺, 変動, 一進一退, シーソーゲーム (fluctuation). **3** 〖トランプ〗 =crossruff. ── *attrib. adj.* **1** シーソーのような; 上下に動く: ~ motion 上がったり下がったりすること, 上下動, 変動. **2** 動揺する (vacillating), 変動する: a ~ match [game] 追いつ追われつの接戦, シーソーゲーム / a ~ policy 日和見(ひよりみ)政策. ── *adv.* 前後に動いて, 上下して, 変動して: go ~ 動揺する, 上がったり下がったりする, 交替する. ── *vi.* **1** シーソー遊びをする. **2** 前後[上下]に動く, あちこちに動く. **3** 上がったり下がったりする, 変動[動揺]する (alternate). ── *vt.* 前後[上下]に動かす; 変動させる.

séesaw rótor *n.* 〖航空〗シーソー回転翼 (2 枚羽根のヘリコプター回転翼の一型式で, 2 枚の羽根を一体に作ってある; 従って羽根の一方が上がると他方は下がることになる; cf. fully articulated rotor).

seethe [síːð] 〖OE *sēoþan* < Gmc **siuþan* (Du. *zieden* / G *sieden*) ← IE **seu-* to boil〗 ── *v.* (~**d**, 《古》**sod** [sɑ́(ː)d | sɔ́d]; ~**d**, 《古》**sod·den** [sɑ́dn | sɔ́dn]) ── *vt.* **1** (柔らかくするために)〈獣皮などを〉水に浸す; 水につける (steep, soak). **2** 《古》煮る (boil): Thou shalt not ~ a kid in his mother's milk. 汝子山羊をその母の乳にて煮るべからず (*Exod.* 23:19). ── *vi.* **1** 泡立つ; さか巻く (surge). **2** 沸きかえる, 騒ぐ, 激する, 騒然とする; 動揺する, 興奮する: the mind *seething with* conflicting emotions 千々に思い乱れている心 / Northern Ireland is *seething with* religious civil war. 北アイルランドは宗教内乱で沸き立っている / The country ~*d over* the armament question. 国内は軍備問題で沸騰した. **3** 《古》煮立つ, 沸騰する (boil). ── *n.* **1** 沸騰, ほとばしり. **2** 騒然としていること, 興奮状態.

séeth·ing 〖ME〗 ── *adj.* **1 a** 煮えている, 沸き返っている, とても熱い: a ~ pot. **b** [副詞的に] 煮え立つほどに: ~ hot. **2** 泡立って[さか巻いて]いる: ~ waters さか巻く波浪. **3 a** 動揺の, 動乱の, 騒然とした, 殺気立った (agitated). **b** 激しい, 強烈な.

séeth·ing·ly *adv.* 沸き返って; 騒然として.

sée-thròugh 〖《1960》〗 ── *adj.* **1** 透明な, 透き通る, 内部が見える. **2** 〈生地が〉(薄くて)中が透けて見える, シースルーの: a ~ blouse. ── *n.* **1** シースルーの服[ブラウスなど]. **2** シースルーファッション (1960 年代に流行した).

sée-wòrthy *adj.* 見るに値する.

Se·fe·ris [seféris], **George** *n.* セフェリス (1900–71; ギリシャの詩人・外交官; Nobel 文学賞 (1963); 本名 Georgos (Stylianou) Seferiades [jórɣos stiljanú sɛfɛriádes]).

seg [ség] 〖《略》← SEGREGATIONIST〗 *n.* 《米俗》人種差別主義者.

se·gar [sɪgɑ́ə, sə- | sɪgɑ́ː(r] *n.* =cigar.

Séger cóne [zéɪgə-, séɪgə- | -gə-; *G.* zéːgɐ-] 〖← *Hermann August Seger* (1839–93: ドイツの窯業家)〗 ── *n.* 〖窯業〗ゼーゲルコーン (耐火度測定用三角錐で H. A. Seger が 1886 年に考案した; 米国ではゼーゲル錐の特性をもとにして Edward Orton, Jr (1863–1932) が改良したオルトン錐を pyrometric cone と称している).

Séger's pórcelain *n.* ゼーゲル磁器 (H. A. Seger が有田磁器を研究し, 1886 年にヨーロッパで始めて創作した軟磁器).

seg·gie [ségi | -gɪ] 〖⇨ seg, -ie〗 *n.* =seg.

Se·ghers [zéɪgəz | -gəz; *G.* zéːgɐs], **Anna** *n.* ゼーガース (1900–　; 東ドイツの女流小説家; 本名 Netty Radványi [nέti ráːdvanji]).

se·ghol [sɪgóʊl, sə- | sɪgɔ́ʊl, se-] 〖▭ MHeb. *s[e]ghōl* ▭ Arm. 《原義》cluster of grapes: その記号の形から〗 ── *n.* 〖言語〗(ヘブライ語・アラム語で) ∴ を文字の下に付けて表わされる [ɛ(ː)] 音.

se·ghol·ate [sɪgóʊlət, sə-, -lɪt | sɪgɔ́ʊ-, se-] 〖← NL *segholāt-us*: ⇨ ↑, -ate[1]〗 *adj., n.* 〖言語〗(ヘブライ語で)第二音節に [ɛ(ː)] 音 (seghol) を有する(名詞).

seg·ment 〖n.: 《1570》▭ L *segment-um* ← *secāre* to cut: ⇨ section, -ment〗 ── [ségmənt] *n.* **1 a** (みかんの袋など, 自然にできている)区切り, 区分, 節 (division, section): a ~ of an orange みかんの袋, 瓤嚢(じょうのう) / in ~*s* 節[部分]になって, 分れて / the jointed ~*s* of a bamboo stem 竹の節間. **b** 部分 (bit, fragment): cut the stick into ~*s* 棒を短かく切る / great ~*s* of the press 出版物の大部分. **2** 〖数学〗切片, 線分, (円の)弓形: a ~ of a line 線分 / a ~ of a sphere =a spherial ~ 球欠, 球面弓形 / the major [minor] ~ 優[劣]弓形 / a ~ of a circle 弓形. **3** 〖機械〗扇形歯車[滑車] (segment gear), 扇形(突子). **4** 〖動物〗体節, 体環 (somite), 環節 (⇨ insect 挿絵). **5** 〖音声〗分節音; 分節 (音の流れの中で単位をなす主要部分). ── [ségment | segmént, ségment, səgmént] *v.* ── *vt.* 分裂させる, 分ける (divide): The insect is ~*ed* into head, thorax, and abdomen. 昆虫は頭・胸・腹に分かれる. ── *vi.* **1** 裂ける, 割れる, 切断される. **2** 〖生物〗〈幼芽・胚(はい)子などが〉各部分に分れる; 〈細胞などが〉分裂する.

seg·men·tal [segméntl | segméntl, səg-] *adj.* **1** 区分[節]の; 部分[節]に分れている[から成る]. **2** 〖動物〗体節から成る. **3** 〖言語〗分節の, 分節的な. **~·ly** *adv.*

seg·men·tal·ize [segméntəlàɪz, -tl- | segméntəl-, səg-, -tl-] *vt.* 部分に分ける, 要素に分ける, 区分する. **~d** *adj.*

segméntal órgan *n.* 〖動物〗**1** 体節器, 環節器. **2** =nephridium.

segméntal phóneme *n.* 〖音声・言語〗分節音素 (母音音素と子音音素の総称; cf. suprasegmental phoneme).

segméntal sáw *n.* 〖機械〗 =segment saw.

seg·men·tar·y [ségməntèri | -tərɪ] *adj.* =segmental.

seg·men·ta·tion [sègməntéɪʃən, -men-] 〖← SEGMENT (v.)+-ATION〗 ── *n.* **1** 分割, 分断. **2** 〖動物〗体節構成. **3** 〖生物〗卵割, 分割, 分節 (受精卵などにおいて発生最初に起こる細胞分裂; cf. cleavage 4). **4** 〖音声〗分節 (発話の流れを分節音 (segment) に分けること).

segmentátion càvity *n.* 〖生物〗割腔 (⇨ blastocoel).

seg·ment·ed [ségmentɪd, -təd | segmént-, ségmənt-, səgmént-] *adj.* **1** 仕切りのある, 分節の. **2** 〖動物〗環形の, 環節のある.

ségment gèar *n.* 〖機械〗**1** =segment rack. **2** =sector gear.

ségment ràck *n.* 〖機械〗扇形ラック, 弓形ラック.

ségment sàw *n.* 〖機械〗扇形のこ, 溝挽(ひ)きのこ.

ségment-vàlve *n.* 〖機械〗扇形弁.

ségment-whèel *n.* 〖機械〗扇形車, 扇形歯車.

segni *n.* segno の複数形.

Se·gni [sénji | -jɪ; *It.* séɲɲi], **Antonio** *n.* セニ (1891–1972; イタリアの政治家; 首相 (1955–57; 1959–60), 大統領 (1962–64)).

se·gno [séɪnjoʊ | -njəʊ; *It.* seɲɲo] 〖▭ It. ~ < L *signum* 'SIGN'〗 ── *n.* (*pl.* ~**s**, **se·gni** [séɪnjiː; *It.* séɲɲi]) 〖音楽〗(特にくり返しの前後につける)記号 (𝄋, 𝄌, など): dal ~ 「記号から」, al [sin'al, fin'al] ~ 「記号まで」.

se·go [síːgoʊ | -gəʊ] *n.* 〖植物〗 =sego lily.

se·gol [sɪgóʊl, sə- | sɪgɔ́ʊl, se-] *n.* 〖言語〗 =seghol.

se·gol·ate [sɪgóʊlət, sə-, -lɪt | sɪgɔ́ʊ-, se-] *adj., n.* 〖言語〗 =segholate.

ségo líly [síːgoʊ- | -gəʊ-] 〖← N-Am.-Ind. (Paiute) *sego*〗 ── *n.* **1** 〖植物〗チョウユリ (*Calochortus nuttallii*) (米国西部に多いユリ科の多年性植物; 単に sego ともいう; cf. mariposa lily). ★ 米国 Utah 州の州花. **2** その球根《食用》.

Se·gon·zac [səgɔ̃ː(n)zǽk, -gɔ(ː)n- ; *F.* səgɔ̃zak], **André Du·noy·er de** [dynwaje d] *n.* スゴンザック (1884–1974; フランスの画家).

Se·go·via [seɪgóʊvjə, -viə | -gɔ́ʊvjə, -vɪə; *Sp.* segóbja] *n.* セゴビア (スペイン中部の都市; ローマ時代建造の水道の遺跡がある; 人口 42,000).

Se·go·via [seɪgóʊvjə, -viə | -gɔ́ʊvjə, -vɪə; *Sp.* segóbja], **An·drés** [andrés] *n.* セゴビア (1893–　; 米国在住のスペインのギター奏者).

Se·grè [segréɪ, seɪ- ; *It.* segrɛ́], **E·mi·lio** [ɪmíːliòʊ, əm-, -ljoʊ | ɪmíːlɪəʊ, -ljəʊ; *It.* emíːljo] *n.* セグレ (1905–　; イタリア生まれの米国の物理学者; Nobel 物理学賞 (1959)).

seg·re·ant [ségriənt | -rɪ-] 〖《古形》*sergreant* ← ?〗 ── *adj.* 〖紋章〗〈グリフィン (griffin) が〉後足で立上った (ライオンの rampant に当たる): a griffin ~ 左後肢で立上ったグリフィン.

seg·re·gate 〖《1426》← L *sēgregāt-us* (p.p.) ← *sēgregāre* to set apart from the flock ← *sē-* apart+*greg-*, *grex* flock: ⇨ se-, gregarious〗 ── [ségrɪgèɪt, -rə-] *v.* ── *vt.* **1** 〈人・団体を〉分離する (separate), 隔離する (isolate): ~ boys and [from] girls 男児と女児を分離する. **2** 〈ある人種・宗教団体などを〉一般社会から引き離す, …に人種的差別をする. ── *vi.* **1** 分かれる, 分離する (separate). **2** 差別政策を敷く, 人種差別をする. **3** 〖生物〗〈対等形質が〉(メンデルの法則によって)分離する. ── [-gət, -gɪt, -gèɪt] *adj.* 《古》=segregated. ── [-gət, -gɪt, -gèɪt] *n.* **1** 分離[隔離]された物[人, 団体]; 人種差別された人[団体]. **2** 〖生物〗(遺伝形質が)他と分離した種.

ség·re·gàt·ed [-tɪd, -təd | -tɪd, -təd] *adj.* **1** 分離した, 隔離された. **2** 人種差別を行なっている: ~ education 人種差別教育. **3** 特定の人種[グループ]に限られた: a ~ club.

ségregate polýgamy *n.* 〘植物〙多性異株(ⁱ)《両性花と単性花が異株に生じること》.

seg·re·ga·tion [sègrɪgéɪʃən, -rə- | -rɪ-] 〘《1555》◻ LL *sēgregātiō(n-)*: ⇨ segregate, -ation〙 — *n.* **1** 分離 (separation), 隔絶, 生物の住分け (isolation). **2** 分離[隔離]されたもの. **3** 人種差別 (racial segregation) (cf. integration 7). **4** 《廃》離散 (dispersion). **5** 〘生物〙(遺伝研究における雑種の)分離. **6** 〘金属加工〙偏析《溶融合金の凝固過程で, 最後の部分に溶融温度の低い共晶や不純物が凝集・析出すること》. **7** 〘社会学〙凝離, 離反《都市が拡大してゆく過程で特定の地域が政治, 経済, 文化的な機能的特徴を帯びてくること》.

seg·re·gá·tion·ist [-ʃ(ə)nɪst, -nəst | -nɪst] *n.* 分離[隔離]主義者; 人種差別主義者. — *adj.* 人種差別を支持する, 人種差別主義者の.

seg·re·ga·tive [ségrɪgèɪtɪv, -rə- | -rɪgèɪt-] 〘◻ L *sēgregātīv-us*: ⇨ segregate, -ative〙 — *adj.* **1** 分離的な, 隔離的な; (特に)〈人が〉非社交的な (unsociable). **2** 人種差別的な, 人種差別の: ~ policies.

ség·re·gà·tor [-tə | -tə(r)] *n.* **1** 〘医学〙尿分採器, 分離採尿器, 分尿器《両側の腎臓から別々に尿を採る器械》.

se·gue [séɪgweɪ, ség-; *It.* sé:gwe] 〘◻ It. ~ 'there follows'〙 〘音楽〙 — *vi.* 途切れずに続ける《楽章間を切れ目なく演奏させる指示》; (分散和音の音型などで)同様に続ける. — *adj., adv.* セグエの[で]. — *n.* セグエ(の楽句[箇所]).

se·gui·dil·la [sèɪgɪdí:(j)ə, sèg-, -dí:ljə | sèɪgɪdí:ljə, sèg-; *Sp.* sègiðíʎa] 〘《1763》◻ Sp. ~ (dim.) ← *seguida* sequence ← *seguir* to follow〙 — *n.* **1** 〘詩学〙セギディリア《民謡起源のスペインの詩型; 始めは4行, のちに7行または5行の連句》. **2 a** 〘ダンス〙セギディリア《二人で踊る三拍子のスペインダンス》. **b** 〘音楽〙セギディリア舞曲《同上の舞踏の音楽で, ギター・カスタネットを伴奏に歌われる》.

Séhn·a knòt [sénə-] 〘*Sehna*: 《変形》← *Sinneh* (ペルシャの町の名)〙 *n.* センナノット《手織のじゅうたんに使われる立毛房糸の結び方; Senna knot ともいう》.

sei [séɪ, sáɪ] 〘← *sei whale* 《部分訳》← Norw. *seihval* ← *sei* coalfish + *hval* 'WHALE[1]': 餌を求めて coalfish の後を泳ぐ習性から〙 — *n.* 〘動物〙イワシクジラ (*Balaenoptera borealis*)《ナガスクジラ科; 背鰭があり全長 26 m にも達する; sei whale ともいう》.

sei·cen·to, S- [seɪtʃéntoʊ | -təʊ; *It.* seitʃénto] 〘◻ It. ~ 《原義》six hundred: cf. cinquecento〙 *n.* 17世紀; (特に, イタリアの)17世紀の美術[文芸].

seiche [séɪʃ, sí:ʃ; *F.* sɛʃ] 〘◻ Swiss-F ~ ◻ ? G *Seiche* a sinking // L *siccus* dry〙 — *n.* セイシュ, 静振《数分から数十分にわたって起こる湖沼・港湾の水面の周期的振動; 地震・突風などが原因といわれる》.

sei·del [sáɪdḷ, záɪ-; *G.* záɪdḷ] 〘◻ G *Seidel* < MHG *sīdel* ◻ L *situla* bucket, urn: ⇨ situla〙 *n.* (ビール用)大形グラス[コップ].

Séid·litz pòwders [sédlɪts-, -ləts- | -lɪts-] 〘← *Seidlitz, Sedlice* (チェコスロヴァキア, ボヘミアの町): この町の鉱泉の効き目とよく似ていることから〙 — *n. pl.* 〘薬学〙セドリッツ沸騰散《酒石酸・酒石酸カリ・重炭酸ソーダを混ぜて造る沸騰性緩下剤; 《英》では Seidlitz powder ともいう》.

seif [séɪf, sáɪf] 〘◻ Arab. *sáyf* sword〙 *n.* 〘地質〙セイフ, 縦列砂丘《主風の方向に伸び鋭いリッジを伴う砂丘》.

sei·gneur [seɪnjə́: | -njə́:(r; *F.* sɛɲœ:r] 〘《1592》◻ F ~ < L *seniōrem*: SEIGNIOR, SENIOR, SIGNOR と四重語〙 — *n.* **1** (フランスの)封建領主, 藩主 (feudal lord) (cf. grand seigneur). **2** (フランス領カナダ時代の王勅令による)荘園領主.

sei·gneur·y [séɪnjəri, sén-, sí:n- | -rɪ] 〘◻ F *seigneurie* 《異形》← *seignorie*: ⇨ seigniory〙 *n.* **1** =seigniory 1. **2** (フランスにおける)荘園領主の土地支配権.

sei·gnior [seɪnjɔ́ə, ⌐–– | séɪnjə(r, -nɪə(r] 〘《?a1300》*segnour* ◻ AF < L *seniōrem* 'SENIOR'〙 *n.* =seigneur.

sei·gnior·age [séɪnjərɪdʒ | -njər-, -nɪər-] 〘《15C》◻ MF *seigneurage*: ⇨ †, -age〙 — *n.* **1** 君主の特権. **2** 貨幣鋳造税; 貨幣鋳造利差, 造幣益《貨幣地金より生じる一定の差益で精錬費用をまかなうに用いた》. **3** 《古》支配権, 統治権 (dominion), 権力 (power).

sei·gnio·ri·al [seɪnjɔ́:riəl, -jó:r- | -njɔ́:rɪ-] *adj.* 領主[藩主] (seignior) の.

sei·gnior·y [séɪnjəri | -njərɪ, -nɪə-] 〘《c1300》◻ (O)F *seigneurie*: ⇨ seignior, -y[1]〙 *n.* **1** 領主[藩主]の権力, 主権. **2** (領主の)領地, 領土.

sei·gnor·age [séɪnjərɪdʒ | -njər-, -nɪər-] *n.* =seigniorage. 「gniorial.

sei·gno·ri·al [seɪnjɔ́:riəl, -jó:r- | -njɔ́:rɪ-] *adj.* =sei-

sei·gnor·y [séɪnjəri | -njərɪ, -nɪə-] *n.* =seigniory.

seine [séɪn] 〘ME *seyn(e)* < OE *segne* < (WGmc) **sāgina* ◻ L *sagēna* ◻ Gk *sagḗnē* fishing net: cf. (O)F *seine*〙 — *n.* 引網, 地引網《seine net ともいう》: shoot a ~ 引網をかける / drag [haul ashore] a ~ 地引網を引く. — *vi.* 引網で魚を取る. — *vt.* **1** 引網で〈魚を〉取る. **2** 〈川・海などに〉引網をかける.

seine

Seine [séɪn, sén | séɪn; *F.* sɛn] 〘◻ F ~ ◻ ? L *Sēquana* ◻ Celt. **Sēcoana* ← **sēc* body of water〙 — *n.* [the ~] セーヌ(川)《フランス東部に発し Paris を北西に貫流してイギリス海峡に注ぐ川 (776 km)》.

Seine-et-Marne [séɪn eɪ má:ən | -má:n; *F.* sɛnemarn] *n.* セーヌ エ マルヌ(県)《フランス北部の県; 人口 756,000, 面積 5,931 km²; 首都 Melun [məlœ̃]》.

Seine-et-Oise [séɪneɪwá:z; *F.* sɛnewa:z] *n.* セーヌ エ ワーズ(県)《フランス北部の旧県 (1790–1968)》.

Seine-In·fé·rieure [séɪnɛ̃:(n)feɪriə́:, -æ̃n- | -rɪə́:(r; *F.* sɛnɛ̃ferjœ:r] *n.* セーヌ アンフェリュール(県)《Seine-Maritime の旧名》.

Séine-Ma·ri·tíme [-mà:ri:tí:m; *F.* -maritim] *n.* セーヌマリティーム(県)《フランス北部, Normandy 地方東部のイギリス海峡に臨む県; 人口 1,173,000; 面積 6,295 km²; 首都 Rouen; 旧名 Seine-Inférieure》.

séine nèt *n.* =seine.

séine-nètter *n.* =seiner.

séin·er *n.* **1** 引網漁師. **2** 引網船.

seir [síə | síə(r] *n.* 〘魚類〙=seerfish. 「魚.

sei·ren [sáɪrɪn, -rən] 〘《変形》← SIREN〙 *n.* 〘紋章〙人

seise [sí:z] 〘《異形》← SEIZE〙 *vt.* =seize 6.

sei·sin [sí:zṇ | -zɪn] 〘《c1300》*sesin(e)* ◻ (O)F *saisine* ← *saisir* 'to SEIZE'〙 — *n.* 〘法律〙 **1** (土地・不動産の)(特別)占有《賃借権 (leasehold), 動産について用いられる占有 (possession) および現実の占有 (occupation) と区別される》. **2** 自由保有不動産 (estate of freehold) の占有権. **3** 所有物 (possessions), 財産 (property); 占有地, 所有地.

seism [sáɪzṃ, -sm | -zm] 〘◻ Gk *seismós* ← *seíein* to shake〙 *n.* 地震 (earthquake).

-seism [⌐–sàɪzm] 〘↑〙「震動」の意の名詞連結形.

seis·mal [sáɪzməl, sáɪs- | sáɪz-] *adj.* =seismic.

seis·mic [sáɪzmɪk, sáɪs- | sáɪz-] 〘《1858》← Gk *seismós* + -IC[1]: ⇨ seism〙 *adj.* 地震の, 地震性の, 地震から起こる: a ~ area 震域 / a ~ center [focus] 震央[源]. **séis·mi·cal** *adj.* **séis·mi·cal·ly** *adv.*

seis·mic·i·ty [saɪzmísəṭi, saɪs- | saɪzmísətɪ, -sɪ-] 〘⇨ ↑, -ity〙 *n.* 地震性; (特に, ある地域の)地震の頻度[強度, 分布]. 「震活動.

seis·mism [sáɪzmɪzm, sáɪs- | sáɪz-] *n.* 地震現象, 地

seis·mo- [sáɪzmə, sáɪs- | sáɪzmə(ʊ)] 〘◻ Gk ~ ← *seismós*: ⇨ seism〙「地震 (earthquake)」の意の連結形: *seismo*graph.

seis·mo·gram [sáɪzməgræ̀m, sáɪs- | sáɪzmə(ʊ)-] 〘⇨ ↑, -gram〙 *n.* 震動記録.

seis·mo·graph [sáɪzməgræ̀f, sáɪs- | sáɪzmə(ʊ)grà:f, -græ̀f] *n.* 地震計. **seis·mo·graph·ic** [sàɪzməgrǽfɪk, sàɪs- | sàɪzmə(ʊ)-] *adj.* **sèis·mo·gráph·i·cal** *adj.*

seis·mog·ra·pher [saɪzmágrəfə, saɪs- | saɪzmɔ́grəfə(r] 〘⇨ ↓, -er[1]〙 *n.* =seismologist.

seis·mog·ra·phy [saɪzmágrəfi, saɪs- | saɪzmɔ́grəfɪ] 〘← SEISMO- + -GRAPHY〙 *n.* **1** 地震観測(術), 地震記録(法). **2** 地震学 (seismology).

seis·mo·log·ic [sàɪzməládʒɪk, sàɪs- | sàɪzmə(ʊ)lɔ́dʒ-] *adj.* 地震学(上)の. **sèis·mo·lóg·i·cal** *adj.* **sèis·mo·lóg·i·cal·ly** *adv.* 「(seismographer).

seis·mól·o·gist [-dʒɪst, -dʒəst | -dʒɪst] *n.* 地震学者

seis·mol·o·gy [saɪzmálədʒi, saɪs- | saɪzmɔ́lədʒɪ] 〘← SEISMO- + -LOGY〙 *n.* 地震学.

seis·mom·e·ter [saɪzmáməṭə, saɪs- | saɪzmɔ́mɪtə(r, -mə-] 〘← SEISMO- + -METER[1]〙 *n.* 地震計《seismograph よりも精密なもの》.

seis·mo·met·ric [sàɪzməmétrɪk, sàɪs- | sàɪzmə(ʊ)mét-] *adj.* 地震計の, 地震観測の. 「mometric.

sèis·mo·mét·ri·cal [-rɪkəl, -rə- | -rɪ-] *adj.* =seis-

seis·mom·e·try [saɪzmámətri, saɪs- | saɪzmɔ́mɪtrɪ, -mə-] 〘← SEISMO- + -METRY〙 *n.* 地震観測.

seis·mo·nas·ty [sáɪzmənæ̀sti, sáɪs- | sáɪzmənæ̀stɪ] 〘← SEISMO- + -NASTY〙 *n.* 〘植物〙傾震性《震動を刺激とする傾性運動》.

seis·mo·scope [sáɪzməskòʊp, sáɪs- | sáɪzməskə̀ʊp] 〘← SEISMO- + -SCOPE〙 — *n.* 簡易地震計 (cf. seismometer). **seis·mo·scop·ic** [sàɪzməskápɪk, sàɪs- | sàɪzməskɔ́p-] *adj.*

séi whàle [séɪ-] *n.* 〘動物〙=sei.

seiz·a·ble [sí:zəbḷ] 〘《15C》: ⇨ ↓, -able〙 *adj.* **1** 捕えられる, つかめる, 奪える. **2** (特に)差押え[押収, 取押え]できる.

seize [sí:z] 〘《c1300》*saise(n)*, *seise(n)* ◻ OF *seis-ir*, (O)F *saisir* ◻ ML *sacire* to take possession of ← Gmc (cf. Goth. *satjan* 'to SET')〙 — *vt.* **1 a** (急にぐっと)つかむ (grasp), 握る, 捕える: ~ a rope, stick, weapon, etc. / ~ a person by the arm [throat] 人の腕[のどもと]をつかむ / ~ a person by force 人を引っ捕える / ~ hold of …をぎゅっとつかむ, 捕える. **b** 〈犯人などを〉捕える, 逮捕する (capture): ~ a thief [criminal suspect] 泥棒[容疑者]を逮捕する.
2 a 〈意味・要点などを〉はっきりと[さっと]つかむ, 把握する, 了解する (understand), のみこむ (see): ~ an idea 思想をつかむ / ~ the point 要点を捕える / ~ the essence of the matter 問題の核心をつかむ / I can't ~ your meaning. 君の言う意味がわからない. **b** 〈機会などを〉捕える, つかむ: ~ an opportunity [the occasion] 機会を捕える, 機に乗じる / ~ an invitation [offer] with both hands これ逃がさじと招待に応じる[申し出に飛び付く].
3 〈敵陣・権力などを〉強奪する, 奪う; 〈敵船などを〉捕獲する: ~ a fortress 要塞を奪取する / ~ power 権力を奪取する / ~ the throne [scepter] 王位を奪う.
4 〈禁制品・文書などを〉差し押さえる, 没収する, 押収する: ~ the smuggled goods 密輸品を押収する.
5 [しばしば Passive に用いて]〈病気などが〉〈人を〉急に襲う; 〈感情・考えなどが〉〈人〉(の心)を捕えて支配する: A vague vertigo ~*d* him. 彼は軽い目まいに襲われた / An idea ~*d* me. 私はある考えに捕われた / *be* ~*d by* [*with*] terror [pity, shyness] 恐怖に襲われる[哀れみの心を起こす, 急に恥ずかしくなる] / He *was* ~*d with* a coughing fit. せきの発作に見舞われた.
6 a [特に p.p. 形で] 〘法律〙〔…を〕に占有[所有]させる〔*of*〕: be [stand] ~*d of* …を占有[の所有権を獲得]している; …を持って[備えて]いる; …をよく承知している / the estate *of* which he died ~*d* 彼が死亡した時に所有していた資産. **b** [通例 p.p. 形で]〔問題を〕(議事日程に載せて)〈政府の機関などに〉審議させる〔*of*, *with*〕: the matter *of* which the council *is* ~*d* 審議会が審議中の事柄. ★ a, b ともしばしば seise とつづる.
7 〘海事〙くくり合わせる[付ける]: ~ one rope *to* another 一つのロープを他のロープに結び合わせる / ~ ropes *together* ロープとロープをくくり合わせる / ~ a person *up* (むちで打つために)横静索(ぢぅ)などに人の両手首を縛り上げる.
— *vi.* **1** (急にぐっと)〔…を〕つかむ, とっつかまえる, 捕える〔*on*, *upon*〕; (最後の手段として)〔…に〕飛び付く, すがる〔*on*, *upon*〕. ★ *vt.* よりも強調的な表現法: ~ *on* a rope / ~ *upon* a chance [pretext] 機会[口実]を捕える / ~ *on* a fault [flaw] 欠点を捕える[あらを探す] / ~ *on* [*upon*] any suggestion どんな提案にも飛び付く. **2** 〈機械・自動車などが〉(過熱・過圧のために)止まる, 動かなくなる 〈*up*〉. 「律」=seizor.

séiz·er 〘ME〙 *n.* **1** seize するもの[人, 犬]. **2** 〘法

sei·zin [sí:zɪn, -zən | -zɪn] *n.* 〘法律〙=seisin.

séiz·ing 〘ME〙 — *n.* **1** つかむ[捕える]こと. **2 a** 〘法律〙所有, 占有 (possession, occupation). **b** 押収 (confiscation), 差押え (attachment). **3** 〘海事〙 **a** 括着(ᵏᵃᵗ)《太いロープ端などの周囲を細い紐で整然と巻き付けること》. **b** 括着索.
— *adj.* [フランス語法] 驚くべき, 人目をひく, 印象的な (cf. F *saisissant*).

seizing 3 a

sei·zor [sí:zə, -zɔə | -zə(r, -zɔ:(r] 〘《1555》← SEIZE + -OR[2]〙 *n.* 〘法律〙 **1** 占有者 (occupier), 所有者 (possessor). **2** 差押え人, 没収者 (confiscator).

sei·zure [sí:ʒə | -ʒə(r] 〘《1482》*seasure*: ⇨ seize, -ure〙 — *n.* **1** 捕える[つかむ]こと; 強奪 (robbery). **2** (病気の)発作, (特に)脳卒中(の発作) (apoplectic stroke): die from an apoplectic ~ [a ~ of apoplexy] 卒中で死ぬ. **3** 〘法律〙差押え (attachment), 押収, 没収 (confiscation); (謄本保有地の)没収.

se·jant [sí:dʒənt] 〘《c1500》◻ AF **seiant* = (M)F *séant* (pres.p.) ← *seoir* < L *sedēre* 'to SIT'〙 — *adj.* 〘紋章〙〈ライオンなど〉前脚をまっすぐに立てて坐っている (sitting): a lion ~.

se·kos [sí:kas | -kɔs] 〘← NL ~ ← Gk *sēkós* shrine〙 *n.* 〘考古〙(古代エジプト神殿の)奥殿 (inner sanctuary); 神像安置所.

sel [sél] *n., adj.* 《スコット》=self.

sel. 《略》select; selected; selection.

se·la·chi·an [sɪléɪkiən, sə- | -kɪən, -kjən] 〘⇨ ↓, -an[1]〙 〘魚類〙 *adj.* 軟骨魚綱の. — *n.* 軟骨魚《ガンギエイ (skate), サメ (shark) など》.

Se·la·chi·i [sɪléɪkiàɪ, sə- | -kɪ-] 〘← NL ~ ← Gk *selákhos* cartilaginous fish: ⇨ -i〙 *n. pl.* 〘魚類〙軟骨魚綱.

se·la·dang [sɪlá:da:ŋ, sə-] 〘◻ Malay *sĕladang*〙 — *n.* 〘動物〙 **1** ガウア(セラダン) (*Bos gaurus*)《インド・インドシナの野牛》. **2** マライバク, バク (*Tapirus indicus*).

sel·ag·i·nel·la [sɪlæ̀dʒənélə, sə- | sɪlæ̀dʒɪ-] 〘← NL ~ (dim.) ← L *selāgin-*, *selāgo* a plant resembling the savin: ⇨ -ella〙 — *n.* 〘植物〙イワヒバ, クラマゴケ《シダ植物イワヒバ属 (*Selaginella*) の総称; 温室で栽培する観賞品カタヒバ (*S. caulescens*) などがある》.

Se·lag·i·nel·la·ce·ae [sɪlæ̀dʒənəléɪsiì:, sə- | -dʒɪ-] 〘← NL ~ ← *Selaginella* (属名: ↑) + -ACEAE〙 — *n. pl.* 〘植物〙(シダ植物イワヒバ目)イワヒバ科. **se·làg·i·nel·lá·ceous** [-ʃəs] *adj.*

Se·lag·i·nel·la·les [sɪlæ̀dʒənéleɪli:z, sə- | -dʒɪ-] 〘← NL ~ ← *Selaginella* (↑) + -ALES〙 *n. pl.* 〘植物〙(シダ植物)イワヒバ目.

se·lah [sí:lə, -la:, sɪlá:, sə- | sí:lə] 〘◻ Heb. *sélāʰ*〙 — *n.* 〘聖書〙セラ《旧約聖書の詩篇に現れる意味不明のヘブライ語; 楽曲上の指示として「高調子」や「休止」を意味するものと考えられる》.

se·lam·lik [sɪlá:mlɪk, sə- | sɪ-] 〘◻ Turk. *selāmlik* ← Arab. *salām* peace: ⇨ salaam〙 — *n.* (トルコ人の家の)男部屋《イスラム教国の家屋内で男子の居住にあてられた部分》.

Se·lan·gor [səlǽŋə, -ŋɔə | -ŋə(r, -ŋɔ:(r] *n.* セランゴール(州)《マレーシア中西部の州; 人口 1,630,000,

面積 8,200 km²; 首都 Kuala Lumpur》.

Selassie *n.* ⇨ Haile Selassie.

Sel·den [séldṇ, -dən], **John** *n.* (1584–1654) 英国の法学者; *Mare Clausum* (1635), *Table-Talk* (1689).

sel·dom [séldəm] 〖OE *seldum* (変形) ← *seldan* ← Gmc **selda-* (Du. *zelden* / G *selten*)〗 — *adv.* まれに, たまに (infrequently); めったに…(し)ない (rarely) (cf. often): She ~ writes to me. めったに便りをよこさない / I can ~ find time for reading. 本を読む暇がなかなかない / He goes to church very ~. 教会へ行くことはまずない / *Seldom* is he sober. しらふでいることはめったにない / It is but ~ that a man loves once and for all. 男が決定的に愛するということはまずめったにない / *Seldom* seen, soon forgotten. 《諺》去る者日々にうとし. ★ seldom の代わりに seldom ever を用いるのは冗長で正用法ではない: He ~ *ever* watches television. テレビはめったに見ない.
not seldom 往々, しばしば (often): It *not* ~ happens that ...ということはよくある(ことだ). ***seldom, if ever,*** よしんば…(する)としてもきわめてまれに (rarely if ever): He ~, *if ever*, comes late. 遅れて来ることはまずない. ***seldom or never*** めったに…(し)ない: He ~ *or never* goes out. 彼は出掛けることはまずない. ★ seldom or ever を代用するのは誤用.
— *adj.* まれな, たまの (rare, infrequent).
~·ness *n.*

se·lect [sılékt, sə-] 〖《1565》← L *sēlect-us* (p.p.) ← *sēligere* ← *sē-* apart + *legere* to gather, select: ⇨ se-, lecture〗 — *vt.* 選ぶ, 選択[選抜]する (choose); 抜粋する (pick out): ~ the date 日取りを選ぶ[決める] / ~ a chairman by vote 議長を投票で選ぶ / ~ a candidate for a post ある地位の候補者を選ぶ / ~ a book *from* the shelf 棚から本を選ぶ / ~ *out* a few *from* among many 多くのものから少数を選び出す / He was ~*ed* to study abroad. 選ばれて留学した. — *vi.* 選ぶ, 選択する. — *adj.* **1 a** 選んだ, 選抜した (selected, chosen); 抜粋した: a ~ bibliography / a few ~ friends / a ~ passage from Shakespeare シェイクスピアから抜粋した1節. **b** 選り抜きの, 精選した, 極上の (choice, excelent): ~ wines / a small but ~ library 小規模だが精選された蔵書. **2 a** (会などの)入会条件のきびしい (exclusive); 上流社会の, 上流の人々の行く: a ~ club [hotel] 高級クラブ[ホテル] / a ~ school 上流向きの学校 / ~ circles [society] 上流社会. **b** 選り好みのやかましい (fastidious): She is ~ *in* the people she invites. 彼女は招待する客の選択がやかましい. — *n.* **1** [しばしば *pl.* で] 精選されたもの, 極上品. **2** 《古》(友人などの)選り抜きのグループ.
「分離度.

se·lect·ance [sıléktəns, sə-] *n.* 《ラジオ》(受信器の)

seléct commíttee *n.* (立法府で特定の問題・議題を審議する)特別委員会《special committee ともいう; cf. standing committee》: a ~ of inquiry 特別調査委員会.
「きの, 精選した.

se·léct·ed *adj.* 選ばれた, 選抜された; (特に)選り抜

se·lect·ee [sılèktíː, sə-|sèlek-, sılèk-, sə-] 〖← SELECT (v.) + -EE¹〗 *n.* **1** 《米》(選抜徴兵制によって入隊させる)徴募兵, 応召兵 (draftee). **2** 選抜された人.

se·lec·tion [sılékʃən, sə-] 〖《1646–58》□ L *sēlectiō(n-)*: ⇨ select, -tion〗 — *n.* **1** 選ぶ[選ばれる]こと[状態], 選択, 選抜 (selecting), 精選 (choice): make one's own ~ 自分勝手に選ぶ. **2** [集合的にも用いて] 選んだもの, 選択物, 抜粋, 精選品: The new headmaster is a good ~. 今度の校長の人選はよかった / a choice ~ of books 精選された書物 / ~*s* from great poets 大詩人からの抜粋 / a musical ~ 抜粋曲 / a fine ~ of summer goods 夏向き物の極上品. **3** (競馬, ドッグレースなどで)勝つと見込みをつけられた馬[犬など], 本命, 有力馬[犬など]; 本命を選び出すこと, 予想. **4** 《生物》選択, 淘汰(とうた): ⇨ artificial selection, natural selection, sexual selection, social selection. **5** 《保険》危険の選択《保険者が付保申し込みの中から引受可能なものを選択すること》. **6** 《言語》**a** (文構成における)言語要素の選択. **b** (任意の語類の中からの)特定の語彙の選択. **c** (幾つかの語類の中からの)特定の語類の選択.

seléctional restríction *n.* 《言語》選択制限《生成文法における語彙の共起制限を記述するための機構》.

seléction restríction *n.* 《言語》= selectional restriction.

seléction rùle *n.* 《物理》選択規則《量子力学的状態に対し, ある変化が起こり得るか否かを決める規則; 通例, 状態を指定する量子数の変化で表わされる》.

se·lec·tive [sıléktıv, sə-] 〖《1625》← SELECT + -IVE: cf. F *sélectif*〗 — *adj.* **1** 選択[精選]する, 選択[精選]の, 抜粋の, 淘汰(とうた)の: He is ~ *in* the books he buys. 購入する本の選択にやかましい. **2** 《通信》選択式の《1度に2通以上の送受信を同時に行なえることにいう》. **3** 《電子工学》選択式の《特定周波数の信号に対してのみ動作する》: a ~ amplifier 選択増幅器. **~·ly** *adv.* **~·ness** *n.*

seléctive absórption *n.* 《物理》選択吸収, 選択吸音《物体に電磁波や音波があたった時, 特定の波長だけを選択的に吸収すること》.

seléctive assémbly *n.* 《機械》選択組立て《多数のおす形部品とめす形部品との中から両者のはめ合い状態が, ちょうど目的にかなうもの同士を選択して組み合わせること》.

seléctive emplóyment tàx *n.* 《英》特定産業に就労する者に課せられる税.

seléctive radiátion *n.* 《電気》選択放射《波長により放射率が著しく違う温度放射》.

seléctive refléction *n.* 《物理》選択反射《物体に電磁波や音波があたった時, 波長によって異なる仕方で反射すること》.

seléctive sérvice *n.* 《米》選抜徴兵, 義務兵役 (draft) (cf. National Service).

Seléctive Sérvice Sỳstem *n.* [the ~] 《米》選抜徴兵制《1940年設立, 1947年廃止, 1948年再設; 略 SSS》.

seléctive transmíssion *n.* (自動車の)選択式変速機《変速レバーの中立位置からどの変速段も直接選べる変速機で, 最も多く使用されている》.

se·lec·tiv·i·ty [sılèktívəṭi, sə- | sìlektívəti, sèl-, -vı-] *n.* **1** 選択, 精選, 淘汰(とうた). **2** 《通信》(無線の)分離感度, (受信機・同調器などの)選択度, 選択性.

seléct·màn [-mæ̀n, -mən] *n.* (*pl.* **-men** [-mèn, -mən]) 《米》(Rhode Island 州以外の New England 各州で行なわれている)都市行政委員.

se·léct·ness *n.* 精選, より抜き, 極上.

se·léc·tor 〖□ LL *sēlector*: ⇨ select, -or²〗 *n.* **1** 選択者, 選抜者, 精選者; 精選機. **2** 《通信》選択器, 選波器, 選別器, セレクター.

seléct pèriod *n.* 《保険》選択期間.

se·lec·tron [sıléktrɑn, sə-|-trɔn] 〖← SELECT(ION) + -TRON〗 — *n.* 《電算機》セレクトロン《電子計算機のデジタル情報を蓄積する陰極線管で, 初期の電子計算機で試みられた》.

seléct tàble *n.* 《保険》選択(死亡)表.

se·len-¹ [sılíːn, sə-, sélən | sılíːn, sə-, sélın] (母音の前に来る時の) seleno-¹ の異形.

se·len-² [sılíːn, sə-, sélən | sılíːn, sə-, sélın] (母音の前に来る時の) seleno-² 1 の異形.

sel·e·nate [sélənèıt | -lı-] 〖□ Swed. *selenat*: ⇨ seleno-², -ate¹〗 *n.* 《化学》セレン酸塩[エステル].

Se·le·ne [sılíːnə, sə-] 〖□ Gk *Selḗnē*: *selḗnē* moon の擬人化〗 — *n.* **1** 《ギリシャ神話》セレーネ《月の女神; Hyperion と Theia との娘で Endymion を愛した; 後に Artemis と同一視された; ローマ神話の Luna に当たる》. **2** 女性名.

se·le·ni-¹ [sılíːnı, sə-, sélən-, -nə | sılíːnı, sə-, sélını] seleno-¹ の異形 (⇨ -i-).
「seleno-² の異形 (⇨ -i-).

se·le·ni-² [sılíːnı, sə-, sélən-, -nə | sılíːnı, sə-, sélını]

se·len·ic [sılénık, sə-, -líːn-] 〖← SELENO-² + -IC¹〗 *adj.* 《化学》セレンの; (特に)六価のセレン (Se^{VI}) を含む.

selénic ácid *n.* 《化学》セレン酸 (H_2SeO_4) 《酸化性の強酸; 無色結晶》.

sel·e·nide [sélənàıd, -nıd, -nəd | -lınàıd] 〖⇨ seleno-², -ide〗 *n.* 《化学》セレン化物.

se·le·ni·ous [sılíːniəs, sə-|-nıəs, -njəs] 〖⇨ seleno-², -ious〗 *adj.* 《化学》四価のセレン (Se^{IV}) を含む, 亜セレンの.

selénious ácid *n.* 《化学》亜セレン酸 (H_2SeO_3) 《有毒, 弱い酸; 無色結晶》.

sel·e·nite¹ [sélənàıt | -lı-] 〖1: 《1567》□ L *selēnīt-ēs* □ Gk *selēnítes* (*líthos*) 《原義》stone of the moon ← *selḗnē* moon: ⇨ seleno-¹, -ite¹: 月のように満ちたり, 欠けたりすると信じられたことから. 2: □ Gk *Selēnítēs*〗 — *n.* **1** セレナイト, 透明石膏 (cf. gypsum 1). **2** [S-] [《英》sılíːnaıt, sə-] 月の住民. **sel·e·nit·ic** [sèlənítık | -lınít-] *adj.*

sel·e·nite² [sélənàıt | -lı-] 〖← SELEN(IOUS) + -ITE¹〗 *n.* 《化学》亜セレン酸塩.

se·le·ni·um [sılíːniəm, sə- | -njəm, -nıəm] 〖← NL ~: ⇨ seleno-¹, -ium〗 *n.* 《化学》セレン, セレニウム《非金属元素の一つ; 記号 Se, 原子番号 34, 原子量 78.96》.

selénium cèll *n.* 《電気》セレン光電池.

selénium dióxide *n.* 《化学》二酸化セレン (SeO_2) 《白色吸湿性の結晶; 酸化剤・触媒・セレン製造原料》.

selénium oxychlóride *n.* 《化学》オキシ塩化セレン ($SeOCl_2$).

selénium rèctifier *n.* 《電気》セレン整流器《セレンを用いた多結晶半導体整流器の一種で, 電池の充電回路などに用いられる》.

se·le·no-¹ [sılíːno(ʊ), sə-, sélən- | sılíːnə(ʊ), sə-, sélın] 〖□ L *selēn-* □ Gk *selēn-* ← *selḗnē* moon〗「月 (moon); 三日月形の (crescent-shaped)」の意の連結形: *seleno*graph. ★ 時に seleni-, また母音の前では通例 selen- になる.

se·le·no-² [sılíːno(ʊ), sə-, sélən- | sılíːnə(ʊ), sə-, sélın] 〖□ Swed. ~ ← SELENIUM〗 《化学》**1** 「セレン (selenium)」の意の連結形. ★ 時に seleni-, また母音の前では通例 selen- になる. **2** 「(基中に)酸素の代わりに二価のセレンを含む」の意の連結形: *seleno*cyanic.

selèno·céntric 〖⇨ seleno-¹, centric〗 *adj.* 月中心の; 月を中心としてみた.
「月面測量学者.

sèl·e·nód·e·sist [-sıst, -səst | -sıst] 〖⇨ ↓, -ist〗 *n.*

sel·e·nod·e·sy [sèlənɑ́dəsi | -lınɔ́dısi] 〖← SELENO-¹ + (GE)ODESY〗 *n.* 《天文》月面測量学《月面および月の重力の測量をする学問》.

se·le·no·dont [sılíːnədɑ̀nt, sə-, -lén- | -líːnədɔ̀nt, -lén-] 〖← SELENO-¹ + -ODONT〗 《動物》 — *adj.* 半月歯の; 月歯状の《臼(きゅう)歯の歯冠に新月状の突起のある歯にいう》. — *n.* 半月歯の臼歯をもつ哺乳類《反芻(すう)類》.

se·le·no·graph [sılíːnəgræ̀f, sə- | -grɑ̀ːf, -græ̀f] 〖← SELENO-¹ + -GRAPH〗 *n.* 月面図.

sel·e·nog·ra·pher [sèlənɑ́grəfə | -lınɔ́grəfə(r)] *n.* 月面学者 (lunarian).

sel·e·no·graph·ic [sèləno(ʊ)grǽfık, sılìːnə-, sə-|sèlınə(ʊ)-, sılìːn-, sə-] *adj.* 月面学上の. **sèl·e·no·gráph·i·cal** *adj.*

selenográphic chárt *n.* 月面図.
「rapher.

sè·le·nóg·raph·ist [-fıst, -fəst | -fıst] *n.* = selenog-

se·le·nog·raph·y [sèlənɑ́grəfi|-lınɔ́grəfi] 〖← SELENO-¹ + -GRAPHY〗 *n.* 月面誌《月表面の特徴・地勢などを取り扱う天文学の一部門》.

sèl·e·nól·o·gist [-dʒıst, -dʒəst | -dʒıst] *n.* 月学者.

sel·e·nol·o·gy [sèlənɑ́lədʒi | -lınɔ́lədʒi] 〖← SELENO-¹ + -LOGY〗 *n.* 月学《月の表面や月の物理的特性を扱う天文学の一部門》. **sel·e·no·log·i·cal** [sèlənəlɑ́dʒıkəl, sılìːn-, sə-, -nḷ-, -dʒə- | sèlınəlɔ́dʒık-, sılìːn-, sə-, -nḷ-] *adj.*

sel·e·no·sis [sèlənóʊsıs, -səs | -lınə́ʊsıs] 〖← NL ~: ⇨ selenium, -osis〗 *n.* 《獣医》セレン中毒.

sel·e·no·tro·pism [sèlənətróʊpìzm, sılìːnə-, sə-|sèlınə(ʊ)trə́ʊp-, sə-, sılìːnə-] 〖← SELENO-¹ + -TROPISM〗 — *n.* 《植物》向月性. **sel·e·no·trop·ic** [sèlənətrɑ́pık, sılìːno(ʊ)-, sə-|sèlınə(ʊ)trɔ́p-, sılìːnə-, sə-] *adj.*

se·le·nous [sılíːnəs, sə-, sélən- | sılíːnəs, -sə-, sélın-] *adj.* 《化学》= selenious.

Se·ler [zéılə | -lə(r; G. zéːlɐ], **Eduard** *n.* ゼーラー《1859–1922; ドイツの考古学者; マヤ象形文字の解読に貢献した》.

Se·leu·ci·a [sılúːʃiə, sə-, -ʃə|sıljúːʃıə, se-, -lúː-, -sjə, -sıə] *n.* セレウキア: **1** Babylon の北方, Tigris 河畔にあった古都でシリア王国の首都. **2** 古代シリア北西部, Orontes 川河口付近の都市; Antioch の港.

Se·leu·cid [sılúːsıd, sə-, -ljúː-, -səd | sıljúːsıd, se-, -lúː-] 〖← NL *seleucid-es*: ⇨ Seleucus, -id²〗 — *n.* (*pl.* **~s, Se·leu·ci·dae** [-sədìː | -sı-]) セレウコス王朝の人. — *adj.* セレウコス王朝の.

Se·leu·ci·dae [sılúːsədìː, sə-, -ljúː- | sıljúːsı-, se-, -lúː-] *n. pl.* [the ~] セレウコス朝《Seleucus 一世が創始したシリア王国の王朝, 紀元前 312–?64 年の間小アジア・シリア・ペルシャの大部分を統治した》.

Se·leu·ci·dan [sılúːsədṇ, sə-, -ljúː- | sıljúːsı-, se-, -lúː-] *adj.* = Seleucid.

Se·leu·cus I [sılúːkəs, sə-, -ljúː- | sıljúː-, se-, -lúː-], **Ni·ca·tor** [nıkéıtə, naı-, -ṭə | nıkéıtɔː(r, -tə(r)] *n.* セレウコス一世《358?–?281 B.C.; Alexander 大王配下の武将; バビロニア・シリアなどを征服者し, セレウコス朝を創始; 西アジアの大半を統治し多くの都市を建設》.

self [sélf] 〖OE *se(o)lf, sylf, selfa* < Gmc **selba-, *selbon-* (Du. *zelf* / G *selb(er), selbst*) ← ? IE **se-* (L *sē* self, oneself): cf. suicide〗 — *n.* (*pl.* **selves** [sélvz], 6 では ~s) **1 a** 自分, 自身, 自己 (one's own person): his [its] own [very] ~ 彼[それ]自身, 彼[それ]そのもの / loss [recovery] of ~ 自己喪失[回復] / be conscious of ~ 自己を意識して[人前を気にして]いる / my poor [humble] ~ ふつつかな私, 小生 / one's second [other] ~ 無二の親友, 右腕となる人 / our two *selves* われわれ二人 / your honored ~ 閣下 / Your Royal *Self* 殿下 / by one's ~ 単独に, ひとりぼっちで / *Self* do, ~ have. 《諺》自業自得, 身から出たさび / Let's drink (a toast) to our noble *selves*. 《戯言》さあ御一同の健康を祝して乾杯. **b** [修飾語を伴って] (ある時期・状態の)自分, 自身: one's former [present] ~ 以前[現在]の自分 / become her merry ~ いつもの陽気な彼女に戻る / He was quite his old [usual] ~. まったくいつもの通りの(元気[平静]な)彼だった. **c** 《哲学》自我 (ego): the study of the ~ 自我の研究 / annihilation of the ~ 無我. **2** 自己の利害, 我利, 私欲, 私心; 利己主義 (selfishness): thoughts centerd on ~ 自己中心の考え / have no thought of ~ 自分のこと[利益]を考えない / care for nothing but ~ 自分のことだけしか考えない / put ~ first 自分第一でやる / rise above ~ 自己を超越する, 己を捨てる / *Self* is a bad guide to happiness. 利己心は幸福へは導かない. **3** 性質 (nature), 本質 (quintessence): one's better ~ (善悪二つの性質があるとして)よい気質, 良心 / reveal one's true ~ 本性を現わす / a glimpse of Shakespeare's ~ シェークスピアの真髄の片鱗. **4** [所有格+self の形で] 《文語》(…)自身, (…)そのもの: Caesar's ~ シーザー自身 / beauty's ~ 美そのもの / in the interest of religion's ~ 宗教そのもののために. **5** 《商業》= myself, himself, yourself, etc.: your good *selves* 貴下たち, 御社《商用文の文句》/ pay to ~ 署名人払い《小切手の文句》/ a cheque drawn [payable] to ~ 自分当てに振り出した[に支払われる]小切手. ★ 戯言的に次のように用いられることもある: a ticket admitting ~ and friend 本人と同伴者一名がはいれる入場券 / a room for ~ and wife われわれ夫妻の部屋 / Please accept our thanks to Mr. Jones and ~. ジョーンズ氏とあなたに御礼申し上げます. **6** (*pl.* ~s) 《園芸》単色の花, 自然色の花.
— *adj.* **1** 〈色など〉一様の (uniform); 〈花が〉単色の (self-colored). **2** (他のものと)同色の, 同種の, 同一材料の: a ~ button (服と共切れの)くるみボタン. **3** 〈弓が〉一本の木で作った: a ~ bow. **4** 〈酒など〉生一本の, 純粋な. **5** 《廃》同一の (same).
— *vt.* 同系繁殖[近親交配]させる (inbreed); 自家受粉させる (self-pollinate). — *vi.* 自家受粉する.

self- [sélf] 〖OE *se(o)lf-*, *sylf-* : ↑〗「自己を, 自己の, 自己に対して, 自己によって」の意の連結形: *self*-explaining, *self*-control, *self*-taught, *self*-evident.

-self [sélf] 〖←SELF〗(*pl.* **-selves** [sélvz]) 複合代名詞を造る代名詞連結形: one*self*, my*self*, your*self*, him*self*, it*self*; our*selves*, your*selves*; our*self*.

sélf-abándoned *adj.* **1** すてばちな, 自暴自棄の. **2** 放逸な, 放縦な.

sélf-abándonment *n.* **1** すてばち, 自暴自棄. **2** 放逸, 放縦.

sélf-abásement *n.* (劣等感・罪意識・恥辱感などによる)自己卑下, 自分を卑しむこと (self-humiliation); 謙遜 (modesty).

sélf-abhórrence *n.* 自分に愛想をつかすこと, 自己憎悪(ぞう), 自己嫌悪(けん).

sélf-ábnegating *adj.* 自制の, 克己の (self-denying).

sélf-abnegátion *n.* 自己否認; 自制, 克己 (self-denial), 自己犠牲 (self-sacrifice).

sélf-absórbed *adj.* 自分の考え[事, 利益]に専念[没入]している, 自己陶酔の.

sélf-absórption *n.* 自己専念[陶酔], 無我夢中.

sélf-abúse *n.* **1** 自己の能力[才能, 身体]の悪用. **2** 自己非難[叱責]. **3** 自瀆(とく), 自慰 (masturbation). **4** 《廃》自己欺瞞; 迷い (illusion).

sélf-accusátion *n.* 自責.

sélf-accúsatory *adj.* =self-accusing.

sélf-accúsing *adj.* 自責の.

sélf-ácting *adj.* 自動の, 自動式の (automatic).

sélf-áction *n.* 自動; 独自の行動.

sélf-actívity *n.* 独自の活動.

sélf-áctor *n.* 自動機械, (特に)自動式ミュール紡績機.

sélf-actualizátion *n.* 自己の能力[野心など]の十分な発揮[展開], 自己実現; 野望の実現.

sélf-áctualize *vi.* 自己の能力を十分に発揮する, 自己を実現する.

sélf-addréssed *adj.* 自己名宛の; 返信用の宛名が印刷された: a ~ envelope 自分の住所を記した返信用封筒.

sélf-adjóint *adj.* 〖数学・物理〗自己随伴[共役]の.

sélf-adjústing *adj.* 自動調整(式)の.

sélf-adjústment *n.* 自動調整, 順応.

sélf-admínistered *adj.* 自己管理された.

sélf-admirátion *n.* 自慢, 自賛, 自己礼賛, うぬぼれ.

sélf-adváncement *n.* 自己開発[啓発, 前進, 昇進].

sélf-advertísement *n.* 自己宣伝.

sélf-ádvertiser *n.* 自己広告者, 自己宣伝者.

sélf-ádvertising *n.*, *adj.* 自己広告[宣伝](の).

sélf-afféctéd *adj.* うぬぼれた (conceited), 自己愛の.

sélf-affirmátion *n.* **1** 自己確認. **2** 〖論理〗自己確証.

sélf-aggrándizement *n.* (権力・影響力などにおける強引な)自己拡大, 自己権力[財産]の強化.

sélf-aggrándizing *adj.* 自己の権力[財産]を強化する, 自己拡大をはかる.

sélf-análysis *n.* 〖心理〗自己分析《治療者によらない自分の個性・行動の心理分析》.

sélf-analýtical *adj.* 自己分析を用いた, 自己分析する.

sélf-annihilátion *n.* **1** 自滅 (self-destruction), 自殺. **2** (神との合一を目ざす)自己犠牲, 自己放棄.

sélf-ántigen *n.* 〖生理〗自己抗体《体内の抗原に反応して形成される抗体》.

sélf-appláuding *adj.* 自画自賛の, 手前みその.

sélf-appláuse *n.* 自画自賛, 手前みそ.

sélf-appóinted *adj.* ひとり決めの, 自己推薦[任命]の, 自薦の: ~ duties 自分が好きでやる職務.

sélf-appreciátion *n.* 自己評価, 自賛.

sélf-approbátion *n.* 自画自賛, ひとりよがり.

sélf-assérting *adj.* **1** 自己を主張する, 我を張る (self-willed), でしゃばる, 無遠慮な (forward). **2** 僭越な, 傲慢な, 横柄な (arrogant). **~·ly** *adv.*

sélf-assértion *n.* **1** 自己主張, でしゃばり, 勝手気まま (self-will), 無遠慮 (forwardness). **2** 僭越, 傲慢.

sélf-assértive *adj.* =self-asserting. **~·ly** *adv.* **~·ness** *n.*

sélf-assúmed *adj.* 自分免許の, ひとり決めの.

sélf-assúmption *n.* うぬぼれ (self-conceit).

sélf-assúrance *n.* 自信, 自己過信 (self-confidence).

sélf-assúred *adj.* 確信[自信]のある (self-confident): a ~ smile 自信に満ちた笑み. **~·ly** *adv.* **~·ness** *n.*

sélf-awáre *adj.* 自己意識[認識]する. **~·ness** *n.*

sélf-begótten *adj.* 自生の, ひとりで生まれた.

sélf-betráyal *n.* 自己暴露.

sélf-bías *n.* 〖電子工学〗自己バイアス, セルフバイアス《負荷電流の平均値を抵抗に流しこれによりバイアスを得る方式》.

sélf-bínder *n.* (刈った麦などを自動的に束ねる)自動刈取結束機.

sélf-bórn *adj.* **1** 自分の中で生まれた: ~ sorrows. **2** 〈不死鳥が〉前の自己から飛び出した.

sélf-cáre *n.* 自己の世話, 自分で面倒をみること.

sélf-castigátion *n.* 自己懲罰 (self-punishment).

sélf-céntered *adj.* **1** 自己中心の; 自給自足の (self-sufficient). **2** 自己本位の, 利己的な (selfish): a ~ child. **3** (中心として)固定した, 不動の (unmoving). **~·ly** *adv.* **~·ness** *n.*

sélf-clósing *adj.* 〖機械〗自動閉鎖(式)の.

sélf-cócking *adj.* **1** 〈銃砲が〉自動コック式の《射撃のためのある一定の操作によってただちに撃鉄が上がり発射準備の状態になる方式にいう》. **2** 〖写真〗〈シャッターが〉自動巻き上げ式の.

sélf-colléctéd *adj.* 落ち着いた, 沈着な.

sélf-cólored *adj.* **1** 〈花・動物など〉単色の. **2** 〈布地など〉自然色の.

sélf-commánd *n.* 自制, 克己 (self-control).

sélf-commúnion *n.* 自省, 自己省察, 内省.

sélf-compátible *adj.* 〖生物〗自家和合性の《自花受粉で種子が実る性質をもつことにいう》.

sélf-complácence [**-complácency**] *n.* =self-satisfaction.

sélf-complácent *adj.* 自己満足の; ひとりよがりの, うぬぼれの (self-conceited). **~·ly** *adv.*

sélf-compósed *adj.* 落ち着いた, 沈着な (calm). **~·ly** *adv.* **~·ness** *n.*

sélf-concéit *n.* うぬぼれ, 虚栄心 (vanity).

sélf-concéited *adj.* うぬぼれ[自負心]の強い, 虚栄的な (vain). **~·ly** *adv.* **~·ness** *n.*

sélf-cóncept [**-concéption**] *n.* =self-image.

sélf-concérn *n.* 自己に対して利己的[病的]に気を配ること. **~ed** *adj.*

sélf-condemnátion *n.* 自己非難, 自責 (self-reproach).

sélf-condémned *adj.* 自責の: a ~ politician.

sélf-conféssed *adj.* 自認している, 自称の (avowed).

sélf-cónfidence *n.* **1** 自信 (assurance). **2** 自己過信, うぬぼれ (cockiness) (cf. self-distrust).

sélf-cónfident *adj.* **1** 自信のある. **2** 自己を過信した, うぬぼれの強い. **~·ly** *adv.*

sélf-congratulátion *n.* 自己満悦 (complacency).

sélf-congrátulatory *adj.* 自己満悦の[に耽る].

sélf-cónquest *n.* 自己克服, 克己.

sélf-cónscious 〖(1697)〗 *adj.* **1** 自己を意識する. **2** 自意識過剰の, 自意識の強い; 人前を気にする, 気づまりな, 内気な (shy). **~·ly** *adv.* **~·ness** *n.*

sélf-cónsequence *n.* **1** 尊大. **2** 尊大な行動.

sélf-cónsequent *adj.* 尊大な (self-important).

sélf-consístency *n.* 自己矛盾のないこと[状態], 理路整然, 首尾一貫.

sélf-consístent *adj.* 自己矛盾のない, 筋道の通った, 首尾一貫した, 理路整然とした. **~·ly** *adv.*

sélf-cónstituted *adj.* 自己設定の, 自分で決めた: a ~ arbiter.

sélf-consúming *adj.* 自ら消耗する, 自滅する.

sélf-contáined *adj.* **1 a** 必要物がすべてそろった; 自己充足の, 独立の (independent): ~ and self-sufficient 自給自足の. **b** 《英》〈家屋・フラットなど〉独立式の《設備が完備して炊事場・バスルーム・出入口など他と交渉がない》: a ~ flat. **c** 〈機械が〉それだけで完備した. **d** はめ込みの, 作りつけの (built-in). **2 a** 無口な, 打ち解けない (reserved). **b** 自制的な (self-controlled). **3** 〖製本〗共紙(ともがみ)表紙の. **~·ly** *adv.* **~·ness** *n.*

sélf-contáinment *n.* **1** 自己充足, 独立. **2** 無口, 非社交性; 自制.

sélf-contaminátion *n.* **1** 自己汚染, 自家汚染. **2** 内部汚染.

sélf-contemplátion *n.* 自己凝視, 内省.

sélf-contémpt *n.* 自己軽蔑, 卑下.

sélf-contémptuous *adj.* 卑下する. **~·ly** *adv.*

sélf-contént *n.* 自己満足 (self-satisfaction).

sélf-conténted *adj.* 自己満足の, ひとりよがりの (self-satisfied). **~·ly** *adv.* **~·ness** *n.*

sélf-conténtment *n.* 自己満足 (self-satisfaction).

sélf-contradíction *n.* 自己矛盾(の陳述, 命題), 自家撞(どう)着(の陳述).

sélf-contradíctory *adj.* 自己矛盾の, 自家撞着の: a ~ statement.

sélf-contról *n.* **1** 自制, 克己 (self-command). **2** 自主管理.

sélf-contrólled *adj.* **1** 自制した, 自制心のある. **2** 自主管理の.

sélf-convícted *adj.* 自ら有罪を証拠立てた, 自ら有罪を認める.

sélf-convíction *n.* 自ら有罪とする[を認める]こと.

sélf-corrécting *adj.* 〈機械など〉自動修正する, 自動矯正の. **sélf-corréction** *n.*

sélf-corréctive *adj.* =self-correcting.

sélf-cóver *n.* 〖製本〗共紙(ともがみ)表紙《パンフレットなどで本文と同じ紙を使った表紙; integral cover ともいう》; 共紙表紙本.

sélf-creáted *adj.* **1** 自己創造の, 自ら作った. **2** 自ら任命した, 自任の.

sélf-creátion *n.* 自己創造.

sélf-crítical *adj.* 自己批評の, 自己批判の, 自己批判的な.

sélf-críticism *n.* 自己批評, 自己批判.

sélf-cultivátion *n.* 自己修養.

sélf-cúlture *n.* 自己教養, 自己修養.

sélf-déaling *n.* 〖法律〗自己取引《取締役または無限責任社員が自己または第三者のために会社との間にする取引》.

sélf-decéit *n.* =self-deception.

sélf-decéived *adj.* **1** 自己欺瞞的な. **2** 勘違いをした, 思い違いをした.

sélf-decéiving *adj.* =self-deceptive.

sélf-decéption *n.* 自己欺瞞; 迷い, 迷想 (illusion).

sélf-decéptive *adj.* 自ら欺く, 自己欺瞞の.

sélf-dedicátion *n.* (理想・目的などへの)自己献身.

sélf-deféating *adj.* 自己の目的を破壊させる, 自滅的な.

sélf-defénse *n.* **1** 護身, 自己防衛, 自衛: ⇨ ART² of self-defense. **2** 自己防衛の主張. **3** 〖法律〗正当防衛: kill a person in ~ 正当防衛で人を殺す.

sélf-defénsive *adj.* 自己防衛の, 自衛(上)の.

sélf-delúded *adj.* =self-deceived.

sélf-delúsion *n.* =self-deception.

sélf-deníal *n.* **1** 自制, 克己 (self-control). **2** 自己否定; 無私 (unselfishness).

sélf-denýing *adj.* **1** 自己抑制の, 自制の; 克己の. **2** 自己否定する; 無私の. **~·ly** *adv.*

sélf-depéndence *n.* 自分を頼むこと, 自立(心), 自力本願 (self-reliance).

sélf-depéndent *adj.* 自己を信頼する, 自力本願の, 自力の, 独立独行の: ~ education.

sélf-déprecating *adj.* 自己軽視の, 卑下した, 非常に控えめの. **~·ly** *adv.*

sélf-déprecatory *adj.* =self-deprecating.

sélf-depreciátion *n.* 自己軽視, 卑下.

sélf-depréciative *adj.* 卑下する.

sélf-despáir *n.* 自分に愛想をつかすこと, 自暴自棄.

sélf-destróyer *n.* 自滅する人.

sélf-destróying *adj.* =self-destructive.

sélf-destrúct *vi.* 《米》**1** 自滅する. **2** 消失する.

sélf-destrúction *n.* 自滅; 自殺 (suicide).

sélf-destrúctive *adj.* 自滅的な, 自殺的な (suicidal). **~·ly** *adv.* **~·ness** *n.*

sélf-determinátion *n.* **1** 自決, 自己決定, 自力本願. **2** 民族自決: national [racial] ~ 民族自決(主義).

sélf-detérmined *adj.* 自決した, 自己決定した.

sélf-detérmining *adj.* 自己決定の, 自決の.

sélf-detérminism *n.* 〖哲学〗自己決定論《現在の自我の状態は先行する自らの状況の結果とする説》.

sélf-devélopment *n.* 自力発達; 自我発展, 自己能力の開発.

sélf-devóted *adj.* 献身的な. **~·ly** *adv.* **~·ness** *n.*

sélf-devóting *adj.* 献身的な.

sélf-devótion *n.* **1** 献身, 自己犠牲 (self-sacrifice). **2** (学問・芸術などへの)没頭.

sélf-devóuring *adj.* 自食性の (autophagous).

sélf-digéstion *n.* 〖生化学〗(動植物の)自己分解, 自己消化 (autolysis).

sélf-diréctéd *adj.* (他に動かされないで)自分で方向を決める.

sélf-diréctíng *adj.* 自己決定する

sélf-diréction *n.* 自らによる方向決定, 自主独往.

sélf-discharge *n.* 〖電気〗自己放電.

sélf-díscipline *n.* 自己訓練 (self-training), 自己修養 (self-culture). **~d** *adj.*

sélf-discóvery *n.* 自己発見.

sélf-dispáragement *n.* 自己軽視, 卑下.

sélf-displáy *n.* 自己顕示, みせびらかし.

sélf-dispráise *n.* 自責, 自己非難.

sélf-distríbuting *adj.* 自動配布[散布]の.

sélf-distrúst *n.* 自信の欠乏, 気おくれ (diffidence).

sélf-distrústful *adj.* 自信のない, 気おくれする.

self·dom [sélfdəm] 〖←SELF＋-DOM〗 *n.* 自己の本質, 個性 (individuality).

sélf-dóubt *n.* 自己疑惑, 自信喪失. **~·ing** *adj.*

sélf-drámatizing *adj.* 自己演出的な, 芝居がかった行動をする, 劇的に自己を顕示する. **sélf-dramatizátion** *n.*

sélf-dríve *adj.* 《英》〈自動車が〉レンタルの: a ~ car レンタカー.

sélf-dríven *adj.* 自動推進の (automotive).

sélf-éducated *adj.* 独学の (self-taught).

sélf-educátion *n.* 独学.

sélf-effácement *n.* 控えめにして表立たないこと, でしゃばらないこと, 控えめな態度.

sélf-effácing *adj.* でしゃばらない, 控えめな. **~·ly** *adv.*

sélf-eléct *adj.* =self-elected.

sélf-elécted *adj.* 自選の, 自任の (self-appointed).

sélf-emplóyed *adj.* 自家経営で収入を得る, 自家営業の.

sélf-emplóyment *n.* 自家営業[経営].

sélf-endéared *adj.* =self-loving.

sélf-énergizing bráke *n.* 〖機械〗自励ブレーキ《ブレーキ片を押しつける力がブレーキドラムの回転により自動的に増強されるブレーキ》.

sélf-énergy *n.* 〖物理化学〗自己エネルギー.

sélf-enfórcing *adj.* 自らに強制[施行]力を持つ, 自己強制的な.

sélf-enríchment *n.* (知的・精神的)自己高揚.

sélf-estéem *n.* **1** 自尊, 自尊心. **2** うぬぼれ.

sélf-évidence *n.* 自明 (truism); 自明なこと[状態].

sélf-évident *adj.* 自明な (axiomatic). **~·ly** *adv.*

sélf-exaltátion *n.* 自己の高揚; うぬぼれ, 虚栄心.

sélf-exálting *adj.* 自己を高揚する; うぬぼれの強い, 虚栄心の強い (vainglorious). **~·ly** *adv.*

sélf-examinátion *n.* (宗教的な)自省, 内省 (introspection).

sélf-excitátion *n.* 〖電気〗自励 (cf. separate excitation).

sélf-excíted *adj.* 〖電気〗自己励磁の, 自励式の: a ~ generator. **sélf-excíter** *n.*

sélf-éxecuting *adj.* 〖法律〗〈法律・条約など〉(他の法令をまたず一定の事実の発生により)当然に施行される, 自動発効的な: a ~ treaty.

sélf-éxile *n.* (自らの意志による)自己追放者, 亡命者.

sélf-éxiled *adj.* (自らの意志で)自己追放した, 亡命した.

sélf-exístence *n.* **1** 独立的存在. **2** 自存.

sélf-exístent *adj.* **1** (神のように因果関係から)独立的に存在する. **2** 独立に存在する, 自立自存の.

sélf-expláining *adj.* 自明の, 自ら明らかな, 他に説明を要しない (obvious, self-evident).

sélf-explánatory *adj.* =self-explaining.

sélf-expréssion *n.* (会話・行動・詩・音楽などによる)自己[個性]表現.

sélf-expréssive *adj.* 自己表現の.

sélf-fáced *adj.* 〈石の表面が〉天然のままの, 仕上げを加えない (undressed).
sélf-féed *vt.* (-fed)〘畜産〙〈動物を〉自動給餌器で飼う, …に飼料を自動補給する (cf. hand-feed).
sélf-féeder *n.* **1** 自動給餌器. **2** (燃料などの)自動供給装置.
sélf-féeding *adj.* **1** 〈機械が〉自給の, 自動給油[水, 紙, 炭]の : a ～ furnace 自給炉. **2** (動物に)自動的に飼料を与える.
sélf-féeling *n.* 自我感情《自己中心の感情》.
sélf-fértile *adj.* 〘生物〙自家受精する(cf. self-sterile).
sélf-fertílity *n.* 〘生物〙自家受精(cf. self-sterility).
sélf-fertilizátion *n.* **1** 〘動物〙自家受精. **2** 〘植物〙自家受精, 自花受精 (cf. cross-fertilization).
sélf-fértilized *adj.* 〘生物〙自家受精の[した].
sélf-fíller *n.* 自動インク吸入式万年筆.
sélf-fílling *adj.* 自動吸入式の.
sélf-flàttering *adj.* 自賛する ; うぬぼれの.
sélf-flàttery *n.* 自賛 ; うぬぼれ (self-conceit).
sélf-forgétful *adj.* 自分を忘れた, 献身的な (self-sacrificing) ; 自己の利益を考えない, 無私無欲の (disinterested). **～·ly** *adv.* **～·ness** *n.*
sélf-forgétting *adj.* =self-forgetful. **～·ly** *adv.*
sélf-fórmed *adj.* 自ら(の努力で)形成した.
sélf-fulfílling *adj.* 自己達成の[しつつある].
sélf-fulfíllment *n.* 自己達成《自己の努力による抱負・希望の達成》.
sélf-génerated *adj.* 自然に発生した, 自己生殖した, 自生的な (autogenetic).
sélf-génerating *adj.* 自ら繁殖する, 自己生殖する.
sélf-generátion *n.* 〘生物〙自生, 自己発生《autogeny ともいう》.
sélf-gíven *adj.* **1** 自ら得られた, 独立した (independent). **2** 自らによって与えられた.
sélf-gíving *adj.* 自己犠牲の, 献身的な (self-sacrificing).
sélf-glázed *adj.* 〘窯業〙セルフグレーズの《陶磁器などで, 特に釉を掛けずに焼く内に表面が自然に釉の掛かった状態となることをいう》.
sélf-glorificátion *n.* 優越感 ; 自負.
sélf-glórifying *adj.* 自慢する, 自負する (boastful).
sélf-glóry *n.* 自負, 高慢 (pride).
sélf-góvernance *n.* 自治 (self-government).
sélf-góverned *adj.* **1** 〈国・社会など〉自己統治の, 自治の ; 独立の (independent). **2** 自制の, 克己の.
sélf-góverning *adj.* 〈国・社会などが〉自己統治の, 自治の (autonomous) : a ～ colony 自治植民地 (cf. crown colony) / a ～ dominion 自治領《昔のカナダ・オーストラリアなど》.
sélf-góvernment *n.* **1** (国・社会などの)自治, 民主政治 (democracy). **2** 《まれ》自制, 克己 (self-control).
sélf-gratificátion *n.* 自己満足.
sélf-gratulátion *n.* =self-congratulation.
sélf-grátulatory *adj.* =self-congratulatory.
sélf-hárdened *adj.* 〘冶金〙自硬した.
sélf-hárdening *adj.* 〘冶金〙自硬性の.
sélf-hárdening stèel *n.* 〘冶金〙=air-hardening steel.
sélf-háte *n.* 自己嫌悪.
sélf-háting *adj.* 自己嫌悪の.
sélf-hátred *n.* =self-hate.
sélf-hèal 〘ME *selfhele* ← SELF-+*hele(n)* 'to HEAL' : 病に効能があるという俗信から〙 — *n.* 〘植物〙シソ科ウツボグサ属(*Prunella*)の民間薬にされる植物の総称《ウマノミツバ (sanicle), ユキノシタ (saxifrage) など》.
sélf-hélp 〘(1831) : Thomas Carlyle の造語〙 — *n.* **1** 自助, 自立 : *Self-help* is the best help. 《諺》自助は最上の助け. **2** 〘法律〙自救行為《法律に訴えないで自分の力で自分の権利を守ること》.
sélf-héterodyne *n.* 〘通信〙=autodyne.
sélf-hòod 〘← SELF+-HOOD : 《なぞり》← G *Meinheit*〙 *n.* **1 a** 自我 (ego), 個性 (individuality). **b** 人格 (personality). **2** 自己中心, 利己(心) (selfishness).
sélf-húmbling *adj.* 卑下する, 謙遜な.
sélf-humiliátion *n.* 卑下, 謙遜 (self-depreciation).
sélf-hypnósis *n.* 自己催眠 (autohypnosis).
sélf-identificátion *n.* (他人または他物との)自己同一視.
sélf-idéntity *n.* **1** (物事の)同一性 ; 自己同一性の意識. **2** 個性 (individuality).
sélf-ignite *vi.* 自己点火する, 自然発火する.
sélf-ignítion *n.* 自己点火, 自然発火.
sélf-ímage *n.* 人が自己について抱く心像, 自像.
sélf-ímmolating *adj.* 自己犠牲の, 自己犠牲的な.
sélf-immolátion *n.* (理想・他人に対する自発的な)自己犠牲.
sélf-impórtance *n.* **1** 自負, 自尊, うぬぼれ (self-conceit). **2** うぬぼれの強い[尊大な]態度[振舞い].
sélf-impórtant *adj.* 尊大な, もったいぶった(haughty) ; うぬぼれの強い (conceited). **～·ly** *adv.*
sélf-impósed *adj.* 自ら課した, 自ら好んでする, 好きでする : a ～ task, handicap, etc.
sélf-ímpotent *adj.* =self-sterile.
sélf-impróvement *n.* 自己改善, (自己)修養.
sélf-inclúsive *adj.* **1** 自分を含む, 自己内包的. **2** それ自体完全な : a ～ system.
sélf-incompátible *adj.* 〘生物〙自家不和合性の.
sélf-incríminating *adj.* 〘法律〙自己を刑罰を受けるに至らしめる, 自己負罪の.
sélf-incriminátion *n.* 〘法律〙自己負罪《自己の陳述または答弁が自己を有罪にすること ; 米国憲法はこういう場合黙秘することを合法化している》: He rejected most questions on grounds of ～. 彼は大半の尋問に対しては自己負罪になる恐れがあると言って答弁を拒否した.
sélf-indúced *adj.* **1** 自己導入の. **2** 〘電気〙自己誘導によって生じた : a ～ voltage.
sélf-indúctance *n.* 〘電気〙自己インダクタンス.
sélf-indúction *n.* 〘電気〙自己誘導. **sélf-indúctive** *adj.*
sélf-indúlgence *n.* わがまま, 放縦, 放逸.
sélf-indúlgent *adj.* わがままな, 放縦な, 放逸な. **～·ly** *adv.*
sélf-inféction *n.* 〘医学〙自己感染.
sélf-inflícted *adj.* 自ら自分に加えた ; 自分(の手)で作った : a ～ wound, sadism, etc.
sélf-inítiated *adj.* 自分で始めた, 自発的な.
sélf-insúrance *n.* 〘保険〙(自分で損害に対する資金を取って置く)自家保険.
sélf-insúrer *n.* 〘保険〙自家保険を用意している人.
sélf-insúred *adj.*
sélf-ínterest *n.* **1** 利己心, 利己主義 (selfishness). **2** 私利, 私欲.
sélf-ínterested *adj.* 私利をはかる, 利己的な (selfish). **～·ness** *n.*
sélf-invíted *adj.* (招待を受けないで)押掛けの.
sélf-invólved *adj.* =self-absorbed.
self·ish [sélfɪʃ] 〘(1640) ← SELF+-ISH[1]〙 — *adj.* **1** 利己的な, わがままな, 自分本位の, 利己主義の (self-seeking) : ～ motives / *It is* ～ *of* you *to* do so. そんなことをするとは君も身勝手な人だ. **2** 〘倫理〙自愛的な, 利己的な (↔ altruistic) : the ～ theory of morals 自愛道徳説. **～·ly** *adv.*
sélf·ish·ness *n.* 自分本位, わがまま.
sélf-júdgment *n.* 自己判断.
sélf-justificátion *n.* **1** 自分の正当を証すること, 自己正当化, 自己弁明[弁護]. **2** 〘印刷〙自動行揃え.
sélf-jústifying *adj.* **1** 自己弁明をする. **2** 〘印刷〙〈タイプライターなど〉自動で行揃えする : a ～ typewriter.
sélf-kíndled *adj.* 自動点火の.
sélf-knówing *adj.* 自分を知った ; 自己認識をもった.
sélf-knówledge *n.* 自分を知ること, 自己認識, 自覚.
sélf·less 〘(1825) ← SELF+-LESS〙 *adj.* 自分を考えない, 無私の, 無欲の (unselfish) : a ～ love. **～·ly** *adv.* **～·ness** *n.*
sélf-límited *adj.* **1** 自らの性質により制限された, 本質的制約のある. **2** 〘病理〙〈病気など〉一定の限られた進行経過をたどる.
sélf-límiting *adj.* **1** 自ら制限する. **2** =self-limited.
sélf-líquidating *adj.* 〘商業〙**1** 〈商品など〉仕入先に代金を支払う前に売れてしまう, すぐはける. **2** 〈投資・事業など〉自己回収的な, 自己弁済的な.
sélf-líquidating lóan *n.* 〘商業〙自己決済借入金《その金による取引が有利に予定通り完了して, その返済を期限までに済ますことのできる商業借入金》.
sélf-lóading *adj.* 〈小火器が〉自動装填(てん)式の, 半自動式の (semiautomatic).
sélf-lócking *adj.* 自動的に錠がかかる, 自動錠のついた : a ～ door.
sélf-lóve *n.* **1** 自己愛, 自愛. **2** 利己心, 利己主義 (selfishness), 自分本位, 身勝手.
sélf-lóving *adj.* 自己愛の ; 自己本位の.
sélf-lúbricating *adj.* 自動注油(式)の.
sélf-lúminous *adj.* 自己発光の.
sélf-máde 〘(1615)〙 *adj.* **1** 独力で立身した, 独立独行の : a ～ man 自立でたたき上げた人. **2** 自分で作った, 自己製の.
sélf-máiler *n.* 封筒に入れずに郵送できる折本[片面印刷の大判紙]《糊(のり)付きの切手または消印を押した切手で閉じる》.
sélf-máiling *adj.* 封筒に入れずに郵送できる (cf. self-mailer).
sélf-mástery *n.* 克己, 自制 (self-control) ; 沈着 (self-command).
sélf-màte *n.* 〘チェス〙=suimate.
sélf-mortificátion *n.* 自ら進んで苦行すること, 自己苦行.
sélf-mótion *n.* 自発的運動, 自動.
sélf-móved *adj.* 自力で動く, 自動の.
sélf-móving *adj.* 自発的運動の, 自動の.
sélf-múrder *n.* 自殺 (suicide).
sélf-múrderer *n.* 自殺者, 自害者.
sélf-náughting *n.* =self-effacement.
sélf·ness 〘← SELF+-NESS〙 *n.* **1** 自己中心主義 (egotism), 利己主義 ; 利己的行為 (selfishness). **2** 個性.
sélf-nóise *n.* 〘海事〙船内雑音《波が荒れて出る音と区別して船自身が出す騒音 ; 電波についてもいう》.
sélf-observátion *n.* **1** 自己の外見の観察. **2** 内省 (introspection).
sélf-óperating *adj.* 自動の, 自動式の (self-acting).
sélf-óperative *adj.* =self-operating.
sélf-opínion *n.* 自己の過大評価, うぬぼれ (conceit).
sélf-opínionated *adj.* **1** うぬぼれの強い. **2** 自分の意見を固執する, 頑迷な, 片意地な. **～·ness** *n.*
sélf-opínioned *adj.* =self-opinionated. **～·ness** *n.*
sélf-ordáined *adj.* 自ら制定した, 自分免許の.
sélf-organizátion *n.* 自己組織化 ; (特に)労働組合の形成.
sélf-oríginated *adj.* 自ら始めた, 自ら発生した.
sélf-oríginating *adj.* 自ら創始[発生]する.
sélf-oscillátion *n.* 〘電気〙自励振動, 自励発振.
sélf-párody *n.* 自己を茶化すこと, 自己戯画化.
sélf-partiálity *n.* **1** 自己の過大評価. **2** 身勝手.
sélf-pártial *adj.*
sélf-percéption *n.* 自己知覚 ; (特に) =self-image.
sélf-perpétuating *adj.* **1** 自分の職[地位]を永続しようとしている. **2** 無限に継続しうる. **sélf-perpetuátion** *n.*
sélf-píty *n.* 自己憐憫(れんびん).
sélf-pítying *adj.* 自己を憐れむ, 自己憐憫の.
sélf-pléased *adj.* 自己満足した (self-satisfied). **～·ly** *adv.*
sélf-pléasing *adj.* 自分に気に入る.
sélf-póise *n.* 自然に釣合いを保つこと[状態] ; 平静, 冷静.
sélf-póised *adj.* **1** 自然に釣合いを保つ (self-balanced). **2** 平静な, 冷静な (self-possessed).
sélf-póllinated *adj.* 〘植物〙自家受粉の.
sélf-pollinátion *n.* 〘植物〙自家受粉(cf. cross-pollination).
sélf-pollútion *n.* 自慰, 自瀆(とく) (masturbation).
sélf-pórtrait *n.* 自画像 ; 自刻像.
sélf-posséssed *adj.* 冷静な, 落ち着いた, 沈着な. **～·ly** *adv.*
sélf-posséssion *n.* 冷静, 沈着 (composure).
sélf-práise *n.* 自賛, 手前みそ.
sélf-preservátion *n.* **1** 自己保存. **2** 自衛(本能).
sélf-presérving *adj.* **1** 自己保存する. **2** 自衛する, 自衛的な.
sélf-príde *n.* 自らの誇り, 自負.
sélf-procláimed *adj.* 自ら公言した, 自称の (self-styled) : a ～ genius 自称天才.
sélf-prodúced *adj.* 自己生産の, 自製の, 自ら作り出した.
sélf-prófit *n.* 私利 (self-interest).
sélf-pronóuncing *adj.* (音声記号でなく, つづり字に発音の手引となる)発音符号のついた : a Bible with ～ proper names.
sélf-própagating *adj.* 自己繁殖の.
sélf-propélled *adj.* **1** 自力で推進される, 自己推進の. **2** 〈乗物が〉自動推進(式)の, 原動機付の. **3** 〈ロケット発射台・大砲など〉台車付きの, 自走の.
sélf-propélling *adj.* =self-propelled.
sélf-propúlsion *n.* (搭載のエンジン・モーターによる)自力推進.
sélf-protéction *n.* 自己防衛 (self-defense).
sélf-protéctive *adj.* 自己防衛の. **～·ness** *n.*
sélf-púnishment *n.* 自己懲罰, 自己処罰.
sélf-purificátion *n.* **1** (河水・下水などの)自浄作用, 自然浄化. **2** (人間の)自己浄化.
sélf-quéstioning *n.* (動機・行動の)自己再吟味, 自問.
sélf-ráised *adj.* 自力[自分の努力]で上がった[昇進した].
sélf-ráising *adj.* 《英》=self-rising.
sélf-ráting *n.* 自己評価, 自己評定.
sélf-realizátion *n.* 自己能力の達成, 自己実現.
sélf-realizátionism *n.* 〘倫理〙自己実現説《至高善は各自が先天的に備える真の理想的自我を実現・完成させることにあるとする倫理学説》. **sélf-realizátionist** *n.*
sélf-recórding *adj.* 自動的記録の, 自記の (autographic) : a ～ instrument.
sélf-recriminátion *n.* 自己非難.
sélf-réference *n.* 〘論理〙自己言及《「私の今語っていることは偽である」のようにある命題が自分自身に言及する場合の性格をいう》.
sélf-refléction *n.* 内省 (introspection).
sélf-refléctive *adj.* 内省的な (introspective).
sélf-reformátion *n.* 自己改造.
sélf-regárd *n.* **1** 自愛, 利己 (↔ altruism). **2** 自尊 (self-respect). **～·ing** *adj.*
sélf-régistering *adj.* 〈機械が〉自動記録の ; 自記の (self-recording) : a ～ barometer.
sélf-régulated *adj.* 自動調節[調整]の, 自動式の.
sélf-régulating *adj.* **1** 自動調節の ; (特に)自動式の (automatic). **2** 〈社会・経済など〉自律的な.
sélf-regulátion *n.* 自動調節 ; 自律, 自治.
sélf-régulative *adj.* 自動調節の, 自律的な.
sélf-régulatory *adj.* =self-regulative.
sélf-relíance *n.* 自分を頼むこと (self-dependence), 独立独行, 自力本願.
sélf-relíant *adj.* 自己を頼む, 独立独行の. **～·ly** *adv.*
sélf-renóuncing *adj.* 自己放棄する, 献身の ; 無私の.
sélf-renunciátion *n.* 自己放棄, 自己犠牲, 献身 (self-sacrifice) ; 無私, 無我 (selflessness). **sélf-renúnciatory** *adj.*
sélf-réplicating *adj.* 自動的に[自ら]再生する : a ～ molecule. **sélf-replicátion** *n.*
sélf-represśion *n.* 自己抑制.
sélf-repróach *n.* 自責, 自己非難, 良心のとがめ.
sélf-repróachful *adj.* 自責の, 良心の呵責(かしゃく)を受ける, 後悔した.
sélf-repróaching *adj.* 自責する, 良心のとがめる. **～·ly** *adv.* **～·ness** *n.*
sélf-repróof *n.* 良心のとがめ, 自責, 自己非難.
sélf-repúgnant *adj.* 自己矛盾の (inconsistent).
sélf-respéct *n.* 自尊(心), 自重 (self-esteem).
sélf-respéctful *adj.* =self-respecting.
sélf-respécting *adj.* 自尊心のある.
sélf-restráined *adj.* 克己の, 自制の.
sélf-restráining *adj.* 自制する, 自制的な.
sélf-restráint *n.* 克己, 自制 (self-control).
sélf-revéaling *adj.* 自己啓示の.
sélf-revelátion *n.* (たくまない思想・感情・態度などの)自己啓示.
sélf-réverence *n.* 強い自尊心, 自重. **sélf-réverent** *adj.*

sélf-rewárding *adj.* 自己報酬的な: a ~ virtue.
sélf-ríghteous *adj.* 自ら正しいとする, ひとりよがりの, 独善的な, 偽善的な (pharisaical). **~·ly** *adv.* **~·ness** *n.*
sélf-ríghting *adj.* (転覆しても)自ら原位に復する, 自動復元の: a ~ lifeboat.
sélf-rísing *adj.* 《米》(パン種を加えずに)ひとりでにふくれる: ~ flour ふくらし粉などを入れた調合済みの小麦粉.
sélf-rúle *n.* =self-government.
sélf-rúling *adj.* =self-governing.
sélf-sácrifice *n.* 自己犠牲, 献身(行為).
sélf-sácrificer *n.* 自己犠牲者, 献身的行為をする人.
sélf-sácrificing *adj.* 自己を犠牲にする, 献身的な. **~·ly** *adv.* **~·ness** *n.*
sélf·sàme 〘《?c1408》← SELF (adj.)+SAME〙 *adj.* [same の強調形] 全く同じ, 同一の (identical). **~·ness** *n.*
sélf-satisfáction *n.* 自己満足; ひとりよがり (self-complacency).
sélf-sátisfied *adj.* 自己満足の; ひとりよがりの (self-complacent).
sélf-sátisfying *adj.* 自己満足させる, 自己満足を感じさせる.
sélf-scórn *n.* 自分に愛想をつかすこと, 自嘲(ちょう).
sélf-scrútiny *n.* 内省 (introspection).
sélf-séaling *adj.* **1** 〈空気タイヤが〉パンクしても自動的に空気の漏れを止める, 〈燃料タンクなど〉自動防漏式の: a ~ pneumatic tire, gas tank, etc. **2** 〈封筒(の封)が〉押えれば自然に粘着する: a ~ envelope.
sélf-séarching *adj.* =self-questioning.
sélf-séeker *n.* 利己主義[自己本位]な人, 身勝手な人.
sélf-séeking *adj.* 自己本位の, 利己主義な, 身勝手な. — *n.* 自己本位, 利己主義, 身勝手. **~·ness** *n.*
sélf-seléction *n.* 自己選択; (特に, 店の商品などを)客が自分で選択すること.
sélf-sérvice *n.* (食堂·カフェー·売店などの)セルフサービス[自己給仕]. — *adj.* セルフサービスの: a ~ laundry, store, etc.
sélf-sérving *adj.* (しばしば他人の利益·幸福を無視する)私利的な; 利己的な.
sélf-sláughter *n.* 自殺, 自滅.
sélf-sów *vi.* 〈植物が〉自分で種を落として種がまかれる.
sélf-sówed *adj.* =self-sown.
sélf-sówn *adj.* 〈植物が〉(鳥·流れ·風などによって)種がまかれた; 自然にはえた.
sélf-stárter *n.* **1** (自動車その他の内燃機関で運転開始時にクランクを回す必要のない)自動スターター, 自動始動機. **2** 自動スターター付きの自動車(など). **3** (事業·仕事などを)自分で始める人; 自発的にやる人.
sélf-stárting *adj.* 自動スタートできる.
sélf-stéering *adj.* 〈船など〉(一定のコースを)自動操舵のできるように設計された.
sélf-stérile *adj.* 〘生物〙自家不稔の, 自家不実の (cf. self-fertile).
sélf-sterílity *n.* 〘生物〙自家不稔性, 自家不実性 (cf. self-fertility).
sélf-stimulátion *n.* **1** 〘生理〙自己刺激(法)《動物で快感·不快感を起こす脳の部位を調べる方法の一つ》. **2** 自慰 (masturbation).
sélf-stúdy *n.* **1** (学校教育によらない)自学自習. **2** 自己観察記録.
sélf-stýled *adj.* 自称の, 自在の, 自分免許の: the ~ champion.
sélf-subsístence *n.* 自己以外のものに頼らないこと, 自立.
sélf-subsístent *adj.* 自己以外のものに頼らない, 自立した.
sélf-subsísting *adj.* =self-subsistent.
sélf-suffíciency *n.* **1** 自給自足. **2** 自信過剰, うぬぼれ.
sélf-suffícient 〘《なぞり》← Gk *autárkēs*〙 *adj.* **1** 自ら足りる, (自給)自足できる. **2** 自信の強過ぎる, うぬぼれの強い; 尊大な (haughty). **~·ness** *n.*
sélf-suffícing *adj.* =self-sufficient. **~·ly** *adv.* **~·ness** *n.*
sélf-suggéstion *n.* 自己暗示 (autosuggestion).
sélf-suppórt *n.* 自営, 自活, 自給 (self-sustenance).
sélf-suppórted *adj.* 自立の, 自営[自活]の.
sélf-suppórting *adj.* **1** 自営[自活]する, 自給する (self-sustaining): a ~ student 苦学生 / ~ and self-sufficient 自給自足の. **2** 自ら(の重量)を支える: a ~ wall.
sélf-surrénder *n.* 自己放棄, 忍従.
sélf-sustáined *adj.* 自立の, 自営の, 自給の.
sélf-sustáining *adj.* **1** 自立する, 自活する, 自給の: ~ and self-sufficient 自給自足の. **2** 〘物理〙(いったん開始すると)自ら運動を続ける: a ~ nuclear reaction. **~·ly** *adv.*
sélf-sústenance *n.* 自立, 自活, 自営, 自給.
sélf-táught *adj.* 独習[学]の[で得た] (self-educated): a ~ musician 独学の音楽家 / ~ knowledge 独学で得た知識 / German *Self-Taught*「ドイツ語の独習書」《書物の表題》.
sélf-tímer *n.* (カメラの)セルフタイマー《自動シャッター》.
sélf-tóning pàper *n.* 〘写真〙セルフトーニング紙《乳剤中に金塩などを入れて自動的に調色するようにした焼出し紙》.
sélf-tórment *n.* 自ら苦しめること, 難行苦行.
sélf-torménting *adj.* 自ら苦しめる, 難行苦行する.
sélf-torméntor *n.* 苦行者.
sélf-tórture *n.* 難行, 苦行.
sélf-tréatment *n.* 自己医療, 自家療法.
sélf-trúst *n.* 自己信頼, 自信 (self-confidence).
sélf-understánding *n.* 自覚, 自己認識.
sélf-unfrúitful *adj.* 〘植物〙自家不和合の《両性花において雌雄間に受精が行われない》. **~·ness** *n.*
sélf-véntilated machíne *n.* 〘電気〙自己通風形電気機械.
sélf-víolence *n.* 自分に加える暴行; (特に)自殺, 自害 (suicide).
self·ward [sélfwəd | -wəd] *adv.* 自分の方に. — *adj.* 自分の方に向いている. **~·ness** *n.*
sélf·wards [-wədz | -wədz] *adv.* =selfward.
sélf-wíll 〘OE: ⇨ self-, will³〙 *n.* 我意, わがまま, 身勝手 (wilfulness); 頑固, 片意地 (obstinacy).
sélf-wílled 〘《15C》: ⇨ ↑, -ed〙 *adj.* 我意を通す, わがままな, 頑固な, 片意地な (obstinate). **~·ly** *adv.* **~·ness** *n.*
sélf-wínd·ing [-wáɪndɪŋ] *adj.* 〈時計が〉自動巻きの: a ~ watch.
sélf-wórship *n.* 自己崇拝. **~·er** *n.*
sélf-wróng *n.* わが身に加えた危害.
Se·li·na [sɪlíːnə, sə-, -líː- | sɪlíː-] 〘⊏F *Céline* ⊏L *Caelina* 《原義》heavenly (5 世紀ごろの聖徒の名) ← *caelum* heaven: cf. celestial〙 — *n.* 女性名《異形 Selena, Selene》.
Sel·juk [séldʒuːk, -dʒʊk, ―⌐ | seldʒúːk] 〘⊏Turk. *Seljūq* (王朝の始祖)〙 — *n.* **1** [the ~s] セルジュークトルコ族《11-12 世紀に中央アジアから Anatolia にわたる地域を統治したトルコ人》; セルジューク朝. **2** セルジューク族[朝]の人. — *adj.* セルジューク族の, セルジューク朝の.
Sel·ju·ki·an [seldʒúːkiən | -kɪən, -kjən] 〘⇨ ↑, -ian〙 *n., adj.* =Seljuk.
Selk. 《略》Selkirkshire.
Sel·kirk [sélkəːk | -kəːk] 〘ME *Selekirke* 《北部方言》← *Sele(s)chirche* 《原義》church among the shielings: ⇨ shieling, kirk〙 *n.* **1** =Selkirkshire. **2** スコットランド Borders 州中部の都市, 旧 Selkirkshire 州の首都.
Sel·kirk [sélkəːk | -kəːk], **Alexander** *n.* (1676-1721) 太平洋の Juan Fernández 諸島の無人島で孤独の生活を送ったスコットランドの船乗り; Robinson Crusoe のモデルといわれる; Selcraig [sélkreɪg] ともいう.
Sélkirk Móuntains *n. pl.* [the ~] セルカーク山脈《カナダ南西部, British Columbia 州南東部の山脈で, Rocky 山脈の一部; 単に the Selkirks ともいう》.
Sel·kirk·shire [sélkəːkʃɪə, -ʃə | -kəːkʃə(r, -ʃɪə(r)] 〘⇨ Selkirk, -shire〙 *n.* スコットランド南東部の旧州, 現在は Borders 州の一部; 面積 694 km²; 首都 Selkirk.
sell¹ [sél] 〘OE *sellan* < Gmc *saljan 《原義》to cause to take (cf. *salā* 'SALE') ← IE *sel- to take (Gk *heleîn*)〙 — v. (**sold** [sóʊld | sóʊld]) — *vt.* **1 a** 〈物を〉売る, 売り渡す: a house to ~ 売り家 / ~ a thing *at* a bargain [a ten percent discount] 物を安売りする[1 割引きで売る] / ~ a thing *at* a profit [loss, sacrifice] 物をもうけて[損して]売る / ~ pictures *by* auction 絵を競売に付する / ~ goods (*by*) wholesale [*by* retail] 品物を卸売り[小売り]する / ~ one's collection for next to nothing コレクションを二束三文で手放す / ~ the stock under prime cost 在庫品をもとを切って売る / He *sold* me his car. 私に車を譲ってくれた / I *sold* my house *to* Mr. Smith *for* $10,000. 私の家をスミスさんに 1 万ドルで売った. **b** 〈選手を〉移籍[トレード]する (transfer). **2** 商う (deal in): ~ insurance 保険を扱う / Do you ~ wine? こちらにはぶどう酒がありますか / This shop ~*s* antiques. この店は骨董(こっ)品を売っている. **3 a** …の売行きを助ける: Advertising will ~ goods. 広告は品物の売行きをよくする / The name *sold* the product. その名前でその製品が売れた. **b** …に購入を促す: This design will ~ the purchaser. このデザインは買い手に受ける[の購買心をそそる]だろう. **c** …に売る, 売り込む: ~ supermarkets [prospective customers] スーパーマーケット[買ってもらえそうな人]に売り込む. **4** 〈物が〉〈幾つ〉売れる, さばける: The book *sold* a million copies. その本は百万部も売れた. **5 a** 〈人·生命·魂などを〉売る, 売り渡す: ~ a captive *into* slavery 捕虜を奴隷に売る / ~ oneself (金のために)我が身[名誉]を売る, 破廉恥な行ないをする (cf. *vt.* 6 a) / ⇨ *sell one's* SOUL / ~ one's life dear(ly) 敵に大きな痛手[損害]を与えて死ぬ. **b** 〈仲間·国·主義などを〉売る, 裏切る (betray): ~ one's country [a cause] 国[主義]を売る. **c** 〈名誉·貞操などを〉売る, 犠牲にする (sacrifice); 〈試合·票などを〉売る: ~ one's honor [chastity] 名誉[貞操]を売る / ~ a game [match] わいろを取って試合を売る / ~ one's vote 金で票を売る / ~ one's birthright *for* a mess of pottage ⇨ birthright 2. **6 a** 〈考え·計画·候補者などを〉宣伝する, 推薦する, 売り込む〔*to*〕: ~ oneself (*to* the public) 自分を(世間に)売り込む (cf. *vt.* 5 a) / ~ an idea *to* the public 思想を世間に宣伝する / ~ a project *to* Congress 計画(の有効性)を議会に納得させる. **b** 〈人〉に〔…を〕売り込む, 納得[承知]させる (convince)〔*on*〕: ~ voters *on* a candidate 有権者に候補者を売り込む / ~ students *on* reading 学生に読書の価値を説き聞かせる. **7** [p.p. 形で]《口語》〔…を〕(無批判に)よいと思い込ませる; 〔…に〕熱中させる〔*on*〕: He is *sold on* the idea [book]. その考えを信じ込んでいる[その本に夢中になっている]. **8** [通例 p.p. 形で]《俗》だます, かつぐ, …に一杯食わせる (cheat): He was *sold over* the bargain. 取引きでだまされた / *Sold* again! してやられた, しまった; してやったり, ざまあみろ.
— *vi.* **1** (物を)売る; (物を)商う: buy and ~. **2 a** 〈物が〉〔幾らで〕売れる, 売られる, さばける〔*at, for*〕: ~ high [*at* a high price] 高い値で売れる / ~ *for* one dollar each 1 個 1 ドルで売られる. **b** [通例, 副詞(句)を伴って]〈物が〉売行きが…だ: His pictures won't ~. その絵は売れないだろう / The book ~*s well*. その本はよく売れる / ⇨ SELL *out* (*vi.*) (2). **3** 《口語》受諾[承認, 採択]を得る, 賛成される, 買われる, 受ける: an idea that will ~ 人に受ける考え.
made to sell (品質などをかまわずに)単に売り物として作られた, 売らんかなの. ***sell forward*** 先物売りする, 他日引き渡す約束で売る. ***sell off*** (1) 〈商品などを〉(安売りして)売り払う, 見切り売りにする. (2) 〈相場が〉下がる, 下落する (fall). ***sell out*** (*vt.*) (1) (全部)売り切る: The tickets were *sold out*. 切符は全部売り切れていた / We are *sold out* (*of* large sizes). (大きなサイズは)全部売り切れました. (2) 〈債務者〉の財産を競売に付する, 〈財産を〉売って決済する: He [His property] was *sold out*. 彼の財産は競売された. (3) 《口語》(利のために)〈味方·主義などを〉犠牲にする, 裏切る, 売る (betray): They *sold* us *out*. 我々を裏切った. (4) 〘取引所〙売り抜ける, 売り退(の)く. (*vi.*) (1) 店[のれん·権利など]を売る: The store *sold out* last week. その店は先週蔵ざらえをして店をたたんだ. (2) 〈商品が〉売り切れる; 〈店などが〉〔商品を〕売り切る〔*of*〕: The new product *sold out* in a month. 新製品は 1 か月で売り切れた / They have *sold out* (*of* the book). (その本は)全部売り切れた. (3) 《口語》変節する, 身売りをする〔*to*〕: ~ *out to* the enemy 敵側に寝返る / ~ *out to* the masses (筆を曲げて)大衆におもねる. ***sell short*** (*vi.*) 空(から)売りする. (*vt.*) 見くびる, 過小評価する. ***sell up*** 《英》(1) =SELL *out* (*vt.*) (2). (2) =SELL *out* (*vi.*) (1).
— *n.* **1 a** 《口語》失望, 閉口 (disappointment): an awful ~ 全くがっかりすること, 全くの当てはずれ. **b** 《俗》ぺてん, 詐欺 (cheat) (cf. *vt.* 8): What a ~! まんまと一杯食わされた. **2** 《口語》**a** 販売(法), 売り込み(法) (salesmanship): ⇨ hard sell, soft sell. **b** 購買心をそそる魅力 (sales appeal).
sell² [sél] 〘ME *selle* ⊏(O)F < L *sellam* seat, saddle〙 *n.* 《古》=saddle.
sell³ [sél] *n., adj.* 《スコット》=self.
sel·la [sélə] 〘← NL ~ ← L 'seat, saddle'〙 *n.* (*pl.* **~s, -lae** [-liː, -laɪ]) 〘解剖〙=sella turcica.
sélla túr·ci·ca [-tə́ːkɪkə, -sɪkə, -sə- | -tə́ːkɪkə, -sɪ-] 〘← NL ~ 《原義》Turkish saddle: その形の類似から〙 — *n.* (*pl.* **sellae turcicae** [sélaɪ-tə́ːkɪkàɪ, -liː-tə́ːsə-siː | sélaɪ-tə́ːkɪkàɪ, -liː-tə́ːsɪsiː]) 〘解剖〙(頭骨の)トルコ鞍(あん).
sel·len·ders [séləndəz | -dəz] *n. pl.* 〘獣医〙=sallenders.
séll·er [-lə | -lə(r] 〘《?a1200》〙 — *n.* **1** 売り手, 売り方; 販売人, セールスマン (salesman). **2** [修飾語を伴って]売れる物: a good [bad] ~ 売行きのよい[悪い]物 / a hot ~ 飛ぶように売れる品 / ⇨ best seller.
séllers' [séller's] màrket *n.* 〘経済〙売手市場《商品不足のため売手に有利な市場; ↔ buyers' market》.
séller's òption *n.* 〘証券〙売方勝手渡し《一定期間の中で売手が引渡日を任意に定めてよいという契約》.
séll·ing [-lɪŋ] 〘ME〙 — *adj.* (すぐ)売れる (salable). — *n.* **1** 売り, 売却, 売りさばき; 販売(法), 売り込み(方). **2** [形容詞的に] 物品販売業の; 販売の[に関する]; 売りの, 売り方の: a ~ broker 売り方ブローカー / a ~ order 売り注文 / a ~ price 売価, 売り値, 販売価格 / ~ sentiment 売り気.
sélling àgent *n.* 販売代理商, 販売代理店, 売込問屋.
sélling clìmax *n.* 〘証券〙大量の売買高を伴う株価の急落《その後, 反騰に転じる》.
sélling plàte *n.* 〘競馬〙=selling race.
sélling-plàter *n.* 〘競馬〙売却競馬 (selling race) に出す競走馬.
sélling pòint *n.* 〘商業〙(販売·販売促進における品物の)訴求点, セールスポイント.
sélling ràce *n.* 〘競馬〙(競走直後に勝馬をあらかじめ協定された値段で売却する)売却競馬, セリング競走 (cf. claiming race).
séll-òff *n.* 〘証券〙大量の売り圧力による主力株の相場の下落.
Sel·lo·tape [séloutèɪp] 〘《変形》? ← *cellu(lose) tape*〙 *n.* 〘商標〙セロテープ《粘着テープの商品名》. — *vt.* セロテープでつける.
séll·òut *n.* **1** 売払い, 蔵ざらえ. **2** 大入満員の興行[催物], 座席売切れの演芸, 大入り芝居. **3** 《俗》密告, 秘密漏洩(えい) (betrayal); 裏切り, なれ合い.
Sel·ma [sélmə; *Swed.* sélma] 〘(dim.) ← *Anselma*: ⇨ Anselm〙 *n.* 女性名.
sel·syn [sélsɪn] 〘《混成》← SEL(F) + SYN(CHRONOUS)〙 — *n.* 〘電気〙セルシン, センシンモーター《回転子の回転速度または回転角を遠方から電気的に操作する同期電動機兼同期発信機; synchro ともいう》.
Selt·zer, s- [séltsə | -sə(r] 〘《1741》《短縮》← G *Selterser* (*Wasser*) 'WATER of Selters'〙 — *n.* **1** セルツァ炭酸水《ドイツの Wiesbaden 付近の村 Nieder Selters から出る天然鉱泉》. **2** 同質の人工飲料水(ソーダ水) (soda water).
Séltzer wàter, s- w- *n.* =Seltzer.
sel·vage [sélvɪdʒ] 〘《a1475》⊏MDu. *selvegge* 《原義》its own edge ← *selv-* 'SELF' + *egge* 'EDGE'〙 — *n.* **1 a** (織物の両側にあるほつれを防ぐため織りつけた)耳 (list). **b** (壁紙などの切りすてられる)へり (edge). **2** 縁, 端. **3** 《まれ》(錠の)受け金. **4** 〘地質〙=gouge 4.
sél·vaged *adj.* 〈織物が〉耳のついた (listed).
sel·va·gee [sèlvɪdʒíː, -və-] 〘《変形》← SELVAGE: ⇨ -ee〙 — *n.* 〘海事〙たばね輪索(わさ), セルベージー《細

紐(古ロープのヤーンなど)を大きく幾重にもわがねて，その途中を何か所かくくった柔軟な輪索).
sel·vedge [sélvɪdʒ] *n.* ＝selvage.
selves *n.* self の複数形.
Sel·wyn [sélwɪn, -wən | -wɪn] 〖OE *Selewine* ← *sele* house (cog. G *Saal*)＋*wine* friend〗 *n.* 男性名.
SEM 《略》 scanning electron microscope.
sem. 《略》 semicolon; seminar; seminary.
Sem. 《略》 Semitic.
se·mae·o·stome [səmíːəstòum | sɪmíːəstəum, sə-] 〖↓〗 *adj., n.* 〖動物〗旗口水母目の(クラゲ).
Sem·ae·o·sto·me·ae [sèmiːəstóumiː | sɪmìːəstə́u-, sə-] 〖← NL ～ ← Gk *sēmaía, sēmeía* standard, token ＋NL *-stomeae* (← -STOMA¹)〗 ―― *n. pl.* 〖動物〗(腔腸動物門鉢水母綱)旗口水母目.
se·man·teme [sɪmǽntiːm, sə- | sɪ-, se-, sə-, siː-] 〖◻ F *sémantème* ← *sémantique* 'SEMANTICS': ⇨ -eme〗 ―― *n.* 〖言語・文法〗意義素《言語形式の有する意義の単位; cf. morpheme》.
se·man·tic [sɪmǽnṭɪk, sə- | sɪmǽntɪk, se-, sə-, siː-] 〖《1665》◻ Gk *sēmantik-ós* significant ← *sēmaínein* to signify ← *sêma* sign: ⇨ -ic¹: cf. F *sémantique*〗 ―― *adj.* **1** 語義の，意味の: a ～ change. **2** 〖言語〗意味論の，語義(上)の. **se·mán·ti·cal** *adj.* **se·mán·ti·cal·ly** *adv.*
semántic féature *n.* 〖言語〗意味素性《形式素のもつ意味上の特性》.
semántic fíeld *n.* 〖言語〗意味の場，意味領域 (⇨ field 19).
se·man·ti·cian [sìːmæntíʃən] *n.* ＝semanticist.
se·mán·ti·cist [-ṭəsɪst, -səst | -tɪsɪst] 〖⇨↓, -ist〗 *n.* 意味論[語義学]に通じた人，意味論学者.
se·man·tics [sɪmǽnṭɪks, sə- | sɪmǽntɪks, se-, sə-, siː-] 〖《1900》← F *sémantique* ◻ Gk *sēmantikós* 'SEMANTIC': ⇨ -ics〗 ―― *n.* **1** 〖言語〗 **a** 意味論，語義学 (cf. semasiology). **b** ＝general semantics. **2** 〖論理〗 **a** 意味論(的方法)《論理・数学的表現を対象領域との関係において集合論的に考察し，演繹的体系の一群の命題を真とする条件を明らかにする分野，方法; cf. syntax 2》. **b** 意味論《記号論の一分野で，記号と対象との関係を問題にする; cf. semiotics》. **3 a** 意味(関係). **b** (曖昧な)意味の利用[操作].
sem·a·phore [séməfɔ̀ə, -fɔ̀ə | -fɔ̀ː(r] 〖《1816》← Gk *sêma* sign＋-PHORE〗 ―― *n.* **1** (鉄道などの)信号機，信号柱，腕木信号機. **2** 信号 (signal). **3** 手旗信号 (flag semaphore). ―― *vt.* 信号(機)[手旗信号]で知らせる. **sem·a·phor·ic** [sèməfɔ́(ː)rɪk, -fɑ́r- | -fɔ́r-] *adj.* **sem·a·phór·i·cal** *adj.* **sèm·a·phór·i·cal·ly** *adv.*
Se·ma·rang [səmɑ́ːrɑːŋ] *n.* スマラン《インドネシア，Java 島北部の海港; 人口 647,000》.
se·mà·si·ól·o·gist [-dʒɪst, -dʒəst | -dʒɪst] *n.* ＝semanticist.
se·ma·si·ol·o·gy [sɪmèɪsiɑ́lədʒi, sə-, -zi- | sɪmèɪsiɔ́lədʒi, se-, sə-, -zɪ-] 〖《1877》← Gk *sēmasía* meaning (← *sēmaínein*)＋-o-＋-LOGY: ⇨ semantic〗 ―― *n.* 〖言語〗意味論，語義学，(特に)語義変遷研究 (cf. semantics 1 a). **se·ma·si·o·log·i·cal** [sɪmèɪsiəlɑ́dʒɪkəl, sə-, -ziə-, -dʒə- | sɪmèɪsɪəlɔ́dʒɪ-, se-, sə-, -zɪə-] *adj.*
se·mat·ic [sɪmǽṭɪk, sə- | sɪmǽt-, se-, sə-] 〖← Gk *sēmat-, sêma* sign＋-IC¹〗 ―― *adj.* 〖生物〗〈有毒動物の目だつ色が〉警戒目標となる: ～ colors [coloration] 警戒色 (cf. protective coloration).
sem·a·tol·o·gy [sèmətɑ́lədʒi | sèmətɔ́lədʒɪ, sìːm-] 〖《1831》: ⇨↑, -ology〗 *n.* 〖言語〗＝semantics 1 a.
sem·bla·ble [sémbləbl] 〖ME ◻ (O)F ← *sembler*: ⇨↓, -able〗《古》 ―― *adj.* **1** 類似の (similar). **2** 適切な，ふさわしい (suitable). **3** 外見上の (seeming, apparent). ―― *n.* **1** 類似 (semblance). **2** [one's ～] 仲間，友 (fellow). **sém·bla·bly** [-bli | -blɪ] *adv.*
sem·blance [sémbləns] 〖《*a*1325》◻ (O)F ～ ← *sembler* to be like, seem < L *similāre, simulāre* 'to SIMULATE': ⇨ -ance〗 ―― *n.* **1 a** (人・物の)外形，外観，姿: in ～ 外見は，姿は. **b** 顔，容貌 (face). **2** 見せかけ，装い (guise): under the ～ of an angel 天使のような顔つきをしながら / without even the ～ of a trial 裁判のまねごとさえもせずに / put on a ～ of anger 怒った風をする / make ～ of reading 読書のふりをする / He made ～ as if he were mad. 狂人のふりをした. **3 a** 類似 (resemblance): have [bear] the ～ of [to] …に似ている / to the ～ of …に似せて / in (the) ～ of …の姿をして，…に似るように. **b** (他の物に似た)形，姿 (image); 生き写し (likeness, copy). **4** 幽霊，亡霊. **5** 少量，僅か (modicum): without the ～ of surprise 驚きのそぶりを見せないで.
sem·ble¹ [sémbl] 〖◻ F *sembl-er* (↑)〗 *vt.* **1** …のふりをする (simulate). **2** 表示する，表現する.
sem·ble² [sémbl] 〖◻ F *sembl-er*: ⇨ semblance〗 ―― *vi.* 〖法律〗…のようにみえる，…と思われる (it seems)《法律原則，判決などが正確ではないがほぼ特定の意味を表示している時に用いられる語》.
se·mé [səméɪ, sémeɪ | sémeɪ] 〖《1562》◻ F ～ (p.p.) ← *semer* to sow < L *sēmināre* ← *sēmin-, sēmen* seed: cf. semen〗 ―― *adj.* (*also* **se·mée** [～]) 〖紋章〗散らし模様の，小紋散らしの《semé に使用される図形は cross, fleur-de-lis, billet, heart, star など少数の図形に限られている》.
se·mée-de-lis [-dəlíː] 〖← F *semée de* (*fleurs de*) *lis* powdered with fleurs-de-lis〗 ―― *adj.* 〖紋章〗fleur-de-lis をちりばめた (fleurettée) (cf. France ancient).
se·mei·og·ra·phy [sìːmaɪɑ́grəfi, sèm-, -mi- | sèmaɪɔ́grəfi, sìːm-, -mɪ-] 〖← Gk *sēmeîon* (↓)＋-GRAPHY〗 *n.* 〖医学〗症候学，症候記載.
se·mei·ol·o·gy [sìːmaɪɑ́lədʒi, sèm-, -mi- | sèmaɪɔ́lədʒi, sìːm-, -mɪ-] 〖← NL *semaeologia* ← Gk *sēmeîon* sign ← *sêma*: ⇨ -logy〗 ―― *n.* **1** 記号論[学] (⇨ semiotic). **2** 記号言語 (sign language). **3** 〖医学〗＝symptomatology.
se·mei·ot·ic [sìːmaɪɑ́ṭɪk, sèm-, -mi- | sèmaɪɔ́t-, sìːm-, -mɪ-] *adj.* 〖医学〗症候[症状]の (semiotic).
se·mei·ot·ics [sìːmaɪɑ́ṭɪks, sèm-, -mi- | sèmaɪɔ́t-, sìːm-, -mɪ-] 〖← Gk *sēmeiōtikós* significant (← *sēmeîon* sigh ← *sêma* sign)＋-ICS〗 ―― *n.* **1** ＝semeiology 1, 2. **2** 〖医学〗＝symptomatology.
Sem·e·le [séməliː | -mɪlɪ] 〖◻ L *Semelē* ◻ Gk *Semélē* ◻ Phrygian *Zemelō* mother of the earth〗 ―― *n.* 〖ギリシャ神話〗セメレー《Cadmus の娘; Zeus に愛されて Dionysus を生んだが，Hera の計略により Zeus が Hera のもとへ行く時と同じ荘厳な姿で彼女のもとへ来ることを望んだため，Zeus の携えて来た稲妻と雷電に打たれて死んだ》.
sem·eme [sémiːm] 〖← Gk *sēmaínein* to signify (← *sêma* sign)＋-EME: Bloomfield の造語〗 ―― *n.* 〖言語〗 **1** 形態意味素《形態素 (morpheme) の意味》. **2** 意義素; 意味素.
se·men [síːmən | -men, -mən] 〖《1398》◻ L *sēmen* ← IE **sē(i)-* 'to sow'〗 ―― *n.* (*pl.* **sem·i·na** [sémənə | sémɪ-], ～s) **1** 〖動物・解剖〗精液 (sperm). **2** [通例複合語の第 1 構成素として] 〖植物〗種子 (seed): ～ pedicularis.
Se·mën [sɪmióun, seɪmjóun | sèmɪə́un, seɪmjə́un; *Russ.* sʲimʲjón] 〖◻ Russ. ～: ⇨ Simeon〗 *n.* 男性名.
Se·më·nov [sɪmjɔ́(ː)nəf, sə-, -nɔ(ː)f | -mjɔ́nəf; *Russ.* sʲimʲjónəf], **Nikolai Nikolaevich** *n.* セミョーノフ《1896– ; ソ連の物理・化学者; Nobel 化学賞 (1956)》.
se·mes·ter [sɪméstə, sə- | -tə(r] 〖《1827》◻ G *Semester* ◻ L *sēmēstris* half-yearly ← *sex* 'SIX'＋*mēnsis* month: ⇨ sex-, menses〗 ―― *n.* **1** 半年間，6 ヵ月間. **2** (年 2 学期制度の大学などの)半学期，1 学期《米国・ドイツの大学などで普通 15–18 週間をいう; cf. quarter A 2 c, term 2 a》. **3** 学期 (session). **se·mes·tral** [sɪméstrəl, sə-] *adj.* **se·mes·tri·al** [sɪméstriəl, sə- | -trɪəl] *adj.*
sem·i [sémi, -maɪ | -mɪ] 〖略〗 *n.* 《口語》 **1** 《英》＝SEMIDETACHED house. **2** ＝semitrailer. **3** [*pl.*] ＝semifinal.
sem·i- [sémi, -maɪ | -mɪ] 〖ME ◻ (O)F ～ ∥ L *sēmi-* half < IE **semi-* (OE *sām-, sōm-* / Gk *hēmi-* / Skt *sāmi-*)〗 ―― *pref.* 名詞・形容詞・副詞に付いて次の意味を表わす: **1** 「…の半分; 半…」(cf. hemi-¹, demi-): *semi*circle, *semi*oval. **2** 〖建築〗「垂直に 2 分された」: *semi*arch. **3** 「片側の」: *semi*-pinnate. **4** 「多少…，部分的(に)」: *semi*darkness, *semi*official. **5** 「不完全な[に]」: *semi*blind 盲目に近い / *semi*nude 裸同然の. **6** 「(ある期間に) 2 回ある」: *semi*monthly.
sèmi·abstráct *adj.* 〖芸術〗半抽象の《実在する形態をもとにしながらある程度抽象化したものにいう》. **sèmi·abstráction** *n.*
sèmi·ánnual *adj.* **1** 半年ごとの，年 2 回の (half-yearly). **2** 半年続く: a ～ plant 半年生植物. **～·ly** *adv.*
sèmi·aquátic *adj.* 〖生物〗半水生の.
sèmi·arbóreal *adj.* 〖動物〗半樹木生の.
sèmi·árch *n.* 半アーチ《ゴシック様式の飛梁のようにアーチの迫元(せりもと)が一方しかないもの》.
sèmi·árid *adj.* 〈気候・土地が〉雨量が少く乾燥する，半乾燥の. **sèmi·arídity** *n.*
sèmi·áuto *adj.* ＝semiautomatic 2.
sèmi·áutomated *adj.* 半自動の.
sèmi·automátic *adj.* **1** 半自動式の. **2** 〈小火器が〉自動装填(てん)(式)の，半自動(式)の. ―― *n.* 半自動[自動装填]小銃. **sèmi·automátically** *adv.*
sèmi·autónomous *adj.* (内政問題について)準自治の，半自治の.
sèmi·barbárian *adj.* 半野蛮の. ―― *n.* 半野蛮人.
sèmi·bárbarism *n.* 半野蛮(状態).
sèmi·básement *n.* 半地階.
sèmi·bóld *n.* 〖活字〗セミボールド《ライトフェース (lightface) とボールドフェース (boldface) の中間の太さの活字書体》.
sèmi·brève *n.* 《英》〖音楽〗 **1** ＝whole note. **2** ＝semibrevis.
sèmi·brévis *n.* 〖音楽〗セミブレーヴィス《中世・ルネッサンス期定量記譜法の音符または休符の一種; brevis の $^1/_2$ または $^1/_3$ の音価をもつ; 記号 ◊》.
sèmi·búll *n.* 〖カトリック〗半上諭《ローマ教皇が選挙されてから就任式までの間に発するもの》.
-se·mic [síːmɪk] 〖← LL *-semus* (← Gk *sēmeîon* sign ← *sêma* sign)＋-IC¹〗〖古典詩学〗「…個の韻律単位からなる」の意の形容詞連結形: decasemic.
sèmi·centénary *adj., n.* ＝semicentennial.
sèmi·centénnial *adj.* **1** 50 年目の，50 年ごとの. **2** 五十年祭の. ―― *n.* 五十年記念日; 五十年祭.
sèmi·chórus *n.* 〖音楽〗 **1** セミコーラス，小合唱《合唱隊の半数またはそれ以下の人数で歌うこと》. **2** 小人数の合唱のための楽曲[部分].
sémi·cìrcle 〖◻ L *sēmicircul-us*: ⇨ semi-, circle〗 *n.* **1 a** 半円(形). **b** 半円周. **2** 半円形の物. **3** 半円規.
sèmi·círcular 〖◻ ML *sēmicirculār-is*: ⇨↑, circular〗 *adj.* 半円(形)の. **～·ly** *adv.* **～·ness** *n.*
semicírcular canál *n.* 〖解剖〗(耳の)半規管: the three ～s 三半規管.
sèmi·circúmference *n.* 半円周.
sèmi·cívilized *adj.* 半文明の，半未開の.
sèmi·clássic *n.* (文学・音楽などの)準古典作品，セミクラシックな作品. ―― *adj.* ＝semiclassical.
sèmi·clássical *adj.* **1** 準古典的な，セミクラシックな《音楽ではクラシックとポピュラーまたはジャズの中間的なものをいう; 文学では大衆文学的傾向をもつ作品についていう》. **2** 二流の: a ～ theory.
sèmi·cóke *n.* 半成コークス《石炭を低温乾留して得られる無煙半成コークス; 家庭燃料に用いられる》.
sem·i·co·lon [sémɪkòulən, -mə- | sèmɪkə́ulən, -lən, ⌐⌐⌐] 〖《1644》〗 *n.* セミコロン (;)《句読点の一種; その機能は大体 (.) と (,) との中間》.
sèmi·colónial *adj.* 半植民地的な《独立してもまだ現実には外国支配を受けている状態，または原料を輸出し製品を輸入する外国依存の状態をいう》: a ～ country / a ～ economy. **～·ism** *n.*
sèmi·cólony *n.* 半植民地(的国家).
sèmi·cóma *n.* 亜昏睡，半昏睡.
sèmi·cómatose *adj.* 軽い昏睡状態の，半昏睡の，昏睡の十分でない.
sèmi·commércial *adj.* 半商業的な，実験的商品の市場の[に適した].
sèmi·condúcting *adj.* 〖電気〗半導体の，半導性の.
sèmi·condúctive *adj.* 〖電気〗＝semiconducting.
sèmi·condúctor *n.* 〖電気〗半導体《電気の伝導度が普通の温度で金属と絶縁体との中間の物質; cf. conductor 2 a》.
sèmi·cónscious *adj.* 半ば意識的な (half-conscious); 意識の十分でない，多少意識のある. **～·ly** *adv.* **～·ness** *n.*
sèmi·consérvative *adj.* 〖生物〗(母型)半保有方式の，半保有的な《もとの分子の鎖が，まとめてというよりは個々に保存される再生形態をいい，DNA 分子などに関して使われる》. **～·ly** *adv.*
sèmi·crýstalline *adj.* 半結晶性の，部分的に結晶になった.
sèmi·cýlinder *n.* 半円筒. **sèmi·cylíndrical** *adj.*
sémi·dèmi·sémiquaver *n.* 《英》〖音楽〗＝hemidemisemiquaver.
sèmi·depónent *adj.* 〖ギリシャ・ラテン文法〗半異態の《現在時制では能動形，完了時制では(能動の意味をもつ)受動形をもつ動詞についていう》.
sèmi·désert *n.* 半砂漠《植物のまばらな乾燥地域で，砂漠と湿潤地域との中間地帯》.
sèmi·detáched *adj.* **1** 半分離れた，一部分離れた (partly detached). **2** 《英》〈家が〉仕切り壁で続いているが独立した，準独立の: a ～ house 準独立住宅，2 軒連続住宅 (duplex house)《2 軒全体でひとまとまりの外観を構成した長屋式住宅》. ―― *n.* 《英》＝SEMIDETACHED house.
sèmi·diámeter *n.* 半径 (radius).
sèmi·díesel éngine *n.* 〖機械〗焼玉機関《燃焼室の一部に高温部を設け，その助けによって点火を起こす圧縮点火式機関》.
sèmi·diúrnal *adj.* **1** 半日の，半日間の. **2** 1 日 2 回起こる. **3** 〈潮汐(ちょうせき)が〉半日にほぼ 1 回ある.
sèmi·divíne *adj.* 半神の.
sèmi·documéntary *n., adj.* 〖映画〗セミドキュメンタリー映画(の)，半記録的映画(の)《ドキュメンタリー映画の手法で作られた劇映画》.
sémi·dòme *n.* 〖建築〗(後陣 (apse) などの)半ドーム.
sèmi·doméstic *adj.* ＝semidomesticated.
sèmi·domésticated *adj.* 〈野生動物が〉半ば飼い馴らされた.
sèmi·domesticátion *n.* (動物園などでの野生動物の)半飼育状態.
sèmi·dóminant *adj.* 〖生物〗不完全優性の.
sèmi·dóuble *adj.* 〖植物〗半八重の《外側雄蕊だけが花弁状に変形したものをいう》: a ～ daisy.
sèmi·drý *adj.* 適度に[ほどよく]乾燥した.
sèmi·drýing *adj.* 〈綿実油など〉ゆっくり乾燥する，完全に乾燥せずどろどろになる，半乾性の.
sèmi·dúrable góods *n. pl.* ＝semidurables.
sèmi·dúrables *n. pl.* (衣服や家具など)準耐久消費財.
sèmi·ellípse *n.* 〖数学〗半楕円《楕円を長径で半分で切ったもの》. **sèmi·ellíptic** *adj.* **sèmi·ellíptical** *adj.*
sèmi·eréct *adj.* **1** 〈霊長類など〉半[不完全]直立の: ～ primates. **2** (長さの)半分直立した: a ～ stem.
sèmi·évergreen *adj.* 〖植物〗＝half-evergreen.
sèmi·fínal *adj.* **1** 最後から 2 番目の. **2** (競技などの)準決勝の (cf. quarterfinal). **3** (ボクシングなどで)セミファイナルの《その日の試合のうちで 2 番目に主要な》. ―― *n.* **1 a** [通例 *pl.*] (競技などの)準決勝. **b** (トラック競技などで)決勝進出者を決めるための競技. **2** (ボクシングなどの)セミファイナル.
sèmi·fínalist *n.* 準決勝[セミファイナル]出場選手[チーム].
sèmi·fínished *adj.* **1** 半ば[一部]完成した. **2** 〈製品が〉完成直前の状態にある，ほぼ完成した; 〈鋼鉄が〉半仕上げの.
sèmi·fítted *adj.* セミフィットの《衣服がほぼ体の線にそったデザインをいう》.
sèmi·fléxible *adj.* **1** やや柔軟な. **2** 〖製本〗〈芯が余り厚くない為〉〈本の表紙が〉セミフレキシブルの.
sèmi·flóating *adj.* 〖自動車〗〈車軸が〉半浮動式の.
sèmi·flúid *adj.* 半流動体の (viscous). ―― *n.* 半流動体 (semiliquid).

sèmi·fórmal *adj.* 1 準公式[正式]の. 2 〈衣服が〉準正装の, 略式の, セミフォーマルの.

sèmi·fóssil *adj.* 完全に化石になっていない, 半化石の.

sèmi·glóbular *adj.* 半球形の (hemispheric).

sèmi·glòss *adj.* 〈エナメル・ペンキなど〉半光沢の.

sémi·gòd 〘(15C)《部分訳》← L *sēmideus*〙 *n.* 半神, 半神半人 (demigod).

sèmi·governméntal *adj.* ある行政機能[権限]をもつ: a ~ bank.

sèmi·gròup *n.* 〘数学〙半群《乗法が定義され, それが結合法則をみたすような集合》.

sèmi·hárd *adj.* ほどよい[適度な]固さの, 半硬の: ~ steel 半硬鋼.

sèmi·indepéndent *adj.* 半独立の; 《特に》準自治の.

sèmi·indiréct *adj.* 〈照明が〉半間接の: a ~ lamp.

sèmi·indiréct líghting *n.* 〘電気〙半間接照明.

sèmi·ínfinite *adj.* 半無限の《一方は有限で一方だけ無限に延長することにいう》.

sèmi·légendary *adj.* 半伝説的な.

sèmi·líquid *adj., n.* =semifluid.

sèmi·líterate *adj.* 1 (初歩的な)読み書きがかろうじてできる. 2 読めるが書くことはできない. 3 狭い知識[理解力]の. **sèmi·líteracy** *n.*

sèmi·lóg *adj.* 〘数学〙=semilogarithmic.

sèmi·logaríthmic *adj.* 〘数学〙半対数の《一方が対数目盛で, 他方が等間隔の目盛になっている方眼紙, またはそれを使って書いたグラフについていう》.

sèmi·lúnar 〘← NL *semilunar-is*: ⇨ semi-, lunar〙 *adj.* 半月状の, 三日月状の (crescent). — *n.* 〘解剖〙(腕関節の)半月形骨《semilunar bone ともいう》.

semilúnar válve *n.* 〘解剖〙(大動脈・肺動脈の)半月弁.

sèmi·lústrous *adj.* やや光沢のある, 半光沢の.

sèmi·májor áxis *n.* 半長径《楕円の長軸の半分》.

sèmi·manufáctures *n. pl.* (鋼鉄・ゴムなど)半仕上げ製品.

sèmi·mát *adj.* (*also* **semi·matt, semi·matte** [~]) 〘製紙〙〈紙など〉半艶の.

sèmi·métal *n.* 〘化学〙(ヒ素・アンチモン・テルルなどの)半金属. **sèmi·metállic** *adj.*

sèmi·mícro *adj.* 〘化学〙セミミクロの, 半微量の.

sèmi·microanálysis *n.* 〘化学〙半微量分析.

sèmi·mínor áxis *n.* 半短径《楕円の短軸の半分》.

sèmi·móist *adj.* やや湿った.

sèmi·monástic *adj.* 修道院風の.

sèmi·mónocoque *n.* 〘航空〙半張殻, セミモノコック(構造)《飛行機の機体のように軸力を受け持つ縦通材と剪断(せん)および引張りを受け持つ薄板から成る構造; cf. monocoque 2》.

sèmi·mónthly *adj.* 半月ごとの; 月2回の (cf. bimonthly): a ~ journal. — *n.* 1 月に2回起こるもの. 2 隔週刊誌[紙, 出版物], セミマンスリー. — *adv.* 半月ごとに; 月2回(に).

sèmi·mýstical *adj.* 幾分神秘(主義)的な.

semina *n.* semen の複数形.

se·mi·nal [sémənḷ, síːm-] 〘(a1398) □ (O)F *séminal* □ L *sēminālis* ← *sēmin-, sēmen* seed: ⇨ semen, -al¹〙 — *adj.* 1 a 〘解剖・動物〙精液の[を含む, から成る]: ~ glands 精巣. b 〘植物〙種子の[を含む, から成る] (germinal): a ~ leaf 子葉. 2 a 繁殖する, 生殖の (generative): ~ power 生殖力. b 生産的な (productive); 有力な (potential); 含蓄のある (pregnant): ~ thoughts. 3 これから発達する, 発展の可能性のある, 将来性のある; 独創的な: in the ~ state これから発達する状態で / a ~ mind. **~·ly** *adv.*

séminal dúct *n.* 〘解剖・動物〙(輸)精管.

séminal emíssion *n.* 〘生理〙射精 (ejaculation).

séminal flúid *n.* 〘解剖・動物〙精液 (semen).

séminal recéptacle *n.* 〘動物〙受精嚢《昆虫その他無脊椎動物の雌が雄から得た精子を受精まで貯えておく小袋》.

séminal vésicle *n.* 〘解剖・動物〙(貯)精嚢.

sem·i·nar [sémənɑ̀ə, ⊥–⊥ | séminɑ̀ː(r, ⊥–⊥] 〘(1889) □ G ~ □ L *sēminārium*: ⇨ seminary〙 — *n.* 1 (指導教授の下で特殊研究をする大学の)研究グループ, ゼミナール, ゼミナー, ゼミ. 2 a (大学院などの)研究科. b (セミナーの)研究室. 3 《米》研究会.

sem·i·nar·i·an [sèmənɛ́(ə)riən | -mɪnɛ́ər-] *n.* 〘カトリック〙1 神学校の生徒, 神学生. 2 a (神学校で教育を受けた)宣教師. b =seminary priest.

sem·i·nar·ist [sémənərɪst, -nèr-, -rəst | -mɪnərɪst] 〘(1583): ⇨ ↓, -ist〙 *n.* =seminarian.

sem·i·nar·y [séməneri | -mɪnəri] 〘(c1450) □ L *sēminārium* seed plot (neut.) ← *sēminārius* of seed ← *sēmin-, sēmen* seed: ⇨ semen, -ary〙 — *n.* 1 学校, 学院. ★ 以前は school の代わりに気取って用いられたが, 今は特に, 女子の学校以外には余り用いられない (cf. academy): a ~ for young ladies 女子専門学校. 2 (キリスト教各派の)神学校. 3 =seminar 1. 4 (ある事の)発源地, 育成場 (nursery); 温床 (hotbed): a ~ of revolution [vice] 革命の発源地[罪悪の温床].

séminary príest *n.* 〘カトリック〙渡英宣教師《16-17世紀に Douay で教育を受け渡英して伝道した》.

sem·i·nate [sémənèɪt | -mɪ-] 〘← L *sēminātus* (p.p.) ← *sēmināre* to sow ← *sēmin-, sēmen*: ⇨ semen, -ate³〙 — *vt.* 〈種を〉まく (inseminate). **sem·i·na·tion** [sèmənéɪʃən | -mɪ-] *n.*

sem·i·nif·er·ous [sèmənɪ́f(ə)rəs | -mɪ-] 〘← L *sēmin-, sēmen* 'SEED'+-I-+-FEROUS〙 — *adj.* 1 〘解剖〙精液を生じる; 輸精の: ~ tubes (輸)精管. 2 〘植物〙種子を生じる.

seminíferous túbule *n.* 〘解剖・動物〙細精管, 精細管.

sem·i·niv·or·ous [sèmənívərəs | -mɪ-] 〘← L *sēmin-, sēmen* 'SEMEN'+-I-+-VOROUS〙 *adj.* 〘動物〙〈鳥など〉種子を食用[餌]にしている.

Sem·i·nole [sémənòʊl | -mɪnəʊl] 〘□ Creek *Simanóli* 《原義》runaway ← Am.-Sp. *cimarrón* wild: cf. maroon²〙 — *n.* (*pl.* ~, ~s) 1 a [the ~(s)] セミノール族《アメリカインディアン Creek 族の支族; もとは Florida 州にいたが, 今は Oklahoma 州に居住する》. b セミノール族の人. 2 セミノール語《セミノール族の話すクリーク語》. — *adj.* セミノール族[人]の.

sem·i·no·ma [sèmənóʊmə | -mɪnóʊ-] 〘← NL ~ ← L *sēmin-, sēmen* 'SEMEN'+-OMA〙 — *n.* (*pl.* ~s, **-ma·ta** [~ṭə | ~tə]) 〘病理〙セミノーム, 精上皮腫《睾丸の悪性腫瘍》.

sèmi·nómad *n.* 半遊牧民. **sèmi·nomádic** *adj.*

seminomata *n.* seminoma の複数形.

sèmi·núde *adj.* 裸同然の, セミヌードの. **sèmi·núdity** *n.*

sèmi·occásional *adj.* めったにない, 時折の. **~·ly** *adv.*

sèmi·offícial *adj.* 半公式[半官的]の: a ~ gazette [organ] 半官報 / a ~ statement 半官的声明. **~·ly** *adv.*

se·mi·og·ra·phy [sìːmaɪágrəfi, sèm-, -mi- | sèmaɪɔ́grəfi, sìːm-, -mɪ-] *n.* =semeiography.

sem·i·ol·o·gy [sìːmaɪáləʤi, sèm-, -mi- | sèmaɪɔ́ləʤɪ, sìːm-, -mɪ-] *n.* =semeiology.

sèmi·ópal *n.* 〘鉱物〙半蛋白石, 無乳光蛋白石, セミオパール《宝石に用いる》.

sèmi·opáque *adj.* ほとんど不透明の, 半透明の.

sem·i·o·sis [sìːmaɪóʊsɪs, sèm-, -mi-, -səs | sèmaɪóʊsɪs, sìːm-, -mɪ-] 〘← NL ~ ← Gk *sēmeíōsis* observation of signs ← *sēmeioûn* (↓): ⇨ -osis〙 — *n.* (*pl.* **-o·ses** [-siːz]) 〘言語・論理〙記号過程[現象]《ある物事が有機体に記号として働く過程》.

sem·i·ot·ic [sìːmaɪáṭɪk, sèm-, -mi- | sèmaɪɔ́t-, sìːm-, -mɪ-] 〘□ Gk *sēmeiōtik-ós* observant of signs ← *sēmeioûn* to observe signs ← *sēmeîon* sign: ⇨ -otic¹ 2〙 — *adj.* 1 〘医学〙=semeiotic. 2 〘言語〙記号の; 記号論の. — *n.* 〘言語・論理〙=semiotics. **sem·i·ót·i·cal** *adj.*

se·mi·ot·ics [sìːmaɪáṭɪks, sèm-, -mi- | sèmaɪɔ́t-, sìːm-, -mɪ-] 〘⇨ ↑, -ics〙 — *n.* 〘言語・論理〙記号論《自然言語・諸二次言語および広く諸文化現象等を記号体系とみなして, その構造・機能を研究する理論; 構文論 (syntactics), 意味論 (semantics), 語用論 (pragmatics) の3分野に分けられる; cf. syntax 2》.

sèmi·ovíparous *adj.* 〘動物〙半胎生の, 半卵生の《有袋類のように, 発生の初期のみ胎生のものにいう》.

Se·mi·pa·la·tinsk [sèmɪpəlɑ́ːtɪnsk | -tɪnsk; *Russ.* sjimjipalátjinsk] *n.* セミパラチンスク《ソ連邦南部 Kazakhstan 共和国, Irtysh 河畔の都市; 人口 282,000》.

sèmi·pálmate *adj.* 〘動物〙半蹼(ぼく)足の: a ~ foot.

sèmi·pálmated *adj.* 〘動物〙=semipalmate.

semipálmated plóver *n.* 〘鳥類〙ヒメハジロコチドリ (*Charadrius semipalmatus*) 《北米の北極圏で繁殖するチドリ科の鳥》.

semipalmate foot

semipálmated sándpiper *n.* 〘鳥類〙北米に広く分布する小型のシギの一種 (*Ereunetes pusillus*).

sèmi·parábola *n.* 〘数学〙半放物線《放物線を頂点で二つに分けた半分》.

sèmi·parasític *adj.* 〘生物〙半寄生の.

sèmi·pérmanent *adj.* 半永久的な.

sèmi·pérmeable *adj.* 半透性の: a ~ membrane 半透性膜. **sèmi·permeabílity** *n.*

sèmi·plástic *adj.* 半塑性の.

sémi·plùme *n.* 〘鳥類〙半綿毛《正羽と綿羽の中間の形態を示す羽毛で羽軸と羽枝をもつが羽枝に鉤がなく, 綿羽のようにふわふわしている》.

sèmi·pólar *adj.* 〘化学〙半極性の.

semipólar bónd *n.* 〘化学〙半極性結合, 配位結合《semipolar double bond ともいう》.

sèmi·polítical *adj.* 半政治的な, 少々政治的な.

sèmi·pórcelain *n.* 〘窯業〙半磁器《陶器と磁器の性質を共に有する焼物の一種; 陶器よりも融剤の量が多いので一層焼締っているが, 完全な磁器化には達していない》.

sèmi·póstal *adj.* 〈郵便切手が〉付加金付きの. — *n.* 付加金付き郵便切手《charity stamp, semipostal stamp ともいう》.

sèmi·précious *adj.* 準宝石の, 半貴石[宝石]の.

semiprécious stóne *n.* 準宝石, 半貴石[宝石]《水晶類・ザクロ石など; cf. precious stone》.

sèmi·prívate *adj.* 〈病室・患者などが〉半個室の《共同病室と個室の中間で通例他に1-3人の患者がいるものについていう》: a ~ room [patient].

sémi·prò 〘略〙*adj., n.* =semiprofessional.

sèmi·proféssional *adj.* 1 半職業的な: a ~ athlete [player] 半職業的な運動選手, セミプロ. 2 〈業務など〉準専門的な. — *n.* セミプロ選手. **~·ly** *adv.*

sèmi·públic *adj.* 1 半公共的な; 半官半民の: a ~ institution. 2 〈会合など〉半公開的な: a ~ meeting.

sèmi·púpa *n.* 〘昆虫〙半さなぎ.

sèmi·quántitative *adj.* 〘物理〙半定量的な. **~·ly** *adv.*

sem·i·qua·ver [sémɪkwèɪvə, -mə- | -mɪkwèɪvə(r] *n.* 《英》〘音楽〙十六分音符 (sixteenth note).

sèmi·quinóne *n.* 〘化学〙セミキノン《ヒドロキノンの酸化で得られる反応中間体》.

Se·mir·a·mis [sɪmírəmɪs, sə-, -məs | semírəmɪs, sɪ-] 〘□ L *Semiramis* □ Gk *Semíramis*〙 — *n.* 〘ギリシャ伝説〙セミーラミス《Assyria の美しい賢明な女王で Babylon の創建者; cf. Ninus²》.

sèmi·relígious *adj.* いくらか宗教的[敬虔]な, 半宗教的な.

sèmi·retíred *adj.* (老齢・病気で)非常勤[パートタイム]で働く, 嘱託で働く. **sèmi·retírement** *n.*

sèmi·rígid *adj.* 1 全く厳格[精密, 硬直]ではない. 2 〘航空〙半硬式の: a ~ dirigible [airship] 半硬式飛行船.

sèmi·róund *adj.* 半球形[状]の.

se·mis [séɪmɪs, síː-, -məs | -mɪs] 〘□ L *sēmis*: ⇨ semi-, as²〙 — *n.* セミス《古代ローマの銅貨》: 1 $^{1}/_{2}$ アス (as) 貨《重さは6オンス》. 2 ローマ帝政期の $^{1}/_{2}$ アウレウス (aureus) 貨. 3 $^{1}/_{2}$ ソリドゥス (solidus) 貨.

sèmi·sácred *adj.* =semireligious.

sèmi·sávage *adj.* 半野蛮の. — *n.* 半野蛮人.

sèmi·sécret *adj.* 公然の秘密の, 半秘密の.

sèmi·sédentary *adj.* 半定住の: ~ tribes.

sèmi·sérious *adj.* 半まじめの. **~·ly** *adv.* **~·ness** *n.*

sèmi·shrùb *n.* =undershrub.

sèmi·skílled *adj.* 〈職工など〉半熟練の.

sémi·smìle *n.* 半笑い.

sèmi·sóft *adj.* 〈チーズなど〉中程度の軟かさの, 固形ではあるが容易に切れる.

sèmi·sólid *adj.* 〈物質が〉半固体の. — *n.* 半固体の物質.

sèmi·sphéric *adj.* 半球状の (hemispheric).

sèmi·sphérical *adj.* =semispheric.

sèmi·stéel *n.* 〘冶金〙セミスチール, 鋼性銑.

sèmi·subterránean *adj.* 〈家屋など〉半地下式の.

sèmi·swéet *adj.* 〈菓子・チョコレートなど〉甘味をおさえた, わずかに甘い: a ~ cake.

sèmi·synthétic *adj.* 〘化学〙1 半合成の. 2 天然物を化学的に加工して作られる: a ~ fiber.

Sem·ite [sémaɪt | síːm-, sém-] 〘(1875) ← NL *Sēmīta* ← LL *Sēm* Shem □ Gk *Sḗm* □ Heb. *Šēm*: Shem, ⇨ -ite¹〙 — *n.* 1 セム人《Noah の子 Shem の子孫 (cf. *Gen.* 10: 21-32) と称せられる Hebrews, Arameans, Phoenicians, Arabs, Assyrians などの諸人種を含む; cf. Hamite 2》. 2 ユダヤ人 (Jew).

Se·mit·ic [sɪmíṭɪk, sə- | sɪmít-, se-, sə-] 〘(1813) □ G *semitisch*: ⇨ ↑, -ic¹〙 — *adj.* 1 a セム人種の, セム系統の. b ユダヤ人の (Jewish). 2 セム系諸語の. — *n.* 1 セム語(族). 2 =Semite.

Se·mít·i·cist [-ṭəsɪst, -səst | -tɪsɪst] *n.* =Semitist.

se·mit·i·cize, S- [sɪmíṭəsàɪz, sə- | sɪmít-, se-, sə-] *vt.* =semitize.

Semític lánguages *n. pl.* セム系諸語《Akkadian, Hebrew, Aramaic, Arabic および Amharic を含む》.

Se·mit·ics [sɪmíṭɪks, sə- | sɪmít-, se-, sə-] 〘⇨ Semitic, -ics〙 *n.* セム学《セム系諸語および文学・歴史研究》.

Sem·i·tism [sémətɪzm | -mɪ-] 〘(1851) ← SEMIT(E)+-ISM〙 *n.* 1 セム風, 《特に》ユダヤ風, ユダヤ人気質. 2 セム語法[風]. 3 [s-] ユダヤ人びいき.

Sém·i·tist [-tɪst, -ṭəst | -tɪst] *n.* 1 セム学者. 2 [s-] ユダヤ人びいきの人.

sem·i·tize, S- [sémətàɪz | -mɪ-] *vt.* 〈言語などを〉セム[ユダヤ]風にする; ユダヤ教化する.

Sem·i·to- [séməṭo(ʊ) | -mɪtə(ʊ)] 〘← SEMITIC: ⇨ -o-〙「セム[ユダヤ]人(の)」の意の連結形: *Semito*-Hamitic.

sémi·tòne *n.* 〘音楽〙半音《音階組織における最小単位, 全音(tone)の半分の音程をもつ; halftone, half step ともいう》: a diatonic ~ 全音階的半音《ホ-ヘなど》/ a chromatic ~ 半音階的半音《ハ-嬰ハなど》/ an equal [a small] ~ 平均率[小]半音《平均率では12の半音は全て等しいが, 他の音律では半音の幅は異なる》.

sèmi·tónal *adj.* 〘音楽〙半音(階)の. **~·ly** *adv.*

sèmi·tónic *adj.* 〘音楽〙=semitonal. **sèmi·tóni·cally** *adv.*

sémi·tràiler *n.* セミトレーラー: 1 後車軸しかなく, 前部を連結部分でトラクターの後部にもたせかける構造のトレーラー (cf. full trailer). 2 牽引用トラック (tractor) にセミトレーラーを連結したもの.

sèmi·translúcent *adj.* 半透明の, やや透明の.

sèmi·transpárent *adj.* 半透明の. **sèmi·transpárency** *n.*

sèmi·trópic *adj.* =semitropical.

sèmi·trópical *adj.* 亜熱帯の (subtropical).

sèmi·trópics *n. pl.* 亜熱帯地方 (subtropics).

sèmi·túbular *adj.* 半管状の.

sèmi·úncial *adj.* 〈書法が〉半アンシアルの. — *n.* 半アンシアル (half uncial); 半アンシアル文字[書法].

sèmi·vítreous *adj.* 〘窯業〙セミビトレアスの《吸水率 0.3-10% の素地(きじ)にいう》.

sèmi·vocálic *adj.* 〘音声〙半母音 (semivowel) の.

sémi·vòwel 〘(1530)〙 — *n.* 1 〘音声〙半母音《音声的性質は母音であるが, 音節主音でないため子音的な働きをする音; 英語の [j] [w], アメリカ英語の [r] など》. 2 半母音字《y, w, 時として r などをもいう》.

sèmi·wáter gàs *n.* 〘化学〙半水性ガス.

sèmi·wéekly *adj.* 週2回の (cf. biweekly). — *n.* 週2回の刊行物, セミウィークリー. — *adv.* 週に2回 (twice a week).

sémi·wòrks *n. pl.* 〘商業〙製品の市場受容性をテストするために実験的スケールで製造をしている工場.

sèmi·yéarly *adj.* 年2回の. — *n.* 年2回刊行物. — *adv.* 年2回に.

Sem·mel·weis [zéməlvàɪs; *G.* zɛ́məlvàɪs], **Ig·naz** [ígnɑːts, ─ ─́] **Philipp** *n.* ゼンメルワイス《1818–65; ハンガリーの産科医; 産科の防腐処置法の先駆者》.

sem·mit [sémɪt, -mət | -mɪt] 〖《15C》← ?〗 *n.* 《スコット》肌着 (undershirt).

sem·o·li·na [sèməlíːnə] 〖《1797》□ It. *semolino* (dim.) ← *semola* bran《変形》← L *simila* finest wheat flour: ⇨ simnel〗 — *n.* セモリナ《硬質小麦の粗粉 (middling) から作る上質小麦粉; マカロニやプディングなどに用いる》.

sem·per [sémpə | -pə(r] 〖□ L ～ 'always' ← *sem*- one+*per* through〗 *L. adv.* 常に, いつでも.

Sem·per [zémpə | -pə(r; *G.* zɛ́mpɐ], **Gottfried** *n.* ゼンパー《1803–79; ドイツの建築家・建築理論家》.

sem·per·vi·vum [sèmpəváɪvəm | -pə-] 〖□ L *sempervīvum* (neut.) ← *sempervīvus* ever-living ← SEMPER+*vīvus* alive (⇨ vivi-)〗 — *n.* 《植物》アフリカ大陸産のベンケイソウ科クモノスバンダイソウ属 (*Sempervivum*) の草本の総称《観賞用の多肉植物》.

Sem·pio·ne [*It.* sempjóːne] *n.* Simplon のイタリア語名.

sem·pi·ter·nal [sèmpɪtə́ːnl̩, -pə- | -pɪtə́ː-] 〖《15C》□ LL *sempiternāl-is* ← L *sempiternus* eternal ← *semper* always + *aternus* 'ETERNAL': ⇨ semper, -al¹〗 — *adj.* 《文語》永遠の, 永久の, 無窮の (everlasting, eternal). **～·ly** *adv.*

sem·pi·ter·ni·ty [sèmpɪtə́ːnəti, -pə- | -pɪtə́ːnəti, -nɪ-] 〖□ LL *sempiternitātem*: ⇨ ↑, -ity〗 *n.* 《文語》永遠, 永久, 無窮 (eternity).

sem·pli·ce [sémpləṭʃeɪ | -plɪtʃɪ; *It.* sémplitʃe] 〖□ It. ～ < L *simplicem, simplex* 'SIMPLE'〗 *adj.* 《音楽》単純な (simple), 装飾音をつけない.

sem·pre [sémpreɪ | -prɪ; *It.* sémpre] 〖□ It. ～ < L *semper*: ⇨ semper〗 — *adv.* 《音楽》常に, 絶えず (always, throughout): ～ forte 終始強く / ～ piano 終始静かに.

semp·ster [sém(p)stə | -stə(r] *n.* =seamster.

semp·stress [sém(p)strɪs, -strəs] *n.* =seamstress.

sems [sémz] 〖(pl.) ← *sem* 《略》← ASSEMBLY〗 *n.* (*pl.* ～) セムス《座金組込みねじ》.

sen¹ [sén] 〖《1802》□ Jap.〗 *n.* 銭《日本の通貨単位; = $^{1}/_{100}$ 円》; (旧) 1 銭貨幣.

sen² [sén] 〖土語〗 *n.* (*pl.* ～) セン《インドネシアの通貨単位; = $^{1}/_{100}$ rupiah》; 1 センアルミ貨.

sen³ [sén] 〖土語〗 *n.* セン《カンボジアの通貨単位; = $^{1}/_{100}$ riel》; 1 センアルミ貨.

sen⁴ [sén] 〖□ Malay〗 *n.* セン《マレーシアの通貨単位; = $^{1}/_{100}$ ringgit》.

Sen., sen. 《略》senate; senator; senior.

S.E.N. 《略》《英》State Enrolled Nurse.

se·nar·ius [sɪné(ə)riəs, sə-, -nɑ́ːr- | sɪnéəriəs, se-, sɪ-, -nɑ́ːr-] 〖《1540》□ L (*versus*) *sēnāri-us* ← *sēnī* six each ← *sex* 'SIX': ⇨ -ary〗 — *n.* (*pl.* **-nar·i·i** [-riàɪ | -rɪ-]) 《詩学》(特に, ラテン詩の) 短長三詩脚 (iambic trimeter).

sen·ar·mon·tite [sènəmɑ́ntaɪt | -nəmɔ́n-] 〖← *Henri de Sénarmont* (1808–62: フランスの鉱物学者): ⇨ -ite¹〗 *n.* 《鉱物》方安鉱.

sen·a·ry [sénəri, síːn- | síːnəri] 〖□ L *sēnāri-us*: ⇨ senarius〗 *adj.* 六の, 六から成る: a ～ division 六分 / a ～ scale 《数学》六進(記数)法.

sen·ate [sénət, -nɪt] 〖《?a1200》□ (O)F *sénat* □ L *senātus* 《原義》council of elders ← *sen-, senex* old, old man: ⇨ senile, -ate¹〗 — *n.* **1 a** [S-] (二院制議会の)上院《フランス・米国・イタリア・カナダ・アイルランド共和国・南アフリカ共和国・オーストラリア・南米諸国などの上院; cf. the HOUSE of Representatives》: the United States *Senate* 米国上院. **b** 議会 (parliament), 立法機関: the ～, the pulpit, and the press 議会, 教会および新聞 / distinguished both at the bar and in the ～ 弁護士および議員として有名な. **2** 議事堂; 議会の部屋. **3** (Cambridge 大学・米国の大学 (college) などの)評議員会, 理事会. **4** (古代ギリシャ・ローマの)元老院.

sénate hòuse *n.* **1** 上院(の建物). **2** [S-] (Cambridge 大学などの)評議員[理事]会館.

sen·a·tor [sénəṭə | -nətə(r] 〖《?a1200》□ (O)F *sénateur* □ L *senātor* ← *senātus*: ⇨ senate, -or²〗 — *n.* **1** 上院議員 (cf. lord 5). **2** (大学の)評議員, 理事. **3** (古代ギリシャ・ローマの)元老院議員.

sen·a·to·ri·al [sènətɔ́ːriəl, -tɔ́r- | -tɔ́ːrɪ-] 〖← L *senātōrius* of a senator (← *senātor* (↑))+-AL¹〗 — *adj.* **1** 上院[元老院] (senate) の. **2** 上院[元老院]議員の[から成る, らしい, にふさわしい]. **3** (大学の)評議員会の. **～·ly** *adv.*

senatórial cóurtesy *n.* 《米政治》上院儀礼《大統領が閣僚以外の官職指名者について上院の承認を求める場合, 被指名者の居住州を代表する多数党議員の同意を要するという上院の慣行》.

senatórial dìstrict *n.* 《米政治》上院議員選挙区 (cf. assembly district, Congressional district).

sénator·shìp *n.* senator の職[地位, 任期].

se·na·tus [sɪnɑ́ːṭəs, sə-, -néɪṭ- | senéɪtəs, sɪ-, -nɑ́ːt-] 〖□ L *senātus*: ⇨ senate〗 *n.* (*pl.* ～) **1** (古代ローマの)元老院 (senate). **2** =senatus academicus.

senátus a·ca·dé·mi·cus [-æ̀kədémɪkəs, -mə- | -mɪ-] 〖□ L *senātus acadēmicus* academic senate〗 — *n.* (*pl.* **senatus a·ca·de·mi·ci** [-məsàɪ | -mɪ-]) (スコットランドの大学の)評議員会, 理事会.

senátus con·súl·tum [-kənsʌ́ltəm, -súl- | -təm] 〖□ L *senātus consultum* 'decree of the SENATE': ⇨ consult〗 — *L. n.* (*pl.* **senatus con·sul·ta** [-ṭə | -tə]) (古代ローマの)元老院令[布告].

senátus po·pu·lús·que Ro·má·nus [-pɑ̀pjʊlʌ́skwi-roʊmɑ́ːnəs, -méɪ- | -pɔ̀pjʊlʌ́skwɪ-rəʊ-] 〖□ L *senātus populusque Rōmānus* 'the SENATE and PEOPLE of ROME'〗 — *L.* ローマ元老院と人民《古代ローマ帝国の公称; 略 S.P.Q.R.》.

send¹ [sénd] 〖OE *sendan* < Gmc *sandjan (Du. *zenden* / G *senden*) (caus.) ← *sinþan to go (cf. OE *sīþ* journey) ← IE *sent- (L *sentīre* to feel): ⇨ sense〗 — *v.* (**sent** [sént]) — *vt.* **1** 送る, 届ける; 発送する; 発信する: ～ a letter [parcel] by mail 郵便で手紙[小包み]を送る / ～ flowers by phone 電話で頼んで花を届け(させ)る / ～ a message by radio 無線で通信を送る / I have *sent* him a telegram. 彼に電報を打った / Did you ～ it *to* him or *to* me? / I will ～ him *home* [*back*] in my car. 私の車で家まで送り[返し]ましょう / ～ money *to* one's son 息子に金を送る / ～ clothes *to* the laundry 洗濯物を洗濯屋に出す / ～ help (*to*...) (...に)助けを送る / ～ one's compliments [respects, love] (*to*...) (...に)(敬意を表して)よろしくと言い送る / ～ word ⇨ word *n.* 6 / ～ a dish *to* table 料理を食卓に載せる.
2 a 行かせる, やる; 使わす; 派遣する (dispatch); よこす: ～ troops 軍隊を派遣する / ～ an ambassador *abroad* 大使を海外に派遣する / ～ a servant *on* an errand 召使を使いにやる / ～ employees *on* vacation 従業員を休暇に出す / ～ a person *for* a doctor 医者を呼びに人をやる / ～ a patient *to* a clinic 病人を医者に行かせる / ～ a son *to* college 息子を大学にやる / ～ a member *to* Parliament 議員を議会へ送る / ～ a child *to* bed 子供を寝かせる / be *sent into* the world 世に送られる, 生れる / *Send* him a messenger. 彼のもとへ使いをやりなさい / Somebody ought to be *sent to* him at once. すぐだれかを彼の所へやらなければならない. **b** 無理に行かせる, 追いやる: ～ the enemy fly*ing* 敵を逃走させる / ～ a person *to* the police cell 豚箱にぶちこむ / ～ a pupil *out* (*of* the classroom) (教室から)生徒を追い出す《悪さをしたので罰として》.
3 a [形容詞(句)・do*ing* を目的補語として] (駆って)〈ある状態に〉する, 陥れる (drive): ～ a person crazy [wild with joy] 人を気違いにする[狂喜させる] / ～ a person *out of* his mind [*off* his head] 人を発狂させる / ～ a person sprawl*ing* 人を大の字なりになぐり倒す / ～ a stone roll*ing* down the hill 山から石を転がし落とす / Inflation has *sent* prices soar*ing*. インフレで物価が暴騰した. **b** [ある状態に] する, 追い込む 〔*into, to*〕: ～ a person *into* laughter [despair, a temper] 人を爆笑させる[絶望に陥れる, 怒らせる] / Her husband's death *sent* her *into* teaching 夫に死なれた彼女は教職についた / ～ a person *to* his death [ruin] 人を死に追いやる[破滅に追い込む] / ～ a person *to* sleep 人を眠らせる.
4 a 〈弾丸・球などを〉放つ, 投げる (throw); 〈ロケットなどを〉発射する; 〈打撃などを〉与える (deliver); 〈石などを〉ころがしてやる: ～ a bullet [an arrow, a ball] 弾丸[矢, ボール]を飛ばす / ～ a rocket / ～ a punch to the chin あごにパンチを食らわせる. **b** 〈視線を〉投げ(かけ)る: ～ a glance *at* ....
5 [通例 ～ *forth* [*out*] として] **a** 〈香気・光・熱・煙などを〉放つ, 発散する (emit): Mt. Vesuvius ～*ing* smoke *into* the air 噴煙を空に噴き上げるベスビオ火山 / A percolator bubbled, ～*ing out* a delicious aroma of coffee. パーコレーターがふつふつとわいておいしそうなコーヒーの香気を放っていた. **b** 〈声を〉あげる (utter); 〈声・音などを〉響かせる: ～ *forth* a cry / The church bells *sent forth* a merry peal. 教会の鐘が陽気に鳴り響いた. **c** 〈木が〉〈芽・枝を〉ふき出す, 生じる: ～ *out* buds [leaves]. **d** 〈雲が〉〈雨などを〉降らせる.
6 〈感情などを〉走らせる: ～ a chill down one's back ぞっとさせる / The sight *sent* a wave of pleasure through me. その光景を見て嬉しさが波のように体中を走った.
7 a 〈電流・電磁波などを〉送る, 送電する; 〈信号を〉送る: ～ a current [signal]. **b** 〈血液を〉送る: ～ blood to the heart 心臓に血液を送る.
8 〈乗物を〉用意[準備]させる: I will ～ a car for him. 彼のところへ車を回しておきましょう.
9 a 〈神が〉〈子供を〉恵む, 授ける; 〈予言者などを〉この世に送る, 使わす. **b** 〈神が〉...に許す, 与える; 被らせる, 加える; ...たらしめる: God ～ you better health! お体がもっと丈夫になりますように / The Lord *sent* a pestilence upon Israel. 主疫病をイスラエルに降したまえり (*2 Sam.* 24: 15) / God ～ it may be so! どうかそうあるように / *Send* her [him] victorious! (神よ)女王[王]を勝利者たらしめたまえ《英国国歌の中の句》.
10 《俗》(特に, ジャズ音楽で)〈聞き手などを〉うっとり[わくわく]させる (thrill), 興奮[熱狂]させる (excite): His clarinet playing really ～*s* me. 彼のクラリネットを聞いていると実に胸が躍る.
— *vi.* **1** 使いをやる[よこす], 人をやる[使わす]: ～ and see if ...かどうか人をやって確かめる / He *sent to* inquire after me. 人をよこして見舞ってくれた / I *sent to* him *to* come immediately. 彼にすぐ来るようにと使いをやった. **2** 便りをする, 知らせる, 手紙をやる: If you want me, please ～. 御用があったらそう言って(使いを)よこして下さい. **3** 信号を送る. **4** 《俗》(特に, ジャズ音楽で)〈演奏家が〉聴衆を興奮させる, (熱が入って)即興的に演奏する.
send after ...のあとを追わせる: *Send after* him and bring him back. 彼のあとを追わせて連れ[呼び]戻しなさい. ***send along*** (1) 〈人を〉急いで行かせる; 〈物を〉急送する: ～ *along* a doctor [messenger] / *Send* the book *along to* me. 急いであの本を送って下さい. (2) ...の進行[成長]を早める, はかどらせる. ***send away*** (1) 〈人を〉派遣する; 〈物を〉発送する (dispatch): ～ a present *away* by mail 贈り物を郵送する. (2) 追い払う, 追い出す, ...に暇を出す (dismiss): ～ *away* a maid for misbehavior 不品行のかどで女中を解雇する. (3) (金・申し込み書などを送って)取り寄せる, 注文する 〔*for*〕 (cf. SEND *for* (*vi.*) (2)): ～ *away for* groceries 食料雑貨類を(注文して)取り寄せる / ～ *away to* a travel agency *for* a free brochure 旅行社に無料提供のパンフレットを送ってくれるように手紙で申し込む. (4) 〈子供を〉寄宿学校へ入れる: ～ a child *away to* school. (5) 使いをやる: I *sent away to* him *for* his instructions. 指図を仰ぐために彼の元へ使いを出した. ***send back*** (1) 戻す, (送り)返す (return). (2) 《クリケット》〈打者を〉アウトにする. ***send down*** (1) 下げる, 下降させる, 下落させる: ～ *down* prices 物価を下げる / The rain *sent down* the temperature. 雨が降ったので気温が下がった. (2) 〈食器などを〉(台所に)下げる; (都会から地方などへ)送る, 出向かせる. (3) 刑務所に送る[入れる]. (4) 《英大学》...に停学を命じる (rusticate), 放校する (expel). (5) 《クリケット》〈ボールを〉投げる, 〈何回〉投げる: ～ *down* ten overs 10 回登板する (cf. over *n.* 2). ***send flying*** ⇨ fly¹ *v.* 成句. ***send for*** (*vi.*) (1) ...を呼びに[取りに](人を)やる (summon); ...を求める: ～ *for* advice [help] 助言[助け]を求める / ～ *for* a doctor 医者を迎えにやる / ～ *for* a taxi タクシーを呼びにやる / I *sent for* a plumber *to* repair the bath. 風呂を修繕するので水道屋を呼んだ. (2) ...を(郵便で)注文する, 取り寄せる (order) (cf. SEND *away* (3)): ～ *for* a catalogue [sample] カタログ[見本]を(注文して)送ってもらう. (*vt.*) ⇨ *vt.* 2 a. ***send forth*** (1) ⇨ *vt.* 5. (2) 生ずる, 産する (yield). (3) 〈荷物を〉送る; 〈人を〉送り出す. (4) 輸出する (export). (5) 出版[発行]する (publish). ***send in*** (1) (部屋などへ)通す, 入れる: *Send* him *in*, please. その人を中へ通して下さい. (2) 送る, 提出する, 差し出す: ～ *in* a manuscript (採用してもらおうと)原稿を送る / ～ *in* a picture (展覧会に)絵を出品する / ～ *in* an entry (競技に)参加を申し込む / ～ *in* one's application 申請書を提出する / ～ *in* a bill 請求書を送付する / ～ *in* one's papers (特に)〈陸海軍人が〉辞表を提出する, 辞職する. (3) 〈名刺・名前を〉取り次ぎに通じる: ～ *in* one's card [name] 受付に名刺を出す[名前を告げる]. (4) 〈飲食物を〉食卓に出す: ～ *in* dinner [a dish] ディナー[料理]を出す. (5) 〈選手を〉競技に出場させる. (6) 《クリケット》〈打者を〉出す. ***send off*** (1) 追い払う, 追い出す; 〈レフェリーが〉〈競技者を〉競技場から退場させる: ～ a player *off* (the field) *for* fouling 反則で選手に退場を命じる. (2) 〈手紙・荷物などを〉送る, 発送する (dispatch), 〈電報を〉打つ; 〈人を〉送り出す: ～ *off* a letter, one's baggage, etc. / ～ *off* a cable [telegram] 電報を打つ / ～ one's children *off* with a good breakfast inside them 朝食を十分に食べさせて子供達を(学校や遠足などに)送り出す. (3) (駅や港で)〈人を〉(盛大に)見送る (cf. SEE² *a person off* (1)). (4) 取寄せる, 注文する (cf. SEND *away* (3)) 〔*for*〕. ***send on*** (1) 〈手紙・荷物などを〉回送[転送]する (forward): ～ a letter. (2) 〈荷物を〉先へ送る; 〈人を〉先にやる: I've had my trunk *sent on* (ahead). トランクは前もって送らせてあります. (3) 《演劇・スポーツ》〈俳優・選手を〉出演[出場]させる. ***send out*** (1) 〈注文品・招待状などを〉送る, 発送する; 〈人を〉派遣する, (取りに)やる: ～ *out* a shipment, invitations, etc. / ～ *out* an office boy *for* the mail 郵便物を取りに給仕をやる. (2) 〈信号・無線などを〉送る: ～ *out* a call, signal, etc. (3) [...を持って来るように注文する 〔*for*〕: ～ *out for* three coffees and cakes コーヒーとケーキを 3 人分注文する. (4) ⇨ *vt.* 5. ***send over*** (1) 遠くへ送り(届け)る. (2) 〈人・物を〉引き渡す: ～ a suspect *over to* the police 容疑者を警察へ突き出す. ***send a person packing*** ⇨ pack¹ 成句. ***send round*** (1) 回す (circulate): ～ the circular [wine] *round* 回状[ぶどう酒]を回す / ⇨ *send round the* HAT. (2) 〈物を〉送り届ける; 使いをやる: I'll ～ *round* tomorrow to receive it. 明日使いを出して受け取らせます. ***send through*** 〈通信などを〉目的地まで送る, 届ける. ***send up*** (1) 上げる, 上昇させる: ～ *up* a spacecraft 宇宙船を打ち上げる / ～ *up* smoke [a flare] 煙[火炎]を噴き上げる / ～ *up* prices [temperature] 物価[温度]を上げる / ～ *up* a signal 合図ののろしを上げる / *Send* him *up* to my room. その人を私の部屋へ上げて下さい. (2) 〈報告書などを〉[上位の機関などに]提出する, 差し出す 〔*to*〕: ～ *up* a bill *to* the Senate 議案を上院へ上程する. (3) 〈球などを〉送る. (4) 〈食物

を〉出す, 食卓に上す;〈皿などを〉(お代わりに)出す: ～ *up* one's plate *for* a second helping. (5)〈名刺や名前を〉通じる. (6)〈音を〉たてる;〈においを〉放つ;〈枝などを〉出す. (7) 爆破する (explode): The building was *sent up* in flames. その建物は爆破されて炎上した. (8)〈生徒を〉(賞罰のために)校長の元へ行かせる. (9)《米俗》刑務所にぶちこむ: He was *sent up for* ten years. 10 年も臭い飯を食わされた. (10)《口語》(まねして)からかう (ridicule), 茶化す, 諷刺する (satirize): ～ *up* a pop singer, society, etc. (11)〘海事〙〈帆・帆柱・帆桁などを〉上げる, 引き上げる (hoist).

send[2] [sénd] 〘(頭音消失?) ← DESCEND〙〘海事〙 ── *vi.* (～·ed) **1** 波に押されて進む. **2** (縦揺れの時)〈船首または船尾が〉波に持ち上げられる (scend) (cf. pitch[2] 5). ── *n.* **1** 波の押しやる力, 波の推進力. **2** (船全体が波などで)持ち上げられること (scend).

send·a·ble [séndəbl̩] 〘(15C)〙 *adj.* 送られる, 送ることができる.

sen·dal [séndl̩] 〘(?c1200) ▭ OF *cendal* ▭ ML *cendalum* ← ? Gk *sindṓn* (fine cloth from) India ▭ Skt *Sindhu* the river Indus, the country of Indus: ⇨ India〙 ── *n.* (中世に用いられた)薄絹地《上等な衣服・法衣などに用いられた》; それで作った服.

send·ee [sendíː] *n.* (送ったものの)受取人.

sénd·er 〘(?a1200)〙 ── *n.* **1** 送り手, 送り主, 出荷主. **2** (電信・電話・ラジオなどの)送信[送話]器 (transmitter) (↔ receiver). **3**《俗》(特に, ジャズ音楽で)聴衆を興奮させる演奏者.

sénd·ing ènd *n.*〘電気〙送電端, 送信端《送電線・通信線の送り出し側の端; ↔ receiving end》.

sénding sèt *n.*〘通信〙送信機 (transmitting set).

sénd-òff 〘← *send off* (⇨ send[1] (v.) 成句)〙 ── *n.* 《口語》 **1** 見送り, 送別 (farewell): give a person a good [hearty] ～ 人を盛大に見送る. **2** (人・物の)出発, スタート: give a person a ～ in life 人を世の中に出してやる.

sénd-ùp 〘← *send up* (⇨ send[1] (v.) 成句)〙 *n.* 《口語》からかい, 諷刺, パロディー (parody).

se·ne [séɪneɪ] 〘▭ Samoan ～ ▭ E CENT〙 *n.* セーネ《西サモアの通貨単位; = $^1/_{100}$ tala》.

sen·e·ca [sénɪkə, -nə- | -nɪ-] *n.*〘植物〙= senega.

Sen·e·ca [sénɪkə, -nə- | -nɪ-] 〘▭ Du. *Sennecaas* the Five Nations ▭ N-Am.-Ind. (Mohegan) *a'sinnika*《なぞり》← Iroquois ← *oneñiute* (*roñ non*) Oneida,《原義》people of the standing rock〙 ── *n.* (*pl.* ～, ～s) **1 a** [the ～(s)] セネカ族《米国 New York 州の Iroquois 五族 (Five Nations) 中最大の部族; 好戦的で Erie 湖の南および西での戦歴は著名; ⇨ Iroquois》. **b** セネカ族の人. **2** セネカ語《Iroquois 語族に属する》.

Sen·e·ca [sénɪkə, -nə- | -nɪ-], **Lucius An·nae·us** [ənìːəs] *n.* セネカ《4 B.C.?–A.D. 65; ローマのストア派の哲学者・悲劇作家・政治家》.

Séneca gràss 〘⇨ Seneca〙 *n.*〘植物〙= sweet grass.

Sen·e·can [sénɪkən, -nə- | -nɪ-] 〘← *L. A. Seneca*+-AN[1]〙 *adj.* **1** セネカの. **2**〈哲学・作品の文体など〉セネカ風の.

se·nec·ti·tude [sɪnéktət(j)ùːd, sə- | sɪnéktɪtjùːd, se-, sə-] 〘▭ ML *senectitūdo* ← *senectūs* senility ← *senex* old man: ⇨ -tude〙 *n.* 老境 (old age).

sen·e·ga [sénɪgə, -nə- | -nɪ-] 〘(1738)《略》← SENEGA ROOT〙 *n.* **1**〘植物〙セネガ (senega root). **2** セネガ根《薬用で去痰(ᵏᵃⁿ)剤》.

Sen·e·gal [sènɪgɔ́ːl, -nə- | -nɪ-] *n.* **1** セネガル《アフリカ西部にあるフランス共同体(French Community)内の共和国; もとフランス領西アフリカ (French West Africa) の一部であったが, 1960 年 6 月 Sudanese Republic (今の Mali 共和国)と共に Federation of Mali を結成して独立したが, 同年 8 月分離して単独の共和国となる; 人口 4,320,000, 面積 197,161 km²; 首都 Dakar; 公式名 the Republic of Senegal セネガル共和国; フランス語名 Sénégal [senegal]》. **2** [the ～] セネガル(川)《セネガル北部を北西流して大西洋に注ぐ川 (1,610 km)》.

Sen·e·gal·ese [sènɪgəlíːz, -nə-, -gɔːl-, -líːs | -nɪgəlíːz, -gɔːl-] 〘▭ F *sénégalais*: ⇨ ↑, -ese〙 *adj.* セネガルの; セネガル人の. ── *n.* (*pl.* ～) セネガル人.

Senegál gúm *n.* アラビアゴム.

Sen·e·gam·bi·a [sènɪgǽmbiə, -nə- | -nɪgǽmbiə, -bjə] *n.* セネガンビア《アフリカ西部, Senegal 川と Gambia 川との間の地方; 大部分 Senegal と Mali 西部に含まれる》.

sénega ròot [**snákeroot**] 〘⇨ Seneca〙 *n.* **1**〘植物〙セネガ (*Polygala senega*)《米国東部地方産のヒメハギ科の植物》. **2** = senega 2.

sen·e·ka [sénɪkə, -nə- | -nɪ-] *n.*〘植物〙= senega.

se·nés·cence [sɪnésn̩s, sə- | sɪnésn̩s, se-, sə-] *n.* 老齢, 老衰; 老朽.

se·nes·cent [sɪnésn̩t, sə- | sɪ-, se-, sə-] 〘▭ L *senēscent-em* (pres.p.) ← *senēscere* to grow old ← *sen-*, *senex* old: ⇨ senile, -escent〙 ── *adj.* **1** 老いてゆく, 老境の (aging). **2** 滅びていく, すたれていく.

sen·e·schal [sénɪʃəl, -nə- | -nɪ-] 〘(?a1387) ▭ OF ～ (F *sénéchal*) < ML *siniscalcum* ← Gmc (cf. OHG *senescalh* eldest servant)〙 ── *n.* **1** (中世の王室や貴族の)家老, 家令, 執事 (steward). **2** (中世の都市や地方の)行政長官, 県令, 市政官. **3**《英》〘教会〙(大聖堂の)職員.

sen·et [sénɪt, -nət] 〘← ?〙 *n.*〘魚類〙数種のカマス「(barracuda) の総称.

sen·ghi [séŋgi | -gɪ] *n.* (*pl.* ～) = sengi.

Sen·ghor [sɑ̃ː(ŋ)gɔ́ə, sɔ̃ː(ŋ)-, sɑːŋ-, sɔ(ː)ŋ- | -gɔ́ː(r; *F.* sɑ̃gɔːr, sɛ̃-], **Lé·o·pold Sédar** [leɔpɔl sedaːr] *n.* サンゴール《1906–　; アフリカの詩人・政治家; セネガル共和国大統領 (1960–　)》.

sen·gi [séŋgi | -gɪ] 〘土語〙 *n.* (*pl.* ～) センギー《ザイールの通貨単位; = $^1/_{100}$ likuta, $^1/_{10000}$ zaire》; 1 センギー硬貨.

sen·green [séngriːn] 〘OE *singrēne* ← *sin-* one, always (cog. L *sem-* one)+*grēne* 'GREEN': ⇨ semper〙 *n.*〘植物〙= houseleek.

se·nhor [sɪnjɔ́ə, sə-, -njɔ́ə | -njɔ́ː(r; *Port.* siɲór, *Braz.* siɲór] 〘(1795) ▭ Port. ～ < ML *seniōrem* superior, lord ← L *senior* elder: ⇨ senior〙 ── *n.* (*pl.* ～s, **se·nho·res** [-njɔ́ːreɪs, -njɔ́ːr-, -reɪʃ | -njɔ́ːr-; *Port.* siɲóriʃ, *Braz.* siɲóris]) **1** 英語の Mr., Sir に当たるポルトガル[ブラジル]語. **2** ポルトガル[ブラジル]の男性.

se·nhor·a [sɪnjɔ́ːrə, sə-, -njɔ́ːrə | -njɔ́ːrə; *Port.* siɲɔ́rɐ, *Braz.* siɲɔ́ra] 〘▭ Port. ～ (fem.): ↑〙 ── *n.* (*pl.* ～s [～z; *Port.* ～ʃ, *Braz.* ～s]) **1** 英語の Mrs., Madam に当たるポルトガル[ブラジル]語. **2** 既婚のポルトガル[ブラジル]の女性.

se·nho·ri·ta [sèɪnjəríːtə | -tə; *Port.* sìɲuríte, *Braz.* sìɲuríta] 〘▭ Port. ～ (dim.): ⇨ senhora〙 ── *n.* (*pl.* ～s [～z; *Pol.* ～ʃ, *Braz.* ～s]) **1** 英語の Miss に当たるポルトガル[ブラジル]語. **2** 未婚のポルトガル[ブラジル]の女性.

se·nile [síːnaɪl, sén- | síːn-] 〘(1661) ▭ F *sénile* // L *senil-is* ← *sen-*, *senex* old (cog. Gk *hénos* old): ⇨ -ile〙 ── *adj.* **1** 老齢の(ために起こる); 老衰の, もうろくした, ぼけた (doting): ～ decay 老衰, 老朽 / ～ degeneration 老衰変性. **2**〘地理〙〈地形が〉老衰した《浸食の老年期に到達したことにいう》. ── *n.* もうろくした人, ぼけた人. **～·ly** *adv.*

sénile átrophy *n.* 老年性萎(ᶦ)縮.

sénile deméntia [**deterioràtion**] *n.*〘病理〙老「年痴呆.

sénile psychósis *n.*〘病理〙老年[老人性]精神病.

se·nil·i·ty [sɪníləṭi, sə-, se- | sɪnílətɪ, se-, -lɪ-] 〘← SENILE+-ITY〙 *n.* 老齢; 老衰, もうろく (dotage): ⇨ statutory senility.

se·nior [síːnjə | -njə(r, -nɪə(r] 〘(c1390) ▭ L ～ (compar.) ← *senex* old: ⇨ senile〙 ── *adj.* **1 a** 年上の, 年長の (older) (cf. junior 1 a): a ～ statesman 長老政治家, 元老 / the ～ members of a family 家族の年長者. ★ 同名の父子の父, 二人兄弟中の兄, 同名の生徒の年長者などをさす場合に Sen. または Sr. と略して名の後につけて用いる: John Smith, *Senior* [*Sr.*, *Sen.*]. 父[兄]の方のジョン スミス. **b** (…より)年上の (*to*): He is two years ～ *to* me. = He is ～ *to* me by two years. 私より 2 歳年上だ. **2** 先任の; 古参の; 先輩の, 上級の; 高級の: a ～ officer 先任将校 / ～ in office 上役で[の] / the ～ members of a club クラブの古参会員 / a ～ man《英》古参生, 上級生 / the ～ counsel 首席弁護人 / the ～ partner [member] (合名会社・組合などの)長, 社長. **3 a** (米国の大学・高校などの)最上級生の[向けの] (cf. freshman 1, sophomore 1, junior 5): the ～ class 最上級. **b** (米国の大学で)専門課程の《在学後半の 2 年間》. **4**〘証券〙請求権の順位が先の, 上位の (cf. junior 7): ～ securities 上位証券《具体的には社債と優先株》. ── *n.* **1** 年長者, 古老, 長老: the ～*s* of a family 家族の年長者 / have respect for one's ～*s* 年長者[先輩]を尊敬する. **2 a** 先任者, 古参者, 先輩, 上級生, 上官, 上役, 首席: the ～*s* of a profession 同業の先輩 / Promotion went to the ～*s* in rank. 昇進は先任者に与えられた / He was my ～ at Oxford by two years. 彼はオックスフォードで私の 2 年先輩であった. **b**〘英大学〙(学寮の)評議員 (senior member). **3 a**《米》(高校・大学などの)最上級生《大学では四年生》. **b**《英》(grammar school, public school の)上級生. **4**〘ボートレース〙シニア《トップクラスの種目を勝ち抜いてきたこぎ手》.

sénior chíef pétty òfficer *n.*〘米海軍・沿岸警備隊〙上等兵曹 (略 SCPO).

sénior cítizen *n.*《婉曲》高齢者, (特に)引退した老人《通例, 男 65 歳以上, 女 60 歳以上》.

sénior clássic *n.*《英》(Cambridge 大学で)古典語の学位試験における優等合格者中の首席.

sénior cóllege *n.*《米》**1** (junior college と区別して)四年制大学. **2** 四年制大学の後半 2 年.

sénior cómmon [**combinátion**] **ròom** *n.*〘英大学〙(学寮の)教員控室[休憩室] (略 S.C.R.) (cf. junior common room).

sen·i·o·res pri·o·res [sìːniɔ́ːriːz-praɪɔ́ːriːz, -niɔ́ːr-, -praɪɔ́ːr- | -niɔ́ːriːz-praɪɔ́ːr-] 〘▭ L *seniōrēs priōrēs* eldersfirst: ⇨ senior, prior〙 ── *L.* 年長者を先にせよ, 長者優先, 年功序列《若者への注意文句》.

sénior gírl scòut *n.*《米》シニア ガール スカウト《およそ 14–17 歳までのガールスカウト》.

sénior hígh schòol *n.* (米国の)上級高等学校《10–12 学年; 日本の高等学校に当たる; 単に senior high ともいう; cf. grade school, high school 1 b, junior high school》.

se·nior·i·ty [siːnjɔ́(ː)rəṭi, -njɑ́r- | sìːniɔ́rətɪ, -rɪ-] 〘(c1450) ▭ ML *seniōritās*: ⇨ senior, -ity〙 ── *n.* **1** 年長, 年上 (superior age). **2** 先輩であること, 古参, 先任(順序), 年功序列(による地位): the first on the ～ list 先任順の筆頭 / Promotion goes by ～. 昇進は先任順[年功序列]で行なわれる. **3**〘労働〙先任権《解雇の際, 最近雇われた者から順にやめさせられる制度》.

seniórity rúle *n.*《米》〘政治〙先任者優先の慣行《議会内の委員会委員長は多数を占める党出身で, その委員会の最古参者がこれに就任する》.

sénior máster sérgeant *n.*〘米空軍〙曹長.

sénior móralist *n.*《英》(Cambridge 大学で)倫理学の学位試験における優等合格者中の首席.

sénior óptime *n.*《英》(Cambridge 大学で)数学の学位試験における第一級優等合格者 (wranglers) 中, 次席合格者.

sénior púpil *n.*〘教育〙(英国の学校で)11–19 歳の生「徒.

sénior schòol *n.*〘教育〙シニア スクール《英国の public school で上級生(通例 14 歳以上の生徒をいう)を収容する学校》.

sénior scóut *n.* **1** = senior girl scount. **2** [S- S-]《英》シニア スカウト《17 歳以上のボーイスカウト》.

sénior sécondary schòol *n.*〘教育〙(スコットランドの)中等学校《12–18 歳の生徒の行く学校; 12–16 歳の生徒の行く学校は junior secondary school と呼ぶ》.

sénior sérvice *n.* [the ～]《英》(陸軍・空軍に対して)海軍 (the Navy).

sénior tútor *n.*《英》〘教育〙主任チューター, シニアチューター《上位のチューターで, カリキュラム調整の役割をもはたす》.

sénior wrángler *n.*《英》(Cambridge 大学で)数学の学位試験における第一級優等合格者 (wranglers) 中の首席合格者. ★ 次席を senior optime, 第三位を junior optime という; 但し, 1906–09 年の改革により現在では ABC 順に氏名を発表しておりこれらの名称は使われていない.

sen·i·ti [sénəṭi | -nɪtɪ, -nə-] 〘▭ Tongan ～《変形》← E CENT〙 *n.* (*pl.* ～) **1** セニティー《トンガの通貨単位; = $^1/_{100}$ pa'anga》. **2** 1 セニティー青銅貨.

Sen·lac [sénlæk] 〘OE *Sand-lacu*《原義》sandy brook: ⇨ sand, lake[1]〙 *n.* イングランド East Sussex 州の丘; Hastings の戦い (1066) の跡.

sen·na [sénə] 〘(1543) ← NL *sen(n)a* ← Arab. *sanā́*〙 ── *n.* **1**〘植物〙**a** センナ《ハブソウ・エビスグサの類のマメ科カワラケツメイ属 (*Cassia*) の植物の総称》. **b** ツリハブソウ (wild senna). **2**〘薬学〙センナ葉《アフリカのナイル地方産センナ (Alexandrian senna) またはインド地方産ホソバセンナ (Tinnevelly senna) の小葉片を乾燥したもので, 下剤》.

Sen·nach·er·ib [sɪnǽkərɪb, sə-, -rəb | senǽkərɪb, sɪ-, sə-] *n.* センナケリブ《?–681 B.C.; Assyria の王 (705–681 B.C.); Sargon 二世の子》.

Sénna knòt *n.* = Sehna knot.

Sen·nar [sɪnɑ́ə, sə-, se- | senɑ́ː(r] *n.* センナール《White Nile と Blue Nile 両河間の Sudan 東部の地方; もと王国》.

sen·net[1] [sénɪt, -nət] 〘(c1590)《変形》? ← SIGNET〙 *n.* らっぱ信号《昔の俳優の舞台登場・退場の合図》.

sen·net[2] [sénɪt, -nət] *n.* = sennit.

sen·net[3] [sénɪt, -nət] *n.*〘魚類〙= senet.

Sen·nett [sénɪt, -nət], **Mack** *n.* (1880–1960) 米国の無声映画喜劇製作者・監督.

sen·night [sénaɪt, -nɪt, -nət | -naɪt] 〘OE *seofon nihta* seven nights〙 ── *n.* (*also* **se'n·night** [～])《古》一週間 (week) (cf. fortnight): Sunday ～ 一週間前[後]の日曜日.

sen·nit [sénɪt, -nət | -nɪt] 〘(1769)《変形》← (廃) *sinnet*《短縮》? ← *seven knits*〙 ── *n.* **1**〘海事〙編み紐(ᵗˢ), 雑索, センニット《普通 3–9 本の細索を平らに, 角に, または丸く編んだもの》. **2** 麦わら・しゅろの葉などで作ったさなだ《帽子を作ったり紐として用いる》.

se·nor [seɪnjɔ́ə, siːn-, -njɔ́ə | senjɔ́ː(r] 〘▭ Sp. *señor* < ML *seniōrem* superior, lord, L elder: ⇨ senior〙 ── *n.* **1** 英語の Mr., Sir に当たるスペイン語. **2** スペイン[スペイン語を用いる]男性.

se·ñor [seɪnjɔ́ə, sin-, -njɔ́ə | senjɔ́ː(r; *Sp.* seɲór] *n.* (*pl.* **se·ño·res** [-njɔ́ːreɪs, -njɔ́ːr- | -njɔ́ːr-; *Sp.* -ɲóres]) = senor.

se·no·ra [seɪnjɔ́ːrə, siː-, -njɔ́ːrə | senjɔ́ːrə] 〘▭ Sp. ～ (fem.): ↑〙 ── *n.* (*also* **se·ño·ra** [～; *Sp.* seɲóra]) **1** 英語の Mrs., Madam に当たるスペイン語. **2** 既婚のスペイン[スペイン語を用いる]女性.

señores *n.* señor の複数形.

se·no·ri·ta [sèɪnjəríːṭə, sèn- | sènjəríːtə] 〘▭ Sp. ～ (dim.): ↑〙 ── *n.* (*also* **se·ño·ri·ta** [～; *Sp.* sèɲoríta]) **1** 英語の Miss に当たるスペイン語. **2** 未婚のスペイン[スペイン語を用いる]女性. **3**〘魚類〙米国 California 州沿海の細長いクリーム色または茶色のベラの一種 (*Oxyjulis californicus*).

Se·nou·si [sənúːsi | -sɪ] *n.* (*also* **Se·nous·si** [～])〘イスラム教〙= Sanusi.

Senr.《略》Senior.

sensa *n.* sensum の複数形.

sen·sate [sénseɪt] 〘▭ ML *sensāt-us* ← L *sensus* 'SENSE': ⇨ -ate[2]〙 *adj.* **1** 感覚の, 五官で感じられる. **2** 唯物的な (materialistic). **～·ly** *adv.*

sen·sa·tion [senséɪʃən, sən-] 〘(1615) ▭ ML *sensātiō(n-)* ← L *sensātus*: ⇨ ↑, -ation〙 ── *n.* **1 a** 知覚, 感覚(作用)《感覚器官が直接刺激を受けて生じる意識現象》: lose all ～ of feeling in one's feet 足の感覚を全く失う / the ～*s* of hearing, seeing, touching, etc. **b** (熱い・冷たいなど, 感覚器官の外的刺激の反応としての漠然とした)感じ, 感覚, 気持 (feeling): a ～ of heat [cold] 温熱[寒冷]感覚 / a pleasant [disagreeable] ～ 気持のよい[いやな]感じ / a ～ of fear 恐怖感 / a ～

of weariness [dizziness] 疲労[目まい]の感じ. **2** (刺激された)強い感情, 感動 (excited feeling); (聴衆・公衆の)感動 (excitement), 耳目を驚かせること, 扇動, 大評判, 大騒ぎ, センセーション: a ~ among the audience 聴衆の感動 / in search of a new ~ 何か新しい感興を求めて / The news of the assassination caused [created, made] a great ~. 暗殺の報道は一大センセーションを巻き起こした / a three days' ~ 一時の世間騒がせ, 一時的な大評判. **3** 大評判のもと[的]《事件・行動など》; 大騒ぎされるもの[人]: a literary ~ 文学界の評判もの[の作品]. **4** 〖心理〗感覚《外界または内界からの刺激によって生じた意識的現象》.

sen·sa·tion·al [senséɪʃənl̩, sə-, -ʃnəl] 〘《1840》: ⇨↑, -al¹〙 — *adj.* **1** 感覚(上)の; 知覚の. **2** 世間をあっと言わせる, 世間を騒がせる, 人騒がせの: a ~ crime. **3** 人気取りの, きわもの的な, 扇情的な: a ~ novel [writer] 扇情的小説[作家] / ~ literature 扇情的な文学. **4** 《口語》すばらしい, すてきな: a ~ victory. **~·ly** *adv.*

sen·sá·tion·al·ìsm [-ʃ(ə)nəlɪzm] 〘《1865》: ⇨↑, -ism〙 — *n.* **1** (芸術上の)扇情主義; 扇情的文体. **2** 人気取り, 人気取り主義, 場当たり主義. **3** 〖哲学〗感覚論《あらゆる認識の源泉を外的感覚に求める一種の経験論; cf. empiricism 1, rationalism》. **4** 〖倫理〗官能[感覚]主義 (sensualism)《善悪の基準は感覚の満足にあるという説》. **5** 〖心理〗=sensationism 2. **sen·sá·tion·al·ist** [-lɪst, -ləst | -lɪst] *n.*

sen·sa·tion·al·ize [senséɪʃ(ə)nəlàɪz, sən-] *vt.* センセーショナルに扱う[表現する].

sen·sa·tion·àr·y [senséɪʃənèri, sə- | -ʃ(ə)nəri] *adj.* =sensational.

sen·sá·tion·ìsm [-ʃənɪzm] *n.* **1** 〖哲学〗=sensationalism 3. **2** 〖心理〗感覚論, 感覚主義論《精神内容を感覚という要素に還元する説; cf. atomism 3, associationism》.

sen·sá·tion·ist [-ʃ(ə)nɪst, -nəst | -nɪst] *n.* 感覚(主義)論者.

sensátion lèvel *n.* 〖心理〗感覚のレベル《感覚しうる最小の刺激値; 例えば最小可聴値》.

sense [séns] 〘*n.*: 《*c*1400》▭(O)F *sens* ∥ L *sēns-us* (p.p.) ← *sentīre* to perceive, feel: ⇨ send¹〙 — *n.* **A** **1 a** (五官などによって受ける)感覚; 五感の一つ: the ~ *of* sight [hearing, smell, taste, touch] 視[聴, 嗅(⁴), 味, 触]覚 / the five ~*s* 五つの感覚, 五感《sight, hearing, smell, taste および touch》/ ⇨ sixth sense. **b** [集合的] 五感, 感覚 (senses): errors of ~ 感覚の錯誤 / a pleasure of ~ 感覚的快楽. **c** (五官による)感覚機能[作用] (sensation). **d** 《廃》感覚器官.

2 a (五感による, または肉体のある部分の特定の状態からくる)知覚, 意識 (perception, consciousness); 感覚, 感じ (sensation) 〔*of*〕: a ~ *of* heat [hunger, pain, pleasure] 熱い[空腹だ, 痛い, 心地よい]という感じ / a ~ *of* distance [time] 距離[時間]の感覚 / He has no ~ *of* direction. 方向音痴だ. **b** (芸術・学問の特定のものに対する本能的な)感覚能力, 勘, センス: a mathematical ~ / He has a good language [musical] ~. 彼の言語[音楽的]感覚はすばらしい, 彼は言語[音楽]に対する勘がいい / He has no ~ *of* humor. 彼はユーモアがわからない / ⇨ road sense. **c** (美的な)理解力, 鑑賞力: a ~ *of* beauty 審美感.

3 (漠然とした)感じ, 気持 (feeling) 〔*of*〕: a ~ *of* security 安心感 / a ~ *of* coming danger 危険が近づいているという感じ / with a ~ *of* relief ほっとした気持で.

4 a (知的・道徳的な)感覚, 観念〔*of*〕: the moral ~ 道徳観念 / the religious ~ 宗教心 / the ~ *of* sin [guilt] 罪悪感 / a strong ~ *of* duty 強い責任感 / a ~ *of* honor 廉恥心 / a ~ *of* gratitude 感謝の念 / have no [a keen] ~ *of* right or wrong 善悪正邪の観念がない[強い] / be lost [dead] to all ~ *of* shame 全く恥知らずだ / labor under a ~ *of* wrong 不法な扱いを受けたという感じに悩む. **b** (知的な)認識: a just ~ *of* the worth [value] of time 時間の貴さの正しい認識.

5 [*one's* ~*s* として] 正気, 本心 (cf. wits² 4): come to *one's* ~*s* 正気づく; 本心に立ち返る / in *one's* right ~*s* 正気で, 気が確かで / in *one's* sober ~*s* 落ち着いて, 冷静で; しらふで / lose *one's* ~*s* 気絶する; ばかになる, 気が狂う / take leave of *one's* ~*s* 本性を失う; 気が狂う / bring a person to *his* ~*s* 人を正気づかせる; 人を本心に立ち返らせる, 人の迷いをさます / out of *one's* (right) ~*s* 気が狂って, 気が変になって / It almost frightened me out of *my* ~*s* [scared me out of *my* seven ~*s*]. 私はびっくりして気が狂いそうだった / He was driven out of his ~*s* by fright. 恐怖のあまり発狂した.

6 [通例無冠詞で] (健全な)思慮, 分別, 良識 (good sense); 分別のあること, 道理にかなったこと, 合理性 (reason), 有用性 (usefulness): a man of ~ 分別のある[もののわかった]人 / ⇨ common sense, good sense, horse sense / against all ~*s* 全く非常識な[に] / stand to ~ 《方言》=*stand to* REASON / He has no ~ in such a matter. こういうことにかけては彼は全くわからない / have [have not] the ~ to do ...するほど頭が働く[かない] / He has more ~ than to do so. 彼は分別があるからそうはしない / There is no [some, much] ~ in doing so. そうするのは無茶だ[かなり[大いに]もっともなところがある] / What is the ~ of protesting if nothing ever comes of it? そこから何もでてこないなら抗議して何になる / There's no [a lot of] ~ in what he says. 彼の言うことは愚にもつかない[至極もっともな]ことだ / Where is the ~ of it? どこに分別があるか《それでは全く無茶だ》/ talk [speak] ~ もののわかった話をする, もっともなことを言う / write (good) ~ 分別あることを書く.

7 〖▭F *sens*〗〖数学〗(vector などが示す互いに反対の2方向の一方の)向き.

B 1 a (作者・話者により伝達または意図される)意味, 意図, 趣旨 (signification, gist): You miss my ~. 君は私の言おうとすることを取り違えている / The ~ of the argument will be explained by him. その議論の趣旨は彼から説明されるであろう. **b** (文脈または辞書に分類定義された)意味, 意義, 語義 (meaning): In what ~ do you use the word? どういう意味でその語を使うのか / What is the ~ of this passage? この一節の意味はどうなのか / in a good [bad] ~ よい[悪い]意味で / in a narrow [broad, wide] ~ (of the word) (その語の)狭い[広い]意味で, 狭[広]義で / in the strict [full, limited, literal, figurative, moral, legal] ~ 厳密な[完全な, 制限された, 字義通りの, 比喩的, 道徳的, 法律的]意味において / in the best ~ of the term その言葉をもっとも善意に解釈して / in a vague ~ 曖昧な意味で / in all ~*s* あらゆる意味で, どの点からみても / in every ~ あらゆる意味で / There is a ~ in which...《文語》ある意味[点]では... (In a sense).

2 (グループ全体の)意見, 意向, 総意 (opinion, consensus): take the ~ of the meeting 会衆の意向を問う.

give* [*have*] *sense 意味をなす. ***in a* [*one*] *sense*** (1) ある意味[点]では. (2) ある程度(partly). ***in no sense*** (どんな意味においても)決して...ない. ***make sense*** (1) 意味をなす; わけがわかる; 道理にかなう: It doesn't seem to *make* ~. それは意味をなさないようだ, それでは筋が通りそうもない. (2)〔話などの〕意味をとる〔*of, out of*〕: Can you *make* ~ *of* what he says? / *make* ~ *out of* nonsense たわごとの意味を判じる. ***sense of self*** 個性, 人柄 (personality).

— *vt.* **1** (五感で)感覚する, 感じる (feel); 意識する, 何となく感づく: He ~*d* the approaching danger. 彼は迫ってくる危険を感じた / I ~*d that* something was fishy. 何かうさんくさいのに気づいた. **2** 《米》悟る, 理解する (comprehend, understand): She fully ~*d* his meaning. 彼の言う意味を十分理解した. **3** 〖電算機〗〈電子計算機が〉〈外界の状態を〉検知する.

sénse-dàtum *n.* (*pl.* **sense-data**) **1** 〖心理〗(五官の刺激から生じる)感覚されたもの. **2** 〖哲学〗感覚与件[所与]《なんらの人為的構成を含まず, 感覚に与えられたままの直接の対象をいう認識論上の仮定》.

sénse-datum lànguage *n.* 〖哲学〗感覚与件言語《「赤い拡がりが見える」のように, 感覚与件とそれらの性質・関係だけを述べる言語; cf. thing-language》.

sénse gròup *n.* 〖音声〗意義の段落《一つの意味にまとまった語群; cf. breath group》.

sénse·less 〘《1557》← SENSE+-LESS〙 — *adj.* **1** 感覚のない, 無感覚の (insensible), 人事不省の (unconscious): He fell (to the ground) ~ 彼は卒倒した / a ~ corpse 冷たくなった死体 / knock a person ~ なぐって気絶させる; 肝をつぶさせる. **2** 良識を欠いた, 非常識な, 無分別な(thoughtless), 愚にもつかない, ばかげた (foolish): a ~ man, action, proposal, etc. / ~ fondness ねこかわいがり. **3** 意味のない, 無意味な (meaningless): a ~ murder 意味のない殺人. **4** 《古》意識を持たない. **~·ly** *adv.* **~·ness** *n.*

sénse òrgan *n.* 〖生理・心理〗感覚器(官).

sénse percèption *n.* (知的認識に対して)感覚認識(力); 知覚.

sénse strèss *n.* 〖音声〗=sentence stress.

sen·si·bil·i·ty [sènsəbíləti | -sɪbílətɪ, -sə-, -lɪ-] 〘《*c*1380》*sensibilite* ▭(O)F *sensibilité* ▭LL *sensibilitās*: ⇨↓, -ity〙 — *n.* **1** (刺激に対する)感覚能力, 感度, 感性, 感覚: the ~ of the eye and ear 目と耳の感性 / tactile ~ 触覚 / The skin has lost its ~. 皮膚の感覚がなくなった. **2 a** (繊細な)感受性, 敏感さ (susceptibility, delicacy): the ~ of the artist / moral and religious ~ 道徳的および宗教的感受性 / ~ to pain, slight, etc. **b** [しばしば *pl.*] 感覚の鋭さ, 感じやすいこと, 心の傷つきやすいこと, 神経過敏; 多感: sense and ~ 理知と感情, 知と情 / wound a person's *sensibilities* 人の感情を害する. **3** 《まれ》(測量器・植物などの)感度 (sensitivity): the ~ of a thermometer [balance] 温度計[天秤]の感度.

sen·si·ble [sénsəbl̩ | -səbl̩, -sɪ-] 〘《*c*1380》▭(O)F ~ ▭L *sēnsibilis*: ⇨ sense, -ible〙 — *adj.* **1** 〈人が〉分別のある, 思慮のある, 賢い (judicious, sagacious): a ~ man ものわかりのよい人 / *It was* ~ *of* you *to* refuse his offer. 彼の申し出を断ったとは君も賢かった / That is very ~ of him. そうするとはあの男も余程気がきいている. **2** 〈行動・思想・発言など〉気のきいた, 理にかなった, 賢明な, 実用[実際]的な (practical): a ~ course [compromise] 賢い方法[妥協] / ~ clothes 実用的な服 / a ~ suggestion 実際的な提案. **3 a** (感覚[五感]で)感じられる, 知覚できる (sensory): ~ impressions, phenomena, etc. **b** 現実に知覚できる; 現実的な, 実体のある (material, substantial): the ~ world (a)round us 身のまわりの耳目に触れる世界. **c** 感じられるほどの, 目立つ[わかる]ほどの, 著しい (marked, considerable): a ~ difference [increase, reduction] かなりの相違[増加, 減少] / a ~ change for the better [worse] 目立ってよく[悪く]なること. **4** 〔...を〕感づいて, 気づいて (conscious); 知って, よくわかって (aware)〔*of*〕: be ~ *of* a voice crying afar 遠くで叫んでいる声が聞える / be ~ *of* one's own shortcomings 自分の欠点に気づいている. **5** 《古》敏感な (sensitive): ~ to pain 痛みに敏感な. — *n.* 知覚できるもの. **~·ness** *n.*

sénsible héat *n.* 〖物理化学〗顕熱, 感熱《物体の温度変化として現われる熱量; cf. latent heat》.

sén·si·bly [-blɪ | -blɪ] 〘《?*c*1425》〙 — *adv.* **1** 感じられるほどに; 目立って, かなり, 著しく (perceptibly): grow ~ weaker 目立って弱る / look ~ older 目立ってふけて見える. **2** 賢く, 分別よく, 気がきいて (wisely): behave ~ 分別ある振舞いをする.

sen·sil·lum [sensíləm] 〘← NL ~ (dim.) ← L *sēnsus* 'SENSE'〙 *n.* (*pl.* **-sil·la** [-lə]) 〖動物〗小感覚体.

sen·si·tive [sénsətɪv, -stɪv | -sɪtɪv, -sə-] 〘《?*a*1400》▭(O)F *sensitif* ▭ML *sēnsitīvus* ← L *sēnsus*: ⇨ sense, -itive〙 — *adj.* **1 a** (外的刺激などに)敏感な, 感じやすい, すぐ感じる, 感覚の鋭い, 特に敏感な (hypersensitive)〔*to*〕; (感じ過ぎて)傷つきやすい, 繊細な (delicate): a ~ ear 鋭敏な耳 / eyes ~ *to* light 光に感じやすい目 / a skin that is ~ *to* heat 熱に敏感な皮膚 / A partly-healed wound is very ~. 直りかけの傷はさわるとぴりぴり痛い / a ~ heart 感じやすい心 / a ~ conscience 敏感な良心 / a ~ skin 繊細な皮膚. **b** (知的・芸術的・情緒的に)感受性の強い, 鋭敏な (nice): a ~ taste of literature 鋭敏な文学鑑賞力. **2** ものを気にしやすい, 神経過敏な, 神経質な (oversensitive), すぐ気にする[怒る] (touchy): a ~ child 神経過敏な子供 / be ~ *about* one's appearance ひどく身なりを気にする. **3 a** 外的な力・状態に容易に変化する[反応を起こす]. **b** 〈木の葉など〉(刺激に)鋭敏な. **c** 〈器械など〉感応しやすい, 感度のよい, 鋭敏な (delicate): a ~ scale [seismograph] 鋭敏な秤[地震計]. **d** 〈爆発物など〉高感度の: a ~ explosive. **e** 〖商業〗動きやすい, 不安定な, 敏感な: a ~ market. **f** 〖光学・写真〗感光性の: a ~ film [plate] 感光フィルム[板] / ~ emulsion 感光乳剤. **g** 〖通信〗(電波に)感じやすい, 感度のよい. **h** 〖光学〗(輻射に対し)感度がある, 高感度の. **i** 〖生理〗敏感な, 刺激域の低い. **j** 〖医学〗〈細菌など〉(薬剤に対して)感性の(ある). **4** (国家の安全保障に関係し機密の情報などを扱うため)高度の慎重を要する, 絶対的忠誠心を必要とする; 機密を扱う: a ~ position 国家機密を扱う官職 / a ~ document 機密書類. **5** 感覚の[による] (sensory): ~ motions. — *n.* **1** 敏感な人. **2** 催眠術などにかかりやすい人; 超能力の持ち主. **~·ly** *adv.* **~·ness** *n.*

sénsitive pàper *n.* 〖写真〗感光紙.

sénsitive plànt *n.* 〖植物〗**1** オジギソウ, ネムリグサ (*Mimosa pudica*)《ブラジル原産マメ科の多年草, 葉に触れるとすぐに垂れ下がる》. **2** (刺激を受けると運動する)感覚植物.

sen·si·tiv·i·ty [sènsətívəti | -sɪtívətɪ, -sə-, -vɪ-] 〘《1803》〙 — *n.* **1** 敏感, 感性, 感受性; 感度. **2** 〖心理〗感受性: the ~ of a nerve. **3** 〖写真〗感光度. **4** 〖電気〗(受信機・電気計器の)(比例)感度.

sensitívity gròup *n.* 〖心理〗センシティビティーグループ, 感受性訓練グループ.

sensitívity spèck *n.* 〖化学〗感光核, 集中核《感光剤中で感光した際に銀粒子の生じやすい個所》.

sensitívity tràining *n.* 〖心理〗感受性訓練《グループによる心理療法の一つ; これに参加した人々は肉体的接触や自由な発言によって自己の感情や他の人々の感情について以前より深い人間関係の理解に達するといわれる》.

sen·si·ti·za·tion [sènsəṭɪzéɪʃən, -ṭə- | -sɪtaɪ-, -sə-, -tɪ-] *n.* **1** 敏感にすること. **2** 〖免疫〗感作(さ), 増感.

sen·si·tize [sénsətàɪz | -sɪ-, -sə-] 〘← SENSIT(IVE)+-IZE〙 — *vt.* **1** 敏感にする. **2** 〈紙・フィルムなど〉に感光性を与える: ~*d* paper 感光紙, 印画紙. **3** 〖免疫〗感作(さ)する. — *vi.* **1** 敏感になる. **2** 感光性を持つ.

sén·si·tìz·er *n.* 感光薬; 増感剤.

sen·si·tom·e·ter [sènsətáməṭə | sènsɪtɔ́mɪtə(r, -sə-, -mə-] 〘← SENSIT(IVE)+-O-+-METER¹〙 *n.* 〖写真〗感光計.

sen·si·to·me·tric [sènsəṭo(ʊ)métrɪk | -sɪtə(ʊ)-, -sə-] *adj.* センシトメトリックな《感光性測定的な》.

sensitométric cúrve *n.* 〖写真〗感光曲線 (⇨ characteristic curve 2).

sen·si·tom·e·try [sènsətáməṭri | -sɪtɔ́mɪtrɪ, -sə-, -mə-] *n.* 〖写真〗センシトメトリー《感光的性質の測定》.

sen·so- [sénso(ʊ) | -sə(ʊ)] 〘← L *sēnsus*: ⇨ sense, -o-〙「感覚の (sensory)」の意の連結形.

sen·sor [sénsə | -sɔː(r, -sə(r)] 〘⇨↑, -or²〙 *n.* 〖機械〗感知器, センサー《計測器の入力部分》.

sen·so·ri- [sénsərɪ, -rə | -rɪ] 〘← SENSORY〙 senso- の異形.

sensoria *n.* sensorium の複数形.

sen·so·ri·al [sènsɔ́ːriəl, -sóːr- | -sɔ́ːrɪ-] 〘← SENSORY +-AL¹〙 *adj.* =sensory. **~·ly** *adv.*

sènsori·mótor 〘← SENSORI+MOTOR〙 *adj.* 〖心理〗感覚および運動の, 感覚運動的[性]の (cf. ideomotor 1): a ~ area 感覚野, 知覚野.

sen·so·ri·um [sensɔ́ːriəm, -sóːr- | -sɔ́ːrɪ-] 〘《1647》▭LL *sēnsōrium* ← L *sēnsus*: ⇨ sense, -orium〙 — *n.* (*pl.* **~s, -ri·a** [-rɪə]) **1** 〖解剖〗感覚中枢《脳の皮質または灰白質》. **2** 〖生物〗感覚器官. **3** 〖生理〗識覚, 意識, 知覚. **4** 《戯言》頭脳 (brain); 精神, 心 (mind).

sen·so·ry [sénsəri | -rɪ] 〘↑〙 — *adj.* **1** 知覚の, 感覚の, 感覚上の: ~ psychology. **2** 〖生理〗感覚を起こさせる[伝達する]: a ~ nerve 知覚神経 (cf. MOTOR nerve). ── *n.* **1** 《廃》感覚器官 (sense organ). **2** 《古》〖解剖〗＝sensorium 1.

sénsory cèll *n.* 〖解剖・動物〗感覚細胞.

sénsory hàir *n.* 〖動物〗(節足動物の)感覚毛.

sénsory òrgan *n.* 〖生理・心理〗＝sense organ.

sen·su·al [sénʃuəl, -ʃʊl | -sjuəl, -sjʊl, -ʃuəl, -ʃʊl] 〖《*c*1450》▭ LL *sēnsuāl-is*：⇨ sense, -al¹〗 ── *adj.* **1** **a** (知性的・精神的と区別して)肉体的感覚の, 官能的な; 肉欲の (carnal) (cf. spiritual)：～ pleasures 肉体的快楽 / ～ appetites [affections] 情欲[肉欲的愛情]. **b** 〈顔など〉肉感的な：a ～ mouth / a ～ attraction [charm] 肉感美. **2 a** 肉欲に耽る, 酒色におぼれた；好色な, みだらな (licentious, lewd)：a ～ person. **b** 世俗的な (worldly), 不信心な (irreligious). **c** 唯物論者的な (materialistic). **3** 《まれ》感覚の (sensory). **4** 〖哲学〗感覚的な, 感覚論 (sensationalism) の, 感覚論的な：a ～ idea 感覚的観念. **～·ly** *adv.* **～·ness** *n.*

sén·su·al·ìsm [-ìzm] *n.* **1** 肉欲[酒色]に耽ること；肉欲主義, 快楽主義. **2** 〖哲学〗感覚論 (sensationalism). **3** 〖倫理〗＝sensationalism 4. **4** 〖美学〗肉感主義, 官能主義. **sen·su·al·ís·tic** [sènʃuəlístɪk, -ʃʊl- | -sjuəl-, -sjʊl-, -ʃuəl-, -ʃʊl-] *adj.* 「者；好色家.

sén·su·al·ist [-lɪst, -ləst | -lɪst] *n.* 肉感[官能]論[主義]

sen·su·al·i·ty [sènʃuǽləṭi | -sjuǽlətɪ, -ʃu-, -lɪ-] 〖《*c*1340》▭ (O)F *sensualité* ▭ LL *sensuālitās*：⇨ sensual, -ity〗 ── *n.* **1** 官能[肉欲]性. **2** 肉欲にふけること；みだら, 好色 (lewdness).

sen·su·al·ize [sénʃuəlàɪz | -sjuəl-, -sjʊl-, -ʃuəl-, -ʃʊl-] 〖← SENSUAL＋-IZE〗 ── *vt.* 肉欲[官能]的にする, 肉欲に耽らせる. **sen·su·al·i·za·tion** [sènʃuəlɪzéɪʃən, -ʃʊl- | -sjuəlaɪ-, -sjʊl-, -ʃuəl-, -ʃʊl-, -lɪ-] *n.*

sen·su la·to [sénsu:-léɪṭou | -təu] 〖▭ L *sensū lātō* in a broad sense〗 *L. adv.* 広義で (cf. sensu stricto).

sen·sum [sénsəm] 〖← NL ～ ← L *sēnsum* (neut.) ← *sēnsus*：⇨ sense〗 *n.* (*pl.* **sen·sa** [-sə]) 〖哲学〗＝sense-datum 2.

sen·su·ous [sénʃuəs | -sju-, -ʃu-] 〖《1641》← L *sēnsus* (↑)＋-OUS〗 ── *adj.* **1** 感覚的な, 感[美]覚に訴える：～ impressions 感覚的印象 / ～ verse 感覚的な詩 / ～ qualities of music 音楽の感覚的性質. **2** 感じやすい, 敏感な：a ～ temperament. **～·ly** *adv.* **～·ness** *n.* **sen·su·os·i·ty** [sènʃuɑ́səṭi | -sjuɔ́sətɪ, -ʃu-] *n.*

sénsu stríc·to [-stríktou | -təu] 〖▭ L *sensū strictō* in a strict sense〗 *L. adv.* 狭義で (cf. sensu lato).

sent¹ 〖ME *sent(e)* ∽ OE *sende* (pret.), *sended* (p.p.)〗 *v.* send の過去形・過去分詞.

sent² [sént] 〖▭ Estonian *senti* ▭ ? Finn. *sentti* ▭ L *centum*：⇨ cent〗 ── *n.* (*pl.* **sen·ti** [sénti:]) **1** セント《1928-40 年の間のエストニアの通貨単位；＝$^1/_{100}$ kroon》. **2** 1 セント青銅貨.

sent. 《略》sentence.

sen·tence [séntṇs, -ṭəns | -təns] 〖*n.*：《?*a*1200》▭ (O)F ～ ▭ L *sententia* opinion, judgment ← *sentire* to feel：⇨ sense, -ence. ── *v.*：《1413》▭ (O)F *sentencier* ← (*n.*)〗 ── *n.* **1 a** (刑事上の)宣告, 判決 (judgment)：a ～ of death 死刑(の宣告) / receive a lenient [heavy] ～ 寛大な[重い]宣告を受ける / be under ～ of …の宣告を受けている / pass [pronounce] ～ upon [on] …に刑を申し渡す[宣告する]；…に対して意見を述べる. **b** 刑, 処罰 (punishment)：serve a ～ of life imprisonment 終身刑を受ける[に服役する]. **2** 《古》名言, 金言, 格言 (maxim, axiom). **3** 《廃》(ある問題に対する)意見 (opinion)；結論 (conclusion). **4** 〖文法〗文《1 語または文法的に構成された数語がそれ自身独立して陳述・疑問・命令・感嘆・願望などを表わす言語形式；変形文法では名詞句と動詞句より成るとされる；cf. word 1》：⇨ assertive sentence, complex sentence, compound sentence, INTERROGATIVE sentence, simple sentence. **5** 〖音楽〗(楽式構造の)楽節 (⇨ period 18). **6** 〖論理〗文《命題もしくはそれより広義の表現》. ── *vt.* 〈被告〉に刑を宣告する, に判決を下す；〈被告を〉〔…の〕刑に処する〔*to*〕：The accused was ～*d* for theft. 被告人は窃盗罪の判決を受けた / ～ a man *to* death 人に死刑の宣告を下す, 人を死刑に処する / He was ～*d to* twenty-years' imprisonment [twenty years in jail]. 20 年の禁固刑に処せられた. ── *vi.* 刑を宣告する. **sén·tenc·er** *n.*

séntence àccent *n.* 〖音声〗＝sentence stress.

séntence ádverb *n.* 〖文法〗文副詞《*Certainly* he thinks so. (＝It is certain that he thinks so.) における certainly のように意味上文全体にかかる副詞》.

séntence frágment *n.* 〖文法〗文の断片《音調上は文の特徴を備えているが, 構造上は文の特徴に欠けるところのある言語形式(語・句・節)》.

séntence mèthod *n.* 文中心教授法《文を中心とする外国語教授法；cf. word method》.

séntence strèss *n.* 〖音声〗文強勢《例えば I bought an English dictionary. における bought, English, dictionary に置かれた強勢；sentence accent ともいう；cf. word stress》.

séntence wòrd *n.* 〖文法〗文相当語《例：Come !, Splendid !, Certainly., No. など》.

sen·ten·tial [senténʃəl | sen-, sən-] 〖《*a*1471》▭ LL *sententiāl-is*：⇨ sentence, -al¹〗 ── *adj.* **1** 〖文法〗文の, 文の形をした：～ analysis 文の解剖 / a ～ pause 文休止《一文としての意味の区切れを示す》. **2** 《廃》判決の.

senténtial cálculus 〖《なぞり》← G *Satzkalkül*〗 *n.* 〖論理〗＝propositional calculus.

senténtial connéctive *n.* 〖論理〗＝propositional connective.

senténtial fúnction *n.* 〖論理〗＝propositional function.

sen·ten·tious [senténʃəs | sen-, sən-] 〖《1440》▭ L *sententiōs-us*：⇨ sentence, -ous〗 ── *adj.* **1** 金言[教訓]の多い, 金言的の, 寸鉄的な (aphoristic, pithy)：a ～ style 警句の多い文体. **2 a** 金言めいた, 気取った, もったいぶった, 大げさな (pompous, high-flown). **b** 〈人が〉(大げさな)警句的文句を使う(のが好きな). **～·ly** *adv.* **～·ness** *n.*

senti¹ *n.* sent² の複数形.

sen·ti² [sénti:] 〖▭ Swahili ～ ▭ E CENT〗 *n.* (*pl.* ～) センティー《タンザニアの通貨単位；＝$^1/_{100}$ shilingi》.

sen·tience [sénʃəns, -ʃiəns | -ʃəns, -ʃiəns] 〖⇨ sentient, -ence〗 *n.* (知覚・思考と区別して)感じうること, 感覚[知覚]力のあること, 有情；直観. 「tience.

sén·tien·cy [-ʃənsi, -ʃiən- | -ʃənsɪ, -ʃɪən-] *n.* ＝sen-

sen·tient [sénʃənt, -ʃiənt | -ʃənt, -ʃɪənt] 〖《1603》▭ L *sentient-em* (pres.p.) ← *sentire* to feel：⇨ sense, -ent〗 ── *adj.* **1** 感じる, 感覚(力)のある, 知覚力のある. **2** 知覚力をはたらかせる, 敏感な (sensitive). **3** 〔…を〕意識する〔*of*〕：be ～ *of* a tense atmosphere 緊張した空気を意識する. ── *n.* **1** 《まれ》感覚[知覚力]のある人[物], 生物. **2** 《古》心, 意識 (mind). **～·ly** *adv.*

sen·ti·ment [sénṭəmənt | -tɪ-] 〖《*c*1385》 *sentement* ▭ OF (F *sentiment*) ▭ ML *sentimentum* ← L *sentire* to feel：⇨ sense, -ment〗 ── *n.* **1 a** 情緒 (feeling)；情, 心 (mental attitude)：religious [patriotic] ～*s* 宗教[愛国]心 / hostile [friendly] ～*s* 敵[好]意 / a ～ of pity 哀れみの情 / the ～ of public virtue 公徳心. **b** [しばしば *pl.*] 意見, 感想, 所感 (opinion, view)：general ～ 一般の意向, 世論 / ascertain a person's ～*s* on [regarding, with regard to] …に関して人の意見を確かめる / conclude one's speech with a ～ 所感を述べて演説を結ぶ / give [propose] a ～ 所感を述べる / These are [《戯言》Them's] my ～*s*. それが私の考えだ. **2 a** (道理や事実よりも感情に走る傾向としての)感情 (emotional feeling)：a man of ～ 感情家 / appeal to ～ 感情に訴える / free from ～ 感情を交えない, 感傷的でない / be led astray by a mere ～ 単なる感情にとらわれて判断を誤る / We are often swayed [influenced] by ～. 我々はよく感情に動かされる. **b** (芸術作品や振舞いなどに表われる)洗練された感情, 情趣, 情操：a man of tender [noble] ～ 情操の優雅な[高尚な]人. **c** (芸術作品の皮相な)感傷性 (sentimentality). **3** (思い出・愛着などによる)感傷(的な気持ち). **4** (言葉などで表わそうとする)気持ち, 趣旨, 真意.

sen·ti·men·tal [sènṭəménṭl | -tɪméntl] 〖《1749》：⇨ ↑, -al¹〗 ── *adj.* **1** 感情的な, 感情からの；(理性・思考より)感情[情緒]に動かされる：～ motives 感情的な動機 / for ～ reasons 感情上の理由で. **2 a** 感情[情緒]に訴える, 情感的な, 感傷的な, 多感な：strike a ～ note (演説で)感傷的な調子になる / a ～ novel [song] 感傷的な小説[歌] / a ～ melodrama お涙頂戴もの. **b** いやに感傷的な, 情にもろい, 涙もろい (maudlin)：a ～ girl 涙もろい少女. **～·ly** *adv.*

sentiméntal cómedy *n.* 感傷喜劇《18 世紀英国に流行した勧善懲悪的な喜劇》.

sèn·ti·mén·tal·ism [-ṭəlɪzm, -ṭḷ- | -təl-, -tḷ-] 〖《1817》〗 ── *n.* **1** 感情[情操, 情緒]主義. **2** 感傷主義；多情多感, 涙もろいこと；感激性, 感傷癖. **3** 感情[感傷]的な言動, ぐち.

sèn·ti·mén·tal·ist [-ṭəlɪst, -ləst, -ṭḷ- | -təlɪst, -tḷ-] 〖《1793》〗 *n.* 感情家, 多情多感な人；感傷的な人, 涙もろい人, ぐちっぽい人.

sen·ti·men·tal·i·ty [sènṭəmentǽləṭi, -mən- | -tɪmentǽlətɪ, -mən-, -lɪ-] 〖《1770》〗 *n.* **1** 感情[感傷]的なこと. **2** 感情的[感傷的]な行為[思考, 表現など].

sen·ti·men·tal·ize [sènṭəménṭəlàɪz, -ṭḷ- | -tɪméntəl-, -tḷ-] 〖《1796》〗 ── *vi.* 感傷に耽る, 感傷的になる, 涙もろくなる：～ *over* [*about*] the past 昔の事を思い出して感傷的になる. ── *vt.* 感情的にする：The actor ～*d* his part. その俳優は自分の役を感情的に演じた. **sen·ti·men·tal·i·za·tion** [sènṭəmènṭəlɪzéɪʃən, -lə-, -ṭḷ- | -tɪmèntəlaɪ-, -lɪ-, -tḷ-] *n.*

sen·ti·nel [sénṭnəl, -tn-, -ṭnḷ, -tnḷ | séntɪnḷ] 〖《1579》▭ F *sentinelle* ▭ OIt. *sentinella* ← ? *sentina* vigilance ← *sentire* to perceive ＜ L *sentire*：⇨ sense〗 ── *n.* **1 a** 歩哨, 番兵 (sentry). ★ 軍隊では sentry を用いる. **b** 《廃》番人, 見張り (watchman). **2** 〖電算機〗センチネル, 監視文字 (⇨ flag 10). **3** 〖海事〗増し錨 (⇨ kellet). ── *vt.* (**sen·ti·neled, -ti·nelled**；**-ti·nel·ing, -ti·nel·ling**) **1** …の歩哨に立つ, …を見張る. **2** …に歩哨を置く[立てる].

sen·try [séntri | -trɪ] 〖《1611》《略》? ← 《廃》*centrinell* 《異形》← SENTINEL〗 ── *n.* **1** 〖軍事〗歩哨, 番兵 (sentinel)：relieve a ～ 歩哨を交代させる / be [stand] on ～ 歩哨に立つ / go on [come off] ～ 上番(じょうばん)[下番(かばん)]する. **2** 《まれ》見張り, 番 (guard, watch)：keep ～ (over) (…の)番をする.

sentry and sentry box

séntry bòx *n.* 哨舎, 番兵小屋.

séntry gò 〖《1852-63》← *Sentry, go !*〗 ── *n.* **1** 歩哨[見張り]番]交替の合図. **2** 歩哨勤務, 見張りの役目：do ～ 歩哨勤務をする, 見張り番をする.

Se·nus·si [sənú:si | -sɪ] *n.* (*pl.* ～, ～**s**) 〖イスラム教〗＝Sanusi. **Se·nus·si·an** [-siən, -ʃiən | -sɪən, -ʃɪən] *adj.*

sen·za [séntsə; *It.* séntsa] 〖▭ It. ～ ← L *absentiā* in the absence of：cf. sans, sine²〗 ── *prep.* 〖音楽〗…なしに (without) (略 s.)：～ sordino [stromenti] 弱音器[楽器]なしに / ～ tempo 一定の拍子・速度にとらわれずに.

sénza pe·dá·le [-pedá:leɪ; *It.* -pedá:le] 〖▭ It. ～ 《原義》without the pedal〗 *n.* 〖音楽〗センツァペダーレ《ペダルを踏まずに；演奏の指示》.

Se·oul [sóuł | sə́uł] *n.* ソウル《韓国西北部の都市で, 同国の首都；人口 5,537,000；日本統治時代は京城といった》.

sep. 《略》sepal；separate；separated.

Sep. 《略》September；Septuagint.

se·pal [sí:pəl, sép- | sép-, sí:p-] 〖▭ F *sépal* // NL *sepalum* 《混成》← L *sēp(arātus)* 'SEPARATE' ＋ *(pet)alum* 'PETAL'〗 ── *n.* 〖植物〗萼(がく)片 (cf. calyx). **sé·paled, sé·palled** *adj.* 「物」萼片に似た.

sep·al·oid [sépəlɔ̀ɪd, sí:p-] 〖⇨ sepal, -oid〗 *adj.* 〖植

-sep·al·ous [sépələs] 〖⇨ sepal, -ous〗「萼片 (sepals) をもった」の意の形容詞連結形：poly*sepalous*.

sep·a·ra·bil·i·ty [sèp(ə)rəbíləṭi | -lətɪ, -lɪ-] 〖▭ ML *sēparābilitās*：⇨ ↓, -ity〗 *n.* 分けられること, 分離可能, 可分性 (divisibility).

sep·a·ra·ble [sép(ə)rəbḷ] 〖《?*a*1387》▭ L *sēparābil-is* ← *sēparāre* 'to SEPARATE'：⇨ -able〗 ── *adj.* **1** 分かれる, 分離できる, 離せる (divisible) 〔*from*〕：Education is ～ *from* religion. 教育は宗教から引き離すことができる. **2** 〖数学〗**a** 可分の《稠密な可算部分集合をもっている》. **b** 分離的な《多項式の形式的微分が 0 になっている；それを零点にもつ最小多項式が前述の意味で分離的な》. **3** 〖文法〗〈接頭辞や動詞が〉分離可能な《例：*extra*vagant の extra- は接頭辞であるが, extra change, extra pay のような特定の連語では分離可能で, 独立の語のように表記される》：a ～ particle 分離辞. **～·ness** *n.* **sép·a·ra·bly** *adv.*

séparable attáchment plùg *n.* 〖電気〗セパラブルプラグ《一部分が取りはずし可能な多用途のプラグ》.

sep·a·rate 〖《*c*1400》← L *sēparāt-us* (p.p.) ← *sēparāre* ← *sē-* apart ＋ *parāre* to prepare：⇨ se-, pare〗 ── [sépərèɪt] *v.* ── *vt.* **1 a** (中間物で)隔てる, 分ける〔*from*〕：The sea ～*s* England *from* France. 海が英国をフランスから隔てている / The office is ～*d from* the parlor by a door. 事務所はドアで応接間と分けられている. **b** 分割する, 区画する (divide)：～ land (*up*) *into* small plots 土地を小さな区画に分割する / The room is ～*d off* by a curtain *into* two compartments. **c** 分類する, 区分する (sort)：～ mail (by regions) 郵便物を地域別に区分けする / ～ cards *into* suits トランプを組札に分ける. **d** 分散する, 四散させる (scatter)：The war ～*d* many families. 戦争で多くの家族が離散した / The houses are widely ～*d*. 家屋は広範囲にわたって散在している. **2 a** 切り離す (sever)；引き離す, 別れ[離れ]させる (disunite) 〔*from*〕：～ two boxers [wrestlers] / ～ fighting dogs かみ合っている犬を引き分ける / ～ a bough *from* the trunk 枝を幹から切り離す / ～ oneself *from* one's friends 友人と別れる / The child was ～*d from* its mother. 子供は母親から引き離された / ～ Church and State 教会と国家[政教]を分離する / ～ education *from* religion 教育を宗教から引き離す. **b** 分離する (extract)；より分ける, 取り去る：～ milk 牛乳を脱脂する / ～ cream クリームを取る / ～ chaff *from* grain もみがらを穀物からより分ける / ～ gold *from* sand / ～ troublemakers (*off*) *from* the rest 悶着(もんちゃく)を起こす連中を他の人々から分離する. **3** …の違いを見分ける, 識別する (discriminate) 〔*from*〕：～ (*out*) two arguments 二つの論点を区別して考える / ～ sense *from* nonsense 道理と不条理とを識別する / ～ medicine *from* magic 医術と魔術とを弁別する. **4** 仲たがいさせる, 不和にする (estrange)；別居させる：Spiteful gossip ～*d* the two old friends. / He is ～*d from* his wife. 彼は妻と別居している. **5** 除隊[復員]させる, 召集解除する；《米》解雇する (discharge)：be ～*d from* the army [firm] 除隊になる[解雇される].

── *vi.* **1 a** 〈人々が〉別れる, 離れる：They ～*d* after taking dinner at the restaurant. レストランで食事をしてから別れた. **b** 〈物が〉〔…に〕分かれる〔*into*〕：The road ～*s into* two here. 道はここで二つに分かれる / The Germanic languages ～*d into* three branches. ゲルマン語は 3 群に分かれた. **2 a** 〔…と〕関係を断つ, 〔…から〕分離する, 離脱する (withdraw) 〔*from*〕：～ *from* a church 教会から分離する / ～ *from* a party 脱党する. **b** 〈夫婦が〉別居する：The Smiths have decided to ～. スミス夫妻は別居することにした. **3 a** 取れてくる, 遊離する：The paper has ～*d from* the wall. 壁紙が壁からはがれてしまった / Oil and water ～ *out*. 水と油は分離する. **b** 切れる：The rope ～*d* under the strain. なわが張りすぎて切れた.

── [sép(ə)rət, -rɪt] *adj.* **1 a** (他を共有しないで)分かれた, 離れた (disconnected)：～ fragments ばらばらの断片 / cut it into three ～ parts 三つに分離する. **b** 孤立した, 隔離した (isolated)：live ～ *from* others 他の人々と別居する / Prisoners are kept ～ one *from* the other. 囚人は各自独房に入れられている. **2 a** 別

別の, 別の (distinct): two ～ questions 別々な二つの問題 / sleep in ～ beds 別々の寝床で寝る. **b** 個々の (individual), 一つ一つの, 一人一人の(single): each ～ item 一つ一つの項目 / a ～ account 別勘定 / ～ and corporate [common] ownership 別有と共同所有権 / the ～ members of the body 身体の各部分 / The ～ volumes may be had singly. 各巻1冊ずつ分売する. **c** 独立した, 単独の (independent): a ～ peace 単独講和 / ～ trade 単独営業 / ～ houses 独立家屋. **3** [時に S-] (教会・団体などの)分離[分裂]主義派の.

separate but equal (人種)分離平等政策の《黒人と白人の分離はするが, 教育・乗物・職業などでは差別をしない人種政策をいう》.

— [sép(ə)rət, -rɪt] *n.* **1** [*pl.*] セパレーツ《スカート・シャツ・パンツ・セーター等上下別々の衣服で自由に組み合わせて着る; cf. coordinate 2 a》. **2** 〘書誌〙(学術雑誌などからの)抜刷り, 別刷り (off-print).

～·ness *n.*

sép·a·ràt·ed bróther [-ṭɪd-, -ṭəd- | -tɪd-, -təd-] *n.* 〘カトリック〙離れた兄弟《カトリック以外のキリスト信者を指す》.

séparated mílk *n.* =skim milk.

séparate estáte *n.* 〘法律〙(妻の)別有[特有]財産.

séparate excitátion *n.* 〘電気〙他励 (cf. self excitation).

sép·a·rate·ly [-rətli, -rɪt- | -lɪ] 〘(1552): ⇨ separate, -ly¹〙 — *adv.* 別に, 別々に (distinctively), 個々に, 一つ一つ, 一人一人 (singly); 分離して, 単独に (*from*): conclude peace ～ *from* …と別に[単独に]講和する.

séparate máintenance *n.* 〘法律〙(夫が別居中の妻および子に与える)別居手当 (cf. alimony 1).

séparate schòol *n.* 《カナダ》(地方公立学校制度外の)カトリック[プロテスタント]系国立学校.

sép·a·ràt·ing fùnnel [-ṭɪŋ- | -tɪŋ-] *n.* 〘化学〙=separatory funnel.

sep·a·ra·tion [sèpəréɪʃən] 〘(1413) □ (O)F *séparation* □ L *sēparātiō(n-)* ← *sēparātus*: ⇨ separate, -ation〙 — *n.* **1 a** 分離(すること), 引き離し: the ～ of Church and State 政教の分離. **b** (郵便物などの)分類, 区分け (sorting); 区画, 選別. **c** 別個なこと[状態]. **2 a** (仲間からの)離脱, 独立. **b** (教会の)分立 (schism). **c** [通例 S-; 集合的] (英国国教会からの)分離派の人たち. **3 a** 分離[割線]点] (demarcation). **b** 分離するもの; 区分け[選別]するもの. **c** 割れ目 (gap), 穴 (hole), 裂け目 (rent). **4** 離職, 退職, 退役: ～ *from* employment. **5** 〘法律〙別居, 夫婦別居: legal ～ = judicial separation. **6** 〘宇宙〙(多段ロケットの場合, ブースターとメインまたは衛星などの)切離し(時). **7** 〘航空〙剥離《流れが物体の表面から剥れること; 四角柱や円柱などの下流側に見られ, 剥離点から下流には大小の渦を含む区域ができる》.

separation of powers 〘政治〙(立法・行政・司法の)三権分立 (cf. DIVISION of powers).

separation of variables 〘数学〙変数分離(法).

separátion allòwance *n.* (政府が出征軍人の妻に与える)別居手当.

separátion cènter *n.* 〘米軍事〙復員本部, 召集解除本部.

separátion ènergy *n.* 〘物理・化学〙=binding energy.

sèp·a·rá·tion·ist [-ʃ(ə)nɪst, -nəst | -nɪst] *n.* =separatist.

separátion nègative *n.* (カラー写真印刷の)3原色分解陰画.

separátion òrder *n.* 〘法律〙(裁判所による)夫婦別居命令.

separátion pòint *n.* 〘航空〙=burble point.

separátion ràte *n.* 〘労働〙(解雇・退職・一時的解雇など, その理由のいかんを問わず離職したものの)離職率 (cf. quit rate).

sep·a·rat·ism [sép(ə)rətìzm, -rɪt-] 〘← SEPARATE + -ISM〙 — *n.* **1 a** (政治・宗教上の)分離主義, 独立主義. **b** [通例 S-] (英国国教会からの)分離派の主義. **2** 社会的な分離, 排他性.

sep·a·rat·ist [sép(ə)rɪṭɪst, -rəṭ-, -pərèɪṭ-, -ṭəst | -p(ə)rətɪst] 〘(1608) ← SEPARATE + -IST〙 — *n.* **1** 分離[独立]主義者. **2** [通例 S-] (英国国教会からの)分離派の人, 非国教徒 (Nonconformist). — *adj.* [時に S-] 分離主義(者)の, 独立派の.

sep·a·ra·tive [sépərèɪṭɪv, -p(ə)rət- | -tɪv] 〘□ LL *sēparātīv-us*: ⇨ separate, -itive〙 *adj.* **1** 分離性の; 独立性の. **2** 〘生物〙〈種属が〉区別的の.

sép·a·rà·tor [-ṭə | -tə(r] 〘□ LL *sēparātor*: ⇨ separate, -or²〙 — *n.* **1** 分離する人; 選別する人. **2 a** 分離器. **b** (牛乳の)クリーム分離器. **c** 小麦のごみ砂分離器. **d** 脱穀機 (threshing machine). **e** 鉱石分離器, 選鉱器. **f** 液体分離器(など). **3 a** 分離[隔離]するもの. **b** (道路の車線間を分離する)分離帯, セパレーター. **c** 〘電気〙(電池の)隔離板. **d** 〘機械〙=retainer¹ 3. **e** 〘歯科〙歯間分離器, セパレーター.

sep·a·ra·to·ry [sép(ə)rətɔ̀:ri, -tɔ̀ri | -təri] 〘← L *sēparātus* (⇨ separate) + -ORY〙 *adj.* 分離用の[に使用される].

séparatory fúnnel *n.* 〘化学〙分液漏斗《混合しない2液を分離するための円柱形[卵形]のガラス器具》.

sep·a·ra·trix [sépərèɪtrɪks, ⌐—⌐—] 〘□ LL *sēparātrix* (fem.) ← *sēparātor*: ⇨ separator〙 — *n.* (*pl.* **sep·a·ra·tri·ces** [sèpərèɪtrəsì:z, -rətrái- | -réɪtrɪ-, -rətrái-], ～·**es**) **1** 〘印刷〙 **a** 区分線《校正記号の一つ; 欄外に示す訂正の後につけ, 同じ行の他の訂正と区別するための斜線[垂線]》. **b** 斜線 (diagonal). **2** 〘数学〙(数字の列の)分割記号《小数点・コンマ・斜線など》.

sepd. 《略》separated.

sepg. 《略》separating.

Se·phar·di [sɪfɑ́ədi, sə-, -fɑədí: | sefɑ́:dɪ] 〘□ ModHeb. *Sᵉphāraddí* Spaniard, Jew of Spanish stock ← Heb. *Sᵉphārádh* (旧約聖書 *Obad.* 20 節に出てくる国, 今のスペインと考えられた)〙 — *n.* (*pl.* **Se·phar·dim** [-fɑ́ədɪm, -dəm, -fɑədí:m | -fɑ́:dɪm], ～) スペイン・ポルトガル系ユダヤ人《一般に北方系の Ashkenazim より皮膚が浅黒く, 多く北アフリカ・地中海地方・オランダ・英国・アメリカ方面に住む》. **Se·phar·dic** [sɪfɑ́ədɪk, sə- | sefɑ́:d-] *adj.*

se·pi·a [sí:piə | -pjə, -pɪə] 〘(1569) □ L *sēpia* cuttlefish □ Gk *sēpía*〙 — *n.* **1 a** セピア《イカ (cuttlefish) のすみから製した黄みがかった暗い灰茶色の絵具》. **b** セピア色. **2** セピア色の絵, セピア色の印画[写真]. **3** 〘動物〙コウイカ《コウイカ科コウイカ属 (*Sepia*) のイカの総称; ⇨ cuttlefish 1》. — *adj.* **1** セピアの, セピア色の; セピアで描いた. **2** 褐色の皮膚をした; 黒人の (Negro).

se·pi·o·lite [sí:piəlàɪt | -pɪə-] 〘□ G *Sepiolith* ← Gk *sēpíon* cuttlebone + *lithos* stone: ⇨ ↑, -lite〙 *n.* 〘鉱物〙海泡石(かいほうせき) (⇨ meerschaum 1).

sepn. 《略》separation.

se·poy [sí:pɔɪ] 〘(1682) □ Port. *sipai(o)* □ Hindi *sipāhī* □ Pers. 'horseman, soldier of cavalry' ← *sipāh* army〙 *n.* (もと英国インド軍の)インド人兵, 現地人兵.

Sépoy Mútiny [Rebéllion] *n.* [the ～] セポイの反乱 (⇨ Indian Mutiny).

sep·pu·ku [sepú:ku:, sépʊku:] 〘□ Jap.〙 *n.* 切腹.

seps [séps] 〘(1562) □ L *sēps* □ Gk *sḗps* ← *sḗpein* to rot〙 — *n.* (*pl.* ～) 〘動物〙砂漠の生活に適応し小さな脚をもち蛇状の運動をするトカゲ科 *Chalcides* 属の動物の総称《フランスにいるカラカネトカゲ (*C. chalcides*) など》.

sep·sis [sépsɪs, -səs | -sɪs] 〘(1876) ← NL ～ ← Gk *sēpsis* decay ← *sḗpein* (↑)〙 *n.* (*pl.* **sep·ses** [-si:z]) 〘病理〙敗血症, セプシス.

sept [sépt] 〘(1517) 《変形》← SECT: cf. OF *septe* (F *secte*) < L *sectam*〙 — *n.* **1** (主にアイルランドの)氏族, 血族 (clan)《共同の祖先から出た血族集団》. **2** 〘人類学〙(共同祖先から出たものと信じられている)種族.

Sept. 《略》September; Septuagint.

sept-¹ [sept] 〘□ L ～ ← *septem* 'SEVEN'〙(母音の前に来る時の) septi-¹ の異形.

sept-² [sept] (母音の前に来る時の) septo- の異形.

septa *n.* septum の複数形.

sep·tal¹ [séptəl, -tl] 〘← SEPT(UM) + -AL¹〙 *adj.* 〘生物・解剖〙中隔[隔膜] (septum) の.

sep·tal² [séptəl, -tl] 〘← SEPT + -AL¹〙 *adj.* 一族の, 藩の.

sep·tar·i·um [septέ(ə)riəm | -tέərɪ-] 〘← NL ～ ← L *sēptum*: ⇨ septum, -arium〙 — *n.* 〘地質〙(*pl.* **-i·a** [-riə | -rɪə]) 亀甲石《チョークや石灰岩中にできた亀甲状の割れ目をもつ団塊》. **sep·tar·i·an** [septέ(ə)riən | -tέərɪ-] *adj.*

sep·tate [sépteɪt] 〘⇨ septum, -ate²〙 *adj.* 〘生物・解剖〙隔膜 (septum) のある[で分かれた].

sep·ta·va·lent [sèptəvéɪlənt] 〘(変形) ← SEPTIVALENT: HEPTAVALENT との類推による〙 *adj.* 〘化学〙= septivalent.

sep·tec·to·my [septéktəmi | -mɪ] 〘← SEPT(UM) + -ECTOMY〙 *n.* 〘外科〙(鼻の)中隔切除(術).

Sep·tem·ber [septémbə, səp- | septémbə(r, səp-, sɪp-] 〘lateOE ～ □ L *September* (*mēnsis*) 《原義》the seventh month (F *septembre*) ← *septem* 'SEVEN': 古代ローマ暦の第7月, 数の食違いについては ⇨ December〙 — *n.* 9月 (略 Sept.).

Septémber Mássacre *n.* [the ～] 〘フランス史〙九月虐殺《1792 年 9 月 2-6 日に起ったパリ監獄内の王党員その他の反革命派の幽閉者の虐殺》.

Sep·tem·brist [septémbrɪst, səp-, -brəst | septémbrɪst, səp-, sɪp-] 〘□ F *Septembriste*: ⇨ ↑, -ist〙 *n.* (フランスの)九月虐殺参加の革命党員.

sep·tem·par·tite [sèptempɑ́ətaɪt | -pɑ́:-] 〘← L *septem* (↓) + PARTITE〙 *adj.* 〘植物〙〈葉が〉七深裂の.

sep·tem·vir [septémvə | -və(r] 〘□ L ～ 《逆成》← *septemvirī* (pl.) ← *septem* 'SEVEN' + *virī* ((pl.) ← *vir* man)〙 — *n.* (*pl.* ～**s**, **-vi·ri** [-vəràɪ, -rì: | -vɪrì:, -və-, -ràɪ]) (古代ローマの)七人官の一人.

sep·tem·vi·ral [septémvərəl | -vɪ-, -və-] *adj.* (古代ローマの)七人官の, 七人官制度の.

sep·tem·vi·rate [septémvərət, -rɪt, -rèɪt | -vɪ-, -və-] 〘□ L *septemvirāt-us*: ⇨ septemvir, -ate¹〙 *n.* (古代ローマの)七人官(制度); 七人官の職務[支配].

septemviri *n.* septemvir の複数形.

sep·te·nar·i·us [sèptəné(ə)riəs | -tɪnέərɪ-] 〘□ L *septēnārius* (↓)〙 *n.* (*pl.* **-ri·i** [-riàɪ | -rɪ-]) 〘詩学〙=septenary 2.

sep·te·na·ry [septénəri, séptənèri, septí:nəri | septí:nərɪ] 〘(1577-86) □ L *septēnāri-us* ← *septēnī* seven each ← *septem*: ⇨ seven, -ary〙 — *adj.* **1** 7の, 7から成る. **2** 7年続く, 7年に1度の (septennial). **3** 7倍の (septuple). — *n.* **1** 七つ一組 (set of seven); (特に)7年間, 7年期 (septennium). **2** 〘詩学〙(特にラテン詩の)七詩脚の詩句.

sep·te·nate [séptənèɪt, -nət, -nɪt | -tɪ-] 〘← L *septēnī* seven each + -ATE²〙 *adj.* 〘植物〙〈葉が〉七つの部分に分裂している.

sep·ten·de·cil·lion [sèptendɪsíljən, -də- | -dɪ-] 〘← L *septendecim* seventeen + (M)ILLION〙 *n.* 《米》10^{54}; 《英》10^{102} (⇨ million 表). — *adj.* septendecillion の.

sep·ten·nate [septéneɪt, -nət, -nɪt] 〘□ F *septennat* 《逆成》← L *septennis* of seven years + F *décanat* deanery: ⇨ septennium, -ate¹〙 *n.* 7年間; (特に)7年間の任期.

septennia *n.* septennium の複数形.

sep·ten·ni·al [septéniəl, -njəl | -njəl, -nɪəl] 〘(1640) ← L *septennium* (↓) + -AL¹〙 — *adj.* **1** 7年に1回の, 7年目ごとの. **2** 7年間[期]の. — *n.* 7年目ごとに起こること[もの]. **～·ly** *adv.*

sep·ten·ni·um [septéniəm | -nɪəm, -njəm] 〘□ L ～ ← *septennis* of seven years ← *septem* 'SEVEN' + *annus* year〙 — *n.* (*pl.* ～**s**, **-ni·a** [-niə | -nɪə, -njə]) 7年間, 7年期.

sep·ten·tri·on [septéntriɑ̀n, -triən | -triɔ̀n, -trɪən] 〘(c1390) *septemtrioun* □ (O)F *septentrion* □ L *septentriōnēs* (pl.) seven stars of the Great Bear ← *septem* (↑) + *triōnēs* ((pl.) ← *triō(n-)* plow-ox)〙 — *n.* (*pl.* ～**s**, **sep·ten·tri·o·nes** [septèntrióuni:z | -trɪóʊ-]) 《廃》北方地方, 北 (north).

sep·ten·tri·o·nal [septéntriənl | -trɪ-] 〘(1391) □ L *septentriōnāl-is*: ⇨ ↑, -al¹〙 *adj.* 北の, 北方の (northern).

septentriones *n.* septentrion の複数形.

sep·tet [septét] 〘(*a*1837) □ G *Septett* ← L *septem*: ⇨ sept-¹, -et(te)〙 — *n.* (*also* **sep·tette** [～]) **1** 7人組, 七つ組. **2** 〘音楽〙七重奏, 七重唱 (cf. solo); 七重奏[唱]曲, 七重奏[唱]団. **3** 〘詩学〙七行詩.

sept·foil [sép(t)fɔ̀ɪl] 〘⇨ ↓, foil〙 *n.* **1** 《古》〘植物〙= tormentil. **2** 〘建築〙七葉装飾. **3** 〘紋章〙七つ葉 (cf. cinquefoil 3).

sep·ti-¹ [séptɪ, -tə | -tɪ] 〘□ L ～ ← *septem* 'SEVEN'〙「七 (seven)」の意の連結形: *septi*llion. ★ 母音の前では通例 sept- になる.

sep·ti-² [séptɪ, -tə | -tɪ] 〘← NL ～ ← L *sēptum*: ⇨ septum〙 septo- の異形 (⇨ -i-).

Sep·ti·bran·chi·a [sèptəbrǽŋkiə | -tɪbrǽŋkɪə] 〘← NL ～: ⇨ ↑, -branchia〙 — *n. pl.* 〘貝類〙(二枚貝綱)隔鰓目《オオシャクシガイ (*Cuspidaria nobilis*), ヒメシャクシガイ (*C. gouldiana*) など》.

sep·tic [séptɪk] 〘(1605) □ L *sēptic-us* □ Gk *sēptikós* ← *sḗpein* to rot: ⇨ sepsis, -ic¹〙 — *adj.* **1** 腐敗の, 腐敗性の (putrefactive); 腐敗によって生じる. **2** 腐敗した, 堕落した. **3** 〘病理〙敗血性の: ～ fever 腐敗熱 / ～ poisoning 腐敗中毒, 敗血症. — *n.* 腐敗を起こすもの; 敗血症病原体. **sép·ti·cal·ly** *adv.*

sep·ti·ce·mi·a [sèptəsí:miə | -tɪsí:mɪə, -mjə] 〘← NL ～: ⇨ ↑, -emia〙 — *n.* (*also* **sep·ti·cae·mi·a** [～]) 〘病理〙敗血症 (blood poisoning). **sep·ti·ce·mic** [sèptəsí:mɪk, -tɪ-] *adj.*

septicémic plágue *n.* 〘病理〙敗血性ペスト.

sep·ti·ci·dal [sèptəsáɪdl | -tɪ-] 〘← SEPTI-² + L *-cīdere* to cut + -AL¹〙 — *adj.* 〘植物〙〈果実が〉胞間裂開の: a ～ capsule 胞間裂開蒴(さく) / ～ dehiscence 胞間裂開. **～·ly** *adv.*

sep·tic·i·ty [septísəṭi | -sətɪ, -sɪ-] *n.* 腐敗, 腐敗性.

séptic sóre thróat *n.* 〘病理〙敗血性扁桃腺(せん)炎[喉頭炎].

séptic tànk *n.* 腐敗タンク《バクテリアで下水を無害にする槽》.

sep·tif·ra·gal [septífrəgəl] 〘← SEPTI-² + L *frag-* (← *frangere* to break) + -AL¹〙 *adj.* 〘植物〙胞軸裂開の: ～ dehiscence 胞軸裂開. **～·ly** *adv.*

sep·ti·lat·er·al [sèptəlǽṭərəl, -trəl | -tɪlǽt(ə)r-] 〘← SEPTI-¹ + LATERAL〙 *adj.* 7辺のある, 7面をもつ.

sep·til·lion [septíljən] 〘(1690) □ F ～: ⇨ septi-¹, million〙 *n.* 《米》10^{24}; 《英》10^{42} (⇨ million 表). — *adj.* septillion の.

sep·ti·mal [séptəməl | -tɪ-] 〘← SEPTIMUS + -AL¹〙 *adj.* 7の; 7を基にした.

sep·time [séptɪm, -təm, -ti:m | -ti:m] 〘□ L *septima* (fem.): ⇨ septimus〙 *n.* 〘フェンシング〙セプティム, 第七の構え《八種の受けの構えの一つ; cf. guard *n.* 6》.

sep·ti·mole [séptəmòʊl | -tɪmàʊl] 〘← L *septimus* (↓) + -OLE²〙 *n.* 〘音楽〙=septuplet 3.

sep·ti·mus [séptəməs | -tɪ-] 〘□ L ～ 'seventh' ← *septem* 'SEVEN'〙 *adj.* 《英》第7の (⇨ primus¹ 2): Smith ～.

Sep·ti·mus [séptəməs | -tɪ-] 〘□ L *Septimus* (↑): 元来七男を意味したが近年は lucky number のためにつけられる〙 *n.* 男性名.

sep·ti·syl·la·ble [séptəsìləbl | -tɪ-] 〘← SEPTI-¹ + SYLLABLE〙 *n.* 7音節語 (heptasyllable). **sep·ti·syl·lab·ic** [sèptəsɪlǽbɪk, -sə- | -tɪsɪ-] *adj.*

sep·ti·va·lent [sèptəvéɪlənt | -tɪ-] 〘← SEPTI-¹ + -VALENT〙 *adj.* 〘化学〙七価の (heptavalent).

sep·to- [sépto(ʊ) | -tə(ʊ)] 〘← NL ～ ← L *sēptum*: ⇨ septum〙「隔壁; 隔膜 (septum)」の意の連結形. ★ 時に septi-, また母音の前では通例 sept- になる.

sep·to·let [sèptəlét, ⌐—⌐] 〘(転訛) ← SEPTUPLET〙 *n.* 〘音楽〙=septuplet 3.

sep·tu·a·ge·nar·i·an [sept(j)ù:ədʒəné(ə)riən, sèptuədʒ-, -tʃuədʒ-, -tuædʒ-, -tʃuædʒ- | sèptjuədʒɪnέərɪ-] 〘← L *septuāgēnārius* (↓) + -AN¹〙 — *adj.* = septuagenary. — *n.* 70 歳の人, 70 歳代の人.

sep·tu·a·gen·a·ry [sèptuədʒénəri, -tʃuə-, -dʒí:n-, -tuǽdʒənèri, -tʃuǽdʒ- | -tjuədʒí:nərɪ] 〘(1605) □ L *septuāgēnāri-us* ← *septuāgēnī* seventy each ← *septuāgintā* seventy: ⇨ Septuagint, -ary〙 — *n.* 70 歳の人, 70 歳代の人. — *adj.* **1** 70 歳の, 70 歳代の. **2** 70

に基づいた.

Sep·tu·a·ges·i·ma [sèptuədʒésəmə, -tʃuə-, -dʒéɪzəmə | -tjʊədʒésɪmə] 〘(a1387) ▭ (O)F *septuagésime* // LL *septuāgēsima* (fem.) ← L *septuāgēsimus* seventieth ← *septuāgintā* (↓)〙 ── *n.* 〘カトリック〙 七旬節(の主日), 〘聖公会〙 大斎 (Lent) 前第三主日《四旬節 (Lent) 前の第三日曜日; 復活祭前70日目の意であるが実際は63日目; Septuagesima Sunday ともいう; cf. Sexagesima, Quinquagesima》.

Sep·tu·a·gint [sept(j)úːədʒɪnt, -dʒənt, séptuədʒɪnt | séptjʊədʒɪnt] 〘▭ L *septuāgintā* seventy ← *septem* 'SEVEN'〙 ── *n.* [the ~] 〘聖書〙 七十人訳(聖書), セプトゥアギンタ《エジプト王 Ptolemy II (285–?247 B.C.) の命によって Alexandria で70人または72人のユダヤ人が72日間に訳了したと伝えられるギリシャ語訳旧約聖書および外典; LXX と略称される; cf. seventy 5 b》.

sep·tum [séptəm] 〘(1720) ▭ L *sēptum, saeptum* enclosure, fence, wall ← *sēpes, saepes* fence, hedge〙 ── *n.* (*pl.* **sep·ta** [-tə], **~s**) 〘生物・解剖〙 隔壁, 中隔, 隔膜 (partition): the ~ auricularum 心耳中隔 : **a** 芽胞壁. **b** =nasal septum. **c** =crural septum.

sep·tu·or [séptʃuɔ̀ə | -tjʊɔ̀ː(r] 〘▭ F ~ ← L *septem* 'SEVEN'〙 *n.* 〘音楽〙 =septet 2.

sep·tu·ple [séptʊpl, sept(j)úː- | séptjʊ-] 〘*v.*: (1615) ← LL *septupul-us* ← L *septem* 'SEVEN' + *-plus* '-PLE'〙 ── *adj.* **1** 7倍の, 七重の (sevenfold). **2** 七つ組の, 七つから成る. ── *n.* 7倍, 七重. ── *vt.* 7倍する. ── *vi.* 7倍になる.

sep·tup·let [septʌ́plɪt, -t(j)úːp-, -plət | séptjʊp-, septjúːp-] 〘⇨ ↑, -et〙 ── *n.* **1** 七つ組. **2 a** 七つ子の一人 (cf. twin). **b** [*pl.*] 七つ子. **3** 〘音楽〙 七連符, 七連音符《通常2または3の倍数で等分する音符を7等分したもの; septimole, septolet ともいう》.

séptuple tìme *n.* 〘音楽〙 7拍子.

sep·tu·pli·cate [sept(j)úːplɪkət, -plə-, -kɪt | -tjúːplɪ-] 〘▭ ML *sepsuplicāt-us*: ⇨ septi-[1], quadruplicate〙 ── *adj.* 〈複写など〉7部からなる, 7通作成した (sevenfold). ── *n.* **1** (同種のものの)7番目のもの. **2** [通例 in ~ で] (複写の)7部, 7通. ── *vt.* 7乗する; (特に)〈同一文書を〉7通作る.

sep·ul·cher, 《英》 **sep·ul·chre** [sépəlkə | -kə(r] 〘*n.*: (?a1200) *sepulcre* ▭ (O)F *sépulcre* ▭ L *sepulc(h)rum* ← *sepelīre* to bury ← IE **sep-* to venerate (the dead) (Skt *saparyati* he honors)〙 ── *n.* **1** 《文語》 墓 (tomb, grave), 埋葬所 (burial place): ⇨ Holy Sepulcher, whited sepulcher. **2 a** (祭壇の)聖遺物匣(こう). **b** =Easter sepulcher. ── *vt.* **1** 墓に納める (entomb), 葬る, 埋葬する. **2** …の墓になる.

se·pul·chral [sɪpʌ́lkrəl, sə-, se-, -púl- | sɪpʌ́l-, se-, sə-] 〘(1615) ▭ L *sepulcrāl-is*: ⇨ ↑, -al[1]〙 ── *adj.* **1** 墓の: a ~ mound 塚 / a ~ stone 墓石 / a ~ vault 地下の墓所, 墓穴. **2** 埋葬に関する; 死者の: ~ customs [rites] 埋葬の様式[埋葬式]. **3 a** 墓のような, 陰気な, 陰鬱な (funereal, gloomy): a ~ visage [look] 陰気な顔つき. **b** 〈音・声が〉こもって低い: a ~ voice 陰にこもった声. **~·ly** *adv.*

sepulchre *n.* =sepulcher.

sep·ul·ture [sépəltʃʊ̀ə, -tʃə | -tʃə(r, -tjʊə(r] 〘(c1300) ▭ (O)F *sépulture* ▭ L *sepultūra* ← *sepultus* (p.p.) ← *sepelīre*: ⇨ sepulcher, -ure〙 ── *n.* **1** 埋葬 (burial). **2** 《古》 墓 (sepulcher).

seq. 《略》 sequel; sequence; *L.* sequens (=the following one); *L.* sequente (=and in what follows); *L.* sequitur (=it follows).

seqq. 《略》 sequentes; sequentia; *L.* sequentibus (=in the following places).

se·qua·cious [sɪkwéɪʃəs, sə- | sɪ-, se-, sə-] 〘(1640) ← L *sequāc-, sequāx* sequacious (← *sequī* (↓)) + -IOUS〙 ── *adj.* **1** 〈音楽など〉調子よく続く: ~ tones. **2** 《古》 〈論理が〉一貫した, 筋道の通った. **3** 《古》 人に従う (following), 追従する (subserrient); まねる (imitative). **~·ly** *adv.* **se·quac·i·ty** [sɪkwǽsəṭi, sə- | sɪkwǽsɪti, se-, -sɪ-] *n.*

se·quel [síːkwəl, -kwel | -kwəl] 〘(c1420) ▭ (O)F *séquelle* // L *sequella, sequēla* ← *sequī* to follow ← IE **sek[w]-* to follow (Gk *hépesthai*)〙 ── *n.* **1** 〔文学作品などの〕続き (continuation), 続編, 後編 (succeeding part) 〔*of, to*〕: the ~ *of* [*to*] a novel 小説の続編. **2** 後続事件, 成行き; 帰結, 結果 (outcome): as a ~ *to* [*of*] …の結果として, のために / in the ~ その後に到って, 結果として / The ~ *of* it was… 結局それは…であった. **3** 《廃》 連続 (succession, series).

se·que·la [sɪkwélə, sə-, se-, -kwíːlə | sɪkwíːlə] 〘▭ L *sequēla* (↑)〙 *n.* (*pl.* **se·que·lae** [-liː]) **1** 結果 (consequence). **2** [通例 *pl.*] 〘病理〙 続発症, 余病, 後遺症.

se·quence [síːkwəns, -kwens | -kwəns] 〘(a1387) ▭ LL *sequentia*: ⇨ sequent, -ence〙 ── *n.* **1** 続いて起こること, 連続 (succession), 続発, (因果的)連鎖: the ~ of seasons 四季の循行 / a causal ~ 因果関係 / the inevitable ~ of a crime and punishment 罪と罰との因果関係. **2** 順序, 順, 次第: in alphabetical [chronological] ~ アルファベット[年代]順に / in rapid ~ 矢継ぎ早に / in (regular) ~ 順次に, 整然と / follow the ~ of events 事件を発生順に追う[たどる, 調べる]. **3** 〔…に〕連続[続発]する事物; 結果 (result), 帰結 (consequence) 〔*of, to*〕: the natural ~ *to* folly 愚かなことをした当然の報い. **4** 続きもの; (同一テーマによる)連作: a long ~ of narration 長い一続きの物語 / ⇨ sonnet sequence. **5** 〘論理〙 (記号・式などの)系列; 筋道, 理路 (logical connection): a logical ~ 論理, 条理. **6** 〘映画〙 一続きの画面, 一かたまりのシーン (scene). **7** 〘トランプ〙 続き札, 順位札《2枚以上の同種札(同じ印の札)で順位(番号)が続いているもの》. **8** 〘音楽〙 **a** ゼクヴェンツ, 模続(反復)進行《一つの楽句ないし motif が同じ音型で異なる高さで反復すること》. **b** セクウェンツィア, 続唱《ミサでアレルヤまたはトラクトゥスに続いて歌われる》. **9** 〘カトリック〙 続唱《昇階唱の次に歌われる聖句; prose ともいう》. **10** 〘数学〙 列《自然数 1, 2, 3, …, *n*, …のおのおのに, ある集合の要素を一つずつ対応させて作った $a_1, a_2, a_3, \ldots, a_n, \ldots$ のような系列; 数から成るもの(数列)をさすことが多い》.

sequence of tenses [the ―] 〘文法〙 時制照応, 時の呼応[一致]《主節の動詞が過去形であれば従節の動詞も過去形または過去完了形になるという規則》.

── *vt.* 順番に配列する.

séquence contròl *n.* 〘電気〙 シーケンス制御, 順序制御.

se·quent [síːkwənt] 〘(a1560) ▭ L *sequent-em* (pres. p.) ← *sequī* to follow: ⇨ sequel, -ent〙 ── *adj.* **1** 次に来る, 次の (succeeding, following): a ~ king. **2** 順々に続く, 連続性の (successive, consecutive): a ~ order 連続, 順序. **3** 結果[結論]として伴う (consequent); 〔…に〕伴って起こる 〔*to, on, upon*〕: be ~ *on* [*to, upon*] the premises 前提に伴って生じる. ── *n.* 順序として起こる事, 連続 (succession); (特に)結果, 成行き, 結末 (consequence).

se·quen·tes [sɪkwéntiːz, sə- | sɪ-] 〘▭ L *sequentēs* (pl.) ← *sequent-, sequēns*: ⇨ sequent〙 ── *L. n. pl.* 以下 (the following). ★ 通例 seq. (*sing.*) または seqq. (*pl.*) と略し引用文の出所を示すために引用最初のページ・章句・行などの数字に添えて用いる《et を添えることもある》: p. 10 (et) *seq.* 第10ページと第11ページ / p. 10 (et) *seqq.* 第10ページ以下の(数)ページ.

se·quen·ti·a [sɪkwénʃiə, sə- | sɪkwénʃɪə] 〘▭ L ~: ⇨ sequence〙 *L. n. pl.* =sequentes.

se·quen·tial [sɪkwénʃəl, sə-, siː- | sɪ-] 〘← LL *sequentia* + -AL[1]: ⇨ sequence〙 ── *adj.* **1** 続いて起こる, 引き続く, 継続的な (serial). **2** 結果として伴う, 伴って起こる (subsequent). **3** 〘医学〙 〈経口避妊薬が〉副作用をなくすためにある特定の順序で飲むべき: ~ oral contraceptives [pills]. ── *n.* 〘医学〙 特定の順序で飲むべき経口避妊薬.

sequéntial análysis *n.* 〘統計〙 逐次分析《逐次に標本を取り出して行なう統計分析法》.

sequéntial círcuit *n.* 〘電気〙 順序回路《論理回路の一種で時間の要素を含むもの》.

se·quen·ti·al·i·ty [sɪkwènʃiǽləṭi, sə-, siː- | sɪkwènʃiǽlətì, -lɪ-] *n.* 連続性, 継続性.

se·quén·tial·ly *adv.* **1** 引き続いて, 続いて, 継続的に (continually). **2** 結果として, 従って (subsequently, consequently).

sequéntially cómpact sét *n.* 〘数学〙 点列コンパクト集合《いかなる列も収束する部分列を含むような集合》.

sequéntial sỳstem *n.* 〘テレビ〙 (カラーテレビの)順次方式《被写体を3原色に分解して撮像し走査線上に順々に並べて色彩画面を構成する方式; 3原色の点として順々に並べて行く方式を「点順次方式」(dot-sequential system), 線として示すものを「線順次方式」(line-sequential system), 画面全体を3原色で順順に色づけしてゆく方式を「フィールド順次方式」(field-sequential system) という》.

se·ques·ter [sɪkwéstə, sə- | -tə(r] 〘(c1390) *sequestre(n)* ▭ (O)F *séquestr-er* ▭ LL *sequestrāre* to surrender, separate ← L *sequester* trustee, depository, 《原義》 one standing apart〙 ── *vt.* **1 a** 隔離する (separate). **b** 隠退させる, 引きこもらせる (seclude, withdraw): ~ one*self from* society [the world] 社会[世間]から引きこもる, 隠遁する. **2 a** 没収する, 占有する (confiscate); 〘法律〙 仮差押えする, 一時押収する. **b** 〘国際法〙 〈敵産を〉接収する. **3** 〘教会〙 〈聖職禄 (benefice) の収入を〉(受禄聖職者の負債清算のために)流用する, (新任の受禄聖職者の基金蓄積のために)保管する; 充当する, 使用する. **4** 〘化学〙 封鎖する, マスクする《例えば硬水中でカルシウムやマグネシウムが沈殿するのを防ぐために, キレート剤で水溶性の錯化合物を作ることをいう》. ── *vi.* 〘法律〙 〈寡婦が〉亡夫の財産(など)に対して要求を捨てる (renounce). ── *n.* **1** 《廃》 =sequestration. **2** 〘ローマ法〙 係争物を判決があるまで寄託すること; 訴訟物管理人. **3** 〘病理〙 =sequestrum.

se·qués·tered *adj.* **1 a** 引っ込んだ, 引きこもった (secluded, retired): a ~ village 辺鄙(ぴ)な村. **b** 孤独の, 隠遁の: live a ~ life 隠遁生活をする. **2** 《廃》 隔離された (segregated).

se·qués·ter·ing àgent [-t(ə)rɪŋ-] *n.* 〘化学〙 =sequestrant.

sequestra *n.* sequestrum の複数形.

se·ques·tra·ble [sɪkwéstrəbl, sə-] *adj.* 《古》 仮差押えできる; 没収[接収]される.

se·ques·trant [sɪkwéstrənt, sə-] 〘← SEQUESTER + -ANT〙 *n.* 〘化学〙 金属イオン封鎖剤《沈澱しやすい金属イオンを錯イオンとして可溶性に保つための薬剤》.

se·ques·trate [síːkwɪstrèɪt, -kwəs-, -kwes-, sékwɪs-, -kwəs-, sɪkwéstreɪt, sə- | sɪkwéstreɪt, síːkwestrèɪt] 〘(1513) ← LL *sequestrāt-us* (p.p.) ← *sequestrāre*: ⇨ sequester, -ate[3]〙 ── *vt.* **1 a** =sequester 2 a. **b** 〘スコット法〙 〈破産者の財産を〉管理委員の手にゆだねて(債権者に分割する); 〈人を〉破産させる. **2** 《古》 =sequester 1. **3** 〘外科〙 …に腐骨[分離片]を形成する. ── *vi.* 〘外科〙 腐骨[分離片]を形成する.

se·ques·tra·tion [siːkwɪstréɪʃən, sèk-, -kwəs-, -kwes-, sɪkwès-, sə- | siːkwes-, sèk-] 〘(1400) ▭ LL *sequestrātiō(n-)*: ⇨ ↑, -ation〙 ── *n.* **1** 隔離 (separation). **2** 隠退, 隠遁 (seclusion). **3 a** 〘法律〙 (財産の)仮差押え(合状); 没収 (confiscation). **b** 〘スコット法〙 (破産者の財産の)一時的強制管理. **4** 〘化学〙 金属イオン封鎖. **5** 〘外科〙 腐骨[分離片]形成, 腐骨分離.

sé·ques·trà·tor [-ṭə | -tə(r] 〘▭ ML *sequestrātor*: ⇨ sequestrate, -or[2]〙 ── *n.* **1** 〘法律〙 仮差押え人; 没収者. **2** 〘英法〙 (訴訟当事者が判決のあるまで係争物を寄託する中立の第三者である)強制管理委員.

se·ques·trec·to·my [sìːkwestréktəmi | -mɪ] 〘⇨ ↓, -ectomy〙 *n.* 〘外科〙 腐骨摘出(術).

se·ques·trum [sɪkwéstrəm, sə-] 〘← NL ~ ← L 'sequestration, deposit' ← *sequester*: ⇨ sequester〙 ── *n.* (*pl.* **~s**, **se·ques·tra** [-trə]) 〘病理〙 (健全な骨から分離する)腐骨, 分離片.

se·quin [síːkwɪn, -kwən | -kwɪn] 〘(1617) ▭ F ~ ▭ It. *zecchino* ← *zecca* mint ▭ Arab. *sikka[h]* stamp, stamped coin〙 ── *n.* **1** シークイン(飾り) (spangle) 《衣服などに縫いつけて飾りにするぴかぴかする金属片やプラスチック片》. **2** シークイン《13世紀に Venice で造られたイタリアの古金貨; zecchino, zechin ともいう》.

sé·quined *adj.* シークインで飾った.

se·quoi·a [sɪkwɔ́ɪ(j)ə, sə-, -kwɔ́(ː)jə | sɪkwɔ́ɪə, se-] 〘← NL ~ ← *Sequoya* (c1760–1843: Cherokee 語の音節文字表を考案したアメリカインディアンの学者の名)〙 ── *n.* 〘植物〙 **1** セコイア, セカイヤメスギ (*Sequoia sempervirens*) 《米国 California 州および Oregon 州南部産のスギ科セコイア属の巨木; 樹皮は火に強く, 材質は耐久力がある柔らかな針葉樹で, 高さ130mに達するものもあり, 樹高は世界一といわれる; redwood ともいう》. **2** =giant sequoia.

Sequóia Nátional Párk *n.* セコイア国立公園《米国 California 州中部にあり, 巨樹 sequoia で有名; 1890年指定; 面積1,566 km²》.

ser [síə, séə, sə́ː | sɪə(r] *n.* =seer[2].

ser. 《略》 serial; series; sermon; service.

sera *n.* serum の複数形.

sé·rac [sɪrǽk, sə-, seɪ- | séræk; *F.* serak] 〘▭ Swiss-F ~ 'a solid white cheese' ▭ ML *seracium* whey ← L *serum*: ⇨ serum〙 ── *n.* [通例 *pl.*] 〘登山〙 セラック《氷瀑 (icefall) にできる氷の塔; 崩れやすい》.

se·ra·glio [sɪrǽljou, sə-, -rάːl- | serάːlɪəu, sɪ-, sə-, -ljəu; *It.* serrάʎʎo] 〘(1581) ▭ It. *serraglio* 《原義》 enclosure < ML *serrāculum* bolt ← LL *serāre* to lock up ← L *sera* bar (⇨ sear[2]): 2 は Turk. *serāi* palace (↓) と混同〙 ── *n.* (*pl.* **~s**, **-ra·gli** [-ljiː; *It.* -ʎʎi]) **1** (イスラム教国の)後宮(こう), 妻妾(しょう)部屋 (harem); 女郎屋, 売春宿 (brothel). **2** (もと, イスラム教国君主の)宮城 (palace) 《serai, serail ともいう》.

se·ra·i [sərάɪ | se-, sə-] 〘(1609) ▭ Turk. *serāi* palace, lodging ▭ Pers. *sarāi* < OPers. *srāda* residence〙 ── *n.* **1** (ペルシャ・インドで)宿舎, 隊商宿 (caravansary). **2** =seraglio 2.

se·rail [sərάɪ, -rάɪl, -réɪl] 〘▭ F *sérail* ▭ It. *serraglio*〙 *n.* =seraglio 2.

Se·ra·je·vo [sérəjeɪvòu, ━━━━ | sèrəjéɪvəu] *n.* =Sarajevo.

ser·al [sí(ə)rəl | síər-] 〘← SERE[3] + -AL[1]〙 *adj.* 〘生態〙 遷移系列 (sere) の.

Se·ram [séɪrɑːm] *n.* =Ceram.

se·rang [sərάːŋ | sɪ-, sə-] 〘▭ Pers. *sarhang* commander, boatswain ← *sar* chief + *hang* authority〙 *n.* (インド人の)水夫長 (boatswain) (cf. lascar 1); 船頭, 船長.

se·ra·pe [sərάːpi, -rǽpi | -pɪ] *n.* =sarape.

ser·aph [sérəf] 〘(1667) 《逆成》 ← *seraphim* (pl.) < ME *seraphin* < OE ▭ LL *seraphin, seraphim* ▭ Heb. *śᵉrāphīm* (pl.) ← *śārāph* 《原義》 the burning one〙 ── *n.* (*pl.* **~s**, **ser·a·phim** [sérəfìm, -fìːm | -fɪm]) **1** 〘聖書〙 セラピム《人間に似た姿をして六つの翼を備えた天使; cf. *Isa.* 6 : 2, 6》. **2** 〘神学〙 熾(し)天使《天使の九階級中第一階級の天使; しばしば子供の顔の周囲を4枚の翼で囲んだように表わされる; cf. angel 1》.

se·raph·ic [sɪrǽfɪk, sə- | se-, sɪ-, sə-] 〘(1632) ▭ ML *seraphic-us*: ⇨ ↑, -ic[1]〙 ── *adj.* **1** 熾(し)天使 (seraph) の(ような). **2** 美しく神々(こう)しい, 清らかな (sublime, serene): a ~ smile 清純な笑い.

se·ráph·i·cal [-fɪkəl, -fə- | -fɪ-] *adj.* =seraphic. **~·ly** *adv.* **~·ness** *n.*

seraphim *n.* seraph の複数形.

ser·a·phi·na [sèrəfíːnə] 〘⇨ ↓, -ina〙 *n.* =seraphine.

ser·a·phine [sérəfìːn, ━━━] 〘← SERAPH + -INE[3]〙 *n.* セラフィン《19世紀の英国の足踏みオルガン; melodeon, harmonium の前身》.

Se·ra·pis [sɪréɪpɪs, sə-, -pəs | sérəpɪs] 〘▭ L ~ ▭ Gk *Sárapis* ▭ Egypt. *User-hapi*: ⇨ Osiris, Apis〙 ── *n.* 〘エジプト神話〙 セラピス《プトレマイオス王朝期のエジプトの神; Osiris と Apis 両神の性格を備える神として民間に信仰され, その信仰は後にギリシャ・ローマにも伝わった》.

Serb [sə́ːb | sə́ːb] 〘(1813) ▭ Serbian *Srb*〙 *n.* **1** セルビア人. **2** =Serbian 2. ── *adj.* =Serbian.

Serb. 《略》 Serbia; Serbian(s).

Ser·bi·a [sə́ːbiə | sə́ːbjə, -biə] 〖▭Russ. *Serbija* ← Serbian *Srb* 'SERB' : ⇨ -ia[1]〗 ── *n.* セルビア《ヨーロッパ南部の旧王国; 現在はユーゴスラビア連邦南東部の一共和国; 人口 8,440,000, 面積 88,361 km^2, 首都 Belgrade; 古形 Servia》.

Ser·bi·an [sə́ːbiən | sə́ːbjən, -biən] *adj.* **1** セルビア (serbia) の. **2** セルビア人[語]の. ── *n.* **1** セルビア人. **2** (セルビアで用いられる)セルボクロアチア語 (⇨ Serbo-Croatian 1) : ⇨ Old Serbian.

Ser·bo- [sə́ːbo(ʊ) | sə́ːbə(ʊ)] 〖← SERB〗「セルビア (Serbia); セルビアと…との (Serbian and)」の意の連結形.

Sèrbo-Cróat *adj., n.* ＝Serbo-Croatian.

Serbo-Croat. 《略》 Serbo-Croatian.

Sèrbo-Croátian *adj.* セルボクロアチア語[人]の. ── *n.* **1** セルボクロアチア語《ユーゴスラビアで用いられる南スラブ語系の言語; Serbia ではロシヤ文字を, Croatia ではローマ字を用いる》. **2** (その言語を母語としている)セルボクロアチア人.

Ser·bo·ni·an [səːbóʊniən | səːbə́ʊnjən, -niən] 〖↓〗 *adj.* セルボニスの沼 (Serbonian Bog) の(ような).

Serbónian Bóg 〖← L *Lacus Serbōnis* ▭ Gk *Serbōnís hē límnē* Lake Serbonis (沙漠に囲まれているので, 大風が吹くと砂で水陸の区別がつかなくなったという) : ⇨ -ian〗 ── *n.* **1** [the ～] セルボニスの沼《昔アフリカの Nile 川三角州と Suez 地峡との間にあったという危険な沼; 大軍勢がこの中にのみ込まれたという》. **2** 難境, 窮地 (cf. Milton, *Paradise Lost* 2. 592).

sere[1] [síə | síə(r)] 〖ME < OE *sēar* : ⇨ sear[1]〗 ── *adj.* (**ser·er; ser·est**) 《文語》 しなびた, ひからびた, 枯れた (withered, blasted) : the ～, the yellow leaf 枯れた黄色の葉; 老齢, 老境 (cf. Shak., *Macbeth* 5. 3. 23).

sere[2] [síə | síə(r)] 〖▭F *serre* grip : ⇨ sear[2]〗 *n.* 《古》 (鳥獣の)爪 (claw).

sere[3] [síə | síə(r)] 〖《逆成》 ← SERIES〗 *n.* 〖生態〗 遷移系列《遷移の始相から極相までの群落発達の系列》.

se·rein [sərɛ̃́ː(ŋ), -rǽŋ, -rǽn; *F.* sərɛ̃] 〖▭F ～ < OF *serain* evening, nightfall ← L *sērum* evening ← *sērus* late : cf. serene〗 ── *n.* 〖気象〗 天泣(てんきゅう)《雲のほとんどない空から降る細かい雨》.

se·re·na [səréɪnə] 〖▭Prov. ～ ← *ser* evening < L *sērum* (↑)〗 *n.* 恋の小夜曲.

Se·re·na [sɪríːnə, sə-] 〖(fem.) ← SERENUS〗 *n.* 女性名.

ser·e·nade [sèrənéɪd, ⌐⌐⌐ | sèrənéɪd, -rɪ-] 〖《1649》 ▭F *sérénade* ▭ It. *serenata* (↓)〗 ── *n.* 〖音楽〗 **1** セレナード, 夜の調べ, 小夜曲《特に, 南欧の風習として男が恋人の窓下で歌いまたは奏する曲; cf. aubade 1》. **2** セレナード《18 世紀に小さなアンサンブルのために書かれた多楽章の器楽曲》. **3** ＝serenata. ── *vt.* …(のため)にセレナードを歌う[奏する] : ～ one's lady love 恋人にセレナードを歌う[奏する]. ── *vi.* セレナードを歌う[奏する] : go *serenading* every night 毎夜出てセレナードを歌う[奏する]. **sèr·e·nád·er** *n.*

ser·e·na·ta [sèrənáːtə | -rənáːtə, -rɪ-] 〖▭It. ～ ← *sereno* clear, calm (of weather) < L *serēnum* 'SERENE' : It. *sera* evening の連想が加わった〗 *n.* (*pl.* **～s, ser·e·na·te** [-teɪ]) 〖音楽〗 セレナータ : **1** serenade のイタリア語名. **2** 18 世紀の小規模なオペラで, cantata 形式で書かれている.

ser·en·dip·i·ty [sèrəndípəti, -rən- | -rəndípəti, -ren-, -pɪ-] 〖《1754》 ← Arab. *Sarandīb* Ceylon ＋ -ITY : Horace Walpole がおとぎ話 *The Three Princes of Serendip* の題名から造った語 (この主人公たちは捜してもいない珍宝をうまく偶然に発見する)〗 ── *n.* 当てにしない(いい)ものを偶然発見する才能, 掘出し上手. **sèr·en·díp·i·tous** [sèrəndípətəs, -rən- | -rəndípətəs, -ren-] *adj.*

se·rene [sɪríːn, sə-] 〖《1508》 ▭L *serēn-us* : cog. ?Gk *xērós* dry〗 ── *adj.* (**more ～, most ～; se·ren·er, se·ren·est**) **1 a** 〈空・天候など〉晴れた, 晴朗な, 雲のない, 一点の雲もない (clear, unclouded); (あらし・急激な変化などの見られない)うららかな, のどかな : a ～ sky 晴朗な空 / ～ weather のどかな天気. **b** 〈天体が〉明るく静かに光り輝いている : The moon is shining ～. 月がきれいに輝いている. **c** 〈水面など〉穏やかな, 静かな (calm) : the ～ waters of the Pacific 太平洋の穏やかな水面. **2** 〈心・態度・生活など〉落ち着いた, 静かな, 平静な (calm, tranquil) : a ～ look 落ち着いた顔つき / a ～ life 平静な生活 / ～ courage 沈勇 / He kept his temper ～ in the most trying circumstances. 非常に苦しい境遇に際してもよく平静を保った. **3** [S-; ヨーロッパ大陸で王公の敬称として] やんごとなき (cf. serenity 2) : His [Her] *Serene* Highness (略 H.S.H.) / Their *Serene* Highnesses (略 T.S.H.) / Your *Serene* Highness 殿下.

All serene! 《英俗》 異常なし; 危険なし; 平穏無事 (All right!).

── *n.* **1** 晴朗な空, 平穏な海[湖水] : into the vast ～ 広々とした大海[大空]へ. **2** 静けさ, 静穏.

── *vt.* 《詩・古》 〈海・空・顔などを〉静かにする, 平静にする.

～·ness *n.*

se·réne·ly 〖《1690》 : ⇨ ↑, -ly[1]〗 *adv.* 穏やかに, 静かに, 落ち着いて.

se·ren·i·ty [sɪrénəti, sə- | -rénɪti, -nɪ-] 〖《*c*1450》 ▭ (O)F *sérénité* ▭ L *serēnitās* : ⇨ serene, -ity〗 ── *n.* **1 a** 晴朗, のどけさ, うららかさ (clearness, brightness) : the autumnal ～. **b** 平静, 心のどか (calmness), 落着き, 沈着 (composure). **2** [S-; 称号として] 殿下 (Highness) (cf. serene *adj.* 3) : Your *Serenity*＝Your SERENE Highness / Their *Serenities* the Prince and Princess of X. X 王および X 王妃殿下.

Se·re·nus [sɪríːnəs, sə-] 〖▭L *Serēnus* : ⇨ serene〗 *n.* 男性名.

Se·res [sí(ə)rɪːz, sí:r- | síər-] 〖ME ▭ L *Sēres* ▭ Gk *Sēres* : cf. serge, silk〗 ── *n. pl.* (古代ギリシャ・ローマ人が絹織物製造者として述べた)東アジア人《現在, 通例中国人と同一視される; cf. Seric》.

serf [sə́ːf | sə́ːf] 〖《1483》 ▭ (O)F ～ < L *servum* slave : cf. serve〗 ── *n.* **1** 農奴《封建領主に隷属して労役等の義務を負い, 通例土地に緊縛されて移動等の自由をもたなかった; 資本主義以前のヨーロッパ諸国に広く見られる; cf. villein》. **2 a** 奴隷 (slave). **b** 奴隷のような人, 苦役する人 (drudge).

serf·age [sə́ːfɪdʒ | sə́ːf-] 〖⇨ ↑, -age〗 *n.* ＝serfdom.

sérf·dom [-dəm] 〖⇨ -dom〗 *n.* 農奴の境遇[身分].

sérf·hòod 〖⇨ -hood〗 *n.* ＝serfdom.

Serg. 《略》 Sergeant.

serge [sə́ːdʒ | sə́ːdʒ] 〖《*c*1385》 *sarge* ▭ OF (F *serge*) < VL **sāricam*＝L *sērica* (fem.) ← *sēricus* of silk, 《原義》 of the Seres ▭ Gk *sērikós* ← *Sēres* : ⇨ Seres, Seric, silk〗 ── *n.* サージ《一種の梳毛あや織物》 : blue ～ 紺(こん)サージ / silk ～ 絹セル《裏地用》. ── *vt.* 〈じゅうたんなど〉の縁を V 字型にかがる : ～ a carpet.

ser·gean·cy [sáːdʒənsi | sáːdʒənsi] 〖ME *sargeancie* ▭ AF *sergeancie* : ⇨ ↓, -ancy〗 *n.* sergeant の職[地位, 任務].

ser·geant [sáːdʒənt | sáː-] 〖《?*a*1200》 *sergeaunte* ▭ OF *sergent, serjant* (F *sergent*) < L *servientem* (pres. p.) ← *servire* 'to SERVE' : cf. servant〗 ── *n.* (*also* **serjeant**) **1** 〖軍事〗 **a** 曹(そう)長・軍曹級の下士官 (略 serg., sergt., sgt.). ★ 米陸軍では sergeant major (上級曹長), master [first] sergeant (曹長), platoon sergeant [sergeant first class] (一等軍曹), staff sergeant (二等軍曹)および sergeant (三等軍曹)の 5 階級がある. **b** 〖米陸軍・海兵隊〗 三等軍曹《最下位の sergeant で corporal の上位》 : ⇨ lance sergeant. **2** 巡査部長 (police sergeant) (⇨ police 1 ★). **3 a** ＝SERGEANT at arms (1). **b** 《廃》 (裁判所の)廷吏. **c** 《廃》 (法の)執行官 (bailiff). **4** 《廃》 **a** ＝servant. **b** 従士《knight の部下として戦場に赴き, 軍役に服す代償として領主から封土を受けた下級武士》. **c** [通例複合語の第 1 構成素として] 宮廷の職名 : ～ surgeon to the king 国王付き外科医. **5** [通例 serjeant で] 〖英法律〗 ＝serjeant-at-law. **6** 〖魚類〗 ＝sergeant fish.

sergeant at arms 〖《15C》〗 (1) 《英》 (王室または議院の)守衛官《特に, 下院では守衛長で, 上院の Black Rod に対応する》. (2) ＝4 b.

sérgeant-at-árms *n.* (*pl.* **sergeants-**) ＝SERGEANT at arms.

sérgeant-at-láw *n.* (*pl.* **sergeants-**) 〖英法〗 ＝serjeant-at-law.

sérgeant fírst cláss *n.* 〖米陸軍〗 ＝platoon sergeant 《旧称 technical sergeant》.

sérgeant físh *n.* 〖魚類〗 **1** スギ (*Rachycentron canadus*) 《サバに似た遠海性熱帯魚》. **2** ＝snook[2].

sérgeant májor *n.* (*pl.* **sergeants m-, ～s**) **1** 〖軍事〗 曹(そう)長. **2** 〖英陸軍〗 特務曹長《regimental sergeant major (略 R.S.M.) ともいう》 : a company ～ 中隊付曹長 《中隊先任下士官; 略 C.S.M.》. **3** 〖米陸軍・海兵隊〗 上級曹長《最上級の下士官》. **4** 〖魚類〗 ＝cow pilot.

sergeant major of the army 〖軍事〗 陸軍最先任上級曹長《部隊の参謀[幕僚]長の顧問として服務する最上級の下士官》.

sergeant major of the marine corps 〖軍事〗 海兵隊最先任上級曹長《部隊長の顧問として服務する最上級の下士官》.

sérgeant·shìp 〖《15C》〗 *n.* sergeant の職[地位, 任期].

ser·geant·y [sáːdʒənti | sáːdʒənti] 〖ME *sergeantie* ▭ OF *sergentie* : ⇨ sergeant, -y[1]〗 ── *n.* 〖法律〗 封建時代の土地保有方法の一つ《保有のため国王または領主に対して奉仕・役務(時に軍事的)を負う》.

Ser·ge·e·vich [sɛəgéɪɪvɪtʃ | sɛə-; *Russ.* sjɪrgjéjəvjɪtʃ] 〖▭Russ. ～ 《原義》 'son of SERGEI'〗 *n.* 男性名.

Ser·gei [sɛəgéɪ | sɛə-; *Russ.* sjɪrgjéj] 〖▭Russ. ～ : *St. Sergius* (殉教者の名) にちなむ〗 *n.* 男性名.

ser·gette [səːdʒét | səː-] 〖▭F ～ : ⇨ serge, -ette〗 *n.* 薄サージ.

Sergt. 《略》 Sergeant.

se·ri·al [sí(ə)riəl | síərɪ-] 〖《1841》 ← SERI(ES) ＋ -AL[1]〗 ── *adj.* **1** 連続的な; 順列をなす, 通しの : in ～ order 連続して, 順次に / Currency notes bear ～ numbers. 紙幣には通し番号がついている. **2** 〈小説など〉続き物の, 連載の; 逐次[継続]出版の, 逐次[継続]刊行の : a ～ film [publication] 連続映画[逐次刊行物] / a ～ story 続き物[連続, 連載]小説 / ～ pictures 連続画 / publish in ～ form 続き物[逐次刊行物, 継続出版物]として出版する. **3** 〖音楽〗 十二音の, 十二音組織の (twelve-tone). ── *n.* **1** (小説などの)連載物, 続き物; その 1 回分 (installment); (映画・テレビ・ラジオ放送の)連続物. **2** 逐次刊行物, 継続出版物.

sé·ri·al·ism [-lìzm] *n.* 〖音楽〗 セリー (series) 主義[音楽, 理論, 技法].

sé·ri·al·ist [-lɪst, -ləst | -lɪst] *n.* 連載物を書く作家.

se·ri·al·i·ty [sì(ə)riǽləti | sìəriǽləti, -lɪ-] *n.* 連続, 連続性, 順列をなすこと.

se·ri·al·ize [sí(ə)riəlàɪz | síərɪ-] *vt.* **1** 〈読み物などを〉続き物として連載する, 逐次[継続]刊行する : a ～*d* novel 連載小説. **2** 続き物として放送[上映]する.

se·ri·al·i·za·tion [sì(ə)riəlɪzéɪʃən, -lə- | sìəriəlaɪ-, -lɪ-] *n.*

sé·ri·al·ly [-riəli | -rɪəli] 〖《1854》 ← SERIAL ＋ -LY[1]〗 ── *adv.* **1** 連続的に, 順次に, 逐次に, 通しになって : The numbers follow ～. 番号は通しになっている. **2** 続き物として : The novel will appear ～.

sérial operátion *n.* 〖電算機〗 直列操作, 順次操作《対象データごとに処理を順次行なう操作; cf. parallel operation》.

sérial ríghts *n. pl.* 〖出版〗 連載権.

sérial techníque *n.* 〖音楽〗 セリー技法《あらかじめ作られた音列を基礎として作曲する方法》.

se·ri·ate 〖*adj.* : ← L *seriēs* 'SERIES' ＋ -ATE[2]. ── *vt.* : 《逆成》 ← SERIATION〗 ── [sí(ə)rièɪt, -riət, -riɪt | síərɪèɪt, -rɪət, -rɪɪt] *adj.* 連続的に配列された[起こる], 通しの, 一続きの. ── [-rièɪt | -rɪ-] *vt.* 連続的に配列する. **～·ly** *adv.*

se·ri·a·tim [sì(ə)riéɪtɪm, -riǽt-, -təm | sìəriéɪtɪm, sèr-, -riáːt-] 〖《1680》 ▭ ML *seriātim* ← L *seriēs* : ⇨ series〗 ── *adv.* 逐次に, 順次に (one after another), 連続して (serially) : consider [examine, discuss] ～. ── *adj.* 連続した (serial).

se·ri·a·tion [sì(ə)riéɪʃən | sìəri-] 〖《1658》 ← L *seriēs* ＋ -ATION : ⇨ series〗 *n.* **1** 連続配列, 連続. **2** (考古学的資料などの)型式的変化による配列.

Ser·ic [sí(ə)rɪk, sér- | síər-, sér-] 〖▭L *Sēric-us* : ⇨ serge, -ic[1]〗 *adj.* 《古・詩》 **1** 中国の; 中国人の (Chinese). **2** [s-] 絹の (silken).

ser·i·cate [sérəkət, -kɪt, -kèɪt | sérɪ-] 〖⇨ ↓, -ate[2]〗 *adj.* ＝sericeous.

se·ri·ceous [sɪríʃəs, sə-] 〖← LL *sēriceus* ← L *sēricum* silk ← *sēricus* : ⇨ serge, -eous〗 ── *adj.* **1** 絹の (silky). **2** 〖生物〗 絹のように柔らかく光沢のある, 絹のような柔毛のある (pubescent) : a ～ leaf.

ser·i·ci·cul·ture [sɪrísəkʌ̀ltʃə, sə- | -sɪkʌ̀ltʃə(r)] 〖▭F *sériciculture* ← L *sēricum* silk : ⇨ sericeous, culture〗 ── *n.* ＝sericulture. **ser·i·ci·cul·tur·al** [sɪrìsəkʌ́ltʃ(ə)rəl, sə- | -sɪ-] *adj.*

ser·i·cin [sérəsɪn, -sən | -rɪsɪn] 〖← L *sēricum* (↑) ＋ -IN[2]〗 *n.* 〖化学〗 セリシン《繭(まゆ)から取ったばかりの絹糸に付着するゼラチン質; 硬蛋白質の一種》.

ser·i·cite [sérəsàɪt | -rɪ-] 〖▭G *Sericit* ← L *sēricus* silken : ⇨ serge, -ite[1]〗 *n.* 〖鉱物〗 セリサイト, 絹雲母《白雲母 (muscovite) の一種》.

Ser·i·co·sto·mat·i·dae [sèrɪkòʊsto(ʊ)mǽtədìː, -rə- | -rɪkə̀ʊstə(ʊ)mǽtɪ-] 〖← NL ～ ← *Sericostomat-*, *Sericostoma* (属名 : ← Gk *sērikós* (⇨ serge) ＋ -STOMA) ＋ -IDAE〗 ── *n. pl.* 〖昆虫〗 ケトビケラ科.

ser·i·cul·ture [sérəkʌ̀ltʃə | -rɪkʌ̀ltʃə(r)] 〖《1851–54》 ← L *sēricum* silk ＋ CULTURE : ⇨ sericeous〗 ── *n.* 養蚕(業), 蚕業; 製糸. **ser·i·cul·tur·al** [sèrəkʌ́ltʃ(ə)rəl | -rɪ-] *adj.*

sér·i·cùl·tur·ist [-tʃ(ə)rɪst, -rəst | -rɪst] *n.* 養蚕家, 蚕糸業者, 製糸家.

ser·i·e·ma [sèriíːmə, -éɪmə | -riíː-, -riéɪ-] 〖← NL ～ ← Tupi 《原義》 crested〗 ── *n.* 〖鳥類〗 ノガンモドキ (*Cariama cristata*) 《ブラジル・アルゼンチンの草原に生息するノガンの類の鳥; cariama ともいう》.

se·ries [sí(ə)riːz, síːr- | síəriːz, -rɪz] 〖《1611》 ▭L *seriēs* ← *serere* to join ← IE **ser-* to line up (Gk *eírein* to string together)〗 ── *n.* (*pl.* ～) **1** (通例三つ以上の)一続き, 連続 (sequence), 一組 (set). ★ a series of ～ は次に複数名詞がきても, 通例単数扱い : a ～ of columns, arches, etc. / a ～ of lectures 連続講演 / a ～ of stamps [coins] (同時発行[鋳造]の)一組の切手[貨幣] / a ～ of defeats [victories] 連敗[連勝] / a ～ of misfortunes [successes] 打ち続く不幸[成功] / A ～ of concerts *is* scheduled. 連続演奏会が予定されている. **2** (出版物・テレビ[映画]番組などの)シリーズ(もの), 双書, 叢書, 続き物 : the first ～ (双書などの)第一集 / the Men of Letters ～ 文人双書. **3** 〖化学〗 **a** 系列, 系 (group) : ⇨ paraffin series. **b** ＝radioactive series. **4** 〖電気〗 直列; 直巻き (↔ parallel) : ⇨ *in* SERIES (3). **5** 〖数学〗 級数 (cf. progression 4); 無限級数 (infinite series) : an arithmetical [a geometrical, a trigonometrical] ～ 等差[等比, 三角]級数. **6** 〖地質〗 統 (system (系)の下位単位, 地質時代の epoch (世)に当たる地層》. **7** 〖修辞〗 等位語句の連続《コンマや and, or などで結ばれたもの》. **8** 〖生物〗 列《属と種との間などにおかれる便宜的分類階級の一つ》. **9** 〖音楽〗 (特に, 十二音音楽の)音列, セリー. **10** 〖野球〗 **a** シリーズ《二つのリーグ間で連日行なわれる試合》. **b** [通例, the S-] 《米口語》 ＝World Series. **11** 〖ボウリング〗 シリーズ《連続 3 試合》. **12** 〖土壌〗 ＝soil series. **13** 〖詩学〗 韻律単位連続《ある韻律単位が繰返されるだけで, 全体としての型や組織 (system) を構成しない》. **14** 〖音声〗 母音交替系列《母音交替 (ablaut) によって変化する母音の組》. **15** 〖印刷〗 シリーズ《書体・活字幅の同一な一連の活字》. **16** 〖窯業〗 ある特色(形態・デザインなど)の類似性で陶磁器を類別に組合わせること.

in series (1) 双書として. (2) 列[組]をなして, 連続して. (3) 〖電気〗 直列で (↔ in parallel).

── *adj.* 〖電気〗 直列の : a ～ circuit 直列回路 / a ～ generator 直巻き発電 / a ～ transformer 直列変圧器.

séries cláuse *n.* 〖保険〗 口分け約款.

séries mótor *n.* 〖電気〗 (鉄道車両などで用いる)直巻電動機.

séries-múltiple connèction *n.* 〖電気〗 ＝SERIES-PARALLEL connection.

séries-párallel *adj.* 〖電気〗 直並列の : ～ connection 直並列接続 / ～ control 直並列制御.

séries párallel *n.* 〖電気〗 直並列.

séries résonance *n.* 〘電気〙直列共振. **séries-résonant** *adj.*
séries wìnding [-wàɪndɪŋ] *n.* 〘電気〙 **1** (電気機械の)直巻き (cf. shunt winding). **2** (電機子の)直列巻 (cf. wave winding).
séries-wòund [-wàund] *adj.* 〘電気〙直巻きの (cf. shunt-wound) : a ～ dynamo.
ser·if [sérɪf, -rəf | -rɪf] 〘《1831》▭? Du. *schreef* stroke, line ← MDu. *schriven* to write ▭ L *scribere* : ⇨ scribe〙 **—** *n.* 〘活字〙(欧文活字の)セリフ《D, H, L, M, k, s, z のような文字の先端・終端についているひげのような突出線 ; cf. sans serif ; ⇨ type 挿絵》.
ser·i·graph [sérəgræ̀f | -rɪgrɑ̀ːf, -græ̀f] 〘← L *sēricum* silk + -GRAPH : ⇨ sericeous〙 *n.* セリグラフ《serigraphy によって印刷された彩色画》.
se·rig·raph·er [sɪrígrəfə, sə- | sɪrígrəfə(r] *n.* (serigraphy による)彩色画印刷者.
se·rig·ra·phy [sɪrígrəfi, sə- | sɪrígrəfɪ] 〘← L *sēricum* silk + -GRAPHY〙 **—** *n.* セリグラフィー, シルクスクリーン捺(なっ)染法 (silk-screen process) ; (特に, シルクスクリーンによる)彩色画印刷法.
se·rin [sərɛ̃ː(ŋ), -rǽŋ, -rén | sérɪn ; *F.* sərɛ̃] 〘▭ (M)F ～ ▭? OProv. *serena* bee-eater ← L *sīrēn* a kind of bird ← *Sīrēn* 'SIREN'〙 **—** *n.* 〘鳥類〙セイオウチョウ (*Serinus canarius*)《大西洋カナリア諸島原産で 16 世紀にヨーロッパに輸入されたアトリ科の小鳴鳥 ; カナリヤはこの鳥から発達した》.
ser·ine [sériːn, sí(ə)r-, -rɪn, -rən | sériːn, síər-] 〘← SER(ICIN) + -INE³〙 *n.* 〘生化学〙セリーン ($C_3H_7O_3N$)《アミノ酸の一種》.
ser·i·nette [sèrənét | -rɪ-] 〘▭ F ～ : ⇨ serin, -ette〙 *n.* セリネット《カナリヤ・ウグイスなどを仕込むのに用いる手回しオルガン》.
se·rin·ga [sɪríŋgə, sə-] 〘《1740》▭ Port. ～ 'syringe, rubber latex' : ⇨ syringa〙 **—** *n.* 〘植物〙 **1** = mock orange 1. **2** パラゴムノキ《ブラジル産トウダイグサ科パラゴムノキ属 (*Hevea*) の植物の総称 ; 樹液からゴムを採る》.
se·ri·o- [sí(ə)rio(ʊ) | síərɪə(ʊ)] 〘← SERIOUS〙「まじめな (serious), まじめでそして (serious and...)」の意の連結形.
sèrio·cómedy 〘《1884》 : ⇨ ↑, comedy〙 *n.* 悲喜劇 (tragicomedy).
sèrio·cómic 〘《1783》← SERIO- + COMIC〙 *adj.* **1** まじめでしかも滑稽(こっけい)な (serious and comic). **2** まじめを装って実は滑稽な, 半道化の.
sèrio·cómical *adj.* = seriocomic. **～·ly** *adv.*
se·ri·o·so [sì(ə)rióusoʊ, sèr-, -zoʊ | sìərɪə́usəʊ, sèr-, -zəʊ ; *It.* serjóːso] 〘▭ It. ～ < LL *sēriōsum* (↓)〙 *It. adj., adv.* 〘音楽〙セリオーゾ, 荘重な[に] (serious).
se·ri·ous [sí(ə)riəs | síərɪ-] 〘《1440》← (O)F *sérieux* ‖ LL *sēriōs-us* ← *sērius* : cog. ? G *schwer* heavy : ⇨ -ious〙 **—** *adj.* **1** (陽気・軽薄・軽快さのない)まじめな, 厳粛な (grave, solemn), 考え込んだ, しかつめらしい (thoughtful) : a ～ mind [air] まじめな心[態度] / a ～ face [look] しかつめらしい顔[表情] / ～ dress 地味な服装 / He looks very ～. 深刻な顔をしている / We must have a ～ talk. 真剣に話さなければならない / a ～ student まじめな学生 / What has made you so ～? なぜそんなに考え込んでいるのだ. **2 a** 本気の (sincere), 冗談でない, 冗談抜きの, 深刻な : a ～ thought 本気で考えること / He made a ～ offer, but everyone thought he was joking. 彼は本気で申し出たのだがだれも本気にしなかった / take for ～ 真(ま)に受ける / think in a ～ light まじめに考える / to be ～ 冗談はさておき / Are you ～? あなたは本気で言っているのですか / make a ～ attempt 本気になってやる / You cannot be ～. ご冗談でしょう. **b** 一生懸命の, 真剣な (devoted) : a ～ opponent てごわい相手 / a ～ fisherman. **c** 宗教や道徳に関係する ; 《戯言》(宗教などに)凝り固まった, お堅い (pious) : a ～ subject [book] (宗教・道徳などに関する)まじめな[お堅い]問題[本]. **3 a** 〈仕事・研究など〉思考[集中, 努力]を要する, 慎重[真剣]にしなければならない : a ～ work, study, etc. **b** 〈文学・音楽など〉(娯楽本位でなく)真面目な, 堅い : a ～ play, film, music, etc. **4** 油断のならない, 容易ならぬ, 重大な, 由々しい (important) ; 容易に解決できない, むずかしい (difficult) : a ～ situation 由々しい事態 / a ～ affair [matter] 重大事件 / a ～ mistake [oversight] 重大な誤り[見落し] / a ～ accident [defeat] 大事故[敗北] / ～ damage 大損害 / a ～ problem 重大問題. **5** 〈病気など〉危惧[不安]を起こさせる, 重い, 危篤の, 危ない (critical) : a ～ illness [wound] 重病[傷] / in a ～ condition 重態で / a ～ charge 重罪.
sé·ri·ous·ly 〘《1509》 : ⇨ ↑, -ly¹〙 **—** *adv.* **1** まじめに : take ～ まじめに考える, 真(ま)に受ける / think ～ of doing... まじめになって...しようと思う. **2** 本気で : Do you ～ mean what you say? 君は本気でそんなことを言うのか / ～ speaking まじめな話だが, 冗談は抜きにして / now, ～ 冗談はさておいて. **3** 重く, ひどく (dangerously, severely) : ～ sick [wounded] 重病で[重傷を負って] / be ～ offended [affected] ひどく怒る[影響を受ける].
sérious-mínded *adj.* まじめな態度の, 本気でものを考える. **～·ly** *adv.* **～·ness** *n.*
sé·ri·ous·ness 〘《1530》〙 **—** *n.* **1** まじめなこと : the ～ of one's mind. **2** 重大さ ; 由々しさ : the ～ of our position 我々の立場の重大性[容易ならぬこと] / the ～ of an illness 重態, 危篤.
in all seriousness ひどくまじめに, 真剣に (very seriously) : He told me his story *in all* ～. すごくまじめに語った.
ser·iph [sérɪf, -rəf | -rɪf] *n.* 〘活字〙= serif.
ser·i·plane [sérəplèɪn | -rɪ-] 〘← SERI(ES) + PLANE²〙 *n.* 〘紡織〙セリプレーン《生絹品質検査法の一種》.
ser·jeant [sɑ́ədʒənt | sɑ́ː-] *n.* = sergeant.
sérjeant-at-láw *n.* (*pl.* **serjeants-**) 〘英法〙上級法廷弁護士《1880 年廃止 ; 今の King's [Queen's] Counsel に当たる》.
sérjeant·shìp *n.* = sergeantship. ⌈geanty.
ser·jeant·y [sɑ́ədʒənti | sɑ́ːdʒəntɪ] *n.* 〘法律〙= ser-
Ser·kin [sə́ːkɪn, -kən | sə́ːkɪn ; *G.* zérkiːn], **Rudolf** *n.* ゼルキン《1903–　; ハンガリー生れの米国在住のピアニスト》.
ser·mon [sə́ːmən | sə́ː-] 〘n : 《c1200》▭ AF *sermun* = (O)F *sermon* ▭ L *sermō(n-)* speech, ML religious discourse ← ? *serere* to join : ⇨ series. — v. : ? OE *sermone(n)* ▭ AF *sarman-er* ← (n.)〙 **—** *n.* **1** 《教会で司祭[牧師]がする》説教, 説法, 法話 ; 修養談, 訓話 : ⇨ lay sermon / preach [deliver] a ～ 説教をする / read off a ～ 説教を朗読する / after ～ 教会がすんでから / at ～ 教会へ行って, 礼拝中. **2** 《皮肉》お説教, お説法 ; 長たらしい話, 長談義 : treat a person to a ～ 人にお説教をしてやる. **3** 教訓(となる人) : ～s in stones 石の説法, 木石の教訓 (cf. Shak., *As Y L* 2. 1. 17).
Sermon on the Mount [the —] 〘聖書〙(キリストの)山上の垂訓[説教]《*Matt.* 5–7 および *Luke* 6 : 20–49 に記されていて, その聖句はしばしば引用される ; ルカ伝の方の記述はその 6 : 17 にちなんで the Sermon on the Plain (平地の聖訓[説教])とも呼ばれる》.
— *vt., vi.* 《古》(...に)説教をする (preach).
ser·mon·ette [sə̀ːmənét, ⌐⌐⌐ | sə̀ːmənét] 〘⇨ ↑, -ette〙 *n.* 短い説教, 小説法 (brief sermon).
ser·mon·ic [səːmɑ́nɪk | səːmɔ́n-] *adj.* **1** 説教の[に関する, に似た]. **2** 教訓的な (didactic).
ser·món·i·cal [-nɪkəl, -nə- | -nɪ-] *adj.* = sermonic.
～·ly *adv.*
ser·mon·ize [sə́ːmənàɪz | sə́ː-] 〘《1635》 : ⇨ sermon, -ize〙 **—** *vt.* **1** ...にお説教する, 小言を言う ; ...に説き聞かせる ; ...に説教する (preach). **2** 説教して[説き聞かせて]...させる : ～ a person *into* action 人をさとして奮起させる / ～ a person fast asleep 説教をして人をぐっすり眠らせる. **—** *vi.* お説教する, 小言を言う ; 説き聞かせる ; 説教する. **sér·mon·iz·er** *n.*
se·ro- [sí(ə)ro(ʊ), sér- | síərə(ʊ), sér-] 〘← L *serum* : ⇨ serum〙「血清, 漿(しょう)液 (serum) ; 血清[漿液]と...と の (serous and...)」の意の連結形.
sèro·diagnósis 〘⇨ ↑, diagnosis〙 *n.* 〘医学〙血清(学的)診断(法). **sèro·diagnóstic** *adj.*
se·ro·log·ic [sì(ə)rəlɑ́dʒɪk, sèr- | sɪərəlɔ́dʒ-] *adj.* 血清学(上)の. ⌈ic. **～·ly** *adv.*
sè·ro·lóg·i·cal [-dʒɪkəl, -dʒə- | -dʒɪ-] *adj.* = serolog-
se·ról·o·gist [-dʒɪst, -dʒəst | -dʒɪst] *n.* 血清学者.
se·rol·o·gy [sɪrɑ́lədʒi, sə-, se- | sɪ(ə)rɔ́lədʒɪ] 〘⇨ sero-, -logy〙 *n.* 血清学.
sèro·múcous *adj.* 〘医学〙漿(しょう)粘液性の.
sèro·negatívity *n.* 〘医学〙血清反応陰性 ; (特に)梅毒反応陰性. **sèro·négative** *adj.*
sèro·reáction *n.* 〘免疫〙血清反応.
sèro·resístance *n.* 〘免疫〙血清力価不応, 血清(学的)抵抗《治療をしても血清学的な力価が満足に落ちてこないこと》. **sèro·resístant** *adj.*
se·ro·sa [sɪróusə, sə-, -zə | -rə́u-] 〘← NL ～ (fem.) ← *serōsus* 'SEROUS' : ⇨ -ose¹〙 **—** *n.* **1** 〘動物〙 **a** 漿膜(しょうまく) (chorion)《脊椎動物の羊膜類の胚膜の一つ》. **b** 漿膜《昆虫・節足動物など無脊椎動物の胚の外表をおう細胞層》. **2** 〘解剖〙漿液膜 (serous membrane). **se·ró·sal** [-səl] *adj.*
sèro·sanguínolent 〘⇨ sero-, sanguinolent〙 *adj.* 〘医学〙漿液(しょうえき)血液(性)の.
se·ro·si·tis [sì(ə)rəsáɪtɪs, sèr-, -təs | sìərəsáɪtɪs] 〘← NL ～ : ⇨ serosa, -itis〙 *n.* 〘病理〙漿膜炎.
se·ros·i·ty [sɪrɑ́səti, sə- | -rɔ́sətɪ, -sɪ-] 〘▭ F *sérosité* : ⇨ serous, -ity〙 *n.* 〘生理〙漿液(しょうえき), 漿液性.
sèro·thérapy *n.* 〘医学〙血清療法 (serum therapy).
se·rot·i·nal [sɪrɑ́tənl, sə-, se-, -tnl, sèrətáɪnl | sɪrɔ́tɪnl, se-, sèrətáɪnl] 〘⇨ ↓, -al¹〙 *adj.* **1** 夏の後半(通例乾燥期)の, 晩夏に生ずる. **2** 〘植物〙晩夏に咲く.
ser·o·tine¹ [sérətàɪn, -tɪn, -tən, -tiːn | -tàɪn, -tɪn, -tiːn] 〘▭ L *sērōtin-us* coming late ← *sērō* (adv.) ← *sērus* late : ⇨ -ine¹〙 **—** *adj.* 〘植物〙晩成の, おくての, 時期に遅れて生じる.
ser·o·tine² [sérətiːn] 〘▭ F *sérotine* ▭ L *sērōtina* (fem.) ← *sērōtinus* (↑)〙 **—** *n.* 〘動物〙ホリカワコウモリ, クビワコウモリ (*Eptesicus serotinus*)《ヨーロッパ産ヒナコウモリ科の小型で褐色のコウモリ》.
se·rot·i·nous [sɪrɑ́tənəs, sə-, se-, -tn-, sèrətáɪn- | sɪrɔ́tɪn-, sə-, se-] 〘▭ L *sērōtinus* : ⇨ serotine¹, -ous〙 *adj.* 〘植物〙= serotine¹
ser·o·to·nin [sì(ə)rətóunɪn, -tún-, -nən | sɪərətə́unɪn, -tɔ́n-] 〘← SERO- + TONE + -IN¹〙 **—** *n.* 〘生化学〙セロトニン ($HOC_8H_5NCH_2CH_2NH_2$)《血管収縮性物質 ; 5-hydroxytryptamine ともいう》.
séro·type [sí(ə)rətàɪp, sér- | síər-, sér-] 〘← SERO- + TYPE〙〘医学・免疫〙 **—** *n.* 血清型. **—** *vi.* 血清型で分ける《微生物を抗原の組合せを基準にして分類することをいう》.
se·rous [sí(ə)rəs | síər-] 〘《1594》▭ F *séreux* ▭ L *sērōsus* : ⇨ serum, -ous〙 **—** *adj.* **1** 漿液(しょうえき)の, 漿液を生じる ; 血清の : ～ fluid 漿液 / a ～ cavity 漿液膜腔(こう). **2** 漿液性[状]の ; 水のような (watery).
sérous glànd *n.* 〘解剖〙漿液(しょうえき)腺.
sérous mémbrane *n.* 〘解剖〙漿液(しょうえき)膜.
se·row [səróu | sɪrə́u, sə-] 〘▭ Lepcha *să-ro*〙 **—** *n.* 〘動物〙カシミール・中国・日本などに生息するウシ科 *Capricornis* 属の動物の総称《ニホンカモシカ (*C. capricornis*), スマトラカモシカ (*C. sumatraensis*) など》.
Ser·pa·sil [sə́ːpəsɪl, -səl | sə́ːpəsɪl] 〘← *serp-* (← RESERPINE) + *-asil* (← ?)〙 *n.* 〘商標〙セルパシル《精神安定剤・鎮静剤 reserpine の商品名》.
Ser·pens [sə́ːpənz, -penz | sə́ːpenz] 〘▭ L *serpēns* (↓)〙 **—** *n.* 〘天文〙へび(蛇)座《へびつかい座の東西に 2 部分に分かれ, 東のものを尾 (Serpens Cauda [káudə, kɔ́ː-]), 西を頭 (Serpens Caput [kɑ́ːpʊt, kéɪpət]) とよぶ ; the Serpent ともいう》.
ser·pent [sə́ːpənt | sə́ː-] 〘《a1300》▭ (O)F ～ < L *serpentem* 《原義》the creeping one (pres.p.) ← *serpere* to creep : cog. Gk *hérpein* to creep / Skt *sarpa* serpent : ⇨ -ent〙 **—** *n.* **1 a** ヘビ (snake), (特に)大きなまたは有毒なヘビ. **b** = sea serpent. **c** 《古》有毒ではう動物《ヘビ・クモ・ヒキガエルなど》. **2** 悪意をもった人, 陰険な人 ; (特に)卑劣な目的のために人にうまく取り入る人. **3** [the (Old) S-] 悪魔 (Satan) (cf. *Gen.* 3 : 1–5 ; *Rev.* 12 : 9, 20 : 2). **4 a** へび花火《ヘビのようにはい上がるかまたは地上をうねる花火》. **b** = Pharaoh's serpent. **5** セルパン《16–18 世紀のヘビ状に彎曲した低音管楽器 ; 本来は外部を皮でおおった木製であったが後には金属製のものも現われた》. **6** [the S-] 〘天文〙へび(蛇)座 (⇨ Serpens).

serpent 5

cherish a serpent in one's bosom 恩知らずの人に親切を施す.
ser·pen·tar·i·um [sə̀ːpəntέ(ə)riəm | sə̀ːpəntέərɪ-] 〘← NL ～ : ⇨ ↑, -arium〙 *n.* (*pl.* **～s, -tar·ia** [-riə | -rɪə]) (見せ物にするための)蛇類飼育所.
Sérpent Béarer *n.* [the ～] 〘天文〙へびつかい(蛇遣い)座 (⇨ Ophiuchus).
sérpent-chàrmer *n.* (笛の音を用いてする)へび遣い(人) (snake charmer).
sérpent èater *n.* **1** 〘鳥類〙ヘビクイワシ (⇨ secretary bird). **2** 〘動物〙= markhor.
Ser·pen·tes [səːpéntiːz | səː-] 〘← NL ～ (pl.) ← L *serpent-*, *serpēns* 'SERPENT'〙 *n. pl.* 〘動物〙ヘビ亜目.
sérpent fèrn *n.* 〘植物〙キンモウウラボシ (*Phlebodium aureum*)《熱帯アメリカ原産ウラボシ科のシダ ; 黄金褐色の鱗片を密生した根茎を有する ; hare's-foot fern ともいう》.
sérpent gràss *n.* 〘植物〙ムカゴトラノオ (*Bistorta vivipara*)《北半球に広く分布するタデ科の多年草 ; alpine bistort ともいう》.
ser·pen·ti- [səːpénti, -tə | səːpéntɪ] 〘▭ L ～ ← *serpent-* 'SERPENT'〙「ヘビ (serpent)」の意の連結形.
ser·pen·ti·form [səːpéntəfɔ̀əm | səːpéntɪfɔ̀ːm] 〘▭ LL *serpentiform-is* : ⇨ ↑, -form〙 *adj.* ヘビ状の (serpent-formed).
ser·pen·tine [sə́ːpəntiːn, -tàɪn | sə́ːpəntàɪn] 〘《c1385》▭ (O)F *serpentin* ▭ LL *serpentin-us* : ⇨ serpent, -ine¹〙 **—** *adj.* **1** ヘビ(状)の ; ヘビのような : ～ motion ヘビ状運動. **2** 〈道路など〉曲りくねった (winding), 螺旋状の (coiling) : the ～ turnings [windings] of a road 道の曲りくねり. **3** 陰険な, ずるい, こすい (cunning), 人を陥れる (treacherous) : ～ windings ぬらりくらりと奸策(かんさく)を用いて人にうまく取り入ること. **—** *n.* **1** 曲りくねったもの, 渦巻いているもの. **2** (体をうねらせて)へび踊り (cf. snake dance). **3** (近世初期の)小型砲の一種 ; (火縄銃の)火挟(ひばさみ). **4** [the S-] サーペンタイン池《London の Hyde Park にあるヘビ形の池》. **5** 〘表面がヘビの皮と似ているところから〙〘鉱物〙蛇紋石 ($Mg_3(Si_2O_5)(OH)_4$) ; (岩塊として産する時)蛇紋岩 (cf. serpentinite). **6** 〘スケート〙サーペンタイン《一直線上に円を三つ並べた形》.
— *vi.* うねうね曲る, 蛇行する (wind). **—** *vt.* うまく取り入る (insinuate).
sérpentine dánce *n.* = serpentine 2.
sérpentine frónt *n.* (箪笥(たんす)・戸棚・テーブルなどの前表面にみられる)二つの凹状面の間に一つの凸状面を組み入れた複合曲面 (cf. oxbow front).
sérpentine jáde *n.* 〘鉱物〙サーペンチンゼード, 蛇紋ひすい《ひすいに似た蛇紋石 ; 宝石に用いる》.
sérpentine láyering *n.* 〘園芸〙波状取り《取り木法の一つ ; 長い枝を地表に波状に曲げて伸ばし, 接地部ごとに埋土をして発根させて苗とする ; 蔓性植物に用いる》.
sérpentine vérse 〘ヘビがその尾を口にくわえている姿を連想させるところから〙 *n.* 〘詩学〙首尾同語詩《初めと終わりとが同一語の詩》. ⌈16).
sérpentine wísdom *n.* 深遠な知恵 (cf. *Matt.* 10 :
ser·pen·tin·ite [sə́ːpəntiːnàɪt, -taɪn- | sə́ːpəntaɪn-] *n.* 〘岩石〙蛇紋岩 (cf. serpentine *n.* 5).
ser·pen·tin·i·za·tion [sə̀ːpəntɪnɪzéɪʃən, -taɪn-,

-nə-|sə:pəntaɪnaɪ-, -nɪ-] n. 〖地質〗蛇紋石[岩]化(作用).
ser·pen·tin·ize [sə́:pəntinàɪz, -taɪn- | sə́:pəntaɪn-] 〖← SERPENTINE＋-IZE〗 vt. 〖地質〗〈鉄苦土に富んだ鉱物[岩石]を〉蛇紋石[岩]化する.
sérpent's-tòngue n. 〖植物〗＝adder's-tongue 1.
serpigines n. serpigo の複数形.
ser·pig·i·nous [sə:pídʒənəs | sə:pídʒɪ-] adj. 〖病理〗蛇行性の, 匐(ふく)行性の, はい広がる. **～·ly** adv.
ser·pi·go [sə:páɪgoʊ, -pí:- | sə:páɪgəʊ, -pí:-] 〖(a1400) □ ML *serpīgin-, serpīgō* ← L *serpere* to creep: ⇨ serpent〗 ── n. (pl. **ser·pig·i·nes** [-pídʒənì:z | -dʒɪ-], **～es**) 《古》〖病理〗匐行疹(ふくこうしん), 遊行性苔癬(たいせん); (特に)輪癬, たむし (ringworm).
ser·pu·la [sə́:pjʊlə | sə́:-] 〖← NL ～ ← L ～ 'little snake' ← *serpere*: ⇨ serpent, -ula〗 n. (pl. **～s, ser·pu·lae** [-lì:]) 〖動物〗セルプラ《多毛綱カンザシゴカイ科 *Serpula* 属の石灰質の管の中にすむ動物の総称; ヒトエカンザシゴカイ (*S. vermicularis*) など》.
ser·pu·lid [sə́:pjʊlɪd, -ləd | sə́:pjʊlɪd] 〖↓〗 adj., n. 〖動物〗カンザシゴカイ科の(動物).
Ser·pu·li·dae [sə:pjú:lədì: | sə:pjú:lɪ-] 〖← NL ～ ← *Serpula* (属名: ⇨ serpula)＋-IDAE〗 n. pl. 〖動物〗(環形動物門多毛綱定在目)カンザシゴカイ科.
ser·ra [sérə] 〖← NL ～ ← L 'saw'〗 n. (pl. **ser·rae** [-ri:]) **1** 〖動物〗鋸歯(きょし)状部[器官]. **2** ＝serration.
ser·ra·del·la [sèrədélə] 〖□ Port. *serradella* (dim.) ← *serrado* 'SERRATE'〗 n. (also **ser·ra·dil·la** [sèrədílə]) 〖植物〗＝bird's-foot.
serrae n. serra の複数形.
Ser·ra Ju·ní·pe·ro [sérə-hu:ní:pəròʊ | -hu:ní:pərəʊ; *Am. Sp.* sérrahunípero], **Miguel José** n. セルラ フニペロ《1713–84; スペインのカトリック宣教師; 米国でインディアンの教化に努めた》.
ser·ra·nid [sɪréɪnɪd, sə-, -rǽn-, -rɑ́:n-, -nəd | sɪréɪnɪd, -rǽn-, -rɑ́:n-] 〖⇨ ↓, -id²〗 adj., n. 〖魚類〗スズキ科の(魚).
Ser·ran·i·dae [sɪrǽnədì:, sə- | sɪrǽnɪ-] 〖← NL ～ ← *Serranus* (属名: ⇨ serra, -an¹)＋-IDAE〗 n. pl. 〖魚類〗スズキ科.
ser·ra·noid [sɪréɪnɔɪd, sə-, -rǽn-, -rɑ́:n-] 〖← NL *Serrānus* (↑)＋-OID〗 adj., n. 〖魚類〗スズキ亜目の(魚).
ser·rate 〖(1668) □ L *serrāt-us* ← *serra* saw: ⇨ -ate²,³〗 ── [séreɪt, -rət, -rɪt, sɪréɪt, sə- | sérət, -reɪt, -rɪt] adj. **1** 〈刃が〉鋸歯(きょし)状の. **2** 〖生物・解剖〗鋸歯状の, 鋸歯のある: a ～ leaf 縁が鋸歯状の葉, 鋸歯状葉. **3** 〖貨幣〗(縁に)ぎざぎざがある. ── [sɪréɪt, sə-, se-, séreɪt | seréɪt, sə-, sɪ-] vt. 〈縁などに〉鋸歯状の切込みをつける, ぎざぎざにする. **ser·rat·ed** [sɪréɪtɪd, sə-, se-, séreɪt-, -ṭəd | seréɪt-, sə-, sɪ-] adj.
ser·ra·ti·a [sɪréɪʃiə, sə-, -ʃə, -rɑ́:tiə | seréɪʃɪə, sə-, sɪ-, -ʃə, -rɑ́:tɪə] 〖← NL ～ ← *Serafino Serrati* (19 世紀イタリアの企業家): ⇨ -ia¹〗 ── n. 〖細菌〗セラチア《腸内菌科 *Serratia* 属の微生物; 赤色色素を形成する好気性腐生菌など》.
ser·ra·tion [sɪréɪʃən, sə-, se- | seréɪʃən, sə-, sɪ-] 〖⇨ serrate, -ation〗 n. **1** 鋸歯(きょし)状. **2** 鋸歯状の縁. **3** 鋸歯状切込み(一個).
ser·ra·ture [sérətʃʊ̀ə, -tʃə | -tjʊə(r, -tʃə(r] 〖□ L *serrātūra* act of sawing ← *serrātus*: ⇨ serrate, -ure〗 n. ＝serration.
ser·re·fine [sérəfi:n | -rɪ-, -rə-] 〖□ F ～ ← *serre* clamp＋*fine* 'FINE¹'〗 n. 〖外科〗小型の血管用鉗子.
ser·ri- [sérə | -rɪ] 〖← L *serra* saw〗「のこぎり; 鋸歯(きょし) (saw)」の意の連結形.
ser·ried [sérid | -rɪd] 〖(1667) (p.p.) ← SERRY〗 ── adj. **1** 密集した, すき間のない, すし詰めの (packed, pressed): ～ ranks of soldiers 密集部隊 / ～ ranks of spectators 十重二十重(とえはたえ)の見物人. **2** 〈議論が〉正確で一貫した, 緊密な. **3** 〖← SERRATE〗 鋸歯(きょし)状の (serrate). **～·ly** adv. **～·ness** n.
ser·ri·form [sérəfɔ̀əm | -rɪfɔ:m] 〖← SERRI-＋-FORM〗 adj. 鋸歯(きょし)状の.
ser·ru·late [sér(j)ʊlət, -lɪt, -lèɪt | sér-] 〖← NL *serrulāt-us* ← *serrula* small saw (dim.) ← *serra* saw: ⇨ -ate²〗 adj. 小鋸歯(きょし)のある (denticulate).
ser·ru·lat·ed [sér(j)ʊlèɪtɪd, -ṭəd | -tɪd, -təd] adj. ＝serrulate.
ser·ru·la·tion [sèr(j)ʊléɪʃən] n. 小鋸歯(きょし)状; 小鋸歯.
ser·ry [séri | -rɪ] 〖(1581) □ (M)F *serré* (p.p.) ← *serrer* to press, crowd < L *serāre* to bolt ← *sera* bar: cf. sear²〗 ── vi. 《古》(横列に)密集する, ぎっちり詰まる. ── vt. 密集させる, ぎっちり詰める (⇨ serried).
Ser·to·ri·us [sə:tɔ́:riəs, -tóʊr- | sə:tɔ́:rɪ-], **Quin·tus** [kwíntəs | -təs] n. セルトリウス《?–72 B.C.; ローマの将軍・政治家》.
ser·tu·lar·i·an [sə̀:tʃʊlé(ə)riən | sə:tjʊléərɪ-] 〖← NL *sertularia* ← L *sertula* meliot (dim.) ← *serta* garland, melilot (fem. p.p.) ← *serere* to join: ⇨ -ia¹: cf. series, -ure〗 〖動物〗 ── n. ウミシバ《岩や海草に付着するウミシバ属 (*Sertularia*) またはウミシバ科のヒドロ虫の類の腔腸動物》. ── adj. ウミシバの.
se·rum [sí(ə)rəm | síər-] 〖(1672) □ L ～ 'whey, serum': cog. Gk *orós* whey / Skt *sara* a flowing〗 ── n. (pl. **～s, se·ra** [-rə]) **1 a** 血清 (blood serum): a preventive ～ 予防血清. **b** 漿液(しょうえき); リンパ液 (lymph). **2** (牛乳の)乳清, 乳漿 (whey)《乳脂肪・カゼイン・アルブミンを取除いた水分》. **3** 樹液の水分; (特に, ゴム採取の際のラテックスの)漿液.
sérum albúmin n. 〖生化学〗血清アルブミン《血清中の蛋白質の類型の一つ》.
sérum disèase n. 〖病理〗＝serum sickness.
sérum erùption n. 〖病理〗(血清注射後に起こる)血清疹.
sérum glóbulin n. 〖生理〗血清グロブリン《抗体などを含む》.
sérum hepatítis n. 〖病理〗血清肝炎.
sérum injèction n. 〖医学〗血清注射.
sérum prothrómbin accèlerator n. 〖生化学〗血清プロトロンビン活性化促進因子《プロトロンビンをトロンビンに変える作用を高める血清中にある因子; グロブリンの一種》.
sérum sìckness n. 〖病理〗血清病.
sérum thèrapy [trèatment] n. 〖医学〗＝serotherapy.
Sé·ru·sier [sèrʊ:zjéɪ; *F.* seryzje], **Paul** n. セリュジエ《1864–1927; フランスの画家, ナビ派 (Nabis) の運動を起こした》.
serv. 《略》servant; service.
Serv. 《略》Servia; Servian; service(s).
serv·a·ble [sə́:vəbl̩ | sə́:-] 〖(15C) □ OF ～: ⇨ serve, -able〗 adj. 仕え[勤め]られる; 供しうる.
ser·val [sə́:vəl, sə:vǽl | sə́:vəl, sə:vǽl] 〖(1771) □ F ～ □ Port. (*lobo*) *cerval* lynx < ML (*lupus*) *cervālis* ← L *lupus* 'WOLF'＋*cervālis* 'CERVINE': ⇨ -al¹〗 n. 〖動物〗サーバル(キャット) (*Felis serval*)《耳が大きく, 黄褐色に黒の斑点がある毛色で脚が細長いアフリカ産のヤマネコ》.
ser·vant [sə́:vənt | sə́:-] 〖(?a1200) □ (O)F ～ ← (pres.p.) ← *servir* 'to SERVE': ⇨ -ant〗 ── n. **1 a** 召使い, 雇い人, 僕(しもべ), 下男 (manservant), 女中 (maidservant), 使用人. ★ 単独で「下男」「下女」の意味に用いることは普通避けて manservant, maid(servant) というか, 修飾語と共に用いる: a domestic ～ 下男, 女中 / a female ～ 女中, お手伝い / a general ～＝a ～ of all work 雑働き / an indoor ～ 内働き使用人《料理番・給仕人など》/ an outdoor ～ 外働き使用人《園丁など》/ an upper ～ 家扶(かふ), 女中頭 / a ～ out of livery (家の定服を着ない)家令, 家扶. **b** 従業員, 事務員, 社員 (employee) (cf. workman 1, laborer): the ～s of a railway company 鉄道会社員および事務員. **c** 奴隷 (slave): a ～ of Nazism ナチの奴隷. **2** 家来, 従者 (retainer, attendant); 奉仕者; (神・芸術などに)一身を捧げた人 (devoted adherent): a ～ of art 芸術に一身を捧げた人, 芸術の僕(しもべ) / a ～ of Jesus Christ キリストの僕 / a ～ of the public 社会奉仕家. **3** 公務員, 官吏, 役人: His [Her] Majesty's ～s＝the king's [queen's] ～s 《英》官吏 / ⇨ public servant, civil servant. **4** (動物・道具・機械など)役に立つもの: Fire and water may be good ～s, but bad masters. 《諺》「ばかとはさみは使いよう」. **5** [公式文書の結び文句また挨拶の文句として]《英古》敬具, 敬白: Your (humble, obedient) ～. 敬白 / Madam, your obedient [humble] ～. 奥様かしこまりました, 奥様今日は.
servant of the servants (of God) [(the) ―] 〖(なぞり) ← L *Servus Servōrum Deī*: Gregory the Great がはじめて用いたローマ教皇の称号〗(神の)最も卑しい僕 (cf. *Gen.* 9:25).
～·less adj.
sérvant-gìrl [-màid] n. 女中, (女の)お手伝い.
sérvants' hàll n. 使用人部屋《大邸宅で使用人が食事をしたり休息したりする比較的大きな部屋》.
serve [sə́:v | sə́:v] 〖lateOE □ (O)F *serv-ir* // L *servīre* ← *servus* slave, servant ← ? Etruscan〗 ── vi. **1** (使用人として)仕える, 奉公する, 勤務する: ～ in the kitchen [garden] 台所働き[園丁]をする / ～ *as* chauffeur おかかえの運転手をする / ～ *as* a clerk in a bank 銀行で行員として勤める. **2** (軍人・代議士・陪審員・公務員などとして)奉仕する, 勤務[服務]する, 勤める: ～ in the ranks 一兵卒として働く / ～ in the army [navy] 陸軍[海軍]に勤務する, 兵士[水兵]になる / ～ in the diplomatic service 外交官として働く / ～ with the first regiment 第1連隊で服務する / ～ under ... の指揮の下で働く / ～ *on* the jury 陪審員を勤める / ～ *on* a committee 委員会の委員である / ～ *as* mayor [a judge] (for five years) 市長[裁判官]として(5年間)勤める. **3** 役に立つ, 間に合う; 〔...として〕役立つ, 間に合う 〔*as, for*〕; 〈...するのに〉役立つ, 有用である 〈*to do*〉: ～ *for* nothing [many purposes] 何の役にも立たない[いろいろな役に立つ] / This is too short to ～. 短かすぎて役に立たない / This will ～ *for* the moment. 差し当たりこれで間に合う / the shed which ～s *as* a garage ガレージの代用をしている小屋 / This will not ～ *for* (a) bed. これはベッドの役には立たない / That ～s *to* show his honesty. 彼の正直なことはそれでわかる / His excuse ～d only *to* lose his credit. 言訳はかえって彼の信用を失わせた. **4 a** 〈天候・時間などが〉都合がよい: when the tide ～s 潮[都合]のよい時(に) / as [where] occasion [the time] ～s 機会のあり次第, なるべく早く / as wind and tide ～ 風と潮の都合で. **b** 〈記憶が〉役に立つ, 頼れる: as memory ～s 思い出すままに / if memory ～s 記憶が正しければ. **5** 給仕をする; (客に)食物・飲物を出す: ～ at table 〈給仕人などが〉給仕をする / ～ at a party 〈主人役などが〉パーティーで客に飲食物の接待をする / We ～ at six. (食堂などで)当店は6時から開店します. **6** (店で)客の用を聞く: ～ in a shop 店で働く / ～ behind the counter ⇨ counter¹ 1 a. **7** (テニスなどで)サーブをする: ～ badly サーブが悪い / It is your turn to ～. 今度は君がサーブする番だ. **8** 〖キリスト教〗(ミサで司祭の)侍者 (server) を勤める, ミサ仕えをする: ～ *at* mass.
── vt. **1** 〈主人〉に仕える, 奉公する; 〈君主・国家など〉のために働く; 〈神〉に仕える, 奉仕する: ～ the king [one's country] 国王[国]のために働く / ～ mankind 人類に奉仕する / ～ God 神に仕える; 信心を厚くする, 善行を積む / ～ the devil 悪魔に仕える; 悪事を働く / ～ two masters ⇨ master¹ n. 1 a.
2 a 〈任期・年季・刑期などを〉勤める (cf. SERVE *out*): ～ one's time 年季[任期]を勤める / ～ one's full term in office [prison] 任期[刑期]を勤め上げる / ～ one's sentence＝～ (one's) time (囚人として)服役する / He ～d five years *for* robbery. 強盗罪で5年間服役した. **b** 〈職務・任務を〉勤める, 果す: ～ one's mayoralty [presidency] 市長[会長]の職を勤める.
3 a ...に役立つ (help), ...のためになる (avail): I am glad if I can ～ you. お役に立てば満足です / That excuse will not ～ you. その言訳は君の役に立つまい / My memory ～s me well. 私は記憶は確かだ / The box ～d him *as* [*for*] a desk. その箱が机として間に合った. **b** ...に十分である, 満足させる (suffice): A word of comfort will ～ him for encouragement. 一言慰めてやれば彼も元気が出るだろう / One packet ～s me for a day. 1箱あれば1日は足りる. **c** 〈目的〉にかなう (fulfill), 〈要求・願望などを〉満たす (gratify): ～ one's purpose 目的にかなう, 間に合う / ～ a person's turn [need(s)] 人の役[用]に立つ / ～ the purpose of [for] ...の役に立つ, ...の代わりをする / ～ the will of ...の願望を満たす.
4 促進する (promote); ...に貢献する: ～ the cause of world peace 世界平和のために尽くす / ～ the national interest 国益を図る.
5 a 〈客〉に給仕をする, 食物・飲物を出す (wait on): ～ one's guests. **b** [しばしば間接目的語, 目的補語を伴って] 〈食物・飲物を〉出す, 供する, 食卓に上す (set, present) 〈*up*〉; 配る: ～ (*up*) tea お茶を出す / ～ *up* the plates 食卓に皿を並べる / ～ a person (*up*) a sumptuous dinner 人に豪華な食事を出す / ～ (*up*) coffee hot コーヒーを熱くして出す / ～ roast pork with apple sauce ローストポークにアップルソースをつけて出す / *Serve* it *to* the ladies first. 御婦人からお先に(差し上げなさい) / Dinner is ～d. お食事でございます《召使の知らせ》/ First come, first ～d. ⇨ first adv. 2. **c** 〔食物・飲物を〕〈人〉に出す, 供する 〔*with*〕: She ～d us *with* tea and cake. 我々にお茶とケーキを出してくれた / ～ a person *with* the same sauce ⇨ sauce n. 成句.
6 a 〈商人が〉〈客〉に商品を提供する; (店で)〈客〉の用[注文]を聞く (attend): ～ customers 客の用を足す; 商売を営む / Are you being ～d, sir? (店で)だれか御用を伺っておりますでしょうか. **b** 〈客〉に〔品を〕見せる 〔*with*〕: What can we ～ you *with*? 何を御覧に入れましょうか.
7 a 〈鉄道・病院などが〉〈ある地区〉の必要を満たす, 〈医者・牧師などが〉〈ある区域を〉受け持つ: The railroad ～s the district. その鉄道はその地域の人々の足となっている / One doctor ～s a large area. 一人の医師が広い地域を受け持っている / This elevator ～s all the floors. このエレベーターは各階止まりです. **b** 〔必要物を〕(連続的に)...に供給する, 支給する (supply) 〔*with*〕: ～ the town *with* gas [water] 町にガス[水道]を供給する / The police are ～d *with* revolvers. 警官には拳銃が支給されている.
8 a [副詞(句)を伴って] 〈人を〉(どう)取り扱う, 待遇する (treat): He ～d me ill [badly]. 私をひどい目にあわせた / *Serve* you right! ⇨ SERVE *a person right* / You have no business to ～ me like that. 私にそんなことをする法があるか. **b** [二重目的語を伴って] 〈人〉に〈どんな仕打ちを〉する (requite): ～ a person a bad turn 人にひどい仕打ちをする / He ～d me a dirty trick. 私をきたないペテンにかけた / ～ a person a trick 人に一杯食わす.
9 〖法律〗〈令状などを〉〈人に〉送達する, 執行する 〔*on, upon*〕; 〔召喚状などを〕...に送付する 〔*with*〕: ～ an attachment (*on, upon*...) (...に)差押えを執行する, (...を)差し押える / ～ a warrant (*on, upon*...) 令状を執行して(...を)逮捕する / ～ a process [writ] *on* a person＝～ a person *with* a process [writ] 人に令状を送達する; 人に令状を読み聞かせる / ～ a summons [notice] *upon* a person＝～ a person *with* a summons [notice] 人に召喚状[通知書]を送達する.
10 〖スポーツ〗(テニスなどで)〈ボールを〉サーブする: ～ a fast ball 速い球をサーブする.
11 〖キリスト教〗〈ミサ〉で侍者 (server) を勤める; (ミサで)〈司祭〉の侍者を勤める: ～ mass / ～ a priest at mass.
12 〖海事〗(保護または補強のため)〈ロープなどを〉細索で詰めて巻く[巻きからげる] (cf. service n. 14): ～ a rope.
13 〖畜産〗〈種馬が〉〈雌馬〉と交尾する, 〈雌馬〉に種付けをする: ～ a mare.
14 〖砲術〗〈大砲などを〉操作する, 発射する (fire): ～ a gun 砲撃を続ける, 砲撃する, 操砲する.
serve out (1) 分配する, 配る (deal out): ～ ammunition [drinks, rations] *out* 弾薬[飲物, 配給糧食]を配る. (2) 罰する, ...に復讐する: I'll ～ him *out* (*for* that)! (あんなことをしやがって)仕返ししてやる. (3) 〈任

期・刑期・年季などを〉勤め上げる：～ *out* one's apprenticeship 年季奉公を勤め上げる　***serve a person right*** 人に当然の罰を与える：His dishonor ～*d* him *right.* 彼が恥辱を受けたのは当然だ / It ～*d* him *right.* (彼には)当然の報いだった / It ～*s* [*Serve(s)*, (And) ～] you [him, etc.] *right!* いい気味だ, ざまあ見ろ.　***serve round*** ＝SERVE *out* (1).　***serve tables*** ⇨ table 成句.　***serve up*** (1) ⇨ *vt.* 5 b.　(2) (相も変らず)〈同じ事を〉言う,〈くだらぬ事を〉持ち出す (offer)：～ *up* the same old excuse [tale] いつもの言訳を言う[話を持ち出す] / ～ *up* nonsense [rubbish] (またまた)愚にもつかない事を持ち出す.
— *n.* (テニスなどの)サーブ(の仕方); サーブの番：Whose ～ is it? サーブはだれの番か.

sérv·er 〖ME〗 — *n.* **1** 仕える人, 勤める人, 勤務者, 奉仕者, 給仕人.　**2 a** (料理をのせる)盆 (tray, salver).　**b** 配膳台, ワゴン.　**c** コーヒー[紅茶]セット《通例 pot, sugar bowl, cream pitcher, tray から成る》.　**d** 食べ物を供するもの《しゃくし, へらなど》.　**3** 〖キリスト教〗(ミサなどで司祭の)侍者 (acolyte), サーバー (cf. serve *vi.* 8, *vt.* 11).　**4** 〖スポーツ〗(テニスなどで) サーバー《サーブをする人; ↔ receiver》.　**5** 〖法律〗令状を送達する人.

serv·er·y [sə́ːvəri | sə́ːvərɪ] 〖← SERVE＋-ERY〗 *n.* **1** 配膳(ぜん)室, 食器室 (butler's pantry).　**2** (食堂と台所の間の)カウンターつきの配膳用入り込み.

Ser·ve·tus [səvíːṭəs | səːvíːtəs], **Michael** *n.* セルベトゥス《1511–53; スペイン生れの医師・神学者; 三位一体説を否認したため異端者として焼き殺された; スペイン語名 Miguel Serveto [serβéto]》.

Ser·vi·a [sə́ːviə | sə́ːvjə, -vɪə] *n.* Serbia の旧名.

Ser·vi·an[1] [sə́ːviən | sə́ːvjən, -vɪən] *adj., n.* Serbian の古形.

Ser·vi·an[2] [sə́ːviən | sə́ːvjən, -vɪən] 〖← L *Servius*＋-AN[1]〗 — *adj.* (ローマ王)セルビウストゥリウス (Servius Tullius) の：the ～ wall セルビウス城壁《ローマの七つの丘を取り囲む》.

ser·vice[1] [sə́ːvɪs, -vəs | sə́ːvɪs] 〖lateOE ▭ (O)F ～ ▭ L *servitium* servitude, slavery ← *servus* slave：⇨ serve, -ice〗 — *n.* **1** 召使いの地位[仕事, 義務], 勤め, 奉公; 主人[上司]に仕えること, 雇[使]われること, 雇用：domestic ～ (女中)奉公 / be in [go into, go out to] ～ (女中)奉公をしている[に出る] / He was in his master's ～ for many years. 彼は長年主人に仕えた / The cook left our ～ last week. コックは先週うちから暇を取った / take a person into one's ～ 人を雇い入れる / ⇨ yeoman service.
2 (特に, 公務員の)勤務, 服務, 任務 (official duty); (官庁などの)部門, 部局 (department); [集合的に] 部門の職員たち：the consular [diplomatic] ～ 領事館[外交官]勤務; [集合的] 領事官[外交官] / the government ～ 政府勤務, 公務, 官庁(吏員) / the intelligence ～ 情報部 / those in the government ～ 官吏 / the preventive ～ 海岸監視[税関]勤務 / the home ～ 内地勤務 / ⇨ social service / on His [Her] Majesty's *Service* 《英》公用《公文書などの無料配達の印; 略 O.H.M.S.; cf. penalty envelope》/ ⇨ civil service, public service.
3 a (陸・海・空軍の)軍務, 兵役(期間)：compulsory ～ 義務兵役 / ⇨ voluntary service / be in ～ (軍隊)服務中である / be in [on] (active) ～ 現役中である / enter [go] upon ～ 現役を勤める; 実戦に出る / ⇨ *see* SERVICE.　**b** [the ～] (陸・海・空)軍：enter the ～ 軍籍にはいる / *the* military [naval] ～ 陸[海]軍 / *the* (fighting) ～*s* 陸海空軍 / *the* united ～*s* 陸海空軍 / the junior [senior] ～ 《英》陸[海]軍.　**c** 支援兵種《行政関係と技術関係の諸兵種に区分される》.　**d** 戦務《戦闘以外に部隊の行なう補給・整備・輸送などの一切の活動》; (その活動を行なう)戦務部隊.
4 a 神に仕えること, 礼拝; [しばしば *pl.*] 礼拝式, 式 (ritual)：attend morning ～ 朝の礼拝に出る / the church ～ (教会の)礼拝式 / full [plain] ～ 正[略]式礼拝 / ⇨ burial service, Communion service, divine service, marriage services.　**b** 礼拝式文中に歌われる部分の楽曲.
5 [しばしば *pl.*] (他人に対する)尽力, 世話, 貢献, 奉仕; 社会奉仕; (営利と関係なく行なう)奉仕事業：tender one's ～*s* (何でもいたしましょうと)奉仕を申し出る / render ～*s* to one's town 町のために尽くす / one's ～*s* to the country 国家への貢献[功労] / medical ～(*s*) 医療(奉仕) / public [social] ～ 社会奉仕.
6 役立つこと, 有用 (use), 利益 (benefit); 助け, 援助 (assistance)：be *of* ～ 役に立つ / be *of* great [no] ～ to ...のため大いに役立つ[いっこう役立たない] / Can I be *of* (any) ～ to you? 何かご用がありますか / Will you do me a ～? 一つお骨折り下さいませんか / do a person a ～ 人のために尽くす, 人の役に立つ.
7 a (ホテル・レストランなどでの)サービス, 給仕, 客あしらい：The food is good, but is spoilt by bad ～. 食べ物はよいがサービスが悪いので台無しだ.　**b** (食器などの)一揃い, 一式 (cf. set A 1 a)：a table ～ 食器一揃い / a coffee [tea] ～ コーヒー[紅茶]セット / a ～ of glass [plate] ガラス[銀]食器一式.
8 a (郵便・電信・電話・交通などの)公益事業[施設]; (電車・バス・列車・汽船などの)(定期)便, 往復, 運転：telephone ～ 電話事業 / postal ～ 郵便制度[事務] / There is a good ～ of trains [boats]. 列車[船]の便がよい.　**b** (ガス・水道・電力などの)供給(supply), 供給施設：water [electric power] ～ 配水[電].　**c** 〖経済〗用役, サービス.
9 (自動車・ラジオ器具などの販売後それについて与える)修理(サービス), (アフター)サービス：repair ～ 修理サービス.
10 (病院の)専門医療班：pediatric ～.
11 [挨拶・乾杯の言葉として]《古》敬意：My ～ to you. あなたに敬意を表して, よろしく / Give my ～ to your wife. 奥様によろしく《手紙の言葉》.
12 〖法律〗送達 (legal delivery), 執行：⇨ personal service, SERVICE by publication, SERVICE by substitution / ～ of a writ [process] 令状の送達 / ～ of attachment 差押え執行.
13 〖スポーツ〗(テニスなどで)サービス, サーブすること; サーブの仕方[球, 番]：Whose ～ (is it)? サーブはだれの番か.
14 〖海事〗索具巻きからげ用の細索 (cf. serve *vt.* 12).
15 〖畜産〗(雄の雌に対する)交尾, 種付け.
16 〖金融〗公債利子, 減債基金利子.
17 〖砲術〗(大砲の)操作.
at a person's service 人の命令に喜んで従って; 人の自由に(任せて)：I am *at your* ～. 何なりと御用命下さい / place [put] something *at a person's* ～ 人に物を自由に使用させる.　***in service*** (1) 雇われて, 奉公して.　(2) ⇨ 3 a.　(3) 〈輸送機関などが〉使用[運転]されて (in use).　***on service*** 在職で, 在役で.　***out of service*** (1) 奉公口を失って.　(2) 〈輸送機関などが〉使用[運転]停止になって.　***see service*** (1) 〈兵士が〉従軍する, 実戦の経験を経る.　(2) [完了形で] 〈物が〉だいぶ使われている：My coat has *seen* ～. 私の上着はだいぶ御用を勤めている.　***take service*** (1) 兵隊になる; 実戦に出る.　(2) 〔...に〕奉公する〔*with*〕：*take* ～ *with* a person 人に奉公する.　(3) 礼拝式を執行する.
service by publication 〖法律〗公示送達 (public notification).
service by substitution 〖法律〗(令状の)代理送達 (substituted service).
— *attrib. adj.* **1 a** 軍の, 軍用の：⇨ service dress, service rifle, service uniform.　**b** 支援兵種の, 戦務[非戦闘]部隊の.　**2** (商売上のまたは社会的)奉仕の, サービスの：a ～ department (百貨店などの)サービス部.　**3** 召使い用の, 業務用の：a ～ entrance 業務用入口, 勝手口 / a ～ stairway 使用人[店員]用階段 / a ～ door 業務用入口 / a ～ elevator 《米》[《英》lift] (召使・商人などが商品・荷物などを運ぶのに用いる)業務用エレベーター.　**4** (品物の)維持・修理の世話をする, (アフター)サービス(用)の, 修理(用)の：a ～ car.　**5** 日常使用する, 徳用の：～ stockings 徳用の靴下.
— *vt.* **1** (販売後)修理する, ...のアフターサービスをする：～ a motorcar, typewriter, etc.　**2** ...に援助[情報]を与える.　**3** 〈借金〉に利息を支払う.　**4** 〈雄が〉〈雌〉に交尾する.

ser·vice[2] [sə́ːvɪs, -vəs | sə́ːvɪs] 〖《1530》 *serves* (pl.) ← 《廃》*serve* < OE *syrfe* ▭ VL *sorbea＝L *sorbus*：⇨ sorb〗 *n.* 〖植物〗＝service tree; その果実.

Ser·vice [sə́ːvɪs, -vəs | sə́ːvɪs], **Robert W(illiam)** *n.* (1874–1958) 英国生れのカナダの詩人・小説家; カナダの Kipling といわれた.

ser·vice·a·bil·i·ty [sə̀ːvɪsəbíləṭi, -və- | sə̀ːvɪsəbíləti, -lɪ-] *n.* もちのよいこと, 徳用; 便利, 重宝.

ser·vice·a·ble [sə́ːvɪsəbḷ, -və- | sə́ːvɪ-] 〖《*a*1338》 ▭ OF *servisable*：⇨ service[1], -able〗 — *adj.* **1** 使える, 役に立つ (useful), 重宝な, 便利な：a ～ instrument.　**2** 長く使える, もちのよい, 徳用の (durable), 実用向きの：～ shoes.　**3** 喜んで助ける, 親切な, 世話好きの (obliging)：a ～ friend.　**sér·vice·a·bly** [-bli | -blɪ] *adv.*　**～·ness** *n.*

sér·vice àce *n.* 〖スポーツ〗(テニスなどの)エース (⇨ ace 2).

sérvice àrea *n.* **1** (ラジオ・テレビの)放送区域 (cf. coverage 5).　**2** (水道の)給水区域.　**3** (道路に隣接してガソリンや軽食を販売する)サービスエリア.　**4** 〖バレーボール〗サービスエリア《サーブをする場所》.

sérvice·bèr·ry [-bèri | -b(ə)rɪ] 〖← SERVICE[2]＋BERRY〗 *n.* 〖植物〗＝Juneberry.

sérvice bòok *n.* 礼拝式次第書, 祈禱書 (prayer book), (カトリックの)ミサ典書 (missal).

sérvice bòx *n.* 〖スポーツ〗(squash racquets やハンドボールなどの) サービスボックス (cf. service court).

sérvice brèak *n.* 〖テニス〗サービスブレーク《相手のサービスを破って得た得点》.

sérvice bùs *n.* 《豪》乗合自動車, バス.

sérvice càp *n.* (米陸軍・空軍のまびさしのついた)軍帽, 制帽 (cf. overseas cap).

sérvice càr *n.* ＝service bus.

sérvice cèiling *n.* 〖航空〗実用上昇限度《航空機の上昇率が 0.5 m/s となる高度; cf. absolute ceiling, combat ceiling》.

sérvice chàrge *n.* サービス料《基本料金以外の特別サービス料金》.

sérvice clàsp *n.* 〖軍事〗＝clasp 3 b.

sérvice clùb *n.* **1** (団体などの)厚生部.　**2** (軍隊で下士官兵の娯楽用の)サービスクラブ, 隊員集会所.　**3** (地域社会奉仕を目的とする)親睦団体《事業家・知識人などを会員とする; Rotary Club など》.

sérvice còurt *n.* 〖テニス〗サービスコート《サーブを入れるべきコートの内の区画; ⇨ lawn tennis 挿絵》.

sérvice drèss *n.* 通常軍服, 平常服, 軍装 (cf. full dress 2).

sérvice engineèr *n.* 修理工.

sérvice flàg *n.* 軍籍旗《戦時中家庭または団体で掲げた赤いへりのある白旗で, 軍務に従事しているもののあることを示す; 青い星印は軍籍にある人員の数, 金星は戦死者の数を示す》.

sérvice flàt *n.* 《英》まかない付きアパート (cf. apartment hotel).

sérvice hàtch *n.* (食堂の)食器送入口, サービスハッチ.

sérvice ìndustry *n.* サービス産業.

sérvice lìfe *n.* (ある品物の)有効寿命, 実用寿命, 耐用年限[年数].

sérvice lìne *n.* サービスライン：**a** 〖テニス〗service court のネットに平行な線.　**b** 〖ハンドボール〗サーブ球が越してはならない限界線.

sérvice·màn [-mæ̀n, -mən] *n.* (*pl.* **-men** [-mèn, -mən]) **1** (ラジオ・テレビ・ガスなどの)修理員：a telephone ～.　**2** 軍人, 軍籍にある人：⇨ ex-serviceman.

sérvice màrk *n.* 職章, サービスマーク《自社の提供するサービスを他社の提供するサービスから識別するために使われる標識; 例えば標章・ワッペンなど》.

sérvice mèdal *n.* 〖軍事〗従軍記章《戦時または非常の際に特定の軍務に服したことを示す》.

sérvice mèter *n.* 〖通信〗(電話の)通話度数計《service register ともいう》.

sérvice mòdule *n.* 〖宇宙〗サービスモジュール《月ロケットの一部で, 燃料タンク・燃料電池およびメインロケットエンジンを含む機械装置部》.

sérvice pìpe *n.* (ガス・水道などの)引込み管.

sérvice plàte *n.* サービスプレート《食卓での位置を示す皿; 最初のコースで下皿として用いられる》.

sérvice règister *n.* 〖通信〗＝service meter.

sérvice rìbbon *n.* 〖軍事〗略綬(じゅ)《勲章の代わりに胸につけるリボン》.

sérvice rìfle *n.* 軍用銃.

sérvice ròad *n.* (主要道路から離れたところに住む人々の便利のために建設した)サービス道路.

sérvice sìdeline *n.* 〖テニス〗サービスサイドライン《service court のネットと直角をなす両端の線》.

sérvice spèed *n.* 〖海事〗航海速力《船舶が普通の積荷と気象状態で航海する時の平均速力》.

sérvice stàtion *n.* **1** (自動車の)給油所, ガソリンスタンド (filling station).　**2** (電気器具などの)修理所, サービスステーション.

sérvice strìpe *n.* 〖米軍〗年功袖(しゅう)章 (hash mark)《下士官兵の軍服の左袖に付け, 陸空軍では 3 年, 海軍では 4 年の兵役期間に対して 1 本》.

sérvice trèe 〖← SERVICE[2]〗 *n.* 〖植物〗**1** ヨーロッパ産バラ科ナナカマド属の木の総称《*Sorbus domestica*, *S. torminalis* など》.　**2** ＝Juneberry.

sérvice ùniform *n.* (軍人の)平常服, 通常服《軍服のうち日常用いるもので, 作業服ははいらない; cf. dress uniform, full-dress uniform》.

sérvice vòltage *n.* 〖電気〗供給(端)電圧.

sérvice wìre *n.* 〖電気〗引込み線.

sérvice wòman *n.* (*pl.* **s- women**) 女性の軍人.

ser·vi·ent [sə́ːviənt | sə́ːvɪənt, -vjənt] 〖▭ L *servient-em* (pres.p.) ← *servīre* 'to SERVE'：⇨ -ent〗 *adj.* 従属した (subordinate); 〖法律〗承役的の.

sérvient ténement *n.* 〖法律〗地役権 (easement) における承役地 (cf. dominant tenement).

ser·vi·ette [sə̀ːviét | sə̀ːvɪ-] 〖《1489》 ▭ (O)F ～ ← *servir* 'to SERVE'：⇨ -ette〗 《英》(食卓用の)ナプキン (table napkin).

ser·vile [sə́ːvəl, -vaɪl, -vɪl | sə́ːvaɪl] 〖《*c*1390》 ▭ L *servīl-is* ← *servus* slave (cf. serve)：⇨ -ile〗 — *adj.* **1** 奴隷の：the ～ class 奴隷階級.　**2** 奴隷のするような, 卑しい(mean)：～ labors.　**3 a** 奴隷根性の (slavish), こびへつらう, 卑屈な (obsequious); 独立心のない, 隷属的な：～ flatterers 卑しいおべっか使いたち / ～ submission 奴隷的な屈従, 盲従.　**b** 〔...に〕追従する, 従属する (subordinate)〔*to*〕：be ～ *to* public opinion 世論に追従する.　**4** 盲従的な, 独創性のない, 模倣的な：～ imitation (独創性の全くない)盲目的模倣.　**5** 《古》奴隷状態の; しいたげられた (oppressed).　**6** 〖言語〗**a** 単に文法的関係を示す, 補助的の (auxiliary); 〈文字が〉それ自身発音されないで先行母音の長音を示す：a ～ letter 付け字《tune, mile の e など》.　**b** (セム語で)〈文字が〉語根に関係のない, 語尾変化や派生関係を示す.　**7** 〖カトリック〗筋肉労働の.　— *n.* **1** 奴隷 (slave), 奴僕 (menial).　**2** 〖言語〗付け字 (cf. *adj.* 6 a).　**～·ly** *adv.*　**～·ness** *n.*

ser·vil·i·ty [səvíləṭi | səːvíləti, -lɪ-] 〖⇨ ↑, -ity〗 *n.* **1** 奴隷状態 (slavery).　**2** 奴隷根性; 卑屈, 追従(ついしょう) (obsequiousness); 盲従, 模倣, 無独創性.

sérv·ing 〖ME〗 — *n.* **1** serve すること.　**2** (食物・飲物の)一盛り, 一杯(helping); 一人分, 一人前.　**3** [形容詞的に] **a** 食物を載せる[盛り分ける, 運ぶ]ための：a ～ bench, spoon, tray, etc.　**b** 陸[海]軍に勤務する：a ～ officer in the army [navy] 現役の陸[海]軍将校.　**4** 〖電気〗被覆材《電線の芯[ケーブル]を保護するために巻きつけたテープなど》.　**5** 〖海事〗＝service 14.

sérving màllet *n.* 〖海事〗サービングマレット《木槌のような型をしたロープ巻きからげ作業用の道具》.

sérving·màn [-mæ̀n] 〖ME〗 *n.* (*pl.* **-men** [-mèn]) 下男 (manservant).

Ser·vite [sə́ːvaɪt | sə́ː-] 〖▭ ML *Servītae* (pl.) ← L *servus* slave, servant：⇨ -ite[1]〗 — *n.* 〖カトリック〗**1** (1233 年 Florence に創立された)聖母マリア下僕会 (O.S.M.) の会員.　**2** [*pl.*] 聖母マリア下僕会.

ser·vi·tor [sə́ːvəṭə, -tɔə | sə́ːvɪtə(r)] 〖《*a*1338》 *servitour* ▭ OF (F *serviteur*) // LL *servitor* ← L *servīre* 'to SERVE'：⇨ -or[2]〗 — *n.* **1 a** 従者 (attendant), 従僕, 召使い (servant), (特に)給仕人.　**b** 《古》王に仕える者, (特に)兵士.　**2** 《英》(もと Oxford 大学で, 小使い仕事をして学費を免除された)給費生 (cf. sizar).　**3** 副組長

《吹き手の親分 (gaffer) のためにガラス製品の大体の形を造るガラス吹き職人; cf. footmaker》.
～·ship *n.*

ser·vi·tude [sə́ːvət(j)ùːd | sə́ːvɪtjùːd] 〖(1471) ▭ OF ～ ▭ L *servitūdō* ← *servus* slave, servant (⇨ serve, -tude) ∽ ME *servitute* ▭ OF // L *servitūt-en* ← *servus*〗 —— *n.* **1** 奴隷であること, 隷属 (slavery, bondage): deliver a country from ～ 国家を他国の隷属から救い出す / in ～ *to* one's evil passions 邪欲のとりこになって. **2** 強制労働, 懲役 (penal servitude): ⇨ penal servitude. **3** 〖スコット法〗地役権 (easement): continuous [discontinuous] ～ 継続[不継続]地役権 / ⇨ real servitude / ～ for the use of water 用水地役権.

Ser·vi·us Tul·li·us [sə́ːviəs-tʌ́liəs | sə́ːvɪəs-tʌ́lɪ-, -vjəs-] *n.* セルビウス トゥリウス《578–543 B.C.; Etruria 生れで古代ローマの第 6 代目の伝説的王; cf. SERVIAN² wall》.

ser·vo [sə́ːvoʊ | sə́ːvəʊ] 〖略〗 *n.* (*pl.* ～s) **1** =servomotor. **2** =servomechanism. —— *adj.* サーボ機構の[による]. —— *vt.* サーボ機構で制御する.

Ser·vo- [sə́ːvo(ʊ) | sə́ːvə(ʊ)] =Serbo-.

sérvo àmplifier *n.* 〖電気〗サーボ増幅器.

sérvo bràke *n.* 〖機械〗サーボブレーキ.

servo control [⌐–⌐–⌐] *n.* 〖航空〗 **1** サーボ操縦装置《操縦士の操舵力を何らかの方法で増大して舵面などを動かす操縦装置; サーボタブ (servotab) を使用するのもその一例》. **2** サーボ機構による制御.
—— [⌐–⌐–⌐] *vt.* サーボ機構で制御する.

Sèrvo-Croátian *adj., n.* =Serbo-Croatian.

sèrvo·mechánical *adj.* 〖機械〗サーボ機構を用いた.

sérvo·mèchanism 〖← SERVO + MECHANIZM〗 —— *n.* 〖機械〗サーボ機構, 自動制御装置《機械・装置などの調整操作をそれに自動連動する他の動力源によって増強して行なうようにできている機構》.

ser·vo·mo·tor [sə́ːvo(ʊ)mòʊṭə, -və-|sə́ːvə(ʊ)mə̀ʊtə(r)] 〖(1889) ▭ F *servo-moteur* ← L *servus* slave, servant + F *moteur* 'MOTOR'〗 —— *n.* 〖機械〗サーボモーター《自動制御装置などで作動動力源となるもの; 補助電動機・水圧ポンプなど》.

sérvo sỳstem *n.* 〖機械〗=servomechanism.

sérvo·tàb *n.* 〖航空〗サーボタブ《舵面の後縁についている小さい可動翼面すなわちタブの一種で, 操縦士の操作によってタブの角度が変わり, 舵面に働く空気力が変わることによって舵角が変化する》.

-ses *suf.* -sis の複数形.

ses·a·me [sésəmi, séz-, -mìː|-səmɪ] 〖(*c*1450) *sysane, sesam(a)* ▭ L *sēsam-um, sēsama* ▭ Gk *sḗsamon, sēsámē* ← Sem. (Syriac *shūshma* / Arab. *simsim*)〗 —— *n.* **1** 〖植物〗 **a** ゴマ (*Sesamum indicum*). **b** ゴマの実《sesame seed ともいう》. **2** =open sesame.

sésame òil *n.* ごま油.

ses·a·moid [sésəmɔ̀ɪd] 〖▭ L *sēsamoid-ēs*: ⇨ sesame, -oid〗 〖解剖〗 *adj.* ごまの実(ᵐ)形の: a ～ bone 種子骨 / a ～ cartilage 種子軟骨. —— *n.* 種子骨, 種子軟骨.

ses·e·li [sésəli | -lɪ] 〖← NL ～ ← L *seselis* seseli: ⇨ cicely〗 *n.* 〖植物〗セリ科イブキボウフウ属 (*Seseli*) の植物の総称《香料となるものがある》.

ses·qui- [séskwɪ, -kwə | -kwɪ] 〖▭ L ～ 'one and a half' ← *sēmis* a half (⇨ semi-) + *-que* and〗 —— 次の意味を表わす連結形: **1** 「一倍半 ($1^1/_2$)」: *sesquicentennial*. **2** 〖化学〗「化合物の元素の比率が 3 : 2 の」: *sesqui*basic 塩基の 3 と酸の 2 と化合した.

ses·qui·al·ter [sèskwiǽltə | -kwɪɔ́ːltə(r), -ɔ́ł-] 〖▭ L ～ ← SESQUI- + *alter* other, second: ⇨ alter〗 *adj.* = sesquialteral.

ses·qui·al·ter·al [sèskwiǽltərəl | -kwɪɔ́ː-, -ɔ́ł-] 〖⇨ ↑, -al¹〗 *adj.* **1** 1 倍半の, 1.5 対 1 の. **2** 〖化学〗3 対 2 の(比の).

sesqui·cárbonate *n.* 〖化学〗セスキ炭酸塩, 二炭酸塩《例: $NaHCO_3 \cdot Na_2CO_3 \cdot 2H_2O$》.

sèsqui·centénary *n., adj.* =sesquicentennial.

sèsqui·centénnial *n.* 百五十年祭. —— *adj.* **1** 百五十年(祭)の. **2** 百五十年ごとの[に起こる].

sèsqui·óxide *n.* 〖化学〗三二酸化物《酸素 3, 他元素 2 の割合の組成の酸化物》.

ses·quip·e·dal [seskwípədḷ, sɪs-, səs- | seskwípɪ-] 〖▭ L *sesquipedāl-is*〗 *adj.* =sesquipedalian.

ses·qui·pe·da·lian [sèskwɪpɪdéɪljən, -kwə-, -pə- | sèskwɪpɪdéɪljən, -pe-, -líən] 〖← L *sesquipedāl-is* + -IAN: ⇨ sesqui-, pedal〗 —— *adj.* **1** 〈長さ・幅など〉1 フィート半ある. **2** 〈語が〉非常に長い. **3** 長い語を用いたがる: a ～ style. —— *n.* (1 フィート半もあるような)長い言葉. **～·ism** [-nɪzm] *n.*

sésqui·plàne *n.* 〖航空〗一葉半機《複葉機で一方の翼の面積が他方の半分以下のもの》.

sèsqui·térpene *n.* 〖化学〗セスキテルペン《テルペン ($C_{10}H_{16}$) の 1.5 倍の一般式 ($C_{15}H_{24}$) を有する炭化水素およびその誘導体の総称》.

sess. 《略》session.

ses·sile [sésəł, -sɪł, -sḷ | sésaɪł] 〖(1753) ▭ L *sessil-is* of sitting, low (of plants) ← *sessus* (p.p.) ← *sedēre* 'to SIT': ⇨ -ile〗 —— *adj.* 〖生物〗 **1** 柄や茎がなくて直接に接続した, 無柄の: ～ eyes 無柄眼 / a ～ leaf 座葉. **2** 定着した (sedentary) (cf. vagile). **ses·sil·i·ty** [sesíləṭi | -lətɪ, -lɪ-] *n.*

ses·sion [séʃən] 〖(*c*1387–95) ▭ (O)F ～ // L *sessiō(n-)* ← *sessus* (p.p.) ← *sedēre* 'to SIT': ⇨ -sion: cf. sedentary〗 —— *n.* **1** (議会・法廷・会議などの)開会, 開廷 (sitting); (取引所の)立会い: Congress is now in ～. 議会は今開会中だ / the autumn ～ 秋季開会《夏期休暇後の英国議会》/ a plenary [full] ～ 総会 / in full ～ 総会で, 正式会議で, 全員[全法官]出席で / a private [secret] ～ 秘密会. **2** 開会[開廷]期, (議会の)会期. **3 a** 《米》学期 (cf. semester). **b** 授業時間, 時限, 課業(講義): morning [afternoon] ～s 午前[午後]の課業 / double ～s 二部授業. **c** 《英》(大学での)学年 (academic year). **4** (特に, 集団でするある活動の)期間: training ～s 練習期間 / a cards ～ (皆で)トランプをやる時間. **5** 《古》坐ること, 坐っている姿勢. **6** [*pl.*; しばしば単数扱い] 〖英法〗法廷 (court); (周期的な)治安判事裁判所《正式には sessions of the peace という》: ⇨ quarter sessions, general sessions, petty sessions, special session 2. **7** [the S-] 〖スコット法〗= COURT of Session. **8** =kirk session. **9** [集合的] (救世軍の)士官学校同期卒業生. **10** 《口語》=jam session.

sés·sion·al [-ʃənḷ, -ʃnəł] *adj.* **1** 開会の, 開廷の, 会期の; 会期中の. **2** 会期ごとに繰り返される.

séssional indémnity *n.* カナダ国会議員の報酬.

séssional órder [rúle] *n.* 〖議会〗会期中だけ通用するように作られた議事規程.

ses·terce [séstəːs | -təːs] 〖▭ L *sesterti-us* (*nummus*) (coin) worth two and a half (asses) ← *sēmis* a half (⇨ semi-) + *tertius* 'THIRD'〗 —— *n.* **1** セステルス《古代ローマの貨幣; 初めは銀貨, 後には青銅貨; =$^1/_4$ denarius, $2^1/_2$ asses》. **2** =sestertium.

sestertia *n.* sestertium の複数形.

sestertii *n.* sestertius の複数形.

ses·ter·ti·um [sestə́ːʃiəm, -ʃəm | -tə́ːtjəm, -tɪəm, -ʃɪəm] 〖▭ L (*mīlia*) *sestertium* thousands of sesterces (gen.pl.) ← *sestertius*: ⇨ sesterce〗 —— *n.* (*pl.* **-ter·tia** [-ʃiə, -ʃə | -tjə, -tɪə, -ʃɪə]) セステルティウム《古代ローマの通貨単位; =1,000 sesterces》.

ses·ter·ti·us [sestə́ːʃiəs, -ʃəs | sestə́ːtjəs, -tɪəs, -ʃɪəs] 〖▭ L ～〗 *n.* (*pl.* **-ter·ti·i** [-ʃiàɪ | -tiàɪ, -ʃiàɪ]) =sesterce 1.

ses·tet [sestét, ⌐–⌐ | –⌐] 〖(1801) ▭ It. *sestetto* ← *sesto* sixth < L *sextum*: ⇨ -et〗 —— *n.* **1** 〖詩学〗六行連(句)《ソネットの結尾の 6 行; しばしば二つの三行連句 (tercet) に分割される》. **2** 〖音楽〗=sextet 2.

ses·ti·na [sestíːnə] 〖(1838) ▭ It. ～ ← *sesto* (↑)〗 —— *n.* 〖詩学〗六行六連体《1 連 6 行から成る 6 連と最後に 3 行の追連 (envoy) から成るフランス詩型; もとは無韻で各連最後の行末語が次連第 1 行の末語となるなど複雑な構造をもつ》.

Ses·tos [séstəs, -tɑs|-tɒs] 〖▭ Gk *Sēstós*〗 *n.* セストス《Thrace の古代都市; Hellespont 海峡の北岸にあって Abydos に対する; ⇨ Hero 2》.

set [sét] 〖v.: OE *settan* < Gmc **satjan* (G *setzen*) (caus.) ← **setjan* 'to SIT'. — adj.: OE *ġesett* (p.p.). — n.: (*a*1338) ← (v.)〗 —— *v.* (～; **set·ting**) ★ この語の根本的語義は to put, place, lay で,「特定の位置・状態に置く」であるが, put に比べ一般により文語的である. —— *vt.* **1** [目的語＋副詞語句を伴って] **a** 置く, 載せる, 据える (put, place); 〈器具(の一部)などを〉〔所定の位置に〕はめ込む 〔*on, in*〕: ～ a cup *on* the table 茶碗(ᵐ)をテーブルの上に置く / ～ a stone *on* the grave 墓に石を載せる / ～ one brick *on* another れんがを順に積み重ねる / ～ a wheel *on* an axle 心棒に車輪をはめ込む / ～ a chuck *on* a lathe 旋盤にチャックを据える / ～ chairs *around* the table テーブルの回りに椅子を据える / ～ a stake *in* the ground 地面にくいをさす / ～ flowers *in* a vase 花びんに花をさす / ～ one's foot *in* the stirrup あぶみに足をかける / ～ a ladder *against* the wall 塀にはしごをかける. **b** (ある位置に)つかせる, (ある姿勢・状態に)据える: He ～ the chair *back on* its feet. 椅子を立て直した / He ～ his son *astride* the horse. 息子を馬に乗せてやった / ～... on foot ⇨ *on* FOOT (2). **c** (ある関係に)位置づける, 配置する, 備え付ける: They ～ him *over* the workers as a foreman. 彼を職工長として職工たちを監督させた / The hostess ～ dishes *before* the guests. その家の主婦は客たちの前にご馳走を並べた. **d** [p.p. 形で] 〈家・町などを〉位置させる, 建てる (locate): a city ～ *on* a hill 丘の上に建てられた都市 / The house was ～ *in* the hollow [*amid* the trees]. その家は窪地の中に[木々に取り囲まれて]立っていた.
2 a (部署などに)配置[配備]する: ～ a [〖海事〗the] watch 見張りを配置する / ～ policemen *around* the building その建物のまわりに警官を配置する / ～ spies *on* a person 人にスパイを付ける. **b** [～ one*self* で] (競走・競泳で)(スタートの)位置に着く.
3 〈柱などを〉打ち立てる; 〈苗木などを〉植え付ける 〈*out*〉; 移植する: ～ (*out*) seedlings [bulbs] 苗木[球根]を植えつける / They ～ a flagpole in concrete. もとをコンクリートで固めて旗竿を打ち立てた.
4 坐らせる, 着席させる (seat): ～ one*self* down 着席する, 坐る / ～ a person *on* the throne 人を王位につかせる.
5 a 〈鶏〉に卵をだかせる: ～ a hen (*on* eggs). **b** 〈卵を〉鶏にだかせる: ～ eggs (*under* a hen).
6 a 〔…に〕当てる, あてがう, つける (apply) 〔*to*〕: ～ a glass *to* one's lips コップを口につける / ～ spurs *to* one's horse 馬に拍車を当てる / ～ a match *to* a fire [*to* the pile of leaves] マッチでまきなどに[落葉の山に]火をつける / ～ fire *to* a house 家に放火する / ～ a fire 《米》火を起こす / ～ pen *to* paper ものを書く, 筆をとる / ～ eyes *on* =*lay* EYES *on*. **b** 〔文書に〕〈署名捺印を〉する (affix) 〔*to*〕: ～ one's hand and seal *to* a document 文書に署名捺印する (cf. *put* [*set*] *one's* HAND *to* (3)).
7 a …に〔宝石などを〕ちりばめる (stud); 〔植物などで〕取り囲む, 飾る (border, ornament) 〔*with*〕: a brooch ～ *with* diamonds ダイヤをちりばめたブローチ / the street ～ *with* trees 木の立ち並ぶ通り / the night sky ～ *with* twinkling stars きらきら輝く星をちりばめた夜の空. **b** 〔台・枠などに〕はめ込む; 〔…に〕〈宝石などを〉ちりばめる (mount); 〔…を〕〈金・銀など〉であしらう 〔*in*〕: ～ the glass *in* the window 窓にガラスをはめ込む / ～ a ruby *in* a ring 指輪にルビーをちりばめる / ～ gold *in* a sash 飾り帯を金であしらう.
8 〈心を〉〔…に〕向ける, 注ぐ, 集中する (concentrate) 〔*on, to*〕; 〈望み・期待を〉〔…に〕寄せる, 掛ける 〔*on, upon*〕: The child has ～ his heart *on* that toy. しきりにそのおもちゃを欲しがっている / She has ～ her mind *on* the plan. その計画に熱中している / All my hopes are ～ *on* winning. 私の望みはただ勝つことである.
9 a 〔…に〕〈値を〉つける, …という評価をする 〔*on, upon*〕: You should ～ a high value *on* every man's life. どんな人でもその生命は尊重しなければならない. **b** 尊重する, 重んじる: ⇨ SET *by* (2) / ⇨ *set* STORE *by*. **c** 〈金額・価格などを〉取り決める (fix); 〔ある金額に〕決める, 調整する (adjust), 見積もる, 評価する (estimate), 重視する (value) 〔*at*〕: The society ～ $200 *as* the membership fee. 協会は会費を 200 ドルと取り決めた / We ～ the goal *at* ¥30,000,000. 我々は目標を 3 千万円と定めた / The losses were ～ *at* $2,000,000. 損害は 2 百万ドルと見積もられた / She ～s neatness *at* a high value [*before* beauty]. 彼女は清楚(ᵐ)を[美よりも清楚を]大切にしている / My honor was ～ *at* naught. 私の名誉は無視された. **d** 〔…に〕賭(ᵐ)ける (bet, stake) 〔*on, upon*〕: ～ $5 *on* a horse to win 勝ち馬に 5 ドル賭ける / ～ one's life *on* a chance 運に命を賭ける, 一か八か体を張ってやってみる《賭博用句から》.
10 a [目的補語を伴って] …を〈ある状態に〉転じさせる, …させる, 〈…に〉する: ～ things *right* 事をきちんと整頓する / ～ a person [a person's mistake] *right* 人の誤りを正す / ～ a person *straight* 人に正しい事実を知らせる[十分に報告する] / ～ slaves *free* 奴隷を解放する / ～ a cask *abroach* 樽の飲口をあける / ～ a person's heart [mind] *at rest* 人の心を落ち着かせる, 人を安心させる / He was an adept at ～*ting* people *at their ease*. 彼は人に落ち着いた気分を感じさせるのが中々うまかった / the mixed-up pages *in order* 入り混じったページをそろえ直す / ～ a machine *in motion* 機械を作動させる / He ～ the whole room *in a roar*. 一座の人々をどっと笑わせた. **b** [目的語＋*doing*, to do または *to doing* を伴って] …に〈…し〉始めさせる, …させる; 〔仕事に〕とりかからせる 〔*to*〕: ～ a top *spinning* こまを回す / ～ a machine *going* 機械を作動させる / ～ the bells *ringing* 鐘を鳴らし始める / ～ a person's heart *beating* 胸をどきどきさせる / ～ the enemy *flying* 敵を敗走させる / That ～ me *laughing*. それで私は笑い出した / He ～ the children *to sweeping* the garden clean. 子供たちに庭を掃除させた / *Set* a thief *to* catch a thief. ⇨ thief 1 / The teacher ～ the pupils *to* write reports on what they had done. 先生は生徒たちに自分たちがしたことのリポートを書かせた / He ～ her *to* work at her French. 彼女にフランス語の勉強を始めさせた. **c** [～ one*self* で] 〔仕事に〕懸命になってとりかかる (apply oneself) 〔*to*〕; 〈…しようと〉決心する, 身構える 〈*to* do〉: She ～ *herself to* her chores [*to* study it]. 雑用にとりかかった[懸命になってそれを研究しようとした].
11 a けしかけて攻撃[敵対, 反目]させる 〔*on, at, against*〕: He ～ the hounds *on* the trespasser. 猟犬どもを放って侵入者にかかって行かせた / He was rude enough to ～ a dog *at* me. 無礼にも私に犬をけしかけた / War would ～ brother *against* brother. 戦争となれば同胞相食(ᵐ)むこととなろう. **b** [～ one*self* で] 〔…に〕強硬に反対[反抗]する 〔*against*〕.
12 [副詞語句を伴って] 〈乗物などが〉〈ある場所へ〉もたらす; 〈潮流などが〉〈ある方向へ〉向かわせる; 〈顔などを〉向ける: The ferryboat ～ us *ashore on* the pier. 渡し船が着いて我々は桟橋に降り立った / The tide had ～ the vessel *eastward*. 潮に乗って船は東方へ向かっていた / He ～ his face *toward* the mountains. 顔を山の方に向けた.
13 a 〈器械・器具などを〉整える, 調節する (adjust); 〈時計などを〉〈標準時刻などに〉合わせる: ～ the brake ブレーキを調節する / ～ one's alarm clock (*for* six o'clock) 目覚まし時計を(6 時に)掛ける / ～ one's watch *by* the radio time signal 時計(の針)をラジオの時報に合わせる. **b** 〈わな・網などを〉仕掛ける, かける: ～ a trap [snare] わなをかける / ～ explosives along a railroad track 線路に爆発物を仕掛ける. **c** (釣糸を強く引っ張って) 〈釣鉤を〉魚のあごにしっかりと掛ける: ～ a fishhook 合わせる. **d** (すぐ使えるように)用意する (arrange): ～ the palette パレットに絵の具を必要なだけしぼり出す, 絵を描く用意をする / He ～ a place *for* his guests. 客席をしつらえた. **e** 〈食卓を〉用意する (lay); …に〔食べ物などを〕並べる (arrange) 〔*with*〕:

~ the table (*for* dinner) (晩餐(さん)用に)食卓を整える, お膳(ぜん)立てをする / There were several long tables ~ *with* refreshments. いくつかの長テーブルに飲み物などが並べられていた.

14 a 〈劇の場面を〉設ける, セットする; 〈背景を〉舞台に配置する; 〈舞台〉に道具立てする, 装置する (lay out): The stage was ~ *for* the next part of the play. 劇の次の部分のために舞台装置が行われた. **b** [しばしば Passive で] 〈物語・劇など〉の背景を〔ある時代・国に〕設定する〔*in*〕: The story *is* ~ *in* the seventeenth century France. 物語の背景は 17 世紀のフランスに置かれている.

15 a 固める, 固定させる, 凝結させる (curdle): The mortar is ~. しっくいが固まった / ~ milk for cheese 凝乳してチーズを作る / Pectin ~*s* jelly. 膠(こう)素はゼリーを固定させる. **b** (標本作製のため)〈昆虫を〉展翅(し)板に固定する: ~ a butterfly. **c** 〈色・染料を〉十分にしみ込ませる (make fast): This chemical is used to ~ a dye. この化学薬品は染色用剤である. **d** 〈髪を〉セットする. **e** (化学薬品などを用いて)〈織物・糸・繊維〉の形状[長さ, 幅]を固定する.

16 a [p.p. 形で] 〈目を〉(顔の中に)位置づける: His eyes were ~ rather close together. 左右の目の間隔はちょっと狭かった. **b** (断固・毅(き)然とした意を示して)〈あご・肩などを〉ぐっとかまえる, 〈顔を〉きっと引き締める, 〈目を〉据える, 〈唇を〉堅く結ぶ: He ~ his jaw and refused to answer my questions. 彼はぐっとあごを引いて私の質問に答えようとしなかった / He ~ his face *against* his son's marriage. 息子の結婚に対してはどうしても頭を縦に振ろうとしなかった / His eyes were ~. 彼の目はすわっていた (cf. *adj.* 2 b). **c** 〔要求・訴願などに対し〕心[意図]を不動なものに固める〔*against*〕(cf. *adj.* 3): I ~ my mind *against* all those appeals. 断固としてその訴願をことごとくはねつけた.

17 a [しばしば二重目的語を伴って] 〈実例・模範などを〉示す (furnish); 〈流行などを〉率先して採り入れる (introduce): ~ a person an example [the standard, the model] 人に模範[標準, 手本]を示す / ⇨ *set the* PACE¹ / ~ the fashion for new-style poems 新体詩の流行の先駆けをする / We have only to work on lines ~ by our predecessors. 先輩が打ち立てた方向に沿って仕事をしてゆくだけである. **b** 《米》〈記録などを〉打ち立てる (establish): ~ a record for weight lifting 重量挙げの記録を打ち立てる.

18 [しばしば二重目的語を伴って] 〈仕事・問題などを〉課する, あてがう (assign), 〈仕事の分担などを〉割り当てる; 〈問題・判じ物などを〉作る, 作製する (compose): ~ a person a difficult job [an easy task] 人に面倒な[やさしい]仕事を課する / ~ a person a sum [problem] 人に計算をさせる[問題を解かせる] / ~ questions for an examination 試験問題を課する[作製する].

19 a (砥石で磨いて)〈刃物〉に鋭い刃をつける: ~ a razor. **b** 〈のこぎり〉の目を立てる: ~ a saw.

20 〈時を〉取り決める, 指定する (fix); 〈限界・条件・規約などを〉設ける, 規定する (prescribe); 〈出来事〉の時日を指定する: ~ a wedding day 結婚式の日取りを取り決める / ~ a case 事例を仮設する, 仮定する / ~ midnight *for* the escape 逃亡の時を夜半と決める / ~ a term *for* a project 計画を期限付きとする / ~ the rules *for* the game 競技の規則を取り決める / The officers ~ the coup *for* a Thursday. 将校たちはクーデターの決行を木曜日と決めた / They ~ Friday *as* the deadline. 彼らは金曜を最終期限と指定した / We ~ certain conditions *as* part of the bargain. 我々はその契約の一部としていくつかの条件をつけた / Pleasure is the end that one ~*s to* one's endeavors. 快楽とは人がその努力につける目標のことである.

21 《スコット》…に適する, ふさわしい (suit).

22 〘音楽〙〈歌詞〉に作曲する (fit)〔*to*〕; 〈音楽を〉編曲する (arrange)〔*to, for*〕: ~ words [a song] *to* music 言葉[歌]に曲を付ける / ~ a melody *to* a text 原句をメロディーに編曲する / ~ a piece of music *for* the violin 曲をバイオリン用に編曲する.

23 〘印刷〙〈活字を〉組む; 〈原稿などを〉活字に組む, 活字にする〈*up*〉: ~ type 活字を組む / ~ an article by hand [by machine] 記事を手組みで[機械組みで]活字にする / ~ the first word in italic 最初の語を斜字体に組む / ~ a word [line] close 語[行]の字間[語間]を詰めて組む / ~ a word [line] wide 語[行]の字間[語間]を広く明けて組む.

24 〘製本〙〈差し込み (insert)〉の位置を決める.

25 〘木工〙〈釘の頭を〉(板に)埋め込む, 釘締めする (cf. nail set).

26 〘料理〙〈イーストを加えたパン生地を〉別にしてふくれ上がらせる: ~ dough / ~ a sponge パン生地を発酵しやすいように調整する.

27 〘トランプ〙(ブリッジで)落とす, ダウンさせる《相手の contract を破る; cf. GO¹ *down* (11)(a)》: We ~ them two tricks at four spades. 彼らのフォースペイズをツーダウンさせた.

28 〘園芸〙〈果樹などが〉〈果実・種子などを〉発育させる, ならす.

29 〘外科〙〈骨折・脱臼などを〉継ぐ, 整復する: ~ a bone 整骨する / ~ a fracture [dislocation] 骨折した骨を継ぐ[脱臼した関節を整復する].

30 〘海事〙(風をはらむように)〈帆を〉ひろげる (cf. *set* SAIL): ~ the sails of a ship.

31 〘狩猟〙〈猟犬が〉〈獲物〉の位置を鼻でさし示す (cf. point *vt.* 11).

— *vi.* 1 〈通例, 太陽が〉没する, 沈む (sink); 〈勢いが〉傾く, 衰える (decline, wane): The sun has ~. 日が沈んだ / The sun never ~*s* on the British Empire. 大英帝国に太陽の没することはない / His star has ~. 彼の運は傾いた[下り坂だ]. **2 a** 固まる, 固定する (congeal); 〈クリームが〉浮き上がって固まる; 〈牛乳が〉凝結する (curdle): The jelly [cement, mortar] has ~. ゼリー[セメント, モルタル]が固まった / This paint ~*s* rapidly. このペンキはかわきが速い. **b** 〈顔・筋肉などが〉きつくなる, 引き締まる: Her face ~. 彼女の顔がきつくなった **c** 〈染料・色が〉染みつく: One uses a chemical to make a dye ~. 染料を染みつかせるのに化学薬品を用いる. **d** 〈髪が〉セットできる: Short hair doesn't ~ easily. 短い髪はセットしにくい. **3** [方向の副詞語句を伴って] 〈流れ・風などが〉向く, 吹く, 流れる (move, flow): The tides ~ strongly *off* the shore. 潮流が強く沖の方へ流れる / The wind was ~*ting from* [*to*] the northeast. 風は北東から[へ]吹いていた. **4** [方向の副詞を伴って] 出かける, 出発する, 旅立つ: ⇨ SET *forth* (*vi.*), SET *forward* (*vi.*), SET *off* (*vi.*) (1), SET *on* (*vi.*), SET *out* (*vi.*) (2). **5** 〈雌鶏が〉卵を抱く (brood). **6** 〈着物・態度などが〉合う, 似つかわしい (fit, suit): The coat ~*s* well [badly]. 上着はからだに合っている[いない] / His view did not ~ well *with* his conduct. 彼の考えは行為に似つかわしいものではなかった. **7 a** (競走でスタートなどの)位置に着く (set oneself). **b** 《方言・俗》坐る, 着席する (sit). **8** 《廃》賭(か)を申し出る, 賭ける (bet). **9** 〘園芸〙〈果樹・子房などが〉実を結ぶ, 実になる: The apples [apple blossoms] won't ~ this year. 今年はりんごの実は[花は実に]ならないだろう. **10 a** 〘外科〙〈骨折が〉固まって, 癒着する, 直る (mend). **b** 〈金属が〉歪(ゆが)む, 屈曲[彎曲]する. **11** 〘狩猟〙〈猟犬が〉伏せをして[立ち止まって]獲物の位置を示す (cf. setter 5; point *vi.* 3): The dog ~*s* well. その犬はよく獲物を示す. **12** 〘海事〙〈帆が〉風をはらむように張れている, 適帆する. **13** 〘印刷〙〈活字が〉〔…の〕幅になる〔*to*〕: This copy ~*s to* forty picas. この原稿は 40 パイカで組まれる.

set about (1) [しばしば do*ing* を伴って] …に取り掛かる; …し始める, …をやり出す (begin); …しようとする, 試みる (attempt): ~ *about* one's task 仕事に取り掛かる / I thought I would ~ *about* learn*ing* German. ドイツ語の勉強を始めようと思った. (2) [to *do* を伴って] 《古》…し始める: She ~ *about to* clean the room. 部屋の掃除を始めた. (3) 《口語》…を攻撃する (attack); …をなぐりつける, 打ちまくる (knock about); …を非難する, やじる. (4) 《英》〈うわさを〉広める (spread). ***set against*** (*vt.*) (1) …に対照させる, に比較する; …に釣合いをとらせる, …から控除する: ~ theory *against* practice 理論を実践に対照させる / You can ~ certain business losses *against* taxes. 税金から営業上の損失の一部を控除できる. (2) ⇨ *vt.* 11. (*vi.*) …に反対[対抗]の傾向を示す: Public opinion is ~*ting against* it. 世論はそれに反対の傾向である. ***set apart*** (1)〔特別の用途・目的のために〕取って置く, 取り除けておく (reserve)〔*for*〕: ~ something *apart for* special use ある物を特別な用途のために取って置く. (2) 〔…から〕引き分ける (separate), 区別させる (distinguish); (際立って)目立たせる〔*from*〕: Her age ~ her *apart from* the others. 彼女だけがほかの者に比べずっとふけていた / Exceptional gifts ~ him *apart from* other writers of his generation. その異才により同世代の作家よりもひときわ目立っていた. ***set aside*** (1) 片側に置く, 取りのける; 取って置く (reserve), 貯える (save): He tried to ~ *aside* part of his weekly income. 毎週の収入の一部を貯えておくようにした / I ~ *aside* a few minutes each day *for* my exercises. 毎日数分を体操の時間に取って置いた. (2) 除去する, 退ける (reject). 無視する (disregard): Let's ~ *aside* all formality in these discussions. これからの討論には形式ばったところは一切抜きにすることにしよう. (3) 〘法律〙無効にする (annul), 破棄する (quash): ~ *aside* a verdict (陪審の)評決を破棄する. ***set at*** …を攻撃する, 襲う (attack). ***set back*** (1) …の進歩を妨げる, 邪魔する, 遅らせる (hinder, delay): The bad weather ~ *back* the building plans three weeks. 悪天候のため建築が予定より 3 週間遅れた. (2) 〈時計(の針)を〉あと戻りさせる, 遅らせる (↔ set foward): I ~ *back* my watch (two hours) on my flight west. 西行きの飛行機に乗ったとき時計の針を(2 時間)遅らせた. (3) 《俗》(費用として)…に〈いくら〉かかる (cost): This ~ me *back* a lot of money. このため大変な金がかかった. (4) [通例 p.p. 形で] 〈家などを〉〔…から〕引っ込めて建てる〔*from*〕: The house *was* ~ *back* some distance *from* the road. その家は道路から幾分引っこんだ所に建っていた. ***set beside*** …と並べてみる, 比較する, …に匹敵させる (compare with): There was no one to ~ *beside* her as an actress. 女優としては彼女に並び立つものはいなかった. ***set by*** (1) 《古》(将来のために)取って置く, 貯える (lay by). (2) [much, a great deal, little を目的語に] 尊重する, 重んじる (cf. *vt.* 9 b): ~ *much* [*a great deal*] *by* a jewel 宝石を非常に大事にする / ~ *little by* death 死を見くびる / He ~*s more by* action than *by* talk. 言葉より行動を重んじる. ***set down*** (*vt.*) (1) 下に置く, おろす (lay down). (2) 〈乗客などを〉降ろす: The plane ~ *down* many tourist at Miami. 飛行機はマイアミで多くの観光客を降ろした / *Set* me *down* in front of that shop. あの店の前で降ろして下さい. (3) 《米》〈飛行機を〉着陸[着水]させる (land). (4) 着席させる, すわらせる (seat). (5) 書く, 書き留める, (印刷して)記す (put down), 記録する (record): ~ *down* one's impression 印象を書き留める / We have ~ you *down* as a subscriber. あなたを講読[予約]者として登録しました. (6) 〔…の〕せいにする, 〔…に〕帰する (attribute)〔*to*〕: They ~ *down* his bad manners *to* his ignorance. 彼の無作法を無知のせいにした. (7) 〔…と〕考える, みなす (regard); 〔…と〕評価する (estimate)〔*as*〕: They soon ~ him *down as* a fool. 間もなく彼をばかとみなした. (8) 〈規則・原則などを〉規定する, 取り決める (prescribe); 〘法律〙〈審判日などを〉指定する (appoint): The day for the trial has not been ~ *down* yet. 審理の日取りがまだ指定されていない. (9) やりこめる, …に恥をかかせる, …の高慢の鼻をへし折る (humiliate). (10) 《廃》〈軍隊を〉配置する, 宿営させる (encamp). (11) 〘競馬〙(ルール違反などにより)〈騎手〉の出場を停止する, 失格とする. (12) 〘野球〙〈打者を〉アウトにする, 三振にする, 打ち取る (retire). (*vi.*) 《米》飛行機を着陸させる, 着陸する (land). ***set forth*** (*vt.*) (1) (十分に)述べる, 説明する; 声明する, 宣言する (declare): The Prime Minister ~ *forth* the aims of his government. 首相は政見を発表した. (2) 飾る (decorate). (*vi.*) (旅・遠征などに)出立する, 出発する (start). ***set forward*** (*vt.*) (1) 〈時計〉の針を進める (↔ set back): ~ one's watch *forward* one hour 時計の針を 1 時間進める. (2) 《古》…の進行をはかどらせる, 促進する (promote). (*vi.*) 出発する (start). ***set in*** (*vt.*) (1) 挿入する (insert); (特に)縫い込む[付ける]: ~ *in* a belt at the waistline ウエストラインにベルトを縫い込む. (2) 〘海事〙〈船を〉岸に向ける. (*vi.*) (1) 〈季節・寒暑・明暗などが〉始まる, 深まる, 定まる; 〈症状などが〉機能しだす, 進行し始める; 〈流行などが〉定着する: The autumn chill is ~*ting in.* 秋冷の候にはいって来た / He was anxious to get there before dusk ~ *in.* 暗くならないうちにそこへ到着したいと思った / Rigor mortis will ~ *in* within a few hours. 数時間もしないうちに死体硬直が始まるだろう. (2) 〈風が〉陸に向かって吹く; 〈潮が〉さして来る (flow). ***set off*** (*vt.*) (1) (対照的に)引き立たせる, 目立たせる; 飾り立てる (adorn), 美しくする (beautify): The red scarf ~ *off* her beautiful face. 赤いスカーフが彼女の美しい顔を引き立たせた. (2) 相殺(そうさい)する, …の埋合わせとする, 代償とする (counterbalance)〔*against*〕: You can ~ these expenses *off against* the increase in salary. この費用も昇給の分で償える. (3) [通例 Passive で] 区画する (mark off), 仕切る, 区切る (separate): A part of the hospital was ~ *off* for the care of contagious disease. 病院の一部は伝染病患者用に隔離されていた / The sentence was ~ *off in* inverted commas. その文は引用符でくくられていた. (4) 〈火薬などを〉爆発させる (explode); 触発[誘発]する (touch off), 引き起こす (cause): This move ~ *off* an increasingly hostile reaction. この措置のあとに益々敵対的な反動が起こった / The landslides were ~ *off* by the earthquake. 地すべりは地震に続いて起こった. (5) [do*ing* または前置詞 *on* を伴って] 〈人〉に〈…し, …にとりかかり〉始めさせる: That ~ us all *off* laugh*ing*. それを聞いて我々はどっと笑い出した / You'll only ~ him *off on* one of those same stories. 言わせれば彼は例の同じ話をやり出すだけだろう. (*vi.*) (1) 出発する (set out): ~ *off on* a trip 旅行に出かける / ~ *off for* home 帰途につく. (2) 〘印刷〙重ねた紙の裏面を汚す, 裏移りする (offset). ***set on*** [on は *adv.*] (*vt.*) (1) 〈犬などを〉けしかける; 〈人を〉扇動する, 教唆する (instigate): They were ~ *on to* revolt. 扇動されて暴動に加わった. (2) 〈人・機械など〉に仕事をさせる, 働らかせる, 動かす: ~ the workers *on to* the work 労働者たちを仕事にとりかからせる. (3) 《廃》促進させる, 進展させる (promote). (*vi.*) 前進する (advance). ***set on* [*upon*]** [on, upon は *prep.*] (*vi.*) (1) (猛烈に)…を攻撃する, 襲う (assault): He ~ *upon* me with a breadknife. パン切りナイフで私に切りつけた. (2) 〈食物が〉〈胃〉にもたれる. (*vt.*) 〈犬などを〉けしかけて…を襲わせる; …に…を追跡させる: He ~ the dogs *on* the intruders. (犬を放って)侵入者たちを襲わせた. ***set out*** (*vt.*) (1) (詳しく)述べる (state), 記述する, 説明する (detail): The reasons are ~ *out* in the report. 理由は報告書中に述べてある. (2) (整然と, 図式的に)呈示する, 配列する, 陳列する (display); 飾る (adorn): ~ *out* the meal on a table 食卓に食事を並べる / The merchandise was ~ *out* on the counter. 商品はカウンターに陳列されていた. (3) 設計する, …の図案を作る (plan, design); …の地取りをする (lay out): ~ *out* a pattern ひな形を描く / ~ *out* a room [town] 部屋[町]を設計する / ~ *out* a garden 造園のための地取りをする. (4) …の境界を定める, 区画する. (5) 〈苗木などを〉(間隔を置いて)植え付ける, 〈つぎ穂を〉する (plant) (cf. *vt.* 3). (6) 〘印刷〙ばらに組む, 語[字]間をあけて組む (cf. *vt.* 23). (*vi.*) (1) 〈…することに〉とりかかる, 〈…し〉ようとする, 着手する 〈*to* do〉: He ~ *out to* win support for his scheme. 計画のための支援を求めることにとりかかった. (2) 出発する (start); 〔行路に〕踏み出す〔*on*〕: He ~ *out on* his journey westward [*on* the enginnering course]. 西方への旅に出発した[技師としての生活に歩を踏み出した] / The funeral procession ~ *out for* the cemetery. 葬列は墓地を目指して出発した. ***set to*** [to は *prep.*] (1) 〈仕事〉に(懸命に)とりかかる, 着手する (apply oneself to): ⇨ *set to* WORK. (2) 〈潮流・風などが〉…の方へ流れる[吹く] (cf. *vi.* 3); 〈感情などが〉…へ傾く (tend to): Her soul ~ *to* grief. 彼女の心は悲しみに沈んで行った. (3) (スクエアダンスで)〈相手〉と向かい合いになる: ~ *to* one's partner. (4)〘印刷〙⇨ *vi.* 13. [to は *adv.*] (1) 勢いこんで[熱心に]とりかかる: He took up a pen and ~ *to* (*to* write the letter). ペンを取り上げて熱心に(その手紙を)書き始めた. (2) 盛んに食べ始める: When the meal was brought in, the boys ~ *to*. 食事が運ばれてくると少年たちはかぶりついた. (3) けんか[なぐり合い]を始める: ~ *to with* a person 人とけんかを始める / They ~ *to* in earnest. 彼らはむきになって取っ組み合いを始めた. ***set up*** (*vt.*) (1) (まっすぐに)据える, 立てる (erect): ~ *up* a building, post, tent, etc. / He ~ the camera *up* in the small patch of shade. 小さく日陰になっている所にカメラを据えた / ⇨ *set up one's* STAFF[1]. (2) 掲げる, 掲揚する; 掲示する (post): ~ *up* a flag [sail] 旗[帆]を掲げる / ~ *up* a mark 標的を打ち立てる / ~ *up* a sign 看板[標識]を出す / ~ *up* the standard of revolt 反旗をひるがえす. (3) 組み立てる; 〈機械などを〉据える, 設置する; 調節する; 標本に作る; 表装する (mount); 〈チェスの駒などを〉並べる: ~ men *up* on a chess board チェス盤に駒を並べる / This electrical wiring will take a day to ~ *up*. これだけの電線を取り付けるには1日かかるだろう. (4) 設立する, 創設[開設]する (institute); 〈家計・生業などを〉立てる, 営む: ~ *up* business, a school, etc. / ~ *up* a clinic 診療所を開設する / ⇨ *set up* SHOP / ~ *up* housekeeping 家政を営む, 家計を立てる / ~ *up* house 一家を構える. (5) 〈新記録・タイムを〉打ち立てる, 挙げる (establish). (6) …に生業を営ませる, 身が立つようにしてやる, 独立させる; …に資金を支給する[出してやる]; [しばしば Passive で] …に〔必要品・有用物を〕供給する, 支度してやる (fit out) 〔*with, for, in*〕: ~ *up* one's son *in* business 息子に商売で身を立てさせる[店をもたせてやる] / He ~ himself *up as* a businessman. 実業家として身を立てた / I *was* well ~ *up with* clothes for the summer. 夏の間着る物は十分にあった. (7) 権勢の座に据える, …に権力を握らせる: He *was* ~ *up as* dictator. 彼は独裁者に祭り上げられた. (8)〘口語〙[~ *oneself up* として] みずから〔…だと〕公言する, 〔…の〕ふりをする 〔*as, for*〕 / 〈*to* be〉: He ~ *himself up as* an authority on English grammar. みずから英文法の大家だと公言した / He ~ *himself up to* be a doctor. 医師だと称した. (9) 〈大声を〉立てる, 〈叫びを〉上げる, 〈騒ぎを〉起こす, 〈抗議などを〉申し立てる (raise): The audience ~ *up* an awful clamor. 聴衆はどっとわめき立てた. (10) 〈症状・天然現象などを〉引き起こす, 生じさせる (cause, produce): Heavy smoking is liable to ~ *up* an irritation in the throat. 過度な喫煙はのどを痛めがちである. (11) 〈案・学説などを〉提案[提起]する, 唱える (advance, propose). (12)〘口語〙…に元気をつける, …の気分を晴らす (elate); 健康[丈夫, 元気]にする; …の健康を回復させる: The sea air will ~ you *up*. 潮風に当たれば君も元気になるさ. (13)〘口語〙得意にする, 意気揚々とさせる: He is ~ *up* by admiration. ほめられていい機嫌になっている. (14) …の体を鍛える, 鍛練する (cf. set-up); 〘軍事〙訓練[教練]する (drill): ~ *up* recruits 新兵を訓練する. (15) 〈ねじ・継ぎ手などを〉固く締める (tighten firmly): *Set* the nuts well *up*. ナットを一杯に締めつけなさい. (16) あらかじめ用意する, 慎重に計画する (prearrange); (他人にさせるように)〈仕事を〉用意する (prepare): ~ *up* a burglary 強盗を計画する. (17) 〈酒などを〉(客の前に)出す; (米口語) 〈酒などを〉おごる (treat to), 〈人〉におごる (treat): ~ *up* the drinks 酒を出して[おごって]やる. (18)〘海事〙〈支索・横静索・大索〉のたるみをなくする, 張りつめる, ぴんと張る. (19)〘印刷〙(ステッキに)〈活字を〉拾う; 〈語・句を〉採字する; 版にする, 活字に組む (compose): The copy is already ~ *up* in pages. その原稿はもうページに組まれている. (20)〘数学〙〈垂線・図を〉底辺上に引く[描く]. (21)〘トランプ〙= establish 10. (22)(廃) 売り物に出す, せりにかける. (*vi.*) (1) 固まる, 凝固する (harden). (2) 作動する, 運転[運営]する. (3) 商売[職業]を始める, 開業する (cf. (*vt.*) (6)): He ~ *up* for himself *as* a land agent. 自営で土地周旋業を始めた. (4)〘口語〙みずから〔…だと〕公言する, 〔…の〕ふりをする 〔*as, for*〕 / 〈*to* be〉 (cf. (*vt.*) (8)): He's ~*ting up for* a moralist. 彼は道学者気取りでいる.

— *adj.* **1** 組み立て式の, 作りつけの (built-in); 固定した, 据えつけの (fixed): a ~ machine 据えつけ機械 / ⇨ set scene. **2 a** 〈目が〉位置づけられた (cf. *vt.* 16 a): one's deep ~ eyes 深くくぼんだ目. **b** 〈表情・顔つきなど〉(じっとして)動かない, すわった (rigid, immovable) (cf. *vt.* 16 b): ~ eyes すわった目 / a ~ stare (目をすえた)にらみつけ / a stern ~ countenance きびしくきつい顔 / a ~ smile 硬ばった笑い, 作り笑い / with ~ teeth 歯を食いしばって, 大決心をして. **3 a** 不変の, 持続的な, 頑強な (persistent); 〈意見・人など〉頑固な, 強情な (obstinate), 断固とした (unflinching): ~ defiance 頑強な反抗 / a man of ~ opinions 確固とした意見をもった人 / He is very ~ *in* his opinions. 彼はひどく(意見が)頑固だ. **b** [Predicative に用いて]〔…に〕熱心になって, 執着して (intent), 〔…しようと〕決心して, 覚悟を固めて (determined) 〔*on, upon*〕: I'm not very ~ *on* all that rubbish. そんな下らないことにはあまり固執していない / Her father was ~ *upon* her marrying Tom. 彼女の父は彼女をトムと結婚させようと決めていた. **4 a** 慣例上の (customary); 規定通りの, 正規の (regular); 型にはまった, 固定した (stereotyped): a ~ speech (あらかじめ用意した)型通りの演説 / a ~ form of prayer 一定の様式の祈り / a ~ phrase 成句 / in ~ terms 決まり文句で. **b** 前もって決めた, 決まった, 一定の (prearranged, fixed): a ~ time [date] 所定の時間[日時] / ~ rules 決まった規則 / a ~ meal (一定の献立の)定食 / at a ~ wage 所定の賃金で / of ~ purpose 故意に, はっきりした目的で. **5** (受験参考書などとして)指定された, 課題の (assigned): The pupils talked on a ~ topic. 生徒たちは所定の話題で話した / *Moby-Dick* was the ~ English book that term. 「モービーディック」がその学期における英語の指定書だった. **6 a** [しばしば強調的に all ~ として]〘口語〙用意ができて, 始められるばかりになって 〔*for*〕 / 〈*to* do〉: They were *all* ~ *for* an early morning start. 早朝の出発の用意は完了していた / I was *all* ~ *to* meet her again. 早速彼女に面会しようと思った / The coming year looks ~ *to* bring the worst slump to the country. 新しい年はその国に最悪の不況をもたらそうとしているようである. **b**〘スポーツ〙(競走・競泳で)スタートの位置に着いて: Get ~! 位置に着け, 用意 / Ready, ~, go! 用意, 位置に着いて, スタート. **7** 〈戦闘が〉(敵味方対決に備えて)陣列を整えた (pitched): a ~ battle 正々堂々の対戦, 決戦. **8**〘クリケット〙〈打者が〉投手の投げる球の性質・癖などを知り尽くした.

set fair 〈天気など〉安定した, 好天気が続きそうな.

— *n.* **A 1 a** (自然に関連し合う物などの)一組, (同意匠の品などの)一揃い, (器具・道具の)一式 (cf. service[1] *n.* 7 b, nest *n.* 5): a ~ *of* golf clubs [fishing rods, underclothing] 一揃いのゴルフのクラブ[釣りざお, 下着類] / a ~ *of* drawing room furniture 応接間用家具一式 / a ~ *of* teeth 上下の歯列 / a ~ *of* fingerprints 一組の指紋 / a ~ *of* lectures [problems] 一連の講義[問題] / a ~ *of* three 三幅対, 三つ組 / a ~ *of* bills [exchange]〘商業〙組手形 / the two ~*s of* parents 二組の親 / The cat had a new ~ *of* kittens. ねこが新たに一腹の子を産んだ / six matching dishes *in* a ~ セットになった揃いの皿6枚 / a carpentry ~ 大工用具一式 / a chess ~ チェス用具一揃い / a dinner ~ ディナー用食器一揃い / a toilet ~ 化粧道具一揃い / ⇨ tea set. **b** (書物などの)全集, セット; (定期刊行物の)一とじ: a complete ~ *of* Dickens ディケンズの全集 / a special ~ price (全集購買者向けの)特別セット価格. **c** (関連した建物・部屋などの)一群: a ~ *of* farm buildings 一群の農場建造物.

2 仲間, 連中 (party, gang); (特殊)社会 (coterie, clique): a fine ~ *of* men 立派な人たち / an artistic [a literary, a political] ~ 芸術家[文人, 政治家]仲間 / a racing [golfing] ~ 競馬[ゴルフ]仲間 / the fast ~ 放蕩仲間 / the smart ~ (社交界の)ハイカラ連 / the best ~ 上流社会 / He is not of my ~. 彼は私とは派が違う / Those girls are getting in with a bad [an undesirable] ~. あの女の子たちは不良の[柄のよくない]男友だちとつき合っているらしい.

3 (卵の)一かえし (clutch), 巣の中の卵 (clutch of eggs): a ~ *of* eggs 一腹[一巣]の卵 / ten chickens hatched out of the ~ of twelve 12個の卵のうちからかえった10羽のひよこ.

4 (ラジオの)受信機, (テレビの)受像機, セット (receiving set): a radio [wireless] ~ ラジオ受信機 / a television ~ テレビ受像機 / a crystal ~ 鉱石ラジオ受信機 / Is your ~ working? 君のところのテレビ[ラジオ]はよくうつって[聞こえて]いますか.

5 a 姿勢, からだつき; (からだ・からだの一部の)格好, 構え方: the ~ of one's head [jaw] 頭[あご]の格好 / the ~ of the hills 山々のたたずまい / From the ~ of his shoulders it was clear that he was tired. 肩の格好からして彼は疲れていることが明らかだった. **b** 着[かぶり]具合, (からだへの)合い具合, すわり (fit): adjust the ~ of one's coat 上衣の具合を直す.

6 a 傾き, ゆがみ, そり, 曲り (warp, bend): the ~ in a bow 弓のゆがみ / the ~ of a metal (過度の圧力による)金属のそり / The axle has got a left ~. 心棒が左に曲っている. **b** (のこぎりの歯の)左右交差のふれ, 歯振, あさり.

7 a (潮流・風の)向き, 方向 (direction): the ~ of a current 潮流の方向. **b** (世論などの)趨勢 (drift): The ~ of public opinion is strongly against war. 世論の趨勢は明らかに戦争から離れている. **c** (性格上の)傾向, 性向, 向き (tendency, bent): He has a ~ toward logical reasoning. 彼には論理的思考に向いたところがある.

8 a (液状物・可塑性物質などが)固まること, 凝固 (hardening): You won't get a good ~ unless you keep the jelly cold. ゼリーを冷やしておかないとよく固まらないだろう. **b** (にかわなどによる)固着, 接着.

9 (壁の)仕上げ塗り, 上塗り (last coat).

10〘詩〙(天体の)没すること, 入り (setting) (cf. sunset, moonset): before ~ of sun 日没前に.

11〘ダンス〙**a** (スクエアダンス・カントリーダンス・カドリールなどを踊る)一組の人々: a ~ *of* dancers 一組の舞踏者たち. **b** (スクエアダンス・カントリーダンスなどを構成する)一組の旋回[ステップ]: a ~ *of* quadrilles 一組のカドリール.

12 a (ナイトクラブなどで楽団が1回に演奏する)曲の一組. **b** (同上の曲が演奏される)上演1回.

13〘スポーツ〙セット《テニス・バレーボールなどで一試合 (match) の一区切り; テニスでは通例6ゲーム取ればセットの勝者となる; cf. deuce-set, round[1] *n.* 12》: play a ~ *of* tennis ワンセットテニスをする.

14〘数学〙集合 (aggregate, class)《ものの集まりで区画の明確なもの; cf. element 7》: a ~ *of* positive integers 正整数の集合 / the null ~ ゼロ集合.

15〘心理〙構え《刺激状態に対して生体がとる反応準備[傾向]》.

16〘美容〙(curling や waving をして行なう頭髪の)セット; セットした髪型: I'd like a shampoo and ~, please. 洗髪とセットをお願いします.

17〘狩猟〙(猟犬が獲物を見つけ)鼻を前方に向けて立ち止まる姿勢; その位置: ⇨ dead set.

18 a〘演劇〙舞台装置 (set scene). **b**〘テレビ・映画〙セット《装置を施した屋内または野外の撮影現場》.

19〘印刷〙(活字の)幅; 語間の間隔. 「プ.

20〘鉱山〙(側壁をささえる)支柱; (一組の)揚水ポン

21〘トランプ〙**a** (rummy で)揃い, 組《同位札・順位札などメルド (meld) できる3枚以上の札の組合せ》. **b** (ブリッジで)ダウンすること (cf. set *vt.* 27).

22〘郵趣〙セット《5種とか8種とかの種類で発行された切手の揃い; 完全に揃っていることを示す時 complete set といい, 不完全な時 short set という》.

23〘アメリカンフットボール〙(通例攻撃態勢の)配列.

B (*also* **sett**) **1** (四角に切った舗装用または床敷き用の)敷石, 切石 (pitcher): ~ pavement 敷石舗装.

2 網打ち, 投網 (shot); 網打ち場.

3 a (くいを打ち込む時上に載せる)小金敷き (stake). **b** へし (set hammer). **c** 釘締め (nail set, punch). **d** (びょうの)形頭器 (snap). **e** (れんが用)幅広のみ. **f** (のこぎりなどの)目立て器.

4 アナグマの穴 (badger's burrow).

5〘園芸〙**a** (移植用の)若木, さし木, 苗 (rooted cutting): a ~ of a strawberry いちごの苗. **b** (玉ねぎ・じゃがいもなどの)種球根, 種いも: onion ~*s*. **c** (果樹などの)受精して実の止まった花.

6〘紡織〙**a** 織機の筬(おさ)によってきまる経(たて)糸の幅. **b** 部分整経機で集められた経糸の総本数. **c** 格子じま(の目).

7〘スコット法〙自治都市法 (constitution of a burgh).

make a dead set at ⇨ dead set 2.

Set [sét]〘□ Gk *Sḗth* □ Egypt. *Setesh*〙 — *n.*〘エジプト神話〙セト《とがり口で獣頭の悪神, Osiris の弟(または子)でその殺害者; 砂漠・不毛・暴力の化身であらしと暗闇をつかさどる; 古代ギリシャでは Typhon と呼ばれた》.

se·ta [síːṭə | -tə]〘← NL ~ ← L *sēta, saeta* bristle〙 *n.* (*pl.* **se·tae** [-tiː])〘生物〙とげ, 剛毛 (bristle); (剛毛状の)とげ (prickle).

se·ta·ceous [sɪtéɪʃəs, sə- | sɪ-]〘(1664): ⇨ ↑, -aceous〙 *adj.* **1** 剛毛の; 剛毛状の (bristly). **2** 剛毛の生えた. **~·ly** *adv.*

setae *n.* seta の複数形.

se·tal [síːṭl | -tl]〘⇨ seta, -al[1]〙 *adj.* 剛毛[とげ]の.

se·tar·i·a [sɪtέ(ə)riə, sə- | sɪtέəriə]〘← NL ~: ⇨ seta, -aria〙 — *n.*〘植物〙イネ科エノコログサ属 (*Setaria*) の草の総称《キンエノコロ (*S. glauca*), アワ (*S. italica*) など》.

sét-asìde *n.* (軍用などに供するため政府の命令で行なう食糧または他の商品の)使用差し止め, 保留.

sét·bàck〘← *set back* (⇨ set (v.) 成句)〙 — *n.* **1** (進行などの)妨げ (check). **2** 逆転, 逆行 (reverse); 敗北 (defeat). **3** 逆水, 逆流 (backset). **4**〘トランプ〙あとで得点を差引くゲーム; (特に) =auction pitch. **5**〘建築〙**a** =offset 7. **b** セットバック, 段形後退《街路への日照を妨げないためおよび通風をよくするため, 高層建造物の上部の壁面が下部よりも後退して段形を呈するようにする建築法》. **c** セットバックの建築物.

sét-bàck *n.*〘測量〙後退距離《測鎖あるいはテープの測定距離をこえる距離》.

sét bàr *n.*〘造船〙=set iron.

sét·dòwn *n.* **1** さんざんにしかること, 譴責(けんせき) (rebuke), ののしり, 罵(ば)倒 (abuse); へこますこと, ひじ鉄砲 (rebuff): give a person a ~ 人をやり込める[ひじ鉄砲を食わせる]. **2**〘古〙(乗物の)一区; 乗せてやること, 便乗 (lift).

se te·nant [sə-ténənt, -tənɑ́ː(ŋ), -nɔ́ː(ŋ), -nɑ́ː(ŋ), -nɔ́(ː)ŋ; *F.* stənɑ̃]〘□ F ~〘原義〙holding one another〙 — *adj.*〘郵趣〙〈切手が〉シートの形に合体した. — *n.* 一続きにした2枚切手《通例額面やデザインが異なる》.

sét fùnction *n.*〘数学〙集合関数《定義域が集合を要素とする集合であるような関数》.

sét gùn *n.* 発条銃, ばね銃《なわ張りの地域内に侵入する人や動物が引き金につないだひもに触れると自動的に発射されるように仕掛けた鉄砲》.

Seth[1] [séθ]〘□ LL ~ □ Gk *Sḗth* □ Heb. *Šēth*《通俗語源》appointed, substitute ← *šīth* to put, set: cf. *Gen.* 4:25〙 *n.* **1** 男性名. **2** セツ《Adam の三男で, Noah の祖》.

Seth² [séɪθ] *n.* 〖エジプト神話〗＝Set.
sét hàmmer *n.* 〖機械〗へし, 角へし, あてへし, あてハンマー《かじ屋が材料の表面を平らにならすのに用いる槌(つち)》.
se·ti- [síːṭɪ, -ṭə | -tɪ] 〖⇨L *sēti-, saeti-* ← *sēta, saeta*: ⇨seta〗「剛毛 (bristle)」の意の連結形.
se·tif·er·ous [sɪtíf(ə)rəs, sə- | sɪ-] 〖⇨↑, -ferous〗 *adj.* ＝setigerous.
se·ti·form [síːṭəfɔ̀ːm | -tɪfɔ̀ːm] 〖← SETI- + -FORM〗 *adj.* 剛毛[とげ]状の.
se·tig·er·ous [sɪtídʒərəs, sə- | sɪ-] 〖← L *sētiger, saetiger* setigerous + -OUS: ⇨ seti-, -gerous〗 *adj.* 剛毛[とげ]を持った.
sét-ìn 〖← *set in* (⇨ set (v.) 成句)〗 — *n.* **1** (潮などの)差込み (flow). **2** 開始, 始まり. — *adj.* **1** はめ込まれる, 差し込められる: a ~ bookcase. **2** 〖服飾〗セットインの, 縫い込みの: a ~ pocket 切りポケット / a ~ sleeve 付け袖《アームホールに縫い合わせた袖; raglan sleeve》.
se·ti·reme [síːṭərìːm | -tɪ-] 〖← L *sēta* bristle + *rēmus* oar〗 *n.* 〖昆虫〗(水生昆虫の)櫂(かい)状の脚.
sét ìron *n.* 〖造船〗型板金《板金で作った型板; set bar ともいう》.
sét·lìne *n.* 《米》〖釣〗 **1** はえなわ《groundline, trawl line ともいう》. **2** ＝trotline.
Se·to [séɪṭou, séṭ- | -təu] *n.* (*pl.* ~) ＝Seto ware.
set·off [ˊ-ˋ|ˊ-ˋ] 〖← *set off* (⇨set (v.) 成句)〗 — *n.* **1** (外観を)りっぱに見せる物; 装飾, 飾り (ornament). **2 a** (負債の)相殺(そうさい), 差引 (offset). **b** 〖法律〗相殺(請求). **3** (旅行などへの)出発 (start). **4** 〖建築〗＝offset 8. **5** 〖印刷〗裏移り (offset).
se·ton [síːtn̩] 〖(*a*1400) ⇨(O)F *séton* // ML *sētō(n-)* ← L *sēta* bristle, ML silk〗 *n.* 〖外科〗串(せん)線法; 串線.
Se·ton [síːtn̩], **Ernest (Evan) Thompson** *n.* (1860–1946) 英国生れの米国の作家・画家; 動物の生態関係の著作(「動物記」)で知られる; *Wild Animals I Have Known* (1898).
séton-nèedle *n.* 〖外科〗串(せん)線針.
se·tose [síːtous | -təus] 〖⇨L *sētōs-us, saetōs-us*: ⇨ seta, -ose¹〗 *adj.* とげだらけの, 剛毛の多い (bristly).
sét·òut 〖← *set out* (⇨ set (v.) 成句)〗 — *n.* **1 a** (食器などの)一式, 一揃い. **b** (食事の)並べ立て, 膳(ぜん)立て. **c** 並べ立てたごちそう (spread). **2** 開始; 出発 (start): at the first ~ 門出に, 最初に. **3** 支度 (turnout); 装い, いでたち (getup). **4** 一行, 仲間, 組.
Sé·to wàre [séɪtou-, séṭ- | -təu-] 〖*Seto*: ⇨Jap.〗 *n.* 瀬戸焼, 瀬戸物《単に Seto ともいう》.
sét pìece *n.* **1** (芸術・文学などの)入念な型通りの作品. **2** 仕掛花火. **3** 〖演劇〗(建物・木・山などフラット式の)ステージセット《張物・丸物の類; cf. set scene 1》. **4** 〖文学〗(小説・詩で本筋にいろを添えるための)挿話. **5** 〖軍事〗(精密な計画に基づいて遂行される)整然たる軍事作戦.
sét pòint *n.* **1** 〖スポーツ〗セットポイント《そのセットの勝敗を決する1点》. **2** 〖機械〗目標値, 設定値《プロセス制御の目標値》.
sét scène *n.* **1** 〖演劇〗舞台装置 (cf. set piece 3). **2** 〖映画〗撮影用装置による場面.
sét·scrèw *n.* 〖機械〗止めねじ, 押しねじ《一つの物を他の物の上に堅く締め付ける》.
sét scrúm *n.* 〖ラグビー〗セットスクラム《レフリーの指示によって行なうスクラム; cf. loose *adj.* 13 c》.
sét shòt *n.* 〖バスケットボール〗セットショット《立ちどまったままするショット》.
sét sìze *n.* 〖活字〗(活字の)幅 (set) (⇨ type 挿絵).
sét squàre *n.* 三角定規 (triangle).
sett [sét] 〖《変形》← SET (n.)〗 *n.* ＝set *n.* B.
set·te·cen·to [sèṭətʃéntou | -tɪtʃéntəu; *It.* settetʃénto] 〖⇨ It. ~ 《略》← *mille settecento* one thousand seven hundred, 18th century〗 *n.* (イタリア史で) 18 世紀.
set·tee¹ [setíː] 〖(1716) 《変形》? ← SETTLE²〗 *n.* **1** 背もたれ, 肘掛け付き長椅子. **2** 中型のソファー.
set·tee² [setíː] 〖(1587) ⇨ It. *saettia* ← *saetta* < L *sagittam* arrow〗 — *n.* 〖海事〗セッティー《船首の尖った2本または3本のマストに大三角帆 (lateen sail) を張った昔の地中海の帆船》.
settée rìg *n.* 〖海事〗セッティー帆装《地中海で使われた2[3]本マストに大三角帆を張った方式のもの》.
sét·ter [-ṭə | -tə(r)] 〖(15C) ← SET (v.) + -ER¹〗 — *n.* **1** [しばしば複合語の第2構成素として] set する者: an accurate ~ of type 組版の正確な人 / a jewel ~ 宝石を台にはめる職人 / ⇨bonesetter. **2 a** set する物[道具]. **b** 低い木びき台. **c** 〖機械〗＝saw set. **3 a** さぎ師[泥棒]のおとり役. **b** (警察の)スパイ. **c** (競売で)値をつり上げる役の人, さくら. **4** [*pl.*] 女性 (↔ pointers). **5** セッター《伏せをして獲物の所在を示す猟犬; cf. set *vi.* 11, pointer 4 a》: ⇨English setter, Gordon setter, Irish setter. **6** 〖音楽〗《パイプオルガンの》音栓の組み合わせをセットする装置. **7** 〖バレーボール〗セッター (cf. setup 10 b).
sétter-ón 〖← *set on* (⇨ set (v.) 成句)〗 *n.* (*pl.* **setters-on**) **1** けしかける人, そそのかす人, 扇動者 (instigator): a ~ *to* rebellion. **2** 攻撃する人 (attacker).
sétter·wòrt 〖(1551) ← *setter* (《転訛》? ← SETON) + WORT: この草の根が牛の seton 療法に用いられたことからか: cf. MLG *siterwort*〗 *n.* 〖植物〗＝bear's-foot 1.
sét tèster *n.* ＝circuit tester.
sét thèory *n.* 〖数学〗集合論《主として無限集合を対象とする数学の分野; ドイツの数学者 G. Cantor によって創始された》.
sét·ting [-ṭɪŋ | -tɪŋ] 〖ME: ⇨ set, -ing¹〗 — *n.* **1** (日・月の)没する[沈む]こと, 入り: the ~ of the sun 落日. **2** (計器・時計などの)調節(法); 調節点; (ダイアルなどで針の示した)目盛の位置: A watch has two ~*s*, fast and slow. 時計には速と遅との二つの調節点がある. **3 a** 固まること, 凝固, 硬化; (コンクリートなどの)凝結《コンクリートを打ってから数十分ないし数時間後に起こる現象; cf. hardening 1 a》: the ~ of plaster [mortar] 石膏[しっくい]の凝固. **b** 固着, 接着. **c** 植付け (planting). **4 a** (宝石などの)はめ込み, 象眼(inlaying); はめ込み物, はめこみ台(mounting): with a diamond ~ ダイヤをちりばめた. **b** (機械の)台. **5 a** 環境, 周囲, 背景; (小説・劇などの)背景としての時代[場所]: the historical ~ of the Bible 聖書の歴史的背景 / The high mountains formed a beautiful ~ for our holiday trip. 高い山々が私たちの行楽にとって格好な美しい背景をなしていた / The story has its ~ in ancient Greece. 物語の背景は古代ギリシャに置かれている. **b** 〖演劇〗セッテング, 舞台装置, 道具立て (stage setting). **6** (食卓またはその一席分の個所に並べられる)一揃いの洋食器: The dining room has ~*s for* one hundred. その食堂は百人分の用意ができる. **7** (卵の)一抱き (clutch). **8** 〖音楽〗(詩などの)作曲, 節付け; 編曲. **9** 〖軍事〗測合《信管の目盛りを調整すること》. **10** 〖教育〗(英国の教科ごとの)能力別学級編成《streaming は全教科に対して固定されているのに対して setting は教科ごとに能力別のコースが編成されること; cf. streaming 3》.
sétting blòck [bòard] *n.* (昆虫の標本を作る時に用いる)展翅(し)板.
sétting còat *n.* 〖建築〗(壁の)仕上塗り.
sétting hèn *n.* 巣につきたがる雌鶏.
sétting-lòtion *n.* セットローション《婦人が髪をセットする時に使う溶液》.
sétting pòint *n.* 〖物理〗凝結温度《ゾルがゲル化する温度》.
sétting pùnch *n.* かしめつぶし棒《かばんなどに用いるかしめの足をつぶす工具; rivet set ともいう》.
sétting rùle *n.* 〖印刷〗セッテン (composing rule).
sétting stìck *n.* **1** 〖印刷〗ステッキ (composing stick). **2** ＝dibble¹.
sétting-úp èxercise *n.* [通例 *pl.*] 柔軟体操, 整備体操; 美容体操 (calisthenics).
set·tle¹ [séṭl̩ | -tl̩] 〖OE *setlan* ← *setl* (↓): cf. Jap.「すむ(同根語: 住む, 済む, 澄む)」〗 — *vt.* **1 a** (動かないように)置く, 据える: ~ one's hat *on* one's head 帽子をしっかり頭の上にのせる / ~ one's feet *in* the stirrups 足をしっかりとあぶみに置く / ~ an invalid *among* pillows 枕で支えて病人を寝かせる / ~ oneself *in* a chair [the witness stand] 椅子にどっしりと坐る[証人席に立つ]. **b** きちんと整える; 〈衣服などを〉整える, 〈帽子などを〉きちんとかぶる, 〈枕などを〉正しくあてがう.
2 a 〈人を〉〔土地・住居などに〕落ち着かせる, 定住させる 〔*in, into, on*〕: ~ a child *into* a new school 子供を新しい学校になじませる / ~ one's family *in* the country 家族を田舎に定住させる / We were soon ~*d* [soon ~*d* ourselves] *in* our new house. 我々はほどなく新居に落ち着いた. **b** 〈土地〉に植民[移住]する (colonize); 〈人を〉〔土地に〕植民させる 〔*in*〕; 〔人を〕〈土地〉に移住させる 〔*with*〕: ~ Canada / The Dutch were ~*d in* New York. オランダ人はニューヨークに移住した / Australia was ~*d with* Englishmen. オーストラリアはイギリス人によって植民された.
3 a 〈制度・政体・国語などを〉安定させる, 恒久的にする: ~ the government on a parliamentary basis 政体を議会制度の基に確立する. **b** 〔職業などに〕つかせ(て安定させ)る; (結婚させて)…の身を固めさせる: ~ one's son *in* business 息子を実業につかせる / ~ a daughter (*by* marriage) (結婚で)娘の身を固めさせる.
4 a (揺すぶって)〈中味を〉安定させる; (水などを打って)〈土・地面を〉固める: ~ the contents of a box 揺すって箱の中味を落ち着かせる / ~ the soil. **b** 〈かすを〉沈殿させる; (かすを沈めて)〈液体を〉澄ませる (clarify); 〈ほこりを〉静める: ~ wine ぶどう酒を澄ませる / A rain fall will ~ the dust. 一雨降ればほこりも静まるだろう.
5 a 〈神経などを〉鎮静させる, 安静にする (quiet); 〈胃などを〉落ち着かせる: ~ a disordered brain 混乱した頭を静める / medicine to ~ one's nerves [stomach] 神経を鎮める[胃を落ち着かせる]薬. **b** 〈食べた物〉の消化を助ける: take a liqueur to ~ one's meal 食事のこなれをよくするためにリキュールを一杯飲む. **c** 〈病人・子供などを〉安静に[静かに]させる 〈*down*〉: ~ children [the audience] *down* 子供たち[聴衆]を静粛にさせる / ~ oneself (*down*) to …に落ち着いて[心を定めて]取りかかる.
6 [しばしば *to* do, *wh*-word + *to* do, *wh*-word + clause を伴って] 決定する, 決める (decide); 決心する: ~ conditions [a price] 条件[価格]を決める / ~ a day for the meeting 会の日取りを決める / ~ the order of royal succession 王位継承の順位を決める / We ~*d to* accept the offer. その申し出を取り入れることに決めた / Have you ~*d where to* go [*what* you will take]? どこへ行くか[何にするか]決めましたか.
7 a 〈問題・困難などを〉解決する (solve), 〈紛争・争議など〉に始末[結末]をつける (close up), 〈国事・危機などを〉処理する (dispose); 〈家事などを〉整理する; 〈疑いを〉晴らす: ~ problems, difficulties, disputes, quarrels, etc. / ~ differences (国際間の)紛争を解決する / ~ affairs of state 国事を決する / ~ one's affairs 家事[財産]を整理する, (特に)遺言書を作る / ~ doubts 疑いを晴らす / Mediation will ~ the crisis. 調停によって危機は解決を見るだろう / There is nothing ~*d* yet. 問題はまだ何も片付いていない / That ~*s* it [the matter]. それで問題は解決した《もう言うことはない》. **b** 《口語》〈人を〉片付ける, やっつける; おとなしくさせる, 黙らせる (silence): ⇨*settle a person's* HASH¹ / ~ a person with a blow 一撃で人を倒す[あの世に送り込む] / A word from you will ~ him. 君が一言言えば奴もおとなしくなるだろう.
8 〈勘定・負債などを〉払う (pay), 清算する (liquidate), 片付ける 〈*up*〉〔*with*〕: ~ (*up*) an account [a debt, a claim] (しばしばまけてもらって)勘定[債務]を支払う[済ます] / ~ a bill *with* a desk clerk (ホテルでチェックアウトの時)フロント係に料金を支払う / ~ the charge for the taxi タクシーの料金を支払う / have an account to ~ *with* …に清算すべき勘定がある; …と談判しなければならぬことがある.
9 〈雄の動物が〉〈雌〉に種付けをする (cf. serve *vi.* 13).
10 〖法律〗 **a** 〈財産・権利などを〉〔…に〕分与[譲渡]する, 〈不動産など〉の終身継承権を〔…に〕設定する (cf. settlement 8) 〔*on, upon*〕: ~ one's estate [fortune] *on* one's children 財産を子供達に分与する. **b** (双方の了解で)〈訴訟・紛争を〉解決する: ~ a lawsuit (out of court) 訴訟を和解させる[示談にする].
— *vi.* **1 a** 居を定める, 定住する 〈*down*〉: ~ (*down*) nearby [near London, in Europe]. **b** 植民[移住]する: The Pilgrim Fathers ~*d* in Plymouth. ピルグリムファーザーズはプリマスに植民した.
2 a 〔職業に〕つく, 腰を据える 〈*down*〉〔*in*〕: ~ *in* the practice of law 弁護士を開業する / ~ *down in* a new job [career] 新しい職に身を落ち着ける. **b** [通例, ~ *down* として] 〔仕事に〕腰を落ち着ける, 取りかかる 〔*to*〕; [*to* do を伴って] 〈…することに〉身を入れる: ~ *down to* dinner [reading] 落ち着いて食事[読書]に取りかかる / I cannot ~ (*down*) *to* anything today. 今日は何も落ち着いてやる気になれない / He cannot ~ *to* study. 腰を据えて勉強する気になれない.
3 a 〈天候・風などが〉定まる, 落ち着く, 固定する: The weather has ~*d* at last. 天気はやっと定まった. **b** 〈興奮・騒音・騒ぎ・事態などが〉おさまる, 静まる 〈*down*〉: let excitement ~ *down* 興奮を静めさせる / The matter has ~*d down*. 一件は落着した. **c** 〔ある状態に〕落ち着く, おさまる, 定着する 〔*into*〕: ~ *into* sleep 眠り込む / ~ *into* marriage [old age] 結婚生活に入る[老境に至る] / Her expression ~*d into* a smile. 彼女の表情は微笑に変わった / Things are *settling into* shape. 事態も目鼻がつき始めた.
4 a 〔…に〕決める, 決定する, 決心する (resolve) 〔*on, upon*〕: ~ *on* a date [plan of action] 日取り[行動計画]を決める. **b** 〔…で〕満足[我慢]する, 手を打つ 〔*for*〕: ~ *for* any kind of work どんな仕事でも我慢する / ~ *for* being a housewife 主婦の地位に甘んじる / ~ *for* half the price 半値で折り合う.
5 借金を済ます, 勘定を払う, 精算する (compound) 〈*up*〉〔*with*〕: ~ *up* after a game ゲームのあとで精算する / ~ (*up*) *with* a creditor [waiter] 債権者に債務を[ウェイターに勘定を]支払う / I will ~ for you. 君の分も払っておこう.
6 a 〔…と〕話をつける, 和解する 〔*with*〕. **b** 〔…に〕仕返しをする, 復讐する 〔*with*〕: Now to ~ *with* you! さあ話をつけてやる《挑戦のことば》.
7 a 〈鳥などが〉とまる, 休む, 〈飛行船などが〉着陸する, 〈霧などが〉降りる, かかる, 〈静寂・夕闇などが〉垂れこめる 〔*on, over, in*〕: A bird ~*d on* the bough. 鳥がその枝にとまった / The fog ~*d in* the village. 霧が村に垂れこめた / Dusk was *settling over* the city. 町に夕闇が迫っていた. **b** 〈平静な気持などが〉〔…に〕宿る 〔*on, upon*〕: A queer calmness ~*d upon* him. 不思議なくらい落ち着いた気持になった. **c** 〈病気などが〉〔…に〕局部化する 〔*in, on*〕: A cold ~*s in* my head [*on* my chest]. かぜが抜けずに頭[胸]が痛い.
8 腰を下ろす, くつろぐ, 休む: ~ (*back*) *in* a chair 椅子(いす)に深々と坐る / ~ *down* with a paper 新聞を持ってのんびり(椅子に)くつろぐ / ~ *down* there for the night その晩はそこに泊って休む.
9 〈ほこりなどが〉降りる, 積もる; 〈かすなどが〉沈殿する; 〈液体などが〉澄む 〈*down*〉: The dust has ~*d on* the shelf. 棚にはほこりがたまっていた.
10 a (降雨・降霜などのあとで)〈地面・土地が〉しまる, 固まる. **b** 〈土地・土台などが〉沈下する, 低下する, 下がる (subside). **c** 〈自動車などが〉〔ぬかるみなどに〕はまる (sink) 〔*in*〕: The bus ~*d in* the mud. バスは泥の中にはまり込んだ. **d** 〈船が〉沈む, 傾く (sink): The ship ~*d* (*down*) by the stern. 船は船尾から沈んだ.
11 〈雌の動物が〉子をはらむ.
settle down (*vt.*) ⇨ *vt.* 5 c. (*vi.*) (1) ⇨ *vi.* 1 a. (2) ⇨ *vi.* 2. (3) ⇨ *vi.* 3 b. (4) ⇨ *vi.* 8. (5) ⇨ *vi.* 9. (6) (結婚して)身を固める, 落ち着く: marry and ~ *down* / ~ *down to* married life 気ままな生活を止めて結婚生活に入る. ***settle in*** (新居などに)引っ越して落ち着く[着かせる]: Do come and see us when we have ~*d* [are ~*d*] *in*. 落ち着いたらぜひ遊びに来て下さい. ***settle up*** (*vi.*) (1) ⇨ *vi.* 5. (2) 物事を片付ける, 物事

にきまりをつける：It's time we ~*d up.* もうきまりをつけてもよい頃だ. (*vt.*) ⇨ *vt.* 8.

set·tle² [sétḷ | -tl] 〘OE *setl* < Gmc **setlaz, *setlam* (G *Sessel*) ← IE **sedlā-* (L *sella* seat / Gk *hellā*) ← **sed-* 'to SIT': cf. set, saddle, soot〙 — *n.* **1 a** (木製の)長椅子《肘掛け付きで背部が高く座席の下が箱になったものが多い》. **b** ＝settee¹. **2** 《廃》坐る場所；住居.

settle² 1 a

sét·tled *adj.* **1 a** 固まった, 固定した (fixed)；安定した, 確立した (established)：a man of ~ convictions 強い確信のある人 / a ~ habit 確立した習慣 / a ~ income 定収(入). **b** 根深い：a ~ melancholy 深い憂いの色. **2 a** 〈人が〉定住した. **b** 〈土地が〉植民された, 植民者が居る. **3** 〈天気が〉定まった, 快晴の：~ weather 快晴続き. **4** 片付いた, 協定のついた：a ~ thing [matter] けり[きまり]のついた事柄[問題]. **5** 清算のできた (adjusted), 支払い済みの：a ~ account / *Settled* (請求書の上に書いて)支払い済み.

séttled estáte *n.* 〘法律〙制限付き不動産権《通常の相続法による譲渡・遺贈・代襲相続などの権利が継承的不動産処分 (settlement) によって限定されたもの》.

sét·tle·ment 〘《1626》← SETTLE¹＋-MENT〙 — *n.* **1 a** (住居を定めて)身を落ち着けること, 定住, 居住：the ~ in the new house. **b** 固定, 定着, 確立. **c** 安定した状態；秩序の確立. **2 a** 身固め (establishment in life), 定職につくこと；(特に)結婚による身固め：~ in life. **b** 固定した地位. **c** 牧師に就任すること, 叙階. **3 a** 植民 (colonization), 移民；(新しく作られた)植民地 (colony)；新開地；(特に)居留地, 租界：the English ~*s* (米国の)英国人による開拓地. **b** (植民地など人口の希薄な地域の)小さな村落. **c** 小さな家[小屋]のかたまり, (特に, 農園の)奴隷地区 (slave quarters). **d** (特定の教団・階級が形成する)共同社会：Mennonite ~ メノー派教徒の社会. **e** セツルメント, 隣保団, 隣保事業, 隣保館《貧しい人が多く住む地域に定住してその改善や啓発に当たる団体・事業・施設；settlement house, neighborhood house ともいう》. **4 a** 〈液体が〉澄むこと (clarification)；(おりの)沈殿 (precipitation), 清澄. **b** (建物・土砂などの)降下, 沈下 (subsidence). **5** 解決, 処理, 片付け, 決定, 決着 (conclusion)；和解, 示談 (agreement)：the ~ of a dispute [strike] 論争[ストライキ]の解決 / a ~ out of court 示談, 和解 / terms of ~ 和解条件, 解決条件 / come to [reach] a ~ きまりがつく, 決定になる, 落着[決着]する, 和解する, 示談になる. **6** (勘定の)清算, 決算. **7** 《英》(法律で定められた)定住地, (救貧法の救済を受けるだけの期間の)定住. **8** 〘法律〙 **a** (財産・権利などの)譲渡, 処分, 財産授与, (特に, 家族のための)継承的不動産処分：make a ~ on [upon] …に財産を譲渡する / a family ~ 家族継承的不動産処分 / a marriage ~ 婚姻継承的不動産処分 / the Act of *Settlement* 王位継承法《1701 年に定められた英国の法律で, 旧教徒の即位を禁止して, Hanover 朝の成立を確実ならしめた》. **b** 贈与財産. **9** 〘証券〙取引の決済《証券の受渡しと代金の受払い》；《英》2 週間決済取引の決済処理過程[期間]《その第 1 日が contango day, 第 2 日が ticket day, 間を置いて最終日が account day》.

séttlement dày *n.* 決算日, 勘定日, 決済日, 受渡し日.

séttlement hòuse *n.* ＝settlement 3 e.

séttlement òption *n.* 〘保険〙保険金支払い方法の選択.

séttlement wòrker *n.* 隣保事業家 (cf. settlement 3 e).

sét·tler [-tlə, -tḷə | -tlə(r, -tḷə(r] 〘《1598》〙 — *n.* **1 a** 移民, 移住民, 開拓者, 植民者 (colonist)：the early ~*s* of New England. **b** 隣保事業家, セツラー. **2** 沈殿器, 沈殿おけ. **3 a** 解決[決定]する人[もの]. **b** 《口語》決定的打撃[議論, 事件], 論争などに最後の結論を与えるような議論, 最後のけりをつけるもの, とどめ (decisive blow). **4** 〘法律〙継承的不動産処分設定者.

séttler's clòck *n.* 《豪》〘鳥類〙＝kookaburra.

sét·tling [-tḷɪŋ, -tl- | -tḷ-, -tl-] 〘《15C》〙 — *n.* **1** 据えること；安定させること. **2** 移住, 植民. **3** 決定；解決；和解. **4** 鎮静. **5** [-tl-, -tḷ- | -tl-, -tḷ-] 沈殿；[*pl.*] 沈殿物, かす, おり (lees, dregs).

séttling dày *n.* 《英》 **1** 勘定日, 決算[清算]日. **2** 〘証券〙＝account day (cf. contango day, ticket day).

séttling rèservoir *n.* 沈殿池.

set·tlor [sétlɔə, -tḷ- | -tlə(r, -tlɔ:(r, -tḷ-] 〘《変形》← SETTLER：⇨ -or²〙 *n.* 〘法律〙財産譲渡者；(継承的不動産処分や信託の)設定者.

sét-tò 〘← *set to* (⇨ set (v.) 成句)〙 — *n.* (*pl.* ~s) 《口語》 **1** (ボクシングなどの)激しい打合い. **2** (通例短時間の)激論：There was a ~ between them. 彼ら二人の間で激論があった.

set·u·la [sétʃulə | -tju-] 〘⊏ LL *sētula* (dim.) ← *sēta*：⇨ seta〙 *n.* (*pl.* **-u·lae** [-lìː]) 〘生物〙短い剛毛, 小剛毛.

set·u·lose [sétʃulòus | -tjulàus] 〘⇨ ↑, -ose¹〙 *adj.* 〘生物〙短い剛毛 (setulae) でおおわれた.

set·u·lous [sétʃuləs | -tju-] *adj.* 〘生物〙＝setulose.

sét·ùp 〘← *set up* (⇨ set (v.) 成句)〙 — *n.* **1** 《口語》 **a** (機械などの)組立て, 作り (make-up). **b** 機構, 組織, 構成 (organization). **2 a** 態度, 身のこなし (carriage)；(特に, 直立の軍人のような)姿勢. **b** 体格 (physique). **3** 行動計画, 企画 (project, plan). **4** 《米》(実験装置などの)装備 (arrangement), 準備 (preparation). **5** 《米口語》 **a** 楽に勝てるように仕組んだ試合[競争]. **b** 八百長(試合). **c** 楽勝できる敵, 弱い敵,「かも」. **d** 楽にできる仕事. **e** 容易にだまされる人,「かも」. **6** 《米》 **a** 酒にまぜるソーダ水[氷など]. **b** (レストランで食卓の用意の)食器一揃い, テーブルセット《時にバター・パンも含む》. **7** 《米》〘玉突〙容易に得点の得られるように並んだ球の位置. **8** 〘映画〙セットアップ：**a** カメラの位置. **b** あるカメラ位置からとったフィルムの長さ. **c** 撮影前の小道具の最後の配列. **9** 〘ボクシング〙勝ち目のない選手. **10** 〘スポーツ〙セットアップ：**a** (テニス・バドミントンなどで)相手にやすやすと決定打となるようなチャンスボール；またはそのショット. **b** (バレーボールで)チームのメンバーがスパイクしやすいようにネットぎわに高く上げられたボール；そのボールをスパイクする選手.

sét-ùp *attrib. adj.* [通例副詞に伴って] 体を鍛え上げられた, (…の)体格の：a well ~ man 立派な体格の人.

set·wall [sétwɔ:l] 〘《?*a*1200》 *setewale, zedewale* zedoary ⊏ AF *zedewale* ＝ OF *cito(u)al* ⊏ ML **zedoāle* 《変形》← *zedoārium* 'ZEDOARY'〙 — *n.* 〘植物〙 **1** ヨウシュカノコソウ (garden heliotrope). **2** ハナシノブ (*Polemonium coeruleum*). **3** ウコン (turmeric).

sét wìdth *n.* 〘印刷〙(自動植字で, 小文字の)組み幅.

Seu·rat [sə(ː)rɑ́ː | sə́ːrɑː; *F.* søʀa], **Georges** *n.* スーラ《1859–91；新印象主義を創始したフランスの画家》.

Seuss [súːs], **Dr.** *n.* ⇨ Geisel.

SEV [sév] 《略》 *Russ.* Soviet Ekonomicheskoi Vzaimopomoshchi (＝Council for Mutual Economic Assistance：⇨ COMECON).

Se·van [səvɑ́ːn; *Russ.* sjiván] *n.* (*also* **Se·vang** [səvɑ́ːŋ]) セバン(湖)《ソ連邦 Armenia 共和国中部の火山湖；面積 1,360 km²》.

Se·vas·to·pol [sɪvǽstəpòʊl, sə-, -pɔ̀(ː)l, sèvəstó(ː)pəl, -stóu- | sɪvǽstəpḷ, se-, sə-, -pɔ̀l; *Russ.* sjivastópəlj] *n.* セバストポリ《ソ連邦 Ukraine 共和国南部, クリミア半島南端部にある港市で海軍基地・保養地がある；クリミア戦争 (Crimean War) および第二次大戦における長期にわたる抗戦は有名；人口 283,000》.

sev·en [sévən] 〘OE *seofon* < Gmc. **sebun* (Du. *zeven* / G *sieben*) < IE **septṃ* (L *septem* / Gk *heptá* / Skt *saptá*)：cf. sept-, hepta-〙 — *n.* **1** 7；7 個, 7 人, 7 歳, 7 時：half past [after] ~ 7 時半 / a boy of ~ 7 歳の少年 / in [by] ~*s* 七つずつ, 7 人ずつ / ~ of them 彼ら[それら](のうち)の 7 人[個]. **2** 7 [VII] の記号[数字]. **3** 7 人[個]一組；7 人のボートの組. **4** (トランプなどの) 7 の札[カード]：the ~ of hearts ハートの 7. **5** 7 番サイズの衣料品：wear a ~. **6** [*pl.*；単数扱い]〘トランプ〙＝fan-tan 1. **7** [通例 *pl.*]〘詩学〙韻律構造の単位が 7 からなるもの《7 音節の強弱調など》. **8** [*pl.*]〘ラグビー〙セブンズ《7 人ずつのラグビー試合》.

at sixes and sevens ⇨ six 成句.

Seven against Thebes [the —] 〘ギリシャ神話〙テーベの七勇士《兄 Eteocles のために位を奪われた Polynices を王位に復させようとしてテーベ攻撃に出動した 7 人のギリシャの勇士 Adrastus, Amphiaraus, Capaneus, Hippomedon, Parthenopaeus, Polynices および Tydeus；この出征は失敗に終わったが, 10 年後彼らの子孫 (the Epigoni) によって目的は果たされた；Aeschylus はこれを劇にした》.

— *adj.* 7 の, 7 個の, 7 人の；[Predicative に用いて] 7 歳で：at ~ o'clock 7 時に. ★ mystic number として完全または多数を意味する場合がある：seventy times ~ ⇨ seventy 成句 / ~ days 7 日, 1 週間 / ~ year(s) 《廃》長年月.

Seven Champions of Christendom [the —] 七守護聖人《イングランドの St. George, スコットランドの St. Andrew, アイルランドの St. Patrick, ウェールズの St. David, スペインの St. James the Greater, フランスの St. Denis およびイタリアの St. Anthony》.

seven-day fever in Japan 〘病理〙七日熱, なぬかやみ《日本の山林労務者がかかりやすいレプトスピラ症で, ワイル病よりは軽症》.

Seven Sages of Greece [the —] ＝Seven Sages.

Seven Sleepers of Ephesus [the —] エフェソスの七眠者《Decius 帝の時, Ephesus でキリスト教信仰のために迫害され, ある岩穴に閉じ込められ約 200 年の間眠って後, 目ざめた時にはローマがキリスト教化されていたと伝えられる 7 人の貴族》.

Seven Wise Men of Greece [the —] ＝Seven Sages.

Seven Wonders of the World [the —] 世界の七不思議《エジプトの大ピラミッド (Great Pyramids), Alexandria の灯台 (Pharos), バビロンのつり庭 (Hanging Gardens of Babylon), Ephesus の Artemis 神殿, Olympia の Zeus 神像, Halicarnassus の墓陵 (Mausoleum) および Rhodes のアポロン巨像 (Colossus of Rhodes) の七大造営物をいう》.

séven·bàrk *n.* 〘植物〙 **1** ＝wild hydrangea 1. **2** ＝ninebark.

séven cárdinal vírtues *n.pl.* 〘哲学・神学〙＝seven principal virtues.

séven-càrd stúd *n.* 〘トランプ〙七枚ポーカー《7 枚のカードを最初の 2 枚と最後の 1 枚だけ伏せて配り, うち 5 枚を選んで役を作る方式の stud poker》.

séven déadly síns *n.pl.* [the ~] 〘神学〙(地獄に落ちる)七つの大罪[罪源, 主罪] (⇨ deadly sins).

séven·fòld 〘OE *seofonfeald*：⇨ seven, -fold〙 *adj.* **1** 7 部分[部門, 要素]のある, 七重の. **2** 7 倍の. — *adv.* 7 倍に；七重に.

Séven Hílls *n.pl.* [the ~] (ローマの)七丘《Aventine, Caelian, Capitoline, Esquiline, Palatine, Quirinal および Viminal；古代ローマはこの七丘を中心に建設された；Seven Hills of Rome ともいう》：the City of the ~「七丘の都」《Rome の別称》.

séven-lèague 〘← *seven-league(d) boots* 《なぞり》← F *bottes de sept lieues*〙 — *attrib. adj.* 《前進など》長足の, 急速な, すごいスピードの：a ~ step, stride, etc.

séven-league bóots *n.pl.* (童話 *Hop-o'-my-Thumb* に出てくる人食い鬼 (ogre) のはく)一またぎ 7 リーグの(巨大な)靴：advance with ~ 急速に前進する, 長足の進歩をする[遂げる].

séven-lèagued *adj.* ＝seven-league.

séven líberal árts *n.pl.* 〘教育〙＝liberal arts 1.

séven·nìght *n.* ＝sennight.

sev·en·pence [sévənpéns, sévənpəns] *n.* (*pl.* ~, **-penc·es**) (英国の) 7 ペンス(の価). ★ 用法その他については ⇨ penny 1.

sev·en·pen·ny [sévənpéni, sévənp(ə)ni | -nɪ] 〘⇨ seven, -penny〙 — *adj.* **1** 7 ペンスの. ★ 用法その他については ⇨ penny 1. **2** 〘100 本につき 7 ペンスしたことから〙〈釘が〉$2^1/_4$ インチ(の長さ)の.

Séven Pínes *n.* ＝Fair Oaks.

séven príncipal vírtues *n.pl.* 〘哲学・神学〙七元徳, 七主徳《faith, hope, love [charity], prudence, justice, fortitude, temperance；cf. cardinal virtues》.

Séven Ságes *n.pl.* [the ~] (古代ギリシャの)七賢人《Bias, Chilon, Cleobulus, Periander, Pittacus, Solon および Thales；支配者, 法律家, 顧問としてギリシャに奉仕し多くの格言を書いたという》.

séven séas, S- S- *n.pl.* [the ~] 世界の七洋, 七つの海《南北太平洋, 南北大西洋, インド洋, 南極海および北極海》；全世界の大海.

séven sénses *n.pl.* [the ~] 七感《触覚, 味覚, 視覚, 聴覚, 嗅(きゅう)覚に知覚と言語感覚を加えたもの》.

séven sísters 〘《15C》〙 *n.* (*pl.* ~) 〘植物〙ノイバラ (*Rosa multiflora*)《日本の山野に普通にみられるノバラで 2 m 位の落葉低木；seven sisters rose ともいう》.

Séven Sísters *n. pl.* [the ~] 〘天文〙「七姉妹」《Pleiades の旧名》.

Séven Sléepers 〘OE 《なぞり》← L *septem dormientes*〙 *n.* [the ~] ＝SEVEN Sleepers of Ephesus.

séven-spòt *n.* 《俗》〘トランプ〙7 のカード[札].

Séven Stárs 〘OE *seofon steorran*〙 *n.* [the ~] 〘天文〙＝Pleiades.

sev·en·teen [sèvəntíːn, ⌐‒⌐] 〘OE *seofontiene, seofontȳne, sefontēne*：cog. G *siebzehn*：⇨ seven, -teen〙 — *n.* **1** 17；17 個, 17 人, 17 歳：sweet ~ 妙齢, 鬼も十八の年ごろ. **2** 17 [XVII] の記号[数字]. **3** 17 人[個]一組. — *adj.* 17 の, 17 個の, 17 人の；[Predicative に用いて] 17 歳で.

sev·en·teenth [sèvəntíːnθ, ⌐‒⌐] 〘ME *sevententhe* 《変形》← *seventethe* < OE *seofontēoþa*：-*n*- は ↑ の影響をうけた：⇨ -th¹〙 — *adj.* **1** 第 17 の, 17 番目の (17th). **2** 17 分の 1 の：a ~ part 17 分の 1. — *n.* **1** [the ~] 第 17, 17 番目, 第 17 位；(月の)(第) 17 日：*the* ~ [*17th*] of July 7 月 17 日. **2** 17 分の 1.

séventeen-yèar lócust *n.* 〘昆虫〙ジューシチネンゼミ (*Magicicada septendecim*)《米国産で地中の幼虫期が北で 17 年, 南では 13 年におよぶ；periodical cicada ともいう》.

sev·enth [sévənθ] 〘ME *seventhe* ← SEVEN＋-TH¹ ∽ *sevethe* < OE *seofoþa* < Gmc **sebunþo-* ← *sebun* 'SEVEN'〙 — *adj.* **1** 第 7 の, 7 番目の (7th). **2** 7 分の 1 の：a ~ part 7 分の 1. — *adv.* 第 7 に, 7 番目に. — *n.* **1** [the ~] 第 7, 7 番目, 第 7 位；(月の)(第) 7 日：*the* ~ [*7th*] of May 5 月 7 日. **2** 7 分の 1：a ~ 7 分の 1. **3** 〘音楽〙七度音程, 七度：the chord of dominant ~ 属七(ぞくしち)の和音《属和音に短 3 度を積み重ねた和音；主和音へ進む性質がある》. **~·ly** *adv.*

Séventh Ávenue *n.* **1** 七番街《米国 New York 市 Manhattan 区の大通り》. **2** New York 市の婦人服飾産業界《大量生産で有名》.

séventh chórd *n.* 〘音楽〙七の和音《根音とその第 3 音・第 5 音および第 7 音の 4 個音によって構成される和音》.

séventh-dáy, S- D- *adj.* 週の第 7 日(土曜日)を安息日とする.

Séventh dáy *n.* **1** (クエーカー派 (Quakers) 間で)土曜日. **2** (ユダヤ教などで)安息日 (Sabbath).

Séventh-day Ádventist, Seventh-Day Adventist *n.* 〘キリスト教〙 **1** [the ~*s*] 安息日再臨派[教団], セブンスデー アドベンティスト《キリストの再臨と安息日厳守を主張する再臨派 (Adventists) の一派》. **2** 安息日再臨派の信徒.

Séventh-Day Báptist *n.* 〘キリスト教〙セブンスデー バプティスト《土曜日を安息日とするバプティスト派 (Baptists) の一派の信徒；Sabbatarian》.

séventh héaven *n.* [the ~] 〘ユダヤ教〙第七天《最上天で, ユダヤ人が神と天使のいる所と考えた》：be in *the* ~ 無上の幸福に浸っている, 有頂天(うちょうてん)になっている / *the* ~ of delight 喜びの極致[絶頂].

séventh-ínning strétch *n.* 〘野球〙七回の背のび《ひいきのチームがラッキーセブンの攻撃に移る際,

その第1打者が打席に入るまで観客が立ち上っていること；19世紀の昔から行なわれている習慣で，縁起をかついでやるもの》.

sev·en·ti·eth [sévəntiiθ, -tɪəθ | -tiiθ, -tɪəθ] 〘ME *seventiþe*: ⇨↓, -th¹〙 — *adj.* **1** 第70の，70番目の(70th). **2** 70分の1の：a ～ part 70分の1. — *n.* **1** [the ～] 第70，70番目. **2** 70分の1.

sev·en·ty [sévənti | -tɪ] 〘OE *seofontiġ* (略) ← *hund-seofontiġ* ← *hund* 'HUNDRED' + *seofon* 'SEVEN' + *-tiġ* 'group of ten, -TY¹': OE では70から120までは語頭に *hund* をつけた〙 — *n.* **1** 70；70個，70歳，70年. **2** 70 [LXX] の記号[数字]. **3** 70人[個]一組. **4** [*pl.*] 70年代[歳代]，70台：a man still vigorous in his *seventies* 70代でまだ元気のよい人 / It appeared in *the seventies.* 70年代に起こった / a score in *the seventies* 70台のスコア. **5** [the S-] **a** =Sanhedrin. **b** (旧約聖書のギリシャ語訳に従事した)70人の学者(cf. Septuagint). 「て」70歳で.
— *adj.* 70の，70個の，70人の；[Predicative に用い] ***seventy times seven*** 七たびを70倍するまで；いくたびとなく(cf. *Matt.* 18:22).

Séventy-fíve *n.* 〘軍事〙75ミリ砲；(特に，第一次大戦で用いられたフランス・米国両軍の)75ミリ野砲.

séventy·fòld *adj., adv.* 70倍の[に].

séven-úp *n.* 〘トランプ〙セブンアップ《pinochle 系のゲームの一種で，all fours のアメリカ版；2-4人が6枚の手札で得点を競い，7点取れば勝ちになる；old sledge ともいう》. 「principal virtues.

séven vírtues *n. pl.* [the ～] 〘哲学・神学〙=seven

Séven Wèeks' Wár *n.* [the ～] 七週間戦争《1866年6-8月のプロイセン対オーストリアの戦争》.

séven-yèar ítch *n.* **1** 〘病理・獣医〙《俗用》=scabies. **2** [(the) ～]《戯言》結婚後7年目頃に現われがちな退屈[不満，倦怠期].

Séven Yèars' Wár *n.* [the ～] 七年戦争《Frederick 大王下のプロイセンおよび英国の連合軍とオーストリア・フランス・ロシヤ・スウェーデンなどとの間の1756-63年間の戦争》.

sev·er [sévə | -və(r] 〘《?c1390》□ AF *sever-er*=(O)F *sevrer* < VL **sēperāre* = L *sēparāre*: ⇨ separate〙 — *vt.* **1** 切断する，切り放つ，切る(separate, cleave) 〔*from*〕: ～ a bough *from* the trunk 幹から枝を切り落とす / ～ a rope 綱を切る. **2 a** 断絶する，断つ，仲を裂く(break up)；不和にする(estrange) 〔*from*〕: ～ oneself *from* a party 党から脱退する，脱党[会]する / ～ an ancient friendship [alliance] 昔からの親交[盟約]を断つ / ～ one's connection with ...との関係を断つ / ～ diplomatic relations with ...との国交を断絶する / ～ friends 友だち同士の間を裂く / Slight misunderstandings may ～ lifelong friends. ちょっとした誤解がもとで一生の友だちと不和になることもある / ～ husband and wife 夫婦の仲を裂く. **b** 〈人〉の雇用契約を終える. **3** 分かつ，隔てる(divide) 〔*from*〕: The Channel ～*s* England *from* France. イギリス海峡が英国とフランスを隔てている. **4** 〈二つのものを〉区別する(distinguish). **5** 〘法律〙分離する，分ける(divide)；別個の物として取り扱う，訴訟を分離する：～ an estate [liabilities] 財産[債務]を分離する. — *vi.* **1** 切断する，断絶する；仲を裂く. **2** 二つに裂ける，切れる(come asunder)，離れる，分かれる(separate): The rope ～*ed* under the strain. なわは強く張り過ぎて切れた.

sev·er·a·ble [sév(ə)rəbl̩ | -vər-] *adj.* **1** 切断できる，断ち切れる，断絶できる，裂き[離し，切り]うる. **2** 〘法律〙分離できる，分かちうる. **sèv·er·a·bíl·i·ty** [-rəbíləṭi | -lətɪ, -lɪ-] *n.*

sev·er·al [sév(ə)rəl | -vrəl] 〘《1422》□ AF ～ □ ML *sēparālis* ← L *sēpar* separate ← *sēparāre* 'to SEPARATE': ⇨ -al¹: cf. sever〙 — *adj.* **1 a** (1, 2 ではなく)幾つかの，数個[名，度]の. ★ はっきりした数ではないが，a few 以上ではあるが，特に many ではない通例同種のものの数に用いる；通例5，6をさす：for ～ days 数日間 / ～ times 一再ならず，何度も / myself and ～ others 自分と他に数人 / speak ～ languages 数か国語をしゃべる. **b** 二つ以上の. **c** 《方言》多くの(many). **2** それぞれの(respective)，おのおのの，めいめいの(individual): the ～ members of the Board 委員会の各自 / each ～ part 各部分 / Each has his ～ ideal. 人にはそれぞれ理想がある / We are all busy at our ～ tasks. 皆おのおのの仕事で忙しい / Each ～ ship sank her opponent. 各艦はそれぞれ相手の敵艦を撃沈した / They went their ～ ways. 各自[別々]の方向に進んだ / *Several* men, ～ minds. 《諺》十人十色. **3** 別々の(separate)，異なった(different)；種々の，いろいろの(diverse, various): three ～ items 三つの異なった事項. **4** 〘法律〙分かち得る，可分の，別々に分かれる(severable)；個人の(exclusive)：a ～ estate 別個財産 / a joint and ～ liability [responsibility, bond] 連帯債務[責任，債務証書] / The promissory note is joint and ～. その約束手形は連帯責任だ.
— *pron.* [複数扱い] **1** (1, 2 でなく)数人，数個，いくつか，幾人[匹]か(some, a few): *Several* of you have seen him. 君らの中で彼を見た者が数人ある / In the struggle ～ received injuries. 闘争で数人が負傷した. **2** 《方言》多数，大勢(many).
— *n.* **1** 《古》個人所有の土地；私有財産. **2** [*pl.*] 《廃》**a** 特定のもの，個々(particular). **b** 個人；個々のもの. **3** [*pl.*] 《方言》数人，数個.
in several 《古》別々に，個別的に(severally).

séveral·fòld *adj., adv.* 数重の[に]，数倍の[に].

sév·er·al·ly [-rəli | -lɪ] 〘ME〙 — *adv.* **1** 別々に，個別的に(separately): The prisoners were tried ～. 犯人は別々に公判[分離公判]に付せられた / exeunt ～ 《演劇》別々に退場. **2** 各自に，めいめい(individually). **3** 〘法律〙単独に(cf. jointly): jointly [conjunctly] and ～ 連帯責任で / The bond was signed jointly and ～. 債務証書は連署してあった.

sev·er·al·ty [sév(ə)rəlti | -vrəltɪ] 〘《15C》□ AF *sev-eralte*: ⇨ several, -ty²〙 — *n.* **1** 個々別々. **2 a** [通例 in ～ として] (土地などの)単独所有，単独借用：*in* ～ 単独所有[借用]の[で]. **b** 単独所有地.

sev·er·ance [sév(ə)rəns | -vər-] 〘《1422》□ AF *sev-erance*=OF *sevrance*: ⇨ sever, -ance〙 — *n.* **1** 断絶，絶つ[絶たれる]こと；分離，隔離；切断，分割(partition): ～ of diplomatic relations 国交の断絶. **2** 区別，差別(difference) 〔*between*〕: a line of ～ *between* good and bad 善悪を区別する線. **3** 〘法律〙(合有・共有・訴訟)分離，土地の生産物の土地からの分離.

séverance pày *n.* (退職時に，勤務年数に基づいて雇人に支払う)退職手当，退職金.

se·vere [sɪvíə, sə- | -víə(r] 〘《1548》□ (O)F *sévère* ∥ L *sevēr-us* ← *?sē* 'SE-' + IE **wer-* true (OE *wǣr* / L *vērus* 'true, VERY')〙 — *adj.* (**-ver·er**; **-ver·est**) **1 a** 〈罰・要求など〉ひどい，容赦のない，苛酷な(harsh): a ～ punishment [sentence] 厳罰[刑] / ～ laws [requirements] 苛酷な法律[要求]. **b** 〈批評が〉強く批判的な，酷評する(censorious): a ～ critic 酷評家 / ～ criticism 酷評 / be ～ *about* his novel 彼の小説に厳しい. **2 a** 〈判断・紀律など〉厳しい，厳重な(strict)，厳格な(stern): ～ discipline [self-control] 厳格な紀律[自制] / a ～ inspection やかましい点検 / be ～ on [upon] ...につらくあたる；...に対して手厳しい，厳罰に処する / He is ～ *with* his children. 子供に厳しい. **b** 〈容貌など〉いかめしい，近づきがたい(stern): a ～ look こわい顔つき. **3 a** 道徳的に厳しい基準をたてる，几帳面な(methodical): a ～ moralist. **b** 厳密な，厳正な：a ～ writer 一語もゆるがせにしない作家 / a ～ logician 厳密な論理をたてる人. **4 a** 〈自然現象など〉肉体的不快を与える，激烈な，猛烈な(intense): ～ rain 豪雨 / a ～ wind 暴風 / a ～ frost 大霜 / a ～ winter 厳冬 / ～ cold [heat] 酷寒[暑] / a ～ famine 大飢饉. **b** 〈病気など〉苦痛を与える，重い：a ～ pain 劇痛 / a ～ wound 重傷 / a ～ illness [disease] 大病 / a ～ blow 痛撃. **5** 〈文体・服装・建築など〉簡素な(plain)，地味な(restrained)，渋い，厳粛な(austere): ～ architecture 簡素な建築 / a ～ hair-do 地味な髪の結い方 / a ～ style 渋味のある文体. **6** 〈仕事・試験など〉骨の折れる，難儀な(arduous)；困難な，むずかしい(difficult): a ～ test つらい試験 / a ～ competition 激烈な競争. **7** 《口語》目だった，著しい(marked)，重大な：a ～ economic depression ひどい不況 / a ～ perspiration たいへんな発汗. **～·ness** *n.*

se·vére·ly 〘《1548》: ⇨↑, -ly¹〙 — *adv.* **1** 厳格に，厳重に，容赦なく，厳しく：He was ～ punished. 厳罰に処せられた / Discipline is ～ enforced. 規律が厳重に励行される. **2** 猛烈に，激しく，激烈に(intensely)；重く(gravely): He is ～ suffering from [afflicted with] a cold. かぜでひどく苦しんでいる / be ～ ill [wounded] 重病だ[重傷を負う].
leave [***let***] ***severely alone*** 〈嫌いな人・物事を〉避ける，相手にしない；《戯言》〈厄介[困難]な物を〉敬遠する.

se·ver·i·ty [sɪvérəṭi, sə- | -vérətɪ, -rɪ-] 〘《1481》□ (O)F *sévérité* ∥ L *sevēritās*: ⇨ severe, -ity〙 — *n.* **1 a** 厳格，厳酷(sternness): He spoke with the utmost ～. 極度に手きびしい言葉を使った. **b** 厳正. **c** (寒さ・痛さなどの)激烈，酷烈(vehemence): the ～ of the winter 冬のきびしい寒さ. **d** 苦しさ，辛さ. **e** (文体などの)厳粛(austerity)，簡素，地味，渋さ. **2** (罰のような)厳格な[きびしい]事柄.

Sev·ern [sévən | -vən] 〘OE *Sæfern* □ Brit. *Sabrinā* ← ?〙 — *n.* [the ～] ウェールズ中部に発し Bristol Channel に注ぐ川(290 km)；古名 Sabrina；Shakespeare の生地 Stratford-upon-Avon の Avon 川はこの一支流.

Se·ver·na·ya Zem·lya [sévənəjà:-zèmljá: | -vənəjá:-zèmlíə:; *Russ.* sjévjirnəjə-zjimljá] 〘□ Russ. ～ 《原義》'northern land'〙 — *n.* セベルナヤゼムリャ(群島)《ソ連邦ロシヤ共和国北部，Taimyr 半島北方の群島；面積 37,000 km²》.

Se·ve·rus [sɪví(ə)rəs, sə- | -víər-], **Lucius Sep·tim·i·us** [septímiəs | -mɪ-] *n.* セウェルス(146-211；ローマの皇帝(193-211)).

sev·er·y [sév(ə)ri | -vəri] 〘《1399》□ AF **civorie*=OF *civoire, ciboire* 'CIBORIUM'〙 *n.* 〘建築〙**1** 天蓋. **2** (ゴシック建築の)ヴォールト天井の一区画.

Sé·vi·gné [sèvi:njéɪ, —⁻⁻; *F.* seviɲe], Marquise **de** セヴィニェ(夫人)(1626-96；フランスの書簡文筆者；旧姓名 Marie de Rabutin-Chantal [rabytɛ̃ʃɑ̃tal]).

Se·vi·lla [*Sp.* sebíʎa] *n.* Seville のスペイン語名.

Se·vi·lla·no [sèvi:ljá:nou, sèvijá:- | -nəu; *Sp.* sèbiʎáno, -jáno] 〘□ Sp. ～ 《原義》of Seville〙 — *n.* 〘園芸〙セビラノ《スペインのオリーブの品種名；大果で塩蔵用として著名；cf. queen olive》.

Se·ville [sɪvíl, sə- | səvíl, se-, sɪ-, sévɪl] *n.* セビリヤ《スペイン南西部，Guadalquivir 河畔の港市；昔のムーア人の宮殿・大聖堂・大学などがある；人口 546,000；スペイン語名 Sevilla》.

Seville órange 〘↑〙 *n.* 〘植物〙=sour orange.

Sè·vres [sévrə | séɪvr, -və(r; *F.* sɛ:vr] *n.* **1** セーブル《フランスの Paris 郊外 Seine 河畔の都市；人口 22,000》. **2** セーブル焼き《Sèvres 市産の磁器・陶器・炻器(せっき)の総称；Sèvres ware ともいう》.

sew¹ [sóu | sə́u] 〘OE *sēow(i)an* < Gmc **siwjan* ← IE **sjū-* to bind, sew (L *suere* / Skt *sīvyati* he sews)〙 — *v.* (**sewed**; **sewn** [sóun | sə́un], **sewed**) — *vt.* **1** 縫う；～ cloth *with* large stitches 布をあら目に縫う / ～ pieces *together* 布切れを縫い合わせる. **2** 縫って作る[直す]：～ a garment, boot, etc. / ～ a buttonhole ボタンの穴かがりをする. **3 a** 縫い付ける；縫い合わせる 〈*up*〉. **b** 縫い込む：～ a button *on* ボタンを縫い付ける / ～ money *into* one's belt バンドに金を縫い込む. **4** 〘製本〙〈折丁などを〉とじる，かがる(bind)(cf. stitch² *vt.* 3): ～ (sheets of) a book 本(の紙)をとじる. — *vi.* 縫物をする；針仕事をする；ミシンをかける：be taught to ～ 針仕事[縫物]を教わる.
sew up (1) ⇨ 3 a. (2) 《米口語》...の支配権を握る，占有する(control)；〈俳優など〉と独占契約する[を結ぶ]. (3) 確保する(secure). (4) 〈取決め・交渉などを〉うまくまとめる，締結する，決定する. (5) 《英口語》[通例 Passive で] どうにも動けなくする；疲れ切らす，へとへとにする；(正体なく)酔わせる：be ～*ed up* へとへとに疲れている；ぐでんぐでんに酔っている.

sew² [sú: | s(j)ú:] 〘□ OF **sewer* 《頭音消失》← *essewer* < VL **exaquāre* ← L *ex-* 'EX-¹' + *aqua* 'water, AQUA': cf. sewer¹〙〘海事〙 — *vt.* 低潮時に〈船を〉座礁させる. — *vi.* 〈船が〉低潮時に座礁する. — *n.* 座礁船を離礁浮上させるためにさらに必要な水位.

sew·age [sú:ɪdʒ | s(j)ú:ɪdʒ, s(j)úɪdʒ] 〘← SEW(ER)¹ + -AGE〙 *n.* (下水管(sewer)で運ばれる)下水汚物，下水.

séwage dispòsal *n.* 下水処理：a ～ plant.

séwage fàrm *n.* 下水畑，下水灌漑(かんがい)利用農場.

séwage flỳ *n.* 〘昆虫〙チョウバエ《汚水に生息するチョウバエ属(*Psychoda*)のハエの総称》. 「場.

séwage wòrks *n. pl.* [しばしば単数扱い] 下水処理

Sew·all [sú:əl | sjú:əl, sjúəl], **Samuel** *n.* (1652-1730) 英国生れのアメリカ植民地の法律家；Salem の魔女裁判の判事.

se·wan [sí:wən, -wən | -wən, -wən] 〘□ Du. ～ □ N-Am.-Ind. (Algonquian) *siwān* scattered〙 *n.* = wampum 1.

Sew·ard [sú:əd, súəd | sjú:əd, sjúəd, sí:wəd], **William Henry** *n.* (1801-72) 米国の政治家；国務長官(1861-69)；国務長官時代にロシヤから Alaska を買収した(1867).

Séward Península [sú:əd-|sjú:əd-, sjúəd-, sí:wəd-] 〘← W.H. Seward〙 — *n.* [the ～] スーワード半島《米国 Alaska 州西部，Bering 海峡に臨む半島；ここの Prince of Wales 岬は北米大陸の最西端》.

Sew·ell [sú:əl | sjú:əl, sjúəl], **Anna** *n.* (1820-78) 英国の女流作家；*Black Beauty, the Autobiography of a Horse* 「黒馬物語」(1877) が唯一の作品.

Sewell, Henry *n.* (1807-79) ニュージーランドの初代の首相(1856).

se·wel·lel [sɪwéləl, sə-] 〘□ N-Am.-Ind. (Chinook) *šʔulal* blanket of sewellel skins (dual.) ← *ugwulal* sewellel〙 *n.* 〘動物〙=mountain beaver.

sew·en [sú:ɪn, -ən | s(j)ú:ɪn, s(j)úɪn] 〘□ ? Welsh *sewyn* grayling〙 — *n.* 〘魚類〙ウェールズの河川にすむサケ科ブラウントラウト(brown trout)種(*Salmo trutta*)の一地方型《かつては *Salmo cambricus* の種名が用いられていた》.

sew·er¹ [sú:ə, súə | sjú:ə(r] 〘《1402-03》□ AF *sever(e)* =ONF *se(u)wiere* < VL **exaquāriam* ← L *ex-* 'EX-¹' + *aqua* water: cf. sew²〙 — *n.* (通例地下の)下水道，下水渠，下水本管，下水みぞ：the trunk ～ 下水本管. ★ ラテン語系形容詞：cloacal. — *vt.* 〈町など〉に下水(道)をつける，下水設備を施す. — *vi.* 下水管の掃除[手入れ]をする. 「人，裁縫師，お針女.

sew·er² [sóuə | sə́uə(r] 〘ME: ⇨ sew¹, -er¹〙 *n.* 縫う

sew·er³ [sú:ə, súə | sjúə(r, s(j)ú:ə(r] 〘《?c1380》□ AF *asseour* ← (O)F *asseoir* to seat < L *assidēre*: ⇨ assize〙 — *n.* (中世の王や貴族の邸宅で食事を取りしきった高位の)給仕人頭(head waiter)，大膳職.

sew·er·age [sú:ərɪdʒ, súər- | sjúər-] 〘← SEWER¹ + -AGE〙 *n.* **1** 下水. **2** 下水設備《sewerage system ともいう》. **3** 下水処分. **4** 下劣な考え[言葉].

séwer-gàs *n.* 下水ガス：～ poisoning 下水ガス中毒.

séwer pìpe *n.* (地下)下水管.

séwer ràt *n.* 〘動物〙ドブネズミ(brown rat).

sew·in [sú:ɪn, -ən | s(j)ú:ɪn, s(j)úɪn] *n.* 〘魚類〙=sewen.

sew·ing [sóuɪŋ | sə́u-] 〘ME〙 — *n.* **1 a** 裁縫，針仕事(needlework)；裁縫業：plain ～ 平縫い. **b** 縫い物. **2** 〘製本〙かがり，とじ. **3** [形容詞的に] 裁縫用の：a ～ class (学校の)裁縫科，裁縫教室[学校].

séwing bènch [**fràme**] *n.* 〘製本〙=sewing-press.

séwing cìrcle *n.* 《米》(定期的に婦人が集まって催す)慈善裁縫会(cf. husking bee).

séwing còtton *n.* カタン糸，(木綿の)縫糸.

séwing machìne 〘《1847》〙 *n.* **1** ミシン：a hand [an electric] ～ 手[電気]ミシン. **2** 製本ミシン.

séwing-prèss *n.* 〘製本〙(手とじをする時の)かがり台《sewing bench, sewing frame ともいう》.

séwing sìlk *n.* (シルク・ウールなどの)縫製用絹糸；刺繍(ししゅう)用絹糸.

séwing tàble *n.* 縫製台《通例布製の袋がある》.
sewn 〘《19C》《変形》← 《14C》 *sowen*〙 *v.* sew の過去分詞.

sewing table

sex [séks] 〘《c1390》□(O)F *sexe* ∥ L *sex-us*《原義》? division: cf. *secāre* to cut: ⇨ section〙 —— *n.* **1** 性, 性別, 男女[雌雄]の別: persons of both [different] ~*es* 両性, 男女 / the two ~*es* 男女, 雌雄 / the opposite ~ 異性 / without ~ 無性の / without distinction of age or ~ 老若男女を問わず. **2** [集合的] 男, 雄 (males); 女, 雌 (females); [the ~]《古・戯言》婦人 (women): the fair [gentle, gentler, second, softer, weaker] ~ 女性, 女 / the male [sterner, stronger] ~ 男性, 男. **3 a** 性現象; 性欲. **b** 性交 (coitus). **4** 外陰部, 性器 (genitalia).
have sex《口語》〔…と〕性交する, セックスする〔*with*〕.
—— *adj.*《口語》性の, 性に関する (sexual): ~ control [limitation] 性の抑制 / ~ education [instruction] 性教育 / ~ impulse [instinct] 性衝動[本能] / ~ reversal [change] 性転換 / ~ urge 性欲 / a ~ problem [question] 性の問題 / a ~ novel / a ~ factor 性の要素 / a ~ life 性生活 / a ~ maniac 性欲異常者.
—— *vt.* 〈ひよこなど〉の雌雄を鑑別する, 性別する.
sex it up《俗》激しく愛撫する, いちゃつく. ***sex up***《口語》(1) …の性欲を刺激する, 燃え立たせる. (2) …の性的魅力 (sex appeal) を高める.
sex- [seks] 〘← L *sex* 'SIX'〙「6 (six)」の意の連結形: *sex*centenary. ★ 時にsexi- となる.
séx àct *n.* 性交, 交接 (sexual intercourse).
sex·a·ge·nar·i·an [sèksədʒənέ(ə)riən, seksæ̀dʒ- | sèksədʒɪnέəri-, -dʒə-] 〘← L *sexāgēnārius* (↓)+-AN¹〙 —— *n.* 60 歳(代)の人. —— *adj.* **1** 60 歳(代)の. **2** 60 歳(代)の人の.
sex·ag·e·nar·y [seksǽdʒənèri | -dʒɪnəri, -dʒə-] 〘《1594》□ L *sexāgēnāri-us* ← *sexāgēnī* sixty each ← *sexāginta* sixty ← *sex* 'SIX'+-*gintā* decade〙 —— *adj.* **1** 60 の, 60 ずつで数える: the ~ cycle 60 年の周期, 干支(えと). **2** =sexagenarian. —— *n.* **1**《数学》=sexagesimal. **2** =sexagenarian.
Sex·a·ges·i·ma [sèksədʒésəmə, -dʒéɪzə- | -dʒésɪ-] 〘□ LL *sexāgēsima* (fem.) ← L *sexāgēsimus* sixtieth ← *sexāginta* (↑)〙 —— *n.*《カトリック》六旬節(の主日).《聖公会》大斎前第二主日《四旬節(Lent)前の第 2 日曜日; cf. Septuagesima, Quinquagesima》.
Sexagésima Súnday *n.* =Sexagesima.
sex·a·ges·i·mal [sèksədʒésəməl, -dʒéɪzə- | -dʒésɪ-] 〘《1685》← L *sexāgēsimus* sixtieth + -AL¹〙 —— *adj.* 60 ずつで数える; 60 分の, 60 進法の. —— *n.*《数学》60 分(ぷん)数《60 ないしはその累乗を分母とする分数》. **~·ly** *adv.*
sexagésimal aríthmetic *n.*《数学》60 分算.
sexagésimal fráction [númber] *n.*《数学》60 分数.
sex·a·gés·i·mo-quárto [séksədʒésəmòu- | -sɪmə(ʊ)-] 〘□ L *sexāgēsimō quartō* (abl.) ← *sexāgēsimus quartus* sixty-fourth: ⇨ sexagesimal, quarto〙《製紙》—— *n.* (*pl.* ~**s**) =sixty-fourmo. —— *adj.* =sixty-fourmo.
sex·an·gle [séksæ̀ŋgl] 〘□ L *sexangul-us*: ⇨ sex-, angle¹〙 *n.* 六角形 (hexagon).
sex·an·gu·lar [seksǽŋgjulə | -lə(r] 〘□ LL *sexangulār-is*: ⇨ ↑, -ar¹〙 *adj.* 六角形の (hexagonal).
séx appèal *n.* **1** 性的魅力, セックスアピール. **2** 魅力.
sex·a·va·lent [sèksəvéɪlənt] 〘← SEXA(GESIMAL) + VALENT〙 *adj.*《化学》六価の (hexavalent).
séx cèll *n.*《生物》=gamete.
sex·cen·te·nar·y [sèksenténəri, sekséntənèri, -tn- | sèksentí:nəri, sekséntɪn-] 〘← L *sexcentēnī* six hundred each: ⇨ sex-, centenary〙 —— *adj.* 600 年(祭)の. —— *n.* 600 年祭.
séx chròmatin bòdy *n.*《生物》性染色質体 (⇨ Barr body).
séx chròmosome *n.*《生物》性染色体《雌雄によって数や形が異なり, 性の決定に関係する染色体; cf. X chromosome, Y chromosome, accessory chromosome》.
sex·de·cil·lion [sèksdɪsíljən, -də- | -dɪ-, -di:-] 〘← L *sexdeci(m), sēdecim* sixteen (← *sex* 'SIX' + *decem* 'TEN') + (M)ILLION〙 —— *n.*《米》10^{51};《英》10^{96} (⇨ million 表). —— *adj.* sexdecillion の.
séx determinàtion *n.*《生物》性決定.
sex·dig·i·tal [seksdídʒətl | -dʒɪtl] 〘← SEX- + DIGITAL〙 *adj.* 6 本指の.
sex·dig·i·tate [seksdídʒətèɪt | -dʒɪ-] *adj.* =sexdigital.
sex·dig·i·tat·ed [seksdídʒətèɪtɪd, -ṭəd | -dʒɪtèɪt-] *adj.* =sexdigital.
sexed 〘← SEX (n.)+-ED 2〙 *adj.* **1** 性を有する, 有性の. **2 a** 性欲のある. **b** 性欲を刺激する, 性的魅力を有する: The show is highly ~. そのショーは実に挑発的だ.
séxed-úp *adj.*《口語》**1** 性的に興奮した. **2** (脚色の際などに原作よりも)性的魅力がました, 色気たっぷりの, 刺激的にされた. **3** (装飾的要素を加えて)一層魅力的になった, より面白くなった: a ~ car.
sex·e·nar·y [séksənèri | -sɪnəri] *adj.* **1** (数の) 6 の. **2** 6 部分から成る. **3** 6 進法の.
sex·en·ni·al [seksénial | -niəl, -njəl] 〘← L *sexennium* six years (← *sex* 'SIX' + *annus* year) + -AL¹〙 —— *adj.* **1** 6 年に 1 回の, 6 年ごとの. **2** 6 年間続く. —— *n.* 6 年祭. **~·ly** *adv.*
séx·er *n.* (ひよこなどの)雌雄鑑別家.
sex·fid [séksfɪd] 〘□ F *sexfide* ← SEX- + L *findere* to cleave〙 *adj.*《植物》六尖(せん)裂の.
sex·foil [séksfɔɪl] 〘← SEX- + FOIL²〙 —— *n.* **1**《建築》六葉装飾. **2**《植物》六葉の植物[花]. **3**《紋章》六つ葉 (cf. cinquefoil 3).

sexfoil 1

séx glànd *n.*《解剖》=gonad.
séx hòrmone *n.*《生化学》性ホルモン《生殖腺(睾丸 (testicles) または卵巣 (ovary)) で作られるホルモンで, 生殖機能の調節, 第二次性徴の発現に関与する; 男性ホルモンと女性ホルモンとに大別される; cf. androgen, estrogen》.
séx hỳgiene *n.* 性衛生(学).
sex·i- [séksə | -sɪ] sex- の異形 (⇨ -i-).
sex·i·dec·i·mal [seksədésəməl | -sɪdésɪ-] *adj.*《電算機》16 進法の (⇨ hexadecimal).
sex·il·lion [seksíljən] *n.* =sextillion.
sex·ism [séksɪzm] 〘← SEX + (RAC)ISM〙 —— *n.* 性差別, 性的偏見; (特に, 商業・政治・芸術などにおける)女性差別 (cf. male chauvinism): ~ in language 言葉の性差別《性差別に反対する立場をとる者の間の用法で, 言語までが男性優越思想の所産だと見なす; 従って chairman は chairperson に, Mrs. は Ms. に変えられるべきだとする》. **séx·ist** [-sɪst, -səst | -sɪst] *n., adj.*
sex·i·syl·la·ble [séksəsìləbl | -sɪ-] 〘← SEX- + SYLLABLE〙 *n.* 六音節語 (hexasyllable). **sex·i·syl·lab·ic** [sèksəsɪlǽbɪk, -səl- | -sɪsɪl-] *adj.*
sex·i·va·lent [sèksəvéɪlənt | -sɪ-] 〘← SEX- + -VALENT〙 *adj.*《化学》六価の (hexavalent).
séx kìtten *n.* 性的魅力のある女性.
séx·less *adj.* **1** 無性の, 性的区別のない; 中性の (neuter). **2** 性の感情のない, 性欲のないような. **3** 性的魅力のない, 性的につまらない. **~·ly** *adv.* **~·ness** *n.*
séx-lìmited *adj.*《生物》限性の《遺伝形質が雌雄一方の性のみに現れることをいう; cf. sex-linked》.
séx-lìnkage *n.*《生物》伴性遺伝.
séx-linked *adj.*《生物》**1** 伴性の《遺伝子が性染色体の上にあることをいう》. **2** 伴性の《遺伝形質が雌雄いずれの性にも現われることをいう; cf. sex-limited》.
sex·ól·o·gist [-dʒɪst, -dʒəst | -dʒɪst] *n.* 性科学者.
sex·ol·o·gy [seksɑ́lədʒi | -sɔ́lədʒi] 〘← SEX + -(O)LOGY〙 *n.* 性科学, 性医学. **sex·o·log·i·cal** [sèksəlɑ́dʒɪkəl, -dʒə- | -lɔ́dʒɪ-] *adj.*
sex·par·tite [sekspɑ́ətaɪt | -pɑ́:-] 〘← SEX- + PARTITE〙 *adj.* **1** 6 部分から成る. **2**《建築》六分(ぶん)の, 6 分割の: ⇨ sexpartite vault.
sexpártite váult *n.*《建築》六分(ぶん)ヴォールト《ゴシック建築の 4 本の柱で区切られた 1 区画の天井がヴォールトによって 6 分割されているもの; ゴシック様式成立期の技法》.
séx·ploitàtion 〘← SEX + (EX)PLOITATION〙 *n.* (芸術・映画などで)性を利用すること.
séx·plòiter *n.* 性を売り物にする映画, ポルノ映画.
séx·pòt *n.*《俗》ひどくセクシーな女.
séx ràtio *n.* 性比《女性の数を 100 としたときの男性の数》.
séx-stàrved *adj.* 性の枯渇した, 性活動のなくなった.
sext [sékst] 〘1: 《c1425》□ LL *sexta* (*hōra*) sixth (hour) (fem.) ← L *sextus* sixth. 2: □ L *sexta* (*pars*) sixth part〙 —— *n.* **1** [しばしば S-]《聖務日課の》6 時課《古代ローマの計時法で日出後第 6 時, 今は正午に行なう; cf. canonical hour 1》. **2**《音楽》六度音程 (sixth).
sex·tain [sékstein] 〘《変形》← F《廃》*sestine* □ It. *sestina*: SEX- および QUATRAIN の影響をうけた: ⇨ sestina〙 *n.*《詩学》**1** 六行連(句). **2** =sestina.
sex·tan [sékstən] 〘← NL *sextāna* (*febris*) sextan (fever) ← L *sextus* sixth: ⇨ -an¹〙 ——《病理》*adj.* 〈熱など〉6 日ごとに起こる: a ~ fever. —— *n.* 六日熱 (sextan fever) (cf. quotidian).
Sex·tans [sékstænz] 〘□ L *Sextāns* (↓)〙 —— *n.* **1**《天文》ろくぶんぎ(六分儀)座《うみへび座 (Hydra) としし座 (Leo) との間にある南天の星座; the Sextant ともいう》. **2** [s-] (*pl.* ~) シクスタンス《ローマ共和国時代の青銅貨 (= 1/6 as); 重さはオンス》.
sex·tant [sékstənt] 〘《1596》□ L *sextant-*, *sextāns* a sixth part ← *sextus* sixth: ⇨ -ant〙 —— *n.* **1**《海事》六分儀《船上で光学的に太陽の水平線からの高度など, すべての角度を測るために用いる航海計器; cf. octant 1》. **2** 円の 6 分の 1. **3** [the S-]《天文》ろくぶんぎ座 (⇨ Sextans 1).
sex·tern [sékstən | -tən] 〘□ ML *sextern-um* ← L *sex* 'SIX'〙 —— *n.*《製本》(全紙) 6 枚綴《12 紙葉 1 折丁》.

sextant 1
1 telescope; 2 index mirror; 3 colored glass filter (shade glass); 4 horizon mirror (*or* half mirror, half glass); 5 graduated arc; 6 handle; 7 movable index arm; 8 index; 9 vernir; 10 tangent screw

sex·tet [sekstét] 〘《1841》《変形》← L *sex* 'SIX'+(SES)TET〙 —— *n.* (*also* **sex·tette** [~]) **1** 六人組, 六つ組 (set of six); (ホッケーなど) 6 人チーム. **2**《音楽》六重奏[唱]曲; 六重奏[唱](団) (cf. solo). **3**《詩学》=sestet 1.
sex·tic [sékstɪk] 〘← L *sextus* sixth + -IC¹〙《数学》*adj.* 六次の. —— *n.* 六次の数量.
sex·tile [sékstɪl, -təl | -taɪl] 〘《1557》□ L *sextil-is* one sixth ← *sextus* sixth: ⇨ -ile²〙 —— *adj.*《天文》互いに 60 度離れた. —— *n.* **1**《天文》互いに 60 度離れた 2 惑星の位置[相]. **2**《統計》六分位数《データを六つの等しい度数の集団に分けた時の境界の値》.
sex·til·lion [sekstíljən] 〘《1690》□ F ~: ⇨ sex-, million: SEPTILLION, OCTILLION の影響をうけた〙 *n.*《米》10^{21};《英》10^{36} (⇨ million 表). —— *adj.* sextillion の.
sex·to [sékstou | -təu] 〘□ L (*in*) *sextō* (in) a sixth (abl.) ← *sextus* sixth: cf. quarto〙 *n.* (*pl.* ~**s**) =sixmo. —— *adj.* =sixmo.
sex·to·dec·i·mo [sèkstədésəmòu | -tə(ʊ)désɪməʊ] 〘《1688》□ L *sextōdecimō* (abl.) ← *sextusdecimui* sixteenth: ⇨ ↑, decimate〙 —— *n.* (*pl.* ~**s**) =sixteenmo. —— *adj.* =sixteenmo.
sex·tole [sékstoul | -təul] 〘□ G *Sextole* ← L *sextus* 'SIXTH'〙 *n.*《音楽》=sextolet.
sex·to·let [sékstəlèt] 〘⇨ ↑, -et〙 *n.*《音楽》=sextuplet 3.
sex·ton [sékstən] 〘《c1303》*segerstone, secristeyn, sekesteyn, sexteyn* □ AF *segerstaine*=OF *segerstein, secrestein* □ ML *sacristānus* 'SACRISTAN'〙 —— *n.* **1** 寺男; 墓掘り男. **2**《ユダヤ教会》日常業務を扱う庶務係.
séxton bèetle *n.*《昆虫》=burying beetle.
sex·tu·ple [sekst(j)ú:pl, -tʌ́pl, sékstəpl | sékstjʊpl] 〘《1626》□ ? ML *sextupl-us* ← L *sextus* sixth + -*plus* (cf. *duplus* 'DOUBLE')〙 —— *adj.* **1** 六重の, 6 倍の (sixfold). **2** 6 部分から成る, 六つに分かれた (sexpartite). **3**《音楽》6 拍子の. —— *vt.* 6 倍[六重]する. —— *vi.* 6 倍になる. —— *n.* 6 倍(の数).
sex·tup·let [sekstʌ́plɪt, -t(j)ú:p-, sékstəp-, -lət | sékstjʊp-] 〘⇨ ↑, -et〙 —— *n.* **1 a** 六つ子の一人 (cf. twin). **b** [*pl.*] 六つ子. **2** 6 個から成る一団, 六つ組. **3**《音楽》六連(音)符 (sextole, sextolet ともいう).
sextúple tìme *n.*《音楽》6 拍子 (compound duple).
sex·tus [sékstəs] 〘□ L ~ 'sixth'〙 *adj., n.*《英》第 6 の (⇨ primus¹ 2): Smith ~.
sex·u·al [sékʃuəl, -ʃəl | -sjuəl, -sjʊl, -ʃuəl, -ʃʊl] 〘《1651》□ LL *sexuāl-is*: ⇨ sex, -al¹〙 —— *adj.* **1** 性の, 性に関する; 性的な; 両性間の, 男女間の, 両性関係の: ~ affinity (異性間の)性的親和力 / ~ morality 性道徳. **2** 性欲の, 性行為の, 性交の: ~ appetite 性欲 / ~ excess 性交[房事]過度 / ~ indulgence 色情耽溺(たんでき) / ~ intercourse [relations,《古》commerce] 性交, 交接. **3** 生殖(器)の (genital): ~ diseases 性病. **4**《生物》有性の; 有性生殖の. **~·ly** *adv.*
séxual céll *n.*《生物》性細胞《卵子 (egg cell) と精子 (sperm cell) のこと》.
séxual déviate *n.* =sexual pervert.
séxual dimórphism *n.*《動物》性的二形, 雌雄二形《雌雄によって外部形質が異なること》.
séxual generátion *n.*《生物》有性世代, 両性世代.
sex·u·al·i·ty [sèkʃuǽləṭi | -sjuǽlətɪ, -ʃu-, -lɪ-] *n.* **1** 有性, 性別. **2** 性的先入主, 性強調. **3** 性的能力, 性感. **4** 性行為への没頭.
sex·u·al·ize [sékʃuəlàɪz, -ʃəl- | -sjuəl-, -sjʊl-, -ʃuəl-, -ʃʊl-] *vt.* **1** …に男女[雌雄]の別を付ける, 性別する. **2** …に性的特徴を与える. **sex·u·al·i·za·tion** [sèkʃuəlɪzéɪʃən, -ʃəl-, -lə- | -sjuəlaɪ-, -sjʊl-, -ʃuəl-, -ʃʊl-, -lɪ-] *n.*
séxual órgan *n.* [しばしば *pl.*] 性器; (特に)外陰部 (genitalia).
séxual persérsion *n.* 性倒錯.
séxual pérvert *n.* 変態性欲者, 性倒錯者.
séxual reprodúction *n.*《生物》有性生殖.
séxual seléction *n.*《生物》雌雄選択, 雌雄淘汰(とうた).
séxual spóre *n.*《植物》有性胞子.
séxual sỳstem *n.*《植物》(リンネの)植物雌雄分類法 (Linnaean system).
sex·y [séksi | -sɪ] 〘《1928》← SEX + -Y⁴〙 —— *adj.* (**sex·i·er, -i·est; more ~, most ~**)《口語》性的興奮をそそる, 性的な(魅力のある); きわどい, 猥褻(わいせつ)な (erotic): a ~ novel エロ小説. **séx·i·ly** [-sɪli, -sə- | -lɪ] *adv.* **séx·i·ness** *n.*
Sey·chelles [seɪʃél(z)] *n.* **1** セイシェル《Malagasy 島の北東方, インド洋中の諸島から成る共和国; もと英国植民地であったが, 1976 年に独立; 英連邦の一つ; 人口 58,000, 面積 277 km², 首都 Victoria; 公式名 the Republic of Seychelles セイシェル共和国》. **2** [the ~; 複数扱い] セイシェル諸島《上記 1 を構成する諸島》.
Séy·fert gálaxy [sí:fət-, sáɪ- | -fət-] 〘← *Carl K. Seyfert* (1911-60: 米国の天文学者)〙 *n.*《天文》セイファート銀河《銀河系外星雲の一種で中心核が凝集して強い輝線を発するものをいう; 単に Seyfert ともいう》.
Sey·mour [sí:mɔə, -moə | sí:mɔ:(r, séɪm-, -mə(r] 〘ME (*de*) *Seimor* ← *Saint-Maur-des Fossés* (Seine の地名) ← L *Maurus* 'MOOR': もと家族名〙 *n.* 男性名.
Seymour, Jane *n.* (1509?-37) 英国王 Henry 八世の第三王妃; Edward 六世の母.
sez [séz, sèz, sɪz, səz | séz, sèz, sɪz] *v.*《俗》=says.
Sez you! [sèʒu:, sɪʒ-, səʒ- | sèʒ-, sɪʒ-] =Says you! (⇨ say² *v.* 成句).

SF, S.F. 《略》San Francisco; signal frequency.
SF, S.F., sf, s.f. 《略》〘野球〙sacrifice fly; science fiction.
sf. 《略》〘音楽〙sforzando.
s.f. 《略》*L.* sub finem (=toward the end) (参照の章・節などの)末部に; surface foot [feet].
S.F. 《略》Senior Fellow; Shipping Federation; sinking fund; Sinn Fein; Society of Friends.
S.F.A. 《略》Scottish Football Association.
Sfax [sfǽks] *n.* スファクス《アフリカ北部, Tunisia 東部の海港; 人口 426,000》.
Sfc, S.f.c. 《略》sergeant first class.
sfer·ics [sfí(ə)rɪks, sfér- | sfér-] 〖《短縮》← ATMOSPHERICS〗 — *n. pl.* **1** 〘通信〙空電(⇨ atmospherics). **2** 〘気象〙スフェリックス《大気の空電の観測による雷雨活動[方向]探知機》.
Sfor·za [sfɔ́ətsə | sfɔ́:-; *It.* sfɔ́rtsa], Count **Carlo** *n.* スフォルツァ《1873–1952; イタリアの反ファシスト派の政治家》.
Sforza, Francesco *n.* スフォルツァ《1401–66; イタリアの傭兵隊長 (condottiere); Milan 公 (1450–66)》.
Sforza, Gia·co·muz·zo [dʒàkomúttso] (*or* **Mu·zio** [mú:tsjo]) **At·ten·do·lo** [atténdolo] *n.* スフォルツァ《1369–1424; イタリアの傭兵隊長; F. Sforza の父》.
Sforza, Lo·do·vi·co [lòdoví:ko] *n.* スフォルツァ《1451–1508; Milan 公 (1494–1500), F. Sforza の子; Leonardo da Vinci の保護者; the Moor とも呼ばれる》.
sfor·zan·do [sfɔətsá:ndou | sfɔ:tsǽndəu; *It.* sfortsándo] 〖□ It. ~ (ger.) ← *sforzare* to force ← *s-* (< L *ex-* 'EX-[1]') + *forzare* to force (< VL **fortiāre* ← **fortia* 'FORCE[1]')〗 — 〘音楽〙 *adv.* スフォルツァンド, 1音(または1和音)を急に強めて《略 sf, sfz; 記号 >》. — *n.* (*pl.* **~s, -zan·di** [-di:; *It.* -di]) スフォルツァンドで奏される音[和音].
sfor·za·to [sfɔətsá:tou | sfɔ:tsá:təu; *It.* sfortsá:to] 〖□ It. ~ (p.p.) ← *sforzare* (↑)〗 *adv.* 〘音楽〙=sforzando.
S.Fr. 《記号》〘貨幣〙Swiss franc(s).
sfu·ma·to [sfu:má:tou | -təu; *It.* sfumá:to] 〖□ It. ~ (p.p.) ← *sfumare* 《原義》to evaporate ← *s-* (< L *ex-* 'EX-[1]') + *fumare* to smoke (< L *fumāre*: ⇨ fume)〗 — 〘絵画〙 *n.* (*pl.* **~s**) スフマート, ぼかし法《明暗の調子で丸味や奥行きを表わした, ぼかした筆法. Leonardo da Vinci の創始した技法についていう》. — *adj.* スフマートの, ぼかし法の.
sfz 《略》〘音楽〙sforzando.
sg., s.g. 《略》〘米海軍〙senior grade 上級: Lieutenant, *s.g.* 海軍大尉.
s.g., S.G. 《略》specific gravity.
S.G. 《略》〘称号〙*F.* Sa Grace (=His Grace); *F.* Sa Grandeur (=His [Her] Highness); *L.* Salutis Gratia (=for the sake of safety); Scots Guards; Solicitor General; Surgeon General.
sga·bel·lo [zgɑ:bélou, skɑ:- | -ləu; *It.* zgabéllo] 〖□ It. ~ < L *scabellum* low stool: ⇨ shamble〗 — *n.* (*pl.* **~s**) ズガベロ《イタリア ルネッサンス時代の木製背つきの小椅子(いす)》.
S gàge [és-] *n.* S ゲージ《鉄道模型の軌間; 7/8 インチ; cf. O gage》.
sgd. 《略》signed.
s.g.d.g. 《略》*F.* sans garantie du gouvernement (= without Government guarantee).
sgraf·fi·to [zgrɑ:fí:tou, skrɑ:- | -təu; *It.* zgraffí:to] 〖□ It. ~: ⇨ sfumato, graffito〗 — *n.* (*pl.* **-fi·ti** [-ti:]) 〘窯業〙 **1 a** スグラフィート《顔料を加えた化粧土を乾燥素地にかけ, 化粧土を引っ掻いて紋様をつける方法; scratch work ともいう; cf. graffito》. **b** その模様. **2** スグラフィートで飾りをつけた陶器.
's Gra·ven·ha·ge [*Du.* sxra:vənhá:xə] *n.* スフラーヴェンハーフ《The Hague のオランダ語名》.
Sgt. 《略》Sergeant.
Sgt. Maj. 《略》Sergeant Major.
sh [ʃ:] *int.* しっ《沈黙を求める発声; cf. hush》.
Sh 《記号》〘貨幣〙shilingi; shilling(s).
SH 《略》〘野球〙sacrifice hit(s).
sh. 《略》shall; share; 〘製本〙sheep(skin); 〘製本〙sheet; shower.
S.H. 《略》School House.
SHA, S.H.A. 《略》〘天文〙sidereal hour angle.
Sha·ba [ʃá:bə] *n.* シャーバ《アフリカ中部 Zaire 南東部の地方, 重要な鉱業地帯; 人口 2,754,000, 面積 496,965 km^2, 首都 Lubumbashi; 旧名 Katanga》.
Sha'·ban [ʃəbá:n, ʃɑ:-, ʃɔ:-] 〖□ Arab. *šaʿbān* 《原義》interval〗 *n.* (*also* **Shaa·ban** [~]) (イスラム暦の) 8 月 (⇨ Islamic calendar).
Shab·bat [ʃəbá:t, ʃá:bəs] 〖□ Heb. *šabbāth*〗 *n.* (*pl.* **~·im** [ʃəbá:tɪm, -təm, -bɔ́:sɪm, -səm | -tɪm, -sɪm]) 〘ユダヤ教〙安息日 (Sabbath)《土曜日》.
Shab·bath [ʃəbá:t, ʃá:bəs] *n.* (*pl.* **Shab·ba·thim** [ʃəbá:tɪm, -təm | -tɪm]) 〘ユダヤ教〙=Shabbat.
shab·by [ʃǽbi | -bɪ] 〖《1669》← 《廃》*shab* 'SCAB, low fellow' + -Y[4]〗 — *adj.* (**shab·bi·er; -bi·est**) **1** 〈着物など〉すり切れた (threadbare); 着[使い]古した, いたんだ (well-worn): ~ clothes. **2** むさ苦しい, きたない (squalid): a ~ house, neighborhood, street, etc. **3** 〈人が〉みすぼらしい, ぼろ姿の: a ~ hobo. **4 a** 卑しい, さもしい; 卑劣な (ignoble): a ~ fellow 卑劣な男. **b** けちな, つまらない (stingy): a ~ present. **c** 下等な, 劣る; 拙い: a ~ singing group へぼ合唱団.
shàb·bi·ly [-bɪli, -bə- | -lɪ] *adv.* **shàb·bi·ness** *n.*
shàbby-gentéel *adj.* 落ちぶれながら昔の体面をとどめようとする; 無理な体裁をつくろう, 見えを張る.
shàbby-gentìlity *n.*

shab·rack [ʃǽbræk] 〖□ F *schabraque* ∥ G *Schabracke* □ Hung. *csáprág* □ Turk. *çaprak*〗 *n.* (ヨーロッパの軽騎兵がもと用いた山羊皮の)鞍敷(くら), 鞍おおい.
Sha·bu·ot [ʃəvú:out | -əut] *n.* 〘ユダヤ教〙=Shabuoth.
Sha·bu·oth [ʃəvú:əθ, -ous, -əs | -əuθ, -əus] 〖□ Heb. *šābhūʿōth* (pl.) ← *šābhūaʿ* week〗 *n.* 〘ユダヤ教〙七週の祭り, 五旬節 (⇨ Pentecost 1) (cf. Jewish holidays).
Sha·vu·ot [ʃəvú:out, -ət | -əut, -ət] *n.* =Shabuoth.
Sha·vu·oth [ʃəvú:əθ, -òus, -əs | -əuθ, -əus] *n.* = Shabuoth.
shack[1] [ʃǽk] 〖《1881》《逆成》? ← 《方言》*shackly* shaky ← *shackle* to shake (freq.) ← *shack* 'to SHAKE': cf. Mex. *jacal* wooden hut〗 — *n.* **1** 丸太小屋, 掘立て小屋. **2** (特別な人[物]用の)部屋, …室: a cook's ~ 料理人室 / a radio ~ 無線通信室. **3** 《俗》〘鉄道〙制動手. — *vi.* **1** 住む, 宿る. **2** 《俗》=SHACK[1] *up*.
shack up 《俗》(1) 〔異性と〕同棲する (cohabit) 〔*with*〕. (2) 〔異性と〕内縁関係を持つ, (不倫な)性的関係を結ぶ〔*with*〕. (3) 〔ある場所に〕泊る〔*in*〕.
shack[2] [ʃǽk] 〖《転訛》? ← SHAG[2]〗 *vt.* 《米口語》…の後を追う (chase), 取り戻す (retrieve): ~ a ball.
shack·le [ʃǽkl̩] 〖n.: OE *sćeacul* ← Gmc **skakulo-* (Du. *schakel* link of a chain): ⇨ -le[1]〗 — *n.* **1 a** [通例 *pl.*] 手かせ, 手錠 (manacle); 足かせ, 足鎖 (fetter). **b** 馬の足かせ (hobble). **2** [*pl.*] 束縛, 拘束 (restraint), 邪魔 (clog), 係累 (encumbrance): the ~s of debt 借金の束縛 / break through the ~s of habit [convention] 習慣[因襲]の束縛を打破する. **3** (南京(きん)錠のU字形の)掛金; 繫環(かん), つかみ; (鉄道の)連環, シャックル. **4** 〘電気〙茶台碍子(がい) (shackle insulator). — *vt.* **1** 〈人〉に手かせをかける (manacle), 手錠をかける; 〈人〉に足かせをかける (fetter). **2** 鎖で縛る (chain). **3** 拘束する, 束縛する (restrain); 妨げる, 妨害する (hamper, impede). **sháck·ler** [ʃǽkl̩ə, -klə | -kl̩ə, -kl-] *n.*
sháckle bòlt *n.* 〘機械〙シャックルボルト《shackle を掛けるボルト》.
sháckle·bòne *n.* 《スコット》手首 (wrist).
Shack·le·ton [ʃǽkl̩tən], Sir **Ernest Henry** *n.* (1874–1922) アイルランド生れの英国の南極探検家.
sháck·ùp *n.* 《俗》同棲 (cohabitation).
shad [ʃǽd] 〖OE *sćeadd* 《原義》? the leaping one〗 — *n.* (*pl.* **~, ~s**) 〘魚類〙北米大西洋岸に多いニシン科ニシンダマシ属 (*Alosa*) の魚類の総称; (特に)シャド (*A. sapidissima*)《ヨーロッパおよび北米の重要な食用魚; 産卵のため遡川性がある》.
shad·ber·ry [ʃǽdbèri, -b(ə)ri | -b(ə)rɪ] 〖shad が川でとれる頃に実がなることから〗 *n.* 〘植物〙=Juneberry.
shád·blòw *n.* 〘植物〙=Juneberry 1.
shád·bùsh *n.* 〘植物〙=shadblow.
shad·chan [ʃá:xən, ʃá:d-] 〖□ Yid. *šadkhn* □ MHeb. *šadhkhān*〗 — *n.* (*pl.* **shad·cho·nim** [ʃɑ:tkɔ́(:)nɪm, ʃɑ:d-, -nəm | -nɪm]) (ユダヤ人の間の)結婚周旋屋, 結婚ブローカー (marriage broker).
Shad·dai [ʃɑ:dáɪ] 〖□ Heb. *šadday*: cf. Akkad. *šadū* mountain〗 *n.* 《ヘブライ》全能なる者, 神 (God).
shad·dock [ʃǽdək] 〖← *Captain Shaddock* (1696 年に東インドから Barbados 島へこれをもたらした英国の船長)〗 — *n.* **1** 〘植物〙ザボン, ブンタン(文旦) (*Citrus grandis*)《大形の甘橘類; shaddock tree ともいう》. **2** ザボン[ブンタン]の果実《pomelo ともいう》.
shade [ʃéɪd] 〖n.: OE *sćead(u)* < Gmc **skadwaz*, **skadwō* (G *Schatten*) ← IE **skot-* dark, shade (Gk *skótos* darkness): cf. shadow〗 — *n.* **1** [通例 the ~] 陰, 物陰 (shady place) (cf. shadow); 日陰; 木陰: under *the* ~ of a tree 木陰で / ⇨ *in the* SHADE. ★ 一般に形容詞で修飾される場合以外は不定冠詞を付けない: There isn't ~ here. ここには日陰はない / What a pleasant ~ these trees give us! この木陰は何と涼しいんだろう. **2** 目立たない[はえない]こと (obscurity); 日陰の地位: fall into the ~ 光を消される; け落される / put [cast, throw] a person [thing] *into* the ~ 人を顔色なからしめる[物をはえなくさせる], 人[物]を負かす. **3 a** 光をさえぎる物. **b** 日よけ (blind), 日おい (awning). **c** カーテン, 窓かけ (window shade). **d** 日がさ (parasol). **e** ランプの笠[シェード] (lamp shade). **f** 目に用いる遮光器, まびさし (cf. eyeshade, sunshade): ~s for the eyes 目おおい. **g** [*pl.*] 《口語》サングラス (sunglasses). **4** (絵画・写真などの)陰, くま, 陰の部分 (↔ light); 明暗[濃淡]の度, 色合い《黒を加えてできる濃淡; cf. tint[1] 2》; 種々の色合いの物: people of all ~s (of opinion) いろいろな(意見をはく)人々 / in all ~s of blue 青のあらゆる色合いで / I want the same color in a lighter ~. 同じ色で少し淡いのがほしい / This picture shows fine effects of light and ~. この絵は明暗の具合をうまく出している / without light and ~ (絵に)明暗のない; (文章などに)明暗[変化]がない, 単調な. **5 a** (意味の)少しの違い, わずかな差異, あや, ニュアンス (nuance): Many English words have delicate ~s of meaning. 英語の単語の多くは微細な意味の相違を持っている. **b** [a ~; 副詞的にも用いて] ごくわずか, 気味, 少し (touch, trace): *a* ~ of disapproval [impatience] 非難[いらだち]の気味 / There was not *a* ~ of doubt [hesitation]. ほんの少しの疑い[躊躇(ちゅうちょ)]もなかった / I feel *a* ~ better today. きょうは少し気分がよい / You are *a* ~ suspicious of me. あなたは私をちょっぴり疑がっていらっしゃる. **6** (悲しみ・失望などの顔の表情の)かげり, くもり (cloud): A ~ of displeasure crossed her face. 不満の色が彼女の顔をかすめた. **7 a** [*pl.*] 夕闇, 薄暗がり, 闇: the ~*s* of night, evening, etc. **b** [the ~s] 死者の世界[住居], 黄泉(よみ)の国 (the Hades): the realm of *the* ~*s*=the Hades / go (down) to *the* ~*s* 黄泉の国に行く, 死ぬ. **8** 《文語》**a** 亡霊, 幽霊 (specter, ghost): speak with the ~ of Homer / *Shade* of Priscian [Plato]! 《戯言》しまった, 恥かしい《文法[哲学]上の見苦しい失策を演じたときの嘆声》. **b** 黄泉の国の住人; [*pl.*; 集合的] 死人の霊. **9 a** [しばしば *pl.*] 《古・詩》引っ込んだ場所, 人目につかない所. **b** [the ~s] 地下ぶどう酒貯蔵室. **c** 《古》影 (shadow). **d** 《古》シルエット (silhouette). **10** 〘音楽〙(パイプオルガンの)スウェル ボックス (swell box) の扉.
in the shade (1) 日陰[物陰, 木陰]に[で] (cf. *in the* SUN (1)). (2) 目立たないで; 人に知られないで, 目立たないで. (3) うだつがあがらないで. ***Shades of…!*** 《口語》(ある人・事が)…を彷彿(ほうふつ)させる, …みたいだ (cf. 8 a): *Shades of* my old teacher! (様子・言動などが)まるで私の恩師だ / *Shades of* the old order! 旧体制も同然だ.
shades and shadows (図学・製図の)陰影.
— *vt.* **1** …に影を投げかける, 陰にする: The trees ~ the house nicely. 樹木が家に気持よい陰を与えてくれる. **2 a** 〈物〉に光[熱]が当たらないようにする (shelter): ~ one's eyes *with* one's hand 小手をかざす. **b** 〈光・熱などを〉さえぎる, おおう; …にかさをつける: ~ a light [candle] あかり[ろうそく]をおおう[に笠をかける] / ~ the light *from* one's eyes 目に当たらないように光をさえぎる. **3** (陰などで)見えないようにする, 隠す. **4** 暗くする, かげらせる: A sullen look ~*d* his face. 不機嫌の色が彼の顔を曇らせた. **5** 〈絵画・写真など〉に陰をつける, 明暗[濃淡]をつける, くま取りをする; 徐々に濃淡をぼかし色づけする. **6** 〈意見・方法などを〉次第に変化させる. **7** 〈物の値段を〉少し下げる, …に色をつける. **8** 〘音楽〙(オルガンの音管の上方に詰め物をして)音高を調節する.
— *vi.* 〈光・色・意見・意味などが〉次第に変化する〔*into*〕: ~ (*off*) *into* green 次第に緑色になっていく.
shade away [***off***] 次第に変化する[消えてなくなる].
shád·er *n.*
shád·ed *adj.* **1** 陰になった, 日陰の. **2** 〈ランプ・帽子など〉笠のついた, シェード付きの. **3** 暗くなった. **4** 〘絵画〙(特定の)色でぼかした, 陰影をつけた. **5** 〘印刷〙〈活字が〉影付きの: a ~ face rule 子持ち罫.
sháde dèck *n.* 〘海事〙遮陽甲板, 日よけ甲板《上甲板の上へ日よけの形で設けた軽構造の甲板》.
sháde·less *adj.* (日)陰のない.
sháde plànt *n.* 〘植物〙陰生植物, 陰地植物 (cf. sun plant 2).
sháde-tòlerant *adj.* 〘植物〙耐陰性の: a ~ plant.
sháde trèe *n.* 日よけ用の木, 日陰樹《ニレ・カエデ等》.
shád·ing *n.* **1** 陰[日陰]にすること, 日よけ. **2** 〘絵画〙陰影, 描影法; 明暗, 濃淡. **3** (色彩・音色・音量・性質などの)わずかな[漸次的]変化. **4** 〘テレビ〙画面に現れる暗影[明るさ]の歪(ひず); それを補正すること.
sháding còil *n.* 〘電気〙くま取りコイル《磁極の一部に置く短絡コイルで, これによって移動磁界を作る》.
sha·doof [ʃədú:f, ʃɑ:-, ʃæ-, -dúf | ʃədú:f, ʃæ-] 〖□ Arab. *šādūf*〗 — *n.* (エジプト方面で広く用いる灌漑用の)はねつるべ.

shadoof

shad·ow [ʃǽdou | -dəu] 〖n.: OE *sćead(u)we* (gen. & dat.) ← *sćeadu* 'SHADE'〗 — *n.* **1** (光がさえぎられて出来る物の)影, 物影, 影法師 (cf.shade): the ~ of a person 人影 / the ~ of the tree [a horse] 木[馬]の影 / be afraid of one's own ~ 自分の影を恐れる, ひどくびくびくする / catch at ~s 影をつかもうとする, むだ骨を折る / grasp at the ~ and lose the substance 影をつかもうとして実を失う / The tree cast a ~ on the ground. 木は地上に影を投じていた. **2** [通例 the ~] 光の当たっていない所[部分], 暗がり (shade, gloom): in ~ 影になって / Her face was in deep ~. 彼女の顔は(帽子などの)すっかり陰になっていた / leave the rest in ~ その他を暗くする / She stood in *the* ~ of the curtains. カーテンの陰の所に立った. **3** [*pl.*] (日没後の)夕闇, 暮色 (shades): The ~*s* of evening are falling. 夕闇が迫りつつある. **4 a** (絵・写真などの)陰影; (明暗の)暗. **b** 〘医学〙(レントゲン写真での)陰影, 影. **5** (ごく短いひげなどの)黒くなった部分. **6** (水面・鏡などの)映像 (reflected image): one's own ~ on the water 水に映った自分の姿. **7 a** 幻, 幻影, 影, 実のないもの: What ~*s* we are! 我々は何とはかないものなのだろう (cf. E. Burke, *Speech at Bristol on Declining the Poll*). **b** 幽霊, 亡霊 (specter, ghost): be pursued by a ~ 幽霊につきまとわれる. **8 a** 影法師のように付きまとう人; 腰ぎんちゃく (parasite). **b** 尾行者, 密偵 (spy), 探偵 (detective). **9** 似て非なるもの, かすかな面影 (mere semblance); (衰弱して)骨と皮ばかりの人: He is only the ~ of his former self. 彼は見る影もなく衰えた / She was worn to a ~. 骨と皮ばかりにやせ衰えた / the ~ of power [freedom] 名ばかりの権力[自由]. **10** 痕跡, 名残り (trace), ごくわずか, 気味, 気配 (slight suggestion) 〔*of*〕: not

[without] a [any] ~ *of* doubt 露ほどの疑いもない[なく] / with *a* ~ *of* a smile around one's mouth 口もとにうっすら笑いを浮かべて / beyond the ~ *of* a doubt 一点の疑惑もなく / I've not the ~ *of* an alibi. 全くアリバイがない. **11** (友情・名声・幸福などに投げかける)暗い影, かげり, 曇り (cloud); 心の曇り: a ~ on one's friendship [reputation] 友情[名声]の曇り / the ~*s* of old age 老いぼれ / A ~ fell on his joyfulness. 彼の喜々とした相にあるかげりがさした. **12** 前兆, 前触れ (foreshadowing): ~*s* of the things to be 起こるうとする事柄の影[前兆] / Coming events cast their ~*s* before. 事が起ころうとする時は前兆がある. **13** 人目につかぬこと (obscurity): be content to live in the ~ 日陰の生活に甘んじている, 世に知られずに暮す. **14** 庇(ひ)護, 保護(shelter, protection): under the ~ of the Almighty 神の加護のもとに. **15**〖海事〗ガフ付きスピネーカー《ヨットで追風の時だけ縦首にあげる大型の帆のうち, ガフの付いている四角形のもの》.
cast a long shadow《比喩》重要である, 偉い. ***in the shadow of*** (1) …のすぐ近く[そば]に, …によりそって (close up against) (cf. 2): He lives *in the* ~ *of* a skyscraper. 摩天楼と隣り合わせに住んでいる. (2) …の影響[支配]下に. ***May your shadow never grow [be] less!*** 幾久しく御健康を祈る, ますますの御繁栄を祈る. ***the shadow of a shade***《文語》空(くう)の空(くう), 幻影: It is *the* ~ *of a shade*. ***the shadow of death***〖《なぞり》← LL *umbra mortis*《なぞり》← Heb. *ṣēl* shadow + *māweth* death《通俗語源》← *ṣalmāweth* deep darkness〗死の陰(かげ); 災難[破滅]のきざし (cf. *Job* 10:22 etc.; *under the* SHADOW *of* (2), *the* VALLEY *of the shadow of death*). ***under the shadow of***〖cf. F *sous* (*l'*) *ombre de*〗(1) = *in the* SHADOW *of*. (2) …の危険があって (in danger of): We live *under the* ~ *of* death. 死の影のもとに生きている. (3) ⇨ 14.
— *attrib. adj.* **1** 陰の, 影の. **2** 実質のない形だけの. **3** (有事の際に備えて)急造できるように荒造りされた: a ~ factory. **4** はっきりした模様のない.
— *vt.* **1** …に影を投じる, 影でおおう (shade). **2** 暗くする, 陰気にする, 曇らせる. **3** …の前兆を示す, ほのかに示す, …の大体を表わす; 象徴する, あらかじめ示す (prefigure) ⟨*forth, out*⟩: ~ *forth* one's future 将来を予示する. **4** …に影のようにつきまとう, 尾行する, つけ回す, …の後をつける (follow closely): He is ~*ed* by the police. 警察につけられている. **5**《古》**a** 光や熱などに当てないようにする. **b** 保護する (shelter). **6**《まれ》〈絵〉に陰影をつける, ぼかす.
— *vi.* **1** 次第に変わる. **2** 〈顔などが〉〔疑い・悲しみなどで〕暗くなる, かげる〔*with*〕: His face ~*ed with* doubts. 彼の顔は疑惑でくもった. **3**《古》影を投じる.
~·**er** *n.* 「帯.
shádow bànd *n.*〖天文〗(皆既食の前後に見える)影
shádow·bòx *vi.* **1** シャドーボクシングをする. **2** (積極的[決定的]行動を避けるために)敵を慎重に扱う.
shádow bòx *n.* シャドーボックス《絵・硬貨・宝石などを展示・保護するため前面にガラス板がはめてある浅い長方形の枠ぐみ; shadow box frame ともいう》.
shádow-bòxing *n.* シャドーボクシング《仮想の相手に向かって一人でするボクシングの練習方法》.
shádow cábinet *n.*〖英政治〗影の内閣《野党が政権に備えてつくる在野の内閣; cf. shadow minister》.
shád·owed〖ME〗*adj.*〖印刷〗(活字書体に立体感を出すような)影付きの, シャドー(付き)の.
shádow fìgure *n.* シルエット (silhouette).
shad·ow·gram [ʃǽdougræ̀m | -dəʊ-] *n.*《米》影写真《被写体の影を生かして撮影する特殊写真》.
shad·ow·graph [ʃǽdougræ̀f | -dəʊgrɑ̀ːf, -græ̀f] *n.* **1** 影絵《手をさまざまに動かして壁などに写すもの》. **2** = shadow play. **3**〖写真〗逆光線写真, シルエット写真; (特に) X 線写真 (radiograph).
shád·ow·ing〖OE *scēad(e)wung*〗*n.* **1** 影つけ, くま取り. **2** 影, 明暗, 濃淡. **3** 前兆, 予示 (prefiguring). **4** 尾行 (dogging).
shádow·lànd *n.* **1** 幽冥(めい)界, 霊界. **2** 無意識界. **3** あいまい.
shádow·less *adj.* 影のない.
shádow mìnister *n.*〖英政治〗影の閣僚[大臣] (cf. shadow cabinet).
shádow pàntomime *n.* = shadow play.
shádow pìn *n.*〖海事〗シャドウピン《コンパスの表面ガラスの中央に立てる細いピンで, これと目標物を重ねてのぞき, コンパスの目盛りを読んで方位を測る》.
shádow plày *n.* 影絵芝居 (cf. galanty show).
shádow ròll *n.* (馬の目と鼻との間につける)毛付鼻勒(びろく), 毛鼻革(けばなかわ)《自分の動きでできる影におびえないようにつける羊毛製の円筒形のもの; 遮眼革 (blinkers) を付したものもある》.

shadow roll

shádow shòw *n.* = shadow play.
shad·ow·y [ʃǽdoui | -dəʊi]〖《c1380》: ⇨ shadow, -y⁴〗— *adj.* (-**ow·i·er**; -**i·est**) **1** 影の多い; 陰を成す; 陰になった: a ~ tree, path, etc. **2 a** 影のような, かすかな (faint); はかない (fleeting): a ~ fear. **b** はっきりしない, ぼんやりした: ~ outlines ぼんやりした輪郭 / the ~ past はっきり思い出せない過去. **c** 実体のない, 空虚な, はかない (unsubstantial): a ~ hope. **d** まぼろしの, 幽霊の(ような). **shád·ow·i·ly** [-ili, -əli | -ɪli] *adv.* **shá·dow·i·ness** *n.*
Shad·rach [ʃǽdræk, ʃéɪd-]〖□ Heb. *Šadhrákh* ← ? Babylonian〗— *n.*〖聖書〗シャデラク《Nebuchadnezzar の造った金の像を礼拝することを拒んだため, Meshach, Abednego と共に燃える炉に投げ込まれたが, 神の助けで無事難をのがれたユダヤ人; cf. *Dan.* 3:12-30》. 「shadoof.
sha·duf [ʃədúːf, ʃɑː-, ʃæ-, -dʌ́f | ʃədúːf, ʃæ-] *n.* =
Shad·well [ʃǽdwel, -wəl | -wət, -wel], **Thomas** *n.* (1642?–92) 英国の劇作家・詩人; 桂冠詩人 (1688–92); *Bury Fair* (1689).
shad·y [ʃéɪdi | -dɪ]〖《1579》: ⇨ shade, -y⁴〗— *adj.* (**shad·i·er**; **-i·est**) **1** 陰の多い, 陰になった (shaded): a ~ path 木陰の小道 / the ~ side (of the street) (街路の)陰になっている側. **2** 陰を成す: a ~ tree. **3 a** 薄暗い, はっきりしない, ぼんやりした. **b** 黒い, 暗い (dark): one's ~ hair. **4**《口語》いかがわしい, うさんくさい, あやしい (questionable): a ~ person, character, etc. / a ~ transaction 後ろ暗い取引き, 闇取引き.
keep shady《俗》人目を避ける, 目立たないようにする, 秘密にしておく.
shád·i·ly [-dɪli, -də- | -lɪ] *adv.* **shád·i·ness** *n.*
shaft¹ [ʃǽ(ː)ft | ʃɑ́ːft]〖OE *sceaft* < Gmc **skaftaz* (Du. *schaft* / G *Schaft*) ← IE **(s)kep-* to cut, scrape, hack (L *scāpus* shaft / Gk *skēptron* 'staff, SCEPTER'): cf. shape〗— *n.* **1 a** 矢柄 (⇨ arrow 挿絵); (大弓の)矢 (arrow). **b** (投げ槍(やり) (spear)・槍 (lance)・銛(もり) (harpoon) などの)柄; 《古》投げ槍, 槍. **2** (窓・雲の割れ目から鋭くさしてくる)一条の光線 (ray, beam); 電光, いなずま (bolt): ~*s* of sunlight, lightning, etc. **3 a** (皮肉的な)鋭い言葉[攻撃], ほこ先: ~*s* of sarcasm [wit] 寸鉄人を刺すような皮肉[機知]. **b** きびしい[不当な]扱い. **4** (馬車・荷馬車の連結用の)ながえ, かじ棒 (pole, thill)《車の前に 2 本つき出た棒の 1 本で, それに馬をつなぐ; ⇨ coupé, harness 挿絵》. **5 a** 矢柄・槍の柄を思わせるもの. **b** (ハンマーなどの)柄, 取っ手; (ゴルフクラブの)柄, シャフト. **c** 旗ざお (flagpole). **d** 十字架の縦の棒《特に, 腕木下の部分をいう》. **e** 枝状燭台のうでの部分. **f** (円柱の)柱身 (⇨ spandrel 挿絵). **g** (戸口などの両側に立っている)小さな柱. **h** 煙突の屋上に出た部分. **i** 記念柱[塔], 方尖(せん)塔 (obelisk). **j**〖鳥類〗羽幹 (scape)《羽の中軸》. **k**《まれ》樹幹 (trunk). **6**〖機械〗軸, 心棒 (axle, mandrel). **7** [織物組織の経糸(たていと)変化数を示すものとして用いて]〖紡織〗綜絖(そうこう), シャフト《織機の開口装置に用いられる器具; leaf ともいう》: a 4-*shaft* twill 4 枚綾(あや). **8**〖鉱山〗立坑《垂直に掘り下げた坑道》.
get the shaft《俗》だまされる, 一杯くわされる. ***give a person the shaft***《俗》だます, ぺてんにかける.
— *vt.* **1** 竿で押す, 竿でついて進める. **2**《俗》欺く, 食いものにする. **3**《俗》不当に扱う.
shaft² [ʃǽ(ː)ft | ʃɑ́ːft]〖《15C》□ LG *schacht* (Du. *schacht* = *schaft* (↑))〗— *n.* **1** (エレベーターの通路などビルディング内の)上下に貫通した空間: ⇨ elevator shaft. **2 a**〖鉱山〗立坑; 換気坑, シャフト (ventilating shaft): sink [put down] a ~ 立坑を掘る / ⇨ air shaft. **b** (自然の洞窟内の)縦穴.
sháft àlley *n.*〖海事〗シャフトトンネル, 軸路《プロペラ軸の通路でトンネル状になっていて作業員が通行できる》.
sháft bèaring *n.*〖機械〗軸受け.
sháft·ed〖← SHAFT¹ (n.) + -ED 2〗*adj.* 〈矢・槍(やり)など〉矢じり・槍先が矢柄(やがら)・柄の色と異なる.
Shaftes·bury [ʃǽftsberi, -b(ə)ri | ʃɑ́ːftsb(ə)rɪ], **1st Earl of** *n.* (1621–83) 英国の政治家, 大法官 (1672–73); 本名 Anthony Ashley Cooper.
Shaftesbury, 3rd Earl of *n.* (1671–1713) 英国の思想家; *Characteristics of Men, Manners, Opinions, Times* (1711); 本名 Anthony Ashley Cooper.
Shaftesbury, 7th Earl of *n.* (1801–85) 英国の政治家・慈善家; 本名 Anthony Ashley Cooper. 「nace).
sháft fùrnace *n.*〖冶金〗竪(たて)炉, 高炉 (cf. blast fur-
sháft gràve *n.*〖考古〗= pit tomb.
sháft-hòrse *n.* ながえにつけた挽馬(ひきうま).
sháft hórsepower *n.*〖機械〗軸馬力《エンジンの駆動軸で計った馬力; 略 shp, s.h.p., SHP, S.H.P.》.
sháft hòuse *n.*〖鉱山〗(立坑の上に建てられた)捲上げ機械小屋.
sháft·ing *n.* **1**〖機械〗軸系; 軸材. **2**〖建築〗(中世建築の)小さな抱き柱を寄せ合わせた柱の構成.
sháft tòmb *n.*〖考古〗= pit tomb.
sháft tùnnel *n.*〖海事〗= shaft alley.
sháft·wày *n.*《英》= hoistway.
shag¹ [ʃǽ(ː)g]〖n.: OE *sċeacga*: cf. OE *sċ(e)aga* 'SHAW¹' / ON *skegg* beard〗— *n.* **1** 粗毛, あら毛, むく毛, もつれ毛, むしゃくしゃ毛; あら毛などの固まり. **2** (織物の)けば (nap); けば織. **3** 強い粗雑な刻みたばこ. **4**〖1 の転用?: そのとさかの外観から〗〖鳥類〗ウ(cormorant); (特に)ヨーロッパヒメウ(*Phalacrocorax aristotelis*)《英国に生息するヨーロッパ産のウ》. — *adj.* = shaggy. — *v.* (**shagged**; **shag·ging**) — *vt.* **1** 毛むくじゃらにする. **2** ぎざぎざにする. — *vi.* もじゃもじゃの固まりで落ちる[ぶら下がる].
shag² [ʃǽ(ː)g]〖《変形》← ? SHAKE: cf. shack²〗— *v.* (**shagged**; **shag·ging**) — *vt.* **1** …の後を追う. **2** 追いかけて連れ戻す. **3**《卑》(性交を目的として)〈女の子を〉追っかける; …と性交する. **4**《米俗》〖野球〗(試合前に)〈フライを〉捕球練習する. — *vi.*《卑》自慰する (masturbate). — *n.*《卑》**1** 性交; (特に)桃色遊戯. **2** 桃色グループ.
shag³ [ʃǽ(ː)g]《略》? ←《廃》*shakerag* ← SHAKE (v.) + RAG¹〗*n.* 無頼漢 (rascal, blackguard).
shag⁴ [ʃǽ(ː)g]〖←《方言》? *shag* to lope〗《米》*n.* シャグ《交互に片足でとぶダンスのステップ》. — *vi.* (**shagged**; **shag·ging**) シャグを踊る.
shág·bàrk〖← SHAG¹ + BARK¹: その樹皮の外観から〗*n.* **1**〖植物〗= shagbark hickory. **2** shagbark hickory の果実《長楕円・広卵形でやや平たい堅果は食用》.
shágbark hìckory *n.* **1**〖植物〗北米産クルミ科ペカン属でヒッコリーの一種 (*Carya ovata*). **2** その材.
shagged [ʃǽ(ː)gd]〖← SHAG²〗*adj.* [しばしば ~ out として]《俗》疲れ果てた (tired out).
shag·gy [ʃǽgi | -gɪ]〖《c1590》← SHAG¹ + -Y⁴〗— *adj.* (**shag·gi·er**; **-gi·est**) **1 a** あら毛をはやした; 毛深い (hairy) (cf. smooth, sleek); 毛むくじゃらの; あら毛[長軟毛]のある[におおわれた]. **b** 〈ラシャなどが〉けばの立った, シャギーな: a ~ carpet. **c** 〈土地が〉やぶだらけの (bushy), 小木だらけの (scrubby). **2 a** 〈髪・毛が〉くしを入れていない, くしゃくしゃの (unkempt), ぼうぼうとした: ~ hair. **b** だらしない, 洗練されていない. **3** 〈思考など〉乱れた, 明晰でない.
shág·gi·ly [-gɪli, -gə- | -lɪ] *adv.* **shág·gi·ness** *n.*
shággy càp *n.*〖植物〗= shaggymane.
shággy-dóg stòry〖その中に毛むくじゃらの犬が登場する退屈な逸話から〗— *n.* **1** (話手の方ではおもしろがって話すが実は退屈でくだらないが, 最後にとぼけたおちがつく)とぼけた長話《単に shaggy dog ともいう》. **2** 言葉を話す動物が出てくる滑稽話.
shággy·màne *n.*〖植物〗ササクレヒトヨタケ (*Coprinus comatus*)《かさの表面がささくれ状になっている食用キノコ; shaggy cap, shaggymane mushroom ともいう》.
sha·green [ʃægríːn, ʃə-]〖《1677》□ F *chagrin* □ Turk. *çagri*: SHAG¹ と GREEN の影響をうけた〗— *n.* **1** シャグリーン, 粒起なめし革《ロシヤ・イランなどで馬・ろば・らくだの革の表面をつぶつぶになめした革, 普通緑色に染める》. **2** さめがわ《研磨用》. — *adj.* シャグリーン革で作った[で蔽った, に似ている].
sha·gréened *adj.* = shagreen.
shah [ʃɑ́ː]〖□ Pers. *shāh*: cf. check〗*n.* 王 (king) を意味するペルシャ語; [しばしば S-] イラン皇帝の尊称 (cf. padishah): the *Shah* in ~ 王中の王.
Sha·hap·ti·an [ʃəhǽptiən | -tɪ-]〖□ N-Am.-Ind. (Mosan) *Saháptini* (pl.)〗— *n.* (*pl.* ~, ~**s**) **1 a** [the ~(s)] シャハプティアン族《北米 Columbia 川上流の広大な地域に住むインディアン; ⇨ Nez Percé; cf. Yakima》. **b** シャハプティアン族の人. **2** シャハプティアン語.
Shah Ja·han [ʃɑ́ː-dʒəhɑ́ːn] *n.* シャージャハーン《1592?–1666; インドの Mogul 帝国第 5 代の皇帝 (1628?–58); ⇨ Taj Mahal》. 「米国の画家.
Shahn [ʃɑ́ːn], **Ben** *n.* (1898–1969) リトアニア生れの
Shaikh al-Is·lam [ʃéɪk-ælɪslɑ́ːm, ʃáɪk-]〖□ Arab. *Šaykh-al-islām* the chief of Islam〗— *n.* (*also* **Sheikh ul Islam** [-ʊl-]) イスラム都市の長; (特に) = Grand Mufti.
Shai·tan [ʃeɪtɑ́ːn, ʃaɪ-]〖□ Arab. *šayṭān* □ Heb. *śāṭān* 'SATAN'〗*n.* **1**〖イスラム教〗悪魔. **2** [s-] 悪人, 悪党.
Shai·va [ʃáɪvə] *n.*〖ヒンズー教〗= Saiva.
Shak.《略》Shakespeare.
shak·a·ble [ʃéɪkəbl] *adj.* **1** 震動できる, 震わすことのできる. **2** 振起できる.
shake [ʃéɪk]〖v.: OE *sċ(e)acan* < Gmc **skakan* (ON *skaka*) ← ? IE **skeg-*, **(s)kek-* to move quickly (Skt *khajati* he agitates)〗— *v.* (**shook** [ʃʊ́k]; **shak·en** [ʃéɪkən], 《古・口語》**shook**) — *vi.* **1** 揺れる, 震動する, 震える (vibrate, quake): The earth *shook* violently. 大地が激しく揺れた / The trees were *shaking* in the wind. 樹木が風に揺れていた. **2 a** (寒さ・激情などで)ぶるぶる震える, 〈声・手などが〉震える (tremble, shiver): ~ all over [in every limb] 体中が[手足の先まで]ぶるぶる震える / ~ like an aspen leaf ぶるぶる[わなわな]震える / ~ in one's shoes [boots] 胴震いする, びっくり仰天する / He *shook with* cold [fever, fright]. 寒くて[高熱で, 恐ろしくて]がたがた震えた / His voice was *shaking with* excitement [emotion]. 彼の声は興奮[感動]で震えていた. **b** 腹をかかえて笑う; (おかしくて)〈腹の皮・体が〉よじれる: He [His sides] *shook with* laughter. 身をよじって[腹をかかえて]笑った. **3** 〈経済などが〉ぐらつく (totter); 〈勇気などが〉くじける: The economy is *shaking* on account of the inflation. 経済はインフレのために安定しない. **4** (混ざるように)振る, 振り動かす: *Shake* well before using. よく振ってから使用のこと《注意書》. **5** [通例 ~ *down*, ~ *off* として] 〈砂などが〉振ると落ちる: Sand ~*s down* [*off*] readily. 砂は振ればすぐ落ちる. **6**《口語》握手する: Well satisfied, they *shook* on it. 十分納得がいったのでその件について握手をかわした. **7**《英方言》〈果物・穀物などが〉(ばらばら)落ちる (fall). **8**〖音楽〗震え声で歌う (trill).
— *vt.* **1 a** 振る, 振り動かす; 揺する, 揺すぶる: ~ a bottle of medicine 薬のびんを振る / To be ~*n* before taking. 振ってから服用のこと《薬びんの注意書》/ ~ the dice (投げる前に)さいころをよく振り混ぜる /

～ a tree for chestnuts くりを落とそうと木を揺すぶる / ～ a person *by* the shoulder 人の肩をつかんで揺すぶる / ～ a person's hand＝～ a person *by* the hand 人と握手する / ～ oneself 全身を揺すぶる / ～ one's sides with laughing [laughter] 腹をかかえて笑う / I *shook* the door in vain. ドアを揺すってみたが無駄だった / He *shook* his head *at* the idea. 彼はその案に対して首を横に振った《不承知・不賛成・非難・失望などの身振り; cf. NOD the head》/ ～ one's finger at a person ⇨ finger 1 a. **b** [目的語＋副詞または前置詞付きの句を伴って] 振り払う[落とす], 振り出す[かける] (sprinkle): ～ *off* his hand 彼の手を払いのける / ～ the snow *off* (one's coat) (外套(がいとう)の)雪を払い落とす / ～ apples (*down*) *from* a tree 木からりんごを揺すぶり落とす / ～ some pills *into* one's hand 振って手のひらに丸薬を出す / ～ a cigarette *out* (*of* one's packet) 揺すって(箱から)たばこを出す / ～ a person *out of* his reserve 人に慎みを忘れさせる / ～ salt *over* vegetables 野菜に塩を振りかける. **2** 打ち振る, 振り回す (brandish, wave): ～ a coat (ほこりを払うため)上着をぱたぱた振る / ～ one's fist [stick] *at* a person [*in* a person's face] 人の顔をめがけてげんこ[ステッキ]を振り回わす《脅迫・威嚇のため》. **3** 震動させる, 震わせる, 揺るがせる (rock): His heavy steps *shook* the whole room. 彼の重い足どりで部屋中が震動した / A peal of thunder *shook* the air. 雷鳴が空を揺るがせた / The earthquake *shook* the island. **4 a** [目的補語を伴って] 振って[揺すって]〈ある状態に〉する: ～ oneself awake 体を揺すって目を覚ます / ～ one's head free from a bad dream 頭を振って悪夢をさます / She *shook* herself [her arm] loose from my detaining hand. 引き止めようとする私の手から体[腕]を振り離した. **b** 振って[揺すって]〔ある状態に〕する〔*to, into*〕: ～ a thing *to* pieces 揺すって物をばらばらにする / He *shook* his coat *into* order [place]. 体を揺すって上着をきちんと着込んだ. **5 a** 動揺させる, ぐらつかせる (disturb), 弱める: ～ one's faith [confidence, composure] 信念[自信, 落着き]をぐらつかせる / ～ one's courage [resolution] 勇気[決意]をくじく / ～ the credit of a bank 銀行の信用をぐらつかせる / the event that *shook* the very foundations of society 社会の根底を揺るがせた事件 / His theory was ～*n* by a new fact. **b** 〈人〉を狼狽(ろうばい)させる (agitate), ぎくりとさせる (jar), ...の心を混乱させる (upset) 〈*up*〉: His death *shook* her *up* considerably. 彼の死は彼女の心をひどくかき乱した / He was much [badly] ～*n by* [*with, at*] the news. その知らせで彼は気が転倒した. **6** 〔ある状態から〕覚醒させる (arouse), 奮起させる (stir up) 〔*out of*〕: ～ a person *out of* his apathy [complacency] 人の無関心[自己満足]を覚ます. **7** [通例 ～ *off* として]《口語》**a** 〈心配・病気・悪習などを〉払いのける (cast off): ～ (*off*) a bad habit / ～ *off* a fit of depression ふさぎの虫を振り払う / I can't ～ *off* my cold. かぜがなかなか抜けない. **b** 〈追跡者・悪友などを〉振り離す: ～ *off* reporters 新聞記者連中を追い払う / ～ *off* one's pursuer 追っ手をまく. **8** 《豪俗》〈物を〉がめる (steal), 〈人〉から盗む. **9** 〘音楽〙〈声・楽音を〉震わせる, 震え声で歌う (trill).

shake a leg ⇨ leg 成句. ***shake a stick at*** ⇨ stick[1] 成句. ***shake down*** (*vi.*) (1) ⇨ *vi.* 5. (2)〔毛布・わらなどで〕仮りの寝床を作る[作って寝る]〔*with*〕: ～ *down with* blankets on the floor 毛布を掛けて床の上で仮寝する. (3) 仮りの宿を取る, 一時滞在する: ～ *down* in London. (4) 〈人・事態などが〉落ち着く; (仲間や周囲に)なじむ: Things are *shaking down* quickly. 事態は急速に平穏に帰しつつある / The new staff *shook down* nicely. 新しい職員たちもうまく(互いや環境に)なじんだ. (*vt.*) (1) ⇨ *vt.* 1 b. (2) 〈穀物などを〉振ってぎっしり詰める, 揺すり込む. (3)《米俗》(権限にかこつけたり保護してやると偽って)...から金を巻き上げる (cf. shakedown): ～ *down* a bar [store owner] バー[店主]から金をゆする[おどし取る]. (4) 《米口語》(武器などを隠し持っていないかと)〈人〉の体を(服の上からなでて)厳しく検査する (fisk). (5) 削減する, 縮少する. (6) 〈艦船・機械など〉の性能テストをする, ならし運転をする (cf. shakedown): ～ *down* a vessel by a first voyage 処女航海をやって船を整調する. ***shake hands*** ⇨ hand 成句. ***shake off*** (*vt.*) (1) ⇨ *vt.* 1 b. (2) ⇨ *vt.* 7. (3) 〈提案・要求など〉を拒否する, はねつける (refuse): ～ *off* a request, suggsetion, etc. (4) 〘野球〙(動作で示して)〈投手が〉〈捕手のサイン〉に同意しない. (*vi.*) ⇨ *vi.* 5. ***shake out*** (*vt.*) (1) 〈帆・旗・ハンカチなどを〉振って広げる; 〈毛布・上着などを〉(ほこりなどを落とすために)広げて振る. (2) 〈ほこりなどを〉振って落とす; 〈中味を〉振って出す (cf. *vt.* 1 b); 〈容器を〉振ってからにする. (3) 〈マッチなどを〉振って消す. (*vi.*)〘軍事〙(敵の目標をそらすために)〈軍隊が〉散開した隊形をとる. ***shake oneself together*** 《口語》勇気を奮いおこす. ***shake the dust off one's feet*** ＝***shake off the dust of*** [***from***] ***one's feet*** ⇨ dust 成句. ***shake up*** (1) 〈液・びんなどを〉振って混ぜる: ～ *up* (the contents of) a bottle びんを振って(内容物を)混ぜる. (2) 〈まくら・クッションなどを〉振って形を直す. (3) 揺らせて...の気分を悪くさせる: The plane *shook* us *up* badly. 飛行機が揺れてみんな気持ちが悪くなった. (4) ⇨ *vt.* 5 b. (5) 揺り起こす, 目覚めさせる (rouse); 覚醒[奮起]させる: He needs *shaking up*. 奴は目を覚ましてやる必要がある. (6) 《口語》〈人事・思想を〉大刷新[改造]する (cf. shake-up).

— *n.* **1 a** 振ること, 一振り; 振動: a ～ of the hand 握手 / with a ～ of the head 頭を横に振って《'No' という身振り》/ give a tree a ～ 木を揺する / a ～ of a sail 〘海事〙帆のはためき. **b** 《口語》(さいころの)一振り. **c** 握手 (handshake): He welcomed me with a hearty ～. 心のこもった握手で私を歓迎してくれた. **2 a** 震動, 動揺; (馬車などの)揺れ (jolt): give oneself a ～ 体をぶるぶるっと震わせる. **b** 《米・ニュージーランド》地震. **3** 震え, (ぶるぶる)震い (tremor): a ～ in the voice [one's writing] 声[筆跡]の震え / He was all of a ～. 彼はぶるぶる震えていた. **4** [the ～s]《口語》**a** 悪寒(おかん) (chill), おこり (ague); (特に) ＝delirium tremens: have *the* ～*s* 悪寒がする. **b** (恐怖のための)震え. **5** 打撃, 衝動; (心の)動揺, ぐらつき. **6** 《口語》ミルクセーキ (milk shake). **7 a** (地層・岩石の)割れ目, 裂け目, ひび. **b** (風・温度などの影響で生じた木材の年輪に沿った)裂け目, ひび; (立木の)割れ目 (cf. check *n.* 12 b). **8** 《米》屋根ぶき板, 杮(こけら)板 (shingle). **9** 《口語》瞬間 (moment): in (half) a ～ ＝in two ～*s* (of a lamb's [duck's] tail)＝in a brace [couple] of ～*s*＝in the ～ of a lamb's [duck's] tail たちまち / Wait a ～. ちょっと待ってくれ. **10** 《米俗》取扱い, 仕打ち (deal): get a fair [good] ～ 公平に扱われる / give a person a square ～ 人を公平に扱う. **11** [the ～]《米俗》追っ払うこと, 解雇 (dismissal): get *the* ～ 追っ払われる; 首になる / give a person *the* ～ 人を避ける[追っ払う]; 人を解雇する. **12** 〘音楽〙トリル, 顫(せん)音 (trill). **13** 〘時計〙あがき《ほぞとほぞ穴の隙間などのように, 部品の自由な運動を確保するために設けられる隙間; cf. sideshake》. **14** シェーク《ツイスト (twist) に似たダンス》.

no great shakes 《口語》大してよくない[えらくない]; 並の: He is *no great* ～*s as* a journalist. ジャーナリストとしては大したものでない.

shake·a·ble [ʃéɪkəbl̩] *adj.* ＝shakable.

shake·down 〘← *shake down* (⇨ shake (v.) 成句)〙 — *n.* **1** (床の上でわらぶとんなどで作る)間に合わせの寝床, 仮寝台. **2** 振落とし; 振入れ. **3** 《米口語》徹底的捜索. **4** 《米俗》(強喝・暴力による)金の強奪, たかり, ゆすり. **5** 調整(期間); 試運転, ならし運転. **6** 荒っぽいダンスの一種. — *adj.* 〈航海・飛行など〉試運転の, 性能試験の: a ～ cruise テスト[試験]航海.

sháke·fòrk 〘ME〙 — *n.* **1** 《方言》干し草・わらを振って落とすくま手. **2** 〘紋章〙シェークフォーク《Y 形図形の盾の縁から離れた図形; cf. pall[1] 5》.

shakefork 2

sháke-hànd grip *n.* (卓球・バドミントンなどで)シェークハンド(グリップ)《握手する時のようなラケットの握り方; cf. penholder grip》.

sháke-hànds *n. pl.* [単数扱い] 握手 (handshake).

shak·en [ʃéɪkən] 〘OE *sċeacen*〙 *v.* shake の過去分詞. — *adj.* **1** ぐらついた, 動揺した; 衝撃を受けた; くじけた, 弱った. **2** 〈木材など〉ひびの入った, 割れた.

sháke-òut *n.* **1** 〘経済〙(激しい競争の結果の, 企業または製品の)淘汰. **2** 〘証券〙証拠金で買った株式を追い込まれて売ること.

shák·er 〘(15C)〙 — *n.* **1** 振る人. **2 a** 振る物[道具]. **b** 震盪(とう)器, 攪拌(かくはん)器. **c** (上ぶたに小穴のあいた塩・砂糖・こしょうなどの)ふり出しびん, 薬味入れ: ⇨ salt shaker. **d** (カクテル用の)シェーカー (cocktail shaker). **3 a** [the Shakers] シェーカー派《18 世紀の中ごろ英国の Quaker の信仰覚醒運動中に起こった共産主義的・平和主義的なキリスト教徒の一派で, 後米国に渡った; 礼拝中に体を振って踊るところからつけられた名; cf. Ann LEE》. **b** [S-] シェーカー教徒.

Shak·er·ess [ʃéɪkərɪs, -rəs | -rɪs, -rès] 〘⇨ ↑, -ess[1]〙 *n.* 女性のシェーカー教徒. 「教義[主義].

Shák·er·ìsm [-kərɪzm̩] *n.* シェーカー派 (Shakers) の

Shake·speare [ʃéɪkspɪə | -spɪə(r], **William** *n.* (1564-1616) 英国の世界的劇作家・詩人; 戯曲 38 編(合作を含む), 長詩 2 編, (154 編より成る) Sonnets 集などを書いた. ★ 本辞典所収の作品名の年代は, おおよその執筆年代(劇の場合はほぼ初演時期と一致)を示す.

Shake·spear·e·an [ʃeɪkspí(ə)riən | -spíərɪ-] *adj.* シェークスピア(の作品)の: a ～ actor, scholar, etc. — *n.* シェークスピア学者[研究家].

Shake·spear·e·a·na [ʃeɪkspì(ə)riǽnə, -ɑ́ːnə, -éɪnə, ←ー←ー | ʃèɪkspɪəriɑ́ːnə, ーー←ー←] 〘⇨ -ana〙 *n.* シェークスピア文献[文学].

Shake·spéar·e·an·ìsm [-nɪzm] *n.* シェークスピアの語法, シェークスピア流(の書き方, 構成など).

Shakespéarean sónnet *n.* ＝English sonnet.

Shakespéare-Bácon contróversy *n.* [the ～] シェークスピア ベーコン論争《Delia Bacon (1811-59) という米国の女流作家が Shakespeare の作品は実は Francis Bacon が書いたものであるという旧説を唱道したことに発した論争》. 「＝Shakespearean.

Shake·spear·i·an [ʃeɪkspí(ə)riən | -spíərɪ-] *adj.*, *n.*

Shake·spear·i·an·a [ʃeɪkspì(ə)riǽnə, -ɑ́ːnə, -éɪnə, ←ー←ー | ʃèɪkspɪəriɑ́ːnə, ーー←ー←] *n.* ＝Shakespeareana. 「anism.

Shake·spéar·i·an·ìsm [-nɪzm̩] *n.* ＝Shakespeare-

Shake·spere [ʃéɪkspɪə | -spɪə(r], **William** *n.* ＝William SHAKESPEARE.

sháke-ùp 〘← *shake up* (⇨ shake (v.) 成句)〙 — *n.* **1 a** 振って混ぜること; 振って形を直すこと. **b** (乗物の)揺れ, 激動. **2** 急造の品[建物]. **3** (解雇・左遷などによる)大整理; 大改組, 大改造, 刷新: a personnel ～ (大)人事異動 / the cabinet ～*s* 内閣改造.

Shakh·ty [ʃɑ́ːkti | -tɪ; *Russ.* ʃáxtɪ] *n.* シャフトゥイ《ソ連邦ロシヤ共和国南部, Don 川下流の Donets 盆地の都市; 人口 223,000》.

shák·ing 〘ME〙 — *n.* **1** 振ること, 一振り, 振り動かす[動かされる]こと, 揺すぶる[揺すぶられる]こと: the ～ of the trees 木の揺れ / the ～ of the head 首を横に振ること《'No' という身振り》/ give a carpet a good ～ (ほこりを落とすために)カーペットをばたばたとよく振る. **2 a** 動揺; 震動 (vibration). **b** 身震い: get a ～ ぶるぶる(っと)震える. **3** [*pl.*]〘海事〙綱くず, 帆のたちくず《まいはだ (oakum) に使う》. — *adj.* 震える, ぶるぶる震える: in a ～ voice.

shaking gràte *n.* 〘機械〙揺り火格子. 「disease).

shaking pálsy *n.* 〘病理〙振戦麻痺(しんせんまひ) (Parkinson's

shaking táble *n.* 〘鉱山〙振動テーブル《細粉鉱・粉の比重選鉱機の一種》.

shak·o [ʃǽkoʊ, ʃéɪk-, ʃɑ́ːk- | ʃǽkəʊ] 〘(1815) ◻ F *schako* ◻ Hung. *csákó* peaked (cap) ← G *Zacken* peak, point〙 — *n.* (*pl.* ～**s**, ～**es**) シャコー《円筒形クラウンの先に細長い毛の房が付いた軍帽》.

shako

Shaks. 《略》Shakespeare.

Shak·speare [ʃéɪkspɪə | -spɪə(r], **William** *n.* ＝William SHAKESPEARE.

Shak·sper·i·an [ʃeɪkspí(ə)riən | -spíərɪ-] *adj.*, *n.* ＝Shakespearean.

Shak·ta [ʃɑ́ːktə] 〘◻ Skt *śākta*〙 — *n.* 〘ヒンズー教〙シヴァ教 (Sivaism) の一分派であるシャクティズム (Shaktism) [性力(しょうりき)派]の信者.

Shak·ti [ʃɑ́ːkti | -tɪ] 〘◻ Skt *Śakti* divine energy ← *śak* to be strong〙 — *n.* 〘ヒンズー教〙シャクティ《神的な力, 女性エネルギー; 特にシヴァ教では Siva の配偶神として人格化され, Durga, Kali と同一視される; cf. Parvati》.

Shak·tism [ʃɑ́ːktɪzm̩] 〘← *śākta* energy＋-ISM〙 — *n.* 〘ヒンズー教〙シャクティズム, シャークタ, 性力派《Siva が永遠の最高実在として非活動であるのに対して, 彼の神妃 (Durga, Kali) は活動そのものとされる; その活動力すなわちシヴァの性力 (Shakti) を重視し, それに基づく救済を聖典 Tantra によって説くシヴァ教の一分派》. 「尺八.

sha·ku·ha·chi [ʃɑ̀ːkuhɑ́ːtʃi | -tʃɪ] 〘◻ Jap.〙 *n.* (*pl.* ～)

Sha·kun·ta·la [ʃəkúntəlɑː | -tə-] *n.* ＝Sakuntala.

shak·y [ʃéɪki | -kɪ] 〘(1703): ⇨ shake, -y[4]〙 — *adj.* (**shak·i·er**; **-i·est**) **1** 振れる, 震える (shaking), ぐらつく, がたつく (rickety, cranky): a ～ chair, table, etc. **2 a** 〈身体が〉ぶるぶる震える (tremulous), よろめく, よろよろする (tottering): a ～ walk [gait] よろよろ歩き[よろよろした足取り] / be ～ on one's legs 足がよろめく / a ～ hand [handwriting] 震える手[筆跡] / a ～ voice 震え声. **b** 弱い, 病身の, 虚弱な (feeble): a ～ old man / feel [look] ～ 気分[顔色]がすぐれない. **3** 不安定な, 不確実な, 定見のない; いかがわしい, 怪しい (questionable); 当てにならない: ～ evidence いかがわしい証拠 / a ～ regime 不安定な政権 / His position was ～. 彼の地位は不安定であった / His Latin has got rather ～. 彼のラテン語はあやしくなってきた / be ～ *in* belief 信念がふらふらしている. **4** (車が)がたぴし揺れる: a ～ ride. **shák·i·ly** [-kɪli, -kə- | -lɪ] *adv.* **shák·i·ness** *n.*

shale [ʃéɪl] 〘(1747) ◻ ? G *Schale*: cog. OE *sċealu* shell: ⇨ scale[1]〙 *n.* 〘岩石〙頁(けつ)岩, 泥(でい)板岩, シェール (cf. argillite, slate[1] 1 a, mudstone).

shále grèen *n.* 黄緑色 (malachite green).

shále òil *n.* 〘地質〙頁(けつ)岩油, シェール油《油頁岩 (oil shale) を乾溜(かんりゅう)して採る一種の石油》.

shall [ʃəl; ʃǽl, ʃǽ(ː)l] 〘OE *sċeal* owe(s), ought to, must < Gmc **skal-*, **skul-* (G *sollen*) < IE **(s)kel-* to be under an obligation (L *scelus* guilt / Lith. *skolà* debt)〙 — *auxil. v.* (否定形 **shall not**, 《口語》**shan't** [ʃǽnt | ʃɑ́ːnt]; 過去形 **should** [ʃəd; ʃúd, ʃúd], 否定形 **should not**, 《口語》**shouldn't**). ★ Infinitive, Participle, Gerund の形がなく, 古形の直説法第二人称単数形 **shalt**, **should(e)st** 以外には語尾変化をせず, 常に to なしの Infinitive を伴う; 特に《米》では, あらゆる意義用法を通じて shall は will に統一されようとする傾向がある. **1** [話者の意志とは無関係に起こる未来の出来事を表わして] **a** [平叙文の場合] ★ 第一人称に用いる(第二・第三人称では will): One day we ～ die. いつか私たちは死ぬ / I ～ feel much obliged to you. (そうして頂ければ)大変結構でございます / I ～ be very happy to see you. 喜んでお会い致しましょう / I ～ be able to read it next year. 来年はそれを読むことができるようになるだろう / I hope I ～ succeed this time. 今度は成功するだろう / If I work too hard, I ～ kill myself. あまり仕事をし過ぎると死んでしまうだろう. ★ この用法の shall は多少とも運命的必然 (fatal necessity) の意味が含まれるので will とは nuance を異にする; ただし《米》では形式ばった文体に限られる. **b** [疑問文の場合] ★ 第一人称, ごくまれに第二人称に用いる(第三人称には will): *Shall* I die if I drink this? これを飲んだら死ぬでしょうか /

Shall I be in time for the train? 列車に間に合いましょうか / *Shall* you be in time if you start at once? 今すぐ立たれたら間に合うでしょうか / *Shall* you be at home if I call this evening? 今晩お訪ねしても御在宅でしょうか. ★ 第二人称の用法は I shall... という答えを期待するものであるが,《口語》ではこの場合にも一般に will を用い, 否定ではすべて won't が普通: Will you be in time? / Won't I be in time?

2 [ʃǽ(ː)l] [主語の決意を表わして]: I ~ come home every week. 毎週帰宅します / We ~ not call on our new neighbors. 新しい隣人を訪問しません / I ~ not be her son. 彼女の息子にはなりません.

3 [平叙文に用いて話者の意志(約束・おどし)を表わして] ★ 第二・第三人称に用いる; ただし, この用法は横柄な感じを伴うので通例子供またはペットにしか使われない: You ~ hear from me before long. 間もなく便りをしますよ / Good dog, you ~ have a bone. いい犬だ, 骨をやるぞ / You ~ repent it before long. 今に後悔させてみせるぞ / You ~ not have your own way in everything. 何でもかんでも好き勝手ばかりはさせないぞ / If you are a good boy, you ~ have a nice book. おとなしくしていればいい本を上げよう / He *sha*n't have any; he has been most rude. 彼には何もやらない, ひどく無礼だったから / He said he didn't want to come with me, but I say that he ~. 彼は私とは来たくないと言ったが, 私はぜひ来なければと言うのだ. ★ この用法は決意を示す表現に続く従節にも見られる: He is determined that you ~ obey him. 君に言う通りにさせようと彼は決心している.

4 [疑問文に用いて意向を表わして] ★ 主語が第一人称の場合は相手の意向を問う, または勧誘を表わす; 主語が第三人称の場合には相手の意向を聞く: *Shall* I remain here till three o'clock? 3時までここにおりましょうか / *Shall* I open the window? / Have another cigar.—*Shall* I? もう一服やりなさい—よろしいですか / *Shall* we go out for a walk? 散歩に出ませんか / Let's start tomorrow, ~ we? あす立とうよ, ね / When ~ we meet again? いつまた会うことにしますか / *Shall* John go first?—Yes, he ~. ジョンをまず先にやりますか—うん, そうさせよう / *Shall* my daughter do your shopping for you? 娘に買物をさせましょうか. ★ 次の構文では話者の困惑を示す: What ~ [ʃǽ(ː)l] I [we] do? どうしたらいいでしょうか.

5 [ʃǽ(ː)l] [話者の主張・強情を表わして]: No one ~ stop me. だれにも邪魔させないぞ / You ~ marry him! お前は彼と結婚するのだ / I was told not to smoke at all, but I certainly ~. たばこは決してのむなと言われたが私はどうしてものむ / You must do this.—I *sha*n't. 君はこれをしなければならない—いやだ. ★ shall [shan't] は常に強勢を帯びる.

6 [第二・第三人称に用いて予言の意を表わして]《文語》: For nation ~ rise against nation, and kingdom against kingdom: and there ~ be famines, and pestilences, and earthquakes in divers places. 民は民に, 国は国に逆らいてたたん, また処々に飢饉(ききん)と地震とあらん (*Matt.* 24: 7) / Oh, East is East and West is West, and never the twain ~ meet. 東は東, 西は西, 両者相会うことなかるべし (R. Kipling, *The Ballad of East and West* 1).

7 [時・条件の副詞節や関係節において仮定法代用として各人称に用いて]《文語》: If it ~ be fine tomorrow, I ~ go. あす天気ならば行く / Farewell till we ~ meet again. 今度お会いするまでさようなら / Whoever ~ say so is a liar. そう言う人はだれであろうとうそつきだ.

8 [命令・指示を表わして]《古》…すべし: **a** [第二人称]: Thou *shalt* (=must) love thy neighbour as thyself. おのれのごとくなんじの隣人を愛すべし (*Lev.* 19: 18) / Thou *shalt* (=must) not commit adultery. なんじ姦淫(かんいん)するなかれ (*Exod.* 20: 14). **b** [第三人称] ★ 主に法律文で: The hood ~ be of scarlet, with a silk lining of the color of the faculty. (ガウンの)フードは緋色で, それに学部を表わす色の絹の裏地を付けなければならない.

9 [間接話法の場合] **a** [原則として直接話法の shall をそのまま引き継ぐ]: He thinks himself that he ~ recover (<"I shall recover"), but the doctor says he will soon die. 自分では直るつもりでいるが医者は長くないと言う / Do you think you ~ recover (<"I shall recover")? 君は直ると思うか / I said [thought, supposed] that we *should* do it the next day. (<"We shall...tomorrow") 翌日しようと言った[思った]. **b** [直接話法の話者の予言を表わす you [he] will は I [we] shall となる]: Does the doctor say I ~ recover (<"he will recover")? 医者は私が直ると言っているか. ★ この場合でも《米》では will を用いるのが普通: Does the doctor say I *will* recover?

10 [完了形・進行形を伴って]: I ~ have completed the task by evening. 夕方までには仕事をすませてしまっているだろう / Next June I ~ have been living here for three years. 来年の6月でここに3年住んでいることになる / I ~ be eating my supper at seven. 7時には夕食を食べていることでしょう. ★ 最後の例は客観的な予定を表わす. I ~ eat ... ならば意志の意味が強くなる.

shal·lon [ʃǽlən]〘← N-Am.-Ind.〙*n.*〘植物〙=salal.

shal·loon [ʃəlúːn, ʃæ-]〘(1678)□ F *chalon* ← *Châlons-sur-Marne* (フランス北東の原産地)〙*n.* シャルーン織《薄いあや織ラシャ, コートの裏地に使用》.

shal·lop [ʃǽləp]〘(*a*1578)□ F *chaloupe* □ Du. *sloep*: SLOOP と二重語〙— *n.*〘海事〙**1** (もと浅瀬で用いられた櫂(かい)または帆で動く)小型のボート. **2** lugsail つきの2本マストの舟.

shal·lot [ʃəlɑ́t, ʃǽlət | ʃəlɔ́t]〘(1664)《頭音消失》← 《廃》*eschalot* □ MF *eschalotte* (F *échalotte*)《変形》← OF *eschaloigne* < VL **escalōniam*: ⇨ scallion〙— *n.*〘植物〙**1 a** シャロット (*Allium ascalonicum*)《ワケギに似たネギの一種; 鱗茎を分球して繁殖する》. **b** シャロットの球茎. **2** =spring onion.

shal·low [ʃǽlou | -ləu]〘(*a*1387) *schalowe* ← ?: cf. OE *sceald* 'shallows, SHOAL[1]'〙— *adj.* (~·**er**, ~·**est**) **1** 〈水・くぼみ・器物など〉浅い (↔ deep): a ~ stream, lake, etc / a ~ dish, pan, vessel, etc. **2** 思慮の足りない, 浅薄な, あさはかな, 薄っぺらな, 皮相の (superficial): a ~ mind, observer, argument, etc. **3** 〈呼吸が〉浅い: ~ breathing. **4**〘野球〙(守備位置が)比較的ホームプレート寄りの, 浅い. — *n.* [the ~s; しばしば単数扱い] 浅瀬, 洲(す) (shoal). — *vt.* 浅くする. — *vi.* 浅くなる. — *adv.*〘野球〙(守備位置が)浅い位置で. ~·**ly** *adv.* ~·**ness** *n.*

shállow-bráined *adj.* あさはかな, ばかな (foolish).

shállow-héarted *adj.* 薄情な.

shállow-mínded *adj.* =shallow-brained.

sha·lom [ʃɑːlóum, ʃə-| -lɔ́um]〘□ Heb. *šālôm* peace, welfare〙*Heb. int.* シャローム《平安の意; ユダヤ人の伝統的な挨拶・別れの言葉》.

shalóm a·léi·chem [-ɑːléɪkəm, -əl-, -xəm]〘□ Heb. *šālôm 'alêkhem* peace to you〙— *Heb. int.* シャローム アレイヘム《「あなたに平安を」の意の伝統的なユダヤの挨拶言葉; これに対しては aleichem shalom と答える》.

shalt [ʃəlt; ʃælt, ʃǽlt]〘OE *scealt*〙*auxil. v.*《古》shall の直説法第二人称単数現在形: Thou ~... =You shall....

shal·war [ʃʌ́lwɑə | -wɑː(r)]〘□ Hindi ~ □ Pers. *shalwār*〙*n.* [複数扱い] (インド・東南アジアの男女が着る)ゆるいパジャマ風のズボン.

shal·y [ʃéɪli | -li]〘← SHALE + -Y[4]〙*adj.* (**shal·i·er**; **-i·est**) 頁(けつ)岩の.

sham [ʃǽ(ː)m]〘(1677)《方言》← ? SHAME〙— *n.* **1 a** まがい物 (imitation), にせ物 (counterfeit): These are all ~s. これは全部まがい物だ. **b** ごまかし (pretense), いんちき, 見せかけ; 偽善的な行為: His illness is only a ~. 彼の病気は仮(け)病だ / That [His religion] is all ~. それ[彼の信心]は全くいんちきだ. **2** 見かけ倒しの人, ほら吹き (charlatan), ぺてん師, 詐欺師 (fraud); 仮病使い. **3 a**《米》(装飾的な)まくら覆い (pillow sham). **b**《古》ベッドの掛け布 (sheet sham)《昼間ベッドの上に掛けておく》. **4**《古》人をかつぐこと (hoax). — *adj.* ごまかし[いかさま]の (bogus), 見せかけの (pretended), にせ[まがい]の (spurious), 粗悪な (adulterated): a ~ battle [fight] 模擬戦, 軍事演習 / ~ piety 見せかけの信仰 / a ~ plea (単に時間をのばすための)虚偽の抗弁 / a ~ gentleman [doctor, diamond] いんちき紳士[にせ医者, 模造ダイヤ] / ~ Tudor architecture チューダーまがいの建築様式. — *v.* (**shammed**; **sham·ming**) — *vt.* **1** …の振りをする (simulate, feign), 装う (pretend): ~ fear [madness, a faint] 恐怖[狂人, 気絶]を装う / ~ illness 仮病を使う / ~ sleep たぬき寝入をする / ~ stupidity ばかを装う. **2**《古》だます, いつわる (deceive). — *vi.* **1** 見せかけをする, 装う: He is only ~*ming*. ただ(その)振りをしているだけだ. **2** [形容詞を補語として] …であるような振りをする: ~ ill [dead, asleep] 病気の[死んだ, 眠った]振りをする.

sha·man [ʃɑ́ːmən, ʃéɪm-, ʃəmɑ́ːn | ʃǽmən]〘(1698) □ G *Schamane* □ Russ. *shaman* □ Tungus *šaman* □ Pali *samaṇa* Buddhist monk □ Skt *śramaṇa*《原義》ascetic〙— *n.* シャーマン教 (shamanism) の道士, シャーマン, 魔術士, 魔法使い, まじない師.

shá·man·ism [-nìzm] *n.* シャーマン教, シャーマニズム《主にシベリア北部の諸種族間に行なわれる原始宗教の一派でシャーマンの道士を通じて心願をかければ何事も成就し善悪両神を自由にできるとする》.

shá·man·ist [-nɪst, -nəst | -nɪst] *n.* シャーマン教徒. — *adj.* =shamanistic.

sha·man·is·tic [ʃɑ̀ːmənɪ́stɪk, ʃèɪm- | ʃæ̀m-] *adj.* シャーマン教(徒)の.

sha·mash [ʃɑ́ːməʃ, ʃɑ́ːmɑːʃ] *Yid. n.* =shammash.

Sha·mash [ʃɑ́ːməʃ]〘□ Akkad. *Šamaš*, *Šamšu* (the god of) the sun〙— *Yid. n.* シャマシュ《古代 Assyria および Babylonia の太陽神で正義と豊穣(じょう)の神として崇拝された》.

sham·a·teur [ʃǽmətə̀ː, -tə, -t(j)ʊ̀ə, -tʃʊ̀ə, -tʃə | ʃǽmətə(r), -tə̀ː(r), -tjʊ̀ə(r), -tʃə(r, ʃæmətə́ː(r)]〘← SHAM + (AMA)TEUR〙— *n.* (運動競技などの)にせアマチュア, いかさまのノンプロ運動家.

sham·a·teur·ism [ʃǽmətə̀ː(r)ɪzm, -tərɪzm, -t(j)ʊ̀(ə)rɪzm, -tʃʊ̀(ə)r-, -tʃərɪzm | ʃǽmətərɪzm, -tə̀ːrɪzm, -tjʊ̀ər-, -tʃərɪ̀zm] *n.* にせアマチュアリズム.

sham·ba [ʃǽmbə]〘□ Swahili ~ 'plantation'〙*n.*《アフリカ》**1** 庭, 耕作地, 畑. **2** 農園 (plantation).

sham·ble [ʃǽmbl]〘(1681) ← ? *shamble* ungainly ← ? *shamble legs*: ↓ (3): 台の足のように両足がひらいていることにちなむ: cf. scamble〙— *vi.* よろよろ[ひょろひょろ]歩く; 足を引きずって歩く (shuffle). — *n.* よろよろ歩き, ぶかっこうな足取り.

sham·bles [ʃǽmblz]〘OE *sc(e)amel* stool, table < (WGmc) **skamel* □ L *scamellum* (dim.) ← *scamnum* bench ← IE **skabh-* to support: ⇨ -s[1]〙— *n. pl.* [通例単数扱い] **1** 殺牛場, 畜殺場 (slaughterhouse). **2**《口語》流血の場面; ろうぜき[混乱]の場 (mess): turn cities into ~s 都市を修羅場に化する / become [be turned] into [be reduced into] a ~s 修羅の巷(ちまた)になる. **3**《古・英方言》肉屋[売台]; 肉市場.

sham·bol·ic [ʃæmbɑ́lɪk | -bɔ́l-]〘《混成》← SHAM(BLES) + (SYM)BOLIC〙*adj.*《英》乱雑な, 雑然とした.

shame [ʃéɪm]〘*n.*: OE *sc(e)amu* < Gmc **skamō* (G *Scham*). — *v.*: OE *scamian* ← (*n.*)〙— *n.* **1** (罪意識・不品行などによって生ずる)恥ずかしい思い, 恥ずかしさ; 羞恥心: feel ~ at ...を恥ずかしく思う / flush with ~ 恥ずかしくて顔を赤くする / bring a blush of ~ to a person's cheek 人を赤面させる / be without [dead to, lost to, past] ~ 恥知らずだ / from [for, out of] ~ 恥ずかしさの余り, 恥ずかしくて. **2** 恥, 恥辱 (disgrace), 不名誉, 不面目: bring ~ on one's family 家名を汚す / to the ~ of ...の面目をつぶして / a burning [crying] ~ 大恥辱 / a child of ~ 私生児 / The more ~ to him. それこそ彼は恥の上塗りだ / To my ~, I must confess that I never wrote to him. 恥ずかしいことだが実は彼に一度も手紙を書かなかった. **3** 恥のもと[になるもの], 不面目(なこと), つらよごし: He is a ~ of the family [town]. 彼は家[町]のつらよごしだ. **4** ひどいこと, 残念なこと; ひどい仕打ち: It is a horrid ~ not to give children enough to eat. 子供たちに十分食べさせないとは随分ひどい話だ / It's a ~ (that) you cannot go there. そちらへ行けなくて残念. **5**《古》(婦女の)不品行: a life of ~ 醜業.

cry shame upon (これはひどい, みっともない, 恥さらしだと言って)…を非難する. ***Fie for shame!*** = ***For shame!*** = ***Shame!*** = ***Shame on you!*** 恥を知れ, みっともない, けしからん. ***in shame of***《廃》…を辱めるために: The gods do this in ~ of cowardice. 神々は臆病を辱めるためにこうなさるのだ (Shak., *Caesar* 2. 2. 41). ***put*** [***bring***] *a person* ***to shame*** (1) 〈人を〉赤面させる, 侮辱する (disgrace). (2) 〈人を〉出し抜く, しのぐ (outdo, surpass). ***think*** [***feel***] ***shame to do*** …するのを恥とする. ***What a shame!*** (1) 何てひどいことだ, けしからん (How unjust!): *What a* ~ to treat you like that! 君をそのように扱うとはあんまりひどい. (2) 全くかわいそうだ[残念だ] (What a pity!): *What a* ~ that you didn't succeed!

— *vt.* **1** 恥ずかしく思わせる, 恥じさせる, …の面目をつぶす (make ashamed): His industry and success ~*d* all his detractors. 彼の勤勉と成功には悪口を言った連中は皆大恥をかいた. **2** …に恥をかかせる, 辱める, 侮辱する (disgrace). **3** [主に Passive に用いて] 恥じさせて…させる〔*into*, *out of*〕: He was ~*d into* working [*out of* his bad habits]. 彼は辱められて働くようになった[悪習をやめた]. — *vi.*《廃・方言》[通例否定構文で] 恥じ入る, 恥と思う: I don't ~ to tell you what I was. 私の過去をお話しすることを恥ずかしいとは思いません.

shame·faced [ʃéɪmféɪst, ⌐⌐]〘(1555) ← SHAME (n.) + -*faced* (⇨ face, -ed 2) ∽ *shamefast* (↓)〙— *adj.* **1** 恥ずかしがる (bashful); 内気な, つつましやかな, 目立たない. **2** 恥じている, 恥じ入った: ~ apologies. ~·**ly** [-sɪdli, -səd-, -st-, ⌐⌐(–)– | ʃéɪmféɪstli, -sɪd-, -səd-, ⌐⌐(–)–] *adv.* ~·**ness** [ʃéɪmféɪsɪdnɪs, -səd-, -st-, ⌐⌐(–)– | ʃéɪmfèɪstnɪs, -sɪd-, -səd-, -nəs, ⌐⌐(–)–] *n.*

shame·fast [ʃéɪmfæ̀st | -fɑ̀ːst]〘OE *sc(e)amfæst*: ⇨ shame, fast[2]〙*adj.*《古》=shamefaced. ~·**ly** *adv.* ~·**ness** *n.*

shame·ful [ʃéɪmfəl]〘OE *sc(e)amful* modest: ⇨ shame, -ful[1]〙— *adj.* **1** 恥ずべき, 恥ずかしい, 不面目な, あさましい (disgraceful): a ~ defeat 不面目な敗北 / ~ behavior [conduct] 恥ずべき行状[行為]. **2** けしからぬ, 不届きな (scandalous); いかがわしい, いやらしい, みだらな (indecent): a ~ book [sight] みだらな本[光景]. ~·**ly** *adv.* ~·**ness** *n.*

sháme·less〘OE *sc(e)amlēas*: ⇨ -less〙— *adj.* **1** 恥知らずな, 破廉恥な, 厚かましい, ずうずうしい: a ~ liar ずうずうしいうそつき. **2** 慎みのない, 風俗を乱す, 猥褻(わいせつ)な: ~ conduct 慎みのない行為 / a ~ picture 猥褻画. ~·**ly** *adv.* ~·**ness** *n.*

Sham·mai [ʃɑ́ːmaɪ] *n.* シャンマイ《紀元前1世紀頃のユダヤの律法学者; 聖書解釈学の学校 (Beth Shammai) の創立者》.

sham·mas [ʃɑ́ːməs] *Yid. n. pl.* =shammash.

sham·mash [ʃɑ́ːməʃ, ʃɑːmɑ́ːʃ]〘□ Yid. *šames* □ Mish.Heb. *šammāš* □ Aram. *šimmēš* to serve〙— *Yid. n.* (*pl.* **sham·ma·shim** [ʃɑːmɑ́ːʃɪm, -mɔ́ːsɪm])〘ユダヤ教〙**1** ユダヤ教会の役員《建物設備を管理しモーセ五書を読み祭日に礼拝式の助手をする》. **2** (ハヌカー祭 (Hanukkah) の九本枝の飾り燭台 (menorah) で他のろうそくをつけるのに用いる)ろうそく.

shám·mer〘← SHAM (v.) + -ER[1]〙*n.* ぺてん師, 詐欺師.

sham·mes [ʃɑ́ːməs] *n.* (*pl.* **sham·mo·sim** [ʃɑːmɔ́ːsɪm, -səm | -sɪm]) =shammash.

sham·my [ʃǽmi | -mɪ]〘《変形》← CHAMOIS〙*n.* =chamois 2. — *vt.* =chamois 2.

Sha·mo [ʃɑ́ːmóu; *Chin.* ʂāmò] *n.* 砂漠《Gobi 砂漠の中国語名》.

sham·oy [ʃǽmi | -mɪ] *n.* =chamois 2.

sham·poo [ʃæmpúː]〘(1762) □ Hindi *cāmpo* (imper.) ← *cāmpnā* to press, shampoo〙— *vt.* **1 a** 〈頭髪を〉シャンプーで洗う. **b** 〈人〉の頭髪をシャンプーで洗

う. **2**〈じゅうたん・カーテンなどを〉特殊洗剤で洗う, ドライクリーニングする. **3**《古》〈身体などを〉入浴後マッサージする. — *n.* (*pl.* ~**s**) **1** 髪洗い. **2** 髪洗い粉, シャンプー: dry ~ ドライシャンプー《澱粉・工業用アルコールなどで製した髪洗い液》. **~·er** *n.*

sham·rock [ʃǽmrɑk | -rɔk] 〖《1571》⊏ Ir.-Gael. *seamrōg* (dim.) ← *seamar* trefoil, clover, honeysuckle〗 — *n.* **1**〖植物〗**a** シャムロック《クローバー (white clover) の類の三つ葉の植物で, Saint Patrick が三位一体および badge を説明するために用いたという; アイルランドの国花; cf. rose² 7, thistle 1, leek, badge 3》. ★ 本来の shamrock は hop clover, white clover または black medic であったと考えられている. **b** カタバミ属の植物 (*Oxalis acetosella*)《クローバーに似た三小葉の葉をもつ》. **2** 濃い黄緑色 (shamrock green).

shamrock 1 a (badge of Ireland)

shámrock pèa *n.*〖植物〗アジアおよびアフリカ産の薄紫の花をつけるマメ科の多年生つる植物 (*Parochetus communis*).

sha·mus¹ [ʃɑ́ːməs] 〖《変形》← SHAMMASH〗 *n.* (*pl.* ~-**es**) =shammash.

sha·mus² [ʃɑ́ːməs, ʃéɪ-] 〖《転用》? ↑〗 *n.*《米俗》**1** 警官 (cop). **2** 私立探偵 (private detective).

Shan [ʃɑ́ːn, ʃǽ(ː)n | ʃɑ́ːn] *n.* (*pl.* ~, ~**s**) **1 a** [the ~(s)] シャン族《ビルマの山岳地方に住む一種族》. **b** シャン族の人. **2** シャン語《タイ語系に属する》.

shan·dry·dan [ʃǽndrɪdæ̀n | -drɪ-] 〖← ?〗 *n.* (*also* **shan·dra·dan** [-drə-]) **1** がた馬車, がたがたおんぼろ馬車. **2** ほろ付き軽二輪馬車.

shan·dy [ʃǽndi | -dɪ] 〖《略》↓〗 *n.* **1** =shandygaff. **2** シャンディー《レモネードとアルコール分の薄いエールの混合飲料》.

shan·dy·gaff [ʃǽndigæ̀f | -dɪ-] 〖《1853》← ?〗 *n.* シャンディーガフ《ビールとジンジャービールまたはジンジャーエールとの混合飲料》.

Shang [ʃɑ́ːŋ; *Chin.* ʂāŋ] 〖⊏ Chin. ~ (商)(遷都後殷と改めた)〗 *n.* 殷(いん)《中国古代の王朝(紀元前 16 世紀–1066? B.C.); Yin ともいう》.

shang·hai [ʃæŋháɪ] 〖↓: もと東洋航路の船員を集めるためにとられた強引なやり方から〗 — *vt.* **1**〖海事〗麻薬を使って[酒で酔いつぶして, あるいは暴力をもって]船へ連れ込んで出帆し水夫にする; 誘拐(ゆうかい)する (kidnap). **2**《俗》暴力・不公正な手段を使って〈人を〉…させる. **~·er** *n.*

Shang·hai¹ [ʃæŋháɪ; *Chin.* ʂàŋxàɪ] *n.* 上海(シャンハイ)《中国江蘇省 (Kiangsu), 揚子江 (Yangtze) 河口付近の港市; 人口 10,980,000》.

Shang·hai² [ʃæŋháɪ] 〖↑: もと, ここから輸出されたため〗 *n.* シャンハイ《足の長い品種の鶏》.

Shan·gri-La [ʃǽŋgrɪlɑ̀ː, ⸗⸗⸗ | ⸗⸗⸗] 〖James Hilton 作の小説 *Lost Horizon* (1933) 中の架空楽園の名〗 — *n.* (*also* **Shan·gri-la** [~]) シャングリラ: **1** (遠く離れた美しい架空の)ユートピア (utopia). **2 a** 地上の楽園. **b** 無名の地; 秘密の場所.

Shan·hai·kwan [ʃɑ́ːnháɪkwɑ́ːn; *Chin.* ʂānxǎɪkuān] *n.* 山海関《万里の長城の起点中国北東部河北省 (Hopeh) 秦皇島市に属する》.

shank [ʃǽŋk] 〖OE *sc(e)anca* < (WGmc) **skaŋkan* (G *Schenkel* leg, thigh) ← IE **(s)keng-* crooked (Gk *skázein* to limp)〗 — *n.* **1 a** すね《ひざ (knee) と足首 (ankle) の間》: long [thin, lean] ~*s*. **b** (四足獣の)すね《fetlock と joint の間; ⇨ fetlock 挿絵》. **c** (牛・羊などの)すね肉《foreshank と hind shank に分ける; ⇨ beef, lamb, mutton¹, veal 挿絵》. **d** (鳥の)足の上の部分. **e** 足 (leg): rest one's tired ~*s* 疲れた足を休ませる. **2 a** 器具・道具などのすねに当たる部分. **b**《英》(靴下の)脚部;《スコット》靴下. **c** (くぎ[ピン]の)頭と先の中間の部分. **d** (鉤(かぎ)・釣鉤の)軸, 胴 (⇨ fishhook 挿絵). **e** (スプーンの)柄. **f** (錨(いかり)の)幹, 錨幹 (⇨ anchor 挿絵). **g** (パイプの)軸. **h** (コップ・グラスの)足. **i** (植物の)柄, 茎 (stalk). **j** = tang¹ 1. **k**《俗》ナイフ (knife). **3 a** 靴底の土踏まずの部分《靴屋は「ふまず」という》. **b** シャンク, ふまず芯《靴底のふまず部分に入れる鉄芯》. **4 a** 他の物をつけるために突き出た部分. **b** ボタンの裏側の出っぱり《環・耳など》. **c** (きりなどの)舌《柄にはめこむ部分》. **5 a** 残部, 残り: in the ~ of the evening 夕暮時に, たそがれ時に, 宵の口に. **b**《米》最初[最後]の時間帯. **6**〖音楽〗(金属管楽器にさし込み音の高さを調節する)調音管 (crook). **7**〖印刷〗活字のボディー (body) (⇨ type 挿絵). **8**〖建築〗**a** シャンク《ドリス式建築のフリーズにあるトライグリフの溝と溝の間の平らな部分》. **b** 柄, 握り (shaft). **9**〖ゴルフ〗シャンク《クラブのヒール》.

***go* [*ride*] *on shank's* [*shanks'*] *mare* [*pony*]**《戯言》自分の足で行く, 歩く (walk),「てくる」.

— *vi.* **1**《スコット》徒歩で行く, 歩く (walk). **2**〖植物病理〗〈花・葉などが〉(軸が腐って)落ちる 〈*off*〉. — *vt.*〖ゴルフ〗〈ボールを〉(誤って)クラブのヒールなどで打つ《打球は鋭く右に飛ぶ》.

Shan·kar [ʃɑ́ːŋkɑə | -kɑː(r)], **Ra·vi** [rɑ́ːvi | -vɪ] *n.* シャンカール《1920– ; インドの sitar 奏者》.

Shan·ka·ra [ʃɑ́ŋkərə] *n.* シャンカラ《788?–820?; インドの哲学者, 一元論に立つヒンズー教神学者; Shankaracharya [ʃɑ́ŋkərəxɑ́ːrjə] ともいう; cf. Vedanta》.

shanked 〖⇨ -ed 2〗 *adj.* **1** shank のある. **2** [通例複合語の第 2 構成素として]「すねのある」の意の形容詞連結形: long[lean]-*shanked* すねの長い[細い].

Shanks [ʃǽŋks], **Edward Richard Buxton** *n.* (1892–1953) 英国の詩人・批評家.

shan·non [ʃǽnən] 〖← *C. E. Shannon*〗 *n.*〖電算機〗=bit⁵ 1.

Shan·non [ʃǽnən] *n.* **1** [the ~] アイルランド中部を南西に流れて大西洋に注ぐ英国諸島中で最長の川 (390 km). **2** アイルランド Limerick 近郊の国際空港.

Shan·non [ʃǽnən], **Claude Elwood** *n.* (1916–) 米国の数学者; 情報理論を体系化し, また回路設計にブール代数をとり入れた.

Shannon, Sir **James Jeb·u·sa** [dʒébjʊsə] *n.* (1862–1923) 米国生まれの英国の肖像画家.

shan·ny [ʃǽni | -nɪ] 〖← ?〗 *n.*〖魚類〗ニシイソギンポ (*Blennius pholis*)《ヨーロッパ産イソギンポ属の魚; 腹びれでからだをささえて水底で休む; cf. blenny》.

Shan·si [ʃɑ́ːnsíː; *Chin.* ʂānʃì] *n.* 山西省《中国北部の省; 人口 24,240,000, 面積 156,420 km², 首都太原 (Taiyüan)》.

Shán Státes [ʃɑ́ːn-] *n. pl.* [the ~] シャン諸州《ビルマ東部 Salween 川に沿う高原地域; 南北の州に分かれる; 人口 3,178,000, 面積 155,822 km²》.

shan't [ʃǽnt, ʃɑ́ːnt | ʃɑ́ːnt]《口語》shall not の縮約形. ★《米》ではまれ.

shant·ey [ʃǽnti | -tɪ] 〖《転訛》← CHANTEY〗 *n.*〖海事〗=chantey.

shántey·man [-mən, -mæ̀n] *n.*〖海事〗=chanteyman.

shan·ti [ʃɑ́ːnti | -tɪ] 〖⊏ Skt *śānti*〗 *n.*〖ヒンズー教〗心の平和, 静穏; 寂, 滅, 息災, 安隠.

Shan·tung¹ [ʃæ̀ntʌ́ŋ | -dʌ́ŋ, -tʌ́ŋ, -dʊ́ŋ, -tʊ́ŋ; *Chin.* ʂāntūŋ] *n.* **1** 山東省《中国北部の省; 人口 71,600,000, 面積 150,000 km², 首都済南 (Tsinan)》. **2** [the ~] 山東半島《黄海に臨む半島で山東省の東部を占める; 普通 the Shantung Peninsula という》.

Shan·tung², s- [ʃæ̀ntʌ́ŋ] 〖↑〗 *n.* **1** シャンタン, 山東絹, 紬(つむぎ) (pongee). **2** 山東絹をまねたレーヨン[木綿]織物.

shan·ty¹ [ʃǽnti | -tɪ] 〖《1820》⊏ ? Canad.-F *chantier* shack = F 'lumberyard', (OF) 'gantry' < L *canthērium* framework // ⊏ ? Ir. *sean t(o)ig* old house〗 — *n.* **1** 小屋, 掘立小屋 (shack). **2**《豪》酒場 (pub, bar). — *adj.* **1** 掘立小屋の[から成る], 掘立小屋のような. **2** 掘立小屋に住む, (社会的・経済的に)下層階級の. — *vi.* 掘立小屋に住む.

shan·ty² [ʃǽnti | -tɪ] *n.*〖海事〗=chantey.

shánty·man¹ [-mən, -mæ̀n] *n.* (*pl.* **-men** [-mən, -mèn]) (カナダの森林で掘立小屋に住む)木こり.

shánty·man² [-mən, -mæ̀n] *n.* (*pl.* **-men** [-mən, -mèn])〖海事〗=chanteyman.

shánty·tòwn *n.* **1** (都市の中にある)掘立小屋ばかりの地区; 貧民街, スラム街. **2** 掘立小屋から成っている町; (特に, 南アフリカ共和国の)黒人貧民街.

Shao·hsing [ʃàʊʃíŋ; *Chin.* ʂàʊʃìŋ] *n.* (*also* **Shao·hing** [~]) 紹興《中国東部, 浙江省 (Chekiang) の都市》.

shap·a·ble [ʃéɪpəbl̩] *adj.* **1** =shapeable. **2** =shapely.

shape [ʃéɪp] 〖v.: OE *sċ(i)eppan* < Gmc **skap(j)an* (G *schaffen*) ← IE **skep-* to cut, scrape (L *scabere* to scrape / Gk *skáptein* to dig): cf. shave. — n.: OE *(ġe)sċeap* ← Gmc **skap-*〗 — *n.* **1** 形, 格好 (form), 形状 (configuration); (装った)姿, なり (guise): the ~ of one's head [nose] 頭[鼻]のかっこう / a fiend in human ~ 人間のなりをした悪魔 (cf.「人面獣」) / clouds of strange ~ 変な形の雲 / It hasn't much ~. 大した格好じゃない / The trees were lopped into proper ~. 木は刈り込まれていい形になった. **2 a** (顔と区別して)人の体つき, 肉体の輪郭. **b** (性的魅力のある女性の)体, 体の線. **3** (おぼろげな・奇怪な)物の姿, 幻影, 幽霊 (phantom, ghost): a ~ of fear 恐ろしい姿, 幽霊 / A strange ~ could be seen through the fog. 怪しい形の物が霧の間から見えた / Strange ~*s* appeared from the shadows. 物陰から怪しい姿のものが現われた. **4** はっきりまとまったもの, 具体化された形, 整った形: give ~ to …に形をつける, …をまとめる, 整える / get into ~ 形になる, まとまる / keep in [put out of] ~ 形をくずさぬようにする[くずす] / put one's thought into ~ 考えを具体化させる[まとめる]. **5** 生活様式, 存在形態: the ~ of our future. **6 a** 模型, 木型 (model, mould): a hat ~ 帽子の型. **b** (ジェリー・ブラマンジュ (blancmange) などの)型物, ゼリー型, 菓子型. **7**《口語》**a** 状態, 調子 (state, condition): His affairs are in (a) bad ~. 彼の財政は混乱している. **b** 健康状態, 体調; 体調のいいこと: be in splendid ~ 体調が申し分ない / I'm not in good ~ for traveling. 体の具合が思わしくなくて旅行しない方がよいようだ. **8**〖建築〗形鋼《切断面が L 形, I 形, H 形などをした鋼材; section ともいう》. **9**〖海事〗形象《海上衝突予防法で定められている昼間信号法の一つで, 球や三角などに見える形の掲揚物;「本船は停泊中」などの意味をもつ》.

in any* [*no*] *shape* (*or form*)** どんな形でも[でも…ない], どうしても[も…ない] (in any [no] manner); どのような…でも[でも…ない], 少しも[も…ない] ((not) at all): I don't touch alcohol *in any* ~ *or form*. 酒にはいっさい手を触れない. ***in shape (1) 形がくずれないで (cf. *n.* 4). (2) 良好の状態で (cf. *n.* 7). ***in the shape of*** …の形で[の], …として(の): He has nothing *in the* ~ *of* money. 金というものは一文もない / a reward *in the* ~ *of* $10,000 一万ドルの謝礼 / I had a birthday present *in the* ~ *of* a fountain pen. 誕生日のお祝いに万年筆をもらった. ***lick into shape*** ⇨ lick 成句. ***out of shape*** (1) こわれて, 曲がって (cf. *n.* 4). (2) 良好な状態になくて; 身体をこわして (cf. *n.* 7). ***take shape*** (1) 形をなす, 格好ができる. (2) 実現する. ***whip into shape*** ⇨ whip 成句.

— *v.* (**shaped; shaped,**《古》**shap·en** [ʃéɪpən]) — *vt.* **1** 形づける, 形づくる, 作る, こしらえる (fashion, form); …に形を与える: ~ a stone *into* an ax(e) 石を削っておのにする / ~*d* like a pear 西洋なしの形をした / ~ one's rough material *into* a book 素材を本にする / ~ one's ideas 構想する: His mouth ~*d* itself as if about to whistle. 彼の口は今にも口笛を吹きそうな形になった. **2** 具体化する (embody); 言い表わす, 表明する: ~ a question 質問する / ~ a statement 声明を出す. **3** 〔…に〕適合[適応]させる (adjust, adapt) 〔*to*〕: ~ a coat *to* one's figure 人の体に服を合わせる. **4**〈進路を〉向ける, 定める (direct): ~ one's course to …へ進む / ~ one's course in life 人生進路を決める. **5**〈計画・対策などを〉考案する, 工夫する (devise): ~ an underhand design 陰謀をたくらむ. **6**《廃》任命する (appoint), 命じる (decree). — *vi.* **1** 形をとる, 形をなす; 〈計画などが〉でき上がる, 具体化する (cf. SHAPE *up*): Our plan is *shaping* well. われわれの計画はうまく具体化している. **2** なりゆく, なる (happen); 発展[発達]する (develop): if things ~ right 事がうまく行くならば / The boy is *shaping* very satisfactorily. 子供は申し分なく発育している / Let time ~. 時[成行き]に任せよ.

shape up《口語》(*vi.*) (1) 発展[進展]する; ある傾向を示す: Everything is *shaping up* well. 万事うまく行っている. (2) 形をとる, 具体化する, 仕上がる. (3)《米》整列する; 行儀正しくふるまう. (*vt.*) はっきりした形に仕上げる; 具体化する.

SHAPE, Shape [ʃéɪp]《略》Supreme Headquarters Allied Powers in Europe ヨーロッパ連合軍最高司令部.

shape·a·ble [ʃéɪpəbl̩] *adj.* 形造られる.

shaped 〖⇨ -ed 2〗 *adj.* **1** [しばしば複合語の第 2 構成素として] 形が…の, …形の: bell-*shaped* 鐘[鈴]形の / diamond-*shaped* ダイヤ形の, ひし形の / well-*shaped* よい形の / ill-*shaped* 形の悪い. **2**〈家具が〉表面が平でない, 模様のある. **3** 型に合わせて作った.

sháped chàrge *n.*〖軍事〗指向性爆薬[炸薬(さくやく)], 成形爆薬《爆発力を一方向に集中させる方式のもの; 特に弾頭内部に円錐(えんすい)形の空所を成型し, 爆発力を前部に集中させ装甲貫徹力を大ならしめるもの》.

shápe·less 〖《a1325》〗 — *adj.* **1** 形のない, 定形のない. **2 a** 形の美しさ[優雅さ]の欠けた, 不格好な, 醜い (deformed): a ~ garment. **b** 形のくずれた; できそこないの (misshapen): a ~ hat. **3** 方向性[目的]のない. **~·ly** *adv.* **~·ness** *n.*

shápe·ly 〖《14C》〗 — *adj.* (**shape·li·er; -li·est**) **1** 格好のよい, 姿のいい, 均整のとれた; 釣合いのとれた (well-proportioned): one's ~ legs. **2** はっきりした形のある; 整然とした. **shápe·li·ness** *n.*

sháp·er 〖ME〗 *n.* **1 a** 形造る人, 作り人. **b** (旧作を改作する)詩人. **2 a** 形造る物[機械]. **b**〖機械〗形削り盤, セーパー.

shápe·shìfter *n.* 自分の姿を意のままに変えるもの《werewolf など》.

shápe-ùp 〖← *shape up* (⇨ shape (vi.) 成句)〗 — *n.* シェープアップ《港で毎日仕事を求める港湾労働者を半円形に並ばせ, その中からその日の作業員を選んだ方法; cf. hiring hall》.

sháping circuit *n.*〖電気〗整形回路《波形がひずんだものをもとに戻す回路》.

Sha·pir·o [ʃəpí(ə)roʊ | -píərəʊ], **Karl** (**Jay**) *n.* (1913–) 米国の詩人・批評家.

Shap·ley [ʃǽpli | -lɪ], **Har·low** [hɑ́əloʊ | hɑ́ːləʊ] *n.* (1885–1972) 米国の天文学者.

shard [ʃɑ́əd | ʃɑ́ːd] 〖OE *sċeard* fragment < Gmc **skarðaz* cut, notched (Du. *schaard* / G *Scharte* notch): ⇨ shear〗 — *n.* **1** (瀬戸物などの)破片, かけら《植木鉢の底の盤をふさぐのに用いる》: break into ~*s* 粉々にこわす. **2**〖動物〗うろこ, 殻; (特に)(甲虫類の)翅鞘(ししょう), さやばね (elytron). **3** =sherd 2.

share¹ [ʃéə | ʃéə(r)] 〖n.: OE *sċearu* tonsure, public region (cf. *-sċearu-* division) ← Gmc **skar-*, **sker-*. — v.: (*c*1586) ← (n.): ⇨ shear〗 — *n.* **1 a** 分け前, 割り前, 取り分: a fair ~ 正当な[当然の]分け前 / ⇨ lion's share / a ~ in [of] the profits 利益の分け前 / get [come in for] a ~ of …の分け前にあずかる / This is my ~ of it [them]. これが私の取り分です / He had his ~ of worries. 彼も人並みに苦労があった / She has some ~ of her mother's conceit. 母親の気位の高さを幾分受け継いでいる. **b** 出し分, 持ち分, 割り当て, 分担, 負担 (burden): pay one's ~ of the expenses 出費の出し分を払う / take a ~ *in* the fund 資金を分担する / bear [take] one's ~ of the cost [responsibility] 費用[責任]を分担する / fall to a person's ~ 人の分担になる / He has more than his ~ of wit. 人一倍機知がある. **c** 役割, 参与, 関与, 寄与, 貢献 (contribution) 〔*in*〕: I have [bear] no ~ *in* the matter. その件には関係がない / He had a (large) ~ *in* realizing the plan. その計画の実現にあずかって(大いに)力があった / He didn't take much ~ *in* the conversation. その話にはあまり口を出さなかった. **2**〖商業・証券〗**a** (会社などへの)出資(一口): an estate owned in 10 ~*s* 10 人の出資者所有の土地 / have a ~ *in* the bank その銀行に出資している. **b** (会社の)株, 株式; [*pl.*]《英》株式(資

本) (cf. stock 25 b): ordinary ～*s*《英》普通株 / deferred ～*s* 後配株 / preferred [《英》preference] ～*s* 優先株 / 5,000 ～*s* of IBM common stock IBM 普通株5,000株 / per ～ 1株当り / buy [hold, sell] 10,000 ～*s in* a steel company 製鉄会社の株を1万株買う[持っている, 売る] / The company's stock rose 75¢ a ～, to $19.25. その会社の株式は1株につき75セント上がり19ドル25セントになった. **c** [形容詞的に]株(式)の: a ～ certificate 株券 / a ～ certificate to bearer 無記名株券 / ～ capital 株式資本 / a ～ market 株式市場 / the ～ index 株価指数. **3**〘経済〙(市場)占有率, シェア.

go shares 山分けにする, 共同でやる, 参与する, 負担する: *go* ～*s with* a person *in* ...を人と山分けにする[分担する, 共同でやる]. ***on [upon] shares*** (従業員も出資者と)利害を共にして. ***share and share alike*** 平等の分配で (cf. *v.* 成句): go [pay] ～ *and* ～ *alike* 山分けにする[等分に支払う].

― *vt.* **1** 分配する, 配分する, 分け合う (apportion) 〈*out*〉: ～ food *between* two 食物を2人で分ける / ～ (*out*) proceeds *among* ten 収益を10人で分配する / ～ one's purse *with* a friend 自分の金を友人にも使わせる / ～ *out* clothes *to* the refugees 避難民に衣類を分けてやる. **2** 共有する, 共通に使う: ～ a taxi タクシーに相乗りする / ～ his umbrella 彼の傘に一緒に入る / ～ an apartment *with* a friend 友人とアパートを共有する / Would you mind *sharing* the table *with* this lady? (レストランで給仕が客に)この御婦人とご相席願えないでしょうか. **3** 〈苦楽・責任・出費・仕事などを〉共にする, 分かつ: ～ losses [expenses] 損失[出費]を共同負担する / ～ the blame [responsibility] 共に責に任じる, 責任を分かつ / ～ his opinion [task] 彼と意見[仕事]を共にする / I would often ～ my joys and sorrows *with* him. 彼とは喜びも悲しみもよく共にしたものだ. ― *vi.* **1** 分配を受ける. **2** 〔...に〕あずかる, 参加する, あやかる〔*in*〕: ～ *in* profits 利益の配分にあずかる / ～ *with* a person *in* his distress [happiness, work] 人と難儀[喜び, 仕事]を共にする.

share and share alike 平等に分配する〔*in*〕(cf. *n.* 成句). ***share out*** (*vt.*) ⇨ *vt.* 1. (*vi.*) 〈企業などが〉割当て分をかせぐ[作り出す].

share² [ʃéə | ʃéə(r] 〘OE *scear* (↑): cog. G *Schar*: ⇨ shear〙 *n.* 鋤べら (plowshare), (種まき機などの)刃.

shãre bèam 〘OE *scearbeam*〙 *n.* すき長柄, ビーム《すき先を結びつける横木》.

sháre·bròker *n.* 《英》=stockbroker.

sháre certìficate *n.* 《英》=stock certificate 1.

sháre·cròp *v.* (**share·cropped**; **-crop·ping**) 《米》 ― *vt.* 〈土地を〉小作人として耕作する; 〈穀物を〉小作で作る. ― *vi.* 小作する.

sháre·cròpper *n.* 《米》分益小作人, シェアクロッパー《南北戦争後の新南部に生じたもので, 農園主より土地・種子・肥料などを借り小作料を収穫物(の一部)で納める小作農民; cf. cropper 2》.

shárecropper sỳstem *n.* 〘経済〙分益小作制 (métayage).

sháre·hòlder *n.* 《英》=stockholder 1.

sháre-list *n.* 《英》株式相場表.

sháre-òut *n.* (利益などの)配分, 分配.

sháre·pùsher *n.* 《英口語》(しばしば不良株を押しつける)強引な外交員.

shar·er [ʃé(ə)rə | ʃéərə(r] *n.* **1** 物[事]を共にする人, 共有者, 参加者 (participator). **2** 分配者, 配給者 (divider). **3** 《廃》=shareholder.

Sha·rett [ʃərét], **Mo·she** [móuʃə | máʊ-] *n.* シャレット《1894–1965; ロシヤ生れのイスラエルの政治家, 首相 (1953–55)》.

Sha·ri [ʃɑ́ːri | -rɪ] *n.* [the ～] シャリ(川)《中央アフリカ共和国に源を発し, 北西流して Chad 湖に注ぐ (2,250 km)》.

sha·rif [ʃəríːf] 〘□ Arab. *šarīf*《原義》noble〙 ― *n.* シャリーフ《Muhammad の娘 Fatima の子孫; イスラム教徒の貴族の祖先または宗教上高位の人をも指し, 称号としても用いる》.

Shar·jah [ʃɑ́ədʒə | ʃɑ́ː-] *n.* シャルジャ《ペルシャ湾南岸および Oman 湾に臨む首長国; United Arab Emirates の一つ; 人口 40,000, 面積 2,590 km²》.

shark¹ [ʃɑ́ək | ʃɑ́ːk] 〘《1569》←?〙 *n.* 〘魚類〙サメ(鮫)《板鰓(ばんさい)綱のうちエイ類を除いた魚類の総称; ヨシキリザメ (blue shark), ホオジロザメ (great white shark), シュモクザメ (hammerheaded shark) など; サメ類の中で大型・兇猛なものを俗に「ふか(鱶)」と呼ぶことがある》.

shark² [ʃɑ́ək | ʃɑ́ːk] 〘□? G *Schurke* scoundrel〙 ― *n.* **1** 高利貸 (usurer), 因業な地主[家主]; 強欲漢. **2** 《米俗》その道の名人, 名手; くろうと, 専門家 (expert); 勉強も運動もすごくよくできる学生. **3** 《英俗》税関吏 (customs officer). ― *vt.* 《古》**1** (詐欺・不正な手段などで)集める, 搾取する〈*up*〉. **2** がつがつ食う, むさぼり飲む. ― *vi.* 《古》**1** 詐欺を働く (swindle), 因業(ごう)なことをする: He ～*s* for a living. 詐欺で食っている / a ～*ing* moneylender 因業な金貸し. **2** 詐欺[因業なやり方]で生きる. **3** こそどろをやる (sneak).

shárk·er *n.* 詐欺師, ぺてん師 (swindler, sharper).

shárk-lìver òil *n.* 鮫肝油《ビタミンAの原料; shark oil ともいう》.

shárk pìlot *n.* 〘魚類〙しばしばサメと一緒に泳ぐ魚類の総称《ブリモドキ (pilot fish), banded mackerel 等》.

shárk·skìn *n.* **1** さめ皮《shagreen のように仕上げたり, または研摩用にする》. **2** 羊毛・木綿またはレーヨンの織物《表面はサメの皮のような外観の織物》.

shárk's mòuth *n.* 〘海事〙船の天幕 (awning) にあけた(帆柱や支索などを通す)穴.

shárk's pìlot *n.* 〘魚類〙=shark pilot.

shárk sùcker *n.* 〘魚類〙コバンザメ (⇨ remora 1).

Shar·on [ʃǽrən, ʃé(ə)r- | ʃéərən, ʃǽr-, ʃɑ́ːr-, -rɒn] 〘□ Heb. *Šārōn*《原義》plain〙 ― *n.* シャロン平野《古代 Palestine の地中海沿岸の地味の肥えた平野; 現在のイスラエル西部沿岸で, Tel Aviv から Mount Carmel にかけて広がる; the Plain of Sharon ともいう》.

sharp [ʃɑ́əp | ʃɑ́ːp] 〘OE *scearp* < Gmc **skarpaz* (Du. *scherp* / G *scharf*) ← IE **sker-* to cut: ⇨ shear〙 ― *adj.* (～·**er**; ～·**est**) **1 a** 鋭い, 鋭利な (keen), よく切れる (cutting); (先の)鋭い, よく突きささる (fine, piercing): a ～ knife, razor, pin, needle, edge, etc. / (as) ～ as a razor (blade) きわめて鋭利な / Poverty is a ～ weapon. 《諺》貧は身を切る. **b** 先のとがった (acute, pointed), かど張った: a ～ peak, ridge, nose, etc. / ⇨ sharp sand / ～ features かど張った[鋭い]目鼻立ち / a ～ pencil 先の尖った鉛筆《★「シャープペンシル」は mechanical [《英》propelling] pencil という》. **c** 鋭いとげのある (prickly): ～ brambles とげだらけの野ばら. **2 a** 〈道など〉急に曲がる, 急カーブの: a ～ bend in the road 道路の急カーブ / make a ～ turn 鋭くカーブする. **b** 〈坂など〉けわしい, 急な (steep): a ～ ascent [descent, fall, incline] 急な上り[下り, 降下, 坂]. **c** 〈角度が〉鋭い, 鋭角の: a ～ angle. **3** くっきり[はっきり]した (distinct), 鮮明な (clear-cut): a ～ outline [distinction, impression] はっきりした輪郭[相違, 印象] / in ～ contrast with ...ときわめて対照的な[に] / The mountain stands out ～ against the sky. 山は空を背にくっきりそびえ立っている. **4** 〈味・においなど〉刺激の強い (biting); (味などが)強い, 苦い (bitter), 辛い (pungent), すっぱい (sour): a ～ smell [taste] 強いにおい[ぴりっとした味] / ～ cheese 味[におい]の強いチーズ / ～ sauce 辛いソース / ～ wine すっぱいぶどう酒. **5 a** 〈音・声など〉鋭い, 金切り声の, かん高い (piercing, shrill): a ～ cry, voice, whistle, etc. / a ～ clap of thunder 耳をつんざく雷鳴. **b** 〈光がぎらぎらした, 強烈な (brilliant, intense): a ～ flash 強烈な閃光. **6 a** はだを刺すような, 身を切るような (piercing), 非常に寒い (keenly cold): a ～ wind / ～ air [weather] 身を切るように冷たい空気[天候] / a ～ frost (霜を結ぶほどの)厳寒. **b** 〈痛みなど〉鋭い, 激しい (keen, biting); 〈食欲など〉強烈な (intense): a ～ pain [twinge] 激しい苦痛[うずき] / a ～ desire [appetite, hunger, thirst] 強烈な欲望[食欲, 飢え, 渇き] / *Sharp* stomachs make short graces. 《諺》空腹が激しければ祈りも短くなる, 「衣食足って礼節を知る」. **7 a** 〈目・耳・鼻など〉よくきく, 鋭敏な (keen, sensitive): ～ eyes, sight, ears, hearing, etc. / a ～ nose [sense of smell] よくきく鼻[鋭敏な嗅覚] / have a ～ eye [ear, nose] (*for*) (...に)目[耳, 鼻]がよくきく. **b** 〈注意・監視など〉厳重な, 油断のない (vigilant): ～ attention 油断のない注意 / keep a ～ watch [lookout] 厳重な見張り[監視]をする. **8 a** 敏感な, 鋭敏な (mentally acute), 聡明な, 利口な (smart, clever): a ～ child / ～ judgment 聡明な判断 / ～ wits [intelligence] 鋭い才知[知能] / (as) ～ as a needle [knife, steel trap, tack] きわめて鋭い, 非常に利口な, 目から鼻へ抜ける / be ～ *at* figures 計算がじょうずである. **b** 小利口な, 抜け目のない (shrewd, astute); ずるい, 食えない: a ～ dealer 狡猾(こうかつ)な商人 / ⇨ sharp practice / be ～ *on* money 金銭に関しては抜け目がない (cf. 10) / He is too ～ for me. 彼はとても私の手には負えない. **9 a** (行動の)活発な, 敏活な (brisk), 素早い (rapid): ～ work 早わざ, 手早い仕事 / take a ～ walk 急ぎ足で行く / *Sharp* is [*Sharp*'s] the word! 急いで, 早く早く, もたもたするな. **b** 〈試合・議論など〉猛烈な, 激しい (vigorous, fierce): a ～ argument [game, contest, struggle] 激しい議論[勝負, 競争, 闘争] / a ～ gun battle 猛烈な銃撃戦 / a short and ～ life 太く短い世渡り. **c** 〈脈拍が〉どきんどきんと打つ, 激しい (jerky): a ～ pulse. **10** 痛烈な, 辛辣(しんらつ)な (poignant), 厳酷な (harsh, merciless), にくにくしげな (bitter): ～ words 激しい言葉 / a ～ temper 激しい気性 / a ～ answer とげとげしい返事 / a ～ rebuke 手厳しい非難 / be ～ *upon* a person 人につらく当たる (cf. 8 b) / He has a ～ tongue. 彼は毒舌家だ. **11** 《俗》〈服装など〉当世風な, いきな (stylish); 〈人が〉派手な[凝った]服装の (dressy): a ～ suit / ～ in a summer suit 夏服を着てめかし込んだ. **12** 〘音楽〙**a** 半音高い, 嬰(えい)音の, 嬰記号 (♯) の付いた(調の) (cf. flat 12): a sonata in F ～ [F♯] 嬰ヘ調奏鳴曲. **b** 正しい音高 (proper pitch) より高い, 高調子の. **13** 〘通信〙〈選択特性が〉急峻な (↔ broad). ― *n.* **1 a** 鋭利なもの. **b** 鋭い縫い針. **c** 薄く鋭いダイヤモンド片《宝石をカットしたり細工したりするのに用いる》. **d** 《古》鋭い武器. **2** 《口語》詐欺師, いんちき師 (sharper): a regular ～ 全くのいかさま師. **3** 《米口語》くろうと, 専門家 (expert). **4** [*pl.*] 《英》小麦の粗粉 (middlings). **5** 〘音楽〙嬰(えい)音, 嬰記号, シャープ (♯) 《音の高さを半音高める記号; cf. flat 9》.

sharps and flats 〘音楽〙(ピアノやオルガンの)黒鍵(けん); 臨時記号 (accidentals).

― 〘OE *scearpe*〙 *adv.* (～·**er**; ～·**est**) **1** 鋭く (keenly). **2 a** 突然, 急に (abruptly); 急角度に: pull up a car ～ 急に車を留める / turn ～ right 急に右に曲がる. **b** 敏速に, 素速く (briskly, quickly). **3** (時間が)かっきり, 正... (exactly, punctually): at three (o'clock) ～ 正三時に. **4** 警戒して, 油断なく (vigilantly): Look ～! 気をつけろ, 油断するな; 早くしろ, ぐずぐずするな. **5** 〘音楽〙高調子に: sing ～. **6** 《米》(目立つように)いきに, 派手に, 凝って (stylishly, smartly): be dressed ～ いきななりをしている.

― *vt.* **1** 《古》詐取する, ごまかす (cheat). **2** 《方言》鋭くする, とぐ, 削る (sharpen). **3** 《米》〘音楽〙〈音〉の高度を高める, (特に)半音だけ高くする. ― *vi.* **1** 《古》ごまかす, 詐欺を働く, だます. **2** 《米》〘音楽〙高調子に演奏する[歌う].

～·**ness** *n.*

Sharp [ʃɑ́əp | ʃɑ́ːp], **Becky** *n.* **1** ベッキー シャープ《Thackeray 作の小説 *Vanity Fair* 中の人物》. **2** ベッキー シャープのような女, 玉の輿(こし)に乗るためには手段を選ばない才女.

Sharp, William *n.* (1855?–1905) スコットランドの詩人・小説家・批評家; ⇨ Fiona Macleod.

shárp·bìll *n.* 〘鳥類〙エイシチョウ (*Oxyruncus cristatus*)《熱帯アメリカの森林にすむタイランチョウ科の鳥; 羽毛は緑色で嘴(はし)が尖っている》.

shárp-cút *adj.* **1** はっきりした, 輪郭のくっきりした, 鮮明な. **2** (先[刃先]が)鋭い: a ～ blade.

shárp cùt-óff *adj.* 〘電気〙〈真空管など〉遮断特性が鋭い, シャープカットオフの (cf. remote cut-off).

shárp-éared *adj.* **1** 耳の尖った. **2** 聴覚の鋭い, 耳ざとい.

shárp-édged 〘OE *scearpeiged*〙 *adj.* **1** 鋭い刃をした. **2** 鋭利な, 辛辣な (cutting, sharp): a ～ wit.

sharp·en [ʃɑ́əpən | ʃɑ́ːp-] 〘《a1415》: ⇨ sharp (adj.), -en¹〙 ― *vt.* **1** 〈刃物などを〉鋭利にする, とぐ (whet), 尖らす (point), 削る: ～ a knife, a razor, a pencil, etc. **2 a** 〈知覚などを〉鋭敏[敏感]にする; 利口にする, 抜け目なくならせる: ～ one's wits 機知をよく働かせる. **b** 〈痛みを〉激しくする: ～ a pain. **c** 〈言葉などを〉辛辣にする: ～ one's tongue ますます毒舌を弄(ろう)する. **d** 〈法律などを〉厳しくする. **e** 〈音を〉鋭くする, かん高くする. **f** 〈味・においを〉刺激の強いものにする, 辛くする. **g** 〈輪郭を〉くっきりさせる, 鮮明にする. ― *vi.* **1** 鋭くなる, 尖る. **2** 激しくなる, ひどくなる, 激化する. **3** 利口になる, 敏感になる.

shárp·en·er [-p(ə)nə | -pnə(r] *n.* **1** とぐ[削る]人. **2 a** とぎ[削り]具: a knife-*sharpener* ナイフとぎ(器). **b** 鉛筆削り (pencil sharpener).

shárp·er 〘《1567》'one who or something which sharpens': ⇨ sharp (v.), -er¹〙 *n.* **1** 詐欺師, ぺてん師. **2** プロのばくち打ち; トランプぺてん師.

shárp-éyed *adj.* 目の鋭い; 目ざとい; 観察力の鋭い: a ～ policeman / ～ criticism 洞察力の鋭い批評.

shárp-fánged *adj.* **1** 鋭い歯[牙]をもった. **2** 痛烈な, 皮肉な (biting, sarcastic).

shárp-fréeze *vt.* =quick-freeze.

sharp·ie [ʃɑ́əpi | ʃɑ́ːpi] 〘← sharp (adj.) + -ie〙 ― *n.* **1** シャーピー船《もと米国大西洋岸で用いられた三角帆をつけた1[2]本マストでセンターボード付きの長い平底帆船》. **2** =sharper 1. **3** 《口語》非常に敏感な[用心深い]人. **4** 《俗》いき[スマート]に着こなした人.

shárp·ly 〘OE *scearplice*〙 ― *adv.* **1** つっけんどんに, きびしく (peremptorily). **2** したたかに, ひどく, 激しく (vigorously). **3** 油断なく, 注意深く (vigilantly). **4** 敏速に, 素速く; 急に, 突然. **5** くっきりと, はっきりと. **6** [しばしば強意語として] きっかりと, 厳密に: be ～ limited 厳重に限定されている.

shárp-nósed *adj.* **1** 細い尖った鼻をした. **2** 正面の鋭く突き出た. **3** 鼻[嗅(きゅう)覚]の鋭敏な, 鼻のきく. **shárp·nos·ed·ly** [-zɪdli, -zəd-, -zd- | -lɪ] *adv.* **shárp·nos·ed·ness** [-zɪdnɪs, -zəd-, -zd-, -nəs] *n.*

shárp-póinted *adj.* 先の尖った, 先の鋭い.

shárp práctice *n.* ずるい取引き, いんちき, 詐欺.

shárp sánd *n.* (粘土やローム (loam) などの異物が混ざっていない)堅いかど張った粒だけから成る砂.

shárp-sét *adj.* **1 a** 非常に空腹な, 飢えた. **b** 熱望する, 切望する (keen, eager) 〔*upon, after*〕. **2** 先端が鋭角になる, 先端を鋭角にした.

shárp·shin *n.* 〘鳥類〙=sharp-shinned hawk.

shárp-shìnned háwk *n.* 〘鳥類〙アシボソハイタカ (*Accipiter striatus*)《北米産のほっそりした脚をもつ小型のタカ; sharpshin ともいう》.

shárp·shód *adj.* 〈馬が〉蹄(ひづめ)にすべり止めくぎ (calks) を打った.

shárp·shòot·er *n.* **1 a** 射撃の名手. **b** 〘軍事〙一級射手《小火器射撃の技量を示す等級で expert (特級射手)と marksman (二級射手)との間》; 狙撃兵. **2** (バスケットボール・ホッケーなどで)シュートの正確な選手. **3** 《俗》(短期に大儲けを狙う)一発屋, 山師. **4** シャープシューター《Bahama 諸島付近の深竜骨の帆船》.

shárp-síghted *adj.* **1** 目の鋭い; 目ざとい, すばしこい. **2** 頭脳明敏な. ～·**ly** *adv.* ～·**ness** *n.*

shárp-tàiled fínch *n.* 〘鳥類〙=sharp-tailed sparrow.

shárp-tàiled gróuse *n.* 〘鳥類〙ホソオライチョウ (*Pedioecetes phasianellus*)《米国西部およびカナダの草原にすむ大型ライチョウ》.

shárp-tàiled spárrow *n.* 〘鳥類〙トゲオヒメドリ (*Ammospiza caudacuta*)《北米の塩沢地にすむホオジロ科の小鳥; 細く尖った尾をもつ; sharp-tailed finch ともいう》.

shárptail móla *n.* 〖魚類〗ヤリマンボウ (*Masturus lanceolatus*)《暖海にすむ尾のつき出たマンボウの一種; headfish ともいう》.
shárp-tóngued *adj.* 言葉の辛辣な.
shárp túning *n.* 〖テレビ・ラジオ〗鋭同調 (cf. flat tuning).
shárp-wítted *adj.* 才知の鋭い, 頭のきれる, 頭脳明晰な. **~·ly** *adv.* **~·ness** *n.*
sharp·y [ʃɑ́ːpi | ʃɑ́ːpɪ] *n.* =sharpie.
Shar·ra [ʃɑ́ːrə] *n.* (*pl.* **~, ~s**) **1 a** [the ~(s)] シャラ族《外モンゴルに住むモンゴル族の一部族》. **b** シャラ族の人. **2** シャラ語《Mongolian の方言の一つ》.
Sha·shih [ʃɑ́ːʃíː; *Chin.* ʂāʂì] *n.* 沙市《中国湖北省 (Hupeh) 揚子江 (Yangtze) 北岸の港市》.
shash·lik [ʃɑːʃlík, ←—; *Russ.* ʃaʃlʲík] 〖▭Russ. *shashlyk* ← Turk. *şişlik* spit, skewer〗 *n.* (*also* **shas·lik** [ʃɑːslík, ←—]) =kabob 1.
Shas·ta [ʃǽstə], **Mount** 〖アメリカインデイアンの部族名にちなむ〗 *n.* シャスタ山《米国 California 北州部, Cascade 山脈中の死火山 (4,317 m)》.
Shásta dáisy 〖↑〗 *n.* 〖植物〗シャスタデージー (*Chrysanthemum burbankii*)《フランスギクとハマギクの雑種; マーガレットに似た白花をつける; 観賞用》.
shas·tra, S- [ʃɑ́ːstrə] 〖▭Skt *śāstra*《原義》instruction〗 *n.* 〖ヒンズー教〗学術的典籍, 聖典; 論, 聖教, 経論, 典籍.
Shas·tri [ʃɑ́ːstri | -trɪ], **Lal Ba·ha·dur** [lɑ́ːl bɑːhɑ́ːdʊ̀ə | -dùə(r)] *n.* シャストリ《1904–66; インドの政治家・首相 (1964–66)》.
Shatt-al-A·rab [ʃǽtæ̀lǽrəb] *n.* [the ~] シャットアルアラブ(川)《イラク南東部, Tigris 川と Euphrates 川とが合流してできた川; ペルシャ湾に注ぐ (193 km)》.
shat·ter [ʃǽtə | -tə(r)] 〖(1154) *schatere(n)*: cf. MLG *schāteren* to be shattered〗 — *vt.* **1** 〈瀬戸物・ガラスなどを〉粉々にこわす, 粉砕する: ~ a window. **2** …に大損害を与える: a house [ship] ~*ed* by the storm そのあらしで破壊された家[船]. **3** 〈希望・国家などを〉くじく, 打破する; 〈計画・健康などを〉損なう, 害する (impair), だめにする: ~ one's hopes 希望をくじく / ~ a country's power 国力を粉砕する / ~*ed* health すっかり損なわれた健康 / be ~*ed in* intellect 頭がばかになる. — *vi.* 粉々になる, こっぱみじんになる.
— *n.* **1** [通例 in [into] ~s で] 破片, 砕片: *in* ~*s* ばらばらになって[こわれて] / break [rend] *into* ~*s* 粉砕する. **2** 粉々にすること, 破壊.
shátter còne *n.* 〖地質〗衝撃円錐, 粉砕円錐《火山活動・隕石の衝突などによって生じた円錐形の岩石片》. **shátter·còned** *adj.*
shátter·ing [-t̬ərɪŋ | -tə-] *adj.* **1** 破壊的な; 〈暑さなど〉体がまいってしまうような. **2** 衝撃的な, 圧倒的な, すさまじい: ~ words. — *n.* 粉砕, 破壊.
shátter·próof *adj.* 粉々にならない, だめにならない.
shátter·pròof gláss *n.* 破砕防止ガラス.
shave [ʃéɪv] 〖OE *sċe(a)fan* < Gmc *skaban* (G *schaben*) ← IE *skep- to cut, scrape: ⇨ shape〗 — *v.* (**shaved; shaved, shav·en** [ʃéɪvən]) — *vt.* **1 a** 〈顔・手など〉の毛をそる; 〈ひげを〉そり落とす 〈*off, away*〉: ~ one's face, chin, etc. / He has ~*d* (*off*) his beard [moustache]. 彼はひげを落とした / be ~*n* and shorn ひげをそって頭を刈る. **b** 〈人〉の顔をそる: ~ a customer 〈床屋が〉客の顔をそる / ~ oneself (自分の)顔[ひげ]をそる. **2 a** 〈物〉の薄い層を取る, 削る (pare), そぐ (whittle). **b** 〈木材〉にかんなをかける: ~ wood. **c** 薄く切る, 薄切りにする (slice): ~*d* beef. **d** 〈氷を〉かく: ~*d* ice かき氷. **3** 〈芝生などを〉短く刈り込む (trim closely): ~ a lawn. **4** かする (graze), すれすれに通る (scrape): The car ~*d* a wall. 自動車は塀をすれすれに通った. **5** 〖口語〗〈値段を〉(少し)割引きする (deduct). **6** 〖米口語〗〈手形を〉不当な高利率で割り引いて買う. — *vi.* **1** 顔[ひげ]をそる (shave oneself). **2** 〈かみそりなどが〉切れる, それる: ~ well. **3** [~ through で] すれすれに通る, かろうじて通る, 及第する.
— *n.* **1** 顔(のひげ)をそること, ひげそり: He ~*s* every morning. / have [get] a ~ ひげをそる[そってもらう] / He needs a ~ (badly). ひどくひげが伸びている / a clean ~ ひげをきれいにそること (cf. clean-shaven). **2** 薄片 (thin slice), 削りくず (shaving): take a ~ off …を一削りする. **3** [通例 close [narrow, near] ~ として]〖口語〗ごくわずかの差, すれすれ; 辛うじて[危うく]逃(のが)れること (narrow escape): I had a *narrow* ~ of being killed. 命拾いをした, 九死に一生を得た. **4** (各種の)削り道具 (cf. spokeshave). **5** 〖古〗ごまかし, ぺてん, 詐欺.
sháve gràss *n.* 〖植物〗トクサ (⇨ scouring rush).
shave·ling [ʃéɪvlɪŋ] 〖(1529): ⇨ shave, -ling[1]〗 *n.* **1** 〖古〗[軽蔑的に] 頭をそった聖職者; 坊主, 僧 (priest). **2** 若者, 青二才, 小僧 (stripling).
shav·en [ʃéɪvən] 〖OE *sċeafen*〗 — *v.* shave の過去分詞. — *adj.* **1** そった; (特に)〈修道僧(の頭)が〉剃(てい)髪した (tonsured): ⇨ clean-shaven, smooth-shaven. **2** 〈木材など〉かんなをかけた. **3** 〈芝生など〉刈り込んだ.
sháv·er 〖(c1425)〗 — *n.* **1 a** (顔などを)そる人, そり手; 理髪師. **b** 削り手. **2** そる[削り]道具; 電気かみそり (electric razor). **3** 〖口語〗子供, 若者 (lad), 小僧; 人, 男 (fellow): a young [little] ~ 小僧, 若者. **4 a** 〖古〗詐欺師: a cunning ~ 詐欺師, ぺてん師. **b** 高利で手形を割引きする人, 高利貸 (note shaver).
sháve rùsh *n.* 〖植物〗トクサ (⇨ scouring rush).
sháve·tàil 〖← SHAVE (v.)+TAIL[1]: 未調練の騾馬(らば)と区別するため調練中の騾馬の尾を短くする習慣から〗 — *n.* **1** (調練を始めたばかりの)軍隊用荷らば. **2** 〖米軍俗〗[軽蔑的に] (新任の)陸軍少尉.
Sha·vi·an [ʃéɪviən, -vjən | -vjən, -viən] 〖← *Shavius* (Shaw のラテン語化)+-AN[1]〗 *adj.* G. B. Shaw (の作品)の; ショー流の: ~ humor. — *n.* ショー研究[崇拝]家.
Sha·vi·an·a [ʃèɪviɑ́ːnə, -ǽnə, -éɪnə | -viɑ́ːnə] 〖⇨↑, -ana〗 *n.* ショー (G. B. Shaw) 言行録.
shav·ie [ʃéɪvi | -vɪ] 〖← SHAVE (n. 5)+-IE〗 *n.* 〖スコット〗いたずら (trick), 悪ふざけ (prank).
sháv·ing 〖ME〗 — *n.* **1** 顔をそること, ひげ[顔]そり. **2 a** 削ること. **b** [通例 *pl.*] 削りくず, かんなくず: wood ~*s*. **3** 〖口語〗割引 (reduction): price ~*s* 値引. **4** 〖米口語〗〖商業〗手形の高利割引.
sháving brùsh *n.* ひげそり用ブラシ[刷毛].
sháving crèam *n.* シェービング[ひげそり用]クリーム.
sháving hòrse *n.* 削り台《樹皮などを削る際に馬乗りに坐る台》.
sháving sòap *n.* ひげそり用せっけん.
sháving stìck *n.* 円筒状のひげそり用せっけん.
Sha·vu·ot [ʃəvúːoʊt | -əʊt] *n.* =Shabuoth.
shaw[1] [ʃɔ́ː] 〖OE *sċ(e)aga*: ⇨ shag[1]〗 *n.* 〖古・方言〗(主に畑に沿った)やぶ (thicket), 森 (copse).
shaw[2] [ʃɔ́ː] 〖← ? SHOW《原義》what shows above the ground〗 *n.* 〖スコット〗(じゃがいも・かぶなど根菜の)地上の部分《葉と茎》.
Shaw [ʃɔ́ː], **George Bernard** *n.* (1856–1950) アイルランド生れの英国の劇作家・批評家 (G.B.S. と略称); Fabian Society の発起人の一人; Nobel 文学賞 (1925); *Man and Superman* (1903), *Back to Methuselah* (1921), *Saint Joan* (1923); (cf. Shavian, Shaviana).
Shaw, Henry Wheeler *n.* (1818–85) 米国のユーモア小説家; 筆名 Josh Billings, Uncle Esek.
Shaw, Irwin *n.* (1913–) 米国の劇作家・小説家; *The Young Lions* (小説, 1948).
Shaw, Richard Norman *n.* (1831–1912) 英国の建築家; 作品に Scotland Yard (1887–90) など.
Shaw, Thomas Edward *n.* ⇨ T(homas) E(dward) LAWRENCE.
sha·wab·ti [ʃəwǽbti | -tɪ] *n.* =ushabti.
shawl [ʃɔ́ːl] 〖(1662) ▭Pers. *shāl*〗 *n.* ショール, 肩掛け; 肩掛け状の物. — *vt.* [通例 p.p. 形で] 〈人〉に肩掛をかける, ショールでおおう.
sháwl cóllar *n.* ショールカラー, へちまえり.
sháwl-dànce *n.* ショールを振って踊る踊り.
sháwl pàttern *n.* ショール模様《近東・中東のショールから模倣された葉や花びらなどのはでな模様》.
shawm [ʃɔ́ːm] 〖(?c1350) *shalm(y)e, schallemele* ▭OF *chalemie*《変形》? ← *chalemel* (F *chalumeau*) < VL **calamellum* (dim.) ← L *calamus* reed ▭Gk *kálamos*: ⇨ culm[1]〗 — *n.* ショーム《オーボエの前身で複簧(ふくこう)管式の古い木管楽器》.
Shaw·nee [ʃɔːníː, ʃɑː- | ʃɔː-] 〖《逆成》←《廃》*Shawnese* ← N-Am.-Ind. (Algonquin) *Shaawanwaaki*《原義》southerners〗 — *n.* (*pl.* **~, ~s**) **1** [the ~(s)] **a** ショーニー族《もとは米国中東部の Tennessee 州や South Carolina 州に居住した Algonquin 族の一種族》. **b** ショーニー族の人. **2** ショーニー語.
Shaw·wal [ʃəwɑ́ːl] 〖▭Arab. *šawwāl*〗 *n.* (イスラム暦の) 10 月 (⇨ Islamic calendar).
shay [ʃéɪ] 〖《逆成》← CHAISE: 複数形と誤り考えられた〗 *n.* 〖方言〗=chaise 1.
shaykh [ʃíːk, ʃéɪk, ʃáɪk | ʃéɪk, ʃíːk, ʃék, ʃéx] *n.* =sheikh.
Shays [ʃéɪz], **Daniel** *n.* (1747–1825) 米国独立戦争の際の陸軍大尉, 後国民の窮乏を原因として起こった Massachusetts 州の反乱 (Shays' Rebellion) (1786–87) の指導者.
Sha·zar [ʃɑːzɑ́ə, ʃæ- | -zɑ́ː(r)], **Zal·man** [zɑ́ːlmɑːn] *n.* シャザール《1889– ; ロシヤ生れのイスラエルの政治家, 大統領 (1963–73)》.
she 〖ME *s(c)he* < lateOE *sċē*《混成》? ← OE *sēo, sio* (demonstrative pron.: ⇨ the)+*hēo* she〗 — [ʃiː, ʃɪ; ʃiː, ʃíː] *pron.* **1** (人称代名詞, 第三人称女性単数主格; 所有格 **her**, 目的格 **her**; 複数 **they**) 彼女: *She* is taller than her mother. 彼女は母親よりも背が高い. ★ (1) 米国では, 初等中等教育の教員に女性が多いことから, 一般に, 総称的に用いた teacher も she で受けられる (cf. he[1] *pron.* ★ (1)): When the teacher calls on *her* pupils to respond, ~ often has them look away from *her*. 先生が生徒に当てて答えさせようとすると, よく生徒に目をそらされてしまう. (2) 船に特に親愛の情をもつ場合や国が政治的・文化的団体と見る場合などには, she で受ける: What a lovely ship! What is ~ called? 何ときれいな船だろう, 何という名の船ですか / France increased *her* exports by 10 per cent. フランスは輸出を 10 パーセント伸ばした. (3) ⇨ it[1] 1 ★. **2** 〖豪口語〗万事, すべて (it): *She's* right. 大丈夫[オーケー]だ. — [ʃíː] *n.* (*pl.* **~s** [~z]) (↔ he) **1** 女, 婦人, 女の子 (woman, girl): The baby is a ~. 赤ん坊は女の子だ / the not impossible ~ 好きになれそうな女. **2** 〖口語〗雌, めす (female) (cf. she-): a litter of two ~*s* and a he 雌 2 匹と雄 1 匹の一腹子.
she- [ʃíː] 〖ME: ↑〗「女性の; 女性的な; 雌の」の意の連結形 (↔ he-): *she*-ass, *she*-bear, *she*-goat, *she*-friend, etc. / a *she*-cat 雌ねこ; 意地悪女 / ⇨ she-devil.
「物」=shea tree.
shea [ʃíː, ʃéɪ | ʃíə, ʃíːə, ʃíː] 〖▭Mandingo *si*〗 *n.* 〖植
shéa bùtter *n.* シアバター《shea tree の実から採る植物性バター; 食用またはせっけん製造用》.
shéa bùtter trèe *n.* 〖植物〗=shea tree.
shead·ing [ʃíːdɪŋ] 〖《変形》← SHEDDING[1]〗 *n.* マン島 (Isle of Man) の 6 分された行政区画の一つ.
sheaf [ʃíːf] 〖n.: OE *sċēaf* < Gmc **skaubaz* (G *Schaub*) ← **skaub-*: ⇨ shove〗 — *n.* (*pl.* **sheaves** [ʃíːvz], **~s**) **1** (穀物を刈った)束. **2** (花・書類などの)束 (bundle), 一かたまり (collection): a ~ of roses バラの花束 / a ~ of papers [letters] 書類[手紙]の一束 / a ~ of arrows 一えびらの矢《通例 24 本》. **3** [sheaves で] たくさん, 大量. — *vt.* 束ねる, 束にする.
shéaf-bìnder *n.* 束にする機械[機具].
shéaf càtalog *n.* 〖図書館〗シーフ目録, 加除式書冊目録《ルーズリーフ式の目録》.
sheal·ing [ʃíːlɪŋ] *n.* 〖スコット〗=shieling.
shear [ʃíə | ʃíə(r)] 〖OE *sċ(i)eran* < Gmc **skeran* (G *scheren*) ← IE **sker-* to cut (L *carō* flesh, *cernere* to separate / Gk *keírein* to cut)〗 *v.* (**~ed,** 〖古〗 **shore** [ʃɔ́ə, ʃóə | ʃɔ́ː(r)]; **~ed, shorn** [ʃɔ́ən | ʃɔ́ːn]) — *vt.* **1** (大ばさみ (shears) などで)〈毛を〉つむ; 〈羊など〉の毛を刈る, 切る (cut), 剪定(せんてい)する (prune): ~ (wool from) a sheep 羊の毛を刈る / ~ cloth 織物のけばを刈る / ~ a hedge 生け垣を剪定する / closely *shorn* (頭髪・草・羊毛などを)短く刈った[刈り込んだ] / be shaven and *shorn* ⇨ shave 1 a. **2** …から〔…を〕はぎ取る, 奪い取る (strip, deprive) 〔*of*〕: ~ him *of* strength 彼から力を奪う / be *shorn of* …を奪われる. **3** …の中を切るように進む, 通り抜ける: ~ the sky 空を切るように進む. **4** 〖スコット・方言〗鎌(かま)で刈り取る. **5** 〖古〗剣[おの]で切る 〈*through*〉. **6** 〖機械〗…に剪断変形を受けさせる. — *vi.* **1** 大ばさみを入れる[使う]. **2** 羊毛を刈り込む: I shall be ~*ing* tomorrow. **3** (切り裂くようにして)進む. **4** 〖スコット・方言〗鎌で取り入れをする, 取り入れに鎌を使う. **5** 〖機械〗剪断される. **6** 〖鉱山〗炭層を縦に切る.
shear off はさみ[刈り]取る: ~ *off* a person's plume 人の高慢の鼻をへし折る.
— *n.* **1 a** [*pl.*] 大ばさみ, (大きな)植木ばさみ; (羊毛などを刈る)大ばさみ; 剪(せん)断機, シャー: a pair of ~*s* / ⇨ guillotine shears, lever shears / one's ~*s* / a garden ~*s* 園芸用大ばさみ《一丁》. **b** 大ばさみ[植木ばさみなど]の片刃. **2** [しばしば複合語で羊の年齢を示すのに用いられて]〖英〗羊の刈りこみ, 剪毛(回数) (cf. shearling): a sheep of two ~*s* 2 歳の羊. **3** 〖機械〗剪断力, 剪断応力, 剪断変形; 剪断, ずり, ずれ. **4** [*pl.*; 単数または複数扱い]〖海事〗さす股[合掌]起重機, 二股クレーン《shear legs, hoisting shears ともいう》. **5** 〖物理〗剪断力, 剪断歪(ひずみ).
off shears 〖豪〗〈羊が〉最近毛を刈った.
shéar·bìll 〖《なぞり》← F *bec-en-ciseaux*〗 *n.* 〖鳥類〗=black skimmer.
sheared *adj.* 刈り込んだ; 長さを一様にして切った[刈った]: a ~ hedge.

shear 4

shear·er [ʃí(ə)rə | ʃíərə(r)] 〖ME〗 *n.* **1** (羊など)の毛を刈る人; 大ばさみを使う人. **2** さす股起重機の運転手. **3** 〖機械〗剪断機.
shéar·gràss 〖(15C)〗 *n.* 〖植物〗スゲ類 (saw grass).
shéar·hòg *n.* 〖英方言〗初めて毛を刈った後の羊.
shéar hùlk *n.* 〖海事〗さす股[二股]起重機船《船の艤装を全部取りはずし, 円材を人字型に組んだ起重機のみを備えた老船で, 定量物作業に使う》.
shear·ing [ʃí(ə)rɪŋ | ʃíər-] 〖ME〗 *n.* **1** (羊の)刈込み; 剪(せん)毛. **2** 刈り込んだ毛, 刈り取った羊毛.
shéaring fòrce *n.* 〖機械〗剪(せん)断力, 剪断荷重.
shéaring machìne *n.* **1** シャー, 剪(せん)断機. **2** (羊の)毛刈機.
shéaring stràin *n.* 〖機械〗剪(せん)断ひずみ[ゆがみ], ずれひずみ.
shéaring strèss *n.* 〖機械〗剪(せん)断応力, ずれ応力.
shéar làg *n.* 〖航空〗剪(せん)断遅れ《半張殻構造の一部に集中荷重が加えられた時, その荷重が構造全体に散るのは薄板の剪断によるため, 集中荷重が構造全体に分布するまでに生じる空間的な遅れ》.
shéar lègs *n. pl.* [単数または複数扱い]〖海事〗=shear 4.
shear·ling [ʃíəlɪŋ | ʃíə-] 〖(1378–79): ⇨ shear (v.), -ling[1]〗 — *n.* **1** 〖英〗1 回刈り込んだ羊, 当歳の羊 (yearling). **2** 当歳の羊の毛皮. **3** [*pl.*] 当歳の羊から刈り取った短い羊毛.
shéar mòdulus *n.* 〖機械〗剪(せん)断弾性係数.
shéar pìn *n.* 〖機械〗シヤーピン《荷が過重になると折れて機械の他の重要部を保護する》.
shéar stèel *n.* 〖冶金〗練刃鋼, 積鋼.
shéar strèngth *n.* 〖機械〗剪(せん)断強さ, 剪断強度.
shéar strèss *n.* 〖機械〗=shearing stress.
shéar·tàil *n.* 〖鳥類〗二股の長い尾をしたハチドリ (humming bird) の総称.
shéar transformàtion *n.* 〖数学〗横ずれ変換《一つの座標を固定し, 他の座標をのばしたりちぢめたりする変換》.
shéar·wàter 〖← SHEAR (v.)+WATER: 波を切るように水面すれすれに飛ぶ習性から〗 — *n.* 〖鳥類〗ミズ

ナギドリ《ミズナギドリ属 (*Puffinus*) の海鳥の総称; ズグロミズナギドリ (greater shearwater) など》.

shéar wàve *n.* =S wave.

shéat·fìsh [ʃíːt-] 〖《変形》← *sheathfish* : ⇨↓, fish¹〗 ── *n.* (*pl.* ~, ~·**es**) 〖魚類〗ヨーロッパナマズ (*Silurus glanis*)《中部ヨーロッパ産の大型のナマズ科の魚; 長さ3mにおよぶものもある》.

sheath [ʃíːθ] 〖OE *scēaþ, scǣþ* < Gmc **skaiþiz, *skaiþjō* (G *Scheide*) ← **skaiþ-* to divide : ⇨ shed¹〗 ── *n.* (*pl.* ~**s** [ʃíːðz, ʃíːθs]) **1** (刀剣の)さや (scabbard). **2 a** (道具の)おおい, 着せ (cover). **b** =condom. **3** シース《ストレートで細身のドレス, スカートまたはコート》; (特に)シース型のドレス : a ~ dress. **4** 〖電気〗外装《ケーブルの保護被覆物の総称》; (電極を取り巻く)空間電荷層. **5** 〖植物〗葉鞘(ようしょう), 鞘状托葉 (ocrea). **6** 〖昆虫〗鞘翅(しょうし), 翅鞘, さやばね (elytron). **7** 〖解剖〗鞘. ── *vt.* =sheathe 1.

shéath·bìll *n.* 〖鳥類〗サヤハシチドリ《南半球の寒地に生息するサヤハシチドリ科の大きな白色のチドリの類の鳥類の総称; サヤハシチドリ(*Chionis alba*), ヒメサヤハシチドリ (*C. minor*) など; sore-eyed pigeon ともいう》.

sheathe [ʃíːð] 〖《?*a*1400》 *schethe(n)* ← *schethe* 'SHEATH'〗 ── *vt.* **1** さやに納める : ⇨ *sheathe the* SWORD. **2** 〈剣などを〉ずぶりと突き刺す. **3** 〈動物が〉〈爪を〉引っこめる. **4** おおう, 包む : ~ a roof *with* zinc 屋根をトタンでおおう. **5** (接地のために)金属で被覆する. **shéath·er** *n.*

shéathed wíre *n.* 〖電気〗シーズ線《硬い金属官等の中に納められた電熱線などの電線》.

sheath·ing [ʃíːðɪŋ] 〖《15C》〗 ── *n.* **1** さや (sheath) に納めること : the ~ of the sword 剣をさやに納めること; 和平. **2** (保護用・装飾用の)おおい, 被覆 (covering) : ~ copper 被覆用銅板 / Cordiality could be a ~ for contempt. 慇懃(いんぎん)は軽蔑(けいべつ)の装いにもなる. **3** 〖建築〗野地(のじ)板, 木摺(きずり)《家の外壁または屋根がわらの下敷きに用いる被覆材料》.

shéath knìfe *n.* さやナイフ (cf. clasp knife).

shéath·less *adj.* さや[おおい]のない.

shéath lòss *n.* 〖電気〗=lead loss.

sheath·y [ʃíːθi | -θɪ] 〖⇨ -y⁴〗 *adj.* (**sheath·i·er**; **sheath·i·est**) 鞘状の : a ~ skirt.

shéa trèe *n.* 〖植物〗シアバターノキ (*Butyrospermum parkii*)《丸いつるつるした実がなるアフリカ産アカテツ科の木; 中の種からシアバター (shea butter) を作る; shea, shea butter tree ともいう》.

sheave¹ [ʃíːv] 〖← SHEAF (n.) : GRIEF—GRIEVE¹ にならった造語〗 *vt.* 〈穀物などを〉集めて束にする, 束ねる.

sheave² [ʃív, ʃíːv] 〖《1336》 *schive, scheve* < OE **scīfe* ← Gmc **skif-* (G *Scheibe* disk) ← IE **skei-* to cut : ⇨ shed²〗 ── *n.* **1** (滑車 (block) の中の)綱の掛かるみぞのある心車, 綱車. **2** みぞのある車.

sheaved [ʃíːvd] 〖⇨↑, -ed 2〗 *adj.* [複合語の第2構成素として] 綱車のある : a double-*sheaved* block (綱車の2個はいった)複滑車.

sheaves *n.* sheaf の複数形.

She·ba [ʃíːbə] 〖⇨ Heb. *Šᵉbhā'*〗 ── *n.* **1** 〖聖書〗 **a** シバ《アラビア南西部の古国, 今の Yemen 地方; 香料・宝石などの交易で有名》. **b** [Queen of ~] シバの女王《Solomon 王の偉業と知恵を聞き, その教えを受けるためにたくさんの宝物を持って彼を訪ねた; *1 Kings* 10 : 1-13》. **2** 魅力たっぷりの美女; (しばしば)蓮っぱな女.

she·bang [ʃəbǽŋ, ʃɪ-] 〖《変形》? ← SHEBEEN〗 ── *n.* **1** 《口語》(今現にかかわりある)物 (thing), 事 (affair), 出来事 (event). ★ 通例次の句で用いる : the whole ~ 全体, 何もかも, 一切. **2** 《俗》建物, 小屋, 店, 酒場, 劇場, 売春宿(など).

She·bat [ʃəbáːt, -váːt] 〖⇨ Heb. *šᵉbhāṭ* ⇨ Akkad. *šabāṭu*《原義》? (month of) destroying (rain)〗 ── *n.* (ユダヤ暦の)11月《グレゴリオ暦の1-2月に当たる : ⇨ Jewish calendar》.

she·been [ʃəbíːn | ʃɪ-, ʃe-] 〖⇨ Ir.-Gael. *sībīn* bad ale〗 *n.* (*also* **she·bean** [~]) 《アイル・スコット》 **1** 居酒屋, (特に)もぐり酒屋. **2** いかがわしい居酒屋.

She·boy·gan [ʃɪbɔ́ɪgən] 〖⇨ (N-Am.-Ind. ? Ojibwa) *jibaigan* perforated object〗 *n.* 米国 Wisconsin 州東部, Michigan 湖に臨む港市; 人口 49,000.

She·chem [ʃíːkəm, -kem, ʃék- | ʃíːkem, ʃék-] *n.* シュケム (⇨ Nablus).

she·chi·tah [ʃəxíːtə | -tə] *n.* 〖ユダヤ教〗=shehitah.

shed¹ [ʃéd] 〖《1481》 *shed(de), shad(de)*《変形》← SHADE〗 ── *n.* **1** (粗製の)小屋, 納屋, 物置き (outhouse, barn), 差掛け小屋 (penthouse) : a cattle ~ 家畜小屋. **2** 置場, 車庫, 格納庫 (hanger) : a tool ~ 道具置場 / a bicycle [wagon] ~ 自転車[荷車]置場 / an engine [a locomotive] ~ 機関車庫. ── *vt.* (**shed·ded**; **shed·ding**) 小屋[納屋, 置場]に入れる.

shed² [ʃéd] 〖OE *scēadan, sc(e)ādan* to divide < Gmc **skaidan* (G *scheiden*) ← IE **skei-* to cut (L *scindere* to cut / Gk *skhizein* to split)〗 *v.* (**shed**; **shed·ding**) ── *vt.* **1 a** 〈血・涙などを〉流す, こぼす, 落とす, 降らせる : ~ tears 涙をこぼす[流す] / ~ blood 血を流す, 流血の惨事を起こす; 殺す / ~ one's blood (国のためなどで)わが身を犠牲にする. **b** 〈水・液体を〉流し出す (pour forth). **2** 〈光・熱・匂い・影響力などを〉発する, 放つ (send forth) : ~ light on [upon] ...を照らす; 明らかにする / ~ love [peace, happiness] (a)round 周囲に愛[平和, 幸福]を注ぐ / The sun was ~*ding* its warm light over us. 太陽は我々の上に暖かい光をふりそそいでいた. **3** 〈布・羽などが〉〈水を〉はね返す, はじく : The cloth ~*s* water. その布は水をはじく. **4 a** 〈葉・角(つの)・皮などを〉(自然に)落とす, 脱ぐ[生え]かえる (cast off, molt) : The tree [stag, snake, bird] ~*s* its leaves [horns, skin, feathers]. **b** 〈衣服を〉脱ぐ, 脱ぎ捨てる (take off) : ~ one's winter clothes 冬着を脱ぎ捨てる. **5** 〈習慣・官位・知人などを〉捨てる, 放棄する (abandon), 脱する (get rid of). **6** 〖紡織〗...に杼道(ひどう)を作る. **7** 〖電気〗〈負荷を〉減らす, 制限する. ── *vi.* **1** 〈木の葉・種子などが〉落ちる, こぼれる (fall off, drop out). **2** 毛[羽, 皮など]を自然に脱ぐ, 脱毛[脱皮, 換羽]する, 抜け変えをする (molt).
── *n.* 〖紡織〗杼道(ひどう), 杼口《たて糸を上下に分けて杼 (shuttle) を通過させるようにした口》.

she'd [ʃíːd] 《口語》she had [would] の縮約形.

shéd·der 〖ME : ⇨ shed², -er¹〗 ── *n.* **1** 流す[注ぐ, 脱ぐ, 発散する]人[もの] : a ~ of blood 流血者, 殺人者. **2 a** 脱皮している動物; (特に)脱皮[殻]期のカニ[エビ]. **b** 産卵後の雌のサケ. **3** 木から落ちた果実.

shéd·ding¹ 〖ME〗 ── *n.* **1** 流す[こぼす, 注ぐ, 放つ]こと, 発散. **2 a** 脱ぐ[脱ぎかえる]こと, 脱落. **b** [通例 *pl.*] 抜け殻 : ~*s* of a snake. **3** 分かつこと, 分界 (parting) : the ~ of waters 分水 (cf. watershed).

shed·ding² [ʃédɪŋ] 〖← SHED¹ + -ING¹〗 *n.* [集合的] 小屋, 置場, 車庫 (sheds).

shé-dèvil *n.* **1** 女の悪魔. **2** 悪魔のような女, 意地悪女, 毒婦.

shéd·lìke *adj.* 小屋のような, 物置風の.

shéd ròof *n.* 〖建築〗=pent roof.

shée·fìsh [ʃíː] *n.* 〖魚類〗=inconnu 2.

Shee·lah [ʃíːlə] 〖《変形》← SHEILA〗 *n.* 女性名.

Shee·ler [ʃíːlə | -lə(r)], **Charles** *n.* (1883-1965) 米国の画家・写真家.

sheen [ʃíːn] 〖OE *scēne, sciene* < Gmc **skauniz, *skaunjaz* (G *schön*) ← IE **keu-* to look at : ⇨ show〗 ── *n.* **1** 光輝 (brightness); きらめき, 光彩 (radiance). **2** 光沢, つや (luster) : ~ on satin. **3 a** きらきらした装い[布]. **b** 《俗》にせ金. ── *adj.* 《古》 **1** 輝く, きらめく (shining). **2** 美しい. ── *vi.* 《スコット・北英》光る, 輝く (shine).

shee·ney [ʃíːni | -nɪ] *n.* (*also* **shee·nie** [~]) [軽蔑的に] =sheeny².

sheen·y¹ [ʃíːni | -nɪ] *adj.* (**sheen·i·er**; **-i·est**) **1** 光る, 輝く (shining); ぴかぴか光る (glistening). **2** つやのある, 光沢のある (lustrous).

shee·ny² [ʃíːni | -nɪ] 〖← ?〗 *n.* [軽蔑的に] ユダヤ人 (Jew).

sheep [ʃíːp] 〖OE *scē(a)p* < (WGmc) **skǣpa* (G *Schaf*) ← ?〗 ── *n.* (*pl.* ~) **1** ヒツジ《ウシ科ヒツジ属 (*ovis*) の動物の総称; ビッグホン (*o. canadensis*) など; cf. ewe, lamb, ram 1, mutton¹; (特に)ヒツジ, メンヨウ (*o. aries*) : keep [tend] ~ 羊を飼う[羊の番をする] / follow like ~ おとなしく従う, 盲従する / count ~ (眠れない時に)羊を数える / a lost [stray] ~ 迷える羊; 正道を踏みはずした人 (cf. *Jer.* 50 : 6, *Matt.* 15 : 24, *Luke* 15 : 3-7) / (as) ~ without [having no] shepherd 飼う者のない羊のように (*Num.* 27 : 17, *Mark* 6 : 34, etc.) / One may [might] as well be hanged for a ~ as a lamb. 《諺》「毒を食らわば皿まで」/ ⇨ black sheep, sheep's eye / ⇨ *a* WOLF *in sheep's clothing.* ★ ラテン語系形容詞 : ovine. **2** 〖その従順性から〗 **a** 温良[善良]な人; 気弱な人 (cf. sheepish). **b** [主に集合的; 戯言的に] 信者, 教徒, 教区民 (parishioner(s)) (cf. shepherd 2 a). **3** 羊皮 (sheepskin) : bound in ~ 〈本が〉羊皮とじの.
like* [*as*] *a sheep* (*led*) *to the slaughter 屠場(とじょう)に引かれる羊のように (cf. *Acts* 8 : 32) (cf. *a* LAMB *to the slaughter*). ***return to** one's **sheep*** ⇨ return 成句. ***separate the sheep from the goats*** 善人[良いもの]と悪人[悪いもの]とを分ける[区別する] (cf. *Matt.* 25 : 32, *John* 10 : 1-16).

sheep·ber·ry [ʃíːpbèri | -b(ə)rɪ] *n.* 〖植物〗 **1** 北米産のスイカズラ科ガマズミ属の低木 (*Viburnum lentago*); その食用になる汁の多い黒色の小果《nannyberry ともいう》. **2** =black haw 1.

shéep·còte 〖《15C》〗 *n.* (*also* **shéep·còt**) 《英》羊小屋, 羊舎.

shéep-dìp *n.* **1** =sheep wash 1. **2** 〖獣医〗羊を洗う薬液, 洗羊液《寄生虫駆除のためにこの溶液を入れた水槽に羊を浸す》.

shéep dòg *n.* 羊の番犬, 牧羊犬.

shéep·fàced *adj.* 非常に内気な (bashful, shy).

shéep-fàrmer *n.* 《英》牧羊業者.

shéep fèscue *n.* 〖植物〗ウシノケグサ (*Festuca ovina*)《北半球の冷温帯や高山に生えるイネ科の多年草; 羊用の牧草, および芝生用になる; sheep's fescue ともいう》.

shéep·fòld 〖《15C》〗 *n.* 羊のおり, 羊舎.

shéep·hèad *n.* =sheepshead.

shéep·hèrder *n.* (囲いのない土地での)羊飼い, 牧羊者 (shepherd).

shéep·hèrding *n., adj.* 牧羊業(の).

shéep·hòok 〖《15C》〗 *n.* 牧羊者のつえ (shepherd's crook).

shéep·ish [-pɪʃ] 〖《?*a*1200》〗 ── *adj.* **1 a** (羊のように)内気な, 恥ずかしがる (bashful), 気の弱い (shy). **b** おどおどした, 小心の. **2** 《古》羊の[に関する].
shéep·ish·ly *adv.* **shéep·ish·ness** *n.*

shéep kèd *n.* 〖昆虫〗ヒツジシラミバエ (*Melophagus ovinus*)《ヒツジに外部寄生する》.

shéep làurel *n.* 〖植物〗カルミアの一種 (*Kalmia angustifolia*)《北米産のツツジ科カルミア属の植物で羊その他の動物に有毒と言われる; lambkill ともいう》.

shéep lòuse 〖《15C》〗 *n.* 〖昆虫〗 **1** ヒツジハジラミ (*Damalinia ovis*)《ケモノハジラミ科のシラミ》. **2** =sheep ked.

shéep·man [-mən, -mæ̀n] *n.* (*pl.* **-men** [-mən, -mèn]) **1** 《米》牧羊業者. **2** 《廃》羊飼い (shepherd).

shéep·màster 〖cf. G *Schafmeister*〗 *n.* 《英》= sheepman 1.

shéep-pèn *n.* =sheepfold.

shéep·pòx *n.* 〖獣医〗羊痘《中部アジアおよびヨーロッパにのみ発見される羊の疱水丘疹性伝染性皮膚炎》.

shéep-rùn *n.* 広い牧羊場.

shéep's-bìt *n.* 〖植物〗ヨーロッパ産キキョウ科の植物 (*Jasione montana*)《マツムシソウ (scabious) に似た園芸植物》.

shéep's èye 〖cf. G *Schafsauge*〗 *n.* [通例 *pl.*] 色目, 流し目 : cast [make] ~*s* at ...に色目を使う, ...に秋波を送る.

shéep's féscue *n.* 〖植物〗=sheep fescue.

shéep·shànk *n.* **1** 《スコット》価値のないもの, つまらないもの. **2** 〖海事〗(長い綱を一時短かく使うための)綱の縮め結び.

shéeps·hèad *n.* **1** (料理した)ヒツジの頭. **2** 《古》ばか, あほう. **3** 〖魚類〗 **a** 米国大西洋沿海産のタイ科の食用魚 (*Archosargus probatocephalus*)《歯がヒツジのそれに似ている》. **b** アメリカ太平洋岸産のベラ科の魚 (*Pimelometopon pulehrum*). **c** =freshwater drum.

shéep·shèarer *n.* **1** 羊毛を刈る人. **2** 羊毛刈り機.

shéep·shèaring *n.* **1** 羊毛刈り. **2** 羊毛刈りの時期; その祝い.

shéep shèars *n. pl.* [単数または複数扱い] 羊毛刈りばさみ.

sheep shears

shéep·skìn 〖ME〗 ── *n.* **1** (通例毛のついた)羊皮; 羊皮の外套[帽子, 敷物, ひざ掛けなど]. **2** 羊のなめし皮. **3** 羊皮紙 (parchment); 羊皮紙文書. **4** 《米口語》卒業証書 (diploma). ── *adj.* **1** 羊皮の. **2** 羊の毛皮をぬいつけた.

shéep sòrrel *n.* 〖植物〗 **1** (*also* **shéep's sòrrel**) ヒメスイバ (*Rumex acetosella*)《タデ科の植物; sleeping beauty ともいう》. **2** =sorrel² 2.

shéeps·wòol *n.* 羊毛海綿《sheepswool sponge ともいう; ⇨ wool sponge》.

shéep tìck 〖《15C》〗 *n.* 〖昆虫〗=sheep ked.

shéep·wàlk *n.* 《英》牧羊場.

shéep wàsh *n.* **1** 洗羊場. **2** 〖獣医〗=sheep-dip 2.

sheer¹ [ʃíə | ʃíə(r)] 〖? ME *shir(e)* < OE *scīr* < Gmc **skīraz* (ON *skírr*) ← IE **skai-* 'to SHINE' : cf. ON *skǣrr* bright, pure〗 ── *adj.* (~·**er**; ~·**est**) **1** 〈織物など〉透き通って薄い, 透明の; 薄地の (diaphanous) : ~ silk 薄絹 / a ~ dress. **2** 混ぜ物のない, 水を割らない (undiluted), 生(き)一本の : ~ brandy. **3** 全くの, 本当の, 絶対的な : ~ folly [waste] 全くの愚行[浪費] / a ~ impossibility 全くの不可能事 / by the ~ force of one's will ただ意志力だけで / through ~ industry 全く勤勉一つで / This means ~ ruin for me. これは私にとって本当の身の破滅だ. **4** 直立の, 切り立った, けわしい (steep) : a ~ rock, cliff, descent, etc. **5** 《廃》光る, 輝く (bright, shining) : a ~ fountain.
── *adv.* **1** 絶対的に; 完全に, 全く : be torn ~ out by the roots 全く根こそぎにされる. **2** 垂直に, まっすぐに (straight down) : The rock rises ~ from the water. 岩は水面から突っ立っている / He fell 3,000 feet ~. まっすぐに 3,000 フィート墜落した.
── *n.* 透明な織物, 薄物; 薄織物製の服. ~·**ness** *n.*

sheer² [ʃíə | ʃíə(r)] 〖《1626》《変形》← SHEAR〗 ── *vi.* 〈船が〉針路からそれる, それて行く; 向きを変える (swerve) 〈*off, away, up, in*〉. ── *vt.* **1** 〈船を〉針路からそれさせる[そらせる]; 〈車などの〉進行方向を変える. **2** 〖造船〗〈船体〉に舷弧(前後方向の反(そ)り)をつける. ── *n.* **1** 〈船が〉針路からそれ出ること, (衝突などを避けるための)彎曲進行 (swerve). **2** 〖造船〗舷弧《側面から見た甲板の弧度, 前後の反(そ)り》 : have little [a straight] ~ 甲板に弧度がない[一直線だ]. **3** 〖海事〗単錨(びょう)泊中に船首が錨の方に向いている船の位置 : break ~ (単錨泊中の)船が錨鎖がもつれるような位置に漂流する.

shéer-hùlk *n.* 〖海事〗=shear hulk.

shéer·lègs *n. pl.* [単数または複数扱い] 〖海事〗= shear 4.

shéer·ly 〖《15C》〗 *adv.* **1** 全く, 完全に. **2** まっすぐ; 垂直に.

Sheer·ness [ʃɪənés, ←— | ʃɪənés, ←—] 〖ME *Shernesse*《原義》bright headland : ⇨ sheer¹, ness〗 ── *n.* イングランド南東部, Kent 州北部の Medway 川の河口にある Sheppey 島北西端にある港市; Thames 川の河口に臨む; 海軍基地がある; 人口 14,000.

shéer plàn *n.* 〖造船〗側面線図《船体中央縦断面に平行な幾つかの縦断面を表わす曲線で示した線図; cf. body plan, half-breadth plan》.

shéer pòle *n.* 〖海事〗シアーポール《静索の下部において, 各索の間隔を保つために足掛索の代りに入れた水平の鉄棒; ⇨ deadeye 挿絵》.

sheers [ʃíəz | ʃíəz] 〖《変形》← *shears* : ⇨ shear, -s¹〗 *n.pl.* [単数または複数扱い] 〖海事〗=shear 4.

shéer stràke *n.* 〖海事〗舷側厚板《強力甲板に接する部分に当てる特に厚い外板》.

sheet[1] [ʃíːt] 〚OE *sćiete, sćēte* < Gmc **skautjōn* ← IE **(s)keud-* 'to SHOOT[1]'〛 ── *n.* **1 a** 敷布, シーツ《ベッドでは通例, 体の上下に 2 枚対に用いる》: ⇨ *between the* SHEETS. **b** 経帷子(きょうかたびら)(winding-sheet). **c** (懺悔(ざんげ)者の着る)白衣, 懺悔服 : put on [stand in] a white ～ 公けに前非を懺悔(ざんげ)する, 悔い改める. **d** 《詩》帆 (sail). **2 a** (金属・ガラスなどの)薄板, 展べ板《plate よりも薄いもの》: a ～ of glass [iron] 板ガラス[鉄板]一枚. **b** (パンなどを焼く)鉄板 : ⇨ cookie sheet. **3 a** (氷などの)薄い広がり : a ～ of ice 一面の氷. **b** (水・雪・火炎・色などの)広がり (stretch, expanse), 一面(の…), (…の)原, (…の)海 : a ～ of snow [water] 一面の雪[水] / a ～ of fire [flame] 火[炎]の海 / ～*s* of rain 車軸を流すような豪雨 / ⇨ *in* SHEETS. **4 a** (長方形の) 1 枚の紙 (piece of paper) : a ～ of note-paper 書簡紙 1 枚 / several ～*s* of MS. 原稿数枚 / a ～ in folio [quarto] 二つ[四つ]折りの紙 / 100-*sheet* roll of paper 100 シート巻きの紙 / a blank ～ 白紙 ; (善悪どちらにも染まる)白紙のような子供の心 / a clean ～ (悪い記録が何も載っていない)白紙のような経歴(の持ち主), 操行のよい[善良な]人, 履歴に汚点のない人. **b** 植物標本紙. **5 a** 印刷物 (printed matter) : ⇨ fly sheet. **b** パンフレット, 小冊子 (pamphlet). **c** 《口語》(しばしばいかがわしい)新聞 : ～s news sheet / ～*s* hot from the press 刷りたての新聞 / a libellous [scurrilous] ～ 悪口新聞. **6** 〘製本〙**a** 枚葉紙, 平版《抄(す)き出された紙をカッターで全判・半裁など所定の寸法に断裁したもの》. **b** [*pl.*] 刷り本[紙], 全紙《本の形に折る前の大きな印刷紙》. **7** 〘郵趣〙シート《1 枚の紙に印刷したままの個々に切り離していない切手》. **8** 〘地質〙迸入(へいにゅう)岩床 (cf. sill 3). **9** 〘数学〙葉(よう)《面を構成する一枚一枚》. **10** 〘結晶〙(石墨・雲母のような)積層型結晶構造.

between the sheets 寝床にはいって, 寝て (in bed) : get *between the* ～*s* 寝る. ***in sheets*** (1) 〈雨・霧などが〉濃く, 激しく : Rain fell *in* ～*s*. 雨がどしゃ降りに降った. (2) 刷り紙[本]で[の] : a book *in* ～*s*.

── *attrib. adj.* **1** 薄板状の : ⇨ sheet copper, sheet iron. **2** 薄板製造の : a ～ roller / ⇨ sheet mill.

── *vt.* **1** …に敷布をつける : ～ a bed. **2** 敷布で包む; 経帷子(きょうかたびら)を着せる(shround) : ～ a corpse / the ～*ed* dead 経帷子を着せられた死者. **3** 薄板で包む; 薄い層[面]でおおう : be ～*ed with* ice 氷が張る. **4** 薄板にする, 広げる, 延べる (expand). **5** =slip-sheet.

── *vi.* 〈霧などが〉一面薄膜状に広がる[たちこめる]; 〈雨などが〉激しく降る. **～·like** *adj.*

sheet[2] [ʃíːt] 〚OE *scēata* lower corner of a sail < Gmc **skautjōn* (↑)〛〘海事〙 ── *n.* **1** シート, 帆脚索(ほあしづな) : ⇨ flowing sheet / let out [haul in] the ～ 帆脚索をゆるめる[たぐる]. **2** [*pl.*] (船首・船尾などの)余地, 座 : ⇨ foresheet 2, stern sheets.

be* [*have*] *a sheet* [*three sheets, both sheets*] *in* [*to*] *the wind 《俗》ほろ酔い加減である[ぐでんぐでんに酔っている].

── *vt., vi.* ★ 次の成句のみに用いる. ***sheet home*** (帆を)帆脚索で引っ張る[を引いて開き切る].

shéet ànchor 〚《1495》 *shut(t)e (anker)* 《変形》← 《廃》 *shoot* sheet of a sail ▭ (M)LG *schōte*, (M) Du. *schoot* : 17 世紀に SHEET[2] と同形になる〛 ── *n.* **1** 〘海事〙予備主錨(びょう), 非常用大いかり《waist anchor ともいう》. **2** (危険な時の)最後のたより, 頼みの綱.

shéet bènd *n.* 〘海事〙シートベンド, はた結び《2 本のロープをつなぐ時に用いる; becket bend, mesh knot ともいう》.

shéet còpper *n.* 板銅, 薄銅.

shéet-fèd *adj.* 〘印刷〙〈印刷機が〉枚葉紙用の (cf. web-fed); 枚葉紙印刷機で印刷した.

shéet fìlm *n.* 〘写真〙シートフィルム《シートに裁断されている大名刺判以上四つ切りや全紙まである大型カメラ用フィルム; cut film ともいう》.

shéet glàss *n.* 普通板ガラス (cf. plate glass).

shéet·ing [-tɪŋ | -tɪŋ] *n.* **1** 敷布で包む[おおう]こと. **2** 敷布地, 敷布; (敷布用などの)幅広モスリン. **3** 被覆[裏張り]用材《薄い金属やプラスチックなど》. **4** [集合的] 〘土木〙堰(せき)板, 土(ど)止め板.

shéet ìron *n.* 薄鋼板, 鉄板.

shéet lìghtning *n.* 幕電光《雲への反射による幕状の稲光》.

shéet mètal *n.* 薄板金, (金属の)薄板(はくばん).

shéet mìll *n.* 薄板圧延工場; 薄板圧延機 (cf. strip mill).

shéet mùsic *n.* 〘音楽〙《米》シートミュージック《ポピュラーソングの楽譜で 1 曲ずつ分売している; 数頁しかないので本になっていない》.

shéet pìle *n.* 土止め板, 矢板, 矢木, シートパイル《山止めなどのため連続して地盤に打込む板状の杭》.

Shéet·ròck *n.* 〘商標〙シートロック《石膏ボードの一種; 建築材料》.

shéet-sìlicate *n.* 〘鉱物〙層状ケイ酸塩 (⇨ phyllosilicate).

shéet-wèb spìder *n.* 〘動物〙サラグモ《水平に皿状の巣をはるサラグモ科のクモの総称》.

shéet·wìse *adj.* 〘印刷〙本掛けの, 全紙掛けの.

sheeve [ʃíːv] *n.* =sheave[2].

Shéf·fer's stróke [ʃéfəz- | -fəz-] *n.* 〘論理〙シェファーの棒記号 (⇨ alternative denial, joint denial).

Shef·field [ʃéfiːld, (現地では) -fɪld] 〚ME *Scheaf-felda* 《原義》? 'shelter-FIELD'〛 ── *n.* イングランド South Yorkshire 州の中部, Don 河畔の工業都市で同州の首都; 鋼鉄工業の中心地; 人口 558,000.

Shéffield pláte *n.* (18 世紀に Sheffield で作り始めた)銀きせ銅板, 銀きせ.

she·getz [ʃéɪgɪts, -gəts] 〚▭ Yid. *šeygets* ▭ Heb. *šéqeṣ* detestation〛 ── *n.* (*pl.* **shkotz·im** [ʃkɔ́ːtsɪm]) [しばしば軽蔑的に] **1** ユダヤ人でない男の子[男性]. **2** [ユダヤ人が用いて] ユダヤの戒律を守らないユダヤ人の男の子[男性] (cf. shiksa).

shé-gòat *n.* 雌やぎ (cf. he-goat).

she·hi·tah [ʃəxíːtə | -tə] 〚▭ Heb. *šᵉḥiṭāʰ* slaughtering〛 *n.* 〘ユダヤ教〙(有資格者がラビ律法にのっとって行なう)食肉動物の屠殺 (cf. shohet).

sheikh [ʃíːk, ʃéɪk, ʃáɪk | ʃéɪk, ʃíːk, ʃék, ʃéx] 〚《1577》 ▭ Arab. *šaykh*〛 ── *n.* **1** (イスラム圏, 特にアラブ諸国で)長老; 指導的学者; 村長; 族長; 首長《称号, また敬語として用いる, シャイフ, シェイク》. **2** 教主; 教団の指導者. **3** 〘英国の女流小説家 Edith M. Hull 作の小説 *The Sheik* (1924) が猛烈に売れたことから〙[通例 sheik [ʃíːk]] 《俗》(女の目から)魅力的男性, 色男.

shéikh·dom [-dəm] *n.* (*also* **sheik·dom** [～]) sheikh の管領地; 首長国.

Sheikh ul Islam [ʃíːk-ʊl-ɪsláːm, ʃéɪk-, ʃáɪk- | ʃéɪk-, ʃíːk-, ʃék-] *n.* =Shaikh al-Islam.

shei·la [ʃíːlə] 〚↓〛 *n.* 《豪口語》少女, 若い女.

Shei·la [ʃíːlə] 〚▭ Ir. *Sile* : ⇨ Cecilia, Celia〛 *n.* 女性名《異形 Sheelah, Shelagh》.

shei·tel [ʃéɪtḷ | -tl] 〚▭ Yid. ～〛 ── *n.* 正統派のユダヤ既婚婦人がかぶるかつら《主人以外の男性の見える所で女性が頭髪を出したままにすることを禁止するラビ教義に則ったもの》.

shek·el [ʃékəl] 〚▭ Heb. *šéqel* 《原義》 weight〛 ── *n.* **1** (*pl.* **～s, she·ka·lim** [ʃəkáːlɪm, -ləm | -lɪm]) シケル《古代ヘブライの重さの単位; =14 g; cf. gerah》; シケル銀貨《この目方のある古代ユダヤの銀貨》. **2** (*pl.* **～s**) シケル《イスラエルの通貨単位; =100 Agora, 記号 IS》. **3** [～s] 《俗》金銭 (money), 現金 (cash).

She·ki·nah [ʃɪkíːnə, ʃə-, -káɪ- | ʃekáɪnə, ʃɪ-] 〚▭ Mish.Heb. *šᵉkhīnāʰ* dwelling place ← *šākhán* to dwell〛 ── *n.* (*also* **She·ki·na** [～]) 〘ユダヤ教〙神の座 (mercy seat) に現われ出たヤハウェ(神)の姿, 後光.

She·lagh [ʃíːlə] 〚《変形》← SHEILA〛 *n.* 女性名《異形 Sheelah, Sheila, Sheilah》.

Shel·don[1] [ʃéldn̩] 〚← OE *sćylf-denu* ← *sćylf* rock, crag (⇨ shelf) + *denu* 'valley, DENE[2]' : 地名に由来する家族名から〛 *n.* 男性名.

Shel·don[2] [ʃéldn̩], **William Herbert** *n.* (1899–　) 米国の心理学者; 体型から人の性格特性を類型化した (cf. endomorph 2).

shel·drake [ʃéldrèɪk] 〚《c1325》 *sheldedrake* ← *shelde-* variegated (cf. MDu. *schillede*) + DRAKE[2]〛 ── *n.* (*pl.* **～s, ～**) 〘鳥類〙 **1** =shelduck. **2** =merganser.

shel·duck [ʃéldʌ̀k] 〚⇨↑, duck[1]〛 ── *n.* (*pl.* **～s, ～**) 〘鳥類〙ツクシガモ (*Tadorna tadorna*) 《アジア・北アフリカなどに生息するツクシガモ属のカモ; 雄はくびに黒い環がある》.

shelf [ʃélf] 〚《c1390》 ▭ MLG *schelf* split piece of wood ← Gmc **skelf-* split (OE *sćylfe* deck of a ship, shelf, *sćylf* rock, ledge) ← IE **(s)kel-* to cut : ⇨ shell〛 ── *n.* (*pl.* **shelves** [ʃélvz]) **1 a** 棚板. **b** 棚; 本棚, 書架 : *on* a ～. **c** 棚の上の物[書物など]. **2 a** 棚状のもの. **b** (がけの)棚, 岩棚 (ledge). **c** 暗礁 (reef), 砂州(す) (sandbank), 浅瀬, 州(す) (shoal). **3** 〘地質〙棚状地層《沖積土の下の床岩》. **4** 〘アーチェリー〙弓を引くとき矢の載る弓手(ゆんで)の上部. **5** 〘海事〙ビーム受材《木造船でビームを支える縦通材》.

off the shelf 在庫があってすぐ手に入る. ***on the shelf*** (1) 棚に上げられて; 休止して; 無視されて, 役に立たないで : remain *on the* ～ 店晒(たなざら)しになる / put [lay, cast] *on the* ～ 棚に載せる; 棚上げする, 握りつぶす; (役に立たなくなって)解雇[免職]する (cf. shelve 3). (2) 〈女が〉結婚の見込みなく, 売れ残って.

～·like *adj.*

shélf àngle *n.* 梁受金物《大梁に取付け, 小梁を支えるアングル材》.

shélf·bàck *n.* 〘製本〙 =backbone 4.

shelf·ful [ʃélffʊ̀l] *n.* 一棚分; 棚[書架]一杯 : a ～ *of* books.

shélf fùngus *n.* 〘植物〙 =bracket fungus.

shélf ìce *n.* 棚氷(ほうひょう), たなごおり《氷河の, 特に大陸氷河の末端が海に面する部分, またはそこに生じた氷の懸崖(けんがい); ice shelf ともいう》.

shélf lìfe *n.* 貯蔵寿命, 貯蔵期間《薬などの在庫有効期間; storage life ともいう》.

shélf·lìst 〘図書館〙 *n.* 書架目録, シェルフリスト.
── *vt.* 書架目録に記入する.

shélf màrk *n.* 〘図書館〙書架記号《本の背の下部につけてその本の所在位置を示す記号》.

shell [ʃél] 〚OE *sć(i)ell* < Gmc **skaljō* piece cut off (Du. *schel* / ON *skel*) ← IE **(s)kel-* to cut : ⇨ scale[1,2]〛 ── *n.* **1 a** 動植物の堅い外皮 (hard covering, crust). **b** 貝殻, (カタツムリの)「家」. **c** (カメ・エビ・カニなどの)甲羅. **d** (昆虫の)さやばね (wing case), さなぎの外皮 (pupa case). **e** (鳥の卵の)殻. **f** (果実・種子・ピーナッツなどの堅い繊維質の)殻 (⇨ egg[1] 挿絵). **g** (豆類の)さや. **2 a** 貝殻をもつ軟体動物. **b** [*pl.*] = shellfish. **3 a** (貝・カメなどの)殻[甲]の材料. **b** (特に, 貝細工となる)貝, べっ甲 : a tortoise ～ べっ甲. **4 a** 外皮[貝殻状のもの, 中空で外側だけのもの. **b** (殻のような)入れ物, おおい (enclosing cover); 貝殻形の容器. **c** (建物・乗物などの)外郭, 骨組み (framework). **d** 船体 (hull). **e** (ドーム形・アーチ形天井の)試合場, 競技場. **f** 外観, 外形, 見せかけ : a ～ of morality 道徳のみせかけ. **g** (ボイラーの熱交換器の)金属製の耐圧外殻. **h** 小型のビール用グラス. **i** 荒作りの棺桶. **5** 感情を隠す態度, 打ち解けない態度, 閉ざした心 : come *out of* one's ～ 打ち解ける / bring a person *out of* his ～ 人を打ち解けさせる / retire [go] *into* one's ～ 打ち解けない, 殻に閉じこもる. **6 a** 砲弾, 弾丸, 榴(りゅう)弾, 充填(じゅうてん)弾, 破裂弾《中空の内部に炸薬(さくやく)または化学剤をつめて破裂させる; cf. ball[1] 1 c》: ⇨ blind shell 1. **b** 薬筒, 実包《小火器用の金属製の, または猟銃用の金属製・紙製の》. **c** [集合的] 砲弾の破片. **d** 砲弾[破裂弾]式の花火仕掛け; an illuminating ～ 照明弾 / a paper ～ 薄紙弾薬包; 花火の一種 / ⇨ tear shell. **7 a** =shell jacket. **b** 婦人用の簡単な貝殻型帽子. **c** =shell stitch. **8** 《米》シェル《スカル (scull) に似た一人または数人乗り競走用ボート》. **9** 〚Westminster 校の第 5 年級と第 6 年級の中間の学級の形に由来する〛《英》(public school で)中間クラス (intermediate form). **10** 〚《なぞり》← L *testūdō* : かめの甲に絃をはったという伝説から〛《詩》七絃琴, リラ (lyre). **11** 〘建築〙シェル, 曲面板, 曲板《曲面の半径や幅に比べて厚さの小さな板; ⇨ shell construction》. **12** 〘料理〙(パイ生地などで作った, 詰めものをする)殻, ケース. **13** 〘物理〙(原子を構成する電子の, また原子核を構成する核子の)殻(かく) (electron shell) : the K [L] ～ 原子の K [L] 殻 / ⇨ shell structure. **14** 〘解剖〙外耳 (outer ear). **15** 〘海事〙 **a** 外板《船体の外殻をなす板》. **b** 信号用榴弾. **16** 〘冶金〙シェル《金属の中間製品で殻状の形をしたものによく使われる; 例えば, 鋳物の表面についた鋳型・深絞りした中空のもの, 中空の鍛造品など》. **17** 〘地質〙地球の殻層.

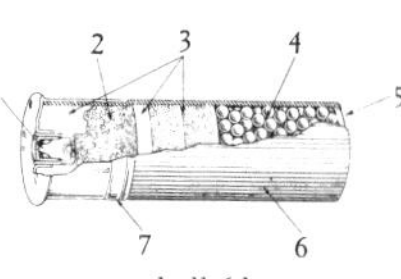

shell 6 b
1 primer; 2 powder; 3 wads; 4 shot charge; 5 paper seal; 6 paper body; 7 brass shell

in the shell (1) 殻がついたままで; まだ孵(かえ)っていない. (2) 未発達[未熟]の段階で.

── *attrib. adj.* **1** 殻[外皮]を持った : a ～ animal. **2** 貝殻[べっ甲]で作った; 貝殻をちりばめた : a ～ comb べっ甲のくし.

── *vt.* **1** 殻から取り出す, …の殻を取る, …のさやをはぐ[取る] : ～ peas [an egg] 豆のさや[卵の殻]を取る / (as) easy as ～*ing* peas 非常にたやすい, わけない. **2** 殻でおおう, 殻を敷く. **3** 〈とうもろこしなど〉の粒を落とす, 実を取る, 脱穀する. **4** 砲撃する, 爆撃する, 榴(りゅう)弾を浴びせる : ～ a town. **5** 《俗》〘野球〙(相手の投手にヒットをあびせ)大量得点を得る.

── *vi.* **1** 殻[さや, 甲]から出る. **2** 殻[さや, 甲]が落ちる, 皮がむける; 〈金属片などが〉はげる 〈*off*〉. **3** 貝拾い[潮干狩]をする.

shell out 《口語》(請求されたもの, 特に金銭を)支払う, 手渡す (disburse); 残らず支払う, 皆済する (pay up).

she'll [ʃíːl] 《口語》 she will [shall] の縮約形.

shel·lac [ʃəlǽk | ʃəlǽk, ʃe-, ʃélæk] 〚《1713》《なぞり》← F *laque en écailles* : ⇨ shell, lac[1]〛 ── *n.* (*also* **shel·lack** [～]) **1** セラック《lac を精製して薄板状に固めたものでワニス・絶縁材などの原料》. **2** セラックワニス (shellac varnish) : ～ finish セラック仕上げ. **3** (セラック盤) SP レコード. ── *vt.* (**shel·lacked**; **-lack·ing**) **1** …にセラックを塗る. **2** 《米俗》**a** 徹底的に打ち破る. **b** (棒などで)打つ, 殴打する (beat).

shellác·k·ing *n.* 《米俗》 **1** 大敗, 完敗. **2** 棒で打つこと, 殴打.

shellác vàrnish *n.* セラックワニス《セラックをアルコールに溶かしたもので酒精ワニスの最も普通のもの》.

shéll·bàck *n.* **1** 《戯言》老練の水夫 (sea dog). **2** 船で赤道を横断して赤道祭を受けた(ことのある)人.

shéll·bàrk *n.* 〘植物〙 =shagbark hickory 《shellbark hickory ともいう》.

shéll bèan *n.* (さやから出して料理に用いる)いんげん・えんどうなど《さやのまま食べる snap bean と区別する》; その豆.

shéll càst *n.* 〘印刷〙台付きガラ版《台木の付いている鉛版》.

shéll constrùction *n.* **1** 〘建築〙シェル構造《非常に薄い曲面板による構造で, 丸天井やタンクなどの円筒形の湾曲面に用いられる》. **2** 〘航空〙張殻構造《甲虫の体のように, 外皮が全荷重を受け持つ構造で, 大型の液体ロケットのタンクなどに用いる; monocoque construction ともいう》.

shéll·cràcker *n.* 〘魚類〙 =redear.

shéll cùt *n.* 〘印刷〙台付きカット《台木の付いているカット類》.

shéll drìll *n.* 〘機械〙筒形きり.

shelled 〚⇨ -ed 2〛 *adj.* **1** [複合語の第 2 構成素として] 外皮[甲, 殻など]のある[でおおわれた], 殻[外皮]が…の : hard-[soft-]*shelled*. **2** 殻を取り去った (cf. shell *vt.* 1) : ～ nuts. **3** 〈トウモロコシなど〉穂から切り離された (cf. shell *vt.* 3).

shéll ègg *n.* (脱水・粉化した卵と区別して)殻つき卵.

Shel·le·ian [ʃéliən, ʃelíːən | ʃéliən, ʃelíːən, -ljən] *adj.* =Shelleyan.

shéll·er [-lə | -lə(r] *n.* **1** 殻をむく人. **2** 殻むき器 : a nut ～.

shéll expànsion *n.* 〘造船〙外板展開図《船の外板を平面的に展開して示す図》.

Shel·ley [ʃéli | -lɪ] 〘← OE *scelf-lēah* (dweller at the) ledge-hill: ⇨ Sheldon, lea[1]〙 *n.* **1** 男性名. **2** 女性名《異形 Shellie, Shelly》.
Shel·ley [ʃéli | -lɪ], **Mary Woll·stone·craft** [wʊ́lstənkræ̀ft | -krɑ̀ːft] *n.* (1797–1851) 英国の作家; P. B. Shelley の妻; *Frankenstein* (1818); 旧姓 Godwin.
Shelley, Percy Bysshe [bíʃ] *n.* (1792–1822) 英国の叙情詩人; *Prometheus Unbound* (1820), "Ode to the West Wind" (1819), *A Defence of Poetry* (論文 1840).
Shel·ley·an [ʃélian, ʃelíːən | ʃélɪən, ʃelíːən, -ljən] *adj.* P. B. Shelley の, シェリー風の. — *n.* シェリーの追随者[賞賛者, 研究家].
shéll·fìre *n.* 砲火, 砲撃; 砲弾の炸裂(さく).
shéll·fìsh 〘OE *scilfisc*〙 — *n.* (*pl.* ~, ~·es) **1** 〘動物〙 **a** 貝殻を有する軟体動物 (mollusk)《カキ (oyster), ハマグリ (clam) など; 食用になるものが多い》. **b** 甲殻類の動物《カニ・エビなど》. **2** 〘魚類〙 ハコフグ (boxfish).
shéll·flòwer *n.* 〘植物〙 **1** カイガラサルビア (⇨ Molucca balm). **2** ジャコウソウモドキ (turtlehead).
shéll gàme *n.* 《米》 **1** 豆隠し手品《3 箇のくるみの殻またはくるみ状の杯を伏せて, その中に豆または小球を隠し, 杯を動かしていき観客に当てさせるいんちき賭博の一種; cf. thimblerig》. **2** いんちき, 詐欺.
shéll glànd *n.* 〘動物〙 卵殻腺《鳥類・爬虫類などの輸卵管にあり, 卵殻を分泌する腺》; 小顎腺《甲殻類の第 2 小顎付近に開口する排出器》.
shéll hèap *n.* 〘考古〙 =shell mound.
shéll ice *n.* =cat ice.
shéll·ing [ʃélɪŋ] *n.* **1** 殻[さや]から取り出すこと; 殻[さや]をむくこと. **2** 砲撃, 爆撃 (bombardment).
shéll jàcket *n.* 〘軍事〙 **1** シェルジャケット《熱帯地方でタキシードの代りに用いる略式礼服; 体にぴったり合って後丈が短い》. **2** =mess jacket.
shéll·less *adj.* 外皮[殻, 甲など]のない.
shéll-lìme *n.* 貝殻灰, かき灰.
shéll mòund [mìdden] *n.* 〘考古〙 貝塚《shell heap ともいう》.
shéll òut *n.* 〘玉突〙 (3 人以上またはそれ以上の人数で行なう)ピラミッド戯の一種.
shéll pàrrakeet [pàrrot] *n.* 〘鳥類〙 セキセイインコ (budgerigar).
shéll pínk *n.* 帯桃(もも)赤黄色 (brown red-yellow).
shéll plàting *n.* 〘造船〙 外板.
shéll·próof *adj.* 砲撃に耐える, 防弾の (bombproof).
shéll rèamer *n.* 〘機械〙 シェルリーマー《軸に付けて用いる中空のリーマー》.
shéll shòck *n.* 〘精神医学〙 砲弾ショック, 塹壕(ざん)ショック, 戦争神経症《近代戦が精神におよぼす累加的緊張によって起こる自制力・記憶力・発話能力・視覚などの喪失症; 最初は身近で破裂した爆弾のために起こると思われていた; combat neurosis, war neurosis ともいう; cf. combat fatigue》. **shéll-shòcked** *adj.*
shéll stìtch *n.* シェルステッチ, 松編み《縁をスカラップ状 (scallap) に刺す刺繍のステッチまたは鉤針の編み方》.
shéll strùcture *n.* 〘物理〙 (原子・原子核の)殻(かく)構造.
shéll-tỳpe *adj.* 〘電気〙 〈変圧器が〉外鉄形の (cf. core-type).
shéll·wòrk *n.* 貝(殻)細工.
shell·y [ʃéli | -lɪ] 〘⇨ -y[4]〙 *adj.* (**shell·i·er**; **-i·est**) **1** 貝殻の多い: a ~ beach. **2** 貝殻[殻]から成る[をもつ]. **3** 貝殻[殻]のような; 貝殻質の.
Shel·ly [ʃéli | -lɪ] 〘⇨ Shelley〙 *n.* **1** 男性名. **2** 女性名《異形 Shelley, Shellie》.
Shel·ta [ʃéltə | -tə] — *n.* シェルタ語《アイルランドなどの漂泊民やジプシーなどの間で今も用いられている一種の隠語; アイルランド語やゲール語をもじったもので, 大部分は back slang》.
shel·ter [ʃéltə | -tə(r)] 〘《1585》← ?: cf. 《廃》 *sheltron* phalanx < OE *sc(i)eldtruma* ← *sc(i)eld* 'SHIELD' + *truma* troop〙 — *n.* **1 a** 避難所 (refuge); 雨宿りの場所; (待避)小屋 (shed, hut); (バスなどの)待合所: a cabman's ~ つじ馬車の客待小屋 / a ~ from the rain [wind] 雨[風]よけ / be a ~ from ...の避難所となる, ...よけとなる. **b** 待避壕(ごう) (dugout), 防空壕 (air-raid shelter): a bomb ~. **c** 住い, 宿; (特に, 一時的な)住居: food, clothing, and ~ 衣食住. **d** 収容所. **2** 保護, 援護; 避難: find [take] ~ (from...) (...から)避難する, (...を)よける / fly to a person for ~ 人のもとへ逃げ込む / seek ~ at a person's house 人の家に避難する[逃げ込む] / give [provide] ~ to ...をかくまう / under the ~ of ...に保護されて, ...にかくまわれて. — *vt.* **1** 宿らせる (lodge), かくまう (harbor), 隠す, おおう (cover): ~ a person for the night 人に一夜の宿を貸す / ~ oneself under [beneath, behind] ...のもとに身を隠す / ~ an escaping prisoner 逃亡犯人をかくまう. **2** 保護する, かばう (protect, guard) 〈*from*〉: ~ children *from* gunfire. — *vi.* 避難する, 隠れる, 日・風・雨などを避ける (take shelter), 雨宿りする: ~ behind a hedge 生垣の陰に隠れる / ~ *from* the rain. **~·er** *n.* **~·less** *adj.*
shélter·bèlt *n.* 《米》 (畑と土壌保全のための)防風林 (cf. windbreak).
shélter dèck *n.* 〘海事〙 波よけ甲板《上甲板の上にある全通甲板で, 常設閉鎖装置のない開口部をもち, 税金を安くする目的の減トン空間を作るためのもの》.
shélter-dèck vèssel *n.* 〘海事〙 =open-shelter-deck vessel.
shél·tered *adj.* **1** 〈産業・企業など〉(国際競争から)保護された: a ~ industry 保護産業 / ~ trades 保護業種. **2** (危険などから)守られている: tax-*sheltered* 税金のかからない / lead a ~ life (外部と交渉の少ない)ひっそりした生活を送る. **3** 身障者・老人などに就職・社会復帰の場を提供する, 庇護されている.
shélter hálf *n.* (二人用)小型テント (shelter tent) の半分.
shéltering trùst *n.* 〘法律〙 =spendthrift trust.
shélter tènt *n.* 持ち運び用小型テント《数枚のズックをボタンなどで止め合わせて組み立てる; 兵士などは各自の分を持ち運ぶ》.
shélter trènch *n.* 〘軍事〙 掩壕(えんごう), 散兵壕《深くて幅の狭いもの》.
shel·ty [ʃélti | -tɪ] 〘← ? Scand. (cf. ON *Hjalti* Shetlander)〙 *n.* (*also* **shel·tie** [~]) 〘動物〙 **1** =Shetland pony. **2** =Shetland sheepdog.
shelve [ʃélv] 〘《1587》← *shelves* (pl.) ← SHELF〙 — *vt.* **1** ...に棚[書架]をつける: ~ a cupboard, library, etc. **2** 棚にのせる, 棚に置く: ~ books. **3** 棚上げする (put on the shelf), 握りつぶす, 無期延期する: ~ a question. **4** 解職[免職]する, 退職させる (dismiss): ~ an official. — *vi.* だらだら坂になる, 徐々に傾斜する, 勾配がゆるやかになる 〈*down, up*〉: The south side of the island ~*d* gently *down to* the sea. その島の南側はゆるやかに傾斜して海へ続いていた.
shelves *n.* shelf の複数形.
shélv·ing 〘← SHELVE + -ING[1]〙 — *n.* **1 a** 棚付け; 棚に載せること. **b** 棚材料. **c** [集合的] (特に作り付けの)棚 (shelves). **2** 棚上げ, 握りつぶし, 無期延期. **3** 免職, 解職. **4** ゆるやかな勾配; だらだら坂.
Shem [ʃém] 〘⊏ Heb. *Šēm* 《原義》 name: cf. Sumeri. *Šumi*〙 — *n.* 〘聖書〙 セム《Noah の三人の息子の長兄; セム族の祖と伝えられる (cf. Semite); cf. *Gen.* 5:32; 10:1, 21》.
She·ma [ʃəmáː] 〘⊏ Heb. *šᵉmáʻ* 《原義》 hear (imper.) ← *šāmáʻ* to hear〙 — *n.* [the ~] 〘ユダヤ教〙 ("Hear, O Israel" で始まる)ユダヤ人の信仰告白《日々の礼拝に用いる; cf. *Deut.* 6:4–9》.
She·mi·ni A·tze·reth [ʃəmíːni·ɑːtséɪrəθ, -rət, -rəs | -nɪ-] 〘⊏ Heb. *Šᵉmīnī ʻăṣéreth* 《原義》 the eighth (day) of solemn assembly〙 — *n.* 〘ユダヤ教〙 シェミニアツェレス《主に追悼礼拝と降雨祈願を行なう祝祭; 仮庵(かりいお)の祭り (Sukkoth) の 8 日目に当たる》.
Shem·ite [ʃémaɪt] *n.* =Semite.
She·mit·ic [ʃɪmítɪk, ʃə-, ʃe- | ʃɪmít-, ʃe-, ʃə-] *adj.* =Semitic.
she·mozzle [ʃɪmɑ́zl̩, ʃə- | ʃɪmɔ́zl̩] *n.*, *vi.* 《俗》 =schemozzle.
She·na [ʃíːnə] 〘⊏ Gael. *Sine* 'JANE'〙 *n.* 女性名《異形 Sheena》.
Shen·an·do·ah [ʃènəndóʊə, ʃænədóʊə | ʃènəndə́ʊə] 〘⊏ N-Am.-Ind. (? Iroquois) ~ 《原義》 spruce stream ?〙 — *n.* [the ~] 米国 Virginia 州北部を北東に流れ West Virginia 州の Harpers Ferry で Potomac 川に合流する川 (240 km); 流域は南北戦争の戦跡として有名.
Shenandóah Nátional Párk *n.* シェナンドア国立公園《米国 Virginia 州北部にあり, Blue Ridge 山脈のスカイラインドライブウェーで有名, 1935 年指定; 面積 783 km^2》.
she·nan·i·gan [ʃɪnǽnɪgən, ʃə-] 〘← ?〙 *n.* 《口語》 **1** ごまかし, いつわり (deceit). **2** [通例 *pl.*] いたずらっぽいたわごと[行為], いたずら, ふざけ, じゃれ.
shend [ʃénd] 〘OE (*ge*)*scendan* < (WGmc) **skandjan* (G *schänden*) ← **skam-* 'SHAME'〙 — *vt.* (**shent** [ʃént]) **1** 《古》 **a** 恥をかかせる. **b** 〈議論・戦争など〉に勝つ. **2** 《古》 叱る (scold); ののしる (revile): I am *shent for* speaking to you. あんたにしゃべると叱られます (Shak., *Twel N* 4. 2. 112). **3** 《方言》 破壊する; 傷つける (injure).
Shêng-tsu [ʃʌ̀ŋtúː; *Chin.* ʂə̀ŋtsǔ] *n.* 聖祖《康熙帝 (K'ang Hsi) の尊号》.
Shen·si [ʃènsíː; *Chin.* ʂǎnsī] *n.* 陝西(せん)省《中国北部の省; 人口 27,790,000, 面積 190,000 km^2, 首都西安 (Sian)》.
Shen·stone [ʃénstoʊn, -stən | -stən], **William** *n.* (1714–63) 英国の詩人; *The Schoolmistress* (1742).
shent *v.* shend の過去形・過去分詞.
Shen·yang [ʃʌ̀njáːŋ; *Chin.* ʂə̄njɑ́ŋ] *n.* 瀋(しん)陽《中国東北部, 遼寧省 (Liaoning) 中部の都市で同省の首都; 旧称奉天; 英語名 Mukden》.
shé-òak *n.* 〘植物〙 オーストラリア産のモクマオウ属 (*Casuarina*) の植物の総称 (cf. forest oak).
She·ol [ʃíoʊl, ʃíːoʊl | ʃíəʊl, ʃíːəʊl] 〘⊏ Heb. *šᵉʼōl* 《原義》? No-land ← ? *šāʼáʰ* to be desolate〙 *n.* **1** (ヘブライ人の)黄泉(よみ)の国, 冥土(めいど). **2** [s-] 地獄 (hell).
Shep·ard [ʃépəd | -pəd], **Ernest H(oward)** *n.* (1879–1976) 英国のさし絵画家, A. A. Milne の *Winnie-the-Pooh* のさし絵で有名.
shep·herd [ʃépəd | -pəd] 〘lateOE *scēaphierde*: ⇨ sheep, herd[1]〙 — *n.* **1** (牧畜の羊の世話をする)羊飼い, 牧羊者 (cf. cowherd). **2 a** (教会員を羊に見立てて)牧師 (pastor, clergyman) (cf. sheep 2b): ⇨ Good Shepherd. **b** [the (Good) S-] イエスキリスト (cf. *John* 10:11). **c** 指導者. **3** 牧羊犬 (sheep dog) (cf. German shepherd dog). **4** =Shepherd King. — *vt.* **1** 〈羊を〉(牧羊者として)世話する, 〈羊〉の番をする, 見張る. **2** よく見張る; 〈群集などを〉導く: The police ~*ed* the crowd safely out of the park. 巡査は群集を安全に公園から連れ出した. **3** 〈人〉に精神的指導を与える.
Shep·herd [ʃépəd | -pəd] 〘↑〙 *n.* 男性名.
shépherd chèck *n.* =shepherd's check.
shépherd dòg *n.* 牧羊犬 (sheep dog).
shep·herd·ess [ʃépədɪs, -dəs | -pədɪs, -dès, ʃèpədés] 〘《c1385》: ⇨ shepherd, -ess[1]〙 *n.* **1** 女の羊飼い《牧歌中によく用いられる》. **2** いなか娘 (rural lass).
Shépherd Kíng, S- k- 〘《なぞり》 ← Gk *basileîs poiménes* 《なぞり》 ← Egypt.〙 *n.* ヒクソス王朝 (Hyksos) の王.
shépherd pláid *n.* =shepherd's plaid.
shépherd's cálendar *n.* 羊飼いの暦《その天気予報などは当てにならないものとされる; Spenser の詩集など, 牧歌の枠として多く用いられる》.
shépherd's chéck *n.* 模様の大きさが全部等しい白黒チェック模様; その模様の布地《shepherd's plaid ともいう》.
shépherd's cróok *n.* 牧羊者のつえ《先の曲がったもの》.
shépherd's dóg *n.* =shepherd dog.
shépherd's píe *n.* シェパードパイ《牛や羊の挽き肉と玉ねぎのみじん切りを合わせ, マッシュポテトをかぶせて焼いたパイ》.
shépherd's pípe 〘《15C》〙 *n.* **1** =flageolet[1] 1. **2** (牧歌曲を奏する)小オーボエ (musette).
shépherd's pláid *n.* =shepherd's check.
shépherd's púrse 〘ME〙 *n.* 〘植物〙 ナズナ, ペンペングサ (*Capsella bursa-pastoris*)《アブラナ科ナズナ属の植物; shovelweed ともいう》.
shépherd's-scábious *n.* 〘植物〙 ヨーロッパ産の青い花が咲くキキョウ科ヤツオネ属の多年草 (*Jasione perennis*).
shé-pìne *n.* 〘植物〙 ナンヨウマキ (*Podocarpus elata*)《オーストラリア産のマキ科の針葉樹; 黒色の木材は堅固で船のマストにする》.
Shéppard's adjústment [corréction] [ʃépədz- | -pədz-] 〘← W. F. *Sheppard* (20 世紀の英国の統計学者)〙 — *n.* 〘統計〙 シェパードの補正《階級分けされた度数分布表から積率を計算する場合, データが各階級の真中の数に集中するとの仮定による影響の補正》.
Shep·pey [ʃépi | -pɪ], **the Isle of** 〘OE *Scēpeig* 《原義》 'ISLAND where SHEEP were kept'〙 *n.* イングランド南東部 Kent 州北部, Medway 河口の島, 面積 91 km^2.
she·rard·ize [ʃɪrɑ́ədaɪz, ʃə-, ʃérədàɪz | ʃɪrɑ́ːdaɪz, ʃə-, ʃérədàɪz] 〘← *Sherard O. Cowper-Coles* (*d.* 1936: 英国の発明家) + -IZE〙 *vt.* 〘冶金〙 (亜鉛粉末を蒸気化して)〈鉄板など〉に亜鉛メッキする, シェラダイズする.
Sher·a·ton [ʃérətn̩, -tən | -tn̩, -tən] 〘← *Thomas Sheraton*〙 — *adj.* (家具の意匠が)シェラトン(様)式の《1800 年ごろより英国で始まった, 好んで直線を用いた軽快優雅な家具意匠にいう; cf. Hepplewhite, Chippendale》: a ~ chair シェラトン風の椅子.
Sher·a·ton [ʃérətn̩, -tən | -tn̩, -tən], **Thomas** *n.* (1751–1806) 英国の家具製作家・著述家: *The Cabinet-Maker and Upholsterers' Drawing Book* (1790), *The Cabinet Dictionary* (1803).

Sheraton chair

sher·bet [ʃə́ːbɪt, -bət | ʃə́ː-] 〘《1603》 ⊏ Turk. *şerbet* // Pers. *sharbat* ⊏ Arab. *šárbaʰ* drink ← *šáriba* to drink: cf. syrup〙 — *n.* **1** 《米》 シャーベット (《英》 water ice)《シロップに果汁やリキュールを加えて凍らせたアイスクリームのような氷菓》. **2** 《英》 シャーベット水《果汁を水で薄め甘味をつけた冷たい飲物》. **3** ソーダ水の素, 粉末ソーダ《重炭酸ソーダと酒石酸に, 甘味料・香味料などを合わせたもので水に溶かすと即席にソーダ水ができる; sherbet powder ともいう》. **4** シャーベットグラス《氷菓などのデザートを盛る; sherbet glass ともいう》.
Sher·brooke [ʃə́ːbrʊk | ʃə́ː-] *n.* カナダ南東部, Quebec 州南部の都市; 人口 81,000.
sherd [ʃə́ːd | ʃə́ːd] *n.* **1** =shard 1, 2. **2** 〘考古〙 (出土遺物として)土器の破片《文化や年代の差異を示す最良の示標とみなされる》.
she·reef [ʃəríːf] *n.* =sharif.
Sher·i·dan [ʃérədn̩ | -rɪ-], **Philip Henry** *n.* (1831–88) 米国南北戦争当時の北軍の将軍.
Sheridan, Richard Brins·ley [brínzli | -lɪ] *n.* (1751–1816) アイルランド生れの英国の劇作家・政治家; *The Rivals* (1775), *The School for Scandal* (1777).
she·rif [ʃəríːf | ʃə-] *n.* =sharif.
sher·iff [ʃérɪf, -rəf | -rɪf] 〘OE *scīrgerēfa*: ⇨ shire, reeve[1]〙 — *n.* **1** 《米》 保安官《郡民の選挙によって任命され通例司法権と警察権を握る郡 (county) の官吏》. **2** 《英》 州長官《county (すなわち shire) の執政長官; 昔は国王の代理として種々の権限を持った; 今は正式には High Sheriff と呼び任期 1 年の名誉職; 州長官代理 (undersheriff) のほか数名の(法の)執行吏 (bailiffs) を監督して諸種の行政・司法事務を司る; cf. gerefa, reeve[1] 1》: a ~'s officer =bailiff 1.
sher·iff·al·ty [ʃérɪfəlti, -rə- | -rɪfəltɪ] 〘《混成》 ← SHERIFF + (SHRIEV)ALTY〙 *n.* =sheriffship.
shériff còurt *n.* 《スコット》 州裁判所 (county court).
shér·iff·dom [-dəm] 〘ME〙 *n.* =sheriffship.
shériff·shìp 〘《15C》〙 *n.* sheriff の職[職権, 任期] (shrievalty).
sher·lock, S- [ʃə́ːlɑk, ʃə́ə- | ʃə́ːlɔk] *n.* =Sherlock Holmes 2, 3.
Sher·lock [ʃə́ːlɑk | ʃə́ːlɔk] 〘← OE *scīr-locc* ← *scīr* bright (← Gmc **ski-* 'to SHINE') + *locc* 'LOCK[1]'〙 *n.* 男性名.

Sher·lock Holmes [ʃə́ːlɑk-hóumz, ʃέə-, -hóumz | ʃə́ːlɔk-háumz] *n.* **1** シャーロック ホームズ《Sir Arthur Conan Doyle 作の *A Study in Scarlet* (1887) に始まる探偵小説の主人公》. **2** 探偵, (特に)名探偵. **3** 困難な問題を解くのに非凡な推理力を持った人.

Sher·lock·i·an [ʃəːlɑ́kiən, ʃεə- | ʃəːlɔ́kiən, -kjən] *adj.* シャーロックホームズの[に似た]; 名探偵の.

Sher·man [ʃə́ːmən | ʃə́ː-] 〘《原義》 wool-cutter: ⇨ shear, -man〙 *n.* 男性名.

Sher·man [ʃə́ːmən | ʃə́ː-], **John** *n.* (1823–1900) 米国の政治家; W. T. Sherman の弟.

Sherman, Roger *n.* (1721–93) 米国の政治家, 独立宣言署名者の一人.

Sherman, William Te·cum·seh [tɪkʌ́msə, tə-, -si | -sə, -sɪ] *n.* (1820–91) 米国南北戦争当時の北軍の将軍.

Shérman Antitrúst Àct 〘この立案者 *John Sherman* (1823–1900) にちなむ〙 — *n.* [the ~]〘経済〙シャーマン反トラスト法《取引制限に関する契約や経済的独占を禁じた米国連邦法 (1890 年制定); cf. Clayton Antitrust Act》.

Sher·pa [ʃέəpə, ʃə́ː- | ʃέə-, ʃə́ː-] *n.* (*pl.* ~, ~s) **1 a** [the ~(s)] シェルパ族《ヒマラヤ山脈に住むチベット族系の高地族; 登山に熟達していて, 登山の案内人・人夫となる》. **b** シェルパ族の人. **2** [s-]《英俗》荷物運搬人, ポーター (porter).

Sher·riff [ʃérɪf, -rəf | -rɪf], **Robert Cedric** *n.* (1896–1975) 英国の劇作家・小説家; *Journey's End* (1929).

Sher·ring·ton [ʃérɪŋtən], Sir **Charles Scott** *n.* (1857–1952) 英国の生理学者; E. D. Adrian と共に Nobel 医学生理学賞 (1932).

sher·ris [ʃérɪs, -rəs | -rɪs] 〘↓〙 *n.*《古》=sherry.

sher·ry [ʃéri | -rɪ] 〘《1608》 *sherris* ⊏ Sp. *Xeres* (スペインの原産地名, 現名 Jerez): *-s* を複数語尾と誤解〙 — *n.* シェリー《スペイン南西部産のアルコール分を強めた白ぶどう酒で, 独特の香りがある; 通例食前酒 (appetizer wine) に用いる; cf. amontillado, fino, oloroso》.

Sher·ry [ʃéri | -rɪ] 〘(dim.) ← CHARLOTTE // SHARON〙 *n.* 女性名.

shérry cóbbler *n.* シェリー コブラー《シェリー酒にレモンや氷を入れて作るカクテル; cf. cobbler 1》.

's Her·to·gen·bosch [sèəˌtougənbɔ́(ː)ʃ | sèətəugənbɔ́ʃ; *Du.* shèrto:xənbɔ́s] *n.* シェルトヘンボス《オランダ南部の都市, North Brabant 州の首都; 人口 85,000; フランス語名 Bois-le-Duc》.

Sher·wood [ʃə́ːwud, ʃέə- | ʃə́ː-] 〘⇨ Sherwood Forest〙 *n.* 男性名.

Sher·wood [ʃə́ːwud, ʃέə- | ʃə́ː-], **Robert E(m·met)** [émɪt, émət] *n.* (1896–1955) 米国の劇作家; *Abe Lincoln in Illinois* (1938).

Shér·wood Fórest [ʃə́ːwud-, ʃέə- | ʃə́ː-] 〘*Sherwood*: OE *Sćiryuda*《原義》'WOOD[1] belonging to the SHIRE'〙 — *n.* シャーウッドの森《イングランド中部(主に Nottinghamshire) にあった昔の王室御料林; 18 世紀末の濫伐により一部を残して消滅; Robin Hood の伝説で有名》.

she's [ʃíːz] she is, she has の縮約形.

Shet·land [ʃétlənd] *n.* **1** スコットランド北部の州; 旧名 Zetland (1974 年まで) (⇨ Shetland Islands). **2 a** =Shetland pony. **b** =Shetland sheepdog. **3** [時に s-] **a** =Shetland wool. **b** シェットランドウール製の織物[編物].

Shét·land Íslands [ʃétlənd-] 〘⊏ ON *Hjaltland* ← ? *hjalt* 'HILT'+*land* 'LAND[1]'〙 — *n. pl.* [the ~] シェットランド諸島《スコットランド北方の Orkney 諸島の北東方にある諸島; 大小約 100 の島から成り, スコットランドの Shetland 州をなす; 人口 19,000, 面積 1,430 km², 首都 Lerwick [lə́ːwɪk | lə́ː-]》.

Shétland láce *n.* (ふち付け用の)シェットランドレース.

Shétland póny *n.*〘動物〙シェットランドポニー《Shetland 諸島原産の高さが肩で 3 フィート内外の毛があらく, きわめて頑丈な一品種の小馬》.

Shet·lands [ʃétləndz] *n. pl.* [the ~] =Shetland Islands.

Shétland shéepdog *n.* シェットランドシープドッグ《Shetland 諸島原産のコリーに似た小型の作業用大種のイヌ》.

Shétland wóol *n.* シェットランドウール: **a** Shetland 諸島産のごく細の羊毛. **b** それでつくられる毛糸; 肩掛け・メリヤスなどを作る.

sheugh [ʃúːx] 〘ME *sough* ← ?〙 (*also* **sheuch** [~]) 《スコット・北英》 *n.* **1** 小峡谷 (gully). **2** 溝(ﾐｿﾞ) (ditch), 塹壕(ｻﾞﾝｺﾞｳ) (trench). — *vt.* …に溝を作る; 〈溝を〉掘る.

She·vat [ʃəvɑ́ːt] *n.* =Shebat.

She·vu·oth [ʃəvúːouθ | -əuθ] *n.* =Shabuoth.

shew [ʃóu | ʃə́u] 〘《異形》← SHOW〙 *v.* (**shewed**; **shewn**)《古》=show.

shew·bread [ʃóubrèd | ʃə́u-] 〘《1530》: ⇨ ↑, bread: Heb. *léḥem* (*hap-*)*pānīm*《原義》the bread of the Divine presence を Luther の訳 *Schaubrot* にならい Tyndal が英訳したもの〙 — *n.*〘ユダヤ教〙供えのパン《昔ユダヤ人が安息日ごとにヤハウェに供えた 12 個のパンの一つ; cf. *Exod.* 25: 30, *Lev.* 24: 5–9》.

shewn [ʃóun | ʃə́un] *v.*《古》=shown.

SHF, S.H.F. 《略》〘通信〙superhigh frequency.

shh [ʃː] *int.* しー (hush!), 静かに (be still!).

Shi·'a [ʃíːɑː, ʃíːə] 〘⊏ Arab. *šī'aʰ* company, faction〙 — *n.* (*also* **Shi·ah** [~])〘イスラム教〙**1** [the ~; 複数扱い] シーア派《イスラムの二大分派の中の一派で, Muhammad の婿 Ali をその正統の後継者とし, 初三代の Caliph を教主と認めず, また Sunna を正経と認めない; cf. Sunni》. **2** [単数扱い] =Shi'ite.

shi·bah [ʃívə] 〘⊏ Heb. *šibh'āʰ* seven〙 — *n.*〘ユダヤ教〙服喪期《ユダヤ人が死んだ親兄弟その他の近親のために行なう葬式の日から 7 日間の喪に服する期間》: sit ~ 喪に服する.

shib·been [ʃɪbíːn, ʃə- | ʃɪ-] *n.*《アイル・スコット》=shebeen.

shib·bo·leth [ʃíbəlɪθ, -ləθ, -lèθ | ʃíbə(ʊ)lèθ] 〘《*c*1390》⊏ Heb. *šibbōleth*, stream, ear of corn〙 — *n.* **1** (ある階級や団体の)特別な慣習[服装・主義・言葉遣いなど]. **2** ためし言葉 (test word), 合言葉, 標語. **3**〘聖書〙シボレテ《'sh' を発音し得なかったエフライム人 (Ephraimites) をギレアデ人 (Gileadites) と区別するために用いたためし言葉; cf. *Judges* 12: 4–6》.

shi·cer [ʃáɪsə | -sə(r)] 〘⊏ G *Scheisser* contemptible person ← *scheissen* to defecate〙《豪》*n.* **1** 生産のない鉱山. **2**《俗》詐欺師 (swindler).

shick·er [ʃíkə | -kə(r)]《俗》*adj.* 酔っ払った. — *n.* 酔払い.

shiel [ʃíːl] *n.*《スコット》=shieling.

shield [ʃíːld] 〘OE *sć(i)eld* < Gmc **skelduz* (G *Schild*) ← IE **(s)kel-* to cut: ⇨ scale[1,2]. — v.: OE *sć(i)eldan* ← *sć(i)eld*〙 — *n.* **1 a** 盾《昔, 戦争で防身のため通例左腕にかけてもった槍・矢・刀などの金属・木・皮製の防御具; cf. buckler 1, targe》: the other side of the ~ 盾の半面; 物事の裏, 問題の他の一面 / Return [Come back] with your ~ or upon it. (戦に勝って)盾を持って帰れ, さもなくば(戦死して)盾に乗って帰れ《昔, Sparta で出陣の息子に母親が与えた言葉であるという》. **b**《米》盾形の記章[トロフィー]; 警官[クラブなど]のバッジ. **2** 保護物, 防御物 (protection, defence); 保障 (bulwark); 保護者 (protector), 擁護者, 防御者, 後ろだて (defender): taking the ~ of faith 信仰の盾を取り (cf. *Eph.* 6: 16) / He is our help and our ~. われらの助けわれらの盾なり (cf. *Ps.* 33: 20). **3 a** (衣服のわき下などに当てるゴム製の)汗よけ (dress shield). **b** 犂(ｽｷ)の土よけ. **c** (機械工を保護し, 機械にほこりがかからないようにする)遮蔽, 鎧(ｶﾞｲ)装. **4**〘土木・鉱山〙シールド, 構盾(ｼﾞｭﾝ)《トンネル・鉱坑を掘る時に用いられる枠》. **5**〘砲術〙防盾(ﾎﾞｳｼﾞｭﾝ)《砲手を保護するたて》. **6 a**〘電気〙シールド《磁力線・静電気・電磁波などからの遮蔽物》. **b**〘物理〙遮蔽, 遮蔽物 (shielding)《放射線に対し遮蔽作用を生じさせるもの》. **7**〘動物〙盾状の保護物《カメの甲など》. **8**〘造船〙覆面 (⇨ mask 11). **9**〘地質〙楯状地《主として先カンブリア紀岩類が広大な面積を占めて露出している楯状の地域; cf. craton》. **10**〘紋章〙盾形 (escutcheon)《正しくは実用の盾を shield, 紋章図形の盾を escutcheon というが, escutcheon と同義に混用されている》. **11**〘植物〙菌類の裸子器 (apothecium). **12** [the S-]〘天文〙たて(楯)座 (⇨ scutum 4).

Shield for peace [the —]〘紋章〙Black Prince, Edward が平時に使用した駝鳥の羽 3 本を立てた盾および紋章《英国皇太子の badge が PLUME of ostrich feather であるのはこれに由来する》.

Shield of David [the —]〘ユダヤ教〙ダビデの星 (⇨ Magen David).

— *vt.* **1** 盾で守る; 保護する (protect), かばう, かくまう, おおう 〔*from*〕: The hedge ~*s* the cattle *from* the wind. 生垣は家畜が風にさらされないようにする / ~ a country *from* danger [invasion] 国の危険[侵略]を防ぐ / ~ a swindler *from* prosecution 詐欺師を告発されないようにかばう. **2** 見えなくする, (視界から)さえぎる. **3** [God [Heaven] ~ として]《廃》〈不幸などを〉避ける, よける (avert); 禁じる (forbid): *God* ~ *that*…! …なかれかし / *God* ~ I should disturb devotion! お勤めの邪魔はするつもりがありません (Shak., *Romeo* 4. 1. 41). — *vi.* 盾となる, 後ろだてとなる, 守護[保護]する (defend). **~·er** *n.*

shíeld-bàcked búg *n.*〘昆虫〙=shield bug.

shíeld bèarer *n.* 盾持ち《昔 knight の従者》.

shíeld bùg *n.*〘昆虫〙カメムシ《カメムシ科の悪臭のある昆虫; 盾状の小盾板 (scutellum) がある》.

shíelded cáble *n.*〘電気〙遮蔽ケーブル, シールドケーブル《遮蔽された電線》.

shíeld fèrn *n.*〘植物〙オシダ属 (*Dryopteris*) とイノデ属 (*Polystichum*) のシダの総称《buckler fern ともいう》.

shíeld-hànd *n.* [the ~] (盾を持つ)左手 (cf. spear hand).

shíeld·ing *n.* **1** 遮蔽. **2**〘物理〙(放射線の)遮蔽.

shíeld·less 〘ME〙 *adj.* **1** 盾のない. **2** 無防備の, 保護のない (undefended, unprotected).

shíeld·tàil *n.*〘動物〙シールドテイル《東洋産の小型穴居性のミジカオヘビ科のヘビの総称; 尾の先は切断されたようになっている》.

shíeld-tàiled snáke *n.*〘動物〙=shieldtail.

shiel·ing [ʃíːlɪŋ] 〘←《スコット》*shiel* shed (cf. ON *skāli* hut, *skjōl* shelter): ⇨ -ing[1]〙 *n.*《スコット》**1** 羊飼小屋《夏期宿泊用》. **2** (山岳地帯の)夏期放牧場.

shi·er [ʃáɪə | ʃáɪə(r)] 〘← SHY[1] (v.)+-ER[1]〙 *n.* ものに驚きやすい馬, 後ずさりする癖のある馬.

shift [ʃíft] 〘v.: OE *sćiftan* to arrange ← Gmc **skip-* (G *schichten*). — n.: 《*a* 1325》*schift* ? ← (v.)〙 — *vt.* **1 a** 移す, 転じる, 移しかえる (transfer): ~ one's lodgings 下宿を変える / ~ furniture *from* one room *to* another 家具をある部屋から別の部屋へ移しかえる / ~ a suitcase *over to* one's left hand スーツケースを左手に持ちかえる / ~ the blame [responsibility] *onto* [*to*, *on*] another 責めを他人に転嫁する. **b**《米》(自動車で)〈ギヤを〉換える (change): ⇨ *shift* GEARS. **2 a** 変える, 変化させる; 別物にする (transform): ~ the scene(s) 場面[道具立て]を変える / ~ the course 針路を変える / ~ the helm かじの向きを変える / ~ one's clothes 着替える / ~ one's ground 位置を変える; (議論の)立場を変える, 論旨を変える / ~ a house all around 家をすっかり模様替えする. **b**《古・方言》…の衣服を替える. **3** 除く, 取り払う (remove): ~ the rubbish *out of* the way がらくたを片付ける. **4**《俗》〈食べ物・飲み物を〉食い[飲み]尽くす, 平らげる (consume). **5**〘音声〙〈母音・子音を〉(体系的に)変化させる. — *vi.* **1 a** 移る, 転じる; 位置[方向, 住居]を変える, 変わる: ~ *from* one position *to* another 位置を転じる / ~ *down* to the flat below 下の階のアパートに移る / The cargo ~*ed* in the storm. 嵐にあって積み荷が動いた / He ~*ed* uncomfortably in his chair. 椅子についた彼は落着かぬ様子でもじもじした / His glance ~*ed to* her. 彼の視線は彼女に向けられた / ~ *in* one's opinions (始終)意見が変わる / ~ *from* job *to* job 転々と職を変える. **b** (タイプライターのシフトキー (shift key) を押して)小文字などから大文字などへ切換える. **c**《米》(自動車の)ギヤを入れ換える: ~ *into* second gear. **d**〘音楽〙(バイオリンなどをひく時)左手を移動させる. **2 a** 〈場面・状況などが〉変化する, 変わる: The scene ~*s*. 舞台の場面が変わる. **b**〘言語〙〈音韻が〉推移する[変化する]. **c**《古・方言》着替えをする. **3 a** いろいろとやってみる, やり繰り算段する; 口すぎする: ~ *for* oneself 自分でやり繰りする / ~ *for* one's own maintenance *on* meager pay 乏しい給料で自活の道を講じる. **b**《英古》《米》ごまかす, 逃げ口上を言う: ~ and prevaricate とやかくと言を左右にする. **4**《俗・古》立ち去る.

shift off 〈責任などを〉回避する, 人に転嫁する. ***shift*** (*one's* ***weight***) ***from one foot to the other*** 体の重みを一方の足から他方へ移す.

— *n.* **1 a** 移し変え, 移転, 転移 (transfer): a functional ~〘文法〙機能転換 (conversion, functional change) / a ~ of responsibility 責任の転嫁 / a ~ of interest *from* history *to* literature 興味が歴史から文学へ移ること. **b** 取換え (substitution): a ~ of scenery 場面の転換. **c**《米》(自動車の)変速装置, 変速 (gearshift). **2** 変化, 変遷 (change); 盛衰, 移り変り (vicissitude): a ~ *in* the wind 風向きの変化 / ~*s in* fashion 流行の変遷 / ~*s in* policy 政策の変換 / the ~*s* and changes of life (人の世の)有為(ｳｲ)転変. **3** 交代(制), シフト; 交代勤務時間, (交代の)出番; [集合的] 交代で働く一組の勤務者, 交代組: a double ~ 昼夜両勤[兼行] / an eight-hour ~ 8 時間交代制 / ⇨ day shift, night shift / *on* the morning [evening] ~ 朝[夜]番の[で] / work *in* ~*s* 交代で働く / operate *on* triple ~*s* 〈工場が〉3 交代で操業する; 〈学校が〉3 部授業を行なう. **4 a** 手段, 方法 (means): as a desperate ~ 窮余の一策として / be at one's last ~ 万策尽きる / try every ~ available 手を変え品を変えやってみる, 万策を講じる / ⇨ *make* SHIFT. **b** [通例 *pl.*] (困窮して取る)極端な手段 (extremity), 方便, やり繰り算段 (expedient): be put [reduced] to ~*s* 窮余の策に出る / live on ~*s* 何とか才覚して[やり繰りして]暮らす. **c** ごまかし (dodge), 術策, 計略 (trick), 小細工 (artifice): full of ~*s* and devices 策略縦横の / resort to dubious ~*s* いかがわしい手を用いる. **5 a** シフトドレス《肩からまっすぐに下りたゆるやかなドレス; ウエストにベルトをすることもある》. **b**《古・方言》婦人のスリップ[シュミーズ]. **c**《方言》シャツ; 着替え. **6** (タイプライターを打つ時の)切換え, シフト《大文字などを打つためにタイプバーを下げること》. **7**〘音楽〙(バイオリンなどをひく時の)左手の移動《指板上で手の位置を変えること》. **8**〘言語〙音の推移《vowel shift (母音推移) と consonant shift (子音推移)とがある; 例: OE *nama* [nɑ́ma] < ME *name* [nɑ́ːm(ə)] > Mod.E *name* [néɪm, néɪm] / Gk *pater*: L *pater*: E *father*; cf. Grimm's law, Great Vowel Shift》. **9**〘アメリカンフットボール〙シフト《主審によりボールがスクリメージのためのプレイ開始準備完了後, 攻撃側チームの 2 名以上の選手が最初の位置から新しい位置に転換すること》. **10**〘野球〙シフト《特定の打者に対して右[左]寄りまたは浅く[深く]敷く守備位置 (position) の変更》. **11**〘トランプ〙=switch *n.* 8. **12**〘物理〙(電波・光・音波などの)周波数のずれ, 偏移 (⇨ Doppler effect). **13**〘電算機〙シフト, 桁移動《2 進数を表わす情報のビット位置をそのまま左右に移動する》. **14**〘石工〙目地(ﾒｼﾞ)のずれ. **15**〘鉱山〙鉱脈のずれ, 断層 (fault); 断層の変位距離. **16**〘農業〙(輪作の)一作物; 輪作農地.

make shift (1) どうにかして…する (manage) 〈*to do*〉: *make* ~ *to* support a large family なんとか工面して大家族を養う. (2) やり繰りする, どうにかやっていく: *make* ~ with a small income [without a servant] わずかの収入で[使用人なしで]どうにかやっていく.

shift·a·ble [ʃíftəbl] *adj.* **1** 移すことができる. **2** 所有権の移転ができる: a ~ asset.

shíft bìd *n.*〘トランプ〙=switch *n.* 8.

shíft·er *n.* **1** 移す人[物]; 移動装置: a scene ~ 舞台方, 大道具方. **2** ごまかす人, 不正直者. **3** (鉱山などの)交替職工長. **4**〘機械〙=belt shifter.

shíft·ing 〘ME〙 — *adj.* **1** 移動する; 変わる, 〈風向きなど〉変わりやすい: ~ sand 流砂. **2** 術策を弄する, ごまかしの. — *n.* 移動, 移り変わり (moving);

取換え, 更迭, 変化: the ~ of scenery 場面の転換.
shífting bòards *n. pl.* 〘海事〙仕切り板, 荷止め板《船舶設備規程に定められている法定設備で, バラ積み荷物の移動を防止するための中央仕切り板》.
shífting cultivátion *n.* 焼き畑農耕.
shífting field *n.* 〘電気〙移動磁界.
shífting stréss *n.* 〘音声〙転移強勢《sèventéen の強勢が séventèen bóys のように転移する時など》.
shíft kèy *n.* (タイプライターの)シフトキー《キャリッジを上げたり, タイプバーを下げたりするキー》.
shíft·less *adj.* **1** いくじのない, 無能な, 働きのない (inefficient), 無策な, 無気力な. **2** やる気のない, だらしない, 怠惰な (lazy). **~·ly** *adv.* **~·ness** *n.*
shíft lòck *n.* (タイプライターの)シフトロック《大文字などを打つためにシフトキーを固定させるキー》.
shíft règister *n.* 〘電算機〙シフトレジスター《記憶された2進数字の位置を移動する機能をもつデータ記憶装置》.
shift·y [ʃífti | -tɪ] 〘《1570》: ⇨ shift, -y[4]〙 **—** *adj.* (**shift·i·er, -i·est; more ~, most ~**) **1** 方策[工夫]に富んだ (resourceful). **2 a** 策略好きの, 策士の, ごまかし上手な (tricky). **b** 逃げがちな (elusive): a ~ boxer 逃げのうまいボクサー. **3** 当てにならない (unreliable), いい加減な, 不正直な (dishonest): He is too ~ to be trusted. いい加減なことを言うので当てにならない. **4** 盗み見る, ずるそうな (furtive): a ~ glance 盗み見 / ~ eyes うさんくさい目つき. **shíft·i·ly** [-tɪli, -tə- | -lɪ] *adv.* **shíft·i·ness** *n.*
Shí·ga bacíllus [ʃíːɡə-, -ɡɑː-] 〘その発見者志賀潔 (1870–1957) にちなむ〙 *n.* 〘細菌〙志賀菌《赤痢菌の一つ; Shiga dysentery bacillus ともいう》.
Shíga dýsentery bacíllus *n.* 〘細菌〙= Shiga bacillus.
shi·gel·la [ʃɪɡélə, ʃə- | ʃɪ-] 〘← NL ~ ← *Shiga* (↑) + -ELLA〙 *n.* (*pl.* **-gel·lae** [-liː, -laɪ], **~s**) 〘細菌〙赤痢菌, シゲラ《シゲラ属 (*Shigella*) の微生物》.
shi·gel·lo·sis [ʃɪɡəlóusɪs, -səs | -lə́usɪs] 〘← NL ~ : ⇨ ↑, -osis〙 *n.* 〘病理〙シゲラ症《志賀菌による赤痢》.
Shih·chia·chuang [ʃíːtʃiáːtʃwáːŋ; *Chin.* ʂɻ̩tɕiātʂuāŋ] *n.* 石家荘《中国河北省 (Hopei) の都市》.
Shih Huang-ti [ʃíː-hwáːŋ-tíː; *Chin.* ʂɻ̩xuáŋtì] *n.* 始皇帝《259–210 B.C.; 中国秦(ʃ)朝の祖で自ら始皇帝と称する》.
Shih Tzu [ʃídzùː; *Chin.* ʂɻ̩tsɨ̀] 〘▭ Chin. ~ (獅子)〙 *n.* (*also* **shih-tzu**) シーズー《鼻口部が方形で短く, 短脚で毛が長くて密の小型犬種のイヌ》.
Shi'·ism [ʃíːizm̩] *n.* (*also* **Shi·ism** [~]) 〘イスラム教〙シーア派 (Shi'a) の教義.
Shi'·ite [ʃíːaɪt] 〘← SHI'A + -ITE[1]〙 *n.* (*also* **Shi·ite** [~]) シーア派 (Shi'a) の信徒.
shi·kar [ʃɪkáə, ʃə- | ʃɪkáː(r)] 〘▭ Hindi *śikār* ▭ Pers. *shikār*〙 《インド》 *n.* 狩猟 (hunting), 遊猟 (sport). **—** *vt., vi.* (**shi·karred; shi·kar·ring**) 狩猟する.
shi·ka·ra [ʃíkərə] 〘▭ Skt *śikhara*〙 *n.* 〘建築〙シカーラ《インドの中世の寺院の本殿にそびえる高塔; cf. gopura, vimana》.
shi·ka·ri [ʃɪkáːri, ʃə-, -kǽri | ʃɪkǽrɪ, -káːrɪ] 〘▭ Hindi *śikārī* ▭ Pers. *shikārī* ← *shikār* 'SHIKAR'〙 **—** *n.* (*also* **shi·ka·ree** [~]) 《インド》(狩猟隊の案内をする)猟師, 狩猟家 (hunter).
shik·sa [ʃíksə] 〘▭ Yid. *shikse* (fem.) ← *sheygets* 'SHEGETZ'〙 **—** *n.* **1** [しばしば軽蔑的に] ユダヤ人でない女の子[女性]. **2** [ユダヤ人が用いて]ユダヤの戒律を守らないユダヤ人の女の子[女性] (cf. shegetz).
Shilh [ʃɪlx] *n.* = Shluh.
Shil·ha [ʃɪlháː, -xáː] *n.* = Shluh.
shi·ling·i [ʃɪlíŋi | -ŋɪ] 〘▭ Swahili ~ ▭ E SHILLING〙 *n.* (*pl.* ~) シリンギー (shilling)《タンザニアの通貨単位; = 100 senti; 記号 Sh》.
shill [ʃɪl] 〘《略》↓〙 《米俗》 *n.* (大道商人と組む)さくら. **—** *vi.* さくらをやる.
shil·la·ber [ʃíləbə | -bə(r)] 〘← ?〙 *n.* = shill.
shil·le·lagh [ʃɪléɪlə, ʃə-, -li | ʃɪléɪlə, -lɪ] 〘← *Shillelagh*: その原木の産地であるアイルランド Wicklow 州の町の名〙 **—** *n.* (*also* **shil·la·lah** [~]) 《アイル》カシまたはリンボクのこん棒.
shil·ling [ʃílɪŋ] 〘OE *scilling* < Gmc **skillingaz* (Du. *schelling* / G *Schilling*) ← ? IE **(s)kel-* to cut (cf. scale[1,2], shell, shield): ⇨ -ing[3]〙 **—** *n.* **1 a** シリング《Norman Conquest 以降 1971 年 2 月まで続いた英国の通貨単位; = $^1/_{20}$ pound = 12 pence; 略 *s.*; 記号は / (cf. shilling mark)》: 6 ~*s* 6 pence [6*s*. 6*d*., 6/6] 6 シル 6 ペンス / eight ~*s* ten 8 シル 10 ペンス. **b** シリング貨幣《Henry 七世のとき初めて発行されて 1946 年まで続いた 1 シリング銀貨; それ以降 1971 年 2 月までは 1 シリング白銅貨》. **2** シリング《オーストラリア・ガーナ・アイルランド・ジャマイカ・ナイジェリアなどの連合王国以外の国や領土で使用した小額貨幣; 1 ポンドの $^1/_{20}$, 12 ペンスに相当》. **3** シリング《ケニア・ソマリア・ウガンダの通貨単位; = 100 cents; 記号 Sh》. **4** = shilingi. **5** 《米》昔 13 州で通用した貨幣単位《価値は州によって違っていた》. **6** = shilling mark.
cut a person off with a shilling (申しわけに 1 シリングだけ与えて)〈人を〉勘当する, 廃嫡する (disinherit); 〈人〉に(ほんの名ばかりの金を与えて)遺産を与えない. ***take the King's [Queen's] shilling*** ⇨ king's shilling.
shílling màrk *n.* (英国旧通貨制度で)シリング記号 (/)《*s* の古い書体を記号化したもの》. ★ 2/6 と書き two shillings and six pence または two and six と読んだ.
shílling shòcker *n.* 《英》 **1** 犯罪小説《ビクトリア朝後期にはやった犯罪・暴力小説; cf. penny dreadful》. **2** 扇情的な小説.
shílling's·wòrth 〘ME *s(h)illingworth*〙 *n.* (*also* **shíllings·wòrth**) 1 シリングで買える物[分量]; 1 シリングの価値.
Shil·long [ʃɪlɔ́(ː)ŋ | -lɔ́ŋ] *n.* シロン《インド北東部, Assam 州の首都; 保養地; 人口 88,000》.
Shil·luk [ʃɪlúːk, ʃə- | ʃɪ-] *n.* (*pl.* **~s**, ~) **1 a** [the ~(s)] シルック族《白ナイル西岸に住むスーダンの民族》. **b** シルック族の人. **2** シルック語.
shil·ly-shal·ly [ʃíliʃæ̀li | -lɪʃæ̀lɪ] 〘《1700》《加重》← *shall I?*: cf. dillydally, wishy-washy〙 **—** *n.* **1** 優柔不断, 不決断 (indecision); ぐずつき, ためらい (hesitation). **2** 優柔不断の人. **—** *adj.* 優柔不断な, ぐずぐずした (irresolute); ためらっている (vacillating). **—** *adv.* ためらって, ぐずぐずして. **—** *vi.* **1** ぐずつく, ためらう. **2** のらくら時間を過ごす.
Shi·loh [ʃáɪlou | -ləu] *n.* **1** シロ《Palestine 中央部の古都; ここに Joshua が会見の幕屋 (tabernacle) を立てた; cf. *Josh.* 18:1》. **2** 米国 Tennessee 州南西部の国立軍事公園; 南北戦争中の激戦地 (1862); 面積 15 km².
shil·pit [ʃílpɪt, -pət | -pɪt] 〘← ?: cf. 《スコット》 *shilp* a pale sickly girl〙 **—** *adj.* 《スコット》 **1** 〈人が〉病弱な (sickly), 弱々しい, かよわい (feeble). **2** 〈酒が〉弱い, 気の抜けた (insipid).
shi·ly [ʃáɪli | -lɪ] *adv.* = shyly.
shim [ʃím] 〘← ?〙 **—** *n.* (水平にしたり, 補足したりするための)詰め木[金], はさみ木[金], くさび. **—** *vt.* (**shimmed; shim·ming**) …に詰め木[はさみ金, くさび]を入れる.
shim·mer [ʃímə | -mə(r)] 〘OE *scȳm(e)rian* ← Gmc **skim-* (G *schimmern*) ← IE **skai-* 'to SHINE': ⇨ -er[4]〙 **—** *vi.* **1** ちらちら光る, かすかに光る, 微光を放つ (glimmer). **2** (熱・光のせいなどで)揺らめく; 揺れる像が映る. **—** *vt.* ちらちら光らせる, かすかに光らせる. **—** *n.* **1** ちらちらする光, 微光 (glimmer). **2** 揺らめくこと; 揺らめく像.
shím·mer·ing [-m(ə)rɪŋ] 〘OE *scȳmriende*〙 *adj.* ちらちらする; 揺らめく. **—** *n.* = shimmer. **~·ly** *adv.*
shim·mer·y [ʃím(ə)ri | -mərɪ] 〘⇨ shimmer, -y[4]〙 *adj.* ちらちら光る (shimmering).
shim·my[1] [ʃími | -mɪ] 〘《短縮》← CHEMISE: ⇨ -y[2]〙 *n.* 《口語・方言》= chemise.
shim·my[2] [ʃími | -mɪ] 〘《略》← *shimmy-shake*, *shimmy shiver* to shake one's chemise: ↑〙 **—** 《米》 *n.* **1** シミー《1920 年ごろ米国ではやった腰や肩を震わせながら踊るジャズダンス》: shake a ~ シミーを踊る. **2** (自動車などの前輪の)異常な振動, シミー. **—** *vi.* **1** シミーを踊る. **2** 〈自動車などが〉異常に振動する.
shin[1] [ʃín] 〘OE *scinu* ← Gmc **ski-nōn-* (原義) piece cut off (G *Schien(bein)* shin-bone, *Schiene* thin plate) ← IE **skei-* to cut: ⇨ shed[1]〙 **—** *n.* **1 a** 向こうずね《knee から ankle までの前面》. **b** 〘解剖〙脛骨(ᵏᵉⁱ) (tibia). **2 a** 牛のすね肉《シチュー用の肉片; ⇨ beef 挿絵》. **b** 牛の前足の下の部分. **—** *v.* (**shinned; shin·ning**) **—** *vi.* **1** よじ登る 〈*up*〉. **2** 《米》徒歩で行く, 歩く, 走り回る (walk, run) 〈(*a*)*round, about, along*〉. **—** *vt.* **1** (手と足でつかまって)〈木など〉に登る 〈*up*〉: ~ *up* a tree. **2** …の向こうずねを蹴る, 蹴って傷つける (hack): ~ *oneself* against a rock 岩に向こうずねをぶっつける.
shin[2] [ʃíːn, ʃín] 〘▭ Heb. *šin* = *šēn* tooth: 歯の形を表わす象形文字から〙 **—** *n.* シン《ヘブライ語アルファベット 22 字中の第 21 字で [ʃ] の音を表わす: ש (ローマ字の S に当たる); ⇨ alphabet 表》.
Shi·nar [ʃáɪnə, -nɑə | -nə(r, -nɑː(r)] *n.* 〘聖書〙シナル《古代バビロニアの平野; Sumer と呼ばれたその南部地方 (Tigris, Euphrates 両河の下流) と考えられる; cf. *Gen.* 11:2》.
shín·bòne 〘OE *scinbān*〙 *n.* 脛の骨.
shin·dig [ʃíndɪɡ] 〘《変形》↓: SHIN[1] と DIG の影響をうけた〙 *n.* 《口語》(うるさい)宴会, パーティー.
shin·dy [ʃíndi | -dɪ] 〘《1821》《転訛》? ← SHINNY[1]〙 **—** *n.* (*pl.* **~s, shin·dies**) 《口語》 **1** 大騒ぎ, 騒動, いざこざ (row, noise): kick up a ~ 大騒ぎ[ごたごた]を始める. **2** 騒がしい舞踊会, 宴会, パーティー.
shine [ʃáɪn] 〘v.: OE *scīnan* < Gmc **skīnan* (Du. *schijnen* / G *scheinen*) ← IE **skai-* to gleam (Gk *skiá* shadow / Skt *chāyā* shadow, reflection). — n.: 《*a*1529》← (v.)〙 **—** *v.* (**shone** [ʃóun, ʃɑ́(ː)n | ʃɔ́n], **shined** (★ *vt.* 2 および成句以外では《古》); **shin·ing**) **—** *vi.* **1 a** (光を出して)(きらきら)輝く, きらめく, 照る: The sun ~*s* bright(ly). 太陽はさんさんと輝く / The sun *shone out.* (雲が切れて)太陽がさっと照り出した / The full moon *shone upon* the road. 満月がこうこうと道を照らしていた / A light is *shining* in the window. 窓に明りが一つ輝いている. **b** (光を反射して)輝く, 光る (gleam): Jewels ~ in the sun. 宝石は日の光を受けてきらきら輝く. **c** 〈光が〉まぶしいほどぎらぎらする. **2 a** 〈目・顔などが〉(興奮・幸福などで)輝く, 明るい (*with*): His face *shone with* happiness. 彼の顔は幸福で輝いていた. **b** 〈興奮・幸福感などが〉はっきり現われる, 輝き出る: Contentment *shone* from his face. 満足感が顔から輝きあふれていた / His love for his wife *shone* in his features. 妻への愛情が顔の表情にまで輝いていた. **3** 異彩を放つ, きわ立つ, 目立つ, 秀でる, すぐれる (excel): ~ in society 社交界で光る[異彩を放つ] / ~ *at* baseball 野球がうまい / He does not ~ *in* conversation. 彼は話をしてもぱっとしない《話しべたである》 / He ~*s as* a manager. 幹事をやらせたら彼の右に出る者はない.
— *vt.* **1 a** 〈光を〉出す; 〈微光などを〉輝かせる. **b** 〈明りを〉照らす: ~ a flashlight *down* [*up*] 懐中電灯を下に[上に]向けて照らす. **2** (**shined**) 〈靴・金具などに〉つやを出させる, みがく (★《英》では polish の方が普通): ~ a window 窓をみがく / ~ one's shoes (*up*) 靴を(ぴかぴかに)みがく.
shine up to 《米俗》〈人〉に取り入ろうとする, (特に)〈異性〉に親切にする, 色目を使う (★ shine の変化は規則変化).
— *n.* **1** 光, 輝き (brightness, luster): the ~ of the street lights 街灯の光. **2** 光輝 (brilliance), 輝かしさ (splendor), はなやかさ (show): a prize with a literary ~ 文学的光彩を放つ賞. **3 a** (絹などの)光沢 (gloss), つや. **b** 《米》(靴の)みがき (polish). **c** (ずぼんのしりなどの)てかてか《すり切れて起こる》. **d** 光沢[つや]を出すこと. **e** 《米》(靴を)みがくこと: give one's shoes a (good) ~ 靴を(ぴかぴかに)みがく. **4** 日光, 照り, 晴れ: rain or ~ ⇨ rain 成句. **5** [通例 *pl.*] 《米口語》ふざけ, 戯れ (caper), いたずら, ごまかし (prank): pull ~*s* いたずらをする. **6** 《英俗》大騒ぎ (shindy, disturbance): make [kick up] a ~ 騒ぎを始める, 騒動を起こす. **7** 《米口語》好き, 好み (liking, fancy): take a ~ to …が好きになる, にほれる. **8** 《米》[軽蔑的に] 黒人 (negro). **9** 《米俗》= moonshiner.
take the shine out of (1) …の光沢を消す; …のてかてかを取る. (2) …をして顔色なからしめる, 見劣りさせる.
shín·er 〘ME〙 **—** *n.* **1 a** 光る[光らせる]人, 光る物. **b** ダイヤモンド. **c** 星. **2** 《俗》(打たれてできた)目の回りの黒あざ. **3** 《英俗》ぴかぴかのお金, (特に)ポンド金貨 (sovereigns); 金[銀]貨 (1 個). **4** (織物の)輝線《フィラメント織物の欠点の一つ》. **5** 《米俗》= moonshiner. **6** 〘魚類〙 **a** 淡水産の数種の銀色の小魚類の総称. **b** ニシンなど数種の銀色の魚類の総称.
shin·gle[1] [ʃíŋɡl̩] 〘《*c*1200》 *scincle, shyngle* ▭ L *scindula* 《変形》← *scandula* ← IE **(s)k(h)ed-* (⇨ shatter)〙 **—** *n.* **1** [集合的にも用いて] 屋根板, こけら板, シングル《18×4 インチぐらいの大きさで家の外壁にも用いる》. **2** (婦人の頭髪後部の)刈上げ, シングル (cf. bingle[2]). **3** 《米口語》(医者・弁護士などの)小看板. ★ 通例次の成句で用いる: ***hang out*** one's ***shingle*** 〈弁護士・医師が〉開業する.
— *vt.* **1** 屋根板[こけら板]でふく: ~ a roof. **2** 〈頭髪を〉刈り上げる; 〈人〉の頭髪を刈り上げる: ~*d* hair. **3** 重なるように置く.
shín·gler [-ɡlə, -ɡlə | -ɡlə(r, -ɡl-] *n.*
shin·gle[2] [ʃíŋɡl̩] 〘《1513》 *chyngill* ← ?: cf. Norw. *singl* coarse gravel / MLG *singele* gravelly bank〙 **—** *n.* 《英》 **1** [集合的] (河岸や海浜の)小石, 砂利. **2** 砂利の浜[場所].
shin·gle[3] [ʃíŋɡl̩] 〘▭ F 《方言》 *chingl-er* (原義) to whip ← *chingle* belt ▭ L *cingula*〙 **—** *n.* 〘金属加工〙錬鉄片《パドル炉 (puddling furnace) から取り出し鍛錬した鉄片; コークシャー錬鉄や日本のほうちょう鉄などがある》.
shíngle òak *n.* 〘植物〙インブリカリアガシ (*Quercus imbricaria*)《米国北東部産のカシの一種; 材は西部諸州で屋根板にする》.
shin·gles [ʃíŋɡlz] 〘《*a*1398》 *schingles* ▭ ML *cingulus* = L *cingulum* girdle (なぞり) ← Gk *zṓnē* girdle, shingles: ⇨ cingulum〙 **—** *n. pl.* [単数扱い] 〘病理〙帯状疱疹(ʰᵒᵘ), 帯状ヘルペス (herpes zoster).
shin·gly [ʃíŋɡli, -ɡli | -ɡlɪ] 〘⇨ shingle[1], -y[4]〙 *adj.* 小石の多い, 砂利だらけの: a ~ beach 砂利浜.
Shin·gon [ʃíŋɡɑn, ʃíːn- | -ɡɔn] 〘▭ Jap.〙 *n.* 真言宗.
shín guàrd *n.* (野球・フットボール用の)すね当て (cf. leg guard).
shín·ing 〘OE *scȳnende*: ⇨ -ing[2]〙 **—** *adj.* **1** 光る, 輝く (radiant); ぴかぴかする, きらきら光る (gleaming): a ~ light / ~ eyes きらきら輝く目. **2** 明るい (bright); 輝かしい: a ~ face / a ~ future 輝く前途. **3** 目立つ, 異彩を放つ; 卓越した: a ~ athlete / a ~ example 著しい[すばらしい]例, 世の手本. **4** 陽光あふれる: improve the ~ hour 時をよく利用する (Isaac Watts, *Divine Songs for Children*). **~·ly** *adv.*
shín·lèaf 〘その葉を向こうずね (shin) の傷の治療に膏薬として用いたことからか〙 *n.* (*pl.* **~s, -leaves**) 〘植物〙= lesser wintergreen.
shin·ner·y [ʃínəri | -rɪ] 〘▭ Louisiana-F *chênière* ← F *chêne* oak〙 *n.* 《米南部・南西部》低木性のカシの密生した繁み.
shin·ny[1] [ʃíni | -nɪ] 〘《転訛》← ? *shin ye* (= you) (競技の際のかけ声) // ← SHIN[1] + -Y[4]: 向こうずねに傷を受けやすいことから〙 (*also* **shin·ney** [~]) 〘スポーツ〙 **—** *n.* **1** シニー(競技)《ホッケー (hockey) を簡単にした遊戯》. **2** シニーに用いる打球棒[クラブ]. **—** *vi.* シニー競技をする; シニー競技でボールを打つ.
shin·ny[2] [ʃíni | -nɪ] 〘← SHIN[1]〙 *vi.* 《米口語》(すねを使って)よじ登る (shin) 〈*up*〉: ~ *up* a tree.
shín·pàd *n.* (フットボール・ホッケー用の)すね当て.
shín·plàster *n.* **1** 向こうずね[脚]用膏薬. **2** 《米》 a

(1862-78 年に発行の 1 ドル以下の)小額紙幣. **b** (不況・経済の不安定による)下落貨幣. **c** いんちき紙幣.
shín-plàster *n.* 〘植物〙北米中部産のラン科の植物 (*Orchis rotundifolia*)《葉は 1 枚で花は深紅色》.
shín·splints *n. pl.* [単数扱い]〘病理〙主にトラック選手に起こる向こうずねの炎症.
Shin·to [ʃíntou | -təu] 〘(1727) ◻ Jap.〙 *n.* (日本の)神道. ― *adj.* 神道の (Shintoistic): a ~ priest 神主(ぬし), 神職.
Shín·to·ism [-touìzm | -təu-] *n.* =Shinto.
Shín·to·ist [-ɪst, -əst | -ɪst] *n.* 神道家, 神道信者.
Shin·to·is·tic [ʃìntouístɪk | -təu-] *adj.* 神道の.
shin·ty [ʃínti | -tɪ] 〘変形〙 *n.* 《英》=shinny[1] 1.
shin·y [ʃáini | -nɪ] 〘(1590): ⇨ shine, -y[4]〙 ― *adj.* (**shin·i·er; -i·est**) **1** 光る (bright), ぴかぴか光る (glistening). **2** 日の照る, 晴天の, 晴れた(sunshiny): a ~ day. **3 a** みがいた (polished), 光沢のある (glossy), つやのある, ぴかぴかする: ~ shoes. **b** ごしごしこすってきれいになった, てらてらした, おしろいをつけていない: a ~ face. **4** 〈衣類など〉擦れたり手あかなどで光る: a ~ coat. **shín·i·ness** *n.*
ship [ʃíp] 〘*n.*: OE *scip* < Gmc **skipam* 《原義》? hollowed-out tree trunk (Du. *schip* / G *Schiff*) ← ? IE **skei-* to cut (⇨ shed[2]). ― *v.*: lateOE *scipian* ← *scip*〙 ― *n.* **1 a** 船, 艦《普通は帆・動力で動く航海・輸送用の大型船をいう》. ★ 通例女性形で受ける; ⇨ she ★ (2): a sea-going ~ 航洋船 / His [Her] Majesty's *Ship* 《英》英国軍艦 / a sister ~ 姉妹船[艦] / a ~'s company 乗組員 / a ~'s doctor 船医 / fit out a ~ 船を艤(ぎ)装する / launch ~ 船を進水させる. **b** 3 本(以上の)マストの横帆船《bowsprit を備え foremast, mainmast および mizzenmast の 3 本のマストに横帆を有する》. **c** 《俗》ボート, (特に)競走用ボート. **2** 飛行船, 飛行機; 宇宙船 (spaceship). **3** [集合的] 乗組員 (crew). **4** [one's ~ として] 幸運, 金 (fortune): when [if] *one's* ~ comes in [home] 金がはいって来たら, 金持になったら (cf. Shak., *Merch* V 5. 1. 76–77).
break ship 休暇明けに船に帰りそこなう. ***burn** one's **ships** (**behind** one)* ⇨ burn[2] 成句. ***by ship*** 船で, 船便で, 海路で. ***dress** (**a**) **ship*** (1) 船に船飾[軍艦に艦飾]を施す《米海軍では各マストに国旗を掲揚し旗竿に大国旗を飾る》. (2) 船[艦]に満船[艦]飾を施す (⇨ full dress ship). ***jump ship*** (1) 〈船乗りが〉(契約切れ前に)脱走[脱船]する. (2) 無断で突然離脱する. ***lose** [**spoil**] **the ship for a hap'orth** [**halfpennyworth**] **of tar*** 〘ship は sheep の方言形: 昔タールを羊の外傷に塗って蠅などによる被害を防いだのにちなむ〙《諺》一文惜しみの百失いをする. ***speak a ship*** 〘海事〙他船に呼び掛ける, 他船に信号[通信]する. ***take ship*** 乗船する; 船出する (embark).
ship of state [the ―] 国家《航海中の船にたとえていう; Machiavelli, *The Prince* 中の句》: steer *the* ~ *of state* 国事を司る.
ship of the desert [the ―] 砂漠の船《らくだの異称》.
ship of the line 《古》戦列艦《主力戦に参加可能の軍艦で通例 74 門艦以上のもの; 今の重巡洋艦以上のものに当たる》.
ship of war 軍艦 (warship).
― *v.* (**shipped; ship·ping**) ― *vt.* **1 a** 船に積む, 船で送る, 船で運ぶ: ~ the cargo for San Francisco サンフランシスコに向けて貨物を船積みする. **b** 《米》(船・列車・トラックなどで)運送[輸送]する. ★《英》ではこの意味は商業に用いる: The barrels of apples were ~*ped* over the street railway. リンゴの樽は市街電車で運送された / ~ soldiers *out* to the border 国境へ兵隊を輸送する. **2** (船の所定の個所に)〈オール・マスト・かじなどを〉取り付ける, はめる: ~ a mast / *Ship* oars! オールを船に収めよ. **3** 〈水夫などを〉雇い入れる (engage): ~ a new crew at the next port. **4** 〈船が〉〈波を〉かぶる: ~ a sea [wave] 波をかぶる / ~ a good amount of water 多量の水をかぶる. **5** 《口語》追いやる, 追っ払う (send away) 〈*off, out*〉. ― *vi.* **1** 船に乗る, 乗り込む, 乗船する: ~ from Yokohama 横浜から乗船する. **2 a** 水兵になる, 船員として勤める: ~ as bo'sun. **b** 海軍に入る[再び入る] 〈*over*〉. **3** [副詞の補語を伴って] 〈傷みやすい食品が〉輸送[船積み]に耐える: This fruit doesn't ~ *well*. この果物は輸送に耐えない.
ship out (*vi.*) (1) (船で母国を)あとにする, 発つ; 〘海事〙船員として航海に出る. (2) 《口語》仕事をやめる, 辞職する; 首になる. (*vt.*) 〈人を〉(船で母国から)旅立たせる, 送り届ける.
-ship [ʃɪp] 〘OE *-scip* (cog. Du. *-scap* / G *-schaft*): cf. shape, -scape〙 ― *suf.* **1** 名詞に付いて次の意味を表わす名詞を造る (cf. -hood, -cy): **a** 職, 地位, 在職期: governor*ship*, premier*ship*. **b** (…に伴う)性質, 状態: friend*ship*, scholar*ship*. **c** 技能, 手腕: horseman*ship*, penman*ship*. **d** [所有代名詞を伴って]「…の地位[呼称]をもつ人」: his Lord*ship*. **2** 形容詞に付いて抽象名詞を造る: hard*ship* / wor*ship* (← worth).
shíp bìscuit *n.* 船用堅パン (ship bread) (cf. captain's biscuit).
shíp·bòard 〘ME〙 *n.* 船側; 船: a life of ~ 船上生活. ***on shipboard*** 船内に, 船上に: go *on* ~ 乗船する. ― *attrib. adj.* 船での, 船上での: ~ life.
shíp·bòy *n.* (船客・船員の身の回りの世話をする)キャビンボーイ.
shíp brèad *n.* =ship biscuit.
shíp-brèaker *n.* 船舶解体業者.
shíp bròker *n.* 船舶仲買人《船舶の売買, 船腹の周旋, 用船や海上保険の仲介などをする》.
shíp·bùilder *n.* 造船家, 造船技師.
shíp·bùilding *n.* 造船業[術]: a ~ yard 造船所.
shíp bùrial *n.* 〘考古〙舟[船]墓, 舟[船]葬墓, 舟[船]棺葬《舟[船]の中に死骸を入れる埋葬法; Scandinavia, Polynesia などにみられる》.
shíp canàl *n.* (大型船が通れる)船舶用運河.
shíp càrpenter 〘(15C)〙 *n.* 船大工 (shipwright).
shíp chàndler *n.* 船具商《ロープや滑車などの船具を売る商人》.
shíp chàndlery *n.* **1** 船具商. **2** [集合的] 船具商の商品.
shíp fèver *n.* 発疹(しん)チフス (typhus).
shíp·fìtter *n.* 〘造船〙**1** 取付工《船殻部材をリベット打ちや溶接のために取り付ける人》. **2** 登録板金工《海軍において登録されている工員で, 板金や鉛管工事を艦内で行なう技能者》.
Shípka Páss [ʃípkə-] *n.* シプカ峠《ブルガリア中部, Balkan 山脈中の峠 (1,334 m); 露土戦争 (Russo-Turkish War) (1877–78) の古戦場》.
shíp·làp *n.* 〘木工〙合いじゃくり《板の側面を半分ずつ欠きとって合わせたつぎ方》.
shíp lètter *n.* **1** 便船に託した手紙. **2** 船上の人に宛てた手紙.
shíp·lòad *n.* **1** 船 1 隻分の積載量. **2** 船の積み荷.
shíp·man [-mən] 〘OE *scipman*〙 *n.* (*pl.* **-men** [-mən, -mèn]) 《古》**1** 船乗り, 船員 (seaman). **2** 船長.
shíp·màster 〘ME〙 *n.* **1** 船長. **2** 《廃》舵手 (steersman).
shíp·màte *n.* (同じ船の)水夫[水兵, 海員]仲間 (fellow sailor).
ship·ment 〘(1802): ⇨ ship, -ment〙 ― *n.* **1** 船積み, 積込み, 積送り: goods awaiting ~ / a gold ~ 金現送(高) / a port of ~ 積込み港. **2** 積荷, 積荷委託貨物, 積送品 (consignment). **3** 積荷量.
shíp mòney 〘(1636)〙 ― *n.* 《英》船舶税, 造艦税《もと, 通商や漁業の保護, 海軍の強化を目的に港湾や海岸都市に対し課した国防税; 後, 特に 1634–40 年に Charles 一世は内地諸都市にも課し, John Hampden の支払拒否を招き, Great Rebellion の原因となった》.
shíp·òwner *n.* 船主, 船舶所有者.
ship·pa·ble [ʃípəbl] *adj.* (形・状態など)海運[船積み]に適した.
ship·pen [ʃípən] 〘OE *scypen*: ⇨ shop, -en[6]〙 *n.* 《英方言》(牛などの)家畜小屋.
ship·per 〘lateOE *scipere*〙 *n.* **1 a** 船荷主. **b** 《米》運送者, 荷送り人 (cf. consignee). **c** 荷受人. **2** 船荷品, 積荷品. **3** 船荷積込み機. **4** 船荷用コンテナー[箱].
ship·ping 〘ME〙 ― *n.* **1** 船積み, 積送り, 積出し; 積荷: the ~ business 海運業. **2** 回漕(そう), 回漕業, 海運: merchant ~ 海運 / ~ circles 海運界. **3** [集合的] 船舶 (ships); 船舶トン数. **4** 《廃》航海 (navigation); 船旅 (voyage).
shípping àgent *n.* 回漕業者.
shípping àrticles *n. pl.* (船長と乗員との間で結ぶ)船員雇用契約書.
shípping-bìll *n.* 〘商業〙積荷[船積み]送り状.
shípping clèrk *n.* 積荷[回漕(そう)]事務員, 運送店員; (会社などの)発送係.
shípping fèver *n.* 〘獣医〙輸送熱《家畜 (domestic animal) の parainfluenza virus 感染による; shipping pneumonia ともいう》.
shípping-màster *n.* 《英》海員監督官《船長と乗組員との間の雇用契約などに立ち会う官吏》.
shípping-òffice *n.* 回漕(そう)業事務所; 回漕店, 運送店.
shípping òrder *n.* 〘商業〙船積み指図書《船会社が船積貨物を船に仕向ける際に発行する船長宛の指図書; 略 s.o., S/O》.
shípping pneumònia *n.* 〘獣医〙=shipping fever.
shípping ròom *n.* (商会・工場などの)発送室.
shípping tòn *n.* 積載トン (⇨ ton[1] 4).
shíp·plàne *n.* 艦載(飛行)機 (carrier-borne aircraft).
ship·pon [ʃípən] *n.* 《英方言》=shippen.
shíp ràilway *n.* **1** (修理などのため船を台車に載せて陸上に揚げる)船用レール. **2** 船舶運搬用鉄道.
shíp-rìgged *adj.* 〘海事〙シップ型帆装の (square-rigged)《三檣(しょう)横帆装置のものにいう》.
shíp's àrticles *n. pl.* =shipping articles.
shíp's bèll *n.* 〘海事〙(30 分ごとに打ち鳴らす)船内時鐘 (⇨ bell[1] 5).
shíp's bìscuit *n.* =ship biscuit.
shíp's bòat *n.* (大型船舶載の)救命ボート (lifeboat), 作業用ボート (work boat).
shíp's bòy *n.* =shipboy.
shíp's córporal *n.* 〘英海軍〙衛兵曹(そう)《先任衛兵長 (master-at-arms) の下で警衛任務に当たる》.
shíp·shàpe 〘(1644) *shipshapen* ← SHIP + *shapen* ((p.p.) ← SHAPE): 船上では整理が行き届いていることから〙 ― *adj.* 整頓した, 整然とした, 小ぎれいな (neat), きちんとした (trim) (cf. Bristol fashion). ― *adv.* 整然と, 小ぎれいに, きちんと: She keeps everything ~. すべて整頓している. ― *n.* 整頓, 整然: in ~ 整頓して, 整然と.
shíp's hùsband *n.* 〘海事〙船舶管理人《船舶共有者の代理人》.
shíp·sìde 〘(15C)〙 *n.* 〘海事〙(ドックや桟橋などの)船側広場《船の舷側に面した桟橋側の広場で荷役・船客の乗船などに用いられる》.
shíp's pàpers *n. pl.* 〘海事〙船舶書類《船舶国籍証書・海員名簿・船具目録・航海日誌・旅客名簿など船内に必ず備えておくべき書類》.
shíp's tìme *n.* 〘海事〙船舶時《船舶が用いる(自船の正午位置の)地方時》.
shíp·wày *n.* **1 a** (船を造る時の)造船台. **b** 〘造船〙(乾ドックで修理する時の)船台. **2** =ship canal.
shíp·wòrm *n.* 〘貝類〙フナクイムシ《波止場や木製の船に害を与えるフナクイムシ属 (*Teredo*) の二枚貝の総称; フナクイムシ (*T. navalis*) など》.
ship·wreck [ʃíprèk] 〘OE *scipwræc*: WRECK の影響をうけた: ⇨ ship, wrack[1]〙 ― *n.* **1** 難船, 難破; 難破船, 破船 (wreckage). **2** 滅亡, 破滅 (ruin), 破壊 (destruction); 失敗: the ~ of faith [plans] 信仰の破滅[計画の失敗] / make ~ of …を破壊する, 破滅させる, ぶちこわす. ― *vt.* 難船[難破]させる; 破滅させる: be ~*ed* 難船する; 破滅する / ~*ed* hopes 打ちくだかれた希望. ― *vi.* 難破[難船]する; 破滅する.
shíp·wrìght 〘OE *scipwyrhta*: ⇨ ship, wright〙 *n.* 船大工, 造船工 (ship carpenter).
shíp·yàrd *n.* 造船所 (cf. boatyard, dockyard).
Shi·raz [ʃɪrɑ́ːz | ʃɪər-] *n.* シラズ《イラン南西部の都市; 付近に Persepolis の遺跡がある; 人口 373,000》.
shire [ʃáɪə | ʃáɪə(r)] 〘OE *scīr* official charge, district, shire < ? Gmc **skizō* (OHG *scīra* care) ← ?: cf. cure〙 ― *n.* 《英》**1 a** 州《Great Britain の最大の行政区; cf. county[1]》; ⇨ KNIGHT of the shire. ★ 今はもっぱら州名でその語尾として用いる; 発音に注意: ⇨ -shire. **b** [the Shires] イングランド中部地方《草原が多くて狐狩で有名な Leicestershire, Northamptonshire など》: He comes from *the Shires*. 中部地方の出である. **2** [しばしば S-] シァイア《イングランド中部諸州(特に Cambridgeshire, Lincolnshire)産の大型で強力な荷馬車馬; shire horse ともいう》.
Shi·re [ʃíːreɪ] *n.* (*also* **Shi·ré** [~]) [the ~] シーレ(川)《アフリカ南東部の川; Malawi 湖に発し南流して Zambezi 川に合する (402 km)》.
-shire [ʃɪə, ʃə | ʃə(r), ʃɪə(r)] 〘⇨ shire〙《英》州名の語尾: Berk*shire*, York*shire*, Lanca*shire*, etc. ★ ただし Essex, Kent のように -shire を付けない州もある.
shíre hòrse *n.* [しばしば S-] =shire 2.
shire moot [ʃáɪə-mùːt | ʃáɪə-] 〘《なぞり》← OE *scīrgemōt*〙 ― *n.* 《英》(アングロサクソン時代の)州法廷, 州裁判所《Norman Conquest の前後から county court と呼ばれた》.
shirk [ʃɜ́ːk | ʃɜ́ːk] 〘(1633) ← 《廃》~ 'rogue, parasite' ◻ G *Schurke* scoundrel: cf. shark[2]〙 ― *vt.* **1** 〈義務・責任などを〉回避する (evade); (他に)転嫁する: ~ military service 徴兵を忌避する. **2** 〈いやな仕事を〉(ずるけたり, いやがったりして)避ける, のがれる (avoid): ~ one's home lessons 宿題を怠る. ― *vi.* **1** ずるける, なまける; 責任を回避する 〈*out*〉. **2** こっそりのがれる, ずらかる (sneak) 〈*away, out, off*〉. ― *n.* **1** 責任回避, 忌避. **2** =shirker.
shírk·er *n.* 避ける人, 忌避[回避]者; ずるける人, なまけ者, 横着者: a ~ of military service 徴兵忌避者.
Shir·ley [ʃɜ́ːli | ʃɜ́ːlɪ] 〘← ~ (地名に由来する Yorkshire に多い家族名): ⇨ shire, lea[1]〙 *n.* **1** 女性名. ★ 米国南部に特に多い. **2** 男性名.
Shir·ley [ʃɜ́ːli | ʃɜ́ːlɪ], **James** *n.* (1596–1666) 英国の劇作家; *The Lady of Pleasure* (1635).
Shírley póppy 〘← *Shirley vicarage* (英国 Croydon にあり, ここでこの花が初めて栽培された)〙 ― *n.* 〘植物〙シャーリーポピー《英国産のヒナゲシ (corn poppy) の一変種で, 枝分れして各茎の先端に美しい花をつける》.
shirr [ʃɜ́ː | ʃɜ́ː(r)] 〘← ?〙 ― *vt.* (**shirred; shirring**) **1** 〈卵を〉浅い皿に割り落として焼く. **2** 〘服飾〙(2 本以上のステッチの糸を引いて)〈布〉にギャザーを入れる, シャーリングする, いせる: a ~*ed* skirt. ― *n.* 〘服飾〙=shirring.
shirr·ing [ʃɜ́ː(r)ɪŋ | ʃɜ́ːr-] *n.* 〘服飾〙シャーリング《好みの間隔で 2 段以上いく段にもミシンをかけて下糸を引き, ギャザーをよせること; ゴムひもを使用して伸縮のきくようにすることもある; cf. gathering 6》.
shirt [ʃɜ́ːt | ʃɜ́ːt] 〘OE *scyrte* ← Gmc **skurt-* 'SHORT': cog. G *Schürze* apron: SKIRT と二重語〙 ― *n.* **1 a** 体の上部につける衣服. **b** (男子用の)ワイシャツ《通例前開き, えり・そでつきで, 上着の下に着る》: ⇨ boiled shirt / Near [Close] is my ~, but nearer [closer] is my skin. 《諺》人のためよりおのがため, 「背に腹はかえられぬ」/ have not a ~ to one's back シャツも着ていない《非常に貧乏だ》/ be stripped to the ~ (働く時など)シャツ 1 枚になる; 着る物をはがれてシャツだけになる. **c** (女性用の)シャツブラウス (shirtblouse). **d** 肌着, 下着, シャツ. **e** =polo shirt. **2 a** 膝下までくるゆるやかな衣服. **b** =nightshirt. **3** (色シャツを政党の記章としている)政党員: ⇨ Blackshirt.
bet** one's **shirt on =*put one's* SHIRT *on*. ***get** a person's **shirt off*** 《俗》〈人を〉怒らせる, 〈人〉にかんしゃくを起こさせる. ***give** (**away**) **the shirt off** one's **back*** 《口語》持ち物を(全部)与えてしまう. ***have** one's **shirt out*** 〘けんかの時シャツを脱ぐことからか〙《俗》怒る. ***in** one's **shirt*** (1) (上着を着ずに)シャツ 1 枚で. (2) 《古》寝間着 (nightshirt) 姿で. ***in** one's **shirt sleeves*** (上着を脱いで)シャツだけになって (cf. shirtsleeve). ***keep** one's **shirt on*** 《俗》怒らない, 冷静にしている. ***lose** one's **shirt*** 《口語》無一物になる. ***put** [**bet**] one's **shirt on*** 《口語》〈馬など〉にあり金を全部賭ける.
shírt·bànd *n.* シャツのえり[カラー]を付ける部分.
shírt-blòuse *n.* =shirt 1 c.
shírt-drèss *n.* シャツドレス (⇨ shirtwaist 2).
shírt·frònt *n.* **1 a** ワイシャツの胸《上着[チョッキ]

からのぞいているシャツの部分). **b** いか胸《ドレスシャツで, プリーツやラッフルなどの装飾のある部分》. **2** =dickey¹ 3 a.

shírtfront wícket *n.* 〘クリケット〙凸凹など全くない完全な状態のピッチ (⇨ pitch² *n.* 9 a).

shirt·ing [ʃə́ːtɪŋ | ʃə́ːt-] *n.* (薄手コットン·シルクなどの)シャツ地; (婦人·子供の)ブラウス地 (cf. coating 2, suiting).

shírt·less *adj.* シャツを着ていない. **～·ness** *n.*

shírt·màker *n.* **1** ワイシャツの仕立屋. **2** 《米》シャツドレス[ブラウス] (shirtwaist).

shírt·slèeve *n.* ワイシャツの袖. **—** *adj.* **1** 上着を着ない, シャツ姿の; 略装をした. **2** 非公式の (informal); 直接の (direct); (理論ではなく)実際に即した: ～ diplomacy 直接外交 / ～ English くだけた英語. **3** 粗雑な, 粗野な (unpolished): ～ philosophy 通俗哲学.

shírt-slèeved [-slèeves] *adj.* =shirtsleeve.

shírt·tàil *n.* **1** シャツテール, シャツのすそ《ウエストラインから下部, 特に後の部分》. **2** 《口語》〘ジャーナリズム〙《新聞記事の末尾に付される短い》補足記事 (cf. sidebar 2). **—** *adj.* **1** 〘男の子がよくシャツのすそをズボンの外にたらしていることから〙とても若い (immature): a ～ boy. **2** 遠い関係のある, 遠縁の: a ～ cousin. **3** 小さい, 短い: a ～ ranch.

shírt·wàist *n.* 《米》 **1** (女性用の)シャツブラウス (shirt-blouse). **2** シャツドレス《身頃にシャツのデザインを取り入れたワンピース; shirtwaist dress, shirt-dress ともいう; 右の挿絵の他に, ⇨ Gibson girl 挿絵》.

shirtwaist

shírt·wàister *n.* =shirtwaist 2.

shirt·y [ʃə́ːti | ʃə́ːtɪ] 〘《1859》← *have one's shirt out* (⇨ shirt 成句): ⇨ -y⁴〙 **—** *adj.* (**shirt·i·er; -i·est**) 《英俗》かんしゃくを起こした, むしゃくしゃした (vexed).

shi·sham [ʃíːʃəm] 〘▭ Hindi *śīśam* ← Skt *śiṃśapā*〙 *n.* 〘植物〙 =sissoo.

shish ke·bab [ʃíʃ-kəbɑ̀b | -bæ̀b] 〘▭ Armenian *shish kakab* ▭ Turk. *şiş kebabı* ← *şiş* skewer+*kebap* roast meat〙 **—** *n.* (*also* **shish-ka-bob** [-bɑ̀b | -bɔ̀b]) シシカバブ《羊肉の小片を漬け汁につけ, これを焼き串に刺してあぶり焼きした中近東の料理; cf. kabob》.

shist [ʃíst] *n.* 〘岩石〙 =schist.

shit [ʃít] 〘OE *scītan* < Gmc *skitan* to defecate, separate (G *scheissen*) ← IE *skei- to cut: ⇨ shed²〙 《卑》 **—** *v.* (～; **shit·ting**) **—** *vi.* くそ[大便]をする (defecate) (cf. piss). **—** *vt.* **1 a** ...に糞(ふん)をする: ～ one's trousers. **b** [～ one*self* で] ふと[思わず]大便を洩らす. **2 a** ...にたわごとを話す. **b** だまそうとする. **3** [～ one*self* で] すごく恐れる.
— *n.* **1 a** 糞 (excrement). **b** [the ～s; 単数または複数扱い] 下痢 (diarrhea). **2** 排便行為. **3** たわごと; 下らぬこと; つまらぬ物, 一文の値打ちもないもの. **4** 下らぬ奴, 糞ったれ. **5** 麻薬《ヘロイン (heroin)·マリファナ (marijuana) など》.
not give a shit 少しも構わない: I *don't give a* ～ about politics. 政治なんて糞っくらえだ. ***not worth a shit*** 少しの値打ちもない.
— *int.* くそ, ばか, 野郎《怒り·嫌悪·失望·不信などを表わす》.

shit·tah [ʃítə | -tə] 〘《1611》▭ Heb. *šiṭṭāh* ← Egypt. *šndt*〙 **—** *n.* (*pl.* ～**s, shittim**) ユダヤ人の幕屋 (tabernacle) の中の契約の箱 (ark of the covenant) や祭壇等の器物が作られたという木《アカシヤの一種と考えられる; shittah tree ともいう; cf. *Exod.* 25:10》.

shit·tim [ʃítɪm, -təm | -tɪm] 〘▭ Heb. *šiṭṭīm* (pl.) ← *šiṭṭāh* (↑)〙 *n.* **1** shittah の複数形. **2** 〘植物〙 =shittimwood.

shíttim·wòod 〘⇨ ↑, wood¹〙 *n.* 〘植物〙 **1** アメリカアサガラ (⇨ silver bell). **2** =cascara buckthorn. **3** =buckthorn 2. **4** shittah からとれる木材.

shit·ty [ʃíti | -tɪ] *adj.* (**shit·ti·er; -ti·est**) 《卑》 **1** 劣った, 軽蔑すべき. **2** とるにたらない.

shiv [ʃív] 〘▭ ? Romany *chiv* blade〙 *n.* 《俗》 **1** ナイフ (knife). **2** かみそり (razor).

Shi·va [ʃívə, ʃíːvə | ʃíːvə, ʃívə; *Hindi* ʃɪva] *n.* =Siva.

shiv·a·ree [ʃìvəríː, ←—→] 〘《変形》← CHARIVARI〙 **—** *n.* **1** どんちゃんセレナーデ《金だらい·なべ·湯沸かし·盆などをたたいて新婚者の家の外でやじる時などに行なった》. **2** 《口語》騒々しいお祝い. **—** *vt.* 〈新婚者〉にどんちゃんセレナーデを奏する.

shive¹ [ʃáɪv] 〘《?a1200》? MLG *schīve*〙 *n.* **1** 木片 (sliver, splinter). **2** たるの口[びんの口]などに詰める木[コルク]の薄い栓.

shive² [ʃív, ʃáɪv] 〘《1483》▭ WFlem. *schif* ← Gmc *skif-: ⇨ shiver²〙 **—** *n.* **1** 亜麻[大麻, 麻]の裂片[皮]. **2** =boon³. **3** 〘製紙〙結束繊維《まだ完全に離解していないパルプ中の繊維》.

shiv·er¹ [ʃívə | -və(r)] 〘《15C》 *shyuer* ∽ 《?a1200》 *chivere(n)* 《原義》? to chatter one's teeth ← ? OE *ċeafl* 'jaw, JOWL¹': ⇨ -er⁴〙 **—** *vi.* **1** (寒さ·恐怖·興奮などで)震える, おののく, ぶるぶる震える, 身震いする (tremble, shudder): ～ all *over* 胴震いする / ～ like a leaf 木の葉のようにおののく / ～ *with* fear こわくて身震いする / ～ *with* disgust 愛想をつかせて体をぶるぶるっと震わせる / He ～*ed* not *from* cold but *from* anxiety. 寒さではなく不安でおののいた. **2** 〘海事〙〈帆面が風向きと一致して風が帆の表や裏に当たって〉〈帆が〉震える, ぱたぱたする. **—** *vt.* 〘海事〙〈帆面を風向きに一致させ風が帆の表と裏に当たるようにして〉〈帆を〉震わせる, ぱたぱたさせる. **—** *n.* **1** 震い, 身震い, おののき (tremble, tremor): A ～ passed over him. おののきが彼の体を通り抜けた / A shriek sent ～*s* (up and) down my spine. 悲鳴を聞いて身震いが背筋を走った. **2** [the ～s] **a** 《口語》寒け, 悪寒(おかん); 戦慄(せんりつ): have [get] *the* ～*s* ぞっとする / give a person *the* ～*s* 人をぞっとさせる. **b** 〘病理〙マラリア発作[熱], おこり (ague).

shiv·er² [ʃívə | -və(r)] 〘《?a1200》 *scifre, sciver(e)* ← Gmc *skif- to split (G *Schiefer* slate / MLG *schēver, schiver* fragment): ⇨ sheave², skewer〙 **—** *n.* [通例 *pl.*] 粉みじん, ばらばら, 破片 (fragment): in ～*s* 粉々[ばらばら]になって / break [burst] into ～*s* 粉々にする, 粉砕する. **—** *vt.* 粉砕する, 粉々にする, ばらばらにする. **—** *vi.* 粉々になる, ばらばらになる.

shív·er·ing¹ [-v(ə)rɪŋ] 〘ME: ⇨ shiver¹〙 *n.* 震え, わななき. **—** *adj.* 震え(ている); 震わせる; 身震いするような, 悪寒(おかん)を伴う: a ～ fit 悪寒. **～·ly** *adv.*

shív·er·ing² [-v(ə)rɪŋ] 〘ME: ⇨ shiver²〙 *n.* **1** 粉砕, 破砕. **2** 〘窯業〙シバリング, はく裂《釉(ゆう)が素地から飛び散ること; peeling ともいう》.

shiv·er·y¹ [ʃív(ə)ri | -vəri] 〘⇨ shiver¹, -y⁴〙 *adj.* **1** 震える (shivering); 震えがちの. **2 a** 悪寒を起こさせる, ぞくぞくする, 寒い. **b** 恐ろしい, ぞっとさせる.

shiv·er·y² [ʃív(ə)ri | -vəri] 〘⇨ shiver², -y⁴〙 *adj.* すぐ粉々になる, こわれやすい, もろい (brittle).

shíve whèel [ʃáɪv-] *n.* 〘鉱山〙巻き綱のかかる輪車, 滑車.

Shko·dër [ʃkóudə | ʃkə́udə(r; *Alban.* ʃkodər] *n.* (*also* **Shko·dra** [-drə; *Alban.* -dra]) シコデル《アルバニア北部の都市; 人口 60,000; イタリア語名 Scutari》.

shkotzim *n.* shegetz の複数形.

shle·miel [ʃləmíːl] *n.* =schlemiel.

shlep [ʃlép] *n.* (*also* **shlepp** [～]) =schlepp.

shlock [ʃlɑ́k | ʃlɔ́k] *adj., n.* =schlock.

shlock·y [ʃlɑ́ki | ʃlɔ́kɪ] *adj.* =schlocky.

Shluh [ʃlúː] *n.* (*pl.* ～, ～**s**) **1 a** [the ～(s)] シュルー族《モロッコ山岳民族》. **b** シュルー族の人. **2** シュルー語《シュルー族の言語で Berber 語の一言語》.

shmaltz [ʃmɑ́ːlts] *n.* =schmaltz.

shmaltz·y [ʃmɑ́ːltsi | -tsɪ] *adj.* (**shmaltz·i·er, -i·est**) =schmaltzy.

shmuck [ʃmʌ́k] *n.* =schmuck.

shnook [ʃnúk] *n.* =schnook.

shoal¹ [ʃóul | ʃə́ul] 〘《16C》《変形》← OE *sċ(e)ald* < Gmc *skaldaz* ← ? IE *(s)kel- to parch, dry out: cf. shallow〙 **—** *adj.* (～**·er**; ～**·est**) **1** 〈水が〉浅い (shallow): ～ water. **2** 〘海事〙 **a** 〈船体が〉排水量の少ない. **b** (船の)喫水が浅い. **—** *n.* **1** (海や川の)浅瀬 (shallow). **2** (引潮のとき現われる)洲(す), 砂州: strike on a ～ 浅瀬に乗り上げる. **3** [通例 *pl.*] 隠れた危険, 落とし穴. **—** *vi.* 浅くなる; 浅瀬になる. **—** *vt.* **1** 浅くする. **2** 〘海事〙〈船が〉〈海〉の浅い方に進む.

shoal² [ʃóul | ʃə́ul] 〘OE *sċolu*: SCHOOL² と二重語〙 **—** *n.* **1** 群, (特に)魚群 (school) (cf. flock¹ 1 a): a ～ of herring ニシンの群. **2** 多数, 多量; どっさり (plenty): ～*s* of people 大勢の人々 / ～*s* of time たっぷりした時間 / get letters in ～*s* どっさり手紙を受け取る. **—** *vi.* 〈魚が〉群をなす, 群泳する, 群がる (crowd).

shoal·y [ʃóuli | ʃə́ulɪ] *adj.* (**shoal·i·er; -i·est**) 浅瀬の多い. **shóal·i·ness** *n.*

shoat¹ [ʃóut | ʃə́ut] 〘《1413》← ? LG (cf. WFlem. *schote* shoat)〙 *n.* (離乳した)子豚, (1 歳以下[当歳]の)若豚.

shoat² [ʃóut | ʃə́ut] 〘《混成》← SH(EEP)+(G)OAT〙 *n.* 雄羊と雌山羊の交配種 (cf. geep).

sho·chet [ʃóuxɪt, -xət | ʃə́u-] *n.* 〘ユダヤ教〙 =shohet.

shock¹ [ʃɑ́k | ʃɔ́k] 〘《1565》▭ F *choc* ← *choquer* (v.) ← ? Gmc (cf. MDu. *schocken* to shake, jolt)〙 **—** *n.* **1** (突撃·白兵戦·馬上槍試合 (joust) などでの)衝突, 激突: ⇨ shock action, shock tactics, shock troops. **2 a** (衝突·爆発·地震などによる)衝撃, 激動, 震動 (concussion). **b** 地震 (earthquake): Several ～*s* (of an earthquake) were felt last night. ゆうべは何度も地震があった. **3** 心がどきんとすること, (精神的)衝撃, ショック, (心の)打撃, 動揺; 憤慨, 驚き, あきれること; (精神的)衝撃を与える出来事[事件]: in utter ～ 全くぎょっとして; 驚きあきれて / give a person a ～ 人をぎょっとさせる / come *as* a ～ *to* a person=come *to* [*upon*] a person *with* a ～ 人にとって衝撃的なことである / His death was a great [severe] ～ *to* her. 彼の死は彼女にとって大きな[烈しい]ショックだった. **4** (信用·安全などに対する)打撃; (社会的ショックを与える)大事件. **5 a** (電流が体内に流れて起こる)電撃: receive an electric ～ 感電する. **b** (治療の目的で与える)衝撃, ショック: ⇨ shock therapy [treatment]. **6** 〘病理〙 **a** (重傷·出血·火傷(やけど)などによって起こる)身体機能の著しい低下状態, ショック: in ～ ショック症状で / die of ～ ショック死する. **b** 《口語》 =apoplexy 1. **7** =shock absorber.
— *vt.* **1** たまげさす, ぞっとさせる, ぎょっとさせる; いやがらす, 憤慨[あきれ]させる, これはひどいと思わせる: I was ～*ed at* [by, *to* hear] the news. その知らせを聞いてぎょっとした[憤慨した]. **2 a** ぎょっとさせて〔ある状態に〕陥れる〔*into*〕: ～ a person *into* silence [*into* telling the truth] 人を脅かして沈黙させる[秘密を話させる]. **b** ぎょっとさせて〔人から〕引き出す〔*out of*〕: My sense of humor was ～*ed out of* me. あきれかえって冗談も言えなかった. **3** [通例 p.p. 形で] 〈電気が〉びりっとさせる, 感電させる: get ～*ed* 感電する. **4** 〘病理〙...にショックを起こさせる.
— *vi.* **1** ぎょっとさせる, 嫌悪感をもよおさせる, ショックを与える. **2** 《古·詩》激しく衝突する.

shock² [ʃɑ́k | ʃɔ́k] 〘《c1325》 *shokke* ▭ ? MLG & MDu. *schok* ← ?〙 **—** *n.* **1** コムギ·ライムギなど穀物の刈束の山《8–16 束, 通例 12 束を互いに寄りかからせて立てたもの》. **2** 《米》トウモロコシの刈束の山. **—** *vt., vi.* 刈束の山にする.

shock³ [ʃɑ́k | ʃɔ́k] 〘《1638》↑ ?〙 **—** *n.* **1** (毛髪の)もじゃもじゃ; 乱髪: a ～ of unkempt hair 櫛を入れないくしゃくしゃの頭髪. **2** もじゃもじゃの毛の犬《shock dog ともいう》. **—** *adj.* 〈髪など〉くしゃくしゃの (shaggy): a ～ head 乱髪, ぼうぼう頭.

shóck absòrber *n.* **1 a** (機械·自動車の)緩衝器, ショックアブソーバー. **b** 〘航空〙(飛行機の着陸の際の衝撃等を吸収緩和するため脚に装備する)緩衝装置. **c** 〘時計〙耐震装置《ピボット (pivot) を振動や衝撃から守るために特別に工夫されたてんぷの軸受》. **2** (経済変動に対して)緩衝器に似た働きをするもの.

shóck àction *n.* 〘軍事〙 **1** 衝撃行動, 衝撃作戦《戦車および機甲部隊が突然猛烈な攻撃を加えて敵に物的·心的な衝撃効果を与えること; cf. shock tactics 1》. **2** 格闘戦, 白兵戦.

shóck-brigàde *n.* (ソ連で特に困難な仕事に対して選抜された[志願した])特別作業隊《shock workers ともいう》.

shóck còrd *n.* 〘航空〙 **1** (小型飛行機の着陸緩衝装置として使用する)緩衝ゴムひも (cf. bungee). **2** (パチンコの要領でグライダーを発進させる時に用いる)緩衝ゴムひも.

shóck dòg *n.* =shock³ 2.

shóck·er *n.* **1** ぞっとさせる人[物], ぞっとするほどひどいもの. **2** (人をぞっとさせる)安価な扇情小説[劇, 映画] (cf. dreadful, dime novel). **3** 《口語》いやな人, 不愉快な人. **4** 電気衝撃を起こす器具.

shóck-hèad *n.* くしゃくしゃの毛の頭, 乱髪頭.

shóck·hèaded *adj.* 頭がくしゃくしゃ毛の, 乱髪(頭)の.

shóck·ing 〘《1691》〙 **—** *adj.* **1** 衝撃を与える, 気絶させるほどの: a ～ blow. **2** (不謹慎·非難すべきことで)びっくりさせる, ショックを与える, ショッキングな; けしからぬ, 不都合な; ぞっとする (horrifying): ～ conduct 不都合な行為 / ～ cruelty ぞっとするような残虐性 / ～ news ショッキングなニュース / How ～! なんとけしからぬ. **3** 話にならぬほど粗末な, へたな, 悪い, ひどい (inferior, very bad): a ～ dinner とてもまずい夕食 / a ～ sermon へたくそな説教 / a ～ coward ひどい臆病者 / a ～ cold in the head とてもひどい鼻かぜ / write a ～ hand ひどい字を書く. **4** 〈色が〉強烈な: a ～ color. **5** [副詞的に] 《口語》ひどく, お話にならないほど: ～ bad [poor] とても悪い[貧しい]. **～·ness** *n.*

shócking·ly *adv.* **1** ぞっとする[驚く]ほどお粗末に (very badly): play [write] ～. **2** お話にならないほど, ひどく (extremely): How ～ difficult [expensive]! なんとまあむずかしい[高い]のだ.

Shock·ley [ʃɑ́kli | ʃɔ́klɪ], **William Brad·ford** [brǽdfəd | -fəd] *n.* (1910–) 米国の物理学者; J. Bardeen, W. H. Brattain と共同で Nobel 物理学賞 (1956).

shóck·pròof *adj.* 〈時計など〉耐衝撃性に作られた, 耐震性の: a ～ watch. **—** *vt.* 〈時計を〉衝撃に耐えるように作る.

shóck stàll *n.* 〘航空〙衝撃波失速《飛行機の速度が音速に近づいた時, 翼の上面に shock wave を発生し, それに伴って生じる気流の剝離のために起こる失速》.

shóck tàctics *n.* **1** 〘軍事〙(白兵戦における騎兵の)急襲戦術 (cf. shock action 1). **2** 急激な行動[動作].

shóck thèrapy [trèatment] *n.* 〘医学〙衝撃[ショック]療法《インシュリン (insulin) の大量注射や 100–110 ボルトの電気の衝撃などを頭に与えて行なう精神病の療法》.

shóck tròops *n. pl.* 〘軍事〙格闘戦[白兵戦]部隊, 突撃専用部隊《特に突撃·格闘に任じるために訓練·装備された部隊》.

shóck tùbe *n.* 〘物理〙衝撃波管《超音速の流れを研究する装置の一種》.

shóck wàve *n.* **1** 〘物理〙衝撃波《物体の速度が音速以上になる時に生じるような圧縮波》. **2** (爆発の)衝撃波; 激しいショック: send ～*s* through ...に衝撃[激しいショック]を与える.

shóck wòrkers *n. pl.* =shock-brigade.

shod *v.* shoe の過去形·過去分詞.

shodden *v.* 《古》shoe の過去分詞.

shod·dy [ʃɑ́di | ʃɔ́dɪ] 〘《1832》← ?〙 **—** *n.* **1 a** 再製毛, 反毛《縮絨(しゅくじゅう)されていない毛織物や毛メリヤスなどからとったもの; cf. mungo》. **b** 反毛製品. **2 a** いかさまもの, 安物, まやかしもの (sham). **b** 見せかけ, 見栄をはる卑俗さ. **—** *adj.* (**shod·di·er; -di·est**) **1** 再製羊毛の; 反毛製の: ～ clothes. **2 a** いかさまの, 見掛け倒しの, まやかし物の, ごまかしの (sham), ぺてんの, にせものの (counterfeit): a ～ character いかさま人物 / ～ stuff いかさま物. **b** できの悪い, 質の劣った (inferior). **c** みすぼらしい (shabby). **3** 卑劣な, さげすむべき (contemptible): a ～ trick 奸計. **shód·di·ly** [-dɪli, -də-, -dļi | -dɪli, -də-] *adv.* **shód·di·ness** *n.*

shoe [ʃúː] 〖OE *scōh* < Gmc **skōχ(w)az* (G *Schuh*) ← ? IE **(s)keu-* to cover: cf. scum〗 ── *n.* (*pl.* ~**s**) **1** [通例 *pl.*] 靴；(boot と区別して)短靴《米国では，足首の上までくるものをもいう；cf. low shoe, boot³ 1, overshoe, slipper》: a pair of ~*s* 靴1足 / high ~*s* 長靴 / in one's [without] ~*s* 靴をはいて[ぬいで]/ cast aside like an old [a worn-out] ~ 古ぞうりのように捨て去る / fling an old ~ after ... に古靴を投げかける《新婚夫婦の旅立ちなどの際縁起として行なう》/ ⇨ *where the* SHOE *pinches*. **2** (馬の)蹄鉄(ていてつ) (horseshoe). **3 a** 靴状の物，靴のような働きをする物. **b** (車輪の)輪止め (drag, skid). **c** そりの滑走部のすべり金. **d** (つえなどの)金たが，石突き (ferrule). **e** (自動車の)空気入りタイヤの外被；タイヤ (tire). **f** (電車または電気機関車を第三レールに接触させる)すべり鉄，集電靴(か). **4** (もと，中国の)馬蹄(ばてい)銀，沓(くつ)銀 (cf. sycee). **5** (穀物を製粉機などへ送る)落とし (chute). **6**〖建築〗**a** 水吐(はき). **b** 雑巾摺(ぞうきんずり)《巾木と床の合せ目に打つ四半円の繰形》. **c** 門扉止め《地面に打ち込んだ戸当りの石[鉄片]の当たり止め》. **7**〖家具〗**a** (脚の底部の保護と装飾のための)金属製カバー. **b** 渦巻足下部の台輪. **8**〖印刷〗**a** (減活字を入れる)減箱. **b** (組版を置くための)下敷き紙. **9**〖土木〗シュー《橋の土台との接触部》. **10**〖海事〗**a** 張付キール，仮竜骨《false keel ともいう》. **b** シューピース (shoe piece)《船尾骨材の一部で，舵とプロペラ柱との間の下部水平部材》. **11**〖機械〗ブレーキシュー《車輪などに押しつけてブレーキをかける》. **12**〖写真〗アクセサリーシュー (accessory shoe)《カメラのフラッシュ等を取りつけるための溝付台座》.

shoe 1

1 tip; 2 toecap; 3 vamp; 4 eyelet; 5 lacing; 6 tongue; 7 quarter; 8 back strip; 9 insole; 10 heel; 11 sole; 12 welt; 13 breasting; 14 top lift

die in one's shoes [***with one's shoes on***] ⇨ die² 成句. ***fill a person's shoes*** 人の後任となる[を果たす]，人の後釜(あとがま)にすわる. ***If the shoe fits, wear it.*** 《米》=*If the* CAP *fits, wear it.* ***in a person's shoes*** 人の代わりになって，人と同じ立場に立って. ***lick a person's shoes*** ⇨ lick *v.* 成句. ***Over shoes, over boots.*** 《諺》「毒を食らわば皿まで」(In for a pound, in for a penny.). ***over*** (***the***) ***shoes*** 沈潜[没頭]して. ***put the shoe on the right foot*** 責める[ほめる]べき人を責める[ほめる]. ***shake in one's shoes*** 身震いする，びくびくする. ***stand in a person's shoes*** 人の地位に代わって立つ，人のまねをする. ***step into a person's shoes*** 人の後釜にすわる. ***The shoe is on the other foot.*** 形勢が逆転してしまった. ***wait for dead men's shoes*** 人の遺産をねらう. ***where the shoe pinches*** [***wrings***] (one) (自分の直面する)困難[障害など]のもと[ありか]: know *where the* ~ *pinches*.
shoes and stockings〖植物〗ミヤコグサ (bird's-foot trefoil).
── *vt.* (**shod** [ʃɑ́(ː)d | ʃɔ́d], **shoed**; **shod, shoed,** 《古》**shod·den** [ʃɑ́dn | ʃɔ́dn]; **shoe·ing**) **1 a** 〈人〉に靴をはかせる. **b** 〈馬〉に蹄鉄(ていてつ)を打つ，装蹄する: a *shod* horse 蹄鉄を打った馬. **2** …に金たが[鉄輪]をはめる，…の先端に金具をつける 〔*with*〕: ~ an anchor 錨(いかり)に錨ざやをつける / a stick *shod with* iron 鉄の石突きをつけたステッキ.
shoe the goose ⇨ goose 成句.

shóe·bill *n.*〖鳥類〗ハシビロコウ (*Balaeniceps rex*)《アフリカ産のくちばしが木靴のように大きいコウノトリの一種》.

shoebill

shóe·bird *n.*〖鳥類〗=shoebill.
shóe·blàck 〖(1778)〗: ⇨ shoe, black(v.)〗 *n.* 靴磨き《人》.
shóeblack plànt *n.*〖植物〗ブッソウゲ(仏桑華) (⇨ China rose 2).
shóe bòil *n.*〖獣医〗馬蹄膿瘍《馬や牛のひじの先端の粘液水腫；capped elbow ともいう》.
shóe·brùsh *n.* 靴磨き用ブラシ.
shóe·bùckle *n.* 靴の締め金.
shóe·flòwer *n.*〖植物〗ブッソウゲ(仏桑華) (⇨ Chinarose 2).
shóe·hòrn *n.* 靴べら. ── *vt.* (狭い所へ)無理に押し込む[詰め込む].
shóe·làce *n.* 靴ひも (《英》bootlace).
shóe·làtchet *n.* 《古》靴ひも (=latchet).
shóe lèather *n.* **1** 靴革. **2** [集合的] 靴 (shoes): save ~ (靴が傷まないように，バスなどに乗ったりしてなるべく)歩かないようにする / as honest a man as ever trod [stepped into] ~ だれにも劣らない正直者.
shóe·less *adj.* **1** 靴のない[をはかない]，はだしの. **2** 蹄鉄(ていてつ)のない；輪止め[金具]のない.
shóe·màker 〖ME〗 *n.* 靴屋；靴直し《守護聖人は St. Crispin》.
shóe·màking *n.* 靴作り(業).
shoe·pac [ʃúːpæ̀k] 〖← SHOE＋PAC《通俗語源》← N-Am.-Ind. (Delaware) (*macht*) *shipak* ← *machtshi* bad ＋*paku* shoe〗 ── *n.* 《米》(革・ゴム・ズック製の)防水長靴《防寒用》.
shóe pìece *n.*〖海事〗シューピース (⇨ shoe 10 b).

shó·er 〖OE *scōere*: ⇨ shoe (v.), -er¹〗 *n.* 馬蹄鉄(ていてつ)工，装蹄師 (horseshoer).
shóe·shìne *n.* **1** 靴磨き. **2** 磨いた靴の表面.
shóe·shòp *n.* 靴屋.
shóe·strìng *n.* **1** =shoelace. **2**〖行商人のお定まりの品であることから〗少しの元手，少額資本: start one's enterprise *on* a ~ わずかの元手で事業を始める. ── *attrib. adj.* **1** (靴ひものように)細長い: a ~ tie. **2 a** 少しの元手の，少額資本の: a ~ budget. **b** あぶなっかしい (precarious).
shóestring càtch *n.* (外野手などが球を追ってやっと)地上すれすれの捕球.
shóestring potàto *n.* [通例 *pl.*] 非常に細長く切って揚げたポテト.
shóestring táckle *n.*〖アメリカンフットボール〗ボールを持って走っている人の足首のあたりにするタックル.
shóe trèe *n.* 靴保存型《形をくずさないために入れておく》.
sho·far [ʃóufə, -fɑə | ʃə́ufə(r, -fɑː(r]〖⊂ Heb. *šōphār* ram's horn〗 ── *n.* (*pl.* ~**s**, **shof·roth** [ʃoufróut, -fróuθ, -fróus | ʃəufráut, -frəuθ, -fráus]) ショーファール《雄羊の角で作ったユダヤの古いらっぱ状の楽器；今でもユダヤ教の儀式に用いられる》.
shog [ʃɑ́(ː)g | ʃɔ́g]〖(c1390) ← ?: cf. MHG *schocken* to swing〗《方言》── *v.* (**shogged**; **shog·ging**) ── *vt.* 揺らす，ぐいぐい揺すぶる (shake). ── *vi.* 揺れる；揺すりながら進む[行く]. ── *n.* 揺れ (jog).
sho·gun, S- [ʃóugʌn, -gən | ʃə́u-]〖(1615) ⊂ Jap.〗 *n.* 将軍.
sho·gun·ate [ʃóugənət, -nɪt, -nèɪt | ʃə́u-]〖⇨↑, -ate¹〗 *n.* (日本の)将軍職；将軍政治，幕府.
sho·het [ʃóuxɪt, -xət | ʃə́u-]〖⊂ Mish.Heb. *šōḥēṭ* ← *šāḥáṭ* to slaughter〗 ── *Heb. n.* (*pl.* ~**s**, **sho·he·tim** [ʃouxə́tɪm, -təm | ʃəuxítɪm, -xə-])〖ユダヤ教〗食肉動物の屠殺有資格者 (cf. shehitah).
sho·ji [ʃóudʒi | ʃə́udʒɪ]〖⊂ Jap.〗 *n.* (*pl.* ~, ~**s**) 障子《shoji screen ともいう》.
Sho·la·pur [ʃóuləpùə | ʃə́uləpùə(r] *n.* ショラプル《インド Maharashtra 州南東部の都市；人口 399,000》.
shole [ʃóul | ʃə́ul]〖← ?〗 *n.*〖海事〗支柱台《支柱を立てる時に傾斜を変えるためや脚部保護のためにはさむ台板》.
Sho·lo·khov [ʃɔ́(ː)ləkɔ̀(ː)f, ʃóul-, -kɔ̀(ː)v | ʃɔ́ləkɔ̀f, -kɔ̀v; *Russ.* ʃóləxəf], **Mikhail Aleksandrovich** *n.* ショーロホフ《1905– ；ソ連の小説家；Nobel 文学賞 (1965); *The Quiet Don* (1928–40)》.
sho·lom [ʃɑːlóum, ʃə- | -ləum] *Heb. int.* =shalom.
Sho·na [ʃóunə | ʃə́u-] *n.* (*pl.* ~, ~**s**) **1 a** [the ~(s)] ショナ族《ローデシア・モザンビークに住む農耕民族》. **b** ショナ族の人. **2** ショナ語《Bantu 語族の一つ》. **3**〖言語〗連合ショナ語 (⇨ Union Shona).
shone 〖(pret. 3 sg.): OE *scān*. ─ (p.p.): (16C) *shone* ∽ ME *sinen* < OE **scīnen*〗 *v.* shine の過去形・過去分詞.
shoo [ʃúː]〖(1483)《擬音語》: cf. G *schu* / F *shou*〗 ── *int.* しーっ，しっ《鳥などを驚かして追う時の発声》. ── *vi.* しっしっと言う. ── *vt.* 〈人・鳥などを〉しっしっと言って追い払う，しっしっと驚かして追う.
shoo·fly [ʃúːflàɪ]〖← *shoo, fly*(, *don't bother me*) (南北戦争当時の流行歌の一節)〗 ── *n.* **1**《米》(側板が動物の形をした)子供用揺り椅子. **2**〖植物〗**a** =indigo broom. **b** =APPLE of Peru (1). **3** シューフライ《米国のフォークダンスの一つで，特にダンスパーティーの初めに踊られる》. **4** =shoofly pie. **5**〖印刷〗**a** 弾き爪(づめ)《2回転印刷機の圧胴から紙をはずす働きをする爪》. **b** 弾き爪装置《shoofly finger ともいう》. **6 a**〖鉄道〗(既設線が不通の場合それに平行して設ける)仮設線路. **b** (建設工事が終わるまでの)仮設道路.
shóofly fìnger *n.*〖印刷〗=shoofly 5 b.
shóofly pìe [**càke**]〖もと糖蜜にたかってくるハエを追い払うために作られたことから〗 *n.* 糖蜜入りパイ.
shóo-in 〖← SHOO＋IN (adv.)〗 *n.* 《米口語》楽勝の予測される人[馬など]；確実なもの (sure thing).
shook¹ [ʃúk]〖OE *scēōc*〗 *v.* shake の過去形. ── *adj.* =shook-up.
shook² [ʃúk]〖↑?〗 ── *n.* **1** たる・おけなどを組み立てる1個分の材料《おけ側と鏡板》. **2** (箱類・家具類などの)組立部分品一そろい. **3** (トウモロコシ・ムギなどの)穀類の立て掛けた刈束. ── *vt.* 一組分に束ねる.
S hòok [és-] *n.* Sフック《S字形の吊り金具》.
shóok-úp *adj.* 精神的に動揺している，気が転倒した.
shool [ʃúːl]〖(変形) ← SHOVEL〗 *n.* 《方言》シャベル.
shoon [ʃúːn]〖ME *schon, shoon*: cf. OE *sc(e)ōs*〗 *n.* 《古・方言》shoe の複数形.
shoot¹ [ʃúːt]〖v.: OE *scēotan* < Gmc **skeutan* (G *schiessen* / ON *skjōta*) ← IE **(s)keud-* to shoot, chase, throw (Skt *skundate* he hurries): cf. sheet¹·². ─ n.: (a1450) ← (v.): 一部の意味は CHUTE¹ と混同〗 ── *v.* (**shot** [ʃɑ́t | ʃɔ́t]) ── *vt.* **1 a** 〈人が〉〈鉄砲を〉撃つ，〈弓を〉射る，〈弾丸を〉撃つ，〈矢を〉射る；〈鉄砲が〉〈弾丸を〉発射する: ~ a pistol [rifle] ピストル[ライフル]を撃つ / ~ *away* all one's ammunition 全弾薬を撃ち尽くす / ~ (*off*) a bullet [shell] from a gun [cannon] 銃[大砲]から弾丸[砲弾]を発射する / ~ an arrow at a target 的に向けて矢を射る. **b** (弾丸・矢で)撃つ，傷つける，殺す；射殺[銃殺]する: ~ a bird 鳥を射る[撃つ] / ~ oneself 鉄砲[ピストル]で自殺する / be *shot in* the chest 胸を撃たれる / be *shot through* the head 頭部を貫通される / ~ a person dead 人を撃ち殺す / be *shot* dead 射殺される / be *shot as* a spy [*for* desertion] スパイとして[脱走の罪で]銃殺される. **c** 撃ってちぎり取る[破壊する] 〈*away, off, out*〉: ~ *away* a church spire 教会の尖塔を撃ち落とす / He had his leg *shot off*. 彼は砲弾で片足を撃ち落とされた / The whole town was *shot out* [*into* rubble]. 町全体が砲撃で破壊された. **d** [~ one's way として] 発砲しながら前進する；戦争[武力]に訴えて目的を達する: He *shot his way out of* prison. 発砲しながら脱獄した.
2 a (弾丸・矢のように)〈言葉を〉次々に発する，(矢継ぎ早やに)浴びせかける: ~ *out* a stream of witty words 機智に富んだ言葉を連発する / ~ a retort *to* an insult 無礼な言葉をさっと切り返す / ~ questions *at* a person 人を矢のように質問攻めにする. **b** 〈光を〉放射する，〈視線を〉投げる，〈炎・煙・溶岩などを〉噴き出す (emit): The sun *shot* its beams through the clouds. 太陽が雲間からさっと光線を放った / ~ a person a keen glance＝~ a keen glance *at* a person 人に鋭い一瞥(べつ)を投げかける.
3 a 投げる (cast)，ほうる (hurl)；ほうり出す，投げ出す: ~ an anchor 錨(いかり)を入れる / ~ a fishing net 投網を打つ / ~ a fishing line (釣竿を振って)釣糸を繰り出す / He was *shot out* (*of* the car). 彼は(自動車から)ほうり出された. **b** (どっと)あける (empty)，投げ捨てる (dump): ~ rubbish. **c** 《米》〈好機などを〉打ち捨てる，台なしにする (spoil): ~ an opportunity よい機会を棒に振る. **d** 《口語》〈時間・金などを〉捨てるように使う，浪費する，使い果たす (exhaust).
4 a 突き出す (project) 〈*out*〉: ~ *out the* lip ⇨ lip 成句 / The snake *shot out* its tongue. ヘビがさっと舌を出した / He *shot out* his arm and hit the man. 彼は腕を突き出してその男をなぐった. **b** 〈草木が〉〈芽・若枝を〉出す 〈*out, forth*〉: ~ *out* [*forth*] buds, sprouts, etc.
5 a 〈早瀬などを〉勢いよく乗り切る，〈橋〉の下を素早くくぐり抜ける: ~ the rapids [reef] 早瀬[岩礁]を乗り切る / ~ Niagara ⇨ Niagara 成句. **b** 《俗》〈信号を〉無視して突っ走る: The driver of a sportscar *shot* the traffic lights. スポーツカーのドライバーは信号を無視して疾走した. **c** 急いで送る[届ける] (dispatch): ~ a letter *on to* a person 人に手紙を急送する / The elevator *shot* us to the top floor. エレベーターはさっと我々を最上階まで運んでくれた. **d** 勢いよく動かす: ~ the car *onto* a highway [*in to* the curb] 車をさっと高速道路に乗り入れる[道端に寄せる].
6 (猟で)〈獲物を〉撃つ (cf. hunt 1)；〈ある場所を〉銃猟する: ~ woodcock [lions] ヤマシギ[ライオン]を撃つ / ~ a covert 隠れ場の獲物を撃つ / ~ the country 田舎を猟をして歩く.
7 a (遊戯で)〈はじき石などを〉はじく，(賭博で)〈さいを〉振る，(玉突きで)〈玉を〉突く: ~ a marble, dice, a ball, etc. **b** 《米口語》〈おはじき・クラップ賭博・賭け玉突きなどを〉する (play): ~ marbles, craps, pool, etc. **c** (特にクラップ賭博で)〈幾ら〉賭ける: ~ $10.
8 [通例 p.p. 形で；cf. shot² *adj.* 1] **a** 〔別色の糸で〕…に変化をつける 〔*with*〕: *shot with* gold 金糸を織り交ぜた. **b** 〔別の色・物などで〕…に変化を与える，筋を入れる，斑点をつける 〔*with*〕: eyes *shot with* blood 血走った目 / blue sky *shot with* white clouds 白雲が点点と浮かぶ青空 / a novel *shot through with* pathos ペーソスにいろどられた小説.
9 a …に予防注射をする: have a child *shot for* polio 子供に小児麻痺の予防注射をしてもらう. **b** 《俗》皮下注射で〈薬(やく)〉を打つ.
10 〈発破薬を〉爆発させる (detonate)；爆発させて〈石炭・油井などを〉掘る: ~ a blast / ~ coal [an oil well].
11 〈大工・指物師が〉〈板の端〉にきちんと鉋(かんな)をかける: ~ the edge of a board.
12 〈天体〉の高度を計る: ~ the sun〖海事〗六分儀で太陽の高度を計る.
13 〈ドア・錠前のボルトを〉差し込む[はずす]，引っ込ませる[飛び出させる]: ~ a bolt.
14〖スポーツ〗**a** (バスケットボール・サッカー・アイスホッケーなどで，ゴールに向かって)〈ボール・パック (puck) を〉シュートする，(野球で)〈ボールを〉投げる，シュートする. **b** シュートして〈ゴールを〉陥れる，〈点を〉入れる: ~ a basket [goal] ゴールに成功する，シュートをきめる，1点を得る. **c** 《口語》(ゴルフで)〈何打数〉の最終のスコアをあげる: ~ golf / ~ one's age ⇨ age 成句 / He *shot* an 80 today. 今日は80のスコアで回った.
15〖織物〗(織機で経糸(たていと)の間に緯糸(よこいと)を入れるために)〈杼(ひ)を〉通す: ~ a shuttle.
16〖写真〗…の写真を撮る (photograph)；〖映画・テレビ〗撮影する (film): ~ scenes [a western] 種々の場面[西部劇]を撮影する.
17〖航空〗〈操縦を〉反復練習する: ~ landings 着陸を繰り返し練習する.
── *vi.* **1 a** 射る，撃つ，発射する，射撃する: ~ *at* a target 的をめがけて射る[撃つ] / ~ wide of the mark 的から遠くはずれる / He ~*s well*. 彼は射撃がうまい. **b** 銃猟をする: go out ~*ing* 銃猟に出る / He neither rides nor ~*s*. 乗馬も銃猟もやらない.
2 〈銃砲が〉弾丸を発射する: This cannon ~*s* many miles. この大砲は何マイルも先を撃てる.
3 a [通例方向を示す副詞語句を伴って] 勢いよく飛び出る，すみやかに進む，素速く動く: ~ *ahead* 急に競走相手の先へ出る / A fountain [flame] *shot up*. 泉が噴出した[火炎が立ち昇った] / The elevator *shot downward* [*upward*]. エレベーターがさっと下りて[上がって]行った / A meteor *shot across* the sky. 流星がさっと空を飛んだ / He *shot from* his chair. (驚いて)椅子から飛び上がった / A wild idea *shot into* her mind. 狂気じみた考えがふと彼女の心に兆(きざ)した / A car *shot past* us [*out of* Elm Street]. 1台の車がさっと我々のそばを走り抜けた[エルム街から走り出た] / His eyes *shot* sideways *to* her. 彼の視線が横に走ってちらっと彼女を見た. **b** 〈血・涙などが〉噴き出る; 〈光が〉ぱっとさす; 〈眼差しが〉きらっと光る: The tears were ～*ing from* her eyes. 涙が彼女の目から流れ出ていた / An arrow of sunshine *shot through* the clouds. 日の光が矢のように雲間からもれた. **c** (急速に)流れ下る[落ちる]: The river ～*s over* the cliffs in a dazzling waterfall. 川は崖を越えると目もくらむ滝となって落ちる. **d** 〈帆船などが〉惰性で前進する.

4 〈痛み・悪感・快感などが〉走る; 〈体の一部が〉ずきずき[刺すように]痛む: Pain *shot through* the nerves. 痛みが突き刺すように全神経に伝わった / The tooth began to ～ again. 歯がまたずきずきと痛み始めた.

5 a 〈芽が〉出る, 〈草木が〉芽[枝]を出す, 発育する: Rosebushes are ～*ing* again. バラの木にまた芽が出始めた. **b** 〈子供などが〉ぐんぐん成長する, 急に大きくなる 〈*up*〉: The child has *shot up* wonderfully. その子はびっくりするほど大きくなった. **c** 〈価格・物価などが〉急騰する 〈*up*〉: That price *shot* (*up*) *from* $5 to $10. その値段は5ドルから10ドルへ跳ね上がった.

6 そびえ立つ (rise) 〈*up*〉; 突き出る (jut) 〈*out*〉: The cliff ～*s up to* a wonderful height. 崖がぐっと見上げるほどに突き立っている.

7 (賭博などで)さいを振る.

8 〈ドア・錠前のボルトが〉はまる, はずせる.

9 [通例命令形で]《口語》(言いたいことを)さっさと言ってしまえ (Speak out!).

10 〖スポーツ〗 **a** (バスケットボール・サッカー・アイスホッケーなどで)ゴールに向かってボール[パック]をシュートする, (ゴルフで)グリーン[カップ]に向けてボールをショットする, (野球で)ボールを投げる. **b** (野球で)〈ボールが〉シュートする, (クリケットで)〈ボールが〉グランドに落ちたあとバウンドしないでかすって行く.

11 a 〖写真〗写真を撮る. **b** 〖映画・テレビ〗撮影する; 撮影を開始する: *Shoot!* 撮影開始.

I'll be shot if ... [強い否定・否認を示して]もし...だったら首をあげるよ, 決して...でない[しない]: *I'll be shot if* I give him the money. その金は彼に絶対にやらぬ. ***shoot at*** (1) ⇨ *vt.* 1. (2)《口語》...を目指す; ...を目指して努力する (strive for). ***shoot one's cuffs*** [***linen***] ワイシャツのカフスを手首の方に引っ張る《尊大さまたは不安な気持を示す仕草》. ***shoot down*** (1) 〈人・群衆を〉(冷酷に)撃ち倒す[倒す], 狙撃する; 〈航空機を〉撃墜する. (2)《口語》〈議論・論敵などを〉徹底的に論破する, やっつける. ***shoot for*** = SHOOT *at* (2). ***shoot it out*** 《俗》決着をつける射撃戦をする. ***shoot off*** 空に向けて〈銃を〉発射する, 〈花火を〉打ち上げる. ***shoot off*** one's ***face*** 《米俗》= SHOOT *off one's mouth*. ***shoot off*** one's ***mouth*** 《俗》(軽率に, 自慢して)べらべらしゃべる, へらず口をたたく. ***shoot out*** (*vt.*) (1) ⇨ *vt.* 2. (2) ⇨ *vt.* 4. (3) [しばしば ～ *it out* として] (相手が傷つくか死ぬまで)撃ち合う, 撃ち合って[武力で]解決する[決着をつける]: The cornered terrorists *shot it out with* the police. 追い詰められたテロリストたちは警官隊と最後まで撃ち合った. (*vi.*) ⇨ *vi.* 6. ***shoot square*** = SHOOT *straight* (2). ***shoot straight*** (1) 〈銃が〉まっすぐに撃てる, 命中する. (2) 正直にしゃべりふるまう. ***shoot the breeze*** ⇨ breeze[1] 成句. ***shoot the cat*** ⇨ cat 成句. ***shoot the chutes*** (遊園地などで)ウォーターシュートをする (cf. shoot-the-chutes). ***shoot the moon*** ⇨ moon 成句. ***shoot the works*** ⇨ work 成句. ***shoot up*** (*vi.*) (1) ⇨ *vi.* 5 b, c. (2) ⇨ *vi.* 6. (3) 〈気温・圧力・人気などが〉急上昇する; 〈人が〉どんどん昇進する: He *shot up to* manager. たちまち支配人になった. (4)《俗》(麻薬を)静脈に注射する. (*vt.*) (1)《口語》〈人・群衆を〉(無差別にまたは続けざまに)射殺する, 狙撃する; (特に)〈町などを〉馬に乗って撃ち回る, 発砲しておどし回る. (2) 〖軍事〗[通例 p.p. 形で] 〈連隊など〉に甚大な損害を与える.

— *n.* **1 a** 射撃, 発射, 発砲: make a ～ 発射[発砲]する. **b** 射撃競技, 射的会; (射撃競技で)1回の試合. **2 a** 遊猟会[旅行]. **b** 遊猟地, 猟場. **c** 銃猟[狩猟]権. **3 a** (植物の)発芽, 生長. **b** 新芽, 若枝: a bamboo ～ たけのこ. **c** 若枝の伸長量. **4** 支脈, 分脈, 支線, 支道 (offshoot). **5** 〖《通俗語源》? ← F *chute*〗 **a** 急流, 早瀬 (rapid). **b** 射水路, 滑降斜面路, 斜溝(しゃこう), 落とし樋(ひ), シュート. **6** (ロケット・ミサイルなどの)発射[打上げ]: a moon ～ 月へのロケット打上げ. **7** ずきずきする[刺すような]痛み (twinge). **8** 〖映画・テレビ〗撮影. **9** 〖野球〗シュート: ⇨ inshoot, outshoot. **10** 〖ボート〗ストローク間の時間. **11** 〖鉱山〗 **a** 分岐した小坑道. **b** (鉱脈の)分岐脈. **c** 富鉱部.

the whole shoot 《俗》何もかも, いっさい (everything): go *the whole* ～ すべてを賭(か)する.

shoot[2] [ʃúːt] 〖《変形》← SHIT〗 *int.* 《米》ちぇっ, うるさい《不快・焦燥・驚きなどを表わす》.

shoot·a·ble [ʃúːṭəbḷ | -tə-] *adj.* 射れる, 撃てる, 撃つのに適した.

shóot àpex *n.* 〖植物〗生長点 (growing point).

shoot-'em-up [ʃúːṭəmʌ̀p | -təm-] *n.* 《口語》射ち合いや流血場面の多い映画[テレビ].

shóot·er [-ṭə | -tə(r] 〖ME〗 — *n.* **1 a** (ライフル・弓などの)射手, 射撃する人; 砲手. **b** (特に, 油田発掘の)発破工 (blaster). **2** [通例複合語の第2構成素として] ...射撃器; (何連発)銃[ピストル]: ⇨ peashooter, six-shooter. **3 a** 生長の早い植物. **b** 流星 (shooting star). **4** (サッカー・バスケットボールなどで)シュートを決める人, シューター; シュートのうまい人. **5** 〖クリケット〗地面をかすって行く球. **6** 〖遊戯〗(手からはじき出された)はじき玉 (taw).

shóot·ing [-ṭɪŋ | -tɪŋ] 〖OE *scotung* (n.) & *scēotende* (adj.): ⇨ -ing[1,2]〗 — *n.* **1 a** 射撃, 狙撃, 射的, 発射: rifle ～. **b** 射殺(事件). **2 a** 銃猟, 遊猟 (⇨ hunting 1). **b** 遊猟地, 遊猟区域, 猟場 (shoot). **c** 《英》銃猟[遊猟]権. **3** (植物の)急速な生長; (一群(ぐん)の)新芽[若枝]. **4** ずきずきする痛み. **5** (発破の)爆破 (blasting). — *adj.* **1** 勢いよく飛び出る, 突進する (darting). **2** 芽ばえ出る, 生長しつつある. **3** 〈痛みが〉刺すような, ずきずきする, 急激な: a ～ pain.

shóoting bòard *n.* 〖木工〗鉋(かんな)台, 削り台《鉋がけするための, 一方に止めのついた台》.

shóoting bòx *n.* 《英》狩小屋《狩猟季節中狩猟家たちが宿泊するために狩猟地方に設けられたもの; shooting lodge ともいう; cf. box[2] 9 b》.

shóoting bràke [**brèak**] *n.* 《英》= station wagon.

shóoting còat *n.* = shooting-jacket.

shóoting gàllery *n.* **1** 射撃場, 屋内射撃練習場. **2** 《俗》麻薬注射液の密売場.

shóoting ìron *n.* 《米俗》火器, 銃砲 (firearm); (特に)ピストル.

shóoting-jàcket *n.* 狩猟服.

shóoting lòdge *n.* 《英》= shooting box.

shóoting màtch *n.* **1** 射撃競技会. **2** [通例 the whole ～ として]《俗》一切合財, 誰も彼も; 関連する一切の事: borrow *the whole* ～ 一切合財借りる.

shóoting-rànge *n.* 射撃場.

shóoting scrìpt *n.* 〖映画・テレビ〗撮影台本, シューティングスクリプト, コンティニュイティ台本《ショット単位に記述してある台本; continuity 4 a》.

shóoting stàr 〖《1595》〗 — *n.* **1** 流星 (falling star). **2** 〖植物〗シクラメンに似たサクラソウ科の植物の総称; (特に)カタクリモドキ (*Dodecatheon meadia*)《American cowslip ともいう》.

shóoting stìck *n.* 狩猟ステッキ《下の尖った先を突きさし上部が開いて腰かけになる; 狩猟や競馬見物などに用いる》.

shóoting wàr *n.* 撃ち合い戦争, 熱い戦争 (hot war)《軍事行動を主体とする武力紛争; cf. cold war 1, nerve war》.

shóot-òut *n.* (決着・優劣をつけるための)撃ち合い; (特に, ガンマン同士の)決闘.

shóot-róot ràtio *n.* 〖植物〗枝根比《枝と根との乾燥量の比》.

shóot-the-chútes 〖← CHUTE-THE-CHUTE(s)〗 *n. pl.* [通例単数扱い] (遊園地などにある)ウォーターシュート (cf. chute-the-chute).

shóot-úp 〖← *shoot up* (4) (⇨ shoot[1] (v.) 成句)〗 *n.* 《俗》麻薬注射.

shop [ʃáp | ʃɔ́p] 〖OE *sċeoppa* (《なぞり》← LL *gazophylacium* treasury) < Gmc *skuppan (OE *sċyppen* 'SHIPPEN') // 《c1300》《頭音消失》← AF & OF *eschoppe* (F *échoppe*) lean-to booth, cobbler's stall ⊏ MLG *schoppe*〗 — *n.* **1 a** 店, 商店, 小売店; (小売)商売. ★ 米国では store の方が好まれる傾向がある: a fancy ～ 小間物店 / keep a ～ 店を持っている[やっている] / open a ～ 開店する / *Shop!* (店先で)だれかいませんか. **b** 専門店: a sport [beauty] ～. **2 a** (製造・修理などの)工場, 仕事場 (workshop); 会社, 企業 (factory): an engineering [a machine] ～ 機械工場 / a repair ～ (自動車・自転車などの)修理工場. **b** (手仕事の)仕事場: a carpenter's [blacksmith's] ～ = a carpenter [blacksmith] ～ 大工[かじ屋]の仕事場 / a barber's ～ 理髪店. **3 a** 〖労働〗事業所: ⇨ agency shop, closed shop, open shop, union shop. **b** 仕事, 職業 (job). **c** 《英俗》刑務所 (prison). **4** 自分の専門[職業]上の話, 仕事の事 (cf. shoppy 3): Cut the ～! 仕事の話はよせ / ⇨ *talk* SHOP. **5** 〖教育〗 **a** 工芸・手工・工作などの教科, 工作《道具・材料の使い方を扱う》. **b** 工芸などを教える教室, 工作室.

all over the shop (1) 乱雑になって, 取りちらして (in confusion): My books are *all over the* ～. 本が散乱している. (2) 方々, 至る所 (everywhere): I looked for him *all over the* ～. 彼を四方八方捜してみた. ***close up shop*** (1) 店じまいする. (2) 全活動を停止する. ***come to the right*** [***wrong***] ***shop*** うってつけの人の所にやって来る[お門違いの所へ頼みにゆく]. ***set up shop*** 店開きをする, 商売を始める, 開業する. ***shut up shop*** 店じまいする, 商売[仕事・活動]をやめる. ***sink the shop*** 自分の商売上[専門]のことを話さないようにする, 商売[職業]を隠す. ***smell of the shop*** (1) 自分の店の品物を売りたがる, 商売熱心である. (2) 専門(家)くさい. ***talk shop*** (時・所をかまわず)自分の商売[職業, 専門]の話をする (cf. shoptalk). ***the other shop*** 商売がたき(の店).

— *v.* (**shopped**; **shop·ping**) — *vi.* **1** (店で)買物をする, 買物に行く (cf. window-shop): go [be out] ～*ping at* a supermarket [*in* town] スーパーマーケット[町]へ買物に行く / I am ～*ping for* a new dress. 新しい服を1着買いに来ているのです. **2** [通例 ～ around として] **a** (いい買物をしようと)見て回る. **b** 〔物・職業・仕事などを〕捜し回る, 物色する (hunt)〔*for*〕. — *vt.* **1** 《米》 **a** 〈店〉の商品[在庫品]を見て回る. **b** 買う (buy). **2** 修理工場へ出す. **3** 《英俗》 **a** 刑務所に入れる (imprison). **b** 密告する.

shóp assìstant *n.* 《英》(小売店の)店員 (clerk).

shóp-bèll *n.* 店に客が入ってきたことを知らせる鈴.

shóp-bòy *n.* (商店の)男の店員, 小僧.

shóp chàirman *n.* = shop steward.

shóp commìttee *n.* (労働組合の)職場委員会.

shóp dràwing *n.* (機械の)工作図, 製作図.

Shópe vìrus [ʃóup- | ʃə́up-] 〖← R. E. *Shope* (1901-66: これを発見した米国の医師)〗 *n.* 〖病理〗ショープウイルス《ウサギにいぼや皮膚癌を作る》.

shóp flòor *n.* 《英》 **1** (工場の)作業場. **2** [集合的] (経営者と区別して)工場労働者, 労務者.

shop·ful [ʃápfʊ̀l | ʃɔ́p-] *n.* **1** 店1軒分の品物. **2** 1軒の店の品物全部.

shóp-gìrl *n.* (商店の)女の店員 (saleswoman).

sho·phar [ʃóufə, -fɑə | ʃə́ufə(r, -fɑː(r] *n.* = shofar.

shóp·kèeper 〖《1530》〗 *n.* (小売店の)店主, 小売商人 (cf. merchant): a nation of ～*s* ⇨ nation 成句.

shóp·kèeping *n.* 商店経営, 小売業 (retailing).

shóp·lìft 〖《逆成》↓〗 *vt.* 〈品物を〉店頭から盗む, 万引きする. — *vi.* 万引きする.

shóp·lìfter 〖《1680》← SHOP+LIFTER〗 *n.* 万引きする人 (cf. lifter 2).

shóp·lìfting *n.* 万引き(行為).

shóp·man [-mən] 〖《1591》〗 *n.* (*pl.* **-men** [-mən, -mèn]) **1** 《英》店員, 店の販売員. **2** 《米》職工, 労務者; 修理工.

shóp·màte *n.* 店員[工場]仲間.

shoppe [ʃáp | ʃɔ́p] *n.* = shop *n.* 1 b.

shóp·per 〖《1862》〗 — *n.* **1** 買物する人, 買物客 (customer, purchaser). **2** (個人や会社の)買物代理人. **3** 〖経営〗試買員, 偵察員 (cf. comparison shopper). **4** (通例無料の)地方の商店広告用ビラ, ちらし.

shóp·ping *n.* **1** 買物, ショッピング: do one's [some] ～ 買物[少し買物]をする. **2 a** 購買施設; 購買の便: London has good ～. ロンドンは買物にはよい所だ. **b** [集合的] 買った品 (purchases), 商品: We helped her to carry her ～. 彼女の買物を運ぶ手伝いをした. **3** [形容詞的に] 買物の, 買物用の: a ～ area, basket, street, trip, etc.

shópping bàg *n.* (手の付いた紙・プラスチック製の)買物袋 (《英》carrier-bag).

shópping cènter *n.* **1** ショッピングセンター《通例郊外にあり, 駐車場完備の小売店の総合施設; shopping plaza ともいう》. **2** (繁華な)商店街.

shópping màll *n.* ショッピングモール, 歩行者用商店街《車の入れない広場や街路を中心にした商店街》.

shop·py [ʃápi | ʃɔ́pi] 〖⇨ -y[4]〗 — *adj.* (**shop·pi·er**; **-pi·est**) 《英》 **1** 小売業の, 商人らしい: ～ manners. **2** 店[商店]の多い: a ～ neighborhood. **3** 自分の職業に関する, 商売上[専門]の (cf. shop *n.* 4): a ～ talk.

shóp rìght *n.* 〖法律〗会社の発明使用権《労働者が業務の過程において発明した場合に認められる権利》.

shóp rìvet *n.* 工場リベット, 工場鋲《工場で打つリベット; cf. field rivet》.

shóp-sòiled *adj.* 《英》= shopworn 1.

shóp stéward *n.* (職場の諸問題をとりあげ経営側と折衝する)組合の職場委員, 職場世話役.

shóp·tàlk 〖《1881》〗 *n.* **1** 職業(用)語. **2** (職場外でする)仕事の話 (cf. *talk* SHOP).

shóp·wàlker *n.* 《英》売場見回り人, 売場監督 (《米》floorwalker).

shóp·window 〖《15C》〗 — *n.* 商店の陳列窓, ショーウインドー (show window): dress a ～ 陳列窓を飾る[に商品を陳列する] / ⇨ *have* [*put*] *all one's* GOODS *in the shopwindow*.

shóp·wòman *n.* 女店員.

shóp·wòrn *adj.* **1** 〈商品など〉店(たな)ざらしの. **2** 新鮮味を失った, 陳腐な, 古臭い: ～ clichés.

sho·ran [ʃɔ́ːræn, ʃóːr-, ⌐⌐ | ʃɔ́ːræn, ⌐⌐] 〖← *sho(rt) ra(nge) n(avigation)*〗 *n.* 〖航空・海事〗 **1** ショラン, 自位置測定装置《航空機や船から送られた2種のパルス電波が地上局で受けられて再送信され, それが航空機や船と地上局間を往復する時間によって自機や船の位置を知る; cf. loran》. **2** ショラン航法.

shore[1] [ʃɔ́ə, ʃóə | ʃɔ́ː(r] 〖《?c1380》⊏ MDu. & MLG *schōre*: cf. OE *scor(a) (← *sċ(i)eran* to cut: ⇨ shear)〗 — *n.* **1** (海・湖・川の)岸, (特に)海岸 (coast): a ～ fish 近海魚 / a ～ reef 岸礁脈 / in ～ 〖海事〗岸近くに / off ～ 岸を離れて, 沖合いに (cf. offshore). ★ ラテン語系形容詞: littoral. **2** (海と区別して)陸 (land): on ～ 陸に (cf. *at full* SEA) / marines serving on ～ 陸上勤務の海兵隊 / go [come] on ～ 上陸する / Once on ～, we pray no more. 《諺》「苦しい時の神頼み」,「のどもと過ぎれば熱さ忘れる」. **3** (ある特定の)地方: one's native ～ 故郷. **4** 〖法律〗(満潮線と干潮線との間の)海岸, 前浜 (foreshore).

these shores 自分のいる島.

— *vt.* **1** 陸揚げする, 上陸させる (land); 〈船を〉座礁させる (run aground). **2** ...に接する (border).

— *adj.* 岸の, 岸近くにある.

shore[2] [ʃɔ́ə, ʃóə | ʃɔ́ː(r] 〖(n.: 1440; v.: 1340) ⊏ MLG & MDu. *shōre* (n.), *schōren* (v.)〗 ― *n.* (建物・船体・塀・樹木などの)支柱, つっかい (supporting post). ― *vt.* **1** 支柱でささえる, つっかいをする (prop) ⟨*up*⟩. **2** 支える (brace) ⟨*up*⟩.

shore[2]

shore[3] [ʃɔ́ə, ʃóə | ʃɔ́ː(r] 〖ME *schare*〗 *v.* 《古》 shear の過去形.

shore[4] [ʃɔ́ə, ʃóə | ʃɔ́ː(r] 〖ME *schore(n)* ← ?〗 *vt.* 《スコット・北英》 **1** おどかす (threaten). **2** 申し出る, 提供する (offer).

Shore [ʃɔ́ə, ʃóə | ʃɔ́ː(r], **Jane** *n.* (1445?–1527) 英国 Edward 四世の愛妾(あいしょう); 一時は権勢を得たが落ちぶれて死んだ.

shóre·bìrd *n.* 〘鳥類〙 河口や海岸にすむ鳥の総称 (シギ (sandpiper)・チドリ (plover) など).

shóre cràb *n.* 〘動物〙 波打際にすむ各種のカニの総称 (green crab など).

shóre dìnner *n.* 《米》 魚介類料理, 浜[磯]料理 (主に魚介類から構成されたフルコースの食事).

Shore·ditch [ʃɔ́ədɪtʃ, ʃóə- | ʃɔ́ː-] 〖ME *Soredich, Schore(s)dich* (原義) 'DITCH leading to the SHORE[1] (of the Thames)'〗 ― *n.* London 東部の旧自治区; 現在は Hackney の一部.

shóre·frònt *n.* 岸沿いの土地; (特に) =beachfront.

Shóre hàrdness [ʃɔ́ə-, ʃóə- | ʃɔ́ː-] 〖← *A. F. Shore* (20 世紀米国の工場主)〗 *n.* 〘金属〙 ショアー硬さ[硬度].

shóre lèave *n.* **1** (海員・水兵などの)上陸許可. **2** 上陸許可による上陸時間.

shóre·less 〖(1628) ← SHORE[1] + -LESS〗 *adj.* **1** 際涯のない, はてしのない (boundless). **2** 海岸のない; 上陸に適した海岸のない: a ~ island.

shóre·line *n.* 陸地と水面との接触带; 海岸線, 湖岸線.

shóre pàrty *n.* 〘軍事〙 海岸設定隊, 上陸設定隊 (海・陸の部隊で編成され, 水陸両用作戦の初期に上陸部隊の支援にあたる).

shóre patròl *n.* 〘米海軍〙 **1** 憲兵 (略 SP). **2** 巡邏(じゅんら)兵 (入港中の軍艦から分遣される巡回取締り任務の下士官).

Shóre scleròscope [ʃɔ́ə-, ʃóə- | ʃɔ́ː-] 〖← *Albert F. Shore* (20 世紀の米国の機械製作業者)〗 *n.* =scleroscope.

shóre·sìde *adj.* 海岸(近く)にある.

shore·ward [ʃɔ́əwəd, ʃóə- | ʃɔ́ːwəd] 〖(1582) ← SHORE[1] + -WARD〗 ― *adj.* 岸[陸]の方の (landward): a ~ set of the tide 陸へ向かう潮の流れ (上げ潮). ― *adv.* 岸[陸]の方へ[に]: row ~ / a few meters ~ *of* the rocks その岩から陸の方へ数メートル.

shóre·wards [-wədz | -wədz] 〖⇨ -wards〗 *adv.* = shoreward.

shor·ing [ʃɔ́ːrɪŋ, ʃóːr- | ʃɔ́ːr-] 〖(1496): ⇨ shore[2], -ing[1]〗 *n.* **1** 支柱で支えること. **2** [集合的] (建物・船などの)支柱, つっかい (shores, props).

shorn [ʃɔ́ən, ʃóən | ʃɔ́ːn] 〖OE *scoren*〗 ― *v.* shear の過去分詞. ― *adj.* 〈頭髪・穀物など〉刈った; 〈羊など〉毛を刈った: God tempers the wind to the ~ lamb. ⇨ temper *vt.* 3.
shorn of …をはぎ[奪い]とられて: come home ~ *of* all one's money 有金を残らずまきあげられて帰る / *Shorn of* verbiage, the facts are simple. くだくだしく言わなければ事実は簡単だ.

short [ʃɔ́ət | ʃɔ́ːt] 〖OE *sc(e)ort* < Gmc **skurtaz* ← IE **sker-* to cut (L *curtus* short): cf. shear, shirt〗 ― *adj.* (~·er; ~·est) **1** (長さ・距離・時間が)短い (↔ long); 〈行動・出来事など〉長くかからない, すぐ終わる: a ~ piece of string 短い糸切れ / ~ legs 短足 / a ~ journey [war] 短期旅行[戦] / a few ~ years またたく間に過ぎた数年 (cf. 3 a) / a ~ time ago しばらく前に / a ~ way off 少し離れて, 近くに / at ~ notice さっそく, すぐ, 急に / have a ~ memory 物忘れをしやすい / have one's hair cut ~ 髪を短く刈ってもらう / be ~ *in* the arm [leg] (両方の)腕[足]が短い / This coat is ~ *in* the sleeves. この上衣はそでが短い / make ~ work of …を手早く片づける / The nights are getting ~*er*. 夜がだんだん短くなって来た / He [His joy] had but a ~ life. 彼は短命だった[彼の喜びもつかの間だった] / *Short* reckonings [accounts, debts] make long friends. 《諺》 貸借の勘定の決済が早ければ交友が長続きする.
2 (身長などの)低い (low) (↔ tall): a ~ man / of ~ stature 背の低い / a ~ chimney, tower, tree, etc.
3 a (標準・一定量に)達しない, 及ばない, 届かない, 不十分な (insufficient); (幾ら)不足して: ~ change 少ない釣銭 / ~ measure [weight] 量目不足 / a ~ thinking 短慮, 思慮不足 / a ~ hour 1 時間足らず, 小 1 時間 (cf. 1) / in ~ supply 〈必要物が〉不足して / keep a person ~ 人に供給を不十分にする / The throw to first was ~. ファーストへの投球は届かなかった / The weight is 50 grams ~. 目方が 50 グラム足りない. **b** 〔…が〕不足して 〔*of*, 《口語》 *on*〕: be ~ *on* experience [time, brains] 《口語》 経験[時間, 知恵]が足りない / ~ *of* breath [《口語》 puff] 息切れして / We are ~ *of* money [food, hands]. 金[食糧, 人手]が足りない. ★《米口語》ではしばしば of が省略される: I'm ~ a dollar. 1 ドル足りない (cf. 4) / That left the store ~ a clerk. そういうことであの店は店員が 1 人足りなくなった.
4 [Predicative に用いて] 金[所持金]が(幾ら)不足して: I am rather ~ today. 今日はちょっと懐が寂しい / The cashier was ~ in his accounts. 会計係が勘定をしてみたら金が不足していた / He was 10 dollars ~ (in his cash). (現金が) 10 ドル足りなかった (cf. 3 b).
5 a 簡単な, 簡潔な (brief, concise): a ~ speech 簡潔な話 / to make [cut] a long story ~ = (古) to be ~ かい摘まんで話すと, 要するに / In speaking one should be ~ and to the point. 話す時は簡潔にして要を得ること. **b** 〔…を〕短縮した (abbreviated) 〔*for*〕: 'Phone' is ~ *for* 'telephone'. / 'Beth' is ~ *for* 'Elizabeth'. **c** 短くてぞんざいな (rudely brief), そっけない, 無愛想な (curt); 短気な: a ~ answer そっけない返事 / He was very ~ *with* me. 彼は私にすこぶる無愛想だった / He has a ~ temper. 彼は短気だ.
6 〈アルコール飲料が〉小さなグラスで出される; 〈ウイスキーなど〉水を割らない, ストレートの, 強い (cf. long[1] 10): a ~ drink (小さなグラスに注がれた)強い酒 (ウイスキー・ラムなど); (特に) 食前のカクテル / Let's have something ~. 何か一杯きゅっとやろう.
7 a 〈パイ・クッキーなど〉(バターなどの油脂類 (shortening) の配合が多いために)さくさくする, もろい, くずれやすい: ⇨ shortcrust pastry / This cookie eats ~. このクッキーは食べるとさくさくする. **b** 〈粘土が〉可塑性がない, さくい. **c** 〘金属加工〙 〈金属が〉もろい (brittle) (cf. cold-short, hot-short).
8 a 〈息づかい・脈など〉早い: ~ wind 息切れ, 長く走れ[話せ, 書け]ないこと. **b** 〈海など〉波立ち騒ぐ, 逆巻く (choppy): ~ seas.
9 〈ワイヤロープが〉撚(よ)りが堅い (hard).
10 〘音声〙 **a** 〈音が〉短い, 短音の (↔ long): ~ vowels 短母音 ([ɪ], [e], [ʊ], [ʌ] など). **b** 〈英語の母音字が〉短母音を示す (bat, bet, bit, hot, cut の a, e, i, o, u; しばしば ă, ĕ, ĭ, ŏ, ŭ のように表わす; cf. breve; ↔ long).
11 〘商業〙 **a** 〈手形など〉短期の: a ~ paper 短期手形 / ⇨ short bill / at ~ date 短期日の (cf. short-dated). **b** 持品なしの; (証券・商品などを)空(から)売りする: ~ *of* [*in*] wheat 小麦の在庫がない / a ~ contract 空売りの契約 / ⇨ short sale, short seller.
12 〘クリケット〙 **a** 〈野手(の位置)が〉比較的打者に近い, 浅い守備の. **b** 〈投球されたボールが〉打者から遠すぎるところにほうられた, 三柱門に届かない.
get the short end of it 損をする, ばかをみる. ***in short order*** ⇨ short order 成句. ***nothing*** [***little***] ***short of*** 全く[ほとんど]…で: *Nothing* ~ *of* force could get them out of the building. 全く力づく同然で連中をその建物から追い出した / His recovery was *little* ~ *of* miraculous [a miracle]. 彼が回復したのはほとんど奇跡だった. ***short and sweet*** [通例皮肉に] 簡潔で要を得た. ***short of*** (cf. *adv.* 成句) (1) …が不足して (cf. 3 b); …がなくて (cf. 11 b). (2) …より以下の (less than): commit everything ~ *of* murder 人殺しはしないまでも悪いことならなんでもやる / He is only one week ~ *of* (being) 80. あと 1 週間で 80 歳になる. (3) …から離れて (distant from): We were still some miles ~ *of* our destination. 目的地までまだ数マイルあった.
― *adv.* (~·er; ~·est) **1** 無愛想に, そっけなく (curtly). **2** [通例複合語の第 1 構成素として] 短時間の: *short*-lasting 長く続かない, すぐ終わる / ⇨ short-lived. **3** 突然, 急に: bring [pull] up ~ 急に止まる[止める] / break [snap] ~ off ぷつりと切れる[切る] / cut ~ 急に止める, 急に終わりを告げる; 急にさえぎる, 後を言わせない / take a person up ~ 人の言葉を急にさえぎる, 突然話の腰を折る. **4** (目標などの)間近で; 〔…の〕手前に 〔*of*〕: jump ~ 飛びそこねる / just ~ *of* the point その地点のすぐ手前の所に / park ~ *of* the gates 門の手前に車を止めておく. **5** 〘商業〙 持品なしに: ⇨ SELL *short*. **6** 〘野球〙 **a** バットを短めにもって. **b** 浅い守備体制で.
be caught short (1) 《口語》 必要な時に足りない: He *was caught* ~ *of* clothes. いざと言う時に着て行く物がなかった. (2) =*be taken* SHORT. ***be taken short*** 不意をつかれる; 《口語》 急に(便[尿]意を催して)トイレへ行きたくなる. ***come*** [***fall***] ***short*** (***of***) (1) (…まで)届かない, (…に)達しない: *come* ~ *of* perfection 完璧(かんぺき)の域には達しない / The arrow *fell* ~ (*of* the mark). 矢は(的に)届かなかった / The book *fell* ~ *of* my expectations. その本は私の期待に添わなかった. (2) (…に)不足する: Provisions *came* ~. 食糧が不足した / He *fell* six votes ~ (*of* the majority). 彼は(過半数に) 6 票足りなかった. ***cut short*** (1) 切りつめる, 短縮する (curtail): to *cut* a long story ~ 手短かに[かいつまんで]話すと / *cut* ~ a person's life 人の生涯を中途で終わらせる / *Cut* it ~! もっと簡単に言いなさい; 黙りなさい. (2) 〈人〉の話をさえぎる. ***go short*** (***of***) (…を)なしでやっていく, (…の)不自由を忍ぶ: I don't want you to *go* ~ (*of* money). 君に(金の)不自由をかけたくない. ***run short*** (***of***) (1) 〈物が〉なくなる, 切れる; (…を)下回る: The oil *ran* ~. 石油がなくなった / Our stock is *running* ~ (*of* what we need). 仕入れ品が(必要量より)不足してきた. (2) 〈人が〉(…を)切らす, (…に)不足する: I *ran* ~ *of* sugar. 砂糖を切らした. ***short of*** (cf. *adj.* 成句) (1) ⇨ 4. (2) …を除いて, …は問題外として (except); …がなければ (except for): *Short of* lying, I will do what I can for you. うそだけは御免だが君のためなら何でもしよう / *Short of* a miracle you may as well order the coffin. 奇跡でも起こらない限り棺桶を注文しておいたほうがいい (脅し文句). ***stop short*** (1) 急に止まる[やめる]. (2) 思いとどまる: *stop* ~ *of* actual crime もう少しで罪を犯すところを思いとどまる / He wouldn't *stop* ~ *at* murder [*of* murdering]. 彼は人殺しもやりかねない.
― *n.* **1** [the ~] (事の)本質, 要旨 (gist). **2 a** [*pl.*] (小児・男子用)半ズボン, ショートパンツ (スポーツ・レジャー用などに着用する); 《米》 (男子の)下着用パンツ. **b** (衣服の) S サイズ (男子の背の低い人のサイズ); S サイズの衣服. **c** =small clothes. **3 a** (新聞・雑誌などの)短い(特集)記事. **b** 〘映画〙 =short subject. **4** 規定より小さい魚[ウミザリガニ (lobster)] (法律で捕獲を禁じられている). **5** (ウイスキー・ラムなど強い酒の)一杯 (cf. *adj.* 6). **6** [*pl.*] **a** 不足分, 欠損 (deficiencies). **b** 〘印刷〙 刷り足し紙, 補刷紙. **7** [*pl.*] **a** (小麦の製粉過程で出る)ふすま (胚芽・穀皮・粉などの混ざったもの). **b** (様々な製造過程で出る)切り[裁ち]くず(など). **c** 〘鉱山〙 網下(あみした) (ふるいの目を通って下におちる破砕鉱石). **8 a** 〘音声〙 短音 (short sound), 短音節 (short syllable) (↔ long). **b** 〘音楽〙 短音符. **c** (モールス信号などの)短音, その信号. **9 a** 〘経済〙 売越し. **b** (証券や商品などの)空(から)売り (short sale) (cf. margin buying); 空売りをする者. **c** [*pl.*] 〘財政〙 短期公債, 短期社債. **10** 〘軍事〙 **a** 近弾 (標的に届かない射弾). **b** 「近し」(弾着判定用語). **11** 〘電気〙 =short circuit. **12** 〘野球〙 **a** =shortstop 1. **b** =short field.
for short 略して: Benjamin is called 'Ben' *for* ~. Benjamin は略して Ben と呼ばれる. ***in short*** 手短かに言えば, 要するに: *In* ~, my answer is no. つまり私の答えは「ノー」だ. ***the short and the long*** (***of it***) =*the* LONG *and* (*the*) *short* (*of it*).
― *vt.* **1** …に不足させる: ~ one's husband *on* his favorite cigarettes (体に悪いと言って)夫に好きなたばこを十分に吸わせない. **2** 《口語》 =shortchange. **3** 〘電気〙 短絡[ショート]させる (short-circuit) ⟨*out*⟩.
― *vi.* 〘電気〙 短絡[ショート]する ⟨*out*⟩.

shórt accòunt *n.* (証券や商品の受託売買業者の帳簿上における)各顧客の空(から)売りの残高.

short·age [ʃɔ́ətɪdʒ | ʃɔ́ːt-] 〖(1868): ⇨ -age〗 ― *n.* **1** 不足, 払底 (lack, deficit) (↔ overage): a ~ of food [labor, rain] 食物[労働力, 雨]不足 / a ~ of housing = a housing ~ 住宅不足 / owing to ~ of rain 雨不足のために. **2** 不足高 (amount deficient).

shórt ánd *n.* =ampersand.

shórt-árm *adj.* 〈殴打など〉十分腕を伸ばさないでぐる.

shórt bíll *n.* 〘商業〙 短期為替手形 (30 日以内, 時に 10 日以内に満期となるもの; cf. long bill 2).

shórt·brèad 〖(1801) ↓〗 *n.* バタークッキー (バターなどのショートニング (shortening) をたっぷり入れて焼いたさくさくとした口当たりの厚いクッキー).

shórt·càke 〖(1594) ← SHORT (adj. 7 a) + CAKE〗 ― *n.* **1** ショートケーキ. **2** =shortbread.

shórt·chánge *vt.* 《口語》 **1** 〈人〉に釣銭を少なく渡す. **2** ごまかす (cheat). **shórt·cháng·er** *n.*

shórt-círcuit 〖(1873)〗 ― *vt.* **1** 〘電気〙 短絡[ショート]させる. **2** 〈障害などを〉回避する, よけて通る. **3** 邪魔する (impede), 中断させる. ― *vi.* 〘電気〙 短絡[ショート]する, 漏電する. ― *adj.* 短絡の: ~ impedance 短絡インピーダンス / ~ test 短絡試験.

shórt círcuit *n.* 〘電気〙 短絡; 漏電: cause a ~ 漏電を起こす.

shórt·clòthes *n. pl.* =smallclothes 1.

shórt·còat *vt.* 〈ベビー服を着なくなった幼児〉に初めて子供服を着せる.

shórt còat *n.* [*pl.*] (ベビー服を着なくなった幼児の)子供服.

short·coming [⌐ ⌐ ―, ― ⌐ ―] 〖(c1680) ← *come short* (⇨ short (adv.) 成句)〗 ― *n.* 欠点, 短所 (defect, drawback), 不十分な点 (inadequacy): despite all one's ~*s* あらゆる短所[欠点]にもかかわらず.

shórt-cómmons *n. pl.* [単数扱い] 《英》 食糧の供給不足.

shórt-cóupled *adj.* 〘動物〙 (前肢と後肢の間の)胴が短い.

short còvering *n.* 〘商業〙 短期見越し売り現物買い戻し.

shórt·crúst pástry *n.* 練り込みパイ生地 (小麦粉にバターを練り込んでつくるもの; タルト (tart) などに用いる; short pastry ともいう; cf. puff paste).

shórt·cùt [cf. cut (n.) 1] *n.* **1** 近道 (shorter way): take a ~ 近道を通る. **2** 手っ取り早い方法, 簡単なやり方. ― *adj.* 手っ取り早い, より簡便な.

shórt-cùt *v.* (~; **-cut·ting**) ― *vi.* 近道を通る. ― *vt.* 切り詰める, 簡単にする. ― *adj.* 短く切られた.

shórt-dáted *adj.* 〈債券・手形など〉短期約束手形: a ~ note

shórt-dáy *adj.* 〘植物〙 〈植物が〉短日性の (短い日照時間で開花する; cf. day neutral, long-day).

shórt divísion *n.* 〘数学〙 短除法 (cf. long division).

short·en [ʃɔ́ətn | ʃɔ́ːtn] 〖(1513): ⇨ short, -en[1]〗 ― *vt.* **1 a** 短くする, …の長さをつめる (curtail): ~ a rope / Please have this coat ~*ed*. この上着の丈をつめて下さい / His life was ~*ed* by cares. 彼は心配事で寿命を縮めた. **b** 省略する, 削る, 少なくする (lessen). **c** 短く思わせる; (話・娯楽で)〈時間・旅など〉紛らす (beguile). **2** 〈バット・ラケットなどを〉短

めに握る. 3 〈子供〉に子供服 (shortclothes) を着せる. 4 もろくする; (バターなどで)〈ケーキなどを〉ぼろぼろ[さくさく]させる. 5 〖海事〗〈帆を〉減じる (take in): ~ sail ⇨ sail *n.* 成句. — *vi.* 短くなる, 縮む, つまる; 減少する, 縮小される (decrease): The days are rapidly ~*ing*. 日が急に短くなって来た.
shorten down 〖海事〗帆を短くする, 縮帆する. ***shorten in*** 〖海事〗〈綱を〉縮(ᵗ)める. ***shorten the arm*** [***hand***] ***of*** …の力を制限する (cf. *Num.* 11:23).
~·er *n.*

shórt·en·ing [-tnɪŋ, -tn̩-] 〖《*a*1542》: ⇨ ↑, -ing[1]〗 — *n.* 1 短縮. 2 ショートニング《小麦粉の生地を用いた菓子類をさくさくさせるバター・ラード・植物油などの油脂類》. 3 〖言語〗短縮, 省略(語).

Shórt·er Cátechism [-tə- | -tə-] *n.* 〖キリスト教〗小[短式]教理問答《1647 年 Westminster Assembly で制定された2種の教理問答の一つ; もと会衆[組合]教会で用いられ現在は長老教会で用いられている》.

shórt·fàll 〖← *fall short* (⇨ short (adv.) 成句)〗 *n.* 不足; 不足額 (deficit).

shórt fìeld *n.* 〖野球〗ショートフィールド《二, 三塁間の遊撃手の守備範囲》.

shórt fùse *n.* 《米》短気, かんしゃく (quick temper).

shórt gàme *n.* 1 〖ゴルフ〗ショートゲーム《グリーン周辺でのアプローチショットやパットで競う部分[場面]; cf. long game 1》. 2 〖トランプ〗全部の札を配らないで始めるゲーム (cf. long game 2).

shórt·hànd 〖《1636》〗 — *n.* 速記法, 速記 (stenography) (↔ longhand): write (in) ~ 速記する. — *attrib. adj.* 速記法を用いた, 速記法を心得た; 速記で書かれた: a ~ writer 速記者.

shórt·hánded *adj.* 1 人手の足りない, 人手不足な (undermanned). 2 手の短い. **~·ness** *n.*

shórt-hául *adj.* 1 短距離輸送の. 2 短時間の.

shórt hául *n.* 1 (短距離の)貨物[人員]輸送. 2 [the ~] 短時間.

shórt·hèad[1] *n.* 〖人類学〗1 短頭の人 (brachycephalic person). 2 短頭《頭示数 81 以上の頭》.

shórt·héad[2] *vt.* 《英俗》〖競馬〗僅[鼻]差で…に勝つ.

shórt héad *n.* 《英俗》〖競馬〗僅差, 頭半分差《頭差より短い差; 日本では鼻差》.

shórt-hèaded *adj.* 〖人類学〗短頭の (brachycephalic) (↔ longheaded). **~·ly** *adv.* **~·ness** *n.*

Shórt·hòrn *n.* ショートホーン, 短角牛《イングランド原産の肉用の一品種の牛; Durham ともいう》.

shórt-hòrned grásshopper *n.* 〖昆虫〗バッタ《触角の長いキリギリス類に対して触角の短いバッタ科の種類の総称; cf. long-horned grasshopper》.

shor·ti·a [ʃɔ́əṭiə | ʃɔ́ːtɪə, -tjə] 〖← NL ~ ← C. W. *Short* (1794-1863: 米国の植物学者): ⇨ -ia[1]〗 — *n.* 〖植物〗イワウチワ (*Shortia uniflora*)《イワカガミに似たイワウメ科の多年草; ピンクの花が咲く; 北米 Carolina 州にも同属の白花種 *S. galacifolia* がある》.

short·ie [ʃɔ́əṭi | ʃɔ́ːtɪ] 〖⇨ -ie〗 *n.* 《口語》= shorty.

shórt ínterest *n.* (証券や商品などの)空(ᶜ)売りの総残高 (short position).

shórt ìron *n.* 〖ゴルフ〗1 ショートアイアン《アイアンクラブのうちグリーンに近くボールを打つための クラブで, 通例 7, 8, 9 番アイアン; cf. long iron 1》. 2 ショートアイアンのショット.

shórt·ish [-tɪʃ | -tɪʃ] 〖⇨ short, -ish[1]〗 *adj.* やや短い, 少し身長の低い (rather short).

shórt·lèaf píne *n.* 〖植物〗短く軟らかい葉をもった米国南部産のマツ (*Pinus echinata*); その材木《堅く黄褐色; 家具・建築材》.

shórt lég *n.* 〖クリケット〗ショートレグ《打者側の三柱門に近い on 側の守備位置(の野手); cf. long leg; ⇨ cricket[2] 挿絵》.

shórt lìne *n.* 〖鉄道〗最短経路.

shórt-list *vt.* 《英》〈人を〉選抜候補者名簿に載せる.

shórt lìst *n.* 《英》1 選抜候補者名簿《この名簿の候補者の中から最終の選出を行なう》. 2 《俗》人[物]の能力[特徴]一覧表.

shórt-líved [-láɪvd, -lívd | -lívd] *adj.* 1 短命の: a ~ family 短命の家(筋). 2 一時的な, はかない (transient, ephemeral): a ~ triumph.

shórt·ly 〖OE *sc(e)ortlīce*〗 — *adv.* 1 間もなく (presently), じきに, すぐ (soon): ~ after [before] …後間もなく[のすぐ前に] / He will arrive ~. 間もなく到着するだろう. 2 短く, 簡単に, 簡潔に: to put it ~ 簡単に言えば, つまり. 3 ぶっきら棒に, そっけなく, 無愛想に: answer ~. 4 近距離に, 近くに.

shórt méter [**méasure**] *n.* 〖詩学〗短韻律連《それぞれ 6, 6, 8, 6 の音節からなる 4 行の聖歌連 (hymn stanza) で abcb または abab と押韻する; 略; S.M.》.

shórt·ness 〖OE *sċeortnysse*: ⇨ short, -ness〗 — *n.* 1 a 短いこと (brevity): ~ of human life 人生の短いこと / ~ of breath 息ぎれ / ~ of memory 記憶の悪い[すぐ忘れる]こと. b 寸づまり; (距離の)近いこと; (身長などの)低いこと. 2 貧弱, 不足, 払底(shortage): ~ of money 金の不足 / ~ of vision 短見. 3 そっけないこと, 無愛想, ぞんざい. 4 (菓子などの)さくさくすること, もろいこと. 5 《廃》(言葉の)簡潔 (conciseness). 6 〖冶金〗脆性(ᵗᵘ): cold ~ 冷間脆性.

shórt nóvel *n.* 〖文学〗中編小説 (cf. short story).

shórt-òrder *adj.* 1 《米》〈料理店など〉即席[一品]料理の[専門の]. 2 速やかに行なわれる.

shórt órder *n.* 《米》即席[一品]料理(の注文).
in short order 《米》直ちに, 手っ取り早く: I dressed myself *in* ~. 手っ取り早く着物を着た.

Shórt Párliament *n.* [the ~] 《英》短期議会《Long Parliament に先立って 1640 年の 4 月 13 日から 5 月 5 日まで開かれたもの》.

shórt pástry *n.* = shortcrust pastry.

shórt-pítched *adj.* 〖クリケット〗《投手の投げたボールが》比較的投手に近い所で地面に着下する《クリケットでは一般に投球は打手の手前で着下する様に投げられる》.

shórt posítion *n.* 1 空(ᶜ)売りポジション《手持ちしていない株ないしは商品を, 取引所で空売りしている状態》. 2 各人の空売りの残高; 空売りの総残高 (short interest).

shórt-ránge *adj.* 1 射程の短い, 遠くに届かない: a ~ shot. 2 短期間の: a ~ policy.

shórt ràte *n.* 〖保険〗短期料率《1 年未満の短期契約に適用される》.

shórt réam *n.* 〖製紙〗短連《480 枚の用紙; cf. ream[1] 1》.

shórt ríbs *n. pl.* ショートリブ《牛の屠体の前四半部の肋骨のある方の端》.

shórt-rùn *attrib. adj.* 1 (比較的)短期間の; 短期的に見た (short-range). 2 〖冶金〗湯の回りの悪い《鋳造の際, 鋳型に金属が一部分入った状態》.

shórt rùn *n.* 1 (比較的)短期間 (short term): in the ~ 短期的に(は), 目先だけのことを考えると. 2 [⌐⌐] 〖クリケット〗ショートラン: a 余裕の少ないぎりぎりの得点. b 打者がルールの制約を満たさないため得点と認められないラン.

shórt sále *n.* (証券や商品などの)空(ᶜ)売り (cf. short *adj.* 11).

shórt scóre *n.* 〖音楽〗ショートスコア《オーケストラで重要でない部分を省いて略記した総譜; compressed score ともいう》.

shórt séa *n.* 〖海事〗短距離航海《距離が余り離れていない二つの港の間を船が航海すること》.

shórt séller *n.* (証券や商品などを)空(ᶜ)売りする人; 空売筋.

shórt-shéet *vt.* (いたずら半分に)〈ベット〉のシーツを二つ折にして上下のシーツのように見せかける (cf. apple-pie bed).

shórt-shòrt *n.* ショートショート《ごく短い小説でショッキングなあるいは意外な効果を狙ったもの》.

shórt shórt stóry *n.* (雑誌の 1 ページに全部載せられるような)超短編小説, 掌編小説.

shórt shríft *n.* 1 (刑の執行直前に死刑囚に与えられる)短い懺悔(ᵍ)と免罪の時間. 2 (余り温情的でない)最後の短い猶予; さっと片付ける仕事.
give [***get***] ***short shrift*** さっさと片付ける[片付けられる], 容赦なくやっつける[やっつけられる]. ***make short shrift of*** …をさっさと片付ける.

shórt síght *n.* 近眼, 近視 (myopia).

shórt·síghted 〖《1622》〗 — *adj.* 1 近眼の, 近視の (nearsighted, myopic). 2 短見の, 先見の明のない, 先が見えない, 見通しのきかない; 目先の利益のみにこだわる: a ~ policy / a ~ plan. **~·ly** *adv.* **~·ness** *n.*

shórt-sléeved *adj.* 半袖の.

shórt snórt *n.* 《米俗》ぐい飲み (quick drink)《酒を一息にぐっと早飲みすること》.

shórt snórter *n.* 《米》1 ぐい飲み会会員《太平洋・大西洋などの大洋を飛行機で飛んだことのある人だけの会》. 2 ぐい飲み会会員証《他の会員の署名入りの 1 ドル紙幣》.

shórt splíce *n.* ショートスプライス, 組みつなぎ《long splice より丈夫であるが, 継ぎ目の撚(ᵞ)りが太くなる綱の組み継ぎ法; ⇨ splice 挿絵》.

shórt-spóken *adj.* 〈言葉が〉そっけない, ぶっきらぼうな, 無愛想な, つっけんどんな (curt).

shórt-stáffed *adj.* スタッフ[職員]不足の.

shórt·stòp 〖← *stop short*〗 — *n.* 1 〖野球〗a ショートストップ《二, 三塁間の遊撃手の守備位置》. b 遊撃手, ショート(ストップ). 2 〖クリケット〗ショートストップ《三柱門守備者 (wicket keeper) のすぐ後方に位置してその逸球を捕える守備者; cf. long stop》. 3 〖化学〗(重合反応の)停止剤.

shórt-stòp *n.* 〖写真〗現像停止液[浴]《stop bath, short-stop bath ともいう》.

shórt stóry *n.* 1 短編小説《通例 1 万語以下くらいの小説をいう; cf. novel[2] 1 a, novelette 1 a》. 2 《米俗》偽造小切手.

shórt súbject *n.* 〖映画〗短編もの《文化映画・記録映画・漫画など》.

shórt súit *n.* 〖トランプ〗(同種札 3 枚以下の)短いスーツ.

shórt swéetening *n.* 《米南部・中部》砂糖 (sugar) (cf. long sweetening).

shórt-témpered *adj.* 短気な, 怒りやすい, 癇癪(ᵏᵃ)もちの.

shórt-térm *adj.* 1 短期間の: a ~ economic outlook 短期的な経済展望. 2 (通例 6 か月から 1 年未満の)短期満期の: a ~ loan 短期貸付け.

shórt tíme *n.* 操業短縮, 操短.

shórt-tíme ráting *n.* 〖電気〗短時間定格.

shórt títle *n.* 〖出版〗簡略書名[標題]《目録などで, 著者名・書名・出版地・出版社・出版年のみ記載のもの》.

shórt tón *n.* 米トン, 小トン (⇨ ton[1] 1 b).

shórt-wáisted *adj.* 1 胴の短い. 2 (衣服の)ウエストライン(waistline) を自然の位置より低くつけた (cf. long-waisted).

shórt·wáve 〖《1902》〗 — *n.* 1 〖通信〗短波《周波数 3-30 MH_z, 波長 100-10 m の電波; cf. long wave 1, medium wave》: on ~. 2 短波用送信機 (shortwave radio). — *attrib. adj.* 短波の; 短波を使う: a ~ radio, walkie-talkie, etc. — *vt.* 短波で送信する, 短波放送する.

shórtwave thèrapy *n.* 〖医学〗短波治療.

shórt wéight *n.* 量目不足, 重量不足.

shórt whíst *n.* 〖トランプ〗5 点先取で 1 ゲームとなる方式のホイスト (cf. long whist).

shórt-wínd·ed [-wíndɪd, -dəd] *adj.* 1 息切れのする, 息の続かない (cf. SHORT wind). 2 a 〈話・書きものなど〉簡単[簡潔, 適切]な (brief) (cf. long-winded). b 〈文が〉息の短い, 途切れ途切れの. **~·ness** *n.*

short·y [ʃɔ́əṭi | ʃɔ́ːtɪ] 〖⇨ short, -y[4]〗 *n.* 《口語》1 平均より背の低い人, ちび. 2 並の丈(ᵗᵉ)より短い衣服. — *adj.* 〈衣服が〉丈の短い.

Sho·sho·ne[1] [ʃəʃóuni, ʃo(u)- | ʃə(u)ʃə́unɪ] 〖↓〗 *n.* [the ~] 米国 Wyoming 州北西部を流れる Bighorn 川の支流 (193 km).

Sho·sho·ne[2] [ʃəʃóuni, ʃo(u)- | ʃə(u)ʃə́unɪ] 〖▭ ? Shoshonean *tsosoni* curly head: この種族に特有の髪型から〗 *n.* (*pl.* ~, ~s) = Shoshoni.

Sho·sho·ne·an [ʃəʃóuniən, ʃo(u)-, ʃòuʃəní:ən | ʃə(u)ʃə́unɪən, -njən, ʃəuʃəní:ən] 〖↑, -an[1]〗 — *n.* (*pl.* ~, ~s) 1 ショショーニ語群《北米インディアンの Uto-Aztecan 語派の最大支派で Shoshoni, Comanche, Ute, Paiute, Hopi などの諸土語を含む》. 2 a [the ~(s)] ショショーニ語群の北米インディアン. b (ショショーニ語群の)北米インディアンの人.

Shoshóne Fálls *n. pl.* ショショーニ滝《米国 Idaho 州南部の Snake 川の滝; 高さ 65 m》.

Sho·sho·ni [ʃəʃóuni, ʃo(u)- | ʃə(u)ʃə́unɪ] — *n.* (*pl.* ~, ~s) 1 a [the ~(s)] ショショーニ族《もと Wyoming, Idaho, Nevada, Utah, California 地方に住み Shoshoni 語を話す北米インディアンの一族》. b ショショーニ族の人. 2 ショショーニ語《北米インディアンの Uto-Aztecan 語族に属する》.

Sho·sta·ko·vich [ʃɑ̀stəkóuvɪtʃ, ʃɔ̀(ː)s-, -kɔ́(ː)v- | ʃɔ̀stəkə́uv-; *Russ.* ʃəstakóvjitʃ], **Di·mi·tri** (**Di·mi·tri·e·vich**) [djimjítrjij djimjítrjijivjitʃ] *n.* ショスタコーヴィッチ《1906-75; ソ連の作曲家》.

shot[1] [ʃɑ́t | ʃɔ́t] 〖OE *sċ(e)ot* < Gmc **skutaz* (G *Schoss*) ← IE **(s)keud-* 'to SHOOT[1]'〗 — *n.* 1 a (火器・弓などの)発砲, 発射, 射撃 (shooting); 銃声, 砲声; 狙撃 (aim): a flying ~ 飛鳥[飛翔(ᵗᵘ)物]射撃 / take [have, make] a ~ at …を狙撃する / Good ~! いい当たり / ⇨ potshot / at a ~ 1 発で / He got the bird first ~. 鳥を(最初の) 1 発で仕留めた / a ~ between wind and water (船の)喫水線付近の命中弾《船には致命的; cf. *between* WIND[1] *and water*》/ Was it a ~ I heard? 聞えたのは銃声[砲声]かしら / a ~ of distress 遭難号砲 / hear three ~*s in* succession たて続けに 3 発の銃声を聞く. b (ロケットなどの)発射 (launch): fire a rocket ~ at space 宇宙に向けてロケットを発射する. c さっと飛ぶ[過ぎる]こと, 突進 (rush): a ~ of lightning 稲光. d (漁網などの)網打ち, 投網.
2 a (*pl.* ~, ~s) 弾; 弾丸 (bullet); 砲弾, 砲丸 (cannonball) (cf. shell 6): fire a ~ 砲弾を撃つ / a cannon ~ 砲弾 / a solid ~ 実体弾《旧式で中まで鉄の丸い玉》/ ⇨ buckshot, case shot, chain shot, grapeshot, round shot. b [*pl.* ~; 集合的にも用いて] 散弾; 弾子《散弾銃の薬筒に入れる小さなばら弾》: a cartridge filled with ~ 弾子の一杯はいった(弾)薬筒 / a few ~ 二, 三発の散弾. c (砲丸投げの)砲丸《男子用 16 ポンド, 女子用 8 ポンド》: put the ~ 砲丸を投げる / ⇨ shot put. d 《廃》矢 (arrow(s)): ⇨ PARTHIAN shot.
3 射程, 弾着距離 (range); 範囲 (reach): a long ~ 長い射程 / out of [in, within] ~ (射程)範囲外[内]に / out of the ~ and danger of desire 愛欲の危い矢面に立たないで (Shak., *Hamlet* 1. 3. 35).
4 射手 (marksman); (…に)射つ人: a good [poor, first-rate] ~ / He is not much of a ~. 大して射撃はうまくない / a dead ~ 百発百中の名手.
5 a 当て推量, あてずっぽう (random guess): As a ~, I should say she's about forty. 当て推量で, 40 くらいかなあ / make a ~ at …を当て推量する / make a bad [good] ~ at …を当てそこなう[うまく当てる] / a random ~ 当て推量 / ⇨ *a* SHOT *in the dark*. b やってみること, 企て (attempt): have a ~ at [for] …をやってみる, 試みる / I'll have a ~ for the train. 列車に乗れるかどうか一つ急いでみよう / ⇨ long shot 2 b. c 見込み, チャンス (opportunity): give a person a ~. d 《口語》(賭けの)勝ち目 (cf. long shot 2 a): a 10 to 1 ~ 10 対 1 の賭け.
6 当てこすり, 辛辣(ᵏᵃ)な言葉: It's a ~ at me. それは私への当てこすりだ.
7 a 皮下注射. b 《米》(薄めない)アルコール飲料; ストレートのウイスキーひと口: a ~ of gin ジン 1 杯. c (コカインなどの) 1 服 (dose): a ~ of cocaine.
8 〖《変形》? ← SCOT〗(飲み屋の)払い, 勘定 (bill): pay one's ~ / stand ~ 払ってやる, おごる.
9 〖スポーツ〗(テニス・ゴルフ・玉突きなどで, ねらった)突き, 投げ, 打ち, ショット (aim, stroke); (バスケット・サッカーなどのゴールへの)シュート, ショット: a fancy ~ 曲突き / a good ~ いい球 / a beautiful ~ at goal ゴールに向けてきれいなシュート.
10 〖鉱山〗発破薬; 爆発 (explosion), 発破.
11 a 〖写真〗一露光; (特に)スナップ (snapshot): take a ~ of the beautiful scene 美しい景色の写真を 1 枚写す. b 〖写真・映画・テレビ〗撮影; 写距離; (ひと続きの)画面 (scene): ⇨ long shot 1, close shot / a gor-

geous long ~ 特別遠写し(場面) / a crane ~ クレーン撮影《カメラをクレーンに乗せて自由に移動しながらの撮影》/ a down ~ 俯瞰(ふかん)撮影 / a zoom ~ ズーム撮影 / a mid ~ 中写し / a model ~ 模型[セット]撮影. **12**〘海事〙節(ふし), シャックル《錨鎖の長さ; 英・米では 15 尋(ひろ)すなわち 90 フィート, 日本では 25 メートル; この長さごとにシャックルでつないである》. **13**〘鋳造〙ショット. **14**〘チェッカー〙攻め手に有利な一連の動き; はめ手. **15**〘チェス〙予期しない攻め手. **16**〘紡織〙 **a** 杼(ひ)(シャットル)で緯糸(よこいと)を打ち込むこと. **b** 布面にある色とか糸の欠点. **c** (カーペットなどでパイルをくくるのに用いる)緯糸.

call one's shot《米口語》(1) (球戯で)自分のシュートの結果を予言する[言い当てる]. (2) 自分の意図を明確に述べる. ***call the shots***《口語》牛耳る, 采配(さいはい)を振る. ***like a shot*** (1) 鉄砲玉のように, すぐに, 即座に. (2) 躊躇(ちゅうちょ)せず, 喜んで, 快く. ***not*(...)*by a long shot***《口語》全く見当はずれで, とんでもない; 到底[決して]...ない (not at all): He isn't a poet *by a long* ~. 彼は決して詩人なんかじゃない. ***a shot in the arm*** (1) (腕への)注射. (2) 活気を与えるもの, 刺激, 「カンフル注射」(stimulus). ***a shot in the dark*** (1) 全くの当て推量, 当てずっぽう (wild guess). (2) 成功の見込みのない企て, 無謀な企て. ***a shot in the locker*** (1) 軍艦の弾薬庫に残された 1 発. (2) 所持金; 非常用のたくわえ; まさかの時の頼み (last resource): have not *a* ~ *in the locker* 懐中無一文である / There's hope while there's *a* ~ *in the locker*. 頼みのある間は望みがある.

— *v.* (**shot·ted; shot·ting**) — *vt.* **1** 〈銃砲〉に装弾する. **2** 弾丸をおもりとして沈める. — *vi.* **1** 球形になる. **2** 散弾を製造する.

shot[2] [ʃɑ́t | ʃɔ́t] 〘(pret.): ME *schotte* (← OE *scuton* (pl.)) ∽ OE *scēat* (sing.). — (p.p.): OE *scoten*〙 — *v.* shoot[1] の過去形・過去分詞. — *adj.* **1** 〈縦と横の糸が異なる織物など〉見ようによって色の変わる, 色が変わって見える, 玉虫色の (iridescent) (cf. shoot[1] *vt.* 8 a, b): ~ silk 玉虫色絹布. **2** 〔...が〕しみ込んだ, 充満した (infused) 〔*with*〕: his remark ~ through *with* satire 諷刺がよくきいた彼の言葉. **3** 使い果たした, ぼろぼろになった (worn-out): His shoes are all ~. 彼の靴はすっかりぼろぼろだ / His nerves are ~. 彼の神経はくたくただ. **4**《俗》酔った (intoxicated): half ~ だいぶ酔いがまわって.

-shot [ʃɑ̀t | ʃɔ̀t] 〘← SHOT[1]〙 **1** 「...の届く[きく]範囲」の意の名詞連結形: ear*shot*, rifle*shot*. **2** 「(血の)さした」の意の形容詞連結形: blood*shot*.

shót bàg *n.* 散弾入れ[袋].

shót·blàst *n.*〘金属加工〙ショットブラスト《鋳造品・鍛造品の表面に小さな鋼球を吹き付けて表面を清浄にする方法》.

shote [ʃóut | ʃə́ut] *n.* =shoat[1].

shót efféct 〘《部分訳》← G *Schroteffekt*〙 *n.*〘電子工学〙(真空管における熱電子放射の)霰(さん)射効果, 散弾効果, ショット効果 (cf. thermal noise).

shót-fìrer *n.*〘鉱山〙(発破の)点火係.

shót glàss *n.* (ストレート用の小型で重い)ウイスキーグラス.

shót·gùn 〘(1828)〙 — *n.* **1** 散弾銃, 猟銃, ショットガン. **2**〘トランプ〙ショットガン《draw poker の一種だが stud poker のように, 配る途中での賭けを認める方式》. ***ride shotgun***《米西部》(もと)武装護衛として駅馬車の御者に添乗する.
— *adj.* **1** 散弾銃の, 散弾銃を使った. **2** (武力を使うような)強制的な: a ~ agreement. **3 a** 無差別的に何もかも入っている, 手当たり次第の, 大ざっぱな. **b** 効めのあると思われているものがたくさん入っている, 万能の: a ~ prescription. — *vt.* **1** 散弾銃で撃つ. **2** 強制手段を用いる, 無理に...させる〔*into*〕.

shótgun márriage [**wédding**] *n.* **1** 強制的結婚(式)《未婚の女性が妊娠した時強制するもの》. **2** 強制的結合[合同].

shót hòle *n.* **1** (爆薬をしかけるための)掘削孔. **2** (樹木の)虫喰い穴. **3**〘植物病理〙穿(せん)孔病.

shót-hóling *n.*〘植物病理〙=shot hole 3.

shót nòise *n.*〘電気〙散弾雑音《shot effect による電気的雑音》.

shót-pèen [-pìːn] *vt.*〘金属加工〙〈鋼製品〉にショットピーニングを施す.

shót pèening *n.* ショットピーニング《金属表面に小鋼片を打ちつけて酸化皮膜を除き, 表面の仕上げと強化を行なう加工方法》.

shót·próof *adj.* 矢玉の通らない, 防弾の.

shót pùt 〘← *put the shot* (⇨ shot[1] (n.) 2)〙 *n.*〘競技〙 **1** [the ~] 砲丸投げ. **2** (砲丸投げの) 1 回の投擲(とうてき).

shót-pùtter *n.* 砲丸投げ選手.

shót-pùtting *n.* =shot put 1.

shott[1] [ʃɑ́t | ʃɔ́t] *n.* =chott.

shott[2] [ʃɑ́t | ʃɔ́t] *n.* =shoat[1].

shót·ted [-tɪd, -tɘd | -tɪd, -təd] *adj.* **1** (儀礼砲・警告砲などで)装弾した. **2** 散弾をおもりにした.

shot·ten [ʃɑ́tn | ʃɔ́tn] 〘OE (*ge*)*scoten* (p.p.) ← *scēotan*: ⇨ shoot[1]〙 — *adj.* **1 a** 〈ニシンなど〉産卵したばかりの: a ~ herring (cf. Shak., *1 Hen IV* 2. 4. 143). **b**《方言》元気のない. **2**《廃》〘医学〙脱臼(だっきゅう)した (dislocated).

shót·ting [-tɪŋ | -tɪŋ] *n.* 散弾製造.

shót tòwer *n.* 弾丸製造塔《塔の上部から下の水に溶けた鉛を落として作る》.

Shot·weld [ʃɑ́twèld | ʃɔ́t-] 〘商標〙 — *n.*〘金属加工〙一種の抵抗点溶接(法)《重ね合わせた金属板の両面に電極を押し付け電気抵抗による発熱で点状に溶接する方法》.

should [(弱) ʃəd; (強) ʃúd] 〘OE *sc*(*e*)*olde*: ⇨ shall〙 — *auxil. v.* (shall の過去形). ★ should と would との用法上の異同については shall と will に準ずる.

1 [間接話法において] **a** [原則として直説法の shall をそのまま引き継ぐ]: He thought that he ~ soon recover. (<"I shall soon recover.") 彼はじき直ると思った / I said [thought, supposed] that we ~ do it the next day. 翌日しようと言った[思った]. **b** [話者の予言を表わす you [he] will は I [we] should となる]: Did the doctor say I ~ recover? (<"He will recover.") 医者は私が直ると言ったか.

2 [条件または譲歩の節に用いてその内容の現実性がきわめて乏しいことを示す] 万一...ならば; たとえ...しても[でも]: If I ~ go, he would [will] kill me. もし私が行こうものなら彼は私を殺すだろう / *Should* I (=If I ~) be there it would be talked about. もし私がその場にいようものならうわさになるだろう / If [Even if] I ~ fail, I would try again. 万一失敗しても[かりに失敗するとしても]またやってみるつもりだ / *Should* he (=If he ~) injure me, I would still love him. 私を傷つけることがあってもどこまでも彼を愛するだろう.

3 [仮定的条件に対する帰結] **a** [話者の意志とは無関係に起こる未来の出来事]: If he were to do so, I ~ be angry. 彼がそんなことをしようものなら私は怒るよ / If he had said so, I ~ have been angry. 彼がそんなことを言ったら私は怒ったことだろう. **b** [話し手の意志・約束]: If the book were in the library, it ~ be at your service. その本が図書室にあったらお役に立てましょう / You ~ do it if we could make you. お願いできればそれをしていただきたいのです. **c** [条件を省略した場合] ★「もし私が君なら」「もし聞かれたら」「もし勧められたら」などの意を言外に含み, 表現を婉曲・控え目にさせる; この場合 would を用いてもよい: It is beautiful, I ~ say. まず美しい / She is under thirty, I ~ think. 彼女は 30 前だろうよ / I ~ like to go. 行ってみたいものだ / I ~n't like that. それは欲しくない[いやだ] / *Should* (=Would) you like tea? お茶はいかがですか. ★ ただし, 次の表現では should は強い主張を表わす: Is she over fifty?—O yes, I ~ think so [θíŋk sóu | sə́u]. 彼女は 50 歳以上ですか—ええ, ええ, むろんそうだと思いますよ.

4 [人称を問わず義務・当然を表わす] **a** ...すべきである, せねばならぬ, するのが当然だ. ★ ought よりも意味が弱く, しばしば義務というよりは勧告 (recommendation) を表わす: You ~ not speak so loud; it is bad manners. そんな大声で話すんじゃありません, 無作法です / Children ~ be taught to speak the truth. 子供にはうそを言わないように教えなければならない / You are not behaving as you ~. 君の行ないはよくない[当を得ていない] / This is as it ~ be. これは当然こうあるべきだ. **b** [完了不定詞を伴って] ...すべきであった(のにしなかった). ★ 果たされなかった過去の義務または過去の行為に対する非難を表わす: You ~ have obeyed. 言いつけに従うべきだった / You ~ have seen it. 君は見ておくべきだった, 君に見せたかった / You ~n't have laughed at his mistakes. 彼の誤りを笑うべきではなかった.

5 [why, who, how などと共に用いて不可解・意外・驚きを表わす]: *Why* in the world ~ I go? 一体どうして私が行かなければならないのか / *How* ~ you understand what is so unintelligible? そんなわからないことを君はどうして理解できるのか / *Who* ~ write it but himself? 当人以外だれがそれを書いたと思う《書いたのはもちろん彼だ》/ When I entered the room, *who* ~ be sitting there but Robin! 部屋へはいって行くと, そこにすわっていたのはだれでもないロビンだった.

6 [蓋然性] きっと...だろう, ...のはずである (ought to): They ~ arrive by one o'clock, I think. 1 時までには着きましょう[着きそうなものだ] / A work from so careful and competent a hand ~ be of considerable value. それほど注意深く敏腕な人の作品なら定めし相当価値のあるものだろう / If the farmers can get continuous sunshine, they ~ have a satisfactory harvest. 好天気が続けば満足な収穫がきっと得られよう / They left at ten, so they ~ have arrived by now. 10 時に発ったのだからもう到着しているはずだ.

7 [仮定法代用] **a** [It is a pity, natural, surprising, queer, etc., I regret, wonder, etc. など主観的判断を示す主節に伴う名詞節中で]: *It is a pity that* he ~ miss such a golden opportunity. 彼がこういう絶好の機会を逸するのは惜しいことだ / *I regret* [*am sorry*] *that* he ~ be so weak. 彼があんなに弱いのは気の毒だ / *It is strange that* you ~ not know it. 君がそれを知らないとは不思議だ / *I wonder* such a man as he ~ commit an error. あんな男が失策をしたのかなあ / *It is natural that* he ~ have refused our request. 彼がわれわれの要求を拒んだのは当然だ / *It is not necessary that* I ~ be there. 私がそこへ行く必要はない / *It is unlikely that* you ~ have any just ground of complaint. 君に不平の正当な理由があろうとは思われない / *It is surprising that* he ~ have been so foolish. 彼があんなに間抜けであったとは驚く / *It seems odd that* we ~ meet here again. ここで再会するとは不思議なことだ. ★ 主節は ah, oh, to think などに短縮されたり全く省略される場合がある: *To think* [*Ah, Oh*] it ~ come to that! それがそんな羽目になろうとは / *That* he ~ think me capable of it! 私がそんなことをやりかねないなんて彼が考えるとは. **b** [発議・意向・決定・命令などを示す主節に続く名詞節中で]: It was proposed that we ~ act at once. すぐ行動すべしと提案された / It was determined that he ~ write his letters first. 彼がまず手紙を書くという取り決めであった / The king gave orders that the prisoner ~ be set free. 王は囚人を放免せよと命令した. ★《米》ではこの場合普通 should を用いないで仮定法現在の形にする: The king gave orders that the prisoner be set free. **c** [lest に続く従節で]《文語》: I stayed in *lest* I ~ catch cold. 風邪を引かないように[引くといけないから]家にいた / You must work hard *lest* you ~ fail. 落第しないように大いに勉強しなさい. ★ 米語用法については ⇨ lest. **d** [as if, as though, rather than (that) に続く従節で]: This hat looks *as if* it ~ have something under it. この帽子の下には何かがあるみたいだ / *Rather than* (*that*) he ~ suffer, I will go myself. 彼が苦しむくらいなら私自身が行きます. **e** [時間の副詞節で, 主節が過去の場合]《文語》: She stayed there until the storm ~ cease. 嵐がやむまでそこにいた.

no better than one should be ⇨ better[1] *adj.* 成句.

should·a [ʃúdə]《米俗》should have の縮約形.

shoul·der [ʃóuldə | ʃə́uldə(r)] 〘OE *sculdor* ← (WGmc) **skuldr-* (G *Schulter*) ← ?〙 — *n.* **1 a** (人間の)肩; 肩甲関節: sloping [square] ~*s* なで肩[角張った肩] / a stiff ~ 肩凝り / dislocate [put out] one's ~ 肩の骨をはずす / open one's ~*s* 肩を張る;〘クリケット〙〈打者が〉自由に打つ / look over the ~ 肩越しに見る / ⇨ SHRUG one's shoulders / clap [tap] a person on [upon] the ~ 人の肩をたたく《慣れ慣れしい動作》. **b** (動物の)肩《前足と胴の付け根の部分》. **c** (衣服の)肩(の部分). **2** [*pl.*] **a** (荷を背負う両肩と上背部の)背(せ), 上背部: round ~*s* ねこ背. **b** (重荷を負う)体, 体力 (cf. back[1] 8); (責任を負う)肩, 双肩: have broad ~*s* 肩幅が広い; 重荷[重任, 重税など]に耐える / His ~*s* are broad enough to bear the responsibility [blame]. 彼は十分に責任[責め]が負える / shift the blame [responsibility] on to other ~*s* 他人に責め[責任]を移す[転嫁する] / fall on one's ~*s* 双肩にかかる / lay the blame on the right ~*s* 責めるべき人を責める / take something upon [on] one's (own) ~*s* 事を一身に引き受ける / The task rests on the ~*s* of students. この仕事は学生の双肩にかかっている. **3 a** (羊や子牛の)肩肉《前脚または前身部》: ⇨ lamb, mutton[1], veal 挿絵》: a ~ of mutton. **b** ショルダー《獣皮の肩部》. **4 a** 肩に似た部分. **b** (山・盛土などの)肩《頂上近くのスロープ》. **c** (びん・弾丸・弦楽器などの)肩. **5**〘軍事〙「になえ銃(つつ)」の姿勢: come to the ~ になえ銃をする. **6**〘築城〙肩角《bastion の前面と側面との角》. **7**〘印刷〙 **a** (活字の)肩 (cf. side bearing; ⇨ type 挿絵). **b** (鉛版などの周囲の)斜面縁. **c** (線画凸版などで, 画線や画点の)側面, 側壁. **8**〘製本〙=ridge 6. **9**〘土木〙 **a** 路肩(ろかた)《道路の縁の部分; 車の通行・待避などのための余裕を目的とする》: ⇨ soft shoulder, hard shoulder. **b** 胴付き《ほぞの根元回りの平面》. **c** ショルダー《空港の滑走路・誘導路・エプロンの舗装に接続する部分》. **10**〘海事〙肩《船体の中央部から船首に向かって船幅が一定の区間の終わりの場所; そこから船首に向かう間は先細りになる》. **11**《俗》〘サーフィン〙(波の)肩《浜辺でくだける波の静かな部分》.

cry on a person's shoulder (同情を呼ぶために)自分の苦労を訴える. ***give*** [***show, turn***] ***the*** [***a***] ***cold shoulder*** ⇨ cold shoulder. ***head and shoulders*** ⇨ head 成句. ***over the left shoulder*** =*over the* LEFT[2]. ***put*** [***set***] ***one's shoulder to the wheel*** 一肌ぬぐ, 力を尽くす, 精を出してする (work hard). ***rub shoulders*** 〔...と〕肩と肩をすり合わせる; 接触する; 交際[協力]する 〔*with*〕. ***shoulder to shoulder*** (1) 肩と肩と触れ合って, 肩を並べて; 密集して: sit ~ *to* ~ under trees 木の下で肩を並べて坐る. (2) 互いに協力して: go ~ *to* ~. ***(straight) from the shoulder*** (1) 〈打撃など〉いやというほど, こたえるほど, 容赦なく, まっこうから. (2) 率直に, 包み隠すことなく.

— *vt.* **1** かつぐ, 肩に負う: ~ one's rucksack / ~ arms ⇨ arm[2] 成句. **2** 双肩にになう, 〈責任などを〉引き受ける, 〈負担などを〉受け持つ: ~ a task 仕事を引き受ける / ~ the expense 費用を負担する. **3** 肩で押す[突く]: ~ a person aside 人を肩で押しのける / ~ one's way through a crowd 群衆を肩で押し分けて進む. **4** ...と肩を並べて立つ. — *vi.* **1** 肩で押す; 肩で押し分けて進む. **2** 肩を並べて進む.

shóulder àrm *n.* =shoulder weapon.

shóulder bàg *n.* ショルダーバッグ.

shóulder bèlt *n.* **1** ショルダーベルト, 肩掛けベルト, 肩帯《安全のため肩から斜めにかける自動車のシートベルト》. **2** =shoulder harness.

shóulder blàde 〘ME〙 *n.*〘解剖〙肩甲骨 (scapula).

shóulder bòard *n.*〘軍事〙(軍人の階級を示す)肩章; (特に) =shoulder mark.

shóulder bòne *n.*〘解剖〙=shoulder blade.

shóul·dered 〘ME: ⇨ -ed 2〙 — *adj.* **1** 肩に負うた[になった]: stand ~ になえ銃(つつ)の姿勢を取る, に

なえ銃をする. **2** [複合語の第2構成素として] …の肩をもった: broad-*shouldered* 肩幅の広い.

shóulder gìrdle *n.* 〘解剖〙肩帯(⇨ pectoral girdle).

shóulder gùn *n.* =shoulder weapon.

shóulder hàrness *n.* (自動車用)肩掛け安全ベルト《肩から腰部にかけて体の前で斜十文字に交差し, シートベルトと併用される; shoulder belt ともいう》.

shóulder hèad *n.* 〘印刷〙肩見出し《左欄外に字下げをしないで組んだ章節用の小見出し; cf. head 12 b》.

shóulder-hígh *adv., adj.* 肩の高さまで(ある).

shóulder-jòint *n.* 肩甲関節.

shóulder knòt *n.* **1** 肩飾り《17–18 世紀に上流男性が用いたもの, また従僕や馬丁が定服に, 女性や子供が服の飾りに用いたもの; リボン・ブレード・レースで作られた》. **2** 〘軍事〙(金銀モールを組んだ将校の)正装用肩章.

shóulder lòop *n.* 〘軍事〙(陸軍・空軍・海兵隊将校および准尉の平常服の)肩台《肩の付け根に縫い付け, えりもとのボタンで止める布片で, その上に階級章をつける》: a ~ insignia (肩台)肩章.

shóulder màrk *n.* 《米》〘軍事〙(海軍士官の)肩章《肩にとりつけ内側の端を金ボタンで止める堅い布片で, その上に階級章をつける; shoulder board ともいう》.

shóulder nòte *n.* 〘印刷〙肩注.

shóulder-of-mútton sàil *n.* 〘海事〙長三角帆 (leg-of-mutton sail)《ヨットのスピネーカ類似の帆》.

shóulder-pàd *n.* (衣服の肩のところに入れる)パッド.

shóulder pàtch *n.* 〘米軍〙=shoulder sleeve insignia.

shóulder·pìece *n.* **1** (昔の)肩当て, 肩ぎぬ. **2** (よろいの)肩当て, 肩札(㊄), じゃばら肩 (cf. *Exod.* 28: 7).

shóulder slèeve insìgnia *n.* 〘米軍〙 **1** (陸軍の師団[軍団, 軍]・空軍の航空団または特に認可された部隊に所属することを示すため軍服の左肩の縫目の下につける)袖章. **2** (実戦期間中の海外勤務を示すために右袖につける)袖章.

shóulder stràp **1** (ドレス・スカート・ズボンなどの)つりひも, 肩つり; (カメラなどを肩からつるすための)つりひも. **2** 〘軍事〙 **a** 《米》肩章《礼装の肩につけた金モールのふち付きの布片で, これに金色または銀色に刺繍(㊄)した階級章がつく; 現在では海軍はこれを shoulder mark に替え, 陸軍は青色の礼装上衣にこれを使うだけ》. **b** =shoulder loop.

shóulder wèapon *n.* (発射時に台尻を肩にあてて発射する)肩撃ち火器《shoulder gun, shoulder arm ともいう》.

should·est [ʃúdɪst, -dəst] *auxil. v.* =shouldst.

should·na [ʃúdnə] 《スコット》should not の縮約形.

should·n't [ʃúdnt] 《口語》should not の縮約形.

shouldst [ʃədst, ʃùdst, ʃúdst] *auxil. v.* 《古》should の第二人称単数形: Thou ~…. =You should ….

shout [ʃáut] 〘(1375) *shoute(n)* ← ?: cf. ON *skūta* 'to SCOUT[2]' & *skjōta* 'to SHOOT[1]'〙 **—** *n.* **1** 叫び《喜び・悲しみ・苦痛・賛成・不賛成・挑戦または注意を促す》, 叫び声; 大声; 悲鳴; (群衆の)歓喜, 歓呼; 喝采: ~*s* of applause [derision] 喝采[あざけり]の大声 / raise [set up] a ~ 叫ぶ, どなる; 喚声をあげる / give a ~ of warning 大声で警告する, 危いぞと叫ぶ / with a ~ 叫びながら. **2** 《豪口語》(叫んで)酒などを同席の人々に注文する番, おごる番(treat); おごりの酒 (free drink): stand (a) ~ 一座の人々におごる / It is my ~. 私がおごる番だ, それは私のおごりだ. **3** 〘音楽〙(ジャズで)声を張った歌い方; (トランペットなどの)吹き方; 同様な演奏スタイル (shouting style). **—** *vi.* **1 a** 叫ぶ, 大声で呼ぶ: ~ *out* 絶叫する / ~ *for* help [a waiter] 大声で助けを求める[給仕を呼ぶ] / ~ *to* [*for*] a person *to* come 人に来いと叫ぶ (cf. 1 b). **b** 大声を出す, どなる, 大声でしゃべる: You have to ~ *to* make him hear. どならなければ彼には聞こえない. / ~ *at* a man 人に向かって大声を出す, 人をどなりつける, 人を冷やかす / ~ *at* a person *to* stop 人にどなってやめさせる (cf. 1 a). **c** (喜び・悲しみなどで)大声をあげる, はやしたてる, 喝采する: ~ with laughter 大声で笑う / ~ with pain 苦しくて悲鳴をあげる / ~ with [for] joy 歓呼する, 歓声をあげる. **2** 《米》(賞賛・抗議などのために)大声でふれる[宣伝する]: have plenty to ~ *about* 喧伝すべき点が多々ある / ~ *for* a candidate 候補者に声援を送る[を大いに支持する]. **3** 《豪口語》酒[食事]をおごる (treat): He ~*ed for* us all. 我々皆におごってくれた. **—** *vt.* **1 a** …を[と]叫んで言う, …を[と]どなって言う: ~ approbation 賛成と叫ぶ / ~ (*out*) one's orders 大声で命令する / ~ insults *at* each other 互いに大声で罵りあう / "Help!" he ~*ed*. 「助けてくれ」と彼は絶叫した / I ~*ed* (*at* them) *that* it was dangerous. 危険だぞと私は(彼らに向かって)叫んだ. **b** 大声でふれる; 〈品物を〉呼び売りする: The conductor ~*ed* the station. 車掌が大声で駅の名前を言った. **c** [副詞・形容詞を伴って] …に叫んで〈ある状態に〉させる: ~ a person *down* 大声を出して人の言うことをわからなくする, 人を黙らせる / ~ *up* a boy 大声でボーイを呼びつける / He ~*ed* himself hoarse. 彼は声をからして叫んだ. **2** 《豪口語》酒[食事]を〈人〉におごる; 人に〈酒などを〉おごる.

shóut·er *n.* 〘宗教〙[S-] 西インド諸島の黒人の間にみられる宗教的一派の人《アフリカの宗教儀式に似た儀式を行なう》.

shóut·ing [-tɪŋ | -tɪŋ] 〘ME〙 **—** *n.* 叫び(声), 歓呼, 喝采: within ~ distance 大声で呼べば聞こえる所に, ごく近くに.

All is over but* [*bar*] *the shouting. 勝負はついた《後は喝采だけ》.

shove [ʃʌ́v] 〘OE *scūfan* < Gmc *skeuban* (G *schieben*) ← IE *skeub-* to shove: cf. shovel〙 **—** *vt.* **1** (後から)押す, 押して動かす: ~ a boat with a pole さおで舟を押す. **2 a** (乱暴に)押す, 突く; 押しやる, 押しのける, 突きのける: ~ everybody *aside* 皆を(横に)押しのける / ~ a person *over* a cliff 人を崖から突き落とす / ~ a book *across* the desk *to* him 机の上をすべらせて本を彼の方へやる / ~ a bill *through* the House ごり押しして法案を下院に通す / He ~*d* open the door. ドアを押し開けた. ★ しばしば push と対になって用いられる: commuters *pushing* and *shoving* in the train 電車の中で押し合い圧(㊄)し合いする通勤客. **b** [~ one's way [oneself] として] 強引に押し進む: ~ one's *way through* a crowd 人込みを押しのけながら進む / He ~*d himself into* society. 強引なやり方で社交界に伸(㊄)し上がった. **c** 《口語》置く, 突っ込む; 〈着物を〉着る. ★ put の代わりに用いられるが, ぞんざいな意味が加わる: *Shove* it *in* your pocket. ポケットに入れておきたまえ / ~ something *down on* paper 紙へ何か書きなぐる / ~ a book *back on* the shelf 本を無造作に本棚に戻す / ~ one's clothes on 着物を引っかける. **3** 〈いやなことを〉押しつける: ~ a job *off to* a person 仕事を人に押しつける. **4** 〘石工〙(正しい目地で積まれるように)〈煉瓦を〉押しつける. **—** *vi.* 押す, 突く, 押し進む: If you pull, I'll ~. 君が引っ張れば私が押す / ~ *past* a person 人を押しのけて進む / *Shove over*, please. 少し(席を)詰めて下さい.

shove** a person **around 《口語》人をあちこちへ使い立てる, こき使う (order about). ***shove off*** (1) (さおで岸を押して)船を出す. (2) 《口語》(退屈またはいらいらして)去る, 出かける (leave).

— *n.* 押し, 突き (push, thrust): give a person [project] a ~ 人を押してやる[計画を支援する].

shóved jóint *n.* 〘石工〙=push joint.

shóve-hálfpenny *n.* 《英》銭(㊄)あて《テーブルの上でコインか円盤を一方の端から親指か手のひらで押し出し, 向こうの端で点をとるゲーム; シャフルボード (shuffleboard) の原型》.

shóve-há'penny *n.* 《英》=shove-halfpenny.

shóve jòint *n.* 〘石工〙=push joint.

shov·el [ʃʌ́vəl] 〘OE *scofl* ← Gmc *skuƀ-ilōn-* ((M)Du. *schoffel* / G *Schaufel*) ← IE *skeub-*: ⇨ shove〙 **—** *n.* **1** (雪・土・石炭などをすくう)シャベル, スコップ. **2** =power shovel: ⇨ steam shovel. **3** シャベル1杯(分) (shovelful). **4** 《口語》=shovel hat. **5** 〘時計〙(時計旋盤用の)ラップ仕上げ工具.

— *v.* (**shov·eled, -elled; -el·ing, -el·ling**) **—** *vt.* **1** シャベルですくう, シャベルですくい取る: ~ *away* the snow. **2** シャベルで掘る[かく]: ~ a path シャベルで道をつける. **3** (シャベルですくうように)大量に投げ入れる: ~ food *into* one's mouth がつがつ食う, 食物をかき込む. **—** *vi.* シャベルを使う.

shóvel·bìll *n.* 〘鳥類〙=shoveler 2.

shóvel·bòard 〘《変形》← 《廃》*shove-board*: ⇨ shove, board〙 *n.* **1** 《古》=shove-halfpenny. **2** = shuffleboard 1.

shóv·el·er [-v(ə)lə | -lə(r)] 〘(15C)〙 **—** *n.* **1** シャベルですくう人; すくい道具[器械]. **2** 〘鳥類〙ハシビロガモ (*Anas clypeata*)《平たくて広いくちばしを有する淡水に生息するカモの一種》.

shov·el·ful [ʃʌ́vəlfùl] *n.* (*pl.* ~**s, shov·els·ful**) シャベル1杯(分).

shóvel hàt *n.* (主に英国国教会の牧師が用いる)黒のフェルト帽.

shóvel·hèad *n.* 〘魚類〙 **1** =bonnethead. **2** =flathead catfish.

shóvelhead càt *n.* 〘魚類〙=shovelhead 2.

shóvelhead shàrk *n.* 〘魚類〙=shovelhead 1.

shóv·el·ler [-v(ə)lə | -lə(r)] *n.* =shoveler.

shóvel·nòse *n.* シャベル状の鼻または面をもった動物の総称: **a** 〘鳥類〙=shoveler 2. **b** 〘魚類〙=shovelnose shark; shovelnose sturgeon.

shóvel-nòsed *adj.* 鼻[頭, くちばし]が広く平らな.

shóvelnosed dúck *n.* 〘鳥類〙=shoveler 2.

shóvelnose shárk *n.* 〘魚類〙シャベル状の面をもったサメの総称: **a** カグラザメ属のサメの一種 (*Hexanchus corinus*). **b** シュモクザメ《シュモクザメ科のサメの総称》. **c** サカタザメ (guitarfish).

shóvelnose stúrgeon *n.* 〘魚類〙米国 Mississippi 川産の吻(㊄)が幅広く扁平なチョウザメ科の魚 (*Scaphirhynchus platorhynchus*)《hackleback ともいう》.

shóvel·wèed *n.* 〘植物〙=shepherd's purse.

show [ʃóu | ʃə́u] 〘v.: OE *scēawian* to look (at), see < (WGmc) *skauwōjan* (G *schauen*) ← IE *keu-* 'to see, HEAR' (L *cavēre* to beware (⇨ caveat) / Gk *koeîn* to observe). — n.: (*a*1325) ← (v.)〙 **—** *v.* (**showed; shown** [ʃóun | ʃə́un], **showed**) **—** *vt.* **1 a** [しばしば間接目的語, 目的語+*doing* を伴って] 見せる, 示す: ~ one's hand [cards] (トランプで)手の内を見せる; 自分の計画[意図]を示す / *Show* your tickets, please! 切符を拝見します / She ~*ed* me some pictures [some pictures *to* me]. 私に絵を何枚か見せてくれた / I was ~*n* a specimen. =A specimen was ~*n* (*to*) me. 私は見本を見せてもらった / *Show* me where your arm hurts. 腕のどこが痛むのか見せてごらんなさい / The photograph ~*s* the children playing. 写真には子供たちが遊んでいるところが写っている. **b** 〈布地・衣服・色などが〉現わす, 示す (reveal): ~ signs of wear (使い古されて)いたんでくる / This color will not ~ dirt. この色ならよごれが目立たないでしょう / That dress ~*s* your slip. そのドレスでは(短か過ぎて)スリップが見える. **c** [~ *oneself* で] 出席[臨席]する; 現われる: He did not ~ *himself* at the party. パーティーに出席しなかった / His fear ~*ed itself* in his speech. 話す言葉にも恐怖が現われていた.

2 a 〈動物・草花などを〉(共進会などに)出品する (enter); 〈絵・彫刻などを〉展示する (exhibit); 〈品物を〉陳列する (display); 〈家・アパートなどを〉売る[貸す]ために見せる (open): ~ dogs, roses, etc. / ~ paintings, sculpture, etc. / ~ a house [an apartment] 家[アパート]を公開する / Stores are ~*ing* new bathing suits. どの店も新しい水着を陳列している[売り出し中だ]. **b** 〈映画・芝居などを〉上映[上演]する: ~ a movie [play] / ~ a Chaplin film チャップリンの映画を上映する.

3 a (外見・態度などに)〈感情・性質などを〉表わす, 示す (evince): ~ one's feelings 感情を顔に表わす / ~ a noble spirit 心の気高いことを示す / He ~*s* no sign of intelligence. 知性のかけらもない / His bearing ~*ed* a mind at ease. 態度から心がくつろいでいる様子がうかがえた / His face ~*ed* surprise. 彼の顔は驚きの表情を見せていた. **b** [~ *oneself* で; 目的補語を伴って] 〈…が〈…の性質であることを〉証明する (prove): He ~*ed himself* a reliable man. =He ~*ed himself* (*to* be) reliable. 身をもって頼もしい男だということを証明した.

4 (指し)示す, 表示する (indicate); 記録する (register): The signpost ~*s* the way to London. 道標はロンドンへ向かう道を指している / The thermometer ~*s* ten below zero. 温度計は零下10度を示している / The balance sheet ~*ed* a profit [loss]. 損益勘定は黒字[赤字]だった / The record ~*s* him *to* have worked hard. 記録によると彼は勤勉家であったことがわかる.

5 a 〈道・場所などを〉(指して)教える (point out): I will ~ you the way. 道をお教えしましょう (cf. 5 b, 6 a) / ~ the sights of a town *to* a person (地図などで)人に町の名所を教えてやる. **b** [しばしば前置詞付きの句または副詞を伴って]案内する, …の供をする, 通す, 送って行く (guide, conduct): ~ (a person) the way (人に)同行して道案内をする (cf. 5 a, 6 a) / ~ a person *to* a seat [the door] 人を席へ案内する[玄関まで見送る] / ~ a person *into* a room [*out of* a house] 人を部屋に通す[家から送り出す] / ~ a person (*a*)*round* [*over*] (a city) 人に(町を)案内して[見せて]回る / ~ a person *in* [*out*] 人を中へ通す[外に送り出す].

6 a [*wh*-clause, 目的語+*wh*-clause, 目的語+*wh*-word+*to* do, 二重目的語を伴って](言葉または実地に)説明する (explain), 教え(て見せ)る (demonstrate): I will ~ you. 教えてあげましょう; 今に思い知らせてやる / Don't just tell me how; ~ me. どうやるか口で言うだけでなく実地に示して下さい (cf. show-me) / *Show* me the way. やり方を教えて下さい (cf. 5 a, b) / The diagram ~*s how* it works. 図はそれがどのように動くかを示している (cf. show-how) / I ~*ed* him *why* he ought to go. なぜ行く必要があるのか彼に説明してやった / He ~*ed* me *how to* do it. それのやり方を私に教えてくれた. **b** [*that*-clause, *wh*-clause, 目的語+*to* do, 目的語+*that*-clause, 目的語+*wh*-clause を伴って] 証明する, 明らかにする (prove): ~ its falsity =~ *that* it is false =~ it *to* be false それが偽りであることを証明する / It ~*s how* little you know. それで君の無知のほどがわかる / I will ~ you *that* it is very foolish [*how* foolish it is]. それが実に馬鹿げたものであること[いかに馬鹿げたことであるか]を君にはっきりと示してやろう.

7 〈好意などを〉与える, 示す (grant), 〈親切などを〉尽くす: ~ favor / ~ mercy *on* a person 人に慈悲を示す / ~ a person kindness =~ kindness *to* a person 人に親切にしてやる.

8 〘法律〙申し立てる (allege, plead): ~ cause 理由を主張し証明する.

— *vi.* **1 a** 見える, 現われる; 目立つ, わかる: The scar hardly ~*s* now. 傷あとは今ではほとんどわからない / Anger ~*ed* in his face. 怒りの色が彼の顔に現われた / The buds are just ~*ing*. 芽が出かけている / Your slip is ~*ing*. スリップが見えてますよ / He works hard and it ~*s*. 彼は勤勉だがそれがよくわかる. **b** [副詞語句・形容詞を伴って] (どう)見える: ~ to advantage 引き立って見える / The sky ~*ed* red. 空が赤く見えた. **2** 《口語》(期待通り)顔を見せる, 現われる, やってくる (appear): He failed to ~. とうとう姿を見せなかった. **3** 《口語》 **a** 〈映画などが〉上映[興行]される: What is ~*ing* there? そこでは何が掛かっていますか. **b** 〈俳優が〉公演をする. **c** 商品[作品]を展示する, 展示会を開く. **4** 《米》(競馬などで)上位三着内に入る (cf. place[1] *vi.* 2).

go to show 《口語》[しばしば it を主語として] (1) 論点の正しさを証明する: *It* all [just] *goes to* ~. つまりそれで証明された, それで決まった. (2) 〈…であることを〉証明することになる 〈*that*〉. ***show down*** (ポーカーで)持札を全部見せる. ***show** (one's) **face** [one's **head**, 《戯言》one's **nose**]* 顔を見せる, 顔出しする, 現われる. ***show forth*** 《古》明示[誇示]する; 公表[宣言]する. ***show off*** (*vt.*) (1) 引き立てて, よく見せる: This dress will ~ *off* your figure admirably. このド

レスはあなたの姿を見事に引き立てるでしょう. (2)(自慢して)見せる, (虚栄心から)見せびらかす: ～ *off* one's daughter 娘を自慢して見せる / ～ one's new car *off* to others 人に新車を見せびらかす. (*vi.*) 力量[技能, 富など]を見せびらかす (cf. show-off). ***show a person the door*** ⇨ door 成句. ***show through*** すけて見える (cf. *show-through*): The scratches ～ *through* (the paint). かすった跡が(ペンキの下から)すけて見える / His German accent still ～*s through.* ドイツ語なまりがまだ消えない. ***show up*** (*vi.*) (1) 〈しわ・ひび・欠点・本性などが〉はっきり現われる, 目立つ, はえる (stand out): ～ *up* well against …を背景にして際立って見える / Her wrinkles ～ *up* in the light. 明るい所ではしわが目立つ. (2)《口語》姿を現わす, 顔を出す (turn up): ～ *up* late for the party パーティーに遅れてやって来る. (*vt.*) (1)〈不正・欠点・無能・ぺてん師などを〉あばく, 暴露する (expose); 正体をあばいて(…だと)証明する〔*as, for*〕/〈*to* be〉(cf. showup): ～ *up* a fraud [an impostor] 詐欺[詐欺師]をあばく / ～ a person *up to* be a blackguard 人の正体をあばいて悪党と決めつける / He was ～*n up as* [*for*] a fake. いかさま師の化けの皮がはがされた. (2)《口語》〈人を〉しのぐ, にまさる (outdo): Work hard or he'll ～ you *up.* 一生懸命やらないと彼に負けてしまうぞ. (3)《英口語》〈人に〉恥しい思いをさせる (shame): Please don't ～ me *up* in public. 人前に出たら私の恥になるようなことはしないで下さいよ. ***to show for*** [通例否定構文で] …に対して示すに足る: have *nothing to* ～ *for* one's efforts 努力を証明するに足る成果がなにもない.

—— *n.* 1 a 見せる[示す]こと, 顕示 (display): vote by (a) ～ of hands (賛否の)挙手をする / make a ～ of force 武力を誇示する / He greeted me with a great ～ of cordiality. 非常な歓迎の意を表して私を迎えてくれた. **b** 見せびらかし (ostentation); 見栄, 虚飾 (vain pomp): make a ～ of one's learning 学問を見せびらかす / She is fond of ～. はで好みだ, 見栄を張るのが好きだ. **2** [しばしば形容詞的に] **a** 展覧会, 共進会, 品評会: a flower [cattle, dog, motor] ～ / a one-man ～ of watercolors 水彩画の個展 / not up to ～ standards 展覧会(など)に出す標準には達しない / be on ～ 展覧[陳列]してある. **b** 見せ物, 野外劇 (pageant); 行列 (procession): the Lord Mayor's *Show* ロンドン市長就任披露行列. **c**《口語》興行, 芝居, 映画, 出し物, ショー; ショーの一座: a musical [radio, television] ～ / a traveling ～ 旅のサーカス(団) / ～ people ショーに携わる人々 / go to a ～ ショーを見に行く / ⇨ dumb show, leg show, road show, variety show, showboat, show business, show girl, showman. **3 a** 注目の的になるもの[人]. **b** 見もの, 景観, 景色 (spectacle): a fine ～ of blossom 美しい花のながめ. **c** つまらぬやつ, 恥さらし, 笑い草: make a ～ of oneself いい恥をかく, 物笑いになる. **4 a** 外見, 外観 (outward aspect); 様子, 風 (appearance): in outward ～ 外観は, うわべ(だけ)は / make a fine [sorry] ～ 見ばえがよい[悪い] / There is some ～ of reason in his remarks. 彼の言い分にはもっともらしいところがある. **b** 見せかけ, ふり, 装い (pretence); 〔…するらしい〕様子 (attempt)〔*of doing*〕: put on a ～ ふりをする, 芝居する / make a (great) ～ *of being* interested in it (懸命に)それに関心があるようなふりをする / deceive a person under a ～ of friendship 友情を装って人をだます. **5 a** 痕跡, 徴候, 模様 (trace, indication): I don't see the slightest ～ of bud as yet. まだつぼみらしいものさえ見えない. **b** (鉱物・石油などの存在を示す)しるし, 徴候 (sign): a ～ of gold in mine [oil in a well] 鉱山に金[油井に石油]が存在することを示すしるし. **6**《口語》機会, (腕をためすまたは弁解の)好機 (chance): stand [have] a ～ (わずかに)可能性[見込み]がある / give a person a (fair) ～ 人に(よい)機会を与える / I've no ～ of trying. やってみる折がない. **7**《口語》物, 事 (matter, affair); 企て, 事業 (undertaking, business); 団体, 機関 (organization): I'm sick of the whole ～. 万事がいやになった / The party was a dull ～. パーティーはつまらなかった / The present Government is rather a poor ～. 現内閣はちょっと貧弱だ. **8**《口語》すること, 行なうこと (performance); 出来ばえ: put up a good [poor] ～ 立派にやってのける[へたにしくじる] / Good ～!《英》うまい, 素敵, 結構 / Bad [Poor] ～!《英》まずいな, だめだ, いけないね. **9**《米》**a** (競馬などで)三着 (third place) (cf. win[1] 3, place[1] 15 a ★). **b** 三着払いの複勝式勝馬投票. **10**〖軍事〗戦闘, 交戦 (action); 戦闘部隊. **11**〖医学〗(陣痛や月経の前ぶれの出血.

boss [***run***] ***the show***《口語》牛耳る, 采配(さい)を振る, 取り仕切る. ***for show*** (実用は抜きにして)見せるための[に]; 見せびらかしの[に], 見栄を張るための[に]. ***get*** [***put***] ***the show on the road***《口語》仕事に取りかかる, 活動などを始める. ***give the show away***《口語》(1) 見せ物の種をあかす. (2) =*give the* GAME[1] *away.* ***steal*** [***walk off with***] ***the show***《口語》(1)〈脇役が〉芝居[ショーなど]の人気をさらう. (2) 大当たりを取る, 一番注目を浴びる, 勝つ, まさる. ***stop the show*** (***cold***)〖何回もアンコールに答えて後続の出し物がずっと遅れることから〗《口語》(興行などで)大受けに受ける. ***the greatest show on earth*** 史上最大のショー《サーカス (circus) のこと》.

shów bìll *n.* 広告びら, ポスター.

shów bìz *n.*《口語》=show business.

shów·bòat *n.* **1** 演芸船, ショーボート《舞台設備のある河川用汽船で, 乗り組んでいる役者を使って停泊地で芝居興行をする; Mississippi 川のものは有名》. **2**《米俗》見せびらかす人, 人目につきたがる人 (show-off). **—— *vi.***《米俗》見せびらかす (show off).

shów·brèad *n.*〖ユダヤ教〗=shewbread.

shów bùsiness *n.* (演劇・映画など)演芸業, 芸能業, ショービジネス: be in ～.

shów càrd *n.* 広告プラカード; 広告びら.

shów·càse *n.* **1** (ガラス張りの)陳列箱, 陳列だな, ショーケース. **2** (物を最上に見せるための)展示, 陳列 (display). **3** 物を試験的に見せるための場所[手段]: This theater is a ～ for rising talent. この劇場は新人タレントの試演の場である.

shów·dòwn *n.*《口語》**1** (事実・計画などの)暴露, 公表, 公開; 最後的段階, どたん場; 対決: when it comes to a ～ いよいよということになると. **2**〖トランプ〗(ポーカーで)公開勝負《持札を全部見せて勝負を決定すること》.

show·er[1] [ʃáuə | ʃáuə(r)] 〖OE *scūr* < (WGmc) **skūra, *skūrō* (G *Schauer*) ← ? IE **kēwero-* north (wind) (L *caurus* northwest wind) // *(*s*)*keu-* to cover (⇨ sky)〗 **—— *n.* 1 a** 驟雨(しゅうう), にわか雨《短時間で終わるもの, または強弱の変化する降雨をさす; 英国の雨にこれが多い; 「夕立ち」もこれに入る》: be caught in a ～ にわか雨に会う / March winds and April ～*s* bring forth May flowers. 3月の風と4月のにわか雨は5月の花を咲かせる. **b** (みぞれ・あられ・雪などの)にわか降り. **c**〖天文〗流星雨. **d**〖地球物理〗宇宙線の雨 (cosmic-ray shower). **2 a** (涙・火花・弾丸・花火などの雨を思わせる)多量の落下, 雨: a ～ of bullets 弾丸の雨. **b** 〔…の〕洪水〔*of*〕: a ～ *of* questions [invitations, presents] 質問[招待, 贈物]の洪水. **3**《米》(花嫁への)祝い品贈呈会, 贈物パーティー《shower party ともいう》. **4** シャワー(浴); シャワー装置《shower bath ともいう》: take a ～ シャワーを浴びる. **—— *vt.* 1** にわか雨でうるおす, …に水を注ぐ. **2**〈弾丸などを〉雨のように降らせる[注ぐ]; 〈贈物などを〉惜しげなく与える: ～ gifts [affection, questions] *on* [*upon*] her 彼女に贈物をたくさん贈る[愛情をあふれるほど注ぐ, 質問を浴びせる] / ～ her *with* kisses 彼女をキス攻めにする. **3** [～ *oneself* で] シャワーを浴びる. **—— *vi.* 1** にわか雨が降る: It ～*ed* all afternoon. 午後いっぱい, にわか雨が降った / Rain ～*ed* down. にわか雨が降った. **2** 雨のようにくる: Fan letters ～*ed on* him. ファンレターが彼のところにどっとやってきた. **3** シャワーを浴びる.

show·er[2] [ʃóuə | ʃóuə(r)] 〖OE *scēawere* spectator: ⇨ show, -er[1]〗 *n.* 示す人[物].

shówer bàth *n.* =shower 4.

shówer gàte *n.*〖金属加工〗雨堰(あめぜき), 雨湯口, 千本湯口《鋳造の時, 溶湯を一様に鋳型に注入するために小孔をたくさんつけた堰; pencil gate, pop gate ともいう》.

shówer pàrty *n.*《米》=shower 3.

shówer·pròof *adj.* 〈織物・衣服など〉(にわか雨程度の濡れを防ぐ)防水の (cf. rainproof, waterproof).

show·er·y [ʃáu(ə)ri | ʃáuəri] *adj.* **1** にわか雨の(ような): ～ spray of waves 波しぶき. **2** にわか雨がちな, にわか雨の多い: a ～ season, region, etc. / ～ weather 驟雨がちの天気. **3** にわか雨を降らせる: a ～ cloud. **shów·er·i·ness** *n.*

shów·fòlk *n.* [集合的] 興行人(達), 芸能人.

shów gerànium *n.*〖植物〗=Martha Washington geranium.

shów gìrl *n.* ショーガール《ミュージカルやナイトショーの舞台ではでな衣装を着て, 演技より容姿本位のコーラスガール》.

shów glàss *n.*《英》=showcase.

shów-hòw 〖← SHOW (v.)+HOW[1]〗 *n.* ショーハウ《技術上の方法[手順]の実証; cf. know-how》.

shów·ing 〖OE *scēawung*: ⇨ show, -ing[1]〗 **—— *n.* 1** (事実・実状などを)見せる[示す]こと, 表示 (presentation): a bad financial ～ 悪い財政状態の現われ. **2 a** 展示(会), 展覧(会) (exhibition, show): a ～ of new fashions ニューファッション展示会. **b** (芝居・映画などの)上演, 上映, 公開: the first ～ of a film before the public 映画の封切. **3** 見ばえ, 外観, 体裁 (appearance); 出来ばえ, 成績: make a good [bad] ～ 体裁[成績]がよい[悪い], 立派に[まずく]やる / on present ～ 現在の様子からすれば, 現状から推すと. **4** 主張, 申し立て: on [by] one's own ～ みずから主張[弁明]したところによれば[よって], 当人の言い分によれば[よって]. **5** (鉱物・石油などの存在を示す)岩石標本《showpiece ともいう》. **6** 広告ポスター, びら; [*pl.*; 集合的に] (販路に十分行き渡るだけの)宣伝ポスター.

shów-jùmping *n.*〖馬術〗障害飛越(競技)《規定の順序に従い, 所定時間内に次々と障害を飛び越してその技とスピードを競う》.

shów·man [-mən] *n.* (*pl.* **-men** [-mən, -mèn]) **1** 見世物師, (サーカスなどの)興行人. **2** 興行的手腕[腕前, 才能]のある人; 物を効果的に見せることのできる人, 演出のうまい人.

shówman·shìp *n.* 興行師としての腕前; 興行術, 「ショーマンシップ.

shów-me *adj.* 証拠を見せろと言い張る; 猜疑(さいぎ)的な, 疑い深い (skeptical): a ～ attitude.

Shów Me Stàte *n.* [the ～] 米国 Missouri 州の俗「称.

shown 〖ME *schawenn*〗 *v.* show の過去分詞.

shów-òff *n.* **1** 見せびらかし, 誇示 (pretension, display). **2** 見せびらかす人, 自慢屋 (exhibitionist).

shów·pìece *n.* **1** 展示品, 出品物; (展覧用の)名作, 逸品, 白眉. **2** =showing 5.

shów·plàce *n.* **1** 名所《見物人のために公開した美しい建造物・庭園など》. **2** ショー・展示などの行なわれる場所.

shów·ròom *n.* 展示室, 陳列室, ショールーム.

shów·stòpper *n.*《口語》ショーストッパー《演技を一時中断するほどの熱狂的な拍手喝采をうける演技・せりふ・歌・役者など》.

Shów Súnday *n.*《英》**1** Oxford 大学創立記念祭 (Commemoration) 直前の日曜日《その夜にもとはパレードなどの催しがあった》. **2** (芸術家の)展覧会搬入日の前の日曜日.

shów-thròugh *n.* **1** 透き通し《紙が薄いためか半透明のために印刷が裏に透けて見えること》. **2** (紙の)透き通し度, 不透明度.

shów-trìal *n.*〖法律〗世論に好印象を与えるために意図された裁判, 民衆裁判.

shów·ùp *n.*《口語》暴露, すっぱ抜き; 摘発 (cf. SHOW「*up*) (*vt.*) (1).

shów wìndow *n.* (店の)陳列窓, ショーウインドー.

show·y [ʃóui | ʃə́ui] 〖《1712》: ⇨ show, -y[4]〗 **—— *adj.*** (**show·i·er**; **-i·est**) **1** 目立つ, はでな, はなやかな, 華美な (striking): ～ flowers. **2** 大げさな, けばけばしい, はでな (gaudy): one's ～ dress. **show·i·ly** [ʃóuili, ʃóuə- | ʃə́uɪli, -əli] *adv.* **shów·i·ness** *n.*

shówy cráb àpple *n.*〖植物〗カイドウズミ (*Malus floribunda*)《ばら色の花が咲くバラ科のカイドウの一種; Japanese crab ともいう》.

shówy órchis *n.*〖植物〗北米産ラン科ハクサンチドリ属の一種 (*Orchis spectabilis*)《花が美しく観賞用》.

shp, s.h.p.《略》〖機械〗shaft horsepower.

shpt.《略》shipment.

shrank 〖OE *scranc*〗 *v.* shrink の過去形.

shrap·nel [ʃrǽpnəl, -nl] 〖《1804》← *H. Shrapnel* (1761-1842: 英国の陸軍将校でその発明者)〗 **—— *n.*** (*pl.* ～) **1** [集合的にも用いて] 榴(りゅう)散弾 (case shot): a piece of ～ 榴散弾片. **2** [集合的] 榴散弾片; (弾丸・爆弾・地雷の)破片. 「*n.*〖建築〗=jerkinhead.

shréad·hèad [ʃréd-] 〖← *shread* (《変形》↓)+HEAD〗

shred [ʃréd] 〖*n.*: OE *scrēade* ← (WGmc) **skraud-* (G *Schrot* chips) ← IE *(*s*)*ker-* to cut (⇨ shear): cf. shroud, scrutiny. —*v.*: OE *scrēadian* ← *scrēade*〗 **—— *n.* 1** (板・布などの切り取られた)細長い切れ, 切れ端; 一片, 断片 (strip, fragment): tear into ～*s* 寸断する / without a ～ of clothing on 一糸もまとわずに / in ～*s* and tatters ぼろぼろになって, ぼろを着て / My nerves are in ～*s*. 神経はずたずたになっている《すっかり参っている》. **2** [通例 a ～ of として; 否定文で] わずか, ほんの少し (bit): We have *not a* ～ *of* evidence for it. それに対して少しの証拠もない / be left *without a* ～ *of* reputation 名声が全く地に落ちる. ***tear to shreds*** (1) ずたずたに裂く. (2) 破壊する, やっつける (destroy): *tear* an argument *to* ～*s* 議論を完膚なきまでにやっつける.

king [**thing**] **of shreds and patches** (ぼろをまとった)国王らしくない国王; (雑色の服を着た)哀れな奴 (cf. Shak., *Hamlet* 3. 4. 102; W. S. Gilbert, *The Mikado* 1).

—— *v.* (**shred·ded, shred; shred·ding**) **—— *vt.* 1** ずたずたに裂く[切る], 寸断する. **2**《古》切断する, 切る. **—— *vi.*** ずたずたになる[裂ける].

shréd·da·ble *adj.*

shréd·der *n.* **1** (野菜の)おろし金, おろし器. **2** (不用になった書類などを細く切る)シュレッダー; 破砕機.

shréd·ding *n.* **1** 寸断すること; 寸断された切れ. **2**〖建築〗面戸(めんど)板《軒の垂木(たるき)の間の隙間をふさぐ板》.

Shreve·port [ʃríːvpɔət, -pɔət | -pɔːt] 〖← *H. M. Shreve* (1785-1854: 米国の発明家)〗 *n.* 米国 Louisiana 州北西部, Red River 河畔の都市; 人口 182,000.

shrew [ʃrúː] 〖OE *scrēawa* shrewmouse ← Gmc **skraw-* ← IE *(*s*)*ker-* to cut (⇨ shear)〗 **—— *n.* 1** がみがみ女, 口やかましい女, じゃじゃ馬 (termagant): ⇨ The Taming of the Shrew. **2**〖動物〗トガリネズ《ミアフリカ・ヨーロッパ・アジア・南北アメリカに生息するトガリネズミ科の小型で口が長くとがり, ネズミに似た動物の総称; ミズトガリネズミ (common shrew) など; shrewmouse ともいう》. ★ ラテン語系形容詞: soricine.

shrewd [ʃrúːd] 〖《*c*1303》: ⇨ ↑, -ed 2〗 **—— *adj.*** (～**-er**; ～**-est**) **1 a** 賢い (sagacious); 鋭い, 鋭敏な, 洞察力のある (astute, penetrating); 抜け目のない (keen-witted): a ～ observer 鋭敏な観察者 / make a ～ guess うがった推測をする / a ～ politician 抜け目のない政治家 / He is ～ in business matters. 商売のことには抜け目がない. **b** 〈顔など〉賢そうな: a ～ face. **2**《古》〈苦痛・寒気など〉鋭い (keen), 刺すような, 酷烈な (biting): a ～ knock [blow] 痛打[撃]. **3**《古》意地悪な (malicious), がみがみ言う (shrewish); いたずらな (naughty): a ～ wench がみがみ言う娘っ子 / have a ～ tongue 意地の悪いことを言う. **4**《廃》悪い, よくない (wicked, bad); 狡猾(こうかつ)な, ずるい (artful); 不吉な (ominous). **～·ly** *adv.* **～·ness** *n.* 「者.

shrewd·y [ʃrúːdi | -dɪ] *n.*《俗》抜け目のない人, 利口

shrew·ish [ʃrúːɪʃ] 〖《*c*1375》: ⇨ shrew, -ish[1]〗 *adj.* 意地悪の (malicious); じゃじゃ馬の, 手に負えない (in-

tractable). **~·ly** *adv.* **~·ness** *n.*
shréw mòle *n.* 〘動物〙 **1** ミミヒミズ《中国などに生息するモグラ科ミミヒミズ属 (*Uropsilus*) の動物の総称》. **2** アメリカヒミズ (*Neurotrichus gibbsii*)《米国・カナダの西岸に生息する灰色がかった黒色のモグラ》. **3** ヒミズモグラ (*Urotrichus talpoides*)《日本にすむ小型のモグラ》. 「2.
shréw·mòuse *n.* (*pl.* **shréw·mìce**) 〘動物〙 ＝shrew
Shrews·bur·y [ʃrúːzb(ə)ri, ʃróuz-, -bèri | ʃráuzb(ə)rɪ, ʃrúːz-] 〘OE *Scrobbesbyriġ*《原義》'*Scrobb's* BURG' ← *Scrobb*《原義》a gruff person: cf. Fris. *scrob* brushwood: ⇨ shrub¹〙 ── *n.* イングランド Salop 州の首都; 人口 86,000 (cf. Salopian).
Shréwsbury Schòol *n.* イングランド Salop 州にある public school《1552 年の設立; cf. Salopian *n.* 2, *adj.* 2》.
shriek [ʃríːk] 〘《?*a*1200》*s(c)hrike(n)*: cf. ON *skrækja*: SCREECH と二重語〙 ── *vi.* **1** きゃっと言う[叫ぶ, 笑う], 金切り声を出す〈*out*〉: a ~*ing* heading あっと言わせるような見出し / ~ *with* laughter [pain] きゃっきゃっと大声で笑う[苦しくて悲鳴をあげる]. **2** 〈楽器・笛などが〉高く鋭い音を出す, 〈風が〉ぴゅうぴゅう鋭い音をたてる. ── *vt.* 金切り声で言う: ~ defiance 金切り声でいどむ / ~ curses at a person 人に金切り声で毒づく. ── *n.* **1** きゃっという叫び声[笑い声], 金切り声: give [utter] a ~ きゃっと言う, 悲鳴を上げる. **2** きーきー言う音. **~·er** *n.* 「長官] (sheriff) の.
shrie·val [ʃríːvəl] 〘← SHRIEVE+-AL¹〙 *adj.* 保安官[州
shrie·val·ty [ʃríːvəlṭi, -vl̩- | -tɪ] 〘《1502》: ⇨ ↑, -ty²: cf. royalty〙 *n.* 《英》州長官 (sheriff) の職[権限, 任期].
shrieve [ʃríːv] 〘《異形》← SHERIFF〙 *n.* 《廃》＝sheriff.
shrift [ʃríft] 〘OE *scrift* ← *scrīfan* 'to SHRIVE': ⇨ -t³〙 ── *n.* 《古》(聖職者に対してする)懺悔(ざんげ), 告解; (懺悔に対して課する)苦行 (penance); 懺悔による赦罪 (absolution): ⇨ short shrift.
shrike [ʃráɪk] 〘OE *scrīc* thrush《擬音語》〙 ── *n.* 〘鳥類〙 **1** モズ《モズ科の, 特にモズ属 (*Lanius*) の鳥類の総称; 一般に速贄(はやにえ)を立てる習性がある; cf. butcherbird 1》. **2** [限定詞を伴って] モズ科の鳥類に類似した鳥の総称《アリモズ (antshrike) など》.
shrill [ʃríl] 〘《?*a*1300》*shrille(n)*《擬音語》: cf. LG *schrell* / G *schrill* / OE *scrallettan* to shrill〙 ── *vi.* 鋭い音[金切り声]を出す, ひゅーひゅー鳴る. ── *vt.* 金切り声で歌う[言う]. ── *n.* 金切り声 (shrill sound). ── *adj.* (**~·er**; **~·est**) **1 a** 金切り声の, きーきー言う, かん高い: a ~ cry, whistle, etc. **b** 金切り声をあげる[伴う]: ~ gaiety きゃっきゃ言う陽気さ / a ~ scene きゃっきゃ言う大騒ぎ. **2** 《古・詩》強烈な, 鋭い, つんざくような (keen, piercing): a ~ light. **3** 〈苦痛・感情などの表情が〉大げさな; 耳ざわりな, 辛辣(しんらつ)な, 意地悪な (strident): ~ anger, criticism, etc. ── *adv.* 《古》＝shrilly. **~·ness** *n.*
shríll-vóiced *adj.* 金切り声の. 「り声で.
shril·ly [ʃríl(l)i | ʃríli] 〘《1582》: ⇨ ↑, -ly¹〙 *adv.* 金切
shrimp [ʃrímp] 〘《1327》*schrimpe* ← ? Gmc *skrimp- (MLG *schrempen* to shrink, wrinkle) ← IE *(s)kerb(h)- to bend (Welsh *crwn* crooked, arched)〙 ── *n.* (*pl.* ~, ~s) **1** 〘動物〙 **a** 小エビ, シュリンプ《主にヨーロッパ産エビジャコ属 (*Crangon*) など食用小エビの総称; cf. prawn, lobster 1》. **b** [しばしば限定詞を伴って] アミ (mysid), オキアミ (euphausid) など shrimp に似た甲殻動物の総称: ⇨ brine shrimp. **2** [軽蔑的に] いじけた小さい人[物]; ちび, こびと (dwarf); 取るに足らない人. ── *vi.* 小エビを取る, 小エビ取りをする. ── *attrib. adj.* **1** 〈食物が〉小エビ入りの: ~ salad. **2** 小エビの[取り用の, 売買の]: a ~ girl 小エビ売り娘.
shrímp bòat *n.* 〘航空〙シュリンプボート《航空管制官が個々の航空機の動きを追うためにレーダーのスクリーンに現われた影像の近くに置くプラスティックの小片》.
shrímp·er *n.* **1** 小エビ取り(人). **2** 小エビ取り船.
shrímp·fìsh *n.* 〘魚類〙シュリンプフィッシュ《米国東部からハワイにかけて浅い海にすむヘコアユ科の魚類の総称; 胴体は扁平で甲は透明》.
shrímp·ish [-pɪʃ] *adj.* 小さい, つまらない (puny).
shrímp plànt *n.* 〘植物〙コエビソウ, ベロペロネ (*Beloperone guttata*)《熱帯アメリカ原産マツネノマゴ科の白い花が咲く低木; 観賞用で花序がエビの尾のようになる》.
shrine [ʃráɪn] 〘OE *scrīn* ▭ L *scrīni-um* box, case: ⇨ scrinium〙 ── *n.* **1** 箱形聖遺物入れ, 聖骨[聖遺物]入れ箱 (reliquary). **2** (聖人などの遺物や遺骨を祭った)聖堂; 廟(びょう), 宮, 社(やしろ), (日本の)神社. **3** (特殊な歴史的事実や連想によって神聖視されている)聖地, 霊場, 霊地: the ~ of liberty [art] 自由[芸術]の聖地[発祥地]. ── *vt.* **1** 聖物安置所[ほこら, 社]に奉納する[祭る] (enshrine). **2** 《古》…に聖物安置所[聖堂]を備える.
Shrin·er [ʃráɪnə | -nə(r] 〘⇨ ↑, -er¹〙 ── *n.* 友愛結社 (Ancient Arabic Order of Nobles of the Mystic Shrine) の一員《フリーメーソン団の補助団体で友愛・健康・慈善事業に当たる》.
shrink [ʃríŋk] 〘OE *scrincan* ← Gmc *skrink- (MDu. *schrinken*) ← IE *(s)ker- to turn, bend: cf. shrimp〙 ── *v.* (**shrank** [ʃrǽŋk], **shrunk** [ʃrʌ́ŋk]; **shrunk**, **shrunk·en** [ʃrʌ́ŋkən]) ── *vi.* **1 a** (熱・湿気・洗濯などで)縮む, つまる (contract): Unseasoned wood is apt to ~. 乾いていないと木材は縮みやすい / Flannel ~*s* in the wash. フランネルは洗濯すると縮む. **b** (料理で)重さ[実質]が減る: Meat ~*s* in cooking. 料理すると肉が小さくなる. **c** 〈価値・資源などが〉少なくなる, 減る (lessen): Our resources are gradually ~*ing*. われらの資源はだんだん減っていく / His property *shrank* almost to nothing. 彼の資産はほとんどなくなってしまった. **2** (寒さ・恐怖などで)身を縮める, 縮み上がる (recoil): ~ *in* horror 恐怖で縮み上がる / ~ *with* cold 寒さで身を縮める. **3** (本能的に)避ける (avoid); 〔…から〕しりごみする, 後ずさりする, ひるむ (draw back, flinch) 〔*from*〕: ~ *from* danger [responsibility] 危険[責任]からしりごみする / ~ back *from* the heat of the fire 炉の熱を避けて後ずさりする / ~ away *from* a person 人を避ける / I rather ~ *from* meeting him. 彼には何だか会いたくない. ── *vt.* **1 a** 〈織物などを〉縮ます, 収縮させる, つまらせる: Soap will ~ woolen goods. 石けんで洗うと毛織物は縮む. **b** (水洗い・湯通しなどによって)〈布地を〉防縮する, 〈毛織物を〉縮充する. **2** 小さくさせる, 縮こまませる; 減らす: Summer has *shrunk* the streams. 夏で川の水がかれた. **3** 《古》〈手などを〉引っ込める. **4** 《廃》〈肩を〉すくめる (shrug). **5** 〘機械・金属加工〙熱いうちに〔…に〕とりつけて後急速に冷却する〔*on to*〕/〈*on*〉.
shrink into oneself しり込みする, 遠慮する.
── *n.* **1** しりごみ, 縮み上がり (recoil). **2** ＝shrinkage. **3** 〈女性が着る〉ベストの一種. **4** 〘cf. headshrinker〙《俗》精神科医. 「る: a ~ fabric.
shrink·a·ble [ʃríŋkəbl] *adj.* 縮みやすい; 収縮でき
shrink·age [ʃríŋkɪdʒ] *n.* **1** 縮み, つまり, 収縮 (contraction). **2** 小さくなること, 減少: a ~ in values [in the water supply] 価値の減少[水道の減水]. **3** (家畜の)原重量と加工製肉重量との差. **4** 収縮量; 減り
shrínkage rùle *n.* ＝contraction rule. ∟高.
shrínk·er *n.* **1** 縮ませるもの. **2** しり込み[遠慮]する人. **3** ＝shrink 4.
shrínk·ing 〘ME〙 *adj.* しりごみする, いやがる (reluctant); 引込み思案の, 臆病な (timid). **~·ly** *adv.*
shrínking víolet *n.* 《口語》内気な人; 恥ずかしがり屋.
shrínk·próof *adj.* 〈布など〉(洗っても)縮まない, 防縮
shrínk rúle *n.* ＝shrinkage rule. ∟の.
shrínk-wràp *n.* (薄いプラスティックフィルムの)収縮包装. ── *vt.* …に収縮包装をする. **~·ping** *n.*
shrive [ʃráɪv] 〘OE *scrīfan* < (WGmc) *skriban to write, prescribe (penance) (G *schreiben* to write) ▭ L *scrībere* to write: ⇨ scribe〙 ── *v.* (**shrived**, **shrove** [ʃróuv | ʃráuv]; **shriv·en** [ʃrívən], **shrived**) 《古》 ── *vt.* **1 a** …の懺悔(ざんげ)を聴く. **b** 懺悔を聴いて〈人〉に免罪を言い渡す; 〈人〉に罪滅ぼしの苦行を言いつける. **2** 赦罪する. ── *vi.* **1** 〈司祭が〉懺悔を聴く. **2** 告解をする(ために行く), 司祭に罪を告白する.
shriv·el [ʃrívəl] 〘《1565》← ? ON: cf. Swed.《方言》*skryvla* to wrinkle〙 ── *v.* (**shriv·eled**, **-elled**; **-el·ing**, **-el·ling**) ── *vi.* **1** しわがよる (wrinkle); しなびる, しぼむ (wither), 縮む, 小さくなる (contract) 〈*up*〉. **2** 無力になる, だめになる. ── *vt.* **1** しわをよらせる (shrink), 縮ませる (contract); しなびさせる, しぼませる (wither). **2** 無力にする, だめにする.
shriv·en 〘OE *ġescrifen*〙 *v.* 《古》shrive の過去分詞.
shroff [ʃrɑ́(ː)f, ʃrɔ́(ː)f | ʃrɔ́f] 〘▭ Hindi *ṣarrāf* ▭ Arab. *ṣarrāf* money changer ← *ṣárafa* to exchange〙 ── *n.* **1** (極東の)銀行家 (banker), 両替屋. **2** (中国の)貨幣鑑定人. ── *vt.* 〈貨幣を〉検査する, 見分ける, 鑑定する. ── *vi.* 貨幣鑑定をする.
Shrop·shire¹ [ʃrɑ́pʃɪə, -ʃə | ʃrɔ́pʃə(r, -ʃɪə(r] 〘OE *Scrobbesbyriġscīr*《原義》'the SHIRE with SHREWSBURY as its head'〙 ── *n.* イングランド中西部の Salop 州の 1974 年までの旧名.
Shrop·shire² [ʃrɑ́pʃɪə, -ʃə | ʃrɔ́pʃə(r, -ʃɪə(r] 〘↑〙 *n.* シュロップシャー《イングランド原産無角の肉用品種の羊》.
shroud [ʃráud] 〘*n.*: OE *scrūd* garment ← Gmc *skrūð- ← IE *(s)ker- to cut (⇨ shear): cf. shred. ── *v.*: 《*a*1325》← (n.)〙 ── *n.* **1 a** (埋葬用の)白布, 経帷子(きょうかたびら) (winding sheet): wrap a dead body in a ~ 死体に(埋葬用)白布を着せる. **b** (牛肉につけるモスリンの)白い布. **2 a** おおう物, おおい, 幕, とばり: a ~ of snow, rain, etc. / wrapped in a ~ of mystery [secrecy] 神秘[秘密]の幕に包まれて. **b** (宇宙船を発進の熱から守るための)グラスファイバーのおおい. **3** [通例 *pl.*] 《英》(London の St. Paul's Cathedral の)地下室. **4** 《廃》保護, 庇護 (protection). **5** [通例 *pl.*] 〘海事〙横静索, シュラウド《マストのいただきから両舷側に張った支索; ⇨ deadeye 挿絵》. **6** 〘航空〙シュラウド《落下傘(さん)の装具を傘体につるひも; shroud line ともいう》. **7** 〘機械〙 **a** かこい板《水車の一対をなす輪形の一方の側板; shroud plate ともいう》. **b** (非金属歯車の歯などの)補強板. ── *vt.* **1 a** 〈死体〉に(埋葬用)白布[経帷子]を着せる. **b** 〈牛肉〉に白いモスリンの布をかける. **2** おおい隠す, おおう, 見えなくする, 包む: be ~*ed in* mist 霧に包まれる / be ~*ed in* mystery 神秘に包まれている. **3** 《廃》隠す; 守る. **4** 《英方言》〈木の枝を〉切る (trim): ~ off the lower boughs 下枝を切り落とす. **5** 〘機械〙〈水車〉にかこい板をつける. ── *vi.* 《古》隠れる.
shróud·ing 〘ME〙 *n.* 〘機械〙＝shroud 7 a.
shróud knòt *n.* 〘海事〙同じ太さの索を平行に結ぶ時や, シュラウド (shroud) を互いに結び合わせるような時に使う結び方.
shróud-làid *adj.* 〘海事〙〈綱が〉右撚(よ)りの索 4 本を麻心の周りに左撚りにした: a ~ rope.
shróud·less *adj.* **1** 埋葬用白布を着ていない. **2** おおわれない, 曇らない.
shróud lìne *n.* 〘航空〙＝shroud 6.
shróud plàte *n.* 〘機械〙＝shroud 7 a.
shrove 〘OE *scrāf*〙 *v.* 《古》shrive の過去形.
Shróve Mónday 〘《15C》〙 *n.* 〘キリスト教〙懺悔月曜日《灰の水曜日 (Ash Wednesday) 直前の月曜日》.
Shróve Súnday 〘《15C》〙 ── *n.* 〘キリスト教〙懺悔日曜日 (Quinquagesima)《灰の水曜日 (Ash Wednesday) 直前の日曜日; カトリックでは「五旬節(の主日)」, 聖公会では「大斎前第一主日」》.
Shrove·tide [ʃróuvtàɪd | ʃráuv-] 〘《*a*1400》*schroftyde* ← *schrof-* (⇨ shrive)+TIDE¹〙 ── *n.* 〘キリスト教〙懺悔季節《灰の水曜日 (Ash Wednesday) 直前の 3 日間; 昔は四旬節 (Lent) を迎えるために懺悔と赦罪が行なわれた; 南欧諸国では carnival の季節》.
Shróve Túesday 〘《*a*1500》〙 ── *n.* 〘キリスト教〙懺悔火曜日《灰の水曜日 (Ash Wednesday) 直前の火曜日; 翌日から四旬節 (Lent) にはいるので昔からこの日は遊び楽しむ日であった; この日に pancake を食べる風習から Pancake Day, Mardi Gras ともいう》.
shrub¹ [ʃrʌ́b] 〘OE *scrybb* brushwood ← Gmc *skrub- rough plant ← IE *sker- to cut〙 *n.* 低木, 灌木(かんぼく)《俗に bush; cf. tree》. **~·lìke** *adj.*
shrub² [ʃrʌ́b] 〘《1747》▭ Arab. *šarāb* drink, beverage: cf. sherbet〙 *n.* シュラブ《レモンなどの果汁に砂糖やラムなどの酒を入れた飲料》: rum ~.
shrub·ber·y [ʃrʌ́b(ə)ri | -bəri] 〘《1748》← SHRUB¹+-ERY〙 *n.* **1** [集合的] 低木[灌木(かんぼく)]林. **2** (公園などの)低木[灌木]の植込み[生け垣].
shrub·by [ʃrʌ́bi | -bɪ] 〘《1540》: ⇨ shrub¹, -y⁴〙 ── *adj.* (**shrub·bi·er**; **-bi·est**) **1** 低木[灌木]の; 低木状の (scrubby). **2** 低木[灌木]の多い, 低木の茂った. **shrúb·bi·ness** *n.*
shrúbby cínquefoil *n.* 〘植物〙キンロバイ, キンロウバイ (*Potentilla fruticosa*)《黄色い花が咲くバラ科の低木; 北半球の代表的な高山植物; golden hardhack, hardhack ともいう》.
shrúb róse *n.* 〘園芸〙シュラブ ローズ《高さ 2 m 程度で, 叢性を示すバラの一群, 株バラと蔓バラの中間的性状をもつ; cf. bush rose, climbing rose》.
shrug [ʃrʌ́g] 〘《*a*1400》*shrugge(n)* to shiver, shrug ← ? ON (cf. Dan. *skrugge* to duck the head)〙 ── *v.* (**shrugged**; **shrug·ging**) ── *vt.* **1** (不快・絶望・驚き・疑惑・冷淡などを表わして)〈両肩を〉すくめる: ~ one's shoulders. **2** 両肩をすくめて…を表わす: ~ one's aversion 両肩をすくめて嫌悪を示す. ── *vi.* (両)肩をすくめる.
shrug away 振り捨てる, 無視する (throw off). ***shrug off*** (1) 無視する (disregard), 見くびる (minimize): ~ *off* the problem. (2) 振り捨てる[払う] (shake off); …から抜ける[自由になる]: ~ *off* sleep. (3) やっとのおもいで[身をくねらせて]〈衣服を〉脱ぐ.
── *n.* **1** 肩をすくめること: give a ~ 肩をすくめる / with a ~ (of one's shoulders) 肩をすくめながら. **2** (ウエストライン位までの)短い上着《首のところでワンボタンで留め着たり脱いだりしやすいもの》.
shrunk 〘OE *scruncon* (pret.pl.): ↓〙 *v.* shrink の過去形・過去分詞.
shrunk·en [ʃrʌ́ŋkən] 〘OE *(ġe)scruncen* (p.p.)〙 *v.* shrink の過去分詞. ── *adj.* しなびた, 縮んだ (shriveled): a ~ face / ~ limbs しなびた手足.
sht. 《略》sheet.
shtetl [ʃtéṭl, ʃtéɪṭl | -tl] 〘▭ Yid. ~ (dim.) ← *shtat* city ▭ G *Stadt*〙 *n.* (*pl.* **shtet·lach** [ʃtétlɑːx, -lɑx], **~s**) (*also* **shtet·el** [~]) (東欧のもと)ユダヤ人村落共同体.
shtg. 《略》shortage.
shtick [ʃtík] 〘▭ Yid. *shtik* prank, caprice〙 ── *n.* (*also* **shtik** [~]) 《米俗》 **1** (ショーなどでの)こっけいな場面; お決まりの場面. **2** 注意をひく仕掛け. **3** 特徴, 異才.
shu [ʃúː; *Chin.* ʂù] 〘▭ Chin. ~〙 *n.* 恕(じょ)《己れの欲せざるところを人に施すなかれという儒教の中の孔子の教え》.
Shu [ʃúː] 〘▭ Egypt. *Šw*《原義》emptiness〙 ── *n.* 〘エジプト神話〙シュー《古代エジプトの大気の神; 時に大地神 Geb の上に立って双手を挙げ蒼穹(天空神 Nut) を支える姿に表わされる》.
shuck [ʃʌ́k] 〘《1674》← ?〙 《米》 ── *n.* **1** (トウモロコシ・南京豆・クリ・クルミなどの)皮 (husk), さや (pod), 殻 (shell). **2** 《米》(カキやハマグリの)殻 (shell); 幼虫の殻 (case of larva). **3** トウモロコシの皮に包んだたばこ. **4 a** [*pl.*] 無価値なもの: I don't care ~*s*. ちっともかまわない, どうでもいい / It's not worth ~*s*. 三文の値打ちもない. **b** 《俗》いんちき (fake), はったり, こけおどし (bluff). **c** 《米》[間投詞的に用いて] やっ, おやっ, まあ, ちぇっ《不快・後悔・じれったさな
light a shuck ⇨ light¹ *v.* 成句. ∟どを表わす》.
── *vt.* **1** …の皮[殻]を取る[むく]. **2** 〈カキ〉の貝殻を取る. **3** 〈上着などを〉脱ぐ, はぐ; 捨てる〈*off*〉. ── *vi.* 〔衣類を〕脱ぐ〔*out of*〕: ~ *out of* one's clothes.
~·er *n.*
shúck spràу *n.* 〘農業〙＝calyx spray.
shud·der [ʃʌ́də | -də(r] 〘《*a*1310》*shoddre(n)*, *shudere(n)* ▭ MLG *schōderen* ← Gmc *skud- to shake (⇨ quash¹): ⇨ -er⁴〙 ── *vi.* **1** (恐怖・寒さなどで)震える,

身震いする, 震えおののく (tremble, shiver). **2** (いやで)ぞっとする: ～ at the sight of [to see] …を見てぞっとする / ～ at the thought [to think] of …のことを考えてぞっとする. **—** *n.* **1** (恐怖・寒さなどによる)身震い, おののき: give a person (the) ～*s* 人に身震いさせる[ぞっとさせる]. **2** [the ～s] 身震いの発作.

shúd·der·ing [-d(ə)rɪŋ | -dər-] *adj.* **1** 震えて[身震いして]いる. **2** ぞっとさせる, ぞっとする(ような), 身震いさせる(ような): a ～ scene. **～·ly** *adv.*

shud·der·y [ʃʌ́d(ə)ri | -dərɪ] 〘⇨ -y[4]〙 *adj.* ぞっとさせる, 身震いさせる.

shuf·fle [ʃʌ́fl] 〘(1532) ▭ ? LG *schuffel-n* : ⇨ shove, -le[3]〙 **—** *vt.* **1 a** 〈足を〉引きずって歩く: ～ one's feet. **b** 小刻みのすり足で〈ダンスを〉踊る: ～ a waltz. **2 a** あちこちに動かす (shift) 〈*about*〉. **b** 〈着物・靴などを〉引っかける〈*on*〉. **3** 巧みに[ごまかして, うまく]まぎれ込ませる〈*in*〉/〔*into*〕; ごまかして取り出す〈*out* (*of*)〉: ～ the money *out of* sight その金をうまくかくしてしまう. **4 a** めちゃくちゃに[無差別に]まぜる〔*among, with*〕: ～ him *among* seniors 先輩たちの中に無差別にまぎれ込ませる. **b** 〘トランプ〙〈カードを〉切り混ぜる, 切る《カードを二分して左右の手で卓上に抑え, 親指で端を持上げてパラパラと, 交互に落とす方法が一般的》. **—** *vi.* **1 a** 足を引きずって[のろのろ, よろよろ]歩く〈*along*〉: ～ *along* rheumatically リューマチ患者のように足を引きずって歩く. **b** すり足で踊る. **2 a** 着物[靴など]を無器用[ぞんざい]に着る〔*into*〕/〈*on*〉: ～ *into* one's clothes. **b** 着物[靴など]を無器用[ぞんざい]に脱ぐ〔*out of*〕/〈*off*〉: ～ *out of* one's clothes. **3** ずるく割り込む[避ける], どうにか切り抜ける〈*in*〉/〔*out of, through*〕: ～ *out of* responsibilities うまく責任をのがれる / ～ *through* difficulties うまく困難を切り抜ける. **4** ずるいやり方をする, 言いまぎらす, ごまかす (equivocate). **5** 〘トランプ〙切り混ぜる.

shuffle off (*vt.*) (1) 捨てる, うっちゃる (thrust aside), 除く; 〈着物を〉脱ぐ: ～ *off* this mortal coil 人の世のわずらいをなくする, 死ぬ (cf. Shak., *Hamlet* 3. 1. 67). (2) 〈責任などを〉〔他人に〕移す, 転嫁する〔*upon, onto*〕: ～ *off* responsibilities *upon* [*onto*] others [someone else] 責任を他人に転嫁する. (*vi.*) (1) 足を引きずって立ち去る. (2) ⇨ *vi.* 2 b. ***shuffle the cards*** (1) トランプを切る. (2) 役割[政策]を変える.

— *n.* **1 a** 足を引きずり歩くこと, 引きずり歩き. **b** (ダンスの)すり足動作(の踊り方): double ～ 舞踏で片足を2度ずつ急に引きずる踊り方. **2** ごまかし, やりくり, 回避; 言い抜け (equivocation). **3 a** 混ぜ合わせ(ること). **b** 〘トランプ〙切り混ぜ; その番[権利]《bridge では親 (dealer) の向かい側の人》.

shúffle·bòard 〘《変形》← SHOVELBOARD〙 **—** *n.* **1** シャッフルボード《長い棒で点数のついた盤上に円盤を突く遊戯》. **2** ＝shovehalfpenny.

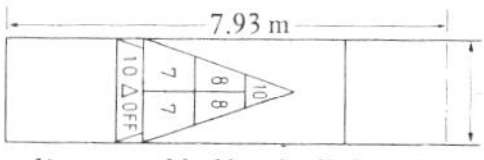

diagram of half a shuffleboard rink

shúf·fler [-flə, -flə | -flə(r, -flə(r] *n.* **1** 足を引きずって[よたよた]歩く人; すり足で踊る人. **2** ごまかす人, 小細工をする人. **3** トランプを切る人. **4** 〘鳥類〙＝scaup duck.

shúf·fling [-flɪŋ, -flɪŋ] *adj.* **1** 足を引きずる. **2** ごまかす, 言いつくろう.

shuf·ty [ʃʊ́fti | -tɪ] 〘← ? Arab.〙 *n.* (*also* **shuf·ti** [～]) 《英俗》一目, 一見 (glance).

shul [ʃúːl, ʃúːl] 〘▭ Yid. ～ ▭ MHG *schuol*(*e*) 'SCHOOL'〙 *n.* 〘ユダヤ教〙教会 (synagogue).

Shu·lam·ite [ʃúːləmàɪt] 〘← *Shulam* (▭ Heb. *šûlām*: イスラエルの村の名?) + -ITE[1]〙 *n.* 〘聖書〙シュラミの女《雅歌 (*Solom.* 6 : 13)》.

Shul·han A·ruk [ʃuːlxáːn-ɑːrúːx] 〘▭ Heb. *šulḥān ārúkh* 《原義》table set (in order) ← *šulḥān* table + *ārákh* to arrange〙 **—** *n.* 〘ユダヤ教〙タルムード学者 Joseph Caro (1488–1575) によって編纂されたユダヤ教の法および慣習 (cf. Mappah).

shul·war [ʃʌ́lwɑə | -wɑː(r] *n.* ＝shalwar.

shun [ʃʌ́n] 〘OE *scūnian* ← ? IE *(*s*)*keu-* to cover〙 **—** *vt.* (**shunned**; **shun·ning**) **1** (嫌悪・用心などのため)避ける, 忌避する (avoid), 遠ざける, …に近寄らない: ～ danger [evil company, vice] 危険[悪友, 悪徳]を避ける. **2** 《古》…から逃がれる. **3** 《古》予防する, 起こらぬようにする (prevent). **shún·ner** *n.*

Shun [ʃúːn; *Chin.* ʂùn] *n.* 舜(しゅん)《中国の伝説上の帝王; 先帝の Yao (堯)とともに善政の模範となった》.

'shun [ʃʌ́n] 〘《略》← ATTENTION〙 *int.* [号令] 気をつけ (Attention!).

shún·less *adj.* 避け難い (unavoidable): with ～ destiny (cf. Shak., *Corio* 2. 2. 116).

shún·pìke 《米》 *n.* 高速道路や有料道路を避けて通る裏道. **—** *attrib. adj.* 高速道路を避ける: a ～ tour. **—** *vi.* (田園風景を楽しむために)高速道路を避けてドライブする. **shún·pìk·er** *n.* **shún·pìk·ing** *n.*

shunt[1] [ʃʌ́nt] 〘(?*a*1200) *schunte*(*n*) to flinch, shy, run away ← ? *shune*(*n*) 'to SHUN'〙 **—** *vt.* **1** わきへ向ける, そらす (turn aside). **2** 〈問題〉の討議を回避する, 〈計画などを〉延期する, 握りつぶす (sidetrack); 除く. **3** 〘電気〙…に分路を造る[用いる], スイッチする. **4** 〘外科〙〈血流〉の短絡[シャント]を作る, 側路によって〈血流〉の方向を変える. **5** 〘鉄道〙〈車両を〉〔別の軌道に〕入れ換える (switch) 〔*to*〕. **—** *vi.* **1** わきへ寄る. **2** 往復する (shuttle): ～ between the two cities. **3** 〈列車などが〉転轍(てつ)する, 待避する; 貨車の入換えをする. **—** *n.* **1** わきへ向けること; 転換. **2** 〘鉄道〙転轍器 (railway switch). **3** 〘電気〙分路《電流回路の2点を導線で連結して作った別の電路; cf. bypass 3》. **4** 〘外科・解剖・病理〙(血流の)短絡, シャント; 吻(ふん)合《血管同志の連絡》.

shunt[2] [ʃʌ́nt] 〘← ?〙 *n.* (オートレースでの衝突などの)「事故」.

shúnt dýnamo *n.* 〘電気〙分巻(まき)直流発電機.

shúnt·er [-tə | -tə(r] 〘⇨ shunt[1], -er[1]〙 *n.* 《英》 **1 a** 転轍(てつ)手 (switchman). **b** 入換機関車. **2** さや取業者, 小相場師 (arbitrager).

shúnt mòtor *n.* 〘電気〙分巻(まき)電動機.

shúnt wínd·ing [-wáɪndɪŋ] *n.* 〘電気〙分巻(まき)巻線 (cf. series winding).

shúnt-wòund [-wáʊnd] *adj.* 〘電気〙分路連結の, 分巻式の (cf. series-wound).

shush [ʃʌʃ] 〘擬音語〙 *n.* しっという音. **—** *int.* しっ(hush!), 静粛に (be quiet!). **—** *vt.* …にしっと言う; 静かにさせる (hush). **—** *vi.* 黙る, 静かになる.

Shu·shan [ʃúːʃæn] *n.* Susa の聖書語名.

shut [ʃʌ́t] 〘*v.*: OE *scyttan* < (WGmc) **skuttjan* ← IE *(*s*)*keud-* 'to SHOOT[1]'. — adj.: 《1474》← (*i*)*s*(*c*)*het* (p.p.)〙 **—** *v.* (～; **shut·ting**) **—** *vt.* **1 a** 〈戸・窓・ふた・引き出しなどを〉締める, 閉じる (close) (↔ open): ～ a door, a window, a gate, a drawer, etc. / ～ the lid of a box / ～ the stable door after the horse is stolen 《諺》馬を盗まれてから馬小屋の戸を締める, 後の祭り, 「泥棒を見てなわをなう」/ ～ the door *against* [*on, to*] a person 人に締出し[門前払い]を食わす / ～ the door *in* a person's face 人の面前で戸を締める, 人を締め出す. **b** 〈部屋・家・店など(の戸)〉を締める〈*up*〉; 〈箱・入れ物・ピアノなど(のふた)〉を閉じる〈*up*〉: ～ a house 家の戸締りをする / ～ *up* a shop for the night (営業が終わって)夜の間店を閉める[しまう] (cf. *vt.* 5) / ⇨ *shut up* SHOP / ～ a box 箱にふたをする / ～ *up* a piano ピアノを閉じる. **c** 《廃》戸・窓などに〈掛け金を〉かける (bolt). **d** 〈目・口・耳などを〉閉じる; 〈心などを〉閉ざす: ～ one's teeth 歯をかみ合わす, 歯をくいしばる / ～ one's mouth 口を閉じる; 黙る, 口を割らない / ～ one's eyes [ears] *to* …に目[耳]を閉じる; …を見[聞い]て見[聞か]ぬふりをする / ～ one's mind [heart] *to* …を受けつけない, 承知しない, …に心を動かさない, 心をかたくなにする. **e** (物を閉めた時に)〈指・衣服などを〉はさむ: ～ one's dress in the door. **2** (障害物などで)〈出入口・通路などを〉ふさぐ, 閉鎖する: ～ a road *to* traffic 道路をふさいで交通を遮断する. **3 a** 〈人・騒音などを〉閉じ込める (confine) 〈*in, up*〉〔*into*〕: ～ noise *in* 騒音を外に出さないようにする / ～ oneself *in* 閉じこもる / ～ a bird *into* a cage 鳥をかごに閉じ込める / He has been ～ *in* by illness. 病気で家に引きこもっている (cf. shut-in) / ～ a criminal *up in* a prison 犯人を刑務所にぶち込む. **b** 締め出す, はいらせない (bar, exclude) 〈*out*〉/〔*from, out of*〕: ～ *out* rain [noise] 雨[騒音]がはいらないようにする / ～ a person *out* (*of* one's house) 人を(家から)締め出す / ～ *out* a person *from* one's circle 人を仲間はずれにする / ～ *out* idle thoughts *from* one's mind 雑念を去る. **4** 〈本・手・かさ・扇子・ナイフなどを〉閉じる, たたむ (fold): ～ a book, a fan, a knife, an umbrella, etc. / ～ one's hand 開いた手を握る / ～ the fist 手を握って拳骨をつくる. **5** 〈店・工場などを〉(一時)閉鎖する, 閉店[休業]する〈*down*〉(cf. shutdown): ～ a business, a factory, a mine, a university, etc. / ～ *down* a store for the winter 冬の間店をたたむ[休業する] (cf. *vt.* 1 b). **—** *vi.* **1** 締まる, 閉じる〈*down*〉: The door won't ～ [～*s* of itself]. 戸が締まらない[戸はひとりでに締まる] / The lid ～*s* (*down*) automatically. ふたは自動的に締まる / Some flowers ～ at night. 夜つぼむ花もある. **2** 〈店・工場などが〉(一時)仕事をやめる, 停業する〈*down*〉: The factory has ～ (*down*) from lack of orders. 注文が来ないので工場は操業を停止した. **3** 〈夜などが〉迫る〈*in*〉: Soon evening will ～ (*in*). もうじき日が暮れる.

be [***get***] ***shut of*** 《俗》…と縁が切れる, 関係がない: *be* ～ *of* robbing 盗みをやめる / *get* ～ *of* a person [one's debts] 人[借金]と縁を切る. ***shut away*** 隔離[分離]する (isolate), 閉じ込める: ～ oneself *away* in the country 田舎に閉じこもる / He was ～ *away* in the mountain. 彼は山中に隠れていた. ***shut down*** (*vt.*) (1) 締める: ～ *down* a window 引窓を降ろす. (2) ⇨ *vt.* 5. (3) 〈機械・エンジンなどを〉止める (stop). (*vi.*) (1) ⇨ *vi.* 1. (2) ⇨ *vi.* 2. (3) 〈霧・夜のとばりなどが〉降りる, たれ込める. (4) 《口語》〔…を〕やめさせる, 禁止する, 差し止める (suppress) 〔*on, upon*〕: ～ *down on* the press 新聞の発行を停止する. ***shut one's face*** [***head, trap***] 《俗》黙る: *Shut your face!* 黙れ. ***shut in*** (1) ⇨ *vt.* 3 a. (2) 囲む (enclose); さえぎる, 隠す, 見えなくする (cf. shut-in): ～ *in* the land 〈霧・島などが〉陸を隠す[さえぎる] / The house is ～ *in* by trees. 家は木に囲まれている[さえぎられて見えない]. ***shut off*** (*vt.*) (1) 〈ガス・水道・電気などを〉切る, 止める; 〈流れ・供給などを〉止める; 〈蛇口・ホース(の水)などを〉止める; 〈道路を〉遮断する (cf. shutoff). (2) 〈機械・モーターなどを〉止める. (3) 切り[引き]離す (separate): a village ～ *off* by mountains *from* the world 山脈によって外界から隔絶された村 / It is nice to be ～ *off from* pressure of work. 仕事の重圧から開放されるのはいいものだ. (*vi.*) 止まる, 停止する. ***shut out*** (1) ⇨ *vt.* 3 b. (2) 見えないようにする, さえぎる: ～ *out* a view / Clouds ～ the moon *out*. 雲が月をさえぎった. (3) 《米》〘スポーツ〙得点を妨げる, 零敗させる, 完封する, シャットアウトする (cf. shutout): We ～ them *out* 10–0. 相手を10対0で完封した. (4) 〘トランプ〙(bridge で) シャットアウトする, だますヤの《飛躍的に高いビッド (bid) をして相手(時にはパートナー)のビッドを封じる; cf. PREEMPTIVE bid, stop bid》. ***shut the door*** ⇨ door 成句. ***shut to*** [to は *adv.*] (*vt.*) 締める: ～ a door [box] *to*. (*vi.*) 締まる. ***shut up*** (*vt.*) (1) ⇨ *vt.* 1 b. (2) ⇨ *vt.* 3 a. (3) 〈物を〉しまい込む: ～ *up* a diamond ring *in* the safe ダイヤの指輪を金庫に保管する. (4) 《口語》〈人を〉黙らせる, 沈黙させる. (5) 《古》終える, 終結する (conclude). (*vi.*) [しばしば命令形で] 話す[書く]のをやめる, 黙る: *Shut up!* 黙れ.

— *n.* **1** 閉じること; 終止(時): at ～ of day 夕暮に. **2** 鍛接線. **—** *adj.* 締めた, 閉じた, 閉鎖した (closed) (↔ open): a ～ door / with ～ eyes 目を閉じて / The door is ～. 戸は締まっている.

shút·dòwn *n.* **1** (工場などの)(一時)休業, 操業停止. **2** 活動[機能]停止.

shút-èye 〘⇨ shut (adj.)〙 *n.* 《俗》睡眠, 眠り (sleep).

shút-ìn *adj.* **1** 《米》(家・病院などに)引きこもった, こもりっきりの, 寝たきりの. **2** 取り囲まれた (enclosed): a narrow ～ valley. **3 a** 引っ込み思案の, 内気な (withdrawn). **b** 〘精神医学〙独居性の, 孤独癖の. **—** *n.* **1** 《米》病弱で外出できぬ人, 寝たきりの人[患者]. **2** (谷の)狭い囲まれた部分.

shút·òff *n.* **1** 切ること, 切断, 遮断. **2 a** 切止めるもの, 切止め器; 栓, 口 (valve, stopper). **b** (水の流れを調節する)消火ホースの筒口《shutoff nozzle ともいう》. **3** 禁猟期.

shút·òut *n.* **1** 締出し; 工場閉鎖 (lockout). **2** 〘スポーツ〙(野球などの)シャットアウト(ゲーム), 完封; 零敗(戦): pitch a ～ 〈投手が〉完封する.

shút-òut bíd *n.* 〘トランプ〙＝PREEMPTIVE bid.

shut·ter [ʃʌ́tə | -tə(r] 〘(1542): ⇨ shut, -er[1]〙 **—** *n.* **1** 閉じる人[物]. **2** よろい戸, 雨戸, シャッター: take down the ～*s* シャッター[よろい戸, 雨戸]をあける / put up the ～*s* シャッター[よろい戸, 雨戸]を締める; (夜になって, または永久に)店を閉じる. **3** 〘音楽〙(パイプオルガンで音量調節するために音管の前面につけられた)扉. **4** 〘写真〙シャッター: ⇨ blind shutter, focal-plane shutter / release a ～ シャッターを切る. **—** *vt.* **1** …のシャッターを締める. **2** 〈窓〉に戸[よろい戸, 雨戸]をつける, 〈オルガン・カメラ〉にシャッターを付ける. **3 a** 〈店を〉閉じる. **b** 〈眼を〉閉じる.

shútter·bùg 〘⇨ ↑, bug[1] (n. 4)〙 *n.* 《俗》(極めて熱心な)しろうとカメラマン[写真家], 写真狂.

shútter dàm *n.* 〘土木〙シャッター堰, 栝堰(かつぜき) 《shutter weir ともいう》.

shút·ter·ing [-tərɪŋ, -trɪŋ | -t(ə)rɪŋ] *n.* **1** シャッター[よろい戸]の材料. **2** [集合的] シャッター, よろい戸 (shutters). **3** 《英》〘土木〙型枠 (formwork).

shútter wèir *n.* 〘土木〙＝shutter dam.

shútting pòst *n.* 〘建築〙門柱 (⇨ gatepost b).

shut·tle [ʃʌ́tl | -tl] 〘OE *scytel* dart, missile < Gmc **skutilaz* (ON *skutill* harpoon) ← IE *(*s*)*keud-* 'to SHOOT[1]'〙 **—** *n.* **1 a** (織機の)杼(ひ). **b** シャトル《ミシンの下糸入れやレース編用の糸を巻きつけた器具など》. **2 a** (織機の杼のように比較的短距離の路線を繰り返して往復する飛行機・列車・バスなどの)定期往復路, シャトル. **b** 折返し便の航空機[列車, バスなど]. **3** ＝shuttlecock 1. **4** 〘宇宙〙＝space shuttle. **—** *attrib. adj.* 連続往復式の, 折返しの: (a) ～ bombing (raid) 連続往復爆撃 / a ～ bus [train] 折返しバス[列車], 短距離往復バス[列車] / a ～ trip 連続往復旅行 / ～ service 定期往復[折返し]便, 折返し運転[操縦] / ～ loading (トラックによる)連続往復積載. **—** *vt.* **1** (杼(ひ)のように)左右に動かす. **2** 折返し便[運転]で輸送する. **—** *vi.* **1** 左右に動く. **2** 折返し輸送する, 往復する.

2 1
shuttle 1 a
1 bobbin; 2 eye (for the yarn to go through)

shúttle ármature *n.* 〘電気〙移動電機子.

shúttle bòx *n.* 〘紡織〙シャトル箱, 杼箱(ひばこ)《力織機の両端にあって杼を入れるもの》.

shúttle·còck *n.* **1** (バドミントン・バトルドア用の)シャトル(コック), 羽根《コルクの上に羽を植え付けたものでラケットや羽子板 (battledore) で打ち上げる羽子(はご)》. **2** 羽根突き(遊戯) (⇨ BATTLEDORE and shuttlecock). **3** 〘鳥類〙＝gadwall. **—** *attrib. adj.* あちこちに動く, 定まらない. **—** *vt.* 互いに打ち返す[交換する]; あちこちに動かす: ～ letters. **—** *vi.* 行ったり来たりする, あちこちに動く.

s.h.v. 《略》*L.* sub hōc vōce [sub hōc verbō] (＝under 「this word).

Shver·nik [ʃvɛ́ənɪk | ʃvɛ́ə-; *Russ.* ʃvjérnʲik], **Nikolai Mikhailovich** *n.* シベルニク《1888–1971; ソ連の政治家; 最高会議幹部会議長(国家元首) (1946–53)》.

shwa [ʃwɑː] *n.* 〘音声〙＝schwa.

shy[1] [ʃáɪ] 〘OE *scēoh* < Gmc **skeux*(*w*)*az* (Du. *schuw* /

G *scheu*): cf. eschew: 現在の形は THIGH (< OE *þēoh*) と同じ変化を受けたもの〗 ― *adj.* (**shi·er, shy·er; shi·est, shy·est; more ～, most ～**) **1 a** 〈人が〉内気な (bashful), 引っ込みがちな (retiring), 人前に出たがらない, 自意識の強い: a ～ boy 内気な少年 / be ～ *of* [*with*] persons 人見知りする. **b** 〈態度·性質など〉恥ずかしそうな, はにかんだ: a ～ glance [smile] 恥ずかしそうな一瞥(べつ)[微笑] / a man of ～ disposition 内気者 / in a ～ voice 恥ずかしそうな声を出して. **2 a** 〈鳥·獣·魚など〉物に驚きやすい, 物怖(お)じする (fearful), 臆病な (timid), 人を見るとすぐ逃げる (easily frightened): ⇨ gun-shy. **b** 〈態度など〉おずおずした, びくびくした: with ～ steps. **3** 疑り深い (suspicious), 人を信じない (distrustful); しりごみする (reluctant), 用心深い, 慎重な (wary), 用心して…せぬ (chary) 〔*of*〕: He was ～ *of* that kind of theory. そのような学説には慎重だった / be ～ *of* committing oneself 用心して言質(げんち)を与えない / be ～ *about* disclosing the secret なかなか秘密を明かさない / This made him ～ *of* trying it again. これにこりて彼は 2 度とやる気にならなかった. **4** 人目につかない, 隠れた (hidden, secluded): the ～ recesses of the wood 森の人目につかない奥まった場所. **5** いかがわしい (disreputable): a ～ saloon. **6** 〈植物が〉花や果実がよくつかない; 〈動物が〉子をあまり生まない: a ～ bearer 実がよくならない木. **7** 《俗》〔…が〕ない, 足りない, 欠けている (lacking, short) 〔*of, on*〕: It is ～ *of* a bathroom. それには浴室がない / We are ～ *of* funds. 資金が足りない / I'm ～ three quid. 3 ポンド足りない 《★ しばしば of が省略される》. **8** [複合語の第 2 構成素として] 内気な, 恥ずかしい; びくびくする: ⇨ gun-shy / work-*shy* 仕事ぎらいの / girl-*shy* 女の子を恥ずかしがる, 女ぎらいの. **9** 《口語》《トランプ》(ポーカーで)場に借りがある, 場代(ante)を払っていない (short).
fight shy of …をいやがる, きらう, 努めて避ける: He *fights* ～ *of* the cops. 彼は巡査をこわがる.
― *vi.* **1** 〈馬が〉(物音などに驚いて)飛びのく, 後ずさりする, 横っ飛びする (start aside): This horse has never been known to ～. この馬は物に驚いて飛びのいたことがない. **2** (人·物を避けようとして)立ちのく, 身をかわす (dodge) 〈*away, off*〉. **3** 〔…に〕おじける (recoil), しりごみする, 躊躇(ちゅうちょ)する (shrink) 〔*at, from*〕: ～ *from* [*at*] the idea. ― *vt.* よける, そらす, はずす (shun): ～ danger.
shy clear of …を避ける: ～ *clear of* publicity 人に知れることをいやがる.
― *n.* 〈馬が〉急に驚いて飛びのく[後ずさりする, 横っ飛びする]こと: He was thrown by his horse's ～. 馬が急に驚いて飛びのいたため投げ出された.

shy² [ʃáɪ] 〖《1787》↑?: cf. 《廃》*shy-cock* 《原義》a cock that refuses to fight or to be caught: そのように訓練された鶏に棒や石を投げる昔の遊戯からか〗《口語》― *vt.* 〈石·ボールなどを〉素速く投げる, 投げつける (fling, throw) 〔*at*〕: ～ a stone *at* a bird 鳥に石を投げつける. ― *vi.* 素速く投げる: ～ straight まっすぐにさっと投げる. ― *n.* **1** 素速く投げること, 投げ (toss, throw): ⇨ coconut shy. **2** 冷やかし, からかい (sneer, gibe). **3** 試み: make a ～ 試みる.
have* [*take*] *a shy at (1) …を冷やかす. (2) …を(得ようと)試みる.

shý·er *n.* ＝shier.

shy·lock [ʃáɪlɑk | -lɔk] 〖← *Shylock*〗 *vi.* 高利で金を貸す.

Shy·lock [ʃáɪlɑk | -lɔk] *n.* **1** Shakespeare 作 *The Merchant of Venice* 中の冷酷なユダヤ人高利貸し. **2** 因業[無慈悲]な高利貸し.

shý·ly 〖《1701》〗 *adv.* **1** 内気に, はにかんで. **2** びくびくして, 物怖(お)じして, 臆病に.

shý·ness 〖《1651》〗 *n.* **1** 内気, はにかみ. **2** びくつき, 物怖(お)じ, 臆病.

shy·ster [ʃáɪstə | -tə(r)] 〖《1841》← ? *Scheuster* (19 世紀の New York のいかさま弁護士の名)〗 ― *n.* 《米俗》 **1** 三百代言, いかさま弁護士 (pettifogger). **2** いんちき専門家, いかさま師.

si [síː] 〖《1728》▭ It. ～: ⇨ gamut〗 *n.* 《音楽》 **1** (階名唱法の)「シ」《全音階的長音階の第 7 音; ⇨ do³》. **2** (固定ド唱法の)「シ」, ロ (B) 音《ハ調長音階の第 7 音》.

Si [ʃíː] *n.* [the ～] ＝Si-kiang.

Si 《記号》《化学》silicon.

SI 《略》*F.* 《物理》Système International d'Unités SI 単位系, 国際単位系 (＝International System of Units) 《基本的物理量として長さ, 時間, 質量, 電流, 温度, 照度, 物質の量などについて国際的に公認された単位系》.

S.I. 《略》Sandwich Islands; 《医学》seriously ill; Smithsonian Institute; (Order of the) Star of India; Staten Island; Statutory Instrument. 「SQ).

SIA 《略》Singapore Airlines シンガポール航空 (記号

si·al [sáɪæl] 〖▭ G *Sial* 《混成》← SI(LICON)＋AL(UMINIUM)〗 ― *n.* 《地質》シアル(質)層《無水珪(けい)酸およびアルミナを多く含む岩石から主にできている地球(大陸)の表層部; cf. sima¹》.

si·al- [sáɪæl] (母音の前に来る時の) sialo- の異形.

si·a·lad·e·ni·tis [sàɪəlædənáɪtɪs, -dṇ-, -təs | -dɪnáɪtɪs] 〖← SIALO-＋ADENITIS〗 *n.* 《病理》唾(だ)液腺炎.

si·a·l·a·gog·ic [sàɪələgɑ́dʒɪk, -gɔ́g- | -gɔ́dʒ-, -gɔ́g-] *n., adj.* 《医学》＝sialagogue.

si·al·a·gogue [saɪǽləgɑ̀g | -gɔ̀g] 〖《1783》▭ F ～ ← NL *sialagogus*: ⇨ sialo-, -agogue〗《医学》 *adj.* 催唾(だ)液性の, 唾液の分泌を促進する. ― *n.* 催唾液薬.

si·a·lid [sáɪəlɪd, -ləd | -lɪd] 〖↓〗 *adj., n.* 《昆虫》センブリ科の(昆虫).

Si·al·i·dae [saɪǽlədìː | -lɪ-] 〖← NL ～ ← Gk *sialis* bird＋-IDAE〗 *n. pl.* 《昆虫》センブリ科.

Si·al·kot [siɑ́ːlkout | siɑ́ːlkəut] *n.* シアルコート《パキスタンの Punjab 地方の都市; 人口 204,000》.

si·a·lo- [saɪǽlou | -lə(u)] 〖← NL ～ ← Gk *sialon* saliva: cf. L *spuere* to spit〗「唾(だ)液(saliva)」の意の連結形. ★ 母音の前では通例 sial- になる.

si·a·loid [sáɪəlɔ̀ɪd] 〖⇨ ↑, -oid〗 *adj.* 唾(だ)(saliva)のような, 唾(だ)液状の.

Si·am [saɪǽm, ⌐⌐] *n.* シャム《Thailand の旧名》.

Siam, the Gulf of *n.* シャム湾《タイの南, Malay 半島とインドシナの南端で囲まれた南シナ海の湾》.

Siam. 《略》Siamese.

si·a·mang [síːəmæ̀ŋ, siǽməŋ | síːəmæ̀ŋ, siǽməŋ] 〖▭ Malay *si(y)āmang* ← *āmang* black〗 ― *n.* 《動物》フクロテナガザル (*Symphalangus syndactylus*) 《Sumatra およびマレー半島に産する大型のテナガザル》.

Si·a·mese [sàɪəmíːz, -míːs | -míːz] 〖《1693》: ⇨ Siam, -ese〗 *adj.* **1** シャムの; シャム人[語]の. **2** 〖← SIAMESE (TWINS)〗 **a** 双生児の (twin) (cf. Siamese twins). **b** 密接な; 類似の (similar). **c** [s-] 〈消火栓の開口部が〉二股(以上)式の: ⇨ Siamese connection.
― *n.* (*pl.* ～) **1** シャム人 (Thai); シャム語 (Thai). **2** ＝Siamese cat. **3** [s-] ＝Siamese connection.

Síamese cát *n.* シャムネコ《毛皮が淡黄色》.

Siamése connéction [cóupling] *n.* 送水口, サイアミーズコネクション《もとが一つで接続口が Y 字型(二股)に分かれている消火用の送水口; 消防ポンプから圧力水を建物内に送るための設備; cf. sill cock》.

Síamese fíghting físh *n.* 《魚類》ベタ (*Betta splendens*) 《タイ国産のひれの長い強烈な色彩の闘魚; betta ともいう》.

Síamese jóint *n.* ＝Siamese connection.

Síamese twíns 〖太い靭帯で互いに接合していたタイ生れの Chang と Eng (1811–74) と呼ばれる男子の中国人奇形双生児にちなむ〗 ― *n. pl.* シャム双生児, 接着ふたご.

Si·an [ʃìːɑ́ːn; *Chin.* ʃīān] *n.* 西安《中国北部, 陝西省(せんせい) (Shensi) の首都, 旧名長安》.

Si·ang [ʃìːɑ́ːŋ; *Chin.* ʃīɑ̄ŋ] *n.* [the ～] 湘江(しょうこう)《中国広西チワン族自治区から洞庭湖 (Tungting) に注ぐ川; 全長約 811 km》.

Siang·tan [ʃìɑ̀ŋtɑ́ːn | ʃɪ-; *Chin.* ʃīɑ̄ŋt'án] *n.* 湘潭(しょうたん)《中国南部湖南省 (Hunan) の都市》.

sib [síb] 〖OE *sibb* ← Gmc **sibja-* 《原義》one's own (G *Sippe* sib) ← IE **se-* self (⇨ suicide): cf. gossip〗 ― *adj.* 〔…と〕血縁関係のある, 血族の (related, akin) 〔*to*〕: a lady ～ *to* English squire. ― *n.* **1 a** 血縁者 (kinsman), 親類 (relative). **b** [集合的]親類縁者 (kindred). **2** 《文化人類学》氏族《父系氏族と母系氏族との双方を含む》. **3** 《生物》(片親または両親を同じくする)兄弟[姉妹]の一方 (cf. sibling).

Síb·bald's rórqual [síbəldz-] 〖← *Sir Robert Sibbald* (*d.* 1722: スコットランドの科学者)〗 *n.* 《動物》＝sulphur-bottom.

Si·be·lius [sɪbéɪljəs, sə-, -liəs | sɪbéɪljəs, -lɪəs; *Finn.* síbelius], **Jean Ju·li·us** [ʒɑ̃n július] *n.* シベリウス《1865–1957; フィンランドの作曲家; *Finlandia* (1899)》.

Si·be·ri·a [saɪbí(ə)riə | -bíərɪə] 〖← *Sibir* (Tobol 川と Irtysh 川の分流点にあった古代タタールの城塞)〗 ― *n.* シベリア《アジア州北部のソ連領, ロシヤ連邦共和国のアジア地区; 面積約 10,000,000 km²》.

Si·be·ri·an [saɪbí(ə)riən | -bíərɪ-] 〖《1719》: ⇨ ↑, -an¹〗 *adj.* シベリアの; シベリア人の. ― *n.* **1** シベリア人. **2** ＝ Siberian husky.

Sibérian cráb *n.* 《植物》エゾノコリンゴ (*Malus baccata*) 《アジア東部原産バラ科ズミ属の低木で, 直径 1 cm ほどのリンゴに似た堅い小果実をつける; cherry apple, cherry crab, Siberian crab apple ともいう》.

Sibérian dóg *n.* シベリア犬《雪の上でそりを引くのに用いられる》.

Sibérian hígh *n.* 《気象》シベリア高気圧《冬期にシベリア·モンゴル方面で発達する大陸高気圧》.

Sibérian húsky, S- H- *n.* シベリアンハスキー《シベリア北東部, Kolyma 川の地域のそり犬として使われた作業用大種のイヌ》.

Sibérian lárkspur *n.* 《植物》オオバナヒエンソウ (*Delphinium grandiflorum*) 《シベリア原産キンポウゲ科の多年草で, 青や白の美花が咲く; bouquet larkspur ともいう》.

Sibérian rúby *n.* 《鉱物》シベリアルビー《ウラル山脈産の紅電気石; 宝石に用いる》.

Sibérian squíll *n.* 《植物》シベリアスキラ (*Scilla sibirica*) 《西アジア原産のユリ科ツルボ属の青い花が咲く球根植物》.

Sibérian téa *n.* 《植物》ナガバユキノシタ, アルタイユキノシタ (*Bergenia crassifolia*) 《アジア東部原産ユキノシタ科の多年草》.

Sibérian wállflower *n.* 《植物》北米原産アブラナ科のオレンジ色の小花が咲く二年草 (*Erysimum allionii*) 《観賞用》.

si·be·rite [saɪbí(ə)raɪt, sáɪbəràɪt | saɪbíəraɪt, sáɪbəràɪt] 〖▭ F *sibérite*: ⇨ Siberia, -ite¹〗 ― *n.* 《鉱物》シベライト《シベリア産の紫色または赤紫色の紅電気石; 宝石に用いる》.

sib·i·lance [síbələns | -bɪ-] 〖⇨ sibilant, -ance〗 *n.* 《音声》歯擦音であること, 歯擦音性; 歯擦音の発声.

síb·i·lan·cy [-si | -sɪ] 〖⇨ ↓, -ancy〗 *n.* 《音声》＝sibilance.

sib·i·lant [síbələnt | -bɪ-] 〖《1669》▭ L *sibilant-em* (pres.p.) ← *sibilāre* to hiss 《擬音語》: ⇨ -ant〗 ― *adj.* **1** しゅうしゅう言う (hissing). **2** 《音声》歯擦音の: ～ sounds 歯擦音. ― *n.* 《音声》歯擦音《すー音 (hissing sound) としゅー音 (hushing sound) の総称; [s] [z] [ʃ] [ʒ] など》. **～·ly** *adv.*

sib·i·late [síbəlèɪt | -bɪ-] 〖← L *sibilāt-us* (p.p.) ← *sibilāre* (↑)〗 ― *vi.* **1** しゅうしゅう言う (hiss). **2** 《音声》歯擦音を発する. ― *vt.* **1** しゅうしゅうと言って示す. **2** 《音声》歯擦音で発音する.

sib·i·la·tion [sìbəléɪʃən | -bɪ-] 〖《1626》▭ LL *sibilātiō(n-)*: ⇨ ↑, -ation〗 *n.* **1** しゅうしゅう言うこと[音]. **2** 《音声》歯擦音を発すること.

sib·il·late [síbəlèɪt | -bɪ-] *vi., vt.* ＝sibilate.

sib·ling [síblɪŋ] 〖← SIB (n.)＋-LING¹〗 *n.* (片親または両親が同じ)兄弟, 姉妹, 同胞.

síbling spècies 〖《なぞり》← G *Geschwisterarten*〗 *n.* 《生物》同胞種《形態的に酷似している二つ以上の種の一つ》.

síb·shìp 〖← SIB＋-SHIP〗 *n.* **1** 親類関係. **2** 《人類学》氏族 (sib) であること, 氏族の一員であること.

sib·yl, S- [síbɪl, -bəl] 〖《*a*1325》*sibil(l)e, Sybylle* ▭ OF *Sibile, Sebile* (F *Sibylle*) ▭ L *Sibylla* ▭ Gk *Sibulla*〗 ― *n.* **1** (バビロニア·エジプト·ギリシャ·ローマなど古代の国々の)シビラ, 巫女(みこ), 市子(いちこ)《ある神に仕えてその力で予言をしたり神託を伝えたりした 10 人の一人》: the Babylonian, Egyptian, Delphian ～*s* / ⇨ Cumaean sibyl. **2 a** 女予言者 (prophetess). **b** 占者, 易者 (fortune-teller). **3** 女の魔法使い, 魔女 (sorceress). 「異形 Sybil》.

Sib·yl [síbɪl, -bəl] 〖↑〗 *n.* 女性名《愛称形 Sib, Sibbie;

si·byl·lic [sɪbílɪk, sə- | sɪ-] *adj.* ＝sibylline.

sib·yl·line [síbəlàɪn, -lìːn, -lɪn, -lən | sɪbílaɪn, síbɪlàɪn] 〖▭ L *sibyllīn-us*: ⇨ sibyl, -ine¹〗 ― *adj.* **1** [しばしば S-] シビラ (sibyl) の, シビラの書いた[語った]. **2 a** 予言的な, 神託的な (oracular), 神秘的な (mysterious). **b** あいまいな (ambiguous).

Sibylline Bóoks *n. pl.* [the ～] シビラの書《ギリシャ語で書かれた古代ローマの神託集; イタリア Cumae の sibyl がこの書 9 巻をローマ王 Tarquin the Proud (534–510 B.C.) に売ろうとして拒絶され, 3 巻を焼き捨て残り 6 巻を 1 年後同じ値で売ろうとしたが再び拒絶されたので, さらに 3 巻を焼き捨て, 残り 3 巻を最初と同じ値で王に売ったという; この経過から「人が最初拒否しながら後には悪条件で受け入れるもの」の意に転用される》.

sic¹ [sík] 〖《1887》▭ L *sīc* thus ← *sī* if, 《原義》so〗 ― *L. adv.* 原文のまま《疑わしいか, または明らかに間違った原文をそのまま引用する際にその引用語句の後に通例括弧に入れて付記する》: Wensday (～).

sic² [sík] 〖《方言·変形》← SEEK〗 ― *vt.* (**sicced, sicked; sicc·ing, sick·ing; sics, sicks**) **1** [通例犬に対する命令として] 攻撃する, 追う (attack): *Sic* him! かかれ. **2** 〈犬などを〉〔…に〕けしかける, そそのかす (incite) 〔*on, upon*〕: I'll ～ the dog *on* you. お前に犬をけしかけるぞ.

sic³ [sík] 〖《略》←《廃》*swik, swilk* 'SUCH'〗 *adj.* 《スコット》そんな, このような, あのような (such).

S.I.C. 《略》《電気》specific inductive capacity; standard industrial classification.

Si·ca·ni·an [sɪkéɪniən, sə- | sɪkéɪnjən, -nɪən] 〖← L *Sicani-us* (← *Sicani* ▭ Gk *Sikanoí* (Sicily の一部族))＋-AN¹〗 ― *adj.* ＝Sicilian.

sic·ca·tive [síkəṭɪv | -tɪv] 〖《1547》▭ L *siccātīv-us* ← *siccātus* (p.p.) ← *siccāre* to dry ← *siccus* dry: ⇨ -ative〗 ― *adj.* 乾燥させる (drying). ― *n.* 乾燥させる物; (特に, ペンキに入れる)乾燥剤 (drier).

sice¹ [sáɪs] 〖ME *sice, sys* ▭ OF *sis* (F *six*) < L *sex* 'SIX'〗 *n.* 《古》(賽(さい)の)六の目.

sice² [sáɪs] *n.* 《インド》＝syce.

Sic·el [síkəl, -səl] 〖▭ L *Siculi* ▭ Gk *Sikeloí*〗 *n.* **1** シチリア人《古代においてギリシャ人より以前に Sicily 島に移住した人々》. **2** (イタリア語の)シチリア方言.

Si·cel·i·ot [sɪkéliɑ̀t, sə-, -sél-, -liɑ̀t | sɪkélɪɔt, -sél-, -lɪɔ̀t] 〖▭ Gk *Sikeliṓt-ēs* ← *Sikelía* Sicily: ⇨ -ote〗 *n.* ＝Sicel.

Si·ci·lia [*It.* sitʃíːlja] 〖▭ L ～ ▭ Gk *Sikelía*〗 *n.* Sicily のイタリア語名·古名.

Si·cil·i·an [sɪsíljən, sə-, -liən | sɪsíljən, -lɪən] 〖⇨ ↑, -an¹〗 *adj.* シチリア島[人, 方言]の. ― *n.* **1** シチリア(島)人. **2** (イタリア語の)シチリア方言.

si·cil·i·a·no [sɪsìliɑ́ːnou, sə-, -tʃìl- | -nəu, -tʃɪl-, ⌐⌐⌐⌐⌐; *It.* sitʃiljáːno] 〖▭ It. ～ 'Sicilian'〗 ― *n.* (*pl.* ～**s**) (*also* **si·cil·i·a·na** [sɪsìliɑ́ːnə, sə-, -tʃìl- | sɪsìlɪɑ́ːnə, -tʃɪl-, ⌐⌐⌐⌐⌐; *It.* sitʃiljáːna]) シチリアノ[シチリアナ]舞曲《もとシチリア (Sicily) の舞踏曲で $^6/_8$ または $^{12}/_8$ 拍子; 18 世紀には歌がつくようになった》; シチリアナ舞踊.

Sicílian Véspers *n. pl.* シチリアの晩鐘《1282 年の復活祭月曜日の「夕べの祈りの鐘 (vesper bell)」を合図に Sicily 島民が同島在住のフランス人に対して行なった虐殺》.

Sic·i·ly [sís(ə)li | sísɪlɪ, -sə-] 〖▭ L *Sicilia* ▭ *Sikelía* ← *Sikelós* (原住民の名): ⇨ Sicel〗 ― *n.* シチリア(島), シシリー(島)《Messina 海峡を隔ててイタリア半島に

対する地中海最大の島,(イタリア領; 近隣の諸島をあわせて自治区を形成); 人口 4,819,000, 面積 25,706 km²,首都 Palermo; イタリア語名・古名 Sicilia; cf. Two Sicilies, Sicilian》.

sick¹ [sík] 〖OE *sēoc* < Gmc **seukaz* (Du. *ziek* / G *siech*) ← ? IE **seu-* 'to SUCK': 悪魔に吸いこまれると病気になると古代ゲルマン民族が信じていたことから〗 **—** *adj.* (**~·er, ~·est; more ~, most ~**) **1 a** [Attributive に用いて] 病気の (ill, ailing), 加減の悪い (unwell): a ~ man 病人, 病弱者 / a ~ child 病児. **b** [Predicative に用いて]《米》《英文語》病気で, 加減が悪く. ★ Predicative としての用法は英国では主として聖書・古体・文語または成句に限られ, 一般には ill が用いられる (cf. 4): He is ~ (=《英》ill). 病気だ / feel [look] ~ (=《英》ill) 気分[顔色]が悪い / fall [《口語》take] ~ (=《英》ill) 病気になる / ~ and sorry 病気でくさくさして / be ~ *with* a cold かぜをひいている / ~ *of* a fever《古・聖》熱病を病んで (cf. *Mark* 1:30) / ~ *of* love 恋わずらいで. **c** [the ~; 名詞的に; 複数扱い] 病人たち. **2 a** 病気を思わせる, 病的な (sickly): the ~ smell of a hospital. **b** 月経[生理]中の (menstruating). **c**《方言》お産の床について. **3** 病人の(ための), 病人用の: a ~ chair 病人用のいす / a ~ ward 病棟 / ⇨ sickroom, sick-benefit, sick leave, sick pay. **4** [Predicative に用いて]《英》吐きそうな, 胸が悪い, むかつく (queasy); 吐いて (vomiting). ★ この意味では,《米》では be sick at [to, in, on] one's stomach の成句で用いる: feel [turn] ~ 胸が悪くなる / be ~ *at* the [*to* one's] stomach《米》吐き気を催す / make a person ~ 吐き気を催させる (cf. 9) / be ~ from a ship 船から吐く / I'm going to be ~. 吐きそうだ / ⇨ airsick, carsick, seasick. **5 a** 情緒[精神]的に不健全な (unsound): a ~ thought 不健全な思想. **b**《口語》気味の悪い, ぞっとするような, サディスト的な (macabre, sinister): a ~ joke 無気味な冗談. **c** 精神[道徳]的に病める, 心病める; 堕落した (corrupt). **6** 〔恥辱・恐怖・嫉妬などに〕冒されて, 気がめいって〔*with*〕: be ~ *with* envy 嫉妬に悩む. **7** 〔…に〕いや気がさして (tired), あきあきして (satiated)〔*of*〕: be ~ *of* doing nothing 無為にあきる / be ~ *of* life [rain] 人生に倦(う)む[雨にうんざりする] / be ~ and tired *of* …にあきあきしている / I am ~ to death *of* politics. 政治にすっかりあきあき[うんざり]している (cf. 2 *Kings* 20:1). **8** 〔…を〕焦がれて, あこがれて (longing)〔*for*〕: be ~ *for* one's home 故郷をあこがれる / ~ *for* a sight of home 故郷を一目見たいと焦がれて. **9**《口語》うんざりして (disgusted), しゃくに障って, むしゃくしゃして, 怒って (chagrined); がっかりして, みじめになって (unhappy)〔*at, about*〕: It makes me ~ to think of that. それを思うといやになる / He was ~ *with* me for being so late. 私が遅れたので彼は怒っていた / He was rather ~ *at* missing the train. 列車に遅れて少しむしゃくしゃしていた / He was very ~ *at* [*about*] failing in his enterprise. 事業に失敗してひどくくさっていた. **10** 調子が狂って;〈船が〉修理を要する: a ~ locomotive 故障の機関車 / a boat ~ of paint 塗換えを要する船. **11 a**〈顔色・色調など〉青ざめた, 色あせた: a ~ skin / ~ yellow. **b** 元気のない, しょげた: in a ~ voice 元気のない声で / look ~. **c**〈市場など〉不況の: a ~ market, economy, etc. **12**〖ガラス製造〗〈ガラスが〉(不純物のため)くもって見える. **13**〖農業〗〈土地が〉(有害微生物を含むため)収穫のあがらない, (…の)できない: tomato-*sick* トマトのできない / ~ soil 忌(いや)地.
call in sick《米》病欠を電話で伝える[届ける]. ***go* [*report*] *sick***〖軍事〗病気届けを出す, 病人名簿に載せてもらう. ***sick at heart*** ⇨ heart 成句. ***sick unto death*** (1) 重病で, 危篤で. (2) 〔…に〕すっかりあきあき[うんざり]して〔*of*〕(cf. 7).
— *vt.*《口語》〈食べた物を〉吐く, 吐き出す (vomit)〈*up*〉.
— *n.*《英口語》吐いた物.

sick² [sík] *vt.* =sic².

sick bày *n.* (船内の)病室 (cf. bay² 1 d).

sick·bèd 〖ME〗 *n.* 病床.

sick-bènefit *n.*〖保険〗(国民保険の)病気[疾病]手当.

sick bèrth *n.* =sick bay.

sick càll *n.* **1**〖軍事〗**a** 患者召集, 診断呼集《入院患者以外の傷病者を診断・診療のため集合させること》. **b** (患者召集を合図する)診断らっぱ[号音], 診断呼集時刻. **2** (医者・牧師の)病人訪問, 往診.

sick·en [síkən] 〖(?*c*1200) *secne(n)*: ⇨ sick¹, -en¹〗 **—** *vt.* **1** 病気にする. **2** …に吐き気を催させる, …の胸を悪くさせる (nauseate): He was ~*ed* by the sight of the accident. 事故を見て胸が悪くなった. **3** いやにならせる; あきあきさせる; …の胸くそを悪くさせる, うんざりさせる〔*of*〕: This ~*ed* her of America. このことでアメリカがいやになった / He was ~*ed of* studying. 勉強することがいやになった.
— *vi.* **1 a** 病気になる. **b**《英》〔病気に〕かかりかけている, 〔病気の〕前駆症状[徴候]を示す〔*for*〕: ~ *for* mumps おたふく風の徴候を示す / The child is ~*ing for* something. 子供はどこか変だ. **2** 胸が悪くなる, 吐き気を催す: ~ *at* the sight of blood 血を見ると気持が悪くなる. **3** いやになる, あきあきする〔*of*〕: He soon ~*ed of* his new wife. 新婚の妻がすぐにいやになった. **4** しぼむ, 弱る (wither), だめになる (decay).

sick·en·er [-k(ə)nə | -nə(r)] 〖⇨↑, -er¹〗 *n.* あきあき[うんざり]させるもの[経験]; 大量 (overdose): give a person a ~ of… 人に…をつくづくいやに思わせる.

sick·en·ing [-k(ə)nɪŋ] *adj.* **1** 病気にする(ほどの). **2** 吐き気を催させる(ような) (nauseating); 胸くそが悪くなるような, うんざりする: ~*ing* cruelty [hypocrisy] 胸の悪くなるような残忍さ[偽善]. **~·ly** *adv.*

sick·er¹ [síkə | -kə(r)] *n.*《米軍俗》入院患者.

sick·er² [síkə | -kə(r)] 〖OE *sicor* ← (WGmc) (Du. *zeker* / G *sicher*) ▭ L *sēcūrus* 'SECURE'〗《スコット・北英》 **—** *adj.* **1** 安全な (safe). **2** 確実な, あてになる (dependable). **—** *adv.* **1** 安全に (safely). **2** 確かに, 疑いなく (certainly).

sick flàg *n.* **1** 検疫旗 (quarantine flag)《「本船は健康である. 検疫交通許可証を交付されたい」の意を示す Q 旗すなわち黄色旗》. **2**「私は医療の援助がほしい」を意味する W 旗.

síck·ish [-kɪʃ] 〖(1581): ⇨ sick¹, -ish¹〗 **—** *adj.* **1** 少し胸がむかつく[吐き気がある]: feel ~. **2** 少し胸を悪くする, 少々吐き気を催す: a ~ smell, taste, etc. **3**《古》加減の悪い (sickly). **~·ly** *adv.* **~·ness** *n.*

sick·lae·mi·a [sɪklí:miə, sìklí:- | -mjə, -mɪə] *n.*〖病理〗=sicklemia.

sick·le [síkl] 〖OE *sicol, sicel* ▭ VL **sicila*=L *sēcula*: ⇨ saw¹〗 **—** *n.* **1** 鎌, 小鎌 (⇨ scythe 挿絵). **2** =sickle feather. **3** 鎌状のもの, 三日月状のもの (crescent). **4** [the S-]〖天文〗(しし座 (Leo) 中の)鎌形の星の群れ.
sickle and hammer [the —] =HAMMER and sickle.
— *adj.* 鎌状の, 三日月状の (crescent): the ~ moon.
— *vt.* **1** 鎌で刈る. **2**〖病理〗〈赤血球を〉鎌状にする. **—** *vi.*〖病理〗〈赤血球が〉鎌状になる.

sick lèave *n.* **1** 病気休暇, 病気賜暇(期間): go home on ~ 病気休暇を取って帰郷する. **2** =sick pay.

síckle bàr *n.* (刈取機の)刃先の保護器.

síckle·bìll *n.*〖鳥類〗長く曲がったくちばしをもっている鳥の総称《ダイシャクシギ (curlew), カマハシハチドリ (*Eutoxeres aquila*) など》.

síckle cèll *n.*〖病理〗鎌状赤血球《主として黒人にみられる鎌形の異常赤血球》.

síckle-cèll anèmia [disèase] *n.*〖病理〗鎌状赤血球貧血《異常血色素のため赤血球が異常な形態をもっている貧血; 熱帯アフリカ西岸地方に多発する》.

síckle fèather *n.* (雄鶏の尾の中央部にある)鎌形に曲がった羽.

síckle-hòcked *adj.*〖獣医〗〈馬が〉(腱と靭帯の緊張のため)後脚が体の下側に屈曲した状態の.

sick·le·mi·a [sɪklí:miə, -kl- | -mɪə, -mjə] 〖← NL ~: ⇨ sickle, -emia〗 *n.*〖病理〗=sickle-cell anemia.
sick·le·mic [sɪklí:mɪk, -kl-] *adj.*

síckle thòrn *n.*〖植物〗ヤナギバテンモンドウ, マキバアスパラガス (*Asparagus falcatus*)《アフリカ南部原産ユリ科の常緑観葉植物; 枝は鎌状に曲っている》.

síckle·wèed 〖← SICKLE+WEED¹〗 *n.*〖植物〗ヨーロッパ原産セリ科の草本 (*Falcaria vulgaris*)《北米に帰化して雑草化している》.

sick lìst *n.* (軍隊や艦船の)患者名簿, 患者表: be [go] on the ~ 病気で働けない, 病欠中である.

sick·ly [síkli | -lɪ] 〖(*a*1375): ⇨ sick¹, -ly²: cf. ON *sjúkligr*〗 **—** *adj.* (**sick·li·er; -li·est**) **1** 病身の, 病弱な (unhealthy): a ~ child 病身の子供 / a ~ family 病弱な一家. **2 a** 病弱からくる, 病弱らしい, 青ざめた; 弱々しい, 陰気な: a ~ look [complexion] 青ざめた顔[顔色] / a ~ smile 陰気な微笑. **b**〈色・光など〉あせた, 薄い, 弱い (pale, feeble). **3** 病気[病人]の多い; 病気を起こしやすい, 健康に悪い (unhealthy): a ~ season 病人の多い(不順な)季節 / a ~ region [climate] 病気にかかりやすい地方[風土]. **4** 吐き気を催させる, いやな (nauseating): a ~ smell. **5 a** 愛想の尽きる, うんざりする (disgusting), いやになる, あきあきする (weary). **b** いやに感傷的な (mawkish): a ~ play お涙頂戴的な劇 / ~ sentimentality. **—** *adv.* 病気で, 病身で, 病弱で, 弱々しく. **—** *vt.*《古》青白くする〈*over, o'er*〉〔*with*〕(cf. Shak., *Hamlet* 3. 1. 85).
síck·li·ly [-lɪli, -lə- | -lɪ] *adv.* **síck·li·ness** *n.*

síck-màking *adj.*《口語》=sickening.

sick·ness 〖OE *sēocnesse*〗 *n.* **1 a** 病気 (malady). **b** 病気状態 (illness). **2** 月経 (menses). **3 a** 吐き気, 嘔吐(おうと), むかつき (nausea). **b** 吐物 (vomit).

síckness insùrance *n.*〖保険〗疾病保険, 健康保険.

sick nùrse *n.* 看護婦《単に nurse ともいう》.

sick-òut *n.* 病気を理由にする非公式ストライキ.

sick paràde *n.*〖軍事〗患者整列《診療を要する隊員の特別の整列》.

sick pày *n.* 疾病手当《病気中雇用者が支払う手当》.

sick·ròom *n.* 病室.

sic pas·sim [sík-pǽsɪm, -səm, sí:k-pá:sɪm | -sɪm] 〖▭ L *sic passim* so throughout〗 *L.* (本書・本文・註解を通じて)すべてこの通り, 各所同様.

Si·cu·li·an [sɪkjú:liən, sə-, -ljən | sɪkjú:ljən, -lɪən] 〖← L *Siculi*+-AN¹: ⇨ Sicel〗 *n., adj.* =Sicel.

Si·cy·on [síʃiɑ̀n, -si- | -ʃɪɒn, -sɪ-] *n.* シキオン《ギリシャ南部, Corinth 付近の古都》.

Sid [síd] 〖← SIDNEY〗 *n.* **1** 男性名. **2** 女性名.

Sid·dhart·ha [sɪdɑ́ːtə, sə-, -dɑ́ːəθə | sɪdɑ́:tə] 〖▭ Skt *siddhārtha* ← *siddha* accomplished〗 **—** *n.*〖仏教〗**1** シッダールタ(悉達多)《釈尊が太子であった時の名》. **2** =Buddha 1 a.

Sid·dons [sídnz], Mrs. **Sarah** *n.* (1755–1831) 英国の悲劇女優; 旧姓 Kemble; John Philip Kemble の姉, Frances Anne Kemble の伯母.

sid·dur [sídʊə, -də | -dʊə(r, -də(r)] 〖▭ MHeb. *siddūr*《原義》order〗 **—** *n.* (*pl.* **sid·du·rim** [sɪdʊ́(ə)rɪm, sə-, -rəm | sɪdʊ́ərɪm], **~s**)〖ユダヤ教〗(安息日および平日の礼拝式に用いる)祈禱(きとう)書 (cf. mahzor).

side [sáɪd] 〖n.: OE *sīde* < Gmc **sīðō* (G *Seite*) ← IE **sē(i)-* long, late. — v.: (*c*1470) ← (n.)〗 **—** *n.* **1** (左右・上下・前後・東西・南北などの)側, 方; (内面・外面・表面・裏面などの)面; (前後・上下以外の)側面: the right [left] ~ 右[左]側 / the upper [lower] ~ 上[下]側 / the front [back] ~ of a house 家の前[うしろ]側 / on the north ~ of a house 家の北側に / the other ~ of the room [street] 部屋[街路]の向こう側 / this [that] ~ (of) the Pacific 太平洋のこちら[向こう]側 / ⇨ *this* SIDE *(of)* / the right [wrong] ~ of the cloth 織物の表[裏] / both ~s of the paper [a record] 紙[レコード]の両面 / the ~s of a vase 花びんの胴 / the ~s of a cave 洞窟(どうくつ)の壁面 / the flat ~ (of a sword) (刀剣の)ひら, 鎬地(しのぎじ) / the landward ~ 陸の方 / ⇨ epistle side, gospel side, prompt side / look on all ~s 四方八方を[あたりをぐるりと]見る / put one's socks on (the) wrong ~ out 靴下を裏がえしにはく《★ inside out のほうが普通》/ turn the best ~ outward (物事を)できるだけよく見せる / Everything has its two ~s. ものにはすべて裏表がある / It has a glass front, but the ~s and back are made of wood. 前面はガラスだが側面と裏面は木でできている. ★ しばしば複合語の第 2 構成素としても用いられる: be*side*, back*side*, fore*side*, in*side*, near*side*, off*side*, out*side*, top*side*, up*side*, etc.
2 a (敵方・味方の)方, 側, 党 (party), 党派 (faction); (試合の)側, チーム: be on the winning [losing] ~ 勝[負]組にはいっている / Let's play ~s. 組を分けてやろうよ / on the ~ of a person [a person's ~] 人に味方して, 人にくみして / ⇨ *on the* SIDE *of the angels* / Whose ~ are you on? 君はどちら側についているか / There is much to be said on both ~s.《諺》言い分は双方五分五分. **b**《英》(スポーツの)チーム (team): a strong ~ / be on a cricket ~ クリケットのチームにはいっている. **c**〖簿記〗(貸方・借方の)方: the credit [debt] ~ 貸[借]方《帳簿の右[左]側》.
3 (血統の)系, (父方・母方の)方 (lineage): on the father's [paternal] ~ 父方に[の] / be Scottish on one's mother's [maternal] ~ 母方はスコットランド系である / ⇨ spear side, distaff side, spindle side.
4 (問題などの)面 (aspect), 様相 (phase), 観点 (viewpoint): the educational ~ of a film 映画の教育面 / study all ~s of a question 問題のあらゆる面を研究する / look on the bright [dark] ~ of life 人生の明るい[暗い]面を見る / Not much is known about this ~ of his character. 彼の性格のこの面は余り知られてない.
5 (印刷・書写物の)ページ (page): six ~s of argument 6 ページにわたる議論.
6 a (体・頭などの)側面, 横腹, わき腹: lie on one's ~ 横向きになって寝る / burst [hold, shake, split] one's ~s (laughing [with laughter]) 抱腹絶倒する, 腹の皮のよじれるほど笑う (cf. sidesplitting) / I feel a pain in my ~. 横腹が痛い / How about cutting a little more off the ~s? (耳の)両わきをもう少々刈り上げましょうか. **b** (人の)かたわら, そば, わき (cf. 8 b): ⇨ *by the* SIDE *of* / with one's wife at one's ~ 妻をかたわらにして / take a person on one ~ 人をわきへ呼ぶ《内証で話をするような時に》/ He never left her ~. 彼女のそばを片時も離れなかった. **c** (食用に用いる動物の)右[左]半身; (豚や牛の)わき腹肉, 肋(ろく)肉: a ~ of bacon 豚の肋肉ベーコン. **d** 半裁革.
7 山腹, 斜面, 坂 (slope): on the ~ of a hill [mountain] 山腹に[の]. ★ しばしば複合語の第 2 構成素としても用いられる: hill*side*, mountain*side*, etc.
8 a 端, へり, ふち (edge, margin); (川などの)岸 (shore): the ~ of a mouth [table] 口[テーブル]の端 / by the ~ of the road [river] 道端[川岸]に[の]. ★ しばしば複合語の第 2 構成素としても用いられる: road*side*, lake*side*, river*side*, sea*side*, etc. **b** (物の)かたわら, そば, わき (cf. 6 b): a garage at the ~ of a house 家の横(手)にあるガレージ.
9《英俗》もったいぶり, 威張りちらし (swagger), 尊大, 傲慢 (arrogance): have [put on] ~ えらそうな態度をとる, でかい面(つら)をする / have no [be without] ~ ちっとも威張らない.
10〖数学〗**a** (三角形などの)辺, (立体の)面: a ~ of a triangle 三角形の一辺 / A cube has six ~s. 立方体には六面ある / the opposite ~s of a parallelogram 平行四辺形の相対する 2 辺. **b** (等式などの)辺: the right [left] ~ 右[左]辺.
11《英》〖教育〗(中等学校で, 特別の教科に重点を置く)部門: ⇨ modern side / the science ~ 科学部門.
12〖海事〗船側, 舷側, 船ばた (ship's side): over the ~ 船べり越しに.
13 [通例 *pl.*]〖演劇〗**a** 書抜き《一つの役の台詞(せりふ)だけを抜粋したもの》. **b** 台詞.
14《英》〖玉突〗ひねり (English): put on ~ ひねる.
15〖トランプ〗(パートナーを組んで競技するゲームで, それぞれの)組, 側, 陣 (cf. corner *n.* 14).
born on the wrong side of the blanket 庶子として生れた, 私生児で. ***by* [《口語》*at*] *the side of*…=*by a person's side*** (1) …のそばに, 近くに (near) (cf. 8 a): Come and sit *by my* ~. / stand *by a person's* ~

人のわきに立つ；人に加担[を支持]する． (2) …に比べて (compared with)：My house is quite shabby *by the ~ of* yours. ぼくの家は君の家と比べればずいぶんみすぼらしい． ***change sides*** (1) 党派を変える, 他党に移る． (2) (テニスなどで)コートチェンジする． ***come down on the wrong side of the hedge*** 〖狩猟で垣根をとびそこねる意から〗決定を誤る，誤りを犯す． ***descend [come down] on the right side of the fence*** ⇨ fence 成句． ***from every side [all sides]*** あらゆる方面[四方八方]から；周到に． ***from side to side*** 端から端に，左右に：He turned *from ~ to ~*. 彼は(てんてんと)寝返りをうった． ***get out of bed (on) the wrong side*** ⇨ bed 成句． ***give the rough side of one's tongue*** ⇨ tongue 成句． ***laugh on [《米》out of] the wrong [other] side of one's mouth [《英》face]*** 《口語》(得意の後で)急に失意に陥る, 後悔する，ほえづらをかく，がっかりする． ***let the side down*** 味方[友, 同僚, 身内]を裏切る(ようなことをする)． ***No side!*** 〖ラグビー〗ノーサイド《試合終了時のコール》． ***off side*** ⇨ offside. ***on every side [all sides]*** 四方八方に，至る所に (cf. 1). ***on side*** ⇨ onside. ***on the other side of the fence*** ⇨ fence 成句. ***on the right side of*** (1) 〈ある年齢〉より若く, 〈…歳〉前で (younger than)：He is still *on the right ~ of* fifty. 彼はまだ 50 歳前だ． ★ この意味では right の代りに sunny, bright などの形容詞も用いられる． (2) 〈人〉の気に入られて，に好感をもたれて (in favor with)：She got *on the right ~ of* her teacher. 先生にかわいがられた． ***on the right side of the hedge*** 正しい[安全な]立場で． ***on the right side of the post*** 正しい行動をして． ***on the right side of the tracks*** 〖しばしば鉄道線路 (tracks) を境にして裕福な人と貧しい人の住居が分れていることから〗《米》(町で)裕福な人の住む側[地域]に；裕福に生れて：live *on the right ~ of the tracks*. ***on the shady side of*** ⇨ *on the wrong* SIDE *of* (1). ***on the side*** (1) 内職に, アルバイトに，副業として． (2) (決まった事のほかに, 余分に． (3)《口語》ひそかに, 内緒で：see one's mistress *on the ~* (妻があるのに)情婦と密会する． (3)《米》(別注文の)添え料理 (side dish) として：order a hamburger with French fries *on the ~* ハンバーグとさらにフレンチフライを注文する． ***on the…side*** 幾分[どちらかと言えば]…気味で (rather…)：on the large ~ どちらかと言えば大きい方(の) / Prices are *on the* high ~. 物価は上がり気味だ / This hat is *on the* large ~. この帽子は幾分大きい / She is *on the* talkative ~. 彼女はおしゃべりの方だ． ***on the side of the angels*** 〖B. Disraeli の演説 (1846) 中の文句から〗(問題点などについて)精神的な[正統な]見方をして；大勢に従って． ***on the sunny side of*** ＝*on the right* SIDE *of* (1). ***on the wrong side*** 負債になって：The balance is *on the wrong ~* to the extent of…. 勘定は…だけ負債になっている． ***on the wrong side of*** (1) 〈ある年齢を〉過ぎて, 越して (older than)：She was *on the wrong ~ of* forty. 彼女は 40 歳の坂を越えていた． ★ この意味では wrong の代りに shady などの形容詞も用いられる． (2) 〈人〉の不興をかう，反発をくう：He got *on the wrong ~ of* his boss. 上司の不興をかった． ***on the wrong side of the post*** 行動を誤まって． ***on the wrong side of the tracks*** 〖⇨ *on the right side of the tracks*〗《米》(町で)貧しい人の住む側[地域]に；貧しい生れで． ***pipe the side*** (士官が軍艦に到着した時または艦を去る時)儀礼的な呼び子を舷門で吹き鳴らす． ***put on [to] one side*** (1) 〈物を〉(あとで使うために)のけておく，とっておく． (2) 〈問題などを〉(当座の間)無視する：*put* a question *on* one ~ 問題を棚上げする． ***side by side*** 並んで, 並行して, 一緒に (together)；結託して〔*with*〕：I walked ~ *by* ~ *with* him. 彼と並んで[一緒に]歩いた． ***take sides*** 味方する：He *took ~s with* me *against* them in the argument. その議論では彼は私を支持して彼らに反論してくれた． ***take the side of*** …の味方をする：He *takes the ~ of* the weaker. 彼は弱者の味方をする． ***this side (of)*** …の一歩手前, ほとんど…で (short of)：*this ~* idolatry 偶像視せんばかりに / *this ~ of* madness 気違いじみた．

― *adj.* **1** わきの, そばの，かたわらの，横の；側面の：a ~ entrance [door] (横手の)通用口． **2** 片方から[へ]の：a ~ glance 横目 / a ~ attack 側面攻撃． **3 a** 従の, 副の, 枝葉の, つけたりの (subordinate)：a ~ remark [view] 付帯的な発言[観測] / ⇨ side effect, side issue. **b** 内職の：a ~ job 内職, アルバイト, サイドビジネス / ~ money 内職で得た金, へそくり． **c** 《米》(主料理とは)別途の：a ~ order of boiled potatoes 別に注文したゆでたポテト．

― *vi.* 組する, 味方する (take sides), 加担する (take part)；賛成する：~ *with* [*against*] the strongest party 一番強いほうに[の反対側に]味方する / ~ *with* [*against*] a plan 計画を支持する[に反対する]． ― *vt.* **1** 支持[味方]する (support), 賛成する． **2** …と並ぶ． **3** わきへ置く (put aside), 片付ける (clear away)：~ dishes. **4** …に側面[横]をつける：~ a barn 納屋に壁板を張る．

síde·àrm *adj.* 横手投げの, サイドスローの：~ delivery 〖野球〗横手投げ． ― *adv.* 横手投げで，サイドスローで：pitch ~.

síde àrms *n. pl.* 着装武器, 携帯武器《使用しない時身体の側部とか帯革に付ける銃剣・剣・ピストルなど》．

síde bànd *n.* 〖通信〗側波帯《信号波の持つ周波数成分のうち，搬送波周波数の上下にある成分》．

síde·bàr *n.* **1** 横木 (sidepiece). **2** 〖ジャーナリズム〗(大記事を補足する)側面記事 (cf. shirttail 2).

síde-bàr kèel *n.* 〖海事〗側板キール《方形キール (bar keel) に沿わせてその両側からこれをはさむ形に取り付けた補助材》．

síde·bèaring *n.* 〖活字〗サイドベアリング《字面の左右の肩；cf. shoulder 7 a》．

síde bèt *n.* (主要な賭け以外にやる)補足的[二次的]な賭け．

síde·bòard 〖ME〗 ― *n.* **1** (食堂の壁ぎわに置く)食器だな[台], サイドボード． **2** 側面板, 側面部． **3** [通例 *pl.*] ＝side-whiskers. **4** [*pl.*] 〖ホッケー〗リンクの周囲の板壁．

síde·bòne *n.* **1** 〖解剖〗寛骨, 無名骨 (hipbone). **2** 〖獣医〗＝sidebones.

síde·bònes *n. pl.* [単数扱い] 〖獣医〗趾骨瘤, 管骨瘤．

síde bòy *n.* 〖海事〗舷門衛兵, 舷門当番《高級船員・貴賓の上・下船時に敬意を表するために舷門に立つ 2-8 人の乗組員》．

síde·bùrns 〖《つづり換え》← BURNSIDES〗 *n. pl.* **1** ＝burnsides. **2** もみあげ．

síde·càr *n.* **1** (オートバイの)サイドカー，側車． **2** 《英》(アイルランドの)軽快な二輪馬車 (jaunting car). **3** サイドカー《ブランデー・オレンジリキュール・レモンジュースのカクテル》．

síde càrd *n.* 〖トランプ〗(poker で)脇札《役を作っていない遊離札のうち最高位のもの；出来役が同位の場合, 勝負の決定権をもつ》．

síde chàin *n.* **1** 〖化学〗(炭素鎖の)側鎖． **2** 〖自動車〗サイドチェーン《チェーン式終駆動機において, カウンターシャフトの小歯車と駆動輪の歯車を結ぶチェーン》．

síde-chàin thèory *n.* 〖免疫〗側鎖説．

síde chàir *n.* (食堂用の)ひじ掛けのない椅子．

síde chàpel *n.* 付属礼拝堂《教会堂の内陣または聖歌隊席の側[背]面にある；cf. Lady Chapel》．

síde·chèck *n.* 〖馬具〗引きつけ手綱, 止め手綱《馬の頭を下げさせないために銜(はみ)から馬の顔の横を通し鞍に通してある補助手綱；⇨ harness 挿絵》．

síde cìrcuit *n.* 〖電気〗側回線, 実回線《phantom circuit に対してもとからある回線をいう；physical circuit ともいう》．

síde cùt *n.* 〖木工〗＝cheek cut.

sid·ed 〖《15C》〗 ― *adj.* **1** 面[辺, 側]をもった． **2** [複合語の第 2 構成要素として] …面[辺, 側]の：many-*sided*, one-*sided*. **3** 〖造船〗(木船の船首材で)明細書通りの縦幅(船首尾方向に計った)をもった．

síde dìsh *n.* **1** (主要料理の)添え料理, 二の膳． **2** (添え料理用の)小皿．

síde·dòor *n.* **1** (正面ではない)側面[横]の入口． **2** 間接的な接近法[アプローチ]．

síde·drèss *n.* 〖農業〗 **1** 根際(ねぎわ)施肥《作物の根の近くに施肥すること》, 株際施肥． **2** ＝side-dressing.

síde-drèss 〖農業〗 *vi.* (主に中耕機 (cultivator) を用いて)株際(かぶぎわ)に肥料をやる． ― *vt.* 〈作物〉に株際(かぶぎわ)肥料をやる：~ a crop.

síde-drèssing *n.* 〖農業〗根際(ねぎわ)肥料, 株際(かぶぎわ)肥料．

síde drùm *n.* ＝snare drum.

síde effèct *n.* (薬や化学薬品などの)副作用《side reaction ともいう》．

síde-glànce *n.* **1** 横目, 流し目． **2** ふと[それとなく]言及すること, 軽い言及．

síde·hèad *n.* 脇見出し (cf. head 12 b).

síde·hìll *n.* 《米》山腹, 丘の斜面 (hillside). ― *attrib. adj.* 山腹にある；山腹用に作られた．

síde hòrse *n.* 〖体操〗 **1** 鞍馬(あんば)《単に horse ともいう；cf. long horse 1》． **2** 鞍馬競技．

síde ìssue *n.* 枝葉末節の[派生的な]問題：ride off on ~ (枝葉の問題を持ち出して)要点を避ける．

síde kèelson *n.* 〖海事〗サイドキールソン, 側内竜骨《主キールソンの両側に取付けられる補強用の縦材；sister keelson ともいう》．

síde·kìck *n.* 《米俗》仲間 (companion)；親友 (close friend)；相棒, 同類 (partner, confederate).

síde·kìcker *n.* ＝sidekick.

síde làmp *n.* (車体側面に設けた)側灯．

síde-lèver èngine *n.* 〖機械〗サイドレバーエンジン《ピストンの運動を側方に突出したレバーにより取り出す蒸気機関》．

síde lìft jàck *n.* 〖機械〗側受けジャッキ．

síde·lìght *n.* **1** 側光, 側面光, 横明り《side lighting ともいう》． **2** 間接に明らかにすること, 側面からの説明, 側光：let in [throw] a ~ on [upon] …に側光を投じる，…を間接[偶然]に明らかにする． **3** (大窓・戸の横についている)枠組された嵌殺(はめごろ)しの横窓 (cf. skylight 1).**4** (船の)舷灯(げんとう)《右舷は緑色, 左舷は赤色》；(軍艦の)舷門灯．

sídelight càstle [tòwer] *n.* (船舶の)舷灯塔 (⇨ lighthouse 2).

síde·lìghting *n.* ＝sidelight 1.

síde·lìne *n.* **1** 側線, 横線． **2 a** (商店の)専門以外に取扱う商品． **b** 内職, 副業, アルバイト, サイドビジネス (job work)：as a ~. **3** 〖スポーツ〗 **a** サイドライン《フットボール場・テニスコートなどの横巾の限界を示す線》． **b** [*pl.*] サイドラインの外側《控え選手のいる所》． **4** 傍観者の立場．

on the sidelines (1) 側線に沿った所で． (2) 試合に出場しないで；傍観(者と)して．

― *vt.* 〈負傷・病気などが〉〈選手を〉試合に出場できなくする：He was *~d with* an injury. 彼は負傷のため試合に出場できなくなった．

side·ling [sáɪdlɪŋ] 〖《*a*1338》：⇨ side, -ling[2]〗 *adj.* **1** 一方に進む[向いた], 斜めの (oblique)：a ~ motion. **2** 傾斜のある, 急な：a ~ hill. ― *adv.* 横に, 斜めに．

síde·lòng 〖《1523》← SIDE (n.)＋-LONG〗 ― *adj.* **1** 横の, わきの, 斜めの (oblique)：cast a ~ look [glance] upon [at] …を横目でちらっと見る． **2** 一方に傾いた, 傾斜した． **3** 間接的な, まわりくどい (roundabout). ― *adv.* わきに, 横へ (sideways), 斜めに, はすに (obliquely)：glance ~ at her 彼女を斜めに見る．

síde·màn [-mæ̀n] *n.* (*pl.* **-men** [-mɛ̀n]) **1** (オーケストラ・ジャズバンドの独奏者以外の)サイドマン；器楽奏者． **2** 独奏者[主演奏者]を助ける伴奏者．

síde mèat *n.* 《米中部・南部》(豚のわき腹肉からとった)塩づけ豚肉[ベーコン]．

síde mìlling cùtter *n.* 〖機械〗側フライス《外周と両端に切刃を備えた円筒形のフライス》．

síde·nòte *n.* (ページの左または右側に小活字で組んだ)傍注, 側注．

síde-òut *n.* (バレーボール・バドミントンなどで)サイドアウト《サーブ側が得点せず, その結果サーブ権を失うこと》．

síde·pìece *n.* 側面部；(側面の)添え物．

síde pònd *n.* (運河の)水門傍の貯水池《上流の水門を開ける時流れ込む水の一部を貯めておく側池》．

síde pòrt *n.* 〖海事〗載貨門《船側にある貨物積下しのための開口部》．

sid·er [sáɪdə, ⌣⌣ | -də(r] 〖⇨ side, -er[1]〗 *n.* [通例複合語の第 2 構成要素として] (都市・場所の)特定の側に住んでいる人：a west-*sider*.

sid·er- [sídər] (母音の前に来る時の) sidero-[1] の異形．

síde ràke *n.* 〖機械〗横すくい角《金属を削る刃の先端につけた角度の一つ》．

síde reàction *n.* **1** 〖化学〗副反応《同時に起こる二つ以上の化学反応のうち重要でない方；cf. simultaneous reaction》． **2** ＝side effect.

si·de·re·al [saɪdí(ə)riəl, sɪ-, sə- | saɪdíərɪ-] 〖《1634》← L *sidereus* sidereal (← *sider-*, *sīdus* star, constellation)＋-AL[1]〗 ― *adj.* 〖天文〗 **1** 星の, 星座の (astral)；恒星の[に関する]：~ light 星光． **2** 恒星で測定する[された]；恒星時を示す：⇨ sidereal time.

sidéreal clóck *n.* 恒星時時計．

sidéreal dáy *n.* 〖天文〗恒星日(び)《春分点が子午線上を通過し, 次に再び同じ子午線を通過するまでの時間で, 23 時 56 分 4.09 秒》．

sidéreal hóur *n.* 〖天文〗恒星時《恒星日の $^1/_{24}$》．

sidéreal hóur àngle *n.* 〖天文〗恒星時角．

sidéreal mínute *n.* 〖天文〗恒星分《恒星時の $^1/_{60}$》．

sidéreal mónth *n.* 〖天文〗恒星月(げつ)《月がある恒星から出発して, 次に再びその恒星に戻るまでの時間, すなわち月が空間に対して地球を一周する周期, 27 日 7 時 43 分 11.5 秒》．

sidéreal périod [revolútion] *n.* 〖天文〗対恒星周期．

sidéreal sécond *n.* 〖天文〗恒星秒《恒星分の $^1/_{60}$》．

sidéreal tíme *n.* 〖天文〗恒星時《すなわち春分点の時角》．

sidéreal yéar *n.* 〖天文〗恒星年《約 365 日 6 時間 9 分 10 秒》．

sid·er·ite [sídəràɪt] 〖《1579》▭ F *sidérite* ∥ L *siderītes* ▭ Gk *sidērítēs*：⇨ ↓, -ite[1]〗 ― *n.* 〖鉱物〗 **1** 菱(りょう)鉄鉱 ($FeCO_3$)《chalybite, sparry iron, spathic iron ともいう》． **2** 隕鉄(いんてつ), 鉄質隕石《ニッケル鉄合金を主成分とする》． **sid·er·it·ic** [sìdərítɪk | -tɪk] *adj.*

sid·er·o-[1] [sídəro(ʊ) | -rə(ʊ)] 〖▭ MF ~ ▭ L *sidēr(o)-* ▭ Gk ← *sídēros* iron〗「鉄 (iron)」の意の連結形． ★ 母音の前では通例 sider- になる．

sid·er·o-[2] [sídəro(ʊ) | -rə(ʊ)] 〖← L *sider-*, *sīdus* star, constellation：⇨ -o-〗「星 (star)；星の (sidereal)」の意の連結形．

síde ròad *n.* (本道からそれた)わき道, 支線道路．

sid·er·o·cyte [sídərəsàɪt] 〖← SIDERO-[1]＋-CYTE〗 *n.* 〖解剖〗シデロサイト, 担鉄赤血球《血色素以外に血鉄素を含む赤血球》．

síde ròd *n.* 〖鉄道〗動輪連結棒．

sid·er·og·ra·phy [sìdərɑ́grəfi | -rɔ́grəfi] 〖← SIDERO-[1]＋-GRAPHY〗 *n.* **1** 鋼凹版彫刻法． **2** 彫凹版《版材に鋼板を使用する凹版印刷法》．

sid·er·o·lite [sídərəlàɪt] 〖← SIDERO-[1]＋-LITE〗 *n.* 〖岩石〗シデロライト《ニッケル・鉄・合金と珪酸塩鉱物が等分に含まれている石鉄隕(いん)石》．

sid·er·o·phile [sídərəfàɪl] 〖← SIDERO-[1]＋-PHILE〗 ― *adj.* **1** 〖化学〗親鉄の：~ elements 親鉄元素． **2** 〖地質〗〈地中の化学的成分が〉親鉄性の《鉄と結合しやすい；cf. chalcophile》． ― *n.* 好鉄性組織[細胞]；親鉄元素．

sid·er·o·sis [sìdəróʊsɪs, -səs | -rə́ʊsɪs] 〖← SIDERO-[1]＋-OSIS〗 *n.* 〖病理〗シデローシス, 鉄沈着症． **sid·er·ot·ic** [sìdərɑ́tɪk | -rɔ́t-] *adj.*

sid·er·o·stat [sídərəstæ̀t] 〖← SIDERO-[2]＋-STAT〗 ― *n.* 〖天文〗シデロスタット, 太陽鏡《一枚の平面鏡から成り, これを日周運動に合わせて, 太陽光が常に一定の方向に反射されるようにした天体観測装置の一種；cf. coelostat》．

síde·sàddle 〘《15C》〙 ── *n.* **1** (婦人用)片鞍(ぐら), 横乗り鞍《両足を左側に垂れる》. **2** 〘植物〙 =sidesaddle flower. ── *adv.* (馬に)横乗りに乗って, 片鞍乗りで: ride ～.

sídesaddle flòwer *n.* 〘植物〙サラセニア, ヘイシソウ《北米産ヘイシソウ科の食虫植物(*Sarracenia*) の総称; (特に)ムラサキヘイシソウ (Indian pitcher)》; サラセニアの花《sidesaddle ともいう》.

síde scène *n.* **1** (芝居の)脇道具; 劇場の舞台脇 (wing). **2** 脇舞台で演じられる場面.

síde·shàke *n.* 〘時計〙横あがき《ほぞとほぞ穴との経方向の隙間; cf. shake *n.* 13》.

síde·shòw *n.* **1** (主要な出し物に対して)付けたりの出し物 (minor show); 余興. **2** 枝葉末節の問題[事件], 二次的問題[事件] (subordinate matter).

sidesaddles 1
1 pommel; 2 (hunting) horn; 3 puff of the flap; 4 slipper-stirrup

síde·slìp *vi.* (**side·slipped; -slip·ping**) **1** 〈自転車・自動車などが〉横滑りする. **2** 〈飛行機が〉(飛行中)横滑りする. **3** (スキーで)横滑りする. ── *n.* 横滑り.

sídes·man [-mən] 〘《1632》(変形) ← (廃) *sideman* 《原義》man who stands at the side of a churchwarden〙 ── *n.* (*pl.* **-men** [-mən, -mèn]) 教会委員補; 教会世話役.

síde·spìn *n.* 〘球技〙サイドスピン《ボールの水平回転運動》.

síde·splìtter *n.* 腹をかかえて笑うような話[ジョーク].

síde·splìtting *adj.* 抱腹絶倒の, 腹の皮をよじるような (cf. split one's sides ⇨ side 6 a): a ～ farce.

síde·stèp *v.* (**side·stepped; -step·ping**) ── *vi.* **1** (何かを避けるために)横へ一歩寄る[のける]. **2** 回避する, 責任回避する. ── *vt.* **1** サイドステップして〈殴打を〉を避ける. **2** 〈決定・問題・責任などを〉避ける, 回避する (avoid): ～ the problem その問題をはぐらかす. **～·per** *n.*

síde stèp *n.* **1 a** (スキー・ダンスなどの)横へ一歩寄ること, 横歩(よこ). **b** (ボクシングなどのブロー (blow) を避ける)サイドステップ. **2** (馬車などの出入口の)わき踏段.

síde·stìck *n.* 〘印刷〙サイドスティック《小口あきに相当する部分に使用するフォルマートの一つ》.

síde stìtch *n.* 〘製本〙平綴(ひらとじ)《本ののどの背に近い部分を平(side)から平まで綴じる方法; side-thread stitch, side-wire stitch ともいう; cf. double stitch, saddle stitch 2》.

síde-stràddle hòp *n.* 〘スポーツ〙=jumping jack 2.

síde strèet *n.* 横町, 横通り.

síde strìnger *n.* 〘海事〙船側縦材.

síde·stròke *n.* **1** 〘水泳〙サイドストローク, 横泳ぎ. **2** (玉突などでの)横打ち, 横突き. ── *vi.* 〘水泳〙サイドストローク[横泳ぎ]で泳ぐ.

síde sùit *n.* 〘トランプ〙(bridge などで)サイドスーツ: **a** 同じ人が2度目にビッド (bid) した同種札4枚以上の揃い. **b** デクレアラー (declarer) またはダミー (dummy) の手にある切札以外のスーツ.

síde·swìpe *vt.* **1** (かするように)横なぐりする; かするように…と衝突する. **2** 〘アメリカンフットボール〙(ボールを保持しない)〈味方のプレーヤーが〉身体を投げ出して〈相手方を〉ブロックする. ── *n.* **1** (かするような)横なぐり; かすり衝突. **2** ついでの批評, 偶然の意見[言及].

síde tàble 〘ME〙 *n.* サイドテーブル《壁ぎわに置くかまたは主テーブルの横に置く机》.

síde-thrèad stìtch *n.* 〘製本〙=side stitch.

síde·tòne *n.* 〘通信〙側音《電話機で話し手の声が自己の受話器に分流して聞える音; cf. antiside tone》.

síde tòol *n.* 〘機械〙片刃バイト.

síde·tràck *n.* **1** 《米》(鉄道の)側線, 待避線 (siding). **2** 主題からそれること, 脱線. ── *vt.* **1** 《米》〈列車などを〉側線に入れる (shunt). **2** 〈主題・本筋〉から脱線させる (switch off); 〈人を〉のける, よける: ～ an issue. ── *vi.* 本論から離れる, 脱線する: ～ *on* the current topic 脱線して時事問題に入る.

síde vàlve *n.* 〘自動車〙サイドバルブ, 側弁《シリンダーの側方に取り付けたエンジンのバルブ》.

síde vìew *n.* **1** 側景, 側面図. **2** 側面観, 横顔 (profile).

síde·wàlk *n.* 《米》(舗装した)人道, 歩道 (《英》pavement) (cf. roadway, street 1 b).

sídewalk àrtist *n.* 《米》 **1** 街頭画家 (《英》pavement artist) 《歩道に色チョークで絵を描いて通行人から金を求める画家; cf. screeve 2》. **2** 街頭似顔絵画家《通りで通行人の似顔絵を木炭やパステルですばやくスケッチする画家》.

sídewalk bìke *n.* (子供用)補助輪付き自転車.

sídewalk superinténdent *n.* 《戯言》(建築現場で建築・破壊・修理などの工事を眺めている)歩道監督者, 作業見物人.

síde·wàll 〘ME〙 *n.* 〘自動車〙(空気入りタイヤの)サイドウォール《接地面と外輪との間の部分》.

síde·ward [sáɪdwəd | -wəd] 〘ME〙 ── *adj.* 側部[側面]の, わきの, 横からの, 斜めの (sideways): a ～ glance. ── *adv.* 横[わき]へ, 斜めに, はすに.

síde·wards [-wədz | -wədz] *adv., adj.* =sideward.

síde·wày *n.* **1** 横道, わき道 (byway). **2** 人道, 歩道 (sidewalk). ── *adv., adj.* =sideways.

síde·wàys 〘《1577》: ⇨ -ways〙 ── *adv.* **1** 横に[から], 横側に; 横向きに, 斜めに: viewed ～ 横から見た / look ～ at …を横目で見る. **2** けげんそうで, 伏目使いで: look ～ at him けげんそうな[恥ずかしそうな]顔で見る. ── *adj.* **1** 横の, 横側の; 横向きの, 斜めの: a ～ glance [look] 横目. **2** 間接的な, 回避的な (evasive).

síde·whèel *n.* 〘海事〙側外車《外輪船 (paddle steamer) の両側にある一対の外輪の一つ》.

síde-whèel *adj.* 〘海事〙〈蒸気船など〉側外車[外輪]を備えた.

síde·whèeler *n.* **1** 〘海事〙側外車(汽)船, 外輪船. **2** 〘野球〙左腕投手, サウスポー (southpaw).

síde-whìskered *adj.* (あごをそって)長いほおひげをはやした: a ～ man.

síde-whìskers *n. pl.* (あごはそった)長いほおひげ.

síde-wìnd [-wɪnd] *adj.* **1** 間接の. **2** 不正な.

síde wìnd 〘ME〙 *n.* **1** 横風, 側風. **2** 間接の攻撃[手段, 方法, 影響]: learn by a ～ 間接に聞く.

síde·wìnd·er [-wàɪndə | -də(r)] 〘← SIDE+WINDER[1]〙 ── *n.* **1** 《米口語》わきからのひどい一撃, 横合いから来るぎゃふんという強打. **2** [S-] 《米》サイドワインダー《赤外線受動追尾式超音速空対空ミサイル》. **3** 〘動物〙サイドワインダー (*Crotalus cerastes*) 《北米西南部の砂漠に生息する小形のガラガラヘビの一種; 眼の上に突起があり, 体を斜め前方に移動させる》.

síde-wìre *vt.* 〘製本〙平綴(ひら)じにする, 平綴じで綴じる.

síde-wìre stìtch *n.* 〘製本〙=side stitch.

síde·wìse *adv., adj.* =sideways.

síde yàrd *n.* 側庭《家・建物の横側にある庭》.

síd·ing 〘《1603》← SIDE+-ING[1]〙 ── *n.* **1** 《古》味方すること, 加担, 支持. **2** 〘鉄道〙側線, 待避線 (sidetrack) 《siding track ともいう》. **3** 《米》〘建築〙(建物の外壁の)下見張り, 壁板 (weatherboarding). **4** 〘造船〙サイディング《船体の肋材や船首材などの前後方向に測った幅; ↔ molding》.

si·dle [sáɪdḷ] 〘《1697》(逆成) ← SIDELING〙 ── *vi.* **1** 体を横にして歩く, 斜行する: ～ through a crowd 人込みの中を体を横にして進む. **2** 斜めににじり寄る; こそこそ歩く〈*up, away*〉〈*to, toward, along*〉: ～ *up to* a person 人ににじり寄る. ── *vt.* 斜めに歩かせる; 横歩きさせる. ── *n.* 横歩き; にじり寄り.

Sid·ney [sídni | -nɪ] 〘1: (変形) ← SIDONY. 2: (転訛)? ← *Saint Denis*〙 *n.* **1** 女性名. **2** 男性名《愛称形 Sid, Syd; 異形 Sydney》.

Sid·ney [sídni | -nɪ], Sir **Philip** *n.* (1554–86) 英国の詩人・作家・政治家・軍人; *Arcadia* (1590).

Si·don [sáɪdn | -dn, -dɔn] 〘↓〙 ── *n.* シドン《古代フェニキア (Phoenicia) の都市; Tyre と共に地中海沿岸最大の海港であった(聖書では富と悪徳の都市として有名); 現在は Lebanon の Saida》.

Si·do·ni·an [saɪdóuniən | -dóunjən, -nɪən] 〘← LL *Sīdōni(ī)* Sidonians ◻ Gk *Sidṓnioi* ← *Sidṓn* Sidon ◻ Phoen. *Tzīdhōn* 《原義》fishing place ← *tzūd* to hunt: ⇨ -an[1]〙 ── *adj., n.* (古代フェニキアの) Sidon の(人).

Si·do·ny [sáɪdəni, -dṇi | -dəni, -dṇɪ] 〘← (*the Sacred*) *Sendon, Sindon* ← L *sindon* fine cloth, linen ◻ Gk *sindṓn*: ⇨ -y[2]〙 ── *n.* 女性名《愛称形 Sid, Syd; 異形 Sidney, Sydney》.

Sid·ra [sídrə] 〘◻ Mish.Heb. *sidrā́h* order〙 ── *Heb. n.* (*pl.* **～s, Sid·roth** [sídrouθ, -rout | -rəuθ, -rəut]) 〘ユダヤ教〙シドラ《安息日 (Sabbath) に唱えられる律法 (Torah) の一部である parashah》.

Sid·ra [sídrə], **the Gulf of** *n.* シドラ[スルト]湾《Libya 北岸の湾》.

Sidroth *n.* Sidra の複数形.

Sie·bold [zíːbouɫt | -bəuɫt; *G.* zíːbɔlt], **Philipp Franz von** *n.* ジーボルト, シーボルト《1796–1866; ドイツの博物学者・医師; 文政6年 (1823) および安政6年 (1859) の2回来朝, 日本に関する著書が多い》.

siè·cle [sjékḷ; *F.* sjɛkl] 〘◻ F ～ < OF *secle* ◻ L *saeculum* generation: ⇨ secular〙 *F. n.* (*pl.* **～s** [～]) 世紀 (century); 時代 (age); 世代: ⇨ fin de siècle.

siècle d'or [sjékḷdɔ́ə | -dɔ́ː(r); *F.* sjɛkləd ɔːr] 〘◻ F ～: ⇨ ↑, or[3]〙 *F. n.* 黄金時代《フランスのルイ14世治世による時代》.

Sieg·bahn [síːgbɑːn; *Swed.* síːgbɑːn], **Karl Manne** [mánne] **Georg** *n.* ジーグバーン《1886–1978; スウェーデンの物理学者; Nobel 物理学賞 (1924)》.

siege [síːdʒ] 〘《?a1200》*sege* seat ◻ OF (F *siège*) < VL **sedicum* ← **sedicāre*=L *sedēre* 'to SIT': cf. besiege〙 ── *n.* **1** 攻囲, 包囲攻撃, 攻城; 攻囲[包囲]期間: a regular ～ 正攻法 / ～ warfare 攻囲[攻城]戦 / push [press] a ～ 激しく攻囲する / stand a ～ 包囲攻撃をもちこたえる / undergo a ～ 包囲される. ★ ラテン語系形容詞: obsidional. **2** 口説き立て, 攻め立てること, 説得 (persuasion). **3** (病気・不幸などの)長い期間: a ～ of illness 長(なが)の煩(わずら)い / a ～ in the hospital 長い入院期間. **4** 多量 (quantity): a ～ of work たくさんの仕事. **5** 《廃》 **a** (高位の人の)座; 玉座 (throne). **b** 権威の座 (seat); 地位 (rank). **6** 《廃》 **a** 便所. **b** 排泄物. **7** 〘鳥類〙(サギなどの)群れ; (サギなどの採餌用の)見張所《sedge ともいう》.

lay siege to (1) …を囲む, 包囲[攻囲]する: *lay* ～ *to* the town. (2) …にしつこくねだる (importune): *lay* ～ *to* a lady's heart 婦人をしきりに口説く. ***raise the siege of***… 〈包囲軍が〉…の攻囲を中止する; 〈援軍が〉…の包囲を解く. ── *vt.* 包囲する, 攻囲する.

síege còin *n.* 緊急貨幣 (obsidional coin) 《包囲をうけた地域で暫定的な法定通貨である旨を打刻した緊急貨幣》.

síege-gùn *n.* (昔の)攻城砲.

Síege Périlous *n.* 〘アーサー王伝説〙命取りの座《Holy Grail を捜し出すべき運命を担った有徳の騎士のために予定された「円卓 (the Round Table)」の空席で, それ以外の者が掛ければ命を失ったという》.

síege pìece *n.* **1** (昔の)攻城砲 (siege-gun). **2** =siege coin.

síege tràin *n.* (昔の)攻城砲列, 攻城砲兵縦列.

síege-wòrks *n. pl.* 〘軍事〙攻城堡塁(ほうるい).

Sieg·fried [síːgfriːd; *G.* zíːkfriːt] 〘◻ G ～ < OHG *Sigifrith* ← *sigu* victory+*fridu* peace〙 ── *n.* **1** 男性名. **2** 〘ドイツ伝説〙ジークフリート《*Nibelungenlied* 中の英雄で Rhine 川下流地方の王子; Nibelung 族の宝を手に入れ大竜を殺す; Gunther 王を助けて女傑 Brunhild を彼の妻に迎えさせ, 自らは Gunther の妹 Kriemhild と結婚するが, Brunhild は彼を Hagen に謀殺させる; Wagner の楽劇では Brünnhilde を魔法の眠りから救い出す》.

Síegfried Lìne *n.* [the ～] ジークフリート線《Maginot Line に対抗したドイツ西部の要塞線 Westwall に英国が付けた名称; 1936年より, Kehl [kéːl] と Aachen 間約400 km に構築された》.

Sieg·lin·de [ziːglíndə; *G.* ziːklíndə] *n.* 〘ドイツ伝説〙(Wagner の楽劇 *Ring of the Nibelung* で)ジークリンデ《Siegmund の妻, Siegfried の母》.

Sieg·mund [síːgmund, -mənd; *G.* zíːkmʊnt] 〘◻ G ～ < OHG *Sigumunt* ← *sigu* victory+*munt* protection〙 ── *n.* **1** 男性名. **2** 〘ドイツ伝説〙(Wagner の楽劇 *Ring of the Nibelung* で)ジークムント《Sieglinde の夫で Siegfried の父親》.

sie·mens [síːmənz, zíː- | síː-] 〘← *E. W. von & W. Siemens*〙 *n.* 〘電気〙ジーメンス《コンダクタンス (conductance) の単位; 1 オーム (ohm) の逆数; 記号 S》.

Sie·mens [síːmənz; *G.* zíːmɛns], Sir **William** *n.* ジーメンス《1823–83; ドイツ生れの英国の電気技師・発明家; Ernst Werner von Siemens の弟; ドイツ語名 Karl Wilhelm Siemens》.

Siemens, Ernst Werner von *n.* ジーメンス《1816–92; ドイツの電気技師・発明家》.

Si·e·na [siénə | sɪ-; *It.* sjéːna] *n.* シエナ《イタリア中部, Tuscany の都市; 人口 69,000》.

Si·en·ese [siːəníːz, -níːs | sìeníːz, sɪə-] *adj.* **1** シエナ (Siena) の. **2** シエナ画派の (cf. Florentine 2). ── *n.* (*pl.* ～) シエナ人.

Sienése schóol *n.* [the ～] シエナ画派《金彩を用いた装飾的画風の宗教画を特色とする; 13–14世紀にイタリアで栄えた》.

Sien·kie·wicz [ʃenkjéɪvɪtʃ; *Pol.* ɕɛŋkjɛ́vitʃ], **Henryk** *n.* シェンキエヴィチ《1846–1916; ポーランドの小説家; Nobel 文学賞 (1905); *Quo Vadis?* 「クオ ヴァディス」(1896)》.

si·en·na [siénə | sɪ-] 〘《略》← 《廃》*terra-sienna* ◻ It. *terra di Siena* earth of Siena〙 ── *n.* **1** シエナ土《酸化鉄・粘土・砂などの混合した黄土の一種; 黄褐色の顔料に用いる》: ⇨ burnt sienna, raw sienna. **2** シエナ色, 黄褐色.

Si·enn·ese [sìːəníːz, -níːs | sieníːz, sɪə-] *adj., n.* =Sienese.

si·er·o·zem [sìərəʒɔ́(ː)m | sɪərə(ʊ)ʒɔ́m] 〘◻ Russ. *serozem* ← *seryi* gray+*zemlya* earth〙 *n.* 〘土壌〙シーロゼム, 灰色土.

si·er·ra [siérə | síərə, sɪérə] 〘《1613》◻ Sp. ～ 'saw' < L *serram*: ⇨ serra〙 ── *n.* (*pl.* **～s**) **1** 〘地理〙 **a** [しばしば *pl.*] (峰がのこぎり歯状の)山脈, 連山. **b** 山岳地帯. **2** 〘魚類〙 **a** =cero. **b** =Spanish mackerel.

Si·er·ra Le·one [siérəlióun, sí(ə)rə- | siérəlióun, síərə-, -óunɪ] *n.* シエラレオネ《アフリカ西岸にある英連邦内の自治国; もと英国の植民地であったが, 1961年独立; 人口 3,003,000, 面積 72,325 km²; 首都 Freetown; 公式名 the Republic of Sierra Leone シエラレオネ共和国》.

Siérra lìly *n.* 〘植物〙北米北西部の山地に生じるオレンジ色のユリ (*Lilium parvum*) 《small tiger lily ともいう》.

Si·er·ra Ma·dre [siérəmáːdri | sɪérəmáːdreɪ, síərə-; *Sp.* sjérramáðre] *n.* [the ～] シエラマドレ(山脈)《メキシコ中央部の高地をはさんで東側と西側に並走する二つの山脈; 最高峰 Citlaltépetl (5,700 m)》.

Si·er·ra Ne·va·da [siérənəvǽdə, -vɑ́ːdə | sɪérənevɑ́ːdə, síərə-, -nɪ-, -nə-; *Sp.* sjérranebáða] 〘◻ Sp. ～ 'snowy range'〙 ── *n.* [the ～] シエラネバダ(山脈): **1** 米国 California 州東部の山脈; 最高峰 Mt. Whitney (4,418 m). **2** スペイン南部の山脈; 最高峰 Mulhacén (3,478 m).

Siérra shóoting stár *n.* 〘植物〙北米西部の高山に生じるサクラソウ科の濃い赤紫の花が咲く多年草 (*Dodecatheon subalpinum*).

si·es·ta [siéstə | sɪ-] 〘◻ Sp. ～ < L *sextam* (*hōram*) sixth (hour), noon: ⇨ sext, hour〙 ── *n.* (*pl.* **～s**) (スペイン・イタリアなどで)午睡, 昼寝, シエスタ (afternoon nap) 《仕事を一時中止するほど習慣になっている》; 仮眠: the hour of ～ / take a ～ for an hour 一時間昼寝する.

sieur [sjɜ́ː | sjɜ́ː(r); *F.* sjœːr] 〘◻ (O)F ～ < VL **seiō-*

rem=L *seniōrem*: ⇨ senior〗 *n.* 男子に対するフランス語の古い敬称.

sieve [sív] 〖ME *sive, seve* < OE *sife* < Gmc **sibi* (G *Sieb*) ← IE ? **seip-* to pour out〗 **—** *n.* **1** (目の細かい)篩(ふるい): pass flour through a ～ 小麦粉を篩にかける / have a head [memory] like a ～ 物覚えの悪い, 非常に忘れっぽい / draw water with a ～=pour water into a ～ むだ骨を折る / He is (as) leaky as a ～. 彼は何でもしゃべってしまう. **2** 《口語》 口の軽い人, 秘密を守れぬ人. **—** *vt.* **1** ふるう; ふるい分ける 〈*out*〉. **2** 細かく調べる (screen); 選別する, ふるいにかける 〈*out*〉. **—** *vi.* ふるいを用いる; ふるいを通す.

síeve anàlysis *n.* ふるい分け.

síeve cèll *n.* 〖植物〗 篩(し)管細胞.

síeve plàte *n.* 〖植物〗 篩(し)板《篩孔を塞ぐ冬期に生じる隔壁》.

síeve pòre *n.* 〖植物〗 篩(し)孔《蛋白質などの養分が通過する篩管の隔壁を貫く穴》.

Sie·vers [síːvəz, zíːfəs, -vəs | -vəz, -fəs, -vəs; G. zíːvɐs, -fɐs], **Eduard** *n.* ジーフェルス《1850–1932; ドイツの言語学者》.

síeve tùbe *n.* 〖植物〗 **1** 篩(し)管《導管の一種》. **2** (1個の)篩管細胞.

sif·fle [sífl] *vi.* 〈風などが〉ひゅうひゅう音を立てる (whistle).

sif·fleur [siːflǽː | -flɜ́ːr; *F.* siflœːr] 〖□ F ～ ← *siffler* to whistle < VL **sifilāre*=L *sibilāre*: ⇨ sibilant〗 **—** *n.* **1** 口笛吹き(芸人). **2** ぴーと鳴く動物《ロッキーマーモット (whistling marmot) など》.

sift [sɪft] 〖OE *siftan* ← Gmc **sib-*: ⇨ sieve〗 **—** *vt.* **1 a** 篩(ふるい)にかける, ふるう (sieve): ～ cinders [flour] 燃えがら[小麦粉]を篩にかける. **b** ふるい分ける, えり分ける, 取捨する 〈*out*〉/〔*from*〕: ～ *out* gravel *from* gold dust じゃりと砂金をふるい分ける / ～ the flour *from* the bran 小麦粉をふすまとふるい分ける. **2** 〈砂糖・こしょうなどを〉〔…に〕(篩にかけるように)振りかける (sprinkle)〔*over, on, upon, on to*〕: ～ sugar *on* a cake. **3 a** 鑑別する, 厳密に調べる, 精査する, 詳しく検討する (scrutinize): ～ the evidence 証拠を鑑別する / ～ the matter to the bottom その問題を徹底的に調べる. **b** 選別する, ふるいにかける; 調べ出す 〈*out*〉. **—** *vi.* **1** 篩を通る, 篩を通って落ちる. **2** 〈雪・砂・光などが〉(篩を通るように)はいり込む, 降り込む〔*through, into*〕: Snow ～*s through* a chink in the window. 雪が窓のすき間から入り込む / Sand ～*s into* one's shoes. 砂が靴の中にはいり込む. **3** 精査する; 選別する.

síft·er 〖⇨ ↑, -er¹〗 *n.* **1** ふるい手; 精査人. **2** 篩(ふるい) (sieve); 振りかけ器.

síft·ing 〖《15C》〗 *n.* **1** ふるうこと, ふるい分け; 鑑別, 精査. **2** [*pl.*] ふるいかす, ふるい残り (riddlings).

SIG 《略》 Special Interest Group.

sig. 《略》 signal; 〖処方〗 signature; signor; 〖処方〗 *L.* signa (=write, mark, label); *L.* signetur (=let it be written).

si·gan·id [sɪgǽnɪd, sə-, -géɪn-, -nəd | sɪgǽnɪd, -géɪn-] 〖↓〗 *adj., n.* 〖魚類〗 アイゴ科の(魚).

Si·gan·i·dae [sɪgǽnədiː, sə- | sɪgǽnɪ-] 〖← NL ～ ← *Siganus* (属名: ← Arab. *sijān* rabbitfish)+-IDAE〗 *n. pl.* 〖魚類〗 アイゴ科.

sig·a·to·ka [sɪgətóʊkə | -táʊ-] 〖← *Sigatoka* (Fiji 諸島の川の名)〗 *n.* 〖植物病理〗 バナナの斑点病.

sigh [sáɪ] 〖《*a*1325》 *si(g)he(n)* 《逆成》? ← *si(g)hte* (pret.) ← *si(c)he(n)* < OE *sīcan* ← ? Gmc **sik-* (G *seufzen*) 《擬音語》〗 **—** *vi.* **1** (疲労・悲嘆・後悔・憧憬などの無意識の表現として)ため息をつく, 吐(と)息をつく: ～ *with* fatigue 疲れてため息をつく / ～ *with* relief ほっとしてため息をつく / ～ *for* grief 嘆息する. **2 a** 〔…を〕惜しく思う, 嘆く〔*for, over*〕: ～ *for* misspent youth 無為(むい)に過ごした青春を嘆く / ～ *over* one's unhappy fate 不運を嘆く. **b** 〔…を〕慕う, 〔…に〕あこがれる, 焦がれる〔*for*〕: ～ *for* one's home 故郷を慕う. **3** 〈風などが〉ため息のような音をたてる. **—** *vt.* **1** ため息をついて言う, 嘆じて語る, 嘆く 〈*out*〉. **2** 〈時を〉ため息をつきながら過ごす: ～ *away* one's days. **3** 《古》 悲しむ, 悲しみ嘆く. **—** *n.* **1** ため息, 吐(と)息, 嘆息: a ～ of relief ほっとしたため息 / draw [fetch, give, heave] a ～ ため息をつく, ほっと一息つく / with a ～ of disappointment 失望のため息をついて. **2** (風など)ため息のような音. **～·er** *n.*

sigh·ful [sáɪfəl] *adj.* ため息いっぱいの, 悲しみに満ちた (mournful).

síghing 〖ME〗 *adj.* ため息をついている. **～·ly** *adv.*

sight [sáɪt] 〖OE *sihþ, gesiht* (cog. G *Gesicht*) ← (W Gmc) **seχ(w)-* 'to SEE²': ⇨ -t³〗 **—** *n.* **1 a** 視力, 視覚 (vision): be lost to ～ 見えなくなる / loss of ～ 失明 / near [short] ～ 近視 / fix one's ～ upon …をじっと見詰める / have dim ～ 目がかすむ / His ～ is not very good. 目[視力]があまりよくない / He is slowly losing his ～. 段々視力が弱ってきた / He has long [far] ～. 彼は遠目がきく; 彼には先見の明がある (cf. 1 b). **b** 精神的視覚, 先見: ⇨ second sight.
2 a 見る[見える]こと; 目による知覚; 一見, 一覧: ⇨ *at first* SIGHT / at (the) ～ of …を見て[見るや] / She fainted at the ～ of an accident. 事故を見て卒倒した / have ～ of …を見る, 見つける / catch [have, gain, get] ～ of …を見つける, 認める / lose sight of …を見失う; 見落とす; …が消息不明になる / take a ～ of …を見る / in one's ～ 人の目の前で / I cannot bear the ～ of him.=I hate the very ～ of him. 彼の顔は見るのもいやだ / The first ～ of France is unforgettable. 初めて見たフランスは忘れがたい. **b** (航海者による方向[位置]決定の)観測, 天測(など).
3 視界, 視域, 眼界, 見えるところ: a line of ～ 視軸 / in ～ 視界にはいって, 見えて, 近づいて / within ～ 見える所で[に] / The land came in ～. 陸が見えてきた / We came in ～ of land. 陸が見えてきた, 陸に近づいた / The end is in ～. 先は見えている / Peace is now in ～. 平和が近づいた / keep something in ～=keep ～ of something ある物を見失わないようにする / out of ～ 見えないところに; 遠く離れて / put something out of ～ ある物を隠す / Get out of my ～! うせろ / Out of ～, out of mind. 《諺》「去る者は日々にうとし」 (cf. SELDOM seen, soon forgotten.).
4 見地, 見解, 見るところ (viewpoint), 判断 (judgment): Do what is right in your ～. 自分が見て正しいと思うことをやれ / That which is highly esteemed among men is abomination in the ～ of God. 人の中に尊ばるる者は神のまえに憎まるる者なり (*Luke* 16:15) / In the ～ of God all men are equal. 神の目から見れば人はすべて平等だ / lose [find, gain] favor in a person's ～ 人にうとんぜられる[よく思われる].
5 a 光景 (scene, spectacle), 景色, ながめ (view): a pleasant [horrid, sad] ～ 楽しい[恐ろしい, 悲しい]光景. **b** [the ～s] 名所: see [do] *the* ～*s* of London ロンドン見物をする. **c** 《口語》 (おかしくて, ひどくて)人目につく物[人], 物笑い(の種): make a ～ of oneself 人に笑われるような[奇妙な]なりをする / His shoes were (quite) a ～. 彼の靴は全く見ものだった / That hat makes me look a perfect ～. 私があの帽子をかぶるととても滑稽に見える / What a ～ you are! なんてざまだ.
6 [a ～] 《米方言・英口語》 **a** 多数, たくさん, どっさり (a great deal)〔*of*〕: It must have cost *a* (fine) ～ *of* money. それは随分お金がかかったでしょう / There was *a* good ～ *of* people. 随分たくさん人がいた. **b** [副詞的に] はるか(に), 多分(に) (a good deal): It is *a* long [jolly, precious] ～ better. それはずっとすぐれている / It is worth *a* (long) ～ more than that. それはあれよりもはるかに価値がある.
7 (銃などの)照準具, (front sight (前部照準具)としての)照星, (rear sight (後部照準具)としての)照門, 照尺 (⇨ rifle¹ 挿絵); ねらい, 照準 (aim): take (a careful) ～ (よく)狙う / set one's ～*s* on …に照準を合わせる; …に狙いをつける / the line of ～ 照準線.
8 《方言》 **a** 目 (eye). **b** ひとみ. **c** [*pl.*] めがね.
9 《廃》 洞察力, 眼識 (insight).
10 《廃》 **a** (かぶとの)面頰(めんぽお) (visor). **b** (面頰の)のぞき孔.
11 〖金融〗 (手形・小切手の債務者への)提示 (demand): after ～ 一覧後 / ⇨ *at* SIGHT (2).
a sight for sore eyes [***the gods***] 見るもうれしいもの, 目の保養《珍客・珍品など》. ***a sight for the god*** すばらしい眺め, 見事な光景. ***at first sight*** 一目で, 一見したところでは: fall in love *at first* ～ 一目ぼれする / *At first* ～ the problem seems easy. 一見したところでは問題は簡単にみえる. ***at sight*** (1) 見てすぐ: read a Latin passage *at* ～ ラテン文をすらすら読む / play music *at* ～ 楽譜を見てすらすら[初見(しょけん)で]奏する / shoot a person *at* ～ 人を見てすぐ撃つ. (2) 〖金融〗 提示して (on presentation): a draft (payable) *at* ～ 一覧払為替(かわせ)手形 / a bill (payable) *at* long [short] ～ 一覧後長[短]期払手形 / a bill *at* 10 days' ～ 一覧後十日払い手形. ***by sight*** (1) (名は知らないが)顔は (cf. by NAME): I know him *by* ～. 彼とは顔見知りの間柄だ. (2) 目に頼って, 目を使って (2 *Cor.* 5:7). ***heave in sight*** (1) 〖海事〗 〈船などが〉(水平線上に)見えてくる. (2) 〈人・物が〉現われる. ***in sight*** ⇨ 3. ***not…by a long sight*** (1) 全く…でない (not at all). (2) 恐らく…ではない (probably not). ***on*** [***upon***] ***sight*** =*at* SIGHT (1). ***out of sight*** (1) ⇨ 3. (2) 《口語》 比べものにならない(ほど), はるかに: It is *out of* ～ better [the best]. はるかにすぐれている[最高だ]; 〈値段など〉法外で[に], ばか高で: Oil has gone *out of* ～. (3) 《米俗》 飛び切り(上等)で, とてもよい. ***sight unseen*** 《米》 〈現物を〉あらかじめ調べてみもしないで, 見ずに: buy a thing ～ *unseen*.
— *attrib. adj.* **1** 初めて見た, 〈課題など〉予習なしの, 初見(しょけん)の (cf. unseen 2): a ～ translation 《英》 即席翻訳(課題) / a ～ passage in Latin 即席翻訳のラテン文課題. **2** 〖金融〗 〈手形など〉一覧払いの: ⇨ sight draft.
— *vt.* **1 a** 見つける, 認める: ～ a ship, land, etc. **b** (器械を使って)見る, 〈天体など〉を観測する. **2** 狙う; 〈銃〉の照準を定める: ～ a target [an objective] 的[標的]をねらう / ～ a rifle ライフルの照準を合わせる. **3** 〈象限(しょうげん)儀・銃など〉に照星をつける; …に照準機を整える. **4** 〖金融〗 〈手形などを〉(その名当て人に)提示する, 一覧させる (present). **—** *vi.* **1** 狙いをつける, 照準する. **2** (ある方向を)じっと見る.
sight in (狙いをつけて)〈銃〉の照準を合わせる.

sight bill *n.* 《英》 〖金融〗 =sight draft.

sight dràft *n.* 《米》 〖商業〗 一覧払為替手形.

sight·ed [-tɪd, -təd | -tɪd, -təd] 〖⇨ -ed 2〗 **—** *adj.* **1** [複合語の第2構成素として] 視力が…の, …目の: near [short, long, far, quick]-*sighted*. **2** 視力のある.

sight èdge *n.* 〖造船〗 外縁《鋼板の端を次の鋼板の端と重ねて継ぎ合わせる時, 外から見える方の側の鋼板の端》.

sight gàg *n.* 〖演劇〗 (台詞(せりふ))よりも身振りなどによる)視覚に訴えるおかしさ[ギャグ].

sight·hòle *n.* (象限(しょうげん)儀などの)のぞき穴.

sight·ing [-tɪŋ | -tɪŋ] *n.* **1** 観測すること; 照準を合わせること. **2** (UFO や航空機などの)観察[目撃]例.

sighting shòt *n.* 点検弾, 試射弾, 照準練習射撃, 浅射《照準の適否を点検するためのもの》.

sight·less 〖ME: ⇨ -less〗 *adj.* **1** 目の見えない, 目の不自由な (blind). **2** 目に見えない (invisible). **～·ly** *adv.* **～·ness** *n.*

sight line *n.* 視線《劇場などで, 人の目とその見る対象とを結んだ線; cf. LINE of sight (2)》.

sight·ly 〖《1532》: ⇨ -ly²〗 **—** *adj.* (**sight·li·er**; **-li·est**) **1** みめのよい (comely), 美しい (beautiful). **2** 《米》 景色のよい, 展望のきく: a ～ eminence 眺望のきく高台. **síght·li·ness** *n.*

sight-rèad *vt.* 〈外国語などを〉即読する; 〈楽譜などを〉初見(しょけん)で読む[演奏する, 歌う]. **—** *vi.* 即読する, 初見で読む[演奏する, 歌う].

sight rèader *n.* 視奏[唱]者《楽譜を見てすらすら奏する[歌う]人》.

sight-rèading *n.* 視奏[唱], 初見(演奏)《初めて見る楽譜を練習なしに演奏すること》.

sight rhỳme *n.* 〖詩学〗 =eye rhyme.

sight rùle *n.* 〖測量〗 アリダード (alidade), 指方規《測量で平板上に取り付け方向を指示する器具》.

sight scrèen *n.* 〖クリケット〗 サイトスクリーン《打者が投手 (bowler) の投げた球をよく見えるようにするためフィールドの両端に設置した白いスクリーン》.

sight·sèe 〖《逆成》↓〗 *vi.* 見物する, 遊覧する: go ～*ing* in London ロンドンへ見物に出かける.

sight·sèeing 〖← *see the sights* (⇨ sight (n.) 5 b)〗 **—** *n.* **1** 見物, 観光, 遊覧: do ～ and shopping 観光と買物をする. **2** [形容詞的に] 見物する, 観光の, 遊覧の: a ～ car [bus] 遊覧[観光]自動車[バス] / a ～ party 観光団 / a ～ trip [tour] 観光旅行.

sight·sèer *n.* 見物人, 観光客, 遊覧客 (tourist).

sight·sìnging *n.* 〖音楽〗 視唱《初めて見る曲をドレミ唱法などの助けをかりて歌うこと》.

sight·wòrthy *adj.* 見がいのある, 見る価値のある. **sight·wòrth·i·ness** *n.*

sig·il [sídʒɪl, -dʒəl, -gɪl, -gəl | -dʒɪl, -gɪl] 〖《*a*1610》 □ L *sigill-um*: ⇨ seal²〗 **—** *n.* **1** 印形(いんぎょう), 印, 認印 (seal, signet). **2** 占星術・魔術で秘術的な力があるとされている記号[言葉など]. **sig·il·lar·y** [sídʒəlèri | -dʒɪləri] *adj.*

sigill. 《略》 *L.* sigillum (=seal).

sig·il·late [sídʒəlèɪt, -lɪt | -dʒɪ-] 〖← L *sigillāt-us* ← *sigillum*: ⇨ sigil, -ate²〗 **—** *adj.* **1** 〈古代ローマ陶器が〉印刻した模様のある. **2** 〖植物〗 〈根茎が〉印章模様のついた.

sig·il·log·ra·phy [sɪdʒəlágrəfi | -dʒɪlɔ́grəfi] 〖□ F *sigillographie* ← L *sigillum*: ⇨ sigil, -o-, -graphy〗 *n.* 印章学《印章を研究する学問, 古文書学の一分野》.

Sig·is·mund [sígɪsmənd, -gəs- | -gɪs-; *G.* zíːgɪsmʊ̀nt] 〖□ G ～ 《原義》 protection through victory ← OHG *sigu* (G *Sieg*) victory+*munt* hand, protection: ⇨ Sigmund〗 **—** *n.* **1** 男性名. **2** ジーギスムント《1368–1437; 神聖ローマ帝国皇帝 (1410–37)》.

sig·los [síglɑs | -lɔs] 〖□ Gk *síglos* □ Heb. *šéqel* 'SHEKEL'〗 *n.* (*pl.* **si·gloi** [-lɔɪ]) シグロス《古代ペルシャの銀貨; $=\frac{1}{20}$ daric》.

sig·ma [sígmə] 〖《1607》 □ L ～ □ Gk *sígma* ← Sem. (Heb. *sāmekh*)〗 **—** *n.* **1** シグマ《ギリシャ語アルファベット24字中の第18字: Σ σ, (語尾では) ς (ローマ字の S, s に当たる); ⇨ alphabet 表》. **2** 1秒の1000分の1 (millisecond). **3** 〖物理〗 =Sigma particle. **4** 〖生化学〗 =sigma factor.

sígma fàctor *n.* 〖生化学〗 シグマ因子《RNA ポリメラーゼの一分画で DNA の指定の位置から正常に転写されるようにする蛋白質》.

sígma fìnite sét *n.* 〖数学〗 シグマ有限集合《可算個の測度有限な集合でおおわれるような可測集合》.

Sígma hýperon *n.* 〖物理〗 シグマハイペロン (⇨ Sigma particle).

Sígma pàrticle *n.* 〖物理〗 シグマ粒子《記号 Σ; Sigma hyperon ともいう》.

sígma-rìng *n.* 〖数学〗 シグマ加法族, 完全加法的集合族, ボレル族《ある集合の部分集合から成る空でない集合族で, その要素の補集合も, その可算個の要素の和集合もまたその要素となるようなもの》.

sig·mate [sígmeɪt] 〖⇨ sigma, -ate²〗 **—** *adj.* S [Σ] 字形をした, シグマ形の. **—** *vt.* 〖文法〗 (時制・複数形成に)〈原形〉の語尾に s を添える. **sig·ma·tion** [sɪgméɪʃən] *n.*

sig·mat·ic [sɪgmǽtɪk | -tɪk] 〖⇨ sigma, -ic¹〗 *adj.* 〖文法〗 〈時制が〉原形に s を添えた《ギリシャ語などで不定過去や未来時制の形成に用いられる》.

sig·ma·tism [sígmətɪzm] *n.* 〖音声〗 歯擦音 (sibilant) の不正発音.

sig·moid [sígmɔɪd] 〖《1670》 □ Gk *sigmoeid-ḗs*: ⇨ sigma, -oid〗 **—** *adj.* **1** C 字形の. **2** S 字状の. **3** 〖解剖〗 S 状結腸の. **—** *n.* 〖解剖〗 **1** =sigmoid flexure 2. **2** S 状結腸.

sig·moi·dal [sɪgmɔ́ɪdl] *adj.* =sigmoid. **～·ly** *adv.*

sígmoid flèxure *n.* **1** 〖動物〗 (鳥の首などの) S 状曲部. **2** 〖解剖〗 (大腸の) S 字状彎曲.

sig·moid·o·scope [sɪgmɔ́ɪdəskòʊp | -skəʊp] *n.* 〖医学〗 S 状結腸[直腸]鏡. **sig·moid·o·scop·ic** [sɪgmɔ̀ɪdəskɑ́pɪk | -skɔ́p-] *adj.* **sig·moid·os·co·py** [sìgmɔɪdɑ́skəpi | -dɔ́skəpi] *n.*

Sig·mund [sígmənd, sí:gmʊnd, -mənd; *G.* zí:kmʊnt] 〚□ON *Sigmund-r*《原義》protection through victory ← *sigr* victory＋*mund* protection, hand: ⇨ Sigismund〛 ― *n.* **1** 男性名. **2**〖北欧伝説〗シグムンド《*Volsunga Saga* で Volsung と Liod の息子, Sinfiotli の父親, Borghild の次に Hiordis と結婚, Sigurd の父親》. **3**〖ドイツ伝説〗(*Nibelungenlied* で)ジゲムント《オランダの王で Siegfried の父親; Wagner の楽劇 *Ring of the Nibelung* の Siegmund に当たる》.

sign [sáɪn] 〚n.: (?a1200) *sygne* □(O)F *signe* □L *signum*《原義》object which one follows ← IE *sekw- to follow (⇨ sequel). ― v.: (c1305) *sygne(n)* □(O)F *sign-er* □L *signāre* ← *signum*〛 ― *n.* **1 a** (徴証となるような)あらわれ, しるし (indication, token); 徴候 (symptom), 前兆 (omen): the ～*s* of the times 時のしるし, 時代の徴候, 時勢 (cf. *Matt.* 16:3) / The robin is a ～ of spring. こまどりは春の先駆け[前触れ]である / There were ～*s of* suffering on her face. 彼女の顔に苦痛のようすが見えた / The weather shows no ～ *of* getting better [*that* it will get better]. **b**〖聖書〗(神力・神威の)しるし, 神わざ (prodigy): pray for a ～ おしるし(の出現)を祈る / seek a ～ 奇跡を求める (cf. *Matt.* 12:39) / ～*s* and wonders しるしと奇跡, 世にも珍しい出来事 (cf. *Acts* 2:43). **2 a** (数学・音楽などの)しるし, 符号, 記号 (⇨ signature 1 ★): mathematical ～*s* 数学記号 / musical ～*s* 音楽記号 / the ～ ♭ [flǽt]〖音楽〗変記号 / ⇨ minus sign, plus sign / a ～ of equality〖数学〗等号 / a ～ of aggregation〖数学〗総括記号《大・中・小括弧, 括線など, 幾つかのものをひとまとめにする記号》/ a ～ of summation〖数学〗総和記号 (＝Σ). **b** (思考などの象徴としての)言語記号[符号]: Words are the ～*s* of ideas. ことばは思想を表わす記号である. **3** 信号, 合図 (signal): ⇨ call sign / a red flag placed as a ～ of danger 危険の信号として出されている赤旗 / put one's finger to one's lips as a ～ *to* be quiet 口に指を当てて静かにするようにと合図する / I made a ～ *to* 〔*for*〕 them *to* advance. 彼らに進めと合図した. **b** 合言葉 (password), 暗号: a ～ and countersign 合言葉《「山」と言えば「川」, などの「山」と「川」》. **4** 手まね, 身振り (gesture); (手まね言語 (sign language) 用の)手振り, 身振り: deaf-and-dumb ～*s* (聾唖者の)手話用手振り / talk in by ～*s* 手まねで話す / make the ～ of the cross (cf. cross[1] 4) / They made no ～ of resistance. 何ら抵抗の素振りも示さなかった. **5 a** 看板 (signboard): a shop ～ 店の看板 / an inn ～ 宿屋の看板《★ 英国では絵を用いる場合が多い, 例えば日本でだるまの絵で「だるまや」を示すように猪(いのしし)の頭で "Boar's Head" という屋号を示すなど》/ a ～ over a public house 居酒屋[パブ]に掛っている看板 / at the ～ of ... の看板の宿屋[居酒屋]で / a hairdresser's ～ 理髪店の看板《赤と白のねじ棒》/ a pawnbroker's ～ 質屋の看板《金の三つ玉; ⇨ ball[1] 1 a》/ Good wine needs no ～.《諺》良酒には看板はいらない. **b** 標識, 標示, 掲示: a road [traffic] ～ 道路[交通]標識 / The ～ says, "No Smoking." 掲示には「禁煙」と書いてある. **6 a** [主に否定構文で] あと, 痕跡(こんせき) (trace), 形跡 (vestige) 〔*of*〕: with *no* ～ *of* anger 少しも怒ったような気配も見せずに / There is *not* a ～ *of* life. 生き物が生存している形跡がない / The room shows [gives] *no* ～*s of* being used. 部屋は使用された形跡がない / She bore every ～ *of* having in her youth been a very lovely woman. 若い頃たいへんな美人だったことが十分うかがえた. **b** [通例 *pl.* ～]《米》(野獣などの通った)跡 (trace)《足跡・ふんなど》: find plenty of deer ～ 鹿の通った跡をたくさん見つける. **7**〖医学〗[通例限定詞を伴って] (医者にわかる病気の)症候, 徴候 (cf. symptom 2): ⇨ Babinski sign. **8**〖天文・占星〗宮《黄道の12区分の一つ》: ⇨ signs of the ZODIAC. **9**〖神学〗(霊的な本質を徴証する)可視的[物質的]なもの[しるし]: an outward and visible ～ *of* an inward and spiritual grace 内なる霊の恵みの目に見える外のしるし《秘跡 (sacrament) のこと; cf. *Prayer Book*, "A Catechism"》.

in sign of [*that*...] ...の[...という]しるしとして. ***make no sign*** (気絶して)身動きもしない; (異議がなくて)なんの合図もしない.

― *vt.* **1** 〈名前を〉記す; 〈手紙・書類など〉に署名する, サインをする; ...に署名して承認[保証]する, 記名調印する: ～ one's initials / ～ one's name *to* a letter [check] 手紙[小切手]に名前を記す / ～ a receipt [petition, will] 受取[嘆願書, 遺言]に署名する / a ～*ed* masterpiece of Picasso's ピカソの署名入りの傑作 / a book ～*ed* by the author 執筆者の署名がはいった書物 / ～*ed* and sealed 記名調印した / ～ a treaty 条約に調印する / ～ a bill *into* law 法案に署名して正式な法とする / By this act he ～*ed* his doom. この行為で彼は自分の運命を定めてしまった. **2** 〈権利・財産などを〉署名して処分する[譲り渡す], (証文を書いて)売り渡す[売り払う] 〈*away, over*〉: ～ *away* one's property [rights] 財産[権利]を署名して譲り渡す / ～ *away* one's freedom [independence] 自分の自由を他人に任せる / ～ *over* a delivery of a tanker 署名してタンカーを引き渡す / ～ a building *over to* a person (for use as offices) (事務所として使用するという)契約の上でビルを人に譲渡する. **3 a** 〈船員・職業選手などを〉契約書署名の上で雇う〈*on, up*〉: ～ (*on*) a fresh crew [a new player] 新手の乗組員[新しい選手]を雇い入れる / ～ oneself *on as* a deckhand 甲板員として雇われる / The school has ～*ed up* five new teachers for next year. 学校は来年度に備えて新しい先生を5名契約の上雇った. **b** 〈...することを〉契約署名する〈*to do*〉: ～ *to* direct a new film 新しい映画の監督を契約し署名する. **4** 〈洗礼を受ける子供など〉に十字のしるしをつける, ...に十字を切って清める 〔*with*〕: ～ an infant *with* the sign of the cross 幼児(のひたい)に十字架の形をしるす《洗礼式の文句》. **5 a** 手まね[身振りなど]で知らせる, 目くばせする: ～ one's assent [dissent] 同意[不同意]を示す. **b** [しばしば目的語＋*to* do, *that*-clause を伴って] ...に合図する: He ～*ed* me *to* enter. 私にはいれと合図した (cf. *vi.* 3) / I ～*ed that* I was ready to start. 出発の用意ができたと合図した. **6** 示す, ...の前兆となる (betoken): ～ a new era 新時代のきざしとなる. **7** 〈道など〉に標識を出す: ～ a street.

― *vi.* **1** 署名する, 記名調印する: refuse to ～ 署名を拒む / ～ *for* a parcel 署名して小包を受け取る. **2** 署名の上雇われる, 就業契約をする〈*on, up*〉: ～ for three years 3年間の契約で雇われる / ～ *on for* a voyage 航海に従事することを契約する / ～ *on as* a cook コックとして就業契約をする / ～ *on at* a factory [*with* the Army] 工場に雇われる[陸軍に入隊する] / ～ *up to* be a model モデルになる契約をする / She ～*ed up for* a new film. 新しい映画に出演の契約を結んだ. **3** 手まね[合図, 目くばせ]をする: He ～*ed to* [*for*] me *to* stop. 私に止まれと合図をした (cf. *vt.* 5 b). **4** 標識を出す: ～ along a street.

signed, sealed, and delivered (1)〖法律〗署名捺印(なついん)交付済み《捺印証書が正式に作成交付されたことを示す文句》. (2)《戯言》万事円満に解決して. ***sign in*** (*vi.*) 署名して到着したこと[タイムレコーダーで出勤時]を記録する (cf. CLOCK[1] *in*). (*vt.*) (1) 署名して〈人〉の到着[〈物〉の受領]を記録する. (2) 〈会員が〉署名して〈非会員を〉中に入れてやる: ～ a friend *in* [*into* a club] 友人を中に入れてやる[クラブの中に入れてやる]. ***sign off*** (1) 契約などを破棄する; 関係[交わり]を絶つ. (2)《俗》話を止める, 黙る. (3)〖ラジオ・テレビ〗放送[番組]終了の合図[アナウンス]をする; 放送を終える: ～ *off with* the signature tune テーマ音楽をかけて放送[番組]を終了する. (4)〖トランプ〗(ブリッジで) 打切りビッドをする (cf. sign-off 2). ***sign on*** (*vt.*) ⇨ *vt.* 3 a. (*vi.*) (1) ⇨ *vi.* 2. (2)《英》失業時に[職業安定所に]名前を登録する 〔*at*〕: ～ *on at* the employment exchange. (3)〖ラジオ・テレビ〗放送[番組]開始を告げる (cf. sign-on): ～ *on* by saluting 挨拶をしてから放送を始める. ***sign on the dotted line*** ⇨ dotted line 成句. ***sign out*** (*vi.*) 署名して外出したこと[タイムレコーダー (time recorder) で退出時]を記録する (cf. CLOCK[1] *out*): ～ *out* (*of* one's dormitory) 署名して(寮から)外出する. (*vt.*) 署名して〈本などを〉帯出する; 署名させて〈人〉に外出を許す: ～ a book *out* (*of* a library). ***sign up*** (*vi.*) (1) ⇨ *vi.* 2. (2) 署名して加わる, 参加する: ～ *up for* a contest コンテストに出る / ～ *up to* take a summer course 夏期講習に参加する. (3) 〔...の〕購入を契約する 〔*for*〕. (*vt.*) (1) ⇨ *vt.* 3 a. (2) 〈人〉に〔...の〕購入を契約させる 〔*for*〕: ～ a person *up for* a new car 人に新車購入の契約をさせる.

sig·na [sígnə] 〚□L ～〛 *v.* [命令形で]〖処方〗記せ, 印をつけよ, レーベルを貼付せよ (略 S).

sign·a·ble [sáɪnəbl̩] *adj.* 署名できる, 署名すべき.

Si·gnac [si:njǽk; *F.* siɲak], **Paul** *n.* シニャック《1863–1935; フランスの風景・海景画家; Seurat とともに新印象派 (Neo-Impressionism) の祖; cf. Pointillism》.

sig·nal [sígnəl, -nl̩] 〚(c1380) □(O)F ～《変形》← OF *seignal* □ML *signāle* ← L *signālis* of a sign: ⇨ sign, -al[1]〛 ― *n.* **1** (警告・指示を伝達する)信号, 合図, サイン; 信号機, シグナル, (信号・合図の)灯火, 赤旗: a danger ～ 危険信号 / a ～ of distress ＝a distress ～ 遭難[難船]信号 / an alarm [a warning] ～ 警報 / ⇨ storm signal, traffic signal, weather signal / an international code of ～*s* 国際通信書(信号編) / a ～ between battery mates (野球で)バッテリー間のサイン / hoist a ～ 信号を掲げる / make a ～ (信号の)サインをする / The ～*s* are up [down]. 信号が上がって[降りて]いる. **2 a** (あらかじめ定めてある)〔...の〕合図[合言葉, ジェスチャーなど]〔*for*〕: give the ～ *for* retreat 退却の合図を出す. **b** きっかけ, 導火線, 動機〔*for*〕: the ～ *for* revolt 暴動の導火線 / His remark was the ～ *for* the fight. 彼の言葉がけんかのきっかけとなった. **3 a** (カードの端につけた検索用の)小見出し. **b** 本のページにつける付け札《つめかけなど》. **4**《古》しるし, 前兆, 徴候 (token, sign): His rising was a ～ *that* the meeting was over. 彼が立ち上がったのは会の終わったしるしだった / Fainting is a ～ of ill-health. 目まいは病気の徴候だ. **5**〖通信〗信号《送信[受信]されるインパルス・波動・音響など》, 符号; 変調波. **6**〖トランプ〗(ブリッジなどで)シグナル《プレー中カードの出し方によりパートナーに自分の手や意向を伝える方法》: ⇨ high-low signal. **7**〖測量〗対空標識. **8**〖言語〗信号, 合図《ある意味を伝達する言語音または言語形式》.

― *attrib. adj.* **1** 信号[合図]の役をする, 信号用の: a ～ flag [lamp, bell] 信号旗[灯, 鐘] / a ～ fire のろし. **2** 意味を表わす (significative). **3** 〚□F *signalé* □It. *segnalato* (p.p.) ← *segnalare* to make illustrious ← *segnale* signal〛 著しい, 顕著な (remarkable), 目ざましい, すばらしい (noteworthy): a ～ honor / a man of ～ virtues 高徳の士 / a ～ victory [defeat, exploit] 大勝利[敗北, 手柄] / a ～ villain ひどい悪党.

― *v.* (**sig·naled, -nalled; -nal·ing, -nal·ling**)
― *vt.* **1 a** 信号[合図]で知らせる[通信する]: ～ an order [a message] 命令[通信]を信号で送る / The ship ～*ed* its distress [an SOS]. 船は遭難信号を発した. **b** [しばしば目的語(または to ～)＋*to* do, *that*-clause を伴って] ...に信号を送る, 合図する: She ～*ed* a taxi and asked to be taken to the station. タクシーに合図を送り駅まで乗せてくれと頼んだ / The maid ～*ed* me *to* enter. 女中は私にはいるように合図した (cf. *vi.*) / He ～*ed* (*to*) them *that* the teacher was coming. 仲間に先生が来るぞと合図した / The driver ～*ed that* he was going to turn right. 運転手は右折の信号を出した. **2** 特徴づける, 示す (mark): The defeat of 1066 ～*s* the beginning of Norman rule in England. 1066年の敗北は英国におけるノルマン支配が始まったことを表わしている. **3**〖言語〗〈言語形式〉の特徴を選定する. ― *vi.* [...に]信号する, 合図する [*to*]: ～ *to* a person 人に信号を発する / ～ *for* a person *to* approach 近付くように人に合図する / He ～*led to* the bartender *for* a drink [*to* the waiter *to* come]. バーテンに酒を持ってくるように[給仕に来るように]と合図した (cf. *vt.* 1 b).

sígnal bòard *n.*〖鉄道〗信号[シグナル]盤《信号扱所「の集中監視制御盤》.

sígnal bòx [càbin] *n.*《英》＝signal tower.

sígnal convèrter *n.*〖電気〗符号変換器.

sígnal còrps, S- C- *n.*〖米陸軍〗通信隊《通信・気象観測などの任務に当たる; 略 S.C.》.

síg·nal·er [-nələ, -nl̩ə | -nələ(r, -nl̩-] *n.* **1** 信号手. 「**2** 信号機.

sig·nal·ize [sígnəlàɪz, -nl̩-] 〚(1652) ← SIGNAL (adj.)＋-IZE〛 ― *vt.* **1 a** [通例 ～ *oneself* または p.p. 形で] 有名[著名]にする; 目立たせる (distinguish): ～ oneself by ...で名を表わす, で目立つ[異彩を放つ] / The product *was* ～*d* by its distinctive name. その製品はその特色ある名称によって目立ってきた. **b** 祝う, 記念する (celebrate): ～ a victory by public rejoicing はでに公然と戦勝を祝う. **2** はっきり示す, 表明する (display strikingly): ～ one's talents 自分の才能を見せびらかす. **3** ...に信号[合図]する; 信号[合図]で知らせる: ～ a ship's arrival. ― *vi.* 信号する, 合図する. **sig·nal·i·za·tion** [sìgnəlɪzéɪʃən, -lə-, -nl̩- | -nəlaɪ-, -lɪ-, -nl̩-] *n.*

síg·nal·ler [-nələ, -nl̩ə | -nələ(r, -nl̩-] *n.* ＝signaler.

síg·nal·ly [-nəli, -nl̩i | -nəli, -nl̩i] 〚(1641)〛 *adv.* **1** きわ立って (conspicuously), 著しく, 目立って, ひどく大いに: fail ～ 大失敗をする. **2** 信号で[によって].

sígnal·man [-mən | -mən, -mæ̀n] *n.* (*pl.* **-men** [-mən, -mèn]) 信号手, 信号係.

síg·nal·ment [sígnəlmənt, -nl̩-] 〚□F *signalement* ← *signaler* to mark out: ⇨ -ment〛 *n.* (警察用の)人相書.

sígnal réd *n.* ＝Chinese vermilion 2.

sígnals grámmar *n.*〖言語〗合図文法《テキストの中にその文法構造を知る手がかりになるすべての signal が含まれていると考える立場をとる一部の米国の言語学者の用語》.

sígnal strèngth *n.*〖通信〗信号強度《電波または電気信号の強さ; R に 0–10 を添えた記号で表わされる量》.

sígnal-to-nóise ràtio *n.*〖電気〗SN 比, 信号対雑音比《信号と雑音との強さの比で通信の品質を示す》.

sígnal tòwer *n.*《米》〖鉄道〗信号塔.

sígnal wòrd *n.*〖言語〗合図語《発話の特定の位置に現われ, 後続の言語構造の性格を示したり合図したりする語; 例えば accordingly, consequently, however, thus, yet など》.

sig·na·ry [sígnəri | -ri] 〚← L *signum*＋-ARY〛 *n.* (古代文字などの)文字記号表, 音節記号表.

sig·na·to·ry [sígnətɔ̀:ri, -tòʊri | -t(ə)ri] 〚□L *signātōrius* of seals ← *signātus* (p.p.) ← *signāre*: ⇨ sign, -atory〛 ― *adj.* 署名した, 記名調印した: the ～ powers to a treaty 条約加盟国. ― *n.* 署名[調印]者; 条約加盟国.

sig·na·ture [sígnətʃʊ̀ə, -tʃə, -t(j)ʊ̀ə | -nətʃə(r, -nɪ-] 〚(1534) □F ～ // ML *signātūra* sign ← L *signātus* (↑): ⇨ -ure〛 ― *n.* **1** 署名すること; 署名, 自署, サイン (autograph). ★ 日本語の「サイン」は署名の意では signature, 合図の意では signal; その動詞「サインする」は署名するの意では sign, 合図の意では signal である: ～*s* of great men 大家連の署名 / under the joint ～ of our names 我々の連署のもとに / put one's ～ to ...に署名する. **2** 特徴, 特色 (peculiarity). **3**〖音楽〗 **a** ＝key signature. **b** ＝time signature. **4**〖ラジオ・テレビ〗＝signature tune. **5**〖処方〗(薬の容器に書かれた)用法注意《略 s., sig.》. **6**〖製本〗折り, 折丁(おりちょう) (gathering, quire)《折りたたんだ1枚の印刷紙; それを重ねて1冊の本にする》. **7**〖製本・印刷〗 **a** 折記号《製本の便宜上折丁の一番上のページなどの欄下に A, B, C, ... または 1, 2, 3, ... などと付ける記号; アメリカ本には普通この記号が見られない》. **b** 背丁《折丁の背に印刷する A, B, C などの記号; cf. collating mark》. **c** 折記号付刷紙.

sígnature lòan *n.*〖金融〗無担保貸付け.

sígnature tùne *n.*〖ラジオ・テレビ〗テーマ音楽, テーマソング, 主題曲[歌].

sígn·bòard *n.* **1** 看板 (sign). **2** 掲示板；注意板.

sígn·er *n.* **1** 署名者. **2** 手話術 (sign language) を用いる人.

sig·net [sígnɪt, -nət] 〖《?*c*1380》□(O)F ～ (dim.) ← *signe* 'SIGN': ⇨ -et〗 ── *n.* **1 a** 印形(ぎょう) (seal), 印, 認印《指輪などに彫った》. **b** ＝signet ring. **2** [the ～] 王璽(じ) (privy seal). **3** 押した印, 捺(なつ)印. ── *vt.* …に印[認印]を押す.

signet rìng *n.* 認印つき指輪 (seal ring).

sig·nif·i·cance [sɪgnífɪkəns, -fə- | -fɪ-] 〖《?*c*1450》□ OF ～ // L *significantia* (⇨ significant, -ance) ∽ ME *signifiance* □(O)F (⇨ signify, -ance)〗 ── *n.* **1** 意味のあること；意味[いわく]ありげなこと, 意味深長 (expressiveness): a look [a voice, words] of great ～ 非常に意味ありげな顔つき[声, 言葉]. **2** 意味, 意義 (meaning), 趣旨 (import): The real ～ of his gesture was not grasped. 彼の身振りの真意はつかめなかった. **3** 重要, 大切, 重大 (importance): a matter *of* great ～ 非常に重要な問題 / a person [matter] *of* no [little] ～ 全く[ほとんど]重要でない人[事].

signíficance tèst *n.* 〘統計・社会学〙有意差検定.

sig·níf·i·can·cy [-si | -sɪ] 〖《*c*1595》: ⇨ significance, -ancy〗 *n.* 意味のあること, 意味深長.

sig·nif·i·cant [sɪgnífɪkənt, -fə- | -fɪ-] 〖《1579》□ L *significant-em* (pres.p.) ← *significāre* 'to SIGNIFY': ⇨ -ant〗 ── *adj.* **1** 意味[意義]のある；〔…を〕意味する, 表わす (indicative)〔*of*〕: a ～ detail 意義のある細部 / a gesture ～ *of* consent 承諾を表わす身振り / That act of his is most ～ *of* him. 彼のあの行為がもっともよく彼を表わしている. **2** 意味深長な, 意味[いわく]ありげな, 暗示的な (suggestive, expressive): a ～ glance [look] 意味ありげな目つき[顔つき]. **3** 重要な, 重大な, 大切な (important): Your success today may be ～ for your future life. 君の今日の成功は将来に重大な意義をもつだろう. **4** (単なる偶然とは言えない)ある関係のある: a ～ relation between moral debasement and economic instability道徳低下と経済不安定間の無意味といえない関係. **5** 〘言語〙意味の区別を表わす, 示差的な (distinctive). ── *n.* 《古》意味のある物, 記号, 象徴. **～·ly** *adv.*

signíficant fígures [dígits] *n. pl.* 〘数学〙有効数字《意味のある数字；952 を約 1000 というとき, 最初の 1 と 0 は有効数字であるが, あとの二つの 0 はそうではない；cf. digit 3》.

sig·nif·i·cate [sɪgnífɪkət, -kɪt, -fəkèɪt | -fɪkət, -kɪt, -kèɪt] 〖《*c*1449》← L *significāt-um* (p.p.) ← *significāre* 'to SIGNIFY': ⇨ -ate²〗 ── *n.* **1** 意味されるもの. **2** ある語の意味されるものの一つ.

sig·ni·fi·ca·tion [sìgnəfɪkéɪʃən, -fə- | -nɪfɪ-] 〖《?*a*1300》□(O)F ～ □ L *significātiō(n-)*: ⇨ signify, -ation〗 ── *n.* **1** 意味, 意義 (meaning)；語義, 含意: the ～ of a word 語義 / a primary ～ 原義. **2** 表明, 表示 (indication)；(正式の) 通知. **3** 《方言》重要さ.

sig·nif·i·ca·tive [sɪgnífəkèɪtɪv, -kəṭ- | -nífɪkət-, -kèɪt-] 〖ME □ MF *significatif* // LL *significātīv-us*: ⇨ signify, -ative〗 ── *adj.* **1** 〔…を〕示す, 表示する, 表象する (indicative)〔*of*〕: This letter is ～ *of* her affection. この手紙は彼女の愛情を示している. **2** 意味のある, 意味を表わす；意味深長な, 意味ありげな (suggestive). **～·ly** *adv.* **～·ness** *n.*

sig·nif·ics [sɪgnífɪks] 〖《1896》← SIGNIF(Y)＋-ICS〗 *n.* 記号論 (semiotics), 意味論 (semantics).

sig·ni·fy [sígnəfàɪ | -nɪ-] 〖《*c*1275》*signifie(n)* □(O)F *signifi-er* □ L *significāre* ← *signum* 'SIGN': ⇨ -fy〗 ── *vt.* **1** (言葉・行為・合図などで)〈意向などを〉示す, 表明する (make known): ～ one's satisfaction (with a nod) (うなづいて)満足の意を表わす / He *signified* his agreement [*that* he agreed] by raising his hand. 手を挙げて同意を示した. **2** …の前兆となる (portend), 前触れとなる: A red sunset *signifies* fine weather. / A lunar halo *signifies* rain. 月にかさがかかると雨になる. **3** 意味する (mean), …の意味を有する；表わす, 物語る (denote): What does P.R. ～? P.R. とは何の意味か / What does it ～? それはどういう意味か《なんでもないじゃないか；cf. *vi.*》/ His high forehead *signifies that* he is intelligent. 彼の広い額は彼が聡明であることを物語っている / *signifying* nothing 何の意味[重要性]もない (Shak., *Macbeth* 5. 5. 28). ── *vi.* [通例否定構文で] 関係[影響]するところがある, 重大なことである (matter): It [He] does *not* ～. 大した事[人物]じゃない / ～ much [*little*] 重大なことだ[ことでない]. **sig·ni·fi·a·ble** [sígnəfàɪəbl, ←−−− | -nɪ-] *adj.* **sig·ni·fi·er** *n.*

sign-ìn 〖← SIGN＋-IN²〗 *n.* (請願・要求などの目的での)署名運動.

si·gnior [siːnjɔ́ə, -njóə, ←− | síːnjɔː(r] 〖《変形》← SIGNOR〗 *n.* (*pl.* **～s, si·gnio·ri** [sɪnjɔ́ːriː, sə-, -njóːr- | sɪnjɔ́ːrɪ]) ＝signor.

sígn lànguage *n.* **1** (聾唖(ろうあ)者・異種族人間で用いる)手まね[身振り]言語. **2** 手話(法) (dactylology).

sígn mànual *n.* (*pl.* **signs m-**) 自署, (特に, 国王の公文書にする)親署 (autograph, signature).

sign-òff *n.* **1** 〘ラジオ・テレビ〙放送[番組]終了. **2** 〘トランプ〙(ブリッジで)サインオフ, 打切りビッド《弱い手の場合, パートナーがゲームビッド (cf. game *adj.* 4) まで進まないように同じスーツ (suit) を繰り返してビッド (bid) する戦術；cf. stop bid》.

sígn-òn *n.* 〘ラジオ・テレビ〙放送[番組]開始.

si·gnor [siːnjɔ́ə, -njóə, ←− | síːnjɔː(r; *It.* siɲɲór] 〖《*a*1577》□ It. ～: ⇨ signore〗 *n.* (*pl.* **～s, si·gno·ri** [siːnjɔ́ːriː, sə-, -njóːr- | -njɔ́ːr-; *It.* siɲɲóːri]) **1** (特に)イタリアの貴族 (lord), 紳士 (gentleman): the Grand *Signor* 旧トルコ皇帝の称. **2** [S-] Mr., Sir に当たるイタリアの敬称.

si·gno·ra [siːnjɔ́ːrə, -njóːrə | -njɔ́ːrə; *It.* siɲɲóːra] 〖《1636》□ It. ～ (fem.): ↓〗 ── *n.* (*pl.* **～s, si·gno·re** [-reɪ; *It.* -re]) **1** (特に)イタリアの既婚貴婦人, 奥様. **2** [S-] Madam, Mrs. に当たるイタリアの敬称.

si·gno·re [siːnjɔ́ːreɪ, -jóːr- | -njɔ́ːr-; *It.* siɲɲóːre] 〖《1594》□ It. ～ < ML *senior* superior, lord ← L (adj.) 'elder': ⇨ senior〗 ── *n.* (*pl.* **si·gno·ri** [-riː; *It.* -ri]) ＝signor 1. ★ 呼掛けとして人名の前に添える時は Signor の形を用いる.

si·gno·ri·a [sìːnjəríːə; *It.* sìɲɲoríːa] *n.* ＝signory.

si·gno·ri·na [sìːnjəríːnə | -njɔː-; *It.* sìɲɲoríːna] 〖□ It. ～ (dim.) ← *signora*: ⇨ signora〗 ── *n.* (*pl.* **～s, -ri·ne** [-neɪ; *It.* -ne]) **1** イタリアの未婚婦人. **2** [S-] Miss に当たるイタリアの敬称.

si·gno·ri·no [sìːnjəríːnoʊ | -njɔːríːnəʊ; *It.* sìɲɲoríː-no] 〖□ It. ～ (dim.) ← *signore*: ⇨ signore〗 ── *n.* (*pl.* **～s, -ri·ni** [-niː; *It.* -ni]) **1** イタリアの若い男性. **2** [S-] 若い男性に対するイタリアの敬称.

sig·no·ry [síːnjəri | -rɪ] *n.* ＝seigniory.

sígn pàinter *n.* 看板書き, 看板屋.

sígn·pòst *n.* **1** 看板柱；(十字路などの)道標, 道しるべ. **2** 明白な手がかり[しるし]. ── *vt.* …に道標をつける.

sígn wrìter *n.* ＝sign painter.

Sig·ny [sígni | -nɪ] *n.* 〘北欧伝説〙シグニュー《*Volsunga Saga* で Volsung の娘；兄 Sigmund との間に Sinfiotli を生む》.

Sigr·dri·fa [sígədrìːvə | -gə-] 〖□ ON ～〗 ── *n.* 〘北欧伝説〙シグルドリーヴァ《「古エッダ」(*Elder Edda*) の中のヴァルキューレの一人；Odin により魔術で火の輪の中に眠らされ Sigurd に眠りからさまされる；cf. Brynhild》.

Si·grid [síːgrɪd, síg-, -rəd | -rɪd; *G.* zíːgrɪt, -riːt] 〖□ ON *Sigridh-r* ← *sigr* victory＋*ridhr* (人名語尾: ← ?)〗 *n.* 女性名.

Sig·urd [síguəd, -gəd | -guəd, -gəːd; *G.* zíːgurt] *n.* 〘北欧伝説〙シグルド《*Volsunga Saga* の主人公；父 Sigmund の死後生まれ, Regin に育てられ, 大蛇 Fafnir を退治し財宝を手に入れる；Giuki 族の友となり, Gudrun と結婚し, Brynhild を裏切ることになって殺害される；*Nibelungenlied* の Siegfried に当たる》.

Sig·yn [ségɪn, síːg-, -gən | ségɪn, síːg-] *n.* 〘北欧神話〙シギュン《Loki の妻》.

Si·ha·nouk [siːɑːnúːk], Prince **No·ro·dom** [nɔ̀ːrə-dɑ́m, nɔ̀ːr- | nɔ̀ːrədɔ́m] *n.* シアヌーク《1922–　；カンボジアの政治家；国王 (1941–55), 首相 (1955–60), 国家元首 (1960–70)》.

si·ka [síːkə] 〖□ Jap.〗 *n.* 〘動物〙**1** ニホンジカ (Japanese deer). **2** 東アジアに生息するニホンジカに近縁のシカの総称.

Si·kang [ʃìːkɑ́ːŋ; *Chin.* ʃìkʰɑ̄ŋ] *n.* 西康省《中国中西部, 四川省 (Szechwan) とチベットとの間にあったが, 1955 年に廃され, 四川省とチベット自治区に分属；面積 427,067 km²》.

sike [sáɪk] 〖OE *sīc*: cf. ON *sīk*〗 *n.* 《スコット・北英》**1** 小川；(特に, 夏に干上がる)細流. **2** (特に, 豪雨の後に水がたまる)溝, 下水 (ditch, drain).

Sik·el [síkəl] *n.* ＝Sicel.

Si·kel·i·ot [sɪkéliɑ̀t, sə-, -liɑ̀t | sɪkéliɑt, -liɔ̀t] *n., adj.* ＝Siceliot.

sik·er [síkə | -kə(r] *adj., adv.* 《スコット・北英》＝sicker².

Sikh [síːk] 〖□ Hindi ～《原義》disciple〗 *n.* シーク教徒 (cf. Sikhism). ── *adj.* シーク教[教徒]の.

si·kha·ra [ʃíkərə] *n.* 〘建築〙＝shikara.

Síkh·ism [-ɪzm] *n.* シーク教《ヒンズー教とイスラム教の調和を目ざして 16 世紀にインドの Punjab に起こった宗教；後には強力な軍隊組織に発展した》.

Si-kiang [ʃìːkjɑ́ːŋ; *Chin.* ʃìtʃiɑ̄ŋ] *n.* [the ～] 西江《中国南部, 珠江 (Chu-Kiang) の本流；雲南省 (Yünnan) に発し南シナ海に注ぐ；2,129 km；Si, Hsi Chiang ともいう；英語名 West River》.

Sik·kim [síkɪm, -kəm | -kɪm] シッキム《インドの北東方 Nepal と Bhutan との間にあるインドの保護国；人口 209,000, 面積 7,110 km²；首都 Gangtok》.

Sik·kim·ese [sìkəmíːz, -míːs | -kɪmíːz] *n.* シッキム人.

Si·kor·sky [sɪkɔ́əski, sə- | sɪkɔ́ːski; *Russ.* sjikórskjij], **Igor Ivanovich** *n.* シコルスキー《1889–1972；ロシヤ生れの米国の航空技師；ヘリコプターの開発[製造]者》.

sil- [sɪl] 〖← SILICON〗〘化学〙「ケイ素 (silicon) を含んだ, ケイ素から誘導された；(炭素の代わりに)ケイ素 (silicon) を含んだ」の意の連結形.

sil·a- [sílə] sil- の異形.

si·lage [sáɪlɪdʒ] 〖《略》← ENSILAGE〗 *n.* (silo や pit に入れ保蔵された)貯蔵生牧草, サイレージ (ensilage). ── *vt.* ＝ensile.

sil·ane [síleɪn, sáɪleɪn] 〖← SIL-＋(METH)ANE〗 *n.* 〘化学〙シラン《一般式 Si_nH_{2n+2} をもつ水素化ケイ素の総称》；(特に)＝monosilane.

Si·las [sáɪləs | -ləs, -læs] 〖□ LL ～ □ Gk *Silas*《短縮》← *Silouanós* □ L *Silvānus*《原義》living in woods ← *silva* wood: cf. sylvan〗 *n.* 男性名.

Si·las·tic [sɪlǽstɪk, sə- | sɪ-] 〖《混成》← SIL(ICONE)＋(P)LASTIC〗 *n.* 〘商標〙シラスティック《シリコンゴム (silicone rubber) の商品名》.

sild [sílt, síld] 〖□ Norw. ～ 'herring'〗 *n.* (*pl.* **～, ～s**) ノルウェー産のニシンの若魚

si·le·na·ceous [sàɪlənéɪʃəs] 〖← NL *Silene* (属名: ← *Silēnus* 'SILENUS')＋-ACEOUS〗 *adj.* 〘植物〙ナデシコ科の (caryophyllaceous).

si·lence [sáɪləns] 〖《?*a*1200》□(O)F ～ □ L *silentium* ← *silent-*, *silēns*: ⇨ silent, -ence〗 ── *n.* **1** 黙っていること, 口をきかぬこと, 沈黙, 無言 (muteness)；無口 (taciturnity): a man of ～ 無口な人 / keep [break (the)] ～ 沈黙を守る[破る] / in (dead) ～ (全く)黙って / put [reduce] a person to ～ (言い込めて)人を沈黙させる / When he had finished speaking, there was a ～. 彼が語り終わると一座はしーんとなった / Speech is silvern [silver], ～ is golden. 《諺》雄弁は銀, 沈黙は金《沈黙は雄弁にまさる, 口をきかぬが最上の分別》. **2 a** (記念のために行なう)黙禱(とう)；《英》英霊記念日 (Remembrance Day) の 11 時に行なわれる 2 分間の黙禱《two minutes' silence ともいう》: observe one minute's [a one-minute] ～ in honor of … のために 1 分間黙禱する. **b** 休息 (rest). **c** 死 (death). **3** 無音, 静寂, 静けさ (stillness): the ～ of the night [desert] 夜[砂漠]の静けさ / the ～ of death 死の沈黙. **4 a** 何も触れて[書いて, 言及して]ないこと: the ～ of history as to Shakespeare's real life シェークスピアの実生活について歴史が何も触れてないこと / pass over a matter *in* ～＝pass a matter *with* ～ ある事を黙殺する. **b** 無音(いん), ぶさた, 音信不通: after ten years' ～ 10 年間無音のあとで / I beg your pardon for my long ～. ごぶさたをおわびいたします. **c** 忘却 (oblivion): pass into ～ 忘れられる. **5** 沈黙を守ること, 口止め, 秘密(厳守) (secrecy): buy a person's ～ 金で人の口止めをする. **6** (蒸留酒の)味のないこと.

give the silence 《口語》無視する (neglect, ignore).

── *vt.* **1** 沈黙させる, 黙らせる (still)；言い伏せる, 口をきけなくする, 抑える (suppress): ～ a crying child 泣く子を黙らせる / ～ a person's protest 抗議を抑える / ～ the voice of conscience 良心の声[気のとがめ]を抑える. **2** …の音をなくする[消す], の騒音を防止する: ～ the roar of machinery. **3** 〈疑念などを〉静まらせる, 落ち着かせる (quiet). **4** 〘軍事〙(対抗砲火で)〈敵の砲火を〉沈黙させる: ～ the enemy's guns 敵の砲火を沈黙させる. ── *vi.* 沈黙する, 静かになる. ── *int.* 黙れ (Be silent!), しっ (Hush!).

sílence clòth *n.* (テーブルクロスの下に敷くネルまたはフェルト製の)敷き物.

sí·lenc·er [⇨ silence, -er¹] *n.* **1** 沈黙させる人[物]. **2 a** (火砲・戸などの)防音装置. **b** 《英》(内燃機関の)消音器.

sileni *n.* silenus の複数形.

si·lent [sáɪlənt] 〖《1565》□ L *silent-em* (pres.p.) ← *silēre* to be silent: ⇨ -ent〗 ── *adj.* (**more ～, most ～; ～·er, ～·est**) **1 a** 黙っている, 口をきかない (mute): He was ～ the whole day. 彼は一日中黙っていた / He fell ～. 黙りこんだ / You had better be [keep] ～. 君は黙っていた方がよい / Be ～! 静かに. **b** おしゃべりでない, 口数の少ない, 無口な, だんまりやの (taciturn): a ～ person. **2** 暗黙の, 黙ってやる (tacit)；言葉で言えない, 無言の: a ～ assent 暗黙の同意, 黙諾 / a ～ prayer 黙禱 / ～ reading 黙読 / pay one minute's ～ tribute to …に 1 分間の黙禱をする / in ～ grief 無言の悲しみのうちに. **3 a** 〔…に関して〕沈黙を守っている, 何も言って[記述して]ない, 言及してない, 知らせない, 黙殺している〔*of, about, on, as to*〕: On these things history is ～. これらの事に関しては歴史に何も記してない / ⇨ *give the silent* TREATMENT. **b** 音信不通の, ぶさたしている. **c** 広く知られていない: render a ～ service 世に知られない奉仕をする. **d** 業務を担当しない: ⇨ silent partner. **4** 音のしない, しんとした, 静かな, 静寂の (still, quiet): by ～ steps 足音を忍ばせて / a ～ forest / The birds are ～ on the trees. 木で鳥の声がしない / *Silent* waters run deep. 《諺》音なし川は水が深い, 「浅き瀬にこそ徒浪(あだなみ)は立て」(cf. still *adj.* 1). **5** 発音されない, 黙音の《knife の k や e など》★ 音声学の用語としては mute を用いる: B is ～ in 'debt.' 'debt' の b は発音しない. **6** 〈火山が〉活動しない (inactive), 休止した (quiescent). **7** 〈蒸留酒が〉味のない (flat). **8** 〘映画・演劇〙無声の；無言の: a ～ film [picture] 無声映画 (cf. sound film) / the ～ drama 無言劇. **9** 〘医学〙無症状の: ～ stone 無症状[潜伏性]結石《胆石, 腎結石など》. ── *n.* **1** [通例 *pl.*] 無声映画. **2** 《廃》沈黙, 静寂. **～·ness** *n.*

sílent bàrter *n.* ＝dumb barter.

sílent bútler *n.* 小型携帯ごみ入れ《フライパンを小さくしたような形のごみ集め器で, 親指でふちを押すとふたが開くようになっており, テーブルのぱんくずや灰ざらの灰などをこれに移す》.

silent butler

sílent cháin *n.* 〘機械〙サイレントチェーン《薄い鋼板製リンクを多数並べてピンで連結し, 無端環状にし騒音の減少を目的とした動力伝達用の鎖》.

sílent díscharge *n.* 〘電気〙無声放電.

sílent kéyboard *n.* ＝dumb piano.

sí·lent·ly 〘(1570)〙 *adv.* **1** 沈黙を守って, 黙って, 無言で; 言及せずに. **2** しんとして, 音もなく, 静かに.
sílent majórity 〘最初は「反戦運動に参加しない米国の大衆」を指したが, Nixon 大統領のテレビジョン演説 (1969) 以後今の意味で一般化した〙 — *n.* [the ~] **1** 声なき大多数《政治的発言をしない大多数の民衆》. **2** 一般大衆.
sílent pártner *n.* 《米》 **1** 《事業に出資し利益配当を受けるが》業務に関与しない社員 (《英》 sleeping partner). **2** ＝secret partner.
Sílent Sérvice, s- s- *n.* [the ~] **1 a** 英国海軍 (the Royal Navy)《その無口なことを伝統的特徴とするところから》. **b** 健在なる[頼むに足る]海軍; 海軍. **2** 潜水艦隊.
sílent spríng 〘米国の作家 Rachel Carson (1907–1964) の *The Silent Spring* (1962) (鳥の鳴き声も聞こえないある春の朝の描写から始まる)から〙 — *n.* 「沈黙の春」《有害化学薬品などの公害による自然破壊から生じた春の破滅をいう》.
sílent sỳstem *n.* (刑務所内での)沈黙制度《囚人に「しゃべらせない」》.
sílent tráde *n.* ＝dumb barter.
sílent vòte *n.* 浮動票《支持・不支持, 賛否を表明したことのない人やグループの票》.
Si·le·nus [saɪlíːnəs] 〘⊏ L *Silēnus* ⊏ Gk *Seilēnós* (原義)? inflated with wine〙 *n.* **1** 〘ギリシャ神話〙 シーレーノス《酒神 Bacchus の養父で森の神 (satyrs) の指導者》. **2** (*pl.* **-le·ni** [-naɪ]) [s-] (satyr に似た)森の精.
si·le·sia [saɪlíːʒə, sɪ-, sə-, -ʒiə | saɪlíːzjə, sɪ-, -zɪə, -ʒɪə, -ʒə] 〘(1674): ↓〙 — *n.* シレジア織《窓掛け・婦人服裏地などに用いる綿織物; オーストリアのメリノ種羊毛の名称》.
Si·le·sia [saɪlíːʒə, sɪ-, sə-, -ʒiə | saɪlíːzjə, sɪ-, -zɪə, -ʒɪə, ʒə-] 〘← ? Pol. *Ślęza* (川の名)〙 — *n.* シレジア, シェレジェン《ヨーロッパ中部の Oder 川上流地方; もとドイツ・ポーランド・チェコスロバキアの三国に分属した; Potsdam 協定 (1945) によりドイツ領の大部分はポーランド領となった; 石炭・鉄鉱などに富む; ドイツ語名 Schlesien》.
Si·le·sian [saɪlíːʒən, sɪ-, sə-, -ʒiən | saɪlíːzjən, -sɪ-, -zɪən, -ʒɪən, -ʒən] *adj.* シレジアの; シレジア人の. — *n.* シレジア人, (特に)ドイツ系シレジア人.
si·lex [sáɪleks] 〘⊏ L ~ 'flint, hard stone'〙 *n.* **1** ＝silica. **2** (無水ケイ酸で作った)耐熱ガラス.
Si·lex [sáɪleks] 〘↑〙 *n.* 〘商標〙 サイレックス《耐熱ガラス製の真空式コーヒー沸かし》.
sil·hou·ette [sìluét | sìluːét, -lʊ-, ⸗⸗⸗] 〘(1798) ⊏ F ~ ← *Étienne de Silhouette* (1709–67: フランスの政治家): 彼が蔵相の際の極端な倹約政策を嘲笑して「安物」「不完全なもの」の意をへた転義か. また一説では彼がシルエットを描くことを趣味としたためともいわれる〙 — *n.* **1** (通例黒色の) 半面影像, 横顔, 影絵, シルエット; 影法師 (shadow): in ~ 半面影像で, 影絵[影法師]のように; 輪郭だけになって. **2** 輪郭, おおよその形, アウトライン; (流行服などの)シルエット, 輪郭線: the ~ of an airplane. **3** 〘ダンス〙 シルエット《ダンスの瞬間の動きの中で, 明らかに目に見える身体の輪郭》. **4** 〘印刷〙 切抜版, 抜版. — *vt.* **1** シルエットを[に]描く; …の影法師を映す; …の輪郭だけを見せる: a figure ~*d* against the evening sky 夕空を背景に黒く現れた人の姿. **2** 〘印刷〙 (網版などで)〈絵〉の背景などを切り抜く, 抜く. 「の異形.
sil·ic- [sílɪk, -lək | -lɪk] (母音の前に来る時の) silico-
sil·i·ca [sílɪkə, -lə- | -lɪ-] 〘← NL ~ ← L *silic-, silex* flint, quarts〙 — *n.* **1** 〘化学・鉱物〙 シリカ, ケイ土(ど), 二酸化ケイ素, (無水)ケイ酸 (SiO_2)《石英・水晶・火打ち石・めのう (jade) などとして産する》. **2** ＝silica glass.
sílica brìck *n.* 〘窯業〙 ケイ石れんが《無水ケイ酸を主成分とする耐火れんが》. 「メント.
sílica cemènt *n.* 〘土木〙 シリカセメント, ケイ酸セ
sílica gèl *n.* 〘ガラス製造〙 シリカゲル, ケイ酸ゲル《ケイ酸を部分脱水したガラス状の無色透明な固体; 乾燥剤などに用いる》.
sílica glàss *n.* ＝vitreous silica.
sil·i·cate [síləkèɪt, -lɪkət, -lə-, -kɪt | -lɪ-] 〘← SILICA＋-ATE¹〙 *n.* 〘化学〙 ケイ酸塩[エステル]《二酸化ケイ素と金属酸化物とから成る塩; 地殻の主成分》.
sílicate cótton *n.* 〘化学〙 ＝mineral wool.
si·li·ceous [sɪlíʃəs, sə- | sɪ-] 〘⊏ L *siliceus* of flint: ⇨ silica, -eous〙 *adj.* **1** 〘地質〙 石英を含有する; 石英質の. **2** 〘植物〙 ＝silicicolous.
sil·i·ci- [síləsɪ, -sə | -lɪsɪ] 〘← SILICA〙 **1** 〘化学〙「シリカ (silica)・ケイ素 (silicon)」の意の連結形. **2** 〘地質〙「石英質と…との (siliceous and…)」の意の連結形.
si·lic·ic [sɪlísɪk, sə- | sɪ-] 〘← SILIC(A)＋-IC¹〙 *adj.* 〘化学〙 **1** ケイ素を含有する. **2** シリカの, ケイ酸の.
silícic ácid *n.* 〘化学〙 ケイ酸.
sil·i·cic·o·lous [sìləsíkələs | -lɪ-] 〘← SILICIC＋-COLOUS〙 *adj.* 〘植物〙 〈植物が〉ケイ酸質土壌に生じる.
sil·i·cide [síləsàɪd, -sɪd, -səd | -lɪsàɪd, -sɪd] 〘← SILICO-＋-IDE²〙 *n.* 〘化学〙 ケイ素化合物, ケイ化物.
sil·i·cif·er·ous [sìləsíf(ə)rəs | -lə-] 〘← SILIC(A)＋-IFEROUS〙 *adj.* 〘化学〙 ケイ酸を含む, ケイ酸を生じる; ケイ酸と結合した.
si·lic·i·fi·ca·tion [sɪlìsəfɪkéɪʃən, sə-, -fə- | sɪlìsɪfɪ-] 〘← SILIC(A)＋-IFICATION〙 *n.* 〘化学〙 ケイ化(作用)《ケイ酸に富む熱水の作用でケイ質岩のできる作用》.
si·líc·i·fied wóod *n.* 〘植物〙 ケイ化木《地中に埋没樹した木が地下ケイ酸水のためにケイ化したもの》.

si·lic·i·fy [sɪlísəfàɪ, sə- | sɪlísɪ-] 〘← SILICA＋-IFY〙 *vt., vi.* ケイ酸化する, ケイ化する.
si·li·cious [sɪlíʃəs, sə- | sɪ-] *adj.* ＝siliceous.
si·li·ci·um [sɪlíʃiəm, sə-, -siəm | sɪlíʃɪəm, -sɪəm, -sjəm] 〘(1808) ← NL ~: ⇨ silica, -ium〙 *n.* 〘化学〙 ＝silicon.
sil·i·cle [sílɪkḷ, -lə- | -lɪ-] 〘⊏ L *silicul-a* (dim.) ← *siliqua* pod〙 *n.* 〘植物〙 短角果《2 枚の心皮が裂開する蒴(さく)で, ナズナのような短いもの; cf. silique》.
sil·i·co- [sílɪko(ʊ), -lə- | -lɪkə(ʊ)] 〘← SILICON ∥ SILICIUM〙 — **1** 〘化学〙「ケイ素 (silicon) の; シリカと…との (silicic and…)」の意の連結形. **2** 〘病理〙「珪(けい)肺症と…との (silicotic and…)」の意の連結形. ★ 母音の前では通例 silic- になる.
sìlico·chlóroform 〘⇨ ↑, chloroform〙 *n.* 〘化学〙 シリコクロロホルム (⇨ trichlorosilane).
sìlico·flúoride *n.* 〘化学〙 ＝fluosilicate.
sil·i·con [sílɪkən, -kən, -ləkɑ̀n | sílɪkən] 〘(1817) ← SILIC(A)＋-*on* (cf. carbon)〙 *n.* 〘化学〙 ケイ素《非金属元素の一つ; 記号 Si, 原子番号 14, 原子量 28.0855》.
sílicon brónze *n.* 〘冶金〙 ケイ素青銅《銅に 4 %以下のケイ素を添加した合金; 機械的性質, 耐熱・耐食性が改善される》.
sílicon cárbide *n.* 〘化学・鉱物〙 炭化ケイ素, カーボランダム (SiC)《無色の結晶; 研削[研摩材・耐火物として用いる》.
sílicon contrólled réctifier *n.* 〘電気〙 シリコン制御整流電子《代表的なサイリスター (thyristor)》.
sílicon díode *n.* 〘電気〙 シリコン整流器, シリコンダイオード. 「ica).
sílicon dióxide *n.* 〘化学〙 二酸化ケイ素 (SiO_2) (sil-
sil·i·cone [sílәkòʊn | -lɪkəʊn] 〘← SILIC-＋-ONE〙 — *n.* 〘化学〙 シリコーン《オルガノポリシロキサン ($(R_2SiO)n$) 類の総称; 耐熱・耐水・電気絶縁性がよく樹脂状・油状・ゴム状などのものがある》.
sílicone rúbber *n.* シリコーンゴム, ケイ素ゴム《オルガノポリシロキサンの高重合体を主成分とする耐熱・耐低温・耐薬品性・絶縁性のゴム状物質; パッキング, 絶縁用にジェットエンジンなどに用いられる》.
sílicon stéel *n.* 〘電気〙 硅(けい)素鋼《変圧器鉄心に用いるケイ素を含む鋼》.
sílicon tetrachlóride *n.* 〘化学〙 四塩化ケイ素 ($SiCl_4$)《空気中で発煙する液体》.
sílicon tetraflúoride *n.* 〘化学〙 四フッ化ケイ素 (SiF_4)《刺激臭ある無色気体; 空気・水と反応する; 有機ケイ素化合物の原料》.
sil·i·co·sis [sìləkóʊsɪs, -səs | -lɪkə́ʊsɪs] 〘← NL ~: ⇨ silico-, -osis〙 *n.* 〘病理〙 珪(けい)肺(症), 珪粉症《石英の粉末を吸う石工などに起こる; cf. pneumoconiosis》.
sil·i·cot·ic [sìləkɑ́tɪk | -lɪkɔ́t-] 〘⇨ ↑, -otic¹〙 〘病理〙 *adj.* 珪(けい)肺(症) (silicosis) にかかっている. — *n.* 珪肺症患者.
sìlico·túngstic ácid 〘← SILICO-＋TUNGSTIC〙 — *n.* 〘化学〙 ケイタングステン酸 ($H_4[SiO_4W_{12}O_{36}]$, $H_4[SiO_4W_{10}O_{30}]$)《淡黄色の結晶; アルカロイド沈殿試薬として用いる; tungstosilicic acid ともいう》.
sil·i·cule [síləkjùːl | -lɪ-] 〘← NL *silicul-a*: ⇨ silicle〙 *n.* 〘植物〙 ＝silicle.
si·lic·u·lose [sɪlíkjʊlòʊs, sə- | sɪlíkjʊlə̀ʊs] 〘← NL *siliculos-us*: ⇨ silicle, -ose¹〙 *adj.* 〘植物〙 **1** 短角果 (silicles) をもった. **2** 短角果状の.
sil·i·qua [sílɪkwə, -lə- | -lɪ-] 〘⊏ L ~ (原義) pod〙 — *n.* (*pl.* **-i·quae** [-ləkwìː | -lɪ-]) **1** 〘植物〙 ＝silique. **2** (古代ローマの)シリク銀貨《Constantine 大帝のとき発行され 17 世紀中ごろまで通用した銀貨; ＝ $^1/_{24}$ solidus》.
si·lique [sɪlíːk, sə- | sɪ-] 〘⊏ F ~ ⊏ L *siliqua* pod〙 *n.* 〘植物〙 長角果《ダイコンなどのような短角 (silicle) よりも長い裂果》.
sil·i·qui- [síləkwɪ, -kwə | -lɪkwɪ] 〘← L *siliqua* (↑)〙 〘植物〙「長角果」の意の連結形.
sil·i·quose [síləkwòʊs | -lɪkwə̀ʊs] 〘← NL *siliquos-us*: ⇨ ↑, -ose¹〙 *adj.* (*also* **sil·i·quous** [síləkwəs | -lɪ-]) 〘植物〙 長角果 (siliques) のある; 長角果状の.
silk [sílk] 〘OE *sioloc, seol(e)c* ← ? Slavic (cf. OPrus. *silkas* ∥ ORuss. *šelkŭ*) ← East-Asiatic (cf. Mongolian *sirkek*): cf. L *Sērēs* (⇨ serge) / Gk *Sēres* the Chinese / Chin. *ssŭ* (絲)〙 — *n.* **1** 蚕糸, 絹糸, 絹 (cf. raw fibers): (as) soft as ~ 絹のように柔かい / raw ~ 生糸 / artificial ~ 人絹 / refuse ~ (生糸の)くず糸 / waste ~ 副蚕糸 / thrown [twisted] ~ 絹より糸. **2** 絹織物, 絹布: changeable [shot] ~ 玉虫色絹布. **3 a** [しばしば *pl.*] 絹物, 絹衣: wear ~ 絹物を着る / a lady *in* ~ 絹物を着た婦人 / be dressed *in* ~*s* and satins ぜいたくな絹物を着ている, お蚕ぐるみである / *Silks* and satins put out the fire in the kitchen. 《諺》 着道楽はかまどの火を消す. **b** 《英口語》 勅選バリスターの正服 (silk gown); 勅選バリスター (King's [Queen's] Counsel); 上級弁護士 (cf. robe 3 b): sit among the ~*s*＝take (the) ~ 勅選バリスターになる. **c** パラシュート (parachute): pack the ~. **d** [*pl.*] 〘競馬〙 騎手着用の色付き帽子と上衣, 騎手服, 勝負服(色), 登録服色 (racing colors). **4** (宝石などの)絹糸光沢. **5 a** 絹糸状の物. **b** (クモの吐く)糸. **c** (イガイなどの吐く)糸足. **6** 《米》 トウモロコシの毛 (corn silk).
hit the silk 《米俗》 パラシュートで飛び降りる.
— *attrib. adj.* **1** 絹の, 絹製の (silken): ~ stockings / ~ finish 絹仕上げ, 絹張り / You cannot make a ~ purse out of a sow's ear. 《諺》 ⇨ purse 1. **2** 絹のような, 絹状の (silky). — *vi.* **1** 《米》〈とうもろこしが〉開花する. **2** 〈ワニスが〉絹状光沢を呈する.
silk·a·line [sìlkəlíːn] 〘← SILK＋-*aline* (《変形》 ← (CRIN)OLINE)〙 *n.* (柔らかい)薄木綿布《カーテンなどに用いる》.
sílk còtton *n.* パンヤ, キワタ (⇨ kapok).
sílk-còtton trèe *n.* 〘植物〙 パンヤ (silk cotton) のとれるパンヤ科の木の総称; (特に)パンヤ (ceiba) 《kapok tree ともいう》.
silk·en [sílkən] 〘OE *seol(o)cen*: ⇨ silk, -en²〙 — *adj.* **1** 絹の, 絹製の: ~ rustling 絹ずれの音 / a ~ dress 絹の着物. **2 a** 絹(きぬ)のような (silky). **b** 光沢のある: ~ locks. **c** (絹のように)柔らかくて手触りのよい, すべすべした (soft, smooth): ~ hair. **d** 柔和な (gentle), 甘ったるい (sweet): a ~ voice 耳ざわりのよい声. **e** 上品な, 優雅な (elegant): a ~ manner 人当たりのよい態度. **3 a** 絹を着た; 絹布ずくめの. **b** ぜいたくな (luxurious). **4** 絹を産する.
sílk glànd *n.* 〘動物〙 絹糸腺《昆虫の幼虫にある絹糸状の物質を分泌する腺》.
sílk gówn *n.* 《英》 勅選バリスター (King's [Queen's] Counsel) の正服 (cf. silk *n.* 3 b).
sílk gút *n.* てぐす, 天蚕糸《釣用の白色透明糸; silkworm gut ともいう》.
sílk hát *n.* シルクハット (top hat)《男子の正装の時の円筒状の帽子; 婦人の乗馬帽にも用いる; 毛足のあるシルク地で作る》.
sílk òak *n.* 〘植物〙 シノブノキ, ハゴロモノキ (*Grevillea robusta*)《オーストラリア産の高木で, オレンジ色の花をつける; 街路樹にする; silky oak ともいう》.
silk·o·line [sìlkəlíːn] *n.* ＝silkaline.
sílk pàper *n.* 〘製本〙 絹紙《花崗岩模様紙 (granite paper) に似ているがそれよりも絹糸の混合が少ない紙》.
Sílk Ròad [Ròute] 〘(なぞり) ← G *Seidenstrasse*〙 — *n.* [the ~] シルクロード, 絹の道《中央アジアを通って中国とシリアを結ぶ古代の交通路; 中国の絹がヨーロッパまで運ばれた交易路》.
sílk-scrèen 〘紡織〙 *vt.* 絹紗(しゃ)スクリーン捺(なっ)染法 (silk-screen process) で作る[複製する]. — *adj.* 絹紗スクリーン捺染法の[で捺染された].
sílk scrèen *n.* 〘紡織〙 **1** 絹紗(しゃ)スクリーン. **2** ＝silk-screen process.
sílk-screen príntìng *n.* 〘印刷〙 シルクスクリーン印刷《絹や化繊の布をわくに張ってスクーリンとする孔版印刷の一種》.
sílk-screen pròcess *n.* 絹紗(しゃ)スクリーン捺染法《絹のスクリーンの上に型紙を置き染糊(のり)を塗付して染める方式; cf. serigraphy》.
sílk-stócking *adj.* 《米》 **1** ぜいたく[上品]な服装をした: a ~ audience. **2 a** 富裕な; 貴族的な. **b** 上流階級の. **3** フェデラリスト党 (Federalist Party) の.
sílk stócking *n.* 《米》 **1** ぜいたくな服装の人. **2** 富裕な人; 貴族 (aristocrat). **3** ＝federalist 2.
sílk trèe *n.* 〘植物〙 ネムノキ (*Albizzia julibrissin*).
sílk·wèed *n.* 〘植物〙 トウワタ《ガガイモ科トウワタ属 (*Asclepias*) の植物の総称; ⇨ milkweed》.
sílk·wòrm 〘OE *seolcwyrm*〙 *n.* 〘昆虫〙 カイコ, 家蚕《まゆから絹糸をとるガの幼虫の総称; カイコ, ヤママユ(天蚕)など》.
sílkworm gùt *n.* ＝silk gut.
sílkworm jáundice *n.* 〘養蚕〙 蚕の核多角体病 (polyhedrosis)(膿病).
sílkworm mòth *n.* 〘昆虫〙 カイコガ《カイコガ科・ヤママユガ科のガの総称; その幼虫が silkworm》.
sílkworm sèed *n.* 〘昆虫〙 蚕卵(さんらん).
silk·y [sílki | -kɪ] 〘(1611): ⇨ silk, -y⁴〙 — *adj.* (**silk·i·er, -i·est; more ~, most ~**) **1 a** 絹の(ような), 絹状の. **b** (絹のように)柔らかい (soft), 光沢のある (lustrous), すべすべした (smooth). **c** 〈声・態度など〉物柔らかな, 取り入るような (suave, ingratiating). **2** 〘植物〙 〈葉など〉細い絹糸状の毛が密生した. **sílk·i·ly** [-kɪli, -kə- | -kɪ] *adv.* **sílk·i·ness** *n.*
sílky ánteater *n.* 〘動物〙 ヒメアリクイ (*Cyclopes didactylus*)《熱帯アメリカ産のアリクイの一種で, 毛並みが柔らかい; two-toed anteater ともいう》.
sílky caméllia *n.* 〘植物〙 ナツツバキ (*Stewartia malachodendron*)《米国南東部産ツバキ科の低木または小高木; 白い花が咲き葉や小枝に繊毛がある》.
sílky córnel [dógwood] *n.* 〘植物〙 アメリカミズキ (*Cornus obliqua*)《米国東部産のミズキ属の植物; 葉の裏は淡緑色で脈上に褐毛がある》.
sílky flýcatcher *n.* 〘鳥類〙 レンジャクモドキ《米国南西部産レンジャクモドキ亜科の鳥の総称》.
sílky óak *n.* 〘植物〙 ＝silk oak.
sílky támarin *n.* 〘動物〙 ゴールデンライオンタマリン (*Leontocebus rosalia*)《南米産キヌザル科に属し, 黄金色の長い柔らかな毛のあるサル》.
sílky térrier *n.* シルキーテリア《オーストラリアンテリアとヨークシャーテリアを交配して作出した小型の犬種のイヌ》.
sill [síl] 〘OE *syll(e)* ← Gmc **suljō-* (G *Schwelle*) ← IE **s(w)el-* board〙 — *n.* **1** (へい・家などの)土台. **2** 敷居 (threshold): ⇨ doorsill, windowsill. **3** 〘地質〙 迸入(へいにゅう)岩床 (cf. sheet¹ 8). **4** 〘鉱山〙 坑道の床.
sil·la·bub [síləbʌ̀b | -bʌ̀b, -bəb] *n.* ＝syllabub.
Sil·la·gin·i·dae [sìlədʒínədìː | -nɪ-] 〘← NL ~ ← *Sillagin-, Sillago* (属名)＋-IDAE〙 *n. pl.* 〘魚類〙 キス科.

sil·lag·i·noid [sɪlǽdʒənɔ̀ɪd, sə- | sɪlǽdʒɪ-] 〘← NL *Sillagin-* (↑)+-OID〙 *adj., n.* 〘魚類〙キス科類似の(魚).

Sil·lan·pää [sílənpæ̀ː; *Finn.* síllɑnpæː], **Frans Eemil** [éːmil] *n.* シランパー(1888–1964; フィンランドの小説家; Nobel 文学賞(1939)).

síll còck *n.* (建物の外側で窓枠の高さに設けられることの多い)散水栓《蛇口の先にホースをつけるねじ山がある; hose cock ともいう; cf. Siamese connection》.

sil·ler [sílə | -lə(r] 〘(転訛) ← SILVER〙 *n.* 《スコット》 **1** 銀. **2** 金銭.

sil·li·man·ite [síləmənàɪt | -lɪ-] 〘← *Benjamin Silliman* (19 世紀米国の化学者・地質学者)+-ITE[1]〙 — *n.* 〘鉱物〙シリマナイト, 珪線石 (Al_2SiO_5)《長く細い繊維状の結晶; fibrolite ともいう》.

Sil·li·toe [sílətòu | -lɪtəu], **Alan** *n.* (1928–) 英国の小説家; *The Loneliness of the Long-Distance Runner* (1959).

sil·ly [síli | -lɪ] 〘(*a*1450)《廃義》pitiable《異形》← ME *sēli* happy, blessed < OE *ġesǣliġ* < (WGmc) **sǣliʒa* (G *selig*) ← **sǣli* luck (OE *sǣl*) ← IE **sel-* to favor (L *sōlārī* to comfort)〙 — *adj.* (**sil·li·er; -li·est**) **1** ばかな, 愚かな, おめでたい (stupid); ばかばかしい, ばかげた (absurd): a ~ fellow ばか者 / a ~ joke [question] ばかばかしい冗談[質問] / a ~ laugh ばか笑い / go ~ ばかになる / Don't be ~! ばかなことを言うな[するな] / You were very ~ *to* trust him. 彼を信頼するなんて君はよほどばかだったね / *It's* ~ *of* you *to* do that. そんなことをするなんて君も愚かだね. **2** 《口語》目を回した, ふらふらになった (senseless, dazed). ★ 次の成句で: bore [knock, slap] a person ~ 気が遠くなるほど人を退屈させる[なぐって人を気絶させる]. **3** とるにたらない, ささいな (trivial). **4** 《まれ》低能な (imbecile), もうろくした (senile): He is getting quite ~ in his old age. 彼は年をとってすっかりもうろくしてきた. **5 a** 〈羊が〉無力な (helpless): ~ sheep. **b** 《古》体の弱い. **6 a** 《古》単純な (simple-minded), うぶな (innocent). **b** 《廃》質素な (homely). **c** 身分の低い (humble). **7** 〘クリケット〙三柱門 (wicket) に非常に接近した: the ~ point 三柱門にすぐ接近した防備手の位置. — *n.* 《口語》ばか: Don't be a ~! ばかなことをする[言う]な.
síl·li·ly [-lɪli, -lə- | -lɪ] *adv.* **síl·li·ness** *n.*

sílly bílly, silly B- 〘⇨ silly, Billy: 英国王 William 四世にちなむとされる〙 *n.* ばかな人.

sílly sèason *n.* [the ~] 《英》〘新聞〙ねた枯れ時《夏とか休暇の間で重要ニュースがなく小記事が多く掲載される季節》.

si·lo [sáɪlou | -ləu] 〘(1835) □ Sp. ~ < L *sirum* □ Gk *sirós* pit to keep grain in〙 — *n.* (*pl.* ~**s**) **1** サイロ《通例円形塔状の気密の建物; この中に牧草・穀物などを貯蔵し適度に発酵させて家畜の飼料にする; cf. silage, ensilage》. **2** 《英》(背の高い)大穀物倉庫. **3 a** サイロ《地下または地上に設備された深い円筒状のセメントや石炭用貯蔵庫》. **b** 〘軍事〙(発射設備の整った堅固な)地下ミサイル格納庫, サイロ. — *vt.* 〈牧草などを〉サイロに入れる.

Si·lo·am [sɪlóuəm, saɪ- | saɪlə́uəm, -æm] 〘□ LL ~ □ Heb. *Šilōaḥ* 《原義》sending forth〙 — *n.* 〘聖書〙シロアムの池《エルサレム付近の池; キリストの奇跡によってこの池の水で盲人が目を開いた; cf. *John* 9:7》.

Si·lo·ne [sɪlóuni, sə- | sɪlə́unɪ; *It.* silóːne], **Ig·nazio** [iɲɲáːtsjo] *n.* シローネ(1900–78; イタリアの小説家; *Pane e vino*「パンと葡萄酒」(1937); 本名 Secondo Tranquilli [sekóndo traŋkwílli]).

si·lox·ane [sɪlɑ́ːkseɪn, sə-, saɪ- | sɪlɔ́k-, saɪ-] 〘← SIL(ICON)+OX(YGEN)+-ANE[2]〙 — *n.* 〘化学〙シロキサン《ケイ素・酸素・水素から成る化合物で, SiO 結合をもつものの総称; シリコンはシロキサンの誘導体》.

sil·phid [sílfɪd, -fəd | -fɪd] 〘↓〙 *adj., n.* 〘昆虫〙シデムシ科の(甲虫).

Sil·phi·dae [sílfədìː | -fɪ-] 〘← NL ~ ← *Silpha* (属名: ← Gk *silphē* cockroach)+-IDAE〙 *n. pl.* 〘昆虫〙シデムシ科.

silt [sílt] 〘(1440) *cylte* ← ? ON (cf. Dan. & Norw. *sylt* salt marsh) ← Gmc **sult-* 'SALT[1]' (OE *un(ġe)sylt* unsalted / Du. *zilt* salty)〙 — *n.* 〘地質〙 **1** シルト, 沈泥《砂より小さく粘土よりあらい質の沈積土; cf. sand 1》. **2** (川などの)へどろ, 沈澱物. — *vi.* **1** (沈泥で)ふさがる〈*up*〉. **2** (沈泥のように)流れ込む (drift)〈*in*〉; しみ通る〈*away*〉. — *vt.* (沈泥で)ふさぐ〈*up*〉.

sil·ta·tion [sɪltéɪʃən] 〘⇨ ↑, -ation〙 *n.* 〘地質〙シルト[沈泥] (silt) がたまること.

sílt·stòne *n.* 〘岩石〙シルト岩.

silt·y [sílti | -tɪ] 〘⇨ silt, -y[4]〙 *adj.* (**silt·i·er; -i·est**) シルト[沈泥](状)の; 沈泥だらけの.

sílty cláy *n.* 〘地質〙シルト[沈泥]質粘土《シルト (silt) を 50–70% 含んだ粘土》.

sílty cláy lòam *n.* 〘地質〙シルト[沈泥]質粘土ローム《シルト (silt) を 50–80% 含んだ土壌》

si·lun·dum [sɪlʌ́ndəm, sə- | sɪ-] 〘← SIL(ICON)+(CARBOR)UNDUM〙 *n.* 〘鉱物〙炭化ケイ素 (SiC)《corundum の一種》.

Sil·u·res [síljurìːz] 〘□ L *Silures*〙 *n. pl.* シルリア人《ローマ人が英国征服当時にウェールズ南東部に居住してローマ政権に反抗した古代ブリテン族》.

Si·lu·ri·an [sɪlú(ə)riən, sə-, saɪ- | saɪl(j)ύəri-, sɪ-] 〘(1708) ← L *Silures* (↑)+-IAN〙 — *adj.* **1** (古代英国の)シルリア人 (Silures) の; シルリア人の住んでいた地方の. **2** 〘地質〙シルリア紀[系]の: the ~ period [system] シルリア紀[系]《古生代のデボン紀[系]とオルドビス紀[系]の中間紀[系]》. — *n.* **1** [the ~] 〘地質〙シルリア紀[系]. **2** シルリア人の一人.

si·lu·rid [sɪlú(ə)rɪd, sə-, saɪ-, -rəd | saɪl(j)ύərɪd, sɪ-] 〘↓〙 *adj., n.* 〘魚類〙ナマズ科の(魚).

Si·lu·ri·dae [sɪlú(ə)rədìː, sə-, saɪ- | saɪl(j)ύərɪ-, sɪ-] 〘← NL ~ ← *Silurus* (属名: ← L *silūrus* a large river fish ← Gk *silouros*)+-IDAE〙 *n. pl.* 〘魚類〙ナマズ科.

si·lu·roid [sɪlú(ə)rɔɪd, sə-, saɪ- | saɪl(j)ύər-, sɪ-] 〘↓〙 *adj., n.* 〘魚類〙ナマズ亜目の(魚).

Sil·u·roi·de·a [sɪljurɔ́ɪdiə | -dɪə] 〘← NL *Silūrus*+-OIDEA: ⇨ Siluridae〙 *n. pl.* 〘魚類〙ナマズ亜目.

sil·va [sílvə] 〘← NL ~ ← L ~ 'wood, forest'〙 *n.* (*pl.* ~**s**, **sil·vae** [-viː]) **1** (特定地域の)樹林, 樹木. **2** 樹林誌《ある森林中の樹木に関する記述; cf. flora》.

sil·van [sílvən] *adj., n.* = sylvan.

Sil·va·nus [sɪlvéɪnəs, səl- | sɪl-] 〘□ L *Silvānus* ← *silva* forest: ⇨ sylvan〙 — *n.* 〘ローマ神話〙 **1** シルバヌス《森林の神; 後にギリシャ神話の Pan と同一視された》. **2** [s-] 牧野の神, 牧神《faun と同一視された》.

sil·ver [sílvə | -və(r] 〘OE *siolfor, seolfor* < Gmc **silubr-* (Du. *zilver* / G *Silber*) ← ? Asiatic (cf. Akkad. *ṣarpu* refined silver)〙 — *n.* **1** 〘化学〙銀《金属元素の一つ; 記号 Ag, 原子番号 47, 原子量 107.868》: native ~ 天然銀 / fine [pure, refined] ~ 純銀 / beaten ~ 銀箔(はく) / old ~ 時代をつけた銀 / ⇨ nickel silver. **2** [集合的] 銀器, 銀食器 (silver plate); 銀細工品 (silverware): clean the ~ 銀器をみがく. **3** 銀貨 (silver coin); 《スコット》貨幣, 金銭 (money): change a note into ~ 紙幣を銀貨に両替する / loose ~ ばらの銀貨 / Everything may be converted into ~. あらゆる物は金(かね)に換えられる. **4 a** 銀のような光沢, 銀色: the ~ of the moon's reflection in water 水に映る銀色の月影. **b** (色・光沢など)銀に類似したもの: Speech is ~, silence is golden. ⇨ speech 1 a. **5** 《米》〘写真〙銀塩類 (silver salts), (特に)硝酸銀 (silver nitrate).
— *attrib. adj.* **1** 銀の; 銀製の: ~ cups [coins] 銀杯[貨] / ~ galloon = silver lace. **2 a** 銀と化合した; 銀を含む. **b** 銀を産出する. **3** 銀色の, 銀色に光る, 銀白の: ~ sand 白砂 / the ~ waves 銀波 / the ~ rays of the moon 銀色の月光 / ~ hair 銀髪 / ⇨ silver lining. **4** 〈音声が〉銀鈴のような, さえた: ~ sounds. **5** 雄弁な (eloquent), 説得力のある: a ~ tongue 能弁. **6** 銀本位制を主張する: the ~ party. **7** 〈結婚記念日など〉25 周年目に当たる: ⇨ silver wedding.
be born with a silver spoon in** one's **mouth ⇨ spoon[1] *n.* 成句.
— *vt.* **1** …に銀をきせる, 銀張りにする, 銀めっきする: ~ copper articles 銅器を銀めっきする, 銅器に銀をきせる. **2** 〈鏡〉にすずと水銀との合金を塗る; 〈乾板・フィルム〉に硝酸銀を塗る. **3** 銀色にする; 〈髪を〉白髪にする. — *vi.* **1** 銀色になる; 〈髪などが〉白髪になる: Her locks have ~*ed with* age. 彼女の頭髪は寄る年波に白くなった. **2** 銀色に光る.

sílver àge 〘(1565)〙 — *n.* [the ~] **1** [しばしば S-A-] 〘ギリシャ神話〙(白)銀時代《神話時代の第 2 期で逸楽と不信仰の時代; cf. golden age, Iron Age, Bronze Age》. **2** (黄金時代ほどではないが)かなりの隆盛を見た時代; (文芸上の)(白)銀時代《黄金時代に次ぐ時代; ラテン文学では Augustus 帝の死から Hadrian 帝の死までの隆盛期 (14–138)》.

sílver annivérsary *n.* 25 周年記念日, 25 周年祝典.

sílver báss [-bǽs] *n.* 〘魚類〙 **1** = white perch 1. **2** = freshwater drum. **3** = white crappie.

sílver báth *n.* 〘写真〙硝酸銀溶液, 湿板用の銀浴.

sílver béll *n.* 〘植物〙アメリカアサガラ (*Halesia carolina*)《米国南東部産のエゴノキ科の落葉高木で, 鐘形の白い花が咲く; opossum wood, silver-bell tree ともいう》.

sílver·bèr·ry [-bèri, -b(ə)ri | -(ə)rɪ] *n.* 〘植物〙ギンヨウグミ (*Elaeagnus commutata*)《北米産のグミの一種で葉・花など銀白色で実は食用になる; cf. goumi》.

sílver bírch *n.* 〘植物〙白い樹皮のカバノキ類の総称: **a** = paper birch. **b** = yellow birch.

sílver blíght *n.* 〘植物病理〙 = silverleaf 2.

sílver brómide *n.* 〘化学〙臭化銀 (AgBr).

sílver cárp *n.* 《米》〘魚類〙 **1** Mississippi 川流域産のサッカー科の小魚 (*Carpiodes carpio*). **2** ハクレン (*Hypophthalmichthys molitrix*)《アジア大陸産のコイ科の大型淡水魚》.

sílver certíficate *n.* 《米》〘経済〙銀証券《1934 年以降米国で国庫に寄託された一定量の銀に対して政府が発行する証券で, $1, $2, $5, $10 などの額面を有し, 通貨同様の流通性をもつ; cf. gold certificate》.

sílver chlóride *n.* 〘化学〙塩化銀 (AgCl)《写真用剤》.

sílver córd *n.* **1** へその緒, 臍(さい)帯 (umbilical cord). **2** 母子の絆. **3** 〘聖書〙しろがね(白銀)のひも; 生命 (life) (cf. *Eccl.* 12:6).

sílver cýanide *n.* 〘化学〙シアン化銀, 青化銀 (AgCN)《猛毒の白色粉末, 銀めっきに用いる》.

síl·vered 〘(15C)〙 *adj.* **1** 銀をかぶせた, 銀張りの, 銀で飾った. **2** (鏡の背面に)水銀を塗り錫箔(すずはく)をはりつけた. **3** 銀髪の, 銀色に光る: ~ hair.

sílver·èye *n.* 〘鳥類〙メジロ《特に, オーストラリア・ニュージーランド産の *Zosterops lateralis* など白眼輪のある鳥の総称; white-eye ともいう》.

sílver fígure *n.* 〘林業〙 = silver grain.

sílver fír *n.* 〘植物〙モミ《ヨーロッパ産のモミ属 (*Abies*) の植物の総称; (特に)ヨーロッパモミ (*A. alba*)》.

sílver·físh *n.* **1** (*pl.* ~, ~·**es**) 〘魚類〙銀色の魚類の総称《ターポン (tarpon), キンギョ (*Carassius auratus*), silversides, golden shiner など》. **2** (*pl.* ~) 〘昆虫〙シミ (*Lepisma saccharina*)《シミ科の銀灰色の書物・衣類などの糊を食べる昆虫》.

sílver fízz *n.* シルバーフィズ《ジン・レモン汁・砂糖・卵白で作るカクテル; cf. fizz 2》.

sílver flúoride *n.* 〘化学〙フッ化銀《Ag_2F, AgF, AgF_2 の総称, 普通は AgF; フッ素化剤として働く; tachiol ともいう》.

sílver fòil *n.* 銀箔(はく); 銀色の金属箔 (cf. silver leaf).

sílver fóx *n.* 〘動物〙ギンギツネ《アカギツネ (red fox) の 1 色相で, 黒色の毛と銀白色の毛が混じり, 霜降り状を呈するもの; 毛皮として高級》.

sílver gílt 〘(15C)〙 *n.* 銀めっき, 銀張り.

sílver glánce *n.* 〘鉱物〙輝銀鉱 (⇨ argentite).

sílver gráin *n.* 〘林業〙銀杢(もく)《比較的大きい放射組織がやや追柾目にまだらに現れたもので, 光沢の著しい木斑; silver figure ともいう》.

sílver gráy *n.* 銀灰色, うすい灰褐色, シルバーグレー. **sílver-gráy** *adj.*

sílver háke *n.* 〘魚類〙ニューイングランド北部に生息するメルルーサの一種 (*Merluccius bilinearis*)《食料源として重要》.

sílver hálide *n.* 〘化学〙ハロゲン化銀《銀のハロゲン化物の総称》.

síl·ver·ing [-v(ə)rɪŋ] *n.* 銀ぎせ, 銀めっき(したもの).

sílver íodate *n.* 〘化学〙ヨウ素酸銀 ($AgIO_3$)《白色粉末; 防腐剤など医薬品に用いる》.

sílver íodide *n.* 〘化学〙ヨウ化銀 (AgI)《感光性のある黄色粉末; 写真乳剤の原料, 人工降雨に用いられる》.

sil·ver·ize [sílvəràɪz] *vt.* 銀を被せる, 銀仕上げする.

sílver jénny *n.* 〘魚類〙米国からブラジルにかけての大西洋岸に生息するクロサギ科の小魚 (*Eucinostomus gula*).

sílver júbilee *n.* = silver anniversary.

sílver kíng *n.* 〘魚類〙 = tarpon.

sílver láce *n.* 銀モール.

sílver-làce víne *n.* 〘植物〙中国原産タデ科の蔓性多年草 (*Polygonum aubertii*)《芳香ある緑白色の花が咲く》.

sílver·lèaf *n.* **1** 〘植物〙銀色の葉をした植物の総称 (buffalo berry など). **2** 〘植物病理〙銀皮病《担子菌などにより木の葉が銀白色になる病気; silver leaf disease, silver blight ともいう》.

sílver lèaf *n.* 銀箔(はく) (silver foil より薄い).

sílver líning *n.* **1** 雲の明るい縁. **2** 絶望・不幸などのさなかの明るい兆候[希望]: Every cloud has a ~. 《諺》どんな黒雲も裏は銀色に輝いている《どんな悲観的な事にも楽観できる半面がある》.

síl·ver·ly 〘(1594)〙 *adv.* **1** 銀のように(輝いて). **2** 銀鈴のような音をたてて.

sílver máple *n.* **1** 〘植物〙ウラジロサトウカエデ (*Acer dasycarpum*)《北米東部産で, 葉の表面は鮮緑色で裏は粉白色の樹高 40 m にも達するカエデの一種》. **2** ウラジロサトウカエデの材木《きめ細く家具用材》.

sílver médal *n.* 銀メダル, 銀賞《通例 2 等賞》.

sílver mórning-glory *n.* 〘植物〙インド産のアサガオの一種 (*Argyreia splendens*)《園芸植物; 葉裏は銀白色の織毛がある》.

sil·vern [sílvən | -vən] 〘OE *seolfren, silfren*: ⇨ silver, -en[2]〙 *adj.* 《古・詩》銀の, 銀製の; 銀のような; 銀白の: Speech is ~, silence is golden. ⇨ speech 1 a.

sílver nítrate *n.* 〘化学〙硝酸銀 ($AgNO_3$)《無色透明板状結晶; 写真用の臭化銀原料, 銀めっき・医薬品(劇薬)に用いる; lunar caustic ともいう》.

sílver óxide *n.* 〘化学〙酸化銀 (Ag_2O)《黒褐色粉末》.

sílver páper *n.* **1** 銀紙, すず箔(はく)《tinfoil ともいう》. **2** 銀器等を包む薄葉紙(うすようし)《silver tissue ともいう》.

sílver pérch *n.* 〘魚類〙 **1** 銀茶色の斑点のあるオーストラリアの淡水に生息するイサキの類の魚 (*Therapon bidyana*). **2** 米国南部産ニベ科の魚 (*Bairdiella chrysura*). **3** = white perch 1.

sílver-pláte *vt.* 銀めっきする.

sílver pláte *n.* [集合的] (食卓または装飾用の)銀器類; 銀めっき品.

sílver-pláted *adj.* 銀めっき[銀ぎせ]の.

sílver·pòint *n.* **1** 銀筆, 銀尖(せん)筆《鉛筆以前からあった素描具で, 主として羊皮紙に描く》. **2** 銀筆画.

sílver pòint *n.* 銀点《銀の融解点 (960.8°C); 国際温度目盛りの定点》.

sílver póplar *n.* 〘植物〙 = white poplar 1.

sílver prínt *n.* 〘写真〙硝酸銀写真.

sílver-prìnt dráwing *n.* 〘写真〙漂白写真画法《写真の影像を鉛筆・ペン・インクなどでなぞり, 影像を漂白して白地に絵を残す方法; 主に新聞のカットや線画に用いる》.

sílver prótein *n.* 〘化学〙プロテイン銀《蛋白質溶液に硝酸銀溶液を加えたもの; 消毒用》.

sílver-ràg *n.* 〘魚類〙大西洋産エボシダイ科の魚 (*Cubiceps nigriargenteus*).

sílver·ròd *n.* 〘植物〙 **1** ヨーロッパ産ツルボラン属の花錐花序の花をつける植物 (*Asphodelus ramosus*). **2** 北米東部産アキノキリンソウ属の植物 (*Solidago bicolor*)《頭花の台状花弁が大釘状に曲がっている; white goldenrod ともいう》.

sílver ságe *n.* 〘植物〙 = purple sage.

sílver sálmon n. 〖魚類〗 **1** ギンマス, ギンザケ (*Oncorhynchus kisutch*)《北太平洋に広く分布するサケの一種》. **2** ＝king salmon.

sílver sált n. 〖化学〗シルバーソルト, 銀塩 ($C_{14}H_7O_2SO_3Na$)《染料製造用の結晶性化合物》.

sílver scréen n. **1** 銀幕, 映写幕. **2** [the ～; 集合的] 映画 (motion pictures).

sílver·sìde **1** 《英》牛のもも肉の上の部分. **2** ＝silversides.

sílver·sìdes n. (pl. ～) 〖魚類〗トウゴロウイワシ《トウゴロウイワシ科の小魚の総称; 体側に一条の銀色の線が走る; (特に)アメリカ大西洋岸にいる魚 (*Menidia notata*)《silverside ともいう》.

sílver·smìth 〖OE *seolforsmiþ*〗 n. 銀細工屋, 銀器製造人.

sílver sólder n. 銀鑞(ろう)《銀器をつぐ白鑞》.

sílver-spóon adj. 富裕な; 裕福な生れの: a ～ man.

sílver spóon n. 富, 財産; (特に)相続財産 (⇨ spoon[1] n. 成句).

sílver sprúce n. 〖植物〗＝Colorado spruce.

sílver stàndard n. [the ～] 〖経済〗銀(貨)本位(制) (cf. gold standard, paper standard).

Sílver Stár n. 〖米軍〗銀星章《CONGRESSIONAL Medal of Honor および Distinguished Service Cross より下位で, 会戦に勲功のあった者に与える》.

Sílver Stár Mèdal n. 〖米軍〗＝Silver Star.

Sílver Stàte 〖銀鉱があることから〗 n. [the ～] 米国 Nevada 州の俗称.

Sílver Stíck n. 《英》近衛騎兵 (Life Guards) の佐官《銀造りの杖(権標)を授けられ, 式典などに携行する》.

sílver stòrm n. 〖気象〗＝silver thaw.

sílver stràin n. 銀汚染《写真の現像の際に銀が析出して膜面・容器などを汚染すること》.

sílver stréak n. [the ～] 《英口語》イギリス海峡 (English Channel).

sílver thàw n. 〖気象〗雨氷 (cf. glaze 7).

sílver tíssue n. ＝silver paper 2.

sílver-tóngue n. **1 a** 弁舌さわやか, 雄弁 (eloquence). **b** 弁舌さわやかな[説得力のある]人. **2** 〖鳥類〗＝song sparrow.

sílver-tóngued adj. 弁舌のさわやかな, 説得力のある (persuasive), 雄弁な (eloquent).

sílver tróut n. 〖魚類〗 **1** ＝rainbow trout. **2** ＝kokanee.

sílver-trúmpet trèe n. 〖植物〗パラグアイ産ノウゼンカズラ科の黄色い花が咲く常緑高木 (*Tabebuia argentea*)《材は有用》.

sílver·vìne n. 〖植物〗マタタビ (*Actinidia polygama*)《マタタビ科のつる植物; ネコの好物》.

sílver·wàre n. [集合的] 銀器, 銀製品, (特に)銀食器具.

sílver wáttle n. 〖植物〗フサアカシア, ハナアカシア (*Acacia dealbata*)《マメ科の低木でアカシアの一種; 樹皮は白または銀白; cf. black wattle》.

sílver wédding n. 銀婚式《結婚 25 周年の記念式[日]; ⇨ wedding 4》.

sílver·wèed n. 〖植物〗 **1 a** ヨウシュノツルキンバイ(洋種野蔓金梅) (*Potentilla anserina*)《バラ科キジムシロ属の植物, 葉の裏は白色で光沢のある絹状毛が密布; 月経困難症の鎮痛薬に用いられる》. **b** ウラジロロウゲ (*Potentilla argentea*)《葉の裏面が白毛でおおわれているバラ科キジムシロ属の草本》. **2 a** ＝jewelweed. **b** ＝tall meadow rue. **c** ＝hardhack 1. **3** ＝meadow rue.

sílver·wòrk n. 銀器, 銀細工品.

sil·ver·y [sílv(ə)ri | -rɪ] 〖(1600): ⇨ silver, -y[4]〗 — adj. **1** 銀のような, 銀に似た, 銀白の: a ～ light / ～ hair 銀髪. **2** 〈声・音など〉銀鈴を鳴らすような, 玉を転がすような (ringing), 朗々とした, よく通る, 冴(さ)えた: a ～ tone, note, voice, etc. **3** 銀を含んだ[でおおわれた]: ～ deposits 銀の鉱床. **sìl·ver·i·ness** n.

sílvery spléenwort n. 〖植物〗北米東部産オシダ科メシダ属のシダ (*Athyrium thelypterioides*).

Sil·ves·ter [sɪlvéstə | -tə(r)] 〖⊏ L ～《原義》of the woodland ← *silva* forest〗 n. 男性名《愛称形 Sil; 異形 Sylvester》.

Sil·ves·tre [sɪlvéstr(ə); F. silvɛstrə] 〖⊏ F ～: ↑〗 n. 男性名.

sil·vex [sílveks] n. 〖化学〗シルベックス《除草剤の一種》.

Sil·vi·a [sílviə | -vɪə, -vjə] 〖⊏ L ～《原義》living in a wood (fem.) ← *silvius* ← *silva* forest〗 n. 女性名《愛称形 Silvie; 異形 Sylvia》.

sil·vi·cal [sílvɪkəl, -və- | -vɪ-] 〖⇨ silvics, -al[1]〗 adj. 森林の, 林学の.

sil·vi·chem·i·cal [sìlvəkémɪkəl, -mə- | -vɪkémɪ-] n. 〖化学〗木から抽出する化学物質《アルコール・リグニン・バニリン・トール油などの総称》.

sil·vic·o·lous [sɪlvíkələs] 〖← L *silvicola* wood-dweller ← *silva* wood＋-I-＋*colere* to live: ⇨ -ous〗 adj. 森林(地)に生育する[住む].

sil·vics [sílvɪks] 〖← L *silva* (↓)＋-ICS〗 n. 森林学, 森林生態学.

sil·vi·cul·ture [sílvəkʌ̀ltʃə | -vɪkʌ̀ltʃə(r)] 〖⊏ F ～ ← L *silva* forest: ⇨ -i-, culture〗 n. 育林, 造林 (cf. arboriculture). **sìl·vi·cúl·tur·al** [sìlvəkʌ́ltʃ(ə)rəl | -vɪ-] adj.

sil·vi·cul·tur·ist [sìlvəkʌ́ltʃ(ə)rɪst, -rəst | vɪkʌ́ltʃ(ə)rɪst] n. 育林学研究者, 造林学者.

s'il vous plaît [si:l-vu:-pléɪ; F. silvuplɛ] 〖⊏ F ～ 'if it pleases you'〗 F. どうぞ (please).

sil·y [síli | -lɪ] 〖← Afr. 土語〗 n. (pl. ～, ～s) シリー《ギニアの通貨単位》.

si·ma[1] [sáɪmə] 〖⊏ G *Sima* ← SI(LICON)＋MA(GNESIUM)〗 n. 〖地質〗シマ(質)層《珪素とマグネシウムに富む岩石から成ると考えられる地球の殻層; cf. sial》.

si·ma[2] [sáɪmə] n. 〖建築〗＝cyma 1.

si·mar [sɪmɑ́ə, sə- | sɪmɑ́:(r)] 〖⊏ F *simarre* ⊏ It. *cimarra* ⊏ Sp. *zamarra* ⊏ ? Basque *zamar* sheepskin〗 — n. **1** 《古》 **a** シマール《ルネッサンス時代の婦人のもすそのついたコートドレス》. **b** 軽い下着 (shift). **2** ＝zimarra.

sim·a·rou·ba [sìmərú:bə] 〖← NL ～ ← F ～ ← Carib. 《土語》*simaruba*〗 — n. 〖植物〗 **1** 熱帯アメリカ産のニガキ科シマルバ属 (*Simaruba*) の植物の総称《特に *S. officinalis*》. **2** シマルバ(根)皮《強壮剤・収斂剤》.

Sim·a·rou·ba·ce·ae [sìməru:béɪsiì:] 〖← NL ～: ⇨ ↑, -aceae〗 n. pl. 〖植物〗(双子葉植物フウロソウ目)ニガキ科. **sìm·a·rou·bá·ceous** [-ʃəs] adj.

si·marre [sɪmɑ́ə, sə- | sɪmɑ́:(r)] n. 《古》＝simar 1 a.

sim·a·ru·ba [sìmərú:bə] n. 〖植物〗＝simarouba.

si·ma·zine [sáɪməzì:n] 〖← *sim-* (《変形》? ← SYM(METRICAL))＋(TRI)AZINE〗 n. (*also* **si·ma·zin** [-zɪn, -zən | -zɪn]) 〖化学〗シマジン《除草剤》.

Sim·birsk [sɪmbíəsk | -bíəsk; *Russ.* sjimbjírsk] n. シンビルスク《Ulyanovsk の旧名》.

sim·cha [símxə] n. ＝simhah.

Sím·chas Tòrah [símxəz-] n. 〖ユダヤ教〗＝Simhath Torah.

Sím·chath Tórah [símxəs-] n. 〖ユダヤ教〗＝Simhath Torah.

Si·me·non [sì:mənɔ́:(ŋ), -nɔ́(:)ŋ, ⌐—⌐; F. simnɔ̃], **Georges** n. シムノン《1903–　; ベルギー生れのフランスの推理小説家; Maigret [mɛgrɛ] 警部物で知られる; 本名 Georges Sim [sím]》.

Sim·e·on [símiən | -mɪən, -mjən] 〖⊏ LL ～ ⊏ Gk *Sumeṓn* ⊏ Heb. *Šim'ṓn* 《通俗語源》hearing (cf. *Gen.* 29: 33)〗 — n. **1** 男性名. **2** 〖聖書〗 **a** シメオン《エルサレムの信仰家; 幼いイエスを見て「主よ今こそみ言葉に従いてしもべを安らかに逝(ゆ)かしめたもうなれ…」(cf. Nunc Dimittis) と言った言葉は有名; cf. *Luke* 2: 25–35》. **b** シメオン《Jacob の第 2 子, 母は Leah; cf. *Gen.* 29: 33》. **3** 〖聖書〗シメオン族《シメオンを祖とするイスラエル 12 支族の一つ》.

Símeon Sty·lí·tes [-stɪláɪti:z, -stə-, -staɪ- | -staɪ-], Saint n. 柱上の聖者シメオン, 柱上行者シメオン《390?–459; シリアの行者; 柱頭行者派 (the Stylites) の祖; 30 年間柱の上に住み説教した》.

Sim·fe·ro·pol [sìmfərɔ́(:)pəl, -róʊ- | -ráʊpəl; *Russ.* sjimfjirópəlj] n. シンフェロポリ《ソ連邦 Ukraine 共和国南部クリミア半島の観光都市; 人口 291,000》.

sim·hah [símxə] 〖⊏ Heb. *śimḥā*[h] joy, mirth〗 n. (pl. **sim·hoth** [-hòʊt, -hòʊθ | -hə̀ʊt, -hə̀ʊθ]) (結婚・出産などの)おめでた, 喜び事; 祝い(事), 祝宴.

Sim·hath To·rah [símxoʊt-tɔ́:rə, -xoʊθ-, -tóʊrə, -rɑ: | -xəʊt-tɔ́:rə, -xəʊθ-] 〖⊏ Heb. *śimḥáth Tōrā*[h] rejoicing in the Law: ⇨ Torah〗 — n. 〖ユダヤ教〗律法感謝祭《ユダヤ人は Moses の五書 (Torah) を 54 に区分し, 安息日毎に 1 区分を読み, 1 年かけて仮庵(かりいお)の祭り (Sukkoth) の 8 日目にこれを読み終わる. そして直ちに巻き物を巻き返して第 1 区の分を読み, 祝いの行進をする; Rejoicing over the Law ともいう; cf. Jewish holidays》.

sim·i·an [símiən, -mjən | símɪən, -mjən] 〖(1607) ← L *sīmia* ape (← *sīmus* snub-nosed ⊏ Gk *sīmós*)＋-AN[1]〗 — adj. **1** 類人猿(えん) (ape) の, サル (monkey) の. **2** サルのような, サルらしい. — n. 類人猿; サル.

símian shélf n. 〖人類学〗サルの棚《下顎骨内側前部にある凹みで, 類人猿の特徴》.

sim·i·lar [sím(ə)lə | -mɪlə(r), -mə-] 〖(1611) ⊏ F *similaire* ← L *similis* like, similar < **semilis* ← OL *semol* ＝L *simul* together (⇨ same): ⇨ -ar[1]〗 — adj. **1** (大体において)似かよっている, 類似した (like), 同様の, 同類の: ～ instances 類例 / This is very ～ to mine. これは私のとよく似ている. **2** 〖数学〗相似の: ～ figures 相似形 / ～ matrices 相似行列. **3** 〖音楽〗並進行の《二つ以上の声部が同方向に進む》: ～ motion. — n. 似たもの, 類似物, 相対物 (counterpart).

sim·i·lar·i·ty [sìməlǽrəti, -mjʊ-, -lér- | sìmɪlǽrəti, -mə-, -rɪ-] 〖(1664): ⇨ ↑, -ity〗 n. **1** 類似, 相似 (likeness). **2** 類似点, 相似点.

similárity transformàtion n. 〖数学〗相似変換《平面または空間の変換で, 長さがすべて一定比に拡大または縮小されるようなもの; homothetic transformation ともいう》.

sím·i·lar·ly 〖(1764)〗 adv. 相似して, 相似的に; 同様に, 同じく (likewise): be ～ situated 互いに似た位置[境遇]に置かれている; 事情が同じである.

sim·i·le [síməli: | -mɪlɪ] 〖(?a1387) ⊏ L ～ (neut.) ← *similis*: ⇨ similar〗 — n. 〖修辞〗直喩(ちょくゆ), 明喩《比喩 (comparison) の一種で like, as, than のような比較を示す語を用いて, あるものを直接に他のものに比較する修辞法; 例: quick like lightning / (as) brave as a lion / weaker than a woman's tear; cf. metaphor》.

si·mil·i·tude [sɪmílət(j)ù:d, sə- | sɪmílɪtjù:d] 〖(c1380) ⊏ (O)F ～ ⊏ L *similitūdo* ← *similis*: ⇨ similar, -tude〗 — n. **1 a** 相似 (likeness), 類似 (resemblance). **b** 似た物[人], 類似[相似]物, 相対物, そっくりの物[人] (counterpart), 対 (match). **2** 姿 (semblance), 像 (image): in the ～ of …の姿で / assume the ～ of …の姿を取る[外形を装う]. **3 a** たとえ (parable, allegory): talk [speak] in ～s たとえで話す. **b** 《まれ》直喩(ちょくゆ) (simile). **4** 〖数学〗相似.

sim·i·lize [síməlàɪz | -mɪ-, -mə-] 〖← SIMIL(E)＋-IZE〗 《まれ》 vt. なぞらえる (liken); (特に)直喩(ちょくゆ) (simile) で表現する. — vi. 直喩を用いる.

sim·i·ous [símiəs | -mɪəs, -mjəs] 〖← L *sīmia*＋-OUS: ⇨ simian〗 adj. ＝simian.

sim·i·tar [símətə, -tɑ̀ə | -mɪtə(r)] n. ＝scimitar.

Sim·la [símlə] n. シムラ《インド北部 Himachal Pradesh 州の首都; 避暑地(海抜 2,200 m), 英領インド時代の夏季の首都; 人口 56,000》.

sim·mer [símə | -mə(r)] 〖(1653)《変形》← (15C) *simpere(n)* 《擬音語》: ⇨ -er[4]〗 — vi. **1 a** 〈液体が〉(沸騰点近くで)ぐつぐつ[ちんちん]音をたてる. **b** (沸騰点近くでゆっくり)ぶつぶつ煮える, ぐつぐつ煮立つ. **2** 〈怒り・反逆などが〉今にも沸騰[爆発]しようとしている: He is ～ing with anger. 今にも怒り出そうとしている / ～ing rebellion 勃発寸前の反乱. — vt. じりじり沸騰させる[煮る], ぐつぐつ煮る, とろ火で煮る. ***simmer down*** (1) 煮詰まる. (2) 《口語》〈腹の虫・興奮などが〉収まる, 静まる.
— n. **1** じりじり煮える[沸騰する]状態: bring water to a ～ 水をぐらぐら煮立たせる / keep water at a ～ 水をぐらぐら煮立たせておく. **2** (押えている怒り・笑いなどが)今にも沸騰[爆発]しようとする状態: at a ～＝on the ～ 今にも沸騰[爆発]しようとして.

Símmonds' disèase [símәndz-] 〖← *Morris Simmonds* (1855–1925: ドイツの医師)〗 — n. 〖病理〗シモンズ病, 下垂体性悪液質《下垂体の機能が全般的に低下した状態》.

sim·nel [símnəl, -nl] 〖(c1290) *simenel* ⊏ OF (F 《方言》 *simnel*) ← L *simila* fine flour ← ? Sem. (Akkad. *samīdu*)〗 — n. **1** シムネルパン《上質の小麦粉で作ったパン; simnel bread ともいう》. **2** 《英》シムネルケーキ《クリスマス・復活祭・大斎第四主日などに用いるフルーツケーキ; simnel cake ともいう》.

si·mo·le·on [sɪmóʊliən, sə-, -ljən | sɪmə́ʊljən, -lɪən] 〖《混成》←《廃》? *simon* dollar＋(NAP)OLEON〗 n. 《米俗》＝dollar.

Si·mon [sáɪmən; G. zí:mɔn] 〖⊏ L *Simōn* ⊏ Gk *Simōn*＝*Sumeṓn* 'SIMEON' (ただし *Sīmōn* (← *sīmós* snub-nosed) と混同)〗 — n. **1** 男性名. **2** 〖聖書〗シモン (⇨ Peter 2). **3** 〖聖書〗シモン《イエスの兄弟または縁者; cf. *Mark* 6: 3》. **4** [(Saint) ～] 〖聖書〗シモン《十二使徒の一人; 祝日 10 月 28 日; Simon Zelotes, Simon the Canaanite ともいう; cf. *Matt.* 10: 4》. **5** 〖聖書〗シモン《聖霊を与える力を買い取ろうと試みた Samaria の魔術師; Simon Magus ともいう; cf. *Acts* 8: 9–24》. **6** 〖聖書〗シモン《ペテロ (St. Peter) が Joppa の町で同居していた家の主人でなめし皮屋; Simon the Tanner ともいう; cf. *Acts* 10: 6》.

Si·mon [sáɪmən], **Sir John Allse·brook** [ɔ́:lzbrʊk] n. (1873–1954) 英国の政治家・法律家.

Si·mo·na [sɪmóʊnə, sə- | sɪmə́ʊ-] 〖(fem.) ← SIMON〗 n. 女性名《異形 Simone》.

Si·mone [si:móʊn | -mə́ʊn; F. simo:n] 〖⊏ F ～: ↑〗 n. 女性名.

si·mo·ni·ac [saɪmóʊniæ̀k, sɪ-, sə- | sɪmə́ʊniæ̀k, saɪ-] 〖(1340) ⊏ (O)F *simoniaque* // ML *simōniac-us* ← LL *simōnia* 'SIMONY': ⇨ -ac〗 — n. 聖職売買者. — adj. ＝simoniacal.

si·mo·ni·a·cal [sàɪmənáɪəkəl, sìm- | sàɪmə(ʊ)-] 〖⇨ ↑, -al[1]〗 adj. 聖職売買の. **～·ly** adv.

Si·mon·i·des [saɪmɑ́nədi:z | -mɔ́nɪ-] n. シモニデス《556?–?468 B.C.; ギリシャの叙情詩人; Simonides of Keos ともいう》.

si·mo·nist [sáɪmənɪst, sím-, -nəst | -nɪst] 〖⇨ simony, -ist〗 n. ＝simoniac.

si·mon·ize [sáɪmənàɪz] 〖← *Simoniz* an automobile wax (商標): ⇨ -ize〗 vt. 〈自動車の車体などを〉ワックスで磨く.

Símon Le·grée [-ləgrí: | -lɪ-] 〖Mrs. Stowe 作 *Uncle Tom's Cabin* 中の残忍な奴隷商人の名から〗 n. 冷酷無慈悲な使用主.

Símon Má·gus [-méɪgəs] n. 〖聖書〗＝Simon 5.

Si·mo·nov [sí:mənɔ̀f, -nɔ̀(:)f | -nɔ̀f; *Russ.* sjímənəf], **Konstantin Mikhailovich** n. シーモノフ《1915–79; ソ連の小説家・詩人・劇作家》.

Símon Péter n. 〖聖書〗＝Simon 2.

Símon Púre 〖英国の女優で劇作家の Mrs. Centlivre (1667?–1723) 作の喜劇 *A Bold Stroke for a Wife* (1718) 中の Quaker 教徒 (Colonel Feignwell なる人物に氏名を詐称されて本人の自分はにせ者扱いにされた)の名から〗 — n. [通例 the real ～] まぎれもない本人[物] (cf. McCoy).

símon-púre 〖↑〗 adj. 本物の, 正真正銘の (real, genuine).

si·mo·ny [sáɪməni, sím- | sáɪmənɪ] 〖(?a1200) ⊏ (O)F *simonie* ⊏ LL *simōnia* ← *Simon Magus*: ⇨ Simon Magus, -y[1]〗 — n. **1** 聖物売買による利得. **2** 聖職[僧職]売買(罪); 聖物売買(罪)《教会における地位や権力の授受のために, 贈収賄すること》.

si·moom [sɪmú:m, sə-, saɪ- | sɪ-] 〖(1790) ⊏ Arab. *samūm* 《原義》poisonous ← *sámma* to poison〗 — n. (*also* **si·moon** [sɪmú:n, sə-, saɪ- | sɪ-]) 〖気象〗シムーム, シムーン, 砂あらし, 毒風《アラビアや北アフリカの砂漠地方で砂を巻いて吹く息のつまるような熱風; cf. khamsin》.

simp [símp] 〖(略) ← SIMPLETON〗 n. 《俗》ばか (fool).

sim·pa·ti·co [sɪmpɑ́:tɪkòʊ, -pǽt-, -tə- | sɪmpɑ́:tɪkəʊ; *It.* simpá:tiko] 〖⊏ It. ～ 'sympathetic'〗 — adj. **1** 気性の合った (congenial), 気心の合った, 気に入った. **2** 魅力のある, 好かれる (appealing).

sim·per [símpə|-pə(r)] 〘c1563〙← ? Scand. (cf. Dan.《方言》*semper* affected): ⇨ -er⁴〙 ― *vi.* にやにや笑う, にたにた笑う, 間の抜けた笑い方をする. ― *vt.* にたにた笑って言う. ― *n.* 間の抜けたにたにた笑い. **~·er** *n.*

sím·per·ing [-p(ə)rɪŋ | -pər-] *adj.* 作り笑い[えせ笑い]している, にやにや笑っている; はにかむ, 臆病な (coy). **~·ly** *adv.*

sim·ple [símpl̩] 〘(? a1200) ▭ (O)F ~ ▭ L *simplus* ← IE *sem-* one (⇨ same)+*plek-* to plait (⇨ -fold)〙 ― *adj.* (**sim·pler**; **-plest**) **1** 容易な, 簡単な (easy), わかり[扱い]やすい; 単純な, 込み入ってない: a ~ design [explanation] 簡単なデザイン[説明] / a ~ matter [task] 簡単な事柄[仕事] / ~ tools 簡単な道具 / ⇨ simple machine / ~ forms of life 単純な[未発達の]生命体《バクテリアなど》/ in ~ language やさしいことばで / (as) ~ as ABC ABC のように[きわめて]簡単な / The device is ~ *to* operate. その仕掛けは操作が簡単だ. **2** 簡素な (plain); 地味な, 質素な: a ~ diet 粗食 / ~ clothes 地味な着物 / ~ cooking 簡単な料理 / a ~ style 簡素な文体[様式] / a ~ life 質素な生活 / the ~ life 簡易生活 / in ~ beauty 飾らない美しさで / The food was ~ but well-prepared. 食べ物は質素ではあったが心をこめて料理されていた. **3** 気取らない (unaffected), てらわない; 誠実な, 率直な (sincere); 純真な, 無邪気な (innocent): one's ~ manners / (as) ~ as a child 子供のように純真な, 実に天真爛(ﾗﾝ)漫な / in a pleasant and ~ way 愛想よく気取らずに. **4** 無学の, 無知の (ignorant); ばかな, 愚かな (foolish); 無考えな, 欺かれやすい, 人のよい (cf. simpleton): a ~ amateur 専門知識のないアマチュア / a ~ soul お人よし / be ~ about money matters 金銭問題に関しては無知である / You must be very ~ *to* be taken in by such a story. そんな話でだまされるなんて君も随分お人よしだよ. **5** 純然たる (sheer, absolute), 全くの (mere, bare); 純粋な, まじりけのない (unmixed). ★ この意味では比較変化はしない: the ~ truth 全くの真実 / ~ madness 全くの狂気 / the ~ facts 純然たる事実 / ⇨ PURE *and simple* / His ~ word is enough. 彼のことばだけで十分だ. **6** (素性の)卑しい, (身分の)低い (humble, lowly), 平民の出の (↔ gentle); ただの, 取るに足らない (insignificant): a ~ peasant 一介の農夫 / a ~ soldier 一兵卒 / gentle and ~ ⇨ gentle *adj.* 1. **7**〘化学〙単…, 単一の (↔ compound); a ~ substance 単体《1元素から成る物質》. **8**〘光学〙〈レンズが〉二つの球面の屈折面をもつ. **9**〘数学〙一次の, 単一の, 単純な: a ~ proportion 単比例. **10**〘統計〙〈仮説が〉単純な. **11**〘動物〙単一の, 単独の: a ~ eye 単眼 (cf. compound eye; ⇨ insect 挿絵) / a ~ ascidian 単独ほや. **12**〘植物〙**a** 単一の, 単独の: ⇨ simple leaf. **b** 枝を出さない: a ~ stem 単幹. **c** 単体の《単一の雌蕊(ｽﾞｲ)または雌蕊葉から発育する》: a ~ style [pistil] 単体花柱[単雌蕊]. **13**〘音楽〙単純な, 単一の, 簡単な: ⇨ simple time. **14**〘文法〙単一の, 単純な: a ~ adverb 単純副詞 / ⇨ simple sentence. **15**〘法律〙単純な《口頭の, 捺印証書 (deed) によらない契約などに用いられる》.
― *n.* **1 a** 無知な人, だまされやすい人, ばか者 (simpleton). **b** [*pl.*]《英方言》愚かな行為, 愚行. **2** 単純な物, 単一物, 単体. **3**《古》薬草, 薬用植物; 薬草製剤. **4**《古》卑しい身分の人, 平民. **5** [*pl.*]〘紡織〙経(ﾀﾃ)通しに用いるコード.

símple algebráic exténsion *n.*〘数学〙単純代数拡大《体に代数的な元を一つ添加して拡大体を作ること》.

símple árc *n.*〘数学〙単純弧 (⇨ Jordan arc).

símple béam *n.*〘建築〙単純梁.

símple búd *n.*〘植物〙単芽《葉芽か花芽かいずれか一方を含むもの; cf. mixed bud》.

símple cátenary *n.*〘鉄道〙単式架線, シンプルカテナリー《吊架線から直接トロリー線を吊下げる架線; cf. compound catenary》.

símple cháncre *n.*〘病理〙=chancroid.

símple chúck *n.*〘機械〙並チャック.

símple clósed cúrve *n.*〘数学〙単一閉曲線 (⇨ Jordan curve).

símple cóntract *n.* =parol contract.

símple cúrve *n.*〘鉄道〙単心曲線, 単曲線 (cf. compound curve).

símple éngine *n.*〘機械〙単式機関, 一段膨張機関 (cf. compound engine).

símple enumerátion *n.*〘論理・哲学〙単純枚挙《明確な原理・基準によらず, 手当たり次第に事例を枚挙・収集してある目的や普遍的成果に到達する方法》.

símple equátion *n.*〘数学〙一次方程式.

símple exténsion *n.*〘数学〙単純拡大《体に一つの元を添加して拡大体を作ること; cf. simple algebraic extension, simple transcendental extension》.

símple-fáced *adj.* **1** 普通の[ありふれた]顔付の. **2** 朴訥(ﾎﾞｸﾄﾂ)な顔付の, ばか面の. **3**〘動物〙〈ヒナコウモリ科のコウモリが〉鼻葉をもたない.

símple fráction *n.*〘数学〙単分数《通常の分数を繁分数に対していう; cf. fraction 5》.

símple frúit *n.*〘植物〙単果《一つの雌しべから生じた果実》.

símple harmónic mótion *n.*〘物理〙単振動.

símple·héarted 〘(1413) *symple herted*〙 *adj.* 純真な, 純な, 誠実な (sincere); さっぱりとした (frank); 無邪気な.

símple hónors *n. pl.*〘トランプ〙(auction bridge で)パートナー同士の手にある切札のオナーカード (honor card) 3枚または(ノートランプの場合)エース3枚《手役として30点のボーナスがつく》.

símple ínterest *n.*〘金融〙単利 (cf. compound interest).

símple ínterval *n.*〘音楽〙単音程, 単純音程《1オクターブ以内の音程; cf. compound interval》.

símple léaf *n.*〘植物〙単葉 (cf. compound leaf).

símple machíne *n.*〘機械〙単純機械《てこ (lever), 輪軸 (wheel and axle), 滑車 (pulley), ねじ (screw), 斜面 (inclined plane), くさび (wedge) の6種をいう》.

símple majórity *n.*〘政治〙単純多数《投票総数の過半数未満の票だが, 当選に必要な最低限の得票; cf. absolute majority》.

símple-mínded *adj.* **1** 無邪気な, 純真な, あどけない (unsophisticated, artless). **2 a** 勘のにぶい; 精神薄弱の, 低能の (feebleminded). **b** 愚かな. **~·ly** *adv.* **~·ness** *n.*

sím·ple·ness 〘ME〙 *n.* **1**《古》=simplicity. **2**《廃》愚かさ, 愚行.

símple péndulum *n.*〘物理〙単振り子《重さのない糸で質点をつり下げた理想的な振り子; cf. physical pendulum》.

símple pít *n.*〘植物〙単膜孔, 単純孔紋《入口と奥がほぼ同形の膜孔; cf. bordered pit》.

símple póle *n.*〘数学〙1位の極《複素関数のローラン展開が −1次の項からはじまる点》.

símple propórtion *n.*〘数学〙単比例《比例すること; 複比例 (compound proportion) に対して言う》.

símple prótein *n.*〘生化学〙単純蛋白質《アミノ酸のみからなる蛋白質; cf. conjugated protein》.

símple rátio *n.*〘数学〙単比《比のこと; 複比 (compound ratio) に対して言う》.

símple séntence *n.*〘文法〙単文《従節を含まない文; 例: She stood there, arms akimbo and head back.; cf. complex sentence, compound sentence》.

Símple Símon 〘← ? *Simon Peter* (⇨ Simon 2)〙 *n.* **1** シンプルサイモン《英国の伝承童謡の主人公で間抜けな人物》. **2** ばか (simpleton).

símple stréss *n.*〘物理〙単純応力《張力または圧力のみからなる応力》.

símple sýrup *n.* **1** 砂糖と水から作るシロップ《主に清涼飲料水の甘味付けに用いる》. **2** (医薬用の)単シロップ《合剤の味つけ・糖衣用》.

símple tíme *n.*〘音楽〙単純拍子《強拍・弱拍の位置が最も単純な2・3拍子を指し, 基本的な拍子として4拍子もこれに属する; cf. compound time》.

sim·ple·ton [símpl̩tn̩, -tən] 〘(1650) ← SIMPLE+-*ton* (《方言》← *tone*《変形》← ONE)〙 *n.* ばか, あほう (fool).

símple tóne *n.*〘音響〙=pure tone.

símple transcendéntal exténsion *n.*〘数学〙単純超越拡大《体に超越的な元を一つ添加して拡大体を作ること》.

símple vóws *n. pl.*〘カトリック〙単式誓願 (cf. solemn vows).

sim·plex [símpleks] 〘(1594) ▭ L ~ 'single,《原義》of one fold' ← **sem-* (← IE *sem-*)+*-plex* '-FOLD': ⇨ simple〙 ― *adj.* **1** 単純な, 単一の (simple). **2**〘通信〙単信式の (cf. duplex 3, multiplex 2). ― *n.* **1**〘文法〙単一語, 単純語 (simple word) (cf. complex 5). **2**〘通信〙単信システム. **3**〘数学〙単体《n 次元以上のユークリッド空間で, $n+1$ 個の点によって決定される図形; 1次元以上の空間における線分, 2次元以上の空間における三角形, 3次元以上の空間における四面体など》.

símplex mèthod *n.*〘数学〙単体法, シンプレックス法《線形計画法の問題を数値的に解くのに用いられる方法の一つ》.

símplex telégraphy *n.*〘通信〙単信式電信(法)《1条の電線路で送信受信を交互に行なう電信法》.

símplex wind·ing [-wàɪndɪŋ] *n.*〘電気〙単重巻《電機子巻線法の一種で, 正負ブラシ間の導体経路が二つしかないもの》.

Sim·plic·i·den·ta·ta [sɪmplɪ̀sədentɑ́ːtə, -téɪ- | -sɪ-dentɑ́ːtə, -téɪ-] 〘← NL ~ ← L *simplic-*, *simplex* 'SIMPLEX'+-I-+*dentāta* ((neut.pl.) ← *dentātus* 'DENTATE')〙 ― *n. pl.*〘動物〙単歯亜目《Rodentia (齧歯(ｹﾞｯｼ)目)ともいう》. **sim·plic·i·den·tate** [sɪ̀m-plɪsədénteɪt | -sɪ-] *adj.*

sim·pli·ci·ter [sɪmplísətə | -sɪtə(r)] 〘▭ L ~ 'simply' ← *simplic-*, *simplex* 'SIMPLEX'〙 ― *adv.*〘スコット法〙絶対的に, 無条件に (absolutely), 無制限に (unqualifiedly), 全面的に, 全く (wholly), 指定されているもの以外を含まずに.

sim·plic·i·ty [sɪmplísəṭi, -sti | -sətɪ, -sɪ-] 〘(c1380) *symplicite* ▭ (O)F *simplicité* // L *simplicitās* ← *simplic-*, *simplex*: ⇨ simplex, -ity〙 ― *n.* **1** 簡単, 簡易; わかり易さ, 平易 (clarity): the ~ of a machine [problem, task] (ある)機械[問題, 仕事]の簡単さ / It is ~ itself.《口語》きわめてやさしい, 実に簡単である. **2** 飾りのないこと, 簡素, 地味, 質素, 淡白: ~ in [of] dress [style, way of living] 服装[文体, 生活]の簡素. **3** 純真, 純なこと, 単純; 無邪気, あどけなさ (innocence); 質朴, 実直, 誠実 (sincerity): the sweet ~ of a child 子供のかわいい無邪気さ / soldiery ~ 軍人らしい実直. **4** 無知; 愚鈍. **5** 単一, 単純.

sim·pli·fi·ca·tion [sɪ̀mpləfɪkéɪʃən, -fə- | -plɪfɪ-] 〘▭ F ~: ⇨ simplify, -fication〙 *n.* **1** 簡単[簡素]化, 平易[簡易]化, 単純[単一]化. **2** 簡単にしたもの.

sím·pli·fied *adj.* 簡易化した: a ~ reader, text, etc.

simplified spélling *n.* =reformed spelling.

sim·pli·fy [símpləfàɪ | -plɪ-] 〘(1653) ▭ F *simplifi-er* ▭ ML *simplificāre*: ⇨ simple, -fy〙 ― *vt.* **1** 簡単[単純]にする; 平易[簡易]にする: ~ a delivering process 配達過程を簡易化する. **2** 単一にする. **sím-pli·fi·er** *n.*

sím·plism [-plɪzm̩] *n.* 過度[極度]の単純化, 誇張した簡素さ《不当に単純化して問題のある面だけを強調し他の複雑な面は無視する方法・態度・立場》.

sím·plist [-plɪst, -pləst | -plɪst] *n.* 単純な説明や理論をふりまわす人. ― *adj.* =simplistic.

sim·plis·tic [sɪmplístɪk] *adj.* 極端に単純[平易, 簡易]化した. **sim·plís·ti·cal·ly** *adv.*

Sim·plon [símplɑn | sɛ̃́ː(m)plɔ̃ː(ŋ), sǽm-, -plɔ(ː)ŋ, símplən; *F.* sɛ̃plɔ̃] *n.* [the ~] **1** シンプロン(峠)《スイス南部とイタリアとの国境をなす Lepontine Alps の山道; Napoleon の建設した路が通じている; 高さ 2,005 m》. **2** シンプロントンネル《スイスとイタリアとの間にある世界最長の鉄道トンネル; 長さ 19.6 km》.

sim·ply [símpli | -lɪ] 〘(c1300): ⇨ -ly¹〙 ― *adv.* **1** 簡単に, 簡便に; わけなく, ぞうさなく (easily): a machine ~ constructed 簡便に組み立ててある機械. **2 a** 平易に, わかりやすく (plainly, clearly): arguments very ~ stated 非常に平易に述べられた議論 / to put it ~ わかりやすく言えば. **b** 率直に(言って) (frankly): You are, quite ~, mistaken about him. 腹蔵なく言わせてもらえば君は彼を誤解している. **3** 飾りなく, 地味に, 簡素に, 質素に (plainly); 気取らずに (unaffectedly): live ~ 質素な生活をする / be ~ dressed 質素な身なりをしている. **4 a** 無邪気に, ありのままに, 実直に, 純真に, あどけなく (artlessly). **b** 考えなく, 愚かしく: act (as) ~ as an idiot 白痴(ﾁ)のように愚かしくふるまう. **5 a** 単に, ただ(…のみで) (merely): believe a person ~ on his word ことばだけで人を信用する / It is ~ a question of time. それは単に時間の問題だ / ~ and solely=purely and ~ ⇨ purely³. **b** [強調語として]《口語》全く (absolutely); 非常に; 事実上, 実際 (in fact): ~ awful とてもひどい / His grammar is ~ terrible. 彼の文法は全くひどい / You ~ must come. 実際君には来てもらわないと困る / I ~ don't believe it. とても信じられない.

simply-connécted *adj.*〘数学〙**1** 単(一)連結の《単一閉曲線がその集合の中で一点に連続変形できることにいう》. **2** 単連結の《補集合が連結であることにいう》.

simply órdered sét *n.*〘数学〙=totally ordered set.

Símp·son's rúle [sím(p)snz-] *n.*〘数学〙シンプソンの法則《関数のグラフを局所的に放物線弧でおきかえて定積分の近似値を求める方法》.

Sims [símz], **William Sow·den** [sáudn̩] *n.* (1858–1936) カナダ生れの米国の海将; 第一次大戦で活躍 (1917–18).

simulacra *n.* simulacrum の複数形.

sim·u·la·cre [símjulèɪkə | -kə(r)] 〘(c1375) ▭ OF ~ ▭ L *simulācrum* (↓)〙 *n.*《古》=simulacrum.

sim·u·la·crum [sɪ̀mjuléɪkrəm, -lǽk- | -léɪk-] 〘▭ L *simulācrum* ← *simulāre* to imitate: ⇨ simulate〙 ― *n.* (*pl.* **-la·cra** [-krə], **~s**) **1** (ある人[物]に似せて作った)像, 姿 (image). **2 a** 面影, 幻影 (semblance). **b** にせもの, まがい(もの) (sham), 見せかけ (pretense).

sim·u·lant [símjulənt] 〘▭ L *simulant-em* (pres.p.) ← *simulāre*: ⇨ simulate, -ant〙 ― *adj.* **1** まねる (imitating). **2**〘生物〙〔…の〕ように見える, 擬態の, 擬色の〔*of*〕: coloration ~ *of* surroundings 擬色, 保護色 / stamens ~ *of* petals 花弁にまがう雄蕊(ｽﾞｲ).
― *n.* まねる人[物].

sim·u·lar [símjulə, -lɑ̀ːr | -lə(r), -lɑ̀ː(r)] 〘← L *simulāre* (↓)+-AR¹〙 *n., adj.*《古》=simulant.

sim·u·late [símjulèɪt] [*v.*: 〘(1652) ← L *simulāt-us* (p.p.) ← *simulāre* to imitate ← *similis* 'like, SIMILAR': ⇨ -ate³. ― adj.: 〘(1435)〙: ⇨ -ate²〙 ― *vt.* **1** まねる (imitate), 仮装する, 〈俳優が〉…の役をする: ~ the manners of the rich 金持ちの態度をまねる / ~ Hamlet (on the stage) (舞台で)ハムレットをやる. **2** 装う, …のふりをする, …に見せかける, 偽る (feign): ~ affection [madness, virtue, death] 愛情[狂態, 徳行, 死]を装う / Pride may ~ humility. 自尊心は時に卑下を装うことがある. **3** …のシミュレーション[模擬実験]をする. **4**〘生物〙擬態する, 擬色する (mimic): Some moths ~ dead leaves. 蛾の中には枯葉に擬態するものがある. **5**〘言語〙〈ある語形を〉(誤って源と考えられた形に)似せて変える.
― [-lət, -lɪt, -lèɪt] *adj.*《古》=simulated.

sim·u·la·tive [símjulèɪṭɪv | -tɪv] *adj.* **~·ly** *adv.*

sím·u·làt·ed [-ṭɪd, -ṭəd | -tɪd, -təd] *adj.* まねた, 似せた, 装った, 擬態の: ~ pearls 模造真珠.

sim·u·la·tion [sɪ̀mjuléɪʃən] 〘(1340) ▭ (O)F ~ // L *simulātiō(n-)*: ⇨ simulate, -ation〙 ― *n.* **1 a** まねること, ふりをすること, 偽ること; 仮装, 見せかけ (pretense): a ~ of sleep たぬき寝入り. **b** にせ物, 模造品. **2 a** (訓練や実験用の)模擬実験, シミュレーション. **b**〘経済〙シミュレーション《モデルによる経済または経営実験手法》. **3**〘生物〙擬態, 擬色 (mimicry). **4**〘精神医学〙詐(ｻ)病, 佯(ﾖｳ)狂《罪を免かれようとしてまたはその他の目的のために精神病者を装うこと; cf. dissimulation 2》. **5**〘社会学〙シミュレーション《現実の複雑な事象の解明のために, 数理モデルなどを用いて模擬実験すること》.

sím·u·là·tor [-tə | -tə(r] 〖□L *simulātor* : ⇨ simulate, -or²〗 ── *n.* **1** まねる人[物]. **2** (訓練や実験用の)模擬実験[操縦]装置, シミュレーター : ⇨ flight simulator.

si·mul·cast [sáɪməlkæ̀st, sím- | síməlkɑ̀:st, sáɪm-] 〖← SIMUL(TANEOUS)＋(BROAD)CAST〗 ── *n.* 〖ラジオ・テレビ〗同時放送《テレビ放送と同時に同じプログラムをラジオにも流す放送, または AM と FM の同時放送》; 同時放送番組. ── *vt., vi.* (～) 同時放送する.

si·mu·li·id [sɪmjú:liɪd, sə-, -əd | sɪmjú:lɪɪd] 〖↓〗 *adj., n.* 〖昆虫〗ブユ科の(昆虫).

Sim·u·li·i·dae [sìmjʊláɪədì: | -láɪɪ-] 〖← NL ～ ← *Simulium* (属名 : ← L *simulāre* 'to SIMULATE' : ⇨ -ium)＋-IDAE〗 *n. pl.* 〖昆虫〗(双翅目)ブユ科.

si·mul·ta·ne·i·ty [sàɪməltəní:əṭi, sìm- | sìməltəní:ətɪ, sàɪm-, -mʌl-, -ní:ɪtɪ, -ní:ə-, -néɪɪtɪ, -néɪə-] 〖□ML *simultaneitās* : ⇨ ↓, -ity〗 ── *n.* 同時に起こる[存する, 作用する]こと, 同時性.

si·mul·ta·ne·ous [sàɪməltéɪniəs, sìm-, -njəs | sìməltéɪnjəs, sàɪm-, -mʌl-, -nɪəs] 〖《*a*1660》← L *simul* at the same time＋*-taneous* (cf. instantaneous)〗 ── *adj.* **1** 同時に起こる, 同時になされる, 同時に存する; 〔…と〕同時の〔*with*〕: ～ events [actions, movements] 同時の出来事[行動, 動作] / a ～ broadcast (同一番組の)ラジオ・テレビ同時放送 / ～ translation [interpretation] 同時通訳 / a ～ interpreter 同時通訳(者) / The explosion was almost ～ *with* the announcement. 爆発は通告とほとんど同時だった. **2** 〖数学〗連立させられた. **～·ness** *n.*

simultáneous displáy *n.* 〖チェス〗同時対局.

simultáneous equátions *n. pl.* 〖数学〗連立方程式.

si·mul·tá·ne·ous·ly *adv.* 〔…と〕同時に〔*with*〕: He holds another office ～ *with* the presidency. 彼は総裁の職にもう一つの職を兼任している / Children move their jaws ～ *with* the blades of the scissors. 子供たちははさみの刃と同時にあごを動かす.

simultáneous reáction *n.* 〖化学〗並発反応, 同時反応《一つの化学系で同時に起こる二つ以上の化学反応; cf. side reaction 1》.

si·murgh [si:múəg | -múəg] 〖□Pers. *sīmurgh*〗 *n.* (*also* **si·murg** [～]) 〖ペルシャ神話〗シムルグ《非常な知恵をもつといわれる巨大な怪鳥; cf. roc 1》.

sin¹ [sín] 〖n.: OE *syn(n)* < Gmc **sun(d)jō* (G *Sünde*) ← IE **es-* to be (L *sōns* guilty) : cf. sooth. ── v.: OE *syngian*〗 ── *n.* **1** 神の掟に背くこと; (道徳・宗教上の)罪, 罪悪, 罪業, 罪障; 悪事 (cf. crime, vice¹): ⇨ original sin, deadly sins / commit [forgive] a ～ 罪を犯す[許す] / one's besetting ～*s* 常に陥りやすい罪悪 / ～*s* of omission and commission 不作為と作為の罪《すべきことをせず, すべきでないことをする罪》/ the unpardonable ～ ＝*the* SIN *against the Holy Ghost* / ⇨ MAN¹ of sin. **2 a** (礼儀上などの)過失 (impropriety); 違反 (offense)〔*against*〕: a social ～ 社交上の過ち / a ～ *against* good manners 無作法. **b** (大きな)欠点 (fault): a literary ～. **3** 罰が当たりそうな事柄; やぼな[気のきかない]事: It is a ～ to waste money. 金をむだ使いしては罰が当たる / It's a ～ to work on such a fine day. こんな天気のいい日に働くのはやぼだ.

(*as*) *... as sin* 《口語》ひどく, とても: be ugly *as* ～. ***for my sins*** 《戯言》何かの罰で, 何の因果か. ***lay one's sins at another's threshold*** 罪を他人に着せる. ***like sin*** 《英俗》本気に[むきに]なって (in earnest); 激しく, ひどく (vehemently) (cf. *like* MAD, *like* SIXTY). ***live in sin*** 《婉曲・戯言》(結婚せずに)同棲する, 内縁関係にある〔*with*〕. ***the sin against the Holy Ghost*** 聖霊を汚す[に言い逆らう]罪; 絶対に許せない[救えない]罪 (the unpardonable sin).

── *v.* (**sinned**; **sin·ning**) ── *vi.* **1** 神の掟に背く; (宗教・道徳上の)罪を犯す《多くは故意に》, 罪をつくる, 罪障を重ねる: Man's nature is to ～. 人間の本性は罪をつくることだ / ～ in company with ...と同じ罪を犯す[悪いことをする] / ～ in good company ⇨ company *n.* 2a. **2** (礼儀などに)そむく〔*against*〕: ～ *against* propriety 礼儀作法にそむく. ── *vt.* 《古》〈罪を〉犯す: Repent of the *sins* ye have ～*ned*. なんじらが犯せる罪を悔いよ.

be more sinned against than sinning 犯した罪以上に非難される; 悪事をしたというよりむしろ自分がひどい目にあう (cf. Shak., *Lear* 3. 2. 60).

sin² [sín] *adv., prep., conj.* 《スコット・北英》＝since.

sin³ [sín] *n.* 《スコット》＝sun¹.

sin⁴ [sí:n, sín] 〖□Heb. *šīn* (変形) ← *šin* (原義) tooth: ⇨ shin²〗 ── *n.* スィン《ヘブライ語アルファベット 22 字中の第 21 字 shin の変形 (שׂ) で [s] に近い音を表わし, 別文字として数えることもある; ⇨ alphabet 表》.

sin 《略》〖数学〗sine.

Si·na·i [sáɪnaɪ, -niàɪ | sáɪnɪàɪ, -neɪàɪ, -naɪ] 〖□Heb. *Sinay*〗 ── *n.* [the ～] シナイ(半島)《エジプト北東部紅海北端, Suez 湾と Aqaba 湾との間の半島; 長径 370 km; the Sinai Peninsula ともいう》.

Sinai, Mount *n.* 〖聖書〗シナイ山《モーセ (Moses) がここで十戒を授けられたが, 今の何山であるかは不明; cf. *Exod.* 19-20》.

Sinai Península *n.* [the ～] ＝Sinai.

Si·na·it·ic [sàɪneɪíṭɪk | -nɪ́ɪt-] 〖← NL *Sinaitic-us* : ⇨ -itic〗 *adj.* **1** シナイ山の. **2** シナイ半島の.

Si·nai·ti·cus [saɪnáɪṭəkəs, sàɪniíṭ- | -tə-] 〖↑〗 ── *n.* 〖聖書〗シナイ写本《19 世紀の中頃ドイツの聖書学者 Tischendorf によって, シナイ山麓の修道院で発見されたギリシャ語の写本; 4 世紀末のもので uncial で書かれている; cf. codex 1》.

si·nal [sáɪnḷ] 〖← SIN(US)＋-AL¹〗 *adj.* sinus の[から出る].

sin·al·bin [sɪnǽlbɪn, sə-, -bən | sɪnǽlbɪn] 〖← L *sināpis* mustard＋*alba* white (⇨ alb)＋-IN²〗 ── *n.* 〖化学〗シナルビン ($C_{30}H_{42}N_2O_{15}S_2$)《シロガラシの実に含まれる刺激性のある配糖体結晶》.

Si·na·lo·a [sì:nəlóʊə, sín- | -lə́ʊə; *Sp.* sinalóa] *n.* シナロア《メキシコ西部, California 湾沿岸の一州; 人口 1,267,000, 面積 58,092 km²; 首都 Culiacán [kùljakán]》.

Sin·an·thro·pus [sɪnǽnθrəpəs, sə-, sìnænθróʊp- | sɪnǽnθrəp-, sìnænθrə́ʊp-] 〖← NL ～ 《原義》the Chinese man ← LL *Sinae* (pl.) Chinese : ⇨ anthropo-〗 ── *n.* 〖人類学〗シナントロプス属《北京原人 (Peking man) に命名された旧属名; 今は *Homo* 属とされる》.

sin·a·pine [sínəpàɪn, -pɪn, -pən | -pàɪn, -pɪn] 〖□G *Sinapin* ← L *sināpis* mustard : ⇨ -in¹〗 ── *n.* 〖化学〗シナピン ($C_{16}H_{25}NO_6$)《クロガラシの実に含まれるアルカロイド》.

sin·a·pism [sínəpìzṃ] 〖□F *sinapisme* // LL *sināpismus* □Gk *sinapismós* use of a mustard plaster ← *sínāpi* mustard : ⇨ -ism〗 *n.* 〖医学〗芥子(からし)泥(でい).

Sin·ar·chism [sínɑəkìzṃ | -nɑ:-] *n.* ＝Sinarquism.

Sin·ar·chis·tic [sìnɑəkístɪk | -nɑ:-] *adj.* ＝Sinarquistic.

Sin·ar·quism [sínɑəkìzṃ | -nɑ:-] 〖□Mex.-Sp. *sinarquismo* ← Sp. *sin* without (< L *sine*)＋*anarquismo* anarchism (← *anarquía* anarchy) : ⇨ -ism〗 ── *n.* シナルキズム《メキシコの国粋的全体主義》.

Sin·ar·quis·ta [sìnɑəkí:stə | -nɑ:-; *Sp.* sinarkísta] 〖□Mex.-Sp. *sinarquista*〗 ── *n.* (*also* **Sin·ar·quist** [sínɑəkɪst, -kəst | -nɑ:kɪst]) シナルキスタ《1937 年頃メキシコに起こった反動的ファシスト運動の参加者または支持者の国粋党員》. ── *adj.* シナルキズムの[に関する].

Sin·ar·quist·ic [sìnɑəkístɪk | -nɑ:-] *adj.* メキシコ国粋主義[党員]の.

Sin·bad [sínbæd] *n.* ＝Sindbad the Sailor.

since 〖《*c*1378》*syn(ne)s* (短縮) ← *siþen(es)* ← OE *siþþan* ← *siþ* after, since＋*þon* ((instr.) ← *þæt* 'THAT') : ⇨ -s² 1〗 ── [síns] *adv.* **1 a** 以後, 以来, その後: The town was burnt down five years ago and has ～ been rebuilt. その町は 5 年前に火災に会ったがそれ以後再建された / I don't know what has become of him ～. その後彼がどうなったか私は知らない. **b** [しばしば ever ～ として] あれからずっと(今まで), 以後[以来]ずっと: He went to America in 1950 and has lived there *ever* ～. 彼は 1950 年に米国へ行きそれ以来ずっとそこに住んでいる / He met with a traffic accident a week ago and has been in bed (*ever*) ～. 彼は 1 週間前に交通事故に会いそれ以来ずっと床についている. **2** [しばしば long ～ として] (今から, その時から)...前, 以前に: His name has [had] *long* ～ been forgotton. 彼の名前はとっくの昔に忘れられている[いた]. ★ 以下の文では ago を用いる方がよい: I saw him not *long* ～. つい最近彼に会った / How *long* ～ is it? それはどのくらい前のことか / He died many years ～. 彼は何年も前に死んだ.

── [síns, səns | síns; síns, síns] *prep.* ...以来, 以後, からこのかた(ずっと) (cf. till¹ 1, by¹ 6): ～ then [seeing you] その時[お会いして]以来 / I have not heard from him ～ my last letter. この前手紙をやってからまだ何の音さたもない / Until last month I had not seen him ～ 1980. 1980 年以来先月まで彼に会う機会がなかった / *Since* 1971, Britain has had decimal currency. 1971 年から英国は十進法通貨制度になっている / *Since* when have you been here? いつからここにおいでですか / It is [has been] a long time ～ breakfast. 朝食からだいぶ時間がたった (★ 現在完了形については ⇨ *conj.* 1 a ★).

── [síns, səns | síns; síns, síns] *conj.* **1 a** ...以来, 以後: The city has changed much ～ we lived [have lived] here. ここに住むようになってから町はずいぶん変わった《従属節の現在完了形はまだ住んでいることを明示する》/ It is [has been] years ～ I left school. 学校を出てからもう何年にもなる (★ 主節中の現在完了形は《米》に多い) / How long is it ～ you came here? ここへいらしてからどの位になりますか. **b** [しばしば ever ～ として] ...の時から(ずっと): I have known him *ever* ～ he was a child. 彼が子供の頃から彼のことを知っている / I have had trouble with my car *ever* ～ I bought it. 車を買ってからずっと故障の起こり詰めだ / What have you been doing ～ I last saw you? この前会って以来何をしていたのですか. **2** ...の故に, だから, の上は (seeing that): *Since* we live near the sea, we enjoy a healthy climate. 海の近くに住んでいるので健康的な気候に恵まれている. ★ 省略構文でも用いられる: That is a useless, ～ impossible, proposal. それは不可能だから無益な提案である.

sin·cere [sɪnsíə, sən- | -síə(r] 〖《1533》□F *sincère* // L *sincērus* pure, genuine, honest, 《原義》of one growth? ← IE **sem-* one＋**k̂er-* to grow〗 ── *adj.* (**sin·cer·er, -cer·est; more ～, most ～**) **1** 真実の, 心からの, 真心こめた (true); 実意のある, 誠実な, 表裏のない (honest): a ～ friend 真実の友 / ～ devotion 表裏のない忠勤 / a ～ desire for knowledge 本心からの知識欲 / Is his grief ～? 彼の悲しみは本当のものなのか / He is ～ *in* his promises [what he says]. 約束[自分の言葉]に誠実だ. **2** 《古》純粋な (pure); 混じり気のない (unmixed): ～ wine. **3** 《廃》完全な (sound), 無傷の (uninjured). **～·ness** *n.*

sin·cére·ly 〖《1535》: ⇨ ↑, -ly¹〗 ── *adv.* 心から, 真心こめて, 誠意をもって: I am ～ grateful. 私は心から感謝しています / Yours ～ ＝*Sincerely* (yours) 敬具《手紙の結辞; cf. yours 3》.

sin·cer·i·ty [sɪnsérəṭi, sən-, -sí(ə)r- | -sérətɪ, -rɪ-] 〖《1546》□F *sincérité* // L *sincēritās* : ⇨ sincere, -ity〗 ── *n.* **1** 誠実, 誠意, 正直 (honesty), 表裏のないこと (genuineness): a man of ～ かたい人, 誠意の人 / the ～ of one's grief まことの悲しみ / doubt a person's ～ 人の誠意を疑う / in all ～ 誠実に, うそ偽りなく. **2** 誠意のある言葉, 誠実な行動; 純粋な気持.

sincipita *n.* sinciput の複数形.

sin·cip·i·tal [sɪnsípəṭḷ | -pɪtl] 〖← L *sincipit-, sinciput* (↓)＋-AL¹〗 *adj.* 〖解剖〗前頭部[頭頂部]の.

sin·ci·put [sínsəpʌ̀t, -pət | -sɪ-] 〖《1578》□L ～ ← *sēmi-* (⇨ semi-)＋*caput* 'HEAD'〗 ── *n.* (*pl.* **～s, sin·cip·i·ta** [sɪnsípəṭə | -pɪtə]) 〖解剖〗**1** 前頭, 前頭部 (cf. occiput). **2** 頭頂部.

Sin·clair [sɪnkléə, sɪŋ-, ⌐ー | sɪ́ŋkleə(r, sín-, síŋklə(r] 〖← *St. Clair* (ノルマンディの地名)〗: スコットランドに多い家族名〗 *n.* 男性名.

Sin·clair [sɪnkléə, sɪŋ-, ⌐ー | sɪ́ŋkleə(r, sín-, síŋklə(r], **May** *n.* (1870–1946) 英国の小説家.

Sinclair, Up·ton [ʌ́ptən] (**Beall** [bél]) *n.* (1878–1968) 米国の小説家・社会批評家; *The Jungle* (1906), *Dragon's Teeth* (1942).

Sind [sínd] *n.* シンド《パキスタン南東部の旧州; 首都 Karachi》.

Sínd·bad the Sáilor [sín(d)bæd-] *n.* シン(ド)バッド《「アラビア夜話」中の *Sindbad the Sailor* の主人公; Baghdad の金持ちの青年で 7 回の航海をして不思議な経験をする》.

Sin·dhi [síndi | -di:, -dɪ] 〖□Arab. *sindī* of Sind〗 ── *n.* (*pl.* ～, ～**s**) **1 a** [the ～(s)] シンド族《パキスタン, Indus 河流域シンド (Sind) 地方の住民の総称》. **b** シンド族の人. **2** シンド語《シンド地方の言語で近代インドアーリア語》. **3** [s-] シンド《インド原産の暗赤色短角でこぶのある一品種の牛, 交配用として温帯地方で広く飼われる》.

sine¹ [sáɪn] 〖《1593》□ML *sinus* fold of a garment ← L 'curve, fold, hollow, SINUS': Arab. *jayb* chord of an arc, sine を *jayb* fold of a garment と混同した訳語〗 ── *n.* 〖数学〗サイン, 正弦《sine of arc ともいう; 略 sin; cf. cosine, tangent 1》: the ～ of an angle 正弦 / ⇨ versed sine.

si·ne² [sáɪni | -nɪ] 〖□L ～ ← *sēd, sē* without〗 *L. pref.* ...なしに, ...なく (without): ⇨ sine die, sine qua non.

sin-eàter *n.* 罪食い人《昔英国で死人の罪をわが身に引き受けると称して謝礼を受け, 死人に供えた食物を食った人》.

sín-èating *n.* 罪食いの習慣.

síne bàr *n.* 〖機械〗サインバー《角度の精密な設定および測定に用いる器具》.

si·ne·cure [sáɪnɪkjʊ̀ə, sín-, -nə- | sáɪnɪkjʊ̀ə(r, sín-] 〖《1662》□ML (*beneficium*) *sine cūrā* '(benefice) without CURE (of souls)': ⇨ sine²〗 ── *n.* **1** 実際の任務をもたない聖職禄[牧師給], 無任有給聖職. **2** 名目だけで実務のない官職, 冗職, 閑職: His is hardly a [not a, no] ～. 彼の地位は閑職どころではない《多忙だ》.

sí·ne·cùr·ism [-kjʊ̀(ə)rɪzm | -kjʊ̀ər-] *n.* 閑職にあること.

sí·ne·cùr·ist [-kjʊ̀(ə)rɪst, -rəst | -kjʊ̀ərɪst] *n.* 閑職にある人; (特に)閑職にある牧師.

síne cùrve *n.* 〖数学〗サインカーブ, 正弦曲線《座標平面上で y＝sin x によって表わされる曲線》.

si·ne di·e [sáɪni-dáɪi, -nɪ-, -nə-, sínei-dí:eɪ, sín-, sí:n- | sáɪnɪ-dáɪi:, -dáɪɪ, sínɪ-dí:eɪ] 〖《1631》□L *sine diē* ← *diēs* day: ⇨ sine²〗 ── *L. adv.* 無期限に (without date): adjourn the inquiry ～ 調査を無期限に延期する.

si·ne pro·le [sáɪni-próʊleɪ, sín-, sínei- | -nɪ-prə́ʊleɪ] 〖□L *sine prōle* ← *prōles* descendant (cf. proletarian): ⇨ sine²〗 ── *L. adv.* 〖法律〗直系卑属なく, 無子孫で (without issue) (略 s.p.).

si·ne qua non [síni-kwɑ:-nɑ́n, -neɪ-, -nóʊn, sáɪni-kweɪ-nɑ́n | sáɪnɪ-kweɪ-nɔ́n, sínɪ-kwɑ:-nə́ʊn] 〖《1602》□LL *sine quā nōn* without which not : ⇨ sine²〗 ── *L. n.* (*pl.* ～**s**) **1** 必要条件. **2** 不可欠のもの (necessity). ── *adj.* 必須の.

Si·net·ic [sɪnéṭɪk, sə-, saɪ- | sɪnétɪk, saɪ-] *n., adj.* ＝Sinitic.

sin·ew [sínju:, -nu: | -nju:] 〖OE *sin(e)we, seonew-* (斜格) ← *sinu, seonu* < Gmc **senawō* (G *Sehne*) ← IE **snēu-* (L *nervus* sinew / Gk *neûron*): cf. nerve, neuron〗 ── *n.* **1** 腱(けん) (tendon). **2** 筋骨, 体力, 腕力: a man of mighty ～*s* 大腕力[精力]家. **3** [通例 *pl.*] **a** 支え, 大黒柱 (mainstay). **b** 資力 (resources). ★ 主に次の句に用いられる: the ～*s* of war 軍資金; 運用資金. ── *vt.* **1** 腱で結ぶ, ...に筋[筋力]をつける. **2** ...に力[元気]をつける. **3** 《詩》支える (sustain).

síne wàve *n.* 〖物理〗正弦波《正弦波形をもつ波》.

sín·ewed 〖《1588》: ⇨ sinew (n.), -ed 2〗 *adj.* 筋肉を有する, 筋肉が...の: iron-*sinewed* 筋骨鉄のような.

sínew·less *adj.* **1** 腱 (sinew) のない, 筋のない. **2** 筋力のない, 力のない, 弱い (powerless, weak).

sin·ew·y [sínju:i, -nu:i | -nju:ɪ, -njʊɪ] 〖ME : ⇨ -y⁴〗 ── *adj.* **1** 腱質の, 筋っぽい (stringy), 硬い (tendinous): a ～ piece of beef 筋の多い牛肉. **2** 筋骨た

くましい, 丈夫な (tough): ～ arms / a strong, ～ frame 頑丈な体格. **3** 〈文体など〉力のこもった, 勢いのある (vigorous). **sín·ew·i·ness** *n.*

Sin·fiot·li [sínfjɔ(ː)tli | -fjɔtli] 〖◻ ON *Sinfjǫtli*〗 *n.* 〖北欧伝説〗シンフィヨトリ (*Volsunga Saga* で Signy と兄 Sigmund との間に生れた息子).

sin·fo·ni·a [sìnfəníːə | -fə(ʊ)-; *It.* sìmfoníːa] 〖◻ It. ～ < L *symphōniam* 'SYMPHONY'〗 ── *n.* (*pl.* **-ni·e** [-níːeɪ; *It.* -níːe]) 〖音楽〗 **1** シンフォニア (初期バロック時代の声楽作品中にある器楽曲からマンハイム楽派の交響曲に至るまでのさまざまな器楽曲). **2** (18 世紀マンハイム楽派などの)交響曲 (symphony).

sinfonía con·cer·tán·te [-kɑ̀nsətáːnt, -ti, -tʃɛətáːnteɪ | -kɔ̀ntʃəːtáːnt(ɪ), -tʃɛətáːnteɪ; *It.* -kòntʃertántə] *n.* 〖音楽〗協奏交響曲 (複数の独奏楽器のための協奏曲; 18 世紀マンハイム楽派が起源).

sinfonie *n.* sinfonia の複数形.

sin·fo·niet·ta [sìnfənjétə, -fo(ʊ)- | -fə(ʊ)njétə; *It.* sìmfonjétta] 〖◻ It. ～ (dim.) ← SINFONIA〗 ── *n.* 〖音楽〗 **1** シンフォニエッタ (内容的にも形式的にも小規模なシンフォニー). **2** 小交響楽団 (特に, 弦楽器だけのオーケストラをいう).

sin·ful [sínfəl] 〖OE *syn(n)full* : ⇨ sin, -ful〗 ── *adj.* **1** 〈人が〉罪のある, 罪深い: ～ mortals 罪深い人間. **2** 〈行為など〉罪に汚れた, 罪な, ばちあたりな (unholy): a ～ act, thought, etc. **～·ly** *adv.* **～·ness** *n.*

sing [síŋ] 〖OE *singan* < Gmc **seŋʒwan* (G *singen*) ← IE **sengwh-* (Gk *omphḗ* voice): cf. song〗 ── *v.* (**sang** [sǽŋ], **sung** [sʌ́ŋ]; **sung**) ★過去形 sung は《英》では《古》. ── *vi.* **1 a** (歌を)歌う, 吟じる; (職業歌手として)歌う: ～ well 歌がうまい / ～ loud 声高に歌う / ～ flat [sharp] 低い[高い]調子で歌う / ～ in [out of] tune 調子正しく[はずれに]歌う / ～ in a choir (教会の)聖歌隊に加わって歌う / ～ to the piano ピアノに合わせて歌う / ～ by ear (譜によらずに)聞き覚えで歌う / Come and ～ to us. さあひとつ私たちに歌を歌って聞かせて下さい. **b** 《廃》祈禱(きとう)を詠唱する. **2 a** 〈鳥が〉さえずる, 鳴く; 〈こおろぎ・かえるなどが〉鳴く, 歌う. **b** 〈風・小川などが〉ぴゅーぴゅー[さらさら]いう. **c** 〈湯沸かし・弾丸などが〉ちんちん[ぴゅんと]音をたてる: The kettle was ～*ing* (*away*) on the fire. やかんが火にかかってちんちん沸いていた / A bullet *sang* past his ear. 弾丸が彼の耳のそばをぴゅんと通り過ぎた. **d** 〈耳が〉がんがん[じーんと]鳴る (ring): A bad cold makes my ears ～. 悪い風邪をひいて耳鳴りがする. **e** 〈言葉・声などが〉いつまでも残る, 反響する (echo): Her song *sang* in my ears. 彼女の歌は私の耳に繰り返しこだました. **3** 喜ぶ, 歓喜する (rejoice): Her heart *sang* for joy. 彼女の心は喜びでわくわくした. **4** 《文語》 **a** 詩[歌]を作る, 詩作する: ～ in blank verse 無韻詩で詩に歌う. **b** 〔…を〕詩[歌]に作る, 賛美する, 礼賛する〔*of*〕: Poets will ～ *of* their glory. 詩人は彼らの光栄を詩に歌うだろう. **5 a** 〈歌詞などが〉歌える, 歌になる: make the words ～ well 歌詞をうまく歌えるようにする / Songs ～ best in the original. 歌は原語で歌うのが一番歌いやすい. **b** 〈言葉などが〉歌[詩]のような響きをもつ: a prose [style] that ～*s* 朗々とした散文[文体]. **6** 《俗》(他人を巻き込むために)犯罪を自白する, 密告する (inform): ～ *to* a crime commission 犯罪捜査委員会に自供する / ～ *on* a person 人を密告する.
── *vt.* **1 a** 歌う, 吟じる: ～ the part of Carmen カルメン役を歌う / She can't ～ a note. ちっとも歌えない / *Sing* us an old song [an old song for us]. 皆のために昔の歌を歌って下さい / The song has been *sung* to death. この歌は聞きあきるほど聞いた. **b** 歌うように言う: ～ one's lines from a play 芝居の台詞(せりふ)を歌うような調子で言う. **c** 詠じる, 唱える (chant): ～ Mass ミサ(曲の典礼の式文)を詠唱する / The Psalms may be said or *sung*. 詩編は朗読しても歌ってもよい. **2** 〈鳥が〉さえずる, 〈こおろぎなどが〉鳴く: The birds are ～*ing* their merry notes. 鳥は陽気にさえずっている. **3** 《文語》礼賛する, 称賛する (praise); 詩に歌う, 詩歌に歌って称賛する: ～ a person's praises [the praises of a person] 人を礼賛する[ほめちぎる] / ～ the creation of the world 天地の創造を詩に歌い祝う. **4** [～ *itself* で] 〈詩などが〉歌になる, 歌える: The poet's lyrics ～ *themselves*. その詩人の叙情詩はそのまま歌になる. **5** [副詞または前置詞付きの句を伴って] 歌って〈ある場所・状態に〉送る[迎える], 至らせる: ～ the harvest *home* 歌いながら収穫を家に運ぶ (cf. harvest home 3 a) / ～ one's life *away* 一生を(のんきに)歌って過ごす / ～ *away* one's troubles 歌を歌って憂さを晴らす / ～ the old year *out* and the new year *in* 歌って旧年を送り新年を迎える / ～ a child *to* sleep 歌を歌って子供を寝つかせる / ～ a person *into* good humor 歌を歌って人の機嫌を直す.
sing another [***a different, a new***] ***song*** [***tune***] (話・態度などの)調子を変える, 方針を変える; (特に)謙遜になる, 下手に出る. ***sing out*** (*vi.*) 叫ぶ (shout), 大声で呼ぶ: *Sing out* if you want anything. 御用があったら大声で呼んで下さい. (*vt.*) (1) 大声で言う: ～ *out* an order 大声で命令を下す[注文を通す] / ～ *out that* the land is in sight 陸が見えたぞと大声で叫ぶ. (2) ⇨ *vt.* 5. ***sing small*** (1) 低い声で歌う. (2) しょげる, へこたれる; 謙遜する. ***sing the same*** [***old***] ***song*** [***tune***] 同じ事ばかり言う, 繰言を言う. ***sing up*** [通例命令形で] (もっと)大きな声で歌う.
── *n.* **1 a** 歌うこと, 唱歌. **b** 《米》合唱, 合唱会 (《英》singsong). **2** (物の)鳴る音; (弾丸などのびゅーんという)うなり.

sing. 《略》single; singular.

sing·a·ble [síŋəbl] 〖ME *syngabil* : ⇨ sing, -able: cf. L *cantābilis*〗 *adj.* 歌える, 歌われる, 歌になる, 歌いやすい.

síng-alòng *n.* 《口語》歌の集い (songfest).

Sin·gan [ʃìːáːn; *Chin.* ʃīān] *n.* = Sian.

Sin·ga·pore [síŋ(g)əpɔ̀ə, -pɔ̀ə, ⌐―⌐ | sìŋ(g)əpɔ́ː(r)] 〖← Skt *siṁha* lion + *pura* city〗 ── *n.* シンガポール: **1** Malay 半島南端にある島. **2** 同島および付近の島々を含む英連邦内の共和国; もと英国の植民地, マレーシア連邦の一部 (1963–65) を経て 1965 年独立; 人口 2,251,000, 面積 583 km^2; 首都 Singapore 《公式名 the Republic of Singapore シンガポール共和国》. **3** シンガポール南部にある海港で同国の首都; 人口 2,250,000.

Sin·ga·po·re·an [sìŋ(g)əpɔ́ːriən, -pɔ́ːr- | -pɔ́ːrɪ-] *adj.* シンガポールの. ── *n.* シンガポールの住民.

singe [síndʒ] 〖OE *senċġan* < (WGmc) **saŋgjan* (G *sengen*) ← IE **senk-* to burn: 母音の変化については cf. wing〗 ── *v.* (**singed**; **singe·ing**) ── *vt.* **1** 焦がす, 焼く, 焼き焦がす: The hot iron has lightly ～*d* the cloth. アイロンがちょっと布切れを焦がした / ～ one's hair 頭髪を焼き焦がす; 髪にこてを当てる. **2** 〈鳥などを〉毛焼きする; 〈布〉のけばを焼く: ～ a pig [fowl] 殺した後で豚[鳥]の毛焼きをする / ～ hair 毛の先端を焼き取る. ── *vi.* 〈着物などが〉焦げる, 焼ける, (表面が)焼ける: I can smell something ～*ing*. 何か焦げ臭いぞ.
singe one's feathers [***wings***] (1) 名声を傷つける[落とす], 評判を悪くする. (2) (事業で)手を焼く, 失敗する, 損をする (suffer loss).
── *n.* **1** 焼け, 焦げ (scorch); 焦げ跡. **2** 毛焼き, けば焼き.

singe·ing [síndʒɪŋ] 〖(15C)〗 *n.* 焦がす[焼く]こと; 毛焼き, けば焼き; (頭髪の)こて焼き. ── *adj.* 焦げる, 焼ける. **～·ly** *adv.*

sing·er[1] [síŋə | -ŋə(r)] 〖ME: ⇨ sing, -er[1]〗 *n.* **1** 歌う人, 歌い手, 歌手; 声楽家: I fear I'm not a ～. 私は歌はできません. **2** 歌人, 詩人. **3** 鳴き鳥.

sing·er[2] [síndʒə | -dʒə(r)] 〖⇨ singe, -er[1]〗 *n.* 焦がす人[物], 毛焼きする人[物], 頭髪を焼く器械.

Sing·er [síŋə | -ŋ(g)ə(r)], **Isaac Ba·shev·is** [bɑːʃévɪs, -vəs | -vɪs] *n.* (1904–　) ポーランド生れの米国のユダヤ系小説家; Yiddish 語で作品発表; Nobel 文学賞 (1978).

Singer, Isaac Mer·ritt [mérɪt, -rət | -rɪt] *n.* (1811–75) 米国の発明家; 改良式ミシンの発明者 (1851), ミシン会社を設立 (1851).

sínger-sóngwriter *n.* シンガーソングライター (自作の歌を歌う作詞[作曲]家).

singh [síŋ] 〖◻ Hindi *siṅh* 《原義》lion〗 *n.* **1** (インド北部の)大武人; 武人階級の称号. **2** 帰依(きえ)したシーク (Sikh) 教徒.

Singh. 《略》Singhalese.

Sin·gha·lese [sìŋgəlíːz, -líːs | sìŋhəlíːz, sìŋgə-] *adj., n.* = Sinhalese.

síng-ìn 〖← SING + -IN[2]〗 *n.* 《米》(聴衆が加わる)歌声(うたごえ)集会.

sing·ing [síŋɪŋ] 〖ME〗 ── *n.* **1 a** 歌うこと, 唱歌; 声楽, 独唱: ～ lessons 歌[声楽]のレッスン / be fond of ～ 歌が好きだ / teach ～ at school 学校で唱歌[声楽]を教える. **b** [しばしば *pl.* で] 《米》合唱会 (sing). **2** (鳥の)鳴き声, さえずり; (物の)しゅっしゅっ[ぶーんぶーんなど]と鳴る音. **3** 耳鳴り: have a ～ in one's ears 耳鳴りがする. ── *adj.* 歌う; 鳴く.

sínging àrc *n.* 〖電気・物理〗楽音アーク (共振回路を並列に接続して楽音を発生させるアーク; cf. Poulsen arc).

sínging bìrd *n.* **1** 鳴き鳥, 鳴鳥(めいちょう) (songbird). **2** 燕雀類の鳥.

sínging fìsh *n.* 〖魚類〗浮袋を震動させて音を出すバトラコイデス科の魚 (*Porichthys notatus*) (⇨ midshipman 3).

sínging gàme *n.* 〖遊戯〗(わらべ)うた遊び (「かごめかごめ」や "London Bridge" のように, 歌いながらする遊戯).

sínging·ly *adv.* 歌うような調子で.

sínging-màn *n.* 《英》(職業)歌手.

sínging-màster *n.* 唱歌の先生, 声楽教師.

sínging sàw *n.* = musical saw.

sínging-vòice *n.* 調子のある声, 歌声.

sin·gle [síŋgl] 〖(?a1300) *sengle* ◻ OF < L *singulum* ← IE **sem-* one (⇨ same): cf. simple〗 ── *adj.* **1 a** たった一つの, ただ 1 個の, 単一の, 一つきりの (one only) (↔ double); 唯一の (sole): a ～ word ただ 1 語 / a ～ piece of paper ただ 1 枚の紙 / the ～ piece of evidence 唯一つの証拠 / a ～ ideal ただ一つの理想. **b** [否定語に伴って] ただの一つも: *not* [*hardly*] a ～ day... ただの 1 日も…ない / I have *not* a ～ penny. 一文もない. **2 a** 一部品[部分]から成る, 単式の (cf. complex 1): a ～ valve 単弁 / ⇨ single lens. **b** 普通の大きさの, 小型の (↔ double). **3** 一様の, 画一的な, すべてに共通の (uniform): a ～ standard for men and women 男女に共通な基準. **4** 個々の, 別々の, それぞれの (separate, individual): each ～ person 各個人. **5** 一人[一家族]向きの, 一人用[乗り]の: a ～ room 一人用の部屋 / a ～ bed シングルベッド[寝台] / a ～ house 一家族用の家. **6** 一対一の; シングルス(用)の, 一騎打ちの (cf. double 2): a ～ game at tennis テニスのシングルス / a ～ court シングルス(用)コート / a ～ combat 一騎打ち. **7** 単独の, ひとりの, 孤独の (solitary): He came to the party ～. 彼は会にひとりで来た. **8** 独身の, 未婚の (unmarried): a ～ life 独身生活 / a ～ man [woman] 独身男[女] (cf. bachelor 1, spinster 1) / live and die ～ 一生独身を通す / remain ～ 結婚しない / ～ blessedness 《戯言》独身(状態) (cf. Shak., *Mids N D* 1. 1. 78). **9** 一致した, 結束した, 団結した (united); 破れることのない, 完全な: work with a ～ purpose 心を一つにして働く. **10 a** 純真な, 純一な (simple), 私心のない, 誠実な (sincere): ～ devotion 献身 / a ～ heart [mind] 誠心. **b** 〈目が〉物をまともに見る, 正しく見る: a ～ eye 〖聖書〗(物事をまともに見る)正しい目 (cf. *Matt.* 6: 22); 一意専心, 誠実 / with a ～ eye 誠心誠意. **c** 〔…に〕心を傾倒して〔*to*〕: with an eye ～ *to* his own advantage 自分の利益に夢中になって. **11** 《英》片道の (《米》one-way): a ～ ticket 片道切符. **12** 《古》〈ビールなど〉品質の劣った, 弱い (weak): ～ ale 薄いビール. **13** 《まれ》比類のない (unique), 非凡な (singular). **14** 〖植物〗〈花など〉単弁の, 一重(ひとえ)の (cf. double 5): a ～ flower 単弁花. **15** 〖音楽〗単純対位法の (二声対位法で定旋律 (cantus firmus) に簡単な (1 音符対 1 音符の)対旋律がつけられている).
── *n.* **1** 一人, 単一, 1 個: come in ～*s* and in pairs. 一人でやってきたり二人でやってきたりする. **2 a** 一人用の設備[部屋, ベッドなど]. **b** 一人こぎの船. **3** [通例 *pl.*] 《口語》 **a** 《米》1 ドル紙幣. **b** 《英》1 ポンド紙幣. **4** (レコードの)シングル盤 (片面に 5 分以内の曲が 1 曲入っている). **5** [通例 *pl.*] 《米》(若い)独身者. **6** 《英》片道切符 (《米》one-way ticket) (cf. return 6). **7** [*pl.*; 単数または複数扱い] (テニスなどの)シングルス, 単試合 (cf. double 7): a ～*s* match / a ～*s* court シングルス(用)コート. **8** 〖野球〗単打, シングルヒット (one-base hit). **9** 〖クリケット〗1 点を得る打球. **10** 〖ゴルフ〗シングル, 二人勝負 (twosome ともいう; cf. foursome 2). **11** 〖トランプ〗5 点勝負のホイスト (short whist) で 5 対 4 または 3 のスコアによる勝 (1 ポイント加算される). **12** [しばしば *pl.*] 〖紡織〗 **a** 撚(よ)ったり, 撚ってない束の生絹糸. **b** (撚り糸を構成する)単糸. **13** 〖植物〗単弁花 (single flower). **14** 一人でやる寄席(よせ)演芸(など); その芸人.
── *vt.* **1** えり抜く, 選抜する 〈*out*〉: His abilities soon ～*d* him *out* for promotion. その才能のため彼はすぐ引き抜かれて昇進した. **2** 《英》〈苗を〉間引きする. **3** 《古》引き離す. **4** 〖野球〗 **a** 〈ランナーを〉単打[シングルヒット]で進塁させる: ～ the runner to second base. **b** 〈得点を〉単打[シングルヒット]であげる. ── *vi.* **1** 間引きする. **2** 《古》分離する. **3** 〖野球〗シングルヒットを打つ, 単打を放つ.
── *adv.* 一つ[一人]ずつ; 一つ[一人]だけで (singly).

síngle-ácting *adj.* 〈往復運動をする機械が〉一方向にだけ運動する, 単動の, 単作用の (cf. double-acting 1): a ～ engine 単動機関.

síngle-áction *adj.* **1** = single-acting. **2** 〈銃が〉発射ごとに撃鉄を起こす必要のある (cf. double-action 2). ── *n.* 一段作用[操作], 単動.

síngle-bánk *vt.* 〖海事〗(漕ぎ方の練習などのため)一人ずつ漕がせる.

síngle-bánked *adj.* 〖海事〗(ボートで)一人漕ぎの (cf. double-banked 1): **a** (訓練などのために)一人ずつ交代に漕がせている. **b** 各 1 本のオールごとに一人ずつの漕ぎ手をつけている.

síngle-bár *n.* 〖音楽〗単縦線, 小節線.

síngle-bárrel *n.* 単銃身の銃.

síngle-bárreled *adj.* 〈銃が〉単銃身の, 銃身が 1 本の (cf. double-barreled 1 a).

síngle-blínd tèst *n.* 〖医学〗単純盲験法 (薬効などを調べる実験で, 薬や治療法の内容を研究者は知っているが, 被実験者には知らせずに行なう方法; cf. double-blind test).

síngle blóck *n.* 〖機械〗単滑車.

síngle bónd *n.* 〖化学〗単結合, 一重結合.

síngle-bréasted *adj.* 〈上着・チョッキなど〉(打ち合わせが)シングルの (cf. double-breasted).

síngle cárrick bènd *n.* 〖海事〗シングルキャリックベンド, 一重小綱つなぎ (結索法の一種).

síngle-céll prótein *n.* 〖生化学〗単細胞蛋白質 (石油から酵母や微生物で作られた蛋白質; 略 SCP).

síngle créam *n.* 《英》= light cream.

síngle cróss *n.* 〖生物〗単交雑 (育種のための交雑の一形式).

síngle cút *n.* 〖宝石〗シングルカット, 一段切り子 (宝石のブリリアントカットの一つで, テーブル (table) とガードル (girdle) の上下に 8 面をもつ).

síngle-cút fíle *n.* 筋目やすり, 単目やすり, 片切やすり (一方向に平行斜線の目を刻んだやすり).

síngle-décker *n.* 《英》二階なしのバス[車]; 単一甲板船 (cf. double-decker).

síngle-énded *adj.* **1** 〈ボイラーが〉一方からのみ点火される. **2** 〖電気〗片端接地の, 不平衡の.

síngle-énded wrénch *n.* 〖機械〗= single-head wrench.

síngle éntry *n.* 〖簿記〗単式記帳法 (cf. double entry).

síngle-éyed *adj.* **1** 単眼の (one-eyed). **2** 二心のない, 献心的な, 純真な, 誠実な (single-minded) (cf. single *adj.* 10 b).

síngle fíle *n.* 〖軍事〗一列(側面)縦隊, 縦列 (Indian file ともいう).

síngle-fóot *n.* (*pl.* ～**s**) = rack[5] 1. ── *vi.* = rack[5] 1.

síngle-hánd *adj.* = single-handed.

síngle-hánded *adj.* **1** 片手の (one-handed); 片手でやれる. **2** 一人でやる; 一人手の: a ～ combat [fight] 一騎打ち. **3** 独力の, 一本立ちの, 単独の, 独

立の: ~ efforts 単独の努力. — *adv.* 片手で; 一人で, 独力で: do a job ~ 仕事を独力でやる. **~·ly** *adv.* **~·ness** *n.*

single-hèad wrénch *n.* 〘機械〙片口スパナ (⇨ wrench 挿絵).

single-héarted *adj.* 純真な, 真心からの, 一筋の, 誠実な (sincere), 二心のない, 献心的な, ひたむきな. **~·ly** *adv.* **~·ness** *n.*

single-húng *adj.* 〈窓が〉片側はめ殺しの《二つの窓枠があって一方だけが動く窓をいう》.

single knót *n.* =overhand knot.

single léns *n.* 単レンズ《二つの屈折面をもつレンズ》.

single-lèns réflex cámera *n.* 一眼レフ(カメラ).

single lífe insùrance *n.* 〘生命保険〙単生保険.

single-líne *adj.* **1** 〈交通が〉一時一方通行の. **2** 〘商業〙一品目の[に限定した].

single-lóader *n.* 単発手動装塡(ﾃﾝ)火器, 単発銃《1発ごとに弾を手でこめる火器》.

single màn *n.* 〘チェッカー〙(なりごま (king) とは異なり)前進しかできない通常のこま.

single-mínded *adj.* **1** (一つの目的に向かって)ひた向きの, 両天びんかけない. **2** 二心のない, 誠実な (single-hearted). **~·ly** *adv.* **~·ness** *n.*

single-nàme pàper *n.* 〘商業〙単名手形《手形上の支払責任者が一人の手形; cf. double-name paper》.

sín·gle·ness 〘(1526): ⇨ single, -ness〙 — *n.* **1** ただ一つであること, 単一. **2** 独身, 未婚 (celibacy). **3** 二心[表裏]のないこと, 誠実: ~ of heart 二心のないこと, 誠実, 真心, 専心 (*Acts* 2:46, *Col.* 3:22) / ~ of purpose 一つの目的にひた向きであること, 専心.

single níckel sált *n.* 〘化学〙=nickel sulfate.

single óver *n.* 〘料理〙シングルオーバー《卵1個を両面焼きにした一種の目玉焼き; cf. two over》.

single-phàse *adj.* 〘電気〙単相の: a ~ current 単相電流 / a ~ motor 単相電動機.

single-pòle swítch *n.* 〘電気〙単極スイッチ.

single prémium *n.* 〘保険〙一時払い保険料.

single púrchase *n.* 〘機械・海事〙シングルパーチェス, 単一テークル《単一の動滑車を使用した滑車装置》.

single quotátion màrks *n. pl.* 〘印刷〙=single quotes.

single quótes *n. pl.* 〘印刷〙シングルクォーツ(' ')《特に, 引用語句中で別の引用語句を示すための記号; cf. double quotes》.

single-ràil cráne *n.* 〘機械〙単軌クレーン.

single-ràil tráck cìrcuit *n.* 〘電気〙単レール軌道回路, 単軌条回路.

single rhýme *n.* 〘詩学〙単音節韻《強勢のある単音節による押韻》.

singles bàr *n.* =dating bar.

single scúlls *n. pl.* 〘ボート〙シングルスカル《一人乗りボートのレース; cf. double sculls》.

single-séater *n.* 一人乗り(の乗物); 単座式飛行機.

single shéar *n.* 〘機械〙一面剪断(ｾﾝﾀﾞﾝ), 単剪断, 単剪《リベット・ボルトなどの剪断されようとする面が一面のもの; cf. double shear》.

single shéll *n.* 〘ボート〙=racing skiff.

single-shót *adj.* **1** 〈銃が〉単発手動装塡(ﾃﾝ)の, 単発式の: a ~ weapon=single loader. **2** 〈自動火器が〉半自動の《1発の射撃ごとに引金を引かなければならない》.

single síde bànd *n.* 〘通信〙単側波帯《側波帯 (side band) のどちらか一方を除去して使用する電波の周波数帯域を減らす通信の変調方式; cf. vestigial side band》: a *single-side-band* modulation 単側波帯変調, SSB 変調 / *single-side-band* transmission 単側波帯伝送[送信].

single-spáce *vt., vi.* 行間を詰めてタイプする, シングルスペースでタイプをする (cf. double-space).

single-stáge *adj.* 単段の, 一段式の (cf. multistage): a ~ rocket, turbine, etc.

single stándard *n.* **1** 〘経済〙単本位制《金または銀など1種類だけの貴金属を本位貨とする制度; cf. double standard》. **2** 単一基準《男女共通の[平等な]原則; 特に, 性道徳律にいう》.

single stém *n.* 〘スキー〙半制動《滑降の際スピードを落とすため片方のスキーを開いて制動を掛けること; cf. double stem》.

single·stìck *n.* **1** (片手で持つ)木刀; (片手に木刀を持ってする)一種の剣術, 棒試合. **2** 短い重い棒.

single·stìcker *n.* 《口語》〘海事〙1本マストの船《主に帆走用スループやカッターにいう》.

single stréss *n.* 〘音声〙単一強勢《合成語などで第一強勢が一つしか存在しないこと; 例: súgarcàne, knóckòut; cf. double stress》.

sin·glet [síŋglɪt, -glət] 〘(*c*1746) ← SINGLE (adj.)+-ET〙 — *n.* **1** 《英》シングレット《一重仕立てのウエストコートまたはウールやコットンジャージーの下着; cf. doublet 1 a》. **2** 〘物理〙一重項《電磁場をかけても分離しない線スペクトル》. **3** 〘物理〙一量状態 (singlet state)《原子・分子・原子核などのスピン0の状態》.

single táckle *n.* **1** 〘機械〙単滑車綱具. **2** 〘海事〙単一テークル《動滑車を1個だけ使った滑車装置[テークル]》.

single tápe *n.* 〘電気〙一方向用の磁気テープ (⇨ magnetic tape).

single tàx *n.* 〘経済〙単税《一種類の財(特に土地)だけに課税する制度; cf. TAXATION of land values》.

single-thròw swítch *n.* 〘電気〙単投スイッチ《1極が1組の接触を行なうような開閉器》.

sin·gle·ton [síŋgl̩tən, -tn̩] 〘(1876) ← SINGLE + *-ton* (⇨ simpleton)〙 — *n.* **1** (対や集団ではなく)一つずつ起こるもの, 単独個体; 単一児 (cf. twin 1 b). **2** 〘トランプ〙一枚札《配られた時, 手札にどれかのスーツ (suit) の札が1枚しかない場合にいう; cf. doubleton》. **3** 〘数学〙単集合《ただ一つの要素だけから成る集合》.

single-tráck *adj.* **1** 〈鉄道が〉単線の: a ~ railroad. **2** 一方向にだけしか進めない[行動できない]; 融通のきかない (one-track): a ~ mind.

single·tree [síŋgl̩trìː, -tri | -trìː] *n.* =whippletree.

single-válued *adj.* 〘数学〙一価の《定義・域の各要素に対して値域のただ一つの要素が対応するような関数についていう; cf. many-valued 1》: a ~ function 一価関数.

single whíp *n.* 単滑車(装置) (⇨ whip *n.* 5 a).

single wícket *n.* 〘クリケット〙シングルウィケット《三柱門を一つだけ使う旧式なクリケットの様式; 現在は練習以外には見られない》.

single wíng *n.* 〘アメリカンフットボール〙=single wingback formation.

single wíngback formàtion *n.* 〘アメリカンフットボール〙シングルウィングバックフォーメーション《バックスが鳥の翼型に並ぶ攻撃フォーメーション; single wing ともいう》.

sín·gling [-glɪŋ, -gl̩-] *n.* 精錬《パッドル炉から取り出したのり状の鉄を鍛錬すること》.

sín·gly [-gli, -gl̩i | -glɪ] 〘(*a*1300) *sengleley*: ⇨ single, -ly¹〙 — *adv.* **1** 単独に (alone), ひとりで (by oneself): live ~ 独身で暮す. **2** 独力で, 一人で, 他の助けを借りないで: attack the enemy ~ 敵を単独攻撃する. **3** 一つずつ, 一人ずつ (one by one); 一つ[一人]だけで: deal with the questions ~ 個別的に問題を扱う. **4** 誠実に, 正直に (honestly). **5** 《古》もっぱら, …だけ (only, solely).

Sing Sing [síŋsɪŋ] 〘□ Du. *Sintsing* □ N-Am.-Ind. (Algonquian) *assin-is-ing* stone(s)-little-at〙 — *n.* **1** シンシン刑務所《米国 New York 州の Ossining にある州立刑務所》. **2** Ossining の旧名.

síng·sòng 〘(1609) ← SING (v.)+SONG〙 — *n.* **1** 読経(ﾄﾞｷｮｳ)口調の詩歌. **2** 読経口調, 抑揚のない単調な話振り. **3** 《英》(即興)合唱会 (《米》sing). — *adj.* 読経口調の; 単調な, 抑揚のない. — *vt., vi.* 抑揚のない声で話す[歌う].

síngsong gìrl *n.* (中国の)芸者.

sing·spiel, S- [síŋspìːl, -ʃpìːl; *G.* zíŋʃpìːl] 〘□ G ~ ← *singen* 'to SING'+*Spiel* play〙 *n.* 〘音楽〙ジングシュピール《18世紀後半に ballad opera の影響を受けて流行したドイツ・オーストリアの民族的な音楽劇》.

sin·gu·lar [síŋgjʊlə | -lə(r)] 〘(*c*1340) *singuler* □ OF (F *singulier*) □ L *singulāris* ← *singulus* 'SINGLE': ⇨ -ar¹〙 — *adj.* **1** まれな, 珍しい (rare); 不思議な, 奇妙な, 変わった, 風変わりな (unusual, strange), 異常な (extraordinary): a most ~ story [phenomenon] きわめて奇異な物語[現象] / ~ habits 奇癖 / be dressed in ~ fashion 風変わりな服装をしている. **2** すぐれた, 卓絶した, 非凡な (eminent), すばらしい (remarkable): a man of ~ attainments 学識非凡の人. **3** たった一つの, 一つだけの, 一例だけの; 単一の, 単独の, 一人の, 一つの: an event ~ in history 歴史上他に類のない事件. **4** 〘文法〙単数の (cf. plural 1): the ~ number 単数. **5** 〘論理〙単称の: a ~ term 単称名辞. **6** 〘数学〙**a** 〈行列が〉特異な《行列が0に等しい行列式をもつことについていう》. **b** 〈一次変換が〉特異な《一次変換が単射でないことについていう》. **7** 〘法律〙各自の, 別々の, 各個の (separate, individual): all and ~ interests 各人すべての利益. **8** 《廃》個人に関する, 個人所属の; 私的な (private). — *n.* **1** 〘文法〙単数(形): in the ~ 単数で. **2** 〘論理〙=singular proposition. **3** 《古》個人. **~·ness** *n.*

sín·gu·lar·ìsm [-lərìzm̩] *n.* 〘哲学〙一元論, 単元論 (monism) (cf. pluralism 5).

sin·gu·lar·i·ty [sìŋgjʊlǽrəṭi, -lér- | -rətɪ, -rɪ-] 〘(*c*1340) *singularite* □ (O)F *singularité* □ LL *singulāritās, -itātem*: ⇨ singular, -ity〙 — *n.* **1** 単独, 単一. **2** まれな[珍しい]こと, 稀有(ｹｳ), 不思議. **3** 風変わり, 偏屈; 風変わりな行為[もの]. **4** 特異性, 特性. **5** 〘数学〙=singular point. **6** 〘文法〙単数性.

sin·gu·lar·ize [síŋgjʊləràɪz] *vt.* **1** 目立たせる, 特異にする. **2** 〘文法〙単数化する, 単数形にする. **sin·gu·lar·i·za·tion** [sìŋgjʊlərɪzéɪʃən, -rə- | -raɪ-, -rɪ-] *n.*

sín·gu·lar·ly 〘(*c*1390): ⇨ singular, -ly¹〙 — *adv.* **1** 珍しく, 不思議に; 異常に; 目立って. **2** 《まれ》単一に, 単独に; 個々に, 別々に (individually). **3** 《まれ》風変わりに, 奇妙に, 異様に. **4** 〘文法〙単数で.

síngular pòint *n.* 〘数学〙特異点《複素関数の正則性が失われる点; 平面曲線 $f(x, y)=0$ 上の偏導関数が共に0になる点》.

síngular proposítion *n.* 〘論理〙単称命題.

sin·gul·tus [sɪŋgʌ́ltəs | -təs] 〘□ L ~ 'sob'〙 *n.* 〘医学〙しゃっくり (hiccup). **sin·gúl·tous** [-ṭəs | -təs] *adj.*

sinh 《記号》〘数学〙hyperbolic sine.

Sinh. 《略》Sinhalese.

Sin·ha·lese [sìn(h)əlíːz, -líːs | sìŋhəlíːz, sìn(h)ə-] 〘← Skt *Siṁhala* Ceylon (← *siṁha* lion)+-ESE〙 — *n.* (*pl.* ~) **1 a** [the ~] シンハラ族《セイロン島(現在の Sri Lanka) の主要民族》. **b** シンハラ族の人. **2** シンハラ語, セイロン語《近代インド アーリア語》. — *adj.* **1** シンハラ族の. **2** シンハラ語の.

sin·ha·lite [sín(h)əlàɪt | síŋhə-, -n(h)ə] 〘⇨ ↑, -ite³〙 *n.* 〘鉱物〙シンハライト《マグネシウムとアルミニウムの硼酸塩》.

Sin·i·cism [sínəsìzm̩, -nə- | -nɪ-] 〘← ML *Sinicus* Chinese (← LL *Sinae* (pl.) the Chinese)+-ISM〙 *n.* 中国風, 中国的風習; 中国慣用.

Si·ni·cize [sáɪnəsàɪz, sín-, -nə- | -nɪ-] *vt.* 中国化する, 中国風にする. **Si·ni·ci·za·tion** [sàɪnəsɪzéɪʃən, sìn-, -nə- | -nɪsaɪ-, -sɪ-] *n.*

sin·i·grin [sínɪgrɪn, -nə-, -grən | -nɪgrɪn] 〘← L *sināpis* mustard+*nigra* black+-IN¹〙 — *n.* 〘化学〙シニグリン, ミロン酸カリウム ($CH_2{=}CHCH_2N{=}C(SC_6H_{11}O_5)(OSO_3K)$)《からし・わさびに含まれる配糖体の一種; 特有の苦味がある; potassium myronate ともいう》.

Si·ning [ʃìːníŋ; *Chin.* ʃíníŋ] *n.* 西寧(ｾｲﾈｲ)《中国, 青海省東部の都市で同省の首都》.

sin·is·ter [sínɪstə, -nəs- | -nɪstə(r)] 〘(1411) □ (O)F *sinistre* // L *sinister* left, on the left; (南面して占うローマの習慣から) favorable, (北面して占うギリシアの習慣から) unfavorable: cf. dexter〙 — *adj.* **1 a** 不吉な, 縁起の悪い (ominous): ~ symptoms 不吉な徴候 / a ~ beginning 縁起の悪い発端[発足]. **b** 都合の悪い, 不利な (unfavorable) 〔*to*〕; 運の悪い (unfortunate): a ~ fate 不運. **2 a** 悪意の(ありそうな); 陰険な, 卑劣な: a ~ rumor 悪意のある噂 / a ~ face [glance] 気味の悪い顔[一瞥(ｲﾁﾍﾞﾂ)] / a ~ design 悪だくみ. **b** 災い[危険など]をはらむ, 不気味な (ominous): ~ clouds, crevasse, etc. **3** 《古》左(側)の (left). **4** 〘紋章〙(盾の紋地の)左側の《盾の持ち手の方から見て左側, 盾に向かって見る人からは右側; ⇨ heraldry 挿絵 B; cf. dexter, bend sinister, bar sinister》: the ~ side 盾の向かって右側《盾の $^1/_6$ 幅》. **~·ly** *adv.* **~·ness** *n.*

sínister báse *n.* 〘紋章〙(盾の側から見て)盾の左下部 (⇨ heraldry 挿絵 B).

sínister chíef *n.* 〘紋章〙(盾の側から見て)盾の左上部 (⇨ heraldry 挿絵 B).

sínister flánk *n.* 〘紋章〙(盾の側から見て)盾の中央部左側 (⇨ heraldry 挿絵 B).

sinistr- [sínɪstr, -nə-, sɪnís-, sə- | sínɪs-] (母音の前に来る時の) sinistro- の異形.

sin·is·trad [sínɪstræ̀d, -nə-, sɪnístræd, sə- | sínɪstræ̀d] 〘⇨ sinistro-, -ad³〙 *adv.* 左に, 左向に. — *adj.* 右から左へ進む[書く, 読む]: ~ writing.

sin·is·tral [sínɪstrəl, -nəs-, sɪnís-, sə- | sínɪs-] 〘□ ML *sinistrāl-is*: ⇨ ↓, -al¹〙 — *adj.* (↔ dextral) **1** 左側にある, 左向きの. **2** 〈手が〉左ききの (left-handed). **3** 〘動物〙**a** 〈巻貝など〉左巻きの, 左向きの, 左の (left). **b** 〈ヒラメなど〉身体の左側が上向きの. **~·ly** *adv.*

sin·is·tral·i·ty [sìnɪstrǽləṭi, -nəs- | -nɪstrǽlətɪ, -lɪ-] *n.* **1** 左側にあること. **2** (手などの)左きき. **3** 〘動物〙(巻貝などの)左巻き.

sin·is·tro- [sínɪstroʊ, -nəs-, sɪnís-, sə- | sínɪstrə(ʊ)] 〘□ ML ~ ← L *sinister* left: ⇨ sinister〙 「左の; 左方へ向かう; 左旋回の」の意の連結形. ★ 母音の前では通例 sinistr- になる.

sin·is·troc·u·lar [sìnɪstrɑ́kjʊlə, -nəs- | -nɪstrɔ́kjʊlə(r)] 〘⇨ ↑, ocular〙 *adj.* 〘眼科〙左眼を使う, 左目利きの.

sìnistro·déxtral *adj.* 左から右へ動く[広がる].

sin·is·tror·sal [sìnɪstrɔ́əsəl, -nəs-, -sl̩ | -nɪstrɔ́ː-] *adj.* 〘植物・動物〙=sinistrorse.

sin·is·trorse [sínɪstrɔ̀əs, ⌐⌐⌐ | sínɪstrɔ̀ːs, ⌐⌐⌐] 〘← NL *sinistrors-us* ← L 'toward the left side' ← SINISTRO-+*versus* ((p.p.) ← *vertere* to turn)〙 — *adj.* **1** 〘植物〙〈つるなど〉時計の針と反対の方向に巻き上がる (↔ dextrorse) (⇨ dextrorse 挿絵). **2** 〘動物〙=sinistral 3 a.

sin·is·trous [sínɪstrəs, -nəs-, sɪnís-, sə- | sínɪs-] 〘← L *sinistr-, sinister* left, unlucky+-OUS〙 *adj.* **1** 縁起の悪い, 不吉な; 不幸な. **2** =sinistral. **~·ly** *adv.*

Si·nit·ic [saɪníṭɪk, sə-, sɪ- | saɪnít-, sɪ-] 〘← LL *Sinae* the Chinese (□ LGk *Sínai*: ⇨ Sino-)+-ITIC〙 — *n.* 中国語, 漢語《文語体中国語を標準語として用いているシナ・チベット語族の一分派でいろいろな地方言や方言から成る》. — *adj.* 中国人[中国語, 中国文化]の.

sink [síŋk] 〘v.: OE *sincan* < Gmc **sinkwan* (G *sinken*) ← IE **sengw-* to sink (Gk *heáphthē* he sank). — n.: (1440) ← (v.)〙 — *v.* (**sank** [sǽŋk], **sunk** [sʌ́ŋk]; **sunk, sunk·en** [sʌ́ŋkən]) ★ sunken は今は通例形容詞としてのみ用いる. — *vi.* **1 a** 〈重い物が〉沈む, 沈没する: The ship *sank* with all her crew. 船は乗組員もろとも沈没した / He ~*s* like a stone [rock]. 彼は(泳げなくて)石のように沈む. **b** 〔ぬかるみ・雪などに〕はまる, 埋まる 〔*in, into*〕: ~ up to one's knees *in* mud 泥に膝まで潜る / ~ *into* the grave 墓に埋まる, 死ぬ (die).

2 〈日・月などが〉沈む, 没する (go down); 見えなくなる (disappear): The sun was ~*ing* in the west. / The land *sank* slowly as we sailed away. 沖へ出るにしたがって陸地がゆっくりと視界から消えていった.

3 a 〈土地・建物などが〉落ち込む, 沈下する, 陥没する (dip); 傾斜する: The road suddenly *sank in*. 道路が突然陥没した / The building has *sunk* a little. 建物(の土台)が少し沈下している / The land ~*s* gradually *to* [*toward*] the sea. 土地は海の方へゆるやかに傾斜している. **b** 〈暗闇などが〉(次第に)降りる, 垂れこめ

る: Darkness *sank* upon the scene. 場面が暗くなった.
4 〈目・ほおなどが〉落ち込む, へこむ (fall in), くぼむ: a man whose eyes [cheeks] have *sunk* (*in*) 目のくぼんだ[ほおのこけた]人.
5 a 減水する, 〈水などが〉退(ひ)く, 減る (subside): The reservoir has *sunk* much below its level. 貯水池(の水)が水準よりもはるかに減水した / The floods are beginning to ～. 洪水は退き始めた. **b** 〈火勢・暴風などが〉弱まる, 静まる (abate), やむ (die down): The storm has *sunk down*. あらしがおさまった. **c** 〈音声など〉弱くなる, 低くなる: His voice *sank to* a whisper. 彼の声は低くなってささやき声となった.
6 a 〈価値・価格・評価・水準などが〉下がる, 下落する (fall, diminish): The dollar has now *sunk* very low. ドル(の価値)がこの所非常に下がっている / Her opinion of him is ～*ing*. 彼女の彼に対する評価は下がり始めている / Has the level of service at the restaurant *sunk*? あのレストランのサービス(の程度)は落ちてましたか. **b** 〈…(の数)が〉減る, 少なくなる (grow less): Figures of unemployment have *sunk* since last year. 失業者の数は昨年以来減っている / The population *sank from* 20,000 *to* 18,000. **c** 〔評価・評判を〕失う, 落とす〔*in*〕: ～ *in* a person's estimation 人の信用を失う / He *sank in* the opinion of his girl friends. 女友だちの評判を失った《男を下げた》.
7 (力が尽きて)倒れる (fall), 身を投げかける; (ぐったりと)腰を下ろす: ～ *on* [*to*] one's kness がくっと膝をつく / He, wounded, *sank to* the ground. 負傷してどっと地上に倒れた / She *sank into* his arms. 彼女は彼の腕に身を投げかけた / ～ *back on to* the pillows まくらの上にどさりとあお向けになる / ～ *back into* a chair (疲れて)身を投げかけるように椅子(いす)にすわる; (贅沢(ぜいたく)に)深々と椅子に腰掛ける / ～ *down on* a bench ベンチに(ぐったりと)腰を下ろす.
8 a 〈疲労・病気などのために〉体力が衰える, 弱まる, 衰弱する, 元気がなくなる: ～ *into* feebleness 衰弱に陥る, 気力がなくなる / ～ *into* a faint 気絶する / He is ～*ing* fast. 急速に衰弱が加わっている, 臨終が近づいている. **b** 〔不幸・苦痛に〕くずおれる, へこたれる (give way) 〔*from, under*〕: ～ *from* exhaustion [*under* a misfortune] 疲労困憊(こんぱい)から[不幸に耐えかねて]くずおれる. **c** 〈気分・意気などが〉滅(め)入る, 沈む, 消沈する (droop): My heart *sank* (within me) at the news. その知らせに私は気が滅入った[がっかりした] / His heart [spirits, courage] *sank into* [*to*] his boots. 《口語》彼はがっかりした[意気消沈した].
9 〈首・腕などが〉たれ下がる (droop); 〈目が〉下を向く: His head [chin] *sank forward* on his chest. 彼はがくりとうなだれた / His eyes *sank* before the stern glance. 彼はそのきびしい凝視の前に目を伏せた.
10 a 〔眠り・忘却・絶望などに〕陥る〔*into*〕; 〔思い・夢想などに〕ふける, 沈む〔*into*〕: ～ *into* slumber [silence] 眠りに落ちる[静かになって行く] / ～ *into* oblivion 忘れられて行く / ～ *into* black mood 暗澹(あんたん)とした気分になる / ～ *into* reverie [thought] 夢想にふける[思いに沈む]. **b** 〔貧困・悪徳・愚行などに〕落ち込む, 零落する, 落ちぶれる, 堕落する〔*into, to*〕: ～ *into* poverty [degradation] 落ちぶれる[堕落する] / ～ *into* absurdity [vicious habits] ばかげたことをする[悪習に落ちる] / ～ deeper *into* the red ますます赤字になる / He has *sunk to* the lowest depths of baseness. 見下げ果てた根性になってしまった.
11 a 〈短剣などが〉突き通る, 喰い込む (penetrate); 〈水などが〉しみ込む, 浸透する (permeate): ～ *in* to the hilt 柄元までぐさりと突きささる / Water ～*s through* sand. / The ink quickly *sank in* (the blotting paper). インクがさっと(吸取紙に)しみ込んだ / The dog's teeth *sank into* her arm. 犬の歯が彼女の腕に食い込んだ. **b** 〈心に〉しみ込む, 銘じる〈*in*〉/〔*into*〕: The lesson has not *sunk in*. その教訓は十分に理解されていない / Let this warning ～ *into* your mind. この戒めは肝に銘じておきなさい.
— *vt.* 1 a 沈める, 沈没させる (submerge): ～ a caisson 潜函(せんかん)を沈める / ～ the enemy's ships 敵艦を撃沈する. **b** 〈管・暗渠(きょ)などを〉埋め込む (bury), 敷設する (lay): ～ a pipe, conduit, etc.
2 a 〈土地などを〉掘って低くする, 掘り下げる: ～ a roadway (掘って)車道を低くする. **b** 〈井戸などを〉掘る, 掘り抜く (hollow out): ～ a well [shaft, mine] 井戸[たて穴, 鉱坑]を掘る. **c** 〈極印・言葉などを〉刻み込む, 彫る (engrave): ～ a die / ～ words *in* stone 石に言葉を刻む.
3 a 〈杭などを〉打ち込む (put down), 埋める: ～ a post (five feet) *into* the ground 杭を地中に(5 フィート)打ち込む. **b** 〈短剣などを〉突き刺す: ～ a dagger *into* his back 彼の背中へ短剣をぶすりと突き刺す.
4 〈心を〉〔…に〕沈める; [～ *oneself* または p.p. 形で]〔…に〕没頭[熱中]する〔*in, into*〕: He *sank himself* [*was sunk*] *in* deep thought. 深い思索に沈潜した.
5 下げる, 落とす, うつむける: ～ one's eyes 目を伏せる / ～ one's chin *on* one's hands 頬杖(ほおづえ)をつく / ～ one's head *on* one's chest 頭をたれる, うなだれる / He went away, his face *sunk* upon his breast. 彼はうなだれて出て行った.
6 a …の水を減らす, 退(ひ)かせる: The drought has *sunk* the river [dam]. 日照りで川[ダム]の水位が下がった. **b** 《廃》〈水を〉退かせる.
7 a 〈音声など〉の調子を下げる[低くする]: ～ one's voice *to* a whisper 声を低くしてささやき声にする. **b** 《古》〈力・量・価格などを〉下げる, 低くする (lower).
8 〈評判などを〉落とす, 〈人〉の評価を下げさせる (abase): ～ one's prestige 威信を失墜する / That will ～ you *in* her adoration. そんなことをすると彼女に尊敬されなくなる.
9 a 〈人を〉圧迫する, 弱らせる (overwhelm, defeat): …の身を滅ぼす, 破滅させる: Gambling *sank* him. 博打(ばくち)で身の破滅を招いた / We are *sunk*. もうだめだ, お手上げだ, 万事休す. **b** 〈計画などを〉台無しにする, 挫(ざ)折させる (spoil): ～ a plan.
10 隠す, 不問に付する (suppress), 無視する (ignore), 省く (omit), 抑える (suppress): ～ a fact 事を荒立てないでおく / ～ evidence 証拠を隠す / ～ one's identity [title] 身元[肩書]を明かさない / ～ one's differences [enmities] 意見の相違[不和]を度外視する / ～ one's pride 得意な気持を抑える / ～ oneself [one's own interests] 利己心を没却する, 他利を図る.
11 〈資本・労力を〉投入する, 投資する (invest); 〔特に回収のむずかしい事業に〕投資する, 投資して失う〔*in, into*〕: ～ capital *in* land 土地に資本を投下する / ～ a lot of money *in* a business venture 多額の金額を冒険的事業に投資する[して失う].
12 〖証券〗減債する, 減債基金 (sinking fund) で債務を償還する.
13 〖海事〗…から遠ざかって次第に水平線下に見失う: ～ the land [coast] 〈船が〉陸[岸]から離れて(もはやそれが水平線下に没して見えないほど)沖に出る.
14 〖金属加工〗〈管を〉空引(からびき)する (cf. sinking 4).
15 〖印刷〗〈章題などを〉本文の上端より下げて組む.
16 〖スポーツ〗 **a** 〈ボールを〉バスケット[穴, ポケットなど]に入るように投げる[打つ, 進ませる]: ～ a putt (ゴルフで)パットしてボールをホールに入れる / ～ a free throw (バスケットボールで)フリースローで球をバスケットに入れる. **b** 《口語》〈相手を〉負かす.
sink or swim 〖魔女の嫌疑者に課した試罪法 (ordeal) に由来する〗失敗しようと成功しようと, のるかそるか, 一か八(ばち)か (cf. KILL *or cure*, MAKE[1] *or mar*, NECK[1] *or nothing*, STAND *or fall*): I am determind to do it, ～ *or swim*. のるかそるか, とにかくやってみることに決めた / He was left to ～ *or swim* by himself. 自分の浮沈は自分で決めるように任された.
— *n.* 1 (台所の)流し; 《米》洗面器[台] (washbowl).
2 a 下水だめ, 汚水溝. **b** (工場などの)汚水だめ, 廃棄物投棄坑. **3** (水のたまる)低地, 湿地, 沼地. **4** 掃きだめ, (…の)巣: a ～ of iniquity 悪の巣窟 / a ～ for all the dregs of humanity 人間のくずの掃きだめ. **5** 吸込み, シンク《熱・流れなどが吸収される場所》. **6** 〖地質〗 **a** 陥落孔, 落込み穴, すりばち穴《石灰岩地方の地表に見られるすりばち形のくぼ地; doline ともいう》. **b** ポノール (ponor), 吸込み穴《石灰岩地域の地表から地下に通じる穴, 後に盲谷となる; sinkhole, swallow ともいう》. **7** 〖物理〗消滅点《大気中の粒子の自然消滅する場所またその過程》.

sink·a·ble [síŋkəbl] *adj.* 沈められる, 沈没させられる; 沈没する恐れのある.
sink·age [síŋkɪdʒ] 〖← SINK＋-AGE〗 **— *n.* 1** 沈下; 沈み方の程度, 沈下量. **2** 装飾用の表面の埋めこみ[へこみ]. **3** ＝shrinkage. **4** 〖印刷〗 **a** 行取り《章や節などが新ページで始まる時, 上部数行を空白にすること》. **b** 行取りした空白(部分).
sínk·bòx *n.* (野鳥狩の際に用いる)いかだ形の平船《中央に寝棺形の凹(くぼ)部があり, 狩人はこの中に身を隠す; sinkboat ともいう》.
sínk·er 〖⇨ sink, -er[1]〗 **— *n.* 1 a** 沈める物[人]. **b** 〖機械〗＝sinking pump. **2** 井戸掘り(人) (well sinker). **3** (釣糸・漁網などの)おもり (weight). **4** 彫る人, 印刻師: a die ～. **5** 《米口語》ドーナツ (doughnut), (時に)マフィン (muffin). **6** 〖野球〗シンカー《プレート近くで右にも左にも曲がらず鋭く沈む投球; sinker ball ともいう》.
hook, line, and sinker ⇨ hook *n.* 成句
sínk hèad *n.* 〖金属加工〗(鋳造の)押し湯 (deadhead).
sínk·hòle 〖《15C》〗 **— *n.* 1 a** (台所の)流し台の穴. **b** 汚水の通路. **c** 下水孔. **2** 悪のたまり場, 掃きだめ. **3** 《米口語》蕩(とう)尽企業《資金をつぎ込んでも利益のあがらない企業》. **4** 〖地質〗＝sink 6 b.
Sin·kiáng Úighur Autónomous Région [sɪnkiáːŋ | -kɪ-; *Chin.* ʃintʃiāŋ-] *n.* 新疆(しんきょう)ウイグル自治区《中国北西部の自治区; 人口 7,270,000, 面積 1,600,000 km², 首都烏魯木斉(ウルムチ) (Urumchi)》.
sínk·ing 〖《15C》〗 **— *n.* 1** 沈没; 陥没, めりこみ. **2** 掘削, 掘下げ. **3** 衰弱, 衰弱感, 元気のないこと, 意気消沈: a ～ at the heart 気の滅(め)入り / a ～ in the stomach (空腹による)胃の虚脱感 / a ～ feeling (恐れ・空腹などのための)気の滅入るような感じ, 虚脱感. **4** 〖金属加工〗空引(からびき)加工《心金を使わずに引抜き加工する方法; tube sinking ともいう》. **— *adj.*** 沈む, 沈下する; 衰える.
sínking fùnd *n.* 〖証券〗減債基金《債券を償還するための基金》.
sínking pùmp *n.* 〖機械〗掘下げポンプ《sinker ともいう》.
sínking spèll *n.* 〖証券〗株価の短期的[一時的]低落.
sínk·less *adj.* 沈まない, 不沈の: a ～ ship.
sínk màrk *n.* 〖金属加工〗ひけ跡, ひけマーク《鋳物やプラスチックモールド品の表面にできるくぼみ》.
sín·less 〖OE *synlēas*: ⇨ sin, -less〗 *adj.* 罪のない, 潔白な (innocent). **～·ly** *adv.* **～·ness** *n.*

sín·ner 〖ME〗 **— *n.* 1** (宗教・徳義上の)罪人(ざいにん), 罪ある人: as I am a ～ (断言する場合に)私が罪深い者であるように, 確かに / Young saint(s), old ～(s). ⇨ saint 4 b / a Sunday saint and everyday ～＝Sunday saint. **2** (軽い意味で)悪者, いたずら者: a young ～ 若い者, 若造.
sin·net [sínɪt, -nət] *n.* ＝sennit.
Sinn Fein [ʃín-féɪn | ʃín-, sín-] 〖□ Ir. *sinn fēin* we ourselves〗 **— *n.* 1** (アイルランドの完全独立を期して1905年ごろ結成された)シンフェーン党. **2** ＝Sinn Feiner.
Sínn Féin·er [-féɪnə | -nə(r)] *n.* シンフェーン党員.
Sínn Féin·ism [-nɪzm] *n.* シンフェーン主義[運動].
si·no- [sáɪno(ʊ) | -nə(ʊ)] 〖← SINUS〗 **—** 〖解剖〗 **1** 「洞と…との (sinus and…)」の意の連結形. **2** 「静脈洞と…との (sinus venosus and…)」の意の連結形. ★ 時に sinu- になる.
Sin·o- [sáɪno(ʊ), sín- | sínə(ʊ), sáɪn-] 〖□ F ～ ← LL *Sinae* (pl.) the Chinese □ LGk *Sinai* □ Arab. *Ṣīn* □ Chin. *Ch'in* (秦)〗 **—** 「中国の (Chinese); 中国と…との (Chinese and…)」の意の連結形: *Sino*-Japanese (cf. Chino-).
Sìno-Américan *adj.* 米国・中国間の, 米中の.
sinoàtrial nóde 〖← SINO-＋ATRIAL〗 **— *n.*** 〖解剖〗洞房結節《上大静脈が右心房に開口するところの右肩にあって, 刺激がここからスタートして心臓各部に伝えられる細長い組織塊; sinus node ともいう》.
sín òffering *n.* **1** 罪のあがないの供物(くもつ). **2** (古代ユダヤ教の儀式における)動物のいけにえ.
Sìno-Japanése *adj.* 中国・日本間の, 日中の: the ～ relations [trade] 日中関係[貿易] / the ～ War 日清戦争 (1894–95). **— *n.*** 中国語に強い影響を受けた日本語.
Si·no·logue, s- [sáɪnəlɔ̀(ː)g, sín-, -lɑ̀g | sínəlɔ̀g, sáɪn-, -lɔ̀ʊg] 〖□ F ～: ⇨ Sino-, -logue〗 *n.* (*also* **Si·no·log** [～]) シナ学者.
Si·nól·o·gist, s- [-dʒɪst, -dʒəst | -dʒɪst] *n.* ＝Sinologue.
Si·nol·o·gy, s- [saɪnɑ́lədʒi, sɪ-, sə- | sɪnɔ́lədʒɪ, saɪ-] 〖□ ? F *sinologie*: ⇨ Sino-, -logy〗 *n.* シナ学《中国の言語・文学・歴史または文化・風習などを研究する学問》. **Si·no·log·i·cal, s-** [sàɪnəlɑ́dʒɪkəl, sìn-, -kl-, -dʒə- | sìnəlɔ́dʒɪ-, -kl-] *adj.*
Si·no·ma·ni·a [sàɪno(ʊ)méɪniə, sìn-, -njə | sìnə(ʊ)-méɪnjə, sàɪn-, -nɪə] 〖← SINO-＋-MANIA〗 *n.* 中国心酔, 中国狂.
Si·no·phile, s- [sáɪnəfàɪl, sín-, síːn- | sín-, sáɪn-] 〖⇨ -phile〗 *n., adj.* 中国人びいきの(人), 親中国主義者(の); 中国政策支持者(の).
Si·no·phobe, s- [sáɪnəfòʊb, sín-, síːn- | sínəfəʊb, sáɪn-] 〖⇨↓, -phobe〗 *n., adj.* 中国恐怖症の(人), 中国(人)ぎらいの(人).
Si·no·pho·bi·a, s- [sàɪnəfóʊbiə, sìn-, sìːn- | sìnəfə́ʊbjə, sàɪn-, -bɪə] 〖← SINO-＋-PHOBIA〗 *n.* 中国恐怖症, 中国ぎらい, 中国アレルギー.
Sìno-Tibétan *n.* シナチベット語族《チベット・ビルマ・中国の諸言語を含む》. **— *adj.*** シナ チベット語族の.
SINS [sínz] 〖《頭字語》← *s*(*hip's*) *i*(*nertial*) *n*(*avigation*) *s*(*ystem*)〗 *n.* 〖海事〗船舶慣性航行装置.
sin·syne [sìnsáɪn] 〖← 《英方言》 *sin* from, since (＜OE *siþþan*)＋SYNE (⇨ since)〗 *adv.* 《スコット・北英》それ以来 (since then).
sin·ter [síntə | -tə(r)] 〖□ G *Sinter* iron dross: ⇨ cinder〗 **— *n.* 1** 〖地質〗(鉱泉にできるケイ酸・石灰などの)沈殿物; (特に)シンター, 珪華(けいか)《火山地方の温泉に沈殿して生成する含水珪酸で外観は石灰華 (calcareous sinter) に酷似する; 俗に湯の華といわれる; cf. travertine, tufa 1》. **2** 〖冶金〗焼結物. **— *vt.*** 〖冶金〗焼結させる. **— *vi.*** 〖冶金〗焼結する.
sin·ter·ing [-tərɪŋ | -tə-] *n.* 〖冶金〗＝powder metallurgy.
si·nu- [sáɪnju] sino- の異形.
sin·u·ate [sínjuət, -njuɪt, -njuèɪt | -njʊ-] 〖← L *sinuāt-us* (p.p.) ← *sinuāre* to bend ← *sinus* 'bend, curve, SINUS': ⇨ -ate[2]〗 **— *adj.* 1** 曲がりくねった (winding). **2** 〖植物〗〈葉の縁が〉波状の. **— *vi.*** 曲がりくねる, 曲がりくねって進む (wind). **～·ly** *adv.*
sin·u·at·ed [sínjuèɪtɪd, -tɪd | -njuèɪt-] *adj.* ＝sinuate.
sin·u·a·tion [sìnjuéɪʃən | -njʊ-] 〖□ LL *sinuātiō*(*n*-): ⇨ sinuate, -ation〗 *n.* 曲がりくねり; 波状.
sin·u·os·i·ty [sìnjuɑ́səti | sìnjuɔ́səti, -sɪ-] 〖□ ML *sinuōsitās*: ⇨↓, -ity〗 *n.* **1** 曲がりくねり, 彎曲. **2** [しばしば *pl.*] (川・路の)曲がり目, 曲がり角, 彎曲部.
sin·u·ous [sínjuəs | -njʊ-] 〖《1578》□ L *sinuōs-us* ← *sinus* (↓): ⇨ -ous〗 **— *adj.* 1 a** 屈折[屈曲]の多い, 曲がりくねった, 波状に続く (winding, serpentine). **b** しなやかな動きの, しなやかな (lithe). **2** 回りくどい, 間接の (indirect). **3** ひねくれた (morally crooked). **4** 〖植物〗＝sinuate 2. **～·ly** *adv.* **～·ness** *n.*
si·nus [sáɪnəs] 〖《1597》□ L ～ 'bend, hollow, bosom'〗 **— *n.* 1** 曲がり (curve), 彎曲 (bend); 曲がったところ, 彎曲部; 入江 (creek), 湾 (bay). **2** 〖解剖〗洞(どう), 竇(とう) (cavity), 腔(こう). **3** 〖病理〗瘻(ろう) (fistula). **4** 〖植物〗裂欠《分裂片と分裂片の中間部のくぼみ》.
sinus of Val·sal·va [-vɑːlsɑ́ːlvə; *It.* -valsálva] 〖18世紀イタリアの解剖学者 Antonio M. Valsalva にちなむ〗〖解剖〗バルサルバ洞《大動脈と肺動脈の半月弁の舌の後にある洞》.
si·nu·si·tis [sàɪnəsáɪtɪs, -təs | -tɪs] 〖← NL ～: ⇨↑, -itis〗 *n.* 〖病理〗静脈洞炎, 副鼻腔炎《俗にいう「蓄膿(症)」》.
sínus nòde *n.* 〖解剖〗＝sinoatrial node.

si·nus·oid [sáɪnəsɔ̀ɪd] 〖← SINUS+-OID〗 ― *n.* **1** 〖数学〗シヌソイド《平面上で $0<|x|\leq 1$ の時には，$y=\sin 1/x$ で，$x=0$ の時には，線分 $-1\leq y\leq 1$ で定義された点集合のこと》. **2** 〖解剖〗類洞(部)，ジヌソイド《末梢毛細血管領域で内腔の広くなった終末部で，いろいろな臓器に存在する》.

si·nus·oi·dal [sàɪnəsɔ́ɪdl̩] *adj.* **1** 〖数学〗シヌソイドの. **2** 〖数学〗正弦[サイン]曲線を描く. **3** 〖解剖〗洞様の.

sinusóidal projèction *n.* 〖地図〗シヌソイド図法，サンソン図法《1650 年，N. Sanson [sǽnsn] 考案による擬円筒図法》.

sínus ve·nó·sus [-viːnóusəs, -və- | -vɪnə́u-, -və-] 〖← NL ～: ⇨ sinus, venous〗 *n.* 〖解剖〗静脈洞.

Si·on [sáɪən | sáɪ-, záɪ-] *n.* ＝Zion 4.

-sion [ʃən, ʒən] 〖ME ▭ (O)F ～ ∥ L *-siō(n-)* (p.p. 語幹の *-s-* と名詞語尾 *-iō* から): cf. -tion〗 ― *suf.* -tion と同じく動作・状態を表わす抽象名詞語尾: ascen*sion*, delu*sion*, ten*sion*, ver*sion*.

Siou·an [súːən] 〖⇨↓, -an[1]〗 ― *n.* (*pl.* ～, ～**s**) **1** スー (Sioux) 語族《Mississippi 川西岸から Rocky 山脈に及ぶアメリカインディアン中の大語族; Sioux 族のほか Omaha, Osage, Iowa, Missouri, Oto, Winnebago, Mandan, Crow, Catawba などの諸族を含む》. **2 a** [the ～(s)] スー族《スー語族に属する言語を用いる種族》. **b** スー族の人. ― *adj.* **1** スー語族の. **2** スー族の.

Sioux [súː] 〖▭ F ～ (略) ← *Nadowessioux* ▭ N-Am.-Ind. (Ojibway) *nadowe-is-iw* (dim.) ← *nadowe* adder, enemy〗 ― *n.* (*pl.* ～ [～(z) | ～z]) スー族 (Siouan), (特に)ダコタ族 (Dakota). ― *adj.* スー族の，(特に)ダコタ族の.

Síoux Cíty *n.* 米国 Iowa 州西部 Missouri 河畔の港市; 人口 86,000. 「人口 73,000.

Síoux Fálls *n.* 米国 South Dakota 州南東部の都市;

Síoux Státe 〖もと Sioux 族が住んでいたことから〗 *n.* [the ～] 米国 North Dakota 州の俗称.

Síoux Wárs *n. pl.* [the ～] 《米》スー戦争《1854–90 年間 Wyoming 州から Minnesota 州にかけて繰り返し戦われたスー族インディアンと白人との間の戦い》.

sip [síp] 〖(*c*1395) *sippe(n)* ← ? MLG (LG *sippen* to sip)〗 ― *v.* (**sipped; sip·ping**) ― *vt.* **1 a** 〈液体を〉ちびちび飲む; すする，吸う (cf. sup[1]): He sat ～*ping* his wine for hours. 何時間もすわってワインをちびちび飲んでいた / She was ～*ping* soda water through a straw. ソーダ水をストローで吸っていた. **b** ちびちび飲んで…する: ～ one's glass dry ちびちび飲んでコップを空にする. **2** 味わう. **3** 〈知識などを〉吸収する(take in). ― *vi.* ちびちび飲む; 〔液体を〕すする，吸う 〔*at*〕: ～ *at* the tea. ― *n.* ちびちび飲むこと，一すすり; 一口，一なめ: take a ～ of brandy ブランデーをちびりちびり飲む[一なめする] / drink a cup of coffee in ～*s* ちびちびコーヒーを飲む.

sipe [síːp | sáɪp] 〖OE *sīpian*: cog. Fris. *sypje* / MLG *sīpen*〗 *vi.* 《スコット・北英》〈液体が〉したたり落ちる; しみ出る. **síp·er** *n.*

si·phon [sáɪfən] 〖(1659) ▭ F ～ ▭ L *sīphō(n-)* ▭ Gk *síphōn* tube ← ?〗 ― *n.* **1** サイフォン《液体を低所へ移すための曲管》. **2** ＝siphon bottle. **3** 〖動物〗水管，吸管. ― *vt.* **1** サイフォンで移す[吸う，空にする]〈*off, out*〉. **2** 〈収入・利益などを〉吸い上げる，吸収する〈*off*〉. **3 a** 〈物〉の流れを移す[そらせる]. **b** 〈資金などを〉流用する〈*off*〉. ― *vi.* サイフォンを通る，サイフォンから(のように)流れる. ～**·al** [-fənl̩] *adj.*

si·phon- [sáɪfən] (母音の前に来る時の) siphono- の異形.

si·phon·age [sáɪfənɪdʒ] *n.* 〖物理〗サイフォン作用.

si·phon·al [sáɪfənl̩] 〖⇨ siphon, -al[1]〗 *adj.* サイフォンの[に関する，に似た].

Si·phon·a·les [sàɪfənéɪliːz] 〖← NL ～: ⇨ siphono-, -ales〗 *n. pl.* 〖植物〗(緑藻植物)クダモ目.

Si·phon·ap·ter·a [sàɪfənǽptərə] 〖← NL ～: ⇨ siphono-, Aptera〗 *n. pl.* 〖昆虫〗隠翅目，ノミ目.

Si·pho·na·ri·i·dae [sàɪfənəráɪədiː | -ráɪɪ-] 〖← NL ～ ← *Siphonaria* (属名: ⇨ siphono-, -aria[1])＋-IDAE〗 *n. pl.* 〖貝類〗コウダカカラマツガイ科.

síphon barómeter *n.* 〖気象〗サイフォン式気圧計《U 型の管をもつ水銀気圧計》.

síphon bòttle *n.* (炭酸水を入れる)サイフォンびん.

síphon-cùp *n.* 〖機械〗注油サイホン，サイホン式注油器.

si·phon·et [sàɪfənét, ⌐⌐⌐] 〖← SIPHONO-＋-ET〗 *n.* 〖昆虫〗(アブラムシ (aphid) などの)吸蜜(ᵏ)管.

síphon gàuge *n.* 〖機械〗曲管圧力計《水銀を半ばまで満たし一端が閉じられているガラス管からなる》.

si·pho·ni- [sáɪfənɪ, -nə | -nɪ] siphono- の異形(⇨ -i-).

si·phon·ic [saɪfɑ́nɪk | -fɔ́n-] *adj.* サイフォンの; サイフォン作用の.

si·pho·no- [sáɪfəno(ʊ) | -nə(ʊ)] 〖← NL ～ ← Gk *sí-phōn* tube〗 ― 次の意味を表わす連結形: **1** 「サイフォン (siphon); 管 (tube)」. **2** 「クダクラゲ目 (Siphonophora)」. ★ 時に siphoni-, また母音の前では通例 siphon- になる.

Si·pho·noc·la·da·les [sàɪfənɑ̀klədéɪliːz | -nɔ̀k-] 〖← NL ～ ← *Siphonocladus* (属名: ← SIPHONO-＋Gk *kládos* branch)＋-ALES〗 *n. pl.* 〖植物〗ミドリゲ目.

Si·pho·no·cla·di·a·les [sàɪfənəklèɪdiéɪliːz | -dɪ-] *n. pl.* 〖植物〗＝Siphonocladales.

Si·pho·noph·o·ra [sàɪfənɑ́fərə | -nɔ́f-] 〖← NL ～: ⇨ siphono-, -phora〗 *n. pl.* 〖動物〗(腔腸動物門)クダクラゲ目.

si·pho·no·phore [saɪfɑ́nəfɔ̀ə, -fòə, sáɪfən- | saɪfɔ́nəfɔ̀ː(r, sáɪfən-] 〖↑〗 ― *n.* 〖動物〗(腔腸動物)クダクラゲ目の動物. **si·pho·noph·o·rous** [sàɪfənɑ́fərəs | -nɔ́f-] *adj.*

si·pho·no·stele [saɪfɑ́nəstiːl, sàɪfəno(ʊ)stíːlɪ | saɪfɔ́nəstiːl, sàɪfənə(ʊ)stíːlɪ] 〖← SIPHONO-＋STELE[1]〗 ― *n.* 〖植物〗管状中心柱《髄を中心に，それを囲んで内外両側に師部を有する木部のある中心柱; cf. protostele》. **si·pho·no·ste·lic** [sàɪfəno(ʊ)stíːlɪk, saɪfɑ̀n- | sàɪfənə(ʊ)-, saɪfɔ̀n-] *adj.*

síphon recòrder *n.* 〖通信〗サイフォンレコーダー《電信受信装置の一種で，記録用インクがサイフォンを通して送られる》.

síphon spìllway *n.* 〖土木〗サイフォン余水吐き《ヘッドタンクの余水吐きにサイホンの原理を利用した形式のもの》.

si·phun·cle [sáɪfʌŋkl̩] 〖← NL *siphuncul-us* ← L *sī-p(h)unculus* little pipe (dim.) ← *sīphō(n-)* tube〗 ― *n.* 〖動物〗連室細管《オウムガイの貝殻内の各室間を連絡する細管など》. 「sapid.

sip·id [sípɪd, -pəd | -pɪd] 〖(逆成) ← INSIPID〗 *adj.* ＝

sip·per *n.* **1** ちびちび飲む人，すする人. **2** 大酒飲み (bibber). **3** 〖商標〗(炭酸水などを飲む時に用いる)紙製ストロー (straw).

sip·pet [sípɪt, -pət] 〖← *sip* ((変形) ← SOP)＋-ET〗 *n.* **1** 小片 (small bit)，切端 (fragment). **2 a** (肉汁・ミルクなどに浸した)パン切れ. **b** クルトン (crouton).

Síp·py diet [règimen] [sípi- | -pɪ-] 〖← *Bertram W. Sippy* (1866–1924: 米国の医師)〗 ― *n.* 〖医学〗シッピー食餌療法《重炭酸ソーダを用いて胃酸を中和させる胃潰瘍の治療法》.

si·pun·cu·lid [saɪpʌ́ŋkjʊlɪd, -ləd | -lɪd] 〖↓〗 *adj., n.* 〖動物〗星口動物門の(動物).

Si·pun·cu·loi·de·a [saɪpʌ̀ŋkjʊlɔ́ɪdiə | -dɪə] 〖← NL ～ ← *Sipunculus* (属名: ⇨ siphuncle)＋-OIDEA〗 *n. pl.* 〖動物〗星口動物門.

Si·que·i·ros [sɪkéɪrous, sə- | sɪkéɪrəus; *Sp.* sikéiros], **David Al·fa·ro** [alfáro] *n.* シケイロス《1898–1974; メキシコの壁画家》.

si quis [sáɪ-kwís] 〖▭ L *sī quis* if anyone (knows an impediment): ラテン語によるその告示文の冒頭の語〗 ― *L.* 聖職[牧師]任命予告《「異議ある者は申し出でよ」と教会内に掲示するもの》.

sir 〖(*c*1300) (弱形) ← SIRE〗 ― *n.* **1 a** [sə | sə(r)] [男に対する尊称的または形式的呼掛け] ★ 見知らぬ人に，召使から主人に，生徒から教師に，目下の人から目上の人に，または議会で議長に対して用いる; cf. ma'am: Good morning, ～. お早うございます. **b** [sə̀ː, sə́ː | sə̀ː(r, sə́ː(r] [意見をする時または皮肉に用いる場合]: Get out, ～! 出て行ってくれ / Will you be quiet, ～! 静かにしてくれんか / What do you say, ～? 何を言うんだい. **c** [sə́ː | sə́ː(r] [通例商用文の書出しまたは古くは結尾の挨拶; 会社の場合は複数形]: Dear *Sir* 拝啓 / *Sirs* (会社宛に)拝啓《今は Gentlemen を用いることが多い》/ I am, ～, yours truly. 《古》敬具. **d** [sə̀ː, sə́ː | sə̀ː(r, sə́ː(r] [性に関係なく肯定・否定の強調語として] 《米口語》: Yes, ～. そうですとも / No, ～. 違います. **2** [sə | sə(r)] [S-] 《英》サー《準男爵 (baronet) またはナイト爵 (knight) に対する尊称; cf. dame 4》: *Sir* Walter [W.] Scott. ★ fullname または given name の前につける; 日常の呼掛け用法としては Sir Walter と言い，Sir Scott とは言わない. **3** 《古》[sə | sə(r)] [歴史上の人名に用いる尊称]: *Sir* Pandarus of Troy. **4 a** [sə | sə(r)] 《古》[職業・地位などを示す名詞に添えて用いる尊称]: ～ judge 裁判官殿 / ～ priest 牧師様. **b** 《廃》[皮肉的なまたはふざけた敬称]: ～ critic 論評氏 / *Sir* Oracle オラクル様(お賢い方) (cf. Shak., *Merch* V 1. 1. 93). **5** Sir の称号または sir で呼び掛ける人，紳士，貴族.
― [sə́ː | sə́ː(r] *vt.* (**sirred; sir·ring**) …に sir と呼び掛ける: Don't ～ me quite so much. 私をそうそう sir と呼ばないでくれ，先生呼ばわりは御免だ.

Si·rach [sáɪræk | sáɪər-], **Son of** *n.* 〖聖書〗シラクの子イエス《聖書外典の Ecclesiasticus の著者とされている; ⇨ Jesus 4》. 「語名》.

Si·ra·cu·sa [*It.* sirakúːza] *n.* Syracuse 2 のイタリア

Si·raj-ud-dau·la [sɪrɑ́ːdʒʊd-dáʊlə, sə-| sɪ-] *n.* (*also* **Surajah Dowlah**) シラージュッダウラ《1728?–57; インド Bengal の太守 (nabab)，英国のインド植民地化に反抗して多数の英人を Calcutta の Black Hole に投獄したが，結局 Clive 軍に Plassey で破れて捕えられた後，部下に暗殺された (1757); cf. Black Hole 1》.

sir·car [sə́ːkɑː, ⌐⌐ | sə́ːkɑː(r] *n.* 〖▭ Hindi & Pers. *sarkār* chief ← Pers. *sar* head＋*-kār* worker〗 ― *n.* **1** ムガール (Mogul) 帝国支配下のインド行政区. **2** 《インド》**a** 政府，政庁. **b** [尊称として] だんな (master).

sir·dar [sə́ːdɑə, ⌐⌐ | sə́ːdɑː(r] 〖▭ Hindi & Pers. *sirdār* commander, (原義) head-possessor ← Pers. *sar* head＋*dār* holding〗 ― *n.* **1 a** (インドなどで昔の)地方族長 (chief). **b** (トルコ・エジプトの昔の)最高司令官. **c** (英国支配下のエジプトで)英人のエジプト軍司令官. **2** (インドで)責任ある地位に居る人.

sire [sáɪə | sáɪə(r] 〖(?*a*1200) ▭ (O)F ～ ← VL **seior* ＝L *senior* older: ⇨ senior〗 ― *n.* **1 a** (家畜の)雄親，父獣 (male parent) (cf. dam[2] 1); (特に)種馬 (stallion). **b** 《詩》父 (father). **c** 《古・詩》祖先 (forefather): be buried with one's ～*s* 父祖のもとに葬られる，死ぬ. **2 a** [元首に対する呼掛け] 陛下 (Your Majesty). **b** 《古》主君 (lord)，要人. **3** 著者 (author). ― *vt.* **1** 〈家畜の雄が〉〈子を〉つくる，こしらえる (beget)，…の親である: ～*d* by …種の / Base things ～ base. 《諺》「かえるの子はかえる」,「うりのつるになすびはならぬ」. **2** 生み出す，…の著者になる.

sir·ee [səríː, səːríː | səríː] *n.* ＝sirree.

si·ren [sáɪrən, -rɪn | sáɪər-] 〖(1340) *sereyn, sirene* ▭ OF *sereine, sirene* (F *sirène*) ▭ LL *Sīrēna* (fem.) ← L *Sīrēn* ▭ Gk *Seirḗn* ? (原義) the Binder ← *seirā́* cord, rope〗 ― *n.* **1** [しばしば S-] 〖ギリシャ神話〗セイレン《Sicily 島近くの小島に住んでいたとされる半人半鳥の海の精; 彼女らの歌を聞いた船人はその美声に魅せられて海に飛び込んで死んだという》. **2 a** 美声の女歌手 (sweet singer). **b** 怪美人，魔女; (特に)男たらし (temptress). **3** 〖▭ F *sirène* (原義) siren (n. 1): 水中で音を出すところから〗(号笛・警報器・濃霧警報などの)サイレン; 空襲警報(器): an ambulance ～ 救急車のサイレン / blow [sound] a ～ / The noon ～ blew [sounded]. 正午のサイレンが鳴った. **4 a** 〖← NL *siren* ← L *sīrēn*〗〖動物〗サイレン科サイレン属 (*Siren*) のサンショウウオ類の総称《米国南部の沼に住む短い 2 本の前肢をもつウナギに似た両生類; 後肢は退化》. **b** ＝sea cow 1. **5** 〖紋章〗人魚 (seiren). ― *attrib. adj.* セイレンの歌のような; 魅惑的な (tempting): a ～ voice / ⇨ siren song. ― *vi.* (消防車などが)サイレンを鳴らして進む.

siren 4 a
(*Siren* sp.)

Si·re·ni·a [saɪríːniə | -njə, -nɪə] 〖← NL ～: ⇨↑, -ia[2]〗 *n. pl.* 〖動物〗海牛目.

si·re·ni·an [saɪríːniən | -njən, -nɪən] 〖⇨↑, -AN[1]〗 *adj., n.* 海牛目の(動物).

si·ren·ic [saɪrénɪk] *adj.* セイレン (siren) の; 旋律の美しい; 魅惑的な，人を欺く (deceptive). 「*adv.*

si·rén·i·cal [-nɪkəl, -nə- | -nɪ-] *adj.* ＝sirenic. **～·ly**

Si·ren·i·dae [saɪrénədiː | -nɪ-] 〖← NL ～: ⇨ siren, -idae〗 *n. pl.* 〖動物〗サイレン科.

síren sòng *n.* 誘惑[欺瞞]の言葉[歌].

síren sùit *n.* 《英》**1** (第二次大戦中，空襲警報が鳴ると着用した)空襲警備服. **2** (体にぴったりした)仕事[胸当て]ズボン; それに似たベビースーツ.

Si·ret [sɪrét; *Rum.* sirét] *n.* [the ～] シレト(川)《ソ連邦南西部 Carpathian 山脈に源を発しルーマニア東部を貫流し Danube 川に注ぐ川 (726 km)》.

sir·gang [sə́ːgæŋ | sə́ː-] 〖土語 ?〗 ― *n.* 〖鳥類〗ヘキサン (*Cissa chinensis*)《ヒマラヤから熱帯アジア産カケスの一種; 全体が緑色，顔には目を横切る黒い帯があり翼はえび茶色》.

Sir·i·an [síriən | -rɪ-] 〖⇨ Sirius, -an[1]〗 *adj.* 〖天文〗シリウス (Sirius) の，天狼星の.

si·ri·a·sis [sɪráɪəsɪs, sə-, -səs | sɪráɪəsɪs] 〖▭ L *sīriāsis* ← Gk *seiríāsis* ← *seiriān* to be hot: ⇨ -asis〗 *n.* (*pl.* **-a·ses** [-siːz]) 〖病理〗日射病 (sunstroke).

si·ric·id [sɪrísɪd, sə-, -səd | sɪrísɪd] 〖↓〗 *adj., n.* 〖昆虫〗キバチ科の(ハチ).

Si·ric·i·dae [sɪrísədiː, sə- | sɪrísɪ-] 〖← NL ～ ← *Siric-*, *Sirex* (属名: ← L *Sīrēn* 'SIREN')＋-IDAE〗 *n. pl.* 〖昆虫〗(膜翅目)キバチ科.

si·ris [sɪríːs, sə- | sɪ-] 〖▭ Hindi *siris* ← Skt *śirīṣa*〗 *n.* 〖植物〗ネムノキ属 (*Albizzia*) の高木の総称: **a** ビルマネムノキ (⇨ lebbek 1). **b** ネムノキ (silk tree).

Sir·i·us [síriəs | -rɪ-] 〖▭ L *Sīrius* ▭ Gk *Seírios* glowing, burning〗 ― *n.* 〖天文〗シリウス，天狼(ᵏ)星，狼星《おおいぬ座 (Canis Major) の α 星で全恒星中最大光輝を発する −1.5 等星; the Dog Star ともいう; cf. Canopus[2]》.

sir·kar [sə́ːkɑə, ⌐⌐ | sə́ːkɑː(r] *n.* ＝sircar.

sir·loin [sə́ːlɔɪn | sə́ː-] 〖(17C) (SIR との連想による変形) ← (1525) (古形) *serlyn, surloin* ▭ F *surlonge*: ⇨ sur-[2], loin〗 ― *n.* **1** サーロイン《牛の腰肉の上部の肉で上肉; ⇨ beef 挿絵》. **2** ＝sirloin steak.

sírloin stèak *n.* サーロインステーキ《サーロインの切り身; cf. rump steak》.

si·roc·co [sɪrɑ́kou, sə- | sɪrɔ́kəu] 〖(1617) ▭ It. ～ ▭ Arab. *šarqī* east (wind) ← *šaraqa* to rise (of the sun)〗 ― *n.* (*pl.* ～**s**) **1 a** シロッコ《北アフリカから南ヨーロッパに吹きつける砂まじりの熱風; cf. ghibli》. **b** (同地方に吹く)雨まじりの蒸し暑い南(東)の風. **2** 旋風性の熱風《エジプトの khamsin，アフリカ西海岸の harmattan，また Texas 州や Kansas 州に吹くもの》.

sir·rah [sírə] 〖(1526) *syr(r)a, sirah* (変形) ? ← ME *sire* 'SIRE'〗 ― *n.* (*also* **sir·ra** [～]) 《古・方言》[呼掛けに用いて] おい，こらっ. ★ 軽蔑・じれったさなどを表わし目下の者に対して用いる.

sir·ree [səríː, səːríː | səríː] 〖(転訛) ← SIR〗 *n.* 《米口語》[yes, no の後に用いて] sir の強意形: Yes, ～. その通りですとも / No, ～. (とんでもない)違います.

sir-réverence 〖(変形) ? ← *sa'reverence* (短縮) ← *saver everence* (なぞり) ← L *salvā reverentiā* saving (your) reverence: SIR の影響を受けた〗 ― *n.* **1** 《廃》[不体裁な言葉などの言訳としてその前に付けて用いて] 失礼，御免. **2** 《古》(人の)糞便(の塊り).

Sir Róg·er de Cóv·er·ley [-rɑ́dʒə-də-kʌ́vəli | -rɔ́dʒə-də-kʌ́vəlɪ]〘*Spectator* に登場する架空の田舎紳士の名から〙 ― *n.* サー ロジャード カヴァリー《英国のカントリーダンスの一種; Roger de Coverly, Sir Roger ともいう; cf. Virginia reel》.

sir·ta·ki [sɪətɑ́:ki | sɪətɑ́:kɪ]〘□Gk ～〙 *n.* シルターキー《ギリシャの民俗舞踊の一つ》.

sir·up [sə́:(r)əp, sírəp | sír-] *n.*, *vt.* =syrup.

sir·up·y [sə́:(r)əpi, sír- | sírəpɪ] *adj.* =syrupy.

sir·vente [sərvént, sɪəvɑ̃́:(n)t, -vɑ́:nt | sɪəvɑ̃́:(n)t, -vɔ̃́:(n)t, -vɑ́:nt, -vɔ́(:)nt; *F.* sirvɑ̃:t]〘□F ～□Pr. *sirventes*《原義》servant's song ← *sirvent, servent* 'SERVANT'〙 ― *n.* (*pl.* ～**s** [～s; *F.* ～]) (*also* **sir·vent** [～; *F.* sirvɑ̃]) (フランス中世プロバンスの叙情詩人 (troubadours) の手になる)風刺・論難の詩.

sir·ven·tes [sərvéntɪs, -təs | sə(:)véntɪs] *n.* (*pl.* ～ [～ɪz, ～əz, ～]) =sirvente.

sis [sís]〘《略》← SISTER: cf. bub¹〙 *n.* **1**《米口語》**a** 姉, 妹 (sister). **b** [呼掛けに用いて] お嬢さん. **2**《俗》⌊=sissy.

Sis [sís]〘(dim.) ← CECILIA〙 *n.* 女性名.

SIS《略》Scientific Intelligence Service.

sis.《略》sister.

-sis [sɪs, səs | sɪs]〘□L ～□Gk *-sis* (行為・活動を表わす女性語尾)〙 ― *suf.* (*pl.* **-ses** [sì:z]) 次の意味を表わすギリシャ語系名詞語尾 (cf. -asis, -osis). **1**「過程, 活動」: analy*sis*, metathe*sis*. **2**「病的状態; …による病気」: psoria*sis*.

sís·al [sáɪsəl, -zəl, -sl̩, -zl̩ | -səl, -sl̩]〘□Mex.-Sp. ～ ← *Sisal* (Yucatan 半島の港市の名)〙 ― *n.* **1**〘植物〙サイザルアサ (*Agave sisalana*)《メキシコ・中米産のリュウゼツランの一種》. **2** サイザル[シサル]麻《同上の繊維を精製したもので各種のロープ用; sisal hemp ともいう; cf. henequen》.

sísal hèmp *n.* =sisal 2.

sis-boom-bah [sísbù:mbɑ́:]〘応援の掛け声から〙 *n.*《米俗》見るスポーツ, (特に)アメリカンフットボール.

sis·kin [sískɪn, -kən | -kɪn]〘《古形》*syskin* □Flem. *sijsken* ← Slav. (cf. Pol. *czyżik*)〙 ― *n.*〘鳥類〙**1** マヒワ (*Spinus spinus*)《ヨーロッパやアジアに生息する》. **2** マヒワに似た小鳥の総称《シママヒワ (pine siskin), ショウジョウヒワ (red siskin) など》.

Sis·ley [sízli, sís- | -lɪ; *F.* sislɛ], **Alfred** *n.* シスレー《1839–99; フランスの印象派の風景画家; cf. impressionism 1 a》.

Sis·mon·di [sɪsmɑ́ndi | -mɔ́ndɪ; *F.* sismɔ̃di], **Jean Charles Lé·onard Si·monde de** [leɔna:r simɔ̃:d də] *n.* シスモンディ《1773–1842; スイスの歴史家・経済学者, 古典派経済学の批判者》. ⌈性名.

Sis·sie [sísi | -sɪ]〘(dim.) ← CECILIA: cf. Sis〙 *n.* 女

sis·si·fied [sísɪfàɪd, -sə- | -sɪ-]〘← SISSY＋-FY＋-ED〙 *adj.*《口語》めめしい, 柔弱な (sissy).

sis·sonne [sɪsɑ́n, -sóun, -sɔ́(:)n | -sɔ́n; *F.* sisɔn]〘← *Comte de Sissonne* (その考案者の 17 世紀のフランスの貴族)〙 ― *n.*〘バレエ〙シソンヌ《バレエの基本動作の一つ; 両足で踏み切り, 片足で着地する跳躍》.

sis·soo [sísu:]〘□Hindi *siso* ← Skt *śiṁśapā*〙 ― *n.* (*also* **sis·su** [～]) **1**〘植物〙シッソノキ (*Dalbergia sissoo*)《インド産のマメ科ツルサイカチ属の 24 m にも達する高木》. **2** シッソノキの材《シタンに似て堅く美しい; 船材や鉄道枕木用などに重要》.

sis·sy [sísi | -sɪ]〘← SIS＋-Y²〙 ― *n.* **1**《口語》女々しい少年[男子]; いくじなし, 弱虫. **2** 姉, 妹 (sister); 少女 (little girl). **3**《俗》同性愛の男. ― *adj.* (**sis·si·er**; **-si·est**)《口語》少女らしい; 《少年が》女々しい.

síss·y·ish [-siɪʃ] *adj.*《口語》=sissy.

sis·ter [sístə | -tə(r)]〘ME ～□ON *systir* ∽ ME *suster, soster* < OE *sweostor* < Gmc **swestr* (Du. *zuster* / G *Schwester*) < IE **swesor* sister (L *soror*)〙 ― *n.* **1 a** 姉または妹, 姉妹 (cf. brother); 異父[母]姉[妹], 義姉[妹] (sister-in-law): brothers and ～*s* / one's elder [younger] ～ 姉[妹] / a full [whole] ～ 同父母姉[妹] / a half ～ 異父[母]姉[妹] (cf. sister-german) / the ～*s* Brontë ブロンテ(三)姉妹. **b** 姉妹のような人, 女の親友 (female friend). **2 a** 女性同士, 同胞姉妹; 同級の女生徒; 同宗派[教会]の婦人会員: our ～*s* of other lands and races 他国他民族のわが同胞姉妹. **b** 姉妹関係にあるもの, 同種のもの: waste and its ～ want 浪費とその姉妹である欠乏. **3 a** 女, 娘 (girl, woman). **b** [婦人・少女に対する呼掛けとして] おねえちゃん. **c** 人 (person): ⇨ weak sister 1. **4**《英》(病院の)看護婦長, 婦長 (senior nurse); 看護婦. **5** [しばしば S-] **a**〘カトリック〙修道女, 童貞, シスター (cf. brother 5 a, lay sister, nun¹ 1); [呼掛け・敬称として]: *Sister* Jane. **b** キリスト教会の女の人. **6** [the ～s]〘ギリシャ・ローマ神話〙運命の三女神《the FATAL sisters, the THREE Sisters ともいう; ⇨ fate *n.* 4》. **7** [形容詞的に] 姉妹のような関係にある: 姉妹…, 対(つい)の: ～ arts 姉妹芸術 / ～ ships 姉妹艦[船] / ～ languages 姉妹語 / ～ states 姉妹国.

Little Sisters of the Poor [the ―] ⇨ little *adj.*

Sister of Charity〘カトリック〙愛徳修道会の会員《St. Vincent de Paul によって 1634 年フランスに創立された病人の看護に当たる修道女会の会員》.

Sister of Loretto [lərétou | -təu]〘カトリック〙1812 年米国 Kentucky 州 Loretto に創立された修道女会の会員.

Sister of Mercy〘カトリック〙Catherine McAuley [məkɔ́:li | -lɪ] によって 1827 年 Dublin に創立された慈善・教育事業などに従事する修道女会の会員.

Sister of Providence〘《部分訳》← F *sœur de providence*〙〘カトリック〙(1) 1806 年フランスに創立された修道女会の会員. (2) 1843 年 Montreal に創立された教育・慈善事業などに従事する修道女会の会員.

― *vt.* **1** …と姉妹の関係にある; 姉妹として扱う. **2** sister の名で呼ぶ. **3**〘海事〙《折れた[弱った]材》に当て材を当てて縛りつけ補強する.

síster blòck *n.*〘海事〙シスターブロック, 姉妹滑車, ひょうたん形滑車.

síster-gérman〘ME *sister germayn*《部分訳》← OF *sœur germaine*: ⇨ sister, german〙 *n.* (*pl.* **sisters-**) 同父母姉妹 (full sister) (cf. half sister).

síster·hòod〘《*a*1393》: ⇨ -hood〙 ― *n.* **1** 姉妹であること; 姉妹関係[の間柄]: live in loving ～ 姉妹仲よく暮らす. **2** (伝道・教育・慈善などを目的とした, カトリック教会の)修道女会. **3** 婦人団体.

síster hòok *n.* シスターフック, 挿鉤《はさみのように組み合わせた二重フック; clip hook, clove hook ともいう》.

sister hook

síster-in-làw〘《15C》: ⇨ -in-law〙 ― *n.* (*pl.* **sisters-**) 義理の姉妹, 義姉[妹] (cf. brother-in-law): **a** 配偶者の姉妹, 小姑(こじゅうとめ). **b** 兄弟の妻, 兄[弟]嫁. **c** 配偶者の兄弟の妻.

síster kéelson *n.*〘海事〙副キールソン, 副内竜骨 (⇨ side keelson).

síster·less *adj.* 姉妹のない.

sís·ter·ly〘《1570》: ⇨ -ly¹·²〙 ― *adj.* **1** 姉[妹]の, 姉[妹]のような; 姉妹のように親しい. **2** 親切な, 愛情にみちた, 親身の (affectionate): ～ love. ― *adv.* 姉[妹]のように. **sís·ter·li·ness** *n.*

síster·shìp *n.* =sisterhood.

síster shíp clàuse *n.*〘保険〙姉妹船約款《同一船主に属する船舶が衝突したような場合に, 保険では別々の船主に属するものとみなして処理することを定めた約款》.

Sis·tine [sísti:n, -́- | sísti:n, -taɪn]〘□It. *Sistino* ← NL *sixtinus* ← L *Sextus*《原義》sixth〙 ― *adj.* ローマ教皇シクストゥス (Sixtus) の; (特に) Sixtus 四世または五世の.

Sístine Chápel *n.* [the ～] システィナ礼拝堂《ローマの Vatican 宮殿にある教皇の礼拝堂; Sixtus 四世の建立で, Michelangelo の天井画があるので有名》.

sis·trum [sístrəm]〘《*a*1398》□L *sistrum* □Gk *seîstron* ← *seíein* to shake〙 ― *n.* (*pl.* ～**s**, **sis·tra** [-trə]) **1** シストルム《古代エジプトで女神イシス (Isis) の祭に使用した「がらがら」に似た楽器》. **2**「がらがら」のように奏する楽器一般.

Sis·y·phe·an [sɪ̀səfí:ən | -sɪfí:ən, -fíən]〘⇨ ↓, -an¹〙 ― *adj.* (*also* **Si·syph·i·an** [sɪsífiən, sə- | sɪsífɪ-]) **1** (ギリシャの)シシフォス (Sisyphus) 王の. **2** 果てしのない, むだ骨折りの: ～ labor [task, toil] 何度繰り返しても徒労に終わる仕事, むだ骨折り.

Sis·y·phus [sísəfəs | -sɪ-]〘□L *Sisyphus* □Gk *Sísuphos* ← ?: cf. Gk *suphós* wise〙 ― *n.*〘ギリシャ神話〙シシフォス《Corinth の邪悪な王; 死後地獄に落とされ, 刑罰として大きな石を山頂まで転がし上げることを命じられたが, 石は頂上に近づくと必ずまた下に転がり落ちたという》.

the stone of Sisyphus シシフォスの石, むだ骨折り (cf. *the rope* [*code*] *of* OCNUS).

Si·syr·i·dae [sɪsírədi:, sə- | sɪsírɪ-]〘← NL ～ ← Gk *sísura* fur, goat's hair＋-IDAE〙 *n. pl.*〘昆虫〙(脈翅目) ミズカゲロウ科.

sit [sít]〘OE *sittan* < Gmc **sitjan, *setjan* (Du. *zitten* / G *sitzen*) ← IE **sed-* to sit (L *sedēre* (⇨ sedentary) / Gk *hézesthai*): cf. set, seat, settle〙 ― *v.* (**sat** [sǽt],《古》**sate** [séɪt, sǽt]; **sat,**《古》**sit·ten** [sítn]; **sit·ting**) ― *vi.* **1** 坐る, 腰をかける, 着席する: ～ *at* a desk working 机に坐って仕事をしている / ～ (*down*) *at* table 食卓につく / ～ *in* an armchair 肘掛(ひじかけ)椅子(いす)に坐る / ～ *in* [*on*] a chair 椅子に坐る / ～ *on* a bench [sofa] ベンチ[ソファー]に坐る / ～ *on* the floor [ground] 床[地面]に腰を下ろす / ～ *on* the throne 王座[王位]につく / ⇨ *sit on the* FENCE / ～ *on* one's knees ひざまずく / ～ *on* thorns いばらの上に坐る, 不安な心地がする / ～ *on* a volcano 危険[不安]な状態にいる / ～ straight 正座[端座]する / ～ crosslegged 足を組んで坐る, あぐらをかく / ⇨ SIT *back*, SIT *tight* / I'd rather stand than ～. 腰を掛けるより立っていた方がよい / Won't you ～? お坐りになりませんか.

2 a《犬などが》腰をつく, うずくまる: The dog was ～*ting on* his back legs. 犬がうしろ足で坐っていた. **b**《鳥が》とまる (perch) (cf. fly): ～ *in* a tree 木にとまる / ～ (*down*) *on* a branch [bough] 枝にとまる.

3《雌鳥が》巣につく, 卵を抱く (brood) (cf. sitter 2) / The hens are ～*ting* (*on eggs*) now. 雌鳥は抱卵中だ.

4 a〔委員会・議会などの〕席につく, 一員である〔*on, in*〕; 〔…の一員として〕席につく, 役職につく〔*as*〕: ～ *on* a jury [committee] 陪審員[委員]である / ～ *on* the bench [board of directors] 裁判官[重役]である / ～ *in* Parliament [Congress] 国会議員になる / ⇨ *sit in* JUDGMENT / ～ *as* a member of the committee 委員(会の一員)になる. **b**《英》〔選挙区を〕議会で代表する〔*for*〕(cf. SITTING member): ～ *for* a borough 都市を代表する議員である[から議員に選出される]. **c**《委員会・議会・裁判所が》開会[開廷]する, 議事を行なう: ～ *on* the question of …の問題で開会する[議事を行なう] / Parliament [The court] will not ～ today. 本日は議会は開会[法廷は開廷]されない.

5 a〔肖像を描かせる[写真を写させる]ために〕姿勢を正して着座する〔*for*〕: ～ *for* one's portrait 肖像画を描かせる[描いてもらう]. **b**〔…に〕肖像を描かせる, 写真を撮らせる; 〔…の〕モデルになる〔*to, for*〕: ～ *to* an artist [a photographer] 肖像画を描いて[写真を撮って]もらう / ～ *for* a painter 画家のモデルになる.

6《英》〔試験などを〕受ける, 〔…のために〕受験する〔*for*〕: ～ *for* an examination [one's degree] 受験する[学位試験を受ける] / ～ *for* university entrance [a scholarship] 大学にはいる[奨学金を得る]ために試験を受ける.

7《人が》坐ったままでいる, じっとして動かない; 《物・事が》そのままである, 放置されている: ～ at home 何もしないで(家に)いる / leave the dishes ～*ting* 食器を出しっ放しにしておく / leave the matter ～*ting* 問題を放置しておく / His car *sat* in the garage. 車は(使わないで)ガレージに入れたままになっていた (cf. *vi.* 8 a) / The money has *sat* in the bank. 金は銀行で眠っている《預けっ放しだ》.

8 a 位置する, 横たわる (lie): The town ～*s on* a hill. 町は山の上にある / The house ～*s back from* the road. 家は通りから引っ込んだ所にある / The clock *sat on* that shelf for years. 時計はその棚に幾年ものって(動いて)いる (cf. *vi.* 7). **b**《風位が》〔…に〕ある〔*in*〕: *Sits* the wind there? そんな風が吹いているのか; そんな風の吹き回しか; それが実情か (cf. Shak., *Much Ado* 2. 3. 102). **c**《古》住む, 居住する (cf. SITTING tenant).

9 a《損失・責任・苦労・年などが》〔…の〕負担になる (weigh), 苦になる (press)〔*on, upon*〕: His losses [cares, years] ～ lightly *upon* him. 損失[苦労, 年]は彼には苦にならない / His principles *sat* loosely *on* him. 彼はあまり主義には拘泥しなかった. **b**《食物が》(胃に)もたれる: This food ～*s* heavily [heavy] *on* the stomach. この食物は胃にもたれる.

10 a《衣服が》合う, 似合う (fit): The dress ～*s* well *on* you. そのドレスは君によく似合う / This jacket ～*s* badly *across* the shoulders. この上着は肩の所がうまく合わない. **b**《地位などが》〔…に〕似合う, 調和する (befit)〔*on, upon*〕: The title ～*s* comfortably [awkwardly] *upon* him. あの肩書きは彼にはしっくりだ[ぴったりしない].

11 [通例否定・疑問文で]《口語》《人の》気に入る, 〔人に〕合う, 受け入れられる〔*with*〕: The strategy will *not* ～ well [right] *with* him. その戦術は彼の気に入らないだろう / How did his story ～ *with* his father? 彼の話はどういう風におやじに受け取られたかな.

12 (両親の留守中)《赤ん坊・子供の》お守りをする (baby-sit)〔*with*〕; 〔病人を〕看病する〔*with*〕: ～ *with* a friend's children [an invalid].

― *vt.* **1 a** 坐らせる, 腰をかけさせる, 着座させる ⟨*down*⟩: ～ one's guests at the table 客人たちを食卓につかせる / He sat himself [《古》him] (*down*) at my side. 彼は私の横にすわった. **b** …人分の座席がある (seat): The car [table] ～*s* six people. 車には 6 人乗れる[テーブルには 6 人が坐れる]. **2**《馬などに》乗る (ride), 乗りさばく, 御する: ～ a horse well うまく馬に乗る, 乗馬がうまい. **3**《英》〔筆記試験を〕受ける.

sit about [***around***] 何もしないでいる, のらくらしている. ***sit back*** (1) (椅子に)深く腰を掛ける; 背をもたせて坐る: ～ *back in* one's chair. (2) (一仕事したあとで)くつろぐ. (3) (必要な時に)何もしない, 手を拱(こまぬ)いている. (4) ⇨ *vi.* 8 a. ***sit by*** (1) 横[傍]に坐る; 傍観する. (2) 無関心[消極的, 控えめ]な態度をとる. ***sit down*** (*vi.*) (1) ⇨ *vi.* 1, 2 b. (2) (疲れてまたは満足して)休む, 手を休める. (3) 居を定める. (4) 尻餅(しりもち)をつく: ～ *down on* the ice. (5) 着陸する. (6) 陣取る, 包囲する (encamp): ～ *down before* a town, fortress, etc. (7) 協議[交渉など]を始める: ～ *down together* 共に交渉の席につく. (8)〔食卓・食事などの〕席につく (cf. *vi.* 1)〔*to*〕: ～ *down to* lunch / ～ *down to* eggs and bacon 朝食のテーブルについてベーコンエッグを食べる. (9)〔仕事を〕始める, 熱心にやり出す〔*to*〕: ～ *down to* one's work. (10)〔侮辱・待遇などを〕素直に[甘んじて]受ける (take meekly)〔*under*〕: ～ *down under* defeat [an insult] 負けて[侮辱されて]黙っている. (11)〔…を〕こらえる, あきらめる, 〔…に〕満足している〔*with*〕. (*vt.*) ⇨ *vt.* 1. ***sit down*** (***hard***) ***on*** [***upon***]《口語》(1)《計画などに》強硬に反対する (repress). (2) =SIT *on* (2). ***sit in*** (1) (会議・仕事などで)代行する: ～ *in for* a person *as* chairman 議長として人の代行をする. (2) 坐り込みスト[デモ]をする (cf. sit-in): ～ *in at* a factory 工場で坐り込みストをやる. (3) トランプに加わる. (4)〔…に〕(通例参観人・オブザーバーなどとして)参加する, 出席する〔*on, with, at*〕: ～ *in on* classes [a debate, a meeting] 授業を参観する[討議に立ち会う, 会議を傍聴する] / ～ *in with* a musical band 楽団に加わる. (5)《英》= baby-sit. (6)〔ゲーム・会議などに〕参加する (cf. *vi.* 4 a): ～ *in* a poker game. ***sit loose*** ⇨ loose *adj.* 成句. ***sit on*** [***upon***] (1) (委員などの資格で)…を調べる, 調査する (investigate) (cf. *vi.* 4 c): ～ *on* a case 委員として事件を調べる. (2)《口語》《人を》押えつける (suppress), 黙らせる, しかり飛ばす (rebuke), やり込める

(snub): He wants ~*ting on*. 奴はへこましてやる必要がある. (3)《口語》〈報道・苦情・調査などを〉押える, 伏せておく, 棚上げする (neglect), 握りつぶす, もみ消す (suppress): The committee has been ~*ting on* the report. 委員会はその報告に対して腰を上げないでいる. ***sit on one's hands*** ⇨ hand 成句. ***sit out*** (*vi.*) (1) 戸外(のひなた)へ出て坐る. (2) ダンスに加わらない. (*vt.*) (1) (退屈でも)終わりまで見る[聞く], …が終わるまでいる: ~ *out* an entertainment [a play, a concert] 余興[劇, 音楽会]を最後まで見る[聞く]. (2) 〈他の訪問者〉よりも長居する (outstay): ~ one's rival *out* ライバルよりも長く居残る. (3)〈ダンス〉に加わらない: ~ *out* a rumba [waltz] ルンバ[ワルツ]は踊らないで抜かす. (4) …に参加しない, …から超然としている: ~ *out* any war いかなる戦争にも参戦しない. ***sit over*** (1) 席を詰める. (2)《トランプ》(ブリッジで)…の左隣り(しもて)にいて有利である. ***sit through*** …の終わりまでいる: ~ *through* a long sermon 長説教を終わりまで聞く. ***sit tight*** ⇨ tight 成句. ***sitting pretty*** ⇨ pretty 成句. ***sit under*** 〈牧師〉の説教を聴聞する; 〈教師〉の講義を聴講する: ~ *under* a famous preacher [teacher]. ***sit up*** (*vi.*) (1) 起き直る, 起き上がる《寝た姿勢から起き上がって坐った姿勢になる; cf. sit-up》: ~ *up* in bed 〈病人などが〉ベッドに起き上がる. (2) 正座する, きちんと坐る: ~ *up* straight まっすぐに坐り直す, 居住まいを正す. (3) 寝ずにいる, 起きている: ~ *up* late (at night) [all night] 夜ふかしする, 夜明かしする / ~ *up* at work 夜業する / ~ *up for* a person 寝ずに人を待つ / ~ *up with* a patient 寝ずに病人を看護する / ~ *up with* a dead body 死者の通夜をする. (4) 食卓につく: Come and ~ *up* (*at* [*to*] the table). (食事の用意ができた時など) さあテーブルについて下さい. (5)《口語》びっくりする, ぎょっとする; しゃんとする: make a person ~ *up* 人をびっくりさせる; (無気力な)人を元気づける; 人に活を入れる. (6)〈犬が〉ちんちんをする: ~ *up* and beg ちんちんして物をねだる. (*vt.*) 起き上がらせる: ~ a baby *up* 赤ん坊を起き上がらせる. ***sit up and take notice*** (1)〈病人が〉元気になってくる, 快方に向かう (convalesce). (2)《口語》(急に)興味が起きてくる, 事情がのみ込めてくる.

— *n.*《口語》**1** 坐ること, 着席; 坐って(待って)いる時間. **2** (衣服の体に対する)合い方, なじみ方, 着心地.

Si·ta [síːtɑː] 〚□ Skt *Sītā*《原義》furrow〛 *n.* **1** 女性名. **2**《インド神話》シータ《古代インドの農耕の女神; 叙事詩 *Ramayana* の主人公 Ramachandra の妃》.

si·tar [sɪtɑ́ə, sə- | sɪtɑ́ː(r] 〚□ Hindi *sitār*《原義》three-stringed〛 *n.* シタール《柄が長く胴の小さいリュート; 柄の上に多くのフレットをつけたインドの弦楽器》.

si·tár·ist [-tɑ́ːrɪst, -rəst | -rɪst] *n.* シタール奏者.

sit·a·tun·ga [sɪ̀tətúŋgə | -tə-] 〚土語〛 *n.* (*pl.* ~, ~**s**)《動物》シタツンガ (*Tragelaphus spekei*)《アフリカ中央部の沼沢地にすむレイヨウ》.

sit·com [sítkɑ̀m | -kɔ̀m] 〚《略》← SIT(UATION) COM(EDY)〛 *n.*《口語》=situation comedy.

sít-dòwn *n.* **1** 坐ること. **2**《英口語》座談, 談笑の一時: have a pleasant ~. **3** =sit-down strike: organize a ~. **4** =sit-in 2. **5** 坐ってとる食事 (cf. buffet[2] 1). — *adj.* 坐ったままの, 坐った姿勢でする: a ~ meal, dance, etc.

sít·dòwn·er *n.* 坐り込みストライキ参加労働者.

sít-down strìke *n.* 坐り込み(ストライキ)《単に sit-down ともいう》.

site [sáɪt] 〚《1391》□ AF ~ ∥ L *sit-us* position, site (p.p.) ← *sinere* to leave, lay, put: cf situate〛 — *n.* **1** (都市・建築などの現在または予定の)敷地, 用地 (ground): a good ~ for a house / buy a ~ for a building 建築用地を買う. **2** (町・建物などのあった)跡, 遺跡; (事件などの)あった所 (scene): historic ~*s* 史跡 / the ~ of the recent fire 最近火事のあった場所. — *vt.* **1** …の土地を選定する, 位置させる (locate). **2** 〈砲を〉(使えるように)据えつける: ~ a gun.

sít·fàst *n.*《獣医》鞍擦(ᵏₓ)《馬の背部の擦傷または水泡(ᵏₓ); 鞍または腹帯の不規則な圧迫によって生じる》.

sith [sɪθ, siθ, síθ] 〚ME *siþ(þ)e* < OE *siþþa, siþþan* 'SINCE'〛 *adv., conj., prep.*《古》=since.

sít-ìn *n.* **1** =sit-down strike. **2** 坐り込み(デモ)《公共の場所に坐り込み, 人種差別待遇に反対する組織的な無抵抗抗議行動; cf. sleep-in 2》: stage a ~.

si·ti·o- [sáɪṭio(ʊ) | -tɪə(ʊ)] =sito-.

Sit·ka [sítkə] 〚□ Tlingit ~ (種族名) ← ? *Shi* (Baranof 島の土語名) + *-ka* (suf. of place)〛 — *n.* 米国 Alaska 州南東部 Alexander 群島中の Baranof 島にある港町; ロシヤ領時代の首都; 人口 6,000.

Sítka cýpress *n.*《植物》アラスカヒノキ (yellow cedar).

Sítka sprúce *n.*《植物》アラスカトウヒ (*Picea sitchensis*)《北米太平洋岸に産するマツ科の針葉樹》; その材木《家具・建築用材》.

si·to- [sáɪṭo(ʊ) | -tə(ʊ)] 〚Gk ~ ← *sîtos* food, grain〛「穀物 (grain); 食物」の意の連結形. 「学」栄養学.

si·tol·o·gy [saɪtɑ́lədʒi | -tɔ́lədʒi] 〚⇨ ↑, -logy〛 *n.*《医

si·to·ma·ni·a [sàɪṭəméɪniə, -njə | -təméɪnɪə, -nɪə] 〚⇨ -mania〛 *n.*《精神医学》暴食症, 病的飢餓.

si·to·pho·bi·a [sàɪṭəfóubiə | -təfə́ubjə, -bɪə] 〚← SITO- + -PHOBIA〛 *n.*《精神医学》恐食症, 嫌食症, 拒食症.

si·tos·ter·ol [saɪtɑ́stərɔ̀(ː)l, sɪ-, sə- -ròuł | saɪtɔ́stərɔ̀l, sɪ-] 〚← SITO- + STEROL〛 — *n.*《化学》シトステロール, シトステリン ($C_{29}H_{49}OH$)《小麦・トウモロコシなどから採ったステロール (sterol) の一種》.

sit·rep [sítrɛ̀p] 〚← *sit(uation) rep(ort)*〛 *n.*《軍事》状況報告《ある部隊がその所在する地域の軍事情勢について行なう定期的報告》.

Si·tsang [ʃìːtsɑ́ːŋ; *Chin.* ʃɪ̀tsɑ̀ŋ] *n.* 西蔵(ᵏₓ)《Tibet の中国語名》.

sit·tar [sɪtɑ́ə, sə- | sɪtɑ́ː(r] *n.* =sitar.

sitten *v.*《古》sit の過去分詞.

sít·ter [-ṭə | -tə(r] 〚ME〛 — *n.* **1 a** 坐る人, 着席者. **b** (半身肖像画[写真]用の)坐っているモデル, 写生させる人. **c**《口語》=baby-sitter. **d** =B-girl. **2** 巣鳥, かえし鳥, 抱き鳥 (brooding bird) (cf. sit *vi.* 3): a good [bad] ~ じょうず[へた]なかえし鶏. **3** (とまっている[じっとしている]猟鳥など)わけなく命中する射撃の的; しやすい[楽な]仕事. **4**《英》=sitting room. **5**《米俗》尻, 臀部 (buttocks).

Sit·ter [sítə | -tə(r; *Du.* sɪ́tər], **Willem de** *n.* シッテル《1892–1934; オランダの天文学者・数学者》.

sítter-ín *n.* (*pl.* sitters-) =baby-sitter.

Sit·ti·dae [síṭədìː | -tɪ-] 〚← NL ~ ← *Sitta* (属名: ← Gk *sittē* nuthatch) + -IDAE〛 *n. pl.*《鳥類》(スズメ目)ゴジュウカラ科.

sít·ting [-ṭɪŋ | -tɪŋ] 〚ME〛 — *n.* **1** 着席, 着座: This chair is hard for ~. この椅子は硬くて坐り心地がよくない. **2** 肖像画や写真のモデルになること: give five ~*s* to a painter 画家のモデルとして5回坐る. **3** 坐って(仕事などを続けて)いる時間, 一仕事, 一気, 一度: finish a job *at a* [*one*] ~ 一気に仕事を終える / win three thousand dollars *in a* ~ (トランプなどで) 一度に3千ドルも勝つ. **4 a** (議会の)開会(していること): all-night ~ of the diet 国会の徹夜審議. **b**《米》(法廷の)開廷(していること): a ~ of a court《米》開廷. **c** [しばしば *pl.*] 開会期間, 開期 (session) (cf. term *n.* 2 b). **5** (教会・劇場などでの)1人分の座席; (教会・礼拝所などでの)定めの席. **6** (一団の人々に割りふられた)食事時間[場所]: dinner with ~*s* at 7 and 8 7時と8時の2回に割りふられた夕食. **7** 巣ごもり (brooding), 抱卵 (incubation); 抱卵の時間, 抱卵期; 1回の抱卵数 (clutch). — *adj.* **1** 坐っている (seated). **2** 役職についている; 現職[役]の: a ~ politician 現役の政治家 / the ~ member 現職議員; (総選挙時に, 前議員であった)候補者. **3**《英》(借家・アパートなどに)居住中の: a ~ tenant 居住中の借家人, 現居住者 (cf. PROSPECTIVE tenant). **4** 〈鳥が〉抱卵中の.

Sít·ting Búll *n.* (1831–90) アメリカインディアン Sioux 族の酋長; 勇者として有名; Little Bighorn で Custer 将軍の騎兵隊を全滅させた (1876).

sítting dúck *n.* **1** =sitter 3. **2**《口語》容易にだまされる人, いいかも.

sítting héight *n.* 座高.

sítting ròom *n.* **1** 居間, 茶の間. **2** (ホテルなどのスウィート (suite) の一部分になっている)居室.

sítting tárget *n.* =sitting duck.

sit·u·ate 〚《1523》← ML *situāt-us* (p.p.) ← *situāre* to place ← *situs* 'SITE': ⇨ -ate[2]〛 — [sítʃuèɪt | -tjʊ-, -tʃʊ-] *vt.* 〈ある場所に〉置く(place), 位置させる (locate) 〔*at, in, on*〕: Where do you ~ a new factory? 新工場をどこに建てるのか. — [-tʃuət, -tʃuɪt, -tʃuèɪt | -tjuèɪt, -tʃʊ-, -tjʊət, -tʃʊ-, -ɪt] *adj.*《古》=situated: a parish ~ about half-way between the two towns その二つの町の中間あたりにある教区.

sít·u·àt·ed [-ṭɪd, -ṭəd | -tɪd, -təd] 〚《1560》〛 — *adj.* **1** 位置している (located), ある (placed); 敷地が…の: a town ~ on a hill 丘の上にある町 / His house is ~ at the back of the town hall. 彼の家は公会堂の裏にある. **2** (…の)立場[境遇, 状態]にある (circumstanced): be awkwardly ~ 困った立場[困難な地位]にある / thus ~ このような状態で / His family were well ~. 彼の家族の人たちは裕福だった.

sit·u·a·tion [sɪ̀tʃuéɪʃən | -tjʊ-, -tʃʊ-] 〚《1490》□ (O)F ~ ∥ ML *situātiō(n-)*: ⇨ situate, -ation〛 — *n.* **1** (周囲との関連での建物などの)位置, 場所, 立地条件; 敷地, 用地 (site): a delightful ~ for a house 家を建てるによい場所. **2 a** (ある時に置かれた)境遇 (circumstances), 立場, 状態 (condition): I am in a dangerous ~. 危険な状態にある / He found himself in an embarrassing ~. 彼は困った立場に立つことになった / come out of a difficult ~ with credit 急場をあっぱれうまく切り抜ける. **b** 形勢, 時局, 状況, 事態 (state of affairs): the political ~ 政局 / the international ~ 国際情勢 / the Russo-Japanese ~ 日ソ関係 / the housing ~ 住宅事情. **c** 難局, 危機 (crisis): That saved the ~. それで急場が救えた, 危いところを助かった. **d** (脚本・小説などの)急場, きわどい場面, 大詰, クライマックス (climax): a thrilling [an intense] ~ はらはらする[息づまる]場面. **3 a** 勤め口, 奉公口, 就職口 (employment, job). ★ 英国では, 特に召使い・家庭教師など家庭内の仕事にいう: a ~ as gardener [a housemaid] 庭師[お手伝い]の勤め口 / hold [throw up] a ~ 勤めている[勤めをやめる] / be in [out of] a ~ 就職[失業]している / find a ~ in a shop 店員の口を見つける / *Situations* Vacant [Wanted]. 人[職]を求む《求人[求職]欄の見出し》. **b** 地位 (status): improve one's ~. **4**《心理・社会学》状況, 事態.

sìt·u·á·tion·al [-ʃnəl, -ʃənl | -ʃnəl] *adj.* **1** 境遇の, 境遇のせいで生じた. **2** 事情次第で変わる, 御都合主義の. **3**《心理・社会学》状況の, 状況に規定された[条件づけられた]. **~·ly** *adv.*

situátion cómedy *n.* (ラジオ・テレビで)同じ登場人物の連続ホームコメディー.

situátion éthics *n.* 状況倫理《各状況での倫理的決断は個別的であり, またあるべきで, 普遍的原則は不要だとする説》.

situátion ròom *n.*《軍事》状況室《通例, 軍司令部内にあって, あらゆる戦闘・作戦行動などの状況報告が集められる部屋》.

sít-ùp *n.* シットアップ《あお向けの姿勢から脚を伸ばして床につけたまま上体を起こす腹筋運動》.

sít-upòn *n.*《英口語》尻, 臀部 (buttocks).

si·tus [sáɪṭəs, síː- | -təs] 〚□ L ~: ⇨ site〛 *n.* (*pl.* ~) **1**《法律》(課税・裁判管轄のための, 人または物の所在する)場所, 位置. **2** (器官部などの)位置.

sítus invérsus *n.*《医学》逆位《心臓・肝臓などの内臓が正常の位置とは異なった位置にあること》.

sit·u·tun·ga [sɪ̀ṭətúŋgə | -tə-] *n.*《動物》=sitatunga.

Sit·well [sítwəł, -weł], Dame **Edith** *n.* (1887–1964) 英国の女流詩人・批評家; O. Sitwell および S. Sitwell の姉; *Collected Poems* (1930).

Sitwell, Sir **Osbert** *n.* (1892–1969) 英国の詩人・小説家; E. Sitwell の弟; *England Reclaimed* (1927).

Sitwell, Sa·chev·er·ell [səʃévərəł] *n.* (1897–) 英国の詩人・美術批評家; E. Sitwell および O. Sitwell の弟; *Sacred and Profane Love* (1940).

sítz bàth [síts-] 〚《部分訳》← G *Sitzbad* ← *Sitz* a sitting + *Bad* 'BATH'〛 *n.* **1** 坐浴, 腰湯 (hip bath). **2** 坐浴[腰湯]の浴槽.

sitz·krieg [sítskrìːg, zíts-; *G.* zítskrìːk] 〚□ G *Sitzkrieg* ← *Sitz* (↑) + *Krieg* war〛 — *n.*《軍事》膠(ᵏₓ)着戦(期間)《第二次大戦中西部戦線において比較的不活発であった戦闘(期間など); cf. blitzkrieg》.

sitz·mark [sítsmɑ̀ək, zíts- | -mɑ̀ːk; *G.* zítsmàrk] 〚《部分訳》← G *Sitzmarke* ← *Sitz* (↑) + *Marke* 'MARK[1]'〛 — *n.*《スキー》シットマーク《スキーヤーが後ろに倒れて雪中に残したくぼみ》.

SI ùnit [ésáɪ-] 〚*SI*:《略》← F *Système International (d'Units)*〛 *n.* SI [国際]単位系の各単位 (⇨ SI).

Si·va [síːvə, ʃíːvə, síːvə, ʃíːvə | síːvə, ʃíːvə, síːvə, ʃíːvə; *Hindi* ʃɪvɑ] 〚□ Hindi *Śiva* ← Skt《原義》propitious one: cog. L *civis* (cf. civil)〛 — *n.*《ヒンズー教》シヴァ, 湿婆(ᵏₓ)《三大神格の一つで破壊と創造を象徴し, また人間の運命を支配する; cf. Brahma[1] 2, Vishnu》.

Siva

Si·va·ism [-vəɪzm] *n.*《ヒンズー教》シヴァ教.

Sí·va·ist [-ɪst, -əst | -ɪst] *n.* シヴァ教徒.

Si·va·is·tic [sìvəístɪk, ʃìvə-, sìːvə-, ʃìːvə- | sìːvə-, ʃìːvə-, sìvə-, ʃìvə-] *adj.* シヴァのような; シヴァ信仰[教]の.

Si·va·ite [síːvəàɪt, ʃívə-, síːvə-, ʃíːvə- | síːvə-, ʃívə-, síːvə-, ʃíːvə-] *n.*《ヒンズー教》=Saiva.

Si·van [síːvən] 〚□ Heb. *Siwān* □ Akkad. *Simānu*《原義》? (right) time〛 *n.* (ユダヤ暦の)3月《グレゴリオ暦の5–6月に当たる; ⇨ Jewish calendar》.

Si·vas [sɪvɑ́ːs; *Turk.* sívɑs] *n.* シバス《トルコ中央部の都市; 人口 210,000》.

Si·wan [síːvən] *n.* =Sivan.

Si·wash [sáɪwɔ(ː)ʃ, -wɑʃ | -wɔʃ] 〚□ N-Am.-Ind. (Chinook) ~ □ F *sauvage* 'SAVAGE'〛 — *n.* **1**《米》[しばしば old ~; 集合的にも用いて] (発展性のないこぢんまりした)地方大学, 田舎大学: students at a ~ / dear *old* ~.

six [síks] 〚OE *six, s(i)ex* < Gmc **seks* (Du. *zes* / G *sechs*) < IE **sweks* (L *sex* / Gk *héx* / Skt *ṣaṣ*)〛 — *n.* **1** 6 (⇨ number 表); 6個, 6人, 6歳, 6時: at half past [after] ~ 6時半に / a child of ~ 6歳の子供 / a party of ~ 6人組, 6人の一隊. **2** 6 [VI] の記号[数字]. **3** (英国の貨幣制度での) 6ペンス (sixpence); (英国の旧貨幣制度での) 6シリング (six shillings); 6ペンス: ~ and ~ 6シリング6ペンス / two and ~ 2シリング6ペンス / ~ and eight (pence) 6シリング8ペンス《18世紀頃のバリスターに対する(固定的な)報酬》. **4** (トランプの)6の札, (さいの)6の目; 半面に6個の点のあるドミノの牌: the ~ of hearts ハートの6 / throw a ~ さいを振って6の目を出す. **5** 6人[個]一組. **6** 6番サイズの衣料品: wear a ~. **7** 6人1組のチーム; アイスホッケーチーム. **8** 6本オールのボート; そのボートの乗員; [*pl.*] 6本オールのボートレース. **9** 6気筒エンジン; 6気筒自動車. **10**《クリケット》6点打《ノーバウンドで場外に打たれた時》. ***at sixes and sevens*** [ət sɪ́ksɪznsév(ə)nz] = ***at six and seven*** 〚さいころ賭博からか (6, 7は高位点数); または 6+7=13 で不吉な数を表わすことからか〛 (1) 混乱して, 乱雑に. (2) 不一致で. ***hit for six***《英》(1) (クリケットで)6点打を打つ. (2) (議論などで)〈人を〉打ち負かす. ***It is*** [***It's***] ***six of one and half-a-dozen of the other.*** いずれも似たり寄ったりだ, 実際上何の差もない, 五十歩百歩. ***six to one*** 6対1; はなはだしい差 (long odds).

— *adj.* 6の, 6個の, 6人の; [Predicative に用いて] 6歳で.

six·ain [sɪzéɪn, sə-, sɪkséɪn | síkseɪn] 〚□ F ~ < OF *sisain* ← *sis* < L *sex* (↑)〛 *n.*《詩学》=sextain.

síx-bìd sólo *n.*《トランプ》6種ビッドソロ《3人が36枚のカードを1枚ずつ手札とし, 高低6種のビッド

により契約した得点を達成する米国起源のゲーム; 単に solo ともいう; cf. frog^{4}》.

Síx Cóunties *n. pl.* [the ~] (北アイルランドの)6州.

six·er [síksɚ | -sə(r)] *n.* **1** (英国・カナダの)組長, 六人隊長《ボーイスカウト運動の一部門であるカブスカウトの編成単位である組の長》. **2** 〖クリケット〗6点打.

síx·fòld 〖OE *sixfeald*: ⇨six, -fold〗 *adj.* **1** 6部分[部門, 要素]のある, 6重の. **2** 6倍の. — *adv.* 六重に; 6倍に.

síx-fòot *adj.* 6フィートの: a ~ plank 6フィート板 / the ~ way 〖鉄道〗軌間6フィートの鉄道.

síx-fóoter *n.* 《口語》おおよそ6フィートある人[もの].

síx-fòur chórd *n.* 〖音楽〗四六の和音《第5音が最低音となる三和音の第2転回形》.

síx-gùn *n.* =six-shooter.

six·mo [síksmou | -məu] 〖← SIX + -MO〗 *n.* 六枚折(版); 六枚折本《sexto ともいう》. — *adj.* 六枚折(版)の; 六枚折本の.

Síx Nátions *n. pl.* [the ~] 《米》(アメリカインディアン Iroquois 族の昔の)六族連合《Five Nations に Tuscarora 族を加えたもの》.

síx-pàck *n.* 6本詰めパック, 半ダースカートン[紙箱]《特に, ビールのびん[かん]などが6本入る下げ手のついた厚紙箱》.

six·pence [síkspèns, síkspəns] 〖ME〗 — *n.* (*pl.* ~, **-penc·es**) **1** (英国の)6ペンス(の価). ★ 用法その他については ⇨ penny 1. **2** 6ペンスの硬貨《1946年までは銀貨, 1947年以降は白銅貨》. **3** 《口語》わずかの価; つまらないこと[人]: I don't care (a) ~ about it. そんなことは少しもかまわない / It doesn't matter ~. それは何でもないことだ, 少しもかまわない / the same old ~ 相も変わらぬでくの棒 / spit ~*s*=*spit* COTTON.

six·pen·ny [síkspéni, síksp(ə)ni | -nɪ] 〖(15C)〗 — *adj.* **1** 6ペンスの: a ~ bit [piece] 6ペンス銀貨. ★ 用法その他については ⇨ penny 1. **2** 《英》安物の (cheap), 無価値な (worthless), つまらない (paltry). **3** 〖100本につき6ペンスしたことから〗〈釘が〉2インチ(の長さ)の.

síxpenny·wòrth 〖(15C)〗 *n.* 6ペンス相当分の物[量].

síx-ròwed bárley *n.* 〖植物〗六条大麦《もっとも普通のオオムギ; 穂の各節に3個の小穂がつき, その全部が実るため, 粒が6列となり, 上から見ると穂が6角形に見える; cf. four-rowed barley》.

síx·scòre 〖ME〗 *n.* 120 (cf. score *n.* 7).

síx-shòoter *n.* 《口語》6連発拳銃[ピストル] (six-gun).

síx-spòt *n.* =six 4.

sixte [síkst] 〖□F ~ 《原義》sixth < L *sextum*: cf. sext〗 *n.* 〖フェンシング〗シクスト, 第六の構え《八種の受けの構えの一つ; cf. guard 6》.

six·teen [sìkstíːn, ⌐⌐] 〖OE *sixtȳne* (cog. Du. *zestien* / G *sechzehn*): ⇨ six, -teen〗 — *n.* **1** 16; 16個, 16人, 16歳. **2** 16 [XVI] の記号[数字]. **3** 16人[個]一組. **4** 16番サイズの衣服. **5** [*pl.*] 十六折(判) (sixteenmo): in ~*s* 十六折で. — *adj.* 16の, 16個の, 16人の; [Predicative に用いて] 16歳で.

six·teen·mo [sìkstíːnmou | -məu] 〖⇨ -mo〗 *n.* (*pl.* ~**s**) 十六折(判); 十六折本《sextodecimo, decimosexto ともいう》. — *adj.* 十六折(判)の; 十六折本の.

six·teenth [sìkstíːnθ, ⌐⌐] 〖ME *sixtenþe* 《変形》← *sixtebe* < OE *sixtēoþa*: -n- は SIXTEEN の影響を受けた: ⇨ -th^{1}〗 — *adj.* **1** 第16の, 16番目の (16th). **2** 16分の1の: a ~ part 16分の1. — *n.* **1** [the ~] 第16, 16番目, 第16位; (月の)(第)16日: *the* ~ [16th] of April 4月16日. **2** 16分の1: a ~ 16分の1 / three-*sixteenths* 16分の3. **3** 〖音楽〗=sixteenth note.

sixtéenth nòte *n.* 〖音楽〗十六分音符《semiquaver ともいう》.

sixtéenth rèst *n.* 〖音楽〗十六分休止符.

sixth [síksθ, síkstθ] 〖ME *sixte, sexte* < OE *sixta, siexta*: -*th* は16Cから〗 — *adj.* **1** 第6の, 6番目の (6th). **2** 6分の1の: a ~ part 6分の1. — *adv.* 第6に, 6番目に. — *n.* **1** [the ~] 第6, 6番目, 第6位; (月の)(第)6日: *the* ~ [6th] of June 6月6日. **2** 6分の1: a ~ 6分の1 / two-*sixths* 6分の2. **3** 〖音楽〗第六音, 六度音程.

síxth chòrd *n.* 〖音楽〗六の和音《第3音が最低音となる三和音の第1転回形》.

síxth cólumn *n.* 〖軍事〗第六部隊, 第六列《自国に不利な流言を行なったりして fifth column (第五部隊)を意識的または無意識的に助け, 利敵行為をする人々; または第五部隊に対抗するために団結した人々》.

Síxth dáy *n.* (クエーカー派 (Quakers) 間で)金曜日.

síxth fórm *n.* 《英》〖教育〗(中等学校で, A level などの受験準備をする)第6[最高]学年. **~·er** *n.*

síxth·ly *adv.* 第6に, 6番目に.

síx-thrèe-thrée *adj.* 《米》6-3-3制の《小学校6年, junior [senior] high school 各3年の教育制度をいう; cf. eight-four》.

síxth sénse *n.* 第六感, 直感 (intuition) (cf. sense A 1): He has a ~ of danger. 危険に対する第六感がある.

six·ti·eth [síkstiɪθ, -tiəθ | -tiɪθ, -tɪəθ] 〖OE *sixteogoða*: ⇨ sixty, -th^{1}〗 — *adj.* **1** 第60の, 60番目の (60th). **2** 60分の1の: a ~ part 60分の1. — *n.* **1** [the ~] 第60, 60番目. **2** 60分の1: a [one] ~ 60分の1 / two ~*s* 60分の2.

Six·tine [síkstaɪn, -tiːn, -tɪn, -tən | -taɪn, -tiːn] *adj.* =Sistine.

Six·tus IV [síkstəs] *n.* シクストス[シクスト]四世《1414-84; イタリアの聖職者; 教皇 (1471-84); 学芸の奨励者; 本名 Francesco della Rovere [róːvere]; ⇨ Sistine Chapel》.

Sixtus V *n.* シクストス[シクスト]五世《1521-90; イタリアの聖職者; 教皇 (1585-90); 近代ローマの都市建設に貢献; 本名 Felice Peretti [felíːtʃ perétti]》.

six·ty [síksti | -tɪ] 〖OE *sixtiġ* (cog. Du. *zestig* / G *sechzig*): ⇨ six, -ty〗 — *n.* **1** 60; 60個, 60人, 60歳; 60年: be under ~ 60歳以下である. **2** 60 [LX] の記号[数字]. **3** 60人[個]一組. **4** 60番サイズの衣服. **5** [*pl.*] 60台, 60年代[歳台]: a man in his *sixties* 60代の人 / It happened in the nineteen *sixties*. 1960年代に起こった / be in the *sixties* 〈点数・温度などが〉60点台[60度台]である.

like sixty 《米口語》盛んに, 元気よく(briskly): It was raining *like* ~. すごく雨が降っていた.

— *adj.* 60の, 60個の, 60名の; [Predicative に用いて] 60歳で.

síxty·fòld 〖OE *sixtigfeald*: ⇨ -fold〗 *adj., adv.* 60倍の[に].

síxty-fòur-dóllar quéstion 〖米国のラジオで賞金が16ドル・32ドル・64ドルとせり上がるクイズ番組の最後の質問の意から〗 — *n.* 《口語》(決定的で)最も重要な[手ごわい]問題, 難問題 (crucial question).

six·ty-four·mo [sìkstifɔ́ːəmou, -fɔ́ə- | -tɪfɔ́ːməu] 〖⇨ -mo〗 — *n.* (*pl.* ~**s**) 六十四折(判); 六十四折本《sexagesimo-quarto ともいう》. — *adj.* 六十四折(判)の; 六十四折本の.

síxty-fóurth nòte *n.* 〖音楽〗六十四分音符《hemidemisemiquaver ともいう》.

síxty-fóur-thóusand-dóllar quéstion *n.* 《口語》=sixty-four-dollar question.

síxty-fóurth rèst *n.* 〖音楽〗六十四分休止符.

síxty-níne *n.* =soixante-neuf.

síxty-síx *n.* 〖トランプ〗六十六《2人が24枚のカードで行なう pinochle 系のゲームの一種; 66点を先取した方が勝つ》.

siz·a·ble [sáɪzəbl] 〖← SIZE^{1} (v.) + -ABLE〗 — *adj.* **1** 相当の大きさの, かなり大きい (fairly large); 大きい (large): a ~ man, majority, etc. **2** 《廃》ころ合い[手ごろ]の大きさの. **~·ness** *n.* **síz·ably** *adv.*

siz·ar [sáɪzɚ | -zə(r)] 〖《変形》← *sizer* ← SIZE^{1} (n. 5) + -ER^{1}〗 — *n.* 《英》(Cambridge 大学・Dublin の Trinity College での)特待免費生《かつては他の大学生に奉仕する義務があった; cf. servitor 2》.

sízar·shìp *n.* 《英》特待免費生(sizar)であること, sizar の身分[地位].

size^{1} [sáɪz] 〖(a1300) □ OF *sise* 《頭音消失》← *assise* 'ASSIZE'〗 — *n.* **1** (物の)大きさ, 規模, (人の)背格好 (bigness); 寸法 (measurement), 大小 (magnitude), かさ(bulk): the ~ of a city / This book is the same ~ as that. この本はそれと同じ大きさです / What a ~ it is! なんと大きいんだろう / the ~ of an enterprise 企業の大きさ / What's the ~ of the enemy? 敵軍はどれぐらいだろうか / a full [natural, real] ~ 実物大 / a life ~ 等身大 / a medium ~ 中(型) / *Size* matters less than quality. 大きさよりも質が大切だ / take the ~ of …の寸法をとる / be (half, twice) the ~ of …の(半分の, 2倍の)大きさだ / of some ~ かなり大きい. **2** (帽子・手袋・靴などの)番, 型, サイズ; (衣服の)サイズ, 号数; (ヒップ・バストなどの)サイズ; (紙などの)判; サイズ…の品物: shoes of ~ 5 サイズ5番の靴 / a hat two ~*s* larger 2サイズだけ大きい帽子 / be made in several ~*s* 大小種々に作られる / What ~ do you take [want] in gloves? 手袋のご寸法は? / take ~ 7 in gloves 手袋は7番をはめる / Type of such small ~ is difficult to read. こんな小型の活字は読みにくい / What is your ~? サイズは何番ですか. **3** 力量, 手腕: a man of a considerable ~ 相当な敏腕家. **4** [the ~] 《口語》実状, 真相: That's about *the* ~ of it. まあそんなところだ, 大体それが真相だ. **5 a** 《廃》(飲食物の)定量, 定額. **b** 《古》(Cambridge 大学などで, 賄い方から学生に供給する飲食物の)定量, 定食 (sizing).

cut* [*chop*] *down to size 〈過大視されているもの[人]を〉実状[実際]にまで下げる: *cut* one's opponent *down to* ~ by trial 試してみて相手を実力相応に評価する. ***for size*** (1) [try for ~ として] ぴったりかどうか試しに: *try* on a hat *for* ~ ぴったりか帽子をかぶってみる. (2) さまざまな大きさ[寸法]に従って: They were separated *for* ~. いろいろの寸法で分けられた. ***of a* [*one*] *size*** 同じ大きさの: boys all *of a* ~ 同じ大きさの少年 / They are much *of a* ~. ほぼ同じ大きさだ.

— *vt.* **1** 寸法[大きさ]で分類する, 大小順に並べる: ~ a company 中隊の兵を身長順に並べる. **2** ある大きさ[寸法]に作る. **3** 《古》標準に合わせる, 標準によって加減する. **4** 〖金属加工〗〈鍛造物を〉仕上げ打ちする. **5** 〖冶金〗〈焼結した成形体 (compact)〉の寸法を合わせる《粉末冶金におけるプレス工程の一種》.

— *vi.* 《英古》(Cambridge 大学などで)定食[定量の飲物]を注文する (order size).

size down 大きいほうから順々に並べていく, 次第に小さくする. ***size up*** (1) 〔…の〕標準に達する, 型に合う 〔*to, with*〕: ~ *up to* one's requirements 要求に応える. (2) 《口語》…の大きさを量る; 〈人物・事情などを〉評価する, 判断する (estimate): ~ *up* the situation.

— *adj.* [通例複合語の第2構成素として] =sized 1.

size^{2} [sáɪz] 〖(1440) *sise* □ ? MF 'setting, fixing' ← OF *assise* (↑)〗 — *n.* サイズ, 陶砂(どうさ) (cf. gold size, engine size): **a** 〖製紙〗紙のにじみ止めに使うロジン・ゼラチンなど. **b** 〖紡織〗織物に付ける糊で, にかわ液にみょうばんを加えたもの; 主に澱粉を用いる.

— *vt.* …にサイズ[陶砂]を塗る.

size·a·ble [sáɪzəbl] *adj.* =sizable.

sized 〖⇨ -ed 2〗 — *adj.* **1** [複合語の第2構成素として] …の大きさの: large-*sized* 大型[判]の / medium-[middle-]*sized* 中型[判]の. **2** 大きさのある; 大きさの順に並べた. **3** 同じサイズの; 標準サイズの.

síz·er^{1} *n.* **1** (大きさ[サイズ]に従って分類する)整粒器, 分粒器. **2** 寸法測定器. **3** 大きさで物を選別する人[もの].

siz·er^{2} [sáɪzɚ | -zə(r)] *n.* =sizar.

síze stìck *n.* (靴店で客の足の寸法をはかるのに用いる)物差し.

síze-ùp *n.* **1** 評価[判断]すること. **2** (人・ものに対する)評価: give a ~ of the students 学生の評価をする.

síz·ing^{1} *n.* **1** 大きさ[身長]順に並べること; 整粒; (樹木の)間引き. **2** =size^{1} *n.* 5 b.

siz·ing^{2} *n.* **1 a** 〖製紙〗サイジング[陶砂(どうさ)]を塗ること; サイジング《製紙の際サイズを入れる工程》. **b** 〖紡織〗サイジング《布地や糸に糊・樹脂・パラフィンなどで張り・光沢・なめらかさを加える加工》. **c** サイズ剤. **2** 〖金属加工〗(鍛造の)仕上げ打ち, 型打ち矯正.

siz·y [sáɪzi | -zɪ] 〖⇨ size^{2}, -y^{4}〗 *adj.* (**siz·i·er; -i·est**) 《古》サイズ[陶砂(どうさ)]の(ような); どろっとした, 粘る, 粘性の (thick, viscous).

sizz [síz] 〖《擬音語》: cf. sizzle〗 《米》 *vi.* しゅーしゅーいう; しゅーしゅーと音をたてて動く. — *n.* しゅーしゅーいう音.

siz·zle [sízl] 〖(1603) 擬音語〗 — *vi.* **1** 〈フライの油などが〉しゅーしゅー[じゅーじゅー]いう. **2** しゅーしゅーと音をたてて動く[通る]: Cars ~*d* past. 自動車がしゅーしゅー通過していった. **3** 《口語》煮えるほど暑い. **4** 《口語》(怒り・憤りで)煮えたぎる; 非常に怒る; 深い怨み[怒り]をいだく. — *vt.* しゅーしゅー[じゅーじゅー]音をたてるほど熱くする[焼く]. — *n.* **1** しゅーしゅー[じゅーじゅー]いう音. **2** 《口語》(怒り・憤りで)煮えくりかえった状態.

síz·zler [-zlɚ, -zlə | -zlə(r), -zlə(r)] *n.* 《口語》**1** しゅーしゅー音をたてるもの; 非常に熱いもの. **2** 非常に暑い日.

síz·zling [-zlɪŋ, -zl-] *adj.* **1** しゅーしゅー[じゅーじゅー]いう: ~ steaks. **2** 《口語》非常に暑い (very hot). **3** [副詞的に] じゅーじゅーいうほどに, 焼けるほど: ~ hot うだるほど暑い. **~·ly** *adv.*

s.j. 《略》〖法律〗*L.* sub judice.

S.J. 《略》Society of Jesus.

Sjæl·land [*Dan.* ʃjélan'] *n.* シェラン(島)《Jutland 半島とスウェーデンの間にあるデンマーク最北の島; この島に Copenhagen がある; 人口 1,856,000, 面積 7016 km^2; 英語名 Zealand》.

sjam·bok [ʃæmbák, -bák | ʃǽmbɒk] 〖□ Afrik. *sambok* □ Malay *cambok* large whip □ Hindi *cābuk*〗 *n., vt.* 《アフリカ南部》サイの皮のむち(で打つ).

S.J.C. 《略》Standing Joint Committee; 《米》Supreme Judicial Court.

S.J.D. 《略》*L.* Scientiae Jūridicae Doctor (=Doctor of Juridical Science).

SK 《記号》⇨ SAS.

skag [skǽ(ː)g] *n.* 〖造船〗=skeg.

Ska·gen [skáːgən; *Dan.* sgáː'vən], **Cape** *n.* スカゲン岬 (⇨ The SKAW).

Skag·er·rak [skǽgəræ̀k] *n.* [the ~] スカゲラク(海峡)《デンマークとノルウェーとの間の北海の湾入部; 長さ 240 km, 幅 136 km》.

Skag·way [skǽgweɪ] 〖《変形》← Tlingit *schkagué* 《原義》place exposed to the north wind〗 *n.* 米国 Alaska 州南東部の町で, 鉄道終点.

skald [skɔ́ːld, skáːld | skɔ́ːld] 〖□ ON *skāld* ← ?〗 *n.* (古代スカンジナビアの)吟唱詩人, スカルド(詩人)《叙事詩 Edda に対して技巧的抒情詩の詩人》.

skald·ic [skɔ́ːldɪk, skáːld- | skɔ́ːld-] 〖⇨↑, -ic^{1}〗 *adj.* (古代スカンジナビアの)吟唱詩人 (skald) の, スカルド詩人による詩の.

Skan·der·beg [skǽndəbèg | -də-] *n.* =Scanderbeg.

skat^{1} [skáːt, skǽt] 〖□ G *Skat* □ It. *scarto* discard ← *scartare* to discard ← *s*- (< L *ex*- 'EX-^{1}') + *carta* 'CARD^{2}'〗 — *n.* 〖トランプ〗**1** スカート《ドイツで最も人気のある pinochle 系のゲーム; 3人が6以下を除く32枚の札を10枚ずつ手持ちとし, 残り2枚を後家札 (widow) として, せり (bid) で切札・出来役の種類などを決め, プレーにより最低61点取ることが要求される; cf. matador 2, schneider 2》. **2** =widow 3.

skat^{2} [skǽt] *n.* =scat^{4}.

skate^{1} [skéɪt] 〖(1662) *skates* □ Du. *schaats* □ ONF *escace* (F *échasse*) stilt ← Gmc: -*s* を pl. 語尾と誤解した逆成 (cf. pea^{1})〗 — *n.* **1** [通例 *pl.*] **a** (アイス)スケート(靴) (ice skate). **b** 二枚刃付き子供用スケート (double-runner). **c** スケート靴のエッジ. **d** ローラースケート(靴) (roller skate). **2** スケートで滑ること; (スケート(靴)をつけての)一滑り: go for a ~. **3** (救命ボートの)垂直滑りバンド《船が傾いてもボートを楽に降ろせるようにボートの外部に垂直に付けた滑りバンド》.

get one's skates on 《俗》急ぐ.

— *vi.* **1** 氷の上をスケートで滑る, 氷滑りをする, スケート競争をやる. **2** 滑るように(速く)走る (glide along). **3** 〔問題などに〕ちょっと触れる 〔*over, round*〕. — *vt.* (スケートで)滑って〈池などを〉渡る.

skate^{2} [skéɪt] 〖(c1340) *scate* □ ON *skata* ← ?〗 — *n.* (*pl.* ~, ~**s**) 〖魚類〗ガンギエイ《ガンギエイ科の魚類の総称; 体盤はほぼ菱型で吻が長く, 細長い尾部には放電組織がある; gray skate など; cf. ray^{2}》.

skate³ [skéɪt] 〖《転訛》? ← 《方言》 *skite* contemptible person ← ME *skyte(n)* to void excrement ▭ ON *skíta*: cf. shit〗 ― *n.* 《俗》 **1 a** おいぼれ馬. **b** 軽蔑すべき人, 取るに足らない人. **2** [通例 good ～ で] 人, やつ (fellow): a *good* ～ 気の合った好人物, いい奴.

skáte·bòard *n.* スケートボード《ローラー スケートの車輪のついている長さ約 60 cm 位の長楕円形の板》. ― *vi.* スケートボードに乗る. **～·er** *n.*

skáte·bòarding *n.* スケートボード遊び.

skate·mo·bile [skéɪtmo(ʊ)bìːl | -mə(ʊ)-] *n.* ローラースケートの上に板や箱などを取り付けた子供用乗物.

skát·er [-tə | -tə(r)] *n.* **1** 氷滑り[氷上スケート]をする人《特に, 上手な人にいう》. **2** 〘昆虫〙 ＝water strider.

skát·ing [-tɪŋ | -tɪŋ] *n.* 氷滑り, スケート.

skáting rìnk *n.* スケートリンク.

skat·ole [skǽtoʊl, skéɪt-, -tɔ(ː)l | -tɔl] 〖← Gk *skat-* 'SCATO-'＋-OLE〗 ― *n.* (*also* **skat·ol** [～]) 〘化学〙 スカトール, β-メチルインドール (C_9H_9N)《白い結晶質水溶性固体; 排泄物の臭いがある; 微量は香料に用いられる》.

ska·tos·co·py [skətɑ́skəpi | -tɔ́skəpɪ] *n.* 〘医学〙 ＝scatoscopy.

Skaw [skɔ́ː], **The** *n.* スカゲン岬, スコー岬《デンマーク Jutland 半島北端の岬; Cape Skagen ともいう》.

skean¹ [skíːən, skíːn | skíːən, skíən] 〖▭ Ir.-Gael. *scian* & Sc.-Gael. *sgian*〗 ― *n.* **1** 両刃の短刀《古くアイルランドやスコットランド高地で用いられた柄が銀製のもの》. **2** ＝skean dhu.

skean² [skéɪn] *n.* ＝skein 1.

skéan dhú [-ðúː | -dúː] 〖▭ Sc.-Gael. *sgian dubh* 《原義》 black knife〗 *n.* (昔, スコットランド高地人の用いた)小刀[短刀]の一種.

Skeat [skíːt], **Walter William** *n.* (1835–1912) 英国の言語学者・語源学者; *An Etymological Dictionary of the English Language* (1879–81).

ske·dad·dle [skɪdǽdl, skə- | skɪ-] 〖《1862》← ?〗 ― 《口語》 *vi.* 逃走する (run away), 一目散に逃げ出す(scamper off). ― *n.* 一目散に逃げること (flight), 逃走, 疾走. **ske·dád·dler** *n.*

skee [skíː] *n.* (*pl.* ～**s**, ～) ＝ski. ― *vi.* (～**d**; ～**·ing**) ＝ski.

Skee-Ball [skíːbɔ̀ːl] *n.* 〘商標〙 スキーボール《傾斜した卓にゴム球を転がして所定の穴に入れて点を取る室内ゲームの一種》.

skee·sicks [skíːzɪks] 〖← ?〗 *n.* 《米》 (*also* **skee·zicks, skee·zix** [～]) ろくでなし, ごろつき (rascal).

skeet¹ [skíːt] 〖← ? ON *skjōt-a* 'to SHOOT¹'〗 *n.* 〘射撃〙 スキート射撃《トラップ射撃 (trapshooting) の一種; skeet shooting ともいう》.

skeet² [skíːt] 〖← ?〗 ― *n.* 〘トランプ〙 (ポーカーで)スキート《5 枚のカードが 9, 5, 2 およびその中間の数の札を含む手; ストレートとスリーカードとの間に位する; 全部が同種札の場合は skeet flush といい, royal flush より強い》.

skeg [skég] 〖▭ Du. *scheg(ge)*: cf. ON *skegg* beard, projection〗 ― *n.* 〘造船〙 **1** かかと《船の竜骨 (keel) の後端突出部; 鋼船ではかじの下部との間に位する》. **2** 平底ボートで竜骨後端に続く三角形垂直材. **3** 船外機のプロペラの下部に突き出ている防護材.

skeigh [skíːç] 〖← ? Scand. (cf. Swed. *skygg* shy): cf. OE *scēoh* 'SHY¹'〗 ― 《スコット》 *adj.* **1** 〈馬が〉元気な; 驚きやすい. **2** 〈女が〉気位の高い, 高慢な (proud). ― *adv.* 高慢に (proudly).

skein [skéɪn] 〖《1440》 ▭ OF *escaigne* (F *écagne*)〗 ― *n.* **1** (糸の)かせ (⇨ hank). **2** かせ状のもの: a ～ of hair. **3** もつれ (tangle), 混乱 (confusion): a complicated [tangled] ～ of thought 混乱した思想. **4** (飛んでいるガンなど野鳥の)群れ (flight). **5** 〘生物〙 ＝spireme. ― *vt.* 〈糸を〉かせに巻く.

skel·e·tal [skélətl̩ | skélɪtl, skəlíː-] 〖⇨↓, -al¹〗 ― *adj.* **1** 骨格の, 骸(がい)骨の: a ～ structure 骨格. **2** 骸骨に似た; 骨と皮の, やせ衰えた: a ～ boy. **～·ly** *adv.*

skel·e·ton [skélətn̩ | -lɪ-] 〖《1578》← NL ～ ← Gk *skeletón* (neut.) ← *skeletós* withered ← *skéllein* to dry up〗 ― *n.* **1 a** (人間・動物の)骨格, (俗に)骸骨. **b** [集合的] 骨格を構成している骨 (bones). **c** (葉の)条(じょう), 組織. **2** やせこけた人[動物], 骨と皮ばかりの人: a mere [walking] ～ 骨と皮ばかりの人 / be reduced [worn] to a ～ (病気・苦労・窮乏などで)骨と皮ばかりになる. **3** 無味乾燥な残骸, もぬけの殻. **4** (家・船などの)骨組, 軸組 (framework); (火災後などの建物の)外郭, 焼け残り: the steel ～ of a building. **5** 本質的な部分. **6** (文芸作品などの)あら筋, 概要 (outline). **7** 〘測量〙 骨組測量《細部測量の基準となり一般に三角測量やトラバース測量が用いられる》. **8** 〘化学〙 分子の骨格構造, (有機化合物では)炭素原子の骨格構造.
a skeleton at the feast [***banquet***] 〖宴会で目立つ場所に骸骨を置いた古代エジプト人の習慣にちなむ〗 興をさますもの, 一座を白けさすもの. ***a skeleton in the closet*** [***cupboard, etc.***] 〖何一つ苦労の種がないと考えられた婦人が, 実は毎夜戸棚の中の骸骨にキスをするように夫から強いられていたという話から〗 外聞をはばかる一家内の秘密, 内輪の恥 (cf. family skeleton). ★《英》では今は cupboard の方を用いる.
― *attrib. adj.* **1** 骨格の, 骸骨の. **2** 骨と皮ばかりの, やせこけた. **3** 骨組だけの, 概要の, 輪郭の: a ～ sermon, plan, etc. **4** 〈部員・幹部など〉最小限度の, 基幹だけの: a ～ staff 最小限度の人手. **5** 内部構造が透けて見える: a ～ clock. **6** 〘服飾〙 部分的な (partial): a ～ lining 半裏.

skéleton constrùction *n.* 〘建築〙 鉄骨構造.

skéleton crèw *n.* 〘海事〙 基幹乗組員《必要に応じていつでも定員を補充できる余地を残している》.

skéleton drìll *n.* 〘軍事〙 仮設演習, 幹部実設演習.

skel·e·ton·ize [skélət̬ənàɪz, -tn̩- | -lɪtən-, -tn̩-] *vt.* **1 a** 骸骨にする, …の肉を取り去る. **b** 〈葉〉の葉脈を残す. **2** …の骨組を作る, …の概略[概要]を記す; 要約する, 大要に縮める: ～ a news story. **3** 〘軍事〙 〈部隊などで〉〈将校以下の兵員を〉(兵力定数よりも)大幅に削減する, 基幹隊にする: ～ a regiment.

skéleton kèy *n.* 合い鍵《かかりの部分を削り落とし多くの錠に合うように作った鍵; passkey ともいう》.

skéleton règiment *n.* 〘軍事〙 **1** 基幹連隊《兵力定数を大幅に下まわって必要最少限の兵員しかいないもの》. **2** (戦死などで人員激減した)骸骨部隊.

skéleton sùit *n.* スケルトンスーツ《男児のぴったりしたスーツで, 上着がズボンにボタン留めされる》.

skél·ic índex [skélɪk-] 〖← Gk *skélos* leg＋-IC¹〗 *n.* 〘人類学〙 下肢胴長示数《下肢長の胴長に対する比; 百分率で表わす》.

skel·lum [skéləm] 〖▭ Du. *schelm* ▭ G *Schelm* < OHG *scalmo* corpse〗 *n.* 《古・スコット》 悪党, 無頼漢.

skelp [skélp] 〖《15C》 *skelpe* 《擬音語》?〗 ― *v.* (**skelped, skel·pit** [skélpɪt, -pət | -pɪt]) 《スコット・北英》 ― *vt.* ぴしゃりと打つ (slap, smack). ― *vi.* 急いで行く. ― *n.* ぴしゃりと打つこと[音].

Skel·ton [skéltn̩], **John** *n.* (1460?–1529) 英国の詩人; *Colin Clout* (1522).

Skel·ton·ic [skeltɑ́nɪk | -tɔ́n-] *adj.* スケルトン風の《英国の詩人 J. Skelton の野性的で諷刺的な詩風, または Skelton の用いた詩形をさす; cf. Skeltonics》.

Skel·tón·ical [-nɪkəl, -nə- | -nɪ-] *adj.* ＝Skeltonic.

Skel·ton·ics [skeltɑ́nɪks | -tɔ́n-] 〖⇨ -ics〗 *n.* 〘詩学〙 スケルトン風詩行《J. Skelton の用いた技巧的な詩形; 押韻した不規則な短行からなる》.

skenai *n.* skene² の複数形.

skene¹ [ʃkíːn, skíːn | skíːn] *n.* ＝skean¹.

ske·ne² [skíːni | -nɪ] 〖▭ Gk *skēnḗ*: ⇨ scene〗 ― *n.* (*pl.* **ske·nai** [-naɪ]) 〘演劇〙 スケネ《古代のギリシャ劇場で観客に面し舞台の背景を成すしばしば 2 階建式石造りの建物》.

skep [skép] 〖OE *sceppe* skepful ▭ ON *skepp-a* basket, bushel ← ?〗 *n.* **1** (わらで作った)蜜蜂の巣 (cf. beeskep). **2** (農家で使う)粗い円形のかご. **3** ＝skepful.

skep·ful [sképfʊ̀l] *n.* かご一杯分.

skep·sis [sképsɪs, -səs | -sɪs] 〖▭ Gk *sképsis*: ↓〗 *n.* 懐疑, 懐疑哲学 (scepticism); 懐疑的態度.

skep·tic [sképtɪk] 〖《c1575》 ▭ F *sceptique* // L *scepticus* ▭ Gk *skeptikós* thoughtful, reflective ← *sképtesthai* to consider, observe〗 ― *n.* **1** 懐疑論[主義]者, 疑い深い人. **2** キリスト教不信仰者; 無神論者 (atheist). **3 a** [S-] 〘哲学〙 (古代ギリシャの哲学者 Pyrrho などのような)懐疑哲学派の人. **b** 懐疑哲学者 (skeptic philosopher). ― *adj.* **1** 懐疑論者の. **2** [S-] 〘哲学〙 懐疑哲学派の.

skep·ti·cal [sképtɪkəl, -tə- | -tɪ-] 〖《1639》: ⇨↑, -al¹〗 ― *adj.* **1** 懐疑的な, 疑いをもった, 疑い深い (doubtful): a ～ thought, smile, etc. / I am rather ～ *of* [*about*] your prospects of success. 君の成功の見込みについては私は多少疑問をもっている. **2** 宗教的教義を疑う; 無神論的な. **3** [S-] 〘哲学〙 **a** (古代ギリシャの)懐疑哲学派 (Skeptics) の. **b** 懐疑論 (Skepticism) の. **～·ly** *adv.*

skép·ti·cìsm [-təsìzm̩ | -tɪ-] 〖《1646》← NL *scepticismus*: ⇨ sceptic, -ism〗 ― *n.* **1** 懐疑; 疑い (doubt). **2** キリスト懐疑論; 無神論, 不信仰. **3** [S-] 〘哲学〙 懐疑論[説, 主義]: absolute [Pyrrhonic] *Skepticism* 絶対[ピュロン的]懐疑論.

skep·to·phy·lax·is [skèpto(ʊ)fɪlǽksɪs, -fə-, -səs | -tə(ʊ)fɪlǽksɪs] 〖← NL ← Gk *sképtein* to support＋-o-＋*phullássein* to watch: ⇨ -sis〗 ― *n.* 〘医学〙 ＝tachyphylaxis.

sker·rick [skérɪk] 〖《変形》? ← SCAR²〗 *n.* 《豪・米口語》 [通例否定構文で] 小量, わずか (a small amount): Not a ～ was left. 少しも残っていなかった.

sker·ry [skéri | -rɪ] 〖▭ ON *sker* skerry: cf. ON *ey* 'ISLAND': ⇨ scar²〗 *n.* 《スコット》 **1** 岩の多い小島. **2** 暗礁, 岩礁 (reef).

sketch [skétʃ] 〖《1668》 *schitz* ▭ Du. *schets* ▭ It. *schizzo* ← *schizzare* to sketch ← L *schedius* hastily put together ← Gk *skhédios* off-hand〗 ― *n.* **1** スケッチ, 写生画[図], 下絵; 見取り図; 略図: make a ～ スケッチする, 見取り図をかく. **2** 下書き, 草案. **3** (事件・伝記などの)概要, 大要, あらまし (outline); (人物などの)点描, 素描: He gave me a ～ of the event. 事件のあらましを説明してくれた. **4 a** 小品文, 写生文. **b** (ボードビルなどの一部となる)小劇, 寸劇. **5** 《口語》 滑稽な[面白い]人: He is a real ～. 全くおかしな奴だ. **6** 〘音楽〙 **a** スケッチ《本格的な作曲の前に楽想を書きとめること》. **b** 素描曲《描写的な性質をもつ通例ピアノ用の短い曲》. ― *vt.* **1** スケッチ[写生]する, …の略図[見取り図]を書く. **2** …の概要を述べる[記述する]; 略記する, 描写する 〈*out, in*〉: ～ (*out*) a plan [scheme] 計画のあら筋を作る. **3** …の真似ごと[しぐさ]をする. **4** 〘金属加工〙 〈圧延板の切断個所〉にマークをつける. ― *vi.* **1** スケッチする, 写生する; 略記する: ～ from nature 写生する / go ～*ing* 写生に行く. **2** 寸劇をやる. **～·er** *n.*

sketch·a·ble [skétʃəbl̩] *adj.* 写生[スケッチ]に適する.

skétch·blòck *n.* はぎ取り画用紙《写生帳》.

skétch·bòok 〖《1820》〗 *n.* **1** スケッチブック, 写生帳. **2** (文学作品の)小品集.

skétch màp *n.* 見取り地図.

skétch plàte *n.* 〘造船〙 スケッチプレート《簡単な見取り図をもとにして作った不規則な多角形の金属板》.

sketch·y [skétʃi | -tʃɪ] 〖← SKETCH＋-Y⁴〗 ― *adj.* (**sketch·i·er; -i·est**) **1** スケッチの, スケッチ[写生画]風の. **2** 〈文体が〉素描的な, 小品風の. **3** ざっとした, 未完成の, 不完全な (incomplete), 貧弱な; うわべだけの (superficial): a ～ meal 貧弱な食事 / only a ～ knowledge of philology 言語学の上っ面だけの知識. **skétch·i·ly** [-tʃɪli, -tʃə- | -lɪ] *adv.* **skétch·i·ness** *n.*

ske·te [skɪtíː, skə- | skɪ-] 〖▭ Gk *skḗtē* ← *Skḗtis* (北エジプトの砂漠の名, 修道士や隠者が多数居住していた)〗 ― *n.* 〘東方正教会〙 小修道院《修道士・苦行者などの小規模な共同生活体》.

skew¹ [skjúː] 〖《?a1400》 *skewe(n)* to turn one's side ▭ ONF *escu-er* ＝OF *eschuer, eschiver* 'to ESCHEW'〗 ― *vi.* **1** はずれる, それる; 斜めに進む. **2** 横目で見る; すがめである (squint). ― *vt.* **1** 斜めに向ける, 斜めにする. **2** 曲げる (distort); 曲げて[ゆがめて, 不公平に]記す[描く]. ― *adj.* **1** 斜めの (oblique), はすかいの (slanting), 曲がった, ゆがんだ. **2** 〘数学〙 斜交の; 交代の; 歪(わい)《環や体が非可換であることについていう》. **3** 〘統計〙 〈統計の分布が〉非対称な (asymmetric). **4** 〘土木〙 〈橋・アーチが〉桁の方向に対して(直角でなく)斜め方向にかけられた: ⇨ skew arch, skew bridge. ― *n.* わきそれ, ゆがみ, 斜め.
on the [***a***] ***skew*** 斜めに, はすかいに, 曲がって.

skew² [skjúː] 〖ME *sc(u)we* ▭ OF *escu* (F *écu*) < L *scūtum* shield〗 *n.* 〘建築〙 はす切石, (へいの)斜屋根石, 踏止め石 (kneeler).

skéw àrch *n.* 〘土木〙 斜めアーチ.

skéw·bàck 〖← SKEW¹ (n.)〗 ― *n.* 〘土木〙 **1** 合端(あいば), 迫元(せりもと)上面《アーチの端を受けとめる斜めの迫元石の面》. **2** 起拱(ききょう)石, 迫元石《迫元上面にある元石》.

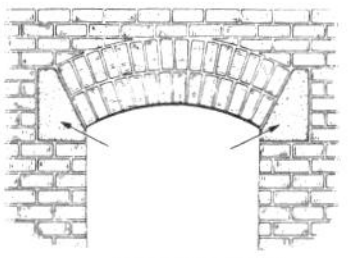

skewbacks 2

skéw·bàld 〖← 《廃》 *skew(ed)* skewbald (▭ ? OF *escu*: ⇨ skew²)＋BALD〗 ― *adj.* 〈馬・牛など〉黒以外の色と白でまだらになった, 白と茶のぶちの (cf. piebald). ― *n.* 白と茶のぶちの馬.

skéw bével gèar *n.* 〘機械〙 はすばかさ歯車.

skéw brìdge *n.* 〘土木〙 (両岸に対して直角でない)斜橋, すじかい橋.

skéw còrbel *n.* 〘建築〙 (切妻壁の下端で)軒蛇腹などを作るために突出した石.

skéwed slót *n.* 〘電気〙 斜めスロット《電気機械の回転子鉄心やコイルを振動や騒音を減らすために少しねじった形にすること》.

skew·er [skjúːə | skjúə(r)] 〖《1679》 《変形》 ← 《方言》 *skiver* ← *skive* to split or cut into slices ▭ ON *skíf-a*〗 ― *n.* **1** (肉などを刺す金属製・木製の料理用の)串(くし), 焼串 (spit). **2 a** 串状のもの. **b** 《戯言》 剣, 刀 (sword). ― *vt.* 串に刺す, 串刺しにする; 串で刺し留める.

skéwer·wòod *n.* 《英方言》 〘植物〙 **1** オウシュウニシキギ (*Euonymus europaeus*). **2** ＝red dogwood 1.

skéw-èyed *adj.* 斜視[やぶにらみ]の (squinting).

skéw field *n.* 〘数学〙 歪(わい)体, 非可換体《非可換な体, すなわち四則は可能であるが, 乗法が可換ではないような範囲》.

skéw gèar *n.* 〘機械〙 食い違い軸歯車.

skéw·ing *n.* **1** (箔押で)はみ出した金箔を取り除くこと. **2** [*pl.*] 取り除いた金箔.

skéw lìnes *n. pl.* 〘数学〙 ねじれの位置にある直線《空間内の平行でもなく交わりもしない複数の直線》.

skéw·ness 〖⇨ skew¹〗 *n.* 〘統計〙 ひずみ, 歪度(わいど), 非対称度《非対称の度合を示す数値; asymmetry ともいう》.

skéw pólygon *n.* 〘数学〙 ねじれ多角形《必ずしも同一平面上にない(四個以上の)点を順次線分で結んで得られる多角形》.

skéw ráy *n.* 〘光学〙 スキュー光線《軸対称光学系において, 光軸を含む平面上にない光線》.

skéw-symmétric *adj.* 〘数学〙 歪(わい)対称の, 交代の《転置すると符号が変わる行列についていう》.

skéw·whíff *adv., adj.* 《英口語》 斜めに[の], 曲がって (askew).

skhi·an [skíːən, skíːn | skíːən, skíən] *n.* ＝skean¹.

ski [skíː] 〖《1885》 ▭ Norw. ～ < ON *skíð* ski, stick of wood: cog. OE *scīd* stick of wood: cf. shed²〗 ― *n.* (*pl.* ～**s**, ～) **1** スキー: a pair of ～*s* スキー 1 台 / on ～*s* スキーで. **2** 水上スキー (water ski). ― *vi.* (～**ed**, ～**'d**; ～**·ing**) スキーで滑走する, スキーに乗る: go ～*ing in* Chamonix シャモニーへスキーに行く. ― *vt.* スキーで〈峠・山などを〉行く[渡る, 越える]: ～ a pass スキーで峠を越える. ― *attrib. adj.* スキーの, スキー用の: a ～ trip スキー旅行 / a ～ jumping contest スキージャンプ競争 / ～ boots スキー靴 / ～ wax スキー用ワックス / a ～ stick [pole] スキーストック / ⇨ ski pants.

ski·a- [skáɪə] 〖← Gk *skiá* shadow ← IE **skai-* to gleam (⇨ shine)〗 「影 (shadow)」の意の連結形. ★ 時に

scio-, また母音の前では通例 sci- になる.

ski·a·gram [skáɪəgræ̀m] 〖《1801》: ⇨↑, -gram〗 *n.* **1** 透視図. **2** X 線[レントゲン]写真.

ski·a·graph [skáɪəgræ̀f | -grɑ̀ːf, -græ̀f] 〖← SKIA- + -GRAPH〗 *n.* =skiagram 2. — *vt.* …のレントゲン写真をとる. **ski·a·graph·ic** [skàɪəgrǽfɪk] *adj.* **ski·a·gráph·i·cal** *adj.* **ski·a·gráph·i·cal·ly** *adv.*

ski·ag·ra·pher [skaɪǽgrəfə | -fə(r] *n.* =radiographer.

ski·ag·ra·phy [skaɪǽgrəfi | -fɪ] 〖《1858》← SKIA- + -GRAPHY〗 *n.* 透視術; (特に) X 線透視(術).

ski·am·e·try [skaɪǽmətri | -mɪtrɪ, -mə-] 〖← SKIA- + -METRY〗 *n.* **1** 《古》日月食の理論, 日月食論. **2** 〖眼科〗検影法 (retinoscopy).

ski·a·scope [skáɪəskòup | -skəup] 〖← SKIA- + -SCOPE〗 *n.* 〖眼科〗検影器 (retinoscope).

ski·as·co·py [skaɪǽskəpi | -pɪ] *n.* **1** 〖眼科〗検影法 (retinoscopy). **2** (X 線)透視(検査) (fluoroscopy).

ski·a·tron [skáɪətrɑ̀n | -trɔ̀n] 〖← SKIA- + -TRON〗 *n.* 〖電子工学〗スカイアトロン (⇨ dark-trace tube).

ski·bob [skíːbɑ̀b | -bɔ̀b] 〖← SKI + BOB[7]〗 — *n.* スキーボブ《前部はハンドル付きのスキー, 後部は低い座席付きのスキーからなる自転車に似た乗物で, 乗り手はバランスをとりながらミニスキーをはいて滑降する》. **~·ber** *n.* **~·bing** *n.*

skid [skíd] 〖《1609》← ? Scand. (cf. ON *skíð*): ⇨ ski〗 — *n.* **1** (重い物の滑り道を作る)滑材《トラックから道路などへ渡す材木など》. **2** (飛行機・ヘリコプターの)橇(そり)《着陸に滑走できるように下部についている; cf. tail skid, wing skid》. **3** (自動車・自転車などの)横滑り, 滑り, スキッド: go into a ~ 横滑りする. **4** 滑り板[枕木]. **5** [the ~s] 《米俗》破滅[敗北, 失敗]への道: on *the ~s* 失敗[敗北, 破滅]へ向かって; くだり坂で, 落ち目で / put *the ~s* under our plan 計画を破滅[失敗]させる. **6** (下り坂などに用いる車輪の)歯止め (shoe, brake). **7** 〖海事〗 **a** スキッド(ビーム)《ボートを支えるために甲板よりも高く渡された何本もの平行な梁》. **b** [*pl.*] 防舷(げん)用木材 (wooden fender)《船荷の揚げ降ろしの際に船側の損傷を防ぐ木材》. **c** [通例 *pl.*] (甲板上にある)ボートの受台. **d** 貨物を滑り動かすために使われる敷板[滑り板]. **e** 船の横移動; 風圧差 (leeway). — *v.* (**skid·ded; skid·ding**) — *vt.* **1** 滑材の上に置く, 滑材の上を引く[滑らせる]. **2** …の支柱をする; 制輪する, 〈車輪〉の歯止めをする. **3** 〈材木などを〉引きずって行く. — *vi.* **1** 〈車輪が〉(歯止めされて)から滑りする. **2** 〈自転車・自動車・飛行機などが〉横滑りする. **3** 〈ブレーキをかけた車輪が〉(はずみで)前に滑る, スキッドする (slip). **4** 〈飛行機などが〉外滑りする. **5** 〈売上げなどが〉急落する.

skíd chàin *n.* =tire chain. **skíd·der** *n.*

skid·doo [skɪdúː] 〖《転訛》? ← SKEDADDLE〗 *vi.* 《俗》出て行く, 行く (depart, go away).

skid·dy [skídi | -dɪ] *adj.* (**skid·di·er; -di·est**) (表面が)滑りやすい: a ~ road.

skíd·lìd *n.* 《口語》(オートバイ乗りの)ヘルメット.

ski·doo [skɪdúː] 〖もと商標名〗 *n.* (動力つきの)雪上そり, スキースクーター (ski-scooter).

skíd·pàn *n.* 《英》スキッド訓練習場《スリップしやすい場所での自動車運転の練習のために作ったつるつるの滑りやすい道路》.

skíd·próof *adj.* 〈自動車のタイヤ・道路の表面など〉スキッド[滑り]止めをしてある.

skíd róad *n.* 《米》 **1** (滑材を敷いてある)重い物の滑り道. **2** 《西部》(町の)きこりが集まる区域《酒場・宿屋がある》. **3** =skid row.

skíd rów [-róu | -ráu] *n.* 《米》(浮浪者などの集まる)下層社会の盛り場, どや街.

skíd·wày *n.* **1** (重い物を滑らせるために丸太・板材で作った)滑り道. **2** (丸太の積込み・積下ろしのための)2 本[数本]の(半)丸太を平行に並べた傾斜した台.

Ski·en [ʃéɪən, ʃíːən; *Norw.* ʃéːən] *n.* シーエン, シェーエン《ノルウェー南部, Oslo の南西方の都市; Ibsen の生誕地; 人口 46,000》.

skí·er *n.* スキーをする人, スキーヤー.

ski·ey [skáɪi | skáɪɪ] *adj.* =skyey.

skiff [skíf] 〖《1575》□ F *esquif* □ It. *schifo* □ OHG *skif* 'SHIP'〗 — *n.* **1** スキフ, 軽舟《娯楽用, 一人こぎのレース用 (scull), 艦船付属の雑用艇などいろいろある》. **2** 垂下竜骨 (centerboard) 付き軽ボート《小型縦帆[オール]で進む; St. Lawrence skiff ともいう》.

skiff 1

skif·fle [skífl] 〖擬音語 ?〗 *n.* 〖音楽〗スキッフル《1920 年代米国に起こり, 1950 年代に英国で流行したジャズとフォークのまざった演奏で, 雑多な楽器を用いる》.

skí·ing *n.* スキー, スキー術 (ski running).

ski·jor·ing [skíːdʒɔ̀ːrɪŋ, -dʒɔ̀ːr-, ⌐ー⌐ー | skíːdʒɔ̀ːrɪŋ, ⌐ー⌐ー] 〖□ Norw. *skikjøring* ← *ski* 'SKI' + *kjøring* driving〗 — *n.* スキーをはいた人を馬や乗物に引かせて行なう冬期スポーツ.

skí jùmp *n.* **1** スキーのジャンプ台, シャンツェ. **2** スキーのジャンプ競技; その跳躍[ジャンプ]. — *vi.* (シャンツェなどで)跳躍[ジャンプ]する.

skil·fish [skíl-] 〖← Haida *sqil*〗 *n.* 〖魚類〗 **1** =sablefish. **2** アブラボウズ (*Erilepis zonifer*)《北太平洋に生息するギンダラ科の食用魚》.

skil·ful [skílfəl] 〖ME〗 *adj.* =skillful.

skí lìft *n.* (スキー場の)リフト, スキーリフト.

skill[1] [skíl] 〖《*c*1175》□ ON *skil* discernment, knowledge ← Gmc **skeli-*《原義》incisiveness (ON *skilja* to separate / OE *sċylian* to part) ← IE **(s)kel-* to cut (⇨ shell)〗 — *n.* **1** 手腕, 腕前; 熟練, 老練, 上手: ~ *in* fencing [teaching, diplomacy] フェンシング[教授法, 外交]の手腕 / the ~ of a surgeon 外科医の腕前 / have no ~ *to* manage 管理ができない[下手だ] / a game of ~ 熟練が物をいう勝負事 (cf. game of CHANCE). **2** (特殊)技術, 技能: language ~*s* 語学の才能. **3** 《廃》理解(力) (understanding), 識別(力) (discernment). **4** 《廃》原因 (cause), 理由 (reason).

skill[2] [skíl] 〖ME *skile(n)* □ ON *skil-ja* to separate, divide (↑)〗 — *vi.* [非人称動詞として否定・疑問文に用いて]《古》関係がある, 問題となる (matter); 助けになる, 役に立つ (help): What ~*s* talking? しゃべったところで何の役に立つか / It ~*s not.* 問題にならない, 何の役にも立たない.

skilled 〖《1552》: ⇨ -ed 2〗 — *adj.* **1 a** 巧妙な, 巧みな, 老練な: a ~ debator [rider] 討論[乗馬]の名手 / a ~ politician 老練な政治家. **b** 〔…の〕上手な〔*in*〕: be ~ *in* drawing 図画がうまい. **2 a** 〈仕事が〉熟練を要する, 特殊技術を要する: ~ trades / ~ labor 熟練労働 (cf. 2 b). **b** 〈技術者など〉特殊技術[熟練]を要する (cf. semiskilled, unskilled): ~ hands [workmen] 熟練工 / ~ labor [集合的] 熟練工 (cf. 2 a).

skíl·less *adj.* =skill-less.

skil·let [skílɪt, -lət] 〖《1403》 *skellet* □ ? OF *escuelete* (dim.) ← *escuele* (F *écuelle*) < L *scutellam* 'SCUTTLE[1]': ⇨ -et〗 — *n.* **1** 《米》フライパン (frying pan). **2** 《英》(長い柄の付いた通例 3[4] 本の足つき)料理なべ.

skillet 2

skíllet·fìsh *n.* 〖魚類〗米国東部産ウバウオ科の魚 (*Gobiesox strumosis*).

skill·ey [skíli | -lɪ] *adj.* =skillful.

skill·ful [skílfəl] 〖ME〗 — *adj.* **1** 〈人が〉熟練した (skilled), 上手な: a ~ surgeon 熟練した[腕のいい]外科医 / ~ *with* one's fingers 指先が器用な / be ~ *at* [*in*] dancing ダンスが上手だ. **2** 熟練で作られた, 巧みな, 巧妙な: a ~ production 巧妙な製品. **3** 《廃》理屈にかなった, 合理的な. **~·ly** *adv.* **~·ness** *n.*

skil·li·ga·lee [skɪlɪgəlíː, -lə-, ⌐ー⌐ー⌐ | -lɪ-] 〖戯言的造語〗 *n.* 《英》=skilly.

skil·ling [skílɪŋ, ʃíl-] 〖□ Dan., Swed. & Norw. ~: cf. shilling〗 *n.* シリング《北欧諸国で以前用いられた低額の通貨単位》; 1 シリング銅貨.

skíll-less 〖ME〗 *adj.* **1** 未熟な, 下手な (untrained). **2** 《古》無知な. **~·ness** *n.*

skil·ly [skíli | -lɪ] 〖《1839》《短縮》← SKILLIGALEE〗 *n.* 《英》オートミール (oatmeal) から作る薄いスープまたはかゆ《昔, 監獄や養老院などで食料に給したもの》.

skim [skím] 〖《*c*1420》 *skyme(n)*, *skeme(n)* □ ? OF *escum-er* ← *escume* foam □ OHG *scūm*: cf. scum〗 — *v.* (**skimmed; skim·ming**) — *vt.* **1 a** (スプーンなどで)〈液体〉の上皮[薄膜, クリーム]をすくう: ~ milk 牛乳の上皮(クリーム)をすくい取る. **b** 〈浮きかす・薄膜・クリームなどを〉すくい取る〔*off, from*〕: ~ the cream *off* [*from*] milk 牛乳のクリームをすくい取る. **c** 〈物〉の最上の部分を取る; 〈最上の部分を〉取る: ~ ore beds / ~ the cream *off* the text テキストの一番いいところを取る. **2** …の水面などをすれすれに飛んで行く, …にかするように飛んで[通って]行く: A skater ~*s* the ice. スケートをする人が氷の上をかするように滑っていく. **3** (地表や滑り道の上にかするように)転がす, 投げる, 飛ばす: ~ a flat stone over the water 平たい石を水面をかすって飛ばす. **4** ざっと読む, 大急ぎで読む: ~ one's report. **5 a** 〈液体を〉薄い表皮でおおう: The pond was ~*med with* ice. 池は氷が張りつめた. **b** …に仕上げの上塗りをする. **6** 《米俗》〈所得・賭けのもうけなどを〉(税金のがれに)隠す, 不正申告する. **7** 〖冶金〗溶融した金属の表面から〈浮き滓(さい)を〉取る. — *vi.* **1** かすって行く, すれすれに通る[飛んで行く]〔*over, along, by, through*〕: watch the birds ~*ming over* the fields 鳥が野原をかするように飛んで行くのを見つめる. **2** ざっと見る[読む], 大急ぎで読む〔*over, through*〕: ~ *through* a book 本をざっと読む. **3** 上皮を生じる, 上澄み[浮き滓(さい)]ができる〈*over*〉. — *adj.* **1** スキム[上澄み取り]用の: a ~ net. **2 a** クリームを(すくい)取った. **b** スキムミルクから作った: ~ cheese. **3** しっくい塗り仕上げの: a ~ coat 仕上げ塗り, 上塗り. — *n.* **1** (液体の)上澄みをすくう[すくい取る]こと. **2 a** (すくい取られた)上澄み, 薄膜. **b** (沸騰した牛乳の蛋白凝固物など)表面にできた薄皮. **c** (モルタルなどの)薄い層. **3** =skim milk. **4** 《廃》浮き滓(さい) (scum).

skimble-skamble [skímb(ə)lskæ̀mb(ə)l, ⌐ー⌐ー] 〖《1596》《加重》← SCAMBLE〗 — *adj.* 支離滅裂な, とりとめのない, めちゃくちゃの (confused); 愚にもつかない, ばかげた (nonsensical).

skímmed mílk *n.* =skim milk.

skím·mer 〖ME *skemour* □ OF *escumoir*: ⇨ skim, -er[1]〗 — *n.* **1 a** (液体の)上皮をすくう道具; 網じゃくし. **b** 上澄みをすくう人. **2** 《米口語》麦わら帽, かんかん帽 (straw skimmer). **3** 上すべりする人, ざっと読む人. **4** 《米》スキマードレス《直線的で簡単な裁断のドレス; 袖がなくて丸首の場合が多い》. **5** 〖鳥類〗アジサシモドキ《ハサミアジサシ属 (*Rhynchops*) の類の水鳥の総称; 長く鋭い翼と二股の尾がある, また上くちばしよりはるかに長い下くちばしで水面を切って飛ぶ》. **6** 〖昆虫〗 **a** =water strider. **b** トンボ科 *Libellula* 属の大型のトンボの総称《ヨーロッパハラビロトンボ (*L. depressa*) など》.

skímmer gàte *n.* 〖金属加工〗垢(あか)取り湯口, 除滓(さい)板, 鉱滓堰(せき)《溶湯を鋳型に注入する湯口で, 溶滓をせきとめるための耐火板; cf. strainer gate》.

skim·mi·a [skímiə | -mɪə] 〖← NL ~ ← Jap.〗 *n.* 〖植物〗日本や東アジアに生じるミカン科ミヤマシキミ属 (*Skimmia*) の常緑低木の総称.

skím mìlk 〖《1596》〗 *n.* スキムミルク, 脱脂乳《牛乳から生クリームを分離し取り除いたあとのもの; skimmed milk, separated milk ともいう; cf. whole milk》.

skím·ming 〖《15C》〗 — *n.* **1** 上皮[クリーム]をすくい取ること. **2** [通例 *pl.*] すくい取ったクリーム[上皮, 滓(さい)]. **3** 《米俗》所得・賭けのもうけなどを税金のがれに隠すこと, 不正申告すること. **4** [*pl.*] 〖冶金〗浮き滓 (dross).

skímming dìsh *n.* 上皮をすくう皿《特に, 牛乳のクリームすくい・チーズ製造などに用いるもの》.

Ski·mo [skíːmou | -məu] 〖《略》← ESKIMO〗 *n.* (*pl.* ~*s*) 《カナダ俗》=Eskimo.

skimp [skímp] 〖《1775》《変形》← ? SCRIMP〗 — *vt.* **1** 〈食物・金銭などを〉けちけちする, ちびちび[けちけちして]与える. **2** 〈仕事などを〉いい加減にする. — *vi.* けちけちする, 節約する: ~ and screw けちけちする. — *adj.* 乏しい, 不十分な. **~·ing·ly** *adv.*

skimp·y [skímpi | -pɪ] 〖《1847》: ⇨↑, -y[4]〗 — *adj.* (**skimp·i·er; -i·est**) **1** 不十分な (insufficient), 貧弱な (meager); 狭い, つまった: a ~ skirt. **2** けちけちした (tight), けちん坊の (stingy): a ~ meal. **skímp·i·ly** [-pɪli, -pə- | -lɪ] *adv.* **skímp·i·ness** *n.*

skin [skín] 〖lateOE *scin(n)* □ ON *skinn* ← Gmc **skinþ-*《原義》that which one peels off (G《方言》*Schind(e)* skin of fruit) ← IE **sken-(d)-* to cut〗 — *n.* **1** (人間・動物の)皮膚, 膚: have a clear [fair] ~ 膚が美しい[白い] / the inner [true] ~ 真皮 / the outer ~ 表皮 / a ~ specialist 皮膚病専門医 / abrade the ~ 皮膚をすりむく / cast the ~ 〈ヘビなどが〉脱皮する / be wet to the ~ ずぶぬれになる / wear close [next] to one's ~ 肌にじかに着る / Near is my shirt, but nearer is my ~. 《諺》背に腹はかえられぬ, 身よりかわいいものなし. ★ ラテン語系形容詞: dermal. **2 a** (家畜・小動物の)皮, 皮革 (cf. leather 1): a green [a raw, an undressed] ~ 生皮. **b** 皮製品; (敷物などにする)獣皮 (hide): a tiger ~ (敷物の)虎の皮. **c** (酒などを入れる)皮製の器, 皮袋. **3 a** (種子を包む)殻, (果物の)皮 (rind): the ~ of an apple. **b** (液体の表面に生じる)薄皮 (pellicle). **c** (ソーセージ・ハムなどの)皮: a sausage ~ ソーセージの皮. **4** 《口語》人の命 (life): ⇨ *save one's* (*own*) SKIN. **5** 《俗》財布, 札入れ (purse). **6 a** 《米俗》けちん坊 (skinflint). **b** 詐欺師, ぺてん師. **c** 人, やつ. **7** 《俗》やせ馬 (poor wornout horse); 馬. **8** 〖《略》← 《俗》*frogskin* (⇨ frog[1]): 紙幣の裏が緑色をしているところから〗《米俗》1 ドル紙幣. **9** [*pl.*] 《俗》(ジャズバンドの)ドラム. **10** 《卑》スキン (condom). **11 a** 〖海事〗たたんだ帆の外表面. **b** (船体外の)外板 (planking), 船の外殻 (shell). **12** 〖宇宙〗(ミサイル・ロケットなどの)外板. **13** 〖宝石〗 **a** はだ《真珠の外皮》. **b** 皮膚《ダイヤモンドの表皮; 宝石研磨師の用語》. **14** 〖冶金〗表皮, 黒皮《金属の内部と構造・組成その他性質が異なった薄い表面層》. **15** 〖金属加工〗(鋳造用砂型の)表面.

by the skin of one's teeth 〖*Job* 19:20 の A.V. 訳から; ただし原語の意味は不詳〗辛うじて (barely), 命からがら: escape *by the ~ of one's teeth* 命からがら逃げる. ***change one's skin*** =*change one's* SPOTS. ***get under a person's skin*** 《口語》(1) 人をいら立たせる (irritate), 怒らせる (annoy). (2) 人の心に食い入る, 人をとりこにする. ***have a thin*** [***thick***] ***skin*** 敏[鈍]感である (cf. thin-[thick-]skinned). ***in a whole skin*** =*with a whole* SKIN. ***in one's skin*** 着ないで, 裸で (naked). ***no skin off one's nose*** [***back, knuckles***] 《口語》自分の知った[関心のある]ことでない: That's *no ~ off my nose.* 私の知ったことではない. ***out of one's skin*** 興奮して (excitedly): fly [jump, leap] *out of one's ~* (喜び・驚きなどで)飛び上がる. ***save one's*** (***own***) ***skin*** 《口語》無事にのがれる, けがなしに済む. ***skin and bone(s)*** 骨と皮ばかり(の人): be only [mere] *~ and bone(s)* やせて骨と皮ばかりだ / be reduced to *~ and bones* やせこける, 骨と皮のようになる. ***The skin off your nose!*** 《英口語》乾杯. ***under the skin*** 一皮むけば (below the surface, basically); 腹の中で, 本心は, 内実は (at heart). ***with a whole skin*** 《口語》けがなしに, 無事に (safe and sound): escape *with a whole ~*. ***with the skin of one's teeth*** =*by the* SKIN *of one's teeth.*

— *v.* (**skinned; skin·ning**) — *vt.* **1 a** 〈獣など〉の皮をはぐ (flay) 〈*off*〉: ~ a bear. **b** 〈果物など〉の皮をむく (peel) 〈*off*〉: ~ a banana. **c** 〈表面・外被・薄膜などを〉はぎ取る (peel); …の表面[外被・膜薄(など)]をはぎ取る〈*off*〉: ~ a stamp 切手をはがす. **2** 〈手・ひざなどを〉すりむく, すり傷をつける (abrade, graze): ~ one's knee. **3 a** 〈傷口などを〉皮でおおう〈*over*〉:

The wound [His leg] is ~ned (over). 傷[彼の脚]は皮ができて直っている. **b** 〔皮・皮状のもので〕おおう〔with〕: be ~ned with steel 鋼鉄張りである. **4 a** 《口語》〈人〉から〔…を〕巻き上げる (fleece), だまし取る (swindle)〔out of, of〕: ~ a person of every shilling 人からあり金を残らず巻き上げる. **b** 《米口語》徹底的に打ち負かす, 散々にやっつける: have [get] a person ~ned 人を徹底的にやっつける. **c** 《米俗》頭からしかり飛ばす, きびしく非難する (criticize). **5** 《米口語》〈ろば・馬などを〉追って行く, むちで打つ. **6** 《俗》〘トランプ〙〈カードを〉山から一枚一枚すべらせて配る.
— *vi.* **1** (傷口などに)皮ができる〈over〉: The wound has ~ned (over) too quickly. 傷口に皮が非常に早くできすぎた. **2** [~ up として]《米口語》(急いで)よじ登る; [~ down として](手足を使って急いで)降りる: ~ up [down] (a tree). **3** [通例 ~ through [by] として]《米口語》(…を)辛うじて通る; (…に)すれすれで合格する. **4** 《米俗》さっと抜け出す; 急いで逃げ出す〈out〉. **5** 《米俗》(麻薬などの)皮下注射をする.
skin alive (1) 生皮をはぐ. (2) 《米口語》ひどい目にあわせる, 打ちのめす; しかり飛ばす (scold severely). (3) 《米口語》散々に打ち負かす. ***skin on*** 〈ペンキなどを〉ごく薄く塗る.
— *attrib. adj.* 《米俗》**1** ヌード専門の, ヌードを見せる[売り物にする]; ポルノの: a ~ magazine ポルノ雑誌. **2** ヌード映画[劇場]の.
skín-bòund *adj.* (強皮症 (scleroderma) のように)皮膚の堅くなった, 強皮の.
skín-déep *adj.* **1** 皮一重の(深さの): a ~ wound すり傷. **2** 上っ面の, 皮相の (superficial): Beauty is but ~. 《諺》美貌(ぼう)も皮一重. — *adv.* 皮一重だけ; 皮相的に, ちょっとだけ (slightly).
skín-dìve *vi.* **1** スキンダイビングをする. **2** 潜水してやすで魚を突く (goggle).
skín dìver *n.* スキンダイバー, ダイバー (free diver).
skín dìving *n.* スキンダイビング《元来は素もぐりのこと; 現在では scuba diving のこともいう》.
skín efféct *n.* 〘電気〙(高周波伝導体の)表皮効果.
skín flìck *n.* 《俗》ポルノ映画.
skín·flìnt 〘← *skin a flint* (⇨ flint (n.) 成句)〙 *n.* 非常なけちん坊 (niggard, miser).
skín-fòod *n.* 肌の調子を整える化粧料.
skín frìction *n.* 〘物理〙表面摩擦《流体とその中を動く固体との間の摩擦》.
skín frìction dràg *n.* 〘航空〙摩擦抵抗.
skín·ful [skínfʊ̀l] *n.* **1** 皮袋一杯(分). **2** 《口語》**a** (食物の)腹一杯: a ~ of food. **b** 酔うだけの酒量: a ~ of drink 腹一杯の酒 / have a [one's] ~ 酔っている.
skín gàme *n.* 《口語》**1** 不正な一六勝負. **2** 詐欺, ぺてん (swindle).
skín gràft 〘外科〙 *vt.* …に皮膚を移植する. — *n.* 植皮(術).
skín gràfting *n.* 〘外科〙植皮術, 皮膚移植術.
skín·hèad *n.* 《口語》**1 a** 丸刈り頭の少年[男]. **b** 禿頭の男. **2** 《米》(海軍・海兵隊の)新兵, 新米. **3** スキンヘッド族の少年, ちんぴら坊主《1970 年代の初めの英国で, 丸刈り頭に特異な服装をしていた労働階級のちんぴら少年》.
skink[1] [skíŋk] 〘□ L *scinc-us* □ Gk *skígkos*〙 *n.* トカゲ《トカゲ科の各種の動物の総称》.
skink[2] [skíŋk] 〘ME *skynke(n)* □ MDu. *schenk-en*: cf. OE *scēncan* to pour out〙 *vt.* 《方言》〈飲物を〉注ぐ, 供する.
skínk·er *n.* **1** 酒を注ぐ人, 酌をする人 (tapster). **2** 《廃》盃, 酒杯.
skín·less 〘ME〙 *adj.* **1 a** 皮のない, 無皮の. **b** 〈ソーセージなど〉皮なしの. **2** 敏感な, 感じやすい.
skinned [skínd] 〘ME〙 *adj.* [通例複合語の第 2 構成素として] 皮が…の; 皮膚が…の; …の皮[皮膚]をもった: thin-[thick-]*skinned*, clear-*skinned*, light-*skinned*.
skín·ner 〘《*a*1398》〙 — *n.* **1** 皮をはぐ人 (flayer). **2** 皮革商 (furrier). **3** 《米口語》**a** らば・牛など荷車用家畜の御者 (teamster). **b** (ブルドーザー・トラクターなど)建設用機械の運転者. **4** 《俗》詐欺師, ぺてん師 (swindler); (賭(と)などで)金を巻き上げる人 (fleecer), 強奪者 (plunderer). **5** 《米》(独立戦争当時, 米国または英国側の者だと称して英米戦線中間地区である New York 州の Westchester county を荒し回った)略奪隊員 (cf. cowboy 4).
Skín·ner [skínə | -nə(r)], **B(ur·rhus)** [bɚ́:(r)əs | bʌ́r-] **F(rederic)** *n.* (1904–　) 米国の行動主義心理学者.
Skínner bòx 〘↑〙 — *n.* 〘心理〙スキナー箱《レバーを取り付けた箱の中に動物をとじ込めて動物がレバーを動かすと自動的に報酬が得られたり, 罰から逃れたりするような構造の箱》.
Skin·ne·ri·an [skıníəriən, skə- | skıníərıə-] *adj.* 心理学者の Skinner の理論の[に関する]. — *n.* Skinner (の理論)の支持者.
skin·ner·y [skín(ə)ri | -nəri] 〘《15C》← SKIN (n.) + -ERY〙 *n.* 皮革工場, 皮革製作所.
skin·ny [skíni | -nı] 〘《1573》← SKIN + -Y[4]〙 — *adj.* (**skin·ni·er; -ni·est**) **1** 皮の, 皮状の, 皮質の, 皮でできた. **2 a** 骨と皮ばかりの, やせこけた (lean, emaciated). **b** 〈量・質など〉不足した, 足らない. **3** けちん坊な (stingy). **skín·ni·ness** *n.*
skínny-dìp 《口語》 *vi.* 全裸[すっ裸]で泳ぐ. — *n.* 全裸で泳ぐこと. **skínny-dìp·ping** *n.*
skínny-dìpper *n.* 全裸で泳ぐ人.
skín-póp 《米俗》 *vt.* 〈麻薬を〉皮下注射する. — *vi.* 麻薬を皮下注射する.
skín reàction *n.* 〘医学〙皮膚反応.
skín resìstance *n.* 〘海事〙(船舶の外殻と水との間の)摩擦抵抗.
skín sànd *n.* 〘金属加工〙 = facing sand.
skint [skínt] 〘《変形》← SKINNED〙 *adj.* 《英俗》無一文の (penniless).
skín tèst *n.* 〘医学〙皮膚テスト[試験]《皮膚に塗ったり注射したりするアレルギー検査法》.
skín·tíght *adj.* 〈衣服など〉ぴったり体に合った: ~ pants. — *n.* ぴったり体に合った衣服.
ski·o·gram [skáıəgræ̀m] *n.* = skiagram.
ski·o·graph [skáıəgræ̀f | -grɑ̀:f, -græ̀f] *n., vt.* = skiagraph.
skip[1] [skíp] 〘《?*c*1225》*skippe(n)* ← ? ON (cf. ON *skopa* to take a run / Swed. *skoppa* 《方言》to skip)〙 — *v.* (**skipped; skip·ping**) — *vi.* **1 a** スキップする, スキップして行く《片足で 2 歩ずつ交互にホップして行く》. **b** 〈子羊・子やぎ・子供などが〉ぴょんぴょんはねる, 軽く飛び回る, はね回る (gambol, caper), 踊り戯れる, じゃれる (frisk)〈about〉: ~ *about* for joy 喜んで小躍りする. **c** 表面をかすめて飛ぶ (ricochet): ~ across the surface of the lake 湖の水面をかすめて飛ぶ. **2 a** 軽く跳ねる, 跳躍する (leap lightly): ~ over [across] a brook [gutter] 小川[下水]を飛び越える. **b** さっと[素早く]動く; 急いで旅行する, 小旅行をする (travel rapidly): ~ to the office / ~ over [across] to America for a week 米国へ 1 週間ばかり行って来る. **c** (職業・話題などを)転々と変える; 散漫である. **3** 《英》なわ飛びをする (jump rope). **4** 《口語》急いで去る (leave hurriedly), 逃亡する (abscond)〈out, up〉. **5 a** 飛び飛びに読む, 拾い読みする, さっと論ずる: He ~s as he reads. 飛ばし読みをする. **b** 飛ばす, 抜かす: ~ breakfast 朝食なしで済ます / ~ *over* certain items ある項目を抜かす. **6** 《米》〘教育〙飛び級する《能力のすぐれた生徒がある学年からその上の学年を一つ越して進級する》. — *vt.* **1** 軽く跳ねる, 飛ぶ, 飛び越す: ~ a brook, gutter, etc. ★この意味では自動詞としての用法の方が普通 (⇨ *vi.* 2 a). **2** 〈本を〉飛ばし[抜かし]読みする, 抜かす (pass over): ~ a page in a book / ~ the dull parts of a book 本のつまらないところを飛ばす. **3** 〈授業・教会〉に欠席する, さぼる: ~ school. **4** 言わないでおく, 略する (leave out): I shall ~ the events of the next few days. 次の 2, 3 日間の出来事は略しましょう. **5 a** 〈石などを〉水面にぴょんぴょん飛ばす: ~ stones on a lake 湖面で水切りをする. **b** 〈弾丸を〉(標的に向かって)跳飛させる, (跳飛爆撃で)〈弾丸を〉投下する. **6** 《米口語》(嫌疑を受けたり, 不品行のあと)〈町などを〉こっそり去る; 〈ある場所〉から逃亡する (flee): ~ the country.
skip (*one's*) ***bail*** ⇨ bail[1] 成句. ***Skip it!*** 《俗》やめろ, よせ; 気にするな.
— *n.* **1 a** スキップ(すること); スキップダンス[ステップ]. **b** 飛ぶこと, 跳ねること, 跳躍 (light jump); 飛びはねる歩き方. **2** 飛ばす[抜かす]こと; 省略 (omission); 飛ばし読み(の部分). **3** (板の表面の)削り残したくぼみ. **4** 《口語》行方をくらました債務不履行者 (cf. skip tracer). **5** 〘音楽〙(一全音以上の音程を越えての)跳躍進行. **6** 〘トランプ〙 = skip straight.
hop, skip, and jump ⇨ hop[2].
skip[2] [skíp] 〘《1698–1700》《略》? ← 《廃》*skip-kennel* lackey: ⇨ ↑, kennel[2]〙 *n.* (Dublin の Trinity College で学生の世話をする)用務員 (cf. gyp[1], scout[1] *n.* 6).
skip[3] [skíp] 〘《1830》《略》← SKIPPER[2]〙 — *n.* **1** (カーリング (curling) やローンボウリング (lawn bowling) などで)チームの主将 (captain). **2** 《口語》= skipper[2]. — *vt.* **1** (カーリング・ローンボウリングで)〈チーム〉の主将をつとめる. **2** 《口語》= skipper[2].
skip[4] [skíp] 〘《変形》← SKEP〙 — *n.* **1 a** (工場などで工員や資材・製品などを入れて滑車で上下に, またはレールの上などを運搬する)かご, バケツ, トロッコ (truck). **b** 〘鉱山〙スキップ《立坑および斜坑の鉱石・材料を運搬するかご; gunboat ともいう》. **2** = skep.
skí pànts *n. pl.* スキーズボン《足首のあたりでぴったりさせてあるスキー用のズボン》.
skíp bìd *n.* 〘トランプ〙スキップビッド (jump bid): ~ warning (ブリッジで)スキップビッド予告《予告をしてスキップビッドをすると, 次のビッダー (bidder) は約 10 秒の間(ま)をおかねばならないという規則》.
skíp bòmb *vt.* 〘軍事〙〈目標〉に向けて跳飛爆撃 (skip bombing) をする.
skíp bòmbing *n.* 〘軍事〙跳飛爆撃《超低空で投下した爆弾が水面[地面]を滑りまたは跳飛し, 水面[地面]の高さまたはそれより上方の目標(艦船など)に当たるようにする爆撃法》.
skíp dìstance *n.* 〘通信〙跳躍距離《電離層利用の短波通信などで受信が可能となる地表上の距離; この距離を越えないと電波が下降して来ない》.
skíp èlevator [**hòist**] *n.* 〘鉱山〙 = skip[4] 1 b.
skíp·jàck 〘《1554》← SKIP[1] + JACK〙 — *n.* (*pl.* ~**s**, 3 ではまた ~) **1** うぬぼれの強いにやけた若い男. **2** (鳥の暢思(ちょうし)骨 (wishbone) で作った)はね上がり玩具. **3** 〘魚類〙水面に飛び上がったり戯れたりする魚の総称; (特に)カツオ (*Katsuwonus pelamis*) 《oceanic bonito ともいう》. **4** 〘昆虫〙コメツキムシ (click beetle). **5** 〘海事〙スキップジャック《船底が V 型の小型帆船の一種》.
skí-plàne *n.* 〘航空〙雪上機《車輪のかわりにスキーをつけた飛行機》.
skí pòle *n.* (スキーの)ストック (ski stick).
skip·pa·ble [skípəbl] *adj.* **1** 飛ばす[省略する]ことのできる, 飛ばし読みのできる. **2** 飛ばし読みを起こしがちな: a ~ novel.
skíp·per[1] 〘ME〙 — *n.* **1** 飛ぶ人[もの], 跳ねる人[もの]. **2** = skipjack 1. **3** 〘昆虫〙**a** ぴょんぴょんはねる各種の昆虫の総称《チーズバエの幼虫 (cheese skipper), コメツキムシ (click beetle) など》. **b** セセリチョウ《高速度で飛行し, 跳びはねるような飛び方に由来する名称; 前翅を鉛直に, 後翅を水平にして静止する》. **4** 〘魚類〙ハシナガサンマ (*Scomberesox saurus*) 《大西洋にいる水面をジャンプするサンマの一種》. **5** 〘トランプ〙 = skip straight.
skip·per[2] [skípə | -pə(r)] 〘《1390》□ MDu. *schipper* ← *schip* 'SHIP': ⇨ -er[1]〙 — *n.* **1** (小型商船・漁船・遊覧船の)船長 (captain). **2** (航空機の)機長; 第一操縦士. **3** (運動チームなどの)主将; (野球の)監督 (manager), コーチ (coach). **4 a** 〘米軍事〙隊長, 艦長. **b** 〘米空軍〙機長. — *vt.* **1** 〈船〉の船長をする: ~ the boat. **2** 〈チーム〉の主将[コーチ]をつとめる.
skípper's dáughters *n. pl.* 白い波頭を立てる大波.
skip·pet [skípıt, -pət] 〘《*a*1398》← ?〙 *n.* スキペット《文書につけた印章をしまい保護するための円形の小箱》.
skíp·ping *adj.* 跳ね回っている; 跳躍的な.
skíp·ping·ly *adv.* 躍りながら; 飛ばし読みして, 飛ばして.
skípping ròpe *n.* なわ飛びのなわ (jump rope).
skíp ròpe *n.* = skipping rope.
skíp-stòp *n.* (バスやエレベーターなど運行上や緊急の時の)途中[一時]通過.
skíp stràight *n.* 〘トランプ〙(ポーカーで)スキップストレート《5 枚のカードが 2, 4, 6, 8, 10 のように一つ置きに続くストレート; 強さはスリーカードとツーペアーの中間; alternate straight, Dutch straight, skip, skipper ともいう》.
skíp tràcer *n.* 《口語》行方不明の債務不履行者捜索員 (cf. skip[1] *n.* 4).
skíp zòne *n.* 〘通信〙跳躍帯, 不感地帯 (cf. skip distance).
skirl [skɚ́:ł, skíɚł | skɜ́:ł] 〘《*a*1400》*skyrle(n)*, *skrille(n)* ← ? ON (cf. Norw. 《方言》*skrylla*): cf. shrill〙 — 《スコット・北英》 *vi.* **1** 〈バグパイプ (bagpipe) が〉ぴーぴーいう. **2** 金切り声で叫ぶ (shriek). — *vt.* **1** 〈バグパイプを〉奏する. **2** 〈金切り声を〉発する. — *n.* **1** バグパイプの音[吹奏]. **2** 金切り声.
skir·mish [skɚ́:mıʃ | skɜ́:-] 〘n.: 《?*c*1380》*skirmisshe*, *skarmuch* □ OF *escar(a)moche* □ OIt. *scaramuccia* ← Gmc. —v.: 《*a*1387》□ OF *eskirmiss-*, *eskermir* to fence □ OIt. *scaramucciare* ← *scarmuccia* (n.): ⇨ sherm, -ish[2]〙 — *n.* **1** 〘軍事〙(通例, 付随的に起こる小部隊間の)軽戦, 小戦 (cf. pitched battle). **2** 小競り合い, 小衝突; 小論争. — *vi.* **1** 〔…と〕軽戦[小戦]を交える, 小競り合いをする, 小衝突を起こす〔with〕: ~ *with* police. **2** 〔…を〕捜し回る, 方々をあさり歩く〔after〕.
skír·mish·er *n.* 小競り合いする人; (前衛隊・別動隊・本隊の掩護隊などとして散開している)散兵.
skírmish lìne *n.* 〘軍事〙散兵線, 散開線.
Skí·ros [*Mod. Gk.* skírɔs] *n.* スキロス(島) (Skyros のギリシャ語名).
skirr [skɚ́:, skíɚ | skɜ́:(r)] 〘《*a*1548》《変形》? ← SCOUR[2]〙 — *vi.* 急いで行く[去る]; 飛んで行く, 疾走する (fly, scurry). — *vt.* **1** …の中を捜し回る. **2** …の上をさっとかすめる, 急いで通って[越えて]行く. — *n.* きーきー[ぎしぎし, ひゅーひゅー]いう音.
skir·ret [skírıt, -rət] 〘《1338》*skirwhit* (← *skire* clear, bright (□ ON *skírr* 'SHEER[1]') + *whit* 'WHITE') 《通俗語源》← OF *eschervis* (F *chervis*) □ Arab. *karāwyā*: ⇨ caraway〙 — *n.* 〘植物〙ムカゴニンジン (*Sium sisarum*) 《西アジア産のセリ科の多年草; 根は食用; かつてヨーロッパで栽培された》.
skirt [skɚ́:t | skɜ́:t] 〘《*a*1325》□ ON *skyrt-a* 'SHIRT'〙 — *n.* **1 a** (上着・ドレス・ガウンなどの)ウエストより下に下る部分. **b** (婦人・女児の)スカート; 下スカート, ペティコート: a tight ~ / a girl in ~ and blouse / ⇨ dirndl skirt, divided skirt, miniskirt. **2** (馬の)小鞍(こぐら) (jockey) (⇨ saddle 挿絵). **3** (物の)端, 界 (border), へり (edge). **4** [*pl.*] 郊外, はずれ (outskirts): on the ~s of a city, forest, etc. **5 a** スカート状のもの. **b** (機械・機関車・車両などの)鉄板のおおい. **c** (鐘の)外に広がっている縁 (lip). **6 a** (牛などの)横隔膜 (midriff). **b** 《英》牛のわき腹肉 (flank). **7** 《俗・卑》女, 娘: a bit [piece] of ~ (いい)女, 女の子 / He was always after a ~. いつも女の尻ばかり追っかけていた. **8 a** (椅子・たんすなどの脚に付ける水平の)補強材. **b** (家具の正面すそ部に付ける)装飾用の幕板(まくいた). **9** 〘木工〙巾木(はばき). **10** 〘海事〙(横帆の)縦ふち (leech).
clear one's skirts 罪の告発を免れる; 汚名を免れる.
— *vt.* **1 a** …に接する, 囲む, めぐる. **b** …のへりを通る: The ship ~*ed* the coast. 船は沿岸を通った. **2 a** (危険・困難・論争になるため)〈問題・話題を〉避ける, 回避する: ~ the issue. **b** 〈危険・死などを〉辛うじて逃れる. **3 a** …にスカート[すそ]をつける. **b** …に縁をつける. **4** 〈羊毛の先端部〉から低品質のものを取り除く (cf. skirting 4). — *vi.* **1** 〈川・道路などが〉境にある. **2** へり[外側]に沿って行く: ~ *along* the edge of a cliff 崖のへりを行く.

skírt-dànce *vi.* スカートダンスを踊る. **skírt-dàncer** *n.*

skírt dànce *n.* **1** スカートダンス《19世紀に流行した長いすそを優美にさばいて踊る一種の踊り》. **2** 全円のスカートやひだスカートを巧みな手さばきで扱いながら踊るフォークダンス.

skírt·ed [-tɪd, -təd | -tɪd, -təd] 〘⇨ -ed 2〙 *adj.* [しばしば複合語の第2構成素として] (…の)スカート[すそ]の: long-[short-]*skirted*.

skirt·ing [skə́ːtɪŋ | skə́ːt-] *n.* **1** スカート地. **2** へり, ふち (border). **3** =skirting board. **4** [*pl.*] フリースの脚部分の低品質の羊毛.

skírting bòard *n.* 《英》=baseboard.

skírt-ròof *n.* 〘建築〙(家の階と階との間に出た)庇(ひさし)「屋根.

skí rùn *n.* スキーに適したスロープ[コース].

skí-scòoter *n.* 《英》=skidoo.

skí stìck *n.* =ski pole.

skí sùit *n.* スキースーツ《防水した布地で作ったジャケットとスキーズボン (ski pants) の一そろい, またはこの二つがワンピースになったもの》.

skit[1] [skít] 〘《1727》← ? 《廃》 *skit* to shoot, jibe at □ ON *skjōta* 'to SHOOT[1], dart'〙 — *n.* **1 a** 軽い風刺, 戯文. **b** 寸劇, スキット. **2 a** もじり 〔*on, upon*〕. **b** 《スコット・方言》悪意のない冗談, しゃれ (jest, joke) 〔*at*〕. **3** 《まれ》あざけり(の言葉), 嘲笑(の文句).

skit[2] [skít] 〘← ? : cf. scad[2]〙 *n.* 多数, 大勢 (crowd).

skite [skáɪt] 〘? ←《方言》~ 'to defecate'〙 《豪口語》 *vi.* 自慢する (boast). — *n.* 自慢; 自慢家, ほら吹き (boaster). **skít·er** [-tə | -tə(r)] *n.*

skí tòuring *n.* スキーツアー《雪山の自然のコースを自由に滑りあるくこと》.

skí tòw *n.* **1** ロープトウ《スキーヤーがスキーをはいたままロープにつかまってスロープを引き上げられて行く仕掛け; rope tow ともいう》. **2** =ski lift.

skí tròops *n. pl.* 〘軍事〙スキー部隊.

skit·ter [skítə | -tə(r)] 〘《freq.》←《スコット・北英方言》*skite* to move quickly □ ? ON *skjōta* 'to SHOOT[1], dart'〙 — *vi.* **1 a** 〈海鳥などが〉水面をかすめて飛ぶ, 表面をすれすれに飛ぶ. **b** 速やかに進む[走る], さっと行く. **2** 〘釣〙水面にすれすれに釣鉤を引いて釣る. — *vt.* **1** 水面をかすめて飛ばせる. **2** 〘釣〙〈毛鉤を〉水面すれすれにぴくぴく動かす.

skit·ter·y [skítəri | -təri] *adj.* (-ter·i·er; -i·est) =skittish.

skit·tish [skítɪʃ | -tɪʃ] 〘《c1412》← *skit-* (← ? ON *skjōta* 'to SHOOT[1]')+-ISH[1]〙 — *adj.* **1** 〈馬が〉物に驚きやすい, 物おじする (shy); 跳ね回る, 暴れる (frisky). **2** (特に)〈若くもない女が〉(生娘気分で)はしゃぐ, ふざける, いちゃつく: a ~ old maid. **3** 浮気な, 移り気な. **4** はにかみの, 内気な. **~·ly** *adv.* **~·ness** *n.*

skit·tle [skítḷ | -tl] 〘《1634》← Scand. (cf. Dan. *skyttel* shuttle)〙 — *n.* **1** [*pl.*; 単数扱い] 《英》九柱戯 (ninepins) (cf. four corners 3). **2** 《英》(九柱戯用の)木柱, ピン (ninepin). **3** [*pl.*] 遊び, 楽しみ (play). ★ 主に次の成句で: beer and ~*s* ⇨ beer 成句. **4** 《口語》遊び半分にやるチェス(の勝負). — *int.* [~s] 《英口語》ばか(言う)な, くだらない (Nonsense!). — *vi.* 九柱戯をやる. — *vt.* 〘クリケット〙〈打者を〉次々にアウトにする 〈*out*〉.

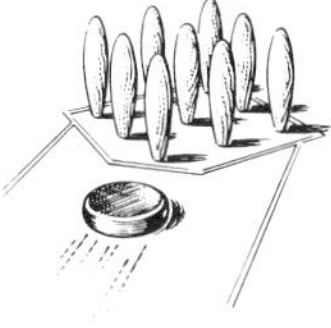
skittles 1

skíttle-àlley *n.* 《英》九柱戯 遊戯場.

skíttle bàll *n.* 《英》九柱戯 (skittles) でピンを倒すのに用いる円盤《cheese ともいう》.

skíttle-gròund *n.* 《英》=skittle-alley.

skive[1] [skáɪv] 〘← Scand. (cf. ON *skifa* to slice / Norw. *skiva*): cf. sheave[2] / G *Scheibe* disk〙 — *vt.* 〈革・ゴムなどを〉削る (shave), 薄く裂く, 裂いて薄片にする. — *n.* 革その他の材料の縁の厚みを一定の角度にそぐこと.

skive[2] [skáɪv] 〘←《英方言》~ 'to turn up the whites of the eyes'〙 《英俗》 *vi.* 仕事をさぼる. — *vt.* 〈仕事を〉さぼる.

skive off 《英俗》回避して去る, うまくずらかる.

skiv·er [skáɪvə | -və(r)] *n.* **1** 革すき刀. **2** スカイバー皮《製本用または帽子の内ベりに用いる薄くすき落とした羊の銀付き革》.

skiv·vy[1] [skívi | -vɪ] 〘← ?: cf. navvy, slavey〙 《英俗》 [軽蔑的に] *n.* 下女, 女中 (maidservant). — *vi.* 下女[女中]として働く.

skiv·vy[2] [skívi | -vɪ] 〘← ? : cf. 《英方言》*skivie, skaivie* askew, silly〙 — *n.* 《米俗》 **1** 男子用木綿 T シャツ《半そでの丸首シャツ; skivvy shirt ともいう》. **2** [通例 *pl.*] (パンツ (shorts) と T シャツから成る)下着 (underwear).

ski·vy[1] [skívi | -vɪ] *n.* =skivvy[1].

ski·vy[2] [skáɪvi | -vɪ] 〘← SKIVE[2]+-Y[4]〙 *adj.* 《英俗》不正直な (dishonest), ずるをする (shirking).

skí·wèar *n.* スキーウェア, スキー服.

sklent [sklént] 〘《変形》← SLANT[1]〙 ―《スコット・北英》*n.* **1** 傾斜面. **2** 斜方向への動き. **3** 横目で見ること, 流し目. — *vi.* **1** 斜めに動く. **2** 道からそれる, 遠回りをする. **3** 嘘をつく. **4** 横目で見る, 流し目で見る. — *vt.* 斜めに向ける, 傾ける.

skoal [skóʊl | skáʊl] 〘《1600》□ Dan. & Norw. *skaal*, Swed. *skål* bowl, toast : cf. scale[2], skull〙 — *int.* ごきげんよう, 万歳 (hail) 《人の健康を祝して乾杯する時の言葉》. — *vi.* 乾杯する.

skoo·kum [skúːkəm] 〘□ N-Am.-Ind. (Chinook) ~ 'evil spirit'〙 — *adj.* 《米北西部・カナダ》 **1** 大きい, 強力な; 印象的な (impressive). **2** 優秀な, 一流の (first-rate).

Sko·pje [skɑ́pjeɪ, skóʊp- | skɔ́p-] *n.* スコピエ《ユーゴスラビア東南部の都市; 1963 年に大地震があった; Macedonia の首都; 人口 313,000; Skoplje ともいう》.

Skop·lje [skɑ́pljeɪ, skóʊp- | skɔ́ʊpljə; *Serbo-Croat.* skɔ̂pljə] *n.* スコプリエ (⇨ Skopje).

Skr. 《略》Sanskrit.

skreegh [skríːç] *v., n.* (*also* **skriegh** [~]) 《スコット》=screech.

Skrt 《略》Sanskrit.

Skrya·bin [skriɑ́ːbɪn, -bən | skríəbɪn, skrɪǽbɪn; *Russ.* skrjábjin] *n.* =Scriabin.

Skry·mir [skríːmɪə | -mɪə(r)] *n.* 〘北欧神話〙スクリューミル《途方もなく大きな Jotun で, 変装した Utgard-Loki》.

Skt. 《略》Sanskrit.

sku·a [skjúːə | skjúːə, skjúə] 〘← NL ~ ← Faeroe *skūgvur* □ ? ON *skūfr* skua, tassel〙 — *n.* 〘鳥類〙トウゾクカモメ (⇨ jaeger 3); (特に)トウゾクカモメ科 *Catharacta* 属のカモメ《オオトウゾクカモメ (great skua) など; skua gull ともいう》.

Skuld [skʊ́ld] 〘□ ON ~〙 *n.* 〘北欧神話〙スクルド《運命の三女神の一人で未来を司る小人; ⇨ Norn》.

skul·dug·ger·y [skʌldʌ́g(ə)ri, ⌐⌐(−)− | skʌldʌ́gəri] 〘← ?〙 — *n.* **1** 《米口語》ぺてん, いんちき, ごまかし, 不正. **2** 《スコット》私通, 姦通 (adultery); 猥褻(わいせつ).

skulk [skʌ́lk] 〘《?a1200》← ON (cf. Norw. *skulka* to lurk / Dan. *skulke* to shirk)〙 — *vi.* **1** (臆病・恐怖・悪巧みなどで)こそこそ隠れる[隠れている], 隠れ回る, 忍ぶ (lurk): ~ behind a hedge 生垣の後ろに隠れる. **2** こそこそ忍び歩く, こそこそする (sneak) 〈*about*〉; こそこそ逃げる: ~ behind others. **3** 《英》ずるける, 仕事[義務]を避ける; 仮病を使う (malinger). — *n.* **1** =skulker. **2** 《まれ》こそこそ隠れること, 忍び歩き; ずるけ. **3** 《廃》(狐の)群れ (pack).

skúlk·er 〘ME: ⇨ ↑, -er[1]〙 *n.* **1** こっそり隠れる人; こそこそする人. **2** 《英》ずるける人.

skúlk·ing·ly *adv.* **1** こそこそ隠れて. **2** 《英》ずるけて, 義務を回避して.

skull[1] [skʌ́l] 〘《?a1200》← ON (cf. Norw. *skolt* / Swed. 《方言》*skulle* skull)〙 — *n.* **1 a** 頭骨, 頭蓋, 頭蓋骨 (cranium); されこうべ. **b** (図案になった)頭蓋骨 (death's-head). **2** [軽蔑的に] (理解力・知性の場としての)頭 (head), 脳 (brain): have a thick ~ 頭が悪い, 愚鈍[鈍感]だ / have an empty ~ 頭が空っぽだ. **3 a** 脳天. **b** =skullcap 2. **4** 〘甲冑〙(兜(かぶと)の)鉢(はち) (⇨ armor 挿絵). **5** [しばしば *pl.*] 〘冶金〙スカル, 鍋屑《金属を鋳込んだ後, 炉や取鍋(とりべ)などの壁面・底に残る帽子状の金属の薄層》.

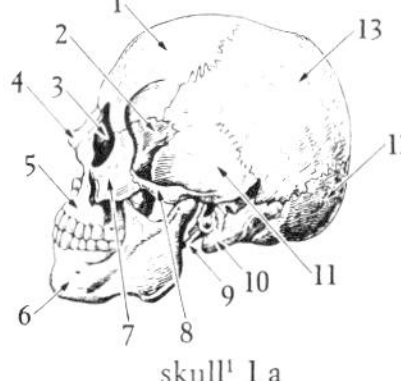

skull[1] 1 a

1 frontal bone; 2 sphenoid bone; 3 eye socket; 4 nasal bone; 5 maxilla; 6 mandible; 7 zygomatic bone; 8 zygomatic arch; 9 styloid process; 10 mastoid process; 11 temporal bone; 12 occipital bone; 13 parietal bone

skull and crossbones どくろ印《大腿(たい)骨を十字に組みその上に頭蓋骨を置いた図形で死の象徴; 昔は海賊の旗じるしに, 今は刑務所・毒薬びんの目印として使用; cf. black flag, Jolly Roger, RAWHEAD *and bloody-bones*》.

skull[2] [skʌ́l] *n., v.* =scull.

skúll·càp *n.* **1** スカルキャップ《頭蓋のみをおおう小さな帽子の総称》. **2** (昔の)鉄かぶと. **3** 頭蓋冠, 脳天. **4** 〘植物〙タツナミソウ《シソ科タツナミソウ属 (*Scutellaria*) の植物の総称; 萼(がく)がヘルメット状》.

skullcap 1

skull·dug·ger·y [skʌldʌ́g(ə)ri, ⌐⌐(−)− | skʌldʌ́gəri] *n.* =skulduggery.

skulled [skʌ́ld] 〘⇨ -ed 2〙 *adj.* [通例複合語の第 2 構成素として] (…の)頭蓋骨を有する: broad-[thick-] *skulled*.

skúll pràctice [sèssion] *n.* **1 a** 重役会議, 局長[部長]会議. **b** (特に, 学者の)研究集会. **2** 《米俗》(コーチがチームの選手に行なう)戦術研究, 新戦法の訓練.

skunk [skʌ́ŋk] 〘《1634》□ N-Am.-Ind. (Algonquian) *segonku* ← **shek-* to urinate+*-*āku*- small mammal〙 — *n.* (*pl.* ~, ~s) **1** 〘動物〙 **a** シマスカンク (*Mephitis mephitis*) 《自衛のため強烈な悪臭を放つ北米産のイタチ科シマスカンク属の動物; striped skunk ともいう》. **b** スカンク《シマスカンク属の動物と似た動物の総称》. **2** スカンクの毛皮. **3** 《口語》[軽蔑的に]鼻持ちならぬ[げじげじのような]やつ, 卑劣漢. **4** 《米俗》零敗, 完敗, スコンク (shutout). **5** 《俗》 **a** 〘米海軍〙(レーダーまたは肉眼でとらえた)未確認水上艦船[目標]. **b** 〘米陸軍〙彼我不明の車両(など) (cf. bogey[1] 5). — *vt.* 《米俗》 **1** (競技で)零敗させる, 得点させない, スコンクを食わせる (shut out): be [get] ~*ed* 零敗する, スコンクを食う. **2 a** …の支払いを怠る. **b** だまして取る, かたる (cheat).

skúnk bèar *n.* 《米》〘動物〙=wolverine 1.

skúnk càbbage *n.* 〘植物〙 **1** ザゼンソウ(座禅草) (*Symplocarpus foetidus*) 《湿地に生じるサトイモ科の多年草; 全草に悪臭がある》. **2** ミズバショウ (*Lysichiton camstchatcense*) 《北半球の寒帯の湿地に生えるサトイモ科の多年草》.

skúnk·wèed *n.* 〘植物〙 **1** クロトンの一種 (*Croton texensis*) 《北米南西部の乾燥地に生えるトウダイグサ科の落葉低木》. **2** 米西部に産する悪臭あるハナシノブ属の多年草の一種 (*Polemonium confertum*). **3** イガザクラ (*Gilia squarrosa*) 《ハナシノブ科の多年草; 猛烈な臭気を放つのでスカンクソウの名がある》. **4** =joe-pye weed. **5** =skunk cabbage 1.

Skup·shti·na [skúpʃtiːnə] 〘□ Serb. ~《原義》meeting ← *skupiti* to meet〙 *n.* [the ~] ユーゴスラビア国会.

skurf·ing [skə́ːfɪŋ | skə́ː-] 〘《混成》← SK(ATING)+(S)URFING〙 *n.* =skateboarding.

Sku·ta·ri [skúːtəri | skúːtəri, skuːtɑ́ːri, skʊ-] *n.* =Scutari 1.

skut·te·rud·ite [skʌ́tərʌ̀daɪt | -tə-] 〘□ G *Skutterudit* ← *Skutterud* (ノルウェー南部の町, その発見地): ⇨ -ite[1]〙 — *n.* 〘鉱物〙方コバルト鉱 ($(Co, Ni)As_3$) 《コバルトとニッケルの砒化物》.

sky [skáɪ] 〘《a1250》□ ON *ský* cloud < Gmc **skuwwon* (OE *scēo* cloud) ← ? IE *(*s*)*keu-* to cover (L *cutis* 'CUTIS'): cf. hide[1,2]〙 — *n.* **1 a** [通例 the ~] 上空, 雲のある場所. ★《詩》《文語》では広がりを示して複数形を用いることがある: in *the* ~ / reach to *the skies* 天まで届く. **b** (地上より丸天井 (vault) に見える)空, 天: a blue [clear] ~ 青空[晴れた空] / a cloudy ~ 曇った空 / under the open ~ 野天で, 戸外で / where ~ meets sea 空と海の合うところ / We did not see the ~ for weeks. 幾週間も青空を見なかった / If the ~ falls, we shall catch larks. 《諺》空が落ちたらひばりでも捕えよう《先々の心配はばかげている》. **2** [しばしば *pl.*] (気象上の)空模様, 天気 (weather); 気候, 風土 (climate): from [judging by] the look of the ~ 空模様からすると / under brighter *skies* than ours われわれの国よりもっと明るい[気候のよい]国で / under a foreign ~ 異郷の空で, 外国で. **3** [しばしば *pl.*] 《詩・文語》天, 天界, 天国 (heaven): He is in the ~ [*skies*]. 彼は天にいる, 死んでいる / be raised to the *skies* 昇天する, 死ぬ. **4** 空色 (sky blue). **5** 《英口語》(絵画陳列所内の)最上列《天井に近い位置で最も軽視される場所》. **6** 《廃》雲 (cloud).

in the skies 得意[有頂天]になって (exalted). ***out of a clear* [*blue*] *sky*** 晴天の霹靂(へきれき)のように, 突然 (suddenly), 思いがけなく (unexpectedly) (cf. (*like*) *a* BOLT[1] *from the blue*). ***The sky is the limit.*** ⇨ limit 2. ***to the sky* [*skies*]** (1) 天まで, 非常に高く. (2) 大いに, はなはだしく (extravagantly): praise [laud] a person *to the skies* 口をきわめて人を称賛する, ほめちぎる.

— *v.* (**skied, skyed**) 《口語》 — *vt.* **1** 《英》〈硬貨を〉高く上げる (toss up). **2** 〈絵画などを〉高い所に掲げる, 天井間近に陳列する; 〈画家〉の絵を高い所に掲げる (cf. *n.* 5). **3** 〈球を〉高く飛ばす. **4** 〘ボート〙ストロークの前に〈オールを〉水面から高く持ちあげすぎる. — *vi.* **1** 空高く球を打つ. **2** 急上昇する.

ský-blúe *adj.* 空色の (azure).

ský blúe *n.* 空色, スカイブルー (celestial).

ský·bòrne *adj.* =airborne 1.

ský·càp *n.* 空港の手荷物運搬係, スカイキャップ (cf. redcap 1).

ský·còach *n.* 〘航空〙スカイコーチ《サービスと低運賃で飛ぶ航空機》.

ský còmpass *n.* 〘海事〙スカイコンパス《太陽が水平線下にある時その偏光を利用して太陽の方位を計る計器》.

ský còver *n.* 〘気象〙スカイカバー《雲が空を覆う量; 通例雲のない状態を 0 とし, 全空を覆った状態を 10 とする》.

ský·dive *vi.* スカイダイビングをする. **ský·dìver** *n.*

ský·dìving *n.* スカイダイビング《パラシュート降下競技; 低空までパラシュートを開かずに自由降下および各種の動作を行なう》.

ský-dòme *n.* 〘劇場〙スカイドーム《舞台上で空を表わす背面の幕; cf. cyclorama 2》.

Skye [skáɪ] 〘□ ? Ir. *sciath* & Gael. *sgiath* wing: その形の形容〙 — *n.* スコットランド北西部, Inner Hebrides 諸島中の最大島; 人口 11,000, 面積 1,735 km^2; the Isle of Skye ともいう.

sky·er [skáɪə | skáɪə(r)] *n.* 〘クリケット〙高打.

Skýe térrier, S- T- 〘← SKYE〙 *n.* スカイテリア《流れるような被毛の, Skye 島原産のテリア; 単に Skye ともいう》.

sky·ey [skáɪi | skáɪɪ] 〘← SKY+-EY〙 *adj.* **1** 空[天]の, 空[天]からの; 空のような; 空色の. **2** 高い, そびえ立つ.

ský-flòwer *n.* 〘植物〙=golden dewdrop.

ský-gàzer *n.* 〘海事〙(クリッパー船の最上部に用いる)三角スカイスル.

ský-hígh *adv.* **1** 空まで高く, 非常に高く. **2** すごく, ひどく, 非常に. **3** 粉々に, 木端微塵(こっぱみじん)に (apart): blow the thesis ~ 論文を論破する. — *adj.* 非常に高い; 法外な: ~ inflation 天井知らずのインフレ.

ský·hòok *n.* **1** 天空にぶら下っていると考えられているかぎ. **2** 木材搬出用のケーブル(集材機). **3** =skyhook balloon. **4** 〘航空〙航空機から投下する物量

を(降下速度を少くするために)吊下げる竹とんぼ様の回転翼.
skýhook ballóon n. 高空での科学観測(気象・宇宙線など)のために計器等を吊り下げるプラスチック製気球.
sky·ish [skáɪɪʃ] adj. =skyey.
sky·jack [skáɪdʒæ̀k] 〚← SKY + (HI)JACK〛 vt. 〈飛行機を〉乗っ取る, ハイ[スカイ]ジャックする. ― n. **1** 飛行機の乗っ取り. **2** =skyjacker. **~·ing** n.
skýjàck·er n. (飛行機)乗っ取り犯人, ハイ[スカイ]ジャッカー.
Sky·lab [skáɪlæ̀b] 〚← SKY + LAB(ORATORY)〛 n. 宇宙実験室《アポロ計画に続いての米国の有人宇宙船計画; 1973 年に打ち上げられ '79 年地球に落下した》.
ský·làrk 〚《1686》〛 ― n. **1** 〘鳥類〙ヒバリ (*Alauda arvensis*). ★「ヒバリ」は英国では lark でも skylark でも同義であるが, 米国では lark はしばしば meadowlark の意にも用いられるので skylark と言った方がはっきりする. **2** 〘口語〙ふざけ騒ぎ, ばか騒ぎ. ― vi. 〘口語〙ふざける; ばか騒ぎする. **~·er** n.
ský·less adj. 青空のない, 曇った (cloudy).
ský·lìght n. **1** 天窓, (屋根の)明かり取り (cf. side light 3). **2** 〘気象〙天空光《大気中の日光の散乱によって生じた天空の光》.
ský·lìne n. **1** 地平線 (horizon). **2** スカイライン《山・建物などが空に描く輪郭》. ― vt. …のスカイラインを描く.
ský·lìner n. =airliner.
ský·lòunge n. スカイラウンジ《市内を回って乗客を乗せそのままヘリコプターで空港まで運ぶ乗物》.
ský·man [-mən] n. (pl. **-men** [-mən, -mèn]) **1** 〘口語〙飛行家 (aviator). **2** 〘俗〙落下傘部隊員.
ský màrker n. 〘軍事〙落下傘付照明弾.
ský màrshal n. 〘米〙航空警官《ハイジャック防止などの仕事をする連邦政府の武器携帯の平服の警官》.
ský pìlot n. 〘俗〙 **1** 聖職者, 牧師 (clergyman); (特に)従軍牧師[司祭] (chaplain). **2** 飛行家, 航空士 (aviator).
ský·pìpe n. 〘海事〙何個かの安全弁から吹き出す蒸気を上甲板よりも上へ導くためのパイプ.
ský·pòrt n. =heliport.
ský·ròcket n. **1** 流星花火, のろし, ロケット花火. **2** (スポーツ試合の応援団員の率いる)組織的集団応援. **3** 〘植物〙北米産ハナシノブ科の二年草または多年草 (*Gilia aggregata*)《観賞用に栽培》. ― vi. **1** 流星花火のように動く; 突然現われる; 衝動的に行動する. **2** 〈値段などが〉急騰する, うなぎのぼりに上がる. ― vt. **1** 〈値段を〉急騰させる, うなぎのぼりに上がらせる. **2** 突然有名にする, …の名声を急にもたらす.
Sky·ros [skáɪrəs, -rɑs | skáɪ(ə)rəs, -rɔs] n. スキロス(島)《ギリシャ東部, Northern Sporades 諸島の一島; 人口 2,400, 面積 210 km^2; ギリシャ語名 Skíros》.
sky·sail [-sèɪl, -səl] n. 〘海事〙スカイスル《快速帆船に張るローヤル帆の直上の横帆》: the fore ~ 前檣(しょう)のスカイスル / ⇨ main skysail.
skýsail pòle n. 〘海事〙スカイスルポール《スカイスルを揚げるローヤルマストの上端部》.
sky·scape [skáɪskèɪp] 〚← SKY + -SCAPE〛 n. **1** 空景色[画] (cf. landscape). **2** (一つの視界内の)空の部分.
ský·scràper n. **1** 超高層建築, 摩天楼, スカイスクレーパー. **2** 〘海事〙スカイスル (skysail) の直上に張った三角形の帆.
ský·scràping adj. 天に達するほどの, 非常に高い.
ský scrèen n. 〘宇宙〙スカイスクリーン《ロケットの飛翔径路を予測値と比較して描き出すスクリーン》.
ský sìgn n. 屋上広告, スカイサイン.
ský·stòne n. 〘地質〙=meteorite 1.
ský·swèeper n. 〘米軍〙レーダー対空掃射砲《レーダーを利用し, 自動的に敵機を探知・照準し毎分 45 発までの発射性能をもつ口径 75 ミリ高射砲》.
ský tràin n. 空中列車《一機またはそれ以上のグライダーを曳航した飛行機; air train ともいう》.
ský·tròoper n. 落下傘部隊員, (空挺)降下隊員 (paratrooper).
ský·tròops n. pl. 落下傘[空挺]部隊 (paratroops).
ský trùck n. 〘航空〙空(そら)のトラック《大きくかつ重量のある物を運搬できる貨物機》.
sky·ward [skáɪwəd | -wəd] adv. **1** 空へ, 空の方へ. **2** 上方に (upward). ― adj. 空の方に向けた: a ~ gaze.
sky·wards [-wədz | -wədz] adv. =skyward.
ský wàve n. 〘通信〙上空波, 空間波 (cf. ground wave).
ský·wày n. **1** 航空路 (air route). **2** (沼地・都会などの上を越えていく)高架式高速道路.
ský·wrìte v. (**sky·wrote**; **-writ·ten**) ― vi. 〈飛行機が〉空中に広告文字を描く. ― vt. **1** 空中広告で知らせる, 空中広告する. **2** 広く知らせる.
ský·wrìter n. 空中広告文字を書く飛行士.
ský·wrìting n. 空中広告, スカイライティング《飛行機の後部から煙を連続的に吐き出し, 広告文字を空中に描き出すこと》.
sl. 〘略〙 slightly; slip; slow.
s.l. 〘略〙 *L.* secundum legem (=according to the law); *L.* sine locō (=without place of publication).
S.L. 〘略〙 salvage loss; sea level; second lieutenant; sergeant-at-law; solicitor-at-law ソリシター; south latitude; 〘英空軍〙 squadron leader; 〘英海軍〙 sublieutenant.
slab¹ [slǽ(ː)b] 〚《c1290》 s(c)labbe ← ?〛 ― n. **1** **a** (石・板・金属などの)幅の広い厚板. **b** (材木の板をとった外側の)背板(せいた), 平板(ひらいた). **c** 石板: a ~ of marble 大理石板. **d** (金属の)スラブ《板材を作るための長方形の断面をもつ中間製品》. **e** (パン・菓子などの)厚い切れ: a ~ of bread / ~ chocolate = a ~ of chocolate 板チョコ(レート). **2** 〘米俗〙〘野球〙投手板 (pitcher's plate). **3** 〘土木・建築〙スラブ, 床版, 床板《舗装路用コンクリートの一区切り》. **4** 〘印刷〙=table 15. ― vt. (**slabbed**; **slab·bing**) **1** **a** 厚板にする. **b** 〈木材〉から背板を取る. **2** 〈屋根などを〉厚板[石板, スラブ]でおおう. **3** 厚くのせる: ~ butter on the bread パンにバターを厚くのせる.
slab² [slǽ(ː)b] 〚← ? Scand. (cf. Dan. 〘廃〙 *slab* slippery)〛 ― adj. **1** 〘古・英方言〙どろどろして粘る, 粘着する, ねばねばする (viscous): make the gruel thick and ~ かゆを濃くどろどろにする (Shak., *Macbeth* 4. 1. 32). **2** 女々しく感傷的な.
slab·ber [slǽbə | -bə(r)] v., n. =slobber.
sláb·bing cùtter n. 〘機械〙平削りフライス.
slábbing machìne n. 〘機械〙=planomiller.
sláb mìll n. 〘機械〙=slabbing cutter.
sláb-síded adj. 〘口語〙 **1** 側面が平らで長い. **2** ひょろ長い.
sláb·stòne n. (敷石用)板石 (flagstone).
sláb tóp n. テーブルなどの厚板[石板]の甲板.
SLAC 〘略〙 Stanford Linear Accelerator Center.
slack¹ [slǽk] 〚adj.: OE *slæc, slēac* < Gmc *slakaz (Du. *slak*) ← IE *(s)lēg- to be slack (L *laxus* loose). ― v.: 《1520》 ← (adj.): cf. lax², languish〛 ― adj. (**~·er**; **~·est**) **1** 締まってない, 緩い (loose); 弱い (weak), 軟弱な (soft): a ~ wire 緩い針金 / a ~ rein [grasp] 緩い手綱[握り]. **2** いい加減な, 不注意な (careless), 怠慢な (indolent), ずさんな, だらけた, 締まりのない (inattentive): ~ discipline だらけた規律 / be ~ in one's work [duties] 仕事に締まりがない. **3** **a** のろい, おそい, のろくさい (slow, sluggish): at a ~ pace のろい足どりで, のろのろと, ゆっくり / be ~ in stays ⇨ stay² 成句. **b** 〈水流・潮流・風力など〉ゆっくり動く[吹く], よどんだ: ⇨ slack water. **c** 元気のない, だるい; 不活発な: a ~ performance / I feel ~. だるい. **d** ほどほどの熱さの (moderate). **4** **a** 〈商業・市場など〉不振な, 不景気な, 活気のない, 閑散とした (dull): a ~ time [season] 不景気時, 霜枯れ時 / ~ trade 不振の貿易 / Business is ~ at this season. この季節には商売は不景気だ. **b** 〈天候など〉ぐずついてけだるい. **5** 焼きが十分でない; 乾燥不十分の: ~ bread [hops] 生焼け[生干し]のパン[ホップ].
keep a slack hand [rein] on (1) 手綱を緩めておく. (2) …を寛大に支配する.
― adv. **1** 緩く, だれて; のろく; 活気なく. **2** 不十分に: ~ dried hops 生干しのホップ.
― n. **1** (縄・帯・帆などの)緩み, たるみ (slackness); たるんだ部分: the ~ of a rope 綱のたるみ. **2** (商業などの)不振[不景気](の時期), 閑散期: a ~ in business. **3** **a** 憩潮《満干の変り目に起こる潮流の静止状態》; 憩潮時. **b** 風の落ち, なぎ. **4** [*pl.*; 時に単数扱い] スラックス《上着と対でないゆったりしたスポーティーなズボン; 男女共に用いる》. **5** 〘詩学〙弛(し)弱音《sprung rhythm でアクセントのない音節》.
take up the slack (1) (ロープなどの)たるみを引き締める (cf. TAKE *up* (vt.) (5)). (2) (不振の産業などの)活を入れる.
― vt. **1** 〈縄などを〉緩める, たるませる (slacken): ~ (off, away) a rope 綱を緩める. **2** 〈義務などを〉しないでおく, 怠る, ずるける (shirk). **3** 〈力・速力・努力などを〉緩める, 緩慢にする, 緩和する (relax, retard) 〈*off, up*〉: ~ one's pace 歩を緩める. **4** 〈石灰を〉消和する, 沸化する (slake). ― vi. **1** 〈縄などが〉緩む, たるむ (slacken). **2** 怠る, なまける, いい加減にする, ぞんざいにする; 休む, 休憩する: ~ at one's job 仕事をなまける[ぞんざいにする] / ~ off 努力を緩める. **3** 〈速力などが〉のろくなる, 遅くなる; 〈風力などが〉弱る, 衰える (abate); 〈景気などが〉不活発になる (flag) 〈*off, up*〉. **4** 〈石灰が〉消和する, 沸化する (slake).
slack back 〘機械〙〈ジャッキ (jack) が〉ゆるむ.
~·ly adv. **~·ness** n.
slack² [slǽk] 〚《1440》 *sleck* ⊏ ? MDu. *slecke, slacke* slag, slack〛 n. 粉炭 (coal dust).
slack³ [slǽk] 〚ME ⊏ ON *slakk-i*〛 n. 〘スコット・英方言〙 **1** (山と山の間の)谷, (地表の)くぼみ (depression). **2** じめじめした沼地 (morass).
sláck-báked adj. **1** 生焼けの (half-baked). **2** 未熟な, 未完成の.
sláck cóal n. =slack².
slack·en [slǽkən] 〚《1580》 ← SLACK¹ + -EN¹〛 ― vt. **1** 緩める: ~ the rope. **2** 緩慢にする; 緩和する, 〈力・速力などを〉減じる (abate), 弱くする 〈*off*〉; 〈仕事などを〉怠る. ― vi. **1** 緩む. **2** 緩慢になる, 弱くなる; だれ気味になる. **~·er** [-k(ə)nə | -nə(r)] n.
sláck·er n. **1** 仕事を怠る[ぞんざいにする]人, なまけ者 (idler). **2** 責任を回避する人 (shirker); (特に)兵役忌避者.
sláck jáw 〚← SLACK¹〛 n. へらずロ.
sláck-jáwed adj. (驚き・当惑で)口をぽかんと開けた, 唖(あ)然とした.
sláck lìme n. 〘化学〙=slaked lime.
sláck rópe n. (綱渡りなどの)緩く張った綱 (cf. tightrope).
sláck sùit n. スラックスーツ《スラックス (slacks) と共布のブラウスまたはジャケットを組み合わせたカジュアルなスーツ; 男女共に用いる》.
sláck tíde n. =slack water 1.
sláck wáter n. **1** 潮だるみ《高潮あるいは低潮の際, 一時的に潮の静止している時期; slack tide ともいう》. **2** 憩潮《静止している潮》. **3** (河水などの)淀(よど)み.
sláck wáx n. 〘化学〙スラックワックス, 軟蠟(ろう)《融点が低く軟らかい粗蠟; パラフィン蠟の原料》.
s. l. a. et typ. 〘略〙 *L.* sine locō, annō et typographī nōmine (=without place of publication, year and printer's name).
slag [slǽ(ː)g] 〚《1552》 ⊏ MLG *slagge* ← ? *slagen* 'to strike, SLAY¹'〛 ― n. **1** 鉱滓(さい), のろ, かなくそ, からみ, スラグ. **2** 火山岩滓(し) (scoria). **3** (再選鉱後に残った)石炭くず. **4** くず, がらくた. ― v. (**slag·ged**; **slag·ging**) ― vt. **1** スラグにする, 溶滓状にする. **2** 〘冶金〙…からスラグを取り除く. ― vi. スラグになる, 溶滓状になる.
slág cemènt n. スラグセメント, 鉱滓セメント.
slag·gy [slǽgi | -gɪ] adj. (**slag·gi·er**; **-gi·est**) **1** スラグの, かなくそ状の. **2** 火山岩滓(し)(状)の.
slág wóol n. 〘化学〙スラグウール, 鉱滓綿《溶けたスラグを圧縮空気などで吹き出して繊維状にしたもの; 断熱材・吸音材になる》.
slain 〚OE (ġe)slæġen〛 v. slay の過去分詞.
slain·te [slɔ́ɪntə, slɔ́ːn-, slɑ́ːnxə | slɑ́ːnxə] 〚⊏ Ir. *slāinte* health〛 int. 〘アイル〙健康を祝す, 乾杯.
slake [sléɪk] 〚OE *slacian, sleacian* ← *slēac* 'SLACK¹'〛 ― vt. **1** 〈渇(かつ)・飢え・欲望などを〉満足させる, いやす (satisfy); 〈怒りを〉和らげる (appease): ~ one's thirst 渇をいやす, のどをうるおす. **2** 〈石灰を〉消和する, 沸化する. **3** 〈火などを〉弱める, 消す (extinguish); 不活発にする, 鈍らせる. **4** 〘廃〙緩める (slacken). ― vi. **1** 〈石灰が〉消和する, 沸化する. **2** 〘古〙弱まる, 消える; 緩む, たるむ, 不活発になる.
sláked lìme n. 〘化学〙消石灰 (calcium hydroxide).
sláke·less adj. いやし難い; 消し難い, 止め難い (unquenchable); 飽くことを知らない (insatiable).
slák·er n. **1** 消石灰製造者. **2** 〘製紙〙石灰消和装置.
sla·lom [slɑ́ːləm, -loum | slɑ́ːləm, sléɪ-] 〚⊏ Norw. ~ 'sloping path'〛 ― 〘スキー〙 n. スラローム, 回転滑降, 回転競技《斜面に設けた多くの双旗の門を回転して通るスピードレース》. ― vi. スラロームをする.
slálom canóe n. (通例デッキ状のものがついている)カヌースラローム用のカヌー.
slam¹ [slǽ(ː)m] 〚《1672》 ← Scand. (cf. Swed. 〘方言〙 *slämma* to bang)〛 ― v. (**slammed**; **slam·ming**) ― vt. **1** 〈戸などを〉ぴしゃりと締める, ばたん[がたぴし]と締める (bang); 〈蓋(ふた)などを〉ばたんと締める: ~ a door [window] (shut) 戸[窓]をばたんと締める / ~ down the lid of a trunk トランクの蓋をばたんと締める / ~ the window down 窓をばたんと引き降ろす / ~ the box shut 箱をばたんと締める. **2** 激しく[荒っぽく]たたく[動かす, 推す, 投げる, 置く]: ~ the book down on the table テーブルの上に本をどさりと置く / ~ the brakes on ブレーキを激しくかける / He ~*med* the purses into the box. 箱の中に財布をほうり投げた. **3** 打つ, ぶつ (hit, beat): ~ a ball 球を打ち飛ばす / He got badly ~*med* about the head. 頭のあたりをひどくぶっつけた. **4** 〘口語〙酷評する, けなす. ― vi. **1** 〈戸・蓋などが〉がたん[ばたん]と締まる: hear a door ~ 戸がばたんと締まる音を聞く. **2** 激しく[荒っぽく]動く. **3** 酷評する, けなす. ― n. **1** どん, ぴしゃり, ばたん, がたぴし (bang): with a ~ ばたんと, どんと, ぴしゃりと, 手荒く. **2** 強打. **3** 〘口語〙酷評. ― adv. ばたんと, どんと, 手荒く.
slam² [slǽ(ː)m] 〚《1621》 〘略〙 ← 〘廃〙 *(give the) slampant* ← ?〛 n. 〘トランプ〙(ブリッジで)スラム, 総取り, 完勝《13 組(52 枚)全部または 12 組まで取ること; 契約 (contract) して達成すれば特別のボーナスが与えられる》: ⇨ grand slam, small slam.
slám·báng 〘口語〙 adj. **1** 荒々しい音の: a ~ noise. **2** 力のこもった, 力強い (forceful). **3** すばらしい, きわだった (outstanding). ― n. 荒々しい音.
slám-báng adv. **1** ばたんと, どたんと, 手荒く. **2** 向こう見ずに (slapdash). ― vi. 音をたてて振舞う. ― vt. 荒々しく打つ (belabor).
s.l.a.n. 〘略〙 *L.* sine locō, annō, vel nōmine (=without place, year or name).
s. l. & a. 〘略〙 *L.* sine locō et annō (=without place and year).
s.l. & c. 〘略〙〘海運〙 shipper's load and count 荷送人の積荷と勘定.
slan·der [slǽndə | slɑ́ːndə(r)] 〚《14C》 〘変形〙 ← 《c1290》 *sclaundre* ⊏ AF *esclaundre* = OF *esclandre* 〘変形〙 ← *escandle* ⊏ LL *scandalum* stumbling block: SCANDAL と二重語〛 ― n. **1** 中傷, 悪口, 誹謗(ぼう) (calumny); 偽虚宣伝; 名誉毀損(そん) (defamation): be given to ~ よく人を中傷したがる. **2** 〘廃〙不名誉, 恥 (shame); 非難 (reproach). **3** 〘法律〙(口頭による)名誉毀損, 口頭名誉毀損 (cf. libel 1).
slander of goods 〘法律〙商品誹謗《他人が製造または売却中の商品の価値信用などを傷つけて損害を与えること》.
slander of title 〘法律〙権利誹謗《悪意で他人の財産権に対して第三者に偽りの陳述をして損害を与えること》.
― vt. **1** 中傷する, …の名誉を毀損する; …の虚偽宣伝をする. **2** 〘廃〙辱しめる (disgrace); 非難する (blame). ― vi. 中傷する.
~·er [-d(ə)rə | -rə(r)] n.
slan·der·ous [slǽnd(ə)rəs | slɑ́ːn-] 〚《15C》 *s(c)laundrous*: ⇨ ↑, -ous〛 ― adj. **1** 中傷的な, 名誉を毀損する; 口の悪い: a ~ tongue 毒舌 / ~ rumors 中傷

的風評. 2《廃》不名誉な, 恥となる(disgraceful). **～-ly** *adv.* **～·ness** *n.*

slang [slǽŋ] 〘(1756) ← ?: cf. Norw.《方言》*slengeord* new slang word & *slengje kjæften* to abuse with words〙 ― *n.* **1** 俗語, スラング《くだけた談話には用いるが品位ある正統語(法)と認められないもの》: American ～ 米俗語 / 'Cop' is ～ for 'policeman.' cop は policeman の俗語である. **2** (ある社会・職業内の)用語, 通語 (jargon); (盗賊などの)隠語, 合言葉 (argot): theatrical ～ 役者用語 / thieves' ～ 盗賊隠語 / doctors' ～ 医者用語[言葉] / art ～ 芸術上の通語 / college [schoolboy, students'] ～ 学生語 / commercial [stock exchange] ～ 商人[株式取引所]用語 / racing ～ 競馬社会の通語. ― *attrib. adj.* **1** 俗語の, 俗語めいた: a ～ expression, phrase, word, etc. **2** 卑俗な (vulgar). ― *vi.* スラング[俗語, 下品な言葉]を使う. ― *vt.*《英》卑俗な言葉でののしる[悪口を言う, しかる].

sláng·ing màtch *n.*《英》悪口の言い合い, 口論.

slang·y [slǽŋi | -ŋi] 〘⇨ slang, -y[4]〙 ― *adj.* (**slang·i·er; -i·est**) **1** スラングの, 俗語の, スラングめいた (cf. colloquial 2) **2** スラング[俗語, 下品な言葉]を使う[使いたがる]. **3** 〈態度・服装など〉けばけばしい (flashy), 卑俗な, 俗っぽい (vulgar). **sláng·i·ly** [-ŋɪli, -ŋəˑ | -lɪ] *adv.* **sláng·i·ness** *n.*

slank *v.*《古》slink の過去形.

slant[1] [slǽnt | slɑ́ːnt] 〘(1521)《変形》← ME *slente(n)* ▭ ON **slent-a* (cf. Norw. *slenta* to slant)〙 ― *vt.* **1** 斜めにする; 傾かせる, 傾斜させる (slope). **2** 斜めに切る[打つ], 斜めに横切る. **3**〘ジャーナリズム〙**a** 特定の(読者・聴衆の)層に向くようにする, 特定の見方に向ける (angle): a magazine ～*ed* for young readers 若い読者層向きに編集した雑誌. **b** 〈ニュースなどを〉特殊な好みに合うようにゆがめる; 曲げる, 歪曲する: ～ the news. ― *vi.* **1** 斜めになる, 傾斜する: a garden ～*ing* to a river 川岸までだらだらと傾斜した庭 / The road ～*s* to the left. 道路は左に傾斜している. **2** 傾く, 傾向がある 〈*toward*〉: ～ *toward* favoring girls 女の子をひいきにする傾向がある. **3** 斜め[はすかい]に行く[進む]: ～ across the field. ― *n.* **1** 傾斜, 勾配; 坂 (slope): the ～ of a roof 屋根の傾斜[勾配] / on the [a] ～ 傾斜して, はすかいに. **2 a** 傾斜面, 斜面. **b** 斜線《slant line ともいう; ⇨ diagonal 3》. **3** (心などの)傾向 (tendency), 偏向 (bias). **4**《口語》一目, 横目 (slanting glance): give [take] a ～ at a person 人を横目で見る. **5**《口語》(ある特殊な)観点, 見地 (angle), 見解 (opinion): the British ～ on things 英国流の物の見方 / a new ～ on the situation 時局に対する新しい見解. **6**《方言》あてこすり, 皮肉 (taunt). **7**〘アメリカンフットボール〙スラント《スクリメージラインをボールキャリアーが角度をつけ斜めに前進すること》. **8**〘細菌〙**a** 斜面培養基《培養面積を大きくするために試験管を傾斜させて固定した培養基》. **b** ＝slant culture.

a slant of wind〘海事〙定方向からずれて吹く一しきりの変化風《特に, 一時的順風をいう》.

slant[2] [slǽnt | slɑ́ːnt] 〘(1495)《頭音消失》← ASLANT〙 ― *adj.* **1** 斜めの (oblique), 傾斜した, 坂になった, 傾いた (sloping, inclined). **2** 偏向のある (biased). ― *adv.* 斜めに (obliquely). 「slant[1] 8 a).

slánt cúlture *n.*〘細菌〙(微生物の)斜面培養 (cf.

slant·en·dic·u·lar [slæ̀ntn̩díkjulə | slɑ̀ːntəndíkjulə(r] *adj.* ＝slantindicular.

slánt-èyed *adj.* **1** (蒙古ひだ (Mongolian fold) のように)目じりの上がった. **2**〘病理〙＝Mongoloid 3. **3** [軽蔑的に] (中国人や日本人のような)極東出の.

slánt-frónt *adj.* ＝slant-top.

slánt hèight *n.*〘数学〙斜高《直円錐や直角錐の斜面にそって測った高さ》.

slant·in·dic·u·lar [slæ̀ntn̩díkjulə | slɑ̀ːntndíkjulə(r] 〘《混成》← SLANTIN(G)＋(PERPEN)DICULAR〙 *adj.*《戯言》やや傾斜した[はすかいの].

slant·ing [slǽntɪŋ | slɑ́ːnt-] *adj.* 傾いた, 斜めの, 傾斜した. **～·ly** *adv.*

slánt lìne *n.* ＝slant[1] 2 b.

slánt rhỳme *n.*〘詩学〙傾斜韻《強勢のある音節の母音または子音のいずれかが同一である韻: 例: eyes, light; years, yours; near rhyme, half rhyme ともいう》.

slánt-tóp *adj.* (机を閉じると)斜めになる垂れ板のついた: a ～ desk.

slánt·wàys *adv.* ＝slantwise.

slánt·wìse *adv.* 斜めに, はすに (aslant, obliquely). ― *adj.* 斜めの, はすの (slanting, oblique).

slant-top desk

slap[1] [slǽp] 〘(1632) ▭ LG *slapp(e)*《擬音語》〙 ― *n.* **1** (平手または平たいもので)ぴしゃりと打つこと: give a ～ on the cheek ほおを平手打ちする. **2** ぴしゃり(という音). **3** 皮肉, 非難, そしり (slur); 侮辱 (insult) 〔*at*〕. **4** (さっと)やること, 試み (attempt) 〔*at*〕: have a ～ *at* ...をやってみる.

a slap in the face [*eye*] (1) 顔[目]をぴしゃりと打つこと. (2) 侮辱, ひじ鉄砲, 無視; 失望. *slap and tickle*《英口語》(男女の)いちゃつき: have a bit of ～ *and tickle*.

― *v.* (**slapped; slap·ping**) ― *vt.* **1 a** (平手で)ぴしゃりと打つ: ～ a naughty child わんぱく子僧にびんたを食わす / ～ a person on his cheek 人のほおを平手で打つ / ⇨ SLAP *a person in the face* [*eye*], *slap a person on the* BACK[1]. **b** 〈平手・平たいものを〉ぴしゃっと打つ: He ～*ped* his hand on the table. 机を(平)手でぴしゃりとたたいた. **2** 強く[ばんと, どんと]投げる[置く, 打つ]: ～ a ball 球を強く打つ / ～ a hat *on* one's head 勢いよく[ぱっと]帽子をかぶる / ～ *down* a book *on* the desk 本を机の上にどんと置く. **3**《口語》素早く[無雑作に]置く[つける]〔*on*〕: ～ butter *on* bread パンにバターをこってり塗る. **4**《口語》非難する, 叱る. ― *vi.* ぴしゃりと音をたてる: Waves ～*ped* against the hull. 波が船体にぴしゃぴしゃと打ち寄せた.

slap around《口語》(1) 〈人を〉手荒く扱う. (2) 〈作品などを〉手きびしく批評する. *slap down* (1) ⇨ *vt.* 2. (2)《口語》〈人を〉きびしく押える, へこませる, 叱りつける, 〈行為を〉やめさせる. *slap in* 無雑作にさしはさむ: ～ *in* a song. *slap a person in the face* [*eye*] 〈人を〉非難する, 侮辱する (insult). *slap on*《口語》急に[突然]実施する: ～ *on* a policy. *slap together*《口語》〈物を〉急いでぞんざいに作り上げる.

― *adv.* **1** ぴしゃりと, 勢いよく (smack): hit a person ～ in the eye ぴしゃりと人の目を打つ. **2**《口語》まっすぐに (directly), まともに (straight): run ～ into ...と正面からぶつかる. **3**《英口語》突然, だしぬけに (suddenly): The handle came ～ off. 柄が急に取れた.

slap[2] [slǽp] 〘ME *slop* ▭ (M)Du. & MLG: cf. slip[2]〙 ―《英方言》*n.* **1** 割れ目, すき間, ひび. **2** 山道, 峠. ― *vt.* (**slapped; slap·ping**) ...にすき間をあける, 割れ目をつける.

sláp-báng《口語》*adv.* **1** 激しく (violently), 騒々しく (noisily). **2** 急に, 不意に. **3** まっしぐらに, 無鉄砲に (recklessly). ― *adj.* ＝slapdash.

sláp·dásh *adv.* **1** 無鉄砲に, しゃにむに, 向こう見ずに, でたらめに (recklessly). **2** まっすぐに, まともに, ぴしゃりと. ― *adj.* 向こう見ずの, むやみな (impetuous), 無鉄砲な, でたらめの, 行き当たりばったりの, だらしない. ― *n.* **1** 無鉄砲, 向こう見ず(の行ない), ぞんざい(なやり方), やりっぱなし. **2** あら塗り (roughcast). **～·ness** *n.*

sláp·hàppy *adj.* (**-happier; -piest**) **1**《口語》〈ボクサーなど〉ふらふらになった (punch-drunk) (cf. happy 5 a). **2** (酔っ払って)上機嫌な, 足元がふらつく. **3** 陽気で無責任な.

sláp·jàck *n.* **1**《米》＝griddle cake. **2**〘トランプ〙スラップジャック《stop 系のゲームの一種; 数人が各自の山からカードを1枚ずつ表向きに中央に出し, ジャックが出たら早い者勝ちに手をのせて下のカードを全部取る》.

sláp·ping *adj.*《俗》**1** 非常に速い, 飛ぶような (extremely fast): a ～ pace 速い歩調. **2** 〈馬・人など〉大きい, 大型の, でっかい (big): a ～ horse.

sláp shòt *n.*〘アイスホッケー〙スラップショット《パックを勢いよくたたいてするシュート》.

sláp·stìck *n.* **1** (道化芝居で相手役を打つのに用いる)先の割れた打棒《音の大きいわりに打たれて痛くない》. **2** どたばた道化芝居 (knockabout). ― *attrib. adj.* 荒っぽい道化芝居の, どたばたの: ～ comedy どたばた喜劇 / a ～ motion picture どたばた映画.

sláp-ùp 〘← SLAP[1] (adv.)〙 *adj.*《英口語》**1** 最新流行の, 一流の, すばらしい, すてきな: a ～ dinner, establishment, etc. **2** 費用を考慮せずになされた.

slash[1] [slǽ(ː)ʃ] 〘(*c*1390) *slasche(n)* ▭ ? OF **esclaschier*＝*esclachier* to break《擬音語》〙 ― *vt.* **1** さっと切る, 深く切る, 切り下ろす, 切りつける; めった切りにする. **2 a** 〈人などを〉むち打つ (lash). **b** 〈むち・刀などを〉さっと振り回す, ぴゅっと打ちつける (crack). **c** 〈球を〉激しく打つ (drive): ～ a ball. **3 a** (樹木・低木を切り払って)〈土地を〉開く (clear). **b** [～ one's way として] (樹木などを切り払って)進む: ～ *one's way* through the jungle 木を切り払ってジャングルを行く. **4 a** 〈書物などを〉削除する; 縮小する. **b** 〈俸給・費用などを〉ひどく切り下げる, 大幅に減俸する, 削減する (reduce severely): ～ budgets. **c** ...の長さをつめる. **5** 酷評する, こき下ろす. **6** [通例 p.p. 形で] 〈衣服〉にスリットをつけて別の色布を見せる, スリットをつける: a ～*ed* sleeve スラッシュドスリーブ, 袖口にスリットのある袖. ― *vi.* **1** (刃・ナイフ・かみそりなどで)切りつける, 切りまくる, めった切りに切る. **2** しゅっと走る. 「する, やっつける.

slash at (1) ...をさっと攻撃する. (2) ...を酷評[非難]

― *n.* **1** さっと切りつけること, 一撃; 一むち. **2** 深い切り口, 深傷(ふかで) (gash). **3**《米》**a** (樹木伐採・風・火などのために)切り枝の散乱した森林内のあき地. **b** (森林のあき地に)散乱した切り枝. **4** 斜線 (virgule)《slash mark ともいう》. **5** 縮小; 削減 (reduction). **6**《英俗・卑》小便すること: have a ～ 小便をする / go for a ～ トイレに行く. **7**〘服飾〙(衣服の)スリット《袖や脇などにつけた開口部; 別の色布を見せることが多い》.

slash[2] [slǽ(ː)ʃ] 〘《混成》? ← SLUSH＋PLASH[1]〙 *n.* (低木の生い茂った)湿った低地.

slásh-and-búrn *adj.* 焼き畑式の《木を伐採して焼き払い一時的に耕地にする方式にいう》: ～ agriculture 焼き畑農耕 (cf. shifting cultivation).

slásh·ing *n.* **1** さっと切りつけること; むちをふるうこと. **2**《米》＝slash 3. **3**〘服飾〙スラッシュ: a 違った色彩の裏地や下着をみせるため衣服に切り込んだ開口部[スリット]. **b** スリットからみえる裏地[下着]. ― *adj.* **1** 切る, 切りまくる; たたきつけるような, 激しい: a ～ wind. **2** 辛辣な, 痛烈な (severe): ～ criticism 辛辣な批評. **3** まっしぐらの (dashing), 元気[威勢]のよい, 向こう見ずの (vigorous): a ～ fellow. **4**《口語》巨大な (immense); 大した, すばらしい (fine): a ～ fortune, dinner, etc. **～·ly** *adv.*

slashing 3 a

slásh pìne 〘← SLASH[2]〙 ― *n.*〘植物〙**1 a** 米国南部の湿地に生えるマツの類の植物 (*Pinus caribaea*). **b** その木材. **2** タエダマツ (⇨ loblolly pine 1).

slásh pócket *n.* スラッシュポケット《垂直あるいは斜めの切り口のポケット》.

slat[1] [slǽt] 〘(*c*1390) *s(c)lat* ▭ OF *esclat* splinter ← *esclater* to splinter < VL **exclatāre* ← EX-[1]＋**clat-*《擬音語》: cf. éclat〙 ― *n.* **1 a** (木・金属などの)細長い薄板. **b** 小割り板, 木ずり板; (窓のブラインドなどの)小板. **c** 薄い板石; (屋根ふき用)スレート. **2** [*pl.*]《俗》**a** 尻, 臀部 (buttocks). **b** 肋(ろく)骨 (ribs). **3**〘航空〙スラット《翼の前縁に固定または可動的に置かれる小翼片; それと下流の翼面との間に隙間を作り, 大きい迎角まで翼の失速を遅らせる働きをする; cf. slot[1] 4》. ― *vt.* (**slat·ted; slat·ting**) ...に slat をつける, slat で作る.

slat[2] [slǽt] 〘← ? Scand. (cf. ON *sletta* to slap)〙 ― *v.* (**slat·ted; slat·ting**) ― *vi.* 〈帆・索などが〉ばたばたぶつかる, ばたばたと打ち当たる[はためく]. ― *vt.*《英方言》**1** 強く投げる. **2** たたく, 打つ (beat). ― *n.*《英方言》ぴしゃり(と打つこと) (slap); 強打.

S. Lat., S. lat.《略》south latitude.

slatch [slǽtʃ] 〘《変形》← SLACK[1]〙 *n.* **1** 一時の好天. **2**〘海事〙海が荒れた合間の穏やかな時, 荒波の合間.

slate[1] [sléɪt] 〘(*c*1340) *s(c)late* ▭ OF *esclate* (fem.) ← *esclat*: ⇨ slat[1]〙 ― *n.* **1 a** 粘板岩《粘土が固結してできた岩石; 薄く剝げる; cf. argillite, shale》. **b** 粘板岩スレート《特に, 屋根ふき用》: roofing ～ 屋根ふきスレート. **2 a** 石板. **b** (特に, 個人に関する)記録 (record). ★ 主に次の句で用いる: ⇨ *a clean* SLATE. **3**《米》**a** (指名・選挙などの)候補者名簿; [集合的] 全候補者 (ticket). **b** (試合などの)予定表. **4** 点字器《点字用の筆記具; braille slate ともいう》. **5** 石板色, ねずみ色 (dark bluish gray)《slate blue ともいう》.

a clean slate 前科のないこと, きれいな経歴: start with a *clean* ～ (過去を清算して)新規巻き直しで出直す, 更生する. *clean the slate* (1) 貸し借りをなくする. (2) ＝*wipe the* SLATE *clean*. *have a slate loose* [*off*]《英俗》少し気[頭]が変だ (cf. *have a* TILE *loose*). *on the slate* (1)〘昔, 商店などで石板の上にチョークで貸し金を記したことから〙《俗》掛けで (on credit): put it *on the* ～ 掛けにする, つけておく. (2)《英》〘印刷〙〈植字工が〉植字用の原稿のない. *wipe the slate clean* 行き掛かりを捨てる.

― *adj.* **1** 石板質の, 石板のような, スレートでふいた: a ～ roof. **2** 石板色の, ねずみ色の.

― *vt.* **1** 〈屋根を〉スレートでふく. **2** [通例 p.p. 形で]《米》**a** 候補者名簿に記入する, 候補に立てる: He is ～*d for* the office of president. 会長候補になっている. **b** 予定する (schedule): The election is ～*d* for June 10. 選挙は6月10日に予定されている / He is ～*d* to arrive tomorrow. 明日到着する予定である.

slate[2] [sléɪt] 〘(1825) ↑ ?〙 ― *vt.* **1**《英口語》**a** 酷評する, こきおろす: ～ a book. **b** ひどく非難する, ののしる (rate), 叱る (scold): ～ a person. **2**《古》ひどくなぐりつける.

sláte clùb *n.*《英口語》**1** (クリスマスなどに役立つように毎週少額の掛け金をする)共済会. **2** 貯金会 (provident club). **3** 社交会.

sláte-còlored *adj.* 石板色の (dark bluish grey).

sláte-colored júnco *n.*〘鳥類〙ユキヒメドリ (*Junco hiemalis*)《北米産のヒワの類で灰色と白色の配色がある; slate-colored snowbird ともいう; cf. junco》.

sláte-colored snówbird *n.* ＝slate-colored junco.

sláte gráy *n.* スレート色, 明るい黄緑がかった灰色 (oriental pearl, Russian gray ともいう).

sláte péncil *n.* 石筆《石板の筆記用に軟らかい凍石[石鹸石]を筆の形にしたもの》.

slát·er[1] [-tə | -tə(r] 〘(15C)〙 ― *n.* **1** スレート職人, スレート工. **2** 皮を平らにするための道具《スレートを刃にしたもの》. **3**〘動物〙**a** ＝wood louse 1. **b** 海産の等脚類の動物 (isopod) の総称.

slát·er[2] [-tə | -tə(r] *n.*《英口語》酷評者 (severe critic).

slath·er [slǽðə | -ðə(r] 〘← ?〙 ―《米口語》*n.* [通例 *pl.*] 大量 (a large quantity): ～*s* of people. ― *vt.* **1 a** [...に]こってりと塗る〔*on*〕: ～ butter *on* the bread パンにバターをこってり塗る. **b** [...を]...にこってり塗る〔*with*〕: ～ the wall *with* paint 壁にペンキを厚く塗る. **2** [...に]浪費する, たっぷり使う (squander)〔*on*〕: ～ money *on* magazines 雑誌に金をうんと使う.

slát·ing[1] [-tɪŋ | -tɪŋ] *n.* **1** スレートで屋根をふくこ

と；スレートぶき． **2** [集合的] スレート (slates)；屋根ぶき用スレート材．

slát·ing² [-tɪŋ | -tɪŋ] *n.* 非難 (rebuke), 酷評 (severe criticism)：give [get] a severe ～ 酷評する[される].

slat·tern [slǽtən | -tə:n, -tən] 〘《1639》← ?《方言》*slattering* (pres.p.) ← *slatter* to spill awkwardly ← ? ∥《変形》← G *schlottern* to hang loosely〙 ── *n.* **1** だらしのない女． **2** 自堕落女(slut), 売春婦(prostitute).

slát·tern·ly *adj.* **1** 自堕落女の, 売春婦の． **2** だらしない, 自堕落な, 無精な(slovenly). ── *adv.* だらしなく, 無精に． **slát·tern·li·ness** *n.*

slát·ting [-tɪŋ | -tɪŋ] *n.* **1** [集合的] 小板 (slats). **2** 小板材料． **3** 小板で作ること．

slat·y [sléɪti | -ti] *adj.* (**slat·i·er**; **-i·est**) **1** スレートの, 石板状[質]の；スレートの多い． **2** スレート色の, ねずみ色の (slate-colored). **slát·i·ness** *n.*

slaugh·ter [slɔ́:tə | -tə(r] 〘《*a*1300》□ON **slaht-r* (cf. ON *slāt-r* butcher's meat) ← Gmc **slax-* 'to SLAY¹' ∽ ME *slaȝt* < OE *-sleaht*〙 ── *n.* **1** (特に, 食肉用の)屠殺(とさつ), 畜殺 (butchering). **2 a** (血なまぐさい残忍な)虐殺, 殺人 (massacre). **b** (戦争や残虐行為による)大量殺人, 大量殺戮(さつりく) (carnage). ── *vt.* **1** (食肉用に)〈動物を〉畜殺する, 屠殺する． **2 a** 〈人を〉殺生する, 虐殺する． **b** (暴虐に)大量殺戮する (massacre). **3**《口語》やっつける, 負かす (beat).

sláugh·ter·er [-tərə | -tərə(r] *n.* **1** 畜殺者, 屠殺者． **2** 殺戮(さつりく)者．

sláughter·hòuse 〘ME〙 *n.* 畜殺場, 屠殺場(abattoir).

slaugh·ter·ous [slɔ́:tərəs, -trəs | -tər-] *adj.* 殺戮(さつりく)を好む, 殺生(せっしょう)な, 殺伐な (murderous), 残忍な (cruel)；破壊的な (destructive). **～·ly** *adv.*

Slav [slɑ́:v, slǽ(:)v] 〘《18C》□ ML *Slāv-us* ∽《*a*1387》*Sclave* □ ML *Sclāv-us*：⇨ slave〙 ── *n.* **1** [the ～s] スラブ民族《Russians, Ruthenians を含む東スラブ族 (Eastern Slavs), Bulgarians, Serbs, Croatians, Slovenians, Slovenes などを含む南スラブ族(Southern Slavs), Poles, Czechs, Moravians, Slovaks を含む西スラブ族 (Western Slavs) に三大別される》． **2** スラブ人． ── *adj.* **1** スラブ民族[人]の． **2** スラブ語の (Slavic).

Slav. 《略》Slavic；Slavonian；Slavonic.

slave [sléɪv] 〘《*c*1290》*sclave* □ (O)F *esclave* □ ML *sclāvus* ← *S(c)lāvus* Slav □ LGk *Sklábos*：多くのスラブ人が征服されて奴隷にされたことから〙 ── *n.* **1 a** 奴隷 (bondman, serf)：work like a ～ あくせく働く / trade [traffic] in ～s 奴隷売買． **b** (奴隷のように)あくせく働く人 (drudge). **2** 〔…の〕奴隷, やっこ, 捕われた人；〔…に〕滅私的に献身する人 〔*of*, *to*〕：a ～ *of* [*to*] drink [*to* the bottle] 酒の奴隷 / a ～ *to* one's passions 情欲の奴隷 / a ～ *of* fashion 流行に浮身をやつす人 / the ～ *of* his wife's caprices 細君の気まぐれのままになる夫 / a ～ *to* duty 義務のために献身的に働く人． **3 a** 《古》卑劣な奴． **b** 《廃》つまらぬ人, 奴 (fellow). **4** 〘原子力〙(放射性物質を扱う時に用いる)遠隔操縦装置の放射性物質側《遮蔽体をはさんで内側部分；cf. master-slave manipulator》． **5** 〘昆虫〙＝slave ant. **6** 〘写真〙増灯用フラッシュ《主フラッシュの光を受けて増灯フラッシュを発光させるリレー》． **7** 〘機械〙従属自動制御装置, 子装置 (cf. master 9 a). **8** 〘通信〙＝slave station. ── *attrib. adj.* **1** 奴隷にされた (enslaved). **2** 奴隷の；奴隷のための；奴隷を扱う：⇨ slave ship, slave-trader. **3 a** 奴隷制度を認める[賛成の], 奴隷制の：⇨ slave state 1. **b** 奴隷制度に基づいた：～ economy. **4** 遠隔操作の, リモートコントロールの． ── *vi.* **1** 奴隷のように[あくせく]働く (drudge)：～ for one's family. **2** 奴隷商人である, 奴隷売買をする． ── *vt.* **1** 《古》奴隷のように働かせる, こき使う；奴隷にする (enslave). **2** 〘機械〙(親装置 (master) に)〈機械を〉子装置として連結する．

sláve ànt *n.* 〘昆虫〙奴隷アリ《他種のアリ社会の中で奴隷となって働くアリの総称；クロヤマアリ (*Formica fusca*) など；cf. slave-making ant》．

sláve-bàngle *n.* (肘より上につける婦人用の)腕輪．

sláve-bòrn *adj.* 奴隷生れの, 生れながら奴隷の．

sláve bràcelet *n.* スレーブブレスレット《足首につける飾りチェーンまたは金属の幅の広い輪；奴隷の足首につけたものに由来する》．

sláve clòck *n.* (離れたところにある親時計によって針の動きを制御される)子時計 (cf. master clock).

Sláve Còast *n.* [the ～] 奴隷海岸《アフリカ西部, Guinea 湾北岸 Niger 河口から Volta 河口に至るまでの海岸地帯；16-19 世紀における奴隷売買の中心地》．

sláve driver *n.* **1** 奴隷監督． **2** 雇人をこき使う人, 冷酷無慈悲な雇主 (Simon Legree).

sláve-gròwn *adj.* 〈商品など〉奴隷を使って作られた．

sláve·hòlder *n.* 奴隷所有者．

sláve·hòlding *n.* 奴隷所有． ── *adj.* 奴隷所有を許す, 奴隷所有者の住む：～ states.

sláve-hùnter *n.* (奴隷を売るために)黒人を捕える人, 奴隷狩り屋．

sláve hùnting *n.* 奴隷狩り．

sláve làbor *n.* **1 a** 奴隷の仕事, 奴隷労働． **b** 奴隷的労働, 強制労働《強制的で報酬の少ない苛酷な労働》． **2 a** [集合的] (政治犯・捕虜収容所の囚人など)強制労働集団． **b** 強制労働集団[奴隷]の労働力．

sláve làbor càmp *n.* (囚人の)強制収容所, 強制労働作業所．

sláve màker *n.* 〘昆虫〙＝slave-making ant.

sláve-màking ànt *n.* 〘昆虫〙奴隷使役アリ《他種のアリの巣からさなぎを盗んで来てこれを育てて奴隷にする習性のあるアリの総称；アカヤマアリ (*Formica sanguinea*), アマゾンアリ (*Polyergus rufescens*), サムライアリ (*P. samurai*) など；slave maker ともいう；cf. slave ant》．

sláve màrket *n.* **1** 奴隷市場． **2** 奴隷市場に似たもの；職業紹介所 (employment agency).

slave·oc·ra·cy [sleɪvɑ́krəsi | -vɔ́krəsɪ] *n.* ＝slavocracy.

slav·er¹ [sléɪvə | -və(r] *n.* **1** 奴隷売買者, 奴隷商人． **2** 奴隷(貿易)船． **3** ＝white slaver.

slav·er² [slǽvə, sléɪvə | slǽvə(r] 〘《*c*1325》← ?ON (cf. *slafra*) ∥ LDu.：cf. slobber〙 ── *vi.* **1** よだれをたらす (slobber). **2** 垂涎(すいぜん)する, 切望する, 懇願する〔*after*〕． **3** おべっかを使う (fawn). ── *vt.* 《古》 **1** よだれでよごす． **2** …におべっかを使う (flatter). ── *n.* **1** よだれ． **2** 《古》卑屈な見えすいたおべっか．

Sláve Ríver [sléɪv-] *n.* [the ～] カナダ Alberta 州および Mackenzie 地区の川；Lake Athabasca から Great Slave Lake に流れる；全長 415 km.

slav·er·y¹ [sléɪv(ə)ri | -vəri] 〘《1551》← SLAVE (n.)＋-ERY〙 ── *n.* **1** 奴隷であること, 奴隷の身分[境遇] (bondage). **2 a** 奴隷制度；奴隷所有 (slaveholding). **b** 隷属, 屈従 (subjection). **3** 〔色欲・食欲などの〕奴隷[やっこ]であること, 心酔(subservience)〔*to*〕． **4** 卑しい仕事 (drudgery), 骨の折れる[精根の尽きる]仕事．

slav·er·y² [slǽv(ə)ri, sléɪv- | slǽvəri] 〘《15C》← SLAVER² (n.)＋-Y⁴〙 *adj.* 《古》よだれをたらす；よだれでよごれた．

sláve shìp *n.* 奴隷(貿易)船 (slaver).

sláve stàte *n.* **1** [しばしば S- S-]〘米史〙奴隷州《南北戦争当時まで奴隷制度が合法であった南部州；Alabama, Arkansas, Delaware, Florida, Georgia, Kentucky, Louisiana, Maryland, Mississippi, Missouri, North Carolina, South Carolina, Tennessee, Texas, Virginia；cf. Free State 1》． **2** 全体主義体制下の国家．

sláve stàtion *n.* 〘通信〙従局《双曲線航法において発射電波が主局によって制御される局；cf. master station》．

sláve tràde *n.* 奴隷売買；[通例 the ～] (特に, 米国南北戦争以前の)黒人奴隷売買．

sláve-tràder *n.* ＝slaver¹.

slav·ey [sléɪvi | sléɪvɪ, slǽvɪ] 〘← SLAVE＋-Y²〙 *n.* 《英口語》(特に, 重労働の)雑働き女中．

Slav·ic [slǽvɪk, slɑ́:v- | slɑ́:v-, slǽv-] 〘← SLAV＋-IC¹〙 ── *n.* スラブ語(派)《印欧語族の一語派；Polish, Czech, Slovak, Sorbian を含む西スラブ語 (West Slavic), Russian, Ukrainian, White Russian を含む東スラブ語 (East Slavic), Bulgarian, Serbo-Croatian, Slovenian を含む南スラブ語 (South Slavic) の 3 群に分れる》． ── *adj.* **1** スラブ民族の；スラブの． **2** スラブ語の．

Slav·i·cism [slǽvəsɪzm, slɑ́:v- | slɑ́:vɪ-, slǽv-] *n.* ＝Slavism.

Sláv·i·cist [-sɪst, -səst | -sɪst] *n.* スラブ言語研究者, スラブ文学研究家《Slavist ともいう》．

slav·ish [sléɪvɪʃ] 〘《1565》← SLAVE＋-ISH¹〙 ── *adj.* **1** 奴隷の；奴隷のような；(特に)奴隷根性の, 卑しい, 卑屈な (base, mean)：～ submission 屈従 / a ～ flatterer 卑屈なおべっか使い． **2** すっかり模倣する, 独創性を欠いた：a ～ imitation 奴隷的模倣． **3** 重労働の, 苦役の． **4** 《古》さげすむべき, 卑劣な (despicable). **b** 圧制的な, 圧迫する． **～·ly** *adv.* **～·ness** *n.*

Slav·ism [slɑ́:vɪzm, slǽv-] *n.* **1 a** スラブ人気風, スラブ的特性． **b** ＝Slavophilism. **2** スラブ語的表現．

Sláv·ist [-vɪst, -vəst | -vɪst] *n.* ＝Slavicist.

Slav·kov [*Czech* slɑ́fkɔf] *n.* スラフコフ《Austerlitz のチェコ語名》．

Slav·o- [slɑ́:vo(ʊ), slǽv- | -və(ʊ)] 〘← ML *Slāv-us*：⇨ Slav〙「スラブ民族(の)(Slav)」の意の連結形：*Slavo*-Germanic スラブ ゲルマンの / *Slavo*phobe.

slav·oc·ra·cy [sleɪvɑ́krəsi | -vɔ́krəsɪ] 〘← SLAV(E)＋-O-＋-CRACY〙 ── *n.* 《米》(南北戦争以前の米国南部の)奴隷所有者たちの持つ支配力；その支配力をもつ奴隷所有者団体．

Sla·vo·ni·a [sləvóʊniə, slæ-, -njə | sləvə́ʊnjə, slæ-, slɑ:-, -nɪə] 〘□ML *Slavōnia*：⇨ Slav, -ia¹〙 ── *n.* スラボニア《ユーゴスラビア北部 Croatia の Danube 川と Sava 川の中間地方》．

Sla·vo·ni·an [sləvóʊniən, slæ-, -njən | sləvə́ʊnjən, slæ-, slɑ:-, -nɪən] 〘《1577》：⇨ ↑, -an¹〙 *n.* ＝Slovene 1 b. ── *adj.* **1** ＝Slovene 2. **2** 《古》＝Slavic 2.

Sla·von·ic [sləvɑ́nɪk, slæ- | sləvɔ́n-, slæ-, slɑ:-] 〘《*c*1645》← NL *slavonic-us* ← ML *Slavōnia*：⇨ -ic¹〙 ── *adj.* スラブ語の (Slavic). ── *n.* **1** スラブ語 (Slavic). **2** 古代教会スラブ語 (Old Church Slavonic).

Slav·o·phile [slǽvəfàɪl, slɑ́:v- | slɑ́:v-, slǽv-] 〘← SLAVO-＋-PHILE〙 (*also* **Slav·o·phil** [-fɪl]) *n.*, *adj.* スラブ親善主義者(の), スラブびいきの(人).

Slav·oph·i·lism [slævɑ́fəlɪzm, slǽvəfɪlɪzm, slɑ́:v- | sləvɔ́fɪlɪzm, slɑ́:vəfɪlɪzm, slǽv-, slæ-, slɑ:-] *n.* **1** スラブびいき[親善主義]． **2** スラブ主義《19 世紀ロシヤの国粋思想》．

Slav·o·phobe [slǽvəfòʊb, slɑ́:v- | slɑ́:vəfə̀ʊb, slǽv-] 〘← SLAVO-＋-PHOBE〙 *adj.*, *n.* スラブ恐怖症の(人), スラブぎらいの(人).

Slav·o·pho·bi·a [slæ̀vəfóʊbiə, slɑ̀:v- | slɑ̀:vəfə́ʊbjə, slæ̀v-, -bɪə] 〘⇨ -phobia〙 *n.* スラブ恐怖症, スラブ(人)ぎらい, スラブアレルギー．

slaw [slɔ́:] 〘《略》← COLESLAW〙 *n.* 《米》＝coleslaw.

slay¹ [sléɪ] 〘OE *slēan* ← Gmc **slax-* (G *schlagen*) ← IE **slak-* to hit〙 ── *vt.* (**slew** [slú:]; **slain** [sléɪn]) **1** 《文語・戯言》 **a** (暴力的手段で)殺害する, 惨殺する, 虐殺する． **b** 殺す (kill). **2** 《米》破壊する, 絶滅する． **3** 《米俗》心を強く揺さぶる；(特に, 笑いこけさせて)圧倒する, 参らせる (overwhelm). **4** 《廃》打つ, なぐる (strike). **～·er** *n.*

slay² [sléɪ] *n.* 〘紡織〙＝sley.

SLBM 《略》submarine-launched ballistic missile 潜水艦発射ミサイル．

sld. 《略》sailed；sealed；sold；solid.

sleave [slí:v] 〘OE *slǣfan* to cut ← *slīfan* to split〙 ── *vt.* 《廃》〈絹のより糸などを〉ほぐして繊条にする：～*d* silk 真綿． ── *vi.* ほぐれて繊条になる． ── *n.* **1** (絹の)糸くず, 繊条． **2** 綛(かせ) (skein). **3** 《詩・文語》もつれ物． **4** 《廃》(繭(まゆ)の)けば, 絹綿 (floss).

slea·zy [slí:zi, sléɪ- | -zɪ] 〘← ?〙 ── *adj.* (**slea·zi·er**; **-zi·est**) **1** 〈織物が〉薄っぺらな, ぺらぺらの (flimsy)；品質の劣った材質でできた． **2** 質の劣った, 安っぽい；程度の低い． **sléa·zi·ly** [-zɪli, -zə- | -lɪ] *adv.* **sléa·zi·ness** *n.*

sled [sléd] 〘《*c*1395》*sledde* □ MDu.：cf. slide, sledge¹, sleigh〙 ── *n.* **1 a** (雪・氷上を滑る)そり (sledge). **b** (雪滑り遊びに使う)小型そり． **c** 荷物運送用そり． **d** 《古》＝sleigh. **2** 《米》(綿作地帯で使用する)綿摘み機械《箱形で口が V 字形になっておりワタノキの上を引く》． ── *v.* (**sled·ded**; **sled·ding**) ── *vt.* **1** そりで運ぶ． **2** 《米》〈綿を〉綿摘み機械で摘む． ── *vi.* そり滑りをする[して遊ぶ].

sléd·der *n.* **1** そりに乗る人, そり滑りをする人． **2** そり引き馬[犬].

sléd·ding *n.* **1** そり滑り；そりで運ぶ[に乗る]こと． **2** そりの使用に適した雪[地面]の状態 (cf. sleighing 2). **3 a** (そりの)進み具合：rough [smooth] ～ 困難[容易]なそりの進み(具合). **b** (仕事などの)進行情況 (going)：Business was hard ～. 仕事具合はきつかった． **4** (綿摘み機械による)綿摘み．

sléd dòg *n.* (北極地帯で犬ぞり用に訓練された)そり犬．

sledge¹ [sléd͡ʒ] 〘《1617》□ Du.《方言》*sleeds*：cf. sled〙 ── *n.* **1** 《英》＝sleigh. **2** 荷物運送用そり《通例低い頑丈なもので, 滑り (runners) には木を削ったものや板をそらせたものを用いる》． ── *vi.* **1** 《英》そりに乗る． **2** 荷物を積んだそりに乗って行く． ── *vt.* そりで運ぶ．

sledge² [sléd͡ʒ] 〘OE *sleċġ* < Gmc **slagja-* ← IE **slak-* to strike：cf. slay¹〙 *n.*, *v.* ＝sledgehammer.

slédge·hàmmer 〘《15C》：⇨ ↑, hammer〙 ── *n.* **1** (かじ屋が両手で使う)大ハンマー, 玄翁(げんのう). **2** 強力な打撃[道具], 決定的[徹底的]な打撃[手段]. ── *attrib. adj.* (大ハンマーのように)強力な, 力ずくの (powerful)；容赦しない (ruthless)：a ～ blow 大打撃, 致命的打撃． ── *vt.*, *vi.* 大ハンマーで打つ．

sledgehammers 1

sleek [slí:k] 〘《1440》《変形》← SLICK〙 ── *adj.* (**～·er**; **～·est**) **1 a** 〈毛皮・毛髪など〉(健康・手入れのよさから)滑らかな, すべすべした (smooth), 光沢のある, つやつやした (glossy)：～ hair, hides, satin, cat, etc. **b** 栄養のいい, よく太った；〈動物など〉手入れのいい． **2 a** (身なりが)きちんとした, めかした． **b** ほっそりした, すらっとした (slender). **c** 〈動作など〉優雅な, 洗練された． **d** 流行の先端をゆく；贅沢(ぜいたく)な：a ～ car. **3** 口先のうまい, おべんちゃらをいう (oily, flattering), うまく人に取り入る (insinuating). ── *vt.* **1 a** 滑らかにする；つやを出す． **b** めかす． **2** うまく隠す． ── *vi.* **1** 身なりを整える, めかす． **2** 滑るように動く[過ぎて行く]. **～·ly** *adv.* **～·ness** *n.*

sleek·en [slí:kən] 〘⇨ ↑, -en¹〙 *vt.* 滑らかにする, こぎれいにする．

sléek·er *n.* ＝slicker.

sleek·it [slí:kɪt, -kət | -kɪt] 〘《スコット》《変形》← (p.p.) ← SLEEK〙 *adj.* 《スコット》 **1** ＝sleeky. **2** ＝crafty.

sleek·y [slí:ki | -kɪ] 〘《*c*1725》← SLEEK (adj.)＋-Y⁴〙 ── *adj.* (**sleek·i·er**; **-i·est**) **1** 滑らかな, つやのある, てらてらした (sleek, smooth). **2** 《スコット》口先のうまい, 人をそらさない, 狡猾(こうかつ)な, ずるい (sly).

sleep [slí:p] 〘OE *slēp*, *slǣp* (n.) & *slǣpan* (v.) < Gmc **slǣpaz* & **slǣpan* (G *Schlaf*, *schlafen*) ← IE **(s)leb-* hanging loosely (L *lābi* to slip)〙 ── *v.* (**slept** [slépt]) ── *vi.* **1** 眠る, 睡眠をとる：～ well [badly, lightly, soundly] よく眠れる[眠れない, 眠りが浅い, ぐっすり眠る] / ～ late 朝寝する / ～ *for* over eight hours 8時間以上も眠る / ～ *through* a noise [an alarm clock, a lecture] 物音がしても[目覚し時計が鳴っても, 講義中]眠り続ける / ～ *with* one eye open (警戒・待人などで)ろくろく眠らない, 寝ながらも警戒している / I can't ～ *for* thinking of it. そのことを考えると眠れない． **2** 寝る, 泊まる, 夜を明かす：～ out of doors 野宿する / I *slept at* a hotel [*in* his house, *in* London] last night. 昨夜はホテル[彼の家, ロンドン]に泊まった． **3** 《口語》同衾(どうきん)する, 寝る：～ *together* 〈男女が〉ベッドを共にする, 肉体関係を結ぶ / ～ *with* one's boy friend [girl friend] ボーイフレンド[ガールフレンド]と寝る． **4** 〔問題などを〕一晩寝て考える, 〔…の〕決定を翌日まで延ばす〔*on*, *upon*, *over*〕：～ *on* [*over*] a proposition [question] 提案[問題]について一晩寝て考える / ～ *on* [*over*] an invitation 招待の返事を翌日まで延ばす / I would like to ～ *on it*. その事に関しては一晩考えさせてもらいたい． **5 a** 眠っている, 活

動しない；静まって[おさまって]いる：The sword ~s in the sheath. 剣はさやにおさまっている / His hatred never *slept*. 彼の憎しみはおさまることがなかった / A mist lay ~*ing* on the river. 霧が川面に垂れこめていた. **b** ぼんやり[うっかり]している：~ *over* one's happiness 幸福に酔ってぼんやりしている. **c** 《古》〈手・足が〉麻痺する, 無感覚になる, しびれる. **6** 永眠する, 死んで(葬られて)いる：~ *in* the grave / ~ *with* one's fathers 祖父の墓に葬られる, 死ぬ (*Deut.* 31. 16). **7** 〈植物が〉睡眠する, 眠る (cf. *n.* 5 a). **8** 〈こま (top) が〉澄む《よく回って動いていないように見える》; 〈ヨーヨー (yo-yo) が〉(ひもの端で)回り続ける. — *vt.* **1** [同族目的語を伴って]：~ a sound sleep 熟睡する / ~ the sleep of the just 熟睡[安眠]する / ~ one's last (sleep) 永眠する / I didn't ~ a wink last night. ゆうべは一睡もしなかった. **2 a** 眠って過ごす 〈*away, out*〉：~ the hours [day] *away* 眠って時間[一日]を過ごす. **b** 眠って直す[除く] 〈*off, away*〉：~ *off* one's hangover [headache, vexation] 眠って二日酔いをさます[頭痛を直す, 心痛を忘れる] / ~ one's beer *off* 眠ってビールの酔いをさます / ~ a luncheon [party] *off* 寝て午餐(さん)会で食べたごちそうを消化させる[パーティーの疲れをいやす] / ~ it *off* 《口語》眠って酔いをさます / ~ *away* business cares 寝て仕事の苦労を忘れる. **c** [~ *oneself* で] 眠って〈ある状態に〉至らせる：He *slept himself* sober. 眠って酔いをさました. **3** …だけの寝室がある, 宿泊させる：This hotel ~s 500 guests. このホテルは500人泊まれる / My new trailer can ~ four people. 今度買ったトレーラーには4人寝られる.

sleep around 《通例》〈女が〉だれとでも寝る, いろんな男と関係する. ***sleep in*** (1) 〈雇人が〉雇われ先で寝泊りする, 住み込む (cf. sleep-in) (↔ sleep out). (2) 朝寝する, 寝過ごす. (3) [通例 Passive で] 〈ベッドに〉入って寝る：His bed was not *slept in* last night. 昨夜彼のベッドは使われなかった. ***sleep out*** (*vi.*) (1) 外泊する. (2) 〈雇い人が〉(住込みでなく)通勤する (cf. sleep-out). (3) 野外で寝る, 野宿する. (*vt.*) ⇨ *vt.* 2 a. ***sleep over*** 《口語》他人の家で一晩寝る. ***sleep the clock round*** [***round the clock***] 12[24]時間ぶっ通しで眠る.

— *n.* **1 a** 眠り, 睡眠(状態)：a broken ~ うとうと眠り, 目覚めがちの眠り / a dead ~ 熟睡 / ⇨ beauty sleep / drop off to ~ 寝入る / fall on ~ 《古》寝つく; 死ぬ / have a good night's ~ 一晩ぐっすり眠る / startle a person out of his ~ びっくりさせて人の眠りをさます / walk [talk] in one's ~ 夢中歩行する[寝言を言う] / read oneself to ~ 本を読んでいるうちに寝つく / He did not get a wink of ~ all night. 一晩中一睡もしなかった / Why don't you have some ~? 少し眠ったらどうだ. **b** 眠気：eyes heavy with ~ 眠くてたまらない目 / be ready to drop [feel stupid] with ~ 眠くて倒れそうである[頭がぼーっとする] / rub the ~ from one's eyes 目をこすって眠気をさます. **2 a** [a ~] 一眠り(の時間), 睡眠時間：*a* brief ~ しばらくの眠り(の時間) / get *a* ~ 一眠りする. **b** (時間の単位としての)一晩, 一夜 (night). **c** 一日の行程[旅程]. **3** [通例限定修飾語句を伴って] 永眠, 死 (death)：the big ~ ＝one's last [long, eternal] ~ 最後の眠り, 永眠 / the ~ that knows not breaking [no waking] 目覚めることのない眠り, 死. **4** 休止, 静止 (dormancy), 不活動 (inactivity); 静寂：rouse a person from his ~ 人を眠りからさます; 人を奮い立たせる, 人に活を入れる / put one's doubts to ~ 疑念を胸におさめる / the deep ~ of the landscape 深い静寂に包まれた風景. **5 a** 《植物》睡眠《特に夜, 花びら・葉を閉じること》. **b** 《動物》冬眠 (hibernation).

get off to sleep (1) 寝つく, 寝入る. (2) 〈子供を〉寝つかせる：At last she *got* her baby *off to* ~. やっと赤ん坊を寝つかせた. ***get to sleep*** [通例否定・疑問構文で] (やっと)寝つく：I could *not get to* ~ last night. 昨晩はどうしても寝つけなかった. ***go to sleep*** (1) 寝入る. (2) 〈手・足が〉麻痺する, しびれる：My foot has *gone to* ~. 足がしびれてしまった. ***have*** *one's* ***sleep out*** 自然に目が覚めるまで眠る. ***lose sleep over*** [***about***] [通例否定構文で] 《口語》…のことで非常に心配する[気を揉(も)む]：I haven't *lost* any ~ *over* [*about*] it. そんなことは全然気にしていない. ***put to sleep*** (1) 〈人を〉眠らせる, 寝つかせる：*put* a child *to* ~. (2) 〈人〉に麻酔をかける《★ 通例子供に対して言ったり, 子供が用いる表現》. (3) 〈動物, 通例ペットの犬・猫などを〉苦痛を与えずに殺す：*put* a dog *to* ~. ***send to sleep*** ＝*put to* SLEEP (1).

sléep·còat *n.* (男性用の)寝巻き, 部屋着《ひざ丈でパジャマの上衣に似ている》.

sléep·er 〖(?a1200)〗 — *n.* **1** 眠っている[眠る]人：a good [sound] ~ よく眠る人, 熟睡者 / a light ~ 眠りの浅い人 / a heavy ~ 眠ったらなかなか起きない人. **2** (列車の)寝台車 (sleeping car). **3** 《英》(鉄道などの)枕木 (《米》tie) (cf. crosstie). **4** 《米》**a** [通例 *pl.*] (足先までおおった子供用の)寝巻き, パジャマ. **b** (乳児用)おくるみ (bunting) (cf. sleeping bag 2). **5** 《米》**a** 目立たないが急に価値を発揮するもの[人]. **b** 予想外に値の出る商品. **c** 広告をしなくても毎年よく売れる本. **d** 予想外にヒットした[当たった]音楽[映画]. **e** (当然の目的・効果が気づかれないうちに成立することを意図して)こっそりと立法の中に盛り込まれた規定[条項, 修正案など]. **f** 《競馬》予想外の勝ち馬, ダークホース, 穴馬. **6** 《米俗》鎮静剤 (sedative); 催眠剤. **7** 《建築》ころばし根太, 大引《地面・コンクリート床などに直接置いた根太》. **8** 《魚類》カワアナゴ科の魚類の総称《熱帯の海にすみ, 海底に静かに休む習性がある》. **9** 《俗》《ボウリング》スリーパー《他のピンに隠れて見えないピン》. 「寝ぼけて.

sléep·i·ly [-pɪli, -pə- | -lɪ] *adv.* 眠そうに, 眠たくて,

sléep-ìn *adj.* 〈召使など〉住込みの. — *n.* **1** 住込みの召使[乳母, メードなど] (cf. sleep-out). **2** スリープイン(デモ)《抗議示威運動として公共の場所を占拠して夜を明かすこと; cf. sit-in 2》. — *vi.* スリープイン(デモ)に参加する.

sléep·ing 〖ME〗 — *n.* **1** 眠り, 睡眠. **2** 不活動, 不活発 (inactivity); 休止 (dormancy). **3** [形容詞的に] 睡眠(用)の. — *adj.* **1** 眠る, 眠っている. **2** 休止の, 活動しない; おさまっている, 静まっている：a ~ village 静まりかえった村. **3** しびれた, 麻痺した.

sléeping bàg *n.* **1** 寝袋, スリーピングバッグ, シュラーフ(ザック)《羽毛・化学繊維綿の保温材の入った袋で, 登山用などに用いる》. **2** (乳児用)おくるみに似た寝袋 (cf. sleeper 4 b). 「＝sheep sorrel 1.

sléeping béauty *n.* 《植物》 **1** ＝wood sorrel. **2**

Sléeping Béauty *n.* [The ~] 「眠れる森の美女」《おとぎ話の主人公; 誕生祝いに招かれなかった fairy の呪いで眠らされていた王女が百年後に城を訪ねた王子により眠りから覚める話; フランスの作家 Perrault の作およびグリム童話の「いばら姫」などで知られ

sléeping càr *n.* 寝台車 (sleeper). 「る》.

sléeping càrriage *n.* 《英》＝sleeping car.

sléeping clóver *n.* 《植物》＝wood sorrel.

sléeping disèase *n.* 《植物病理》＝sleepy disease.

sléeping dràught *n.* 《英》(飲み薬の)睡眠剤, 眠り薬.

sléeping pártner *n.* 《英》＝silent partner 1.

sléeping pìll *n.* 睡眠剤, 眠り薬.

sléeping pòrch *n.* 《米》ベランダ(など)に設けた寝室《大きな窓があり, または開け放しで外気に浴することができる》.

sléeping sìckness *n.* **1** 《病理》**a** (熱帯アフリカの)眠り病《多くはツェツェバエ (tsetse) の媒介による原虫性の伝染病; African sleeping sickness, African trypanosomiasis ともいう》. **b** 嗜(し)眠性脳炎 (encephalitis lethargica)《ウイルス性の病気》. **2** 《獣医》(ナガナ病 (nagana) などの) トリパノソーマ病 (trypanosomiasis). **3** 《植物病理》＝sleepy disease.

sléeping sùit *n.* ＝sleeper 4 a.

sléeping tàblet *n.* ＝sleeping pill.

sléep-lèarning *n.* 睡眠学習《睡眠中も知識を吸収できるとの理論から, 録音を用いて学習すること; hypnopedia ともいう》.

sléep·less 〖(15C)〗 — *adj.* **1 a** 眠られない (wakeful)：spend a ~ night まんじりともせずに一夜を明かす. **b** 不眠症の (insomniac). **2** 目を見開いている, 油断のない (alert)：~ care. **3** 休むことのない, 常に活動している：the ~ ocean. **~·ly** *adv.* **~·ness** *n.*

sléep mòvements *n. pl.* 《植物》睡眠運動, 就眠[昼夜]運動《マメ科植物などの葉に起こる日周期的変化で, 傾光性膨圧運動の一種》.

sléep-òut *adj.* 〈召使など〉通いの. — *n.* 通いの召使[乳母, メードなど] (cf. sleep-in).

sléep-tèaching *n.* ＝sleep-learning. 「中歩行.

sléep·wàlk 〖(逆成)↓〗 *vi.* 夢中歩行する. — *n.* 夢

sléep·wàlker 〖(1747)〗 *n.* 夢遊病者 (somnambulist).

sléep·wàlking *n.* **1** 夢遊病 (somnambulism). **2** [形容詞的に] 夢遊病の.

sléep·wèar *n.* [集合的] 寝巻き類.

sleep·y [slíːpi | -pɪ] 〖(?a1200) *slepi*：⇨ sleep, -y[4]〗 — *adj.* (**sleep·i·er**; **-i·est**) **1 a** 眠い, 眠たがる (somnolent)：I feel very ~. とても眠い. **b** 眠そうな (drowsy)：a ~ look / with ~ eyes ねぼけ眼で. **2 a** ねぼけた, 活気のない (languid). **b** ぼんやりした (dull), だらけた (sluggish); 動き[流れ]の鈍い：a ~ river. **c** 静かな (quiet), 死んだような：a ~ village. **3** 眠りを催す, 眠くなるような (soporific); 催眠の, 嗜(し)眠性の：~ drinks. **4** 〈梨など〉内部の腐りかけた. **sléep·i·ness** *n.* 「しおれ病.

sléepy diséase *n.* 《植物病理》(菌による)タバコの

sléepy·hèad *n.* ねむがり屋, 寝坊; ぼんやり.

Sléepy Hóllow chàir *n.* (彎曲した背もたれ, 低い肘掛け, 深いシートを備え全体を張り包みにした19世紀中期の)安楽椅子.

sléepy sìckness *n.* 《英》《病理》 **1** ＝sleeping sickness 1. **2** ＝encephalitis lethargica.

sleet [slíːt] 〖ME *slete* < OE *slēte < Gmc *slautjan ← IE *(s)leu- loose, lax：cf. slug[1]：cf. G *Schlosse* hailstone (← Gmc *slautan)〗 — *n.* **1** みぞれ《半氷の雨または雪まじりの雨》. **2** 《気象》雨氷 (⇨ glaze 7). **3** 《米》薄い氷の面. — *vi.* **1** [it を主語にして] みぞれが降る：*It* ~*ed* last night. 昨晩みぞれが降った. **2** みぞれのように降る.

sleet·y [slíːti | -tɪ] 〖⇨ ↑, -y[4]〗 *adj.* (**sleet·i·er**; **-i·est**) みぞれの(ような), みぞれの降る, みぞれ模様の. **sléet·i·ness** *n.*

sleeve [slíːv] 〖OE (Anglian) *slēfe*, (WS) *slīef(e)*, *slȳf* ← Gmc *sliub- ← IE *sleub(h)- to slip, slide (L *lūbricus* 'slippery, LUBRICOUS')：cf. slop[1], slope〗 — *n.* **1** (衣服の)袖, (着物の)たもと：⇨ raglan sleeve, dolmam sleeve, kimono sleeve / a mandarin ~ ひじから先が広くなった袖 / Everyone has a fool in his ~. 《諺》人はだれでも弱点がある / pull a person by the ~ 人の袖を引く / turn [roll] up one's ~s 袖をまくり上げる; 仕事[けんか]の準備をする. **2** (レコードの)カバー, ジャケット (jacket). **3** ＝mantle 4 a. **4** (電球入れの紙製の)さや, スリーブ (sheath). **5** 《軍事》＝sleeve target.

hang on *a person's* ***sleeve*** 人任せになる[なっている], 人の言いなりになる. ***laugh in*** [***up***] *one's* ***sleeve*** ⇨ laugh 成句. ***pin*** [***hang***] *one's* ***judgment*** [***opinion***] ***on*** [***upon***] *a person's* ***sleeve*** 人の意見に従って自分の考えを決める. ***roll up*** *one's* ***sleeves*** 腕まくりする; 仕事にかかる準備をする. ***up*** *one's* ***sleeve*** こっそり[ひそかに]用意して：have a plan [a card, an ace] *up one's* ~ いざという時の策[切り札, 奥の手]を(こっそり)用意している. ***wear*** *one's* ***heart on*** *one's* ***sleeve*** ⇨ heart 成句.

— *vt.* **1** 〈着物〉に袖[たもと]をつける. **2** 袖でふく：~ the sweat *off* one's face 袖で顔の汗をふく. **3** 《機械》〈機械〉にさやをはめる, …にスリーブ継手を付ける. 「ための台》.

sléeve·bòard *n.* 袖うま《服の袖にアイロンをかける

sléeve bùtton *n.* [通例 *pl.*] ＝cuff link.

sléeve-còupling *n.* 《機械》スリーブ継手《細長い筒形の部品 (sleeve) で2軸を結合する軸継手》.

sleeved *adj.* **1** 袖のある, 袖の付いている：a ~ waistcoat 袖付きチョッキ《馬丁・靴みがき・人足などが着る》. **2** [通例複合語の第2構成素として] (…の)袖付きの, 袖が…の：short-[long-]*sleeved*.

sléeve gàrter *n.* ＝garter 2.

sléeve·less 〖OE *sliefleas*〗 *adj.* **1** 袖のない：a ~ sweater. **2** 《まれ》何にもならぬ, 無益な; つまらない, けちな：a ~ errand 無駄足.

sleeve·let [slíːvlɪt, -lət] 〖⇨ -let〗 *n.* スリーブレット, 袖カバー《保温またはシャツの袖を保護するために前腕部につけるもの》.

sléeve lìnk *n.* [通例 *pl.*] 《英》＝cuff link.

sléeve-nòte *n.* 《英》(レコードのジャケットについている)レコード解説.

sléeve nùt *n.* 《機械》スリーブナット, 締寄せナット.

sléeve tàrget *n.* 《軍事》(飛行中の飛行機につけた対空射撃練習用の)吹流し的, 吹流し標的.

sléeve vàlve *n.* 《機械》スリーブ弁《内燃機関の円筒形吸排弁》.

slee·zy [slíːzi | -zɪ] *adj.* (**slee·zi·er**; **-zi·est**) ＝sleazy.

sleigh [sléɪ] 〖(1703) ⊏ Du. *slee* (短縮) ← *slede*：⇨ sled〗 — *n.* **1** そり (sledge)《鉄の滑り (runners) が付き屋根のない軽装のもの; 通例馬や犬が引く》. **2** ＝toboggan 1. — *vi.* そりに乗る[で行く]. — *vt.* そりで運ぶ.

sléigh bèd *n.* (19世紀前半に用いられた)頭板と足板が外へ彎曲したベッド. 「付ける》.

sléigh bèll *n.* そりの鈴《馬具またはそりに数個取り

sléigh·ing *n.* **1** そりに乗ること, そりを走らせること; そり運搬. **2** そりの走り具合, そりを走らせる雪の状態 (cf. sledding 2)：good [bad] ~.

sleight [sláɪt] 〖(?a1200) *sle(i)ght* ⊏ ON *slœgð* ← *slœgr* 'SLY'：⇨ -th[2]〗 — *n.* **1** 手練, 手腕; 早わざ, 巧妙 (dexterity). **2** 術策, 策略. **3** 《廃》悪知恵 (cunning).

a sleight of hand (1) (フェンシングなどの)手先の早わざ. (2) 手品, 奇術 (jugglery).

slen·der [sléndə | -də(r)] 〖(?a1300) *s(c)lendre* ← ?：cf. ME *slende(n)* to split〗 — *adj.* (**~·er**; **~·est**; **more ~, most ~**) **1 a** 太っていない, やせ形の (slim); ほっそりした, すんなりした, すらりとした：a ~ girl, figure, etc. / a ~ waist 細腰, 柳腰 / a man of ~ build やせ形の男. **b** (長さ・高さに比べて幅・周囲の)細い, 細長い：a ~ stem, post, etc. **2** (量・大きさ・能力・価値など)乏しい, わずかな (slight); 弱い, 薄弱な (feeble); 細々とした, 貧弱な (meager); 根拠の薄弱な：a ~ income [means] 細々とした収入[資力] / ~ hopes [prospects] of success 心細い成功の見込み[前途] / ~ foundations for belief 信仰の薄弱な基礎 / a ~ meal 貧弱な食事 / a ~ hope かすかな希望. **3** 〈音など〉細い, 弱い (thin, weak). **~·ly** *adv.* **~·ness** *n.*

slénder blínd snàke *n.* 《動物》ホソメクラヘビ《中央アメリカ・アフリカ産ホソメクラヘビ科のヘビの総称; 外見がミミズに似ており眼がうろこでおおわれている; テキサスホソメクラヘビ (*Leptotyphlops dulcis*) など》.

slénder blúe flàg *n.* 《植物》北米東部産のアヤメの一種 (*Iris prismatica*)《青い花をつける》.

slen·der·ize [sléndəràɪz] *vt.* **1** 細くする, 細長くする, すんなりさせる. **2** 細く[すんなり]見えるようにする (slim). — *vi.* すんなりなる, やせる.

slénder lóris *n.* 《動物》ホソロリス (⇨ loris a).

slén·der·ness ràtio *n.* **1** 《機械》細長比(ほそ)《材料の長さと断面二次半径との比》. **2** 《航空・宇宙》＝aspect ratio 4 a.

slept 〖OE *slǣpte* (pret.)〗 *v.* sleep の過去形・過去分詞.

Sles·vig [*Dan.* slé:'svi] *n.* Schleswig のデンマーク語名.

sleuth [slúːθ | slúːθ, sljúːθ] 〖(?c1200) *sloth* ⊏ ON *slōð* track, trail：cf. slot[2]〗 — *n.* **1** 捜索犬; (特に)ブラッドハウンド (bloodhound). **2** 《口語》探偵 (detective). — *vi.* 《口語》〈探偵が〉追跡する, 探偵する. — *vt.* 《口語》〈人〉の跡を追う, 追跡する. 「sleuth 2.

sléuth·hòund 〖ME〗 *n.* **1** ＝sleuth 1 **2** 《口語》＝

Ś lèvel *n.* 《英》【教育】特別試験 (⇨ GENERAL Certificate of Education (1)).

slew[1] 〖ME *slugh(e)*〗 *v.* slay の過去形.

slew[2] [slúː] 〖《異形》← SLUE[1]〗 *v., n.* ＝slue[1].

slew[3] [slúː] 〖《異形》← SLOUGH[1]〗 *n.* ＝slough[1] 2.

slew[4] [slúː] 〖▭ Ir.-Gael. *sluagh*〗 *n.* [しばしば *pl.*]《口語》たくさん, どっさり (lot): a ～ of people 大勢の人 / ～*s* of money たくさんの金.

slewed [slúːd] 〖⇨ slew[2] (vt.)〗 *adj.* 《俗》酔った (drunk).

sléw ràte *n.* 【電子工学】スルーレート《増幅器の大振幅動作の速さを表わす量; 立上り速度 V/*μs* で表わす》.

sley [sléɪ] 〖OE *sleġe* stroke ← *slēan* 'to SLAY[1]'〗 ― *n.* 【紡織】 **1** スレー, 筬框(おさかまち). **2** 布の1インチ当たりの経糸(たていと)の数. **3** メリヤス機のガイド. ― *vt.* 〈経糸を〉筬に通す.

slice [sláɪs] 〖《?a1300》 *s(c)lice* ▭ OF *esclice* (F *éclisse*) splinter ← *esclicier* to splinter ▭ Frank. *slizzan* 'to SLIT'〗 ― *n.* **1** (ある物から切った)薄片, 一片, (一)切れ, 一枚: a ～ of cake, meat, bread, etc. / a ～ of rock for microscopic examination 顕微鏡検査用の岩石の薄片. **2** (全体からの)一部分 (portion), 一部 (part), 分け前 (share): a ～ of territory [profits] 領土の一片[利益の分け前] / a ～ of luck 幸運 / a ～ of life 人生の一断片 (cf. slice-of-life). **3** **a** へら状の器具: ⇨ egg slice, fish slice. **b** ＝slice bar. **4** 【スポーツ】 **a** スライス《ゴルフ・野球・テニスなどで打球が途中から利き腕の方向に曲がること; cf. hook 8 a》. **b** スライスボール. ***a slice of the cake*** 利益に与ること. ― *vt.* **1** 薄く切る, 薄切りにする, 薄片に切り分ける 〈*up*〉: ～ (*up*) bread. **2** 薄く切り取る 〈*away, off*〉/〔*from*〕: ～ *off* a piece of meat. **3** 〈空・水などを〉切るように進む, 切り進む. **4** (へらで)削り[かき]取る 〈*off*〉. **5** 【スポーツ】〈ボールを〉スライスさせて打つ. **6** 【ボート】(オールを引きそこなって)〈水を〉切る: ～ the water. ― *vi.* **1** 薄切りする. **2** 【スポーツ】 **a** 〈プレーヤーが〉ボールをスライスさせて打つ. **b** 〈ボールが〉スライスして飛ぶ. **3** 【ボート】水を切る. ***any way you slice it*** 《米口語》どう考えようとも.

slíce bàr *n.* 火かき棒《炉の中の火をかき起こし, そこにできるクリンカー (clinkers) を取りのけるために使う長柄付きのへら》.

slíced venéer *n.* 【建築】平剝(ひら)ぎ単板, 薄剝ぎ単板.

slíce-of-life 〖《なぞり》← F *tranche de vie*〗 *adj.* (戯曲などに)実生活の断片を正確に入れこんだ.

slíc·er *n.* **1** 薄く切る人. **2** (ベーコンなどを薄く切る)薄切器, スライサー. **3** 【電気】スライサー《波形の上下一定振幅以上の部分を切り落とす電子回路》.

slick [slík] 〖adj.: 《a1325》 *slike* < ? OE **slice* ← Gmc **(s)lī-* (ON *slikr* smooth) ← IE **lei-* slimy. ― v.: OE *-slician*: cf. sleek, slim〗 ― *adj.* (～·**er**; ～·**est**) **1** **a** 滑らかな, つやつやした, てかてかした (glossy). **b** (油・氷などで)〈表面が〉すべすべした (slippery). **2** **a** 口先のうまい, 調子のいい (glib). **b** 紋切り型の, ありふれた, 陳腐な (trite). **3** 《口語》 **a** 賢い (clever), 人をそらさない, 如才のない; ずるい (sly). **b** うまく考案された, 巧みな, 上手な. **4** 《俗》しゃれた (smart); 一流の (first-rate); 魅力のある. **5** 《米口語》＝slick-paper. ― *adv.* **1** 滑らかに (smoothly): go ～ 滑らかに運転する. **2** 巧みに, 器用に (cleverly). **3** じかに (directly); まともに (straight), 完全に (completely): hit a person ～ in the eye 人の目をまともに打つ / run ～ into …と正面衝突する. ― *n.* **1** **a** (海面に油を流したように)滑らかな場所[部分]. **b** 海面に浮く油の薄膜. **2** **a** 表面を滑らかにする道具. **b** 【金属加工】さじべら《鋳型面を平らにする小さなこて; slicker ともいう》. **3** 《米口語》(つや出しの上質紙を用いた, 内容が割合に平凡な)高級大衆雑誌《slick paper ともいう; cf. pulp 5》. **4** 【自動車】平滑タイヤ《最大牽引力を得るためトレッドパターンを設けていない自動車用タイヤ; ドラッグレーシング用など》. ― *vt.* **1** 滑らか[すべすべ]にする, みがく (polish). **2** 《米口語》ハイカラにする, りゅうとさせる (smarten) 〈*up*〉: be ～*ed up* みなりが立派だ, りゅうとした様子をしている. ― *vi.* **1** 滑らかに滑る. **2** おしゃれする, 身なりを整える. **～·ly** *adv.* **～·ness** *n.*

slick·en·side [slíkənsàɪd] 〖←《方言》*slicken*《異形》↑〗 *n.* [通例 *pl.*] 【地質】鏡はだ, 滑面, 鏡岩《断層による摩擦のため滑らかになった岩石の面》.

slick·er [slíkə | -kə(r)] *n.* 《米》 **1** (長いゆるやかな)防水衣, レーンコート. **2** 《口語》 **a** 都会ずれした人, 気取り屋. **b** 詐欺師, いんちき師 (swindler). **3** スリッカー《皮革を平らに伸ばすための金属・ガラス・合成樹脂の板状道具》. **4** 【金属加工】＝slick 2 b.

slíck-pàper *adj.* 《米口語》(つや出し上質紙を使った)高級大衆雑誌の (⇨ slick *n.* 3).

slid 〖《15C》 *slydde* (pret.)〗 *v.* slide の過去形・過去分詞.

slid·den 〖ME *sliden*〗 *v.* 《古》 slide の過去分詞.

slide [sláɪd] 〖OE *slīdan* < Gmc **slīdan* ← IE **(s)leidh-* slippery (Gk *ólisthos* slipperiness): cf. sled〗 ― *v.* (**slid**; **slid** [slíd], 《古》**slid·den** [slídn̩]) ― *vi.* **1** 滑る, 滑走する (glide); 滑り落ちる: ～ along [down, off] 滑って行く[滑り降りる, 滑り落ちる] / ～ on the ice 氷の上を滑る, 氷滑りをする / The book *slid* off [from] my knee. 本が私のひざから滑り落ちた / His pen *slid* quietly *over* the paper. 彼のペンは滑らかに紙の上を走った. **2** (足を踏みはずして)滑る, 〈自動車などが〉脇に滑る, 横滑りする (slip): ～ down a cliff 足を踏みはずして崖から落ちる. **3** **a** 〈時が〉滑る[流れる]ように過ぎる, 知らぬ間に過ぎる: The years ～ past. 年月が流れ過ぎる / Time *slid* by. 時はいつの間にか過ぎた. **b** 自然のままにする (drift): let things ～ 物事を打っちゃっておく, 成行きに任す. **c** 消える (vanish): ～ *out of* one's mind 忘れられる. **4** そっと抜け出す[入り込む], 足を忍ばせて抜け出る[入り込む] (sneak, steal); こっそり逃げ出す (decamp) 〈*away, off*〉: ～ *in* a window [*into* a house] 窓から[家に]忍び込む. **5** **a** (知らず知らずに)〔…に〕陥る, いつの間にか〔…に〕移る[なる]〔*into, to*〕: ～ *into* sin [bad habits] 知らず知らず罪を犯す[悪い習慣がつく] / ～ from grave *to* gay 厳粛から次第に陽気に変わる. **b** 堕落する (backslide); 後退する. **6** **a** はって行く, 腹ばいで進む. **b** 〈川が〉流れる (flow). **7** 【野球】〔…に〕滑り込む, スライディングする〔*into*〕: ～ *into* second base 二塁に滑り込む. **8** 【音楽】ポルタメント (portamento) をかける. ― *vt.* **1** 滑らす, 滑走させる: ～ a decanter *along* a table 酒つぎびんを卓上に滑らせる. **2** 〔…に〕するりと入れる, (こっそり)滑り込ませる〔*in, into*〕: He *slid* his hand [purse] *into* his pocket. 彼は手[財布]をポケットに滑り込ませた / ～ the drawer [the lid] *into* its place 引出し[ふた]を元通りに差し込む.
slide over (1) 〈難問題など〉をさっと片付ける. (2) ⇨ *vi.* 1.
― *n.* **1** 滑ること, 滑り落ちること; ひと滑り, 滑り遊び, 滑走: have a ～ on the ice 氷滑りをする / a ～ toward economic stagnation 経済不況へ向かっての下落. **2** **a** 滑り道, 滑り坂. **b** (スキー・トボガン (toboggan) などの)滑走場. **c** (子供の遊ぶ)滑り台. **d** (物を滑り落とすための)滑路, 斜溝 (chute). **e** (自動火器の尾筒の)滑動部. **3** (平らな面の上で重い荷を動かす)大そり, そり状の運搬器具. **4** **a** [通例複合語の第2構成素として] (山・地・雪・岩などの)崩れ, 滑り: ⇨ landslide, snowslide. **b** 崩れる土塊, なだれ雪塊. **5** (幻灯用の)スライド, 透明陽画《lantern slide ともいう》. **6** (顕微鏡の)載物ガラス, スライド, オブジェクト. **7** (机・書棚・サービステーブルなどの引き出し式)棚板. **8** **a** (銃尾機関の部品で)滑り止め. **b** 《英》＝hair-slide. **9** 【ダンス】＝chassé. **10** 【音楽】 **a** 滑(奏)音《特に, バイオリンなどで, ある音から(3, 4度離れた)他の音へ途切れることなく移行すること》. **b** (トロンボーンで音高を変えるために伸縮させる)滑走管 (⇨ trombone 挿絵). **c** 二重長前打音 (appoggiatura)《主音符に向かってせり上がる[下がる]ように演奏される前打音》. **11** 【野球】滑り込み (sliding). **12** 【機械】(ピストンなどの)スライダー, 滑り子: ⇨ slide valve. **13** 【時計】スライド《レバー脱進機 (lever escapement) でがんぎ車の歯がアンクルのつめの停止面に当たってからアンクルがどてピンに触れて止まるまで, 歯が停止面を滑ること; cf. draw 11》. **14** 【地質】＝fault 8. **15** 【ボート】＝sliding seat.

slíde-àction *adj.* ＝pump-action.

slíde bàr *n.* 【機械】(蒸気機関の)滑り棒 (guide bar).

slíde càliper *n.* 【機械】＝caliper square.

slíde fàstener *n.* 《米》チャック, ファスナー (zipper).

slíde·film *n.* ＝filmstrip.

slíde knòt *n.* ＝slipknot.

Slíde Móuntain [sláɪd-] 〖地滑りが起きやすいことから〗 *n.* スライド山《米国 New York 州南東部の山; Catskill 山脈中の最高峰 (1,281 m)》.

slíd·er 〖《1530》〗 ― *n.* **1** 滑る物[人]. **2** 【機械】スライダー, 滑り金, 滑動部. **3** 【野球】スライダー《打者の近くで滑るように曲がる速球》. **4** 【動物】北米産の淡水にすむアメリカヌマガメ属 (*Pseudemys*) のカメの総称《Mississippi 川に多いキバラガメ (*P. scripta*) など》.

slíde ràil *n.* 【機械】可動軌条; 遷車台.

slíde rèst *n.* 【機械】工具送り台.

slíde rùle *n.* 滑尺, 計算尺.

slíde trombóne *n.* スライドトロンボーン《現在一般に使われているスライド式 U 字管のついたトロンボーン; cf. valve trombone》.

slíde vàlve *n.* 【機械】滑り弁.

slíde·wày *n.* 滑り路, 滑り台, 滑斜路.

slíde wìre *n.* 【電気】滑り線《滑り接触子を用いて可変抵抗を得るための抵抗線》.

slíd·ing 〖n.: ME *slydynge*. ― adj.: OE *slīdende*〗 ― *n.* **1** 滑り, 滑走, 滑動 (cf. rolling). **2** 【野球】滑り込み, スライディング. ― *adj.* **1** **a** 滑る, 滑動する. **b** 滑らせて動かす[操作する]: a ～ lid / a ～ door 引き戸; (日本の)障子, ふすま. **2** 事情に応じて変わる (varying); 不確かな, 不安定な, 変わりやすい.

slíding attáchment *n.* 【時計】＝brake spring.

slíding fìt *n.* 【機械】滑りばめ《わずかのすき間ではまり合うはめあい》.

slíding fríction *n.* 【物理】滑り摩擦《ある物体が他の物体に沿って滑っている場合の摩擦; kinetic friction ともいう; cf. rolling friction》.

slíding grówth *n.* 【植物】＝gliding growth.

slíding kéel *n.* 【海事】＝centerboard.

slíding rúle *n.* 《古》＝slide rule.

slíding scále *n.* **1** 【経済】スライド制, 伸縮法, 順応制《特に賃金などを物価に応じて上下する仕組み》. **2** ＝slide rule.

slíding séat *n.* 【ボート】(競漕用ボートの)滑り座《slide ともいう》.

slíding véctor *n.* 【数学】スライディングベクトル《一定の大きさをもち, 始点が一直線上を自由に動きうるベクトル; line vector ともいう》.

slíding wàys *n. pl.* 【造船】(進水台の)滑り台, 滑走台.

slight [sláɪt] 〖《a1325》 *sleght, slyght* smooth, slight ▭ ON *slētt-r* smooth: cf. OE *eorðslihtes* close to the ground〗 ― *adj.* (～·**er**; ～·**est**) **1** **a** (数・量・程度など)わずかな, 少しの, ちょっとした: a ～ increase [difference] わずかの増加[差違] / make a ～ inquiry ちょっと調べる / a ～ acquaintance ちょっとした知人 / pay a person ～ attention 人に注意しない. **b** [最上級で否定構文に用いて] 全然…ない, すこしも…ない: There is *not the* ～*est* doubt about it. それには微塵(みじん)の疑いもない. **2** **a** 取るに足らない, くだらない, つまらない (trivial): a ～ excuse. **b** 〈人が〉身分の卑しい (humble). **3** 実質のない, 軽い; 軽微な (mild): a ～ cold, wound, etc. / a ～ attack of gout 軽微な痛風 / take a ～ meal [repast] 軽い食事をする / The damage was very ～. 被害はごく軽微だった. **4** 〈人が〉細い, ほっそりした, やせ形の (slender, slim): a ～ figure, person, etc. **5** もろい, 弱い, 薄弱な (frail): a building on ～ foundations.
make slight of 《古》…を軽んじる, 軽視する. ***not in the slightest*** 少しも…ない: I'm *not in the* ～*est* anxious about it. そのことはちっとも心配していない.
― *vt.* **1** 軽んじる, ばかにする; 無視する (ignore) 〈*over*〉: feel ～*ed* (*over*) 無視された[ばかにされた]と思う / ～ a guest 客を冷たく扱う. **2** 〈仕事などを〉いい加減にする (scamp).
― *n.* 軽んじる[ばかにする]こと, 軽蔑 (contempt), 無礼 (disrespect); 侮辱 (affront): put a ～ upon …を軽んじる, 侮辱する. **～·ness** *n.*

slíght·ing [-tɪŋ | -tɪŋ] *adj.* 軽蔑する, 侮辱する, 鼻であしらう, 無視する: a ～ remark. **～·ly** *adv.*

slíght·ly 〖《1521》〗 *adv.* **1** 少しばかり, わずかに, かすかに, 軽く, 軽微に: be ～ wounded 軽傷を負う. **2** もろく, 弱く: be ～ constructed 建て方が弱々しい.

Sli·go [sláɪgoʊ | -gəʊ] *n.* **1** アイルランド北西部, Connacht 地方の一州; 人口 51,000, 面積 1,796 km^2. **2** その首都, 海港; 人口 14,000.

slí·ly *adv.* ＝slyly.

slim [slím] 〖《1657》 ▭ Du. ～ 'bad, inferior' (cog. G *schlimm* bad): cf. lime[1]〗 ― *adj.* (**slim·mer**; **-mest**) **1** (高さ・長さに比べて幅・厚さの)細い, ほっそりした, きゃしゃな (slender): a ～ figure, tree, leg, waist, etc. **2** 〈議論など〉取るに足らない, 薄弱な, 貧弱な (poor): a ～ excuse. **3** わずかの, 少しの, 心細い (slight); 不十分な (insufficient): a ～ chance of success 心細い成功の見込み / a ～ income わずかな収入 / by a ～ margin わずかの得票差で. **4** 《英口語》横着な, 食えない, こすい, ずるい (crafty, cunning). ― *vi.* (減食・運動などをして)体重を減らす (slenderize). ― *vt.* やせさせる, 細くする: ～ *off* several kilos in weight 体重を数キロ減らす. **～·ly** *adv.* **～·ness** *n.*

slime [sláɪm] 〖OE *slīm* ← Gmc **(s)lī-* (G *Schleim*) ← IE **lei-* slimy (L *līmus* slime): cf. lime[1], slick〗 ― *n.* **1** どろどろした[ねばねばした]物; 粘土(ねばつち), 軟泥, へどろ. **2** (特に, きたない悪臭のある)粘着物: **a** (魚・カタツムリ・牛・ある種の植物などが分泌する)粘液, ぬめり. **b** [しばしば *pl.*] 泥鉱, スライム《泥状に粉砕した鉱石》. **c** 《古》瀝青(れきせい) (bitumen). **3** 《英》卑屈 (servility), 追従 (obsequiousness). ― *vt.* **1** 粘土[軟泥(など)]でおおう[塗る]; 〈ヘビなどが〉粘液でねばねばさせる. **2** (罐詰用に)〈魚〉のぬめりを取り去る. ― *vi.* **1** 泥だらけになる. **2** ぬるぬるになる.

slíme bactèrium *n.* 【細菌】粘液菌《粘液発酵を行なう細菌類》.

slíme mòld [fùngus] *n.* 【植物】粘菌《変形菌綱 (Myxomycetes) に属する菌類; cf. mycetozoan》.

slíme tàble *n.* 【採鉱】スライムテーブル《shaking table の一種で, 振動する盤上にスライムを流し比重の差を利用して選別する機械; cf. sand table 3》.

slím·lìne *adj.* 〈蛍光管が〉細い, スリムラインの.

slím·mer *n.* 《英》やせるための食餌(じ)療法[減量運動] (slimming) をしている人.

slím·ming *n.* **1** スリミング《減食・食餌療法や運動などで体重を減らし容姿をよくするための養生法》. **2** [形容詞的に] 体重を減らす(ための): a ～ diet 体重低減食事, 美容食 / a ～ club スリミングクラブ.

slím·mish [-mɪʃ] *adj.* ややほっそりした (rather slim).

slimp·sy [slímpsi | -sɪ] 〖《混成》← SL(IM)SY + (L)IMP[2]〗 *adj.* 《米口語》 **1** ＝slimsy. **2** 弱々しい, 力弱い.

slim·sy [slímzi | -zɪ] 〖《混成》← SL(IM) + (FL)IMSY〗 *adj.* 《米口語》〈布が〉繊弱な, 弱い.

slim·y [sláɪmi | -mɪ] 〖《a1398》: ⇨ slime, -y[4]〗 ― *adj.* (**slim·i·er**; **-i·est**) **1** 泥のような, どろどろした, ぬるぬるした; ねばねばする: a ～ liquid. **2** 泥だらけの: a ～ road. **3** 《口語》いやにぺこぺこする, 卑屈な, さもしい (mean); 下劣な, 不正な (vile). **slím·i·ly** [-məli, -mə- | -lɪ] *adv.* **slím·i·ness** *n.*

sling[1] [slíŋ] 〖n.: 《a1325》 *slynge* ▭ ? MLG *slinge*. ― v.: 《?c1200》 *slynge(n)* ▭ ? ON *slyngva*: cog. OE & OHG *slingan* to creep, wind: cf. slink〗 ― *n.* **1** **a** 投石器, 石投器《両端に紐の付いている革などで作った道具; その中に石をはさみ紐を持って振り回しながら片方のひもを放して石を飛ばせる一種の狩猟具・武器; cf. catapult》. **b** ＝slingshot 1. **2** 石投器での投石, 振り投げ (slinging); 打撃, 一撃 (blow, attack): the ～*s* and arrows of outrageous fortune 残酷な運命の石投げや矢《迫害・仕打ち》(Shak., *Hamlet* 3. 1. 58). **3** **a** 吊り包帯, 三角巾(きん): have [carry] one's arm in a ~ 腕を吊り包帯で吊っている. **b** (銃の)負い革, 吊り帯. **c** スリング《後ろあきでかかとを固定する婦人靴のバックベルト; slingback ともいう; cf. sling pump》. **d** (重い物を持ち上げる時に用いる)吊り索 (rope sling), 吊り鎖 (chain sling), 吊り綱. **4** 〘海事〙 **a** スリング, 吊り鎖《巻上げ帆桁を支える鎖》. **b** [*pl.*] 巻上げ帆桁の吊り鎖をつける部分; 巻上げ帆桁の中央部. **c** ボートを本船から上げ下げする時に, 引っかけて吊るすための爪と鎖. **5** 〘バドミントン〙 スリング《ラケットにシャトルコックが接する際スライドさせて打つこと; フォールトになる; throw ともいう》.

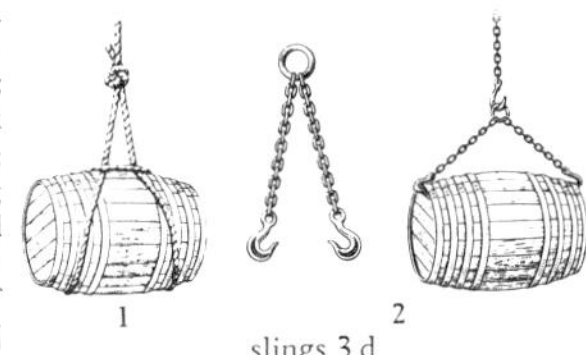
1 2
slings 3 d
1 rope sling; 2 chain sling

— *attrib. adj.* **1** 吊り帯[革]のついた[で下げる]: a lizard ~ bag (肩に下げる)吊り革付きとかげ皮バッグ. **2** 肩にゆるやかに掛けて着る: a ~ shawl.

— *v.* (**slung** [slʌ́ŋ]) — *vt.* **1** 石投器で投げる; 投げる, ほうり投げる (throw, hurl), 投げ飛ばす (fling): ~ a man [thing] *out* (*of* the room) 人[物]を(部屋から)ほうり出す[投げ出す] / ~ stones *at* a dog 犬に石を投げる / ~ a coat *over* one's shoulder 上衣を肩にひっ掛ける. **2 a** 吊り包帯で吊る. **b** 吊るす, 懸ける, (吊り革・負い革などで)負う: with his camera *slung over* his shoulder カメラを肩にぶら下げて / ~ a hammock *between* two trees 木の間にハンモックを吊るす / ~ a sword *from* a belt 帯に剣を吊る[下げる] / A basket was *slung* upon his arm. バスケットを腕にぶら下げていた. **c** (索やろくろなどで)吊り揚げる: ~ (*up*) a cask. — *vi.* **1** 投石器で石を飛ばす. **2** (投げられたように)勢いよく動く[行く]; 闊歩(かっぽ)する (swing): ~ *out of* the room 部屋から飛び出す.

sling² [slíŋ] 〚← ?〛 *n.* スリング《ジンまたはブランデー・ウイスキーなどに果汁・砂糖水・香料などを加えて冷やした飲料》. — *vi.* スリングを飲む.

slíng bàck *n.* =sling¹ 3 c.

slíng-bàck púmp *n.* =sling pump.

slíng càrt *n.* 吊り下げ運搬車《車軸から鎖で大砲・材木などを吊るして運ぶ車》.

slíng chàir *n.* スリングチェア《折畳み式の金属または木製フレームに 1 枚のカンバスや革がゆるやかに張ってある椅子》.

slíng dòg *n.* [通例 *pl.*] (つかみ吊り索端の, 先の尖った)掛けかぎ.

slíng·er 〘ME〙 *n.* **1** 投石器を使う人. **2** 吊り索[鎖]を用いる人. **3** 〘機械〙 =flinger 4.

slínger rìng *n.* 〘航空〙 (プロペラの)結氷防止輪管《飛行機のプロペラの中心部に取り付けられ, 遠心力によって不凍液がプロペラに吹き掛けられるようにしてある輪管》.

slíng psychrómeter *n.* 振回し湿度計《急速に回転できるようになっている乾湿計》.

slíng pùmp *n.* スリングパンプス《バックベルトでかかとを固定する後ろあきの婦人靴; sling-back pump ともいう; cf. sling¹ *n.* 3 c, pump²》.

sling pump

slíng·shòt *n.* 《米》 **1** ぱちんこ, ゴム銃 (《英》 catapult) 《Y 形の棒にゴムひもを付けて小石などを飛ばす子供用玩具または狩猟用》. **2** =sling¹ 1 a.

slíng stày *n.* 〘機械〙 吊り控え《ボイラーで使用する補強棒の一種; 他の板や棒がこのステーによって吊り下げられる形になる》.

slink [slíŋk] 〘OE *slincan* < Gmc **slinkjan* ← IE **slenk-* to wind, turn: cf. sling¹〙 — *v.* (**slunk** [slʌ́ŋk], 《古》 **slank** [slǽŋk]; **slunk**) — *vi.* **1** こそこそ歩く (sneak), そっと歩く, こそこそする, こっそり逃げる. **2** 《米口語》 〈女が〉挑発的に腰をくねらせて歩く, しゃなりしゃなりと歩く. — *vt.* 〈雌牛などが〉流産[早産]する: ~ a calf. — 〚《1607》《転用》 ← (v.)〛 *n.* (牛などの)早産子 (aborted calf); 早産の子牛の皮[肉]. — *adj.* 〈子牛など〉月足らずの, 早産の (aborted).

slínk·ing·ly *adv.* こそこそ(逃げて), こっそりと.

slink·y [slíŋki | -kɪ] 〚⇨ slink, -y⁴〛 — *adj.* (**slink·i·er**; **-i·est**) **1** 人目をしのぶ, 内緒の, 秘密の, こそこそした (stealthy, furtive). **2** 《口語》 〈動き・姿など〉(女・豹のように)しなやかな曲線を描く, しなやかで優雅な; (特に)〈婦人服など〉優雅に流れるように体の線にあった[を生かした]: a ~ evening dress.

slip¹ [slíp] 〚v.: 《*a*1325》 *slippe(n)* ▭ MLG & MDu.: cf. slime〛 — *v.* (**slipped**, 《古》 **slipt** [slípt]; **slip·ping**) — *vi.* **1** 滑る, スリップする (glide, slide); 手が滑る; はずれる: The newspaper ~*ped off* my knees [*out of* my fingers]. 新聞がひざ[手]から滑り落ちた / A letter ~*ped from* her hands *to* the floor. 手紙が彼女の手から床に滑り落ちた / Some stones ~*ped down* the face of a cliff. 石ころが崖の面を滑り落ちた / let the rein ~ *out of* one's hands 手綱を手から滑らす; 制御を失う / The tool ~*ped* and cut my hand. 刃物が滑って手を切った / ~ *out of* joint 脱臼する / ~ *off* the track 脱線する / ~ *into* a seat すっと座る[腰かける]. **2** (つるつるの所などで)滑り転ぶ, 踏みはずす; よろける (trip): ~ *on* the ice 氷の上で滑って転ぶ / ~ *on* an orange peel みかんの皮を踏んで滑る / My foot ~*ped on* the stairs. 階段で足を踏みはずした[足が滑った] / Mind you don't ~. 滑って転ばぬようにご用心. **3** ゆるむ, はずれる, ほぐれる, ほどける: The knot will not ~. 結び目はほどけない. **4 a** 滑るように走る, なだらかに走る, 疾走する (move smoothly): The boat ~*s through* the water. ボートが水を分けて走る. **b** 〈流れが〉滑るように流れる. **5** そっと行く, そっと出る[入る], 忍び出る[入る] (steal): ~ *out into* the garden そっと庭へ出る / He ~*ped away* [*off*] without being seen. 彼は見つからずにこっそり出て行った / He ~*ped past* without a sound. 音も立てずに通り過ぎた / A mistake has ~*ped in*. いつの間にか誤りが一つまぎれ込んでいた. **6** 〈時が〉知らぬ間に[早く]経つ, 経過する, 過ぎる (pass) 〈*away, past, by*〉: Time is ~*ping away* [*by*]. 時間がどんどん経っていく / The years ~*ped past*. 年月がいつの間にか過ぎ去った. **7 a** 〈頭から〉抜ける, 〈記憶から〉去る 〔*from, out of*〕: All these points had entirely ~*ped from* my mind. これらの点はすっかり忘れてしまっていた / ~ *out of* one's memory 度忘れする. **b** 〈言葉などが〉口が滑って出てしまう, うっかり洩れる: The secret ~*ped from* his lips. その秘密をうっかり洩らしてしまった. **c** (いつとはなしに)(…に)陥る 〔*into*〕: ~ *into* conversation with him いつの間にか彼としゃべりこむ / ~ *into* sleep いつの間にか寝てしまう. **8 a** うっかりする, 気付かずに済ます: ~ *over* a matter. **b** さっと消える, 逃げる, 見失われる: let an opportunity ~ 機会を逸する. **9** 誤る, 間違う 〈*up*〉: He often ~*s* (*up*) in his grammar. 彼はよく文法上の誤りをする. **10** 〔衣服などを〕無造作に着る, ひっかける 〔*on, into*〕; 〔衣服などを〕無造作に脱ぐ, するっとぬぐ 〔*off, out of*〕: ~ *on* one's coat [*off* one's shoes] / ~ *into* a dress するっと服を着る. **11 a** 〈質・量が〉幾分下がる, 低下する, 下落する: Prices have ~*ped* during the past year. 物価は昨年の間に下落した. **b** 〈健康が〉衰える, 弱まる. **12** 〘航空〙 横滑りする (sideslip). **13** 〘ボクシング〙 パンチをさけるため頭[上体]を横に素早く動かす.

— *vt.* **1** 滑らす, スリップさせる; するするはめる[はずす] 〈*on, off*〉: ~ a ring *on to* [*onto*] a finger 指輪を指にはめる. **2 a** そっと入れる 〔*into*〕; そっと出す 〔*out of*〕: ~ one's hand [a letter] *into* [*out of*] a pocket 手[手紙]をそっとポケットに入れる[から出す] / ~ a half crown *into* the porter's hand 赤帽に半クラウン握らせる. **b** こっそり[内緒で]与える[払う]: ~ money *to* the policeman 警官に金をつかませる. **3 a** 放つ (let go), 離す, 出す (release); 〈犬・鷹などを〉放つ, 放してやる (cf. slipper *n.* 2). **b** 振り放す, はずす: The dog ~*ped* his chain. 犬が鎖を切って逃げた. **c** 〈結び目を〉解く, ほどく (untie). **d** 《英》 〈貨車を〉切り離す (detach). **4** 〈追跡者・監視者など〉から逃げる, まく (escape from). **5 a** 〈記憶・注意など〉から去る: That ~*ped* my memory. そのことが思い出せなかった. **b** 《まれ》 (うっかり)気付かずに過ごす, 見のがす, 看過する (neglect); 言い[書き]もらす, 省略する (omit). **6** 〈衣服などを〉無造作に[急いで]着る 〈*on*〉; 無造作に[急いで]脱ぐ 〈*off*〉: ~ one's clothes *on* [*off*]. **7** 〈ヘビなどが〉脱皮する: The snake ~*s* its skin. ヘビが脱皮する. **8** 〈雌牛などが〉流産する (slink, abort): A cow ~*s* its calf. 雌牛が子牛を流産する. **9** 脱臼させる (dislocate), …の関節をはずす: ~ one's shoulder. **10** 〘服飾〙 **a** 〈編み目を〉抜かす, ふせる: ~ a stitch 一目抜かす. **b** =slip-stitch. **11** 〘海事〙 〈錨・錨鎖(びょうさ)・曳(えい)索などを〉出し放しにする, 放つ; 〈錨・引いている船などを〉やり放つ. **12** 〘航空〙 (吊り縄を所望の方向に引いて)〈降下中のパラシュートを〉横滑りさせる. **13** 〘ボクシング〙 〈パンチを〉頭[上体]を横に素早く動かしてかわす.

let slip ⇨ let¹ 成句. ***slip over*** 〈問題などを〉うっかり見過ごす. ***slip something*** [*one*] ***over on*** 《口語》 〈人を〉だます, ぺてんにかける, 出し抜く (outwit): ~ *something* [*one*] *over on* a guest 客をだます. ***slip through one's fingers*** ⇨ finger 成句. ***slip up*** 《口語》 誤る, 間違う (mistake, err), 失敗する (fail) (cf. *vi.* 9).

— *n.* **1** 滑り, スリップ; (つるつるした所で)滑り転ぶこと; 滑り転び, 踏みはずし (trip): a ~ on the ice, road, etc. **2 a** (ふとした)過ち, 間違い (mistake); 言い[書き]誤り, 言い[書き]そこない: a ~ of the pen [tongue] 書き[言い]誤り / a ~ of the press 印刷の誤り / make ~*s* in grammar 文法上の間違いをする / I made a bad ~ when I was talking to him. 彼に話しているうちについ余計なことを言ってしまった / There's many a ~ 'twixt [between] the cup and the lip. 《諺》 何事も成就する[手に入れる]までは油断できない, 「百里を行く者は九十里を半ばとす」. **b** (品行上の)過ち, 非行, 不行跡 (indiscretion): A few ~*s* in youth are inevitable. 若いころには多少の過ちは避け難い. **3** (追跡者・監視者などから)のがれること, 脱走, 逃亡: give a person the ~ 人の目をくらまして逃げる, 人をうまくまいて逃げる. **4** (量・質・程度の)低下, 下落 (decline): a ~ in prices 物価の下落. **5 a** (婦人用)スリップ. **b** ペティコート, ハーフスリップ. **c** 《英方言》 (子供の)前掛け (pinafore). **d** 《英》 水(泳)着 (bathing suit). **e** まくらカバー (pillowcase). **6** (はめはずしの簡単な)犬鎖, 犬索 (dog leash). **7** 《米》 **a** (船着き場の荷揚げ用の)斜面. **b** 〘造船〙 (傾斜した)造船台, (船の修理用)引揚げ斜面. **c** 波止場の突堤間の船が停泊する水面. **8** 狭路; 山道 (defile). **9** 〘劇場〙 **a** 《英》 最上階さじきの両端. **b** [*pl.*] 《古》 舞台の脇口. **10** 〘海事〙 失脚, スリップ《推進器のピッチと, その回転によって実際に進む距離との差; ピッチに対する百分比で示す》. **11** 〘航空〙 **a** 横滑り (sideslip) (cf. glide 7); (吊り縄を所望の方向に引いてパラシュートを)横滑りさせること. **b** プロペラのスリップ《プロペラをねじと考えて, 1 回転について進む距離と飛行機が実際に進む距離との差》. **12** 〘機械〙 滑り, スリップ, ずれ: **a** クラッチの摩擦面間, ベルトとプーリーとの間などで発生する滑り. **b** (ポンプの)理論的排水量と実際的排水量の差. **13** 〘クリケット〙 **a** [*pl.*; 単数扱い] スリップス《三柱門(wicket)から数ヤード後ろに当たる, 打手から見て右後方の場所; ⇨ cricket² 挿絵》: 1st ~*s* ファーストスリップス《捕手の斜め後方の off 側の守備位置》 / 2nd ~*s* セカンドスリップス《1st slips の斜め後方のやや深い守備位置》 / 3rd ~*s* サードスリップス《捕手と third man の中間の守備位置》. **b** スリップスに立つ外野手: a long [short] ~ (三柱門から見て)長[短](距離)スリップ / be caught in the ~*s* [at ~] スリップでやられる. **14** 〘地質〙 **a** 地層のずれ, スリップ. **b** 小断層 (small fault). **15** 〘電気〙 滑り《誘導電動機の同期速度と実際の速度との差》. **16** 〘冶金〙 滑り《剪断(せん)作用によって起こる金属結晶内の塑性変形の一種; glide ともいう》.

— *attrib. adj.* **1** 滑りで動く: a ~ bar. **2** 取りはずしのできる: a ~ compartment. **3** 引き解け結び (slipknot) のある: a ~ cord. **4** すぐはずせる: a ~ bolt.

slip² [slíp] 〚《*a*1425》 *slippe* ▭ ? MLG & MDu. 'split, slit'〛 — *n.* **1 a** (植物を繁殖させるための)接ぎ穂, さし枝 (scion, cutting). **b** 子孫 (descendant). **2 a** (木・土地・紙などの)細長い一片: cut paper into ~*s* 紙を細長く切り分ける / a ~ of paper 細長い紙片. **b** 短い手控え, メモ (memorandum). **c** (書物や雑誌などに挿入されている)スリップ, (売上)伝票. **d** (正誤表などの)紙片, スリップ. **3** ほっそりした若者, やせた青年(男女); 若者 (stripling) 〔*of*〕: a (mere) ~ *of* a boy [girl] ひょろ長い男[女]の子. **4** 切断面がくさび形になった一種の砥(と)石. **5** 《米》 (教会の)細長い座席, 仕切り座 (narrow pew). **6** 〘印刷〙 棒ゲラ《棒組の校正刷》, ゲラ刷 (galley proof). **7** 〘製本〙 スリップ《図書をとじた後にあまるとじ緒・テープ》. — *vt.* (**slipped**; **slip·ping**) **1** 〈木〉から接ぎ穂[さし木]を取る. **2** (接ぎ穂[さし木]として)〈木〉の一部分を取る.

slip³ [slíp] 〘OE *slypa, slyppe* slime ← Gmc **slup-* (Norw. *slip(a)* slime on fish) ← IE **sleub(h)-* to slide: cf. slop¹·²〙 — *n.* **1** 〘窯業〙 泥漿(でいしょう)《粘土あるいは他のセラミック物質の水中懸濁液》. **2** スリップ《ほうろうを作るフリット (frit) 粉の懸濁液》.

slíp bànd *n.* 〘機械〙 滑り線, 滑り帯《軟鋼材に大きい力が加わった時, 塑性変形が発生した結晶群にそってあらわれる線》.

slíp càrriage *n.* 《英》〘鉄道〙 切離し車両《列車が通過駅に切り離して行く車両》.

slíp·càse *n.* 〘製本〙 スリップケース《本を入れる差込み式の外箱; forel ともいう》.

slíp clùtch *n.* 〘機械〙 摩擦クラッチ.

slíp còach *n.* 《英》〘鉄道〙 =slip carriage.

slíp·còver *n.* **1** ソファー[椅子]用カバー, おおい, スリップカバー. **2** 〘製本〙 **a** (本の紙製または布製の)上包み, カバー, ジャケット (jacket). **b** =slipcase. — *vt.* 〈家具などを〉スリップカバーでおおう.

slipe¹ [sláɪp] 〚《15C》 *slype* ▭ LG *slipe, slepe*〛 *n.* 《スコット・北英》 大型そり (sledge), そり (sleigh).

slipe² [sláɪp] 〘ME *slype(n)* ← ?〙 *vt.* **1** 〈木・小枝〉の樹皮をはぐ. **2** 薄く切る, 切り取る (slice).

slíp hòok *n.* 滑り鍵《船で引索の止め・放しに用いる》.

slíp jòint *n.* **1** 〘建築〙 滑り接手(つぎ)《配管工事で, 一つの管が他方の管の中で滑り得る接ぎ方》. **2** 〘石工〙 (既存の組積造の壁に新しい壁を付加した際の)垂直の接手.

slip hook

slíp·knòt *n.* 引き解け結び: **a** 引けばすぐ解ける結び. **b** =running knot.

slíp lìne *n.* 〘機械〙 =slip band.

slíp mòrtise *n.* 〘木工〙 材木の端にあけたほぞ穴, 通し穴.

slíp nòose *n.* =running noose.

slíp-òn *n.* **1** [通例 *pl.*] スリッポン: **a** 紐・ボタンなどの付いていない容易にはける靴. **b** 留め金具の付いていない手袋. **2** スリッポン: **a** (ホックなどなく)着脱容易なガードル(など). **b** 首を通して着るセーター, プルオーバー (pullover). — *attrib. adj.* 〈衣服・靴・手袋など〉スリッポン式の; 〈セーターなど〉プルオーバーの.

slíp·òver *n.* スリップオーバーセーター. — *attrib. adj.* 〈セーター・シャツなど〉頭からかぶって[首を通して]着る(ようにできた), プルオーバーの.

slip·page [slípɪdʒ] 〚← SLIP¹+-AGE〛 — *n.* **1** 滑る

こと (slipping). **2** 滑り[ずれ]の量; ずれ, 差. **3** 下落, 低下. **4** 〘機械〙滑り; (滑り・むだ動きなどによる) 仕事損失.

slipped [slípt] *adj.* 〘紋章〙〈花・実など〉stalk 付きで「描かれた.

slipped dísk *n.* 〘病理〙椎(つい)間板ヘルニア.

slipped téndon *n.* 〘獣医〙=perosis.

slip·per [slípə | -pə(r] 〘《1478》〙 ― *n.* **1** [通例 *pl.*] (室内用の)軽い上靴, スリッパ《紐のない容易にはけるかかとの低い室内ばきの靴; いわゆるスリッパだけではない; cf. mule²》: a pair of ～*s* スリッパ1足. **2** (狩猟で)猟犬を放つ人 (cf. slip *vt.* 3 a). **3** (馬車の)歯止め (shoe). **4** 〘鉱山〙滑り金. ― *vt.* **1** 〈人を〉スリッパでぶつ[なぐる]. **2** 〈足〉にスリッパをつける. ― *vi.* スリッパをはいて歩く; 引きずって歩く.

slípper-bàth *n.* スリッパ型風呂《一方に覆(おお)いの付いているスリッパ状の風呂》.

slípper chàir *n.* (寝室用の)脚の短い椅子.

slíp·pered *adj.* **1** スリッパをはいた. **2** 気楽な, くつろいだ (comfortable).

slípper fòot *n.* スリッパーフット《英国 Ann 女王時代の家具の足型として流行した club foot の一種; snake foot ともいう》.

slípper·wòrt *n.* 〘植物〙=calceolaria 2.

slipper chair

slip·per·y [slíp(ə)ri | -pəri] 〘《1535》《変形》← ME *slip(p)er* slippery < OE *slipor* ← Gmc *(s)li-*: ⇨ slip¹, -y⁴〙 ― *adj.* **1** (表面が)つるつるの, よく滑る: a ～ slope, path, deck, etc. **2 a** にぎり[つかまえ]にくい: a ～ fish / (as) ～ as an eel ウナギのように捕えにくい, のらりくらりした. **b** 滑りぬけそうな, 逃げそうな. **c** 手際のよい処理を必要とする. **3** とらえ所のない, 当てにならない (fickle); ごまかしの, ずるい (tricky): a ～ customer 当てにならない[ふらちな]人. **4** 不安定な (unstable), 変わりやすい: a ～ condition. **5** 意味のはっきりしない, あいまいな. **6** 《廃》不道徳な, みだらな (immoral). **slíp·per·i·ly** [-rəli, -rɪ- | -lɪ] *adv.* **slíp·per·i·ness** *n.*

slíppery dìck *n.* 〘魚類〙西大西洋の暖海にすむベラ科キュウセンベラ属の美しい小魚 (*Halichoeres bivittatus*).

slíppery élm *n.* **1** 〘植物〙北米東部産のニレの一種 (*Ulmus rubra*)《red elm ともいう》; その木材. **2** 1 の樹皮の内側の粘液性の部分《鎮痛剤》.

slíp plàne *n.* 〘物理・金属加工〙滑り面《結晶性物質が変形して滑りを生じる格子面; glide plane ともいう》.

slíp prò̀of *n.* 〘印刷〙ゲラ刷 (galley proof); 棒ゲラ「《棒組の校正刷》.

slip·py [slípi | -pɪ] 〘← SLIP¹+-Y⁴〙 ― *adj.* (**slip·pi·er**; **-pi·est**) **1** つるつるの, よく滑る. **2** 《英口語》早い, 手早い (quick), すばしこい (nimble), 抜け目のない (sharp): be ～ about it すばしこくやる, ぐずぐずしないでする / Look ～. しっかりしろ; ぐずぐずするな. **slíp·pi·ness** *n.*

slíp·ràil *n.* 《豪》入口にするために取りはずしのできる柵の横棒.

slíp règulator *n.* 〘電気〙滑り調整器.

slíp rìng *n.* 〘電気〙スリップリング, 滑動環 (⇨ collector ring).

slíp-ròad *n.* 《英》高速道路の進入[退出]路.

slíp ròpe *n.* 〘海事〙スリップロープ: **1** 必要な時にはいつでもほどけるように, またほうった後それを回収しうるようにしてある綱. **2** 錨鎖のからみを解く時に, 力のかかっていない方の錨鎖を一時的に吊る綱.

slíp sèat *n.* スリップシート《座枠に布地・皮・籐を直接張り包みにした椅子の座; 張り替えも容易》.

slíp-shèet 〘印刷〙 *vt.* 〈刷り本の間〉に間(あい)紙を挿入する[はさむ]; 〈本を〉間紙で保護する. ― *vi.* 間紙をはさむ.

slíp shèet *n.* 〘印刷〙間(あい)紙《裏写りやよごれを防ぐために刷り本や図書の間にはさむ白紙》.

slíp·shòd 〘《1580》← SLIP¹ (v.)+SHOD〙 ― *adj.* **1 a** かかとのつぶれた靴[上靴]をはいた: ～ feet. **b** 〈靴が〉かかとのつぶれた: ～ shoes. **2** だらしのない; おひきずりの (slovenly). **3** 正確さを欠いた, ずさんな, いい加減な, ぞんざいな: ～ reasoning.

slíp sìll *n.* 〘石工〙(窓幅と同じ幅で)両側の抱きの内側に収まる窓台 (cf. lug sill).

slíp·slòp 〘《1675》《加重》← SLOP¹〙 ― *n.* **1** 涙っぽい話; むだ話, 駄作. **2** 《古》水っぽい食物 (sloppy food), 水っぽい酒 (sloppy drink). **3** 《古》**a** 言葉の誤用 (malapropism). **b** 言葉の誤用をおかす人. ― *adj.* **1** 〈酒など〉水っぽい, 弱い, 薄い (washy, weak). **2** だらしのない, くだらない; 感傷的な. ― *vi.* (**slip-slopped**; **-slop·ping**) スリッパをぱたぱたさせて歩き回る; だらしなく[ばたばた]歩き[動き]回る.

slíp·sòle *n.* 合底(あいぞこ)《靴の前部の細革と表底の間に入れて底を厚くする底材》.

slíp sprìng *n.* 〘時計〙=brake spring.

slíp·stìck *n.* 《米俗》計算尺 (slide rule).

slíp-stìtch 〘服飾〙 *vi.* スリップステッチ[おくまつり]をする. ― *vt.* …にスリップステッチをする, まつる.

slíp stìtch *n.* 〘服飾〙スリップステッチ, おくまつり《表に針目がでないようにまつるステッチの一種; 厚手布地の場合に用いる; 布地の織糸とヘムの裏側をすくってとじる方法》.

slíp·strèam *n.* **1** 〘航空〙プロペラ後流《飛行機のプロペラで後方に押しやられる空気の流れ》. **2** 〘自動車〙スリップストリーム《レーシングカーなど高速走行中の車の直後にできる空気圧が低くなった領域; 後続の車にはこの中に吸引される力が働く》. ― *vi.* (レーシングカーの)スリップストリーム領域に入って運転する.

slipt *v.* 《古》slip¹ の過去形.

slíp tànk *n.* 〘航空〙落下タンク《燃料補助タンク; jettison tank, drop tank ともいう》.

slíp tàp *n.* 合半底(あいはんぞこ)《靴の前部の細革と表底の間に入れて底を厚くする底材》.

slíp tràcing *n.* 〘窯業〙泥漿(でいしょう) (slip) のついた刷毛や道具でなぞって装飾をつけること.

slíp tràiling *n.* 〘窯業〙いっちん盛り, いっちん掛け, いっちん細工《濃厚な泥漿を小さな孔からしぼり出して色物の上に盛り上げる装飾の手法》.

slíp·ùp 〘← *slip up* (⇨ slip (v.) 成句)〙 *n.* 《口語》**1** 誤り, 間違い, 手違い, 見落とし (mistake, error). **2** 不運の出来事.

slíp·wàre *n.* スリップウェア, 化粧かけ器《泥漿(でいしょう) (slip) で装飾した陶器》.

slíp·wày *n.* 〘海事〙**1 a** (傾斜した)造船台, (船の修理用の)引揚げ斜面. **b** 引揚げ台, 船架《小型船の修理などにおいて, コンクリート傾斜面にレールを付け, 船を水中から車で引きあげたり, 滑り下ろしたりするための設備》. **2** (捕鯨母船船尾の)鯨引揚げ用の傾斜甲板.

slit [slít] 〘ME *slitte(n)* < OE **slittan*: cf. OE *slītan* to tear apart & *ġeslit* a tearing〙 ― *vt.* (**slit**; **slitting**) **1** (線に沿って)切り開く; 細長く切り開く: ～ an envelope open 封筒を切り開く / ～ a person's throat 人ののどを切開する. **2** (縦に)細長く切る[裂く, 破る] (split): ～ a hide *into* thongs 獣皮を裂いて皮ひもにする. **3** 切り取る, 切断する. ― *n.* **1** 細長い切り口[裂け目]; (衣服の脇などにつけた)スリット: a ～ in one's coat. **2** (細長い)穴, 口, すき間; (自動販売機・公衆電話などの)硬貨差入れ口: A ～ is provided for the coin to drop through. 硬貨が通って落ちるように穴が設けてある / The window is a mere ～. その窓は名ばかりで細長いすき間に過ぎない / He appears to have two ～*s* for eyes. 彼の目は糸を引いたようだ, 彼の目は非常に細い. **3** 《卑》女性性器. ― *attrib. adj.* **1** 長い切り口の形をした; 細長い: ～ eyes. **2** 〈衣服など〉スリットのついた: a ～ skirt. **3** 〘音声〙〈狭めが〉裂け目型の《左右に広く上下に狭い》: ～ fricatives [spirants] 裂け目型摩擦音《[ɸ], [β], [f], [v], [θ], [ð] など; cf. groove》.

slít-drùm *n.* スリットドラム《大木の幹内部をくりぬき細長いすき間をあけた原始的な太鼓; 棒でたたくか足で踏んで奏する》.

slít-èyed *adj.* 細長い目をした.

slith·er [slíðə | -ðə(r] 〘ME *slidere(n)*, *sliþere(n)* < OE *slid(e)rian* (freq.) ← *slīdan* 'to SLIDE'〙 ― *vi.* **1** (砂利の坂を下りるように, 摩擦し音をたてて)ずるずる滑る. **2** 滑って行く, 滑るように進む. ― *vt.* **1** ずるずる滑らせる. **2** 〈頭髪を〉削(そ)ぐ. ― *n.* **1** ずるずる滑ること; 滑走 (slide). **2** ずるずる滑る音. **3** 荒石 (rubble).

slith·er·y [slíðəri | -rɪ] 〘⇨ ↑, -y⁴〙 *adj.* 滑る, すべすべした (slippery).

slít-pòcket *n.* スリットポケット《welt pocket ともいう》.

slít·ter [-tə | -tə(r] *n.* **1** 細長く切る人. **2** (ナイフに似た)切り具, 裂き具.

slít trènch *n.* 《英》「たこつぼ」, 各個掩(えん)体《敵の爆撃弾や砲弾の破片を防ぐ一人用の狭い壕; cf. foxhole 1》.

sliv·er [slívə | -və(r] 〘《c1385》 *slivere* ← *slive(n)* to split < OE **slīfan*: cf. sleave〙 ― *n.* **1** (通例木目にそって裂いた木などの)細長い片, 縦きれ; 裂片 (splinter). **2** 《米》小魚の片身《釣の餌》. **3** [slάɪvə | -və(r] スライバー, 篠(しの)《紡績の準備工程中, 大体の繊維をそろえるため梳(す)綿機 (card) を通して太いひも状にした綿または羊毛》. ― *vt.* **1** 縦に細長く切る[裂く]. **2** 《米》〈魚〉から片身を切り取る. ― *vi.* 縦に細長く裂ける[割れる] (split).

sliv·o·vitz [slívəvɪts, slíːv-, -wɪts] 〘⊏ Serbo-Croatian *šljivovica* ← *šljiva* plum〙 ― *n.* (*also* **sliv·o·witz** [～], **sliv·o·vic** [～]) スリボビッツ《ハンガリー・ルーマニア・ユーゴスラビア産の辛口で無色のセイヨウスモモ (plum) のブランデー》.

s.l.n.d. 《略》*L.* sine lōcō nec data (=without indication of place or date of printing).

Slo. 《略》Sligo.

Sloan [slóʊn | slə́ʊn], **John** *n.* (1871–1951) 米国の画家・挿絵画家.

Sloane [slóʊn | slə́ʊn], Sir **Hans** *n.* (1660–1753) 英国の医師・博物学者.

sloat [slóʊt | slə́ʊt] *n.* 〘劇場〙=slote.

slob [slά(ː)b | slɔ́b] 〘⊏ Ir. *slab* mud ← ? Scand. (cf. Swed. 《方言》*slabb* mud)〙 ― *n.* **1** (海の)浮氷, 流氷 (sludge). **2** 《口語》間抜けた[薄汚ない]人; 野暮な人, 田舎者 (boor). **3** 《アイル》泥 (mud), (川底や泥沼の)軟泥 (ooze); (特に)軟泥の海岸.

slob·ber [slάbə | slɔ́bə(r] 〘《?a1400》 *slobere(n)* ← ? MLG (cf. LG *slubberen* to sip, lap): 《擬音語》?〙 ― *vi.* **1 a** (だらだら)よだれをたらす (slaver, drool). **b** (食べたり, 飲んだりする時)〈赤ん坊などが〉液体を口からこぼす. **2** だらしなく感傷的になる; めそめそする: ～ *over* a person 人をめちゃくちゃにかわいがる; 人に[のことを]感傷的に[情におぼれて]話す. ― *vt.* **1** 〈衣服などを〉よだれや口からこぼれる液体などでよごす[ぬらす] (slaver). **2** べたべたキスする. **3** めそめそしながら[感傷的に]言う. **4** 〈仕事を〉下手にやる, 失敗する. ― *n.* **1** よだれ (slaver): all of a ～ よだれだらけで. **2** べたべたしたキス. **3** めそめそ(した言葉・動作), 泣き言, 繰り言. **4** [*pl.*; 通例単数扱い] 〘病理〙流涎(りゅうぜん)(症). **～·er** [-bərə | -rə(r] *n.*

slob·ber·y [slάb(ə)ri | slɔ́bəri] 〘ME: ⇨ ↑, -y⁴〙 ― *adj.* **1** よだれを流す; よだれでぬれた. **2** どろんこの, ぬかるみの, ぐしゃぐしゃした (muddy). **3** 泣き言を言う, いやに感傷的な, 愚痴をこぼす (maudlin). **4** だらしのない, 無造作な (slovenly). **slób·ber·i·ness** *n.*

slób ìce *n.* 流氷塊.

sloe [slóʊ | slə́ʊ] 〘OE *slā(h)* < Gmc **slaiχwōn* 《原義》bluish fruit (G *Schlehe*) ← IE **(s)li-* bluish (L *lividus*): cf. livid〙 ― *n.* 〘植物〙**1 a** リンボク(橉木)の類 (blackthorn) の青黒い実《sloe gin を作る》. **b** = blackthorn 1. **2** 米国産の野生のスモモの総称《*Prunus alleghaniensis* など》. **3** =black haw 1.

slóe-éyed *adj.* リンボクの実のような目をした: **a** 黒目の (dark-eyed). **b** 目じりの上がった.

slóe gín *n.* スロージン《ジンをリンボクの実で香味を付けたリキュール》.

slog [slά(ː)g, slɔ́(ː)g | slɔ́g] 〘《1853》← ?: cf. slug³〙 *v.* (**slogged**; **slog·ging**) =slug³. ― *n.* =slug³.

slo·gan [slóʊgən | slə́ʊ-] 〘《1513》 *slogorn* ⊏ Gael. *sluagh-ghairm* army cry ← *sluagh* army+*gairm* cry, call〙 ― *n.* **1** (ある団体・政党・商店・製造元などの)スローガン, 標語, モットー (watchword, motto). **2** (もとはスコットランド高地の氏族が危急の場合に用いた)集合の叫び (rallying call), 鬨(とき)の声 (war cry).

slo·gan·is·tic [slòʊgənístɪk | slə̀ʊ-] *adj.*

slo·gan·eer [slòʊgəníə | -níə(r] 〘⇨ ↑, -eer〙 *n.* (特に, 政治・商業用の)スローガン考案者[使用者]. ― *vi.* スローガンを考案する[用いる], スローガンを広める.

slo·gan·ize [slóʊgənàɪz | slə́ʊ-] *vt.* スローガンにする, スローガンで表現する.

slog·ger [slάgə, slɔ́(ː)gə | slɔ́gə(r] *n.* **1** (ボクシング・野球・クリケットなどでの)強打者 (slugger). **2** よく働く人, 勤勉家, 勉強家 (plodder).

slojd [slɔ́ɪd] *n.* (*also* **sloid** [～]) =sloyd.

sloke [slóʊk | slə́ʊk] 《スコット》 *vt.* =slake. ― *n.* (水面の)浮き泡; へどろ.

sloop [slúːp] 〘《1629》⊏ Du. *sloep* 《原義》that which glides: cog. G *Schlupf* a sliding: SHALLOP と二重語〙 ― *n.* スループ《1 本マストの縦帆船の一種》.

sloop of war 《英》スループ型軍艦《昔は砲 10–32 門を載せたシップ型帆船; 現在では大型砲艦》.

sloop

slóop-rìgged *adj.* 〈帆船が〉スループ式帆装の.

sloot [slúːt] *n.* 《アフリカ》= sluit.

slop¹ [slάp | slɔ́p] 〘ME *sloppe* < ? OE *-slop* (cf. *oferslop* surplice, 《原義》that which is slipped into) ← Gmc **slup-* (MDu. *slop*) ← IE **sleub(h)-* to glide: cf. slur〙 ― *n.* **1** [*pl.*] (水夫に給与される)寝具(など). **2** ゆるい仕事着[上っ張り, 前掛け]《smock, apron, overall など》. **3** [*pl.*] **a** (16 世紀後半に流行した)太い半ズボン. **b** 《方言》太いズボン. **4** [*pl.*] **a** 水兵用の衣類および小物. **b** 安物の既製服.

slop² [slάp | slɔ́p] 〘ME *sloppe* < ? OE **sloppe* dung (cf. *cū-sloppe* 'COWSLIP'): cf. slip³, slop¹〙 ― *n.* **1** (食卓や床の上などの流動物の)こぼれ; こぼれ水. **2** [通例 *pl.*] 《英》水っぽい食べ物《かゆ・シチューなど》; 半流動食 (semiliquid food) (cf. catlap): live on ～*s* (幼児・病人のように)流動食を食べている. **3** [通例 *pl.*] **a** (豚などに与える食べ残しなどの入っている台所の)捨て水. **b** (寝室で洗面後の)汚水 (cf. slop pail): empty the ～*s* 汚水をあける. **c** 糞尿. **4** ぬかるみ. **5** [*pl.*] (ビールの)醸造残渣(さ)[かす], 残ったもやし汁 (cf. vinasse). **6** 《口語》安っぽい感傷 (weak sentiment). ― *v.* (**slopped**; **slop·ping**) ― *vt.* **1 a** 〈液体を〉こぼす (spill), こぼしてよごす: ～ water from a bucket バケツから水をこぼす. **b** …の上にこぼす: ～ a floor 床にこぼして汚す. **2** 〈豚など〉に(台所の)捨て水をやる. **3** がつがつ食う; がぶがぶ飲む. **4** 〈食物を〉こぼしながら給仕する[よそう]: ～ oatmeal into a plate. ― *vi.* **1** 水(など)をこぼす 〈*about*〉; 〈水などが〉こぼれる 〈*over*, *out*〉. **2** 泥[ぬかるみ, 水]の中を歩く: ～ *along* muddy roads. **3** 《口語》しゃべり立てる, べらべらしゃべる (gush); いやに感傷的になる 〈*over*〉. **4** 《米》極端に走る 〈*over*〉.

slop³ [slάp | slɔ́p] 〘《1859》《変形》← *ecilop* 《逆つづり》← POLICE〙 *n.* 《英俗》巡査, 警官 (policeman).

slóp bòwl [《英》**bàsin**] *n.* 茶こぼし.

slóp chèst *n.* 〘海事〙**1** 航海中海員に支給する服・たばこ(など). **2** (もと)船員の身の回り品を入れた箱 (cf. sea chest 1).

slope [slóʊp | slə́ʊp] 〘《1502》《頭音消失》← ASLOPE〙 ― *n.* **1** (上方・下方の)傾斜(度), 勾配(こうばい): a gentle ～ 緩傾斜, なだらかな勾配 / The road rises at a ～ of 1 in 20. 道路は 1/20 の傾斜をなしている / at a ～ 傾斜して / on the ～ 傾斜して, 斜めに / give a ～ to …に傾斜[勾配]をつける, 傾斜させる. **2 a** 坂, 斜面 (incline), 傾斜地 (sloping ground): grassy ～*s*. **b** 〘スキ

―》スロープ《trail ともいう》. **3** 景気の後退. **4**〘地理〙**a** 斜面, 緩斜面. **b** (ある海についての)流域《日本海斜面, 太平洋斜面など》. **5**〘軍事〙になえ銃(ﾂﾂ)の姿勢: at [come to] the ~ になえ銃の姿勢で[をとる]. **6**〘数学〙**a** 傾き, 傾斜《直線が x 軸の正の方向となす角を X とする時, m=tan X をその傾きという》. **b** (曲線の与えられた点における)接線の勾配. ― *attrib. adj.* 斜めの, はすの (slanting). ― *vi.* **1** 傾斜する, 坂になる: The ground ~*d into* a small swale. 土地は傾斜して小さな湿地へとつながっていた. **2** 斜めに行く[登る, 下る]: The sun is *sloping* to the west. 太陽は西に傾いている. **3**〘口語〙**a** 逃げる, 去る (go away) 〈*off, away*〉. **b** 行く, ぶらつく (walk, go) 〈*about*〉.
― *vt.* **1** 傾斜させる, …に勾配をつける (incline); はすにする (slant) 〈*up, down, off, away*〉: ~ the ground [a roof] 土地[屋根]に傾斜をつける / ~ the standard 軍旗を斜めにする[下げる]《敬礼の一形式》. **2** 〈銃などを〉斜めにになう: ~ arms ⇨ arm² 成句.

slóp·er *n.* **1** 傾斜させるもの; 傾ける人. **2**〘服飾〙スローパー《既製服業者間で用いられる原型; 各サイズの寸法は示してあるが, デザインは含まない》.

slóp·ing *adj.* 傾斜している (inclined), 坂になった, 斜めの, はすの: ~ shoulders なで肩. **~·ly** *adv.*

sló-pitch [slóʊ- | slə́ʊ-] *n.* スローピッチ(ソフトボール)《1 チーム 10 人で行なうソフトボール; 3–10 フィートの弧の高さの投球でなければならず, また盗塁は認められない》.

slóp pàil *n.* (寝室・台所用)汚水おけ (cf. slop² 3 b, washstand 1 a).

slop·py [slɑ́pi | slɔ́pɪ] 〘《1727》← SLOP² (n.) + -Y⁴〙 ― *adj.* (**slop·pi·er; -pi·est**) **1** 薄くて水っぽい: ~ food. **2 a** 〈天候が〉雨がちの (wet). **b** 〈道路など〉水たまりの多い, ぐしゃぐしゃの, どろどろの, 泥んこの (muddy): ~ roads. **c** 〈食卓など〉(流動物で)よごれた. **d** 〈競技用コースが〉(雨で比較的)軟弱な, 重い (cf. slow 4): a ~ racetrack 重馬場. **e** 〈海など〉荒波のたつ: a ~ sea. **3**〘口語〙**a** だらしのない (slovenly), いい加減な, 締まりのない (loose): ~ English, work, etc. **b** 〈服が〉合っていない, だらしのない, きちんと着ていない (ill-fitting). **4**〘口語〙感傷的な, めそめそした, 愚痴っぽい (maudlin): ~ sentiment 女々しい感情 / ~ talk 愚痴. **5**〘俗〙酔っ払った(drunk): get ~ 酔っ払う. **slóp·pi·ly** [-pɪli, -pə- | -lɪ] *adv.* **slóp·pi·ness** *n.*

slóppy jóe 〘cf. good Joe〙 ― *n.* **1**〘口語〙(ボックスシルエットで)ゆったりしたプルオーバー《若い女性用》. **2**〘米〙スロッピージョー《通例円形パンに載せて食べるトマトソース・薬味で調理した挽き肉》. **3** [通例 s- J-]〘米俗〙だらしない身なりの男; 身なりにかまわない男.

slóp·sèller *n.* (安物)既製服商(人).

slóp·shòp *n.* (安物)既製服店, 安服販売店.

slóp sìnk *n.* (病院などに設備されている)汚水流し.

slóp·wòrk *n.* **1 a** (安物)既製服仕立て. **b** [集合的] (安物)既製服. **2** ぞんざいな仕事.

slóp·wòrker *n.* (安物)既製服仕立て人.

slosh [slɑ́(ː)ʃ, slɔ́(ː)ʃ | slɔ́ʃ] 〘《1814》《変形》← SLUSH〙 ― *n.* **1** =slush 1. **2**〘口語〙水っぽい飲物[酒]: a ~ of tea. **3** (波など)液体が物をはねかえす音. **4** 少量の液体: a ~ of alcohol. **5**〘英口語〙ずしんと響く打撃, 強い打撃 (heavy blow). ― *vi.* **1** 泥[ぬかるみ]の中をはね回る; ばちゃばちゃやる. **2** 〈液体が〉ばちゃばちゃ音をたてて動く. **3**〘米俗〙当てもなくうろつき回る (loaf). ― *vt.* **1 a** (液体の中で)〈物を〉ぼちゃぼちゃかき回す[動かす]. **b**〘口語〙〈液体を〉下手につぐ; ばちゃばちゃはねかす. **2** 〈液体を〉ごくごく飲む, 鯨飲する (guzzle). **3**〘英俗〙ずしんと[激しく]打つ (punch). **~·ly** *adv.*

sloshed *adj.*〘英口語〙酔っ払った.

slósh·ing *n.*〘航空・宇宙〙スロッシング《航空機やロケットに積まれた液体がタンクの中で動揺すること》.

slot¹ [slɑ́t | slɔ́t] 〘《?c1390》《廃》the hollow of the breast bone ⊏ OF *esclot* ← ?〙 ― *n.* **1 a** 細長い小さな穴, 細孔 (slit). **b** (自動販売機・郵便受箱などの硬貨や手紙の)投入口 (slit) (cf. slot machine): put a coin in a ~. **2**〘口語〙(組織・連続放送番組・計画などの中で占める)位置, 場所 (place). **3**〘俗〙=slot machine. **4**〘航空〙(翼などに設けた)隙間(ｽｷ), スロット《主翼の前縁につけた隙間; 下面の気流を上面に流し失速を遅らせ大迎角で高揚力を得る; cf. slat¹ 3》. **5**〘普通 U 字形または馬蹄形をした編集デスクの内側の隙間にこの席があることから〙〘ジャーナリズム〙(新聞・雑誌などの)整理(編集)部長の席[職, ポスト] (cf. copy-desk, rim¹ 7). **6**〘鳥類〙翼裂(ﾖｸﾚﾂ)《飛行において飛行機のスロットと同じ働きをする》. **7**〘言語〙スロット, 枠 (cf. tagmeme 2). ― *vt.* (**slot·ted; slot·ting**) **1** 細長い穴を掘る[つける]. **2**〘口語〙(一連のものの中へ)入れる, 置く.

slot² [slɑ́t | slɔ́t] 〘《1575》⊏ MF *esclot* horse's hoof-print ⊏ ? ON *slōð* track: ⇨ sleuth〙 ― *n.* (*pl.* ~) **1 a** (鹿などの)足跡 (track). **b** (物の通った)跡. **2** 鹿の足. ― *vt.* (**slot·ted; slot·ting**) …の跡をつける, 追跡する.

slót·bàck *n.*〘アメリカンフットボール〙スロットバック《攻撃体形でバックがラインのエンドとタックルの後方間に位置すること》.

slót càr *n.*〘米・カナダ〙スロット(レーシング)カー《プラスチック製で遠隔操作により溝のある専用のコースを走らせて競争する小型模型電気自動車》.

slote [slóʊt | slə́ʊt] 〘《15C》《変形》← ME *slot(te)* bar, bolt ⊏ MDu. *slot*〙 *n.*〘劇場〙せり上げ《人物・背景などを舞台より上下させるのに以前使用された装置》.

slót-fìller correlàtion *n.*〘言語〙スロットフィラーの相関関係[複合体]《タグミーミックス (tagmemics) におけるタグミーム (tagmeme) のこと》.

sloth [slɔ́(ː)θ, slóʊθ | slə́ʊθ] 〘《c1175》*slauþe* (⇨ slow, -th²) ∽ OE *slǣwð*〙 ― *n.* **1 a** 怠惰, なまけ (indolence), 物ぐさ, 無精 (laziness): *Sloth* is the mother of poverty.《諺》怠惰は貧乏の母. **b**《古》遅いこと (slowness). **2** 熊の一群. **3**〘動物〙ナマケモノ《熱帯アメリカにすむナマケモノ科の動物の総称; 動作が緩慢で, 強い爪をもち, 木の枝にさかさまにぶらさがって生活している; オオナマケモノ (giant sloth), ミツユビナマケモノ (three-toed sloth), フタツユビナマケモノ (two-toed sloth) など》.

sloth 3 (*Bradypus tridactylus*)

slóth bèar *n.*〘動物〙ナマケグマ (*Melursus labiatus*)《インド・セイロン産の毛があらくて鼻が長いクマ》.

sloth·ful [slɔ́(ː)θfəl, slóʊθ- | slə́ʊθ-] 〘ME: ⇨ sloth, -ful〙 ― *adj.* なまけものの, 怠惰な (sluggardly), 無精な, 物ぐさな (lazy); のろくさい (sluggish): be ~ *in* business 仕事をなまける. **~·ly** *adv.* **~·ness** *n.*

slóth mònkey *n.*〘動物〙ノロマザル (loris).

slót machìne *n.* (細孔に硬貨を入れると動く)スロットマシーン: **a** 切符・菓子などの自動販売機. **b** 自動体重測定器. **c** 硬貨を入れてハンドルを引くと絵の付いた複数のドラムが回転し, その停止したときの絵の組合わせに応じた枚数の硬貨が出る仕掛けの賭博機械 (one-armed bandit,〘英〙fruit machine ともいう).

slót màn *n.*〘ジャーナリズム〙整理(編集)部長 (cf. slot¹ 5, rim man).

slót ràcer *n.*〘米・カナダ〙=slot car.

slót ràcing *n.*〘米・カナダ〙スロットレース《スロット(レーシング)カー (slot cars) で行なうレース》.

slót·ting machìne [-tɪŋ- | -tɪŋ-] *n.*〘機械〙立て削り盤.

slouch [sláʊtʃ] 〘《1515》← ?: cf.《古・方言》*slouk* idle fellow / ON *slōkr* slouching fellow〙 ― *n.* **1** 前のめり, 前かがみ(の姿勢); うつむいて歩くこと, ぶざまな歩き方. **2** =slouch hat. **3 a** だらしない人, 無精者; 無能な人. **b** 無骨者, 田舎者 (lout). **4** [通例否定構文で]〘米口語〙つまらぬ[くだらぬ]人[物, 場所], やくざ者: He is *no* ~ *at* the business. 彼はその商売にかけては腕ききだ / He is *no* ~ *at* jokes. 冗談がうまい. **5** 怠惰 (laziness). ― *vi.* **1** 前かがみになって[立つ, すわる, 歩く]. **2** 〈帽子のへりが〉前に垂れる. ― *vt.* **1** 〈肩などを〉前に曲げる: He ~*ed* his shoulders down. だらしなく肩を前にかがめた. **2** 〈帽子のへりを〉垂らす (cf. cock¹ 2): with one's hat ~*ed* over the eyes 帽子を目深にかぶって.

slóuch hát *n.* スラウチハット《縁を自由に曲げられる, 通常フェルト製のソフト帽》.

slóuch·ing *adj.* 前のめりの, 前かがみの, うつむいている. **~·ly** *adv.*

slouch·y [sláʊtʃi | -tʃɪ] 〘《a1693》: ⇨ slouch, -y⁴〙 ― *adj.* (**slouch·i·er; -i·est**) **1** 〈体が〉前かがみになった. **2** だらしのない, 無精な. **slóuch·i·ly** [-tʃɪli, -tʃə- | -lɪ] *adv.* **slóuch·i·ness** *n.*

slough¹ [slúː, sláʊ | sláʊ] 〘OE *slōh, slō(g)*: cf. MHG *slouche* ditch〙 ― *n.* **1** 泥深い場所, 泥穴, ぬかるみ (miry place). **2**〘米・カナダ〙(戻り水または泥んこでアシの茂った)じめじめした浅い沼[池, 入江(など)]. **3** (抜け出せない)堕落(のふち[泥沼]).
Slough of Despond [the ―] (1) (John Bunyan 作 *Pilgrim's Progress* 中にある)失望の泥沼. (2) 絶望のふち (hopeless state); 堕落 (degradation).

slough² [slʌ́f] 〘《a1325》*slughe, slouh* ← ?: cf. LG *slu(we)* husk〙 ― *n.* **1** (蛇などの)抜けがら, 脱皮 (cast skin). **2** 捨てたもの[習慣, 偏見(など)]; 脱ぎ捨てた衣服. **3**〘病理〙腐肉, かさぶた (scab). **4**〘トランプ〙(手札の)投げ出し; 捨て札. ― *vi.* **1** 抜け落ちる, 抜け変わる 〈*off, away*〉; 脱皮する. **2**〘病理〙腐肉[かさぶた]を生じる. **3**〘トランプ〙手札を捨てる. ― *vt.* **1** 脱ぎ落とす, 捨てる, 脱皮する (cast): A snake ~*s* its skin. 蛇は脱皮する. **2** 〈偏見などを〉捨てる, 脱却する (cast away) 〈*off*〉: ~ *off* old prejudices [habits] 古い偏見[習慣]を捨てる. **3**〘トランプ〙= discard 1.
slough over つまらないものとして扱う, 軽視する.

Slough [sláʊ] 〘ME *Slo*《原義》'SLOUGH¹, mire'〙 *n.* イングランド南部 Berkshire 州東部の都市; 人口 99,000.

slough·y¹ [slúːi, sláʊi | sláʊɪ] 〘⇨ slough¹, -y⁴〙 *adj.* (**slough·i·er; -i·est**) 泥穴の多い, 泥の深い, 泥沼のような.

slough·y² [slʌ́fi | -fɪ] 〘《15C》: ⇨ slough², -y⁴〙 *adj.* **1** 腐肉の(ような), かさぶたの. **2** 抜けがらの(ような).

Slo·vak [slóʊvɑːk, -væk | slə́ʊvæk] 〘《1829》⊏ Slovak *Slovák*《原義》Slav〙 ― *n.* **1** スロバキア人《チェコスロバキア東部のスラブ人》. **2** スロバキア語 (Slovakian)《チェック語 (Czech) に似たスラブ語の一つ》. ― *adj.* スロバキア人の; スロバキア語の.

Slo·vak·i·a [slo(ʊ)vɑ́ːkiə, -vǽk- | slə(ʊ)vǽkiə, -vɑ́ːk-, -kjə] *n.* スロバキア《チェコスロバキア東部の地方; 人口 4,815,000, 面積 48,995 km², 首都 Bratislava; チェコ語名 Slovensko》.

Slo·vak·i·an [slo(ʊ)vɑ́ːkiən, -vǽk- | slə(ʊ)vǽkiən, -vɑ́ːk-, -kjən] 〘⇨ Slovak, -ian〙 *n., adj.* =Slovak.

slov·en [slʌ́vən] 〘《c1450》*sloveyn* ← ? Flem. *sloef* dirty // MDu. *slof* negligent〙 ― *n.* **1** 身なりのだらしのない男, のらくら者, 不精者 (cf. slattern, slut 1 a). **2** ぞんざいな(仕事をする)人; ずさんなものを書く人.

Slo·vene [slóʊviːn | slə́ʊviːn, slə(ʊ)víːn] 〘《1883》⊏ G *Slovene, Slowene* ⊏ Slovene *Sloven* ← OSlav. *Slov-*: cf. Slovak〙 ― *n.* **1 a** [the ~s] スロベニア族. **b** スロベニア人《Slavonian ともいう》. **2** スロベニア語. ― *adj.* **1** スロベニア (Slovenia) の. **2** スロベニア族[人]の. **3** スロベニア語の (Slovenian).

Slo·ve·ni·a [slo(ʊ)víːniə, -njə | slə(ʊ)víːnjə, -nɪə] 〘↑, -ia¹〙 *n.* スロベニア《ユーゴスラビア北西部の共和国; もとオーストリア領; 人口 1,793,000, 面積 20,251 km², 首都 Ljubljana》.

Slo·ve·ni·an [slo(ʊ)víːniən, -njən | slə(ʊ)víːnjən, -nɪən] 〘← G *Slovene* + -IAN〙 *n., adj.* =Slovene.

slóv·en·ly 〘《1576》← SLOVEN + -LY¹〙 ― *adj.* (**slov·en·li·er; -li·est**) **1** だらしのない, 自堕落な, のらくらな; 締まりのない, 薄ぎたない (untidy). **2** ぞんざいな, いい加減な, ずさんな (slipshod): ~ grammar. ― *adv.* 薄ぎたなく, だらしなく, ぞんざいに. **slóv·en·li·ness** *n.*

Slo·ven·skó [Czech slɔ́vɛnskɔ] *n.* スロベンスコ《Slovakia のチェコ語名》.

slow [slóʊ | slə́ʊ] 〘OE *slāw* < **slǣwaz* (Du. *slee(uw)* sour, blunt) ← ?〙 ― *adj.* (~·**er**; ~·**est**) **1 a** (速度の)おそい, のろい (↔ fast, quick, rapid, swift): a ~ ball〘野球・クリケット〙スローボール, 緩球 / a ~ walker [horse] 歩くのがのろい人[速く走らない馬] / a ~ pulse [tempo] おそい脈拍[拍子] / a ~ march ゆるやかな行進, 緩徐行進(曲); (軍隊の)葬送行進 / a ~ train 鈍行[普通]列車 (cf. express train, FAST² train) / (as) ~ as a swamp turtle とてもおそい[のろい] / Why are you so ~? どうしてそんなにのろいのか / *Slow* and sure.《諺》せいては事を仕損ずる / *Slow* but sure. =*Slow* and [but] sure [steady] wins the race.《諺》ゆっくり着実なのが勝つ,「急がば回れ」. **b** 時間がかかる, 手間どる, ゆっくりした; (…するのに)暇がかかる 〈*to do*〉/〔*in doing*〕: a ~ audience 反応のおそい観衆 / a ~ journey 暇のかかる旅行 / a ~ growth のろい発育 / a ~ reader [speaker] 読む[話す]のがおそい人 / a ~ recovery 時間のかかる回復 / a ~ disease 進行のおそい病気 / a ~ poison 回りのおそい毒薬 / a ~ puncture (危険性の少ない)緩慢なパンク / goods of ~ sale 売れ行きのおそい商品 / He is ~ *to* pay [*in paying*]. 彼は金払いがよくない (cf. 3 a) / I was not ~ *to* take advantage of it. さっそくそれを利用した. **c** 売れ行きのおそい (slow-moving): ~ goods. **2 a** 〈時計など〉遅れて(いる): a ~ clock 遅れている時計 / My watch is (five minutes) ~. 私の時計は(5分)遅れている. **b** (時間が)(…に比べて)遅れている, おそい〔*on*〕: Washington is several hours ~ *on* San Francisco. ワシントン(の時間)はサンフランシスコに比べると数時間遅れている. **c** 〈人が〉(時間に)遅れて: He is ~ *in arriving*. 彼の到着がおそい. **3 a** (性質など)のろい, 鈍い, 遅鈍な (dull, sluggish): a ~ pupil 覚えの悪い生徒 / ~ *at* accounts 計算がおそい / ~ *in* one's movements 動作が鈍い / ~ *of* comprehension [wits] 理解がおそい[気転がきかない] (cf. slow-witted) / (as) ~ as a snail (カタツムリのように)のろまな / He is ~ *to* learn [*in learning* his lessons]. 彼は覚えが悪い[勉強ができない] (cf. 1 b). **b** おっとりした; 容易に(怒ったり)しない (cf. 1 b): a ~ but capable worker 機敏ではないが有能な働き手 / ~ *in* one's speech = ~ *of* speech [tongue] 口が重い (cf. slow-spoken) / ~ *to* enthusiasm すぐには熱狂しない / ~ *to* wrath [anger] = ~ *to* take offense なかなか怒らない / ~ *to* take up arms 容易に武器をとって立ち上がらない **4** 〈テニスコートなど〉球が速く進まない, 球をのろくさせる: 〈競技用コースが〉雨上りでぬかっている (cf. sloppy 2 d): a ~ track (足をとられて)速く走れない走路 / a ~ tennis court [wicket] 球のはずみが悪いテニスコート[投球場] / a ~ putting green [billiard table] 球がうまく転がらないグリーン[玉突き台]. **5** 燃え方が弱い, 火力の弱い: a ~ fire とろ火 / a ~ oven 火力の弱いオーブン. **6** 活気のない (spiritless), 不活発な (inactive); 不振な, 不景気な (slack): a ~ month [season] 不景気な月[時期] / ~ trading 貿易不振 / Business is ~ in February. 2月は商売が振るわない[景気が悪い]. **7** 進歩的でない (unprogressive), 時勢におくれた, 沈滞した: a ~ town 沈滞した町 / ~ underdeveloped countries 時代に取り残された低開発国. **8** (面白くなくて)時の経つのがおそい; 興味のない, つまらない, 退屈な (dull): pass a very ~ evening 退屈な一晩を過ごす / a ~ game [party] 面白くない勝負[パーティー] / I found the book rather ~. その本はむしろ退屈だった. **9**〘写真〙**a** 〈フィルム・乾板など〉感光度の低い. **b** 〈レンズが〉口径の狭い.
― *adv.* (~·**er**; ~·**est**) おそく, のろく, 緩慢に; ゆっくり. ★ (1) 感嘆文で how の次に置かれる時以外は, 常に動詞のあとに置かれる (2) slow は slowly よりも力強く, 主に動詞よりも副詞に重きを置く場合に用いられ口語的である：Drive ～. [標識] 徐行 / This watch goes ～. この時計は遅れる / Trains are running ～. 列車は軒並み遅れている / Speak ～ over the telephone. 電話はゆっくり話しなさい / Take it ～. あわてないで[気をつけて]ゆっくりやれ / Read ～*er*. もっとゆっくり読みなさい / How ～ the time passes! 時間のたつのがまだるっこいなあ.

go slow (1) ゆっくり行く, のんびりやる. (2) あわてずにやる；警戒する, 気をつける. (3)《英》〈労働者が〉(抗議などのために)怠業する (cf. go-slow).

— *vt.* おそくする, 遅らせる；〈列車・船など〉の速力を減じる (retard)；〈人を〉のんびりさせる 〈*down, up*〉: ～ one's pace 歩調をゆるめる / ～ the economic recovery 経済復興を遅らせる / ～ *down* [*up*] a car 車のスピードを落とす / You had better ～ him *down*. (大分疲れているようだから)彼にのんびりやるように忠告したほうがいい. — *vi.* おそくなる, 遅れる；速力が減じる；〈人が〉のんびりする, (老齢・病気などで)活力[元気]が衰える 〈*down, up*〉: Inflation ～*ed down*. インフレ(の速度)が弱まった / The train ～*ed down* and stopped. 列車は速度を落として止まった / You ought to ～ *down*. (体のことを考えて)もっとのんびりやりたまえ / He is beginning to ～ *up*. 彼も少々衰え始めた.

～·ness *n.*

slów búrn *n.*《俗》次第に燃え立つ怒り：do a ～ 次第に腹が立ってくる.

slów-búrning *adj.* 燃えのおそい；〈建築物など〉不燃性物質で造られた：～ construction 準耐火構造.

slow cóach *n.*《英口語》=slowpoke.

slów·dòwn *n.* **1** [比喩的にも用いて] 速力を落とす[緩める]こと, 減速：a business ～ 景気の減退. **2**《米》《労働》スローダウン(ストライキ)(《英》go-slow)《抗議行動として操業ペースを落とすこと；cf. sit-down 3》.

slów-fóoted *adj.* 足のおそい, のろい (slowgoing)：a ～ ship. **～·ness** *n.*

slów gáit *n.*《馬術》スローゲイト, 緩歩(鬱)歩様《American saddle horse の 5 歩様の一つ；ゆっくりとした足どりで脚を上げたのち一瞬停止させてから下ろす踊るような歩法》.

slów·góing *adj.* **1** のんびり歩く. **2** ゆっくりした, 悠長な, のんきな.

slów lóris *n.*《動物》スローロリス (⇨ loris b).

slów·ly 〖OE *slāwlīce*〗 *adv.* おそく, のろく, ゆっくり (⇨ slow *adv.* ★ (2))：He ～ walked [walked ～] down the road. ゆっくりと道を歩いて行った.

slów mátch *n.* (爆発用などの)火なわ, 導火索, 導火線.

slów-mótion *adj.*《映画・テレビ》(高速度撮影による)スローモーションの：a ～ picture スローモーション映画.

slów mótion *n.*《映画・テレビ》スローモーション.

slów-móving *n.* **1** 足[歩行]のおそい, のろい：～ traffic. **2** 売れ行きのおそい.

slów néutron *n.*《物理》低速中性子.

slów-pítch *n.* =slo-pitch.

slów·pòke *n.*《米口語》(動作の)鈍い人, のろま, のみ込みのおそい[悪い]人；時代遅れの人 (《英》slow coach).

slów reáctor *n.*《原子力》(低速中性子 (slow neutron) を用いる)原子炉.

slów róll *n.*《航空》=aileron roll.

slów-spóken *adj.* ゆっくりしゃべる；口の重い.

slów tìme *n.*《口語》(夏時間 (summer time) に対して)標準時 (standard time).

slów-ùp *n.* (行動・進歩などの)遅れ, 遅滞；低下.

slów vírus *n.*《細菌》遅発(型)ウイルス《ほとんど全ての人の体に感染した人体にほとんどその人が死ぬまで残っていて多くの慢性の病気の原因になると信じられている》.

slów-wítted *adj.* のみ込みのおそい[悪い], 血の巡りのおそい[悪い], 頭の悪い, 愚鈍な (dull-witted). **～·ly** *adv.* **～·ness** *n.*

slów·wòrm 〖OE *slāwyrm* ← *slā* ? slime+WORM〗 *n.*《動物》=blindworm 1.

sloyd [slɔ́ɪd] 〖《1885》⊏ Swed. *slöjd* skill, skilled labor: cog. ON *slǿgð* (⇨ sleight)〗 — *n.* スウェーデン式手工教育練習《もと Sweden で始められた木彫を主とする工作訓練教育》.

slp. 《略》slip.

s.l.p. 《略》《法律》*L.* sine lēgitimā prōlē (=without legitimate offspring).

S.L.P. 《略》《米》Socialist Labor Party.

slub [slʌ́b] 〖← ?〗 — *vt.* (**slubbed**; **slub·bing**) 〈細く仕上がった羊毛・綿の篠(ぅ)〉にゆるい撚(ょ)りをかける, 始紡する. — *n.* (ゆるい撚りをかけた)粗紡糸, 始紡糸；糸中の柔かくふくらんだ太い斑の部分.

slúb·ber[1] *n.* 始紡機, スラッバー《綿紡績の粗紡工程中第一番目に用いる機械》.

slub·ber[2] [slʌ́bə | -bə(r] 〖《1530》⊏ ?《廃》Du. *slubberen* to wade through mud: cf. slobber〗 — *vt.* **1** ぞんざい[軽率, 不注意]に行なう 〈*over*〉: ～ *over* the work. **2**《英方言》汚す (stain).

slub·ber·de·gul·lion [slʌ́bədɪgʌ̀ljən, -də-, ＝－－－－⌐－ | -bədɪ-] 〖《a1616》← ? SLUBBER[2]+《方言》*gullion* wretch (《転訛》← CULLION)〗 — *n.*《古・方言》くだらない人, ろくでなし.

slúb·bing *n.* スラッビング《綿・羊毛などの篠(ぅ) (sliver) を引き伸ばし, 軽い撚(ょ)りをかけること；cf. roving[1]》.

sludge [slʌ́dʒ] 〖《1649》《転訛》? ← SLUSH: cf.《方言》*slutch* mud, mire ← ?〗 — *n.* **1** (ぬるぬるの)泥 (mud, mire)；ぬかるみ, 雪解け (slush). **2 a** (川底の)軟泥, へどろ (ooze). **b** (ボイラー・タンクなどの中の)沈積物, おり, スラッジ (sediment). **c** (ボーリングの際に出る)泥水. **3** (海上の)軟氷《氷晶が密集したもの》. **4** (木・金属などの)切りくず, 削りくず (swarf). **5**《鉱山》泥滓(ぷ), (試錘(ぇ)の)切粉(きこ). **6**《医学》赤血球の血管内凝集産物. **7**《化学》=activated sludge. — *vt.* **1 a** 泥にする. **b** 泥で満たす. **2** 泥をさらう. **3**《医学》(血管内で)〈赤血球〉の凝集沈澱を起こさせる.

slúdged blóod *n.*《医学》=sludge 6.

slúdge·wòrm *n.*《動物》堀・池・沼などの泥質の水底に無数に生息する貧毛類のイトミミズの一種 (*Tubifex tubifex*)《小魚の生餌になる》.

sludg·y [slʌ́dʒi | -dʒɪ] *adj.* (**sludg·i·er**; **-i·est**) どろどろの, 泥だらけの, ぬかるみの (muddy).

slue[1] [slúː] 〖《1769》← ?〗 — *vt.* **1** 〈帆柱などを〉(その場で)旋回させる, 回転させる. **2** 〈物を〉回転させる 〈*around, round*〉. — *vi.* 回転する, 旋回する 〈*around*〉. — *n.* **1** 旋回. **2** 旋回位置.

slue[2] [slúː] *n.*《口語》=slew[4].

slue[3] [slúː] 〖《異形》← SLOUGH[1]〗 *n.* =slough[1] 2.

sluff [slʌ́f] *n.* **1** =slough[2] 4. **2** =discard 1. — *vt.*, *vi.* =discard 1.

slug[1] [slʌ́g] 〖《c1425》*slugge* ← ? Scand. (cf. Norw.《方言》*slugg*)〗 — *n.* **1 a** なまけ者, のらくら者. **b** のろい船[車, 人など]. **2**《動物》ナメクジ《コウラナメクジ科の軟体動物の総称；チャイロコウラナメクジ (*Limax maximus*), コウラナメクジ (*L. flavus*) など》. **3 a**《動物》=sea slug 2. **b**《昆虫》ナメクジ型をしたハバチやチョウやガの幼虫《pear slug, rose slug など》. — *v.* (**slugged**; **slug·ging**) — *vi.* **1** なまける, ぐずぐずする, のらくらする：～ in bed, indoors, etc. **2** のろのろ行く. **3**《英》(庭園などで)ナメクジを集める[殺す]. — *vt.* 〈時を〉のらくら過ごす.

slug[2] [slʌ́g] 〖↑ ?〗 — *n.* **1** 塊状の重いあら金. **2** (昔用いた銃の)ざら弾(ぁ), (空気銃などの)ばら弾, 散弾；(ピストルの)弾. **3**《米口語》(ストレートで飲む)ウイスキーなどの一杯 (shot). **4 a** 50 ドル私鋳金貨《1851–55 年米国 California 州でいろいろ私的な事情で発行された；円形と 8 角形がある》. **b** (一定のコイン販売機用の)代用貨幣. **c** 50 ドル金貨の形をとり, これに似た記念メダル. **5**《印刷》スラッグ：**a** 6 ポイント以上のインテル. **b** ライノタイプの 1 行分の活字塊. **6**《物理》スラッグ《質量の単位；約 32.2 ポンドに相当；1 ポンドの力が 1 スラッグの質量をもった物体に作用すると, 1 フィート毎秒毎秒の加速度を生じる》. **7**《ジャーナリズム》(新聞・雑誌の)見出し. **8**《紡織》節《絹・毛糸にできたむらのある太い部分・こぶ》. — *v.* (**slugged**; **slug·ging**) — *vt.* **1 a** 〈銃〉に弾を込める, 装塡する. **b**《米》...に代用貨幣を投入する. **2**《口語》《印刷》**a** スラッグ替えをする. **b** 〈校正刷〉の行頭をチェックする. **3**《金属加工》〈溶接の継ぎ目〉に金属片を挿入する.

slug[3] [slʌ́g] 〖↑ ?: cf. slog〗《米口語》 — *v.* (**slugged**; **slug·ging**) — *vt.* **1** (ボクシング・クリケットなどで)強打する (hit hard)；なぐる. **2** [～ one's way として] **a** 重い足どりで進む, とぼとぼ行く. **b** (逆境・困難に対して)じっとやり抜く. — *vi.* **1** 強打する. **2** 重い足どりで歩く, よちよち歩く. **3** せっせと働く, 精を出す (work hard) 〔*at*〕: ～ *at* one's work / ～ away どんどん働く. — *n.* **1** (ボクシング・クリケットなどの)強打. **2** こつこつやる仕事. **3** 重い足どりの歩き.

slug·a·bed [slʌ́gəbèd] 〖《1595》← SLUG[1] (n.)+ABED〗 *n.* 寝坊, なまけ者.

slug·càsting *n.*《印刷》行鋳植 (⇨ linecasting).

slúg·fèst 〖← SLUG[3]+-FEST〗 *n.*《米口語》**1** 激しい打ち合いのボクシング試合. **2** (野球の)激しい打撃戦.

slug·gard [slʌ́gəd | -gəd] 〖《a1398》*sluggart, slogard* ← ? *sluggi* lazy (← ? ON: cf. Norw. *sluggjen* slow, backward): ⇨ -ard: cf. slug[1]〗 — *n.* なまけ者 (idler), のらくら者 (lounger), 無精者, 物ぐさな人. — *adj.* なまける, 怠慢な.

slúg·gard·ly *adj.* なまけ者[のらくら者]の, 物ぐさな (slothful, lazy).

slug·ger [slʌ́gə | -gə(r] 〖⇨ SLUG[3]〗 *n.*《米口語》**1** (通例ディフェンスに難があるが)強打の持ち主のプロボクサー. **2**《野球》スラッガー, 強打者.

slúgging àverage *n.*《野球》塁打率《総塁打数を総打席数で割って出す比率；cf. batting average》.

slúgging màtch *n.* =slugfest.

slug·gish [slʌ́gɪʃ] 〖《c1440》: ⇨ slug[1], -ish[1]〗 — *adj.* **1** ぐずぐずした[のろのろした], 無精な (inactive), 物ぐさな (lazy)：a ～ idler, temperament, etc. **2** 働きののろい, 反応[機能]の鈍い：a ～ liver. **3** のろい (slow), 緩慢な, 緩やかな：a ～ stream, current, etc. / a ～ tale 退屈な物語. **4** 不振な, 不景気な, 不活発な (stagnant, dull)：a ～ market. **～·ly** *adv.* **～·ness** *n.*

sluice [slúːs] 〖《1340》*scluse* ⊏ OF *escluse* (F *écluse*) < VL **exclūsam* (fem. p.p.) ← L *exclūdere* 'to EXCLUDE'〗 — *n.* **1 a** (水の流れを止めたり調整したりする水門の付いている)堰(ぇ). **b** (水門でせきとめられている)堰水. **2** (堰・ドックの)水門, 樋(ひ)門 (floodgate)《水門の上げ下げとびら；sluice gate ともいう》：open [let loose, free] the ～*s* 水門を開く, どっと水を流す. **3 a** 堰水[水門]を思わせるもの. **b** 洪水, 奔流, 大雨：great ～*s* of rain 洪水のような大雨. **c** こらえた感情の奔流：open the ～*s* of rebellion 造反の感情をほとばしらせる. **4 a** =sluiceway 1. **b** 水門から流れ出る水；排水溝. **5** (材木を流す)樋(ぃ), 人工水路：a lumbering ～. **6**《鉱山》(砂金採取場の)流し樋, 洗鉱おけ. — *vt.* **1** (水門を開いて)〈貯水池・湖など〉の水を流す, 放水する 〈*out, down*〉. **2** どっと流す, ほとばしらせる. **3** 水門を開いて〈水を〉引く：～ water *into* [*from, out of*] the pond 池へ[から]水を引く. **4** 水を流して洗う[掃除する]. **5** 〈丸太などを〉人工水路に流し落とす. **6**《米・豪》《鉱山》流し樋で〈含金鉱〉から砂金を採る 〈*out*〉. — *vi.* 〈水が〉水門を流れ出る, 奔流する.

slúice gàte *n.* =sluice 2.

slúice vàlve *n.* **1** =sluice gate. **2** 仕切り弁, 制水弁 (gate valve).

slúice·wày *n.* **1** 水門のある人工水路, 放水路. **2** =sluice 5. **3**《鉱山》=sluice 6.

sluit [slúːt] 〖⊏ Afrik. ～ ⊏ Du. *sloot*〗 *n.*《アフリカ》(豪雨によってできた通例水のない)溝, 谷 (dry ditch).

slum[1] [slʌ́m] 〖《1812》← ?：《原義》room〗 — *n.* [しばしば *pl.*] 貧民窟(ぅ), 細民街, スラム(街)：the ～*s* (of a city) / live in a ～. — *v.* (**slummed**; **slum·ming**) — *vi.* **1** (好奇心または慈善や研究のために)スラム街を訪れる：go ～*ming* (特に, 好奇心から)スラム街を訪れる. **2** ひどく安上りな生活をする；《口語》ひどくむさ苦しい生活をする. — *vt.* [～ it として] =*vi.* 2.

slum[2] [slʌ́m] 〖⊏ ? G *Schlamm*〗 *n.* **1** 泥鉱 (slime). **2** (潤滑油の使用中に生じる)残りかす, おり.

slum·ber [slʌ́mbə | -bə(r] 〖《a1250》*slum(b)ere(n)* (freq.) ← *slume(n)* to doze ← ? *slume* sleep < OE *slūma* ← Gmc **slūm-* ← ? IE **(s)leu-* to hang loosely〗《文語》 — *vi.* **1 a** 眠る (sleep)：～ deeply [lightly, peacefully] 深く[浅く, すやすやと]眠る. **b** (特に)静かに[すやすやと]眠る；まどろむ (doze). **2** 活動しない, 休止する (stagnate)：The volcano had ～*ed* for years. その火山は長年の間活動していなかった.

— *vt.* **1** 〈時を〉眠って[無為に]過ごす 〈*away, out*〉: ～ one's life *away* 無為に一生を過ごす. **2** 眠って...を払いのける[忘れる] 〈*away*〉: ～ one's trouble *away* 眠って心の憂さを晴らす[忘れる]. — *n.* **1 a** [しばしば *pl.*] 眠り, 睡眠 (sleep)：a deep [fitful, light] ～ / fall into (a) ～ 眠りに落ちる / awake from one's ～(*s*) 眠りから目を覚ます. **b** (特に)静かな眠り；浅い眠り, まどろみ, 仮眠. **2** 無活動状態, 沈滞 (lethargy). **～·er** *n.*

slúmber·lànd *n.* 眠りの国《子供が睡眠中に入り込むという想像上の国》.

slum·ber·ous [slʌ́mb(ə)rəs] 〖《15C》: ⇨ -ous〗 — *adj.* **1** 眠い, 眠たがる, うとうとしている (drowsy)：～ eyelids 眠そうなまぶた. **2** 眠気を催す, 眠くならせる, 催眠の：a ～ sound 眠くなるような音 / a ～ potion 催眠剤. **3 a** 睡眠の, 睡眠を思わせるような, 眠っているような. **b** 無活動の (inactive), 怠惰な (sluggish). **c** 静かな (quiet). **～·ly** *adv.*

slúmber pàrty *n.*《米》パジャマパーティー (pajama party)《10 代の少女たちが寝巻姿で同性の友人宅で一夜を語り明かすパーティー》.

slúmber·wèar *n.*《英商用語》寝巻類, パジャマ (nightclothes).

slum·ber·y [slʌ́mb(ə)ri | -rɪ] *adj.* =slumberous.

slum·brous [slʌ́mbrəs] *adj.* =slumberous.

slúm·dwèller *n.* (都市の)スラム街居住者.

slum·gul·lion [slʌ́mgʌ̀ljən, ＝－⌐－] 〖← SLUM[2]+《方言》*gullion* (⇨ slubberdegullion)〗 — *n.* **1**《米口語》スランガリアン(シチュー)《水っぽい肉のシチュー》. **2** 薄めた飲物《水っぽい茶・コーヒーなど》. **3** 鯨の死体を処理した残りのくず. **4**《鉱山》洗鉱用樋(ぃ)の赤みがかって濁った沈殿物.

slúm·ism [-mɪzm̩] *n.*《米》スラム街の存在[激増].

slúm·lòrd *n.*《米》(法外な家賃を課する)スラム街住宅の悪徳家主. **～·ship** *n.*

slum·my [slʌ́mi | -mɪ] *adj.* (**slum·mi·er**; **-mi·est**) 貧民窟(ぅ)の, スラム(街)の.

slump [slʌ́mp] 〖《1718》← ? Scand. (cf. Norw. *slumpa* to fall (upon))〗 — *vi.* **1 a** どすんと落ちる. **b** どさっと倒れる[くずれ落ちる] (collapse)；どっかり腰をかける：～ to the floor 床にくずれ落ちる / ～ in one's chair どっかと椅子に腰をかける. **2** (沼地・雪・氷を踏んで)(...に)落ち込む, はまり込む 〔*into*〕: ～ *into* the cleft 裂け目に落ち込む. **3 a** 〈物価などが〉暴落する, がた落ちになる. **b** 〈事業・人気などが〉急に落ちる, 不振に陥る. **c** 〈元気などが〉急になくなる, 意気消沈する. **4** 前かがみになる, 腰[背中]を曲げる. — *n.* **1** どさりと落ちる[落ち込む]こと. **2 a** (物価などの)暴落, がた落ち, 投げ相場 (sudden fall) (cf. boom[2] 2). **b** (事業の)不振, 不調. **c** 不人気, 不評, 人気がた落ち. **d**《米》意気消沈；スランプ, 不調[振]期：be in a ～ スランプに陥る / be in a batting ～ 打撃スランプに陥る. **3** 前かがみになること, 前かがみの姿勢. **4** 地滑り (landslide). **5**《土木》スランプ(値), さがり《スランプ試験 (slump test) による検査値》.

slúmp tèst *n.*《土木》スランプ試験《未硬化コンクリートの品質を調べるための簡便な試験》.

slung [slʌ́ŋ] 〖ME (pret.) *slong* & (p.p.) *slongyn*〗 *v.* sling の過去形・過去分詞.

slúng·shòt *n.*《米》スラングショット《鎖・革ひもの先に重い金属(分銅)・石などを付けた武器》.

slunk[1] 〖OE *sluncon* (pret.pl.)〗 *v.* slink の過去形・過去分詞.

slunk[2] [slʌ́ŋk] 〖← SLUNK (p.p.)〗 *n.* =slink.

slur [slə́ː | slə́ː(r] 〖《1602》←《15C》*sloor, slore* mud ← ?: cf. MDu. *slore* sluttish woman〗 — *v.* (**slurred**; **slur·ring**) — *vt.* **1 a** (軽く, または適切な言及・考慮をしないで)〈事実・過失などを〉簡単に処理する, 見のがす, 見ぬ振りをする, 看過する 〈*over*〉: ～ (*over*) a person's faults, crimes, etc. **b** 〈仕事・義務などを〉急

いで[ぞんざいに]やる：～ one's lesson. **2** 〈言葉を〉不鮮明に続けて発音する,（言葉の区切りをはっきりさせないで）早口にしゃべる. **3** 文字を続けて書く, 続け字で書く. **4** 《米》《英古》けなす (disparage), くさす, 悪く言う (depreciate), 中傷する (calumniate). **5** 《英方言》汚す (stain). **6** 〖音楽〗〈音符を〉切れ目なく演奏する[歌う]; 〈音符〉にスラーをつける. ── *vi.* **1** 早口で不明瞭に発音する[書く]. **2** 急いで[ぞんざいに]する. **3** 〖印刷〗(印刷面が)ぶれる. ── *n.* **1** 不鮮明に続けて発音すること; 書き方[発音, 歌い方]の不鮮明な部分. **2** そしり, 軽蔑 (slight). **3** 恥辱, 汚名, 名折れ (blot, stain): put [throw, cast] a ～ (up)on [cast ～s at] a person's good name 人の名に泥を塗る, 人の名声に傷をつける. **4** 〖音楽〗スラー《2つ以上の音符につける弧線 (⌒); これらの音符は切れ目なく演奏される; cf. tie 7》. **5** 〖印刷〗(紙面の)ぶれ.

slurbs [slə́ːbz | slə́ːbz] 〖《混成》← SL(UM[1])+(SUB)URB: ⇨ -s[1]〗 *n. pl.* 《米俗》スラム街同然の郊外.

slurp [slə́ːp | slə́ːp] 〖□ Du. *slurp-en* to sip〗《俗》 ── *vt.* 〈飲物・流動食を〉音を立てながら食べる[飲む]. ── *vi.* 音を立てて飲食する. ── *n.* 音を立てて飲食すること.

slur·ry [slə́ː(r)i | slʌ́ri] 〖《15C》 *slory* ← *sloor*: ⇨ slur〗 ── *n.* **1** スラリー, 懸濁液《泥・粘土・セメントなどと水の混合物》. **2** 〖窯業〗濃度の薄い泥漿(でいしょう) (thin slip). ── *vt.* スラリーにする, 懸濁液にする. ── *adj.* 懸濁液の, スラリーの.

slush [slʌ́ʃ] 〖《1641》《変形》← ME *sloche* ← ? Scand. (cf. Norw. *slusk* slop, slush): cf. sludge〗 ── *n.* **1 a** 半解けの雪; 湿った雪. **b** (北氷洋などでの)軟氷 (sludge). **2** 軟泥 (soft mud), ぬかるみ, どろどろのもの (mire). **3** 機械油, 潤滑油 (lubricating oil). **4** 白鉛石灰混剤《機械の光る部分のさび止め用》. **5** 《口語》くだらぬ安っぽい感傷; 愚痴, 泣き言; ばかげてくだらぬこと (trash). **6** 〖海事〗(調理中に廃物として出る)脂肪《船では昔これをいろいろに利用した》. ── *vt.* **1** …に雪水[どろどろの雪, 泥]をはね飛ばす, 雪水[どろどろの雪, 泥]で汚す, ぬらす. **2** …に油[潤滑油, さび止め]を塗る. **3** 〈壁・ブロックの継ぎ目〉にしっくい[セメント]を詰める 〈*in, up*〉. **4** 〈甲板などを〉ざーっと水を流して洗う. ── *vi.* **1** 雪解け道[ぬかるみの中]を歩く. **2** (ぬかるみで)水をはねる音をたてる.

slúsh càsting *n.* 〖金属加工〗殻(から)鋳物, 半融鋳造法《半溶融状態の金属を鋳型面に流して中空状の鋳造品を作る方法; slush molding ともいう》.

slúsh fùnd *n.* 《米》 **1** (船の)調理残りの油を売却して作った資金. **2** (買収など政治運動に用いられる)不正資金, 賄賂(わいろ).

slúsh mòlding *n.* 〖金属加工〗＝slush casting.

slush·y [slʌ́ʃi | -ʃi] 〖⇨ slush, -y[4]〗 ── *adj.* (**slush·i·er**; **-i·est**) **1** 雪解けの, 雪水の; 泥だらけの, ぬかるみの: a ～ road. **2** 《口語》安っぽくて感傷的な; くだらない, 愚にもつかぬ (rubbishy, trashy). **slúsh·i·ly** [-ʃɪli, -ʃə- | -lɪ] *adv.* **slúsh·i·ness** *n.*

slut [slʌ́t] 〖《1402》 *slutte* ← ?: cf. G 《方言》 *Schlutt*〗 ── *n.* **1 a** だらしのない女 (slattern) (cf. sloven 1). **b** みだらな女, 不身持な女; (特に)売春婦 (prostitute). **c** おてんば娘, あばずれ女, はすっぱ女 (hussy). **d** 《古・戯言》女 (girl). **2** 雌犬 (bitch).

slút·tish [-tɪʃ | -tɪʃ] 〖ME: ⇨ ↑, -ish[1]〗 *adj.* 自堕落女の; だらしのない (careless); 身持ちの悪い. **～·ly** *adv.* **～·ness** *n.*

SLV 《略》〖空軍〗satellite launching vehicle 衛星打上げ用ロケット.

sly [slάɪ] 〖《?c1200》 *sleh, sley, sli(g)* □ ON *slǣg-r* clever, cunning, 《原義》able to strike ← *slōg-* (stem) ← *slā* to strike: cf. slay[1], sleight〗 ── *adj.* (**sli·er**, **～·er**; **sli·est**, **～·est**) **1** 〈人・動物・その態度など〉ずるい, こすい, 悪賢い, 陰険な, 何食わぬ顔をした: (as) ～ as a fox とてもずるい / He is a ～ dog. あいつはずるいやつだ / a ～ smile 何食わぬ笑い / ask ～ questions 人の悪い質問をする. **2** いたずらな, 茶目な (arch), ふざけた, ひょうきんな: ～ jests 冗談, ひやかし. **3** ひそかな, こっそりの (secret): a ～ glance ひそかな一瞥(べつ). **4** 《豪俗》不法の, 密輸の (illicit): ～ grog 密売酒.
on the sly 《口語》こそこそと, 内証で, 秘密に (secretly).
～·ness *n.*

slý·bòots 〖⇨ ↑, boots〗 *n. pl.* [単数扱い] 《口語》いたずら者《★ 特に, 子供・動物などについていう》; こすい[ずるい]人.

slý·ly 〖ME〗 *adv.* **1** ずるく, こすく (shrewdly). **2** いたずらっぽく. **3** こっそりと, 内証で (secretly).

slype [slάɪp] 〖《1861》← ?: cf. Flem. *slijpe* place for slipping in and out〗 ── *n.* 《英》(特に, 大聖堂 (cathedral) の袖廊 (transept) から聖堂参事会堂 (chapter house) へ通じる)渡り廊下.

Sm 《記号》〖化学〗samarium.

sm. 《略》small.

S.M. 《略》*L.* Scientiae Magister (＝Master of Science); Sergeant Major; 〖詩学〗short meter [measure]; Society of Mary マリア会; Soldier's Medal; stage manager; State Militia 州兵; stationmaster; 〖宇宙〗service module.

SMA 《略》〖軍事〗sergeant major of the army.

smack[1] [smǽk] 〖OE *smæc* ← Gmc **smak-* (Du. *smaak* / G *Geschmack*) ← IE **smeg(h)-* to taste〗 ── *n.* **1** 味, 風味, 香り (taste), 持ち味, 独特の風味: a tea with a smoky ～ いぶりくさい香りのする紅茶 / a ～ of the cask in wine ぶどう酒にあるたるの移り香. **2** 気味, 風味 (dash), …じみたところ[点], …くさいところ[点] (savor) 〔*of*〕: a ～ *of* bravado 威張り気味 / a ～ *of* the pedant [the sea] 学者ぶった[船乗りらしい]ところ. **3** 少々, 少し (trace) 〔*of*〕: add a ～ *of* pepper to a dish 料理にこしょうを少々加える.
── *vi.* **1** 〔…の〕味がする, 風味がある, かおりがある〔*of*〕: Southern cookery ～*s of* oil. 南国料理は油くさい / It ～s well [like pepper]. 味がよい[こしょうのような味がする]. **2** 〔…の〕気味がある, …らしいところがある, くさい〔*of*〕: She ～*s of* pride. 少々鼻にかける.

smack[2] [smǽk] 〖《1530》□ ? MLG & MDu. *smack-en* 《擬音語》?〗 ── *vt.* **1 a** (おいしい物を食べる時などに)〈両唇を〉開けたり閉じたりしてぴちゃぴちゃ音を立てる, 舌鼓を打つ: ～ one's lips *over* a favorite dish 好物に舌鼓を打つ. **b** 舌鼓を打って〈食物を〉食べる. **2** 音を立てて[ちゅっと]…にキスをする: ～ a person *on* the cheek 人の頰にちゅっとキスをする. **3** (平手などで)ぴしゃりと打つ (slap): ～ a table, a naughty child, etc. / ～ a person's face [cheek] *with* one's hand 人の顔[ほお]をぴしゃりと打つ. **4** 〈むちなどを〉ぴしぴし言わす, ぱちぱち鳴らす. **5** 〈ボールなどを〉ぽかーんと打つ. ── *vi.* **1** 舌鼓を打つ: ～ *at* …に舌鼓を打つ, のどを鳴らす. **2** 音を立ててちゅっとキスをする. **3** ぴしゃりと打つ, ぴしゃりと当たる 〔*against*〕.
smack down 《俗》〈出過ぎた人を〉しかる, 卑しめる.
── *n.* **1** 舌鼓 (cf. *vt.* 1 a, *vi.* 1): a ～ of the lips. **2** ちゅっという音のキス (loud kiss): He gave her a hearty ～. 彼女にちゅっとキスした. **3** (むちなどの)ぱちぱちいう音; ぴゅーぴゅーいう音: a ～ of the whip. **4** 平手打ち, ぴしゃり; ぽかーんと打つこと.
get a smack in the eye [*face*] (1) 出鼻をくじかれる, ひじ鉄を食らう, 拒絶される. (2) 挫折[絶望]する.
have a smack at 《口語》…をやってみる (attempt).
── *adv.* 《口語》 **1** ぴしゃりと (cf. bang[1], bump[1], plump[2], snap, etc.); いきなり激しく: He hit me ～ in the face. 彼は私の顔をぴしゃりと打った / go ～ into the ditch いきなり溝の中に落ちる. **2** ちょうど, まともに (exactly), 真正面に (directly): run ～ into …と正面衝突する.

smack[3] [smǽk] 〖《1611》□ Du. *smak* & LG *smacke* ← ?〗 ── *n.* **1** 《英》スマック《縦帆式 (fore-and-aft) 帆装の沿岸貿易または漁業用の小型帆船》. **2** 《米》スマック《船内に生簀(いけす)の設備のある小型の漁船; smack boat, well smack ともいう》.

smack[4] [smǽk] 〖← ?〗 *n.* 《俗》ヘロイン (heroin).

smáck-dáb 〖⇨ smack[2] (adv.)〗 *adv.* 《口語》直接に (directly), まっこうから, 真正面に, まともに (squarely), 正に (right).

smáck·er *n.* **1** 舌鼓を打つ人. **2** ぴしゃりと打つ人. **3** ぴしゃりと音のする打撃. **4** ちゅっというキス. **5 a** 《米》1 ドル (dollar): a hundred ～*s* 100 ドル. **b** 《英》1 ポンド (pound).

smack·er·oo [smæ̀kərúː] 〖《変形》↑〗 *n.* (*pl.* ～**s**) 《米俗》 **1** 強い一打[一撃]. **2** 1 ドル (dollar).

smáck·ing *n.* **1** 舌鼓 (cf. smack[2]). **2** ぴしゃりと打つこと: The child wants a good ～. この子はうんと折檻(せっかん)しなくてはいけない. ── *adj.* **1** 舌鼓を打つ. **2** 〈キスなど〉大きい音を立てる, ちゅっという. **3** 〈風が〉きつい, 強い (lively, brisk): a ～ breeze. **4** 《英口語》並はずれて大きい; すばらしい(fine). **～·ly** *adv.*

smácks·man [-mən] 〖← SMACK[3]+-S[2]+-MAN〗 *n.* (*pl.* **-men** [-mən, -mèn]) スマック (smack) に乗っている漁夫; スマックの船主[船員].

small [smɔ́ːl] 〖OE *smæl* < Gmc **smalaz* (Du. *smal* / G *schmal* narrow) ← IE **mēlo-* small animal (Gk *mēlon* sheep, goat, 《原義》small cattle)〗 ── *adj.* (～·**er**; ～·**est**) **1 a** (形状など)小さい, 小形の: a ～ box, boy, dog, egg, town, etc. / a ～ (bottle of) whiskey ウイスキーの小びん / Isn't it a ～ world? 世界は小さい[世間は狭い]ものですね / the day of ～ things ⇨ day 成句. **b** 〈家・部屋・庭・屋敷など〉狭い, 小さい: a ～ house, room, field, garden, estate, etc. / the ～*est* room 《口語》(家の)手洗い, トイレ, 便所. **c** (年齢的に)小さい, 幼少の (young); 成熟してない (immature): a magazine for ～ children 児童向きの雑誌 / ～ plants 若苗, 早苗. **d** 〈文字が〉小文字の (lower-case): a ～ letter 小文字 (↔ capital letter) / ⇨ small capital. **e** 縮尺した, 小さくした (cf. small-scale): a ～ model. **f** ほっそりした, 細い (slender, thin): a ～ waist 柳腰. **g** 細かな, 細かい粒子の (fine): ～ gravel 細かい砂利 / ⇨ small grain / ～ rain 《英方言》小ぬか雨. **2 a** 小規模の, ささやかな: a ～ shop 小さな店 / ～ businesses 小企業 / a ～ shopkeeper 小商人 / on a ～ scale 小規模に[の] (cf. small-scale) / start a ～ business 小商売[小さな事業]を始める. **b** 少ししか食べない: a ～ eater 少食家. **3** 〈時間・距離など〉短い (short): at a ～ distance from …から少し離れた所に / wait a ～ space of time しばらくの間待つ. **4** 〈声など〉弱い, 細い, 低い, 小さい (gentle, soft): a ～ voice [sound] / a [the] still ～ voice ⇨ voice 成句. **5** 〈アルコール飲料が〉弱い (weak), 水っぽい (dilute): ～ ale (麦芽もホップも非常に少ない)弱いビール / ⇨ small beer / This wine is very ～. このワインはとても水っぽい. **6** 少ない, わずかな, 少しばかりの, 多数の, 小人数の: a ～ income [salary] わずかな収入[給料] / a ～ sum of money 小額の金 / a ～ audience 少数の聴衆 / a ～ dinner party 小人数の晩餐会 / a ～ number of people [trees] 少数の人々[樹木] / in ～ numbers 少数で, 少なく / a ～ gross (⇨ gross *n.* 2) / ～ profits and quick returns ⇨ return *n.* 5. **7** 大してない; ほんの少しの, ほとんどない (but little): a man of ～ education 大して教育のない人 / have ～ cause for complaints 不平を言うべき理由はほとんどない / pay ～ attention to what is said 人の言葉にいっこう注意しない / …and ～ blame to him それで彼はよかったのだ《責むべきところはない》/ … and ～ wonder それも驚くに当たらない / He has ～ Latin and less Greek. ラテン語は余り知らないしギリシャ語はなおさらだ (cf. Ben Jonson, *To the Memory of Shakespeare* 31). ★ no ～ の形式でしばしば控え目表現として用いられる: *no* ～ skill なみなみならぬ力量 / It is *no* ～ trouble. なかなかめんどうだ / It is of *no* ～ moment. どうして非常に重要だ. **8 a** 偉くない, 重要でない, 大したものでない (unimportant): ～ people 普通の人たち, つまらぬ人たち; 妖精 / a ～ poet 二流詩人 / a ～ criminal 軽犯罪人. **b** つましい, 地味な (humble, modest): ～ ciricumstances つましい暮し向き. **c** つまらない, くだらない, 取るに足らない: a ～ role 端役, ちょい役 / a ～ card 点数の少ないトランプ札 / ～ errors 小さなあやまち / ～ cares and worries くだらない心労 / grow from ～ beginnings 卑賤(ひせん)から身を起こす / It is only a ～ matter. ほんの取るに足らぬ問題だ. **9** 狭量な, けちな, 卑劣な: a ～ nature けちな性質 / a person of ～ mind 小人(しょうじん) / *It is* ～ *of* you *to* say so. そんなことを言うとは君も器量が小さい. **10** 恥ずかしい (ashamed), くやしい (mortified): feel ～ 肩身の狭い思いをする, 恥ずかしがる, 気が引ける, しょげる / look ～ 小さくなる, 恥ずかしがる.
in a small way ⇨ way[1] 成句.
── *adv.* (～·**er**; ～·**est**) **1** 小さく; 小規模に, こぢんまりと. **2** 細かく, 小片に, 小さく: chop it ～. **3** (声など)低く, 弱く (softly): speak ～. **4** 軽蔑して, ばかにして: think ～ of …を軽蔑する[見下げる].
sing small ⇨ sing 成句.
── *n.* **1** [通例 the ～; 集合的] 身分の卑しい人々: (the) great and (*the*) ～ 身分の高い人々と低い人々, 上下貴賤(きせん). **2** [the ～] 小さな部分, 細い部分: *the* ～ of the butt 銃床の握り / *the* ～ of the back 腰のくびれた部分. **3** [*pl.*] 小型の商品《小間物・小形の菓子パンなど》. **4** 《英》 **a** 《口語》(自分のところで洗濯するような)小物衣類《ハンカチ・ナプキン, 特に下着類など; cf. smallclothes 2》: wash one's ～*s* 細かい物を洗濯する. **b** ＝smallclothes 1. **c** 一定の重量(例えば 200 ポンド)以下の小型の荷物《特別料金を必要とする》. **5** [*pl.*] 《英俗》＝responsion 1.
by small and small ゆっくりと, 少しずつ, 徐々に (bit by bit).
small and early 少人数で早く切り上げる夜会《形式ばらない歓迎会やダンスパーティーなど》.
～·ness *n.*

smáll ád *n.* 《英》＝classified ad.

small·age [smɔ́ːlɪdʒ] 〖《c1300》 *smalege, smalache* ← *smal* 'SMALL'+*ache* wild celery, parsley (□ (O)F < L *apium* 《原義》the plant preferred by bees ← *apis* bee)〗 ── *n.* 〖植物〗 **1** セリ科の野生のセロリ (*Apium graveolens*). **2** ＝tape grass.

small arm [⌐⌐ | ⌐⌐] *n.* [通例 *pl.*; 集合的] 〖軍事〗小火器, 小口径火器, 個人携帯火器《特に, 小銃・ピストル; cf. artillery 1》.

smáll-béer *adj.* ささいな, つまらない (trivial).

smáll béer *n.* **1** 弱いビール. **2** つまらぬ物(ども)[人(々)] (cf. Shak., *Othello* 2. 1. 160): He is very ～. 全くつまらぬ人間だ.
think no small beer of oneself ひどくうぬぼれが強い.

smáll bónd *n.* 〖証券〗＝baby bond.

smáll-bòre *adj.* **1** 〈火器が〉小口径の, (特に) 0.22 (インチ)口径の (cf. big-bore). **2** (見解が)偏狭な: a ～ politician.

smáll bòw·er [-bàʊə | -bàʊə(r)] *n.* 〖海事〗左舷大錨, 左舷主錨 (cf. best bower).

Smáll Búsiness Administràtion *n.* [the ～] (米国の)中小企業庁《1953 年に創設された独立行政機関; 略 SBA》.

smáll cálorie *n.* 〖物理化学〗小カロリー (⇨ calorie 1 a).

smáll cáp *n.* 〖印刷〗スモールキャップ (small capital).

smáll cápital *n.* 〖印刷〗スモールキャピタル, 小頭文字《小文字の大きさの頭文字; 例: SMALL CAPITAL; 略 s.c., sm.c., sm. cap.; small cap ともいう》.

smáll cháir *n.* ひじ掛けのない椅子.

smáll chánge *n.* **1** 小銭 (cf. folding money). **2** つまらない物[人], くだらない話.

smáll círcle *n.* 小円《球がその中心を通らない平面で切られた時にできる円; cf. great circle 1》.

smáll cláim *n.* 〖法律〗少額債権[債務]《少額裁判所 (Court of Small Claim) での略式裁判で処理される》.

smáll-cláims cóurt *n.* 〖法律〗少額裁判所《一定額以下の少額訴訟に対して通常の手続よりも安く短期間でしかも簡易な手続で救済を与えるための裁判所; 英国では small-debts court とよばれる》.

smáll·clòthes *n. pl.* **1** (18-19 世紀初期に用いられた)ぴったり合う半ズボン (knee breeches). **2** 《英》(下着・ハンカチ・子供服などの)小物衣類.

smáll cóal *n.* 粉炭 (broken coal).

smáll crábgrass *n.* 〖植物〗ユーラシア大陸に分布するイネ科メヒシバ属の雑草 (*Digitaria ischaemum*) 《芝生に害となる》.

smáll cráft n. [集合的] (小型)ボート (boats).
smáll cránberry n. 〘植物〙＝European cranberry.
smáll débt n. 《英》〘法律〙＝small claim.
smáll-débts cóurt n. 《英》〘法律〙＝small-claims court.
smáll ènd n. 〘機械〙スモールエンド, 小端部《エンジンの連接棒のピストン側の端部》.
Smáller Béar n. [the ～]〘天文〙＝Ursa Minor.
Smáller Líon n. [the ～]〘天文〙こじし(小獅子)座 (⇨ Leo Minor).
smáll frúit n. **1** 小果樹《イチゴ (strawberry), フサスグリ (currant), キイチゴ (raspberry) 類など背丈の低い果樹; ブドウ (grape) を含むこともある》. **2** 小果樹の実.
smáll-frỳ adj. **1** 取るに足らない, 重要でない. **2** 子供の, 子供向き[用]の; 子供っぽい: ～ sports.
smáll frỳ n. [集合的] **1** 小魚, 雑魚. **2** 子供たち, 小わっぱども. **3** 取るに足らない人[物]たち, ちんぴらたち, 雑魚ども. 「ど; cf. big game).
smáll gáme n. [集合的] 小猟獣[鳥]《ウサギ・ハトな
smáll góods n. pl. **1** ＝small n. 3. **2** 《豪》調製肉食品《ソーセージなど》.
smáll gráin n. (米・麦など, 粒の小さい)小穀物.
smáll gróup n. 〘社会学〙小集団《家族・サークル・職場集団のように対面的接触を通じて気心の知れ合っている小規模な集団》.
smáll·hòlder n. 《英》小地作農, 小農《small holding の耕作者》.
smáll hòlding n. 〘英法〙小区分農地《小農の生活補助のために州で貸与または払い下げる 1–50 エーカーの耕地; cf. allotment 4 a》.
smáll hóneysuckle n. 〘植物〙北米原産のスイカズラの類の低木 (*Lonicera dioica*)《黄色の花が咲く》.
smáll hóurs n. pl. [the ～] (夜12時から夜明けまでの)深夜, 早朝 (wee hours) (cf. long hours): in *the* ～.
smáll intéstine n. 〘解剖〙小腸. 「りの.
smáll·ish [-lɪʃ] 〘ME: ⇨ -ish¹〙 adj. 小さめの, 小ぶ
smáll-mínded adj. 心の小さい, 狭量な (narrow-minded); けちな, けちくさい, 卑劣な. **～·ly** adv. **～·ness** n.
smáll móney n. ＝small change 1.
smáll·mòuth báss n. 〘魚類〙コクチバス (*Micropterus dolomieui*)《澄んだ水の冷たい川や湖に生息し下顎が目の近くまでのびている魚; 単に smallmouth, また smallmouth black bass ともいう; cf. largemouth bass》. 「bass.
smállmouth bláck báss n. 〘魚類〙＝smallmouth
smállmouth búffalo n. 〘魚類〙北米産サッカー科の魚の一種 (*Ictiobus bubalus*).
smáll óctave n. 〘音楽〙小字オクターブ, 片仮名オクターブ《1 点音よりオクターブ低い各音; cf. great octave》. 「cf. type 10 ★》.
smáll píca n. 〘活字〙スモールパイカ《11 ポイント;
smáll potáto n. [通例 pl.; 単数または複数扱い] 《米口語》つまらない人[物].
smáll·pòx 〘(1518)〙 n. 〘病理〙痘瘡, 天然痘, 疱瘡(ほうそう).
smáll prínt n. ＝fine print.
smáll-scále adj. **1** 小規模の (cf. large-scale 1). **2** 〈地図が〉比率の小さい, 縮尺が小さい.
smáll-scréen adj. 《英口語》テレビの[用の, 向けの].
smáll slám n. 〘トランプ〙(ブリッジで)スモールスラム《13 組中 12 組まで取ること; little slam ともいう; cf. grand slam 1》.
smáll stóres n. pl. 〘米海軍〙(艦船または軍港で販売されるたばこ・石鹸・被服などの)小物用品, 雑品.
smáll stúff n. 〘海事〙細索, スモールスタッフ《撚(よ)りなわ (spun yarn), 紙撚(こ)り 2 本の細綱 (marline) などのような船内雑用小索》.
smáll·swòrd n. 突き剣《特に, 18 世紀に決闘やフェンシングで突きに用いた軽い先細の剣; cf. rapier》.
smáll-tálk vi. 世間話をする, おしゃべりする.
smáll tálk n. 世間話, おしゃべり (chitchat).
smáll tíger lìly n. 〘植物〙＝Sierra lily.
smáll-tíme adj. 《口語》取るに足らない, 三流の, 下等な (inferior): a ～ politician. **smáll-tím·er** n.
smáll tíme n. **1** (安い料金で 1 日 3 回以上演じる)安寄席(よせ)演芸 (cf. big time 2). **2** つまらぬ[取るに足らない]活動.
smáll-tówn adj. **1** 小都市の, 町の, 田舎町の (cf. urban, metropolitan). **2** 素朴な, やぼったい, 世慣れていない (unsophisticated). **～·er** n. 「(notions).
smáll·wàres n. pl. 《英》小さな商品; (特に)小間物
smáll whíte n. **1** 〘昆虫〙モンシロチョウ (⇨ cabbage butterfly 1). **2** [S- W-] スモールホワイト《英国産の一品種のブタ; cf. large white 2》.
smalt [smɔ́ːlt | smɔ́ːlt, smɔ́lt] 〘(1558) ☐ F ～ ☐ It. *smalto* ← Gmc (cf. G *Schmalz* melted fat): cf. smelt²〙 — n. **1** [pl.; 単数または複数扱い] スマルト《主としてコバルトとカリウムとの二重ケイ酸塩ガラス; 青色顔料》. **2** 花紺青(はなこんじょう)《ふじ紫色の絵の具》.
smalti n. smalto の複数形.
smalt·ine [smɔ́ːltɪn, -tən, -tiːn | smɔ́ːltaɪn, smɔ́lt-] 〘⇨ smalt, -ine³〙 n. 〘鉱物〙＝smaltite.
smalt·ite [smɔ́ːltaɪt | smɔ́ːlt-, smɔ́lt-] 〘⇨ smalt, -ite¹〙 n. 〘鉱物〙スマルト鉱, 砒コバルト鉱《現在は方コバルト鉱 (skutterudite) と同じものと考えられている》.
smal·to [smáːltou, smɔ́ːl- | -təu; *It.* zmálto] 〘☐ It. ～ 'smalt, smalto'〙 n. (*pl.* **～s, smal·ti** [-tiː; *It.* -ti]) **1** (mosaic に用いる)色ガラス. **2** ＝smalt 1.
sma·ragd [smərǽgd, smǽrægd] 〘(a1272) ☐ OF *smaragde* ∥ L *smaragd-us* ☐ Gk *smáragdos* 《変形》← *máragdos*: ⇨ emerald〙 n. 〘鉱物〙＝emerald.
sma·rag·dine [smərǽgdɪn, -dən, -daɪn | -daɪn] 〘☐ L *smaragdin-us* ☐ Gk *smarágdinos*: ⇨ ↑, -ine³〙 adj. **1** エメラルドの. **2** エメラルド色をした.
sma·rag·dite [smərǽgdaɪt] 〘☐ F ～: ⇨ smaragd, -ite¹〙 n. 〘鉱物〙緑閃石《輝石から変質した片状緑閃石の集合体》.
smarm [smáəm | smáːm] 〘← ?〙《英口語》 — vt. **1** (油で)〈髪の毛など〉なでつける, 塗りつける 〈*down*〉. **2** …にお世辞をいう, へつらう (flatter). — vi. へつらう, おべんちゃらを言う. — n. お世辞, おべんちゃら.
smarm·y [smáəmi | -mɪ] 〘⇨ ↑, -y⁴〙 — adj. (**smarm·i·er; -i·est**) **1** 《英口語》お世辞たらたらの, おべんちゃらを言う. **2** 〈髪の毛など〉油[ポマード]をこってり塗った, すべすべした (sleek).
smart [smáət | smáːt] 〘v.: OE *smeortan* < (WGmc) **smertan* (G *schmerzen*) ← IE **(s)merd-* (L *mordēre* to bite / Gk *smerdnós* terrible). — adj.: lateOE *smeart*〙 — vi. **1 a** (通例, 局部的に鋭く)うずく, ずきずき[ひりひり]痛む, ずきんずきんする: The wound ～*s*. 傷が痛む / The eyes ～ with smoke. 煙で目がひりひりする / My finger ～*s* from a sting. 蜂に刺されて指がずきずき痛む. **b** 〈塗布薬・打撲などが〉痛みを生む. **2** 感情を害する, 憤慨する; 苦悩する, 心を痛める 〔*under, from, at*〕: ～ *from* an insult 侮辱されたことを憤慨する / ～ *under* an injustice 不当な扱いを受けて心を痛める. **3** 罰を受ける〔*for*〕: ～ *for* one's impudence 生意気をやったために罰せられる[ひどい目にあう] / You shall ～ *for* this. このお礼にひどい目にあわせてやるぞ. **4** 良心が咎(とが)める, 自責の念に駆られる, 後悔する: ～ with mortification 悪かったと悔しがる.
— vt. **1** 痛ませる, うずかせる, ずきずきさせる. **2** 〘cf. (adj.) 7 a〙《米口語》おめかしをさせる (smarten) 〈*up*〉: get [be] ～*ed up* めかしこむ, めかしている.
— n. **1** (特に, 傷・打撲など局部的な鋭い)痛み, うずき, ずきずき[ひりひり]痛むこと, ずきんずきんすること: the ～ of the wounds 傷の痛み / the ～ of a broken blister 水ぶくれがつぶれてひりひり痛むこと. **2** (悲しみ・悩み・後悔などによる)苦悩, 傷心, 悲痛 (mental distress, grief); 悲しみ, 怒り, 憤慨: feel the ～ of one's folly 自分の愚行を悲しむ[悔しがる]. **3** しゃれ者, ハイカラ[スマート]な人: a young ～.
— adj. (**～·er; ～·est**) **1** 〈痛みなど〉ひりひり[きりきり]する, 刺すような (sharp, stinging): a ～ pain ひりひりする痛み / a ～ wound ずきずき痛む傷. **2 a** 〈打撃など〉きつい, ひどい, 激しい (sharply severe); 強烈な (intense): a ～ blow [stroke] 強打 / a ～ punishment 厳罰 / a ～ attack 強襲 / a ～ pull of a cord 綱を強く引っぱること. **b** 〈酒など〉強い, ぴりっとする: a ～ wine. **3 a** きびきびした, 活発な, 元気のいい (spirited, brisk), 猛烈な (vigorous): a ～ walk [gallop] 速い歩き方[駆け足] / at a ～ pace きびきびした足どりで, 足早に. **b** 弱くない, 丈夫な: a ～ physique. **4** 動作のすばやい, 手早く上手な, 機敏な (quick and clever): a ～ carpenter 腕利きの大工 / be ～ *at* [*in*] one's work 仕事を手早くやる / make a ～ job of it 手際よくやってのける. **5 a** 利口な, 頭のよい, 賢い (bright, clever), 気の利いた (quick-witted): (as) ～ as a steel trap [a whip]《米口語》目から鼻へ抜けるような. **b** 小利口な, 抜け目のない, こすい, そつのない (shrewd, sharp): He is ～ in his dealings. 彼はそつなく取引する. **6 a** 才気のある, 機知に富んだ (witty): a ～ repartee, speech, etc. **b** 生意気な, ぶしつけな (saucy, fresh): a ～ attitude 生意気な態度 / She is given to saying ～ things. 小生意気なことを言う癖がある. **7 a** 身なりの整った (neat and trim), りゅうとした, スマートな: a ～ appearance スマートな風采 / a ～ garden 小ぎれい[粋(いき)]な庭 / a ～ dresser 小ぎれいに服を着こなす人 / make oneself ～ 身なりを整える / He is very ～ in his uniform. 制服を着てなかなかスマートだ. **b** ハイカラな (stylish), 当世風の, 流行の (fashionable); 高度に洗練された, あかぬけした (sophisticated); 上流階級の: the ～ set ハイカラ連中. **8** 《方言》かなりの (fairly large), 相当(数)の (considerable); かなり激しい[強い] (fairly intense): a ～ number of people かなり多数の人々 / a ～ frost かなりひどい霜 / a ～ few かなりたくさん(の).
— adv. (**～·er; ～·est**) ＝smartly.
smárt àl·eck [-ǽlɪk, -ǽlek] 〘⇨ ↑, aleck〙 (*also* **smart-al·ec** [～]) — n. 《口語》いやにうぬぼれの強い[生意気な]人, 利口ぶる人, 自信家. — adj. ＝smart-alecky.
smárt-àl·eck·ìsm [-kìzm] n. 《米口語》うぬぼれの強いこと[行為, 言葉].
smárt-àl·eck·y [-ǽlɪki, -ǽleki | -kɪ] adj. 《口語》うぬぼれの強い, 利口ぶる.
smárt bòmb n. 《米軍俗》スマート爆弾《熱線・レーザー光線・ミリ波探知システムなどを利用した誘導によって目標に命中する》.
smart·en [smáətn | smáːtn] 〘← SMART (adj.)＋-EN¹〙 — vt. **1** きれいにする, ハイカラにする 〈*up*〉: ～ *up* one's house, clothes, etc. / ～ oneself *up* (小ぎれいに)身じまいする. **2** 活発にする, 手早くする, 〈歩調など〉を早める 〈*up*〉: ～ one's pace. **3** より利口にする, …に知恵をつける 〈*up*〉. — vi. **1** おしゃれする, 小ぎれいになる 〈*up*〉. **2** 活発になる.
smart·ie [smáəṭi | smáːtɪ] n. ＝smarty.
smárt·ish [-ṭɪʃ | -tɪʃ] 〘← SMART (adj.)＋-ISH¹〙 — adj. **1 a** なかなかスマートな, こざっぱりした. **b** 小生意気な, なかなか抜け目のない. **2** 《口語》かなりの: a ～ few かなりの数.
smárt·ly 〘ME〙 — adv. **1** 猛烈に, 厳しく; 手ひどく (sharply, severely); かなりに (considerably): The wind blows ～. 風が激しく吹く / be ～ censured [punished] 手ひどく非難される[やっつけられる] / The temperature rose ～. 温度はかなり上がった. **2** 手早く, さっさと; 活発に (briskly): bring the hands ～ to the sides 両手をさっと腰にあてる. **3** 気を利かして, 賢く (cleverly); はきはきと (readily), 抜け目なく (alertly): answer ～. **4** きちんとして, 小ぎれいに, 派手に: ～, but not fashionably dressed 当世風ではないがきちんとした服装で. **5** 粋(いき)に, ハイカラに, 流行に従って: dress ～ 流行の衣服を着る.
smárt móney¹ 〘⇨ smart (n.)〙 n. **1** 〘米法〙懲罰的損害賠償金 (⇨ punitive damages). **2 a** (雇主が公傷に対して支払う)治療代. **b** 〘英軍〙負傷手当.
smárt móney² 〘⇨ smart (adj.)〙 n. **1** (経験ある投資家[先輩]の)投資金. **2** 賭け事に抜け目のない人, 情報通の投資家.
smárt·ness 〘ME〙 n. **1** ハイカラ, 粋(いき). **2** 機敏, 鋭敏, 抜け目[そつ]のなさ. **3** 《廃》激痛.
smárt·wèed n. 〘植物〙タデ科タデ属 (*Polygonum*) の植物の総称《ヤナギタデ (water pepper), ハルタデ (lady's thumb) など》.
smart·y [smáəṭi | smáːtɪ] 《米口語》 n. ＝smart aleck. — adj. ＝smart-alecky.
smárty-pànts n. pl. [単数扱い] ＝smarty.
smash¹ [smǽ(ː)ʃ] 〘(a1700)《混成》? ← S(MACK²)＋MASH¹〙 — vt. **1** (強い力で粉々に)打ち壊す, 粉砕する, 粉々にする (shatter, crush): ～ a window 窓ガラスを打ち壊す / ～ a plate to atoms [pieces] 皿を粉々に割る / ～ in a door 戸を打ちのめす[外から打ち壊す] / ～ *up* furniture 家具を打ち壊す. **2 a** 撃破する, 粉砕する, 大敗させる (defeat utterly): ～ an argument 議論を打ち破る / ～ an enemy 敵軍を撃破する. **b** 破産させる (bankrupt). **3 a** 強く投げつける (fling): ～ a stone through the windowpane 石を投げつけて窓ガラスを突き破る. **b** 〈荷物などを〉荒っぽく投げる. **4** 《口語》強打する, 思いきりなぐる (hit hard): ～ a person with the fist 人を拳骨でなぐる / ～ a person on the nose [in the ribs] 人の鼻[あばら骨]をなぐる. **5** (テニス・バドミントンなどで)スマッシュする (cf. kill¹ 11 a). **6** 〘物理・化学〙〈原子や原子核を〉破壊させる (cf. split 8, 9). **7** 〘製本〙〈綴じた背を〉ならす. — vi. **1 a** 壊れる, 砕ける, 割れる, 粉砕する, 粉々になる: The cup fell and ～*ed* to pieces. コップが落ちて粉々になった. **b** 破産する (go bankrupt) 〈*up*〉. **2 a** 〔…に〕激しくぶつかる, 激突する (crash) 〔*against, on to* [*onto*], *into*〕: The car ～*ed into* the wall. 車が塀に激突した / ～ *on to* the rocks 暗礁(あんしょう)に乗り上げる. **b** 〔…を〕激しく突進する〔*through*〕: ～ *through* a thicket 茂みの中を突っ走る. **3** (テニス・バドミントンなどで)スマッシュする. **4** 〘製本〙(折丁の折目に)背ならしをする.
— n. **1** 粉砕, 破砕 (smashing), 粉みじん; 壊れる音, 粉砕する音 (clatter): all to ～ すっかりめちゃめちゃに / The dishes fell with a ～. 皿が落ちてがちゃんと音をたてて割れた / hear the ～ of broken glass ガラスの壊れる音を聞く. **2** (車同士などの)大衝突, 激突; 激しい倒壊, 墜落: a railway ～ 列車の衝突. **3** 失敗 (failure), 破滅; 破産: the ～ of a great business 大事業の破産. **4** 《口語》大成功, 大当たり. **5** スマッシュ《ブランデーなどに砂糖・水・はっか・氷を加えて作った飲料》. **6** 強打 (heavy blow), 平手打ち (slap). **7** (テニス・バドミントンなどで)スマッシュ《lob されたボールをオーバーハンドで強く打ち込むこと》.
come* [*go*] *to smash 《口語》(1) (ぺちゃんこに)つぶれる; 〈健康など〉だめになる. (2) 破産する; 失敗する.
— *attrib. adj.* 《米》〈映画・ショーなど〉大当たりの: a ～ hit 大当たり, 大成功, すばらしいもの.
— adv. **1** ぴしゃっと, がちゃんと: The ball went ～ through the windowpane. ボールはがちゃんと窓ガラスを突き破った. **2** まともに, どんと (cf. bang¹, slap, crash¹): run [go] ～ into …と正面衝突する, まともにぶつかる.
smash² [smǽ(ː)ʃ] 〘← ?〙 n. **1** にせ金. **2** 《俗》お金. — vt. 〈にせ金を〉使う.
smásh-and-gráb 《英》 adj. 陳列窓を打ち破り貴重品をかっさらう: a ～ robbery, raid, etc. — n. 陳列窓強盗.
smashed adj. 《俗》酔った (drunk).
smásh·er¹ n. **1 a** 粉砕者, 破砕者. **b** 粉砕[破砕]するもの; 粉砕機. **2** 《口語》強打, 大打撃 (smashing blow); ひどい倒壊[墜落] (bad fall). **3** 《口語》止(とど)めを刺す[けりをつける]議論[応答]. **4** 《英口語》すばらしい人[物], すてきに魅力的な人[物]; すごく大きい物: That car is a ～. あの自動車はすばらしい / What a ～! まあすてき, すごいぞ. **5** (テニス・バドミントンなどで)スマッシュをする人, スマッシュが得意な人. **6** 〘製本〙 **a** (折丁の)ならし機《smashing machine ともいう》. **b** ならし工.
smásh·er² n. **1** 盗品の受取り人. **2** にせ金使い (counterfeiter).
smásh·ing adj. **1** 粉砕する, 破壊的な (crushing), 猛烈な: a ～ argument 止(とど)めを刺す議論 / a ～ blow 大打撃 / a ～ victory 大勝利. **2** 《英口語》すばらしくいい, 極上の (excellent): a ～ dinner, tobacco, etc. /

We had a ～ time. 実に面白かった. **～·ly** *adv.*
smáshing machìne *n.* 〘製本〙=smasher¹ 6 a.
smásh·ùp *n.* 《口語》 **1** (車などの)大衝突, 転覆: a head-on ～ 正面衝突. **2** 失敗 (failure); 破産 (bankruptcy); 破滅 (catastrophe).
smatch [smǽtʃ] 〘ME *smech, smach* < OE *smæc* 'SMACK¹': 《廃》*smatch* to smack (< OE *smæccan*) の影響による〙 *n.* =smack¹.
Ś màtrix *n.* 〘物理・数学〙S 行列《粒子や粒子群の衝突過程を記述するために用いられる行列; scattering matrix ともいう》.
smat·ter [smǽtə | -tə(r] 〘《14C》 *smatere(n)* to make a noise, chatter: 《擬音語》?〙 **—** *vt.* **1** 〈学問などを〉なまかじりする, 少々かじる, 道楽半分にする. **2** なまかじりの[うろ覚えで]話す: ～ French. **—** *vi.* **1** なまかじりする, 少しばかり知っている〔*in*〕: ～ *in* Latin ラテン語をかじっている. **2** 片言を言う. **—** *n.* なまかじり, 半可通, うろ覚え. **～·er** [-tərə | -rə(r] *n.*
smát·ter·ing [-tərɪŋ, -trɪŋ | -t(ə)rɪŋ] *n.* **1** なまかじり; 浅薄な知識: have a ～ of physics 物理学をなまかじりしている. **2** 少数, 少量: a ～ of girls among them 彼らの中に女の子がぱらぱら. **—** *adj.* なまかじりの, ごく浅薄な.
smát·ter·ing·ly *adv.* なまかじりで, うろ覚えで.
smaze [sméɪz] 〘《混成》← SM(OKE)+(H)AZE¹〙 *n.* スメイズ《煙と煙霧がまじったもの; cf. smog》.
sm. c., sm. cap. 《略》〘印刷〙small capital.
smear [smíə | smíə(r] 〘OE *smierwan, smerian* to anoint & *smeoru* fat, grease < Gmc **smerwjan* & **smerwa* (G *schmieren* & *Schmer*) ← IE **smeru-* grease, fat (Gk *múron* unguent)〙 **—** *vt.* **1** 〈表面を〉〔油・ペンキなどで〕塗りつける, …の表面を塗る〔*with*〕; 〈油・ペンキ・汚物などを〉〔…に〕塗りつける, なすりつける(daub)〔*on, over*〕: ～ one's face *with* jam ジャムで顔をよごす / ～ butter *on* [*onto*] bread=～ bread *with* butter パンにバターをなすりつける. **2** 〈名声などを〉汚す, 傷つける (sully, soil): ～ a person, one's reputation, etc. **3** こすってわからなく[読めなく]する: ～ the address on a letter 手紙のあて名をこすって読めなくする. **4** 《米俗》徹底的に参らせる, 完敗させる (defeat decisively). **—** *vi.* 〈油・なまがわきのインクなどが〉よごれる, 不鮮明になる, 読めなくなる: Anything written with a soft pencil ～*s* easily. 柔らかい鉛筆で書いた物はすぐすれてわからなくなる. **—** *n.* **1** (油性の物質による)よごれ, 汚点, しみ (stain, blotch). **2** 塗りつけるもの; 塗抹(とまつ)標本《血液・たんなどをスライドグラスに塗りつけて作った顕微鏡用の標本》. **3** ガラスびんの首にできる表面亀裂. **4 a** 名誉毀(き)損, 誹謗(ひぼう) (slandering). **b** =smear word. **5** 《俗》〘トランプ〙(ピノクル (pinochle) で)つけ, おみやげ《自分の得点札を出してパートナーに取らせること; cf. fatten *vt.* 3 b》.
sméar·càse 〘⊏G *Schmierkäse* ← *schmieren* 'to SMEAR'+*Käse* 'CHEESE¹'〙 *n.* 《米中部》=cottage cheese.
sméar-shèet *n.* 低俗な新聞[雑誌]《ゴシップ・スキャンダル・あてこすりなどを詳しく掲載する》.
sméar wòrd *n.* 名誉を傷つける言葉, 誹謗(ひぼう), 中傷.
smear·y [smí(ə)ri | smíəri] 〘← SMEAR+-Y⁴〙 **—** *adj.* (**smear·i·er**; **-i·est**) **1** よごれた, 油を塗りたての, しみだらけの (smeared). **2** べとべとする, ねとねとする (sticky), 油じみた (greasy). **sméar·i·ness** *n.*
smec·tic [sméktɪk] 〘⊏L *smēctic-us* ⊏Gk *smēktikós* ← *smḗkhein* to cleanse: ⇨ -ic¹〙 **—** *adj.* 〘物理・結晶〙スメクチック状態の《液晶の細長い分子が, 方向を揃えた上に, 重心の分布が層状をなした状態をいう; cf. nematic, cholesteric》.
smec·tite [sméktaɪt] 〘《1811》← Gk *smēktís* a kind of fuller's earth+-ITE¹〙 *n.* 〘地質〙緑粘土《fuller's earth の一種》.
Smec·tym·nu·us [smektímnjuəs | -njʊ-] 〘次の 5 人の名の頭文字を組み合わせたもの: Stephen Marshall, Edmund Calamy, Thomas Young, Matthew Newcomen, William Spurstow (w=u+u)〙 **—** *n.* 英国の主教[監督]制度 (episcopacy) を攻撃した 17 世紀当時の長老派教会 (Presbyterian) の人たちの代表名.
smeech [smíːtʃ] 〘OE *smēc, smȳc, smīc*: cf. smoke〙 *n.* 《英方言》濃い煙. **—** *vi.* 《英》煙[蒸気]を吐く.
smeek [smíːk] 〘OE *smēocan*: cf. OE *smocian* 'to SMOKE'〙 《スコット・北英》 **—** *n.* 濃い[黒い]煙. **—** *vi.* 煙を出す. **—** *vt.* 煙[煙霧]を出して消毒する[乾燥する, しめ出す].
smeg·ma [smégmə] 〘← NL *smēgma* smegma, (L) detergent, soap ⊏Gk *smêgma* ← *smḗkhein* to wash off, clean〙 **—** *n.* 〘生理〙皮脂; (特に)恥垢(ちこう), スメグマ《亀頭・陰核などの垢脂》. **smeg·ma·tic** [smegmǽtɪk | -tɪk] *adj.*
smell [smél] 〘《c1175》 *smelle(n), smulle(n)* ← ?: cf. MDu. *smölen* to smolder, scorch / LG *smelen, smölen*〙 **—** *v.* (**smelled, smelt** [smélt]) ★《米》では smelled, 《英》では smelt が普通. **—** *vt.* **1** におい[香り]で知る[悟る]: I ～ gas. ガスのにおいがする / I ～*ed* brandy *on* his breath. 彼の息はブランデーのにおいがした (cf. *vi.* 3 b) / Do [Can] you ～ something burning? 何か焦げくさくないか / She could ～ *that* the fish was not fresh. 魚が新鮮でないことがにおいでわかった. **2** (楽しんだり試したりするために)かぐ, …のにおいをかいでみる (sniff): ～ each perfume 香水を一つ一つかいでみる / ～ the milk to see if it is sour すっぱくなっていないか牛乳をかいでみる / Just ～ this rose. このバラをちょっとかいでごらん. **3 a** 〈犬などが〉〈獲物を〉において見つけ出す, かぎ出す. **b** 〈陰謀などに〉感づく, かぎつける (detect): ～ danger 危険を感じ取る / ～ treason 謀叛(むほん)に感づく / ～ trouble brewing 事件が起こりそうなのをかぎつける / ⇨ SMELL *the bottom* [*ground*]. **c** 〈考えなどを〉思いつく: ～ a good idea. **4** …のにおいを放つ: You ～ whiskey. 君はウイスキーのにおいがする. ★ この意味では *vt.* 用法よりも, of を用いる *vi.* 用法 (⇨ *vi.* 3 b) のほうが普通. **—** *vi.* **1** においがわかる, 嗅(きゅう)覚がある: We cannot ～ when we have a cold. かぜを引くとにおいがわからない. **2** においをかぐ[かいでみる]〔*at*〕: ～ *at* [《米口語》*of*] a flower 花のにおいをかいでみる / Here, ～. (物を差し出して)さあにおいをかいでごらん. **3 a** [形容詞(句)を補語として]〈よく・悪く〉におう, 〈どんな〉においがする: The meal ～*s* good. 食事はおいしそうなにおいがする / The room ～*ed* damp and musty. 部屋には湿っぽいにおいとかび臭さが充満していた / It ～*s* disgusting. それは胸が悪くなるようなにおいがする (cf. *vi.* 4) / This ～*s* like roses. これはバラのようなにおいがする. **b** 〔…の〕においがする (cf. *vt.* 4 ★); 〔…の〕気味[風]がある (suggest)〔*of*〕: the dead leaves ～*ing of* autumn 秋のにおいがする枯葉 / His shirt was still ～*ing of* starch and ironing. 彼のシャツはまだ糊とアイロンのにおいがしていた / His breath ～*s* (suspiciously) *of* drink. 彼の息は(どうも)酒臭い (cf. *vt.* 1) / His offer ～*s of* shady dealing. 彼の申し出は何となくいかがわしい取引のにおいがする / ～ *of* intrigue 陰謀の気配がある / ～ *of* the inkhorn 学者ぶる / ⇨ *smell of the* SHOP. **4** 悪臭がある, 非常に臭い (stink): The meat began to ～. 肉が臭くなってきた / This canal ～*s* (disgustingly). この運河は(胸が悪くなるほど)悪臭がする (cf. *vi.* 3 a). **5** 《口語》値打ちがない, 貧弱である, さえない; あやしい, いかがわしい, 下劣である.
smell about [***round***] (1) 〈犬などが〉かぎ回る. (2) 〈人が〉詮索する. ***smell of the lamp*** = ***smell of*** (***the midnight***) ***oil*** 夜遅くまで勉強した跡が見える; (文体・著者などに)苦心の跡が見える (cf. *burn the midnight* OIL). ***smell out*** (1) 〈犬などが〉かぎ出す; 〈人が〉探り出す, 感づく: ～ *out* a fox 狐をかぎ出す / ～ *out* a plotter [secret] 陰謀者[秘密]を探り出す. (2) 《英》=SMELL *up*. ***smell the bottom*** [***ground***] 〘海事〙〈船が〉浅瀬へ来たため船あしが重くなる. ***smell up*** 《米》悪臭で満たす: The garlic ～*ed up* the whole house. 家中ニンニクのいやなにおいが立ちこめた.
— *n.* **1** 嗅覚: have a fine sense of ～ 鼻がいい[利く]. ★ ラテン語系形容詞: olfactory. **2 a** [通例修飾語句を伴って](どんな)におい (odor): the pleasing [disgusting, fragrant, sweet] ～ / a ～ of fish, meat, cooking, etc. **b** 悪臭, いやなにおい (stink): What a ～! わあすごい悪臭だ. **3** かぐこと; ひとかぎ (sniff): take a ～ at [of]=have a ～ of …をかいでみる. **4 a** 気味, 風, 疑い (trace): There is a ～ of trickery about it. それはどうもぺてんのにおいがする. **b** (独特の)雰囲気, 感じ (aura). 「とのできる.
smell·a·ble [sméləbl] 〘《15C》〙 *adj.* においをかぐこ
sméll·er [-lə | -lə(r] *n.* **1** においをかぐ人; かぎ分け(て検査す)る人. **2** (ねこなどの)ひげ, 触毛 (tactile hair). **3** 《俗》鼻 (nose). **4** 《俗》鼻への強打; 強打.
smél·ling bòttle [-lɪŋ-] *n.* 気付けびん, かぎびん《smelling salts または香料を入れた小びん》.
smélling sàlts *n. pl.* 気付け薬, かぎ塩《炭酸アンモン (ammonium carbonate) 主剤の気付け薬; 昔, 頭痛や脳貧血に用いた; cf. smelling bottle》. 「覚のない.
sméll-less *adj.* **1** においのない, 無臭の. **2** 嗅(きゅう)
smell·y [sméli | -li] 〘⇨ -y⁴〙 *adj.* (**smell·i·er**; **-i·est**) 《口語》においの悪い, いやな[きつい]においのする, 悪臭を放つ (malodorous). **sméll·i·ness** *n.*
smelt¹ *v.* smell の過去形・過去分詞.
smelt² [smélt] 〘《1543》⊏Du. & LG *smelt-en*: cog. OE *meltan* 'to MELT¹'〙 **—** *vt.* 〘冶金〙〈鉱石を〉(溶融して)製錬する, 吹き分ける; 〈金属を〉溶融する (fuse, melt): ～ copper 銅を製錬する.
smelt³ [smélt] 〘OE ～, *smylt* ← Gmc **smelt-* (Norw. *smelte* whiting) ← IE **med-* soft〙 **—** *n.* (*pl.* ～, ～s) 〘魚類〙 **1** キュウリウオ《キュウリウオ科の食用魚の総称; 北半球の温帯・亜寒帯の浅海に分布し, 淡水域に入る種類もある; ヨーロッパ産のニシキュウリウオ (*Osmerus eperlanus*), アメリカ産の *O. mordax* など》. **2** トウゴロウイワシ科の魚類の総称.
smélt·er [-tə | -tə(r] 〘《15C》〙 *n.* **1** 製錬者. **2** 製錬所経営者. **3** =smeltery. 「製錬所, 溶鉱所.
smelt·er·y [smélt(ə)ri | -təri] 〘← SMELT²+-ERY〙 *n.*
smélt·ing [-tɪŋ | -tɪŋ] *n.* 製錬, 溶鉱.
smélting-fùrnace *n.* 溶鉱炉.
Sme·ta·na [smétənə, -tnə | -tənə; *Czech* smétana], **Be·drich** [bɛdrix] *n.* スメタナ《1824-84; チェコスロバキアの作曲家; 連作交響詩 *My Country* (1874-79)》.
Smeth·wick [sméðɪk] 〘OE *Smedeuuich* 《原義》the smiths' dwelling: ⇨ smith, -wick〙 **—** *n.* イングランド中央部 West Midlands 州, Birmingham 西方の工業都市; 人口 69,000.
smew [smjúː] 〘《1674》← ?: cf. Fris. *smjunt* smew / Du. *smient*〙 *n.* 〘鳥類〙ミコアイサ (*Mergus albellus*) 《北ヨーロッパやアジアに生息するカモの一種》.
smid·gen [smídʒɪn, -dʒən] 〘《異形》? ← 《英方言》 smith ← 《異形》? SMUTCH〙 **—** *n.* (*also* **smid·geon** [～], **smid·gin** [～], **smidge** [smídʒ]) [a ～] 《米口語》ごくわずかの量 (small amount) 〔*of*〕: a ～ *of* salt 少量の塩 / a ～ below 7% 7 パーセントを少々下回る.
Smi·la·ca·ce·ae [smàɪləkéɪsiìː] 〘← NL ～: ⇨ ↓, -aceae〙 **—** *n. pl.* 〘植物〙(ユリ目)サルトリイバラ科《ユリ科に含めることもある》. **smì·la·cá·ceous** [-ʃəs] *adj.*
smi·lax [smáɪlæks] 〘《1601》← NL *smilax* ← L 'a kind of oak, bindweed' ⊏Gk *smîlax*〙 **—** *n.* 〘植物〙 **1** サルトリイバラ《ユリ科サルトリイバラ属 (*Smilax*) の植物の総称》; (特に)サルサ (sarsaparilla). **2** クサナギカズラ, アスパラガス (*Asparagus medeoloides*) 《アフリカ南部産ユリ科の観葉植物; 葉は光沢がある》.
smile [smáɪl] 〘《*a*1325》 *smile(n)* ← ? Gmc **smil-* (Swed. *smila* / Dan. *smile*) ← IE *(*s*)*mei-* to laugh, be astonished (L *mirus* wonderful: ⇨ miracle): cf. smirk〙 **—** *vi.* **1** 微笑する, ほほえむ, にっこり笑う (cf. grin, laugh): ～ sweetly [bitterly, cynically] にこやかに[苦々しげに, 皮肉に]笑う / He rarely ～*s*. 彼はめったに笑わない / What are you *smiling at*? 何を笑っているのか / He ～*d on* [*upon*] her. 彼女にほほえみかけた / He ～*d to* see the children's frolics. 子供らの遊びたわむれるのを見て彼はにっこりほほえんだ. **2** 〈風景などが〉晴れやかである, 朗らかである: All nature ～*d*. 天地は喜色に満ちていた. **3** 〈運・機会などが〉〔…に〕開ける, 向く, 都合がよい, 幸いする〔*on, upon*〕: Fortune [The weather] ～*d on* us. 運がわれわれに向いてきた[天候がわれわれに幸いした].
— *vt.* **1** [同族目的語を伴って] 〈…な〉笑い方をする (cf. laugh 1 a): ～ a hearty [sad, modest, sweet] smile 心から[悲しそうに, つつましやかに, にこやかに]微笑する. **2** 微笑して示す, ほほえんで表わす (cf. grin): ～ one's thanks [forgiveness, approval] 微笑して謝意[容赦, 賛成]を示す / She ～*d* a pleased welcome. ほほえんでうれしそうに歓迎してくれた. **3** ほほえんで追いやる 〈*away*〉; 〈人に〉笑いかけて〔ある状態に〕陥らせる〔*into*〕; …にほほえんで〔ある状態から〕抜け出させる〔*out of*〕: ～ one's tears [grief] *away* 笑って涙を押し隠す[悲しみを忘れる] / ～ a person *into* good humor 笑って人をいい機嫌にさせる / ～ a person *out of* his vexation ほほえみかけて人のいらだちを治めてやる.
come up smiling (1) 〈ボクサーが〉元気よく次のラウンドに立ち上がる. (2) 《口語》(逆境に屈せずに立ち直り)新たな事態に元気よく立ち向かう. ***I should smile.*** 《米口語》(1) いいでしょう(承知しました). (2) 《反語》(相手の言葉を軽蔑して)なるほどね, 笑わせるね. ***smile at*** (1) ⇨ *vi.* 1. (2) …を一笑に付す, 冷笑する: ～ *at* the claims of …の要求を笑って問題にしない. (3) …を耐え忍ぶ: ～ *at* one's misfortune 不幸にめげず晴れやかにしている.
— *n.* **1** 微笑, ほほえみ (cf. laugh 1, laughter 1); 喜色, 笑顔: abitter [cruel] ～ 苦笑[残忍な笑い] / flash a ～ of contempt ちらっと軽蔑の笑いを浮かべる / greet a person with a ～ にっこりして人を迎える / give a faint ～ わずかにほほえむ / His lips curled in a ～. 口元がほころんで笑顔になった / She was all ～*s*. 彼女はにこにこ顔[喜色満面]だった. **2** (風景などの)晴れやかな様子: (運命などの)恩恵, 恵み: the ～ of spring 春の笑顔 / the ～*s* of fortune 運命のほほえみ.
crack a smile 《俗》破顔一笑する, にっこり笑う. ***wipe*** [***take***] ***the smile off*** *one's* [*a person's*] ***face*** 《口語》(自己満足気の)にやにや笑いをやめる[人にやめさせる], (急に)真面目になる[させる].
～·less *adj.* **smíl·er** [-lə | -lə(r] *n.*
Smiles [smáɪlz], **Samuel** *n.* (1812-1904) スコットランド生まれの英国の新聞記者・伝記作家・社会改革家; *Self-Help* (1859).
smíl·ing [-lɪŋ] 〘ME〙 *adj.* **1** 微笑する, ほほえむ: a ～ face にこにこ顔. **2** 〈風景など〉朗らかな, 晴れ晴れした: the ～ countryside 晴れ晴れした田園風景.
smíl·ing·ly *adv.* ほほえんで, にこにこして; 朗らかに, 晴れやかに.
smin·thu·rid [smɪnθú(ə)rɪd, -rəd | -θ(j)úərɪd] 〘↓〙 *adj. n.* 〘昆虫〙マルトビムシ科の(昆虫).
Smin·thu·ri·dae [smɪnθú(ə)rədiː | -θ(j)úərɪ-] 〘← NL ～ ← *Sminthurus* (属名: ← Gk *sminthos* a kind of mouse)+-IDAE〙 **—** *n. pl.* 〘昆虫〙マルトビムシ科.
smirch [smə́ːtʃ | smə́ːtʃ] 〘《1495》 *smorche(n)* ← ?〙 **—** *vt.* **1** 汚す, よごす (stain), 傷つける (defame): ～ one's fame [fair name, reputation] 名声を汚す. **2** 〈名声などを〉傷つける, 中傷する. **—** *n.* **1** 汚れ, よごれ, 汚点 (stain, blot). **2** (名声などの)きず, 汚点.
smirk [smə́ːk | smə́ːk] 〘OE *smearcian* to smile ← Gmc **smer-, *smar-* ← IE *(*s*)*mei-*: ⇨ smile〙 **—** *vi.* 気取った[ばかな]笑い方をする, にやにや笑う, 作り笑いをする〔*at, on, upon*〕. **—** *vt.* にやにや笑って示す. **—** *n.* (気取った)にやにや笑い, 作り笑い.
smit 〘OE *smite* (pret.) & ME *smit* (p.p.)〙 *v.* 《古》smite の過去形・過去分詞.
smitch [smítʃ] *n.* 《口語》=smidgen.
smite [smáɪt] 〘OE *smītan* < Gmc **smītan* (Du. *smijten* / G *schmeissen* to throw) ← IE **smē-* to smear, rub (Gk *smên* to anoint, rub, cleanse)〙 **—** *v.* (**smote** [smóʊt | smóut], 《古》**smit**; **smit·ten** [smítn], **smit, smote**) **—** *vt.* **1** 《文語・戯言》 **a** 強く打つ: ～ a person with a stick 棒で人を激しく打

つ / Whosoever shall ~ thee *on* thy right cheek, turn to him the other also. 人もしなんじの右のほおを打たば左をも向けよ (*Matt.* 5:39) / ~ a person's head *off* 人の首を打ち落とす / ~ a person dead 人を打ち殺す. **b** 打ちつける, 打ち当てる: ~ one's hands *together* 手をたたく. **c** 〈一撃を〉加える, 与える (deliver): ~ a blow. **2** 《文語》 **a** 殺す (slay), 滅ぼす (destroy), 破る, 大敗させる (defeat). **b** 〈神が〉懲罰する (chastise). **3 a** 〈におい・音などが〉(急に)〈感覚器官を〉襲う (strike): A glaring light *smote* our eyes. まばゆい光が目を襲った. **b** 〈考えなどが〉(ふと)…の心に浮かぶ: An idea *smote* me. ある考えがふと私の頭に浮かんだ. **4** 〈良心などが〉…の心を悩ます, 苦しめる (distress, trouble): be *smitten with* remorse 悔恨の念に苦しむ / His heart *smote* him. 彼は良心の呵責(しゃく)を受けた (cf. 2 *Sam.* 24:10). **5** [特に p.p. 形 smitten で] **a** 〈病気・災難・恐怖などが〉襲う (attack), 悩ます (afflict): a city *smitten with* plague 疫病に襲われた町 / be *smitten with* fear [palsy] 恐怖に襲われる[中風にかかる]. **b** 〈人・魅力・風景などが〉…の心を打つ[奪う], 魅する (charm): He is *smitten by* [*with*] her (charms). 彼女(の魅力)にすっかり参っている. **c** 〈欲望などが〉駆り立てる: He was *smitten with* a desire for a pipe. 一服したくなった. **6** 《古》〈竪琴などを〉弾じる, 打ち奏でる: ~ a harp.

— *vi.* 《文語・戯言》強く打つ, たたく, 当たる (hit): ~ *at* a person 人をなぐる / ~ *on* the door 戸をどんどんたたく / waves *smiting upon* the cliff 断崖を咬む波 / The clamor of the bells *smote on* his ears. 鐘のすさまじい響きが耳を打った / His knees *smote together*. (恐ろしさなどで)両ひざがわなわな震えた.

— *n.* 《口語》 **1** 打撃, 強打 (heavy blow). **2** 試み, 企て (attempt): have a ~ *at* it それをやってみる.

smít·er *n.*

smith [smíθ] 〖OE *smiþ* < Gmc **smiþaz* 《原義》craftsman (Du. *smit* / G *Schmied*) ← IE **smēi-* to carve (Gk *smílē* knife, chisel)〗 — *n.* [しばしば複合語の第2構成素として] **1** 金属細工人, 飾り屋 (metal-worker); かじ屋, かじ工 (blacksmith): a ~'s forge [hearth] かじ屋の炉 / a ~'s hammer [shop] かじ屋の金づち[仕事場] / ⇨ blacksmith, goldsmith, tinsmith, whitesmith. **2** 製造人 (maker): ski*smith* / ⇨ gunsmith, tunesmith.

Smith [smíθ] 〖↑〗 *n.* 男性名《愛称形 Smitty》.

Smith, Adam *n.* (1723–90) スコットランドの古典派経済学の祖: *The Wealth of Nations* (1776).

Smith, Alfred E(manuel) *n.* (1873–1944) 米国の政治家; 通称 Al Smith.

Smith, Edmund Kirby *n.* (1824–93) 米国の南北戦争当時の南軍の将軍.

Smith, Francis Hopkinson *n.* (1838–1915) 米国の小説家・画家・技師.

Smith, John *n.* (1580–1631) 英国の冒険家, Virginia 州植民地開拓者; しばしば Captain John Smith と呼ばれる (cf. Pocahontas).

Smith, Joseph *n.* (1805–44) 米国の宗教家, モルモン教会 (Mormon Church) の初代大管長; 投獄中に暴徒に殺され, 殉教した.

Smith, Lo·gan Pear·sall [lóugən píəsɔ̀ːl | láugən píə-] *n.* (1865–1946) 英国に帰化した米国の随筆家・英語学者; *Trivia* (1902), *The English Language* (1912).

Smith, Sydney *n.* (1771–1845) 英国国教会の聖職者・神学者; *Edinburgh Review* の創刊者の一人; *Wit and Wisdom* (1856).

Smith, William *n.* (1769–1839) 英国の地質学者; 層序学の父.

Smith, William Robertson *n.* (1846–94) スコットランドの聖書学者・ヘブライ語学者; *Encyclopaedia Britannica* の共同編集者.

Smíth chárt *n.* 〖電気〗スミスチャート《分布定数回路特性計算用チャート》.

smith·er·eens [smìðəríːnz] 〖《1841》⊏ Ir. *smidirin* (dim.) ← *smiodar* fragment〗 — *n. pl.* 《口語》粉みじん (small fragments): break [smash] into [to] ~ 粉みじんに砕く, こっぱみじんにする.

smith·ers [smíðəz | -ðəz] *n. pl.* = smithereens.

smith·er·y [smíθəri | -rɪ] 〖← SMITH + -ERY〗 *n.* **1** かじ, かじ職, かじ屋の仕事. **2** かじ屋の仕事場 (smithy), かじ工場, 鉄工場.

Smith·field [smíθfiːld] *n.* = West Smithfield.

Smíthfield hám 〖*Smithfield*: 米国 Virginia 州の町の名から〗 *n.* スミスフィールドハム《ヴァージニアハム (Virginia ham) の一種》.

Smith·son [smíθsən, -sn], **James** *n.* (1765–1829) 英国の化学者・鉱物学者 (cf. smithsonite); Smithsonian Institution の創立者; 旧名 James Lewis Macie [méɪsi | -sɪ].

Smith·só·ni·an Institútion [smɪθsóuniən- | -θsáunjən-, -nɪən-] *n.* [the ~] スミソニアン協会《James Smithson の寄付で学問の普及を目的として 1846 年米国の Washington 市に創立された国立の機関; 俗に Smithsonian Institute ともいう; 略 SI》.

smith·son·ite [smíθsənàɪt] 〖← *James Smithson* (これを calamine と区別した): ⇨ -ite¹〗 — *n.* 〖鉱物〗 **1** 菱(りょう)亜鉛鉱 ($ZnCO_3$)《炭酸亜鉛を主成分とする亜鉛の重要鉱石》. **2** 異極鉱 (⇨ hemimorphite 1).

Smíth Squáre *n.* London の Westminster にある広場; 英国の 3 大政党本部がこの周辺に集まっている.

smith·y [smíθi | smíði, smíθɪ] 〖《*a*1325》⊏ ON *smiðja* (cog. OE *smiþþe* / G *Schmiede*): ⇨ smith, -y¹〗 *n.* **1** かじ屋の仕事場, かじ場. **2** かじ屋 (blacksmith).

smít·ing lìne [-tɪŋ- | -tɪŋ-] *n.* 〖海事〗巻いたまま揚げた軽帆を上で開くための細綱.

smitten 〖ME〗 *v.* smite の過去分詞.

Smit·ty [smíti | -tɪ] 〖(dim.) ← SMITH〗 *n.* 男性名.

S.M.M. 《略》 *L.* Sancta Māter Maria (=Holy Mother Mary).

smock [smάk | smɔ́k] 〖OE *smoc* woman's shift ← Gmc **(s)mug-* ← IE **meug-* slippery: cf. OE *smūgan* to creep〗 — *n.* **1** スモック《肩にギャザーを入れたりスモッキングをしたゆったりした上っ張り; 画家・婦人・子供などが衣服を保護するために着る》: an artist's ~. **2** = smock frock. **3** 《古》婦人用肌着[下着]; (特に)シュミーズ (chemise). — *vt.* **1** …にスモックを着せる. **2** 〖服飾〗…にスモッキングをする, 亀甲型のひだ飾りに刺す. — *vi.* 〖服飾〗スモッキングに刺す.

smock 1

smóck fròck *n.* (ヨーロッパの農夫が上っ張りとして着るシャツ型のゆったりした綿や麻の)仕事着, 野良着.

smóck·ing *n.* 〖服飾〗スモッキング《規則正しい幾何学的模様に沿ってギャザーを寄せてゆとみを付ける亀甲型[ダイヤモンド型など]のひだ飾り》.

smog [smά(ː)g, smɔ́(ː)g | smɔ́g] 〖《1905》《混成》← SM(OKE) + (F)OG¹〗 *n.* スモッグ, 煙霧 (smoky fog)《都会の上空などの煙のまじった霧》.

smóg·bòund *adj.* スモッグにおおわれた.

smog·gy [smάgi, smɔ́(ː)gi | smɔ́gɪ] *adj.* (**smog·gi·er; -gi·est**) スモッグ[煙霧]の多い[かかった].

smóg·less *adj.* スモッグのない.

smóg·òut *n.* スモッグに完全に包まれた状態.

smok·a·ble [smóukəbl | smə́uk-] *adj.* 喫煙に適する. — *n.* [*pl.*; 集合的]《米》喫煙物《葉巻・巻たばこなど》.

smoke [smóuk | smə́uk] 〖OE *smoca* (n.) & *smocian* (v.) ← Gmc **smuk-* (G *Schmauch, schmauchen*) ← IE **(s)meukh-*, **(s)meng(h)-* (Gk *smū́khein* to smolder)〗 — *n.* **1** 煙: There is no ~ [No ~] without fire. = Where there's ~, there's fire. ⇨ fire *n.* 1 a / There is no fire without ~. ⇨ fire *n.* 1 a / dry [hang] fish in the ~ 魚を燻製にする. **2 a** 煙のかたまり[柱], (火山などの)噴煙: the ~ of a volcano 火山の噴煙. **b** (殺虫・除虫用の)いぶし火, 蚊やり火 (smudge): make a ~ to drive away mosquitoes 蚊いぶしをする, 蚊やり火をたく. **3 a** 煙に似たもの. **b** (日光・熱で出てくる)湯気, 蒸気, 湯煙 (steam, vapor). **c** 霧 (mist), 霞(かすみ). **d** しぶき (spray): the ~ of a waterfall 滝のしぶき. **e** 砂煙. **4** (煙のように)実体[価値]のないもの, 消えやすいもの, 空(くう) (emptiness): end [go up] in ~ 煙と消える, 無に帰する / come to [vanish into] ~ 無に帰する. **5** 曖昧(あいまい)なもの; 不明確な状態: The ~ of the question has been cleared. 問題の曖昧な点がはっきりした. **6 a** 喫煙, 一服: have [take, do] a ~ 一服する / long for a ~ 一服したくなる. **b** (勤務時間中の)喫煙を許される休憩, 喫煙時間《オーストラリア・ニュージーランドでは smoke-oh という》. **c** [しばしば *pl.*]《口語》たばこ: a box of good ~s 上等のたばこ一箱. **7** 暗灰色; 暗青色. **8 a** 安酒. **b** アルコールと水で作る酒. **9** 〖動物〗= smoke cat. **10** 〖野球〗スピードボール[豪速球]の投球.

from* (*the*) *smoke into* (*the*) *smother 小難から大難へ; 一難去ってまた一難 (cf. *jump out of the* FRYING PAN *into the fire*). ***like smoke*** すらすらと, わけなく (readily), すぐ, すぐさま (quickly).

— *vi.* **1** 煙を出す, 煙を吐く. **2** 〈ストーブなどが〉煙る, いぶる, くすぶる (smolder): The fire [lamp, stove] ~*s*. 火[ランプ, ストーブ]がくすぶる. **3** 煙状に広がる, たなびく; 煙状に立ちのぼる: A mist ~*d* over the valley. 霞が谷間にたなびいていた. **4** 湯気が立つ, 蒸発する (steam); 汗の湯気を立てる; 血煙を立てる, 血しぶきをあげる (reek): The horse's flanks ~*d*. 馬の横腹から汗の湯気が立っていた / Their swords ~*d* with blood. 彼らの剣は血煙を立てていた. **5** 《まれ・俗》(ほこりをたてて)大急ぎで走る, 疾走する 〈*along*〉. **6** たばこを吸う[のむ], 喫煙する: ~ like a chimney よくたばこを吸う / You must not ~ too much. たばこをのみすぎないように. **7** 《豪》逃亡する, 失踪する (abscond). **8** 《古》罰を受ける, 苦しむ (suffer). **9** 〖射撃〗〈クレー (clay pigeon) が〉粉々に割れる. — *vt.* **1 a** 〈たばこ・阿片などを〉吸う, のむ: ~ tobacco, a cigarette, opium, etc. / Put that in your pipe and ~ it. ⇨ pipe *n.* 成句. **b** 喫煙で…にする: ~ oneself stupid [ill] たばこを吸い過ぎて頭がぼんやりする[気分が悪くなる] / ~ one's bad temper down たばこを吸って怒りを抑える / ~ away the afternoon たばこを吸って午後を過ごす. **2** 〈パイプを〉喫煙に用いる, 〈葉巻などを〉くゆらす. **3 a** 煙らす, いぶす; 煙で黒くする, 燻(くす)べる; 〈料理を〉煙くさくする: a ~*d* ceiling 黒くくすぶった天井 / ~*d* soup 煙くさいスープ. **b** 〈肉・魚などを〉燻製(くんせい)にする: ~ ham [salmon] ハム[鮭]を燻製にする / ~*d* ham, herring, salmon, etc. **c** 煙で消毒する, 燻蒸する (fumigate): ~ plants. **d** 〈害虫などを〉いぶす (cf. SMOKE *out* (3)): ~ mosquitoes. **4** (敵に見られないように)煙でおおう, …に煙幕を張る. **5** 《古》感づく, かぎ付ける (suspect, smell out): ~ a plot 陰謀をかぎ出す. **6** 《廃》いじめる (tease), からかう (ridicule). **7** 〖射撃〗〈クレー (clay pigeon) を〉粉々に割る.

smoke out (1) 〈たばこなどを〉最後まで吸う. (2) 燻蒸する (cf. *vt.* 3 c): ~ *out* a sickroom. (3) 〈害虫・ねずみ・潜伏者などを〉いぶり出す, 追い[狩り]出す 〔*of*〕. (4) 探り[かぎ]出す; 暴く; 〈人〉に秘密を白状させる: ~ a person *out* 人に泥を吐かせる.

smoke·a·ble [smóukəbl | smə́u-] *adj., n.* = smokable.

smóke bàll *n.* **1** 発煙筒[弾]. **2** 〖植物〗ホコリタケ (puffball)《触れると胞子を煙状に噴出する》. **3** 〖野球〗豪速球, スピードボール.

smóke bòmb *n.* 〖軍事〗発煙爆弾(筒), 煙弾《爆撃目標の目印, 味方の目標を隠す煙幕, 風向きの標示などの役を果たす》.

smóke·bòx *n.* 〖鉄道〗煙室《機関車のボイラーで炎管と煙突の間にあるガスが集まる室》.

smóke càt *n.* 〖動物〗スモークキャット《下毛・首毛・耳毛がいぶし銀で, 上毛と斑点の黒い長毛または短毛の飼いネコ》.

smóke chàmber *n.* (暖炉の)煙室 (⇨ fireplace 挿絵).

smóke·chàser *n.* 森林火災探索消防隊員.

smóke-consùmer *n.* 完全燃焼装置, 無煙装置.

smóke-dried *adj.* 燻製(くんせい)にした: ~ meat 燻製肉.

smóke-drỳ *vt.* 〈肉などを〉燻製にする. — *vi.* 燻製になる.

smóked shéet *n.* スモークドシート《燻煙した生ゴムのシート》.

smóke éater *n.* 《俗》消防士 (fireman).

smóke-fìlled róom *n.* 《米》(ホテルなどで小人数の政治家が使う)秘密交渉室.

smóke hèlmet *n.* (消防士のつける)防煙ヘルメット, 消防帽; 消防用ガスマスク, 防毒面.

smóke·hòuse *n.* (肉・魚などの)燻製所[室].

smóke-ìn 〖← SMOKE + -IN²〗 — *n.* スモークイン《意識拡大を合言葉に野外でグループを作ってマリファナなどを吸飲する集まり; マリファナ合法化運動の一環でもある》.

smóke·jàck *n.* 焼きぐし回し《台所の煙突内に取り付けてその上昇気流によって車が回転し下の焼きぐしを回す装置》.

smóke jùmper *n.* 《米》スモークジャンパー《接近困難な火災現場に落下傘で降下する森林消防団員》.

smóke·less *adj.* 無煙の: **a** 煙の出ない: ~ coal 無煙炭 / a ~ furnace 完全燃焼炉, 無煙炉. **b** 煙のない: a ~ city 無煙都市. **~·ly** *adv.* **~·ness** *n.*

smókeless pówder *n.* 無煙火薬《ニトロセルロース (nitrocellulose)・ニトログリセリン (nitroglycerin) などを基剤とする煙の発生量の少ない火薬》.

smoke-oh [smóukòu | smə́ukəu] 〖← SMOKE (n.) 6 + OH〗 *n.* 《豪》= smoke *n.* 6 b.

smóke pòt *n.* 煙かん《点火すると多量の煙を出す化学混合物を含むかん》.

smóke·próof *adj.* 〈戸・部屋など〉防煙[遮煙]造りの.

smók·er 〖《1597》〗 — *n.* **1** 喫煙家, たばこを吸う人: a heavy ~ 非常な愛煙家 / a ~'s set 喫煙具一そろい. **2** 燻製者. **3 a** 煙を出すもの. **b** 煙突 (chimney). **c** (ミツバチの)燻煙器. **d** 煙幕を張る船[飛行機]. **e** 《俗》機関車 (steam locomotive); = hotbox. **4 a** 喫煙車 (smoking car). **b** (客車内の)喫煙室. **5** 《米古》喫煙社交会, 男だけの会合. **6** 《英》喫煙随意の音楽会 (smoking concert). **7** = smoking stand.

smóke ròcket *n.* スモーク ロケット《排管の洩れを発見するために発煙させる装置》.

smóke ròom *n.* 《英》喫煙室 (smoking room).

smóker's cóugh *n.* 〖病理〗喫煙者咳.

smóker's héart *n.* 〖病理〗喫煙者心臓病 (tobacco heart).

smóker's thróat *n.* 〖病理〗喫煙者咽喉(いんこう)《喫煙家の慢性咽喉炎》.

smóke scrèen *n.* **1** 〖軍事〗(部隊・艦船・航空機・地域などを敵から隠す)煙幕: They threw a ~ around themselves. 彼らは自らの回りに煙幕を張った. **2** (意図・活動を隠すための)偽装, カムフラージュ.

smóke·shàde *n.* **1** スモークシェード《大気中の粒子状汚染物質の相対量の単位》. **2** 粒子状の汚染物質.

smóke shèlf *n.* 煙棚《煙の逆流下降を避けるため暖炉の煙突下部に設ける棚状部; ⇨ fire place 挿絵》.

smóke shèll *n.* 煙弾, 発煙砲弾《弾着とともに煙を発生する》.

smóke·stàck *n.* (汽船・機関車・工場などの)煙突.

smóke·stòne *n.* 〖鉱物〗= cairngorm.

smóke trèe *n.* 〖植物〗 **1** カスミノキ (*Cotinus coggygria*)《ヨーロッパ南部・小アジア産ウルシ科の木; 花序が煙のようにみえる; Venetian sumac ともいう》. **2** アメリカ産でカスミノキに近縁の植物の一種 (*Cotinus americanus*).

smóke tùnnel *n.* 〖航空〗煙風胴《煙の流線によって気流の流れ方を調べる風胴》.

Smok·ey [smóuki | smə́uki] *n.* 《米》森林火災防止マーク《森林消防団員の服を着た熊の漫画》.

Smok·ies [smóukiz | smə́ukɪz] *n. pl.* [the ~] = Great Smoky Mountains.

smók·ing 〖ME〗 — *n.* **1** 煙る[いぶる]こと. **2** 発煙; 蒸気を立てること; 発汗. **3** 喫煙: No ~. [掲示] 禁煙. **4** [形容詞的に] 喫煙(のための). — *adj.* **1** 煙る, いぶる. **2** たばこを吸う. **3** 湯気の立つ, もうもうとした, 汗の出る: a ~ steed 汗馬. **4** 血煙の立った: a ~ blade 血刀. **5** [副詞的に] 湯気の出るほど: ~ hot food. **~·ly** *adv.*

smóking càr [càrriage] *n.* 喫煙車 (smoker).

smóking compàrtment *n.* (列車の客車内で特に

仕切った)喫煙室.

smóking còncert *n.* 《英》喫煙随意の音楽会.

smóking jàcket *n.* スモーキングジャケット《家でくつろぐ時に着るゆったりとした男子用上着; もと食後たばこを吸う時に着た上着でベルベットやブロッケードなどで作られたドレッシーなもの》.

smóking làmp *n.* 〘海事〙昔船内で喫煙を許可している時間を通じて点火しておいたランプ.

smóking mìxture *n.* パイプたばこのブレンド.

smóking-ròom *adj.* 喫煙室(用)の, 猥褻(わいせつ)な, 下卑た (dirty): a ~ talk [story] 喫煙室の話《女払いで男同士の猥談》.

smóking ròom *n.* 喫煙室.

smóking stànd *n.* スモーキングスタンド《長いスタンド付きの灰皿》.

smok·o [smóukou | smə́ukəu] *n.* (*pl.* ~s) =smoke-oh.

smok·y [smóuki | smə́uki] 〘ME: ⇨ -y[4]〙 ── *adj.* (**smok·i·er; -i·est**) **1** 煙る, いぶる; 煙い; 黒煙を出す: a ~ fire, torch, chimney, etc. **2 a** 黒煙だらけの, 煙の多い: a ~ town, room, etc. **b** 煙で黒くなった, すすけた (sooty). **3** 煙色の; 曇った (cloudy). **4 a** 煙のような, 煙状の; かすんだ (hazy): ~ haze 煙霧. **b** 煙のにおいがする: a ~ taste of Scotch whiskey スコッチウイスキーの煙くさい味. **5** たばこをよく吸う, 愛煙癖の: a ~ man. **6** 〈声が〉(トーチソング歌手を思わせるような)低い喉音の (⇨ torch song). **smók·i·ly** [-kɪli, -kə- | -lɪ] *adv.* **smók·i·ness** *n.*

Smóky Hìll *n.* [the ~] 米国 Colorado 州東部より Kansas 州中部の Republican 川に注ぐ川 (900 km).

Smóky Móuntains *n. pl.* [the ~] =Great Smoky Mountains.

smóky quártz *n.* 〘鉱物〙煙水晶 (⇨ cairngorm).

smóky tópaz *n.* 〘鉱物〙煙黄玉《宝石に用いる》.

smol·der, 《英》 **smould·er** [smóuldə | smə́uldə(r)] 〘n.: (*c*1325) ← ?〙 ── *vi.* **1** (火炎が出ないで)いぶる, くすぶる. **2** 〈感情などが〉(外に現われないで)心の中で押えられている, 鬱(うっ)積する, 内攻する: ~*ing* discontent [hatred] 鬱積している不満[憎悪]. **3** 鬱積した感情[憎悪, 嫌悪, しっとなど]を表わす: His eyes ~*ed with* indignation. 彼の目は憤りを心の中で押えているような表情をしていた. ── *n.* いぶり, くすぶり; いぶり火.

Smo·lensk [smo(u)lénsk | smə(u)-; *Russ.* smaljénsk] *n.* スモレンスク《ソ連邦ロシヤ共和国西部, Dnieper 河畔の都市; 人口 264,000》.

Smol·lett [smálɪt, -lət | smɔ́l-], **Tobias George** *n.* (1721–71) 英国の小説家; *Humphry Clinker* (1771).

smolt [smóult | smə́ult] 〘(1469) ← ?: cf. smelt[3]〙 ── *n.* 〘魚類〙 **1** 生後 2 年前後の降海期のタイセイヨウサケ (Atlantic salmon)《体は細長く, 鱗は銀白色に変化する; cf. parr, grilse》. **2** サケ科魚類の降海期の幼魚.

SMON disèase [smán-, smɔ́(ː)n- | smɔ́n-] 〘(頭字語) ← *s*(*ubacute*) *m*(*yelo*-)*o*(*ptico*-)*n*(*europathy*)〙 ── *n.* 〘病理〙スモン(病), 亜急性脊髄視神経障害《キノホルム (Chinoform) 連用による薬害として日本で 1964 年ごろ命名された》.

smooch[1] [smúːtʃ] 〘(変形) ← ? SMUTCH〙 *vt.* しみをつける, よごす. ── *n.* よごれ, しみ, 汚点 (smudge, smear). **smóoch·y** [smúːtʃi | -tʃɪ] *adj.*

smooch[2] [smúːtʃ] 〘擬音語 ?〙 《口語》 *vi.* キスする (kiss); 抱擁する (embrace); 愛撫する, いちゃつく (pet). ── *n.* キス (kiss).

smoodge [smúːdʒ] 〘(変形) ↑ ?〙 *vi.* 《豪》 **1** ご機嫌をとる, おべっかを使う. **2** =smooch[2].

smooth [smúːð] 〘ME *smothe* < lateOE *smōþ* ? ← IE *somo-s fitting together, even ← *sem- 'together, SAME': ME *smethe* & OE *smēþe* が一般的な語形〙 ── *adj.* (~·er; ~·est) **1 a** 〈物体の表面が〉滑らかな, すべすべした (↔ rough): a ~ floor [skin, stone, surface] すべすべした床[皮膚, 石, 表面] / (as) ~ as marble 大理石のように滑らかな. **b** 〈土地が〉平らな, 平坦(へいたん)な, でこぼこのない (level, even): a ~ road [lawn] 平らな道路[芝生] / The way is now ~. 道は平らになった; 困難は除去された. **c** 〈端が〉でこぼこのない, ぎざぎざしてない: the ~ edge of a table [razor] 平らなテーブルのへり[かみそりの刃]. **d** 〈身体が〉毛のない (hairless), ひげのない (beardless): a ~ face [chin] ひげのない顔[あご]. **e** 〈植物など〉すべすべした, 無毛の (glabrous). **f** 〈毛髪が〉すべすべした, 光沢のある (glossy); 手入れの行き届いた (well-brushed). **2** (水面が)静かな, 穏やかな (calm, undisturbed); 〈渡航が〉平穏な: a ~ sea, stream, etc. / a ~ passage [crossing] 平穏な航海 / reach [get to] ~ water 平穏な水面に来る; 困難を切り抜ける. **3** 〈感情・気質など〉穏やかな, なごやかな (tranquil), 平静な (equable): a ~ disposition [temper] 穏やかな気質[気分]. **4** 〈言葉・音調・文体など〉流暢な, よどみのない, すらすらした (fluent, flowing); 口先のうまい, お世辞のうまい (flattering), 人をそらさない, 人当たりのよい (suave): ~ speech 流暢な弁舌 / a ~ manner 人をそらさない態度 / ~ things お世辞 / a ~ tongue 口先上手 / speak ~ words お上手を言う, うまくごまかす. **5 a** 円滑に動く, 故障[引っかかり]がない, きしらない; 〈物事が〉都合よくいく, すらすらいく, 楽に進める[旅行できる]: the ~ running of an engine 機関の円滑な運転 / ~ motion なだらかな運動 / make things ~ for …への困難を除く, …のために事を容易にする. **b** 《口語》踊りのうまい: a ~ dancer. **6 a** 〈飲物など〉口当たりのよい, 柔らかい (soft): a ~ cocktail. **b** 〈音など〉耳に快い, 聞き苦しくない: ~ music. **7** 〈物質が〉(むらがなく)よく練れた, (むらなく)よく混ざった (evenly mixed): a ~ paste むらのない糊(のり). **8** 〈金やすりが〉目が極く細かい. **9** 《俗》魅力的な, すてきな (attractive). **10** 〘音声〙(ギリシャ語の語頭母音が)無気音の (unaspirate) (cf. rough 11): ⇨ smooth breathing. **11** 〘トランプ〙(ポーカー, 特に lowball で)(手作りの)比較的楽な.

── *adv.* 平らに, なだらかに; すらすらと: Things have gone ~ with me. 事がうまく運んだ / The course of true love never did run ~. 真の恋路は昔から平らだったためしがない (Shak., *Mids N D* 1. 1. 134).

── *vt.* **1 a** …のでこぼこを取る, 滑らかにする, 平らにする: ~ rough ground でこぼこの地面を平らにする. **b** 〈布など〉のしわを伸ばす, のす, ならす; 〈しわなどを〉のして[なでて]伸ばす (press flat) 〈*away, out*〉: ~ a rumpled sheet しわになったシーツを伸ばす / ~ *out* wrinkles from a shirt ワイシャツのしわを伸ばす. **c** 〈髪を〉なでつける 〈*down*〉: ~ *down* one's hair 髪の毛をなでつける. **2** 〈邪魔物・困難などを〉取り除く (remove), 容易にする (make easy): ~ difficulties away 困難を除去する / ~ the way 行く手の障害を除く. **3 a** …の粗雑[不快, 見苦しさ]を取り除く; 〈態度などを〉洗練する, …の磨きをかける. **b** 〈言葉遣いを〉流暢にする; なだらかにする, 円滑にする. **4 a** 落ち着かせる, なだめる, 静める (calm, soothe) 〈*down*〉: ~ *down* quarrels [one's temper] けんか[気分]を静める. **b** 〈顔〉の表情を和らげる. **5** 〈不快なことを〉うまくごまかす, 言い繕う (palliate); 〈過失などを〉取り繕う, かばう, まるく治める (cloak) 〈*over*〉: ~ *over* faults. **6** 〘数学〙(いくつかの変数に適当な値を代入して)〈式を〉簡単にする.

── *vi.* **1** 滑らかになる, 平ら[穏やか]になる 〈*down*〉: The sea gradually ~*ed down.* 海はほどなく静かになった. **2** 安らかになる, 収まる, 円滑にいく 〈*down*〉: Affairs are ~*ing down.* 事態は収まりつつある.

── *n.* **1** 平滑にすること, ならし; のし; なでつけ: give a ~ to one's hair=give one's hair a ~ 髪をなでつける. **2 a** 滑らかな物[部分, 所]: the ~ of one's shoulder 肩の平らな部分. **b** 平地. **c** 《米》草原. **d** 広い静かな海[水面]. **3** 〘テニス〙スムース《ラケットの飾りガットが滑らかな方の面; ↔ rough》.

take the rough with the smooth ⇨ rough *n.* 4.

~·er *n.* **~·ness** *n.*

smóoth·bòre *adj.* 〈砲腔・銃腔など〉滑腔(かっこう)の, 腔線のない, 旋条のない. ── *n.* 滑腔銃, 滑腔砲 (cf. rifle[1] 1).

smóoth bréathing 〘(なぞり) ← LL *spīritus lēnis*〙 ── *n.* **1** 無気音符 (ʼ)《ギリシャ語で語頭の母音または r が帯気音を伴わないことを示し, ローマ字化するときは表記しない; spiritus lenis ともいう; cf. rough breathing》. **2** (ʼ) の表わす無気音.

smóoth cólony *n.* 〘細菌〙スムーズ集落[コロニー], S 集落《寒天平板上に腸内細菌によってつくられる表面が平滑な正円形の集まり》.

smóoth dógfish *n.* 〘魚類〙ホシザメ《背びれの前にとげのないドチザメ科ホシザメ属 (*Mustelus*) のサメの総称; 日本各地から西太平洋などにいるホシザメ (*M. manazo*) など; 特に *M. canis*; smooth dog ともいう》.

smooth·en [smúːðən] 〘← SMOOTH+-EN[1]〙 *vt.* 滑らかにする. ── *vi.* 滑らかになる.

smóoth-fáced *adj.* **1** 〈布など〉滑らかな表面の, 平滑面の. **2** つるつる顔の, ひげのない, ひげをすっかりそった. **3** 人当たりのよい, 愛想のよい (suave); うわべは親しげな, ねこをかぶった.

smóoth flóunder *n.* 〘魚類〙北米北東部沿岸のカレイ科クロガレイ属の魚 (*Liopsetta putnami*).

smóoth fóx térrier *n.* ⇨ fox terrier.

smóoth hòund *n.* 〘魚類〙ヨーロッパ南部の海域にすむドチザメ科の魚 (*Mustelus mustelus*).

smooth·ie [smúːði | -ðɪ] 〘⇨ -ie〙 *n.* 《口語》=smoothy.

smóothing círcuit *n.* 〘電気〙平滑回路《整流器出力側などの脈動を減らす回路》.

smóothing ìron *n.* アイロン, 火のし, こて.

smóothing plàne *n.* 仕上げかんな.

smóoth jóint *n.* 〘製本〙=tight joint.

smooth·ly 〘ME〙 ── *adv.* **1** 滑らかに, 平らに. **2** すらすらと, 円滑に: go on ~ すらすらと進行する. **3** 流暢に, よどみなく; 口先がうまく. **4** 穏やかに.

smóoth múscle *n.* 〘解剖〙平滑筋 (cf. striated muscle).

smóoth pláne *n.* =smoothing plane.

smóoth sáiling *n.* =plain sailing.

smóoth-sháven *adj.* 口ひげ[あごひげ]をつけてない, ひげをきれいにそった (cf. clean-shaven).

smóoth-spóken *adj.* **1** すらすらしゃべる. **2** 〈言葉・態度など〉洗練された (polished). **3** 口先のうまい, 口の上手な.

smóoth súmac *n.* 〘植物〙北米産ウルシ科の落葉低木 (*Rhus glabra*)《材がオレンジ色で美しい》.

smóoth·tòngue *n.* 〘魚類〙北太平洋の深海にいるソコイワシ科イチモンジイワシ属の魚 (*Leuroglossus stilbius*) (cf. deep-sea smelt).

smóoth-tóngued *adj.* **1** 〈話しぶりが〉流暢(りゅうちょう)な, 口の達者な (glib). **2** 口先のうまい (flattering).

smóoth wínterberry *n.* 〘植物〙北米産モチノキ科モチノキ属の葉にとげのない植物 (*Ilex laevigate*).

smooth·y [smúːði | -ðɪ] 〘← SMOOTH+-Y[2]〙 ── *n.* 《口語》 **1 a** 上品な人. **b** ことをすらすらやる人; (特に)女の機嫌をとる人. **2** 口先のうまい人; 如才のない人. **3** (つや出しの上質紙を使った)高級雑誌 (slick).

smor·gas·bord [smɔ́əgəsbɔ̀əd, -bòəd | smɔ́ːgəsbɔ̀ːd] 〘□ Swed. *smörgåsbord* ← *smör* butter+*gås* goose+*bord* table〙 ── *n.* (*also* **smörgåsbord** [~]) **1 a** スモーガスボード《スカンジナビア式立食料理; 前菜や種々の冷・温製料理を並べたもので時には 50 種にもおよぶ》. **b** スモーガスボードの食事[を供する料理店]. **2** 混合物, ごたまぜ.

smor·zan·do [smɔətsáːndou | smɔːtsáːndəu; *It.* zmortsándo] 〘□ It. ~ (pres.p) ← *smorzare* to extinguish〙 *adv.* 〘音楽〙徐々に遅く音を弱めて.

smote 〘OE *smāt*〙 *v.* smite の過去形・過去分詞.

smoth·er [smʌ́ðə | -ðə(r)] 〘n.: (13C) *smoþer* (変形) ← (*c*1175) *smorþer* ← OE *smorian* to smother ← ?〙 ── *vt.* **1** (煙などで)息苦しくする, 息がつけないようにする, 窒息させる (suffocate, choke): be ~*ed* by thick smoke 濃い煙でむせる. **2 a** 窒息死させる, 息を止めて殺す: ~ a baby *with* a pillow 枕で赤ん坊を窒息死させる. **b** 〈火を〉(おおって)消す: ~ a fire *with* a blanket 毛布をかぶせて火を消す. **3 a** 〈火を〉いけてくすぶらせる; いける; 〈灯火を〉おおう (cover up). **b** 〈あくびなどを〉かみ殺す, 〈感情・衝動・悲しみなどを〉押える (suppress); 〈罪悪を〉隠蔽(いんぺい)する (conceal), もみ消す, うやむやに葬る (stifle) 〈*up*〉: ~ a yawn あくびをかみ殺す / ~ one's boredom 退屈なのを我慢する / ~ one's grief [rage] 悲しみ[怒り]を押える / with ~*ed* curses 口の中でのろって / ~ (up) a scandal 醜聞をもみ消す. **c** (あたりが込みすぎて)…の発育を阻止する; 〈成長を〉押える: vegetables ~*ed* by the weeds 雑草が茂りすぎて伸びなくなった野菜 / ~ a child *with* too much care 過保護で子供の発育を妨げる. **d** 厚くおおう; 〔煙・霧・布などに〕…を包む, くるむ 〔*in*〕: Snow ~*ed* the road. 雪が道路をすっかり隠してしまった / London ~*ed in* fog 霧に包まれたロンドン / ~ the patient *in* blankets 病人を毛布にくるむ. **e** 〔キス・贈り物・親切などで〕息もつけないほどにする (cover); 圧倒する 〔*with*〕: She ~*ed* the child *with* kisses. 彼女は子供に息もつけないほどにキスした. **f** 《米》徹底的に[さっと]打ち負かす (vanquish). **4 a** (少量の液体で, とろ火で)蒸し煮にする: ~*ed* chicken 蒸し煮の鳥肉. **b** 〈食物を〉〔他の食物やソースで〕おおって供する, …にこってりかける 〔*with, in*〕: a steak ~*ed with* mushrooms マッシュルームをかけたステーキ. **5** 〘ゴルフ〙(高く打ち上げようとして失敗し)地面をはうように〈ボールを〉低く打つ. ── *vi.* **1** 息がつけなくなる, 窒息する; 窒息して死ぬ: I shall ~ if I stay in this hot room. こんな暑い部屋にいたら息がつまりそうだ. **2 a** 〈怒りなどが〉内に押えられている, 鬱(うっ)積する. **b** 〈事実などが〉握りつぶされる, 隠蔽される. **3** 《英方言》くすぶる (smolder). ── *n.* **1** (窒息させるような)濃煙. **2** 煙霧, 濃霧; ひどいしぶき; ひどいほこり. **3** (一面に広がる)混乱, 散乱 (welter). **4** 《古》 **a** いぶる物[灰]; いぶり火. **b** くすぶり, いぶり (smoldering).

from (the) smoke into (the) smother ⇨ smoke 成句.

smóth·ered máte *n.* 〘チェス〙キングが自分の駒で動けない時のナイトによる詰み[チェックメイト] (checkmate).

smoth·er·y [smʌ́ð(ə)ri | -ðəri] 〘← SMOTHER+-Y[4]〙 *adj.* 窒息させる, 息づまるような.

smoulder *vi., n.* =smolder.

s.m.p. 《略》 *L.* sine masculā prōle (=without male issue).

SMSgt 《略》 senior master sergeant.

smudge [smʌ́dʒ] 〘v.: (*c*1430) *smoge*(*n*) ← ?〙 ── *n.* **1** (紙・顔などの)よごれ, しみ (smear, stain); よごれた状態. **2** 濃い煙 (smother). **3** 《米》(害虫駆除用・霜よけにたく)いぶし火, たき火, 蚊やり火《smudge fire ともいう》. **4** 〘トランプ〙 **a** (オークションピッチ (auction pitch) で) 4 点取るという宣言 (bid)《マイナス点を取っていない宣言者がこれを達成すればゲームに勝つか, または得点が倍加する》. **b** この方式をとる auction pitch. ── *vt.* **1** …にしみをつける, よごす (smutch, soil): ~ writing, one's fame, etc. / a face ~*d* with soot すすでよごれた顔. **2** 《米》いぶす; 〈テント・果樹園などを〉いぶし火で害虫駆除[霜よけ]をする, 蚊いぶしにする. ── *vi.* **1** よごれる, にじむ: paper which ~*s* easily よごれやすい紙. **2** いぶる, くすぶる.

smúdge fìre *n.* =smudge 3.

smúdge pòt *n.* 《米》(果樹園などで霜を防ぐために油などを燃やす)いぶしつぼ.

smudg·y [smʌ́dʒi | -dʒɪ] 〘⇨ -y[4]〙 ── *adj.* (**smudg·i·er; -i·est**) **1** よごれた, しみだらけの. **2** 不鮮明な. **3** 《英方言》いぶる, 煙る (smoky). **4** 《方言》〈天候が〉むっとする, 蒸し暑い (oppressive, sultry). **smúdg·i·ly** [-dʒɪli, -dʒə- | -lɪ] *adv.* **smúdg·i·ness** *n.*

smug [smʌ́g] 〘(1551) □ ? LG *smuck* neat: cf. smock〙 ── *adj.* (**smug·ger; smug·gest**) **1** きざな, いやに気取った, ひとりよがりの (self-satisfied). **2** 小ぎれいな, さっぱりした (neat, trim). ── *n.* **1** 《まれ》きざな人, いやに気取った人 (prig). **2** 《英学生語》(社交やスポーツをせずに)勉強一点張りの学生, がり勉 (dig, grind). **~·ly** *adv.* **~·ness** *n.*

smug·gle [smʌ́gl] 〘(*a*1687) □ LG *smuggel-n, smukkeln* & Du. *smokkelen* ← ?: cf. smock〙 ── *vt.* **1** 密輸(入[出])する; 密入[出]国させる 〈*in, out, over*〉: ~ (*over*) [*in, out*] tobacco たばこを密輸[密輸入, 密輸出]する / a *smuggling* ring [gang] 密輸団 / ~ oneself into a foreign country 外国へ密航する. **2** こっそり持ち込む[出す, 去る]〔*into, out of*〕/〈*away*〉: ~ a clause *into* the bill 法案にひそかに一項目さし込む / ~ a letter *into* [*out of*] a prison 刑務所へそっと手紙を持ち込む[刑務所から持ち出す]. — *vi.* 密輸する.

smúg·gler [-glɚ | -glə(r] *n.* **1** 密輸業者. **2** 密輸船.

smut [smʌ́t] 〖v.: 《1587》《変形》← ? *smot* to stain < ME *smotte(n)*: cog. G *schmutzen*〗 — *n.* **1 a** (黒い)よごれ, しみ (smudge). **b** すす状の物質; (特に)すすの一片. **2** みだらな言葉[話, 絵], 猥談; みだら, 猥褻(わいせつ) (obscenity): talk ~ みだらな話[猥談]をする. **3** 〖植物病理〗 **a** (麦の)黒穂病《クロボキン目の菌(例えばナマグサクロボキン科のアミナマグサクロボビョウキン (*Tilletia tritici*) など)による》. **b** 黒穂病菌. — *v.* (**smut·ted; smut·ting**) — *vt.* **1** (すすなどで)よごす, 黒くする (smudge): ~ a white sheet. **2** 〈穀物を〉黒穂病にかからせる. — *vi.* **1** よごれる, 黒くなる. **2** 〈穀物が〉黒穂病にかかる, 黒穂ができる.

smút bàll *n.* 〖植物〗 **1** 黒穂菌の焦胞子. **2** ホコリタケ (puffball).

smutch [smʌ́tʃ] 〖← ?: cf. smudge〗 *vt.* **1** (すすなどで)黒くする (smudge). **2** よごす, きたなくする. — *n.* **1** よごれ; すす, あか. **2** 汚点, 汚名.

smutch·y [smʌ́tʃi | -tʃɪ] (**smutch·i·er; -i·est**) 〖⇨ ↑, -y[4]〗 *adj.* よごれた, きたない (dirty).

Smuts [smʌ́ts; *Afrik.* smœ́ts], **Jan Chris·ti·aan** [ján krístiaːn] *n.* スマッツ《1870–1950; 南アフリカ共和国の政治家・将軍; 首相 (1919–24; 1939–48); cf. holism》.

smut·ty [smʌ́ṭi | -tɪ] 〖← SMUT + -Y[4]〗 — *adj.* (**smut·ti·er; -ti·est**) **1** よごれた, すすだらけの, 黒くなった, きたない (dirty). **2** 黒穂病にかかった. **3** みだらな, 猥褻(わいせつ)な (indecent, obscene); 下卑た, 野卑な: a ~ novel, talk, etc. / ~ language. **smút·ti·ly** [-ṭɪli, -ṭə-, -ṭḷi | -tɪlɪ, -tə-] *adv.* **smút·ti·ness** *n.*

SMV 《略》 slow-moving vehicle.

Smyr·na [smə́ːnə | smə́ː-] 〖⊏ L *Smyrna* ⊏ Gk *Smúrna*〗 *n.* スミルナ《Izmir の旧名》.

Smyrna, the Gulf of *n.* スミルナ湾《the Gulf of Izmir の旧名》.

Smyr·nae·an [smə́ːniən | smə́ːnɪən, -njən] *adj.* スミルナ (Smyrna) の.

Smýrna fíg *n.* 〖園芸〗スミルナ系イチジク (*Ficus carica* var. *smyrniaca*)《小アジアの Smyrna 地方に原産し, 結実にはカプリフィケーション (caprification) が必要; 乾果用として最高の品質を有する》.

Smyr·ni·ote [smə́ːniòʊt | smə́ːnɪəʊt] 〖⊏ NGk *Smurniṓt-ēs*: ⇨ Smyrna, -ite[1]〗 *adj.*, *n.* スミルナ (Smyrna) の(人).

Smyth [smáɪθ | smíθ, smáɪθ], Lord **Robert Stephenson** *n.* ⇨ Baden-Powell.

Smyth, William Henry *n.* (1788-1865) 英国の海将・水路測量家; *The Sailor's Word-book* (1867).

smy·trie [smáɪtri, smít- | -trɪ] 〖← ?: cf. Fris. *smite*〗 *n.* 《スコット》(物・生物の)小さな集まり, 小さな塊り (bunch).

Sn 《記号》〖化学〗 tin (← *L.* stannum).

S/N. 《略》〖電気〗 signal-to-noise ratio.

s.n. 《略》〖処方〗 *L.* secundum nātūram (= according to nature); serial number; series number; 〖陸軍〗 service number 認識番号, 個人番号; *L.* sine nōmine (= without name).

S.N. 《略》 Secretary of the Navy; sergeant navigator.

snack [snǽk] 〖《1402》 *snake* a snatch with the teeth ← ME *snake(n)* to bite ⊏ ? MDu. *snack-en* to snap at, bite: cf. snatch〗 — *n.* **1 a** (大急ぎの)簡単な食事, 軽食, スナック: take a ~ 大急ぎで食事する. **b** (食べ物・飲物の)一口, 少量. **2** 分け前, 割り前 (share): go ~*s* 《古》山分けする / *Snacks!* 分け前をくれ. — *vi.* (食事の間に)軽食をとる.

snáck bàr *n.* **1** 軽食堂, スナック. **2** (家庭の)軽食用カウンター.

snáck còunter *n.* 《英》= snack bar 1.

snáck tàble *n.* (折りたたみ式で持ち運びのできる)一人用小型食卓《TV table ともいう》.

snaf·fle [snǽfl] 〖《1533》← ?: cf. (M)LG & (M)Du. *snavel*〗 — *n.* **1** (馬の)小勒(ろく); 小勒のはみ《snaffle bit ともいう; ⇨ bit[1] 挿絵》: a ~ rein 小勒に結んだ手綱 (⇨ bridle 挿絵). **2** 軽い制御.
ride a person in [*on, with*] *the snaffle* 〈人を〉温和な手段で制御する, やすやすと御する.
— *vt.* **1 a** 〈馬などに〉小さなはみをはませる. **b** 〈馬を〉小勒で制する; 制御する (bridle). **2** 《英俗》盗む (steal); 不正な手段で得る.

sna·fu [snæfúː, ―́―] 〖《頭字語》← *s(ituation) n(ormal) a(ll) f(ucked) u(p)*〗 — 《米俗》 *adj.* 乱れた, 混乱した, 混沌とした (chaotic). — *n.* 混乱状態 (confusion). — *vt.* ごった返しにする, 混乱させる (muddle).

snag [snǽ(ː)g] 〖《1577-87》← ? Scand. (cf. Norw. 《方言》 *snag* spike / Icel. *snagi* peg)〗 — *n.* **1 a** (切り取った後に残る)枝の切株, 枝株. **b** 《米》(水中に沈んでいて船の運行を妨げる)倒れ木, 沈み木, 隠れ木. **c** (高さ 6 m 以上もある)立枯れの大木. **2 a** (ごつごつしたまたは尖った)突起物, 出っ張り (protuberance). **b** (折れた)歯の根; 出歯, そっ歯 (snaggletooth). **c** (鹿の)短い枝角. **3** 思わぬ[隠れた]障害[故障]: strike [run against] a ~ 思わぬ障害にぶつかる[暗礁に乗り上げる]. **4** (ストッキング・衣服などの)かぎ裂き: a ~ in one's stocking.
— *v.* (**snagged; snag·ging**) — *vt.* **1** (切株を残して)〈枝を〉切る. **2 a** 《米》〈船を沈み木に〉引っかける, 倒れ木に乗りかける, 沈み木に当てて破損する: The boat was ~*ged* near the bank. 船が岸の近くで沈み木に引っかかった. **b** 〈衣服などに〉かぎ裂きを作る: ~ one's stocking on the fence 垣根でストッキングにかぎ裂きを作る. **3** 邪魔する; 妨害する (impede). **4** 〈川などから〉沈み木を取り払う. **5** さっと捕える[つかむ]: ~ a ball, taxi, husband, etc. — *vi.* **1 a** 〈船が〉沈み木に引っかかる. **b** (水中の障害物で)もつれる, 動きがとれなくなる. **2** 出っ張り[こぶ]になる.

snág bòat *n.* 《米》(内水面で使う)沈木引揚げ装置付きの船.

snag·ged [snǽgɪd, -gəd] *adj.* **1** = snaggy. **2** 〖紋章〗〈木が〉切断面を見せた.

snág·gle·tòoth [snǽgḷ-] 〖← 《英方言》 *snaggled* snaggletoothed (⇨ snag (v.), -le[3], -ed) + TOOTH〗 — *n.* (*pl.* **-teeth**) 乱ぐい歯; そっ歯. **snág·gle·tóothed** [-túːθt] *adj.*

snag·gy [snǽgi | -gɪ] 〖← SNAG + -Y[4]〗 — *adj.* (**snag·gi·er; -gi·est**) **1** 〈木が〉枝の切株だらけの; ぎざぎざの, こぶだらけの. **2** 〈川など〉沈み木が多い.

snail [snéɪl] 〖OE *snæ̆g(e)l, sneğ(e)l* ← Gmc **snaʒ-*, **sneʒ-* ← ? IE **sneig-* to creep〗 — *n.* **1** 〖動物〗巻貝, カタツムリ, デンデンムシ, マイマイ《水中や陸上に生息する腹足綱の軟体動物の総称; 特に, 巻貝をもち, ゆっくりはうものをいう; cf. edible snail, garden snail》: (as) slow as a ~ のろくさい. **2** (カタツムリのように)のろくさい人, 無精者, のろま. **3** 〖時計〗渦形カム (snail-wheel). **4** [*pl.*] 〖植物〗= snail clover. — *vi.* ゆっくりと動く[行動する]. — *vt.* **1** のらくら〈時を〉過ごす. **2** 〖時計〗…に渦形を形造る, 渦形の模様をつける.

snáil clòver *n.* 〖植物〗カギュウソウ (*Medicago scutellata*)《ヨーロッパ産マメ科の牧草》.

snáil dàrter *n.* 〖魚類〗スズキ目パーチ科の小さな矢魚 (*Percina tanasi*)《1973 年に米国 Little Tennessee 川で発見された淡水魚》.

snail·er·y [snéɪləri | -rɪ] 〖⇨ -ery〗 *n.* 食用カタツムリ (edible snail) の養殖場.

snáil·fish *n.* 〖魚類〗= sea snail 2.

snáil·flòwer *n.* 〖植物〗熱帯アメリカ産マメ科インゲン属の多年生蔓植物 (*Phaseolus caracalla*)《紫または黄色の花が咲き, 花冠がカタツムリの殻状に巻いている》.

snáil·ing [-lɪŋ] *n.* 〖時計〗時計部品表面に施す放射状曲線模様.

snáil·like *adj.* カタツムリのような.

snáil-páced *adj.* (カタツムリのように)のろい, 動作が緩慢な, 歩みがゆっくりした (sluggish).

snáil's gállop *n.* 《古》= snail's pace.

snáil-slów *adj.* = snail-paced.

snáil's páce 〖ME *snayles pas*〗 *n.* 非常にのろい歩調[ペース], ゆるいスピード: walk [proceed] at a ~ のろのろ歩く[進む].

snáil-whèel *n.* 〖時計〗= snail 3.

snake [snéɪk] 〖OE *snaca* ← Gmc **snakan-* (ON *snākr*) ← ? IE **sneig-*: ⇨ snail: cf. sneak〗 — *n.* **1 a** 〖動物〗ヘビ《ヘビ亜目の爬虫類の総称; cf. serpent》. ★ ラテン語系形容詞: anguine. **b** 《俗用》ヘビに似た細長いトカゲ[両生類]の総称. **2** (ヘビのような)冷酷陰険な人, 油断のならぬ相手, ずるい[狡猾な]人 (cf. *a* SNAKE *in the grass*). **3** [*pl.*] 《口語》アルコール中毒 (delirium tremens). **4** 〖建築〗 **a** リード線《電線を配管の中に通すために用いる鋼製のワイヤー》. **b** へび《下水管などのつまりを掃除するためのワイヤー》.
see snakes = 《米》 ***have snakes in one's boots*** 《口語》アルコール中毒にかかっている, アル中になっている (cf. get rats ⇨ rat[1] 成句). ***a snake in the grass*** 〖《なぞり》← L *anguis in herba*: cf. Virgil, *Eclogues* 3: 93〗 見えない危険; 隠れた敵. ***warm*** [***cherish***] ***a snake in one's bosom*** 恩をあだで返される, 飼犬に手をかまれる.
snakes and ladders 〖遊戯〗すごろくの一種; さいころの数で駒を進め, 蛇の頭絵までくると尾まで戻り, はしごの下部にくると上部へ進む.
— *vi.* (ヘビのように)くねる, くねって歩く[動く, 飛ぶ]: The river ~*s* in the valley. 川が谷間をうねって続いている. — *vt.* **1** (ヘビのように)くねらす (wind); ねじる (twist): ~ one's body. **2** 〈コース・道などを〉ヘビのようにうねって行く, 曲がりくねって進む: ~ one's way [course] in the field 野原を蛇行する. **3** 《米》〈丸太を〉(一端にチェーンやロープを付けて)引きずる. **4** 《米口語》ぐいと引く〈*out*〉: ~ *out* a tooth 歯をぐいと引き抜く. **5** 《英方言》〈人〉から(…を)だまし取る (cheat)〔*out of*〕: ~ a person *out of* something.

snáke·bìrd *n.* 〖鳥類〗ヘビウ《長頸で嘴(くちばし)が大きくまっすぐのびている淡水にすむヘビウ属 (*Anhinga*) の鳥類の総称; 雌雄の羽色は違う; アメリカヘビウ (*A. anhinga*) など》.

snáke·bìte *n.* **1** (毒)ヘビによる咬傷(こうしょう); それによる炎症[痛み, 苦痛]. **2** 〖植物〗= bloodroot 1. **3** 《方言》アルコール飲料; (特に)ウイスキー (whiskey)《snakebite remedy ともいう》.

snákebite rèmedy *n.* 《方言》= snakebite 3.

snáke chàrmer *n.* ヘビ使い《笛などを吹いて毒ヘビを踊らせる芸人》. **snáke-chàrming** *n.*

snáke-dànce *vi.* ヘビ踊りを踊る; ジグザグ行進をする.

snáke dànce *n.* **1** ヘビ踊り《Hopi の宗教儀式の一部をなす踊り; ガラガラヘビを使う》. **2** ジグザグ行進《優勝祝い・デモなどのとき前の人の肩に手をかけてヘビのようにくねくねと練り歩く蛇行行進》.

snáke dòctor *n.* 〖昆虫〗 **1** ヘビトンボの類の幼虫 (hellgrammite). **2** = dragonfly.

snáke-èater *n.* 〖鳥類〗ヘビクイワシ (⇨ secretary bird).

snáke èyes *n. pl.* (クラップス (craps) で)1 のさいの目が 2 つ出ること, 「ピンゾロ」(two aces).

snáke fèeder *n.* 《米中部》〖昆虫〗= dragonfly.

snáke fènce *n.* 《米》= worm fence.

snáke·fìsh *n.* 〖魚類〗ヘビ状の魚類の総称: **a** タウエガジ科ウナギガジの類の魚 (*Lumpenus lumpretaeformis*). **b** オキエソ (*Trachinocephalus myops*).

snáke flỳ *n.* 〖昆虫〗ラクダムシ類のように前胸部がヘビの首のように長い数種の昆虫の総称.

snáke fòot *n.* ヘビ型足《18 世紀英・米の三脚式テーブルのヘビの頭に似た脚先》.

snáke·hèad *n.* **1** 〖植物〗 **a** = turtlehead. **b** = guinea-hen flower. **2** 〖魚類〗タイワンドジョウ, (俗に)雷魚《タイワンドジョウ科の魚類の総称; 日本にいるタイワンドジョウ (*Channa maculata*) など; snakehead mullet, snakeheaded fish ともいう》.

snáke-hìpped *adj.* 細くしなやかなくねくねする腰をした.

snáke·lìke *adj.* ヘビのような.

snáke lìly *n.* 〖植物〗米国 California 州原産ユリ科ハナニラ属の球根植物 (*Brodiaea volubilis*)《花は星形でばら色; 観賞用》.

snáke màckerel *n.* 〖魚類〗クロタチカマス (*Gempylus serpens*)《熱帯地方産クロタチカマス科の深海魚; 体は細長く銀色をしている》.

snáke·mòuth *n.* 〖植物〗米国東部の湿地に生じるトキソウ属のラン (*Pogonia ophioglossoides*)《花はヘビが口を開いたのに似る》.

snáke mùishond *n.* 〖動物〗シロクビゾリラ (*Poecilogale alqinucha*)《サハラ砂漠の南部に生息するイタチ科ゾリラ (striped muishond) に近似の動物》.

snáke òil *n.* 《俗》(万能薬と称して行商人の売る)いんちき薬《「がまの膏(あぶら)」の類》.

snáke pàlm *n.* 〖植物〗ヘビイモ (⇨ devil's-tongue).

snáke pìt *n.* **1** (ヘビを飼ってある)ヘビ穴. **2** 《口語》(不潔で不誠実な)精神病院. **3** 乱雑きわまりない場所, 手のつけられないほどの混乱[混雑](状態).

Snáke Rìver *n.* [the ~] スネーク川《米国 Wyoming 州北西部に発し Idaho 州南部を北西流して Washington 州南東部で Columbia 川に注ぐ川 (1,670 km)》.

snáke·ròot *n.* 〖植物〗 **1** 根がヘビの咬傷(こうしょう)によく効くといわれる数種の植物の総称《Virginia snakeroot, black snakeroot, senega root, カナダサイシン (wild ginger), インドジャボク (snakewood) など》. **2** snakeroot の根.

snáke's-hèad *n.* 〖植物〗= snakehead 1.

snáke·skìn *n.* ヘビの皮; ヘビ革.

snáke·stòne *n.* **1** 《方言》〖古生物〗= ammonite[1]《ヘビがとぐろを巻いた形に似ていることから》. **2** ヘビによる咬傷(こうしょう)に効くという石. **3** = ayr stone.

snáke·wèed *n.* ヘビを連想させるものやヘビの咬傷に効くと信じられている数種の植物の総称《bistort, snakeroot, poison hemlock など》.

snáke·wòod *n.* 〖植物〗 **1** = nux vomica 1 b. **2** インドジャボク (*Rauwolfia serpentina*)《キョウチクトウ科の常緑低木; インドではヘビや昆虫の咬傷の解毒に, また血圧低下剤, 精神安定剤などに使用された》. **3** = trumpetwood. **4** インドソケイ (frangipani).

snak·y [snéɪki | -kɪ] 〖《1567》: ⇨ snake, -y[4]〗 — *adj.* (**snak·i·er; -i·est**) (*also* **snakey** [~]) **1** ヘビの; ヘビのからまった: a ~ rod [wand] 《Mercury の持つ》ヘビづえ / ~ locks [hair] ヘビの髪《その髪の毛がヘビであったと言われる復讐の女神 Furies の頭髪》. **2** ヘビの多い: a ~ place, forest, etc. **3** ヘビのような, ヘビ状の; うねうねした (serpentine), 曲がりくねった (winding, sinuous): a ~ eel, river, etc. **4** (ヘビのように)陰険な (insidious), 悪賢い (cunning); 冷酷な, 残忍な (cruel). **5** 〈指輪など〉ヘビをかたどった. **6** 《豪俗》怒りっぽい, 短気な (angry). **snák·i·ly** [-kɪli, -kə- | -lɪ] *adv.* **snák·i·ness** *n.*

snap [snǽp] 〖v.: 《1530》⊏ ? (M)LG & (M)Du. *snappen* to seize, speak hastily. — n.: 《1495》⊏ Du. *snap* & LG *snap(p)*: 《擬音語》?: cf. snack, sniff〗 — *v.* (**snapped; snap·ping**) — *vi.* **1 a** 素早くかむ, ぱくっとかみ[食い]つく, かみ[食い]つこうとする (cf. bite)〔*at*〕: I hate a dog that ~*s*. かみつく犬は大きらいだ / A fish ~*s at* a bait. 魚が餌(えさ)に食いつく. **b** (待ってましたとばかりに)応じる, 飛びつく (grasp)〔*at*〕: ~ *at* a chance [a bargain, an offer, an invitation] 機会[契約, 申し出, 招待]に飛びつく《二つ返事で応じる》. **2** がみがみ言う〔*at*〕: He is always ~*ping at* her. 彼はいつでも彼女にがみがみ小言を言っている / ~ and snarl がみがみ言う, 口ぎたなくののしる. **3 a** ぷっつり切れる, みりっと[ぽきんと]折れる: ~ short ぽきっと折れる, ぷつんと切れる / The chain [rope] ~*ped* at the weakest point. 鎖[綱]が最も弱い点でぷっつり切れた / The mast ~*ped off*. 帆柱がぽきんと折れた / ~ in [to] pieces ばらばらに[ぽきぽき]切れる[折れる]. **b** 〈神経などが〉耐えきれなくなる, 参る; 緊張の糸がぷつりと切れる: His nerve ~*ped* after the whole day of hard work. 重労働の一日で神経が参ってしまった / Something ~*ped* in his head. 頭の中で何かがぷつりと切れた《ついに自制心を失ってしまった》. **4 a** 〈むちなどが〉ぴちん[ぴしっ]と鳴る (crack), ぱちぱち[ぴしぴし]いう (crackle); 〈ピストルなどが〉不発に終わる; かちっと[かちかち]いう (click). **b** 〈戸・ふた・かぎなどが〉かちっ[ぱちん, ぱたん]と締まる: The bolt *~ped* into its place. かんぬきがかちんと締まった / The door *~ped* to. 戸がぱちんと締まった. **5** きびきび動く[ふるまう]: ~ to attention 気をつけの号令にきちんと動く. **6** 〈目などが〉(機知・皮肉などを見せて)ちらっと光る (flash): His eyes *~ped* with indignation. 憤りで目がきらりと光った. **7** 〖写真〗スナップ写真を撮る.

— *vt.* **1 a** 素早くかむ, ぱくっとかみつく (bite): The shark *~ped* his leg off. 鮫が彼の脚を食いちぎった. **b** 素早くつかむ; 引ったくる; 先を争って[われ勝ちに]取る 〈*up*〉 (cf. snapper-up): ~ a piece of meat from the table 肉切れを食卓から引ったくる / ~ *up* an offer 申し出にわれ勝ちに応じる / All the cheap goods were *~ped up.* 安い品は皆引ったくり合いだった / ~ *up* a bargain バーゲンに飛びつく. **2 a** 〈人〉にがみがみ言う; 急に〈人〉の言葉をさえぎる: ~ him a sharp reply 彼に鋭く言葉を返す / ~ a person up [short] 意地悪く[出し抜けに]人の言葉をさえぎる. **b** 意地悪く[そっけなく]言う 〈*out*〉: ~ *out* one's criticisms 意地悪く非難する. **3** ぽきっと折る, ぷつっと切る; ぽきっと折り取る, ぷつっと切り取る 〈*off*〉: ~ a stick [a piece of thread] in two 棒をぽきっと折る[糸をぷつっと切る] / ~ *off* a piece of stick 棒切れを折り取る / The ties of affection were *~ped.* 愛情の絆は断たれた. **4 a** 〈むちを〉ぴしっ[ぴしゃり]と鳴らす (crack); ぱちん[ぱたっ, かちん]といわせる; 〈ピストルなどを〉ぱんと撃つ, …の引金を引く (fire): ~ a whip むちをぴしっと鳴らす / ~ a pistol ピストルを撃つ / ~ off a radio ラジオをぱちんと消す / ~ one's fingers 指をぱちんとはじく[鳴らす] (cf. finger 成句) / ~ the teeth (together) 歯をぱくっとかみ合わす / ~ the handcuffs on a person's wrists 人の手首に手錠をぱちんと掛ける. **b** ぱちん[ぴしゃり]と音を立ててしめる[開く, 掛ける]: ~ down the lid of a box 箱のふたをぱたっと締める / ~ open a watch 時計の側をぱちんと開く. **5** 〈判決・立法などを〉審議せずに[手早く, そそくさと]決める: ~ a bill. **6 a** 素早く投げる: ~ a ball. **b** 〈役・演技などを〉素早くやってのける. **7** 〖写真〗スナップ写真で撮る, スナップする; …のスナップ写真を撮る (cf. snapshot): ~ the scenery / He was *~ped* falling off his horse. 落馬するところをぱちりと写された. **8** 〖アメリカンフットボール〗(スクリメージで)〈センターが〉バックスへ〈ボールを〉スナップする (cf. *n.* 13). **9** 〖クリケット〗(三柱門 (wicket) の所で)〈打者を〉アウトにする 〈*up*〉. **10** 〖建築〗墨出しする《部材の表面に寸法線などを付けること》.

snap back 急速に回復する (cf. snapback). ***snap a person's head*** [***nose***] ***off*** =*bite a person's* HEAD *off*. ***snap into it*** 《米口語》きびきび動く (move quickly); さっさと[元気よく]始める, 急ぐ (hurry). ***snap out of*** (意志の力で)〈ある気分・習慣・病気〉からさっさと抜け出す, さらりと忘れて立ち直る.

— *n.* **1 a** 素早くかむこと, ぱくっとかみつく[食いつく]こと: a ~ of the jaws ぱくっとかむこと / make [take] a ~ *at* a bait 餌をぱくつく. **b** 素早くつかむこと, 引ったくること. **2** がみがみ言うこと, 小言, 口争い (angry dispute): train children with a ~ がみがみ言って子供をしつける. **3** ぽきんと折る[折れる]こと[音], ぱちんと割れること[音]: break with a ~ ぽきっと折れる. **4 a** ぱちっ[ばたっ, ぴしゃ, ぴしっ](といわすこと[という音]): a ~ of a whip むちのぴしゃりという音. **b** (かんぬきなどが)ぱちん[ぱたん]と締まること[音]: shut with a ~ ぱたんと締まる. **c** 締め金, 止め金, びじょう金, スナップ (catch, clasp): the ~ of a bracelet 腕輪の締め金. **5 a** 《口語》精力, 元気, 活気 (energy, vigor): There is no ~ left in him. 彼は全く弱り切っている / move with ~ and energy きびきび動く. **b** (文体・言い方など)きびきびしていること: a style without much ~ 余りきびきびしていない文体. **6** 急に来る一時の天候; (特に)急なひどい寒さ: a cold ~ 急な寒さ. **7** 薄くもろいクッキー (cf. gingersnap). **8** 《米俗》楽な[ぼろい]仕事[職] (cinch): a soft ~ 楽な仕事[職, 課程など] / It's a ~ to defeat him. やつをやっつけるのはおちゃのこさいさいだ. **9** 《米俗》楽に動かされる人, お人よし. **10** 《英方言》軽食, スナック; (特に, 労働者・旅行者の)パック入り弁当. **11** 〖写真〗早撮り(写真), スナップ写真, スナップ撮影 (snapshot). **12** 〖トランプ〗スナップ《子供向きの単純な遊び; 別々の山から1枚ずつ同位のものが2枚出るまでめくり, 最初に Snap! と言った者がその山を取る》. **13 a** 〖アメリカンフットボール〗スナップ《スクリメージでセンターがボールを地面から持ち上げてバックスへ素早く渡すこと; cf. *vt.* 8》. **b** 〖カナディアンフットボール〗センター (center).

in a snap すぐに. ***not care*** [***worth***] ***a snap*** (***of one's fingers***) 何とも思わない, 一文の値打ちもない.

— *attrib. adj.* **1** 〈錠・締め金・止め金など〉ぱちんと締まる, はね仕掛けの: a ~ lock, bracelet, etc. **2** 急の, 即座の (offhand), 不意打ちの, 爆弾的な: a ~ debate 不意の討議 / a ~ decision 不意の採決[票決] / a ~ judgment 速断; 略式裁判 / take a ~ vote 抜打ちの票決[投票]を行なう. **3** 《米俗》やさしい, 容易な (easy): a ~ course at college 大学の楽な課程.

— *adv.* 《口語》ぽきん[ぷっつり, ぱちん]と (cf. smack² 1): It broke ~ off. ぷっつり切れた / *Snap!* went an oar. オールがぽっきり折れた.

SNAP 〖《頭字語》← *S*(*ystems fo*r) *N*(*uclear*) *A*(*uxiliary*) *P*(*ower*)〗 **—** 《略》〖宇宙〗スナップ《米国で開発した宇宙開発用の原子力電源; 小型原子炉または放射性同位元素を用いる》.

snáp·bàck *n.* **1** 突然の反動[はね返り]; 急速な回復: a ~ of the market from the lows 市況低迷からの突然の回復. **2** 〖アメリカンフットボール〗スナップバック《センター (center) がクォーター (quarter) の股の間からボールを送り出しファーストダウンが始まるプレー》.

snáp bèan *n.* 〖植物〗さやごと食用にするマメ科インゲン属 (*Phaseolus*) の各種の植物の総称《インゲンマメ (kidney bean) など; cf. shell bean, string bean》; そのさや.

snáp bèetle *n.* 〖昆虫〗=click beetle.

snáp-brìm hát *n.* スナップブリム(ハット)《フェルト製男性用中折れ帽; つばの後部が上に折り曲がり, 前部が下に曲がっている; 単に snap-brim ともいう》.

snáp bùg *n.* 〖昆虫〗=click beetle.

snáp·dràgon 〖《1573》: 穂をなして咲く袋状の花を竜 (dragon) の口に見立てたことから〗 **—** *n.* **1** 〖植物〗**a** キンギョソウ (*Antirrhinum majus*)《南ヨーロッパや北アフリカの地中海地方産ゴマノハグサ科の園芸植物》. **b** ホソバウンラン (toadflax). **c** =jewelweed. **2** 〖遊戯〗干しぶどうつまみ《燃えるブランデーの中の干しぶどうを取って食べる遊び; flapdragon ともいう》; その遊戯に用いる干しぶどう.

snáp fàstener *n.* スナップ, ホック (《英》press-stud)《凹凸型のぱちんと締まる一対の留め具》.

snáp gàge *n.* 〖機械〗はさみゲージ.

snap·hance [snǽphæns | -hɑːns] 〖⊏ Du. *snaphaan* 《原義》snapping cock: ⇨ snap, hen〗 *n.* 〖銃砲〗(燧石(ひうち)銃の)燧発装置《flintlock より初期のもの》.

snáp·hèad rívet *n.* 〖機械〗丸頭リベット.

snáp hòok *n.* =spring hook.

snáp·lìne *n.* 〖建築〗=chalk line 1.

snáp lìnk *n.* スナップリンク《スナップばねのついた鎖の環; 他の環をつなぐことができる》.

snáp lòck *n.* ばね錠 (spring lock).

snáp-òn *adj.* スナップで留められる, スナップ[ホック]式の: a ~ collar.

snáp·per 〖《1532》〗 **—** *n.* **1 a** ぱちっと[ぱちぱち]鳴るもの. **b** (ぱちぱち鳴る)むち先 (cracker). **c** [*pl.*] カスタネット (castanets). **2** がみがみ言う人, ぶっきらぼうな口をきく人. **3** スナップ写真を撮る人. **4** 〖動物〗=snapping turtle. **5** 〖昆虫〗=click beetle. **6** 〖魚類〗**a** フエダイ《フエダイ科の熱帯産食用魚の総称; gray snapper など》; (特に) =red snapper 1. **b** フエダイに似た bluefish, red grouper などの幼魚. **c** ゴウシュウマダイ (*Pagrus auratus*)《オーストラリア・ニュージーランド産の食用魚; 成魚は明るい赤色》.

snápper-bàck 〖ボールを送り返す人の意から〗 *n.* 〖アメリカンフットボール〗センター (center).

snápper-ùp *n.* (*pl.* **snappers-up**) (特価品などに)飛びつく人 (cf. snap *vt.* 1 b): a ~ of bargains.

snápping bèetle [**bùg**] *n.* 〖昆虫〗=click beetle.

snápping shrìmp *n.* 〖動物〗テッポウエビ《テッポウエビ科の節足動物の総称; はさみで鋭い音を出す; 日本にいるテッポウエビ (*Alpheus brevicristatus*) など; pistol shrimp ともいう》.

snápping tùrtle [**tèrrapin**] *n.* 〖動物〗**1** カミツキガメ (*Chelydra serpentina*)《北米 Rocky 山脈付近の川の泥の中に生息するカミツキガメ科のカメ; 60–90 cm に達し攻撃的な性質があり, 食用となる; alligator snapper ともいう》. **2** =soft-shelled turtle.

snap·pish [snǽpɪʃ] 〖← SNAP (v.)+-ISH¹〗 **—** *adj.* **1** 〈犬など〉かみつく(癖のある): a ~ dog. **2 a** がみがみ言う, 癇癪(かんしゃく)の, 怒りっぽい (irritable): a ~ old man. **b** 鋭い口調の (cutting), ぶっきらぼうな (curt): a ~ answer. **~·ly** *adv.* **~·ness** *n.*

snap·py [snǽpi | -pɪ] 〖《1825》← SNAP+-Y⁴〗 **—** *adj.* (**snap·pi·er**; **-pi·est**) **1** ぱちぱちいう: a ~ fire, sound, etc. **2** 《口語》**a** 素早い, 急な (quick): a ~ judgment 速断. **b** てきぱきした, きびきびした (crisp); 威勢のいい, 元気のいい (brisk, lively): a ~ game, talk, article, paragraph, etc. **c** しゃれた, いきな, スマートな (smart): ~ clothes / a ~ dresser. **3** 《口語》〈天候・風など〉身を切るような[に寒い]: ~ cold weather. **4** 〈犬など〉かみつく(癖のある) (snappish). **5** 〈人が〉いらいらした. **6** 〖写真〗〈ネガ・ポジが〉コントラストの強い.

make it snappy 《口語》急ぐ (hurry); てきぱきする.

snáp·pi·ly [-pɪli, -pə-| -lɪ] *adv.* **snáp·pi·ness** *n.*

snáp rìng *n.* **1** 〖機械〗止め輪《軸端の溝にはめて車の抜け止めに使用する輪》. **2** 〖登山〗カラビナ《ピトンとザイルを繋ぐ卵形鋼鉄製の輪》.

snáp-ròll 〖航空〗*vt.* 〈飛行機を〉急横転させる. **—** *vi.* 「急横転する.」

snáp ròll *n.* 〖航空〗急横転《この場合飛行機はほぼ水平に進行する》.

snáp·shòot *vt.* (**snap·shot**) …のスナップ写真を撮る.

snáp·shòt 〖《1808》〗 **—** *n.* **1** スナップ(写真), スナップ撮影, 瞬間撮影, 早取り(写真) (cf. snap *vt.* 7): take a ~ of …のスナップ(写真)を撮る. **2** 寸見, 一瞥; 一面, 断片, 片鱗. **—** *vt.* (**-shot·ted**; **-shot·ting**) = snapshoot.

snáp shòt *n.* 速射, 急射, 即座撃ち《よく狙いを定めずに撃つこと》.

snáp swìtch *n.* 〖電気〗スナップスイッチ.

snare¹ [snέə | snέə(r] 〖lateOE *sneare* ⊏ ON *snar-a* ← Gmc **snarʒ-* (OE *snearh* cord, string / Du. *snaar* / G *Schnur*) ← IE *(*s*)*ner-* to wind, twist: cf. narrow〗 **—** *n.* **1** わな (trap)《通例輪なわ (running noose) で作ったもので, 鳥や動物をつかまえる》. **2** 誘惑 (temptation), 落し穴. **3** 〖外科〗シュリンゲ, 係蹄《針金を輪にした道具でこれを引き締めて腫物などを取り去る》. **—** *vt.* **1** 〈鳥などを〉わなで捕える, わなにかける. **2** 〈人を〉…に陥れる, 引っかける, 誘惑する, 釣り込む (entrap): be *~d* by a lie うそに引っかかる / be *~d* by the wiles of …の企みのわなに引っかかる. **snár·er** [snέ(ə)rə | snέərə(r] *n.*

snares 1

snare² [snέə | snέə(r] 〖⊏ ? Du. *snaar* string (↑)〗 *n.* **1** [*pl.*] 響線《snare drum の下側に張った腸線》. **2** = snare drum.

snáre drùm *n.* 小太鼓, スネアドラム《響きを増すために裏面に響線 (snares) が張ってある; side drum ともいう》.

snark [snάək | snάːk] 〖《1879》《混成》← SN(AKE)+(SH)ARK: Lewis Carroll の造語〗 **—** *n.* 神秘的な想像上の怪動物《Lewis Carroll 作の *The Hunting of the Snark* (1876) 中に現れる不思議な動物》.

snarl¹ [snάəl | snάːl] 〖《*c*1380》 *snarle* ← ? SNARE¹ + -LE¹ 1〗 **—** *n.* **1** (糸・髪などの)もつれ (tangle): comb the *~s* out of one's hair 髪のもつれをとかす. **2** 紛糾, 混乱 (entanglement): a ~ of traffic 交通混乱[麻痺] / It's all in a ~. 事件は[すっかり]紛糾している. **3** (ぴんと張った針金に残る)よじれ, よれ. **4** 〖金属加工〗(金属容器の外側への)模様の浮き出し. **—** *vt.* **1** もつれさせる (tangle): a *~ed* skein もつれた糸. **2** 混乱させる, 紛糾させる (complicate) 〈*up*〉. **3** 〖金属加工〗(金属細工で)〈模様などを〉打ち出す (emboss). **—** *vi.* もつれる.

snarl² [snάəl | snάːl] 〖《1589》(freq.) ← 《廃》*snar* to snarl ⊏ (M)LG *snar-ren*: cf. MDu. *snarren* to hum: ⇨ -le³: cf. snore〗 **—** *vi.* **1** 〈怒った犬などが〉(歯をむいて, またはきしらせて)うなる, いがむ (growl harshly) (cf. bark², yelp). **2** (怒り, またはいらいらして)がみがみ言う (snap); どなる. **—** *vt.* **1** うなって言う, つっけんどんに言う; どなりつける 〈*out*〉. **2** どなってく…に〉ならせる: ~ oneself hoarse どなって声がかすれる. **—** *n.* **1** うなり, いがみ (harsh growl); いがみ合い. **2** ののしり声.

snárl·er [-lə | -lə(r] *n.* **1** (歯をむき出して)うなる[いがむ]犬[動物]. **2** がみがみ言う[どなる]人.

snárl·ing [-lɪŋ] *adj.* **1** うなって[いがんで]いる. **2** がみがみ言う, 口ぎたなくののしる, どなる. **~·ly** *adv.*

snárling ìron *n.* 〖金属加工〗打出したがね《容器の内側に入れて, 外側に突起模様を打ち出す工具》.

snárl-ùp *n.* 混乱, 混雑 (confusion).

snarl·y¹ [snάəli | snάːlɪ] 〖⇨ snarl¹, -y⁴〗 *adj.* (**snarl·i·er**; **-i·est**) 《米》もつれた: ~ yarn.

snárl·y² [snάəli | snάːlɪ] 〖⇨ snarl², -y⁴〗 *adj.* (**snarl·i·er**; **-i·est**) **1** うなる, いがむ. **2** がみがみ言う, どなる, 怒りっぽい, 意地悪い (peevish, cross).

snash [snǽ(ː)ʃ] 〖← ?〗《スコット》*n.* 傲慢, 無礼, 生意気, ぶしつけ. **—** *vi.* 悪罵する, 悪態をつく.

snatch [snǽtʃ] 〖《?*a*1200》 *snacche*(*n*), *snecche*(*n*) ⊏ ? MDu. *snakk-en* to snap at, bite, chatter ← Gmc **snak-* (MLG *snacken* to chatter): cf. snack〗 **—** *vi.* 〔物を〕引ったくろうとする, 奪おうとする, つかもうとする; 〔申し出などに〕飛びつく (grab) 〔*at*〕: ~ *at* the purse 財布を引ったくろうとする / ~ *at* an offer 申し出に飛びつく / ~ *at* the chance of …の好機に飛びつく, …の機に乗じる.

— *vt.* **1** 引ったくる, かっ払う, 引っつかむ, 強奪する, 奪う (seize, grab) 〈*up, down, away, off*〉 〔*from, out of*〕: He *~ed* a book *from* my hand. 彼は私の手から本を引ったくった / He *~ed* my gun *up.* やにわに銃を取り上げた / ~ a kiss *from* a girl (奪い取るように)不意に少女にキスする / ~ a knife *away from* a burglar 強盗からナイフをもぎ取る / All hope of happiness has been *~ed away.* 幸福の望みはすべて奪い去られた. **2** 急いで取る[食う, 得る]; 不意に得る: ~ a hurried [hasty] meal 急いで食事する / ~ a few hours of sleep [repose] 数時間の睡眠[休息]を急いで取る. **3** (現世などから)急に運び去る; 姿を消えさす, 殺す 〈*away*〉 〔*from*〕: He was *~ed away* (*from* us) by premature death. 彼は突然若死にした. **4** 危うく〔…から〕引ったくるようにして救い出す; 救い出す (rescue narrowly) 〔*from*〕: ~ a child *from* the fire 火の中から子供を危うく救い出す / He was *~ed from* the jaws of death. 死地から危うく救われた. **5** 《米俗》〈子供を〉かどわかす, 誘拐する (kidnap). **6** 〖海事〗〈ロープを〉開閉滑車にかける. **7** 〖釣〗故意に〈魚を〉引っ掛けて釣る.

— *n.* **1 a** 引ったくり; 飛びつき, 引ったくろうとすること: make a ~ *at* …を引ったくろうとする, …につかみかかる[飛びかかる]. **b** 《口語》かっぱらい, 強奪 (snatching). **2** [しばしば *pl.*] (仕事・眠りなどの)

短い時間, ひと時, ひとしきり : work in [by] ~es (思い出したように)時々働く / by (fits and) ~es 時々(思い出したように) / sleep in ~es とぎれとぎれに眠る / get a ~ of sleep ひと眠りする. **3** [通例 *pl.*] 断片 (fragment), 一片 (bit) : overhear one's ~es of conversation 話をところどころ立ち聞きする / short ~es of a song 歌の切れ切れの文句, とぎれとぎれの歌. **4** 《米俗》 幼児誘拐 (kidnapping). **5** 《卑》 **a** 女性性器 (vagina). **b** 女 (female). **c** 性交. **6** 〖重量挙げ〗 スナッチ《バーベルをしゃがみ込むように握り, いっきに頭上に差し上げること; cf. CLEAN and jerk, press[1] 11》. **7** 〖海事〗 ＝snatch block.

put the snatch on 〈人〉に要求する : *put the* ~ *on* a person *for* a share of the prize 人に賞金の分け前を要求する.

snátch blòck *n.* 〖海事〗 開閉滑車, 切欠き滑車《フレームの一部が開閉でき, ロープの途中の部分でかけはずしができるもの》.

snátch·er *n.* **1** かっぱらい, 強奪者 (thief). **2** 死体泥棒 (body snatcher). **3** 幼児誘拐者 (kidnapper). **4** (屠殺場の)臓物剔(てき)出係.

snátch squàd *n.* 《英》 大物犯人引抜き班《めぼしい首謀者を逮捕して暴動を鎮圧する任務を与えられた特別分遣隊》.

snatch·y [snǽtʃi | -tʃɪ] 〘《1861》: ⇨ snatch, -y[4]〙 **—** *adj.* (**more ~, most ~; snatch·i·er, -i·est**) 時時の, 折々の, 断続的な, 不規則な : ~ reading 時たま思い出したようにする読書 / a ~ sleep とぎれとぎれの睡眠. **snátch·i·ly** [-tʃɪli, -tʃə- | -lɪ] *adv.*

snath [snǽ(ː)θ] 〘《変形》 ← SNEAD〙 *n.* (*also* **snathe** [snéɪð, snéɪθ]) 大鎌 (scythe) の柄.

snaz·zy [snǽzi | -zɪ] 〘《混成》? ← SN(APPY)+(J)AZZY〙 *adj.* (**snaz·zi·er; -zi·est**) 《俗》 **1** 粋(いき)な, しゃれた. **2** 快適な, 心地よい. **snáz·zi·ness** *n.*

SNCC 《略》 Student National Coordinating Committee 学生全国調整委員会.

SNCF 《略》 *F.* Société Nationale des Chemins de Fer Français (＝French National Railways).

snead [sníːd, snéɪd] 〘OE *snǣd* ← ?: cf. OE *snīþan* to cut〙 *n.* 《方言》 ＝snath.

sneak [sníːk] 〘《1596》 ← 《方言》 (? < ME *snike* < OE *snīcan* to creep) : cf. snake / ON *snikja*〙 **—** *vi.* **1** (人目につかないように)こそこそと入る[出る], こそこそ[こっそり]逃げる, うろうろする (slink, skulk) : ~ *into* [*out of*] a room こっそり部屋に入る[から出て行く] / He ~*ed off* round the corner. 彼はこっそり角を曲がって行った / He was found ~*ing* about [up and down] the place. あたりを[あちこち]うろついているところを見つかった. **2** 〔危険・責任などから〕こっそりのがれる, ずらかる 〔*out of*〕: ~ *out of* danger [responsibility, difficulty] 危険[責任, 困難]からこっそりのがれる. **3** こそこそする, 卑劣なことをする, ぺこぺこする (cringe). **4** 《英俗》 告げ口する (peach). **5** 〖アメリカンフットボール〗 スニークする《クォーターバックがスナップを受けそのまま前進する》〔*over*〕. **—** *vt.* **1** こっそりやる[動かす, 置く, 通す, 得る] : ~ a smoke こっそりたばこを吸う. **2** 《口語》 盗む, くすねる (steal). **3** 〖ラジオ・テレビ〗 **a** 〈音を〉静かに入れる, 〈絵を〉ゆっくり入れる 〈*in*〉. **b** 〈音を〉静かに消す, 〈絵を〉ゆっくり消す 〈*out*〉.

— *n.* **1 a** こそこそやる人, 卑劣な人. **b** ＝sneak thief. **2** 《口語》 こっそり立ち去る[逃げる]こと. **3** [通例 *pl.*] 《口語》 ＝sneaker 2. **4** 《英俗》 告げ口する人 (telltale). **5** 《口語》 ＝sneak preview. **6** 〖クリケット〗 地面を転がっていくボール, ゴロ. **7** 《俗》 〖トランプ〗 (ホイスト・ブリッジで)切札でないスーツの一枚札 (singleton) を打ち出すこと.

on the sneak こっそりと, 内密に.

— *attrib. adj.* **1** こっそりやる, 内密の : ⇨ sneak thief. **2** 前ぶれ[予告]なしの, 不意打ち[抜打ち]の : ⇨ sneak attack.

snéak attàck *n.* 〖軍事〗 (宣戦布告前または交戦状態の前の)奇襲.

snéak·er *n.* **1** 忍び歩く人; 卑劣漢. **2** [通例 *pl.*] 《口語》 スニーカー《ゴム底運動靴》.

snéak·ing *adj.* **1** こそこそした, 忍び歩く, こっそりやる (furtive). **2** 卑劣な, 卑しい (mean) : ~ excuses. **3** 口には出せない, 内証の; 心ひそかに抱いている : a ~ ambition [regard, sympathy, doubt] 心ひそかに抱いている野心[尊敬, 同情, 疑惑]. **~·ly** *adv.*

snéak préview *n.* 《米》 〖映画〗 (観客の反応をみるための)題名を知らせない試写会.

snéak-ràid *n.* 〖軍事〗 奇襲爆撃《夜陰に乗じてまたは敵の防備の虚をついて行なう爆撃》.

snéak-ràider *n.* 〖軍事〗 奇襲爆撃機.

snéak-ràiding *n.* 〖軍事〗 ＝sneak-raid.

snéak thìef *n.* あき巣ねらい, こそ泥.

sneak·y [sníːki | -kɪ] 〘《1833》 ← SNEAK+-Y[4]〙 **—** *adj.* (**sneak·i·er; -i·est**) こそこそする; 卑劣な (sneaking). **snéak·i·ly** [-kɪli, -kə- | -lɪ] *adv.* **snéak·i·ness** *n.*

snéaky péte, s- P- *n.* 《米俗》 自家製の(まずい)酒[ぶどう酒].

sneck[1] [snék] 〘ME *snekk(e)* ← ?: cf. ME *snecche(n)* 'to SNATCH'〙 **—** 《スコット・北英》 *n.* 扉の掛け金 (latch); 掛け金の音. **—** *vt.* 〈門・扉など〉に掛け金をかける. **—** *vi.* 掛け金で締まる (latch).

sneck[2] [snék] 〘← ?〙 〖石工〗 *n.* 飼石(かいいし)《乱積の石壁で, 大きな石の隙間につめる小さな石》. **—** *vt.* 飼石をする.

sned [snéd] 〘OE *snǣdan* to cut : cf. OE *sniðan* to cut / G *schneiden*〙 *vt.* 《スコット・北英》 〈枝を〉払う (cut off), 〈木を〉刈り込む (prune).

sneer [snɪ́ə | snɪ́ə(r)] 〘《1553》 □ ? NFris. *sneere* to scorn ← Gmc **sner-* : cf. snarl[2], snore〙 **—** *vi.* **1** (顔をゆがめ軽蔑・愚弄を表わして)あざ笑う, せせら笑う, 冷笑する (jeer, scoff), 鼻であしらう 〔*at*〕: ~ *at* religion. **2** あざ笑うように言う[書く]. **—** *vt.* **1** あざ笑って[冷笑して]言う[表わす] : ~ one's contempt for ...をくさす, 軽蔑する. **2** あざ笑って...させる : ~ a person's reputation *away* 人の名声を一笑に付す / ~ a person *down* 人に冷笑を浴びせかける / ~ a person *to* silence 人を冷笑して黙らせる / ~ a person *out of* countenance 人を冷笑して面目を失わせる. **3** 《古》 あざ笑う, 軽蔑する (despise). **—** *n.* **1** あざ笑い, 冷笑 (jeer). **2** あざけり, 軽蔑 (contempt). **3** 嘲笑の言葉; 冷笑的態度. **~·er** *n.*

snéer·ing·ly *adv.* あざけって, 冷笑的に, 軽蔑して.

sneeze [sníːz] 〘《1493》 *snese(n)* 《誤読による変形》 ← ME *fnese(n)* < OE *fnēosan* ← Gmc **fniu-* ← IE **pneu-* to breathe (Gk *pneûma* breath) : cf. pneuma〙 **—** *vi.* くしゃみをする; くしゃみのような音を出す.

not to be sneezed at ばかにできない, 相当なものだ : the amount of money *not to be ~d at* ばかにできない金額.

— *n.* くしゃみ.

snéez·er *n.*

snéeze gàs *n.* ＝sneezing gas.

snéeze·wèed *n.* 〖植物〗 **1 a** ダンゴギク (*Helenium autumnale*) 《北米原産のキク科の植物; そのにおいはくしゃみを起こさせるといわれる》. **b** 北米 Rocky 山脈原産の植物 (*H. hoopesii*) 《羊に嘔吐を起こさせる》. **2** ＝sneezewort 1.

snéeze·wòrt *n.* 〖植物〗 **1** オオバナノコギリソウ (*Achillea ptarmica*) 《北米原産キク科の植物; その葉の粉末はくしゃみを起こさせる》. **2** ＝sneezeweed 1.

snéezing gàs *n.* くしゃみガス《sneeze gas ともいう》.

sneez·y [sníːzi | -zɪ] *adj.* (**sneez·i·er; -i·est**) くしゃみの出る[を起こさせる].

snell[1] [snél] 〘OE *snel(l)* : cog. G *schnell* swift〙 **—** *adj.* 《方言》 **1** 〈動作が〉敏捷(びんしょう)な. **2** 才気の鋭い, 切れものの. **3** 〈寒さなど〉身を刺すような.
— *adv.* 《英方言》 素早く, 迅速に (quickly).

snell[2] [snél] 〘← ?〙 *n.* 〖釣〗 釣素(はりす)《錘の下から釣鉤までの間に使用する天蚕糸(てぐす)・馬尾毛(す)の類の糸》. **—** *vt.* 〈釣鉤を〉鉤素につける.

Snel·len's chart [snélənz- ; *Du.* snɛ́lə-] 〘← *Hermann Snellen* (1834–1908 : オランダの眼科医)〙 **—** *n.* 〖眼科〗 スネレン視力表《英語圏で広く用いられる分数表現による視力表; 日本の 1.0 に当たるのは $^{20}/_{20}$ (twenty-twenty と読む)》.

Snéll's làw [snélz-] 〘← *Willebrord Snell van Royen* (1591–1626 : オランダの数学者)〙 *n.* 〖光学〗 スネルの法則《光の屈折の法則》.

snib [sníb] 〘← ?: cf. LG *snibbe* beak〙 《スコット》 *n.* 掛け金 (bolt, catch). **—** *vt.* (**snibbed; snib·bing**) 〈戸など〉に掛け金をかける.

snick[1] [sník] 〘《c1700》 《逆成》 ? ← SNICKERSNEE〙 **—** *vt.* **1** 軽く切る (cut), 切り込む, 刻み目をつける (nick). **2** 強く打つ (strike sharply). **3** 〖クリケット〗 〈ボールを〉切る, 切って打つ. **—** *vi.* 軽く切る 〔*at*〕. **—** *n.* **1** 小さな刻み目 (nick). **2** 〖クリケット〗 ボールを切ること, 切打ち(のボール).

snick[2] [sník] 〘擬音語〙 **—** *vt.* かちりと音をたてさせる; 〈銃の引金を〉引く (snap) : ~ a gun. **—** *vi.* かちりと音をたてる (click). **—** *n.* (銃の引金などを)かちっと引くこと[音] (click).

snick·er [sníkə | -kə(r)] 〘《1694》 擬音語〙 **—** *vi.* **1** くすくす笑う, 忍び笑いする. **2** くすくす笑うような音をたてる. **—** *vt.* くすくす[忍び]笑いをしながら言う. **—** *n.* くすくす笑い, 忍び笑い. **~·er** *n.*

snícker·ing·ly [-k(ə)rɪŋli | -lɪ] *adv.* くすくす笑って.

snick·er·snee [sníkəsniː, -kə- | snɪkəsníː] 〘《1698》 *snick-or-snee* to fight with a knife 《変形》 ← 《*a*1613》 *stick or snee* □ Du. *steken of snij(d)en* to thrust or cut // *steken en snij(d)en* to thrust and cut〙 **—** *n.* **1** 《戯言》 大ナイフ, 大型の剣《特に, 突いたり切ったりする武器に使用できるもの》. **2** 《古》 (切ったり突いたりの)白兵戦.

snide [snáɪd] 〘← ?〙 《口語》 **—** *adj.* (**snid·er; -est**) **1 a** にせの, いかさまの (spurious); ずるい, いんちきの. **b** いんちきをやる, 不正直な. **2** 当てこすりの, 皮肉な : a ~ remark 当てこすり / make ~ comments about ...のことを皮肉る. **3** 《米》 卑劣な, 陰険な : a ~ trick. **4** 意地悪な (spiteful). **—** *n.* いかさまなもの; にせ金, にせの宝石; いかさまな人物. **~·ly** *adv.* **~·ness** *n.*

Sni·der [snáɪdə | -də(r)] 〘← *Jacob Snider* (1820–66 : 米国の発明家)〙 *n.* スナイドル銃《昔の元込め銃; Snider rifle ともいう》.

snid·y [snáɪdi | -dɪ] 〘← SNID(E)+-Y[4]〙 *adj.* 《英俗》 悪賢い (cunning), 知ったかぶりの (knowing).

sniff [sníf] 〘《c1340》 *sniffe(n)* 《擬音語》 : cf. ME *snivele(n)* 'to SNIVEL'〙 **—** *vi.* **1 a** 鼻を鳴らして息を吸う, くんくんかぐ, かいでみる : ~ *at* a flower 花の匂いをかぐ / ~ about くんくんかぎ回る. **b** 鼻をすする. **c** (感動で)鼻をつまらせる. **2** 鼻であしらう, ばかにする, 軽蔑する 〔*at*〕: ~ *at* him. **—** *vt.* **1** 鼻から吸う, 吸う (inhale) : ~ the sea air 海の空気を吸う / ~ *up* cocaine コカインを吸い込む. **2** ...のにおいを感づく : ~ something burning 何か焦げくさい. **3** かぎつける, 感づく (scent) 〈*out*〉: ~ (*out*) a danger [a plot] 危険[陰謀]を感づく. **—** *n.* **1** くんくんかぐこと, 鼻で吸うこと[音] : a ~ of fresh air 新鮮な空気のひと吸い / loud ~*s* くんくんいう音. **2** かいだにおい. **3** (軽蔑・不信などを示す)鼻あしらい.

sníff·er *n.* **1** くんくんかぐ人[もの]. **2** 探知器.

sníff·ish [-fɪʃ] 〘⇨ -ish[1]〙 *adj.* 鼻であしらう, 傲慢な, 尊大な, 人を見下す. **~·ly** *adv.* **~·ness** *n.*

snif·fle [snífl] 〘(freq.) ← SNIFF〙 **—** *vi.* **1** (鼻風邪で)鼻をすする (sniff repeatedly); 泣きじゃくる. **2** 泣きじゃくって言う (snivel). **—** *n.* **1** 鼻をすすること[音]. **2** [the ~s] 《口語》 **a** 鼻づまり, 鼻風邪 (head cold). **b** 泣きじゃくり.

sníffle vàlve *n.* ＝snifter valve.

sniff·y [snífi | -fɪ] 〘⇨ -y[4]〙 **—** *adj.* (**sniff·i·er; -i·est**) 《口語》 鼻であしらう (disdainful), お高くとまっている, 高慢な (supercilious). **sníff·i·ly** [-fɪli, -fə- | -lɪ] *adv.* **sníff·i·ness** *n.*

snif·ter [sníftə | -tə(r)] 〘v.: ME *sniftere(n)* : cf. snivel〙 **—** *n.* **1** 《米》 スニフター《ブランデーなどの香りが逃げないように上が狭くなったセイヨウナシ型ブランデーグラス》: a brandy ~. **2** 《俗》 (ブランデーなどの)ちょっぴり一杯, ほんの一口 (nip). **3** 《俗》 コカイン常用者. **—** *vi.* 《方言》 かぐ (sniff, snivel).

snífter vàlve *n.* (蒸気機関の)漏らし弁《sniffle valve, snifting valve ともいう》.

sníft·ing vàlve [sníftɪŋ-] *n.* ＝snifter valve.

snig·ger [snígə | -gə(r)] 〘《異形》〙 *v., n.* ＝snicker.

snig·gle [snígl] 〘← 《英方言》 *snig* small eel (← ?: cf. OE *snæ̆gl* 'SNAIL') + -LE[3]〙 〖釣〗 **—** *vi.* (まっすぐな針を使って)ウナギを穴釣りする. **—** *vt.* 〈ウナギを〉穴釣りで捕える.

snip [sníp] 〘《1558》 □ LG & Du. *snipp-en* (v.), *snip* (n.) 《擬音語》〙 **—** *v.* (**snipped; snip·ping**) **—** *vt.* (はさみなどで)切り取る, ちょきちょき切る (clip); 切り取る, ちょん切る 〈*off*〉: ~ a thread 糸をはさみで切る / ~ a hole in a sheet of paper はさみで切って紙に穴をあける / ~ a bud *off* a stem 茎からつぼみを切り取る / ~ *off* the ends 端を切り取る / ~ one's budget 予算を削減する. **—** *vi.* **1** ちょきんと切る 〔*at*〕. **2** ちょきちょきと音を出す. **—** *n.* **1 a** ちょきんと切る[切り取る]こと. **b** ちょきちょき切る音. **2** 一片, 小片, 切れ端 (fragment); 少し, 少量 (small amount). **3** 《口語》 つまらない人, 小人物; (特に)生意気[横柄]な人. **4** [*pl.*] (ブリキなどを切る)手ばさみ. **5** 《英俗》 **a** 格安物, 掘出し物, 特価品 (bargain). **b** 楽に手に入る[できる]もの, 確かな見込み, 確実なこと (certainty) 《もと競馬用語》: a dead ~ 絶対間違いのないもの. **6** 《古》 仕立屋 (tailor).

snipe [snáɪp] 〘《*c*1325》 ← ON (cf. Icel. (*mýri*)*snípa* (moor)snipe)〙 **—** *n.* (*pl.* **~, ~s**) **1** 〖鳥類〗 **a** シギ《主に, タシギ属 (*Gallinago*)・コシギ属 (*Lymnocryptes*) の鳥類の総称; タシギ (common snipe) (*G. gallinago*), コシギ (jacksnipe) など》. **b** [通例限定詞を伴って] dowitcher, sandpiper などシギに似たくちばしの長い鳥類の総称. **2** (潜伏地からの)狙い撃ち, 狙撃 (sniping shot). **3** 卑劣な人. **4** 《米俗》 たばこの吸いさし (butt). **—** *vi.* **1** シギ猟をする. **2** (潜伏地から)〔敵を〕狙い撃ちする 〔*at*〕. **3** あら探しをする. **4** 許可なく宣伝ビラを張る. **—** *vt.* **1** 狙い撃ちする, 狙撃する. **2** 〈丸太〉の先端を(引きやすくするため)丸くする.

snípe èel *n.* 〖魚類〗 シギウナギ科の魚類の総称; (特に)シギウナギ (*Nemichthys scolopaceus*) 《thread eel ともいう》.

snípe·fish *n.* 〖魚類〗 ＝bellows fish.

sníp·er *n.* **1** 狙撃兵. **2** 丸太の先端切り人夫. **3** 《米》 金鉱の探鉱者.

snip·er·scope [snáɪpəskòʊp | -pəskàʊp] 〘⇨ ↑, -scope〙 **—** *n.* 〖軍事〗 暗視狙撃装置, 暗視照準器《赤外線利用の暗視装置をライフル銃・カービン銃に取り付け, 暗中でも目標に射撃できるようにしたもの; cf. snooperscope》.

snip·pet [snípɪt, -pət] 〘《1664》 ← SNIP+-ET〙 **—** *n.* **1** (切り取った)切れ端; 断片, 少し (fragment). **2** [*pl.*] (知識などの)切れ端, 断片, (文章などの)短い抜粋[引用] : ~*s* of news [information] 断片的報道. **3** 《米口語》 つまらない人, 取るに足らない人物.

snip·pet·y [snípəti | -pɪtɪ] 〘⇨ ↑, -y[4]〙 *adj.* **1** きわめて小さい (petty). **2** 断片から成る. **3** すげない, そっけない.

snip·py [snípi | -pɪ] 〘← SNIP (v.) + -Y[4]〙 **—** *adj.* (**snip·pi·er; -pi·est**) **1** 断片的な, 寄せ集めの (snippety). **2** 《口語》 ぶっきらぼうな, つれない (curt); 口やかましい, 辛辣(しんらつ)な (snappish, sharp). **3** 高慢な (sniffy), 横柄な (supercilious). **sníp·pi·ly** [-pɪli, -pə- | -lɪ] *adv.* **sníp·pi·ness** *n.*

snip-snap [snípsnæ̀p] 〘《1597》〙 **—** *adv.* **1** ちょきんちょきんと. **2** 《古》 当意即妙に. **—** *n.* **1** ちょきんちょきんという音. **2** 《古》 当意即妙の応答. **—** *vi.* **1** ちょきんちょきんという音を出す. **2** 《古》 当意即妙に答える. **—** *adj.* **1** ちょきんちょきんという音を出す. **2** 《古》 当意即妙の.

snip·snap·sno·rum [snípsnæpsnɔ́ːrəm, -snɔ́ːr- | -snɔ́ːr-] 〘□ LG *snipp-snapp-snorum* ＝G *Schnipp-Schnapp-Schnorum* : 擬音語〙 **—** *n.* 〖トランプ〗 数人で遊ぶ stop 系のゲームの一種《親が出した札と同

位の札を持つ者が順に snip, snap, snorum と言いながら出していき, 早く持札をなくした者が勝ち〉.

snit [snít] 〖← ?〗 *n.* 精神の動揺[興奮, いらいら]状態: be in a ～ 気が立っている / get oneself into a ～ いらいらする.

snitch[1] [snítʃ] 〖← ?: cf. snatch〗《俗》*vt.* ひったくる (snatch), 盗む (steal).

snitch[2] [snítʃ] 〖← ?〗 *vi.* 裏切る, 告げ口[密告]する (betray, inform). ― *n.* **1** 鼻 (nose). **2** ＝snitcher.

snítch·er *n.*《俗》裏切り者, 密告者 (informer).

snitch·y [snítʃi | -tʃɪ] 〖← SNITCH[2]＋-Y[4]〗 *adj.* (**snitch·i·er, -i·est**)《豪俗》不機嫌な, いらいらした, かんしゃく持ちの (bad-tempered).

sniv·el [snívəl] 〖《c1325》 *snivele(n), snevele(n)* < OE **snyflan* (cf. *snyflung* sniveling) ← *snofl* mucus: cf. LG & Du. *snuffelen* to smell out〗 ― *v.* (**sniv·eled, -elled; -el·ing, -el·ling**) ― *vi.* **1** 鼻汁をたらす. **2** 鼻汁をすする. **3** 泣きじゃくる, 泣声を出す, 鼻声を出す (whine). **4** (泣き声で)悲しそうなふりをする. ― *vt.* 泣声まじりに言う, 泣きじゃくりながら言う. ― *n.* **1** 泣きじゃくり, 泣き声, 鼻声, すすり泣き. **2** そら泣き, しおらしげな[哀れっぽい]話し振り[ようす]. **3** [通例 the ～s]《方言》鼻風邪 (head cold). **4**《古》洟(はな), 鼻汁. **～·er, ～·ler** [-v(ə)lə | -vələ(r)] *n.*

sniv·el·y [snív(ə)li | -lɪ] *adj.* (*also* **sniv·el·ly** [～]) 泣き声を出す, 鼻声の; 哀れっぽい, 女々しい.

S.N.O.《略》Senior Naval Officer; Senior Navigation Officer.

snob [snɑ́(ː)b | snɔ́b] 〖《1781》《原義》cobbler ← ? // 《混成》← SN(IP)＋(C)OB(BLER[1])〗 ― *n.* **1** スノッブ, 紳士気取りの俗物, 俗物紳士〈社会的地位の高い人や金持ちの人にへつらい, その人たちを模倣したり交際を求めたりするが, 下に威張るきざな人物〉. **2** 通人を気取る人[俗物], えセインテリ: an intellectual ～ (よく知りもしないのに)知ったかぶりをする俗人.

snób appèal *n.* スノッブアピール〈高級品・珍品・外国製品など, 購買者の俗物根性に訴える性質〉.

snob·ber·y [snɑ́b(ə)ri | snɔ́bəri] 〖《1833》← SNOB＋-ERY〗 *n.* 俗物根性, 上にへつらい下に威張ること; スノッブ的行為, 紳士気取りの俗物的行為.

snób·bish [-bɪʃ] 〖《1840》← SNOB＋-ISH[1]〗 *adj.* 紳士気取りの, 上にへつらい下に威張る; 俗物的な, きざな. **～·ly** *adv.* **～·ness** *n.*

snób·bism [-bɪzm] 〖《1856》〗 *n.* スノビズム (snobbery).

snob·by [snɑ́bi | snɔ́bɪ] *adj.* (**snob·bi·er, -bi·est**) ＝snobbish. **snób·bi·ly** [-bɪli, -bə- | -lɪ] *adv.* **snób·bi·ness** *n.*

snob·oc·ra·cy [snɑbɑ́krəsi | snɔbɔ́krəsɪ] 〖← SNOB＋-O-＋-CRACY〗 *n.*《戯言》俗物社会, 俗物階級.

SNO·BOL [snóubɔ(ː)l | snə́ubɔl] 〖← *S(tri)n(g) O(riented) (Sym)bo(lic) L(anguage)*〗 ― *n.*《電算機》スノーボル〈文字列を扱うために作られたプログラム言語の一種〉.

Sno-Cat [snóukæ̀t | snə́u-] *n.*《商標》スノーキャット〈雪上車の一種〉.

snoek [snúːk] 〖◻ Afrik. ～ ← ◻ Du. ～ 'pike'〗 *n.*《アフリカ》《魚類》動きの活発な海水魚の総称: **a** ＝barracouta 1 a. **b** クロタチカマス (snake mackerel). **c** ＝barracuda.

sno·fa·ri [snoufáːri | snəufáːrɪ] 〖《混成》← SNO(W)＋(SA)FARI〗 *n.* (通例, 雪上スクーターなどによる)雪原・氷原などの探検.

snog [snɑ́(ː)g, snɔ́(ː)g | snɔ́g] 〖← ? // 《混成》? ← SNUG＋COD[3]〗 *vi.*《英俗》キスする, 愛撫する (neck). ― *n.* キス (kiss), 愛撫.

snol·ly·gos·ter [snɑ́ligɑ̀stə | snɔ́lɪgɔ̀stə(r)] 〖《変形》← ? Pennsylvania-Du. *schnelle Geeschter*《原義》quick spirits〗 *n.*《米俗》無節操なずるい人.

snood [snúːd | snúːd, snúd] 〖OE *snōd* ← ?〗 ― *n.* **1**《米》**a** (垂れ下がった後ろの髪を入れる)袋形のヘアネット, スヌード〈頭の後ろで結んだりピンで留める〉. **b** (メッシュの)キャップやベレー〈髪が乱れないようにするために用いる〉. **2**《スコット》ヘアバンド, ネット〈昔, 若い未婚の女性の印にはち巻きのように頭に巻いた〉. **3**《英》《釣》(海釣に使う釣糸の)鉤もとの天蚕糸(てぐす), (鉤にあらかじめ結んでおく短い)鉤素(はりす) (snell). ― *vt.* **1** 〈髪を〉リボンではち巻きする; 《米》〈髪を〉袋形のヘアネットで留める. **2**《釣》〈鉤に〉鉤素を結ぶ.

snood 1 a

snood 2

snook[1] [snúːk] 〖ME *snoke(n)* ← ? ON (cf. Norw. & Swed. *snoka* to sniff around): cf. sneak〗 ― *vi.*《方言》**1** (においをかぎながら)のぞき回る. **2** こそこそ歩く (sneak).

snook[2] [snúk, snúːk | snúːk] 〖《1697》◻ Du. *snoek*: ⇨ snoek〗 ― *n.* (*pl.* ～, ～**s**)《魚類》スヌーク (*Centropomus undecimalis*)〈米国 Florida 州および西インド諸島近海など暖海産のスズキに似たアカメ属の魚; 食用または釣の対象; robalo ともいう〉.

snook[3] [snúk, snúːk | snúːk, snúk] 〖《1879》← ?〗 ― *n.* (親指を鼻先に当て他の四指を広げて見せる)軽蔑の所作 (cf. *take a* GRINDER). ★ 通例次の成句で: ***cock a snook* [*snooks*]** ばかにする, なぶる 〔*at*〕.

snook·er [snúkə | snúːkə(r)] 〖← ?〗 ― *n.*《玉突》スヌーカー: **a** プール (pool) の一種; 15 個の赤玉と 6 個の種々の色の玉を用いる; snooker pool ともいう. **b** 相手がまっすぐ突こうとする時, その手玉(てだま) (cue ball) と的玉(まと) (object ball) の間にあって邪魔する玉. ― *vt.* **1**《玉突》〈相手を〉スヌーカーで邪魔する (cf. *n.* 1 b). **2** [通例 Passive で]《俗》妨害する, 出し抜く, 負かす. **3**《玉突》〈相手〉の狙い玉と突き玉との間に位置するように玉を突く.

snoop [snúːp] 〖《1848》◻ Du. *snoep-en* to eat on the sly〗《口語》 ― *vi.* **1** うろつき回る (prowl); のぞき回る (pry) 〈*about, around*〉. **2** 〔…を〕こっそり調べる, 詮索する 〔*on*〕: ～ *on* the mail of political extremists 政治的過激派の郵便物をこっそり調査する. ― *vt.* 調べ回る, 詮索する. ― *n.* **1** うろつき[のぞき]回ること. **2** ＝snooper.

snóop·er *n.*《口語》**1** うろうろのぞき回る人; 詮索好きの人. **2** 探偵・スパイ・調査官などに使われる人. **3** 単独偵察機.

snoop·er·scope [snúːpəskòup | -pəskə̀up] 〖⇨ ↑, -scope〗 ― *n.* 暗視鏡〈暗夜または濃霧の際など, 遠方の物を容易に見るようにした赤外線応用の暗視装置; cf. sniperscope〉.

snoop·y [snúːpi | -pɪ] 〖⇨ snoop, -y[4]〗 *adj.* (**snoop·i·er; -i·est**)《口語》のぞき回る, 詮索好きな, おせっかいな. **snóop·i·ness** *n.*

snoot [snúːt] 〖ME *snute* 'SNOUT'〗 ― *n.* **1 a** (豚などの)鼻 (snout). **b**《俗》鼻 (nose). **2 a** (特に, 軽蔑や愛想尽かしによる)しかめつら (grimace): make a ～ at …に軽蔑的な顔つきをする. **b** ＝snook[3]. **3**《口語》＝snob 1. ― *vt.*《口語》〈目下の者を〉威張って鼻先であしらう (snub).

snoot·ful [snúːtfʊl] *adj.* (酔うに充分な)酒の量.

snoot·y [snúːṭi | -tɪ] 〖⇨ snoot, -y[4]〗 ― *adj.* (**snoot·i·er; -i·est**)《口語》**1** 俗物的な, きざな (snobbish). **2** うぬぼれた, 横柄な (supercilious). **snóot·i·ly** [-ṭɪli, -ṭə-, -ṭli | -tɪlɪ, -tə-] *adv.* **snóot·i·ness** *n.*

snooze [snúːz] 〖《1789》← ?: cf. snore & doze[1]〗 ―《口語》*vi.* (日中)うたた寝する(doze, nap), 居眠りする (drowse). ― *n.* うたた寝, 居眠り, 午睡 (nap, doze). **snóoz·er** *n.*

snopes [snóups | snə́ups] 〖W. Faulkner の作品に登場する Snopes 家の人々にちなむ〗 *n.*《米》(特に, 南部の)恥知らずの実業家[政治家].

snore [snɔ́ə, snóə | snɔ́ː(r)] 〖《*v.*: c1400; *n.*: a1338》 *snore(n)* ← Gmn **snor-* (MLG & Du. *snorren* to drone, hum / MDu. *snarren*) ← IE *(s)ner-《擬音語》〗 ― *vi.* **1** いびきをかく. **2** いびきのような音を出す. **3**《スコット》鼻を鳴らす (snort). ― *vt.* **1** 高いびきで過ごす 〈*away, out*〉: ～ the hours *away*. **2** [～ *oneself* で] いびきをかいて…する: ～ *oneself* awake 自分のいびきで目を覚ます. ― *n.* **1** いびき(声), いびきのような音. **2** (ポンプの)吸入口 (snore piece ともいう). **snór·er** [snɔ́ːrə, snóːrə | snɔ́ːrə(r)] *n.*

snor·kel [snɔ́əkəl | snɔ́ː-] 〖◻ G *Schnorchel*《原義》snout ← *schnorchen* 'to SNORE'〗 ― *n.* **1** シュノーケル〈水面上に出た管によって一般通風と機関の排気を行ない長時間水中航行を可能にする潜水艦の引込み自在の通気管〉. **2** スノーケル, シュノーケル〈潜水に用いるプラスチック製の管; 一方の端を口にくわえ片方を水面に出し水中で呼吸できる〉. **3** (シュノーケル車の)ゴンドラ付き油圧起重機《消防用》. ― *vi.* **1** 〈潜水艦が〉シュノーケルを水面に出して潜行する. **2** スノーケルを用いて水面を泳ぐ.

Snor·ri Stur·lu·son [snɔ́ːri·stə́ːləsən, snɑ́ri-, -sn | snɔ́ːrɪ·stɜ́ː-; *Icel.* snɔ́ri·stýrlʏsɔn] *n.* スノリ(ストゥルルソン)〈1178-1241; アイスランドの詩人・歴史家で, 「新エッダ」(⇨ Edda), *Heimskringla* (ヘイムスクリングラ)などの著者〉.

snort [snɔ́ət | snɔ́ːt] 〖《c1380》 *snorte(n)*: cf. ME *snore(n)* 'to SNORE' / *fnorte(n)* to snore (cf. OE *fnora* sneezing)〗 ― *vi.* **1** 〈馬などが〉鼻あらしを吹く, 鼻を鳴らす. **2** 〈人が〉(軽蔑・驚き・いら立ち・不同意などを表わすために)鼻を鳴らす, 鼻息を荒くする. **3** 〈蒸気機関などが〉大きい音を立てて蒸気を吹き出す. **4**《口語》大声で笑う, 吹き出す. ― *vt.* **1** 鼻息を荒くして言う; 鼻を鳴らして〈軽蔑の意などを〉表わす 〈*out*〉: ～ one's contempt. **2** 〈蒸気などを〉吹き出す. ― *n.* **1** 荒い鼻息, 鼻あらし, 息をはずませること[音]: give a ～. **2** 蒸気を吹き出す音. **3** (ストレートのウイスキーなどの)ぐい飲み (cf. short snort(er)). **4**《英》＝snorkel 1. **snórt·ing·ly** [-ṭɪŋ- | -tɪŋ-] *adv.*

snórt·er [-ṭə | -tə(r)] *n.* **1 a** 荒く鼻息をする人; 鼻あらしを吹く動物, (特に)馬, 豚. **b**《英方言》《鳥類》＝wheatear. **2**《口語》ひどくやかましい[激しい, 異常な, すばらしい]もの; (特に)強風, 大あらし. **3**《俗》＝snort 3. **4**《クリケット》(スピードや正確さなどがけたはずれで)手のつけられないボール.

snort·y [snɔ́əṭi | snɔ́ːtɪ] 〖《1582》: ⇨ snort, -y[4]〗 ― *adj.* (**snort·i·er; -i·est**) **1** 鼻息の荒い, 息をはずませる. **2** 〈人が〉人をばかにする, 怒っている (angry); 不賛成な (disapproving).

snot [snɑ́t | snɔ́t] 〖OE *ġesnot* ← Gmc **snut-* (OE *snȳtan* to wipe the nose / Du. *snot*) ← IE **snā-*: cf. snout〗 ― *n.* **1**《卑》はな(汁). **2**《俗》無礼な[横柄な]人. ― *vi.*《卑》〈鼻〉からはな(汁)をたらす.

snót-ràg *n.*《卑》ハンカチ, はなふき (handkerchief).

snot·ty [snɑ́ṭi | snɔ́tɪ] 〖《1570》: ⇨ snot, -y[4]〗 ― *adj.* (**snot·ti·er; -ti·est**) **1** はなをたらした, はなだらけの, はなで汚れた. **2**《俗》**a** 汚れた, きたない (dirty). **b** 下げすむべき, 鼻もちならぬ (contemptible). **c** きざな, 横柄な (snooty). ― *n.* (*also* **snot·tie** [～])《英海軍俗》海軍少尉候補生 (midshipman). **snót·ti·ly** [-ṭɪli, -ṭə-, -ṭli | -tɪlɪ, -tə-] *adv.* **snót·ti·ness** *n.*

snout [snáut] 〖《a1250》 *sn(o)ute* ◻ MLG & MDu. *snūt(e)* ← Gmc **snūt-*: ⇨ snot〗 ― *n.* **1 a** (豚などの)鼻; (いろいろな動物の)吻(ふん)状突起, 鼻づら, 口先 (rostrum). **b** (ゾウムシなどの)鼻, 口吻, 口先. **c** [軽蔑的に] (人の, 特に大きくグロテスクな)鼻 (nose). **2 a** (水管・管などの)筒口, 樋口(ひぐち) (nozzle, spout). **b** 船首, 舳先(へさき) (prow); 車体の前部. **c** 断崖の突端. **d** 氷河の末端部. **3**《俗》たばこ (tobacco). ― *vt.* …に樋口をつける (nozzle). ― *vi.* 鼻で掘る (grub).

snóut bèetle *n.*《昆虫》ゾウムシ (weevil).

snout·y [snáuṭi | -tɪ] 〖《a1685》: ⇨ snout, -y[4]〗 *adj.* **1** (豚などの)鼻のような; 筒口のような. **2** 鼻[吻(ふん)状突起, 筒口]をもった.

snow[1] [snóu | snə́u] 〖OE *snāw* < Gmc **snaiwaz* (Du. *sneeuw* / G *Schnee*) ← IE **sneigwh-* (L *nix, niv-* snow / Gk *nipha*)〗 ― *n.* **1** 雪; 降雪 (snowfall): a heavy (fall of) ～ 大雪, 豪雪 / perpetual ～ 万年雪 / in the ～ 雪の(降る)中で[を] / as chaste as unsunn'd ～ 日に当たらぬ雪のように清浄無垢な (Shak., *Cymbeline* 2. 5. 13) / (as) welcome as ～ in harvest 歓迎されない, ありがたくない / *Snow* is expected soon. 雪が近い. ★ ラテン語系形容詞: nival. **2** [*pl.*] **a** 積雪: the ～*s* of the Alps アルプスの雪 / Where are the ～*s* of yester year? 去年(こぞ)の雪今いずこにありや (D. G. Rossetti, *Three Translations from François Villon* 中の文). **b** 万年雪地帯: the ～*s* of the mountainous country 山国の積雪地帯. **3**《詩》**a** 雪白 (pure whiteness): the ～ of a maiden's breast 雪のように純白な処女の胸. **b** 雪白の物; [しばしば *pl.*] (老人の)白髪 (white hair): the ～*s* of venerable age 老人の白髪. **c** 雪状の物, 雪と降る物; 純白の花 (white blossoms). **4** 泡雪〈雪に似た料理や菓子; 特に泡立てた卵白を用いたもの; デザート用〉: peach ～. **5** スノー〈電波の弱い時テレビの画面やレーダーのスクリーン一面に雪片状に広がる小斑点〉. **6**《米》年, 歳 (year) (cf. winter): many ～*s* ago 幾年も昔, 「幾星霜」. ★ 特に, インディアンの言葉としてまたはインディアンに関して用いる. **7**《俗》コカイン (cocaine), ヘロイン (heroin) (cf. snowbird 2): sniff ～. **8**《化学》ドライアイス (dry ice).

― *vi.* **1** [it を主語として] 雪が降る: *It* is ～*ing*. 雪が降っている. **2** 雪のように降る, 流れ込む: Congratulations came ～*ing in*. 祝電が雨あられと舞い込んだ. ― *vt.* **1** [通例 Passive で] 雪でおおう[埋める] 〈*over, under*〉; 雪でふさぐ[妨げる, 閉じ込める] 〈*up, in*〉: The train *was* ～*ed under*. 列車は雪に埋もれた / We *were* ～*ed up* for five days. 5 日間も雪に閉じ込められた. **2** 雪のように降らす[降らせる]: It ～*ed* complaints. そのために抗議が雨あられのように殺到した. **3**《米俗》**a** (うまいことをべらべら喋ったりこびへつらったりして)欺す (deceive), たらし込む (charm), 説得する (persuade): He'd start ～*ing* his date in this very quiet, sincere voice. 彼はデートの相手を非常に物静かで誠実味のある声でだまし始めるのだった. **b** …に強烈な印象を与える.

snow off《スポーツ》[通例 Passive で] 大雪のために中止する[取り止める]: The game *was* ～*ed off*. 大雪で試合は取り止めになった. ***snow under*** (1) ⇨ *vt.* 1. (2)《口語》[通例 Passive で] (数で)圧倒する: He *was* ～*ed under* by letters [*with* work]. 雨あられと流れ込む手紙に圧倒された[殺到する仕事で忙殺された]. (3)《米口語》(選挙などで)圧倒的に負かす (defeat overwhelmingly): ～ one's rival *under* 対立候補を大差をつけて破る.

snow[2] [snóu | snə́u] 〖《1676》◻ Du. *sna(a)uw* // LG *sna(a)uw* ← ? LG *snau* beak, snow (vessel)〗 *n.*《海事》横帆装置の小帆船の一種.

Snow, Baron **C(harles) P(ercy)** *n.* (1905-80) 英国の小説家・科学者; *Strangers and Brothers* (1940-70), *The Two Cultures* (1959).

Snow [snóu | snə́u], **Edgar Parks** [páəks | páːks] *n.* (1905-72) 米国の中国通の新聞記者; *Red Star Over China* (1937).

snów àpple *n.* **1**《園芸》＝Fameuse. **2**《植物》＝mushroom 1 a.

snów·bàll 〖ME〗 ― *n.* **1 a** 雪玉(だま), 雪つぶて: have a ～ fight＝play at ～*s* 雪合戦をする. **b** 雪だるま状の雪のかたまり. **2** 雪だるま式にふえていくもの; 《英》雪だるま式寄付募集〈寄付者が他の人を勧誘しその人がまた次の人を勧誘するねずみ算式募金法〉. **3** スノーボール: **a** かき氷やアイスクリームをボール状の型に入れて作った菓子. **b** 雪玉に似せて作られた種々の料理. **4**《植物》白い小さな花をまり状につけるスイカズラ科ガマズミ属 (*Viburnum*) の園芸植物数種の総称〈テマリカンボク (guelder rose), オオデマリ (Japanese snowball) など; snowball bush [tree] ともいう〉. ― *vt.* **1** …に雪玉を投げつける. **2** …を雪だるま式に大きくする, 加速度的に拡大[拡張]する. ― *vi.* **1** 雪つぶてを投げる; 雪合戦をする. **2** 雪だるまのように大きくなる, 加速度的に増す.

snów·bànk *n.* 雪堤; (特に, 道路わき・山腹などの)雪の吹きだまり.

snów bànner *n.* (山頂から舞い飛ぶ)雪煙《snow plume, snow smoke ともいう》.
snów·bèll *n.* 〘植物〙エゴノキ属(*Styrax*)の白い花の咲く植物の総称; (特に)米国南東部産の芳しい花房状の花をつける植物(*S. grandifolia*).
snów·bèr·ry [-bèri, -b(ə)ri | -b(ə)rɪ] *n.* 〘植物〙セッコウボク(雪晃木) (*Symphoricarpos albus*)《北米産のスイカズラ科の白い小果実を結ぶ植物》.
snów·bìrd *n.* **1** 〘鳥類〙 **a** =snow bunting. **b** =junco. **c** ノハラツグミ (fieldfare). **d** ゾウゲカモメ (ivory gull). **2** 《俗》コカイン[ヘロイン]常用者 (cf. snow 8).
snów-blìnd[-blìnded] *adj.* 雪盲(せつもう)[ゆきめ]になった.
snów blìndness *n.* 雪盲, ゆきめ《雪の反射する紫外線による一時的な雪眼炎》.
snów·blìnk *n.* (雪原または氷原から発する)日光の反射, 照り返し, 雪映え (cf. iceblink).
snów·blòwer *n.* 積雪噴射(除雪)車《強い風を送り雪を吹き飛ばす; snow thrower ともいう》.
snów bòard *n.* (傾斜が急な屋根などで雪が滑り落ちるのを防ぐ)雪止め板.
snów bòot *n.* (普通の靴の上にはくゴムの)雪靴: a pair of ~*s*.
snów·bòund *adj.* 雪に閉じ込められた, 雪で立往生している: a ~ Christmas / They were ~ in the mountain. 山の中で雪に閉じ込められた.
snów·brèak *n.* **1** 雪解け (thaw). **2** (樹木の)雪折れ; 雪折れ区域. **3** (道路などの)防雪林.
snów-bròth *n.* **1** 雪水. **2** 解けた雪. **3** 凍るほど冷たい液体.
snów bùnny *n.* 〘スキー〙 **1** (特に, 女性の)スキー初心者. **2** (ボーイハントのために)しばしばスキー場通いをする女の子[女性].
snów bùnting *n.* 〘鳥類〙ユキホオジロ (*Plectrophenax nivalis*)《snowflake ともいう》.
snów·bùsh *n.* 〘植物〙 **1** ソリチャ《たくさんの白い花をつけるクロウメモドキ科ソリチャ属 (*Ceanothus*) の低木の総称; 北米産の *C. velutina* など》. **2** 南洋諸島のトウダイグサ科タカサゴコバンノキ属の低木 (*Bryenia nivosa*)《葉には白い斑点があり, 小さく薄緑色の花と赤い実がつく》.
snów·càp *n.* **1** 山頂の雪. **2** 〘鳥類〙中央アメリカ産のハチスズメ (hummingbird) の類の頭部が白い鳥 (*Microchera albocoronata*).
snów·cápped *adj.* 〈山など〉雪をいただいた.
snów-clád *adj.* 雪におおわれた.
snów còver *n.* **1** 根雪. **2** 雪におおわれた土地の面積《全面積のパーセンテージで示される》. **3** 積雪の深さ.
snów-crówned *adj.* =snow-capped.
snów crùst *n.* 積雪の堅い雪の表面, 氷結した雪の薄い層.
snów crỳstal *n.* 雪の結晶 (cf. snowflake).
snów cùp *n.* 〘登山〙(蒸発によって高所の積雪に生じる)茶わん形の雪の凹み.
Snow·den [snóudn | snáu-], **Philip** *n.* (1864–1937) 英国の経済学者・政治家; 独立労働党党首; 称号 1st Viscount Snowden of Ickornshaw.
Snow·don [snóudn | snáu-] *n.* ウェールズ北西部 Gwynedd 州にあるウェールズで最も高い山 (1,085 m).
Snow·dó·ni·a Nátional Párk [sno(ʊ)dóuniə-, -njə- | snə(ʊ)dáunjə-, -niə-] *n.* スノウドウニア国立公園《英国ウェールズ北西部 Gwynedd 州にあり, Snowdon 山, Cambrian 山脈を含む, 1951 年指定; 面積 2,170 km²》.
snów·drìft 〘ME〙 *n.* **1 a** 雪の吹寄せ, 吹きだまり. **b** 風に吹きまくられる雪, 吹雪. **2** 〘植物〙=sweet alyssum.
snów·dròp *n.* 〘植物〙 **1** スノードロップ, マツユキソウ, (俗に)ユキノハナ (*Galanthus nivalis*)《南ヨーロッパ原産の庭園用の植物; 花は雪白色》. **2** アネモネ (*Anemone quinquefolia*) (wood anemone).
snówdrop trèe *n.* 〘植物〙ハレーシア属 (*Halesia*) の植物の総称; (特に) =silver bell.
snówdrop wíndflower *n.* 〘植物〙バイカイチゲ, マツユキオキナグサ (*Anemone sylvestris*)《芳香のある白花をつけるキンポウゲ科アネモネ属の植物》.

snow drop 1

snów·fàll *n.* 降雪; (一時または一年の)降雪量: There has been a ~ of two feet. 2 フィートの降雪があった.
snów fènce *n.* (線路・道路・家等の)雪よけ, 防雪柵.
snów·fìeld *n.* 雪原; (特に, 山岳地方・極地の)万年雪.
snów·flàke *n.* **1** 雪片, 雪ひら. **2** 〘気象〙雪片《単一の雪の結晶の集まり》. **3** 〘鳥類〙=snow bunting. **4** 〘植物〙 **a** スノーフレーク, スズランズイセン (*Leucojum vernum*)《snowdrop に似た花を開く》. **b** =sweet William.
snów gàuge *n.* (降雪の深さを測る)雪量計, 雪尺.
snów gòggles *n. pl.* (雪盲 (snow blindness) 防止用の)雪めがね.
snów gòose *n.* 〘鳥類〙ハクガン(*Chen hyperboreus*)《北極地方にすむガンの一種; 全体が白色で翼の先端だけが黒い》.
snów gràss *n.* 〘植物〙オーストラリア南西部山岳地帯に分布するイネ科ヌカボ属 (*Agrostis*), イチゴツナギ属 (*Poa*) の植物の総称.
snów gròuse *n.* 〘鳥類〙ライチョウ (ptarmigan).

snów guàrd *n.* 雪止め《傾斜した屋根の雪の滑り止め; roof guard ともいう》.
snów ìce *n.* 雪氷(せっぴょう), スノーアイス: **a** 氷河にあるような雪が圧搾されてできた氷. **b** 半ば溶解した雪が凝固した不透明な氷.
snów-in-súmmer[-hárvest] *n.* 〘植物〙シロミミナグサ (*Cerastium tomentosum*)《南ヨーロッパ原産ナデシコ科ミミナグサ属の多年草; 全体白色毛におおわれ白い花が咲く; dusty miller ともいう》.
snów jòb *n.* 《米俗》(弁舌巧みに, またこびへつらいながら)相手を説得する[だます]こと, 聞こえのいいことを言うこと: give a ~ 聞こえのいいうまいことを言う.
snów lèopard *n.* 〘動物〙ユキヒョウ (*Panthera uncia*)《中央アジアの山岳地帯にすむ; 毛が長く, 白に近い色に黒褐色の斑紋がある; snow panther, ounce ともいう》.
snów·less *adj.* 雪のない.
snów lìght *n.* =snowblink.
snów lìly *n.* 〘植物〙=glacier lily.
snów lìmit *n.* 〘地理〙積雪限界《高山または赤道の南北での積雪のあるなしの境界線》.
snów lìne *n.* 〘地理〙雪線《年間の積雪量と融雪量が等しい高度を結んだ線; それより上では積雪が万年雪に, さらに氷河になり, 雪線以下の地域に流れ下る》.
snów·màker *n.* 人工雪製造装置.
snów·màking *adj.* (通例, スキーのゲレンデ用の)人工雪製造に用いられる: a ~ machine 降雪機.
snów·màn [-mæ̀n, -mən | -mæ̀n] *n.* (*pl.* **-men** [-mèn, -mən | -mèn]) **1** 雪だるま. **2** 雪の研究家. **3** [S-] 雪男 (⇨ Abominable Snowman).
snów·màst [-mæ̀st, -məst | -mɑ̀ːst, -məst] *n.* 〘海事〙=trysail mast.
snów·mèlt *n.* 雪解け水.
snów·mo·bìle [-mo(ʊ)bìːl, -mə- | -mə(ʊ)-] 〘← SNOW + (AUTO)MOBILE〙 **—** *n.* スノーモービル《キャタピラを装備した雪や氷の上を走る雪上車》. **—** *vi.* スノーモービルで行く. **snów·mo·bìl·er** [-lə | -lə(r] *n.*
snów·mo·bìl·ing *n.* スノーモービルレース.
snów mòld *n.* 〘植物病理〙 **1** 雪腐れ病《麦類雪腐れ病菌などによる穀草類の病気; 雪解けの頃白い菌糸体が表面に出る》. **2** 雪腐れ病菌 (*Calonectria graminicola*).
snów-on-the-móuntain *n.* 〘植物〙 **1** ハツユキソウ (*Euphorbia marginata*)《北米原産トウダイグサ科の上葉の縁が白い植物; 花壇に栽培する; ghost-weed ともいう》. **2** 《英方言》=snow-in-summer.
snów òwl *n.* 〘鳥類〙=snowy owl.
snów·pàck *n.* 〘気象〙(米国西部の高原地帯における)年間積雪量.
snów pànther *n.* 〘動物〙=snow leopard.
snów pèar *n.* 〘植物〙ヨーロッパ原産の白い花をつけるナシの一種 (*Pyrus nivalis*)《セイヨウナシ酒の原料になる》.
snów pèllets *n. pl.* (にわか雨に混じって降る)雪あられ (graupel, soft hail).
snów plànt *n.* 〘植物〙 **1** 赤雪藻 (*Chlamydomonas nivalis*)《植物性鞭毛虫で, 北極地方や高山の雪中に多数発生するとその赤色色素で雪が赤く見える; cf. red snow》. **2 a** 米国 California 州の山中の松林に生じるイチヤクソウ科の多数の赤い花をつける寄生植物 (*Sarcodes sanguinea*)《早春しばしば残雪のあるうちに咲く》. **b** ナデシコ科ミミナグサの一種 (*Cerastium tomentosa*).
snów·plòw *n.* **1** 雪かき, 除雪機, 除雪車. **2** 〘スキー〙プルーク(ファーレン), 全制動(滑降), ダブルステム (double stem)《スキーの尾部を ∧ 形に開いたまま斜面を真下に滑る[開いて停止する]こと》. **—** *vi.* 〘スキー〙プルーク(ファーレン)で速度を落とす[停止する].

snowplow 1

snówplow túrn *n.* 〘スキー〙プルークボーゲン《ターンの基本的なもので, 両方のスキーの尾部を ∧ 形に保ちながら, 体重を自分がターンしようとする方向と反対側のスキーに移していきながら行なう》.
snów plùme *n.* =snow banner.
snów púdding *n.* 泡立てた卵白とゼラチンなどを加えてふっくらと軽く作ったプディング.
snów ròt *n.* 〘植物病理〙=snow mold.
snów scàle *n.* 〘気象〙=snow stake.
snów·shèd *n.* 〘鉄道〙(山腹の鉄道線路に設けたなだれよけの)雪おおい, 雪よけ.
snów·shòe *n.* **1** [通例 *pl.*] 雪靴, かんじき: a pair of ~*s*. **2** =Indian yellow 1. **3** 〘動物〙=snowshoe rabbit. **—** *vi.* 雪靴[かんじき]をはいて歩く.
snów·shò·er *n.*
snówshoe rábbit [háre] *n.* 〘動物〙カンジキウサギ (*Lepus americanus*)《アメリカ産のウサギ; 穴を掘らず, 毛が夏期は茶色で冬期に白くなる》.

snowshoes 1

snów-shòvel *n.* 雪かき用シャベル.
snów·slìde *n.* 雪なだれ (avalanche).

snów·slìp *n.* 《英》=snowslide.
snów smòke *n.* =snow banner.
snów stàke *n.* 〘気象〙雪尺《積雪深度の測量棒; snow scale ともいう》.
snów·stòrm *n.* **1** 吹雪, 暴風雪. **2** 吹雪状のもの: ~*s* of white birds.
snów·sùit *n.* スノースーツ《暖かく裏打ちした防寒用スーツ, 子供用にはレギンス (leggins) とコートのセットまたはワンピーススタイルに帽子を組み合わせる》.
snów thròwer *n.* =snow blower.
snów tìre *n.* スノータイヤ《接地面の幅を大きくし, 深い溝を設けるなどして雪や氷の上を走行できるようにした自動車用タイヤ》.
snów tràin *n.* スキー列車《スキー場・スケート場などウインタースポーツの行楽地行きの特別列車》.
snów trìllium *n.* 〘植物〙=early wake-robin.
snów-whíte 〘OE *snāwhwīt*〙 *adj.* 雪のように白い, 雪白の, 純白の.
snów whìte *n.* 〘化学〙亜鉛華, 亜鉛白《zinc white, Chinese white, flowers of zinc ともいう》.
snow·y [snóui | snáuɪ] 〘OE *snāwig*: ⇨ -y⁴〙 **—** *adj.* (**snow·i·er**; **-i·est**) **1 a** 雪の多い, 雪の降る: a ~ day, year, etc. **b** 雪の積もった, 雪におおわれた: ~ mountains. **2 a** 雪のような, 雪白の, 純白の: a ~ dove. **b** 清らかな, 純潔な, 清浄な (pure). **snow·i·ly** [snóuɪli, -əli | snáuɪlɪ, -əlɪ] *adv.* **snów·i·ness** *n.*
snówy égret *n.* 〘鳥類〙アメリカコサギ (*Egretta thula*)《米国南部からアルゼンチンにかけて生息するシラサギ; 羽毛が美しく以前多量に捕獲された》.
snówy ówl *n.* 〘鳥類〙シロフクロウ (*Nyctea scandiaca*)《冬季に北極から欧米の北方地方に来て昼間活動するフクロウ; snow owl ともいう》.
S.N.P. 《略》Scottish National Party.
Snr. 《略》Senior.
snub [snʌ́b] 〘《c1340》 *snubbe(n)* ▭ ON *snubb-a*〙 **—** *vt.* (**snubbed**; **snub·bing**) **1 a** 鼻であしらう, 無視する (ignore); …にひじ鉄砲を食わせる, 頭ごなしにはねつける (rebuff): ~ a person down 人を頭ごなしに押えつける. **b** 鼻であしらって…させる: ~ a person *into* silence 鼻であしらって黙らせる. **2 a** (反論して)〈人の発言を〉急に制止する[やめさせる] (check suddenly); 出端(では)を折る (put down). **b** 〈ロープなど〉の張りを増す (tauten). **c** (止めぐい (snubbing post) などに綱を引いたりして)〈船・馬などを〉急に止める. **d** 〈動きを〉止める, 抑える: ~ a vibration. **3** しかりとばす, 譴責(けんせき)する (rebuke). **4** 〈煙草を〉押しつけてもみ消す 〈*out*〉. **5** 〘海事〙(繰り出し中の)〈綱や鎖などを〉急に止める. **6** 〘造船〙〈上から見た船の水線部の左右の広がりを〉船首尾で急に絞る.
— *n.* **1** けんつく, 頭ごなし, ひじ鉄砲; 冷遇, 相手にしないこと, 無視. **2** 急に止めること, 抑制 (check). **3** =snub nose. **4** 〘海事〙 **a** (ショックを吸収するため)係船索に用いる短い弾性体. **b** =snubbing post.
— *attrib. adj.* **1** 〈ロープなど〉急に引き止めるための: a ~ rope. **2 a** 〈鼻が〉低く太くそり返っている, あぐらをかいた: ⇨ snub nose. **b** ずんぐりした (stubby). **~·ness** *n.*
snúbbed nóse *n.* =snub nose.
snúb·ber *n.* **1** ひじ鉄砲を食わせる人; しかりとばす人. **2** (ロープなどを)急に止める装置; (船・馬などを)急に止める人. **3** (自動車の)ショック止め, 揺れ止め (shock absorber).
snúb·bing *adj., n.* 鼻であしらう(こと), 頭ごなしにする(こと).
snúb·bing·ly *adv.* 頭ごなしに, つっけんどんに.
snúbbing pòst *n.* 〘海事〙止めぐい《波止場に立てたくい; 綱を投げかけて船の航進惰力を食い止める》.
snúb·bish [-bɪʃ] *adj.* 〈鼻が〉あぐらをかいた, しし鼻の.
snub·by [snʌ́bi | -bɪ] 〘⇨ snub, -y⁴〙 **—** *adj.* (**snub·bi·er**; **-bi·est**) **1 a** ずんぐりした, 短く太い (snub); 〈鼻が〉あぐらをかいた: a ~ nose. **b** しし鼻の (snub-nosed): a ~ face. **2** けんつくを食わせる, 頭ごなしの; 冷遇する. **snúb·bi·ness** *n.*
snúb nòse *n.* 短くずんぐりした鼻(先); しし鼻 (pug nose).
snúb-nósed *adj.* **1** 〈ピストルなど〉ずんぐりした鼻先の: a ~ bullet, revolver. **2** しし鼻の.
snuff¹ [snʌ́f] 〘《c1390》 *snoffe* ← ?〙 **—** *n.* **1** ろうそく[ランプ]の心(しん)の燃えて黒くなった部分, ちょうじ頭. **2** (残りの)取るに足らぬ余りもの, 無価値なもの. ***take in snuff*** 《廃》〈ある事〉に腹を立てる. ***take snuff*** 《廃》腹を立てる (take offense) 〔*at*〕.
— *vt.* **1** 〈ろうそくなどの〉心(しん)を切る: ~ a candle. **2** [~ *out* として] **a** 〈ろうそくなどを〉消す (put out), 〈光などを〉見えなくする. **b** 消滅させる, 滅ぼす (destroy); 抑圧する, 弾圧する (suppress): an attempt to ~ *out* a person's life 暗殺計画 / ~ *out* a rebellion [tumult] 反乱[暴動]を鎮圧する / His hopes were ~*ed out*. 彼の希望は消え去った. **3** 《英俗》[~ *it* として] 死ぬ (die). **—** *vi.* **1** 消える 〈*out*〉. **2** 《俗》死ぬ, 死滅する (die) 〈*out*〉.
snuff² [snʌ́f] [*v.*: 《1527》 ▭ MDu. *snuff-en*] ★ 今は sniff *v.*, *n.* を用いる方が普通. **—** *vt.* **1** (鼻から強く)吸う, 吸い込む: ~ sea breezes 海の風を吸う / ~ tobacco かぎたばこを吸う. **2 a** かぎ分ける, かいで見つける[知る] (smell). **b** 〈猟犬などが〉かぎつける, かぎ出す: ~ (up) the scent of a deer 鹿の臭跡をかぎ出す. **—** *vi.* **1** 鼻から(強く)吸う, 〈犬・馬などが〉鼻をくんくんいわせる; (鼻をくんくんいわせて)かぐ (sniff). **2** 〘← *n.* 2〙《まれ》かぎたばこを吸う (take

snuff). **3**《廃》ふんとばかにする〔*at*〕: ～ *at* a person. **—** *n.* **1** 鼻をふんふんいわせて息を吸うこと (snuffing). **2** 〚(1683) ▭ Du. *snu(i)f*《略》← *snu(i)ftabak*《原義》tobacco for sniffing〛かぎたばこ(ひとつまみ): take (a) ～ [a pinch of ～] かぎたばこを一服[ひとつまみ]吸う. **3** におい (smell, scent). **4** かぎ薬.
give a person snuff 〈人を〉厳しくしかる, 懲らす (punish severely). ***put a person up to snuff***《英俗》〈人〉に入れ知恵する. ***up to snuff***《俗》(1)《英》やすやすとだまされない, 抜かりのない, 抜け目のない (sharp). (2)《米》〈健康・品質など〉申し分ない, 良好で.

snúff·bòx *n.* (携帯用)かぎたばこ入れ.

snúff-còlor *n.* かぎたばこ色, 黄褐色.

snúff-còlored *adj.* かぎたばこ色の, 黄褐色の.

snúff·er[1] *n.* **1** 鼻をくんくんいわせる人[動物]; イルカ (porpoise). **2** かぎたばこを吸う人.

snuff·er[2] [snʌ́fə | -fə(r)] 〚(15C) *snoffer*〛 **—** *n.* **1 a** [通例 *pl.*; 単数または複数扱い] ろうそくの芯(しん)切り(ばさみ). **b** ろうそく消し《通例, 取っ手の先端についたカップ型のもの》. **2**《古》ろうそくの芯を切る人.

snuffer[2] 1 a

snuffer[2] 1 b

snuf·fle [snʌ́fl] 〚(1583) ▭ ? LG & Du. *snuffel-en*: cf. snuff[2]〛 **—** *vi.* **1** (かぐために)鼻をくんくんいわせる. **2** (鼻がつまって)鼻を鳴らして息をする. **3** 鼻声で話す, 鼻をつまらせながら話す, 鼻声を出す; 殊勝な声で[信心ぶって]話す. **4**《まれ》すすり泣くような声[音]を出す. **—** *vt.* **1** 鼻をくんくんいわせてかぎ出す: ～ a fox. **2** 鼻声で言う[歌う]〈*out*〉. **—** *n.* **1** 鼻をふんふんいわせること. **2** 鼻声, 哀れっぽい声: speak in a ～ 鼻声で言う. **3** [the ～s] 鼻づまり, 鼻風邪, 鼻カタル. **snúf·fler** [-flə, -flə | -flə(r), -flə(r)] *n.*

snúf·fling [-flɪŋ, -flɪŋ] *adj.* **1** 鼻をつまらせている, 鼻声の. **2** 殊勝そうな (sanctimonious). **～·ly** *adv.*

snuff·y [snʌ́fi | -fɪ] 〚(1678): ⇨ snuff[2], -y[4]〛 **—** *adj.* (**snuff·i·er**; **-i·est**) **1** かぎたばこのような; かぎたばこ色の, 黄褐色の. **2 a** かぎたばこで汚れた. **b** 〈身なりなど〉薄汚ない (dirty): ～ clothes. **3** かぎたばこを常用する. **4 a** 立腹した, 不機嫌な (offended, cross). **b** すぐむっとする, 怒りっぽい (short-tempered). **5** 横柄な, いばった. **snúff·i·ness** *n.*

snug [snʌ́g] 〚(1583) ← ? Scand. (cf. ON *snǫggr* shorn, bald): もと船員用語〛 **—** *adj.* (**snug·ger**; **snug·gest**) **1** 〈場所・設備など〉居心地のよい (cosy); 気持のよい, 気持よく暖かい: a ～ seat by the fire 炉のそばの暖かい席 / lie ～ in bed 気持よく寝床に寝る / (as) ～ as a bug in a rug 気持よく納まり返って. **2** こぢんまりした, きちんとした; 小ぎれいな: a ～ little cottage. **3 a** 〈人が〉きちんとした, さっぱりした (neat, tidy): a ～ gentleman. **b** 〈衣服など〉きちんと合う (closely fitting): a ～ coat. **c** (荒天でも航海できるように)〈船やその各部が〉よく整備されている, きちんと片づいている (trim): a ～ ship / a ～ cabin きちんとした船室 / make ropes [sails] ～ 索[帆]をきちんと整頓する[畳む]. **4** こぢんまりとした[安楽な]境遇にある. **5** 〈収入・食事など〉わずかながら十分な, 不自由のない: a ～ income, dinner, etc. **6** 隠れて, 見えない, 秘密の (hidden, secret): a ～ hideout 隠れ家 / lie ～ 隠れている; 監禁されている. **—** *v.* (**snugged**; **snug·ging**) **—** *vi.* **1** こぢんまりと[気持よく]横たわる (nestle); ねぐらに就く, 就寝する. **2** 〘海事〙(移動動物を結びつけたりして)荒天に備える〈*down*〉. **—** *vt.* **1** きちんと片づける, 気持よくする (make snug). **2** 体にぴったり合わせる. **3** 隠す (hide). **4** 〘海事〙〈船を〉しけに耐えるよう準備する〈*down*〉. **—** *n.*《英》こぢんまりとした部屋; パブの個室[奥まった部屋]. **—** *adv.* =snugly. **～·ness** *n.*

snúg fìt *n.* 〘機械〙すべりばめ, 滑合《軸と穴とが微小な隙間をもってすべり合うようなはめあい》.

snug·ger·y [snʌ́g(ə)ri | -gəri] 〚← SNUG (adj.)＋-ERY〛 **—** *n.*《英》**1** 居心地のよい場所[地位]; こぢんまりした部屋 (snug room). **2** (パブの)居心地のよい個室[一隅] (snug).

snug·gies [snʌ́giz | -gɪz] 〚← SNUG (adj.)＋-IE＋-S[1]〛 *n. pl.* (特に, 婦人や子供用の)長めのニットのパンツ[下着] (underpants).

snug·gle [snʌ́gl] 〚(1687) (freq.) ← SNUG (v.): ⇨ -le[3]〛 **—** *vi.* (暖かさ・心地よさなどを求めてまたは愛情から)すり寄る, 寄り添う, くっつき合う (nestle, cuddle)〈*together, up*〉: ～ *down* in bed 気持よく床に寝る / ～ *up* to a person 人に寄り添う. **—** *vt.* **1** (愛情・保護の気持で)〈子供などを〉すり寄せる, 抱き寄せる: ～ a baby to one [in one's arms] 赤ん坊を抱き寄せる[抱く]. **2** 心地よい[こぢんまりした]所に置く.

snúg·ly *adv.* こぢんまりと, 心地よく, 安楽に.

sny [snáɪ] 〚← ?〛〘造船〙 *vi.* 〈船尾・船首の鉄板材の先端が〉上そりに曲がる. **—** *vt.* 〈造船用材を〉熱して上そりに曲げる. **—** *n.* (鉄板の)上曲がり.

Sny·der [snáɪdə | -də(r)], **Gary** *n.* (1930–) 米国の詩人. 「分.

sný·ing 〚← ?〛 *n.* 〘造船〙船材が上曲がりしている部

so[1] [sóu, sòu, so(ʊ) | sə́u, sə̀u, so(ʊ)] 〚OE *swā* ← Gmc **swa-* (Du. *zoo* / G *so*) ← IE **seu-* (Gk *hōs* thus, so): cf. such〛 **—** *adv.* **1** [様態・方法] **a** そう, その[この]ように, そんな風に (in such a manner), 同じように, この通りに (in this way): You must not behave *so.* そんな振舞をしてはいけない / Do it just *so.* こんな風に[この通りに]しなさい / *So,* and so only, can it be done. そういう方法でない限りできはしない / While I was *so* employed, I heard the doorbell ring. そういう風にしていた時に玄関のベルが鳴った / *So* ended the lecture. このようにして講演が終わった / As it *so* happened, we lived in the same flat. 偶然のことだったが私どもは同じアパートに住んでいた. **b** [so ... that ... または so ... as *to* do として] ...(する)ように (cf. *adv.* 2 c): It *so* happened *that* he was not at home. たまたま彼は不在だった / The book is *so* written *as to* give a quite wrong idea of the facts. その本はその事実の全く誤った観念を抱かせるように書かれている. **c** [As ..., so ... として] (...する)ように, (...と)同様に; (...するに)つれて, (...と)同時に: *As* you treat me, *so* will I treat you. あなたが私を扱うように私もあなたを扱います / Just *as* the British enjoy their beer, *so* French people enjoy their wine. ちょうどイギリス人がビールを好むのと同じようにフランス人はワインを好む / *As* it rained harder, *so* the sea grew rougher. 雨が激しくなるにつれて海も荒れてきた.

2 [程度] **a** それほど, そんなに, それだけ (to such a degree): Don't walk *so* fast. そんなに早く歩くな / He could not speak, he was *so* angry. 彼はものが言えなかった, それほど怒っていたのだ (cf. He was *so* angry *that* he could not speak. ⇨ *adv.* 2 c) / I've never seen *so* beautiful a scene. 今までにこんな綺麗な景色は見たことがない《★ ... *such* a beautiful scene の方が口語的》/ I've known you since you were *so* high. あんたがこれくらいの大きさの時から知っている《手振りを添えて言う言葉》/ *So* many countries *so* many customs.《諺》国の数だけ習わしの数がある,「所変われば品変わる」. **b** [so ... as ... として] [否定語に続いて] ...と同じようには, ...ほどには(...でない) (cf. as ..., as ... ⇨ as[1] *conj.* 1 a, 2 a); [肯定文で] ...ほど(までに): My house *isn't so* large *as* my brother's. 私の家は兄の家ほど大きくない / He's *never so* foolish *as* you think. 彼はあなたが考えているようなばかでは決してない / The lake was deep enough for a pleasure boat *so* small *as* theirs. 湖は彼らが乗った小さな遊覧船ならはしれるくらいの深さがあった. **c** [so ... that ... または so ... as *to* do として] ...(する)ほど..., 非常に...なので... (cf. *adv.* 1 b): The house is *so* conspicuous *that* you can never miss it. その家は大変目立っていてすぐにわかる / I was *so* angry (*that*) I could not speak. ひどく腹が立ってものも言えないほどだった《★《米口語》ではしばしば that が省かれる》/ He was not *so* deaf *that* he could not [《文語》*so* deaf *but* he could] hear the cannon. 大砲が聞こえないほど耳が悪くはなかった / The windows were *so* small *as not to* admit much light at all. 窓が小さくて光もあまり入らないくらいだった / Be *so* kind *as* (＝Be kind enough) *to* tell it to him. どうぞ彼にお伝え下さい.

3《口語》[強意的に] **a** [形容詞・副詞の前に用いて] 実に, 非常に, いかにも (very, extremely): It is *so* kind of you. ほんとうにご親切さま / I am *so* glad to hear it. それを聞いて実にうれしい《ほんとうによかった》/ *So* sorry! どうも済みません. ★《口語》ではなお強調的に so の前に ever を添えて用いることがある; ⇨ EVER *so* (2). **b** [動詞を修飾して] ひどく (very much): My tooth aches *so*! ひどく歯が痛む.

4 [一定の限度を示して] この程度まで, これくらいまで: I can only do *so* much in a day. 一日ではこれくらいしかできはしない / My legs will go just *so* fast and no faster! 脚がこれ以上速く動きはしない《これで精一杯だ》.

5 [補語として] **a** [先行の形容詞・分詞・名詞に代わって] そのようで, その通りで (thus), 同様で (the same): The wall is painted yellow and has long been *so.* その壁は黄色に塗られていて長い間そのままになっている / He is poor—so much *so* that he can hardly get enough to live. 貧乏も貧乏, ほとんど食うに困るくらい貧乏だ / She is paralyzed but was not born *so.* 麻痺(ひ)ではあるが生れた時からそうではなかった / A drunkard usually remains *so.* のんだくれはたいがいいつまでものんだくれだ. **b** [形容詞的に] そうで, 本当で (true): Is that *so*? ＝*So*? そうですか, 本当ですか / If what you say is really *so,* we'll have to change our plans. 君の言うことが本当なら我々の計画を変えなければならない / Just [Exactly, Precisely, Quite] *so.* 全く[まさに]その通り / Not *so.* そうじゃない. **c** ⇨ JUST *so* (2).

6 a [先行の陳述内容または文脈上の事態を指して] そう: God said, Let the dry land appear: and it was *so.* 神言いたまいけるは乾ける土現わるべしと, すなわちかくなりぬ (*Gen.* 1 : 9) / It is better *so.* それはそのままのほうがよい / *So* be it!《文語》そうあらしめよ (cf. amen); それならそれでよい《仕方がない》/ How [Why] *so*? どうして[なぜ]そうなるのか / Have you got a job? If *so,* tell me where you'll work. 職が見つかったのかね, そうなら勤め先を教えてくれ / ⇨ EVEN[2] *so* (1). **b** [(and) so＋主格人称代名詞＋Anomalous finite の形式をなし前出の陳述の肯定性を強調して] 実際, いかにも (in actual fact): You said it was good, *and so* it is [íz]. 君はいいと言ったが全くいいね[その通りだ] / I said I would help you, *and so* I will [wíl]. 助けてやると言った以上助けてやる / They work hard.—*So* they do [dúː]. 彼らは勉強家だね.—その通りだ. **c**《口語・方言》[相手の否定または疑いに反駁して]: You didn't do it.—I did *so*! I did so do it! 君はそれをしなかったね—したよ, ちゃんとしたよ. **d** [(and) so＋Anomalous finite＋主格人称代名詞の形式をなし新たな主語を強調して] ...もまた (also, as well): My father was a Republican, and *so* am I [áɪ]. 父は共和党員だったが, 私もそうだ / We were wrong; *so* were you [júː]. われわれは間違っていたが, 君たちもまた間違っていた / I saw it, and *so* did he [híː]. 私はそれを見たが彼も見た.

7 [and so として接続詞的に] **a** それゆえ, そのため, だから (consequently): He is ill, *and so* cannot come to the party. 彼は病気でそれで会いに来られません. **b**《英古・米》それから, ついで (then): *And so* home and to bed. そのあと帰宅して就床.

8《口語》[文頭に用いて導入語として] そういうわけで, それでは, じゃあ, して見ると(やはり) (cf. *int.* 1): *So* he is back again. じゃあ彼はまた帰って来たんだね / *So* that's what you meant. じゃあそういうことを考えていたわけだね / *So* that's that. こういう次第だ, ともかくこれまで, 以上です《話・議論・ひと仕事などの終りに言う》/ ⇨ *So* WHAT?

9《文語》以下のように, 次の如く (in this way): For *so* the Lord said unto me, I will take my rest. そはエホバわれにかく言いたまえり, いわく, われ静かにいん (*Isa.* 18 : 4).

10《古》[誓願文を導いて] 〈...であるから〉そのように, かく(...あれかし)〈*as*〉: *So* may I be saved *as* I am telling the truth! わが言に偽りなければ救いあれかし. ★ この意味の so はまた祈願を表わす仮定法現在形の動詞に先立つことがある: ⇨ so *help me* (*God*), so *please you.*

and so forth [***on***] ⇨ and *conj.* 成句. ***in so far as*** ⇨ far *adv.* 成句. ***not so much*** (...) ***as*** ... ⇨ much *adv.* 成句. ***so as***《方言》...ならば, ...さえすれば (provided that, just so). ***so as to do*** (cf. so ... as to do ⇨ *adv.* 1 b, 2 c) ...するように, ...するために: The day was dark, *so as to* make a good photograph hard to get. よい写真が撮りにくいような薄暗い日だった / I shut the window *so as to* keep the mosquitoes out. 蚊が入って来ないように窓を締めた. ★ *in order to* do よりも口語的で, *in order to* do がもっぱら目的を表わすのに対し, *so as to* do は目的とともに結果の観念が暗示される場合に用いられる. ***so far*** ⇨ far *adv.* 成句. ***so far as*** ⇨ far *adv.* 成句. ***so help me*** (***God***)《文語》神かけて(誓う), 真実に《誓言の最後の言葉》: I did see her there, *so help me*! 紛れもなくそこで私は彼女に会いました. ***So long!*** ⇨ so long. ***so long as*** ⇨ long[1] *adv.* 成句. ***so many*** ⇨ many *adj.* 成句. ***so much*** (1) ⇨ much *adj.* 成句. (2) ⇨ much *pron.* 成句. (3) ⇨ much *adv.* 成句. ***so much for*** ⇨ much *pron.* 成句. ***so please you***《文語》御免をこうむって (by your favor, if you please). ***so so*** ＝so-so. ★ ただし *attrib. adj.* としては so-so のほうを用いる. ***so that*** (cf. so ... that ⇨ *adv.* 1 b, 2 c) (1) ...するために, ...するように (in order that) (cf. that[3] *conj.* 4): Finish this *so that* you can start another. 次のが始められるようにこれを完成してくれ / She warned me *so that* I might avoid the danger. 彼女は私にその危険が避けられるように注意してくれた. ★ この構文でも《米口語》ではしばしば that が省かれる; ⇨ *conj.* 2 a. (2) それゆえ, 従って, だから (consequently): All precautions have been taken, *so that* we expect to succeed. あらゆる用心はして来たのだから成功すると思っている. (3)《古》...ならば (provided that), ...さえすれば (if only): *So that* it is true, what matters who said it? 真実でありさえすればだれの言ったことだろうと何の問題でもない. ***so there***《口語》(何と言おうと自分は)そう決めた[するんだ], 本気[本当]だ (and that's that): I will refuse, *so there!* 断るつもりだ, わかったな. ***so to speak*** [***say***] 言わば, さながら (as it were): He is, *so to speak,* a grown-up baby. 彼は言わば大人の赤ん坊だ.

— *conj.* **1**《口語》(それ)だから, それで, 従って (therefore), では: The manager was out, *so* I left a message with his secretary. 支配人が外出中だったので伝言は秘書に託して来た. ★ 注意深い文体ではこの種の文で so の前に and を用いたほうが望ましいとされる (cf. *adv.* 7 a). **2**《米口語》**a** ＝so *that* (1) (⇨ *adv.* 成句): All of us tried to be quiet *so* he could sleep. 彼が眠れるように我々はみな静かにしていようとした. **b** [get に続いて] ...というまでに(なる): He *got so* he could stand the trial. その試練に耐えられるようになった / It finally *got so* we were favored by the good luck. ついに我々がその幸運に恵まれるということになった. **3** ...さえすれば (if only), ...ならば (provided that) (cf. so *that* (3) ⇨ *adv.* 成句). ★ 次のように just so として用いられる場合以外は《古》: *Just so* he gets enough to eat, he doesn't care what happens. 彼は食べるものさえ十分得られるならどんな事になろうとかまわない男だ.

— *pron.* **1 a** [動詞 say, call, speak, tell, think, hope, expect, suppose, imagine, fear, hear, などの目的語としての *that*-clause に代わって (↔ not)]: I think *so.* そうだと思う / I suppose *so.*＝*So* I suppose. 多分そうだと思うが / I told you *so.* だから言ったじゃないか / Do you say *so*?＝You don't say *so.* まさか, そう

ですか《驚きを表わす》/ *So* he says. 彼はそう言う / *So* spake Plato.《古》プラトンはかく言えり. **b** [do *so* として前出の動詞語句に代わって(cf. *adv.* 6 b, d)]: They asked me to visit their village, and I decided to *do so* (=visit their village). 彼らが田舎を訪ねて来いと言ってくれたので私はそうすることにした / He ran and caught the bus, but in *doing so* [in *so doing*] he strained his ankle. 走って行ってバスに間に合ったがその時に足首を痛めた. **2** [数量の表現のあとに or so として](…か)そのくらい(thereabouts): two hundred *or so* 200ばかり / a mile [an hour] *or so* 1マイル[1時間]くらい / He is forty *or so*. 40歳前後だ. **3**《口語》[like so として] =like this: Fold the paper *like so*. こんな具合に紙を折りなさい.
— [sóu | sə́u] *int.* **1** [驚き・意外感・不信感などを表わして] やっぱり, まさか (cf. *adv.* 8): *So*, that's who did it. じゃやっぱりあの人がやったのか. **2** [是認の意を表わして](それで)よし (very well); [停止・中止の命令として] そのまま, じっとして, それまで, やめ (stop!): If you are content, *so*. 君がそれで満足ならそれでいい / A little more to the right, *so!* もう少し右の方へ, ようし.

so[2] [sóu | sə́u] *n.*《音楽》=sol[1].

So.《略》South; Southern.

s.o., SO《略》《証券》seller's option; shipping order;《野球》strikeout(s).

S.O.《略》Scottish Office; Section Officer; senior officer 先任将校; signal officer 通信将校; sorting office; staff officer; standing order; Stationery Office; Statistical Office; suboffice; supply officer 補給係将校; symphony orchestra.

soak [sóuk | sə́uk]《OE *socian* ← Gmc *suk- (cf. OE *sūcan* 'to SUCK') ← IE **seu-* to take liquid: cf. sup[1]》
— *v.* (**soaked; soaked, soak·en** [sóukən | sə́u-])
— *vi.* **1 a** (水などの液体に)浸(ひた)る, 浸かる(steep): Let the cloth ~ for an hour. 布を1時間浸けておけ. **b** ずぶぬれになる, びしょびしょになる. **2** しみ通る (permeate), しみ込む, しみる: The rain has ~*ed through* the roof. 雨が屋根をしみ通った / Water has ~*ed into* the cellar. 水が地下室にしみ込んだ. **3** 徐徐に〔心・感情などに〕しみ込む, 徐々にわかる: The reason began to ~ *into* her mind. 理由が段々と彼女にわかってきた / His advice ~*ed in*. 彼の忠告が段々わかってきた. **4**《口語》大酒を飲む: ~ at the pub. **5**《冶金》均熱する. — *vt.* **1** 浸す, 浸(ひた)ける (steep): ~ bread *in* milk パンをミルクに浸す / ~ clothes before washing 洗濯する前に衣服を水につける. **2** 〈水分などが〉…にしみ込む(permeate); ぬらす, ずぶぬれ[びしょびしょ]にする(drench): He was ~*ed through* [*to* the skin, *to* the bone]. ずぶぬれになった / The ground was ~*ed by* the rain. 地面は雨でびしょぬれになった / The coat was ~*ed with* blood. 上着は血でぬれていた. **3 a** 吸い込む[取る] (absorb) ⟨*up*⟩: ~ *up* ink インクを吸い取る / ~ *up* the sunshine 日光を吸収する. **b** 〈知識などを〉吸収する, 取得する, 覚える ⟨*up*⟩: ~ *up* information 知識を吸収する. **4** (洗濯・吸収などで)しみ出す, 吸い出す, きれいにする ⟨*out*⟩: ~ stains *out of* a shirt 水に浸してシャツのしみを取る / ~ *out* the harshness 水に浸してあくを抜く. **5** [~ one*self* または p.p. 形で]〔学問や研究などに〕専心する, 没頭する〔*in*〕: ~ *oneself in* music 音楽に没頭する / be ~*ed in* literature 文学に専心する. **6**《口語》**a** 〈酒を〉がぶがぶ飲む, 痛飲する. **b** [~ one*self* または p.p. 形で] (痛飲して)酔っ払う: He came home, quite ~*ed*. ぐでんぐでんに酔って帰ってきた. **7**《口語》…に法外な金を支払わせる, 不当な高値をふっかける, ぼる: ~ the rich 金持から巻き上げる. **8**《俗》質に入れる. **9**《米俗》なぐる, ひどく打つ (beat hard); ひどく罰する (punish severely), 完全にやっつける. **10**《冶金》〈金属を〉均熱させる. **11**《電気》〈蓄電池を〉小電流で充電する. — *n.* **1** 浸す[浸(ひた)ける]こと; しみ込み, 浸透: Give the clothes a thorough ~. 衣服をよく水に浸けておけ. **2** 浸液, つけ汁. **3**《俗》**a** 大酒 (hard drinking); 痛飲, 酒宴 (spree). **b** 大酒飲み. **4**《俗》質 (pawn): put something in ~ ある物を質に入れる. **5**《豪》**a** (丘のふもとの)沼地; 雨後しばらくしてできる泥沼. **b** 泉.

soak·age [sóukɪdʒ | sə́uk-]《⇨ ↑, -age》*n.* **1** 浸す[浸される]こと, 浸(ひた)ける[浸けられる]こと. **2** しみ込み, しみ出し. **3** 浸透[浸出]液; 浸透[浸出]量.

soaken *v.* soak の過去分詞.

sóak·er《⇨ -er[1]》*n.* **1** 浸す人[物], 浸(ひた)ける人[物]. **2** 大雨, 長雨. **3** 大酒飲み(drunkard). **4** [*pl.*] (毛糸編みのショーツ型)おむつカバー.

sóak·ing《(15C)》— *adj.* **1** ずぶぬれの[になる]: a ~ downpour どしゃ降り. **2** [副詞的に] びしょびしょに: be [get] ~ wet ずぶぬれである[になる]. — *n.* ずぶぬれ: get a ~ ずぶぬれになる.

sóak·ing·ly *adv.* **1** ぐしょぐしょ[ずぶぬれ]に (drenchingly). **2** 徐々に, 次第に (gradually).

sóaking pìt *n.*《冶金》均熱炉《鋳塊の温度を均一にするために用いられる加熱炉》.

só-and-sò《(1596)》— *n.* (*pl.* **~s, ~'s**)《口語》**1** (名がわからないか名を明示しないで, または軽蔑の意をこめて)だれそれ, 何某氏: Mr. *So-and-so* 某氏, 何とかさんという人 / Never mind what *So-and-so* says. だれが何を言ったって気にするな / those crazy ~*s* あの何とかいう気違い連中. **2** 何々; こうこういうもの[こと]: say ~ しかじかと言う / He says ~ is a cure for the gout. 何とかが痛風の薬だと彼が言っている.

Soane [sóun | sə́un], **Sir John** *n.* (1735–1837) 英国の建築家.

soap [sóup | sə́up]《OE *sāpe* < (WGmc) **saipō* (G *Seife*) ← ? IE **sē(i)b-* tallow, resin (L *sēbum* tallow)》
— *n.* **1** 石鹸(せっけん), シャボン: a cake [cube, tablet] of ~ 石鹸1個 / insoluble ~ 硬質石鹸《主としてソーダ石鹸》/ toilet [washing] ~ 化粧[洗濯]石鹸 / marine ~ 海水用石鹸 / ⇨ hard soap, soft soap. **2** 脂肪酸のアルカリ金属塩. **3**《米俗》金銭 (money); (特に, 政治運動などに使う)わいろ (bribe).
no soap《俗》〈提案・申し出などが〉うまくいかぬ; いやだ, 不承知だ; だめ (no go): I tried to teach him English, but it was *no* ~. 彼に英語を教えようとしたが, だめだった.
— *vt.* **1** 石鹸でこする[洗う]; …に石鹸をつける; 石鹸を使う: ~ one's hands, clothes, etc. **2**《俗》…にお世辞を言う, おべっかを使う, へつらう (flatter) ⟨*up*⟩.

sóap·bàrk *n.* **1**《植物》キラハ, セッケンボク (*Quillaja aponaria*)《チリ産のバラ科の常緑樹; soapbark tree ともいう》. **2** セッケンボクの内皮, キラヤ皮 (quillai bark)《サポニン (saponin) を含み石鹸の代用とする》. **3**《植物》キンキジュ《熱帯アメリカ産の石鹸性樹皮を生じるマメ科キンキジュ属 (*Pithecolobium*) の数種の植物の総称; soapbark tree ともいう》.

sóap·bèr·ry [-bèri, -b(ə)ri | -b(ə)rɪ] *n.* **1 a**《植物》ムクロジ《熱帯・亜熱帯産ムクロジ属 (*Sapindus*) の樹木の総称; *S. saponaria* など; 有用な木材になる; soapberry tree ともいう》. **b** ムクロジの果実《果皮を以前石鹸代用にした; cf. soap nut》. **2**《植物》=buffalo berry.

sóap-bòiler *n.* 石鹸製造人.

sóap-bòiling *n.* 石鹸製造.

sóap·bòx *n.* **1** 石鹸入れ, 石鹸包装木箱. **2** 即製の街頭演説台. — *attrib. adj.* **1** 石鹸箱の形をした. **2** 即製の街頭演説台の[でする]; 街頭演説の: a ~ orator 街頭演説者 (cf. stump 6 b) / ~ oratory 街頭演説. — *vi.* (石鹸箱を演台にして)街頭演説をする.

Sóap Box Dérby *n.* ソープボックスダービー《モーターのない手製の箱車に乗り斜面を走り競う11–15歳位の少年用レース; サービスマーク (service mark) とされる》.

sóap·bòx·er *n.* 街頭演説者.

sóap bùbble *n.* **1** 石鹸のあわ, シャボン玉. **2** 外観が美しくて中味の空虚な物, 見かけ倒し(の物).

sóap dìsh *n.* 石鹸箱, 石鹸置き.

sóap èarth *n.*《鉱物》=soapstone.

sóap·er《ME *sopare*》*n.* **1** 石鹸製造者 (soap boiler); 石鹸商(人). **2** =soap opera. **3**《紡織》染色堅牢度を増すための処理タンク.

sóap·fìsh *n.*《魚類》米国沿岸の暖海にすむヌノサラシ科 *Rypticus* 属の魚類の総称《うろこは石鹸のようにつるつるしている》.

sóap flàkes *n. pl.* フレーク石鹸《細かく薄片状に削った石鹸》.

sóap·less *adj.* **1** 石鹸のない, 石鹸を使わない. **2** 洗濯していない (unwashed), 汚ない (dirty).

sóapless sóap *n.* ソープレス ソープ《油脂または脂肪酸を用いない合成洗剤; cf. detergent》.

sóap nùt *n.* ムクロジ (soapberry) の果実《ビーズ・ボタンの原料となる》.

sóap òpera《石鹸会社がしばしば主婦向けに昼間連続のラジオまたはテレビ放送劇, 提供したことから》— *n.*《口語》ソープオペラ《通例, 軽いまたは感傷的なメロドラマ》.

sóap plànt *n.*《植物》**1** シャボンノキ (*Chlorogalum pomeridianum*)《米国 California 州に産するユリ科の多年草; その地下茎はアメリカインディアンが石鹸に用いた; California soaproot ともいう; cf. amole》. **2** =soapwort 1.

sóap-pòd *n.* マメ科の植物サイカチなどのさや《サポニン (saponin) を含み石鹸代用にされた》.

sóap pòwder *n.* 粉石鹸.

sóap·ròot *n.*《植物》南ヨーロッパ産ナデシコ科カスミソウ属(*Gypsophila*)の草本の総称《その根は石鹸の代用品》.

sóap·stòne *n.*《鉱物》石鹸石《多少の不純分を含む滑石 (talc) の一種; 大きな岩塊として得られるものは磨いて浴槽・テーブル板などに使う》.

sóap·sùds *n. pl.* あわ立った石鹸水, 石鹸あわ.

sóap·wòrks *n. pl.* [通例単数扱い] 石鹸製造工場.

sóap·wòrt *n.*《植物》**1** シャボンソウ (⇨ bouncing Bet). **2** =cowherb.

soap·y [sóupi | sə́upɪ]《⇨ soap, -y[4]》— *adj.* (**soap·i·er; -i·est**) **1 a** 石鹸の[をぬった]; 石鹸の泡だらけの. **b** 石鹸を含んだ: ~ water 石鹸水. **2** 石鹸のような; 滑らかな (smooth). **3**《口語》お世辞をいう, おべっかを使う, へつらいの (flattering, oily). **4**《口語》ソープオペラ (soap opera) の(ような). **sóap·i·ly** [sóupɪli, -pə- | sə́upɪlɪ, -pə-] *adv.* **sóap·i·ness** *n.*

soar [sɔ́ə, sóə | sɔ́:(r)]《(c1380) *sore(n)* ⊏ (O)F *essor-er* < VL **exaurāre* ← EX-[1] + L *aura* air: cf. aura》— *vi.* **1** 〈鳥などが〉高く飛ぶ, 舞い上がる; 飛び立つ ⟨*away*⟩: And singing still dost ~, and ~*ing* ever singest. 歌い舞い上がり, 舞いかつ歌う (Shelley, *To a Skylark*). **2 a** 〈鳥が〉(翼を動かすように見えずに風に乗って)滑るように飛ぶ, 空を駆ける. **b** 〈グライダーなどが〉上昇気流に乗って飛ぶ, ソアリング[滑翔(かっしょう)]する (cf. glide). **3 a** (位置・地位が)高く上がる[昇る], 上昇する (rise): The thermometer ~*ed up*. 温度計が上がった. **b** 〈物価が〉はね上がる, 急騰する (rise suddenly). **4** 〈希望・元気・野心などが〉高まる, 高揚する, 天翔(かけ)る (aspire): Her hopes ~*ed* at the news. そのニュースを聞いて急に彼女の希望が高まった. **5** 〈山などが〉そびえる, 高くそそり立つ (tower): The mountain ~*s* to heaven above all rivals. その山は群峰を抜いて高くそびえている. **6** (他を圧するように)高く歌う[演ずる]: Her voice ~*ed* above the orchestra. 彼女の声がオーケストラより高く響いた. **7** 高速で進む: ~ down the slope 坂を猛スピードで下りる. — *vt.*《古・詩》高く飛んで〈高所〉につく. — *n.* **1** 高く飛ぶ[舞い上がる]こと. **2** 高く飛ぶ範囲, 飛躍[高揚]の限度: beyond the ~ of fancy 想像も及ばない. **~·er** *n.*

soar·ing [sɔ́:rɪŋ, sóːr- | sɔ́:r-] *adj.* **1 a** 舞い上がる; 雲にそびえる: a ~ eagle 空翔(かけ)るワシ / a ~ spire 天にも届く尖塔(せんとう). **b**《紋章》〈鳥が〉空に向かって飛んでいる (cf. rising 6, volant 3). **2** 〈物価など〉急上昇する: ~ prices 急騰する物価 / a ~ unemployment rate はね上がる失業率. **3** 〈思想など〉高邁(こうまい)な: a ~ ambition 遠大な望み. — *n.* **1** 飛ぶ[高く舞い上がる]こと. **2**《航空》ソアリング, 滑翔(かっしょう)《グライダーを上昇気流によって飛翔させること》.

soaring 1 b

so·a·ve [souá:veɪ | səu-; *It.* soá:ve]《⊏ It. ~ 'sweet' < L *suāvem*: ⇨ suave》*adv.*《音楽》優美に, やさしく, やわらかく.

so·a·ve·men·te [souà:veɪméntɪ | səu-; *It.* soàveménte]《⊏ It. ~》*adv.*《音楽》=soave.

sob [sá(:)b | sɔ́b]《(c1200) *sobbe(n)* to catch the breath convulsively ← ? LDu. (cf. WFris. *sobje* / Du.《方言》*sobben* to suck)》— *v.* (**sobbed; sob·bing**) — *vi.* **1** 涙にむせぶ, むせび泣く, すすり泣く, 泣きじゃくる. **2** 〈風などが〉むせぶように鳴く; 〈風などが〉むせび泣くような音を立てる. — *vt.* **1 a** むせび泣きながら言う ⟨*out*⟩: ~ a reply 涙にむせびながら答える / ~ *out* a sorry tale 気の毒な話をすすり泣きながら物語る. **b** 〈涙・気持などを〉すすり泣いて出す[表わす]: ~ tears *into* a handkerchief すすり泣いて涙でハンカチをぬらす / ~ one's heart *out* 胸の裂けるほど[身も世もあらぬように]泣きじゃくる. **2** [~ one*self* で] むせび泣いて〔ある状態に〕至らせる〔*to*〕: The child ~*bed himself to* sleep. その子はすすり泣きながら寝入ってしまった. — *n.* **1** むせび[すすり]泣き: give a ~ 泣きじゃくる. **2** わびしい風の音.

s.o.b., S.O.B., SOB [ésòubí: | -əu-]《← *son of a bitch*》*n.*《米俗》[軽蔑的に] 畜生, 野郎, おたんちん: You called me an ~. 畜生って言いやがったな.

sób·bing[1]《ME》*adj.* すすり[むせび]泣いている. **~·ly** *adv.*

sób·bing[2] *adj.*《方言》=sopping.

sob·by [sá(:)bi | sɔ́bɪ]《(1611) ← SOB + -Y[4]》*adj.* (**sob·bi·er; -bi·est**) **1**《米俗》哀れっぽい, 涙を催すような. **2**《方言》ぬれた, 湿っぽい (wet).

so·bé·it《(1583) ← *so be it*》*conj.*《古》もし…ならば (provided that, if).

so·ber [sóubə | sə́ubə(r)]《(*a*1338) *sobre* ⊏ (O)F ⊏ L *sōbrius* ← *sē(d)* without + *ēbrius* drunk: cf. ebriety》— *adj.* (**~·er, ~·est; more ~, most ~**) **1 a** 酔っていない, 酒を飲んでいない, しらふの: become ~ 酔いがさめる / I seldom saw him ~. 彼がしらふなのをめったに見たことがなかった / (as) ~ as a judge ⇨ judge 1 a / appeal from Philip drunk to Philip ~ ⇨ Philip 成句. **b** (いつも酔うほど)酒を飲まない; 節酒している (temperate). **c** 飲食に節度のある (abstemious). **2** (騒いだり, 興奮したりしないで)謹厳な, 真面目な (serious, solemn); 落ち着いた, 冷静な (self-possessed): lead a ~ life 真面目に世を渡る / in ~ earnest 厳粛に, 真面目に. **3 a** 控えめの, 節度のある (moderate); 穏健な, 穏当な, 理性的な (sane): a ~ estimate [statement, critic] 穏当な見積り[陳述, 批評家]. **b** ありのままの: the ~ truth ありのままの事実 / in ~ fact (想像でなく)実際に. **4** 〈色・衣服など〉地味な, 派手でない, 落着きのある (somber, quiet): in ~ robes 地味な色の服を着て / a *sober*-suited matron 地味な装いの夫人 (Shak., *Romeo* 3. 2. 11). **5**《古》**a** あわてない: with ~ speed. **b** 穏やかな, 平和な (peaceful): a ~ sea. **6**《スコット》**a** 体の弱い (feeble). **b** 貧しい. — *vt.* **1** …の酔いをさます ⟨*up*⟩. **2** 冷静[真面目]にする, 落ち着かせる, 反省させる ⟨*down*⟩: a ~*ing* effect. **3** 〈色を〉地味にする. — *vi.* **1** 酔いがさめる ⟨*up, off*⟩. **2** 冷静[真面目]になる, 落ち着く, 反省する ⟨*down*⟩. **3** 〈色が〉地味になる. **~·ing·ly** *adv.* **~·ly** *adv.* **~·ness** *n.*

sóber-héaded *adj.* 気まぐれでなく筋道たてて考える, 頭脳明晰な.

sóber-mínded *adj.* 落ち着いた, 冷静な (self-controlled), 穏健な (sensible). **~·ly** *adv.* **~·ness** *n.*

sóber·síded *adj.* 〈態度・性格など〉重々しい, 厳粛な; 真面目な, 謹厳な. **~·ness** *n.*

sóber·sides *n. pl.* [単数または複数扱い]《口語》真面目な[落ち着いた]人, 謹厳な人.

So·bies·ki [so(u)bjéski, sòubi- | sə(u)bjéskɪ, sə̀ubɪ-; *Pol.* sɔbjéski], **John** *n.* ソビエスキ (⇨ John III).

so·bor, S- [səbɔ́ə | -bɔ́:(r); *Russ.* sabór]《⊏ Russ. ~ ← OSlav. *sŭborŭ* assembly, council (cf. Sobranje)》*n.*《東方正教会》教会会議 (ecclesiastical council).

So·bran·je [soʊbrɑ́ːnjə | səʊ-; *Bulg.* sobránje] 〘□ Bulg. ～'assembly'〙 *n.* [the ～] ブルガリア国会《選出議員の一院制》.

so·bri·e·ty [səbráɪəṭi, so(ʊ)- | sə(ʊ)bráɪəti] 〘《1401》 *sobrietie* □ (O)F *sobriété* // L *sobrietās*: ⇨ sober, -ty²〙 ― *n.* **1 a** 酔っていないこと, しらふ. **b** 禁酒, 節酒 (temperance). **2** 真面目, 謹厳, 厳粛 (seriousness, gravity); 冷静, 落着き, 沈着. **3** 穏健; 中庸, 適度.

so·bri·quet [sóʊbrɪkèɪ, -brə-, -kèt, ←―⌐ | sə́ʊbrɪkèɪ; *F.* sɔbrikɛ] 〘《1646》 □ F ～ ← ? *souz* under + *bec* 'BEAK'〙 *n.* あだな, 仮名 (nickname).

sób sister *n.* 《米》 **1** いやに哀れっぽい記事[お涙ちょうだいもの]を書く(婦人)記者. **2** 感傷的で非実際的な人《特に社会事業家》.

sób stòry *n.* 《米口語》 **1** 極端にセンチメンタルな人情話, お涙ちょうだいもの, 哀れっぽい身の上話. **2** 聞き手の同情を引くような言い訳[弁解].

sób stùff *n.* 《米口語》お涙ちょうだいもの《哀れっぽい身の上話・小説・映画・芝居など》.

Soc., soc. 《略》social; socialist; society.

soc·age [sɑ́kɪdʒ | sɔ́k-] 〘ME *sokage* □ AF *socage*: ⇨ soke, -age〙 ― *n.* 〘中世英法〙農役的土地保有, 鋤(すき)奉仕土地保有《その賦役は必ずしも農耕的なものに限定されなかった》. 「地保有者.

sócag·er *n.* 〘中世英法〙農役的土地保有者, 鋤奉仕土

só-cálled 〘《1657》〙 ― *attrib. adj.* **1** 世間で言うところの, いわゆる: the ～ authority いわゆる権威. **2** (不信用・軽侮の意を含めて)いわゆる…; でも…: ～ education (本物でない)いわゆる教育 / a ～ liberalist いわゆる自由主義者 / We went to the ～ circus. あの怪しげなサーカスへ行ってみた / Their ～ poverty is nothing else but a diabolical lie. 彼らのいわゆる貧困は真赤なうそに過ぎない.

soc·cage [sɑ́kɪdʒ | sɔ́k-] *n.* 〘中世英法〙=socage.

soc·cer [sɑ́kə | sɔ́kə(r)] 〘《1891》《短縮・変形》← (*as*)*soc*(*iation football*): ⇨ -er¹ 1 f (iii): cf. rugger〙 ― *n.* サッカー《1チーム11人で行なうフットボール; association football ともいう; cf. rugger》.

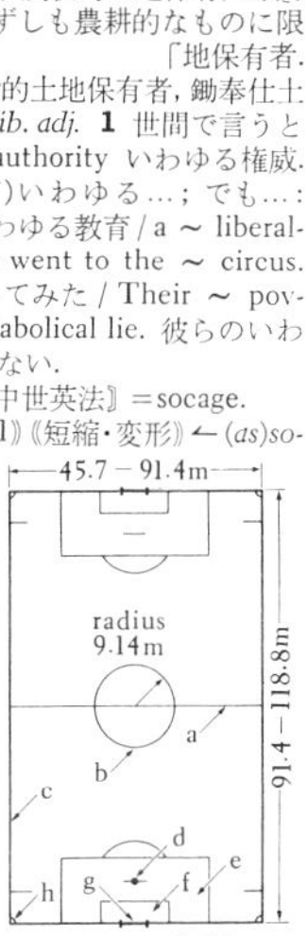

45.7 – 91.4m
radius 9.14m
91.4 – 118.8m
a b c d e f g h

soccer field

a halfway line; b center circle; c touch line; d penalty kick mark; e penalty area; f goal area; g goal; h corner kick arc

So·che [swɑ̀ːtʃə́; *Chin.* suōtsȳ] *n.* 莎車(ソーチョ) (⇨ Yarkand).

So·chi [sóʊtʃi | sə́ʊtʃɪ; *Russ.* sótʃi] *n.* ソチ《ソ連邦ロシヤ共和国南西部の黒海に臨む海港, 避暑地; 人口 255,000》.

so·cia·bil·i·ty [sòʊʃəbíləṭi | sə̀ʊʃəbíləti, -lɪ-] 〘《15C》〙 *n.* **1** 社交性, 社交心; 交際好き, 愛想のよいこと, 交際上手. **2** 〘植物〙群度《群落内の集合の度合い》.

so·cia·ble [sóʊʃəbl | sə́ʊ-] 〘《1553》 □ F ～ // L *sociābilis* ← *sociāre* to join, share ← *socius*: ⇨ social, -able〙 ― *adj.* **1** 社交的な, 交際好きな: a ～ person. **2** 人づきのよい, 交際上手な (companionable); 愛想のよい, 愛敬のある (affable): ～ manners. **3** 親睦的な, 懇親的な: a ～ evening 懇親の夕べ. ― *n.* **1 a** (座席が向かい合った)四輪馬車の一種. **b** 二人乗り三輪自転車[飛行機]. **c** 二人用S字形椅子. **2** 《米》懇親会; (特に, 教会員の)懇親会. **～·ness** *n.*

só·cia·bly [-bli | -blɪ] *adv.* 社交的に, 交際上手に, 人づきよく, 愛想よく, 打ち解けて: be ～ inclined 社交的である, 人づきがよい.

so·cial [sóʊʃəl | sə́ʊ-] 〘《1562》 □ (O)F ～ // L *sociālis* ← *socius* companion, partner, 《原義》follower ← IE **sekw-* to follow (L *sequī*: ⇨ sequel): ⇨ -al¹〙 ― *adj.* **1** 社会生活を営む: Man is a ～ animal [being]. 人間は社会的動物である. **2 a** 社会の, 社会での, 社会に対[関]する, 社会的な: ～ life 社会生活 (cf. 3 a) / ～ progress [reform] 社会進歩[改革] / ～ environment 社会環境 / ～ justice 社会正義 / ～ morality 社会道徳 / the ～ code 社会道義[道徳], 社会礼儀 / a ～ policy [problem] 社会政策[問題] / ～ students 社会科学研究者 / ～ statistics 社会統計学. **b** 社会的地位の[による]: one's ～ equals [inferiors, superiors] (社会的)同輩[目下, 目上] / long for ～ advancement (自分の)社会的地位の向上を望む. **c** 社会福祉の[に関する]; 社会事業の: ⇨ social worker. **d** 社会主義の: ⇨ Social Democratic Party. **3 a** 社交的な, 社交用の; 懇親の: ～ life 社交生活 (cf. 2 a) / a ～ club 社交クラブ / a ～ evening 懇親の夕べ / a ～ party [gathering] 親睦会. **b** 人づきのよい, 打ち解けた, 社交的な (sociable): He has a nice ～ character. 人づきのいい人柄だ. **4 a** 社交界の; 上流社会(的)の: a ～ event. **b** 上流人らしい, 紋切り型の. **5** 〈動物が〉群居する (cf. solitary 4); 社会生活をする: ～ birds / ⇨ social bee, social wasp, social insect. **6** 〈植物が〉群生する, 叢(そう)生の: ～ plants. ― *n.* 懇親会, 親睦会.

sócial áction *n.* (団体による特定の改革のための)社会活動. 「tural anthropology.

sócial anthropólogy *n.* **1** 社会人類学. **2** =cul-

sócial bée *n.* 〘昆虫〙社会棲[群生]蜜蜂《習性が社会的で群生するミツバチ科やマルハナバチ科などのハチの総称; cf. solitary bee》.

sócial chánge *n.* 〘社会学〙社会変動《これまで一定の秩序を保ってきた社会構造の全体あるいは一部が変化すること》. 「通の)社会階級.

sócial cláss *n.* 〘社会学〙(経済・文化・政治状態が共

sócial clímber *n.* [通例軽蔑的に] 上流階級に入りこもうと努める人, 立身出世を求める人.

sócial cóntract [cómpact] *n.* [the ～] 社会契約説, 民約説《Hobbes および Locke が提唱し, J. J. Rousseau が主張して, 他の18世紀の思想家が引き継いだ政治社会学説》.

sócial contról *n.* 〘社会学〙社会統制《社会生活の一定形式を維持するため社会内の成員の活動に対して加えられる有形無形の統制》.

sócial cóst *n.* 社会的費用《企業活動に伴う公害や環境破壊によって市民が支払わねばならぬ損害》.

Sócial Crédit *n.* 〘経済〙社会資産説《生産技術の進歩により増大した富は社会の資産であるとの説; 英国の土木技師で社会経済学者 C. H. Douglas 少佐 (1879–1952) の唱えたもの》.

sócial-cúltural méaning *n.* 〘言語〙社会的文化的意味《言語的意味 (linguistic meaning) に対する C. C. Fries の用語; social meaning ともいう》.

sócial dánce *n.* ソーシャルダンス, 社交ダンス; 社交ダンスの集まり[会].

Sócial Dárwinism *n.* 社会ダーウィニズム《Darwin の生物進化論(特にその生存競争・適者生存の原理)を社会現象に適用した理論》.

Sócial Demócracy, s- d- *n.* 社会民主主義《米国の社会民主党 (Social Democratic Party) の原理[政策]; 労働者階級による社会・経済の民主化を実現しようとする》.

Sócial Démocrat *n.* **1** (米国の)社会民主党員. **2** [s- d-] 社会民主主義者. **3** [the ～s] 社会民主党.

Sócial Democrátic Párty *n.* [the ～] **1** (米国の)社会民主党 (⇨ Socialist Labor Party). **2** 社会民主党《第一次大戦前にドイツなど欧米各国で発展した主要な社会主義政党; 現在ドイツ・オーストリア・スウェーデンなどで有力》.

Sócial Democrátic Wórkingmen's Párty *n.* [the ～] (米国の)社会民主労働者党 (1874–77) (⇨ Socialist Labor Party).

sócial differentiátion *n.* 〘社会学〙社会的分化《社会構造の仕組みが, 単純で同質的な状態から複雑で異質的な状態へと変化すること》.

sócial diséase *n.* **1** 性病 (venereal disease). **2** 社会病《結核のようにその影響が直接社会的・経済的要因に関係するもの》.

sócial disorganizátion *n.* 〘社会学〙社会解体 (cf. social organization).

sócial dístance *n.* 〘社会学〙社会的距離《集団間における牽引と反発の度合いで人種・階級・職業的地位などがその決定因となる》.

sócial engineéring *n.* 社会工学《システム工学と社会科学の結合によって生れた応用社会科学の一分野; 社会構造の系統的な調整と計画化を目的とする》.

sócial envíronment *n.* 〘社会学〙社会的環境《人間を取り巻く環境のうち, 自然環境とは区別された社会制度・形式・パターンの総体》. 「tion).

sócial évil 〘《1857》〙 *n.* [the ～] 《古》売春 (prostitu-

sócial evolútion *n.* 〘社会学〙社会進化《社会や文化の構造が, 生物の進化法則にならって, 生存闘争・淘汰・適応などを通じて徐々に変化する仕方》.

sócial góspel, S- G- *n.* 〘プロテスタント〙社会的福音《聖書, 特にイエスの教えを社会問題に適用しようとする運動で, 19世紀末から20世紀の初めにかけては特に米国で盛んとなった》.

sócial héritage *n.* 〘社会学〙社会的遺産《過去から継承し, 現在も機能し続けている文化様式の総体》.

sócial hýgiene *n.* 性衛生.

sócial índicator *n.* 〘社会学〙社会指標.

sócial ínsect *n.* 〘昆虫〙社会棲昆虫 (cf. social bee).

sócial insúrance *n.* 〘保険〙社会保険.

sócial interáction *n.* 〘社会学〙社会的相互作用《個人間[集団間]で主として文化活動を主題として行なわれる相互交渉あるいは意味の交換》.

so·cial·ism [sóʊʃəlìzm | sə́ʊ-] 〘《1827》 □ F *socialisme*: ⇨ social, -ism〙 ― *n.* **1** 社会主義 (cf. capitalism, communism): Christian ～ キリスト教社会主義 / state ～ 国家社会主義. **2** 社会主義の政策[運動].

socialism of the chair 講壇社会主義《ドイツの「社会政策学会」に属した経済学者たちの主張をジャーナリストが1872年ごろ嘲笑的によんだ名称; マルクス主義に対する「国家社会主義」を指す》.

sócial isolátion *n.* 〘社会学〙社会的孤立《他者とのコミュニケーションあるいは協働が失われてゆく過程, あるいはその状態》.

só·cial·ist [-lɪst, -ləst | -lɪst] 〘《1827》〙 ― *n.* **1** 社会主義者. **2** [S-] 社会党員. ― *adj.* **1** 社会主義的な: a ～ organization 社会主義団体 / ～ members of Parliament 議会の社会主義議員. **2** [S-] 社会党の.

so·cial·is·tic [sòʊʃəlístɪk | sə̀ʊ-] *adj.* 社会主義(者)の; 社会主義(者)的な. **sò·cial·ís·ti·cal·ly** *adv.*

Sócialist Lábor Pàrty *n.* [the ～] (米国の)社会労働党《Social Democratic Workingmen's Party (1874年創立)が解体して作られた党 (1877); これはさらに Social Democratic Party となり (1896), 後に Socialist Party として発足した (1899)》.

Sócialist Párty *n.* [the ～] (米国の)社会党《進歩的かつ温和な社会主義的目標を掲げる小政党; ⇨ Socialist Labor Party》.

sócialist réalism 〘《なぞり》← Russ. *sotsialisticheskii realizm*〙 ― *n.* 〘文学〙社会主義リアリズム《社会主義国家の建設に向けて社会意識を育てるために文学作品を活用しようとする理論; その代表的な作家に M. Gorki, A. Tolstoi 等が挙げられる》.

so·cial·ite [sóʊʃəlàɪt | sə́ʊ-] 〘← SOCIAL + -ITE¹: social light にかけた造語〙 *n.* (社交界の)名士.

so·ci·al·i·ty [sòʊʃiǽləṭi | sə̀ʊʃiǽləti, -lɪ-] 〘《*a*1649》 □ F *socialité*: ⇨ social, -ity〙 ― *n.* **1** 社交性, 社交本能; 群居性 (gregariousness). **2 a** 交際好き, 人づき (sociability). **b** [通例 *pl.*] 社交的行為, 社交.

so·cial·ize [sóʊʃəlàɪz | sə́ʊ-] *vt.* **1** 社会[集団, 共同]生活に適するようにする, 社会的にする; 社交的にする. **2** 社会主義化する, 社会主義的に改造する; 〈産業などを〉社会化する (cf. nationalize 3). **3** 〘教育〙 **a** 〈学習を〉個人活動からグループ活動に移す; 〈学習を〉生徒と教師の合同作業にする. **b** 〈生徒を〉社会化する《集団の規範や文化に従って社会的共同生活が営めるような行動を発達させることをいう》. ― *vi.* 社交的に活動する; 交際する 〔*with*〕. **so·cial·i·za·tion** [sòʊʃəlɪzéɪʃən, -lə- | sə̀ʊʃəlaɪ-, -lɪ-] *n.* **só·cial·ìz·er** *n.*

sócialized médicine *n.* 医療社会化制度.

só·cial·ly [-li | -lɪ] 〘《1505》〙 ― *adv.* **1** 社会上, 社会的に: ranks ～ inferior [superior] 社会的に下[上]位の階級 / live ～ 社会生活をする. **2** 社交上; 社交的に, 交際上手に, 打ち解けて. 「cultural meaning).

sócial méaning *n.* 〘言語〙社会的意味 (⇨ social-

sócial médicine *n.* 社会医学《病気・身体障害を招来する社会的・遺伝的・環境上の原因, および病気の予防や社会衛生の増進などを研究する》.

sócial-mínded *adj.* 社会に関心がある; (特に)社会福祉に強い関心をもっている. **～·ly** *adv.* **～·ness** *n.*

sócial mobílity *n.* 〘社会学〙社会移動《ある社会的地位にある個人や集団が他の社会的地位に移行すること》.

sócial móvement *n.* 〘社会学〙社会運動.

sócial nórm *n.* 〘社会学〙社会的規範.

sócial órganism *n.* 〘社会学〙社会有機体《社会を生物有機体に類似するものと見立てた名称》.

sócial organizátion *n.* 〘社会学〙社会組織 (cf. social disorganization).

sócial pathólogy *n.* 〘医学〙社会病理学.

sócial prócess *n.* 〘社会学〙社会過程《社会成員間のすべての関係的活動》.

sócial psychólogy *n.* 社会心理学.

sócial réalism *n.* 〘芸術〙社会的リアリズム《絵画などで作者が社会・政治に対する立場を表わすのに適当な表現法を用いること》. 「《名士録の商品名》.

Sócial Régister *n.* 〘商標〙ソーシャルレジスター

sócial reséarch *n.* 〘社会学〙社会調査.

sócial scíence *n.* 社会科学《史学・経済学・社会学など》.

sócial scíentist *n.* 社会科学者.

sócial sécretary *n.* 社交事務を担当する個人秘書.

sócial secúrity *n.* **1** 社会保障(制度)《失業保険・社会医療・養老年金などの制度》: ～ contributions 社会保障積立金. **2** [しばしば S- S-] (1935年に制定された米国政府の)社会保障計画.

sócial seléction *n.* 〘社会学〙社会選択, 社会淘汰(とうた)《自然淘汰になぞらえ, 社会でも優勝劣敗の原理が働くという考え方》.

sócial sérvice *n.* **1** (団体組織による)社会奉仕. **2** [(the) ～s] 《英》公共[公益]事業 (cf. public service 2).

sócial sèttlement *n.* =settlement 3 e.

sócial stratificátion *n.* 〘社会学〙社会成層《勢力・財力・威信などの相違によって社会階層が上下に秩序づけられている構造のこと》.

sócial stúdies *n. pl.* (教育課程の)社会科.

Sócial Wár *n.* [the ～] 同盟市戦争: **a** (古代ギリシャの)アテナイとその同盟都市間の戦争 (357–355 B.C.). **b** (古代ローマの)ローマとイタリア同盟都市間の戦争 (90–88 B.C.). 「solitary wasp).

sócial wásp *n.* 〘昆虫〙社会棲[群生]スズメバチ (cf.

sócial wélfare *n.* 社会福祉; 社会事業.

sócial wòrk *n.* ソーシャルワーク, 社会事業《社会問題や個人の問題を解決するための専門職業的な活動; 分野として casework, community organization, group work に分かれる》.

sócial wòrker *n.* ソーシャルワーカー, 社会事業家《social work に従事する知識と技術をもつ専門職の人》.

so·cié·taire [sòʊsieɪtɛ́ə | sə̀ʊsɪeɪtɛ́ə(r; *F.* sɔsjetɛːr] 〘□F ～〙 ― *n.* ソシエテール《パリの Comédie-Française の俳優で, 経営にも参加する正規の団員; cf. pensionnaire》.

so·ci·e·tal [səsáɪəṭl, so(ʊ)- | sə(ʊ)sáɪətl] 〘← SOCIET(Y) + -AL¹〙 *adj.* 社会の[に関する], 社会的な (social). **～·ly** *adv.*

socíetal devélopment *n.* 〘社会学〙社会発展《社会生活・慣習・制度などの形成と受容》.

so·ci·e·tar·y [səsáɪətèri, so(ʊ)- | sə(ʊ)sáɪətəri] 〘← SOCIET(Y) + -ARY〙 *adj.* =societal.

so·ci·e·ty [səsáɪəṭi, so(ʊ)- | səsáɪəti] 〘《1531》 □ (O)F *société* □ L *societās* ← *socius*: ⇨ social, -ty²〙 ― *n.* **1** (共通の文化・伝統・制度・集団的活動と利害をもつ人間の集団的生活としての)社会; (集団の相互扶助・作用による)社会集団 (cf. community, individual 1): the evolution of human ～ 人類社会の進化 / the customs of primitive ～ 原始社会の風習 / leaders [the enemy]

of ～ 社会の指導者たち[敵] / pests of ～ 社会の害虫. **2 a** (特定の目的や生活水準などに区別される社会の一部としての)社会層, …界 : polite [high, fashionable] ～ 上流社会 / literary ～ 文学界 / the civil ～ 一般庶民社会《軍人と宗教家の社会を除く》. **b** 社交界 ; 上流社会 (upper classes) : get [go] into ～ 社交界に出る / be received [admitted] into ～ 社交界に受け入れられる. **3 a** 社交, 交際, つきあい ; (人との)同席, 人前 (company) : seek [avoid] the ～ of … との交際を求める[避ける] / be quit of a person's ～ 人との交際を絶つ / enjoy [dislike] a person's ～ 人との交際[同座]を楽しむ[きらう] / be embarrassed in ～ 人前に出て恥ずかしがる. **b** [集合的] 交際している人々 (companions) : have plenty of ～ 交友が多い.
4 (共通の目的・利害・信仰による個人の任意加入による)会, 協会, 学会 (association, institution) ; 組合, 団体 (corporation) : an agricultural ～ 農業会 / a medical ～ 医師会 / a building ～ 建築組合 / a charitable ～ 慈善団体 / a learned ～ 学会 / a philanthropic ～ 慈善団体 / the English Speaking *Society* 英語会話会 (略 ESS) / the *Society* for Prevention of Cruelty to Animals 動物愛護協会 (略 S.P.C.A.) / the *Society* for the Propagation of the Gospel 英国福音伝播協会 (略 S.P.G.). **5** 〘植物〙 ソサエティー《植物群落の一単位》. **6** 〘生態〙 (昆虫の)社会. **7** 〘教会〙 =ecclesiastical society.
Society for Pure English [the ―] 純正英語協会.
Society of Friends [the ―] キリスト友会, フレンド会, クエーカー派《1668 年 George Fox が創始したキリスト教プロテスタントの一派 ; 信徒は互いに Friend と呼び合い, 衣服の簡素・言語の単純(特に, thee を用い肩書などを避ける)を重んじ, 戦争に強く反対する ; cf. quaker 2》.
Society of Jesus [the ―] 〘カトリック〙 イエズス会, 耶蘇(ヤ)会《1534 年 Ignatius of Loyola が創始したカトリック教会の修道会 ; 略 S.J. ; ラテン語名 Societas Jesu》.
Society of the Sacred Heart [the ―] 〘カトリック〙 聖心会《1800 年フランスで Madeleine Sophie Barat によって結成されたカトリック女子修道会 ; 特に, 女子の高等教育に力を尽くす》.
― *attrib. adj.* 上流社会の[に関する] ; 社交界の活動に関する : a ～ beauty 社交界の美人 / ～ circles 社交界 / ～ gossip [news] 社交界のうわさ話[ニュース] / a ～ journal 社交界の雑誌 / a ～ newspaper 社交新聞 / a ～ column (新聞の)社交欄 / a ～ lady [woman] 社交婦人 / a ～ leader 社交界の立役者[花形] / ～ people 上流人士 / a ～ scandal 上流社会の醜聞 / a ～ wedding 上流社会[社交界]に属する男女の結婚式.

Socíety Íslands *n. pl.* [the ～] ソシエテ諸島《南太平洋の一諸島でフランス領ポリネシア (French Polynesia) の一部 ; 最大島 Tahiti ; 人口 101,000, 面積 1,680 km² ; 首都は Tahiti 島にある Papeete ; フランス語名 Iles de la Société》.

socíety vèrse 〘《なぞり》← F *vers de société*〙 *n.* (上流社交界の趣味に合うような)軽妙洒脱な詩 (light verse).

So·cin·i·an [səsíniən, so(ʊ)- | sə(ʊ)síniən, -njən] 〘← NL *socinian-us* : ⇨ Socinus, -ian〙 ― *adj.* ソッツィーニ (Socinus) の ; ソッツィーニ派の. ― *n.* ソッツィーニ派.

So·cín·i·an·ism [-nìzm] *n.* 〘神学〙 ソッツィーニ主義《イタリアの 16 世紀の神学者 Laelius Socinus とその甥 Faustus Socinus の唱えた説 ; 三位一体・キリストの神性・人間の原罪などを否定した点で近代の Unitarianism に似ている》.

So·ci·nus [so(ʊ)sáinəs, sə- | sə(ʊ)-], **Faustus** *n.* ソッツィーニ《1539–1604 ; ポーランドで活躍したイタリアのプロテスタント神学者 ; L. Socinus の甥 ; イタリア語名 Fausto Sozzini ; cf. Socinianism》.

Socinus, Lae·lius [líːliəs | -lɪəs, -ljəs] *n.* ソッツィーニ《1525–62 ; イタリアの神学者 ; Faustus と共に宗教改革に尽くした ; イタリア語名 Lelio Soz(z)ini》.

so·ci·o- [sóʊsioʊ, -ʃioʊ | sə́ʊsɪə(ʊ)] 〘⊏ F ～ ← L *socius* : ⇨ social〙 ― 次の意味を表わす連結形 : **1** 「社会 (society), 社会の (social)」. **2** 「社会と…との (social and …)」: *socio*political. **3** 「社会学と…との (sociological and …)」: *socio*legal.

sòcio·biológical *adj.* 社会生物学上の[的な].

sòcio·biólogy *n.* 社会生物学《社会を有機体とみて生物学的原理により社会を説明する学問》.

sòcio·cúltural *adj.* 社会文化的な《社会的要素と文化的なものとの結合に関することにいう》.

sòcio·dráma *n.* 〘心理〙 社会劇《社会集団の相互関係を研究・改善する目的で, 与えられた一定の役割に従って数人で行なう試験的心理劇 ; cf. psychodrama, sociometry》. **sòcio·dramátic** *adj.*

sòcio·económic *adj.* **1** 社会経済(上)の, 社会経済的な. **2** 社会経済学の.

sòcio·genétic *adj.* 社会発生(的)な.

so·ci·o·gen·ic [sòʊsio(ʊ)dʒénɪk, -ʃio(ʊ)- | sə̀ʊsɪə(ʊ)-] 〘← SOCIO- + -GENIC〙 *adj.* 社会[社会的要因]に起因する, 社会[社会的要因]によって左右される.

so·ci·o·gram [sóʊsiəgræ̀m, -ʃiə- | sə́ʊsɪə-] 〘← SOCIO- + -GRAM〙 *n.* 〘心理〙 ソシオグラム《集団の中の人間関係を示した社会測定図表》.

so·ci·og·ra·phy [sòʊsiɑ́grəfi, -ʃi- | sə̀ʊsɪɔ́grəfɪ] *n.* 〘社会学〙 社会誌学.

sociol. 《略》 sociological ; sociologist ; sociology.

sòcio·linguístic *adj.* **1** 社会言語学の. **2** 言語の社会面の[に関する].

sòcio·linguístics *n.* 〘言語〙 社会言語学.

so·ci·ol·o·gese [sòʊsiɑ̀lədʒíːz, -ʃi- | sə̀ʊsɪɔ̀l-] 〘← SOCIOLOG(Y) + -ESE〙 *n.* 社会学の専門語.

so·ci·o·lo·gic [sòʊsiəlɑ́dʒɪk, -ʃiə-, -ʃə- | sə̀ʊsjəlɔ́dʒ-, -sɪə-, -ʃɪə-] 〘⊏ F *sociologique* : ⇨ sociology, -ic¹〙 ― *adj.* **1** 社会学的な, 社会学上の[に関する]. **2** 社会問題に向けられた, 社会の要求に即した. **3** (個人の心理よりも)対人関係に関する.

sò·ci·o·lóg·i·cal [-dʒɪkəl, -dʒə- | -dʒɪ-] *adj.* =sociologic. **～·ly** *adv.*

so·ci·ól·o·gism [-dʒìzm] *n.* 社会学主義《Durkheim およびその学派に代表される社会学中心主義的立場》.

so·ci·ól·o·gist [-dʒɪst, -dʒəst | -dʒɪst] *n.* 社会学者.

so·ci·ol·o·gis·tic [sòʊsiɑ̀lədʒístɪk, -ʃi- | sə̀ʊsɪɔ̀l-] *adj.* 社会学的な ; (特に)社会現象を社会学の理論だけで説明しようとする, 社会学理論一辺倒の.

so·ci·ol·o·gize [sòʊsiɑ́lədʒàɪz, -ʃi- | sə̀ʊsɪɔ́l-] *vt.* 社会学的に考察[研究, 説明]する.

so·ci·ol·o·gy [sòʊsiɑ́lədʒi, -ʃi- | sə̀ʊsɪɔ́lədʒɪ] 〘《1843》 ⊏ F *sociologie* : ⇨ socio-, -logy〙 ― *n.* **1 a** 社会学 (social science). **b** 《英》 =social anthropology 1. **2** 〘生態〙 生物社会学 (synecology).

so·ci·o·met·ric [sòʊsiəmétrɪk, -ʃiə-, -ʃə- | sə̀ʊsjə-, -sɪə-, -ʃɪə-] 〘⇨ ↓, -ic¹〙 *adj.* 〘心理〙 社会測定の, 社会測定学上の[的な].

so·ci·om·e·try [sòʊsiɑ́mətri, -ʃi- | sə̀ʊsɪɔ́mɪtrɪ, -mə-] 〘← SOCIO- + -METRY〙 ― *n.* 〘心理〙 ソシオメトリー, 社会測定(法)《社会成員の各人が述べる意見によって社会生活の理想的なあり方を探究する方法 ; その手段として社会測定テスト (sociometric test)・社会劇 (sociodrama)・心理劇 (psychodrama) などを用いる》.

sò·ci·óm·e·trist [-trɪst, -trəst | -trɪst] *n.*

so·ci·o·path [sóʊsiəpæ̀θ, -ʃiə- | sə́ʊsɪə-] 〘← SOCIO- + -PATH〙 *n.* 社会に敵対する人, 反社会的な人物.

so·ci·o·path·ic [sòʊsiəpǽθɪk, -ʃiə- | sə̀ʊsɪə-] *adj.* 社会に敵対する, 反社会的な. **so·ci·op·a·thy** [sòʊsiɑ́pəθi, -ʃi- | sə̀ʊsɪɔ́pəθɪ] *n.*

sòcio·polítical *adj.* 社会政治的な.

sòcio·psychológical *adj.* 社会心理的な, 社会心理学の.

sòcio·relígious *adj.* 社会宗教的な《社会的要素と宗教的要素の結合に関することにいう》.

sòcio·séxual *adj.* 社会性的な《性の人間相互[社会]の面に関することにいう》. **sòcio·sexuálity** *n.*

sòcio·technológical *adj.* 社会科学技術的な《社会的要素と科学技術的要素の結合に関することにいう》.

Soc. Is. 《略》 Society Islands.

sock¹ [sɑ́k | sɔ́k] 〘OE *socc* ⊏ L *socc-us* ⊏ Gk *súkkhos, sukkhás* : cf. Aves. *haxa-* sole of the foot〙 ― *n.* (*pl.* **～s**, *1 a* ではまた **sox** [sɑ́ks | sɔ́ks]) **1 a** [通例 *pl.*] (足首の上または膝下までの)短い靴下, ソックス (cf. stocking 1 a) : a pair of ～*s* ソックス 1 足. **b** (ゴルフクラブの)ヘッドのカバー. **c** =sock lining. **2 a** [通例 *pl.*] (昔ギリシャ・ローマの喜劇役者が用いたサンダルやローシューズのような)軽い靴 (cf. cothurnus 1). **b** 喜劇 (comedy) (cf. buskin 2) : an associate of the ～ and buskin 俳優. **3** クラブ足 (club foot) 下部の隆起した部分. **4** 《俗》 金を入れるもの(さいふ・バッグなど) ; 金の貯え場所. **5** 〘気象・航空〙 =wind sock.
put a sock in it 《英俗・戯言》 静かにする, 黙る.
pull up one's socks 《英口語》 大いに努力する, 奮起する, ふんどしを締めてかかる (cf. *gird up one's* LOINS).
― *vt.* **1** …に靴下をはく[つける]. **2** 《口語》 〈金を〉へそくる, 貯える (stash) 〈*away*〉.
sock in 〘← (n. 5) : それが航行取消しの信号に用いられることから〙 [通例 p.p. 形で] 〘航空〙 (1) (悪天候のため)〈飛行場を〉閉ざす : The airfield was ～*ed in* by the fog. 霧で飛行場は使用不可能になった. (2) 気象条件が不利で〈飛行機を〉飛べなくする[飛行制限する].

sock² [sɑ́k | sɔ́k] 〘《*a*1700》 ← ? : もと隠語〙 ― 《俗》 *vt.* 強く打つ, なぐる (hit hard) : ～ him in the jaw 彼のあごをなぐる. ― *vi.* 強打する.
sock it to a person 〈人を〉はげしくやっつける[攻撃する].
― *n.* **1** 強く打つこと, 強打 (punch) : give a person ～*s* 人をなぐる. **2** 《米俗》 (劇場などの)大成功, 大当たり. ― *adj.* **1** 大当たりの, 大成功の. **2** 大きい, 強力な. ― *adv.* どすんと (plump), まともに (right) : hit a person ～ in the eye 人の目をがんとなぐる.

sock·dol·a·ger [sɑ̀kdɑ́lədʒə | sɔ̀kdɔ́lədʒə(r)] 〘《変形・混成》 ? ← SOCK² + DOXOLOGY〙 ― *n.* (*also* **sock·dol·o·ger** [～]) 《米俗》 **1** 途方もなく大きい[重い]もの, 途方もないもの. **2** 最後の一撃, とどめ (finishing blow) ; 決定的な返答.

sock·er [sɑ́kə | sɔ́kə(r)] *n.* 《英》 =soccer.

sock·er·oo [sɑ̀kərúː | sɔ̀k-] 〘《変形》 ← SOCK²〙 *n.* (*pl.* **～s**) 《俗》 めざましい成功, 大ヒット (smash hit).

sock·et [sɑ́kɪt, -kət | sɔ́k-] 〘《?*a*1300》 *soket* spearhead shaped like a plowshare, socket ⊏ AF (dim.) ← OF *soc* plowshare ← Celt. : ⇨ -et〙 ― *n.* **1** 受け口, 軸受け, 電球受け : a candle ～ (燭(しょく)台の)ろうそく差し. **2** 〘電気〙 **a** ソケット. **b** (壁に取り付けた)コンセント《wall socket ともいう》. **3** 〘解剖〙 窩(か), 腔(こう) : the ～ of the eye 眼窩 / a ～ of a tooth 歯槽 / the ～ of the hip 膝腔(こう) / a ～ joint 球窩接合. **4** 〘木工〙 蟻道(ぎどう)《蟻接ぎに用いられる逆台形に奥が広がった枘(ほぞ)穴》. **5** 〘ゴルフ〙 ソケット《アイアン (iron) の柄をはめ込むためにあけてある首の部分》. ― *vt.* **1** …に穴[受け口, ソケット]をつける. **2** 穴[受け口, ソケット]にはめる. **3** 〘ゴルフ〙 クラブのソケットのところで〈ボールを〉打つ.

sócket-and-spigot jòint *n.* 〘機械〙 印籠接手(いんろうつぎて), はめ込み接手《受口と挿口による鋼管の接手 ; bell-and-spigot joint ともいう》.

sócket èye *n.* =rope socket.

sócket òutlet *n.* 〘電気〙 =socket 2.

sócket wrènch *n.* 十字レンチ, ソケットレンチ, 箱スパナ (⇨ wrench 挿絵).

sóck·èye 〘《通俗語源》 ← N-Am.-Ind. (Salishan) *suk-kegh*〙 *n.* 〘魚類〙 =sockeye salmon.

sóckeye sálmon *n.* 〘魚類〙 ベニマス, ベニザケ (*Oncorhynchus nerka*)《太平洋沿岸で最も珍重されるサケ科の魚 ; 単に sockeye, red salmon ともいう》.

sóck lìning *n.* 敷革, 中敷《靴の中底面に貼るまたはのせる薄い革 ; 塩化ビニールシート》.

sock·o [sɑ́koʊ | sɔ́kəʊ] 〘← ? SOCK² (n.) + -O〙 *adj.* 《米俗》 大当たりの, すばらしい. : His debut was nothing short of ～. 彼の初舞台は全くすばらしかった.

sóck sèt *n.* 《俗》 =high-hat cymbals.

sóck suspènders *n. pl.* 《英》 (男性用)靴下つり.

soc·le [sóʊkl̩, sɑ́kl̩ | sə́ʊkl̩, sɔ́kl̩] 〘《1704》 ⊏ F ～ ⊏ It. *zoccolo* 《原義》 wooden shoe < L *socculum* (dim.) ← *soccus* 'SOCK¹' : ⇨ -ule〙 ― *n.* (柱・彫像・花びんなどの)台, 台石 ; (壁の)腰.

So·co·tra [sɑ́koʊtrə, so(ʊ)- | sə(ʊ)kə́ʊ-, sə-] *n.* ソコトラ(島)《アラビア半島南方の南イエメン領の島 ; 人口 12,000, 面積 3,100 km² ; 首都 Tamarida [tæ̀mərí:də]》.

Soc·ra·tes [sɑ́krətiːz | sɔ́k-, sə́ʊk-] *n.* ソクラテス《470?–399 B.C. ; アテネの哲学者 ; Plato の師 ; その問答式思考法と思想は Plato の *Dialogues* の中に伝えられている》.

So·crat·ic [səkrǽtɪk, so(ʊ)- | səkrǽt-, sə(ʊ)-] 〘⊏ L *Sōcratic-us* ⊏ Gk *Sōkratikós* ← *Sōkrátēs* : ⇨ -ic¹〙 ― *adj.* **1** ソクラテス (Socrates) (流)の. **2** ソクラテス哲学の ; 問答式究理の, (ソクラテス式)問答法の. ― *n.* ソクラテス門下[学徒]. **So·crát·i·cal·ly** *adv.*

Socrátic elénchus *n.* 〘哲学〙 ソクラテスの問答[対話, 弁証]法.

Socrátic írony *n.* 〘哲学〙 ソクラテス的反語[アイロニー]《自分は無知を装って相手に教えを請い問答を続けて逆に相手の無知を暴露するソクラテスの論法 ; cf. irony¹ 5》.

Socrátic méthod *n.* [the ～] 〘哲学〙 ソクラテス式問答法.

Soc·ra·tism [sɑ́krətɪzm | sɔ́k-, sə́ʊk-] *n.* 〘哲学〙 ソクラテス哲学, ソクラテス式問答(究理)法.

sod¹ [sɑ́(ː)d | sɔ́d] 〘《*a*1475》 *sod(de)* ⊏ MLG & MDu. *sode* ～〙 ― *n.* **1 a** 芝生の生えている土地, 芝地 (turf) : turn the ～ 芝地を掘り起こす. **b** (通例, 四角形に切り取った)芝土 ; 芝生. **2** [the old ～ として] 故郷 : go to *the old* ～ 故郷へ帰る.
under the sod 葬られて (in the grave).
― *vt.* (**sod·ded ; sod·ding**) …に芝を敷く, 芝土でおおう.

sod² 〘ME *sode(n)* (pl.) < OE *sudon*〙 *v.* 《古》 seethe の過去形.

sod³ [sɑ́(ː)d | sɔ́d] 〘《略》 ← SODOMITE〙 ― 《英卑》 *n.* **1** 男色者 (sodomite, bugger). **2** 《戯言》 **a** 野郎, やつ (fellow) : You ～ ! この野郎. **b** 子供, がき, じゃり (kid). **3** =bugger 3.
sod all =sod-all.
― *vt.* (**sod·ded ; sod·ding**) =damn 4 b.
sod off 去る, 出て行く, ずらかる : *Sod off !* 失(う)せろ.

S.O.D. 《略》 seller's option to double.

so·da [sóʊdə | sə́ʊ-] 〘《1558》 ⊏ ML ～ 'barilla' (ソーダの原料) 《逆成》 ? ← *sodānum* glasswort, 《原義》 headache ← Arab. *ṣudā'* headache ← *ṣáda'a* to split〙 ― *n.* **1 a** ソーダ水 (soda water) : a whiskey and ～ ウイスキーソーダ《ウイスキーをソーダ水で割ったもの》. **b** クリームソーダ (ice-cream soda). **2** 〘化学〙 **a** =sodium carbonate 3. **b** =sodium bicarbonate. **c** =sodium hydroxide. **3** 〘化学〙 **a** =sodium oxide. **b** =sodium. **4** 〘トランプ〙 (faro で)ソーダ, 初札, 見せ札《親の札山の一番上に表向きに載せてあるカード ; ゲームが始まると捨てられる ; cf. hock⁴》 : from ～ to hock ピンからキリまで.

sóda àsh *n.* ソーダ灰《炭酸ナトリウム (sodium carbonate) の工業的名称》.

sóda bìscuit *n.* **1** ソーダビスケット《重曹(じゅう)とサワーミルクまたはバターミルクでふくらませたビスケット》. **2** =soda cracker.

sóda brèad *n.* ソーダパン《重曹とサワーミルクでふくらませたパン》.

sóda cràcker *n.* 《米》 ソーダクラッカー《重曹を入れた生地で焼いた塩味のクラッカー》.

sóda fòuntain *n.* **1** (蛇口のついた)ソーダ水容器. **2** 《米》 ソーダファウンテン《アイスクリーム・清涼飲料・軽食などを供する食堂やドラッグストアのカウンター》; 「のカウンター係.

sóda jèrk [jèrker] *n.* 《米俗》 ソーダファウンテン

sóda lìme *n.* 〘化学〙 ソーダ石灰《苛性(かせい)ソーダと酸化カルシウムの混合物 ; 炭酸ガスおよび水を吸収させるのに用いる》.

so·da·lite [sóʊdəlàɪt, -dl̩- | sə́ʊdəl-, -dl̩-] 〘《1810》 ← SODA + -LITE〙 *n.* 〘鉱物〙 方ソーダ石 ($Na_4ClSi_3Al_3O_{12}$).

so·dal·i·ty [so(ʊ)dǽləti | sə(ʊ)dǽlətɪ, -lɪ-] 〘《1600》 ⊏ F *sodalité* ∥ L *sodālitās* fellowship, association ← *so-*

dālis fellow: ⇨ -ity》 ── *n.* **1** 友愛, 友好 (fellowship); 同志の交わり. **2 a** 組合, 協会, クラブ (association, society). **b** 〘カトリック〙(信仰・慈善などのための)平信者の団体, 信心会 (confraternity).

sód-áll *n.* 《英卑》 全く(何も)ない (nothing at all): have ～.

so·da·mide [sóudəmàɪd | sə́u-] 〘← SOD(IUM)＋AMIDE〙 *n.* 〘化学〙 ＝sodium amide.

sóda pòp *n.* ＝soda water 2 b.

sóda pùlp *n.* ソーダパルプ《わらなどの原料を苛性(㋕㋖)ソーダで蒸解して得られるパルプ》.

so·dar [sóudɑə | sə́udɑ:(r] 〘《頭字語》← *so(und) d(etecting) a(nd) r(anging)*〙 ── *n.* 〘気象〙 音波気象探知機《音波を上空に出しその反響を oscilloscope に記録して大気の成層状態を分析する装置》.

sóda sòap *n.* 〘化学〙 ソーダ石鹸, 硬石鹸《苛性(㋕㋖)ソーダ・炭酸ナトリウムを用いて造った石鹸; 普通の化粧石鹸・洗濯石鹸など》.

sóda wàter *n.* **1** 重炭酸ソーダの薄い溶液《健胃薬に用いられる》. **2 a** ソーダ水《重炭ガスを飽和させた発泡性の清涼飲料水の一種》. **b** ソーダウォーター《ソーダ水に甘味と香りをつけた通例びん入りのソフトドリンク; soda pop ともいう》.

sód·bùster *n.* 土地を耕す農夫.

sodden[1] 〘↓〙 *v.* 《古》 seethe の過去分詞.

sod·den[2] [sɑ́dn̩ | sɔ́dn̩] 〘《*a*1325》 *sodyn, soþen* < OE *soden* (p.p.) ← *seōþan* 'to SEETHE'〙 ── *adj.* **1 a** びしょぬれの(soaked); 〔…に〕漬(つ)かった, 水に漬かった 〔*with*〕: the ～ ground 水びたしの地面 / His clothes were ～ *with* rain. 衣服は雨でずぶぬれだった. **b** 〈パン・ビスケットなど〉(焼き方が不十分で)ふやけた, 水分を含んで重い; 生焼けの **2 a** (アル中などで)〈顔が〉むくんだ, はれぼったい: ～ *with* drink / a ～ red-faced man はれぼったい赤ら顔の男. **b** ぼけている, ぽかんとした: a ～ mind. **c** 元気[精気, 覇気(㋖)]のない, 無気力な. **3** 《古》 煮えた (boiled). ── *vt.* **1** 浸す, 漬(つ)ける, びっしょりぬらす (soak). **2 a** (飲酒で)〈人を〉無気力にする, むくんだ顔にする. **b** 〈精神を〉にぶらせる, 生気を失わせる. ── *vi.* 水に浸る, 水びたしになる. **～·ly** *adv.* **～·ness** *n.* 「damned.

sod·ding [sɑ́dɪŋ | sɔ́d-] 〘← SOD[3]〙 *adj., adv.* 《英卑》 ＝

sod·dy [sɑ́di | sɔ́di] 〘《1611》: ⇨ sod[1], -y[4]〙 *adj.* (**sod·di·er**; **-di·est**) 芝の生えた, 芝の多い. ── *n.* 《米》 ＝sod house.

Sod·dy [sɑ́di | sɔ́dɪ], **Frederick** *n.* (1877–1956) 英国の化学者; Nobel 化学賞 (1921).

Sö·der·blom [sɜ́:dəblù:m | -də-; *Swed.* sǿ:dərblum], **Nathan** *n.* セーデルブルム, ゼーデルブロム《1866–1931; スウェーデンの神学者・宗教史家; Nobel 平和賞 (1930)》. 「家》.

sód hòuse *n.* 《米》 芝土の家《芝土を積んで壁にした

so·dic [sóudɪk | sə́u-] 〘⇨↓, -ic[1]〙 *adj.* ナトリウム (sodium) の[に関する, を含んだ].

so·di·um [sóudiəm | sə́udjəm, -dɪəm] 〘《1807》← NL ～: ⇨ soda, -ium: 19 世紀の英国の化学者 Sir Humphrey Davy の造語, 最初に苛性(㋕㋖)ソーダから発見したため〙 ── *n.* 〘化学〙 ナトリウム《アルカリ金属元素の一つ; 記号 Na, 原子番号 11, 原子量 22.98977》.

sódium ácetate *n.* 〘化学〙 酢酸ナトリウム, 酢酸ソーダ (CH_3COONa). 「carbonate.

sódium ácid cárbonate *n.* 〘化学〙 ＝sodium bi-

sódium ácid phósphate *n.* 〘化学〙 ＝sodium phosphate a. 「fate.

sódium ácid súlfate *n.* 〘化学〙 ＝sodium bisul-

sódium ácid súlfite *n.* 〘化学〙 ＝sodium bisulfite.

sódium álginate *n.* 〘化学〙 アルギン酸ナトリウム《褐色海藻から得られるアルギン酸という多糖類のナトリウム塩; アイスクリームなどの乳化剤, 歯磨基剤などに用いられる》. 「$Al(SO_4)_2 \cdot 12H_2O$).

sódium álum *n.* 〘化学〙 ナトリウム明礬(㋯㋒㋺) (Na-

sódium alúminate *n.* 〘化学〙 アルミン酸ナトリウム ($NaAlO_2$)《白色の結晶; 水の浄化剤》.

sódium ámide *n.* 〘化学〙 ナトリウムアミド ($NaNH_2$)《乾燥剤, 脱水剤用; sodamide ともいう》.

sódium ammónium phósphate *n.* 〘化学〙 リン酸水素アンモニウムナトリウム ($NaNH_4HPO_4 \cdot 4H_2O$)《金属イオンの判別用, マグネシウムの定量用》.

sódium ársenate *n.* 〘化学〙 ヒ酸ナトリウム (Na_3AsO_4)《十二水塩は無色の有毒結晶; 殺虫剤・除草剤用》.

sódium ársenite *n.* 〘化学〙 亜ヒ酸ナトリウム《白色粉末, 有毒; 殺虫剤・除草剤として用いる》.

sódium ázide *n.* 〘化学〙 アジ化ナトリウム (NaN_3).

sódium bénzoate *n.* 〘化学〙 安息香酸ナトリウム (C_6H_5COONa)《主に食品防腐剤用》.

sódium bicárbonate *n.* 〘化学〙 重炭酸ナトリウム, 重曹 ($NaHCO_3$). 「mate.

sódium bichrómate *n.* 〘化学〙 ＝sodium dichro-

sódium bisúlfate *n.* 〘化学〙 硫酸水素ナトリウム, 重硫酸ナトリウム ($NaHSO_4$)《鉱物や難溶性物質の融解用など》.

sódium bisúlfite *n.* 〘化学〙 **1** 亜硫酸水素ナトリウム, 重亜硫酸ナトリウム ($NaHSO_3$). **2** ＝sodium metabisulfite.

sódium brómide *n.* 〘化学〙 臭化ナトリウム (NaBr)《無色粉末; 写真・医薬に用いられる》.

sódium cárbonate *n.* 〘化学〙 **1** 炭酸ナトリウム, ソーダ灰 (Na_2CO_3)《白色の粉末; ガラス・石鹸・パルプ・紙の製造・水処理などに用いる; soda ash ともいう》. **2** 炭酸ナトリウム(一水塩) ($Na_2CO_3 \cdot H_2O$)《白色の結晶; 写真・医薬に用いる》. **3** 炭酸ナトリウム(十水塩), 洗濯ソーダ, 結晶ソーダ ($Na_2CO_3 \cdot 10H_2O$)《風解性の結晶; 洗濯・漂白に用いる; sal soda, soda, washing soda ともいう》.

sódium carboxyméthyl céllulose *n.* 〘化学〙 カルボキシメチルセルロースナトリウム《アルカリセルロースにクロロ酢酸塩を反応させてつくる吸湿性白色固体; 水溶液は粘性が高く, 各種の糊として広く用いられる; carboxymethyl cellulose ともいう》.

sódium chlórate *n.* 〘化学〙 塩素酸ナトリウム ($NaClO_3$)《食塩水の電気分解で作られる無色結晶; 過塩素酸塩の製造原料; 除草剤としても用いられる》.

sódium chlóride *n.* 〘化学〙 塩化ナトリウム, 食塩 (NaCl) (salt).

sódium chrómate *n.* 〘化学〙 クロム酸ナトリウム (Na_2CrO_4)《黄色の結晶; 顔料・染料の製造に用いる》.

sódium cítrate *n.* 〘化学〙 クエン酸ナトリウム ($Na_3C_6H_5O_7 \cdot 2H_2O$)《血液凝固防止剤; 緩衝溶液調整にも用いる》.

sódium cýanide *n.* 〘化学〙 シアン化ナトリウム, 青酸ナトリウム (NaCN)《殺虫剤・金銀精錬の青化法・鋼の表面焼入れ・電気メッキなどに用いる非常に有毒な白色の塩; cyanide of sodium ともいう》.

sódium cýclamate *n.* 〘化学〙 シクラミン酸ナトリウム ($C_6H_{11}NHSO_3Na$)《甘味剤の一種; cf. calcium cyclamate》.

sódium dichrómate *n.* 〘化学〙 二クロム酸ナトリウム, 重クロム酸ナトリウム ($Na_2Cr_2O_7$)《皮なめしや黄鉛の製造に用いる》.

sódium dihýdrogen phósphate *n.* 〘化学〙 ＝sodium phosphate a.

sódium dithíonite *n.* 〘化学〙 亜二チオン酸ナトリウム ($Na_2S_2O_4$)《一般に無色の結晶》.

sódium ethóxide *n.* 〘化学〙 ナトリウムエトキシド (C_2H_5ONa)《吸湿性白色の粉末; 有機合成に用いる; sodium ethylate ともいう》.

sódium éthylate *n.* 〘化学〙 ナトリウムエチレート (⇨ sodium ethoxide).

sódium ferrocýanide *n.* 〘化学〙 フェロシアン化ナトリウム ($Na_4Fe(CN)_6$)《淡黄色の不透明柱状晶; 青写真・染色などに用いる; yellow prussiate of soda ともいう》.

sódium flúoride *n.* 〘化学〙 フッ化ナトリウム (NaF)《水の消毒・木材の防腐・白色琺瑯(㋭㋒)の製造などに用いる無色の水溶性塩》.

sódium fluoroácetate *n.* 〘化学〙 フルオル酢(㋚)酸ナトリウム (FCH_2COONa)《有毒白色粉末; 殺鼠剤》.

sódium fluosílicate *n.* 〘化学〙 フッ化ケイ素酸ナトリウム (Na_2SiF_6)《磁器の釉(㋒)薬・琺瑯・防腐剤用》.

sódium fórmate *n.* 〘化学〙 蟻酸ナトリウム (HCOONa)《蟻酸・蓚酸製造の中間体》.

sódium glútamate *n.* 〘化学〙 グルタミン酸ナトリウム (⇨ monosodium glutamate).

sódium hexacýanoferrate *n.* 〘化学〙 ヘキサシアノ鉄 (II) 酸ナトリウム ($Na_4[Fe(CN)_6]H_2O$)《赤色柱状晶》.

sódium hydrosúlfite *n.* 〘化学〙 ヒドロ亜硫酸ナトリウム (sodium dithionite). 「OH).

sódium hydróxide *n.* 〘化学〙 苛性(㋕㋖)ソーダ (Na-

sódium hypochlórite *n.* 〘化学〙 次亜塩素酸ナトリウム (NaOCl)《漂白剤・殺菌剤として用いられる》.

sódium hyposúlfite *n.* 〘化学〙 次亜硫酸ナトリウム: **a** チオ硫酸ナトリウム (sodium thiosulfate) に対する誤称. **b** ヒドロ亜硫酸ナトリウム (sodium hydrosulfite) に対する誤称.

sódium íodide *n.* 〘化学〙 ヨウ化ナトリウム (NaI)《無色結晶: 医薬として用いられる》.

sódium làmp *n.* 〘電気〙 ＝sodium-vapor lamp.

sódium mèta-ársenite *n.* 〘化学〙 メタ亜ヒ酸ナトリウム ($NaAsO^2$)《シロアリの駆除剤として用いる》.

sódium metabisúlfite *n.* 〘化学〙 異性重亜硫酸ナトリウム ($Na_2S_2O_5$)《無色の結晶; 還元剤・漂白剤・防腐剤などに用いる; sodium pyrosulfite ともいう》.

sódium metasílicate *n.* 〘化学〙 メタケイ酸ナトリウム (Na_2SiO_3)《金属表面清浄剤・洗剤用》.

sódium méthylate *n.* 〘化学〙 ナトリウムメチレート (CH_3ONa)《有機合成試薬》.

sódium monóxide *n.* 〘化学〙 ＝sodium oxide.

sódium nítrate *n.* 〘化学〙 硝酸ナトリウム ($NaNO_3$)《チリ硝石 (Chile saltpeter) として天然に産する》.

sódium nítrite *n.* 〘化学〙 亜硝酸ナトリウム ($NaNO_2$)《ジアゾ化に用いられる無色の結晶》.

sódium nitroprússide *n.* 〘化学〙 ニトロプルシドナトリウム ($Na_2[Fe(CN)_5NO] \cdot 2H_2O$).

sódium óxalate *n.* 〘化学〙 蓚酸ナトリウム ($Na_2C_2O_4$)《滴定用標準物質; 織物仕上げ・皮なめし用》.

sódium óxide *n.* 〘化学〙 酸化ナトリウム (Na_2O)《水と反応すると苛性(㋕㋖)ソーダとなる白色粉末》.

sódium péntothal *n.* 〘薬学〙 ペントタールナトリウム《麻酔・催眠薬用; thiopental ともいう》.

sódium perbórate *n.* 〘化学〙 ペロオキシホウ酸ナトリウム ($NaBO_2 \cdot H_2O_2 \cdot 3H_2O$, $NaBO_3 \cdot 4H_2O$)《洗濯・消毒・殺菌に用いられる無色の結晶; perborax ともいう》.

sódium perchlórate *n.* 〘化学〙 過塩素酸ナトリウム ($NaClO_4$)《過塩素酸・過塩素酸塩製造用原料》.

sódium peróxide *n.* 〘化学〙 過酸化ナトリウム (Na_2O_2)《防腐・漂白・酸化剤として用いる淡黄白色の粉末》.

sódium phósphate *n.* 〘化学〙 リン酸ナトリウム《正リン酸のナトリウム塩の総称; 次の3種がある》: **a** 第一リン酸ナトリウム, リン酸二水素ナトリウム (NaH_2PO_4)《酸性の洗浄剤; monobasic sodium phosphate, monosodium phosphate, sodium acid phosphate, sodium dihydrogen phosphate ともいう》. **b** リン酸水素二ナトリウム, 第二リン酸ナトリウム (Na_2HPO_4)《工業用水処理剤・陶磁器の釉(㋒)・チーズの加工・医薬品; dibasic sodium phosphate, disodium hydrogen phosphate, disodium phosphate ともいう》. **c** 第三リン酸ナトリウム, リン酸三ナトリウム (Na_3PO_4)《アルカリ性洗浄剤・硬水軟化剤; tribasic sodium phosphate, trisodium phosphate ともいう》.

sódium polysúlfide *n.* 〘化学〙 多硫化ナトリウム, ポリ硫化ナトリウム (Na_2Sx)《x＝2, 3, 4, 5 のものが知られる》.

sódium púmp *n.* 〘化学〙 ナトリウムポンプ《細胞膜を通してナトリウムイオンを運ぶ機構》.

sódium pyrophósphate *n.* 〘化学〙 ピロリン酸ナトリウム ($Na_4P_2O_7$)《洗濯のビルダー・金属イオン封鎖剤・食品添加物として用いられる》.

sódium pyrosúlfite *n.* 〘化学〙 ピロ亜硫酸ナトリウム (⇨ sodium metabisulfite).

sódium salícylate *n.* 〘化学〙 サリチル酸ナトリウム (HOC_6H_4COONa)《解熱・消炎剤》.

sódium sílicate *n.* 〘化学〙 ケイ酸ナトリウム《ケイ酸のナトリウム塩でメタケイ酸ナトリウム (Na_2SiO_3) を指すことが多いが, Na_2SiO_4, $Na_2S_2O_5$, Na_4SiO_4 など種類が多い》. 「silicate.

sódium silicoflúoride *n.* 〘化学〙 ＝sodium fluo-

sódium stéarate *n.* 〘化学〙 ステアリン酸ナトリウム ($C_{17}H_{35}COONa$)《洗濯石鹸・化粧品成分用》.

sódium súlfate *n.* 〘化学〙 硫酸ナトリウム ($Na_2SO_4 \cdot 10H_2O$, 無水物 Na_2SO_4)《薬用および染料・ガラスなどの製造に用いられる無色の結晶; 無水物は脱水乾燥剤用》.

sódium súlfide *n.* 〘化学〙 硫化ナトリウム (Na_2S)《染料製造・ニトロ化合物の還元に用いられる》.

sódium súlfite *n.* 〘化学〙 **1** 亜硫酸ナトリウム ($Na_2SO_3 \cdot 7H_2O$, 無水物 Na_2SO_3)《染色・版画・写真現像および漂白・防腐剤として用いられる無色結晶または粉末》. **2** ＝sodium bisulfite 1. **3** ＝sodium metabisulfite.

sódium tetrabórate *n.* 〘化学〙 ＝borax.

sódium thioársenate *n.* 〘化学〙 チオヒ酸ナトリウム《テトラチオヒ酸ナトリウム ($Na_3A_5S_4$), トリチオヒ酸ナトリウム (NaA_5S_3) など》.

sódium thiocýanate *n.* 〘化学〙 チオシアン酸ナトリウム (NaSCN)《織物の染色・黒色ニッケルメッキ・医薬品に用いる》.

sódium thiosúlfate *n.* 〘化学〙 チオ硫酸ナトリウム ($Na_2S_2O_3$), ハイポ (hypo)《写真定着剤》.

sódium tripolyphósphate *n.* 〘化学〙 トリポリリン酸ナトリウム, 三リン酸ナトリウム(の俗名) ($Na_5P^3O_{10}$)《洗剤のビルダーとして大量に用いられる》.

sódium-vàpor làmp *n.* 〘電気〙 ナトリウム灯《sodium lamp ともいう》.

so·do·ku [sóudəkù: | sə́udə(ʊ)-] 〘⇨ Jap. (鼠毒) ⇨ Chin. (広東方言) *shué tûk*〙 *n.* 〘病理〙 鼠咬(㋙)症 (⇨ rat-bite fever).

Sod·om [sɑ́dəm | sɔ́d-] *n.* **1** 〘聖書〙 ソドム《死海の近くにあった古都市; 住民の罪悪のために Gomorrah と共に天上からの火で滅ぼされたと伝えられる; cf. *Gen.* 18–19》. **2** 罪悪のはびこる場所.

So·do·ma, Il [sɔ́:dəmə, i:l; *It.* sɔ́:doma, il] *n.* ソドマ《1477–1549; イタリアの画家; 本名 Giovanni Antonio de' Bazzi [debáttsi]》.

Sódom ápple *n.* ＝APPLE of Sodom.

Sod·om·ite [sɑ́dəmàɪt | sɔ́d-] 〘《*a*1325》 ⇨ (O)F ～ ⇨ LL *Sodomīta* ⇨ Gk *Sodomítēs* ← *Sódoma* ⇨ Heb. *S^edhōm*: ⇨ -ite[1]〙 ── *n.* **1** ソドム人 (⇨ Sodom). **2** [通例 s-] 男色者; 獣姦(㋕)者. 「cal.

sod·om·it·ic [sɑ̀dəmíṭɪk | sɔ̀dəmít-] *adj.* ＝sodomiti-

sod·om·it·i·cal [sɑ̀dəmíṭɪkəl, -ṭə- | sɔ̀dəmítɪ-] *adj.* 男色の; 獣姦の.

sod·om·y [sɑ́dəmi | sɔ́dəmɪ] 〘《*c*1300》 ⇨ (O)F *sodomie*: ⇨ Sodom, -y[1]〙 *n.* 男色; 獣姦(㋕) (cf. bestiality 2).

Soem·ba [sú:mbɑ] *n.* Sumba のオランダ語名. 「名.

Soem·ba·wa [su:mbáwə] *n.* Sumbawaのオランダ語

so·ev·er [souévə | səuévə(r] 〘《1517》← SO＋EVER〙 ── *adv.* 《文語》 **1 a** [how などの譲歩節に用いて] よしや…とも; 一体全体. ★ (1) 通例 who, what, when, where, how などの疑問代名詞[副詞]に連結してその意味を強調する: who*soever*, what*soever*, how*soever*, where*soever*. (2) 時にその間に副詞・形容詞・名詞などをはさんで用いる: *how* fair ～ she may be いかに美人でも / *how* fast ～ he may run どんなに速く走っても. **b** [最上級を強調して]: *the most* beautiful ～ in the world この世で一番美しい人. **2** [any, no, what に続く名詞を強調して] どんな…も, 全然 (at all): with *what* [*any*] end ～ he did it いかなる目的でなしたにせよ / He gave *no* information ～. 彼は全然情報を知

S.O.F. 《略》 sound on film. しらせなかった.

so·fa [sóufə | sə́u-] 〘《1625》 ⇨ F ～ ⇨ Arab. *ṣúffa^h*; cf. *ṣáffa* to set, range〙 *n.* ソファー, 長椅子 (cf. lounge 2).

sófa bèd *n.* ソファーベッド, 寝台兼用長椅子《背部

を蝶番(ちょうつがい)にし, 水平に倒せばベッドの用をなす; cf. studio couch》.

so·far [sóʊfɑɚ | sə́ʊfɑː(r] 〖《頭字語》← *so*(*und*) *f*(*ixing*) *a*(*nd*) *r*(*anging*)〗 **—** *n.* ソファー, 水中測音装置《海難者が救命艇などから海中に特殊の爆弾を投入して破裂させると, 沿岸で相互に遠く離れた三受信局がその音波を三角測量し, それによって海難者の位置が確かめられる; cf. sonar》.

sófa tàble *n.* ソファーテーブル《両端に垂れ板が付いた長テーブル; 飲食用としてソファーの前に置く》.

sof·fit [sɑ́fɪt, -fət | sɔ́f-] 〖《1613–39》□ F *soffite* ∥ It. *soffito*, *soffita* < VL **suffictum* = L *suffixus*: ⇨suffix〗 **—** *n.* 〖建築〗下端(したば)《entablature, コーニス(cornice) などの下側》; (特に, arch の)内輪 (intrados).

sof·frit·to [sɔ(ʊ)fríːtoʊ | sə(ʊ)fríːtəʊ; *It.* soffrítto] 〖□ It. ∼ (p.p.) ← *soffrigere* = *suffrigere* ← SUF- + *frigere* to fry〗 **—** *n.* ソフリット《細かく刻んだ玉ねぎ, トマト, セロリ, ニンニクなどを炒めたもの; イタリア料理のベースとなる》.

So·fi [sóʊfi | sə́ʊfi] *n.* = Sufi[1].

So·fi·a[1] [sóʊfiə, sóʊ(ː)f-, so(ʊ)fíːə | sə́ʊfjə, -fɪə, sɔ́fɪə, sə(ʊ)fíːə; *Bulg.* sɔ́fia] *n.* ソフィア《ブルガリア西部にある同国の首都; 人口 886,000》.

So·fi·a[2] [so(ʊ)fáɪə | sə(ʊ)-] 〖《変形》↑〗 *n.* 女性名.

So·fism [sóʊfɪzm | sə́ʊ-] *n.* = Sufism.

S. of Sol. 《略》〖聖書〗Song of Solomon 雅歌.

soft [sɔ́(ː)ft, sɑ́(ː)ft | sɔ́ft] 〖lateOE *sōfte* 《adv. の影響による変形》← *sēfte* < (WGmc) **samfti* 《原義》? fitting, friendly, suited to. — adv.: OE *sōfte* ← (WGmc) **samft-* (G *sanft*) ← ? IE **sem-* one: ⇨same, seem〗 **—** *adj.* (∼**·er**; ∼**·est**) **1 a** 圧(お)すとすぐ形の崩れる, 軟[柔]らかい, 柔軟な, 硬くない (↔ hard, tough): a ∼ bed, pillow, etc. / ∼ ground 柔らかい[固まっていない]地面 / (as) ∼ as clay [butter, down] きわめて柔らかい. **b** 〈金属など〉すぐ形作られる; 打ち伸ばしのできる, 軟質の (malleable): ∼ metal 軟質金属. **c** 硬さのない, もろい: ∼ iron / ⇨ soft coal. **d** 〈チーズが〉塗ることのできる, ソフトな: ∼ cheese.

2 手[肌]ざわりの柔らかな, 滑らかな, ざらざらしていない (↔ rough, coarse): a ∼ hand 柔らかい手 / ∼ cloth / (as) ∼ as silk 絹のように柔らかな / be clad in ∼ raiment 柔らかいものを身につけている.

3 a 体が弱い, スタミナがない, 持久力に乏しい. **b** 〈筋肉など〉ぐにゃぐにゃの (flabby): ∼ muscles 軟弱な筋肉.

4 a 性格の弱々しい, 男らしくない, 女々しい (unmanly): a ∼ person. **b** 感じやすい, 情にもろい (sentimental): ∼ habits 涙もろい性分.

5 a 〈飲食物が〉ぴりっとしない, 口当たりの柔らかな, 口当たりのよい (bland): a ∼ wine. **b** 〈飲物が〉アルコールの入っていない (cf. hard 12): ⇨ soft drink. **c** 〈食物が〉消化のいい.

6 a 〈気候・気温・空気など〉温和な, 温暖な (mild), さわやかな: a ∼ winter 温暖な冬 / ∼ air さわやかな空気. **b** 〈風雨が〉激しくない, 穏やかな: a ∼ breeze from the west 穏やかな西風 / a ∼ rain やさしい雨.

7 快い感じを表わす, 心地よい, 快い (pleasant, comfortable): ∼ slumbers 気持よい眠り.

8 a 〈色彩・光線など〉ぎらぎらしない, 落ち着いた, 柔らかな, くすんだ (subdued); コントラストの少ない: ∼ shades of green and blue 緑と青の柔らかい色合い. **b** 〈輪郭・影など〉きつくない, 穏やかな; ぼんやりした (indistinct): ∼ shadows / the ∼ contours of distant hills 遠方の山々の柔らかな輪郭.

9 〈音声など〉やさしい, 穏やかな, 柔らかくて調子のいい (melodious), 低く静かな: speak in ∼ tones 穏やかな調子で話す / the ∼ rustle of the leaves 木の葉の触れ合う静かな音.

10 〈目が〉やさしい目つきの: ∼ eyes.

11 a 〈坂など〉徐々に高くなっている: a ∼ slope. **b** なだらかな, ごつごつしていない: a sweater with ∼ shoulder lines なで肩の線のセーター.

12 〈川・海が〉波立たない, ないだ, 静かな (calm).

13 〈気質・性格など〉やさしい, 柔和な, 温和な (gentle, quiet), 慈悲深い (merciful): a ∼ smile 柔和な[なごやかな]微笑 / a ∼ heart やさしい[ほれっぽい]心 / appeal to the ∼*er* side of a person's character 人の慈悲心に訴える / *Soft* and fair goes far. = *Soft* words win hard hearts. 《諺》柔よく剛を制す / the ∼(*er*) sex 女性 (↔ the rougher [sterner] sex).

14 a 〈行動・態度・処分など〉強く[厳しく]ない (tender), 手ぬるい, 寛大な (lenient): ∼ terms 寛大な条件 / a ∼ sentence 寛大な判決 / be ∼ *with* children 子供に甘い / A ∼ answer turneth away wrath. 《諺》柔らかな答えは憤りをとどむ (cf. *Prov.* 15:1). **b** (威嚇によらず)交渉[和解]による; 〈政策・路線など〉柔軟な: take a ∼ line toward the enemy 敵に対して交渉[柔軟]路線をとる. **c** 気取らない, 押えた, 控えめの.

15 〈言葉など〉甘い (amorous), 口のうまい (smooth): ∼ things [words] お世辞; むつごと / ∼ nothings 恋のささやき / ∼ nonsense 痴話 / a ∼ glance 秋波 / ⇨ soft sawder, soft soap 2.

16 《口語》楽な, たやすい (easy), 楽にもうかる: a ∼ job 楽でもうかる仕事.

17 《口語》かつがれやすい; 知恵が足りない, 薄ばかの (silly): a ∼ fool 薄のろ / He is a bit ∼ (in the head). 頭が少し足りない / have a ∼ place in one's head 抜けたところがある.

18 〈水が〉軟性の (↔ hard): ∼ water 軟水.

19 〈麻薬が〉耽溺性の弱い, 非習慣性の: ⇨ soft drug.

20 〈ニュースが〉(政治・経済などに関係のない)軽い: ⇨ soft news.

21 〈洗剤が〉下水道ですぐ分解可能な (biodegradable): ∼ dettergent.

22 〈れんがが〉焼きの足りない.

23 《スコット・アイル》〈天候が〉じめじめした, 湿って暖かい, 雨の (wet), ぬか雨の (drizzly): ∼ weather / a ∼ day.

24 a 動きのおそい. **b** 《廃》〈火が〉とろ火の: *Soft* fire makes sweet malt. 《諺》とろ火はよくきく, 「急がば回れ」.

25 〖写真〗〈フィルム・印画など〉軟調の (cf. contrasty).

26 〖音声〗 **a** 〈英語の c, g が〉軟音の 《e, i, y の前でそれぞれ [s], [dʒ] と発音される; 例: cent [sént], cite [sáɪt], cymbol [símbəl]; gem [dʒém], giant [dʒáɪənt], gym [dʒím]》. **b** (スラブ系言語で)〈子音が〉軟音の, 口蓋(がい)化音の (palatalized).

27 〖商業〗 **a** 〈市価など〉弱気の, 軟調の (↔ hard). **b** 〈金融が〉長期低金利の. **c** 〈通貨が〉不安定な, 弱い. **d** (硬貨と区別して)紙の: ⇨ soft money, soft currency.

28 〖宇宙〗軟着陸の: ⇨ soft landing.

29 〖物理〗〈X 線が〉透過力の弱い, 低エネルギーの: ∼ X rays.

30 〖電気〗〈電子管が〉真空度が低下した.

31 〖冶金〗〈ハンダが〉徐々に溶ける.

32 〖軍事〗〈ミサイル基地などが〉核攻撃に対して防護されていない, 非地下壕化の, 軟弱防護の (cf. hardened 4): ∼ targets such as cities (核攻撃に対する)都市のような軟弱目標.

33 〖製本〗薄表紙の, 紙表紙の, ソフトカバーの; 〈紙が〉柔軟な.

34 〖ガラス製造〗比較的低い温度でアニール (anneal) できる.

35 〖化学〗分極され易い: ∼ acid 軟酸 / ∼ base 軟塩基.

36 〖絵画〗ソフトな《1960 年代に流行した抽象表現の一傾向についていう》.

be soft on a person 《口語》(1) 〈人〉を恋している, 〈人〉に熱をあげる. (2) 〈人〉をやさしく扱う.

— *n.* **1 a** 柔らかさ (softness). **b** 柔らかい部分 (soft part). **2** 《口語》知恵の足らない人, 抜けている人. **3** [*pl.*] 《英》= shoddy.

— *adv.* 静かに, 軟[柔]らかに (softly), やさしく (tenderly), もの柔らかに, 穏やかに (quietly): fall ∼ そっと落ちる, 音もなく降る / lie ∼ (柔らかい床の上などに)安静に横たわる / speak ∼*er* もっと静かに話す / Play ∼*er*, please. もっと静かに弾(ひ)いて下さい.

— *int.* 《古》 **1** 静かに (Be quiet!), しっ (Hush!): *Soft!* Someone comes. 静かに, だれか来た. **2** そっと行け (Not so fast.); 待て (Stop!).

∼·ly *adv.* **∼·ness** *n.*

sof·ta [sɔ́(ː)ftə, sɑ́f- | sɔ́f-] 〖□ Turk. ∼ □ Pers. *sōkhtah* burnt (with love of knowledge)〗 **—** *n.* 〖イスラム教〗トルコイスラム教の回教寺院の宗教活動関係者; (特に)神学研究初学生.

sóft·bàll *n.* 《米》 **1** ソフトボール《大きく軟らかいボールを使ってする一種の野球; チームの定員は 9 [10] 名》. **2** ソフトボール用のボール.

sóft-bìll *n.* 〖鳥類〗昆虫や小動物を食するのに適した軟らかなくちばしをもつ鳥類の総称 (cf. hard-bill).

sóft-bóiled *adj.* (↔ hard-boiled) **1** 〈卵が〉半熟の. **2 a** 感情的な, 感傷的な, センチメンタルな. **b** 〈皮肉〉〈作風など〉健全で道徳的な.

sóft·bòund *adj.* 〈本が〉薄表紙の (cf. hardbound).

sóft cháncre *n.* 〖病理〗= chancroid.

sóft clám *n.* 〖貝類〗= soft-shell clam.

sóft cóal *n.* 軟炭, 瀝青(れきせい)炭, 有煙炭 (bituminous coal).

sóft cópy *n.* 〖電算機〗ソフトコピー《陰極線管上に出した計算機の出力のように記録が後に残らない表示; cf. hard copy 2》.

sóft-córe *attrib.adj.* 〈ポルノ映画・小説など〉ソフトコアの《性描写がそれほど露骨でない; cf. hard-core 3》.

sóft còrn *n.* 〖園芸〗軟粒種 (*Zea mays* var. *amylacea*) 《トウモロコシ (Indian corn) の一変種; 胚乳の大部分は軟質澱粉からなる》.

sóft-cóver *n.*, *adj.* 薄表紙(本) (paperback) (の).

sóft cúrrency *n.* 〖経済〗軟貨《金または外貨に換えられない通貨; ↔ hard currency》.

sóft drínk *n.* 《米口語》ソフトドリンク《アルコール分を含まない清涼飲料; root beer, ginger ale など; cf. hard liquor, strong drink》.

sóft drùg *n.* 弱い薬《コカイン (cocaine), アンフェタミン (amphetamine) などのように習慣性の弱い幻覚剤; cf. hard drug》.

sof·ten [sɔ́(ː)fən, sɑ́f- | sɔ́f-] 〖《c1386》 *softne*(*n*): ⇨ soft, -en[1]〗 **—** *vt.* **1** 軟[柔]らかにする, 柔軟にする: ∼ leather 革を柔らかくする. **2** やさしくする, 温和[柔和]にする (make tender); 和らげる, 穏和にする: ∼ one's heart [attitude] 心[態度]を和らげる. **3** 柔弱にする, 惰弱にする (enervate). **4** 〈音を〉和らげる (temper), 低くする; 〈色・光線などを〉和らげる, 地味にする, 穏やかにする: ∼ one's voice, the light, etc. **5 a** (連続爆撃などで)〈敵〉の抵抗力[戦力]を弱める 〈*up*〉. **b** 〈人〉の抵抗をやぶる 〈*up*〉. **6** 〖音声〗〈英語の c, g を〉軟音化する, 軟音で発音する; …に軟音であることを示す (⇨ soft *adj.* 26). **7** 〖化学〗軟質[軟性]にする: ∼ water 硬水を軟水にする. **—** *vi.* **1** 柔らかになる, 柔軟になる. **2** 穏やかになる. **3** 〈心が〉優しくなる, 軟化する. **4** 和らいで[弱まって][…に]なる [*into*]: Pain ∼*ed into* pleasure. 苦痛も和らいで楽しみとなった. **5** 〖化学〗〈硬水が〉軟化する.

sóf·ten·er [-f(ə)nɚ | -nə(r] *n.* **1** 軟らかにする人[物]; 和らげる人[物]. **2** 〖化学〗 **a** 軟化剤. **b** = water softener 1.

sóf·ten·ing [-f(ə)nɪŋ] *n.* 軟らかにすること, 軟化. **softening of the brain** (1) 〖病理〗脳軟化症. (2) 〖病理〗(梅毒による)進行性麻痺. (3) 《口語》(頭の)ぼけ, 痴呆(ちほう).

sóftening pòint *n.* 〖化学〗軟化点《ガラス・樹脂などが軟化変形し始める温度》.

sóft-fínned *adj.* 〖魚類〗ひれの軟らかい, 軟鰭(き)類の (malacopterygian) (cf. spiny-finned).

sóft-fòcus *adj.* 〖写真〗ソフトフォーカスの, 軟焦点の.

sóft fócus *n.* 〖写真〗軟焦点, 軟調.

sóft frúit *n.* 《英》= small fruit.

sóft fúrnishings *n.pl.* 《英》カーテン (curtains)・敷物 (rugs) など家や部屋の備品.

sóft gòods *n.pl.* **1** 《英》= dry goods 1. **2** 非耐久消費財《特に衣類にいう; cf. hard goods》.

sóft gróund *n.* 〖絵画〗 **1** (松脂(やに)や獣脂による)エッチング地塗り. **2** エッチング地塗り法.

sóft háil *n.* 〖気象〗雪あられ (snow pellets, graupel).

sóft hát *n.* 《米》中折れ帽, ソフト帽 (felt hat).

sóft·hèad *n.* **1** 抜け作, ばか. **2** 愚かな感傷家.

sóft·héaded *adj.* ばかな, 抜けている (foolish, stupid). **∼·ly** *adv.* **∼·ness** *n.*

sóft·héarted *adj.* 心の優しい (tenderhearted), 情深い, 慈悲深い (merciful), 思いやりのある (sympathetic), 寛大な (generous). **∼·ly** *adv.* **∼·ness** *n.*

soft·ie [sɔ́(ː)fti, sɑ́f- | sɔ́ftɪ, sɔ́ːf-] *n.* 《口語》= softy.

soft·ish [sɔ́(ː)ftɪʃ, sɑ́f- | sɔ́ft-, sɔ́ːft-] *adj.* やや柔らかい.

sóft-lánd *vi.* 〈宇宙船などが〉軟着陸する. **—** *vt.* 〈宇宙船などを〉軟着陸させる (cf. hard-land). **∼·er** *n.*

sóft lánding *n.* 〖宇宙〗ソフトランディング, 軟着陸《宇宙船・探査機などが激突したり破壊したりしないような緩やかな速度で月などに着陸すること; cf. hard landing》: ∼ of spacecraft on the moon 宇宙船の月への軟着陸.

sóft léad [-léd] *n.* 〖冶金〗柔鉛(じゅうえん)《柔鉛炉でヒ素・アンチモン等が除去されて軟らかくなった鉛》.

sóft léns *n.* 〖光学〗ソフトレンズ《多孔質プラスチック製のコンタクトレンズ; 着用した際湿気を吸収し眼に不快感を与えない》.

sóft líne *n.* (政治上の)柔軟路線 (cf. hard line 1).

sóft-líner *n.* 柔軟路線論者 (cf. hard-liner).

sóft máple *n.* **1** 〖植物〗軟らかな材質のカエデの類の植物の総称《ウラジロサトウカエデ (silver maple), アメリカハナノキ (red maple) など》. **2** その材.

sóft móney *n.* 紙幣 (paper money).

sóft néws *n.* 〖ジャーナリズム〗柔らかい[軽い]ネタを扱ったニュース (cf. hard news).

sóft-nósed búllet *n.* 〖軍事〗柔頭銃弾, 無蓋(がい)弾頭銃弾《弾頭部に堅い金属外被がなく命中の衝撃でそこがきのこ形につぶれて被害を大きくする》.

sóft nòse stém *n.* 〖造船〗= fashion plate stem.

sóft pálate *n.* 〖解剖〗軟口蓋(がい) (velum) (cf. damper palate).

sóft pàste *n.* 〖窯業〗軟(質)磁器《1300°C 以下の比較的低温で焼成された磁器; soft-paste porcelain ともいう; cf. hard paste》.

sóft pàtch *n.* 〖海事〗ソフトパッチ《船体の破損個所を応急修理するための当て金および帆布》.

sóft-pédal *v.* (**soft-pedalled, -pedaled; -ped·al·ing, -ped·al·ling**) **—** *vt.* **1** ソフトペダルで〈ピアノ・楽節など〉の音を和らげる. **2** 《口語》〈口調などを〉和らげる, 穏やかにする; 〈事を〉目立たないようにする, 押える, 内密にする (muffle). **—** *vi.* **1** ソフトペダルを踏む[使う]. **2** 《口語》調子を和らげる.

sóft pèdal *n.* ソフトペダル《ピアノの弱音ペダル; cf. damper pedal, loud pedal》.

step on the soft pedal 《口語》調子を和らげる, 穏やかになる, 静かになる, 静まる. (cf. *step on the* LOUD PEDAL).

sóft pórcelain *n.* 〖窯業〗軟(質)磁器.

sóft ròck *n.* 〖音楽〗ソフトロック《エレキギター (electric guitar) よりもアコースティックギター (acoustic guitar) やコーラスを特徴とするビートを抑えたロック音楽》.

sóft-ròck geólogy *n.* 〖地質〗軟岩地質学 (cf. hard-rock geology).

sóft róe *n.* (魚の)白子 (milt).

sóft ròt *n.* 〖植物病理〗腐敗病.

sóft-sáwder *vi.*, *vt.* 《方言》へつらう, おべっかを言う (flatter). **∼·er** *n.*

sóft sáwder *n.* 《俗》お世辞, おべっか (flattery, blarney).

sóft scíence *n.* ソフトサイエンス《政治学・経済学・社会学・心理学などの社会科学・行動科学の学問; cf. hard science》.

sóft scúlpture *n.* ソフト彫刻《布・プラスチック・フォームラバーなどの軟らかい物質で作られた彫刻》.

sóft-séll *adj.* 〈売り込み・宣伝が〉穏やかな, ソフトな.

sóft séll *n.* 穏やかな[巧妙な, 間接的な]売りこみ[宣伝], ソフトセル (↔ hard sell).

sóft-shèll *n.* **1** 〖動物〗= soft-shell crab. **2** 〖貝類〗= soft-shell clam. **3** 〖動物〗= soft-shelled turtle. **—** *adj.* **1** (殻を脱いだばかりのカニのように)軟らかくてもろい殻をもつ, 殻[甲]の軟らかい. **2** 〈主義主張が〉穏健な, 中道的な.

sóft-shell clám *n.* 〖貝類〗オオノガイ (*Mya arenaria*) 《ヨーロッパ・北米・日本などに広く分布する殻の

薄い卵型の食用二枚貝; soft clam, steamer clam ともいう》.
sóft-shell cráb *n.* 〘動物〙脱皮後の殻の軟らかいカニの総称《特に blue crab やイチョウガニ科の *Cancer pagurus*; 殻ごと食用にする; cf. hard-shell crab》.
sóft-shélled *adj.* =soft-shell.
sóft-shèlled túrtle *n.* 〘動物〙スッポン《スッポン科のカメの総称; フロリダスッポン (*Trionyx ferox*), 日本のスッポン (*T. sinensis japonicus*) など》. 「の.
sóft-shóe *adj.* 金具が底にない靴で踊るタップダンス
sóft shóulder *n.* 軟路肩《ハイウェーの舗装してない縁; cf. shoulder 9 a》.
sóft sìgn *n.* 〘音声〙(ロシヤ語)キリル文字の軟音符
sóft snáp *n.* 《米》楽な仕事[職, 課程など]. ⌊(b).
sóft-sóap *vt.* **1** 軟石鹸で洗う. **2** 《口語》…にへつらう, おべっかを使う (flatter), おだてる (cajole). — *vi.* (洗濯物を)軟石鹸で洗う.
sóft sòap *n.* **1** 軟石鹸《液状または半液状の石鹸》. **2** 《口語》おべっか (flattery). 「ますり (flatterer).
sóft-sóaper *n.* 《口語》おべっか使い, へつらう人, ご
sóft-sólder *vt.* 軟鑞(ろう)ではんだづけする.
sóft sólder *n.* **1** 軟質はんだ, 軟鑞(ろう)《溶融点の低い(約 370°C 以下)金属・合金の鑞付けに用いるはんだ; cf. hard solder》. **2** =soft sawder. 「ル.
sóft sóle *n.* (子供用の)軟らかい靴底の靴, ソフトソー
sóft-spóken *adj.* **1** 〈人が〉優しくものを言う, もの柔らかな, 優しい, 穏やかな (mild). **2** 〈言葉が〉もの柔らかな, 当たりの柔らかな (suave).
sóft spòt *n.* **1** 〔…に対する〕感情的な弱み, 好感, 好み 〔*for*〕: have a ~ *for* girls 女の子に弱い[甘い]. **2** 弱い個所, 弱点: a ~ in the defense 防衛上の弱点.
sóft stéel *n.* 軟鋼.
sóft súgar *n.* グラニュー糖; 粉糖.
sóft thìng *n.* =soft snap.
sóft tìck *n.* 〘動物〙ヒメダニ《背板のないヒメダニ科のダニ; cf. hard tick》.
sóft tóuch *n.* 《米俗》**1** 金を借りやすい人; 説得しやすい[与(くみ)しやすい]相手; だまされやすい人. **2** 簡単に負ける相手[チーム]. **3** 容易な任務, 楽な仕事.
sóft tùbe *n.* 〘電子工学〙ソフトチューブ, 軟真空管《真空度の低い真空管; cf. hard tube》.
sóft·wàre *n.* **1** ソフトウェア: **a** 〘電算機〙電子計算機を使用するためのプログラムの総称 (cf. hardware). **b** 〘教育〙視聴覚教育の教材. **2** ロケット・ミサイル・宇宙船などの図面[燃料(など)].
sóft whéat *n.* 軟質小麦《澱粉含量が多く, 麩(ふ)質 (gluten) 分の少ない品質のもの; 多く菓子・朝食用穀物食に用いる; cf. hard wheat, durum wheat, weak 7》.
sóft wícket *n.* 〘クリケット〙湿った[水びたしの]ピッチ ⌊(pitch).
sóft-wítted *adj.* =softheaded.
sóft·wòod *n.* 〘林業〙**1** 軟木, 軟材 (cf. hardwood). **2** 針葉樹. — *adj.* 軟材の; 軟材でできている, 軟材製の.
soft·y [sɔ́(ː)fti, sɑ́f- | sɔ́fti, sɔ́:f-] 〘⇨ -y²〙 — *n.* 《口語》**1** 情に動かされやすい人, 涙もろい人. **2** 男らしくない人, 女々しい男. **3** だまされやすい人; あほう, 抜け作, 薄ばか (soft person). 「Trades.
SOGAT 《略》《英》Society of Graphical and Allied
Sog·di·an [sɑ́gdiən, sɔ́(ː)g- | sɔ́gdiən, -djən] 〘⊏L *Sodiān-i* (pl.) ← *sogdiānus* ⊏ OPers. *Sughuda* Sogdiana: cf. -an¹〙 — *n.* **1** ソグド人《Sogdiana 地方に住んでいた古代イラン人》. **2** 〘言語〙ソグド語《Sogdiana の言語; イラン語系に属した死語》.
Sog·di·a·na [sɑ̀gdiǽnə, -ɑ́:nə, -éɪnə | sɔ̀gdiɑ́:nə, -éɪnə] 〘⊏L *Sogdiāna* (*regio*) Sogdian (region)〙 — *n.* ソグディアナ《Oxus 川と Syr Darya 川との間にあった古代ペルシャ帝国の一州; 今はソ連邦中央アジアウズベク共和国・タジク共和国にある; 首都 Samarkand》.
sog·gy [sɑ́gi, sɔ́(ː)gi | sɔ́gi] 〘《*a*1722》← 《方言》*sog* marsh (← ?) + -y⁴〙 — *adj.* (**sog·gi·er; -gi·est**) **1 a** 水・湿気を含んだ; 〈土地など〉水浸しになった, びしょぬれの: a ~ ground. **b** (生焼けパンのように)ねっとりした, ふやけた (↔ light): ~ bread. **c** 湿った: The air was ~ and heavy. 空気が湿って重かった. **2** 元気のない, だれた, ぼんやりした. **sóg·gi·ly** [-gɪli, -gə- | -lɪ] *adv.* **sóg·gi·ness** *n.*
soh [sóu | sə́u] 〘← ?〙 *int.* 《古》=so¹.
So·ho [sóuhou, so(u)hóu | sə́uhəu, sə(u)hə́u] 〘? ↓〙 *n.* London の Westminster 区の一地域; 歓楽街として知られ, 外国料理レストランが多い.
so-ho [souhóu | səuhə́u] 〘《1307》*so ho, so howe* 《擬音語》〙 — *int.* そーら, それ《狩猟で獲物を発見した場合の掛け声; 時に人に注意を与えたり, 物を発見した時などの発声》.
soi-disant [swɑ̀:di:zɑ́:(ŋ), -zɔ́:(ŋ), -zɑ́:ŋ, -zɔ́(:)ŋ; *F.* swadizɑ̃] 〘⊏F ~ ← *soi* oneself + *disant* ((pres.p.) ← *dire* to say)〙 — *F. adj.* [軽蔑的に]自称の (self-styled), 自己免許の, 自らふれ込む (pretended, would-be): a ~ doctor 自称博士 / a ~ poet 詩人と称する男.
soi·gné [swɑ:njéɪ | ←—; *F.* swaɲe] 〘⊏F ~ (p.p.) ← *soigner* to take care of〙 — *F. adj.* (*also* **soi·gnée** [~; *F.* ~]) **1** 入念に仕上げられた; 当世風の: a ~ restaurant, dress, etc. **2** 身なりのきちんとした (well-groomed).
soil¹ [sɔ́ɪl] 〘《?*c*1380》⊏ AF ~ < L *solium* seat: 意味上 L *solum* ground の影響をうけた〙 — *n.* **1** (植物の生長に適した地殻の表面の)土, 土壌, うわ土: a few loads of ~ 二, 三荷[車]の土 / (a) poor [rich, good, fertile] ~ やせた[肥えた]土 / sandy ~ 砂質土壌 / arable ~ 耕土 / alluvial ~ 沖積土 / clay [heavy] ~*s* 粘土質土壌. **2** 土地 (ground), 国 (country): the lord of the ~ 領主, 地主 / one's native [parent] ~ 母国, 故郷 / a friendly ~ 友好国 / tread on foreign ~ 異国の土を踏む. **3 a** 耕地, 田畑: work on the ~ 田畑で働く. **b** [the ~] 農耕生活, 農業: a tiller [son] of *the* ~ 農夫. **4** 温床, 生育地: the ~ for crime 犯罪の温床 / Social discontent is the ~ in which anarchy thrives. 社会的不満は無政府主義の温床である.
soil² [sɔ́ɪl] 〘《?*a*1200》*soile(n)* ⊏ OF *so(u)ill(i)er* (F *souiller*) < VL **suculāre* ← L *suculus, sucula* (dim.) ← *sūs* pig: ⇨ sow²〙 — *vt.* **1** 〈物の表面を〉汚す, きたなくする, …にしみをつける (stain), 汚損する (smudge): ~ one's clothes 着物を汚す / ~ a wall 壁を汚す / ⇨ *soil one's* HANDS. **2** (恥・不正・罪などで)〈名声・家名などを〉汚す, 汚損する (sully, disgrace): His character was ~*ed* by serious crimes. 彼の名声は重罪で汚された. **3** 道徳的に汚す, 堕落させる (corrupt) 〔*with*〕: ~ a person's minds *with* dirty books 猥褻(わいせつ)本で人の心を汚す. — *vi.* **1** 汚れる, きたなくなる, しみがつく: White shirts ~ easily. 白いシャツは汚れやすい. **2** 〈病人などが〉糞便をもらす.
— *n.* **1 a** 汚す[汚される]こと, 汚れ. **b** 堕落 (corruption). **2** 汚点 (foul spot), しみ. **3 a** 汚物, 不潔物 (filth). **b** 下水汚物 (sewage). **c** 糞尿, 肥料.
soil³ [sɔ́ɪl] 〘? ← SOIL² (n.) 3〙 *vt.* **1** (太らせるため牧舎または囲い地で)〈牛・馬などに〉青草を食わせる. **2** 〈牛・馬などに〉緑草を与えて便通をつける.
soil·age¹ [sɔ́ɪlɪdʒ] 〘← SOIL² + -AGE〙 *n.* **1** 汚すこと; 汚損. **2** 《古》汚物, ごみ (refuse).
soil·age² [sɔ́ɪlɪdʒ] 〘← SOIL³ + -AGE〙 *n.* 青草《家畜の食糧用に栽培された草》.
sóil àuger *n.* 〘土木〙土オーガー《土質試料を採取するためのボーリング用の錐(きり)》.
sóil bànk *n.* 〘農業〙土壌銀行《普通の作物栽培をやめて地力培養作物を作付けている農地に政府から補助金を与えるという米国の制度》.
sóil·bòrne *adj.* 土壌性の《土壌によって[の中を]伝播されることにいう》: ~ fungi 土壌菌類.
sóil-cemént *n.* 〘土木〙ソイルセメント《作業現場の土にセメントを混ぜ適当な湿りを与えて固まらせたもの; 道路舗装の基礎などに用いる》. 「物》.
sóil còlloid *n.* 〘土木〙土コロイド《微粒径の粘土鉱
sóil conditioner *n.* 〘農業〙土壌改良剤[薬], 団粒形成促進剤《硬い粘土質の土壌を耕作しやすいものに改良する化学薬品》.
sóil conservàtion *n.* 〘農業〙土壌保全《水や風による土壌侵蝕を防止すること》.
soiled *adj.* [通例複合語の第 2 構成素として] (…の)土壌の, 土壌が…の: deep-*soiled* 土壌の深い / rich-*soiled* 肥えた土壌の. 「soil).
sóil horizon *n.* 〘土壌〙土壌層位, 土層 (cf. ABC
sóil·less *adj.* 土壌を用いない: ~ agriculture 水耕農業. 「したもの》.
sóil màp *n.* 〘土木〙土性図《土の組成分の割合を図示
sóil mechànics *n.* 〘土木〙土質力学.
sóil pìpe *n.* (水洗トイレなどから汚水・汚物を流す)
sóil ròt *n.* 〘植物病理〙=pox 5. ⌊汚水管.
sóil scìence *n.* 土壌学 (cf. edaphology).
sóil sèries *n.* 〘土壌〙土壌統《地形・地質・気候が近似した地方にみられる成因を同じくする土壌の群》.
soil·ure [sɔ́ɪljə | -ljə(r)] 〘ME ~ ⊏ OF *soilleure* (F *souillure*) ← *soillier*: ⇨ soil², -ure〙 *n.* 《古》**1** 汚すこと, 汚損. **2** しみ, 汚点 (stain).
soi·ree [swɑ:réɪ | swɑ́:reɪ, swɔ́r-; *F.* sware] 〘⊏F *soirée* evening (party) ← *soir* evening < L *sērum* late hour ← *sērus* late〙 — *n.* (*pl.* ~**s** [~z; *F.* ~]) (*also* **soi·rée** [~; *F.* ~]) (音楽・談話などのための)夜会 (evening party) (cf. matinee 1): a musical ~ 音楽の夕べ.
soix·ante-neuf [swɑ:sɑ̃:(n)tnɔ́:f, -sɔ̃:(n)t-, -sɑ:nt-, -sɔ́(ː)nt-; *F.* swasɑ̃tnœf] 〘⊏F ~ 《原義》sixty-nine: その体位から〙 — *n.* 《俗》シックスティーナイン (sixty-nine)《男女・同性同士が同時に行なう相互性器接吻; cf. fellatio, cunnilingus》.
so·journ [sóudʒə:n, -dʒən, so(u)dʒə́:n | sɔ́dʒə:n, sʌ́dʒ-, -dʒən] 〘v.: 《*c*1230》*soio(u)rne(n)* ⊏ OF *so(r)jorn-er* (F *séjourner*) < VL **subdiurnāre* ← SUB- + LL *diurnum* day: ⇨ diurnal. — n.: 《*c*1250》⊏ OF *su(r)jurn* ← (v.)〙 — *vi.* 〈旅人などが〉〔外国・ホテルなどに〕一時滞在する, 逗留する 〔*in, at*〕; 〔人の家に〕寄留する 〔*with, among*〕: ~ *in* England / ~ *at* a hotel / ~ *with* one's uncle. — *n.* **1** 一時滞在, 逗留; 寄留: a ~ in America. **2** 《古》仮住い. **~·er** *n.*
soke [sóuk | sə́uk] 〘《*c*1290》⊏ ML *sōca* ⊏ OE *sōcn* inquiry, right of local jurisdiction < Gmc **sōkniz* ← **sōk-*: ⇨ seek〙 — *n.* 《英》(昔の, 地方的な)裁判[司法]権; 裁判[司法]管区.
Soke of Peterborough [the —] ⇨ Peterborough.
soke·man [sóukmən | sə́uk-] 〘ME *sockeman* ⊏ AF *sokeman*: ⇨ ↑, man¹〙 — *n.* (*pl.* **-men** [-mən, -mèn]) 《英》(socage に基づき兵役義務を負わない, 昔の)封建領臣, 土地保有者.
soke·man·ry [sóukmənri | sə́ukmənrɪ] 〘⊏AF *sokemanerie*: ⇨ ↑, -ry〙 *n.* 《英》**1** (他人の地方的裁判権に服する昔の)土地保有権. **2** 封建領臣(の身分).
So·ko·to [sóukoutòu, ⌐—⌐ | sə́ukəutəu, ⌐—⌐] *n.* ソコト《Nigeria 北西部にあったスルタン王国; 19 世紀中は Fulah 帝国の中心地》.
So·ko·tra [səkóutrə, so(u)- | sə(u)kə́utrə, sɔ-] *n.* =Socotra.
sol¹ [sóul | sɔ́l] 〘《*c*1325》⊏ ML ~ ← L *solve*: ⇨ gamut〙 — *n.* 〘音楽〙**1** (階名唱法の)「ソ」《全音階的長音階の第 5 音; ⇨ do³》. **2** (固定ド唱法の)「ソ」, ト(G) 音《ハ調音階の第 5 音》.
sol² [sɑ́(ː)l, sɔ́(ː)l | sɔ́l; *F.* sɔl] 〘《1583》⊏ OF ~ (F *sou*): ⇨ sou: cf. solidus〙 — *n.* (*pl.* ~**s** [~z; *F.* ~]) ソル《フランスの古い通貨単位; =1/20 livre, =12 deniers》; 1 ソル貨《初めは金, ついで銀, 銅となる; 大革命のときは sou として知られる》.
sol³ [sɑ́(ː)l, sɔ́(ː)l | sɔ́l; *Sp.* sól] 〘⊏ Sp. ~ 《原義》sun < L *sōl*: ⇨ sun〙 — *n.* (*pl.* ~**s, so·les** [sóuleɪs | sə́u-; *Sp.* sóles]) **1** ソル《ペルーの通貨単位; =10 dineros; 100 centavos; 記号 S/. $》. **2** 1 ソル銀貨[紙幣].
sol⁴ [sɑ́(ː)l, sɔ́(ː)l, sóul | sɔ́l] 〘《略》← SOLUTION: cf. hydrosol〙 — *n.* 〘物理化学〙ゾル, コロイド溶液《分散媒中に物質がコロイド状に分散している状態; colloidal solution ともいう; cf. gel》. 「男性名.
Sol¹ [sɑ́(ː)l | sɔ́l] 〘《*c*1450》⊏ L *sōl* 'SUN': cf. solar²〙 *n.*
Sol² [sɑ́(ː)l | sɔ́l] 〘(dim.) ← SOLOMON〙 — *n.* **1** 〘ローマ神話〙ソル《古代ローマ人の太陽神; ギリシャ神話の Helios に当たる》; (ローマ人によって神格化された)太陽. **2** [s-] 〘錬金術〙金 (gold).
sol. 《略》solicitor; soluble; solution.
Sol. 《略》Solicitor; Solomon.
s.o.l. 《略》〘商業〙shipowner's liability 船主の責務.
so·la¹ [sóulɑ:, fóu- | sə́ulə] 〘⊏ Hindi *śolā*〙 — *n.* 〘植物〙クサネム (*Aeschynomene aspera*)《インド産マメ科の低木性草本; その軽い髄質の茎はインド人の日よけ帽 (sola topi) などの材料》.
so·la² [sóulə | sə́u-] 〘(fem.) ← L *sōlus*: ⇨ sole³〙 *L.*
sola³ *n.* solum の複数形. ⌊*adj.* solus の女性形.
sol·ace [sɑ́ləs, sóul-, -lɪs | sɔ́l-] 〘《*c*1300》*solas* ⊏ OF (F 《方言》*soulas*) < L *sōlātium, sōlācium* ← *sōlāri* to console ← IE **sel-* of good mood (⇨ silly)〙 — *n.* **1** (悲しみ・孤独・不快などの)慰め, 慰藉(じゃ), 慰安 (consolation): find ~ from grief in religion 悲しみの慰めを宗教に見出す. **2** 慰めるもの, 慰安物: Her friends were her only ~ during her distress. 悲嘆に明け暮れる中で友人は彼女の唯一の慰めだった. — *vt.* **1 a** 〈人に〉慰安を与える, 慰める; 元気づける. **b** [~ *oneself* で] 〔…で〕自ら慰める 〔*with*〕: I ~ *myself with* traveling. 旅行で自ら慰めている. **2** 〈苦痛・悲嘆などを〉和らげる (alleviate, relieve): ~ sorrow, distress, etc. — *vi.* 《廃》慰藉[慰安]を得る, 慰め[慰安]となる.
sól·ac·er *n.*
so·lan [sóulən | sə́u-] *n.* 〘鳥類〙=gannet 1.
So·la·na·ce·ae [sòulənéɪsiː | sə̀u-] 〘← NL ~: ⇨ solanum, -aceae〙 *n. pl.* 〘植物〙ナス科.
sòl·a·ná·ceous [-ʃəs] *adj.*
so·lán·der càse [bòx] [so(u)lǽndə- | sə(u)lǽndə(r-] 〘← *Daniel C. Solander* (1736-82: 考案者であるスウェーデンの植物学者)〙 — *n.* (外見が書籍型でしばしば皮装丁してある)書類入れ[文書箱]《単に solander ともいう》.
sólan góose 〘*solan*: ←《15C》*soland* ← ? ON *sūla* gannet + ON *and-, ǫnd* duck〙 *n.* 〘鳥類〙シロカツオドリ (⇨ gannet 1)《単に solan ともいう》.
so·la·nine [sóulənìːn, -nɪn, -nən | sə́ulənìːn, -nɪn] 〘⊏ F ~: ⇨ ↓, -ine³〙 — *n.* (*also* **so·la·nin** [-nɪn, -nən | -nɪn]) 〘化学〙ソラニン ($C_{45}H_{73}NO_{15}$)《ジャガイモなどの新芽に含まれるアルカロイド (alkaloid)》.
so·la·num [səléɪnəm, so(u)-, -lɑ́:n-, -lǽn- | sə(u)léɪn-] 〘《1578》← NL ~ ← L *sōlānum* nightshade ← *sōl* 'SUN'〙 — *n.* 〘植物〙ナス科ナス属 (*Solanum*) の植物の総称《ナス (*S. melongena*), ジャガイモ (*S. tuberosum*), イヌホウズキ (*S. nigrum*) など》.
so·lar¹ [sóulə, sɔ́ulə | sɔ́lə(r, sə́ul-] 〘ME *soler* ⊏ AF = OF *solier* < L *sōlārium* (⇨ solarium) ∽ OE *solor, soler* ⊏ L〙 — *n.* (日光浴室・個室・教会の高廊など)階上の部屋; (特に, 中世英国の)高級家屋の家族用私室.
so·lar² [sóulə | sə́ulə(r] 〘《*c*1450》⊏ L *sōlār-is* ← *sōl* 'SUN': ⇨ -ar¹〙 — *adj.* **1 a** 太陽の[に関する]: ~ phenomena 太陽現象 / a ~ spot 太陽の黒点. **b** 太陽によって生じる[から起こる, の作用による]: ~ light [heat] 日光[太陽熱] / ~ energy 太陽エネルギー / the ~ rays 太陽光線 / a ~ spectrum 日光スペクトル. **2** 太陽熱[光線]の作用によって作られた; 太陽熱[光線]を利用した: a ~ engine. **3** 太陽の運行で時刻を示す[計る]: ⇨ solar time. **4** 太陽崇拝の, 太陽神の: ~ myths. **5** 〘占星〙太陽の影響を受ける.
sólar ápex *n.* 〘天文〙太陽向点《太陽系が空間を進行して行く方向に当たる天球上の点; cf. antapex》.
sólar báttery *n.* 太陽電池(装置)《日光のエネルギーを光電気により直接電流に換える装置》.
sólar céll *n.* 太陽光電池《起電力を利用し日光を直接電気エネルギーに換える電池》.
sólar cónstant *n.* 〘天文〙太陽定数[常数]《地球表面上で太陽に向いた平面に 1 cm² あたり毎分ふりそそぐ太陽エネルギー; ただし地球大気による吸収, 雲の反射等は補正し, 真空の場合とみなした数値; 約 1.94 cal./cm² min.》.
sólar cýcle *n.* 〘天文〙**1** 太陽周期《太陽活動が活発になったり静かになったりする周期; 約 11 年》. **2** 太陽循環期《月日と曜日と一致する年で, 28 年; cf. Metonic cycle》.
sólar dáy *n.* **1** 〘天文〙太陽日(じつ)《太陽が子午線を通

過して次に再び同じ子午線を通過するまでの時間; cf. lunar day》: a mean ～ 平均太陽日. **2**〘法律〙白昼《日の出から日没までの時間》.
sólar eclípse *n.*〘天文〙日食 (cf. lunar eclipse).
sólar fláre *n.*〘天文〙フレア, 太陽面爆発《太陽表面の小部分が突然明るさを増し数分から数十分でもとに戻る現象》. 「陽炉.
sólar fúrnace *n.* (太陽のエネルギーを利用した)太
sólar hòuse *n.* ソーラーハウス《太陽熱を最大限に吸収蓄熱するように設計された住宅》.
solaria *n.* solarium の複数形.
so·lar·ism [sóulərìzm | sóu-] *n.* 太陽中心説《神話の解釈に当たって太陽と関連させて論ずる説》. **só·lar·ist** [-rɪst, -rəst | -rɪst] *n.*
so·lar·i·um [so(ʊ)lɛ́(ə)riəm, sə- | sə(ʊ)lɛ́əri-] 〘《1842》□ L *sōlārium* sundial, terrace ← *sōl* 'SUN'+-ARIUM〙 ― *n.* (*pl.* **-i·a** [-riə | -rɪə], 2 ではまた ～s) **1** (ローマの)日時計 (sundial). **2** (海浜ホテルや病後療養所などの)日光浴室 (sunroom).
so·lar·i·za·tion [sòulərɪzéɪʃən, -rə- | sòuləraɪ-, -rɪ-] ― *n.* **1** 太陽光線にさらすこと, 感光. **2**〘写真〙露出過度による反転現象, ソラリゼーション《過度の露光のため現像すれば直接陽画ができること》. **3**〘植物〙ソラリーゼーション《太陽照射過度による葉内の光合成などの抑制》.
so·lar·ize [sóulərὰɪz | sóu-] *vt.* **1** (直接)太陽光線にさらす, 感光させる. **2**〈神話などを〉太陽中心説と関連して解釈する; 太陽中心説で色づけする. **3**〘写真〙過度に露出させる, (過度露出で画像の明暗を)反転させる. ― *vi.*〘写真〙過度に露出する, 反転する.
sólar mónth *n.* 太陽月《1 年の 12 分の 1; 30 日 10 時間 29 分 3.8 秒》.
sólar nóise *n.*〘電気〙太陽雑音《太陽活動に起因して出る電波による雑音》.
sólar óil *n.*〘化学〙ソーラー油, 石油軽油《燃料用》.
sólar pánel *n.*〘宇宙〙太陽電池板《人工衛星などに用いる太陽電池》.
sólar pléxus *n.* **1**〘解剖〙太陽神経叢(㕘)《胃の後部にある大きな神経叢; 神経が放射状に出ているための命名》. **2**〘口語〙みぞおち (pit of the stomach).
sólar próminences *n. pl.*〘天文〙紅炎《太陽光球面から上方に噴きあがる赤色の炎状噴出現象》.
sólar sáil *n.*〘宇宙〙ソーラーセイル《人工衛星の姿勢安定・推進用に太陽光の圧力を利用するための帆》.
sólar sált *n.* 天日塩.
sólar stíll *n.* 太陽蒸留器《太陽光線によって海水または汚染された水を飲料水に換える装置; 飛行機が海上に不時着した時などに用いる》.
sólar sỳstem *n.* [the ～]〘天文〙太陽系.
sólar tíme *n.* 太陽時.
sólar wínd *n.*〘天文〙太陽風《太陽からはるか遠方にまで吹き出される粒子群; 地球・月その他の惑星の磁場に影響を与える; cf. stellar wind》.
sólar yéar *n.*〘天文〙太陽年 (⇨ tropical year).
Sol·a·ster·i·dae [sὰləstérədìː | sɔ̀ləstérɪ-] 〘← NL ～ ← *Solaster* (属名: ← L *sōl* 'SUN'+ASTER)+-IDAE〙 *n. pl.*〘動物〙(顕帯目)ニチリンヒトデ科.
sol·ate [sɑ́leɪt, sɔ́(ː)l-, sóul- | sɔ́l-] 〘← SOL[4]+-ATE[3]〙 *vi.*〘化学〙ゾル (sol) 化する. **sol·a·tion** [sɑléɪʃən, sɔ(ː)l-, soul- | sɔl-] *n.*
so·la·ti·um [so(ʊ)léɪʃiəm | sə(ʊ)léɪʃɪ-] 〘□ LL *sōlātium* 'SOLACE'〙 *n.* (*pl.* **-ti·a** [-ʃiə | -ʃɪə])〘法律〙慰藉(じゃ)料, 見舞金; 賠償金.
sóla tópi 〘← SOLA[1]〙 *n.* (クサネム (sola) の髄で作ったインド人の日よけ帽 (cf. sun helmet).
sold 〘ME *sold(e)* < OE《北部方言》*salde* (pret.); ME *(i-)sold* (p.p.)〙 *v.* sell の過去形・過去分詞.
Sol·dan [sɑ́ldən, sóʊɫ-, sóʊdn | sɔ́ɫdən, sɔ́ʊɫ-] 〘《c1300》*sou(l)dan* □ OF □ Arab. *sulṭán*: ⇨ sultan〙 ― *n.* **1** [時に s-] イスラム教国の支配者. **2**〘古〙(特に)エジプトのスルタン (sultan).
sol·da·nel·la [sὰldənélə, sòuɫ- | sɔ̀ɫ-] 〘← NL ～ ← It. ← ?〙 *n.*〘植物〙ヨーロッパ産サクラソウ科イワカガミダマシ属 (*Soldanella*) の高山植物の総称.
sol·der [sɑ́də, sɔ́(ː)də | sɔ́ɫdə(r), sɔ́:d-, sɔ́d-, sɔ́ʊɫd-] 〘《1374》*sou(l)dour, sawder(e)* □ OF *soldure, soudure, saudure* ← *solder, souder, sauder* to solder < L *solidāre* to fasten together ← *solidus* 'SOLID'〙 ― *n.* **1** はんだ, 白鑞(ろう): ⇨ hard solder, soft solder 1. **2** 結合物, かすがい, きずな (bond). ― *vt.* **1** はんだで継ぐ. **2** 結合する, 密着させる (unite)〈*up*〉. ― *vi.* **1** はんだづけする; はんだで付ける[直る]. **2** 結合する, 癒合する. **～·er** *n.* 「[鑞]付け, 鑞接(ろう).
sól·der·ing [-d(ə)rɪŋ] 〘ME〙 *n.*〘金属加工〙はんだ
sóldering iron [còpper] *n.* はんだごて.
sóldering pàste *n.* (はんだ付け用の)ペースト.
soldi *n.* soldo の複数形.
sol·dier [sóʊɫdʒə | sóʊɫdʒə(r)] 〘《?a1300》*soldueour, sowd(i)er* □ OF *soud(i)er, so(l)dier* ← *sou(l)de* pay < LL *solidum* 'SOLIDUS': ⇨ -ier[2]〙 ― *n.* **1** 陸軍軍人 (cf. sailor 3); 軍人, 兵士: ～s and sailors 陸海軍人 / a private [common] ～ 兵士, 兵卒 / a militia ～ 国民兵 / a ～ of the carpet = carpet knight / a ～ through and through 純然たる軍人 / play at ～s 兵隊ごっこをする《戯言的に志願兵の教練についてもいう》/ go [enlist] for a ～ 軍人を志願する, 軍人になる / ⇨ old soldier, Unknown Soldier, tin soldier. **2** 兵卒 (private soldier) (cf. officer 1 a); 下士官 (noncommissioned officer): both officers and ～s 将兵ともに. **3** 歴戦の勇士, (技量のある)戦士, 名将, 指揮官: I am no ～. 私には人を指揮する力がない / a great ～ 立派な軍人, 将軍 / the great ～s of history 史上の名将 **4** 主義[主張]のために戦う人, 闘士, 戦士: a ～ of Christ [the Cross] キリスト[十字架]の兵士《伝道に熱心な人》. **5**〘口語〙働くふりをして怠ける人[水夫] (loafer), なまけ[ずるけ]者 (shirk) (cf. *vi.* 2). **6**〘昆虫〙兵隊アリ, 兵アリ《アリ類・シロアリ類などの群中, 特に強大な頭をもった種類のアリ; 集団の防衛を主とするが, 他の集団や生物の攻撃をすることもある; アリ類では雌のみ, シロアリ類では雌雄両性からなる; soldier ant ともいう; cf. reproductive, worker 5》. **7**〘石工〙(煉瓦の小口(こ)を縦に並べる)垂直積み, 小端立(こばだて)積み, 小口立(こ)積み (cf. rowlock 2; ⇨ brick 挿絵).
a soldier of fortune (1) (冒険と給料のために雇われてどんな所にでも行く)冒険軍人, 野武士 (military adventurer). (2) 勇気ある冒険家, 勇気ある人.
― *vi.* **1** 軍人になる, 兵役につく: go ～*ing* 軍人になる / He has ～*ed* all over the world. 彼は世界至る所に従軍した. **2**〘口語〙仕事をずるける (loaf), 仮病を使う (malinger). 「る, 働き続ける.
soldier on〘口語〙(困難をものともせず)じっと辛棒す
sóldier ánt *n.*〘昆虫〙**1** = soldier 6. **2 a** = bulldog ant. **b** = army ant.
sóldier cráb 〘干潟で群れをなして歩く姿からこの名がある〙 ― *n.*〘動物〙**1** ミナミコメツキガニ科のカニの総称《*Myctylis longicarpus* など 4 種いる》. **2** シオマネキ (fiddler crab).
sóldier·fìsh 〘その姿が武装した兵士に似ているところから〙 *n.*〘魚類〙**1** イットウダイ (squirrelfish). **2** = rainbow darter.
sóldier flỳ *n.*〘昆虫〙ミズアブ《ミズアブ科のアブの総称; 幼虫が水中・土中・腐木にすむ; アメリカミズアブ (*Hermetia illucens*) など》.
sól·dier·ing [-dʒ(ə)rɪŋ | -dʒər-] *n.* 軍人であること; 軍人生活; 兵役 (military service).
sóldier·like 〘《1542》〙 *adj.* = soldierly.
sól·dier·ly 〘《1577》〙 *adj.* 軍人らしい, 軍人かたぎの; 勇ましい; きちんと[きりっと]した. ― *adv.* 軍人らしく; 勇ましく. **sól·dier·li·ness** *n.* 「rosis).
sóldier's héart *n.*〘病理〙心臓神経症 (cardiac neu-
sóldier·shìp *n.* 軍人であること, 軍人の職[地位]; 軍
sóldiers' hòme *n.*《米》老兵保護救済院. ∟人精神.
Sóldier's Mèdal *n.* (米国の)軍人褒章[勲章]《戦闘以外で英雄的行為を発揮した軍人・軍属に与えられる順位 7 番目の勲章》.
sóldier's wínd 〘陸兵でも操縦ができるほどの風の意から〙 *n.*〘海事〙側風《帆船の側面に吹く風》.
sol·dier·y [sóʊɫdʒ(ə)ri | sóʊɫdʒəri] 〘《1570》: ⇨ -y[1]〙 ― *n.* **1** [集合的]軍人, 兵隊 (soldiers); 軍隊: a wild undisciplined ～ 乱暴で無規律な兵隊たち. **2** 軍事教練 (military training).
sol·do [sɔ́(ː)ɫdou | sɔ́ɫdəu; *It.* sɔ́ldo] 〘□ It. ～ < L *solidum* 'SOLIDUS'〙 *n.* (*pl.* **-di** [-diː; *It.* -di]) ソルドー《イタリアの硬貨; = $^1/_{20}$ lira》.
sole[1] [sóʊɫ | sɔ́ʊɫ] 〘lateOE *solen* (pl.) ← **solu*, **sole* □ VL **sola* = L *solea* sandal ← *solum* ground, sole of the foot ← ?: cf. soil[1]〙 ― *n.* **1** 足裏, 足底; (馬の)ひづめの底. ★ ラテン語系形容詞: plantar, volar. **2** 靴底; 底革 (⇨ shoe 挿絵). **3 a** (物の)底部, 基部 (bottom, lower part). **b** そり[スキー]の底面. **c** (水車の水かきを固定させる)円柱形の軸盤. **d** かんなの裏. **e** 犂(すき)先の下部. **4**〘海事〙**a** (船室の)底板. **b**〘造船〙= solepiece. **5** (ゴルフクラブの)ソール《ヘッドの裏底》. ― *vt.* **1**〈靴・靴下など〉に底をつける, 〈靴など〉の底を張りかえる. **2** ...の底部となる. **3**〘ゴルフ〙〈クラブを〉ソールする《球を打つためにソールを地面につける; cf. n. 5》.
sole[2] [sóʊɫ | sɔ́ʊɫ] 〘《1347》□ (O)F ～ < VL **sola(m)* = L *solea* (↑): その型にちなむ〙 ― *n.* (*pl.* ～, ～s)〘魚類〙シタガレイ, シタビラメ《ササウシノシタ科の食用魚の総称》; (特に)ホンササウシノシタ (*Solea solea*)《西ヨーロッパの沿岸に広く分布する》.
sole[3] [sóʊɫ | sɔ́ʊɫ] 〘《c1395》*soul(e)* □ OF *soule* < L *sōlum*, (nom.) *sōlum*《原義》? being by oneself ← IE **se-* his, her, its, one's〙 ― *adj.* **1 a** 唯一の, たったひとりの (only): the ～ survivor [heir] 唯一の生存者[相続人]. **b** 他に類のない, 独特の (unique). **2** 単独の, 独占的な, 一手の (exclusive, unshared): a ～ manager 総支配人 / the ～ right (of, to...) (...の)独占権 / on one's own ～ responsibility 自己単独の責任で / have [be in] ～ charge of ...をひとりで切り回す, の総支配人である / the ～ agent 一手[総]代理人 / have the ～ right of selling a thing 物の一手販売権をもつ. **3** 単独で働く, 独力の: a ～ undertaking 独力の事業 / Conscience is the ～ judge in such a case. こういう場合には良心だけで判断しなければならない. **4**〘古〙孤独の, 連れのない, ひとりで[の] (unaccompanied, alone): sit ～. **5**〘法律〙〈女性が〉未婚の, 独身の (unmarried, single): ⇨ feme sole. **～·ness** *n.*
sol·e·cism [sɑ́ləsìzm, sóʊl- | sɔ́lɪ-, -le-, -lə-] 〘《1577》□ F *solécisme* // L *soloecismus* □ Gk *soloikismós* ← *sóloikos* speaking incorrectly ← *Sóloi* (ギリシャの植民地で Cilicia の町の名, アッティカ方言の誤用で有名): ⇨ -ism〙 ― *n.* **1** 文法違反, 語法違反, 破格 (grammatical error). **2** 無作法, 失礼 (breach of etiquette). **3** 誤り, 不適当 (error, impropriety).
sól·e·cist [-sɪst, -səst | -sɪst] 〘□ LL *soloecist-a*: ⇨ ↑, -ist〙 *n.* **1** 文法[語法]違反者. **2** 無作法者.
sol·e·cis·tic [sὰləsístɪk, sòʊl- | sɔ̀lɪ-, -le-, -lə-] 〘⇨ ↑, -ic[1]〙 *adj.* **1** 文法違反の; 破格の, 誤った. **2**〈思想・行為など〉不穏当な, 無作法な. 「**～·ly** *adv.*
sòl·e·cís·ti·cal [-tɪkəɫ, -tə- | -tɪ-] *adj.* = solecistic.
soled 〘← SOLE[1] (n.)+-ED 2〙 *adj.* [通例複合語の第 2 構成要素として] (...の)底の, 靴底が...の: thick-*soled* 底革の厚い / double-*soled* 二重底の.
So·le·i·dae [səlíːədìː | -lìːɪ-] 〘← NL ～: ⇨ sole[2], -idae〙 *n. pl.*〘魚類〙ササウシノシタ科.
sóle lèather *n.* **1** (特に, 靴底用の)丈夫な厚革. **2**〘植物〙コンブ《コンブ属 (*Laminaria*) の大きな海藻の総称; ミツイシコンブ (*L. angustata*) など; sole-leather kelp ともいう》.
sole·ly [sóʊɫ(l)i | sɔ́ʊɫlɪ] 〘《15C》〙 ― *adv.* **1** たったひとりで (alone), 単独で (singly), 一手に: He is ～ responsible for it. それは彼の単独責任だ / He went out ～. ひとりで出て行った. **2** もっぱら (exclusively); ただ, 単に (only), 全然, 全く (entirely): a ～ fictitious story 全く虚構の物語 / ～ for money [your sake] 全く金銭目当てに[ただ君のために] / ～ to please you ただ君の意に副(そ)うために / ～ because ... 全く...の故に / The plant can be found ～ in Japan. その植物は日本にだけ生える.
sol·emn [sɑ́ləm | sɔ́l-] 〘《c1325》*solem(p)ne* □ OF (F *solennel*) □ L *sollemnis, sollennis* regularly appointed, festive, customary, 《原義》that which takes place every year ← *sollus* entire (cf. solid)+*annus* year (⇨ annual)〙 ― *adj.* (～·er; ～·est) **1 a**〈祝祭など〉既定の宗教的儀式を守って行なわれる, 儀礼正しい; 荘厳な儀式で行なう: a ～ feast day 荘厳な儀式の祝祭日 / ⇨ Solemn Mass. **b** 宗教上の (religious), 神聖な (sacred): a ～ hymn 聖歌 / a ～ sacrifice 祭式のいけにえ / ⇨ solemn vows. **c** 宗教上の諸式を守って発言[規定]される, 公式の: a ～ ban 公式の禁止令. **2** 儀式張った (ceremonious), 盛大な (pompous): a ～ state dinner 盛大な公式晩餐会. **3 a** 厳粛な, まじめな (grave, serious); 厳粛な感じを与える, 荘重な (august): ～ silence [truth] 厳粛な沈黙[真実] / ～ music 荘厳な音楽 / a ～ cathedral 荘厳な大聖堂 / on such a ～ occasion かような厳粛な場合に / give a ～ warning 厳重な警告を発する / enter into a ～ engagement 厳粛な約束を結ぶ, 堅く約束する. **b** まじめくさった, しかつめらしい, すました; もったいぶった, 威張った (pompous): put on a ～ face [～ looks] まじめくさった顔をする / You look very ～; what's the matter? ばかにまじめくさった顔をしているがどうしたのか. **4** (色彩が)くすんだ, 地味な (somber): a suit of ～ black. **5**〘法律〙正式の (formal): a ～ oath 正式の誓約 / prove a will in ～ form 正式に遺言書を検認する / a probate in ～ form 正式の検認.
Solemn League and Covenant [the ―] 厳粛同盟《1643 年イングランドの議会派とスコットランドの間に結ばれた長老制の擁護を約した盟約; cf. National Covenant》.
～·ly *adv.* **～·ness** *n.*
sol·em·ni·fy [səlémnəfὰɪ | səlémnɪ-, sə-] 〘⇨ ↑, -ify〙 *vt.* 荘厳にする (solemnize).
so·lem·ni·ty [səlémnəṭi | səlémnətɪ, sɔ-, -nɪ-] 〘《c1300》*solem(p)nite* □ OF (F *solennité*) □ LL *solem(p)nitās*: ⇨ solemn, -ity〙 ― *n.* **1 a** 宗教的儀式などを守ること, 典礼執行. **b** [しばしば *pl.*] 儀式, 式典 (rite): with due *solemnities* 適当な儀式をもって. **2 a** 厳粛, 荘厳, 荘重: inspire ～ 厳粛の気分を起こさせる. **b** まじめ; まじめくさっていること, しかつめらしさ: the ～ of his manner 彼のしかつめらしい態度. **3**〘法律〙正式, 適式 (formality).
sol·em·ni·za·tion [sὰləmnɪzéɪʃən, -nə- | sɔ̀ləmnaɪzéɪʃən, -nɪ-] 〘《1447》: ⇨ ↓, -ation〙 ― *n.* **1** 挙式, 式を挙げて祝うこと: the ～ of marriage 結婚式挙行. **2** 荘厳[まじめ]にすること.
sol·em·nize [sɑ́ləmnὰɪz | sɔ́l-] 〘《c1390》*solempnise(n)* □ OF *solem(p)nis-er* □ LL *solemnizāre*: ⇨ solemn, -ize〙 ― *vt.* **1**〈荘厳な儀式を〉挙げる; (特に)〈結婚式を〉挙げる; 式を挙げて祝う, 祝う (celebrate): ～ a marriage 結婚式を挙げる. **2** 荘厳[荘重, 厳粛]にする, まじめにする. ― *vi.* 荘厳[厳粛]になる, まじめになる; 重々しい口のきき方をする. **sól·em·nìz·er** *n.* 「(High Mass).
Sólemn Máss, s- m- *n.*〘カトリック〙荘厳ミサ
sólemn vóws *n. pl.*〘カトリック〙盛式誓願 (cf. simple vows).
so·len [sóʊlɪn, -lən, -len | sóʊ-] 〘← NL ～ ← L *sōlēn* razor clam □ Gk *sōlḗn* tube, a shellfish〙 ― *n.*〘貝類〙マテガイ, カミソリガイ《マテガイ科 *Solen* 属の貝類の総称; カミソリガイ (*S. vagina*), マテガイ (*S. strictus*) など; cf. razor clam》.
So·len·i·dae [so(ʊ)lénədìː | sə(ʊ)lénɪ-] 〘← NL ～: ⇨ ↑, -idae〙 *n. pl.*〘貝類〙マテガイ科.
so·le·no·cyte [so(ʊ)líːnəsὰɪt, -lén- | sə(ʊ)-] 〘← Gk *sōlḗn*+-o-+-CYTE: ⇨ solen〙 *n.*〘動物〙有管細胞《ナメクジウオの排出細胞》.
so·le·no·don [so(ʊ)lénədɑ̀n, -lén- | sə(ʊ)líːnədɔn, -lén-] 〘← NL *solen* (⇨ solen)+-o-+-DON〙 ― *n.*〘動物〙ソレノドン《ソレノドン科ソレノドン属 (*Solenodon*) の大きいトガリネズミに似た食虫哺乳動物の総称; 細長い鼻づらと毛のないうろこの尾をもつ; 夜行性のハイチソレノドン (*S. paradoxus*) とキューバソレ

ノドン (*S. cubanus*) の 2 種がいる》.

So·le·no·gas·tres [so(ʊ)lìːnəgǽstriːz, -lèn- | sə(ʊ)-] 〖← NL ～ ← Gk *sōlḗn* (⇨ solen)+*gastḗr*〗 *n. pl.* 〖動物〗＝Aplacophora.

so·le·no·glyph [so(ʊ)líːnəglìf, -lén- | sə(ʊ)-] 〖← Gk *sōlḗn* (↑)+*glúphen* to carve〗 ―― *n.* 〖動物〗管牙類《クサリヘビ科の毒蛇の総称; 管状の毒牙が口を閉じた時には後方へ折り畳まれる; ヨーロッパクサリヘビ (viper), ガラガラヘビ (rattlesnake) など》.

so·le·noid [sóulənɔ̀ɪd | sə́ulɪ-, sɔ́l-, -lə-] 〖⊏ F *solénoïde* ⊏ Gk *sōlēnoeidḗs* pipe-shaped : ⇨ solen, -oid〗 ―― *n.* **1** 〖電気〗線輪筒, ソレノイド. **2** 〖気象〗ソレノイド《二つの等圧面と二つの等比容面で囲まれた大気の一部》.

so·le·noi·dal [sòulənɔ́ɪdḷ | sə̀ulɪ-, sɔ̀l-, -lə-] *adj.* **1** ソレノイド (solenoid) の. **2** 〖数学〗わき出しなしの, 管状の (tubular)《発散が 0 のベクトル場についていう》. **～·ly** *adv.*

sólenoid bràke *n.* 〖機械〗電磁ブレーキ.

sólenoid vàlve *n.* 〖機械〗ソレノイド弁《電磁石により開閉する弁》.

so·le·no·stele [so(ʊ)líːnəstìːl, -lén-, -lìːnəstíːli, -lèn- | sə(ʊ)líːnəstìːl, -lén-, -lìːnəstíːlɪ, -lén-] 〖← Gk *sōlḗn*+-o-+STELE¹〗 *n.* 〖植物〗管状中心柱.

So·le·no·stom·i·dae [so(ʊ)lìːnəstɑ́mədìː, -lèn- | sə(ʊ)lìːnəstɔ́mɪ-, -lèn-] 〖← NL ← *Solenostomus* (属名: ← Gk *sōlḗn* pipe, tube+*stóma* mouth) : ⇨ solen, stomach, -idae〗 ―― *n. pl.* 〖魚類〗カミソリウオ科.

So·lent [sóulənt | sə́ul-], **The** 〖OE *Sol(u)ente* ← ?〗 *n.* ソーレント海峡《イングランド南部と Isle of Wight との間の海峡; 長さ 24 km, 幅 3–6 km》.

sóle·pìece 〖⇨ sole¹〗 ―― *n.* 〖造船〗**1** 基礎板《船体底部材の一つで, 船体垂直力を受け止める》. **2 a** 木船において舵の下端を副竜骨に支えさせる部分. **b** 鋼船では船尾材の一部分で舵の重量を支える部分. **c** 平衡舵使用船の場合はこれを支えるための竜骨より突き出した部分.

sóle·plàte 〖⇨ sole¹〗 *n.* **1** 〖建築〗(間柱(まばしら)の)底板, 敷板. **2** 〖機械〗台板.

sóle·print 〖⇨ sole¹〗 *n.* 足形, 足紋《特に病院などで新生児識別のために用いられる》.

so·le·ra [so(ʊ)lérə | sə(ʊ)-; *Sp.* soléra] 〖⊏ Sp. ～ 'crossbeam, stone base' ← *suelo* ground ⊏ L *solum* base〗 ―― *n.* **1** ソレラ《シェリー製造に用いる通例 3-6 段に積み上げた樽》. **2** ソレラ方式《ソレラの最上段に若酒入りの樽を, 少しずつブレンドした樽を順次下に積み, 熟成酒の樽を最下段におく方式; 最下段の樽から酒を取り出すと, それをその上の段の樽から取り補填する; solera system ともいう》. **3** ソレラ方式によるシェリー(酒)《solera sherry または solera wine ともいう》.

soles *n.* sol³ の複数形.

So·lesmes [sə(ː)lém, so(ʊ)- | sɔ-, sə(ʊ)-; *F.* sɔlɛm] *n.* ソレーム修道院《フランスの Solesmes にあるベネディクト派修道院; グレゴリオ聖歌の校訂・演奏で知られる》.

sóle tràder 〖⇨ sole³〗 *n.* 〖法律〗＝feme-sole trader.

sol-fa [sòʊlfɑ́ː, ⌐⌐ | sɔ̀lfɑ́ː, ⌐⌐] 〖(1548) ← SOL¹+FA : ⇨ gamut〗 ―― *n.* 〖音楽〗**1** 音階のドレミファ, ドレミファ音階 (do, re, mi, fa, sol, la, ti (=si), do) : sing ～ ドレミファを[で]歌う. **2** ソルミゼーション (solmization); (特に)移動ド唱法 (⇨ tonic sol-fa). ―― *adj.* ドレミファの, 音階使用の. ―― *vi.* ドレミファを歌う; (歌詞でなく)ドレミファで歌う (solmizate). ―― *vt.* 〈歌を〉ドレミファで歌う.

sól-fa sýllables *n. pl.* 〖音楽〗視唱綴字《solmization で用いる音節; 長音階は do, re, mi, fa, sol, la, ti, do で表わされる; さらに固定ド唱法では di 嬰ハ, ri [ra] 嬰[変]ニ, me 変ホ, fi 嬰ヘ, si [se] 嬰[変]ト, li [le] 嬰[変]イ, te 変ロが使われる》.

sol·fa·ta·ra [sɑ̀lfətɑ́ːrə, sòʊl- | sɔ̀l-, sə̀ʊl-; *It.* sòlfatáːra] 〖← *Solfatara* (イタリア Naples 付近の硫黄火山の名) ← *solfo* < L *sulfurem* 'SULFUR'〗 ―― *n.* 〖地質〗硫気孔, 硫黄鉱山. **sol·fa·ta·ric** [sɑ̀lfətǽrɪk, -tɑ́ːr- | sɔ̀lfətɑ́ːr-, sə̀ʊl-] *adj.*

sol·fège [sɑlféʒ | sɔl-; *F.* sɔlfɛːʒ] 〖⊏ F ～ ⊏ It. *solfeggio*〗 ―― *n.* 〖音楽〗**1** ソルフェージュ《音階や旋律を歌詞ではなく, ドレミファの階名を用いて歌うこと; cf. vocalise》. **2** ドレミファの階名を用いた発声練習. **3** ドレミファを用いた視唱法 (solmization). **4** (音程・リズム等の)基礎的音感教育; その授業.

sol·feg·gio [sɑlfédʒoʊ, -dʒiòʊ | sɔlfédʒɪəʊ; *It.* solféddʒo] 〖(1774) ⊏ It. ～ ← *solfeggiare* to sol-fa ← *sol-fa* : ⇨ sol-fa〗 ―― *n.* (*pl.* **-feg·gi** [-dʒiː; *It.* -ddʒi], **～s** [～z]) 〖音楽〗＝solfège.

sol·fe·ri·no [sɑ̀lfəríːnoʊ | sɔ̀lfəríːnəʊ] 〖← *Solferino* (イタリア北部, Lombardy 南東部の村) : この顔料がソルフェリノ戦役 (1859) 後まもなく発見されたことにちなむ: cf. magenta〗 ―― *n.* (*pl.* **～s**) **1** 唐紅(からくれない)《ローザニリン (rosaniline) から得る顔料》. **2** 帯紫鮮紅色 (bright purplish pink).

soli *n.* solo の複数形.

sol·i-¹ [sóulə, sɑ́lə | sə́ulɪ, sɔ́lɪ] 〖⊏ L *sōli-* ← *sōlus* : ⇨ sole³〗「単一の, 唯一の (solitary)」の意の連結形: *sol*iloquy.

so·li-² [sóulə | sə́ulɪ] 〖← L *sōl* : ⇨ Sol¹〗「太陽 (sun)」の意の連結形: *soli*form.

so·lic·it [səlísɪt, -sət | -sɪt] 〖(*a*1450) *solicite(n)* ⊏ OF *sol(l)icit-er* (F *solliciter*) to disturb, take care of ⊏ L *sollicitāre* to disturb, agitate, entreat ← *sollicitus* anxious : ⇨ solicitous〗 ―― *vt.* **1** 請う, 強く求める, せがむ; 懇請する (entreat); …してくれと泣きつく: ～ advice [contributions] 助言[寄稿]を懇請する / ～ membership 会員を勧誘する / ～ a person *for* a thing [a thing *of* a person] 人に物を請う[せがむ] / We ～ you *for* your favors [custom].＝We ～ favors [custom] *of* [*from*] you. どうぞ御愛顧のほどを願います《商業用文》. **2 a** そそのかす; (特に)不法行為[悪事]に誘う. **b** 〈売春婦が〉〈客〉のそでを引く, 〈客を〉誘う. **c** 《廃》〈女を〉誘惑しようとする. ―― *vi.* **1** せがむ, 懇請する 〔*for*〕; 物乞いをする: ～ *for* contributions 寄付を勧誘する. **2** 〈売春婦が〉客のそでを引く. **3** ソリシター (solicitor) をする.

so·lic·i·ta·tion [səlìsətéɪʃən | -sɪ-] 〖(1492) : ⇨ ↑, -ation〗 ―― *n.* **1** 強く求める[請う]こと, 懇願, 懇請 (entreaty). **2** (売春婦による)客(のそで)引き; 誘惑. **3** 〖法律〗教唆, 誘致罪.

so·líc·i·tor [-səṭə, -stə | -sɪtə(r, -sə-] 〖(1412–20) *solicitour* ⊏ (O)F *soliciteur* (F *solliciteur*) : ⇨ solicit, -or²〗 ―― *n.* **1 a** 懇願者, 求める人, せつく[催促する]人, 求婚者. **b** 《米》注文取り, 勧誘人. **2** 《米》(市・町などの)法務官: a city ～ 市法務官 / a *Solicitor* of the Treasury 財務省法務官. **3** 《英》ソリシター《バリスター (barrister) と訴訟依頼人 (clients) との仲に立って法律(訴訟)事務を取り扱う弁護士》: the *Solicitor* of the Supreme Court 最高法院の職員たるソリシター《最高法院の職員名簿に記入されることが, 資格付与になることからこうよばれる》.

solícitor géneral 〖(1533–34)〗 ―― *n.* (*pl.* **solicitors g-**) **1** 法務次官《英国政府の二番目の法律行政官で法務長官 (attorney general) を補佐する》. **2** 法務次官《米国政府で司法長官 (attorney general) を補佐する行政官》. **3** (米国のある州の)法務[司法]長官 (chief law officer).

so·lic·i·tous [səlísəṭəs, -stəs | -sɪtəs] 〖(1563) ⊏ L *sollicitus* anxious, agitated ← *sollus* whole, entire+*citus* ((p.p.) ← *ciēre* to move) : ⇨ cite〗 ―― *adj.* **1** 案じる (concerned); 気遣う, 気をもむ, 心配する (anxious) 〔*about, for*〕/ 〈*that*〉: be ～ *about* the future of one's family 家族の将来を案じる. **2** 切に求める (anxiously desirous), 熱心な (eager) 〔*of*〕; 鋭意…する, 努める 〈*to do*〉: be ～ *of* honor 名誉を欲しがる / be ～ *to* please 気に入ろうと努める. **3** 慎重な, 行き届いた: a ～ investigation. **～·ly** *adv.* **～·ness** *n.*

so·lic·i·tude [səlísət(j)ùːd | -sɪtjùːd] 〖(?*a*1412) ⊏ (O)F *sollicitude* ∥ L *sollicitūdō* : ⇨ ↑, -tude〗 ―― *n.* **1** 気をもむこと, 気遣い, 憂慮, 心配 (anxiety, concern) 〔*about, for*〕/ 〈*to do*〉. **2** 余計な心配[心遣い], おせっかい. **3** [*pl.*] 心配[憂慮]の種.

sol·id [sɑ́lɪd, -ləd | sɔ́lɪd] 〖(1391) *solide* whole, solid ⊏ (O)F ⊏ L *solidus* : cf. L *sollus* whole & *salvus* 'SAFE'〗 ―― *adj.* (**～·er**; **～·est**) **1 a** 固体の, 固形体の (cf. liquid 1 a, fluid 2, gaseous 1): a ～ body 固体 / Ice is water in a ～ state. 氷は固体状の水である / ～ food 固形食《流動食に対しパン・肉など》. **b** 濃い (dense), 厚い (thick), 重い (heavy): ～ masses of clouds もくもくした雲の固まり / Rain fell in ～ sheets. 土砂降りだった. **2 a** 堅い (hard), しっかりした (stable, firm); (うつろでなく)中まで堅い, 充実した, 中身のある, (見掛けだけでなく)実質的な (substantial): ～ earth [ground] 大地 / a ～ tire [ball] ソリッド[充実]タイヤ[ボール] / a ～ square 〖軍事〗密集[中実]方陣. **b** (作りが)がっしりした, がんじょうな (sturdy): a man of ～ build 体格のがっしりした人 / a ～ door [house] がんじょうなドア[家]. **c** 《口語》〈食事が〉腹ごたえのある: a ～ meal 食べでのある食事. **d** [強意語としてしばしば good の次に用いて] したたかな (thorough), 勢いのよい (vigorous): a *good* ～ blow. **3 a** 基礎の固い, しっかりした, 確実な (sound); 薄っぺらでない, 表面的でない: ～ learning [grounds] がっしりした学問[根拠] / ～ reasons [arguments] 根拠のしっかりした理由[議論] / ～ scholarship 深みのある学識. **b** (財政的に)堅実な, 資産のある (substantial): a ～ business, firm, bank, etc. / a ～ merchant がっちりした商人. **4** 信頼できる (reliable); 真実の (real): a ～ friend / He is a very plausible speaker but hardly a ～ politician. 口はうまいが当てにならない政治屋だ. **5** 開き口[切れ口]のない, 連続した (undivided, continuous): a ～ wall / a ～ row of buildings 切れ目のない建物続き / Don't cross the ～ white line. 連続した白線のところを越えるな. **6** 《口語》完全な, まる… (whole, entire): a ～ hour まる1時間 / for three ～ days 3日間ぶっ通しで. **7** 一致団結した, 結束した; 満場一致の: a ～ combination 一致団結 / a ～ vote 満場一致の投票 / be [go] ～ for [in favor of]... こぞって…を支持している[支持する], 一致して…に賛成している[賛成する]. **8 a** 中まで同じ物質の, 純粋の, めっきでない (cf. plated 3): ～ gold [silver] 金[銀]むく, 純金[銀]. **b** (色合いが)一様な, 濃淡のない, 同じ色調の: a ～ walnut table. **9** 《米口語》仲がよい (friendly), 気に入られて (in favor) 〔*with*〕: I am pretty ～ *with* him. 彼とはかなりしっくりいっている. **10** 立体の (cubic); 立方の: ～ measure 体積, 容積 / a ～ number 立体数 / a ～ foot [yard] 1立方フィート[ヤード]. **11** 〖文法〗〈複合語の構成要素が〉ハイフンなしで結合して書かれた, ハイフンなしの (cf. open 14): ⇨ solid compound. **12** 〖印刷〗ベタ組みの, ベタの (cf. leaded 2): ～ printing / ～ matter ベタ組み. **13** 〖音楽〗**a** 強いビートのあるリズムの: ～ jazz music. **b** 《米俗》〈ダンス・音楽・リズムなど〉すばらしい (excellent): a ～ dance band. **c** (カントリー音楽などで)洗練されていない, 一般化していない. **14** 〖医学〗強い挑戦に耐える, 充実した (substantial): ～ immunity 抗菌性多元免疫.
―― *adv.* 一致して, 満場一致で; 団結して, 結束して (unitedly): vote ～ 満場一致して[結束して]投票する.
―― *n.* **1 a** 固体, 固形体 (cf. liquid 1, fluid 1). **b** [通例 *pl.*] 固形食. **2** 〖数学〗立体. **3** 〖文法〗＝solid compound.

solid of revolution 回転立体《一つの平面がある軸の周りを一回転する時, その作る軌跡によって生じる立体》.

～·ly *adv.* **～·ness** *n.*

sol·i·da·go [sɑ̀lədéɪgoʊ, -dɑ́ː- | sɔ̀lɪdéɪgəʊ, -dɑ́ː-] 〖← NL ～ ← ML *soldāgō* ← *soldāre* to make whole＝L *solidāre* ← *solidus* (↑) : その薬効にちなむ〗 ―― *n.* (*pl.* **～es**) 〖植物〗アキノキリンソウ《キク科アキノキリンソウ属 (*Solidago*) の植物の総称; cf. goldenrod 1, silverrod 2, dyer's-weed 1》.

sólid ángle *n.* 〖数学〗立体角.

sol·i·da·rism [sɑ́lədərìzm | sɔ́lɪ-] *n.* **1** 社会連帯主義《フランスの Léon V. A. Bourgeois の主唱する主張で, 社会の連帯責任を強調し, 社会への貢献を義務とする》. **2** ＝solidarity. **sol·i·da·ris·tic** [sɑ̀lədərístɪk | sɔ̀lɪ-] *adj.*

sól·i·da·rist [-rɪst, -rəst | -rɪst] *n.* 社会連帯主義者.

sol·i·dar·i·ty [sɑ̀lədǽrəṭi, -dér- | sɔ̀lɪdǽrəti, -rɪ-] 〖(1848) ⊏ F *solidarité* : ⇨ solidary, -ity〗 ―― *n.* 結束, 一致, 団結; 連帯, 共同一致, 連帯責任 (mutual responsibility): the ～ of a party 党の団結.

sol·i·da·rize [sɑ́lədəràɪz | sɔ́lɪ-] *vi.* 一致する, 団結する.

sol·i·dar·y [sɑ́lədèri | sɔ́lɪdəri] 〖(1818) ⊏ F *solidaire* : ⇨ solid, -ary〗 *adj.* **1** 連帯の, 共同の, 合同の. **2** 〖法律〗連帯(債務)の (joint and several).

sólid cómpound *n.* 〖文法〗密着複合語《jackknife のようにハイフンなしで一語として書く複合語; cf. open compound》.

sólid-dráwn *adj.* 〈鉄管が〉継ぎ目のない, 引き抜きの.

sólid fúel *n.* 〖航空・宇宙〗(ロケットの)固体燃料《solid propellant ともいう; cf. liquid propellant》.

sólid geómetry *n.* 〖数学〗立体幾何学, 空間幾何学.

sólid guitár *n.* 電気ギター《音を電気で増幅するため胴のふくらみが必要なくなり, 板になってしまったギター》.

sólid hóof *n.* (馬などの)奇蹄 (cf. cloven foot 1).

solidi *n.* solidus の複数形.

so·lid·i·fy [səlídəfàɪ | səlídɪ-, sɔ-] 〖← SOLID+-IFY〗 ―― *vt.* **1** 凝固[凝結]させる, 固体化する, 堅くする. **2** 一致[結束, 団結]させる. **3** 結晶させる (crystallize). ―― *vi.* **1** 凝固[凝結]する, 固体化する (harden): the ～*ing* point 〖物理〗凝固点. **2** 結晶する. **so·lid·i·fi·ca·tion** [səlìdəfɪkéɪʃən, -fə- | səlìdɪfɪ-, sɔ-] *n.*

sólid injéction *n.* 〖機械〗無気噴射《ディーゼル機関で燃料に直接高圧を加えて噴射する方式; cf. air injection》.

so·lid·i·ty [səlídəṭi | səlídɪti, sɔ-, -dɪ-] 〖(1532) ⊏ (M)F *solidité* ⊏ L *soliditās* : ⇨ solid, -ity〗 ―― *n.* **1** 堅いこと, 固体性, 固形性 (cf. fluidity 1 a). **2** 実質的なこと, どっしりしていること; うつろでないこと. **3** (性格・財政などの)がっしり[しっかり]していること, がんじょう, 堅固; 信頼性, 確実さ, 堅実 (certitude). **4** 固体, 固形体 (solid body). **5** 《古》〖数学〗体積, 容積 (volume). **6** 〖航空〗剛率《プロペラやファンを正面から見た時の翼の投影面積の合計とプロペラなどの先端が描く円の面積との比; ただし中心部のボス (boss) の面積は前記の両方の面積とも導入しない》.

sólid-lóoking *adj.* (外観的に)しっかりして見える, 落ち着いて頼もしい, 信頼の置けそうな: a ～ person.

sólid mótor *n.* 〖宇宙〗固体推進剤を用いるモーター.

sólid néwel *n.* 〖建築〗(中空でない回り階段の)親柱 (cf. hollow newel).

sólid propéllant *n.* 〖航空・宇宙〗＝solid fuel.

sólid solútion *n.* 〖物理・化学・金属加工・結晶〗固溶体《合金でよく見られるように, 原子数の比がある範囲で変わっても均一の固相を保つ結晶》.

Sólid Sóuth *n.* [the ～] (伝統的に民主党の地盤として固まっていた)米国の南部諸州.

sólid-stàte *adj.* **1** 固体の特性を利用した. **2** 〖電子工学〗固体の, ソリッドステートの[を用いた]《電子管のかわりに半導体素子を用いた装置などにいう》.

sólid-stàte phýsics *n.* 〖物理〗固体物理学《固体の物理的性質を構成原子の種類と配列状態とから説明する学問; 物性物理学の大半を占める》. **sólid-stàte phýsicist** *n.*

sol·id·un·gu·late [sɑ̀lədʌ́ŋgjʊlət, -lɪt, -lèɪt | sɔ̀lɪ-] 〖(1839–47) ← L *solidus* 'SOLID'+*ungula* hoof+-ATE¹·²〗 ―― 〖動物〗*adj.* 単蹄(たんてい)の. ―― *n.* 単蹄動物 (馬など; soliped ともいう).

sol·i·dus [sɑ́lədəs | sɔ́lɪ-] 〖(*a*1387) ⊏ LL ～ ← L ～ 'SOLID'〗 ―― *n.* (*pl.* **sol·i·di** [-dàɪ, -dìː]) **1** ソリドゥス金貨《Constantine 大帝が初めて発行した金貨; ヨーロッパでは bezant または byzant の名で通用した》. **2** ソリドゥス《中世ヨーロッパで 12 denarii の価をもった貨幣》. **3** 〖⊏ ML ～ 'shilling' : / がシリング

の記号として用いられたことから〗〚印刷〛斜線 (⇨ diagonal 3). **4** 〚物理化学〛固相線《固相と液相が平衡に存在する状態を表わす温度—組成曲線; cf. liquidus》.

So·lier·i·a·ce·ae [so(ʊ)lì(ə)riéɪsiːˌ| sə(ʊ)lɪərɪ-] 〖← NL ～ ← *Solieria* (algae の属名)＋-ACEAE〗 *n. pl.* 〚植物〛(紅藻類スギノリ目)ミリン科.

sol·i·fid·i·an [sɑ̀ləfídiən, sɑ̀l-| sɔ̀lɪfídɪən, sɔ̀l-, -djən] 〖《1596》← SOLI-¹＋L *fidēs* 'FAITH'＋-IAN〗 ── *n.* 〚神学〛唯信論者, 信仰義認論者《救いは善行によらずただ信仰にのみよるという説を奉じる人》.

sòl·i·fíd·i·an·ism [-nìzm] *n.* 〚神学〛唯信論, 信仰義認論 (cf. solifidian).

so·li·fluc·tion [sɑ̀ləflʌ́kʃən, sɑ̀l-| sɔ̀lɪ-, sɔ̀l-] 〖← L *solum* ground＋-I-＋*fluctiō(n-)* (← *fluere* to flow): ⇨ sole¹, fluent〗 ── *n.* (*also* **sol·i·flux·ion** [～]) 〚地質〛ソリフラクション《土中の水の凍結・融解による表土の斜面移動; creep ともいう》. **～·al** [-ʃənl, -ʃnəl] *adj.*

So·lif·u·gae [səlífjudʒiː] 〖← NL ～ (pl.) ← L *solifūga* venomous ant or spider〗 *n. pl.* 〚動物〛＝Solpugida.

so·lil·o·quist [-kwɪst, -kwəst | -kwɪst] *n.* 独語する人; 独白者.

so·lil·o·quize [səlíləkwàɪz | sə-, sɔ-] 〖《1759》: ⇨ soliloquy, -ize〗 *vi.* 独語する; (劇で)独白する. ── *vt.* 独白で言う[語る]. **so·líl·o·quìz·er** *n.*

so·líl·o·quìz·ing *adj.* 独り言を言っている, 独白的な. **～·ly** *adv.*

so·lil·o·quy [səlíləkwi | səlíləkwɪ, sə-] 〖《1604》□ LL *sōliloqui-um* ← SOLI-¹＋L *loquī* to speak: cf. loquacious〗 ── *n.* **1** 独語, 独り言. **2** 〚演劇〛独白 (monologue).

Sol·i·man I [sɑ́lɪmən, -lə- | sɔ́lɪ-] *n.* ＝Suleiman I.

So·li·mões [sùːlɪmɔ́ɪnʃ; *Braz.* sùlimõĩs] *n.* [the ～] ソリモンエス(川)《Amazon 川が Río Negro 川との合流点からペルー国境に至るまでの間のブラジル語名》.

So·ling·en [zóulɪŋən, sóu- | zə́u-; *G.* zóːlɪŋən] *n.* ゾーリンゲン《西ドイツ North Rhine-Westphalia 州の工業都市; 刃物類の製造で有名; 人口 176,000》.

sol·i·ped [sɑ́ləpèd | sɔ́lɪ-] 〖← NL *soliped-*, *solipes* ← L *solidus* 'SOLID'＋-PED〗 *n.* 〚動物〛＝solidungulate.

sol·ip·sism [sóulɪpsìzm, sɑ́l-, -ləp-, səlípsɪzm | sɔ́lɪpsìzm, sə́ul-] 〖《*a*1881》← SOLI-¹＋*ipse* self＋-ISM〗 ── *n.* 〚哲学〛独我[唯我]論《自我の認識の対象がすなわち世界であり, 存在するのは自我だけであると考える認識論・存在論の立場; 倫理的な自己中心主義; cf. egoism 4》.

sól·ip·sist [-sɪst, -səst | -sɪst] 〖⇨ ↑, -ist〗 *n.* 〚哲学〛独我[唯我]論者 (egoist). **sol·ip·sis·tic** [sòulɪpsístɪk, sɑ̀l-, -ləp- | sɔ̀lɪp-, sə̀ul-] *adj.*

So·li·ta [səlíːtə | -tə; *Sp.* solíta] 〖← L *sōlitā-ria* (fem.) ← *sōlitārius* (↓)〗 *n.* 女性名.

sol·i·taire [sɑ́lətɛ̀ə | sɔ̀lɪtɛ́ə(r, ⌐−⌐] 〖《1716》□ F ～ □ L *sōlitārius*: ↓ と二重語〗 ── *n.* **1** ＝solitary 1. **2 a** (指輪・耳輪などの)一つはめの宝石, 一つ石《多くはダイヤモンド》. **b** ソリテール《宝石を一つだけはめた指輪など》. **3** (18 世紀に男性が首に巻き, 前で蝶結びにした)黒いシルクの幅の広いリボン. **4 a** 《米》〚トランプ〛一人遊び[占い], ソリテール《一人で遊べるトランプゲームの総称; patience ともいう; cf. double solitaire》. **b** 〚遊戯〛ソリテール《盤上に 1 目だけ空所を残し石(など)を置き, 空所に隣り合う石を飛び越し順次取り去っていく一人遊び》. **5** 〚鳥類〛 **a** ロドリゲスソリテアー (*Pezophaps solitaria*)《Rodriguez 島に 1730 年まで生息していたドードー科の鳥》. **b** アメリカ産ヒタキ科ヒトリツグミ属 (*Myadestes*) の鳥類の総称《ヒタキツグミ (Townsend's solitaire) など》.

sol·i·tar·y [sɑ́lətèri | sɔ́lɪt(ə)rɪ, -lə-] 〖《*c*1340》□ L *sōlitāri-us* ← *sōlitās* aloneness ← *sōlus* alone: ↑ と二重語: ⇨ sole³, -ary〗 ── *adj.* **1 a** ひとりの, ひとりぼっちの, ひとりでする生活する: a ～ walk 一人歩き / a ～ task ひとりでする仕事 / a ～ passenger ひとり旅の乗客. **b** 連れのない, 寂しい (lonely): ～ imprisonment 独房監禁 / a ～ life 孤独な生活 / feel ～ 寂しく思う. **c** 孤独癖の; 孤独の生活を送る, 隠遁生活をする: a ～ saint. **2** 人通りのまれな (unfrequented), 人里離れた; 隔離している, 孤立した, 寂しい: a ～ valley 寂しい[静寂な]谷 / a ～ house 一軒家. **3** 唯一の, たった一つの, 単一の: a ～ instance [exception] 唯一の例[例外]. **4** 〈動物が〉群居しない, 独居性の (cf. social *adj.* 5, gregarious 1). **5** 〈植物が〉分離して生じる, 単生の. ── *n.* **1** 独居者; (宗教関係の)隠者, 隠士 (recluse). **2** 《口語》＝solitary confinement.

sol·i·tar·i·ly [sɑ̀lətérəli, ⌐−⌐−⌐ | sɔ́lɪt(ə)rəlɪ, -lə-, -rɪ-] *adv.* **sól·i·tar·i·ness** *n.*

sólitary ánt *n.* 〚昆虫〛＝velvet ant.

sólitary bée *n.* 〚昆虫〛単生蜜蜂《群生しないハキリバチ科などのハチ; cf. social bee》.

sólitary confínement *n.* (囚人の)独房監禁.

sólitary sándpiper *n.* 〚鳥類〛セグロアオアシシギ (*Tringa solitaria*)《北米産シギ科クサシギ属の鳥》.

sólitary víreo *n.* 〚鳥類〛モズモドキの一種 (*Vireo solitarius*)《北米東部に生息する羽に二本のしま模様がある背が暗緑色の小鳥》.

sólitary wásp *n.* 〚昆虫〛単生スズメバチ《sand wasp, mud wasp など; cf. social wasp》.

sólitary wáve *n.* 〚海洋〛孤立波《ただ一つの波頭が形を変えずにかなり遠くまで進行する波》.

sol·i·tude [sɑ́lət(j)ùːd | sɔ́lɪtjùːd] 〖《*c*1385》□ (O)F ～ □ L *sōlitūdō* ← *sōlus* alone: ⇨ sole³, -tude〗 ── *n.* **1** 独居, 孤独 (solitariness): in ～ ひとり[孤独]で, 寂しく. **2** 寂しい[人里離れた]場所, 幽所 (seclusion).

sol·i·tu·di·nous [sɑ̀lət(j)úːdənəs, -dṇ- | sɔ̀lɪtjúːdɪn-] *adj.*

sol·lar [sɑ́lə | sɔ́lə(r] *n.* ＝solar¹.

sol·ler·et [sɑ̀lərét, ⌐−⌐ | sɔ̀lərét, ⌐−⌐] 〖《1826》□ F *sol(l)eret* (dim.) ← OF *soller* shoe < ML *subtelārem* ← LL *subtel* hollow of the foot ← SUB-＋L *tālus* ankle: ⇨ -et〗 ── *n.* 〚甲冑〛(よろいの)鉄靴《特に, 14-15 世紀の型式のもの; cf. sabbaton》.

sol·lick·er [sɑ́lɪkə, -lə- | sɔ́lɪkə(r] 〖← ?〗 *adj.* 《豪俗》 **1** 非常に大きい. **2** 注目すべき; 素晴らしい. 「er.

sol·lick·ing [sɑ́lɪkɪŋ, -lə- | -lɪ-] *adj.* 《豪俗》＝sollick-

Sol·ly [sɑ́li | sɔ́lɪ] 〖(dim.) ← SOLOMON〗 *n.* 男性名.

sol·mi·zate [sɑ́lməzèɪt | sɔ́lmɪ-] 〖《1891》《逆成》↓〗 〚音楽〛 *vi.* ドレミファを[で]歌う (sol-fa). ── *vt.* 〈歌を〉ドレミファで歌う.

sol·mi·za·tion [sɑ̀lmɪzéɪʃən, -mə- | sɔ̀lmɪ-] 〖《1730》□ F *solmisation* ← *solmiser* to sol-fa: ⇨ sol¹, mi, -ation〗 ── *n.* 〚音楽〛ソルミゼーション《音階をドレミファなどの各音節で読む視唱法で, 固定ド方式の音名唱法と移動ド方式の階名唱法がある; cf. do³, ut¹》.

soln. 《略》solution.

so·lo [sóulou | sə́uləu] 〖《1695》□ It. ～ < L *sōlum* alone: ⇨ sole³〗 ── *n.* (*pl.* **～s, so·li** [-liː]) **1** 〚音楽〛独唱, 独奏, ソロ; 独唱[奏]曲[部] (cf. duet, trio, quartet, quintet, sextet, septet, octet, nonet). **2** 独舞; 独演. **3** 単独飛行. **4** 〚トランプ〛 **a** ソロ《一人が二人もしくは数人を相手とするゲームの総称; cf. frog, ombre, six-bid solo》. **b** (上記のゲームで)ソロというビッド. **c** (skat で)後家札を使わない方式《ビッドの一種》. ── *adj.* **1** 〚音楽〛独唱[奏]の(cf. tutti): ⇨ solo organ / ～ pitch ソロピッチ《独奏の時やや高めに音をとること》. **2** 独舞の; 独演の: a ～ dance. **3** 単独の, 一人でやる, 一人の (alone): a ～ flight 単独飛行 / a ～ homer 〚野球〛ソロホーマー. ── *adv.* 一人で (alone): fly ～ 単独飛行する. ── *vi.* 一人で演ずる, 独唱[奏]する, 一人でやる; 単独飛行する. ── *vt.* 〈飛行機を〉単独飛行させる.

So·lo [sóulou | sə́uləu] *n.* ソロ (⇨ Surakarta).

so·lod [sóulət, -ləd | sə́u-; *Russ.* sólət] 〖□ Russ. ～ 'malt': cf. L *sāl* 'SALT'〗 ── *n.* (*pl.* **so·lo·di** [-lədi | -dɪ; *Russ.* -lədi]) 〚土壌〛ソロチ[ソロス](土壌)《アルカリ土壌から脱アルカリ化が進み, 酸性化しつつある土壌》.

so·lod·i·za·tion [sòulədɪzéɪʃən, -də- | sə̀ulədaɪ-, -dɪ-] *n.* 〚土壌〛ソロチ[ソロジ]化作用《アルカリ土壌からのナトリウムイオンや塩の洗脱作用》.

so·lo·d·ize [sóulədàɪz | sə́u-] 〖← SOLOD＋-IZE〗 *vt.* 〚土壌〛ソロチ化する (cf. solodization).

so·lo·ist [sóulouɪst, -əst | sə́uləuɪst] *n.* **1** ソリスト, 独奏[唱]者《オーケストラや合唱の独奏[唱]声部を受け持つ者も含む》. **2** 単独飛行家[航海者].

Sólo màn [sóulou- | sə́uləu-] 〖← *Solo* (Java の川の名)〗 ── *n.* 〚人類学〛ソロ原人《Java で発掘された化石人類の一種; ジャワ原人 (Java man) とペキン原人 (Peking man) の中間的段階にあると考えられる》.

Sol·o·mon [sɑ́ləmən | sɔ́l-] 〖□ Gk *Solomṓn* □ Heb. *Šᵉlōmōʰ* (cf. *šālôm* peace)〗 ── *n.* **1** 男性名《愛称形 Solly》. ★ ユダヤ人に多い. **2** ソロモン《紀元前 10 世紀のイスラエル王で David の子; 賢人として有名》: ⇨ SONG of Solomon, WISDOM of Solomon. **3** (ソロモンのような)大賢人, 賢者: the English ～ 英国王 James 一世 / be looked up to as a regular ～ 大賢人とみなされている / He was the ～ of his age. 彼は当代の大賢人だった / He is no ～. 彼はばかだ.

Sol·o·mon·ic [sɑ̀ləmɑ́nɪk | sɔ̀ləmɔ́n-] *adj.* **1** (イスラエル王の)ソロモンの[に関する, の作った]: ～ literature. **2** 賢明な, 聡明な: a ～ judgment, decision.

Sólomon Íslands 〖最初にこの諸島を発見したスペイン人が島民との物々交換で金塊を手に入れ, ここに Solomon 王の金坑があると考えたのにちなむ〗 ── *n. pl.* [the ～] ソロモン諸島: **a** [複数扱い] 南太平洋西部 New Guinea 島東方の諸島; 北西部の島々(主に Bougainville 島と Buka 島)は Papua New Guinea に属し人口 64,000, 面積 9,635 km²; the Solomons ともいう. **b** 同諸島の北西の島々(主に Bougainville 島と Buka 島)を除く部分から成る英連邦内の立憲君主国; もと英国保護領 (British Solomon Islands) で, 1978 年独立, 人口 197,000, 面積 29,785 km², 首都 (Guadalcanal 島の) Honiara [hòuniɑ́ːrə | hə̀unɪ-]; 第二次大戦の戦跡; cf. Guadalcanal》.

Sólomon Séa *n.* [the ～] ソロモン海《珊瑚(さんご)海 (Coral Sea) 北部の名称》.

Sólomon séal *n.* ＝Solomon's seal.

Sólomon's líly *n.* 〚植物〛＝black calla.

Sólomon's-plúme *n.* 〚植物〛＝false Solomon's seal.

Sólomon's séal 〖《なぞり》← ML *sigillum Solomōnis*〗 ── *n.* **1** ソロモンの封印《通例, 明暗二つの三角形を組み合わせた六星形(✡)(hexagram); 霊肉の結合を象徴するが, 古来この形には神秘の力があると信じられ護符として用いられた; cf. Magen David》. **2** 〖根茎にある葉痕の型から〗〚植物〛北半球の温帯地方に生えるユリ科アマドコロ属 (*Polygonatum*) の植物の総称《ナルコユリ (*P. falcatum*) など》.

So·lon [sóulən, -lɑn | sə́ulɔn, -lən] 〖□ Gk *Sólōn*〗 ── *n.* **1** ソロン《640 (または 635)-?559 B.C.; 古代アテネの政治家・立法家・詩人, ギリシャの七賢人の一人; cf. Seven Sages》. **2** [時に s-] 賢明な立法者; 賢人 (sage); 賢人気取りの人 (wiseacre). **3** [時に s-] 《米》立法府の議員, 国会議員 (Congressman). **so·lo·ni·an** [so(ʊ)lóuniən, sə- | sə(ʊ)ləunɪən, -njən] *adj.*

sol·on·chak [sɑ̀ləntʃǽk, ⌐−⌐ | sɔ̀l-, sɔ̀l-; *Russ.* səlantʃák] 〖□ Russ. ～ 'salt marsh' ← *solonyi* salty ← *sol'* salt〗 ── *n.* 〚土壌〛ソロンチャク《塩化ナトリウムや硫酸ナトリウムを多量に含有する通例, 淡色の塩類土壌》.

sol·o·netz [sɑ̀lənéts | sɔ̀l-; *Russ.* səlanjéts] 〖□ Russ. *solonets* ← *solonyi* salty (↑)〗 ── *n.* (*also* **sol·o·nets** [～]) 〚土壌〛ソロネッツ《ソロンチャク (solonchak) から過剰の塩類が洗脱され, 炭酸ナトリウムを生成した暗色で硬質のアルカリ土壌》. **～·ic** [-tɪk] *adj.*

so lóng 〖《略》? ← *Good-bye. So long*: cf. salaam, shalom〗 *int.* 《口語》さようなら (good-bye).

sólo órgan *n.* 〚音楽〛(パイプオルガンの)ソロ[独奏]鍵(けん)盤《特徴のある 1 個の旋律楽吹奏の音管を司掌する鍵盤》.

so·loth [sóulət | sə́u-] *n.* 〚土壌〛＝solod.

So·lo·thurn [zóulətʊ̀ən, sóu- | zə́ulətʊ̀ən; *G.* zóːlotʊrn] *n.* ゾロツルン: **1** スイス北西部 Aare 河畔の都市; 人口 18,000. **2** スイス北西部の州; 人口 225,000.

sólo whíst *n.* 〚トランプ〛ソロホイスト《一人で三人を相手にする方式を含む whist》.

Sol·pu·gi·da [sɑlpjúːdʒədə | sɔlpjúːdʒɪ-] 〖← NL ～ ← *Solpūga* (属名: ← L *solpūga* venomous ant or spider)＋-IDA〗 *n. pl.* 〚動物〛(節足動物門)ヒヨケムシ目.

sol·stice [sɑ́lstɪs, sóul-, sɔ́(ː)l-, -təs | sɔ́lstɪs] 〖《*c*1250》□ (O)F ～ □ L *sōlstitium* ← *sōl* 'SUN'＋*sistere* to cause to stand〗 ── *n.* **1** 〚天文〛 **a** 至点《太陽が赤道から最も離れた黄道上の点で, 南北二つある》. **b** 至(し)《太陽が至点を通る時》: ⇨ summer solstice, winter solstice. **2** 最高点, 極点 (limit).

sol·sti·tial [sɑlstíʃəl, soul-, sɔ(ː)l- | sɔl-] 〖《1559》□ F *solsticial* // L *sōlstitiāl-is* ← *sōlstitium* (↑): ⇨ -ial〗 ── *adj.* 〚天文〛 **1** 至(し)の, (特に)夏至(特有)の. **2** 夏至[冬至](のころ)に起こる[現われる].

solstítial colúre *n.* 〚天文〛二至経線《夏至点・冬至点を通る経線; cf. equinoctial colure》.

solstítial póint *n.* 〚天文〛＝solstice 1 a.

Sol·ti [ʃóulti | ʃɔ́ltɪ; *Hung.* ʃólti], Sir **Georg** *n.* ショルティ《1912-　; ハンガリー生れの指揮者》.

sol·u·bil·i·ty [sɑ̀ljubíləṭi | sɔ̀ljʊbílətɪ, -lɪ-] *n.* **1** 溶けること, 溶解[可溶]性, 溶解度 (solvability). **2** (問題など)解釈[解決]できること.

solubílity pròduct *n.* 〚物理化学〛溶解度積《飽和溶液中の陰陽両イオンの濃度の積》.

sol·u·bi·li·za·tion [sɑ̀ljubəlɪzéɪʃən, -bɪ- | sɔ̀ljʊbɪlaɪ-, -lɪ-] *n.* 〚化学〛可溶化, 溶解化.

sol·u·bil·ize [sɑ́ljubəlàɪz | sɔ́l-] *vt.* 可溶性にする, 溶解する.

sol·u·ble [sɑ́ljubḷ | sɔ́l-] 〖《*c*1400》□ (O)F ～ □ LL *solūbilis* ← L *solvere* to loosen: ⇨ solve, -ble〗 ── *adj.* **1** 溶ける, 溶解できる: slightly [readily] ～ in water 水に少し[すぐ]溶ける. **2** 解決できる, 解明できる: a ～ puzzle, problem, etc. ── *n.* **1** 可溶物. **2** 解ける[解答可能な]問題. **～·ness** *n.* **sól·u·bly** *adv.*

sóluble blúe, S- B- *n.* 〚化学〛ソリュブルブルー《水に溶けやすい青色酸性染料; インク製造, 羊毛・絹の染料に用いる》.

sóluble cóffee *n.* ソリューブルコーヒー, インスタントコーヒー (instant coffee).

sóluble cótton *n.* 〚化学〛＝pyroxylin.

sóluble gláss *n.* 〚化学〛 **1** ＝sodium silicate. **2** 水ガラス (water glass).

sóluble gúncotton *n.* 〚化学〛＝pyroxylin.

sóluble nitrocéllulose [nitrocótton] *n.* 〚化学〛＝pyroxylin.

sóluble ŔŃÁ *n.* 〚生化学〛可溶性 RNA《細胞質内を自由に移動できる RNA; アミノ酸を運ぶ transfer RNA が最も重要なもの》.

so·lum [sóuləm | sə́u-] 〖← NL ～ 'solum, (L) base, ground': ⇨ sole¹〗 ── *n.* (*pl.* **so·la** [-lə]) **1** 〚地質〛土壌体, ソラム《土壌の A 層・B 層の総体をいう; cf. topsoil》. **2** 〚法律〛一区画の土地, 一筆の土地.

so·lus [sóuləs | sə́u-] 〖□ L *sōlus*: ⇨ sole³〗 ── *L. adj.* [補語として主に脚本の「ト書き」に用いて] ひとりで, 単独で (alone): Enter the king ～. 王ひとり登場 / I found myself ～. 《戯言》私はただひとりだった.

sol·ute [sɑ́ljuːt, sóul- | sɔ́ljuːt] 〖《15C》□ L *solūt-us* (p.p.) ← *solvere* (↓)〗 ── *n.* 〚化学〛溶質《溶液または固溶体に溶けている物質》. ── *adj.* **1** 〚化学〛溶解した (dissolved). **2** 〚植物〛遊離した (free).

so·lu·tion [səlúːʃən, -ljúː-] 〖《1375》□ (O)F ～ □ L *solūtiō(n-)* ← *solvere* to dissolve: ⇨ solve, -tion〗 ── *n.* **1 a** (問題などの)解決, 解明 (explanation); 解決された状態, 落着 (settlement): attempt a ～ of a problem [mystery, riddle] 問題[神秘, なぞ]の解明を試みる. **b** 解決法, 解法, 解式; 解答 (answer): They cannot find a ～ of [for, to] the difficulty. その困難の解決法が見つからない. **2** 溶かす[溶ける]こと, 溶解 (dissolution); 溶解状態 (dissolved state): salt in ～ 溶解した塩 / difficult [easy] of ～ 溶解し難い[やすい] / chemical ～ 化学的溶解《成分に化学的変化を起こす》/ mechanical ～ 機械的[物理的]溶解《成分に化

学的変化を起こさない》. **3 a** 溶液, 溶剤 : a strong [weak] ~ 濃[希薄]溶液 / a normal [standard, standardized] ~ 規定液[標準溶液] / a ~ of alum [salt] 明礬(みょうばん)[食塩]の溶液 / a nitrate of silver ~ 硝酸銀溶液. **b** (ゴムタイヤ修理用)ゴム液 (rubber solution). **4** 分解, 分離, 解体, 崩解 (dissolution) : the ~ of the clouds. **5** 〖薬学〗液剤. **6** 〖医学〗消散 (resolution); 渙散(かんさん)《病気が段々よくなること》. **7** 〖物理・化学〗溶体, 溶液《混合気体, 液体および固溶体》: ⇨ solid solution. 「で.

in solution (1) 溶けて. (2) 〈考えなど〉まとまらない **solution of continuity** 〖外科〗(骨折等による)離断.

so·lú·tion·ist [-ʃ(ə)nɪst, -nəst | -nɪst] *n.* 解答者, (特に, 新聞・ラジオ・テレビなどの)クイズ解答専門家.

solútion sèt *n.* 〖数学・論理〗 **1** 解の集合《方程式や不等式など, 問題を表わす式や文の解全体から成る集合》. **2** =truth set.

sol·u·tiz·er [sáljutàɪzə | sɔ́ljutàɪzə(r)] 〖← SOLUT(ION)+-IZE+-ER[1]〗 ― *n.* 〖化学〗ソリュタイザー《ガソリンから溶媒抽出法でメルカプタン(mercaptan)を除くために用いるイソ酪(らく)酸カリウム・アルキルフェノールカリウムなどからなる抽出剤; 鉛の許容性とオクタン価を増進させるなどの処理に用いる有機溶媒または有機塩》.

So·lu·tre·an [səlúːtriən, -ljúː- | -trɪ-] 〖← *Solutré* (この時代の石器が発見されたフランス東中部の村の名): ⇨ -an[1]〗 ― *adj.* (*also* **So·lu·tri·an** [~]) 〖考古〗ソリュートレ期(文化)の : the ~ period ソリュートレ期《ヨーロッパにおける旧石器時代後期の一時期; cf. Paleolithic》.

solv·a·ble [sálvəbl, sɔ́(ː)l- | sɔ́l-, sóʊl-] *adj.* **1** 解ける, 解答できる, 解決できる. **2** 《古》=soluble 1. **3** 〖数学〗可解の《付随する商群がすべて可換群であるような正規鎖をもつ群についていう》. **sòlv·a·bíl·i·ty** [-vəbíləṭi | -lətɪ, -lɪ-] *n.*

solv·ate [sálveɪt, sɔ́(ː)l- | sɔ́l-] 〖← SOLV(ENT)+-ATE[1,2]〗 ― 〖化学〗 *n.* 溶媒和物, 溶媒化合物《溶質が溶媒分子と結合したもの》. ― *vt.* 溶媒和させる. ― *vi.* 溶媒和する.

solv·a·tion [salvéɪʃən, sɔ(ː)l- | sɔl-] *n.* 〖化学〗溶媒和《溶質が溶媒分子と結合する現象》.

Sól·vay pròcess [sálveɪ-, sɔ́(ː)l- | sɔ́l-] 〖← *Ernest Solvay* (1838–1922 : これを考案したベルギーの化学者)〗 ― *n.* 〖化学〗ソルベー式ソーダ製造法《食塩と石灰石を主原料, アンモニアを副原料としてソーダ灰を製造する方法; ammonia soda process ともいう》.

solve [sá(ː)lv, sɔ́(ː)lv | sɔ́lv, sóʊlv] 〖《c1440》 *solve(n)* to loosen ▭ L *solv-ere* < **seluere* ← SE-+*luere* to release (⇨ lose)〗 ― *vt.* **1 a** 〈難事・問題などを〉解決する, 打開する : ~ the economic crisis 経済危機を打開する / ~ the traffic problem 交通問題を解決する. **b** 〈数学の問題・パズル・神秘などを〉解く, 解明する, …に解答を与える : ~ a mystery [crossword puzzle] / ~ an equation 方程式を解く. **2** 《米》〈借金・金を〉返済する, 清算する; 〈債務恩義を〉果たす, 返す : ~ a debt, an obligation, etc. **3** 《古》〈結び・もつれなどを〉解く (loosen), ほぐす (unravel) : ~ a knot, tangle, etc. ― *vi.* 解答する : ~ for *x* 〖数学〗 *x* の値を求める. **sólv·er** *n.*

sol·ven·cy [sálvənsi, sɔ́(ː)l- | sɔ́lvənsɪ, sóʊl-] 〖⇨ ↓, -ency〗 *n.* **1** 支払能力, 弁済能力, 資力. **2** 溶解(力).

sol·vent [sálvənt, sɔ́(ː)l- | sɔ́l-, sóʊl-] 〖《1653》 ▭ L *solvent-em* (pres.p.) ← *solvere* : ⇨ solve, -ent〗 ― *adj.* **1** 支払能力のある : stay ~. **2** 溶解力がある, 溶かす : ~ fluids 溶液 / ~ action 溶解作用. **3** 人の心を和らげる, なごやかにする; 弱める : the ~ power of laughter 人の心を和らげる笑いの力. ― *n.* **1** 溶剤, 溶媒 (menstruum) (cf. solution 3) : Alcohol is a ~ for [of] resinous substances. アルコールは樹脂性物質の溶剤である. **2** 解決[解明]をつけるもの, 解決策. **3** 弱める[和らげる]もの 〔*of*〕 : Science is a ~ *of* religious belief. 科学は宗教心を弱めるものである.

sólvent náphtha *n.* 〖化学〗ソルベントナフサ, 溶性ナフサ《コールタール軽油の分留製品で, 可燃性の液体; 溶剤として用いる》.

sol·vol·y·sis [salváləsɪs, sɔ(ː)l-, -səs | sɔlvɔ́lɪsɪs] 〖← NL ~ : ⇨ solvent, -lysis〗 *n.* 〖化学〗ソルボリシス, 加溶媒分解《塩が溶媒によって酸と塩基に分解すること》. **sol·vo·lyt·ic** [sàlvəlíṭɪk, sɔ̀(ː)l- | sɔ̀lvəlít-] *adj.*

Sól·way Fírth [sálweɪ- | sɔ́l-] 〖← ? ON *sǫl-vāgr* muddy bay (cf. OE *sol* mire) // Celt. *sol* the tide+*wath* ford〗 ― *n.* [the ~] ソルウェー湾《スコットランド南西部とイングランド北西部の間に入り込んだアイルランド海 (Irish Sea) の入江; 長さ 60 km》.

Sol·y·man I [sáləmən, -lə- | sɔ́lɪ-] *n.* =Suleiman I.

Sol·zhe·ni·tsyn [sòulʒəníːtsɪn, sɔ̀(ː)l-, -ʒə-, -tsən | sɔ̀lʒɪnítsɪn; *Russ.* səlʒɨnjítsɨn], **Aleksandr I·sa·ye·vich** [isájivjitʃ] *n.* ソルジェニーツィン《1918– ; ソ連の作家, 1974 年国外追放となり現在米国に在住; Nobel 文学賞 (1970); *One Day in the Life of Ivan Denisovich* (1962), *Cancer Ward*「ガン病棟」(1968), *The Gulag Archipelago*「収容所列島」(1974)》.

Som. 《略》Somaliland; Somerset; Somersetshire.

so·ma[1] [sóumə | sóu-] 〖← NL *somat-*, *soma* ← Gk *sôma* body〗 ― *n.* (*pl.* ~**·ta** [-məṭə | -tə], ~**s**) 〖生物〗 **1** (動物の)体 (body), 軀幹(くかん), 胴体 (trunk) (cf. somatic). **2** 体細胞《生物体を構成する細胞の内で生殖細胞 (germ cell) を除く一切の細胞》.

so·ma[2] [sóumə | sóu-] 〖▭ Skt ~ : cf. suck〗 ― *n.* **1** 〖植物〗ソーマ (*Sarcostemma acidum*)《インド産のトウワタ科の白い乳液を出すつる植物》. **2** 〖ヒンズー教〗 **a** 蘇摩(そま), ソーマ酒《植物ソーマの樹液で造ったといわれる聖酒; 古代インドの力と戦いの神インドラ (Indra) に捧げた; cf. haoma 1》. **b** [S-] ソーマ《蘇摩を擬人化した万能の大神; アーリア人に天空地の三方から富をもたらすと信じられた》. 「商品名》.

So·ma [sóumə | sóu-] *n.* 〖商標〗ソマ《carisoprodol の

som·aes·the·si·a [sòumesθíːʒiə, -ʒə | sòumiːsθíːzɪə, -mes-, -ziə, -ʒɪə] *n.* 〖生理〗=somesthesia.

So·ma·li [so(u)máːli, sə- | sə(u)máːlɪ] *n.* (*pl.* ~**s**, ~) **1 a** [the ~(s)] ソマリ族《Somaliland に住むアラビア人と黒人との混血ハム族》. **b** ソマリ族の人. **2** ソマリ語《クシト語 (Cushitic) の一つ》.

So·ma·li·a [so(u)máːliə, sə-, -ljə | sə(u)máːlɪə, -ljə] *n.* ソマリア《アフリカ東部, インド洋と Aden 湾に臨む共和国; Italian Somaliland と British Somaliland が合併して 1960 年独立; 人口 32,000,000, 面積 638,000 km², 首都 Mogadiscio; 公式名 the Somali Democratic Republic ソマリア民主共和国》.

So·ma·li·land [so(u)máːlilæ̀nd, sə- | səu-] *n.* ソマリランド《アフリカ東部海岸地方で, ソマリア (Somalia), アファルイッサ (the Afars and the Issas), エチオピア (Ethiopia) 東部から成る》.

so·mat- [so(u)mǽt, sóumət | sə(u)mǽt, sə́umət] (母音の前に来る時の) somato- の異形.

somata *n.* soma[1] の複数形.

so·mat·ic [so(u)mǽṭɪk, sə- | sə(u)mǽt-] 〖《1775》 ▭ Gk *sōmatik-ós* ← *sōmat-*, *sôma* body : ⇨ soma[1], -ic[1]〗 ― *adj.* **1** 身体の (corporeal), 肉体の (physical) (cf. mental, spiritual, psychic). **2** 〖解剖・動物〗体の : a ~ layer 体壁層. **3** 〖生物〗(動物の)体の, 体軀(く)の (cf. soma[1] 1). **so·mát·i·cal·ly** *adv.*

somátic cávity *n.* 〖解剖・動物〗体腔(こう).

somátic céll *n.* 〖生物〗体細胞 (cf. germ cell).

somátic mutátion *n.* 〖生物〗体細胞突然変異.

so·ma·tist [sóuməṭɪst, -ṭəst | sóumətɪst] 〖⇨ ↓, -ist〗 *n.* 〖精神医学〗身体論者《精神病の原因はすべて身体の病変に起因すると考える人》.

so·mat·o- [so(u)mǽṭo(u), sóuməṭ- | sə(u)mǽtə(u), sə́umət-] 〖← NL ~ ← Gk *sōmat(o)-* ← *sōmat-*, *sôma* body ← ? IE **tēu-* to swell (⇨ tumid)〗 ―「身体(の); 体細胞 (soma)」の意の連結形. ★ 母音の前では通例 somat- になる.

so·mat·o·gen·ic [so(u)mæ̀ṭədʒénɪk, sòuməṭ- | sə(u)mæ̀tə-, sə̀umət-] 〖⇨ ↑, -genic〗 *adj.* 〖生物・心理〗体細胞から発達する, 体因性の (cf. psychogenic).

sò·ma·tól·o·gist [-dʒɪst, -dʒəst | -dʒɪst] *n.* 〖人類学〗生体学者.

so·ma·tol·o·gy [sòumətáləd͡ʒi | sə̀umətɔ́ləd͡ʒɪ] 〖← NL *somatologia* : ⇨ somato-, -logy〗 ― *n.* 〖人類学〗生体学. **so·ma·to·log·ic** [sòuməṭəlád͡ʒɪk, so(u)-mæ̀ṭ- | sə̀umətəlɔ́d͡ʒ-, sə(u)mæ̀t-] *adj.* **sò·ma·to·lóg·i·cal** *adj.* **sò·ma·to·lóg·i·cal·ly** *adv.*

so·mat·o·plasm [so(u)mǽṭəplæ̀zm, sóuməṭ- | sə(u)mǽtə-, sə́umət-] 〖← SOMATO-+-PLASM〗 ― *n.* 〖生物〗(生殖細胞の胚芽形質と区別して)体細胞原形質. **so·mat·o·plas·tic** [so(u)mæ̀ṭəplǽstɪk, sòuməṭ- | sə(u)mæ̀t-, sə̀umət-] *adj.*

so·mat·o·pleure [so(u)mǽṭəplùə, sóuməṭ- | sə(u)mǽtəplùə(r), sə́umət-] 〖← NL *somatopleura* ← SOMATO-+Gk *pleurá* rib〗 ― *n.* 〖生物〗体壁葉《脊椎動物の胚の中胚葉の背側の部分とそれをおおう外胚葉から成る二重層; cf. splanchnopleure》. **so·mat·o·pleu·ral** [so(u)mæ̀ṭəplú(ə)rəl, sòuməṭ- | sə(u)mæ̀təplúər-, sə̀umət-] *adj.* **so·mat·o·pleu·ric** [so(u)mæ̀ṭəplú(ə)rɪk, sòumət- | sə(u)mæ̀təplúər-, sə̀umət-] *adj.* 「の.

somàto·sénsory *n.* 〖医学〗体性知覚の, 体(性)感覚

so·mat·o·to·ni·a [so(u)mæ̀ṭətóuniə, sòuməṭ- | sə(u)mæ̀tətə́unɪə, sə̀umət-, -njə] 〖← NL ~ ← SOMATO-+L *tonus* tension+-IA[1]〗 ― *n.* 〖心理〗身体(緊張)型《W. H. Sheldon によるパーソナリティー型の一つ; 筋骨がよく発達し, 肉体活動を好み精力的攻撃的で大胆率直な型; cf. cerebrotonia, viscerotonia》.

so·mat·o·ton·ic [so(u)mæ̀ṭətánɪk, sòuməṭ- | sə(u)mæ̀tətɔ́n-, sə̀umət-] 〖心理〗 *adj.* 身体型性格の. ― *n.* 身体型の人.

so·mat·o·tró·phic hórmone [so(u)mæ̀ṭətróufɪk-, sòuməṭ-, -tráf- | sə(u)mæ̀tətrɔ́f-, sə̀umət-, -trə́uf-] 〖← SOMATO-+-TROPHIC〗 *n.* 〖生化学〗=growth hormone.

so·mat·o·tro·pin [so(u)mæ̀ṭətróupɪn, sòumətátrə-, -pən | sə(u)mæ̀tətrə́upɪn, sə̀umətɔ́trəp-] 〖← SOMATO-+-TROP(IC)+-IN[1]〗 ― *n.* (*also* **so·mat·o·tro·phin** [-fɪn, -fən | -fɪn]) 〖生化学〗ソマトトロピン《脊椎動物の脳下垂体前葉から分泌される成長ホルモン; cf. growth hormone》.

so·mat·o·type [so(u)mǽṭətàɪp, sóuməṭə-, sə- | sə(u)-mǽtə-, sə́umətə-] 〖← SOMATO-+-TYPE〗 ― 〖人類学〗 *n.* ソマトタイプ《主として脂肪の堆積・筋肉の発達および体積と体表との比率の三要素の程度によって分類した人の体型》. ― *vt.* 〈人体〉のソマトタイプを測定する; 体格によって分類する. **so·mat·o·typ·ic** [so(u)mæ̀ṭətípɪk, sòuməṭ- | sə(u)mæ̀tə-, sə̀umət-] *adj.* **so·màt·o·týp·i·cal·ly** *adv.*

Som·bart [zámbaət | zɔ́mbɑːt; G. zɔ́mbart], **Werner** *n.* ゾンバルト《1863–1941; ドイツの経済学者》.

som·ber, 《英》**som·bre** [sámbə | sɔ́mbə(r)] 〖《1760》 ▭ F *sombre* ← OF 'shade' ← VL **subombrāre* to shade ← SUB-+L *umbra* shade (⇨ umbra)〗 ― *adj.* **1** (光または明るさのない)薄暗い, 黒ずんだ (dark); 曇った (overcast) : a ~ landscape [sky, cloud] 薄暗い景色[空, 雲]. **2** (色が)くすんだ, 地味な (sober, subdued); くすんだ色の, 地味な色の : ~ clothes. **3** 陰気な, 陰鬱(うつ)な (gloomy), 憂鬱な, 暗澹(たん)たる (dismal) : a ~ countenance [expression] 陰鬱な顔つき[表情] / a man of ~ character 陰気な性質の人 / in ~ mood 陰鬱な気分で / The future outlook is ~ indeed. 前途は全く暗澹としている. **~·ly** *adv.* **~·ness** *n.*

som·bre·ro [səmbré(ə)rou, sɑm- | sɔmbréərəu, -bríər-; *Sp.* sombréro] 〖《1598》 ▭ Sp. ~ ← *sombra* shade : ↑〗 ― *n.* (*pl.* ~**s**) ソンブレロ《スペイン・メキシコ・米国南部などで用いるふちの広い帽子; 麦わらやフェルトで作られる》.

som·brous [sámbrəs | sɔ́m-] *adj.* 《古》=somber.

some [sʌ́m, sʌ̀m; səm] 〖OE *sum* one, a certain one < Gmc **sumaz* < IE **sṃmos* ← **sem-* one (L *similis* 'SIMILAR') : cf. same〗 ― *adj.* **1 a** [sʌ̀m] [単数形の Countable noun を伴って] 何かの, だれかの, どこかの (cf. any *adj.* 1 a) : There must be ~ important difference between the two. 両者間には何か重大な相違があるに違いない / It seemed to be ~ inn or hotel. 何か旅館かホテルのように見えた / We must find ~ way out of it. 何か逃れる道を見つけなければならない (cf. some way) / There is ~ man at the door. だれか玄関に来ている (cf. There is *a certain* man at the door.) 《★ some は全く知らない人(または物)に言い, a certain は知りながらわざと言わないか, または軽蔑して本名を挙げない時などに用いる》/ He went to ~ place in Africa. アフリカのどこかへ行った (cf. someplace). ★ しばしば相関的に some…or other [another] として用いる : (at) ~ time *or other* いつか, 早晩 / ~ day [one] *or other* いつか[だれか] / for ~ reason *or other* 何かの理由で / in ~ way *or other* 何とかして, どうにかこうにか / He must have read that in ~ book (*or other*). それは何かの本で読んだに違いない / They are spending the summer at ~ beach (*or another*). 彼らは夏をどこかの海岸で過ごしている. **b** [sʌ́m] [複数形の Countable noun か Uncountable noun を伴って] 人[物]によると(…もある), 中には(…もある). ★ しばしば他の some または other(s) と対照的に用いる : *Some* days we win, and ~ days we lose. 日によって勝つ日もあれば負ける日もある / *Some* people were killed(, *others* wounded). 死んだ人もあった(し負傷した人もあった) / All wood is not hard, ~ wood is soft. 木材はみんな堅いとは限らない, 軟らかいものもある. **2** [səm] [複数形の Countable noun や Uncountable noun を伴って] いくらかの, 多少の, 少しの (more or less) (cf. any *adj.* 1 b) : I want ~ books [money]. 本[金]が(少し)欲しい / There were ~ few books on the desk. 机の上に本が少しあった / I see ~ little ink left in the bottle. びんにインクの残りが少し見える / Give me ~ more [səmmɔ́ə, -móə | -mɔ́ː(r)] tea, please. お茶をもう少し下さい / It cost me ~ pains. 少々骨が折れた / ~ years [time] ago 数年[しばらく]前 / in ~ degree 幾分, 多少 (somewhat) / to ~ extent ある程度(まで). ★ (1) 疑問文でも, yes を期待する勧誘・依頼などを表わす文では, any ではなく, some が用いられる : May I give you ~ tea? お茶を召し上がりませんか (Let me give you some tea.). (2) 量を示す場合, 特に「せめて少しぐらいの」(at least a small amount of) の意味を表わす場合には, 通例 [sʌ́m] と強調される : Do have ~ pity on me. 少しは私のことも可哀そうだと思ってみて下さい / He has after all ~ sense of justice. あの男にも少しは正義の感覚があるのだ. **3** [sʌ́m] **a** 相当な数[大きさ, 長さ]の, かなりの (considerable) : I stayed there for ~ days [~ time]. 何日も[相当長い間]滞在した / This would go ~ way towards paying our debts. これだけあれば借金の返済の相当な足しになる. **b** 《口語》かなりの程度の; 大した, なかなかの, 大変な, 本当の (striking) : That was ~ test [proof]. それはかなりの試練[証拠]だった / This is ~ storm! 大変なあらしだ / I call this ~ poem! これこそ詩というに足るものだ. **c** 《口語・皮肉》[some+名詞を文頭に置いて] : *Some* help that is! よい助けだ《助けでも何でもない》/ *Some* friend you are! 君は本当にありがたい友人だよ《友人だなんてとんでもない》. **4** [sʌ́m] [数詞と共に用いて] 約… (about) : There were ~ hundred books in all. 本が全部で約 100 冊あった / It is ~ twenty miles off. 約 20 マイル離れている / I waited ~ ten minutes. 10 分ほど待った.

some day (未来の)いつか(の日) : I'll call on you ~ *day* again. いつかまたお尋ねします. ★ 副詞句としては someday と同義となるが, 特にある日をさす意味の明らかな場合には some day が用いられる. ***some one*** (1) [sʌ́m wʌ́n] 何か一つ(の), だれか一人(の) : *Some one* of them made a mistake. 彼らのうちのだれかが間違えた. (2) [sʌ́m wʌn] =someone. ***some other time* [*day*]** いつかまた, 他日. ***some time*** (1) しばらく (for some time). (2) =sometime *adv.* 1 a. ★ ただし *n.* としての time が意識されている場合には 1 語形ではなく 2 語形が用いられる : Let's meet ~ *time* [*sometime*] when you are free. いつかお暇な時に会いましょう. ***some way*** 《米口語》=someway.

― *pron.* **1** [sʌ̀m] [単複両用] (…のうちの)いくらか, 何人か (cf. any *pron.* 1): He asked for books [money], so I gave him ～. 本[金]をほしいと言ったので少しやった / I want ～ *of* those flowers [*of* that wine, *of* it]. その花[そのぶどう酒, それ]が少しほしい / I know ～ (*of* the people [*of* them]), but not all. (その人たちのうち[彼らのうち])何人かは知っているが, 全部知っているというわけではない. **2** [sʌ́m] [複数に用いて] ある人々 (some people); [単複両用] 人[もの]によると…(人[もの]もある): *Some* think he is dead. 彼は死んだと思っている人もいる. ★ しばしば others または他の some と対照的に用いる: *Some* are good, and ～ are bad, and *others* are indifferent. 良いものもあり, 悪いものもあり, どっちつかずのもある / *Some* of it is good and ～ isn't. いいところもあり, 良くないところもある / *Some* say it is true, ～ [*others*] not. 本当だと言う人もあればそうでないと言う人もある.
and then some 《米口語》…とそれ以上, その上もっと[どっさり]: I paid ten thousand dollars *and then* ～. 1万ドルもそれ以上も支払った. ***some of these days*** 近いうちに, いつかそのうち (one of these days).
― [sʌ́m] *adv.* **1** 《口語》幾分か, やや (somewhat): I feel ～ better. 少しは気分がよくなった / Do it ～ more. もうちょっとやってみたまえ / The sea had gone down ～ during the night. 海は夜の中に多少静まっていた. **2** 《米口語》なかなか, 相当に (considerably): He's going ～. 彼はなかなかやってる, 大したものだ / That's going ～! うまい, すごいぞ.

-some[1] [səm] 〖OE *-sum* < Gmc **sumaz* (Du. *-zaam* / G *-sam* (*einsam, zweisam*)): cf. ↑, same〗 ― *suf.* 「…に適した, …を生じる, …させる, …しやすい, …の傾向のある」などの意の形容詞を造る: hand*some*, quarrel*some*, weari*some*. ★ buxom, lissome では -some が変形している.

-some[2] [səm] 〖← OE *sum* (cf. *fiftēna sum* one of (a company of) fifteen): ⇨ some〗 ― *suf.* 数詞に付いて(特に人の)群を表わす名詞を造る: two*some*, three*some*, four*some*.

-some[3] [ˌ-- sòʊm | -sə̀ʊm] 〖← NL *soma* ← Gk *sôma* body: cf. soma[1]〗「体 (body);〖生物〗染色体」の意の名詞および形容詞連結形: chromo*some*.

some·bod·y [sʌ́mbʌ̀di, -bɑ̀di, -bədi | -bədɪ, -bɔ̀dɪ] 〖《c1303》: ⇨ some (adj.), body〗 ― *pron.* ある人, だれか (some person) (cf. anybody *pron.* 1): *Somebody* has disclosed the secret. だれかが秘密を漏らした / Will ～ please turn the light on? だれか電気をつけてくれませんか (cf. some *adj.* 2 ★ (1)) / ～ or other だれかかれか / This work needs a copyist or a scrivener or ～. この仕事には写耕とか代書人とか何かそう言った者が必要だ / General *Somebody* 何某将軍.
― *n.* 何某と言われる(偉い)人, ひとかどの人物, 相当な人, 大した者 (a person of some importance) (cf. anybody *n.*): He must be ～ to receive a welcome like that. それほどの歓迎をされるとはその人は相当な人に違いない / She thinks herself a ～. 自分を偉い人間だと思っている / nobodies posing as *somebodies* 偉方ぶっているつまらない連中.

sóme·dày 〖ME〗 *adv.* (通例, 遠い未来の)いつか (cf. SOME *day*): Perhaps ～ he'll be successful. 恐らくいつかは成功するだろう.

sóme·dèal 〖OE *sume dǣle* (dat.): ⇨ some, deal[3]〗 *adv.* 《古》＝somewhat.

sóme·hòw 〖《1664》〗 ― *adv.* **1** 何とかして, どうにかして, ともかくも: I must get it finished ～. 何とかしてそれを仕上げてしまわねばならない. **2** どういうわけか, どうしたものか, どうも: He ～ dropped behind. 彼はどうしたものか落後した / *Somehow* I don't trust him. どうもあの男は信用できない.
somehow or other どうにかこうにか; どういうものか, 何となく: I managed to finish college ～ *or other*. どうにかこうにかして大学を卒業できた / *Somehow or other* he never liked her. どういうものか彼女を好きにならなかった.

some·one [sʌ́mwʌn, -wən | -wʌn] 〖《c1305》〗 *pron.* ＝somebody《ただし somebody よりも幾分形式ばった語》.

sóme·plàce *adv.* 《米口語》＝somewhere.

som·er·sault [sʌ́məsɔ̀ːlt | -məsɔ̀ːlt, -sɔ̀lt] 〖《1530》□ OF *sombresaut(l)t* leap《変形》← *soubresau(l)t* □ OPr. **sobresaut* ← *sobre* over (< L *suprā*)+*saut* leap (< L *saltum*): ⇨ supra-, salient〗 ― *n.* **1** とんぼ返り, もんどり打つこと; (高飛込み・空中転回などの)宙返り (cf. handspring, headspring 2): cast [cut, make, turn] a ～ もんどり打つ, 宙返りをする / a double [treble] ～ 連続二回[三回]の宙返り. **2** (政策・戦術などの)転換, (立場の)逆転. ― *vi.* とんぼ返りする, もんどり打つ, 宙返りをする. 「*vi.* ＝somersault.

som·er·set[1] [sʌ́məsèt | -məsɪt, -sèt] 〖《転訛》↑〗 *n.*,

som·er·set[2] [sʌ́məsèt | -məsɪt, -sèt] 〖← *Lord Fitzroy James Henry Somerset* (これを使用した英国の将軍): ⇨ raglan〗 ― *n.* 《英》サマセット式鞍《片脚の人用のひざの前ともも後ろに詰物がしてある鞍》.

Som·er·set[1] [sʌ́məsèt, -sɪt, -sət | -məsɪt, -sèt] 〖OE *Sumorsǣte*《略》← *Sumortūn-sǣte*《原義》the dwellers at Somerton ← *sumortūn* dwelling used only in summer (⇨ summer[1], town)+*sǣta* inhabitant (← *sittan* 'to dwell, SIT')〗 ― *n.* イングランド南西部, Bristol 湾に臨む州; 人口 412,000, 面積 3,458 km², 首都 Taunton; Somersetshire ともいう.

Som·er·set[2] [sʌ́məsèt, -sɪt, -sət | -məsɪt, -sèt] 〖↑〗 *n.* 男性名.

Somerset. 《略》Somersetshire.

Sómerset Hóuse *n.* サマセットハウス《London の Strand に建てられた官庁用建物; 戸籍本署 (Registrar General's Office), 遺言検認登記本所 (Principal Probate Registry), 内国税収入局 (Board of Inland Revenue) などが収容されている》.

Som·er·set·shire [sʌ́məsetʃɪə, -sɪt-, -sət- | -məsɪt-ʃə(r, -set-, -ʃɪə(r] *n.* ＝Somerset[1].

Som·er·ville [sʌ́məvɪl | -mə-] 〖← ? *Richard Somers* (1778-1804: トリポリ戦争 (1801-05) の戦功者): ⇨ -ville〗 ― *n.* 米国 Massachusetts 州 Boston 付近の都市; 人口 89,000.

som·es·the·si·a [sòʊmesθíːʒiə, -ʒə | sə̀ʊmiːsθíːzɪə, -məs-, -zjə, -ʒɪə] 〖← NL ～: ⇨ soma[1], esthesia〗 *n.* 〖生理〗身体意識.

some·thing [sʌ́mθɪŋ] 〖OE *sum þing*: ⇨ some, thing[1]〗 ― *pron.* **1 a** あるもの, あること, 何か (cf. anything *pron.* 1 a): There's ～ on the table. 何かテーブルの上にある / Give me ～ to eat [drink]. 何か食べ物[飲み物]を下さい / I have ～ else to say [to do]. ほかに言う[する]ことがある / He has ～ on his mind. 何か考えごとをしている[心配事がある] / *Something* more is needed. ほかにまだ必要なものがある / Here is ～ for you. さあ君に上げるものがある《これを君に上げよう》/ There is ～ funny about it. それにはどこか変なところがある / He has ～ to do with insurance. 保険に何か関係している / I think John was ～ to do with the plan. 《英》ジョンがその計画に何か関係していたと思う / *Something* tells me my watch isn't quite right. 《口語》何か時計が狂っているような気がする / *Something* is better than nothing. 《諺》何でもあればないよりはましだ / You can't get ～ for nothing. 労せずして手に入るものはない. **b** [～ *of* として] (…が)いくらか, 多少 (cf. anything *pron.* 1 b): There is ～ *of* uncertainty in it. それにはどこか不確かなところがある. ★ 次の慣用法に用いられる: He *is* ～ *of an* artist [*of a* painter, *of a* liar]. ちょっと芸術家だ[多少絵の心得がある, 少しうそつきだ] (cf. *see* SOMETHING *of a person*). **2** ある適切なもの, ある価値(のある物), 一理 (some truth): There is ～ in [to] what you say. 君の言うことには一理ある / He has ～ to live for. 彼には何か人生の目標がある / *Something* is gone. (まずいことなどをして)白けてきた. **3** 《口語》何か飲む[食べる]物, 酒, 食物: You'd better have ～ before you leave. 出かける前に何か食べていったほうがよい / Take a drop of ～. ちょっと一杯やりたまえ / ～ damp [short] 《俗》一杯(の酒). **4** […時, …ドルなどを意味する数詞または洗礼名のあとに用いて] (…)時何分か, (…ドル)何セントか, (…ポンド)何シリングか; (…)なにがし: The train left at five ～. 列車は5時何分かに発った / I was charged ten ～ for the hat. その帽子代に10ドル何セントかを請求された / His name was George ～―yes, George Taylor. 彼の名はジョージ何とか―そう, ジョージ テーラーと言った.
make something of (1) …を(相当に)利用[活用]する: *make* ～ *of* oneself [one's life] 成功する. (2) …を重大なことして扱う, …を(物々しく)重要視する. (3) 《米口語》…をけんかの種とする, …を種にして争いを始める. ***or something*** …か何か, …とか何とか《不確かなことや意味不明な語について言う場合》: He is a lawyer *or* ～. 弁護士か何かだ / He must have lost his train *or* ～. 列車に乗り遅れたか何かしたに違いない / It's called 'women's lib' *or* ～. それがウーマンリブとか何とかいうものらしい. ***quite something*** 《口語》目立つ[たいした]もの; すばらしい, 驚くべき. ***say something*** (1) 食前[食後]に感謝の祈りをする. (2) 簡単な演説をする. ***see something of a person*** 〈人〉に時々会う, 〈人〉と少し交際する: Then we shall be able to *see* ～ *of* each other. そうすれば私たちも時々会えるようになるでしょう. ***something else*** (1) ⇨ *pron.* 1 a. (2) 《米俗》大変な人[物], すごい人[物], すばらしい人[物]: She is really ～ *else*. 全くすごい美人だ. ***something like*** 何か…のような[…に似た]物 (cf. SOMETHING *like* ⇨ *adv.*): It is ～ like a cross between a rabbit and a cat. うさぎと猫の雑種といってよいようなものだ. ***something or other*** [不確実・不明の意を強めて] 何やら, 何とか: I heard him muttering ～ *or other*. 彼が何やらつぶやいているのを耳にした / She was a lecturer in ～ *or other*. 彼女が何とかの講師だった.
― *n.* **1** 《口語》[Uncountable として] かなり重要な人[物]; ちょっとしたもうけもの, 大した事: He's really ～! 全く大した男だ / He thinks himself ～. 自分をひとかどの人間だと思い込んでいる / That's ～. それはもうけものだ, まずまずよかった / It's quite ～ to have persuaded him to come. 彼を説得して来させたのは大成功だ. **2** 《まれ》[Countable として] 何か不可解な物: I felt the presence of an unknown ～. 何かえたいの知れぬ物の気配を感じた.
― *adv.* **1** [通例前置詞または比較級の副詞に先立って] 幾分, 多少 (somewhat, a little): The preach lasted ～ *over* [*less* than] an hour. 説教は1時間とちょっと[まず1時間近く]続いた / ⇨ SOMETHING *like*. ★ 次のように叙述形容詞などを修飾して用いるのは《米・英古》: He looked ～ impatient. 少しもどかしそうだった. **2** 《口語》ひどく, 非常に, 実に (very): He swore ～ awful. 実にものすごい権幕でののしった.
something like (cf. SOMETHING *like* ⇨ *pron.*) (1) 幾分…のようで[に], 多少…に似て: It is shaped ～ *like* a cigar. ちょっと葉巻のようなかっこうだ / He is ～ *like* what his father was at that age. 彼はあのくらいの年輩の時の父親にちょっと似ている. (2) 《英口語》[数詞に先立って] ほとんど, 約…, ほぼ… (about): There were ～ *like* a thousand people present. 約千人の人が出席していた / It must be ～ *like* six o'clock. もうかれこれ6時に違いない. (3) 《口語》[like に強勢を置き, しばしばあとの名詞を省略して] 大した…, すてきな…, 正に…の典型: This is ～ *like* [sʌ̀mθɪŋ láɪk] a dinner. これはすばらしいごちそうだ (This is some [sʌ́m] dinner.) / That's ～ *like* (＝splendid)! それはすごいもんだ[すばらしい].
― *vt.* 《口語》[p.p. 形で damned と同様に強意語として]: I'll see you ～*ed* first! くたばってしまえ.

some·thingth [sʌ́mθɪŋθ] 〖《1871》: ⇨ ↑, -th[1]〗 *adj.* 何番目かの, 幾つか目の: in his seventy-*somethingth* year 70何歳かで.

sóme·time 〖《c1300》〗 ― *adv.* **1 a** (未来の)いつか, そのうち, 近々に (cf. SOME *time* (2) ★): Come over ～. そのうちお出で下さい / *Sometime* I will explain. いつか説明しましょう / ～ or other いつか, そのうち. **b** (過去の)いつか, ある時: He died ～ around 1920. 1920年のあたりのいつかに彼はなくなった / ～ years ago 何年か前のある時に. **2** 《まれ》＝sometimes. **3** 《古》(かつて)一時 (at one time); 前に (formerly): He was ～ mayor of London. 彼はかつてロンドンの市長をしていた. ― *attrib. adj.* **1** 《文語》前の, 前… (former): Mr. S., ～ professor of history at Cambridge ケンブリッジ大学の前史学教授 S 氏. **2** 《口語》時たまの, 時々起こる (sporadic): His wit is a ～ thing. 彼の機知は時々見られるものだ.

some·times [sʌ́mtàɪmz, səmtáɪmz | sʌ́mtàɪmz] 〖《1526》← SOME+*times* ((pl.) ← TIME)〗 ― *adv.* **1** 時によると, 時には (at times), 時々, 時折: ～ rich, ～ poor 時には富み時には貧しく / He has ～ visited us. 彼は時々訪ねて来てくれている / *Sometimes* he seemed very depressed. 時には非常に意気消沈しているようだった. **2** 《廃》かつて, 以前 (once, formerly).
― *attrib. adj.* 《古》かつての, 以前の (former).

sóme·wày, sóme·wàys 〖《15C》〗 ― *adv.* 《米口語》何とかして, どうにかこうにか (somehow): *Someway* we must find time to do it. 何とかしてそれをする時間を見つけなければならない.

some·what [sʌ́m(h)wʌ̀t, -(h)wɑ̀t, -(h)wət | sʌ́m(h)wɔ̀t] 〖《?*a*1200》: ⇨ some (adj.), what (pron.)〗 ― *adv.* やや, 幾分か (to some extent), 多少 (a little): I was ～ puzzled. 少々当惑した / He answered ～ hastily. 幾分あわてて返事した.
more than somewhat 《口語》ひどく, 本当に (very much): I felt *more than* ～ displeased. 全く不快だった.
― *pron.* [通例 ～ *of* として] 多少, 幾分 (something): The argument lost ～ *of* its force. 議論は幾分その力を失った / He is ～ *of* a statesman. 彼には多少政治家らしいところがある.
― *n.* 《まれ》計り知れない数量[性質], 不特定のもの: Matter is an unknown ～. 物質は何とも計り知れないものである. 「(sometime).

sóme·whèn 〖ME〗 *adv.* 《まれ》(未来の)いつか

sóme·whère 〖《?*c*1200》: ⇨ some (adj.), where (adv.)〗 ― *adv.* **1 a** どこかに[へ] (cf. anywhere 1 a): I have left my umbrella ～. かさをどこかへ置き忘れた / He lives ～ near [about] here. どこかこの近くに[この辺に]住んでいる / He went ～ else. どこかほかの所へ行った / They are going away to Afghanistan or ～. 彼らはアフガニスタンかどこかへ行ってしまおうとしている / I remember reading it ～. どこかでそれを読んだ覚えがある / I will see you ～ first! 《口語》べらぼうめ, 赤んべいだ. **b** [名詞的に他動詞や前置詞の目的語に用いて]: She needs ～ to live. 彼女には住む場所が必要です / They moved *to* ～ in Greece. 彼らはギリシャのどこかへ引っ越した. **2** [通例種々の前置詞に先立って] (年齢・時間・分量など)おおよそ, 大体, …のころに[で] (approximately): He is ～ *about* sixty. まず60歳といったところです / This happened ～ *around* two in the morning. 何でも夜中の2時ごろの出来事だ / There I stayed ～ *between* four *and* five years. そこに大体4年から5年滞在した / He wrote the book ～ *in* the 1940's. 彼はその本を1940年代の頃に書いた.
get somewhere ⇨ get[1] 成句.

sóme·whères 〖⇨ -s[2] 1〗 *adv.* 《方言》＝somewhere.

sóme·whìle 〖? OE〗 *adv.* 《古》 **1** (以前)いつか (once); そのうちいつか (sometime). **2** 時々, 折々 (sometimes). **3** しばらく (for a time).

sóme·whìther 〖ME〗 *adv.* 《古》どこかへ (to some place); どちらかへ (in some direction). ★ 今では普通 somewhere に代えられている.

sóme·wìse 〖《15C》: ⇨ -wise〗《古》*adv.* なんとかして (somehow). ― *n.* [*in* ～ として] ＝somewise *adv.*

-so·mic [sóʊmɪk | sə́ʊ-] 〖← -SOME[2] + -IC[1]〗〖生物〗「…の染色体をもつ」の意の形容詞連結形: mono*somic*.

som·ite [sóʊmaɪt | sə́ʊ-] 〖← SOMA[1] + -ITE[1]〗 *n.* 〖動物〗体節 (metamere). **so·mit·ic** [so(ʊ)mítɪk | sə(ʊ)-

mítɪk] *adj.*

som·ma [sάmə | sɔ́mə; *It.* sómma]〖□ It. ～ 'summit' < L *summam*: ⇨ sum〗 *n.*〘地質〙(噴火口の周辺にできる)外輪山.

Somme [sά(ː)m, sʌ́m | sɔ́m; *F.* sɔm] *n.* ソム. **1** フランス北部の県; 人口 526,000, 面積 6,227 km², 首都 Amiens. **2** [the ～] フランス北部を北西に流れイギリス海峡に注ぐ川 (245 km); 戦跡 (1916, 1918, 1944).

som·me·lier [sʌ̀məljéɪ, sɔ̀(ː)m- | sʌ̀m-; *F.* sɔməlje]〖□F ～《原義》one charged with arranging transportation ← *somme* burden < LL *sagmam*: cf. sumpter〗 ── *n.* ソムリエ《レストランなどのワイン専門のサービス係》.

Som·mer·feld [zάməfèlt | zɔ́mə-; *G.* zɔ́mɐfɛlt], **Arnold** *n.* ゾンマーフェルト《1868–1951; ドイツの理論物理学者》.

som·nam·bul- [sɑmnǽmbjʊl | sɔm-]〖← NL ～ ← *somnambulus* somnambulist ← L *somnus* sleep＋*ambulantem* ((pres.p.) ← *ambulāre* to walk: ⇨ amble)〗 ──「夢中歩行 (somnambulism), 夢中歩行者 (somnambulist)」の意の連結形.

som·nam·bu·lant [sɑmnǽmbjʊlənt|sɔm-]〖《1843》: ⇨↑, -ant〗 *adj.* 夢中歩行する, 夢遊病の. ── *n.* 夢遊病者 (somnambulist).

som·nam·bu·late [sɑmnǽmbjʊlèɪt|sɔm-]〖《1833》《逆成》↓〗 *vi.* 夢中歩行する, 夢遊する.

som·nam·bu·la·tion [sɑmnæ̀mbjʊléɪʃən | sɔm-]〖《1794–96》← SOMNAMBUL-＋-ATION〗 *n.* 夢中歩行, 夢遊.

som·nám·bu·là·tor [-tə | -tə(r)] *n.* ＝somnambulist.

som·nam·bu·lism [sɑmnǽmbjʊlìzm | sɔm-]〖《1797》← SOMNAMBUL-＋-ISM〗 *n.* 夢中歩行, 夢遊病 (sleepwalking): artificial ～ 催眠術 (hypnotism).

som·nám·bu·list [-lɪst, -ləst | -lɪst]〖《1794》: ⇨ -ist〗 *n.* 夢中歩行者, 夢遊病者.

som·nam·bu·lis·tic [sɑmnæ̀mbjʊlístɪk | sɔm-] *adj.* 夢遊病の; 夢遊病者の. **som·nàm·bu·lís·ti·cal·ly** *adv.*

som·ni- [sάmnɪ | sɔ́mnɪ]〖□L ～ ← *somnus* sleep ← IE **swep-* to sleep (Gk *húpnos*: ⇨ hypno-)〗「睡眠 (sleep)」の意の連結形.

som·ni·fa·cient [sɑ̀mnəféɪʃənt | sɔ̀mnɪ-]〖⇨↑, -facient〗 *adj.* 催眠性の (hypnotic). ── *n.* 催眠剤[薬] (hypnotic).

som·nif·er·ous [sɑmníf(ə)rəs | sɔmníf-]〖《1602》: ⇨ somni-, -ferous〗 *adj.* 眠くする, 催眠の (soporific): a ～ drug [potion] 催眠剤, 眠り薬. **～·ly** *adv.*

som·nif·ic [sɑmnífɪk | sɔm-] *adj.* ＝somniferous.

som·nil·o·quence [sɑmníləkwəns | sɔm-] *n.* ＝somniloquy.

som·nil·o·quous [sɑmníləkwəs | sɔm-] *adj.* 寝言を言う.

som·nil·o·quy [sɑmníləkwi | sɔmníləkwɪ]〖《1847》← SOMNI-＋-*loquy* (cf. ventriloquy)〗 *n.* **1** 寝言を言うこと, 寝言を言う癖. **2** 寝言. **som·níl·o·quist** [-kwɪst, -kwəst | -kwɪst] *n.*

som·no·lence [sάmnələns | sɔ́mnə(ʊ)-]〖《*c*1390》□ OF *sompnolence* (F *somnolence*): ⇨↓, -ence〗 ── *n.* (*also* **som·no·len·cy** [sάmnələnsi | sɔ́mnə(ʊ)lənsɪ]) **1** 眠いこと, 眠気 (sleepiness). **2**〘医学〙傾眠.

som·no·lent [sάmnələnt|sɔ́mnə(ʊ)-]〖《*a*1500》*sompnolent* □ OF (F *somnolent*) □ L *somnolentus* ← *somnus* sleep: ⇨ somni-, -lent〗 ── *adj.* **1 a** 眠い (sleepy, drowsy). **b** 眠たげな: a ～ village. **2** 眠くする, 眠気を誘う. **～·ly** *adv.*

Som·nus [sάmnəs|sɔ́m-]〖□L ～: *somnus* sleep の擬人化〗 *n.*〘ローマ神話〙ソムヌス《眠りの神; ギリシャ神話の Hypnos に当たる; cf. Morpheus》.

Soms.《略》Somerset; Somersetshire.

son¹ [sʌ́n]〖OE *sunu* < Gmc **sunuz* (Du. *zoon* / G *Sohn*) ← IE **seu-* to bear (Gk *huiós*)〗 ── *n.* **1 a** 息子, せがれ, 男の子 (cf. daughter): He is a true ～ of his father [his father's own ～]. 彼はさすがにあの父の子だ / one's ～ and heir 跡取り息子《長男》/ Like father, like ～. ⇨ father 1 a. **b** 義理の息子 (son-in-law, stepson); 養子 (adopted son). **2** (男子の)子孫 (male offspring): the ～*s* of Adam アダムの子孫, 人類 (cf. *a* SON *of Adam*) / the ～*s* of Abraham アブラハムの子孫, ユダヤ人. **3 a** 〔…の〕住人, 国人〔*of*〕: a faithful ～ *of* England 忠誠な英国人. **b** 〔学校・学会などの〕一員, 子弟, 会員; 〔主義・運動などの〕党人, 派の人, 運動者 (member, adherent); 〔特定の職業の〕従事者 (follower)〔*of*〕: a ～ *of* toil 労働者 / a ～ *of* Belzebub [Belial, Satan] 悪魔の子, 悪党 / a ～ *of* the Muses [Mars] 詩[軍]人 / a ～ *of* Neptune [the deep, the ocean] 水夫, 船乗り / a ～ *of* plunder 追いはぎ, 強盗 / The public schools in England may be proud of their ～*s*. 英国のパブリックスクールはその偉大な子弟を誇りとしてよい. **4** [年上の者が年下の男に, または聴罪司祭が告解者に呼び掛けて] 若者, 友: my ～ 若いの / old ～ お前. **5** [the S-] (三位一体の第二位である)子 (the second person of the Trinity), イエスキリスト (Jesus Christ) (cf. father 6, Holy Ghost).

a son of a bitch《卑》(1) [時に間投詞的に用いて] 畜生, 野郎, 悪党, 卑劣漢; つまらない奴 (⇨ s.o.b.). (2) 不愉快な事物, いやな仕事. (3) ＝SON *of a gun* (4). ***a son of Adam*** 男; 男の子. ***a son of a gun***《俗》(1) 水兵の隠し子. (2) 畜生, 野郎 (fellow); 悪党 (rogue); 退屈な[不愉快な]事物[仕事]. (3) [親愛のこもった呼掛けに用いて] お前, 大将. (4) [いらだち・驚きなどを表わして, 間投詞的に用いて] へえ, これは驚いた. ***a son of man*** (1) 人の子, 人間 (mortal): the ～*s of men* 人間 (mankind). (2) [the Son of Man] (新約聖書で)イエスキリスト (Jesus Christ). ***a son of the soil*** (1) 農夫. (2) 土地の人; 地元の人. ***every mother's son*** ⇨ mother 成句. ***son of God*** (1) [the Son of God] 神の子, (救世主としての)イエスキリスト (Jesus Christ) (cf. *Matt.* 27: 43, 16: 16): Jesus Christ, *the Son of God*. (2) 神の子《神の意志と導きを受容し神の愛をうけた者; cf. *Rom.* 8: 14》. (3) [しばしば Son of God] 天使 (angel). ***sons of darkness*** 闇[暗黒]の子(ら), 非[反]キリスト教徒. ***sons of light*** 光[光明]の子(ら), キリスト教徒.

Sons of America [the ―]《米》(1) 独立戦争時の愛国党. (2) 南北戦争の際, 北部に逃走した南軍将兵を援助するために結成された一種の秘密結社. (3) 1847 年ごろ設立された愛国的救済会.

Sons of Liberty [the ―]《米》(1) 自由の子《1765 年英国の政策に反抗して独立のために活躍した組織》. (2) (南北戦争中に)南部に同情した北部人 (Copperheads) の秘密組織.

Sons of Temperance [the ―] (米国の)禁酒党.

Sons of the American Revolution [the ―] 米国独立革命児会《1876 年 California 州で独立戦争参加者の子孫によって組織; 略 SAR, S.A.R.; cf. DAR》.

Sons of Veterans [the ―] (米国の)老兵子弟団《南北戦争の北軍従軍者遺族を会員とする愛国団体》.

son² [sóʊn|sɔ́n; *Sp.* són]〖□Sp. ～ 'sound' □? OPr. < L *sonum*: ⇨ sound¹〗 ── *Sp. n.* (*pl.* **so·nes** [sóʊnèɪs | sɔ́ʊn-; *Sp.* sónes])〘音楽〙ソン《20 世紀初頭 Cuba に起こった舞踏およびその音楽; アメリカのモダンルンバに発展した》.

son- [sɑn | sɔn] (母音の前に来る時の) sono- の異形.

-son [sn]〖← SON¹〗 ── **1**「息子 (son)」の意の名詞連結形: god*son*, grand*son*, step*son*. **2** 父名の後に付いて son of の意の姓を造る (cf. patronymic *n.* 1): John*son*, Tom*son*, William*son*, Wil*son*.

so·na·gram [sóʊnəgræ̀m|sɔ́ʊ-] *n.* ソナグラム《Sonagraph で得られた音響スペクトルの記録》, 音響スペクトログラム.

So·na·graph [sóʊnəgræ̀f | sɔ́ʊnəgrɑ̀ːf, -græ̀f] *n.*〘商標〙ソナグラフ《音響スペクトログラフの一種》.

so·nal [sóʊnḷ | sɔ́ʊ-] *adj.* 音の, 音波の, 音速の (sonic). **～·ly** *adv.*

so·nance [sóʊnəns|sɔ́ʊ-]〖《1599》← L *sonāre* (↓)＋-ANCE〗 *n.* **1** 響くこと, 有声, 濁音. **2**《廃》音 (sound), 音調 (tune).

so·nant [sóʊnənt|sɔ́ʊ-]〖《1846》□L *sonant-em* (pres. p.) ← *sonāre* 'to SOUND¹': ⇨-ant〗 ── *adj.* **1** 音の; 音を出す, 響く, 鳴る (sounding). **2**〘音声〙**a** 有声音の (voiced) (cf. surd 2). **b** 〈子音が〉音節を成す (syllabic). ── *n.*〘音声〙**1** 音節主音的子音 (syllabic consonant). **2** 有声音 (cf. surd 2). **so·nan·tal** [so(ʊ)nǽnṭḷ | sə(ʊ)nǽntḷ] *adj.* **so·nan·tic** [so(ʊ)nǽnṭɪk | sə(ʊ)nǽnt-] *adj.*

so·nar [sóʊnɑə|sɔ́ʊnɑː(r)]〖《頭字語》← *so(und) na(vigation) r(anging)*〗 ── *n.* ソーナー, 水中(音波)探知機, 対潜測音機《超音波の反射してくる方向と時間によって潜水艦・機雷などの位置を測定する装置; cf. asdic, sofar》.

sónar·man [-mən, -mæ̀n] *n.* (*pl.* **-men** [-mən, -mèn])〘米海軍〙水測員, ソーナー[水中(音波)探知器]操作員《下士官》.

so·na·ta [sənάːṭə | -tə]〖《1694》□It. ～ ← (fem.p.p.) ← *sonare* < L *sonāre* 'to SOUND¹': 歌うための曲に対し奏(そう)でて鳴らす曲の意〗 ── *n.*〘音楽〙ソナタ, 奏鳴曲《バロック時代には様々な器楽曲に広く用いられ, 古典派以降は通例, allegro—adagio—scherzo (minuet)—allegro の 4 楽章からなる器楽曲をさす》: a piano ～ / ～ for violin and piano バイオリンソナタ.

sonáta fòrm *n.*〘音楽〙ソナタ形式《提示部 (exposition), 展開部 (development), 再現部 (recapitulation) からなる楽曲形式; 18 世紀後半に確立され, ソナタばかりでなく, 交響曲・協奏曲・室内楽曲の急速楽章にも用いられた最も重要な形式》.

sonáta-róndo *n.* (*pl.* **～s**)〘音楽〙ソナタロンド形式《ソナタ形式とロンド形式の結合した楽曲形式》.

so·na·ti·na [sɑ̀nətíːnə | sɔ̀n-; *It.* sonatíːna]〖□ It. ～ (dim.) ← *sonata*: ⇨ sonata〗 *n.* (*pl.* **～s, -ti·ne** [-neɪ; *It.* -ne])〘音楽〙ソナチネ《小規模なソナタ》.

sonde [sά(ː)nd | sɔ́nd]〖《1901》□F ～ 'sounding-line': cf. sound³〗 *n.*〘気象〙ゾンデ《上層の気象状態を探測する器械》: ⇨ radiosonde, rocketsonde.

son·der·class [zάndəklæ̀s | zɔ́ndəklɑ̀ːs]〖《部分訳》← G *Sonder-klasse* special class〗 ── *n.*〘ヨット〙ゾンダー級《水線上の長さ・幅・喫水の合計が 32 フィートを越えないレース用の小形ヨットの階級》.

sone [sóʊn | sɔ́ʊn]〖□L *sonus* 'SOUND¹'〗 *n.*〘物理〙ソーン《音の大きさの感覚尺度の単位; 可聴限界よりも 40 dB 大きい 1000 Hz の音波の強度を 1 sone とする》.

sones *Sp. n.* son² の複数形.

son et lu·mière [sɔ̃ː(ŋ)-eɪ-luːmiέə, sɔ́ːŋ-, -ljuː- | -miέə(r; *F.* sɔ̃elymjɛːr]〖《1958》□F ～ 'sound and light'〗 ── *n.* **1** ソンエリュミエール《歴史に基づく大規模なショーで, 夜間に記念碑などの前で特殊な照明を用いてナレーション・音楽の伴奏を入れて行なわれる》. **2** ソンエリュミエールの場面.

song [sɔ́(ː)ŋ, sάŋ|sɔ́ŋ]〖OE ～, *sang* < Gmc **saŋʒwaz* (Du. *zang* / G *Sang*) ← **saŋʒʷ-*, **seŋʒʷ-* 'to SING'〗 ── *n.* **1 a** 歌うこと, 唱歌, 声楽 (vocal music): the gift of ～ 歌う才能 / break [burst forth] into ～ 歌い出す / rejoice in ～ 歌を歌って喜ぶ / No ～, no supper.《諺》歌わなければごちそうはやれない《するだけのことをしなければこちらも何もしてやらない》. **b** 歌唱技術; 声楽曲作曲技法. **2** [集合的にも用いて] 歌曲, 歌 (cf. lied, chanson): sing a ～ 歌を歌う / a popular ～ 流行歌 / a sacred ～ 聖歌 / a ～ without words 無言歌 / ⇨ song cycle. **3 a** (歌うまたは歌にするのに適した)叙情詩, 小歌, 端唄(はうた) (ballad, lyric): be renowned in ～ 歌に歌われて名高い. **b** 歌詞. **4** 詩, 詩歌 (poetry). **5** (小鳥や虫の)鳴く声, さえずり声; (やかん・流水などの)鳴る音: the ～ of a brook 小川のせせらぎ / The birds are in full ～. 小鳥は今を盛りと歌っている.

a song and dance (1)《米》(ボードビル (vaudeville) などの)歌と踊り(の出し物, ショー). (2)《米口語》長たらしい(怪しげな)話[説明], (客寄せなどの)口上 〔*about*〕: He gave *a* ～ *and dance about* his lateness. 遅刻について長々と(もっともらしい)言い訳をした. (3) ⇨ *make a* SONG (*and dance*) *about*. ***for a song*** ＝ ***for an old song***〖昔のバラッドの刷本が非常に安かったこと, または旅芸人に与えたチップが少額だったことから〗二束三文で, 捨値で, ただみたいに: go *for a* ～ 捨値で手放される / buy [sell] *for a* ～ 二束三文で買う[売る], 捨値で買う[売る]. ***make a song*** (***and dance***) ***about***《口語》…のことで無用に騒ぎ立てる, 大騒ぎする: It's nothing to *make a* ～ *about*. そんなことで騒ぐ程のことでもない[どうでもいい]事だ.

Song of Ascents [Degrees] [the ―]〘聖書〙みやこもうでの歌《「詩篇」120–134 の 15 歌の一つ; 昔ユダヤの巡礼者がエルサレム (Jerusalem) に上る途上または宮の十五の階段を上がる時に歌ったという; Gradual Psalm ともいう》.

Song of Roland [The ―] ⇨ Chanson de Roland.

Song of Solomon [Songs] [The ―] (旧約聖書の)雅歌, ソロモンの歌《the Canticles または The Canticle of Canticles ともいう》.

Song of the Three Children [The ―]〘聖書〙三童児の歌《外典 (Apocrypha) の一書; Douay Bible ではダニエル書 3 章の一部》.

sóng·bìrd *n.* **1**〘鳥類〙鳴鳥, 鳴禽(めいきん) (singing bird); (特に)スズメ目真正スズメ亜目の鳥類の総称. **2** 女性歌手, 歌姫.

sóng·bòok〖OE *sangbōc*〗 *n.* 歌集, 唱歌帳; 賛美歌集.

Song Coi [sɔ́(ː)ŋ-kɔ́ɪ, sάŋ- | sɔ́ŋ-] *n.* [the ～] ソンコイ(川)《中国雲南省にその源を発しベトナムの Tonkin 湾に注ぐ; 全長約 805 km; 英語名 Red River》.

sóng cỳcle *n.*〘音楽〙連作歌曲集《例えば Schubert の *Die schöne Müllerin*「美しき水車小屋の娘」, *Winterreise*「冬の旅」のように, 各曲が互いに関係をもっている歌曲集》.

sóng·fèst *n.*《米》**1** 一般の人がポピュラーソングやフォークソングなどを歌う会. **2** (フォークソングなど)聴衆も歌手と共に歌う音楽会.

sóng fòrm *n.*〘音楽〙歌曲形式《ソナタ形式ほど厳密に定義されず, 一般に ABA の三部形式 (ternary form) を, 時には二部形式 (binary form) をさす; 必ずしも声楽曲に限定されない; cf. sonata form》.

song·ful [sɔ́(ː)ŋfəl, sάŋ- | sɔ́ŋ-]〖ME〗 *adj.* **1** 歌の多い; よく歌う. **2** 調子のよい. **～·ly** *adv.* **～·ness** *n.*

sóng·less *adj.* 歌のない, 歌わない; 〈小鳥など〉鳴け[さえずれ]ない. **～·ly** *adv.*

sóng·smìth *n.* (歌の)作曲家.

sóng spàrrow *n.*〘鳥類〙ウタスズメ (*Melospiza melodia*)《米国産のスズメの類の鳴鳥》.

song·ster [sɔ́(ː)ŋstə, sάŋ- | sɔ́ŋstə(r)]〖OE *sangestre* woman singer: ⇨ -ster〗 ── *n.* **1 a** 歌う人, 歌手 (singer). **b** 鳴鳥, 鳴禽(めいきん) (songbird). **2** 歌人, 詩人. **3**《米》歌集; (特に)ポピュラーソング歌集.

song·stress [sɔ́(ː)ŋstrɪs, sάŋ-, -strəs | sɔ́ŋ-]〖《1703》: ⇨↑, -ess¹〗 *n.* (特に, ジャズの)女性歌手.

sóng thrùsh *n.*〘鳥類〙ウタツグミ (*Turdus philomelus*)《ヨーロッパ産のツグミの一種; ヨーロッパではその歌声は nightingale に次いで賞美される; throstle ともいう》.

sóng·writer *n.* (特に)ポピュラーソングの作詞[作曲]家.

son·i- [sάnɪ, -nə | sɔ́nɪ] sono- の異形 (⇨ -i-): *sonifer*ous.

So·nia [sóʊnjə, -niə | sɔ́nɪə, sɔ́ʊn-, -njə; *Russ.* sónjə]〖□ Russ. ～ (dim.): ⇨ Sophia〗 *n.* 女性名《異形 Sonya》. ★ この名が英国で用いられ出したのは Stephen McKenna 作の同名の小説 (1917) による.

son·ic [sάnɪk | sɔ́n-]〖← SONO-＋-IC¹〗 ── *adj.* **1** 音の. **2** 〈音波・振動が〉人間の耳に可聴範囲内の周波数をもつ. **3** 音波(利用)の: a ～ altimeter 音波高度計. **4**〘物理〙音速の (cf. hypersonic, subsonic, supersonic, transonic). **5** 音を発することのできる. **són·i·cal·ly** *adv.*

son·i·cate [sάnɪkèɪt, -nə-|sɔ́nɪ-]〖⇨↑, -ate³〗 ── *vt.* 〈細胞・ウイルスを〉超音波で処理する[崩壊させる]. **son·i·ca·tion** [sɑ̀nɪkéɪʃən, -nə- | sɔ̀nɪ-] *n.* **són·i·cà·tor** [-tə | -tə(r)] *n.*

sónic báng *n.*〘航空〙＝sonic boom.

sónic bárrier *n.*〘航空〙音(速)の障壁《飛行機の速度が音速に近づくと, 空気抵抗が著しく増すなどの障害が生じ, プロペラ機の時代には音速は越え難い障壁と考えられていた; sound barrier, transonic barrier ともいう; cf. thermal barrier b》.

sónic bóom *n.* 〖航空〗ソニックブーム, 衝撃波音《航空機が超音速で飛ぶ時に生じる衝撃波が地表に達して観測される圧力変動で, 近い所ではガラスなどを破損する爆発音, 遠い所では遠雷のような音》.

sónic dépth fìnder *n.* 〖海事〗音響測深機《音波が海底に達して戻って来るのに要する時間によって深さを刻々示す器械; echo sounder ともいう》.

sónic míne *n.* ＝acoustic mine.

son·ics [sánɪks | sɔ́n-] 〖⇨ sonic, -ics〗 *n.* 音響学《音の実際的応用を取り扱う学問》.

so·nif·er·ous [sənɪ́f(ə)rəs, so(ʊ)- | sə(ʊ)-] 〖← SONO- ＋ -FEROUS〗 *adj.* 音を伝える; 音を生じる.

són-in-làw 〖ME〗 *n.* (*pl.* **sons-**) 娘婿, 女婿(ɕɕ) (cf. daughter-in-law).

són·less 〖ME〗 *adj.* 息子のない; 跡取りのない.

Son·ne·ra·ti·a·ce·ae [sɑ̀nərèɪʃiéɪsiiː | sɔ̀nərèɪʃɪ-] 〖← NL ～ ← *Sonneratia* (属名: ← *Pierre Sonnerat* (1748 (または '49)–1814: フランスの博物学者)＋-IA[1]＋-ACEAE〗 ― *n. pl.* 〖植物〗ハマザクロ科《広義のミソハギ科に入れることもある》.

son·net [sɑ́nɪt, -nət | sɔ́nɪt] 〖《1557》⊏ F ～ ∥ It. *sonett-o* (dim.) ← *suono* ＜ L *sonum* 'SOUND[1]': ⇨ -et〗 ― *n.* **1** 〖詩学〗ソネット, 14 行詩. ★ イタリア起源の短詩型で典型的には各行弱強 5 歩格; イタリア風ソネット (Italian [Petrarchan] sonnet) では 8 行の octave (a b b a a b b a の押韻形式をとる二つの quatrains) に 6 行の sestet (c d c d c d または c d e c d e の押韻形式をとる二つの tercets) がつく; 英詩に多いイギリス風ソネット (English [Shakespearean] sonnet) では三つの 4 行連句 (quatrains) に押韻の対句 (couplet) がつき, 押韻形式は a b a b c d c d e f e f g g となる. **2** 《廃》(恋愛などを主題とする叙情的な)短詩. ― *v.* (**son·net·ed, -net·ted; -net·ing, -net·ting**) ― *vi.* ソネットを書く[作る]. ― *vt.* …をソネットでたたえる, …についてソネットを作る.

son·net·eer [sɑ̀nətíə | sɔ̀nɪtíə(r, -nə-] 〖《1665》⊏ It. *sonettiere*: ⇨ ↑, -eer〗 ― *n.* **1** ソネット詩人. **2** [通例軽蔑的に] へぼ[二流]詩人. ― *v.* ＝sonnet.

son·net·ize [sɑ́nətàɪz | sɔ́nɪ-] *v.* ＝sonnet.

Son·nets [sɑ́nɪts, -nəts | sɔ́nɪts] *n.* 「ソネット集」《Shakespeare が書いた 154 編の十四行詩からなる (1593–99)》.

sónnet sèquence *n.* (一貫したテーマをもつ)一連のソネット, ソネット集.

son·ny [sʌ́ni | -nɪ] 〖← SON[1]＋-Y[2]〗 *n.* 《口語》 **1** [親しみをこめた呼掛けに用いて] 坊や (little son). **2** [軽蔑・嘲笑を表わす呼掛けに用いて] 若造, お若いの.

son·o- [sɑ́no(ʊ) | sɔ́nə(ʊ)] 〖← L ～ ← *sonus* 'SOUND[1]'〗「音 (sound)」の意の連結形: *sonometer*. ★ 時に soni-, また母音の前では通例 son- になる.

sóno·bùoy 〖← SONO- ＋ BUOY〗 ― *n.* 〖海事〗ソノブイ, 自動電波発振浮標《水中聴音装置と送信装置を備えた潜水艦探知用の小形浮標; 潜水艦のいそうな場所に飛行機から投下する》.

sòno·chémistry *n.* 音化学, 音響化学《超音波の化学的応用に関する化学の一分野》. **sòno·chémical** *adj.*

són-of-a-bítch *n.* 《卑》＝a SON[1] *of a bitch.*

so·nom·e·ter [sənɑ́mətə | sə(ʊ)nɔ́mɪtə(r, -mə-] 〖← SONO-＋-METER[1]〗 *n.* **1** 〖物理〗＝monochord 1. **2** 〖医学〗聴力計 (audiometer).

So·no·ra [sənɔ́ːrə, -nóːrə | -nɔ́ːrə; *Sp.* sonóra] *n.* ソノラ(州)《メキシコ北西部, California 湾に沿う州; 人口 1,099,000, 面積 184,934 km², 首都 Hermosillo》.

so·no·rant [sənɔ́ːrənt, -nóːr- | sə(ʊ)nɔ́ːr-] 〖← SONO-R(OUS)＋-ANT〗〖音声〗 *n.* **1** 共鳴音 (resonant). **2** 鳴音《母音や半母音以外の共鳴音; 例: [r], [l], [m], [n]》. ― *adj.* 鳴音の.

so·no·rif·ic [sɑ̀nərɪ́fɪk | sɔ̀n-] 〖← L *sonor* 'SOUND[1]'＋-IFIC〗 *adj.* 音[音響]を発する.

so·nor·i·ty [sənɔ́ːrəti, -nɑ́r- | sə(ʊ)nɔ́rəti, -rɪ-] 〖⊏ ML *sonōritās* ← LL 'melody' ← L *sonōrus*: ⇨ ↓, -ity〗 ― *n.* **1** よく響き渡ること, 反響; 響き渡る音. **2** 〖音声〗(音の)きこえ(度)《ある音が遠くまで聞える程度》.

so·no·rous [sənɔ́ːrəs, -nóːr-, sɑ́nər- | sə(ʊ)nɔ́ːr-, sɔ́nər-] 〖《1611》⊏ L *sonōrus* ← *sonōr-*, *sonor* sound ← *sonāre* to sound (cf. *sonus* 'SOUND[1]'): ⇨ -ous〗 ― *adj.* **1** 鳴り響く (resonant), 響き渡る, 朗々とした (loud-sounding): a ～ voice. **2** (楽器・金属を叩いた時など)響き渡る音を出す. **3 a** 〈詩文・文体など〉調子の高い, 堂々たる (high-sounding). **b** 〈演説など〉誇張した, 大言壮語の. **4** 〖音声〗きこえ(度) (sonority) の大きい. **～·ly** *adv.* **～·ness** *n.*

són·shìp *n.* 息子であること, 息子の身分, 親子の関係.

son·sy [sɑ́nsi | sɔ́nsɪ] 〖《1533》← 《方言》*sonse* prosperity ⊏ Gael. *sonas* good fortune ← *sona* fortunate: ⇨ -y[4]〗 ― *adj.* (*also* **son·sie** [～]) (**son·si·er; -si·est**) 《スコット・アイル・北英》 **1** 健康で美しい; きれいな. **2** 人のいい, 気立てのいい: a ～ lass. **3** 幸運な.

Son·tag [sɑ́ntæːg, sɔ́ː(ː)n- | sɔ́n-], **Susan** *n.* (1933–) 米国の女流批評家・小説家; *Against Interpretation* (1966).

So·nya [sóunjə, -niə | sɔ́ntə, sáʊn-, -njə; *Russ.* sónjə] 〖《変形》← SONIA〗 *n.* 女性名.

Sóo Canáls [súː-] *n. pl.* [the ～] ＝Sault Ste. Marie Canals.

Soo·chow [sùːtʃáʊ; *Chin.* sūtʂōu] *n.* 蘇(ᵗ)州《中国江蘇省 (Kiangsu) 南東部の都市》.

soo·ey [súːi | súːɪ] 〖《転訛・変形》? ← sow[2]〗 *int.* 豚を呼ぶときの発声.

Soo·fee [súːfi | -fɪ] *n.* ＝Sufi[1].

soo·gee [súːdʒi | -dʒɪ] 〖← ? Jap. (掃除)〗〖海事〗 *vt.* 〈甲板・船のペンキなどを〉洗い落とす. ― *n.* 洗い落としに用いる麻糸・石鹸液.

sook [sʊ́k] 〖← 《英方言》*suck* call-word for a calf〗 *n.* 《豪》(子供の)弱虫 (coward).

sool [súːl] 〖← 《英方言》*sool* to pull by the ears ← ?〗 *vt.* 《豪》 **1** 〈犬を〉けしかけて攻撃させる. **2** 〈犬が〉〈他の動物を〉けしかける.

soon [súːn, sʊ́n | súːn] 〖OE *sōna* ＜ (WGmc) **sǣnō* (OHG *sān(o)* / Goth *suns* immediately)〗 ― *adv.* (**～·er; ～·est**) **1** もうすぐ, 間もなく, じきに, そのうち (before long): It ～ became clear that …ということが間もなく明らかになった / Summer will ～ be here. じきに夏が来る / You'll be better ～. すぐによくなるよ / They arrived ～ after sunset. 一行は日が暮れてから間もなく到着した / He married ～ after. その後間もなく結婚した. **2** 早く, 早目に (early): at the ～*est* いくら早くても / as ～ as possible [one can] できるだけ早く[すみやかに], 一刻も早く / How ～ can I expect you? どのくらい早く来てくれますか / How ～ can you get it ready for me? いつまでに仕上げてくれますか / Winter has come rather ～ this year. ことしは冬の来方が早かった / We got there (half an hour) too ～. (30 分も)早くそこに着き過ぎた / You spoke too ～. 早く口を開き過ぎた, もう少し黙っているべきだった, 少々早まった / The ～*er*, the better. 早いほどいい. **3** すみやかに (quickly, promptly); やすやすと, わけ[造作]なく (easily, readily): You will ～ get the better of him. やつならじき[わけなく]やっつけられるだろう / *Soon* gotten, ～ spent. 《諺》得やすければ失いやすい (cf. 「悪銭身につかず」) / *Soon* hot, ～ cold. 《諺》熱しやすいものは冷めやすい, 「早好きの早倦き」/ *Soon* learnt, ～ forgotten. 《諺》覚えることの早いものは忘れることも早い, 「早合点の早忘れ」/ He could *as* ～ write an epic *as* drive a car. 彼に自動車の運転ができるくらいなら叙事詩だって書けるよ. **4** [通例 would [had] as ～…as, would [had] ～er…than などの形式で] 進んで, 喜んで, 快く (willingly, gladly) (cf. *as* SOON *as not*); むしろ (rather): I *would as* ～ walk *as* ride. 乗っても歩いてもいい; 乗るくらいなら歩きたい / Will you come?—I'd just *as* ～ not. 一緒に行きますか—(どちらかと言えば)あまり行きたくありません《★ not の後に come as come が慣用的に省かれたもの》/ I *would* stay at home *as* ～ (*as* not). むしろ家にいたい / I *would* ～*er* die *than* do it [*than* you should leave me]. それをする[見捨てられる]くらいなら死んだ方がましだ (cf. SOONER *than*) / I'd ～*er* you didn't pay me compliments. 君にお世辞なんか言ってもらいたくない / Which *would* you ～*est* do? どれを一番したいと思いますか. **5** 《方言》遅くならないうちに, 早く (early): ～ at night [in the morning] 夜すぐ[朝早く]. **6** 《廃》直ちに, すぐ (immediately, at once).

as soon as …するや否や, …したとたんに: Be off *as* ～ *as* you have finished it. それがすんだらすぐ出かけなさい. ★ 特に, 否定語の後や, 理由・条件などの観念が加わると so soon as となる場合がある: I did*n't* arrive *so* [*as*] ～ *as* I expected. 思っていたほど早く着かなかった / *So* [*As*] ～ *as* there is any talk of money, he cools down. 金の話になるとたんに[いつも]彼は気乗り薄になる. ***as soon as not*** どちらかといえば, むしろ喜んで (cf. 4): I would stay here *as* ～ *as not.* むしろここにいたい. ***no sooner…than*** …するかしないうちに, するや否や: He had *no* ～*er* [*No* ～*er* had he] seen me *than* he ran off. 私を見るが早いか逃げ去った / *No* ～*er* said *than* done. 言うや否や実行された[した], 電光石火の速さでやった. ***sooner or later***＝***soon or late*** 遅かれ早かれ, いつかは, 早晩. ***sooner than*** …よりはむしろ (rather than) (cf. 4): *Sooner than* travel by air, I'd prefer a week on a big liner. 飛行機で行くよりはむしろ 1 週間のゆったりとした船旅のほうがいい.

soon·er [súːnə, sʊ́nə | súːnə(r] 〖← SOON (adv.)＋-ER[1]〗 《(compar.) ← SOON》 ― *n.* 《米》 **1** 抜けがけ屋《政府の未開拓地開放に先立って, その地に行って先取権を得る人》. **2** 抜けがけする人. **3** [S-] 米国 Oklahoma 州人の愛称.

Sóoner Stàte *n.* [the ～] 米国 Oklahoma 州の愛称.

Soong [sʊ́ŋ; *Chin.* sùŋ] *n.* (旧中国で四大家族と称せられた宋子文 (Soong Tzu-Wên) の一族).

Soong [sʊ́ŋ; *Chin.* sùŋ], **Charles Jones** *n.* 宋耀如《(?–1927; 中国の商人; いわゆる四大家族の一人である宋子文はじめ以下四人の父》.

Soong Ai-ling [sʊ́ŋàɪlɪ́ŋ; *Chin.* sùŋ àilíŋ] *n.* 宋靄(ᵃ)齢《1888–1973; 中華民国の政治家孔祥熙 (H. H. Kung) の妻》.

Soong Ching-ling [sʊ́ŋ-tʃɪ̀ŋlɪ́ŋ; *Chin.* sùŋ tɕìŋlíŋ] *n.* 宋慶齢《1890–1981; 中華人民共和国副主席 (1959–81); 孫文 (Sun Wên) の妻》.

Soong Mei-ling [sʊ́ŋ-mèɪlɪ́ŋ; *Chin.* sùŋ měilíŋ] *n.* 宋美齢《1901– ; 台湾の政治家; 蔣介石 (Chiang Kai-shek) の妻》.

Soong Tzŭ-wên [sʊ́ŋ-tsʊ̀wʌ́n; *Chin.* sùŋ tsɨuə́n] *n.* 宋子文《1891–1971; 中国の理財家; 浙江財閥と密接な関係があり, 国民政府行政院院長 (1932–33; 1944–47); 英語名 T. V. Soong で知られた》.

soor·kee [súəki | súəkɪ] 〖⊏ Hindi *surkhī* ⊏ Pers. *surkhī* 《原義》redness ← *surkh* red〗 *n.* 《インド》れんが粉末《モルタル製造に用いたり路面に敷いたりする》.

soot [sʊ́t, sʌ́t, súːt | sʊ́t] 〖OE *sōt* ＜ Gmc **sōtam* 《原義》that which settles (Du. 《方言》*zoet* / G 《方言》*Sott*) ← IE **sed-* 'to SIT'〗 ― *n.* **1** すす, 煤(ᵇ)煙. **2** すす色, 黒褐色 (sooty black). ― *vt.* すすでおおう, すすだらけにする, すすで汚す.

soot·er·kin [sʊ́təkɪn, -kən | sʊ́təkɪn] 〖⊏ ? Du. 《方言》**zoetkijn* (dim.) ← 《方言》*zoet* soot: ⇨ ↑, -kin〗 ― *n.* 《英古》 **1** (もとオランダの婦人がストーブにあたっていると生れ出ると言い伝えられた想像上の)後産(ᵃᵗ)《ねずみに似た物だと信じられた》. **2 a** 失敗に終わる計画, 物にならぬ企て. **b** 不完全な文学作品. **3** 《古》オランダ人 (Dutchman).

sooth [súːθ] 〖adj.: OE *sōþ* ＜ Gmc **sanþaz* (Goth **sunjis* true) ＜ IE **sontos* 《原義》existing ← **es-* to be (cf. is, sin[1]: ⇨ esse)〗 ― *n.* 《古》真実 (truth), 事実, 実際 (reality): say [speak, tell] the ～ 本当の事[事実]を言う / ⇨ forsooth.

in (***good, very***) ***sooth*** 実際 (really), 真に (truly). ***sooth to say*** 《古》実を言えば (truth to tell).

― *adj.* (**～·er; ～·est**) **1** 《古》真実な, 真の (true), 実際の (real). **2** 《古・詩》和らげる (soothing), 柔らかな (soft), 滑らかな (smooth).

― *adv.* 《古》本当に, 真実 (indeed).

soothe [súːð] 〖OE *sōþian* to show to be true ← *sōþ* (↑)〗 ― *vt.* **1** なだめる, すかす (calm down); 慰める (comfort); 〈神経・感情などを〉鎮静する, 落ち着かせる (tranquilize): ～ a crying baby 泣く子をなだめすかす / ～ a person's nerves 人の神経を静める. **2** 〈苦痛などを〉和らげる, 軽減する (allay, mitigate), 鎮静する (assuage): ～ the pain of a toothache 歯痛の苦しみを和らげる. **3** 〈人〉の機嫌を取る, 喜ばす (humor): ～ a person [a person's vanity] 人の機嫌を取る[人の虚栄心を満足させる]. ― *vi.* 平静[鎮静]をもたらす; なだめる, 静まる.

sóoth·er *n.* なだめる[すかす, 慰める, 和らげる]人[もの].

sóoth·fàst 〖OE *sōþfæst*: ⇨ sooth, fast[2]〗 *adj.* 《古》 **1** 真実の, 本当の (true). **2** 忠実な, 忠義な (loyal).

sóoth·ing *adj.* なだめる, 慰める, 和らげる, 鎮静する. **～·ly** *adv.* **～·ness** *n.*

sooth·say [súːθsèɪ] 〖《逆成》↓〗 *vi.* (**sooth·said; -say·ing; -says**) 予言する, 占う (predict).

sóoth·sàyer 〖《1340》: ⇨ sooth, sayer〗 *n.* **1** 占い者, 予言者 (diviner, prophet). **2** 〖昆虫〗＝mantis.

sóoth·sàying *n.* **1** 予言する[占う]こと. **2** 予言, 占い.

sóot·less *adj.* すすのない, 煤煙の出[生じ]ない.

soot·y [sʊ́ti, sʌ́ti, súːti | sʊ́tɪ] 〖《*c*1250》: ⇨ soot, -y[4]〗 ― *adj.* (**soot·i·er; -i·est**) **1 a** すすの, すすのような. **b** すすを生じる, すすでできた: ～ smoke 煤(ᵇ)煙. **2** すすけた, すすだらけの, すすで汚れた: a ～ face すすだらけの顔. **3** (特に)〈動物・鳥が〉すすのように黒い, すす色の, 真黒な (black, dusky). **sóot·i·ly** [-tɪli, -tə-, -tɪli | -tɪlɪ, -tə-] *adv.* **sóot·i·ness** *n.*

sóoty álbatross *n.* 〖鳥類〗ハイイロアホウドリ (*Phoebetria fusca*)《南極圏にすむ全身灰色のアホウドリ》.

sóoty bláck *n.* すす色, 黒褐色.

sóoty blótch *n.* 〖植物病理〗すす点病《リンゴノススイ斑病菌 (*Gloeodes pomigena*) によってリンゴやナシに黒い斑点ができる病気》.

sóoty móld *n.* 〖植物病理〗 **1** すす病《菌によって起こるカンキツ属 (*Citrus*) の植物の病気; 冒された部分に黒いすす状の菌糸が生える》. **2** すす病菌《すす病を起こす Capnodiaceae 科や Meliolaceae 科の菌》.

sóoty shéarwater [**pétrel**] *n.* 〖鳥類〗ハイイロミズナギドリ (*Puffinus griseus*)《南太平洋や日本近海にすむミズナギドリ属の鳥》.

sóoty térn *n.* 〖鳥類〗セグロアジサシ (*Sterna fuscata*)《熱帯地方にすむカモメ科アジサシ属の背が黒く腹が白い鳥》.

sop [sɑ́p | sɔ́p] 〖lateOE *sopp* ← ? *sūpan* 'to SUP[1]': cf. OF *so(u)pe* (⇨ soup)〗 ― *n.* **1** 《方言》(牛乳・スープ・ぶどう酒などに浸して食べる)パン切れ: a ～ in the pan 肉汁に浸したパン切れ. **2** 水びたしの物, びしょぬれのもの: The ground is a mere ～. 地面はびしょぬれだ. **3** 機嫌を取るためのもの, 賄賂(ᵂᶦ), 鼻薬, その下 (bribe). **4** 《口語》意気地なし, 腰抜け.

give [***throw***] ***a sop to Cerberus*** ケルベロス(地獄の番犬)に餌をやって地獄へ通る; 面倒な人を買収する.

― *v.* (**sopped; sop·ping**) ― *vt.* **1** 〈パン切れを〉〔…に〕浸す (soak)〔*in*〕: ～ bread *in* gravy 肉汁の中にパンを浸す. **2** びしょぬれにする (drench): be ～*ped* through [to the skin] びしょぬれ[ずぶぬれ]になる. **3** 吸わして取る, 吸い取る (absorb) 〈*up*〉: ～ *up* the spilt water *with* a cloth ふきんでこぼれた水をふき取る / ～ *up* the gravy *with* bread パンで肉汁を吸い取る. **4** 買収する, …に賄賂を使う (bribe). ― *vi.* **1** 〈水が〉しみ込む, しみ通る 〈*in*〉. **2** ずぶぬれ[びしょぬれ]になる (cf. sopping).

SOP, S.O.P. 《略》standard operating procedure; standing operating procedure.

sop. 《略》soprano.

soph [sɑ́(ː)f | sɔ́f] *n.* 《口語》＝sophister; sophomore.

soph. 《略》sophister; sophomore.

Soph. 《略》Sophocles.

so·pher, S- [sóufə | sə́ufə(r)] 〘◻ Heb. *sōphēr*〙 *n.* (*pl.* ~·**im** [sóufərɪm, -rəm, -rì:m | sə́ufərɪm, -rì:m]) 〘ユダヤ教〙 = scribe[1] 3.

So·phi·a [səfí:ə, -fáɪə | sə(u)fáɪə] 〘← Gk *sophíā* wisdom ← *sophós* : ⇨ sophism〙 *n.* 女性名《愛称形 Sophie, Sophy ; 異形 Sonia, Sonya》.

So·phie [sóufi | sə́ufɪ] 〘(dim.) ↑ : ⇨ -ie〙 *n.* 女性名.

soph·ism [sɑ́fɪzm | sɔ́f-] 〘《16 C》◻ L *sophisma* ∽ 《*c*1350》 *sophime* ◻ OF (F *sophisme*) ◻ L *sophisma* ◻ Gk *sóphisma* clever device, artifice ← *sophízesthai* to devise ← *sophós* wise ; ⇨ -ism〙 ── *n.* **1** 詭弁(きべん)《形式・外見上は正しくとも, 実際には誤っているもっともらしい議論》; 曲論, こじつけ, 屁(へ)理屈. **2** 誤った[人を惑わす]議論, 謬論 (fallacy) (cf. paralogism).

soph·ist [sɑ́fɪst, -fəst | sɔ́fɪst] 〘《1542》◻ L *sophista* ◻ Gk *sophistḗs* expert, deviser ← *sophizesthai* (↑) : ⇨ -ist〙 ── *n.* **1** [しばしば S-] ソフィスト, 詭弁学者《古代ギリシャで都市を巡って修辞・弁論術などの知識を人々に教え謝礼を得た一群の知者たち; 後期の人人の中には単なる詭弁(きべん)の徒も生れ悪評を買った》. **2** 詭弁家, 曲論家, 屁(へ)理屈屋 (quibbler). **3** 学者.

soph·is·ter [sɑ́fɪstə, -fəs- | sɔ́fɪstə(r)] 〘《*a*1387》◻ OF *sophistre* 《変形》← L *sophista* (↑)〙 ── *n.* **1** 詭弁(きべん)家. **2** (Cambridge 大学, Dublin 大学の Trinity College で)二年生, 三年生 (略 soph.) (cf. sophomore, freshman). **3** 《廃》(古代ギリシャの)ソフィスト, 詭弁学者 (sophist).

so·phis·tic [səfístɪk, sə-, so(u)- | sə(u)-] 〘《1549》◻ L *sophistic-us* : ⇨ sophist, -ic[1]〙 ── *adj.* **1** (古代ギリシャの)詭弁(きべん)学派の : a ~ syllogism 詭弁的三段論法 / the ~ school 詭弁学派. **2** 詭弁(家)の, 詭弁を弄する, こじつける, 屁(へ)理屈を並べる. ── *n.* ソフィストの学説[論法]; 詭弁 (sophistry).

so·phís·ti·cal [-tɪkəl, -tə- | -tɪ-] 〘《1483》← L *sophisticus* (↑) + -AL[1]〙 *adj.* **1** = sophistic. **2** 詭弁に似た, 詭弁的な. **~·ly** *adv.*

so·phis·ti·cate [səfístəkèɪt | -tɪ-] 〘《*c*1400》← ML *sophisticāt-us* (p.p.) ← *sophisticāre* ← L *sophisticus* sophistic ◻ Gk *sophistikós* ← *sophistḗs* : ⇨ sophist, -ic[1], -ate[2,3]〙 ── *vt.* **1 a** 純真[自然, 純朴]でなくする, 不自然にする. **b** 〈人を〉世間慣れさせる; (都会的に)洗練させる. **2** 〈機械などを〉複雑化する; 精巧にする. **3** 《まれ》 **a** 〈酒・たばこなどに〉混ぜものをして質を悪くする. **b** 〈議論・テキストなどを〉都合のよいように訂正する, みだりに改める; 改竄(かいざん)する. **4** 〈人を〉(詭弁を弄(ろう)して)惑わす. ── *vi.* 詭弁を弄する, こじつける, 屁(へ)理屈を並べる (quibble). ── [-tɪkət, -tə-, -kɪt, -təkèɪt | -tɪ-] *n.* 世間慣れした人; (都会的に)洗練された人, 文化人 : a restaurant catering to ~*s* 通人相手の料理店. ── *adj.* = sophisticated.

so·phís·ti·càt·ed [-tɪd, -təd | -tɪd, -təd] 〘《1603》〙 ── *adj.* **1 a** 純真さ[自然さ, 純朴さ]のなくなった. **b** 〈人・思想・趣味・態度など〉(教育・経験などによって)世間慣れした, 世故にたけた (worldly-wise); もの知りの, 如才ない (knowing). **c** 洗練された, 教養のある, 都会的な (refined) : a ~ newswriter / linguistically ~ 言語学の知識[素養]のある; 外国語の知識[素養]のある. ★ 今は c の意味が普通. **2 a** 〈機械・方式など〉高度に複雑な, 精巧な, 高性能な : ~ equipment / a ~ technique 手のこんだ技術 / a ~ computer 高性能のコンピューター. **b** 〈自動車など〉最新の装置を施した. **3** 〈文体・作品など〉技巧を凝らした, 凝った, 高級な, 俗受けしない, インテリ向けの : a ~ style, novel, etc. **4** 《まれ》混ぜものをした; ごまかした, こじつけた; 改竄(かいざん)した : a ~ oil, text, etc. **~·ly** *adv.*

so·phis·ti·ca·tion [səfìstəkéɪʃən | -tɪ-] 〘《*c*1400》◻ OF ~ // ML *sophisticātiō(n-)* : ⇨ sophisticate, -ation〙 ── *n.* **1 a** 純真でなくする[なる]こと, 不自然. **b** 世間慣れ, 世故にたけること, 如才なさ. **c** (知的な)洗練, 知的素養, ソフィスティケーション : scientific ~ = ~ *in* science 科学の知識[素養]. **2** 複雑化; 複雑微妙(なこと). **3** 混ぜものをすること, (混ぜものをして)悪くすること; 改竄(かいざん). **4 a** 詭弁(きべん)を用いること. **b** こじつけ (quibble), 詭弁 (sophism).

soph·is·try [sɑ́fɪstri, -fəs- | sɔ́fɪstrɪ] 〘《1340》 *sophistrie* ◻ OF (F *sophisterie*) ← *sophistre* : ⇨ sophister, -y[1]〙 ── *n.* **1** 詭弁(きべん)法. **2** 詭弁, 屁(へ)理屈 (sophism). **3** 詭弁を弄(ろう)すること.

Soph·o·cle·an [sɑ̀fəklí:ən | sɔ̀fəklí:ən, -klíən] *adj.* ソフォクレス (Sophocles) (風)の.

Soph·o·cles [sɑ́fəklì:z | sɔ́f-] *n.* ソフォクレス《496?–406 B.C.; 古代ギリシャの三大悲劇詩人の一人; *Antigone, Oedipus Tyrannus*「オイディプス王」》.

soph·o·more [sɑ́f(ə)mɔ̀ə, -mòə | sɔ́fəmɔ̀:(r)] 〘《1688》← Gk *sophós* wise + *mōrós* foolish ∽ 《廃》 *sophumer* ← 《廃》 *sophum* 'SOPHISM'〙 ── *n.* **1** 《米》(四年制高校・大学の)二年生 (略 soph.) (cf. freshman 1, junior 4, senior 3 a). **2** 二年の経験を積んだ人, 二年目の人.

soph·o·mor·ic [sɑ̀fəmɔ́(:)rɪk, -mɔ́:r-, -mɑ́r- | sɔ̀fəmɔ́r-] 〘⇨ ↑, -ic[1]〙 ── *adj.* 《米》 **1** (高校・大学の)二年生の; 二年生くさい[ぶった]. **2** 気取っているが未熟な; 生意気な, 青くさい, 知ったかぶりをする.

sòph·o·mór·i·cal [-rɪkəl, -rə- | -rɪ-] *adj.* = sophomoric. **~·ly** *adv.*

so·phros·y·ne [səfrɑ́səni, -sṇi | -frɔ́sɪnɪ] 〘◻ Gk *sōphrosúnē* ← *sṓphrōn* prudent〙 *n.* **1** 節制 (temperance). **2** 自制; 慎重(prudence) (cf. hubris). 「女性名.」

So·phy[1] [sóufi | sə́ufɪ] 〘(dim.) ← SOPHIA : ⇨ -y[2]〙 *n.*

So·phy[2], **s-** [sóufi | sə́ufɪ] 〘《1589》◻ Pers. *ṣafī* (王朝の名)〙 *n.* 《古》イランのサファヴィー朝 (Safavid) の支配者の称号.

-so·phy [← səfi | -fɪ] 〘《15 C》 *-sophie* ◻ OF ◻ L *-sophia* ← Gk *sophíā* wisdom : ⇨ Sophia〙「思想体系; 学」の意の名詞連結形 : philo*sophy*.

so·por [sóupə, -pɔə | sə́upə(r, -pɔ:(r)] 〘◻ L *sōpor* sleep (cf. L *somnus*) : ⇨ somni-〙 *n.* 〘病理〙嗜眠(しみん), 昏(こん)眠 (stupor).

sop·o·rif·er·ous [sɑ̀pəríf(ə)rəs, sòup- | sɔ̀p-, sə̀up-] 〘《1590》← L *sopōrifer* (⇨ ↑, -fer) + -OUS〙 ── *adj.* 眠らせる, 催眠の(soporific) : a ~ draught [medicine] 催眠剤, 眠り薬. **~·ly** *adv.* **~·ness** *n.*

sop·o·rif·ic [sɑ̀pərífɪk, sòup- | sɔ̀p-, sə̀up-] 〘⇨ sopor, -fic〙 ── *adj.* **1** 眠らせる, 催眠性の. **2** 眠い, 眠そうな (sleepy), 眠気のする (drowsy). ── *n.* 催眠剤, 眠り薬; 麻酔剤 (narcotic). 「**~·ly** *adv.*」

sòp·o·ríf·i·cal [-fɪkəl, -fə- | -fɪ-] *adj.* = soporific.

sop·o·rose [sɑ́pəròus, sóup- | sɔ́pərə̀us, sə́up-] 〘← SOPOR + -OSE[1]〙 *adj.* 〘医学〙嗜眠(しみん)性の, 昏睡状態の.

sóp·ping *adj.* **1** びしょぬれの, ずぶぬれの (soaked, drenched). **2** [副詞的に] びしょびしょに, びっしょり : be ~ wet びしょぬれである[ずぶぬれになる].

sop·py [sɑ́pi | sɔ́pɪ] 〘《1611》: ⇨ -y[4]〙 ── *adj.* (**sop·pi·er; -i·est**) **1** 〈土地など〉びしょぬれの, ずぶぬれの (drenched), ぐじゃぐじゃの, びしょびしょの (sloppy). **2** 〈天候が〉雨の, 雨天の (rainy) : a ~ day. **3** 《英口語》めそめそした, いやに涙もろい, ひどく感傷的な (mawkish, sentimental) : a ~ smile 泣き笑い. ***be soppy on*** …にべたぼれする, うつつを抜かす.

sóp·pi·ness *n.*

so·pra·ni·no [sòuprəní:nou, sɑ̀p- | sə̀uprəní:nəu, sɔ̀p-] 〘◻ It. ~ (dim.) ← SOPRANO〙 ── *n.* (*pl.* ~**s**) ソプラニーノ《ソプラノ (soprano) より音域が高い楽器, リコーダー, サキソフォンなどにある》.

so·pra·nist [səprǽnɪst, -rɑ́:n-, -nəst | səprɑ́:nɪst] *n.* ソプラノ歌手 (treble singer).

so·pra·no [səprǽnou, -prɑ́:n- | səprɑ́:nəu] 〘《1730》◻ It. ~ ← *sopra* above < L *suprā* : ⇨ supra-〙 ── 〘音楽〙 *n.* (*pl.* ~**s**) **1** ソプラノ《女性[児童]の最高音(域); ⇨ alto》. **2** ソプラノ歌手 (sopranist). **3** ソプラノ声部, 最高声部. **4** ソプラノ楽器《音域の相異なる同種の楽器があるとき》. ── *attrib. adj.* ソプラノの; ソプラノの音域をもった : soprano clef / a ~ saxophone.

sopráno clèf *n.* 〘音楽〙ソプラノ記号 (⇨ clef 挿絵).

-sor [sə | sə] 〘⇨ -or[2]〙 *suf.* -s で終わるラテン語の過去分詞の語幹から「…する人・もの」の意の名詞を造る : confes*sor*, depres*sor*, profes*sor*.

so·ra [sɔ́:rə, sóːrə | sɔ́:rə] 〘← N-Am.-Ind.〙 *n.* 〘鳥類〙カオグロクイナ (*Porzana carolina*)《北米産のくちばしの短いクイナの一種; sora rail ともいう》.

so·ra·li·um [səréɪliəm, -lɪəm, -ljəm] 〘← SOR(US) + -AL[1] + -IUM〙 *n.* (*pl.* **-li·a** [-liə | -lɪə, -ljə]) 〘植物〙地衣類の粉芽を生じる個所.

sóra ràil *n.* 〘鳥類〙 = sora.

So·ra·ta [sərɑ́:tə | -tə ; *Sp.* soráta], **Mount** *n.* ソラタ山《南米ボリビアの西部 Andes 山脈中の山; Ancohuma と Illampu の 2 つの高峰がある》.

sorb[1] [sɔ́əb | sɔ́:b] 〘《1530》◻ F *sorbe* fruit of the service tree ◻ L *sorbum*〙 ── *n.* **1** 〘植物〙オウシュウナナカマド (*Sorbus domestica*)《ヨーロッパ産バラ科ナナカマド属の植物; 実は食用や酒造用, 材は工芸材に用いる : cf. service tree》. **2** オウシュウナナカマドの果実《sorb apple ともいう》.

sorb[2] [sɔ́əb | sɔ́:b] 〘《頭音消失》← ABSORB & ADSORB〙 *vt.* 吸着する, 吸収する (occlude).

Sorb [sɔ́əb | sɔ́:b] 〘《1843》◻ G *Sorbe* ◻ Sorbian *serb*〙 *n.* **1** ソルブ人, ウェンド人 (⇨ Wend). **2** ソルビア語, ウェンド語 (Wendish).

sórb àpple *n.* = sorb[1] 2.

sor·be·fa·cient [sɔ̀əbəféɪʃənt | sɔ̀:bɪ-] 〘← L *sorbēre* to suck up + *facient-*, *faciēns* : ⇨ absorb, -facient〙 〘医学〙 *adj.* 吸収を促す. ── *n.* 吸収促進剤.

sor·bent [sɔ́əbənt | sɔ́:-] 〘← SORB[2] + -ENT〙 *n.* 吸収[吸着]剤.

sor·bet [sɔ́əbət, -bɪt | sɔ́:-] 〘《1585》◻ F ~ ◻ It. *sorbetto* ◻ Turk. *serbet* : ⇨ sherbet〙 *n.* = sherbet 1.

Sor·bi·an [sɔ́əbiən | sɔ́:bɪən, -bjən] *adj.* **1** ソルブ人の, ウェンド人の. **2** ソルビア語の, ウェンド語の (Wendish). ── *n.* **1** ソルブ人, ウェンド人 (Wend). **2** ソルビア語, ウェンド語 (Wendish).

sór·bic ácid [sɔ́əbɪk- | sɔ́:-] 〘← SORB[1] + -IC[1]〙 *n.* 〘生化学〙ソルビン酸 ($CH_3 \cdot (CH \cdot CH)_2COOH$)《特定食品の抗カビ剤や合成樹脂の原料になる》.

sor·bite [sɔ́əbaɪt | sɔ́:-] 〘← *H. C. Sorby* (1826–1908 : 英国の地質学者) + -ITE[1]〙 *n.* 〘冶金〙ソルバイト《鋼の焼入れ・焼戻し組織》.

sor·bi·tol [sɔ́əbətɔ̀(:)l, -tòul | sɔ́:bɪtɔ̀l] 〘← SORB[1] + -ITOL〙 ── *n.* 〘生化学〙ソルビット, ソルビトール ($CH_2OH(CHOH)_4CH_2OH$)《糖にアルコール基をもつもの; sorbol ともいう》.

sor·bol [sɔ́əbɔ(:)l, -boul, -bɑl | sɔ́:bɔl] 〘《略》↑〙 *n.* 〘生化学〙 = sorbitol.

Sor·bón·ist [-nɪst, -nəst | -nɪst] *n.* (フランスの)ソルボンヌ (Sorbonne) 大学の博士[学生, 卒業生].

Sor·bonne [sɔəbɑ́n, -bʌ́n | sɔ:bɔ́n; *F.* sɔrbɔn] 〘◻ F ~ ← *Robert de Sorbon* (1201–74 : 神学者でその創設者)〙 ── *n.* [the ~] ソルボンヌ大学《Paris 大学, 特に, その文理学部の通称; Paris 大学の母体の神学校 (1257–1792 年); 1968 年以来の大学改革で Paris 大学は幾つかに解体され, 現在では, ソルボンヌ通りにある大学をソルボンヌ大学とよぶ》.

Sor·bónn·ist [-nɪst, -nəst | -nɪst] *n.* = Sorbonist.

sor·bose [sɔ́əbous, -bouz | sɔ́:bəus] 〘← SORB[1] + -OSE[2]〙 ── *n.* 〘化学〙ソルボース ($C_6H_{12}O_6$)《オウシュウナナカマドの果実の汁から得られるケトヘキソース (ketohexose) の一種; vitamin C を作るのに用いる》.

sor·cer·er [sɔ́əs(ə)rə | sɔ́:s(ə)rə(r)] 〘《1526》《変形》← ME *sorser* ◻ (O)F *sorcier* < VL **sortiārium* caster of lots ← L *sort-*, *sors* lot, chance : ⇨ sort〙 *n.* (悪霊の助けで超自然力を得た)魔法使い, 妖術師 (wizard).

sor·cer·ess [sɔ́əs(ə)rɪs, -rəs | sɔ́:s(ə)rɪs, -res] 〘《*c*1380》◻ AF *sorceresse* : ⇨ ↑, -ess[1]〙 *n.* 女の魔法使い[妖術師] (witch).

sor·cer·ous [sɔ́əs(ə)rəs | sɔ́:-] *adj.* **1** 魔術の, 魔法の. **2** 魔法を使う. **~·ly** *adv.*

sor·cer·y [sɔ́əs(ə)ri | sɔ́:s(ə)rɪ] 〘《?*a*1300》 *sorcerie* ◻ OF ← *sorcier* : ⇨ sorcerer, -y[1]〙 ── *n.* **1** (悪霊の力によって行なう)魔法, 魔術, 妖術 (witchery). **2** 魔術的な力[影響力, 魅力].

Sor·cha [sɔ́əʧə | sɔ́:-] 〘◻ Ir.-Gael. ~ 'bright'〙 *n.* 女性名《Sarah のアイルランド形》.

sor·da·men·te [sɔ̀ədəméntei | sɔ̀:- ; *It.* sòrdaménte] 〘◻ It. ~ ← *sordo* : ⇨ sordino〙 *adv.* 〘音楽〙弱音器 (sordino) を用いて, 鈍く, おしつけられたように.

Sor·del·lo [sɔədélou | sɔ:déləu ; *It.* sɔrdéllo] *n.* ソルデロ《13 世紀に Provence 語で叙情詩を書いたイタリアの詩人; R. Browning の同名の詩 (1840) の主人公》.

sor·did [sɔ́ədɪd, -dəd | sɔ́:dɪd] 〘《1597》◻ F *sordide* ◻ L *sordidus* ← *sordēre* to be dirty : cf. swart〙 ── *adj.* **1 a** 〈環境・動物など〉きたない, むさ苦しい, 不潔な (dirty, squalid) : a ~ district. **b** 薄ぎたない, 身なりの汚れた : a ~ mob. **2** 〈動機・行為など〉卑しい, 卑劣な, さもしい, あさましい (base, ignoble) : ~ desires, motives, etc. **3** 〈人が〉欲に目のない (mercenary), けちけちした, 貪欲(どんよく)な (avaricious), きわめて利己主義な. **4** [魚・鳥の名前に用いて] くすんだ色の, 土色の (dull, muddy). **~·ly** *adv.* **~·ness** *n.*

sor·dine [sɔ́ədi:n, ─ ╱ | sɔ́:di:n, ─ ╱] 〘《1591》◻ It. *sordin-a* ← *sordo* (↓)〙 *n.* **1** (トランペットの口に挿入する)弱音器. **2** = sourdine.

sor·di·no [sɔədí:nou | sɔ:dí:nəu ; *It.* sordí:no] 〘◻ It. ~ ← *sordo* deaf, mute < L *surdum* : cf. surd〙 *n.* (*pl.* **-di·ni** [-ni: ; *It.* -ni]) 〘音楽〙弱音器 (mute).

sor·dor [sɔ́ədə, -dɔə | sɔ́:də(r, -dɔ:(r)] 〘← NL ~ ← L *sordēs* dirt〙 *n.* **1** くず, ごみ; かす, おり. **2** 不潔.

sore [sɔ́ə, sóə | sɔ́:(r)] 〘adj. & n. : OE *sār* < Gmc **sairaz*, **sairam* (Du. *zeer* / G 《廃》 *sehr*) ← IE **sāi-* (L *saevus* wild) : cf. sorry〙 ── *adj.* (**sor·er; sor·est**) **1 a** 〈傷・炎症を起こした患部など〉触れると痛む, ひりひりする, ずきずき痛む(painful) : a ~ finger 指痛 / a ~ wound 痛む傷 / ~ ears [eyes] ただれ耳[目] / ⇨ sore throat / feel ~ 痛む / I was ~ *from* climbing. 登山で体が痛んだ / He has a ~ foot. 彼は足を痛めている. **b** 心を痛める, 人の感情を害する : a ~ place [point, spot] 痛いところ, 弱点 / touch a person on a ~ place 人の痛いところに触れる / She has a ~ conscience. 良心にやましいところがある. **2** 悲しい, 悲嘆に暮れた; 痛ましい, 悲しませる : She is ~ at heart. 心中悲嘆に暮れている / There are many ~ hearts at home after the war. 戦後国内には痛ましい人たちがたくさんいる / a ~ bereavement 痛ましい[悲しい]不幸. **3** 《米口語》感情を害された, しゃくにさわって, 腹を立てて (irritated, offended) 〔*about, on, over*〕 : feel ~ *about* a matter あることを怒る, あることに腹が立つ, あることがしゃくにさわる / get ~ *on* [*over, at*] it そのことに腹を立てる / He is very ~ *about* his defeat. 負けたことでぷんぷんしている. **4** 《古・詩》つらい, ひどい (grievous), 激しい, はなはだしい (intense) : ~ affliction つらい難儀 / ~ distress はなはだしい窮迫 / in ~ need 急迫[窮乏]して, ひどく困って.
a sight for sore eyes ⇨ sight *n.* 成句. ***like a bear with a sore head*** ⇨ bear[1] 成句.
── *n.* **1 a** 触れると痛いところ; 傷; 赤はだ. **b** 糜爛(びらん), ただれ : ⇨ bedsore, cold sore. **2** 悲痛, 苦難, しゃく(の種), 恨み (rancor, grudge); 古傷, いやな思い出 : Time does not always heal old ~*s*. 時は必ずしも古傷をいやしはしない / reopen old ~*s* 古傷[忘れかかった古い争いなど]をまたあばく[始める]. ── *adv.* 《古・詩》いたく, はなはだしく, 激しく (sorely) : be ~ afflicted [oppressed] いたく悩まされる[圧迫される].

so·re·di- [sərí:dɪ, -də | -dɪ] 〘← SOREDIUM〙 〘植物〙「粉芽 (soredium)」の意の連結形.

soredia *n.* soredium の複数形.

so·re·di·al [sərí:diəl | -dɪəl, -djəl] 〘⇨ soredi-, -al[1]〙 *adj.* 〘植物〙粉芽 (soredium) の, 粉芽に似ている.

so·re·di·um [sərí:diəm | -dɪəm, -djəm] 〘← NL ~ ← Gk *sorós* heap + -IDIUM〙 ── *n.* (*pl.* **-di·a** [-diə | -dɪə, -djə]) 〘植物〙粉芽, 粉芽体《地衣類の無性生殖器官の一つ; 本体から飛散して発芽する; brood bud ともいう》.

sóre-èyed *adj.* 目の痛む, ただれ目の.

sóre-eyed pígeon *n.* 〘鳥類〙 = sheathbill.

sóre·hèad 〘← SORE (adj. 4)〙 *n.* **1** 《米口語》怒りっぽい人, 不平家; (特に, スポーツで)負けてくやしがる人. **2** 〘獣医〙 = fowl pox.

sor·el [sɔ́(ː)rəl, sɑ́r-｜sɔ́r-]〘《異形》← SORREL¹〙 *n.*《英》〘動物〙3 歳の雄ダマジカ (fallow deer).

So·rel [sɔːrél｜sɔr-; *F.* sɔrɛl], **Georges** *n.* ソレル《1847–1922; フランスの社会主義者; *Réflexions sur la violence*「暴力論」(1908)》.

sór·el cemént [sɔ́(ː)rəl-, sɑ́r-｜sɔ́r-]〘← *Sorel* (人名)〙 *n.*〘化学〙ソーレルセメント《オキシクロリド (oxychloride) を主成分とするセメント》.

sóre·ly〘OE *sārlīce*〙 *adv.* 痛ましく(grievously); ひどく, はなはだしく, 非常に: be ~ tried by …でひどく悩まされる / feel ~ inclined to …したくてたまらない.

sóre mòuth *n.*〘獣医〙 **1 a** (羊の)壊死悍(ᵏᵃⁿ)菌症《contagious ecthyma, scabby mouth ともいう》. **b** = calf diphtheria. **2** ポックスウイルス (poxvirus) による山羊・緬羊の口唇の皮膚炎.

sóre·ness〘OE *sārnes*〙 **—** *n.* **1 a** 触れると痛むこと, (ひりひりする)痛み, 苦痛: cause ~ 痛む. **b** 心痛, 悲しみ. **c** 激しさ, 熾烈(ˢʰⁱ)さ (violence). **2 a** 立腹, 悪く思うこと, しゃくに障ること, 恨みつらみ (resentment, grudge): feel ~ at …に腹が立つ, …を悪く思う. **b** 悪感情, 不和, 仲たがい (unfriendliness): There was some ~ between father and son. 父子の間に感情の行き違いがあった. **3** 痛むもの, 苦痛の種.

sóre shín *n.*〘植物病理〙腰折病《コウヤクタケ属 (*Corticium*), フハイカビ属 (*Pythium*) などの菌によるタバコ・綿などの病気; 地表近くの幹のまわりが冒されて枯れる》.

sóre thróat *n.*〘病理〙咽頭痛, 咽頭炎 (pharyngitis).

sor·gho [sɔ́əgou｜sɔ́ːgəu] *n.*〘植物〙= sorgo.

sor·ghum [sɔ́əgəm｜sɔ́ː-]〘《1597》← NL ~ ← It. *sorgo* < ? VL **syricum* (*grānum*) Syrian (grain) ← L *Syricus* Syrian〙 **—** *n.* **1**〘植物〙モロコシ《イネ科モロコシ属 (*Sorghum*) の植物の総称; モロコシ (common sorghum), サトウモロコシ (sweet sorghum) など多くの変種がある》. **2** (サトウモロコシ (sweet sorghum) から造った)もろこしシロップ.

sor·go [sɔ́əgou｜sɔ́ːgəu]〘□ It. ~ (↑)〙 *n.*〘植物〙= sweet sorghum.

sori *n.* sorus の複数形.

So·ric·i·dae [sərísədìː｜-sɪ-]〘← NL ~ ← *sōric-* (↓) + -IDAE〙 *n. pl.*〘動物〙トガリネズミ科.

sor·i·cine [sɔ́(ː)rəsàɪn, sɑ́r-, sóːr-｜sɔ́rɪ-]〘□ L *sōricin-us* ← *sōric-*, *sōrex* shrew: ⇨ -ine¹〙 **—**〘動物〙 *adj.* トガリネズミの(ような); トガリネズミ科の.
— *n.* トガリネズミ (shrew).

so·ri·tes [səráɪtiːz｜sɔ-, sə(ʊ)-]〘《1551》□ L *sōrītēs* □ Gk *sōreítēs* ← *sōrós* heap: cf. sorus〙 **—** *n.* (*pl.* ~)〘論理〙連鎖式, 連鎖推理《複合三段論法の一種》. **so·rit·i·cal** [sərítɪkəl, -tə-｜-tɪ-] *adj.* **so·rit·ic** [sərítɪk｜-tɪk] *adj.*

sorn [sɔ́ən｜sɔ́ːn]〘←《古形》*sorren* free hospitality given to one's lord □ Ir.《廃》*sorthan* free quarters, living at free expense〙 **—** *vi.*《スコット》〔人に〕食物や宿を無理じいする〔*on*〕.

So·rol·la y Bas·ti·da [səró(ː)ljə-iː-bɑːstíːdə, -róɪə-｜-róɪə-; *Sp.* soróʎaibastíða], **Joaquín** *n.* ソロリャイバスティダ《1863–1923; スペインの画家》.

so·rop·ti·mist, S- [səráptəmɪst, sɔː-, -məst｜sɔːrɔ́ptɪmɪst, -tə-]〘《混成》← SOR(ORITY) + OPTIMIST〙 *n.* ソロプティミストクラブ (Soroptimist Club) 会員.

Soróptimist Clùb *n.* ソロプティミストクラブ《Rotary International に類する社会福祉を目的とする国際的な職業婦人団体》.

so·ror·al [sərɔ́ːrəl, -róːr-｜sər-, sɔ(ː)r-]〘← L *soror* 'SISTER' + -AL¹〙 *adv.* 姉妹の, 姉妹の間柄の; 姉妹のように親しい (sisterly) (cf. fraternal). **~·ly** *adv.*

sorόral polýgyny *n.*〘社会学〙姉妹型一夫多妻 (cf. fraternal polyandry).

sor·or·ate [sərɔ́ːrət, -róːr-, -rɪt, -reɪt, sɔ́ːrərèɪt, sɔ́ːr-｜sɔ́ːrərèɪt]〘← L *soror* 'SISTER' + -ATE¹〙 **—** *n.*〘社会学〙順縁婚《妻が死亡した際, その夫が妻の姉妹と優先的に結婚すること; cf. levirate》.

so·ror·i·cide [sərɔ́(ː)rəsàɪd, -rɑ́r-｜sərɔ́rɪ-, sɔ(ː)r-]〘1: 《1727》□ ML *sorōricidi-um* (act). 2:《1656》□ L *sorōricid-a* (person) ← *soror* 'SISTER': ⇨ -cide〙 *n.* **1** 姉妹殺し《人》. **2** 姉妹殺し《行為》(cf. fratricide). **so·ror·i·cid·al** [sərɔ̀(ː)rəsáɪdḷ, -rɑ̀r-｜sərɔ̀rɪ-, sɔ(ː)r-] *adj.*

so·ror·i·ty [sərɔ́(ː)rəti, -rɑ́r-｜sərɔ́rəti, sɔ(ː)r-, -rɪ-]〘□ ML *sorōritās* ← L *soror* 'SISTER': ⇨ -ity: cf. fraternity〙 **—** *n.* **1** 姉妹関係, 姉妹の間柄 (sisterhood). **2**《米》(大学の)女子学生社交クラブ (cf. fraternity 3); 婦人(社交)クラブ, 婦人団体.

soroses *n.* sorosis¹ の複数形.

so·ro·sil·i·cate [sɔ̀ːro(ʊ)síləkèɪt, sɔ̀ːr-, -lɪkət, -lə-, -kɪt｜sɔ̀ːrə(ʊ)sílɪ-]〘← Gk *sōrós* (↓) + SILICATE〙 **—** *n.*〘鉱物〙ソロ珪酸塩 (SiO_4 四面体が頂点を共有していくつかの群を作るもの; cf. cyclosilicate).

so·ro·sis¹ [səróʊsɪs, -səs｜səráʊsɪs, sɔ(ː)r-]〘← NL ~ ← Gk *sōrós* heap: ⇨ -osis: cf. sorus〙 **—** *n.* (*pl.* **so·ro·ses** [-siːz], **~·es**)〘植物〙桑果(ˢᵒ̄ᵏᵃ), 肉質集合果《クワの実・パイナップルなど》.

so·ro·sis² [səróʊsɪs, -səs｜səráʊsɪs, sɔ(ː)r-]〘← *Sorosis* (1869 年設立の婦人団体名: cf. L *soror* sister)〙 *n.*《米》婦人社交クラブ (women's club).

sorp·tion [sɔ́əpʃən｜sɔ́ːp-]〘《頭音消失》← ABSORPTION & ADSORPTION〙 *n.*〘物理化学〙収着《adsorption (吸着), absorption (吸収) を合わせて言う》.

sor·ra [sɔ́(ː)rə, sɑ́rə｜sɔ́rə]〘□ Ir. & Gael. *soraidh*〙 *adv.*《スコット・アイル》= not, never (cf. sorrow *n.* 4).

sor·rel¹ [sɔ́(ː)rəl, sɑ́r-｜sɔ́r-]〘《c1430》*sorelle* □ OF *sorel* ← *sor* reddish brown ← Gmc (cf. MDu. *soor* dried out): ⇨ sear¹〙 **—** *adj.* 栗(ᵏᵘʳⁱ)毛の: a ~ horse.
— *n.* **1** 栗色, 淡赤茶色 (light reddish brown); 黄茶色 (yellowish brown). **2** 栗毛の馬《特に, 米国西部で使われ, 尾花栗毛に近いものを指す場合が多い》. **3**〘動物〙= sorel.

sor·rel² [sɔ́(ː)rəl, sɑ́r-｜sɔ́r-]〘《a1400》*sorel* □ OF *surele* (F《方言》*surelle*) ← *sur* sour □ Gmc **sūraz*: ⇨ sour, -el¹〙 **—** *n.*〘植物〙 **1** ギシギシ《タデ科ギシギシ属 (*Rumex*) の植物の総称; スイバ (*R. acetosa*) など野菜用; dock ともいう》. **2** カタバミ《カタバミ科カタバミ属 (*Oxalis*) の植物の総称; ムラサキカタバミ (*O. martiana*) など; wood sorrel ともいう》. **3**《英》= roselle.

sórrel trèe *n.*〘植物〙 **1** = sourwood. **2** オーストラリア産アオイ科フヨウ属の 5 m に達する低木または小高木 (*Hibiscus heterophyllus*). **3** = staggerbush.

Sor·ren·to [səréntou｜sɔréntəu; *It.* sorrénto] *n.* ソレント《イタリア南西部, ナポリ湾 (Bay of Naples) 沿岸の海港; 避暑地; 人口 17,000》.

sor·row [sɑ́rou, sɔ́(ː)r-, -rə｜sɔ́rəu]〘OE *sorh, sorg* ← Gmc **sorg-* (Du. *zorg* / G *Sorge*) ← IE **swergh-* to worry, be sick: 語源上 SORE や SORRY とは無関係だが, 発音の類似から語義上影響を受けている〙 **—** *n.* **1 a** (愛する人・親しい人を亡くしたり, ある事に対する失望などによる)悲しみ, 悲哀, 悲嘆 (sadness, grief): with ~ 悲しい気持ちで, 悲しみながら / feel ~ *for* a friend's death 友の死を悲しむ[悼む] / give ~ to one's mother 母親を悲しませる / sup ~ 悲しみを味わう; 後悔する / yield to ~ 悲嘆に暮れる / cause much ~ to …を大いに悲しませる / When ~ is asleep, wake it not.《諺》いらぬ心配はせぬがよい / a countenance more in ~ than in anger 怒ったというよりはむしろ悲しそうな顔 (Shak., *Hamlet* 1. 2. 232) / bring down a person's gray hairs with ~ to the grave 年寄りを悲しみで死なす (cf. *Gen.* 42: 38). **b** 悲しみの表われ, 嘆き(かた), 哀悼 (lamentation). **c**《詩》涙 (tears). **2** 悲しみのもと[種]; 不幸, 不仕合わせ (misfortune); 難儀, 難渋 (affliction, trouble): ⇨ MAN¹ of Sorrows / *Sorrow* comes unsent for.《諺》悲しみは招かずしてやってくる / He is a ~ to his parents. 彼は両親にとって悲しみの種だ / He has had many ~*s* [much ~]. いろいろの[随分]不幸な目に会った人だ / When ~*s* come, they come not single spies, but in battalions. 不幸がやってくる時は一騎ずつ斥候のようにはこないで大挙してやってくる (cf. Shak., *Hamlet* 4. 5. 78–79). **3 a** 後悔, 残念, 遺憾 (penitence)〔*for*〕: express one's ~ *for* what one has done 自分のしたことに対して遺憾の意を表する. **b** なごり惜しさ, 惜別の感 (regret): leave a place without much ~. **4** [(the) ~; 副詞的に]《スコット・アイル》a 少しも…ない (never) (cf. sorra): ~ a bit, word, etc. **b** [間投詞的]畜生, くたばってしまえ〔*on*〕: *Sorrow on it!*
— *vi.* 悲しむ, 気の毒に思う, なごり惜しく思う, 残念[遺憾]に思う (regret); 悲嘆に暮れる, 嘆く (mourn, lament)〔*at, for, over*〕.

sor·row·ful [sɑ́ro(ʊ)fəl, sɔ́(ː)r-, -rə-｜sɔ́rə(ʊ)-]〘OE *sorhful*: ⇨ ↑, -ful〙 **—** *adj.* **1** 悲しむ (sad), 悲嘆に暮れる (grieved): My soul is ~. 私の心は悲嘆に暮れている. **2** 〈顔色・言葉など〉悲しげな, 憂いを帯びた (mournful, plaintive): a ~ tale 悲しい物語. **3** 悲しませる (distressing), 悲しい, 痛ましい: a ~ sight [accident] 痛ましい光景 [悲しむべき事故]. **~·ly** *adv.* **~·ness** *n.*

sórrow-strìcken *adj.* 悲しみに沈んだ, 悲嘆に暮れた.

sor·ry [sɑ́ri, sɔ́(ː)ri｜sɔ́ri]〘OE *sāriġ* ← (WGmc) **sairaʒ-* ← **sairaz* 'SORE': ⇨ -y⁴: 語源上 SORROW とは無関係〙 **—** *adj.* (**sor·ri·er**; **-ri·est**) [1, 2, 3 は Predicative に, 4 は Attributive に用いて] **1** 気の毒で, 気の毒に思って, かわいそうで (grieved): I am [feel] ~ *about* it [your failure]. それは[不首尾に終わって]お気の毒です (cf. 3) / I'm ~ *for* him, but it's his own fault. 彼には気の毒だがあれは自分の落度だ《だれを恨みようもない》/ I am ~ *about* your wife. 奥さんのことではお気の毒です《★ *about* はその目的語である人を直接にではなく, その人に関することで気の毒に思うことを示す》/ I am ~ *to* hear it. それはお気の毒な話です / We are ~ (*that*) he is sick. 彼は病気で気の毒です. **2** すまないと思う, 悪かったと思う, 後悔する (repentant): I am (so) ~. =《口語》So ~ [*Sorry*]! ご免なさい, すみません, 失礼(しました) / Say you are ~, and I will forgive you. 悪かったと言えば許してやろう / You will be ~ *for* this some day. 君はいつかこのことを後悔するだろう / Aren't you ~ *for* [*about*] what you've done? 君は自分のしたことを悪いと思っていないのか / I am ~ *to* trouble you. ご面倒をおかけしてすみません / I'm ~ I was rude to you. 失礼なことをして[言って]すみません / I'm ~ if I'm late. 遅れたらご免ね. **3** 残念で, 遺憾で, 惜しい (mildly regretful): I am [feel] ~ *for* [*about*] it. それは残念[遺憾]だ (cf. 1) / I am ~ *to* say that I cannot come. 残念ながら参れません / I should be ~ *for* you *to* think that. 君がそんなことを考え(てい)るとしたら私は残念だ / I'm ~ (*that*) you cannot stay longer. もっといていただけなくて残念です / I'm so ~ I cannot accept your kind invitation. まことに残念ながら御招待に応じられません / I'm ~ [《口語》*Sorry*], but I don't agree. 遺憾ながら賛成しかねます. **4 a** (もの)悲しい (sad); 悲しむ[哀れむ]べき (deplorable): ~ news 悲しい知らせ / come to a ~ end 悲しむべき結果に終わる, 失敗する. **b**《文語》みじめな, 哀れな (wretched), くだらない, 情けない (contemptible), 下手な (inferior): a ~ fellow やくざな男 / a ~ horse よぼよぼの馬 / a ~ excuse くだらない[下手な]言い訳 / a ~ sight [spectacle] みじめな[見るも哀れな]有様 / a ~ performance 下手な演技 / in ~ clothes みすぼらしい着物を着て / in a ~ plight みじめな状態で, 悲惨な境遇に陥って.

Sorry《口語》(1) ⇨ 2, 3. (2)《英》[上昇調で]何ですって, すみませんがもう一度 (I beg your pardon)《問い返す時に言う》. ***sorry for oneself***《口語》落胆した, しょげた (dejected): He felt [looked] ~ *for himself.* 彼はがっかりした[しょげた顔つきをしていた].

sór·ri·ly [-rəli, -rɪ-｜-lɪ] *adv.* **sór·ri·ness** *n.*

sort [sɔ́ət｜sɔ́ːt]〘n.: 《c1390》□ (O)F *sorte* < VL **sortam* ← L *sort-, sors* lot, chance, fortune, (ML) kind, sort ← IE **ser-* to line up (L *serere* to arrange). — v.: 《c1358》*sorte(n)* □ (O)F *sort-ir* // L *sort-īri* ← *sors*: cf. assort〙 **—** *n.* **1 a** 種類, 部類 (kind, class); 品質 (quality); 性格, たち (character, nature) (⇨ kind¹ 1 a ★): this ~ of cheese = cheese of this ~ / this ~ of house = a house of this ~ この種の[こういう]家 / all [these] ~*s of* houses あらゆる[これらの]種類の家 / a new ~ *of* toy [《口語》a toy] 新型のおもちゃ / the latest ~ *of* music 最新の音楽 / swimsuits of every [this, that] ~ あらゆる[この, その]種類の水着 / things of a different ~ 異なった種類の物 / chocolates of several ~*s* いろいろな種類のチョコレート / all ~*s* and conditions of men あらゆる種類 [階級] の人々《*Prayer Book* 中の句》/ people of their ~ ああいう部類の人たち / She is not the ~ (of woman) to talk scandal. 陰口を言うような女ではない / That's the ~ (of thing) I want. そんなのがほしいのだ《★ 上の 2 例で括弧内が省略されれば sort の意味は 1 b》/ What ~ *of* car [《口語》a car] is it? それはどんな種類の車ですか. **b** [修飾語を伴って]《口語》(どんな種類[性質]の物[人]《★ sort の後の of (a) thing [person] などが省略されてできた表現法》: a good ~ いい[親切な]人; 《豪俗》人好きのする[いい]女 / He is not a bad ~. やつは悪い男ではない / Queer ~ this! こりゃ妙だね / He is the right ~. 彼ならもってこいの男だ / He is not my ~. 私は彼とは性が合わない / It takes all ~*s* (to make a world).《諺》いろんな人が寄り集まって世の中が成り立つ, 世間には変わり者もいる. **2**《米》《英古》方法, 仕方, 風 (manner, way): in this ~ / in courteous ~ 礼儀正しく, 丁重に. **3** えり分け, 分類, 区別. **4**〘印刷〙 **a** ソート《ある型の活字一そろいの中の一字》: This copy is hard on ~*s*. この原稿にはいろいろな活字が必要だ. **b** ソート《普通の一そろいの中にない活字; 記号・スペースなど》. **c** (行鋳植機の溝 (channel) に含まれない)母型.

after a sort 不十分ながら, まずどうやら, 一応は. ***all sorts of*** (1) ⇨ 1 a. (2)《口語》たくさんの (much, many). ***a sort of*** (1) …の一種: *a ~ of* fruit, wine, etc. (2) 一種の…, …のようなもの (cf. *of a* SORT, SORT *of*): *a ~ of* invention 一種の発明, まず発明と言えるもの / He is *a ~ of* journalist. 一種の[ある意味での]ジャーナリストだ. ***in a sort*** = *after a* SORT. ***in a sort of way***《口語》= *in a* WAY (1). ***in some sort*** ある程度まで. ***no sort of*** … どんな…も(全然)ない: There is *no ~ of* reason for doing that. そんなことをしてよい理由は何もない. ***of a sort*** いい加減な, 怪しげな, (あれでも)一種の, でも…: a lawyer *of a ~* いい加減な弁護士 (cf. *a* SORT *of* (2)). ***of sorts***《口語》= *of a* SORT: whiskey *of ~s* 怪しげなウイスキー. ***of the sort*** そんな(種類の): something *of the ~* そんな風(ᶠᵘ)なこと / I don't believe anything *of the ~*. そんなことは信じられない / He a liar? Nothing *of the ~*! 彼がうそつきだって. とんでもない. ***out of sorts*** (1)《口語》(身体の)具合が悪い, 気分が悪い, 元気がない; 機嫌が悪い, ぷりぷりして. (2)〘印刷〙ソート欠けの《フォント中のある活字が欠けている》. ***sort of*** [sɔ́ətəv, -tə｜sɔ́ːtəv]《口語》[副詞的に; 主に形容詞や動詞に先立ちそれを修飾して]むしろ, 多少, いくらか, 大体 (rather, somewhat). ★ 発音に応じて sort o', sorta, sort a, sorter などと書かれることがある (cf. KIND¹ *of*): It's ~ *of* impolite. ちょっと失礼だ / I ~ *of* expected it. 多少予期していた / ~ *of* a secret どちらかと言えば[言わば]秘密 (cf. *a* SORT *of* (2)).

— *vt.* **1** [しばしば ~ *out* [*over*] として] **a** 分類する, 部分けする, 部類にそろえる (classify) 〈*together*〉/〔*with*〕: ~ mail (届いた)郵便物を分類する; (郵便局で)郵便物を(配達区域に従って)区分[仕分け]する / ~ *out* [*over, through*] stamps 切手を分類する / ~ papers *into* two groups 書類を 2 つのグループに分ける. **b** えり分ける, えり抜く, 区別する (separate): ~ (*out*) the sheep *from* the goats 羊とやぎとを分ける; 善人と悪人を区別する (cf. *Matt.* 25: 32) / I ~*ed out* the largest ones. 一番大きなものをえり出した. **2**《スコット》直す, 修繕する (repair): have a television ~*ed* テレビを修理してもらう. **—** *vi.*《古》**1** 〔…と〕調和する, 〔…に〕似合う, 適合する, ふさわしい (agree, suit)〔*with*〕: Such behavior ~*s ill* [*well*] *with* his rank. こういう行為は彼の地位にふさわしくない[ふさわしい]. **2** 〔同類の者と〕交わる, 付き合う (associate)〔*with*〕.

sort out (1) ⇨ *vt.* 1. (2)〈紛争・問題などを〉処理する, 解決する, 正す (solve): ～ *out* a problem / ～ *out* grievances 苦情を処理する. (3)《口語》〈引き出しなど〉(の中味)を整頓[整理]する: ～ *out* a suitcase. (4)《口語》…(の体制)を整える, 秩序立てる (organize); [～ *oneself out* で]〈情勢が〉(自然に)落ち着く;〈人が〉(行き掛かりなどを捨てて)互いに仲直りする: ～ *out* one's ideas [a team] 考え[チームの陣容]を整える / wait for things to ～ *themselves out* 事態が落ち着くのを待つ. (5)《俗》取り締まる, 罰する, 懲らしめる (punish); (けんかで)やっつける, のす: I'll ～ him *out*. やつを懲らしめて[やっつけて]やる. 「(cf. kinda).

sort·a [sɔ́ətə | sɔ́:tə] *adv.* (*also* **sort a** [～]) ⇨ SORT *of*

sort·a·ble [sɔ́ətəbl | sɔ́:t-] 〖← SORT (v.)+-ABLE〗 *adj.* 分類[類別]できる, 分けられる, そろえられる.

sórt·er[1] [-tə | -tə(r] *n.* **1** 分類する人, 選別者, えり分ける人;(郵便物の)選別係; 羊毛選別者. **2** 選別機.

sort·er[2] [sɔ̀ətə, -tə | sɔ̀:tə] *adv.* ⇨ SORT *of.*

sor·tie [sɔ́əṭi, -ti:, sɔətí: | sɔ́:ti:, -tɪ] 〖《1690》□ F ～ 'a going out' (fem. p.p.) ← *sortir* to go out ← ?〗 ― *n.* **1 a** (突然)出掛けること, 小旅行: a ～ abroad 海外旅行. **b** 〔ある分野への〕進出, 着手, 試み〔*into*〕. **2 a** (防御陣地からの突然の)出撃, 突撃 (sally): make a ～ 出撃[反撃]する. **b** (防御陣地からの)出撃隊. **c** (敵に対する作戦任務をもって離陸した, 在空中の)出撃機. **d** (作戦のため, 港・投錨地からの軍艦の)出動. ― *vi.* **1** (急に)出掛ける. **2** 出撃する.

sor·ti·lege [sɔ́əṭəlɪdʒ, -lèdʒ, -ṭḷ- | sɔ́:tɪlɪdʒ] 〖《*a*1387》□ (O)F *sortilège* ∥ ML *sortilegi-um* ← *sortilegus* diviner ← L *sort-, sors* lot+*legere* to select, read: ⇨ sort, lection〗 ― *n.* **1** (占いのための)くじ引き; おみくじ占い. **2** 魔法, 魔術 (sorcery, magic).

sórting tràcks *n. pl.* 〖鉄道〗仕訳線《貨車をふり分けるための構内線路》.

sor·ti·tion [sɔətíʃən | sɔ:-] 〖□ L *sortitiō(n-)* ← *sortiri* to draw or cast lots ← *sort-, sors* lot: ⇨ sort, -tion〗 *n.* くじ引き, 抽籤(ちゅうせん)(決定).

sort o' [sɔ̀əṭə | sɔ̀:tə] *adv.* ⇨ SORT *of.*

sórt-òut *n.* [通例単数扱い]《英》整理, 整頓.

so·rus [sɔ́:rəs, sóːr- | sɔ́:r-] 〖← NL ～ ← Gk *sōrós* heap〗 *n.* (*pl.* **so·ri** [-raɪ, -ri:]) 〖植物〗(シダ類の葉の裏やへりにできる)胞子嚢(のう)群, 嚢堆.

SOS [ésòués | -əʊ-] 〖《1910》: 記憶に便利な記号を採用したもので, 文字そのものに意味はない; *Save Our Souls* (or *Ship*) または *Suspend Other Service* の頭文字とするのは通俗語源〗 ― *n.* (*pl.* **～'s**) **1** エスオーエス《無線電信による遭難信号; 1912 年国際無線通信会議で制定された SOS に当たるモールス符号 '···———···' を用いる》: pick up [send] an ～ (call) 遭難信号を受信[送信]する. **2**《口語》救援要請, 救いを求める声[叫び].

SOS. 《略》〖音楽〗sostenuto.

S.O.S. 《略》〖処方〗*L.* sī opus sit (=if necessary).

Sos·no·wiec [sasnóuvjets | sɔsnáu-; *Pol.* sɔsnɔ́vjets] *n.* ソスノビェツ《ポーランド南部の都市; 人口 145,000》.

só-sò 〖《1530》《加重》← so[1]〗(cf. so *so* ⇨ so[1] *adv.* 成句)〗 ― *adj.* 可もなく不可もない, よくも悪くもない, まあまあの, ぱっとしない (indifferent, passable): How is your mother?—Only ～. お母さんはどんな具合かね―まあまあだ / a ～ result まあまあの成果. ― *adv.* まあまあ, まずまず (tolerably, passably): They played baseball only ～. 野球はまずまずといった出来だった.

sost. 《略》〖音楽〗sostenuto.

sosten. 《略》〖音楽〗sostenuto.

so·ste·nu·to [sòustənú:ṭou, sɔ̀(:)s- | sɔ̀stənú:təu, -tɪ-, -njú:-; *It.* sostenú:to] 〖□ It. ～ (p.p.) ← *sostenere* < L *sustinēre* 'to SUSTAIN'〗 ―〖音楽〗*adj.* 音を延ばした (prolonged), 音を続けた (sustained). ― *n.* (*pl.* **～s, -nu·ti** [-ṭi: | -ti:; *It.* -ti]) ソステヌート《音を延ばしてまたは続けて歌う[奏する]こと; その個所》.

sostenúto pèdal *n.* (ピアノの)ソステヌートペダル《打鍵した音だけ damper をはずし, 手を離しても弦の振動を持続させるペダル; cf. damper pedal》.

sot [sɑ́t | sɔ́t] 〖OE *sott* fool □ ML *sott-us*: cf. (O)F *sot* fool〗 ― *n.* **1** のんべえ, のんだくれ. **2**《古》ばか (fool). ― *vt.* (**sot·ted; sot·ting**) **1** 酒を飲んで〈時間・財産などを〉浪費[蕩尽(とうじん)]する, 飲みつぶす〈*away*〉: ～ *away* one's time. **2**《古》ばかにする (befool). ― *vi.* のんだくれる, 酒浸りになる.

So·ter [sóuṭə | sáutə(r], Saint *n.* ソテル[ソテロ]《ローマ司教; 教皇 (166?–175); 祝日 4 月 22 日》.

so·te·ri·ol·o·gy [so(u)tì(ə)riɑ́lədʒi | sə(u)tɪərɪɔ́lədʒɪ] 〖← Gk *sōtēríon* deliverance (← *sōtḗr* savior) + -LOGY〗 ― *n.* **1** 霊魂の救済. **2** 〖神学〗救済論《キリスト教神学の一部門で, キリストによる救済の教理》. **so·tè·ri·o·lóg·i·cal** [-riəlɑ́dʒɪkəl, -dʒə- | -rɪəlɔ́dʒɪ-] *adj.*

So·thic [sóuθɪk, sɑ́θ- | sáuθ-, sɔ́θ-] 〖← SOTHIS+-IC[1]〗 *adj.* **1** 〖天文〗シリウス[狼(ろう)星](Sirius, Dog Star)の. **2** ソティス周期 (Sothic cycle) の. ― *n.* =Sothic year.

Sóthic cýcle [pèriod] *n.* (古代エジプト暦で)ソティス周期《Sothic year で 1460 年; 1 年を 365 日とした古代エジプト暦での年初と 365$^1/_4$ 日ごとのソティス年の年初とが, 丁度 1 サイクルずれて一致する周期; 古代エジプト史の編年における絶対年代決定の基礎の一つ》.

Sóthic yéar *n.* (古代エジプト暦で)ソティス年, 狼(ろう)星年《Sirius が日の出直前に東天に上る時を基準に定めた 1 年で約 365$^1/_4$ 日》.

So·this [sóuθɪs, sɑ́θ- | sáuθ-, sɔ́θ-] 〖□ Gk *Sôthis* □ Egpt. *Śpd.t*〗 ― *n.* 〖エジプト神話〗ソティス《シリウス (Sirius) のことで, 女神のひとり, Isis と同一視された; 古代エジプトで Nile 川の氾濫をもたらす星として観測された》.

So·tho [sóuθou | sáuθəu] *n.* (*pl.* **～, ～s**) **1 a** [the ～(s)] ソト族《アフリカ南部に住みバンツー語を用いる》. **b** ソト族の人. **2** ソト語《バンツー語族の言語》; (特に)南ソト語.

so·tol [sóutoul, ―́― | sáutəl, ―́―] 〖□ Mex.-Sp. *sotole* □ Nahuatl *tzotolli*〗 ― *n.* **1** 〖植物〗米国南部・メキシコ北部産のイトラン (yucca) に似たユリ科 *Dasylirion* 属の砂漠植物の総称. **2** 〖□ Mex.-Sp. ～ ← *sotole* maguey leaf〗(メキシコ産の)竜舌蘭酒《リュウゼツラン (maguey) から造られる蒸留酒; cf. mescal, tequila 2》.

sot·ted [sɑ́ṭɪd, -ṭəd | sɔ́t-] 〖ME: 《頭音消失》← *assotted* (p.p.) ← *assotte(n)* to make a fool of, become infatuated □ OF *as(s)ot-er* to treat as a fool ← *a-* (< L *ad-* 'AD-')+*sot* (↓)〗 ― *adj.* 酔っ払った, 酔いしれた (besotted).

sot·tish [sɑ́ṭɪʃ | sɔ́t-] 〖←《廃》*sot* fool □ OF (F *sot(te)*) ← ?: ⇨ -ish[1]〗 *adj.* **1** のんだくれの (drunken). **2** 愚かな, ばかな (stupid). **～·ly** *adv.* **～·ness** *n.*

sot·to vo·ce [sɑ́ṭou-vóutʃi, -tʃeɪ | sɔ̀təu-váutʃi; *It.* sòttovó:tʃe] 〖《1737》□ It. ～《原義》under the voice〗 ― *adv.* **1** 低声で, こっそりと; わきぜりふで (aside). **2** そっと, 静かに (softly).

sou [sú:; *F.* su] 〖《1814》□ F ～《逆成》← OF *sous* (pl.) ← *sout* < L *solidum* 'SOLID'〗 *n.* (*pl.* **～s** [～(z); *F.* ～]) **1** スー (⇨ sol[2]). **2** スー《5 サンチーム銅貨》. **3** 小銭: He doesn't have a ～. 彼は一文なしだ.

sou·a·ri [suɑ́:ri | -rɪ] 〖□ F *saouari* □ Galibi *sawarra*〗 *n.* 〖植物〗熱帯アメリカ産カリオカル科 *Caryocar* 属の高木の総称《*C. nuciferum* など》.

souári nùt *n.* souari の実《堅果状の食用種子; butternut ともいう》.

sou·bise [su:bí:z; *F.* subi:z] 〖《1776》← *Charles de Rohan, Prince de Soubise* (1715–87: フランスの陸軍元帥)〗 ― *n.* スービーズ(ソース)《玉ねぎの裏ごしを加えたホワイトソース (white sauce); 肉料理に用いることが多い; soubise sauce ともいう》.

sou·bre·saut [sù:brəsóu | -sáu; *F.* subrəso] 〖□ F ～ 'leap' < OF *sombresau(l)t*: ⇨ somersault〗 *n.* 〖バレエ〗スーブラソー《両足で踏み切り両足で下りる跳躍》.

sou·brette [su:brét | su:-, sʊ-; *F.* subrɛt] 〖《1753》□ F ～ □ Pr. *soubreto* (fem.) ← *soubret* coy, affected ← *soubra* to set aside, exceed < L *superāre* to go over ← *super*: ⇨ super-〗 ― *n.* **1** 〖演劇〗**a** (喜劇に出る)小間使い《はすっぱで情事のたくらみなどを助ける》. **b** 小間使いの役を演じる女優, スブレット (cf. ingenue). **2** おてんば娘.

sou·bri·quet [sóubrəkèɪ, sú:-, -kèt, ―̀―́ | sú:brɪkèɪ] *n.* =sobriquet.

sou·car [sáukaə | -kɑ:(r] 〖□ Hindi *sāhūkār* great merchant, banker〗 *n.* (インドの)銀行家; 金貸し.

sou·chong [sú:tʃɔ(:)ŋ, -ʃɔ(:)ŋ, -tʃɑŋ, -ʃɑŋ | su:tʃɔ́ŋ, -ʃɔ́ŋ, ―́―] 〖《1760》□ Chin.《広東方言》*siu*(小) + *chung* (種)〗 ― *n.* スーチョン(ティー)《中国の紅茶の一種; 葉が大きく燻(くん)した風味が特徴》.

Sou·dan [*F.* sudɑ̃] *n.* スーダン《Sudan のフランス語名》.

Sou·da·nese [sù:dəní:z, -dṇ-, -ní:s | -dəní:z] *n.* (*pl.* ～), *adj.* =Sudanese.

souf·fle [sú:fl] 〖□ F ～ ← *souffler* to blow (up), puff up < L *sufflāre*: ⇨ sufflate〗 *n.* 〖医学〗(聴診の際に聞こえる器官の)雑音: placental ～ 胎盤雑[吹鳴]音.

souf·flé [su:fléɪ, ―́― | ―́―; *F.* sufle] 〖《1813》□ F ～ (p.p.) ← *souffler* (↑)〗 ― *n.* **1** スフレ《卵白を泡立て, 卵黄・ホワイトソース・魚肉・チーズなどを加えてふくらむまで焼いて作る料理; また卵白を泡立て, 果汁・チョコレート・バニラなどを加えて作ったデザート用菓子》. **2** ソーフル《器面上に毛羽立模様をつけたもの》. **3** 〖窯業〗噴霧をかけて釉面を装飾する方法. ― *vt.* 〈食物を〉料理してふくらます, スフレ風にする. ― *adj.* **1** スフレの; ふんわりした, ふくれた (puffed up): ～ mashed potato. **2** 〖窯業〗斑紋彩色のある.

souf·fléed [su:fléɪd, ―́― | ―́―] *adj.* =soufflé 1.

Souf·flot [su:flóu | -flɔ́u; *F.* suflo], **Jacques Germain** *n.* スフロ《1713–80; フランスの新古典主義の建築家》.

Sou·frière [sù:friéə | -frɪɛ́ə(r; *F.* sufrie:r] *n.* スフリエール: **1** 英領西インド諸島の St. Vincent 島上の火山 (1,234 m); 1902 年噴火. **2** フランス領西インド諸島の Guadeloupe 島上の火山 (1,467 m).

sough[1] [sáu, sʌ́f] 〖OE *swōgan* to sound, rustle, moan < Gmc **swōgan* (OE *swēgan* to sound) ← IE **wāgh-* (Gk *ēkhṓ* 'ECHO')〗 ― *vi.* **1** 〈風が〉ひゅーひゅー鳴る, ざわざわと吹く;〈樹木などが〉ざわつく: Trees were ～*ing* in a light wind. 木々が微風にざわざわ音をたてていた. **2**《スコット・北英》哀れっぽい声で説教する[祈る]. ― *n.* **1** 風の音, ひゅーひゅー, ざわざわ. **2**《スコット・北英》**a** ため息 (sigh). **b** (説教・祈りなどの)抑揚のある[歌うような]口調. **c** 流言, うわさ (rumor).

sough[2] [sʌ́f, sáu] 〖ME *sogh* ← ?〗 *n.* 《英》 **1** 排水; 排水管, 排水溝. **2** 沼地, 低湿地. ― *vt.* 〈土地・鉱山などを〉排水溝を設けて排水する.

sought 〖OE *sohte* (pret.) & OE *ġesoht* (p.p.)〗 *v.* seek の過去形・過去分詞.

sóught-àfter *adj.* 必要とされている, 望ましい (desirable).

souk [sú:k] *n.* =suq.

soul [sóul | sə́ul] 〖OE *sāw(o)l* < Gmc **saiwalō* (G *Seele*) ← ? **saiwiz* 'SEA': 古ゲルマン人は死後の人間の魂は湖をすみ家とすると考えていたことからか〗 ― *n.* **1 a** 霊魂, 魂; 精霊, 霊《人間の肉体に宿り, 生命・思考・行動・心の根源で, 肉体から離れても不滅で存在すると考えられ, また来世で幸・不幸になると考えられているもの; cf. body, flesh 5 a》: the immortality of the ～ 霊魂の不滅 / the transmigration of ～*s* 輪廻(りんね), 転生(てんしょう) / cure of ～*s* 宗教的指導 / keep body and ～ together 露命をつなぐ, やっと食っていく / cannot call one's ～ one's own 完全に他に支配されている / commend one's ～ to God 〈臨終の人が〉霊魂を神に託する, 死後の幸福を祈って死ぬ. **b** 死者の魂, 故人の霊 (departed spirit), 亡霊 (disembodied spirit): pray for the ～*s* of the departed 死者の冥福を祈る / in the abode of departed ～*s* あの世で. **c** 精神, 心 (mind, heart): He has no poetry in his ～. 彼には詩情というものがない / He has a ～ above material pleasures. 彼は物質的快楽を超越した精神の持ち主だ / possess one's ～ in patience 忍耐する / ⇨ HEART *and soul* / His whole ～ revolted from it. 心からそれを嫌った. **2 a** (知性と区別して)情, 感情: a man with ～ 情の人. **b** 高尚な心 (high-mindedness); 気迫, 生気 (spirit, courage); 情熱, 熱情 (fervor): His picture lacks ～. 彼の絵は気迫に欠ける / He has no ～. 気迫[熱情]がない / His picture has no ～. 彼の絵には芸術的気迫がない. **3** 〔行動などの〕根本原理,〔事物の〕精髄, 核心 (essential part)〔*of*〕: In translation the ～ *of* the book has been lost. 翻訳では原著の生命が失われてしまっている / Brevity is the ～ *of* wit. ⇨ brevity 2 / The ～ *of* commerce is upright dealing. 商業の極意は正直な取引だ. **4** (行為・運動の)生気づける[中心となる]人, 首脳(者), 指導者 (inspirer, leader): the (life and) ～ of the party ひとりで一座をにぎやかにする人気者. **5** [the ～] (精神の現われとしてみた)人物; (ある徳などの)権化(ごんげ), 化身 (embodiment), 典型 (pattern): *the* great ～*s* of antiquity 昔の大人物 / *the* (very) ～ of honor [generosity, kindness] 名誉[寛大, 親切]の典型. **6 a** [しばしば限定詞・数詞を伴って] 人, 人間 (human being): every ～ だれでも / Not a ～ was to be seen. 人っ子ひとりいなかった / The ship sank with 500 ～*s* on board. 船は 500 人を乗せたまま沈没した / a kind [an honest] ～ 親切な[正直な]人 / a dull [thirsty] ～ 気のきかない人[飲み助] / Don't tell it to a ～. だれにも言うな. **b** [しばしば愛情・哀れみを表わして]人 (person): Be a good ～ and do it. いい子だからしておくれ / There's a good ～. ねえいい子だから《子供・召使いなどをなだめすかす言葉》/ my good ～ 君, いい子だから / Poor ～! かわいそうに. **7**《米口語》**a** (白人中産階級の習慣・価値観に対抗するものとしての)黒人の人種的優越感[誇り]. **b** =negritude. **c** =soul food. **d** =soul music. **e** =soul brother. **8** [S-] 〖キリスト教〗神, 人間の神性.

for the soul of me*=*for my soul 命にかけても; 断じて, どうしても: I can't remember *for the* ～ *of me*. どうしても思い出せない. ***sell one's soul*** (1) 魂を売る: *sell* one's ～ *to* the devil 悪魔に魂を売り渡す (cf. Faust). (2) 利のために廉潔を捨てる. ***upon* [*on*, *'pon*, *by*] *my soul*** 《まれ》誓って, 確かに.

― *adj.* 《米口語》 **1** (特に, 米国の)黒人の(ための), 黒人の特徴を示す. **2** (特に, 米国の)黒人文化の[に関する]. **3** 黒人が所有[運営]する: ～ radio stations.

sóul bròther *n.* (黒人同士間で)黒人の男, 仲間の男.

sóul càke *n.* 円形または楕円形の甘いパン菓子《英国で万霊節 (All Soul's Day) に食べる》.

sóul-destròying *adj.* 滅入るほど単調な.

souled 〖《1781》〗 *adj.* [通例複合語の第 2 構成素として] (…の)霊魂[精神]をもった: high-[great-]*souled* 高潔な, 気高い / mean-*souled* 心の卑劣な.

sóul fòod *n.* 《米口語》南部の黒人の伝統的な食物[料理]《豚の小腸 (chitterlings), とうもろこしパン (corn bread), ポットリカー (pot liquor) など》.

soul·ful [sóulfəl | sə́ul-] *adj.* 感情的な, 感情のこもった;《口語》感情過多の (emotional). **～·ly** *adv.* **～·ness** *n.*

sóul-kìss *v.* =deep-kiss.

sóul kìss *n.* =deep kiss.

sóul·less 〖《1553》← SOUL+-LESS: cf. OE *sāwollēas*〗 ― *adj.* **1** 霊魂[心]のない, 魂のこもっていない. **2** 〈人が〉高潔な心を欠いた, 卑しい, 卑劣な (mean, base). **3** 生気[活気, 気迫]のない. **～·ly** *adv.* **～·ness** *n.*

sóul màte *n.* **1** 気性の合った異性. **2** 愛人, 情婦.

sóul mùsic *n.* 〖音楽〗ソウルミュージック《blues やゴスペルソング (gospel song) の要素をもつ黒人系の音楽; rhythm and blues など》.

sóul ròck *n.* 〖音楽〗ソウルロック《ソウルミュージック (soul music) の影響を受けたロック》.

sóul-sèarching *n.* (真の動機・感情をさぐるための)鋭い自己分析, 自己省察.

sóul sìster *n.* (黒人同士間で)黒人の女, 仲間の女.

Soult [sú:t; *F.* sult], **Nicolas Jean de Dieu** [d djø] *n.* スルト《1769–1851; フランスの陸軍元帥; 通称 Duke of Dalmatia》.

Sou·mák rúg [su:máːk-] *n.* ＝Kashmir rug.

sou mar·kee [súː-maəkíː | -mɑː-] 〖⇨F *sou marqué* marked sou〗 ── *n.* (*also* **sou mar·qué** [súː-maəkéɪ|-mɑː-; *F.* sumarke]) **1** スーマルケー《18 世紀に植民地で使用されたフランスの硬貨》. **2** (ほとんど)価値のないもの (continental).

sound[1] [sáʊnd] 〖*n.*:《*c*1300》*sun, son, soun* ⇨AF *sun, soun*＝(O)F *son* < L *sonum* ← IE **swen-* to sound (OE *swinn* melody): cf. swan[1]. ―*v.*: ME *soune*(*n*) ⇨AF *sun-er*＝OF *soner* < L *sonāre* ← *sonus*: 15C 以来の添加音 -*d* については cf. bound[2], pound[2], round[2]〗 ── *n.* **1 a** 音, 音響, 響き (cf. noise; ↔ silence); 物音: musical ～ 楽音 / the ～ of voices 人声 / *Sound* travels slower than light. 音は光よりも遅く伝わる / Not a ～ was heard. 物音一つ聞こえなかった / He turned at the ～ of footsteps. 足音を聞いて振り向いた. **b** (映画・レコードなどに録音された)音, 音声《音楽・台詞・音響効果など》. **2** [修飾語を伴って] (どんな)声(の調子); (声・言葉の)響き, 感じ, 印象: a joyful [mournful] ～ うれし[悲し]そうな声 / I don't like the ～ of it. その調子が気に入らない / This sentence has a queer ～. この文は妙に聞こえる / That has no inviting ～. 耳寄りな話でもない. **3** (意味のない)騒音, 騒ぎ, ざわめき, がやがや: ～ and fury 騒音と怒り; 騒々しいおしゃべり, から騒ぎ (cf. Shak., *Macbeth* 5. 5. 27). **4** 聞こえる範囲 (earshot): beyond [out of] ～ of …の聞こえない所で[に] / within (the) ～ of … ＝《古》in (the) ～ of …の聞こえる所で[に]. **5**《古》うわさ, 知らせ, 報知 (rumor, report). **6**《廃》意味, 意義. **7**〘音声〙音(ね), 音声, 言語音 (speech sound): voiced [unvoiced, voiceless] ～*s* 有声[無声]音 / vowel [consonant] ～*s* 母[子]音. **8**〘音楽〙サウンド, スタイル《ある個人・集団・地域などに特有の音楽の流儀》.

── *vi.* **1 a** 音がする, 音を出す, 鳴る: The organ ～*ed*. オルガンが鳴った. **b** 響く, 反響する (resound): His words kept ～*ing* in my ears. 彼の言葉がいつまでも私の耳朶(じだ)に響いた. **2** [補語を伴って]〈…に〉響く, 〈…の〉音がする; 〈…と〉聞こえる, 思われる, 考えられる, みえる (seem, appear): ～ alike [loud, *like* thunder] 同じに[大きく, 雷のように]響く / How sweet the music ～*s*! この音楽はすばらしい / The bell ～*s* cracked. その鐘はひびの入ったような音を出す / strange as it may ～ 妙に聞こえるかもしれないが / He [His statement] ～*s* reasonable. 彼の言うことはもっともらしく聞こえる / That excuse ～*s* very hollow. その言い訳は白々しい / The plans ～ promising. その計画は有望そうだ / How does this proposal ～ *to* you? この提案は君にどう思われるか / Your idea ～*s* all right [(like) a good one]. 君の考えは結構そうだ / This ～*s* (like) fiction. これはまるで作り事のようだ / It ～*s* (*to* me) *as if* somebody is calling you. (私には)だれかが君を呼んでいるように聞こえる. **3**〈らっぱなどが〉音で合図する[召集する] (summon): The bell ～*ed for* lunch. 鐘が鳴って昼食を知らせた / The bugle ～*ed to* battle. 進軍のらっぱが鳴った. **4**《古》伝わる, 広まる, 公になる. **5**〘法律〙〔…の〕趣旨[性質]をもつ〔*in*〕: His action ～*s in* damages. 彼の訴訟は損害賠償に関するものである. ── *vt.* **1** 鳴らす, 吹く; 〈音を〉出す: ～ a trumpet [bell] らっぱを吹く[ベルを鳴らす] / ～ a horn クラクションを鳴らす / ～ the theme 〈楽器が〉主旋律を奏でる. **2** (声に出して)言う, 発音する (pronounce): ～ each letter 各文字を発音する / The h in 'hour' is not ～*ed*. 'hour' の h は発音されない. **3** (鐘・らっぱ・太鼓などで)知らせる, 合図する, 布告する; 〈警報などを〉発する: ～ the charge [retreat] 突撃[退却]らっぱを吹く / ～ an alarm 非常警報を鳴らす / The clock ～*ed* twelve. 時計が 12 時を告げた. **4**〈評判などを〉鳴り響かす, 広める, 伝える (spread abroad); 称賛する (celebrate): ～ a person's [one's own] praises 人[自分]をほめたてる. **5 a**〈壁・レール・車輪などを〉(打ってみて)音響によって検査する: ～ a piece of timber 木材をたたいて検査する. **b**〘医学〙打診する, 聴診する: ～ the chest [lungs] 胸[肺]を打診[聴診]する.

sound off《口語》(1) 思うことをあからさまに言う; 口やかましく[不平たらしく]言い立てる; 自慢げに述べる〔*about, on*〕. (2)〘軍事〙〈鼓手が〉(起床・消灯などの)合図のらっぱを吹く;《米》(点呼などで)名前[番号など]をはっきり言う, 大声で答える.

sound[2] [sáʊnd] 〖《?*c*1200》(*i*)*sund* < OE *ġesund* < (WGmc) **ʒasunđaz* (Du. *gezond* / G *gesund*) ← IE **swento-* healthy, strong (OE *swiþ* / OHG *swinþa* strong)〗 ── *adj.* (～·**er**; ～·**est**) **1 a**〈身体・精神などが〉(病気・怪我などのない)健全な, 健康な (healthy): His heart is not ～. 彼の心臓は丈夫でない / a man of ～ body and mind 心身ともに健全な人 / A ～ mind in a ～ body.《諺》健全な身体に健全な精神(が宿らんことを) (cf. mens sana in corpore sano). **b** 傷のついていない, 腐って[朽(く)ちて]いない, いたんでいない (undamaged): ～ fruit [timber] 腐っていない果物[材木]. **2 a**〈建物などが〉頑丈な, 安定感のある: a ～ building [bridge, machine] しっかりした建物[橋, 機械]. **b** しっかりした (well-founded, reliable): a ～ economy, society, etc. **c** (財政的に)堅実な, 強固な (firm), 確実な, 安全な (secure); 資産のある (solid), 支払能力のある (solvent): a ～ investment 安全[確実]な投資 / ～ finance 健全財政 / The bank is ～. その銀行は堅実である. **3 a** 確実な根拠のある, 理論的に確かな, 論理的な (valid, logical): a ～ opinion [judgment] しっかりした意見[判断] / ～ advice もっともな忠告 / a man of ～ understanding 理解力の確かな人 / Is he ～ on free trade? 自由貿易についてしっかりした考えをもっているか / ～ reasoning 正確な推論. **b** (法律的に)有効な, 瑕疵(かし)のない (valid): a ～ title to land 有効な土地所有権. **c**〈教義・神学者などが〉正統的な (orthodox). **4**〈行為・行動などが〉思慮分別のある (judicious); 堅実な, 手堅い; 正常な, 正しい (sane, right): a ～ policy 堅実な政策, 健全政策 / ～ behavior 正常な行為. **5 a** 完全な, 徹底した (complete): a ～ recovery 全快. **b**〈睡眠が〉深い, 思う存分の: a ～ sleep 熟睡. **c**〈打撃などが〉したたかな (severe): a ～ thrashing [beating] したたかな殴打(おうだ).

(as) sound as a bell ⇨ bell[1] 成句. ***safe and sound*** ⇨ safe 成句.

── *adv.* [通例睡眠に関して用いて] よく, 十分に, ぐっすり (fast, soundly): be ～ asleep ぐっすり眠っている / sleep ～ よく眠る, 熟睡する / He slept the ～*er* for it. そのため彼はかえってよく眠った. **～·ness** *n.*

sound[3] [sáʊnd] 〖《*a*1300》*sounde*(*n*) to penetrate ⇨OF *sonder* < VL **subundāre* to submerge ← L *sub* under (⇨ sub-)＋*unda* wave〗 ── *vt.* **1 a** (測鉛・計りざおなどで)〈水・坑〉の深さを計る, 〈海・池など〉の水深を計る (fathom): ～ the entrance to a harbor 港の入口の水深を計る. **b** (資料採集用の測鉛で)〈海底などを〉探索する[調べる]. **c**〈宇宙・上空を〉探測する. **2**〈他人の考えなどを〉当たってみる, 探ってみる, 探知する, 確かめる (ascertain); 〈人〉の考えに探りを入れる〈*out*〉〔*on, about, as to*〕: ～ a person *out on* the plan その計画の人の考えを探り出す / Will you ～ him *as to* whether he would accept the post if offered? その地位を提供したら就任するかどうか彼の気を引いてみてくれないか / ～ a person's views 人の見解を確かめてみる. **3**〘外科〙(ゾンデを用いて)〈膣(ちつ)・管など〉に探りを入れる: ～ the bladder [urethra] 膀胱(ぼうこう)[尿道]を探る. ── *vi.* **1 a** 水深を計る, 測鉛で測深する (plumb): The ship moved slowly forward(s) ～*ing* as she went. 船は水深を計りながら徐々に前進した. **b** (上空, 特に成層圏・対流圏に)気球を揚げて気象観測する (cf. sounding balloon). **2**〈測鉛などが〉底に達する. **3**〈魚・鯨などが〉(特に, もりを打たれて)急に水底の方へもぐる. **4** (遠回しの質問などで)探りを入れてみる, 確かめる. ── *n.*〘医学〙(外科用の)ゾンデ, 消息子.

sound[4] [sáʊnd] 〖ME *sund* ⇨ON *sund* swimming, strait (Norw. *sund* swimming, strait / Swed. & Dan. *sund* strait) < Gmc **sundam* (OE *sund* swimming) ← *swem-* 'to SWIM[1]'〗 ── *n.* **1** 海峡 (strait), 瀬戸: ⇨ Long Island Sound. **2** 小さな湾, 入江 (inlet): ⇨ Puget Sound. **3** (魚の)浮袋 (air bladder). 「英語名».

Sound [sáʊnd], **The** *n.* サウンド(海峡)《Öresund の

sóund-and-líght *adj.* 照明効果と録音音楽とを一緒に使った, 音と光の (cf. son et lumière).

sóund àrchives *n. pl.*〘放送〙サウンドアーカイブス《放送局などに保存されているレコードやテープによる録音資料》.

sóund bàrrier *n.*《俗用》音の障壁 (⇨ sonic barrier).

sóund blòck *n.* (槌(つち)) (gavel) で叩いて音を立てる時に用いる)叩き板《sounding block ともいう》.

sóund·bòard *n.* **1** (弦楽器・ピアノなどの)共鳴板 (⇨ harp, violin 挿絵). **2** ＝sounding board 1.

sóund bòw [-bòʊ | -bàʊ] *n.* 鐘や鈴の舌(ぜつ)が当たる裾の部分.

sóund bòx *n.* **1** (楽器の)共鳴箱 (resonance box)《バイオリンなどの胴部》. **2** サウンドボックス《古い蓄音機の再生装置》.

sóund bròadcasting *n.* ＝sound radio.

sóund càmera *n.*〘映画〙サウンドカメラ《録音も同時に行なうための撮影機》.

sóund chànge *n.*〘音声〙音変化, 音韻変化.

sóund effècts *n. pl.* (映画・ラジオ・テレビなどの)音響効果.

sóund-effècts màn *n.* 音響効果係[担当者].

sóund enginèer *n.* 音響技師.

sóund·er[1] 〖⇨sound[1]〗 ── *n.* **1** 鳴る物, 響く物; 鳴らす人[物]. **2**〘通信〙音響器《授受する符号に相当する音程を発する受信器の一部; 技手はその音を聞いて電文を読み分ける》.

sóund·er[2] 〖⇨ sound[3]〗 *n.* **1** (水深などを)計る人, 測鉛手 (leadsman). **2** 測深機 (depth-sounder).

soun·der[3] [sáʊndə | -də(r)] 〖《?*c*1390》⇨OF *sundre* (F《方言》*sonre*) ← Gmc: cf. OE *sunor* / OHG *swaner*〗 *n.*《英古》野豚の群れ.

sóund fìeld *n.*〘物理〙音界, 音の場.

sóund fìlm *n.* **1** 発声映画 (cf. SILENT film); 発声映画のフィルム. **2** サウンドフィルム《録音済みのまたは録音すべき映画フィルム》.

sóund·hèad *n.*〘映画〙(映写機の)発声部.

sóund hòle *n.* (楽器の)響孔《弦楽器の共鳴胴内の振動を外部に伝えるために響板にあけられた孔; 例えばバイオリンの f 字孔(こう)》 (⇨ violin 挿絵).

sóund·ing[1] 〖ME *sounande, souning*〗 ── *adj.* **1** 音を立てる, 鳴る; 鳴り響く (resounding, sonorous): a ～ kiss. **2** (音だけで)中味のない, えらそうに聞こえる, 立派に響く (high-sounding); 大げさな, 仰々しい (pompous): a ～ title 堂々たる肩書 / a ～ promise 大げさな約束 / ～ rhetoric [oratory] 仰々しい修辞[弁舌].

sóund·ing[2] 〖ME: ⇨ sound[3]〗 ── *n.* **1 a** [しばしば *pl.*] 測深: take ～*s* in …の水深を測る (cf. 3) / strike ～*s* 測鉛を水底に届かせる, 測深する. **b** [*pl.*] (測量された)水深. **2** [*pl.*] (測鉛で)測深可能の水面: come into ～*s* 測深可能の水域に達する / be in [on] ～*s* 〈船が〉測鉛の届く所にいる / be out of [off] ～*s* 〈船が〉測鉛の届かない所にいる / get on [off] ～*s* 測鉛の届く[届かない]所へ出る. **3** [しばしば *pl.*] (世論などの)探索, 調査 (investigation): take ～*s* 事態を探ってみる (cf. 1 a). **4 a** ラジオゾンデによる大気観測. **b** ロケットゾンデによる宇宙探測.

sóunding ballòon *n.* 気象観測用気球《種々の自動式観測器を入れて揚げる無人気球; cf. sound[3] *vi.* 1 b》.

sóunding blòck *n.* ＝sound block.

sóunding bòard *n.* **1** 反響板《音響効果を高めるために舞台の上部・側部・背部に, 時には客席にも設置する》. **2** (床・仕切りに用いる)防音板. **3** その反響が効果[人気]測定の尺度として役立つ人. **4** 思想[意見]を宣伝する人. **5** ＝sound board 1.

sóunding lèad 〖《15C》〗 *n.* 測鉛 (plumb)《鉛錘と紐で海の深さを測る用具》.

sóunding lìne 〖ME〗 *n.* 測深線《ロープに目盛りをつけた水深などを測るもの; lead line ともいう》.

sóunding machìne *n.*〘海事〙測深機《海の深さを測る器械》.

sóunding pìpe *n.*〘海事〙測深管《船でタンク内の水または油の深さを測るための管》.

sóunding ròcket *n.* 観測用ロケット《上空の気象観測器械を積んだロケット》.

sóund inténsity *n.*〘物理〙音の強さ《単位時間に単位面積を通過する音波のエネルギー》.

sóund knòt *n.*〘建築〙生き節(ぶし)《周囲の部分と同じ位堅い, 抜けていない木の節》.

sóund làw *n.*〘音声〙音声法則 (phonetic law).

sóund·less[1] *adj.* 音[響き]のない; 静かな, しんとした (silent). **～·ly** *adv.* **～·ness** *n.*

sóund·less[2] 〖← SOUND[3] (v.)＋-LESS〗 *adj.* 深さの計り知れない (fathomless): ～ seas.

sóund-lèvel mèter *n.* 騒音計.

sóund·ly 〖ME〗 ── *adv.* **1** 健全に (healthily); 良識をもって. **2** 確実に, しっかりと, 堅実に (securely). **3** ぐっすり, 深く (deeply): sleep ～ 熟睡する. **4** 十分に (thoroughly). **5** したたか, 散々に (severely): beat a person ～. 「擬音係.

sóund màn *n.* **1** ＝sound mixer. **2** 音響効果係;

sóund mìxer *n.* 音量調節者, ミキサー.

sóund mòtion pìcture *n.* 発声映画.

sóund múltiplex bròadcast *n.*〘テレビ〙音声多重放送《テレビ電波の隙間を利用して主要音声とは別の音声を流す方式; ステレオ放送や二か国語放送に利用される; cf. video multiplex broadcast》.

sóund pollùtion *n.* 騒音公害 (⇨ noise pollution).

sóund pòst *n.* (弦楽器の表板・裏板間の)響柱.

sóund prèssure *n.*〘物理〙**1** 音圧. **2** ＝effective sound pressure.

sóund·próof 〖← SOUND[1] (n.)＋-PROOF〗 *adj.* 防音の: a ～ door, studio, etc. / a ～ room (放送局などの)防音室. ── *vt.* 防音する, …に響き止め[防音装置]を施す.

sóund·pròofing *n.* 防音.

sóund ràdio *n.*《英》(テレビに対し)ラジオ.

sóund rànging *n.*〘軍事〙音源標定《音源の位置をいくつかの聴音地点で標定してつきとめる方法で, 敵火器の位置測定や友軍の弾着修正などに用いる》.

sóund recòrder *n.* 録音機.

sóund recòrding *n.* 録音.

sound·scape [sáʊndskèɪp] 〖← SOUND[1]＋-SCAPE〗 *n.* 音の広がり, 音響パノラマ.

sóund scrèen *n.*〘映画〙サウンドスクリーン《拡声機からの音声を透過しやすくするために多孔質の材料で作られたスクリーン》.

sóund shìft 〖《なぞり》← G *Lautverschiebung*〗 *n.*〘言語〙音韻推移 (cf. vowel shift). 「ルム».

sóund slìdefilm *n.* 音声同調装置付スライド(フィ

sóund spèctrogram *n.* 音響スペクトログラム《音の周波数・強度・持続・変化などの音響分析装置によるグラフ》.

sóund spèctrograph *n.*〘電子工学〙音響スペクトログラフ《音の周波数・強度およびそれらの時間的変化を記録する電子装置》.

sóund spèctrum *n.* 音響スペクトル《音の成分の振幅や強さを周波数の関数として示したもの》.

sóund tràck *n.* サウンドトラック《発声映画のフィルムの端の録音帯》.

sóund trùck *n.* 拡声機を装備したトラック, 宣伝カー.

sóund wàves *n. pl.*〘物理〙音波.

soup [súːp] 〖《1653》⇨F *soupe* (OF 'sop, broth') < LL *suppam* ← **suppāre* to soak ← Gmc: cf. OE *sūpan* 'to sip, SUP[1]' & *sopp* 'SOP'〗 ── *n.* **1** スープ《肉・魚・野菜などのだし汁を土台にした液状の食べもの》: ⇨ pea soup 1, turtle-soup / eat ～ スープを吸う. ★ スプーンを用いず直接 cup から飲む時以外 drink soup とは言わない. **2 a** スープ状のもの. **b**《口語》濃霧 (thick fog). **c**《俗》(金庫破り(safecracker) が使う)ニトログリセリン (nitroglycerin). **d**《俗》(競走馬用の)興奮剤. **e**《俗》写真の現像液. **3**《俗》**a** (発動機の)馬力 (horsepower). **b** つけ加わった力[馬力]. **4**《俗》〘サーフィン〙(岸に押し寄せて)砕けた波. **5**〘生物〙スープ《生命や原始細胞が発生するよ

うな物質の混合物》: ⇨ primordial soup.
from soup to nuts 《米俗》 第1コースのスープからデザートまで；一切合財，すべて． ***in the soup*** 《俗》困って，苦境[困難]に陥って：leave a person *in the* ～ 困っている人を見捨てる．
soup and fish 〘正式のディナーではこのような料理が出されることから〙《米口語》(男子用の)正式夜会服．
― *vt.* 《口語》 **1** …の馬力を強める；…の速度を早める，加速する ⟨*up*⟩. **2** 一層刺激的[扇情的]にする，…のおもしろ味を増す，活気づける (enliven) ⟨*up*⟩.

sóup·bòne *n.* **1** スープのだしを作るのに適した骨《shinbone や knucklebone など》. **2** 《米俗》〘野球〙投手の利き腕．

soup·çon [suːpsɔ́ː(ŋ), -sɔ́(ː)ŋ, súːpsən | súːpsɔ̃ː(ŋ), -sɔ(ː)ŋ; *F.* supsɔ̃] 〘(1766) ▭ F ～ < OF *sou(s)peçon* < LL *suspectiō(n-)* = L *suspiciō(n-)* 'SUSPICION'〙 ― *n.* 少し，少量；ほんのわずか，気味 (suspicion) 〔*of*〕: a ～ *of* garlic にんにく少量 / a ～ *of* humor ユーモア[冗談]ちょっぴり．

sóup cùp *n.* (取っ手のついた)スープ用カップ．

soupe du jour [súːp-d(j)uː-ʒúə, -djuː-, -də-|-djuː-, -ʒúə(r; *F.* supdyʒuːr] 〘▭ F ～〙 ― *F. n.* (*also* 《英》 **soup du jour** [～]) (レストランなどで供されるその日の)特製スープ．

sóuped-úp [súːpt-] 〘← *soup up* (⇨ soup (vt. 1))〙 ― *adj.* 《俗》 **1** 性能[効力，調子]をよくした：a ～ speaker, microphone, bomb, etc. **2** 刺激的[扇情的]にした；魅力的にした，おもしろくした：the ～ chase in the movie 映画の白熱的な追跡(場面).

sóup·fìn shárk *n.* 〘魚類〙中国料理のふかひれスープに使うひれをとるサメの総称《米国太平洋沿岸産メジロザメ科エイラクブカ属 (*Galeorhinus*) の *G. zyopterus* や tope など；単に soupfin ともいう》.

sóup kìtchen *n.* (貧困者に無料またはわずかの金でスープ・パンなどを提供する)スープ接待所．

sóup plàte *n.* スープ用深皿，スープ皿．

sóup spòon *n.* スープ用スプーン．

soup·y [súːpi | -pɪ] 〘← SOUP (n.) + -Y⁴〙 ― *adj.* (**soup·i·er**; **-i·est**) **1** スープのような，どろどろした． **2** 《俗》過度に感傷的な (overly sentimental), めそめそした，涙もろい (mawkish). **3** 《口語》(天候が)霧の濃い，どんよりした：a ～ fog 濃霧．

sour [sáuə | sáuə(r] 〘adj: OE *sūr* (adj.) < Gmc **sūraz* (Du. *zuur* / G *sauer* / ON *sūrr*) < IE **sūr-o* sour, salty, bitter. ― v.: (?a1300) *soure(n)* ← (adj.)〙 ― *adj.* (～·**er**; ～·**est**) **1** 酸(す)い，酸っぱい (acid, tart): a ～ apple 青い[未熟な]りんご / a ～ smell 酸っぱいにおい / (as) ～ as vinegar 非常に酸っぱい；にがり切った / ⇨ sour grapes. **2 a** (発酵して)酸敗した，酸っぱくなった (turned, rancid) (cf. sweet 6 a): ～ milk, bread, etc. **b** くさったにおい[味]のする：a ～ smell. **3** いやな，不快な (disagreeable, unpleasant); 不機嫌な，気むずかしい (peevish, morose): a ～ job 不愉快な仕事 / a ～ fellow むっとしたいやな男 / a ～ face 苦虫をかみつぶしたような顔 / ～ looks 気難しい顔つき / a ～ temper 気難しい気質 / a ～ old maid 意地の悪い[ひねくれた]オールドミス． **4** 〈ガソリン・天然ガスなど〉硫黄化合物を含んだ． **5** 〘農業〙〈土地が〉酸性の，やせた，不毛の (unproductive): ～ soil. **6** 《俗》〘音楽〙音程が外れた，調子外れの：a ～ note.
be sour on 《米口語》…に敵対している，…を嫌っている，…がいやだ (hate, detest). ***go* [*turn*] *sour*** うまく行かなくなる，だめになる，こじれる：His scheme *went* ～. 彼の計画はだめになった．
― *n.* **1** 酸っぱい物． **2** いやなもの[事]，苦しい事：the sweet and ～ of life 人生の苦楽 / take the sweet with the ～ 人生をのん気に構える，人生の苦楽を甘受する / The sweet and ～ go together. 楽あれば苦あり． **3** 《米》サワー《ウイスキーやジンにレモン汁またはライムジュースなどを加えた酸っぱいカクテル》: a gin [whiskey] ～ ジン[ウイスキー]サワー． **4** 〘化学〙(洗濯でアルカリ中和・すすぎ用の)酸，酸性物質．
― *vt.* **1 a** 酸く[酸っぱく]する：Thunder will ～ beer [milk]. 雷が鳴るとビール[牛乳]が酸っぱくなる． **b** (発酵して)酸敗させる． **c** 〈果実などを〉腐らせる． **2 a** 気難しくする，怒らす，意地悪くする，すねさせる，ひねくれさせる；がっかりさせる，失望させる：a temper ～*ed* by disappointments 失望[不遇]のためにひねくれた気質． **b** 《廃》…に不機嫌な表情を与える：～ one's cheeks むっとした顔をする． **3** 〘化学〙(洗濯・染色・漂白に)酸性物質で処理する． ― *vi.* **1** 酸っぱくなる；酸敗する：Milk ～*s* quickly in heat. 熱を受けると牛乳はすぐに酸っぱくなる． **2** ねじける，ひねくれる，すねる，意地悪くなる． **3** 〔…に〕興味を失う，失望[幻滅]する〔*on*〕: ～ *on* a person. **4** うまく行かない，だめになる (deteriorate). **5** 〘農業〙〈土壌が〉酸性になる，やせる． ～·**ly** *adv.* ～·**ness** *n.*

sóur·bàll *n.* 《口語》不平家，一言居士 (grumbler).

sóur bàll *n.* サワーボール《酸っぱい味のする丸くて堅いキャンデー》.

sóur·bèrry [-bèri, -bəri | -bərɪ] *n.* 〘植物〙 **1** ツルコケモモ (European cranberry). **2** ＝lemonade berry.

source [sɔ́ːəs, sóəs | sɔ́ːs] 〘(1346) *sours* 《廃》prop, rising on the wing, fountainhead ▭ OF *sours(e)* (F *source*) (masc. & fem.p.p.) ← *sourdre* to rise, spring up < L *surgere* 'to SURGE'〙 ― *n.* **1 a** (川・流れの)水源，水源地 (fountainhead): the ～*s* of the Nile ナイル川の水源 / The river takes its ～ from the lake [in the mountains]. その川は源を湖水[山間]に発している． **b** 《古》泉，噴水 (fount). **2 a** もと，源，原因 (origin): a ～ of light 光源 / a ～ of sound 音源 / a ～ of annoyance [political unrest] 困惑[政治的不安]の源 / Music is a ～ of endless pleasure to many people. 音楽は多くの人にとって無限の楽しみのもとである / at ～ 起源において，もともと / It has its ～ in envy. その原因は嫉妬にある． **b** 出所，種，拠り所；出典，典拠：a news ～ ニュースの出所 / historical ～*s* 史料 / an informed ～ 消息通[筋] / the ～ of revenue [wealth] 収入[財]源 / a reliable [an authoritative] ～ 確かな[権威]筋 / have [draw] from a good ～ 確かな筋から得る[聞く]. **c** 音源；光源． **3** 《米》利子や配当などの支払いをする人[事業].

sóurce bòok 〘(1899) 《なぞり》← G *Quellenbuch*〙 *n.* **1** (歴史・文学などの)原典，基礎史料，底本，「種本」. **2** 史料集．

sóurce fòllower *n.* 〘電子工学〙ソースフォロアー《電界効果トランジスター電力増幅回路の一種；cf. cathode follower》.

sóurce lànguage *n.* 〘言語〙起点言語《翻訳(語)の材料として与えられる言語；cf. target language b》.

sóurce matèrial *n.* (調査・研究の)資料《日記・手記・記録など》.

sóur chérry *n.* 〘植物・園芸〙スミノミザクラ，酸果オウトウ (*Prunus cerasus*)《西南アジア原産のオウトウの一種；果実は酸味が強く，主として加工・料理用；栽培種はアマレル群 (amarelles) とモレロ群 (morellos) に分かれる；cf. sweet cherry》.

sóur crèam *n.* サワークリーム《クリームに乳酸菌を加えて発酵させたもの》.

sour·dine [súədiːn, ―⌐ | suədíːn; *F.* surdin] 〘▭ F ～ ▭ It. *sordina* ← *sordo* deaf, mute ← L *surdum*: ⇨ surd〙 ― *n.* **1** スルディーヌ《軍隊の進軍の合図に用いたトランペットの類の古楽器》. **2** ＝spinet 1.

sóur dóck *n.* 〘植物〙 **1** ヒメスイバ (sheep sorrel). **2** スイバ，スカンポ (garden sorrel).

sóur·dòugh 〘(c1303) *sour(e) dowgh*: ⇨ sour (adj.), dough: cf. Du. *zuurdeeg* / G *Sauerteig*〙 ― *n.* **1** 《方言》パン種として次回に使用するために残した発酵生地． **2** 〘アラスカの探鉱者が sourdough を携帯して至る所でパンを焼いたことから〙(米国北西部・カナダ・アラスカで)探鉱者，試掘者 (prospector); 開拓者 (pioneer); アラスカで(単身)越冬した人；古参 (old-timer) (cf. cheechako).

sóur góurd *n.* 〘植物〙 **1** パンヤ科アダンソニア属の大型壺形植物 (cream-of-tartar tree); ひょうたん型の酸っぱいその実． **2** バオバブ (baobab) の実 (monkey bread).

sóur grápes 〘イソップ物語中の「きつねとぶどう」の話から〙 ― *n. pl.* 手に入らぬものの悪口を言って気休めにすること，負け惜しみ (cf. grape 1): cry ～ 負け惜しみをいう．

sóur gùm *n.* 〘植物〙 **1** ＝black gum. **2** ＝sourwood.

sour·ish [sáu(ə)rɪʃ | sáuər-] 〘(a1398) *sourische*: ⇨ sour (adj.), -ish¹〙 *adj.* 少し酸っぱい，酸い気味の．

sóur másh *n.* 《米》〘醸造〙サワーマッシュ《バーボンウイスキー醸造中に蒸留の廃液を25%ほど入れて蒸煮する酸性の仕込み液》.

sóur órange *n.* **1** 〘植物〙ダイダイ (*Citrus aurantium*) など酸味の強い柑橘類《酸橙類》. **2** ダイダイ(の実)《マーマレードの材料にする》. 《bitter orange, Seville orange ともいう》

sóur·pùss [-pùs] 〘← SOUR (adj.) + PUSS²〙 *n.* 《俗》(顔つき・性質が)陰気くさい[不愉快な]やつ[人]，ひねくれ者 (killjoy).

sóur sált *n.* 〘化学〙クエン酸 (citric acid).

sóur·sòp *n.* **1** 〘植物〙トゲバンレイシ (*Annona muricata*)《熱帯アメリカ原産のバンレイシ属の果樹》. **2** トゲバンレイシの果実《ひょうたん型；guanabana ともいう；cf. sweetsop》.

sóur·wòod *n.* 〘植物〙北米東部産ツツジ科の落葉高木 (*Oxydendrum arboreum*)《葉に酸味がある；夏に白い総状花をつけ，秋には美しく紅葉する；sorrel tree ともいう》.

Sou·sa [súːzə, -sə | -zə], **John Philip** *n.* (1854–1932) 米国の吹奏楽指揮者・作曲家；*El Capitan* (1896), *The Stars and Stripes Forever* (1897); the March King ともよばれる．

sou·sa·phone [súːzəfòun, -sə- | -zəfəun] 〘(1925) ← *Sousa* (↑) + -PHONE: cf. saxophone〙 ― *n.* スーザフォン《ブラスバンドで用いる helicon に似た bass tuba の一種》.

sousaphone

souse¹ [sáus] 〘n.: (1391) *sows(e)* ▭ OF *sous, souz* ← Gmc **sult-, *salt-* 'SALT' (OHG *sulza* brine). ― v.: (a1387) ← (n.). ― adv.: (1706) ← (n. & v.)〙 ― *n.* **1 a** 塩づけ汁，塩水． **b** 塩づけ物《豚の頭・足・耳・にしんなどの塩肉》. **2** 塩づけにすること． **3** ずぶぬれ：get a thorough ～ in a thunderstorm 雷雨にあってずぶぬれになる． **4** 水に浸すこと (dip), 水浸し：give a person a ～ 人を水浸しにする． **5** 《俗》 **a** のんべえ，のんだくれ (habitual drunkard). **b** 酒宴，飲み会 (binge). ― *vt.* **1** 塩づけにする，塩水に漬(つ)ける (pickle): ～*d* herrings 塩づけにしん． **2** ずぶぬれにする；〈水を〉かける (pour): be ～*d* to the skin ぬれねずみになる / ～ water *over* a thing 物に水をかける． **3** 〔水などに〕浸す (soak) 〔*in, into*〕: ～ a thing *in* water. **4** 《俗》〘通例 p.p. 形で〙酒に酔わせる (intoxicate): get ～*d* 酔っ払う． ― *vi.* **1** 〔水などに〕飛び込む (plunge), ざぶんと落ちる〔*into*〕. **2** ずぶぬれになる． **3** 漬かっている；塩づけになっている． **4** 《俗》大酒を飲む，酔っ払う． ― *adv.* 《古・方言》ざぶんと，ざんぶりと，どぶんと：fall ～ into the canal どぶんと掘割の中へ落ちる．

souse² [sáus] 〘n.: (1486) *souce* 《変形》? ← *sours* 'SOURCE; 《廃》rising on the wing'〙 ― 《廃》〘鷹狩〙 *vi.* 〈鷹が〉舞い下りる (swoop). ― *vt.* (舞い下りて)飛びかかる (pounce on). ― *n.* 獲物を追いかけて飛び立つこと；飛びかかること．

sous·lik [súːslɪk] *n.* ＝suslik.

sous-sous [súːsuː; *F.* susu] 〘《変形》← F *sous-sus* 《短縮》← *dessous-dessus* 《原義》underover〙 ― *n.* 〘バレエ〙スーシュ (soubresaut)《バレエの基本で，ドゥミプリエ (demi-plié) とルルヴェ (relevé) を行なう際の上下の動き》.

sou·tache [suːtǽʃ; *F.* sutaʃ] 〘(1856) ▭ F ～ ▭ Hung. *sujtás*〙 ― *n.* スータッシュ《絹・羊毛・人絹糸などで織った細幅の平ひも；縁飾や衣服の刺繡(しゅう)にも用いられる》.

sou·tane [suːtáːn, -tǽn | -tǽn] 〘(1838) ▭ F ～ ▭ It. *sottana* garment worn under religious vestments ← *sotto* under < L *subtum*〙 ― *n.* 〘教会〙スータン《聖職者の通常服；cassock ともいう》.

sou·tar [súːtə | -tə(r] *n.* 《スコット》＝souter.

sou·te·neur [sùːtənə́ː | -tənə́ː(r; *F.* sutnœːr] 〘▭ F ～ ← *soutenir* to maintain: ⇨ sustain〙 *F. n.* 売春婦のひも (pimp).

sou·te·nu [sùːtənúː | -tən(j)úː; *F.* sutny] 〘▭ F ～ (p.p.) ← *soutenir* (↑)〙 ― *adj.* 〘バレエ〙ストゥニュ《バレエの動作の中で身体をまっすぐに安定して支えることをいう》.

sou·ter [súːtə | -tə(r] 〘OE *sūtere* ▭ L *sūtor* shoemaker ← *suere* 'to SEW¹': ⇨ -tor, -er¹〙 *n.* 《スコット・北英》靴屋 (shoemaker).

south 〘adj., adv.: OE *sūþ* < Gmc **sunþaz* 《原義》sunside (Du. *zuid* / G *Süd* / ON *suðr*) ← IE **sāwel-* 'SUN'. ― n.: (c1290) ← (adj.)〙 ― [sáuθ] *n.* **1** 〘通例 the ～〙南，南方，南部 (略 S, S.); 南部地方：in [on] *the* ～ of …の南部に[南に接して] / to *the* ～ of …の南方に(当たって). **2** [the S-] **a** 南国，南方地方． **b** 《米》南部[諸州]《Pennsylvania 州の南境，Ohio 川，Missouri 州の東および北境以南の米国の南東部地方》; (南北戦争のときの)南部連邦 (the Confederacy), 南軍：⇨ Deep South, down south, Old South, Solid South. **c** 南部気質． **3** [the S-] 発展途上国《主として北緯30°を境にして南に位置していることから；cf. north 3》. **4** [しばしば S-] 南半球，(特に)南極地方． **5** 《詩》南風 (south wind). **6** [しばしば S-] 〘トランプ〙(ブリッジなどで)サウス，南家《テーブルで南の席にすわる人》.
south by east 南微東 (略 SbE).
south by west 南微西 (略 SbW).
― [sáuθ] *adj.* **1** 南の；[しばしば S-] (大陸・国などの)南部の，南にある (southern): the ～ latitude 南緯 / the ～ coast 南部沿岸，南海岸 / ⇨ South Carolina. **2** 南に面した，南向きの：a ～ aspect [window] 南向き[窓]. **3** 〈風が〉南から吹く：a ～ wind 南風．
― [sáuθ] *adv.* 南へ[に]，南方へ[に]；南部に：go ～ 南へ行く / sail ～ 南へ向かって航海する / down ～ 南(の方)へ[に] / The wind is blowing ～. 風は南へ[《まれ》南から]吹いている (⇨ north ★).
― [sáuð, sáuθ] *vi.* **1** 南へ向かう；南方へ針路を取る． **2** 〘天文〙〈太陽・月・星が〉南中[正中]する，子午線を経過する．

Sòuth África *n.* 南アフリカ《アフリカ大陸南端部の共和国；もと英連邦内の独立国で南アフリカ連邦 (Union of South Africa) と称したが，1961 年現在の名に変わると共に英連邦から脱退し共和制となった；Cape of Good Hope, Natal, Transvaal, Orange Free State の4州から成る；人口 21,449,000, 面積 1,221,037 km², 首都(行政上) Pretoria, (立法上) Cape Town, (司法上) Bloemfontein; 公式名 the Republic of South Africa 南アフリカ共和国》.

Sòuth Áfrican *adj.* **1** 南アフリカ(共和国)の． **2** 南アフリカ(共和国)人の． ― *n.* 南アフリカ共和国の住民；(特に，白人系の)南アフリカ人 (Afrikaner).

Sòuth Áfrican Dútch *n.* **1** 南アフリカオランダ語《略 SAfrD; 最近は Afrikaans という》. **2** [集合的] ボーア人 (the Boers)《オランダ系アフリカ人》.

Sòuth Áfrican Repúblic *n.* [the ～] 南アフリカ共和国《Transvaal が Boer 人の独立国だった当時の公式名》. 「War).

Sòuth Áfrican Wár *n.* [the ～] 南ア戦争 (⇨ Boer

Sou·thall [sáuθɔːl, -ðɔːl] 〘ME *Sudhal(l)e* 《原義》Southern recess ← *sūþ* 'SOUTH' + *healh* corner〙 *n.* イングランド Greater London 西部の都市；人口 60,000.

Sóuth Amércia *n.* 南アメリカ，南米(大陸).

Sóuth Américan *adj.* 南アメリカの；南アメリカ住民の． ― *n.* 南アメリカ人，南米人．

South·amp·ton [sauθ(h)ǽm(p)tən | sauθ-, səθ-] 〘OE *Sūþhamtūn* ← *sūþ* 'SOUTH' + *hamm* river-land, watermeadow + *tūn* 'village, TOWN'〙 *n.* イングランド南部の Hampshire 州の海港；人口 214,000.

Sóuth Arábia, Federation of *n.* [the ～] ⇨ FEDERATION of South Arabia.

Sóuth Arábia, Protectorate *n.* [the ～] ⇨ FEDERATION of South Arabia.

Sóuth Austrália *n.* オーストラリア南部の州; 人口 1,173,000, 面積 984,381 km², 首都 Adelaide.

Sóuth Bénd *n.* 米国 Indiana 州北部の都市; 人口 126,000.

sóuth·bòund *adj.* 南行きの, 南回りの; 〈貨物列車・船が〉南行きの便の: a ～ trip [ship].

Sóuth Carolína *n.* 米国南東部大西洋岸の州 (⇨ United States of America 表).

Sóuth Carolínian *adj.* (米国) South Carolina 州(人)の. ― *n.* South Carolina 州人.

Sóuth Caucásian *n., adj.* 南コーカサス語族(の).

Sóuth Chína Séa *n.* [the ～] 南シナ海.

Sóuth Dakóta *n.* 米国中央部の州 (⇨ United States of America 表).

Sóuth Dakótan *adj.* (米国) South Dakota 州(人)の. ― *n.* South Dakota 州人.

Sóuth Dévon *n.* サウスデボン《イングランド原産の淡褐色の乳肉兼用牛の一品種》.

South·down [sáuθdaun] 〘↓〙 *adj.* (イングランド南部) South Downs の. ― *n.* サウスダウン《イングランド原産の小型の無角の肉用羊の一品種》.

Sóuth Dówns *n. pl.* [the ～] ⇨ Downs 1.

south·east [sàuθíːst, (海) sauíːst] 〘OE *sūþēast*〙 ― *n.* **1** [通例 the ～] 南東 (略 SE); 南東部[地方]. **2** [the S-]《米》米国南東地方. **3**《詩》南東風.
southeast by east 南東微東 (略 SEbE).
southeast by south 南東微南 (略 SEbS).
― *adj.* **1** 南東(方)の, 南東(方)にある. **2** 南東に面した[に向かう], 南東向きの. **3** 〈風が〉南東から吹く: a ～ wind 南東風. ― *adv.* 南東(方)へ[に] (⇨ north ★).

Sóutheast Ásia Tréaty Organizàtion *n.* [the ～] 東南アジア条約機構 (略 SEATO).

south·east·er [sàuθíːstə, (海) sauíːstə | -tə(r)] 〘⇨ southeast, -er¹〙 *n.* 南東の強風.

sòuth·éast·er·ly *adj.* 南東の; 〈風が〉南東から吹く: a ～ wind. ― *adv.* 南東へ[から]. ― *n.* 南東風.

south·east·ern [sàuθíːstən | -tən] 〘← SOUTH＋EASTERN: cf. OE *sūðēasterne*〙 ― *adj.* **1** 南東の, 南東にある[に面した]; 南東への[に向かう]; 〈風が〉南東から吹く. **2** [S-]《米》米国南東部の, 南東部特有の.

South·east·ern·er [sàuθíːstənə, -tə- | -tənə(r)] *n.* **1** 南東部出身者. **2**《米》米国南東部の(原)住民.

south·east·ward [sàuθíːstwəd, (海) sauíːst- | -wəd] ― *adv.* 南東(方)へ[に]. ― *adj.* 南東方にある, 南東に向いた, 南東側の. ― *n.* [the ～] 南東方 (southeast).

sòuth·éast·ward·ly *adv., adj.* ＝southeasterly.

sòuth·éast·wards [-wədz | -wədz] 〘⇨ -wards〙 *adv.* ＝southeastward.

Sóuth·end-on-Séa [sáuθend-] 〘*Southend*: ME *Sowthende*: ⇨ south, end¹〙 ― *n.* イングランド南東部 Essex 州南部, Thames 河口に臨む海港, 保養地; 人口 160,000.

south·er [sáuðə | -ðə(r)] 〘← SOUTH＋-ER¹〙 *n.* (強い)南風.

south·er·ly [sʌ́ðəli | -ðəli] 〘《1551》: cf. northerly〙 ― *adj.* **1** 南寄りの, 南方の, 南向きの; 南方にある: a ～ course. **2** 〈風が〉南から吹く: a ～ breeze. ― *adv.* **1** 南方に[へ], 南寄りに: sail ～ 南方へ向け航海する. **2** 〈風が〉南から吹く: The wind blows ～. 南の風だ. ― *n.* 南風. **south·er·li·ness** *n.*

south·ern [sʌ́ðən | -ðən] 〘OE *sūþern(e)*: ⇨ south, -ern〙 ― *adj.* **1** 南の, 南にある; 南寄りの: a ～ aspect 南向き / a ～ course 南方航路. **2** [しばしば S-] 南部地方の, 南部出[産]の; 南部[国]独特の: ～ trade 南洋貿易 / ～ people [habits] 南国の人々[風習]. **3** 〈風が〉南から吹く (southerly). **4** [S-]《米》南部諸州(から)の: the *Southern* States (米国)南部諸州. **5**〘天文〙天球赤道[黄道帯]より南にある, 南天の. **6** [S-] 南部方言[語]の. ― *n.* [S-]《米》**1** 南部語《Delaware, Maryland, Virginia Piedment, North Carolina と South Carolina の東部, Georgia, Florida および Mexico 湾沿岸の各州で用いられる; Southern dialect ともいう; cf. northern *n.* 1》. **2**《方言》＝Southerner.

Sóuthern Álps *n. pl.* [the ～] 南アルプス山脈《ニュージーランド南島にある山脈; 最高峰 Mt. Cook (3,764 m)》.

Sóuthern Báptist *n.* 南部バプテスト協議会 (Southern Baptist Convention) の一員《1845 年 Georgia 州 Augusta に設立; 厳格なカルビン主義で, 宗教的出版事業と教育方面に活躍》.

Sóuthern Cóalsack *n.* [the ～]〘天文〙南の石炭袋《南十字星にある暗黒星雲; the Coalsack ともいう》.

Sóuthern Conféderacy *n.* [the ～]〘米史〙＝CONFEDERATE States of America.

sóuthern crábapple *n.*〘植物〙米国南東部原産バラ科ナシ属のばら色の花と黄緑の実をつける小高木 (*Pyrus angustifolia*).

Sóuthern Cróss *n.* [the ～]〘天文〙みなみじゅうじ(南十字)座 (⇨ crux 2) (cf. Northern Cross).

Sóuthern Crówn *n.* [the ～]〘天文〙みなみのかんむり(南の冠)座 (⇨ Corona Australis).

Sóuthern Démocrat *n.* 南部諸州出身の民主党員《西部・北部諸州出身党員よりも人種問題に関して保守的と言われる》.

sóuthern déwberry *n.*〘植物〙米国南東部原産のキイチゴの一種 (*Rubus trivialis*)《枝蔓は細長く, 匍匐(ほ)性》.

Sóuthern díalect *n.* ＝southern *n.* 1.

Sóuthern Énglish *n.*《米》**1** 南部英語《特に, イングランド南部地方の教養人の話す標準英語をいう》. **2** 南部のアメリカ英語 (⇨ southern *n.* 1).

South·ern·er, s- [sʌ́ðənə, -ðə- | -ðənə(r)] 〘《1833》← SOUTHERN (adj.)＋-ER¹〙 *n.* 南部[国]人; (特に, 米国の)南部諸州の人, 南部人.

Sóuthern Físh *n.* [the ～]〘天文〙みなみのうお(南の魚)座 (⇨ Piscis Austrinus).

Sóuthern Hémisphere, s- h- *n.* [the ～] 南半球.

sóuth·ern·ìsm [-nìzm] *n.* **1** 米国の南部訛(なま)り. **2** (特に, 米国の)南部出身者独特の態度[性格], 南部(人)的気質.

south·ern·ize [sʌ́ðənàiz | -ðə-] *vt.*《米》南部的にする.

sóuthern líghts *n. pl.* [the ～] 南極光 (aurora australis).

sóuth·ern·ly 〘《1725》〙 *adj.*《まれ》＝southerly.

sóuthern·mòst [-mòust | -məust, -məst] *adj.* 最も南の, 最南端の.

Sóuthern Ócean *n.* [the ～] インド洋のオーストラリア南方に当たる海域《オーストラリア人の用いる呼び名》.

Sóuthern Páiute *n.* **1** ＝Paiute 1. **2** 南パイウート族の言語.

sóuthern píne *n.*〘植物〙＝longleef pine.

Sóuthern Rhodésia *n.* 南ローデシア (⇨ Zimbabwe 1, Rhodesia 2).

sóuthern ríght whàle *n.*〘動物〙南大西洋産のセミクジラの一種 (*Eubalaena australis*).

Sóuthern Slávs *n. pl.* ⇨ Slav.

Sóuthern Spórades *n. pl.* [the ～] 南スポラデス諸島 (⇨ Sporades 2).

Sóuthern Tríangle *n.* [the ～]〘天文〙みなみのさんかく(南の三角)座 (⇨ Triangulum Australe).

Sóuthern Úplands *n. pl.* [the ～] スコットランド南部の丘陵地帯 (800 m).

sóuthern whíte cédar *n.*〘植物〙ヌマヒノキ (*Chamaecyparis thyoides*)《米国東部の沼沢地に繁茂するヒノキ属の常緑高木; 芳香を有する; white cedar ともいう》.

sóuthern·wòod 〘OE *sūþerne wudu*〙 ― *n.*〘植物〙南ヨーロッパ産キク科ニガヨモギの一種 (*Artemisia abrotanum*)《ビールの味付けに用いられる; old man ともいう》.

Sóuthern Yémen *n.* 南イエメン (⇨ Yemen 2).

Sou·they [sáuði, sʌ́ði | -ði], **Robert** *n.* (1774–1843) 英国の詩人; Lake Poets の一人; 桂冠詩人 (1813–43); *The Curse of Kehama* (1810), *Life of Nelson* (1813).

Sóuth Frígid Zòne *n.* [the ～] 南寒帯《南極圏と南極との間の地域; ⇨ zone 挿絵》.

Sóuth Geórgia *n.* 大西洋南部, Falkland Islands の南東, 1,290 km の所にある英領の島; 人口 400, 面積 3,756 km².

Sóuth Glamórgan *n.* ウェールズ南部の州; 1974 年に新設, 旧 Glamorganshire 州南部と旧 Monmouthshire 州南西部によりなる; 人口 393,000, 面積 416 km², 首都 Cardiff.

Sóuth Hólland *n.* 南ホラント(州), ゾイトホラント(州)《オランダ南西部の州; 人口 24,000, 面積 3,326 km², 首都 The Hague; オランダ語名 Zuidholland [zœithɔ́lant]》.

south·ing [sáuθiŋ, sáuð-] 〘《1659》← SOUTH＋-ING¹〙 ― *n.* **1**〘測量・海事〙南航行程; 南距《ある地点とその後南寄りに進んで達した地点との緯度差; マイルで示す》. **2**〘海事〙南航, 南進. **3**〘天文〙子午線通過, 南中, 正中; 天体が天球上で南へ動くこと.

Sóuth Ísland *n.* 南島《ニュージーランドの 2 主島中の島; 人口 811,000, 面積 150,461 km²; cf. North Island》.

Sóuth Koréa *n.* 韓国《朝鮮半島の 38 度線以南を占める共和国; 人口 33,168,000, 面積 98,477 km², 首都 Seoul; 公式名 the Republic of Korea 大韓民国; cf. North Korea》.

sóuth·lànd, S- 〘OE *sūþland*〙 *n.* **1**《詩》南の国. **2** (世界の)南部地帯, (一国の)南部地方. **3**《米》＝＝Deep South.

sóuth·mòst [-mòust | -məust, -məst] 〘《1623》: cf. OE *sūþmest*: ⇨ -most〙 *adj.* ＝southernmost.

Sóuth Órkney Íslands *n. pl.* [the ～] サウスオークニー諸島《南米南東部に当たる大西洋中の群島, もと英領, 現在は南極条約 (Antarctic Treaty) で領有権凍結; 面積 620 km²》.

sóuth·pàw 〘《1892》← SOUTH＋PAW¹: Chicago の球場はピッチャーの左腕が南向きになる位置にあったところから, または南部出身の左腕投手が多かったことからか〙 ― *n.*《口語》**1** 左利(き)きの人, ぎっちょ (left-hander). **2**〘野球〙左腕投手, サウスポー (left-handed pitcher). **3**〘ボクシング〙サウスポー《左利きのボクサー》. ― *adj.* **1** 左利きの, サウスポーの: a ～ pitcher. **2** 左手による[で書いた]: a ～ note.

Sóuth Plátte [-plǽt] *n.* [the ～] 米国 Colorado 州中部に発し北東流して Nebraska 州で Platte 川に合する川 (711 km).

sóuth pólar *adj.* 南極の (Antarctic): the ～ regions 南極地方 / a ～ exploration 南極探検.

sóuth póle *n.* **1** [the S- P-] (地球の)南極(点). **2** [the ～]〘天文〙(天の)南極《地球自転軸の南端の延長が天球と交わる点》. **3** [the ～] (磁石の)南極, S 極 (cf. magnetic pole 2).

South·port [sáuθpɔ̀ət, -pɔ̀ət | -pɔ̀ːt] 〘← SOUTH＋PORT¹〙 *n.* イングランド Merseyside 州の海港, 保養地; 人口 85,000.

South·ron [sʌ́ðrən] 〘《c1470》《転訛》← SOUTHERN (cf. Briton, Saxon)〙 ― *n.* **1**《米南部》南部人, 南国人 (Southerner). **2**《スコット・古》イングランド人 (Englishman). ― *adj.* **1**《米南部》南部人の. **2**《スコット》イングランド人の.

Sóuth Saskátchewan *n.* [the ～] カナダ Alberta 州に発し東流して North Saskatchewan と合流し Saskatchewan 川になる; 全長 890 km.

Sóuth Sèa Búbble, S- S- b- *n.* [the ～] 南海泡沫事件《1711 年英国でスペイン領南アメリカとの貿易独占権を得て設立された南海会社 (South Sea Company) が国債の引受けを条件に大宣伝をして投機熱をあおり, 1720 年に至って 100 ポンドの株が一時 1,000 ポンドにもなったが, 事業の不成績が暴露されて株が大暴落し, 多くの破産者を出すに至った事件》.

Sóuth Sèa Íslander *n.* 南太平洋諸島の住民; ポリネシア人 (Polynesian).

Sóuth Sèa Íslands *n. pl.* [the ～] 南太平洋諸島《一般的には Oceania のこと》.

Sóuth Séas *n. pl.* [the ～] 南半球の海洋; (特に)南太平洋.

Sóuth Sèa schéme *n.* [the ～] ＝South Sea Bubble.

Sóuth Shétland Íslands *n. pl.* [the ～] サウスシェトランド諸島《南極半島と南米との間にある諸島; もと英領, 現在は南極条約 (Antarctic Treaty) で領有権凍結; 面積 4,700 km²》.

Sóuth Shíelds *n.* イングランド北東部の Tymeand Wear 州, Tyne 河口に臨む海港; 人口 101,000.

Sóuth Slávic *n.*〘言語〙⇨ Slavic.

sóuth-southéast 〘《15C》〙 ― *n.* [通例 the ～] 南南東 (略 SSE). ― *adj.* **1** 南南東の, 南南東にある[に面した, 向きの]. **2** 〈風が〉南南東から吹く: a ～ wind. ― *adv.* 南南東(方)へ[に] (⇨ north ★).

sóuth-southéastward *adv.* 南南東へ[に]. ― *adj.* 南南東にある, 南南東に向いた. ― *n.* [通例 the ～] 南南東(方).

sóuth-southwést 〘《1513》〙 *n.* [通例 the ～] 南南西 (略 SSW). ― *adj.* **1** 南南西の, 南南西にある[に面した, 向きの]. **2** 〈風が〉南南西から吹く: a ～ wind 南南西風. ― *adv.* 南南西(方)へ[に] (⇨ north ★).

sóuth-southwéstward *adv.* 南南西へ[に]. ― *adj.* 南南西にある, 南南西に向いた. ― *n.* [通例 the ～] 南南西(方).

Sóuth Témperate Zòne *n.* [the ～] 南温帯《南回帰線と南極圏との間の地方; ⇨ zone 挿絵》.

Sóuth Vietnám *n.* 南ベトナム (⇨ Vietnam).

south·ward [sáuθwəd | -wəd] 〘OE *sūþweard*: ⇨ -ward〙 ― *adv.* 南方へ[に], 南方に向かって: sail ～. ― *adj.* 南方への; 南向きの. ― *n.* [通例 the ～] 南方, 南部: to [from] *the* ～ 南方へ[から].

sóuth·ward·ly *adj.* **1** 南向きの. **2** 〈風が〉南から吹く. ― *adv.* 南向きの, 南方へ; 南方から.

sóuth·wards [-wədz | -wədz] 〘OE *sūþweardes*: ⇨ -wards〙 *adv.* ＝southward.

South·wark [sʌ́ðək, sáuθwək | sʌ́ðək, sáuθwək] 〘OE *Sūþ(ge)weorc* 《原義》southern fort ← *sūþ* 'SOUTH'＋*(ge)weorc* fortification (cf. work)〙 ― *n.* London 中央部の自治区 (borough) で Thames 川の南岸地域; 人口 260,000.

south·west [sàuθwést, (海) sauwést] 〘OE *sūþwest*〙 ― *n.* **1** [通例 the ～] 南西, 西南 (略 SW); 南西部[地方]. **2** [the S-]《米》米国南西部《Arkansas, Oklahoma, Texas, New Mexico, Arizona, および California 州南部などを含む》. **3**《詩》南西風.
southwest by south 南西微南 (略 SWbS).
southwest by west 南西微西 (略 SWbW).
― *adj.* **1** 南西(方)の, 南西にある. **2** 南西に面した[に向かう], 南西向きの: a ～ aspect 南西向き. **3** 〈風が〉南西から吹く: a ～ wind 南西風. ― *adv.* 南西(方)へ[に] (⇨ north ★).

Sóuth-Wèst África *n.* 南西アフリカ《アフリカ南西部の大西洋岸に位置する地域; もと国際連盟の南アフリカ連邦委任統治領; 国連直轄信託統治への切替えの勧告を南アフリカ共和国は拒否し, 1949 年事実上併合; 国連はこれを認めず, '68 年以来 Namibia という国名を定めている; 人口 827,000, 面積 824,292 km², 首都 Windhoek》.

south·west·er [sàuθwéstə, (海) sauwéstə | -tə(r)] *n.* **1** 南西の強風[暴風]. **2** ＝sou'wester 2 b.

sòuth·wést·er·ly 〘← SOUTHWEST＋(WEST)ERLY〙 *adj.* 南西の; 〈風が〉南西から吹く. ― *adv.* 南西へ[から]. ― *n.* 南西風.

sòuth·wést·ern [sàuθwéstən, (海) sauwéstən | -tən] 〘OE *sūþwesterne*〙 ― *adj.* **1** 南西の, 南西にある[面した]; 南西への[に向かう]; 〈風が〉南西から吹く. **2** [S-]《米》米国南西部の, 南西部特有の.

South·west·ern·er [sàuθwéstənə, -tə- | -tənə(r)] *n.* **1** 南西部出身者. **2**《米》米国南西部の(原)住民.

south·west·ward [sàuθwéstwəd, (海) sauwést- | -wəd] 〘《1548》← SOUTHWEST＋-WARD〙 ― *adv.* 南西へ[に]. ― *adj.* 南西方にある, 南西に向いた, 南西側の. ― *n.* [通例 the ～] 南西(方) (southwest).

sòuth·wést·ward·ly *adv., adj.* ＝southwesterly.

sòuth·wést·wards [-wədz | -wədz] 〘⇨ -wards〙 *adv.* =southwestward.

Sóuth Yórkshire *n.* 英国イングランド北部の州, 1974 年に新設, 旧 Yorkshire 南部からなる; 人口 1,319,000, 面積 1,562 km², 首都 Sheffield.

Sou·tine [su:tí:n; *F.* sutin], **Cha·im** [xaím, ←–; *F.* kaim] *n.* スーチン《1894-1943; リトアニア生れのフランスの画家》.

Sou·van·na Phou·ma [su:vá:na:-pú:ma:], Prince *n.* (スバンナ)プーマ《1901- ; ラオスの政治家, 首相 (1962-75)》.

sou·ve·nir [sú:vənìə, ←–|sù:vəníə(r, -vɪ-, ←–] 〘《1775》▭F ~ 'memory' ← (v.) 'to remember' ← L *subvenire* to come into the mind ← *sub-* up to+*venire* 'to COME'〙 ── *n.* **1** (訪問地などの思い出になるような)記念品, みやげ(品) (keepsake); 形身 (memento): a ~ hunter 記念品[みやげ品]をあさる人. **2** 思い出 (memory).

sou'·west·er [sauwéstə | -tə(r] 〘《略》← SOUTHWESTER〙 ── *n.* **1** =southwester 1. **2 a** 暴風雨衣《時化(しけ)のとき水夫が用いるバックル止めのゆるいレインコート》. **b** 暴風雨帽《前より後ろのつばの広い, 耳覆いのついた防水帽; southwester ともいう》.

sou'westers 2 b

sov. 《略》sovereign.

sov·er·eign [sáv(ə)rən, sávən | sɔ́vrɪn] 〘《c1300》*soverain, -ein* ▭OF *soverain, -ein* (F *souverain*) < VL **superānum* ← L *super* above (⇨ super-): 1400 年頃に REIGN との連想で *-g-* が混入した〙 ── *n.* **1 a** 主権者; (一国の)元首 (chief), 君主 (monarch). **b** 独立国家. **c** 主権を有する政治団体. **2** 《英》ソブリン《英国の 1 ポンド金貨; 1489 年 Henry 七世のとき初めて造られた; 現在ほとんど使用されていない; 略 sov.》: a half-*sovereign* 半ポンド金貨.
── *adj.* **1 a** 主権を有する; 元首の, 君主である, 国王の[にふさわしい] (imperial, royal): a ~ prince 君主 / ~ power [authority] 主権. **b** 自治の, 独立の (independent): a ~ state 主権[独立]国. **c** 絶対の (absolute): the ~ power of the Pope. **2 a** 最上の, 最高の (highest), 至上の, 至高の (supreme): the ~ good 至高善 / of ~ importance この上なく重要な. **b** 非常にすぐれた, 卓越した. **c** 〈薬が〉特効のある (potent): a ~ remedy 霊薬, 特効薬. **~·ly** *adv.*

sov·er·eign·ty [sáv(ə)rənṭi, sávən- | sɔ́vrəntɪ, -rɪn-] 〘《c1340》*soverainte, -einte*▭OF *souverainete, -einete* (F *souveraineté*): ⇨↑, -ty〙 ── *n.* **1 a** 君主[元首]であること. **b** 主権, 統治権 (dominion): ⇨ popular sovereignty / the U.S. ~ over Puerto Rico 米国のプエルトリコに対する統治権. **2** 主権国, 独立国 (sovereign state). **3** 《廃》**a** 非常にすぐれていること, 優秀 (excellence). **b** (薬の)特効.

So·vetsk [*Russ.* savjétsk] *n.* ソビエツク《ソ連邦ロシヤ共和国西部, Neman 河畔の都市; 人口 41,000; ドイツ語旧名 Tilsit》.

so·vi·et [sóuvièt, sáv-, -viɪt, -viət, sòuviét | sə́uvɪət, sɔ́v-, -vjət, -vjet, səuvjét, sɔv-] 〘《1917》▭Russ. *sovet* council〙 ── *n.* **1** (ソ連の)会議, 評議会, ソビエト. ★ 一般労働者および農民から選出される最下部の会議で「都市会議 (town soviets)」と「農村会議 (village soviets)」とがある; 各 soviets の上にはその代議員から成る上層の地方ソビエト会議 (Soviet Congress) があり, 最上部には議会に相当する最高会議 (Union Congress of Soviets すなわち Supreme Soviet) がある; 1905 年の革命で初めて作られた. **2** (社会主義国家における同様な)会議 (council). **3 a** [the S-] ソ連邦. **b** [S-] ソ連邦を構成する一共和国. **4** [the Soviets] ソ連人; ソ連政府[指導者]; ソ連軍. ── *adj.* **1** ソビエト(会議)の. **2** [S-] ソビエト連邦 (Soviet Union) の, ソ連の; ソ連人の: the *Soviet* representative ソ連代表者 / the *Soviet* Government ソ連政府.

Sóviet Céntral Ásia *n.* ソ連邦中央アジア《Kazakhstan 共和国・Kirghizia 共和国・Tadzhikistan 共和国・Turkmenistan 共和国および Uzbekistan 共和国から成る》.

Só·vi·èt·ism, s- [-tɪzm] 〘← SOVIET+-ISM〙 ── *n.* **1** (労働者・農民の代表機関ソビエト (soviet) が下部から最高部までピラミッド型に組み立てられている)ソビエト式政治組織, ソビエト体制. **2** ソビエト政府の政治原理[理念]; 共産主義 (communism). **3** ソビエト政府のイデオロギーの特徴的表現[言回し]. **Só·vi·èt·ist** [-tɪst, -ṭəst | -tɪst] *n., adj.*

So·vi·et·i·za·tion, s- [sòuvièṭɪzéɪʃən, sàv-, -viəṭ-, -ṭə- | sə̀uvɪətaɪ-, sɔ̀v-, -vjət-, -vjet-, -tɪ-] 〘⇨↓, -ation〙 *n.* ソビエト化, 労農化, 赤化.

So·vi·et·ize, s- [sóuvietàɪz, sáv-, -viɪt-, -viət-, sòuviéṭ- | sə́uvɪət-, sɔ́v-, -vjət-, -vjet-, səuvjét-, sɔv-] 〘← SOVIET+-IZE〙 ── *vt.* **1** 労農化する, ソビエト化する; …に共産主義思想を吹き込む, 赤化する. **2** ソ連の支配下に置く. **3** ソビエトの体制[原理, 制度]に合致させる.

So·vi·et·ol·o·gy [sòuviətálədʒi, sàv- | sə̀uvɪətɔ́lədʒɪ, -vjə-, -vje-] *n.* =Kremlinology. **Sò·vi·et·ól·o·gist** [-dʒɪst, -dʒəst | -dʒɪst] *n.*

Sóviet Rússia *n.* **1** Soviet Union の通称名. **2** =Russian Soviet Federated Socialist Republic.

Sóviet Únion *n.* [the ~] ソ連(邦)《ヨーロッパ東部からアジア北西部にまたがる 15 のソビエト社会主義共和国から成り, 旧ロシヤ帝国のほとんど全部を包含している; 人口 255,500,000, 面積 22,402,200 km², 首都 Moscow; 公式名 the Union of Soviet Socialist Republics ソビエト社会主義共和国連邦; 略 U.S.S.R.》.

sov·khoz [sʌfkɔ́(:)z, sav-, -kɔ́(:)s | sʌfkɔ́z, sɔv-, -kɔ́s; *Russ.* safxós] 〘▭Russ. ~ 《略》← *sovetskoe khozyaistvo* 《原義》soviet farm〙 ── *n.* (*pl.* **-kho·zy** [-kɔ́(:)zi | -kɔ́zɪ; *Russ.* -xózɨ], **~·es**) ソフホーズ, (ソ連の)国営農場《大規模な国営農業企業; cf. kolkhoz》.

sov·nar·kom [sóuvnaəkòum | -na:-; *Russ.* səvnarkóm] 〘▭Russ. ~ 《混成》← *sovet narodnyx kommissarov* ← *sovet* 'SOVIET'+*narod* people+*kommissar* 'COMMISSAR'〙 ── *n.* (ソ連の)人民委員会議 (Council of People's Commissars) (cf. COUNCIL of Ministers (1)).

sov·prene [sávpri:n | sɔ́v-] 〘《混成》← SOV(IET)+(NEO)PRENE〙 *n.* (ソ連のネオプレン系の)合成ゴム.

sov·ran [sávrən | sɔ́v-] 〘《1634》: Milton が It. *sovrano* に擬した変形〙 *n., adj.* 《詩》=sovereign.

sow¹ [sóu | sə́u] 〘OE *sāwan* < Gmc **sǣjan* (Du. *zaaien* / G *säen* / ON *sá* / Goth. *saian*) ← IE **sē(i)-* (L *serere* to sow): cf. season, seed, semen〙 *v.* (**sowed; sown** [sóun | sə́un], **sowed**) ── *vt.* **1 a** 〈種子を〉まく: ~ seed, wheat, oats, etc. / ~ the seeds of hatred [revolution] 憎しみ[革命]の種をまく. **b** 〈土地〉に種子を振りまく (scatter); 散布する (besprinkle) 〔*with*〕: ~ a field [garden] *with* wheat [annuals] 畑[庭]に小麦[一年草の種]をまく / Whatsoever a man ~*eth*, that shall he also reap. 人の播(ま)く所はその刈る所とならん (*Gal.* 6:7; cf. *vi.*). **2** 〈説・うわさ・原因・害悪などを〉流布する (disseminate), 広める (propagate): ~ distrust [dissension] 不信[不和]を広める. **3** [p.p. 形で]〔宝石などを〕ちりばめる (stud), まき散らす (sprinkle) 〔*with*〕: a sky ~*n with* stars 星の散らばった空. ── *vi.* 種子をまく: It is time to ~. 種まき時だ / As you ~, so shall you reap. 《諺》まいたからには刈らねばならない (cf.「自業自得」「善因善果, 悪因悪果」; cf. *vt.* 1 b).
sow the wind and reap the whirlwind ⇨ whirlwind 成句. ***sow one's wild oats*** ⇨ wild oat 成句.

sow² [sáu] 〘OE *sugu* ← Gmc **su-* (Du. *zeug* / G *Sau* / ON *sýr*) ← IE **su-s* (L *sūs* / Gk *hūs*, *sūs* pig): cf. hog, swine, hyena〙 ── *n.* **1 a** (成熟した)雌豚 (cf. gilt²): You cannot make a silk purse out of a ~'s ear. ⇨ purse *n.* 1. **b** (豚以外の動物の)雌. **2** 《古》太っただらしのない女. **3** 《動物》=sow bug. **4** 《金属加工》溶銑(せん)の流れる道, 大鋳型; 大型鋳鉄 (cf. pig 6 a).
(***as***) ***drunk as a sow*** [***as David's sow***] ぐでんぐでんに酔って (completely drunk). ***have*** [***take, get***] ***the right*** [***wrong***] ***sow by the ear*** (1) 本当の[間違った]人[物]を捕える, 責むべき[お門違いの]人を責める. (2) 正しい[まちがった]結論に達する.

so·war [souwáə | səuwá:(r] 〘▭Pers. *sawār* horseman〙 *n.* インドの土民騎兵.

sów·bàck [sáu-] 〘⇨ sow²〙 *n.* 低く続く丘.

sów·bèlly [sáu-] 〘⇨ sow²〙 *n.* 《米口語》塩づけ豚肉.

sów·brèad [sáu-] 〘← sow²+BREAD: その根茎が豚のえさになることから〙 ── *n.* 《植物》 **1** マルバシクラメン (*Cyclamen europaeum*)《中央および南ヨーロッパに自生する秋咲種で, 観賞用シクラメンの原種》. **2** アキザキシクラメン (*C. neapolitanum*)《ヨーロッパ原産》.

sów bùg [sáu-] *n.* 《動物》=wood louse 1.

sow·car [saukáə | -ká:(r] *n.* =soucar. 「泥酔した.

sów-drúnk [sáu-] 〘⇨ sow²〙 *adj.* すっかり酔った,

sow·ens [sú:ənz, sóu- | sú:-, sáu-] 〘▭Sc.-Gael. *sūghan* ← *sūgh* sap〙 ── *n. pl.* [単数または複数扱い]《スコット・アイル》ソウアンス《ひき割りからす麦 (oatmeal) のふすま[外皮]を水に浸し少し発酵させて煮て作るかゆ (porridge) の一種; cf. flummery 1》.

sow·er [sóuə | sə́uə(r] 〘OE *sāwere*〙 *n.* **1** 種をまく人; 種まき機械. **2** 流布する人. **3** 扇動者.

sow·kar [saukáə | -ká:(r] *n.* =soucar.

sown 〘OE *ġesāuen*〙 *v.* sow¹ の過去分詞.

sów thìstle [sáu-] 〘《a1250》*suȝepistel* ← OE *sugu* 'sow²'+*þistel* 'THISTLE'〙 ── *n.* 《植物》ノゲシ《キク科ノゲシ属 (*Sonchus*) の植物の総称; 葉はアザミに似てのこぎり状》; (特に)ノゲシ, ハルノノゲシ (*S. oleraceus*)《世界各地に分布する雑草》.

sox 〘《変形》〙 *n.* sock¹ 1 a の複数形.

Sóxh·let extráctor [sákslɪt-, -lət- | sɔ́ks-] 〘← *Franz von Soxhlet* (1848-1926: これを発明したドイツの農芸化学者)〙 *n.* 《化学》ソックスレー抽出機《不揮発性物質を揮発性溶媒を用いて抽出するガラス製の装置》.

soy [sɔ́i] 〘《1696》▭Jap.〙 *n.* **1** 醬油(しょうゆ)《soy sauce ともいう》. **2** 《植物》=soybean《soy pea ともいう》.

soy·a [sɔ́ɪə] 〘《1679》▭Du. *soja* ▭Jap. (↑)〙 *n.* 《植物》=soybean.

sóya bèan *n.* 《植物》=soybean.

sóy·bèan *n.* 《植物》ダイズ(大豆) (*Glycine max*).

sóybean flóur *n.* 大豆粉《食用; soy flour ともいう》.

sóybean méal *n.* (大豆油を採った粕を碾(ひ)いた)あら碾き大豆粉《飼料・接着剤・プラスチックなどに用いる; soybean oil meal ともいう》.

sóybean òil *n.* 大豆油《soy oil ともいう》.

sóy flòur *n.* =soybean flour.

sóy·mìlk *n.* 豆乳.

sóy òil *n.* =soybean oil.

sóy pèa *n.* 《植物》=soy 2.

sóy sàuce *n.* =soy 1.

so·zin [sóuzɪn, -zən | sə́uzɪn] 〘← Gk *sṓzein* to save, preserve+-IN²〙 *n.* 《生化学》ソチン《動物体の中に正常の際に存在する抗病性蛋白質》.

Soz·zi·ni [sottsí:ni], **Fau·sto** [fáusto] *n.* ソッツィーニ《Faustus SOCINUS のイタリア語名》.

Soz·zi·ni [sottsí:ni] (*also* **So·zi·ni** [sotsí:ni]), **Le·lio** [lé:ljo] *n.* ソッツィーニ《Laelius SOCINUS のイタリア語名》.

soz·zle [sázḷ | sɔ́zḷ] 〘《変形》←《廃》*sossle* (freq.) ←《方言》*soss* to lap〙 ── *vt.* **1** ざぶざぶ洗う (souse). **2** 酔わせる: ~ oneself 酩酊する. ── *vi.* のらくらする, ぶらぶらする (loll).

sóz·zled *adj.* 《口語》酔った, 泥酔した (drunk).

SP, S.P. 《略》《米海軍》shore patrol (cf. M.P.); 《米海軍》shore patrolman 憲兵隊員; Socialist Party; 《海軍》Submarine Patrol 潜水艦哨戒.

sp. 《略》special; species; specific; specimen; speed; spelling; spirit; sport.

Sp. 《略》Spain; Spaniard; Spanish; Spring.

s.p. 《略》self-propelled; 《音楽》*It.* senza pedale (=without pedal); 《法律》sine prole; single-phase; single pole; small paper; 《活字》small pica; starting point; starting price; 《金融》stop payment; 《法律》supraprotest.

spa [spá:, spɔ́: | spá:] 〘《1626》↓〙 ── *n.* **1 a** 鉱泉, 温泉 (mineral spring). **b** 鉱泉場, 温泉場, 湯治場 (cf. bath¹ 3 e). **c** 温泉休養地のホテル. **2** 《ニューイングランド》ソーダファウンテン (soda fountain).

Spa [spá:; *F.* spa] *n.* スパ《ベルギー東部, Liège の南東の町; 鉱泉で有名な保養地; 人口 9,600》.

Spaak [spá:k; *F.* spak, *Flem.* spá:k], **Paul Henri** *n.* スパーク《1899-1972; ベルギーの政治家; 首相 (1938-39, '46, '47-49), 国連総会議長 (1946)》.

space [spéɪs] 〘《?a1300》▭(O)F *espace* ▭L *spatium* space, extent ← ? (cf. speed)〙 ── *n.* **1 a** 空間: time and ~ 時間と空間 / ~ occupied by a body 物体の占める空間 / celestial ~ 天空, 天界 / stare into ~ 虚空(こくう)をにらむ / vanish into ~ 虚空に消えうせる. **b** 大気圏外; (太陽系を越えた)宇宙, 宇宙空間: launch a spaceship into ~ 宇宙に宇宙船を発射する / ⇨ outer space. **2 a** (一・二・三次元の)一定の広がり. **b** 間, 距離 (distance); 間隔, 間隙(げき) (interval): at equal ~*s* 等距離の間隔を置いて / for the ~ of a mile 1 マイルの間 / There is not enough ~ between the houses. 2 軒の家の間には十分な間隔がない. **c** 空所, あき場所, スペース (room): blank ~*s* (in a document) (文書の)余白, あき / ⇨ open space / a ~ between buildings 建物と建物との間の空所 / leave a ~ 間をあける / occupy [take up] too much ~ 場所[スペース]を取り過ぎる / *Space* forbids. 紙面に限りあり. **d** 容積 (volume). **3** (特定の目的のための)区域, 場所 (extent, area): an enclosed ~ 囲った場所, 仕切った場所 / a parking ~ 駐車場 / a dangerous ~ 危険区域. **4** [集合的にも用いて] (列車・飛行機内などの予約)座席, 席: reserve one's ~ 座席を予約する / buy ~ on a train 列車の座席を求める. **5 a** (時の)間 (duration), 時間 (period): for the [a] ~ of two years 2 年間 / in so short a ~ of time そんな短い時間に / in the short ~ of human life 短い人生にあって / by the ~ of two years 2 年間の期間中に, 2 年の間に (cf. *Acts* 19:10). **b** しばらく(の間): for a ~ しばらくの間 / Let us rest a ~. ちょっと休もうよ / after a ~ しばらくしてから. **6 a** (ラジオ・テレビの)コマーシャル[お知らせ]の時間. **b** (雑誌などの)広告欄. **7** 《印刷》スペース《字間・語間の込め物; その空間》. **8** 《音楽》(五線譜の)線間 (cf. line² 24). **9** 《通信》間隔, スペース《モールス式などでトン (·) とツー (—) との間の時間》. **10** 《美術》**a** (絵画における)空間. **b** (絵画などで)平面上に表わされた奥行の感じ. **11** 《数学》空間《集合をユークリッド空間になぞらえたい時にいう; この時その要素を点とよぶ》.
── *attrib. adj.* 空間の; 宇宙空間の.
── *vt.* **1** …の空間[スペース]を決める. **2** …に一定の間隔を置く, 間隔を置いて並べる; 一定の距離を保たせる: ~ men in a line 人を間隔を置いて一列に並べる / Tables were carefully ~*d* 25 feet apart. テーブルは 25 フィート間隔で丹念に配置された. **3** 《印刷》…の語間[行間]をあける, …にスペースを入れる; 〈行間など〉に間を置く〈*out*〉. ── *vi.* 《印刷》スペースを置く: Don't forget to ~. / ~ out もっと(広く)間を置く, スペースをあける, あきをとる.

spáce áge, S- A- *n.* [the ~] 宇宙時代《1957 年 10 月 4 日ソ連の人工衛星スプートニク 1 号の成功に始まるとされる》. **spáce-áge** *adj.*

spáce bàr *n.* **1** スペースバー《語間をあける働きをするタイプライターの横棒; space key ともいう》. **2** (鋳植機の)スペースバー.

spáce biòlogy *n.* 宇宙生物学.

spáce·bòrne *adj.* **1** 宇宙空間を運ばれる: a ~ satellite. **2** 宇宙空間に運ばれた機械を使う.

spáce càpsule *n.* 《宇宙》宇宙カプセル《宇宙空間に打ち上げて回収する実験器具・動物・人間を乗せた宇宙船の気密室》.

spáce càrrier *n.* 《宇宙》宇宙輸送装置《地球のまわりや地球圏外に探査器等を打ち上げるためのロケット》.

spáce chàrge n. 〖電気〗空間電荷.
spáce-chàrge effèct n. 〖電気〗空間電荷効果.
spáce·cràft n. (*pl.* ~) 宇宙船 (spaceship)《地球をまわる軌道に乗せるか, または他の天体へ飛行をすることを目的とする有人または無人の宇宙飛翔体》.
spáce cùrvature n. 〖物理〗(相対性原理における)空間のゆがみ (CURVATURE of space).
spáce cùrve n. 〖数学〗空間曲線.
spáced-óut adj. 《米俗》麻薬の使用でぼーっとなった.
spáce exploràtion n. 宇宙探査《ロケット・人工衛星あるいは宇宙船などを用いて大気圏外の宇宙すなわち月・惑星・恒星などを探求する》.
spáce fìction n. (空想)宇宙小説 (cf. science fiction).
spáce flìght n. (大気圏外への)宇宙飛行 (cf. space travel).
spáce fràme n. 床[屋根]の木組.
spáce gròup n. 〖結晶〗空間群《14 種の空間格子 (space lattice) と単位胞 (unit cell) のもちうる 32 種の点群 (point group) との組合わせとして 230 種ある群; 結晶の対称性を表現するのに用いる》.
spáce gùn n. 宇宙銃.
spáce hèater n. スペースヒーター《室内のどこにでも自由に置くことのできる薄型暖房器》.
spáce kèy n. **1** =space bar 1. **2** 〖印刷〗スペースキー《鋳植機のスペースを打つのに使う鍵盤》. **3** 〖電算機〗スペースキー《紙カード上に穴と穴の間のスペースを作るキー》.
spáce làttice n. 〖結晶・物理化学〗空間格子《平行六面体が三方向に繰り返した格子; 対称性からいって 14 種ある》.
spáce·less 〖← SPACE (n.)+-LESS〗 adj. **1** 無限の (infinite). **2** 空間[場所]を占めない.
spáce lìnkage n. 〖機械〗空間リンク装置.
spáce·màn [-mæ̀n, -mən] n. (*pl.* **-men** [-mɛ̀n, -mən]) **1 a** 宇宙飛行士 (cf. astronaut). **b** 宇宙飛行関係者. **2** (宇宙から地球に来た)宇宙人.
spáce màn n. 《米》〖新聞〗=space writer.
spáce màrk n. 〖印刷〗スペースマーク《校正で, 語間・字間を(もっと)開けるように指示する記号 (#)》.
spáce mèdicine n. 宇宙医学《宇宙飛行が飛行士の身体, 精神に及ぼす影響を扱う医学; cf. aviation medicine》.
spáce òpera n. スペースオペラ, 宇宙活劇《宇宙旅行などを扱った空想科学小説に題材を求めたテレビ・映画・ラジオドラマなど》.
spáce percèption n. 〖心理〗空間知覚.
spáce plàtform n. 〖宇宙〗=space station.
spáce·pòrt n. 宇宙船基地《ロケット・ミサイル・宇宙船などのテスト・発射などをする所》.
spáce pròbe n. 宇宙観測ロケット[探査機]《宇宙空間を飛行したり他の天体に着陸したりして, 宇宙に関する知識を得ることを目的とする装置》.
spác·er n. **1 a** 間隔をあける人[物]. **b** 〖印刷〗スペース《字間をあける込め物》. **2** 〖電気〗スペーサー《間隔をとるための挿入板》. **3** =space bar.
spáce ràdio n. 〖通信〗空間無線《空中に広く放射された電波を用いる無線方式で, 普通の放送などがこれに当たる; cf. inductive radio》.
spáce ràte n. 〖新聞〗原稿料の単位《活字になった原稿の分量に基づき, 縦段インチで計算される; cf. piece rate》.
spáce ròcket n. 宇宙ロケット.
spáce-sàving adj. スペース節約の. ― n. スペースの節約.
spáce scìence n. **1** 宇宙科学《超高層大気や天体など, 宇宙空間の現象をロケット等を用いて探究する学問》. **2** 宇宙飛行に関する学問《宇宙航行学 (astronautics) や宇宙医学 (space medicine) など》.
spáce scìentist n.
spáce·shìp n. 宇宙船.
spáce shùttle n. 〖宇宙〗宇宙連絡船, スペースシャトル《宇宙ステーションに人間や物資を運ぶ宇宙船》.
spáce·sìck adj. 宇宙病の.
spáce sìckness n. 宇宙病《宇宙飛行中に起こる不快な症状》.
spáce stàge n. 〖劇場〗スペース ステージ《階段とそれに続く壇だけの舞台; 登場人物と僅かの装置だけがスポットライトに照らされ, 周囲は暗黒の円形パノラマである抽象的舞台設定》.
spáce stàtion n. 〖宇宙〗宇宙ステーション《大気圏外に建造する人間の活動基地; space platform ともいう》.
spáce sùit n. **1** 宇宙服. **2** 〖航空〗=G suit.
spáce-tíme 〖物理・哲学〗 adj. 時空の. ― n. **1** 時空《物理的存在を決定づける時間空間の四次元的秩序あるいはその諸性質・特性》. **2** 時空《相対性理論において三次元の空間と一次元の時間とを合わせた四次元の Minkowski 空間のこと》.
spáce-tíme contínuum n. 〖物理〗時空連続体《四次元》.
spáce tràvel n. 宇宙旅行 (cf. space flight): the ~ age 宇宙旅行時代.
spáce tùg n. 宇宙タグ《宇宙船と宇宙ステーションとの間の連絡運搬をするロケット》.
spáce vèhicle n. =spacecraft.
spáce·wàlk n. 宇宙遊泳. ― vi. 宇宙遊泳する. **~·ing** n.
spáce·wàlk·er n. 宇宙遊泳する人.
spáce·wòman n. (*pl.* **-women**) 女性宇宙飛行士.
spáce wrìter n. 〖新聞〗採用された原稿の量に応じて報酬を受ける記者[作家] (cf. space rate).
spa·cial [spéɪʃəl | -ʃəl, -ʃɪəl] adj. =spatial.
spa·ci·al·i·ty [spèɪʃiǽləṭi | -ʃiǽlɪtɪ, -lɪ-] n. =spatiality.
spá·cial·ly [-ʃəli | -lɪ] adv. =spatially.
spác·ing n. **1 a** 間を置くこと, スペースをあけること, 間隔をあけること: the ~ of words 語と語の間の取り方. **b** 間隔, 語間, 行間, あき. **2** 空間, あき地 (space). **3** 空間的配置[排列]: the ~ of the planets.
spa·cious [spéɪʃəs] 〖《c1390》□ OF *spacios* (F *spacieux*) ∥ L *spatiōs-us* ← *spatium* 'SPACE': ⇨ -ous〗 ― adj. **1** 〈家・部屋・庭・街路など〉広い場所を占める, 広大な, 広々とした, 広い (vast, broad), 大きい (large, great): a ~ hall, house, room, street, etc. / a ~ plain 広々とした平野. **2** 視野の広い, 規模の大きい, 包括的な (comprehensive): a man of ~ intellect 広い知識をもった人. **~·ly** adv. **~·ness** n.
Spack·le [spǽkl] 〖□ ? G *Spachtel* □ L *spatula*: ⇨ spatula〗 n. 〖商標〗スパックル《修理用の速乾性でしっくい状の接着剤》.
spad [spǽ(ː)d] 〖《変形》← SPUD〗 n. 〖測量〗スパッド《鉱山測量において坑内の天井に測点を設ける場合に用いる釘; spud ともいう》.
spad·as·sin [spǽdəsɪn, -sən | -sɪn] 〖□ F ~ □ It. *spadaccino* swordsman ← *spada* sword < L *spathm*: ⇨ spade²〗 ― n. 剣客 (swordsman); (特に)壮士, 暴漢, 刺客 (bully, bravo).
spade¹ [spéɪd] 〖OE *spadu* < Gmc *spadan (Du. *spade* / G *Spaten* / Swed. & Norw. *spade*) ← IE *sp(h)ē- long, flat piece of wood (Gk *spáthē* (↓))〗 ― n. **1** 踏鋤(ふみすき)《通例幅広い刃のついたシャベル状の農具; 土を掘り返すのに用いる》. **2 a** スペード状のもの. **b** (発射時の反動による火器遊行を防ぐための)砲車のスペード, 駐鋤. **c** (鯨切開用の)のみ.
call a spade a spade 直言する, 言葉を飾らない, あからさまに言う (speak plainly).
― vt. **1 a** 踏鋤で掘る: ~ a garden, trench, etc. **b** 踏鋤を用いて植える[かぶせる]: ~ fertilizer under. **2** 〈鯨を〉のみで切る. ― vi. 踏鋤を使う.
spade² [spéɪd] 〖《1598》□ It. ~ (pl.) ← *spada* sword, mark on cards □ L *spatha* □ Gk *spáthē* broad wooden blade, spathe: cf. spoon / Sp. *spada* sword〗 ― n. **1** 〖トランプ〗 **a** スペード(の印). **b** スペード札. **c** [*pl.*; 単数または複数扱い] スペード札の一揃い (suit): the ace of ~s スペードのエース. **d** [*pl.*] スペード賞《casino でスペードを 7 枚以上取って 1 点得ること》. **2** 《米俗》[軽蔑的に] 黒人 (negro).
in spades 〖bridge などのトランプ遊びでスペード札の一揃いが断然強いところから〗《米俗》(1) 断然, はっきりと, 甚だしく (intensely). (2) 素直に, 無遠慮に, 容赦なく (frankly, relentlessly).
spade³ [spéɪd] 〖《変形》← SPADO〗 n. =spado.
spade⁴ [spéɪd] vt. 《方言》=spay.
spáde bèard n. 鋤(すき)型のあごひげ《やや長方形をしたもの》.
spáde·fish 〖⇨ spade¹〗 ― n. 〖魚類〗 **1** 北米大西洋岸に多く産するマンジュウダイ科 *Chaetodipterus* 属の食用魚の総称; (特に) *C. faber*. **2** =paddlefish.
spáde·fòot n. (*pl.* ~**s**) 〖動物〗スキアシガエル科の穴居性の数種のカエルの総称《足根骨の一部が鋤(すき) (spade) のようになっておりそれで土を掘る; スペインスキアシガエル (*Pelobates cultripes*) など; spadefoot toad ともいう》.
spáde fòot n. 〖家具〗踏鋤(ふみすき) (spade) に似た方形の先細りの足《18 世紀後期の家具の直線の角脚に用いられた》.
spádefoot tóad n. 〖動物〗=spadefoot.
spade·ful [spéɪdfʊ̀l] 〖← SPADE¹+-FUL〗 n. 踏鋤ひと掘り; 踏鋤一杯(分): a ~ of earth.
spáde guínea n. 《英》スペードギニー《1787–99 年 George 三世時代に鋳造された金貨; 裏にトランプのスペード形の盾が刻んである》.
spáde hàndle n. 〖機械〗ふたまた, ヨーク.
spáde hùsbandry n. (踏鋤で土を掘り返す)深耕農法.
spáde màshie n. 〖ゴルフ〗スペードマシー《アイアンクラブの一つ; 6 番アイアン (number six iron) の旧名》.
spáde rùdder n. 〖海事〗鋤(すき)形舵.
spáde·wòrk 〖⇨ spade¹〗 n. **1** 踏鋤でやる仕事. **2** (データ収集など面倒な)基礎作業, (骨の折れる)基礎研究 (pioneer work).
spadg·er [spǽdʒə | -dʒə(r)] 〖《転訛》? ← SPARROW〗 n. **1** 《英俗》〖鳥類〗イエスズメ (house sparrow). **2** 《俗》小さな少年, ちび (small boy).
spa·di·ceous [speɪdíʃəs, spə-] 〖← NL *spadiceus* ← L *spādix* 'SPADIX': ⇨ -eous〗 ― adj. **1** 明るいくり色の (bright brown). **2** 〖植物〗肉穂花 (spadix) を有する; 肉穂花質の.
spadices n. spadix の複数形.
spa·dille [spədíl, -díː; *F.* spadij] 〖《1728》□ F ~ □ Sp. *espadilla* (dim.) ← *espada* 'SPADE²'〗 ― n. 〖トランプ〗スパディール《ある種のカードゲームで一番強い切札; ombre ではスペードのエース, solo ではクラブのクイーン》.
spa·dix [spéɪdɪks] 〖《1760》□ L *spādix* □ Gk *spádix* a broken palm branch, date-brown color ← *spân* to tear off: cf. span¹〗 ― n. (*pl.* **spa·di·ces** [spéɪdəsìːz, speɪdáɪsiːz, spə- | spéɪdɪsìːz, speɪdáɪsiːz, spə-]) 〖植物〗肉穂花序《サトイモ科の植物の無限花序の穂状花序》.
spa·do [spéɪdoʊ | -dəʊ] 〖《15C》□ L *spadō* □ Gk *spádōn* eunuch ← *spân* to tear off (↑)〗 ― n. (*pl.* **spa·do·nes** [spədóʊniːz, spə- | -dóʊ-]) **1** 去勢した人[動物]. **2** 〖法律〗生殖不能者 (impotent person).
spae [spéɪ] 〖ME *spa(n)* □ ON *spá* ← ?〗 vt. (**spaed**; **spae·ing**) 《スコット・北英》予告する, 予言する (prophesy). **spá·er** n.
spaetz·le [ʃpétslə, -li | ʃpétslə, -tslɪ; *G.* ʃpɛ́tslə] 〖□ G 《方言》*Spätzle* (dim.) ← *Spatz* sparrow〗 ― n. シュペッツレ《小麦粉の生地を団子状・ひも状にしてゆでたもの; 肉料理のつけ合わせや煮込みに用いる》.
spáe·wìfe n. 《スコット・北英》女予言者.
spa·ghet·ti [spəgéṭi | spəgéti, spɑː-] 〖《1888》□ It. ~ (pl.) ← *spaghetto* (dim.) ← *spago* string〗 ― n. **1** スパゲッティ《イタリアのめん類の一種; cf. macaroni》. **2** 〖電気〗小半径の絶縁管《小型セットで配線の絶縁用》. **3** 〖服飾〗婦人服の装飾に用いるトリミングやループ《スパゲッティに似ていることに由来する》.
spaghétti wéstern n. 《米俗》マカロニウェスタン《イタリア製西部劇》.
spa·gyr·ic [spədʒírɪk] 〖《1593》← NL *spagiricus* (Paracelsus の造語) ← ? Gk *spân* to draw, separate+*ageírein* to assemble〗 ― 《古》adj. 錬金術の (alchemic). ― n. 錬金術師 (alchemist).
spa·hi [spɑ́ːhiː] 〖《1562》□ F ~ □ Turk *sipâhi*: ⇨ sepoy〗 n. (*also* **spa·hee** [~]) **1** オスマン帝国の騎士. **2** (フランス軍隊所属の)アルジェリア原地人騎兵.
Spain [spéɪn] 〖《?a1200》*Spaine* □ AF *Espayne*=OF *Espaigne* (F *Espagne*) < LL *Spāniam* (□ Gk *Spānía*) =L *Hispānia*〗 ― n. スペイン《ヨーロッパ南西端の王国 (1975 年まで名目だけの王国で, 実際は Franco 総統が実権を握っていた); 人口 34,134,000, 面積 504,750 km², 首都 Madrid; 公式名 the Spanish State スペイン国; スペイン語名 España》.
a castle in Spain ⇨ castle 成句.
spake 〖《13C》∽ OE *sp(r)æc*〗 v. 《古・詩》speak の過去形.
spa·lac·id [spəlǽsɪd, -səd | -sɪd] 〖↓〗 adj., n. 〖動物〗メクラネズミ科の(動物).
Spa·lac·i·dae [spəlǽsədiː | -sɪ-] 〖← NL ~ ← *Spalac-*, *Spalax* (← Gk *spálax* mole)+-IDAE〗 n. *pl.* 〖動物〗メクラネズミ科. **spal·a·cine** [spǽləsàɪn] adj.
Spa·la·to [*It.* spáːlato] n. スパーラト《Split のイタリア語名》.
spale [spéɪl] 〖《15C》← ?〗 n. 《英方言》木舞(こまい), 木摺(ずり) (lath), 木端 (chip).
spall [spɔːl] 〖《c1440》*spalle* chip ← ?: cf. ↑ / 《スコット・北英》*spald* to split / G *spalten* to split〗 ― vt. **1** (柄の長い軽いハンマーで)〈鉱石を〉割る (chip, splinter). **2** 〈石材を〉あら仕上げする. **3** 層状に剝離する. ― vi. **1** 鉱石を砕く; 砕ける, 割れる, 裂ける (splinter); 層状に剝離する 〈*away, off*〉. **2** (原子爆弾によって)破砕する (cf. spallation). ― n. (石・鉱石・ガラスなどの)砕片, かけ (chip, splinter).
spall·a·tion [spɔːléɪʃən] 〖⇨ ↑, -ation〗 n. 〖物理〗破砕《原子核が高エネルギー粒子の衝撃によって 3 個以上の破片に分離する現象; cf. fission》.
spal·peen [spælpíːn, spɔːl-, ←—] 〖《1780》□ Ir. *spailpín* ← ?: ⇨ -een²〗 n. 《アイル》 **1** 労働者. **2** ごろつき, 与太者 (rogue). **3** 少年, 子供 (young boy).
Spam [spǽ(ː)m] 〖《20C》《商標名》← *sp(iced)* (*h*)*am*〗 n. 〖商標〗スパーム《かん詰肉の商品名》.
span¹ [spǽ(ː)n] 〖n.: OE *span(n)* ← Gmc *spanno- (Du. *span* / G *Spanne* / ON *spǫnn*) ← IE *(s)pen-(d)- to draw, stretch, spin (L *pendēre* to hang / Gk *spân* to pull). ―v.: 《1375》*spanne(n)* to seize ← (n.): cf. OE *spannan* to fasten〗 ― n. **1** 親指と小指とを張った長さ《普通 9 インチ (23 cm)》. **2 a** 短い距離 (short distance); 短い期間 (short period); (特に, 人の短い)一生: within a ~ of twenty hours 20 時間の時間内に / We have only a short ~ to live. われわれの一生はほんのわずかだ / How brief is the ~ of human life! 人間の一生は何と短いことか. **b** 全長 (extent, reach): the ~ of one's arms 腕の長さ / the whole ~ of English history 英国史の全体 / the ~ of memory 〖心理〗記憶範囲 (memory span) / His life had well-nigh completed its ~. 彼の寿命もほぼ尽きていた. **3** 〖建築〗張間(はりま), 径間(けいかん), 支間, スパン《迫持や梁(はり)または橋桁などの支柱から支柱までの間隔; ⇨ arch¹ 挿絵》: a bridge of four ~s (三か所に橋脚のある)四径間の橋. **4** 〖航空〗(飛行機の)翼幅, スパン《spread ともいう》. **5** 〖海事〗張り綱《両端は縛りつけてあり, 中間を V 字形をなす形に引っ張って両端を引き寄せる形の 1 本の綱》. **6** 〖数学〗張られた部分空間, スパン《ベクトル空間において, 与えられた部分集合を含む最小の部分空間》.
span of attention 〖心理〗注意の範囲《短い時間呈示された印象(図形や数字などを書いたカード)を正しく把握できる数; attention span ともいう》.
― v. (**spanned**; **span·ning**) ― vt. **1 a** 親指と小指とを張った長さで計る, 指寸法で計る; 計る (measure): I made it 3 feet by ~*ning* it. それを指で計って見たら 3 フィートあった / His eye ~*ned* the intervening space. 彼は間隔を目測した. **b** 〈手首などを〉軽く握って計る: ~ one's wrist 手首を握って計る. **2 a** 〈橋などが〉〈川など〉にかかる, かかっている: The bridge ~s the river. 橋が川にかかっている / A rainbow ~*ned* the lake. 虹が湖にかかった. **b** 〈川〉に〈橋などを〉かける, 渡す 〔*with*〕: ~ a river *with* a bridge 川に橋をかける. **3** (時間的に)…に及ぶ, わたる; 〈記憶・想像などが〉…に及ぶ, 広がる, またがる (overlap); 〈空所などを〉補う (cover): His rule ~s half a century. 彼の支配は半世紀にわたる / Imagination will ~ the gap in our knowledge. 想像はわれわれの知識の不足を補う. **4** 〖海事〗(なわで)縛る (bind), 結びつける: ~ a boom 円材を索で縛る. **5** 〖数学〗張る《それを含む最小の部分空間が与えられた部分空間になっている》. ── *vi.* 《米》(シャクトリムシ (span-worm) のように)段々に進む, 伸び縮みして進む.

span[2] [spǽ(ː)n] 〖(1769) □ Du. & LG ～ ← *spannen* to fasten (↑)〗 *n.* 《米》(くびきをつけて一緒に追われる)一対の馬[ラバ(など)].

span[3] 〖OE *spann*〗 *v.* 《古》spin の過去形.

span[4] [spǽ(ː)n] 〖《略》← SPAN-NEW ∥ SPICK-AND-SPAN〗 *adv.* 《米口語》完全に, 全く, すっかり (completely).

Span. 《略》Spaniard; Spanish.

span·cel [spǽnsəl, -sɫ] 〖□ LG ～ ← *spannen* 'to SPAN[2]'〗 ── *vt.* (**span·celed, span·celled; span·cel·ing, span·cel·ling**) (引けば締まる)輪なわで〈牛・馬など〉の両後脚を縛る; 拘束する (fetter). ── *n.* (牛・馬の両方の後脚を縛る)輪なわ.

span·dex [spǽndeks] 〖《逆つづり》← EXPAND〗 *n.* 〖化学〗スパンデックス《85% 以上のポリウレタン (polyurethane) を含む弾性合成繊維》.

spán dògs *n. pl.* 組みつかみ《爪のついた二本のつかみ金 (dog) を環で結んだもので, 材木などをくわえて引き揚げる》.

span·drel [spǽndrəl] 〖(1477–78) *spaundrell* (dim.) ← AF *spaundre* ← ? OF *espandre* 'to EXPAND': ⇨ -el[2]〗 ── *n.* **1** 〖建築〗 **a** スパンドレル, 三角小間; 窓小間. **b** スパンドレル《鉄骨建築で窓の下枠とその直下の階の窓の上枠とにはさまれた部分の外壁パネル》. **2** 〖郵趣〗中央図案と外枠との間のスペースまたはそこにある飾り模様. **3** 〖時計〗(クロックの角形文字盤上で)時刻数字の輪の外側にできる 4 隅の空白部分(に施された装飾模様).

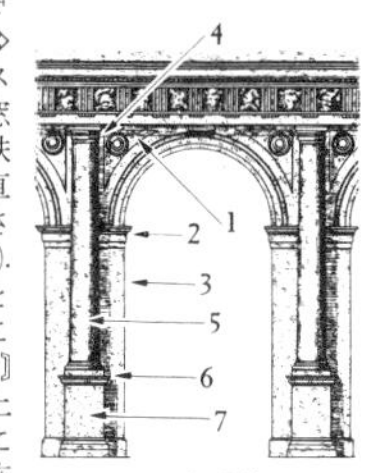

spandrel 1 a
1 spandrel; 2 abutment; 3 alette; 4 capital; 5 shaft; 6 base; 7 dado

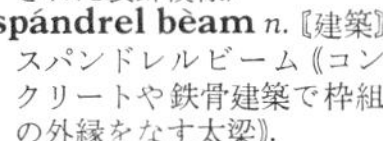

spándrel bèam *n.* 〖建築〗スパンドレルビーム《コンクリートや鉄骨建築で枠組の外縁をなす太梁》.

spándrel wàll *n.* 〖建築〗スパンドレルウォール《三角小間のある壁》.

span·dril [spǽndrɪl, -drəl] *n.* ＝spandrel.

spang [spǽŋ] 〖←《方言》～ 'to leap' ← ?〗 *adv.* 《米口語》 **1** 正確に (exactly); 完全に (completely). **2** 直接に, じかに, まともに (directly).

span·gle [spǽŋgl] 〖(*c*1420) *spangel* (dim.) ← *spang* spangle □ MDu. *spange* clasp, buckle: cf. OE *spang* clasp / span[1,2]: ⇨ -le[1]〗 ── *n.* **1** スパンコール (sequin)《舞台用の衣装などに付けるぴかぴか光る飾りもの》: gold [silver] ～*s*. **2** ぴかぴか光る物《星・霜・雲母など》. **3** 〖冶金〗スパングル《溶融亜鉛めっき鋼板上に現われる模様》. ── *vt.* **1** スパンコールで飾る; …にぴかぴか光る金具をつける. **2** [主に p.p. 形で] 〔…で〕ぴかぴか光らせる 〔*with*〕: grass ～*d with* dewdrops 露のしずくで光る草 / The sky was ～*d with* stars. 空は星できらめいていた. ── *vi.* スパンコール[金銀飾り]でぴかぴか光る; スパンコールのように光る.

spán·gled *adj.* [通例複合語の第 2 構成素として] (…を)ちりばめた, (…で)ぴかぴか光った: dew-*spangled* 露で光った / star-*spangled* heavens [skies] 星の輝いた空.

Spang·lish [spǽŋglɪʃ] 〖《混成》← SPAN(ISH) + (EN)GLISH〗 *n.* (米国西部, ラテンアメリカで話される)スペイン語と英語のまざった言葉.

span·gly [spǽŋgli, -gli | -glɪ, -glɪ] 〖← SPANGLE + -Y[2]〗 *adj.* (**span·gli·er; -gli·est**) ぴかぴか光る金具をつけた, ぴかぴか光る (glittering).

Span·iard [spǽnjəd | -njəd] 〖(*c*1400) *Spaignarde, Spaynard* □ OF *Espaignart, Espaniard* ← *Espaigne* 'SPAIN': ⇨ -ard〗 *n.* スペイン人[住民].

span·iel [spǽnjəl, -nɫ | -njəl] 〖(*c*1395) *spaynel* □ OF *espaigneul* (F *épagneul*) < VL **spāniōlum* ＝L *Hispāniōlus* Spanish ← *Hispānia* 'SPAIN'〗 ── *n.* **1** スパニエル《スペイン原産のスパニエルによって作出された猟犬種すべてのイヌ》: the toy ～ 小型スパニエル / ⇨ cocker spaniel, field spaniel. **2** (チンのように)ついて回る人, 追従者 (sycophant): a tame ～ 人の言いなりになる人, おべっか使い.

Span·ish [spǽnɪʃ] 〖(?*a*1200) *Spainish*: ⇨ Spain, -ish[1]〗 ── *n.* **1** スペイン語. **2** [the ～; 集合的] スペイン人 (Spanish people). ── *adj.* **1** スペインの; スペインに支配された. **2** スペイン人の. **3** スペイン語の. **4** スペイン風の. **5** ＝Spanish-American.

Spánish América *n.* スペイン語使用の中南米諸国[地方]《ブラジル・ガイアナ・フランス領ギアナ・スリナムを除く中央アメリカ, メキシコ, キューバ, プエルトリコ, ドミニカ共和国, および西インド諸島の大部分から成る; cf. Latin America》.

Spánish-Américan *adj.* **1** Spanish America (の人)の. **2** (合衆国に住む)スペイン系アメリカ人の. **3** スペインとアメリカの.

Spánish Américan *n.* **1** Spanish America の人. **2** (合衆国に住む)スペイン系アメリカ人.

Spánish-Américan Wár *n.* [the ～] 米西戦争 (1898).

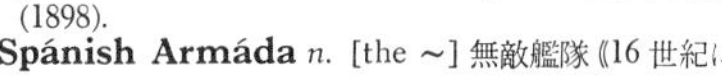

Spánish Armáda *n.* [the ～] 無敵艦隊《16 世紀に植民地帝国として強大な力を誇っていたスペインの艦隊; スペイン王 Philip 二世は 1588 年同艦隊をイギリス討伐の目的で派遣したが英仏海峡において敗退した; the (Invincible) Armada ともいう》.

Spánish báyonet *n.* 〖植物〗センジュラン, チモラン (*Yucca aloifolia*)《北米 North Carolina 州・東部メキシコなどの原産のユリ科ユッカ属の植物; Spanish dagger ともいう》.

Spánish béard *n.* 〖植物〗＝Spanish moss.

Spánish bláck *n.* スペイン墨《墨色の絵の具》.

Spánish blúebell *n.* 〖植物〗＝Spanish jacinth.

Spánish bróom *n.* 〖植物〗 **1** レダマ (*Spartium junceum*)《ヨーロッパ南部および Canary 諸島産マメ科レダマ属の低木; 葉が少なく, 芳香のあるエニシダに似た黄色の蝶形花からは黄色染料がとれる》. **2** ヨーロッパ南西部産マメ科ヒトツバエニシダ属の黄色の花が咲く低木 (*Genista hispanica*).

Spánish brówn *n.* **1** スペイン土《酸化鉄を主成分とする土褐色の絵の具; その原料》. **2** ＝Indian red 4.

Spánish búrton *n.* 〖海事〗スパニッシュバートン《滑車装置 (tackle) の一形式》.

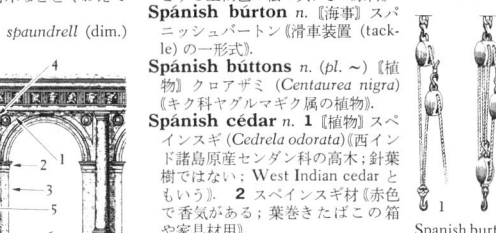

Spanish burtons
1 single Spanish burton; 2 double Spanish burton

Spánish búttons *n.* (*pl.* ～) 〖植物〗クロアザミ (*Centaurea nigra*)《キク科ヤグルマギク属の植物》.

Spánish cédar *n.* **1** 〖植物〗スペインスギ (*Cedrela odorata*)《西インド諸島原産センダン科の高木; 針葉樹ではない; West Indian cedar ともいう》. **2** スペインスギ材《赤色で香気がある; 葉巻きたばこの箱や家具材用》.

Spánish chéstnut *n.* **1** 〖植物〗ヨーロッパグリ (*Castanea sativa*)《地中海地方産のクリの一種; sweet chestnut ともいう》. **2** ヨーロッパグリの実《食用大ぐり》.

Spánish Cívil Wár *n.* [the ～] スペイン内乱 (⇨ civil war 2 c).

Spánish dágger *n.* 〖植物〗 **1** アツバキミガヨラン (*Yucca gloriosa*)《米国南東部産のユリ科ユッカ属の植物》. **2** ＝Spanish bayonet.

Spánish flý *n.* **1** 〖昆虫〗ヨーロッパミドリゲンセイ (*Lytta vesicatoria*)《ミドリゲンセイ (*Lytta caraganae*) に似たツチハンミョウ科の甲虫; 干して粉末にして発泡剤カンタリス (cantharides) を作る; cf. blister beetle》. **2** 〖薬学〗＝cantharis 2.

Spánish fóot *n.* (17 世紀後期のスペインから流行した)表面に溝が彫られ, 底部が渦形をなすピラミッド状の家具の足.

Spánish fóx *n.* 〖海事〗＝fox 6 2 b.

Spánish Fúry *n.* [the ～] スペインの暴虐 (⇨ fury 2 b).

Spánish gráin *n.* 植物タンニン鞣(なめ)しのファンシー革および家具用革の型押仕上げした銀面《古くは濃厚植物タンニン液で不均一に収縮させて銀面模様をつくった》.

Spánish gráss *n.* 〖植物〗＝esparto.

Spánish gríppe *n.* 〖病理〗＝Spanish influenza.

Spánish héel *n.* スパニッシュヒール《婦人靴のかかとの型の一種で, 内側が鉛直で外側が彎曲したハイヒール; cf. Cuban heel, French heel, spike heel》.

Spánish hýacinth *n.* 〖植物〗＝Spanish jacinth.

Spánish influénza *n.* 〖病理〗流行性感冒, インフルエンザ (influenza); (特に, 1917–18 年に大流行した)スペインかぜ.

Spánish Inquisítion *n.* [the ～] スペインの異端審問所[宗教裁判所]《1480–1808; 苛酷なことで有名》.

Spánish íris *n.* 〖植物〗スペインアヤメ (*Iris xiphium*)《地中海沿岸西部地方産のアヤメ科の球根植物; 紫色の花が咲く; xiphium iris ともいう》.

Spánish jácinth *n.* 〖植物〗ツリガネズイセン (*Scilla hispanica*)《スペインおよびポルトガル原産ユリ科ルツボ属の球根植物; ヒヤシンスに似て小形な青・白の花穂をつける, 観賞用; Spanish bluebell, Spanish hyacinth ともいう》.

Spánish jásmine *n.* 〖植物〗オオバナソケイ (*Jasminum grandiflorum*)《東インド諸島原産モクセイ科の常緑低木で, いわゆるジャスミンの一種; 香料植物》.

Spánish léather *n.* ＝Cordovan 2.

Spánish líme *n.* 〖植物〗＝genip 2.

Spánish máckerel *n.* 〖魚類〗 **1** サバ科サワラ属 (*Scomberomorus*) の食用魚の総称《pintado ともいう; cf. cero》: **a** 暖い時期に米国大西洋沿岸にいる魚 (*S. maculatus*). **b** メキシコや南カリフォルニア海岸に生息するサワラ属の魚 (*S. concolor*). **2** スペインサバ (*Scomer colias*)《地中海産のタイセイヨウサバ (mackerel) の類の食用魚》.

Spánish Máin *n.* [the ～] **1** 南米北部のカリブ海沿岸地方《パナマ地峡から Orinoco 川までの地域の旧名》. **2** カリブ海 (Caribbean Sea) の南米北東岸に沿う部分《スペイン商船の航路で海賊の出没が多かった水域の旧名》.

Spánish mórion *n.* ＝cabasset.

Spánish Morócco *n.* スペイン領モロッコ (Morocco の旧スペイン地区 (Spanish zone); ⇨ Morocco).

Spánish móss *n.* 〖植物〗サルオガセモドキ (*Tillandsia usneoides*)《米国南東部から Andes 地方に産するパイナップル科の植物; 樹上や電線などに着生し, 葉は唐草模様のように伸びて下垂する; Florida moss, American moss ともいう》.

Spánish néedles *n.* (*pl.* ～) 〖植物〗とげのはえている瘦(そう)果をつけるメキシコ原産カバノキ科センダングサ属 (*Bidens*) の植物の総称《タイリンセンダングサ (*B. bipantina*) など》.

Spánish ómelet *n.* スペイン風オムレツ《じゃがいもと玉ねぎの入った丸くて平たいオムレツ》.

Spánish ónion *n.* スペイン玉ねぎ《水分が多くて舌ざわりの柔らかな大形の玉ねぎ》.

Spánish óyster plànt *n.* 〖植物〗キバナアザミ (*Scolymus hispanicus*)《ヨーロッパ南西部原産キク科キバナアザミ属の二年草; アザミに似て大型植物》.

Spánish papríka *n.* **1** 〖植物〗トウガラシの一種 (*Capsicum frutescens* subsp. *acuminatum*)《野菜または薬味用; pimiento ともいう》. **2** Spanish paprika から作られる香辛料.

Spánish plúm *n.* **1** 〖植物〗スパニッシュプラム (*Spondias purpurea*)《熱帯アメリカ産の赤い実をつけるウルシ科の高木》. **2** スパニッシュプラム《食用になるその赤い実; red mombin ともいう》.

Spánish potáto *n.* ＝sweet potato.

Spánish ríce *n.* スパニッシュライス《玉ねぎ・トマト・ピーマン等を入れ, 香辛料で味をつけた米料理》.

Spánish Sahára *n.* [the ～] スペイン領サハラ (Western Sahara の旧名).

Spánish Státe *n.* [the ～] 米国 New Mexico 州の俗称《もとスペイン領であったことから》.

Spánish Succéssion, the War of the *n.* ⇨ war[1].

Spánish téa *n.* 〖植物〗＝Mexican tea.

Spánish-wálk *vt.* 《米俗》＝WALK *Spanish* (1).

Spánish wálk *n.* 〖馬術〗＝piaffe.

Spánish whíte *n.* (絵の具用)チョーク質の粉末; 硝酸蒼(そう)鉛.

spank[1] [spǽŋk] 〖(1727): 擬音語?〗 ── *vt.* **1** (罰として)〈子供〉のしりなどを平手[スリッパなど]で打つ: ～ a child. **2** 〈風船などを〉打ち上げる: ～ a balloon into the air 風船をぽんと叩いて空に上げる. **3** きびしく叱る[非難する]. ── *n.* **1** (しりなどを)ぴしゃりと打つこと, 平手打ち(slap). **2** 平手打ちの音.

spank[2] [spǽŋk] 〖(1807–10)《逆成》← SPANKING〗 *vi.* 疾走する; 〈馬が〉元気よくかける 〈*along*〉. ── *vt.* 〈馬・車などを〉疾走させる.

span·ker [spǽŋkə | kə(r)] 〖(1663)《廃》(gold) coin ← ?: cf. spanking, spank[2]: ⇨ -er[1]〗 ── *n.* **1** 活発に動く人[動物]; (特に)速く走る馬, 駿馬(しゅんめ). **2** 《口語》すばらしい人[もの], 目ざましい人, 偉い人. **3** 〖海事〗 **a** スパンカー《横帆船の最後檣(しょう)の下部に掛けた縦帆》. **b** (四檣以上のスクーナー船の)最後檣; (または)それに掛けた縦帆; ⇨ sail 挿絵.

spánker bòom 〖海事〗スパンカー帆杠(こう)《スパンカーの下端を支える円材; 帆を張り出したり引き入れたりするのに用いる》.

spank·ing [spǽŋkɪŋ] 〖(*a*1666) ← ?: cf. 《スコット・方言》*spang* to leap, move fast〗 ── *adj.* **1 a** きびきび動く, 疾走する. **b** 威勢のよい, 活発な (brisk), 速い (rapid): a ～ trot 活発な速歩 / go at a ～ pace 大またに速く歩く. **c** 〈風が〉強く[勢いよく]吹く: a ～ breeze. **2** 《口語》並はずれてすてきな[すばらしい, 大きい]: have a ～ time 非常におもしろく時を過ごす. ── *adv.* 《口語》すばらしく, きわめて: a ～ fine woman すごい美人 / a ～ new building 真新しい建物. ── *n.* (罰としての)しりへの殴打, しり叩き.

spán·less 〖← SPAN[1] (v.) + -LESS〗 *adj.* 計ることのできない, 計り知れない (measureless).

spán lòading *n.* 〖航空〗翼幅荷重《飛行重量を翼幅の 2 乗で割った値; cf. loading 6》; 翼幅方向に分布して働く揚力.

spán·ner 〖1, 3: ← SPAN[1] (v.) + -ER[1]. 2: (1639) □ G ～ ← *spannen* to stretch: ⇨ span[2]〗 ── *n.* **1** 指で計る[寸法を取る]人. **2 a** 《英》スパナー (wrench). **b** C スパナ《spanner wrench ともいう; cf. pin wrench》. ***throw a spanner (into the works)*** ＝*throw a* WRENCH (*into the works*).

span-new [spǽnn(j)úː | -njúː] 〖(*c*1300) *span-newe* □ ON *spān-nȳr* ← *spānn* chip (⇨ spoon[1]) + *nȳr* 'NEW'〗 *adj.* 《まれ》真新しい, 珍しい (brand-new).

spán·ràil *n.* 家具の二本の脚を結ぶ横さん[横棒].

spán ròof *n.* 〖建築〗切妻式屋根《両側とも同勾配の山形の屋根》.

Span·sule [spǽns(j)uːl | -sjuːl] 〖← SPAN[1] + (CAP)SULE〗 *n.* 〖商標〗スパンスル《溶ける時間の異なった数種の顆粒(かりゅう)の入ったカプセル薬品の商品名》.

spán·wòrm *n.* 〖昆虫〗シャクトリムシ (⇨ looper 2).

spar[1] [spɑ́ə | spɑ́ː(r)] 〖n.: (*a*1325) *sparre, sperre* □ ON *spar-ri, sper-ra* rafter, pole ∥ ← OF *espar-re* (F *épar(e)*). ── v.: (?*c*1200) *sperre(n)* □ MDu. *sperren*: cf. spear[1]〗 ── *n.* **1 a** 〖海事〗円材《帆柱・帆桁(けた)など》. **b** (derrick の)円材(柱). **2** 〖航空〗翼桁《翼骨組のうち翼幅方向の主要部材で, 揚力に基づく剪断(せん)力と曲げモーメントを担う》. ── *vt.* (**sparred; spar·ring**) …に円材を取り付ける.

spar[2] [spɑ́ə | spɑ́ː(r)] 〖(1581) □ MLG ～: cf. OE *spær stān* gypsum & *spæren* of plaster〗 ── *n.* 〖鉱物〗へげ石, スパー《良劈(へき)開性で光沢のある鉱物に対する一般的呼称》: ⇨ calcareous spar, Derbyshire spar, fluorspar, heavy spar, Iceland spar, satin spar.

spar[3] [spɑ́ə | spɑ́ː(r)] 〖(?*a*1400) □ ? OF *espar-er* (F *éparer*) (⇨ ex-[1], parry) ∥《変形》? ← SPUR: cf. OE *sperran* to strike〗 ── *vi.* (**sparred; spar·ring**) **1** 〈闘鶏などが〉けり合う. **2** 悪口を言い合う, 口論する, けんかする (wrangle). **3** こぶしで軽くなぐる (box);

小競り合いをする: ～ *at* a person 人になぐりかかる. **4**〖ボクシング〗**a** 攻撃を加えるのにまず攻撃をしかけたり防御したりすると見せかけて相手にすきを作らせる〔*at*〕. **b** (実戦同様の)練習[模範]試合をする, スパーリングする. **—** *vt.* 〖闘鶏〗にけり合いを仕込む.
spar for time ⇨ time 成句.
— *n.* **1** こぶしでなぐり合うこと. **2** 口争い, けんか, 口論 (dispute). **3**〖ボクシング〗**a** 練習[模範]試合, スパーリング (sparring match). **b** 試合.

SPAR, Spar [spɑ́ə | spɑ́:(r] 〖← L *s*(*emper*) *par*(*atus*) always ready: 沿岸警備のモットー〗 **—** *n.* 《米》(第二次大戦中の)沿岸警備隊婦人予備隊員.

spar·a·ble [spǽrəbl̩, spér- | spǽr-] 〖《*a*1627》《短縮》← SPARROWBILL〗 *n.* (靴のかかとや底に用いる)くさび形の無頭小くぎ, 切りくぎ.

spár bùoy *n.* 〖海事〗円柱ブイ, 円柱浮標.

sparce [spɑ́əs | spɑ́:s] *adj.* (**sparc·er; sparc·est**) = sparse.

spár ceìling *n.* 〖海事〗=sparring[1].

spar·ci·ty [spɑ́əsəṭi | spɑ́:səti, -sɪ-] *n.* =sparsity.

spár dèck *n.* 〖海事〗軽甲板(ㄎㄎ)《軽甲板船の上甲板》.

spár-dèck véssel *n.* 〖海事〗軽甲板船.

spare [spéə | spéə(r] 〖*v.*: OE *sparian* < Gmc **sparōjan* (Du. & G *sparen* / ON *spara*) ← ? IE **sp(h)ēi-* to thrive (⇨ speed). —adj.: 《?*c*1380》← (*v.*): cf. OE *spær* sparing, frugal / ON *sparr*〗 **—** *vt.* **1** [主に否定構文で] **a** 惜しんで使わない (grudge), 倹約する, 節約する: ～ *no* trouble [pains, expense] 労[骨折り, 費用]を惜しまない[いとわない] / *Don't* ～ the butter. バターは十分にお使い下さい / *Spare* the rod and spoil the child. 《諺》むちを惜しむと子供がだめになる,「かわいい子には旅をさせよ」(cf. *Prov.* 13:24). **b** [～ *oneself* で] 骨を惜しむ, 楽に構える: He did*n't* ～ *himself.* 骨身惜しまず努力した; 自分に対して苛酷であった. **2** [しばしば間接目的語を伴って] 割愛する, さく, 分けてやる; …なしですませる (do without): ～ a thought *for* …のことを考えてやる / Have you any time [tickets] to ～? 余分の時間[切符]はありませんか (cf. 3 b) / Can you ～ (me) a cigarette? たばこを1本もらえますか / Can you ～ me a few minutes? 二, 三分さいて下さいませんか. ★ ただし a few minutes を副詞句と見れば「二, 三分失礼してもいいですか」の意味となる / *Spare* a penny *for* the guy, please. ガイに1ペニーやって下さい《Guy Fawkes Day の夜, 子供が通りがかりの人に言う言葉; もらったお金で花火を買う》/ We can ～ you today. 今日は君の手を借りなくてもよい. **3 a** (ある目的のために)取って置く (set aside): ～ land *for* a garden 庭園のために土地を取って置く. **b** (余分なものとして)あます, 取って置く: with a foot to ～ 1フィート分だけ余分にあまして (cf. 2). **4 a** 容赦する, 勘弁する; (特に)助命する: if I am ～*d* (神の御加護で)命があれば / *Spare* (me) my life. 命ばかりはお助け下さい / His sharp tongue ～*s* nobody. 彼の辛辣な言葉はだれをも容赦しない / *Spare* my blushes. 私を赤面させないでくれ《そんなにほめるな》/ The fire ～*d* nothing. 業火はすべてを焼き尽くした. **b** 〈感情などを〉害さない; …に思いやりを示す: ～ a person's feelings 人にいやな思いをさせない, 人を怒らせない / He walked to ～ the horse. 馬をいたわって歩いた. **5** [二重目的語を伴って] 〈人〉にさせない, 〈人を〉〈…の目〉に会わせない, 〈人〉に免れさせる: ～ a person worry 人に心配をかけない / He might have ～*d* himself the trouble. あんな苦労はしなくてもよかったのに(した) / *Spare* me your complaints. 泣き事はご免をこうむりたい / I was ～*d* the task [visiting him]. その仕事[訪ねる労]を免れた. **6** 《まれ》差し控える〈*to* do〉. **—** *vi.* **1** 倹約する, 節約する. **2** 容赦する, 寛大である.
and to spare たくさんの (plenty of): time *and to* ～ 十分な時間 / He has money *and to* ～. 大金持ちだ.
enough and to spare ⇨ enough *pron.* 成句.
— *adj.* (**spar·er; spar·est**) **1** 取って置きの, 予備の: a ～ tire 予備タイヤ; 《英口語》(腰の回りの)肥満 / a ～ cloak 着換えの外套 / a ～ room 《米》客間; 《英》(客用の)予備の寝室 / a ～ hand 予備要員. **2** 《口語》余分の, 余計な (superfluous), 不用の: ～ cash 余分の現金 / ～ time 余暇 / at ～ moments わずかな暇をみて / Is this seat going ～? この席は空きますか (cf. *go* SPARE). **3** 乏しい, 貧弱な (scanty); 倹約な (frugal), 切り詰めた (stinted): a ～ diet つましい食事 / a ～ moustache 貧弱な[薄い]口ひげ / a ～ style むだのない文体 / ～ *of* speech むだ口をきかない, 無口な. **4** やせた (lean), やせぎすの, ほっそりした: a ～ form ほっそりした容姿 / a man of ～ frame やせ型の人.
go spare (1) ⇨ *adj.* 2. (2) 《英俗》ひどく心配する[めんくらう, 怒る].
— *n.* **1 a** 予備品, スペア. **b** 予備タイヤ, スペアキー, 着換えのシャツ(など). **c** 《英》=spare part. **d** (スポーツチームの)補欠選手. **2**〖ボウリング〗**a** スペア《フレームの第一投, 第二投で10本のピンを全部倒すこと; cf. strike 8, split 7 a》. **b** スペアによって(次の第一投を加えて)得る得点. **3**〖窯業〗スペア《余分の泥漿を保っておくための石膏型上部の空間部分》.
spar·er [spé(ə)rə | spéərə(r] *n.* **～·ness** *n.*

spare·a·ble [spé(ə)rəbl̩ | spéər-] *adj.* 節約[割愛]できる.

spáre·ly *adv.* **1** 節約して, 惜しむように. **2** 乏しく, 貧弱に: ～ furnished あまり家具を備えつけてない. **3** やせて, ほっそりと: ～ built やせ型の.

spáre pàrt *n.* 予備部品, スペア: ～*s* of a motor 機関の予備部品.

spàre-part súrgery *n.* 《口語》〖医学〗臓器置換外科.

spáre·ribs 〖《通俗語源》← MLG *ribbespēr* cured pork ribs roasted on a spit ← *ribbe* 'RIB[1]' + *spēr* 'spit, SPEAR[1]'〗 **—** *n. pl.* スペアリブ《肉が少しだけ付いている豚のあばら骨; ⇨ pork 挿絵》.

spargana *n.* sparganum の複数形.

Spar·ga·ni·a·ce·ae [spɑəgèɪniéɪsiì: | spɑ:gèɪnɪ-] 〖← NL ～ ← *Sparganium* (← L *sparganion* ⊏ Gk *spargánion* (dim.) ← *spárganon* swaddling band) + -ACEAE〗 **—** *n. pl.* 〖植物〗(タコノキ目)ミクリ科.

spar·ga·no·sis [spɑ̀əgənóusɪs, -səs | spɑ̀:gənə́usɪs] 〖← NL *sparganum* (↓) + -OSIS〗 **—** *n.* (*pl.* **-no·ses** [-si:z]) 〖病理〗孤虫症《孤虫 (sparganum) の寄生による病気》.

spar·ga·num [spɑ́əgənəm | spɑ́:-] 〖← NL ～ ← Gk *spárganon* swaddling band〗 **—** *n.* (*pl.* **-ga·na** [-nə], **～s**) 〖動物〗孤虫《マンソン裂頭条虫 (*Diphyllobothrium mansoni*) などのプレロケルコイド幼虫; 人の体組織内に見出される》.

sparge [spɑ́ədʒ | spɑ́:dʒ] 〖⊏ OF *esparg-ier* ∥ L *spargere* to sprinkle: cf. spark[1], sparse〗 **—** *vt.* **1** 〈水などを〉まき散らす, 散布する (scatter, sprinkle). **2** 荒塗りする, …にしっくいを塗る (plaster). **—** *vi.* 水をまく, 散布する (spray). **—** *n.* まき散らすこと, 散布 (sprinkling). **spárg·er** *n.*

spar·id [spǽrɪd, -rəd | -rɪd] 〖↓〗 *adj., n.* 〖魚類〗タイ科の(魚).

Spar·i·dae [spǽrədì: | -rɪ-] 〖← NL ～ ← *Sparus* (属名: ← Gk *spáros*) + -IDAE〗 *n. pl.* 〖魚類〗タイ科 (cf. sea bream a, porgy, tai).

Spar·ine [spé(ə)ri:n, -rɪn, -rən | spéəri:n, -rɪn] *n.* 〖商標〗スペアリン《プロマジン (promazine) の商品名》.

spar·ing [spé(ə)rɪŋ | spéər-] 〖ME〗 **—** *adj.* **1 a** 倹約する, 節約する, つましい (frugal): a ～ person / be ～ *with* [in the use of] butter バターを節約する. **b** 言葉数の少ない: ～ prose ごてごてしてない[簡潔な]散文 / be ～ *in* speech 無口である. **2** 〔…を〕(使うのを)惜しむ (grudging), けちる (chary) 〔*in, of*〕: ～ *in* giving praise むやみにほめない / ～ *of* oneself 骨惜しみをする / Be ～ *of* your epithets. 形容詞をむやみに使うな. **3** 〔…に〕乏しい, 〔…が〕貧弱な (scanty) 〔*of*〕: This study is ～ *of* analysis. この研究は分析不足だ. **4** 情け深い, 慈悲深い, 寛大な (merciful). **5** 〖生理〗体に必要な物質の消費を節約できる: a ～ action 節約作用《例えばオーレオマイシンのビタミンに対する作用など》/ a ～ agent (栄養上の)節約作用物質《例えば体内蛋白質に対する炭水化物など》. **～·ness** *n.*

spár·ing·ly 〖《15C》〗 *adv.* **1** 控え目に, ほんの少し; 惜しむように, 節約して, けちけち(して). **2** めったに, まれに (infrequently).

spark[1] [spɑ́ək | spɑ́:k] 〖*n.*: OE *spearca, spærca* (cf. MDu. & MLG *sparke*) ← ? IE **(s)p(h)ereg-* 'to SPRINKLE' (L *spargere* 'to SPARGE'). —*v.*: 《*c*1300》← (*n.*): cf. OE *spircan* / MDu. & MLG *sparken*〗 **—** *n.* **1** 火花, 火の粉: *Sparks* fly up the chimney. 火花が煙突の中を立ち昇る / strike (out) a ～ (from flint) (火打ち石で)火を切る / throw ～*s* 火花を散らす / fairy ～*s* (朽木などから発する)燐光(ㄎㄎ). **2 a** きらめき, 閃光(ㄎㄎ) (gleam); (宝石などの)輝き (sparkle): a ～ of light 閃光. **b** 宝石; (特に)ダイヤモンド (diamond). **3 a** (才気などの)ひらめき (flash): a ～ of genius 天才のひらめき / strike ～*s* out of a person 人の才気[才能]を発揮させる. **b** 生気, 活気, 生命(を添えるもの): the ～ of life = the vital ～ 活気, 生気. **4** [通例否定構文で] 痕跡, 少し (trace, remnant): have *not* a ～ of interest [intelligence] 興味[聡明さ]がみじんもない. **5** [*pl.*; 単数扱い] 《口語》(船などの)無線電信技師 (radio operator). **6 a** 〖電気〗電気火花, スパーク; 火花放電. **b** (内燃機関内の)発火栓(ㄎ)のスパーク; その調整装置.
a bright spark 《英口語》[時に反語的に]頭のいいやつ, おもしろいやつ. ***as the sparks fly upward*** (火の粉が上へ飛ぶように)自然の理に従って, 確かに, 間違いなく (cf. *Job* 5:7).
— *vi.* **1** 火花が散る; (火花のように)きらめく (sparkle, flash): Her eyes ～*d* with indignation. 目は憤りで火花を散らした. **2** 〔…に〕ぱっと反応する, 飛びつく〔*to*〕: ～ *to* the idea. **3** 〖電気〗電気火花を発する, スパークする. **b** 〈内燃機関・点火栓などが〉正しく発火する. **—** *vt.* **1** 《米》引き起こさせる, 活発にさせる (activate): ～ a lively motion / The event ～*ed* the great war. その事件が大戦の導火線となった. **2** 〈人・チームなどを〉〔…に〕鼓舞する, かき立てる (inspire) 〔*to, into*〕: ～ one's team *to* victory.
spark off 《英》= *vt.* 1.

spark[2] [spɑ́ək | spɑ́:k] 〖《1575》⊏ ? ON *sparkr* lively: または SPARK[1] の転用か〗 **—** *n.* **1** 若く美人で聡明な女性, 才色兼備の女性. **2 a** いきな男, はでな若者, かっこいい男; しゃれ者, 色男. **b** 気短かな人. **3** 恋人 (lover); 求愛者 (suitor). **—** *vt.* 《口語》〈女〉に求愛[求婚]する (court). **—** *vi.* 《口語》求愛[求婚]する (woo); 色男振る.

Spark [spɑ́ək | spɑ́:k], **Muriel** (**Sarah**) *n.* (1918–) スコットランド生れの英国のカトリック女流小説家; *Memento Mori*「死を忘れるな」(1959), *The Girls of Slender Means* (1963).

spárk arrèster *n.* **1** (機関車などの)火の粉止め (cinder frame). **2** 〖電気〗ギャップ避雷器《スパークギャップを通して異常電圧を吸収する避雷器》.

spárk chàmber *n.* 〖物理〗放電箱.

spárk còil *n.* 〖電気〗火花コイル.

spárk dìscharge *n.* 〖電気〗火花放電.

spárk·er *n.* **1** 火花[スパーク]を出すもの; 火花を出す小さな花火. **2** 〖電気〗**a** =spark arrester 2. **b** (電線の)絶縁試験器. **c** =igniter 3. **3** 《英俗》=spark[1] 5.

spárk gàp *n.* 〖電気〗(放電が行なわれる)火花間隙(ㄎㄎ), 火花ギャップ.

spárk gènerator *n.* 〖電気〗火花発電機.

spárk·ing plùg *n.* 《英》=spark plug.

spárking vòltage *n.* 〖電気〗火花(放電)電圧《火花間隙(ㄎㄎ)を越えて火花放電が始まる電圧》.

spárk·ish [-kɪʃ] 〖← SPARK[2] (n.) + -ISH[1]〗 *adj.* 《口語》**1** 派手な服装の, しゃれた, いきな (showy). **2** 色男ぶる.

spárk-kìller *n.* 〖電気〗有害スパーク防止装置, 火花消し.

spar·kle [spɑ́əkl̩ | spɑ́:k-] 〖*v.*: 《?*c*1200》. —*n.*: 《*c*1330》 *sperkle*(*n*): ⇨ spark[1], -le[1,3]〗 **—** *vi.* **1 a** 火花を発する. **b** (火花を発するように)きらめく, きらきら光る (glitter): A thousand gems ～*d.* 無数の宝石がきらめいた / Her eyes ～*d* with joy [fury]. 彼女の目は喜び[怒り]に輝いた. **2** 光っている; 活気[元気]がある; 〈才気が〉ほとばしり出る: She ～*s* in society. 彼女は社交界で光っている. **3** 〈ぶどう酒などが〉泡立つ (effervesce). **—** *vt.* …に火花を出させる; 輝かせる, きらめかせる: The sun ～*d* the wet grass. 太陽を受けて濡れた草がきらきら輝いた. **—** *n.* **1** 火の粉, 火花. **2 a** (宝石などの)きらめき, 光輝 (brilliance), 光沢 (luster). **b** 小さな宝石. **3** (才知などの)ひらめき. **4** 痕跡 (trace). **5** 異彩, 光彩 (brilliance); 元気, 活気 (liveliness). **6** (ぶどう酒などの)泡立ち (effervescence).

spárkle·bèrry [-bèri, -b(ə)ri | -b(ə)rɪ] *n.* 〖植物〗=farkleberry.

spár·kler [-klə, -kl̩ə | -klə(r, -kl̩ə(r] *n.* **1 a** 火花を発する物, ひらめく物, きらめく物. **b** (火花を発する)花火. **c** 《口語》ぴかぴか光る宝石, ダイヤモンド. **d** 火花が出るおもちゃの機関銃. **e** [主に *pl.*] 《口語》輝く目. **2** 美人; 才人, 才子 (wit).

spárk·less *adj.* 火花を発しない, スパークしない. **～·ly** *adv.*

spárkless commutátion *n.* 〖電気〗無火花整流.

spark·let [spɑ́əklɪt, -lət | spɑ́:k-] 〖← SPARK[1] (n.) + -LET〗 *n.* **1** 小火花. **2** (婦人用のガウンや舞踊衣装などに付ける)きらきらした小さい飾り.

spár·kling [-klɪŋ] 〖ME〗 **—** *adj.* **1 a** 火花を発する. **b** きらめく (glittering); 光る. **2** 異彩[光彩]を放つ; (才気)煥発(ㄎㄎ)の, 生き生きした (vivacious): one's ～ personality. **3** 〈ぶどう酒など〉泡立つ, 発泡性の (effervescent) (cf. still[1] 5). **～·ly** *adv.* **～·ness** *n.*

spárkling wáter *n.* ソーダ水 (soda water).

spárkling wíne *n.* スパークリングワイン, 発泡性ぶどう酒, 発泡酒《通例白ぶどう酒に補糖し二次発酵によって生じた炭酸ガスを自然にびん詰めにしたものか, 人工的に炭酸ガスを入れこんだもの; cf. champagne 1, vin mousseux》.

spárk·òver *n.* 〖電気〗(絶縁された電極[導体]間に生ずる事故としての)スパーク, 火花連絡.

spárk photògraphy *n.* 〖写真〗火花瞬間写真《火花放電を利用して早く動くものを撮影する写真》.

spárk·plùg 〖↓〗 *vt.* (**spark·plugged; -plug·ging**) 《米口語》激励する, 鼓舞する, 刺激する; 指導する.

spárk plùg *n.* **1** 《米口語》**a** 鼓舞する人[もの], 刺激を与える人[もの]. **b** (一団の)指導[指揮]者, 中心人物. **2** 〖機械〗(内燃機関の)点火プラグ.

Sparks [spɑ́əks | spɑ́:ks], **Jar·ed** [dʒé(ə)rɪd, -rəd | dʒéər-] *n.* (1789–1866) 米国の歴史家.

spárk spèctrum *n.* 〖物理〗火花スペクトル.

spárk telègraphy *n.* 〖通信〗火花式無線電信法.

spárk transmìtter *n.* 〖通信〗火花式送信機.

spar·ling [spɑ́əlɪŋ | spɑ́:-] 〖《1307–08》 *sperlinge* ⊏ OF *esperlinge* (F *éperlan*) ← Gmc: cf. MDu. & MLG *spirline* ← *spīr* small shoot, blade of grass (⇨ spire[1]) + *-linc* '-LING[1]'〗 **—** *n.* (*pl.* **～, ～s**) 〖魚類〗ヨーロッパ産キュウリウオの一種 (*Osmerus eperlanus*) 《大きな口には強い歯がはえ成魚は透明, 腹部は光沢のある銀色; cf. smelt[3]》.

spar·oid [spé(ə)rɔɪd | spéər-] 〖← NL *sparoid-ēs* ← L *sparus* sea bream, hunting-spear ⊏ Gk *spáros*: cf. spear[1]: ⇨ -oid〗 **—** *adj., n.* 〖魚類〗タイ科類似の(魚).

spar·ring [spɑ́:rɪŋ] 〖《15C》: ⇨ spar[1]〗 *n.* 〖海事〗ばら打張り《船倉の内側に張る板をばらばらに間をすかして打ったもの》.

spár·ring màtch [spɑ́:rɪŋ-] 〖⇨ spar[3] (v.)〗 *n.* 〖ボクシング〗練習試合, 模範試合.

spárring pàrtner *n.* **1** 〖ボクシング〗スパーリングパートナー《ボクサーの練習相手》. **2** (練習などのための)議論[論争]相手.

spar·row [spǽrou, spér-, -rə | spǽrəu] 〖OE *spearwa* < Gmc **sparwon, *sparwaz* (OHG *sparo* / ON *spǫrr* / Goth *sparwa*) ← IE **sper-(g)-* sparrow (Gk *spérgoulos* small field bird)〗 **—** *n.* 〖鳥類〗**1** スズメ《スズメ属 (*Passer*) のいろいろなスズメの総称; スズメ (tree sparrow), イエスズメ (house sparrow) など》: *Sparrows* began to chirp [chatter]. **2** ホオジロの類の *Spizella* 属, *Melospiza* 属などのスズメに似た小鳥 (finch) の総称《チャガシラシトド (chipping sparrow), field sparrow, ウタスズメ (song sparrow), ムナフヒメ

ドリ (tree sparrow) など》.
spárrow·bìll 〖⇨↑, bill²〗 *n.* ＝sparable.
spárrow·gràss 〖《1649》《通俗語源》← SPARROW ＋ GRASS ∽《廃》*sparagus* ▭ ML《頭音消失》← ASPARAGUS〗 *n.* 《方言》〖植物〗アスパラガス (asparagus).
spárrow hàwk 〖《15C》*sparawhawke*〗 ── *n.* 〖鳥類〗 **1** ハイタカ (*Accipiter nisus*)《小型のタカ》. **2** マダラハヤブサ (*Falco sparverius*)《バッタや小哺乳動物を捕食する北米産の小さいタカ》.
spar·ry [spáːri | -rɪ] 〖← SPAR² ＋ -Y⁴〗 *adj.* へげ石 (spar) の(多い); へげ石状の.
spárry íron *n.* 〖鉱物〗＝siderite 1.
sparse [spáəs | spáːs] 〖《1727》▭ L *spars-us* (p.p.) ← *spargere* 'to scatter, SPARGE': cf. spark¹, sprinkle〗 ── *adj.* (**spars·er**; **spars·est**) **1 a** 〈人口など〉まばらな, 希薄な: a ～ population 希薄な人口. **b** 〈頭髪など〉薄い: one's ～ hair / a ～ beard 薄いあごひげ. **c** 遠い間隔を置いて生じる, 散在する: ～ vegetation まばらに生えている植物. **2** 乏しい, 貧弱な (scanty). **～·ness** *n.*
spárse·ly *adv.* 希薄に, まばらに: be ～ populated 人口が希薄である.
spar·si·ty [spáəsəṭi | spáːsətɪ, -sɪ-] 〖← SPARSE ＋ -ITY〗 *n.* まばら, 希薄; 貧弱さ.
Spar·ta [spáəṭə | spáːtə] 〖▭ Gk (Doric) *Spártā*, (Attic) *Spártē* ← *hē khṓra spártē* the sown place〗 ── *n.* スパルタ《古代ギリシャの強大な都市国家; Peloponnesus 半島最大の都市で, Laconia の首都; 兵士に対する厳格な訓練はいわゆる「スパルタ式訓練」として有名; 別名 Lacedaemon》.
Spar·ta·cist [spáəṭəsɪst, -səst | spáːtəsɪst] 〖⇨↓, -ist〗 *n.* スパルタクス団 (Spartacus League) 員. ── *adj.* [s-] スパルタクス団の.
Spar·ta·cus [spáəṭəkəs | spáːtə-] *n.* スパルタクス《?–71 B.C.; 古代ローマのトラキア (Thrace) 出身の剣奴; ローマに対し反乱を起こし敗死した (73–71 B.C.)》.
Spártacus Léague 〖《部分訳》← G *Spartakusbund*〗 ── *n.* [the ～] スパルタクス団《第一次大戦中に K. Liebknecht, Rosa Luxemburg らが組織したドイツ社会民主党左派の結社; ドイツ共産党の前身》.
Spar·tan [spáətn, -ṭən | spáːtn, -tən] 〖《c1425》▭ L *Spartān-us*: ⇨ Sparta, -an¹〗 ── *adj.* **1** (古代ギリシャの)スパルタ(人)の. **2** スパルタ流[式]の; 武勇の (brave), 厳格で簡素な (austere), 鍛錬の厳しい: ～ brevity [courage, endurance, simplicity] スパルタ式簡潔[勇気, 忍耐, 質素] / a ～ life (困苦欠乏に耐える)スパルタ式生活. ── *n.* **1** スパルタ人. **2** スパルタ気質の人, 剛勇の人, 質実剛健な人.
Spártan dóg *n.* **1** 残酷[残忍]な人. **2** ＝bloodhound 2.
Spár·tan·ism [-ṭənɪzm, -tn- | -tən-, -tn-] 〖← SPARTAN ＋ -ISM〗 *n.* スパルタ主義[式], スパルタ精神[気質] (cf. Spartan *adj.* 2).
spar·te·ine [spáəṭiːn, -ṭiən, -tiːn | spáːtiiːn] 〖← NL *Spartium* name of the broom genus ← *spartum* broom: ⇨ esparto, -ine³〗 ── *n.* 〖化学〗スパルチン ($C_{15}N_{26}N_2$)《エニシダ (broom) から抽出したアルカロイド (alkaloid) で強心剤に用いた》.
Spar·ti [spáəṭaɪ | spáː-] 〖▭ L ～ ▭ Gk *Spártoi*: 播(ま)かれた者たちの意〗 ── *n. pl.* [the ～] 〖ギリシャ神話〗スパルトイ《Cadmus が退治した竜の歯を播いた所から生れたとされる5人の戦士; Thebes の旧家の先祖といわれる》.
Spar·ti·ate [spáəṭièɪt, -ʃièɪt | spáːtɪ-, -ʃɪ-] *n.* ＝Spartan.
spár vàrnish *n.* スパーワニス《風雪に耐えて長持ちするワニス; 船の円材 (spar) などに用いられる》.
spasm [spǽzm] 〖《a1400》*spasme* ▭ (O)F *spasme* ▭ L *spasmus, spasma* ▭ Gk *spasmós* ← *spân* to draw, cause convulsion: ⇨ span¹〗 ── *n.* **1** 〖生理・医学〗痙縮, 痙攣(けいれん) (convulsion), ひきつけ, ひきつり: a tonic ～ 強直性痙攣 / a ～ of the stomach 胃痙攣 / cadaveric ～ 死体硬直 / ⇨ nictitating spasm. **2** (活動・感情・努力などの)突然の(一時的な)発作, 激発: a ～ of fear [pain] 発作的恐怖[苦痛] / a ～ of temper かんしゃく / a ～ of coughing せき込み / have a ～ of industry 急に[発作的に]勉強[仕事]をやり出す.
spas·mod·ic [spæzmɑ́dɪk | -mɔ́d-] 〖《1681》← NL *spasmodic-us* ← Gk *spasmṓdēs* ← *spasmós* (↑): ⇨ -ode¹, -ic¹〗 ── *adj.* **1** 〖医学〗痙(けい)性の, 痙攣(けいれん)(性)の, 痙攣から生じる; 発作的な (fitful): a ～ twitching of the limbs ぴくぴく動く手足の痙攣 / ～ asthma 痙攣性喘息(ぜんそく). **2** 発作的な; 間断的な (intermittent): ～ sobs 発作的な泣きじゃくり / ～ efforts [attempts] 急に思い出したような[発作的な]努力[試み]. **3** 興奮しやすい, 興奮性の.
spas·mód·i·cal [-dɪkəl, -də- | -dɪ-] *adj.* ＝spasmodic. **～·ly** [-k(ə)li, -kḷi | -k(ə)lɪ, -kḷɪ] *adv.*
Spasmódic schòol 〖発作的に誇大な表現があるという意味でスコットランドの詩人 W. E. Aytoun (1813–1865) が嘲笑的に命名した〗 ── *n.* [the ～] 〖文学〗痙攣(けいれん)派《19 世紀中葉の英国の詩人 P. J. Bailey (1816–1902) の一派》.
spas·mo·dist [spǽzmədɪst, -dəst | -dɪst] *n.* 発作的な人; (特に)発作的に制作する芸術家.
spas·mol·y·sis [spæzmɑ́ləsɪs, -səs | -mɔ́lɪsɪs] 〖← NL ～: ⇨ spasm, -lysis〗 *n.* (*pl.* **-y·ses** [-siːz]) 〖医学〗鎮痙, 痙攣(けいれん)緩和.
spas·mo·lyt·ic [spæzməlíṭɪk | -lít-] 〖← SPASM ＋ -O- ＋ -LYTIC〗 *adj.* 〖医学〗鎮痙(けい)性の. ── *n.* 〖薬学〗鎮痙剤.
spas·mo·phil·i·a [spæ̀zməfíliə | -lɪə] 〖← NL ～: ⇨ spasm, -o-, -philia〗 *n.* 〖医学〗痙攣(けいれん)質.
spas·tic [spǽstɪk] 〖《1753》▭ L *spasticus* ▭ Gk *spastikós* ← *spân* to draw: ⇨ spasm, -ic¹〗 ── 〖病理〗 *adj.* **1** 痙(けい)性の, 痙攣(けいれん)(性)の (spasmodic), (特に)緊張性痙攣 (tonic spasm) の. **2** 痙性麻痺の, 痙性麻痺に冒された. ── *n.* 痙攣患者; (特に)痙性脳性麻痺患者. **spás·ti·cal·ly** *adv.*
spas·tic·i·ty [spæstísəṭi | -sətɪ, -sɪ-] 〖⇨↑, -ity〗 *n.* 〖病理〗痙(けい)性, 痙直性.
spástic parálysis *n.* 〖病理〗痙(けい)性麻痺.
spat¹ [spǽt] 〖《1667》▭ AF ～ ← ?〗 ── *n.* (*pl.* ～, ～**s**) **1** 貝の卵; (特に)牡蠣(かき)の卵 (spawn). **2** [集合的にも用いて] 子牡蠣. ── *vi.* (**spat·ted**; **spat·ting**) **1** 〈牡蠣などが〉産卵する (spawn). **2** 〈牡蠣などが〉岩石に付着する.
spat² [spǽt] 〖《1802》《略》← SPATTERDASH〗 ── *n.* **1** [通例 *pl.*] スパッツ《通例足の甲・足首などを覆うゲートル状のもので革ひもを靴の土踏まずの下に通して止める》. **2** 〖航空〗スパッツ《固定脚の空気抵抗を小さくするための車輪を覆う流線型カバー》.

spat² 1

spat³ [spǽt] 〖擬音語か〗 ── *n.* **1** 《米口語》小競り合い, ちょっとしたけんか (petty quarrel). **2 a** ぴしゃりという音. **b** 《まれ》軽く打つこと, 軽打 (slap). **3** (水・泥などの)はね: a ～ of rain / ～s of mud. ── *v.* (**spat·ted**; **spat·ting**) ── *vi.* **1** 《口語》小争い[小競り合い]をする, 口論する. **2** ぴしゃりと打つ (strike lightly). ── *vt.* 《方言》ぴしゃりと打つ.
spat⁴ 〖(pret.): 《16C》← *spat(te)* (< OE *spætte* (pret.) ← *spǣtan* 'to SPIT') ∽ ME *spit(te)*. ─ (p.p.): 《19C》← (pret.) ∽ ME *spitted* < OE *gespitted*〗 ── *v.* spit² の過去形・過去分詞.
spatch·cock [spǽtʃkɑ̀k | -kɔ̀k] 〖《1785》← (DI)SPATCH ＋ COCK¹: SPITCHCOCK と混同〗 ── *n.* (急場の間に合わせ用に)殺してすぐ料理した[即席による]鳥料理. ── *vt.* **1** 〈鳥を〉即席料理にする. **2** 《口語》〈後で思い付いたことなどを〉書き入れる, さし込む: ～ a sentence into a letter 手紙に後の思い付きを書き込む.
spate [spéɪt] 〖《c1425》▭ ? AF *espeit = OF *espoit* flood ← Gmc (Du. *spuiten* 'to SPOUT'): cf. OE *spātlian* to spit〗 ── *n.* **1 a** 《英》大水, 洪水 (flood); (大雨の後の)にわか水, 出水 (freshet): The river is in ～. 川は大水だ. **b** 《スコット》にわか豪雨. **2 a** (言葉・感情などの)奔流 (sudden rush) 〔*of*〕: a ～ *of* words ほとばしり出る言葉, とうとうとした弁舌. **b** 多数; 多量 〔*of*〕: a ～ *of* magazines たくさんの雑誌.
spath·a [spǽθə, spáː-] 〖▭ L ～ ▭ Gk *spáthē*: ⇨ spathe〗 *n.* (*pl.* **spath·ae** [-θiː, -θaɪ]) (古代ローマの片刃の)長剣.
spa·tha·ceous [speɪθéɪʃəs, -θéɪ-, spəθéɪ-, spæ-] 〖⇨ spathe, -aceous〗 *adj.* 〖植物〗仏炎苞状の; 仏炎苞を有する.
spathae *n.* spatha の複数形.
spathe [spéɪð, spéɪθ] 〖《1785》▭ L *spatha* ▭ Gk *spáthē* broad blade: ⇨ spade¹〗 *n.* 〖植物〗仏炎苞《コンニャクなどサトイモ科の植物にみられる大きな総苞》.
spathed [spéɪðd, spéɪθt] *adj.* 〖植物〗仏炎苞のある.
spath·ic [spǽθɪk] 〖← G *Spath* (＝*Spat*) 'spar²': ⇨ -ic¹〗 *adj.* 〖鉱物〗へげ石 (spar) 状[質]の.
spáthic íron [**óre**] *n.* 〖鉱物〗＝siderite 1.
spa·those [spéɪθoʊs, -θous | -θəʊs, -θəʊs] 〖← SPATHE ＋ -OSE¹〗 *adj.* 〖植物〗仏炎苞状の.
spath·ous [spéɪðəs, -θəs] 〖← SPATHE ＋ -OUS〗 *adj.* 〖植物〗＝spathose.
spath·u·late [spǽθjʊlət, -lɪt, -lèɪt] 〖← LL *spathula*, *spatulu* ＋ -ATE²: ⇨ spatula〗 *adj.* ＝spatulate.
spa·tial [spéɪʃəl | -ʃəl, -ʃɪəl] 〖《1847》← L *spatium* 'SPACE' ＋ -AL¹〗 *adj.* **1** 空間[宇宙]の; 空間的な (cf. temporal¹ 1): ～ relations 空間的関係. **2** 空間を占める; 場所の, 空間に存在する[起こる]. **～·ly** *adv.*
spa·ti·al·i·ty [spèɪʃiǽləṭi | -ʃiǽlətɪ, -lɪ-] 〖⇨↑, -ITY〗 *n.* 空間性, 広がり (extension).
spátial summátion *n.* 〖生理〗空間的加重.
spa·ti·o- [spéɪʃioʊ | -ʃɪəʊ] 〖← L *spatium*: ⇨ space, -o-〗「空間 (space); 空間と…との (space and...)」の意の連結形: *spatio*temporal.
spa·ti·og·ra·phy [spèɪʃiɑ́grəfi | -ʃɪɔ́grəfɪ] 〖⇨↑, -graphy〗 *n.* 宇宙地理学《大気圏外の空間(各種天体を含む)の物理的特性の地理学的研究》.
spàtio·témporal 〖← SPATIO- ＋ TEMPORAL¹〗 *adj.* 〖哲学〗空間と時間上の; 時空的の (space-time). **～·ly** *adv.*
spat·ter [spǽṭə | -tə(r)] 〖《1582》(freq.) ← ? Fris. *spatte* // Du. & LG *spatten* to burst, spout: ⇨ -er⁵〗 ── *vt.* **1** 〈水・泥などを〉〔…に〕はねさせる, はねかける, はねとばす (splash); まく (scatter) 〔*on*〕: ～ mud *on* one's clothes 衣服に泥をはねかける / ～ water *on* the floor 床に水をまく. **2 a** 〈床などに〉〈水などを〉ふりかける (besprinkle) 〔*with*〕: ～ the ground *with* water 地面に水をまく / Her coat was ～*ed with* mud. 外套に泥をはねかけられた. **b** ふりかけて[はねて]汚す: ～ the floor 床を汚す. **3** 〈人〉に〈悪口・中傷などを〉浴びせる (bespatter) 〔*with*〕: ～ a person *with* calumnies [slander] 人に悪口を浴びせる[人を中傷する]. ── *vi.* **1** 〈油などが〉はねる, はねかかる, 散る; 〈沸騰している湯が〉湯玉をとばす. **2** ぱらぱらと降る[落ちる]; 〈弾丸などが〉雨と散る: Rain ～s on the zinc roof. 雨がぱらぱらとトタン屋根をうつ. **3** つばをとばす, 口角あわをとばして語る (sputter). ── *n.* **1** はねかけること; はね, はねた物[汚れ] (splash): a ～ of mud 泥のはね. **2 a** (雨・拍手・遠くの銃声などの)ぱらぱら[ぱんぱん, ぱちぱち]いう音. **b** 少数; 少量 (sprinkle): a ～ of rain 小雨 / a ～ of applause 僅かな拍手.
spátter cóne *n.* 〖地質〗溶岩塔 (hornito).
spátter·dàsh 〖《1687》〗 ── *n.* [通例 *pl.*] スパッターダッシュ, 革ゲートル(型深靴)《雨天時の乗馬用で膝までくる靴; 防寒, 泥よけとしても用いる》.
spátter dàsh *n.* 〖土木〗掃きつけ塗り《roughcast ともいう》.
spátter·dòck 〖← ?〗 *n.* 〖植物〗コウホネ《スイレン科コウホネ属 (*Nuphar*) の水生多年草の総称》; (特に)北米産の *N. advenum*《cow lily, yellow pond lily ともいう; cf. nuphar》.
spátter glàss *n.* ＝end-of-day glass.

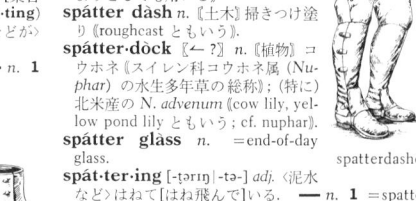

spatterdashes

spát·ter·ing [-ṭərɪŋ | -tə-] *adj.* 〈泥水など〉はねて[はね飛んで]いる. ── *n.* **1** ＝spatter. **2** 〖絵画〗絵の具をはねちらして描く画法. **～·ly** *adv.*
spátter·wòrk *n.* 〖窯業〗顔料を表面の露出した部分にふりかけて形態やデザインを表現する方法; このような方法で出した効果を示す仕事[作品].
spat·tle [spǽṭl | -tl] *n.* ＝spatula.
spat·u·la [spǽtʃʊlə | -tju-] 〖《1525》▭ L ～ ＝*spathula* (dim.) ← *spatha* 'SPATHE'〗 ── *n.* **1** ナイフ状の薄いへら, スパチュラ《弾力性に富み, 薬や絵の具などを伸ばしたり混ぜたり, また鍋から卵焼きなどをとったりするのに用いる》. **2** 〖医学〗舌圧子, スパーテル, へら. **3** 〖昆虫〗匙器(しき)《体壁からのスプーン状の単細胞の突起または構造物》. **spat·u·lar** [spǽtʃʊlə | -tjʊlə(r)] *adj.*
spat·u·late [spǽtʃʊlət, -lɪt, -lèɪt | -tju-] 〖⇨↑, -ate²〗 ── *adj.* **1** へら (spatula) の形をした. **2** 〖植物〗〈葉が〉へら状の: a ～ leaf へら状葉.
spätz·le [ʃpétslə, -li | ʃpétslə, -tslɪ; G ʃpɛ́tslə] *G. n.* ＝spaetzle.
spaul·der [spɔ́ːldə | -də(r)] 〖ME *spawdeler* ← OF *espalde* (F *épaule*) shoulder < L *spatulam* 'SPATULA': ⇨ -er¹〗 ── *n.* 〖甲冑〗鎧(よろい)の小型の肩当て (cf. pauldron, monnion).
spav·in [spǽvɪn, -vən | -vɪn] 〖《1426》*spaveyne*《頭音消失》← OF *espa(r)vain* (F *éparvin*) ← ? Gmc: cf. wane〗 *n.* 〖獣医〗(馬の)飛節内腫(しゅ); それによる腫れ.
spáv·ined *adj.* **1** 〖獣医〗〈馬が〉飛節内腫にかかった, 飛節の硬化した. **2** 不具の, びっこの (lame); 壊れた, おんぼろの.
spawl [spɔ́ːl] *v., n.* ＝spall.
spawn [spɔ́ːn] 〖v.: 《c1400》*spaunne(n)* ▭ AF *espaundre* ＝OF *espandre* (F *épandre*) to shed < L *expandere* 'to EXPAND'. ─ n.: 《1491》← (v.)〗 ── *n.* **1** [集合的] 〖動物〗(魚類・両生類・貝類などの)卵, はらご: shoot ～ 産卵する. **2** 〖植物〗 **a** 菌糸体 (mycelium). **b** ＝mushroom spawn. **3** [集合的にも用いて; 通例軽蔑的に] (うようよした)子どもたち, がきども; (…の)子, 所産: the ～ of the ghetto スラム街にうようよする子供たち / the ～ of the devil 悪魔の子たち, 悪党ども / the ～ of militarism 軍国主義の申し子 / the ～ of Cobden コブデンのやから《自由貿易論者》/ the ～ of Loyola ロヨラの徒輩《イエズス会士》. ── *vt.* **1** 〖動物〗〈魚類・両生類・貝類などが〉〈卵を〉産む: The pond ～s numerous frogs. その池にはたくさんの蛙が生れる. **2** 〖植物〗…に菌糸体を植えつける. **3 a** 生む, 引き起こす; (特に)大量に生産する: ～ a host of perils たくさんの危険を生む. **b** [軽蔑的に] 〈子を〉たくさん産む. ── *vi.* **1** 〈魚類などが〉産卵する[生れる]. **2** 生れる, 生じる.
spáwn·er *n.* 産卵期の雌魚.
spáwn·ing gròund *n.* (魚類などの)産卵場所.
spáwning migràtion *n.* 産卵回遊, (魚の産卵のための)繁殖移動.
spay [spéɪ] 〖《c1410》▭ AF *espeier* ＝OF *espeer* to cut with a sword ← *espee* sword (F *épée*) < L *spatham* 'SPATHE': cf. épée, spade²〗 ── *vt.* 〈雌豚・雌犬などの〉卵巣を取り去る (castrate). ── *n.* **1** 卵巣を除去された動物. **2** 卵巣除去.
S.P.C.A. 《略》Society for the Prevention of Cruelty to Animals《今は R.S.P.C.A.》.
S.P.C.C. 《略》Society for the Prevention of Cruelty to Children《今は N.S.P.C.C.》.
S.P.C.K. 《略》Society for Promoting Christian Knowledge キリスト教知識普及協会《キリスト教の知識普及のために 1698 年英国に設立された協会; 今日も国の内外に盛んな活動をしている》.
SPD, S.P.D. 《略》G. Sozialdemokratische Partei Deutschlands ドイツ社会民主党.
S.P.E. 《略》《英》Society for Pure English.
speak [spíːk] 〖OE *sp(r)ecan* ← (WGmc) *sp(r)ǣk-, *sp(r)ek- to speak (Du. *spreken* / G *sprechen*) ← IE *(s)p(h)ereg- 'to SPRINKLE': ⇨ speech〗 ── *v.* (**spoke** [spóʊk | spə́ʊk], 《古》 **spake** [spéɪk]; **spo·ken** [spóʊkən | spə́ʊ-], 《古・戯言》 **spoke**) (cf. say) ── *vi.* **1** 話す, ものを言う, 口をきく, しゃべる: ～ more slowly [clearly] もっとゆっくり[はっきり]話す / ～ a good deal [very little] よくしゃべる[ほとんどしゃべらな

い] / ～ in whisper 小声で[ひそひそ]話す / teach a parrot to ～ オウムにものを言うことを教える / Let me ～. 私に言わせて下さい / I was too astonished to ～. びっくり仰天して口もきけなかった. **2** 話をする, 談話をする (converse), 相談する (confer); 語る, 言う, うわさをする: ～ *aside* わきを向いて言う, 独語する; 〖演劇〗 わきぜりふを言う / ～ *together* 会談する, 相談する / After their quarrel they are not ～*ing* (*to* each other). あのけんか以来(お互いに)口もきかないでいる / Hello, may I ～ *to* Mr. Smith?—*Speaking*. (電話で)もしもしスミスさんをお願いします—スミスです / I *spoke to* [*with*] him *about* [*on*] it. そのことで彼と語り合った / What was he ～*ing to* you *about*? 君に何のことを話していたのか / I'll ～ *to* [*with*] the boss *about* [*on*] a raise. 昇給のことで上役と相談するつもりだ / Is this the book you *spoke of* yesterday? これが昨日君が言っていた本ですか / *Speak of* the devil, and he is sure to appear. 《諺》うわさをすれば影がさす / The book ～*s of* modern art. その本には近代美術のことが語られている[書かれている]. **3** 講演[講話]をする, 演説をする: ～ about half an hour and then answer questions 30 分ばかり講演してから質疑応答に移る / ～ *at* a meeting 会で演説をする / Mr. Brown *spoke to* our club *about* [*on*] the political situation. ブラウン氏はわれわれのクラブで政治情勢について講演をしてくれた. **4** 弁じる, 論弁する 〔*against, for*〕: ～ *against* [*for*] a motion 動議反対[賛成]論を述べる / ～ *out* [*up*] *against* [*for*] pornography 声を大にしてポルノ反対[賛成]を唱える / Why does he ～ *against* me [*for* himself] *on* the subject? なぜ彼はその問題について私を非難[自己弁護]するのだろう. **5 a** 〈行為・肖像画・顔・目などが〉事実[意見, 思想, 感情など]を伝達する: Actions ～ louder than words. 言葉よりも行動の方が雄弁である[はっきり意味を伝える] / This portrait ～*s*. この肖像画はものを言わんばかりだ[真に迫っている] / Her eyes *spoke* for her. 彼女の目が彼女の気持を代弁していた. **b** 〈芸術・自然などが〉〔人・心などに〕語りかける, 訴える (appeal) 〔*to*〕: Great art ～*s* directly *to* us. 偉大な芸術は直接われわれに語りかけてくる. **6** 〈楽器・時計・大砲・風などが〉音を発する, 鳴る, 響く (sound): When the guns ～, it is too late to argue. 大砲が鳴り出せばもう議論してもおそい. **7** 〈犬が〉(命令されて)ほえる (bark); 〈猟犬が〉(臭跡を発見して)ほえる (bay): *Speak for* the bone, Fido. ファイドー, 骨が欲しければわんと言いなさい. **8** 〖音声〗 音を発する, 発音する.
— *vt.* **1 a** 〈言葉・せりふなどを〉話す, 言う, しゃべる (utter, say): ～ words of praise 賛辞を述べる / ～ a good word for ...をよく言う, ...のためにとりなす / He didn't ～ a word (*to* me) *about* it. (私には)その件について一言も触れなかった / ～ a piece 詩文を劇的に朗読[暗誦]する / The actor ～*s* his part badly. あの俳優のせりふはまずい. **b** (言葉で)語る, 伝える: ～ the truth 真実を語る / ～ nonsense たわごとを言う / ～ one's opinion 意見を述べる / ～ *out* one's mind (思い切って)心を打ち明ける / ～ *out* one's heart 心情を吐露する. **2** 〈外国語を〉話す, 使う (use): ～ Russian [German, several languages] ロシヤ語[ドイツ語, 数か国語]を話す / English *Spoken*. 英語が通じます《商店の張出しなど》. **3 a** 〈顔・目などが〉〈気持・感情などを〉伝える, 表現する: His smile *spoke* a hearty welcome. 彼の微笑が心からの歓迎を伝えていた. **b** 《古》〈行為・状況などが〉表わす, 示す, 証明する (indicate, prove): A loud laugh ～*s* a vacant mind. 高笑いは心がうつろな証拠, 馬鹿の高笑い / His conduct ～*s* him generous [a rogue]. その行動で彼が寛大[悪人]であることがわかる. **4** 〈楽器・時計などが〉告げる, 知らせる (announce). **5** 〖海事〗 (海上で)〈他船〉に呼び掛ける, 信号する, 通信する (accost at sea): ～ a ship.
as they [***men***] ***speak*** (世人の)いわゆる. ***generally*** [***properly, roughly, strictly***] ***speaking*** 一般的に[正しく, おおざっぱに, 厳密に]言えば. ★ これらの表現では speaking を前に置くこともある. ***not to speak of*** ...は言うまでもなく, ...はさておいて (to say nothing of, let alone): He knows French and German, *not to* ～ *of* English. 彼は英語は言うまでもなくフランス語やドイツ語もわかる. ***so to speak*** ⇨ so[1] *adv.* 成句. ***speak at*** *a person* 《古》＝TALK *at a person*. ***speak down*** へりくだってしゃべる: ～ *down to* the audience 聴衆の水準に下げて講演をする. ***speak*** *a person* ***fair*** ⇨ fair[2] *adv.* 6. ***speak for*** (1) ⇨ *vi.* 4. (2) ...を推薦する (recommend). (3) ...を代表[代弁]する: ～ *for* the whole group. (4) ...を請求[要求]する (ask for); [通例 Passive で] (予め)申し込む, を注文する (apply for): This seat *is* already *spoken for*. この席はすでに予約済みです. (5) 〈物事が〉...を示す[表わす, 象徴する] (indicate). ***speak for oneself*** (1) ⇨ *vi.* 4. (2) [命令形で]《口語》 勝手なことは言わないでくれ《不同意の表現》: "I think we've had enough." "*Speak for yourself*, Tom!" 「十分にいただきました」「それは君だけのことだろう, トム」. (3) [～ for itself [themselves] で] 〈物事が〉自ら証する, 自明の理である: There is no need to explain it; it ～*s for itself*. 説明する必要はない, 当然のこと[自明の理]だ. ***speaking for myself*** [***ourselves***] 自分[私たちの]ことを言えば, 私[私たち]の意見では (in my [our] view). ***speaking of*** ...について言えば, ...の話のついでだが: *Speaking of* music, do you like Mozart? 音楽と言えばあなたはモーツァルトが好きですか. ***speak of*** (1) ...のことを言う (mention) (cf. *vi.* 2): Language is often *spoken of as* a living organism. 言語はしばしば生きた有機体と言われる. (2) 〈物事が〉...を指示[表示, 暗示]する: The golden lights from the cafés *spoke of* an enjoyment of life. カフェーから漏れる黄金の輝きは人生の歓楽を物語っていた. (3) [speak と of の間に種々の副詞を伴い] ...のことを(...と)言う, 評する: ～ *well* [*ill, evil*] *of* ...をよく[悪く]言う, をほめる[くさす] / ～ *highly of* ...を激賞する / He is *ill spoken of* among them. 彼らの中でよく言われていない. ***speak out*** (1) 思い切って言う, 遠慮なく話す (speak freely), 考えを十分に述べる; はっきり言葉に出して言う: *Speak out*, don't be afraid. 思い切って言ってしまいなさい, 心配しなさるな. (2) 大声で話す (speak loud), 声を大きくする (speak louder): *Speak out*; we can't hear. 大きな声で話しなさい, 聞こえないから. (3) ⇨ *vi.* 4. ***speak to*** (1) ⇨ *vi.* 2, 3, 5 b. (2) ...に話しかける (address): A stranger *spoke to* me on the street. 通りで知らない人が話しかけてきた / I know him to ～ *to*. 彼とは会えば話し合うほどの仲だ. (3) ...に言及する, ...を論じる (comment on): I will ～ *to* that point later. その点にはあとで言及しましょう. (4) ...を証明[証言]する (testify to): I can ～ *to* his having been there. 彼がそこにいたことを証明できます. (5) ...に忠告[注意]する(admonish), ...をしかる(scold): You'd better ～ *to* him (*about* his laziness). 彼(の怠け癖)は意見してやった方がよい. ***speak up*** ＝SPEAK *out*. ***speak well*** [***ill***] ***for*** ...の有効を証明する[しない], ...のためによい[よくない]: It ～*s well* [*ill*] *for* you that ...は君のためによい[悪い] / That ～*s well* [*ill*] *for* his courage. それで彼に勇気のあること[ないこと]がよくわかる. ***to speak of*** [否定構文で] とりたてて言うほどの: He has *no* property *to* ～ *of*. 彼には財産というほどのものはない / That's *nothing to* ～ *of*. これと言うほどのことでもない / "Does this tooth pain you?" "*Not to* ～ *of*." 「この歯は痛みますか」「たいしたことはありません」.

speak·a·ble [spíːkəbl] 〖《15C》: ⇨ ↑, -able〗 *adj.* 話すことのできる; 話すのに適した. **～·ness** *n.*
spéak·a·bly *adv.*

spéak·èasy 〖← SPEAK＋EASY: こっそり注文することから〗 *n.* 《米俗》(禁酒法実施中の)もぐり酒場.

spéak·er 〖《*c*1303》: cf. G *Sprecher*〗 — *n.* **1 a** 話す人, 語る人; 話し手, 話者: an excellent ～ of English 英語を上手にしゃべる人. **b** 演説者, 弁士; (特に)雄弁家 (orator): a fine [poor] ～ 演説のうまい[下手な]人 / He is no ～. 彼は演説は下手だ. **c** 代弁者 (spokesman). **2** [通例 the S-] (下院, その他の議会の)議長: Mr. *Speaker*! [呼掛け] 議長 / the *Speaker* of the House 《米》＝the *Speaker* of Parliament 《英》 下院議長. **3** スピーカー, 拡声器 (loudspeaker). **4** 《米》 雄弁術練習書.

spéaker·phòne *n.* 〖電気〗 スピーカーホーン《スピーカーとマイクロホンを一体とした装置》.

spéaker·shìp 〖⇨ -ship〗 *n.* (下院, その他の議会の)議長の職.

spéak·ing 〖ME〗 — *adj.* **1** 談話用の, 談話に適する: the ～ voice 話し声 / within ～ distance [range] 話のできる距離に. **2 a** 話す, 口をきく, 話をする(程度の): a ～ part 〖演劇・オペラ〗 せりふを言う(だけの)役 / a ～ acquaintance 会えば言葉を交わすくらいの[一通りの]知合い. **b** 話せる程度の: have a ～ knowledge of English 話ができるくらいの英語を知っている. **3 a** ものを言う, ものを言うような (eloquent); 表情たっぷりの (expressive), 心を動かす (moving): a ～ proof (of a thing) この通りと言わんばかりの証拠 / a ～ look ものを言う目つき / ～ eyes 表情豊かな目. **b** 実物に似た, 生き生きした(vivid): a ～ portrait [likeness] ものでも言いそうな[生き写しの]肖像画. **4** [通例複合語の第 2 構成素として] (...語を)話す, しゃべる: English-*speaking* peoples 英語国民. ***on*** [***upon***] ***speaking terms*** ⇨ term *n.* 成句.
— *n.* **1 a** 話すこと, 言うこと, しゃべること; 談話 (talk). **b** 演説, 雄弁(術) (oratory, elocution). **c** 発言 (statement): evil ～*s* 悪口, そしり. **2** [*pl.*] 口伝えの文学, 口碑 (oral literature). **3** 政治集会.

speaking in tongues [the —] ＝GIFT of tongues (2).

spéaking chòir *n.* 〖キリスト教〗 シュプレヒコール[斉唱]団, 群読.

spéaking clóck *n.* 《英》 電話の時刻案内《何時何分と言葉で知らせる》.

spéaking trùmpet *n.* 拡声器, 伝声器, メガホン (megaphone).

spéaking tùbe *n.* (ビルや船内の双方の室内間に通じている)伝声管 (blower).

spear[1] [spíə | spíə(r] 〖n.: OE *spere* ← Gmc *speru- (Du. *speer* / G *Speer* / ON *spjǫr* (pl.)) ← IE *(s)per- (? L *sparus* hunting-spear). — v.: 《1755》 ← (n.)〗 — *n.* **1** 槍(やり)《長い柄 (shaft) に鋭く尖った穂先 (head) をもつ戦闘または狩猟用の武器で, 突いたり投げたりする; 特に, 歩兵用のもの; cf. javelin[1], lance[1] 1》: the head of a ～ 槍の穂. **2** 光線 (ray): A ～ of sun shine pierced the wall of clouds. 陽光が厚い雲間を貫いた. **3** (魚を突く)もり, やす (gig). **4** 槍(やり)兵 (spearman), 槍(やり)持ち. **5** (ポンプの)吸子を取り付けてある桿(かん). — *attrib. adj.* **1** 槍の; 槍に似た. **2** 男性の[に関する], 父方の(出の): ⇨ spear side. — *vt.* **1** 槍で突く[刺す]. **2** 〈魚などを〉もり[やす]で刺す[捕える]: ～ fish. **3** 《米俗》〖野球〗〈球を〉腕を急につき出して捕える. — *vi.* 槍のように刺さる[突き進む]. **～·er** [spí(ə)rə | spíərə(r] *n.*

spear[2] [spíə | spíə(r] 〖《15C》 *spere* 《廃》 steeple 《変形》 ← SPIRE[1]: ↑ (n.) と連想〗 — *n.* (植物の)芽 (sprout); 若枝 (shoot); 若葉; 幼根 (acrospire). — *vi.* 芽[若枝, 若葉, 幼根]が出る.

spéar·fìsh 〖⇨ spear[1] (n.)〗 — *n.* 〖魚類〗 フウライカジキ《マカジキ科フウライカジキ属 (*Tetrapturus*) の魚類の総称; マカジキ (marlin) やバショウカジキ (sailfish) に似て, 頑丈な円筒形の長くのびた吻(ふん)をもつが, 第一背びれの発達が悪い》. — *vi.* スピアフィッシングをする; もり[やす, 水中銃]で魚を捕える.

spéar·fìshing *n.* スピアフィッシング《水中に潜りながら水中銃で魚を獲るスポーツ》.

spéar·flòwer 〖《1891》: その萼片(がくへん)が槍(やり)形になっていることから〗 *n.* 〖植物〗 マンリョウ《ヤブコウジ科マンリョウ属 (*Ardisia*) の植物の総称》.

spéar gràss *n.* 〖植物〗 **1** 長い槍(やり)形の葉花序のある植物の総称《ヒメカモジグサ (couch grass), ヌカボ属 (*Agrostis*) の植物 (bent), ナガハグサ (meadow grass) など》. **2** ＝spearwort.

spéar gùn *n.* 水中銃《ゴムまたはスプリングなどの弾力でもりを発射する》.

spéar hànd *n.* [the ～] 《古》 右手 (right hand) (cf. shield-hand).

spéar·hèad 〖ME〗 — *n.* **1** 槍(やり)の穂. **2** (攻撃・事業・開発などの)先鋒(せんぽう), 最前線, 一番槍(を勤める人[物]): the ～ of an advance 前進軍の尖端[最前線]. — *vt.* 〈攻撃・事業・開発など〉の先頭に立ってやる, 一番槍を勤める: The move was ～*ed* by Mr. A. その動議の先鋒は A 氏であった.

spear·ing [spí(ə)rɪŋ | spíər-] *n.* 〖ホッケー〗 スピアリング《プレーヤーがスティックの先で相手の体を突くこと; 反則》.

spéar lìly *n.* 〖植物〗 ジャイアントリリー (*Doryanthes excelsa*) 《オーストリア原産ヒガンバナ科の球根植物; 花は赤く観賞用; giant lily, torch lily ともいう》.

spéar·man [-mən] 〖ME〗 *n.* (*pl.* **-men** [-mən, -mèn]) 槍(やり)兵, 槍(やり)持ち, 槍使い.

spéar·mìnt 〖《1539》: ⇨ spear[1]〗 *n.* 〖植物〗 オランダハッカ, ミドリハッカ (*Mentha spicata*) 《シソ科の植物; 調味料用》.

spéar·pòint 〖《15C》〗 *n.* **1** 槍(やり)の穂先. **2** ＝spearhead 2.

spéar sìde *n.* [the ～] (家系の)父方, 父系 (cf. distaff side, spindle side).

spéar-thròwer *n.* 〖人類学〗 ＝throwing-stick 1.

spéar·wòrt 〖⇨ spear[1]: 葉が細く槍(やり)状に尖っているため〗 *n.* 〖植物〗 イトキンポウゲ, マツバキンポウゲ (*Ranunculus flammula*) 《キンポウゲ属の植物》.

spec[1] [spék] 〖《1794》《略》 ← SPECULATION〗 — *n.* 《口語》 投機(事業) (speculation): a good [bad] ～ 当たった[はずれた]投機, うまく行きそうな[行きそうもない]投機 / *on* ～ 投機で, やまを張って.

spec[2] [spék] 〖略〗 *n.* 《口語》 ＝specification.

spec. 《略》 special; specially; specific; specifically; spectrum.

spe·cial [spéʃəl] 〖《?a1200》《頭音消失》 ← OF *especial* 'ESPECIAL' ∥ ⊏ L *speciālis* particular ← *speciēs* kind: ⇨ species, -al[1]〗 — *adj.* **1** 特別の, 特殊な (↔ general); 格別の, 別段の (particular): ～ circumstances 特殊事情 / one's ～ duty 特別の任務 / a ～ agency 特別代理店 / a ～ correspondent 特派員 / a ～ case 特例; 〖法律〗 特別事件 / a ～ tool 特殊な工具 / for a ～ purpose ある特別な目的のために / receive ～ care 格別世話になる. **2 a** 独特の, 特有の (peculiar, unique): a ～ flavor 独特の香り / the ～ features of a plan 計画の特色 / ～ *to* ...に固有の. **b** 専用の, 個人用の (private): one's ～ chair 専用椅子. **3** 専門の, 専修の, 専攻の (specialized): a ～ student (大学の)選科生 / one's ～ subject 専攻学科 / a ～ hospital 専門病院 (cf. general hospital) / make a ～ study of ...を専攻する / require ～ knowledge 専門の知識を必要とする / What is your ～ work [study]? 君の専門は何ですか. **4** 特定の (specific): on a ～ day ある特定の日に / dial the ～ number (警察など)特定の番号にダイヤルする. **5** 特別用の; 臨時の (additional, extra): a ～ train 臨時列車 / a ～ holiday flight (飛行機の)休暇用特別[臨時]便. **6** 並はずれた, 例外的な, 異例の: a ～ brand 特にすぐれた銘柄 / a ～ occasion 特別重要な場合[折] / a ～ friend 特に親しい[尊敬する]友人 / take ～ trouble 並々ならぬ労をとる.

special theory of relativity [the —] 〖物理〗 特殊相対性理論 (⇨ relativity 3).
— *n.* **1 a** 特別の人[物]. **b** 特派員, 特使; (大学の)選科生; 《英》 ＝special constable: a ～ *for The Times* タイムズ紙の特派員. **c** 特別[臨時]列車[バス, 便など]: a commuter ～ 通勤者用特別[臨時]列車. **d** (新聞の)特別通信, 特電; 特別版, 号外, 臨時増刊: a Washington ～ ワシントン発特電. **e** 速達の手紙, 速達扱いの刻印. **f** 特別賞. **g** 臨時試験. **h** (料理店などが呼び物にする)特別品, 特別料理; 《米》(商店の)特売(品), 特別提供品 (sale): a ～ *on* eggs 卵の特売 / Meats are *on* ～ this week. 肉が今週のお買得品です. **i** 〖テレビ〗 (大掛かりな)特別[特集]番組, スペシャル: a TV ～. **2** 〖劇場〗 スポットライト (spotlight).
～·ness *n.*

spécial agréement schòol *n.* 《英》 特別協定学

校《voluntary school の一種で, 校舎建築費の二分の一ないし四分の三の公費補助を受ける中等学校; cf. aided school, controlled school》.

spécial área *n.* 《英》特別地区: **a** (かつての)不況[疲弊]地区 (depressed [distressed] area)《失業者が多く生活水準の特に低かった地区》. **b** (今の)開発地区 (development area)《政府の補助によって住宅・工場などの建設, 農地・鉱山などの開発を行なう地区》.

spécial assèssment *n.* 〖法律〗地方的負担金 (local assessment), 特別財産税《私有財産の評価額を高める公共事業遂行のためその財産に課税する》.

Spécial Bránch *n.* (英国警察の)公安部.

spécial chécking accòunt *n.* 《米》〖銀行〗特別当座預金《当座預金残高に制限がなく, 預金者は小切手を切る度に一定金額を徴収され毎月口座維持費を徴収されるもの; cf. regular checking account》.

spécial colléction *n.* 〖図書館〗特殊コレクション, 特別集書.

spécial commíttee *n.* =select committee.

spécial cónstable *n.* 《英》(非常時などに臨時的に治安判事が任命する)特別[臨時]警察官.

spécial cóurt-mártial *n.* 〖軍事〗特別軍法会議, 特設軍法会議《懲戒除隊, 6か月を越えない禁錮, 3か月を越えない懲役, 6か月を越えない期間中俸給の $^2/_3$ という判決を課すことができる会議; cf. general court-martial, summary court-martial》.

spécial delívery *n.* **1** 《米》速達 (《英》express delivery): a ~ letter 速達の手紙. **2** 速達扱いの刻印《special-delivery stamp ともいう》.

spécial dístrict *n.* 〖政治〗特別地区《米国で水道, 灌漑(かんがい)など公益事業の対象地域として州の中に設置された特定区域》.

spécial dívidend *n.* 〖証券〗特別配当(金)《普通配当に加えて臨時的に払われる配当; extra dividend ともいう》.

Spécial Dráwing Rìghts *n. pl.* 〖経済〗特別引出し権《国際収支赤字国が一定範囲内で他参加国の通貨を引き出しうる権利; 国際流動性不足を補なうため 1968年 IMF 総会で採択, 1970年より実施; 略 SDR, SDRs》.

spécial edítion *n.* 〖新聞〗(締切り後のニュースを刷り込んだ新聞の)特別版; 《英》(最終版直前の)特別夕刊 (cf. EXTRA special).

spécial efféct *n.* [通例 *pl.*] 特殊効果, 特殊撮影, トリック撮影《劇・ラジオ・テレビ・映画などで, 雷・稲妻などの自然現象または空想的な場面を機械的な人工手段で本物らしく作り出すこと》.

Spécial Fórces *n. pl.* 〖米軍事〗特殊勤務部隊《ゲリラ戦を行なう外国軍部隊の編成・訓練などの特殊勤務につく米軍部隊》.

spécial hándling *n.* 郵便小包特別扱い《米国で第四種郵便物(小包)を特別料金を納め第一種郵便物扱いにすること》.

spécial inténtion *n.* 〖カトリック〗⇨ intention 7.

spécial ínterest *n.* 特殊利益団体《政治的な圧力を用いて, 法的・経済的に特別優遇措置を受けている人・団体・法人》.

spe·cial·ise [spéʃəlàɪz] *v.* 《英》=specialize.

spé·cial·ism [-lìzm | -ʃəlìzm, -ʃlɪzm] 〖← SPECIAL + -ISM〗 *n.* **1** 専門, 専攻(分野). **2** 専門化(傾向).

spécial íssue *n.* 〖法律〗特別答弁《原告の最初の訴答の中, 特定の重要な主張を否認する答弁; cf. general issue》.

spé·cial·ist [-ʃ(ə)lɪst, -ləst | -lɪst] 〖《1856》← SPECIAL + -IST: cf. F *spécialiste*〗 **—** *n.* **1** (各分野の)専門家; (特に)専門医 (cf. general practitioner): a ~ *in* Greek literature ギリシャ文学の専門家 / a ~ *in* diseases of the heart 心臓病専門医 / a ~ *in* gynecology 婦人科医 / an eye [a cancer] ~ 眼科[癌(がん)]専門医. **2** 〖米軍〗特技[技術]下士官《特別の技術[資格]をもち伍長より下位の下士官》. **—** *adj.* =specialistic.

spe·cial·is·tic [spèʃəlístɪk] *adj.* **1** 専門家の. **2** 専門[専攻]の傾向のある.

spécialité de la maison [spèsiɑːlɪtéɪ-də-lɑːmeɪzɔ̃ː(ŋ), -zɔ́(ː)ŋ | -sɪ-; *F.* spesjalite d la mɛzɔ̃] 〖▭ F ~〗 *F. n.* (レストランなどでその店の)特別[看板]料理.

spe·ci·al·i·ty [spèʃiǽləṭi | -ʃiǽlətɪ, -lɪ-] 〖《1432–50》(頭音消失) ← OF *especialité* (F *spécialité*) // ▭ LL *speciālitāt-em*: ⇨ special, -ity: cf. specialty〗 **—** *n.* ★ 英国では specialty に代わってこの語がよく用いられる. **1 a** 特色, 特質, 特性 (characteristic, peculiarity). **b** [*pl.*] 特別事項, 明細事項 (details). **2** 専門, 専攻: make a ~ of English history 英国史を専攻する. **3** 名産, 特産(物), 特製品, 専門品, 自慢の品: Jam is our ~. ジャムは弊店の専門です.

spe·cial·i·za·tion [spèʃəlɪzéɪʃən, -lə- | -laɪ-, -lɪ-] 〖⇨ ↓, -ation〗 *n.* **1** 特殊化. **2** 専門化. **3** (意味の)局限化, 限定. **4** 〖生物〗分化 (differentiation).

spe·cial·ize [spéʃəlàɪz] 〖《1616》▭ F *spécialis-er*: ⇨ special, -ize〗 **—** *vt.* **1** 特殊化する (specify); 〈研究などを〉専門化する. **2** 〈意味・条件などを〉限定する, 局限する (modify, limit); 〈項目を〉明細書きにする (itemize). **3** 〈手形などの流通証券を〉(特定受取人に裏書譲渡して)支払いを制限する. **4** 〖生物〗〈機能・器官を〉分化させる. **—** *vi.* **1** 特殊化する; 詳細にわたる, 詳説する. **2** 〔…を〕専攻する, 専門に研究する, 専門にする 〔*in*〕: ~ *in* English literature 英文学を専攻する. **3** 〖生物〗分化する.

spé·cial·ìzed *adj.* **1** 特別の仕事[目的]のための[に適した]: ~ personnel. **2** 〖生物〗分化した.

spécial júry *n.* 〖法律〗 **1** 特別陪審《特別の資格をもった者のみで構成される陪審; blue-ribbon jury ともいう; cf. common jury》. **2** =struck jury.

spécial láw *n.* **1** =private law. **2** 違憲な制定法《正当な理由なく, 地域的・対象的に適用面に差別のある法律; cf. general law》.

spécial líbrary *n.* (企業体などの組織の一部としての)専門[専用]図書館[資料室].

spécial lícense *n.* 《英》〖法律〗結婚特別許可証《予告 (banns) なしに定時以外または教会外で牧師に結婚式を挙げてもらえる; カンタベリーの大僧正から出される許可証》.

spé·cial·ly [-ʃ(ə)li | -lɪ] 〖《c1300》〗 **—** *adv.* 特別に, 特に; わざわざ; 臨時に: a meeting ~ called 臨時召集の会議 / ~ appointed 特別任命[任用]の / He came here ~. 彼はわざわざここに来た. 「特別教書.

Spécial Méssage *n.* (米国の大統領が議会に示す)

spécial órder *n.* [通例 *pl.*] 〖軍事〗特別命令《部隊内の個人または特定グループの人員に関して司令部[本部]から出される文書命令; cf. general order 1》.

spécial pártner *n.* 〖法律〗特殊社員, 有限責任社員《particular partner ともいう; cf. general partner》.

spécial pártnership *n.* 〖法律〗 **1** =particular partnership. **2** =limited partnership.

spécial pléa *n.* 〖法律〗特殊答弁《別に新事実を提出して原告の申し立てを避けようとする抗弁; 一事不再理や恩赦などの主張などが典型》.

spécial pléader *n.* 〖法律〗 **1** 訴答作成弁護人《訴答 (pleading) を作成することを業とした弁護人; まだバリスター資格のない者が従事していた; 1948年廃止》. **2** 《英》(公務員・公証人・バリスター・ソリシターなどが行なった)特別弁護人.

spécial pléading *n.* **1** 〖法律〗特別[新]事実を主張して行なう訴答《相手方の陳述を否定する代わりにする》. **2** (問題の一面または有利な面のみを強調するような)手前勝手な陳述[議論].

spécial prívilege *n.* (特定の個人・団体に対する法的・慣習的な)特典, 特権: ~ of high rank [wealth] 高い地位[金持]の特権. 「general rule).

spécial rúle *n.* 〖法律〗(法廷における)特別規則 (cf.

spécial schòol *n.* 特殊学校《精神的・身体的または情緒的に障害のある児童のための学校; 例えば盲学校・養護学校など》.

spécial séssion *n.* **1** 特別会期《定例議会以外に開く会期》. **2** [*pl.*] 〖英法〗特別期治安裁判所《2人以上の治安判事が一定の期間内合議制の裁判所; 飲酒店開業許可などの行政事件を扱う; cf. petty sessions》.

spécial situátion *n.* 〖証券〗特殊状況株《会社の合併などのような例外的な事由により大幅の値上りが見込まれる株式》.

spécial stáff *n.* 〖軍事〗特別幕僚《一般幕僚または専属幕僚に含まれない幕僚; 専門的技術などの分野で指令官を補佐する; cf. general staff, personal staff》.

spécial térm *n.* 〖法律〗 **1** 単独裁判官により特別の目的のために開廷される裁判所の開廷期《特に, 合議制の裁判所中の単独裁判官による開廷; cf. general term 3》. **2** (定例開廷期に対して)臨時開廷期.

spe·cial·ty [spéʃəlṭi | -tɪ] 〖《a1338》 *specialte* ▭ OF (*e*)*specialté* ▭ LL *speciālitātem* 'SPECIALITY'〗 **—** *n.* ★ 英国では 4 以外の意味では通例 speciality を用いる. **1** 特色, 特質, 特性 (characteristic, peculiarity); 特別事項. **2** 専門, 専攻: make a ~ of American history 米国史を専攻する. **3 a** 名産, 特産(物), 特製品, 専門品, 自慢の品: The ~ of this restaurant is seafood. この料理店の自慢の品は魚介料理だ. **b** (価格競争からはずされた)特別品, 特価品《specialty good ともいう》. **c** 新案品, 新型品 (novelty, new article). **4** 〖法律〗 **a** 捺(なつ)印証書 (deed) による契約: debts of [by] ~ 捺印証書債務. **b** 捺印担保証書《特定の債務の弁済の担保として与えられ, その債務が特に指定されている書面で, 捺印され引き渡されたもの》.

in specialty 特別に, 特に, 別段に (specially).

spécial vérdict *n.* 〖法律〗特別評決《陪審が事実認定だけをし, それに法律を適用して有罪・無罪の決定をすることを裁判所に任せるもの; cf. general verdict》.

spe·ci·ate [spíːʃièɪt, spíːsi- | -ʃɪ-, -sɪ-] 〖《逆成》↓〗 *vi.* 〖生物〗新種を形成する, 種を分化する.

spe·ci·a·tion [spìːʃiéɪʃən, -si- | -ʃɪ-, -sɪ-] 〖← SPECI(ES) + -ATION〗 *n.* 〖生物〗種(しゅ)形成, 種分化. **~·al** [-ʃənḷ, -ʃnəl] *adj.*

spe·cie[1] [spíːʃiː, -ʃi, -siː, -si | -ʃiː, -ʃɪ] 〖《1551》▭ L (*in*) *speciē* (in) kind (abl. sing.) ← *speciēs*: ⇨ species〗 **—** *n.* (紙幣と区別して)正金, 正貨 (gold money) (cf. paper money): shortness [shortage] of ~ 正貨欠乏 / ~ held [holding] abroad 在外正貨 / a ~ bank 正金銀行 / ~ money 正金, 正貨 / ~ reserve 正貨準備 / ~ shipment 現送 / a ~ payment 正貨支払い.

in specie (1) 種類の点で. (2) (紙幣・手形などでなく)正金[正貨]で (in coin): payment *in* ~. (3) 同種で; 同様に. (4) 〖法律〗特定の: performance (*in*) ~ 特定履行 (specific performance).

spe·cie[2] [spíːʃiː, -ʃi, -siː, -si | -ʃiː, -ʃɪ] 〖《異分析による逆成》← SPECIES〗 *n.* =species《非標準的な語》.

spécie pòint *n.* 〖経済〗=gold point 1.

spe·cies [spíːʃiːz, -ʃiz, -ʃɪz, -siːz, -siz, -sɪz | -ʃiːz, -ʃɪz] 〖《1551》▭ L *speciēs* appearance, kind, species ← *specere* to look: cf. aspect, spy: SPICE と二重語〗 **—** *n.* (*pl.* ~) **1 a** 〖生物〗(動植物分類上の)種(しゅ) (cf. classification 1 b): the human ~ 人類 / a ~ of insect 昆虫の一種 / butterflies of many ~=many ~ of butterflies 多くの種のチョウ / *The Origin of Species*「種の起源」《C. Darwin の著書名》. **b** 種類 (kind, sort): a new ~ of heater 新型のヒーター / I felt a ~ of shame. 少々恥ずかしかった. **c** [the ~, our ~] 人類 (humanity). **2** 〖論理〗種, 種概念 (cf. genus 2). **3** 〖カトリック〗(聖体 (Eucharist) に用いるパンとぶどう酒の目に見える)形色(ぎょうしょく), 外観; ミサ用のパンとぶどう酒 (elements). **4** 〖物理〗=nuclear species. **5** 《廃》正金, 正貨 (specie, coin). **—** *adj.* 野性種の (botanical).

spécies-gròup *n.* 〖生物〗種群《動物地理学の立場から設けた単位で, 上種 (superspecies) の上の単位》.

specif. 《略》specific; specifically.

spe·ci·fi·a·ble [spésəfàɪəbḷ, ⏑⏑⏑⏑⏑ | -sɪ-] 〖← SPECIFY + -ABLE〗 *adj.* 明細に記し[述べ]うる, 明記できる; 区別できる (distinguishable).

spe·cif·ic [spɪsífɪk, spə-] 〖《a1631》▭ LL *specific-us*: ⇨ species, -fic〗 **—** *adj.* **1** 〈目的・関係・言及など〉明白に提示された, 明確な, はっきりした (precise, definite); 特定された (specified), 特別の, 特殊の (particular) (cf. generic 2): a ~ statement 明確な陳述 / a ~ sum of money 一定の金額 / for a ~ purpose ある はっきりした目的で / with no ~ aim これといったはっきりした目的もなく. **2** 〔…に〕特有の (peculiar), 独特の (characteristic) 〔*to*〕: a style ~ *to* a school of painters ある画派独特の流儀. **3** 〖生物〗種(しゅ)の, 種に関する; ある種に特有の, ある種を特徴づける, (ある酵素に)特異的な (cf. generic 1, varietal 1). **4** 〖論理〗種の, 種概念の: a ~ difference 種差 (differentia). **5** 〖医学〗 **a** 〈病気が〉特異的な; 特殊原因[感染]で起こる: a ~ immunity 特異免疫. **b** 〈薬が〉特効のある: a ~ remedy [medicine] 特効薬. **6** 〖商業〗〈課税が〉従量の (cf. ad valorem): a ~ custom 従量関税. **7** 〖物理〗比の: **a** 物質を特徴づける物理量を(例えば)水に比較して表わす時に用いる: ⇨ specific weight. **b** 単位の量(質量・体質など)あたりの物理量を表わす時に用いる: ⇨ specific heat. **—** *n.* **1 a** 特別[特殊]なもの; 特質. **b** [通例 *pl.*] 細目, 詳細 (detail). **2 a** 特定の用途に適するもの. **b** 特効薬 (specific remedy) 〔*for*〕: a ~ *for* malaria マラリアの特効薬. **3** [*pl.*] =specification 2 b. **~·ness** *n.*

spe·cíf·i·cal [-fɪkəl, -fə- | -fɪ-] 〖《c1400》← LL *specificus* (↑) + -AL[1]〗 *adj.* 《まれ》=specific.

spe·cíf·i·cal·ly 〖《1624》〗 *adv.* 明確に, 特定的に, とりわけ (precisely, definitely).

spec·i·fi·ca·tion [spès(ə)fɪkéɪʃən, -fə- | -sɪfɪ-] 〖《1615》▭ ML *specificātiō(n-)* ← *specificāre*: ⇨ specify, -ation〗 **—** *n.* **1** 明細に記す[述べる]こと, 詳記, 特定. **2 a** 明細事項; 明細, 内訳. **b** [通例 *pl.*] (建物などの)仕様書, 設計明細書. **3** 〖法律〗発明明細書《新発明または発見事項を詳記しそれに対する特許権の請求を付する》. 「[病因].

specífic cáuse *n.* (特定の病気を生じる)特異的原因

specífic cháracter *n.* 〖生物〗同属の(すべての)他種と区別する特徴.

specífic chárge *n.* 〖電気〗比電荷. 「tivity 2.

specífic condúctance *n.* 〖物理・電気〗=conduc-

specífic dúty *n.* 従量税 (cf. specific *adj.* 6).

specífic épithet *n.* 〖生物〗種小名《二命名法で学名を表わした場合, 属名のあとに続く1語をいう; trivial name ともいう》.

specífic grávity *n.* 〖物理〗比重.

specífic-grávity bàlance *n.* 〖物理〗比重ばかり, 比重計. 「ん.

specífic-grávity bòttle [flàsk] *n.* 〖物理〗比重び

specífic héat *n.* 〖物理〗比熱《1グラムの物質の温度を1% 高めるのに必要な熱量》.

specífic humídity *n.* 〖気象〗比湿, 絶対湿度《一定量の湿った空気に含まれる水蒸気の質量比; cf. relative humidity》.

specífic ímpulse *n.* 〖宇宙〗 **1** 比推力《ロケット推進剤の性能を示す値; 単位質量の推進剤が単位推力を発生して持続しうる時間(秒)》. **2** =ideal specific impulse. 「率 (略 S.I.C.).

specífic indúctive capácity *n.* 〖電気〗比誘電

specífic ionizátion *n.* 〖物理〗比電離能《単位距離当たりの電離個数》.

spec·i·fic·i·ty [spèsəfísəṭi | -sɪfísətɪ, -sɪtɪ] 〖← SPECIFIC + -ITY〗 *n.* **1** 特性, 独特. **2** 〖医学〗特異性, 特殊性.

specífic náme *n.* 〖生物〗種名.

specífic perfórmance *n.* 〖法律〗特定履行, 強制履行《契約の内容を約束通りに履行することを命じる救済方法 (remedy, relief); 契約違反に対する救済方法は損害賠償 (damages) が原則であるが, それでは十分な救済とならずかつ違反者に酷でない場合に認められるエクイティーの救済方法》.

specífic pólicy *n.* 〖保険〗指定物保険証券《財貨の種類・数量を特定して契約する保険証券》.

specífic resístance *n.* 〖電気〗=resistivity 2.

specífic rotátion *n.* 〖化学〗比旋光度《旋光性物質の旋光力を表わす度合》.

specífic vólume *n.* 〖物理・化学〗比容積《比重の逆数; 単位質量の物質の占める体積》. 「質の重量》.

specífic wéight *n.* 〖物理〗比重(量)《単位体積の物

spec·i·fy [spésəfàɪ | -sɪ-] 〖《a1325》 *specifie(n)* ▭ OF

specifi-er ‖ ML *specifi-cāre* : ⇨ specific, -ify〗 ── *vt.* **1 a** (一々)明示[明記]する，詳細に記す[述べる]，特定する：～ the persons concerned 関係者たちの名を明記する / ～ the grounds of complaint 苦情[抗議]の理由を明記する / ～ the cause of a disease 病気の原因を特定する．**b** 条件として…の名をあげる[…を述べる]〈*that*〉: He *specified that* he be given a preference. 優先権が与えられるのが条件だと言った．**2** 明細書[設計書]に記入[指定]する，仕分けする：～ oak flooring オーク材の床を設計書に指定する．**3** 特殊化する，特性をもたせる．── *vi.* 明記[特記]する；正確[詳細]に話す．**spec·i·fi·er** *n.*

spec·i·men [spésəmɪn, -mən | -sɪ-, -sə-] 〖《1610》《廃》experiment, model ▭ L ～ 'characteristic mark' ← *specere* to look (at) : ⇨ species, spy〗 ── *n.* **1 a** (動物・植物・鉱物などの)標本：a museum ～ 陳列用標本 / ～*s* of copper ore 銅鉱標本 / stuffed ～*s* 剝製(はく)標本 / ～*s* (preserved) in spirits アルコールづけの標本．**b** 見本 (sample), 適例：a ～ of the 14th century handwriting 14 世紀の書法の見本 / a ～ of a person's skill [generosity] 人の熟練[寛大]の適例．**2** 《口語》[通例軽蔑的に] やつ，代物 (person) : a poor ～ かわいそうなやつ / a queer ～ 変人 / What a ～! なんて代物だろう．**3** 《医学》(分析のための血液・尿などの)検体，材料：a urine ～．── *attrib. adj.* 見本の：～ pages (本の)内容見本 / a ～ copy (新刊書の)見本.

spe·ci·ol·o·gy [spìːʃiáləʤi | -ʃɪɔ́lə-] 〖← *specio-* (⇨ specise)＋-LOGY〗 *n.* 種族学．**spe·ci·o·log·i·cal** [spìːʃiəláʤɪkəl, -ʤə- | -ʃɪəlɔ́ʤɪ-] *adj.*

spe·ci·os·i·ty [spìːʃiásəti | -ʃɪɔ́sɪti, -sɪ-] 〖《15C》▭ LL *speciōsitātem* beauty, good appearance : ⇨↓, -ity〗 ── *n.* **1** もっともらしいこと，見かけ倒し．**2** もっともらしい[見かけ倒しの]人[物]；もっともらしい言行[外見]．**3** 《廃》美 (beauty).

spe·cious [spíːʃəs] 〖《*a*1400》▭ L *speciōs-us* fair, fair-seeming ← *speciēs* appearance : ⇨ species, -ous〗 ── *adj.* **1** 見かけのよい，もっともらしい (plausible), 見かけ倒しの (cf. genuine, solid 3, 4) : a ～ appearance of prosperity 見かけ倒しの繁栄 / a ～ argument [plea, excuse] もっともらしい議論[口実，言い訳]．**2** (実際は違うが)見てくれのきれいな，表面的に美しい．**3** 《廃》きれいな，美しい (fair).　**～·ly** *adv.*　**～·ness** *n.*

spécious présent *n.* 〖哲学〗見かけ上の現在《変化や持続の全体が直接意識される現在の時間的間隔・拡がり》.

speck[1] [spék] 〖n.: OE *specca* ← ?: cf. speckle. ── v.: 《c1390》← (n.) // 《逆成》← *specked* (p.p.)〗 ── *n.* **1 a** 斑点 (spot). **b** (果物の)腐りきず；(小さい)しみ，きず (stain)；汚点．**2 a** 小粒，わずか (particle) : without a ～ *of* cloud 一点の雲もない / There is not a ～ *of* doubt about it. それには全く疑いがない．**b** (遠く離れたために)小さく見えるもの，ぽつ，点 (dot) : The ship became a mere ～ in the distance. 船ははるかにほんの一点になった.
not*…*a speck 《米口語》全然…でない (not at all) (cf. 2 a) : I don't like it a ～. 全く気にくわない.
── *vt.* **1** …に斑点[点，ぽつ]をつける (dot)；汚点をつける (stain). **2** 〈布など〉からしみ[斑点]を取る.

speck[2] [spék] 〖《1633》▭ Du. *spek* & G *Speck* : cf. OE *spec, spic* bacon〗 ── *n.* 《米方言》**1** (オットセイ・鯨などの)脂肪 (blubber, fat). **2** 脂肪肉 (fat meat), ベーコン (bacon).

speck·le [spékl] 〖《1440》▭ MDu. *spekkel* (Du. *spikkel*) : ⇨ speck[1], -le[1]〗 ── *n.* 小斑点，ぽつ，しみ (speck, spot)；(特に，色のついた自然の)斑紋，斑(ふ). ── *vt.* [通例 p.p. 形で] **1** …に小斑点[ぽつ]をつける (dot, spot), 斑入りにする (cf. speckled). **2** 点在させる：the land ～*d with* houses 家々の点在する土地.

spéck·led 〖《*a*1400》▭ ? MDu. *spekelde* (adj.) & *gespekeld* (p.p.) : ⇨↑, -ed 2〗 ── *adj.* 斑(ふ)入りの (spotted) : a ～ scarf.

spéckled tróut *n.* 〖魚類〗**1** カワマス (⇨ brook trout 1). **2** ニジマス (rainbow trout).

spéck·less *adj.* 斑点のない，しみのない；無疵(きず)の，きれいな．**～·ly** *adv.*　**～·ness** *n.*

speck·tio·neer [spèkʃəníə | -níə(r)] 〖《1820》▭ Du. *speksnijer* ← *spek* 'SPECK[2]'＋*snijden* to cut : cf. OE *snīpan* / G *schneiden*〗 ── *n.* (*also* **speck·sion·eer** [～]) 〖捕鯨〗もり打ち頭(がしら) (chief harpooner).

speck·y [spéki | -kɪ] 〖ME : ⇨ speck[1] (n.), -y[4]〗 *adj.* (**speck·i·er**; **-i·est**) しみのある；〈果物が〉腐れの黒い斑点のある.

specs [spéks] 〖《1807》《略》← *spectacles* (pl.) (↓ (3))〗 *n. pl.* 《口語》めがね (glasses).

spec·ta·cle [spéktəkl, -tɪ-] 〖《c1340》▭ (O)F ～ ▭ L *spectāculum* public show ← *spectāre* (freq.) ← *specere* to look at〗 ── *n.* **1** (通例目立つ，または異常な)光景 (sight)；美観，壮観，奇観，見もの (noteworthy scene)；見るもかわいそうなもの，みっともないもの，不快な光景，悲惨な光景 (painful sight) : a charming ～ 美しい光景 / a lamentable [moving] ～ 悲しむべき[人の心を打つ]光景 / He is a sad ～ in his infirm old age. 彼は老衰して悲惨な姿だ．**2 a** (大仕掛けのショー，観兵[艦]式などの)見せ物 (public show) : a dramatic ～ 劇的なショー．**b** 〖映画・テレビ〗大がかりな場面，スペクタクル (cf. spectacular 1). **3** [*pl.*] **a** めがね (glasses) (《口語》では specs という；cf. eyeglass) : a pair of ～*s* めがね一つ / put on [take off] one's ～*s* めがねをかける[はずす]．**b** 色めがね，独特の考え方：I cannot see things through your ～*s*. 私には君のような見方[考え方]はできない / see all things through rosy [rose-colored] ～*s* 何でも楽観する．**4** [通例 *pl.*] **a** 形[役目]がめがねに似ているもの．**b** コブラなどのめがね形の斑紋．**c** (赤と青[緑]の着色ガラスで灯火の色分けをする鉄道の)シグナルのめがね．**5** [*pl.*] 《英口語》〖クリケット〗打者の再度の無得点：a pair of ～*s* 一試合の両イニングスとも零点に終わること《単に pair ともいう》.　「舞[服装]をする.
make a spectacle of oneself 人に笑われるような振

spéctacle clèw *n.* 〖海事〗めがね形三輪(さんりん)金具《横帆の下端両隅に取り付け三つのロープやブロックを取り付けられるようになっている金具》.

spéc·ta·cled *adj.* **1** めがねをかけた．**2 a** めがね形の．**b** 〖動物〗めがね形の斑紋のある.

spéctacled béar *n.* 〖動物〗メガネグマ (*Tremarctos ornatus*)《南米産で目の周囲に白い輪形斑がある》.

spéctacled cóbra *n.* 〖動物〗＝Indian cobra.

spéctacle fràme *n.* 〖海事〗めがね形船尾骨材《2 軸線の場合のプロペラ軸を支える張出し骨材》.

spec·tac·u·lar [spektǽkjʊlə, spək- | spektǽkjʊlə(r)] 〖《1682》← L *spectāculum* 'SPECTACLE'＋-AR[1,2]〗 ── *adj.* **1** 見世物の；見世物式[的]の：a ～ play. **2** 壮観な，偉観の (magnificent), はなやかな，はなばなしい，目ざましい (striking)；劇的な (dramatic) : in a ～ fashion 目ざましく，はなばなしく / do ～ things はなばなしいことをする．── *n.* **1** 長時間の豪華版テレビショー，特別テレビ番組《一流芸能人を配したドラマ・音楽・踊りなどからなる大型特別番組；cf. spectacle 2 b》．**2** (照明やネオンサインなどを用いた)大規模な広告用の展示，特製大広告．**3** 大々的[センセーショナル]な見世物[行動].　**～·ly** *adv.*

spec·tant [spéktənt] 〖▭ L *spectant-* (stem) ← *spectans* (pres.p.) ← *spectāre* (↓)〗 *adj.* 〖紋章〗＝*at* GAZE (1).

spec·ta·tor [spékteɪtə, ─ ─ ́─ | spektéɪtə(r)] 〖《*a*1586》▭ L *spectātor* ← *spectātus* (p.p.) ← *spectāre* to look on : ⇨ spectacle, -or[2]〗 ── *n.* **1** 見物人，傍観者；(特に，スポーツ試合などの)観客，観覧者 (cf. audience 1) : an idle ～ 何もしないで見ている人，傍観者 / a crowd of ～*s* at a football match フットボール試合の観衆 / He remained a mere [an unconcerned] ～ of the great war. 彼は大戦のただの傍観者でいた．**2** スペクテイター(パンプス) (spectator pump)《靴先とヒールの部分がきわ立った色のついた婦人用パンプス》.

spec·ta·to·ri·al [spèktətɔ́ːriəl, -tɔ́ːr- | -tɔ́ːrɪ-] 〖⇨↑, -ial〗 *adj.* 見物人の，観客[観覧]の，傍観者の．「ーツ.

spéctator spórt *n.* (多くの観衆を集める)見るスポ

spec·ta·tress [spektéɪtrɪs, -trəs, ─ ─ ─ | ─ ─ ́─] 〖⇨ -ess[1]〗 *n.* 女性観客，女の見物人.

spec·ta·trix [spektéɪtrɪks, ─ ─ ─ | ─ ─ ́─] 〖▭ L *spectātrix* (fem.) ← *spectātor* : ⇨ spectator〗 *n.* (*pl.* **-ta·tri·ces** [-trəsìːz | -trɪ-], **-trix·es**) ＝spectatress.

spec·ter, 《英》**spec·tre** [spéktə | -tə(r)] 〖《1605》▭ F *spectre* ▭ L *spectrum* 'SPECTRUM, apparition'〗 ── *n.* **1** 幽霊，亡霊(ghost), 妖怪，変化(へんげ), お化け(apparition). **2** こわいもの，恐ろしいもの；つきまとう予感．**3** 〖昆虫〗ナナフシ《ナナフシ (stick insect), コノハムシ (leaf insect) などナナフシ類の昆虫の総称》.
specter of the Brocken ＝Brocken specter.

spécter lémur *n.* 〖動物〗メガネザル (⇨ tarsier).

spectra *n.* spectrum の複数形.

spec·tral [spéktrəl] 〖← SPECTR(UM)＋-AL[1]〗 ── *adj.* **1 a** 幽霊の，お化けの (ghostly). **b** 幽霊のような，惑わせる (illusory)；実体のない (insubstantial). **2** スペクトル (spectrum) の，スペクトルによる：a ～ apparatus 分光器 / ～ colors にじ色 / ～ analysis スペクトル分析．**spec·tral·i·ty** [spektrǽləti | -lɪti, -lɪ-] *n.*　**～·ly** *adv.*　**～·ness** *n.*

spéctral classificátion *n.* 〖天文〗スペクトル分類《恒星のスペクトルの特性をそれに現われる吸収線や輝線で分類すること》.

spéctral líne *n.* 〖光学〗スペクトル線.

spéctral sèries *n.* 〖光学〗スペクトル系列.

spectre *n.* ＝specter.

spec·tro- [spéktrou | -trə(u)] 〖《1880》← SPECTRUM〗 ── 次の意味を表わす連結形：**1**「スペクトル (spectra) の[に関する]；スペクトルと…との」: *spectro*photography. **2** 〖《略》← SPECTROSCOPE〗「分光器 (spectroscope) のついた」: *spectro*polarimeter.

spèctro·bolómeter 〖⇨↑, bolometer〗 *n.* スペクトロボロメーター《分光器とボロメーターを組み合わせ輻射エネルギーの波長分布測定装置》.

spèctro·chémical *adj.* 分光化学の.

spèctro·chémical análysis *n.* 〖光学〗分光化学分析.

spèctro·chémistry *n.* 分光化学.

spèctro·colorímetry *n.* **1** 分光比色法《標準溶液と試料の色濃度を分光的に比較することによって定量分析を行なう方法》．**2** 分光測色学《分光度測定法を用いる色彩科学》.

spèctro·fluorómeter *n.* (*also* **spéctro·fluorímeter**) 〖光学〗分光螢光計《螢光強度の波長分布測定装置》．**spèc·tro·fluorométric** *adj.*　**spèctro-fluoró·metry** *n.*

spec·tro·gram [spéktrəgræ̀m | -trə(ʊ)-] 〖← SPECTRO-＋-GRAM〗 *n.* **1** 分光[スペクトル]写真《分光写真器 (spectrograph) で撮られたスペクトルの記録》．**2** 〖電子工学〗スペクトログラム：⇨ sound spectrogram.

spec·tro·graph [spéktrəgræ̀f | -trə(ʊ)grɑ̀ːf, -græ̀f] 〖← SPECTRO-＋-GRAPH〗 ── *n.* **1** 分光写真器，スペクトルグラフ (cf. photospectroscope). **2** 〖電子工学〗スペクトログラフ：⇨ sound spectrograph.　**spec·tro·graph·ic** [spèktrəgrǽfɪk | -trə(ʊ)-] *adj.*　**spèc·tro·gráph·i·cal·ly** *adv.*

spec·trog·ra·phy [spektrágrəfi | -trɔ́grəfi] 〖← SPECTRO-＋-GRAPHY〗 *n.* **1** 分光写真術．**2** 〖電子工学〗スペクトル分析法.　「真.

spèctro·héliogram 〖⇨↓, -gram〗 *n.* 単光太陽写

spèctro·héliograph 〖← SPECTRO-＋HELIO-＋-GRAPH〗 *n.* 単光太陽写真機．**spèctro·helio·gráphic** *adj.*

spèctro·hélioscope 〖⇨↑, -scope〗 *n.* 〖光学〗単色ヘリオスコープ，単色光太陽望遠鏡．**spèctro·helios·cópic** *adj.*

spec·trol·o·gy [spektráləʤi | -trɔ́ləʤɪ] 〖← SPECTR(UM)＋-(O)LOGY〗 *n.* **1** 幽霊学，妖怪学．**2** 〖光学〗スペクトル分析学．**spec·tro·log·i·cal** [spèktrəláʤɪkəl, -ʤə- | -lɔ́ʤɪ-] *adj.*　**spèc·tro·lóg·i·cal·ly** *adv.*

spec·trom·e·ter [spektrámətə | -trɔ́mɪtə(r, -mə-] 〖← SPECTRO-＋-METER[1]〗 ── *n.* 〖光学〗分光計《スペクトルを生じさせ，スペクトル線の波長，プリズムの角度，屈折率などを測定する装置》．**spec·tro·met·ric** [spèktrəmétrɪk] *adj.*　**spec·trom·e·try** [spektrámətri | -trɔ́mɪtri, -mə-] *n.*

spèctro·micróscope *n.* 分光顕微鏡．**spèctro·microscópical** *adj.*

spèctro·photoeléctric 〖← SPECTRO-＋PHOTOELECTRIC〗 *adj.* 〖物理〗分光光電効果の.

spèctro·photómeter 〖← SPECTRO-＋PHOTOMETER〗 ── *n.* 〖光学〗スペクトル光度計，分光光度計，分光測光器《分光器と輻射検出器を組み合わせ，光の強度・透過率・反射率などの波長分布を測定する装置》.
spèc·tro·photométric *adj.*

spèctro·photómetry 〖⇨↑, photometry〗 *n.* 〖光学〗分光測光，スペクトル光度測定術.

spèctro·polarímeter *n.* 〖光学〗分光偏光計《分光器 (spectroscope) と偏光計を組み合わせ，光の偏光状態の波長分布を測定する装置；旋光分散の測定用》.

spèctro·polaríscope *n.* 〖光学〗分光偏光計《主として肉眼で測定する分光偏光計 (spectropolarimeter)》.

spèctro·radiómeter *n.* 〖光学〗分光輻射計《分光器 (spectroscope) と輻射検出器を組み合わせ，輻射エネルギーの波長分布を測定する装置》．**spèctro·ra·dio·métric** *adj.*　**spèctro·radiómetry** *n.*

spec·tro·scope [spéktrəskòup | -skə̀up] 〖《1861》← SPECTRO-＋-SCOPE : cf. G *Spektroskop*〗 ── *n.* 〖光学〗分光器《スペクトルを生じさせこれを主として肉眼で観察する装置》.

spec·tro·scop·ic [spèktrəskápɪk | -skɔ́p-] 〖⇨↑, -ic[1]〗 *adj.* 分光(器)の，分光器を用いる，分光学的な：～ analysis スペクトル分析，分光分析.

spèc·tro·scóp·i·cal [-pɪkəl, -pə- | -pɪ-] *adj.* ＝spectroscopic.　**～·ly** *adv.*

spectroscópic bínary *n.* 〖天文〗分光連星《一見単一の星のように見えてもスペクトル観測により判定される連星；cf. binary star》.

spec·trós·co·pist [-pɪst, -pəst | -pɪst] 〖← SPECTROSCOPE＋-IST〗 *n.* 分光家，分光専門家[技師].

spec·tros·co·py [spektráskəpi | -trɔ́skəpɪ] 〖← SPECTRO-＋-SCOPY〗 *n.* 分光学《分光器を使用しスペクトル分析を行なう光学の一部門》.

spec·trum [spéktrəm] 〖《1671》← NL ～ ← L ～ 'appearance, image, apparition' ← *specere* to look, (⇨ species) : SPECTER と二重語〗 ── *n.* (*pl.* **spec·tra** [-trə], ～**s**) **1** 〖物理・数学〗(光がプリズムなどの分散素子によって分散された時に現われる)スペクトル《一般にはある量の振動数・波長などに対する変化を表わしたもの》: an absorption ～ 吸収スペクトル / a diffraction ～ 回折スペクトル / a solar ～ 太陽スペクトル / ⇨ band spectrum, line spectrum. **2** 連続体；領域，範囲 (range) : a wide ～ of interests 広い範囲の興味 / the whole ～ of one's thought 人の思想の全領域 / appeal to a wider ～ of voters 広い層の投票者に訴える．**3** (目の)残像 (afterimage). **4** 〖通信〗＝radio spectrum. **5** 〖電気〗電磁スペクトル (electromagnetic spectrum). **6** 〖音響〗＝sound spectrum.

spéctrum análysis *n.* 〖光学〗スペクトル分析 (spectral analysis)《スペクトルからそれに関与する状態についての情報を得ること》；(特に) ＝spectrochemical analysis.

specula *n.* speculum の複数形.

spec·u·lar [spékjʊlə | -lə(r)] 〖▭ L *speculāris* : ⇨ speculum, -ar[1]〗 ── *adj.* **1** 鏡の，鏡のような (mirror-like)；鏡の性質をもった，反射する (reflecting) : a ～ surface 反射面．**2** 〖医学〗スペキュラ (speculum) の：a ～ examination.　**～·ly** *adv.*　「one ともいう》.

spécular íron *n.* 〖鉱物〗＝hematite《specular iron

spécular refléction *n.* 〖光学〗正反射《表面の凹凸が波長に対し充分小さく巨視的に鏡面による反射と見なされる反射；cf. diffuse reflection》.

spec·u·late [spékjʊlèɪt] 〖《1599》← L *speculāt-us* (p.p.) ← *speculārī* to observe ← *specula* watchtower ← *specere* to look : ⇨ spy, -ate[3]〗 ── *vi.* **1** 〔…について〕思索する，考え込む，沈思する (meditate)；推測をする，憶測する (conjecture) 〔*on, upon, about*〕: She ～*d about* his true motives. 彼の真の動機について思いを

めぐらした. **2** 〔株などで〕やまを張る, 投機をする, 思惑をやる, 相場に手を出す〈*in, on*〉: ~ *in* shares 株に手を出す / ~ *on* a fall [rise] 下落[騰貴]を見越して投機をする / He is believed to ~ a good deal. 彼は大分投機をやるそうだ. — *vt.* **1** 《古》熟考する, ゆっくり考える. **2** 《廃》見る, 観察する.

spec·u·la·tion [spèkjʊléɪʃən] 〚《*c*1380》□ LL *speculātiō(n-)*: ⇨↑, -ation〛 — *n.* **1 a** 思索, 思弁, 沈思, 考察: He is given to ~. 思索に耽っている. **b** 推測, 憶測 (conjecture); 空論, 空理 (↔ practice): Much ~ is rife concerning [about, on, upon] …についていろいろの推測が行なわれている. **2** 投機, 思惑買い, やま (cf. spec[1]): buy land as a ~ 土地の思惑買いをする / be ruined by (a single unlucky) ~ (不運にもたった一度の)投機がはずれて零落する / engage in ~ 投機[思惑]をやる / on ~ 投機で, やまを張って《口語では on spec という》. **3** 《廃》見ること; 見る力.

spec·u·la·tive [spékjʊlət̬ɪv, -lèɪt- | -lət-, -lèɪt-] 〚《*c*1390》□ (O)F *spéculatif, -ive* // LL *speculātīv-us* ← L *speculātus* (p.p.): ⇨ speculate, -ative〛 — *adj.* **1 a** 思索の, 思索に耽る; 思索的な (thoughtful, reflective): a ~ person. **b** 〘哲学〙(論証や観察・実験に基づかない)思弁的な (↔ positive): ⇨ speculative philosophy. **c** 純理的な (theoretical) (cf. practical, experimental 1): ~ geometry 純正[理論]幾何学. **2 a** 投機的な; 山師の, 思惑の: ~ purchase 思惑買い. **b** 投機家にとって魅力的な, 投機欲をそそる; 危険な (risky): a ~ stock. **c** 投機に関する. **3** 《廃》見る, 視力の (visual). **~·ly** *adv.* **~·ness** *n.*

spéculative philósophy *n.* 思弁哲学《論証や観察・実験に基づかず, 直観・想像などによる超越的な哲学(的思索)》.

spéculative theólogy *n.* 思弁神学《思弁哲学や形而上学に基づいた, またはその影響下にある神学》.

spéc·u·là·tor [-t̬ə | -tə(r] 〚□ L *speculātor*: ⇨ speculate, -or[2]〛 — *n.* **1** 思索家, 思弁家, 理論家; 空論家. **2** 投機家, 山師, 思惑買い[売り]する人. **3** 《米》(演劇や試合の)入場券を思惑買い[買占め]する人, だふ屋. **4** 《廃》見る人, 観察者; スパイ.

spec·u·lum [spékjʊləm] 〚《1597》□ L ~ 'mirror' ← *specere* to look + -ULUM: ⇨ spy〛 — *n.* (*pl.* **-u·la** [-lə], **~s**) **1 a** (特に, 反射望遠鏡などに用いるみがいた金属の)鏡; 反射鏡 (reflector). **b** = speculum metal. **2** 〘医学〙鏡, スペキュラ: an eye ~ 開眼器 / a nasal [rectal, uterine, vaginal] ~ 鼻[直腸, 子宮, 膣]鏡. **3** 〘鳥類〙(翼の)燦点(さんてん)《カモ・鶏などの閉じた第二風切羽に見える美しい玉虫色の色彩のある部分》.

spéculum mètal *n.* スペキュラム合金, 鏡金《銅とスズの合金で望遠鏡などの反射鏡を作るのに用いる》.

sped 〚OE *spǣdde* (pret.); ME *i-sped*〛 *v.* speed の過去形・過去分詞.

speech [spíːtʃ] 〚OE *sp(r)ǣċ* ← (W)Gmc **sp(r)ǣk-, *sp(r)ek-* (Du. *spraak* / G *Sprache*): cf. speak〛 — *n.* **1 a** 話す[語る]こと, 発言 (utterance): freedom of ~ 言論の自由 / one's power of ~ 言語能力 / ⇨ FIGURE of speech / give ~ to …を口に出す / burst into ~ いきなりしゃべり出す / His unlucky ~ betrayed his identity. 運悪い発言[運悪くしゃべったその言葉]で身元がばれた / *Speech* is silver [silvern], silence is golden. 《諺》雄弁は銀, 沈黙は金 / He could express himself better in writing than in ~. 話すことより書くことのほうがよく自分のことが表現できた. **b** 話し方, 話しぶり: an eloquent ~ 雄弁 / a good ~ of an actress 女優のうまいせりふ回し / a man of rapid [slow, thick] ~ 口の早い[重い, 重苦しい]人 / He is slow of ~. 訥弁(とつべん)だ / His ~ is not clear. 彼のものの言い方[言葉遣い]ははっきりしない. **2** ものを言う力, 話す能力, 言語[発話]能力: lose [find] one's ~ 口がきけなく[きけるように]なる / an impediment in ~ 言語障害 / Man alone has the gift of ~. 人間だけが言語能力を有する[しゃべれる] / In some stories animals have ~. 物語の中には動物がものを言うのがある. **3 a** 話, 談話, 会話 (talk, conversation): have ~ with a person 人と対談する / They walked on without ~. 言葉も交わさず歩いていった. **b** 演説, スピーチ (address, oration): an after-dinner ~ テーブルスピーチ / a debating ~ 討論演説 / a forensic ~ 法廷の弁論 / a long-winded ~ 長談義, 長広舌 / an opening [a closing] ~ 開[閉]会の辞 / a set ~ 準備した[腹案を練った]演説 / deliver [make] a ~ 演説する / a ~ of thanks 謝辞 / a ~ for the defense 被告弁護の弁論 / a ~ from the throne = King's [Queen's] speech. **c** (演劇で一度にしゃべる)台詞(せりふ) (cf. by-speech): long ~*es* 長台詞. **4 a** (話す)言語, 話し言葉, スピーチ (cf. language 2 b): daily [everyday] ~ 日常の言葉 / the ~ of the common people 一般民衆の言語. **b** 一国[地方]の言葉, 国語, 方言 (language, dialect): the English [old Teutonic] ~ 英[古代チュートン]語. **5** スピーチ研究《口頭伝達・音声などの理論・実践研究》; (学科としての)スピーチ学. **6** 《古》うわさ, 流言 (rumor). **7** 〘音楽〙(オルガンなどの楽器の)音, 響き (sound). **8** 《英》〘文法〙= narration 3: ⇨ represented speech.

put a speech into *a person's* ***mouth*** 人の言いもしないことを言ったことにする.

spéech àct *n.* 〘言語〙発話行為.

spéech cènter *n.* 〘生理〙言語中枢.

spéech clìnic *n.* 言語クリニック.

spéech commùnity *n.* 〘言語〙言語共同体《特定の言語・方言を用いる集団》.

spéech corrèction *n.* 言語の悪癖矯正.

spéech dày *n.* 《英》スピーチデー《学校の終業式の日に父母が出席しスピーチを聞き賞品授与に参列する》.

spéech defèct *n.* 言語障害.

spéech disòrder *n.* 言語障害《構語障害 (anarthria), 失語症 (aphasia) など》.

spéech fòrm *n.* 〘言語〙= linguistic form.

spéech·i·fì·er *n.* [軽蔑的に] 演説屋 (declaimer).

speech·i·fy [spíːtʃəfàɪ | -tʃɪ-] 〚《1723》← SPEECH + -IFY〛 *vi.* [軽蔑的に] 演説口調で弁じる, 堂々と弁じる, 熱弁をふるう (declaim, orate). **speech·i·fi·ca·tion** [spìːtʃəfɪkéɪʃən, -fə- | -tʃɪfɪ-] *n.*

spéech ìsland 〚《なぞり》← G *Sprachinsel*〛 *n.* 〘言語〙言語島《一言語地域 (speech area) 内の小言語地域》: a German ~ in Yugoslavia.

spéech·less 〚OE *spǣclēas*: ⇨ speech, -less〛 — *adj.* **1** 口のきけない, おしの (dumb): a ~ animal. **2 a** 口をきかない, 黙っている, 無口の (mute, silent): a ~ person. **b** 〔強いショックなどで〕口のきけない〈*with, from*〉: ~ *with* [*from*] fear 恐ろしさの余り口もきけない / stand ~ (ぼんやり)黙ってつっ立っている / I was ~ *at* his impudence. 彼の厚かましさには口もきけなかった / The sight left him momentarily ~. その光景に彼は一瞬口もきけなくなった. **c** 口もきけないほどの, 言葉に言い表わせない: ~ grief 言いようのない悲しみ. **3 a** 言葉で表現不可能の, 言語能力を越えた: ~ beauty. **b** 言葉の伴わない, 無言でなされる. **c** 《廃》無言で表わされる: ~ messages. **~·ly** *adv.* **~·ness** *n.*

spéech·màker 〚← *make a speech* (⇨ speech (3 b))〛 *n.* 演説家, 講演家.

spéech·màking *n.* 演説[講演]すること.

spéech òrgan *n.* 〘音声〙音声器官 (organ of speech).

spéech pathòlogy *n.* 言語音声病理学.

spéech·rèading *n.* = lipreading.

spéech situàtion *n.* 〘言語〙会話の場《話者・(話者の)発話・聴者の三要素を必要条件とする》.

spéech sòund *n.* 〘音声〙言語音(おん)《音声器官 (organs of speech) によって発せられ, 言語に用いられる音(おん); 単に sound ともいう》.

spéech thèrapy *n.* 言語療法, (心理的・肉体的な)言語障害治療(法). **spéech thèrapist** *n.*

spéech tràining *n.* (人前での)話し方訓練; 発音矯正練習.

spéech·wày *n.* (特定のグループ・地域の人々に共通な)言語様式.

speed [spíːd] 〚*n.*: OE *spēd, spœ̄d* < Gmc **spōidiz* (OHG *spuot* success) ← **spōan* (OE *spōwan* to prosper) ← IE **sp(h)ēi-* to thrive (L *spēs* hope: cf. desper, prosper). — v.: OE *(ġe)spēdan* ← Gmc **spōd-*: 1000 年頃から 'quickness' の意味で用いられる〛 — *n.* **1** (動作・行動などの)速いこと, 迅速; 速さ, 速力 (rapidity, swiftness): a horse of ~ 早馬, 駿馬(しゅんめ) / with ~ 迅速に / with all (convenient [possible]) ~ ありたけの速さで / More haste, less [worse] ~. 《諺》あわてると速度はにぶる, 「急がば回れ」(cf. HASTE makes waste.) / Safety is more important than ~. 速いよりも安全が大切 / make ~ 急ぐ. **2** 速度, スピード (velocity): the ~ of sound 音の速度 / landing ~ 着陸速度 / at a reasonable ~ 適度の速度で / at a ~ of 30 miles an [per] hour 時速 30 マイルで / at the top of one's ~ = (at) full [top] ~ 全速力で / with gradually increasing ~ 次第に速力を増して / attain a high ~ 高速度を出す / make a ~ of 18 knots 18 ノットの速力を出す / maximum cruising ~ 最大巡航速度 / economical cruising ~ 経済巡航速度. **3** (自動車などの)変速装置: a bicycle with three ~*s* 3 段変速の自転車 / shift to low ~ 低速[ロー]に切りかえる. **4** 《口語》好みに合う人[物]. **5** 《俗》覚醒剤メタンフェタミン (methamphetamine). **6** 《古》成功, 繁栄 (prosperity), 幸運: wish a person good ~ = wish good ~ to a person 人の成功を祈る / God send [give] you good ~! = Good ~! 御成功を祈る. **7** 〘写真〙 **a** (フィルム・感光紙の)感度. **b** シャッタースピード, 露光時間. **c** レンズの最大開口径. **d** 〘写真〙= f-number. **8** 〘野球〙(ピッチャーの)速球投球能力, スピード: The pitcher has no ~. あのピッチャーは球速がない.

at speed 急速に, スピードを出して (rapidly): run *at* ~.

— *attrib. adj.* 速度[スピード]の; 速度[スピード]を規制する.

— *v.* (**sped** [spéd]; *vi.* 2, *vt.* 3 では **speed·ed**) — *vi.* **1** 急いで行く[走る], 疾走する, 飛ぶように走る〈*along, by*〉: They *sped* [~*ed*] down the street. 彼らは街路を急いだ / A boat ~*s* across the waves. ボートが波を切って進んで行く. **2** (自動車で)違反のスピードを出す: ⇨ speeding. **3** 速度[スピード]を増す, 加速度的に進行する〈*up*〉. **4** 《古》 **a** やっていく, 暮らす (get on, fare): ~ ill [well] うまくいかない[いく] / How have you *sped*? いかがお暮らしでしたか. **b** 〈人が〉繁栄する (prosper), 成功する; うまくいく (fare well): How have you *sped*? どんなぐあいでしたか《うまくいきましたか》. — *vt.* **1** 〈問題・事業など〉の成功を促進する, はかどらせる (hasten). **2** 急がせる, 駆りたてる (urge on). **3** …の速力を早める (accelerate)〈*up*〉: He ~*ed up* the engine. 彼はエンジンの速力を早めた. **4** 〈機械などを〉一定の速力にする, …の速力の調節をする. **5** 《古》 **a** 〈人〉の幸運を祈る: ~ a parting guest 出立して行くお客に道中の安全を祈る. **b** 成功させる: God ~ you! どうか御成功のほどを.

spéed·bàll[1] *n.* 《米》〘スポーツ〙スピードボール《サッカーに似ているゲーム; 両手を使ってボールを受け止めてもパスしてもよい; スコアは, ゴールポストの間へのキックまたはヘディングによるシュートとゴールラインを越えるフォワードパスによって得られる》.

48.80 m
GG
RG LG
FB
RH LH
RE RF C LF LE
a b c d e f
109.68 m

speedball field
GG goal guard; RG right guard; LG left guard; FB fullback; RH right halfback; LH left halfback; RE right end; RF right forward; C center; LF left forward; LE left end; a middle line; b restraining line; c side line; d goal line; e penalty kick mark; f end line

spéed·bàll[2] *n.* 《米俗》ヘロイン[モルヒネ, アンフェタミン]とコカインの混合.

spéed·bòat *n.* 高速モーターボート, スピードボート.

spéed·bòating *n.* 高速モーターボートを運転すること[技術]; 高速モーターボートに乗るスポーツ. **spéed·bòater** *n.*

spéed còne *n.* 〘機械〙段車.

spéed contròl *n.* 〘鉄道〙速度制御装置.

spéed·còp 〚《1925》: ⇨ cop[2]〛 — *n.* 《俗》(オートバイに乗った)自動車のスピード違反取締り巡査, 「白バイ」.

spéed còunter *n.* 自動速度計《counter ともいう》.

spéed dèmon *n.* 《口語》猛スピードで動き回る人.

spéed·er 〚ME〛 — *n.* **1** 高速力を出す人[物]; (特に)むやみにスピードを出す運転手; (制限速度を超過する)スピード違反者. **2** 〘機械〙速度加減装置; 練紡機の一種.

spéed frèak *n.* 《米俗》アンフェタミン (amphetamine) とメタンフェタミン (methamphetamine) を常習的に乱用する人.

spéed ìndicator *n.* **1** = speed counter. **2** = tachometer.

spéed·ing 〚ME〛 — *adj.* 高速で動いている. — *n.* **1** 高速進行. **2** 規定以上の速力での自動車運転, 違反のスピードを出すこと, スピード違反: He was arrested for ~. 制限速度以上を出して[スピード違反で]逮捕された.

spéed-lèngth ràtio *n.* 〘海事〙速長比《船の速さとフィートで表わした水線長さの平方根との比; 速力を出すためには長さが必要》.

spéed·light *n.* 〘写真〙スピードライト《通称ストロボと呼ばれる電子閃光灯; electronic flash ともいう》.

spéed lìmit *n.* (自動車などの)制限速度.

spéed mèrchant *n.* 《英俗》スピード狂.

spee·do [spíːdoʊ | -dəʊ] *n.* 〘略〙 *n.* 《口語》= speedometer.

speed·om·e·ter [spiːdɑ́mət̬ə | spɪdɔ́mɪtə(r, spiː-, -mə-] 〚← SPEED + -O- + -METER[1]〛 *n.* **1** 速度計 (tachometer). **2** (自動車などの)走程記録計 (odometer) (cf. cyclometer 2).

spéed-rèad [-rìːd] *vt.* 速読する.

spéed-rèading *n.* 速読(術).

spéed shòp *n.* スピードショップ《特に, 改造高速自動車用の部品販売店》.

spéed skàte *n.* = racing skate.

spéed sprày·er *n.* = concentrate sprayer.

speed·ster [spíːdstə | -stə(r] 〚《1918》← SPEED + -STER〛 — *n.* **1** 高速で自動車を運転する人; スピード違反者. **2 a** 高速の乗物[自動車, 列車]. **b** スピードのある馬[競走馬].

spéed tèst *n.* 〘心理〙速度テスト, 時間制限テスト, 速度検査法《比較的易しい多数の問題に対する所定時間内の正答の数によって能力を測定するテスト; cf. power test》.

spéed tràp *n.* (自動車の)スピード監視所《監視の警官やレーダーなどの装置をこっそり置いてスピード違反を取締まる道路区間》.

spéed·ùp 〚《1923》← *speed up* (⇨ speed (vt. 3))〛 *n.* **1** 速力増進, 高速度化, スピードアップ (acceleration). **2** 〘経営〙生産能率促進.

spéed·wàlk *n.* 動く歩道《コンベヤーベルトで人を立ったまま乗せて運ぶ装置》.

spéed·wày *n.* **1** 高速自動車道路 (expressway). **2** スピードウェー《自動車・オートバイの競走場》.

spéed·wèll 〚← SPEED (v.) + WELL[2] (adv.): 原義は 'prosper well' か〛 — *n.* 〘植物〙クワガタソウ《ゴマノハグサ科クワガタソウ属 (*Veronica*) の植物の総称; ハイクワガタ (*V. prostrata*), トラノオノキ (*V. spesiosa*) など》.

speed·y [spíːdi | -dɪ] 〚ME: ⇨ speed (n.), -y[4]〛 — *adj.* (**speed·i·er**; **-i·est**) **1** 〈速力が〉速い; (行動など)早い, すみやかな, 迅速な (rapid, swift): a ~ runner / a ~ worker 敏速な働き手 / a ~ recovery 急速な回復. **2** 早速の, 即時の, 猶予しない (prompt): a ~ answer 即答 / a ~ retribution 素早い報復 / a ~ vengeance 時を移さない仕返し. **spéed·i·ly** [-dɪli, -də-, -dli | -dɪlɪ, -də-] *adv.* **spéed·i·ness** *n.*

speel [spíːl] 〚《逆成》? ← 《廃》 *speeler* acrobat □ ? Flem. & LG *speler* = G *Spieler*〛 *vt., vi.* 《スコット・北英》登る, 上がる (climb).

Speen·hám·land sỳstem [spìːnhǽmlənd-] 〚← *Speenhamland* (この制度が最初に適用された英国の

地名)〗 ── *n.* 〖経済〗スピーナムランド制《18 世紀末英国における救貧制の一種》.

speer [spíə | spíə(r] 〖OE *spyrian* < Gmc **spurjan* (G *spüren*) ← **spur-* : ⇨ spur〗《スコット・北英》 ── *vt.* **1** 〈質問を〉尋ねる (ask). **2** (尋ねたり求めたりして)知る. ── *vi.* 質問する.

speiss [spáɪs; *G.* ʃpáɪs] 〖⊏ G *Speise*《原義》food, amalgam ⊏ ML *spēsa* provision ← LL *expēnsa* 'EXPENSE'〗 ── *n.* 〖冶金〗砒鈹(ひはい)《鉛鉱・コバルト鉱などを製錬する際に生じる鉄・ニッケル・コバルトなどとヒ素との化合物; アンチモンとの化合物をいうこともある》.

spe·lae·an [spɪlíːən, spə-, spiː- | spɪ-, spiː-] 〖← L *spēlaeum* cave (⊏ Gk *spḗlaion*)+-AN[1]〗 ── *adj.* (*also* **spe·le·an** [～]) **1** ほら穴の(ような). **2** ほら穴に住む, 穴居の; ほら穴に生じる.

spe·le·o·log·i·cal [spìːliəlάdʒɪkəl, spèl-, -dʒə- | -lɪəlɔ́dʒɪ-] *adj.* 洞窟(どうくつ)学の, 洞窟学上の.

spe·le·ol·o·gist [spìːliάlədʒɪst, spèl-, -dʒəst | -lɪɔ́lə-dʒɪst] 〖↓, -ist〗 *n.* 洞窟(どうくつ)学者 (cf. spelunker).

spe·le·ol·o·gy [spìːliάlədʒi, spèl- | -lɪɔ́lədʒɪ] 〖⇨ spelaean, -ology〗 *n.* **1** 洞窟(どうくつ)学《洞窟・洞窟生物・穴居人などに関する研究》. **2** 洞窟探検.

spe·le·o·them [spíːliəθèm, spél- | -lɪə-] 〖← *speleo-* (⇨ spelaean) + *-them* (⊏ Gk. *théma* that which is placed : ⇨ theme)〗 ── *n.* 洞窟二次生成物, 鐘乳石, スペレオゼム.

spel·i·can [spélɪkən, -lə- | -lɪ-] *n.* =spillikin.

spell[1] [spél] 〖*n.*: OE *spel(l)* saying, discourse < Gmc **spellam* (OS & OHG *spel* / Goth. *spill* tale) ← ? IE **(s)pel-* to say loud, recite. ─ *v.*: OE *spellian* ← (n.): cf. spell[2], gospel〗 ── *n.* **1** まじない文句, 呪文(じゅもん); まじない, 魔法: be bound by a ～ 呪文で金縛りになっている / break the ～ まじないを解く, 呪文を破る; 夢をさます. **2** 魔力, 魅力 (enchantment, fascination): be under the ～ of beauty [eloquence] 美[雄弁]に魅せられる. **3** 《廃》物語, 話 (talk).
cast [*lay, put, set*] *a spell on* [*upon*] (1) 〈人〉に魔法をかける. (2) 〈人〉を魅する. *under a spell* (1) 呪文で縛られて: cast [lay, put, set] a person *under a* ～ 人に魔法をかける. (2) 魅せられて.
── *vt.* **1** まじない(文句)で縛る. **2** 魅する(fascinate).

spell[2] [spél] 〖《*a*1325》 *spelle(n)* ⊏ OF *espell-er* (F *épeler*) ⊏ Frank. **spellōn* to tell, relate ← IE **(s)pel-* (↑)〗 ── *v.* (**spelled** [spéld, spélt | spélt, spéld], **spelt** [spélt]) ── *vt.* **1 a** 〈語を〉綴(つづ)る, …の綴りを言う[書く]: ～ a word / How do you ～ your name? お名前はどう綴るのですか. **b** 〈文字が〉〈語を〉作る (make up), …の綴りである; (…と)綴って…と読む: O-n-e ～*s* 'one [wʌ́n]'. o-n-e で one となる[読む]. **2 a** 一字一字拾い読みする, ゆっくり苦労して読む, 判読する 〈*out, over*〉: ～ *out* the Bible. **b** 読みとる, 理解する (understand) 〈*out, over*〉: ～ a person's meaning. **c** (研究などによって)発見する, 見つける (discover) 〈*out, over*〉. **3** 意味する (mean); …の結果を来たす[招く], (必然的に)…になる (amount to): These changes ～ ruin to the farmer. この変革は農夫に破滅をもたらすであろう. **4** 考慮する (consider) 〈*over*〉. ── *vi.* **1** 語を綴る, 綴りを正しく書く, 正しく綴る: We do not pronounce as we ～. 綴り通りには発音しない / learn to ～ 綴りを習う. **2** 《詩》考察する (contemplate) 〔*of*〕. **3** 暗示する, ほのめかす (hint) 〔*for*〕.
spell backward (1) 文字を逆に綴る. (2) 曲解する, 誤解する (misinterpret). *spell down* 〈相手を〉綴り字競技で負かす (cf. spelldown). *spell out* (1) ⇨ *vt.* 2. (2) 綴りを略さずに[正式に]書く, 完全綴りにする. (3) 明確に[はっきり]説明する[述べる].

spell[3] [spél] 〖*v.*: OE *spelian* to substitute ← ?. ─*n.*: 《1593》《変形》← ME *spale* < OE *spala* substitute ← ?: cf. OE *ġespelia* substitute〗 ── *n.* **1 a** (交代でやる)ひと続きの仕事 (a turn of work): take a ～ at the oars (人と)代わってオールをしばらくこぐ / a ～ of work ひと仕事. **b** (特定の仕事または活動の)期間: a three-year ～ as a salesman セールスマンとしての3年間. **2 a** (仕事・任務などの)交替 (relief): a ～ of eight hours 8時間勤務(交替) / give a person a ～ 人に交替してやる / keep ～ (人の)交替をしている / take ～ (人に)交替する. **b** [集合的]《古》(仕事の)交替者 (shift). **3 a** しばらくの間 (a little while): sleep for a ～ / a ～ ago [back] 《米》しばらく前. **b** (ある天候の続く)ひとしきり, ひと続き (period): a hot ～ 暑さ続き / a long ～ of fine weather 長く続く上天気 / weather with ～*s* of rain 時々しぐれる天候. **4** 《口語》病気[不機嫌]のひと時, 発作; 発病 (attack): old ～*s* 持病 / a ～ of coughing ひとしきりのせきこみ / a dizzy ～ ちょっと目まいがすること. **5** 《豪》休息[休憩]時間, 休み (rest period).
by spells とぎれとぎれに, 断続的に (intermittently). *spell and spell* (*about*)=*spell for spell* 交替で, 代わる代わる. *Spell oh* [*ho*]! (仕事を)休め.
── *vt.* **1** 《米・北英》(一時)…に代わる, 交替する, 代わってやる (relieve). **2** 《豪》…に休息[休憩]時間を与える. ── *vi.* 《豪》休息[休憩]する.

spéll·bìnd 〖《1808》《逆成》← SPELLBOUND: BIND-BOUND[4] の類推から〗 *vt.* (**spell·bound**) **1** 呪文で縛る. **2** 魅了する (fascinate).

spéll·bìnd·er 〖《1888》〗 *n.* **1** 雄弁家, (特に)聴衆を魅了する政治家. **2** 魅了するような作品[製作物].

spéll·bòund 〖《1799》← SPELL[1] (n.)+BOUND[4]〗 *adj.* **1** 呪文で縛られた, 魔法にかかった. **2** 魅せられた, うっとりさせられた: ～ listeners 聞きほれる聴衆.

spéll·dòwn 〖《1943》〗 *n.* (特に, 一定数の綴(つづ)り違いがあると失格して坐らせられる)綴り字競技 (cf. SPELL[2] *down*).

spéll·er [-lə | -lə(r] 〖⇨ spell[2]〗 *n.* **1** 言葉を綴(つづ)る人, 綴り手: a good [careless] ～ 綴りの正確[いいかげん]な人. **2** =spelling book.

spéll·ing [-lɪŋ] 〖《1440》: ⇨ spell[2]〗 ── *n.* **1** 綴り字(法), 正字法 (orthography): His ～ is weak. 彼は綴り字が得意でない / an incorrect [a variant] ～ 間違った[異なった]綴り法 / an etymological [historical] ～ 語源[歴史]的綴り法 / a phonetic ～ 表音的綴り法 / a ～ match 綴り字競技 / I am not sure of the ～ of the word. 私はその言葉の綴りをはっきり知らない. **2** (単語を)綴ること; 語の綴り, スペリング.

spélling bèe *n.* 綴り字競技; =spelldown.

spélling bòok *n.* 綴(つづ)り字教本.

spélling pronunciàtion *n.* 綴(つづ)り字発音《綴り字と離れた発音の語に対して綴り字通りに発音すること; 例えば Worcester [wʊ́stə | -tə(r] を [wɔ́ːsestə | wɔ́ːsestə(r], boatswain [bóʊsn | bə́ʊ-] を [bóʊtswèɪn | bə́ʊt-], often [ɔ́(ː)fən | ɔ́fən] を [ɔ́(ː)ftən | ɔ́ftən] と発音するなど》.

spélling refòrm *n.* (英語の)綴り字改良運動《発音に近い綴り字を案出する; 例えば through を thru, light を lite とするなど》.

Spell·man [spélmən], **Francis Joseph** *n.* (1889–1967) 米国のカトリック聖職者; New York 市の大司教 (1939–67), 枢機卿 (1946–67).

spelt[1] *v.* spell[2] の過去形・過去分詞.

spelt[2] [spélt] 〖OE ～ ⊏ LL *spelta* ← Gmc **speltō-* (Du. *spelt* / G *Spelz*) ← IE **(s)p(h)el-* to split off: ⇨ spill[1]〗 ── *n.* 〖植物〗スペルトコムギ (*Triticum spelta*)《昔, 南ヨーロッパで広く栽培されたコムギの一種; 今でもドイツなどで家畜飼料として栽培されている; speltz ともいう; cf. emmer》.

spel·ter [spéltə | -tə(r] 〖《1661》⊏ ? MDu. *speauter*: cf. pewter〗 ── *n.* **1** 亜鉛 (zinc)《主にどぶづけ亜鉛めっきに用いられる鉛を少し含む純度のあまり高くないもの》; (特に)亜鉛鋳塊 (zinc ingot). **2** =spelter solder.

spélter sòlder *n.* 硬質はんだ《亜鉛と銅の合金から成るはんだ; 銅・鉄・真鍮(しんちゅう)のろうづけに用いる》.

speltz [spélts] 〖⊏ G ～ 'SPELT[2]'〗 *n.* 〖植物〗=spelt[2].

spe·lunk [spɪlʌ́ŋk, spə-, spiː- | spɪ-, spiː-] 〖← 《廃》～ 'cave' ⊏ L *spēlunca* ⊏ Gk *spḗlugga* (acc.), *spēlugx*〗 *vi.* 洞窟(どうくつ)探検をする.

spe·lúnk·er *n.* (アマチュアの)洞窟探検家 (cf. speleologist).

spe·lúnk·ing *n.* =caving 2.

Spe·mann [ʃpéɪmaːn; *G.* ʃpéːman], **Hans** *n.* シュペーマン《1869–1941; ドイツの動物学者; Nobel 医学生理学賞 (1935)》.

spence [spéns] 〖《*c*1395》《頭音消失》← OF *despense* (F *dépense*) (fem. p.p.): ⇨ dispense〗 ── *n.* **1** 《英方言》食料貯蔵室 (pantry); 食器だな (cupboard). **2** 《スコット》(通例台所に近い)茶の間, 居間.

spen·cer[1] [spénsə | -sə(r] 〖《1796》← *George John, 2nd Earl Spencer* (1758–1834: 英国の政治家)〗 ── *n.* スペンサー: **a** (19 世紀に男子が用いた)ダブルの打ち合わせの短いジャケット. **b** 体にぴったりした婦人用のウエスト丈ジャケット.

spencers

spen·cer[2] [spénsə | -sə(r] 〖《1700》← *Charles Spencer, 3rd Earl of Sunderland* (1674–1722)〗 ── *n.* 18 世紀のイギリスのかつら.

spen·cer[3] [spénsə | -sə(r] 〖← ? *Spencer* (姓) (↓)〗 *n.* 〖海事〗スペンサー《横帆船の前檣(しょう)や大檣の後方に張ることのある縦帆》.

Spen·cer [spénsə | -sə(r] 〖ME *Spenser*《頭音消失》← *Despenser* ⊏ AF *Espenser* = OF *Despensier*《原義》dispenser (of provisions), steward: ⇨ dispense, -er[1]: もと家族名〗 ── *n.* 男性名.

Spencer, Herbert *n.* (1820–1903) 英国の哲学者・社会学者, 進化論的哲学の樹立者; *First Principles* (1862), *Principles of Sociology* (3 vols, 1876–96).

Spencer, Platt Rogers *n.* (1800–1864) 米国のペン習字の大家 (cf. Spencerian 2).

Spen·ce·ri·an [spensí(ə)riən | -sɪəri-] 〖⇨ -ian〗 ── *adj.* **1** Herbert Spencer の; スペンサー哲学の, スペンサー流の. **2** P. R. Spencer 流の《円味を帯び右へ傾く書体にいう》. ── *n.* Herbert Spencer 派の哲学研究者, スペンサー学徒.

Spen·cé·ri·an·ìsm [-nɪzm] *n.* Herbert Spencer の哲学, 綜合哲学 (synthetic philosophy).

Spén·cer·ism [-sərɪzm] *n.* =Spencerianism.

spéncer màst *n.* 〖海事〗=trysail mast.

spend [spénd] 〖ME *spenden* (i) < OE *spendan* ⊏ L *expend-ere* 'to EXPEND' // (ii)《頭音消失》← ME *dispenden* 'to DISPEND'〗 ── *v.* (**spent** [spént]) ── *vt.* **1** 〈金・資産などを〉使う (pay out), 費やす, かける (expend): ～ a lot of money *on* books [《米》*for* dress, *in* entertaining friends] たくさんの金を本[衣服, 友人の歓待]に使う / How much have you *spent*? どれだけの金を使ったか / Ill gotten [got], ill *spent*. 《諺》悪銭身につかず. **2** 〈労力・思考・言葉などを〉費やす, 用いる, 使う (consume, employ): ～ one's learning to explore a question 問題を究めるために知識を傾ける / We *spent* much trouble *on* it [him]. その[彼の]ことで大変骨折った / Much space was *spent on* the subject. その問題には多くの紙面がさかれ(てい)た. **3** 〈時間を〉かける; 〈時を〉(どう・どこで)過ごす, 暮らす, 送る (pass): ～ a sleepless night 眠られぬ一夜を過ごす / ～ the summer at the beach 海浜で夏を送る / ～ one's life in poverty 生涯を貧困のうちに過ごす / ～ a weekend with friends 週末を友人と過ごす / ～ six hours a day *on* one's research 研究に一日6時間を費やす / He *spent* a lot of time (*in*) fixing his car. 車を修繕するのにだいぶ時間がかかった《★ in を用いない方が普通》. **4** 浪費する (waste); 使い尽くす[果たす], 消費してしまう (use up), 消耗させる (exhaust): ～ (all) one's energy *on* work (全)精力を仕事に費やす[使い尽くす] / ～ one's breath＝WASTE *one's breath* / Our food was all *spent*. 食糧が尽きた / The storm has *spent* itself [its force]. 嵐は勢いがおさまった / He ～*s* himself *in* foolish activities. ばかなことをして心身をすりへらしている. **5** 〈血・命を〉かける, 〈心血を〉注ぐ: ～ one's blood and life for the cause of liberty 自由のために身命を捧げる. **6** 〖海事〗(荒天や事故で)〈帆柱などを〉失う (lose): ～ a mast.
spend and be spent 物を費し身をも費す (cf. *2 Cor.* 12:15). *spend a penny* ⇨ penny 成句.
── *vi.* **1** 金を使う[費やす]: He ～*s* freely. 金を惜しまない. **2** 《廃》使い果たす, 消耗する, 尽きる.

spend·a·ble [spéndəbl] *adj.* 費やすことのできる, 消費可能な: ～ income 手取り所得.

spénd·er 〖ME〗 *n.* **1** 使う[費やす]人, 使い尽くす人[物]. **2** 浪費家: a lavish ～ 金遣いの荒い人.

Spen·der [spéndə | -də(r], **Stephen** *n.* (1909–) 英国の詩人・批評家; *Vienna* (詩集, 1934), *Forward from Liberalism* (評論, 1936), *World within World* (自伝, 1951).

spénd·ing 〖ME〗 *n.* **1** 消費, 浪費. **2** 経費, 費用, 出費: government ～ 政府の出費.

spénding mòney 〖《1598》〗 *n.* 小遣い銭 (pocket money).

spénd·thrìft 〖《1601》← SPEND + THRIFT (wealth, savings)〗 ── *n.* **1** (不用意にまたはむだに)金を使う人, 金遣いの荒い人, 濫費家, 浪費家 (prodigal). **2** (酒色・ばくちなどに耽って)すってんてんになる人. ── *adj.* 金遣いの荒い; 金のむだ遣いをする (wasteful): ～ lavishness 金を湯水のように使う浪費.

spéndthrift trùst *n* 〖法律〗浪費者信託《sheltering trust ともいう》.

Speng·ler [spéŋ(g)lə, ʃpéŋ- | -lə(r; *G.* ʃpéŋlɐ], **Oswald** *n.* シュペングラー《1880–1936; ドイツの哲学者・歴史家: *Der Untergang des Abendlandes* (1918–22) (英訳名 *The Decline of the West*)》.

Spen·ser [spénsə | -sə(r], **Edmund** *n.* (1552?–99) 英国の詩人; *The Shepheards Calender* (1579), *The Faerie Queene* (1590–96).

Spen·se·ri·an [spensí(ə)riən | -sɪərɪ-] 〖⇨↑, -ian〗 *adj.* Edmund Spenser の, スペンサー流の. ── *n.* **1** スペンサー派の詩人. **2** =Spenserian stanza.

Spensérian sónnet *n.* 〖詩学〗スペンサー風ソネット《a b a b, b c b c, c d c d, e e という押韻形式によるソネット; ⇨ sonnet ★》.

Spensérian stánza *n.* 〖詩学〗スペンサー連《Edmund Spenser が *The Faerie Queene* で初めて用いた九行連からなる詩型; 第1行から第8行までは弱強五歩格で最後の1行が Alexandrine (弱強六歩格), 押韻形式は a b a b b c b c c》.

spent [spént] 〖pret. & p.p.: ME (*i-*)*spent*. ─adj.: 《1440》← (p.p.)〗 ── *v.* spend の過去形・過去分詞. ── *adj.* **1** 使い尽くした[果たした] (consumed); 疲れ切った, 力の抜けた (exhausted): a ～ swimmer 疲れ切った泳ぎ手. **2** 効力[成分, 勢い]のなくなった: a ～ arrow [bullet] ひょろひょろ矢[玉] / ～ liquor (皮によりタンニンが吸収された後の)なめし廃液 / ～ tanbark =～ tan (⇨ tan *n.* 1) / The storm is ～. 嵐はおさまった. **3** 《古》〈時間が〉経った (passed): The night is far ～. 夜もだいぶ更けた. **4** 〈魚・昆虫が〉産卵[放精]の済んだ (cf. ripe[1] 8): a ～ herring. **5** 〖釣〗〈毛鉤が〉交尾・産卵が済んで羽根の垂れ下った昆虫を模した.

spént ácid *n.* 〖化学〗廃酸《使用済みの希薄になった酸》.

spént óxide *n.* 〖化学〗廃酸化鉄.

sperm [spə́ːm | spə́ːm] 〖《*c*1390》 *sperme* ⊏ OF *esperme* (F *sperme*) // LL *sperma* ⊏ Gk *spérma*《原義》that which is scattered ← *speírein* to sow ← IE **(s)p(h)er-* to strew (⇨ spray[2]): cf. spore, sporadic, sprout〗 ── *n.* (*pl.* ～, ～**s**) **1** 〖生物〗**a** 精液 (semen) **b** 精子, 精虫 (spermatozoon) (cf. germ 3). **2 a** 〖動物〗マッコウクジラ (sperm whale). **b** 〖化学〗=spermaceti 1. **c** =sperm oil.

sperm- [spəːm | spəːm] (母音の前に来る時の)spermo- の異形.

sper·ma- [spə́ːmə | spə́ː-] 〖← Gk *spérma* 'SPERM'〗 spermo- の異形: *sperma*duct.

-sper·ma [spəːmə | spəː-] 〖↑〗〖植物〗種名に用いて「…の種子をもつ植物」の意の名詞連結形.

sper·ma·ce·ti [spə̀ːməsíːṭi, -séṭi | spə̀ːməséti, -síːtɪ] 〖(1471) ◻ ML *sperma cēti* sperm of whale ← L *sperma* 'SPERM'+LL *cēti* ((gen.) ← *cētus* whale ◻ Gk *kêtos*)〗 — *n.* **1** 〖化学〗鯨蠟(げいろう)《マッコウクジラ油から得られる白色の結晶様固体蠟；軟膏・化粧品・蠟燭(ろうそく)などにする；spermaceti wax, cetaceum ともいう》. **2** 鯨油.

sper·ma·duct [spə́ːmədʌ̀kt | spə́ː-] 〖← SPERMO-+DUCT〗 *n.* 〖解剖〗=spermatic duct.

-sper·mae [spə́ːmiː | spə́ːmɪ] 〖← NL ~ (fem. pl.) ← L *sperma* 'SPERM'〗 —〖植物〗「…の種子をもつ植物」の意の名詞連結形. ★ 高次の植物群に用いる：Angio*spermae* 被子植物亜門 / Gymno*spermae* 裸子植物亜門.

sper·ma·go·ni·um [spə̀ːməgóuniəm | spə̀ːməgə́u-nɪəm, -njəm] 〖← NL ~ : ⇨ spermo-, gonium〗 *n.* (*pl.* **-ni·a** [-niə | -nɪə, -njə]) 〖植物〗雄精器, 精子囊(のう).

-sper·mal [spə́ːməl | spə́ː-] 〖⇨ spermo-, -al¹〗〖生物〗「(…の)種子[精子]を有する」の意の形容詞連結形.

sper·ma·ry [spə́ːm(ə)ri | spə́ːmərɪ] 〖← NL *spermarium* : ⇨ spermo-, -ary〗 — *n.* **1** 〖解剖〗精子腺(せん)(sperm gland)；睾丸(こうがん)(testis). **2** 〖植物〗雄精器, 花粉管 (pollen tube).

sper·mat- [spəːmǽt, spə́ːmət | spə́ːmət] (母音の前に来る時の) spermato- の異形.

sper·ma·tan·gi·um [spə̀ːmətǽndʒiəm | spə̀ːmətǽn-dʒɪ-] 〖← NL ~ : ⇨ spermato-, angio-, -ium〗 *n.* (*pl.* **-gi·a** [-dʒiə | -dʒɪə]) 〖植物〗精子器, 柄胞子器.

sper·ma·the·ca [spə̀ːməθíːkə | spə̀ː-] 〖← NL ~ : ⇨ spermo-, theca〗 *n.* 〖動物〗貯精嚢. **spèr·ma·thé·cal** [-kəl] *adj.*

spermatia *n.* spermatium の複数形.

sper·mat·ic [spəːmǽtɪk | spəːmǽt-] 〖(1539) ◻ (O)F *spermatique* ◻ L *spermaticus* ◻ Gk *spermatikós* : sperm, -ic¹〗 — *adj.* **1 a** 精液の (seminal)；精液を運ぶ[含む, 分泌する]. **b** 精子腺 (spermary) の. **2** 生成的な, 創造的な (generative, originative).

spermátic córd *n.* 〖解剖〗精索.

spermátic dúct *n.* 〖解剖〗精管.

spermátic flúid *n.* 〖生理〗精液 (semen).

spermátic funículus *n.* 〖解剖〗=spermatic cord.

spermátic sác *n.* 〖解剖〗=sperm sac.

sper·ma·tid [spə́ːmətɪd, -təd | spə́ːmətɪd] 〖← SPERMATO-+-ID³〗 *n.* 〖生物〗精細胞, 精子細胞.

sper·ma·ti·um [spəːméɪʃiəm | spəːméɪʃɪ-] 〖← NL ~ ← Gk *spermátion* (dim.) ← *spérma* : ⇨ sperm〗 — *n.* (*pl.* **-ti·a** [-ʃiə | -ʃɪə]) 〖植物〗 **1** (紅藻類の)雄精体, 不動精子. **2** (さび菌類の)雄精子.

sper·mat·o- [spəːmǽṭo(u), spə́ːmə- | spə́ːmətə(u)] 〖← (O)F ~ ◻ LL ~ ◻ Gk ~ ← *spérma, spérmatos* (gen.) : ⇨ sperm〗 —「種子；精子」の意の連結形. ★ 母音の前では通例 spermat- になる.

sper·mat·o·blast [spəːmǽṭəblæ̀st, spə́ːmə- | spə́ː-mətə(u)-] 〖⇨ ↑, -blast〗 *n.* 〖生物〗精子[精虫]を作る細胞；(特に)精細胞, 精子細胞 (spermatid).

sper·mat·o·cide [spəːmǽṭəsàɪd, spə́ːmə- | spə́ːmət-] *n.* 殺精子剤.

sper·mat·o·cyte [spəːmǽṭəsàɪt, spə́ːmə- | spə́ː-mətə(u)-] 〖← SPERMATO-+-CYTE〗 *n.* 〖生物〗精母細胞 (cf. gonocyte, oocyte).

spermàto·génesis 〖← SPERMATO-+-GENESIS〗 *n.* 〖生物〗精子形成.

spermàto·genétic *adj.* 〖生物〗精子形成の[に関する].

sper·ma·tog·e·nous [spə̀ːmətɑ́dʒənəs | spə̀ːmətɔ́dʒ-] *adj.* 〖生物〗精子を形成[生成]する.

sper·ma·tog·e·ny [spə̀ːmətɑ́dʒəni | spə̀ːmətɔ́dʒɪnɪ] 〖← SPERMATO-+-GENY〗 *n.* 〖生物〗=spermatogenesis.

sper·mat·o·go·ni·um [spəːmæ̀ṭəgóuniəm, spə̀ː-məṭ- | spə̀ːmətə(u)gə́unɪəm, -njəm] 〖← SPERMATO-+-GONIUM〗 — *n.* (*pl.* **-ni·a** [-niə | -nɪə, -njə]) 〖生物〗精原細胞. **sper·màt·o·gó·ni·al** [-niəl | -nɪəl, -njəl] *adj.* **sper·mat·o·gon·ic** [spəːmæ̀ṭəgɑ́nɪk, spə̀ːmə- | spə̀ːmətəgɔ́n-] *adj.*

sper·ma·toid [spə́ːmətɔ̀ɪd | spə́ː-] 〖← SPERMATO-+-OID〗 *adj.* 〖生物〗精子状の.

sper·mat·o·phore [spəːmǽṭəfɔ̀ə, spə́ːmə-, -fɔ̀ə | spə́ːmətə(u)fɔ̀ː(r)] 〖← SPERMATO-+-PHORE〗 — *n.* 〖動物〗(ある種の昆虫・軟体動物などの)精莢(せいきょう), 精包. **sper·ma·to·pho·ral** [spə̀ːmæ̀ṭəfɔ́ːrəl, spə̀ːmə-, -fɔ́ːr-, spə̀ːmətɑ́fə- | spə̀ːmətə(u)fɔ́ːr-] *adj.* **sper·ma·toph·o·rous** [spə̀ːmətɑ́fərəs | spə̀ːmətɔ́f-] *adj.*

Sper·ma·toph·y·ta [spə̀ːmətɑ́fəṭə | spə̀ːmətɔ́fɪtə] 〖← NL ~ (↓) : ⇨ -a²〗 *n. pl.* 〖植物〗種子植物門《顕花植物門 (Phanerogamia) ともいう》.

sper·mat·o·phyte [spəːmǽṭəfàɪt, spə́ːmə- | spə́ː-mətə(u)-] 〖← SPERMATO-+-PHYTE〗 — *n.* 〖植物〗種子植物《古い分類学でいう顕花植物 (phanerogam) と同義；seed plant ともいう》. **sper·mat·o·phyt·ic** [spəːmæ̀ṭəfɪ́ṭɪk, spə̀ːmə- | spə̀ːmətə(u)fɪ́t-] *adj.*

sper·ma·tor·rhe·a [spə̀ːməṭəríːə, spəːmæ̀ṭ- | spə̀ː-mətə(u)ríːə] 〖← SPERMATO-+-RRHEA〗 *n.* (*also* **sper·ma·tor·rhoe·a** [~]) 〖病理〗精液漏.

sper·mat·o·the·ca [spə̀ːməṭəθíːkə, spəːmæ̀ṭ- | spə̀ː-mətə(u)-] *n.* 〖動物〗=spermatheca.

spermatozoa *n.* spermatozoon の複数形.

sper·mat·o·zo·al [spəːmæ̀ṭəzóuəl, spə̀ːmə- | spə̀ː-mətəzə́u-] *adj.* 〖生物〗精子の.

sper·mat·o·zo·an [spəːmæ̀ṭəzóuən, spə̀ːmə- | spə̀ː-mətə(u)zə́u-] 〖生物〗*adj.* =spermatozoal. — *n.* =spermatozoon.

sper·mat·o·zo·ic [spəːmæ̀ṭəzóuɪk, spə̀ːmə- | spə̀ː-mətə(u)zə́u-] *adj.* 〖生物〗=spermatozoal.

sper·mat·o·zo·id [spəːmæ̀ṭəzóuɪd, spə̀ːmə-, -zóuəd | spə̀ːmətə(u)zə́uɪd] 〖⇨ ↓, -id²〗 *n.* **1** 〖植物〗動的雄性配偶子. **2** 〖生物〗=spermatozoon 1.

sper·mat·o·zo·on [spəːmæ̀ṭəzóuɑn, spə̀ːmə-, -zóu-ən | spə̀ːmətə(u)zə́uɔn, -zə́uən] 〖← NL ~ : ⇨ spermato-, -zoon〗 — *n.* (*pl.* **-zo·a** [-zóuə | -zə́uə]) **1** 〖生物〗精子, 精虫. **2** 〖植物〗=spermatozoid 1.

spérm cèll *n.* 〖生物〗精子 (cf. egg cell).

sper·mi- [spə́ːmɪ, -mə | spə́ːmɪ] spermo- の異形 (⇨ -i-).

sper·mic [spə́ːmɪk | spə́ː-] 〖← SPERM+-IC¹〗 *adj.* = spermatic.

-sper·mic [spə́ːmɪk | spə́ː-] 〖↑〗〖生物〗「…個の種子[精子]を有する；…の受精状態の」の意の形容詞連結形.

sperm·i·cide [spə́ːməsàɪd | spə́ːmɪ-] *n.* =spermatocide. **sperm·i·ci·dal** [spə̀ːməsáɪdl̩ | spə̀ːmɪ-] *adj.*

sper·mi·dine [spə́ːmədìːn, -dɪn, -dən | spə́ːmɪdìːn, -dɪn] 〖← SPERM+-IDINE〗 — *n.* 〖化学〗スペルミジン ($H_2N(CH_2)_3NH(CH_2)_4NH_2$)《リン酸塩として膵(すい)臓に含まれる一種のアミン》.

sperm·ine [spə́ːmiːn, -mɪn, -mən | spə́ːmiːn, -mɪn] 〖← SPERM+-INE³〗 — *n.* 〖化学〗スペルミン ($H_2N(CH_2)_3NH(CH_2)_4NH(CH_2)_3NH_2$)《リン酸塩として精液・膵(すい)臓・イーストなど蛋白代謝の活発な組織に多い一種のアミン》.

sper·mi·o·gen·e·sis [spə̀ːmio(u)dʒénəsɪs, -səs | spə̀ː-mɪə(u)dʒénɪsɪs] 〖← SPERMO-+-GENESIS〗 — *n.* 〖生物〗 **1** 精子完成, 精子変態《精細胞が精子に変化すること》. **2** =spermatogenesis.

spérm·ism [-mɪzṃ] 〖← SPERM+-ISM〗 — *n.* 〖生物〗精子論《精子の中に将来の成体のすべてのものが含まれていると考える昔の説；animalculism ともいう；cf. ovism》. **spérm·ist** [-mɪst, -məst | -mɪst] *n.*, *adj.*

spérm nùcleus *n.* 〖生物〗精核, 精子核, 雄核《雄性配偶子の核；cf. egg nucleus》.

sper·mo- [spə́ːmo(u) | spə́ːmə(u)] 〖← SPERM+-O-〗「種子の；精子の」の意の連結形. ★ 時に sperma-, spermi-, また母音の前では通例 sperm- になる.

sper·mo·go·ni·um [spə̀ːməgóuniəm | spə̀ːməgə́u-nɪəm, -njəm] 〖⇨ ↑, -gonium〗 *n.* (*pl.* **-ni·a** [-niə | -nɪə, -njə]) 〖植物〗=spermagonium.

spérm òil *n.* マッコウクジラ油, 鯨油《主に潤滑油に使用》.

sper·mol·o·gy [spəːmɑ́lədʒi | spəːmɔ́lədʒɪ] 〖← SPERMO-+-LOGY〗 *n.* 〖植物〗種子学.

sper·mo·phile [spə́ːməfàɪl | spə́ː-] 〖← NL *spermophilus* : ⇨ spermo-, -phile〗 *n.* 〖動物〗ジリス, ハタリス (⇨ ground squirrel a).

sper·mo·phyte [spə́ːməfàɪt | spə́ː-] 〖← SPERMO-+-PHYTE〗 *n.* 〖植物〗=spermatophyte.

sper·mous [spə́ːməs | spə́ː-] 〖← SPERM+-OUS〗 *adj.* 〖生物〗精子の；精子状の, 精子のような.

-sper·mous [spə́ːməs | spə́ː-] =-spermal.

spérm sàc *n.* 〖解剖〗精嚢(のう).

spérm whàle *n.* 〖動物〗マッコウクジラ (*Physeter catodon*) (cf. spermaceti).

-sper·my [⌐ — spə̀ːmi | -spə̀ːmɪ] 〖← Gk *-spermia* : ⇨ sperm, -ia¹〗〖生物〗「…の種子をもつ状態；…の受精状態」の意の名詞連結形：poly*spermy* 多精.

spe·ro·ne [spəróuni | -rə́unɪ; *It.* speróːne] 〖◻ It. ~ 'spur, buttress'〗 *n.* 〖岩石〗スペロン《白榴(はくりゅう)岩の一種》.

Sper·ry [spéri | -rɪ], **Elmer Ambrose** *n.* (1860–1930) 米国の技術者・発明家；ジャイロコンパスを発明.

sper·ry·lite [spérilàɪt, -rə- | -rɪ-] 〖← *F. L. Sperry* (19世紀のカナダの化学者で, その発見者)+-LITE〗 *n.* 〖鉱物〗砒(ひ)白金鉱 ($PtAs_2$).

spes·sart·ine [spésəṭìːn, -tɪn, -ṭən | -sətìːn, -tɪn] 〖⇨ ↓, -ine³〗 *n.* =spessartite.

spes·sart·ite [spésəṭàɪt | -sə-] 〖← F ~ ← *Spessart* (Bavaria の山脈)+-ITE¹〗 — *n.* **1** 〖鉱物〗マンガンざくろ石 (manganese garnet). **2** 〖岩石〗スペッサルタイト《塩基性火成岩の一種》.

spew [spjúː] 〖OE *spīwan, spēowan* ← Gmc **spiu-* (G *speien*) ← IE **(s)p(h)ieu-* to spew (L *spuere* / Gk *ptúein*) : cf. spit², sputum〗 — *vi.* **1** 吐く, もどす (vomit). **2** 吐き出す, 吹き出す；(一度に)どっと出る, 噴出する (eject, pour forth). **3** しみ出る, にじみ出る (exude). — *vt.* **1** 〈食物を〉吐く. **2** 〈嫌悪・怒りなどを〉吐き出す, ぶちまける；〈煙などを〉吹き出す, 噴出する. — *n.* 吐き出されたもの, へど. **~·er** *n.*

Spey·er [ʃpáɪə, ʃpáɪə | spáɪə(r, ʃpáɪ-; G. ʃpáɪɐ] *n.* シュパイアー《西ドイツ Rhineland-Palatinate 州南東部, Rhine 河畔の都市；人口 43,000；英語名 Spires》.

Spezia, La *n.* ⇨ La Spezia.

S.P.G. 《略》Society for the Propagation of the Gospel (in foreign parts) 英国福音伝播協会《1701 年に設立された英国国教会の海外伝道のための協会；1965 年以降は U.S.P.G.》.

sp. gr. 《略》〖物理〗specific gravity.

sphac·e·late [sfǽsəlèɪt | -sɪ-] 〖← SPHACEL(US)+-ATE³〗〖病理〗 *vt.* 脱疽(だっそ)[壊疽(えそ)]にかからせる. — *vi.* 脱疽[壊疽]にかかる.

sphác·e·làt·ed [-ṭɪd, -ṭəd | -tɪd, -təd] *adj.* **1** 〖病理〗脱疽(だっそ)[壊疽(えそ)]にかかった (gangrenous). **2** 〖植物〗しなびた, 枯れた (withered, dead)：a ~ root.

sphac·e·la·tion [sfæ̀səléɪʃən | -sɪ-] *n.* 〖病理〗脱疽(だっそ)[壊疽(えそ)]にかかること；壊死(えし)状態.

sphac·e·lus [sfǽsələs | -sɪ-] 〖(1575) ◻ L ~ ◻ Gk *sphákelos*〗 *n.* 〖病理〗脱疽(だっそ), 壊疽(えそ) (gangrene).

sphaer- [sfɪ(ə)r | sfɪər] (母音の前に来る時の) sphaero- の異形.

Sphaer·i·a·ce·ae [sfɪ(ə)riéɪsiìː | sfɪərɪ-] 〖← NL ~ ← *Sphaeria* (属名：⇨ sphaero-, -ia²) + -ACEAE〗 — *n. pl.* 〖植物〗スファエリア科. **sphàer·i·á·ceous** [-ʃəs] *adj.*

sphae·ri·id [sfí(ə)riɪd, -riəd | sfíərɪɪd] 〖↓〗 *adj.*, *n.* 〖貝類〗ドブシジミ科の(二枚貝).

Sphae·ri·i·dae [sfɪráɪədiː, sfə- | sfɪ(ə)ráɪɪ-] 〖← NL ~ ← *Sphaerium* (属名：← Gk *sphairíon* (dim.) ← *sphaîra* ball)+-IDAE〗 *n. pl.* 〖貝類〗ドブシジミ科.

sphaer·o- [sfí(ə)ro(u) | sfíərə(u)] 〖← Gk ~ ← *sphaîra* ball : ⇨ sphere〗「球 (sphere)；球形の (spherical)」の意の連結形. ★ 母音の前では通例 sphaer- になる.

Sphaer·o·coc·ca·ce·ae [sfɪ(ə)ro(u)kɑkéɪsiìː, sfɛ̀r- | sfɪərə(u)kɔ-] 〖← NL ~ ← *Sphaerococcus* (属名：⇨ ↑, -coccus)+-ACEAE〗 — *n. pl.* 〖植物〗キジノオ科. **sphaer·o·coc·cá·ceous** [-ʃəs] *adj.*

sphag·nous [sfǽgnəs] 〖⇨ ↓, -ous〗 *adj.* **1** ミズゴケの[から成る]. **2** ミズゴケの多い.

sphag·num [sfǽgnəm] 〖(1753) ← NL ~ ← Gk *sphágnos* a kind of moss〗 — *n.* 〖植物〗 **1** ミズゴケ《ミズゴケ属 (*Sphagnum*) のコケの総称；ウロコミズゴケ (*S. squarrosum*) など》. **2** =sphagnum moss.

sphágnum mòss *n.* (園芸用の)ミズゴケ《鉢に詰めたり, 植物の根を包んだりする；単に sphagnum ともいう》.

sphal·er·ite [sfǽlərɑ̀ɪt] 〖◻ G *Sphalerit* ← Gk *sphalerós* deceptive+-ITE¹〗 *n.* 〖鉱物〗閃(せん)亜鉛鉱 (ZnS)《blackjack, blende, zinc blende ともいう》.

sphe·cid [sfíːsɪd, -səd | -sɪd] 〖↓〗 *adj.*, *n.* 〖昆虫〗ジガバチ科の(ハチ).

Sphe·ci·dae [sfíːsɪdìː, sfés-, -sə- | -sɪ-] 〖← NL ~ ← *Sphec-, Sphex* (属名：← Gk *sphḗx* wasp)+-IDAE〗 *n. pl.* 〖昆虫〗(膜翅目)ジガバチ科.

sphen- [sfiːn] (母音の前に来る時の) spheno- の異形.

sphene [sfiːn] 〖◻ F *sphène* ◻ Gk *sphḗn* wedge : cf. spoon¹：そのくさび形の結晶にちなむ〗 — *n.* 〖鉱物〗榍石(せっせき) ($CaTi(SiO_4)(O, OH, F)$)《宝石として用いる；titanite ともいう》.

sphe·nic [sfíːnɪk] 〖⇨ ↑, -ic¹〗 *adj.* くさび形の (wedge-shaped).

Sphe·nis·ci·dae [sfɪnísədiː, sfə- | sfɪnísɪ-] 〖← NL ~ ← *Spheniscus* (属名：← Gk *sphēnískos* (dim.) ← *sphḗn* wedge)+-IDAE〗 *n. pl.* 〖鳥類〗ペンギン科.

sphe·no- [sfíːnou | -nəu] 〖← Gk *sphḗn* wedge + -o-: cf. spoon¹〗 — 次の意味を表わす連結形：**1**「くさび (wedge)；くさび形の (wedge-shaped)」. **2** 〖解剖〗「蝶形骨 (sphenoid) の；蝶形骨と…との (sphenoidal and...)」. ★ 母音の前では通例 sphen- になる.

sphe·no·don [sfíːnədɑ̀n, sfén- | -dɔ̀n] 〖← NL ~ : ⇨ ↑, -odon〗 — *n.* 〖動物〗ムカシトカゲ (*Sphenodon punctatus*)《ニュージーランド産の中生代に栄えたムカシトカゲ目の最後の生き残りで「生きた化石」(living fossil) といわれるトカゲ；tuatara ともいう；cf. rhynchocephalian》.

sphenodon

sphe·no·gram [sfíːnəgræ̀m, sfén-] 〖⇨ spheno-, -gram〗 *n.* 楔形(せっけい)文字 (cuneiform character).

sphe·noid [sfíːnɔɪd] 〖(1732) ← NL *sphēnoīdēs* ← Gk *sphēnoeidḗs* ← *sphḗn* wedge : ⇨ spheno-, -oid〗 — *adj.* **1** くさび状の (wedge-shaped). **2** 〖解剖〗蝶形骨の：the ~ bone 蝶形骨. — *n.* **1** 〖解剖〗蝶形骨 (sphenoid bone) (⇨ skull¹ 挿絵). **2** 〖結晶〗 **a** 楔(せつ)面, くさび面《disphenoid などに現われる面；cf. dome 5》. **b** =disphenoid.

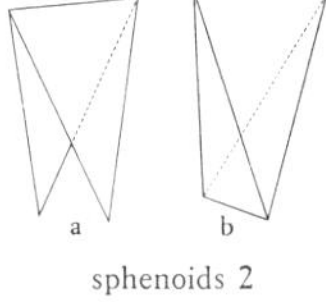

sphenoids 2

sphe·noi·dal [sfiːnɔ́ɪdl̩] 〖⇨ ↑, -al¹〗 *adj.* =sphenoid.

sphe·nop·sid [sfɪnɑ́psɪd, sfiː-, -səd | sfiːnɔ́psɪd] 〖↓〗 *n.* 〖植物〗トクサ門の植物の総称《スギナ (*Equisetum arvense*), トクサ (*E. hyemale*) など》.

Sphe·nop·si·da [sfɪnɑ́psədə | sfiːnɔ́psɪ-] 〖← NL ~ : ⇨ spheno-, -opsis, -ida〗 *n. pl.* 〖植物〗トクサ門《有節植物門 (Arthrophyta) ともいう》.

spher- [sfɪ(ə)r | sfɪər] sphaer- の異形.

spher·al [sfí(ə)rəl | sfíər-] 〖◻ LL *sphaerāl-is* (↓) : -al¹〗 — *adj.* **1** 球 (sphere) の[に関する], 球形の；球状の (spherical). **2 a** (古代天文学による)天球層 (sphere) の. **b** 調和のとれた；相称[対称]な, 均整のとれた.

sphere [sfɪə | sfɪə(r)] 〖(*a*1325) *spere(e)* ◻ OF *espere* (F *sphère*) ◻ L *sphaera* ◻ Gk *sphaîra* ball, globe ← ?〗 — *n.* **1** 球 (globe, ball)；球形, 球体, 球面 (cf. circle)：a heavenly ~ 天体 / the geometry of ~*s* =spherical geometry. **2 a** 天球 (celestial sphere)《観測者を中心とした半径無限大の球》. **b** 地球儀 (terrestrial globe)；

天球儀 (celestial globe). **c** 天体 (heavenly body). **d** 《詩》空 (sky), 天, 天空 (heavens). **3** 範囲, 領域 (scope, province): woman's ～ 婦人の本領 / a ～ of activity 活動範囲 / ⇨ SPHERE of influence / be in [out of, beyond] one's ～ 範囲内[外]にある, 勢力圏内[外]にある, 本領[領分外]だ / keep [remain] within one's (proper) ～ 本領[本分]を守って逸脱しない. **4** (社会的)地位, 身分, 階級; 職業. **5** 《廃》(天体の)軌道 (orbit). **6** (古代天文学で)天球層《天球は透明な幾層かの球体に分割されていると考えられたその一つの層; 各層には星・太陽・月などの天体が固着していて, この各層の回転によって天体の位置が変化するものと想像された》: ⇨ HARMONY of the spheres, MUSIC of the spheres.

sphere of influence (1) 一国の勢力範囲, 支配圏. (2) (しばしば大国の)勢力[支配]圏内の地域.

— *vt.* **1** 球状[球形]にする, 丸くする. **2** 球の中に囲む[包む] (ensphere); 取り巻く, 囲む (encircle, surround). **3** 天体の間に置く.

-sphere [⌐‐sfìə | -sfɪə(r] 〖↑〗「球 (sphere)」の意の名詞連結形: atmo*sphere*, plani*sphere*.

sphére gàp *n.* 〘電気〙球ギャップ《球形導体で構成された放電間隙》.

spher·ic [sfí(ə)rɪk, sfér- | sfér-] 〖□ LL *sphǣric-us* (↓)〗 *adj.* =spherical.

spher·i·cal [sférɪkəl, sfí(ə)r-, -rə- | sférɪ-] 〖《1523》← LL *sphēricus* □ Gk *sphairikós*: ⇨ sphere, -ical〗 — *adj.* **1** 球形の, 球状の (globular), 丸い (round): a ～ body [surface] 球体[面] / a ～ cone 球状円錐(すい). **2** 球の, 球面の: a ～ mirror 球面鏡. **3** 天体の, 天球の. **4** 〘占星〙(人間や事件に影響を及ぼすと考えられる)天体の. **～·ly** *adv.*

sphérical aberrátion *n.* 〘光学〙球面収差.

sphérical ángle *n.* 〘数学〙球面角《球面上の大円弧のなす角》.

sphérical astrónomy *n.* 球面天文学.

sphérical coórdinate *n.* [通例 *pl.*]〘数学〙球座標.

sphérical geómetry *n.* 球面幾何学《球面上の図形を取り扱う》.

spher·i·cal·i·ty [sfèrəkǽləṭi, sfì(ə)r- | sfèrɪkǽlətɪ, -lɪ-] 〖← SPHERICAL + -ITY〗 *n.* =sphericity.

sphérical pólygon *n.* 〘数学〙球面多角形《球面上のいくつかの大円弧をつなげてできる閉曲線》.

sphérical sáiling *n.* 〘海事〙球面航法《地球面の曲りを考慮に入れた航法; cf. plane sailing 1》.

sphérical tríangle *n.* 〘数学〙球面三角形《球面上の三つの大円弧でつくられる三角形》.

sphérical trigonómetry *n.* 〘数学〙球面三角法《球面上の三角法》.

sphe·ric·i·ty [sfɪrísəṭi, sfə- | sfɪrísətɪ, -sɪ-] 〖← SPHERIC + -ITY〗 *n.* 球形であること; 球面; 球体.

spher·ics¹ [sférɪks, sfí(ə)r- | sfér-] 〖← SPHERE + -ICS〗 *n.* 〘数学〙 **1** 球面幾何学 (spherical geometry). **2** 球面三角法 (spherical trigonometry).

spher·ics² [sférɪks, sfí(ə)r- | sfér-] *n. pl.* =sferics.

sphe·ri·form [sfí(ə)rəfɔ̀əm, sfér- | sférɪfɔ̀:m] 〖← SPHERE + -I- + -FORM〗 *adj.* 球形の, 球状の, 丸い.

sphe·ro- [sfí(ə)ro(ʊ), sfér- | sférə(ʊ)] 〖□ Gk *sphairo-* ← *sphaîra* 'SPHERE'〗 sphaero- の異形.

sphe·ro·cyte [sfí(ə)rəsàɪt, sfér- | sfíər-] 〖⇨ ↑, -cyte〗 *n.* 〘解剖〙球状赤血球.

sphe·ro·graph [sfí(ə)rəgræ̀f, sfér- | sfí(ə)rəgrɑ̀:f, -græ̀f] 〖⇨ sphero-, -graph〗 — *n.* 《古》〘海事・天文〙度球器《天文学や航海学において利用できる球面投影盤で, 二枚で成り立ち, 球面上の位置を平面上に表わして, 互いの理論的関係を知るもの》.

sphe·roid [sfí(ə)rɔɪd, sfér- | sfíər-] 〖《1664》□ LL *sphaeroid-ēs* □ Gk *sphairoeidḗs*: ⇨ sphere, -oid〗 — *n.* 〘数学〙回転楕(だ)円面, 長球面, 扁(へん)球面. — *adj.* =spheroidal.

sphe·roi·dal [sfɪrɔ́ɪdl, sfə- | sfɪər-, sfer-] 〖⇨ ↑, -al¹〗 *adj.* 回転楕(だ)円面の; 回転楕円面状の. **～·ly** *adv.*

sphe·roi·dic [sfɪrɔ́ɪdɪk, sfə-, sfe- | sfɪərɔ́ɪ-, sfer-] 〖← SPHEROID + -IC¹〗 *adj.* =spheroidal.

sphe·roid·ic·i·ty [sfì(ə)rɔɪdísəṭi, sfèr- | sfìərɔɪdísətɪ, sfèr-, -sɪ-] 〖⇨ ↑, -ity〗 *n.* 回転楕円状.

sphe·roid·i·ty [sfɪrɔ́ɪdəṭi, sfə-, sfe- | sfɪərɔ́ɪdətɪ, -dɪ-, sfer-] 〖← SPHEROID + -ITY〗 *n.* =spheroidicity.

sphe·rom·e·ter [sfɪrɑ́məṭə, sfə- | sfɪərɔ́mɪtə(r, -mə-] 〖← SPHERO- + -METER¹〗 *n.* 球面計, 度弧器, 球指(きゅうし)《球面の曲率を計る器具》.

sphe·ro·plast [sfí(ə)rəplæ̀st, sfér- | sfíərə-] 〖← SPHERO- + -PLAST〗 — *n.* 〘細菌〙スフェロプラスト《高張液の中で細菌や植物細胞が細胞壁を失い球状になったもの》.

spher·ule [sfí(ə)ru:l, sfér-, -rju:l | sférju:l, -ru:l] 〖□ LL *sphaerula* (dim.) ← *sphaera* 'SPHERE': ⇨ -ule〗 — *n.* 小球, 小球体[形] (globule). **spher·u·lar** [sfí(ə)rjʊlə, sfér- | sférjʊlə(r] *adj.*

spher·u·lite [sfér(j)ʊlàɪt, sfí(ə)r- | sférju-] 〖⇨ ↑, -ite¹〗 — *n.* 〘地質〙球顆《珪(けい)質火山岩によくある球状を呈する針状長石や石英などの放射状集合体》. **spher·u·lit·ic** [sfèr(j)ʊlíṭɪk, sfì(ə)r- | sfèrjʊlít-] *adj.*

spher·y [sfí(ə)ri | sfíəri] 〖← SPHERE + -Y⁴〗 *adj.* (**spher·i·er**; **-i·est**) 《詩・まれ》 **1** 天球 (sphere) の; 天球音楽の(ような). **2** 星状の.

sphinc·ter [sfíŋ(k)tə | -tə(r] 〖《1578》□ LL ～ □ Gk *sphigktḗr* band, contractile muscle ← *sphíggein* to bind tight: cf. sphinx〗 — *n.* 〘解剖〙括約筋: the anal ～. **～·al** [-t(ə)rəl] *adj.* **sphinc·ter·ic** [sfɪŋ(k)térɪk] *adj.*

sphin·did [sfíndɪd, -dəd | -dɪd] 〖↓〗〘昆虫〙 *adj.* ヒメキノコムシ(科)の. — *n.* ヒメキノコムシ《ヒメキノコムシ科の甲虫の総称》.

Sphin·di·dae [sfíndədì: | -dɪ-] 〖← NL ～ ← *Sphindus* (属名) + -IDAE〗 *n. pl.* 〘昆虫〙(鞘翅目)ヒメキノコムシ科.

sphinges *n.* sphinx の複数形.

sphin·gid [sfíndʒɪd, -dʒəd | -dʒɪd] 〖↓〗〘昆虫〙 *adj.* スズメガ(科)の. — *n.* スズメガ《スズメガ科のガの総称》.

Sphin·gi·dae [sfíndʒədì: | -dʒɪ-] 〖← NL ～ ← *Sphinc-*, *Sphinx* (属名: ⇨ sphinx) + -IDAE〗 *n. pl.* 〘昆虫〙(鱗翅目)スズメガ科.

sphin·go·my·e·lin [sfìŋgo(ʊ)máɪəlɪn, -lən | -gə(ʊ)máɪəlɪn] 〖← *sphingo-* (← Gk *sphíggein* to bind fast) + MYELIN〗 — *n.* 〘生化学〙スフィンゴミエリン《神経組織中のリン化合物》.

sphin·go·sine [sfíŋgəsì:n, -sɪn, -sən | -gə(ʊ)sì:n, -sɪn] 〖← *sphingo-* (↑) + -INE³〗 — *n.* 〘生化学〙スフィンゴシン ($C_{18}H_{33}(OH)_2NH_2$)《スフィンゴ脂質に含まれる C_{18} の二重結合を一つもつ鎖状塩基》.

sphinx [sfíŋ(k)s] 〖《1420–22》 *spynx* □ L ～ □ Gk *sphígx* (Boeotia の山 Phikion にちなむ神の名からか: cf. *sphíggein* to bind tight)〗 — *n.* (*pl.* **～·es**, **sphin·ges** [sfíndʒi:z]) **1 a** スフィンクス《人間または動物の頭とライオンの体を持った想像上の怪物の像; エジプトからシリア・フェニキア・バビロニア・ペルシャ・ギリシャに広まった; 男の頭のものは androsphinx, 雄羊の頭のものは criosphinx, 鷹の頭のものは hieracosphinx と呼ばれる》. **b** [the S-] (エジプト Giza 付近にある石像の)大スフィンクス《男の頭を持っている》. **2** [S-] 〘ギリシャ神話〙スフィンクス《胸から上部は女でライオンの体に翼を備えた怪物; Thebes の近くの路傍の岩の上に坐って通行人に「朝は四足を有し, 昼は二足, 夕は三足となり, 足の多い時ほど弱い動物は何か」というなぞをかけ, 解けない者を殺したという; Oedipus がこれを解いて「それは人間だ」と言うと, 怪物は自ら頭を岩に打ちつけて死んだと伝えられる》. **3** スフィンクスのような怪物. **4** (特に, なぞめいたことを言ったりしたりする)なぞの人物 (enigmatic person). **5** 〘昆虫〙=hawkmoth.

sphínx mòth *n.* 〘昆虫〙=hawkmoth.

sphra·gis·tic [sfrədʒístɪk] 〖↓〗 *adj.* 印章の[に関する].

sphra·gis·tics [sfrədʒístɪks] 〖《1836》← LGk *sphrāgistikós* (← Gk *sphrāgís* seal) + -ICS〗 *n.* 印章学.

sp. ht. 《略》〘物理〙specific heat.

sphyg·mic [sfígmɪk] 〖← NL *sphygmic-us* ← Gk *sphugmikós* ← *sphugmós* (↓): ⇨ -ic¹〗 *adj.* 〘生理・医学〙脈拍の[に関する].

sphyg·mo- [sfígmo(ʊ) | -mə(ʊ)] 〖□ Gk *sphugmo-* ← *sphugmós* pulse ← *sphúzein* to beat, throb〗「脈拍 (pulse)」の意の連結形.

sphyg·mo·gram [sfígməgræ̀m] 〖⇨ ↑, -gram〗 *n.* 〘生理〙脈波図.

sphyg·mo·graph [sfígməgræ̀f | -grɑ̀:f, -græ̀f] 〖← SPHYGMO- + -GRAPH〗 *n.* 〘生理〙脈波計.

sphyg·mog·ra·phy [sfɪgmɑ́grəfi | -mɔ́grəfɪ] 〖← SPHYGMO- + -GRAPHY〗 *n.* 〘生理〙脈波記録法. **sphyg·mo·graph·ic** [sfìgməgrǽfɪk] *adj.*

sphỳgmo·manómeter 〖← SPHYGMO- + MANOMETER〗 *n.* 〘生理〙血圧計.

sphyg·mo·phone [sfígməfòʊn | -fəʊn] 〖← SPHYGMO- + -PHONE〗 *n.* 〘生理〙脈音器.

sphyg·mus [sfígməs] 〖← NL ～ ← Gk *sphugmós* pulse: ⇨ sphygmo-〗 *n.* 〘生理〙脈拍 (pulse).

Sphy·rae·ni·dae [sfaɪrí:nədì: | -nɪ-] 〖← NL ～ ← *Sphyraena* (属名: ← L *sphyraena* seafish □ Gk *sphúraina* hammer fish) + -IDAE〗 — *n. pl.* 〘魚類〙カマス科 (cf. barracuda 1).

Sphyr·ni·dae [sfə́:nədì: | sfə́:nɪ-] 〖← NL ～ ← *Sphyrna* (属名: 《変形》← Gk *sphûra* hammer) + -IDAE〗 *n. pl.* 〘魚類〙シュモクザメ科.

spia·na·to [spjɑ:nɑ́:ṭoʊ | -təʊ; *It.* spjaná:to] 〖□ It. ～ 'leveled' (p.p.) ← *spianare* < L *explanāre* to flatten: ⇨ explain〗 *adj.* 〘音楽〙落ち着いた, 滑らかな.

spic [spík] *n.* =spik.

spi·ca [spáɪkə] 〖《a1400》□ L *spīca* ear of grain, point: ⇨ spike²〗 — *n.* (*pl.* **spi·cae** [spáɪsi:, -saɪ], **～s**) **1** 〘考古〙(穀物の)穂《神の持物》. **2** 〘医学〙麦穂帯《一回ずつ折り曲げて螺旋状に巻いた包帯》. **3** 〘植物〙花穂(かすい), 穂状花序 (spike). **4** [S-] 〘天文〙スピカ《おとめ座 (Virgo) の α 星で白色光の 1.0 等星》.

spi·cate [spáɪkeɪt] 〖《1668》□ L *spīcāt-us* (p.p.) ← *spīcāre* to furnish with spikes ← *spīca* (↑): ⇨ -ate²〗 — *adj.* 〘植物〙 **1** 穂 (spike) のある. **2** 〈花が〉穂状に排列した, 穂状花序の.

spi·cat·ed [spáɪkeɪṭɪd, -ṭəd | -tɪd, -təd] *adj.* 〘植物〙=spicate.

spic·ca·to [spɪkɑ́:ṭoʊ, spə- | spɪkɑ́:təʊ; *It.* spikká:to] 〖□ It. ～ (p.p.) ← *spiccare* to detach〗〘音楽〙 — *adj.* スピッカートの《弦楽器で弓を弦上に跳躍させて音を細かくきざむ奏法による》. — *n.* スピッカート(の技法, 演奏, 楽節).

spice [spáɪs] 〖《?a1200》□ OF *espice* (F *épice*) < L *speciēm* 'SPECIES, (LL) wares, assorted goods, esp. spices and drugs'. — v.: 《c1378》□ OF *espicer* (F *épicer*) // ← (n.)〗 — *n.* **1** [集合的にも用いて] 香辛料, 香料, スパイス《食物に風味を加える調味料の一種; pepper, cinnamon, nutmeg, mace, ginger, cloves など》: a dealer in ～ スパイス商, 香料商 / add ～ to cookies クッキーに香辛料を入れる. **2** 気味, …らしいところ (smack) [*of*]; ぴりっとするところ (piquancy); 趣, 味わい (flavor): a ～ *of* humor おかし味, ユーモアの味 / a ～ *of* malice 意地悪気味 / a ～ in a person's character [writings] 人柄[書き物]の味わい / a ～ *of* life 生活の楽しみ(の種). **3** 《詩》芳香 (perfume). **4** 《古》微量, わずか…の気配[痕跡]. — *vt.* **1** …に香辛料を入れる (season): ～ a sauce / ～*d* pickles. **2** […で]…に味[面白味, 趣]を添える [*with*].

spíce·bèrry [-bèri, -b(ə)ri | -b(ə)rɪ] *n.* 〘植物〙 **1** =wintergreen 1. **2** =red stopper. **3** =spicebush.

spíce bòx *n.* (いろいろな香辛料を入れる引出しのある)香辛料[スパイス]入れ, スパイスケース.

spíce·bùsh *n.* 〘植物〙 **1** ニオイベンゾイン (*Lindera benzoin*)《米国産クスノキ科のクロモジの類の低木; オールスパイスの代用として香料に使った》. **2** アメリカロウバイ (*Calycanthus occidentalis*)《米国産ロウバイ科の低木で香りのよい淡褐色の小花をつける》.

spícebush swállowtail *n.* 〘昆虫〙クスノキカラスアゲハ (*Papilio troilus*)《北米東部産の黒色のアゲハチョウ属のチョウ》.

Spíce Íslands *n. pl.* [the ～] 香料諸島《Moluccas の旧名》.

spic·er·y [spáɪs(ə)ri | -sərɪ] 〖《c1300》 *spicerie* □ OF *espicerie* (F *épicerie*) ← *espice* 'SPICE': ⇨ -ery〗 — *n.* **1** [集合的] 香辛料, スパイス, 薬味類 (spices). **2** ぴりっとした味, 芳香. **3** 《廃》香辛料(貯蔵)室.

spíce·wòod *n.* 〘植物〙芳香のある材をもった樹木の総称; (特に) =spicebush 1.

spice·y [spáɪsi | -sɪ] *adj.* (**spic·i·er**; **-i·est**) =spicy.

spick [spík] *n.* =spik.

spick-and-span [spíkənspǽn] 〖《1665》《略》← 《方言》*spick and span new* ← 《廃》*spick* (《変形》← SPIKE¹) + AND + SPAN-NEW: *spick* は同意句の Du. *spiksplinternieuw* 'spike-splinter-new' の影響〗 — *adj.* **1** 真新しい (brand-new), 新調の (quite new). **2** こざっぱりした (spruce): a ～ uniform. — *adv.* 真新しく; こざっぱりと: clean the room ～.

spicula¹ *n.* spiculum の複数形.

spic·u·la² [spíkjʊlə] 〖《1747》← NL ～, ML 'arrowhead' 《変形》← L *spīculum*: ⇨ spiculum〗 *n.* (*pl.* **-u·lae** [-lì:, -làɪ]) =spicule.

spic·u·lar [spíkjʊlə | -lə(r] 〖《1794》: ⇨ ↑, -ar¹〗 *adj.* 針状の, 針骨状の; 針のようにとがった.

spic·u·late [spíkjʊlət, -lɪt, -lèɪt] 〖《1832》□ L *spīculāt-us* pointed (p.p.): ⇨ ↓, -ate²〗 — *adj.* **1** 針骨状の; とがった (spicular). **2** 針骨のある[から成る, でおおわれた]. **spic·u·la·tion** [spìkjʊléɪʃən] *n.*

spic·ule [spíkju:l | spáɪk-, spík-] 〖《1785》□ F ～ □ L *spīculum* (↓): ⇨ -ule〗 — *n.* **1** 針のようにとがった物; 針状体. **2** 〘動物〙(カイメン・ウニなどの)骨片, 針骨. **3** 〘天文〙スパイキュール《太陽光球面上方彩層で針状に物質が噴出する現象》.

spic·u·lum [spíkjʊləm] 〖《1746》□ L *spīculum* small sharp organ or part (dim.) ← *spīcum*=*spīca* 'SPICA': ⇨ spike²〗 *n.* (*pl.* **-u·la** [-lə]) 〘動物〙針状体[部].

spic·y [spáɪsi | -sɪ] 〖《1562》← SPICE (n.) + -Y⁴〗 — *adj.* (**spic·i·er**; **-i·est**) **1** 香辛料[スパイス]を入れた[添えた]: ～ dishes. **2** 芳香のある, 芳しい (aromatic): a ～ seasoning. **3** 香辛料を産する: a ～ country. **4** ぴりっとした, 痛快な: ～ criticism 小気味よい批評, 痛評. **5** 下品な, 卑猥な (improper): a ～ story きわどい話. **6** 《口語》ぴちぴちした, 元気のよい. **7** 《俗》派手な (showy), スマートな (smart).

spi·der [spáɪdə | -də(r] 〖《1340》 *spiþer*, *spiþre* < OE *spīðra* ← **spinðron* 《原義》spinner ← *spinnan* 'to SPIN': ⇨ -er¹〗 — *n.* **1 a** 〘動物〙クモ《真正クモ目の節足動物の総称》. **b** [通例前に限定詞を伴って] クモに似た蛛形綱 (Arachnida) の真正クモ目以外の節足動物の総称: ⇨ red spider. **2** 人を陥れる悪者: a ～ and a fly 籠絡する者とされる者. **3** 《米》 **a** (鋳鉄製の)フライなべ (frying pan)《もと, 炉床の火にかけるために脚が付いていてクモに似ていた》. **b** (鋳鉄製で火になべなどを支える三脚の)三脚台, 五徳 (trivet, tripod). **4** =spider phaeton. **5** 〘農業〙(中耕機 (cultivator) に付属した)ホー付き車輪. **6** 〘機械〙 **a** スパイダー《中心から多数の放射線状の棒を突出させた部品》. **b** クロス《自在継手の十字形金具》. **7** [しばしば S-] 〘トランプ〙スパイダー《solitaire の一種で, 2 組のカードから 10 個の山を作り, 1 枚ずつ動かして数列を完成する遊び》. **8** 〘獣医〙牛の泌乳障害. **9** 〘電気〙スパイダー《ダイナミックスピーカーのコイルを磁石の部分に弾性的に保持するもの》.

spíder bànd *n.* 〘海事〙 **1** スパイダーバンド《マストにはめられている鋼製バンドで, 腕が何本も出て, それぞれにビレーピン (belaying pin) が通され, ここに動索が留められる》. **2** =futtock band.

spíder bùg *n.* 〘昆虫〙アシナガサシガメ《サシガメ科 *Ploiaria* 属などの脚と体がクモのように細長いサシガメの総称; thread-legged bug ともいう》.

spíder càtcher *n.* 〘鳥類〙=wall creeper.

spíder cràb *n.* 〘動物〙クモガニ《十脚目クモガニ科の節足動物の総称; フランス産のマヤスキナド (*Maja squinado*), 日本産のタカアシガニ (giant crab) など》.

spíder dìe *n.* 〘金属加工〙スパイダーダイス, 組合せダイス《棒材から管材を押出し加工する時に用いる中子付きのダイス》.

spíder·flòwer 〖その長い雄蕊の花糸にちなむ〗 *n.* 〘植物〙=cleome.

spíder flỳ *n.* 〖釣〗クモに似せて作った毛鉤の一種.

spíder hòle *n.* 〖軍事〗(狙撃兵などが隠れる擬装を施した)たこつぼ.

spíder hùnter *n.* 〖鳥類〗クモカリドリ《南アジア産のタイヨウチョウ科 *Arachnothera* 属の鳥の総称; くちばしが長くクモなどを食べる》.

spíder-lèg tàble *n.* (8本の細い脚から成る)折畳み式テーブル.

spi·der·let [spáɪdəlɪt, -lət | -də-] 〖⇨ -let〗 *n.* 〖動物〗「=spiderling.

spíder lìly *n.* 〖植物〗 **1** =spiderwort. **2** スパイダーリリー (*Hymenocallis occidentalis*)《米国原産のヒガンバナ科の多年草; 白い花被は細長くクモの足のように見える》. **3** ヒガンバナ (*Lycoris radiata*).

spíder lìne *n.* 〖光学〗=cross wire.

spi·der·ling [spáɪdəlɪŋ | -də-] *n.* 〖動物〗クモの子, 子グモ《spiderlet ともいう》.

spíder-màn [-mæ̀n] *n.* (*pl.* **-men** [-mɛ̀n]) ビル建築「で高い所で働く人.

spíder mìte *n.* 〖動物〗=red spider.

spíder mònkey *n.* 〖動物〗クモザル《熱帯アメリカ産オマキザル科クモザル属 (*Ateles*) のサルの総称; 手足や尾が長く, 巻きつく習性がある》.

spider monkey (*A. paniscus*)

spíder phàeton *n.* くも形荷車[馬車]《車体が高く, 大きな細い車輪のついたもの》.

spíder's wèb *n.* =spider「web.

spíder wàsp *n.* 〖昆虫〗ベッコウバチ《ベッコウバチ科のハチの総称; クモを狩って幼虫の食餌とする》.

spíder-wèb *vt.* (**spider-webbed; -web·bing**) クモの糸[網状のもの]でおおう: The country is ~*bed with* railroads. その国は鉄道網でおおわれている.

spíder wèb *n.* **1** クモの巣《spider's web ともいう; cf. cobweb》. **2** クモの巣状のもの, 網の目状のもの: a ~ of airlines 航空路線網.

spíder-web còil *n.* 〖電気〗くもの巣コイル.

spíder·wòrt 〖《1597》〗 *n.* 〖植物〗ムラサキツユクサ《ツユクサ科ムラサキツユクサ属 (*Tradescantia*) の植物の総称》.

spi·der·y [spáɪdəri | -ri] 〖← SPIDER+-Y[4]〗 ― *adj.* **1 a** クモのような; (クモの脚のように)細長い: ~ handwriting. **b** クモの巣のような: ~ lace. **2** クモの多い, クモのいっぱいいる.

spie·gel [spíːgəl] 〖略〗 *n.* 〖冶金〗=spiegeleisen.

spie·gel·ei·sen [spíːgəlàɪzn] 〖▭G ~ ← *Spiegel* mirror (< OHG *spiagal* ▭ L *speculum*: ⇨ speculum) +*Eisen* 'IRON'〗 ― *n.* 〖冶金〗スピーゲル, 鏡鉄《多量のマンガンを含む銑鉄》.

spíegel ìron 〖《部分訳》← G *Spiegeleisen* (↑)〗 *n.* 〖冶金〗=spiegeleisen.

spiel[1] [spíːl] 〖n.: 《1896》▭G ~ 'play, game'. ― v.: 《1894》▭G *spiel-en* to play〗《俗》― *n.* 大げさな話, ほら話 (pitch); (商店の前などでやる)客寄せ口上, 客引き, 呼び込み. ― *vi.* **1** 演奏する. **2** 大げさにしゃべる[話す]; (商店の前などで)客寄せ口上を述べる. ― *vt.* 大げさにしゃべる[話す, 表現する].

spiel off 丸暗記で[機械的に]朗唱する.

spiel[2] [spíːl] 〖《略》← BONSPIEL〗 *n.* 《スコット》カーリング (curling) の試合.

spiel·er [-lə | -lə(r)] *n.* 《俗》 **1 a** 雄弁家, 大げさにしゃべる人. **b** 客引き, 呼び込み《人》(barker). **c** (特に, コマーシャルをするラジオやテレビの)アナウンサー. **d** 低級なダンスホールの教師. **2** 《豪》 **a** トランプのいかさま[詐欺]師 (cardsharper). **b** 詐欺師 (swindler). **3** 《英》賭博場 (gambling den).

spi·er[1] [spáɪə | spáɪə(r)] 〖ME *spiare*〗 *n.* 偵察[監視]する人; 見つけ出す人; スパイ (spy).

spier[2] [spíə | spíə(r)] 〖ME *spere* ▭ ? MLG *spe(e)r* spar-work〗 〖建築〗― *n.* スピア《英国の中世の邸宅などで隙間風を防ぐために大ホールの扉の脇に設けられた固定したついたて》.

spif·fing [spífɪŋ] *adj.* =spiffy.

spif·fli·cate [spífləkèɪt | -flɪ-] *vt.* =spiflicate.

spiff·y [spífi | -fi] 〖《1860》← *spiff* (←?)《英方言》smartly dressed (adj.)) +-Y[4]〗 ― *adj.* (**spiff·i·er; -i·est**) 《俗》 **1** きちんとした, 気のきいた (spruce, smart). **2** 立派な, すてきな (splendid). **spíff·i·ness** *n.*

spif·li·cate [spífləkèɪt | -flɪ-] 〖《1785》: 戯言的造語〗 *vt.* 《俗》 **1** 力で打ち負かす. **2** なぐる (beat). **spif·li·ca·tion** [spɪ̀fləkéɪʃən | -flɪ-] *n.*

spíf·li·càt·ed [-tɪd, -təd | -tɪd, -təd] *adj.* 酔っ払った.

spig [spíg] 〖《略》← SPIGOT〗 *n.* =spik.

spig·go·ty [spígəṭi | -ti] *n.* =spigotty.

spig·ot [spígət, -kət | -gət] 〖《1383–84》▭ ? OProv. **espigot* (dim.) ← *espiga* ear of corn ▭ L *spīca*: ⇨ spica, spike[2]〗 ― *n.* **1** (樽などの通気孔 (vent) を止める)栓 (plug). **2** 《米》(樽や管などから流出する液体を調節する)コック, (飲み口の)栓 (faucet, cock). **3** 差し込み, 差し口《管の接合で一方の管の広げた端の中にはめ込む他方の管の端》.

spígot jòint *n.* =socket-and-spigot joint.

spig·ot·ty [spígəṭi, -kəṭi | -gəti] 〖《転訛》? ← Sp.-Am. *no speaga de Englesch* 'I don't speak English': spik (↓) が頻用した文句から〗 *n.* =spik.

spik [spík] 〖SPEAK のなまった発音からか〗 *n.* 《軽蔑》スペイン系アメリカ人 (Spanish American); (特に)メキシコ人 (Mexican) (cf. squarehead, dago).

spike[1] [spáɪk] 〖《1345–46》 *spyk* ▭ ON *spīk* nail (cf. OE *spīcing* spike-nail) // MDu. & MLG *spīk-er* spike ← Gmc **spīk-* nail ← IE **sp(h)ēi-* (↓)〗 ― *n.* **1 a** (太い木材を留める長さ 3–12 インチの)大釘(⟨くぎ⟩). **b** (鉄道のレールを枕木に留める)犬釘, スパイキ. **c** (大砲の)火門栓. **2 a** 忍び返し《尖(⟨とが⟩)頭を上または外にして塀や垣の上ぶちに打ちつけて侵入者を防ぐ先のとがったもの》. **b** (競技用の靴の底につける)スパイク; [*pl.*] スパイクシューズ. **c** (勘定書きや伝票などを刺しておく)釘さし, 伝票さし. **3 a** =spike heel. **b** [*pl.*] スパイクヒールの靴. **4** 《英口語》頑固な高教会派の人 (spiky Anglican). **5** (子鹿の)一本角《まだ叉にならないまっすぐなもの》. **6** (6インチ以下の)若サバ (young mackerel). **7** 《俗》注射針. **8** 〖バレーボール〗スパイク《相手のコートへボールを打ち込むこと; cf. setup 10 b》. **9** (グラフや記録図の)波形の尖頭; スパイク波形, 乱高下. **10** 〖生理〗 **a** スパイク, 棘波《波長が短く尖頭値の大きい散発的な電位差の変化; 神経線維中を伝わる神経電位差の変化など》. **b** スパイクの波形の記録図.

hang up one's spikes 《米口語》(プロのスポーツ界, 特に野球界などから)引退する.

― *vt.* **1 a** 大釘[犬釘]で打ちつける. **b** (使用を不能にするため)〈砲〉の火門をふさぐ. **2 a** …に忍び返しをつける. **b** 大釘で突き刺す. **c** 伝票さしに刺す. **d** 〈靴底〉にスパイクをつける. **3** 〈行動・目的など〉の裏をかく, 無効にする (frustrate); 〈うわさなど〉を押える (suppress): ~ a rumor うわさを押える / ⇨ *spike a person's* GUNS. **4 a** 《口語》〈飲物〉にアルコールを加える: ~ coffee *with* whiskey. **b** …の効果を増す. **5** 〖バレーボール〗〈ボール〉をスパイクする (cf. *n.* 8). **6** 〖スポーツ〗〈競技者を〉スパイクで傷つける, スパイクする. **7** 《俗》〖新聞〗〈記事を〉没にする. **8** 〖空軍〗(着陸速度が過大でも)〈飛行機を〉無理に着陸させる. ― *vi.* **1** 大釘状に突き出る. **2** (熱病などで体温が)乱高下を示す.

spiked *adj.*

spike[2] [spáɪk] 〖《?c1395》 *spik* ▭ L *spīca* ear of corn ← IE **sp(h)ēi-* sharp point (Gk *spilás* cliff / Lith. *speigliai* (pl.) thorns): cf. spica, spine, spike[1], spoke[1]〗 ― *n.* **1** (小麦などの)穂 (ear). **2** 〖植物〗穂(⟨すい⟩)状花序.

spike bòwsprit *n.* 〖海事〗ただ一本の円材でできているバウスプリット[斜檣, やりだし].

spíke·fìsh *n.* 〖魚類〗口先・頭部のとがった魚の総称《spearfish, gar など》; (特に) =marlin[1] 1.

spíke hèath *n.* 〖植物〗ヒースの一種 (*Bruckenthalia spiculifolia*)《ヨーロッパ原産の荒地に生えるツツジ科の常緑低木; 花はピンク》.

spíke héel *n.* スパイクヒール《婦人靴のかかとの型の一種で, French heel や Spanish heel より高く先の細いかかと; cf. Cuban heel》.

spíke làvender *n.* 〖植物〗スパイク (*Lavandula latifolia*)《ラベンダーの一種; 地中海地方産のシソ科の小低木; ラベンダー油よりは低級な香油の spike oil を採る》.

spíke làvender òil *n.* =spike oil.

spike·let [spáɪklɪt, -lət] 〖← SPIKE[2]+-LET〗 *n.* 〖植物〗小穂(⟨しょうすい⟩)花《イネ科植物の花房構成単位》.

spíke·like 〖← SPIKE[1]+-LIKE〗 *adj.* 大釘[犬釘]に似た.

spike·nard [spáɪknɑəd, -nəd | -nɑːd] 〖《c1350》▭ ML *spīca nardī* 'SPIKE[2] of NARD': cf. OF *spicanard(e)* ▭ ML〗 ― *n.* **1 a** 〖植物〗カンショウ(甘松) (*Nardostachys jatamansi*)《Sikkim, Himalaya の高山に生えるオミナエシ科の多年草; 香油を採る》. **b** 甘松香《カンショウの根茎から採る香料; 古代人の珍重した nard の香油はこれに当たると言われる》. **2** 〖植物〗米国産ウコギ科の多年草 (*Aralia racemosa*).

spíke òil *n.* スパイク油《spike lavender から採る精油で, 石鹸・化粧品などに用いる香油》.

spíke-pìtch 〖《逆成》↓〗 *vt.* 〈干し草・作物などの束を〉(三つ叉)フォーク (pitchfork) で投げる. ― *vi.* フォークを使って干し草などを処理する.

spíke-pìtcher 〖← SPIKE[1]+PITCHER: pitchfork を使うことから〗 *n.* (運搬などのために)ピッチフォーク (pitchfork) で干し草などを扱う人.

spíke plànk *n.* 〖海事〗(極地向けの船の氷見張りのため)後檣(⟨こうしょう⟩)の前に取り付けた両舷(⟨げん⟩)に通じる簡単な船橋.

spík·er *n.* **1** (先がとがって小穴があいている)パイプ状の灌水用蛇口《地中に突き刺して用いる》. **2** (バレーボールで)スパイクする人, アタッカー.

spíke tèam *n.* 《米》(一頭は先頭で他の二頭は並列で荷車などを引く)三頭立ての牛馬の一組.

spíke-tòoth hárrow *n.* 〖農業〗歯かんハロー《鋭い鋼鉄の歯が垂直についている砕土器》.

spik·y [spáɪki | -ki] 〖← SPIKE[1]+-Y[4]〗 ― *adj.* (**spik·i·er; -i·est**) **1** 大釘[犬釘]のような (spikelike); 先端のとがった (sharp-pointed): ~ thorns. **2** 釘のある; 釘だらけの. **3** 《英口語》 **a** 頑固な高教会的考え[態度]の. **b** 〈人が〉扱いにくい, 意地の悪い (cantankerous), 怒りっぽい (touchy). **spík·i·ness** *n.*

spile [spáɪl] 〖▭ MDu. ~ // MLG ~ 'splinter, bar, peg': cf. G *Speil* splinter: ⇨ spill[2]〗 ― *n.* **1** (樽などの)通気孔 (vent) の止め栓, (樽の)飲み口の栓 (spigot). **2** 《米・方言》(サトウカエデの木に差し込んで樹液を桶に導く)差し管(⟨かん⟩). **3** (家の土台などに打つ)捨てぐい; くい (pile). **4** 〖鉱山〗=forepole. ― *vt.* **1 a** 〈樽など〉に栓を差す; (栓で)〈樽〉の穴をふさぐ. **b** 〈樽〉に飲み口をつける. **2** …に捨てぐいを打つ, くいを打ち込む.

spíle·hòle 〖⇨ ↑, hole〗 *n.* (液がよく出るように樽などに明ける)通気孔.

spil·i·kin [spílɪkɪn, -lə-, -kən | -lɪkɪn] *n.* =spillikin.

spíl·ing[1] [-lɪŋ] *n.* **1** [集合的] 捨てぐい, くい (spiles). **2** 〖鉱山〗=forepole.

spi·ling[2] [spáɪlɪŋ] 〖← ?〗 *n.* [しばしば *pl.*] 〖造船〗外板の木口(⟨こぐち⟩)の内ぞり; その度合い.

spill[1] [spíl] 〖OE *spillan* to destroy, waste < Gmc **spilþjan* (Du. *spillen* / OHG *spilden*) ← ? IE **(s)p(h)el-* to split (L *spolium*: ⇨ spoil)〗 ― *v.* (**spilled** [spíld, spíłt], **spilt** [spíłt]) ― *vt.* **1** (容器のふちから不用意にまたはむだに)〈液体・粉などを〉こぼす: ~ milk, salt, etc. / Don't ~ a drop. 一滴もこぼすな / It is no use crying over *spilt* [《米》~*ed*] milk. ⇨ milk 1. **2** 〈血を〉流す (shed): ~ the blood of a person 人を殺す. **3** まき散らす (scatter): ~ sand. **4** 《口語》〈人を〉投げ出す, 振り落とす (let fall); 〔馬・車から〕〈人を〉ほうりだす (throw out) 〔*from*〕: The horse ~*ed* his rider. 馬が乗り手を振り落とした / He was *spilt from* a horse [vehicle]. 馬[乗物]から振り落とされた. **5** 《口語》〈秘密などを〉漏らす (divulge), 暴露する (disclose), 言いふらす (let known). **6** 《廃》 **a** 殺す (kill). **b** 浪費する (waste). **c** 破壊する (destroy). **7** 〖海事〗 **a** (帆脚(⟨ほあし⟩)綱をやり放つなどして)〈帆に当たる風を〉受け流す. **b** 〈帆〉から風を抜く: ~ a sail. ― *vi.* **1** 〈水などが〉こぼれる (run out); こぼれてむだになる. **2** あふれ出る: The crowd ~*ed into* the square. 群衆が広場にあふれ出た. **3** (馬・乗物などから)落ちる (fall out). **4** 《口語》告げ口する; 秘密を漏らす. **5** 《廃》 **a** 死ぬ; 破滅する. **b** 台なしになる (spoil).

spill over あふれ出る, あふれて流れる.

― *n.* **1** こぼれる[こぼす]こと; こぼれ; こぼれあと. **2** 《口語》(馬・乗物などから)投げ出されること, ほうり出し, 振り落とし (throw), 転落 (fall). **3** 〖劇場〗 **a** (舞台や写真照明などで)もれてくる余分な光線. **b** その光線に照らされた舞台面. **4** =spillway.

spill[2] [spíl] 〖《c1300》 *spille* ▭ ? MLG // MDu. *spil(l)e* spile < (WGmc) **spinla* ← **spin-* 'to SPIN'〗 ― *n.* **1** (木や竹の)裂片, そげ (splinter). **2** (ランプ・ろうそく・パイプたばこなどの点火用の)つけ木; こより (cf. taper[1] *n.* 1 b). **3** (樽の通気孔などをふさぐ)細栓, 木釘 (spile). **4** 金属製の釘[くい]. **5** 〖鉱山〗=forepole.

spill·age [spílɪdʒ] *n.* **1** こぼすこと. **2** こぼす[こぼされる]量.

spíll·er[1] [-lə | -lə(r)] *n.* **1** spill[1] する人. **2** 〖ボウリング〗スピラー《まともな当たりではないが結果的にストライクになったボール》.

spil·ler[2] [spílə | -lə(r)] 〖▭ Ir.-Gael. *spilēar*〗 *n.* **1** 小網, 中網《建て網の魚捕(⟨うおど⟩)り部》. **2** 釣鉤のたくさんついた釣糸.

spil·li·kin [spílɪkɪn, -lə-, -kən | -lɪkɪn] 〖《1734》▭ MDu. *spellekijn* ← *spelle* 'SPILL[2]'+-*ken* '-KIN'〗 *n.* =jackstraw 2.

spílling lìne *n.* 〖海事〗帆の風当たりを減らすために帆面を絞る綱.

spíll lìght *n.* 〖劇場〗=spill[1] 3 a.

spíll·òver *n.* **1** こぼすこと. **2** こぼれた[あふれ出た]もの; 過剰.

spíll·pìpe *n.* 〖海事〗=chain pipe.

spíll·wày *n.* (貯水池・ダムなどで余分の水を流す)水吐き口, 余水吐き; 余水路.

spi·lo·site [spáɪləsàɪt] 〖▭G *Spilosit* ← Gk *spílos* spot: ⇨ -ite[1]〗 *n.* 〖岩石〗スピロサイト《接触変成岩の一種》.

spilt *v.* spill[1] の過去形・過去分詞.

spilth [spílθ] 〖← SPILL[1]+-TH[1]〗 *n.* 《古》 **1** こぼすこと. **2** こぼれ物; 余分, 余り, 過剰 (surplus, excess). **3** くず, ごみ (trash).

spin [spín] 〖OE *spinnan* < Gmc **spinnan* (Du. & G *spinnen*) < IE **(s)pen-(d)-* to draw, stretch, spin (Gk *pátos* garment < **pn̥tos*): cf. span[1], spider〗 ― *v.* (**spun** [spʌ́n], 《古》**span** [spǽ(ː)n]; **spun; spin·ning**) ― *vt.* **1 a** 〈綿・羊毛など〉の繊維に撚(⟨よ⟩)りをかけて糸にする, 紡ぐ: ~ cotton, wool, flax, etc. / ~ cotton *into* threads 綿を紡いで糸にする. **b** 〈糸を〉紡ぐ: ~ yarn on a spinning wheel 糸撚り車で糸を紡ぐ / ~ threads *out of* cotton 綿から糸を紡ぐ. **c** 〈合成樹脂など〉から繊維を作る; 〈人造繊維を〉作る. **2** 〈クモ・蚕などが〉〈糸を〉紡ぐように出す, かける, 吐く: ~ a web 〈クモが〉巣をかける / ~ a cocoon 〈蚕が〉繭(⟨まゆ⟩)をかける. **3 a** (糸を紡ぐように)〈物語・計画・夢などを〉作り出す, 展開させる: ~ tales, plots, fancies, etc. / ⇨ *spin a* YARN. **b** 〈話・物語・討論などを〉引き延ばす, 長引かす, 長々と話す (prolong) 〈*out*〉: ~ *out* a story tediously 長々と話をする. **c** 〈時間・人生などを〉引き延ばす, 延長させる (protract) 〈*out*〉: He *spun out* his glass of beer. 1 杯のビールをちびちびと時間をかけて飲んだ / ~ *out* the time by talking おしゃべりで時間を引きのばす. **d** 〈金銭などを〉長くもたせる: He had only ¥3,000, yet he managed to ~ it out for some days. 3 千円しか持っていなかったがやりくりして数日間もたせた. **4 a** (旋盤などで)回転させて作る. **b** (回転させて)〈板金〉に丸い穴をくる[くぼみを作る]. **c** [通例 p.p. 形で] 〈材料を〉糸状に加工する: ⇨ SPUN gold. **5 a** 〈こまなどを〉回す, 回転させる (twirl, rotate): ~ a top こまを回す / ~ a coin on the table (表が出るか裏が出るかで勝負を決めるために)コインをテーブルの上でくるくる回す / ~ a coin=toss a coin (⇨ toss *vi.* 3) / ~ the dial ダイ

ヤルを回す / He *spun* his swivel chair back. 回転椅子をぐるりと後ろに回した. **b** 〈レコードを〉かける (play). **6** (氷上・砂中などで)〈車輪などを〉空転させる；〈車を〉急回転させる：～ a car at the corner. **7** 〈衣服を〉遠心脱水する. **8** [通例 p.p. 形]《英俗》 **a** 〈人を〉疲れ切らせる (tire out), 参らせる. **b** 〈学生を〉落第させる(fail). **9**《古》むだに〈時間を〉過ごす〈*out*〉. **10**《釣》〈流れなど〉で擬餌鉤 (spinner) で魚を釣る；スピニングリール (spinning reel) を使って魚を釣る. **11**《宇宙》〈ロケットやミサイル〉に(飛行安定のため)回転を与える. — *vi.* **1** 糸を作る, 紡ぐ：Consider the lilies of the field, how they grow; they toil not, neither do they ～. 野のゆりは如何にして育つかを思え, 労せず, 紡がざるなり (*Matt.* 6:28). **2 a** 〈クモ・蚕が〉糸を吐く, 巣をかける, まゆを作る. **b** 〈血・果汁などが〉糸のよう[ジェット状]に流れ出る. **3 a** 〈こまなどが〉回る (whirl): send a person ～*ning* 人をなぐりつけてきりきり舞いさせる. **b** かかとで回る；スピンターンする〈*round*〉. **c** 〈頭が〉ぐらぐらする, 目まいがする: My head is ～*ning*. 頭がぐらぐらしている. **4** 〈車輪が〉空回りする. **5 a** 〈車などが〉疾走する：～ *along* the road 道路を疾走する. **b** 〈時が〉早く過ぎる：Time ～*ned* away. 時があっという間に過ぎた. **6**《英俗》試験に落ちる (flunk). **7**《釣》擬餌鉤で[スピニングリールを使って]魚を釣る. **8**《航空》きりもみ降下する.

spin off (1) (元の企業・財産を損うことなく)再建する. (2) …をのがれる, 免れる (get rid of). ***spin out*** 〈自動車が〉スピンアウトする (⇨ spinout).

— *n.* **1** くるくる回す[回る]こと, 回転(させる[する]こと), ひねり (whirling): give the ball (a) ～ ボールに回転を与える[スピンをかける]. **2** (運動などのための)一走り, ドライブ, 一漕(こ)ぎ(など): go for a ～ in a car 自動車でドライブに行く. **3 a** (回転を伴う)急激な下降, 下落. **b** (頭が)くらくらすること, 目まい: in a ～ 目まいがして. **4**《豪口語》運 (luck): a good [bad] ～. **5**《航空》きりもみ降下, スピン (tailspin): fall in a ～ きりもみして落ちる. **6**《物理》スピン《素粒子(や原子核)に固有の角運動量の大きさで, $\hbar$ を単位として表わしたもの》. **7**《宇宙》スピン：**a** ロケット・ミサイル・人工衛星の飛行安定のために機上のプログラムシーケンスや電波指令で機体に回転を与えること (cf. spin stabilization). **b** その自転.

get* [*go*] *into a* (*flat*) *spin 《口語》混乱に陥る.

spin the bottle《遊戯》びん回し《男子がびんを回して, それが止まった時のびんの口が指し示している女子とキスをする室内遊戯》.

spin the plate [platter]《遊戯》皿回し《皿などを縦にして回転させ, その間に名前を呼ばれた人は皿が止まって倒れぬうちにそれをつかまないとキスなどの罰を課せられる室内遊戯》.

spin- [spaɪn] (母音の前に来る時の) spino- の異形.

spi·na [spáɪnə] 〖⊏ L *spīna* 'SPINE'〗 *n.* (*pl.* **spi·nae** [-niː])《解剖・動物》棘, 突起；脊椎.

spína bí·fi·da [-báɪfədə, -bíf- | -fɪ-] 〖← NL ～: ⇨ ↑, bifid〗 *n.*《病理》脊椎披裂, 二分脊椎.

spin·a·cene [spínəsìːn, spáɪn-] 〖← NL *spinac-*, *spinax* (← ? Gk *spína* fish)+-ENE〗 *n.*《生化学》=squalene.

spi·na·ceous [spɪnéɪʃəs, spə- | spɪ-] 〖← NL *spinacia* 'SPINACH'+-ACEOUS〗 *adj.*《植物》 **1** ホウレンソウ (spinach) の, ホウレンソウのような. **2** アカザ科の.

spin·ach [spínɪtʃ | -nɪdʒ, -nɪtʃ] 〖(1530) ⊏ OF (*e*)*spinache*, *espinage* (F *épinard*) ⊏ ML *spinachia* ⊏ OSp. *espinaca* ⊏ Arab. *isbānakh* ⊏ Pers. *aspanākh* spinach〗 — *n.* **1**《植物》 **a** ホウレンソウ (*Spinacia oleracea*). **b** ホウレンソウの葉. **2**《米》 **a** 不要な[非実質的な, 見せかけの]もの. **b**《俗》あごひげ.

spínach-rhùbarb *n.*《植物》エチオピア産タデ科ギシギシ属の食用植物 (*Rumex abyssinicus*)《葉はホウレンソウの代わりに, 茎は食用ダイオウ (rhubarb) の代わりに用いられる》.

spinae *n.* spina の複数形.

spin·age [spínɪdʒ] *n.* =spinach.

spi·nal [spáɪnl] 〖(1578) ⊏ LL *spīnāl-is*: ⇨ spine, -al[1]〗 — *adj.* **1**《解剖》背骨の, 脊椎(せきつい)の, 脊柱の (vertebral)；脊髄の：a ～ curvature 脊柱彎曲. **2** 背骨をもつ：a ～ animal. **3** とげの；とげ状突起の. — *n.*《医学》=spinal anesthesia. **～·ly** *adv.*

spinal accéssory nèrve *n.*《解剖》=accessory nerve.

spinal anesthésia *n.*《医学》脊髄麻酔.

spinal canàl *n.*《解剖》椎管, 脊柱管.

spinal còlumn *n.*《解剖》脊柱.

spinal còrd *n.*《解剖》脊髄 (⇨ brain 挿絵).

spinal flùid *n.*《解剖》脊髄液.

spinal gànglion *n.*《解剖》脊髄神経節.

spinal màrrow *n.*《解剖》脊髄.

spinal nèrve *n.*《解剖》脊髄神経.

spinal tàp *n.*《医学》脊椎穿刺(せんし).

spin·ar [spínɑə | -nɑː(r)] 〖← SPIN+-*ar* (cf. pulsar, quasar)〗 *n.*《天文》銀河系外星雲の中心核で高速で回転する天体群.

spin·dlage [spíndlɪdʒ, -dl-] *n.* =spindleage.

spin·dle [spíndl] 〖OE *spinel* < Gmc **spinilōn* instrument for spinning (Du. *spindel* / G *Spindel*) ← **spinnan* 'to SPIN': ⇨ -le[1]: ME における -*d*- の挿入は (M)Du. 形による〗 — *n.* **1 a** (両端が先細りになった長い棒で糸を紡ぐ軸棒となる)つむ, 錘(つむ), 紡錘(ぼうすい) (⇨ distaff 挿絵). **b** 昔手紡ぎに用いた両端を細く削った棒. **c** 糸車に用いた鉄の針. **d** 紡績機械に用いる糸まき (bobbin) を支えるもの. **2 a** 紡錘状 (fusiform) のもの. **b** =muscle spindle. **c**《生物》紡錘体. **3 a** 軸, 心棒 (axle, axis): alive [dead] ～ 回る[回らない]軸, 動[死]軸. **b** 旋盤上の支軸《動軸かまたは死軸のいずれか一方をさす》. **c** スピンドル《箱錠の握り玉または銅製角形状のレバーハンドルの心棒》. **d** (レコードをかけるターンテーブルの)心棒. **4** スピンドル《綿糸・麻糸の尺度；それぞれ 15,120 ヤード, 14,400 ヤード》. **5** 浮き秤(ばかり), 液体比重計 (hydrometer). **6**《海事》(岩や浅瀬の上などに立てた航路標識用の)(鉄)棒標《頂上にランプなどの付いているものが多い》. **7**《建築》 **a** (手すり・欄干などの)親柱 (newel). **b** 挽物(ひきもの)《手すり子など, ろくろで細工された部材》. — *vi.* **1** (不釣合いに)細長くなる. **2** 〈植物が〉長茎になる. — *vt.* **1** …を紡錘状にする；細長くする. **2** 〈書類を〉書類刺し (spindle file) に刺す.

spin·dle·age [spíndlɪdʒ, -dl-] *n.* (一工場・一地方の)紡錘の総数.

spíndle bòdy *n.*《生物》紡錘体.

spíndle cèll *n.*《生物》紡錘細胞.

spíndle fìber [èlement] *n.*《生物》紡錘糸.

spíndle fìle *n.* (テーブルの上や壁などに取り付ける釘状または鉤の手状の)書類刺し.

spíndle-lègged [-lègɪd, -gəd, -gd | -lègd] *adj.* 足の細長い.

spíndle-lègs *n. pl.* =spindleshanks.

spíndle òil *n.*《機械》スピンドル油《紡績用スピンドルや軽荷重高速度機械に使用される潤滑油》.

spíndle-shànked *adj.* =spindle-legged.

spíndle-shànks *n. pl.* **1** 細長い脚. **2** [単数または複数扱い]《口語》細長い脚の人,「蚊のすね」.

spíndle-shàped *adj.* 紡錘状の.

spíndle sìde 〖《なぞり》← G *Spindelseite*: cf. OE *spinlhealf*〗 *n.* [the ～] (家の)母方, 母系 (distaff side) (cf. spear side).

spíndle trèe *n.*《植物》ヨーロッパ産のニシキギ属 (*Euonymus*) の植物の総称；(特に)オウシュウニシキギ (*E. europaeus*)《その堅い材で昔つむ (spindle) を作ったり, 焼いて素描用木炭(fusain)を作ったりした》.

spín·dling [-dlɪŋ, -dl-] 〖(15C)〗 *adj.* **1** (不釣合に)細長い, ひょろ長い. **2** 〈茎・幹が〉細長く[ひょろ長く]伸びた. — *n.* ひょろ長い人[植物, 物].

spin·dly [spín(d)li | -dlɪ] 〖← SPINDLE (n.)+-Y[4]〗 *adj.* (**spin·dli·er**; **-dli·est**) =spindling.

spín-drìer *n.* (洗濯物の, 遠心分離式)脱水機.

spin·drift [spíndrìft] 〖(1600)《変形》← 《スコット》 *speendrift* ← *speen* (《変形》← 《廃》 *spoon* to run before the wind ← ?)+DRIFT〗 — *n.* **1** (海面を強風に吹き飛ばされる)波しぶき, 浪煙. **2** 砂煙；雪煙.

spíndrift clòuds *n. pl.*《気象》羽毛状の薄雲.

spín-drý *vt.* (自動洗濯機で)遠心脱水する.

spín-drýer *n.* =spin-drier.

spine [spáɪn] 〖(1430–40) ⊏ OF *espine* (F *épine*) // L *spīna* thorn, backbone ← IE **sp(h)ēi-* sharp point (⇨ spike[1,2]): cf. spit[1], spire[1]〗 — *n.* **1** 脊柱 (spinal column), 脊椎, 背骨. **2** 気骨, 気概, 土性骨. **3 a** とげ状突起, とげ. **b** (土地・岩などの)突起, 山の背 (ridge). **c**《動物》(ヤマアラシ・硬骨魚のひれにあるような)とげ, 棘(きょく)(状突起). **d**《植物》棘針茎《ウメ・サイカチなどの枝にあるような針状突起で葉の変化したもの, またヒイラギなどの葉先にあるようなとげ》. **4**《製本》(本の)背《ここに書名・著者名などを示す》.

spíne-chìller *n.* 背筋が寒くなるような恐怖もの[小説, 映画など]. **spíne-chìlling** *adj.*

spined *adj.* 背骨[とげ]のある；とげだらけの (spiny).

spi·nel [spɪnél, spə- | spɪ-] 〖(1528) ⊏ F *spinelle* ⊏ It. *spinella* (dim.) ← *spina* < L *spīnam* 'SPINE': そのとげ状の結晶にちなむ〗 — *n.*《鉱物》尖(せん)晶石, スピネル ($MgAl_2O_4$)《ある種のものは宝石とされる；cf. spinel ruby》.

spíne·less *adj.* **1 a** 無脊椎(むせきつい)の, 背骨のない (invertebrate). **b** ぐにゃぐにゃの (limp). **c** 意気地のない, 弱い (feeble), 決断力のない (irresolute): a ～ person. **2** とげのない. **～·ly** *adv.* **～·ness** *n.*

spi·nelle [spɪnél, spə- | spɪ-] 〖(1555) ⊏ F ～ 'SPINEL'〗 *n.* =spinel.

spinél rùby *n.*《鉱物》スピネルルビー, 紅尖(せん)晶石 (spinel の一種で宝石).

spi·nes·cent [spaɪnésnt] 〖← NL *spinescent-em* (pres.p.) ← LL *spīnēscere* to grow thorny ← L *spīna* 'SPINE': ⇨ -escent〗 — *adj.*《生物》とげ状の；(先が)とげになる；とげのある.

spi·net [spínɪt, -nət, spɪnét | spɪnét, spínet, -nɪt, -nət] 〖(1664) ⊏ F《廃》*espinette* (F *épinette*) ⊏ It. *spinetta* ← ? *Giovanni Spinetti* (Venice のこの楽器の発明者)〗 — *n.* **1** スピネット《チェンバロの一種で, 16–18 世紀のヨーロッパの家庭で愛用された；cf. virginal[2], harpsichord》. **2** スピネット：**a** 昔の小型のスクウェアピアノ. **b** 小型たて型ピアノ. **c** 小型たて型ピアノに似た電子オルガン.

spin·ey [spáɪni | -nɪ] *adj.* (**spin·i·er**; **-i·est**) =spiny.

spin fishing *n.*《釣》固定スプールのリールを使った釣 (⇨ spinning 5).

Spin·garn [spíŋgɑən | -gɑːn], **Joel E(lias)** *n.* (1875–1939) 米国の文芸批評家.

spi·ni- [spáɪnɪ, -nə | -nɪ] 〖← L *spīna* thorn, backbone: ⇨ spine〗 spino- の異形 (⇨ -i-).

spi·nif·er·ous [spaɪníf(ə)rəs] 〖⇨ ↑, -ferous〗 *adj.* =spiny.

spi·ni·fex [spáɪnəfèks | -nɪ-] 〖(1846) ← NL ～ ← SPINO-+L -*fex* maker (← *facere* 'to DO[1]')〗 — *n.*《植物》オーストラリア産のイネ科 *Spinifex* 属の雑草の総称《茎が強く, よく海岸の砂防に用いる》.

spi·ni·form [spáɪnəfɔ̀əm | -nɪfɔ̀ːm] 〖← SPINI-+-FORM〗 *adj.* とげ状の.

spin·na·ker [spínɪkə, -nə- | -kə(r)] 〖(1866)《転訛》? ← *Sphinx* (この種の帆を最初に装備したヨットの名): 多分 SPANKER の影響もあろう〗 *n.*《海事》スピンネーカー《レース用ヨットが追手の軟風を受けて走る際, 主帆の反対側に張る三角形のよくふくらむ大型軽帆》.

spínnaker stáysail *n.*《海事》スピンネーカーステースル《比較的小型のステースルでフォーステーにかけ, スピネーカーの後方で風をつかむためにしばしば使われる帆》.

spín·ner 〖(c1220) 'spider'〗 — *n.* **1 a** 紡ぎ手, 紡績工；紡績業者. **b**《古》クモ (spider). **2** 紡績機 (spinning machine). **3** 物語をする人, 長話をする人: a ～ of yarns. **4**《釣》 **a** カゲロウの成虫に似せた毛鉤. **b** スピナー《水中で回転する小金属片のついた鉤》. **5**《野球・クリケット》 **a** 回転するボール. **b** ボールに回転を与える投手. **6**《アメリカンフットボール》=spinner play. **7**《動物》=spinneret 1. **8**《英口語》《鳥類》=nightjar. **9**《サーフィン》スピナー《前進するサーフボードの上で, 立ったままのライダーが完全に一回転すること》. **10**《航空》スピナー《プロペラボスの整形のためにプロペラ軸の先端についている流線形の帽子》. **11**《金属加工》へら絞り工.

spin·ner·et [spìnərét, ⌐⌐⌐] 〖(dim.) ↑: ⇨ -et〗 — *n.* **1**《動物》(クモ類の)出糸突起, 紡績突起. **2** (*also* **spin·ner·ette** [～])《紡織》紡糸口金《化学繊維の紡出に用いる細かい孔のあいた口金》.

spínner plày *n.*《アメリカンフットボール》スピンナー(プレー)《シングルウィングフォーメーションでボールキャリアーが 360° 回転してラインをつく[タックルをはずす]プレー》.

spin·ner·y [spínəri | -rɪ] 〖← SPIN+-ERY〗 *n.* 紡績工場 (spinning mill).

spin·ney [spíni | -nɪ] 〖(1597) ⊏ OF *espinei* (F *épinaie*) < VL **spinētam* = L *spīnētum* ← *spīna* 'thorn, SPINE'〗 *n.*《英》やぶ, 茂み (thicket)；木立ち (copse).

spín·ning *n.* **1** 紡績(業). **b** 紡いだ糸. **2** (話の)引き延ばし. **3** 急回転. **4** (金属板の)へら絞り, スピニング. **5**《釣》スピニング《スピニングリール (spinning reel) を使って細い釣糸で釣る方法; spin fishing, thread-line fishing ともいう》.

spínning bèe *n.* (昔, 米国で行なわれた)糸紡ぎの寄合い (cf. bee[1] 4).

spínning fràme *n.* 精紡機《糸を撚(よ)り, 巻き取る機械》.

spínning glànd *n.*《動物》出糸腺 (silk gland).

spínning hòuse *n.*《英》(昔の売春婦の)感化院《ここで糸紡ぎの仕事をさせられた》.

spínning jènny 〖(1783)〗 *n.* ジェニー紡績機《J. Hargreaves が 1764 年ごろ発明した初期の紡績機》.

spínning làthe *n.*《機械》スピニングレース, ろくろ《金属の薄板を工具により回転する型に押しつけて成形する加工法に用いる旋盤》.

spínning machìne *n.* **1** 紡績機, 紡糸機. **2** へら絞り盤, スピニング機《金属板を回転してへらでコップ状に絞る機械》.

spínning mìll *n.* 紡績工場 (spinnery).

spínning mùle *n.*《紡織》=mule[1] 7.

spínning rèel *n.*《釣》スピニングリール《固定したスプール(巻糸部分)を備えたリール》.

spínning rìng *n.* リング精紡機のトラベラーを回し走らせる円型体レール.

spínning ròd *n.*《釣》スピニングロッド《スピニングリール (spinning reel) と共に用いる比較的軟調子の投げ竿》.

spínning whèel 〖(15C)〗 *n.* (昔, 糸を紡いだ)糸車, 紡ぎ車.

spin·ny [spíni | -nɪ] *n.* =spinney.

spi·no- [spáɪnoʊ | -nəʊ] 〖← L *spīna* thorn, backbone: ⇨ spine, -o-〗 次の意味を表わす連結形: **1**「脊柱 (spinal column), 脊髄 (spinal cord)；脊髄と…との (of spinal cord and …)」. **2**「とげ (spine)」. ★ 時に spini-, また母音の前では通例 spin- になる.

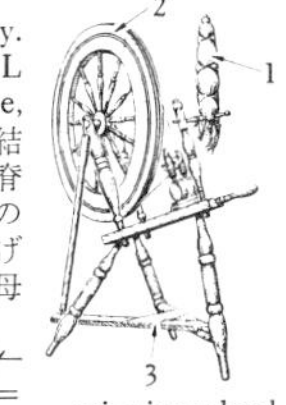

spinning wheel
1 distaff; 2 wheel; 3 treadle

spi·node [spáɪnoʊd | -nəʊd] 〖← SPI(NO-)+NODE〗 *n.*《数学》=cusp 4.

spín-òff 〖← *spin off* (⇨ spin (v.) 成句)〗 — *n.* **1** [集合的にも用いて] (通例有益な)副産物 (by-product). **2**《経営》スピンオフ《会社分割の一方法；甲社は資産の一部を乙社に現物出資し, それと引換えに乙社の全株式を取得する, 甲社はこの乙社の株式を自己の株主に対し持株数に応じて分配する, これにより甲社の資本金は増減しない；cf. split-off 3, split-up 2》. **3**《テレビ》続編シリーズ番組.

spin·or [spínə, -nɔə | -nə(r), -nɔː(r)] 〖← SPIN+-OR[2]〗 — *n.* **1**《数学》スピノル《ある種の 2 次元複素ベクトルおよびその拡張》. **2**《物理》スピノル《スピン $^1/_2$ の粒子の状態を表わすのに使う》.

spi·nose [spáɪnoʊs | -nəʊs] 〖⊏ L *spīnōs-us*: ⇨ spine, -ose[1]〗 — *adj.*《生物》 **1** とげのある[多い] (spinous, spiny). **2** とげ状の (spiniform), 尖った (pointed): the ～ process 棘(きょく)突起. **～·ly** *adv.* **～·ness** *n.*

spi·nos·i·ty [spaɪnɑ́səṭi | -nɔ́sətɪ, -sɪ-] 〖⊏ LL *spīnōsitātem*: ⇨ ↑, -ity〗 — *n.* **1** とげのある[多い]こと,

とげだらけ (spininess). **2** (議論・問題・言葉などの)とげ, とげとげしさ; 辛辣な言葉[評言].

spi·nous [spáɪnəs] 〘← SPINE + -OUS〙 *adj.* **1** 扱いにくい, 困難な; とげのある: a ～ remark. **2** 〘生物〙とげでおおわれた, とげだらけの; とげ状の.

spín·òut *n.* 〘自動車〙スピンアウト《自動車が高速でコーナーを曲がるときタイヤの横すべりにより垂直軸回りに回転し, 道路の外に出ること; cf. SPIN *out*》.

Spi·no·za [spɪnóuzə, spə- | spɪnə́u-; *Du.* spi:nó:za:], **Baruch** *n.* スピノザ《1632–77; オランダ生れのユダヤ系哲学者; *Ethica ordine geometrico demonstrata* (公刊 1677) (英訳名 *Ethics Demonstrated in the Geometrical Order*); ラテン語名 Benedict de Spinoza》.

Spi·nó·zism [-zɪzm] 〘⇨ ↑, -ism〙 *n.* 〘哲学〙スピノザの哲学説, スピノザ哲学.

Spi·nó·zist [-zɪst] 〘← *Spinoz(a)* + -IST〙 *n.* スピノザ哲学を奉じる人, スピノザ派の哲学者.

Spi·no·zis·tic [spɪnouzístɪk, spɪnòu-, spə- | spɪnou-, spɪnə̀u-] 〘⇨ ↑, -ic[1]〙 *adj.* スピノザ哲学の; スピノザ哲学を奉じる.

spín·próof *adj.* 〈航空機が〉きりもみ降下を起こさぬように設計された.

spín quántum nùmber *n.* 〘物理〙スピン量子数《素粒子や原子核のスピンの大きさや成分を示す量子数》.

spín rèsonance *n.* 〘物理〙スピン共鳴.

spín stabilizàtion *n.* 〘宇宙〙スピン安定化《ロケットなどを回転させて方向安定性を与えること》.
spín-stàbilized *adj.*

spin·ster [spínstə | -stə(r)] 〘(*a*1387) *spin(n)ester*: ⇨ spin, -ster: 1 の意味は 17C から〙 — *n.* **1** 未婚婦人 (single woman) (cf. bachelor 1); オールドミス (old maid). **2** 《英廃・米》紡ぎ女. **3** 〘法律〙未婚の女性.

spínster·hòod 〘⇨ ↑, -hood〙 *n.* (婦人の)独身, 未婚の身分[状態].

spín·ster·ish [-tərɪʃ] 〘⇨ -ish[1]〙 *adj.* 未婚婦人らしい.

spin·thar·i·scope [spɪnθǽrəskòup | -rɪskə̀up] 〘← Gk *spintharís* spark + -SCOPE〙 — *n.* 〘光学〙スピンサリスコープ《蛍光板と拡大鏡を組み合わせ, ラジウムのアルファ線による蛍光板のきらめきを見る装置》.

spin·to [spíntou | -təu; *It.* spínto] 〘◻ It. ～ (p.p.) ← *spingere* to push < VL **expingere* ← L EX-[1] + *pangere* to fasten (⇨ fang)〙 — *adj.* 〘音楽〙叙情的かつ劇的な. — *n.* そのような声[歌手].

spi·nule [spáɪn(j)u:l | -nju:l] 〘◻ L *spīnula* (dim.): ⇨ spine, -ule〙 *n.* 〘生物〙小とげ (small spine).

spi·nu·lose [spáɪnjulòus | -lə̀us] 〘← NL ～: ⇨ ↑, -ose[1]〙 *adj.* 小とげのある[でおおわれた].

spi·nu·lous [spáɪnjuləs] 〘⇨ ↑, -ous〙 *adj.* = spinulose.

spín úp *n.* 〘航空〙スピンアップ《飛行機が接地する時空中で止まっていた車輪が突然回転し出すこと》.

spín wàve *n.* 〘物理〙スピン波《磁性体内でスピン整列の乱れが伝わる波》.

spin·y [spáɪni | -nɪ] 〘← SPINE + -Y[4]〙 — *adj.* (**spin·i·er**; **-i·est**) **1** 〈動物・植物が〉とげのある[多い], とげでおおわれた, とげだらけの (prickly). **2** とげのような, とげ状の. **3** 〈問題など〉困難な, 面倒な, 厄介な: a ～ subject to discuss 討論しにくい論題. **spín·i·ness** *n.*

spíny ánteater *n.* 〘動物〙ハリモグラ (⇨ echidna 1).

spíny clótbur [**cócklebur**] *n.* 〘植物〙北米中央部に産するキク科オナモミの一種 (*Xanthium spinosum*) 《痩果(そうか)にとげが多い》.

spíny dógfish *n.* 〘魚類〙ツノザメ科のサメの総称; (特に)アブラツノザメ (*Squalus acanthias*) 《背鰭(せびれ)の前にとげがある; 北大西洋にすむ》.

spíny-fínned *adj.* 〘魚類〙ひれに堅い棘条のある, 棘鰭(きょくき)類の (acanthopterygian) (cf. soft-finned).

spíny-hèaded wórm *n.* 〘動物〙鉤頭虫 (cf. acanthocephalan).

spíny lízard *n.* 〘動物〙ハリトカゲ《北米および中米に生息するタテガミトカゲ科ハリトカゲ属 (*Sceloporus*) のトカゲの総称; 背鱗が大きく後端が尖っている; コモンハリトカゲ (*S. graciosus*) など》.

spíny lóbster *n.* 〘動物〙イセエビ《岩礁の海底に生息するイセエビ科のエビの総称; 二枚貝などを食べ, はさみはない; 日本に多産するイセエビ (*Panulirus japonicus*) などを含む》.

spíny óyster *n.* 〘貝類〙ウミキクガイ科の二枚貝.

spíny-ráyed *adj.* 〘魚類〙 **1** 〈ひれが〉とげ状の. **2** = spiny-finned.

spir- [spaɪr | spaɪər] (母音の前に来る時の) spiro-[1] の異形.

spi·ra [spáɪrə | spáɪərə] 〘◻ L *spīra* ◻ Gk *speîra*: ⇨ spire[2]〙 *n.* (*pl.* **spi·rae** [-ri:]) 〘建築〙スピラ, 大玉縁《円柱の柱基 (base) の凸曲した繰形; torus ともいう》.

spir·a·cle [spírəkl̩, spáɪr- | spáɪər-] 〘(?*c*1380) *spyrakle* breath ◻ L *spīrācul-um* air hole, (LL) breath ← *spīrāre* to breathe: ⇨ spirant, -cule〙 — *n.* **1** 通風孔, 空気孔. **2** 〘動物〙 **a** (昆虫・クモ類などの)気門 (⇨ insect 挿絵). **b** (鯨などの)噴気孔 (blowhole). **c** (サメ・エイなどの)呼吸孔. **3** 〘地質〙溶岩流上にできた小火口. **spi·rac·u·lar** [spɪrǽkjulə, spə-, spaɪ- | spaɪrǽkjulə(r)] *adj.*

spir·ac·u·late [spɪrǽkjulət, spə-, spaɪ-, -lɪt, -lèɪt | spaɪ(ə)r-] 〘← L *spīrāculum* (↑) + -ATE[2]〙 *adj.* 通風[空気]孔のある; 呼吸孔[気門]のある; 噴気孔のある.

spirae *n.* spira の複数形.

spi·rae·a [spaɪrí:ə | -ríə, -rí:ə] *n.* 〘植物〙 = spirea.

spi·ral [spáɪrəl | spáɪ(ə)r-] 〘adj.: (1551) ◻ F ～ // ML *spīrāl-is* ← L *spīra* 'coil, SPIRE[2]': ⇨ -al[1]. — n.: (1656) ← (adj.). — v.: (1834) ← (n.)〙 — *adj.* **1** 渦巻形の, 螺旋形の; 螺旋状の, ねじ状の (helical); 旋回した (coiled); 螺旋仕掛けの. **2** 螺旋状に進行していく. **3** 〘数学〙渦巻形の, 渦(うず)線の: a ～ line 渦巻線, 渦線. — *n.* **1 a** 渦巻曲線, 螺旋状線 (helix): a ～ of smoke 渦を巻いて上っていく煙. **b** 螺旋の一巻き. **2 a** 螺旋形のもの. **b** 螺旋階段. **c** 螺旋ばね. **d** (ルーズリーフをとじるノートの背の)螺旋とじ. **3** 〘天文〙 = spiral galaxy. **4** 〘航空〙螺旋飛行, きりもみ降下. **5** 〘アメリカンフットボール・ラグビー〙球の長軸を中心にくるくる回るように蹴る[パスする]こと. **6** 〘経済〙(物価・賃金などの悪循環による)螺旋状(悪性)進行過程: a deflationary ～ 進行性デフレーション, デフレ的悪循環 / ⇨ inflationary spiral. **7** 〘数学〙渦巻線, 渦線, 渦線. **8** 〘鉄道〙ループ線. — *v.* (**spi·raled**, **-ralled**; **-ral·ing**, **-ral·ling**) — *vi.* **1** 螺旋形になる, 渦巻形に動く[進む]. **2** 螺旋状に進行[上昇, 下降]する: ～*ing* prices うなぎ登りの物価. **3** 〘航空〙螺旋上昇[降下]をする. — *vt.* **1** 螺旋状にする. **2** 螺旋状に進行[上昇, 下降]させる. **～·ly** *adv.*

spíral bálance *n.* 螺旋はかり.

spíral bével gèar *n.* 〘機械〙まがりば傘(かさ)歯車.

spíral bínding *n.* 〘製本〙螺旋とじ.

spíral-bóund *adj.* 〈ノートなど〉螺旋とじの《螺旋状の針金でとじたものにいう》: a ～ notebook.

spíral càsing *n.* 〘機械〙渦(形)室, 渦巻車室《水門から水車への螺旋状導水管; scroll casing ともいう》.

spíral chúte *n.* 〘機械〙スパイラルシュート, ねじシュート《物品を滑らせて搬送する螺旋状の案内路》.

spíral convéyor *n.* 〘機械〙ねじコンベヤー.

spíral dúct *n.* 〘植物〙 = spiral vessel.

spíral gálaxy *n.* 〘天文〙渦巻き星雲, 渦状銀河.

spíral gráin *n.* 〘建築〙旋回木理, 螺旋状木理, (木材の木理の)ねじれ.

spi·ral·i·ty [spaɪrǽləṭi | spaɪ(ə)rǽlətɪ, -lɪ-] 〘⇨ spiral, -ity〙 *n.* 渦巻き状; 渦巻きの度合い.

spíral nébula *n.* 《俗用》= spiral galaxy.

spíral spríng *n.* 渦巻きばね, 螺旋ばね.

spíral stabílity *n.* 〘航空〙螺旋安定《飛行機の固有安定形態の一つ; これが不安定の機体では, 操縦士が修正操作をしないと飛行機は螺旋降下に入り旋回の度合いが次第に強くなる》.

spíral stáircase *n.* 螺旋階段.

spíral véssel *n.* 〘植物〙螺旋紋導管《spiral duct ともいう》.

spi·rant [spáɪrənt | spáɪər-] 〘(1866) ◻ L *spīrant-em* (pres.p.) ← *spīrāre* to breathe: ⇨ spirit, -ant〙 〘音声〙 *n.* 摩擦音 (fricative). — *adj.* = spirantal.

spi·ran·tal [spaɪrǽntl̩ | spaɪ(ə)rǽntl] *adj.* 〘音声〙摩擦音の.

spire[1] [spáɪə | spáɪə(r)] 〘OE *spīr* stalk, stem ← Gmc **spī-ra-* (MDu. & MLG *spīr* / G *Spier* tip of blade of grass) ← IE **sp(h)ēi-* sharp point: ⇨ spike[1,2], spine〙 — *n.* **1** (塔の上の)尖(せん)塔; 尖(とが)り屋根 (⇨ steeple 挿絵). **2** 先の細く尖った物, 円錐(すい)形[尖塔形]の物; 高く細く尖った物の先 (peak); (山などの高く尖った)頂, 尖峰 (summit). **3** 細く尖った茎[(草の)葉, 芽]. **4** (繁栄・幸福などの)頂上, 絶頂 (highest point). — *vi.* **1** 突き出る; そびえ立つ (shoot up). **2** 〈植物が〉芽を出す (sprout). — *vt.* **1** 〈塔の上など〉に尖塔をつける. **2** 芽を出させる, 伸ばす.

spire[2] [spáɪə | spáɪə(r)] 〘(1572) ◻ F ～ ◻ L *spīra* ◻ Gk *speîra* coil ← IE **sper-* to turn, twist〙 — *n.* **1** 渦巻, 螺線 (spiral, coil); 螺線の一巻き. **2** 〘貝類〙螺塔(らとう)《巻貝のねじれた部分》.

spi·re·a [spaɪrí:ə | -ríə, -rí:ə] 〘(1669) ◻ L *spīraea* meadowsweet ◻ Gk *speiraía* ← *speîra* (↑)〙 — *n.* 〘植物〙 **1** シモツケ《バラ科シモツケ属 (*Spiraea*) の各種の低木の総称; 観賞用のものが多い》. **2** バイカシモツケ (*Exochorda racemosa*) 《中国産バラ科の低木; 観賞用; pearl bush ともいう》. **3** アスチルベ《ユキノシタ科チダケサシ属 (*Astilbe*) の園芸植物の総称》.

spired[1] *adj.* **1** 尖塔[尖(とが)り屋根]のある: a ～ church. **2** 細長い, 先が尖った (pointed).

spired[2] *adj.* 渦巻いた (spiral): a ～ shell.

spire·let [spáɪəlɪt, -lət | spáɪə-] *n.* 小尖塔 (flèche).

spíre light *n.* 尖塔の明り取りの窓, 換気窓.

spi·reme [spáɪri:m | spáɪər-] 〘◻ G *Spirem* ◻ Gk *speírēma* ← *speîra* coil, twist: ⇨ spire[2]〙 *n.* (*also* **spi·rem** [-rem]) 〘生物〙(染色体の)螺旋糸, 核糸.

Spires [spáɪəz | spáɪəz] *n.* Speyer の英語名.

spi·ri- [spáɪrɪ, -rə | spáɪərɪ] spiro-[1] の異形 (⇨ -i-).

spi·rif·er·ous [spaɪríf(ə)rəs] 〘← SPIRO- + -FEROUS〙 *adj.* **1** 〘動物〙(巻貝のように)渦巻き状にねじれた. **2** 〘地質〙〈岩石が〉シャミセンガイ化石を含んだ.

spirilla *n.* spirillum の複数形.

Spi·ril·la·ce·ae [spaɪrəléɪsiì: | spàɪərɪ-] 〘← NL ～ ← *Spirillum* (属名: ↓) + -ACEAE〙 *n. pl.* 〘細菌〙螺旋菌科.

spi·ril·lum [spaɪríləm] 〘← NL ～ (dim.) ← L *spīra* 'coil, SPIRE[2]'〙 *n.* (*pl.* **-ril·la** [-lə]) 〘細菌〙 **1** 螺旋菌《螺旋菌属 (*Spillium*) の微生物》. **2** = spirochete.

spir·it [spírɪt, -rət | -rɪt] 〘(*c*1250) ◻ AF *(e)spirit(e)* = OF *espirit* (F *esprit*) ◻ L *spīritus* breath, spirit ← *spīrāre* to breathe ← ? IE **(s)peis-* to blow: ESPRIT, SPRITE と三重語〙 — *n.* **1** (生命の)息, 生気, 精気《神によって吹き込まれる息の中にあると考えられた生命力の根源; cf. animal spirits 2》. **2 a** 人間の霊的部分, 霊, 心 (soul): lead the life of the ～ 霊的生活を送る / the poor in ～ 心の貧しき者 (*Matt.* 5:3) / in (the) ～ 心の中で, 内心 / Into thy hands I commit my ～. わが霊を御手にゆだぬ (*Luke* 23:46) / The ～ indeed is willing, but the flesh is weak. 実(げ)に心は熱すれども肉体弱きなり (*Matt.* 26:41; cf. *Mark* 14:38). **b** (死体から離れた)霊魂: the abode of ～*s* 霊魂の世界, 黄泉(よみ)の国, 冥府(めいふ). **c** [通例 S-] (神の)霊, 神霊: the world of ～ 霊の世界 / God is a *Spirit.* 神は霊なり (*John* 4:24) / the Holy *Spirit* 聖霊. **d** [the S-] 聖霊 (the Holy Spirit). **3 a** 亡霊, 幽霊 (ghost): see a ～ 幽霊を見る. **b** (天使・悪魔・悪鬼・妖精など)超自然的存在: good [evil] ～*s* 善[悪]魔 / ⇨ familiar spirit / fairies and genii and other ～*s* 妖精・鬼神その他の精. **4 a** (人間の知的・感情面の心の働きとしての)精神, 心構え; 心, 気分 (mood): a public ～ 公共心 / fighting ～ 闘志 / ～ of adventure 冒険心 / the frontier ～ 開拓者魂 / from the ～ of contradiction 揚足取りの気持ちから / in a lively ～ 活発に / in a ～ of fun ふざけて / in the ～ of drama 芝居がかって / say in a kind ～ 親切で言う. **b** 活気 (vigor); 熱意 (ardor), 勇気 (courage); 気迫, 意気, 気概, 根性: a man of ～ [an unbending ～] 活気に満ちた[不屈の精神を持った]人 / show no ～ 活気を示さない / have a high ～ 元気がよい, 血気にはやる, 高慢[勝ち気]である / speak [answer] with ～ 元気よく話す[答える] / That's the ～! その意気だ, その調子だ. **5 a** [*pl.*] 気分, 機嫌, 元気: in [out of] ～*s* 元気で[しょげて] / depressed in ～*s* 気がふさいで / in high [low] ～*s* 機嫌よく[悪く] / in good ～*s* 元気よく, 快活な気分で / break [lose] one's ～*s* 気をくじく[落とす] / feel one's ～*s* fail 気が滅入る[元気がなくなる]のを覚える / give a person ～*s* 人を元気づける / recover [pick up] one's ～*s* 元気づく / Keep up your ～*s*! しっかりしろ, 落胆するな. **b** 気立て, 気質 (temper, disposition): meek in ～ 気立てのやさしい, おとなしい / He is a poet in ～. 気質は詩人だ. **6** [通例前に限定詞を伴って] (知力・感情・気質などからみた)人, 人物 (person): a bold [brave] ～ 大胆[勇敢]な人 / one of the noblest ～*s* of the day 当代最も高潔な人士の一人 / a master ～ 傑物 / a meeting of choice ～*s* 大人物の顔合わせ / Leave that to some more inquiring ～. それはだれかもっと詮索好きな人に任せておけ. **7** 支配的な傾向[性質, 気運], 特質: the ～ of the age [times] 時代精神 / the ～ of this experiment この実験の特質 / the ～ of '76 (米国独立の年) 1776 年の精神. **8** [the ～] (表現形式に対して, 陳述文書などの)真意, 趣旨, 本心 (purport) (cf. letter[2] 4): obey *the* true ～ of the law 法律の真の精神に従う / For the letter killeth, but *the* ～ giveth life. ⇨ letter[2] 4 / He has followed out *the* ～ of my instructions. 彼は私の訓令の精神をよく遵守した / You must understand this in *the* ～ in which it was written. これは書かれた精神で理解しなければならない. **9** (団体・学校に対する)熱烈な忠誠心: college [school] ～ 愛校心. **10** [通例 *pl.*] **a** 蒸留酒, 火酒《アルコールを含んだ液を蒸留・冷却して作った酒で, whisky, brandy, gin, rum など》: a glass of ～*s* and water 水を割った火酒一杯 / ardent ～*s* 火酒. **b** 《英》酒精, アルコール (alcohol): specimens (preserved) in ～*s* アルコールづけの標本. **11** 《古》風 (wind); 微風 (breeze). **12** [*pl.*] 《廃》知力, 知性 (intellect). **13** 〘薬学〙酒精剤《essence ともいう》. **14** 〘化学〙(特に, 蒸留により抽出されたある物質の)主成分. **15** 〘染色〙(媒染剤として使われる)スズ塩溶液. **16** [S-] 〘クリスチャンサイエンス〙神 (God).

give up the spirit 死ぬ.

spirit of nitrous ether 〘薬学〙 = ethyl nitrite spirit.

spirit(s) of ammonia 〘化学〙10% のアンモニアアルコール溶液.

spirit(s) of hartshorn 〘化学〙 = ammonia water.

spirit(s) of salt 《古》〘化学〙塩酸 (hydrochloric acid).

spirit(s) of turpentine 〘化学〙テレビン油 (turpentine).

spirit(s) of wine 酒精, アルコール (alcohol).

spirit(s) of wood 〘化学〙木精, メチルアルコール (methyl alcohol).

— *adj.* **1 a** 精霊の. **b** 降神術の; 心霊術の力で示される. **2** アルコールの燃焼による: ⇨ spirit lamp.

— *vt.* **1** 活気[元気]づける (animate), 陽気にする (cheer up); 鼓舞する, 励ます (encourage) 〈*up, on*〉. **2** [通例 ～ away [off] として] **a** 〈物を〉さっと[こっそり]運び[持ち]去る: The dishes were ～*ed off* the table without sound. 食卓の上の皿が音もなくすっと下げられた. **b** 〈子供などを〉連れ去る, 神隠しにする, 誘拐する (kidnap) 〈*away*〉: be ～*ed away* さらわれる. **3** [通例 ～ up として] 《古》〈反乱などを〉そそのかす, 扇動する (instigate). **4** 《古》〈血〉のめぐりをよくする: ～*ed with* wine.

spírit blúe *n.* 〘染色〙 = aniline blue.

spírit cómpass *n.* 〘海事〙(支持液として水とアルコールを用いた)液体羅針儀.

spírit dúplicating *n.* スピリット複写(法)《マスター紙に作った染料画像を印刷紙に転写するのにアルコールを利用する印刷法》. 「plicating を行う器械.

spírit dúplicator *n.* スピリット複写器《spirit duplicating を行う器械》.

spír·it·ed [-ṭɪd, -ṭəd | -tɪd, -təd] 〘(1599)〙 — *adj.* **1** 元気のよい, 血気にはやる (vigorous), 勇ましい (courageous); 活発な, 猛烈な, 激烈な (energetic): a ～ girl 活発な少女, おてんば娘 / a ～ attack 猛烈な攻撃. **2** [複合語の第 2 構成素として] (…の)精神を有する, 気分[気質]が…の: jealous-*spirited* ねたみ深い気質の / mean*spirited* 卑しい根性の / proud-*spirited* 気位

の高い, 高慢な気質の / ⇨ high-sprited, low-spirited. **~·ly** adv. **~·ness** n.

spirit gùm n. (俳優が付けひげなどに用いる)一種のゴムのり.

spír·it·ing [-tɪŋ|-tɪŋ] n. 1 《文語》精神の活動[作用]. 2 霊感 (inspiration).

spír·it·ìsm [-tìzm] 〚(1864)〛 n. 1 降霊術 (spiritualism). 2 心霊論 (spiritualism). 3 有霊論 (cf. animism). **spir·it·is·tic** [spìrɪtístɪk, -rə- | -rɪ-] adj.

spír·it·ist [-tɪst, -təst | -tɪst] 〚(1858)〛 n. 降神術者 (spiritualist).

spírit làmp n. アルコールランプ.

spírit·less adj. 1 a 元気[活気]のない, 打ちしおれた. b 気力のない, 気乗りしない, 熱意のない (listless). 2 生命のない, 死んだ. **~·ly** adv. **~·ness** n.

spírit lèvel n. (アルコール)水準器, 水平器, レベル.

spírit lèveling n. 〘測量〙水準器を用いる水平測量.

spi·ri·to·so [spìrətóusou, -zou | -rɪtóusəu; It. spiritó:so] 〚◻It. ~ ← spirito < L spīritum 'SPIRIT': ⇨ -ose[1]〛 adj., adv. 〘音楽〙元気よく, 活発に.

spir·it·ous [spírətəs | -rɪt-] 〚← SPIRIT+-OUS〛 adj. 1 アルコールの(入った). 2 《古》精神的な; 高尚な, 純粋な. 3 《廃》元気のいい, 生き生きした (animated).

spírit ràpping 〚(1853)〛 n. 〘心霊〙(亡霊にテーブルなどをこつこつ叩かせて交霊を行なうと称する)降霊術; 霊がテーブルをこつこつ叩く現象.

spir·i·tu·al [spírɪtʃuəl, -rə-, -tʃʊl | -rɪtjuəl, -tjʊl, -tʃuəl, -tʃʊl] 〚(c1303) spirituel ◻ (O)F ◻ ML spīrituālis: ⇨ spirit, -al[1]〛 — adj. 1 (肉体的・物質的と区別して)精神 (spirit) の[に関する], 精神上の; 精神的な (↔ physical, material). 2 a (物質界のことと区別して)形而上の, 霊的な, 霊的生活の[に関する]; 宗教的信仰の: ~ growth 宗教的精神の発達 / the ~ life 信仰生活; 霊的生命. b 神聖な (sacred); 宗教上の, 宗教的な (religious): ~ songs 聖歌, 賛美歌 / a ~ corporation 宗教団体. c 教会の, 教法上の (ecclesiastical): ⇨ lord spiritual / ~ authority 教会の権威. 3 聖霊 (the Holy Spirit) の, 聖霊による; 神の (divine): ~ gifts 神の賜物. 4 a 道徳心に関する, 魂の. b 崇高な, 気高い (highly refined): a ~ mind [face, expression] 崇高な精神[顔, 表情]. c 知的な. 5 精神的につながりのある, 精神[態度, 興味]において類似点のある: the ~ heir of his philosophy 彼の哲学の精神的後継者. 6 (幽霊・妖精など)超自然的存在の. 7 心霊術の, 降霊術の. 8 《古》アルコールの, 酒精の (alcoholic). — n. 1 a [pl.] 教会関係の事柄 (church affairs) (cf. temporality 3). b 精神[宗教]的な事[物]. 2 霊歌, (特に)黒人霊歌 (Negro spiritual). **~·ness** n.

spíritual bouquét n. 〘カトリック〙聖的花束《ある人の特別にめでたい日に, これから行なう信心の業を表にして書いておくる》.

spíritual cóurt 〚(15C)〛 n. 教会裁判所 (ecclesiastical court).

spíritual íncest n. 〘カトリック〙同時に洗礼または堅信の秘跡を受けた者同士の結婚または肉体的関係.

spír·i·tu·al·ism [-lìzm] 〚(1831)〛 — n. 1 a 心霊論, 降霊説《死者の霊は死後も生きていてその存在を示すという説》. b 降霊術, 交霊術, 神降ろし, 口寄せ《霊媒によって死者の霊と交信する術》. 2 精神性質[傾向], 精神性, 霊性. 3 〘哲学〙 a 唯心論, 観念論 (idealism) (↔ materialism). b (精神面を主張する)精神主義.

spír·i·tu·al·ist [-lɪst, -ləst | -lɪst] 〚← SPIRITUAL+-IST〛 n. 1 降霊術者, 巫女(ふ). 2 a 唯心論者. b 精神主義者. — adj. =spiritualistic.

spir·i·tu·al·is·tic [spìrɪtʃuəlístɪk, -rə-, -tʃʊl- | -rɪtjuəl-, -tjʊl-, -tʃuəl-, -tʃʊl-] 〚⇨ ↑, -istic〛 — adj. 1 降霊術の. 2 a 唯心論的な. b 精神主義の. **spir·i·tu·al·ís·ti·cal·ly** adv.

spir·i·tu·al·i·ty [spìrɪtʃuǽləti, -rə- | -rɪtjuǽlɪti, -tʃʊ-, -lɪ-] 〚(1417) ◻ (O)F spiritualité ∥ ML spīrituālitātem: ⇨ spiritual, -ity〛 — n. 1 a 精神的であること, 精神性. b 霊的であること, 霊性 (spiritual quality). c 崇高, 脱俗 (unworldliness). 2 [集合的] 聖職者. 3 [通例 pl.] 〘キリスト教〙(聖職としての)職務収入[財産]《教会の不動産[収入] (temporalities) と区別していう》.

spir·i·tu·al·i·za·tion [spìrɪtʃuəlɪzéɪʃən, -rə-, -tʃʊl- | -rɪtjuəlaɪ-, -tjʊl-, -tʃuəl-, -tʃʊl-, -lɪ-] n. 霊化, 浄化.

spir·i·tu·al·ize [spírɪtʃuəlàɪz, -rə-, -tʃʊl- | -rɪtjuəl-, -tjʊl-, -tʃuəl-, -tʃʊl-] 〚← SPIRITUAL+-IZE〛 — vt. 1 精神的にする; 霊的にする; 脱俗させる, 崇高にする (elevate); 霊化する, 浄化する. 2 …に精神的な意味を与える, 精神的な意味に解釈する (cf. literalize). 3 …に霊性を付与する.

spír·i·tu·al·ly adv. 1 精神的に; 霊的に (↔ physically). 2 超自然的に.

spir·i·tu·al·ty [spírɪtʃuəlti, -rə-, -tʃʊl- | -rɪtjuəltɪ, -tjʊl-, -tʃuəl-, -tʃʊl-] 〚(c1378) ◻ OF (e)spiritualté ◻ ML spīrituālitātem 'SPIRITUALITY'〛 — n. 1 [pl.] 〘キリスト教〙=spirituality 3. 2 [集合的] =spirituality 2.

spir·i·tu·el [spìrɪtʃuél, -rə-, -tuél, -twél | -rɪtjuél; F. spiritɥɛl] 〚◻F ~ 'SPIRITUAL'〛 — adj. 1 (also **spir·i·tu·elle** [~]) 〈婦人の態度・容姿など〉洗練された, 高雅な, 上品な (refined), しとやかな (graceful). 2 〈動作が〉軽快な, 軽妙な (light and airy).

spir·i·tu·ous [spírɪtʃuəs, -rə-, -tʃəs | -rɪtjuəs, -tʃuəs] 〚(1599) ◻ F spiritueux ∥ Sp. espirituoso ← L spīritus: ⇨ spirit, -ous〛 — adj. 1 (多量の)アルコールを含む, アルコール分の強い, アルコール性の (alcoholic). 2 蒸留した (distilled): ~ liquors 蒸留酒類. 3 《古》元気[活気]のある. 4 《古》=spiritual. **spir·it·u·os·i·ty** [spìrɪtʃuɑ́səti, -rə- | -rɪtjuɔ́sətɪ, -tʃʊ-, -sɪ-] n.

spir·i·tus [spírətəs | spírɪtəs, spáɪər-] 〚◻L spīritus 'SPIRIT'〛 — n. 1 気息 (breathing). 2 〘ギリシャ語文法〙=breathing 8. 3 〘薬学〙精《揮発性薬品のアルコール溶液》; アルコール (alcohol).

spíritus ás·per [-ǽspə | -pə(r)] 〚◻LL spīritus asper rough breathing〛 n. 〘音声〙=rough breathing.

spíritus lé·nis [-léɪnɪs, -lén-, -lí:n-, -nəs | -léɪnɪs, -lí:n-] 〚◻LL spīritus lēnis smooth breathing〛 n. 〘音声〙=smooth breathing.

spírit vàrnish n. 〘化学〙揮発性ワニス, 精ワニス, 酒精ワニス《アルコール・テレビン油などの揮発性溶剤に樹脂を溶解したもの; 最も普通のものはシェラックをアルコールに溶解したもの》.

spírit wrìting n. 〘心霊〙心霊書写《霊的感応によって無意識または他動的に文字を書くこと》.

spir·ket·ing, 《英》 **spir·ket·ting** [spə́:kɪtɪŋ, -kət- | spə́:kɪt-, -kət-] 〚(1748) ← 《廃》 spirket, spurket space between the timbers along the ship side in all parts + -ING[1] 2〛 n. 〘造船〙内部腰板《木船の中甲板ウォーターウェイの垂直部に当たる》.

spi·ro-[1] [spáɪro(ʊ) | spáɪərə(ʊ)] 〚◻LL spīro- ← L spīra 'coil, SPIRE[2]'〛 ——「螺旋形, 螺旋状 (spiral); 渦巻き (coil)」の意の連結形. ★ 時に spiri-, また母音の前では通例 spir- になる.

spi·ro-[2] [spáɪro(ʊ) | spáɪərə(ʊ)] 〚← L spīrāre to breathe + -o-〛「呼吸」の意の連結形: spirometer.

spi·ro·chae·ta [spàɪrəkí:tə | spàɪərəkí:tə] 〚← NL ~: ⇨ spiro-[1], -chaeta〛 n. (pl. **-chae·tae** [-ti:]) 〘細菌〙=spirochete. **spì·ro·cháet·al** [-tl | -tl] adj.

spi·ro·chaete [spáɪrəkì:t | spáɪər-] n. 〘細菌〙=spirochete.

spi·ro·chae·to·sis [spàɪrəki:tóusɪs, -səs | spàɪərə(ʊ)ki:tóusɪs] n. =spirochetosis.

spi·ro·chete [spáɪrəkì:t | spáɪər-] 〚← SPIROCHAETA〛 — n. 〘細菌〙スピロヘータ《スピロヘータ目の螺旋状の微生物の総称; 再帰熱・梅毒などの病原体を含む》.

spi·ro·chet·al [spàɪrəkí:tl | spàɪərəkí:tl] adj.

spi·ro·che·to·sis [spàɪrəki:tóusɪs, -səs | spàɪərə(ʊ)ki:tóusɪs] 〚← NL ~: ⇨ ↑, -osis〛 — n. 1 〘病理〙スピロヘータ症. 2 〘獣医〙(特に, Borrelia anserina というスピロヘータによる)致命的な鶏の伝染病.

spi·ro·graph [spáɪrəgræ̀f | spáɪərəgrɑ̀:f, -græ̀f] 〚← SPIRO-[2] + -GRAPH〛 n. 呼吸運動記録器. **spi·ro·graph·ic** [spàɪrəgrǽfɪk | spàɪər-] adj.

spi·ro·gy·ra [spàɪrədʒáɪrə | spàɪərədʒáɪərə] 〚← NL ~ ← SPIRO-[1] + Gk gûros ring (cf. gyro-)〛 — n. 〘植物〙アオミドロ《ホシミドロ科アオミドロ属 (Spirogyra) の淡水産の緑色の藻類の総称》.

spi·roid [spáɪrɔɪd | spáɪər-] 〚← NL spiroïd-es ← Gk speiroeidḗs: ⇨ spire[2], -oid〛 adj. 螺旋[渦巻き]状の.

spi·roi·dal [spaɪrɔ́ɪdl | spaɪər-] adj. =spiroid.

spi·rom·e·ter [spaɪrɑ́mətə | spàɪərɔ́mɪtə(r), -mə-] 〚(1846) ← SPIRO-[2] + -METER[1]〛 n. 肺活量計.

spi·rom·e·try [spaɪrɑ́mətrɪ | spaɪ(ə)rɔ́mɪtrɪ, -mə-] 〚← SPIRO-[2] + -METRY〛 n. 肺活量測定(法). **spi·ro·met·ric** [spàɪrəmétrɪk | spàɪərə-] adj.

spi·ro·no·lac·tone [spaɪrɑ̀nəlǽktoun, spɪrɔ̀uno(ʊ)-, spə- | spaɪ(ə)rɔ̀nəlǽktəun, spɪrɔ̀unə(ʊ)-] 〚← spirono- (← L spīra coil) + LACTONE〛 — n. 〘生化学〙スピロノラクトン《副腎皮質ホルモンの一つ aldosterone と拮抗的に働く; 利尿剤》.

spirt [spə́:t | spə́:t] 〚(c1550) 異形〛 v., n. =spurt.

spir·u·la [spír(j)ʊlə] 〚◻L spīrula (dim.) ← spīra 'SPIRE[2]': ⇨ -ule〛 — n. (pl. ~s, **-u·lae** [-lì:]) 〘動物〙トグロコウイカ《熱帯の深海にすむスピルラ属 (Spirula) のコウイカの総称; 体内に小さな渦巻状の殻をもち, 後端で発光する; 矢石という化石種の頭足類の殻に似ている; トグロコウイカ (S. spirula) など》.

Spi·ru·ri·dae [spaɪrú(ə)rədi: | spaɪ(ə)rúərɪ-] 〚← NL ~ ← Spirura (属名: ⇨ spiro-[1], -ura) + -IDAE〛 n. pl. 〘動物〙旋尾線虫科.

spi·ru·roid [spaɪrú(ə)rɔɪd | spaɪ(ə)rúər-] 〚← NL Spirura (↑) + -OID〛 adj., n. 〘動物〙旋尾線虫類の(動物).

spir·y[1] [spáɪ(ə)ri | spáɪəri] 〚← SPIRE[1] + -Y[4]〛 adj. 1 尖塔[尖(とが)り屋根]のような; 細長くて尖った, 先の尖った. 2 尖塔の多い: a ~ town.

spir·y[2] [spáɪri | spáɪəri] 〚← SPIRE[2] + -Y[4]〛 adj. 《古・詩》螺旋状の, ねじ形の, 渦巻きの (spiral).

spis·sa·tus [spɪséɪtəs, spə- | spɪséɪt-] 〚◻L spissātus (p.p.) ← spissāre to condense ← spissus dense〛 adj. 〘気象〙〈雲が〉(太陽を暗くするほど)濃密な; 濃密雲の.

spit[1] [spít] 〚OE spitu pointed rod for roasting meat < Gmc *spituz (Du. spit / G Spiess) ← IE *sp(h)ēi- sharp point: ⇨ spike[1]〛 — n. 1 (焼肉などに用いる細長い)金串(ぐし), 焼き串, 鉄串. 2 焼き串状のもの. 3 a 岬 (point of land). b 砂嘴(し), 出洲(す). — vt. (**spit·ted; spit·ting**) 1 串に刺す; …に焼き串を刺す. 2 (剣などで)突き刺す, 刺し貫く (pierce).

spits 1

spit[2] [spít] 〚OE spittan to spit (cf. spǣtan to spit) ← Gmc *spit- (G spützen: ⇨ spittle) ← IE *(s)p(h)ieu- 'to SPEW'〛 — v. (~, **spat** [spǽt]; **spit·ting**) — vi. 1 a つばを吐く (expectorate). b (侮蔑して)〔…に〕つばを吐きかける 〔at, on, upon〕: He spat at [on] their ideas. 彼は彼らの考えをばかにした[侮辱した, ひどく憎んだ] / ~ in a person's face [teeth] 人の面につばを吐く[吐きかける]. 2 〈怒った猫などが〉つばを吹く, (つばを吹くような音を立てて)うなる. 3 a 〈雨・雪などが〉ぱらぱらと降る. b 〈沸騰する水・油などが〉じゅーじゅーいう; 〈ろうそくなどが〉じーじー流れる[たれる] (sputter). — vt. 1 〈つば・食物・血などを〉吐く: ~ blood 血を吐く, 喀(かっ)血する / ~ fire 〈銃砲が〉火を吐く. 2 吐き出すように言う 〈out〉: ~ one's words at …に向かって吐き出すように言う / ~ out an oath ののしりの言葉を吐き出すように言う. 3 〈導火線など〉に火をつける: ~ a fuse.

spit it out [通例命令文で] 《口語》あからさまに言う, 泥を吐く. ***spit up*** せき上げる (cough up); 吐き戻す.

— n. 1 つばを吐くこと (spitting): ⇨ SPIT and polish. 2 a (吐き出された)つば (saliva, spittle). b (アワフキムシなどが吹き出すつば状の)泡 (spittle). c 〘昆虫〙アワフキムシ (spittlebug). 3 (雨・雪が)ぱらぱら降ること, ぱらつく雨[雪]. 4 〘父親と瓜(うり)二つの子を, 父親の口から吐き出されたようだとたとえたもの〙《口語》よく似たもの, 生き写し (exact likeness). ★ 通例次の成句で用いる: ⇨ the SPIT and image of. 5 〘トランプ〙=SPIT in the ocean.

spit and polish (1) 《英口語》(兵士・水兵などが)つばをつけてごしごしみがくこと; みがき作業. (2) いやにめかすこと, みがき立て; こぎれいなこと, いき.

the spit and image of 《口語》=《英口語》 ***the dead [very] spit of*** 〈ある人・物〉の生き写し (spitting image): He is the ~ and image of his father.

spit in the ocean 〘トランプ〙スピット《draw poker の一種で, 親が5枚目の札を配る代わりに1枚を表向きに場に出すと, その札が万能札 (wild card) として各自の手中の任意の5枚目として使え, 同時にその同位札も万能札として使える方法; 単に spit ともいう》.

spit[3] [spít] 〚(1507–08) ◻ (M)Du. & (M)LG ~: cf. OE spittan to dig with a spade / spit[1]〛 — n. 《英》 1 一鋤(すき)(の深さ)《踏鋤 (spade) の刃だけの深さ》: Dig it two ~(s) deep. 二鋤だけの深さに掘れ. 2 a 一鋤分(の土) (spadeful). b 一鋤の厚さの表土: the top ~ 一鋤の厚さの表土.

spit·al [spítl | -tl] 〚(1634) 《変形》← 《廃》 spittle lazar house 《頭音消失》← HOSPITAL〛 — n. 《廃》 1 病院 (hospital), (特に)ハンセン病の病院 (lazaretto). 2 (旅人のための路傍の)避難所, 宿り場 (shelter).

spít-and-pólish adj. めかしたてた, みがき立てた. (cf. SPIT[2] and polish).

spít·bàll 〚⇨ spit[2]〛 — n. 《米》 1 《口語》(紙をかんで球にした)紙つぶて. 2 〘野球〙スピットボール《ピッチャーが, ボールにつばをつけて投げるカーブ; 現在では反則; spitter ともいう》. **~·er** n.

spitch·cock [spítʃkɑk | -kɔk] 〚(1597) ? ← SPIT[1] + COOK: cf. spatchcock〛 — n. 開いたうなぎや鳥類の焙(あぶ)り焼き. — vt. 1 〈うなぎや鳥類を〉(切り開いて)焙り焼きにする. 2 ひどい目にあわす.

spít cùrl 〚時々つばでくっつけることから?〛 n. 額[びん, 頬]に平たくくっつけたカール; びん付け髪.

spite [spáɪt] 〚n.: (? a1300) 《頭音消失》← DESPITE. — v.: (? a1400) ← (n.)〛 — n. 1 悪意, 意地悪 (malice); 遺恨, 恨み (grudge): bear [owe] a person a ~ = have a ~ *against* a person 人に対して恨みを抱く / vent one's ~ *upon* a person 人に腹いせをする / from [out of, in] ~ 腹いせに. 2 《古》悔しさ (vexation).

in spite of …を無視して; …にもかかわらず, …をものともせずに (notwithstanding): *in ~ of* one's efforts 努力にもかかわらず / *in ~ of* you 君にはお気の毒だが. ***in spite of oneself*** われ知らず, 思わず: I laughed *in ~ of myself*. 思わず[つい]笑ってしまった. ***in spite of a person's teeth*** ⇨ tooth 成句. ***spite of*** 《まれ》=*in* SPITE *of*.

— vt. 1 …に意地悪をする, いじめる, 邪魔する (annoy): ⇨ *cut off one's* NOSE *to spite one's face*. 2 …に恨みを晴らす. 3 困らせる, 苦しめる (vex); 怒らせる (offend). 4 《廃》憎む, きらう (hate).

spíte fènce n. 《米》隣家への面当てのために作った不体裁な塀(など)《今は不法》.

spite·ful [spáɪtfəl] 〚(c1440) ← SPITE + -FUL〛 adj. 意地の悪い, 悪意に満ちた (malicious); 執念深い. **~·ly** adv. **~·ness** n.

spít·fire 〚⇨ spit[2] (v.)〛 — n. 1 短気者; (特に)短気女, がみがみ女 (quick-tempered woman). 2 (火山・大砲など)火を吐くもの. 3 [S-] スピットファイア《第二次大戦中英空軍が用いた単座戦闘機; cf. BATTLE[1] of Britain》.

spítfire jìb n. 〘海事〙=storm jib.

Spit·head [spíthéd, ⌐⌐] 〚(17C): ⇨ spit[1] (n.) 3〛 n. イングランド南海岸沖合, Portsmouth と Wight 島との間の停泊所[投錨所].

Spits·ber·gen [spítsbə̀:gən | -bə̀:-] n. スピッツベルゲン(諸島)《ノルウェー北方, 北極海中の群島, ノルウェー領; 人口 3,000, 面積 62,051 km^2》.

Spit·te·ler [spítələ, ʃpít-, -t(ə)lə | -tələ(r); G. ʃpítəlɐ], **Carl** n. シュピッテラー《1845–1924; スイスの詩人・小説家; Nobel 文学賞 (1919); 筆名 Carl Felix Tandem; Olympischer Frühling「オリンポスの春」(1900–06)》.

spít·ter[1] [-tə | -tə(r)] n. 1 肉を串で焼く人. 2 角にまだ枝のできない子鹿 (brocket).

spít·ter[2] [-tə | -tə(r)] 〚(c1390)〛 n. 1 つばを吐く人. 2 《口語》〘野球〙=spitball 2.

spit·ting cóbra [-ṭɪŋ- | -tɪŋ-] *n.* 〚動物〛毒液を吐きかけるアフリカ産のコブラ: **a** クロクビコブラ (*Naja nigricollis*). **b** ドクハキコブラ (*Haemachatus haemachatus*).

spitting ímage [spíṭɪŋ-, spítn- | spítɪŋ-] 〘《変形》← spit and image; spit and の発音を spittin' と混同したため: ⇨spit² (n.) 4〙 *n.* 生き写し (spit and image).

spit·tle [spíṭl | -tl] 〘《1480》《変形》←《方言·廃》spattle < OE spātl ← Gmc *spāt- (OE spǣtan) ← IE *(s)p(h)ieu- 'to SPEW': ⇨spit²〙 — *n.* **1** (吐き出された)つば. **2** 〚昆虫〛(アワフキムシが吹き出す)泡.

spittle·bùg *n.* 〚昆虫〛アワフキムシ (spittle insect) 《通例限定詞を伴う》: ⇨meadow spittlebug, pine spittlebug.

spíttle ìnsect *n.* 〚昆虫〛アワフキムシ《アワフキ科の昆虫の総称; シロオビアワフキ (*Obiphora intermedia*) など; 幼虫はつば状の分泌物の中で生活する》.

spit·toon [spɪtúːn] 〘《1823》← SPIT² (n.) + -OON〙 *n.* たんつぼ (《米》cuspidor).

spitz [spíts] 〘《1845》← G Spitzhund ← spitz pointed + Hund 'HOUND¹': cf. spit¹〙 *n.* スピッツ《口吻(ふん)の細い毳(ぜい)のイヌ》.

Spitz·ber·gen [spítsbəːgən | -bəː-] *n.* =Spitsbergen.

spitz·en·burg, S- [spítsṇbəːg | -bɜːg] 〘《略》← Esopus Spitzenberg ← Esopus (New York 州の都市; この付近の山地で苗木が発見されたことから) + Du. spitz pointed (そのとがった形から)+berg hill〙 — *n.* (*also* **spitz·en·berg, S-** [~]) スピッツェンバーグ《米国のリンゴの一品種》.

spiv [spív] 〘《変形》←《英方言》spiff flashy dresser (cf. spiffy) ∥《逆つづり》← VIPs ∥《頭字語》← s(uspected) p(ersons and) i(tinerant) v(agrants)〙 — *n.* 《英口語》 **1 a** (定職なしに)悪知恵で世を渡る人. **b** やみ屋. **c** 競馬の予想屋. **2** 自分の仕事の分担をやらない人, なまけ者 (slacker). **spív·vy** [spívi | -vɪ] *adj.*

spiv·er·y [spívəri | -rɪ] 〘⇨↑, -ery〙 *n.* (*also* **spiv·ver·y** [~]) 《英口語》(定職なしで)悪知恵による渡世.

s.p.l. 《略》L. sine prōle lēgitimā (=without legitimate issue) 〚法律〛嫡出子なし.

Splach·na·ce·ae [splæknéɪsiìː] 〘← NL ~ ← Splachnum (属名: ← Gk splágkhnon tree moss)+-ACEAE〙 — *n. pl.* 〚植物〛(ヒョウタンゴケ目)マルダイゴケ科. **splach·ná·ceous** [-ʃəs] *adj.*

splake [spléɪk] 〘《混成》← sp(eckled trout) + lake (trout)〙 *n.* (*pl.* ~, ~s) 〚魚類〛アメリカ産の speckled trout と lake trout との交雑種.

splanch·nic [splǽŋknɪk] 〘《1694》← NL splanchnicus ← Gk splágkhnon entrail: ⇨-ic¹: cf. spleen〙 *adj.* 〚医学〛 **1** 内臓の (intestinal). **2** 内臓神経の.

splanch·ni·cec·to·my [splæ̀ŋknəséktəmi | -nɪséktəmɪ] 〘⇨↑, -ectomy〙 *n.* 〚外科〛内臓神経切除(術).

splanch·no- [splǽŋkno(ʊ) | -nə(ʊ)] 〘← SPLANCHN(IC) + -o-〙「内臓 (viscera)」の意の連結形.

splanch·nol·o·gy [splæŋknɑ́lədʒi | -nɔ́lədʒɪ] 〘← NL splanchnolgia: ⇨↑, -logy〙 *n.* 内臓学.

splanch·no·pleure [splǽŋknəplʊ̀ə | -plʊ̀ə(r] 〘← NL splanchnopleura: ⇨ splanchno-, pleuro-, -a²〙 — *n.* 〚生物〛内臓葉《脊椎動物の胚の側板の内側の層; cf. somatopleure》.

splash [splǽ(ː)ʃ] 〘《1722–27》《変形》← PLASH¹: 強意の s- (□ OF es- □ L EX-¹) を添えたものか〙 — *vt.* **1 a** 〈水·泥などを〉[…に]はねかす, はねかける (spatter) [about, on, over]; 〈水などをはねかけて〉ぬらす[汚す] [with]: ~ ink on one's fingers 指にインクをはねかける / ~ a page with ink [ink on a page] ページにインクをはねかける. **b** …に水[泥など]をはねかける: The carriage has ~ed me. 馬車が私に泥をはねかけた. **2** 〈水·泥などが〉…にはねかかる: The mud has ~ed my dress. 服に泥がはねかかった. **3 a** …で水[泥]をはねる, ぴしゃぴしゃさせて水[泥など]をはねる: ~ one's feet in a puddle 水たまりで足をぴしゃぴしゃさせて水をはねる / ~ the oar オールで水をはねかす. **b** [~ one's way として] ざぶざぶ音を立てて[はね飛ばしながら]進む: ~ *one's way* through a stream. **4** 散らし模様にする: The wallpaper is ~ed *with* bright colors. 壁紙は明るい色の散らし模様である. **5 a** 派手に見せる; (特種記事として新聞などに)大いに書き立てる. **b** 派手に[これ見よがしに]〈金を〉使う. **6** 〈敵機を〉撃墜する. **7** 〚林業〛 **a** ダムから放水して〈丸太を〉流す. **b** (丸太を流すため)〈浅い川〉に放水する. — *vi.* **1** 〈水·泥などが〉はねる; 〈人が〉水をはねかす: The waves ~ed on the beach. 波が浜辺にざんぶと打ち寄せた / Children were ~ing in the pool. 子供たちがプールでぱちゃぱちゃやっていた. **2** ざぶんと落ちる[飛び込む]; ざぶんと音を立てる, ざぶざぶいわせて行く: ~ *into* the water / ~ *through* the mud 泥の中をぴちゃぴちゃ通る.
splash down 〈宇宙船が〉着水する (cf. splashdown): ~ *down* in the Pacific Ocean.
— *n.* **1 a** はねかし, はねかけ (splashing). **b** しぶき: with a ~. **2** はねかす音, ざぶざぶ, ざぶん: hear a loud ~ ざぶんと大きな音を聞く / fall into the water with a ~ ざぶんと水の中へ落ちる. **3** とばっちり, はね (patch), しみ (dirty spot): a mud ~ on the wall 壁についた泥のはね / a ~ of ink [light] on the carpet じゅうたんの上のインクのしみ[光の点]. **4** (獣皮の)斑(ふ): a black dog with white ~es 白いぶちの黒犬. **5** 《英口語》(ウイスキーなどを割るための)少量のソーダ水: a Scotch and ~. **6** 《口語》 **a** 派手な見せかけ, あっと言わせるようなはなばなしさ (dash) (cf. splashy 4). **b** (新聞·雑誌などの)派手な記事, 呼び物記事. **7** 〚林業〛ダムの放水による丸太流し; 放水される水: ⇨ splash dam.
make* [*cut*] *a splash 《口語》あっと言わせる, わいわい騒がせる, 大評判を取る: *make a ~ with* a best seller ベストセラーで大評判を取る.
— *attrib. adj.* (新聞·雑誌などで)派手な記事の, 呼び物記事の: a ~ headline (目立つように活字を大きくしたりした)大見出し / a front-page ~ story 一面呼び物の新聞記事.

splásh·bòard *n.* **1 a** (馬車などの)泥よけ (⇨ coupé 挿絵), (そりなどの)雪よけ (dashboard). **b** (台所の流しの後ろなどにある)はね水よけ. **c** (小舟の)しぶき[はね水]よけ. **2 a** ダムの水門を閉じる板材. **b** = flashboard.

splásh dàm *n.* 〚林業〛放流堰(ぜき), 鉄砲堰《伐採した木材を流す水を貯える貯水池; cf. splash 7》.

splásh·dòwn *n.* (宇宙船の)着水《wet landing ともいう; cf. SPLASH *down*》.

splásh·er *n.* **1** はねかす人[物]. **2 a** 泥よけ, はねよけ. **b** (洗面台の後ろの壁に水がかからないようにする)はね水よけ.

splásh eròsion *n.* 雨だれによる浸食.

splásh guàrd *n.* (後続車に泥や水がはねかかるのを防ぐために後輪タイヤの後ろに垂らした)泥よけ.

splásh lubricàtion *n.* 〚機械〛はねかけ注油.

splash·y [splǽʃi | -ʃɪ] 〘《1834》← SPLASH + -Y⁴〙 — *adj.* (**splash·i·er**; **-i·est**) **1** はねる, はねやすい; 泥水のはねる, 泥水だらけの: a ~ puddle. **2** はねる音のする, ざぶざぶいう. **3** はねのかかった, しみのついた; 斑点のある (spotty). **4** 《口語》目立つ, 派手な (showy); 評判の, 大騒ぎとなる (sensational). **splásh·i·ly** [-ʃɪli, -ʃə- | -ʃɪlɪ, -ʃə-] *adv.* **splásh·i·ness** *n.*

splat¹ [splǽt] 〘←《廃》~ (v.) to spread out: cf. split〙 *n.* (椅子などの背の中央部に張った)縦長の平板[背板] (⇨ Chippendale 挿絵).

splat² [splǽt] 〘《逆成》↓〙 *n.* ばちゃばちゃ[ぴしゃり]という音.

splat·ter [splǽṭə | -tə(r] 〘《混成》? ← SPLASH + SPATTER〙 *v., n.* =spatter.

splay [spléɪ] 〘v.: 《c1330》《頭音消失》← DISPLAY. — adj.: 《a1734》← (v.). — n.: 《1507》← (v.)〙 — *vt.* **1** 広げる, 張る, 張り広げる (expand) 〈out〉. **2** 〈桶·樽などを〉上部を開いて造る, 朝顔形に造る. **3** 〚建築〛〈窓·ドアの側面を〉隅(すみ)切りにする, 斜面にする (bevel), 殺(そ)ぎ角面にする (chamfer); 斜めにする: ~ the side of a window outward(s) 窓側を外広がりに斜めにそぐ. **4** 〚獣医〛〈馬の肩などを〉脱臼(だっきゅう)させる (dislocate): a ~*ed* shoulder bone 脱臼した肩甲骨. — *vi.* **1** 広がる (spread), 朝顔形に開く (flare) 〈out〉. **2** 斜めになっている. — *adj.* **1** 外へ開いた, 外へ広がっている: ~ knees. **2** 不格好な, ぶざまな (awkward). **3** 斜めの (oblique), ねじれた, 歪んだ (awry). — *n.* **1** 外への広がり (spread). **2** 〚建築〛斜面, 殺角面, 隅切り: a ~ joint 殺継ぎ. **3** 〚築城〛砲門[砲眼]の朝顔形開き (⇨ embrassure 挿絵).

spláy·fòot *n.* (*pl.* **-feet**) 〚病理〛扁平足. — *adj.* **1** 扁平足の. **2** 不格好な (clumsy).

spláy·fòoted *adj.* =splayfoot.

spláy hìtter *n.* 〚野球〛どのコースにでも打ち分けられる打者.

spláy·mòuth 〘← SPLAY (adj.)〙 *n.* 大口, わに口.

spláy·mòuthed *adj.* 大口の, わに口をした.

spleen [splíːn] 〘《?a1300》 splen □ OF esplen ∥ L splēn □ Gk splḗn < IE *sp(h)elǵh(en) spleen (L liēn spleen / Gk splágkhnon: ⇨ splanchnic)〙 — *n.* **1** 〚解剖〛脾(ひ)(臓). **2** 〚もと不機嫌や憂鬱などの感情が宿る場所と考えられていたことから〛 **a** 不機嫌 (ill humor), 怒りっぽさ (bad temper): a fit of the ~ 立腹, 腹立ちまぎれ / vent one's ~ on …に鬱憤(うっぷん)を晴らす, わけもなく怒る, むやみに当たり散らす. **b** 悪意, 意地悪 (spite). **c** 《廃》恨み, 遺恨 (grudge): bear [have, take] a ~ against …に対して恨みを抱く / He took his ~ out on me. 私に当たり散らした. **d** 《古》憂鬱 (melancholy); 意気消沈 (dejection). **e** 《廃》気まぐれ (caprice). **f** 《廃》笑い (laughter).

spleen·ful [splíːnfəl] 〘⇨↑, -ful¹〙 *adj.* 不機嫌な, 怒りっぽい, 気難しい (peevish), 意地悪な (spiteful). **~·ly** *adv.*

spleen·ish [splíːnɪʃ] 〘← SPLEEN (n.) + -ISH¹〙 *adj.* = spleenful. **~·ly** *adv.*

spléen·wòrt 〘《1578》: 昔, 憂鬱症の薬に用いたことから〙 — *n.* 〚植物〛 **1** チャセンシダ《チャセンシダ属 (*Asplenium*) のシダ類の総称; オオタニワタリ (*A. antiquum*) など》. **2** メシダ《メシダ属 (*Athyrium*) の植物の総称; ヘビノネゴザ (*A. yokoscense*), イヌワラビ (*A. niponicum*) など》.

spleen·y [splíːni | -nɪ] 〘← SPLEEN + -Y⁴〙 *adj.* (**spleen·i·er**; **-i·est**) =spleenful.

splen- [splìːn, splen | splìːn] (母音の前に来る時の) spleno- の異形.

sple·nal·gi·a [splɪːnǽldʒiə, sple-, splɪ-, splə-, -dʒə | splɪːnǽldʒiə, splɪ-, -dʒə] 〘← NL ~: ⇨ spleno-, -algia〙 — *n.* 〚医学〛脾(ひ)(臓)痛. **sple·nal·gic** [splɪːnǽldʒɪk, sple-, splɪ-, splə- | splɪː-, splɪ-] *adj.*

splen·dent [spléndənt] 〘《1474》□ L splendent-em (pres.p.) ← splendēre to shine: ⇨↓, -ent〙 — *adj.* **1** きらきら輝く (shining, radiant); 光る, 光沢のある (lustrous). **2** 〈外観·色など〉きらびやかな, すばらしい (splendid). **3** 著名な (illustrious).

splen·did [spléndɪd, -dəd | -dɪd] 〘《1624》□ F splendide ∥ L splendid-us ← splendēre to shine ← IE *(s)p(h)el- to shine (Skt sphuliṅga spark): ⇨ -id⁴〙 — *adj.* (**more ~, most ~; ~·er, ~·est**) **1 a** 立派な, 華麗な (gorgeous), 壮麗な, 豪華な, 堂々たる (magnificent); 目もあやな (showy): a ~ palace, scene, sunset, etc. / a room ~ with chandeliers シャンデリアを飾った華麗な部屋. **b** 華麗な装飾を施した (ornate). **2** すばらしい, あっぱれな, 見事な (glorious), 壮烈な: a ~ reputation [victory] 赫々(かく)たる名声[勝利] / ~ talents すばらしい才能 / a ~ achievement 偉業 / ~ heroism あっぱれな英雄的行為 / ~ isolation 〚英政治〛光輝ある孤立(政策). **3** 《口語》すてきな, 極上の (excellent), 結構な, 申し分のない (satisfactory): a ~ idea [chance] すばらしい思いつき[好機] / a ~ view すばらしい景観 / We had a ~ time. すてきな時を過ごした. **4** 《まれ》〈色彩など〉光り輝く (shining), きらびやかな (brilliant). **~·ly** *adv.* **~·ness** *n.*

splen·dif·er·ous [splendíf(ə)rəs] 〘《c1460》□ ML splendiferus: ⇨↑, -ferous〙 — *adj.* 《口語》 **1** 目もあやな, 華麗な, すばらしい, すてきな (splendid, magnificent), 立派な (fine). **2** 見た目にのみすばらしい, 見かけ倒しの, 虚飾の. **~·ly** *adv.* **~·ness** *n.*

splen·dor, 《英》 **splen·dour** [spléndə | -də(r] 〘《c1450》□ AF (e)splend(o)ur ∥ L splendor: ⇨ splendid, -or¹〙 — *n.* **1** 輝き, 光輝 (great brightness), 光彩 (brilliancy): the ~ of the sun 太陽の輝き. **2** 壮麗, 華麗, 目もあやな美しさ (magnificence), 壮大, 雄大 (grandeur): gilded ~ 金色燦爛(さんらん)たる美しさ. **3** (名声·業績などの)顕著, 卓越 (excellence, preeminence): the ~ of one's achievements [exploits] 偉業[功績]の輝かしさ. **4** 光輝[華麗]を示す[与える]もの.
in splendor (1) 豪華に, 華麗に: live *in* ~ 豪奢な生活をする. (2) 〚紋章〛〈太陽が〉光り輝く.
— *vt.* 飾る, 飾りたてる (adorn). — *vi.* 華麗な行進をする.

splen·dor·ous [splénd(ə)rəs] 〘⇨↑, -ous〙 *adj.* (*also* **splend·rous** [-drəs]) 光輝に満ちた, 壮麗な.

sple·nec·to·mize [splɪnéktəmàɪz, splə- | splɪ-] *vt.* 〚外科〛…に脾(ひ)(臓)摘出[摘脾]手術を施す.

sple·nec·to·my [splɪnéktəmi, splə- | splɪnéktəmɪ] 〘← SPLENO- + -ECTOMY〙 *n.* 〚外科〛脾(ひ)(臓)摘出(術), 摘脾.

sple·net·ic [splɪnéṭɪk, splə- | splɪnét-] 〘《1544》□ LL splēnēticus: ⇨ spleen, -ic¹〙 — *adj.* **1** 〚外科〛脾(ひ)(臓)の (splenic). **2** 不機嫌な, 気難しい (peevish), 怒りっぽい (irritable), 意地悪な (spiteful). **3** 《廃》憂鬱な (melancholy). — *n.* 気難しい[意地の悪い, 怒りっぽい]人 (splenetic person). **sple·nét·i·cal·ly** *adv.*

sple·ni·al [splíːniəl | -nɪəl, -njəl] 〘← NL splēnium + -AL¹: ⇨ splenius〙 〚解剖〛 *adj.* 板状筋の. — *n.* 板状筋の骨.

splen·ic [splénɪk, splíːn- | splíːn-, splén-] 〘□ L splēnicus □ Gk splēnikós: ⇨ spleen, -ic¹〙 *adj.* 〚解剖〛脾(ひ)の, 脾臓の: the ~ artery 脾動脈.

splén·i·cal [-nɪkəl, -nə- | -nɪ-] *adj.* 〚解剖〛=splenic.

splénic ápoplexy *n.* 〚病理·獣医〛=splenic fever.

splénic féver *n.* 〚病理·獣医〛炭疽(たんそ), 脾脱疽(ひだっそ) (anthrax).

splenii *n.* splenius の複数形.

sple·ni·tis [spliːnáɪṭɪs, -ṭəs | -tɪs] 〘← NL ~ ← Gk splēnîtis: ⇨ spleen, -itis〙 *n.* 〚病理〛脾(ひ)炎.

splen·i·tive [splénəṭɪv | -nɪt-] 〘← SPLEN(ETIC) + -ITIVE〙 *adj.* 《廃》 **1** 性急な (impetuous); 熱烈な (passionate). **2** 怒りっぽい (splenetic).

sple·ni·us [splíːniəs | -nɪəs, -njəs] 〘← NL ~ ← L splēnium plaster, patch □ Gk splēnion bandage (dim.) ← splḗn 'SPLEEN'〙 — *n.* (*pl.* **-ni·i** [-nìaɪ | -nɪ-]) 〚解剖〛(首の)板状筋.

sple·ni·za·tion [splìːnɪzéɪʃən, splèn-, -nə- | splìːnaɪ-, -nɪ-] 〘□ F splénisation: ⇨↓, -ization〙 *n.* 〚病理〛(肺の)脾(ひ)変, 脾臓化.

sple·no- [splíːno(ʊ), splén- | splíːnə(ʊ)] 〘← LL ~ ← Gk splḗn: ⇨ spleen, -o-〙「脾(ひ)(臓) (spleen); 脾臓と…との (of spleen and …)」の意の連結形. ★ 母音の前では通例 splen- になる.

splen·o·lo·gy [splɪːnɑ́lədʒi, sple- | splɪːnɔ́lədʒɪ] 〘⇨↑, -logy〙 *n.* 脾(ひ)臓学.

splen·o·meg·a·ly [splɪ̀ːnəmégəli, splɪ̀ːn- | splɪ̀ːnə(ʊ)mégəlɪ] 〘⇨↑, -megaly〙 *n.* 〚病理〛脾(ひ)腫, 巨脾(症).

spleu·chan [splúːxən, -kən] 〘□ Gael. spliùchan〙 *n.* 《スコット·アイル》(たばこ·銭などを入れる)小袋.

splice [spláɪs] 〘v.: 《1524–25》□ MDu. splissen to slice ← ? splīten (Du. splijten) 'to SPLIT'. — n.: 《1627》← (v.)〙 — *vt.* **1 a** 〈両索の端を〉スプライス[さつま挿し]する《解いて組み継ぎ[撚(よ)り継ぎ]する》. **b** 〈木材などを〉継ぐ, 重ね継ぐ, 添え継ぎする. **c** 〈フィルムを〉フィルムセメントでつなぐ, 〈磁気テープを〉スプライシングテープで継ぐ. **2** 《口語》〈二つの物を〉継ぐ, 結合する (join, unite). **3** [通例 p.p. 形で] 《俗》結婚させる (marry): get ~*d* 一緒になる.
— *n.* **1 a** 接合, 結合. **b** スプライス, さつま挿し, (綱の)組み継ぎ, 撚り継ぎ: an eye ~ 眼索, アイスプライス《スプライスの方法で作ったロープ端の輪》. **c** (木材·レ

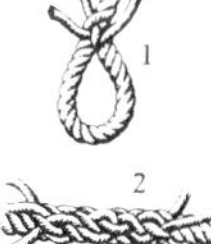

splices 1 b
1 eye splice
2 short splice

ールなどの)添え接ぎ, 重ね接ぎ. **d** (フィルム・磁気テープの)接合, スプライス. **2** 《俗》結婚 (marriage). ***sit on the splice*** 《英俗》〖クリケット〗打手がアウトにならないように慎重過ぎるプレーをする《時には同時に出ているパートナーに打点させ, あるいは時間をかせぐ戦法としても使われる》.

splíc·er *n.*

splíce bàr *n.* 〖鉄道〗=joint bar.

splícing chàmber *n.* 〖電気〗=cable vault.

spline [spláɪn] 〖← ?: cf. splint, splinter〗 ── *n.* **1** 小割板, 木ずり板; 薄い金属板の小片. **2** (製図上で大きな孤を描く時に使う細い板などを曲げた)しない定規, たわみ定規; 雲形定規. **3** 〖機械〗スプライン《軸をベルト車・歯車などにはめ合わせる時, 回り止めのために軸および車の穴の内面に掘った縦溝または突起で, 両者が互いにはまり合う》. **4** 〖木工〗実矧(さね)ぎ, 実接(さね)ぎ《板の接合に用いる方法; cf. spline joint》. ── *vt.* 〖機械〗…にスプラインを付ける.

splíne jòint *n.* 〖木工〗雇い実矧(さね)ぎ, 入実(いりざね)張り.

splíne shàft *n.* 〖機械〗スプラインをもつ軸 (⇨ spline 3).

splint [splínt] 〖《?*a*1300》 *splente, splinte* ⊏ MDu. *splinte* (Du. *splint*) // MLG *splinte, splente* ← Gmc **spli-* ← IE **(s)plei-* 'to SPLIT': cf. splice, splinter, flint〗 ── *n.* **1** (骨折の治療などに用いる)副子, 副木, 当て木: have one's leg *in* a ~ 脚に副木を当てている. **2** (箱や椅子の底を編んだりするのに用いる)へぎ板; 小割り. **3** 白太(しらた) (sapwood). **4** 《英方言》=splinter. **5** 〖甲冑〗**a** (よろいの)札(さね). **b** 小手. **6** 〖解剖〗=splint bone. **7** 〖獣医〗管骨瘤(りゅう). **8** =splint coal. ── *vt.* **1** 〈折れた骨〉に副子[副木, 当て木]をする. **2** (副木のように)固定する.

splínt àrmor *n.* 〖甲冑〗鉄札(さね)をはぎ合わせて造った胴鎧(どうよろい)《通例は胸当てや背当ては一枚造り; anime ともいう; ⇨ anime 挿絵》.

splínt bòne *n.* 〖解剖〗腓骨(ひこつ) (fibula).

splínt còal *n.* 〖地質〗裂炭《堅くて燃焼温度が高く灰分の多い石炭; cf. bright coal》.

splin·ter [splíntə | -tə(r] 〖《*a*1398》⊏ (M)Du. ~ ← Gmc **spli-* (⇨ splint): cf. G *Splitter*〗 ── *n.* **1** (木・骨・砲弾などの長く薄いぎざぎざの)裂片; こっぱ, そげ: a ~ of a bomb (ぎざぎざの)爆弾の破片 / in [into, to] ~*s* 切れ切れに, ばらばらに. **2** (木・竹などの)とげ: run a ~ into one's finger 指にとげを刺す. **3** 副木 (splint). **4** =splinter group. ── *attrib. adj.* (政治・宗教団体などから)分離[分裂]した; 徒党の, 党派の (factional): ⇨ splinter group, splinter party. ── *vt.* **1** (大きな固体を)分裂させる, 裂く, 割る. **2** 《廃》…に副木を当てる. ── *vi.* 裂ける, 割れる, 分裂する 〈*off*〉.

splínter bàr *n.* **1** 《英》=whippletree. **2** (ばねを支える)馬車の横木.

splínter dèck *n.* 〖海軍〗弾片防御甲板, 補助防護甲板《軍艦の最大の重装甲を施した防護甲板 (protective deck) のすぐ下にある比較的軽装甲の甲板》.

splínter gròup *n.* 分裂少数政党, 分派.

splínter·less *adj.* 割れにくい; 〈ガラスなど〉割れても飛び散らない.

splínter pàrty *n.* 〖政治〗分離派《大政党から分離した小人数の政党》.

splínter·próof *n.* 弾片防御物, 弾片よけ. ── *adj.* 「弾片よけの.

splin·ter·y [splíntəri, -tri | -təri] 〖← SPLINTER+-Y[4]〗 ── *adj.* **1 a** 裂片の, 裂片のような[から成る]; とげのような. **b** 〈鉱石の裂け目など〉ぎざぎざの. **2** 断片の (fragmentary).

split [splít] 〖《1590》⊏ (M)Du. *splitt-en* ← Gmc **spli-* (Du. *splijten* / G *spleissen*) ← IE **(s)plei-* to split, splice: cf. splice, splint, flint〗 ── *v.* (~, 《古》**split·ted**; **split·ting**) ── *vt.* **1 a** (縦に)裂く, 割る (crack), そぐ (cleave); 裂き[そぎ]取る: ~ logs 丸太を割る / ~ a piece of wood *into* three layers 木片を3枚に裂く / ~ (*off*) a piece *from* a block 固まりから一片をそぎ取る / *Split* me [my windpipe] if…! 《古》畜生[どんなことがあっても]…するものか / My pants were ~ when I bent over. かがんだらズボンが破れてしまった. **b** 〖海事〗〈風が〉〈帆を〉裂く. **c** 〈音が〉〈耳・空などを〉つんざく (cf. ear-splitting); 〈痛み・悲しみなどが〉〈頭・心を〉裂く, 張り裂く (rend): ~ one's ears, head, heart, etc. / mind ~ *asunder* by sorrow 悲しみで千々に乱れた心 / A loud explosion ~ the air. すさまじい爆発音が大気をつんざいた. **2** 分割する, 分配する, 分ける (divide) 〈*up*〉; 分かつ, 共にする (share): ~ (*up*) the profits [job, cost] 利益[仕事, 費用]を分ける / ~ (*up*) a class *into* small groups クラスを小グループに分割する / *Split* it *up between* [*among*] you. それを2人[皆]で分けなさい / ~ a bottle of wine *with* a friend 1本のぶどう酒を友人とで分けて飲む. **3** 分裂させる, 仲間割れをさせる (disunite): Such a proposal would ~ a class *in* two. そんな提案はクラスを二分させるだろう / The party is widely ~ *on* [*over*] the issue. その問題で党は大きく割れている. **4** 《米》〈ウイスキーなどを〉水などで割る (cut). **5** 《口語》去る, 出る (leave): ~ a party パーティーの席を出る. **6** 〖スポーツ〗〈シリーズ戦・ダブルヘッダーなどを〉五分五分に終わらせる[引き分ける]: ~ a doubleheader. **7** 〖文法〗〈不定詞を〉分離させる: ~ an infinitive (cf. split infinitive). **8** 〖化学〗〈化合物を〉分解する 〈*up*〉 〔*into*〕; 分解して分離する 〈*off, out*〉. **9** 〖物理〗〈分子・原子などを〉分裂[解裂]させる; 〈原子〉に核分裂を起こさせる. **10** 《米》〖証券〗〈株式を〉分割する: ~ the stock two for one 株式を1対2の割合で分割する. ── *vi.* **1 a** 縦に割れる, 裂ける; 割れる, 裂ける, 破れる (burst): ~ *in* [*into*] two 二つに裂ける / ~ at the seams 〈衣服などが〉ほころびる / The seam has ~ open. 縫い目がぱっくり口を開けた. **b** 〈帆が〉(嵐などで)裂ける; 〈船が〉(岩などにぶつかって)こわれる[難破する]: ~ on rock 暗礁に乗り上げる《比喩的にも用いる》. **c** [通例 be+~ting で] 〈頭が〉割れるように痛む (cf. splitting *adj.* 2): My head *is* ~*ting*. 頭が割れるように痛い. **d** 腹をよじらせて[かかえて]笑う (cf. splitting *adj.* 4). **e** 〈顔が〉ほころびる: His stubbled face ~ *into* a smile. 彼のひげづらがぱっとほころんだ. **2 a** 〔…に〕分かれる 〈*up*〉〔*into*〕: The crowd ~ (*up*) *into* several groups. 群衆は数群に分かれた. **b** 分離する (separate) 〈*away, off*〉〔*from*〕: His faction ~ *off from* the party. 彼の派閥は党から離脱した. **3 a** 〈党などが〉分裂する, 仲間割れする 〈*up*〉: ~ *into* factions 派閥に分裂する / The judges ~ *on* the decision. 審査員は決定に当たって意見が割れた. **b** 《口語》不和になる, (不和になって)別れる (separate) 〈*up*〉: They are ~*ting up*. 仲たがいの最中だ; 別居中だ / She ~ *with* him. 彼と別れた. **4 a** (共に)分け合う: ~ equal 均一に分ける / ~ *with* a person 人と分け合う. **b** (連記投票で)分割投票をする. **5** 《口語》**a** 急いで[走って]行く. **b** 出かける, 出発する: Let's ~. **6** 《俗》秘密を漏らす; 密告する (inform) 〔*on, upon*〕: ~ *on* an accomplice 仲間を売る.

split hairs [***straws***] (議論などで)つまらない事を細かく区別する, くだらぬ事をやかましく言う (cf. hair-splitting). ***split the ticket*** = ***split** one's **vote*** 《米》(連記投票の選挙で)分割投票をする(⇨ split ticket). ***split the vote*** 《英》(選挙で)票割れを起こす.

── *adj.* **1 a** (縦に)裂けた, 割れた; 分離した, 分裂した; 分割された: a ~ home 崩壊家庭 / a ~ opinion 割れた意見. **b** 〈魚など〉身を開いた, 裂いて干した[塩をした]. **2** 〖証券〗**a** 《株式相場が》16分の1きざみで表示された. **b** 〈株式が〉分割された. **3** 〖アメリカンフットボール〗〈各々のエンドが〉1.5ヤード位にはなれてセットする: ⇨ split end.

── *n.* **1 a** 裂ける[裂く]こと, 割れる[割る]こと. **b** 裂け目, 割れ目, ひび, すじ (crack, rent). **c** 2枚にはいだ薄皮. **2 a** とげ (splinter), 破片, かけら (fragment). **b** へぎ板, 小割り (splint). **c** [通例 *pl.*] (籠(かご)などを造る)やなぎの割り枝. **d** 〖石工〗横半割りれんが, スプリット《長手方向に厚さが半分になるように割ったれんが》. **3 a** 分裂, 仲間割れ, 不和 (separation). **b** (分裂して生じた)党派, 分派 (faction). **4** 《口語》(利益・戦利品などの)分け前 (share). **5 a** スプリット《縦2つに切った果物(特にバナナなど)にアイスクリームをのせ, その上にシロップ・生クリーム・木の実をかけたデザート》: a banana ~ バナナスプリット. **b** 《英》横に切れ目を入れたイースト入りのパン (bun)《ジャムやクリームをつめて食べる》. **6 a** (炭酸水などを入れるのに普通用いるびんの半分の大きさの)小びん: ~ soda 小びんに詰めた[入りの]ソーダ水. **b** (ブランデーなどを入れるのに普通用いるグラスに半分入れた)ブランデー. **c** 《口語》(ウイスキーとソーダ水など)二種類のものを半々に割って作った飲み物. **7 a** 〖ボウリング〗スプリット《間のあいた残りピンの並び方; cf. spare 2》. **b** 〖クロッケー〗=split shot. **8** [《英》では *pl.*] (ダンスで)一直線に両脚を広げて床にすわる[跳び上がる]演技, 〖体操〗(前後・左右)開脚座: do the ~*s*. **9** 〖証券〗株式の分割. **10** 〖文法〗分裂. **11** 〖トランプ〗(faro で) 分け《同時に2枚の同位札が出て, 賭金が親と折半されること》.

Split [splít; *Serbo-Croat.* splît] *n.* スプリト《ユーゴスラビア西部の海港; ローマ人の廃墟がある; 人口 152,000; イタリア語名 Spalato》.

splít bàlance *n.* 〖時計〗切りてんぷ (⇨ compensation balance).

splít bèaring *n.* 〖機械〗割り軸受.

splít clòth *n.* 〖外科〗縛る端がたくさんある包帯《頭や顔に用いる》.

splít decísion *n.* 〖ボクシング〗(試合結果についてレフェリーとジャッジ間で)割れた判定.

splít énd *n.* 〖アメリカンフットボール〗スプリットエンド《攻撃フォーメーションの一つ; エンドが離れて変則に位置する》.

splít flàp *n.* 〖航空〗スプリットフラップ, 開き下げ翼《翼の後方下面につけた下げ翼; これを開くと揚力と抗力が増大する》.

splít gèar *n.* 〖機械〗割歯車.

splít infínitive *n.* 〖文法〗分離不定詞《*to*-Infinitive の間に副詞(句)のはさまった形; 例: It is necessary *to* clearly *understand* this.; cleft infinitive ともいう》.

splít kéy *n.* 〖電気〗分割電鍵.

splít-lével *adj.* 〖建築〗〈住宅が〉半階ずつ高さの変わる床をもつ, 段違いの: a ~ house. ── *n.* 段違いの家《土地の斜面を利用した住宅に多い》.

splít mínd *n.* 〖精神医学〗=schizophrenia 1.

splít-òff 〖← *split off* (⇨ split (vi.) 2)〗 ── *n.* **1** 裂き取ること, 切り離すこと, 分離. **2** 裂き取られた[分離した]もの, そがれたもの; へぎ; 割れて取れたもの. **3** 〖経営〗スプリットオフ《会社分割の一方法: 甲社は資産の一部を乙社に現物出資し, それと引換えに乙社の全株式を取得する, 甲社は自己の株式を一部消却して, 乙社の株式と自己の株主の持株と持株数に応じて交換する. これにより甲社の資本金は減少する; cf. spin-off 2, split-up 2》.

splít páge *n.* 〖新聞〗(新聞の)第2部の第1ページ.

splít péa *n.* スプリットピー《皮をむいて干して割ったさやえんどう; スープに用いる》.

splít personálity *n.* (正反対の性格を合わせ持つ)二重人格 (cf. double personality, JEKYLL and Hyde).

splít-pháse *adj.* 〖電気〗分相の.

splít pìn *n.* 〖機械〗割りピン.

splít pùlley *n.* 〖機械〗割りベルト車《parting pulley ともいう》.

splít ríng *n.* **1** キーリング《二重に巻いて作った金属製の輪で, 間を通してかぎなどにつなぐ》. **2** 〖機械〗割りリング《円筒の周囲に等間隔に多数の銅板をいに絶縁してはりつけたもの; 直流電気モーターの互整流子に使用される》.

splít rún *n.* 〖広告〗**1** 分割テスト法《広告文の効果を測るために, 新聞・雑誌の発行部数の半分づつに別々の広告文を載せ, その反響を調べる方法》. **2** 分割掲載法《地域別に, あるいはマーケットの特殊性に合わせて, 別々のブランドを掲載すること》.

splít scréen *n.* 〖映画・テレビ〗分割スクリーン《スクリーン上に二つ以上のショットを併置して見せる方式》.

splít-sécond *adj.* **1** 非常に正確になされる. **2** 瞬間に完了する」.

splít sécond *n.* **1** 1秒の何分の一かの間. **2** ほんの一瞬間: in a ~ 一瞬のうちに.

splít shíft *n.* (朝・夜など通例2部の)分割勤務; 分割勤務時間.

splít shòt *n.* 〖クロッケー〗散らし打ち(球)《相接する2球をそれぞれ別の方向に打ち分ける; split stroke ともいう》.

splít sóda *n.* ⇨ split *n.* 6 a.

splít spíndle *n.* 2本組み半円繰型の挽物部材《簞笥・戸棚・椅子の背もたれの縦框(たてがまち)の装飾に用いる》.

splít sprít *n.* 〖海事〗=wishbone 2.

splít stròke *n.* 〖クロッケー〗=split shot.

splít swìtch *n.* 〖鉄道〗先端転轍(てつ)器 (point switch) (cf. stub switch).

splít·tàil *n.* 〖魚類〗米国 California 州産コイ科の尾の上半部が下より長い魚 (*Pogonichthys macrolepidotus*).

splít·ter [-tə | -tə(r] 〖《1623》〗 ── *n.* **1 a** 裂く[割る]人. **b** 裂く[割る]道具. **2** (議論などに)むやみに細かな区別を立てる人. **3** 〖生物〗細分派学者《分類群を細分しようとする分類学者; cf. lumper 2》.

splít tícket *n.* 〖米政治〗**1** 分割投票《反対党候補者に一部投票した連記投票; cf. straight ticket》: vote a ~ 分割投票をする. **2** 分割候補者名簿《党の公認候補全部が党員とは限らないもの》.

splít-tìme *n.* (標準時間より時計を30分進める)夏時間 (daylight-saving time).

splít·ting [-tɪŋ | -tɪŋ] 〖《1590》〗 ── *adj.* **1** 裂く, 破れる (bursting). **2** 〈頭痛が〉割れるような, 激しい (severe); 〈頭が〉割れるように痛む: a ~ headache. **3** 飛ぶように速い: at a ~ pace 飛ぶように速く. **4** 《口語》おかしくてたまらない (sidesplitting): a ~ farce 抱腹絶倒の笑劇. ── *n.* [通例 *pl.*] 破片, かけら.

splítting fìeld *n.* 〖数学〗分裂体《ある多項式が1次因数の積に分解される拡大体》.

splít-ùp 〖← *split up* (⇨ split (vi.) 2)〗 ── *n.* **1** (2つ以上の部分への)分割, 分離, 分裂 (separation). **2** 〖経営〗スプリットアップ《会社分割の一方法: 甲社は資産の一部を乙社に, 残りの資産を丙社に現物出資し, それと引換えに乙社および丙社の全株式を取得する, 甲社はこの乙社および丙社の株式を自己の株主の持株と持株数に応じて交換する, これにより甲社は解散する; cf. spin-off 2, split-off 3》.

splít whèel *n.* 〖機械〗=split pulley.

splodge [splɑ́(ː)dʒ | splɔ́dʒ] 〖《1859》《転訛》← SPLOTCH〗 《英》*n.*, *vt.* =splotch. ── *vi.* =splash.

splodg·y [splɑ́dʒi | splɔ́dʒi] 〖⇨ ↑, -y[4]〗 *adj.* (**splodg·i·er**; **-i·est**) 《英》=splotchy.

splore [splɔ́ə, splóə | splɔ́ː(r] 〖← ?〗 *n.* 《スコット》**1 a** 浮かれ騒ぎ (frolic). **b** 大酒宴 (carousal). **2** 騒ぎ, 騒動 (broil).

splosh [splɑ́(ː)ʃ | splɔ́ʃ] 〖《変形》← SPLASH〗 *n.* **1** = splash 1. **2** 《俗》金 (money).

splotch [splɑ́tʃ | splɔ́tʃ] 〖《1601》《混成》? ← SP(OT)+《廃》(*p*)*lotch* botch: cf. blotch〗 ── *n.* 大きなぶち[斑点]; しみ, 汚れ: an ink ~. ── *vt.* ぶちにする, …に斑点をつける; 汚す. ── *vi.* **1** しみがつく, 錆(さび)が出る. **2** 〈塗料などが〉ついて汚れる, しみになる.

splotch·y [splɑ́tʃi | splɔ́tʃi] 〖⇨ ↑, -y[4]〗 *adj.* (**splotch·i·er**; **-i·est**) (大きな)ぶち[斑点]のある (spotted); 汚れた, しみのある (stained).

splurge [splə́ːdʒ | splɔ́ːdʒ] 〖《1830》《混成》? ← SPL(ASH)+(S)URGE: 擬音語か〗 《口語》 ── *n.* **1** 派手な見せびらかし (great display): cut [make] a ~ = *vi.* 1. **2** 金を派手に使うこと, ぜいたくをすること. ── *vi.* **1** 盛んに見せびらかす, 誇示する, 見栄を張る (show off). **2** 〔…に〕金を使う, 散財する, ぜいたくをする〔*on*〕: ~ *on* a mink coat. ── *vt.* 〈金を〉派手に使う. **splúrg·er** *n.*

splut·ter [splʌ́tə | -tə(r] 〖《1677》《変形》? ← SPUTTER: cf. splash〗 ── *vi.* **1** (興奮したりして, 不明瞭に)早口でしゃべる, まくし立てる. **2** ぱちぱち[ぶつぶつ]いう音を出す (sputter). **3** 音を立てて急ぐ, 駆け回る (bustle). ── *vt.* **1** (不明瞭に)早口で言う (stammer) 〈*out, forth*〉. **2** …にはねかける (bespatter).

— n. 1 (早口の)騒ぎたて, 騒音 (noise). 2 はねかけ; はねかける音. 「る人.
splút·ter·er [-ṭərə|-tərə(r] n. (不明瞭に)まくし立て
splut·ter·y [splʌ́ṭəri|-təri] adj. はねかける音のする, ぱちぱち言う.
Spock [spɑ́k|spɔ́k], **Benjamin** (**Mc·Lane** [məkléɪn]) n. (1903–) 米国の医師; 育児書で有名.
Spode [spóʊd|spə́ʊd] 〘(1893) ← *Josiah Spode* (1754–1827: 英国の製陶業者)〙 — n. スポード《Josiah Spode (社)製作の精陶器・磁器・炻器(せっき)などの総称; Spode china は特に有名》.
spod·u·mene [spɑ́dʒumìːn|spɔ́djʊ-] 〘(1805) ▭ F *spodumène* ▭ G *Spodumen* ▭ Gk *spodoúmenos* (pres.p.) ← *spodoûsthai* to be burnt to ashes ← *spodó* ashes: その灰白色から〙 — n. 〘鉱物〙 鱗輝(りき)石 ($LiAlSi_2O_6$) (cf. kunzite).
spof·fish [spɑ́fɪʃ|spɔ́f-] 〘← ?〙 adj. 《俗》 せわしく立ち回る (bustling); こせつく, せかせかする, うるさい (fussy).
Spohr [ʃpóə, ʃpóə|ʃpɔ́ːr; G. ʃpóːɐ], **Louis** [**Ludwig**] n. シュポーア《1784–1859; ドイツの作曲家・バイオリン奏者》.
spoil [spɔ́ɪl] 〘n.: (?a1300) ▭ OF *espoille* ← *espoillier* < L *spoliāre* ← *spolium* skin stripped from an animal, booty ← IE *(s)p(h)el- to split, break off: cf. spill¹, despoil. — v.: (?a1300) ▭ OF *espoill-ier*〙 — v. (**spoiled** [spɔ́ɪld, spɔ́ɪlt|spɔ́ɪlt, spɔ́ɪld], **spoilt** [spɔ́ɪlt]) — vt. 1 a 〈物を〉いためる, 害する, 損じる (impair, damage); 役に立たなくする, 台なしにする: The heavy rain has ~t the flowers in my garden. 大雨で庭の草花が台なしになった / ~ an egg 卵を(長く置いて)腐らせる / ~ one's appetite (食前に物を食べたりして)食欲をなくする / ~ a person's face = ~ a person's beauty (for him) 人の顔を打って(あざなどをこしらえて)せっかくの色男を台なしにする / Too many cooks ~ the broth. 《諺》 料理人が多ければ吸い物がまずくなる, 「船頭多くして船山に上る」. b 〈興などを〉そぐ, さます: ~ a person's pleasure 人の興をそぐ / The news ~t the dinner. その知らせのためにごちそうがまずくなった / The picture is ~t by too much detail. その絵は描写が細か過ぎてだめだ / ~ a story in the telling 話し方がまずくて話の興味をそぐ. 2 〈人を〉過度に甘やかす (coddle); (通例甘やかしたりおだてたりして)〈人の〉性格[性質]をだめにする[損なう]: ~ a child *by* [*with*] indulgence わがままをさせて子供の性格をだめにする / a ~t child 甘えん坊 / a ~t child of fortune 気まま者 / Spare the rod, and ~ the child. ⇨ spare *vt.* 1 a. 3 《古》 a 〈敵〉から武器を分捕る (despoil). b 〈人・場所〉から[…を]強奪する, 略奪する (plunder, pillage) 〔*of*〕: ~ a person [a place] *of* a thing 人[場所]から物を強奪する / ~ a person's goods [valuables] 人の品物[貴重品]を奪い取る. c 〈人・家など〉から貴重品を奪う, …の家財を奪う: ~ a person's house. ★ この意味では過去形・過去分詞は通例 spoiled. 4 《古》 a 〈人を〉やっつける, 殺す (kill). b 破滅させる (perish). — vi. 1 悪くなる, いたむ, 損じる, だめになる, 台なしになる; (特に)〈食物などが〉腐敗する: Fruit will ~ with keeping. 果物は取って置くと悪くなる. 2 [be + ~ing で] […が]したくてたまらない, したくてむずむずする 〔*for*〕: He is ~*ing for* a fight. けんかがしたくてむずむずしている. 3 《古》 略奪[強奪]する (plunder).
— n. 1 [しばしば *pl.*] 分捕り品, 強奪品 (booty, loot); 戦利品: escape with one's ~ 強奪品を持って逃げる / the ~s of war 戦利品. 2 [通例 *pl.*] (政権を握った政党がその権利としてほしいままにする)官職, 役得, 利権 (cf. spoils system): the ~s of office 官職占取, 特権的猟官, 「役得」. 3 (分捕り・強奪・略奪の)目的物; えじき (prey): the ~s of the chase 狩りの獲物. 4 [通例 *pl.*] a (努力の結晶としての)獲得物, 成果, 蓄積物. b (収集家の)掘り出し物. 5 発掘[浚渫(しゅんせつ)]などで掘り出された土砂. 6 傷物, 損傷物. 7 《古》 a 強奪, 略奪, 分捕り (plunder, spoliation): make ~ of … を強奪する, 分捕る. b 破壊, 損傷 (destruction). 8 〘トランプ〙 (spoil five での) お流れ (draw); (1 組取ることにより)お流れにもちこむこと.
spóil·a·ble [-ləbl] adj.
spoil·age [spɔ́ɪlɪdʒ] 〘⇨ ↑, -age〙 n. 1 損じる[だめにする]こと. 2 損傷物[高]; (印刷の)刷り損じた紙. 3 (バクテリアなどによる食物の)腐敗.
spóil bànk n. 掘った不要の土の堆積, ボタ山.
spóil·er [-lə|-lə(r] n. 1 損じる[台なしにする, 甘やかす]人[物]. 2 〘米政治〙 (有力 2 候補の一方の当選の妨害を目的とする)第三候補 (cf. spoiler party). 3 〘航空〙 スポイラー《翼の上面に立てるように作られた小片で, 急降下時の速度制限・降下角増大用・横操縦用, または地上滑走中の揚力減衰・空気抵抗増大用などの機能を持つものもある》. 4 〘自動車〙 スポイラー《特に競走車の前または後につけて高速時の車両の浮上りを防ぐ装置》. 5 〘スポーツ〙 a (ボクシングなどで)相手に調子を出させないようにする選手. b 大物食い, 上位チームを食う[負かす]チーム.
spóiler pàrty n. 〘米政治〙 (二大政党の一方の選挙妨害を目的とした)第三政党.
spóil fìve n. 〘トランプ〙 スポイルファイブ《数人が 5 枚の手札で行なう whist 系のゲームで, 1 人が 3 組以上取れば場の賭金を得るが, 他がそれを阻止すればその場はお流れ (spoil) となる》.
spóil gròund n. 掘り出した不要の土などの置場.
spóils·man [-mən] 〘← SPOIL + -s¹ + -MAN〙 — n. (*pl.* **-men** [-mən, -mèn]) 《米》 猟官者《金銭上の利得と官職を目的に政治に携わる人》, 利権屋; スポイルズシステム (spoils system) の擁護者.
spóil·spòrt 〘(1821)〙 n. (わがままな行動やスポーツマンらしくない行為などによって)他人の楽しみを台なしにする人.
spóils sỳstem n. 《米》 スポイルズシステム, 猟官制《「敵からの強奪は勝利者の権利」の原則のもとに, 選挙で勝った政党が公職の任免を支配する政治的慣習; cf. spoil n. 2, merit system》.
spoilt v. spoil の過去形・過去分詞.
Spo·kane [spo(ʊ)kǽn|spə(ʊ)-] 〘← ? Salish *spokanee* sun〙 n. 米国 Washington 州東部の都市; 人口 171,000.
spoke¹ [spóʊk|spə́ʊk] 〘OE *spāca* < (WGmc) **spaikōn* spoke (Du. *speek* / G *Speiche*) ← IE **sp(h)ēi-* sharp point: cf. spike¹,²〙 — n. 1 a (車輪の)輻(や), スポーク (⇨ wheel 挿絵). b スポーク状のもの. 2 a (車の)輪止め (drag). b 妨害, 邪魔 (obstruction). 3 (はしごの)段, 格(こ) (rung). 4 〘海事〙 舵(だ)輪の取っ手《舵輪の外に射放状に飛び出ている》.
put a spoke in a person's wheel 人の邪魔をする, 人を妨害する.
— vt. 1 〈車輪〉に輻をつける. 2 輪止めをする.
spoke² 〘(pret.): (16C) ← (p.p.): ∽ ME *spak* < OE *sp(r)æc*: cf. spake. — (p.p.): (14C) ← *spoken* ∽ ME *(i-)speken* < OE *(ge)sp(r)ecen*: ⇨ spoken〙 — v. 1 speak の過去形. 2 《古》 speak の過去分詞.
spóke·bòne n. 〘解剖〙 (前腕の)橈(とう)骨.
spo·ken [spóʊkən|spə́ʊ-] 〘(14C) ∽ ME *(i-)speken*: ⇨ spoke²〙 — v. speak の過去分詞. — adj. 1 口で言う, 口に出した, 口頭の, 口上の (oral): a ~ message 口頭の伝言. 2 話[談話]に用いられる, 口語の (colloquial) (cf. literary 3): ~ language 話し言葉, 音声言語, 口語 (cf. written language) / in ~ English 口語英語で(は). 3 [複合語の第 2 構成素として] 口先[話し振り]の…な: fair-*spoken* 口先のうまい / pleasant-*spoken* 話し(振り)が愉快な / short-*spoken* 話し振りのぶっきら棒な.
spóke·shàve n. なんきんがんな《両手で使う一種の drawknife; もとは車輪の輻(や)を削るのに用いたが, 今は木材の湾曲部や各種の丸い棒を削るのに用いる》.
spokes·man [spóʊksmən|spə́ʊks-] 〘(1519) ← SPOKE² 2 + -s² 2 + -MAN〙 — n. (*pl.* **-men** [-mən]) 1 代弁者 〔*for, of*〕: a ~ *for* the State Department 国務省のスポークスマン. 2 演説家 (orator, speaker).
spókes·wòman [spóʊks-|spə́ʊks-] 〘(1654)〙 — n. (*pl.* **-wo·men**) 女性のスポークスマン.
spóke·wìse 〘← SPOKE¹ (n.) + -WISE〙 adv. (車輪の)輻(や)のように, 放射[輻射]状に (radially).

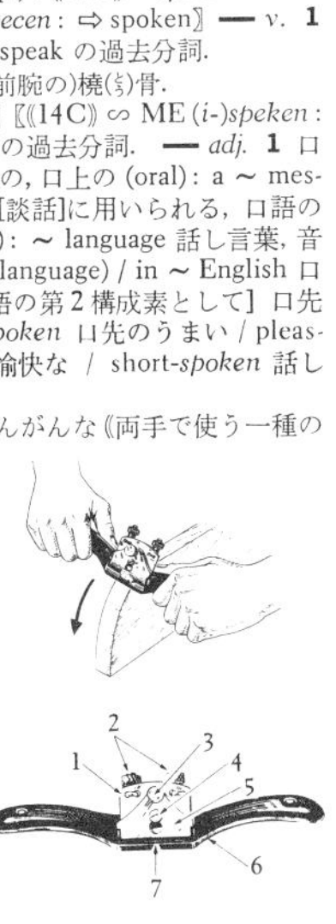

spokeshave
1 cutter; 2 adjusting nuts; 3 lever cap thumbscrew; 4 lever cap screw; 5 lever cap; 6 frame and handles; 7 bottom

Spo·le·to [spəléɪtoʊ|-təʊ; *It.* spoléːto] n. スポレト《イタリア中部の都市; ローマ以前の城壁・バシリカ会堂・劇場などの遺跡に富む; 人口 38,000》.
spo·li·a o·pi·ma [spóʊliə-o(ʊ)páɪmə|spə́ʊlɪə-ə(ʊ)-] 〘▭ L ~ 'rich spoils': ⇨ spoil, optimum〙 — L. n. pl. 1 (古代ローマの)ローマの将軍が敵将との一騎打ちで奪った武器. 2 最上の分捕り品 (choicest spoil); 最大の功績, 殊勲, 偉功, 偉勲.
spo·li·ate [spóʊlièɪt|spə́ʊlɪ-] 〘← L *spoliāt-us* (p.p.) ← *spoliāre* 'to SPOIL': ⇨ -ate³〙 vt., vi. 略奪する.
spo·li·a·tion [spòʊliéɪʃən|spə̀ʊlɪ-] 〘(?c1400) *spoliacioun* ▭ L *spoliātiō(n-)*: ⇨ spoil, -ation〙 — n. 1 横領; 強奪 (extortion). 2 (中立国の商船に対する交戦国の公認された)略奪, 分捕り (plundering). 3 〘法律〙 (約束手形・遺言書などの)文書破棄, 文書変造 (cf. alteration). 4 〘教会〙 (他人の聖職禄の)横領.
spó·li·à·tor [-ṭə|-tə(r] 〘▭ L *spoliātor*: ⇨ spoliate, -or²〙 n. 略奪者 (plunderer).
spo·li·a·to·ry [spóʊliətɔ̀ːri, -tòːri|spə́ʊlièɪtəri] 〘⇨ ↑, -ory¹〙 adj. 略奪の; 略奪的な.
spon·dee [spɑ́ndiː|spɔ́ndiː, -dɪ] 〘(c1390) *sponde* ▭ L *spondē-us* ▭ Gk *spondeîos (poús)* libation (foot) ← *spondḗ* libation: 献酒の祭文を読むのに用いたことから〙 — n. 〘詩学〙 (古典詩の)長長格 (——); (英詩の)強強格 (⌐⌐). **spon·da·ic** [spɑndéɪɪk|spɔn-] adj.
spon·du·licks [spɑnd(j)úːlɪks|spɔndjúː-] 〘(1856) ← ?〙 n. pl. (*also* **spon·du·lix** [~]) 1 《俗》 金 (money), 資金. 2 《古》 小額通貨 (fractional currency).
spon·dyl [spɑ́ndḷ|spɔ́ndɪl] 〘(a1400) *spondyle* ▭ F / L *spondyl-us* ▭ Gk *spóndulos* spine〙 — n. (*also* **spon·dyle** [spɑ́ndaɪl|spɔ́n-]) 1 《廃》 〘解剖・動物〙 椎(つい)骨, 脊椎 (vertebra). 2 〘貝類〙 = spiny oyster.
spon·dyl- [spɑ́ndəl|spɔ́ndɪl] (母音の前に来る時の) spondylo- の異形.
spon·dy·lid [spɑ́ndəlɪd, -ləd|spɔ́ndɪlɪd] 〘↓〙 adj., n. 〘貝類〙 ウミギクガイ科の(二枚貝).
Spon·dyl·i·dae [spɑndílədìː|spɔndílɪ-] 〘← NL ~ ← *Spondylus* (属名: ⇨ spondyl) + -IDAE〙 n. pl. 〘貝類〙 (二枚貝綱)ウミギクガイ科.
spon·dy·li·tis [spɑ̀ndəláɪṭɪs, -ṭəs|spɔ̀ndɪláɪtɪs] 〘← NL ~ ← L *spondylus* (↑): ⇨ -itis〙 n. 〘病理〙 脊椎(つい)炎.
spondy·lo- [spɑ́ndəlo(ʊ)|spɔ́ndɪlə(ʊ)] 〘← Gk *spóndulos*: ⇨ spondyl, -o-〙 — 次の意味を表わす連結形: 1 「椎骨 (vertebra)」. 2 「渦巻き (whorl)」. ★母音の前では通例 spondyl- になる.
sponge [spʌ́ndʒ] 〘n.: OE ▭ L *spongia* ▭ Gk *spoggiá* sponge ← *sp(h)óggos* sponge: cf. fungus. — v.: (1392) ← (n.) // ▭ OF *esponger* (F *éponger*)〙 — n. 1 海綿動物《海綿動物門を構成する各種の群体性動物》. 2 a 海綿, スポンジ《海綿動物の骨質部の特殊な繊維組織だけを残して肉を取り去ったもの; 浴用・医療用など用途が多い》. b 海綿のように水を吸収する物, 海綿状物, 模造海綿, スポンジ. 3 《口語》 a 食客, 居候 (sponger). b 大酒家 (drunkard). c 金[情報]を強要する人, ゆすり, たかり. 4 清拭《水や湯を海綿や手ぬぐいに含ませてからだを洗うこと; sponge bath ともいう》: a cold ~ / have a ~ (down) ぬれ海綿でからだをふく. 5 a イーストなどで発酵させた生のパン生地. b 固まりかけたゼラチンをかき立て, 泡立てて卵白などを加えて作った軽いデザート. 6 〘外科〙 吸反性スポンジ《手術中のうみ・血などをふいたり吸収したりするための吸収剤》. 7 〘銃砲〙 洗桿(せんかん), 掃桿《発射後砲の腔(こう)内を掃除するもの》. 8 〘冶金〙 (鉄・プラチナなど固体のまま還元した時の)海綿状金属.
pass the sponge over …をもみ消す, 水に流す. ***throw*** [***toss, chuck***] ***in*** [***up***] ***the sponge*** 《口語》 〘ボクシングで選手のからだをふく海綿を負けたしるしに投げ上げることから〙 敗北を認める, 参ったと言う (cf. *throw in the* TOWEL).
— vt. 1 海綿で洗う[ふく, ぬぐう, ふき取る, 消し去る] 〈*out, off, away*〉: ~ (*over*) a wound 傷口を海綿で洗う / ~ *out* a stain 海綿でしみをぬぐい取る / ~ a patient's back with alcohol 患者の背をアルコールでふく. b (アイロンをかける前に)海綿でぬらす: ~ trousers. 2 海綿で吸い取る; (海綿のように)吸い取る, 消し去る 〈*up*〉: ~ *up* spilled ink こぼれたインクを海綿で吸い取る. 3 《口語》 a 人に取り入って〈利益など〉にありつく, …のうまい汁を吸う, たかる: ~ 10 dollars 10 ドル巻き上げる / ~ a dinner (ただで)ごちそうにありつく. b 〈人〉から絞り取る, 巻き上げる (fleece): ~ a person. 4 〘窯業〙 a (顔料を含ませた)海綿を押し当てて〈陶磁器を〉彩色する. b 水拭(みずぶき)をする《鋳込み, またはろくろ成形した素地表面を水をふくませた海綿でぬぐって平滑にする》. 5 〘競馬〙 (競争能力を低下させるために馬の鼻孔に)スポンジを入れる. — vi. 1 海綿を採取する. 2 a 〈海綿が〉水などを吸収する. b 海綿のように吸収する. c 海綿状にふくれる. 3 《口語》 〔…に〕寄食する, 食い倒す; (卑劣な策を用いて)〔人に〕助けて[世話して]もらう 〔*on, upon*〕: ~ *on* a person *for* something 人にある物をたかる.
spónge bàg n. 《英》 (防水してある)浴用スポンジ入れ, (携帯用)化粧品入れ.
spónge bàth n. = sponge 4.
spónge bìscuit n. スポンジビスケット《スポンジケーキのように軽い口当たりのビスケット》.
spónge càke n. スポンジケーキ《小麦粉・牛乳・卵・砂糖などから作る気泡性のふわふわしたケーキ; 油脂は用いない; cf. butter cake》.
spónge clòth n. 1 = ratiné 1. 2 スポンジクロス《海綿様・蜂巣織にした各種の織物》.
spónge cùcumber n. = sponge gourd.
spónge fìnger n. 《英》 = ladyfinger 1.
spónge flỳ 〘その幼虫期に淡水海綿に寄生することから〙 n. 〘昆虫〙 ミズカゲロウ《脈翅目ミズカゲロウ科の昆虫の総称; spongilla fly ともいう》.
spónge gòld n. 〘歯科〙 スポンジゴールド《虫歯につめる純金製の材料》. 「gourd).
spónge gòurd n. ヘチマ(の果実) (⇨ dishcloth
spónge ìron n. 〘冶金〙 海綿鉄《酸化鉱を鉄の融点以下の温度で還元して得られる多孔質の海綿状の鉄》.
spónge pùdding n. スポンジプディング《スポンジケーキのように軽い口当たりのプディング》.
spóng·er n. 1 海綿でふく人. 2 海綿採取者[船]. 3 食客, 居候 (parasite).
spónge rúbber n. スポンジゴム《加硫するとき発泡剤を加えて海綿状に造ったゴム; クッション・入浴用具・たわしなどの材料に用いる; cf. foam rubber》.
spónge trèe n. 〘植物〙 キンゴウカン (⇨ huisache).
spónge·wàre n. 〘窯業〙 スポンジウェア《海綿で釉を塗って斑紋様に仕上げた古い米国の陶器, またはその模造品》.
spon·gíl·la flỳ [spʌndʒílə-, spɑn-|spʌn-, spɔn-] 〘*spongilla*: ← NL ~ ← L *spongia* 'SPONGE' + -*illa* (《変形》 ← -ELLA)〙 n. 〘昆虫〙 = sponge fly.
spon·gin [spʌ́ndʒɪn, -dʒən|-dʒɪn] 〘▭ G ~ ← L *spongia* (↑) + -IN¹〙 n. 〘動物〙 海綿質《海綿の骨格の繊維を作っている蛋白質》.
spónging hòuse 〘⇨ sponge (vt.) 3 b〙 n. 《英》 (昔の)債務者拘留所《債務未済で逮捕された人を入獄前

一時監禁して債務弁済の猶予を与えた所》.

spon·gi·o·blast [spʌ́ndʒio(ʊ)blæ̀st, spɑ́n- | spʌ́n-dʒɪə(ʊ)-, spɔ́ndʒ-] 〘← L *spongia* (↓)＋-o-＋-BLAST〙 ― *n.* 〘生物〙 **1** 神経海綿芽細胞, 神経膠質母細胞《胎児の脳や脊髄内にある原始的な細胞で, 将来神経膠になる》. **2** ＝spongoblast.

spon·go·blast [spɑ́ŋgo(ʊ)blæ̀st | spɔ́ŋgə(ʊ)-] 〘← Gk *spóggos* 'SPONGE'＋-BLAST〙 ― *n.* 〘生物〙 海綿質繊維母細胞《珪角海綿・樹枝角質海綿の有する海綿質繊維を分泌する細胞》.

spon·go·coel [spɑ́ŋgo(ʊ)sìːl | spɔ́ŋgə(ʊ)-] 〘← Gk *spóggos* (↑)＋-COEL〙 *n.* 〘動物〙 海綿腔《海綿の体内の中心にある広い腔所; gastral cavity ともいう》.

spong·y [spʌ́ndʒi | -dʒi] 〘← SPONGE (n.)＋-Y⁴〙 ― *adj.* (**spong·i·er; -i·est**) **1** 海綿状[質]の: a ～ body 海綿体. **2 a** (海綿のように)小孔の多い, 多孔の(porous). **b** (海綿のように)ふわふわした; 吸収性の(absorbent). **3** 〈骨など〉小孔が多くて堅い. **4** 〘冶金〙〈金属が〉多孔質の. **spóng·i·ly** [-dʒɪli, -dʒə- | -lɪ] *adv.* **spóng·i·ness** *n.*

spóngy parénchyma *n.* 〘植物〙 (葉の)海綿状組織.

spon·sion [spɑ́nʃən | spɔ́n-] 〘(1677) □ L *spōnsiō(n-)* ← *spondēre* to promise solemnly: cf. sponsor: ⇨ -sion〙 ― *n.* **1** (他人のためにする)保証, 請合い. **2** 〘国際法〙 (権限外の)約定, 保証. **3** 〘ローマ法〙 口頭契約に対する保証《ローマ市民に対してのみ適用される》.

spon·son [spɑ́nsn | spɔ́n-] 〘(1835) 《短縮》? ← EXPANSION〙 ― *n.* **1** 〘海事〙 **a** (砲座などを取り付けるための)舷(げん)側張出し部. **b** 張出し砲座. **2** 〘海事〙 (外輪船の)張り出し《両舷外側に取り付けた外輪収容部; paddle wing ともいう》. **3** 〘カヌー〙 (カヌーの両側に取り付け安定性・浮力を増す)うき. **4** 〘航空〙 スポンソン《飛行艇の艇体側面に張り出した短い翼; 水上での横安定を増す》.

spon·sor [spɑ́nsə | spɔ́nsə(r] 〘(1651) □ L *spōnsor* ← *spondēre* to promise solemnly ← IE **spend-* to make an offering: cf. sponsion, respond: ⇨ -or²〙 ― *n.* **1 a** (人・物に対して)責任をとる人. **b** 発起人, 主唱者(promoter); 後援者[組織]: the ～ of a law 法律の起草者. **c** 指導教官, アドバイザー: a homeroom ～ ホームルームの先生 / a ～ *for* [*to*] a classroom クラスの先生. **d** 新規採用のセールスマンの教育[監督]責任者. **e** 仮出獄者の引受け人, 保釈保証人. **2** (ラジオ・テレビの商業放送の)広告主, スポンサー: a ～ *to* a TV program テレビ番組のスポンサー. **3** 名親(godparent); (進水船の)命名者: stand ～ to …の名(づけ)親になる. **4** 〘ローマ法〙 保証人(surety).
― *vt.* **1** …の保証人になる, 保証する; 発起する, 主唱する (promote); 後援する (support): ～*ed* by …の発起[主唱, 後援]で[による]. **2** 〈ラジオ・テレビの商業放送〉のスポンサーになる; …を放送で広告する.
spon·so·ri·al [spɑnsɔ́ːriəl, -sóːr- | spɔnsɔ́ːrɪ-] *adj.*

spónsor prògram *n.* 〘ラジオ・テレビ〙 (スポンサーの提供による)商業放送番組 (cf. sustaining program).

spónsor·ship 〘← SPONSOR＋-SHIP〙 *n.* **1** 名親[保証人, スポンサー]であること. **2** 発起; 後援 (auspice): under the ～ of …の発起のもとに, …の後援で.

spon·ta·ne·i·ty [spɑ̀ntəníːəṭi, -néɪə-, -tṇ- | spɔ̀ntəníːətɪ, -níətɪ, -níːətɪ, -ɪtɪ] 〘(1651) ← LL *spontāneus* (↓)＋-ITY〙 ― *n.* **1** 自発(性). **2** (無理のない)自然さ, のびのびしたところ. **3** 自然発生.

spon·ta·ne·ous [spɑntéɪniəs | spɔntéɪnjəs, spən-, -nɪəs] 〘(1656) □ LL *spontāneus* ← L *sponte* of one's own accord (abl.) ← **spōns* free will ← ? IE **(s)pen(d)-* to stretch (cf. spin, span¹): ⇨ -aneous〙 ― *adj.* **1** (外的な強制でなく)自分から進んでする, 自発的な, 随意の, 任意の (unrestrained, voluntary): a ～ action [remark, offer] 自発的な行動[言葉, 申し出]. **2** 〈衝動・運動・活動など〉自然に起こる, 思わず知らず生じる, 無意識的な, 自動的な (self-acting): a ～ thought 自然にわく思考 / a ～ expression of joy [admiration] 思わず知らず発する喜び[感嘆]の声 / a ～ movement 無意識の動作. **3** 〈動作・文体など〉自然な, 流麗な (natural), のびのびした (unconstrained): a ～ style, writer, etc. **4** 〈植物・果実など〉人工的栽培によらない, 自生の: a ～ growth of wood 自然に発生した森林. **5** 〘医学〙 自発(的)の, 自然の; 特発(性)の: ～ pain 自発痛 / a ～ cure [abortion] 自然治癒[流産]. **～·ness** *n.*

spontáneous combústion *n.* 〘化学〙 自然発火, 自然燃焼《常温の空気中で酸素との反応で自然に発火する現象; spontaneous ignition ともいう》.

spontáneous generátion *n.* 〘生物〙 ＝abiogenesis.

spontáneous ignítion *n.* 〘化学〙 ＝spontaneous combustion.

spon·tá·ne·ous·ly 〘(1658)〙 *adv.* (外的に強制されることなく)自発的に, 自然に.

Spon·ti·ni [spɑntíːni | spɔntíːnɪ; *It.* spontíːni], **Gas·pa·ro** [gáspaɾo] (**Luigi Pa·ci·fi·co**) [patʃíːfiko] *n.* スポンティーニ《1774–1851; イタリア生れのオペラ作曲家・指揮者》.

spon·toon [spɑntúːn | spɔn-] 〘(1746) □ F *(e)sponton* □ It. *spuntone* ← *s-* (< L *ex-* 'from, EX-¹')＋*punto* (< L *pūnctum* 'POINT')〙 ― *n.* **1** 小型の矛(ほこ), スポンツーン《英国の color sergeant がもった武器》. **2** 警官の棍棒 (truncheon).

spoof [spúːf] 〘(1889) ← *Spoof*: 英国の喜劇役者 Arthur Roberts (1852–1933) が考え出したゲームの名から〙 《俗》 ― *vt., vi.* **1** だます, 一杯食わせる (hoax, humbug). **2** (軽く悪気なく)揶揄(やゆ)する, からかう, 冷やかす (joke, kid). ― *n.* **1** だます[かつぐ]こと, ぺてん (hoax, fake). **2 a** (悪気のない軽い)揶揄, からかい, 冷やかし. **b** 戯文, パロディー (parody).

spóof·er *n.* 《俗》 **1** だます人, ぺてん師 (deceiver). **2** 揶揄する人, もじる人.

spoof·er·y [spúːfəri | -rɪ] 〘⇨ -ery〙 *n.* **1** だまし, ぺてん (deceit). **2** 悪気のない軽い冗談.

spook [spúːk] 〘(1801) □ Du. ～ ← ?: cf. G *Spuk*〙 ― *n.* **1** 《口語》 幽霊 (ghost); お化け (hobgoblin); (心霊術の会での)亡霊. **2** 《口語》 変人, 奇人. **3** 《米俗》 秘密探偵, スパイ (spy). **4** 《俗》 ＝ghost-writer. **5** 《俗》 [軽蔑的に] 黒人, ニグロ. ― *vt.* **1** 《口語》 〈幽霊などが〉出る, 住みつく (haunt). **2** 《口語》 **a** おどす, びっくりさせる (frighten). **b** おどして…させる. **3** 《俗》 ＝ghostwrite. ― *vi.* 《口語》 びっくりする, 驚く; 驚いて逃げ出す.

spóok·ish [-kɪʃ] 〘⇨ ↑, -ish¹〙 *adj.* 《口語》 幽霊[お化け]のような.

spook·y [spúːki | -kɪ] 〘← SPOOK＋-Y⁴〙 ― *adj.* (**spook·i·er; -i·est**) **1** 《口語》 幽霊[亡霊]の[に関する]. **2** 幽霊[お化け]でも出そうな, 気味悪い (eerie, ghastly): a ～ house 化け物屋敷. **3** 〈人・馬など〉すぐ驚く, 臆病な (nervous, skittish). **spóok·i·ly** [-kɪli, -kə- | -lɪ] *adv.* **spóok·i·ness** *n.*

spool [spúːl] 〘(*c*1325) *spole* □ OF *espole* (F *époule*) // MDu. *spōle* (Du. *spoel*) ← ?: cf. G *Spule*〙 ― *n.* **1 a** 物を巻きつける円筒状のもの. **b** 糸巻き, 糸巻きわく (bobbin). **c** (写真フィルムの)スプール. **d** (録音テープの)リール. **e** (タイプライターの)リボン巻き. **f** 〘釣〙 リールの糸巻き, スプール. **2** スプールに巻き取る材料[量]. ― *vt.* **1** 糸巻き[スプール]に巻く. **2** 〈糸などを〉〔糸巻き[スプール]から〕巻き取る 〔*off, out*〕: ～ the thread *off* the bobbin ボビンから糸を巻き取る. ― *vi.* **1 a** 〈糸などが〉糸巻き[スプール]に巻かれる. **b** 糸巻き[スプール]に巻く. **2** 〔糸巻き[スプール]から〕巻き取る 〔*off*〕: ～ *off* the bobbin.

spóol tùrning *n.* 球体を連結した形に加工した挽物部材.

spoom [spúːm] 〘□ It. *spuma* foam〙 *n.* スプーム《果汁やぶどう酒入りのシロップにメレンゲをまぜて作った菓子; シャーベットの一種》.

spoon¹ [spúːn] 〘OE *spōn* chip ← Gmc **spēnu-* (Du. *spaan* / G *Span* / ON *spōnn, spānn* chip) ← IE **sp(h)ē-* long, flat piece of wood (Gk *sphḗn* wedge): 「スプーン」の意は 14C から〙 ― *n.* **1 a** [しばしば複合語の第2構成素として] さじ, スプーン: He should have a long ～ that sups with the devil. 《諺》 悪魔と食事をする人は長いさじが入用《ずるい相手だからうんと知恵を働かせなければだめ》/ It takes a long ～ to sup with him. あいつは(悪魔だから)一筋なわではだめ / ⇨ dessertspoon, soup spoon, tablespoon, teaspoon, apostle spoon, egg spoon, marrow-spoon, salt spoon. **b** さじ一杯 (spoonful) 〔*of*〕. **2 a** さじ形の物, さじの皿に似た物. **b** (狭い穴をほるための)さじ形シャベル《spoon shovel ともいう》. **c** ＝spoon oar. **3** 〘釣〙 スプーン《金属の擬似餌; さじの皿の部分の形をしていて, 水中を引くと不規則な動きで魚を誘う; spoon bait, trolling spoon ともいう; cf. spoon hook, spinner 4》. **4** 〘英大学〙 ＝wooden spoon. **5** 〘海軍〙 スプーン《魚雷発射管の先端に突き出したさじ形の延長部; 魚雷をなるべく水平に突っ込ませるためのもの》. **6** 〘ゴルフ〙 スプーン《さじ形の先のあるクラブ; number three wood ともいう》
be born with a silver spoon in** one's **mouth 富貴の家に生れる, 幸運に生れつく. ***make a spoon or spoil a horn*** 〘スコットランドでは牛や羊の角でスプーンを作ることがもと一般に行なわれていたことから〙 のるかそるかやってみる.
― *vt.* **1** さじ[スプーン]ですくい取る, さじでしゃくる: ～ (*up*) one's soup. **2** 《米俗》 (さじが重なるように)〈人〉の背に抱きついて寝る (cf. spoon-fashion). **3** 〘ゴルフ・クリケット〙 すくい上げるように〈ボールを〉打つ, 軽く打ち上げる. ― *vi.* **1** さじ[スプーン]を浸す: ～ *into* a bowl. **2** 《米俗》 人の背に抱きついて寝る 〈*out*〉. **3** 〘釣〙 スプーン (spoon) で釣る. **4** 〘ゴルフ・クリケット〙 ボールをすくうように軽く打つ, ボールを打ち上げる.

spoon² [spúːn] 〘《比喩的用法》↑ // 《逆成》 ← SPOONY: または婚約した男がそのフィアンセに love spoon をおくるというウェールズの習慣から〙 《口語》 ― *n.* **1** ばか, あほう. **2** 女に甘い男, 鼻下長, でれすけ.
be spoons on [***with***] …にほれて[熱くなって]いる.
― *vt.* (べたべたと)〈女〉に言い寄る, 口説く; …といちゃつく, 愛撫する. ― *vi.* いちゃつく, 愛撫する.

spóon·bàck *n.* スプーンバック《背中の曲面に適合するように形づくられた椅子の高い背もたれ》.

spóon bàit *n.* 〘釣〙 ＝spoon 3.

spóon·bìll *n.* **1** 〘鳥類〙 くちばしの先がスプーン状で長く平たい鳥類の総称: **a** ヘラサギ《ヘラサギ属 (*Platalea*) の鳥類; 中央ヨーロッパから沿海州にいたるユーラシア大陸の温帯・熱帯などに生息するヘラサギ (*P. leucorodia*) など; 日本には, クロツラヘラサギ (*P. minor*) が渡来することもある》. **b** ベニヘラサギ (roseate spoonbill). **2** 〘鳥類〙 **a** ハシビロガモ (shoveler). **b** 《英方言》 スズガモ (scaup duck). **c** アカオタテガモ (ruddy duck). **3** 〘魚類〙 ヘラチョウザメ (⇨ paddlefish).

spoonbill 1 a (*P. leucorodia*)

spóonbill càt *n.* 〘魚類〙 ＝spoonbill 3.

spóon-bílled *adj.* くちばしの先などがスプーン状で長く平たい.

spóon bòw [-bàʊ] *n.* 〘海事〙 さじ形船首[へさき].

spóon brèad *n.* 《米南部・中部》 スプーンブレッド《とうもろこし粉に牛乳・卵などを加えて作るカスタード状のパン; 非常に柔らかいのでスプーンで食べる》.

spóon·drìft 〘(1769) ← 《廃》 *spoon* to run before the wind (← ?)＋DRIFT: cf. spindrift〙 *n.* ＝spindrift.

spóon·er *n.* (余分の茶さじを入れておく)さじ入れ, スプーン立て.

spoon·er·ism [spúːnərìzm] 〘(1900) ← *Rev. W. A. Spooner* (1844–1930: よくこの種の言いまちがいをした Oxford 大学 New College の学長): ⇨ -ism〙 ― *n.* 〘音韻〙 スプーナー誤法, 頭音転換《2語以上の初頭音が互いに転換すること; 例えば received a *crushing blow* を received a *blushing crow*, *well-oiled bicycle* を *well-boiled icicle* などと言う類; cf. metathesis, malapropism》.

spoon·ey [spúːni | -nɪ] 〘← SPOONY: ⇨ -ey〙 《口語》 *adj.* (**spoon·i·er; -i·est**) ＝spoony. ― *n.* (*pl.* **～s**) ＝spoony.

spóon-fàshion 〘← SPOON¹ (n.)＋FASHION〙 *adv.* 《米口語》 さじのように重なり合って: sleep ～.

spóon-fèd *adj.* **1** 〈幼児・病人が〉さじ[スプーン]で食べさせられる. **2 a** 〈子供など〉甘やかされた, 過保護の. **b** 〈産業など〉極端に保護された. **3 a** 〈教材・ゆがめられた情報など〉一方的に授けられた[注ぎ込まれた]. **b** 〈人が〉一方的に教え込まれた, 自主的判断[行動]のできなくなった.

spóon-fèed *vt.* (-**fed**) **1** さじ[スプーン]で食べさせる. **2 a** 〈子供などを〉むやみに甘やかす, 過保護にする. **b** 〈産業などを〉極端に保護する. **3 a** 〈教材などを〉一方的に懇切丁寧に授ける; 〈ゆがめた情報・思想などを〉一方的に注ぎ込む. **b** 〈人〉に教材(など)を一方的に授ける; ゆがめた情報(など)を〈人〉に一方的に注ぎ込む.

spóon fòod *n.* ＝spoon meat.

spoon·ful [spúːnfʊ̀l | -fʊ̀l, -fəl] 〘(*c*1300): ⇨ spoon¹ (n.), -ful²〙 ― *n.* (*pl.* **～s, spoons·ful**) **1** さじ[スプーン]一杯(分), (特に)茶さじ一杯(分), 一さじ(分) 〔*of*〕: by ～*s* 一さじずつ, 少しずつ. **2** 少量, 少数.

spóon hòok *n.* 〘釣〙 スプーン (spoon) をつけた鉤.

spóon mèat *n.* (特に, 幼児・病人用の)さじで食べる食物, 流動食: live on ～.

spóon nàil *n.* 〘病理〙 さじ状爪, スプーン(状)爪 (koilonychia).

spóon òar *n.* さじ櫂(かい)《水かきがスプーン状; 単に spoon ともいう》.

spóon shòvel *n.* ＝spoon¹ 2 b.

spoon·y [spúːni | -nɪ] 〘(1792) ← SPOON¹ (n.)＋-Y⁴: (食物をさじで食べさせる必要があるほど)「子供っぽい」の意から〙 《口語》 ― *adj.* (**spoon·i·er; -i·est**) **1** 〔女に〕甘い, でれでれした, 鼻下長の (amorous, soft) 〔*over, on, upon*〕: be ～ *over* [*on*] her. **2** ばかな, たわいない (silly). ― *n.* **1** 鼻下長, でれすけ. **2** うすばか. **spóon·i·ly** [-nɪli, -nə-, -nḷi | -nɪlɪ, -nə-] *adv.* **spóon·i·ness** *n.*

spoor [spʊ́ə, spɔ́ə, spóə | spʊ́ə(r, spɔ́ː(r] 〘(1823) □ Afrik. ～ < MDu *spo(o)r*: cf. OE, ON & OHG *spor* / G *Spur* footprint, track: cf. spur, spurn〙 ― *n.* (*pl.* **～, ～s**) (猟獣の)臭跡, 遺臭 (track); 足跡 (trail). ― *vt.* 〈猟獣〉の遺臭を追う. ― *vi.* 臭跡を追う, 追跡する. **～·er** [spʊ́(ə)rə, spɔ́ːrə, spóːrə | spʊ́ərə(r, spɔ́ːrə(r] *n.*

spor- [spɔːr, spoːr | spɔːr] (母音の前に来る時の) spo-ro- の異形.

-spo·ra [-́ spərə] 〘← NL ～ ← Gk *sporá* seed〙 〘生物〙 「…のような胞子の特徴をもつ生物」の意の名詞連結形.

Spor·a·des [spɔ́(ː)rədìːz, spɑ́r- | spɔ́r-] 〘□ L ～ □ Gk *Sporádes* (*nêsoi*) scattered (isles) ← *speírein* (↓)〙 ― *n. pl.* [the ～] スポラデス(諸島): **1** Cyclades 島を除くエーゲ海のギリシャの島々の旧名. **2** エーゲ海にあるギリシャ領の諸島《ギリシャの東海岸沖にある Northern Sporades と, 小アジアの南西沖にある Dodecanese 諸島を含む Southern Sporades から成る》.

spo·rad·ic [spərǽdɪk, spoːr-, spɔːr- | spər-, spɔr-] 〘(*a*1689) □ ML *sporadic-us* □ Gk *sporadikós* ← *sporás* scattered ← *speírein* to scatter, sow: ⇨ sprout, spore〙 ― *adj.* **1** 〈同様の出来事など〉(個別的に)時々起こる, 時折の (occasional); 〈病気など〉散発(性)の, 散在(性)の: ～ outbreaks of riot 散発的な暴動 / a ～ case of scarlet fever 猩紅(しょうこう)熱の散発例. **2** 孤立した (isolated); 散在する, まばらの, ばらばらの (scattered); 〈植物など〉離れて生えている: a ～ growth of fern シダがまばらに生えていること. **spo·rád·i·cal·ly** *adv.* **～·ness** *n.*

sporádic chólera *n.* 〘病理〙 散発性コレラ《症状はアジアコレラに似ているが病原菌がやや異なる》.

sporádic É láyer *n.* 〘通信〙 スポラジック[散発的] E 層《E 層 (E layer) の領域に突発的に現われる電離層で高周波の電波を反射する》.

sporangia *n.* sporangium の複数形.

spo·ran·gi·o·phore [spərǽndʒio(ʊ)fɔ̀ːə, spoːr-, spɔːr-, -fɔ̀ə | spərǽndʒɪə(ʊ)fɔ̀ː(r, spər-] 〘⇨ ↓, -phore〙 *n.* 〘植物〙 胞子嚢(のう)床, 胞子嚢柄.

spo·ran·gi·um [spərǽndʒiəm, spoːr-, spɔːr- | spəræ̀ndʒɪəm, spɔr-]〖← NL ～ ← Gk *sporá* (↓)＋ANGIO-＋-IUM〗━ *n.* (*pl.* **-gi·a** [-dʒiə | -dʒɪə])〖植物〗胞子囊(のう), 芽胞囊. **spo·rán·gi·al** [-dʒiəl | -dʒɪ-] *adj.*

spore [spɔ́ɚ, spóɚ | spɔ́:(r)]〖(1836) ← NL *spora* ← Gk *sporá* seed: cf. sperm, sporadic, sprout〗〖生物〗━ *n.* **1** 胞子, 芽胞. **2** 胚種 (germ), 生殖細胞 (germ cell), 種子 (seed), 因子. ━ *vi.* 胞子[胚種, 種子]を有する[生じる], 胞子などによって繁殖する. ━ *vt.* 胞子(など)によって生む[繁殖させる].

-spore [spɔ̀ɚ, spòɚ | spɔ̀:(r)]〖↑〗〖生物〗「…のような特徴[起源]をもつ胞子」の意の名詞連結形.

spóre càse *n.*〖植物〗＝sporangium.

spóre frùit *n.*〖植物〗＝fruiting body.

spóre móther cèll *n.*〖植物〗胞子母細胞, 芽胞母細胞.

spo·ri- [spɔ́rɪ, spórɪ, -rə | spɔ́:rɪ] sporo- の異形 (⇨ -i-).

-spor·ic [spɔ́:rɪk, spó:r- | spɔ́:r-]〖⇨ spore, -ic[1]〗「…の(数の)胞子をもった」の意の形容詞連結形.

spo·ri·cide [spɔ́:rəsàɪd, spó:r- | spɔ́:rɪ-]〖← SPORO-＋-CIDE〗*n.*〖植物〗殺胞子剤. **spo·ri·cid·al** [spɔ̀:rəsáɪdl, spò:r- | spɔ̀:rɪ-] *adj.*

spo·rid·i·um [spərídiəm, spɔ:r-, spo:r- | spərídɪ-, spɔ:r-]〖← NL ～: ⇨ sporo-, -idium〗━ *n.* (*pl.* **-i·a** [-diə | -dɪə])〖植物〗小生子《前菌糸から造られた小形の分生胞子; cf. basidiospore》.

spo·rif·er·ous [spəríf(ə)rəs, spɔ:r-, spo:r- | spər-, spɔ:r-]〖← SPORO- (↓)＋-FEROUS〗*adj.* 胞子を生じる.

spo·ro- [spɔ́:rə, spó:rə | spɔ́:rə(ʊ)]〖← NL *spora* 'SPORE'＋-O-〗━「胞子 (spore), 種子 (seed)」の意の連結形. ★時に spori-, また母音の前では通例 spor- になる.

spo·ro·carp [spɔ́:rəkɑ̀ɚp, spó:r- | spɔ́:rəkɑ̀:p]〖← SPORO-＋-CARP〗*n.*〖植物〗胞子囊果, 芽胞果, 子実体.

spo·ro·cyst [spɔ́:rəsɪst, spó:r- | spɔ́:r-]〖← SPORO-＋-CYST〗━ *n.* **1**〖植物〗胞子囊(のう). **2**〖動物〗スポロキスト《扁形動物のジストマ類の第二期の幼生》. **spo·ro·cys·tic** [spɔ̀:rəsístɪk, spò:r- | spɔ̀:r-] *adj.*

spòro·génesis〖← NL ～: ⇨ sporo-, -genesis〗━ *n.*〖植物〗**1** 胞子生殖, 芽胞繁殖 (cf. megasporogenesis). **2** 胞子形成 (spore formation). **spòro·génic** *adj.* **spo·rog·e·nous** [spərɑ́dʒənəs, spɔ:r-, spo:r- | spərɔ́dʒɪ-, spɔ:r-] *adj.*

spo·ro·gone [spɔ́:rəgòʊn, spó:r- | spɔ́:rəgə̀ʊn]〖↓〗*n.*〖植物〗＝sporogonium.

spòro·gónium〖← SPORO-＋-GONIUM〗*n.* (*pl.* **-nia**)〖植物〗(コケ類などの)胞子体.

spo·rog·o·ny [spərɑ́gəni, spɔ:r-, spo:r- | spərɔ́gənɪ, spɔ:r-]〖← SPORO-＋-GONY〗━ *n.*〖生物〗伝播(でんぱ)生殖, 胞子生殖, スポロゴニー《胞子虫類が胞子 (spore) を多数作ってふえる繁殖法》. **spo·ro·gon·ic** [spɔ̀:rəgɑ́nɪk, spò:r- | spɔ̀:rəgɔ́n-] *adj.* **spo·róg·o·nous** [-nəs] *adj.*

spo·ront [spɔ́:rɑnt, spó:r- | spɔ́:rɔnt]〖← SPORO-＋-ONT〗*n.*〖生物〗(胞子生殖における)スポロント, 胞子虫.

spo·ro·phore [spɔ́:rəfɔ̀ɚ, spó:rəfɔ̀ɚ | spɔ́:rəfɔ̀:(r)]〖← SPORO-＋-PHORE〗*n.*〖植物〗芽胞柄, 担子器.

spo·roph·o·rous [spərɑ́f(ə)rəs, spɔ:r-, spo:r- | spərɔ́f-, spɔ:r-]〖← SPORO-＋-PHOROUS〗*adj.* **1** 芽胞柄 (sporophore) の[に関する]. **2** ＝sporiferous.

spo·ro·phyll [spɔ́:rəfɪl, spó:r- | spɔ́:r-]〖← SPORO-＋-PHYLL〗━ *n.* (*also* **spo·ro·phyl** [～])〖植物〗芽胞葉, 担子葉, 実葉 (cf. sterile 5 c). **spo·roph·yl·la·ry** [spərɑ́fəlèri, spɔ:r-, spo:r- | spərɔ́fɪlərɪ, spɔ:r-] *adj.*

spo·ro·phyte [spɔ́:rəfàɪt, spó:r- | spɔ́:r-]〖← SPORO-＋-PHYTE〗*n.*〖植物〗芽胞体, 胞子体. **spo·ro·phyt·ic** [spɔ̀:rəfítɪk, spò:r- | spɔ̀:rəfít-] *adj.*

spo·ro·tri·cho·sis [spɔ̀:rətrɪkóʊsɪs, spò:r-, -trə-, -səs | spɔ̀:rətrɪkə́ʊsɪs]〖← NL ～ ← *Sporotrichum*: ⇨ -osis〗━ *n.*〖病理〗スポロトリクム症《*Sporotrichum* 属の糸状菌による皮膚病》. **spo·ro·tri·chot·ic** [spɔ̀:rətrɪkɑ́tɪk, spò:r-, -tre- | spɔ̀:rətrɪkɔ́t-] *adj.*

-spor·ous [spɔ́:rəs, spó:r- | spɔ́:r-]〖⇨ spore, -ous〗＝-sporic.

sporozoa *n.* sporozoon の複数形.

Spo·ro·zo·a [spɔ̀:rəzóʊə, spò:r- | spɔ̀:rəzə́ʊə]〖← NL ～: ⇨ sporo-, -zoa〗*n. pl.*〖動物〗胞子虫亜門《原生動物の一亜門》.

spo·ro·zo·an [spɔ̀:rəzóʊən, spò:r- | spɔ̀:rəzə́ʊ-]〖⇨ ↑, -an[1]〗〖動物〗*n.* 胞子虫《胞子虫亜門の1個体》. ━ *adj.* 胞子虫(亜門)の.

spo·ro·zo·ite [spɔ̀:rəzóʊaɪt, spò:r- | spɔ̀:rəzə́ʊ-]〖⇨ ↓, -ite[1]〗*n.*〖動物〗(胞子虫の)種虫(しゅちゅう).

spo·ro·zo·on [spɔ̀:rəzóʊɑn, spò:r- | spɔ̀:rəzə́ʊɔn]〖← NL ～ (sing.) ← SPOROZOA〗*n.* (*pl.* **-zo·a** [-zóʊə | -zə́ʊə])〖動物〗＝sporozoan.

spor·ran [spɔ́(:)rən, spɑ́r- | spɔ́r-]〖(1818) ⊏ Sc.-Gael. *sporan* (Ir. Gael. *sparán* / Welsh *ysbur*) ⊏ LL *bursa* 'PURSE'〗━ *n.* スポラン, 毛皮袋, 下げ袋《スコットランド高地人が正装の場合にウエストから kilt の前に下げる革[毛皮]袋で財布に用いる; ⇨ kilt 挿絵》.

sport [spɔ́ɚt, spóɚt | spɔ́:t]〖(n.: *c*1450; v.: ? *a*1400)《頭音消失》← DISPORT (n., v.)〗━ *n.* **1 a** [集合的にも用いて](休養・娯楽のために行なう)運動, 競技, スポーツ《狩猟・魚釣・帆走・競馬・ボート・野球・テニス・ゴルフ・ボウリング・レスリング・ボクシング・水泳など》: a lover of ～*s* スポーツ愛好者 / athletic ～*s* 運動競技;《英》陸上競技 / take part in a ～ スポーツをやる / have good ～ 大猟をする / He is fond of ～. スポーツが好きだ. **b**《英》[*pl.*] 運動会, 競技会: school ～*s* / The (athletic) ～*s* were postponed. 運動会は延期された. **2 a** 娯楽, 楽しみ, 慰み, 気晴らし (pastime, diversion): spoil the ～ 興をそぐ (cf. spoilsport) / What ～! おもしろいな / Some people think it great ～ to play jokes. 悪ふざけをするのを大の楽しみにする人がいる. **b** 冗談 (jesting), ふざけ, 戯れ (joking); からかい, 冷やかし (ridicule): a ～ of terms [wit, words] 言葉のしゃれ / in [for] ～ 戯れ[冗談]に; 遊び半分に / make ～ of ...をからかう, ばかにする. **3 a** [the ～] おもちゃ, もてあそび物 (toy, plaything); おもちゃ(扱い)にされるもの: be the ～ of the waves [wind] 波[風]に翻弄される / She was *the* ～ of circumstances [fortune]. 境遇[運命]にもてあそばれた. **b** 笑い草[物], 物笑い (laughingstock). **4 a** スポーツ愛好者, スポーツマン. **b**《口語》(スポーツマンのように)潔い人, 気のいい人, 気さくな人 (good fellow): Be a (good) ～! (スポーツマンらしく)りっぱにやれ / Be a ～, and lend me a hand. 頼む(から), ちょっと手を貸してくれ / old ～ [呼掛け]君. **c**《米口語》勝負事の好きな人, ばくち打ち (gambler). **5**《米俗》めかし屋, 派手好みの人; きざな人; プレイボーイ (playboy). **6**《廃》恋の戯れ; 性的遊戯. **7**〖生物〗突然変異 (mutation), 変種; 芽条突然変異, 枝変わり (bud mutation).

a sport of nature《廃》＝lusus naturae.

the sport of kings 王者のスポーツ《競馬, 狩猟, 鷹狩》.

━ *attrib. adj.* ＝sports.

━ *vi.* **1** (戸外)運動をする, スポーツをする; 猟[釣]をする. **2** 〈子供・動物が〉ふざける, 戯れる (frolic). **3 a** 〔…を〕軽くあしらう (deal lightly), もてあそぶ (trifle)〔*with*〕. **b** 〔…を〕あざける, からかう (ridicule)〔*at*〕. **4**《廃》〔…と〕いちゃつく (dally)〔*with*〕. **5**〖生物〗突然変異を起こす, 変種を生じる (mutate); 枝変わりする. ━ *vt.* **1** おもしろく遊んで〈時を〉過ごす. **2 a** むやみに浪費する (spend recklessly)〈*away*〉. **b**《古》〈金を〉勝負事で使い果たす. **3**《口語》見せびらかす, てらう (show off): ～ a new hat 新調の帽子を(かぶって)見せびらかす / ～ a gold watch and chain 鎖付きの金時計をぶら下げている / ～ a title 肩書を振り回す / ～ a moustache ひげをひねって見せる. **4**〖生物〗…に突然変異を起こさせる, …の変種を作る; 枝変わりさせる. **5** [～ one*self*]《廃》楽しむ (amuse oneself).

sport one's oak ⇨ oak 5 b.

spórt càr *n.* ＝sports car.

spórt còat *n.* ＝sports jacket.

spórt·càst *n.* ＝sportscast.

spórt èditor *n.* ＝sports editor.

spórt·er [-tɚ | -tə(r)] *n.* **1** スポーツマン. **2** 派手な消費家. **3** 狩猟で使うもの《猟犬, 猟銃など》.

spórt fìsh *n.* スポーツフィッシュ《釣人がスポーツとして釣って興味のある魚》.

spórt·fisherman *n.* **1** スポーツフィッシング専門の釣人. **2** (魚群探知機などを備えた)スポーツフィッシング用の大型モーターボート.

spórt·fìshing *n.* スポーツフィッシング, スポーツ釣.

sport·ful [spɔ́ɚtfəl, spóɚt- | spɔ́:t-]〖ME〗━ *adj.* **1 a** スポーツ[娯楽]を生む; おもしろい. **b** ふざける, 戯れる, 遊び戯れる, 浮かれる, はしゃぐ, 陽気な. **2** おどけた, 冗談の. **～·ly** *adv.* **～·ness** *n.*

spórt·ing [-tɪŋ | -tɪŋ]〖(15C)〗━ *adj.* **1 a** スポーツ[運動競技]の[に関する]; スポーツ用の; 遊猟用の: a ～ magazine スポーツ雑誌 / a ～ page [section] (新聞の)スポーツ欄 / the ～ world 運動競技界 / a ～ coat 運動着[服] / ～ goods 運動用品 / a ～ dog 猟犬 / a ～ gun 猟銃. **b** スポーツマンらしい, 正々堂々たる (sportsmanlike): ～ conduct 立派な行為. **2** スポーツ[運動, 野外運動]好きの; 遊猟好きの: a ～ man 運動家, スポーツマン, 遊猟家; (特に, スポーツやゲームに賭(か)ける)ばくち打ち. **3**《口語》**a** 冒険心のある, やまを張る, 冒険的な[を伴う]: a ～ chance 一か八かの機会, やま, 冒険 / a ～ thing to do 危い[冒険的な]仕事. **b**《米口語》売春に携わる[に使用される]. **4**〖生物〗突然変異の傾向がある. **5**《廃》戯れている; 冗談半分の. **～·ly** *adj.*

spórting èditor *n.* ＝sports editor.

spórting gìrl *n.*《米口語》売春婦 (prostitute).

spórting hòuse *n.* **1**《米口語》売春宿 (brothel). **2**《古》賭博[ばくち]宿.

spórting wòman *n.* ＝sporting girl.

spor·tive [spɔ́ɚtɪv, spóɚt- | spɔ́:t-]〖(1592) ← SPORT＋-IVE〗━ *adj.* **1 a** 遊び戯れる, ふざける; はしゃぐ, 浮かれる, 陽気な. **b** おどけた, 滑稽(こっけい)な (jocose), 冗談の (jesting). **2** (特に, 戸外の)スポーツ[遊猟, 競技]の. **3**《古》好色の, 多情な (amorous). **4**〖生物〗突然変異の (mutative). **～·ly** *adv.* **～·ness** *n.*

spórt jàcket *n.* ＝sports jacket.

sports [spɔ́ɚts, spóɚts | spɔ́:ts]〖(pl.)? ← SPORT〗━ *attrib. adj.* スポーツの[に関する]; スポーツ用[向き]の; 〈服装など〉戸外運動[スポーツ]に適した; ふだん着向きのスタイルの (sport): a ～ commentator スポーツ実況解説者 / a ～ magazine スポーツ雑誌 / a ～ counter スポーツ用品売場 / ～ shoes 運動靴, スポーツシューズ / a ～ fan スポーツファン.

spórts càr *n.* スポーツカー《通例2人乗り高速自動車; sport car ともいう》.

spórts·càst〖← SPORTS＋(BROAD)CAST〗*n.*《米》(ラジオ・テレビの)スポーツ放送, (特に)スポーツニュース. **～·er** *n.*

spórts còat *n.* ＝sports jacket.

spórts dày *n.*《英》(学校の)体育の日, 運動会の日.

spórts·dom *n.* スポーツ界.

spórts èditor *n.* (新聞社の)スポーツ[運動]部長.

spórt shìrt *n.* ＝sports shirt.

spórts jàcket *n.* スポーツジャケット《ツイードなどの素材でつくったカジュアルなジャケット; sport jacket, sport(s) coat ともいう》.

spórts·man [-mən]〖(1706–07) ← SPORTS＋-MAN: cf. craftsman〗━ *n.* (*pl.* **-men** [-mən]) **1** スポーツマン, 運動家《戸外運動家, 特に遊猟家・釣人・など》. **2** 運動家[スポーツマン]精神の人, 正々堂々とやる人. **3**《古》ばくち打ち, (特に)競馬賭博師(など).

spórtsman·lìke〖⇨ ↑, -like〗*adj.* スポーツマンらしい; スポーツマンシップにかなう, 正々堂々とした.

spórts·man·ly *adj.* ＝sportsmanlike.

spórtsman·shìp *n.* **1** スポーツマンシップ[精神]; 運動競技の精神にかなうこと, 正々堂々としていること. **2**《古》遊猟[魚釣, 馬術など]の手腕.

spórts pàge *n.* (新聞の)スポーツページ, スポーツ面.

spórts sèction *n.* (新聞の)スポーツ欄, スポーツ面.

spórts shìrt *n.* スポーツシャツ《カジュアルな男性用シャツ; sport shirt ともいう》.

spórts·wèar *n.* [集合的] 運動着, スポーツウェア, カジュアルウェア.

spórts·wòman〖cf. sportsman〗*n.* (*pl.* **-women**) 女性スポーツ愛好者; 女性遊猟家[漁猟家, 馬術家など].

spórts·wrìter *n.* (新聞などの)運動部[スポーツ]記者.

spórts·wrìting *n.* スポーツ記事を書くこと.

sport·y [spɔ́ɚṭi, spóɚṭi | spɔ́:tɪ]〖← SPORT (n.)＋-Y[4]〗━ *adj.* (**sport·i·er**; **-i·est**)《口語》**1** スポーツマンらしい (sportsmanlike). **2** スポーツに適した: a ～ golf course. **3 a** 〈服装など〉派手な, けばけばしい (flashy); いきな, スポーティーな (stylish) (cf. dressy). **b** 〈人が〉快楽を追う, 身持ちの悪い (loose). **4** 〈態度など〉きびきびした; きりっとした身なりの. **spórt·i·ly** [-ṭɪli, -ṭə-, -tli | -tɪlɪ, -tə-] *adv.* **spórt·i·ness** *n.*

spor·u·late [spɔ́(:)rjʊlèɪt, spɑ́r- | spɔ́r-]〖(1885)《逆成》↓: ⇨ -ate[3]〗〖生物〗*vi.* 胞子[芽胞]を形成する, 分裂して胞子[芽胞]になる. ━ *vt.* 胞子に変態させる.

spor·u·la·tion [spɔ̀(:)rjʊléɪʃən, spɑ̀r- | spɔ̀r-]〖(1876) ← NL *sporula* (↓)＋-ATION〗*n.*〖生物〗胞子形成; 胞子分裂.

spor·ule [spɔ́(:)rju:l, spɑ́r- | spɔ́r-]〖⊏ F ～ // ← NL *sporula* (dim.) ← *spora* 'SPORE': ⇨ -ule〗━ *n.*〖生物〗小芽胞, 小胞子 (small spore). **spor·u·lar** [spɔ́(:)rjʊlɚ, spɑ́r- | spɔ́rjʊlə(r)] *adj.*

-spo·ry [⌒⌒spɔ̀:ri, -spò:ri, ⌒spəri | ⌒⌒spɔ̀:rɪ, ⌒spərɪ]〖← -SPORIC＋-Y[1]〗〖生物〗「…の(数の)胞子をもつこと[状態]」の意の名詞連結形: hetero*spory*.

spot [spɑ́t | spɔ́t]〖(*c*1200) *spotte* ⊏ ? (M)LG ～ // MDu. *spotte* stain, speck ← ?: cf. ON *spotti* small piece, bit / OE *splott* plot of land〗━ *n.* **1 a** (地肌・周囲と違った色・材料・仕上げなどの小さな)ぶち, ぽち, 斑点, まだら (patch, speck): a blue tie with white ～*s* 白の水玉模様のブルーのネクタイ / a black dog with white ～*s* 白いぶちのある黒犬 / the ～*s* of a leopard ヒョウの斑紋. **b**《米》(目印のために樹皮につける)白いあと, 印 (blaze). **2 a** しみ, よごれ (stain, blot): a ～ of ink [blood, mud, oil] インク[血, 泥, 油]のしみ. **b** できもの, 発疹, にきび (pimple): a face covered with ～*s* 吹出物だらけの顔. **c** あざ, ほくろ (nevus);《廃》つけぼくろ (beauty spot): a black ～ on one's face 顔のほくろ. **d** 太陽黒点 (sunspot). **e** (葉・果実などの)きず: ～*s* on an apple. **f** (レントゲン・検眼鏡などで発見される肺や網膜などの)点状陰影, かげ: a ～ on the lung [retina]. **3** (人格・名声などの)汚点, きず (blemish, flaw), 汚名, 汚辱 (disgrace): a character without ～ or stain 一点のきずもない人格 / a ～ *on* one's character [reputation, honor] 人格[名声, 名誉]の汚点. **4 a** 点, 地点, 場所, 個所, 所 (place, locality): a convenient [dangerous] ～ 便利[危険]な地点 / (the) very ～ where the accident took place 事故の起こった(ちょうど)その場所 / a weak ～ (批判・反対されると)弱い所 / a tender [sore] ～ (感情を害する)弱点, 痛いところ / ⇨ soft spot / a good fishing ～ よい釣場 / an interesting ～ for picnic ピクニックに面白い場所. **b**《口語》娯楽の場所, 観光名所. **c**《俗》ナイトクラブ (nightclub). **5 a** (組織・階級における序列の中の)位置, 順位 (position); 地位, 職: the third ～ on the program プログラムで3番目の出番. **b**《口語》(娯楽番組の)出演, 役: get a ～ as a comedian on TV テレビのコメディアンの役にありつく. **c**《口語》苦境 (predicament): ⇨ *in a* (*bad, tight*) SPOT. **6 a** (さいころ・ドミノ札の)目; その目のカード[札, 牌]. **b** (クラブ・ハートなどトランプ札の)図形. **c** (トランプ札の)点; [数詞を伴って] (…点の)トランプ札 (cf. spot card): the five ～ (of clubs) (クラブの)5(の札). **d** [数詞を伴って]《米俗》特定の数字のついたもの; ドル(札): a ten-*spot* 10ドル(札). **7** ＝spotlight. **8** [a ～]《英口語》**a** 少し, 少量, ちょっぴり (small quantity)〔*of*〕: a ～ *of* leave [rest] ほんのしばらくの休暇 / There's not *a* ～ *of* room. 少しの余地もない / Let's take *a* ～ *of* lunch. ちょっと昼食を食べよう. **b** 一杯(の酒) (drink): How about having *a* ～? 一杯飲まないか. **9**《口語》(勝者・犯人などに)目星をつけること; 目星をつけられた人[馬],「ほし」: He is a safe ～ for the hurdles. ハードルで勝つことは確実. **10**〖玉突〗**a** スポット, 玉置場《玉突き台で玉を置き, または玉を打ち出す場所》: a ～

stroke スポットから先玉をポケットへ打ち込むこと. **b** 黒点のある白球 (spot ball). **11** 〖ボウリング〗スパット, スポット《レーン上に並んでいる標点の一つ》: **a** ファウルラインの前方にあるピンの位置を示す10個の丸い点の一つ. **b** ファウルラインの近くにあってストライクをねらうための目標となる7個のくさび形の印の一つ. **12** 《口語》〖ラジオ・テレビ〗 **a** = spot announcement. **b** = spot broadcasting. **13** 〖魚類〗米国東海岸産ニベ科のイシモチに似た食用魚 (*Leiostomus xanthurus*). **14** [*pl.*]〖商業〗即時売渡しの商品, 現物 (spot goods); スポット(買い)《長期契約によらない当用買い; cf. *adj.* 2》: the ~*s* market 現物市場. **15** 〖印刷〗スポット《星印のような, 小さくても目立つもの》; スポット(絵)《ページの途中や終りの簡略な挿図》.

change** one's **spots 生れつきの性質を変える, 性根を変える: Can the leopard change his ~*s*? ⇨ leopard 1. ***hit the high spots*** ⇨ hit 成句. ***hit*** [***go to***] ***the spot*** 《口語》〈飲食物などが〉ちょうどいい, 申し分ない: Hot tea *hits the* ~ on this cold day. こんな寒い日には熱いお茶がもってこいだ. ***in a*** (***bad, tight***) ***spot*** 《俗》困難[危険]な状態にあって, 苦境にあって, 困って (in trouble). ***in spots*** 《米》(1) 時々 (now and then). (2) 幾つかの点で (in some respects). ***knock*** (***the***) ***spots off** a person* 《口語》(1) (あることで)〈人〉にはるかにまさる. (2) 〈人〉を完敗させる. ***on*** [***upon***] ***the spot*** (1) 現場で[に, の]: The doctor was *on the* ~ a few minutes later. 医者は数分後には現場に着いていた / the people *on the* ~ 現場に居合わせた人々 / running *on the* ~ かけ足あしぶみ《進行せずにそのままの位置でかけ足すること》. (2) 即座に, すぐその場で (then and there). (3) 〈返答など〉用意ができて, 抜かりなく (wide awake). (4) 《俗》困難[危険]な状態にあって, 困って: I'm *on the* ~. 私は難渋している. ***put** a person **on the spot*** 《俗》〈人を〉暗殺しようとする, 殺す. ***touch the spot*** 《口語》〈物事が〉効を奏する, 申し分ない, もってこいだ.

— *attrib. adj.* **1** 即座の (on hand); 任意[手当たり次第]に選ばれた, 無作為抽出標本調査で選ばれた: a ~ answer 即答 / ~ questions 任意選択の質問 / ⇨ spot check. **2** 〖商業〗〈商品が〉即時売渡しの, 現金払いの, スポットの (cf. *n.* 14): a ~ sale 即売, 現金売り / ~ delivery 現場渡し / a ~ transaction 現金取引 / the ~ market 現物市場 / a ~ firm 現物店 / ~ goods 現物 / ~ wheat [cotton] 小麦[木綿]の現物 / sell ~ 現物で売る / ~ cash 現金払いの金, 即金 / ⇨ spot price. **3** 〖ラジオ・テレビ〗 **a** 番組の間で放送する: ⇨ spot announcement. **b** 現地放送の: ⇨ spot broadcasting. **4** 〖印刷〗(電気版で, 不備な部分を)差替えた.

— *v.* (**spot·ted**; **spot·ting**) — *vt.* **1 a** …に斑点をつける, ぶちにする, まだらにする: ~ the wall *with* green paint 緑のペンキで壁をまだらにする. **b** 《米》〈樹木〉の皮に印[白いあと]をつける; 樹皮に白いあとをつけて〈道・境界を〉示す (cf. *n.* 1 b); 〈枕木〉に目印をつける. **c** 〈時計のうらぶた・部品など〉に渦巻き模様を磨(ᵐ)りつける. **2** …にしみをつける (stain), 汚す (soil): ~ one's fingers with ink インクで指を汚す / His trousers were ~*ted* with mud. ズボンが泥で汚れた. **3** 〈人格・名声など〉に傷をつける, 汚す, 泥を塗る (sully, tarnish): ~ a person's character [reputation] 人格[名声]に傷をつける. **4 a** (あちこちに)配置する, 置く: Guards were ~*ted* along the shore. 海岸には見張りが置かれていた. **b** 点在させる, …に点在する (dot, stud): Boats were ~*ting* the bay. 船が湾に点在していた. **5** 《口語》**a** 〈勝ちそうな馬〉に目をつける, 目星をつける, 言い当てる: ~ the winner. **b** 見つける, 見出す, 見抜く (detect), (だれであると)認める (recognize); 怪しいやつと目をつける, 〈犯人〉の目星をつける: ~ the cause of the trouble 紛争の原因を見つける / It is difficult to ~ a friend in a crowd. 人込みの中で友人を見つけることは難しい / ~ a hypocrite 偽善者であることを見抜く. **6 a** (計画の中で)〈人を〉…に位置づける. **b** 《口語》(プログラムの中で)…の出番を定める. **7 a** スポットライトで照らす. **b** …に焦点を向ける. **8** (特に, (ドライ)クリーニングの前に)〈衣服〉のしみ抜きをする 〈*out*〉. **9 a** (玉突きおよびプールで)〈玉を〉スポット[玉置き場]に置く (cf. *n.* 10, spot ball). **b** 〈車両を〉(要求された)積卸位置へ誘導する. **10** 《米》〖軍事〗**a** 〈目標の位置を〉正確に定める, 標定する; 〈敵の所在を〉つきとめる: ~ an enemy position. **b** 〈弾着を〉観測する; 〈弾着〉の偏差を測定する《射撃修正のため射弾の偏差を観測する》: ~ the fall of a shot. **11** 〖写真〗スポッティング[穴埋め]する《フィルムや印画の小さな傷やむらなどを透明絵の具で塗りつぶす》〈*out*〉. **12** 《口語》〖スポーツ〗**a** 〈競技の相手〉にハンディを与える. **b** (アメリカンフットボールなどで)スポッター (spotter) として〈競技を〉観戦する. **c** (体操でけがを防ぐために)〈演技者を〉補助する, 介添えする.

— *vi.* **1** しみ[汚点]をつける. **2** しみ[汚点]がつきやすい, 汚れる: fabrics which ~ readily 汚れやすい布類. **3** 〖軍事〗**a** (飛行機などから)攻撃目標を定める. **b** 弾着観測者になる. **4** 〖スポーツ〗**a** (アメリカンフットボールなどで)スポッター (spotter) をつとめる. **b** (体操で)競技補助員をつとめる.

SPOT 《略》satellite positioning and tracking.

spót annòuncement *n.* 〖ラジオ・テレビ〗スポット(アナウンス)《主として番組の切れ目に放送される短い広告またはお知らせなど》.

spót bàll *n.* 〖玉突〗玉置き場に置いた玉, 黒点のある白球 (cf. spot *n.* 10).

spót-bàrred gàme *n.* 《英》〖玉突〗連続して(テーブル上の)スポットにボールを置いて打つことが認められない玉突きゲーム.

spót bróadcasting *n.* 〖ラジオ・テレビ〗**1** スポット放送《全国放送に対して, ある地域に限って行なう局地的な放送; 広告の重点キャンペーンなどに利用される》. **2** (事件の現場などから行なう)実況放送.

spót càrd *n.* 〖トランプ〗数札《エースと絵札を除いた2から10までのカード; 10を含めない場合もある》.

spót-chèck *vt.* …の無作為抽出標本調査をする, の概略見本調査をする.

spót chèck *n.* 《米》無作為抽出標本調査, 概略見本調査; 抜打ち点検 (cf. checkup 1 b).

spót hèight *n.* 〖地理〗**1** 独立標高点, 標高点《地形図を読むうえの補助に用いる》. **2** 標高点の高度を示す地形図上の数字.

spót kìck *n.* 《英口語》〖サッカー〗= penalty kick 1.

spót·less 〖(?*c*1380): ⇨ -less〗 — *adj.* **1** しみのない, 汚れのない: a ~ room ちり一つ落ちていない部屋. **2** 無傷の, 欠点のない; 汚れのない, 潔白な, 非の打ちどころのない (irreproachable): a ~ reputation 汚れのない名声. **~·ly** *adv.* **~·ness** *n.*

spót·light 〖(1904)〗 — *n.* **1** (舞台上の一人物または一場面に投射する)集中照明(具), スポットライト (cf. floodlight 1). **2** (自動車の)スポットライト. **3** (世人の)視聴, 注目 (public attention). — *vt.* **1** …にスポットライトを当てる, スポットライトで照らす[を向ける]. **2** (スポットライトを当てたように)目立たせる, …に注意を喚起する.

spót lìne *n.* 〖劇場〗スポットライン《既設のロープでは吊り下げられない道具を吊るすロープ》.

spót néws *n.* 〖新聞〗速報される最新のニュース, スポットニュース.

spót-òn *adj.* 《英口語》正確に狙われた, 狙いのあやまたぬ; 全く正確な, ぴったりの.

spót pàss *n.* 〖スポーツ〗スポットパス《バスケットボール・アメリカンフットボール・アイスホッケーなどで直接競技者にではなくあらかじめ決めておいた地点に送るパス》.

spót plàte *n.* 〖化学〗点滴板, 滴板《斑点試験 (spot test) に用いるもので, 幾つかのくぼみのある磁器製またはガラス製の板》.

spót prìce *n.* 〖商業〗現物価格《即時渡しの商品の価格; cf. future price》.

spot·ta·ble [spɑ́ṭəbl | spɔ́t-] *adj.* しみ[汚れ]のつきやすい.

spót·ted [-ṭɪd, -ṭəd | -tɪd, -təd] 〖(*c*1250)〗 — *adj.* **1 a** 斑点のある, 斑(ᵇ)入りの, まだらの, ぽちぽちのある (dotted): a ~ tie 水玉のネクタイ. **b** (木の)皮をむいて印[白いあと]をつけた. **2** しみのついた (bespotted), 汚れた (stained). **3** 〈人格・名声など傷のある (sullied): a ~ reputation 傷のついた名声. **4** 《口語》目をつけられた (noticed), マークされた (marked); (特に)怪しいやつと目をつけられた (suspected). **5** 点在する; あちこちにばらまかれた.

spótted bláck báss [-bǽ(ː)s] *n.* 〖魚類〗米国中部の河川に生息するサンフィッシュ科ブラックバス属の淡水魚 (*Micropterus pseudoplites*).

spótted cálla lìly *n.* 〖植物〗カラー[オランダカイウ]の一種 (*Zantedeschia albomaculata*)《熱帯アフリカ原産サトイモ科の多年草; 葉に白斑があり花は淡黄色》.

spótted cát *n.* **1** 〖動物〗斑点のある外被をもったネコ類《ヒョウ・ジャガー・オセロット・サーバル・チータなど》. **2** 〖魚類〗= spotted catfish.

spótted cátfish *n.* 〖魚類〗ブチナマズ (*Ictalurus lacustris*)《Mississippi 河流域および米国南東部産ナマズ目の食用魚の一種; 重さ5ポンドにも達する; channel cat(fish), fiddler (cat), spotted cat ともいう》.

spótted cávy *n.* 〖動物〗パカ (⇨ paca).

spótted cówbane *n.* 〖植物〗アメリカドクゼリ (*Cicuta maculata*)《北米北東部産のドクゼリ (hemlock) の一種; 水草で茎に紫色の斑点があり, 根茎は猛毒; spotted hemlock ともいう》.

spótted cráke *n.* 〖鳥類〗フイリクイナ (*Porzana porzana*)《ヨーロッパ産ヒメクイナ属の鳥; 背は茶色で白斑があり灰色の胸にも白斑がある》.

spótted cránesbill *n.* 〖植物〗= wild cranesbill.

spótted díck *n.* = spotted dog 2.

spótted dóg *n.* **1 a** 斑点のあるイヌ. **b** [しばしば S- D-] ぶち《ダルメシアン (Dalmatian) のあだ名》. **2** 《英》干しぶどう入りのスエットプディング (suet pudding).

spótted féver *n.* 〖病理〗**1** 斑点熱: **a** 脳脊(ˢᵉᵏⁱ)髄膜炎 (cerebrospinal meningitis). **b** 発疹(ʰᵃˢˢʰⁱⁿ)チフス (typhus). **2** = Rocky Mountain spotted fever.

spótted hémlock *n.* 〖植物〗= spotted cowbane.

spótted hyéna *n.* 〖動物〗ブチハイエナ, マダラタテガミイヌ, マダラハイエナ (*Crocuta crocuta*)《黄色を帯びた毛皮に暗褐色の斑点のあるアフリカ産のハイエナ; その鳴き声が悪魔の笑い声に似ているというので, ワライハイエナ (laughing hyena) ともいう; ⇨ hyena 挿絵》.

spótted nemóphila *n.* 〖植物〗= five-spot 3.

spótted ráil *n.* 〖鳥類〗= spotted crake.

spótted sándpiper *n.* 〖鳥類〗北米産の胸に斑点のあるクサシギ属の鳥 (*Tringa macularia*).

spótted séa tròut *n.* 〖魚類〗米国大西洋沿岸にいるニベに似た釣用または重要な食用魚 (*Cynoscion nebulosus*).

spótted súnfish *n.* 〖魚類〗**1** 米国東部の河川にすむ小型で体の偏平な次の2種の淡水魚 (*Enneacanthus obesus, E. gloriosus*). **2** 米国南東部の淡水域に生息するサンフィッシュ科の小型の魚 (*Lepomis Punctatus*)《stumpknocker ともいう》.

spótted wílt *n.* 〖植物病理〗斑点立枯れ病 (⇨ tomato streak).

spótted wíntergreen *n.* 〖植物〗北米産ウメガサソウの一種 (*Chimaphila maculata*)《イチヤクソウ科の小形常緑低木で葉に白い斑点がある; 花はピンク》.

spót·ter [-ṭə | -tə(r] 〖(1611)〗 — *n.* **1** 斑点をつける[作る]人[もの]. **2 a** (クリーニングで)しみをとる人, しみ抜き屋. **b** しみ抜き(液). **c** 〖写真〗スポッティングをする人 (cf. spot *vt.* 11). **3 a** 《米》(従業員の不正を監視する)監視人, お目付; 探偵, スパイ, (特に)私立探偵 (private detective). **b** 民間対空監視人, スポッター. **4** 〖軍事〗**a** 弾着観測者, 観測手; 標定手, 監的手. **b** 弾着観測機, 観測用飛行機. **5** 〖銃砲〗示点板, 弾痕鋲(ᵇʸᵒᵘ)《射撃訓練で射手に弾着点を示すために標的に留めておく金属製の黒い小円板; spotting disk ともいう》. **6** 〖鉄道〗検路器. **7** 〖アメリカンフットボール〗スポッター: **a** 試合の実況放送担当者のアシスタント《主に選手名を知らせる》. **b** コーチのアシスタント《スタンドで観戦し電話でベンチにいるコーチに報告する》. **8** 〖体操〗競技補助員《演技者をけがから守るために補助しやすい位置にいる人》.

spót tèst *n.* **1** 概略見本検査. **2** 〖化学〗斑点試験, 斑点分析《試験溶液の点滴の斑点反応による微量定性分析の一つ》.

spótting disk *n.* 〖銃砲〗= spotter 5.

spot·ty [spɑ́ṭi | spɔ́ti] 〖(1340) ← SPOT + -Y⁴〗 — *adj.* (**spot·ti·er**; **-ti·est**) **1 a** まだらの, ぽつぽつだらけの, 斑(ᵇ)入りの, 汚点だらけの. **b** (皮膚に)ぽつぽつ[ぶつぶつ]のある, はれ物[発疹]のある. **2** 一様でない, むらのある (irregular): His performance was ~. 彼の演技[演奏]にはむらがあった / ~ attendance (出たり休んだりする)むらのある出席(状態). **spót·ti·ly** [-ṭɪli, -ṭə-, -ṭḷi | -tɪlɪ, -tə-] *adv.* **spót·ti·ness** *n.*

spót-wèld 〖金属加工〗*vt.* 〈2枚の金属板を〉点溶接する (cf. spot welding). — *n.* 点溶接の継ぎ目. **~·er** *n.*

spót wèlding *n.* 〖金属加工〗点溶接《2枚の金属板を棒状の電極の間にはさんで, 接触面に碁石状の跡をつくりながら溶接する方法; cf. seam welding》.

spous·al [spáuzəl, -zḷ, -səl, -sḷ | -zəl, -zḷ] 〖*n.*: (*c*1303) *spousail(le)* ▭ OF *espousaille*: ⇨ espousal〗 — *n.* **1** [通例 *pl.*] 結婚式, 婚礼 (nuptials). **2** 《廃》結婚生活 (wedlock). — *adj.* 婚礼の; 結婚の (matrimonial).

spouse [spáus, spáuz | spáuz] 〖*n.*: (?*a*1200) *spus(e)* ▭ OF *sp(o)us* (masc.), *sp(o)use* (fem.) 《頭音消失》← *espous(e)* (F *époux, épouse*) ▭ L *spōnsus* bridegroom, *spōnsa* bride ← *spondēre* to betroth. — v.: (*c*1250) ← (n.): cf. OF *esp(o)user*: ⇨ sponsor: ESPOUSE と二重語〗 — *n.* 配偶者, つれあい, 夫, 妻. — [《米》spáuz, spáus] *vt.* 《廃》…と結婚する, めあわせる (wed).

spout [spáut] 〖v.: (*c*1330) ▭ ? MDu. *spout-en* (Du. *spuiten*) ← Gmc **spūt-* ← IE *(*s*)*p*(*h*)*ieu-* 'to SPEW, SPIT²'. — n.: (1392) ← (v.) // ▭ MDu. *spoite* (Du. *spuit*): cf. spate / Jap.「スポイト」(▭ Du.)〗 — *vt.* **1** 〈液状物・蒸気・粒状物などを〉(噴射状に)吹き出す, ほとばしらせる, 噴出する (spurt) 〈*out*〉: ~ lava 〈火山が〉溶岩を吹き出す / ~ blood 〈傷などが〉血を吹く / ~ smoke 〈煙突などが〉煙を吐き出す / ~ water 〈鯨が〉潮を吹く. **2** …に飲み口[管]をつける. **3** 《口語》とうとう[べらべら]と述べる, 演説口調で話す; 吟じる, 朗読する: ~ one's own verses 自作の詩を吟じる / The actor ~*ed* his lines. 役者はとうとうとせりふを吐いた. **4** 《英俗・米古》質に入れる (pawn). — *vi.* **1 a** 〈…から〉噴出する, ほとばしる, ほとばしり出る 〈*from, out of*〉. **b** 〈鯨が〉潮を吹く (blow); 〈間欠泉などが〉水を吹き出す: The whale ~*s*. 鯨は潮を吹く. **2** 《口語》べらべらとしゃべる[弁じる], とうとうと弁じたてる (declaim) 〈*off*〉.

— *n.* **1 a** (噴水・ポンプなどの)噴出口. **b** (水差し・ティーポットなどの)口. **2** [通例 *pl.*] **a** 樋嘴(ᵗᵒᵘˢʰⁱ) (gargoyle) の管. **b** 竪樋(ᵗᵃᵗᵉᵈᵒⁱ) (downspout). **c** 雨樋 (gutter). **3 a** 噴水, 水のほとばしり, 噴流 (jet). **b** (鯨の)噴気孔 (blowhole); 鯨が吹く潮. **c** 竜巻(ᵗᵃᵗˢᵘᵐᵃᵏⁱ) (waterspout). **d** (水などの)流れ下り, 土砂降り; 滝. **4 a** (昔, 質屋で用いた)質物運搬用昇降機[樋]. **b** 《英俗・米古》質屋 (pawnshop). **5** 〖貝類〗マテガイ (razor clam)《spout fish ともいう》.

up the spout (1)《英俗・米古》質に入って(いる) (in pawn) (cf. 4 a): put [shove, pop] *up the* ~ 質に入れる. (2)《俗》だめになって, 絶望的で. (3)《俗》はらんで (pregnant).

spóut cùp *n.* (乳児・身障者用の)吸呑み.

spóut·ed [-ṭɪd, -ṭəd | -tɪd, -təd] *adj.* 〈容器が〉吸呑み状口つきの: a ~ bowl, pitcher, etc.

spóut·er [-ṭə | -tə(r] *n.* **1 a** (何かを)噴出する物. **b** 噴出する油井[ガス井]. **c** 潮吹き鯨. **d** 《口語》とうとうとしゃべる人. **2 a** 捕鯨船. **b** 捕鯨船長.

spóut hòle *n.* **1** (鯨などの)噴気孔 (blowhole). **2** (セイウチ・アザラシなどの)鼻孔.

spóut·less *adj.* 噴出口のない.

spp. 《略》(*pl.*) species.

S.P.Q.R., SPQR 《略》 *L.* Senātus Populusque Rōmānus (=the Senate and People of Rome) ローマ元老院とローマ市民; small profits and quick returns 薄利多売.

S.P.R. 《略》 semi-permanent repellent; Society for Psychical Research 心霊研究協会.

Sprach·ge·fühl, s- [ʃprá:xgəfjù:l; *G.* ʃprá:xgəfỳ:l] 〘▭ G ~ 'speech feeling'〙 *n.* 〘言語〙 言語感覚, 語感.

sprad·dle [sprǽdl] 〘《混成》? ← SPR(EAD)+(STR)ADDLE // ← Scand. (Norw. 《方言》 *spradla* to thrash about)〙 《方言・口語》 **—** *vt.* **1** (歩く際に) 〈両脚を〉広げる (spread). **2** =sprawl. **—** *vi.* **1** 股を広げて歩く (straddle). **2** =sprawl.

spráddle-lègged [-lègɪd, -gəd, -gd | -lègd] *adv.*, *adj.* 両脚を広げて[た].

sprag[1] [sprǽ(:)g] 〘《1841》← ? Scand. (Swed. 《方言》 *spragg* twig): cf. sprig〙 **—** *n.* **1** (車の)輪止め《車輪の輻(ゃ)の間にはさんだり後に打ち込んだりする棒状のもの》. **2** 〘鉱山〙 ばん張り《ゆるい壁を支えたり壁の仕上げ塗りに間隔を入れたりする短い梁(ʰ)》. **—** *vt.* (**spragged**; **sprag·ging**) 〈乗物を〉輪止めで動かないようにする.

sprag[2] [sprǽ(:)g] 〘《1706》← ?〙 *n.* タラの幼魚.

sprain [spréɪn] 〘《1601》▭ ? OF *espraindre* (F *épreindre*) to squeeze out < VL **expremere*=L *exprimere* 'to EXPRESS'〙 **—** *vt.* 〈手足(の筋)などを〉くじく, 違える, 捻挫(ねんざ)する: ~ the ankle, wrist, etc. **—** *n.* くじき, 筋違い, 捻挫 (wrench).

spraints [spréɪnts] 〘《c1410》▭ OF *espraintes* (F *épreintes*) (pl.) ← *espraiinte* (fem. p.p.) ← *espraindre* (↑)〙 **—** *n. pl.* 《英》 カワウソの糞 (otter's dung) 《猟師がカワウソの所在を知る手掛かりとする》.

sprang 〘OE ~ (pret. sing.)〙 *v.* spring の過去形.

sprat [sprǽt] 〘《1597》《変形》← 《古》 *sprot* < OE *sprot(t)* (MDu. *sprot* / G *Sprott*) ← ?: cf. sprout〙 **—** *n.* **1** 〘魚類〙 大西洋ヨーロッパ沿岸産ニシン属のイワシの類の魚 (*Clupea sprattus*). **2** 〘軽蔑〙 つまらない人, 小人. **3** 《英俗》 =sixpence.

throw [***use***, ***fling away***] ***a sprat to catch a herring*** [***mackerel***, ***whale***] 大利を得るために小利を捨てる, 「えびで鯛(たい)を釣る」.

— *vi.* (**sprat·ted**; **sprat·ting**) 小イワシを取る.

sprát·ter [-tə | -tə(r] *n.* 小イワシ (sprat) 取り(人); 小イワシ取りの漁船.

sprat·tle [sprǽtḷ | -tl] 〘《音位転換》← 《廃》 *spartle* to scatter 《変形》← ME *sparple(n)* to scatter, disperse ▭ OF *esparpeill-ier* (F *éparpiller*)〙 **—** *n.* 《スコット》 闘争 (struggle), 戦い (fight).

sprawl [sprɔ́:l] 〘OE *sprēawlian* ← ? Gmc **spr-* ← IE **(s)p(h)er-* to strew: cf. spread, sprout〙 **—** *vi.* **1 a** 手足を無作法[むぞうさ]に伸ばす[広げる]; 〈手足が〉ぶざま[むぞうさ]に投げ出されている. **b** 〈人が〉手足をぶざまに伸ばして坐る[横になる], 大の字になって寝そべる, 腹ばいになる: ~ on the bed ベッドに大の字になって寝そべる / send a person ~*ing* 人をなぐり倒す (cf. send *vt.* 3 a). **2** 腹ばいになって進む (scramble): go ~*ing* 腹ばいになって行く. **3 a** 〈建物・筆跡などが〉ぶざまに広がる[伸びる], のたくる, 〈つる・植物などが〉伸び放題に伸びる. **b** 〈都市などが〉不規則に宅地化する, スプロール化する. **c** 〈軍隊が〉不規則に散開する. **4** 《古》 あがく, のたうち回る. **—** *vt.* **1 a** 〈手・足を〉無作法[むぞうさ]に伸ばす: ~ *out* one's legs 足をぶざまに投げ出す. **b** 〈人を〉大の字なりに倒す, 腹ばいにさせる: be ~*ed* dead へたばる. **2** 不規則に広げる, 〈軍隊を〉不規則に散開させる. **—** *n.* **1** だらしなく手足を伸ばして横たわること[横たわった姿勢], 大の字に寝ること: lie in a ~ 大の字になって横たわる. **2 a** 不規則な広がり[散開]. **b** (都市の)スプロール現象《郊外に不規則に宅地が広がっていく現象》. **~·er** [-lə | -lə(r] *n.*

spráwl·ing [-lɪŋ] *adj.* **1** 手足をだらしなく伸ばした, ぶざまな (ungainly). **2** 不規則[ぶざま]に広がる, はいまわる; スプロールする: a ~*ing* vine はいまわるつる / a ~ town スプロール化する都市. **3** 〈筆跡など〉まとまりのない, のたくる (scrawly): a letter written in a ~ hand のたくった筆跡の手紙. **~·ly** *adv.*

sprawl·y [sprɔ́:li | -lɪ] *adj.* (**sprawl·i·er**; **-i·est**) **1** (不規則に)伸び広がった, はびこった (straggly). **2** 〈模様など〉むぞうさに書かれた.

spray[1] [spréɪ] 〘《c1250》 *sprai* < OE **sprǣg* ← ?〙 **—** *n.* **1** [集合的にも用いて] 先が分かれて花・葉・果実をつけて美しい小枝: a ~ of flowers 花のついた枝. **2** 枝飾り, 枝模様: a ~ of diamonds ダイヤモンドの小枝状飾り. **—** *vi.* 小枝状に出る.

spray[2] [spréɪ] 〘*n.*: 《1621》← 《廃》 *spray* to sprinkle ▭ MDu. *spra(e)yen* =MHG *spræjen* to spray: cf. sprout. — *v.*: 《1829》← (*n.*)〙 **—** *n.* **1** (滝や砕ける波の)しぶき, 水煙. **2 a** (消毒液・臭気止め・香水などの)噴霧, スプレー; 噴霧器でまく液. **b** 噴霧器, 香水吹き (atomizer). **c** (医療に用いる)吸入器. **3** 空中に飛び散るもの: a ~ of bullets 飛び散る弾丸, 弾雨. **—** *vt.* **1** 〈水など〉のしぶきを飛ばす, 水煙を立てさせる. **2 a** 〔…に〕〈噴霧・しぶき・消毒液などを〉吹きかける 〔*on*, *upon*〕; …に〔噴霧・しぶき・消毒液などを〕かける 〔*with*〕: ~ an insecticide *upon* plants = ~ plants *with* an insecticide 植物に殺虫剤を吹きかける. **b** 吸入をかける: ~ a sore throat 痛いのどに吸入をかける. **3** …に〔弾丸などを〕浴びせる 〔*with*〕: ~ them *with* bullets 彼らに小銃弾を浴びせる. **—** *vi.* **1** しぶき[水煙]を立てる, 霧を吹く. **2** 噴霧となって流れ出る.

spray[3] [spréɪ] *n.* =spree.

spráy càn *n.* スプレー容器.

spráy dràin *n.* 〘農業〙 (地中にそだを埋めて作る)暗渠排水(用溝).

spráy-drý *vt.* 〈ミルク・スープ・卵などを〉スプレードライする《噴霧状で熱に当てて粉末状にする》.

spráy·er 〘⇨ spray[2], -er[1]〙 *n.* **1** 噴霧をかける人. **2 a** 霧吹き, 噴霧器: a paint ~. **b** 吸入器 (spray).

spray·ey[1] [spréɪi | spréɪɪ] 〘← SPRAY[1]+-EY〙 *adj.* 小枝の, 小枝状の, 小枝のように広がっている (twiggy).

spray·ey[2] [spréɪi | spréɪɪ] 〘← SPRAY[2]+-EY〙 *adj.* しぶきの(ような), 水煙を立てる.

spráy gùn *n.* (ペンキ・殺虫剤などの)吹付器, スプレーガン.

spráy nòzzle [**hèad**] *n.* 霧吹きノズル.

spráy tànk *n.* (噴霧器などの)圧縮空気タンク[ボンベ].

spread [spréd] 〘*v.*: OE **sprǣdan* < (WGmc) **spraidjan* (Du. *sprei(d)en* / G *spreiten*) (caus.) ← **spridan* (OHG *spritan* to be extended) ← IE **(s)p(h)er-* to strew: cf. sperm, sprawl, sprit, sprout. — *n.*: 《c1440》← (*v.*). — *adj.*: 《c1511》← (*v.*)〙 **—** *v.* (~) **—** *vt.* **1 a** 〈巻いた物・たたんだ物などを〉広げる, 開く (open, unfurl); 〈腕・翼などを〉広げる (extend); 〈枝などを〉張る, 伸ばす 〈*out*〉: ~ branches [fingers, legs, a net, sails, wings] 枝[指, 脚, 網, 帆, 翼]を広げる / ~ a flag [carpet] (巻いてある)旗[じゅうたん]を広げる / ~ *out* a map [newspaper] (たたんである)地図[新聞]を広げる / ~ *out* one's arms 腕を広げる; 腕を伸ばして手を広げる《驚き・絶望などのしぐさ》/ ~ one's hands *before* [*to*] the fire 手を火にかざす / the view ~ *out* before us 眼前に展開した景色. **b** 〈トランプの札を〉扇形に広げる (fan out); 〈トランプの札を〉表を上にして出す (show). **2** 〈毛布・じゅうたん・テーブル掛けなどを〉〔…に〕(広げて)掛ける, おおう, 敷く (cover) 〔*on*, *over*〕; 〔毛布などを〕…に掛ける, かぶせる, 敷く 〔*with*〕: ~ a blanket *over* a child 子供に毛布を掛けてやる / ~ a cloth *on* a table = ~ a table *with* a cloth テーブルにテーブル掛けを掛ける / a meadow ~ *with* buttercups (じゅうたんを敷き詰めたように)一面にキンポウゲの咲き乱れた牧草地. **3** 〈バター・ペンキなどを〉〔…に〕塗る (coat) 〔*on*〕; 〔バターなどを〕…に塗る 〔*with*〕: ~ varnish *on* the exposed part 露出した部分にニスを塗る / ~ butter *on* bread = ~ bread *with* butter パンにバターを塗る. **4 a** まき散らす, 一面に広げる (strew); 〈穀物・干し草などを〉(かわかすために)広げる: ~ fertilizer *over* a field 畑に肥料を散布する / ~ papers *on* a desk 机の上いっぱいに書類を広げる / ~ hay to dry 干し草を広げてかわかす. **b** 〈人々を〉分散させる (disperse) 〈*out*〉: ~ *out* soldiers [a search party] 兵隊[捜索隊]を分散させる. **c** 〈建物などを〉広がらせる, 点在させる (scatter). **5 a** 〈食卓〉に食物などを並べる, 出す (set); 〈食事などを〉出す (serve): ~ the table (*with* dishes) 食卓に料理を並べる, 食事の用意をする / She ~ supper for us. 我々に夕食を出してくれた. **b** 〈食物などを〉並べる, 出す; 〈商品などを〉並べる, 陳列する (display): ~ dishes *on* the table 食卓に料理を並べる / ~ goods (for sale) 品物を陳列する. **6 a** 〈知識・情報・名声などを〉広める, 流布(るふ)する, 普及する; 公にする: ~ news ニュースを広める / ~ a rumor *around* うわさを言いふらす / ~ a man's fame 人の名声を広める / ~ a religion ある宗教を広める / ~ eduction 教育を普及する / ~ pamphlets *throughout* a town 町中にパンフレットをばらまく. **b** 〈病気などを〉蔓(まん)延させる (disseminate): ~ an epidemic 伝染病を広がらせる. **c** 〈におい・光・音などを〉発散する (emit): roses ~*ing* their fragrance 芳香を一面にただよわせているバラ. **d** 〈興味・関心などを〉広がらせる: ~ one's interests *over* many subjects 多くの問題に関心をもつ[手を広げる]. **7** 〈研究・仕事・会議・支払いなどを〉引き延ばす (prolong); 〔ある期間に〕わたらせる 〔*over*〕: ~ the studies [work, payments] (*out*) *over* a few years 研究[仕事, 支払い]の期間を数年間に延長する. **8 a** (圧力を加えて)押し広げる (force apart): ~ *out* handwriting 各語の間を広げて書く. **b** (ハンマーなどで)平らに打ち延べる (flatten out): ~ the end of a rivet リベットの先端を打ち延べる. **9** [~ *oneself* で] **a** 広がる, 延びる; 〈人が〉大の字になる: The city ~ *itself* to the south. その都市は南に向かって発展した. **b** 大いに努力する, 奮発する; 気前を見せる; みえを張る. **c** しゃべり[書き]立てる; ほらを吹く, 自慢する 〔*on*〕. **d** [~ *oneself* thin として] 《米》 (どれも十分にできないほど)同時に色々なことに手を広げ過ぎる. **10** 〈富などを〉分配する (distribute); 〈負担となる事などを〉分担する (share) 〔*among*〕. **11** 記録[記入]する (enter): ~ resolutions *upon* the minutes 決議を議事録に記録する. **12** 〘音声〙 張唇(しん)にする, 張り口にする. **—** *vi.* **1 a** (空間的に)広がる, 散開する; 延びる, 及ぶ (expand) 〈*out*〉: The floods have ~ *over* the valley. 洪水は流域一面に広がった / The ink ~ *over* the desk. (こぼれた)インクが机一面に広がった / The farm ~*s out* like an open fan. 農場は扇のように広がっている / *Spread out.* [号令] (隊列など)間を置け, 散開[展開]せよ. **b** 〈風景などが〉開ける, 展開する 〈*out*〉: A vast desert ~*s out* before us. 広大な砂漠が眼前に展開している. **c** 〈旗などが〉(風に)広がる; 〈枝・根などが〉広がる, 張る, 〈雑草などが〉はびこる; 〈表情などが〉広がる: ~*ing* yews 枝を張ったイチイの木 / An expression of amazement ~ *over* his face. 驚きの表情が顔中に広がった. **d** 〈人口・動植物などが〉分布する. **2** (時間的に)広がる, 及ぶ, わたる: The course ~*s over* three years. その課程は3年間にわたる / The lectures ~ *over into* the second semester. その講義は2学期まで続いている[食い込んでいる]. **3 a** 〈影響・思想・病気・においなどが〉広がる, 広まる, 蔓(まん)延する: ~ *abroad* 一面[一般]に広まる / ~ like wildfire 野火のように広まる / Buddhism has ~ *over* the countries of the East. 仏教は東洋諸国に広がっている / Influenza has ~ *throughout* the town. インフルエンザが町中に広がっている / The strike ~ *to* other groups. ストライキが他のグループに飛火した. **b** 〈興味・関心などが〉広がる, 及ぶ 〔*over*〕. **c** 〈人が〉〔新しい活動・分野などに〕手を広げる 〈*out*〉 〔*into*〕. **4 a** 〈ペンキなどが〉広がる, 伸びる. **b** 〈インクなどが〉にじむ, 散る. **c** 〈金属・バター・ゴムなどが〉伸びる, 展性がある: ~ like butter バターのように伸びる. **5** 〈レール・椅子の脚など(の間隔)が〉(圧力を受けて)広がる (separate): The chair legs ~ under her weight. (彼女が坐ると)重さで椅子の脚が開いた.

— *n.* **1 a** 広がる[延ばす]こと, 伸張 (expansion); 広がり, 幅, 広さ (extent): the ~ of the city 都市の伸張[広さ] / the ~ of cancer 癌(がん)の転移 / the alarming ~ of the floods 驚くべき洪水の広がり / measure the ~ of the branches [wings] 枝[翼]の広がりを測る. **b** 広がる[延びる]力, 延び, 展性: the ~ of gold 金の展性. **c** 《口語》 胴回りが太ること: develop (a) middle-age(d) ~ 中年太りする. **2 a** 広まり, 流布(るふ), 普及 (diffusion): the ~ of a rumor [scientific knowledge] 風評の広まり[科学知識の普及]. **b** (病気の)蔓(まん)延 (prevalence): the ~ of cholera コレラの蔓延. **c** (人口・動植物などの)分布 (distribution). **3** (広々した土地・水域などの)展開 (expanse): a wide ~ of country [waters] 広々と展開した田園地方[海域]. **4** 広げて掛ける物; テーブル掛け, 寝台掛けなど. **5** (パン・クラッカーなどに塗る)スプレッド《バター・ジャム・ピーナッツバターなど》: cheese ~ チーズスプレッド. **6** 《口語》 (食卓に出された)豪華なごちそう (feast): What a ~! たいしたごちそうだ / He gave us no end of a ~. 非常な盛宴を張ってくれた. **7** 《口語》 見栄, みせびらかし (display). **8 a** 《新聞・雑誌のカット・写真などを伴った》全段または数段抜きの記事[広告] (cf. spreadhead, picture spread). **b** 見開き《2ページ続きの記事・広告・写真など; cf. double truck, center spread》. **9** 間隙(かんげき), 隔り (gap); 相違 (difference): the ~ between ideal and reality 理想と現実の隔り[相違]. **10** 《米西部》 **a** 大牧場 (ranch). **b** (家畜の)群れ (herd). **11** 〘商業〙 (原価と売値など2種類の値の)開き, マージン. **12** 〘航空〙 =span[1] 4.

— *adj.* **1** 広がっている, 伸びた (expanded); 散らばった (diffused). **2** 〈広告など〉2段抜き以上に及ぶ: a two-page ~ advertisement 2ページ大[見開き]の広告. **3** 〈宝石が〉薄石の, スプレッドの. **4** 〘音声〙 張唇(しん)の, 張り口の《唇の両端が後へ引かれて発音される; cf. round[1] 9》: ~ vowels 張唇母音 《[i], [e], [ɛ], など》.

spread·a·ble [sprédəbl] *adj.* 塗り広げられる, 広げ伸ばせる.

spréad cíty *n.* 《米》 郊外に無制限に広がった都市, スプロール現象を起こした都市.

spréad-èagle *adj.* **1** 翼を広げた鷲のような, 鷲が翼と脚とを広げたような: in a ~ position. **2** 《米口語》 (特に, 米国の偉大さについて)誇張的な (bombastic); 誇張的愛国主義の: a ~ speaker アメリカ自慢の演説家. **—** *vt.* **1 a** 〈人を〉大の字なりに倒す (stretch out): lie ~*d* on the bed [grass] ベッド[芝生]に大の字になって寝る. **b** (むちの刑に処するため)手足を広げて〈人を〉縛りつける. **2** 完敗させる, 敗北させる (rout). **3** 〘アメリカンフットボール〙 スプリットより広く間を広げて〈フォーメーションを〉セットする. **4** 〘クリケット〙 投手の投げた球の勢いで〈三柱門を〉扇形に開いて折る. **—** *vi.* **1** 手足を広げて立つ[動く]. **2** 〘フィギュアスケート〙 スプレッドイーグル (spread eagle) を演じる.

spréad éagle 〘《1570》《なぞり》← F *aigle éployée*〙 *n.* **1 a** 翼と脚を広げた鷲《米国の紋章》. **b** 〘紋章〙 翼を広げた双頭の鷲. **2 a** 翼を広げた鷲のような[を思わせる]もの. **b** (車輪などに)手足を広げて縛りつけられた人: make a ~ of a person 人の手足を広げて縛りつける. **c** 背割りにして焼いた鳥. **3** 《米口語》 (特に, 狂信的愛国者の)大言壮語: a speech full of ~. **4** 〘フィギュアスケート〙 スプレッドイーグル, 横一文字型《両手を左右に開いた滑走姿勢で, フリースケーティングの技の一種》.

spréad-éagle·ism [-í:gḷìzm] 〘⇨ ↑, -ism〙 *n.* 《米口語》 誇張的米国自慢[愛国主義].

spréad énd *n.* 〘アメリカンフットボール〙 =split end.

spréad·er 〘《1483》〙 **—** *n.* **1 a** 広げる[広がる]人[もの]. **b** (パンに)バターを塗るナイフ, バターナイフ. **c** (昆虫標本を作る展翅(し)板の)コルク台. **d** (殺虫剤に加用する)展着剤《石鹸水・カゼインなど; cf. sticker 6》. **e** のり[ゴム]引き機《布にゴムまたは樹脂溶液をコーティングする機械; spreading machine ともいう》. **f** (綿・麻などに撚(よ)りをかける前に篠(しの)を引き伸ばす)練篠(れんじょう)機; (繊維をそろえ延ばす)展延機. **g** (肥料・砂・干草などの)散布機, 拡散機. **2** 〘海事〙 横木《ヨットの支索を緊張させるためにマストの中間に取り付けた横棒》. **3** 〘通信〙 (アンテナの)掛けわく.

spréad formàtion *n.* 〖アメリカンフットボール〗スプレッドフォーメーション.

spréad·hèad *n.* 〖ジャーナリズム〗(新聞の)全段または数段抜きの大見出し (cf. scarehead, screamer 4, spread *n.* 8 a).

spréading dógbane *n.* 〖植物〗=bitter dogbane.

spréading fàctor *n.* 〖生化学〗拡散因子 (⇨ hyaluronidase).

spréading machìne *n.* =spreader 1 e.

Sprech·ge·sang [ʃprékgəzɑ̀ːŋ, ʃpréç-; *G.* ʃpréçgəzàŋ] 〖▭G ～ ←(*sprechen* 'to SPEAK'+*Gesang* 'SONG')《なぞり》← It. *recitativo* 'RECITATIVE'〗 ── *G. n.* 〖音楽〗シュプレヒゲザング《歌と語りの中間に位置する歌唱表現》.

Sprech·stim·me [ʃprékʃtìmə, ʃpréç-; *G.* ʃpréçʃtìmə] 〖▭G ～ ←*sprechen* (↑)+*Stimme* voice〗 *G. n.* 〖音楽〗=Sprechgesang.

spree [spríː] 〖《1804》《変形》← ?《古》*spreath* ▭ Ir.-Gael. *sprēidh* cattle taken as booty〗 ── *n.* **1** 遊び戯れ, 愉快, 楽しみ, 一興. **2** 酒宴, 酒盛: a drinking ～ 酒宴 / be [go] on the ～ 痛飲する, 飲み騒ぐ, 浮かれ騒ぐ. **3** (ひとしきりの[爆発的な])大浮かれ, ばか騒ぎ; 耽溺: a spending [shopping] ～ 浪費[買物を]して楽しむこと. ── *vi.* 飲み浮かれる, 痛飲する.

Spree [spréɪ, ʃpréɪ; *G.* ʃpréː] *n.* [the ～] シュプレー(川)《東ドイツ東部の川; Berlin を貫流して Havel 川に注ぐ (398 km)》.

sprée drìnker *n.* 定期的に痛飲したくなる人, 飲酒狂 (dipsomaniac).

sprent [sprént] 〖ME *spreinte* (p.p.) ← *sprenge(n)* < OE *sprenġan* to sprinkle < Gmc **spraŋjan* (caus.) ← **spreŋan* 'to SPRING' (Du. & G *sprengen*): cf. besprent〗 ── *adj.* 《古》散らした, まき散らした, ふりかけた (sprinkled) 〔*with*〕.

sprig [spríg] 〖《?*a*1387》*sprigge* ← ?: cf. spray¹〗 ── *n.* **1** (葉や花のついた)小枝, 若枝 (twig): a ～ of parsley [laurel]. **2** (織物・陶器・壁紙などの)小枝模様. **3** 《戯言》**a** 子, 子孫 (offspring), 〔…の〕出〔*of*〕: a ～ *of* the nobility 貴族の出. **b** [通例軽蔑的に] 若者 (youth). **4 a** 先の尖(とが)ったもの. **b** 合せ釘 (dowel). **c** (窓ガラスを止めるための)くさび形に切ったブリキ片, パテ釘 (glazier's point). ── *vt.* (**sprigged**; **sprig·ging**) **1** 小枝で飾る, …に小枝模様をつける: ～*ged* muslin 小枝模様のついたモスリン. **2** 〈木などの〉小枝を切り取る: ～ a tree. **3** …に合せ釘[びょう]を打つ.

sprig·gy [sprígi | -gɪ] 〖《1592》← SPRIG+-Y⁴〗 *adj.* (**sprig·gi·er**; **-gi·est**) 小枝[若枝]の多い[でおおわれた]: a ～ tree / a ～ pattern 小枝模様.

spright [spráɪt] *n.* 《古》=sprite.

spright·ful [spráɪtfəl] *adj.* 活発な, 元気のよい, 威勢のよい, 陽気な (sprightly). **～·ly** *adv.* **～·ness** *n.*

spright·ly [spráɪtli | -lɪ] 〖《1596》← *spright* (《古・変形》← SPRITE)+-LY¹〗 ── *adj.* (**spright·li·er**; **-li·est**) 活発な (lively), 元気のよい, 威勢のよい, 陽気な (gay). ── *adv.* 活発[陽気]に. **spright·li·ness** *n.*

spríg·tàil *n.* 〖鳥類〗 **1** =pintail 1. **2** =ruddy duck. **3** =sharp-tailed grouse.

spring [spríŋ] 〖*v.*: OE *springan* to leap, burst forth < Gmc **spreŋan* (Du. & G *springen* / ON *springa*) ← IE **sprenǵh-* (鼻音化) ← **spergh-* to move, spring (? Gk *spérkhesthai* to hasten). ── *n.*: OE *spring*, *spryng* ← Gmc **spreŋ-*, **spruŋ* (Du. *spring* / G *Spring* fountain & *Sprung* leap) ← (v.): 「春」の意は16C ごろから: cf. 《廃》*spring of the year* spring〗 ── *v.* (**sprang** [spræ̂ŋ], **sprung** [sprʌ́ŋ]; **sprung**) ── *vi.* **1 a** (ばねのように, または筋肉を収縮させて, 急に素早く)跳ぶ (leap), 躍る, はねる (jump), 跳び上がる, 飛びかかる; (連続して)ぴょんぴょん跳び上がる: ～ (*up*) *into* the air [*over* a gate, *out of* bed] 飛び立つ[門を飛び越える, ベッドから飛び出る] / The dog *sprang at* his throat [*upon* him]. 犬が彼ののどに[彼に]急に飛びかかった. **b** (坐っている状態・横になっている状態から)素早く立ち上がる: ～ *from* one's chair 椅子から立ち上がる / ～ *to* one's feet すっと[不意に]立ち上がる / ～ *to* attention 飛び立って気をつけの姿勢をとる. **c** 〈獲物などが〉(隠れ場所などから)急に飛び立つ[出す]. **d** (飛ぶように)突然[さっと]動く[行く, 来る]: His hand *sprang to* his sword hilt. 彼の手は刀のつかに飛んでいった / Blood *sprang to* his face. 彼の顔がさっと紅潮した / They *sprang to* the new task. 彼らは勇躍新しい仕事に取りかかった. **2** 〈ばねまたは弾力性のあるものが〉はじく, はね返る (recoil): The branch *sprang* back. 枝がはね返った / The doors ～ open. ドアがぱっと開く / The lid has *sprung to*. ふたがぱたんとしまった. **3** 急に[突然, 一躍]〔…に〕なる〔*into*〕: ～ *into* fame [notoriety] 急に有名になる[悪名高くなる] / ～ plump *into* the eye of the world 一躍世間の注目を引く. **4** 〈水・血・火花などが〉急に流れ出す, ぱっと光り出す, 奔出する (issue suddenly) 〈*forth, out, up*〉: The sweat *sprang up* on his forehead. 汗が額に吹き出た / Sparks *sprang from* the fire. 火花が火からぱっと飛んだ / The blood *sprang from* the wound. 血が傷口からさっと流れ出た. **5 a** 〈流れなどが〉〔…から〕源を発する, 起こる (rise), 湧く, 湧き出る (well) 〔*from*〕: The river ～*s from* a lake. その川は湖に源を発している. **b** 〔…の〕出である〔*of, from*〕: He *sprang from* one of the best families in the north. 彼は北国一流の名家から出た / The family ～*s of* ancient kings. その家は古い王家の一族だ. **c** 〔原因・根拠などから〕起こる, 生じる (originate) 〔*from*〕: courage ～*ing from* conviction 確信から生じる勇気 / All our errors have *sprung from* carelessness. 我々の誤りは皆不注意から生じた / Strange thoughts ～ up *from* lonely contemplation. 一人で考え込んでいると妙な考えが起こる. **d** 〈植物などが〉生える, 発芽する (grow) 〈*up*〉: The rice is beginning to ～ *up*. 稲が生えてきた. **e** 生じる, 起こる, 現われる (take rise) 〈*up*〉: Great industries *sprang up*. 大産業が起こった / An attachment *sprang up* between him and her. 彼と彼女の間に愛情が芽生えた / Hope ～*s* eternal in the human breast. 希望は人の心に常に生じる (Pope, *An Essay on Man*) / Where did you ～ from? 急にどこから出てきたのかね. **f** 〈風が〉吹き出す 〈*up*〉: A breeze began to ～ *up*. そよ風が立ち始めた. **6** 〈塔などが〉そびえる, そびえ立つ (rise upward) 〔*above, from*〕: The steeple ～*s* high *above* the town. 尖(せん)塔が町の上に高くそびえている. **7 a** 〈材木・板などが〉そる, ゆがむ; ひびが入る, 割れる (break): The door has *sprung*. 戸がそった. **b** 〈機械・装置など一部が〉飛び出る (shift); はずれる. **8** 〈機雷・地雷などが〉爆発する (explode). **9** 《古》〈光が〉見え始める, 〈夜が〉明け初(そ)める (dawn). **10** 〖建築〗〈アーチが〉上に伸びていく; 〈アーチが〉迫(せ)り元から始まる. **11** 〖獣医〗**a** 〈雌の家畜が〉出産の徴候が出る. **b** 〈乳房が〉ふくれる (swell).

── *vt.* **1 a** 跳ばす, 躍らせる, 跳び上がらせる; 飛び出させる. **b** 〈馬などを〉はねさせる, 躍進させる (gallop): ～ a horse. **c** 〈獲物などを〉〔隠れ場などから〕飛び立た[出さ]せる (rouse) 〔*from*〕: ～ a pheasant *from* the covert 隠れ場からきじを飛び立たせる. **2 a** (ばね仕掛けなどで)はね返らせる, 〈機械の部品などを〉ぴんとはずす[しめる], …の引金をはずす[しめる]: ～ a trap わなをはね返らせる / ～ a watchcase open 時計のふたをぱっとあける. **b** [通例 p.p. 形で] …にばねをつける. **3** 〔人などに〕急に[突然]持ち出す, 言い出す (reveal) 〔*on, upon*〕: ～ a new proposal *upon* a person [a motion *upon* an assembly] 突然人に新提案[会議に動議]を持ち出す / He *sprang* this information *on* me soon after I got home. 家に着くと彼は突然私にこの情報を伝えた / ～ a surprise *on* a person 人を突然驚かす / ～ a joke *on* a person 人に冗談を言う. **4 a** 折る, 裂く, 割る (split, crack): The storm *sprang* the tree. 嵐で木が折れた / I had *sprung* my racket. ラケットにひびをいらせてしまった. **b** 〈足を〉びっこにさせる (strain): His left leg was *sprung*. 左足がびっこだった. **5 a** 〈へぎ板・棒などを〉曲げる, そらす: ～ the steel band. **b** 曲げて〔…に〕入れる[はめる]〔*in, into*〕. **c** 〈ばねなどを〉(戻らなくなる所まで)引きのばす. **6** 〈地雷などを〉爆発させる (explode): ～ a mine on a person ⇨ mine² *n.* 成句. **7** 《まれ》飛び[躍り]越える (leap over): ～ a fence. **8** 《口語》〔…に〕〈金を〉支払う, 出す, 使う (spend) 〔*for*〕: ～ ten pounds *for* amusement 娯楽に 10 ポンド使う. **9** 《俗》〈人を〉(刑務所・兵役などから)釈放する 〈*out*〉. **10** 〖海事〗たわめる, ゆるめる: ～ a butt (船の動揺などのために)外板接合部にゆるみを生じる / ～ the [her] luff 《英》かじをとって船首を風上へ向ける. **11** 〖建築〗〈アーチを〉上に伸ばしていく: ～ an arch.

── *n.* **1** 跳ぶこと, はねること, 跳躍, 飛躍 (leap, bound): rise with a ～ 飛び上がって立つ, ぱっと起き上がる / make a ～ at a person 人に飛びかかる. **2 a** はね返り, 反動 (recoil): the ～ of a bow 弓のはね返り. **b** 弾性, 弾力 (elasticity): His muscles have no ～ in them. 彼の筋肉には弾力がない. **c** (心の)弾力, (頭の)柔軟性; 力 (power), 精力 (energy), 元気, 活力 (spirit): His mind has lost its ～. 彼の精神に張りがなくなった. **3** ばね, ぜんまい, はじき, スプリング, 弾機, 発条: the ～ of a watch [carriage] 時計のぜんまい[馬車のばね] / a pneumatic ～ 圧搾空気ばね / a bow ～ 弓形弾機 / worked by steel ～*s* 鋼鉄ぜんまい[ばね]仕掛けの / It works by means of a ～. それはばね[ぜんまい]で動く / ⇨ coil spring, leaf spring, spiral spring, volute spring. **4 a** 湧き水, 泉, 源, 水源 (fountain). **b** [通例 *pl.*] (特殊な効力を持つ)天然の泉: hot ～*s* 温泉 / mineral ～*s* 鉱泉. **c** 泉に似た[を思わせる]もの: a ～ of pity 湧き出る憐憫の情. **5 a** 本源, 根本 (source), 根源 (origin): the ～ of mankind / The custom has its ～ in another country. その風習の起源は他国にある. **b** (活動の)原動力; 動機 (motive): the ～*s* of one's conduct 行為の動機. **6** 春《天文学上は北半球では春分から夏至まで, 南半球では秋分から冬至まで; 一般には, 冬が過ぎて草木の芽の出る季節をさす; 通俗的には, 北半球では大体, 3, 4, 5 月, 英国では 2, 3, 4 月とすることもある》: in (the) ～ 春には[なると] / in the ～ of 1980 1980 年の春に. ★ラテン語系形容詞: vernal. **7** [時に *pl.*] 大潮(の時期) (spring tide). **8 a** 初期 (first stage); (人生の)青春期 (springtide): the ～ of life 人生の春, 青春(時代) / the ～ of the year 年の始め. **b** 《古》夜明け (dawn): the ～ of the morning [day] 暁, 早朝. **9** そり, ゆがみ, ひずみ (warp); そった[ゆがんだ]物. **10** 《スコット》急速活発な曲[ダンス]. **11** 〖海事〗**a** 割れ, 裂け目. **b** (ヨットの)漏れ口. **c** 引索, スプリング. **12** 〖建築〗スプリング, アーチ起点, 起拱点《アーチの始まる点または線; springing ともいう》.

── *attrib. adj.* **1** ばねのある, はね返る: a ～ fastening ばね仕掛けの錠前 / a ～ mattress ばねのあるマットレス. **2** 春の[に出てくる]; 春向きの: ～ flowers 春の花 / a ～ overcoat, hat, etc. **3** 泉からの[出る]: ⇨ spring water.

spring·al¹ [spríŋəl] 〖ME *springal(d)* ▭ OF *espringale* ∥ AF *springalde* ← *espringuier* to jump ← Gmc (cf. OHG *springan* 'to SPRING')〗 *n.* 《古》投石器《昔の武器》.

spring·al² [spríŋəl] *n.* 《古》=springald.

spring·ald [spríŋəld] 〖《*c*1450》*spryn(g)holde* 《異化による変形》? ← **springard* jumper, leaper: ⇨ spring (v.), -ard〗 *n.* 《古》少年, 若者 (youth).

spring bàck *n.* 〖製本〗そり背 (hollow back).

spring bálance *n.* ばねばかり《吊り下げる物の重さに比例してばねが伸びて目盛りに表われるはかり》.

spring béam *n.* 〖海事〗外輪船における外輪軸につながる長い梁 (beam)《外輪箱を支える力も受け持つ》.

spring béauty *n.* 〖植物〗=claytonia.

spring béd *n.* スプリング付きマットレス; スプリング付きマットレスを備えたベッド.

spring béetle *n.* 〖昆虫〗=click beetle.

spring béll *n.* 〖植物〗南北アメリカ原産アヤメ科ニワゼキショウ属の赤紫の花をつける小形の植物 (*Sisyrinchium douglasi*).

spring bìnder *n.* (背に長いばねが付いた)ルースリーフ式バインダー.

spríng·bòard *n.* **1** (飛込み用の)ばね板, スプリングボード (diving board); (体操など跳躍に使う)ばね板, 踏切り板. **2** 《口語》(あるものへの)きっかけになるもの, 飛躍台, 踏み台; 出発点: a ～ *to* higher education 高等教育への踏み台となるもの.

spríng·bòk [-bʌ̀k | -bɔ̀k] 〖《1775》▭ Afrik. ～ ← Du. *springen* 'to SPRING'+*bok* goat, antelope: ⇨ buck¹〗 ── *n.* (*pl.* **～**, **～s**) **1** 〖動物〗スプリングボック (*Antidorcas marsupialis*)《アフリカ南部に生息し驚くと突然軽快に空中に飛び上がる習性があるレイヨウ; springbuck ともいう》. **2** [Springboks] 《英》南アフリカ人(部隊); (特に, 海外遠征中の)南アフリカラグビー[クリケット]チーム.

spríng·bùck *n.* (*pl.* **～**, **～s**) 〖動物〗=springbok 1.

spring cáliper *n.* 〖機械〗ばねカリパス.

spríng·càrriage *n.* ばね付き車両.

spríng·càrt *n.* ばね付き荷車.

spring càtch *n.* 〖機械〗スプリング式止め金《ドアなどに用いる止め金で, 力で押されると引込み, 力が除かれると突起が飛び出す仕掛けのもの》.

spring chícken *n.* **1** (主に春に生まれた焼肉・フライ用の)若鶏 (cf. springer 4 b). **2** =chicken 4.

spríng-cléan *vt.* …の(春季)大掃除をする: ～ the house. ── *n.* 《英》=spring-cleaning.

spríng-cléaning *n.* (春季)大掃除.

spring còrn *n.* 〖スキー〗=corn snow.

spring cótter *n.* 〖機械〗割りピン《spring key ともいう》.

spring detént *n.* 〖時計〗ばねかけがね脱進機《かけがね脱進機の一種で, がんぎ車の止め外しをするかけがねがばねで支えられている》.

spring díe *n.* 〖機械〗ばねダイス《ばね作用で直径を調整できるダイス》.

springe [sprínʤ] 〖《*c*1250》*sprenge* < OE **sprenġ* snare to catch small game ← *sprenġan* (caus.) ← *springan* 'to SPRING'〗 ── *n.* (鳥・小動物などを捕える)わな, おとし (snare, gin). ── *v.* (**springed**; **springe·ing**) ── *vt.* わな[おとし]で捕える. ── *vi.* わなを仕掛ける.

spring·er [spríŋə | -ŋə(r] *n.* **1** 飛ぶ人[物]; はねる人[物]. **2** 〖建築〗**a** (アーチの)迫(せ)り元 (⇨ arch¹ 挿絵). **b** =skewback. **3** 〖動物〗**a** =springbok 1. **b** サカマタ, シャチ (grampus). **c** =English springer spaniel. **4** 〖SPRING (n.)「春」と連想〗**a** 春に川を遡るタイセイヨウサケ (Atlantic salmon). **b** 若鶏 (cf. spring chicken 1).

spríinger spániel *n.* スプリンガースパニエル《獲物を狩り出し見つけてくるスパニエル犬; cf. English springer spaniel, Welsh springer spaniel》.

spring féver *n.* 春先に感じるものうさ[けだるさ], 春先の憂鬱病.

Spring·field¹ [spríŋfiːld] 〖1: ← ～ (英国 Essex 州の村). 2, 3, 4: ← 1〗 ── *n.* **1** 米国 Massachusetts 州南部, Connecticut 河畔の工業都市; 人口 171,000. **2** 米国 Illinois 州中央部の都市, 同州の首都; 人口 88,000. **3** 米国 Ohio 州西部の都市; 人口 82,000. **4** 米国 Missouri 州南西部の都市; 人口 121,000.

Spring·field² [spríŋfiːld] *n.* =Springfield rifle.

Spríngfield rífle 〖← SPRINGFIELD¹ 1 (そこの兵器工場で造られた)〗 ── *n.* スプリングフィールド銃: **a** 1867–93 年ごろ米国で用いられた 45 口径の元込め単発銃. **b** 1903 年米軍が採用し第一次大戦中使用された 30 口径の小銃《Springfield 1903 ともいう》. **c** 南北戦争当時の 58 口径の先込め[口装]単発銃.

spríng·fòrm pàn *n.* 底が抜けるようになった(ケーキ用などの)型.

spring gùn *n.* ばね銃 (set gun).

spríng·hàlt 〖《1612》《変形》〗 *n.* 〖獣医〗=stringhalt.

spríng·hèad *n.* 源, 源流, 源泉 (fountainhead, source).

spring hìnge *n.* 〖木工〗ばね付き蝶番(ちょうつがい)《内側にも外側にも開閉できるドアの蝶番》.

spring hòok *n.* **1** (バネでぱちっと止まる)ホック《snap hook ともいう》. **2** 〖釣〗魚が食うとスプリングではね返ってかかる鉤.

spring·hòuse n. 《米》泉・小川にまたがって建てた小屋《乳製品・肉類・生鮮食品などの貯蔵所》.
spring·ing 〘ME〙 n. **1** 跳躍する運動[動作]. **2** [集合的に] (自動車などの)スプリング(装置). **3** 〘建築〙 =spring 12.
springing bów [-bóu | -báu] n. 〘音楽〙 (弦楽器の)スピッカート奏法.
spring kèy n. 〘機械〙 ばねキー《キーがばねによってキー溝に押しつけられながら移動しうるすべりキー》.
spring lèaf n. 板ばね (leaf spring) の板金(1 枚).
spring·less adj. **1** ばねのない; 弾力のない, 弾性のない (inelastic). **2** 元気[活気]のない, 生気に欠ける.
spring·let [spríŋlɪt, -lət] 〘⇨ -let〙 n. 小さな泉.
spring·like adj. **1** 春のような, 春らしい (vernal): ～ weather. **2** ばねに似た[のような], ばね状の.
spring line n. **1** 〘海事〙 斜舫索, 斜係船索《岸壁に横付けする船の横から岸壁側へ斜めに交叉させて取る係船索》. **2** 〘建築〙 起拱線, スプリングライン《アーチの迫(せ)り元上面の線, この線から上にアーチが伸びる》.
spring-lóad vt. ばねを利用して…に力を加える[装塡(てん)する].
spring-lóaded adj. 〈機械部品が〉ばねで正常位置に止めてある.
spring lòck n. (自動的にかかる)ばね錠 (snap lock) (cf. deadlock 3).
spring mòlding n. 〘木工〙 =sprung molding.
spring néedle n. ひげ針《メリヤス機械に使用される弾性のあるかぎ状部をもった編針》.
spring ónion n. 葉タマネギ《結球する前のもので, 葉もサラダにして生で食べる; green onion, scallion ともいう》.
spring péeper n. 〘動物〙 ジュウジアマガエル (*Hyla crucifer*) 《背中に X 形の印があり, 早春北米東部の池や沼地の近くで金切声をあげて鳴く》.
spring róll n. 春巻 (⇨ egg roll 1).
spring snòw n. 〘スキー〙 =corn snow.
spring stárflower n. 〘植物〙 ハナニラ (*Brodiaea uniflora*) 《アルゼンチン原産のユリ科の多年草で白色や藤青色の星形の花をつける; ニラに似た匂いがする》.
spring stày n. 〘海事〙 上檣間水平支索.
spring stéel n. ばね鋼《ばね材として用いられる鋼》.
spring swítch n. ばね転轍器.
spring·tàil 〘下腹部をばねにして跳ぶことから〙 n. 〘昆虫〙 トビムシ《トビムシ目の各種の昆虫の総称》.
spring·tìde 〘(1530): ⇨ tide[1] (n.) 5 a〙 n. =springtime.
spring tíde 〘(16C)〙 n. **1** (新月時と満月時に起こる)大潮 (cf. neap tide, flood tide 1 b). **2** 奔流, 高潮: a ～ of success.
spring·tìme 〘(15C)〙 n. **1** 春, 春季 (spring). **2 a** 初期. **b** 青春.
spring tóol n. 〘機械〙 ばねバイト《ガラス製造や刃物の最終仕上げに使用》.
spring tòoth n. 〘機械〙 (カルティベーターなどについている鋼製の)ばね歯.
spring-tòoth hárrow n. 〘農業〙 ばね歯ハロー《弓形の鋼製ばね歯を多数並べたもので, 地上を引いて土塊を砕いたり除草・覆土などに用いる》.
spring tráining n. 〘野球〙 スプリングキャンプ《通例 3 月 1 日から開始される特に大リーグのオープン戦などを含む練習期間》.
spring vétch n. 〘植物〙 =broad bean 2 b.
spring vétchling n. 〘植物〙 ツルナシレンリソウ (*Lathyrus vernus*) 《ヨーロッパ原産マメ科のスイートピーに似た紫色の花をつける多年草》.
spring wàgon n. ばね付きの農業用の四輪車.
spring wàsher n. 〘機械〙 ばね座金《ボルトのゆるみを防ぐ座金》.
spring·wàter n. 湧き水, 井戸水.
spring whéat n. 春小麦《春に種をまき, 晩夏または秋に収穫する小麦》.
spring·wòod n. 〘林業〙 =earlywood.
spring·y [spríŋi | -ŋɪ] 〘← SPRING＋-Y[4]〙 — adj. (**spring·i·er; -i·est**) **1 a** ばねのような. **b** 弾力[弾性]のある. **c** 軽快な (agile), 足の速い: with a ～ step. **2** 泉の多い; 湿った, じくじくした. **spring·i·ly** [-ŋɪli, -ŋə- | -lɪ] adv. **spring·i·ness** n.
sprin·kle [spríŋkl] 〘v.: (c1400) ⊏ ? (M)Du. *sprenkelen* ← Gmc **spreg-, *freg-* to scatter (G *sprenkeln* / ON *freknur* freckles: ⇨ freckle) ← IE **(s)p(h)ereg-* (L *spargere* 'to SPARGE': ⇨ -le[3]. — n.: (c1390) 《廃》 sprinkler for holy water ⊏ ? MDu. *sprinkel* (cf. Du. *sprenkel* / G *Sprenkel* speckle, spot)〙 — vt. **1 a** 〈液体・粉末などを〉〔…に〕(小滴または微粒子状に)ふりかける, そそぐ (besprinkle) 〔*on, over*〕: ～ salt *on* a dish 料理に塩をふりかける. **b** …に〔液体・粉末などを〕まく, 散らす (strew) 〔*with*〕: ～ the street *with* water 街路に水をまく. **2 a** 軽く湿らす[濡らす] (wet lightly): ～ flowers 花に水をまく. **b** (アイロンをかける前に)…に霧吹きをする. **3 a** 〔…に〕まばらに散らす, 散在させる (dot, intersperse) 〔*over, about*〕: churches ～*d over* the city 市に散在する教会. **b** …に〔物を〕点在させる〔*with*〕: He ～*d* the program *with* songs. 番組に歌を時々交(ま)えた / His composition is ～*d with* mistakes. 彼の作文にはちょいちょい誤りがある. **4** 〘キリスト教〙 **a** 水をふりかけて洗う (wash), 清める (purify): having our hearts ～*d* from an evil conscience 心は濯(すす)がれて良心の咎(とが)をさり (*Heb.* 10:22). **b** 〈人〉に水をふりかけて洗礼を施す (cf. immerse 2). **5** 〘製本〙 〈本の小口や革の表面を〉パラ(掛け)にする, 霧染め模様にする: ～*d* edges パラ(掛け)小口. — vi. **1** 液体[粉末など]をふりかける. **2** [it を主語として] 雨がぱらぱら降る (rain slightly): *It* began to ～. 雨がぱらつき始めた. **3** 点在[散在]する.
— n. **1** ばらまくこと. **2 a** ばらまかれたもの. **b** ぱらぱら雨. **c** [a ～ of として] ほんの少し: *a* ～ *of* snow [students] ちらほらの雪[学生]. **3** [通例 *pl.*] (菓子などにふりかける)粉砂糖, チョコレート粒.
sprin·kler [-kl̩ɚ, -klɚ | -klə(r, -kl̩ə(r] 〘(1535): ⇨ ↑, -er[1]〙 — n. **1 a** (水などを)ふりかける物. **b** 散水器, じょうろ (watering pot). **c** 散水車 (water cart). **d** (芝生などの, また消火用の)散水装置; スプリンクラー. **e** =sprinkler head. **2** 水をふりかける仕事の人. **3** 〘キリスト教〙 聖水をふりかける道具 (aspergillum). — vt. …に散水装置を取り付ける.
sprínkler hèad n. 散水栓《スプリンクラー装置 (sprinkler system) の噴出部分に設けられている口金》.
sprínkler lèakage insùrance n. 〘保険〙 スプリンクラー保険《スプリンクラー装置 (sprinkler system) からの突発的な漏排水による損害に対しての保険》.
sprínkler sỳstem n. スプリンクラー装置, 散水装置: **a** 火災の時に室内がある温度に達すると, 天井に設備した多数の水栓(せん)から水が自動的に散水されて火を消す装置. **b** 炭坑などのスプリンクラー防塵装置. **c** 芝生やゴルフコースに散水する装置.
sprín·kling [-klɪŋ, -kl̩-] 〘(15C)〙 — n. **1** 水の吹掛け, まき散らし. **2** [a ～ of として] **a** (雨や雪などの)小降り, ぱらつき: *a* ～ *of* rain ぱらぱら雨, 小雨. **b** ちらほら, 少し, 少量 (small quantity): *a* ～ *of* visitors ちらほらの訪問者 / He does not have *a* ～ *of* humor. 彼にはユーモアのかけらもない.
sprínkling càn n. じょうろ (watering pot).
sprint [sprɪnt] 〘(1566) ⊏ ON **sprint-a* (Swed. *spritta* to run, jump) ∞ 《方言》 *sprent* < ME *sprente(n)* ⊏ ON **sprent-a* (Norw. *spretta*) ← ?〙 — vi. (短距離競走で)全速力で走る[行く], 力一杯走る. — vt. …を全速力で走行する. — n. **1 a** 短距離の全力疾走. **b** 短時間の大活躍. **2 a** 短距離競走. **b** (長距離競走でゴール寸前の)疾走, 力走, ラストスパート. **c** 〘競馬〙 (1 マイル以下の)短距離レース.
sprínt càr n. 〘自動車レース〙 スプリントカー, 短距離競走自動車《主に短距離悪路(泥道)用の前置機関付き車輪覆い無しの競走自動車》.
sprínt·er [-tə | -tə(r] n. **1** 短距離(競走)選手, スプリンター (cf. sprint race). **2** 〘競馬〙 スプリンター, 短距離馬《一般にヨーロッパでは 1,200 メートル以下, 米国では 1,400 メートル以下の距離を得意とする馬; cf. miler 1 b, stayer[1] 4》.
sprínt médley n. 〘陸上競技〙 スプリントメドレー《第一走者が 440 ヤード, 第二, 三走者が各 220 ヤード, 最終走者が 880 ヤード走るメドレーリレーの一種; 女子の場合は各その半分を走る; cf. distance medley》.
sprínt ràce n. 短距離競走《通例 $^1/_4$ マイル以下》.
sprit [sprɪt] 〘OE *sprēot* pole, 《原義》 sprout, stem ← Gmc **spreut-, *sprūt-* ((M)Du. & (M)LG *spr(i)et* / G *Spriet*): ⇨ sprout〙 — n. 〘海事〙 **1** スプリット《小型縦帆船のマストの下方から斜め後方に突き出させて帆の上外端を張り出している小円材》. **2** 《古》 第一斜檣(しょう) (bowsprit).

sprit 1
1 sprit; 2 spritsail

sprite [spráɪt] 〘(a1325) *spryte, spreit, sprit* ⊏ OF *esprit* 'SPIRIT'〙 — n. **1 a** 妖精 (fairy), 小妖精 (elf), 鬼 (goblin): ⇨ water sprite. **b** 妖精のような人. **2** 《古》 **a** 幽霊, 亡霊. **b** 霊, 魂 (soul). **3** 〘物動〙 =sand crab.
spríte cràb n. 〘動物〙 =sand crab.
sprít·sàil [-sèɪl; (海) -sl̩] 〘(15C)〙 n. 〘海事〙 **1** スプリットで張り出されている小型の縦帆 (⇨ sprit 挿絵). **2** 《古》 第一斜檣(しょう)帆.
spritz [sprɪts, ʃprɪts] 〘⊏ Pennsylvania G *Schpritze* ← MHG *sprützen* to sprout〙 《方言》 vt. 吹きかける, 浴びせる. — n. さっと吹きかけること.
spritz·er [sprɪ́tsə, ʃprɪ́t- | -sə(r] 〘⊏ G ～ ← *spritzen* to spray < MHG *sprützen* (↑)〙 n. スプリッツァ《冷たくした白ぶどう酒とソーダ水の混合飲料》.
sprock·et [sprákɪt, -kət | sprɔ́k-] 〘(1536) ← ?〙 — n. **1** 〘建築〙 茅負(かやおい), スプロケット《軒の棰(たるき)の上に取り付けられる細長い材で, 軒先を持上げ, 軒線を形成する》. **2** 〘機械〙 **a** 鎖止め. **b** =sprocket wheel. **c** 《廃》 スプロケットの歯.
sprócket whèel n. 〘機械〙 スプロケット, (自転車などの)鎖歯車.
sprog [sprɑ́(ː)g | sprɔ́g] 〘《混成》 ? ← SPRO(CKET) ＋(c)OG[1] 2 // 《逆つづり・変形》 ← (f)rog sp(awn)〙 n. 《英俗》 **1** 子供 (child). **2** (空軍の)新兵, 補充兵 (recruit).

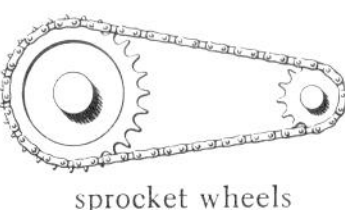
sprocket wheels and chain

sprout [spráut] 〘OE *sprūtan* < (WGmc) **sprūtan* (Du. *spruiten* / G *spriessen*) ← IE **(s)p(h)er-* to strew (Gk *speírein* to scatter): cf. sprawl, sprit, spurt, spread, sperm, spore, sporadic. — n.: (a1300) ← (v.) // ⊏ MLG & MDu. *sprūte* (Du. *spruit*)〙 — vi. **1 a** 芽を吹く, 若枝を出す 〈*out, up*〉〔*from*〕. **b** 生える (develop): ⇨ WINGS *sprout*. **2 a** 急速に成長する. **b** 急に出現する 〈*up*〉. — vt. **1** …に芽を出させる: Rain ～*s* seed. 雨で種に芽が出る. **2** 〈角・ひげなどを〉出す, 生やす; 生じさせる: ～ a horn, moustache, etc. / ～ feathers 羽根が生える / ⇨ *sprout* WINGS. **3** 《米》 〈ジャガイモ〉の芽を取る.
— n. **1 a** 芽 (bud), 新芽, 若枝 (shoot). **b** 横枝 (offshoot). **2 a** 若芽[若枝]に似たもの. **b** =scion 1; 《口語》 若者. **c** 急速な出現[発達]. **3** [*pl.*] =Brussels sprouts.
put a person through a course of sprouts ⇨ course[1] 成句.
spróut·ing bróccoli [-tɪŋ- | -tɪŋ-] n. 〘園芸〙 ブロッコリー (⇨ broccoli 1).
spruce[1] [sprúːs] 〘(1589) ← *Spruce leather (jerkin)* ← 《廃》 *Spruce* (↓): ジャケツを作るために Prussia から輸入されたこの革が上質なことから〙 — adj. (**more ～, most ～; spruc·er, spruc·est**) **1** 小ぎれいな, きちんとした (trim, neat). **2** きりっとした, 気のきいた, いきな (smart). — adv. きちんと; いきに. — vt. 〈人・物を〉小ぎれいにする (trim, smarten) 〈*up*〉: ～ oneself [get ～*d*] *up* for dinner 晩餐(ばんさん)のためにめかす[身なりを整える]. — vi. 小ぎれいにする, めかす 〈*up*〉. **～·ly** adv. **～·ness** n.
spruce[2] [sprúːs] 〘(1670) 《原義》 Prussian fir ← 《廃》 *Spruce* 《変形》 ← *Pruce* ⊏ OF ⊏ ML *Prussia* 'PRUSSIA'〙 — n. **1** 〘植物〙 トウヒ《マツ科トウヒ属 (*Picea*) の常緑針葉樹の総称; エゾマツ (*P. jezoensis*), white spruce, アメリカハリモミ (Colorado spruce), クロトウヒ (black spruce) など》; トウヒ材. **2** 〘植物〙 トウヒに似たモミ属 (*Abies*) の針葉樹の総称. **3** =spruce beer.
sprúce bèer 〘(c1500) ← 《廃》 *Spruce* (↑): cf. G *Sprossen-bier* sprouts-beer〙 — n. スプルースビール《トウヒ (spruce) の枝や葉を糖蜜を入れて煮て発酵させて造った飲料》.
sprúce bèetle n. 〘昆虫〙 エゾマツオオキクイおよびその近似種《キクイムシ科 *Dendroctonus* 属の甲虫の総称; 幼虫はエゾマツ類・トウヒ類などの樹皮下を食べ, 時に大きな被害を与える》.
sprúce bùdworm n. 〘昆虫〙 北米・カナダなどに生息するハマキガ科のガ (*Choristoneura fumiferana*) の幼虫《トウヒ・エゾマツなどの枝先の葉を食う》.
sprúce fìr 〘(1731)〙 n. 〘植物〙 =Norway spruce.
sprúce gròuse [**pàrtridge**] 〘トウヒの林にいることから〙 — n. 〘鳥類〙 ハリモミライチョウ (*Canachites canadensis*) 《米国北部地方産のライチョウの一種; cf. fool hen》.
sprúce pìne n. 〘植物〙 アメリカ産の軽く柔らかい材質のマツの総称; (特に)米国南部産のバージニアマツ (*Pinus virginiana*).
sprúce sàwfly n. 〘昆虫〙 マツハバチ《マツハバチ科の数種のハバチの総称; 幼虫はマツ科植物の葉を食べる》; (特に)ハリモミハバチ (*Diprion hercyniae*).
spruc·y [sprúːsi | -sɪ] adj. (**spruc·i·er; -i·est**) = spruce[1].
sprue[1] [sprúː] 〘← ?〙 — n. 〘金属加工〙 **1** (鋳造用の)湯口, 湯道, 縦湯口. **2** 押し金《湯道にできる突起》. **3** (鍛造型の)チャンネル. — vt. 〈鋳物〉から押し金を取り除く.
sprue[2] [sprúː] 〘⊏ Du. *spruw* thrush: cf. MLG *sprūwe* a kind of tumor〙 — n. 〘病理〙 スプルー《吸収不全症候群の慢性型のもので, 大人のかかる熱帯スプルー (tropical sprue) と子供のかかる非熱帯スプルー (nontropical sprue) に分れる》.
sprúe rùnner n. (鋳型の)湯道.
spruit [sprúːt, spréɪt] 〘(1863) ⊏ Du. ～ 'SPROUT'〙 n. 雨期にだけ水のある(アフリカ南部の)川.
sprung [sprʌ́ŋ] 〘v.: OE *sprungon* (pret. pl.), (*ge*)*sprungen* (p.p.). — adj.: (1575) ← (p.p.)〙 v. spring の過去形・過去分詞. — adj. スプリング付きの.
sprúng mòlding n. 〘木工〙 曲面繰形, 曲がった繰形.
sprúng rhỳthm 〘G. M. Hopkins の造語; 強音節が連続してリズムが *sprung* (「唐突な」の意)になるところから〙 — n. 〘詩学〙 スプラングリズム《Hopkins の愛用したもので OE の詩法に似た韻律法; 一つの強勢 (stress) は通例四つまでの弱音節を支配し, 主に頭韻 (alliteration)・中間韻 (internal rhyme) および語句の繰返しなどのゲルマン固有の技巧を用いる》.
spry [spráɪ] 〘(1746) ← ? Scand. (Swed. 《方言》 *sprygg* very lively & *spragg* twig): cf. sprag, sprig〙 — adj. (**～·er, ～·est; spri·er, spri·est; more ～, most ～**) 活発な, 元気のよい, すばしこい (brisk), てきぱきした (agile): a ～ animal. **～·ly** adv. **～·ness** n.
s.p.s. 《略》 L. sine prole superstite (=without surviving issue).
spt. 《略》 seaport.
spud [spʌ́d] 〘n.: (1440) *spudde* short knife ← ?: cf. OE *spadu* 'SPADE[1]' / ON *spjót* spear. — v.: (1652) ← (n.)〙 — n. **1** (除草用の)小ぐわ, スパッド (small spade). **2** =spudder 3. **3** (水道管などの)短い管[パイプ]. **4** (浚渫(しゅんせつ)機などの)支柱, 保持脚. **5** 《口語》 ジャガイモ (potato). **6** 〘外科〙 スパッド《粘膜剝離用または異物排除用の扁平な刃》. **7** 〘測量〙 =spad. — v. (**spud·ded; spud·ding**) — vt. **1** 小ぐわで掘る; 〈雑草などを〉小ぐわで取り除く 〈*up, out*〉. **2** 〈油井を〉掘り始める 〈*in*〉. — vi. **1** 小ぐわで掘る. **2** 油井を掘り始める 〈*in*〉.
spúd-bàshing n. 《英俗》 ジャガイモの皮むき.

spúd·der *n.* **1** ボーリング機械操作員. **2** 試掘用ボーリング機械. **3** (樹皮はぎに使う)のみ形の道具.

spud·dle [spʌ́dl̩] 〚《混成》← s(PUD) (v.) ＋PUDDLE〛 *vi.* 《古・英方言》＝puddle.

spud·dy [spʌ́di｜-dɪ] 〚← SPUD (n.)＋-Y⁴〛 *adj.* (**spud·di·er**; **-di·est**) 短くて太い, ずんぐりした (pudgy): ⌊a ～ nose.

spue [spjúː] *v., n.* ＝spew.

spume [spjúːm] 〚*n.*: 《*a*1393》▭ OF (*e*)*spume* // L *spūma* foam ← IE *(*s*)*poimno*- foam (L *pūmex* 'PUMICE'): ⇨ foam. ― v.: 《?*c*1380》▭ OF *espum-er* // L *spūm-āre*〛 ― *n.* (水などの)泡 (foam), 浮きかす (scum). ― *vi.* 泡立つ (foam). ― *vt.* 泡立たせる; (泡のように)噴出させる 〈*forth*〉.

spu·mes·cent [spjuːmésnt] 〚↑, -escent〛 *adj.* 泡状の (frothy); 泡立つ. **spu·més·cence** [-sn̩s] *n.*

spu·mo·ne [spumóuneɪ, spuː-, spə-｜-máu-; *It.* spumóːne] 〚▭ It. *spumone* (↓)〛 *n.* ＝spumoni.

spu·mo·ni [spumóuni, spuː-, spə-｜-máu-; *It.* spumóːni] 〚▭ It. ～ (pl.) ← *spumone* (aug.) ← *spuma* foam ＜ L *spūmam* 'SPUME'〛 ― *n.* スプモーネ《刻んだ砂糖漬けの果物や木の実を入れ, 異なった色や香りをつけて層にしたイタリアのアイスクリーム》.

spu·mous [spjúːməs] 〚ME ▭ L *spūmōs-us* ← *spūma* 'foam, SPUME': ⇨ -ous〛 *adj.* ＝spumy.

spum·y [spjúːmi｜-mɪ] 〚← SPUME＋-Y⁴〛 ― *adj.* (**spum·i·er**, **-i·est**; **more ～, most ～**) 泡の, 泡だらけの, 泡立つ (foamy), 泡状の (frothy). **spúm·i·ness** *n.*

spun [spʌ́n] 〚v.: OE *spunnon* (pret. pl.), (*ġe*)*spunnen* (p.p.). ― adj.: 《1486》← (p.p.)〛 ― *v.* spin の過去形・過去分詞. ― *adj.* 紡いだ, 紡いでできた: ～ gold 金糸 / ～ silver 銀糸 / ⇨ spun silk, spun yarn, homespun.

spún dýeing *n.* 〚染色〛＝dope dyeing.

spunge [spʌ́ndʒ] *n., v.* ＝sponge.

spún gláss *n.* **1** 糸ガラス, スパンガラス《ガラス棒の一端を吹管炎で溶かしながら引き出してこれを木製の回転ドラムに巻き取り糸にしたもの》. **2** ガラス繊維 (⇨ fiberglass 1).

spunk [spʌ́ŋk] 〚《1536》▭ ? Ir.-Gael. *sponc* // Sc.-Gael. *spong* tinder ▭ L *spongia* 'SPONGE'〛 ― *n.* **1** 火口 (tinder, punk). **2** 《口語》勇気 (pluck), 元気 (spirit); 怒り (anger), かんしゃく. **3** 《英方言》火花 (spark). **4** 《英卑》精液 (semen).
get one's spunk up 《米口語》気負(ᵏ)い立つ, 勇み立⌈つ, 怒り出す.
― *vi.* **1** 《方言》かっとなる, 怒る 〈*up*〉. **2** 《スコット》明るみに出る, 知られる, もれる. ― *vt.* 〈勇気などを〉奮い立たせる 〈*up*〉.

spunk·ie [spʌ́ŋki｜-kɪ] 〚⇨ ↑, -ie〛 《スコット》 **1** きつね火, 鬼火 (will-o'-the-wisp). **2** 元気のいい人; かんしゃく持ち. **3** 火酒, 酒.

spunk·y¹ [spʌ́ŋki｜-kɪ] 〚← SPUNK＋-Y⁴〛 ― *adj.* (**spunk·i·er**, **-i·est**; **more ～, most ～**) 《口語》 **1** 元気な (spirited), 勇気のある (plucky). **2** 短気な, かんしゃく持ちの, 怒りっぽい (touchy). **spúnk·i·ly** [-kɪli, -kə-｜-lɪ] *adv.* **spúnk·i·ness** *n.*

spunk·y² [spʌ́ŋki｜-kɪ] *n.* ＝spunkie.

spún ráyon *n.* **1** スパンレーヨン, スフ糸 (rayon yarn)《綿繊維または羊毛に似せるため長い人絹[レーヨン]を切って紡績したもの: cf. staple fiber》. **2** スパンレーヨン[スフ]の布地.

spún sílk *n.* **1** 絹紡糸《繭(ᵐᵃᵘ)・生糸などの各種のくず糸を原料として紡績したもの》. **2** 絹紡糸の布地.

spún stríng *n.* 〚音楽〛細針金で巻いた弦.

spún súgar *n.* 《米》綿菓子 (cotton candy).

spún·wàre *n.* 〚金属加工〛スピニング加工品, へら絞り品. ⌈スパーヤン.

spún yárn *n.* **1** 紡績した糸. **2** 〚海事〛撚(ʸ)りなわ,

spur [spə́ː｜spə́ː(r] 〚OE *spura*, *spora* ＜ Gmc **spuron* (Du. *spoor* 'SPOOR' / G *Sporn* / ON *spori*) ← IE **sp(h)er-* ankle: ⇨ spurn. ― v.: 《?*a*1200》← (n.)〛 ― *n.* **1 a** 拍車: on [upon] the ～ 拍車をかけて, 全速力で / dig the ～*s* into one's horse 馬(のわき腹)に強く拍車を入れる. **b** [*pl.*] (knight の象徴である)金の拍車 (gilt spurs): win one's ～*s* (武勲によって) knight に叙せられる; (初めて)手柄を立てる, 名を揚げる. **2** 激励, 鼓舞 (incitement); 刺激 (stimulus); 動機 (motive): put [set] ～*s* to …に拍車をかける; …を刺激[激励]する, 駆り立てる / need the ～ 拍車をかける[刺激を与える]必要がある / Ambition is an excellent ～ for the young. 大望は青年へのすばらしい刺激である. **3 a** 拍車状のもの. **b** (闘鶏のけづめに付ける)鉄けづめ (gaff). **c** (登山用または電柱に登る時に用いる)靴釘(ᵏᵘ), アイゼン (climbing iron). **d** 突き出た根や小枝. **4 a** (鳥の脚にある)けづめ. **b** (昆虫の脚にあるけづめ状の)とげ. **5** (山・山脈から横に突出した)尾根, 支脈. **6** ＝wing dam. **7** 〚植物〛距(ᵏʸ)《スミレなどの萼や花冠の基部付近にある袋状の突出した部分》. **8** 〚建築〛 **a** ＝griffe¹. **b** (短い木の)支柱, 方杖(ᵗᵘᵉ); (石の)段壁, 控え壁. **9 a** 〚鉄道〛＝spur track. **b** (高速[幹線]道路から分岐する)支脈道路. **10** 〚活字〛(活字書体の)ひげ, けづめ. **11** 〚窯業〛スプール《釉焼きの匣鉢(ˢᵃ)詰め用の道具の一種》. **12** 〚病理〛突出物; 骨増殖体 (osteophyte).

spur 1 a
1 arm; 2 crest; 3 neck; 4 rowel

on [*upon*] *the spur of the moment* 一時の興に駆られて, 出来心で, 時のはずみで; 突然, 即座に, とっさに. *whip and spur* (1) 早馬で. (2) 大急ぎで.
― *v.* (**spurred**; **spur·ring**) ― *vt.* **1 a** 〈馬〉に拍車を入れ(て進め)る 〈*on*〉. **b** [通例 p.p. 形で] 拍車[鉄けづめ]を付ける: come forth booted and ～*red* 拍車付きの靴をはいて出て来る. **2 a** …に拍車をかける, 激励[鼓舞]する (urge), 駆る (drive) 〈*on*〉〔*to*〕/ 〈*to do*〉: ～*red on* by ambition 野望に駆られて[た] / ～ a person *on to* an effort 人を激励してひと奮発させる / They ～*red* him *to* finish first. 彼を励まして1着でゴールインさせた. **b** 〈関心などを〉高める, 強める; 〈経済・インフレーションなどを〉刺激する (stimulate); ～ the lagging economy 沈滞した経済に活を入れる. **3** 〈闘鶏などが〉けづめでける; (けづめでけって)傷つける. ― *vi.* **1** 乗馬に拍車をかける; 疾駆する 〈*on, forward*〉. **2** 急いで進む, 急ぐ.
spur a willing horse ⇨ horse 成句.

spúr blìght *n.* 〚植物病理〛子嚢(ᵗᵘ)菌類の *Didymella applanata* の寄生により茎が灰褐色になる病気.

spúr·gàll *n.* 拍車ずれ《拍車が当たるため馬の腹にできる毛の抜けた部分》. ― *vt.* 《古》拍車で傷つける.

spurge [spə́ːdʒ｜spə́ːdʒ] 〚《1387》▭ OF *espurge* (F *épurge*) ← *espurgier* ＜ L *expurgāre* to cleanse: ⇨ ex-¹, purge〛 ― *n.* 〚植物〛 **1** トウダイグサ (⇨ euphorbia). **2** ＝Japanese spurge.

spúr gèar *n.* 〚機械〛平歯車《spur gear wheel, spur wheel ともいう》.

spúrge làurel *n.* 〚植物〛ヨーロッパ産のジンチョウゲの仲間で通常は次の2種をさす: **a** *Daphne mezereum*《花は白または桃色で匂う》. **b** *D. laureola*《花は黄色で匂わない》.

spur gears

Spur·geon [spə́ːdʒən｜spə́ː-], **Caroline F. E.** *n.* (1869–1942) 英国の女性英文学者; *Shakespeare's Imagery and What It Tells Us* (1935).

Spurgeon, Charles Haddon *n.* (1834–92) 英国のバプテスト派の説教者.

spu·ri·ous [spjú(ə)riəs｜spjúərɪ-] 〚《1598》▭ L *spurius* illegitimate, LL false ▭ ? Etruscan *spural* public: cf. L *spurcus* impure: ⇨ -ous〛 ― *adj.* **1 a** にせの, 本物でない (counterfeit), 見せかけの (pretended): a ～ bank note [coin] にせ紙幣[硬貨] / a ～ MS. 偽筆の稿本 / a ～ pedigree にせ系図 / a ～ eye [leg] 義眼[足] / ～ pregnancy 偽[想像]妊娠. **b** 〈論理・結論など〉もっともらしい (specious), 非論理的な (illogical). **2** 《まれ》私生の (illegitimate): the ～ stock 私生の家柄. **3** 〚植物〛まがいの, 擬似の, 仮…: ⇨ spurious fruit. **4** 〚ラジオ〛(送受信装置などから発射される)不要電波の, スプリアスの. **～·ly** *adv.* **～·ness** *n.*

spúrious frúit *n.* 〚植物〛(オランダイチゴ・イチジクなどの)偽果 (accessory fruit).

spúrious wíng *n.* 鳥の小翼羽 (bastard wing).

spúr·less 〚ME〛 *adj.* **1** 拍車のない. **2** けづめのない; 鉄けづめを付けない.

spúr·ling lìne [spə́ːlɪŋ-｜spə́ː-] 〚← ?〛 ― *n.* 〚海事〛 **1** 舵(ᵏᵃ)輪の回転を舵角指示器に伝える綱. **2** 両舷(ᵍᵉ)の横静索(ᵍᵘ)間に張り合わせた綱《途中に数個の鳩目金具が付けてあり帆綱が通っていてそのもつれを防⌊ぐ》.

spúrling pìpe *n.* 〚海事〛＝chain pipe.

spurn [spə́ːn｜spə́ːn] 〚OE *spurnan*, *spornan* to kick ＜ Gmc **spurnōn* (OS & OHG *spurnan* / ON *sporna*) ← IE **sp(h)er-* ankle (L *spernere* to scorn / Gk *spaírein* to quiver): cf. spur〛 ― *vt.* **1** 追い出す, 追い払う (drive away): ～ a poor relation from one's door 貧しい親類を寄せつけない. **2** はねつける, にべもなく拒絶する (reject scornfully), 相手にしない, 鼻であしらう (scorn): ～ a person's offer 人の申し出を鼻であしらう / ～ a bribe 賄賂(ʷᵃⁱ)をはねつける. **3** 《廃》蹴る (kick): ～ the ground. ― *vi.* **1** 〔…を〕あなどる, 軽蔑する〔*at*〕: ～ *at* a person. **2** 《廃》蹴る (kick) 〔*at*〕. ― *n.* **1** はねつけ, 拒絶; 軽蔑的なあしらい. **2** 蹴り, 蹴飛ばし (kick). **～·er** *n.* ⌈型の)水返し板.

spúrn·wàter *n.* 〚海事〛(船首に取り付ける低いV字

spúr-of-the-mómont 〚← *on the spur of the moment* (⇨ spur (n.) 成句)〛 *adj.* 不意に生じる; 即席の, 即興の: a ～ idea 即興の考え / a ～ whim 出来心.

spurred 〚《*c*1400》〛 *adj.* **1** 拍車を付けた. **2** (鉄)けづめを付けた[もった]. **3** 〚植物〛距(ᵏʸ)のある.

spur·rey [spə́ː(r)i｜spʌ́rɪ] *n.* 〚植物〛＝spurry.

spur·ri·er [spə́ː(r)iə｜spʌ́rɪə(r] 〚ME *sporyer*: ⇨ spur (n.), -ier²〛 *n.* 拍車製造者.

spurr·ite [spə́ː(r)aɪt｜spʌ́r-] 〚← *Josiah E. Spurr* (1870–1950: 米国の地質学者)＋-ITE¹〛 ― *n.* 〚鉱物〛スパーライト $Ca_5(SiO_4)_2(CO_3)$《石灰岩と火成岩との接触帯に産出する単斜晶系鉱物》.

spúr rówel *n.* 〚紋章〛真中に丸穴のある星形.

spúr róyal *n.* ＝spur ryal.

spur·ry [spə́ː(r)i｜spʌ́rɪ] 〚《1577》▭ Du. *spurrie* ← ML *spergula* ← ? L *spergere*, *spargere* to scatter＋*-ula* '-ULE': cf. sparse〛 ― *n.* 〚植物〛ヨーロッパ産ナデシコ科オオツメクサ属 (*Spergula*) の植物の総称; (特に)ノハラツメクサ (*S. arvensis*)《北米産のハコベに似た雑草; 葉は糸状で花は白色; cornspurry ともいう》.

spúr rýal [-ráɪəl] 〚コインに描かれた太陽の光線が拍車の小車に似ていることから〛 ― *n.* 《英》 **1** Edward 四世の時に初めて発行された半 ryal 貨. **2** James 一世時代1619年の15シリング金貨.

spurt [spə́ːt｜spə́ːt] 〚《1570》《変形》← 《廃》*spirt* 《音位転換》← 《方言》*sprit* to sprout ＜ ? OE *spryttan* ← *sprūtan* 'to SPROUT': cf. MHG *sprützen* to sprout〛 ― *vi.* **1** 噴出する, ほとばしる (gush out) 〈*up, out, down*〉: I saw blood ～ from his arm. 彼の腕から血が吹き出すのを見た. **2** (全力を注いで最後の)大奮闘をする; 全速力を出して走る[漕(ᵏ)ぐ, 泳ぐ, 戦う], スパートする (sprint). ― *vt.* ほとばしらす, 噴出させる (force out). ― *n.* **1** ほとばしり, 噴出 (jet), 奔出: a ～ of flame, rain, etc. **2** (感情の)激発: a ～ of anger. **3** (競走の終わりなどの)力走, 力漕(ᵏ), 力泳, 力闘, スパート; ひと力み: put on a ～ (最後の)奮闘をする / by [in] ～*s* 思い出したように, 時々, 不規則に. **4** (風・楽しみなどの)ひとしきり (short spell): for a ～ 瞬間. **5** (商売などの)急成長, 急繁忙; (値段の)急騰.

spur·tle [spə́ːtl̩｜spə́ːtl̩] 〚← ?〛 *n.* 《スコット・北英》 **1** (料理用の)へら, フライ返し. **2** オートミールの(粥をかきまわす)木の棒. **3** 刀, 剣 (sword).

spúr tràck *n.* 〚鉄道〛(一方だけで本線に連絡してい⌊る)側線.

spúr whèel *n.* 〚機械〛＝spur gear.

spúr-wínged *adj.* 〚鳥類〛翼角に爪のある, 翼角に爪⌊の生えた.

sputa *n.* sputum の複数形.

Sput·nik [spútnɪk, spʌ́t-, spúːt-｜spút-, spʌ́t-; *Russ.* spútnjik] 〚▭ Russ. *sputnik* (*zemlyi*) 《原義》fellow traveler (of Earth) ← *s-* ＝ *so* with *put'* way＋*-nik* -er (⇨ -nik)〛 ― *n.* **1** スプートニク《1957年10月4日ソ連によって打ち上げられた人類最初の人工衛星; 重量は84キログラム》. **2** [s-] 人工衛星 (artificial satellite).

sput·ter [spʌ́tə｜-tə(r] 〚《1598》▭ Du. *sputter-en*: cf. Du. *spuiten* 'to SPOUT': ⇨ -er⁴〛 ― *vi.* **1 a** ぶつぶつ吹き出す, ぱちぱちいう (splutter). **b** ぱちぱち[ぶつぶつ]音を立てて消える 〈*out*〉: The candle ～*ed out.* 蠟燭(ʳᵒ)が音を立てて消えた. **2 a** (興奮したりして)口からつば[食物]などをぶつぶつ飛ばす[吹き出す]. **b** (興奮したりして, つばなどを飛ばしながら不明瞭に)べちゃべちゃしゃべる, せき込んでしゃべる. ― *vt.* **1** 〈小さなものを〉ぶつぶつ[ぱちぱち]吹き出す. **2 a** (興奮して)〈口中の食物やつばを〉ぶつぶつ飛ばす. **b** (興奮したりして, つばなどを飛ばしながら不明瞭に)早口で[ぱっぱっと]言う 〈*out*〉: ～ *out* one's complaint. **3 a** 固体の表面から〈原子を〉高エネルギーのイオンの衝突で放出させる. **b** 同上の方法で〈金属(の薄い層)を〉表面に付着させる; 〈表面を〉金属の薄い層で被覆する. ― *n.* **1** ぶつぶつ[ぶすぶす, ぱちぱち]いうこと[音]. **2** せき込んでしゃべること, 早口. **3** ぶつぶつ吹き出されたもの《口中の食物・つばなど》. **～·er** [-tərə｜-tərə(r] *n.*

spút·ter·ing·ly [-tərɪŋli｜-tərɪŋlɪ] *adv.* ぶつぶつ(と); ぶつぶつ言いながら, 早口にしゃべりながら.

spu·tum [spjúːtəm｜-təm] 〚《1693》▭ L *spūtum* (neut. p.p.) ← *spuere* to spit: cf. spew〛 ― *n.* (*pl.* **spu·ta** [-tə｜-tə], **～s**) **1** つば, 唾液 (saliva, spittle). **2** 〚病理〛痰(ᵗᵃ), 喀(ᵏᵃ)痰 (expectoration).

Spúy·ten Dúy·vil Créek [spáɪtn-dáɪvəl-｜-vɪl-] 〚← Du. *Spuyten Duyvil* 《原義》spouting devil: その危険な浅瀬につけたあだな〛 ― *n.* [the ～] スパイトン ダイバル水路《New York 市の Manhattan Island 北端の水路で, Hudson 川と Harlem 川とを結ぶ》.

spy [spáɪ] 〚《*c*1250》 *spie* (n.) & *spie*(*n*) (v.) ▭ OF *espie* & *espier* (F *épie* & *épier*) ← Gmc **spehōn* to examine closely (Du. *spieden* / G *spähen*) ← IE **spek-* to observe (L *specere* to look / Gk *skopeîn* to see / Skt *spaśati* he sees)〛 ― *n.* **1** 探偵, 密偵 (secret agent); 軍事探偵, 間諜, スパイ: a military ～ 軍事探偵 / an industrial ～ 産業スパイ / be a ～ *on* …を探偵[スパイ]する / set *spies* after [upon] …に探偵を放つ / not single *spies*, but in battalions ⇨ sorrow 2. **2** 《まれ》偵察, スパイ行為. ― *vi.* **1** こっそり調べる, 探偵する, スパイを働く: He *spied for* the enemy. 敵のためにスパイをやった. **2** 〔人などを〕こっそり警戒する, 見張る〔*on, upon*〕: ～ *on* the enemy 敵の動静を偵察する. **3** 〔…を〕(こっそり)詳しく調べる, 綿密に探る〔*into*〕: ～ *into* a person's actions 人の行動を探る. ― *vt.* **1 a** 〈人などを〉こっそり[ひそかに]探る, 探偵する: ～ the enemy. **b** 〈地勢などを〉こっそり調べる, 偵察する 〈*out*〉: ⇨ *spy out the* LAND¹. **c** 詳しく[徹底的に]調べる 〈*out*〉. **2 a** 調査[観察]して見つけ出す[探り出す] 〈*out*〉. **b** 見つける, 見つけ出す: ～ a plane overhead 頭上に機影を見つける / ～ a stranger looking in 見知らぬ人がのぞきこんでいるのを見つける / ⇨ *I spy* STRANGERS.

spý·glàss *n.* 小望遠鏡, 携帯用望遠鏡.

spý·hòle *n.* (戸などの)のぞき穴 (peephole).

Spy·ri [spí(ə)ri, ʃpí(ə)ri｜spíərɪ, ʃpíərɪ; *G.* ʃpíːri], **Johanna** *n.* スピリ《1829–1901; スイスの女流児童文学者; 2編の *Heidi* 物 (1881) で知られる; 旧姓 Heuss⌊er [hɔ́ʏsɐ]》.

SQ 《記号》SIA.

sq. 《略》sequence; *L.* sequens (＝the following (one)); *L.* sequentia (＝the following ones); squadron; square.

Sq. 《略》Squadron; Square (of a city or town).

sq. cm. 《略》square centimeter(s).

sqd. 《略》squadron.

sqdn. 《略》squadron.
sq. ft. 《略》square foot [feet].
sq. in. 《略》square inch(es).
sq. km. 《略》square kilometer(s).
sq. mi. 《略》square mile(s).
sq. mm. 《略》square millimeter(s).
sqq. 《略》*L.* sequentia (=the following ones).
sq. rd. 《略》square rod(s).
squab[1] [skwɑ́(ː)b, skwɔ́(ː)b | skwɔ́b] 〘《1640》← ? Scand. (Swed.《方言》*sqvabb* loose fat flesh / Norw.《方言》*skvabb* a soft wet mass)〙 — *n.* **1** 雛(ひな)鳥; (特に, まだ羽の生えそろっていない生後4週間位の)雛鳩. **2** 雛鳩のような人, (特に)太った背の低い[ずんぐりした]人. **3** 《英》**a** ソファー (sofa), カウチ (couch). **b** 柔らかい厚いクッション. **c** 自動車の座席の背の部分. — *adj.* **1** 〈小鳥が〉かえりたての, まだ羽の生えそろっていない (unfledged). **2** ずんぐりした (squat).
squab[2] [skwɑ́(ː)b, skwɔ́(ː)b | skwɔ́b] 〘擬音語〙 *adv.* どしんと, どんと (plump): come down ~ on the floor.
squab·ble [skwɑ́bl̩, skwɔ́(ː)bl̩ | skwɔ́bl̩] 〘《1602》← ? Scand. (Swed.《方言》*sqvabbel* dispute / Norw. *skvabbe* to chatter): 擬音語か〙 — *vi.* **1** (つまらない事で)けんかをする; 言い争う, 口論する (wrangle): ~ *with* a person *about* the account 勘定のことで人と言い争う. **2** 〘印刷〙〈活字が〉ごちゃごちゃになる. — *vt.* 〘印刷〙〈組んだ活字を〉ごちゃごちゃにする (disarrange). — *n.* (つまらない事についての)口論, けんか, 言い争い, いさかい (bickering). **squáb·bler** [-bl̩ə, -blə | -bl̩ə(r, -blə(r] *n.*
squab·by [skwɑ́bi, skwɔ́(ː)bi | skwɔ́bi] 〘← SQUAB[1] + -Y[4]〙 *adj.* (**squab·bi·er; -bi·est**) ずんぐりした.
squáb chícken [**chíck**] *n.* 雛(ひな)鳥《1-1¼ポンドの重さの雛で, 1人用に料理される》.
squáb píe *n.* スクワップパイ《羊肉・りんご・玉ねぎを層にして煮込み, パイ皮でおおって焼いた料理》.
squac·co [skwǽkou, skwɔ́(ː)k- | skwǽkəu] 〘□ It.《方言》*sguacco*〙 — *n.* (*pl.* ~**s**) 〘鳥類〙カンムリアマサギ (*Ardeola ralloides*)《南ヨーロッパ・アフリカ産; squacco heron ともいう》.
squad [skwɑ́(ː)d, skwɔ́(ː)d | skwɔ́d] 〘《1649》□ F *escouade* (異形) ← *escadre* □ Sp. *escuadra* & It. *squadra* 'SQUARE': 方形に整列したことから〙 — *n.* **1** 《米》〘軍事〙分隊 (⇨ army 3); 《英》班: an awkward ~ 新兵班; 未熟な連中 / a ~ drill 《米》分隊教練; 《英》班教練. **2** (同じ仕事などに従事する)一組(の人): a football ~ フットボールチーム / a ~ of police 一隊の警官 / a relief ~ 救助隊 / ⇨ flying squad. — *vt.* **1** 分隊に編制する. **2** 分隊に割り当てる.
squad 《略》〘軍事〙squadron.
squád càr *n.* 《米》(警察本部と連絡ができる無線通信設備をもつ)警察巡回自動車, パトロールカー《cruise car, prowl car ともいう》.
squád·der *n.* 隊の一員; 警官隊の一員.
squád lèader *n.* 〘軍事〙分隊長, 班長《通例下士官》.
squad·ron [skwɑ́drən, skwɔ́(ː)d- | skwɔ́d-] 〘《1562》□ It. *squadrone* (aug.) ← *squadra* square: ⇨ -oon: cf. squad〙 — *n.* **1** 〘軍事〙**a** (海軍の)(小)艦隊, 戦隊《fleet の一部》: a detached ~ 分遣艦隊 / a standing [training] ~ 常備[練習]艦隊 / ⇨ flying squadron. **b** (陸軍の)騎兵大隊《2個以上の中隊 (company) から成る; 司令官は少佐; cf. battalion》. **c** 〘米空軍〙飛行大隊, 飛行隊, 隊《2個以上の中隊 (flight) から成る; cf. group 10 b》; 〘英空軍〙飛行中隊《普通 10-18 機》. **d** 飛行編隊. **e** 機甲大隊. **2** (ある目的のために集まった)団体, 集団, 組 (group). — *vt.* (小)艦隊[中隊]に編成する, 飛行[騎兵]大隊に編成する.
squádron lèader *n.* 〘英空軍〙飛行中隊長, 航空少佐.
squád ròom *n.* **1** 〘軍事〙分隊員室, 隊員宿泊室《兵舎内の複数の(分)隊員の寝室》. **2** (点呼・任務割当てなどに用いる警察署内の)警察官集合所[集会室].
squail [skwéɪl] 〘《1847》《変形》? ← 《廃》*(s)kayles* a form of skittles: 《方言》*squail* (⇨ squailer) の影響による: cf. keg〙 — *n.* 《英》〘遊戯〙**1** [*pl.*; 単数扱い] スクェールズ《円盤の周辺から玉をはじいて中央の的に当てる一種の玉はじき遊び》. **2** スクェールズに用いる小円型のはじき玉 (disc).
squáil-bòard *n.* スクェールズ (squails) に用いる盤.
squail·er [skwéɪlə | -lə(r] 〘← 《方言》*squail* to throw a loaded stick at a game + -ER[1]〙 *n.* 《英》(鉛の頭の付いた)投げ棒《小動物やりんごなどに投げつけたりする》.
squa·lene [skwéɪliːn] 〘← L *squalus* (↓) + -ENE〙 *n.* 〘生化学〙スクアレン ($C_{30}H_{50}$)《深海産の鮫肝油から作られる》.
Squa·li [skwéɪlaɪ] 〘← NL ~ (pl.) ← L *squalus* sea fish〙 *n. pl.* 〘魚類〙=Pleurotremata.
squal·id[1] [skwɑ́lɪd, skwɔ́(ː)l-, -ləd | skwɔ́lɪd] 〘《1591》□ L *squālid-us* ← *squālēre* to be filthy ← *squālus* foul, filthy: ⇨ -id[4]〙 *adj.* **1** **a** (通例貧困または手入れを怠ることから)むさくるしい, ごみごみした, 汚ない (filthy, dirty): a ~ child, district, lodging, surrounding, etc. **b** 荒廃した, 荒れ果てた (run-down): a ~ building. **2** (精神的に)卑しい, さもしい, 卑劣な, あさましい, みじめな: a ~ quarrel さもしいけんか / a ~ life みじめな生活 / a ~ love affair あさましい情事. **3** 洗練を欠いた, 粗野な. **~·ly** *adv.* **~·ness** *n.*
squa·lid[2] [skwéɪlɪd, -ləd | -lɪd] 〘↓〙 *adj., n.* 〘魚類〙ツノザメ科の(サメ).
Squa·li·dae [skwéɪlədiː | -lɪ-] 〘← NL ~ ← *Squalus* (属名: ← L *squalus* sea fish: ⇨ whale[1]) + -IDAE〙 *n. pl.* 〘魚類〙ツノザメ科.
squa·lid·i·ty [skwɑlídəṭi, skwɔ(ː)- | skwɔlídəti, -dɪ-] 〘□ LL *squāliditātem*: ⇨ squalid[1], -ity〙 *n.* 汚なさ, むさ苦しさ (squalor).
squall[1] [skwɔ́ːl] 〘《a1631》← ? Scand. (ON *skvala* 'to SQUEAL')〙 — *vi.* 大声で叫ぶ[泣く] (scream), 悲鳴をあげる, わめく (bawl). — *vt.* 大声[金切り声]で言う[歌う]. — *n.* 悲鳴(をあげること), 金切り声 (scream), わめき声. **~·er** [-lə | -lə(r] *n.*
squall[2] [skwɔ́ːl] 〘《1719》← ? Scand. (Swed. & Norw. *skval* splash, rushing rain / ON *skval* useless chatter): cf. squall[1]〙 — *n.* **1** 〘気象〙スコール, はやて, 突風, 陣風《短時間の局地的突風; 通例, 雨・雪・みぞれを伴う》: a thick ~ 雷鳴[みぞれ, 雨など]を伴うはやて / ⇨ arched squall, black squall, white squall. **2** 《口語》(突然の, 短時間の)騒ぎ, けんか (trouble, disturbance). *look out for squalls* 危険を警戒する. — *vi.* [it を主語として]スコール[はやて]が吹く. **~·er** [-lə | -lə(r] *n.*
squáll lìne *n.* 〘気象〙(寒冷前線沿いの数百メートルに及ぶ)スコール[雷雨, 陣風]線.
squall·y [skwɔ́ːli | -lɪ] 〘← SQUALL[2] + -Y[4]〙 — *adj.* (**squall·i·er; -i·est**) **1** スコール[はやて]の, はやての来そうな, しけ模様の: It looks ~. スコールになりそうだ; 雲行きが怪しい. **2** 《口語》雲行きが悪い, 形勢がおもわしくない (threatening).
squal·or [skwɑ́lə, skwɔ́(ː)lə, skwéɪlə | skwɔ́lə(r] 〘《1621》□ L *squālor* foulness ← *squālēre* to be filthy: cf. L *squāma* 'SQUAMA': ⇨ squalid[1], -or[1]〙 — *n.* **1** 汚なさ, 薄汚なさ, むさ苦しさ (filth). **2** (精神的な)あさましさ, 卑しさ, 卑劣 (sordidness).
squam- [skweɪm, skwɑːm | skweɪm] (母音の前に来る時の) squamo- の異形.
squa·ma [skwéɪmə, skwɑ́ː- | skwéɪ-] 〘□ L *squāma* scale ← ?〙 *n.* (*pl.* **squa·mae** [-miː]) 〘生物〙うろこ, 鱗片 (scale); うろこ状構造.
Squa·ma·ta [skwəmɑ́ːṭə, -méɪ- | -tə] 〘← SQUAMO- + -ATA〙 *n. pl.* 〘動物〙トカゲ目.
squa·mate [skwéɪmeɪt, skwɑ́ː- | skwéɪ-] 〘□ LL *squāmāt-us*: ⇨ ↑, -ate[2]〙 *adj.* うろこ[鱗片]のある, うろこ状の (scaly).
squá·mat·ed [skwéɪmeɪṭɪd, skwɑ́ː-, -ṭəd | skwéɪmeɪtɪd, -təd] *adj.* =squamate.
squa·ma·tion [skwəméɪʃən, skweɪ- | skweɪ-] 〘← SQUAMO- + -ATION〙 *n.* **1** うろこ[鱗片]状. **2** 〘動物〙鱗片配列 (scalation).
squa·mi·form [skwéɪməfɔ̀əm, skwɑ́ː- | skwéɪmɪfɔ̀ːm] *adj.* うろこ状の, うろこの形をした.
squa·mo- [skwéɪmo(ʊ), skwɑ́ː- | -mə(ʊ)] 〘← L ~ ← *squāma* 'SQUAMA'〙 —「うろこ, 鱗片 (scale); 側頭鱗と...との (squamosal and...)」の意の連結形. ★ 母音の前では通例 squam- になる.
squàmo·céllular 〘⇨ ↑, cellular〙 *adj.* 〘生物〙扁平上皮 (squamous epithelium) の[がある].
squa·mo·sal [skwəmóʊsəl, skweɪ-, -sl̩, -zəl, -zl̩ | -məʊ-] 〘⇨ ↓, -al[1]〙 *adj.* **1** 〘解剖・動物〙側頭鱗の. **2** =squamous. — *n.* 〘解剖・動物〙(側頭骨の)側頭鱗.
squa·mose [skwéɪmoʊs, skwɑ́ː- | skwéɪməʊs] 〘《1661》□ L *squāmōs-us*: ⇨ squamo-, -ose[1]〙 *adj.* =squamous. **~·ly** *adv.*
squa·mous [skwéɪməs, skwɑ́ː- | skwéɪ-] 〘《1541》□ L *squāmōs-us* (↑): ⇨ -ous〙 — *adj.* **1** うろこでおおわれた. **2** 〘植物〙鱗片のある, 鱗苞(りんぽう)のある (scaly); うろこ状の (scalelike). **~·ly** *adv.*
squámous céll *n.* 〘生物〙扁平細胞《扁平上皮の細胞》.
squámous epithélium *n.* 〘生物〙扁平上皮《側面から見て扁平な細胞が並んでできている上皮; cf. columnar epithelium》.
squa·mu·lose [skwéɪmjʊlòʊs, skwɑ́ːm- | skwéɪmjʊləʊs] 〘← NL *squāmula* (dim.) ← L *squāma*: ⇨ squama, -ule, -ose[1]〙 *adj.* 小鱗でおおわれた.
squan·der [skwɑ́ndə, skwɔ́(ː)n- | skwɔ́ndə(r] 〘《1596》← ?〙 — *vt.* **1** 〈時・金銭・才能などを〉浪費する, 濫費する (dissipate) 〈*away*〉: ~ one's money [fortune] on the turf 競馬に金[身代]を浪費する. **2** まき散らす, ばらまく (scatter): ~ ships abroad 船を海外のあちこちに出す (cf. Shak., *Merch* V 1. 3. 22). — *vi.* **1** 浪費する, 濫費する. **2** あちこちに散らばる. **3** さまよう, 流浪する. — *n.* 《まれ》浪費, 濫費, むだ使い (extravagance). **~·er** [-dərə | -d(ə)rə(r] *n.*
squànder·mánia 〘⇨ ↑, -mania〙 *n.* (政府などの)濫費, 浪費, むだ使い.
square [skwéə | skwéə(r] 〘n.: 《a1325》*squir(e)* □ OF *esquire, esquare* (F *équerre*) < VL **exquadram* (Sp. *escuadra* / It. *squadra*) ← **exquadrāre* ← EX-[1] + L *quadrus* square: ⇨ quadrant. — adj.: 《?c1380》□ OF *esquarré* (p.p.) ← *esquarrer* to square. — v.: 《c1390》□ OF *esquarrer* < VL〙 — *n.* **1** 正方形, 真四角 (equilateral rectangle). **2** **a** 四角(な物): a ~ of glass [linen] 正方形のガラス[リンネル]. **b** (チェス盤などの)ます目: ~*s* on a go board 碁盤の目. **3** 直角定規, さしがね, 曲尺 (carpenter's square): test each corner with the ~ 隅を曲尺で調べる / ⇨ T square, L square. **4** 《米》**a** (四面が街路に囲まれた)方形の一画, 街区. **b** 街区の一辺の距離, 丁: a house a few ~*s* up 二, 三丁先の家. **c** 《英》住宅に方形に囲まれた区域. **5** (普通街路樹や芝などの植わった市街の)四角い広場, スクエア《通例2本以上の街路の交差点にあって小公園の形をしている場合が多い; London の Russell Square のように地名にも用いられる; cf. circus 3》: ⇨ Trafalgar Square, Madison Square Garden. **6** (チーズ・菓子などの)ほぼ立方体の一切れ, 角切りの一塊: cut a cake into ~*s*. **7** (床・屋根・タイル張りなどを測る)面積単位《100平方フィート》. **8** 《俗》旧式[素朴]な人, 旧弊家, 堅物(かたぶつ); だまされやすい人, おめでたい人 (dupe, sucker). **9** 《廃》正しい量目, 規準 (standard). **10** 〘数学〙平方, 二乗 (second power): bring 4 to ~ 4を二乗する. **11** 〘軍事〙方陣: a solid ~ 中実[密集]方陣 / break [form] a ~ 方陣を解く[作る] / ⇨ hollow square. **12** 〘製本〙ちり《本の表紙の中身より出っ張っている部分》: ~ at the fore edge 前ちり. **13** 〘植物〙苞(ほう)をつけた開花しない綿の花.
at square 《廃》不和で (at odds). *back to* [*in, on*] *square one* 〘チェスなどで反則などのため振出しに戻ることから〙《口語》最初の状態に戻って: Let's go *back to* ~ *one.* (仕方がないから)振出しに戻ろう. *break no square(s)* 《廃》悪いことはない, 何でもない (make no difference). *by the square* 《廃》精密に, 正確に (exactly). *on the square* (1)《口語》きちょうめんに[な], 公平[公正]に[な], 正直に[な] (honest(ly), fair(ly)) (cf. *on the* CROSS): act *on the* ~ 公正に振舞う / gamble *on the* ~ いんちきなしでばくちを打つ / His business is *on the* ~. 彼の商売は公正である. (2) 平等[同格]に 〔*with*〕. (3) 直角をなして. (4) フリーメーソン (Freemason) の会員で. *out of square* (1) 直角をなさないで, ゆがんで. (2)《口語》型にはまらないで, 乱雑に; 不一致で, 不正確で.
square and rabbet 〘建築〙=annulet 2.
square of opposition 〘論理〙対当の正方形《A, E, I, O の4判断の対当推理における相互関係を図示した正方形》.
— *adj.* (**squar·er; squar·est**) **1** **a** 正方形の, 真四角の; 方形の, 長方形の (rectangular). **b** 立方形の, 箱形の (cubical): a ~ house 箱形の家. **2** **a** 直角の: a ~ corner 直角の角(かど). **b** 〔...と〕直角を成す (at right angles) 〔*with, to*〕: make a line ~ *with* another 一線を他線と直角にする / Keep your face ~ *to* the camera. 顔をカメラに直角に向けていて下さい. **3** **a** 〈肩・あご・体格など〉角張った, がっしりした (square-built): a ~ jaw 角張ったあご / ~ shoulders がっしりした肩 / a man of ~ frame 肩幅の広い人. **b** 〈字体が〉角張った, 楷(かい)書の (cf. rustic 5): ⇨ square capital. **4** **a** 整然たる; 適当に配置した, 整頓した (in good order): get things ~ 事を整理する. **b** 公明正大な, 正々堂々の, 公平な (fair); 正直な (honest); 正しい (just): ~ dealing (他人に対する)公平な仕打ち / ⇨ square deal. **c** 率直な (straightforward), はっきりした, きっぱりした (clear, positive): a ~ refusal きっぱりした拒絶. **d** 貸借のない, 勘定済みの (settled): Is the account ~? 勘定は済んでいますか / make accounts ~ 決済する. **e** 平等の, 同等の, 五分五分の (even); 〈スコアが〉同一の, タイの; 水平の, まっすぐな (straight). **5** (トランプやダンスで)組んでいる二人同士が向かい合って行なう: ⇨ square game, square dance. **6** 〈食事が〉(質・量ともに)申し分のない, 十分な (satisfying): a ~ meal / make a ~ meal 十分な食事をとる. **7** 《俗》時代遅れの, 旧式な, 野暮ったい (old-fashioned, conventional). **8** 〘数学〙平方の, 二乗の (略 sq.): two ~ miles 2平方マイル / two feet ~ 2フィート平方 / ⇨ square foot, square number. **9** 〘海事〙〈横帆船の帆桁(ほげた)が〉竜骨とマストに直交している. **10** 〘クリケット〙三柱門と三柱門を結ぶ線に直角の《普通打者の限界線に沿う; 野手または野手の位置および打球の方向に用いる》: a ~ cut 打者が球を厚く切って square の方向に打つこと.
all square (1) (ゴルフなどで)互角の, タイの. (2) 準備が全く整った. (3) 決済ずみの. *a round peg in a square hole*=*a square peg in a round hole* ⇨ peg 成句. *call it* (*all*) *square* (1) 決済[支払い]済みとみなす. (2) けりがついたと考える. *get square with* 《口語》(1) ...と同等[五分五分]になる. (2) ...と貸借[勝負]なしになる, 勘定を決済する. (3) ...に仕返しをする.
— *adv.* **1** **a** 四角に(なるように): cut it ~ 四角に切る. **b** 直角に (at right angles): The street turns ~ to the right. 道は右に直角に曲る. **2** 真正面に, 真向かいに: stand ~ to him 彼の真向かいに立つ. **3** まっすぐに, ねらいたがわず: I hit him ~ between the eyes. ちょうど彼の眉間(みけん)をなぐった. **4** じっと, まともに: look him ~ in the face 彼の顔をじっと見る / look ~ at him 彼をじっと見る. **5** かっきりと; 公平に, 正々堂々と, 正直に (uprightly, honestly): He does not play ~. 彼は正々堂々と勝負をしない.
fair and square ⇨ fair[2] *adv.* 成句.
— *vt.* **1** **a** 正方形にする; (真)四角にする 〈*off*〉. **b** 〈材木などを〉四角にする; 直角にする, 角にする 〈*off*〉: ~ the edge of a board 板のすみを四角に削る. **c** 〈物〉の表面を正方形に区切る 〈*off*〉. **d** (物指しなどを使って)...の直角[直線, 平面]からの偏差[ずれ]を測る. **2** 〈肩・ひじなどを〉張る: ~ one's shoulders 肩を怒らせる / with elbows ~*d* ひじを張って. **3** **a** 決済する, 清算する (settle, balance); 仕返しをする: ~ (up) a bill [a debt, one's creditors by paying] 勘定を払う[負債を払う, 債権者に支払いを済ます] / ⇨ *square* ACCOUNTS *with a person.* **b** [~ oneself で] (過去の誤

りなどを)清算する, (失言などに対して)弁明する. **c** 〈スポーツで〉〈試合〉の得点をタイにする: ～ a game. **4 a** (基準・主義などに合わせて)調整する, 律する (regulate): ～ one's action by the opinion of others 他人の意見によって自分の行為を律する. **b** 〔…に〕適合させる (fit), 適応させる (accommodate), 合わせる, 一致させる (adjust) 〔*with, to*〕: ～ one's theories *with* ascertained facts 確定した事実に自説を適合させる / ～ one's opinions *to* the prevailing tendencies 自分の意見を時代の傾向に適合させる. **5 a** まっすぐにする, 平らにする (straighten out). **b** 〔…と〕調停させる, 仲直りさせる: ～ oneself *with* a person 人と仲直りする. **6** 《俗》抱き込む, 買収する: ～ the police / He has been ～*d* to hold his tongue. 彼は賄賂(ﾜｲﾛ)で口封じされている. **7** 〖数学〗 **a** 平方する, 二乗する: ～ 5. **b** …の面積を求める: ⇨ *square the* CIRCLE (1). **8** 〖海事〗〈横帆船の帆桁(ﾎｹﾀ)を〉竜骨とマストに直交させる.

— *vi.* **1** 〔…と〕一致する, 調和する (agree, harmonize), 合う, 適合する (accord) 〔*to, with*〕: His arguments do not ～ *with* the facts. 彼の議論は事実と合わない / Your ideas and mine do not ～. 君と私の意見は一致しない. **2 a** 決済する: ～ *for* one's fee 料金を支払う / ⇨ SQUARE *up* (1). **b** 〈スコアが〉同点になる, タイになる. **3 a** (ボクシングなど)戦う身構えをする. **b** 〔物事に〕敢然と立ち向かう 〔*to*〕.

square away (1) [しばしば Passive で] 《米口語》(…を)きちんとする, 片付ける; 支度する 〔*for*〕. (2) 《米口語》= *vi.* 3 a. (3) 〖海事〗追風を受けて帆走する. ***square by the lifts and braces*** 〖海事〗(帆桁(ﾎｹﾀ)の吊り綱と帆綱とで)帆桁を竜骨とマストに対して直角にする. ***square off*** (1) ⇨ *vt.* 1. (2) 《口語》= *vi.* 3 a. ***square up*** (1) 《口語》清算する, 決済する; 仕返しをする 〔*with*〕. (2) = *vi.* 3.

～·ness *n.*

Square [skwéə | skwéə(r)] *n.* [the ～] 〖天文〗じょうぎ(定規)座 (⇨ norma 2).

squáre-bàshing *n.* 《英俗》軍事教練.

squáre bódy *n.* 〖造船〗船体平行部《船首・船尾を除いた船体中央の両舷が平行の部分; cf. cant body》.

squáre brácket *n.* 〖印刷〗角括弧《[ ] の一つ; cf. bracket 3》.

squáre-búilt *adj.* 肩の張った[怒った], 角張った, 横に広い.

squáre cápital *n.* 角型大文字(書)体, スクエアキャピタル《ローマ時代の碑文などに使われた角張った大文字書体》.

squáre cénter *n.* 〖機械〗四つ目センター《四角錐形の旋盤センター》.

squáre céntimeter *n.* 平方センチメートル (略 cm²).

squáre dànce *n.* スクエアダンス (cf. round dance, quadrille²): **a** 2 人ずつ組んだ 4 組が向かい合って踊るダンス. **b** 米国 Colorado 州で発達した 8 人で踊るフォークダンスの一種. — *vi.* スクエアダンスを踊る[に加わる]. **squáre dàncing** *n.*

squáre dàncer *n.* スクエアダンスを踊る人.

squáred círcle *n.* 《口語》(ボクシングの)リング (boxing ring).

squáre déal *n.* **1** 《口語》公平な処置[取引, やり方] (honest transaction) (cf. raw deal). **2** 〖政治〗スクエアディール《関係者すべての者の利害に公平な処置を行なうことを目標とする T. Roosevelt の掲げた政治政策》.

squáred páper *n.* 方眼紙, グラフ用紙 (graph paper).

squáre dríft *n.* 〖機械〗打ち込み矢 (⇨ drift 11 a).

squáred ríng *n.* 《口語》= squared circle.

squáre édge *n.* 〖クリケット〗スクエアエッジ《二つの三柱門を結ぶ線に直角な線上の野手の守備位置[野手, 打撃]; 通常打者の限界線の延長線にある.

squáre-fàce 〖もと南アフリカで角びんで売られたことに由来する俗称〗 *n.* 《英俗》ジン (gin); 安酒.

squáre-fàced *adj.* 角張った顔の.

squáre fóot *n.* 平方フィート《面積の単位; 144 平方インチ, 0.111 平方ヤード, 0.093 m²; 略 sq.ft., ft²》.

squáre fráme *n.* 〖造船〗船体平行部 (square body) に使われている肋材.

squáre gàme *n.* (トランプなどで) 2 人ずつ向かい合って行なうゲーム (cf. round game).

squáre·hèad *n.* 《俗・軽蔑》 **1 a** スカンジナビア人 (Scandinavian), (特に)スウェーデン人 (Swede) (cf. dago, spik). **b** ドイツ人 (German). **2** ばか, 間抜け.

squáre-ín *n.* 〖アメリカンフットボール〗スクエアイン《レシーバーが内側にカットステップしてスクリメージラインと平行にフィールドを横切るパスの一種》.

squáre ínch *n.* 平方インチ《面積の単位; 0.007 平方フィート, 0.00077 平方ヤード, 6.451 cm²; 略 sq. in., in²》.

squáre jòint *n.* 〖木工〗= straight joint 2.

squáre kílometer *n.* 平方キロメートル (略 km²).

squáre knòt *n.* 《米》こま結び (reef knot).

squáre-làw *adj.* 〖電子工学〗二乗検波の《入力信号の振幅の二乗に比例した出力が得られる》.

squáre lèg *n.* 〖クリケット〗打者の真後ろの守備位置; その位置を守る野手.

Squáre lével *n.* [the ～] 〖天文〗= Square.

squáre·ly 〖《1557》〗 — *adv.* **1** 方形に, 四角に(なるように). **2** 直角に. **3** 真正面に; まともに: face a person ～ 人と真正面に向き合う / look a person ～ in the face 人の顔をまともに見る. **4** 公平に, 公明正大に; 正々堂々と; 正直に. **5** はっきりと, きっぱり.

squáre mátrix *n.* 〖数学〗正方行列《行の数と列の数が等しい行列》.

squáre méasure *n.* 〖数学〗面積.

squáre méter *n.* 平方メートル (略 m²).

squáre míle *n.* 平方マイル《面積の単位; 640 エーカー, 102,400 平方ロッド, 2.590 km²; 略 sq.mi., m²》.

squáre míllimeter *n.* 平方ミリメートル.

squáre númber *n.* 〖数学〗平方数《1, 4, 9, 16 など; cf. triangular numbers》.

squáre-óut *n.* 〖アメリカンフットボール〗スクエアアウト《レシーバーがスクリメージラインと平行にサイドライン側に急角度にカットステップするパスの一種》.

squáre pérch *n.* = perch¹ 8 b.

squáre piáno *n.* スクエアピアノ《18 世紀後半に流行したスピネット型長四角形の大型ピアノ》.

squar·er [skwέ(ə)rə | skwέərə(r)] *n.* **1** (石材・木材などを)四角にする人[職人]. **2** 四角な錐(ｷﾘ).

squáre ríg *n.* 〖海事〗横帆艤装 (cf. fore-and-aft rig).

squáre-rígged *adj.* 〖海事〗横帆艤装の, 横帆式の (cf. fore-and-aft 1 b).

squáre-rígger *n.* 〖海事〗横帆(艤装の)船.

squáre ród *n.* 平方ロッド (⇨ rod 4 c).

squáre róot *n.* 〖数学〗平方根, 二乗根(記号 r, √). ★ √ は r 字の変形.

squáre sàil *n.* 〖海事〗横帆《船の中心線にほぼ直交する帆桁(ﾎｹﾀ)にかかる四角な帆; cf. fore-and-aft sail》.

squáre sérif *n.* 〖印刷〗スクエアセリフ: **a** 角ばったセリフ (serif). **b** = Egyptian 6.

squáre sháke *n.* = square deal 1.

squáre shóoter *n.* 《米口語》正直者 (honest person).

squáre shóoting *n.* 《米口語》正直な振舞; 公正なやり方 (fair play).

squáre-shóuldered *adj.* 肩の張った, 肩の怒った (cf. round-shouldered).

squáre stánce *n.* 〖ゴルフ〗平行スタンス《打球方向に両足を平行にそろえる構え; parallel stance ともいう; cf. closed stance, open stance》.

squáre stérn *n.* 〖造船〗角形船尾《カウンターの上部または船尾の部分が平らで垂直になる船尾の形》.

squares·ville, S- [skwέəzvɪl | skwέəz-] 〖← SQUARE (n.) 8 + -VILLE〗 《俗》 *n.* 因襲的な[時代遅れの]社会. — *adj.* 旧式の, 因襲的な, 時代遅れの.

squáre·tàil *n.* 〖魚類〗 **1** = brook trout 1. **2** ドクウロコイボダイ (*Tetragonurus cuvieri*)《大西洋・太平洋・地中海などに生息し堅い骨質のうろこがあり, 時に毒をもつ》.

squáre thréad *n.* 〖機械〗角ねじ《ねじプレス・ジャッキ旋盤などの親ねじに用いる》.

squáre-tóed 〖← SQUARE (adj.) + TOED〗 *adj.* **1** 〈靴など〉つま先の四角な. **2** 旧式な, 保守的な (old-fashioned). **～·ness** *n.*

squáre-tóes *n. pl.* [単数扱い] 四角張った人, きちょうめんな人; 旧式な人 (old-fashioned person).

squáre wáve *n.* 〖電気〗矩形波, 方形波《振幅時間特性が長方形となる波形の波》.

squáre yárd *n.* 平方ヤード (⇨ yard¹ 2 a).

squar·ish [skwέ(ə)rɪʃ | skwέər-] 〖← SQUARE (adj.) + -ISH¹〗 *adj.* ほぼ方形[四角]な; 角張った (angular): a ～ house, face, etc.

squar·rose [skwǽrous, skwǽr- | skwɔ́rəus] 〖《1760》 ▭ L *squarrōs-us* scaly, scurfy 《変形》(L *squāma* 'scale, SQUAMA' の影響) ← **escharōsus* ← Gk *eskhára* 'scab, SCAR¹': ⇨ -ose¹〗 — *adj.* 〖生物〗(うろこなどで)ざらざらした (rough). **～·ly** *adv.*

squar·rous [skwǽrəs, skwǽr- | skwɔ́r-] 〖⇨ ↑, -ous〗 *adj.* 〖生物〗= squarrose.

squar·son [skwάəsn̩ | skwά:-] 〖《1876》《混成》← SQU(IRE) + (P)ARSON〗 — *n.* 《戯言》(英国国教会の)牧師を兼ねた地主《牧師 (parson) であると同時にその教区の地主 (squire)》.

squash¹ [skwά(:)ʃ, skwɔ́(:)ʃ | skwɔ́ʃ] 〖《1565》 ▭ OF *esquass-er* < VL **exquassāre*: ⇨ ex-¹, quash¹·²〗 — *vt.* **1** 押し[打ち]つぶす (crush); 押し[打ち]つぶしてパルプ状にする: ～ berries for a sauce ソース用にベリーを押しつぶす. **2** 〈反乱などを〉静める, 押える (quash): ～ a revolt, strike, etc. **3** 狭い所へ押し込める, ぎゅうぎゅう詰め込む (cram). **4** 《口語》(押しつぶすように)やり込める, ぐうの音(ﾈ)も出なくする. — *vi.* **1** 押しつぶされる, つぶれる, ぐちゃぐちゃになる. **2** 〈重くて柔らかい物が〉ぐしゃっと落ちる. **3** ばしゃばしゃと音をたてる (splash); びしゃびしゃ音を立てて進む: ～ through the mud. **4** 無理やりに進む[通る] (press): ～ *into* a bus 押し合いながらバスに乗り込む. **5** 〖航空〗〈飛行機が〉(速度が減少したために水平姿勢のまま)高度を失う.

— *n.* **1** ぐしゃっ(と落ちること[音]), ぴちゃん (splash): with a ～ ぺしゃっと(音を立てて). **2** (重くて柔らかい物が落ちて)つぶれること; つぶれた物, つぶれやすい物, どろどろした物[固まり]: go to ～ ぐちゃぐちゃになる, つぶれる. **3** 《口語》混み合い, 押し合い, へし合い (jam); 群衆 (crowd). **4** 《英》スカッシュ《果汁にソーダ水を加えた飲物》: orange [lemon] ～. **5 a** = squash tennis. **b** = squash racquets.

— *adv.* ぐしゃっと(音を立てて).

squash² [skwά(:)ʃ, skwɔ́(:)ʃ | skwɔ́ʃ] 〖《1643》 ▭ N-Am.-Ind. (Narragansett) *askútasquash* vegetable eaten green〗 — *n.* (*pl.* ～·**es**, ～) 〖植物〗 **1** カボチャ, トウナス《野菜として栽培されるカボチャ属 (*Cucurbita*) の植物の果実の総称; summer squash, winter squash など》. **2** カボチャのなる草本《squash vine ともいう》.

squásh bòrer *n.* 〖昆虫〗= squash vine borer.

squásh bùg *n.* 〖昆虫〗半翅目のヘリカメムシの一種 (*Anasa tristis*)《カボチャのつるなどを害する悪臭のある大形の黒色の昆虫》.

squásh hát *n.* (折りたためる)つばの広いソフト帽.

squásh ràcquets [**ràckets**] *n. pl.* [単数扱い] スカッシュ《普通の rackets よりも狭いコートで行ない, 柄の短いラケットでゴムボールを使用する rackets (球戯)の一種》.

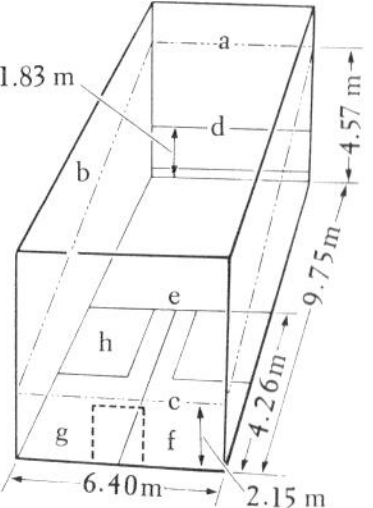

squash racquets court
a front wall line; b side wall line; c back wall line; d cut line; e short line; f forehand court; g backhand court; h service box

squásh tènnis *n.* スカッシュテニス《壁で囲まれたコートでよくはずむ大きなゴムボールを用いて行なう一種の court tennis》.

squásh vìne bòrer *n.* 〖昆虫〗モモブトスカシバの一種 (*Melittia cucurbitae*) の幼虫《この属の種類の幼虫はカボチャ・カラスウリなどウリ類の茎を穿孔食害する; squash borer ともいう》.

squash·y [skwά(:)ʃi, skwɔ́(:)ʃi | skwɔ́ʃɪ] 〖← SQUASH¹ + -Y⁴〗 — *adj.* (**squash·i·er**; **-i·est**) **1** どろどろの, べとべとした (pulpy), つぶれやすい; 柔らかい (soft). **2** 〈道路などが〉泥だらけの, 泥の深い (boggy); ぬれて柔らかい. **3** 〈果物・野菜など〉熟して形のつぶれた. **squásh·i·ly** [-ʃɪli, -ʃə- | -lɪ] *adv.* **squásh·i·ness** *n.*

squat [skwάt, skwɔ́(:)t | skwɔ́t] 〖《a1300》 *sqwate(n)* to crush, flatten ▭ OF *esquat-ir* ← *es-* 'EX-¹' + *quatir* to flatten (< VL **coactīre* ← L *coāctus* (p.p.) ← *cōgere* to drive together ← *co-* 'COM-' + *agere* to drive: cf. agent)〗 — *v.* (**squat·ted**, ～; **squat·ting**) — *vi.* **1 a** しゃがむ, うずくまる; 蹲踞(ｿﾝｷｮ)する: ～ down on one's hams (尻をついて)しゃがむ. **b** あぐらをかいて坐る; 坐る 〈*down*〉. **2** 〈動物が〉(身をひそめて)地に伏す; 隠れる (crouch). **3 a** 公有地に無断で家を建てて住む, 公有地[公共建造物]を不法占拠する. **b** (所有権取得の目的で官許を得て)公有地に定住する. **4** 〖海事〗〈船が〉(前進運動で, ある速度を超えて)船尾が沈下する. — *vt.* **1** うずくまらせる, しゃがませる: ～ oneself しゃがむ. **2** (地代も払わず)〈土地・公共建造物を〉不法占拠する. — *adj.* **1** うずくまった, しゃがんだ. **2** ずんぐりした (dumpy); 低くてずんぐりした, うずくまったような. — *n.* **1 a** しゃがみこむこと. **b** しゃがんだ姿勢, 蹲踞の構え. **2** (動物の)隠れ場. **3** 不法占拠; 不法占拠地. **4** 〖海事〗スクワット《ある速度を超えると船尾が沈下して船尾トリムをおこすこと》. **～·ly** *adv.* **～·ness** *n.*

squát tàg *n.* 《米》しゃがみ鬼《しゃがめば鬼につかまらない鬼ごっこ; stoop tag ともいう》.

squát·ter¹ [-tə | -tə(r)] *n.* **1** うずくまる人[物], しゃがむ人. **2 a** (公有地・公共建造物の)無断居住者, 不法占拠者. **b** (米国・オーストラリアで)所有権獲得の目的で合法的に新開拓地に定住する人. **3** 〖豪史〗 **a** (英国王の借地人として土地を占有した)牧畜業者, 牧羊人 (grazier). **b** (大規模な)牧場借用人; 家畜所有者. **4** 〖鳥類〗= pectoral sandpiper.

squat·ter² [skwάtə, skwɔ́(:)tə | skwɔ́tə(r)] 〖▭ ? Scand.: cf. Dan. *skvatte* to sprinkle〗 *vi.* **1** 水の中をばしゃばしゃ行く. **2** 水に飛び込む.

squátter sóvereignty *n.* 《軽蔑》= popular sovereignty 2.

squátter's ríght *n.* 《口語》〖法律〗(無断あるいは不法な)公有地定住[占領]権.

squat·ty [skwάti, skwɔ́(:)ti | skwɔ́tɪ] 〖← SQUAT + -Y⁴〗 *adj.* (**squat·ti·er**; **-ti·est**) ずんぐりした (thickset).

squaw [skwɔ́:] 〖《1634》 ▭ N-Am.-Ind. (Narragansett) *squàws*, (Natick) *squa* woman〗 — *n.* **1** アメリカインディアンの女[妻] (cf. brave *n.* 2, wench 4, sannup). **2** 《軽蔑・戯言》女, 妻. **3** 《軽蔑》女々しい男.

squáw·bùsh 〖アメリカインディアンが色止め料として用いたことから〗 — *n.* 〖植物〗 **1** = cranberry bush. **2** 北米西部産ウルシ属の悪臭のする樹木 (*Rhus aromatica*)《lemonade bush, lemon sumac ともいう》.

squáw·fìsh *n.* (*pl.* ～, ～·**es**) 〖魚類〗 **1** 北米太平洋岸に産するコイ科プティコケイルス属 (*Ptychocheilus*) の魚類の総称《Colorado squawfish (*P. lucius*), northern squawfish (*P. oregonensis*) など》. **2** 北米太平洋岸のウミタナゴ (surfperch) の類の魚 (*Embiotoca lateralis*).

squawk [skwɔ́:k] 〖《1821》: 《擬音語》 // 《混成》? ← SQUALL¹ + SQUEAK〗 — *vi.* **1** 〈カモメ・アヒル・雌鳥などが〉(驚いて声高にやかましく)ぎゃーぎゃー[があーがー]鳴く. **2** 《俗》(大声でうるさく)不平を言う. — *n.* **1** カモメなどの鳴き声. **2** 《俗》やかましい不平 (loud complaint). **3** 〖鳥類〗ゴイサギ (night heron)《夜になるとくあっくあっと鳴く》. **4** 〖航空〗スクオーク《航空機の乗員が行なう, 飛行中機体や装備品に起こった不具合事項の申立て》. **～·er** *n.*

squáwk bòx *n.* 《米俗》社内[構内, 機内, 船内]放送用

ラウドスピーカー.
squáwk·er *n.* **1 a** ぴーぴー鳴るおもちゃの笛. **b** ＝duck call. **2** (大声で)不平を言う人. **3** ＝informer 2, 3. **4** 《米俗》＝squawk box. **5** スコーカー, ミッドレンジスピーカー《中音用スピーカー; cf. tweeter, woofer》.
squawl [skwɔ́ːɫ] *v., n.* ＝squall¹.
squáw màn *n.* アメリカインディアンの女 (squaw) を妻とする白人.
squáw·ròot 〘アメリカインディアンの間で婦人病の薬として用いられたことから〙 — *n.* 〘植物〙 **1** 北米東部産ハマウツボ科の植物 (*Conopholis americana*)《カシの林の樹下に群生する; cancerroot ともいう》. **2** ＝blue cohosh.
Squáw Válley *n.* スコーバレー《米国 California 州東部 Sierra Nevada 山脈中の一峡谷; スキー場》.
squáw wáterweed *n.* 〘植物〙＝squaw-weed 3.
squáw-wèed *n.* 〘植物〙 **1** ＝ragwort. **2** ＝white snakeroot. **3** ＝pennyroyal 1 b.
squáw wínter 〘Indian summer の前によく起こることから〙 *n.* 《米》(秋に起こる)冬のような天候の短い時期.
squeak [skwíːk] 〘《*a*1387》 *squeke(n)* ▭ ? ON *skvakka* to croak《擬音語》//《混成》? ← SQUEA(L)+(SHRIE)K〙 — *vi.* **1 a** 〈人が〉きーきー声を出す; 〈赤ん坊などが〉きーきー泣く. **b** 〈ねずみなどが〉ちゅーちゅー鳴く. **c** 〈物が〉(きしって)きーきー音を立てる; 〈蝶番(ちょうつがい)などが〉きしむ, きしる. **d** 〈靴底が〉きゅーきゅー鳴る. **2** 《口語》あやうく[やっとのことで]成功する[パスする, 勝つ]〈*by, through*〉. **3** 《英俗》密告する (turn informer), 告げ口する (peach) (cf. squeal 3). — *vt.* きーきー声[金切り声]で言う. — *n.* **1** ねずみの鳴き声, ちゅーちゅー; きしる音, きーきー. **2** [通例 narrow [near, close] ~ として]《口語》危い瀬戸ぎわ, 間一髪; 九死に一生 (narrow escape): have a *narrow* ~ やっとのことで助かる[間に合う, 勝つ, 切り抜けるなど]. **3** 《口語》チャンス, 機会.
squéak·er *n.* **1 a** ちゅーちゅー鳴く[きーきーいう, きーきー泣く]もの; きしる物. **b** (通例, 伝書鳩の)雛(ひな)鳩 (squab). **c** 《英》子豚. **2** 《英俗》密告者 (informer), 裏切り者 (betrayer) (cf. squealer 3). **3** 《口語》(競技などでの)辛勝.
squeak·y [skwíːki | -kɪ] 〘⇨ -y⁴〙 *adj.* (**squeak·i·er; -i·est**) きーきー言う[泣く]; ちゅーちゅー言う; きしる. **squéak·i·ly** [-kɪli, -kəli | -kɪli] *adv.* **squéak·i·ness** *n.*
squeal [skwíːɫ] 〘《*a*1325》 *squele(n)*《擬音語》? : cf. ON *skvala* to shriek〙 — *vi.* **1** (苦痛・恐怖・驚きなどで鋭く甲高く長くひっぱって)きーきー言う[泣く], 悲鳴をあげる: ~ *with* pain [joy]. **2** 《口語》泣き言をならべる, 不平を言う (complain);〔課税などに〕躍起となって反対する〔*against*〕. **3** 《俗》〔人を〕密告する, たれ込む; 裏切る (turn informer)〔*on*〕(cf. squeak 3). — *vt.* **1** きーきー声で言う. **2** 《俗》〈秘密を〉漏らす (reveal).
make a person squeal 《俗》〈人を〉脅迫する, ゆする (blackmail).
— *n.* **1** (子供・豚などの)悲鳴, きーきー声《squeak より高く多少長い音にいう》. **2** 《口語》不満 (complaint); 抗議 (protest). **3** 《俗》密告, 裏切り.
squéal·er [-lə | -lə(r)] *n.* **1** きーきーいう[鳴く]もの, ぎゃーぎゃー泣く[悲鳴をあげる]人. **2** 《口語》泣き言をならべる人, 不平家 (complainer). **3** 《俗》密告者 (informer), 裏切り者 (betrayer) (cf. squeaker 2). **4** 〘鳥類〙 **a** ヨーロッパアマツバメ (common swift). **b** シノリガモ (harlequin duck). **c** ムナグロ (*Pluvialis dominica*)《アメリカ産のチドリ科の渡り鳥》. **d** 子鳩.
squea·mish [skwíːmɪʃ] 〘《*c*1450》 *squaymysch* ← ME *squaymes, squeygmous* (▭ AF *escoymous* disdainful ← ?)+-ISH¹〙 — *adj.* **1 a** (ちょっとしたことでも)すぐ驚く[腹を立てる]; しかつめらしい, とりすました (prudish). **b** 気難しい (fastidious), 神経質な (sensitive). **c** 潔癖すぎる, やかましい (overnice). **2 a** むかつき性の, すぐ物をもどす[吐く] (queasy). **b** 吐き気のする (sickish). **~·ly** *adv.* **~·ness** *n.*
squee·gee [skwíːdʒiː, ˌ–ˈ– | ˌ–ˈ–] 〘《1844》 ← *squeege*《変形》← SQUEEZE)+-EE²〙 — *n.* **1** ゴムぞうきん[ほうき]《棒の先に直角に付けた板の先にゴム板を張り付けたもので, 甲板・床・窓などの水を押しぬぐう》. **2** 〘写真〙スクイージ《乾板膜や印画膜から余分の水気を取り去るローラー》. **3** 〘印刷〙スクイージ《スクリーン目からインクを押し出して印刷するスクリーン印刷の器具》. — *vt.* **1** ゴムぞうきん[ほうき]で掃除する. **2** 〘写真〙…にスクイージをかける. **3** 〘印刷〙〈インクなどを〉(スクリーン目を通して)押し出す.
squeez·a·ble [skwíːzəbɫ] 〘⇨ ↓, -able〙 *adj.* **1** 圧搾できる, 絞れる; 絞り取れる. **2** 〈人が〉ゆすり取れる, おどしのきく. **squèez·a·bíl·i·ty** [-zəbíləṭi | -lɪti, -lɪ-] *n.*
squeeze [skwíːz] 〘v.: 《*a*1601》 *squease*《変形》←《廃》*quease* to press < ME *queysen* < OE *cwȳsan* to squeeze, bruise ← ? IE **gweiə-* to press down (Goth. *quistjan* to destroy / Skt *jayati* he conquers). — n.: 《1611》← (v.)〙 — *vt.* **1 a** 圧搾する, 絞る (compress): ~ a sponge 海綿を圧縮する / ~ a tube チューブを絞る / have one's fingers ~*d* (ドアなどに)手をはさまれる / ~ paste *into* a ball 練り粉を固めてだんごを作る / ~ a lemon (dry) レモンを(からからに)絞る. **b** 〔…から〕絞り出す[取る]〔*from, out of*〕: ~ the juice *from* a lemon レモン汁を絞り出す / ~ toothpaste *out* (*of* a tube) (チューブから)ねり歯磨きを絞り出す / ~ *out* a tear (出ない)涙を絞り出す, お役目に泣く. **2** 押しつぶす (crush); きつく抱く (hug); 強く[ぎゅっと]握る; 〈銃の引き金を〉力をこめてゆっくりと引く: be ~*d* to death 圧死する / ~ one's child 子供を抱き締める / ~ a person's hand 人の手をぎゅっと握る《愛情・友情などを示す印》/ ~ a trigger 引き金をぎゅっと引く / ⇨ SQUEEZE *off*. **3 a** 押し[詰め]込む (cram)〈*in*〉〔*into, between*〕: ~ oneself [a person] *in* 割り込む[人を割り込ませる] / a small shop ~*d* (*in*) *between* two big buildings 2 つの大きなビルに押し込むようにはさまれた小さな店 / ~ things *into* a trunk トランクに物を詰め込む / ~ many people *into* a room 一つの部屋の中にたくさんの人を無理に詰め込む / ~ (*in*) many things *into* a day 1 日の予定に色々な事を詰め込む[割り込ませる]. **b** 押し分ける[通る], 押して出る: ~ one's way *through* a crowd 群衆を押し分けて進む / ~ oneself *out of* a crowded bus 混んだバスから人を押し分けて降りる. **4 a** (苛酷な法・脅迫などで)〈税金・金銭などを〉絞り取る, ゆすり取る; 〈自白・許可などを〉〔…から〕無理に引き出す〔*from, out of*〕: ~ heavy taxes *from* [*out of*] the people 国民から重税を取り立てる / ~ *out* ten thousand dollars 1 万ドルをゆすり取る / ~ a confession *from* a person 人に口を割らせる. **b** 〈人を〉搾取する, (経済的に)圧迫する (oppress); 〈人を〉ゆする: ~ the peasants 小作人を搾取する / Heavy taxes ~*d* the people. 国民は重税に苦しんだ / ~ a victim *for* more money もっと金を出せと被害者をゆする. **c** 〈利益を〉少なくする, 減少させる (reduce): ~ profits. **5** (ぬれ紙などを押し付けて)…の型を取る, 拓本(たくほん)を取る. **6** (議会などで)〈得票差 (margin) などを〉かろうじて獲得する; 少差で…に勝つ. **7** 〘トランプ〙(ブリッジで)〈相手に〉スクイズをかける, 〈相手を〉手詰りにさせて勝札を絞り落とす (cf. squeeze play 3). **8** 〘野球〙 **a** 〈三塁走者を〉スクイズで生還させる〈*in*〉. **b** 〈得点を〉スクイズであげる〈*in*〉.
— *vi.* **1** 圧搾される, 絞れる. **2** 押し入る, 割り込む; 押し分けて進む, 無理に通る: ~ *in* [*past*] 割り込む[押し分けて通る] / ~ *into* [*out of*] a crowded train 満員電車に無理やり乗り込む[から人を押し分けて降りる] / I managed to ~ *through* (the narrow opening). (狭い入口を)無理して通り抜けた / *Squeeze up* a bit more, please. すみません少し詰めて下さい. **3** かろうじて通る: ~ *through* both houses 〈法案などが〉からくも両院を通過する.
squeeze off (*vt.*) 引き金をぎゅっと引いて〈弾丸を〉発射する. (*vi.*) 引き金をぎゅっと引いて発砲する.
— *n.* **1 a** 圧搾 (pressure); 絞る[られる]こと. **b** 絞り取った少量: add a ~ of lemon to the tea 紅茶にレモンを絞って少し入れる. **2** 強い握手, (手などを)堅く握ること (hearty grasp); 抱き締め, 抱擁 (hug): give a person's hand a ~ 人の手をぎゅっと握る. **3** 押し合い, 混雑 (crowd); すし詰め(の状態): I got in, but it was a (tight) ~. はいるにははいったがひどい押し合いだった. **4** 《口語》窮地, 苦境: at [upon] a ~ 窮地にあって, 危急に際して / be in a tight ~ 窮境に陥っている / a tight [narrow] ~ ＝narrow escape. **5** (欠乏・不足による)困難, 不便: a financial [housing] ~ 財政[住宅]難 / a manpower ~ 人手不足. **6** (経済上の)引き締め: a credit ~ 金融の引き締め. **7** (ぬれ紙などを押しつけての)型取り, 押し刷り, 拓本(たくほん). **8 a** (役人・ブローカーなどが絞り上げる)リベート, 賄賂(わいろ), 不正手数料; 収賄 (graft). **b** 《口語》(賄賂などの)強要, 強請 (extortion); ゆすり (blackmailing): put the ~ on a person 人に賄賂などを強要する; 人をゆする. **9** 〘トランプ〙(ブリッジで)スクイズ, 絞り落とし (cf. squeeze play 3); スクイズされる状態. **10** 〘野球〙＝squeeze play 2.
squéeze bòttle *n.* (プラスチック製の)絞り出し容器.
squéeze-bòx *n.* ＝accordion.
squéezed jóint *n.* 〘建築〙圧搾接ぎ《糊またはセメントで部材を圧着する方法》.
squéezed órange *n.* (汁を絞ったオレンジのように)利用価値のなくなった物[人], 絞りかす.
squéeze plày *n.* **1** 脅迫, ゆすり, 強請. **2** 〘野球〙スクイズプレー《打者がバントして三塁走者を生還させる戦法; 打者がバントするのを見届けてから走者が全力で走るのを safety squeeze (play), 投球と同時に走者が全力で走るのを suicide squeeze (play) という》. **3** 〘トランプ〙(ブリッジで)スクイズプレー《endplay の一種; 終盤で敵の手を詰らせ, どれか 1 枚捨てれば他の勝札まで取られてしまう状態に敵を追いこむ高級戦法》.
squéez·er *n.* **1** 締めつける人[物]; 搾取者. **2 a** (レモンなどを絞る)圧搾器: ⇨ lemon-squeezer. **b** 〘機械〙スクイーザ《加熱した形材を曲げたりする押曲げ器》. **3** 〘トランプ〙左上すみにマークと番号を記した新式のカード.
squeg [skwég] 〘《混成》← SQU(EEZE)+(P)EG〙 *vi.* (**squegged; squeg·ging**) 〘電子工学〙〈回路が〉(フィードバックのかかり過ぎで)不安定に発振を起こす.
squelch [skwéɫtʃ] 〘《1620》《擬音語》〙 — *vt.* **1** 押し[へし, 踏み]つぶす (crush), ぺちゃんこ[ぺしゃんこ]にする (squash). **2** 《口語》 **a** 押える, 抑圧する; 鎮圧する (suppress). **b** 黙らせる, やり込める. **3** 〈水・泥などを〉びしゃびしゃ[ぴしゃぴしゃ]させる. — *vi.* **1** びしゃびしゃ[ぴしゃぴしゃ]という音を立てる. **2** (水・泥の中をまたは濡れ靴で)びしゃびしゃ[ぴしゃぴしゃ]歩く. — *n.* **1** (水・泥の中をまたは濡れ靴で歩く時の)びしゃびしゃ[ぴしゃぴしゃ]いう音; ぴしゃぴしゃ歩く音. **2** 《口語》 **a** 押しつぶすこと, 抑圧, 鎮圧. **b** やり込めること, へこますこと, 反論. **c** 痛撃 (blow). **3** 〘電子工学〙スケルチ回路《受信波がなくなった時に自動的に低周波増幅器を絞って雑音の発生を防止する回路; squelch circuit ともいう》.
squélch·er *n.* 押しつぶすもの, (特に)相手をやり込める反論[返答].
squelch·y [skwéɫtʃi | -tʃɪ] *adj.* **1** びしゃびしゃ[ぴしゃぴしゃ]という音を立てるような. **2** どろどろの.
sque·teague [skwɪtíːg, skwə- | skwɪ-] 〘《1838》▭ N-Am.-Ind. (Narragansett) *pesukwiteaug*《原義》they make glue: この魚の浮袋からにかわを作る習慣から〙 — *n.* (*pl.* ~) 〘魚類〙米国大西洋産のニベ科の食用魚 (*Cynoscion regalis*)《gray trout, weakfish ともいう》.
squib [skwíb] 〘n.: 《*c*1525》《擬音語》. — v.: 《1579–80》← (n.)〙 — *n.* **1 a** (ぼうと燃えて最後にぼんと鳴る)花火 (firework): a damp ~《英口語》線香花火的な事柄[計画], 竜頭蛇尾, 「おじゃん」. **b** 爆竹 (firecracker), かんしゃく玉. **2** (ロケットエンジンの)導火爆管. **3** (短い機知に富んだ)風刺 (sarcasm, lampoon). **4** 《廃》つまらない[くだらない]やつ (paltry fellow). **5** 〘ジャーナリズム〙 **a** 短信《短いニュース記事, 時に埋め草に使われる》. **b** 埋め草 (filler). — *v.* (**squibbed; squib·bing**) — *vi.* **1** 花火をあげる, 爆竹を鳴らす. **2** ぱちぱちと鳴る. **3** 風刺文を書く. — *vt.* **1** 〈花火・爆竹を〉打つ, 鳴らす (fire). **2** 風刺で攻撃する, 風刺する. **3** 〘アメリカンフットボール〙キックオフで違反にならない範囲でできるだけ前方に〈ボールを〉蹴る.
squíb kìck *n.* 〘アメリカンフットボール〙＝ONSIDE kick.
squid [skwíd] 〘《1613》《変形》? ← *squit*《方言》← SQUIRT〙 — *n.* (*pl.* ~, ~**s**) **1** 〘動物〙イカ《薄い革質の甲をもつ十腕類の総称; (特に)ジンドウイカ (*Loligo japonica*), スルメイカ (*Ommastrephes bartrami*) など; cf. dibranchiate, cuttlefish》. **2** 〘釣〙 **a** イカ餌《イカの形をした擬餌鉤》. **b** 磯釣で用いる金属製の重しのはいった擬似餌. **3** 〘海軍〙(数個の砲身を備えた)対潜水艦臼(きゅう)砲《爆雷を発射する》. — *vi.* (**squid·ded; squid·ding**) **1** 〈パラシュートが〉(強い風圧で)細長いイカ形になる. **2** イカ釣りをする; イカを餌に釣る.
squiffed [skwíft] 〘← ?: cf. squiffy, -ed〙 *adj.* 《英俗》ほろ酔いの, 一杯機嫌の (tipsy).
squiff·er [skwífə | -fə(r)] 〘《1911》《戯言的変形》? ← SQUEEZER〙 *n.* 《英俗》手風琴 (concertina).
squif·fy [skwífi | -fɪ] 〘《1874》← ?: ⇨ -y⁴〙 *adj.* 《英俗》＝squiffed.
squig·gle [skwígɫ] 〘《混成》← SQU(IRM)+(WR)IGGLE〙 — *n.* **1** (書き物・図画などの)短い不規則な曲線, くねった線. **2** なぐり書き (scribble). — *vi.* **1** 曲線のように動く, のたくる. **2** 走り書きする, なぐり書きする; 急いで塗る. — *vt.* 書きなぐる (scribble).
squig·gly [skwígli, -gli | -gɫi, -glɪ] *adj.* のたくった, くねった, ねじれた.
squil·gee [skwíɫdʒiː, ˌ–ˈ– | ˈ–ˌ–, ˌ–ˈ–] 〘《1867》《混成》? ← SQUEL(CH)+(SQUEE)GEE〙 *n.* ＝squeegee.
squill [skwíɫ] 〘《*a*1400》▭ L *squilla*《変形》← *scilla* ▭ Gk *skílla* sea onion〙 — *n.* **1 a** 〘植物〙カイソウ(海葱) (*Urginea scilla*)《地中海地方産のユリ科の球根植物; sea onion ともいう》. **b** 海葱根《海葱の根を薄く切ってかわかしたもの; 去痰(たん)剤などとして用いる》. **2** 〘植物〙ツルボ属 (*Scilla*) の植物の総称《Siberian squill など》.
squil·la [skwílə] 〘▭ L ~ (↑)〙 — *n.* (*pl.* ~**s**, **squil·lae** [skwíliː, -laɪ], ~) 〘動物〙シャコ《口脚目シャコ科 squilla 属及び近縁の属の動物の総称; 浅い海底の泥中にすむ; *S. mantis,* シャコ (*Oratosquilla oratoria*) など; mantis prawn, mantis shrimp ともいう》.
squil·la·gee [skwílədʒiː, ˌ–ˈ–] *n.* ＝squeegee.
Squil·li·dae [skwílədiː | -lɪ-] 〘← NL ~ ← Squilla (属名: ⇨ squilla)+-IDAE〙 *n. pl.* 〘動物〙シャコ科.
squin·an·cy [skwínə(n)si | -sɪ] 〘ME *squinansy* quinsy ▭ OF *squinancie*《変形》← *quinencie* 'QUINSY': Gk *sunágkhē* sore throat の影響〙 — *n.* 〘植物〙アカネ科クルマバソウ属の耐冬性の一年草または多年草 (*Asperula cynanchica*)《地中海沿岸や東アジア原産》.
squinch¹ [skwíntʃ] 〘《*c*1500–18》《短縮・変形》←《廃》*scuncheon* ▭ OF *escoinson* (F *écoinçon*) ← *es-* 'EX-¹' + *coin* 'corner, COIGN¹' + *-son* '-SION'〙 — *n.* 〘建築〙スキンチ, 入隅(いりすみ)迫持(せりもち)《正方形平面にドームなどを架ける際, 入隅(いりすみ)に架けて隅を処理する小さなアーチ》.

squinch¹

squinch² [skwíntʃ] 〘《混成》? ← SQUIN(T)+(PIN)CH〙 — *vt.* 《米》 **1** 〈目を〉細くする (squint). **2** 〈顔を〉しかめる, 〈まゆを〉寄せる, しかめる, 〈鼻〉にしわをよせる. **3** 強く押す, 圧搾する. — *vi.* **1** 目を細くして見る. **2** うずくまる, 身を縮める. **3** ひるむ (flinch)〈*up, down, away*〉. — *v., n.* 《廃》＝squint.
squin·ny [skwíni | -nɪ] 〘《廃》← *squin* obliquely: ↓〙
squint [skwínt] 〘adj.: 《1563》《頭音消失》← ASQUINT〙 — *adj.* (~·**er**; ~·**est**) **1** やぶにらみの, 斜視の, すがめの (cross-eyed). **2** (嫉妬でまたは軽蔑して)横目で

[斜めに]見る. ── *n.* **1** 斜視, やぶにらみ (strabismus): have a bad [fearful] ～ ひどいやぶにらみだ. **2** 横目, 流し目 (sidelong glance). **3** 《口語》一目, 一瞥(ぺつ) (glance, look): Let's have a ～ at it. ちょっと見てみようよ. **4** 傾き (leaning), 傾向 (tendency); 偏向 (oblique tendency): a ～ toward radicalism 急進主義への傾き. **5** 〘建築〙祭壇遙(よう)拝窓 (⇨ hagioscope). ── *vi.* **1** (光線が強い時·照準を定める時などに)目を半分つむって見る, 目を細くして見る〔*at, through*〕. **2** 横目で[斜めに]見る (look askance). **3** やぶにらみである, 斜視である: She ～*s.* 彼女はやぶにらみだ. **4 a** それとなく[間接に]触れる, 暗に指(さ)す; 〔…に〕傾く (tend)〔*toward, to*〕: ～ *toward* socialism 社会主義に傾く. **b** 〔…から〕それる〔*from*〕. ── *vt.* **1** (まぶしい光などを避けて)〈目を〉細くする: The sun made her ～ her eyes. まぶしい太陽の光に彼女は目を細めた. **2** 〈目を〉やぶにらみにする.

squínt·er [-ṭə | -tə(r)] *n.* 斜視[やぶにらみ]の人.

squínt-èye *n.* やぶにらみ, 斜視の人.

squínt-èyed *adj.* **1** やぶにらみの, 斜視の. **2** 意地の悪い, 偏見を持った (spiteful, malignant). **3** (嫉妬でまたは軽蔑して)横目で見る.

squínt·ing constrúction [-ṭɪŋ- | -tɪŋ-] *n.* 〘文法〙斜視構文《先行の語句を修飾するのか後続の語句を修飾するのか曖昧な修飾語 (squinting modifier) を含むもの; 例: I don't know *exactly* what it means》.

squínt·ing·ly *adv.* やぶにらみで; 横目で.

squínting módifier *n.* 〘文法〙斜視修飾語 (⇨ squinting construction).

squint·y [skwínṭi | -tɪ] *adj.* 斜視[横目]の, やぶにらみの: ～ eyes.

squir·ar·chy [skwáɪ(ə)rɑəki | skwáɪərɑ:kɪ] *n.* = squirearchy.

squire [skwáɪə | skwáɪə(r)] 〘《*c*1300》 *squier, squeyer* 《頭音消失》← OF *esquier* 'ESQUIRE'〙 ── *n.* **1** (英国の地方の大)地主, 地方の名士, 郷士, スクワイアー (country gentleman); [the ～] (その土地の)大地主. ★《口語》では敬称として地方の gentleman の名につけられる: *Squire* Cass カスだんな. **2** 《米》(地方の小都市で)治安判事 (justice of the peace), 地方判事 (local judge) (などの敬称); (地方の)裁判官, 弁護士. **3 a** (高官の)従者 (attendant). **b** 婦人に付き添う人 (escort), 婦人に親切丁寧な人 (gallant), しゃれもの (beau). **4** (騎士 (knight) の)従者 (esquire).

***a squire of dames* [*ladies*]** 女性に忠勤を励む人, やたらに女性の機嫌をとる人 (cf. Spenser, *The Faerie Queene* 3. 7, 51).

── *vt.* 〈婦人などに〉付き添う (escort).

squir·ish [skwáɪ(ə)rɪʃ | skwáɪər-] *adj.* **～·shìp** *n.*

squire·arch [skwáɪ(ə)rɑək | skwáɪərɑ:k] 〘《1831》《逆成》↓〙 *n.* (英国の)地主階級の人. **～·al** [-kəl] *adj.*

squire·ar·chy [skwáɪ(ə)rɑəki | skwáɪərɑ:kɪ] 〘《1804》← SQUIRE＋-ARCHY: cf. hierarchy〙 ── *n.* **1** (英国で)地主(による)政治. **2** [集合的] (特に, 1832 年の Reform Bill 以前の)地主連; 地主階級.

squíre·dom [-dəm] *n.* **1** (英国の)地主の地位[身分]. **2** =squirearchy 2.

squi·reen [skwaɪrí:n | skwàɪərí:n] 〘《1809–12》← SQUIRE＋-EEN[2]〙 *n.* (アイルランドの)小地主.

squíre·hòod 〘⇨ -hood〙 *n.* **1** =squiredom 1. **2** =squirearchy 2.

squire·ling [skwáɪəlɪŋ | skwáɪə-] 〘⇨ -ling[1]〙 *n.* (英国の)小地主, 若い地主.

squíre·ly 〘⇨ -ly[2]〙 *adj.* (英国の)地主の; 地主らしい[にふさわしい].

squirm [skwə́:m | skwə́:m] 〘《1691》《混成》? ← SQUI(D)＋(WO)RM: または擬音語か〙 ── *vi.* **1 a** 《古》〈へび·みみずなどが〉のたくる (wriggle), 〈人が〉(苦痛·不快·いら立ちなどで)体をくねらせる, 身もだえする, もがく (writhe): ～ *with* shame. **2** もじもじする, きまり悪がる, 不快な思いをする, あがく. **3 a** 体をくねらせて進む〈*along, out*〉. **b** ごまかして〔罪などを〕逃れる〔*out of*〕. ── *vt.* **1** 身もだえさせる; あがかせる. **2** [～ one's way として]体をくねらせて進む. ── *n.* **1** 体をくねらせること, 身もだえ, もがき. **2** 〘海事〙(ロープの)よじれ, ねじれ (twist).

squirm·y [skwə́:mi | skwə́:mɪ] 〘⇨ ↑, -y[4]〙 *adj.* (**squirm·i·er**; **-i·est**) **1** 身もだえする; もがく, あがく. **2** もじもじする.

squir·rel [skwə́:(r)əl, skwə́:t | skwírəl] 〘《*c*1380》 *squirel* ▭ AF *esquirel*=OF *esquireul* (F *écureuil*) < VL **scūriōlum* (dim.) ← **scūrius*=L *sciūrus* ▭ Gk *skíouros* ← ? *skiá* 'SHADE'＋*ourá* tail〙 ── *n.* (*pl.* ～, ～**s**) **1** 〘動物〙リス《リス科リス属 (*Sciurus*) やその近縁の属の齧歯(げっし)動物の総称; キツネリス (fox squirrel), モモンガ (flying squirrel), ハイイロリス (gray squirrel), ジリス (ground squirrel), ヨーロッパリス (red squirrel) など》. ★ラテン語系形容詞: sciurine. **2** リスの毛皮. ── *attrib. adj.* **1** リスの, リスに特有な. **2** リスの毛皮製の[で飾った]. ── *vt.* 〘リスが冬に備えて木の実を蓄えるところから〙〈金などを〉貯め込む, 蓄える (hoard)〈*away*〉.

squírrel càge *n.* **1** リスかご《内部に踏み子式に回転する円筒形のかご車のあるかごで, リスやハツカネズミなどを入れる》. **2** (いつ果てるともしれない)出口のない状態, 単調で空しい生活[仕事].

squírrel còrn *n.* 〘植物〙カナダケマンソウ (*Dicentra canadensis*)《北米産ケシ科のコマクサに似た植物; クリーム色の花が咲き葉は細裂状; turkey corn, white heart ともいう》.

squírrel·fìsh 〘この魚が水から引揚げられるとき出す音がリスの鳴声に似ていることから〙 ── *n.* 〘魚類〙 **1** イットウダイ《イットウダイ属 (*Holocentrus*) の魚類の総称》, (俗に)兵隊魚《鮮紅色で銀色の縦じまがあるので》; (特に)西インド諸島などに生息する大きな目とうろこがある魚 (*H. ascensionis*). **2** イットウダイに類似したスズキ科 *Diplectrum* 属の魚類の総称.

squírrel gràss *n.* 〘植物〙=squirreltail 2.

squírrel gùn *n.* =squirrel rifle.

squir·rel·ly [skwə́:(r)əli, skwə́:li | skwírəlɪ] *adj.* 《俗》風変わりな (eccentric), 頭のおかしな (crazy).

squírrel mònkey 〘リスに似て小さく樹上にすむところから〙 ── *n.* 〘動物〙リスザル (*Saimiri sciurea*)《南米産の毛の柔らかい尾の長い小ザル》.

squirrel monkey

squírrel rìfle 〘リスなどを撃つときに用いることから〙 *n.* 小口径のライフル銃《squirrel gun ともいう》.

squírrel's-èar *n.* 〘植物〙ヒメミヤマウズラ (*Goodyera repens*)《ヨーロッパ北部·北米北部·アジア北部などに産するラン科の植物; 雪白色の花をつける》.

squírrel·tàil *n.* 〘植物〙 **1** ハマムギに類似した多年生植物 (*Sitanion hystrix*). **2** 野生のオオムギ類《*Hordeum jubatum* など; squirreltail barley, squirrel grass ともいう》.

squir·rel·y [skwə́:(r)əli, skwə́:li | skwírəlɪ] *adj.* =squirrelly.

squirt [skwə́:t | skwə́:t] 〘《*c*1460》 ▭ ? LG *swirt-jen* to squirt《擬音語》〙 ── *vi.* **1 a** (細い口から)吹き出る, ほとばしる (spurt). **b** 液体を吹き出す. **2** 《古》敏捷に動く, 突進する (dart): ～ *about* [*out*] 飛び回る[出す]. ── *vt.* **1** (細い口から)〈液体·粉末を〉吹き出す, 噴出させる〈*out*〉. **2 a** 〈噴出する液体·粉末を〉浴びせる. **b** 〔噴出した液体で〕濡らす, 〔噴出した液体を〕…にかける〔*with*〕. ── *n.* **1** 噴出, ほとばしり, 噴水 (jet): a ～ of water. **2** 注射器 (syringe); 水鉄砲; 消火器. **3** 噴出した少量の水(など), 噴出物. **4** 《口語》 **a** 成り上がり者; 生意気な青年, 青二才, 若造. **b** 子供. **c** 背の低い人; つまらない人間. **～·er** [-ṭə | -tə(r)] *n.*

squírt càn *n.* (底を押して先端から油を出す)金属製の油差し.

squírt gùn *n.* **1** (鉄砲状の)吹きつけ器. **2** 水鉄砲 (water pistol).

squírt·ing cúcumber [-ṭɪŋ- | -tɪŋ-] *n.* 〘植物〙テッポウウリ (*Ecballium elaterium*)《南ヨーロッパ原産で熟した実にさわると反転, 裂開し中から勢いよく種子を射出する》.

squish [skwíʃ] 〘v.: 《1647》《変形》← ? SQUASH[1]〙 ── *vi.* ぴしゃぴしゃ[がぼがぼ]音を立てる (squelch). ── *vt.* **1** 押しつぶす (squash). **2** ぴしゃぴしゃ[がぼがぼ]音を立て(て進ませ)る. ── *n.* ぴしゃぴしゃ[がぼがぼ, ぐしゃり]という音.

squish·y [skwíʃi | -ʃɪ] 〘⇨ ↑, -y[4]〙 ── *adj.* (**squish·i·er**; **-i·est**) **1** 柔らかくて湿った; ねっとりした. **2** ぴしゃぴしゃ[じゅうじゅう]音のする: with a ～. **squísh·i·ness** *n.*

squit [skwít] 〘《変形》← ? 《廃·方言》 *skit* skittish person: cf. skit[1]〙 *n.* 《英俗》 **1** くだらないやつ. **2** ばかげたこと, ナンセンス, たわごと.

squoosh [skwúʃ, skwú:ʃ] *v.* =squash[1].

sqush [skwʌ́ʃ, skwúʃ] *v.* =squush.

sqush·y [skwʌ́ʃi, skwúʃi | -ʃɪ] *adj.* (**sqush·i·er**; **-i·est**) =squushy.

squush [skwʌ́ʃ, skwúʃ] *vt.* =squash[1]. ── *vi.* =squish.

squush·y [skwʌ́ʃi, skwúʃi | -ʃɪ] *adj.* (**squush·i·er**; **-i·est**) =squashy.

sq. yd. 《略》square yard(s).

sr 《記号》steradian.

Sr 《記号》〘化学〙strontium.

SR 《略》〘電気〙saturable reator; Swiss Air Transport Co., Ltd. スイス航空.

sr. 《略》senior.

Sr. 《略》Senhor; Senior; Señor; Sir; 〘キリスト教〙Sister; *L.* Soror (=Sister).

s.r. 《略》shipping receipt; short rate.

S.R. 《略》seaman recruit; sedimentation rate; 《英》Southern Railway《国有化の前》; Southern Rhodesia; special reserve; supplementary reserve.

SRAM 《略》short-range attack missile 短距離攻撃ミサイル.

SRBM 《略》short-range ballistic missile 短距離弾道弾[ミサイル]《射程 800km 未満のもの; cf. ICBM, IRBM, MRBM》.

SRC 《略》《英》Science Research Conncil《1965 年設置》.

s.r.c.c., SR & CC 《略》〘海上保険〙strikes, riots and civil commotion 同盟罷業, 騒擾(そうじょう)および暴動.

sri [srí:, ʃrí:] 〘▭ Skt *śrī* 《原義》 majesty, holiness: cf. Gk *kreíōn* ruler, lord〙 *n.* 英語の Mr., Sir に相当するインドの敬称.

S.R.I. 《略》*L.* Sacrum Rōmānum Imperium (=Holy Roman Empire) 神聖ローマ帝国.

Sri Lan·ka [sri:-lá:ŋkə | -lǽŋ-] *n.* スリランカ《インドの東南方, Ceylon 島から成る共和国; もと国名を Ceylon と言ったが 1972 年現在の名称となる; 人口 12,712,000, 面積 65,610 km[2], 首都 Colombo》.

Sri·na·gar [srɪnʌ́gə, srə-, -ná:gə | sri:nʌ́gə(r, srɪ-, -ná:g-, srí:nəgə(r; *Hindi* syrinəgər] *n.* スリナガル《インド北部の Jammu and Kashmir 州, Jhelum 河畔の都市; 同州の夏季首都; 人口 404,000; cf. Jammu 1》.

S.R.N. 《略》《英》state-registered nurse.

sRNA 《略》〘生化学〙soluble RNA (⇨ transfer RNA).

SRO, S.R.O. 《略》single-room occupancy; standing room only 〘掲示〙立見席以外満員; Statutory Rules and Orders.

S.R.S. 《略》*L.* Societātis Rēgiae Socius (=Fellow of the Royal Society).

sru·ti [srú:ṭi, ʃrú:- | -tɪ] 〘▭ Skt *śruti* what is heard: ⇨ loud〙 ── *n.* 〘ヒンズー教〙ヒンズー教徒の宗教上の最高権威とされる聖典群, ヴェーダ, ウパニシャド等一群の天啓聖典.

SRV 《略》space rescue vehicle.

SS, S.S. 《略》*G.* Schutzstaffel (=Protective Rank or Force) (Hitler 総統の)親衛隊.

SS, S.S., S/S [ésés; stí:mʃɪp] 《略》steamship.

S$ 《記号》Singapore dollar(s).

S/S 《略》same size; side by side; silk screen; station to station.

ss. 《略》scilicet; 〘処方〙*L.* sēmis (=a half).

SS. 《略》Saints; *L.* Sāncti (=Saints); *L.* Sānctissimus (=Most Holy).

s.s. 《略》screw steamer; 〘音楽〙*It.* senza sordini (=without mutes); simplified spelling; sworn statement.

s.s., ss., ss 《略》〘野球〙shortstop.

S.S. 《略》(Royal) Statistical Society; *L.* Sacra Scrīptūra (=Holy Scripture); science service; secret service; secondary school; Secretary of State; Silver Star; social security; stainless steel; Straits Settlements; Sunday school.

SSA, S.S.A. 《略》Social Security Administration.

SSAFA, S.S.A.F.A. 《略》《英》Soldiers', Sailors' and Airmen's Families Association.

SSB, S.S.B. 《略》Selective Service Board《米》選抜徴兵局; Social Security Board 社会保障局.

s.s.b., SSB 《略》〘通信〙single side band 単側帯波, 単側波帯.

S.S.B. 《略》*L.* Sacrae Scrīptūrae Baccalaureus (=Bachelor of Sacred Scripture).

S.S.C. 《略》《スコットランド》Solicitor of [to] the Supreme Court; *L.* Societās Sānctae Crucis (=Society of the Holy Cross).

S.Sc.D. 《略》Doctor of Social Science.

SS còllar *n.* =COLLAR of SS.

SS.D. 《略》*L.* Sānctissimus Dominus (=Most Holy Lord, the Pope).

SSE, S.S.E. 《略》south-southeast.

SSG 《略》Staff Sergeant.

S/Sgt., S.Sgt. 《略》Staff Sergeant.

SSM 《略》staff sergeant major; surface-to-surface missile.

SSN *n.* 〘米海軍〙原子力潜水艦《米海軍艦船種別記号で SS は submarine, N は nuclear propulsion (原子力推進)の意》.

ssp 《略》subspecies.

SSR 《略》〘航空〙secondary surveillance radar 二次監視レーダー《航空路または空港周辺空域の監視レーダーの一種; 覆域内の航空機と自動的に交信することにより航空機を識別し管制官に知らせる能力をもつ》.

SSR, S.S.R. 《略》Soviet Socialist Republic ソビエト社会主義共和国 (cf. USSR).

SSRC, S.S.R.C. 《略》《英》Social Science Research Council.

SSS 《略》《米》Selective Service System 選抜徴兵制.

SST 《略》supersonic transport.

S-stàte *n.* 〘物理〙S 状態《軌道角運動量が 0 の量子力学的状態》.

SS Tròops *n.* =Schutzstaffel.

Ssu-ma Chien [sú:mà:-tʃién | -tʃɪ-; *Chin.* sīmǎ tʃʻiēn] *n.* 司馬遷《145 B.C.?–?; 中国前漢の歴史家;「史記」(130 巻)の著者; Sze-ma Ts'ien ともいう》.

Ssu-ma Kuang [sú:mà:-kú:ŋ; *Chin.* sīmǎ kuāŋ] *n.* 司馬光《1019–86; 中国宋代の歴史家·政治家;「資治通鑑」の著者》.

SSW, S.S.W. 《略》south-southwest.

St 《略》〘気象〙stratus.

st. 《略》stand; stanza; state; statement; stem; steradian; stere; stet; stitch; 〘重量〙stone; street; strophe; 〘クリケット〙stumped.

St. [sèɪnt | sən(t), sɪn(t), sṇ(t)] 《略》Saint (*pl.* **SS., Sts.**).

St. 《略》Strait; stratus; Street.

St., st. 《略》statute(s).

S.T. 《略》shipping ticket; shock troops; single throw; spring tide; standard tide; summer tide; summer time; surtax; The Sunday Times.

S.T., S/T, s.t. 《略》short ton.

-st [st] 〘← -EST[2]〙 *suf.* 《古·詩》thou に伴う動詞の二人称単数直説法現在および過去の語尾 (⇨ -est[2]): thou prepared*st* / thou can*st* [could*st*, do*st*, did*st*].

sta. 《略》station; stationary; 〘電気〙stator.

Sta. 《略》Santa; Station.

stab [stǽ(:)b] 〘v.: 《1375》. ── n.: 《*c*1440》 *stabbe*: cf. ME *stobbe* stick 《異形》← *stubbe* 'STUB[1]'〙 ── *v.* (**stabbed**; **stab·bing**) ── *vt.* **1 a** (先の尖ったもので)刺す; 突く (pierce)〔*with*〕: ～ a person in the arm 人の腕を刺す / ～ a person to death 人を刺し殺す / ～ a person *with* a dagger 人を短刀で刺す. **b** 〈先の尖ったものを〉〔…に〕突き刺す, 刺し通す (thrust)〔*into*〕: ～ a dagger *into* a person 短刀を人に突き刺す. **2** …に向かって指し示す: ～ the air 空に向かって指を突き出す. **3** 〈名声·感情·良心などを〉鋭く傷つける; 中傷する, 悪意から傷つける: ～ a person's reputation 人の名声を傷つける. **4** (しっくいがよく付くように)〈れんが壁〉の表面をざらざらにする. **5** 〚製本〛〈折丁など〉に目打ちをする. **6** 〚ゴルフ〛〈ボールなどを〉安定性のない方法で打つ. **7** 〚ボクシング〛〈相手〉に強烈なジャブを放つ. ― *vi.* **1** 〔…に〕突き刺す, 突いてかかる〔*at, into*〕: ～ *at* a person 人に突いてかかる. **2** 〈痛みが〉刺すように痛む, ずきんずきんと痛む.

stab a person in the back ⇨ back[1] 成句.

― *n.* **1 a** (先の尖ったもの)突き刺し. **b** 刺創, 刺し傷, 突き傷. **2** 感情を傷つけること; 中傷. **3** 刺すような痛み, ずきんずきんと痛むこと (pang): She felt a ～ of pain in her temple. こめかみのところに刺すような痛みを感じた. **4** 《口語》企て (attempt): make [have] a ～ at …をやって[当たって]みる. **5** 〚細菌〛＝stab culture. **6** 〚医学〛穿刺(せんし). **7** 〚ボクシング〛強烈なジャブ.

stab in the back (1) 中傷. (2) 裏切り.

Sta·bat Ma·ter [stáːbɑːt-máːtə, stéɪbæt-méɪtə | stáːbæt-máːtə(r, -bət-] 〘《1867》□ ML *stabat māter* (*dolorōsa*) the mother was standing (full of grief)〙 ― *n.* **1** 「悲しめる聖母は立てり」《キリストが十字架にかけられた時の聖母の悲しみを歌う 13 世紀のラテン語賛美歌》. **2** スタバート マーテル《その曲》.

stáb·ber *n.* **1 a** 刺すもの; 錐(きり). **b** 〚海事〛綱通しスパイク, マーリンスパイク (marline spike). **2** 刺す人; 暗殺者 (assassin).

stáb·bing *adj.* **1** 〈痛みが〉刺すような, 身にしみる: a ～ pain. **2** 人の感情を傷つける; 〈言葉が〉刺すような, 痛烈な: a ～ remark.

stáb cùlture *n.* 〚細菌〛線刺[穿刺]培養《ゼラチン培地など固形培地中に深く白金針を突き刺して微生物を植付けて培養すること》.

sta·bi·la·tor [stéɪbəlèɪtə | -bɪlèɪtə(r] 〘《混成》← STA-BIL(IZER)＋(ELEV)ATOR〙 ― *n.* 〚航空〛スタビレーター《水平尾翼全体が一体となって動き, 安定板と昇降舵の役目を兼ねるもの》.

sta·bile 〘□ L *stabilis* 'STABLE[1]'〙 ― [stéɪbaɪl, -bɪl] *adj.* **1** 安定した, 固定した (stable). **2** 〚医学〛 **a** 安定性の. **b** 固定性の《電気療法で患部に電極を固定する; cf. labile 3》. ― [stéɪbiːl] *n.* 〚美術〛スタビル《金属などの薄板による抽象派彫刻; cf. mobile 2 a》.

sta·bil·i·ty [stəbílәṭi | -bílәti, -lɪ-] 〘《1426》□ L *stabilitātem*: ⇨ stable, -ity〙 ― *n.* **1** 安定, 固定, 強固, 安定性; 不動, 不変, 永続: maintain economic ～ 経済安定を維持する. **2** (性格・目的・心などの)変わらないこと, 貞節, 堅忍不抜. **3** 〚機械・航空〛安定, 安定性. **4** 〚化学〛(錯化合物などの)安定度. **5** 〚カトリック〛定住誓願《ベネディクト会士 (Benedictine monk) の終生同一修道院に定住するという誓願》.

sta·bi·li·za·tion [stèɪbəlɪzéɪʃən, -lə- | stèɪbɪlaɪ-, stæ̀b-, -bə-, -lɪ-] 〘⇨ stabilize, -ation〙 ― *n.* **1** 固定(させること); 安定(させること). **2** 〚経済〛(経済変量, 特に物価の)安定: the ～ of the currency 通貨の安定; (株式相場の)安定操作. **3** 〚生態〛安定《極相に達した群落のように, 生物が環境に最も適応した状態》.

stabilizátion fùnd *n.* 〚金融〛為替安定資金《equalization fund ともいう》.

sta·bi·li·za·tor [stéɪbələzèɪṭə | stéɪbɪlɪzèɪtə(r, stǽb-] 〘□ F *stabilisateur* ← *stabiliser* (↓): ⇨ -ator〙 *n.* 〚航空〛＝stabilizer 3.

sta·bi·lize [stéɪbəlàɪz | stéɪbɪ-, stǽb-, -bə-] 〘《1861》□ F *stabiliser*: ⇨ stable, -ize〙 ― *vt.* **1** 固定させる, 安定させる: ～ one's life 生活を安定させる. **2** 〚経済〛〈通貨・物価の〉変動をなくす, 安定させる: ～ a currency [prices] 通貨[物価]を安定させる. **3** 〚航空〛(安定板などで)安定させる. ― *vi.* 安定する.

stá·bi·lìz·er *n.* **1** 安定させる人[物]. **2 a** 物質の分解・酸化などの防止用の添加物. **b** (火薬などの)安定剤《自然分解を防止する》. **c** (塗料や食物の)(また)安定剤. **3** 〚航空〛 **a** スタビライザー, 安定板; (特に)水平安定板 (horizontal stabilizer): ⇨ vertical stabilizer. **b** 自動安定装置. **4** 〚海事〛 **a** (船の横揺れを防ぐ)安定儀, 動揺防止装置. **b** ＝gyrostabilizer. **5** 〚自動車〛車体の傾斜制御器, 揺れ止め, スタビライザー. **6** 〚軍事〛安定装置, スタビライザー《戦車・船舶・航空機などが動揺しても, これに搭載された砲を目標に向かって自動的に安定させる装置; また爆弾・ロケット・潜水艦・魚雷などにも装備される》.

stá·bi·lìz·ing *adj.* 〚航空〛安定させる; 安定装置として役立つ[に用いられる]: ～ fins 安定板 / a ～ apparatus 安定装置.

sta·ble[1] [stéɪbl̩] 〘《c1300》□ OF (*e*)*stable* (F *stable*) < L *stabilem* (acc.), *stabilis* ← *stāre* 'to STAND': ⇨ -ble〙 ― *adj.* (**more ～, most ～; sta·bler, -blest**) **1 a** 〈基礎・構造など〉ぐらつかない, しっかりした, 腰のすわった, 安定した, 堅固な (steady): a ～ foundation 固定した土台. **b** 変動のない, 不変[不動]の; 永続性のある: a ～ currency 安定した通貨 / a ～ economy 安定経済 / a ～ government 安定した政府 / a ～ peace 永続的な平和. **2** 〈性格・目的・心など〉変わらない, 着実な, 貞節な, しっかりした (steadfast), 堅忍不抜の, 決然とした (resolute): a ～ character しっかりした人物 / a ～ opinion 着実な意見. **3** 〚物理〛安定(性)の, 復原(性)の: ⇨ stable equilibrium. **4** 〚物理〛〈原子核・素粒子が〉放射性でない: ⇨ stable isotope. **5** 〚化学〛(分解・変化しない)安定(性)の. **～·ness** *n.*

stable[2] [stéɪbl̩] 〘《c1250》□ OF *estable* (F *étable* cow-house) < L *stabulum* stall, enclosure, 《原義》standing-place ← *stāre* (↑). ― v.: 《?a1300》← (n.)〙 ― *n.* **1** 家畜小屋; 馬屋, 馬小屋; 牛舎: ⇨ Augean stables. **2** [集合的] (ある馬屋に属する全部の)馬: the whole ～. **3** [集合的] 《口語》(要求に応じて仕事をする)一団のおかかえ技術家[芸術家, 喜劇役者, 講演者, 作者など]. **4** 〚競馬〛 **a** [しばしば *pl.*] 競走馬飼育場, 厩(うまや)舎. **b** [集合的] (ある馬主または調教師所属の)競走馬. **c** [集合的] 厩舎所有者[経営者, 係員]. **5** [*pl.*] 〚軍事〛 **a** 馬屋の手入れ, 馬匹の世話. **b** 馬屋手入れの集合らっぱ(の音). ― *vt.* 〈動物を〉家畜小屋に入れる: ～ horses 馬を馬屋に入れる. ― *vi.* 家畜小屋[馬屋(のような所)]に住む. **stá·bler** [-blə, -blə | -blə(r, -bl-] *n.*

stáble·bòy *n.* 家畜小屋の仕事をする少年, 少年の馬丁.

stáble-càll *n.* 〚軍事〛馬の手入れの合図(のらっぱの音) (cf. stable[2] 5).

stáble-compànion *n.* ＝stable mate 3.

stáble-dòor *n.* 馬小屋の入口: It is too late to lock [shut] the ～ when the horse [steed] is stolen. 《諺》「あとの祭り」「どろぼうを見てなわをなう」.

stáble equátion *n.* 〚数学〛安定な方程式《その解がすべて transient であるような微分方程式》.

stáble equilíbrium *n.* 〚物理〛安定釣合い《平衡状態からわずかに状態を変化させた時に, その外力を取り除けば再び元の平衡状態に戻る場合; cf. unstable equilibrium》.

stáble flỳ *n.* 〚昆虫〛サシバエ (*Stomoxys calcitrans*)《家畜小屋に多くすみ, 咬器をもつ, 人畜から吸血する害虫; biting housefly ともいう》.

stáble ísotope *n.* 〚物理〛安定同位元素《放射性をもたない核からなる同位元素》.

stáble·man [-mən, -mæ̀n] *n.* (*pl.* **-men** [-mən, -mèn]) 家畜小屋で働く人, (特に)馬丁 (groom).

stáble·màte *n.* **1** 同厩舎の馬. **2** 同一馬主の持馬. **3** 《口語》(ボクシングなどで)同じクラブ[ジム]に所属する選手.

stá·bling [-blɪŋ, -bl̩-] 〘《15C》: ⇨ stable[2] (v.), -ing[1]〙 *n.* **1** 馬屋[厩舎]に入れること. **2 a** 馬屋[厩舎]の設備. **b** [集合的] 馬屋, 厩舎 (stables).

stab·lish [stǽblɪʃ] 〘《a1325》《頭音消失》〙 *vt.* 《古》＝establish.

stá·bly [-bli | -lɪ] 〘ME〙 *adv.* 安定して, 固定して, しっかりと (firmly).

stáb stitch *n.* 〚製本〛打抜きとじ, ぶっこ抜き《先にあけたとじ穴に糸や針金を通してとじる方法》.

stacc. 《略》〚音楽〛staccato.

stac·ca·to [stəkáːṭoʊ | -təʊ; *It.* stakkáːto] 〘《1724》□ It. ～ (p.p.) ← *staccare* 《頭音消失》← *distaccare* 'to DETACH'〙 ― *adj., adv.* **1** 〚音楽〛スタッカートの[で], 断音の[で] (cf. legato, tenuto). **2** 断続的な[に]: ～ shrieks. ― *n.* (*pl.* **～s, -ca·ti** [-tiː; *It.* -ti]) **1** 〚音楽〛スタッカート(の演奏, 楽節). **2** 短く断続的に区切れた音[話し方など].

Sta·cey[1] [stéɪsi | -sɪ] 〘← ML *stacius* stable, prosperous〙 *n.* 男性名《愛称形 Stacie, Stacy》.

Sta·cey[2] [stéɪsi | -sɪ] 〘(dim.) ← ANASTASIA〙 *n.* 女性名.

Sta·cia [stéɪʃə] 〘(dim.) ← ANASTASIA〙 *n.* 女性名.

stack [stǽk] 〘《c1300》*stak* □ ON *stakk-r* haystack < Gmc **stakkaz* (cf. stake[1], attack) ← IE **(s)teg-* pole, stick: cf. attach, stockade. ― v.: 《c1325》← (n.)〙 ― *n.* **1** (干し草・麦わらなどの)積んだ大きな山, 積み重ね, 稲むら (rick)《通例円錐形または方形に大きく積み上げ, 雨よけに屋根をかける》. **2** (物を積み上げた)山, 堆(たい)積 (pile, heap): a ～ of wood たきぎの山 / a ～ of pancakes パンケーキの山. **3** 《口語》〔…の〕山, たくさん, 多量 (large quantity), 多数 (large number) 〔*of*〕: a ～ *of* books [papers, money] 山と積んだ書籍[書類, 金] / I have ～*s* [a whole ～] *of* work to get through first. まず片付けねばならぬ仕事が山ほどある. **4** [通例 *pl.*] **a** 書架. **b** (図書館の)書庫: books in the ～*s* / go into the ～*s* 書庫に入る. **5 a** (屋上でまとめてある)一群の煙突, 組み合せ煙突 (chimney stack). **b** (特に, 汽船・機関車などの単独の)煙突 (smokestack). **c** (ビル内を貫通する垂直の)排水管[通風管]. **6** 《英》ひとたな《石炭や薪を量る単位, 108 立方フィート》. **7** 〚軍事〛叉銃(さじゅう)《3 丁の小銃を床尾 (butt) を下に円錐状に組み叉銃環 (stacking swivel) でつなぐ; それより多くの銃は叉銃群に寄せかける》: a ～ of arms 叉銃. **8** 〚電算機〛スタック: **a** 一時記憶用の電子計算機の記憶装置. **b** 最後に入れた情報を最初にとり出す形式の記憶装置. **9** [集合的] 〚航空〛＝air stack. **10** 《米》〚演劇〛＝scene pack. **11** 〚地質〛スタック, 離れ岩《波蝕により陸地を切り離された孤立岩》. **12** 〚通信〛＝stacked antenna. **13** 〚トランプ〛(賭博ゲームで)客が一度に買える一定額のチップ (cf. takeout 6 b); ある時点での手持ちのチップ. **14** 〚電気〛スタック《整流素子などを複数個組んでひとかたまりにし, 回路を組みやすくしたもの》.

blow one's stack ⇨ blow[1] 成句. ***flip one's stack*** ⇨ flip[1] 成句.

― *vt.* **1 a** 〈干し草・麦わらを〉山に積む, 稲むらにする 〈*up*〉: ～ hay, firewood, etc. **b** 積み重ねる〔*with*〕: a desk ～*ed with* books and papers 本や書類が山と積まれた机. **c** 《口語》〈金を〉もうける, 〈利益を〉上げる 〈*up*〉. **2** 《口語》(あらかじめ)不正な決め方をする; (特に)〈陪審〉に偏った意見の人を送りこむ. **3** 〚軍事〛〈(通例 3 丁の)銃を〉叉銃(さじゅう)する, 組む, 組んで立てる: *Stack* arms! 組め銃(つつ). **4 a** 〈人・車を〉渋滞させる 〈*up*〉. **b** 〚航空〛〈着陸しようとしている飛行機〉に無線で旋回を指示する, 旋回待避させる 〈*up*〉. **5** 〚トランプ〛(不正に)積む, 積み込む: ⇨ STACK *the cards*. ― *vi.* **1 a** 稲むらを作る. **b** 積み重なる 〈*up*〉. **2 a** (渋滞のため)〈人・車が〉列をなす, 渋滞する 〈*up*〉. **b** 〚航空〛〈飛行機が〉旋回待避する 〈*up*〉 (cf. *vt.* 4 b).

stack the cards [《米》***deck***] (1) 〚トランプ〛積み込みをする《思い通りの手が配られるようにカードをあらかじめある順序に揃えておく》. (2) (通例)不正な工作[お膳立て]をしておく: He had *the cards* ～*ed against him*. 不利な立場に置かれていた. ***stack up*** (1) ⇨ *vt.* 1, 4, *vi.* 1 b, 2. (2) 《米口語》〔…と〕比べられる, 比較になる; 〔…に〕かなう〔*against, with*〕: How does my plan ～ *up against* yours? 私の計画は君のと比べてどちらがよいだろう. (3) 《米口語》総計[総額]〔…に〕なる, 〔…に〕達する〔*to*〕. (4) 《米口語》〈形勢が〉成り行く: It's how things ～ *up* now. それが今の情勢だ. (5) 《米古俗》〈人が〉やってゆく, 暮らす (get along): How are you ～*ing up*? お元気ですか.

～·a·ble *adj.*

stacked *adj.* 《俗》〈女性が〉豊満な胸をしている, 肉体美の (curvaceous).

stácked anténna *n.* 〚通信〛積重ねアンテナ[空中線]《幾つかの素子を上下に積重ねて構成したアンテナ》.

stácked héel *n.* スタックヒール《革を積み重ねた婦人靴ヒール; stack heel ともいう》.

stáck·er *n.* **1** (干し草などを山に)積み重ねる人. **2** 麦わら積み上げ器《脱穀された麦わらを荷車に吹き上げる脱穀機付属のエレベーターまたは円筒》.

stáck·frèed 〘← ?〙 ― *n.* 〚時計〛スタックフリード《ぜんまいがほどけるにつれてその力が弱まるのを補正するために用いられた摩擦式均力装置; ぜんまい時計の初期に用いられ fusee より歴史が古い》.

stáck hèel *n.* ＝stacked heel.

stácking swìvel *n.* 〚銃砲〛(銃を組んで立てるための銃の上端についている)叉銃(さじゅう)環, 叉銃用翻環(ほんかん).

stáck ròom *n.* (図書館の)書庫.

stáck·stànd 〘⇨ stand (n.)〙 *n.* 干し草積み台.

stáck·ùp *n.* 〚航空〛旋回待避.

stáck·yàrd *n.* 干し草積み畑《数個の山を積み並べる畑の一部》.

stac·te [stǽkti | -tɪ] 〘《c1390》□ L *stactē* oil of myrrh □ Gk *staktḗ* (n.) ← (fem. adj.) ← *staktós* distilling in drops ← *stázein* to drip: ⇨ stagnate〙 ― *n.* 蘇合香(そごうこう)《古代ユダヤ人が香料製造に用いたもの; 肉桂 (cinnamon) または没薬(もつやく) (myrrh) の類かという; cf. *Exod.* 30: 34》.

stac·tom·e·ter [stæktáməṭə | -tɔ́mɪtə(r, -mə-] 〘← Gk *staktós* (↑)＋-METER[1]〙 *n.* ＝stalagmometer.

stad·dle [stǽdl̩] 〘OE *staþol* base, foundation < Gmc **staþlas* (OFris. *stathul* base / OHG *stadal* barn / ON *stǫðull* milking place: cf. OE *stede* 'STEAD') ← IE **stā-* 'to STAND'〙 ― *n.* **1** 《古・方言》(干し草積みなどの)土台; (干し草の山などの)下部, 基部. **2** 台, 土台 (foundation). **3** 小さな樹木.

stade [stéɪd] 〘《変形》← STADIUM〙 *n.* ＝stadium 3.

Stá·der splint [stéɪdə- | -də-] 〘← *Otto Stader* (1894–　: これを考案した米国の獣医)〙 ― *n.* 〚病理〛ステーダー副子《骨折部分の上下の骨の中に挿入する二本のステンレススチールのピンとこれをつなぐ引きしめ棒とから成る》.

stad·hold·er [stǽdhòʊldə | -hə̀ʊldə(r] *n.* ＝stadtholder.

sta·di·a[1] [stéɪdiə | -djə, -dɪə] 〘《1865》□ It. ～ □ ? L ～ (pl.): ⇨ stadium〙 〚測量〛 ― *n.* **1** ＝stadia rod. **2 a** スタジア, 視距測量《望遠鏡内にある二つのスタジア線(十字線) (stadia hairs) の中にはいる標尺の目盛を読んで距離を測定する》. **b** 視距儀. ― *adj.* スタジアの, 視距測量(法)の.

stadia[2] *n.* stadium の複数形.

stádia hàirs *n. pl.* 〚測量〛スタジア線, 視距線《望遠鏡のレンズに付けた十字線》.

sta·di·al [stéɪdiəl | -djəl, -dɪəl] 〘□ L *stadiāl-is* ← *stadium*: ⇨ stadium, -al[1]〙 *n., adj.* 〚地質〛亜氷期(の).

stádia ròd *n.* 〚測量〛スタジア標尺, 視距標尺.

stádia wìres *n. pl.* 〚測量〛＝stadia hairs.

sta·dim·e·ter [stədímәṭə | -mɪtə(r, -mə-] 〘← STA-DI(UM)＋-METER[1]〙 *n.* 〚測量〛測距計《観測者と高さがわかっている建物との距離を測る》.

sta·di·om·e·ter [stèɪdiáməṭə | -diɔ́mɪtə(r, -mə-] 〘← Gk *stádion* (⇨ stadium)＋-METER[1]〙 ― *n.* スタジオメーター, 曲線計《曲線・破線などの上に歯車を走らせてその長さを測る器具; cf. opisometer》.

sta·di·on [stéɪdiɑn | -diɔn] 〘↓〙 *n.* ＝stadium 3.

sta·di·um [stéɪdiəm | -djəm, -dɪəm] 〘《a1398》□ L ～ □ Gk *stádion* 《変形》(*stádios* firm との連想による) ← *spádion* racetrack (at Olympia) ← *spân* to draw: ⇨ span[1]〙 ― *n.* (*pl.* **-di·a** [-diə | -djə, -dɪə], **～s**, *1* では通例 **～s**) **1** (階段式の観客席が取囲んだ陸上競技・野球などの)大競技場, スタジアム. **2** (古代ギリシャの, 細長い馬蹄形で周囲に観覧席のついた)徒歩競走場 (foot-race course). **3** (古代ギリシャの)スタディオン《長さの単位; 競技場の長さを基準としたもので Athens では 185.2 m, Olympia では 192.3 m; stadion ともいう》. **4** 〚昆虫〛齢, 期《幼虫における脱皮間の時代》.

stadt·hold·er [stǽthòʊldə | -hə̀ʊldə(r] 〘《1591》《部分訳》← Du. *stadhouder* ← *stad* 'place, STEAD'＋*houder* holder (← *houden* 'to HOLD[1]') 《なぞり》← ML *locum tenēns* (one) holding the place (of an-

other), lieutenant〗 ── *n.* 〖オランダ史〗(同盟諸州 (United Provinces) の)総督, 統領; 州太守[総督, 都督].
～·shìp *n.*

Sta·ël [stɑ́:l; *F.* stal], Madame **de** *n.* スタール夫人《1766-1817; フランスの女流作家・評論家; *De l'Allemagne*「ドイツ論」(1810); 称号 Baronne de Staël-Holstein; 姓名 Anne Louise Germaine [ɑ:n lwi:z ʒɛrmɛn]; 旧姓 Necker》.

staff[1] [stǽ(:)f | stɑ́:f] 〖OE *stæf* stick < Gmc **stabaz* (Du. *staf* / G *Stab* / ON *stafr*) < IE **steb(h)-* post, stem; to support (Skt *stabhnati* he supports): cf. stamp, step〗 ── *n.* (*pl.* **～s, staves** [stǽ(:)vz, stéɪvz | stéɪvz], 6 と 8 では **～s**) **1** (歩行・登山・武器などに用いる)つえ, 棒, ステッキ (stick), 棍棒 (club): walk without a ～ つえなしで歩く. **2 a** (ささえ・柄となる)さお (shaft, pole). **b** 旗ざお (flagstaff): He tore the flag from the ～. 旗ざおから旗をもぎ取った. **c** (車の)軸 (arbor). **d** (椅子などの)桟(さん) (rung); (はしごの)踏み段, 格(こ). **e** 《古・方言》(槍・ほこなどの)柄 (shaft). **3** つえとなるもの, ささえ, たより (stay, support): A son should be the ～ of his father's old age. 息子は父親の老後のつえになるべきだ / ⇨ *the* STAFF *of life*. **4 a** 権標, 官杖(じょう), 指揮棒. **b** (司[主]教が持つ)牧杖(ぼくじょう) (crozier): the pastoral ～ of a bishop 牧杖. **5** (測量用)標尺, 準尺, 箱尺, 測量ざお. **6** [集合的; 単数または複数扱い] **a** (監督・長の下に業務を遂行する一団の)人員. **b** (学校・病院・団体などの)職員, 部員, 局員, 社員, スタッフ; 幹部, スタッフ: the teaching ～ (学校の事務職員と区別して)教師[教授]陣 / the editorial ～ 編集部員, 編集局 / the medical ～ (病院の)医局員, 医員 / the domestic ～ 雇い人, 召使い / the ～ of a college 大学の教授陣 / the ～ of a railroad company 鉄道会社の幹部職員 / the President's [Governor's] ～ 大統領[知事]の属僚 / be on the ～ (of) (…の)職員[部員, 幹部など]である / a member of the ～ 社員, 部員. **c** 〖軍事〗参謀, 幕僚: the general and his ～ 将官とその幕僚 / the Army General *Staff* (米国) 陸軍参謀本部 / the joint ～ 統合幕僚 / ⇨ general staff, special staff. **7** 〖鉄道〗通票, タブレット (cf. staff system). **8** 〖音楽〗譜表 (stave). **9** 〖医学〗(尿道から膀胱へ差し込む)導入消息子.

at staff's end 《古》腕を伸ばして届く所に (at arm's length). ***set up** one's **staff*** 居を定める, 定住する (settledown). ***the staff of life*** 生命の糧(かて); (特に)パンなどの主食: Bread is *the* ～ *of life*. 《諺》パンは生命の糧.

── *attrib. adj.* **1 a** 参謀(付き)の, 幕僚の; スタッフの, 幹部の: ～ duties 参謀[幕僚]勤務[業務] / ⇨ staff officer. **b** 職員[部員]の[を成す]: a ～ member スタッフの一員. **2** 〈職務など〉(団体の)補助[諮問]的な: a ～ function.

── *vt.* **1** …に職員[部員など]を置く: His office is not sufficiently ～*ed*. 彼の事務所は職員が十分でない. **2** …の職員[部員]として働く.

staff[2] [stǽ(:)f | stɑ́:f] 〖← ? G *staffieren* to trim, decorate: cf. stuff〗 ── *n.* つた入り石膏, 苆(すさ)入り石膏《麻くず[つた]を入れて固めた石膏で, 仮設建造物の建築材料》.

Staf·fa [stǽfə] *n.* スタファ(島) (⇨ Fingal's Cave).

stáff càptain *n.* 〖海事〗大型船の副船長, (外航船舶の)船舶保安主任者.

stáff càr *n.* 〖軍事〗参謀用乗用車.

stáff cóllege *n.* 〖英軍〗幕僚大学校, 幕僚課程《選ばれた将校が幕僚任務につくための研修機関の総称》.

staffed *adj.* [通例複合語の第2構成素として] 参謀[部員, 職員]が…の: a well-*staffed* institution 職員[部員]が十分いる施設.

stáff·er *n.* 《米》**1** (官庁・軍などの)職員, 部員, 局員. **2** 〖ジャーナリズム〗(新聞・雑誌などの)編集部員, 記者 (cf. stringer 9).

stáff·less notátion *n.* 非譜表記譜法《譜表を用いず文字や記号で音の高さや長さを表わす記譜法; 古くはドイツのオルガン用のもの, 最近は tonic sol-fa などがある》.

stáff·màn [-mæ̀n] *n.* (*pl.* **-men** [-mèn]) =staffer.

stáff notátion *n.* 〖音楽〗譜表記譜法《五線譜などの譜表を用いる一般的な記譜法; cf. staffless notation》.

stáff núrse *n.* 《英》看護婦次長 (cf. sister 4).

stáff ófficer *n.* **1** 〖軍事〗幕僚, 参謀将校, 各部将校. **2** 〖米海軍〗(軍医・従軍牧師のように)直接軍務につかない将校.

Staf·ford [stǽfəd | -fəd] 〖OE *Stæfford, Stæþford* ← *stæþ* landing place (< Gmc **staþaz* : ⇨ staithe)+ FORD〗 ── *n.* **1** イングランド Staffordshire 州の首都; 人口 115,000. **2** =Staffordshire.

Staf·ford·shire [stǽfədʃɪə, -ʃə | -fədʃə(r, -ʃɪə(r] 〖OE *Stæffordscīr* : ⇨ ↑, -shire〗 ── *n.* イングランド中部の州; 1974 年に南東部は West Midlands 州の一部となる; 人口 996,000, 面積 2,997 km², 首都 Stafford.

Stáffordshire búllterrier *n.* スタフォードシャーブルテリア《ブルドッグと数種類のテリアとの異種交配により作出された大種のイヌ》.

Staffs. 《略》Staffordshire.

stáff sérgeant *n.* **1** 〖米空軍〗三等軍曹(ぐんそう). **2** 〖米陸軍〗二等軍曹《sergeant first class と sergeant の中間; ⇨ sergeant 1》. **3** 〖米海兵隊〗二等軍曹.

stáff sérgeant májor *n.* 〖米陸軍〗上級曹長《曹長 (master sergeant) より上, 准尉 (warrant officer) より下の下士官》.

stáff sýstem *n.* 〖鉄道〗(列車運転上の)通票方式 (cf. block system).

stáff trèe *n.* 〖植物〗ニシキギ科ツルウメモドキ属 (*Celastrus*) の植物の総称.

stag [stǽ(:)g] 〖OE **stacga*, **stagga* ← Gmc **stag-* 《原義》? provided with a male organ (ON *steggi* drake, tomcat) ← IE **stegh-* to prick : ⇨ sting〗 ── *n.* **1** 成熟した雄鹿, (特に) 5 歳以上の成熟した赤鹿 (cf. deer, staggard). **2 a** 家禽(きん)の雄, 雄の鶏. **b** 《英》七面鳥の雄 (turkey-cock). **3** (成熟後に)去勢した動物; (特に)去勢豚. **4** 《口語》**a** (パーティーなどで)女性同伴でない男. **b** =stag party. **5** 《スコット》若馬; (特に)乗り慣らされていない若い雄馬. **6** 《英俗》密告者 (informer): turn ～ 密告する. **7** 《英》〖証券〗利を得てすぐ売る目的で新会社の株式に応募する人.
── *attrib. adj.* 《口語》**1 a** 男だけの (cf. hen 2): a ～ dance, dinner, etc. / ⇨ stag party. **b** 男性だけの会合向けの; (特に)ポルノの (pornographic): a ～ movie [《英》film]. **2 a** 〈男が〉女性同伴でない. **b** (時に)〈女が〉男性同伴でない: a ～ woman.
── *adv.* 《口語》〈男が〉女性同伴者なしに: go ～.
── *v.* (**stagged; stag·ging**) ── *vi.* **1** 《口語》〈男が〉(パーティーなどに)女性同伴者なしに出席する. **2** 《英俗》〔人を〕密告する (inform) 〔*against*〕. **3** 《英》〖証券〗利を得てすぐ売る目的で新会社の株式に応募する.
── *vt.* **1** 《米》切って短くする; (特に)〈ズボンを〉膝あたりで切る. **2** 《英俗》〈人を〉探偵する, つける, スパイする (spy on).

stág bèetle 〖雄の大あごの形が stag の枝角に似ていることから〗 *n.* 〖昆虫〗クワガタムシ《クワガタムシ科の昆虫の総称; ミヤマクワガタ類など》.

stág·bùsh *n.* 〖植物〗=black haw 1.

stage [stéɪdʒ] 〖(?*a*1300) ▭ OF *estage* position, place, stay, dwelling (F *étage* storey) < VL **staticum* standing place ← L *stāre* to 'STAND'+-*āticus* '-AGE'〗
── *n.* **1** (講演・演奏などのために高く作った)舞台, 演壇. **2 a** (劇場の)ステージ, 舞台: a revolving ～ 回り舞台 / bring [put, present] a comedy on the ～ 喜劇を上場[上演]する / off ～ =offstage *adv.* / on ～ = onstage *adv.* / ⇨ TREAD *the stage*. **b** [the ～] 劇, 演劇 (the drama), 劇文学; 役者稼業, 俳優業; 劇壇, 演劇界: give up the law for *the* ～ 弁護士をやめて俳優になる / *the* Elizabethan [French] ～ エリザベス朝[フランス]演劇. **3 a** (活動の)舞台, 範囲; (戦争などの)舞台, 場所: the ～ of one's operations 活動舞台 / Europe was the ～ for war. ヨーロッパは戦争の舞台だった. **b** 注目の的: ⇨ *hold the* STAGE (3). **4 a** (建築場などの)足場, 足台 (scaffold). **b** =landing stage. **c** (顕微鏡の)載物台, ステージ. **5 a** (建物の)階, 層 (story). **b** 段 (grade): ～ by ～ 一段一段. **c** (温室などで鉢などを置く上下の)棚 (shelf). **d** (川の)水位. **6 a** (発達・発展の)段階, 期, 時代: in ～*s* 段階的に[で] / at this ～ 現段階において(は) / at the early ～ [in the early ～*s*] of civilization 文明の初期に / the matriarchal [pastoral] ～ 母権制[牧畜]時代 / a ～ of inactivity 不活動期 / She is in the hoyden ～. あの子はまだおてんば娘だ / The dispute approached its final ～. 紛争は最終的段階[どたん場]に近づいた / They took their plans a ～ farther. 計画を一段階先へ進めた. **b** (病気・症状・麻酔の)…期: the early ～*s* of cancer がんの初期. **7 a** (昔の駅馬車 (stagecoach) の)駅, 宿駅, 宿場, 立て場; (宿場と宿場の間の)旅程: travel to the last ～ 最終駅まで行く. **b** =stagecoach. **c** =fare stage. **8** 〖地質〗階《地質時代の「期」(age) に対応する地層》. **9** 〖電子工学〗(多段増幅器などの)段. **10** 〖生物〗期《生物個体・個体群および異種個体群などの発生発展過程の各段階》. **11** 〖昆虫〗齢《脱皮と脱皮の間の期間; cf. instar[1]》: the larval [pupal, imaginal] ～ 幼虫[さなぎ, 成虫]期. **12** 〖宇宙〗(多段式ロケットの)段《それぞれのタンクと燃料をもっているもの》.

be on the stage 役者[俳優]である. ***by easy stages*** (1) 一度に短距離だけ(旅行して), ゆっくり(旅して): travel *by easy* ～*s* ゆっくり楽な旅を続けて行く. (2) 休み休み[急がずに](仕事をして). ***come on* [*upon*] *the stage*** (1) 舞台にのぼる[出る]. (2) 世の中に出る. ***go on the stage*** 役者[俳優]になる. ***hold the stage*** (1) 〈劇が〉上演を続ける, 好評を博する. (2) 〈俳優が〉舞台を独占する[もたせる]. (3) 一座の注目を集める, 話を独占する. ***quit* [*leave, retire from*] *the stage*** (1) 舞台を退く. (2) 引退する: *quit the* ～ of politics 政界から引退する. (3) 死ぬ. ***set the stage* (*for*)** (1) (…の)舞台装置をする. (2) (ある事の)お膳立てをする, きっかけを作る[となる]. ***take* (*the*) *stage*** (1) 《演劇》〈俳優が〉(名ぜりふを終えたあとで)見得を切って舞台を横切る; 舞台を独占する. (2) (好んで事の)中心[主役]になる.

── *attrib. adj.* **1** 舞台の, 演劇の: a ～ actor 舞台俳優 / one's ～ career 俳優[舞台]歴 / a ～ carpenter 大道具方. **2** 月並みの, 紋切り型の: a ～ parson.

── *vt.* **1 a** 上演[上場]する: His play was first ～*d* in London. 彼の劇は最初ロンドンで上演された. **b** 公開する: ～ an athletic meet 運動会を公けに催す. **2** 劇にする. **3** 計画する, たくらむ (plan); 実施する (carry out): ～ a demonstration デモをやる / ～ the coup クーデターを計画する. **4** はなばなしく[劇的に]実現させる: ～ a comeback はなばなしくカムバック[復帰]する. **5** 《古》…に足場を設ける. **6** 〖軍事〗〈通過部隊・資材を〉処理する[移動させる]; (ある地域に)〈通過部隊・資材〉を集結する. **7** 〖印刷〗腐食止めをする, 塗込む. ── *vi.* **1** 上演[上場]できる[に適する]: a play that ～*s* well [badly] うまく上演できる[できない]芝居. **2** 駅馬車で旅行する. **3** 〖軍事〗基地[根拠地]を設営する, 陣地を構築する.

stáge bòx *n.* 〖劇場〗舞台わきの特別席 (cf. baignoire).

stáge bràce *n.* 〖劇場〗背景留具. 「さ].

stáge bùsiness *n.* 〖演劇〗俳優の所作(しょさ)[動き, しぐさ].

stáge·còach 〖⇨ stage (n.) 7〗 ── *n.* 駅馬車, 乗合馬車《汽車以前の主要交通機関で, 各駅 (stage) で新しい替え馬 (relay) を仕立てて決まった道を定期的に走った通例四頭立ての馬車; cf. coach A 1 b》.

stáge·còachman *n.* 駅馬車[乗合馬車]の御者.

stáge·cràft *n.* 劇作術; 上演術, 演出法.

staged *adj.* **1** 舞台上演用に脚色された, 舞台で演ぜられる. **2** 効果を狙って[欺くために]仕組まれた. **3** 段階的に仕組まれた[生じる].

stáge dirèction *n.* **1** 舞台指定, ト書き《脚本作者から俳優や舞台監督への演技上の注意》. **2** 舞台監督技術.

stáge dirèctor *n.* **1** 舞台監督, 演出指揮者 (cf. producer 2). **2** =stage manager.

stáge dóor *n.* (劇場の)通用口, 楽屋口.

stáge-dòor Jóhnny 〖楽屋口で待っていたことから〗 *n.* 《口語》女優[コーラスガール]に言い寄ろうと劇場によく行く男.

stáge drìver *n.* 駅馬車[乗合馬車]の御者.

stáge effèct *n.* **1** 舞台効果. **2** 場当り, 外連(けれん).

stáge fèver *n.* 芝居熱, 俳優[役者]志望熱.

stáge frìght *n.* (初演者の経験する)場おくれ, 舞台負け, あがること (cf. mike fright): get ～ 舞台負けする, あがる.

stáge·hànd *n.* 舞台係, 裏方 (sceneshifter)《道具方・照明係など》.

stáge léft *n.* 〖劇場〗=left stage.

stáge-mànage 〖(1879)《逆成》↓〗 ── *vt.* **1 a** …の舞台監督をやる. **b** 手ぎわよく指揮する: ～ a wedding ceremony / ～ a policy reversal 政策変更を画策する. **2** 人目に立たないように[背後で]手配する[指図する, 命じる, 監督する]. ── *vi.* 舞台監督をつとめる.

stáge mànager 〖(1817)〗 *n.* 〖劇場〗ステージマネージャー, 舞台主任《稽古中演出家 (director) の助手となり, 上演中舞台の責任をもつ》.

stáge micròmeter *n.* 〖物理〗台上ミクロ尺.

stáge nàme *n.* 舞台名, 芸名.

stáge·plànk *n.* =landing stage.

stáge·plày *n.* (放送劇などに対して)上演[舞台]劇.

stáge pòcket *n.* 〖劇場〗電流取口.

stáge pròperty *n.* [通例 *pl.*] 〖演劇〗小道具.

stag·er [stéɪdʒə | -dʒə(r] 〖(1570): cf. OF *estagier* inhabitant〗 *n.* **1** [通例 old ～ として] 経験家, 老練家 (veteran). **2** 《古》俳優 (actor). 「=right stage.

stáge rìght *n.* **1** [通例 *pl.*] 興行[上演]権. **2** 〖劇場〗

stáge sèt *n.* **1** 舞台装置. **2** 舞台, 場 (setting).

stáge sètting *n.* **1** 舞台装置をすること. **2** = stage set.

stáge·strùck *adj.* **1** 俳優熱にかかった, 役者熱にうかされた, 舞台生活にあこがれた. **2** 演劇狂の, 芝居気違いの.

stáge tìme *n.* (劇の)上演時間《通例 2-4 時間》.

stág-èvil 〖(1823) ← 《古》*stag's evil* : cf. stag《スコット》young horse〗 *n.* 〖獣医〗(馬の)破傷風 (lockjaw).

stáge wàit *n.* 〖演劇〗上演中のぎこちない中断《演技者などがキュー (cue) を忘れることによって起こる》.

stáge-whìsper *vi.* **1** 〖演劇〗わきぜりふをいう. **2** 第三者に聞こえよがしの私語をいう.

stáge whìsper *n.* **1** 〖演劇〗(登場人物には聞こえず観客には聞こえるという約束事に基づく)わきぜりふ. **2** 第三者に聞こえよがしの私語.

stáge·wìse *adj.* 演劇的知識のある; 演劇的に効果的な: a ～ director. ── *adv.* 演劇に関して; 舞台上で.

stag·y [stéɪdʒi | -dʒɪ] *adj.* (**stag·i·er; -i·est**) =stagy.

stag·fla·tion [stæ̀gfléɪʃən] 〖(混成) ← STAG(NATION)+(IN)FLATION〗 ── *n.* 〖経済〗スタグフレーション《景気停滞下の物価高》. **stag·flá·tion·àr·y** [stæ̀gfléɪʃənèri | -ʃ(ə)nəri] *adj.*

stag·gard [stǽgəd | -gəd] 〖(*c*1400) ← STAG (n.)+-ARD〗 *n.* (*also* **stag·gart** [stǽgət | -gət]) 4 歳の雄鹿.

stag·ger [stǽgə | -gə(r] 〖v.: (1530)《変形》←《方言》*stacker* ▭ ON *stakra* stagger (freq.) ← *staka* to push, punt (cf. stake[1]). ── n.: (1577) ← (v.): *k*→*g* の変化については cf. straggle, trigger〗 ── *vi.* **1 a** (なぐられたり, 疲労のため, または飲みすぎたりしたために)よろめく, よろよろする, ひょろつく (totter): ～ back うしろによろめく / ～ to one's feet よろけながら立ち上がる. **b** 千鳥足で[よろよろ]歩く (walk stumblingly): ～ *along* よろよろ歩いていく. **2** 〈軍勢などが〉くずれ出す; 二の足を踏む, 心がぐらつく, ためらう (waver): ～ *at* the news その知らせに心がぐらつく. **3** 揺れる, 震動する (tremble). ── *vt.* **1** よろめかす, ひょろつかす, ぐらぐらさせる. **2** 二の足を踏ませる, ぐらつかせる, ためらわせる (perplex), 動揺させる (shake): ～ one's resolution [belief] 決心[信念]をぐらつかせる. **3** 仰天させる, びっくりさせる (shock, amaze): I was positively ～*ed* by the news.

その報道に接して全くぼう然とした. **4 a** 〈リベット・車輪のスポークなどを〉中心線をはさんで左右に互い違いに配する. **b** 〈街路樹・街路灯などを〉道の両側に互い違いに設ける. **c** 〈交差点を〉食い違い交差にする: ~*ed* road crossing. **d** 〈ファイルを〉見出し (tabs) を順次ずらして並べる. **5** (ラッシュアワーを緩和し作業を能率化するために)〈始業・終業・食事時間などを〉食い違いにする, ずらす: ~ office hours 出勤時間をずらす, 時差出勤にする. **6** 〖航空〗〈複葉機の翼を〉前後にずらして配列する: a ~*ed* biplane 食違い複葉機 / ~*ed* wings 斜置翼, 突出翼. — *n.* **1** よろけること, よろめき, 千鳥足; ぐらつき. **2** (車輪のスポークなどを)互い違いに配列すること. **3** (始業・終業・食事時間などを)食い違いにする[ずらすこと], 時差出勤. **4** [*pl.*; 単数扱い] **a** 〖獣医〗(特に, 馬・牛・羊の)旋回病, 暈倒(うんとう)病, 眩暈(げんうん)病 《blind staggers, mad staggers ともいう》. **b** 〖病理〗=caisson disease. **5** 〖航空〗(複葉の)食い違い配置: ⇨ stagger wire. — *attrib. adj.* 〈出勤時間など〉食い違いの, 時差的な, 交互交替的な: a ~ system 時差出勤制度.

stágger·bùsh *n.* 〖植物〗米国産ツツジ科ネジキ属の低木 (*Lyonia mariana*) 《アセビに似て葉は動物に有害》.

stágger circuit *n.* 〖電子工学〗スタガー回路《中心周波数の少しずつ異なる増幅器を幾つか組合せて広帯域特性を得る回路》.

stággered héad *n.* 〖新聞〗=stagger head.

stág·ger·er [-gərə | -rə(r)] *n.* **1** よろめく人. **2** ぐらつかす物; 仰天させるもの, 大事件, 難問題 (poser).

stagger hèad *n.* 〖新聞〗食い違い見出し, 字下がり見出し (dropline) 《staggered head ともいう》.

stág·ger·ing [-g(ə)rɪŋ | -gər-] *adj.* **1** よろめく (tottering), よろよろする, 千鳥足の (reeling): a ~ gait. **2** よろめかす, ぐらつかせる: He received a ~ blow. 突かれてよろよろした. **3** ためらわせる; ためらう (wavering). **4 a** 仰天させる; 唖然とさせる, 参ってしまうような (overwhelming): a ~ piece of news 唖然とさせるような知らせ. **b** びっくりするほど大きい, ぼう大な: a ~ sum ぼう大な額. **~·ly** *adv.*

stágger wìre *n.* 〖航空〗スタガーワイヤー《複葉機の上下翼間の張線で, 機体の対称面に平行な面内に張られたもの》.

stag·ger·y [stǽg(ə)ri | -rɪ] *adj.* よろめく, 不安定な (unsteady).

stag·gie [stǽgi | -gɪ] *n.* =staggy².

stag·gy¹ [stǽgi | -gɪ] 〖← STAG + -Y⁴〗 *adj.* (**stag·gi·er; -gi·est**) 〈雌・去勢した動物が〉雄の成獣のような, 雄らしい.

stag·gy² [stǽgi | -gɪ] 〖← STAG + -Y²〗 *n.* 《スコット》若駒.

stág·hòrn *n.* **1** 鹿の角《細工物に使う》. **2** 〖植物〗ヒカゲノカズラ 《staghorn moss ともいう; ⇨ club moss》. **3** 〖動物〗=staghorn coral.

stághorn córal *n.* 〖動物〗エダミドリイシ《さんご礁を作るミドリイシ属 (*Acropora*) のうち, 骨格が鹿の角状に分枝している種類》; (特に) *A. cervicornis*.

stághorn súmac *n.* 〖植物〗温帯原産の秋に紅葉するウルシ科の植物 (*Rhus typhina*) 《実はすっぱく, 調味料に加える》.

stág·hòund *n.* 鹿狩り用猟犬.

stág·ing 〖ME〗 — *n.* **1** (劇などの)上演(すること). **2** 足場, 足代(あししろ) (scaffolding). **3** [集合的] (温室などの)棚. **4 a** 駅馬車業. **b** 駅馬車旅行. **5** 〖軍事〗通過部隊・資材の処理[移動]; (ある地域への)通過部隊・資材の集結. **6** 〖印刷〗腐食止め, ステージング; 塗込み. **7** 〖宇宙〗ステージング, ロケットの多段化.

stáging àrea *n.* 〖軍事〗(新作戦[任務]のための)部隊集結地域, (進攻準備地域から攻撃目標地域に至るまでの)中間準備地域; 兵站(へいたん)宿泊地域.

stáging nàil *n.* =scaffold nail.

stáging pòst *n.* 《英》 **1** (旅行の)途中下車[寄り]地. **2** 重要な準備段階. **3** 〖軍事〗=staging area.

Sta·gi·ra [stədʒáɪrə | -dʒáɪərə] 〖▭ L *Stagira, Stagiros* ▭ Gk *Stágeira, Stágeiros*〗 — *n.* スタゲイラ, スタゲイロス《古代ギリシャ Macedonia の町; Aristotle の出生地》.

Stag·i·rite [stǽdʒəràɪt | -dʒɪ-] 〖▭ L *Stagīrīt-ēs* ▭ Gk *Stageirítēs*: ⇨ ↑, -ite¹〗 — *n.* **1** スタゲイラ (Stagira) の住民. **2** [the ~] (Stagira 生れの人である)アリストテレス (Aristotle).

Sta·gi·ros [stədʒáɪrɑs | -dʒáɪərəs] *n.* (*also* **Sta·gi·rus** [-rəs]) =Stagira.

stág lìne *n.* [集合的] 《米口語》(ダンスパーティーで)相手の女性を求めて女性を見つめている女性同伴者なしの男性たち.

stag·nan·cy [stǽgnənsi | -nənsɪ] 〖⇨ ↓, -ancy〗 *n.* 沈滞, 停滞; 不振, 不況.

stag·nant [stǽgnənt] 〖《1666》▭ L *stāgnant-em* (pres. p.) ← *stāgnāre* (↓): ⇨ -ant〗 — *adj.* **1 a** 〈液体・気体が〉流れない, よどんでいる (motionless): ~ air, blood, etc. **b** 〈池の水など〉よどんで腐っている (stale): a ~ pond. **2** 発達[進展]のない, 不活発な, 沈滞した (sluggish); 不振の, 不景気な (dull): Trade is ~. 商況は不景気である. **~·ly** *adv.*

stag·nate [stǽgneɪt | ─ ─, ─ ─] 〖《1669》← L *stāgnāt-us* (p.p.) ← *stāgnāre* to become a pool, make stagnant ← *stāgnum* pool ← IE **stag-* to drip (Gk *stázein* to drip): ⇨ -ate³〗 — *vi.* **1** 〈液体・気体が〉流れない, よどむ; きたなくなる, 腐る, 悪くなる. **2** 〈生活・活動・心・商況・人などが〉沈滞する, 停滞する, 活気がなくなる, 不景気[不振]に陥る. — *vt.* **1** よどませる. **2** 停滞させる, 不景気[不活発]にさせる.

stag·na·tion [stægnéɪʃən] 〖《1665》: ⇨ ↑, -ation〗 *n.* 沈滞, 停滞; 不活発, 不景気, 不況.

stagnátion mastítis *n.* 〖病理〗鬱(うっ)滞性乳腺炎 (⇨ caked breast).

stagnátion pòint *n.* 〖物理〗よどみ点《流体の運動で流速が 0 になる点》.

St. Ágnes's Eve [seɪntǽgnɪsɪz-, -nəs-, -səz- | sn̩t-ǽgnɪs-, sənt-, sɪnt-] *n.* 聖アグネス前(夜)祭《St. Agnes はローマの処女殉教者で, その祭日の前夜の 1 月 20 日の夜にある儀式をする少女は, 夢で未来の夫を示されると伝えられる; J. Keats には *The Eve of St. Agnes* (1819) と題する詩がある》.

stag·nic·o·lous [stægníkələs] 〖← NL *stagnicolus* ← L *stāgnum* pool + *colere* to inhabit + *-us* '-OUS'〗 *adj.* よどみ[たまり]水にすむ[よく来る, 繁茂する].

stág pàrty *n.* 《口語》スタッグパーティー (cf. hen party): **a** 男だけの集まり《男子だけの夜会・園遊会・晩餐会など》. **b** (結婚する花婿のために結婚式前夜にその友人が開く)男だけのパーティー. **c** (しばしばポルノ映画などを目的とした)男性だけの会合.

stag·y [stéɪdʒi | -dʒɪ] 〖← STAGE (n.) + -Y⁴〗 — *adj.* (**stag·i·er; -i·est**) **1** 芝居じみた, 芝居[舞台]がかった (theatrical). **2** 誇張した, 場当りを狙う, 大げさな, わざとらしい (artificial, bombastic). **stág·i·ly** [-dʒɪli, -dʒə- | -lɪ] *adv.* **stág·i·ness** *n.*

Stag·y·rite [stǽdʒəràɪt | -dʒɪ-] *n.* =Stagirite.

Stahl·helm [ʃtáːlhɛ̀lm; G. ʃtáːlhɛlm] 〖《1927》▭ G ~: ⇨ steel, helm²〗 — G. *n.* シュタールヘルム, 鉄兜(てつかぶと)団《第一次大戦直後, 帝制復活を目ざす軍人によってドイツに組織された反動的国家主義団体; cf. Steel Helmet 2》.

staid [stéɪd] 〖《1541》(p.p.) ← STAY¹: *stayed* の古形〗 — *v.* stay¹ の過去形・過去分詞. — *adj.* **1** 落ち着いた, 真面目な, 着実な (steady, sober): ~ persons, colors, etc. **2** 《まれ》安定した, 確定した (settled). **~·ly** *adv.* **~·ness** *n.*

stain [stéɪn] 〖《*a*1387》 *steynen* (i) 《頭音消失》← OF *desteindre* 'to lose color, discolor, DISTAIN' // (ii) ▭ ON *stein-a* to paint ← *steinn* paint: ⇨ stone. — *n.*: 《1563》← (v.)〗 — *vt.* **1** 〔…で〕汚す, …にしみをつける (discolor, soil) 〔*with*〕: ~ one's fingers *with* ink インクで指を汚す / hands ~*ed with* blood 血で汚れた手. **2 a** 〈名声などを〉汚す, 汚損する (sully, blemish), …に傷をつける, 泥を塗る (tarnish, corrupt): ~ one's name 名を汚す. **b** (道徳的に)汚す: a character ~*ed* by vice 悪で汚れた性格. **3 a** 〈ガラス・材木・壁紙などを〉に着色する, 色付けする: ~ glass, wood, etc. **b** (顕微鏡で調べるため)〈組織の一部を〉染色する, 染める. **c** …に色を付ける, 染める 〔*with*〕: The western sky was ~*ed with* the color of autumn fruits. 西の空は秋の果実の色に染まった. — *vi.* **1** 汚れる, しみがつく. **2** しみになる[を生じる]. — *n.* **1** しみ (spot), 汚れ: ink [tea] ~*s* / a ~ of grease あぶらのしみ / a ~ on [upon] the cloth 布の汚れ / ⇨ bloodstain. **2** 汚点, きず (blemish): without a ~ on one's character [reputation] 人格[名声]には何のきずもない. **3** (動物の)体紋, 斑(ふ), 斑点 (spot). **4 a** 着色, 焼付け. **b** 染料, 着色剤 (dye). **c** (顕微鏡検査材料処理時に使用する)試薬[染料].

stain·a·ble [stéɪnəbl̩] 〖⇨ ↑, -able〗 *adj.* **1** 着色できる, 焼き付けられる. **2** しみをつけられる, 汚れる. **stàin·a·bíl·i·ty** [-nəbíləṭi | -lɪtɪ, -lɪ-] *n.*

stained 〖ME〗 — *adj.* [しばしば複合語の第 2 構成素として] **1** 汚れた: guilt-*stained* 前科つきの / sin-*stained* 罪に汚された. **2** 着色した: a black-*stained* house 黒塗りの家 / ⇨ stained glass.

stáined-glàss *adj.* **1** ステンドグラスの. **2** 信心ぶる: a ~ attitude.

stáined gláss 〖《1791》〗 *n.* (教会の窓などに用いる)ステンドグラス.

stáin·er 〖《*c*1395》〗 *n.* **1** 着色工, 染色工; 焼き付け工. **2** 着色液.

stáin·less *adj.* **1** 汚れのない, しみのない; 清浄な, 無垢(く)の. **2** さびない. **3** ステンレス製の. — *n.* **1** =stainless steel. **2** [集合的] ステンレス製食器類. **~·ly** *adv.*

stáinless stéel *n.* (クロム含有の)さびない鋼鉄, ステンレス鋼, ステンレス(スチール).

stair [stɛ́ə | stɛ́ə(r)] 〖OE *stǣġer* < Gmc **staiʒrī* (Du. & LG *steiger* landing stage) ← **staiʒ-*, **stīʒ-* to climb (cf. sty²) ← IE **steigh-* to go up (Gk *steíkhein*)〗 — *n.* **1 a** [*pl.*; 単数または複数扱い] 階段 (staircase). ★ 建物の階 (level) から階まで, または踊り場 (landing) から踊り場までのひと続きの踏み段 (flight of steps) をいう: a flight of ~*s* ひと続きの階段 (cf. flight¹ 10 a, pair *n.* 6) / ascend [descend] a ~*s* 階段を昇る[下る] / The ~*s* were dark [steep]. 階段は暗かった[急だった]. **b** (ひと続きの)階段: a winding [back] ~ 回り[裏]階段 / a screw [spiral] ~ 螺旋(らせん)階段 / A short ~ leads to the first floor. 短い階段を上ると一階[二階]へ出られる. **2** (階段の)一段: the top ~ but one 上から二番目の段 / He tripped on the top ~. 最上段で踏みはずした. **3** [*pl.*] =landing stage.

above stairs (特に, もと召使部屋に対して家族の住む)階上で[へ] (cf. abovestairs). ***below stairs*** (1) (特に, もと召使の住んだ)地下室で[へ]; 召使部屋で[へ] 台所で[へ] (cf. belowstairs). (2) =*down* STAIRS. ***down stairs*** 階下で[へ] (cf. downstairs): go *down* ~*s* 階下へ行く. ***up stairs*** 階上で[へ] (cf. upstairs): go *up* ~*s* 階上へ行く.

Stair [stɛ́ə | stɛ́ə(r)], 1st Viscount *n.* Sir James DALRYMPLE の称号.

stáir càrpet *n.* 階段用じゅうたん.

stáir·càse 〖《1624》〗 — *n.* **1** (手すりのついた)はしご段, 階段 (flight(s) of stairs); 階段のある建物の部分: the grand ~ ⇨ grand *adj.* 4 / a corkscrew [spiral] ~ 螺旋階段. **2** 階段状のもの. **3** 〖印刷〗=river¹ 4.

stáir·fòot 〖《15C》〗 *n.* 階段の下[を降りきった所].

stáir·hèad *n.* 階段の頂上[を上がりきった所].

stáir ròd *n.* 階段用じゅうたん押え《金属の棒》.

stáir·wày *n.* **1** はしご段, 階段. **2** 階段による通路.

stáir·wèll *n.* 〖建築〗階段吹抜け《階段とその中央部の吹抜けの空間とを含む》.

staithe [stéɪð] 〖《1338》 *stathe* ▭ ON **staþwō*, *stǫð* landing place < Gmc **staþaz* (OE *stæþ* bank, shore) ← IE **stā-* 'to STAND'〗 — *n.* (*also* **staith** [stéɪθ]) 《英方言》石炭積出し波止場.

stake¹ [stéɪk] 〖OE *staca* (n.) ← Gmc **stak-*, **stek-* 'to STICK²': cf. stack, stagger, stick¹, stockade〗 — *n.* **1** (境界標識・馬をつなぐ棒・植物の支え棒として地面に突き刺して用いる先の尖った)棒, 杭(くい): tether a horse to a ~ 馬を杭につなぐ. **2 a** 火刑柱: burn a heretic at the ~ 異端者を火刑に処する. **b** [the ~] 火刑, 火あぶり: be condemned to *the* ~ 火刑の宣告を受ける / go to *the* ~ 火あぶりになる. **3** (荷車・トラックなどの荷台の横や後に立てる)柵柱《荷物の支え棒》. **4** (ブリキ屋の)小金敷(sett). **5** 〖モルモン教〗ステーキ部《1 人の部長 (president) と 2 人の副部長 (counselor) の統轄する教区; 幾つかのワード部(ward)で構成される》.

pull up stakes 《口語》立ち去る; 転居[転職]する.

— *vt.* **1** 杭[棒]で…にしるしをする, 杭で区画する, 杭で囲う; なわ張りをする 〈*off, out*〉: ~ *off* [*out*] a boundary 境界に杭を打って区画する / ~ *in* [*up*] the site 杭を打って敷地を囲い込む. **2** 〈立木・ツタなどを〉棒で支える. **3** 〈牛・馬などを〉杭[棒]につなぐ. **4** 杭[棒]で止める[固定する] (fasten). **5** 《俗》〈刑事などが〉…を張込む.

stake out (1) 《俗》〈容疑者・地域を〉警察の監視下におく. (2) 《俗》〈刑事など〉に監視させる, 張込ませる. (3) ⇨ *vt.* 1.

stake² [stéɪk] 〖《1540》: 「賭けとして stake¹ の上に置かれたもの」の意か〗 — *n.* **1 a** 賭け (wager): The ~ is our life. 我々は生命を賭けている. **b** 賭金, 賭の元手; 特別出馬登録料. **2 a** [しばしば *pl.*] (試合・競馬などの)賞金 (prize), 付加賞金. **b** [*pl.*; 単数扱い] 賭け競馬, ステークス競走 (stake race). **c** 《米口語》=grubstake. **3** 利害関係 (interest held); 関心 (concern interest) 〔*in*〕: have a ~ *in* an undertaking 企業に関心をもつ, 企業にかかわり合いがある / have a ~ *in* the country 〈地主などが〉国の繁栄に利害関係をもつ. **4** 〖トランプ〗(ポーカーの)賭金率, レート《チップを 1 点いくらにするか, などの取り決め》.

at stake 賭けられて, 危くなって; かかわって, 問題となって (in question): Life itself is *at* ~. 命そのものがかかわっている(から捨てておけない) / My honor is *at* ~. 私の名誉にかかわる問題だ.

— *vt.* **1** 〔…に〕〈金・命・名誉などを〉賭ける (wager, risk) 〔*on*〕: ~ one's life 生命を賭ける / ~ one's all のるかそるかの勝負をする / ~ a fortune *on* a single race たった 1 レースに財産を賭ける / I ~ my reputation *on* his honesty. 私の名誉にかけて彼の正直を保証する. **2** 《米口語》 **a** (将来の成功を見込んで)〈金を〉つぎ込む, 〈資金を〉投資する; 〈人・企業を〉財政的に援助する. **b** 〈金品などを〉〈人に〉与える (give) 〔*to*〕: ~ food [money] *to* a person. **c** 〈人〉に〔金品などを〕与える 〔*to*〕: ~ a person *to* money. **d** =grubstake. — *vi.* 賭ける.

stáke bòat *n.* **1** (ボートレースの出発点やコースを示すために固定した)目標艇. **2** (はしけや他の船を仮に係留しておくための)係留艇.

stáke bòdy *n.* 〖自動車〗ステーキボデー《荷台の周囲を柵柱 (stake) で囲んだトラックの車体》.

Stáked Pláin [stéɪkt-] *n.* ⇨ Llano Estacado.

stáke·hòlder *n.* **1** 賭け金の保管人. **2** 〖法律〗係争物受寄者《一つの物または金銭に対して対立請求者のある場合に, 利害関係のない第三者にしてその物を所持する者》.

stáke hòrse *n.* 〖競馬〗 **1** stake race に出走する馬. **2** 上等の馬.

stáke·nèt *n.* (杭(くい)に掛ける)建網《建干網の類》.

stáke·òut *n.* 《米口語》 **1** (犯罪の起こる前や指名手配中の犯人が立寄るのを見込んでの)警察の張込み: set up a ~. **2** 張込み場所[地域].

stáke ràce *n.* 〖競馬〗ステークス競走, 賞金付競馬, 賭け競馬, 特別競走《出馬登録料の総額を, 勝馬と入着馬に一定の率で賞金として返還するレース; stakes race ともいう》.

stáke trùck *n.* 〖自動車〗ステーキボデー (stake body) のトラック.

Sta·kha·nov·ism [stəkɑ́ːnəvìzm, -kǽn-, -hɑ́ːn-] 〖← *Aleksei G. Stakhanov* (1906-77: ソ連の炭坑夫で, この方法の創案者): ⇨ -ism〗 — *n.* 〖労働〗スタハーノフ運動《1935 年ソ連の Donbass の炭鉱で起きた運動で個人的創意で能率を上げた労働者に報酬を与えることによって労働の生産性と技術の向上を図る運動》.

Sta·kha·nov·ite [stəkɑ́ːnəvàɪt, -kǽn-, -hɑ́ːn-] 〖⇨ ↑, -ite¹〗 〖労働〗 *n.* スタハーノフ運動での成績優秀な労働者. — *adj.* スタハーノフ運動(参加労働者)の.

sta·lac·tic [stəlǽktɪk] *adj.* =stalactitic.

sta·lac·ti·form [stəlǽktəfɔ̀ːm | -tɪfɔ̀ːm] 〘⇨ ↓, -form〙 *adj.* 鍾(しょう)乳石状の.

sta·lac·tite [stəlǽktaɪt, stǽləktàɪt | stǽləktàɪt] 〘(1677) ← NL *stalactites* ← Gk *stalaktós* dropping, dripping ← *stalássein* to drop, drip: ⇨ -ite[1]: 水がしたたり落ちることから〙 ── *n.* **1** 〘地質〙鍾(しょう)乳石, つらら石 (cf. stalagmite). **2** 鍾乳石状のもの. **3** 〘建築〙スタラクタイト, 鍾乳飾り《イスラム建築で用いる優雅な形をした装飾的持送り構造; stalactite work ともいう》. ── *attrib. adj.* 〘建築〙鍾乳飾りの, スタラクタイトを施した: a ～ vault / ～ work.

sta·lac·tit·ed [stəlǽktaɪtɪd, stǽləktàɪt-, -təd | stǽləktàɪt-] *adj.* =stalactite.

stal·ac·tit·ic [stæ̀ləktítɪk, -lək-, stəlæ̀k- | stæ̀ləktítɪk, -lək-] 〘⇨ stalactite, -ic[1]〙 *adj.* **1** 鍾乳石(状)の[に関する]. **2** 鍾乳石で被われた. 「**～·ly** *adv.*

stàl·ac·tít·i·cal [-tɪkəl, -tə- | -tɪ-] *adj.* =stalactitic.

sta·lag·mite [stəlǽgmaɪt, stǽləgmàɪt | stǽləgmàɪt] 〘(1681) ← NL *stalagmītes* ← Gk *stálagma* a drop, *stalagmós* a dripping ← *stalássein*: ⇨ stalactite, -ite[1]〙 ── *n.* 〘地質〙石筍(せきじゅん)《洞底から上方に成長した石灰質の二次生成物; cf. stalactite》.

stal·ag·mit·ic [stæ̀ləgmítɪk, -ləg-, stəlæ̀g- | stæ̀ləg-mítɪk, -ləg-] *adj.* 石筍の; 石筍状の.

stàl·ag·mít·i·cal [-tɪkəl, -tə- | -tɪ-] *adj.* =stalagmitic. **～·ly** *adv.*

stal·ag·mom·e·ter [stæ̀ləgmɑ́mətə | -mɔ́mɪtə(r), -mə-] 〘← Gk *stalagmós*+-METER[1]: ⇨ stalagmite〙 *n.* 〘化学〙滴数計, 測滴計《表面張力を測る装置》.

St. Al·bans [sèntɔ́ːłbənz | sn̩tɔ́ːł-, sənt-, sɪnt-, -ɔ̀ł-] 〘この地で 300 年ごろ殉教したと言われている St. Albans を記念して建てられた修道院にちなむ〙 ── *n.* イングランド Hertfordshire 州の都市《ノルマン時代の教会堂(大聖堂)がある; ばら戦争 (Wars of the Roses) の際の戦跡; 人口 124,000; 古名 Verulamium》.

stale[1] [stéɪł] 〘(c1300) 'old enough to clear, well-aged (of liquor)' □ ? AF ～=OF *estale* not moving ← *estaler* to stop ← *estal* a stand (F *étal* butcher's stall) □ Frank. **stal* standing place: ⇨ stall[1]〙 ── *adj.* (**staler**; **stal·est**) **1 a** (長く保存しすぎて)品質が変化した, 新鮮でない, 古臭い. **b** 〈ビール・酒など〉気の抜けた (vapid, flat). **c** 〈肉・卵など〉腐りかかった. **d** 〈パンなど〉堅くなった, ぱさぱさの. **e** 〈空気など〉酸素不足の, むっとする (stagnant). **f** 腐ったにおいのする, 不快なにおいのする: a ～ yard. **2** 新鮮味[興味]をなくした, 陳腐な, かびの生えた (hackneyed, trite): a ～ joke 古臭い冗談 / a ～ routine おもしろくもないおきまりの仕事 / How weary, ～, flat, and unprofitable, seem to me all the uses of this world! この世の中の有様は何もかもおもしろくない, つまらない, 味気ない, 生きがいなく思われるわい (Shak., *Hamlet* 1. 2. 133–4). **3** (過労または倦怠などのため)生気をなくした, 活気のない; 頭の働きの鈍くなった, 練習[勉強]し過ぎてコンディションをくずした (overtrained): An athlete becomes ～ through overtraining. 運動選手は過度の練習でコンディションが悪くなる. **4** 《古》結婚適齢期を過ぎた. **5** 〘法律〙 **a** (権利の不行使により)効力喪失の, 無効の: a ～ demand 陳腐請求(の抗弁). **b** 〈小切手が〉銀行に呈示されず, 合理的期間を過ぎて所持された. ── *vt.* **1** 古臭くする; 〈酒などを〉気を抜けさす; (使い過ぎて)新鮮味をなくさせる. **2** 〘生物〙(他種の生物の成長によって)〈培養基などを〉不適当にする. ── *vi.* 古臭くなる; 気が抜ける, 新鮮味がなくなる. **～·ly** *adv.* **～·ness** *n.*

stale[2] [stéɪł] 〘(a1400) □ ? MLG *stal* (n.) & *stall-en* (v.) ∥ OF *estaler* (↑) ← Frank.: cf. Gk *stalássein* to drop, drip〙 ── *n.* (馬・家畜の)尿 (urine). ── *vi.* 〈馬・家畜が〉放尿する, 小便する (urinate).

stale[3] [stéɪł] 〘(1440) 'bird used as a decoy' □ AF *estal(e)* 《変形》← ? OE *stæl-* decoy (← ? *stellan* to place): OF *estaler* (↑) の影響による〙 ── *n.* **1** 《古》笑いもの, 笑い草, 物笑い (laughingstock); なぶりもの (butt). **2** 《古》おとり (decoy). **3** 《廃》売春婦.

stale·mate [stéɪłmèɪt | ⌐⌐, ⌐⌐] 〘(1765) ← 《廃》*stale* stalemate (□ AF *estale* fixed position ← *estaler* to be placed)+MATE[2]: ⇨ stale[1], stall[1]〙 ── *n.* **1** 〘チェス〙ステイルメイト《さし手がなくて動けば王手になる状態で, 引き分けの一種》. **2** 行き詰まり, 窮境, 膠着状態 (deadlock, impasse): nuclear ～ 核武装競争の行詰り, 核の手詰り. ── *vt.* **1** 〘チェス〙〈駒・相手を〉ステイルメイトにする. **2** 行き詰まらす: a ～*d* situation 行き詰まった状況.

Sta·lin [stɑ́ːlɪn, stǽl-, -lən, -liːn | -lɪn; *Russ.* stáljin] *n.* スターリン: **1** Braşov の旧名. **2** Donetsk の旧名.

Sta·lin [stɑ́ːlɪn, stǽl-, -lən, -liːn | -lɪn; *Russ.* stáljin], **Joseph** *n.* スターリン《1879–1953; ソ連の政治家; グルジア (Georgia) の生まれて最初 Lenin および Trotsky と提携して Bolshevists の指導者となり, Lenin の死後は党と政府を掌握; 大元帥, 共産党書記長 (1922–53), 人民委員会議議長・首相 (1941–53); 本名 Iosif Vissarionovich Dzhugashvili [jósjif vjissarjiónəvjitʃ dʒugaʃvjílji]》.

Sta·lin·a·bad [stɑ̀ːlɪnəbɑ́ːd, stæ̀lɪnəbǽd, -lə- | -lɪ-; *Russ.* stəljinabát] *n.* スタリナバード《1961 年までの Dushanbe の旧名》.

stál·ing [-lɪŋ] *n.* 〘生物〙(人工培養における)菌の生長の停止《菌自身の代謝産物の増加によることが多い》.

Sta·lin·grad [stɑ́ːlɪŋgræ̀d, stǽl-, -lən- | -lɪŋgræ̀d, -grɑ̀ːd; *Russ.* stəljingrát] 〘□ Russ. ～《原義》Stalin's city〙 *n.* スターリングラード《Volgograd の旧名》.

Stá·lin·ism [-lənɪzm | -lɪn-] *n.* 〘政治〙スターリン主義.

Stá·lin·ist [-nɪst, -nəst | -nɪst] *n.* スターリン主義者. ── *adj.* スターリン主義(者)の. 「義化する.

Sta·lin·ize [stɑ́ːlənàɪz, stǽl- | -lɪ-] *vt.* スターリン主

Sta·lin·noid [stɑ́ːlənɔ̀ɪd, stǽl- | -lɪ-] *adj., n.* スターリン主義に賛成する[感化された](人).

Sta·li·no [stɑ́ːlɪnòu, stǽl-, -lə- | -lɪnəu; *Russ.* stáljinə] *n.* スターリノ《Donetsk の旧名》.

Stálin prìze *n.* スターリン賞《1939 年 Stalin 60 歳を記念して, 学術・文学・芸術の優れた業績に与えられた賞; 1935 年以来授賞の中止されていた Lenin prize が 1956 年に復活したために, これに改称する形でこの賞はなくなった》.

stalk[1] [stɔ́ːk] 〘OE (*bi*)*stealician* to walk stealthily < Gmc **stalkōjan* (freq.) ← **stal-*, **stel-* 'to STEAL': *-k* については cf. hear-hark, tell[1]-talk〙 ── *vi.* **1 a** 大手を振って歩く, ゆったりと歩く; もったいぶって[威張って]歩く. **b** 〈疾病・死・災厄などが〉広がる, 蔓(まん)延する (spread): Pestilence and famine ～*ed* unchecked through the land. 疫病と飢餓がどんどん国中に広がった. **2** 獲物[敵など]に忍び寄る, そっと跡をつける (still-hunt). **3** 《廃》忍び足で歩く, 忍び歩く (steal). ── *vt.* **1** こっそり〈獲物・人〉の跡をつける, …に忍び寄る (pursue stealthily). **2 a** 〈道路などを〉大手を振って[堂々と]歩く, ゆっくりと歩く: ～ the streets 街路を堂々と歩く[闊歩(かっぽ)する]. **b** 〈疾病・災厄などが〉…に広がる; つきまとう (dog). ── *n.* **1** 大手を振って[堂々と]歩くこと. **2** 獲物に忍び寄ること, そっと追跡すること. **～·er** *n.*

stalk[2] [stɔ́ːk] 〘(c1325) *stalk(e)* ← ON (Norw. 《方言》*stalk*) ∥ (dim.) ← ME *stale* < OE *stalu* stalk ← Gmc **stal-*: cf. stall[1]〙 ── *n.* **1** 〘植物〙茎, 幹, 軸; 柄(え), 葉柄 (petiole), 花梗(こう) (peduncle). **2** 〘動物〙茎状部, 肉茎, 肉柄 (peduncle). **3** 茎[軸]状のもの, 細長い支え: **a** 高い煙突. **b** (ワイングラスなどの)脚. **4** 〘建築〙(コリント式の柱頭につく)茎状飾り.

stálk cèll *n.* 〘植物〙柄細胞《花粉管の生殖細胞の分裂により中心細胞とともに生じた裸子植物細胞》.

stalked *adj.* 茎のある, 幹のある, 柄のある.

stálk-éyed *adj.* 〈甲殻動物が〉有柄眼をもった, 凸眼(とつがん)の.

stálk·ing-hòrse 〘(1519): ⇨ stalk[1]〙 ── *n.* **1** 隠れ馬《猟師が獲物に近づく時にその陰に隠れて行く馬または馬形の物》. **2** 偽装; 口実, かこつけ (pretext). **3** 《米》〘政治〙当て馬候補《有力候補者を隠すためまたは敵候補者の得票を奪うための偽れ候補》. 「(sessile).

stálk·less *adj.* **1** 茎のない. **2** 〘植物〙無柄(むへい)の

stalk·y [stɔ́ːki | -kɪ] 〘← STALK[2]+-Y[4]〙 *adj.* (**stalk·i·er**; **-i·est**) **1** 茎のある; 茎の多い. **2** 茎のような, 細長い. **stálk·i·ness** *n.*

stall[1] [stɔ́ːł] 〘OE *steall* standing place, state < Gmc **stallaz* (Du. *stal* / G *Stall*) ← IE **stel-* to put, cause to stand (L *locus* place (< OL *stlocus*) / Gk *stéllein* to put in order, send: cf. apostle, stale[1], stalk[1], still[1]) ← **stā-* 'to STAND'〙 ── *n.* **1 a** (一頭の牛・馬を入れる)厩(きゅう)舎[馬屋, 牛舎]の一区画; 馬房, 牛房. **b** 《廃》厩舎, 畜舎 (stable). **c** 〘競馬〙スターティングゲイト (starting gate, stall gate). **2 a** 仕切りになっているもの. **b** 売店, 屋台店, 露店 (booth, stand); 商品陳列台: ⇨ bookstall, coffee stall / a night [street] ～ 夜[露]店 / a ～ at a bazaar バザーの売店 / a butcher's ～ 肉屋の陳列台. **c** 《英》(劇場の)一階前方の一等席; [*pl.*] 一等席の観客. **d** (仕切りのある固定の)信者席; (特に)(教会の内陣に特設された)聖職者席, 聖歌隊席. **e** 仕切った小部屋, 小区画: a shower ～ シャワー室. **f** (図書館の)キャレル (carrel). **g** 《米》(駐車用の)自動車置場. **3** 指サック (sheath, cot): ⇨ fingerstall. **4** 〘鉱山〙採掘場, 切場, 房室, 切羽(きりは) (room). **5** 〘冶金〙焙(ばい)焼室. **6** 〘航空〙失速《迎え角が大きくなって翼上面の流れが剝離することにより揚力が減少すること》. **7** 〘機械〙(低品質の燃料を用いたり過負荷による)エンジンの停止: an engine ～ エンスト.
── *vt.* **1 a** 馬[牛]房に入れる. **b** 〈厩舎〉に仕切りをつける. **c** 《古》(太らせるために)〈牛を〉牛舎に入れて置く: ～ an ox. **2** 〈馬・馬車を〉(泥[雪]などの中にはまらせて)動けなくする; 立往生させる, 止まらせる: get ～*ed* in the mud 泥の中で立往生する / We were ～*ed* in the car for an hour. 車の中で 1 時間立往生した. **3** 〘航空〙〈飛行士が〉〈飛行機を〉失速させる: ～ an airplane. **4** 〘機械〙〈エンジンを〉(粗悪混合燃料や過負荷により)停止させる. ── *vi.* **1** 〈牛・馬が〉畜舎に入る. **2** 泥[雪]にはまり込む; 立往生する, 止まる: The car ～*ed* in the ditch. 車が溝にはまって動けなくなった. **3** 〘航空〙〈飛行機が〉失速する. **4** 〘機械〙〈エンジンが〉停止する, エンストを起こす.

stall[2] [stɔ́ːł] 〘(?a1500) 'decoy bird' 《変形》← STALE[3]〙 ── *n.* 《口語》 **1** (だましや引延ばしのための)ごまかし, 口実 (pretext, pretence). **2** (被害者を押したり, 注意をそらしたり, さえぎったりする)すりの相棒, すり仲間. ── *vi.* **1** (だましたり, 引き延ばすために)うまく言い抜ける[ふるまう]; 時をかせぐ: ～ *for* time. **2** すりの相棒をやる. **3** 〘スポーツ〙(魂胆があって)全力を出さずにやる, 力を落としてプレーする, 力をセーブする. ── *vt.* (言い逃れやごまかしたりして)引き延ばす, 遅らせる; うまく避ける 〈*off*〉: ～ *off* questioners 質問者たちをうまくごまかす / He ～*ed* the robber till the police arrived. 警察が来るまで泥棒をなんとかだまして引きとめた.

stall·age [stɔ́ːlɪdʒ] 〘(a1387) □ AF *estalage* ← OF *estal* (← Gmc)+-AGE: ⇨ stall[1]〙 *n.* 〘英法〙(市場(いちば)などにおける)売店を建てる権利[場所], 場所代.

stáll àngle *n.* 〘航空〙失速(迎)角 (stalling angle).

stáll-fèd *v.* stall-feed の過去形・過去分詞. ── *adj.* 〈家畜が〉畜舎に入れて太らせた.

stáll-fèed *vt.* (**-fed**) (太らせるために)〈家畜を〉畜舎に入れて飼う; 畜舎に入れて太らせる.

stáll·ing àngle [-lɪŋ-] *n.* 〘航空〙失速(迎)角 (stall angle, stalling angle of attack ともいう).

stal·lion [stǽljən] 〘(c1395) *stal(i)on* □ OF *estalon* (F *étalon*) < VL **stallōnem* 《原義》a horse kept in the stall □ Frank. **stall* stable: cf. OHG *stall* 'STALL[1]'〙 ── *n.* **1** 去勢してない雄の成熟馬, (特に)種馬 (cf. horse 1). **2** (種付け用の)雄の犬[羊など].

stáll plàte *n.* 〘紋章〙ストールプレート《chapel の stall (聖職者席)背後の壁に掲げられている紋章を刻んだ真鍮板》: the Garter ～ ガーター騎士のストールプレート《Windsor 城内の Chapel of St. George にあり, 紋章史料として重要な存在となっている》.

stal·wart [stɔ́ːłwət | stɔ́ːłwət, stɔ́ł-, -wɑːt] 〘ME *sta(w)louart* 《北部方言》← *stalworthe*, *stalwarde* (↓): Scott によって復活・一般化した; *-t* については cf. *steward*-《スコット》*stewart*〙 ── *adj.* **1** 頑丈な, がっしりした, 頑健な (sturdy): a ～ body. **2** 勇敢な (brave), 雄々しい (valiant). **3** (特に, 政治的に)しっかりした (steadfast), 妥協しない (uncompromising), 節操の堅い: a ～ supporter, defender, etc. ── *n.* **1** がっしりした[頑丈な]人. **2** あくまで主義に忠実な人, 信念の固い人. **～·ly** *adv.* **～·ness** *n.*

stal·worth [stɔ́ːłwəːθ, -wəθ | stɔ́ːłwəθ, stɔ́ł-, -wəːθ] 〘ME *stalworthe*, *-worde*, *-warde* < OE *stælwierþe* serviceable 《短縮》? ← *staþolwierþe* ← *staþol* foundation (⇨ staddle)+*wierþe* 'WORTH[1]'〙 ── *adj.* 《古》=stalwart.

Stam·bul [stæmbúːł; *Turk.* stámbul] *n.* (*also* **Stamboul** [～]) スタンブール: **1** Istanbul 市最古の地区《トルコ人住宅地域》. **2** Istanbul の旧名.

sta·men [stéɪmɪn, -mən | -men, -mən] 〘(1650) □ L *stāmen* warp, thread ← IE **stā-* 'to STAND' (Gk *stḗmōn* warp: cf. penstemon)〙 ── *n.* (*pl.* **～s**, **sta·mi·na** [stéɪmənə, stǽm- | stéɪmɪ-, -mə-]) 〘植物〙雄蕊(ゆうずい), 雄しべ (cf. pistil). **～ed** *adj.*

stámen blìght *n.* 〘植物病理〙イチゴの雄しべ病《クロイチゴを不完全菌 *Hapalosphaeria deformans* が犯し, 雄蕊(ゆうずい)の葯(やく)を灰色粉状の胞子で蔽う》.

Stam·ford [stǽmfəd | -fəd] 〘← *Stamford* (英国 Lincolnshire 州の町) < OE *Stānford* 《原義》stony ford〙 ── *n.* 米国 Connecticut 州南西部の都市; 人口 109,000. 「の) stamini- の異形.

sta·min- [stéɪmən, stǽm- | -mɪn] (母音の前に来る時

stam·i·na[1] [stǽmənə | -mɪ-, -mə-] 〘(a1676) □ L *stāmina* (pl.) ← *stāmen* thread: ⇨ stamen: Fates の紡ぐ人間の寿命の糸の意から〙 ── *n.* (疲労・病気・困苦などに耐える)体力, 精力, スタミナ, 根気, 持久力, 忍耐力.

stamina[2] *n.* stamen の複数形.

stam·i·nal[1] [stǽmənł | -mɪ-, -mə-] *adj.* 体力[精力, スタミナ, 根気]の. 「〘植物〙雄蕊(ゆうずい)の.

sta·mi·nal[2] [stéɪmənł, stǽm- | stéɪmɪ-, -mə-] *adj.*

sta·mi·nate [stéɪmənət, stǽm-, -nèɪt | -mɪ-] 〘← L *stāmin-*, *stāmen* 'STAMEN'+-ATE[2]〙 ── *adj.* 〘植物〙 **1** 雄蕊(ゆうずい)のある. **2** (雌蕊がなくて)雄蕊だけある (cf. pistillate): a ～ flower 雄花.

sta·m·i·ni- [stéɪmənɪ, stǽm-, -nə | -mɪnɪ] 〘← L *stāmen* (↑)〙 〘植物〙「雄蕊(ゆうずい) (stamen)」の意の連結形. ★ 母音の前では通例 stamin- になる.

sta·mi·nif·er·ous [stèɪmənɪ́f(ə)rəs, stæ̀m- | -mɪ-] 〘⇨ ↑, -ferous〙 *adj.* 〘植物〙雄蕊(ゆうずい)のある (cf. pistilliferous).

sta·mi·node [stéɪmənòud, stǽm- | -mɪnəud] *n.* 〘植物〙=staminodium.

sta·mi·no·di·um [stèɪmənóudiəm, stæ̀m- | -mɪnə́u-diəm, -djəm] 〘← NL ～ ← STAMINI-+-*ōdium* likeness (← Gk *-ōdēs* like: ⇨ -ode[1])〙 ── *n.* (*pl.* **-di·a** [-diə | -dɪə, -djə]) 〘植物〙仮雄蕊(ゆうずい), 偽雄蕊《ウメバチソウ属 (*Parnassia*) の花にある》.

sta·mi·no·dy [stéɪmənòudi, stǽm- | -mɪnəudɪ] 〘⇨ ↑, -ody〙 *n.* 〘植物〙雄蕊(ゆうずい)化《花弁・萼片(がくへん)などが雄蕊に変態すること》.

stam·mel [stǽməł] 〘(1530) ← ? *stamin* (⇨ stamen) +-EL[1]〙 ── *n.* **1** 《廃》スタンメル織《通例赤く染めた荒いラシャ; 以前苦解者の下着に用いた》. **2** 《古》スタンメル織の赤色 (stammelcolor ともいう).

stámmel·còlor *n.* 《古》=stammel 2.

stam·mer [stǽmə | -mə(r)] 〘OE *stamerian* < (WGmc) **stamrōjan* (Du. & LG *stameren*) ← **stamra-* (OE *stamor* stammering) ← IE **stem-* 'to STEM[2]': cf. stum, stumble: ⇨ -er[4]〙 ── *vi.* どもる, 口ごもる (stutter); どもりながら言う: ～ over words 口ごもりながら言う. ── *vt.* どもりながら言う 〈*out*〉: ～ *out* an excuse [apology] どもりどもり言訳[弁解]をする. ── *n.* どもり, 口ごもり (stutter); どもった発声.

～·er [-mərə | -rə(r)] *n.* 「音障害; 舌たらず.

stám·mer·ing [-m(ə)rɪŋ] *n.* 〘医学〙どもり, 吃(きつ); 構

stám·mer·ing·ly *adv.* どもり[口ごもり]ながら.

stam·nos [stǽmnɑs | -nɔs] 〘▭ Gk *stámnos* ← *istánai* to cause to stand〙 *n.* スタムノス《古代ギリシャ・ローマの両取っ手付きの壺; cf. amphora 1》.

stamp [stǽmp] 〘v.: OE **stampian* (cf. *stempan* to pound (in a mortar)) < Gmc **stampōjan* (Du. & LG *stampen* / G *stampfen* / ON *stappa*) ← **stampaz* mortar ← **stap-* 'to tread, STEP': cf. (O)F *estamper* (← Gmc). — n.: 《1465》← (v.) // ▭ (M)F *estampe*〙 — *vt.* **1** (乳棒・すりこ木, または重い道具などで)押しつぶす, 押しくだく (pound); 〈鉱石などを〉粉にする, 粉砕する (crush). **2 a** 〈地面・床などを〉(足で)踏みつける: ～ the ground 地面を踏みにじる / ～ the grass flat 芝生を踏みつぶす. **b** 〈足を〉踏みつける, 踏み下ろす: ～ one's foot (in anger) (怒って・いらいらして)足を踏みならす, 地団駄を踏む. **3 a** 〈雪などを〉足踏みして落とす: ～ the snow from one's boots. **b** 踏み消す 〈*out*〉: ～ *out* a fire. **c** 〈反乱などを〉撲滅する, 鎮圧する, 根絶する 〈*out*〉: ～ *out* a disease, rebellion, etc. **4 a** 〈文書・書類など〉に〔印章・印形・極印・証印・官印・木判・ゴム印などを〕押す, 押印する, 捺(ﾅﾂ)印する〔*with*〕: ～ a document *with* the address and date 書類にあて名と日付けを印で押す / goods ～*ed with* the maker's name 製造者名が極印されている品物 / ～ a plan top secret 計画に機密の判を押す《機密にする》. **b** 〔文書・書類などに〕〈印章を〉押す〔*on*〕: ～ "paid" *on* the bill 請求書に「領収済み」の印を押す / ～ one's name *on* the title page 表題紙に名前を印で押す. **5** …に切手[印紙]をはる: ～ a letter 手紙に切手をはる / ～ a document 書類に印紙をはる. **6** 〈物を〉(押し型などで)打ち抜く[出す], 型に合わせて切る[作る]: ～ chassis (自動車の)シャーシーを打ち抜く / ～ (out) rings from metal sheets 金属板から輪型を打ち抜く. **7 a** 〈模様・イニシアルなどを〉(押し型で)刻みつける: ～ one's initials in the leather 革に名前の頭文字を刻印する. **b** …に〔模様・イニシアルなどを〕刻みつける〔*with*〕: a medal ～*ed with* one's initials 名前の頭文字の刻印したメダル. **8 a** 〔悲しみ・苦しみなどを〕〈心・顔など〉に刻みつける〔*with*〕: His face was ～*ed with* trouble [grief]. 彼の顔は苦労[悲しみ]が刻み込まれていた. **b** 〈印象・思い出などを〉〔心に〕深く刻みこませる, 感銘させる (impress deeply)〔*on, upon*〕: The scene is ～*ed on* [*upon*] my mind. その光景に私の心は深い印象を受けた / The incident is ～*ed in* my memory. その事件は記憶に刻まれて離れない / Amazement was ～*ed upon* his features 驚きが彼の表情に刻まれていた. **9** 〈人・物〉に〔…であるという〕刻印を押す, 〈人・物を〉〔…であると〕示す[明らかにする] (characterize)〔*as*〕: This alone ～*s* him (*as*) a swindler. このことだけで彼の詐欺師であることがわかる. — *vi.* **1** 〔…を〕踏みつける; (踏みつけるように)押す (push)〔*on*〕: ～ *on* a worm 虫を踏みつぶす / ～ *on* the accelerator アクセルを踏む. **2** 地団駄を踏む: ～ with rage 怒って足を踏みならす. **3** 踏みつけ(るように)て歩く: ～ about the room 部屋を踏みつけるようにして歩き回る / ～ out of the room 足を荒々しく踏みつけて部屋から出る / ～ upstairs どたばた階段を上がる. **4** 〔…を〕踏み消す; 押しつぶす, 撲滅する〔*on*〕: ～ *on* a person's complaint. — *n.* **1** 足を踏みつけること, 地団駄; 踏みつけて歩くこと. **2 a** (支払済み・純正などの証明となる)印章, 刻印, 極印, スタンプ: a ～ of payment 支払い済みの印 / an official ～ 公印 / bear the ～ of the maker 製造者の極印が押してある / The conference will put the ～ of legitimacy on Soviet hegemony over Eastern Europe. その会議は東欧諸国に対するソ連の覇権が正当であるという「お墨付き」を与えることになろう. **b** (郵便の)消印 (postmark). **3 a** 印紙, 証紙; (郵便)切手 (postage stamp): ⇨ revenue stamp. **b** シール: ⇨ trading stamp. **4 a** (押し型で)刻みつけられた模様[イニシアルなど]. **b** 押し型, 打ち型 (die); 版木 (block). **5** 特質, 特徴 (characteristic); しるし (mark): It bears the ～ of breeding [genius]. 育ち[天才]の特徴を表わしている. **6** 種類 (kind), 形 (form): of the same ～ 同種類の / men of that [his] ～ そんな[彼のような]手合い. **7** 打出機, 圧断機. **8** 粉砕用の道具《乳棒・すりこ木など》. **9** 〘冶金〙 **a** [*pl.*] ＝stamp mill. **b** (砕鉱機の)鉄製きね.

Stámp Áct *n.* [the ～] 印紙条令《1765 年英国が歳入を得るためにアメリカの植民地において一切の法律文書・公文書・新聞・商業上の書類などに所定額の印紙を貼ることを規定した法令; 植民地の住民の反対により翌年 3 月廃止》.

stámp àlbum *n.* 〘郵趣〙 切手アルバム.

stámp bòok *n.* 〘郵趣〙 **1** ＝stamp album. **2** ＝stamp booklet.

stámp bòoklet *n.* 〘郵趣〙 切手帳 (⇨ pane 5 b).

stámp-collècting *n.* 切手収集.

stámp-collèctor *n.* 切手収集家, 郵趣家 (philatelist).

stámp dùty *n.* ＝stamp tax.

stam·pede [stæmpíːd] 〘《1834》▭ Mex.-Sp. *estampida* stampede, Sp. crash, uproar ← Sp. *estampar* to pound ← Gmc **stamp-* 'to STAMP'〙 — *n.* **1** (家畜の群れなどが)驚いてどっと逃げ出すこと, 大暴走. **2** 我勝ちに[先を争って]逃げ出すこと, 総くずれ, 大敗走. **3** 《米》大勢[どっと]押し寄せること, 殺到: a ～ to newly-discovered gold fields 新金鉱地への殺到. **4** 《米西部・カナダ》スタンピード《ロデオ・展覧会・コンテストなどが同時に行なわれる年中行事の華やかな催し》. **5** 《米北西部》ロデオ大会. — *vi.* **1** どっと[われ勝ちに]逃げ出す; 敗走する. **2** どっと押し寄せる, 殺到する. — *vt.* **1** どっと逃げ出させる; 敗走させる. **2** 殺到させる. **stam·péd·er** *n.*

stámp·er 〘《*c*1395》'one who treads (grapes)'〙 — *n.* **1 a** 印[スタンプ, 極印]を押す人. **b** 《米》(郵便局で)スタンプ押し係. **c** 砕鉱機の運転者. **2 a** 自動スタンプ打ち器. **b** 粉砕用の道具; (特に)砕鉱機 (stamp mill) のハンマー. **c** スタンパー《レコード盤複製用のプレス原盤》.

stámp·ing gròund *n.* 《口語》(動物・人の)行きつけの場所, たまり場 (haunt).

stámping mill *n.* 〘冶金〙 ＝stamp mill.

stámp machìne *n.* 切手販売機.

stámp mìll *n.* 〘冶金〙 砕鉱機, 搗(ﾄｳ)鉱機.

stámp-òffice *n.* 《英》印紙局《印紙の発行および印紙税の収受を行なう》.

stámp-pàper *n.* **1** 印紙を貼付した文書類. **2** 〘郵趣〙 切手シートの裏糊のついた耳紙.

stámp tàx *n.* 印紙税 (stamp duty).

Stan [stǽ(ː)n] 〘(dim.) ← STANISLAUS // STANLEY〙 *n.* 男性名.

stance [stǽns | stǽns, stáːns] 〘《1532》▭ F ～ 'position, posture, 《廃》stay' ▭ It. *stanza* station: ⇨ stanza[1]〙 — *n.* **1 a** (立った)姿勢, 構え (posture). **b** (物事に対する)精神的[感情的, 知的]な態度, 姿勢: take an anti-war ～ 反戦の態度をとる. **2** 《スコット》**a** (建物などの)位置 (position). **b** 敷地, 用地 (site). **3** 〘ゴルフ・野球〙 スタンス《打球の時の 足の位置》: ⇨ open stance, closed stance, square stance. **4** 〘スポーツ〙 (スポーツ選手がプレーを開始する時の体と足の)構え: crouching ～ of a boxer ボクサーのクラウチングスタンス. **5** 〘登山〙 (岩登りの)足場, スタンス.

stanch[1] [stɔ́ːntʃ, stáːntʃ, stǽntʃ | stáːntʃ] 〘《*a*1338》 *sta(u)nche(n)* ▭ OF *estanch(i)er* (F *étancher*) < VL **stan(ti)cāre* ← L *stant-, stāns* (pres.p.) ← *stāre* 'to STAND'〙 — *vt.* **1 a** 〈血・流れを〉止める; 〈傷〉の血止めをする: ～ blood, a cut, etc. **b** 〈漏れ口を〉ふさぐ, しめる. **2** 《古・方言》**a** 抑制する (check). **b** 和らげる (assuage); なだめる (appease). **c** 消す (quench). — *vi.* 《古》〈血・流れが〉止まる. — *n.* (ボートの)航行用堰(ｾｷ)《水をためた後, 急に開き水流の力で浅瀬を越えてボートを押し流す一種の水門》. **～·er** *n.*

stanch[2] [stɔ́ːntʃ, stáːntʃ, stǽntʃ | stáːntʃ] *adj.* ＝「staunch[1].

stan·chion [stǽnʃən, -ntʃ- | stáːnʃən] 〘《1433–34》 *stanchon* ▭ OF *estanchon* (F *étançon*) (aug.) ← *estance* prop, stay: ⇨ stance〙 — *n.* **1** (屋根・甲板などの)支柱, 柱 (upright post, support). **2** (畜舎の中の)一対の縦仕切り棒《牛はその間に頭を入れて前後左右の自由な運動が制限される》. — *vt.* **1** …に支柱[縦仕切り棒]を設ける. **2** 〈牛を〉縦仕切り棒につなぐ.

stanchions 2

stánch·less *adj.* **1** 〈血が〉止まらない; 〈傷など〉血の止まらない. **2** 断え間のない (ceaseless). **～·ly** *adv.*

stand [stǽ(ː)nd] 〘v.: OE *standan* < Gmc **standan* (OS & Goth. *standan* / OHG *stantan* / ON *standa*) ← IE **stā-* to stand (L *stāre* to stand / Gk *histánai* to cause to stand): cf. state, stay[1]. — n.: OE *stond* a pause, delay〙 — *v.* (**stood** [stʊ́d]) — *vi.* **1 a** 立つ, 立っている: ～ on one's head [hands] 逆立ちする / *Stand* straight, don't stoop. まっすぐに立ちなさい, かがんではいけない / He *stood* still, looking at the picture. その絵を見ながらじっと立っていた / It is more tiring to ～ for a long period than to walk a long distance. 長い距離を歩くよりも長時間立っているほうが余計疲れる. **b** 立ち上がる, 起立する 〈*up*〉: Everyone *stood* as the King entered. 王が入って来ると皆立ち上がった / *Stand up*, please!

2 a 〈物が〉立てて[置いて]ある; 立てかけてある〔*against*〕; 〈樹木などが〉立っている: An umbrella was ～*ing against* the wall. かさが壁に立てかけてあった / A small table *stood in* the corner of the room. 一脚の小さなテーブルが部屋の片隅に置かれていた / I found the tree still ～*ing* there. その木がまだそこに立っているのを見た. **b** [副詞語句を伴って]位置する, 位する, ある (cf. lie[2] *vi.* 5 a): a house ～*ing on* the hill [*by* the river] 丘の上[川のそば]にある家 / Center Church ～*s near* where the old meeting houses *stood*. センター教会が昔の礼拝堂の立っていた所の近くに立っている.

3 a [副詞語句を伴って] (ある姿勢・位置に)立つ: ～ *aside* わきへ寄る; (問題などに)加わらない / ～ *apart* [*aloof*] from …から離れて立つ[超然としている] / ～ *clear* of …から遠ざかる, …を避ける / *Stand easy* [*at* ease]! 〘軍事〙 休め《★ easy を用いるのは《英》》 / ～ *at* [*to*] attention 〘軍事〙 気をつけの姿勢をと(ってい)る / They now *stood from under* the adversity. 《米》今や彼らは逆境から立ち直った / I don't want to ～ *in* the way of your marriage. あなたの結婚の邪魔立てをしようなどとは思っていない / ⇨ *stand in a person's* LIGHT[1] / ～ *in* a person's way 人の行く手に立つ, 人の邪魔になる. **b** [通例補語を伴って] 〈ある立場に〉立つ, 〈ある態度を〉持する, 踏み留まる: ～ fast [firm] 堅持する, 固守する / ～ alone 孤立する[している]; 独歩である, 並ぶものがない / ⇨ *stand at* BAY[3] / They decided to ～ and fight it out. 頑張ってあくまでも闘い抜こうと決心した. **c** [補語または副詞語句を伴って] 〈ある関係・資格・状態に〉ある: I have often *stood* your friend. 今までも度々君の味方になってやった / He *stood* accused [convicted] of murder. 殺人罪の告訴[宣告]を受けた / ⇨ *stand* CORRECTED / I ～ ready for anything. 何が起ころうと覚悟ができている / The door of the room was ～*ing* ajar. 部屋の戸が少し開いたままになっていた / The cottage has been ～*ing* empty for eight months. その別荘は 8 か月空き家のままになっている / Time appeared to ～ still at that instant. その瞬間時が静止したように思えた / He let the land ～ *in* timber. その土地をそのまま木を切らずにおいた / George *stood* in awe of his teacher. ジョージは先生に畏敬の念を抱いていた / They ～ in need of help [*under* heavy obligations]. 彼らは援助を必要としている[重い債務を負うている] / She always knows how [where] she ～*s* with her husband. 彼女は常に夫にどのように思われているかがわかっている / as matters [things] ～＝as it ～*s* 現状で(は), そのままで(は) / as the case ～*s* こういう次第だから. **d** [副詞を伴って] 〈ある順位に〉位置する, 位する (rank); 〈ある高さに〉評価されている: The book ～*s fourth* among national best sellers. その本は全国のベストセラー中第 4 位を占めている / Who ～*s first* in line for promotion? 昇進の候補としてはだれが第 1 順位ですか / She *stood high* in the opinion of the teacher. 彼女は先生の受けがよかった / He ～*s well with* his employer. 雇い主とうまく折り合っている[の信望を得ている]. **e** 〈物価・勘定・スコア・寒暖計などが〉〔ある額・点・度で〕ある, 〔…を〕示す〔*at*〕: The quotation ～*s at* about 220 yen per dollar. 時価 1 ドル約 220 円の割である / The population of the town *stood at* 80,000 during the boom. その町の人口は景気盛況期には 8 万だった / The thermometer *stood at* 30°C. 寒暖計は摂氏 30 度になっていた / The score *stood* (*at*) 16 to 12 スコアは 16 対 12 だった. **f** [*to* do, 特に *to* gain [win], *to* lose を伴って] 〈得[損]をする〉立場にある, 〈得[失い]〉そうである: Nobody *stood to gain* by her death. 彼女が死んで得をするものはだれもいなかった / We ～ *to lose* our tax advantage by the new law. 新しい法律ではかえって今までの納税上の特典を失うことになる.

4 [補語を伴って] (立っていて)高さが…ある, 身長が…である (be in height): He ～*s* six feet three in his socks. 靴を脱いで身長が 6 フィート 3 インチです / The building ～*s* nearly 200 feet high. そのビルは高さがほとんど 200 フィートである.

5 立ち止まる, 停止する (halt, stop): *Stand* and be identified! 止まって名を名乗れ / *Stand* and deliver! 《古》止まれ, (あり金を)みんな出せ《追いはぎの言葉》 / He was commanded to ～ where he was. その場に止まるように命ぜられた.

6 a そのままで[使用されないままになって]いる, 固定[静止]している: The building will ～ another century. その建物はなお百年もつだろう / Let the word ～. その語はそのままにして置け / The bicycle has *stood* in the yard for two weeks. 自転車が空地に 2 週間置き去りになっている / The U. S. Supreme Court let ～ a lower-court decision upholding the Social Security legislation. 合衆国最高裁判所は社会保障法を支持する下級裁判所の判決をそのまま認めた. **b** 《米》〈自動車が〉(路上に)一時駐車する: No ～*ing*. [掲示]路上駐車禁止. **c** 〈液体が〉よどむ, 停滞する; 〈汗が〉たまる, 〈涙が〉宿る: The sweat was found ～*ing* on his forehead. 汗が彼の額に浮かんでいた / Tears were ～*ing* in her eyes from swallowing yawns. 出かかったあくびをこらえて涙が目に浮かび出ていた.

7 a (依然)有効である, (従前通り)実施されている (remain valid): The rules still ～. その規則は今なお有効である. **b** 書かれて[印刷されて]いる: He copied the sentence exactly as it *stood* in the text. その文をテキストにある通りの形で写した.

8 《英》〔官職・選挙に〕立候補する (《米》run)〔*for*〕: He is ～*ing for* Parliament [*for* the council]. 国会議員[市会議員]に立候補している / He was prepared to ～ as the official nominee *for* the post. その役職の公認候補として立候補するつもりでいた.

9 〈雄の家畜, 特に馬が〉種をつける, 種馬になる.

10 《廃》躊躇(ﾁｭｳﾁｮ)する, ためらう (scruple)〔*at*〕: ～ *at* murder 殺人をためらう.

11 〘海事〙 [方向の副詞語句を伴って] 〈ある方向に〉針路を取る, 進む: ～ *offshore* 岸から離れた針路を保つ; 沖に向かって進む / ～ *off* and *on* 〈帆船が〉近づいたり遠のいたりして海岸近くを徘徊(ﾊｲｶｲ)する, 海岸沿いに間切って進む / ～ *in for* the shore 岸に向かって針路を取る / ～ *out to* sea 沖へ乗り出す / ～ *to* windward 風上に進む / They *stood into* harbor. 彼らは港に向かって針路を取った.

12 〘狩猟〙 〈猟犬が〉獲物の位置を示す (point).

13 〘印刷〙 〈活字・版が〉組み置かれる.

14 〘トランプ〙 **a** (ドローポーカー (draw poker) や二十一 (twenty-one) で)手なりでゆく《配られた手のままで勝負する》. **b** (all fours で)「スタンド」という《最初のめくり札を切札として勝負することを承認する; cf. beg[1] *vi.* 4》.

— vt. 1 立たせる (set upright); 立てる, 載せる (set) 〔on〕, 立て掛ける 〔against〕: I shall ~ you in the corner. (罰として)すみに立たせるぞ / She *stood* the doll *on* her knee. 人形を膝の上に立たせた / ~ a candle *on* a table テーブルの上に蠟燭(ろう)を立てる / ~ a ladder *against* a wall 壁にはしごを立て掛ける. 2 a (敢然と)〈攻撃など〉に立ち向かう (encounter), 抵抗する (resist): ~ fire 砲火[批評など]に敢然と立ち向かう / ~ an assault [a siege] 攻撃[包囲]に立ち向かう / ~ battle 断固として応戦する. b ...に踏みとどまる, 固守する. ★ 次の句で用いる: ~ one's ground 持ち場を固守する, 断固としてあとに引かない; (議論・要求などで)自分の立場を固執する. 3 〈裁判など〉に服する, 受ける (undergo): He *stood* trial for forgery. 偽造罪で公判に付された. 4 a 〈警備など〉の任を勤める: ~ watch 警備に就く / ~ guard 歩哨に立つ; 〔...を〕見張る 〔*over*〕. b 〖軍事〗...に[...の合図で]集合する: ~ reveille [retreat] 起床[退却]ラッパのもとに集合する / The soldiers hurried to ~ roll call. 兵士たちは点呼に駆(は)せ参じた. 5 a 〈物が〉...に耐えられる, (いたまずに)もつ: Your coat won't ~ much rain. 君の外套は大雨にはだめだろう / Will this ramshackle staircase ~ my weight? このぐらぐらした階段が私の重みに耐えられるだろうか. b [通例否定・疑問構文で]〈人が〉耐える, 我慢する (bear, tolerate): I can*not* ~ any nonsense. ばかなことを黙って聞いて[見て]いられない / I *never* can ~ that woman. あんな女は顔を見るのもいやだ / Can you ~ *to* go there again? 再びあそこに行く気になれますか / He could *not* ~ being kept waiting so long. そんなに長いこと待たされるのには耐えられなかった / He looked as if he could ~ a drink. 《口語》一杯引っかけても悪くないといった顔をした. ★ 次のように肉体的苦痛を対象とする場合には肯定構文にも用いられるが, その場合には endure のほうが普通: His term of service in India had trained him *to* ~ heat better than cold. インドでの任務期間のおかげで彼は寒さよりも暑さに耐えうるように鍛えられていた. 6 [しばしば二重目的語を伴って]《口語》...の代を支払う (pay for), の費用を持つ; 〈人〉にご馳走する, おごる (treat): I will ~ you a dinner. 夕食をご馳走しよう / He offered to ~ drinks *for* us all [~ drinks all *round*]. 我々皆に[一堂の人たちに]酒をふるまおうと申し出た / ⇨ *stand* TREAT. 7 [a chance または a show を目的語として]〈成功などの見込み・可能性〉がある (have): He does not ~ *a chance against* the others. 彼にはとても他の者たちを敵にまわしてうまくやっていけそうもない / You ~ *a chance of* winning the race. 君はレースに勝てそうだ / We ~ *a* good *show of seeing* her at the party. 大丈夫パーティーで彼女に会いそうだ.

stand about [***around***] (何もしないで)ぼんやり立っている, じっとして[ぶらぶらして, 所在なげにして]いる. ***stand against*** ...に反抗[反対]する (oppose). ***stand back*** (1) 〈建物が〉引っ込んだ所に建っている: The apartment house ~s *back from* the road. アパートは道路から離れて建っている. (2) 後ろへ下がる, 遠のく; (全体をよく見るために)〔対象から〕離れる 〔*from*〕: *Stand back from* the rope [*to* the left]. ロープから[左へ]下がりなさい / The artist *stood back from* the portrait. 画家は肖像から離れてみた. (3) 〔事件などから〕手を引く (withdraw) 〔*from*〕: I could not afford to ~ *back from* the argument. その議論から手を引いてはいられなかった. ***stand by*** (1) そばにいる, (すぐ近くに)居合わせる; (何もしないで)傍観する (look on) (cf. bystander): He often ~s *by* when people are talking. 彼は人が話しているとよくそばにいる / I can't ~ *by* and watch [see] you lose all that money. 君がそれだけの大金を損するのを黙って見てるわけにはいかない. (2) (いつでも行動できるように)待ち構える, 待機する (stand ready): ~ *by for* instructions 司令[指令]のあるまで待機する / ~ *by to* sally forth 出撃できるように待機する. (3) 〖ラジオ・テレビ〗(放送開始に備えて)待機する, (番組などの受信のために)受信機を同調させておく (cf. standby *n.* 4 b). (4) ...を(いつも変わることなく)支援[援助]する (support); ...に忠誠を尽くす: He always ~s *by* his friends. いつも友人の味方をする[力になってやる]. (5) 〈約束など〉を守り抜く, 固守する (adhere to); 〈政策など〉を擁護[支持]する (maintain): ~ *by* one's word 約束を守り通す / ~ *by* the law 法律を擁護する. (6) 〖海事〗用意する; 待機して...を操作しようとする: *Stand by to* go about! 上手(うわ)回し用意 / ~ *by* the lifeboats. ***stand down*** (1) 〖法律〗(証言を終えて)証人台から退く. (2) 《英》(役職・競技・立候補などから)手を引く, 辞退する, おりる (withdraw): He decided to ~ *down* in favor of a younger candidate. 年下の候補に譲って立候補を辞退しようと決心した. (3) 《英》〖軍事〗解隊する[させる] (disband); (敵襲に備えての)警備の任が解かれる, ...の警備の任を解く; 〈兵士たちが〉非番になる, 下番(かばん)する. ***stand for*** (1) ...を表わす, 表象する (represent); ...を意味する (mean): The olive branch ~s *for* peace. オリーブの枝は平和の表象である / In the 4-H Club 4-H ~s *for* 'Head, Heart, Hands, and Health.' 4-H クラブの 4-H とは Head と Heart と Hands と Health とを意味している. (2) 〈主義・階級など〉のために戦う, ...に味方する (support); (指導原理・理想として)...を唱道する, 標榜する (advocate): She has always *stood* firmly *for* women's liberation. 彼女は終始敢然と女性解放運動のために戦ってきた / The political party ~s *for* peace and democracy. その政党は平和と民主主義を標榜している. (3) 《口語》...を忍ぶ, 我慢する; 黙認する. ★ *vt.* 5 b の用法よりも口語的で, 通例否定構文で特に will, would とともに用いられる: I *won't* ~ *for* such nonsense. そんなばかげたことは我慢できない / That was more than she could ~ *for*. それは彼女にはとても耐えられぬことだった. (4) ⇨ *vi.* 8. (5) 〖海事〗...に向かって航行する (cf. *vi.* 11). ***stand in*** (1) ...に参加する, 加勢する, あずかる. (2) 《古》...に〈ある金額〉がかかる (cost): It *stood* me *in* £100. それには 100 ポンドかかった. (3) (映画などで)〔...の〕代役[代理]をする (deputize) 〔*for*〕 (cf. stand-in 1 b). ***stand in with*** (1) 《口語》...に味方する (side with), ...を支持[支援]する (support); ...と仲よしとなる, よしみを結ぶ, ...の好誼(ぎ)を得る; ...と(秘かに)結託する, 気脈を通じる: Will you ~ *in with* me in this matter? この件につき力を貸してくださいませんか. (2) ...と分け合う (have a share with): I'll ~ *in with* you if it is expensive. 高かったら割勘で払いましょう. ***stand off*** (*vi.*) (1) (交際に深入りしないで)遠ざかっている; 和合[同調]しない. (2) 〖海事〗(岸)から離れて航行し続ける, 沖合を進む (cf. *vi.* 11). (*vt.*) (1) 遠ざける, 近寄らせない, 撃退する. (2) 《米》〈債権者など〉への支払いを延び延びにする (put off, stave). (3) 《英》〈雇い人を〉(不況のためなどで)一時解雇する (lay off). ***stand on*** (1) ...に基づく, 依拠する (depend on). (2) ...を主張[固執]する (insist on); ...を堅く守る: ~ *on* an argument ある論点を固執する / ~ *on* ceremony 儀式張る, 堅苦しい / ~ *on* one's dignity 自分の品位を重んじる, 気品をくずさぬようにかまえる. (3) 〖海事〗現針路を保持する, 定針する (cf. *vi.* 11). ***stand or fall*** 立つか倒れるかする (cf. SINK *or swim*); 浮沈[生死, 運命]を共にする: whether we ~ *or fall* 立とうと倒れようと. ***stand out*** (1) 突き出る (project); 目立つ, くっきりと立ち現われる (stick out); 〈事実などが〉明らかに認められる: She was so tall that she would have *stood out* in a crowd anywhere. 背が高くてどんな人込みの中でもすぐ目立つような女だった / The veins *stood out* on his forehead. 血管が彼の額にくっきりと見えた. (2) 〈人・物事が〉(質的に)きわ立つ, 卓越する (cf. standout, outstanding 1, 2): ~ *out from* the rest 他よりぬきん出る / *Among* mystery writers, Agatha Christie *stood out* as a real master. ミステリー作家のうちでもアガサクリスティは真の巨匠として群を抜いていた. (3) あくまでも抵抗[対抗]する, 頑張る (hold out), 屈しない 〔*for, against*〕: ~ *out for* higher wages あくまで賃上げを要求する / ~ *out against* a personnel reduction 頑強に人員整理に反対し続ける. (4) 〖海事〗岸を離れた針路を取る (cf. *vi.* 11). ***stand outside*** 〈問題などが〉〈範囲・本論〉外にはみ出る, ...からはずれている. ***stand over*** (*vi.*) (1) (すぐ前に立って・目を光らせて)...を監視[監督]する (watch closely). (2) 延期になる, 持ち越される: Payment can ~ *over* till next month. 支払いは来月まで延ばしてもよい. (*vt.*) 〈仕事・議論などを〉延期する, 持ち越す (postpone). ***stand pat*** ⇨ pat² *adv.* 成句. ***stand to*** [to は *prep.*] (1) 決然と[勇躍して]...に取りかかる, 熱心に...を操作し続ける: *Stand to* the oars! オールをしっかり握って頑張れ / ⇨ *stand to one's* GUNS. (2) 〈主義・立場など〉を固守する, 強く支持する (stand by). (3) 〈道理〉に合致する, かなう (accord with): ⇨ *stand to* REASON. [to は *adv.*] (1) 《古》仕事に取りかかる[取り組む] (fall to). (2) 《英》〖軍事〗(敵襲に備えて)警備態勢に就く[就かせる], 待機する[させる]: The soldiers *stood to* [were *stood to*] immediately. 兵士たちは直ちに警備態勢に就いた[就けられた]. ***stand together*** (意見などが)一致する (agree); 結束する, 団結する (stick together). ***stand up*** (*vi.*) (1) ⇨ *vi.* 1 b. (2) 立っている (be standing): You can't rest ~*ing up*. 立ったままでは休めない. (3) 〔圧力・酷使・攻撃などに〕耐える, もつ (last well) 〔*to, under*〕; 〔審査などに対し〕有効である (prove valid) 〔*to*〕: This alibi won't ~ *up* in court. このアリバイは法廷では成り立つまい / This metal ~s *up* well *to* high temperatures. この金属は高温によく耐える. (*vt.*) (1) 《口語》(会合・訪問などの)...との約束をすっぽかす: You *stood* me *up* on a date just because I was five minutes late. 僕がたった5分遅れたということで君は僕とのデートをすっぽかした. (2) 立たせる, 直立させる. ***stand up for*** 〈主義・権利など〉の擁護者となる; 〈人〉に加担する (support): ~ *up for* a principle / Blacks must always ~ *up for* their rights. 黒人は常に自分たちの権利を擁護しなければならない. ***stand up in*** 〈衣服〉を着ている. ***stand upon*** = STAND *on* (*vi.*) (1). ***stand up to*** (1) ⇨ STAND *up* (*vi.*) (3). (2) 〈危険・義務・上司など〉に雄々しく立ち向かう (confront fearlessly). ***stand up with*** 《口語》(結婚式で)...の花婿[花嫁]付添人となる.

— *n.* 1 a 立ちどまること, 停止, 静止 (standstill): be at a ~ 《古》立ちどまっている; 行き詰って[進退きわまって]いる / come [be brought] to a ~ 立ちどまる, 静止する; 行き詰る. ★ この意味では standstill のほうが普通. b 直立[起立]の姿勢: The tumbler ended his stunt in a ~. 曲芸師は直立して芸を終えた. 2 a (断固とした)抵抗, 反抗 (resistance): make a ~ *against* oppression [*for* independence] 圧制に対して[独立のために]抵抗する. b (踏み留まっての)防御(戦) (defense): a goal-line ~ ゴールラインでの抵抗 / The troop fled instead of making a ~. その軍隊は防御戦を挑(いど)もうともせず遁走した. c 〖クリケット〗(打手2人による)ねばり防御. 3 (特定の人の立つ)位置, 場所 (position): He took his ~ near the door [on the platform]. ドアの近くに[演壇の上に]立っていた. 4 (特に, 問題の争点などに対する)(はっきりした)立場, 見解, 態度 (view, attitude): He took his ~ *on* the strict interpretation of the law. 法律の厳正な解釈の立場をとった / *On* racial issues they don't usually take strong ~*s*. 人種問題に関しては彼らは通例強硬な態度に出ることはない / The government should have taken a firmer ~ *against* the terrorists. 政府は暴力革命者たちに対しもっと断固とした態度で臨むべきであった. 5 《米》(法廷の)証人台 (witness stand): take the ~ 証人台に立つ. 6 a [通例 *pl.*] (競馬・野球などの)スタンド, 観覧席; スタンドにいる観客 (cf. grandstand): There arose a roar of laughter from the ~*s*. 観覧席から笑いのどよめきが起こった. b (競技場・練兵場・広場などの)壇, 台 (platform): a judges' ~ 審判台 / the reviewing ~ 閲兵台. c 音楽堂 (bandstand). 7 a [しばしば複合語の第2構成素として](物を載せる)台, 小卓; ...掛け (rack), ...のせ[立て, 入れ]: a music ~ 楽譜台 / a reading ~ 読書[閲覧]台 / an umbrella ~ かさ立て / a ~ *for* flowers 花立て / ⇨ hatstand, inkstand, nightstand, washstand. b (支えとなる)台, 台座 (pedestal): a typewriter ~ タイプライター台 / She put the receiver on its ~ very gingerly. 彼女は受話器をそっと台に置いた. c 《古》大桶(おけ) (vat). 8 屋台店, 露店, 売店, スタンド (stall); (特に)新聞売り場 (newsstand): a fruit [cigar] ~. 果物[たばこ]売店. 9 商売の場所, 営業所[地]: an ideal ~ *for* a shop [bank] 商店[銀行]の理想的場所 / After ten years I found the hot dog vendor at the same ~. 10 年後に来て見ると例のホットドッグ屋が同じ場所に店を開いていた. 10 (タクシーなどの)駐車場 (parking place), 客待場: a taxi [cab] ~ タクシー乗り場 / a bus ~ バスの停留所. 11 《米》[集合的](ある地域に生えている)樹木, 立ち木; 生えたままの作物, 立毛(たちげ) (cf. catch 12). ★ 特にその密生度・収穫量についていう: a good ~ *of* clover [wheat] 畑のできのよいクローバー[小麦] / There timber had been thinner to a proper ~. そこでは樹木が適当な数に間引きされていた. 12 [集合的]《方言》(巣にすんでいる)蜜蜂 (hive). 13 (*pl.* ~, ~*s*) 《英》〖軍事〗(兵器などの)一揃い, 一式 (complete set): a ~ *of* arms (1人分の)兵器[武具]一式 / a ~ *of* colors (連隊の軍旗一旒(りゅう)[一揃い]. 14 〖金属加工〗スタンド《圧延機 (rolling mill) ラインの構成単位》. 15 a (興行・公演の旅先での)滞在: a three-night ~ 三夜興行 / ⇨ one-night stand. b (その)滞在地, 興行地.

stan·dard [stǽndərd | -dəd] 〖《1154》 ▭ OF *estandard* (F *étendard*) rallying point, flag to mark a rallying place ▭ ? Frank. (i) *standord 《原義》 standing place ← Gmc *standan 'to STAND' + *ort* point, place (cf. odd) // (ii) *standhard 《原義》 *standing* firmly ← *standan + hard 'firm, HARD'〗 — *n.* 1 (比較・評価の基礎として定められた)標準, 基準, 水準 (criterion); 規格: the ~ of living = the living ~ 生活水準 / the ~ of life 生活水準《文化の程度も含む》/ safety ~s 安全基準 / below [up to] ~ 標準以下の[に達した] / come up to [fall short of] the ~ 標準[基準]に達する[しない] / a ~ of weight 衡量単位 / ⇨ National BUREAU of Standards. 2 [しばしば *pl.*] (認容され従うべき)道徳的規範, 価値観, 倫理, しきたり, 慣習 (approved model): by any ~*s* どんな規準からしても. 3 (度量衡の)原器. 4 a (貨幣の)法定純分. b 本位《貨幣制度の価値標準》: ⇨ gold standard, silver standard, double standard, single standard. 5 《英》(かつての elementary school の)学年, 級 (grade, class). 6 = Standard English. 7 a (教会の)背の高い燭台. b 高脚付きの大杯 (standing cup). 8 a (建築足場・やぐらなどの)垂直の支柱 (upright support). b 電柱; 街灯の柱. 9 a (もと, 先に目だつ印をつけて集合地などを示した)さお (pole); 槍 (spear). b (標識となる)旗 (flag); (陸海軍の)軍旗, (騎兵隊・車載部隊・自動車化部隊の)隊旗 (cf. color *n.* 6 a): ⇨ royal standard / the regimental ~ 連隊旗 / under the ~ of ...の旗の下に; ...の軍に加わって / join the ~ of ...の旗下に参じる, ...の軍に加わる / raise the ~ of revolt [free trade] 反旗[自由貿易の旗]を翻す. 10 〖紋章〗(中世の)軍用旗印《長三角形で先端は二叉に分かれ丸味を帯びている; England の場合, 王・公の区別無く旗頭には St. George Cross があり, badge, crest, motto などが描かれているが, 紋章が描かれることは無い; cf. banner 3》. 11 〖園芸〗a 立木整枝, 立木作り《バラなどを垂直に作る仕立て方》; (低木を継ぐ)台木, 元木. b (まっすぐな)自然木. 12 〖甲冑〗(15 世紀に用いられた鎖かたびらの)立ちえり. 13 〖植物〗(ソラマメ亜科の蝶形花冠の)旗弁 (vexillum). 14 〖音楽〗スタンダード(ナンバー)《ポピュラー音楽の中で長年にわたって多くの楽団によく演奏される曲》.

standard of value 〖経済〗価値基準.

— *attrib. adj.* 1 a 標準の[となる], 標準に従った[通りの]: ⇨ standard money, standard coin, standard meridian, standard time, standard unit / the ~ weights and measures 標準度量衡 / the ~ pound [yard, size] 標準ポンド[ヤード, サイズ]. b 〈言語・発音など〉標準的な; 標準語の: the ~ language 標準語 / ~ pronunciation 標準発音 / ⇨ Standard English. **2** 権威のある, 定評のある, 典拠となる (authoritative); 卓越した (excellent), 第一流の (first-rate): ～ reference books 定評のある参考書 / a ～ author [writer] 一流作家. **3 a** (法律・慣習などによって定められた)標準規格の[による]: ～ milk. **b** 〈食品など〉中以下の品質の, 劣った (inferior). **c** 普通の, ありふれた; 慣習的な: the ～ opera. **4** 〈タイプライターが〉標準型の, スタンダードの《ポータブルでなくデスク用に大きく重く作られているものにいう; cf. portable》. **5** 〘園芸〙 **a** 立木作りの, 立木整枝の. **b** まっすぐな, 自然木の.

stándard átmosphere *n.* 〘気象〙 **1** 標準大気《海抜 0 m の気圧 760 mmHg, 温度 15°C, 11 km 迄の垂直温度傾斜度 −6.5°C/km, それを越える高さの大気温度は一様に −56.5°C とされる理想大気条件》. **2** 気圧の標準状態《1013.25 mb または 760 mmHg》.

stándard-bèarer 〘《15C》〙 *n.* **1** 旗手. **2** (社会運動・政党などの)首領, 主唱者, 唱導者 (leader): the Republican ～ 共和党党首.

stándard·brèd *adj.* 〈家畜が〉標準性能に合うように飼育された; (特に)スタンダードブレッド種の. — *n.* [しばしば S-]〘米〙〘競馬〙スタンダードブレッド《繋駕速歩用に米国で育成されたトロッター (trotter) とペイサー (pacer) 用の一品種の馬》.

stándard cándle *n.* 〘光学〙標準燭(しょく) (⇨ candle 3).

stándard céll *n.* 〘電気〙標準電池《電圧の標準となる電池; ウェストン電池の場合 20°C で 1.01864 V; normal cell ともいう》.

stándard cóin *n.* 〘金融〙標準硬貨《額面金額に等しい素材価値をもつ硬貨》.

stándard cómpass *n.* (船舶の)原基羅針儀, 基準コンパス.

stándard condítion *n.* 〘物理・化学〙(一連の実験における)標準状態.

stándard cóst *n.* 〘会計〙標準原価《原価管理のため達成目標として設定される原価; cf. actual cost》.

stándard deviátion *n.* 〘数学・統計〙標準偏差《確率変数とその平均値との差の平方の平均の平方根; cf. variance 6, covariance》.

stándard dóllar *n.* 標準ドル《1934 年 1月 31 日以降は純度 0.900 の金を $15^5/_{21}$ grains 含む; 1934 年以前は同様の金を 25.8 grains 含む》.

Stándard Énglish *n.* 標準英語《学校で教えられ, 教養ある人が話し書く英語》.

stándard érror *n.* 〘数学・統計〙=standard deviation.

stándard-gáuge *adj.* 〘鉄道〙標準軌間の: a ～ railway.

stándard gàuge *n.* **1** 〘鉄道〙標準軌間 (⇨ gauge 6). **2 a** 標準ゲージ. **b** =master gage.

stándard-gáuged *adj.* 〘鉄道〙=standard-gauge.

stand·ard·i·za·tion [stæ̀ndədɪzéɪʃən, -dəz- | -dədaɪz-, -dɪz-] *n.* 標準化, 規格化, 統一.

stand·ard·ize [stǽndədàɪz | -də-] 〘《1873》← STANDARD＋-IZE〙 — *vt.* **1** 標準[基準, 規格]に合わせる; 標準[基準, 規格]化する, 統一する: ～ the parts of an automobile / ～ English speech. **2** 標準[基準]と比較する, 基準に合わせてテストする. **3** 〘化学〙標準化する; 標定する《容量分析の際の基準となる標準液の濃度を定める》. — *vi.* 標準化する; 規格品を採用する. **stánd·ard·ìz·er** *n.*

stándard lámp *n.* 〘英〙(部屋の床の上に立てる)背の高いスタンドのついたランプ.

stándard léngth *n.* 〘動物〙(魚の)標準体長《鼻先から背骨の末端まで; ⇨ fish[1] 挿絵》.

stándard líning [**líne**] *n.* 〘印刷〙標準並び線そろえ (cf. art lining, title lining).

stándard merídian *n.* 基準子午線.

stándard míneral *n.* 〘鉱物〙=normative mineral.

stándard móney *n.* 本位貨幣.

stándard óperating procédure *n.* 〘軍事〙管理運用規定[規則], 作戦規定《別命のないかぎり恒常的に従うべき管理上または戦闘上の常則を示したもの; standing operating procedure ともいう》.

stándard pítch *n.* 〘航空〙スタンダードピッチ《プロペラ半径 $^3/_4$ の位置におけるプロペラ断面のひねり》.

stándard pòlicy *n.* 〘保険〙標準保険証券.

stándard posítion *n.* 〘数学〙(角の)標準的な位置《頂点が座標系の原点に, また第一の辺が x 軸に一致するような位置》.

stándard refráction *n.* 〘物理〙標準屈折率.

stándard ròse *n.* =tree rose.

stándard schnáuzer *n.* スタンダードシュナウザー《ワイヤヘアードピンシャーの血統に黒いジャーマンプードルと灰色のウルフスピッツを異種交配して作出したドイツの作業犬種のイヌ》.

stándard scóre *n.* 〘統計〙標準得点《平均値からのずれを標準偏差を単位として測ったもので表わした得点》.

stándard solútion *n.* 〘化学〙標準溶液.

stándard tìme *n.* **1** 標準時《一国・一地方で公に採用されている時間; cf. local time, time zone, civil time》. ★ 英国では平均太陽が Greenwich の本初子午線を通過する時を正午として定める (⇨ Greenwich Mean Time); 米国では Eastern time (西経 75°), Central time (西経 90°), Mountain time (西経 105°), Pacific time (西経 120°), Yukon time (西経 135°), Alaska time (西経 150°), Bering time (西経 165°) を用い, 時差は各 1 時間である; カナダではその外 Atlantic time (西経 60°; 米国の Eastern time より 1 時間早い)を採用している; 日本では東経 135° の子午線におけるものを標準時とし, GMT より 9 時間早い. **2** 〘経営〙標準作業時間《平均的作業者が正常な作業条件下で正常な作業速度で所定の作業を遂行するのに必要な時間; 作業の正味時間に余裕時間を加えたもの》.

stándard ùnit *n.* 標準単位《変数の変動の程度を測る単位としての標準偏差 (standard deviation)》.

stánd·awáy *attrib. adj.* 〈婦人服の一部など〉突き[張り]出している: a ～ skirt.

stánd·bỳ 〘《1796》← *stand by* (⇨ stand (v.) 成句)〙 — *n.* **1** (いざという時にすぐ)たよりになる人[もの], つえとも柱とも頼む人[もの]; 気に入ってよく使うもの: Religion is a great ～. 宗教はいざという時には大いにたよりになる. **2** (非常時用の)交替要員; 非常用物資 (substitute). **3** (飛行機などの)キャンセル待ちの客. **4 a** 〘海事〙用意《機関発停などの信号・号令》; 待機(救助)船. **b** 〘無線〙待機, スタンバイ《受信機を同調させて通信を待つこと》. **5** 〘ラジオ・テレビ〙 **a** 予備番組, スタンバイ《予定した番組が放送不能になった場合の代替番組》. **b** 番組の予備出演者. **c** 放送開始用意を知らせる指示.

on standby (いつでも助力や援助などができるように)待機して, いつでも使えるようになって: The nurses were *on* ～. 看護婦たちは待機状態にあった.

— *attrib. adj.* **1** (緊急時などに)いつでもすぐに使える. **2** 待機の, スタンバイの.

stánd càmera *n.* 三脚付きカメラ.

stánd-èasy 〘← *stand easy*: cf. stand (vi.) 3 a〙 *n.* 〘英〙〘軍事〙「休め」の号令; 「休め」の期間《足を動かすことは許される》.

stand·ee [stændíː] 〘← STAND (v.)＋-EE[1]〙 — *n.* **1** 〘口語〙(席がなくて, また列などで並んで)立っている人; (芝居などの)立見客. **2** 〘英口語〙座席のない乗物《バス・列車など》. — *attrib. adj.* 〘英口語〙〈乗物が〉座席なしの: a ～ bus.

stánd·er 〘《1423》〙 *n.* **1 a** 立っている人[物]. **b** 〘狩猟〙立ち番《獲物が追われて出てくるのを待ち構える役の人》. **2** 支え, 土台 (base, support).

stánder-bý 〘← *stand by* (⇨ stand (v.) 成句)〙 *n.* (*pl.* **standers-**) 傍観者, 見物人, 居合わす人 (bystander).

stánd·fàst *n.* しっかり[固定]した位置.

stánd-ìn 〘← *stand in* (⇨ stand (v.) 成句)〙 — *n.* **1** 〘映画〙 **a** カメラの構図や照明の具合が決まるまで俳優の代わりを務める人. **b** 代役, 替え玉, 吹き替え, スタンドイン. **2** 代人, 代用 (substitute). **3** 〘米俗〙有利[有力]な立場; ひいきされる立場: have a ～ with ...にひいきされる, ...の好意を受けている.

stánd·ing 〘[n.: *c*1390; adj.: *c*1375]〙 — *n.* **1** (人や物の立っている)場所, 位置 (location), 環境 (situation). **2 a** (社会・職業などでの)身分, 地位 (status); 経歴, 職歴(の長さ): a professor *of* high ～ 長老教授 / a member in good ～ 正式会員 / The event had a negative effect on his political ～. その事件は彼の政治家としての経歴に不利な影響を及ぼした. **b** よい評判, 声望 (credit, reputation): men *of* ～ 評判のよい人たち, 声望のある人々 / He is *in* good ～ with his boss. 社長に受けがよい. **3** 持続, 継続, 存続 (continuance, duration): a quarrel [custom] *of* long ～ 久しい争い[習慣]. **4 a** (学業・スポーツでの)成績: get a ～ of A 優の成績をとる / He was a student *in* good ～. 成績優秀の学生だった. **b** [*pl.*]〘スポーツ〙(チーム・選手の)戦績表, ランキング表. **5** 〘法律〙原告適格《その結果について個人的利害関係があるためにもっている訴訟を提起できる正当な権利・資格》.

— *adj.* **1 a** 立っている, 立ったままの (erect): a ～ lamp 電気スタンド / a ～ position 立った姿勢 / the ～ audience 立ち見の観衆. **b** 立った姿勢[位置]からなされる, 立ったまま行なう: a ～ jump 立幅跳び / a ～ ovation 起立しての歓迎, 歓迎立礼. **2** 生えたままの, 刈らない, 伐り倒されてない: ～ timber 立木 / ～ corn 刈ってない小麦[トウモロコシ] / ⇨ standing crop. **3 a** よどんだ, 停滞した (stagnant): a pool of ～ water 水のよどみ. **b** 〈機械など〉動かない, 使用されない (out of use): a ～ engine [factory] 運転休止中の機関[操業停止中の工場]. **4 a** 固定した, 動かない: a ～ bed 据え付けの寝台. **b** 〘海事・機械〙《滑車が》固定した (cf. running 11): ⇨ standing block. **5 a** 長く続く, 永続的な; いつまでも効力を失わない: a ～ color あせない色 / You may have our ～ invitation. いつお出かけくださっても構いません. **b** 常置[常備]の (stationary): ⇨ standing committee, standing army. **c** (無期限に)同額[同率]の: He has made her a ～ remittance of 100 dollars a month for the last five years. この 5 年間彼は彼女に引き続きひと月 100 ドルずつ送金している. **6 a** 法的[慣習的]に確立された: a ～ prohibition 恒久的禁止令. **b** 決まりきった, お決まりの, いつも[よく]やる, いつもの (fixed): a ～ joke [jest] きまって笑いが出てくる冗談; いつも物笑いの種になっている人[もの] / a ～ excuse いつもの言訳 / a ～ dish お決まりの料理. **7** 〘印刷〙組み置きの, 組んだ: ～ type [matter] 組み置き活字[版] / ～ heads (新聞などの)組み置き活字による大見出し.

all standing (1) 着衣のままで: turn in *all* ～ 着の身着のままで床に就く. (2) 〘海事〙(急に停船する場合など)艤装(ぎ)を解く間もなく, 解帆もせず; あわてて.

stánding ármy *n.* 常備軍 (cf. militia 1).

stánding blòck *n.* 固定滑車 (cf. running block).

stánding bróad jùmp *n.* 〘陸上競技〙立ち幅跳び (cf. running broad jump).

stánding commìttee *n.* (立法府における)常任委員会 (cf. select committee).

stánding cróp *n.* **1** 鎌を入れてない作物, 立毛(たち). **2** 〘生物〙現存量, 生物量《ある地域に存在する生物の単位空間当たりの量》.

stánding cúp *n.* (中世・ルネサンス時代に用いられた高脚付きの盛上ったふたのある)装飾的な杯.

stánding cýpress *n.* 〘植物〙米国南部原産ハナシノブ科ヒメハナシノブ属の多年草 (*Gilia rubra*)《内側に黄色い斑点のある緋色の花をつける》.

stánding géar *n.* 〘海事〙=standing rigging.

stánding lúg *n.* 〘海事〙スタンディングラグ《前縁より後縁の長い四角な縦帆で, 上手回しごとに帆の前縁下部を移動しなくてもすむように, マストの根本に止めた形のラグスルの一種; cf. dipping lug》.

stánding óperating procèdure *n.* 〘軍事〙=standard operating procedure.

stánding órder *n.* **1** (取消し・変更のあるまで続く, 購読・支払いなどの)継続的な注文[契約]. **2** 〘軍事〙永続命令, 内務[服務]規定《比較的永続的に, すなわち別命あるまで効力を有する命令》. **3** [the ～s]〘議会〙議事規則 (cf. sessional order).

stánding pùlley *n.* =standing block.

stánding ríb ròast *n.* 〘米〙⇨ rib roast.

stánding rígging *n.* 〘海事〙静索《取り付けたら動かさないのが原則の索具で, stay, shroud などをさす; cf. running rigging》.

stánding ròom *n.* **1** 立つ場所, 立つだけの余地. **2** (劇場などの)立見席: ～ only 立見席以外満員《通例 S.R.O. と略す》.

stánding rúles *n.pl.* 〘法律〙(法人の, 日常的業務に関する)内規, 細則.

stánding stárt *n.* **1** スタートする際静止状態にあるスタート (cf. flying start 1). **2** 〘陸上競技〙立った姿勢からのスタート (cf. crouch start).

stánding-stòne *n.* 一本石, 立石 (monolith).

stánding vìse *n.* 取付け万力.

stánding vòte *n.* 起立(による)投票[裁決] (rising vote).

stánding wáve *n.* 〘物理〙定立波, 定在波, 定常波.

stánding wáve ràtio *n.* 〘電気〙定在[定常]波比 (cf. voltage standing wave ratio).

stánding wáys *n. pl.* 〘造船〙=ground ways.

stand·ish [stǽndɪʃ] 〘《1474–75》《混成》? ← STAND (n.)＋DISH〙 *n.* 〘古〙(インク・ペンなどを入れる)インクスタンド, 筆記用具入れ (inkstand).

Stan·dish [stǽndɪʃ], **Miles** [máɪlz] *n.* (1584?–1656) 1620 年米国 Massachusetts 州の Plymouth に移住した Pilgrim Fathers の一人で Mayflower 号の船長.

stánd·òff 〘← *stand off* (⇨ stand (v.) 成句)〙 — *n.* **1 a** 離れていること, 隔離; 孤立 (aloofness). **b** 遠慮, よそよそしさ. **2** 〘英〙休憩. **3** 〘米〙 **a** 埋め合わせ, 釣り合わせもの. **b** (試合などの)同点, 互角, 引分け (tie, draw). **4** 〘電気〙離隔絶縁器. **5** 〘ラグビー〙=standoff half. — *adj.* **1** 離れ[避け]ている; 孤立している. **2** よそよそしい, 遠慮している (reserved, distant). **3** 〘電気〙離隔の: a ～ insulator.

stándoff hàlf *n.* 〘ラグビー〙スタンドオフハーフ《スクラムの後方に位置しスクラムハーフ (scrum half) からの送球を受けるハーフバック (half-back); fly half ともいう; ⇨ Rugby football 挿絵》.

stand·off·ish [stændɔ́(ː)fɪʃ, -ɑ́f- | -ɔ́f-] 〘⇨ standoff, -ish[1]〙 — *adj.* 遠慮がちな (reserved); 傍観者的な, つんとした, よそよそしい, 冷淡な (cold). **～·ly** *adv.* **～·ness** *n.*

stánd òil *n.* スタンド油, 重合亜麻仁油《亜麻仁油を加熱してねばねばさせたもので, ペンキ・印刷インクなどに用いる》.

stánd-ón vèssel *n.* 〘海事〙(衝突予防法での)針路速力保持船.

stánd·òut 〘← *stand out* (⇨ stand (v.) 成句)〙 〘米口語〙 *n.* すばらしい[傑出した]もの[人]. — *adj.* きわ立った, すばらしい (outstanding).

stánd·pàt 〘← *stand pat* (⇨ pat[2] (adv.) 成句)〙 〘米口語〙 *adj.* 現状維持を主張[固執]する. — *n.* =standpatter.

stánd·pàt·ism [-pætɪzm] *n.* =standpattism.

stánd·pàtter *n.* 〘米口語〙(特に, 政治で)現状維持を主張する人, 非改革派の人, 保守的な人 (cf. *stand* PAT[2] (1)).

stand·pat·tism [stǽn(d)pætɪzm] *n.* 〘米口語〙現状維持主義, 非改革主義.

stánd·pìpe *n.* **1** 給水塔, 水槽(そう)塔, スタンドパイプ《水道の水圧を一定に保つために地上高く水をたくわえるタンク》. **2** (高い建物の)消火用水配送管.

stánd·pòint 〘《1829》《なぞり》← G *Standpunkt*: ⇨ stand, point〙 *n.* 立脚地[点]; 見地, 観点: from the ～ of politics 政治の立場からすると.

St. An·drews [sèɪntǽndruːz | sn̩t-, sənt-, sɪnt-] *n.* スコットランド東部, Fife 州北東部の海岸保養地; 大学と有名なゴルフ場がある; 人口 11,000.

St.-Ándrew's-cróss *n.* 〘植物〙花弁が聖アンデレ十字架 (St. Andrew's cross) 形をした北米産のオトギリソウ科の多年草 (*Ascyrum hypericoides*)《薬草として腎臓結石に効果がある》.

St. Ándrew's cróss 〘*St. Andrew* がこの形の十字架上で処刑されたとの言い伝えから〙 — *n.* 聖アンデレ十字《X 形の十字(形); 特に青地に白の X 形の十字はスコットランドの旗章; 紋章では青地に銀; ⇨ cross 挿絵》.

St. Ándrew's cróss bònd *n.* 〘建築〙=English cross bond.

stánd·stìll 〘《1702》← *stand still*: ⇨ still[1] (adj.) 5〙 — *n.* 停止, 休止, 止まり (stop); 行詰り (halt, pause):

The work was *at* a ～. 仕事は行詰りの状態であった / come [be brought] *to* a ～ 止まる; 行詰まる. ― *attrib. adj.* 現状維持の: a ～ agreement 現状維持協定.

stánd-ùp 〖← *stand up* (⇨ stand (v.) 成句)〗 ― *attrib. adj.* **1** まっすぐ立った (erect); 〈カラーなど〉立っている (cf. turndown): a ～ collar 立ちえり. **2** 立ちながらの, 立ったままでなされる; 立つことを必要とする: a ～ meal 立食 / a ～ bar 立食式のバー. **3** 〈ボクシングなど〉激しく打ち合う, 堂々の: a ～ fight (特に, ボクシングでの)激しい打ち合い. **4** 〈運動選手が〉大きく構えた. **5** 〖劇場・テレビ〗〈喜劇俳優が〉(舞台またはカメラの前で)一人で立って滑稽な独白を述べる: a ～ comedian. ― *n.* **1** (後に支えのある)立つ物. **2** 約束の時間を守らぬこと, すっぽかし.

stane [stéɪn] *n., adj., vt.* 《スコット・北英》=stone.

Stan·ford [stǽnfəd | -fəd] 〖← OE *Stānford* 《原義》 stony ford: もと地名〗 *n.* 男性名《愛称形 Stan》.

Stanford, (Am·a·sa) Le·land [ǽməsə líːlənd] *n.* (1824–93) 米国の資本家・政治家; California 州 San Francisco 近くの Palo Alto に今の Stanford 大学を設立 (1885).

Stánford-Bi·nét tèst [-biːnéɪ-, -bɪ-; *F.* -binɛ-] ― *n.* 〖心理〗スタンフォードビネー知能検査《米国の Stanford 大学で Binet-Simon test を改訂して作った知能検査法の一つ; 単に Standford-Binet ともいう》.

stang[1] [stǽŋ] 〖OE ～ (pret. sing.)〗 *v.* 《古》 sting の過去形.

stang[2] [stǽŋ] 〖ME ▭ ON *stang-a* to prick ← *stǫng* (↓)〗 *n., v.* 《スコット・北英》=sting.

stang[3] [stǽŋ] 〖《*a*1325》 ▭ ON *stǫng* < Gmc **stanʒō* (OE *steng* / G *Stange*) ← **steŋ-*: ⇨ sting〗 *n.* 《英方言》 **1** 木の棒, はり, 横木. **2** 測量棒.

stan·hope [stǽnəp, stǽnhoʊp | stǽnəp] 〖《1825》 ← *Fitzroy Stanhope* (1787–1864: この馬車を初めて作らせた英国の牧師)〗 ― *n.* スタンホープ《幌なしで通例座席が一つの軽二[四]輪馬車》.

sta·nine [stéɪnaɪn] 〖← *sta(ndard score)*+NINE〗 ― *n.* 《米》(飛行機練習生の) 9 点式適性検査成績《5 点を中位とし最高 9 点から最低 1 点に至る; もと 1942 年に米空軍航空機乗組員の適性技能を総合的にテストするのにこの採点法が用いられた》.

Stan·is·las [stǽnɪsləs, -nəs-, -lɑ́ːs | -nɪs-] 〖《変形》 ↓〗 *n.* 男性名. ★ カトリック教徒にみられる.

Stan·is·laus [stǽnɪslɔ̀ːs, -nəs-, -lɑ̀ʊs | -nɪslɔ̀ːs; *G.* ʃtáːnɪslaʊs] 〖▭ Slav. *Stanislav* 《原義》 stand of glory, martial glory: St. Stanislaus はポーランドの守護聖人〗 ― *n.* 男性名《愛称形 Stan; 異形 Stanislas》.

Sta·ni·slav·ski [stæ̀nɪslǽfski, -nə-, -slǽv- | -nɪ-; *Russ.* stənjislάfskjij] *n.* (*also* **Sta·ni·slav·sky** [～]) スタニスラフスキー《1863–1938; ロシヤの演出家・俳優; Nemirovich-Danchenko と共に Moscow Art Theatre を創立 (1898); スタニスラフスキー方式 (Stanislavski Method) の創始者; 本名 Konstantin Sergeevich Alekseev [əljiksjéjif]》.

Stanislávski Mèthod [Sỳstem] *n.* 〖演劇〗スタニスラフスキー方式 (⇨ method 4).

stank[1] 〖OE *stanc* (pret. sing.)〗 *v.* stink の過去形.

stank[2] [stǽŋk] 〖《*a*1325》 ▭ OF *estanc* (F *étang*) ← VL **stanc-*: ⇨ stanch[1]〗 ― *n.* **1** 《スコット・北英》水たまり, 池 (pond). **2** 《英》小さいダム, 堰(せき) (weir). ― *vt.* 《英》…にダム[堰]を作る (dam).

Stan·ley [stǽnli | -lɪ] 〖← OE *stān-lēah* stony field (⇨ stone, lea[1]): もと地名〗 *n.* 男性名《愛称形 Stan》. ★ ポーランド系・ユダヤ系の人に多い.

Stanley, Arthur Pen·rhyn [pénrɪn, -rən | -rɪn] *n.* (1815–81) 英国国教会の広教会派 (Broad Church) の聖職者・神学者; Dean Stanley ともいう.

Stanley, Sir **Henry Morton** *n.* (1841–1904) 英国のアフリカ探検家; アフリカ奥地にはいった David Livingston の救援におもむき Ujiji で彼に会った (1871); Victoria 湖と Tanganyika 湖を探検し, Edward 湖を発見した; 旧姓名 John Rowlands.

Stan·ley [stǽnli | -lɪ], **Mount** *n.* スタンリー山《Zaire と Uganda の境の山; Ruwenzori 山群中の最高峰 (5,109 m)》.

Stanley, Wen·dell [wéndl] **Meredith** *n.* (1904–71) 米国の生化学者; Nobel 化学賞 (1946).

Stánley Fálls *n. pl.* [the ～] スタンリー滝《Zaire 中部, Congo 川上流の七つの滝》.

Stánley Gíbbons *n.* 〖郵趣〗スタンレーギボンズ《英国の有名な切手商社で出版社; 世界各国の切手のカタログ及びアルバムを発行し, 切手を販売し, また切手のオークションもする; 創立は 1856 年》.

Stánley Póol *n.* スタンリー湖《Congo と Zaire との境にある湖; Congo 川の幅が広くなってできたもの; 長径 35 km, 幅 23 km》.

stann- [stæn] (母音の前に来る時の) stanno- の異形.

stan·na·ry [stǽnəri | -rɪ] 〖《1455》 ▭ ML *stannāri-a* (neut. pl.) ← LL *stannum* tin: ⇨ stannum, -ary〗 ― *n.* 《英》 **1** [通例 *pl.*] (Cornwall, Devon 州の) スズ鉱業地. **2** スズ鉱山 (tin mine); スズ採鉱[製錬]所.

stan·nate [stǽneɪt] 〖⇨ ↑, -ate[1]〗 *n.* 〖化学〗スズ酸塩[エステル].

stan·ni- [stǽnɪ, -nə | -nɪ] stanno- の異形 (⇨ -i-).

stan·nic [stǽnɪk] 〖《1790》 ← STANNO-+-IC[1]〗 *adj.* 〖化学〗スズの; 第二スズの, 4 価のスズ (Sn^{IV}) を含む.

stánnic ácid *n.* 〖化学〗スズ酸《酸化スズの水化物; 含水量の違いにより, 白色ゲル状の *α* スズ酸 (alpha-stannic acid), 白色粉末の *β* スズ酸 (beta-stannic acid) の二種がある》.

stánnic chlóride *n.* 〖化学〗塩化第二スズ, 塩化スズ (IV) ($SnCl_4$) 《絹の増量剤, 有機スズ化合物の合成原料》.

stánnic óxide *n.* 〖化学〗酸化第二スズ, 酸化スズ (IV) (SnO_2) 《電気伝導性があり, 乳白ガラス・スズの原料; スズ石として存在》.

stánnic súlfide *n.* 〖化学〗硫化第二スズ (SnS_2) 《その結晶体を「にせ金(きん)」(mosaic gold) と称し, 顔料とする》.

stan·nif·er·ous [stænɪ́f(ə)rəs] 〖← STANNO-+-FEROUS〗 *adj.* スズを含んだ.

stan·nite [stǽnaɪt] 〖▭ G *Stannit*: ⇨ stanno-, -ite[1]〗 *n.* **1** 〖化学〗亜スズ酸塩. **2** 〖鉱物〗黄錫(おうしゃく)鉱 (Cu_2FeSnS_4) 《tin pyrites ともいう》.

stan·no- [stǽnoʊ | -nə(ʊ)] 〖← LL *stannum* 'STANNUM'〗「スズの, スズを含む」の意の連結形. ★ 時に stanni-, また母音の前では通例 stann- になる.

stan·nous [stǽnəs] 〖⇨ ↑, -ous〗 *adj.* 〖化学〗スズの; 第一スズの, 2 価のスズ (Sn^{II}) を含む.

stánnous chlóride *n.* 〖化学〗塩化第一スズ, 塩化スズ (II) ($SnCl_2$) 《強還元剤, 分析試薬に使用》.

stánnous flúoride *n.* 〖化学〗フッ化第一スズ《歯の腐食を防ぐ練り歯みがきに用いられる》.

stánnous óxide *n.* 〖化学〗酸化第一スズ, 酸化スズ (II) (SnO) 《空気中で加熱すると酸化第二スズに酸化される; 還元剤に用いられる》.

stan·num [stǽnəm] 〖▭ LL ～ 'tin, L alloy of silver and lead' ← ? Celt. (cf. Ir-Gael. *stān* / Welsh *ystaen* / Corn. *stēn*)〗 *n.* 〖化学〗=tin 1.

Sta·no·vói Ránge [stæ̀nəvɔ́ɪ- | stɑ̀ːn-; *Russ.* stənavój-] *n.* [the ～] スタノボイ山脈《シベリア東部, ロシヤ共和国内ヤクート自治共和国とアムール州との境を東西に連なる山系; 全長約 700 km, 最高峰 2,412 m》.

St. Ánthony's cróss [sèɪntǽnθəniz- | sn̩tǽntəniz, sənt-, sɪnt-, -ǽnθə-] 〖*St. Anthony* が創立した修道院で外套にこの十字架をつけていたことから〗 ― *n.* 聖アントニウス十字 (tau cross) 《T 形の十字(形)》.

St. Ánthony's fíre 〖この病気が St. Anthony によって癒されると信じられていたことから〗 *n.* 〖病理〗 **1** 丹毒 (erysipelas). **2** 麦角中毒(症) (ergotism).

Stan·ton [stǽntn̩ | stǽn-, stɑ́ːn-], **Edwin Mc·Mas·ters** [məkmǽstəz | -mɑ́ːstəz] *n.* (1814–69) 米国の政治家; 陸軍長官 (1862–67).

Stanton, Elizabeth *n.* (1815–1902) 米国の社会改革者・女権擁護者; 旧姓 Cady [kéɪdi | -dɪ].

stan·za[1] [stǽnzə] 〖《1589》 ▭ It. ～ 'stopping place, room, stanza' < VL **stantiam* act of standing or stopping ← L *stant-*, *stāns* (pres.p.) ← *stāre* 'to STAND': cf. stance〗 ― *n.* **1** 〖詩学〗連, 節《一定の韻律的構成をもち, 通例 4 行以上からなる詩の単位; cf. Spenserian stanza, rhyme 1, rhyme royal, quatrain》. **2** 《俗》 **a** (芝居などの 1 か所での)上演期間; (特に) 1 週間 (week). **b** (試合の)一区切り (period) 《野球の inning, アイスホッケーの period など; スポーツ記者の用語》.

stan·za[2] [stɑ́ːntsɑː; *It.* stántsa] 〖▭ It. ～ (↑)〗 *It. n.* (*pl.* **stan·ze** [-tseɪ | *It.* -tse]) 部屋.

stan·zaed [stǽnzəd] *adj.* 〖詩学〗〈詩が〉連[節]からなる; …連[節]からなる: a six ～ poem 6 連の詩.

stan·za·ic [stænzéɪɪk] 〖《1816》 ← STANZA[1]+-IC[1]〗 *adj.* 〖詩学〗連の, 節の.

stan·zá·i·cal [-zéɪɪkəl, -ək- | -ɪk-] *adj.* =stanzaic. ～**·ly** *adv.*

stanze *n.* stanza[2] の複数形.

stap [stǽp] *vt.* (**stapped**; **stap·ping**) 《古》=stop.

***stap me* [*my vitals*]!** 《古》へえ, いやはや, 畜生《驚き・怒りを表わす》.

sta·pe·dec·to·my [stæ̀pɪdéktəmi, -pə- | -mɪ] 〖← NL *staped-*, *stapes* 'STAPES'+-ECTOMY〗 ― *n.* 〖外科〗あぶみ骨切除(術). **sta·pe·dec·to·mized** [stæ̀pɪdéktəmàɪzd, -pə-] *adj.*

stapedes *n.* stapes の複数形.

sta·pe·di·al [stəpíːdiəl | -dɪəl, -djəl] 〖← NL *staped-*, *stapes* 'STAPES'+-IAL〗 *adj.* 〖解剖〗あぶみ骨(stapes)の.

sta·pe·li·a [stəpíːliə | -lɪə, -ljə] 〖← NL ～ ← *J. B. van Stapel* (*d.* 1636: オランダの医師・植物学者)+-IA[1]〗 ― *n.* 〖植物〗南アフリカ産ガガイモ科スタペリア属 (*Stapelia*) の多肉植物の総称《暗褐色の大きな星形の花には腐肉の臭気がある; carrion flower ともいう》.

sta·pes [stéɪpiːz] 〖← NL ～ ← ML *stapēs* stirrup ← ? L *stāre* 'to STAND'+*pēs* 'FOOT'〗 *n.* (*pl.* ～, **sta·pe·des** [stəpíːdiːz]) 〖解剖・動物〗あぶみ骨, 鐙(あぶみ)骨.

staph [stǽ(ː)f] 〖略〗 *n.* 《口語》〖細菌〗=staphylococcus.

staph·yl- [stǽfəl | -fɪl] (母音の前に来る時の) staphylo- の異形.

Staph·y·le·a·ce·ae [stæ̀fəliéɪsiìː | -fɪlɪ-] 〖← NL ～ ← *Staphylea* (属名: ← Gk *staphulḗ* 'STAPHYLO-')+-ACEAE〗 ― *n. pl.* 〖植物〗(ムクロジ目)ミツバウツギ科. **stàph·y·le·á·ceous** [-ʃəs] *adj.*

staph·y·li·nid [stæ̀fəláɪnɪd, -lín-, -nəd | -fɪláɪnɪd, -lín-] 〖↓〗 〖昆虫〗 *adj.* ハネカクシ(科)の. ― *n.* ハネカクシ《ハネカクシ科の甲虫の総称》.

Staph·y·li·ni·dae [stæ̀fəláɪnədiː, -lín- | -fɪláɪnɪ-, -lín-] 〖← NL ～ ← *Staphylinus* (属名: ← Gk *staphulînos* a kind of insect ← *staphulḗ* (↓))+-IDAE〗 ― *n. pl.* 〖昆虫〗(鞘翅目)ハネカクシ科.

staph·y·lo- [stǽfəloʊ | -fɪlə(ʊ)] 〖▭ Gk *staphulo-* ← *staphulḗ* uvula, bunch of grapes〗 ― 次の意味を表わす連結形: **1**「ぶどうの房 (bunch of grapes); ぶどう腫 (staphyloma)」. **2**「ぶどう状球菌による (staphylococcic)」. **3**「口蓋(こうがい)垂 (uvula)」. ★ 母音の前では通例 staphyl- になる.

stàphylo·cóccus 〖← NL ～: ⇨ ↑, -coccus〗 *n.* (*pl.* **-cocci**) 〖細菌〗ぶどう(状)球菌. **stàphylo·cóccic, stàphylo·cóccal** *adj.*

staph·y·lo·ma [stæ̀fəlóʊmə | -fɪlə́ʊ-] 〖《1597》 *staphylome* ← NL ～ ← Gk *staphúlōma*: ⇨ staphylo-, -oma〗 ― *n.* (*pl.* ～**s**, **-ma·ta** [～tə | ～tə]) 〖病理〗(目の)ぶどう(膜)腫(しゅ).

staph·y·lo·plas·ty [stǽfəlo(ʊ)plæ̀sti | -fɪlə(ʊ)plæ̀stɪ] 〖← STAPHYLO-+-PLASTY〗 *n.* 〖外科〗口蓋(こうがい)垂形成(術). **stàphylo·plástic** *adj.*

staph·y·lor·rha·phy [stæ̀fəlɔ́(ː)rəfi, -lɑ́r- | -fɪlɔ́rəfɪ] 〖← STAPHYLO-+-*rrhaphy* (▭ Gk *-rhaphia* ← *rhaphḗ* suture)〗 *n.* 〖外科〗軟口蓋(こうがい)縫合(術).

staph·y·lot·o·my [stæ̀fəlɑ́təmi | -fɪlɔ́təmɪ] 〖← NL *staphylotomia*: ⇨ staphylo-, -tomy〗 *n.* 〖外科〗 **1** 口蓋垂切開(術). **2** ぶどう(膜)腫除去(術).

sta·ple[1] [stéɪpl̩] 〖OE *stapol* post < Gmc **stapulaz* ((M)Du. *stapel* pillar / ON *stǫpull* steeple) ← IE **steb(h)-* post; to fasten: cf. staff[1], step: ⇨ -le[1]〗 ― *n.* **1 a** (ものを留めるための) U 字形の金属製の釘; (配線などを留めるための)股釘(またくぎ), ステープル; かすがい. **b** (掛け金 (hasp), 留め金 (hock) などを受ける)輪形の釘, つぼ釘, ひじつぼ (⇨ hasp 挿絵). **c** (製本や書類とじに用いる)ステープル(針). **2** 〖海事〗かすがい《水密にする部分などで用材同士を密着させるために使用するコの字型の釘》. ― *vt.* …につぼ釘ひじつぼをつける[で留める]; ステープル(針)でとじる[かがる]: ～ three sheets of paper together.

sta·ple[2] [stéɪpl̩] 〖《1423》 ▭ OF *estaple* market (F *étape* halting-place) ▭ MDu. *stapel* emporium (↑)〗 ― *n.* **1** (一国・一地方・市場などの)主要産物[製品], 重要商品 (principal commodity): the ～*s* of Japan 日本の主要産物. **2** (季節や流行などで変動のない)需要の恒常的な商品; 基本的[必要な]食料品. **3** 主要素, 主成分 (chief element): the ～ of diet 食事の主要素 / Gossip is the ～ of conversation. 世間話は会話の主要素だ. **4** 原料 (raw material). **5 a** =staple fiber. **b** (品質・長さなどについて繊維の)標準: wool of fine ～ 上品質の羊毛 / cotton of fine [short] ～ 上[短]繊維の綿花. **6** 供給地, (商業などの)中心地 (center). **7** 〖英史〗特定市場, 専売所《中世から近世にかけて, 英国の特産物, 特に毛織物の輸出をはかるために海外に設けられた指定取引所で, オランダの諸都市とフランスの Calais など》. ― *attrib. adj.* **1** (一国または一地方の産物で)主要な; 主に[広く]取引き[生産]される: the ～ commodities [products] of Japan 日本の主要商品[産物]. **2** 多くの人が通例用いる[食べる, 必要とする]: ～ food 主食. **3** 主要な (chief, principal); 重要な (important): the ～ industries 重要産業 / ～ topics 主要な話題. **4** 短繊維の[から作られた]: ～ yarn / ⇨ staple fiber. ― *vt.* 〈羊毛などを〉(長さによって)分類する (classify), 選別する (sort).

stáple fíber 〖↑〗 *n.* 短繊維《紡績に適するように適当な長さに截断した綿・羊毛・亜麻など; cf. spun rayon 1》.

stáple gùn *n.* =stapler 1.

stá·pler[1] [-plə, -pl̩ə | -plə(r, -pl̩-] 〖⇨ staple[1] (v.)〗 ― *n.* **1** (ステープル針を用いる)書類とじ器, ホチキス《大型のものは staple gun ともいう》. **2** 書類とじ工. **3** 〖建築〗=stapling hammer. **4** 〖製本〗けとばし《小冊子を針金綴じにする機械》.

stá·pler[2] [-plə, -pl̩ə | -plə(r, -pl̩-] 〖⇨ staple[2]〗 *n.* **1** (長さによって原料羊毛を選別する)選別工[器], ソーター (sorter). **2** 主要物産商.

stá·pling [-plɪŋ, -pl̩-] *n.* 〖造船〗山形つば《円材が隔壁などを貫く時, そこから水や油が漏らないように円材側にはめる山形材のつば》.

stápling hàmmer *n.* 〖建築〗ステープルハンマー《建材を留めるためにステープル(U 字型の釘)を打ち込むハンマー》.

stápling-machìne *n.* 〖製本〗stapler[1] 4.

star [stάɚ | stάː(r] 〖OE *steorra* < (WGmc) **sterron* (Du. *ster* / OHG *sterro* (cf. G *Stern* < (WGmc) **sternōn*)) ← IE **ster-* star (L *stēlla* / Gk *astḗr*)〗 ― *n.* **1 a** (夜空に輝く)星: a fixed ～ 恒星 / the morning [evening] ～ 明け[宵(よい)]の明星 / ⇨ binary star, double star, falling star, North Star, shooting star. ★ ラテン語系形容詞: astral, sidereal, stellar. **b** 〖天文〗恒星 (cf. planet[1] 1). **c** 天体; 地球 (earth): the ～ of day [noon] 太陽 / this ～ 地球. **d** 《廃》北極星 (lodestar). **2 a** 〖占星〗司運星. **b** [しばしば *pl.*] 星回り, 運勢 (fortune): be born under a lucky [an unlucky] ～ 幸運[不幸]の星の下に生れる, 星回りのよい[悪い]時に生れる / be through with one's ～ 幸運(の星)に見放される / thank [bless] one's (lucky) ～*s* 幸運を感謝する / bless one's ～*s* ⇨ bless *vt.* 4 b / trust one's ～ 自分の運勢[成功]を信じる / The ～*s* were against it. 運勢が悪かった, 失敗する運命だった / His ～ was in the ascendant. 彼の運勢がついてきていた. **c** 《廃》運命 (destiny): It's not my ～ to be wealthy. 金持ちになるのは私の運命ではない. **3 a** (普通五つまたは六つに放射した)星形のもの, 星印. **b** 星章, 星形勲章 (decoration): the four ～*s* of a full general 大将の四つ星. **c** 《米》(星条旗で) 50 州の一つを表わす星 (cf. STARS and Stripes). **d** (価値の等級を示す)星印: a five-*star* hotel 一流のホテル. **e**〘印刷〙星印 (*) (asterisk). **4 a** 星状のもの. **b** (馬の額の上の)白い斑毛, 星, 流星, 白星 (white spot). **c** 星形の花火. **d**〘動物〙=starfish. **5 a** (映画・演劇などの)スター, 花形, 立役者 : a film [movie] ~. **b** 人気者, 大立者, 大家, 明星 : all the literary ~*s* 文壇の花形全部 / a bright particular ~ 明星と仰がれる人物. **c**《英》重罪の囚人《star prisoner ともいう》. **6** [しばしば *pl.*] 到達不可能な目標. **7**《英》〘玉突〙番のなくなった人が金を出して買う突き番. **8**〘ヨット〙スター《オリンピックや国際レースで使用するヨットの型; 2人乗りで, 全長 22 ft. 7½ in., メンスル 217 ft.², ジブスル 63 ft.² と規定されている; star boat ともいう》. **9**〘機械〙=star wheel. **10**〘宝石〙**a** スター《スタールビー・スターサファイアのように六方晶形の石をカボションに磨くと浮き出す星型の白線》. **b** =star facet. **c** =star cut. **11**〘紋章〙**a** =estoile. **b** =mullet². **12**〘電気〙星形 : ⇨ star connection.

hitch one's wagon to a star ⇨ wagon 成句. ***see stars***《口語》目から火が出る, 目がくらむ : His blow made me *see* ~*s*. 彼に殴られて目から火が出た. ***stars in one's eyes*** 意気揚々, 大得意 : a boy with ~*s in his eyes*.

Star of Bethlehem [the —] ベツレヘムの星《キリスト降誕の際現れて東方の賢者たちをベツレヘムのキリスト誕生の厩(うまや)まで導いた星; cf. *Matt.* 2 : 1-2, 9, 10; cf. star-of-Bethlehem》.

Star of David [the —]〘ユダヤ教〙ダビデの星 (⇨ Magen David).

Stars and Bars [the —; 単数扱い]〘米史〙(南北戦争時の)南部連盟旗《赤白赤の横線の片すみに四角の青地の中に連盟の数だけの星を円形に配したもの》.

Stars and Stripes [the —; 単数扱い] 星条旗《米国国旗; 州を表わす 50 個の星と独立当時の 13 州を表わす 13 本のすじから成る; Star-Spangled Banner, また俗に Old Glory ともいう》.

— *attrib. adj.* **1 a** 星の[に関する]. **b** 星から成る : a ~ belt. **2** 星印をつけた. **3 a** 花形の, 主役の (leading) : a ~ player 花形選手. **b** きわ立った, 主な, 顕著な (chief, prominent).

— *v.* (**starred**; **star·ring**) — *vt.* **1** [主に p.p. 形で] …に星(飾り)をつける[散らす], 星形の飾りをちりばめる (bespangle) : clothes ~*red with* gems 宝石をちりばめた服. **2** (注意を引くために)…に星印 (*) をつける. **3 a**〈演技者などを〉スターにする, 花形にする. **b**〈映画などが〉〈俳優を〉主演させる (feature) : a film ~*ring* a famous actor 有名な俳優が主演する映画 / This movie ~*s* Elizabeth Taylor. この映画はエリザベステイラーが主演している. — *vi.* **1** 星のように光る, きらめく (shine brightly). **2 a** 主役を勤める, 主演する : He ~*red* in several productions [the provinces]. 彼はいくつかの作品[地方興行]で主演した. **b** きわ立つ, きわ立った行為をする. **3**《英》〘玉突〙金を出して突き番を買う.

stár acácia *n.*〘植物〙オーストラリア原産マメ科アカシア属の低木または小高木 (*Acacia verticillata*).

stár ànise *n.*〘植物〙ダイウイキョウ, トウシキミ, スターアニス (*Illicium verum*)《赤紫の花をつける中国原産シキミ科の植物; 芳香のある星型の実をつけ, その実は祛痰(きょたん)剤となる; Chinese anise ともいう》.

stár àniseed òil *n.*〘化学〙=star anise oil.

stár ànise òil *n.*〘化学〙ダイウイキョウ油, スターアニス油《star anise の果実から得られる精油》.

stár àpple *n.* **1**〘植物〙カイニット (*Chrysophyllum cainito*)《熱帯アメリカ産アカテツ科の果樹》. **2**〘リンゴに似た星形のしんがあることから〙カイニットの果実《食用》.

stár·blòom *n.*〘植物〙北米南東部産フジウツギ科セッコンソウ属の植物 (*Spigelia marilandica*)《根は薬用; pinkroot ともいう》.

star·board [stάəbəd | stά:bəd, -bɔ̀:d, (海)-bəd]〘OE *stēorbord* ← *stēor* paddle, rudder, steering+*bord* side of a ship : ⇨ steer¹ (n.), board : 右舷で舵取り用のかいを用いたことから〙 — *n.* **1**〘海事〙右舷(うげん)《船内で船首を向いて右側》; ↔ port ; cf. larboard》: I sighted a steamer to ~. 右前方に一隻の汽船を見つけた. **2** (航空機の)右側. — *adj.* 右舷の[にある] : a ~ anchor 右舷大錨(いかり) / the ~ side 右舷側 / a ~ turn (船の)右(舷)旋回. — *adv.* 右舷に : put the wheel ~ 舵輪(だりん)を右舷に取る, 面かじをとる (cf. astarboard). — *vt.*〈舵柄(だへい)を〉右舷に取る,〈船〉の面かじを取る. ★ もとは舵柄を右に回せば船首は左に曲がったが 1930 年ごろ以後は船首も右に曲がる (cf. port² *vt.*): *Starboard* (the helm)! [号令](舵を)取りかじ(《米》Left!) ; (今は)面かじ(《米》Right!). — *vi.*〈船が〉右に向かう [変針する].

stárboard bèam *n.*〘海事〙右舷正横 (↔ port beam) : on the ~.

stárboard wàtch *n.*〘海事〙右舷直《乗組員を 2 分した場合に「右舷員の当直」の意》.

stár bóat *n.*〘ヨット〙=star 8.

stár càctus *n.*〘植物〙サボテン科 *Astrophytum* 属の植物《ランポウギョク(鸞鳳玉)など; bishop's-cap, sand dollar ともいう》.

starch [stάətʃ | stά:tʃ]〘v. : OE **stercan* to stiffen (cf. *sterced-* fixed) < (WGmc) **starkjan* to strengthen (Du. *sterken* / G *stärken*) ← **starkaz* 'STARK'〙 — *n.* **1** 澱粉 ($(C_6H_{10}O_5)_n$). **2 a** (澱粉製の洗濯用の)のり. **b** [*pl.*] 澱粉食品《コーンスターチ, 片栗粉など》. **3** 堅苦しさ, しかつめらしさ (stiffness), きちょうめん, 形式主義 (formality). **4**《米口語》精力, 元気 (vigor, vitality) : take the ~ out of a person 人を無気力にする. — *adj.* (~·**er** ; ~·**est**)《古》堅苦しい, 形式ばった. — *vt.* **1**〈布など〉にのりをつける, のりづけする. **2** 堅苦しくする, 形式ばらせる (stiffen)〈*up*〉.

stárch·less *adj.*

stár-chàmber〘↓〙*adj.* 星室庁裁判所的な; 専断不公正な.

Stár Chàmber〘ME *sterre(d) chambre*《なぞり》← Anglo-L *camera stella* (Westminster Palace の天井に星形の装飾のある部屋の名称)〙 — *n.* **1** [the ~]〘英法史〙星室庁裁判所, 星法院《1487 年設立された刑事裁判所; Wars of the Roses 終結直後の混乱収拾などに役立ったが, その裁判は陪審を用いず専断的になりがちであったので, 世論の反対を受け 1641 年 Long Parliament により廃止された; 正式名 the Court of Star Chamber ; cf. prerogative court 1 b》. **2** [s- c-] (星室庁裁判所のような)専断的な裁判所[委員会など].

stár chàrt *n.*〘天文〙星図.

starched *adj.* **1** のりをつけた; こわばった. **2** 窮屈な, 四角張った (formal), 堅苦しい (stiff). **stárch·ed·ly** [-tʃɪd-, -tʃəd-] *adv.* **stárch·ed·ness** [-tʃɪd-, -tʃəd-] *n.*

stárch·er *n.* **1** のり付け器. **2** (布などの)のり付け工.

stárch-redùced *adj.*〈パンなど〉澱粉を減らした.

stárch shèath *n.*〘植物〙澱粉鞘, 内皮 (endodermis).

stárch sỳrup *n.* 澱粉から作るシロップ; (特に)コーンシロップ (corn syrup).

starch·y [stάətʃi | stά:tʃɪ] *adj.* (**starch·i·er** ; **-i·est**) **1** 澱粉(質)の; 澱粉を含んだ. **2** のりをつけた, のり張りにした, こわばった. **3**〈態度など〉堅苦しい (stiff) ; 四角張った, しかつめらしい (formal). **stárch·i·ly** [-tʃɪli, -tʃə- | -lɪ] *adv.* **stárch·i·ness** *n.*

stár clòud *n.*〘天文〙恒星集団.

stár clùster *n.*〘天文〙星団.

stár connèction *n.*〘電気〙星形結線, 星形接続《三相交流で三つの変圧器巻線やインピーダンスを Y 字形に結んだ結線方式; Y connection ともいう; cf. delta connection, ring connection》.

stár-cròssed *adj.*《古》星回りの悪い, 薄幸な : a pair of ~ lovers 幸(さち)薄き恋人二人 (Shak., *Romeo*, Prologue 6).

stár cùt *n.*〘宝石〙スターカット《六角形の上面 (table) とそれを囲む六つの正三角形の小面 (facets) がある宝石のカット》.

stár·dom [-dəm] *n.* **1** スターの地位[身分], スターダム. **2** [集合的] (映画などの)スターたち; スター界.

stár drìft *n.*〘天文〙星流《一群の多数の恒星がある方向に運動する現象》.

stár drìll *n.* (石工が用いる刃先の横断面が星形をした)(星形)穴あけ用ドリル.

stár·dùst *n.* **1** (*also* **stár dùst**)《俗用》**a** 星くず, はるか遠方に見える小星団. **b** 宇宙塵(じん) (cosmic dust). **2**《口語》魅力; うっとりする気分, 夢見心地.

stare [stéə | stéə(r]〘OE *starian* ← Gmc **star-* to be rigid (Du. *staren* / G *starren* to be rigid / ON *stara*) ← IE **(s)ter-* stiff (⇨ start) : cf. stark, stern¹〙 — *vi.* **1 a** 目を丸くして見る, 凝視する, じっと見つめる, じろじろ見る : ~ *at* a person 人をじろじろ[じっと]見る / ~ straight *in front of* one 自分の前方をじっと見つめる / ~ *into* a person's eyes [face] 人の目[顔]をじっと見つめる / ~ with surprise 驚きの目を見張る / make a person ~ 人に驚きの目を見張らせる / It is very rude to ~. じろじろ見るのは大変失礼である. **b**〈目が〉丸く見開く : with *staring* eyes 目を見張って. **2**〈物・事が〉余りに目立つ, きわ立つ : This misprint ~*s*. この誤植はいかにも目立つ. **3**〈毛が〉逆立つ (bristle). — *vt.* **1** じっと見る, じろじろ見る, 凝視する, にらむ : ~ a person *up* and *down* 人を頭の天辺(てっぺん)から爪先までじろじろ見る / He ~*d* me *in* the face. じっと私の顔を見た. **2**〈人を〉にらみつけて(ある状態)にさせる : ~ a person *out* (*of* countenance) 人をじろじろ見てきまり悪がらせる[赤面させる] / ~ a person dumb [*into* silence] にらみつけて人を黙らせる / ~ a person *down* [*out*] 人をにらみ返して目をそらさせる; (にらめっこで)相手を負かす. — *n.* じっと見ること, 凝視 : with a cold [glassy] ~ 冷淡な[どんよりした]目つきで / give a person a rude ~ 人を失礼な目つきでじっと見る. **stár·er** [stέ(ə)rə | stέərə(r] *n.*

sta·re de·ci·sis [stέ(ə)ri-dɪsáɪsɪs, -də-, -səs | stέərɪ-dɪsáɪsɪs]〘□L ~ 'to stand by decided matters'〙 — *n.*〘法律〙先例拘束性の原則《判例法主義のもとで, 一度判決された事件は拘束力をもち将来の同種の事件を判決する裁判官の判断を法的に拘束する原則; 近年厳格性を緩和する動きがみられる》.

sta·rets [stά:rets ; *Russ.* stárjits]〘□Russ. ~ 'old man' ← *staryi* old〙 — *n.* (*pl.* **star·tsy** [stάətsi | stά:tsɪ ; *Russ.* stártsi])〘東方正教会〙スターレッツ, 霊的指導者《ロシヤ語で長老を意味し, 必ずしも司祭である必要はない; 東方正教会の修道生活に大きな役割を果す》.

stár fàcet *n.*〘宝石〙スター面《ブリリアント型宝石の頂部平面 (table) を取り巻く 8 個の三角小面; ⇨ brilliant cut 挿絵》.

stár·fìsh *n.*〘動物〙ヒトデ《棘皮(きょくひ)動物ヒトデ綱の動物の総称》.

stár·flòwer *n.*〘植物〙星状の花をつける種々の草本の総称 : **a** オーニソガラム (star-of-Bethlehem). **b** サクラソウ科ツマトリソウ属の小形の多年草 (*Trientalis americana*)《星形の白花をつける》.

stár gàuge *n.*〘機械〙星形ゲージ.

stár·gàze〘《1626》《逆成》↓〙*vi.* **1** 星をながめる. **2** うっとり見つめる; 夢想する (daydream).

stár·gàzer〘《1560》〙 — *n.* **1 a** 星をながめる人. **b**《戯言》天文学者 (astronomer) ; 占星家 (astrologer). **2 a** 夢想家 (daydreamer). **b** (特に, 当てにならない)予言者. **3**〘魚類〙ミシマオコゼ《目が上方を向いているミシマオコゼ科の魚類の総称》. **4** 高く首[鼻づら]を持ち上げる馬. **5**《俗》〘海事〙=jolly jumper.

stár·gàz·ing *n.* **1** 星をながめること. **2 a** 空想[実際的でないこと]に耽ること; 夢想. **b** 放心状態, 呆然.

stár gèar *n.*〘機械〙星形歯車《ピン歯車とかみ合って間欠運動をする星形の歯車》.

stár gràss *n.*〘植物〙米国南部産の星形の花と葉をもつヒガンバナ科コキンバイザサ属 (*Hypoxis*) の数種の植物の総称.

stár hýacinth *n.*〘植物〙**1** スキラ (*Scilla amoena*)《ヨーロッパ原産ユリ科ツルボ属の春にブルーの花をつける植物》. **2** オーニソガラム (star-of-Bethlehem).

star·ing [stέ(ə)rɪŋ | stέər-]〘ME〙 — *adj.* **1** じっと見る, じろじろ見る. **2**〈物・事が〉余りに目立つ, きわ立つ : a ~ blunder とんでもない大失策 / a ~ red tie けばけばしい赤色のネクタイ. **3**〈毛が〉逆立った (bristling). **4** [副詞的に] 著しく, 全く (completely) : (stark) ~ mad (全く)本当に気が狂って. **~·ly** *adv.*

stár ipomóea *n.*〘植物〙ウチワルコウ (*Quamoclit coccinea*)《熱帯アメリカ原産ヒルガオ科ルコウソウ属の一年生蔓植物; 花は芳香のある緋紅色》.

stark [stάək | stά:k]〘OE *stearc* hard < Gmc **starkaz* (Du. *sterk* / G *stark* / ON *sterkr* strong) ← IE **(s)ter-* stiff : ⇨ start〙 — *adj.* (~·**er** ; ~·**est**) **1**〈筋肉など〉(特に, 死体について)こわばった (rigid) ; (死後)硬直の : ~ and stiff 硬直した[て] / lie ~ in death 死んで硬くなっている. **2**〈訓練・法律など〉融通のきかない, きびしい, 仮借のない (firm, strict). **3** 正真正銘の, 純然たる, 全くの (sheer) : ~ madness [folly] 全くの気違い[ばか] / ~ terror 血も凍るような恐怖. **4**〘《短縮》← *stark-naked*〙まっ裸の : a ~ electric bulb 裸電球. **5 a**〈光景・場所など〉荒涼とした, 気味の悪い (desolate, grim). **b**〈部屋など〉飾りのない, がらんとした (bare). **6** ありのままの (unadorned), 飾り気のない : a ~ description 赤裸々な描写. **7** くっきりした, きわだった (sharply delineated) : a ~ contrast 著しい対照 / the ~ facts 紛れもない事実 / in ~ outline against …に対してくっきりとした輪郭を見せた[て]. **8**《古》強い, 強壮な, たくましい (strong, robust) ;〈人が〉厳格な, きびしい (stern). — *adv.* 全然, 全く (absolutely) : ~ mad [poor] 全く気が狂って[貧乏な]. **~·ness** *n.*

Stark [stάək, ʃtάək | stά:k, ʃtά:k ; *G.* ʃtárk], **Johannes** *n.* シュタルク《1874-1957 ; ドイツの物理学者; Nobel 物理学賞 (1919)》.

Stark [stάək | stά:k], **John** *n.* (1728-1822) 独立戦争当時の米国の将軍.

Stárk effèct〘← *Johannes Stark*〙*n.*〘物理〙シュタルク効果《光源が電場におかれた時, そのスペクトル線が分岐すること》.

stark·ers [stάəkəz | stά:kəz]〘← STARK(-NAKED)+-ER¹ 1 i〙*adj.*《英俗》**1** まっ裸の. **2** 全く気が狂った.

stárk·ly *adv.* 全く, 全然; くっきりと; ありのままに.

stárk-náked〘《1530》《STARK (adv.) の影響による変形》←《古》*start-naked*《原義》naked even to the tail ← ME *ste(o)rt* < OE *steort* tail : cf. redstart〙 — *adj.* まっ裸の, 全裸の (completely naked).

stár·less〘《*a*1393》*sterreles* : ⇨ star, -less〙*adj.* **1** 星[星明かり]のない : a ~ night. **2** スターのいない : a ~ troupe. **~·ly** *adv.* **~·ness** *n.*

star·let [stάəlɪt, -lət | stά:-] *n.* **1** 小さい星. **2** スターを約束されている映画女優, 若手の女性スター.

stár·light〘《*c*1380》〙*n.* 星明かり : I walked home by ~. 星明かりをたよりに家まで歩いて帰った. — *adj.* 星明かりの (starlit), 星の出ている : a ~ night 星月夜.

stár·like *adj.* **1** 星のような, 星形の (star-shaped) : a ~ flower. **2** (星のように)きらきらする (brilliant), ぴかぴかする (glittering). **3**〘数学〙星形の《ある点と他の任意の点とを結ぶ線分が完全にその集合の中に含まれることについていう; star-shaped ともいう》.

stár lìly *n.*〘植物〙**1** ヒメユリ, ベニユリ (*Lilium concolor*)《日本産; 花が星形に開く》. **2** =sand lily.

star·ling¹ [stάəlɪŋ | stά:-]〘OE *stærlinc* ← *stær* starling < Gmc **staraz* (G *Star* / ON *stari*) ← IE **storos-* (L *sturnus* starling) : ⇨ -ling¹〙 — *n.*〘鳥類〙ホシムクドリ (*Sturnus vulgaris*)《ムクドリ科の鳥; ヨーロッパ原産で米国などに移入された; 人家の近くに巣を作り, 飼育しやすくて物まね・おしゃべり・盗癖で有名》.

star·ling² [stάəlɪŋ | stά:-]〘《*c*1684》《変形》? ←《方言》*staddling* : ⇨ staddle, -ing¹〙*n.*〘土木〙(橋脚の)水切り, 木杭《橋脚を保護するためにその周囲に打った杭》.

stár·lit *adj.* 星明かりの (starlight) ; (特に)星だけ出ている, 星月夜の.

stár màp *n.*〘天文〙星図《恒星・星団・星雲等の天体の位置や光度を図に表現したもの》.

stár nètwork *n.*〘電気〙星形回路網.

stár·nòse *n.*〘動物〙=star-nosed mole.

stár-nòsed móle *n.*〘動物〙ホシバナモグラ (*Con-*

dylura cristata)《北米産で鼻先に小さな星形の肉の放射突起があるモグラ；starnose ともいう》.

stár-of-Béthlehem 〖(1573)← *Star of Bethlehem* (⇨star (n.))〗 ── *n.* (*pl.* ~, **stars-**)〘植物〙 **1** オーニソガラム，オオアマナ (*Ornithogalum umbellatum*)《ヨーロッパ・西南アジア産ユリ科オーニソガラム属の白い星形の花をつける植物；「ベツレヘムの星」ともいわれる》. **2** アマゾンユリ (Amazon lily). **3** オーストラリア産のユリ科の植物(*Chamaescilla corymbosa*).

stár-of-Jerúsalem *n.* (*pl.* **stars-**)〘植物〙＝yellow goatsbeard.

stár plàte *n.* 星座早見(盤)《ある緯度である時刻に見られる星を示す円盤》.

stár prisoner *n.* ＝star 5 c.

stár·quàke 〖← STAR＋(EARTH)QUAKE〗 *n.*〘天文〙星震《恒星に起こる急激な放射の変動や脈動の変化》.

starred 〖(? c1200)〗 ── *adj.* **1** 星で飾った，星をちりばめた. **2** [通例複合語の第2構成素として]星章をつけた：a five-[four-]*starred* general《米》五つ[四つ]星将軍《陸軍元帥[大将]》. **3** …がスター[主役]を演じる，…主演の. **4** 星印[アステリスク]をつけた. **5** [複合語の第2構成素として] (…の)星回りの，星が…の，(…の)運命の：ill-*starred* 運の悪い.

stár ròute ── *n.*《米》〘郵便〙星印配達ルート《過疎地帯の郵便配達ルートで，請負いの配達人が郵便局間または駅と郵便局間の郵便物を運び，また通例ルート上の郵便箱にも配達する；cf. rural route》.

stár rúby *n.*〘鉱物〙スタールビー《6条の星彩を呈するルビー；宝石用》.

star·ry [stɑ́ːri | -rɪ] 〖(c1380) *sterry*: ⇨ -y[4]〗 ── *adj.* (**star·ri·er; -ri·est**) **1** 星の[に関する，から出る]；星[恒星]から成る：~ light 星の光 / ~ worlds 星の世界. **2** 星の多い，星の出た，星明かりの，星月夜の (starlit)：a ~ sky [night] 星の多い空[星月夜]. **3** 星のような物をちりばめた，星形で飾られた. **4** (星のように)ぴかぴか光る (bright, glittering)：~ eyes つぶらな目 / Her eyes were ~ with happiness. 幸せで目が輝いていた. **5** 星形の (star-shaped, stellate). **6 a** 高遠な：~ speculations. **b** ＝starry-eyed. **stár·ri·ly** [-rəli, -rɪ- | -lɪ] *adv.* **stár·ri·ness** *n.*

stárry cámpion *n.*〘植物〙ホシザキマンテマ (*Silence stellata*)《米国東部産で星形の花をつけるナデシコ科マンテマ属の植物》.

stárry-éyed *adj.*《口語》理想[夢想]に満ちた目付きの；夢想的な，理想的な，非実際的な (unpractical).

stárry grásswort *n.*〘植物〙＝grasswort.

stárry Sólomon's-seal *n.*〘植物〙北米原産のユリ科ユキザサ属の植物 (*Smilacina stellata*).

stár sápphire *n.*〘鉱物〙スターサファイア，星彩青玉《宝石に用いる》.

stár scòut *n.* スタースカウト (⇨ boy scout).

stár·shàke *n.* (木材の)星割れ，心割れ.

stár·shàped *adj.* **1** 星形の，星に似た. **2**〘数学〙＝starlike 3.

stár shèll *n.* **1** 照明弾《敵の夜間行動を照らすために発射する弾丸》. **2** 光弾《爆発すると光る星を一面に降らせる信号弾》.

stár shìfter *n.*《俗》〘海事〙＝jolly jumper.

stár·shìne *n.* 星の光，星影.

stár shòwer *n.* 流星雨 (meteoric shower).

stár·spàngled *adj.* **1** 星を散らした，星をちりばめた. **2**〘↓〙**a** 米国(人)の[らしい]. **b** (米国に対して)愛国心の強い.

Stár-Spàngled Bánner *n.* **1** [the ~] (米国の)星条旗 (Stars and Stripes). **2** [The ~] 米国国歌《1814年Maryland州のMcHenry砲台が英軍に砲撃されるのを目撃してFrancis Scott Keyが作った愛国歌；1931年議会によって国歌として採択；曲は古い英国歌謡 (*To Anacreon in Heaven*) から採ったもの》.

stár·stòne *n.*〘鉱物〙星光石；(特に)星彩青玉 (star sapphire).

stár·strèam *n.*〘天文〙星流 (star drift).

stár·stùdded *adj.* **1 a** 星のきらめく (bright)：a ~ night. **b** 星(形)をちりばめた. **2** スターたちがずらりと居並ぶ：a ~ party.

stár sỳstem *n.* スターシステム《演劇や映画などで人気俳優を中心に芝居を組み立てるスター中心主義；cf. repertory system》.

start [stɑ́ːət | stɑ́ːt] 〖ME *sterte(n)* < OE *styrtan (cf. *sturtende* (pres. p.)) to leap up,《原義》move briskly or stiffly ← Gmc *stert-, *sturt- (Du. *storten* / G *stürzen* to overthrow) ← IE *sterd- ← *(s)ter- stiff (L *torpēre* to be stiff)：cf. stare, starve〗 ── *vi.* **1 a** 出発[出立]する (set out)：~ *back* 取って返す / ~ *off* [*out*] at dawn 夜明けに出発する / ~ (*out*) *for* home [one's office] 家路に向かう[会社に出かける] / ~ *from* [*for*] London ロンドンから[へ]立つ / ~ (*out*) *on* a journey 旅行に出発する. **b** 〈ある基準から〉始まる，出発する〔*at, from*〕：a ~*ing* salary 初任給 / Our clerks ~ *at* $8,500. 我々の会社では事務員は(年俸)8500ドルからスタートする / This highway ~*s from* my city. このハイウェイは私が住んでいる町が基点になっている / The club ~*ed out as* a barn. クラブの建物はもとは納屋だった / He ~*ed* poor but finally became rich. 初めは貧しかったが最後は裕福になった. **2** 〈運動・仕事などが〉始まる (begin)；〈紛争・火事などが〉起こる，生じる；〈うわさ・熱などが〉出る；〈赤ん坊が〉宿る：The performance ~*ed* at last. 演奏がやっと始まった / How [Where] did the war [fire] ~? どうして[どこから]戦争[火事]が起こったのか / The quarrel ~*ed* *over* a trifle. けんかはつまらない事で始まった. **3 a** 〔仕事などを〕始める，やり出す，〔…に〕着手する〔*in, on*〕：~ *in* business [life] 商売[世渡り]を始める / ~ *on* a task [a course of study] 仕事[ある勉強]を始める / ~ *on* a book [meal] 著作[食事]に取りかかる / They ~*ed* (*in*) *on* clean*ing* the yard. 庭の掃除を始めた. **b** 〔…で〕始める，〔…から〕手をつける〔*with*〕：We ~*ed with* soup. まずスープから食べ始めた / He had no capital [members] to ~ *with*. 発足すべき資本[会員]がなかった. **4 a** (驚き・恐れのために)びくっと[ぎょっと，はっと]する：~ (*up*) in terror 恐ろしくてぎょっとする / ~ *at* the shots 銃声を聞いてはっとする / ~ *from* [*out of*] one's sleep *with* fright おびえてはっと目覚める. **b** (驚いて)飛び出す〈*forward, out*〉；飛びのく〈*aside, away, back*〉；飛び上がる，はね上がる〈*up*〉：~ *from* one's seat はっとして座を立つ / ~ *to* one's feet びっくりして立ち上がる. **5 a** 〈涙・血などが〉急に出る，噴出する (issue)：Tears ~*ed to* [*from*] her eyes. 突然涙が彼女の目に浮かんだ[目から流れ出た]. **b** 〈目が〉飛び出す (burst out)：My eyes seemed to ~ *from* their sockets. 眼窩(がんか)から目玉が飛び出すかと思った. **6** 〈機械が〉動き始める，始動する：I can't get the engine to ~. どうしてもエンジンがかからない. **7** 〈船材・釘(くぎ)などが〉ゆるむ，曲がる，はずれる，そる. **8** 競走・試合などに参加する；(特に)スターティングメンバーとして出場する：⇨ starting pitcher / ~ *in* center field (スターティングメンバーの)センターとして出場する.

── *vt.* **1 a** [しばしば do*ing*, *to* do を伴って] 始める，やり出す (begin)：~ a conversation 談話を始める / ~ one's journey 旅行に出発する / ~ life 生まれる；人生に乗り出す，世の中に出る / ~ school 就学する，学校に上がる / ~ college 大学生になる / ~ work 働き出す / She ~*ed* cry*ing* [*to* cry]. 彼女は泣き出した / The flowers are ~*ing* to open. 花が咲き始めた / We ~*ed* the meal *with* soup. 食事をスープから始めた. **b** 〈手紙・本などを〉書き始める；〈事業・運動・基金・学校などを〉始める，興す (establish)：~ a newspaper 新聞を興す / ~ an idea ある思想を主唱する / ~ a company 会社を設立する. **c** 〈紛争・火事などを〉起こす；〈うわさ・苦情などを〉言い出す：~ a fire, war, rumor, etc. **d** 〈赤ん坊を〉宿す (conceive)：She has ~*ed* a baby. 彼女は妊娠した. **e** 〈人を〉雇い始める：The company ~*ed* him *at* $200 [*as* a clerk]. 会社は初任給(週)200ドルで[まず事務員として]彼を雇い入れた. **f** 〈ひな・苗木などを〉育て始める：~ chicks, seedlings, etc. **2 a** 〈人に〉〔商売・人生などを〕始めさせる，〈人を〉〔…に〕取りかからせる〔*in, on*〕：~ a person *in* business 人を実業に従事させる / ~ a baby *on* solid food 赤ん坊に固形物を食べさせ始める. **b** [目的語＋do*ing* を伴って]〈人に〉〈…し〉始めさせる：~ a person cough*ing* [laugh*ing*] 人をせきこませる[笑わせる] / This ~*ed* me think*ing*. このために私は考え始めた. **3** 〈機械などを〉動かす，始動させる，…の運転を開始する：~ an engine [a car, a train] エンジン[自動車，列車]を動き出させる / ~ a clock 時計のねじをかける. **4** 〈論題・話題などを〉持ち出す (introduce)，〈討論などを〉切り出す (propound)：~ a subject, topic, discussion, etc. **5 a** 〈走者など〉に出発の合図をする；〈競走などを〉スタートさせる. **b** 競走・試合などに参加させる；(特に)スターティングメンバーとして出場させる：~ a rookie at second 2塁手に新人選手を先発させる. **6** 〈獲物を〉飛び立たせる，狩り出す (rouse)：~ game *from* its lair 猟獣を巣から狩り出す / ⇨ *start a* HARE. **7** 〈船材・釘などを〉ゆるます，そらす，はずれさす，曲がらせる：The damp has ~*ed* the timbers. 湿気のために材木がそった. **8** (打ち込む前に)〈釘・ねじ釘など〉(の先)を軽くたたき込む[ねじ込む]. **9** (樽などから)〈水・酒などを〉注ぎ出す (draw)；〈新しい酒樽などを〉あける；〈樽などを〉からにする，あける. **10**《古》びっくりさせる，はっと[ぎょっと]させる (startle).

start against …に対抗して[張り合って]立候補[進出]する. ***start* (*all*) *over* (*again*)** 最初からやり直す. ***start in*** (1) 仕事[活動など]を始める，開始する. (2)《口語》始める (begin) (cf. *vi.* 3a)：It ~*ed in to* rain. 雨が降り始めた / He ~*ed in on* the cake.《米》まずケーキから食べ始めた. (3)《口語》小言を言い始める；〈弁士などが〉熱弁をふるい始める：~ *in on* a slacker なまけ者をしかり始める. ***start off*** (1) ⇨ *vi.* 1 a. (2) (勢いよく)出かける，動き始める. (3)《口語》始める；…に始めさせる (begin)：~ them *off on* Russian 彼らにロシア語の勉強を始めさせる. (4)《口語》…に話を始めさせる：Once you ~ her *off* (*on* fashion), you'll never stop her. 彼女に(ファッションのことを)しゃべらせ始めたら絶対に止められない. ***start out*** (1) ⇨ *vi.* 1 a, 4 b. (2)《口語》取りかかる；乗り出す：He ~*ed out to* reform the society. 社会の改革に乗り出した. (3)《米》旅に出る. ***start something***《口語》騒ぎ[争い，けんか]を起こす (make trouble). ***start up*** (*vi.*) (1) ⇨ *vi.* 4 b. (2) 始まる，活動し出す. (3) 急に現われる，起こる；心に浮かぶ：~ *up* from obscurity 低い身分から急に出世する / Another difficulty has ~*ed up*. 再びやっかいな問題が起こった. (4)〔商売・職業などで〕身を立てる〔*in*〕：~ *up in* teaching [the book trade] 教職[本屋]で身を立てる. (*vt.*) (1) 〈事業・会話などを〉始める：~ *up* a business, firm, conversation, etc. (2) 〈エンジンなどを〉動き出させる，始動させる：~ *up* an engine, automobile, etc. ***to start with*** [独立句として] (1) [通例文頭に置いて] まず第一に，そもそも (to begin with). (2) 初めに[は]：I studied hard *to* ~ *with*, but soon I lost interest. 初めは一生懸命に勉強したがすぐに興味を失った.

── *n.* **1** (旅行などへの)出発，(人生などへの)門出；(事業などの)着手，開始，初め (beginning)：make an early [a late] ~ 早々と出発する[出発が遅れる] / get [have, make] a good [poor] ~ *in* life 幸先よく[悪く]世の中に出る / give a person a ~ *in* life 人を世の中へ出してやる，人を職業などに就かせる / make a ~ *on* a job 仕事を始める. **2 a** (競走の)出発，発走，スタート；出発の合図；出発点：make a false ~ ⇨ false 1 a / line up for the ~ スタートラインに並ぶ. **b** (競走で)よい出足，先発(権)，リード (cf. handicap 1)；有利，便益，機先 (advantage)：have [give] a few yards ~ 数ヤード前に出ている[出してやる] / get [have] the ~ of [over] …の機先を制する，…に先んじる. **c** (競走・試合などへの)参加；(特に)スターティングメンバーとして出場すること：a pitcher undefeated in his five ~*s* 5回(先発で)登板して無敗の投手. **3** (エンジンなどの)始動，動き出させること：We gave the car a ~ by pushing it. 押して車を始動させた. **4 a** (物事の)最初の部分，出だし，発端：the ~ of a film [story] 映画の出だし[物語の発端] / Everything is difficult at the ~. 何でも初めはむずかしい. **b** (問題などの)緒口，手がかり：a ~ *on* the problem. **5** はっと[ぎょっと，びくっと]すること；(驚いての)はね上がり，飛びのき：get [be given] a ~ はっとする / awake with a ~ はっと驚いて目を覚ます / What a ~ you gave me! びっくりさせるね，おどかすなよ. **6** [*pl.*] 発作(ほっさ)的な努力，衝動的な動き：by fits and ~*s* ⇨ fit[2] 成句. **7** [修飾語を伴って]《口語》出来事，事件 (incident, event)：a queer [rum] ~ 奇妙な[意外な]出来事. **8 a** (船材・釘などの)ゆるみ，それ，はずれ. **b** (ゆるんだりしてできた)すき間，割れ目(など). **9**《古》(感情・機知などの)ほとばしり，爆発 (sally).

at the start 初めは[に]. ***for a start*** [独立句として]《口語》まず第一に，そもそも (to start with). ***from start to finish*** 初めから終わりまで；終始一貫，徹頭徹尾. ***from the start*** 初め(最初)から. ***get off to a good start*** (競走などで)快調なスタートを切る[切らせる]，出足がよい；(事業などで)幸先よく発足する[させる] (start well).

START [stɑ́ːət | stɑ́ːt]《略》Strategic Arms Reduction Talks 戦略兵器削減交渉.

stárt·er [-tə | -tə(r)] *n.* **1** 始める人[物]：a slow ~ 出だしのおそい人[もの]，エンジンのかかりのおそい人[もの]. **2 a** (過程・活動・シリーズなどの)第一歩，皮切り (first step)：as a ~＝for ~*s*《口語》まず第一に. **b**《英口語》(食事の)第一コース. **3 a** (競走・競馬などの)出発(合図)係，スターター. **b** (列車・バスなどの)発車(合図)係. **4** 始動機；(特に)自動始動機[スターター] (selfstarter). **5 a** 競走に出る人；出走馬. **b**〘野球〙スターティング(ラインアップの)メンバー；(特に)先発投手. **6** スターター《チーズ・発酵バター・ヨーグルトなどの製造で，発酵を開始するために用いられる乳酸菌の一種》. **7** ＝sourdough 1. **8**〘農業〙(成長期にある動物の)発育促進滋養食；(作物の)根付け肥(ごえ). **9**〘電気〙(蛍光灯の)発光誘発装置，スターター. **10**〘トランプ〙(cribbage で)開始札《山札の一番上にあるカードで，これをめくるとゲームが始まる；upcard ともいう》.

stár thìstle *n.*〘植物〙**1** ヨーロッパ産のヤグルマギク属の植物 (*Centaurea calcitrapa*)《葉と総包はとげ状》. **2** ヨーロッパ産で東アメリカに帰化したヤグルマギク属の雑草 (*C. solstitialis*).

stárt·ing blòck [-ṭɪŋ- | -tɪŋ-] *n.* スターティングブロック《短距離競走のスタートに用いる足がかり》.

stárting gàte *n.* **1** (競馬の)スターティングゲート，発馬機《英国ではバリヤー式，米国・日本では箱型》. **2**〘スポーツ〙スターティングゲート《スキーの滑降競技のように，競技者がスタートする際，開くと電子測時装置が作動し始めるようになっているゲート》.

stárting hàndle *n.*《英》(昔の，自動車エンジンの)手動用のクランク棒，始動ハンドル，始動用クランク棒.

stárting·ly *adv.* はっとして，ぎょっとして；驚いたように.

stárting pìstol *n.* (競走などで)スタートの合図を与えるピストル.

stárting pítcher *n.*〘野球〙先発投手 (cf. relief pitcher).

stárting pòint *n.* 出発点，起点.

stárting pòst *n.* (競馬などの)発走点，出発地点，スタート地点.

stárting price *n.*《英》(競馬・ドッグレースなどで)最終賭率《発馬[犬]直前の賭率》.

stárting tòrque *n.*〘電気〙始動[起動]トルク.

star·tle [stɑ́ːəṭl | stɑ́ːtl] 〖(a1300) *stertle(n)* to rush (freq.) ← *sterte(n)* 'to START'：cf. OE *steartlian* to kick：⇨ -le[3]〗 ── *vt.* **1** びっくりさせる，はっと[ぎょっと]させる (give a shock to)；(びっくりして)飛び上がらせる：I was ~*d* by the news [*at* the sound, *to* see him]. その知らせで[その物音に，彼の様子を見て]私はびっくりした / You ~*d* me! びっくりするじゃないか，驚かせるなよ. **2** びっくりさせて〔ある状態に〕陥らせる〔*into*〕；びっくりさせて〔ある状態から〕脱け出させる〔*out of*〕：~ a person *into* immobility 人をびっくりさせて立ちすくませる / be ~*d out of* one's sleep [wits] はっとして目をさます[度を失なう].

— *vi.* はっとする, びっくりする; (びっくりして)飛び起きる[上がる]. — *n.* **1** 驚き, びっくり (sudden shock). **2** びっくりさせるもの.

stár·tler [-tlə, -tḷə | -tlə(r] *n.* 驚かせる人[もの]; 驚くべき事実[陳述].

stár·tling [-tlɪŋ, -tḷɪŋ | -tlɪŋ] 〚(15C)〛 — *adj.* **1** びっくりさせる, 驚くべき, あっと言わせる (surprising): a ~ development, discovery, event, etc. **2** すぐ驚く, ものおじする (skittish). **~·ly** *adv.* **~·ness** *n.*

startsy *n.* starets の複数形.

stárt-ùp *n.* **1** 始動, 開始. **2** 《廃》成上り者 (upstart).

stár tùrn *n.* 《英》 **1** (寄席などの)呼び物の番組, アトラクション. **2** 中心人物, 立て役者.

star·va·tion [stɑəvéɪʃən | stɑː-] 〚(1778): ⇨ -ation〛 *n.* 飢餓, 餓死(状態): face ~.

starve [stɑəv | stɑːv] 〚OE *steorfan* to die (of hunger), 《原義》to become rigid < (WGmc) **sterban* (Du. *sterven* / G *sterben* to die) ← IE **sterbh-* ← **(s)ter-* stiff: ⇨ start〛 — *vi.* **1** 餓死する: ~ to death 餓死する / leave one's family to ~ 家族を餓死するままに放置する. **2 a** 空腹に悩む, 飢餓状態にある. **b** 《口語》ひどく空腹である, ひもじい; ひどく貧乏である: You must be *starving.* 君はおなかがすいているでしょう / I'm simply *starving.* 全く腹ぺこだ. **3** 〔…を〕渇望する, 切望する, 餓(う)える, 焦がれる, 欠乏を感じる 〔*for*〕: ~ *for* news ニュースに飢える / ~ *for* companionship [knowledge] 相手をほしがる [知識の欠乏を感じる]. **4** 〚cf. G *sterben*〛 **a** 《廃》死ぬ (die): ~ with cold 凍死する. **b** 《英方言》凍死する; 寒さにこごえる. — *vt.* **1 a** 〈人・動物を〉飢えさせる, 兵糧攻めにする; 餓死させる: The garrison was ~*d out.* 守備隊は兵糧攻めにされた / be ~*d to* death 餓死する. **b** 飢えさせて〔…に〕させる 〔*into*〕: ~ a castle *into* surrender 兵糧攻めで城を陥れる. **2** [通例 Passive で]…に〔…を〕渇望させる 〔*for*〕; …から〔必要物を〕奪う 〔*of*〕: be ~*d for* love 愛に飢えている / The engine was ~*d of* fuel. エンジンは燃料切れだった. **3 a** 《廃》殺す. **b** 《英方言》凍死させる.

starve·ling [stɑ́əvlɪŋ | stɑ́ːv-] 〚← STARVE + -LING〛 — *n.* (飢餓のために)やせこけた人[動物]. — *adj.* **1** 飢えている, ひぼしになっている (starving). **2** 栄養不良の(ill-fed), やせこけた(lean), いじけた(stunted).

stár vìolet *n.* 〚植物〛ハウストニア, トキワナズナ (*Houstonia serpyllifolia*)《北米原産のアカネ科の小さな草で青い星のような花をつける》.

stár whèel *n.* 〚機械〛星形車.

stár·wòrt 〚(*a*1400–50) *sterrewort*: ⇨ star, wort²〛 — *n.* 〚植物〛 **1** ハコベ《ナデシコ科ハコベ属 (*Stellaria*) の数種の植物の総称》. **2** キク科コンギク属 (*Aster*) やナデシコ科ノミノツヅリ属 (*Arenaria*) の数種の植物の総称. **3** = colicroot.

stases *n.* stasis の複数形.

-stases -stasis の複数形.

stash¹ [stǽ(ː)ʃ] 〚(1811)《混成》? ← STORE + CACHE〛 — *vt.* **1** 《口語》(安全な場所に)片づける, しまう, 隠す (hide) 〈*away*〉. **2** 《英》やめる (stop). — *vi.* 《口語》隠匿する. — *n.* **1** しまわれたもの, 取っておき; 隠匿物. **2** 隠れ家, 隠し場所 (cache).

stash² [stǽ(ː)ʃ] 〚略〛 *n.* 《米俗》 = moustache.

Stas·i·mon, s- [stǽsəmɑ̀n | -sɪmɔn] 〚⇨ Gk *stásimon*〛 — *n.* (*pl.* **-i·ma** [-mə], **~s**) 〚演劇〛(古代ギリシャ悲劇の)合唱歌《舞台上を歌いながら右から左方へ回転する時の合唱歌と, 右へ戻り舞う際に歌う合唱歌の二つから成る》.

sta·sis [stéɪsɪs, stǽs-, -səs | -sɪs] 〚(1745) ← NL ~ ← Gk *stásis* a standing, stoppage ← *histánai* to cause to stand: ⇨ stand〛 — *n.* (*pl.* **sta·ses** [-siːz]) **1** (勢力などの)均衡[平衡]状態; 静止, 停滞 (stagnancy). **2** 〚病理〛 **a** 体液流の停止. **b** 血行停止, 鬱血(うっけつ).

-sta·sis [⌐– stéɪsɪs, -stǽs-, ⌐ stəsɪs, -səs | -sɪs] 〚↑〛 — (*pl.* **-sta·ses** [⌐– stéɪsiːz, -stǽs-, ⌐ stəsìːz]) 次の意味を表わす名詞連結形: **1** 「(体液流の)停止」: hemo*stasis.* **2** 「安定状態維持の傾向」: homeo*stasis.*

stass·fur·tite [stǽsfətàɪt, ʃtɑ́ːs- | -fə-] 〚⇨ G *Stassfurtit* ← *Stassfurt* (ドイツの主産地): ⇨ -ite¹〛 *n.* 〚鉱物〛塊硼鉱.

stat. 《略》statics; 〚処方〛*L.* statim (= immediately); stationary; statistical; statistics; statuary; statute(s); statute (miles).

stat- [stæt] 〚← (ELECTRO)STAT(IC)〛〚電気〛cgs 静電単位系で表わす電気単位につける連結形.

-stat [⌐–stæ̀t] 〚← NL *-stata* ⇨ Gk *-státēs* one that stops or steadies ← *histánai* to causes to stand: *heliostat* (1747) が初例: ⇨ stand〛 — 次の意味を表わす名詞連結形: **1** 「安定[固定]させる装置」: aero*stat,* photo*stat,* thermo*stat.* **2** 「常に一方向に…を反射させる装置」: helio*stat.* **3** 「発達防止剤」: bacterio*stat.*

stat·a·ble [stéɪtəbl | -tə-] 〚⇨ state (v.), -able〛 *adj.* 陳述することのできる.

stat·al [stéɪtḷ, -təl | -tl, -təl] 〚⇨ state (n.), -al¹〛 — *adj.* **1** (米国やインドなどの)州の[に関する] (cf. federal 1). **2** 国政の[に関する]. **3** 〚文法〛状態の, 状態を表わす (cf. actional 2): a ~ verb 状態動詞 / an ~ passive 状態受動態《例えば The gate *was* already *closed.* における was closed》.

stat·am·pere [stætǽmpɪə | stætǽmpɛə(r] 〚← STAT- + AMPERE〛 *n.* 〚電気〛スタットアンペア《cgs 静電単位系での電流の単位》.

sta·tant [stéɪtənt, -tṇt | -tənt, -tṇt] 〚(15C) ← L *stat-* ((p.p.) ← *stāre* 'to STAND') + -ANT〛 *adj.* 〚紋章〛〈ライオンなどの猛獣類が〉4 本足で立っている.

stat·cou·lomb [stætkúːlɑm, -loʊm, ⌐–⌐ | stætkúːlɔm] 〚← STAT- + COULOMB〛 *n.* 〚電気〛スタットクーロン《cgs 静電単位系での電荷の単位》.

state [stéɪt] 〚n.: (?*a*1200) *stat(e)* ⇨ OF *estat* (F *état*) // L *stat-us* posture, position (p.p.) ← *stāre* 'to STAND': ESTATE と二重語. — v.: (*c*1590) ← (n.)〛 — *n.* **1 a** (事物の)(存在)状態, ありさま, 様子 (condition, situation): a house in a ~ of disrepair 荒れた家 / affairs in a ~ of confusion 紛糾した事情 / a ~ of affairs [things] 事態, 形勢 / the ~ of the case 実情, 真相 / in this novel ~ of affairs この珍しい事態において / the married [single] ~ 結婚[独身]の状態 / the patient's ~ 患者の容態 / He is in a poor [precarious] ~ of health. 悪い[危険な]健康状態にある. **b** (精神の)状態 (mental condition): a ~ of mind 精神[心的]状態 / in a ~ of coma 昏睡状態に陥って / She is in a ~ of melancholy. ふさぎ込んでいる / He is in an agitated ~. 興奮している. **c** 《口語》ひどい状態; きたない[不潔な]様子; (立腹・恐怖などによる)興奮状態, 動揺: get into [be in] a ~ 立腹[興奮]する[している] / He was in quite a ~ over [about] it. その事でひどく気をもんでいた / What a ~ you are in! 何というざまだ; ひどく興奮しているじゃないか. **2 a** (構造・形態・構成などに関する)状態: in the vaporous ~ 水蒸気の状態で / a gaseous ~ ガス状. **b** (生物の発達・生長の)段階: the larval ~ 幼虫の段階 / the fetal ~ 胎児期. **3 a** 地位 (position, station), 身分, 階級 (rank, estate); (特に)高位 (high rank): persons of every ~ of life あらゆる階級[身分]の人々 / live in a style befitting one's ~ 身分相応の暮らし方をする. **b** 豪奢(な暮らし): live [travel] in ~ 豪奢な生活[旅行]をする. **c** 威厳; 威儀, 豪華, 盛観 (pomp): keep (up one's) ~ 威厳を保つ, もったいぶっている / a visit of ~ 公式訪問 / the chair of ~ 王座, 玉座 / ⇨ *in* STATE (2). **4** [しばしば S-] **a** 国家, 国 (body politic)《一定の領土を占め政治的に組織された多数人の団体で, 特に主権を有する場合をいう; cf. nation¹ 2》: fight for the *State* / a welfare [an imperial, a monarchical, a republican] ~ 福祉[帝, 王, 共和]国 / the Arab oil ~*s* アラブ産油国. **b** (しばしば church に対して)政府 (civil government): Church and *State* 教会と国家《政教分離》. **5 a** [通例 S-] (米国・インドなどの)州: the *State* of Wisconsin ウィスコンシン州 / a federal *State* 連邦構成州 / the Southern *States* (米国の)南部諸州 / a border *State* 南北境界諸州の一つ (⇨ Border States 1) / ⇨ Free State 1, slave state 1, UNITED STATES of America. ★ 米国50州中, 公式名に State を用いず Commonwealth を用いるのは, Massachusetts, Pennsylvania, Virginia, Kentucky の 4 州 (⇨ commonwealth 3). **b** [the States; 米国人が国外で自国を呼ぶのに用いて] 米国 (the United States): Have you been to *the States*? 国へ行って来ましたか. **6 a** (一国の)国事, 国政: the head of ~ (国家)元首 / matters [affairs] of ~ 国事, 国務 / the Department of *State* (米国)国務省. **b** [S-] 《米口語》国務省 (Department of State). **7** 領土, 国土 (territory). **8** 《古》 **a** 王座 (throne). **b** (王座をおおう)天蓋(てんがい) (canopy). **9** 〚書誌〛異刷《edition の一部分であるが, 出版までの間に訂正などがなされ, そうでないものと区別される図書(など)の総部数》. **10** 〚数学〛(確率過程 (stochastic process) の)状態. **11** 〚電算機〛(オートマトン (automaton) の)状態. **12** 〚物理〛(物理系のとる)状態《巨視的な物理量または量子数によって指定される状態》. **13** 《英》〚軍事〛(部隊の定期的な)現員[現況]報告(書).

in a state of nature (1) (生まれた時のように)裸で, まっ裸で (nude). (2) 〈人間が〉未開[野蛮]で; 〈動植物が〉野生のままで. ***in state*** (1) ⇨ 3 b. (2) 威儀を正して, 盛装[正装]して, 正式に, 堂々と: The King drove *in* ~ through London. 国王は正式鹵簿(ろぼ)でロンドンをお通りになった / lie *in* ~ (埋葬前に一般告別のために)〈帝王などの遺体が〉正装安置される. ***the state of play*** (1) (クリケットなどで)得点, スコア (score). (2) (勝負の)形勢. (3) (事の)現状, 形勢. ***the state of the art*** (1) (現在またはある時点での, 特定の技術・科学・装置などの)発達状態[水準] (cf. state-of-the-art). (2) = *the* STATE *of play* (3).

state of grace 〚神学〛(1) (state of nature との対比では)恩恵(啓示にもとづく道徳にのっとった)状態. (2) 神の恩恵に支えられている状態.

state of nature 〚神学〛(人が天恵を受けない)自然(法)下の状態, 未更生, 罪深い状態. 「の)年頭教書.

State of the Union Message [the —] (米国大統領

state of war (1) 戦争状態: be in a ~ *of war.* (2) 戦争状態の継続期間.

States of the Church [the —] = Papal States.

— *attrib. adj.* **1** 国家の(ための), 国事に関する: ~ service 国務 / ~ control 国家管理 / ~ policy 国策 / a ~ criminal 国事犯人 / a ~ trial 国事犯裁判 / bring under ~ ownership 国有にする. **2** [しばしば S-] (米国・インドなどの)州の: a *State* highway 州道 / a *State* governor 州知事 / a *State* government 州政府 (cf. FEDERAL Government (of the United States)) / ⇨ State flower. **3** 大礼[儀式]用の, 公式(用)の, 来賓用の; 正式の, 正式鹵簿(ろぼ)の: a ~ apartment [chamber] (宮殿などの)儀式用の大広間; 来賓室 (cf. state room) / a ~ ball (宮中の)大舞踏会 / a ~ call [visit] 公式訪問, 儀礼上の訪問 / a ~ carriage [coach] 公式用馬車 / a ~ papers 公文書 / a ~ funeral 国葬 / a ~ dinner 公式晩餐会.

— *vt.* **1 a** (はっきり, 詳しく)述べる, 明言する, 陳述する (express formally); 声明する, 公言する (declare): ~ one's views [reasons] 見解[理由]を述べる / ~ one's case 自分の立場を陳述する / He ~*d that* he had done it. 自分がそれをやったのだとはっきり述べた. **b** 言う (say), 話す (tell): It is ~*d* that …という話だ / as ~*d* above 上述の通り. **2 a** 〈問題・関係などを〉正確[明瞭]に示す: ~ a problem, one's opinion, the facts, etc. **b** (言葉によらないで)提示する. **3** [p.p. 形で] 〈日付け・値段などを〉定める, 規定する, 決める (fix, settle): at a ~*d* date 定められた日に.

state·a·ble [stéɪtəbl | -tə-] *adj.* = statable.

stàte áid *n.* 国庫補助[助成](金).

stàte-áided *adj.* 国庫補助[助成]を受けている.

Stàte attórney *n.* 《米》〚法律〛州検事《State's attorney ともいう; cf. district attorney, county attorney》.

stàte bánk *n.* **1** 国営銀行. **2** [S- b-] (米国の)州法銀行《州政府からの認可を受け, 州の銀行法の管理下にある銀行; cf. national bank 2》.

Stàte bírd *n.* 《米》(州を象徴する)州鳥. ★ 各州の州鳥については ⇨ United States of America 表.

stàte cápitalism *n.* 国家資本主義《国家が資本を所有または支配する資本主義》.

Stàte Cápitol *n.* 《米》 = Statehouse.

stàte chúrch, S- C- *n.* = established church.

stàte cóllege, S- c- *n.* 《米》州立カレッジ (cf. state university). 「政治[略]的手腕.

státe·cràft *n.* **1** 国政, 国術 (cf. kingcraft). **2** 《古》

stat·ed [stéɪtɪd, -təd | stéɪt-] *adj.* **1** 定まった, 規定された, 一定の, 定期の (fixed), 確定した, 決まった (established): a ~ meeting 所定の会合 / at a ~ time 決めた時に, 所定の時間に / for a ~ fee 規定の料金で / at ~ intervals 定期に, 規定の間を置いて. **2** はっきり述べられた, 明言された (declared). **~·ly** *adv.*

stàted clérk *n.* 〚長老派教会〛(米国長老派教会の)常任書記(長), 事務総長《総会の moderator に次ぐ第二位の役職》.

Stàte Depàrtment *n.* [the ~] (米国の)国務省 (the Department of State)《他国の外務省 (Foreign Office) に当たる》.

Stàte flówer *n.* 《米》(州を象徴する)州花 (cf. floral emblem). ★ 各州の州花については ⇨ United States of America 表.

státe·hòod *n.* 国家であること, 国家の地位; (特に米国の)州の地位, 州であること. 「事堂.

Státe·hòuse, s- *n.* (*also* **Stàte Hòuse**) 《米》州会議

státe·less *adj.* **1** 国[国籍]のない[を失った]. **2** 市民権のない: a ~ person. **~·ness** *n.*

state·ly [stéɪtli | -lɪ] 〚(*c*1386) *statly*〛 — *adj.* (**state·li·er**; **-li·est**) 〈姿・歩き方・文体・建築・樹木など〉威厳のある, 堂々たる, 壮麗な, 荘厳な: a ~ manner, style, palace, etc. / a ~ tree. — *adv.* 《まれ》堂々と, 荘厳に, いかめしく. **státe·li·ness** *n.*

stàtely hóme *n.* 《英》(特に, 公開している)大邸宅.

stàte médicine *n.* 医療の国家管理.

state·ment [stéɪtmənt] 〚(1775) ← STATE (v.) + -MENT〛 — *n.* **1** 述べること, 言うこと; 陳述のしかた, 述べかた. **2 a** (文書・口頭による)所説, 陳述, 申告; 供述, 声明(書), ステートメント: an official ~ 公式声明書 / a random [an unfounded] ~ でたらめな[根拠のない]陳述 / issue a ~ 声明書を発する / make a ~ 申し立てをする, 陳述する. **b** 一つの主張[意見]; (主張・意見・声明などの中の)一文, くだり. **3** 〚法律〛供述, 陳述. **4 a** 〚会計〛報告, 計算書, 一覧表: according to the monthly ~*s* of the bank その銀行の月次報告によれば / a ~ of accounts 勘定表, 財務表. **b** 請求明細書. **5** 〚音楽〛(主題・主旋律の)提示.

statement of affairs 〚会計〛破産貸借対照表《破産管財人が破産手続きの開始にあたり, 現存する資産と負債を示すために作成するもの》. 「flow statement.

statement of application funds 〚会計〛= funds

statement of claim [the —] 〚英法〛原告の最初の訴答 (cf. declaration 3 a, pleading 2c).

statement of financial position 《米》〚会計〛貸借対照表 (balance sheet).

statement of sources and uses of net working capital 〚会計〛= funds flow statement.

Stát·en Ísland [stǽtṇ-] 〚⇨ Du. *Staaten Eylandt* States Island: cf. States General〛 — *n.* スタテン島《米国 New York 湾内の島; New York 市の Richmond 区を構成する; 人口 296,000, 面積 155 km²》.

stàte-of-the-árt 〚← *the state of the art* (⇨ state 成句)〛 *attrib. adj.* 〈装置・機器など〉(科学技術による)最新式の: a ~ computer, TV set, etc.

stàte políce *n.* [集合的] 《米》州警察.

stàte príson, S- p- *n.* 《米》州刑務所《通例重罪犯人を収容する; state's prison ともいう》.

stàte prísoner *n.* = political prisoner.

stát·er¹ [-tə | -tə(r] *n.* 述べる[言う]人, 陳述者, 声明者.

sta·ter² [stéɪtə, stɑːtɛ́ə | stéɪtə(r] 〚(*c*1390) ⇨ LL *statēr* weight, standard coin ⇨ Gk *statḗr* ← *histánai* to weigh, cause to stand: ⇨ stand〛 — *n.* スタテル《古代ギリシャの都市国家で用いた貨幣; 金貨・銀貨・金銀合金貨など種々あり価値もいろいろある》.

stàte-régistered núrse n. 《英》正看護婦(略 S.R.N.).
stàte relígion n. 国教.
Stàte ríghts n. pl. =States' rights.
stàte·ròom n. 1 (宮殿・大邸宅などで公式用の)大広間, 儀式室 (state apartment). 2 (汽船の)特等室, 専用室 (private cabin). 3 《米》(列車の)専用室, 家族室.
Stàte's attórney n. 《米》〘法律〙=State attorney.
stàte schóol n. 《英》公立学校.
stàte's évidence, S- e- n. 〘米法〙1 共犯証言《共犯者の一人が自発的に行なう証言で, 他の被告には不利となり, 本人自身には減刑が行なわれる》. 2 共犯証人: turn ～ 共犯証人となる, 共犯証言をする. ★ 英国の king's [queen's] evidence に当たる.
Stàtes Géneral 〘《1585》《なぞり》← F *états généraux* // Du. *staaten generaal*〙 — n. [the ～] 1 オランダ議会《上院 (First Chamber) と下院 (Second Chamber) とから構成されている》. 2 全国三部会 (⇨ Estates General).
stàte·side, S- 〘← (*United*) *State*(*s*)+SIDE〙《米》adj. (国外から見て)米国の, 米国本土の. — adv. (国外から見て)米国へ[に, から], 米国本土へ[に, から].
stàtes·man [stéɪtsmən] 〘《1592》《なぞり》← F *homme d'état*: cf. townsfolk〙 — n. (pl. **-men** [-mən]) 1 政治家 (cf. politician). 2 《北英》小自作農.
stàtesman·lìke adj. =statesmanly.
stàtes·man·ly adj. 政治家にふさわしい, 政治家らしい.
stàtesman·shìp n. 政治家的性格, 政治的手腕.
stàte sócialism n. 国家社会主義.
stàte sócialist n. 国家社会主義者.
stàte's príson, S- p- n. =state prison.
Stàtes' ríghter, S- R-, s- r- n. 《米》州権利主義者, 州権論者.
Stàtes' ríghts, S- R-, s- r- n. pl. 《米》州権利《憲法によって中央政府への委託が規定されていないすべての権利; State rights ともいう》.
Stàtes' Ríghts Démocrat n. (米国の)州権民主党員 (Dixiecrat) (cf. States' Rights Party).
Stàtes' Ríghts Párty n. [the ～] (米国の)州権民主党《1948年民主党から離脱した反トルーマン派の民主党員の組織; States' Right Democratic Party, Dixiecrats ともいう》.
stàtes·wòman 〘cf. statesman〙 n. (pl. **-women**) 婦人政治家.
Stàte trée n. 《米》(州を象徴する)州木.
stàte tróoper n. 《米》州警察の警官.
stàte univérsity, S- u- n. 《米》州立大学.
stàte·wíde, S- 《米》adj. 州全体の: a ～ movement, organization, etc. — adv. 州全体で[にわたって].
stat·far·ad [stætfǽræd, -rəd | -rəd] 〘← STAT-+FARAD〙 n. 〘電気〙スタットファラド《cgs 静電単位系での静電容量の単位》.
stat·hen·ry [stæthénri | -rɪ] 〘← STAT-+HENRY〙 n. 〘電気〙スタットヘンリー《cgs 静電単位系でのインダクタンスの単位》.
stat·ic [stǽṭɪk | -tɪk] 〘《1646》← NL *static-us* ← Gk *statikós* causing to stand, skilled in weighing: ⇨ state, -ic¹〙 — adj. 1 静止(状態)の (↔ dynamic). 2 静止して動かない, 発展[変化]のない, 生命力を欠いた. 3 〘物理〙運動を伴わないでただ力だけ作用する, 静的な; 静力学(上)の (cf. kinetic, astatic): a ～ moment 静力率 / ～ stability 静的安定; (船の)静的復原力 / ⇨ static energy. 4 〘電気〙空電の; 静電(気)の (electrostatic): ⇨ static electricity / ～ induction 静電誘導 / a ～ discharger 放電器. 5 〘社会学・経済〙静態的な. — n. 1 〘電気〙空電 (atmospherics); 静電(気) (atmospheric electricity). 2 〘電気〙(空電による)電波障害. 3 《俗》a 敵意のこもった批判, 異議. b 困難, いざこざ (trouble). c 邪魔 (obstruction).
stát·i·cal [-ṭɪkəl, -ṭə- | -tɪ-] adj. =static. **～·ly** adv.
stàtically detérminate strúcture n. 〘機械〙静定構造《力を支える機械または建築構造物において, 各構成部材が受けもつ内力が力の釣合条件だけから計算できるような構造物》.
stàtically indetérminate strúcture n. 〘機械〙不静定構造《力を支える機械あるいは建築構造物において, 各構成部材が受けもつ内力が力の釣合条件だけでは計算できないような構造物》.
stat·i·ce [stǽṭəsi, -sìː | -tɪsɪ, -tɪs] 〘▭ L *staticē* ▭ Gk *statikḗ* statice (fem.) ← *statikós* causing to stand, astringent: ⇨ static〙 n. 〘植物〙=sea lavender.
stàtic electrícity n. 〘電気〙静電気 (cf. dynamic electricity).
stàtic énergy n. 〘物理〙位置のエネルギー (cf. kinetic energy).
stàtic héad n. 〘物理〙静水頭《流体の静圧 (static pressure) を, 重力場で同じ圧力を与える流体の柱の高さで表わしたもの; 単位 m》.
stàtic léns n. 〘電気〙電界レンズ.
stàtic líne n. 〘航空〙自動開傘索《パラシュートの収納袋と飛行機の構造の一か所とを結ぶ索で, 人や物が機外に飛び出すと索が引かれ, 自動的に開傘するようにしたもの》.
stàtic márks n. pl. 〘物理〙空電像《空電による光による像》.
stàtic préssure n. 〘物理〙静圧, 静水圧《流れをせき止めた時に生じる総圧 (total pressure) から動圧を差引いた圧力》.
stat·ics [stǽṭɪks | -tɪks] 〘《1656》←《古形》*static* statics ← NL *statica* ← Gk *statikḗ* (*tékhnē*) (the art) of weighing: ⇨ static, -ics〙 — n. 1 〘物理〙静力学《物体に作用する力の釣合を論じる力学の一部門; cf. kinetics 1》. 2 〘経済〙静学《経済生活を規定する基本条件が変化しないかまたは1回だけ変化する場合の経済原理論; economic statics ともいう; cf. dynamics 4》.
stàtic sensátion n. 〘生理〙平衡(感)覚.
stàtic stabílity n. (船舶や飛行機の)静安定.
stàtic tùbe n. (流体の静圧を測定する)静圧(測定)管.
stàtic vóltmeter n. 〘電気〙静電電圧計.
stàtic wáter n. 《英》貯水槽にためてある水.
sta·tion [stéɪʃən] 〘《c1390》*stacioun* ▭ (O)F *station* ▭ L *statiō(n-)* ← *status* (p.p.) ← *stāre* 'to STAND': ⇨ state, -ation〙 — n. 1 (人・物の立っている, または立つ[置く]ように命じられた)場所, 置場; 持場, 部署 (post): a sentinel's ～ 歩哨の部署 / a lifeboat ～ 《英》救助船置場 / take up one's appointed ～ 定めの部署につく / They returned to their several ～s. 彼らは皆それぞれの持場へ帰った. 2 (バス・電車・列車などの)駅, 停留所, 停車場 (stopping place); 駅舎 (depot): an intermediate ～ 中間駅 / a goods ～ 《英》貨物駅 (《米》freight depot) / ⇨ railroad station, air station. 3 a (官庁・施設などの)署, 部, 局, 所, 本部: a broadcasting ～ 放送局 / a police ～ 警察署 / a power ～ 発電所 / a coastguard ～ 海岸警備隊[救難船員]詰所. b 警察署 (police station). c 消防署 (fire station). d 《米》(中央郵便局をもつ都市での)郵便局支局[分局]. e (ラジオまたはテレビ)放送局: tune in a ～ (受信機を)ある放送局に合わせる. 4 (主に戸外で特定の事業・仕事をする)事業所 (stand): a filling [gas] ～ 給油所, ガソリンスタンド / ⇨ service station. 5 科学[自然]現象を研究・観察する場所: a seismological ～ 地震研究所 / a meteorological ～ 測候所 / ⇨ space station. 6 a 〘陸軍〙駐屯(ちゅうとん)地, 衛戍(えいじゅ)地; 〘海軍〙根拠地, 軍港, 要港, 鎮守府 (naval station); 〘空軍〙航空補給所. b (艦船の陣形・航空機の編隊内での)定位置, 占位位置. c (艦隊・部隊などの)警備区域. d (昔のインドで)英政府官吏居住地, 英軍守備隊将校の駐屯所. 7 (社会的)身分, 地位 (rank); 高位: people of (high) ～ 高位の人々 / a ～ in life 身分 / a lowly [an exalted] ～ in life 低い[高い]身分 / have ideas above one's ～ 身分不相応の考えをもつ. 8 ミシンにある自動模様編み装置つきのポケット[凹所]. 9 《豪》(建物・土地を含む)家畜飼育場, 牧場 (ranch). 10 《古》静止(状態) (↔ motion): in ～ 静止して. 11 〘生物〙生息地, 採集地点, 産地 (habitat)《調査・採検などで, その動植物が発見された場所》. 12 〘測量〙測点《測球とそれに隣る測球との交点》. 13 〘キリスト教〙小斎《ギリシャ教会では水・金曜日に, カトリック教会では金曜日に行なう; station day ともいう》. 14 十字架の道行きの留(りゅう)《14の station の一つ; ⇨ STATIONS of the cross》.
stations of the cross, S- of the C- [the ―] (1) 十字架の道(行き)《キリストが十字架に掛けられた Calvary の丘に至る14場面[留] (stations) を表わした像または絵を伴った14の十字架(の道); 教会内(時には戸外)に置かれ, 信者はその場面を順次回って特定の祈りを捧げる; Way of the Cross ともいう》. (2) その場面ごとに捧げる14の祈りからなる祈禱.
— vt. 1 〔…の〕部署につかせる, 〔…に〕配置[配備]する, 駐在[駐屯(ちゅうとん)]させる, 置く 〔*at, on*〕: ～ a guard *at* the gate [*on* the coast] 門[海岸]に警備員を置く. 2 [～ *oneself* で] 位置につく, 立つ.
stàtion àgent n. 《米》(小さな駅の)駅長.
sta·tion·al [stéɪʃənḷ, -ʃnəl] 〘▭ L *statiōnal-is*: ⇨ station, -al¹〙 adj. 寄償が付されている教会の十字架の道行きの留(りゅう)の.
sta·tion·ar·y [stéɪʃənèri | -ʃ(ə)nəri] 〘《1426》*stacionarye* ▭ (O)F *stationnaire* // L *statiōnārius*: ⇨ station, -ary〙 — adj. 1 動かない, 不動の (immobile), 静止した (at rest): remain ～ 静止している / a row of ～ vehicles 止まっている車の列. 2 動かせない, 据え付けの (fixed) (↔ portable): a ～ engine 据え付け機関 / a ～ crane 定置起重機 / a ～ bicycle (健康増進や美容体操用などの)固定自転車. 3 a (移動しないで)定住した (settled): ～ diseases 天候に起因し数年間その土地に流行している病気. b 変動のない, 居すわりの, 停滞した, 増減のない: a ～ temperature, population, etc. / The population remains ～. 人口には変動がない. c 《古》〈軍隊が〉駐留の: ～ troops 駐留軍. 4 〘天文〙〈惑星が〉一見したところ経度に変化のない, 静止の, 留(りゅう)の: ⇨ stationary point. — n. 1 動かない人[物]. 2 〘天文〙=stationary point.
sta·tion·ar·i·ly [stèɪʃənérəli, ⌐–⌐–– | stéɪʃ(ə)nərəli, -rɪlɪ] adv. **stá·tion·àr·i·ness** n.
stàtionary áir n. 〘生理〙残(留空)気《呼吸の時, 肺に残る空気》.
stàtionary éngine n. 〘機械〙定置機関.
stàtionary enginéer n. 定置機関[機械]担当技師.
stàtionary flów n. 〘土木〙=steady flow.
stàtionary frónt n. 〘気象〙停滞前線.
stàtionary líquid n. 〘化学〙固定相液体《ガスクロマトグラフィー (gas chromatography) で用いられる, 担体にコーティングした液体》.
stàtionary órbit n. 〘宇宙〙(人工衛星などの)静止軌道.
stàtionary póint n. 〘天文〙(惑星の)留(りゅう)《単に stationary ともいう》.
stàtionary státe n. 1 〘物理〙定常状態. 2 〘経済〙定常状態《諸変数が安定し同一状態が毎期反復する》.
stàtionary wáve [vibrátion] n. 〘物理〙=standing wave.
stàtion bìll n. 〘海事〙(乗組員の)部署表, 配置表.
stàtion brèak n. 《米》〘ラジオ・テレビ〙ステーションブレイク, ステブレ: 1 《番組の途中または番組と番組の間に設けられた局名アナウンスメントのための短い時間》. 2 ステーションブレイクの間に行なう局名告知やその他のスポットアナウンスメント (cf. chain break).
stàtion-càlendar n. 《英》(列車の発車時刻を次々に知らせる, 駅のホームごとにある)時刻掲示板.
stàtion dày n. 〘キリスト教〙=station 13.
sta·tio·ner [stéɪʃ(ə)nə | -nə(r)] 〘《1393–94》*staticioner* ▭ ML *statiōnārius* bookseller who has a station or shop ← *statiō(n-)* shop〙 — n. 1 文房具商《人》; 文房具店. 2 《古》a 書籍商 (bookseller). b 出版業者 (publisher).
Stàtioners' Còmpany n. [the ～] (英国の)書籍出版業組合《1557年 London で結成された書籍販売業者・印刷業者・製本業者・文房具商などを含む組合》.
Stàtioners' Háll n. [the ～] (英国の)書籍出版業組合事務所《1911年の著作権法発効以前は出版物は全部ここに届け出をしなければ版権が認められなかった》: Entered at *the* ～ 版権登録済み (略 Ent. Sta. Hall).
sta·tio·ner·y [stéɪʃənèri | -ʃ(ə)nəri] 〘《1727》: ⇨ stationer, -y¹〙 — n. 1 [集合的] 文房具. 2 (通例封筒つきの)便箋(びんせん): hotel ～ ホテルの便箋 / ～ and envelopes 便箋と封筒.
Stàtionery Óffice n. (英国の)用度局《英国政府の出版局; 文具類も調達する; 正式名 His [Her] Majesty's Stationery Office (略 HMSO)》.
stàtion hòspital n. 〘軍事〙基地病院, 衛戍(えいじゅ)病院《駐屯(ちゅうとん)地などの付近にある軍の病院》.
stàtion hòuse n. 1 警察署 (police station). 2 《米》消防署 (fire station). 3 (通例田舎の)鉄道駅.
stàtion ìndicator n. 《英》=station-calendar.
stàtion màrk n. 〘測量〙測点.
stàtion·màster n. (大きな駅の)駅長.
stàtion pòinter n. 〘測量〙=three-arm protractor.
stàtion pòle [ròd, stàff] n. 〘測量〙1 ポール. 2 標尺, 準尺 (levelling rod).
stàtion-to-stàtion adj. (長距離電話で)番号通話の (cf. person-to-person): a ～ call. — adv. 1 局から局へ. 2 (長距離電話の)番号通話で.
stàtion wàgon n. 《米》ステーションワゴン (《英》estate car)《運転席の後ろに折畳みまたは取りはずし式座席があり後部のドアから荷物などを出し入れできるセダン型車に類似の乗用車; クラシックカーはパネルが木張り; beach wagon ともいう》.
stat·ism [stéɪtɪzṃ] 〘《なぞり》← F *étatisme*: ⇨ state, -ism〙 n. 1 (特に, 共和国における)国家主権主義. 2 (政治・経済の中央集権化を計る)国家統制, 国家主義.
stát·ist¹ [-tɪst, -ṭəst | -tɪst] 〘《1584》← STATE+-IST // ▭ F《廃》*statiste*: cf. F *étatiste*〙 — n. 1 国家主権主義者; 国家統制主義者. 2 《古》政治家 (politician). — adj. 国家統制主義(者)の.
stat·ist² [stǽṭɪst, -ṭəst | -tɪst] 〘《1803》▭ G《逆成》← *Statistik* (↓)〙 n. 統計学者, 統計家 (statistician).
sta·tis·tic [stətístɪk | stə-, stæ-] 〘《1789》《逆成》← STATISTICS: ⇨ -ic¹〙 — adj. 《まれ》=statistical. — n. 〘統計〙1 統計の要素[項目]. 2 統計量《標本から計算される量; その量を値として取る確率変数》.
sta·tis·ti·cal [stətístɪkəl, -tə- | stətístɪ-, stæ-] 〘《1787》← STATISTICS+-AL¹〙 adj. 統計の, 統計的な, 統計学上の. **～·ly** adv.
statístical hypóthesis n. 〘統計〙統計的仮説《母集団についての仮説; 標本によりその真偽が判定される》.
statístical independénce n. 〘統計〙統計的独立《2変数の二元的確率分布において一方の変数を定めた時, 他方の変数の確率分布が前者の変数をどう取っても常に同一である場合をいう》.
statístical ínference n. 〘統計〙統計的推測《標本による確率的判断のこと》.
statístical mechánics n. 統計力学《きわめて多数の粒子からなる力学系を統計的に扱う力学》.
statístical phýsics n. 統計物理学《多数の自由度をもつ系に確率論的手法を適用して巨視的な物理法則を導き出す学問》.
stat·is·ti·cian [stæ̀ṭɪstíʃən, -ṭəs- | -tɪs-] 〘《1825》: ⇨ ↓, -ian〙 n. 統計学者, 統計家.
sta·tis·tics [stətístɪks | stə-, stæ-] 〘《1787》← G *Statistik* study of political facts and figures (ドイツの統計学者 G. Achenwall (1719–72) の造語) (← NL *statisticus* ← L *status* 'STATE'): ⇨ -ics〙 — n. 1 [単数扱い] 統計学. 2 [複数扱い] 統計(表): ～ of crime [disease] 犯罪[疾病]統計 / ～ of population 人口統計 / ⇨ vital statistics / collect ～ 統計を取る / *Statistics* show that the population of the country has doubled in ten years. 統計によればその国の人口は10年で2倍になった.
Sta·ti·us [stéɪʃiəs, -ʃəs | -ʃɪəs], **Pub·li·us Pa·pin·i·us** [pʌ́bliəs pəpíniəs | -lɪəs, -ljəs, -nɪəs, -njəs] n. スタティウス《45?–?96; ローマの詩人》.
sta·tive [stéɪṭɪv | -tɪv] 〘▭ L *statīv-us*: ⇨ state, -ative〙〘文法〙 — adj. 状態[非動作性]を表わす (cf. active 9 b): a ～ verb 状態動詞. — n. 状態《動詞・形容詞を下位区分するための統語素性》.
stat·o- [stǽṭo(ʊ) | -tə(ʊ)] 〘← Gk *statós* fixed ← *histánai* to cause to stand: ⇨ stand〙「休止; 平衡」の意の連結形.

stat·o·blast [stǽtəblæ̀st | -tə(ʊ)-] 〖⇨↑, -blast〗 *n.* 〖生物〗 **1** (コケムシの)越(ᵒ)年芽, 休止芽. **2** (淡水海綿類の)芽球.

stat·o·cyst [stǽṭəsɪst | -tə(ʊ)-] 〖← STATO- + -CYST〗 ― *n.* **1** 〖動物〗平衡胞《無脊椎動物の平衡感覚をつかさどる器官》. **2** 〖植物〗植物細胞で色素体や澱粉粒など星状の細胞内構造をもつもの. **stat·o·cys·tic** [stæ̀ṭəsístɪk | -tə(ʊ)-] *adj.*

stat·ohm [stǽtòʊm | stǽtəʊm] 〖← STAT- + OHM〗 *n.* 〖電気〗スタットオーム《cgs 静電単位系での電気抵抗の単位》.

stat·ol·a·try [steɪtɑ́lətri | -tɔ́lətri] 〖← STATE + -O- + -LATRY〗 *n.* 国家崇拝《高度に中央集権化された強力な政府を唱道すること》.

stat·o·lith [stǽṭəlìθ, -ṭl- | -təl-] 〖← STATO- + -LITH〗 ― *n.* **1** 〖動物〗平衡石, 耳石. **2** 〖植物〗感受澱粉粒《植物が澱粉を介して重力を感受する性質があるというので, 動物の耳石になぞらえて特にこう呼ぶ》.
stat·o·lith·ic [stæ̀ṭəlíθɪk, -ṭl- | -təl-] *adj.*

sta·tor [stéɪṭə | -tə(r] 〖← NL ～ ← L ～ 'one that stands': ⇨ state, -or²〗 ― *n.* **1** 〖電気〗固定子 (cf. rotor 1): a ～ armature 固定電機子. **2** 〖航空〗静翼《軸流圧縮機あるいはタービンシステムにおいて回転翼の前後あるいは中間に配置される静止した翼で, 気流のねじれ角を調整して効率を高めるもの》.

stat·o·scope [stǽṭəskòʊp | -təskəʊp] 〖← STATO- + -SCOPE〗 *n.* **1** 〖物理〗微動気圧計. **2** 〖航空〗昇降計《航空機の飛行高度の微妙な変化を示す気圧計》.

stat·u·ar·y [stǽtʃuèri | stǽtjʊəri, -tʃʊəri] 〖《1581》□ L *statuārius*, *-āria* (n., adj.): ⇨ statue, -ary〗 ― *n.* **1** [集合的] 彫像 (statues), 塑像, 彫刻 (sculpture). **2** 彫塑術 (statuary art). **3** 《まれ》彫刻家 (sculptor).
― *adj.* **1** 彫像の, 彫塑の: the ～ art 彫塑術. **2** 彫像に適する[から成る].

státuary brònze *n.* 彫像用青銅.

státuary màrble *n.* 彫像用大理石.

stat·ue [stǽtʃu:, -tʃʊ | -tʃu:, -tju:] 〖《?c1380》□ (O)F ～ □ L *statua* statue, that which is set up ← *statuere* to set up ← *stāre* 'to STAND': cf. statute〗 ― *n.* 彫像, 塑像.
Statue of Liberty (1) [the ―] 自由の女神像《Liberty Enlightening the World の通称; New York 湾内の Liberty Island にある青銅製巨像で, 右手に高くたいまつ (torch) をかざし, 左手に「世界を照らす自由」(Liberty Enlightening the World) の文字を刻んだ板を持っている; 米国独立百年祭を記念してフランス政府が贈ったもので, 製作者はフランス人 F.A. Bartholdi, 1886 年除幕》. (2) 〖アメリカンフットボール〗スタチューオブリバティー, 自由の女神 (Statue of Liberty play)《クォーターがパスとみせかけボールを高くかかげ背後に回り込んだプレーヤーに手渡すトリックプレー》.

stát·ued *adj.* 彫像を据えつけた[で飾った].

stat·u·esque [stæ̀tʃuésk | -tju-, -tʃu-] 〖《a1834》← STATUE + -ESQUE: PICTURESQUE にならった造語〗 ― *adj.* **1** 彫像[塑像]のような. **2 a** 威厳のある (majestic). **b** 輪郭の美しい, 均勢のとれた, 優美な: a lady of ～ beauty 彫像のように美しい婦人. **c** 不動の姿勢の; 不変の. **～·ly** *adv.* **～·ness** *n.*

stat·u·ette [stæ̀tʃuét | -tju-, -tʃu-] 〖《1843》□ F ～: ⇨ statue, -ette〗 *n.* 小像 (small statue).

stat·ure [stǽtʃə | -tʃə(r] 〖《a1325》□ (O)F ～ □ L *statūra* standing posture, height or size of body ← *stāre* 'to STAND': ⇨ state, -ure〗 ― *n.* **1 a** (人・動物の)身長, 背, 丈(ᵗᵃᵏᵉ)《★ 動物, 特に人にいう》: small in ～ 小柄な / be short of ～ 背が低い / of imposing [mean] ～ 堂々たる身長の[背の低い] / grow in ～ 身長が伸びる. **b** 《まれ》(物の)高さ (height). **2** (心的・道徳的などの)発達, 成長; 発達段階[程度]; (到達した)才覚, 才能, 名声, 威信: a writer of ～ 才覚ある作家 / a man of great moral ～ 人格高潔な人.

stát·ured *adj.* [複合語の第 2 構成素として] 身長が…の: short-*statured* 背の低い.

sta·tus [stéɪṭəs, stǽṭ- | stéɪt-] 〖《1693》□ L ～ 'STATE'〗 ― *n.* **1** 事情, 事態 (situation): the present ～ of affairs 現在の状勢 / the economic [social] ～ 経済[社会]状勢. **2 a** (社会的または同じ階級・職業間での)地位 (standing), 身分 (rank): a man's ～ *as* a scholar 学者としての地位 / a man of doubtful ～ 身分の怪しい人 / raise [elevate] the ～ of woman 女性の地位を高める / a rise in ～ 地位の向上 / His ～ among novelists is unique. 小説家の中での彼の地位は特異なものだ. **b** 高い地位[身分], 威信, 信望 (prestige): seek ～ 高い地位を求める. **3** 〖法律〗(人の法律上の)身分.

stàtus in quó [-ɪn-kwóʊ | -kwə́ʊ] *n.* =status quo.

sta·tus quo [stéɪṭəs-kwóʊ, stǽṭ- | stéɪtəs-kwə́ʊ, stǽt-] 〖《1833》□ L ～ 'the STATE in which (something is)'〗 ― *n.* [the ～] そのままの状態, 現状 (cf. in statu quo): the social ～ 社会の現状.

stàtus quó án·te [-ǽnṭi | -tɪ] 〖□ L ～ 'the STATE in which (something was) before'〗 *L. n.* 以前の状態, 旧状, 旧態.

stàtus quó ánte bél·lum [-béləm] 〖□ L ～ 'the STATE in which (something was) before the war': cf. belligerent〗 *L. n.* 戦前の状態.

státus sỳmbol *n.* 地位の象徴, ステータスシンボル《社会的・経済的地位を示す[誇示する]所有物や習慣》.

stat·ut·a·ble [stǽtʃuṭəbl, -tʃu:ṭ- | -tju:t-, -tʃu:t-] 〖《1636》: ⇨↓, -able〗 ― *adj.* **1** 法律で規定[認容]された; 法規に基づく (statutory): ～ age. **2** 〈犯罪など〉法律上不法行為と認められている; 法的に罰せられるべき. **stát·ut·a·bly** *adv.* **～·ness** *n.*

stat·ute [stǽtʃu:t, -tʃʊt | -tju:t, -tʃu:t] 〖《c1300》 *statu(i)t(e)* □ (O)F *statut* □ LL *statūtum* law, regulation (neut. p.p.) ← *statuere* to set up, establish, decree: ⇨ statue〗 ― *n.* **1** (法人団体またはその設立者が永続的規則として定めた)規則: the ～*s* of a university = university ～*s* 大学校規. **2** 〖法律〗制定法《立法府によって制定された成文法 (written law)》; 法令, 法規, (国家の定める)法律(など): ⇨ private statute, public statute. **3** 〖国際法〗(条約などの国際協定の)付属文書. **4** =statute fair [hiring].
statute of limitations [the ―] 〖法律〗出訴期限法.
Statutes at Large 〖法律〗(法令全書型の)制定法規集《成立順に全部配列したもの; cf. revised statutes》.
― *attrib. adj.* 法令で定められた, 法定の (statutory): ⇨ statute mile.

státute bòok *n.* [通例 *pl.*] 法令集, 法令全書.

státute fàir [hìring] *n.* 《英古》(Candlemas と Martinmas に行なわれた雇用を決める)雇い人市.

státute làw *n.* 〖法律〗=statutory law.

státute mìle *n.* 法定マイル (⇨ mile 1 a).

stat·u·to·ry [stǽtʃutɔ̀:ri, -tò:ri | -tjʊt(ə)ri, -tʃʊt-] 〖《1717》← STATUTE + -ORY¹〗 ― *adj.* **1** 法令の[に関する]: a ～ provision 法令の条項. **2** 法令で定められた, 法定の; 法令による[準拠した]: a ～ minimum 法定最小限. **3** 〖法律〗〈犯罪など〉法令で不法行為と認められた; 法的に罰せられるべき (statutable): ⇨ statutory offense, statutory rape.

stàtutory críme *n.* 〖法律〗=statutory offense.

stàtutory déck lìne *n.* 〖海事〗法定[乾舷]甲板線《満載喫水線規則に定められている》.

stàtutory láw *n.* 制定法, 成文法《判例法・慣習法に対するもの; statute law, statute, enactment ともいう; cf. case law, common law, equity 2 b》.

stàtutory offénse *n.* 〖法律〗(判例法ではなくて)制定法によって規定された犯罪; (特に)強姦(未遂)《statutory crime ともいう》.

stàtutory rápe *n.* 〖米法〗(制定法に定められた)強姦(ᵍᵒ)(罪)《10-18 歳の承諾年齢以下の少女との性交; この場合は同意の有無を問わず強姦罪が成立する》.

stàtutory senílity *n.* 法定老齢《65 歳及びそれ以上》.

stat·volt [stǽtvòʊlt | -vəʊlt] 〖← STAT- + VOLT¹〗 *n.* 〖電気〗スタットボルト《cgs 静電単位系の電圧の単位》.

Stau·ding·er [stáʊdɪŋə, ʃtáʊ- | -ŋə(r; *G.* ʃtáʊdɪŋɐ], **Hermann** *n.* シュタウディンガー《1881-1965; ドイツの化学者; Nobel 化学賞 (1953)》.

St. Au·gus·tine [seɪntɔ́:gəstì:n | sɪntɔ:gʌ́stɪn, sṇt-, sənt-, sènt-, sèɪnt-, -təgʌ́s-] 〖□ Sp. *San Augustín*: St. Augustine of Hippo の祝日 8 月 28 日にスペイン海軍司令官が最初にこの海岸を遠望したことから〗 ― *n.* 米国 Florida 州北東部沿岸の都市; 1565 年スペイン人によって建設された米国最古の都市; 保養地; 人口 13,000.

St. Áugustine gràss *n.* 〖植物〗米国南部産イネ科の匍匐(ᵖᵒ)性多年草 (*Stenotaphrum secundatum*)《踏圧, 刈り込みに耐え地表面保護用・芝生用》.

St. Augústine's súmmer *n.* 《英》(9 月の)小春日和《St. Austin's summer ともいう; cf. Indian summer》.

staunch¹ [stɔ́:ntʃ, stɑ́:ntʃ] 〖《1412-20》□ OF *estanche* (fem.) ← *estanc* watertight, reliable (F *étanche*) ← *estanch(i)er* 'to STANCH¹'〗 ― *adj.* (～·**er**; ～·**est**) **1** 水を通さない (watertight): a ～ boat. **2** 堅い, 丈夫な, 堅固な, 頑丈な (substantial): a ～ wall, defense, etc. **3** 〈主義・信念など〉しっかりした (steadfast), 信頼できる; 忠誠心のある, 節操のある (constant): a ～ churchman. **～·ly** *adv.* **～·ness** *n.*

staunch² [stɔ́:ntʃ, stɑ́:ntʃ] *v.*, *n.* =stanch¹.

stau·ro·lite [stɔ́:rəlàɪt] 〖□ F ～ ← Gk *staurós* cross: ⇨ -lite: 十字形の双晶をなすことが多いことから〗 *n.* 〖鉱物〗十字石 ($HFe_2Al_9O_8Si_4O_{16}$).
stau·ro·lit·ic [stɔ̀:rəlíṭɪk | -tɪk] *adj.*

Stau·ro·me·du·sae [stɔ̀:ro(ʊ)mɪd(j)ú:si:, -mə-, -zi: | -rə(ʊ)mɪdjú:zi:, -me-, -mə-] 〖← NL ～ ← Gk *staurós* (↑) + *medusae* ((pl.) ← MEDUSA)〗 ― *n. pl.* 〖動物〗(腔腸動物門鉢水母綱)十文字水母目.

stau·ro·me·du·san [stɔ̀:ro(ʊ)mɪd(j)ú:sən, -mə-, -zən, -sṇ, -zṇ | -rə(ʊ)mɪdjú:-, -me-, -mə-] 〖⇨↑, -an¹〗 *adj.*, *n.* 〖動物〗十文字水母目の(クラゲ).

stau·ro·scope [stɔ́:rəskòʊp | -skəʊp] 〖← Gk *staurós* cross + -SCOPE〗 ― *n.* 十字鏡《結晶体に対する偏光の方位を測定する偏光計の一種》. **stau·ro·scop·ic** [stɔ̀:rəskɑ́pɪk | -skɔ́p-] *adj.*

St. Áustin's súmmer *n.* =St. Augustine's summer.

Sta·vang·er [stəvǽŋə, -vǽŋə | -vǽŋə(r; *Norw.* stavɑ́ŋər] *n.* スタバンゲル《ノルウェー南西部の海港; 人口 82,000》.

stave [stéɪv] 〖《a1398》《逆成》← STAVES (pl.) ← STAFF¹〗 ― *n.* **1** 樽(ᵗᵃʳᵘ)板, 桶ご, 樽(ᵗᵃʳᵘ)板. **2 a** (はしごの)こ, 段. **b** (椅子(ⁱˢᵘ)の脚の)桟(ˢᵃⁿ) (rung). **3** 棒, さお (stick, pole). **4** 〖詩学〗**a** (詩歌の)節, 連 (stanza), 詩句 (verse). **b** (1 行中の)頭韻音 (alliterative sound)《例えば *w*inged his *w*ay の *w*》. **5** 〖音楽〗譜表 (staff).
― *v.* (**staved, stove** [stóʊv | stə́ʊv]) ― *vt.* **1 a** …の樽板[桶ご]をはずす, 〈樽・桶〉の板をくずす. **b** (樽板をこわして)〈酒を〉流す, こぼす, だめにする. **2** 〈船体〉に亀裂を作る, 船体に〈穴を〉あける 〈*in*〉. **3** ぶち壊す (break): ～ to pieces [splinters] ばらばらに壊す. **4** 〈桶・樽〉の板を取り替える, 桶ごを組む; 〈はしご・椅子〉にこ[桟]をつける. **5** 棒で打つ. **6** 〈鉛などを〉押し固める. ― *vi.* **1** 〈船などが〉激しくぶつかって壊れる (break). **2** 《米》急ぐ, 突進する (rush).
stave off (1) かろうじて[一時]食い止める; 避ける, よける (ward off); 前もって防ぐ (forestall): ～ *off* one's tiredness. (2) 《古》棒で追い払う; 〈人を〉追い払う.

stav·er [stéɪvə, stǽvə | stéɪvə(r] 〖⇨↑ (v.), -er¹〗 *n.* 《米俗》活動家, 精力家.

staves *n.* **1** staff¹ の複数形. **2** stave の複数形.

staves·a·cre [stéɪvzeɪkə | -kə(r] 〖《a1400》*staphisagre* □ L *staphisagria* □ Gk *staphìs agría* wild raisin ← *staphís* raisin + *agría* ((fem.) ← *ágrios* wild)〗 ― *n.* 〖植物〗地中海地方原産キンポウゲ科ヒエンソウの類の植物 (*Delphinium staphisagria*); その種子《有毒なので殺虫剤に用いる; cf. delphinine》.

stav·ing [stéɪvɪŋ] 〖← STAVE (vi.) 2 + -ING²〗《米口語》 *adj.* すごく偉大な, 強力な (powerful), すばらしい (excellent). ― *adv.* すてきに, すごく (excessively).

stay¹ [stéɪ] 〖《c1440》 *steyy(n)* □ AF *estei-*, *estai-* (pres. stem) ← OF *ester* to stop, stay < L *stāre* 'to STAND'〗 *v.* (**stayed, staid** [stéɪd]) ― *vi.* **1** (ある場所に)とどまる (remain); じっとしている: ～ *behind* [*on*] あとに残る; 踏みとどまる / make the dog ～ *outside* 犬を家の中に入れないでおく / ～ (《英》*at*) home うちにいる, 外出しない (cf. stay-at-home) / ～ *in* bed 床の中にいる / ～ *in* hospital 入院している / I've no time to ～. 長居する暇はありません, こうしてはいられない / The washing ～*ed out* last night. 洗濯物が昨夜は外に出たままだった / The snow won't ～ *on* the ground. 雪は積らないだろう / *Stay close to* your phone. (必要の場合に備えて)電話のそばを離れないように / *Stay where* you are. そのままそこにいなさい, 動かないで. **2 a** 滞在する; 客となる, (客として)泊る: I don't live here; I'm only ～*ing*. ここの者ではなくて, 一時滞在しているだけです / ～ *overnight* 一泊する, 泊りこむ / ～ the night その晩泊まる《the night は副詞句; cf. *vt.* 6 b》/ ～ *on* for months 何か月も滞在する / ～ *at* [*in*] a hotel ホテルに宿泊する / ～ *in* town 町に滞在する / ～ *with* friends [one's uncle] いろいろな友人[おじ]の所に厄介になる. **b** 〔…まで〕いる, ゆっくりしていく 〔*for*, *to*〕 (cf. *vt.* 6): Won't you ～ *for* [*to*] supper? ゆっくりして夕食をしていきませんか. **3** [補語, 前置詞付きの句を伴って] (ある状態に)とどまる, …のままでいる (remain): ～ single 独身を通す / ～ still (動かないで)じっとしている / ～ young 若いままでいる / if the weather ～*s* fine 好天気が続くなら / This won't ～ clean. これはすぐに汚れる / Please ～ seated. どうぞすわったままで / He ～*ed* a student all his life. 生涯研究者であった / ～ *on* the same road (曲がらないで)同じ道を行く / ～ *on* a job 仕事にとどまる[を持続する] / ～ *in* power 権力の座にとどまる / ～ *out of* trouble [an argument] 面倒にかかわりあわない[議論に加わらない]でいる. **4 a** (競争などで)耐える (hold out), 持ちこたえる, 持続する (last out): ～ well よく持ちこたえる / He was not able to ～ to the end of the race. 競走の最後まで持ちこたえられなかった. **b** 〔競走者などに〕ついて行く (keep up), おくれを取らない (keep even) 〔*with*〕: No one will ～ *with* him. 彼と張り合える相手はいないだろう. **5 a** [特に, 命令形で] 止まる (stop); (暫らく)休止する, 待つ (pause, wait): I cannot ～ *for* you. 君を待つわけにはいかない / Get him to ～ a minute. ちょっと彼を待たせてくれ / *Stay!* You've left your umbrella. ちょっと待って, かさをお忘れですよ. **b** 《古》止める, 中止する (cease): ～ *from crying* 泣くのを止める. **6** 《古》(しっかり)立っている (stand firm). **7** 〖トランプ〗(ポーカーで, 相手と同額のチップや賭金を張って)場に残る, 様子を見る 〈*in*〉 (cf. call *vi.* 6 d).
― *vt.* **1** (立ち)止まらせる (stop, halt). **2** 《古・文語》差し控えさせる, 引き止める (hold back), 食い止める, 防止する, 防ぐ (check): ～ bloodshed 流血の事態を阻止する / ～ the spread of a disease 病気の蔓延を食い止める / ～ one's hand (打とうとする)手を止める. **3** 〈暴力・争い・感情などを〉抑える, 静める (suppress, quell): ～ a civil war 内戦を鎮圧する / ～ one's anger 怒りを静める. **4** 〈欲望・食欲などを〉一時抑える, (一時しのぎに)〈腹を〉満たす, 〈人〉の飢えをいやす: ～ the stomach, appetite, thirst, hunger, etc. / ～ one's longing (一時的に満たして)渇望を抑える / I had a piece of bread to ～ me until dinner. パンを一切れ食べて夕食まで空腹をしのいだ. **5** 〈手続き・判決などを〉延ばす (delay), 猶予する, 中止する (suspend): ～ judgment [decision, punishment] 判決[決定, 処罰]を延ばす. **6 a** 〈食事・演芸など〉に残る, …まで残る: ～ dinner, a meal, a performance, etc. ★ 今日では for または to を用いる *vi.* 用法 (⇨ *vi.* 2 b) のほうが普通. **b** 〈ある期間を〉通して泊まる: ～ the night ⇨ *vi.* 2. **7** (競走などで)…の最後までとどまる, 持続する (last out) (cf. STAY *out* (*vt.*) (1)): ～ the distance 全行程を完走する / ～ the course 終わりまで走る, 完走する; 最後まで持ちこたえる[頑張る] / He couldn't ～ a mile. 1 マイル競走で最後まで持ちこたえられなかった. **8** 《古》待つ (await).
be here to stay 《口語》=*come to* STAY (2): Compact cars *are here to* ～. 小型自動車がすっかり定着した.

come to stay (1) 泊りがけで来る. (2) [have come to ～ として]《口語》長続きする, 永久化する, 定着する: The fine weather [custom] seems to *have come to* ～. この天気[習慣]は長く続きそうだ. ***stay away*** (1) 留守にする, 欠席する〔*from*〕: ～ *away from* school 学校を休む. (2) 近づかない, 手を出さない, なれなれしくしない〔*from*〕: Tell him to ～ *away from* Mary. メリーにちょっかいを出すなと彼に言ってくれ. ***stay by***《米》…に味方する, 忠実である: The land is the only thing that will ～ *by* you. 頼みになるのは土地だけだ. ***stay down***〈食物などが〉(もどされないで)胃におさまる. ***stay in*** (1) (外へ出ないで)家[屋内]にいる. (2) (罰として)放課後まで居残る: make a class ～ *in*〈先生が〉クラスの者を居残りさせる. ***stay off*** …から離れている; …を食べない, 飲まない, 吸わない: ～ *off* a bottle [woman] (健康のために)酒を飲まない[女性に接しない]でいる / ～ *off* sweets (太らないように)甘い物を控えている. ***stay on*** (1) ⇨ *vi.* 1, 2 a. (2)〈火・電灯・テレビなどが〉ついたままになっている. ***stay out*** (*vi.*) (1) ⇨ *vi.* 1. (2) (暗くなるまで)外にいる, 家に帰らない: ～ *out* late [until midnight] 夜おそく[真夜中]まで外出している[帰宅しない]. (3)〈労働者が〉ストライキを続ける. (*vt.*) (1) …の最後まで居続ける (cf. *vt.* 7): ～ the month *out* 丸 1 か月滞在する / ～ *out* the whole long lecture 長い講演を最後まで聞く. (2) …よりも長くとどまる, 長座する (outstay): ～ *out* the other guests 他の客より長居する. ***stay put***《口語》置かれたままにある, その場にじっとしている: Nail it on so that it ～*s put*. 動かないよう釘で打ちつけておきなさい / He never seems to ～ *put*. 片時も 1 個所に落ち着いていないようだ《いつも忙しく飛び回っている》. ***stay up*** 起きて[寝ないで]いる: ～ *up* late [all night] 夜ふかし[徹夜]する. ***stay with*** (1) ⇨ *vi.* 2 a. (2) …を持続する, やめない: ～ *with* a program あくまでも計画を進める.

― *n.* **1** 止まること; 止まり, 停止, 休止. **2** 滞在 (sojourn); 滞在期間: a short ～ *in* (the) hospital 短期の入院 / have a week's ～ *with* one's aunt おばの家に 1 週間厄介になる / make a long ～ *in* London ロンドンに長く滞在する. **3**《口語》耐久[持久]力 (staying power), 忍耐, 我慢 (endurance), 根気 (persistence): The horse has a good pace but no ～. その馬は足は速いが耐久力がない. **4**《古・文語》抑制, 抑止, 妨害 (restraint, check): put a ～ (up)on a person's activities 人の活動を抑制する. **5**〖法律〗延期 (postponement), 猶予, 中止, 停止 (suspension): (a) ～ of execution [proceedings] 刑の執行停止[訴訟(手続)の中止].

stay[2] [stéɪ] 〖OE *stæġ* large mast-rope < Gmc *staȝa- (Du. *stag* / G *Stag* / ON *stag*) ← *staȝ- to be firm: ⇨ steel〗 ― *n.* **1**〖海事〗支索, ステー《マストをその上部から斜め下方に固定し倒れないようにしている太索》. **2** なわ (rope), 控えなわ (guy).
be quick* [*slack*] *in stays〖海事〗(上手(うわ)回しの際)〈船首が〉早く回る[回らない]. ***heave in stays***〖海事〗上手回しにする. ***in stays***〖海事〗(上手回しの際)〈船首が〉回って風上に向いている, (上手回しの途中で)船首帆が裏を打っている (cf. *in* IRONS (2) (a)). ***miss* [*refuse*] *stays***〖海事〗〈船が〉上手回しに失敗する.
― 〖海事〗*vt.* **1** 支索で支える: ～ a mast. **2**〈船を〉上手(うわ)回しにする. ― *vi.*〈船が〉上手回しになる (tack).

stay[3] [stéɪ] 〖(*c*1515) ◻ OF *estaye* (F *étai*) prop, support ← Gmc: cf. stay[2]. ― v.: (1526) (i) ◻ OF *estayer* (F *étayer*) to support ← *etaye* (n.) // (ii) ← (n.)〗 ― *n.* **1 a** 支柱 (prop, strut). **b** 支え, たより (moral support); つえとも柱とも頼むもの (stand-by): the ～ of one's old age 老後のつえ(と頼む人). **2** [通例 *pl.*] **a** ステー《コルセットの形をつくるために用いる平たくて細長い鋼・プラスチック》. **b** コルセット《現在では corset と呼ぶ方が一般的》: one's ～*s* / a pair of ～*s*. **3** ステー, 控え《炉・ボイラー・タンクなどの相対する内壁面の支柱》. ― *vt.* **1** (支柱で)支える (support, prop)〈*up*〉. **2** 支える, 支持する (sustain); 力づける, 元気づける. **3** 安定させる, 固定させる.

stáy-at-hòme 〖← *stay at home* (⇨ stay[1] (vi.) 1)〗《口語》*adj.* 家にばかりいたがる, 出無精(ぶしょう)の (homekeeping). ― *n.* 家にばかりいる人, 出無精者.
stáy bàr *n.*〖建築〗控え棒, 支え棒《窓を開いた状態で固定するための棒》.
stáy bòlt *n.*〖機械〗ステーボルト, 控えボルト.
stáy-dòwn strìke *n.* (坑夫の)坑内居すわりストライキ《外の坑夫の就労を妨げるストライキ; cf. sit-down strike》.
stáy·er[1] 〖⇨ stay[1] (v.)〗 ― *n.* **1** とどまる人; 滞在者. **2** 根気の強い人[動物], 耐久力のある人[動物]. **3** 抑制する人[物]. **4**〖競馬〗ステイヤー, 長距離馬《一般に 2,400 メートル以上の距離を得意とする馬; cf. sprinter 2, miler 1 b》.
stáy·er[2] 〖⇨ stay[3] (v.)〗 *n.* 支える者; 擁護者.
stáy fòresail *n.*〖海事〗ステーフォースル, フォアステースル《フォアステー (forestay) にかける三角帆》.
stáy·ìn *n.* ＝stay-in strike.
stáy·ing pòwer *n.* 持久力, 耐久力[性].
stáy·ìn strìke 〖← *stay in* (⇨ stay[1] (vi.) 1)〗 *n.*《英》＝sit-down strike《stay-in ともいう》.
stáy·làce 〖⇨ stay[3] (n.) 2〗 *n.* コルセットのひも.
stáy·less 〖← STAY[3] (n.)＋-LESS〗 *adj.* **1** コルセットを着けてない. **2**《廃》支持[援助]のない.

stáy-màker *n.* コルセット製造者.
Stáy·man convéntion [stéɪmən-] 〖← *Samuel M. Stayman* (1909– : 米国のトランプ師)〗 ― *n.*〖トランプ〗(ブリッジで)ビッド上の定まりごとの一つ《パートナーのノートランプ (no-trump) ビッドに対し, いったんクラブスーツでレイズ (raise) してパートナーに 4 枚以上のメイジャースーツ (major suit) をリビッド (rebid) させる取決め》.
stáy·sàil [-sèɪl, (海) -səl, -sl] *n.*〖海事〗ステースル《支索に張った長三角形の帆》: a fore-topmast ～ 前檣(ぜんしょう)のトップマストステースル.
S.T.B.《略》*L.* Sacrae Theologiae Baccalaureus (＝Bachelor of Sacred Theology); *L.* Scientiae Theologiae Baccalaureus (＝Bachelor of Theology).
St. Barthólomew's Dày *n.* 聖バルトロマイ[バルトロメオ]の祝日《8 月 24 日》.
St. Barthólomew's Dày Mássacre *n.* ＝MASSACRE of St. Bartholomew('s Day).
stbd.《略》〖海事〗starboard.
St. Ber·nard [sèɪntbənáːd | sn(t)bɔ́ːnəd, sən(t)-, sɪn(t)-] 〖もとアルプスの Great St. Bernard にある修道院で飼っていた救命犬にちなむ〗 ― *n.* セントバーナード《アルプス原産の賢い大型の犬種のイヌ》.
St. Bernard, the Great *n.* グラン[大]サンベルナール峠《スイス南西部とイタリア北西部との間の Alps の山道; 1800 年 Napoleon 軍がここを越えた; 標高 2,472 m》.
St. Bernard, the Little *n.* プチ[小]サンベルナール峠《フランス南東部とイタリア北西部との間, Mont Blanc の南の山道; 標高 2,188 m》.
St. Bernárd's lìly *n.*〖植物〗ヨーロッパ産のユリ科アンセリカム属の一日花をつける多年草 (*Anthericum Liliago*).
St. Bon·i·face [sèɪntbánəfəs, -fèɪs | sn(t)bɔ́nɪfèɪs, sən(t)-, sɪn(t)-] *n.* セントボニフェス《カナダ Manitoba 州南部の都市; 人口 47,000》.
stbt.《略》steamboat.
S.T.C.《略》Samuel Taylor Coleridge; short-title catalog.
St. Chris·to·pher [sèɪntkrístəfə | sn(t)krístəfə(r, sən(t)-, sɪn(t)-] *n.* セントクリストファー島《英領西インド諸島国家連合 (West Indies Associated States) に属する Leeward 諸島の一島; 人口 35,000, 面積 169km², 首都 Basse-Terre; St. Kitts ともいう》.
St. Clair [sèɪntkléə | sn(t)kléə(r, sən(t)-, sɪn(t)-] 〖← F *Sainte Claire* (*St. Claire* of Assisi: 1194–1253)〗 ― *n.* [the ～] 米国 Michigan 州とカナダ Ontario 州との国境をなしている川 (66 km); Huron 湖に発して南流, St. Clair 湖に注ぐ.
St. Clair, Lake 〖↑〗 *n.* セントクレア湖《米国 Michigan 州南東部とカナダ Ontario 州との間の湖; 長径 48 km, 面積 1,191 km²》.
St. Cloud[1] [sèɪntkláud, sɛ̃ː(ŋ)klúː, sæŋ- | sɛ̃ː(ŋ)klúː, sæŋ-; *F.* sɛ̃klu] *n.* サンクルー《フランス Seine 河畔 Paris 付近の都市; 旧王宮跡; 人口 29,000》.
St. Cloud[2] [sèɪntkláud | sn(t)-, sən(t)-, sɪn(t)-] 〖↑〗 *n.* 米国 Minnesota 州中部, Mississippi 河畔の都市; 人口 40,000.
St. Croix [sèɪntkrɔ́ɪ | sn(t)-, sən(t)-, sɪn(t)-] 〖← F ～《原義》holy cross: フランスの航海家 J. Cartier が Holy Cross Day にこの川のところへ来たことにちなむ〗 ― *n.* **1** 米領 Virgin 諸島中の最大島; 人口 32,000, 面積 218 km²; スペイン語名 Santa Cruz. **2** [the ～] 米国 Wisconsin, Minnesota 両州の境を南流して Mississippi 川に注ぐ川 (264 km).
std.《略》standard; started.
S.T.D.《略》*L.* Sacrae Theologiae Doctor (＝Doctor of Sacred Theology).
ŚTD còde 〖*STD*:《略》← *s*(*ubscriber*) *t*(*runk*) *d*(*ialling*)〗 *n.*《英》〖電話〗自動即時市外通話番号《加入者番号の前につける 2 桁以上の数字; cf. area code》.
St-De·nis [sɛ̃ː(n)dəníː, sæn-; *F.* sɛ̃dəni] *n.* サンドニ: **1** フランス北部, Paris 付近の都市; フランス諸王の墓がある; 人口 97,000. **2** インド洋にあるフランス海外県 Réunion 島の海港で, 同県の首都; 人口 86,000.
St. Den·is [sèɪntdénɪs, -nəs | sn(t)dénɪs, sən(t)-, sɪn(t)-], **Ruth** *n.* (1877–1968) 米国の女流舞踏家; 東洋の宗教的な神秘主義をとり入れた.
Ste.《略》*F.* Sainte.
stead [stéd] 〖OE *stede* place < Gmc *stadiz (Du. *stede* place / G *Statt* place, *statt* instead (of)) ← IE *stā- 'to STAND'〗 ― *n.* **1** [in を伴って] 代わり (place): *in* a person's ～ 人の代わりに / *in* the ～ of …の代わりに / *in* ～ of＝INSTEAD *of*. **2** 役立つこと, 助け, 役 (service); 利益, ため (advantage, avail). ★ 次の句に用いる以外は《古》: stand a person in good ～ 人に非常に役に立つ[助けとなる]. **3**《廃》場所 (place). ― *vt.*《古》…に役立つ (avail to).
stead·fast [stédfæst, -fəst | -fəst, -fɑːst] 〖OE *stedefæst* ← *stede* (↑)＋*fæst* 'firm, FAST[2]'〗 ― *adj.* **1** 固定した, ぐらつかない (immovable); 変化に動じない (immutable): a ～ gaze じっと見つめること, 凝視. **2**〈信念・決意・愛情など〉しっかりした, 不動の (firm, constant): ～ faith 不動の信念 / a ～ man 意志の強固な[信念の強い]人, しっかりした人. **～·ly** *adv.* **～·ness** *n.*
stead·i·er *n.* 固定させるもの, しっかりとさせるもの.
stead·i·ly [-dɪli, -də-, -dḷi | -dɪli, -də-] *adv.* 着々と, 着実に, 堅実に.

stead·ing [stédn̩, stíːdn̩, -dɪŋ | stédɪŋ] 〖(15C) *steding*〗 *n.* **1**《英》農場. **2**《スコット・北英》農場の付属建物.
stead·y [stédi | -dɪ] 〖(1530) ← STEAD＋-Y[4]〗 ― *adj.* (**stead·i·er; -i·est**) **1 a** (足場・基礎など)しっかりした, 動かない, 安定した, 揺るがない, ぐらつかない (fixed, firm): a ～ table しっかりしたテーブル / a ～ foundation がっちりした基礎 / hold the ladder ～ (ぐらつかないように)はしごをしっかりさせる. **b** よろよろしない (unfaltering), 震えない; 方向を変えない, それない (unswerving): a ～ light ゆらめかない光 / a ～ gaze 凝視 / a ～ hand 震えない手; 断固たる指導 / He is ～ on his legs. 足もとがしっかりしている. **c**〈船が〉(荒海でも)傾かない, 安定した: a ～ ship 安定船. **2** 動じない, 落ち着いた, あわて騒がない: ～ nerves / *Steady* does the trick. 落ち着いてやればうまくいく / (as) ～ as a rock 泰然とした[て]. **3 a**〈生活・主義・目的など〉不動の, 着実な, 堅実な (steadfast), まじめな, 操の固い, 浮気をしない: a ～ man [fellow] 堅実な人 / a ～ policy 着実な政策 / ～ principles 着実な主義 / a ～ purpose 確固たる目的 / be ～ in one's allegiance 忠義の念が厚い. **b** 信頼できる, 安心できる (reliable): a ～ horse, player, etc. **c** 過度に陥らない, 節制のある (sober). **4 a** むらのない, 不変の, 一様の, 決まった (regular); 変化のない; 間断のない (uninterrupted), ずっと続く: a ～ wind むらなく吹く風 / a ～ pace 一様の速度 / a ～ job 定職 / a ～ girl friend 決まったガールフレンド (cf. *n.* 1) / make ～ progress in one's work 着実に仕事を進める / a ～ friendship 変わらぬ友情 / Slow and ～ wins the race. ⇨ slow *adj.* 1 a. **b** いつもの, 習慣になった: a ～ customer 常連の客 / a ～ theatergoer (欠かさず見物に行く)芝居の常連. **c**〈価格など〉変動のない: The current quotations are ～. 現下の相場は安定している. **5**〖海事〗針路の変わらない: Keep her ～! 宜候(ようそろ)《現在の針路をそのまま保持せよという意味の号令》.
go steady《口語》一人の異性とだけ交際する;〔…と〕決まった恋人である, ステディ同士である〔*with*〕(cf. *play the* FIELD).
― *int.* **1** 落ち着け, あわてるな (Be calm). **2**〖海事〗宜候(ようそろ) (Keep her steady) (cf. *adj.* 5).
― *n.* **1**《口語》決まった恋人, 決まったボーイ[ガール]フレンド, ステディ. **2**〖機械〗＝steady rest.
― *vt.* **1** しっかりさせる, 固定させる, 強固にする, 揺れないようにする. **2 a** 落ち着かせる: Danger *steadies*, instead of flustering, him. 危険は彼をびくびくさせずにかえって心を落ち着かせる. **b** むらのないようにする. **c** 堅実にする. **3**〖海事〗〈船を〉針路を変えないようにする. ― *vi.* **1** しっかりする, 強固になる, 固定する. **2** 落ち着く, 安定する〈*down*〉.
Steady on.〖海事〗(こぎ方)やめ (Hold hard).
― *adv.* **1** ＝steadily. **2**〖海事〗針路を変えないで.
stéad·i·ness *n.*
stéady flów *n.*〖土木〗定常流, 定流《流体の運動の状態が時間的に変わらないもの; stationary flow ともいう; cf. uniform flow》.
stéady-góing *adj.* **1**〈人が〉着実な, まじめな, 堅実な, しっかりした. **2** ぐらつかない, 不変の, 一定の (constant): ～ affection.
stéady lóad *n.* ＝dead load 1.
stéady rést *n.*〖機械〗(旋盤などの)振れ止め《center rest ともいう》.
stéady-státe *adj.* **1**〈系・混合物・割合など〉恒常的, 定常的な, (相対的に)平衡状態を保っている. **2**〖機械・電気〗定常状態の. **3**〖天文〗**a** 定常的な, 定常状態の. **b** 定常宇宙(論)の, 定常宇宙(論)的な.
stéady státe *n.* **1**〖機械・電気〗定常状態. **2**〖音声〗定常部.
stéady-stát·er *n.* 定常宇宙論者.
stéady státe thèory *n.*〖天文〗定常宇宙説《宇宙は無限に膨張を続けて, その間物質が常に生成され, 密度その他の物理的状態が定常に保たれているという説; continuous creation theory ともいう; cf. big bang theory》.
steak [stéɪk] 〖(*c*1420) *ste*(*i*)*ke* ◻ ON *steik* ← *steikja* to roast on a spit ← Gmc *stik- 'to STICK[2]'〗 ― *n.* **1 a** (焙(あぶ)り焼きや炒(いた)め焼き用の)肉や魚の厚い切り身. **b** ステーキ; (特に)ビフテキ (beef steak): ～ meat ステーキ用の肉 (⇨ beef 挿絵) / a juicy ～ 汁の滴(したた)るビフテキ / a pork ～ ポークステーキ. **2** 挽(ひ)肉で作ったステーキ: ⇨ Hamburg steak, Salisbury steak.
stéak·hòuse *n.* ステーキハウス《ビフテキ専門のレストラン》.
stéak knìfe *n.* ステーキナイフ《肉切り用のスチール製のこぎり歯状のナイフ》.
stéak tártare *n.* ＝tartar steak.
steal [stíːl] 〖OE *stelan* ← Gmc *stel-, *stæl-, *stul- (Du. *stelen* / G *stehlen* / ON *stela* / Goth. *stilan*) (変形)? ← IE *ster- to rob; steal (Gk *stereîn* to rob): ⇨stalk[1]〗 ― *v.* (**stole** [stóul | stə́ul]; **sto·len** [stóulən | stə́u-]) ― *vt.* **1 a** (こっそり)盗む: have one's bag *stolen* かばんを盗まれる / ～ money *from* a safe 金庫から金を盗む. **b**〈他人の考え・言葉・作などを〉無断で自分のものにする, 盗用する, 剽窃(ひょうせつ)する (plagiarize). **c**《古》〈子供などを〉さらう, 誘拐(ゆうかい)する (kidnap). **2 a** うまく手に入れる;〈すき見・キス・うたた寝などを〉こっそりする: ～ (*away*) a person's heart 知らぬ間にうまく人の愛情を得る / ～ a nap [a visit, an interview] こっそりうたた寝[訪問, 会見]する / ～ time *from* one's studies なんとか研究の時間を割(さ)

く / ～ a glance [look] *at* a person 人を盗み見る / ～ a kiss *from* a girl そっと少女にキスをする / ～ a ride *on* a train 汽車にただ乗りする. **b** 〈注目などを〉一身に集める: ～ everybody's attention. **3** こっそり動かす[運ぶ, 置く, 入れる, 持ち込むなど] (smuggle) 〈*away, in*〉/〔*from, into*〕. **4** 〖遊戯・スポーツ〗うまい[ずるい]ことをして〈点を〉得る, 〈ボールなどを〉取る, 奪う. **5** 〖野球〗**a** …に盗塁[スチール]する: ～ a base 盗塁する / ～ second [home] 2[本]塁に盗塁する. **b** 〈サインを〉盗む. ― *vi.* **1** (こっそり)物を盗む, 窃盗を働く: Thou shalt not ～. 汝(なんじ)盗むなかれ (*Exod.* 20: 15). **2 a** [方向の副詞語句を伴って] そっと行く[来る]; 忍び込む; こっそり抜け出る: ～ *away* [*in*] こっそり立ち去る[はいり込む] / ～ *into* [*out of*] a house そっと家に忍び込む[から抜け出る] / ～ *up on* a person ひそかに人に近づく / The years *stole by.* いつしか年月が流れた / A look of alarm *stole across* his face. 驚きの色が知らぬ間に彼の顔を横切った. **b** いつの間にか来る[襲う, 広がる]: The sadness *stole into* her look. その悲しみがいつしか彼女の表情に広がった / The winter has *stolen over* us. いつしか冬になった / I felt sleep ～*ing upon* me. 知らぬ間に睡魔に襲われていた / A faint sound *stole upon* my ears. かすかな音が耳に忍び込んできた. **3** 盗塁する: be caught ～*ing* 盗塁に失敗する.

― *n.* **1** 《口語》**a** (こっそり)盗むこと, 窃盗 (theft). **b** 《米》盗んだ物, 盗品. **2** 《米口語》大して骨を折らず[ただみたいに]手に入れたもの, もうけ物, 掘出し物 (bargain). **3** 《米口語》不正な[いかがわしい]政治上の行為[取り引き]. **4** 〖野球〗盗塁, スチール: ⇨ double steal.

steal·age [stíːlɪdʒ] *n.* **1** 盗み, 窃盗 (theft). **2** 盗み「[盗難]による損失.

stéal·er [-lə | -lə(r)] 〖《15C》〗 ― *n.* **1** 盗む人[もの], 泥棒 (thief). **2** 〖野球〗盗塁する人. **3** 〖海事〗(船首尾部の)食込み板《船は船首尾で先細となるため, 外板のうちのあるものは先細に狭くしなければならないが, そのための外板》.

stéal·ing [-lɪŋ] 〖ME〗 *n.* **1** (こっそり)盗むこと, こそどろ. **2** [通例 *pl.*] 《米》盗んだ物, 盗品. ― *adj.* **1** (こっそり)盗む. **2** 《古》こそこそする. **～·ly** *adv.*

stealth [stélθ] 〖《*c*1250》 *stelthe, stalthe* < OE **stǣlþ* < Gmc **stēl-iþō*: ⇨ steal, -th²〗 ― *n.* **1** 忍び, 隠密 (secrecy), こそこそしたやり方 (secret procedure). **2** 《廃》こっそり逃げ出すこと, 雲隠れ (secret departure). **3** 《廃》**a** 盗み (theft). **b** 盗品.

by stealth こっそり, そっと, 秘密に, ひそかに (secretly): do good *by* ～ 陰徳を施す.

stealth·y [stélθi | -θɪ] 〖《1606》: ⇨ ↑, -y⁴〗 ― *adj.* (**stealth·i·er; -i·est**) **1** 人目を盗む, こっそりする, 内証の, 秘密の (furtive, secret): a ～ glance 盗み見 / ～ benefactions 人知れず施す慈善, 陰徳 / ～ footsteps 忍び足, 抜き足差し足 / a ～ submarine 音を立てずに進む潜水艦. **2** 〈行動・性格など〉慎重な. **stéalth·i·ly** [-θɪli, -θə- | -lɪ] *adv.* **stéalth·i·ness** *n.*

steam [stíːm] 〖OE *stēam* < Gmc **staumaz* (WFris. *steam* / Du. *stoom*) ← ?. ― v.: OE *stēman, stȳman* < Gmc **staumjan* ← (n.)〗 ― *n.* **1** 蒸気; 水蒸気, スチーム (water steam): ⇨ dry steam, wet steam / superheated ～ 過熱蒸気 / exhaust ～ 排出気 / high [low] (-pressure) ～ 高圧[低圧]気 / saturated ～ 飽和蒸気 / with full [all its or her] ～ 蒸気を全部出し切って / have ～ on 蒸気を立てている. **2** 湯気; 蒸発気, 発散気[物] (exhalation): windows covered with ～ 湯気で曇ったガラス窓 / a ～ of perfume 香水のにおい. **3** 《口語》**a** 力, 精力, 元気 (power, energy): put on [work off] ～ 精力を出す / run out of ～ 気力がなくなる, 息切れする. **b** 感情的緊張, うっぷん. **4 a** 蒸気船 (steamship). **b** 蒸気船での旅行.

(at) full steam 全蒸気を出し切って; 全速力で, 全力を注いで. ***by steam*** 汽船で (cf. *by* AIR¹, *by* WATER). ***get up steam*** (1) (蒸気機関を動かすだけの)蒸気を立てる. (2) 元気を出す, 努力する. (3) 怒る. ***let*** [***blow***] ***off steam*** (1) (過剰の)蒸気を排出する. (2) 《口語》籠(こも)った精力を発散させる; うっぷんを晴らす. ***on one's own steam*** 独力で, 自力で: She rose *on her own* ～. 自力で立ち上がった. ***under one's own steam*** (1) 〈船が〉(他船の力を借りず)自分の力で. (2) 〈人が〉(他の力を借りず)自力で. ***under steam*** (1) 進行[汽走]中の[で]. (2) 元気を出して.

― *vi.* **1** 蒸気を発する, 湯気を出す, 湯気を立てる: The kettle is ～*ing.* やかんが湯気を上げている / A horse ～*s* after a hard gallop. 馬は疾走後は汗をかく. **2** 蒸発する, 発散する: ～ away 蒸発してしまう. **3** 〈ガラスなどが〉(湯気・霧などで)曇る〈*up*〉: His glasses ～*ed up.* めがねが曇った. **4** 〈ボイラーが〉蒸気を作る: This boiler does not ～ well. このボイラーは蒸気の出がよくない. **5 a** 蒸気で進む, 汽走する: The train ～*ed* into the station. 列車は蒸気を吐いて駅に入ってきた / The ship can ～ 20 knots an hour. 時速20ノットで走れる / ～ through the straits 〈船が〉汽走して海峡を通る. **b** 《口語》急速に[すばやく]動く〈*away, ahead*〉: He ～*ed* along the street. 通りを疾走して行った. **6** 《口語》湯気を立てて怒る. ― *vt.* **1** 蒸す, ふかす: ～ sweet potatoes [a pudding] さつま芋をふかす[プディングを蒸す] / ～ one's face with a hot towel 熱い蒸しタオルで顔を蒸す. **2** (曲げるために)〈材木を〉蒸気に当てて柔らかくする; 〈古帽子などを〉蒸気にあてて型を直す. **3** 〈蒸気・湯気などを〉発散させる (emit, exhale). **4** 〈汽船などを〉蒸気で進ませる.

steam open 〈封筒などを〉蒸気に当てて開ける. ***steam up*** (*vi.*) ⇨ *vi.* 3. (*vt.*) (1) 〈ガラスなどを〉蒸気で曇らす. (2) 《口語》元気を出させる; 励ます (⇨ steamed-up). (3) 《口語》怒らせる; 興奮させる. (4) 《英》〈分娩前の家畜〉にたくさん餌を与える.

― *attrib. adj.* **1 a** 蒸気で熱する[熱せられた]: ⇨ steam heating. **b** 蒸気に当てられた. **2** 蒸気(機関)で進む[進める]; 蒸気で動く, 蒸気作用の: a ～ train 蒸気車, 汽車. **3** 蒸気輸送用の: a ～ pipe. **4** 蒸気の[に関する]: ⇨ steam pressure.

stéam bàth *n.* **1** 蒸気浴, 蒸し風呂 (cf. water bath 2). **2** 〖化学〗水蒸気浴; 水蒸気浴装置 (cf. vapor bath 2).

stéam bèer *n.* スチームビール《米国西部で醸造される沸騰性の強いビール》.

stéam·bòat *n.* 汽船, 蒸気船 (steamship).

stéamboat Góthic 〖引退した蒸気船の船長たちが, 船をまねたこの様式の家に住んだことから〗 ― *n.* 〖建築〗蒸気船ゴシック復興様式《Mississippi 川や Ohio 川沿岸に見られる 19 世紀の装飾的建築様式》.

stéam bòiler *n.* 汽罐(かま), 蒸気がま.

stéam bòx *n.* **1** 蒸し器. **2** ＝steam chest.

stéam bràke *n.* 〖機械〗蒸気ブレーキ.

stéam càbinet *n.* 蒸気箱《坐位で首だけが外に出る箱, 内部には蒸気が送り込まれる》.

stéam chèst *n.* (蒸気機関の)蒸気室《steam box, valve chest ともいう》.

stéam còal *n.* 汽罐(かま)用石炭.

stéam-còlor *n.* 〖染色〗蒸気熱によって固着する捺「染(なっせん).

stéam condènser *n.* 〖機械〗復水器 (condenser).

stéam-cỳlinder *n.* 気筒, 蒸気シリンダー.

stéam distillàtion *n.* 水蒸気蒸留《水に不溶の油類をその沸点よりも低い温度で蒸留する方法》.

stéam dòme *n.* 蒸気ドーム, 鐘形汽室 (dome).

stéamed-úp *adj.* 《口語》怒った; すごく興奮した: get ～ 怒る; 興奮する.

stéam èngine *n.* **1** 蒸気機関: like a ～ 《戯言》大変元気で, どんどん. **2** 蒸気機関車 (locomotive).

stéam·er *n.* **1** 汽船 (steamship) (cf. sailer 1) (↔ sailing vessel). **2** (料理用・洗濯用などの)蒸し器, 蒸籠(せいろう). **3** 蒸す人. **4** 〖貝類〗＝soft-shell clam. ― *vi.* 汽船に乗って行く.

stéamer chàir *n.* ＝deck chair.

stéamer clàm *n.* 〖貝類〗＝soft-shell clam.

stéamer rùg *n.* 《米》(汽船のデッキチェアで用いる)ひざ掛け用毛布.

stéamer trùnk *n.* (船の寝台の下に入るようにこしらえた)薄くて幅広のトランク.

stéam fìtter *n.* 蒸気管取付け[修繕]人.

stéam fòg *n.* 〖気象〗蒸気霧《暖かい水面へ冷たい大気が流れたとき発生する霧》.

stéam-gàs *n.* 過熱蒸気ガス, 過熱蒸気 (superheated 「steam).

stéam gàuge *n.* (蒸気機関につけた)蒸気圧力計.

stéam gènerator *n.* 蒸気発生器.

stéam hàmmer *n.* 蒸気ハンマー.

stéam hèat *n.* 蒸気熱.

stéam-héated *adj.* 蒸気[スチーム]暖房した.

stéam héater *n.* 蒸気[スチーム]暖房器[ヒーター].

stéam hèating *n.* 蒸気[スチーム]暖房(設備).

stéam·ing 〖cf. OE *stēminge* exhaling of odor〗 ― *adj.* **1** ぽっぽと湯気を立てる: a cup of ～ coffee / a ～ horse / She came in in a ～ state. ぽっぽと汗をかいて入ってきた. **2** [副詞的に用いて] 湯気を立てるほど: be ～ hot 湯気が出るほど熱い, 非常に熱い[暑い]. ― *n.* (一定時間内に)汽船が航行する距離.

stéam injèctor *n.* 〖機械〗インゼクター《給水をボイラーに押込む装置》.

stéam iron *n.* 蒸気[スチーム]アイロン.

stéam jàcket *n.* 〖機械〗蒸気ジャケット《蒸気を入れて内部を加熱するための二重壁構造》.

stéam-lánce *vt.* 蒸気ノズルで清掃する.

stéam lànce *n.* 〖機械〗蒸気ノズル《steam nozzle ともいう》.

stéam-làunch *n.* 汽艇, (汽力で走る)ランチ.

stéam locomòtive *n.* 蒸気機関車.

stéam nàvvy *n.* 《英》＝steam shovel.

stéam nòzzle *n.* 〖機械〗＝steam lance.

stéam·pìpe *n.* スチームパイプ《ボイラーからのスチーム配管》.

stéam-plòugh *n.* 蒸気鋤(すき), 蒸気プラウ.

stéam pòint *n.* 〖化学〗沸点《蒸気が水に凝縮する温度; 100°C, 212°F; cf. ice point》.

stéam pòrt *n.* 蒸気口.

stéam-pòwer *n.* 蒸気力, 汽力.

stéam pòwer plànt *n.* 汽力発電所, 蒸気原動所.

stéam pùmp *n.* 蒸気水揚げポンプ (cf. handpump).

stéam prèssure *n.* 汽圧, 蒸気圧力.

stéam ràdio *n.* 《英口語》(テレビと比べて今は古くなった)ラジオ.

stéam·ròll *vt., vi.* ＝steamroller.

stéam·ròller *n.* **1 a** (道路をならす)蒸気ローラー. **b** ロードローラー, ローラー車. **2** (他人の権利を無視した)無情な圧迫手段, (しゃにむに反対を押し切る)制圧力, 圧倒的な力. ― *attrib. adj.* 蒸気ローラーを思わせるような; 手も足も出させない, 圧倒[強圧]的な. ― *vt.* **1** 蒸気ローラーでならす[粉砕する]. **2** …に理不尽な制圧を加える, しゃにむに押し切る[制圧する]. ― *vi.* しゃにむに動く[進む].

stéam ròom *n.* スチームルーム《トルコ風呂のように湯気を立てて熱くしてある部屋》.

stéam·ship *n.* 汽船 (steamer), 商船 (略 SS, S.S., S/S): the S.S. Queen Elizabeth クイーンエリザベス号.

stéam shòvel *n.* (土木用)蒸気ショベル (《英》steam navvy) 《蒸気を動力源とする power shovel》.

stéam tàble *n.* **1** 《米》スチームテーブル《料理をした食品の容器をはめこみその下をスチームや熱湯が循環するようにした保温用テーブル》. **2** 〖物理化学〗蒸気表《各温度における飽和水蒸気の圧力・密度・蒸発熱・エンタルピー・エントロピーを表にしたもの》.

stéam·tìght 〖← STEAM (n.)＋TIGHT〗 *adj.* 蒸気の漏らない.

stéam tràp *n.* 〖機械〗蒸気トラップ《蒸気配管内に生じる水滴をとる装置》.

stéam tùg *n.* 蒸気曳(えい)船[引船].

stéam tùrbine *n.* 蒸気タービン.

stéam whìstle *n.* 汽笛.

steam·y [stíːmi | -mɪ] 〖⇨ -y⁴〗 ― *adj.* (**steam·i·er; -i·est**) **1** 蒸気から成る, 蒸気のような, 蒸気状の (vaporous). **2** 蒸気の多い, 湯気の立った, 湯気でもうもうとした. **3** 蒸気[湯気]で曇った: ～ glasses. **4** 《俗》エロチックな, むんむんする (erotic): a ～ love scene. **stéam·i·ly** [-mɪli, -mə- | -lɪ] *adv.* **stéam·i·ness** *n.*

Ste. Anne de Beau·pré [sèɪntǽndəbouprèɪ | sntǽndəbəʊ-, sənt-, sɪnt-; *F.* sɛ̃tɑ̃ndəbopre] *n.* サンタンドボプレ《カナダ Quebec 州東部, Quebec 市の北東に当たる St. Lawrence 河畔の村; カトリックの聖堂があり巡礼者が多い》.

ste·ap·sin [stiǽpsɪn, -sən | stɪǽpsɪn] 〖《1896》《混成》← STEARO- ＋ (PE)PSIN〗 *n.* 〖生化学〗ステアプシン《膵(すい)液中の脂肪分解酵素》. 「stearo- の異形.

ste·ar- [stíːər, stí(ə)r | stɪər] (母音の前に来る時の)

ste·a·rate [stíːərèɪt, stí(ə)reɪt, -rət, -rɪt | stɪəreɪt, -rət, -rɪt] 〖← STEARO-＋-ATE¹ 3〗 *n.* 〖化学〗ステアリン酸塩[エステル].

ste·ar·ic [stiǽrɪk, stí(ə)r- | stɪǽr-] 〖《1831》□ F *stéarique*: ⇨ ↓, -ic¹〗 *adj.* 〖化学〗ステアリンの[から得た].

steáric ácid *n.* 〖化学〗ステアリン酸 ($CH_3(CH_2)_{16}COOH$)《牛脂などにグリセリドとして含まれる, 石鹸などの原料; octadecanoic acid ともいう》.

ste·a·rin [stíːərɪn, stí(ə)r-, -rən | stɪərɪn] 〖《1817》□ F *stéarine*: ⇨ stearo-, -in¹〗 ― *n.* 〖化学〗**1** ステアリン, (特に)トリステアリン (tristearin). **2** (*also* **ste·a·rine** [stíːəriːn, stí(ə)riːn, -rɪn, -rən | stɪəriːn, -rɪn]) ステアリン《ステアリン酸とパルミチン酸の混合物で蠟燭(ろうそく)の材料》.

stéarin pìtch *n.* 〖化学〗ステアリンピッチ, 脂肪ピッチ《油脂の加水分解後の蒸留残留物》.

ste·a·ro- [stíːəro(ʊ), stí(ə)r- | stɪərə(ʊ)] 〖← Gk *stéar* fat〗 ― 〖化学〗「ステアリン酸 (stearic acid) から得た[に関する]」の意の連結形. ★ 母音の前では通例 stear- になる.

ste·a·rop·tene [stìːəráptiːn, stɪ(ə)r- | stɪərɔ́p-] 〖← STEARO-＋-*ptene* (← Gk *ptēnós* winged)〗 ― *n.* (*also* **stea·rop·ten** [-tɪn, -tən | -tɪn]) 〖化学〗ステアロプテン《揮発性油の固形部; cf. eleoptene》.

ste·ar·o·yl [stiǽrouɪl, stí(ə)rouɪl, -ìːl | stɪǽrəuɪl, stɪərəuɪl, -iːl] 〖← STEARO-＋-YL〗 〖化学〗 *n.* ステアロイル基 ($CH_3(CH_2)_{16}CO$). ― *adj.* ステアロイル基をもつ.

steároyl gròup *n.* 〖化学〗＝stearoyl.

ste·ar·rhe·a [stìːəríːə | stɪəríːə, -ríə] *n.* 〖病理〗＝steatorrhea. 「steato- の異形.

ste·at- [stíːət, stiǽt | stɪət] (母音の前に来る時の)

ste·a·tite [stíːətàɪt | stɪətaɪt] 〖《1758》□ L *steatitis* □ Gk **steatítis* (*lithos*) '(stone) resembling tallow' ← *steat-* (↓): ⇨ -ite¹ 2 a〗 ― *n.* **1** ステアタイト(磁器)《タルクを主成分とする高周波絶縁用磁器》. **2** 〖鉱物〗凍石, 石鹸石 (soapstone). **ste·a·tit·ic** [stìːətítɪk | stɪətít-] *adj.*

ste·a·to- [stíːəṭo(ʊ), stiǽṭ- | stɪətə(ʊ)] 〖← Gk *steato-*, *stéar* fat〗「脂肪 (fat)」の意の連結形. ★ 母音の前では通例 steat- になる.

ste·a·tol·y·sis [stìːətɑ́ləsɪs, -səs | stɪətɔ́lɪsɪs, -lə-] 〖⇨ ↑, -lysis〗 *n.* 〖化学〗脂肪の加水分解《脂肪酸とグリセリンに分解》.

ste·a·to·py·gi·a [stìːæ̀ṭəpáɪdʒiə, stìːəṭ-, -dʒə | stɪətə(ʊ)páɪdʒɪə] 〖《1879》← NL ～ ← STEATO-＋-*pygia* (← Gk *pūgḗ* buttocks)〗 ― *n.* (*also* **ste·àt·o·pý·ga** [-gə]) (ホッテントット (Hottentots) などアフリカ原住民, 特に女の)脂肪臀(でん)症. **ste·at·o·pyg·ic** [stìːæ̀ṭəpáɪdʒɪk, stìːəṭ-, -pídʒ- | stɪətə(ʊ)-] *adj.* **ste·at·o·py·gous** [stìːæ̀ṭəpáɪgəs, stìːəṭ- | stɪətə(ʊ)páɪ-] *adj.*

ste·at·or·rhe·a [stìːæ̀ṭəríːə | stɪətə(ʊ)ríːə, -ríə] 〖⇨ steato-, -rrhea〗 ― *n.* (*also* **ste·a·tor·rhoea** [～]) 〖病理〗脂肪便《糞便中に不消化性の脂肪が過剰に存する状態》.

Stę·bark [*Pol.* stémbark] *n.* ステンベルク《Tannenberg のポーランド語名》.

sted·fast [stédfæst, -fəst | -fəst] *adj.* ＝steadfast.

St. Édward's crówn 〖← *St. Edward* (⇨ Edward the Confessor)〗 *n.* ＝imperial crown 1.

steed [stíːd] 〖OE *stēda* stallion < Gmc **stōdō* 'STUD²'〗 *n.* 《文語・戯言》馬, (特に)乗用馬; 駿馬(しゅんめ), 元気な軍馬 (cf. horse 1).

steek¹ [stíːk] 〖n.: OE *stiċe* 'STITCH¹'. ― v.: OE *stician* to prick〗《スコット》*n.* (縫い物の)一針. ― *vt.*

縫い合わせる. ── *vi.* 縫い物をする.

steek² [stíːk] 〘ME *steke(n)* < OE **stecan*〙 *vt.* 〈窓・戸などを〉閉める (shut).

steel [stíːl] 〘OE *stēli, stǣli* < (WGmc) **staχljam* 《原義》 that which stands firm (adj.) ← **staχla-* (Du. *staal* / G *Stahl*) ← **staχ-, *staʒ-* to be firm < IE **stāk-* ← **stā-* 'to STAND': cf. stay²〙 ── *n.* **1** はがね, 鋼鉄, 鋼《約 1.7% 程度までの炭素を含む; cf. cast iron》: low [mild, soft] ～ 軟鋼《大体 0.25% 以下の炭素を含む》/ high [hard] ～ 硬鋼《大体 0.60% 以上の炭素を含む》/ medium ～ 中鋼《大体 0.25%–0.60% の炭素を含む》/ special ～ 特殊鋼 / ⇨ stainless steel. **2** はがね[鋼鉄]のような性質: muscles of ～ (はがねのような)強い筋肉 / a grip of ～ (はがねのような)堅い握り / a heart of ～ (はがねのような)冷酷な心 / have nerves of ～ 鋼鉄のような神経[心臓]をもっている. **3 a** スチール製品. **b** [単数形だけで用いて]《詩》剣, 刀 (sword, dagger): a cold ～ 刀剣 / a foe worthy of one's ～ 相手として不足のない敵, 好敵手. **c** (肉屋が包丁をとぐ)鋼砥(はがと) (knife grinder). **d** 火打ちがま[金]. **e** (コルセットなどにはりをつける)鋼鉄の薄片. **f** 削岩用の鋼棒, ロッド. **4** ＝steel gray. **5 a** 鋼鉄産業, 製鋼業. **b** [*pl.*]〘証券〙鋼鉄株. ── *adj.* **1** はがねの; 鋼鉄製の: a ～ pen / a ～ cap 鉄かぶと / the ～ industry 製鋼業. **2** はがね色の. **3** [しばしば複合語の第 2 構成素として] (はがねのように)堅い, 頑固な, 冷酷な: ～ nerves / *steel*-jawed (はがねのように)堅いあごをした. ── *vt.* **1** …にはがねを着せる, はがねで…の刃をつける: ～ a razor. **2 a** はがねのように[堅く[強固に]]する. **b** 無感覚にする, 無情にする, 冷酷にする, 頑固にする (harden): ～ one's heart [oneself] against pity [to (taking) pity] 心を鬼にして人に同情しない / ～ oneself to take a look 心を鬼にして一目見る.

stéel bánd *n.*〘音楽〙スチールバンド《カリブ海諸島, 特に Trinidad 島のバンド; ドラムかんを利用して作った旋律も演奏できる打楽器のアンサンブル; steel orchestra ともいう》.

stéel-blúe *adj.* 鋼青色の, はがね色の.

stéel blúe *n.* 鋼青色, はがね色《暗青の灰色》.

stéel-clàd *adj.* 甲冑に身を固めた.

Steele [stíːl], Sir **Richard** *n.* (1672–1729) アイルランド生れの英国の随筆家・劇作家; 1709 年 *The Tatler* を創刊し, ついで Addison と共に *The Spectator* を刊行 (1711–12).

steeled 〘OE *stȳled*〙 *adj.* 鋼鉄製の; はがねを着せた, はがねの先のついた.

stéel engràving *n.*〘印刷〙**1** 鋼版彫刻(術), 鋼凹版(術). **2** 鋼(凹)版印画[印刷物].

steel·er [stíːlə | -lə(r] *n.*〘海事〙＝stealer 3.

stéel·fàced eléctrotype *n.*〘印刷〙＝nickeltype.

stéel gráy *n.* 鉄灰色《青味がかかった金属性灰色》.

stéel guitár *n.* スチールギター《金属弦を用い, 左手に持った金属片で指板をおさえて主にメロディーを演奏する楽器; ギターとは形状が全く異なっている》.

stéel·hèad *n.* (*pl.* ～, ～s)〘魚類〙降海型の大型のニジマス (rainbow trout)《北米五大湖などの大湖水から遡河するものもこう呼ぶ; steelhead trout ともいう》.

stéelhead tròut *n.*〘魚類〙＝steelhead.

Stéel Hélmet *n.* **1** 鉄兜団 (Stahlhelm) 党員. **2** ＝Stahlhelm. 「ビー玉.

steel·ie [stíːli | -lɪ] 〘← STEEL＋-IE〙 *n.* スチール製の

steel·i·fy [stíːləfàɪ | -lɪ-] 〘← STEEL (n.)＋-I-＋-FY〙 *vt.* 〈鉄を〉鋼鉄にする, 鋼鉄化する.

stéel·màker *n.* 製鋼業者.

stéel·màking *n.* スチール製造, 製鋼.

stéel·man [-mən] *n.* (*pl.* **-men** [-mən, -mèn]) ＝

stéel mìll *n.* 製鋼工場. ⌊steelmaker.

stéel órchestra *n.*〘音楽〙＝steel band.

stéel-pláted *adj.* 鋼板を張った; 装甲の (armored): a ～ ship. 「角定規の一種.

stéel squáre *n.*〘木工〙スコヤ, 指金(さしがね)《鋼製の直

stéel-tráp 〘← (*as*) *sharp as a steel trap*〙 *adj.* 頭の切れる, 頭の回転の早い: a ～ mind.

stéel-wàre *n.* [集合的] はがね製の金物.

stéel wóol *n.* 鋼綿《毛髪状の鋼鉄の旋盤くず; 台所器具の研摩用》.

stéel·wòrk *n.* **1** [集合的] 鋼鉄細工; 鋼鉄部分(品). **2** (高層建築の)鋼鉄の骨組, 鉄骨工事. **3** [*pl.*; 単数または複数扱い] 製鋼所.

stéel·wòrker *n.* 製鋼工員.

steel·y [stíːli | -lɪ] 〘《1562》 ← STEEL (n.)＋-Y⁴ ∽《廃》*steelen* < OE *stȳlen* (⇨ -en²)〙 ── *adj.* (**steel·i·er**; **-i·est**) **1** はがね[鋼鉄]の; はがね[鋼鉄]製の. **2 a** はがねのような; 堅い, 堅固な; 冷酷な, 無情な (unfeeling), 頑固な: a ～ composure 鉄のように冷ややかな落着き / a ～ glance 鋼鉄のような冷たい目つき. **b** はがね色の. ── *n.* ＝steelie. **stéel·i·ness** *n.*

steel·yard [stíːljəːd, stíljəd | stíljɑːd, stíːl-, stíljəd] 〘《1531》 ← STEEL (n.)＋YARD¹《古》rod, bar〙 *n.* さお秤(ばかり).

steen [stíːn] 〘《1723》 ← ME *stene(n)* to put to death by stoning < OE *stǣnan* (cog. G *steinen*) ← *stān* 'STONE'〙 ── *vt.* 〈井戸・地下室・堀割道などの〉内側に石[れんが]を積む, 側積みする: ～ a well.

Steen [stéɪn; *Du.* stéːn], **Jan** *n.* ステーン《1626–79; オランダの風俗画家》.

steen·bok [stíːnbàk, stéɪn- | -bɔ̀k] 〘《1775》 □ Afrik. ～ ← Du. *steen* 'STONE'＋*bok* 'BUCK¹': cf. steinbok〙 ── *n.* (*pl.* ～s, ～)〘動物〙スタインボック (*Raphicerus campestris*)《アフリカ産の小型のレイヨウ》.

stéen·ing *n.* 井戸側の石畳, 石[れんが]の井戸側.

steep¹ [stíːp] 〘OE *stēap* lofty, high, deep, projecting < Gmc **staupa* (OFris. *stāp* steep) ← IE **steu-* to push, knock: cf. steeple, stoop¹〙 ── *adj.* (～**er**; ～**est**) **1 a** 〈坂が〉急な, 険しい (precipitous), 〈山・道路・屋根など〉急勾配の (high-pitched): a ～ hill / a ～ flight of stairs 急な階段. **b** 〈上昇・下降が〉急激な: a ～ decline. **2**《口語》**a** 〈税金・仕事・要求など〉無理な, 途方もなく高い, 法外な (exorbitant): a ～ tax, price, task, etc. **b** 〈話など〉大げさな, 仰々しい, 途方もない (exaggerated, extravagant); むちゃな, 極端な (extreme): I thought his statement a bit ～. 彼の話は少し大げさだと思った. **3**《廃》〈波が〉高い (high, lofty). ── *adv.* [しばしば複合語の第 1 構成素として] ＝steeply: *steep*-ascending 急上昇の. ── *n.* 急勾配の場所, 傾斜面 (declivity); 急坂: the rugged ～*s* of the mountain 山の急な崖(がけ). **～·ness** *n.*

steep² [stíːp] 〘《*c*1400》 *stepe(n)* □ ? ON *steypa* to pour out, cause to stoop < Gmc **staupjan* ← **staup-* (cooking) vessel: ⇨ stoup〙 ── *vt.* **1** 〔液体に〕浸す, 漬ける (soak); ずぶぬれにする (drench, saturate) 〔*in*〕: ～ tea *in* boiling water お茶の葉を煮え湯に浸す / a sword ～*ed in* blood 血に染まった刀. **2** ぬらす, 湿す (moisten): ～ one's body. **3** 〔…に〕深くしみ込ませる (imbue); 〔…に〕没頭させる, 夢中にする 〔*in*〕: be ～*ed in* crime [prejudice] 犯罪[偏見]がしみ込んでいる / be ～*ed in* French literature フランス文学に没頭している / ～ oneself *in* …に没頭する, 夢中になる. ── *vi.* 〔液体に〕浸って[漬かって]いる 〔*in*〕. ── *n.* **1** (液体に)浸す[浸される]こと, 漬ける[漬かる]こと: in ～. **2 a** 浸す[漬ける]液. **b** 浸す[漬ける]容器.

steep·en [stíːpən] 〘← STEEP¹＋-EN¹〙 *vt.* 険しくする, 急勾配にする. ── *vi.* 険しくなる, 急勾配になる.

stéep·er *n.* **1** 浸す人. **2** 浸し桶(おけ).

stee·ple [stíːpl] 〘OE *stȳpel, stēpel* < Gmc **staupilaz* ← **staup-* 'STEEP¹': ⇨ -le¹〙 ── *n.* **1 a** (教会・寺院などの)高塔, 尖(せん)塔《通例中に鐘があり, 上部は尖り屋根 (spire) になっている》. **b** ＝spire¹. **2 a** 尖塔状のもの[建物]. **b** (両手の指先を合わせた)尖塔形: form a ～. ── *vt.* 〈指先〉で尖塔形を作る: ～ one's fingers. ── *vi.* (尖塔状に)空高くそびえる.

1
2

steeple 1 a
1 spire
2 steeple

stéeple·bùsh 〘その尖塔状の花序から〙 *n.*〘植物〙＝hardhack 1.

stéeple·chàse 〘《1805》: 昔この競争を *steeple* (教会の尖塔)を目標として行なったことから〙 ── *n.* **1**〘競馬〙**a** 障害物競馬《通例競馬場の平地コースの内側に作られたコースで, 人工の溝・垣・柵などの障害物を飛び越す競馬; cf. flat race 2》. **b** クロスカントリー障害物競馬 (point-to-point). **2**〘陸上競技〙(通例 2 マイルの)障害物競走《ハードルや水たまりなどを越えていく競走; cf. flat race 1, hurdle race》. ── *vi.* (クロスカントリー)障害物競馬に出走する; 障害物競走に出る. **stéeple·chàsing** *n.*

stéeple·chàser *n.* (クロスカントリー)障害物競走出場者[競走馬, 騎手].

stéeple-cròwned *adj.* 頂上の尖った, 円錐(すい)形の: a ～ cap とんがり帽子 (cf. dunce cap). 「～ hill.

stée·pled *adj.* 尖(せん)塔のある[で飾った]; 尖塔状の: a

stéeple èngine *n.*〘機械〙蒸気機関の一種.

stéeple hèaddress *n.* ＝hennin.

stéeple·jàck 〘← STEEPLE＋JACK¹〙 *n.* 尖(せん)塔職人《尖塔や煙突などに昇って修理などをする職人》.

stéeple·tòp *n.* **1** 尖(せん)塔の頂. **2**〘木工〙(家具などの先端の)尖塔細工《擬宝珠(ぎぼし)に類した細工で, 長八角錐(すい)をなすものが多い》. **3**〘動物〙ホッキョククジラ (Greenland whale).

stéep·ly *adv.* **1** 急勾配に; 急角度に (sharply). **2** 急激に, 急に (swiftly). 「い (steep).

steep·y [stíːpi | -pɪ] 〘← STEEP¹＋-Y⁴〙 *adj.*《古》険し

steer¹ [stíə | stíə(r] 〘OE *stieran* < Gmc **steurjan* (Du. *stüren* / G *steuern* to steer / Goth. *stiurjan* to settle) ← **steurō* (OE *stēor* rudder) ← IE **stā-* 'to STAND': cf. starboard, stern²〙 ── *vt.* **1** 〈船などの〉舵(かじ)を取る[操る], 〈船・自動車・飛行機などを〉操縦する: ～ a ship, an automobile, an airplane, etc. **2** 〔ある方向に〕〈進路を〉向ける, 取る, 進める (direct) 〔*to*〕: ～ a steady course 着々と進む / ～ one's way *to* …の方へ進路を取る. **3** 〔ある方向に〕導く, 指導する, 監督する 〔*to*〕: ～ one's country *to* peace and prosperity 自国を平和と繁栄へ導く / ～ a team *to* victory チームを監督して勝利へ導く. ── *vi.* **1** 舵[梶](かじ)を取る[操る], 操縦する: ～ for the harbor. **2** 〔ある方向に〕向かう, 進む 〔*for*〕: ～ by [past] そばを通る, よけて通る / ～ between two extremities 両極端の間を取っていく / Where are you ～*ing for*? どこへ行くのか. **3** 〈船・車などが〉舵[梶]がきく; 操縦できる[される]: This car ～*s* easily. この車は操縦がやさしい.

steer clear of …を避ける, よける (avoid): ～ *clear of* the topic その話題を避ける. ***steer large*** [***small***]〘海事〙大舵[小舵]を取る.

── *n.*《米口語》助言, 指図 (tip, direction): give a person a kind ～ 人に親切な助言を与える.

steer² [stíə | stíə(r] 〘OE *stēor* < Gmc **steuraz* (Du. *stier* / G *Stier*) ← ? IE **tēu-* bull (L *taurus* / Gk *taûros*): cf. Taurus¹〙 ── *n.* (*pl.* ～s, ～) **1** (食用の)去勢牛 (cf. ox 1). **2** (4 歳未満の)雄牛.

steer³ [stíə | stíə(r] *v.*, *n.*《英方言》＝stir¹.

steer·a·ble [stí(ə)rəbl | stíər-] 〘← STEER¹ (v.)＋-ABLE〙 ── *adj.* **1** 〈船・自動車・飛行機など〉舵[梶](かじ)がとれる, 操縦できる. **2** 容易に動かすことのできる: a ～ antenna 可動アンテナ. **steer·a·bil·i·ty** [stì(ə)rəbíləti | stìərəbílətɪ, -lɪ-] *n.*

steer·age [stí(ə)rɪdʒ | stíər-] 〘《*c*1450》 *sterage*: ⇨ steer¹ (v.), -age〙 ── *n.* **1** 操縦(術), 操舵(だ)法 (steering); 舵[梶](かじ)きき, 操縦性: have an easy [a bad] ～ 舵[梶]がよくきく[きかない] / The ship went with easy ～. 船は容易に操縦された. **2** (船の)操舵機[装置]. **3 a** 三等船室《もと操舵機のあった室; 今は third class という》. **b** (もと, 軍艦の士官室の前にあった)海軍少尉候補生用の部屋. **4**《古》船尾, 艫(とも) (stern). ── *adv.* 三等で: go [travel] ～ 三等船客となる, 三等で行く. 「ger).

stéerage pàssenger *n.* 三等船客 (cf. deck passen-

stéerage·wày *n.*〘海事〙舵(だ)効速力《舵(かじ)がきく程度の微速力; cf. sternway》.

steer·er [stí(ə)rə | stíərə(r] 〘ME *styrer* rudder〙 *n.* **1** 舵(かじ)取り, 舵(だ)手. **2**《俗》客引き, ぽんびき.

stéer·ing àrm [stí(ə)rɪŋ- | stíər-] *n.*〘自動車〙ステアリング アーム, かじ取り腕《ステアリングギヤからドラッグリンクに回転力を伝える腕》.

stéering còlumn *n.*〘自動車〙ステアリング コラム, かじ取り柱《ハンドル軸を取り囲む外管, または両者の総称》. 「運営委員会.

stéering commìttee *n.* 運営委員会; 議事[議院]

stéering gèar *n.* ステアリングギヤ, 操舵(だ)機[装置], かじ取り装置.

stéering knùckle *n.*〘自動車〙ステアリング ナックル, かじ取り用ひじがね. 「ともいう》.

stéering òar *n.*〘海事〙舵(かじ)取りオール《steer oar

stéering pòst *n.*〘自動車〙＝steering column.

stéering whèel *n.* **1** (船の)舵(だ)輪, 舵(かじ)取り車. **2**〘自動車〙ハンドル, かじ取りハンドル.

stéer òar *n.*〘海事〙＝steering oar.

steers·man [stíəzmən | stíəz-] 〘OE *stēoresman* ← *stēores* ((gen. sing.) ← *stēor* 'STEER¹')＋-MAN: cf. craftsman, etc.〙 ── *n.* (*pl.* **-men** [-mən, -mèn]) **1** 舵(かじ)取り, 舵(だ)手. **2** (自動車などの)運転手, 操縦者.

stéersman·ship *n.* 操舵術; 舵手の操舵能力.

steeve¹ [stíːv] 〘《1644》 ← ?: cf.《スコット》*steeve* stiff〙〘海事〙── *n.* (第一斜檣(しょう)などの)仰角《それらと水平線との角度》. ── *vt.* 〈第一斜檣などを〉斜めにする, 仰角をつける. ── *vi.* 〈第一斜檣などが〉斜めになる, 仰角を有する.

steeve² [stíːv] 〘《1482》 *steve(n)* □ F *estiver* ∥ Sp. *estivar* to pack tightly < L *stipāre* to press together〙 ── *vt.* 〈綿花・船荷を〉船倉にぎっしり積み込む. ── *n.* 起重檣(しょう)《デリックのように立てた円材; 頂上に滑車がついて綿花の積込みなどに用いる》.

Stef·a·na [stéfənə; *It.* stéːfana] 〘(fem.) ← STEPHEN¹〙 *n.* 女性名.

Sté·fan-Bóltz·mann láw [ʃtéfɑːnbóultsmɑːn- | -bóults-; *G.* ʃtéfanbóltsman-] 〘← *Josef Stefan* (1835–93: この法則を公式化したオーストリアの物理学者)＋*Ludwig Boltzmann* (1844–1906: これを証明したオーストリアの物理学者)〙 ── *n.*〘物理化学〙シュテファンボルツマンの法則《黒体の総放射エネルギーは絶対温度 T の 4 乗に比例するという法則; Stefan's law ともいう》. 「*n.* 女性名.

Ste·fa·ni·a [stefɑ́ːniə | -njə, -nɪə] 〘(fem.) ← STEPHEN¹〙

Stef·a·nie [stéfəni | -nɪ; *F.* stefani] 〘(fem.) ← STEPHEN¹〙 *n.* 女性名.

Ste·fa·no [stéɪfənòu | -nəu; *It.* stéːfano], **Giuseppe di** [di] *n.* ステファーノ (1921– ; イタリアのテノール歌手). 「Boltzmann law.

Sté·fan's láw [ʃtéfɑːnz-] *n.*〘物理化学〙＝Stefan-

Stef·ans·son [stéfənsn; *Icel.* stéːfaunsɔn], **Vil·hjal·mur** [vílhjaulmər] *n.* (1879–1962) カナダ生れでアイスランド系の米国の北極探検家. 「男性名.

Stef·fan [stéfən] 〘《ウェールズ語形》← STEPHEN¹〙 *n.*

Stef·fens [stéfənz], (**Joseph**) **Lincoln** *n.* (1866–1936) 米国の雑誌編集者・著述家; *The Shame of the Cities* (1904), *Autobiography* (1931).

steg- [steg] (母音の前に来る時の) stego- の異形.

Steg·a·nop·o·des [stègənɑ́pədìːz | -nɔ́p-] 〘← NL ～ ← Gk *steganós* covered＋*poús* 'FOOT': cf. -pod¹〙 *n. pl.*〘鳥類〙＝Pelecaniformes.

-stege [ˌ-ˌ(-) stìːdʒ] 〘← Gk *stégē* (↓)〙「おおい (cover)」の意の名詞連結形.

steg·o- [stégou | -gə(u)] 〘← Gk *stégē, stégos* roof ← *stégein* to cover: cf. L *tegere* to cover: ⇨ thatch〙「おおい (cover)」の意の連結形. ★ 母音の前では通例 steg- になる.

steg·o·my·ia [stègəmáɪə | -gə(u)-] 〘← NL ～ ← STEGO-＋Gk *muîa* fly〙 ── *n.*〘昆虫〙シマカ属の中のネッタイシマカ亜属のカの総称《黄熱病を媒介するネッタイシマカ (*Aedes aegipti*), デング熱を媒介するヒトスジシマカ (*A. albopictus*) などを含む》.

steg·o·saur [stégəsɔ̀ə | -sɔ̀ː(r] 〘← STEGO-＋-SAUR〙

── *n.* 〘古生物〙剣竜《恐竜中の一グループで, 主にジュラ紀に栄えた; 時に体長 9 m にも達するものもあり, 背には三角形の骨板が多数 2 列に並んでいた; ステゴザウルス属の恐竜(*Stegosaurus stenops*) など》.

Stei·chen [stáɪkən], **Edward** *n.* (1879–1973) 米国の写真家. 「ク《Styria のドイツ語名》.

Stei·er·mark [G. ʃtáɪɐmàrk] *n.* シュタイアーマル

stein[1] [stíːn, stéɪn] *vt.* ＝steen.

stein[2] [stáɪn] 〘《1901》⊏G ～ 'STONE'〙 *n.* 《米》 **1** (約 1 パイント入るビール用の)陶器製ジョッキ (mug). **2** そのジョッキ 1 杯分のビール.

Stein [stáɪn], Sir **Au·rel** [ɔ́ːrəl] *n.* (1862–1943) 英国の東洋学者; 中央アジアを探検し, 敦煌(とん)などを調査.

Stein, Gertrude *n.* (1874–1946) フランスに住んだ米国の女流詩人・小説家; *Three Lives* (1909).

Stein [stáɪn, ʃtáɪn; G. ʃtáɪn], **(Heinrich Friedrich) Karl, Reichs·frei·herr** [ráɪçsfaɪhɛr] **vom und zum** [fɔ́m ʊnt tsúːm, -tsʊm-] *n.* シュタイン《1757–1831; プロイセンの政治家; プロイセン改革の指導者》.

Stei·nach [stáɪnɑːx; G. ʃtáɪnax], **Eugen** *n.* シュタイナハ《1861–1944; オーストリアの生理学者; 若返り法 (rejuvenation) の研究家》.

Stein·beck [stáɪnbek], **John** (**Ernst**) *n.* (1902–68) 米国の小説家; *The Grapes of Wrath* (1939), *East of Eden* (1952); Nobel 文学賞 (1962).

Stein·berg [stáɪnbəːg | -bəːg], **Saul** *n.* (1914–) ルーマニア生れの米国の画家・漫画家・挿絵画家.

stein·bock [stáɪnbɑ̀k | -bɔ̀k] 〘1.: 《1683–84》⊏G ～ ← *Stein* 'STONE' + *Bock* 'BUCK[1]'. 2: 《異形》← STEENBOK〙 *n.* 〘動物〙 **1** ＝ibex. **2** ＝steenbok.

stein·bok [stáɪnbɑ̀k | -bɔ̀k] 〘《異形》← STEENBOK〙 *n.* 〘動物〙 (*pl.* ～**s**, ～) ＝steenbok.

Stei·ner [stáɪnə | -nə(r)], **George** *n.* (1929–) Paris 生れの米国の批評家・比較文学者; *Language and Silence* (1967).

Stéin·heim mán [stáɪnhaɪm-, ʃtáɪn-; G. ʃtáɪnhaɪm-] 〘← *Steinheim am Murr* (西ドイツの地名)〙 ── *n.* 〘人類学〙シュタインハイム人《第 2 間氷期の人間; 西ドイツで発見された頭蓋骨から判明した》.

Stein·metz [stáɪnmets, ʃtáɪn-], **Charles Proteus** *n.* シュタインメッツ《1865–1923; ドイツ生れの米国の電気技師》.

Ste·kel [ʃtéɪkəl; G. ʃtéːkəl], **Wilhelm** *n.* シュテーケル《1868–1940; オーストリアの精神分析学者》.

ste·la [stíːlə] 〘《1776》⊏L *stēla* ⊏Gk *stḗlē*: ⇨ stele[1]〙 ── *n.* (*pl.* **ste·lae** [-liː], **ste·lai** [-laɪ]) **1** (通例, 文字を刻みまたは彫刻を施した)石柱, 石碑. **2** (古代ギリシャ・ローマの)墓石, ステラ (burial stone). **3** 〘建築〙銘額, 文字[彫刻]盤《文字・意匠などを刻んだ盤で建築物の表面にはめ込む》. 「[にある, に関する].

ste·lar [stíːlə, -lɑə | -lə(r, -lɑː(r)] *adj.* 〘植物〙中心柱の

stélar thèory *n.* 〘植物〙中心柱説.

ste·le[1] [stíːl, stíːli | stíːlɪ] 〘《1820》⊏Gk *stḗlē* a block of stone, gravestone, pillar ← IE **stel-* to put, stand (Gk *stéllein* to set up)〙 *n.* 〘植物〙中心柱 (vascular cylinder).

ste·le[2] [stíːli | -lɪ] *n.* ＝stela.

St. E·li·as [sèɪntɪláɪəs, -əlái- | sṇtɪl-, sənt-, sɪnt-], **Mount** *n.* セントエライアス山《St. Elias Mountains にある火山 (5,489 m)》.

St. Elías Móuntains *n. pl.* [the ～] セント エライアス山脈《米国 Alaska 州南東部とカナダ Yukon Territory 南西部にまたがる山脈; 最高峰 Mount Logan (6,050 m)》.

Stel·la [stélə] 〘⊏L *stella* 'STAR'〙 *n.* 女性名.

stel·lar [stélə | -lə(r] 〘《1656》⊏LL *stellār-is* ← L *stella* 'STAR': ⇨ -ar[1]〙 ── *adj.* **1 a** 星の[に関する]: ～ light 星の光 / ～ photography 天体写真術. **b** 星でできた. **2** 星のような (starlike); 星形の. **3** スターの, 花形の. **4** 主要な; 一流の: a ～ role 主役.

stel·lar·a·tor [stélərèɪtə | -tə(r] 〘← *stellar (gener)ator*〙 *n.* 〘原子力〙ステラレーター《核融合反応を研究する実験装置の一種》.

stéllar wínd *n.* 〘天文〙恒星風《恒星から宇宙間へと様々な速度で放散される気体; cf. solar wind》.

stel·late [stéleɪt] 〘《*c*1500》⊏L *stellāt-us* (p.p.) ← *stellāre* to set with stars ← *stella* 'STAR': ⇨ -ate[2]〙 ── *adj.* **1** 星形の (star-shaped), 星のような (starlike); 星状に配列した, 放射状の (radiating). **2** 〘植物〙放射状の: a ～ leaf. **～·ly** *adv.*

stel·lat·ed [stéleɪṭɪd, -ṭəd | -tɪd, -təd] *adj.* **1** ＝stellate. **2** 星をちりばめた[で飾った]: a ～ flag.

stéllate gánglion *n.* 〘動物〙星形[星状]神経節《交感神経の第 1 胸神経節が下頸(けい)神経節と融合して星状をなす部分》.

Stéller's jáy [stéləz- | -ləz-; G. ʃtélɐ-] 〘← *George W. Steller* (1709–46: これを発見したドイツの博物学者)〙 *n.* 〘鳥類〙カンムリカケス (*Cyanocitta stelleri*)《北・中央アメリカの西部に分布するアオカケス属の鳥; 羽色が濃い青色で全体が暗青色をおびている》.

Stéller's séa còw 〘↑〙 ── *n.* 〘動物〙ステラーカイギュウ (*Hydrodamalis gigas*)《Bering 海などに生息したカイギュウ属の体長 9 m に達する哺乳動物; 18 世紀半ば頃人間により絶滅; cf. sea cow 1》.

stel·lif·er·ous [stɪlɪ́f(ə)rəs, stə-, ste- | ste-] 〘← L *stēllifer* star-bearing, starry + -OUS〙 *adj.* 《まれ》星のある, 星の多い; 星形印のついた.

stel·li·form [stéləfɔ̀əm | -lɪfɔ̀ːm] 〘← NL *stelliformis* ← L *stella* 'STAR' + -I- + *-formis* '-FORM'〙 *adj.* 星形の (star-shaped), 放射状の (stellate).

stel·li·fy [stéləfàɪ | -lɪ-] 〘《*c*1380》⊏OF *stellifi-er* ⊏ML *stellificāre* ← L *stella* (↑); ⇨ -fy〙 *vt.* **1** 星に変える. **2** スターの仲間に入れる; …に栄光を与える (glorify).

stel·lion·ate [stéljənət, -nɪt] 〘⊏L *stelliōnāt-us* ← *stelliō* frandulent person, 《原義》lizard with spotted back: ⇨ -ate[1]〙 ── *n.* 〘ローマ法・スコット法〙契約締結における詐欺; (特に)二重売買.

Stel·lite [stélaɪt] *n.* 〘商標〙ステライト《コバルトクロームを主成分とする硬くて摩耗に強い特殊合金》.

stel·lu·lar [stéljulə | -lə(r] 〘← L *stellula* (dim.) ← *stella* 'STAR': ⇨ -ar[1]〙 ── *adj.* **1** 小星形の. **2** 星を散らしたような斑点のある; 星散らし(模様)の.

stel·lu·late [stéljulət, -lɪt, -lèɪt] 〘← L *stellula* (↑) + -ATE[2]〙 *adj.* ＝stellular.

St. Él·mo's fíre [líght] [sèɪntélmoʊz- | sṇtélməʊz-, sənt-, sɪnt-] 〘← *St. Elmo* (船員の守護聖人)〙 ── *n.* 〘気象〙聖エルモの火, 檣頭(しょうとう)電光《暴風雨の夜, たびたび船の檣頭や飛行機の翼などに現われる放電現象; corposant ともいう》.

stem[1] [stém] 〘OE *stemn, stefn* stem of a plant or ship < Gmc **stamniz* ＝**stamnaz* (Du. *stam* / G *Stamm* / ON *stamn, stafn* stem of ship) ← IE **stā-* 'to STAND' (Gk *stámnos* wine jar)〙 ── *n.* **1** 〘植物〙 **a** 茎: a terrestrial [subterranean] ～ 地上[地下]茎. ★ ラテン語系形容詞: cauline. **b** (木の)幹 (trunk, stalk). **c** 葉柄 (petiole), 花梗(こう) (peduncle), (果物の)果柄, 軸: the ～ of an apple. **d** (バナナの)果房《房 (hand) が段状についた茎》. **2 a** (種種の物の)茎状のもの. **b** (たばこパイプ・工具などの)柄. **c** (杯・ワイングラスなどの)脚. **d** (スプーン・錐(きり)などの)柄. **e** (寒暖計の)胴. **f** (錠前の中の)鍵のはまる円棒. **g** (機械の)案内桿(かん), 操作桿. **h** 羽軸. **3** 種族 (race), 系統, 血統 (family stock), 家系(pedigree); 直系: an old [a noble] ～ / be descended from an ancient [a collateral] ～ 旧家[傍系]の出である / ⇨ stem family. **4** [通例 main ～ として] 《米俗》主要街路 (principal street); (鉄道の)主要幹線. **5** [*pl.*] 《俗》人の脚. **6** 〘海事〙船首材, 艦首骨; 船首 (bow) (↔ stern). **7** 〘言語〙語幹《基体 (base) と同形または基体に語幹形成母音や派生接辞の付いた形; 語の文法的屈折部に対し変化しない部分で通例辞書の見出し語に用いられるもの》. **8** 〘音楽〙符尾《音符のたて棒; cf. head 26, hook 6》. **9** 〘時計〙巻真《りゅうずの軸》. **10** 〘印刷〙(活字の)ボディー (body) (⇨ type 挿絵); ステム, 幹縦線《活字書体の太い縦線》.

from stem to stern (1) 船首から船尾まで, 船内至る所に, 全船. (2) 全く, ことごとく (thoroughly). ***give the stem*** 〘海事〙〈他船〉に突きかかる (ram). ***stem for stem*** 〘海事〙船足をそろえて. ***stem on*** 〘海事〙船首を向けて: The steamer struck our boat ～ *on*. 汽船は我々のボートに船首を向けて衝突した. ***stem to stem*** 〘海事〙互いに船首を向かい合わせて.

── *v.* (**stemmed; stem·ming**) ── *vt.* **1** 〈葉・果物など〉から茎[果柄]を取り去る: ～ cherries. **2** 〈造花など〉に茎をつける. ── *vi.* **1** […から]起こる (arise), 発する (originate), 由来する (derive) [*from*]: ～ *from* patriotism / His failure ～*s from* carelessness. 彼の失敗の原因は不注意だ. **2** 起源を持つ.

stem[2] [stém] 〘《*a*1325》*stemme(n)* ⊏ON *stemma* < Gmc **stamjan* (G *stemmen* / OE *stæmerian* to stammer) ← **stam-* 'to check, STAMMER'〙 ── *v.* (**stemmed; stem·ming**) ── *vt.* **1 a** 〈川などを〉せき止める (dam up): ～ a river. **b** 止める, 食い止める, 押える (stop, check): ～ one's unpopularity 不人気に歯止めをかける. **c** 〈出血を〉止める (stanch): ～ bleeding. **2** 〈穴などを〉ふさぐ (plug). **3** 〘スキー〙〈スキー〉のテールを押し開く, 制御回転する. ── *vi.* **1** 止まる, 押えられる. **2** 〘スキー〙制動する.

stem back (1) 食い止める: ～ *back* communism. (2) 〈牛などが〉頑(がん)として前へ進まない.

── *n.* **1** せき止めるもの, ダム. **2** 〘スキー〙制動, シュテム《ターンをしたりスピードを落とす時など, 一方または両方のスキーのテールを押し開くこと》.

stem[3] [stém] 〘《1375》*stemme(n)* to head in a certain direction: ⇨ stem[1] (n.)〙 ── *v.* (**stemmed; stem·ming**) ── *vt.* **1** 〈流れ・風など〉に逆らって進む: ～ a tide, current, gale, etc. **2** 〈反対勢力〉に逆らう, 抵抗する (resist): ～ the tide of opposition [public opinion] 反対に抗する[世論に逆らう]. ── *vi.* **1** 逆らって進む. **2** まっすぐの進路をとる (steer).

stém cànker *n.* 〘植物病理〙種々の菌 (*Rhizoctonia* など)により植物の茎が犯される病気. 「幹(かん)細胞.

stém cèll *n.* 〘生理〙(分化した細胞のもとになる)

stém christiánia, s- C- *n.* 〘スキー〙シュテムクリスチャニア (stem christie).

stém chrístie, s- C- *n.* 〘スキー〙シュテム クリスティー《一方のスキーの向きをかえて始め, もう一方のスキーもこれに平行させて揃え, 回転を完成すること; stem christiania ともいう》.

stém-ènd ròt *n.* 〘植物病理〙果柄腐れ《種々の果実の付け根付近の柄が菌によって犯される病気; 不完全菌の *Diplodia* 属による柑橘(かんきつ)類の場合など》.

stém fàmily *n.* 〘社会学〙直系家族《親が一人の子女の家族とだけ同居する形態》. 「る現象》.

stém flòw *n.* 樹幹流《雨水が幹を伝わって流れ落ち

St.-É·mi·li·on [sèɪnṭɪmíːliən, -ṭə-, -ljən | sṇtɪmíːljən, sɪnt, sənt-, -lɪən; F. sɛ̃temiljɔ̃] *n.* サンテミリオン(ワイン)《フランス Bordeaux 地方の St.-Émilion 産の辛口の赤ぶどう酒》.

stém·less 〘← STEM[1] (n.) + -LESS〙 *adj.* 茎[幹, 軸]のない.

stem·let [stémlɪt, -lət] 〘← STEM[1] (n.) + -LET〙 *n.* 小さい茎[幹, 軸].

stém·like *adj.* 茎[幹, 軸]に似た.

stem·ma [stémə] 〘⊏L ～ 'garland, pedigree (the garlands placed on ancestral images の意から)' ⊏Gk *stémma* wreath ← *stéphein* to wreathe, crown: cf. Stephen〙 ── *n.* (*pl.* ～**·ta** [～ṭə | ～tə], ～**s**) **1 a** (古代ローマ人などの)(家)系図の巻き物. **b** 系図. **2** 〘文学〙ある作品の諸写本間の関係を示す系統図. **3** 〘昆虫〙単眼, 点眼 (ocellus).

stemmed[1] *adj.* 茎[果柄]を取り除いた: ～ cherries.

stemmed[2] [stémd] *adj.* [通例複合語の第 2 構成素として] 茎のある, …茎の: short-[rough-]*stemmed* / a single-*stemmed* plant.

stém·mer[1] 〘⇨ stem[1] (vt.)〙 *n.* **1** たばこ(など)の茎を取る人; たばこ除茎器. **2** ぶどう(など)の茎取り器. **3** 造花の茎をつける職人. **4** 《米俗》乞食 (beggar).

stem·mer[2] 〘⇨ stem[2]〙 *n.* 充填(じゅうてん)器, 込め棒.

stem·mer·y [stéməri | -rɪ] 〘← STEM[1] + -ERY〙 *n.* たばこの茎を取り除く工場[場所]. 「ばかりの.

stem·my [stémi | -mɪ] *adj.* 〈木や草が〉落葉して茎部

Ste·mo·na·ce·ae [stìːmənéɪsiìː] 〘← NL ～ ← *Stemona* (属名: ← Gk *stḗmōn* warp: cf. stamen) + -ACEAE〙 ── *n. pl.* 〘植物〙(単子葉植物ユリ目)ビャクブ科. **stè·mo·ná·ceous** [-ʃəs] *adj.*

stem·ple [stémpl] 〘⊏? G *Stempel* prop: cf. stamp, -le[1] 2〙 *n.* (*also* **stem·pel** [-pəl]) 〘鉱山〙立坑の足場材.

stém ròt *n.* 〘植物病理〙茎腐れ《種々の原因により植物の茎が腐る病気》.

stém rùst *n.* 〘植物病理〙茎生(けいせい)銹菌(さびきん)《植物の茎, 特にイネ科のそれに寄生する銹菌》.

stem·son [stémsṇ, -sən] 〘《1769》← STEM[1] + (KEL)SON〙 *n.* 〘造船〙副船首材《船首材を内方から補強する曲材》.

stém tùrn 〘← STEM[2] (vt.) 3〙 ── *n.* 〘スキー〙シュテムターン, シュテムボーゲン《望む方向の外側(反対側)スキーを抜重(ばつじゅう)し両スキーの先端を∧形に集めてその外側スキーに加重して行なうターン法》.

stém·wàre *n.* [集合的] 《米》脚付きの盃[グラス]類《ワイングラス・カクテルグラスなど》.

stém-wínd·er [-wáɪndə | -də(r] *n.* 《米》 **1** りゅうず巻きウォッチ (《英》keyless watch). **2** 〘りゅうず巻き時計のほうが旧式の巻きねじ式懐中時計にまさっていることから〙《俗》第一流(の人, 物).

stém-wínd·ing [-wáɪndɪŋ] *adj.* 《米》〈時計が〉りゅうず巻きの: a ～ watch.

Sten [stén] *n.* ＝Sten gun.

sten. 《略》stenographer; stenography.

sten- [sten] (母音の前に来る時の) steno- の異形.

stench [sténtʃ] 〘OE *stenc* ← Gmc **steŋkʷ-, *staŋkʷ-* (Du. *stank* / G *Stank*): ⇨ stink〙 *n.* **1** いやなにおい, 悪臭, ひどい臭気 (stink): a ～ of uncollected refuse 未回収ごみの悪臭. **2** 悪臭を放つもの.

sténch bòmb *n.* ＝stink bomb.

stench·ful [sténtʃfəl] *adj.* 悪臭に満ちた.

sténch tràp *n.* (下水管などの)防臭弁.

stench·y [sténtʃi | -tʃɪ] *adj.* 悪臭を放つ.

sten·cil [sténsɪl, -səl, -sḷ | -sḷ, -sɪl] 〘n.: 《1707》*stanesile* ← ME *stansele(n)* to ornament with bright colors ⊏OF *estancel-er, estenceler* ← *estencele* (F *étincelle*) spark < VL **stincillam* 《音位転換》← L *scintilla* 'SCINTILLA'. ── v.: 《1833》← (n.)〙 ── *n.* **1 a** 刷込み型, 板型, ステンシル《鉄板・厚紙などに文字や模様などをくり抜いたもので, その上からインクや着色剤をはけなどで塗ってその下の表面に刷り付ける型紙》. **b** (型紙[ステンシル]で刷り込んだ)型, 文字, 符号(など). **2** (謄写版の)原紙 (stencil paper): cut a ～ 原紙を切る. ── *vt.* (**sten·cilled, -ciled; -cil·ing, -cil·ling**) ステンシルで〈文字・符号などを〉刷り付ける, 謄写版で刷る. **stén·cil·er, stén·cil·ler** [-slə, -sələ, -sələ | -sḷə(r, -sɪl-] *n.*

stencil 1

sténcil pàper *n.* (謄写版の)原紙.

sténcil pèn *n.* (謄写版用の)鉄筆.

sténcil-plàte *n.* 型板 (stencil).

Sten·dhal [stendɑ́ːl, stæn-; F. stɛ̃dal] *n.* スタンダール《1783–1842; フランスの小説家・批評家; 本名 Marie Henri Beyle [bɛl]》; *Le Rouge et le Noir*「赤と黒」(1830), *La Chartreuse de Parme*「パルムの僧院」(1839).

Stén gùn [stén-] 〘*Sten*: 《混成頭字語》← *S(heppard)* & *T(urpin)* (英国の二人の考案者) + (BR)EN〙 *n.* 《英》ステン軽機関銃, ステンガン.

sten·o [sténoʊ | -nəʊ] 《略》 *n.* (*pl.* ～**s**) 《米口語》 **1** ＝stenographer. **2** ＝stenography.

sten·o- [sténoʊ | -nə(ʊ)] 〘← Gk *stenós* narrow〙「狭い (narrow), 小さい (small)」の意の連結形 (↔ eury-). ★ 母音の前では通例 sten- になる.

sten·o·bath [sténəbæ̀θ] 〘← STENO- + Gk *báthos* depth: ⇨ bathos〙 ── *n.* 〘生態〙狭域性生物《限られた水深の狭い範囲のみで生活する生物; ↔ eurybath》. **sten·o·bath·ic** [stènəbǽθɪk] *adj.*

sten·o·cho·ric [stènəkɔ́ːrɪk, -kóːr- | -kɔ́ːr-] 〘←

STENO-＋CHORO-＋-IC[1]〗 *adj.* 〖生態〗〈動植物が〉狭域性の (↔ eurychoric).

sten·o·chro·my [sténo(ʊ)kròʊmi | -nə(ʊ)krəʊmi] 〖← STENO-＋CHROMO-＋-Y[1]〗 *n.* 〖印刷〗ステノクロミー(印刷)《1 回の印刷によって多色印刷を行なう特殊印刷法》. 「rapher.

ste·nog [stənɑ́g | stənɔ́g, ste-] 〖略〗 *n.* ＝stenog-

sten·o·graph [sténəgræ̀f | -nə(ʊ)grɑ̀:f, -græ̀f] 〖《1821》《逆成》↓〗 *n.* **1** 速記タイプライター. **2** 速記文字. — *vt.* 速記する.

ste·nog·ra·pher [stənɑ́grəfə | stənɔ́grəfə(r, ste-, stɪ-] 〖《1809》〗 *n.* 速記者 (shorthand writer).

sten·o·graph·ic [stènəgrǽfɪk] *adj.* 速記(術)の: take ～ notes of ...の速記を取る.

stèn·o·gráph·i·cal [-fɪkəl, -fə- | -fɪ-] *adj.* ＝stenographic. **～·ly** *adv.*

ste·nog·ra·phist [stənɑ́grəfɪst, -fəst | stənɔ́grəfɪst, ste-] 〖⇨↓, -ist〗 *n.* ＝stenographer.

ste·nog·ra·phy [stənɑ́grəfi | stənɔ́grəfɪ, ste-] 〖《1602》← STENO-＋-GRAPHY〗 *n.* 速記; 速記術[法] (shorthand).

sten·o·ha·line [stènəhéɪlaɪn, -hǽl-, -lɪn, -lən | -nə(ʊ)-héɪlaɪn, -hǽl-, -lɪn] 〖← STENO-＋Gk *hálinos* of salt (← *háls* 'SALT')＋-INE[1]〗 — *adj.* 〖生態〗〈動植物が〉狭塩度性の《塩度の狭い範囲の変化にだけ耐え得る; ↔ euryhaline》.

sten·o·hy·gric [stènəháɪgrɪk] 〖← STENO-＋HYGRO-＋-IC[1]〗 *adj.* 〖生態〗〈動植物が〉狭湿性の《湿度の狭い範囲の変化にだけ耐え得る; ↔ euryhygric》.

ste·no·ky [stɪnóʊki, stə- | stenə́ʊkɪ] 〖← STENO-＋*euroky* (広環境性) (← Gk *oikía* dwelling)〗 — *n.* 〖生態〗狭環境性《狭い範囲の環境条件でしか生息できない性質》. **ste·no·kous** [stɪnóʊkəs, stə-|stenə́ʊ-] *adj.*

sten·o·pa·ic [stènəpéɪɪk] 〖← STENO-＋Gk *opaîos* having a hole (← *opḗ* hole)＋-IC[1]〗 — *adj.* (*also* **sten·o·pe·ic, sten·o·pae·ic** [stènəpí:ɪk])〖医学〗細孔の(ある), 狭裂孔のある: ～ spectacles 細孔[裂孔]鏡.

Sten·o·pel·mat·i·dae [stènəpelmǽtədì: | -tɪ-] 〖← NL ～ ← STENO-＋Gk *pelmat-, pélma* sole of the foot ＋-IDAE〗 *n. pl.* 〖昆虫〗(直翅目)カマドウマ科.

stèno·pétalous 〖← STENO-＋PETALOUS〗 *adj.* 〖植物〗狭い花弁を有する.

ste·noph·a·gous [stenɑ́fəgəs, stə- | stenɔ́f-] 〖← STENO-＋-PHAGOUS〗 — *adj.* 〖生態〗〈動物が〉狭食性の《限られた範囲の食物しか摂取しない; ↔ euryphagous; cf. monophagous》.

sten·o·phyl·lous [stèno(ʊ)fɪ́ləs|-nə(ʊ)-] 〖← STENO-＋-PHYLLOUS〗 *adj.* 〖植物〗狭い葉を有する.

ste·nosed [stɪnóʊst, stə-, ste-, -nóʊzd | stenə́ʊst, -nə́ʊzd] 〖⇨↓, -ed〗 *adv.* 〖医学〗狭窄した[にかかった].

ste·no·sis [stɪnóʊsɪs, stə-, -səs|stenə́ʊsɪs] 〖← NL ～ ← Gk *sténōsis* a narrowing: ⇨ steno-, -osis〗 — *n.* (*pl.* **-no·ses** [-si:z]) 〖病理〗狭窄(症) (contraction, stricture). **ste·not·ic** [stɪnɑ́tɪk, stə- | stenɔ́t-] *adj.*

sten·o·therm [sténəθə̀:m | -θə̀:m] 〖《逆成》↓〗 *n.* 〖生態〗狭温性生物 (↔ eurytherm).

stèno·thérmal 〖← STENO-＋THERMAL〗 *adj.* 〖生態〗〈動植物が〉狭温性の《ごく狭い範囲の温度差にだけ耐え得る; ↔ eurythermal》.

stèno·thérmic *adj.* 〖生態〗＝stenothermal.

stèno·thérmous 〖← STENO-＋THERMO-＋-OUS〗 *adj.* 〖生態〗＝stenothermal.

sten·o·ther·my [sténəθə̀:mi | -θə̀:mɪ] 〖← STENOTHERM(AL)＋-Y[1]〗 *n.* 〖生態〗狭温性 (⇨ stenothermal).

sten·o·top·ic [stènətɑ́pɪk | -tɔ́p-] 〖← STENO-＋Gk *tópos* place＋-IC[1]〗 *adj.* 〖生態〗〈動植物が〉(環境の変化に対し)狭範囲適応性の (↔ eurytopic).

sten·o·type [sténətàɪp] 〖← STENO(GRAPHY)＋TYPE〗 — *n.* **1** ステノタイプ《速記文字タイプライター》. **2** (ステノタイプに用いる)速記文字. — *vt.* ステノタイプで記録する.

sten·o·typ·y [sténətàɪpi, stɪnɑ́təpi, stə- | sténətàɪpɪ] 〖⇨↑, -y[1]〗 *n.* アルファベット文字を使う速記術. **stén·o·týp·ist** [-pɪst, -pəst | -pɪst] *n.*

sten·ter [sténtə | -tə(r] *n., v.* 《英》＝tenter[1].

Sten·tor [sténtɔə, -tə|-tɔ:(r] 〖□ L ～ □ Gk *Sténtōr* 《原義》groaner, roarer ← *sténein* to groan〗 — *n.* **1** ステントール《*Iliad* 中に出て来る大声の布告人 (herald); 50 人に匹敵する声量をもっていたという》. **2** [s-] 声の大きい人. **3** [s-]〖動物〗ラッパムシ《纖毛虫亜門ラッパムシ属 (*Stentor*) のらっぱ状原生動物の総称; ソライロラッパムシ (*S. coeruleus*) など》.

sten·to·ri·an [stentɔ́:riən, -tó:r- | -tɔ́:rɪ-] 〖《1605》: ⇨↑, -ian〗 *adj.* 非常に声の大きい: a ～ voice.

sten·to·ri·ous [stentɔ́:riəs, -tó:r-|-tɔ́:rɪ-] *adj.* ＝stentorian. **～·ly** *adv.* 「＝stentorian.

sten·to·ro·phon·ic [stèntərəfɑ́nɪk | -tərəfɔ́n-] *adj.*

sten·tor·phone [sténtəfòʊn|-təfəʊn] 〖← STENTOR ＋-PHONE〗 — *n.* **1** 強力拡声器. **2**〖音楽〗(パイプオルガンの)ステンタルフォン音栓《8 フィートのフルートストップの一種》.

step [stép] 〖*n.*: OE *stepe, stæpe* 《原義》treading firmly on, foothold < **stapiz* ← Gmc **stap-*. — *v.*: OE *steppan, stæppan* ← Gmc **stap-* (Du. *steppen* / G *stapfen*) ← IE **steb(h)-* to tread, step: cf. stamp〗 — *n.* **1 a** 歩み, 歩《足を揚げてそれを地に降ろす動作》: at every ～ ひと足ごとに / make [take] a ～ forward [back(ward)] 一歩進む[退く] / miss one's ～＝make [take] a false ～ 足を踏みはずす / put one's best ～ forward できるだけ道を急ぐ. **b** [*pl.*] (歩む)方向 (course), 道 (way): pick one's ～*s* 道を拾って歩く, 足もとに気をつけて行く / retrace one's ～*s* 道を戻る / direct [turn] one's ～*s* toward [to] the station 駅の方へ足を向ける. **2 a** 一歩の間隔, 一歩幅《約 1 ヤード》; (ほんの)ひと足(の距離), ひとまたぎ (short distance): be unable to walk a ～ 一歩も歩けない / If you move a ～, I'll shoot! 一歩でも動けば撃つぞ / It is only a few ～*s* away [farther]. もうすぐそこです / It is but a ～ from the sublime to the ridiculous. 崇高と滑稽とはわずか一歩の隔りしかない[紙一重である]. **b** 歩程, 行程: His house stands a good ～ down the road. この道をずっと(歩いて)行った所に彼の家がある. **c** 《廃》小旅行. **3 a** 足音 (footstep): I can easily recognize his ～. 彼の足音はすぐわかる / We heard ～*s* approaching. 足音の近づくのが聞えた. **b** 足跡 (footprint): ～*s* in the ground. **4 a** 歩きぶり, 足つき, 足どり (tread, gait), 歩調 (pace): a light [heavy] ～ 軽い[重い]足どり / double-quick ～*s* 駆け足 / ⇨ goose step / ～ for ～ 同一歩調で, 歩調を合わせて / walk with quick [slow, long] ～*s* 早足で[ゆっくりと, 大またで]歩く / break ～ (わざと)歩調を乱す / Change ～! 歩調変え《号令》. **b** (ダンスの)ステップ《一単位となって繰り返される足と体との動き方》: the waltz ～ ワルツのステップ / ⇨ one-step, two-step. **5 a** 踏み段 (⇨ flight[1] 挿絵), (はしごの)段; (戸口の)上り段, 上がりかまち; (乗物の)昇降段: a ～ cut in the rock [ice] 岩[氷]に刻み込んだ足場 / let down the ～(*s*) 昇降段を降ろす / Mind the ～. (段があるので)足元に注意して / Each flight of stairs has 12 ～*s*. 各階段には 12 の段がある. **b** [*pl.*] (屋外のひと続きの)階段, 段々: run down [up] the ～*s* 階段を駆け下りる[上る]. **c** 《英》[(a pair of) ～*s*] 脚立(きゃたつ) (stepladder). **d** (石切場の岩壁につけた)足場. **6 a** (ある過程・目盛りの)段階, 進歩, はかどり (stage): a ～ on the Centigrade scale セ氏の目盛りの 1 度 / the first ～ toward peace 平和への第一歩 / a few ～*s* nearer success 成功への数歩の近づき / make a great ～ forward in ...に一大進歩をとげる / rise [go up] a ～ in a person's opinion [estimation] 人に一段と重んじられる[一層高く評価される]. **b** 階級, 段階 (grade). **c** 昇進, 昇級 (promotion): get one's ～ 昇進する / give a person a ～ 人を昇進させる. **7** 手段, 方法, 処置: take a bold [prudent, decisive, rash] ～ 大胆な[慎重な, 思い切った, 軽率な]処置をとる / We must take ～*s to* prevent it [in the matter]. それを阻止する[その問題に対処する]方法を講じなければならない. **8** 《米》〖音楽〗音度, 音程 (tone); 全音程: ⇨ half step 1, whole step. **9 a**〖機械〗承(う)け口, 軸受け. **b**〖木工〗欠(か)込み《木などをはめ込むために切欠いた部分》. **c**〖海事〗檣根(しょうこん)座《マストの根元をはめる座》.

in step 足並[歩調]をそろえて; 調和して: walk [march] *in* ～ (*with...*) (...と)足並をそろえて歩く[行進する] / keep *in* ～ 足並みをそろえる. ***keep step*** (***with***...) (...と)歩調をそろえる; 調和する: *keep* ～ *with* the times 時流に合わせる. ***mind one's step***(***s***) ＝*watch one's* STEP. ***out of step*** 足並がそろわないで, 歩調を乱して; 調和しないで: fall *out of* ～ 歩調[調和]を乱す / be *out of* ～ *with* one's friends 友人とそりが合わない. ***step by step*** 一歩一歩, 徐々に; 用心して; 着実[地道]に. ***tread*** [***walk***] ***in a person's steps*** ＝*follow a person in his* FOOTSTEPS. ***watch one's step*** (1) 足元に気をつける. (2) 慎重に行動する, 用心する.

— *v.* (**stepped,** 《古》**stept** [stépt]; **step·ping**) — *vi.* **1 a** 歩む (walk); (特に, 短距離を)歩く, 行く (go); (ある足どりで)歩を進める, 進む (march): ～ *aside* わきへ寄る[避ける] / ～ *forward* [*back*] 前進する[退く] / ～ *inside* [*outside*] 中へ入る[中から出る] / ～ *down* (車などから)降りる / ～ *across* ...を横切る / ～ *between* ...の間へ割って入る / ～ *over* ...を横切る, またぐ / ～ *into* [*off*] a boat [bus] 舟[バス]に乗り込む[から降りる] / ～ *on to* [*onto*] the platform プラットフォームへ降り立つ / ～ *down* [*over*] *to* a corner grocery (ちょっと)かどの食料雑貨店まで行く / ～ *up* 上がる, 登る; 登壇する / ～ *up to* a person 人に近づく / Please ～ this way! どうぞこちらへ / ～ lightly 軽い歩調で歩く / ～ high 〈馬が〉足を高くあげる, だくを踏む / ～ long [short] 歩度を長くする[縮める], 大股[小股]に歩く / ～ lively 急ぐ; [命令法で]《米》お早く願います. **b** (ダンスなどのように)調子を取って歩む; ダンスをする, 踊る: ～ *well together* 〈踊り手・馬などが〉足がよく合う / ～ *through* a dance ステップを踏んでダンスをする. **c** 早く歩く, 走る. **2 a** (故意にまたは無意識に)〔...を〕踏む (tread) 〔*on, upon*〕: ～ *on* a worm 虫を踏む / ～ *on* a person 人を踏みつけにする / ～ *on* a person's toe ＝*tread on a person's* TOES. **b** (器械などを動かすために)〔バネ・ブレーキなどを〕踏みつける, 踏みしめる〔*on, upon*〕: ～ *on* the brake ブレーキを踏む. **3** 〔財産などを〕労せずして手に入れる〔*into*〕: ～ *into* a fortune [good job] 財産[よい仕事]にありつく.

— *vt.* **1 a** 〈足を〉踏み入れる (set): ～ foot *in* a place [*on* the moon] 《米》ある場所[月面]に(初めて)足を踏み入れる. **b** 〈歩を〉進める: ～ two paces 2 歩前進する. **c** 〈道などを〉歩く, 横切って行く (traverse). **2** 〈ダンスの〉ステップを踏む (perform): ～ a minuet メヌエットを踊る / ～ a measure 《古》ダンスをする, 踊る. **3** 歩測する 〈*off, out*〉: ～ (*off* [*out*]) the distance [ground, length of a room] 距離[土地, 部屋の長さ]を歩測する / ～ *off* 50 yards 歩幅で 50 ヤード測る. **4 a** 階段状にする, 段々に並べる. **b** 段(状のもの)をつける: ～ a key 鍵にぎざぎざをつける. **5**〖海事〗〈マストを〉(檣根(しょうこん))座に)立てる.

step along 出発する, 立ち去る (depart). ***step aside*** (1) ⇨ *vi.* 1 a. (2) (他人に譲る[任せる]ために)身を引く, 引退[辞職]する〔*from*〕. ***step back*** (1) ⇨ *vi.* 1 a. (2) 身を引く (withdraw), 退く (retire). ***step down*** (1) ⇨ *vi.* 1 a. (2) 〈電圧などを〉下げる, 減じる. (3) ＝STEP *aside* (2). ***step forward*** 〈証人・志願者などが〉前へ出る, 進み出る (cf. *vi.* 1 a). ***step in*** (1) 家[部屋]に入る; (ちょっと)立ち寄る (drop in). (2) 間にはいる; 干渉する (intervene); 割り込む. ***step it*** (***out***) 愉快[活発]に踊る. ***step off*** (1) ⇨ *vi.* 1 a, *vt.* 3. (2)〖軍事〗行進を開始する. ***step on it*** ＝***step on the gas*** 《口語》 (1) (自動車の)アクセルを踏む, スピードを出す. (2) 急ぐ (hurry up). ***step out*** (*vi.*) (1) (ちょっと)家[部屋]を出る, 外出する. (2) 歩幅を伸ばす, 歩調を早める; (もっと)急ぐ. (3) 辞職[引退]する (resign). (4) [特に ～*ping out* として]《口語》遊びに出掛ける, 愉快にやる: I am ～*ping out* tonight. 今晩は外で楽しいひと時を過ごします. (5) 《米》死ぬ (die). (6) 《米》(不倫を犯して)〔...を〕裏切る〔*on*〕. (*vt.*) ⇨ *vt.* 3. ***step up*** (*vi.*) (1) ⇨ *vi.* 1 a. (2) 向上する, 上向く. (3) 昇進する〔*to*〕. (*vt.*) (1) 〈電圧などを〉上げる, 増す. (2) 昇進させる〔*to*〕. (3) 向上させる, 促進させる: ～ *up* production [work] 増産を図る[仕事を促進させる].

step- [stép] 〖OE *stēop-* orphaned ← Gmc **stiup-* bereft, 《原義》pushed out (Du. *stief-* / G *Stief-* / ON *stjūp*) ← IE **(s)teu-* to push, stick〗 — 「継(まま)...., 義理の...」の意の連結形《血縁によらず親または配偶者の再婚によって生じた家族関係を表わす》: *step*father, *step*mother, *step*son.

stép-and-repéat *adj.* 〖印刷〗ステップアンドレピートの, 反復焼き付けの《一つの画像を刷版用の版面に多数焼き付ける》.

stép bèaring *n.* 〖機械〗うす軸受《軸端においてスラスト荷重を支える軸受》.

stép bòlt *n.* ＝carriage bolt.

stép·bròther 〖《1440》〗 *n.* 継(まま)父[母]の連れ子, (父[母]の再婚による)義理の兄[弟]《両親ともに異なる場合にいう; half brother は父または母のいずれかが同じである兄弟を指す; cf. brother-in-law》. 「減.

stép-by-stép *adj.* 段階的な: a ～ decrease 段階的削

stép-by-stép sỳstem *n.* 〖通信〗ステップバイステップ式《電話の自動交換の一般的な方式》.

stép·chàir *n.* 脚立(きゃたつ)兼用の椅子(いす).

stép·chìld 〖OE *stēopċild* orphan: ⇨ step-〗 *n.* (*pl.* **-children**) **1** 継(まま)子, 連れ子《配偶者の前の結婚による子》. **2** 継子扱いされる人[もの].

stép·clìne 〖← STEP (*n.*)＋CLINE〗 *n.* 〖生物〗ステップクライン, (地域的)不連続変異 (cf. cline 1). 「カット.

stép cùt *n.* 〖宝石〗ステップカット, 階梯(かいてい)形の角型

stép·dàme 〖《a1387》〗 *n.* 《古》＝stepmother.

stép dànce *n.* 〖ダンス〗ステップダンス《身振りよりも特殊な踏み方に重きを置く tap dance や clog dance など》.

stép·dàughter 〖OE *stēopdohtor*: ⇨ step-〗 *n.* (女の)継(まま)子, 連れ子 (⇨ stepchild).

stép·dòwn 〖← *step down* (⇨ step (*v.*) 成句)〗 — *adj.* **1** 逓減(ていげん)する, 軽減する, 弱める. **2**〖電気〗電圧を下げる (↔ step-up): a ～ transformer 逓降[降圧]変圧器. — *n.* (量・大きさなどの)逓減, 低下, 減少.

stép·fàther 〖OE *stēopfæder*: ⇨ step-〗 *n.* 継(まま)父.

stép fùnction *n.* 〖数学〗階段関数《グラフが階段状になっている関数》.

Steph·a·na [stéfənə, stefɑ́:nə | stéfənə, stefɑ́:nə] 〖← NL ～ (fem.) ← L *Stephanus* 'STEPHEN[1]'〗 *n.* 女性名.

steph·a·ne [stéfəni:, -ni|-nì:, -nɪ] 〖□ Gk *stephánē*: cf. Gk *stéphanos* crown〗 *n.* ステファニ《ギリシャの彫像などにみられる鉢巻状の冠帯》.

Sté·phane [steɪfɑ́:n; *F.* stefan] 〖□ F ～: ⇨ Stephen[1]〗 *n.* 男性名. 「性名.

Steph·a·nie [stéfəni | -nɪ] 〖□ F ～ (fem.): ↑〗 *n.* 女

steph·an·ite [stéfənàɪt] 〖□ G *Stephanit*: オーストリアの *Archduke of Stephan* (*d.* 1867) にちなむ: ⇨ -ite[1] 2 a〗 *n.* 〖鉱物〗脆(ぜい)銀鉱 (Ag_5SbS_4).

steph·a·no·tis [stèfənóʊtɪs, -təs|-nə́ʊtɪs] 〖《1870》← NL ～ ← Gk *stephanōtis* fit for a crown or wreath ← *stéphanos* crown (↓)〗 — *n.* 〖植物〗シタキソウ《Madagascar 島と東南アジアに産するトウワタ科シタキソウ属 (*Stephanotis*) の類のつる植物の総称; マダガスカルシタキソウ (Madagascar jasmine) など》.

Ste·phen[1] [stí:vən] 〖□ L *Stephan-us* □ Gk *stephanās* ← *stéphanos* crown ← *stéphein* to encircle, wreathe ← IE **steb(h)-* to fasten〗 — *n.* 男性名《愛称形 Steve; 異形 Steffan, Steven》.

Stephen[2] *n.* (1097?–1154) Norman 王朝最後の英国王 (1135–54); William the Conqueror の孫; 従妹 Mathilda と王位を争った末妥協し, これにより死後 Plantagenet 王朝が成立; 通称 Stephen of Blois [blwɑ́:].

Stephen, Saint *n.* ステパノ《最初のキリスト教殉教者 (protomartyr); 祭日は 12 月 26 日; cf. *Acts* 6–7》.

Stephen, Sir Les·lie [lésli | lézlɪ] *n.* (1832–1904) 英国の伝記作家・批評家; *Dictionary of National Biography* の最初の編集者; Virginia Woolf の父.

Stephen I, Saint *n.* ステファヌス[ステファノ]一世《?-257；イタリアの聖職者；教皇 (254-57)；祝日 8 月 2 日》.

Ste·phens [stíːvənz], **Alexander Hamilton** *n.* (1812-83) 米国の政治家, 南北戦争当時の南部連盟の副大統領 (1861-65). 「人・小説家.

Stephens, James *n.* (1882-1950) アイルランドの詩

Ste·phen·son [stíːvənsn], **George** *n.* (1781-1848) 英国の技師；蒸気機関車の完成者.

Stephenson, Robert *n.* (1803-59) G. Stephenson の子; 父と協力して鉄道および鉄橋の改良に尽くした.

stép-ìn 〖← *step in* (⇨ step (v.) 成句)〗 ― *adj.* **1** 〈衣服・靴など〉足を突っ込んで着る[はく], ステップインの. **2** ステップイン式衣服の：a ～ blouse パンツとブラウスがワンピースになった衣服. ― *n.* **1 a** ステップインの衣服. **b** 《古》[*pl.*] 婦人用パンティー. **2** 靴紐やゴムコードがない靴.

stép jòint *n.* 〖土木〗傾(かたむ)ぎ入れ《木材接合法の総称》.

stép·làdder *n.* 段ばしご；脚立(きゃたつ).

stép·mòther 〖OE *stēopmōdor*：⇨step-〗 *n.* **1** 継(まま)母. **2** (十分な世話をしない)継母根性の人, 無情な人；子供をほったらかす人.

stép·mòth·er·ly *adj.* 継母のような, 継母根性の；無情な, 冷酷な (unfeeling), 子供をほっておく.

Step·ney [stépni | -nɪ] 〖OE *Stybbanhȳþ* 《原義》 '*Stybba*'s landing place'：*Stybba* は人名〗 *n.* London の旧自治区；現在は Tower Hamlets 区の一部.

stép-òff 〖← *step off* (⇨ step (v.) 成句)〗 *n.* **1** 落下. **2** 海岸線が急に海に落ちること；そのような場所.

stép-òn *adj.* 〈くず物入れなど〉ペダルを踏んで開く.

stép·pàrent 〖← STEP-＋PARENT〗 *n.* 継(まま)親；継父, 継母.

steppe [stép] 〖《1671》□ Russ. *step'* steppe, (ORuss.) lowland〗 ― *n.* **1** ステップ《樹木の生えていない大草原; cf. pampa 1, prairie》. **2** [the Steppes] **a** ステップ地方《ソ連の南西部・東欧南部・アジアの西部にある大草原地方》. **b** ＝Kirghiz Steppe.

stepped *adj.* 段のある, 階段になっている：a ～ pyramid 階段ピラミッド.

stépped gáble *n.* 〖建築〗段々破風(はふ).

stépped líne *n.* 〖新聞〗字下がり見出し (dropline).

stépped púlley *n.* 〖機械〗(ベルト伝動装置の)段車.

stépped-úp 〖← *step up* (⇨ step (v.) 成句)〗 *adj.* 《米口語》速力を増した (accelerated)；強化された (intensified)；増強された, 増加された (increased).

stép·per *n.* **1** (…の)足取りの馬[人]：a fine ～ 見事な足取りの馬 / ⇨ high-stepper. **2** 《口語》踊り子, ダンサー (dancer).

stépping-stòne 〖《*c*1325》〗 ― *n.* **1 a** (浅い川・ぬれ地・庭園などに並べて踏み渡る)踏み石, 飛び石. **b** (昇降用の)踏み石；(乗馬用の)踏み石 (horse block) **2** (昇進などの)手段, 方法 (means)：a ～ to fame. **3** (旅行などの)途中下車[寄港]地.

stép ròcket *n.* 〖宇宙〗多段式ロケット.

stép·sìster 〖《1440》：⇨ step-〗 *n.* 継(まま)父[母]の連れ子, (父[母]の再婚による)義理の姉[妹](⇨stepbrother).

stép·sòn 〖OE *stēopsunu*：⇨ step-〗 *n.* (男の)継(まま)子, 連れ子 (⇨ stepchild).

stép stòol *n.* ステップ ストゥール《蝶番(ちょうつがい)でとめた踏段が座部の下面にたたみ込めるようになっている脚立(きゃたつ)式のストゥール》.

stept 〖《pret.：15C；p.p.：16C》〗 v. 《古》step の過去形・過去分詞. 「[山].

stép·tòe *n.* 《米西部》火山岩で囲まれて孤立する丘

stép tùrn *n.* 〖スキー〗ステップターン, 踏みかえターン《片方のスキーを進もうとする方向に踏み出して体重を移し, 残ったスキーを平行にそろえるターン法》.

stép-ùp 〖← *step up* (⇨ step (v.) 成句)〗 ― *adj.* **1** 増す, 増大する, 強める. **2** 〈賃貸借契約が〉逓増(ていぞう)の. **3** 〖電気〗電圧を上げる (↔ step-down)：a ～ transformer 逓昇変圧器, 昇圧変圧器. ― *n.* (物の率・量などの)増加[上昇]：a ～ of war 戦争の拡大 / a ～ in production 生産の増加.

stép wèdge *n.* 〖光学〗階段くさび《光学濃度が位置によって階段的に変化する光学くさび (optical wedge)》.

stép·wise 〖← STEP (n.)＋-WISE〗 *adv.* **1** 階段風に, 段々になって；一歩ずつ, 一段ずつ. **2** 〖音楽〗順次進行で. ― *adj.* **1** 階段風の；一歩ずつの. **2** 〖音楽〗順次進行の.

ster. 《略》stereotype；sterling.

-ster [stə | stə(r] 〖OE *-estre, -istre* ＜(W)Gmc **-strjōn* (MLG & Du. *-ster*)：OE では通例 *-er* に対する女性形として用いられたが (cf. spinster), ME 以後男女両性に用いる〗 ― *suf.* 「…する人, …に関係のある人」の意の名詞を造る. ★ 特に, 職業・習性を表わし, また職業に由来する姓にも多く, またしばしば軽蔑的意味を表わす (cf. -aster[1])：brew*ster*, game*ster*, song*ster*, Web*ster*, rhyme*ster*.

ste·ra·di·an [stɪréɪdiən, stə- | -dɪ-] 〖← STEREO-＋RADIAN〗 ― *n.* 〖数学〗ステラジアン《立体角の単位；それによる立体角の大きさの測定値は, 角の頂点を中心とする半径 1 の球面がその角によって切り取られる部分の面積の大きさに等しい；記号 sr》.

ster·co·ra·ceous [stə̀ːkəréɪʃəs | stɜ̀ː-] 〖《1731》← L *stercor-, stercus* dung＋-ACEOUS〗 *adj.* 〖生理〗糞便の[に関する]；糞便状の.

ster·co·ral [stə́ːkərəl | stɜ́ː-] 〖□ ML *stercorāl-is*：⇨ ↑, -al[1]〗 *adj.* **1** 糞便の[による]. **2** 糞の中にすむ.

Ster·co·ra·ri·i·dae [stə̀ːkəréːráɪədìː | stɜ̀ːkəréːráɪɪ-] 〖← NL ～ ← *Stercorarius* (属名：← L *stercor-, stercus* dung＋-*ārius* '-ARY')＋-IDAE〗 ― *n. pl.* 〖鳥類〗(チドリ目)トウゾクカモメ科.

ster·co·ric·o·lous [stə̀ːkəríkələs | stɜ̀ː-] 〖← L *stercor-* (↑)＋-COLOUS〗 *adj.* 〈バクテリアなど〉(牛馬などの)糞 (dung) の中にすむ.

ster·co·rous [stə́ːkərəs | stɜ́ː-] 〖《1542》□ L *stercorōsus* ← *stercor-* (↑)：⇨ -ous〗 *adj.* ＝stercoraceous.

ster·cu·li·a [stəːkjúːliə | stəːkjúːlɪə, -ljə] 〖← NL ～ ← *Sterculius* (↓)＋-IA[2]：悪臭を発することから〗 ― *n.* 〖植物〗ゴウシュウアオギリ《世界の温帯や熱帯原産のアオギリ科ゴウシュウアオギリ属 (*Sterculia*) の各種の樹木の総称》.

Ster·cu·li·a·ce·ae [stəːkjùːliéɪsiìː | stəːkjùːlɪ-] 〖← NL ～ ← L *Sterculius* (肥料を司るローマの神の名) ← *stercus* dung：⇨ -aceae〗 *n. pl.* 〖植物〗(双子葉植物アオイ目)アオギリ科. **ster·cù·li·á·ceous** [-ʃəs] *adj.*

stere [stíə, stéə | stíə(r, stéə(r; *F.* stɛːr] 〖《1798》□ F *stère* ← Gk *stereós* solid：⇨ stereo-〗 *n.* ステール《メートル法の体積の単位で 1 m³ 》.

ster·e- [stéri, stí(ə)ri | stérɪ, stíərɪ] (母音の前に来る時の) stereo- の異形.

ster·e·o [stériòʊ, stí(ə)r- | stérɪəʊ, stíər-] 〖《略》← STEREOPHONIC, STEREOSCOPIC, STEREOTYPE〗 ― *n.* (*pl.* ～**s**) 《口語》**1 a** 立体音再生；立体音効果, 立体音響方式. **b** 立体音再生装置, ステレオ. **c** ステレオレコード[テープ]. **2 a** 立体写真術. **b** 立体写真, 立体映画. **3** 〖印刷〗＝stereotype 2. ― *adj.* **1** 立体音響の, ステレオの. **2** 立体写真(術)の. **3** 〖印刷〗＝stereotyped 2.

ster·e·o- [stério(ʊ), stí(ə)r- | stérɪə(ʊ), stíər-] 〖← Gk *stereós* solid, hard ← IE **(s)ter-* stiff, rigid：cf. stare〗 ― 次の意味を表わす連結形：**1** 「実体的な (solid), 堅固な (hard)」. **2** 「立体鏡の；立体の；立体化学の」. ★ 母音の前では通例 stere- になる.

ster·e·o·bate [stériəbèɪt, stí(ə)r- | stérɪə-, stíər-] 〖□ F *stéréobate* ∥ L *stereobata* foundation of a columnar building □ Gk *stereobátēs* ← STEREO-＋-*bátēs* a stepping：cf. stylobate〗 *n.* 〖建築〗**1** 土台 (foundation). **2** ステレオベート《古典建築で stylobate を含む基壇；その上に円柱が立つ》. **ster·e·o·bat·ic** [stèriəbǽtɪk, stì(ə)r- | stèrɪəbǽt-, stìər-] *adj.* 「カメラ.

stéreo càmera *n.* 立体写真撮影用カメラ, ステレオ

stèreo·chémical *adj.* 立体化学の. **～·ly** *adv.*

stèreo·chémistry 〖← STEREO-＋CHEMISTRY〗 *n.* 立体化学《原子・原子団の分子内における立体的配置を研究する化学の一分野》.

ster·e·o·chrome [stério(ʊ)kròʊm, stí(ə)r- | stérɪə(ʊ)-kràʊm, stíər-] 〖《1854》《逆成》↓〗 ― *n.* ステレオクローム画《乾いた壁面に鉱物質の水彩顔料で描く壁画法で, フレスコと異なり中断や塗直しも自由；完成した後, 水ガラスで定着する》. 「*adv.*

stèreo·chrómic *adj.* **stèreo·chrómically**

ster·e·o·chro·my [stério(ʊ)kròʊmi, stí(ə)r- | stérɪə(ʊ)kràʊmɪ, stíər-] 〖《1845》← STEREO-＋CHROMO-＋-Y[1]〗 ― *n.* ステレオクローム画法 (⇨ water-glass painting).

stèreo·com·pár·a·graph [-kəmpǽrəgræ̀f | -grɑ̀ːf, -græ̀f] 〖⇨↓, -graph〗 *n.* ステレオコンパラグラフ (実体視原理を用いた一種の簡易な図化器械).

stèreo·compárator 〖← STEREO-＋COMPARATOR〗 *n.* 〖測量〗ステレオコンパレーター, 実体座標測定機.

ster·e·og·no·sis [stèriɑgnóʊsɪs, stì(ə)r-, -səs | stèrɪɔgnáʊsɪs, stìər-] 〖← STEREO-＋-GNOSIS〗 ― *n.* (物体の形態・重量などの)触覚認知能力. **ster·e·og·nos·tic** [stèriɑgnɑ́stɪk, stì(ə)r- | stèrɪɔgnɔ́s-, stìər-] *adj.*

ster·e·o·gram [stériəgræ̀m, stí(ə)rə- | stérɪə-, stíər-] 〖← STEREO-＋-GRAM〗 *n.* **1** (物体の実体的印象を写し出すようにした)実体図表, 実体画. **2** ＝stereograph.

ster·e·o·graph [stériəgræ̀f, stí(ə)r- | stérɪəgrɑ̀ːf, stíər-, -græ̀f] 〖← STEREO-＋-GRAPH〗 ― *n.* (特に, 立体鏡 (stereoscope) に用いる)立体写真, ステレオ写真. ― *vt.* …の立体写真を撮る.

ster·e·og·ra·pher [stèriɑ́grəfə, stì(ə)r- | stèrɪɔ́grəfə(r, stìər-] *n.* 立体写真撮影家.

ster·e·o·graph·ic [stèriəgrǽfɪk, stì(ə)r- | stèrɪə-, stìər-] 〖《1704》← ? NL **stereographicus*：⇨ stereography, -ic[1]〗 *adj.* 実体画法の, 立体画法の.

stèr·e·o·gráph·i·cal [-fɪkəl, -fə- | -fɪ-] *adj.* ＝stereographic. **～·ly** *adv.*

stereográphic projéction *n.* 〖数学〗立体射影, 極射影, 透視平射図法.

ster·e·og·ra·phy [stèriɑ́grəfi, stì(ə)r- | stèrɪɔ́grəfɪ, stìər-] 〖《1700》← ? NL **stereographia*：⇨ stereo-, -graphy〗 *n.* **1** 立体画法, 実体画法. **2** 立体写真(術).

ster·e·o·i·so·mer [stèrio(ʊ)áɪso(ʊ)mə, stì(ə)r-, -áɪsə- | stèrɪə(ʊ)áɪsə(ʊ)mə(r, stìər-] 〖← STEREO-＋ISOMER〗 *n.* 〖化学〗立体異性体.

stèreo·ísomerism 〖← STEREO-＋ISOMERISM〗 *n.* 〖化学〗立体異性 (cf. structural isomerism).

stèreo·isoméric *adj.*

ster·e·ol·o·gy [stèriɑ́lədʒi, stì(ə)r- | stèrɪɔ́lədʒɪ, stìər-] 〖← STEREO-＋-LOGY〗 ― *n.* 立体学. **stèr·e·o·lóg·i·cal** [stèriəlɑ́dʒɪkəl, stìər-, -dʒə- | stèrɪəlɔ́dʒɪ-] *adj.* **stèr·e·o·lóg·i·cal·ly** *adv.*

ster·e·om·e·ter [stèriɑ́mətə, stì(ə)r- | stèrɪɔ́mɪtə(r, stìər-, -mə-] 〖← STEREO-＋-METER[1]〗 *n.* **1** 体積計. **2** 容積計 (volumenometer).

ster·e·om·e·try [stèriɑ́mətri, stì(ə)r- | stèrɪɔ́mɪtrɪ, stìər-, -mə-] 〖《1570》← NL *stereometria*：⇨ stereo-, -metry〗 ― *n.* 体積測定, 求積法 (cf. planimetry). **ster·e·o·met·ric** [stèriəmétrɪk, stì(ə)r- | stèrɪə-, stìər-] *adj.* **stèr·e·o·mét·ri·cal** *adj.* **stèr·e·o·mét·ri·cal·ly** *adv.*

stèreo·míscroscope *n.* 実体[立体]顕微鏡. **stèreo·microscópic** *adj.* **stèreo·microscópically** *adv.* 「対のステレオ写真.

stéreo·pàir 〖← STEREO- 2＋PAIR〗 *n.* 〖写真測量〗一

ster·e·o·phon·ic [stèriəfɑ́nɪk, stì(ə)r-, -fóʊn- | stèrɪə(ʊ)fɔ́n-, stìər-] 〖《1927》← STEREO-＋PHONIC〗 ― *adj.* 立体音響(効果)の, ステレオの (cf. binaural, monophonic)：a ～ broadcast ステレオ放送 / ～ television 立体(音響)テレビ. **stèr·e·o·phón·i·cal·ly** *adv.*

ster·e·oph·o·ny [stèriɑ́fəni, stì(ə)r-, stériəfòʊni, stí(ə)r- | stèrɪɔ́fənɪ, stìər-] 〖⇨↑, -phony〗 *n.* 立体音響効果.

stèreo·photográmmetry *n.* 立体写真測量.

stèreo·phótograph *n.* 立体写真.

stèreo·phótographing *n.* 立体撮影.

stéreo·photógraphy *n.* 立体写真法.

ster·e·op·sis [stèriɑ́psɪs, stì(ə)r-, -səs | stèrɪɔ́psɪs, stìər-] 〖← NL ～：⇨ stereo-, -opsis〗 *n.* 立体(鏡)映像 (stereoscopic vision).

ster·e·op·ti·con [stèriɑ́ptɪkən, stì(ə)r-, -tə-, -tɑ̀kən | stèrɪɔ́ptɪkən, stìər-, -kɔ̀n] 〖← NL ～ ← STEREO-＋Gk *optikón* ((neut.) ← *optikós* 'OPTIC')〗 ― *n.* 〖光学〗(溶暗装置のある)立体幻灯, 複式幻灯.

stèreo·régular 〖← STEREO-＋REGULAR〗 *adj.* 〖化学〗立体規則性の：a ～ polymer 立体規則性重合体. **stèreo·regulárity** *n.*

ster·e·o·scope [stériəskòʊp, stí(ə)r- | stérɪəskə̀ʊp, stíər-] 〖《1838》← STEREO-＋-SCOPE：英国の物理学者 C. Wheatstone の造語〗 ― *n.* ステレオスコープ, 立体鏡, 実体鏡, 双眼写真鏡 (cf. pseudoscope).

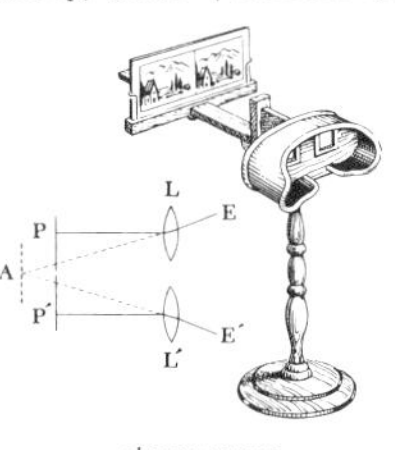

stereoscope
rays from two points (P, P′) are so refracted by lenses (L, L′) to eyes (E, E′) as to appear to come from one point A

ster·e·o·scop·ic [stèriəskɑ́pɪk, stì(ə)r- | stèrɪəskɔ́p-, stìər-] *adj.* **1** 立体的な, 立体感を与える；立体画面の：～ television 立体(画面)テレビ. **2** 立体[実体]鏡の.

stèr·e·o·scóp·i·cal [-pɪkəl, -pə- | -pɪ-] *adj.* ＝stereoscopic. **～·ly** *adv.*

stereoscópic cámera *n.* ステレオカメラ, 立体写真機. 「scope.

stereoscópic míscroscope *n.* ＝stereomicro-

stereoscópic vísion *n.* ＝stereoscopy 2.

ster·e·os·co·py [stèriɑ́skəpi, stì(ə)r- | stèrɪɔ́skəpɪ, stìər-] 〖← STEREO-＋-SCOPY〗 *n.* **1** 立体[実体]鏡研究[学]；実体鏡製法[使用法]. **2** 立体映像.

stèreo·specífic 〖← STEREO-＋SPECIFIC〗 *adj.* 〖化学〗立体特異性の《立体的に規則性のある》：a ～ polymer 立体特異性重合体. **stèreo·specífically** *adv.*

ster·e·o·tac·tic [stèriətǽktɪk, stì(ə)r- | stèrɪə(ʊ)-, stìər-] 〖《混成》← STEREO(TAXIS)＋(HYPO)TACTIC〗 ― *adj.* **1** 〖生物〗走触性の, 趨(すう)触性の, 走固性の. **2** 〖生理〗＝stereotaxic.

stéreo·tàpe 〖← STEREO-＋TAPE〗 *n.* ステレオテープ, 立体再生用録音テープ.

ster·e·o·tax·ic [stèriətǽksɪk, stì(ə)r- | stèrɪə(ʊ)-, stìər-] 〖⇨↓, -ic[1]〗 *adj.* **1** 〖生物〗走[趨(すう)]触性の. **2** 〖生理〗定位的な.

ster·e·o·tax·is [stèriətǽksɪs, stì(ə)r-, -səs | stèrɪə(ʊ)tǽksɪs, stìər-] 〖← NL ～：⇨ stereo-, -taxis〗 ― *n.* **1** 〖生物〗走触性, 趨(すう)触性《物体との接触による刺激によってその物体の方へ近づいたりその物体から離れようとする性質》. **2** 〖生理〗定位法《脳の研究または手術の際, 針や細い電極を用いて三次元的に正確な位置を定めること》.

stèreo·télescope *n.* ＝telestereoscope.

ster·e·ot·omy [stèriɑ́təmi, stì(ə)r- | stèrɪɔ́təmɪ, stìər-] 〖□ F *stéréotomie*：⇨ stereo-, -tomy〗 *n.* 〖石工〗規矩(きく)術, 截(せつ)石法, 石切法《石材などを特定の形や大きさに切る技巧》.

ster·e·ot·ro·pism [stèriɑ́trəpìzm, stì(ə)r- | stèrɪɔ́t-, stìər-] 〖← STEREO-＋-TROPISM〗 ― *n.* 〖生物〗**1** 屈触性《植物などが物に触れるとその物の方へまたはその物から反対の方向に屈曲して生長する性質》. **2** 向触性《正の屈触性》. **3** ＝stereotaxis 1. **ster·e·o·trop·ic** [stèriətrɑ́pɪk, stì(ə)r- | stèrɪətrɔ́p-, stìər-] *adj.*

ster·e·o·type [stériətàɪp, stí(ə)r- | stérɪə(ʊ)-, stíər-] 〖《1798》□ F *stéréotype*：⇨ stereo-, type〗 ― *n.* **1** 決まりきった形式, 紋切り型, 決まり文句 (set form). **2** 〖印刷〗**a** ステロ版, 鉛版. **b** 《古》ステロ版鋳造法[術] (stereotypy). **3** 〖社会学〗紋切型態度《一定の社会的対象に関してある集団の中で共通に受け入れられている単純化された固定的概念・イメージ》. ― *vt.* **1** 決まりきった型にはめる, 形式化する, 紋切り型に

する. 2 ステロ版[鉛版]にする. **stér·e·o·tỳp·er** *n.*

stér·e·o·tỳped *adj.* 1 型にはまった, 紋切り型の, 陳腐な (formal, conventional): ～ phrases 決まり文句, 月並な文句 / *Stereotyped* images die hard. 月並なイメージはなかなか無くならない. 2〖印刷〗ステロ版[鉛版]にとった; ステロ版で印刷した.

ster·e·o·typ·ic [stèriətípɪk, stì(ə)r- | stèrɪə-, stɪər-] *adj.* ＝stereotypical.

ster·e·o·typ·i·cal [stèriətípɪkəl, stì(ə)r-, -pə- | stèrɪə-típɪ-, stɪər-] *adj.* 1 紋切り型の, 陳腐な. 2〖印刷〗a ステロ版の, 鉛版の. b ステロ版印刷[鋳造]の.

stéreo·tỳping *n.* ステロ版[鉛版]鋳造法[鋳造業].

ster·e·o·typ·y [stériətàɪpi, stí(ə)r- | stérɪə(ʊ)tàɪpɪ, stíər-]〖← STEREOTYPE＋-Y¹: cf. F *stéréotypie*〗 ── *n.* 1〖印刷〗ステロ版鋳造法, ステロ版印刷術[法], ステロ版術. 2〖病理〗常同症《同一の動作[言語]を繰り返したり, 同一姿勢を取り続けたりすること》.

ster·ic [stérɪk, stí(ə)r- | stíər-, stér-]〖← STER(EO)-＋-IC¹〗 *adj.*〖化学〗(分子中の)原子の空間的位置に関する, 立体の. **stér·i·cal** *adj.* **stér·i·cal·ly** *adv.*

stéric híndrance *n.*〖化学〗立体障害《大きな原子または原子団が分子内に存在するために起こる構造の不安定化や構造のひずみ等の現象》.

ste·rig·ma [stɪrígmə, stə-, ste- | ste-]〖← NL ～ ← Gk *stḗrigma* prop ← *stērízein* to set fast〗 ── *n.* (*pl.* ～·ta [～ṭə | ～tə], ～s)〖植物〗(キノコの)小柄(しょうへい), 担子(たんし)柄, 担子梗.

ster·i·lant [stérələnt | -rə-, -rɪ-]〖⇨ ↓, -ant〗 *n.*〖化学〗殺菌[消毒]薬.

ster·ile [stérɪl, -rəl, -raɪl | -raɪl]〖《1552》□ (O)F *stérile* // L *steril-is* barren ← IE **ster-* (**ster-* stiff の転用?) (Skt *stariṣ* / Gk *steîra* barren cow / Goth. *stairō* sterile): ⇨ stirk, -ile¹〗 ── *adj.* 1 子を生まない[生めない], 生殖不能の, 不妊の (barren); 断種した: a ～ woman, cow, etc. / a ～ marriage 子のない結婚(生活). 2 a〈土地が〉やせた, 不毛の (barren); 実りのない (unproductive): ～ soil, land, etc. / a ～ year 凶年. b 思想[独創性]の乏しい; 内容の貧弱な, 迫力のない, つまらない. 3 無菌の, 殺菌した (sterilized): a ～ lancet 殺菌ランセット. 4 効果のない (fruitless), 無結果の, 無益な, 役に立たない, むだな (useless); 〈結果などを〉生み出さない〔*of*〕: ～ negotiations むだな折衝 / ～ hopes あだな望み / The negotiations were ～ *of* the desired results. その折衝には所期の結果が伴わなかった. 5〖植物〗a 不稔(ふねん)の, 中性の (neutral): ～ flowers 不稔花. b 果実をつけない (fruitless); 発芽しない: a ～ plant / a ～ seed. c〈シダ植物の葉が〉胞子を生じない (cf. sporophyll): a ～ leaf 裸葉. **～·ly** [-rɪ(l)li, -rə-, -raɪlli | -raɪllɪ] *adv.*

ste·ril·i·ty [stɪríləṭi, stə-, ste- | sterílətɪ, stə-, -lɪ-]〖《1426》□ (O)F *stérilité* // L *sterilitāt-em*: ⇨ ↑, -ity〗 ── *n.* 1 生殖不能症[状態], 不妊(症). 2 a 土地がやせていること, 不毛. b (思想の) 貧弱. 3 無菌(状態). 4 無効, 無益; 無結果. 5〖植物〗不稔(ふねん)性, 中性 (↔ fertility).

ster·il·i·za·tion [stèrələzéɪʃən, -lə- | -rəlaɪ-, -rɪ-, -lɪ-] *n.* 1 不妊にする[される]こと, 避妊(法); 断種(法): ～ of the unfit 不適者断種 / voluntary ～ 自発的断種. 2 不毛にすること. 3 滅菌(法), 殺菌(法), 消毒.

ster·il·ize [stérəlàɪz | -rə-, -rɪ-]〖《1695》← STERILE＋-IZE〗 ── *vt.* 1 不妊にする, 断種する: ～ the unfit 不適者を断種する. 2 a〈土地を〉不毛にする, やせさせる. b〈思想を〉興味のないものにする, つまらなくする. 3 殺菌[滅菌, 消毒]する: ～*d* milk [surgical instruments] 滅菌牛乳[消毒した手術用具]. 4 効力をなくさせる, 無効にする, むだにする.

stér·il·ìz·er *n.* 1 消毒者, 滅菌するもの. 2 滅菌装置.

sterl.《略》sterling.

ster·let [stə́ːlɪt, -lət | stə́ː-]〖《1591》□ F ～ □ Russ. *sterlyad'* ← Gmc: cf. sturgeon〗 ── *n.*〖魚類〗コチョウザメ (*Acipenser ruthenus*)《黒海・カスピ海・バルト海・北極海・オビ川・エニセイ川などに産する小型のチョウザメの一種; その肉はきわめて美味で, またそのキャビア (caviar) は最高級品とされている》.

ster·ling [stə́ːlɪŋ | stə́ː-]〖《c1300》 *sterlinge* < OE **sterling* ← *steorra* 'STAR'＋-LING¹: 銀貨に小さな星印が刻印されたものがあったことから: cf. OF *esterlin* □ Frank. **esterling* ← OF *ester* 'STATER²'〗 ── *adj.* 1 英国法定の純金[銀]を含む; 英貨の; ポンドの. ★ s., stg. と略し形式的にポンドのあとに付記する: £500 *stg.* 英貨 500 ポンド / in ～ coin of the realm 英国貨で / a ～ loan 英貨公債. 2 a〈銀が〉法定純度の《もとは純度 0.925, 今は 0.500》. b〈銀細工品が〉法定純度の銀からなる: bowls of ～ silver 純銀製の深ばち / a ～ spoon 純銀製のスプーン. 3〈性格・性質など〉真正の (genuine), 純粋な; 堅実な (sound, solid), りっぱな: a ～ article (まがい物でない)本物 / ～ sense 堅実な分別 / a sound and ～ principle 堅実な主義 / a man of ～ character りっぱな品性の人. ── *n.* 1 a 英貨 (British money). b 中世のイングランドの銀貨 (silver penny). 2 純銀(製品).

Ster·ling [stə́ːlɪŋ | stə́ːlɪŋ], **John** *n.* (1806–44) 英国の文筆家; Carlyle, Tennyson らを含む Sterling Club の主宰者.

stérling àrea [blòc] *n.* 英貨[ポンド](通用)地域《貿易決済がポンドによって行なわれる諸国; scheduled territories ともいう》.

stérling bíll *n.*〖金融〗英貨[ポンド]手形《手形金額が英貨で記載されている為替(かわせ)手形》.

stérling bónds *n. pl.*〖証券〗英貨[ポンド]払い債券, 英貨[ポンド]建て債券.

stérling exchánge *n.*〖金融〗英国あて為替(かわせ).

stern¹ [stə́ːn | stə́ːn]〖OE *styrne*, **stierne* < Gmc **sternjaz* ← IE **(s)ter-* rigid: cf. stare〗 ── *adj.* (～·er; ～·est) 1 いかめしい, 厳格な, 厳正な (severe), 苛酷な, 手厳しい (harsh), 断固たる (relentless): a ～ parent [master] 厳格な親[主人] / ～ discipline [treatment] 厳格なしつけ[厳正な扱い] / a ～ resolve 断固たる決意 / a ～ speech [rebuke] 手厳しい言葉[非難] / the ～*er* sex 男性. 2〈外観・顔つきなど〉人を寄せつけない, 恐ろしい, ものすごい; 荒涼たる: a ～ face 恐ろしい顔 / a ～ precipice 険しい断崖 / with ～ eyes 厳しい目で. 3〈事情・境遇など〉苦しい, 厳然たる, 苛酷な, 容赦しない, 仮借ない: ～ times [reality] 苦しい時[厳然たる現実]. **～·ly** *adv.* **～·ness** *n.*

stern² [stə́ːn | stə́ːn]〖《?c1225》□ ON *stjǫrn* a steering ← *stȳra* 'to STEER¹'〗 ── *n.* 1〖海事〗船尾, 艫(とも) (↔ bow, head, stem): ⇨ *from* STEM¹ *to stern* / ～ foremost＝sternforemost 1 / ～ on 船尾を向けて. 2 a 物の後部. b《口語》しり (buttocks). c (特に, 猟犬の)尾 (brush). 3《廃》a (船の)舵 (helm). b 操舵. c 政治: sit at the ～ of the State 国政をつかさどる, 政局を担当する. 4 [the S-]〖天文〗とも(船尾)座 (⇨ Puppis). ***(down) by the stern***〖海事〗船尾の喫水が船首より大で, 艫脚(ともあし)で (cf. *down by the* HEAD (1)): sink *by the* ～ 船尾から沈没する / ⇨ *be* TRIMMED *by the stern.* ***Stern all!*** ＝***Stern hard!***〖海事〗後(あと)へ《漕手に逆漕(ぎゃくそう)させる号令》.

stern- [stəːn | stəːn] (母音の前に来る時の) sterno- の異形.

Stern [stə́ːn | stə́ːn], **Isaac** *n.* (1920–) ロシヤ生れの米国のバイオリニスト.

Stern [stə́ːn | stə́ːn], **Otto** *n.* (1888–1969) ドイツ生れの米国の物理学者; Nobel 物理学賞 (1943).

sterna *n.* sternum の複数形.

ster·nal [stə́ːnḷ | stə́ː-]〖← NL *sternālis*: ⇨ sternum, -al¹〗 *adj.* 1〖解剖〗胸骨の[に関する]; 胸骨部にある: ～ biopsy 胸骨生検. 2〖昆虫〗腹板[胸板]の[に関する].

sternál ríb *n.*〖解剖〗真肋骨 (true rib).

Stern·berg [stə́ːnbəːg | stə́ːnbəːg], **Josef Von** *n.* スタンバーグ《1894–1969; オーストリア生まれで米国に住んだ映画監督》.

stern·berg·i·a [stəːnbə́ːgiə, -dʒiə | stəːnbə́ːgɪə, -dʒɪə]〖← NL ～ ← *Count Kasper M. von Sterberg* (*d.* 1838: その発見者)＋-IA¹〗 ── *n.*〖植物〗ステンベルギア属 (*Sternbergia*) の植物の総称《西アジア原産の観賞用球根植物; キバナノタマスダレ (*S. lutea*) など》.

stérn chàse *n.* 1〖海事〗真うしろからの追跡, 船尾からの追撃. 2 ＝stern chaser.

stérn chàser *n.* (追跡してくる艦船を砲撃する)艦尾砲, 反撃砲 (cf. chaser¹ 2).

stérn drìve *n.*〖海事〗スタ－ンドライブ《レジャー用ボートの一形式で, エンジンは艇内に, 推進器は艇外下部にある》.

Sterne [stə́ːn | stə́ːn], **Laurence** *n.* (1713–68) 英国の牧師・小説家; *Tristram Shandy* (1759–67), *A Sentimental Journey* (1768).

stérn fàst *n.*〖海事〗1 船尾もやいづな, 船尾係索. 2 ともつなぎ.

stérn·fóremost〖← STERN²＋FOREMOST (adv.)〗 *adv.* 1 船尾を前にして, 後退して. 2 ぶざまに (awkwardly); やっとのことで.

stérn fràme *n.*〖海事〗船尾骨材[肘材].

stérn gàllery *n.*〖海事〗(昔の木造船の)船尾展望台.

ster·nite [stə́ːnaɪt | stə́ː-]〖← STERN(UM)＋-ITE¹〗 *n.*〖昆虫〗腹板, 胸片, 胸板.

stérn knèe *n.*〖海事〗船尾曲材[肘].

stérn lìght *n.*〖海事〗船尾灯.

stérn·mòst〖← STERN²＋-MOST〗 *adj.*〖海事〗1 船尾に一番近い. 2 最後部の.

Ster·no [stə́ːnoʊ | stə́ːnəʊ] *n.*〖商標〗スターノウ《ゼラチン状のメチルアルコールとニトロセルロースから成る固形燃料の商品名; 通例缶入りで料理などに用いる》.

ster·no- [stə́ːno(ʊ) | stə́ːnə(ʊ)]〖《17C》← Gk *stérnon* chest: ⇨ sternum〗 ──「胸 (breast); 胸骨 (sternum); 胸骨と…との」の意の連結形. ★ 母音の前では通例 stern- になる.

stèrno·clavícular〖⇨ ↑, clavicular〗 *adj.*〖解剖〗胸骨と鎖骨の, 胸鎖の.

ster·no·clei·do·mas·toid [stə̀ːno(ʊ)klàɪdəmǽstɔɪd | stə̀ːnə(ʊ)-]〖← STERNO-＋Gk *kleido-*, *kleis* key＋MASTOID〗〖解剖〗 *adj.* 胸鎖乳突の. ── *n.* 胸鎖乳突筋.

stèrno·cóstal〖← STERNO-＋COSTAL〗 *adj.*〖解剖〗胸骨と肋(ろっ)骨の, 胸肋の.

stérn pòrt *n.*〖海事〗船尾の窓; 船尾(にあけてある)載貨門.

stérn·pòst *n.*〖海事〗船尾材《船尾を作る中心的骨材でプロペラや舵を支える》.

stérn shèets *n. pl.*〖海事〗船尾床板, 艇尾座 (cf. foresheet 2, sheet² 2).

stern·son [stə́ːnsṇ, -sən | stə́ːn-]〖← STERN²＋(KEEL)SON〗 *n.*〖海事〗内竜骨 (keelson) の後部末端.

stérn tùbe *n.*〖海事〗船尾管《プロペラ軸が通る船尾の管》.

ster·num [stə́ːnəm | stə́ː-]〖《1667》← NL ～ ← Gk *stérnon* chest, breast,《原義》flat and broad part (of the chest) ← IE **ster-* to spread: cf. stratum〗 ── *n.* (*pl.* ～s, **ster·na** [-nə]) 1〖解剖〗胸骨 (breastbone). 2〖動物〗(昆虫・甲殻類の)胸板, 胸片, 腹板 (sternite).

ster·nu·ta·tion [stə̀ːnjʊtéɪʃən, -njuː- | stə̀ː-]〖《1545》□ L *sternūtātiō(n-)* ← *sternūtāre* (freq.) ← *sternuere* to sneeze ← IE **(p)ster-* to sneeze《擬音語》: ⇨ -ation〗 ── *n.*〖医学〗くしゃみをすること (sneezing); くしゃみ (sneeze). ★ 日常語としては《戯言》.

ster·nu·ta·tive [stəːn(j)úːṭəṭɪv | stəːnjúːtət-] *adj.* ＝sternutatory.

ster·nu·ta·tor [stə́ːnjʊtèɪṭə, -njuː- | stə́ːnjutèɪtə(r, -njuː-]〖《1922》《逆成》↓〗 *n.* くしゃみガス; くしゃみ誘発剤.

ster·nu·ta·to·ry [stəːn(j)úːṭətɔ̀ːri, -tɔ̀ri | stəːnjúːtə-tərɪ]〖《1616》□ LL *sternūtātōri-us* ← L *sternūtātus* (p.p.): ⇨ sternutation, -ory〗 ── *adj.* くしゃみを催させる. ── *n.* ＝sternutator.

stérn wàlk *n.*《英》〖海事〗(旧式な軍艦の)張出し縁《船尾のバルコニー》.

stern·ward [stə́ːnwəd | stə́ːnwəd]〖← STERN²＋-WARD〗 *adj.* 船尾の, 後方の. ── *adv.* 船尾へ, 後部に (astern).

stérn·wards [-wədz | -wədz]〖⇨ -wards〗 *adv.* ＝sternward.

stérn wàve *n.*〖海事〗船尾波 (↔ bow wave).

stérn·wày *n.*〖海事〗(船の)後進(の運動): fetch ～〈船が〉後進を始める, 下がり出す; 後退する. ***have sternway on***〈船が〉後方に進む, 逆進する.

stérn-whéel *adj.*〖海事〗船尾外車を持った[で推進する].

stérn whèel *n.*〖海事〗船尾外車 (cf. paddle wheel).

stérn-whéeler *n.*〖海事〗船尾外車船.

stern-wheeler

ster·oid [stí(ə)rɔɪd, stér- | stíər-, stér-]〖← STE-R(OL)＋-OID〗〖生化学〗 *n.* ステロイド《ステロル・胆汁酸・男[女]性ホルモンなど脂肪溶解性化合物の総称》. ── *adj.* ステロイドの. **ste·roi·dal** [stɪ(ə)rɔ́ɪdḷ, ster- | stɪər-, ster-] *adj.*

stè·roid·o·génesis [stì(ə)rɔɪdo(ʊ)-, stèr- | stɪə-rɔɪdə(ʊ)-, stèr-]〖⇨ ↑, -genesis〗 *n.*〖生化学〗ステロイド合成.

ste·roid·o·gen·ic [stì(ə)rɔɪdo(ʊ)dʒénɪk, stèr- | stɪə-rɔɪdə(ʊ)-, stèr-] *adj.*〖生化学〗ステロイドを合成する.

ste·rol [stí(ə)rɔ(ː)l, stér-, -roʊl | stíərɒl, stér-]〖← (CHOLE)STEROL, (ERGO)STEROL, etc.〗 ── *n.*〖生化学〗ステロール, ステリン《生物体から得られる複雑な環式構造のアルコール性の固体状の類脂質》.

Ster·o·pe [stérəpìː | stéːr-]〖□ L *Steropē* □ Gk *Sterópē*〗 *n.*〖ギリシャ神話〗ステロペ《稲妻の女神; Pleiades 七姉妹の一人で Asterope とも呼ばれる》.

ster·tor [stə́ːṭə, -tɔə | stə́ːtə(r, -tɔː(r]〖← NL ～ ← *stertere* to snore: ⇨ sternutation, -or¹〗 *n.*〖病理〗(卒中などに伴う)高いびき.

ster·to·rous [stə́ːṭərəs | stə́ːtə-]〖⇨ ↑, -ous〗 *adj.* 高いびきをかく; (特に, 卒中などで)高いびきを伴う. **～·ly** *adv.* **～·ness** *n.*

Ste·sel [stjɔ́(ː)səl, stés- | stjɔ́s-, stés-; *Russ.* ʃtjéssjilj], **A·na·to·li** [ənatólʲij] **Mikhailovich** *n.* ステッセル《1848–1915; ロシヤの将軍; 日露戦争当時の旅順の司令官 (1904–05)》.

stet [stét]〖《1821》□ L ～《原義》let it stand (3rd sing. pres. subj.) ← *stāre* 'to STAND'〗 ──〖印刷〗 *v.* (**stet·ted; stet·ting**) ── *vi.* 生きる, イキ《校正刷り・原稿などで誤って消した個所をもとに戻す時の指示; 普通その個所の下に点線を打つ; 略 st.》. ── *vt.* (stet と記すか, 下部に点線を打って)〈前に消した部分を〉生かす, イキにする.

steth- [steθ, steð | steθ] (母音の前に来る時の) stetho- の異形.

steth·o- [stéθo(ʊ), stéð- | stéθə(ʊ)]〖□ F ～ ← Gk *stêthos* breast〗「胸 (chest)」の意の連結形. ★ 母音の前では通例 steth- になる.

steth·o·scope [stéθəskòʊp, stéðə- | stéθəskəʊp]〖《1820》□ F *stéthoscope* (発明者 R. Laennec の造語): ⇨ stetho-, -scope〗〖医学〗 ── *n.* 聴診器. ── *vt.* 聴診器で診察する, 聴診する.

steth·o·scop·ic [stèθəskɑ́pɪk, stèðə- | stèθəskɔ́p-]〖⇨ ↑, -ic¹〗 *adj.* 1 聴診器の[に関する]. 2 聴診法の, 聴診による. **～·ly** *adv.*

stèth·o·scóp·i·cal [-pɪkəl, -pə- | -pɪ-] *adj.* ＝stethoscopic.

ste·thos·co·py [steθɑ́skəpi, stéθəskòʊpi, -ðəs- | steθɔ́skəpɪ]〖← STETHOSCOP(E)＋-Y¹〗 *n.*〖医学〗聴診(法).

St.-Étienne [sɛ̃ː(n)teɪtjén, sæn- | -tjén; *F.* sɛ̃tetjɛn] *n.* サンテティエンヌ《フランス南東部の都市, Loire 県の首都; 人口 222,000》.

stet·son, S- [stétsṇ, -sən]〖《1902》← *John B. Stetson* (1830–1906: その考案者)〗 *n.* ステットソン帽《カウボーイがかぶるつば広で山の高いフェルト帽》.

Stet·tin [stetíːn, ʃte-; *G.* ʃtɛtíːn] *n.* シュテティーン《Szczecin のドイツ語名》.

Steu·ben [st(j)úːbən, -ben, st(j)uːbén, ʃtɔ́ɪbən | stjúːbən; *G.* ʃtɔ́ʏbən], Baron **Friedrich Wilhelm von** *n.* シュトイベン《1730–94; プロイセンの将軍; 米国独立戦争の際に米軍を援助し, 戦後米国に帰化した》.

Steve [stíːv]〖(dim.) ← STEPHEN¹〗 *n.* 男性名.

stev·e·dore [stíːvədɔ̀ə, -dɔ̀ə | stíːvədɔ̀ː(r, -vɪ-]〖《1788》□ Sp. *estivador* packer ← *estivar* to stow a cargo < L *stīpāre* to pack: cf. stiff, steeve²〗 ── *n.* 港湾労働者, 船荷積卸し人,「ステベ」(cf. longshoreman). ── *vt.* 〈船〉の荷を積み卸しする. ── *vi.* 船荷を積み卸しする.

stévedore [stévedore's] knòt *n.* 沖仲仕むすび.

Ste·ven·graph [stíːvəngræ̀f | -grɑ̀ːf, -græ̀f] 〖← *Thomas Stevens* (19 世紀米国の織工)〗 *n.* (絹による)刺繍(しゅう)絵画.

Ste·vens [stíːvənz], **Thaddeus** *n.* (1792–1868) 米国の政治家・奴隷廃止論者.

Stevens, Wallace *n.* (1879–1955) 米国の詩人; *Harmonium* (1923).

Ste·vens·graph [stíːvənzgræ̀f | -grɑ̀ːf, -græ̀f] *n.* = Stevengraph.

Ste·ven·son [stíːvənsn], **Ad·lai Ew·ing** [ǽdleɪ júːɪŋ] *n.* (1900–65) 米国の政治家; 国連大使 (1960–65).

Stevenson, Robert Louis (**Balfour**) *n.* (1850–94) スコットランド生れの英国の小説家・随筆家・詩人; しばしば R.L.S. と略称する; *Treasure Island* (1883), *A Child's Garden of Verses* (1885), *The Strange Case of Dr. Jekyll and Mr. Hyde* (1886).

ste·vi·a [stíːviə, -vjə | -vjə, -vɪə] 〖← NL ～ ← *P. J. Esteve* (*d.*1556: スペインの植物学者)〗 ── *n.* 〖植物〗 **1** ステビア《新大陸暖温帯に分布するキク科ステビア属 (*Stevia*) の植物の総称; このうち数種には配糖体のステビオシド ($C_{38}H_{60}O_{18}$) を含み砂糖よりはるかに甘い》. **2** マルバフジバカマ (white snakeroot).

stew¹ [st(j)úː | stjúː] 〖v.: 《c1400》 *stue(n), stewe(n)* 《廃》 to bathe in a hot bath ▭ OF *estuver* (F *étuver*) < VL **extūfāre* ← EX-¹ + **tūfus* hot vapor (← Gk *tûphos* vapor: ⇨ typhus). — n.: 《a1300》 *stu(we)* caldron, heated room ▭ OF *estuve* (F *étuve*) ← ? VL **extūfāre*〗 ── *vt.* **1 a** 〈食物を〉とろ火で(ゆっくり)煮る, シチューにする: ～ beef. **b** [通例 p.p. 形で]〈茶が〉振出し過ぎて濃くなる: The tea is ～*ed*. 茶が出過ぎた. **2** 《口語》気をもませる, やきもきさせる (worry) 〈*up*〉: be ～*ed up with* anxiety 不安でいらいらする / ～ oneself *into* an illness やきもきして病気になる. **3** 《古》暑い[むしむしする]所に閉じ込めておく〈*up*〉. **4** 《古》しみ込ます (imbue): ～*ed* in corruption 堕落のしみ込んだ (cf. Shak., *Hamlet* 3. 4. 93). **5** 《廃》汗びっしょりにさせる.
── *vi.* **1** とろ火で煮える, シチューになる. **2** (蒸暑い所で)汗をかく, 蒸される. **3** 《米口語》〔…に〕気をもむ, やきもきする, 心配する (fuss, worry) 〔*over, about*〕. **4** 《俗》大いに勉強する, 書物にかじりつく (swot).
stew in one's* (*own*) *juice ⇨ juice 成句.
── *n.* **1** シチュー(料理): beef ～ / oyster ～ / ⇨ Irish stew. **2** 《口語》気をもむこと, やきもき(worry), 心配 (anxiety): in a (regular) ～ やきもきして, (心配などで)いらいらして. **3 a** 異質のものの混合. **b** 暑さと渋滞の状態. **4** 《俗》くそ勉強家, がっつき屋 (swot). **5 a** 蒸し風呂用浴室. **b** 温浴. **6** 《古》**a** 売春宿 (brothel). **b** [通例 *pl.*] 赤線地帯. **c** 売春婦 (prostitute). **7** 《廃》シチュー鍋(なべ) (stewpan).

stew² [st(j)úː | stjúː] 〖《1387》 *stuwe, stewe* ▭ OF *estui* (F *étui*) case ← *estuier* to shut in, reserve, watch < ? VL **studiāre* to care for ← L *studium* 'STUDY'〗 ── *n.* **1** かき養殖場. **2** 《英》いけす (fishpond).

stew·ard [st(j)úːəd, st(j)ʊ́əd | stjʊ́əd, stjúːəd] 〖OE *stīweard, stigweard* ← *stiġ* hall, enclosure (cf. sty¹) + *weard* 'keeper, WARD'〗 ── *n.* **1** 財産管理人. **2 a** (大家で使用人を指揮し家事家政の一切を管理する)執事, 家令, 家扶, 支配人 (major-domo). **b** 《廃》(諸侯の)家老. **3 a** (組合・団体などの)事務長, 支配人 (manager). **b** (クラブ・レストランなどの)主任テーブル係, 給仕長. **4** (学校・病院などの)賄い方 (purveyor), 用度係. **5** (汽船・旅客機・列車などの)旅客係, スチュワード; 司厨員: a cabin [table] ～ 寝室[食卓]スチュワード. **6** (舞踏会・特殊な会などの)世話役, 幹事. **7** = shop steward. **8** 〖米海軍〗主計士官《将校宿舎[食卓]を預る下士官》.
── *vt.* …の steward を勤める. ── *vi.* steward をする.

stew·ard·ess [st(j)úːədɪs, st(j)úːə-, -dəs | stjʊ́ədɪs, stjúːə-, stjʊ̀ədés, stjùːə-] 〖《1631》: ⇨ ↑, ⇨ -ess¹〗 ── *n.* 女性の steward; (特に)(旅客機・列車・汽船などの)スチュワーデス.

stéward·ship 〖《15C》: ⇨ -ship〗 *n.* **1** steward の職: give an account of one's ～ 事務[会計]の報告をする. **2** 管理, 経営, 処理.

Stew·art [st(j)úːət | stjʊ́ət, stjúːət] 〖《変形》← *Steward* 'STEWARD': もと家族名: *-d* → *-t* はスコットランド方言の特徴: cf. stalwart〗 *n.* 男性名.

Stew·art [st(j)úːət, st(j)ʊ́ət | stjʊ́ət, stjúːət], **Du·gald** [dúːgəld] *n.* (1753–1828) スコットランド常識学派の哲学者.

Stewart, Henry *n.* ⇨ Lord DARNLEY.

Stéwart Ísland *n.* スチュワート島《ニュージーランド南島の南方にある島; 人口 400, 面積 1,735 km²》.

stéw·bùm *n.* 《俗》飲んだくれ, 飲んべえ (drunkard).

stewed 〖《15C》〗 *adj.* **1** (料理など)とろ火で煮た, シチューにした: ～ fruit. **2** 《俗》酔った (drunk). **3** 《俗》いらいらした, やきもきした 〈*up*〉.

stéw·pàn *n.* (長い柄のついた)シチュー鍋 (saucepan).

stéw·pòt *n.* (二つの取っ手のついた深い)シチュー鍋.

St. Ex. 《略》Stock Exchange.

St. Exch. 《略》Stock Exchange.

stg. 《略》sterling.

St. Gall [seɪntgɔ́ːl | sn̩(t)-, sən(t)-, sɪn(t)-] *n.* セントガレン: **1** スイス北東部の州; 人口 385,000, 面積 2,012 km². **2** 同州の首都; 人口 81,000.

stge. 《略》storage.

St. George's [seɪntdʒɔ́ədʒɪz, -dʒəz | sn̩(t)dʒɔ́ː-, sən(t)-, sɪn(t)-] *n.* 英領西インド諸島 Grenada 島の港市; 英領 Windward Islands の政庁所在地; 人口 8,700.

St. George's Chánnel *n.* [the ～] セントジョージズ海峡《ウェールズとアイルランドとの間の海峡で, Irish 海と大西洋とを結ぶ; 最短幅 69 km》.

St. Geórge's cróss *n.* 聖ジョージ十字《白地に赤の十字(形)で英国国旗 (Union Jack) に用いられている; 紋章では銀の地に赤》.

St. Geórge's Dày *n.* 聖ジョージの祝日《4月23日; イングランドの守護聖人 St. George を祝う日; ニュージーランドの銀行休日》.

St. Geórge's flág *n.* 聖ジョージの旗《白地に赤の十字の旗; 1277 年ごろから 1606 年までイングランド国旗として使用され, 現在では小型のものが提督旗として用いられる》.

St.-Ger·main [sɛ̃ː(n)ʒɛəmɛ̃ː(ŋ), sæ̀nʒɛəmǽŋ | -ʒɛə-; *F.* sɛ̃ʒɛʀmɛ̃] *n.* = St.-Germain-en-Laye.

St.-Germáin-en-Láye [-ɑ̃ː(n)léɪn, -ɔ̃ː(n)-, -ɑːn-, -ɔ(ː)n-; *F.* sɛ̃ʒɛʀmɛ̃nɑ̃lɛ] *n.* サンジェルマン(アン レー)《フランス Paris 付近の都市; 王城と森がある; 人口 37,000; St.-Germain ともいう》.

St. Got·thard [seɪntgɑ́ṭəd | sn̩(t)gɔ́təd, sən(t)-, sɪn(t)-] *n.* サンゴタール《フランス語名 Saint-Gothard [sɛ̃gɔtaːʀ]》: **1** スイス南部のアルプス連峰 (最高峰 3,192 m). **2** 1 を越す山道 (高さ 2,114 m); 正式には the St. Gotthard Pass. **3** この連峰下を貫くトンネル (15 km); 正式には the St. Gotthard tunnel.

St. He·le·na [seɪnṭəlíːnə, -ṭl̩-, sèɪnthəlíː- | sèntɪlíːnə, sɪnt-, sənt-, sn̩t-, -təlíː-] *n.* セントヘレナ: **1** 大西洋南部, アフリカ西海岸沖の英領の島; ここに Napoleon が流刑された (1815–21); 人口 5,100, 面積 122 km². **2** *St. Helen*, Ascension の 2 島, および Tristan da Cunha 諸島を含む英領植民地; 人口 5,100, 面積 308 km²; 首都 Jamestown.

St. Hel·ens [seɪnthélɪnz, -lənz | sn̩thél-, sənt-, sɪnt-] 〖*St. Helen* を記念して建てられた教会堂にちなむ〗 ── *n.* イングランド Merseyside 州北東部の都市; 人口 195,000.

St. Hélens, Mount *n.* 米国 Washington 州南西部, Cascade 山脈中の火山 (2,950 m); 1980 年 5 月噴火.

St. Hel·ier [seɪnthéljə | sn̩théljə(r, sənt-, sɪnt-, -lɪə(r)] *n.* 英国 Channel 諸島の Jersey 島の港市, 保養地; 人口 28,000.

Sthen·e·boe·a [sθènəbíːə] 〖▭ Gk *Sthenéboia*〗 *n.* 〖ギリシャ伝説〗ステノボイアー (⇨ Antia).

sthe·ni·a [sθɪnáɪə, sθə-, sθíːniə | sθɪnáɪə, sθíːnɪə] 〖← NL ～: ⇨ ↓, -ia¹〗 *n.* 〖病理〗力 (strength), 強壮; 過度活力 (cf. asthenia).

sthen·ic [sθénɪk] 〖← NL *sthenic-us* ← Gk *sthénos* strength: ⇨ -ic¹〗 ── *adj.* **1** 〖病理〗異常[過度]に活発な (abnormally active). **2** 強壮な, たくましい (strong). **3** 〖心理〗= pyknic.

Sthe·no [sθíːnoʊ, sθén- | -nəʊ] 〖▭ L ～ ▭ Gk *Sthenṓ*〗 *n.* 〖ギリシャ伝説〗ステノ《怪物 Gorgons の一人》.

stib- [stɪb] = stibio- の異形.

stib·i- [stɪbɪ, -bə | -bɪ] (母音の前に来る時の) stibio- の異形.

stib·i·al [stíbiəl | -bɪ-] 〖← NL *stibiāl-is*: ⇨ stibium, -al¹〗 *adj.* 〖化学〗アンチモンの(ような) (antimonial).

stib·ine [stíbiːn] 〖⇨ ↓, -ine¹〗 *n.* 〖化学〗スチビン (SbH_3) 《無色の有毒気体; antimonous hydride ともいう》.

stib·i·o- [stíbioʊ | -bɪəʊ] 〖↓〗「アンチモン (antimony)」の意の連結形. ★ 時に stibi-, stibo-, また母音の前では通例 stib- になる.

stib·i·um [stíbiəm | -bɪ-] 〖《a1398》▭ L ～ 'powdered antimony' ← Gk *stíbi, stímmi* sulfuret of antimony ▭ Egypt. *sṭm*: cf. antimony〗 *n.* 〖化学〗= antimony.

stib·nite [stíbnaɪt] 〖⇨ ↑, -ite¹ 2 a〗 *n.* 〖鉱物〗輝安鉱 (Sb_2S_3).

stib·o- [stíboʊ | -bəʊ] stibio- の異形.

stich¹ [stík] 〖《1723》▭ Gk *stíkhos* row, line of writing, verse ← *steíkhein* to march in row, to go: ⇨ stair: cf. distich, hemistich〗 *n.* (詩の)行 (verse, line).

stich² [stík] 〖▭ G ～: ⇨ stitch¹〗 *n.* 〖トランプ〗スティック《pinochle 系のある種のゲームで最後に取ったトリック (trick); 特別な得点が認められる》.

sti·cha·ri·on [stɪkáːrjə(ː)n, stə- | stɪkáːrjɒn] 〖▭ LGk *stikhárion* (dim.) ← *stikhē* tunic ← *stíkhos*: ⇨ stich¹〗 ── *n.* (*pl.* **-ria** [-rjə]) 〖東方正教会〗聖短衣, スティハリ《膝までとどく麻または絹でできた聖衣で, 西方教会の alb に相当する》.

stich·ic [stíkɪk] 〖《1864》▭ Gk *stikhik-ós*: ⇨ stich¹, -ic¹〗〖詩学〗*adj.* **1** (詩の)行の, 行単位の (cf. strophic). **2** 同一の韻律形式からなる.

sti·chom·e·try [stɪkɑ́mətri, stə- | stɪkɔ́mɪtri, -mə-] 〖《1754》← Gk *stíkhos* 'line, STICH¹' + -METRY〗 ── *n.* 行分け法《散文の行の長さを意味とリズムに応じて行に分けて書く方法; 句読点の発達しなかった時代の書記法》. **stich·o·met·ric** [stɪkəmétrɪk] *adj.*

stich·o·myth·i·a [stɪkəmíθiə | -kə(ʊ)míθɪə, -θjə] 〖《1861》▭ Gk *stikhomūthía* ← *stíkhos* (↑) + *mûthos* speech: ⇨ stich¹, -o-, myth, -ia¹〗 ── *n.* 〖演劇〗隔行対話《1 行置きに書いた対話でギリシャ戯曲に用いられた一形式》. **stich·o·myth·ic** [stɪkəmíθɪk | -kə(ʊ)-] *adj.*

stich·om·y·thy [stɪkɑ́məθi, stə- | stɪkɔ́mɪθɪ] *n.* 〖演劇〗= stichomythia.

-sti·chous [-stɪkəs, -stə- | -stɪ-] 〖← Gk *stíkhos* row, line: ⇨ stich¹, -ous〗〖生物〗「列 (row) のある」の意の形容詞連結形: *distichous*.

stick¹ [stík] 〖OE *sticca* stick, peg < (WGmc) **stikkon* (Du. *stek* slip / G *Stecken* stick) ← **stik-* to pierce (↓)〗 ── *n.* **1 a** (切り取った[折り取った, 拾い集めた]枯れた[乾いた])小枝, 木切れ, 棒切れ, 枯れ枝: cut a ～ from the hedge 垣根から小枝を切り取る. **b** [通例 *pl.*] (燃料にする)粗朶(そだ): gather dry ～*s* for the fire たきぎを集める. **c** (建築材料などにする)木, 木材; 材木, 丸太 (log) (cf. 6 a). **2 a** (自然のままの, または加工した)細長い木, 棒, さお, 軸, 柄 (wand, staff): ⇨ broomstick / a ～ of a match マッチの軸. **b** ステッキ, つえ (cane): walk with a ～. **c** 棍棒 (club); 恫喝(どうかつ)の棍棒: ⇨ big stick 1, nightstick. **d** [(the) ～] むち打ち《刑罰》: give a person *the* ～ (懲らしめに)人を打つ, 折檻(せっかん)する / He wants *the* ～. 彼は折檻してやらねばならない. **e** (音楽の)指揮棒 (conductor's baton). **f** (官職・権威の象徴としての)つえ, 官杖(じょう) (baton); 官杖を持つ人: ⇨ Gold Stick, Silver Stick. **g** [*pl.*] Aunt Sally の遊びに用いる棒; = Aunt Sally 1. **3 a** 棒[スティック]状のもの[道具]. **b** 燭台 (candlestick). **c** (バイオリンの)弓 (fiddlestick). **d** 笛 (fife, flute). **e** (ドラムの)ばち, スティック (drumstick); [*pl.*] 鼓手, ドラマー (drummer). **f** 〖自動車〗= stick shift. **g** (航空機の)操縦桿(かん) (control stick). **h** 万年筆 (fountain pen). **i** 《俗》ピストル (revolver). **4 a** 棒[スティック]状にしたもの. **b** (チョコレート・封蠟(ろう)などの)棒: a cosmetic ～ スティック状の化粧品 / ⇨ lipstick / a ～ of candy, chocolate, scaling wax, dynamite, etc. **c** 《俗》マリファナ(で作った巻き)たばこ (reefer). **5** (野菜類の食べられる)茎 (stalk): celery ～*s* / a ～ of asparagus, rhubarb, etc. **6 a** (建造物などを構成する全材料中の) 1 本の木 (cf. 1 c): every ～ (and stone) 家屋の全材料 / know every ～ and stone of the town 町の隅々まで知っている / Not a ～ was left standing. (取り壊されて)柱 1 本残っていなかった. **b** 家具の 1 点 (piece of furniture): a few ～*s* of furniture 二, 三点の家具. **7** [the ～s] 《口語》**a** 森林地 (timberland). **b** 未開の奥地 (backwoods). **c** (都会から遠い)いなか, 地方 (provinces): out in *the* ～*s* 都心から離れて. **8** 《口語》**a** [修飾語を伴って] (…な)人, やつ: a queer ～ 変なやつ / a dull [dry] old ～ わからず屋のぼくねんじん. **b** のろま, ぐず, でくのぼう. **c** 《米》(特に, 巡業ショー (carnival) で働く)さくら (shill): act as a ～. **9** [通例 *pl.*] 《俗》脚 (leg): get up on one's ～*s* 立ち上がる. **10** 《俗》波乗り板, サーフボード (surfboard). **11** 《米口語》(紅茶などに入れる)火酒の 1 滴《ブランデー・ラム酒など》: tea with a ～ in it ブランデー(など)を 1 滴入れた紅茶. **12** 〖スポーツ〗**a** (ホッケーの)スティック; [*pl.*] ハイステック《スティックを肩の高さより上に振り上げる反則行為》. **b** (ラクロス (lacrosse) の)打球具 (crosse). **c** (スキーの)ストック (ski pole); スキー. **d** (野球の)バット (bat). **e** (ゴルフの)クラブ (club). **f** (玉突きの)キュー (cue). **g** [*pl.*] 《俗》(競走用の)ハードル (hurdles). **h** [通例 *pl.*] 〖クリケット〗= stump 10 a. **i** [*pl.*] (アメリカンフットボールの)ゴール (goal). **13** 〖海事〗円材 (spar): **a** 帆柱 (mast). **b** 帆げた (yard). **14** 〖印刷〗**a** (行鋳植機の)ステッキ (composing stick); (2 インチ幅の)組活字. **b** = stickful. **15** 〖空軍〗**a** 投下弾群, 棍(こん)状投下弾群《一目標に対し 1 機から 1 列に連続投下される爆弾, またはその投下のために爆弾倉に並列された爆弾群; cf. salvo¹ 1》: a ～ of bombs. **b** 降下群《降下作戦で, 1 機の一つの口から連続的に飛び出す一群の降下隊員》.
(as) cross as two sticks ⇨ cross¹ *adj.* 4. ***a stick or [and] stone*** 無生物; 木石(漢) (cf. STOCKS *and stones*). ***beat (all) to sticks*** ⇨ beat v. 成句. ***get [have] hold of the wrong end of the stick*** ⇨ end¹ 成句. ***hold a stick to [sticks with]*** …と互角の勝負をする, 堂々と戦う. ***hop the stick*** ⇨ hop² 成句. ***in a cleft stick*** 進退きわまって (in a dilemma). ***keep a person at the stick's end*** 人を遠ざける, 人によそよそしくする. ***on the stick*** 《俗》(1) 用心して, 油断なく. (2) 活動して, 活発で: get on *the* ～ 活発にやる. ***shake a stick at*** 《米口語》…を一々数え上げる, 取り上げて言う: more…than one can *shake a* ～ *at* 数えられない[信じられない]ほど多くの…. ***the only stick left in one's hedge*** ただ一つ残った手段[方策]. ***to sticks and staves*** 粉々に; 零落して, 落ちぶれて: go *to* ～*s and staves* ばらばらになる; 瓦(が)解する.
── *vt.* **1** 〈植物などを〉棒で支える. **2** 〖印刷〗〈活字を〉ステッキに組む (compose).

stick² [stík] 〖OE *stician* ← Gmc **stik-*, **stek-* to pierce, prick (Du. *stikken* / G *sticken* to embroider; Du. *steken* / G *stechen* to stab, prick) ← IE **steig-* to stick; sharp (L *instīgāre* 'to goad, INSTIGATE' / Gk *stizein* to prick & *stigma* 'STIGMA')〗 ── *v.* (**stuck** [stʌ́k]) ── *vt.* **1 a** 〈尖った物を〉刺す, 突き刺す (pierce, stab): a knife *stuck in* the back 背中に突き立てられたナイフ / ～ a fork *into* a potato フォークをじゃがいもに刺す / ～ a pin *through* papers (綴(と)じるために)ピンを書類に刺す. **b** 〔尖った物で〕刺す, 突く〔*with*〕: ～ one's finger *with* a needle 針で指を刺す. **c** 〈人・動物などを〉刺し[突き]殺す: ～ pigs (ナイフでのどを突いて)豚を屠殺する (cf. sticker 1 b);

(インドで, 馬上から槍で突いて)いのしし狩をする (cf. pigsticking).
2 〔尖った物に〕刺しつける, 刺し止める〔*on*〕: ~ butterflies [insect specimens] 蝶(ちょう)[標本用の昆虫]をピンで刺す / ~ pieces of meat *on* a spit 肉片を串に刺す.
3 a 差し込む (insert), 突っ込む (thrust): ~ a pen *behind* one's ear 耳にペンをはさむ / ~ one's pipe *between* one's teeth パイプをくわえる / ~ candles *in* a birthday cake バースデーケーキに蠟燭(ろうそく)を立てる / ~ a rose *in* one's buttonhole ボタン穴にばらの花を挿(さ)す / ~ one's hands *into* one's pockets ポケットに手を突っ込む / ~ a few commas *in* コンマを二, 三入れる. **b** …に〔…を刺して〕つける[留める, 飾る] (set)〔*with*〕: a coat *stuck with* medals 勲章をいくつも飾りつけた上着 / a cake *stuck* (*over*) *with* almonds (一面に)アーモンドのついたケーキ / ~ a pincushion full of pins 針刺しにピンを一杯刺す. **c** 〈体の一部を〉突き出す (push, shove): ~ one's arm [chest, tongue] *out* 腕[胸, 舌]を突き出す / ~ *one's chin out* =*stick one's* NECK[1] *out* / ~ one's nose *up* (澄まして)顔をつんと上げる / ~ one's head *out of* a window 窓から頭[顔]を出す.
4 《口語》(ある場所・位置に)置く, 据える (put, place): *Stick* it *down*. それを下に置きなさい / ~ papers *in* (a drawer) 書類を(引き出しに)しまう / ~ one's hat *on* (one's head) 帽子をかぶる / Prices have been *stuck up*. 物価は上ったままだ.
5 張る, 張りつける (fasten); (接着剤などで)くっつける, 接着[固着]させる: *Stick* no bills. 《英》張り紙無用 / ~ clippings *in* a scrapbook スクラップブックに切抜きを張る / ~ labels *on* (a trunk) (トランクに)ラベルを張りつける (cf. stick-on) / ~ a stamp *on* a letter 手紙に切手を張る / The sweat had *stuck* his shirt *to* his back. 汗でシャツが背中に張りついていた / He *stuck* the broken pieces *together*. 壊れた破片をくっつけた.
6 a [通例 p.p. 形で] (くっついて)動けなくする, 立往生させる: *be stuck in* the mud [*on* a sandbank] 泥にはまって動けなくなる[砂洲(す)に乗り上げる] / We have *been stuck* here for three days by a heavy snowstorm. ひどい吹雪のために 3 日間もここに釘づけにされている. **b** 《口語》困らせる (perplex), 当惑させる (baffle): ~ a person *with* a hard question 難しい質問で人を困らせる / be *stuck for* an answer [*on* a problem] 答に詰まる[難問に閉口する] / He finds himself *stuck* for want of funds. 彼は資金不足で行き詰まっている.
7 《口語》**a** (かけで負かしたりごまかしたりして)…に代金を払わせる, 負担させる: ~ a person *for* drinks 人に酒代を出させる. **b** 〈人〉に〈代金を〉(法外に)請求する (charge): What did they ~ you *for* it? それはいくらだったい.
8 《口語》**a** [通例 p.p. 形で] 〔厄介な事・物・人などを〕…に押しつける (saddle)〔*with*〕: I *am* [*get*] *stuck with* the work. あの(面倒な)仕事を背負込まされた / This is my face and I *am stuck with* it. これだって自分の顔だからねどうしようもないよ. **b** 〔粗悪品などを〕…につかませる〔*with*〕: ~ a person *with* a counterfeit (ごまかして)人にまがい物を買わせる.
9 [通例否定・疑問構文で] 《英口語》…に耐える, こらえる (bear, stand): I can*not* ~ him [*waiting about*]. やつ[のんべんだらりと待つこと]には我慢ならない / He could *not* ~ it any longer. もはや我慢できなかった / How can you ~ that noise?
10 《俗》欺く, だます, ぺてんにかける (cheat).
— *vi.* **1** 刺さ(ってい)る: I found a nail ~*ing in* the tire. タイヤに針が刺さっていた.
2 a くっつく, 粘着する, くっついている (hold, cling): This envelope will not ~. この封筒はくっつかない / ~ close [fast]=~ like wax [a wet shirt] ぴったりくっつく / ~ *on* (a horse) しっかり馬に乗っている / The mud has *stuck to* my shoes. 靴に泥がくっついた / ~ *to* one's post 持ち場を離れない / *Stick to* [*with*] me or you may get lost. しっかりくっついていないと迷子になるぞ / ~ (*to* …) like a bur [leech, limpet] (…に)くっついて離れない / Several pages have *stuck together*. 何ページかが一緒にくっついている / We *stuck together* in negotiations. 我々は団結して交渉に当たった. **b** 〈言葉・考え・あだ名などが〉こびりつく, くっついて離れない; 〈非難・悪評などが〉なかなか消えない: an event that ~*s in* the [one's] mind 頭にこびりついて忘れられない出来事 / The nickname has *stuck to* him. そのあだ名が彼についてまわった.
3 a はまり込む, はまり込んで動かない (jam), 立往生する: This door always ~*s*. このドアはいつも引っかかる / The key *stuck in* the lock. かぎが錠前の中にはいったまま動かなくなった / The bill has *stuck in* committee. その議案は委員会でストップしている / He *stuck* after the first few lines of the poem. その詩の初めの二, 三行でつかえてしまった. **b** 〔…に〕閉口する, 当惑する〔*at*〕: I ~ *at* mathematics. 数学にはお手上げだ.
4 《口語》(じっと)とどまる (remain): ~ indoors [*at* home] うちに(じっとして)いる / ~ where one is 今いる所[今の所]にじっとしている.
5 a 〔…を〕固執する, あくまで守る, 〔…に〕忠実である〔*to, by*〕: ~ *to* a contract, decision, program, etc. / ~ *to* one's belief, promise, words, etc. / ~ *to* what one said 自分の言ったことを固執する / He never ~*s to* the point. 彼の話は必ず脱線する / He *stuck by* his first account. 最初の弁明をあくまでも翻さなかった. **b** 〔仕事などを〕着実にやる, 倦(う)まず努める; 我慢する (persevere)〔*at, to*〕: ~ *at* one's job, studies, etc. / *Stick to* [《口語》*at*] it! へこたれるな, あくまでもやり通せ / ~ *to* business 商売をこつこつやる / He ~*s to* nothing. 彼は何にでも粘りがない. **c** 〔人・国などに〕忠誠[忠実]である〔*by, to, with*〕: They *stuck by* me to the end. 最後まで私に誠意を尽くしてくれた.
6 [通例否定・疑問構文で] 〔…を〕ためらう (scruple), 躊躇(ちゅうちょ)する (hesitate)〔*at*〕: He will ~ *at nothing*. 彼はどんなことでもやりかねない (cf. stick-at-nothing).
7 突出する, 突き出る (project, protrude): His front teeth ~ *out* a little. ちょっと出っ歯だ / a branch ~*ing up out of* the water 水面から突き出ている枝.
get stuck in 《口語》勇んでかかる, 懸命にやる: *Get stuck in*! それかかれ; 気合いを入れて. ***get stuck into*** 《口語》…に本気で[気合いを入れて]かかる: *get stuck into* a job. ***make stick*** 《口語》有効とする[認める]: *make* the charges ~ 告発を有効とみなす. ***stick around*** [***about***] 《口語》近くで待つ; そばを離れない(でいる). ***stick down*** (1) ⇨ *vt.* 4. (2) 張りつける: ~ *down* (the flap of) an envelope 封筒(の折り返し)を張る. (3) 《口語》書きつける: ~ *down* a phone number 電話番号を書きつける. ***stick fast*** (1) ⇨ *vi.* 2 a. (2) 動きが取れない, 行き詰まる. ***stick in one's craw*** [***crop, gizzard***] 《口語》(1) 〈食物が〉胸につかえる, 消化しない. (2) 意に満たない, 気に食わない. ***stick it on*** 《英俗》法外な値を吹っかける. ***stick it out*** 《口語》最後までしんぼうする. ***stick out*** (*vi.*) (1) ⇨ *vi.* 7. (2) 《口語》はっきりわかる, 明瞭である (stand out) (cf. stick-out): ~ *out* like a sore thumb [《俗》a mile] 一目瞭然だ. (3) 〔…を〕あくまで要求する, 頑強に主張する〔*for*〕: ~ *out for* higher wages 賃上げをあくまで要求する. (4) 同盟罷業[ストライキ]をする (strike). (*vt.*) (1) 最後まで頑張る: ~ *out* a race [term] 競走[学期]の最後まで頑張る. (2) 言い張る, 主張する 〈*that*〉: He *stuck* (them) *out that* he was innocent. (彼らに対して)自分は潔白だと主張し続けた. (3) ⇨ *vt.* 3 c. ***stick up*** (*vi.*) 突き出る. (*vt.*) (1) ⇨ *vt.* 3 c. (2) 〈ポスター・銅像・首などを〉高い所に張りつける[設置する, さらす]. (3) 《俗》〈強盗が〉〈手を〉上げさせる (hold up); 〈列車・銀行などを〉凶器をもって襲う (cf. stickup): *Stick* 'em [your hands] *up*! 手を上げろ / ~ *up* a stagecoach, train, bank, etc. (4) 〈人〉にせがむ (solicit): ~ *up* a person *for* contributions 人にしつこく寄付を求める. ***stick up for*** 《口語》(特に) 〈不在の人〉を支持する (support), 弁護する (defend): ~ *up for* oneself [a person, one's rights] 自己[人, 自己の権利]を擁護する. ***stick up to*** (1) 《口語》…に抵抗する, 屈しない (resist): ~ *up to* a bully がき大将に負けない. (2) 《英方言》…に言い寄る (court): ~ *up to* a girl. ***stuck on*** ⇨ stuck *adj.*
— *n.* **1** 一突き (thrust). **2** ねばねばすること; 粘着物; 粘着状態. **3 a** 遅延, 行詰り: at a ~ 行詰って, 当惑して. **b** 障害, 障害物.

stick·a·bil·i·ty [stɪ̀kəbíləṭi | -lətɪ, -lɪ-] *n.* 忍耐力, 我慢強さ.

stick-at-it·ive [stɪ̀kǽṭɪṭɪv, -ṭəṭ- | -tɪt-] *adj.* 《口語》=stick-to-itive. **~·ness** *n.*

stíck-at-nòthing 〖← *stick at nothing*: ⇨ stick[2] (vi.) 6〗 *adj.* 《口語》(目的を果たすために)どんな事にも躊躇(ちゅうちょ)しない, 固く決心した (determined).

stíck·bàll *n.* 《米》スティックボール《子供が路上などで箒(ほうき)と軽いボールで行なう野球》.

stíck cándy *n.* 棒状キャンディー.

stíck dràwing *n.* 〖美術〗=stick figure.

stíck·er — *n.* **1 a** 刺す[突く]人[もの]. **b** 屠殺係. **c** (屠殺用の)先の尖った長ナイフ. **d** 《俗》(人殺しの兇器としての)刃物. **e** いが (bur), とげ (thorn). **2 a** 張る[くっつく]人[もの]. **b** 広告張り(人) (billsticker). **c** のり付き張り札, ステッカー (adhesive label). **d** 粘り強い人, 頑張り屋, こつこつやる人. **e** 接着剤. **3** 急には売れない商品, 売りはけの悪い商品. **4** 《口語》難問, 難題, 閉口させるもの (poser). **5** 〖冶金〗(鋳造の際)表面に焼きついた鋳型, またはこれを取り除く機械. **6** 〖農業〗固着剤《殺菌剤・殺虫剤などの効能を維持するために加用する; cf. spreader 1 d》.

stíck fìgure *n.* 〖美術〗棒線画《頭部を円で, 四肢体幅を直線で表わした人体[動物]図; stick drawing ともいう》. 「の組活字).

stick·ful [stɪ́kfʊ̀l] *n.* 〖印刷〗ステッキ (stick) 1 杯(分

stíck·hàndler *n.* ラクロッス[ホッケー]の選手.

stícking-pìece *n.* 《英》首の下部の牛肉.

stícking plàce *n.* **1** 足場, 落ち着く場所; ねじのきく所, ひっかかり《sticking point ともいう》. **2** (屠殺でナイフを刺し込む)首の下部の急所.
screw one's courage to the sticking place 断行の決心をする, 勇を鼓する (cf. Shak., *Macbeth* 1. 7. 60).

stícking plàster *n.* 絆創膏 (adhesive plaster).

stícking pòint *n.* **1** 問題になる条項, ひっかかる点. **2** =sticking place 1.

stíck ìnsect *n.* 〖昆虫〗ナナフシ《全体が細長い小枝のような形をしたナナフシ科とそれに近似の科の昆虫の総称》.

stíck-in-the-mùd 〖← *stick in the mud* (⇨ mud[1] n. 成句)〗 *n.* 旧弊な人, 因襲的な人; 保守的な人.

stick·it [stɪ́kɪt, -kət | -kɪt] 〖《スコット》(p.p.) ← STICK[2]〗 *adj.* 《スコット》 **1** 未完成の (unfinished). **2** 選んだ仕事で失敗した: a ~ teacher.

stíck·jàw 〖← STICK[2] (v.)+JAW[1]〗 *n.* 《英口語》口の中でくっついてかめないキャンデー[菓子].

stíck làc *n.* 〖化学〗スチックラック《カイガラムシの分泌物で, 以前はセラック製造原料として重要であった》.

stick·le [stɪ́kḷ] 〖《1530》《変形》← ME *stightle(n)* to arrange, intervene (freq.) ← *stighte(n)* < OE *stiht(i)an* to dispose, govern < Gmc **stihtan* 《原義》to place on a step (Du. *stichten* / G *stiften* to establish, found / ON *stētta* to support, establish) ← IE **steigh-* to step: cf. stair: ⇨ -le[3]〗 — *vi.* **1** (つまらない事で)しつこく論じる. **2** (大した理由もないのに)異議を唱える (demur); ためらう (hesitate).

stíckle·bàck 〖《15C》 *stykylbak* ← OE *sticel* goad, thorn (← *stician* 'to STICK[2]')+*bæc* 'BACK[1]'〗 — *n.* 〖魚類〗トゲウオ《背びれの前方に遊離棘があり紡錘形のトゲウオ科の魚類の総称; イトヨ (*Gasterosteus aculeatus*) (three spine sticleback) など; prickleback ともいう》.

stíck·ler [-klə | -lə(r)] *n.* **1** やかまし屋; きちょうめんな人, 頑固な人〔*for*〕: a ~ *for* etiquette [time] エチケット[時間]をやかましく言う人. **2** 《口語》難問, 難題 (difficult problem).

stíck·like *adj.* 棒のような(形の), スティック状の.

stíck·màn [-mæ̀n, -mən] *n.* (*pl.* **-men** [-mèn, -mən]) **1** 《米》賭博台の見張人《棒などでさい (dice) を配り, 声をかけて張らせ, さいを回収したりする雇人; cf. croupier 1》. **2** (ホッケーなどで)スティックを使う競技の選手: a good ~.

stíck-òn *adj.* (裏に接着剤が塗ってあって)ぺたっと貼りつく: a ~ label.

stíck-òut 《口語》*n.* (すぐれた才能・能力などで)目立つ人. — *adj.* 目立った (conspicuous).

stíck·pìn 〖← STICK[2]+PIN〗 *n.* 《米》タイピン《頭に飾りのある細長いピン》.

stíck·sèed 〖⇨ stick[2] (v.)〗 *n.* 〖植物〗ノムラサキ《ムラサキ科ノムラサキ属 (*Lappula*) の種子にいがのある植物の総称; 衣服にくっつく; cf. burseed》.

stíck shìft *n.* 〖自動車〗変速レバー《特に, フロアギアレバーによる手動ギア転換装置》.

stíck·tìght —*n.* 〖植物〗 **1** 種子や果実にかぎ状のトゲがあって衣服や動物に付着して運ばれる植物の総称: **a** アメリカセンダングサ (*Bidens frondosa*) 《種子のいがは衣服にくっつくと容易に取れない》. **b** タウコギ, センダングサ (bur marigold). **c** =stickseed. **2** センダングサの種子のいが.

stick-to-it·ive [stɪktúːɪṭɪv, -túːəṭ- | -túːɪt-] 〖← *stick to it* (⇨ stick[2] (vi.) 5)+-IVE〗 *adj.* 《米口語》堅く決心した, 粘り強い, 辛抱強い. 「(perseverance).

stick-tó-it·ive·ness *n.* 《米口語》頑張り, 粘り強さ

stick·um [stɪ́kəm] *n.* 《口語》粘着物, 接着剤.

stíck·ùp 〖← *stick up* (⇨ stick[2] 成句)〗 — *adj.* 〈カラーが〉立っている; 直立した: a ~ collar 立ちカラー. — *n.* **1** 立ちえり[カラー]. **2 a** 《俗》ピストル強盗 (holdup, robbery). **b** =stickup man.

stíckup màn *n.* 《米俗》ピストル強盗《人》.

stíck·wàter 〖⇨ stick[2] (v.)〗 *n.* 魚粉廃液《湿式法で魚粉を製する際に生じる悪臭のある粘性廃液; 蛋白質・ビタミンなどを含有するので家畜飼料の原料となる》.

stíck·wèed *n.* 《米》〖植物〗衣類などに種がくっつく植物の総称《ブタクサ (ragweed), キンミズヒキ (agrimony) など》.

stíck·wòrk *n.* **1 a** (ホッケー・ラクロッスなどの競技での)スティックさばき. **b** (ドラムの)ばちさばき. **2** (野球の)バッターの技量.

stick·y [stɪ́ki | -kɪ] 〖《1735》← STICK[2] (v.)+-Y[4] 4〗 — *adj.* (**stick·i·er; -i·est**) **1 a** 粘着性のある (adhesive): ~ liquid 粘液. **b** 粘る, ねばねばする, べとべとする, 粘着する; 粘着物[ねばねばした物]がついた (glutinous): ~ fingers ねばねばした指 / ~ buns. **c** 〈雪が〉解け始めた. **2** 《口語》**a** 〈天候など〉湿気の多い, 蒸す, 蒸し暑い (humid): ~ weather / a ~ day. **b** 汗で衣服が体にべとつく (clammy). **3 a** 動きの悪い. **b** 〈価格など〉変動のない. **c** 〈物が〉なかなか売れない. **d** 〈馬が〉ためらう. **e** なかなか言うことをきかない, 気難しい (particular): He is rather ~ about giving his consent. なかなかうんと言わない. **4** 《口語》**a** 難しい, 厄介な (difficult): a ~ problem 厄介な問題. **b** 不愉快な, いやな: come to [meet] a ~ end いやな[不幸な, 困った]結果になる. **5** 《口語》いやに感傷的な, 甘ったるい, べたべたする (maudlin).
stíck·i·ly [-kɪli, -kə- | -lɪ] *adv.* **stíck·i·ness** *n.*

stícky·bèak *n.* 《豪俗》せんさく好きな人.

stícky bómb [**chárge**] *n.* 〖軍事〗粘着性爆破薬, 粘着爆弾《グリースやタールのような粘着性物質でおおわれ, 装甲車両などの目標物に付着すると爆発する》.

stícky-fíngered *adj.* 手癖の悪い, 盗癖の (thievish).

stícky grenáde *n.* 〖軍事〗=sticky bomb.

stícky-hánded *adj.* =sticky-fingered.

stícky wícket *n.* **1** 〖クリケット〗雨のため地面がじめじめしていて投手が投げた球が良く弾まないピッチ (pitch) の状態. **2** 《英》困った立場: be on a ~ 苦境にある.

Stic·ta·ce·ae [stɪktéɪsiː] 〖← NL ~ ← *Sticta* (属名: ← Gk *stiktē* (fem.) ← *stiktós* spotted)+-ACEAE〗 — *n. pl.* 〖植物〗(地衣類レカノラ目)ヨロイゴケ科.

stiff [stɪf] 〖OE *stīf* < Gmc **stifaz* (Du. *stijf* / G *steif* / ON *stífr*) ← IE **stēib(h)-* to stick, compress (L *stīpāre* to compress / Gk *steibein* to tread on)〗 ― *adj.* (∼·er; ∼·est) **1 a** 曲らない, 堅い, 硬直した, こわばった (firm, rigid): a ∼ collar [shirt front, cardboard] 堅いカラー[ワイシャツの胸, 厚紙] / stand straight and ∼ 直立不動の姿勢で立っている / be frozen ∼ 凍ってこちこちである. **b** 死後硬直 (rigor mortis) した: lie ∼ in death 死んでこわばっている. **c** 〈筋肉・関節が〉柔かくない, 堅い; (寒さ・老齢・疲労のため)体がこわばった[凝った], 動かすと痛い: feel rather ∼ 体がどことなくこわばった感じがする. **d** 〈機械など〉(摩擦がきつくて)すらすらと動か[回ら]ない: a ∼ piston 堅いピストン / ∼ hinges 堅い蝶番(ちょうつがい). **e** 〈綱など〉張り切った, ぴんと張った (taut): keep a ∼ rein 手綱を引き締めておく. **f** [目的補語に用いて]《口語》きびきびした反応ができない; ひどく, すっかり《★副詞とも解される》: scare a person ∼ 人をひどくびくびくさせる / be frightened ∼ ひどく驚く / bore a person ∼ 人をひどくうんざりさせる. **2 a** 断固とした, 不屈の (resolute); 自尊心のある (proud). **b** 固執する (persistent), 頑固な, 頑強な, 強情な (obstinate, stubborn): a ∼ opposition 頑強な反対. **3** 〈戦争など〉執拗に行なわれる (pugnacious), 猛烈な, 激烈な (sharp): give a ∼ fight 激しく戦う. **4 a** 〈人間・態度・作法・行為など〉形式的な, よそよそしい, 四角張った, 堅苦しい, 改まった, しゃっちょこばった (rigidly formal): a ∼ bow [greeting, manner, carriage] 堅苦しいおじぎ[挨拶, 態度, 物腰]. **b** 〈文体・言葉など〉ぎごちない, 不自然な (unnatural, constrained): a ∼ style of writing 堅苦しい文体. **5 a** 〈風・流れなど〉強い, 激しい: a ∼ gale, breeze, etc. **b** 〈酒など〉アルコール分の多い, 強い (strong): a ∼ drink 強い酒 / a ∼ glass of grog 強いグロッグの1杯. **c** 〈薬など〉強い効力がある, よくきく (potent): a ∼ dose of medicine. **d** 強力な (powerful): a ∼ punch / take a ∼ line 強硬手段をとる. **6 a** 〈半固体など〉比較的堅い, 堅練りの (thick, viscous); 詰まった (compact), 粘りのある (tenacious): ∼ dough 堅い練り粉 / beat egg whites until ∼ 卵白が堅くなるまで強くかきまぜる. **b** 〈土など〉密質で堅い: ∼ soil 粘っこい土 / ∼ clay 堅い粘土. **7** 《俗》〔…で〕ぎっしり詰まった, いっぱいの (crowded) 〔*with*〕: The harbor is ∼ *with* craft. 港は船でいっぱいで動きがとれない. **8 a** 〈刑罰など〉厳しい (severe): a ∼ penalty, fine, sentence, etc. **b** 〈仕事・成就など〉困難な, 手ごわい, 難しい(hard), つらい(trying); 骨の折れる (laborious): a ∼ task [climb, examination] / a ∼ 'un (=one)《口語》手ごわい人《老練な競技者など》. **9** 《口語》**a** 〈物価など〉高い (dear), 法外な, 過度の (excessive): a ∼ price [tax] 高い値段[税]. **b** とんでもない, ひどい (preposterous, steep), 承知のできない: That's a bit ∼. そりゃちょいとひどい(仕打ちだ). **10** 《俗》酔った, 酔っ払った (drunk). **11** 《スコット・北英・廃》頑丈な, 強壮な, 丈夫な (sturdy), たくましい (stout). **12** 〘商業〙〈市況が〉強含みの, 強気の (bullish): a ∼ market 手堅い市況. **13** 〘海事〙〈船が〉容易に傾かない, 安定性のある (↔ crank, tender): a ∼ vessel 軽頭船.

― *adv.* ⇨ *adj.* 1 f.

― *n.* **1 a** 硬直した[堅い]もの. **b** 糊のきいた衣類《カラーなど》. **c** 《俗》死体 (corpse). **2** 《俗》**a** 融通のきかない人, 堅苦しい人. **b** 間抜け[無器用]な人 (stupid person); やつ, 男: Young big ∼! 大ばか者め. **c** 労働者 (laborer); 浮浪者; 渡り労働者 (hobo). **d** しまり屋, しみったれ (tightwad); チップをけちる人. **e** 酔っ払い (drunk). **3** 《俗》**a** 紙幣 (paper money). **b** 約束手形 (promissory note). **c** 偽造小切手. **d** 入獄者同士が取り交す短い手紙, 密書. **4** 〘競馬〙負けが明らかな出走馬, 駄馬.

― *vt.* 《俗》〈給仕人・ポーターなど〉にチップ[心付け]を出さない: get ∼*ed* チップをもらえない.

∼·ness *n.*

stíff-àrm *n., v.* 〘アメリカンフットボール〙 = straight-arm.

stíff-bácked *adj.* **1** 背中をこわばらせた, 直立不動の. **2** 強情な, 頑固な (obstinate).

stiff·en [stífən] 〖《?a1500》← STIFF (adj.) + -EN[1]〗 ― *vi.* **1** 堅くなる, こわばる, 硬直する: She ∼*ed* to attention. 傾聴しようと体を硬くした. **2** 堅練りになる, 粘りがでる. **3** 〈風・流れなどが〉強くなる. **4** 強情になる, 頑固になる, 固まる. **5** 堅苦しくなる, 四角張る, よそよそしくなる. **6** 〈物価が〉騰貴する; 〈相場が〉強含みになる, 〈市況が〉引き締まる. ― *vt.* **1** 堅くする, こわばらせる, 硬直させる: ∼ linen with starch. **2** 堅練りにする, どろどろにする: ∼ paste. **3** 頑固にする, 硬化させる; 〈決心などを〉固める: ∼ one's attitude 態度を硬化させる / ∼ one's resolve 決意を固める. **4** 堅苦しくする, 四角張らせる. **5** 〈値段を〉つり上げる, 高くする; 〈相場を〉強含みにする, 〈市況を〉引き締める. **6 a** 麻痺(ひ)させる, 不随にさせる (benumb). **b** (ボクシングで)〈相手を〉ノックアウトする (knock out). **7** 〘電気〙…の感応を増す.

stiff·en·er [-f(ə)nə | -nə(r] *n.* **1 a** 堅くする人, 固まらせる人. **b** 帽子・カラーなどの糊つけ工. **2 a** 堅くする物, 固まらせる物. **b** (えり・帯・本の表紙などの)芯(しん) (cf. buckram 1). **c** = counter[3] 3. **d** 《口語》強いアルコール飲料. **3** 〘造船〙スチフナ, 防撓(とう)材, 補強[補剛]材《stiffening bar ともいう》.

stiff·en·ing [-f(ə)nɪŋ] *n.* **1** 堅く[強固に]すること. **2** = stiffener.

stíffening bàr *n.* 〘造船〙= stiffener 2.

stíff·ish [-fɪʃ] *adj.* **1** やや堅い. **2** 〈風など〉やや強い. **3** やや堅苦しい, 形式張った. **4** 幾分難しい[つらい, 骨の折れる]. **5** 〈物価など〉かなり高い.

stíff-lámb disèase *n.* 〘獣医〙子羊の白筋病《主としてビタミンEの欠乏による子羊の筋変性症; 単に stiff lamb ともいう》.

stíff-lèg dérrick *n.* 〘建築〙定脚デリック, 足付デリック《単に stiffleg ともいう》.

stíff·ly *adv.* 堅く; がんこに; 堅苦しく.

stiff néck *n.* **1** (寝違えやリューマチなどのために)曲げると痛い首, 痛くて曲がらない首: have a ∼. **2 a** 頑固, 強情 (stubbornness): with ∼ 頑固に, 強情に (cf. *Ps.* 75: 5). **b** 頑固者, 強情者. **3** 〘医学〙**a** 項(部)硬直. **b** 斜頸(けい) (torticollis).

stiff-nécked 〖《1526》《なぞり》← Gk *sklērotrákhēlos* 《なぞり》← Heb. *qešēh 'ōreph* hard of neck〗 *adj.* **1** 首がこわばった, 首が曲がらない. **2** 頑固な, 強情な.

sti·fle[1] [stáɪfl] 〖《16C》《変形》← ME *stuf(f)le(n)* (freq.) ← OF *estouffer* (F *étouffer*) to smother < VL **extufāre* 《混成》← **extūfāre* to stew + **stuppāre* to stop: ⇨ -le[3]〗 ― *vt.* **1 a** …の息を止める, 窒息死させる (suffocate). **b** 窒息させる (smother), 息苦しくさせる: ∼ a person *with* smoke [*by* gas] 煙[ガス]で窒息させる / The atmosphere of the room ∼*d* him. その部屋の雰囲気に彼は息の詰まる思いがした. **2** 押えつける, 握りつぶす, もみ消す (repress); 抑圧する, 鎮圧する (quell, suppress): ∼ one's hopes [fears] 希望[恐怖]を押える / ∼ a complaint [rebellion] 不平[反乱]を押える / ∼ laughter 笑いを押える[かみ殺す] / ∼ a yawn あくびをかみ殺す. **3** 《古》(物をかぶせて)〈火などを〉消す (put out): ∼ fire, flame, etc. ― *vi.* **1 a** 窒息死する. **b** 息詰まるように感じる, 息苦しい. **2** 抑圧される. **stí·fler** [-flə, -flə | -flə(r, -flə(r] *n.*

sti·fle[2] [stáɪfl] 〖《c1320》← ?: cf. stiff, -le[1]〗 *n.* 〘獣医〙**1** (馬・犬の)後ひざ関節《stifle joint ともいう》. **2** 膝蓋(しつがい)骨病, ひざ関節病.

stífle bòne *n.* (馬の)膝蓋(しつがい)骨 (patella).

stífle jòint *n.* 〘獣医〙= stifle[2] 1.

stí·fling [-flɪŋ, -fl- | -fl-] *adj.* **1** 息を詰まらせるような, 窒息させるような, 息苦しい (suffocating); ∼ smoke. **2** うっとうしい, 重苦しい: a ∼ atmosphere 重苦しい空気 / ∼ formality 窮屈な礼儀. **∼·ly** *adv.*

stig·ma [stígmə] 〖《1596》□ L ∼ □ Gk *stígma* mark, brand ← *stízein* to prick, mark: ⇨ stick[2]〗 ― *n.* (*pl.* **stig·ma·ta** [stɪgmáːtə, stígmətə, stɪgmǽtə | stígmətə], *1-3* はまた ∼**s**) **1** 汚名, 汚辱, 恥辱(のしるし), 汚れ (stain): the ∼ of illegitimacy 私生児であるという汚名 / affix a ∼ to …に汚名を着せる / No ∼ rests on [attaches to] him. 彼には何の汚れもない《りっぱなのだ》. **2** 欠点[格外, 標準外など]の表示[印, 符号など]. **3** 《古》(奴隷や罪人に押した)焼印, 烙印 (brand). **4** 〘植物〙柱頭. **5** 〘動物〙**a** (昆虫類・クモ類などの)気孔, 気門 (spiracle). **b** 縁紋《翅の径脈にある不透明斑》. **6** 〘生物〙眼点《下等無脊椎動物・下等藻類などの小形光覚器官》. **7** 〘病理〙**a** (一定時にまたは精神的な刺激を受けて出血する)紅斑(はん), 出血斑. **b** スチグマ, 徴候; 身体的特徴; 精神的特徴. **8** [*pl.*] 〘カトリック〙聖痕(こん)《St. Francis of Assisi などの身体に現われたというキリストの傷と同一形状の痕跡》. **stíg·mal** [-məl] *adj.*

stig·mas·ter·ol [stɪgmǽstərɔ(ː)l, -ròul | -rɔ̀l] 〖← NL (*Physo*)*stigma* (⇨ physostigmine) + STEROL〗 ― *n.* 〘化学〙スチグマステリン ($C_{29}H_{47}OH$)《カラバルマメ (Calabar bean), 大豆等の油から得られる結晶状ステリン》.

stigmata *n.* stigma の複数形.

stig·mat·ic [stɪgmǽtɪk | -tɪk] 〖← ML *stigmatic-us* ← L *stigmat-* 'STIGMA': ⇨ -ic[1]〗 ― *adj.* **1** 焼印 (stigma) のある. **2** 不名誉な, 汚辱の (ignominious). **3** 〘カトリック〙聖痕(こん)のある. **4** 〘植物〙柱頭(状)の. **5** 〘動物〙気孔[縁紋]の. **6** 〘生物〙眼点の. **7** 〘病理〙**a** 斑(はん)点のある. **b** 出血斑の, 紅斑の; スチグマの[に関する]. **8** 〘光学〙無非点収差の. ― *n.* 〘カトリック〙聖痕を有する人. **stig·mát·i·cal·ly** *adv.*

stig·ma·tism [stígmətɪzm] 〖← L *stigmat-* 'STIGMA' + -ISM〗 ― *n.* **1** 〘カトリック〙聖痕(こん)発現. **2** 〘病理〙紅斑(はん)[出血斑]のある身体状態. **3** 〘光学〙無非点収差《光学系において, 一つの物点が一つの像点に結像されること; cf. astigmatism 2》. **4** 〘眼科〙正視(眼)《光が網膜上に正確に結像されること; cf. astigmatism 1》.

stíg·ma·tist [-tɪst, -təst | -tɪst] *n.* 〘カトリック〙= stigmatic.

stig·ma·tize [stígmətàɪz] 〖《1585》□ ML *stigmatizāre* □ Gk *stigmatízein*: ⇨ stigma, -ize〗 ― *vt.* **1** …に〔…の〕汚名を着せる; 〔…だと〕非難する, 指弾する 〔*as*〕: ∼ calmness *as* indolence 落着きを怠惰だと非難する / ∼ a person *as* a coward 人を臆病者呼ばわりする. **2** 《古》…に焼印を押す (brand). **3** 〘カトリック〙…に聖痕(こん)を生じさせる. **4** 〘病理〙…に紅斑[出血斑]を生じさせる. **stíg·ma·tìz·er** *n.* **stig·ma·ti·za·tion** [stɪgmətɪzéɪʃən, -tə- | -taɪ-, -tɪ-] *n.*

Stijl, de *n.* ⇨ de Stijl.

stilb [stɪlb] 〖← Gk *stilbē* lamp〗 *n.* 〘光学〙スチルブ《輝度の単位; 1 stilb = 1 cd. cm^{-2}》.

stil·bene [stílbiːn] 〖← *stilb-* (← Gk *stilbein* to glitter) + -ENE〗 ― *n.* 〘化学〙**1** スチルベン ($C_6H_5CH=CHC_6H_5$)《シス, トランス異性体がある》. **2** スチルベンを基本構造とする化合物の一般名.

stil·bes·trol [stɪlbéstrɔ(ː)l, -troul | -trɔl] 〖← STILB(ENE) + (O)ESTR(US) + -OL[2]〗 ― *n.* 《米》〘生化学〙**1** スチルベストロール ($C_{14}H_{12}O_2$)《結晶状合成化合物》. **2** = diethylstilbestrol.

stil·bite [stílbaɪt] 〖□ F ∼ ← Gk *stílbein* (↑): ⇨ -ite[1]〗 *n.* 〘鉱物〙束沸(ふつ)石 ($(Ca, Na_2, K_2)Al_2Si_7O_{18} \cdot 7H_2O$)《沸石 (zeolite) の一種で白色のガラスになる》.

stil·boes·trol [stɪlbéstrɔ(ː)l, -troul | -trɔl] *n.* 〘生化学〙= stilbestrol.

stile[1] [stáɪl] 〖OE *stigel* ← Gmc **stiʒla-* (OHG *stigilla* stile) ← **stiʒ-* to climb (OE *stīgan* / G *steigen*) ← IE **steigh-* to step: cf. sty[2]〗 ― *n.* **1** 踏越し段《牧場などの柵や塀などに, 人は乗り越えられるが家畜は通さないために設けた階段》. **2** = turnstile. **3** 《古》障壁 (barrier), 障害物 (obstacle).

stiles
1 wooden country stile
2 churchyard stile

stile[2] [stáɪl] 〖□ ? Du. *stijl* pillar〗 *n.* (建具などの)縦かまち (cf. rail[1] 1 c).

sti·let·to [stɪlétou, stə- | stɪlétəu] 〖《1611》□ It ∼ (dim.) ← *stilo* dagger □ L *stilus* 'STYLE[1]': ⇨ -et〗 ― *n.* (*pl.* ∼**s**, ∼**es**) **1** (幅に比べて厚い刃の)小剣, 短剣 (small dagger). **2** 小剣に似たもの; (特に, 金属または骨製の裁縫用)穴あけ器, 目打ち. **3** 《英》= spike heel. ― *vt.* 《古》小剣で刺す[殺す].

stiletto 1

stilétto hèel *n.* 《英》スチレットヒール《婦人靴の高く, スパイクヒール (spike heel) よりも細いかかと》.

Stil·i·cho [stílɪkòu, -lə- | -lɪkàu], **Fla·vi·us** [fléɪvɪəs, -vjəs | -vjəs, -vɪəs] *n.* スティリコ《359?-408; ローマの将軍・政治家となったバンダル人 (Vandal); Honorius のために処刑された》.

still[1] [stɪl] 〖*adj.*: OE *stille* < (WGmc) **stillja* (Du. *stil* / G *still*) ← IE **stel-* to be fixed, stand: cf. stall[1]. ― n.: 《?a1200》← (adj.). ― adv.: OE *stille* ← (adj.). ― v.: OE *stillan* (cog. G *stillen*) ← (adj.)〗 ― *adj.* (∼·er; ∼·est) **1** (ざわめきがなくて)静かな, 静寂な, 静かで穏やかな (silent, tranquil): a ∼ evening [night, scene] 静かな夕方[夜, 光景] / (as) ∼ as death [still, the grave] きわめて静かな / The air is perfectly ∼. そよ風一つ吹かない静けさだ / The streets were deadly ∼. 通りは気味悪いほど静かだった / *Still* waters run deep. ⇨ deep *adv.* 1. **2** 声を立てない, 話をしない, 黙した (silent): in ∼ meditation 沈思(黙考)して / The audience was ∼. 聴衆はしんとしていた / Let us keep ∼ *about* it. そのことは黙っていよう. **3** 〈声が〉低い, (声を)ひそめた (hushed), 細い (soft): ⇨ *a* [*the*] *still small* VOICE. **4** 〈心が〉平静な, 落着いた (calm): a ∼ mind. **5** 静止した, 動かない, じっとしている (motionless): stand [lie, sit] ∼ じっと立って[寝て, すわって]いる / Keep your feet ∼. 足を動かさないでいなさい. **6** 〈ぶどう酒などが〉泡立たない, 非発泡性の (cf. sparkling 3): ∼ cider, hock, lemonade, etc. **7** (映画に対して)スチール写真(用)の: a ∼ camera スチール(写真)用カメラ / a ∼ picture スチール(写真).

― *n.* **1** 《詩》静けさ, 静寂 (silence): in the ∼ of night 夜のしじまに. **2 a** (映画に対して)普通写真; (特に)(映画の)スチール(写真)《広告などに用いるフィルムの一こま; 時に特別のカメラで念入りに撮影したもの》. **b** 《口語》静物画. **3** = still alarm.

― 《文語》*vt.* 静める, 静かにする, 落ち着かす (quiet, calm); なだめる, 鎮静させる (appease, assuage), 緩和する, 和らげる (allay): ∼ a crying child 泣く子をなだめる / ∼ waves [winds] 波[風]を静める / ∼ one's appetite 食欲を満足させる / ∼ the clamors of envy やかましい嫉妬(しっと)の声を静める. ― *vi.* 静まる, 鎮静する, 凪(な)ぐ 〈*down*〉.

― *adv.* **1** まだ, なお, 今でも, 従前通り (even now, even then): He is ∼ asleep. まだ眠っている / Will you ∼ be here tomorrow? あすもまだここにいますか / He ∼ works there. 従前通りそこに勤めている / I ∼ don't like it here. まだここが気に入らない. **2** それにもかかわらず (for all that), それでも(やはり) (nevertheless). ★ しばしば接続詞的にも用いられる: He is rich, (and) ∼ he craves more. 金持だが, (それでも)まだ欲しがっている / I've never met him. *Still*, I know a lot about him. 彼には一度も会ったことはないが, それでもよく知っている. **3** [比較級を修飾して]なお(一層), もっと, なおさら (even): ∼ greater efforts = greater efforts ∼ なお一層の努力 / That's ∼ better [better ∼]. そのほうがさらによい. **4** まだその上に, さらに (besides, yet): give ∼ another example さらにもうひとつの例を挙げる. **5** 《古》**a** 常に, 絶えず (continually, always). **b** だんだん(と), ますます (increasingly).

still and all 《米口語》結局, やはり (after all, nevertheless). ***still less*** = *much* LESS. ***still more*** = *much* MORE[1].

still² [stíl] 〘n.: (〘1562〙) ← (v.). — v.: (〘?c1225〙)〘頭音消失〙 ← DISTILL〙 ── *n.* **1** 蒸留器: ⇨ patent still, pot still. **2** 蒸留酒製造所 (distillery). ── *vt.* **1** 〘まれ〙蒸留して〈火酒を〉製造する (distill). **2** 〘廃〙〈液体を〉滴下させる, 滴にしてしたたらせる. ── *vi.* **1** 〘まれ〙蒸留する (distill). **2** 〘廃〙〈液体が〉滴下する.

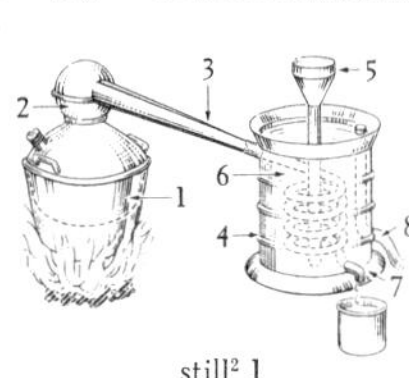

still² 1

1 boiler; 2 head; 3 tube leading to condenser; 4 condenser; 5 tube supplying cold water to condenser; 6 worm; 7 worm outlet; 8 overflow outlet

Still [stíl], **Andrew Taylor** *n.* (1828–1917) 米国の外科医; 整骨療法 (osteopathy) を創始.

stil·lage [stílɪdʒ] 〘▭Du. *stellage* scaffolding ← *stellen* to place: ⇨ -age〙 ── *n.* **1** (醸造の際に樽などを載せる)低い台. **2** (床に直接物を置くのを避けるため, または水切りなどをする時に物を載せるために用いる)物置台.

stíll alàrm *n.* 〘米〙(火災報知器でなく電話などによる)火災警報.

stíll bànk *n.* (動物や船の形をした)貯金箱.

stíll·bìrth *n.* **1** 死産 (cf. live birth). **2** 死産児.

stíll·bòrn *adj.* **1** 死んで生れた, 死産の (born dead) (cf. live-born): a ~ child. **2** 最初からうまく行かない, 不成功の (unsuccessful): a ~ drama.

still·er [stílə | -lə(r)] *n.* 〘まれ〙 =distiller.

stil·let·to [stɪlétou, stə- | stɪlétəu] *n.* (*pl.* **~s**, **~es**) =stiletto.

stíll-hùnt *vt.* 〈獲物を〉忍びねらう; (特に, 猟犬を連れずに)〈獲物〉に近づく. ── *vi.* 忍びねらいで狩猟する.

stíll hùnt *n.* 〘米〙 **1** 忍びねらいでする狩猟 (stalking). **2** 〘口語〙こっそりと追跡すること; (特に)(政治的な)暗中活躍, 裏面工作.

stil·li·form [stíləfɔ̀ːm | -lɪfɔ̀ːm] 〘← L *stilla* a drop + -I- + -FORM〙 *adj.* 水滴状の (drop-shaped).

stílling bàsin [**bòx**] *n.* 〘土木〙減勢池〘ダムの流水のエネルギーを減殺するため余水吐き水路の末端に設ける池〙.

stíll-lífe *adj.* 静物(画)の: a ~ painting [piece] 静物画.

still life 〘〘なぞり〙 ← Du. *stilleven*〙 *n.* (*pl.* **still lifes**) 〘美術〙 **1** 静物〘果物・花びんなど無生物の画題となるもの〙. **2** [*pl.*] 静物画.

stíll·man [-mən] *n.* (*pl.* **-men** [-mən, -mèn]) **1** 蒸留酒製造者. **2** (石油精製の)蒸留装置係.

stíll·ness 〘OE *stilnes*〙 ── *n.* **1** 静けさ, 静粛; 静寂; 静穏 (quiet): Her manner had a lonely ~. 彼女の態度には孤独な静けさがあった. **2 a** 音のしないこと, 無声, 沈黙 (hush, silence). **b** 音のしない所. **3** 不動, 静止 (motionlessness). **4** 〘廃〙忍耐 (patience).

stíll páck *n.* 〘トランプ〙(ブリッジなどで)二組のカードのうち使っていない方の組〘次の配り手のパートナーが切り混ぜて, 自分の右手に置く〙.

stíll·ròom *n.* 〘英〙 **1** (火酒製造の)蒸留室. **2** (大邸宅の)酒類および食品貯蔵室.

Stíll·son wrènch [stílsn-] 〘← *Daniel C. Stillson* (米国の発明家)〙 *n.* スティルソンレンチ〘pipe wrench ともいう; ⇨ wrench 挿絵〙.

stíll wáter *n.* 静水〘風浪および流れのない海面や水面〙.

still·y¹ [stíli | -lɪ] 〘(〘?a1200〙) ← STILL¹ + -Y⁴〙 *adj.* (**still·i·er**; **-i·est**) 〘詩〙〈夜など〉静かな, しんとした (quiet).

stil·ly² [stílli | -lɪ] 〘OE *stillīce*〙 *adv.* 静かに (quietly).

stilt [stílt] 〘(〘c1340〙) *stilte* ▭ ? MLG & MDu. *stelte* < Gmc **steltjōn* (Du. *stelt* / G *Stelze*) ← IE **stel-* to stand: cf. stall¹, still¹〙 ── *n.* (*pl.* **~s**, 5 ではまた ~) **1** [通例 *pl.*] 竹馬, たかあし. **2 a** 竹馬に似たもの. **b** 高い土台柱, 脚柱. **c** (原始人の, 特にその水上住宅の)長い土台棒. **3** 〘英方言〙松葉杖 (crutch). **4** 〘英方言〙すきの柄. **5** 〘鳥類〙セイタカシギ〘セイタカシギ属 (*Himantopus*) の鳥の総称; stiltbird, stilt plover, longlegs ともいう〙: ⇨ stilt sandpiper. **6** 〘窯業〙詰道具〘釉焼や上絵焼付のために画窯にかま詰めする時に用いる耐火粘土製の道具〙.

on stilts (1) 竹馬に乗って. (2) 大言壮語して, 威張った口をきいて, 大げさに.

── *vt.* 竹馬(に似たもの)に乗せる.

stílt·bìrd *n.* 〘鳥類〙 =stilt 5.

stilt·ed [-tɪd, -ṭəd | -tɪd, -təd] *adj.* **1** 竹馬に乗った. **2** 長い足をした: a ~ crane. **3 a** 誇張的な (bombastic); 誇大な, 大げさな (pompous): ~ conversation. **b** 堅苦しい, 形式ばった (stiff). **4** 〘建築〙垂脚の, 上にもち上がった: a ~ arch 上心アーチ (⇨ arch¹ 挿絵). **5** 〘製本〙〈表紙が〉大ちりの. **~·ly** *adv.* **~·ness** *n.*

Stil·ton [stíltn, -ṭən | -tn, -tən] 〘(〘1736〙) ← *Stilton* (これが初めて作られた英国 Huntingdonshire 州の村名: 〘原義〙village at a stile or ascent): ⇨ stile¹, -ton〙 ── *n.* スティルトンチーズ〘英国製の味の濃厚なチーズ; Stilton cheese ともいう〙.

stílt pètrel *n.* 〘鳥類〙グンカンドリ〘ペリカン目グンカンドリ属 (*Fregata*) の熱帯の海洋鳥の総称; 孤島の樹上または地上に木の枝で巣を作り海魚を捕食する; オオグンカンドリ (*F. minor*), アメリカグンカンドリ (*F. magnificens*) など〙.

stílt plòver *n.* 〘鳥類〙 =stilt 5.

stílt sàndpiper *n.* 〘鳥類〙セイタカシギ (*Himantopus himantopus*)〘脚の非常に長いチドリ目の鳥〙.

stílt-wàlker *n.* 〘鳥類〙 =stilt 5.

sti·lya·ga [stɪljáːgə; *Russ.* sjtjiljágə] 〘▭Russ. ~ ← *stil'* style + *yaga* fellow〙 ── *n.* (*pl.* **sti·lya·gi** [-gi | -gɪ; *Russ.* -gi]) スティリャーガ〘ソ連でヨーロッパやアメリカのビート族(beatniks), モッズ族(mods), ロック族 (rockers) の衣服・態度をまねる若者〙.

stime [stáɪm] 〘ME〘北部方言〙*styme*〘変形〙← **skime* ← Scand. (ON *skíma*)〙 ── *n.* (*also* **stim** [stím])〘スコット・アイル〙ごくわずか (particle), 一滴 (drop), 一なめ (taste), 一目 (glimpse).

Stim·son [stímsn], **Henry L(ewis)** *n.* (1867–1950) 米国の政治家; 国務長官 (1929–33).

stim·u·lant [stímjulənt] 〘(〘1772〙) ▭ L *stimulant-em* (pres.p.) ← *stimulāre* to stimulate: ⇨ stimulus, -ant〙 ── *adj.* **1 a** 刺激性の, 刺激的な. **b** 鼓舞する, 激励する (stimulating). **2** 〘生理・医学〙興奮させる (↔ depressant): a ~ drug. ── *n.* **1 a** 興奮性飲食物〘コーヒー・茶・酒など〙. **b** アルコール性飲料, 酒 (alcoholic liquor): take ~s 興奮剤を用いる; (特に)酒を飲む. **2 a** 刺激; 刺激物 (stimulus): a ~ to the economy. **b** 激励. **3** 〘生理・医学〙興奮剤, 気付け薬; 覚醒剤 (stimulant drug).

stim·u·late [stímjulèɪt] 〘(〘a1548〙) ← L *stimulāt-us* (p.p.) ← *stimulāre*: ⇨ stimulus, -ate³〙 ── *vt.* **1** 刺激する, 刺激を加える (incite): ~ a person's interest [curiosity] 興味[好奇心]を刺激する / ~ production 生産を刺激する. **2** 興奮剤[酒]で元気を出させる. **3 a** 〈人を〉激励する, 鼓舞する (spur); 〈人を〉刺激して…させる〔*to*, *into*〕: Success will ~ a man *to* further efforts. 成功は人を刺激してさらに一層の努力をさせる / ~ a person *into* activity 人を刺激して活動させる. **b** 〈人を〉刺激して〈…するように〉させる〈*to* do〉: The rise ~*d* him *to* work harder. 昇進が励みとなってますます一生懸命働いた. **4** 〈馬〉に興奮剤を与える. **5** 〘生理・医学〙〈器官などを〉興奮させる (excite): ~ (the action of) the heart 心臓を刺激する[興奮させる] / Light ~*s* the optic nerve. 光は視神経を刺激する. ── *vi.* 刺激となる, 激励となる.

stím·u·làt·er [-ṭə | -tə(r)] *n.* =stimulator.

stim·u·la·tion [stìmjuléɪʃən] 〘▭L *stimulātiō(n-)*: ⇨ stimulate, -ation〙 *n.* 刺激, 興奮; 鼓舞, 激励.

stim·u·la·tive [stímjulèɪṭɪv, -ləṭ- | -lət-, -lèɪt-] 〘← STIMULATE + -IVE〙 ── *adj.* 刺激的な, 興奮させる; 励ます, 鼓舞する: ~ measures 刺激策. ── *n.* 刺激剤. **~·ly** *adv.* **~·ness** *n.*

stím·u·là·tor 〘▭L *stimulātor*: ⇨ stimulate, -or²〙 *n.* 刺激するもの; 刺激器具.

stim·u·la·to·ry [stímjulətɔ̀ːri, -tɔ̀ːri | -lèɪtəri] *adj.* 刺激する: ~ policies 刺激政策.

stim·u·lus [stímjuləs] 〘▭L ~ 'goad, spur, incentive' ← ? IE **st(e)i-* pointed (L *stilus* 'STYLUS')〙 ── *n.* (*pl.* **-u·li** [-làɪ, -lìː]) **1** 刺激; 激励, 鼓舞: under the ~ of competition 競争に刺激されて / provide [give] a ~ to …に刺激を与える, の刺激となる / Without the ~ of poverty and ambition he would never have reached success. 貧困と野心の刺激がなかったならば彼は決して成功しなかったであろう. **2** 刺激物 (incentive); 刺激剤, 興奮剤. **3** 〘生理〙刺激, 興奮: alcoholic ~.

stímulus generalizàtion *n.* 〘心理〙刺激般化 (⇨ generalization 4 a).

stímulus-respónse *adj.* 〘心理〙(心理現象を刺激と反応との関係で説明しようとする)刺激反応の.

sti·my [stáɪmi | -mɪ] *n.*, *vt.* =stymie.

sting [stíŋ] 〘v.: OE *stingan* < Gmc **steŋʒjan* (ON *stinga*) ← IE **stegh-* to prick: cf. stag, stochastic. — n.: OE *styng* ← (v.)〙 ── *v.* (**stung** [stʌ́ŋ], 〘古〙 **stang** [stǽŋ]; **stung**) ── *vt.* **1** (昆虫の針・植物の刺毛(ɕ)などで)刺す: A bee [nettle] *stung* him. 蜂[いらくさ]が彼を刺した. **2 a** 刺すように痛ます, ひりひりさせる, ずきずきさせる: The heavy rain *stung* their faces. 大雨が彼らの顔を激しく打った. **b** (舌などに)ぴりっとした感じを与える: Pepper ~*s* the tongue. こしょうは舌にぴりっと来る. **3** (精神的に)苦悩させる, 苦しませる; 〈人の感情を〉害する: be *stung* by remorse [insult, reproaches] 自責の念[侮辱, 非難]に苦しむ / His conscience [The imputation] *stung* him. 良心[非難]が彼を苦しめた. **4** 刺激する; 駆って…させる (provoke)〔*to*, *into*〕: Anger *stung* him *to* [*into*] action. 怒りに駆られて彼は行動を起こした / be *stung* with desire 欲望に駆り立てられる. **5** [通例 p.p. 形で]〘俗〙だます (impose upon), だまし取る (swindle), 巻き上げる (fleece); 〈人〉に法外な金を払わせる: I *was stung for* a fiver. 5 ポンドたかられた. ── *vi.* **1** とげがある, 針がある; 針[とげ]で刺す, 刺す力がある: Some bees do not ~. 刺さない蜂もある. **2** 刺すように痛む, ひりひりする[痛む], ずきずき痛む: The blow made his hand ~. 打たれて彼の手はひりひり痛んだ / My tooth ~*s*. 歯がずきずき痛む. **3** 心を苦しめる, 苦悩を与える: An insult ~*s*. 侮辱は人に苦痛を与える. **4** 鋭い苦しみ[いらだち]を感じる. ── *n.* **1 a** 刺すこと. **b** 刺し傷: a face covered with ~*s* 刺し傷だらけの顔. **2** 刺すような痛み, 刺痛; 心の傷, 苦痛, 苦しみ: feel a sharp ~ 激しい刺すような痛みを感じる / the ~(*s*) of hunger 飢餓の苦しみ / the ~(*s*) of remorse 強い後悔の念 / the ~(*s*) of conscience 良心の呵責(かしゃく). **3** 刺激性; 皮肉, いやみ, 風刺, とげ: a jest with a ~ in it 風刺を含むしゃれ / have a ~ in the tail 〈話・手紙などが〉あと味が悪い, とげがある. **4** 〘動物〙針, 剣, 毒牙. **5** 〘植物〙刺毛(ɕ).

take the sting out of 〘口語〙〈失望・失敗・非難など〉の厳しさを和らげる.

sting·a·ree [stíŋ(ə)ri | -rɪ] 〘(〘1859〙)〘転訛〙← STINGRAY〙 ── *n.* 〘米・豪〙 **1** 〘魚類〙アカエイ (stingray); (特に) =round stingray. **2** スチンガレイ凧(たこ)〘アカエイに似た凧; stingaree kite ともいう〙.

stíng-bùll 〘背びれで人を刺すのにちなむ〙 *n.* 〘魚類〙ハチミシマ (*Trachinus draco*) (⇨ weever).

stíng cèll *n.* 〘動物〙 =stinging cell.

stíng·er *n.* **1 a** 刺す人[物]. **b** 刺す動物. **c** 刺毛(ɕ)のある植物. **d** (ハチの)針, 剣 (sting); (サソリの)毒牙, 剣; (アカエイの)とげ; (植物の)とげ. **2 a** 苦悶(ɕ)[苦悩]させるもの, 苦痛の種. **b** 〘口語〙いやみ, あてこすり, 皮肉; 痛烈[辛辣]な議論; 痛撃, 痛打 (severe blow). **3** 〘米〙スティンガー〘ブランデーとクレームドマント (crème de menthe) のカクテル〙.

stíng·fìsh *n.* 〘魚類〙針のようなとげがある魚類の総称: **1** =stonefish. **2** =scorpion fish.

stíng·ing 〘ME〙 ── *adj.* **1** 針を持つ, 刺す; 刺毛(ɕ)のある, とげのある. **2** 刺すように痛む[痛ませる], ずきずき[ひりひり]痛む, ずきずきさせる: a ~ blow 激打, 痛打. **3** 〈言葉など〉刺すような, 苦しめる, 悩ます; 辛辣な, 針を含んだ, 鋭い, 身にこたえる (biting): a ~ insult 身にこたえる侮辱 / a ~ tongue 毒舌, 悪口 / ~ words 剣のある言葉. **~·ly** *adv.* **~·ness** *n.*

stínging cèll [**càpsule**] *n.* 〘動物〙刺胞, 刺糸胞 (nematocyst). 「(sting).

stínging hàir *n.* 〘植物〙(イラクサなどの)刺毛(ɕ)

stínging nèttle *n.* 〘植物〙イラクサの一種 (*Urtica dioica*)〘ユーラシア原産で, 刺毛(ɕ)があり触れると痛い; sting-nettle ともいう〙.

stíng·less *adj.* とげ[針]のない.

stíngless bèe *n.* 〘昆虫〙ハリナシミツバチ〘熱帯アメリカ産ミツバチ科メリポナ属 (*Melipona*) の機能を備えていない針をもつ社会性のあるミツバチの総称〙.

stíng-nèttle *n.* 〘植物〙 =stinging nettle.

stin·go [stíŋgou | -gəu] 〘(〘a1635〙) ← STING (n.) + -O〙 *n.* (*pl.* **~s**) 〘俗〙 **1** 強いビール (strong beer). **2** 〘俗〙熱心 (zest), 気力, 元気 (vigor).

stíng·rày [-rèɪ, -ri | -rèɪ, -rɪ] *n.* 〘魚類〙アカエイ〘アカエイ科の魚類の総称; 日本近海にいるアカエイ (*Dasyatis akajei*) など; cf. fire flair〙.

stin·gy¹ [stíndʒi | -dʒɪ] 〘(〘1659〙) ← ?〘方言〙*stinge*〘異形〙← STING) + -Y⁴〙 ── *adj.* (**stin·gi·er**; **-gi·est**) **1** けち臭い, けちけちする, しみったれな, 金銭にきたない, 金を惜しむ (niggardly). **2** 少ない, わずかな; 小さい. **stín·gi·ly** [-dʒɪli, -dʒə- | -lɪ] *adv.* **stín·gi·ness** *n.*

sting·y² [stíŋi | -ŋɪ] 〘(〘c1615〙) ← STING (n.) + -Y⁴〙 *adj.* (**sting·i·er**; **-i·est**) 針[とげ]をもった; 刺す.

stink [stíŋk] 〘OE *stincan* < (WGmc) **stiŋkwan* (Du. & G *stinken*) ← ?: cf. stench〙 ── *v.* (**stank** [stǽŋk], **stunk** [stʌ́ŋk]; **stunk**) ── *vi.* **1** 悪臭を放つ; 〔…の〕いやなにおいがする〔*of*〕: ~ *of* wine 酒くさい / ⇨ *stink in a person's* NOSTRILS. **2** 不愉快である; いやに評判[受け]が悪い. **3** 〘俗〙とてつもなく悪い, 下劣である. **4** 〘俗〙〔…を〕いっぱい[腐るほど]もっている〔*of*, *with*〕: ~ *of* [*with*] money 評判の金持ちだ, 腐るほど金がある. ── *vt.* **1** 〈場所など〉に悪臭を放たせる〈*up*〉. **2** 〈場所を〉悪臭で満たす〈*out*〉. **3** 〘俗〙…の悪臭を感じる.

stink a person out 悪臭で〈人を〉追い出す.

── *n.* **1** (鼻持ちならない)臭気, 悪臭 (cf. stench): the ~ of still water 淀み水の悪臭. **2** 〘口語〙(不平・抗議などをして)世間を騒がせる出来事, 物議: raise [make, kick up] a ~ *about* [*over*] …のことで物議をかもす. **3** [*pl.*; 単数扱い]〘英俗〙(学科としての)化学 (chemistry); 自然科学 (natural science).

like stink 〘俗〙すさまじい速力で.

stink·ard [stíŋkəd | -kəd] 〘(〘c1600〙): ⇨ ↑, -ard〙 *n.* **1** 〘まれ〙鼻持ちならぬ奴, けちな人間 (mean fellow). **2** 悪臭を放つ動物; (特に) =teledu.

stink·a·roo [stìŋkərúː] 〘〘変形〙← STINKER〙 *n.* (*pl.* **~s**) 〘俗〙低俗なもの; 俗悪な映画[芝居].

stínk-bàll *n.* **1** =stink bomb. **2** =stinkpot 1.

stínk bòmb *n.* 悪臭弾〘薬品を詰めて破裂すると悪臭の出るようにした小型のもの; 昔海戦に用いた〙.

stínk·bùg *n.* カメムシ〘カメムシ科の臭気を発する各種の昆虫の総称; カメムシ (squash bug) など; shield bug ともいう〙.

stínk·er *n.* **1 a** 臭い人[動物]. **b** 悪臭を放つもの. **c** 〘鳥類〙悪臭をもつウミツバメ (petrel) の総称〘オオフルマカモメ (giant petrel) など〙. **2** 〘俗〙 **a** いやな奴, けちな奴, 卑劣な奴. **b** いやな[不愉快な, きつい]手紙(など): I wrote him a ~. 彼にいやな手紙を書いてやった. **3** 〘俗〙難事. **4** 〘俗〙低俗な芝居[映画].

stink·er·oo [stìŋkərúː] *n.* (*pl.* **~s**) =stinkaroo.

stínk·hòrn *n.* 〘植物〙スッポンタケ (*Phallus impudicus*)〘頭部の粘液に悪臭があるスッポンタケ属のキノコ〙.

stínk·ing 〘OE *stincende*〙 ── *adj.* **1** 悪臭のある, 臭い. **2** 〘俗〙鼻持ちならない, 非常にいやな, 不愉快な. **3** 〘俗〙ぐでんぐでんに酔っ払った. **4** 〘俗〙大金持ちの. ── *adv.* 〘俗〙極端に, ひどく: get ~ drunk ぐでんぐ

でんに酔う / ~ hot とても暑い. **~·ly** *adv.* **~·ness** *n.*

stínking cédar *n.* 〘植物〙イチイ科カヤ属の一種 (*Torreya taxifolia*)《葉に樹脂があり, 悪臭を放つ》.

stínking chámomile *n.* 〘植物〙=mayweed.

stínking clóver *n.* 〘植物〙=Rocky Mountain bee plant.

stínking élder *n.* 〘植物〙=bourtree.

stínking níghtshade *n.* 〘植物〙ヒヨス (henbane)《鋸歯状の葉がある》.

stínking róger 〖*roger*: ← ROGER〗 *n.* 〘植物〙= stinking nightshade.

stínking smút *n.* 〘植物病理〙(小麦などのナマグサクロボ(腥黒穂)病菌 (*Tilletia foetens* など)《胞子塊に悪臭がある》).

stink·o [stíŋkou|-kəu] 〖← STINK (v.)+-O (cf. blotto)〗 *adj.* 《俗》酔った.

stínk·pòt *n.* **1** 悪臭つぼ (stinkball)《窒息性の悪臭を放つ物質を入れた陶器のつぼ; 昔海戦で敵の艦上に投げた》. **2** 《俗》鼻持ちならぬ奴 (objectionable fellow). **3** 《米俗》モーターボート. **4** 〘動物〙=musk turtle. **5** 〘鳥類〙=giant petrel.

stínk·stòne *n.* 臭石(しゅうせき)《打ったり割ったりすると悪臭を発する各種の石》.

stínk-tràp *n.* =stench trap.

stínk·wèed *n.* 〘植物〙 **1** 悪臭のある各種の植物の総称《シロバナヨウシュチョウセンアサガオ (jimsonweed), グンバイナズナ (pennycress) など》. **2** = TREE of heaven.

stínk·wòod *n.* 材に悪臭のある各種の樹木の総称; (特に)南アフリカ産のクスノキ科の高木 (*Ocotia bullata*); stinkwood の材《工芸材》.

stink·y [stíŋki|-kɪ] *adj.* (**stink·i·er**; **-i·est**) 悪臭を放つ, いやな臭いの (stinking).

stínky·fòot *n.* 〘獣医〙腐蹄病 (foot rot).

stink·y pink·y [stíŋki-píŋki|-kɪ-píŋkɪ] *n.* 一方が語句の定義を出すと, それに韻を踏む 2 語以上の語句でその名をあらわす言葉遊びの一種《例えば foolish horse に対して silly filly と答える》.

stint[1] [stínt] 〖《15C》 *stynte* ← ?〗 *n.* (*pl.* **~s, ~**) 〘鳥類〙小型のシギ (sandpiper) の類の数種の鳥の総称《トウネンなど》.

stint[2] [stínt] 〖v.: 《?*c*1200》 *stinte(n)* to (cause to) cease < OE *styntan* to dull < Gmc **stuntjan* (ON **stynta* to shorten) ← **stunt-* 'STUNT[1]'. — n.: 《*a*1325》 ← (v.)〗 **— *vt.*** **1** 惜しむ, 出し惜しみする, 制限する, 切り詰める: He doesn't ~ his praise [money, service, food]. 称賛の言葉[金, 奉仕, 食物]を惜しまない] / ~ oneself in [of] food 食べ物を切り詰める. **2** 〈人〉に仕事を割当てる. **3** 《古》やめる (cease): ~ *doing* [*to* do]. **— *vi.*** **1** 倹約する, 乏しい給与で暮らしていく, つましく暮らす. **2** 《古》やめる, よす. **— *n.*** **1** 惜しむこと, 出し惜しみ; 制限 (limitation, restraint): without [with no] ~ 惜しみなく, 無制限に. **2** 割当て仕事 (allotted work); (仕事に)割当てられた期間: by ~ 割当て制で / do one's daily ~ 1 日分の仕事をする. **3** 《古》定量, 定額, 割当て (share): exceed one's ~. **4** 《廃》休止, 停止 (cessation, stop). **~·er** [-tə | -tə(r)] *n.* **~·ly** *adv.*

stínt·ing [-tɪŋ|-tɪŋ] *adj.* 出し惜しみする, けちけちする.

stínt·less *adj.* 惜しげない, けちけちしない; 無限の (endless); 豊かな (bountiful).

sti·on [stáɪən] 〖《混成》← ST(OCK[2])+(SC)ION〗 *n.* 〘園芸〙接木(した)植物. **sti·on·ic** [staɪɑ́nɪk | -ɔ́n-] *adj.*

stipe [stáɪp] 〖《1785》◻ F ~ ◻ L *stīpes* log, stock, tree trunk ← IE **stĕib(h)-* to compress: ⇨ stiff〗 **— *n.*** **1** 〘植物〙 **a** (シダ類の)葉柄 (petiole). **b** (キノコの)菌柄, 柄(え), 茎. **2** 〘動物〙 **a** 茎状部, 肉茎 (stalk). **b** = stipes 1. **stiped** *adj.*

sti·pel [stáɪpəl] 〖← NL *stipella* (dim.) ← *stipula* 'STIPULE'〗 *n.* 〘植物〙小托(たく)葉.

sti·pel·late [stáɪpəlèɪt, stíp-, staɪpélət, stɪ-, stə-, -lɪt, -leɪt | staɪpélət, -lɪt, -leɪt] 〖← NL *stipellat-us*: ⇨ ↑, -ate[2]〗 *adj.* 〘植物〙小托(たく)葉のある.

sti·pend [stáɪpend, -pənd] 〖《1432–50》◻ OF *stipende* ◻ L *stīpendium* tax, pay, gift ← *stips* gift, wages, alms+*pendere* to weigh, pay〗 **— *n.*** **1** (牧師・教師・役人などの)俸給, 給料 (salary). **2** (年金など, 定期に支払われる)支払金; (特に, 給費生・奨学生などの)給付金, 奨学金.

sti·pen·di·ar·y [staɪpéndièri | staɪpéndjəri, stɪp-, -dɪə-] 〖《*c*1545》◻ L *stīpendiāri-us*: ⇨ ↑, -ary〗 **— *adj.*** **1** 俸給の[に関する]. **2 a** 俸給を受ける, 俸給で働く, 有給の (paid): ⇨ stipendiary magistrate. **b** 俸給で支払われる: ~ services. **— *n.*** **1** 有給者《年金生活者, 俸給生活者など》. **2** =stipendiary magistrate. **3** 《英》有給牧師[教師].

stipéndiary mágistrate *n.* 《英》(地方の無給の治安判事に対して, 都市の)有給治安判事.

sti·pes [stáɪpiːz] 〖《1760》← NL ~ ← L *stīpes* 'STIPE'〗 *n.* (*pl.* **stip·i·tes** [stípətìːz | -pɪ-]) **1** 〘動物〙(昆虫や甲殻類の口部の)蝶咬節. **2** 〘植物〙=stipe 1.

sti·pi·form [stáɪpəfɔ̀əm | -pɪfɔ̀ːm] 〖← NL *stipiformis*: ⇨ stipe, -i-, -form〗 *adj.* 〘植物〙葉柄[菌柄]状の.

stip·i·tate [stípətèɪt|-pɪ-] 〖← NL *stipitatus*: ⇨ stipe, -i-, -ate[2]〗 *adj.* 〘植物〙〈さや (pod) など〉柄をもった[で支えられた].

stipites *n.* stipes の複数形.

stip·i·ti·form [stípəṭəfɔ̀əm|-pɪtɪfɔ̀ːm] 〖← NL *stipitiformis* ← *stipit-* 'STIPES': ⇨ -i-, -form〗 *adj.* 〘植物〙=stipiform.

stip·ple [stípl] 〖v.: 《1760–62》◻ Du. *stippelen* (freq.) ← *stippen* to speck, spot ← *stip* point ← IE **steip-* to stick: ⇨ stiff, stipe, -le[3]〗 **— *vt.*** **1** 点刻する, 点描する, 点彩する. **2** …に点々をつける, 斑点をつける. **— *n.*** **1** 点刻法, 点描法, 点彩法. **2** 点刻, 点描, 点彩. **stíp·pler** [-plə, -plə | -plə(r, -pl-] *n.*

stípple engráving *n.* 点刻法《点刻により凹版を作る方法》; 点刻[点描]印画.

stíp·pling [-plɪŋ, -pl-] *n.* **1** =stipple. **2** 〘医学〙斑点《鉛中毒などの時赤血球に発生する点状構造》.

stip·u·lar [stípjulə|-lə(r] 〖← NL *stipularis*: ⇨ stipule, -ar[1]〗 *adj.* 〘植物〙托(たく)葉(状)の; 托葉のある; 托葉に生じる.

stip·u·late[1] [stípjulèɪt] 〖《*a*1624》← L *stipulāt-us* (p.p.) ← *stipulārī* to demand a formal promise, bargain ← ? *stipula* stalk, straw: 契約が成立したとき双方でわらを折る古代ローマの風習から〗 **— *vt.*** **1** 〈契約書・条項などが〉(契約の条項[条件]として)規定する, 明記する (specify): It is ~*d* that the delivery of the goods should be effected within three months. 品物の引き渡しは 3 か月内に済ますということが明記されている / material of the ~*d* quality 契約[規定]通りの品質の材料. **2** 〈契約者の一方が〉約定の条件として要求する: He ~*d* payments in gold. 支払いは金貨で要求した / I ~ this only [nothing further]. 私はこれだけを条件とする[これ以上は要求しない]. **3** (契約などで)約束する, …の保証をする. **— *vi.*** **1** 約定する, 契約する (bargain, contract). **2** 規定する; (条件として)(…を)明記する 〔*for*〕: The contract ~*s for* the use of seasoned timber. 契約には乾燥材を用いることを明記してある. **stíp·u·là·tor** [-tə | -tə(r] *n.*

stip·u·late[2] [stípjulət, -lɪt] 〖← NL *stipulat-us*: ⇨ stipule, -ate[2]〗 *adj.* 〘植物〙托(たく)葉 (stipules) のある.

stip·u·lated [stípjulèɪtɪd, -təd | -tɪd, -təd] *adj.* 〘植物〙=stipulate[2].

stip·u·la·tion [stìpjuléɪʃən] 〖《1552》◻ L *stipulātiō(n-)*: ⇨ stipulate[1], -ation〗 *n.* **1** 約定 (agreement), 契約; 約束. **2** (契約の)明記; 条項, 条件.

stip·u·la·to·ry [stípjulətɔ̀ːri, -tɔ̀ri | -pjulèɪtəri] 〖← STIPULATE[1]+-ORY〗 *n.* **1** 契約の[に関する]. **2** 契約によって規定された: ~ obligations.

stip·ule [stípjuːl] 〖← NL *stipula* ← L 'stalk, straw': ⇨ stipe, -ule: STUBBLE と二重語〗 *n.* **1** 〘植物〙托(たく)葉. **2** 〘鳥類〙新生の羽毛 (pinfeather).

stip·u·li·form [stípjuləfɔ̀əm | -lɪfɔ̀ːm] 〖⇨ ↑, -i-, -form〗 *adj.* 〘植物〙托葉 (stipule) 状の.

stir[1] [stə́ː | stə́ː(r] 〖OE *styrian* < Gmc **sturjan* (ON *sturla* to disturb: cf. Du. *storen* / G *stören*) ← IE **twer-* to turn, whirl: ⇨ storm, turbid〗 **— *v.*** (**stirred; stir·ring**) **— *vt.*** **1** (かすかに)動かす, 揺るがす: The breeze ~*red* the lake [leaves]. そよ風が湖面[木の葉]を揺り動かした. **2 a** かき回す, かき混ぜる: ~ one's tea [coffee, soup, porridge] (*with* a spoon) (スプーンで)紅茶[コーヒー, スープ, ポリッジ]をかき混ぜる / ~ the fire (*with* a poker) (火かきで)火をかき立てる. **b** 入れてかき回す[混ぜる]: ~ *in* stock スープのもとを入れてかき混ぜる / ~ sugar *into* one's coffee コーヒーに砂糖を入れてかき回す. **3 a** 奮起させる, 覚醒(かくせい)させる, 感動させる, 興奮させる: ~ a person's blood 人の血を沸かせる / ~ the sluggish mind だらけた心を覚まさせる / *Stir* yourself! 奮起せよ; 動き[働き]なさい / The audience was ~*red* to the depths by his speech. 聴衆は彼の演説に深く感動した. **b** 〈感情などを〉起こさせる: ~ pity [sympathy] 哀れみ[同情]を起こさせる / ~ one's imagination [memories] 想像をかき立てる[記憶を呼び起こす] / ~ a person's interest [fears] 人の興味[恐怖心]をかき立てる. **4** 扇動する, 刺激する 〈*up*〉: ~ opposition (刺激して)対立を惹起する / ~ *up* sedition [trouble] 反乱[紛争]を扇動する / The news ~*red* them *to* revolt. その報道に刺激されて彼らは暴動を起こした. **5** 《古》〈問題などを〉提起する, 論題にのせる (raise): ~ a question, subject. **— *vi.*** **1 a** (かすかに)動く: Her blond hair ~*red* in the wind. 彼女の金髪が風にかすかに揺れた / Something ~*red* in the wood. 何かが森の中でちょっと動いた. **b** 身動きする, 動き出す: sit [stand] without ~*ring* じっと坐って[立って]いる / If you ~, I shoot. 動くと撃つぞ / I haven't ~*red out* (*of* the house) today. 今日は(家から)一歩も外へ出なかった. **2** (もう)起きている; 活動している; 歩き[動き]回る: Nobody in the house is ~*ring* yet. 家ではまだだれも起きていない / He is always ~*ring about* [*around*]. 年中忙しく立ち回っている (cf. stirabout 3). **3** 〈うわさなどが〉伝わる, 流れる: Is there any news ~*ring*? 何か変った話がありますか. **4** 躍動し出す, 発動する: hear the ~*ring* of spring 春の躍動が聞こえる. **5** 〈感情が〉動く, 起こる: Discontent ~*red among* them. 彼らの間に不満が起こった. **6 a** かき回す, かき混ぜる: ~ *with* a spoon. **b** 〈練り粉などが〉かき混ぜられる, よく混ざる: ~ easily [hard] よく混ざる[混ざらない]. **7** 《俗》(うわさをまき散らして)騒ぎを起こす: He enjoys ~*ring*. 騒ぎを起こして楽しんでいる.

stir up (1) よくかき混ぜる; かき立てる: ~*up* mud どろをかき回す; 不愉快な事実を明るみに出す. (2) 起こす, 引き起こす: ~ *up* discontent [controversy] 不満をかき立てる[論議を巻き起こす]. (3) 奮起させる: He wants ~*ring up*. (なまけ者だから)活を入れてやる必要がある. (4) ⇨ *vt.* 4.

— *n.* **1** (ちょっと)動く[動かす]こと, そよぎ(の音): Not a ~ was heard. こそり[そよ]ともしなかった. **2** かき回す[混ぜる]こと: give the fire [mixture] a few ~*s* 二, 三回火をかき立てる[混合物をかき混ぜる]. **3** 躍動, 発動; 活躍, 活動; ざわめき, にぎわい: full of ~ and movement ざわめき雑踏する. **4 a** 大騒ぎ, 動揺, 混乱. **b** 《古》騒動 (public disturbance), 反乱 (revolt). **5** 評判, センセーション (sensation); 興奮, 刺激: The scandal created [made] a big [great] ~ in the country. そのスキャンダルは国中の大評判となった[どえらく騒がれた].

stir[2] [stə́ː | stə́ː(r] 〖← ?《方言》*stir* porridge: 刑務所の給食からの転義か〗 *n.* 《俗》刑務所 (prison).

Stir. 《略》Stirling(shire).

stír·abòut 〖← *stir about* (⇨ stir[1])〗 **— *n.*** **1** 《英》ポリッジ (porridge) の一種《水または牛乳でオートミールまたはコーンミール(トウモロコシ粉)をかき回しながら煮るかゆ状の食物》. **2** 騒ぎ, 騒動. **3** 忙しく立ち回る人. **— *adj.*** 忙しく立ち回る, 活動的な.

stír cràzy *adj.* 《俗》刑務所生活で[長く監禁されて]頭が変になった.

stirk [stə́ːk | stə́ːk] 〖OE *stirc* ← Gmc **sterka-* (MDu. *sterke* / G *Sterke* young cow) ← IE **ster-* barren: ⇨ sterile〗 **— *n.*** 《英》 **1** (特に, 1 歳以上 2 歳以下の)雄牛[雌牛]. **2** ばか.

stír·less *adj.* 動かない, そよともしない, 静かな. **~·ly** *adv.* **~·ness** *n.*

Stir·ling [stə́ːlɪŋ | stə́ː-] 〖← Gael. *Sruthlinn* river pool〗 **— *n.*** **1** スコットランド Central 州東部の都市で旧 Stirlingshire 州の首都; Forth 河畔の港市で有名な王城がある; 人口 30,000. **2** =Stirlingshire.

Stírling's fórmula [stə́ːlɪŋz-| stə́ː-] 〖← *James Stirling* (1692–1770: スコットランドの数学者)〗 **— *n.*** 〘数学〙スターリングの公式《階乗の値の近似値を与える公式》.

Stir·ling·shire [stə́ːlɪŋʃɪə, -ʃə | stə́ːlɪŋʃə(r, -ʃɪə(r] *n.* スコットランド中央部の旧州, 現在は Central 州・Strathclyde 州の一部; 面積 1,168 km²; 首都 Stirling.

Stir·ner [ʃtíənə | ʃtíənə(r; G. ʃtírnɐ], **Max** *n.* シュティルナー (1806–56; ドイツの哲学者; 個人主義的無政府主義を主張).

stirp [stə́ːp | stə́ːp] 〖《1502》← L *stirp-* 'STIRPS'〗 **— *n.*** **1** 《まれ》=stirps. **2** 〘生物〙遺伝素《受精の際に父母から受精卵中に入り, その後の細胞分裂に従って体細胞と生殖細胞中に分かれて移り, 前者はその個体の発育や形態形成に関与し, 後者は次代への遺伝を支配すると考えられたもの; cf. gene》.

stirpes *n.* stirps の複数形.

stir·pi·cul·ture [stə́ːpəkʌ̀ltʃə | stə́ːpɪkʌ̀ltʃə(r] 〖← L *stirp-* 'STIRPS'+-I-+CULTURE〗 *n.* 優良種養殖. **stir·pi·cul·tur·al** [stə̀ːpəkʌ́ltʃ(ə)rəl | stə̀ːpɪ-] *adj.*

stir·pi·cul·tur·ist [stə̀ːpəkʌ́ltʃ(ə)rɪst, -rəst | stə̀ːpɪkʌ́ltʃərɪst] *n.* 優良種養殖家.

stirps [stə́ːps | stə́ːps] 〖◻ L ~ 'stock, stem, lineage': cf. torpid[1]〗 **— *n.*** (*pl.* **stir·pes** [stə́ːpeɪs, -piːz | stə́ːpiːz, -peɪz]) **1** 血統 (stock), 一族 (family), 家系. **2** 〘法律〙先祖. **3** 〘動物〙上科に相当する動物群. **4** 〘植物〙植物の系統[固定化した変種].

stir·rer [stə́ː(r)ə | stə́ːrə(r] 〖《*c*1390》 *stirer*〗 **— *n.*** **1 a** かき混ぜる人. **b** 活動家. **c** 大騒ぎする人. **d** 扇動者. **2 a** (飲物をかき混ぜるための通例長い柄の先にスプーンのついた)攪拌(かくはん)用具, スプーン型マドラー. **b** 攪拌器[装置].

stir·ring [stə́ː(r)ɪŋ | stə́ːr-] 〖OE *styringe* (n.), *styrende* (pres.p.)〗 **— *n.*** **1** かき回す[混ぜる]こと, 攪拌(かくはん). **2** 動くこと, 活動. **3** 〈心・感情などの〉動き, 動揺: feel ~*s* of affection 愛情の発露を感じる. **— *adj.*** **1 a** 人を動かす, 感動させる; 人の血を沸かすような, 壮快な. **b** 鼓舞する, 奮起させる. **c** 世間を騒がす, 大評判となる: a ~ event 人騒がせな事件 / a ~ speech 人心を鼓舞する演説. **2** 活発な, 活躍する, 忙しく立ち回る, 忙しい, 多忙な; 繁忙な, 目の回るような, 雑踏する: a ~ city, business, life, etc. / ~ times 騒がしい時世. **~·ly** *adv.*

stir·rup [stə́ː(r)əp, stír- | stír-] 〖OE *stigrāp* ← Gmc **stiʒ-* to climb (⇨ stile[1], sty[2])+**raipaz* 'ROPE': cf. MDu. *steegereef* / G *Stegreif* / ON *stigreip*〗 **— *n.*** **1** 〘馬具〙鐙(あぶみ), 鐙がね《乗馬の際足を掛ける金具; stirrup iron ともいう; ⇨ saddle 挿絵》: have one's feet in the ~*s* 鐙に足をかける. **2 a** 鐙状のもの. **b** 鐙革, 力革 (stirrup leather): lengthen [shorten] one's ~*s*. **c** 鐙形の道具[部分]《自転車の空気入れの足先を入れて踏む所など》. **d** (cross bow の)鐙《矢をつがえる時に片足で踏み押える所》. **3** 〘海事〙鐙綱《帆げたに付けた渡り綱をつる垂直の短索》. **4** 〘建築〙 **a** 箱金物, 鐙金物《垂木(たるき)などを受ける》. **b** (鉄筋コンクリートに用いる)スターラップ, 肋鉄筋, 帯筋《鉄筋に対して直角(に近い角度)に配置する鉄筋》. **5** 〘解剖〙鐙(あぶみ)骨, 鐙(とう)骨 (stapes)《stirrup bone ともいう》.

hold the stirrups (1) 〔…の〕鐙を押える 〔*of, for*〕. (2) 〔…の〕手下となって働く, 〔…に〕仕える 〔*of, for*〕.

stírrup cùp *n.* **1** 出で立ちの杯《昔, 出発しようとする馬上の人に進めたもの》. **2** 別れの杯.

stírrup ìron 〖《15C》〗 *n.* 〘馬具〙=stirrup 1.

stírrup lèather 〖ME〗 *n.* (鐙(あぶみ)をつる)鐙革, 力革 (⇨ saddle 挿絵).

stírrup pùmp *n.* 消火用の手押しポンプ《一端をばけつに入れ, 鐙(あぶみ)状の踏み台を足で踏み押えて手で水を押し出すポンプ》.

stírrup stràp *n.* =stirrup leather.

stish·ov·ite [stíʃəvàɪt] 〚← *S. M. Stishov* (20 世紀のソ連の鉱物学者) + -ITE¹〛 ── *n.* 〘結晶〙スティショバイト《超高圧下で作った高密度のシリカの結晶; 後に隕石孔で見出され, 命名された》.

stitch¹ [stíʧ] 〚OE *stiċe* prick, puncture, pain in the side < Gmc **stikiz* (OS *stiki* prick / G *Stich* sting, stitch / Goth. *stiks* point) ← **stik-* 'to STICK²'. ── v.: (?*a*1200) ← (n.): ただし n. 1 の意味は v. から〛 ── *n.* **1 a** (縫い物・刺繍・傷口の縫合などの)一針, 一縫い, 一かがり, 一編み; 一針[縫い, かがり, 編み]の糸; 針目, 縫い[編み]目: drop a ~ (編み物で)一針[一目]落とす / make small [long] ~*es* 針目を小さく[長く]縫う / put a ~ in a garment 衣服を一針縫う / rip out ~*es* 縫い目をほぐす / take up a ~ 一針縫う, 一目かける / If one ~ gives, the rest will. 一目ほころびると他はみなほぐれる / A ~ in time saves nine. 《諺》適当な時に一針縫えばあとで九針の労が省ける,「きょうの一針あすの十針」. **b** (外科の縫合の)一針: put [take] nine ~*es* in one's head 頭の傷を 9 針縫う / take out the ~*es* (傷の)糸を抜く, 抜糸する. **c** 〘外科〙縫合 (cf. surture 3). **2** かがり方, 縫い方, 編み方, ステッチ, 刺し方: learn a new ~ / ⇨ buttonhole stitch, cross-stitch, herringbone stitch, lockstitch. **3 a** (布・衣服の)僅かの部分, 切れ端: every ~ of clothes 衣服全部 / have not a ~ on 身に一糸もまとわない, 丸裸である / without a ~ (of clothes) on one's back 背中をまる出しにして / I have not a dry ~ on me. 私はずぶぬれだ. **b** [a ~ of として通例否定構文で] きわめて少し, ごく僅か: He wouldn't do *a* ~ *of* work. 彼は指一つ動かそうとはしなかった. **4** (肋(ろく)間やわき腹などに急に起こる)激痛, さし込み; 側胸痛: I feel a ~ in my side. わき腹が痛む. **5** [通例前に限定詞を伴って]〘製本〙綴(と)じ《折丁ごとでなく, 全体を一まとめにして綴(と)じる》: ⇨ double stitch, saddle stitch 2, side stitch.

in stitches 《口語》(お腹が痛くなるほど)笑いこけて, 笑いが止まらないで: be *in* ~*es* 抱腹絶倒する. ***stitch by stitch*** 一針[一縫い]ずつ; 少しずつ(着実に).

── *vt.* **1 a** 縫う; 縫いつづる; 縫い綴じる ⟨*up*⟩: ~ (*up*) a rent ほころびを縫う, 縫い繕う. **b** 縫い飾る, 縫い取りする, 刺繍する ⟨*up*⟩. **2** (縫うように)射撃する. **3** 〘製本〙(綴(と)じ穴を糸などで)綴じる ⟨*up, together*⟩ (cf. sew¹ *vt.* 4). ── *vi.* **1** 縫う, 縫い綴じる. **2** 縫うように進む[動く].

~·er *n.*

stitch² [stíʧ] 〚(転用)? ← ME *sticche* piece < OE *styċċe* fragment < Gmc **stukkjam* (Du. *stuk* / G *Stück*): ⇨ stock²〛 ── *n.* 《英方言》**1** 道のり, 距離 (distance): a good ~ かなり遠い道. **2** (時の)間, 時間 (space of time): for a ~ しばらくの間.

stitch·er·y [stíʧ(ə)ri | -ri] *n.* 針仕事, 裁縫 (needlework).

stítch·ing *n.* **1** 縫い合わせる[綴(と)じる]こと. **2** [集合的] 連続した[一列の]縫い目. **3** (縫うことによる)修繕[繕い].

stítch rìvet *n.* 〘土木〙綴(と)じ合わせリベット.

stítch·wòrk *n.* 刺繍(しゅう) (embroidery).

stítch·wòrt 〚(*c*1265): stitch¹ (n.) 4, wort²: わき腹のさし込みに対する薬効から〛 ── *n.* 〘植物〙ハコベ《ナデシコ科ハコベ属 (*Stellaria*) の植物の総称; chickweed ともいう》.

stith·y [stíði, -θi | -ði] 〚(1295) *stethy, stiþy* ▭ ON *steði* anvil < Gmc **staðjon* ← **stā-* 'to STAND': cf. stead: 今の形は SMITHY との連想〛 ── *n.* **1** 鉄床(かなとこ), 鉄敷(かなしき) (anvil). **2** 《古・詩》かじ場, かじ屋の仕事場 (forge). ── *vt.* 《廃》⟨鉄などを⟩鍛える (forge).

sti·ver [stáɪvə | -və(r)] 〚(1502) ▭ Du. *stuiver* < MDu. *stūver* small coin, 《原義》fragment ← Gmc **stuf-*: cf. stub¹〛 ── *n.* **1** スタイバー《オランダ・ベルギー低地諸国とドイツ諸邦の 16 世紀中頃以降の通貨》. **2** 少額; ほんの少し, 少量: have not a ~ びた一文持たない / lose every ~ one possesses 持ち金をすっかりなくす / not worth a ~ 一文の価値もない / do not care a ~ ちっともかまわない.

St. James's [sèɪntʤéɪmz | sn(t)-, sən(t)-, sɪn(t)-] *n.* = St. James's Palace.

St. Jámes's Cóurt *n.* =COURT of St. James('s).

St.-Jámes's-flòwer *n.* 〘植物〙アフリカ Cape Verde 諸島特産で紫色または黄色の花をつけるマメ科ミヤコグサ属の植物 (*Lotus jacobaeus*).

St. Jámes's Pálace *n.* セントジェームズ宮殿《London の Buckingham Palace の近くにある; Henry 八世から Victoria 女王の即位に至るまでの王宮; 今なお英国宮廷は公式にはこの宮殿にあるためその別名として用いる; 単に St. James's ともいう》.

St. Jámes's Párk *n.* セントジェームズパーク《London にある公園; 元来 Henry 八世の造営した御苑(ぎょえん)で, 王政復古期には貴族や上流人士が日ごとに集まり盛観を呈した》.

St. John [sèɪntʤɑ́n | sn(t)ʤɔ́n, sən(t)-, sɪn(t)-] *n.* **1** カナダ南東部の New Brunswick 州, St. John 川の河口 Fundy 湾に臨む港市; 人口 89,000. **2** [the ~] 米国 Maine 州とカナダの国境地方を流れて Fundy 湾に注ぐ川 (673 km). **3** 米国領 Virgin 諸島の中の一島; 人口 1,800, 面積 52 km².

St. John [síndʒən, sèɪntdʒɑ́n | síndʒən], **Henry** *n.* ⇨ Bolingbroke.

St. John [sèɪntdʒɑ́n | sn(t)dʒɔ́n, sən(t)-, sɪn(t)-], **Lake** *n.* セントジョン湖《カナダ南東部, Quebec 州の湖; 面積 970 km²》.

St. Johns [sèɪntdʒɑ́nz | sn(t)dʒɔ́nz, sən(t)-, sɪn(t)-] *n.* [the ~] 米国 Florida 州北東部を貫流して大西洋に注ぐ川 (459 km).

St. John's [sèɪntdʒɑ́nz | sn(t)dʒɔ́nz, sən(t)-, sɪn(t)-] *n.* **1** カナダ Newfoundland 島南東端にある港市で同州の首都; 人口 89,000. **2** 西インド諸島 Antigua 島の港市で, 同島および英領西インド諸島国家連合 (West Indies Associated States) の首都; 人口 25,000.

St. Jóhn's Dày [sèɪntdʒɑ́nz- | sn(t)dʒɔ́nz-, sən(t)-, sɪn(t)-] *n.* 聖ヨハネの祝日《6 月 24 日; ⇨ Midsummer Day》.

St.-Jóhn's-wòrt 〚魔よけや薬用として St. John (the Baptist) 祭の前夜にこの草をつむことから〛 ── *n.* 〘植物〙北半球寒帯に生えるオトギリソウ属 (*Hypericum*) の植物の総称《セイヨウオトギリ (*H. perforatum*) など; 黄色の花をつける; cf. Klamath weed, ROSE² of Sharon (3)》.

St. Jóseph [sèɪnt- | sn(t)-, sən(t)-, sɪn(t)-] 〚開拓者 Joseph Robidoux がその名の聖徒にちなんで命名〛 ── *n.* 米国 Missouri 州北西部, Missouri 河畔の都市; 人口 78,000.

St. Jóseph's-wánd *n.* 〘植物〙米国北西部産ゴマノハグサ科イワブクロ属の植物 (*Pentstemon acuminatus*).

St. Júlian cróss [sèɪnt- | sn(t)-, sɪn(t)-, sən(t)-] *n.* 〘紋章〙聖ジュリアン十字《各先端が十字になった X 字形十字; cf. cross-crosslet》.

stk. 《略》stock.

St. Kitts [sèɪntkíts | sn(t)-, sən(t)-, sɪn(t)-] *n.* =St. Christopher.

st.l. 《略》〘数学〙straight line.

S.T.L. 《略》*L.* Sacrae Thelogiae Licentiatus (=Licentiate of Sacred Theology).

St. Lau·rent [sɛ̃:(ŋ)lɔːrɑ́:(ŋ), -rɔ́:(ŋ), sæ̀ŋlɔːrɑ́:ŋ, -rɔ́(:)ŋ; *F.* sɛ̃lɔrɑ̃], **Louis** (**Ste·phen**) [*F.* stivɛn] *n.* サンローラン《1882–1973; カナダの政治家; 首相 (1948–57)》.

St. Láwrence [sèɪnt- | snt-, sənt-, sɪnt-] 〚↓〛 *n.* [the ~] カナダ南東部の川; Ontario 湖に発し五大湖の水を St. Lawrence 湾に注ぐ (1,223 km).

St. Láwrence, the Gulf of 〚Jacques Cartier が 1535 年 8 月 10 日, ローマの殉教聖徒の名にちなんで命名〛 ── *n.* セントローレンス湾《カナダ南東部, St. Lawrence 川と Newfoundland の間の湾》.

St. Láwrence Séaway *n.* [the ~] セントローレンス水路《St. Lawrence 川と運河とによって大西洋と五大湖を連結する米国・カナダ共同開発の大水路 (3,769 km); 広義には大西洋と五大湖を結ぶ水路の総称》.

St. Láwrence skíff *n.* =skiff 2.

St. Leg·er [sèɪntléʤə | sntléʤə(r), sənt-, sɪnt-] 〚創設者の名にちなむ〛 ── *n.* [the ~] 〘競馬〙セントレジャー《英国五大競馬の一つ; イングランドの Doncaster で毎年 9 月, 明け 4 歳馬によって行なわれる; 距離 $1^1/_2$ マイル; St. Leger 大佐により 1776 年創設; cf. classic races 1, triple crown 3》.

St. Lou·is¹ [sèɪntlúːɪs, -lúːəs | sntlúɪs, sənt-, sɪnt-, -lúːɪs] 〚*Louis IX* にちなんでフランス人移住者が命名〛 ── *n.* 米国 Missouri 州東部, Mississippi 河畔の港市; 人口 883,000.

St. Lou·is² [sɛ̃:(n)luːíː, sæ̀n-; *F.* sɛ̃lwi] *n.* サンルイ《アフリカ西部, Senegal 北西部, Senegal 川の河口の港市で, もと仏領西アフリカ (French West Africa) Senegal 植民地の首都; 人口 75,000》.

St. Lóuis encephalítis 〚1933 年に米国の *St. Louis* で大発生したことから〛 *n.* 〘病理〙セントルイス型脳炎.

St. Lóuis schòol *n.* 〘哲学〙セントルイス派《19 世紀後半アメリカ超越主義の影響を受けて新ヘーゲル派的立場を擁護した, 米国 Missouri 州 St. Louis を中心とする一群の哲学者》.

St. Lu·cia [sèɪntlúːʃə | sntlúːʃə, sənt-, sɪnt-] *n.* セントルシア《Windward 諸島の一島; 英領西インド諸島国家連合 (West Indies Associated States) に属したが, 1979 年独立; 人口 101,000, 面積 616 km²; 首都 Castries [kæstríː, kɑ́ːstriːs]》.

St. Lúcia's Dày [sèɪntlúːʃə-, -ʃiə-, -siə- | sntlúːsjə-, sənt-, sɪnt-, -sɪəz-] 〚← *Santa Lucia* (283?–303: Diocletian 帝の迫害の時に殉教したといわれる)〛 ── *n.* 聖ルチアの祝日, 殉教者処女ルチアの祝日《12 月 13 日》.

St. Lu·cie chérry [sèɪntluːsíː- | snt-, sənt-, sɪnt-] 〚← ? *St. Lucie* (↑)〛 *n.* 〘園芸〙=mahaleb.

St. Lúke's Dày *n.* 聖ルカの祝日《10 月 18 日》.

St. Lúke's líttle súmmer *n.* =St. Luke's summer.

St. Lúke's súmmer *n.* 《英》(10 月の)小春日和 (cf. Indian summer).

S.T.M. 《略》*L.* Sacrae Theologiae Magister (=Master of Sacred Theology); *L.* Scientiae Theologiae Magister (=Master of Theology).

St. Ma·lo [sɛ̃:(ŋ)məlóu, sæ̀ŋ- | sn(t)mɑ́ːləu, sən(t)-, sɪn(t)-; *F.* sɛ̃malo] *n.* サンマロ《フランス北西部, Brittany の St. Malo 湾に臨む保養地; 人口 47,000》.

St. Malo, the Gulf of *n.* サンマロ湾《フランス北西部, イギリス海峡に面する湾》.

St. Mark's [sèɪntmɑ́əks | sn(t)mɑ́ːks, sən(t)-, sɪn(t)-] *n.* 聖マルコ寺院《イタリアの Venice にある大聖堂》.

St. Mártin's Dày *n.* 聖マルティヌスの祝日《11 月 11 日; ⇨ Martinmas》.

St. Mártin's súmmer *n.* 《英》(11 月の)小春日和 (cf. Indian summer).

St. Mar·y·le·bone [sèɪntmǽ(ə)rɪləbóun | sn(t)mǽərɪləbəun, sən(t)-, sɪn(t)-] 〚旧名 *Maryborne* (聖母マリヤを記念した教会堂にちなむ) を 'Mary the good' と解した通俗語源による変形〛 ── *n.* London 北西部の旧自治区; 現在は City of Westminster の一部.

St. Mar·ys [sèɪntmé(ə)riz | sn(t)méərɪz, sən(t)-, sɪn(t)-] 〚A. Creel がこの川のほとりで聖母マリヤの幻を見たことにちなむ〛 ── *n.* [the ~] Superior 湖に発し米国とカナダの国境を流れて Huron 湖に注ぐ川 (101 km) (⇨ Sault Ste. Marie 1).

St. Márys Fálls Canáls *n. pl.* [the ~] セントマリーズフォールズ運河《St. Marys 川の急流を迂回する 3 本の運河; 2 本が米国所有, 1 本がカナダ所有》.

St.-Mi·chel [sɛ̃:(m)miːʃél, sæ̀m-; *F.* sɛ̃miʃɛl] *n.* サンミシェール《カナダ Quebec 州南西部, Montreal 島の都市; Montreal の郊外; 人口 72,000》.

St.-Mi·hiel [sæ̀ŋmiːjél; *F.* sɛ̃mijɛl] *n.* サンミエル《フランス北東部, Meuse 河畔の町; 第一次大戦の戦跡 (1918)》.

St. Mónday *n.* ⇨ Saint Monday.

St. Mo·ritz [sèɪntmɔ́rɪts, -mo(ʊ)-, -mɔ́ːrɪts, -mɔ́ːr- | sn(t)mɔ́rɪts, sən(t)-, sɪn(t)-; *F.* sɛ̃mɔrits] *n.* サンモリッツ(山)《スイス南東部の保養地, スキー・スケートの名所 (標高 1,822 m); 人口 5,700》.

sto·a [stóuə | stə́uə] 〚▭ Gk *stoá* ← IE **stā-*: ⇨ stand〛 ── *n.* (*pl.* **sto·ae** [stóuiː | stə́u-], **~s**) **1** 〘ギリシャ建築〙ストア, 柱廊, 歩廊, 回廊 (portico)《柱列のある細長い独立建造物; 背後は壁になり柱列の前方は広場に向かう遊歩場または集会場として用いる》. **2** [the S-] **a** Zeno が学を講じたアテネのストア. **b** ストア哲学(派) (cf. Stoic, porch 3).

stoat¹ [stóut | stə́ut] 〚(*c*1460) *stot(e)* ← ?〛 ── *n.* (*pl.* **~s, ~**) 〘動物〙ストート: **1** 特に夏期に毛が褐色になるイタチ (weasel). **2** 夏期に赤褐色になるオコジョ (ermine).

stoat² [stóut | stə́ut] 〚← ?〛 *vt.* (縫い目が見えないように)⟨裂目・布のふちを⟩縫う, 縫い合わせる, くける.

stóat·ing [-tɪŋ | -tɪŋ] 〚↑〛 *n.* 〘服飾〙2 枚の布の端を折ってつきあわせ, 表から見えないようにとじるステッチ.

stob [stɑ́(ː)b | stɔ́b] 〚ME: 《変形》← STUB¹〛 *n.* 《方言》**1** 柱, 杭 (post). **2** (特に, 小木・低木の)切り株 (stump).

stoc·ca·do [stəkɑ́ːdou | -dəu] 〚(1582) ▭ It. *stoccata* ← *stocco* point of sword ← Gmc: ⇨ stock, -ado〛 ── *n.* (*also* **stoc·ca·ta** [stəkɑ́ːtə | -tə]) (*pl.* **~s**) 《古》(剣などでの)突き, 突き刺し (stab).

sto·chas·tic [stəkǽstɪk | stə-, stə-] 〚▭ Gk *stokhastikós* ← *stokházesthai* to aim at, guess ← *stókhos* target, pointed pillar ← IE **stegh-* to prick, point: cf. sting〛 ── *adj.* **1** 当てずっぽうの. **2** 〘統計〙確率(論)的な; 推計の: a ~ process 確率過程 / ~ limits 推計限度 [限界]. **sto·chás·ti·cal·ly** *adv.*

stochástic indepéndence *n.* 〘数学〙確率的独立《二つの確率事象が独立であること》.

stochástic mátrix *n.* 〘数学〙確率行列《マルコフ連鎖の状態から状態への推移確率を要素とする行列》.

sto·chas·tics [stəkǽstɪks | stə-, stə-] 〚⇨ -ics〛 *n.* 〘社会学〙推計学, 推測統計学.

stock¹ [ʃtɑ́k, stɑ́k | ʃtɔ́k, stɔ́k; G. ʃtɔ́k] 〚▭ G ~ (↓)〛 *n.* (スキーヤーの使う)ストック (stick) (cf. alpenstock).

stock² [stɑ́k | stɔ́k] 〚OE *stoc(c)* < Gmc **stukkaz* (Du. *stok* / G *Stock* stick, cane) ← IE **(s)teu-* to push, strike: cf. stub, stucco, stump〛 ── *n.* **1 a** (木の)幹 (trunk); (植物の)茎 (main stem) (cf. root¹ 1, branch). **b** 根茎 (rootstock). **c** (接ぎ木の)台木. **d** (枝などを切り取る)親木, 親株. **e** 《古》(木の)切株 (stump). **f** 《古》丸太, 木片 (log). **2 a** 無生物のもの, 木石: ⇨ STOCKS *and stones.* **b** ばか, でくのぼう. **3 a** 支える構造, 台座. **b** (種々の器具・機械などの)台木, 台: the ~ of an anvil [a plane] 鉄床(かなとこ)[かんな]の台. **c** (小銃・機関銃などの)銃床 (gunstock) (cf. fore-end 2, butt³ 1 b; ⇨ rifle¹ 挿絵). **d** [*pl.*] (蹄鉄を打つ時などに牛馬などをくくりつける)枠. **e** [*pl.*] さらし台, さらし枷(かせ)《足を差し込む二つの穴のあいた厚板で, 昔罪人の足をはさんでさらし物にした刑具; cf. pillory 1》: sit in the ~*s* さらし台にさらされる. **f** (建造中・修理中に船を乗せておく)船台, 造船台: ⇨ *on the* STOCKS. **g** (車輪の)こしき (hub)《輻(や)の集まる中心部》. **4 a** 柄[棒]状のもの. **b** (鞭・釣竿の)柄. **c** (鍬(くわ)の)柄. **d** (錐(きり)の)まわし柄 (bitstock). **e** (錨(いかり)の)横木, こうがい, ストック (⇨ anchor 挿絵). **5 a** 血統, 家系 (lineage); 家柄 (family): come [be born] of a good [noble, Puritan] ~ りっぱな[高貴な, ピューリタンの]家柄である / a person of Irish ~ アイルランド系の人. **b** 先祖, 始祖. **6 a** 貯蔵, 貯え: lay in a ~ of coal 石炭を買い込む / The squirrel puts away a ~ of nuts for the winter. リスは冬のためにくるみを貯え

stocks 3 e

る / a contribution to the common ～ of knowledge 知識の共同資産への寄与 / a great ～ of knowledge [learning] 知識[学問]の貯え, 蘊(うん)蓄. **b** 仕入れ[仕込み]品, 持合わせ品, 在庫品; 在荷, ストック: keep a large ～ of toys 大量の玩具の在荷を持合わせている / in [out of] ～ 持ち合わせて[品切れで] / have [keep] ...in ～ ...を持ち合わせている, ...の在庫がある. **7** [集合的] **a** (農場での)資産; 家畜: ⇨ farm stock / fat ～ 畜殺用[食肉用]家畜 / a farm to be sold with the ～ 家畜付き売農場. **b** (鉄道などの)車両: ⇨ rolling stock / railway ～ 鉄道車両. **8 a** 株式資本 (capital stock). **b** 株式, 株 (shares): railway ～s 鉄道株 / a common [《英》an ordinary] ～ 普通株 / ～ speculation 株式投機 / ⇨*stop a* STOCK / The ～ is in £100 shares. その株式は1株の額面100ポンドである. **c** 株券 (stock certificate). **d** 《英》公債, 国債: a ～s and share broker 公債株式ブローカー. **e** 《古》(貸借に用いられた)割符 (tally). **9 a** (人間の)評価,「株」; 評判: His ～ with his students is low. 学生間の彼の評価は低い / His ～ is rising [falling]. 彼の株が上がって[下がって]きた / ⇨*take* STOCK *of* (1). **b** 信用: ⇨*take* STOCK *in* (3). **c** 《口語》関心 (interest): ⇨ *take* STOCK *in* (2). **10 a** 原料: soap [paper] ～ 石鹸[製紙]原料. **b** (スープ・ソースの土台となる肉・魚・野菜の)煮出し汁: fish ～ / meat ～. **11** (18-19世紀に流行した紳士用の)幅広のネックバンド (neckband), ストックタイ《首に巻いて襟元の装飾とした》. **12** [*pl.*] 《英》(外壁用の)上質れんが: malm ～ マーム白れんが. **13** = stock car 2. **14** 《方言》ストッキング (stocking). **15** 『人類学』 **a** 系株《人種の大別上用いられる; 通例 Caucasoids, Mongoloids, Negroids, Australoids に分ける》. **b** 人種 (race); 種族 (tribe). **16** 『言語』語系; 語族. **17** 『生物』 **a** 群体, 群落, 群住 (colony) (cf. clone 2). **b** 微生物の株. **18** 『植物』アラセイトウ《アブラナ科アラセイトウ属 (*Matthiola*) の植物の総称》; (特に) = Brampton stock: ⇨ stock gillyflower. **19** 『地質』岩株(がんしゅ). **20** 『トランプ』 **a** 山札, 積み札, めくり札《場札や手札を配り終えたあとに残った札; 場の中央に積んで, 必要に応じて使う; cf. widow 3》. **b** 《俗》いかさま師が積みこんだ特定の札. **21** 『ドミノ』山牌, 積札 (⇨ boneyard 3). **22** 『演劇』 **a** = stock company 2. **b** (stock company が演じる)演芸種目 (repertoire). **23** 『製紙・印刷』 **a** (ある種類の)紙: glossy ～ 光沢紙 / heavy ～. **b** 在庫紙. **c** (紙などの)原料: paper ～ 故紙原料. **24** 『簿記』 **a** 店卸(たなおろし)資産 (inventories); 在庫品. **b** 株式 (share). **25** 『金属加工』ストック《棒材からの切断素材》. **26** 『カトリック』聖油納器.

stock[2] 11

lock, stock, and barrel ⇨ lock[2] *n.* 成句. ***on the stocks*** (1) 〈船が〉建造中で[の]. (2) 計画[考案]中で[の]: have a book *on the* ～*s* 計画中[執筆中]の本がある. ***put stock in*** = *take* STOCK *in* (3). ***stocks and stones*** (1) 木石(ぼくせき), 無生物 (cf. 2 a). (2) 無感覚な人人, 無情な人たち. ***stop a stock*** 『証券』〈取引所のスペシャリストが〉一定銘柄の一定株数の株式を現在の値段で後程買う[売る]ことを保証する. ***take stock*** 在庫調べをする, 店卸(たなおろし)をする (cf. stocktaking). ***take stock in*** (1) 〈...会社〉の株を買う. (2) 《口語》...に関心を持つ. (3) ...を信用する: *take* little ～ *in* miracles 奇跡をほとんど信用しない. ***take stock of*** (1) 〈自分の立場・見込みなど〉を評価する, 鑑定する. (2) 《口語》物珍らし[おもしろ]そうに〈人を〉詮索する, つくづく[よくよく]眺める (scrutinize).

— *attrib. adj.* **1 a** 持ち合わせの, 在荷[庫]の; 主要な: ～ articles 在荷. **b** (会社の)仕入れ係[在庫品係]の: a ～ clerk. **2 a** (常に在庫のあることから)標準の: ～ sizes in boots 靴の標準サイズ. **b** 普通の, 平凡な, ありふれた, 陳腐な, 古臭い: ～ examples, jokes, arguments, remarks, etc. / a ～ phrase 決まり文句. **3 a** 家畜飼育(用)の: ⇨ stock farming. **b** 家畜用の: a ～ train 家畜輸送列車 / ⇨ stockcar. **c** 繁殖用の: a ～ mare. **4 a** 株の: ⇨ stock list. **b** 《英》公債[国債]の. **5** 『演劇』座付きの, 座付き劇団の: a ～ play / ⇨ stock company 2.

— *adv.* [複合語の第1構成素として] すっかり: ⇨ stock-still.

— *vt.* **1** ...に柄[台, 台木, 銃床など]をつける: ～ a rifle 銃に銃床をつける / two plows ～*ed* to one frame 一つの枠に取り付けた二つの鋤(すき). **2 a** 仕入れる, 仕込む; (在庫品として)もっている: ～ cheap goods / The shop is well-*stocked*. あの店には品物がたくさんある[充実している]. **b** 貯蔵する, 取って置く, 貯える: Wine is ～*ed* all the year round. ぶどう酒は年中貯蔵されてある. **3 a** 〈農場など〉に家畜を入れる: ～ a farm 農場に家畜を入れる. **b** ...に〔...を〕供給する, 備える〔*with*〕: a garden ～*ed with* rare trees 珍しい樹木の多い庭園 / a mind well-*stocked with* information よくいろいろなことを知っている人 / ～ a lake *with* fish 湖水に魚を放つ. **4** 〈土地〉に〔...の〕種をまく〔*with*〕: ～ land *with* clover. **5** 〈家畜を〉はらませる. **6** 《廃》〈罪人を〉さらし台にかける (cf. *n.* 3 e). — *vi.* **1 a** 仕入れる, 仕込む〈*up*〉: ～ *up* for the holiday trade 休暇売出しの仕入れをする. **b** 貯える〈*up*〉: ～ *up* with necessities 必需品を貯える / ～ *up on* food 食料を買いだめする. **2** 〈植物が〉若枝を生じる. **3** 『獣医』〈馬の足が〉腫れる, 膨れる.

stóck accòunt *n.* 《英》『簿記』貯蔵品勘定, (材料・製品・商品などの)在庫品勘定.

stock·ade [stɑkéɪd | stɔ-] 〚(1614) □ F 《廃》*estocade* □ Sp. *estacada* ← *estaca* stake (← Gmc: ⇨ stake[1]) + *-ada* '-ADE'〛 — *n.* **1** (とがり杭を立て並べて作った)防御柵, 砦柵(さいさく)《米国 New England の初期植民者たちがインディアンの襲撃に備えて築いたもの》. **2** (家畜や捕虜などを収容するために棒杭を立てて作った)囲い. **3** 防波堤用の柵[杭]. **4** 《米》『軍事』刑務所, 営倉 (prison). — *vt.* ...に柵[囲い]をする, 砦柵をめぐらす; 柵で防ぐ.

stock·a·teer [stɑ̀kətíə | stɔ̀kətíə(r)] *n.* 《俗》(通例押し売り的な)いんちき証券ブローカー.

stóck bòok *n.* **1** = stores ledger. **2** = studbook. **3** 『郵趣』(切手を入れる)ストックブック.

stóck·brèeder *n.* 牧畜業者.

stóck·brèeding *n.* 牧畜, 畜産(業).

stóck·bròker *n.* 株式仲買人 (cf. stockjobber).

stóck·bròkerage *n.* = stockbroking.

stóck·bròking *n.* 株式仲買(業).

stóck·càr *n.* 《米》(鉄道の)家畜(運搬)車.

stóck càr *n.* ストックカー: **1 a** 市販用にストックしてある通常の自動車. **b** 市販の車種を改造して競走に用いられる乗用車: a ～ racing. **2** = stockcar.

stóck certìficate *n.* **1** 《米》株券 (《英》share certificate). **2** 《英》国債証書.

stóck còmpany *n.* **1** 《米》株式会社. **2** 『演劇』レパートリー劇団《通例自己所有の劇場で上演する劇団; ⇨ repertory company》.

stóck dìvidend *n.* 『証券』株式配当, 株券配当《利益配当を現金配当 (cash dividend) でなく, 自社の新株をもってする配当》.

stóck dòve 〚(c1340) *stokdowe*: 木の幹の穴に住むことから〛 *n.* 『鳥類』ヒメモリバト (*Columba oenas*)《ヨーロッパ産の最も普通のカワラバト属の野生バト》.

stóck·er *n.* **1** 貯蔵[仕入れ]する人. **2** (市場に出すために)肥育した子牛 (cf. feeder 2 b). **3** 牧畜業者. **4** = stock car 1.

stóck exchànge *n.* **1** 株式取引所. **2** 株式仲買人組合.

stóck fàrm *n.* 牧畜場.

stóck fàrmer *n.* 牧畜業者.

stóck fàrming *n.* 牧畜業.

stóck fìre *n.* 『機械』埋め火《一時停止中に火力を弱め再始動時に使うボイラー内の火; banked fire ともいう》.

stóck·fish 〚(1290) □ (M)Du. *stokvisch*: ⇨ stock[2], fish[1]: 木の台の上で干すことからか〛 *n.* (塩引きをしない)干し魚, 干物《通例, 叩いて平たくしてから料理する》: (as) mute as a ～ 全く黙りこんで.

stóck gíllyflower 〚(1530): CLOVE GILLYFLOWER と違って茎が幹のように堅いことから〛 *n.* 『植物』アラセイトウ (*Matthiola incana*).

stóck guàrd *n.* 『鉄道』家畜よけの柵.

Stock·hau·sen [stɑ́khaʊzən | stɔ́k-; G. ʃtɔ́khàʊzn̩], **Karl·heinz** [kɑ́rlhaɪnts] *n.* シュトックハウゼン (1928– ; ドイツの作曲家; 電子音楽の開拓者).

stóck·hòlder *n.* **1** 《米》株主 (《英》shareholder). **2** 《豪・古》家畜所有者.

stockholder of record 『証券』配当や議決権などを得る株主を確定する日 (record date) の株主名簿上の登録株主.

stóckholders' équity *n.* 『会計』株主持分《貸借対照表における自己資本のこと》.

Stock·holm [stɑ́khoʊ(l)m | stɔ́khəʊm; *Swed.* stɔ́khɔlm] *n.* ストックホルム《スウェーデン南東部, バルト海に臨む港市, 同国の首都; 人口 1,477,000》.

Stóckholm tár *n.* (造船・索具用)松やに製タール.

stóck hòrse *n.* 《米西部》家畜追い[牧童]の乗る馬.

stock·i·nette [stɑ̀kənét | stɔ̀kɪ-] 〚(1824)《転訛》← *stocking net*: 今の形は -ET との連想〛 — *n.* **1** メリヤス編み《stockinette stitch ともいう》. **2 a** (*also* **stock·i·net** [～]) (機械製)メリヤス地《縫い合わせて下着類を作る》. **b** メリヤス地で作った衣類.

stock·ing [stɑ́kɪŋ | stɔ́k-] 〚(1583) ← STOCK[2] (n.) 14 + -ING[1]〛 — *n.* **1** [通例 *pl.*] **a** (通例ひざの上まである)長靴下, ストッキング (cf. sock[1] 1 a): a pair of ～*s* ストッキング一足. **b** = sock. **2 a** ストッキング状のもの. **b** (馬などで他の部分と異なる色の)脚の毛: a horse with white ～*s* 白脚毛の馬. **c** 『医学』弾性靴下, ゴム靴下《下肢静脈瘤などの庇護用; elastic stocking ともいう》.
in one's stockings [***stocking feet***] (靴を脱いで)靴下だけで: He is [stands] six feet *in his* ～*s*. 靴を脱いで身長6フィートある.

stócking càp *n.* ストッキングキャップ《長い円錐形の編んだ帽子; 先に飾り房や玉房がついている》.

stock·inged [stɑ́kɪŋd | stɔ́k-] *adj.* **1** 靴下をはいた: one's ～ feet. **2** [複合語の第2構成素として] ...の靴下をはいた: silk-*stockinged*.

stócking·er *n.* 靴下製造人.

stócking fràme *n.* 靴下編み機; メリヤス編み機 (knitting machine).

stócking·less *adj.* ストッキング[靴下]をはかない.

stócking-lòom *n.* = stocking frame.

stócking machìne *n.* = stocking frame.

stócking màsk *n.* ストッキングマスク《強盗などのナイロンストッキングを利用した覆面》.

stócking stùffer *n.* クリスマスプレゼントの靴下の中に他のプレゼントと共に詰められる小さな贈り物《果物・小さな絵本など》.

stóck-in-tráde *n.* (*also* **stóck in tráde**) **1** (商人の)手持ち品, 在庫品, 手もと商品. **2** (職人の)商売道具. **3** 職業上の必要品, 商売道具, 必要手段, 常套(じょうとう)手段: Books are a scholar's ～. 書籍は学者の商売道具 / the politician's ～ of catchwords 政治家の常用する標語.

stóck·ish [-kɪʃ] 〚(1596-97) ← STOCK[2] + -ISH[1]〛 *adj.* **1** 木石のような, 知恵のない, とんまな, のろまな. **2** ややずんぐりした. **～·ly** *adv.*

stóck·ist [-kɪst, -kəst | -kɪst] *n.* 《英》(特定の商品の)手持ち人, 仕入れ業者.

stóck·jòbber *n.* **1** 《米》[軽蔑的に] (特に, いんちき証券を売りつける)株屋. **2** 《英》ジョバー《London 証券取引所の会員で, 他の会員との間に証券の自己売買を行なって取引を円滑にする証券業者》.

stock·job·ber·y [stɑ́kdʒɑ̀b(ə)ri | stɔ́kdʒɔ̀bəri] *n.* = stockjobbing.

stóck·jòbbing *n.* 証券売買業.

stóck·kèeper *n.* **1** (家畜の世話をする)牧夫, 羊飼い. **2** 在庫品管理人.

stóck lèdger *n.* **1** 株主名簿《株主の名・持株数などを記録する》. **2** = stores ledger.

stóck·less *adj.* **1** 在庫品のない. **2** 〈錨(いかり)が〉横木[ストック]のない (cf. stock[2] *n.* 4 e): a ～ anchor (⇨ anchor 挿絵).

stóck lìst *n.* 株式[公債]相場表.

stóck·man [-mən | -mæ̀n] *n.* (*pl.* **-men** [-mən, -mèn]) **1 a** 《米》牧畜業者, 畜産業者 (stock raiser). **b** 《豪》牧夫 (herdsman). **2** 《米》(商品の)在庫品管理係, 倉庫係. **～·shìp** *n.*

stóck màrket *n.* **1 a** 株式市場, 株式取引所 (stock exchange). **b** 株式売買. **c** 株式市況. **2** 家畜市場.

stóck òption *n.* 『経営』ストックオプション, (報酬として与えられる)株式買取り選択権《会社が役員などに対して報酬として与える, 一定期間中随時に一定数の同社株式を所定の価格で同社から買い取ることができるという内容の選択権》.

stóck·pìle *n.* **1** (道路修理のため路傍に積んで置く砂利などの)補給材料の山. **2 a** (戦略物資・国防物資などの)非常用集積品. **b** (正常の保有基準を越えた弾薬・武器などの)備蓄(品), 蓄積(品). **c** 貯蔵特有弾薬《戦備としての核兵器についていう》; 核兵器保有量. **3** 『鉱山』貯鉱の堆積. — *vt.* **1** ...の補給材料を貯える. **2** 〈原料・食糧・弾薬などを〉備蓄[蓄積]する. — *vi.* 備蓄[蓄積]する. **stóck·pìl·er** *n.*

Stock·port [stɑ́kpɔət, -poət | stɔ́kpɔːt] 〚ME *Stokeport* ← *stoke* '? STOCK[1]' + *port* 'market town, PORT[1]'〛 — *n.* イングランド Greater Manchester 州南東部の工業都市, Manchester の南東方 Mersey 河畔にある; 人口 293,000.

stóck·pòt 〚← STOCK[2] (n.) 10 b〛 *n.* **1** 煮出し汁 (stock) を作り置くための大きな鍋. **2** 豊富な在庫.

stóck pòwer *n.* 『法律』株式譲渡委任状.

stóck·próof *adj.* 家畜よけの: ～ fence.

stóck ràil *n.* 『鉄道』基本レール[軌条].

stóck ràiser *n.* 牧畜[畜産]業者.

stóck ràising *n.* 牧畜, 畜産業.

stóck rècord *n.* = stores ledger.

stóck·rìder *n.* 《豪》カウボーイ, 牛飼い (cowboy).

stóck·ròom *n.* **1** (物資・商品等の)貯蔵室, 倉庫. **2** 《米》(商店の地方出張員のために設けたホテルなどの)商品展示場[陳列室].

stóck·ròute *n.* 《豪》(私有地内に法的に認められている公共の)家畜通路.

stóck sàddle *n.* 『馬具』= Western saddle.

stóck shòt *n.* 『映画・テレビ』ストックショット《他の映画に挿入したり情景として使ったり背景に合成したりするために取ってある記録フィルムの断片》.

stóck solútion *n.* 『写真』貯蔵液.

stóck splìt *n.* 『経済』株式分割.

stóck-stíll 〚(c1470): cf. Du. *stokstil* / G *Stockstill*〛 *adj.* ちっとも動かない, 不動の, じっとしている: stand ～.

stóck·tàking *n.* **1** 店卸(たなおろし), 在荷[在庫]調べ (《米》inventory). **2** (事業などの)成績調べ, 実績調査.

stóck tìcker *n.* = ticker 2.

Stock·ton [stɑ́ktən | stɔ́k-] 〚← *R. F. Stockton* (1795-1866: 米国の軍人・政治家)〛 *n.* 米国 California 州中部の都市; 人口 110,000.

Stock·ton [stɑ́ktən | stɔ́k-], **Frank R.** *n.* (1834-1902) 米国の小説家; *Rudder Grange* (1879); 本名 Francis Richard Stockton.

Stock·ton-on-Tees [stɑ́ktənɑntíːz, -ɔ(ː)n- | stɔ́ktənɔn-] 〚*Stockton*: < OE *Stoctūn*《原義》village with a monastery ← *stoc* monastery,《原義》place // OE *Stocctūn*《原義》village built of logs: ⇨ stock[2], -ton〛 — *n.* イングランド北東部, Cleveland 州中部 Tees 川の河口に近い港市; 人口 170,000.

stóck·whìp *n.* 《英》(長い牛皮の)牧畜用むち《柄は短く, むちの部分が長い》.

stóck·wòrk *n.* 『鉱山』 **1** 層状でも脈状でもなく, 不規則な筒状をなした鉱体. **2** 小鉱脈が網状に発達した鉱体.

stock·y [stáki | stɔ́ki] 〚《a1400》← STOCK[2] (n.)+-Y[4]〛 — adj. (stock·i·er; -i·est) 1 a (人の体など)ずんぐりした (thickset), がっしりした, 頑丈な (sturdy). b 〈植物が〉丈の割に茎[幹]の太い, ずんぐりした. 2 形式ばった, 堅苦しい, こちこちの. **stóck·i·ly** [-kɪli, -kə- | -lɪ] adv. **stóck·i·ness** n.

stóck·yàrd n. 1 [通例 pl.] 家畜一時置場《鉄道によって輸送されて来た家畜を畜殺場・市場に送るまで一時ためて置く広大な囲い場》. 2 家畜飼育場.

Stod·dard [stádəd | stɔ́dəd], **Richard Henry** n. (1825–1903) 米国の詩人・文芸時評家.

stodge [stá(:)dʒ | stɔ́dʒ] 〚v.: 《1674》《混成》? ← ST(UFF)+(P)ODGE: または擬音語か. — n.: 《1825》← (v.)〛 — n. 1 (シチュー・オートミールなど腹にもたれるような)こってりした食物; (通例まずい)盛りだくさんの食事 (solid meal). 2 a ばかげたくだらない考え. b 無味乾燥で退屈な文芸作品. c 想像力のない人. 3 こつこつ時間をかけて勉強する[働く]人. — vt. [しばしば ~ oneself で]〔…を〕がつがつ食う,〔…で〕腹一杯にする (satiate)〔with〕: ~ oneself with food 腹一杯食べる. — vi. 1 重そうに[どたどた]歩く, 足を引きずるように歩く. 2 がつがつ食う (gorge).

stodg·y [stádʒi | stɔ́dʒi] 〚⇨ ↑, -Y[4]〛 — adj. (stodg·i·er; -i·est) 1 〈食物が〉こってりした, 腹にもたれる. 2 〈入れ物など〉一杯詰め込んだ, 膨れた. 3 〈書物・文体など〉ごてごて書き並べた, 読むのに骨の折れる; 退屈な, 飽き飽きする. 4 a ずんぐりした (stocky, thickset). b (特に, 体が大きくて)重そうに[どたどた]歩く. 5 a ひどく古風な, 時代遅れの; 伝統を墨守する, 旧弊な. b 〈服装など〉冴(さ)えない; 品のない (graceless); みすぼらしい (dowdy). **stódg·i·ly** [-dʒɪli, -dʒə- | -lɪ] adv. **stódg·i·ness** n.

stoe·chi·ol·o·gy [stì:kiálədʒi | -kiɔ́lədʒɪ] n. 〘生理〙 =stoichiology.

stoe·chi·om·e·try [stì:kiámətri | -kiɔ́mɪtrɪ, -mə-] n. =stoichiometry.

stoep [stú:p] 〚《1822》□ Afrik. ~: cf. step, stoop[2]〛 n. 《アフリカ》(オランダ風の家の前[周囲]にある)縁側.

sto·ga [stóugə | stə́u-] n. [通例 pl.] 《米》=stogy 2.

sto·gy [stóugi | stə́ugɪ] 〚← (Cone)stoga (米国 Pennsylvania 州の町の名)+-Y[2]: この町の Conestoga wagon の御者たちが好んで吸ったことから〛 — n. (also **sto·gie** [~]) 《米》 1 (also **sto·gee** [~]) 長い細巻きの安葉巻きたばこ. 2 [通例 pl.] 粗製で丈夫な安靴, どた靴《stoga ともいう》: a pair of stogies.

Sto·ic [stóuɪk | stə́u-] 〚《c1390》□ L *Stōic-us* □ Gk *Stōikós* 《原義》man of the Porch ← *stoá* 'porch, STOA': ⇨ -ic[1]: Zeno が Athens の *Stoá Poikílē* (=Painted Porch) で教えたことから〛 — adj. 1 〘哲学〙(ギリシャのキプロス (Cyprus) の哲学者ゼノン (Zeno of Citium) が紀元前 308 年ごろに創始した)ストア学派[哲学, 主義]の: a ~ philosopher. 2 [s-] ストア哲学者のような; 克己の, 禁欲の; 苦楽を気にしない, 冷静な, 平然とした (impassive): ~ indifference ストア風の無関心 / a ~ sufferer 平然として苦しみに耐える人. — n. 1 ストア哲学者. 2 [s-] (ストア流の)禁欲主義者, 克己主義者.

stó·i·cal [-ɪkəl, -əkə- | -ɪk-] 〚《15C》: ⇨ ↑, -al[1]〛 adj. 1 =Stoic 2. 2 [S-] =Stoic 1. **~·ly** adv.

stoi·chei·ol·o·gy [stɔ̀ɪkiálədʒi | -kiɔ́lədʒɪ] n. 〘生理〙 =stoichiology.

stoi·chei·om·et·ry [stɔ̀ɪkiámətri | -kiɔ́mɪtrɪ, -mə-] n. 《英》=stoichiometry.

stoi·chi·ol·o·gy [stɔ̀ɪkiálədʒi | -kiɔ́lədʒɪ] 〚← Gk *stoikheîon* element+-LOGY〛 — n. 〘生理〙元質学《組織の細胞成分を生理学的な立場から研究する学問》. **stoi·chi·o·log·i·cal** [stɔ̀ɪkiəládʒɪkəl, -dʒə- | -kiəlɔ́dʒɪ-] adj.

stoi·chi·om·e·try [stɔ̀ɪkiámətri | -kiɔ́mɪtrɪ, -mə-] 〚← Gk *stoikheîon* (↑)+-METRY〛 — n. 化学量論. **stoi·chi·o·met·ric** [stɔ̀ɪkiəmétrɪk | -kiə-] adj. **stòi·chi·o·mét·ri·cal** adj.

Sto·i·cism [stóuəsìzm | stə́u-] 〚《1626》〛 n. 1 〘哲学〙ストア哲学, ストア主義 (⇨ Stoic). 2 [s-] 禁欲主義; 克己; 堅忍; 冷静, 苦楽超越.

stoit [stóut, stɔ́ɪt | stɔ́ɪt] 〚□ ? Du. *stuit-en* to rebound〛 vi. 1 《スコット》よろよろ歩く, よろめく. 2 《英方言》跳び上がる. — n. 《スコット》よろめき.

stoke[1] [stóuk | stə́uk] 〚《1683》《逆成》← STOKER〛 — vt. 1 a 〈火を〉かき立てる; (火をかき回して)燃え上がらせる (poke, stir up): ~ a fire. b 〈機関〉に燃料をくべる. 2 a 〈食物を〉かき込む, たっぷり食べる. b [~ oneself で]〔食物を〕うんと[たらふく]食べる: ~ *oneself with* food うんと食べる. — vi. 1 a 火をかき立てる. b 火たきをする, 火夫を勤める. 2 (急いで)食物をかき込む; たっぷり[うんと]食べる 〈*up*〉: ~ *up with* a strong beer 強いビールをぐいぐい飲む.

stoke[2] [stóuk | stə́uk] 〚← *Sir George G. Stokes*〛 n. 〘物理〙ストーク《動粘性率の cgs 単位; =1 cm^2/sec.》.

Stoke [stóuk | stə́uk] n. ⇨ Five Towns.

stóke·hòld n. 1 (汽船の)汽罐(かま)[ボイラー]室, 火たき室 (fireroom). 2 (船などの)ボイラー前の場所.

stóke·hòle 〚《1660》《なぞり》← Du. *stookgat* ← *stoken* to stoke+*gat* hole〛 n. 1 (ボイラーの)燃料補給口, たき口. 2 =stokehold 1. 3 =stokehold 2.

Stoke New·ing·ton [stòukn(j)ú:ɪŋtən | stə̀uknjú:ɪŋ-, -njúɪŋ-] 〚ME *stokene Neuton* 《原義》new town of monastery ← OE *stoc* (↓): ⇨ new, -ton〛 n. London 北東部の旧自治区; 現在は Hackney 区の一部.

Stóke-on-Trént [stóuk- | stə́uk-] 〚← ME *Stoke* < OE *stoc* monastery, place〛 — n. イングランド Staffordshire 州の Trent 河畔の都市; 製陶業の中心地 (cf. Potteries); 人口 261,000; Stoke-upon-Trent ともいう.

Stoke Po·ges [stóukpóudʒɪz, -dʒəz | stə́ukpə́u-] 〚《1292》 *Stokepogeis* ← *stoke* (↑)+*pogeis* Pugeis (ノルマン系の家族名)〛 — n. イングランド Buckinghamshire 州の村; London 西方の Windsor 付近にある; Thomas Grayの墓があり, 彼の *Elegy* はこの村の教会の墓地での感想の詩と伝えられる.

stok·er [stóukə | stə́ukə(r)] 〚《1660》□ Du. ~ ← *stoken* to feed a furnace, (MDu.) to poke, push ← Gmc **stok-* ← IE **(s)teu-* 'to STICK[1]': ⇨ -er[1]〛 — n. 1 a 火をかき立てる人. b (汽船などの)機関員, かまたき. c 《英》(機関車の)火夫 (fireman). 2 a 火をかき立てる道具. b (燃料を自動的に供給する)給炭機, ストーカー.

Stokes [stóuks | stə́uks], Sir **George Gabriel** n. (1819–1903) 英国の数学者・物理学者.

Stókes' áster [stóuks- | stə́uks-] 〚← *Jonathan Stokes* (1755–1831: 英国の植物学者)〛 — n. 〘植物〙ストケシア, ルリギク (*Stokesia laevis*)《北米原産の青色または紫青色の花をつけるキク科の多年草》.

sto·ke·si·a [sto(u)kí:ʒiə, -ʒə | stə(u)kí:zjə, -zɪə, -ʒɪə] 〚← NL ~ ← *J. Stokes* (↑)+-IA[1]〛 n. 〘植物〙=Stokes' aster.

Stókes' Láw, S- l- 〚← *Sir G. G. Stokes*〛 — n. 〘物理〙ストークスの法則: a 粘性流体中を球が運動する時, 球に作用する抵抗力は $6\pi\eta\alpha\upsilon$ に等しいという法則《η: 粘性率, α: 球の半径, υ: 速度》. b 螢光の波長は, 吸収される光の波長に等しいか, またはそれより長いという法則.

Stókes line n. 〘物理〙ストークス線《螢光あるいはラマン効果 (Raman effect) において放射される入射光より波長の長い光; cf. anti-Stokes line》.

Stókes' théorem 〚↑〛 n. 〘数学〙ストークスの定理《ある種の 2 重積分と 1 重積分とを関係づける定理; cf. Gauss' theorem》.

Sto·kow·ski [stəkɔ́(:)fski, -kɔ́(:)v- | -kɔ́fskɪ, -kɔ́v-], **Leopold** n. (1882–1977) 英国生れの米国の管弦楽指揮者.

STOL [stóuł, stɔ́(:)ł, stá(:)ł | stɔ́ł] 〚《頭字語》← *s(hort) t(ake) o(ff and) l(anding)*〛 — n. 〘航空〙 1 ストール《短距離離着陸》. 2 ストール機《短距離離着陸性能をもつ航空機; cf. CTOL, QSTOL, VTOL, RTOL》.

sto·la [stóulə | stə́u-] 〚□ L ~: ⇨ stole[2]〛 — n. (pl. **sto·lae** [-li:], ~s) ストラ《古代ローマの婦人が用いた, くるぶしまであるドレープの入ったゆるやかな外衣; cf. toga 1》.

stole[1] 〚《14C》∞《廃》*stal(e)* < OE *stæl*: *stole* は p.p. 形との類推〛 v. steal の過去形.

stole[2] [stóuł | stə́uł] 〚OE ~ □ L *stola* □ Gk *stolḗ* robe ← *stéllein* to array ← IE **stel-* to put: ⇨ stall[1]〛 — n. 1 〘キリスト教〙ストール,〘カトリック〙ストラ, 襟垂帯《祭服の一部で, 聖職者が肩からひざ下まで垂らす細長い帯状のもの; ⇨ vestment 挿絵》. 2 ストール《婦人用の細長い肩掛け[スカーフ]; 毛皮・羽毛・絹・毛などで作られる》. 3 a (stola や toga に似た)長いゆるやかな外衣. b =stola.

stoled adj. ストール[ストラ]を着けた.

stóle fèe n. 〘カトリック〙秘跡執行謝礼《洗礼・婚姻・葬儀などに対する司祭への謝礼》.

sto·len [stóulən | stə́u-] 〚(p.p.): OE *(ge)stolen*. — adj.: 《a1325》← (p.p.)〛 — v. steal の過去分詞. — adj. 盗まれた, 盗んだ; こっそり行なわれた: ~ goods 盗品 / a ~ car 盗難車 / a ~ base 盗塁 / *Stolen* waters are sweet. 盗みたる水は甘し (*Prov.* 9:17)《人目を偲ぶ快楽は楽しいもの; 諺としては waters の代わりに fruit, pleasures も用いる》.

stol·id [stálɪd, -ləd | stɔ́lɪd] 〚《c1600》□ L *stolid-us* dull, stolid ← IE **stel-* to put, stand: ⇨ stall[1], -id[4]〛 — adj. 無神経な, 無感動な; のっそりした, 鈍重な, 鈍感な: a ~ man. **sto·lid·i·ty** [stalídəṭi, stə- | stɔlídɪti, stə-, -dɪ-] n. **~·ly** adv. **~·ness** n.

stol·len [stóulən | stə́u-; G. ʃtɔ́lən] 〚□ G *Stollen* 《原義》post, support〛 n. (pl. ~, ~s) シュトーレン《乾燥フルーツとナッツ入りのドイツのパン菓子》.

sto·lon [stóulən, -lɑn | stə́ulən, -lɔn] 〚《1601》□ L *stolō(n-)* branch ← IE **stel-* to stand (Gk *stélekhos* trunk / Arm. *stetn* branch): cf. stall[1]〛 — n. 1 〘植物〙匍(ほ)枝, 匍匐(ほふく)枝[茎]《地上茎が地面をはって, 地に触れる所から根を生じ, 新個体を生じるもの; runner ともいう》. 2 〘動物〙走根, 芽茎《ウミホタルおよびサルパ類の無性生殖のための出芽部分》. **sto·lon·ic** [stoulánɪk | stə(u)lɔ́n-] adj.

sto·lon·ate [stóulənət, -nɪt, -nèɪt | stə́u-] 〚⇨ ↑, -ate[2]〛 adj. 〘植物〙匍(ほ)枝[匍匐(ほふく)枝]をもつ; 匍枝[匍匐枝]から育つ.

sto·lo·nif·er·ous [stòulənɪ́f(ə)rəs | stə̀u-] 〚⇨ ↑, stolon, -iferous〛 adj. 1 〘植物〙匍(ほ)枝[匍匐(ほふく)枝]を生じる. 2 〘動物〙走根[芽茎]のある. **~·ly** adv.

sto·lon·i·za·tion [stòulənɪzéɪʃən, -nə- | stə̀ulənaɪ-, -nɪ-] n. 1 〘植物〙(匍)匍枝形成. 2 〘動物〙芽茎形成.

STÓL pòrt n. 〘航空〙ストール空港《滑走路長が例えば 600 m 程度のストール機用空港》.

stom- [stoum | stəum] (母音の前に来る時の) stomo- の異形.

sto·ma [stóumə | stə́u-] 〚《1684》← NL ~ ← Gk *stóma* mouth: ⇨ stomach〛 — n. (pl. ~·ta [~ṭə | ~tə], ~s) 1 〘植物〙(葉の表皮にある)気孔. 2 〘動物〙気門, 気孔 (pore). 3 〘医学〙口; 小孔; 瘻(ろう), フィステル.

-sto·ma[1] [← stəmə] 〚↑〛「口 (mouth); 気孔 (stoma); …の気孔をもつ生物」の意の名詞連結形.

-stoma[2] -stomum の複数形.

stom·ach [stʌ́mək, -mɪk | -mək] 〚《c1350》 *stomak* □ OF *stomaque*, (O)F *estomac* □ L *stomachus* gullet, esophagus, stomach □ Gk *stómakhos* ← *stóma* mouth ← IE **stomen-* mouth (Aves. *staman-* mouth (of a dog) / Hitt. *shtamar* mouth)〛 — n. 1 胃: have a strong [weak] ~ 胃が強い[弱い] / lie (heavy) on one's ~ 胃にもたれる / on an empty ~ すき腹の時に, すき腹で; 断食して / on a full ~ 食後に, 満腹の時に / My ~ turns [rises] at it. それを見る[思う]と胸が悪くなる[むかつく] / turn a person's ~ 人に吐き気を催させる, 不快な感を与える / the coats of the ~ 胃壁, 腹膜, 胃の粘着層 / the glandular ~ 腺(せん)質胃 / the muscular ~ 砂嚢(のう)胃 / the ruminants' ~s 反芻(すう)動物の四胃《the first ~ (第一胃)を瘤(りゅう)胃 (paunch, rumen), the second ~ (第二胃)を蜂巣(ほう)胃 (honeycomb, reticulum), the third ~ (第三胃)を重弁胃 (psalterium, omasum), the fourth [true] ~ (第四胃)を皺(しゅう)胃 (read [reed], abomasum) という》. ★ ラテン語系形容詞: gastric. 2 腹部, 腹, 下腹 (belly, abdomen): the pit of the ~ みずおち / have a pain in the ~ 腹が痛む / get a kick in the ~ 腹を蹴られる / What a ~ he has got! 彼は何て大きな腹をしているのだろう. 3 a 食欲 (appetite): have a good [no] ~ for …を食べたがる[がらない]. b [通例否定文で] 欲望, 好み (desire, liking), 意向, 意欲 (inclination)〔for〕: have *no* ~ *for* fighting 戦意がない. 4 《廃》a 元気 (spirit), 勇気 (courage). b 誇り (pride): a proud [high] ~ 高慢. c 立腹, 怒り. — vt. 1 腹に取り入れる, こなす, 消化する, 食べる. 2 [通例否定文で] 〈侮辱などを〉腹にすえる, 胸におさめる, 我慢する: I can*not* ~ his insult. 彼から受けた侮辱を忍ぶことができない. 3 《廃》…に腹を立てる.

stómach·àche n. 胃痛, 腹痛: have [suffer from] a ~.

stom·ach·al [stʌ́məkəl, -mɪ- | -mə-] adj. =stomachic.

stómach-còugh n. 〘病理〙胃咳嗽(がいそう)《消化器内の刺激によって生じる》.

stom·ached [stʌ́məkt, -mɪkt | -məkt] adj. [通例複合語の第 2 構成素として] (…の)胃をもつ: weak-*stomached* 胃の弱い.

stóm·ach·er 〚《1450》〛 — n. 1 胸衣, ストマッカー《胸部からウエストをおおう逆三角形の衣類または身頃の部分で, 宝石や刺繍の装飾がある; 15–16 世紀には男女ともに着用した》. 2 〘ボクシング〙腹部への打撃.

stomacher 1

stom·ach·ful [stʌ́məkfùl, -mɪk- | -mək-] n. 1 胃[腹]一杯(分). 2 耐えられるだけ: a ~ of insult.

sto·mach·ic [stəmǽkɪk | stə(u)-] 〚《1656》□ LL *stomachic-us* □ Gk *stomokhikós*: ⇨ stomach, -ic[1]〛 — adj. 1 胃の[に関する]. 2 胃の働き[消化]を助ける; 食欲を強める. — n. 健胃剤.

sto·mách·i·cal [-kɪkəl, -kə- | -kɪ-] adj. =stomachic. **~·ly** adv.

stómach pùmp n. 〘医学〙胃ポンプ.

stómach-stàggers n. pl. [単数扱い] 〘獣医〙(馬の)胃痙攣(けいれん), 胃痛, 疝(せん)痛.

stómach tòoth 〚この歯が生える時よく胃をこわすことから〛 n. (幼児の)下顎(がく)犬歯.

stómach tùbe n. 胃ポンプ用ゴム管.

stómach wòrm n. 〘動物〙胃内寄生虫《羊・やぎ・牛などの第 4 胃に寄生するネンテンイチュウ(捻転胃虫) (*Haemonchus contortus*)などをいう; twisted stomach worm, wireworm ともいう》.

stom·ach·y [stʌ́məki, -mɪ- | -məkɪ] 〚← STOMACH+-Y[4]〛 adj. 1 太鼓腹の (paunchy), ほてい腹の. 2 《英方言》怒りっぽい (irritable).

sto·mal [stóuməl | stə́u-] adj. =stomatal.

sto·mat- [stóumət, stɑ́m- | stə́um-, stɔ́m-] (母音の前に来る時の) stomato- の異形.

stomata n. stoma の複数形.

stom·a·tal [stámətl, stóum- | stɔ́mətl, stə́um-] 〚⇨ stomato-, -al[1]〛 adj. 気門[気孔, 小孔]の[に関する, を構成する].

sto·mate [stóumeɪt | stə́u-] 〚adj.: ← STOMA+-ATE[2]. — n.: ← NL *stomat-* 'STOMA'〛 adj. 〘生物〙小孔[葉孔, 気孔]のある. — n. 〘植物〙=stoma 1.

sto·mat·ic [stəmǽtɪk | stə(u)mǽt-] 〚← STOMATO-+-IC[1]〛 adj. 1 口の. 2 〈薬が〉口の病気に効く. 3 =stomatal.

sto·ma·ti·tis [stòumətáɪṭɪs, stɑ̀m-, -ṭəs | stə̀umətáɪtɪs, stɔ̀m-] 〚⇨ ↓, -itis〛 — n. (pl. **sto·ma·tit·i·des** [-tíṭədi:z | -tɪtɪ-], ~·es) 〘病理〙口内炎. **sto·ma·tit·ic** [stòumətíṭɪk, stɑ̀m- | stə̀umətít-, stɔ̀m-] adj.

sto·ma·to- [stóuməṭo(u), stɑ́m- | stə́umətə(u), stɔ́m-] 〚← NL *stomato-* ← Gk *stomato-* ← *stóma* 'STOMA'〛 「口 (mouth); 気孔 (stoma)」の意の連結形. ★ 母音の前では通例 stomat- になる.

stòmato·gnáthic adj. 〘解剖〙顎口腔の.

sto·ma·tol·o·gy [stòumətálədʒi, stɑ̀m- | stə̀umətɔ́lədʒɪ, stɔ̀m-] 〚← STOMATO-＋-LOGY〛 ── *n.* 口腔(こう)病学, 歯科学, 歯科 (dentistry). **sto·ma·to·log·i·cal** [stòʊmət̬əlɑ́dʒɪkəl, -t̬l̩-, -dʒə- | stàʊmətəlɔ́dʒɪ-] *adj.* **stò·ma·tól·o·gist** [-dʒɪst, -dʒəst | -dʒɪst] *n.*

sto·mat·o·my [sto(ʊ)mǽt̬əmi | stə(ʊ)mǽtəmɪ] *n.* 〘外科〙 ＝stomatotomy.

stómato·plàsty 〚← STOMATO-＋-PLASTY〛 *n.* 〘医学〙 **1** 口内整形術. **2** 卵管膨大部形成術.

sto·mat·o·pod [sto(ʊ)mǽt̬əpɑ̀d, stóʊmət̬o(ʊ)- | stəʊmǽtəpɔ̀d, stáʊmətə-] 〚↓〛 〘動物〙 *adj.* 口脚目の. ── *n.* 口脚目の動物《シャコ類など》.

Sto·ma·top·o·da [stòʊmətɑ́pədə, stɑ̀m- | stàʊmətɔ́p-, stɔ̀m-] 〚← NL ～ : ⇨ stomato-, -poda〛 *n. pl.* 〘動物〙 口脚目.

sto·ma·to·scope [stóʊmət̬əskòʊp | stáʊmətəskàʊp] 〚← STOMATO-＋-SCOPE〛 *n.* 〘医学〙 膣(ちつ)鏡.

sto·ma·tot·o·my [stòʊmətɑ́t̬əmi | stàʊmətɔ́təmɪ] 〚← STOMATO-＋-TOMY〛 *n.* 〘外科〙 子宮口切開(術) 《stomatomy ともいう》.

stom·a·tous [stɑ́mət̬əs, stóʊm- | stɔ́mət-, stáʊm-] 〚← STOMATO-＋-OUS〛 *adj.* 〘生物〙 ＝stomate.

-stom·a·tous [stɑ́mət̬əs, stóʊm- | stɔ́mət-, stáʊm-] 〚? ← NL *-stomatus* ← Gk *stomat-, stóma* (⇨ stoma)〛 「…の口をした」の意の形容詞連結形.

-stome [⌐ -stòʊm | -stàʊm] 〚← NL *-stoma* : ⇨ stoma〛「口 (mouth)」の意の名詞連結形: cyclo*stome*.

-stomi -stomus の複数形.

sto·mi·a·tid [stóʊmiət̬ɪd, -t̬əd | stáʊmiətɪd] 〚↓〛 *adj., n.* 〘魚類〙 ワニトカゲギス科の(魚).

Sto·mi·at·i·dae [stòʊmiǽt̬ədiː | stàʊmiǽtɪ-] 〚← NL ～ ← *Stomias* (属名: ← Gk *stóma* 'STOMA')＋-IDAE〛 *n. pl.* 〘魚類〙 ワニトカゲギス科.

sto·mo- [stóʊmo(ʊ) | stáʊmə(ʊ)] 〚← NL ～ ← Gk *stóma* : ⇨ stoma〛「口 (mouth); 気孔 (stoma)」の意の連結形. ★ 母音の前では通例 stom- になる.

sto·mo·dae·um [stòʊmədíːəm | stàʊ-] 〚← NL ～ ← Gk *stóma* 'mouth, STOMA'＋*hodaîos* on the way〛 ── *n.* (*pl.* **-dae·a** [-díːə], **～s**) 〘生物〙 口陥《発生の段階での口のでき始めになるくぼみ; cf. proctodaeum》. **stò·mo·dáe·al** [-díːəl] *adj.*

sto·mo·de·um [stòʊmədíːəm | stàʊ-] *n.* (*pl.* **-de·a** [-díːə], **～s**) 〘生物〙 ＝stomodaeum. **stò·mo·dé·al** [-díːəl] *adj.*

-sto·mous [⌐ stəməs] 〚← NL *-stomus* ← Gk *stóma* 'STOMA'〛 ＝-stomatous.

stomp [stɑ́mp, stɔ́(ː)mp | stɔ́mp] 〚《変形》← STAMP〛 ── *n.* **1** 足を踏み鳴らすこと. **2** ストンプ: **a** 〘音楽〙 聴衆が興奮の余り足を踏み鳴らすようなジャズ音楽. **b** 激しく足を踏み鳴らしジャズ音楽に合わせて踊るダンス《1930 年代の米国で流行; デキシーからモダンジャズへの過渡期に当たる》. ── *vt.* 踏み鳴らす. ── *vi.* **1** 足を踏み鳴らす. **2** ストンプを踊る.

-sto·mum [⌐ stəməm] 〚← NL ～ ← Gk *stóma* : ⇨ stoma〛 (*pl.* **-sto·ma** [-mə]) 「口; …の口をした生物」の意の名詞連結形.

-sto·mus [⌐ stəməs] 〚← NL ～ ← Gk *stóma* (↑)〛 (*pl.* **-sto·mi** [-màɪ]) 「…の口をした状態; …の口をした生物」の意の名詞連結形.

-sto·my[1] [⌐ stəmi | -mɪ] 〚← STOMO-＋-Y[2]〛 ── *n.* 〘外科〙「人工的な開口部を作る手術, 二つの中空器官の間に新しい開口部を作って連結する手術」の意の名詞連結形: gastro*stomy*, ileo*stomy*, gastroentero*stomy*.

-sto·my[2] [⌐ stəmi | -mɪ] 〚← -STOME＋-Y[2]〛「…の状態の口」の意の名詞連結形.

stone [stóʊn | stáʊn] 〚OE *stān* < Gmc **stainaz* (Du. *steen* / G *Stein* / ON *steinn* / Goth. *stains*) ← IE **stai-* stone (L *stīria* icicle / Gk *stía* & *stîon* pebble / Skt *styāyate* it curdles)〛 ── *n.* (*pl.* **～s,** *4* では通例 **～**) **1 a** 石《岩石 (rock), 石塊を構成する物質をいう; また岩より小さく砂 (sand) より大きいさまざまの形の石塊をいう; cf. boulder, cobble[1], pebble, gravel, granule》: blocks of ～ 石の塊 / an immense piece of ～ 巨大な石 / a precious ～ 宝石 / an artificial ～ 人造石 / throw ～*s* 石を投げる / Those who live in glass houses should not throw ～*s*. 《諺》すねに傷持つ者は他人の批評など言わぬがよい / You cannot get blood [water] from [out of] a ～. 《諺》石から血[水]は出ぬ《無情な人間[強欲者]から同情[金]は得られない》/ A rolling ～ gathers no moss. ⇨ rolling stone / sermons in ～*s* ⇨ sermon / cast [throw] ～*s* [a ～] at …に石を投げる; …を非難する / break ～*s* (敷石用に)石を砕く; (道路補修用の)石を割って生活する / kill two birds with one ～ ⇨ bird 1 / (as) cold [hard] as (a) ～ 石のように冷たい[堅い], 石のように無情で / (as) dead as a ～ 完全に死んで (cf. stone-dead) / a heart of ～ 石のような心, 無情, 残忍 / harden into ～ 石(のよう)にする[なる]; 頑固にする[なる] / a wall of ～ 石の壁, 石塀 / a floor made of ～ 石の床. **b** 岩 (rock). **c** 〘岩石〙 石質隕石 (aerolite). **2 a** 石で造られたもの. **b** 建築用石材 (building stone). **c** 敷石 (paving stone). **d** 宝石 (precious stone): a ring set with five ～*s* 5 石入りの指輪. **e** 臼(うす)石 (millstone). **f** 砥石(といし) (grindstone). **g** 墓石 (gravestone, tombstone). **h** 記念碑, 石碑 (monument). **i** 〘時計〙 石 (jewel). **3 a** 小石状のもの. **b** ひょう, あられ (hailstone). **c** さね, 種, 核 (putamen)《ウメ・モモなどの堅い内果皮; cf. stone fruit》. **d** [通例 *pl.*] 《古・卑》睾(こう)丸 (testicles). **e** (バックギャモン (backgammon) で)駒. **f** (碁の)石. **4** (*pl.* **～**) 《英》ストーン《重量の単位; 通例 14 ポンドで, 特に人の体重を表わすのに用いる; 肉の場合は 8 ポンド, チーズは 16 ポンド, 干し草は 22 ポンド, 羊毛は 24 ポンド; 略 st.》. **5** 〘医学〙 結石 (calculus); 結石症: undergo an operation for (the) ～ 結石症の手術を受ける. **6** 〘印刷〙 組付け台《imposing stone, surface ともいう》; 石版石. **7** 〘カーリング〙 ＝curling stone.

cast* [*throw*] *the first stone at*...** 真っ先に非難する (cf. 1; *John* 8:7). ***give a stone and a beating to 〘もと競馬や運動競技の俗語〙 …を楽々と負かす, …に楽勝する. ***give a stone for bread*** パンを求める者に石を与える; 助けるまねをして愚弄(ぐろう)する (cf. *Matt.* 7:9). ***leave no stone unturned*** あらゆる手段を尽くす, 八方手を尽くす ⟨*to do*⟩. ***mark with a white stone*** 〘古代ローマ人が, 白チョークで暦に備忘のため福事のあった日に印をつけた故事から〙 ⟨ある特定の日を⟩幸運の日として特筆する: I *mark* yesterday *with a white* ～. I made £9,000 yesterday. 昨日は幸運の日として特筆したい. 昨日 9 千ポンドもうけたのだ. ***set a stone rolling*** (1) 石を転がす. (2) とんでもない結果になるような事をやり出す. ***Stones will cry out.*** 悪事は必ず露見するもの (cf. *Luke* 19:40). ***the stone of Sisyphus*** ⇨ Sisyphus 成句.

age of stone [the ―] ＝Stone Age.

Stone of Destiny [the ―] 運命の石 (⇨ Scone).

Stone of Scone [the ―] ⇨ Scone.

── *attrib. adj.* **1** 石の, 石製の, 石造りの: a ～ bridge 石橋 / ～ implements 石器. **2** 石器製の: a ～ mug, bottle, etc. **3** [S-] 石器時代の: ～ culture.

── *vt.* **1** …に石を投げつける, 投石する; (特に)石を投げつけて追う[殺す]: ～ a person to death 石をぶっつけて人を殺す. **2** ⟨果物⟩の種を取る: ～*d* raisins 種抜き干しぶどう. **3** …に石を据える[積む, 敷く, 張る], 石で固める: ～ a wall, well, etc. **4** ⟨革を⟩石で磨く; 砥(と)石で研ぐ. **5 a** ⟨酒・麻薬などが⟩無感覚にする, しびれさせる: get oneself ～*d* with whiskey ウイスキーで酔いしれる / get ～*d* しびれる. **b** 《廃》鈍感にする; 冷酷にする.

Stone me! 《英口語》 ＝*Stone* [*Stiffen*] *the* CROWS*!*

Stóne Àge *n.* [the ～] 〘考古〙 石器時代《人類文化の発展の最古の段階で, Paleolithic, Mesolithic, Neolithic などの時期に分かれる; cf. Bronze Age, Iron Age》.

stóne áx [àxe] 〚OE *stānæx*〛 *n.* **1** (石工用)石切り斧(おの). **2** 〘考古〙 石斧(せきふ), 石製の斧.

stóne·bàss [-bæ̀s] *n.* 〘魚類〙 大西洋産のスズキ科の魚 (*Polyprion americanus*) 《wreckfish ともいう》.

stóne-blìnd 〚ME *stane-blynde*〛 *adj.* 全く目の見えない, 全盲の (quite blind) (cf. sand-blind, gravel-blind). **～·ness** *n.*

stóne blúe *n.* **1** 灰色がかった青色. **2** 青緑色 (azurite blue).

stóne·bòat 〚ME *stanbate*〛 *n.* 《米》 石塊などを近距離の場所に運ぶそり《stone drag ともいう》.

stóne bòiling *n.* 焼石を水に投げ込んで湯を沸かすこと《原始的湯沸かし法》.

stóne bòlt *n.* 〘建築〙 アンカーボルト, 基礎ボルト, 埋込みボルト.

stóne bòrer *n.* 〘貝類〙 海岸の岩石に穴をあけてすみ, 一生そこから出ない *Lithophaga* 属の貝類の総称; ヨーロッパシギノハシ (*L. lithophaga*), 日本のイシマテガイ (別名イシワリ) (*L. curta*) など》.

stóne bòttle *n.* 炻器(せっき)のびん (cf. stoneware).

stóne·bòw [-bòʊ | -bàʊ] *n.* 石弓(いしゆみ)《小石を飛ばす弩(ど)》.

stóne·brèak *n.* 〘植物〙 ユキノシタ《ユキノシタ属 (*Saxifraga*) の植物の総称》; (特に)タマユキノシタ (meadow saxifrage).

stóne-bròke *adj.* 《米口語》 一文なしの (penniless).

stóne brùise *n.* 石の上を歩いてできた足の裏の傷.

stóne canàl *n.* 〘動物〙 石管《棘皮動物の水管系における多孔体と歩環管とを連絡する管》.

stóne-càst 〚ME *stan-cast*〛 *n.* ＝stone's throw.

stóne·càt 〚← STONE＋CAT (n.) 12〛 ── *n.* 〘魚類〙 Mississippi 川流域や五大湖などに生息するナマズ目イクタルルス科の魚 (*Noturus flavus*) 《背びれと胸びれに毒のあるとげをもつ》.

stóne cèll *n.* 〘植物〙 石細胞 (⇨ brachysclereid).

stóne·chàt 〚《1783》: 小石をたたくような鳴き声から〛 *n.* 〘鳥類〙 ノビタキ (*Saxicola torquata*) 《ツグミ科の小鳥》.

stóne chína *n.* **1** (昔の英国産の)厚手の白色磁器. **2** ＝ironstone china.

stóne círcle *n.* 〘考古〙 環状列石 (cromlech) 《古代の巨石記念物の一種で, 石を環状に立てめぐらしたもの》.

stóne còal *n.* 無煙炭 (anthracite).

stóne-cóld *adj.* (石のように)非常に冷たい.

stóne·cròp 〚OE *stāncrop*〛 *n.* 〘植物〙 ヨーロッパマンネングサ (*Sedum acre*) 《ヨーロッパ原産ベンケイソウ科の小形の多年草; 花は黄色; love-entangle, wall pepper ともいう》.

stóne crùsher *n.* 砕石機.

stóne cúrlew *n.* 〘鳥類〙 イシチドリ《夜行性で半砂漠地帯にすむ脚の長いイシチドリ科の鳥類の総称; thick-knee ともいう》.

stóne·cùtter *n.* **1** 石工. **2** 石切り機.

stóne·cùtting *n.* 石切り.

stoned 〚ME〛 *adj.* **1** ⟨果物など⟩核[種]を取り除いた: ～ prunes. **2** 《俗》 (酒・麻薬などで)酔った: get ～.

stóne-déad 〚ME *standed*〛 ── *adj.* 完全に死んだ: *Stone-dead* hath no fellow. 《諺》(死人ならいざ知らず)生きている人同士では秘密が保てない,「人の口に戸は立てられぬ」(cf. Dead men tell no tales. ⇨ dead *adj.* 1).

stóne-déaf *adj.* 全く耳の聞こえない.

stóne dràg *n.* 《米》 ＝stoneboat.

stóne-èater *n.* 〘貝類〙 ＝stone borer.

stóne fènce *n.* **1** 《米中部》 ＝stone wall. **2** 《米俗》 ストーンフェンス《ウイスキー・ジン・ブランデーなどの蒸留酒とりんご酒のカクテル》.

stóne-fèrn *n.* 〘植物〙 ＝scale fern.

stóne·fìsh *n.* 〘魚類〙 熱帯インド太平洋海域のサンゴ礁にすむオニオコゼ科の魚類の総称《オニダルマオコゼ (*Synanceja verrucosa*) など》.

stóne flỳ 〚《15C》 *stonflye*〛 *n.* 〘昆虫〙 カワゲラ《カワゲラ目の昆虫の総称; 幼虫は水生で成長するのに長年月を要するが, 成虫の寿命は数日》.

stóne frùit *n.* 石果, 核果 (drupe) 《ウメ・モモのように堅い核のある果物》.

stóne-gróund *adj.* 臼石で碾(ひ)いた.

stóne·hànd *n.* 〘印刷〙 ＝stoneman 2.

stóne-hárd 〚ME *ston-harde*〛 *adj.* 石のように硬い.

Stone·ha·ven [stoʊnhéɪvən, steɪnháɪ- | stəʊnhéɪvən, steɪnháɪ-] *n.* スコットランド東部, Kincardine 州の港町で, 同州の首都; 人口 4,800.

Stone·henge [stóʊnhɛ̀ndʒ | stáʊnhéndʒ, ⌐ ⌐] 〚ME *stonheng* ← OE *stān* 'STONE'＋*hengen* something hanging, cross, rack (← *hangian* 'to HANG')〛 ── *n.* ストーンヘンジ《英国 Wiltshire 州の Salisbury 平原にある巨石柱の二重の環状列石; 新石器時代後期から青銅器時代にかけてのものといわれる; cf. trilithon》.

stóne·hòrse 〚← STONE (n.) 3 *d*〛 *n.* 《方言》 種馬 (stallion).

stóne-ìron *n.* 石鉄隕石.

stóne·less *adj.* **1** 石[宝石]のない. **2** 種[核]のない.

stóne lìly *n.* ウミユリの化石 (fossil crinoid).

stóne·man [-mən] *n.* (*pl.* **-men** [-mən, -mɛ̀n]) **1** 石工 (stonemason). **2** 〘印刷〙 組付け工.

stóne màrten *n.* **1** 〘動物〙 ブナテン, イシテン (*Martes foina*) 《ヨーロッパおよびアジア産の胸に白斑のあるテン; beech marten ともいう》. **2** ブナテンの毛皮.

stóne·màson *n.* 石工, 石屋.

stóne·màsonry *n.* 石積み.

Stóne Móuntain *n.* 米国 Georgia 州北部, Atlanta 市の近くにある巨大な花崗(こう)岩の山(高さ 587 m, 長さ 1,500 m); 岩壁に南北戦争当時の南軍勇士らの彫像がある.

stóne pàrsley *n.* 〘植物〙 **1** ヨーロッパ・小アジア産セリ科の植物 (*Sison amomum*) 《種子をスパイスに用いる; wild chervil ともいう》. **2** イブキボウフウ《セリ科イブキボウフウ属 (*Seseli*) の植物の総称》.

stóne pìne *n.* 〘植物〙 南欧地中海沿岸地方産マツ属の植物 (*Pinus pinea*) 《樹冠が傘状に広がっているので umbrella pine ともいう; 実は食用》.

stóne-pìt *n.* 採石場, 石切り場 (quarry).

stóne plòver *n.* 〘鳥類〙 **1** ＝stone curlew. **2** ＝black-bellied plover.

stóne próof *n.* 〘印刷〙 (組付け)台ゲラ《活版組付け台の上でとった校正刷》.

stóne ròller *n.* 〘魚類〙 巣を作る時に石を動かす習性のある魚類の総称: **1** ＝hog sucker. **2** 米国産のコイ科の淡水魚 (*Campostoma anomalum*).

stóne's cást *n.* ＝stone's throw.

stóne·sèed *n.* 〘植物〙 ＝stoneweed.

stóne's thrów 〚《1581》〛 *n.* 石を投げて届くほどの距離; 近距離: at a ～ / within a ～ of [from] …から近距離に, …のすぐ近くに.

stóne-stíll *adj.* じっとしている, 不動の (motionless).

stóne·wáll 〚《1880》 ↓〛 ── *vi.* **1** 石垣[壁]で囲む. **2** 《英》 妨害する (obstruct); (特に)議事妨害を行なう (filibuster). **3** 〘クリケット〙 (アウトにならぬように)消極的なプレーをする. ── *vt.* 《英》 ⟨議事を⟩妨害する (filibuster). ── *attrib. adj.* **1** 石垣の(ように堅固な). **2** 頑強な, 頑固な (stubborn): a ～ policy, attitude, etc. **～·er** *n.*

stóne wáll 〚OE *stānwalle*〛 *n.* **1** 《米北部》 石垣, 石壁. **2** (政治上などの)妨害. ★ ⇨ wall 成句.

stóne·wálling *n.* **1** 石垣を作ること; 石垣. **2** 《英》 議事妨害 (filibustering). **3** 〘クリケット〙 打手がアウトにならないように消極的なプレーをすること《引分けに持ち込むために時間をかせぐため, または同時に出ているパートナーに打点させる戦法としても使われる; cf. *sit on the* SPLICE》.

Stóne·wall Jáckson [stóʊnwɔ̀ːl- | stáʊn-] *n.* T. J. Jackson の通称.

stóne·wàre 〚《1683》〛 *n.* 〘窯業〙 炻器(せっき)《吸水性・透光性のない陶磁器の一種; cf. earthenware》.

stóne·wèed *n.* 〘植物〙 ムラサキ《ムラサキ属 (*Lithospermum*) の植物の総称; stoneseed ともいう》.

stóne·wòrk 〚OE *stānweorc*〛 *n.* **1** 石細工; 石造物, 石造部; 石工事 (stone masonry) (cf. woodwork). **2** [*pl.*; 通例単数扱い] 建築石材工場, 石細工場.

stóne·wòrker 〚《1898》〛 *n.* 石工 (stonecutter).

stóne·wòrt *n.* 〘植物〙 **1** シャジクモ《シャジクモ科の淡水産緑藻の総称》. **2** ＝scale fern.

ston·ey [stóʊni | stáʊnɪ] *adj.* (**ston·i·er; -i·est**) ＝stony.

stó·ney gàte [stóʊni- | stáʊnɪ-] 〚← *Bindon B. Stoney* (*d.* 1909: アイルランドの技師)〛 ── *n.* 〘土木〙 ストーニ水門《扉(ぴ)体と戸当たりとの間にはしごローラーを挿入した水門》.

stonk [stɑ́ŋk | stɔ́ŋk] 〚《擬音語》?: cf. 《方言》 *stonk*

game of marbles〗 *n.* 集中砲火, 猛爆[砲火]. ― *vt.* …に猛爆[砲撃]を浴びせる.

ston·ker [stάŋkə | stɔ́ŋkə(r)] 〖←?〗 *vt.* 《豪俗》 **1** 強打する, なぐって意識不明にする. **2** 完全に挫折させる; 困惑させる (baffle).

ston·y [stóʊni | stə́ʊni] 〖OE *stānig*: ⇨ stone (n.), -y⁴〗 ― *adj.* (**ston·i·er**; **-i·est**) **1 a** 石の, 石質の; 石の多い, 石ころだらけの: a ~ path 石の多い道 / ~ ground 石質の土地. **b** 《古》石製の, 石造りの. **2** 〈果物が〉種[核]のある: a ~ fruit 核果. **3** 石のように堅い: a ~ mass 石のような堅い塊. **4 a** 石のように冷たい. **b** 冷酷な, 残忍な, 無情な (merciless), 感じのない (unfeeling), 因業(いんごう)な (obdurate): a ~ heart 無情, 冷酷. **c** 動かない, 不動の (motionless), じっとしている (rigid): a ~ stare [gaze, look] じっと見つめる凝視. **5** 立ちすくませる(ような) (petrifying): ~ fear [horror, grief] (立ちすくむような)はなはだしい恐怖[戦慄(りつ), 悲しみ]. **6** 《俗》破産した, 文(もん)なしの (penniless) (cf. stone-broke). **stón·i·ly** [-nɪli, -nə-, -nḷi | -nɪlɪ, -nə-] *adv.* **stón·i·ness** *n.*

stóny-bróke *adj.* 《英俗》 =stone-broke.

stóny córal *n.* 〖動物〗イシサンゴ《堅い石灰質の外骨格を有するサンゴチュウで, この骨格の堆(たい)積したものが珊瑚(さんご)礁 (coral reef)》.

stóny·héarted *adj.* 無情な, 冷酷な, 残忍な (cruel), 無慈悲な (merciless). **~·ness** *n.*

stóny pít *n.* 〖植物病理〗ナシのウイルス病《果実が変形して, あばたを生じる》.

stood 〖OE *stōd*: 過去分詞 (OE (*ġe*)*standen*) は 16C に pret. に同化〗 *v.* stand の過去形・過去分詞.

stooge [stúːdʒ] 〖《1913》← ?〗 ― *n.* **1** 《口語》(主役の喜劇役者を引き立たせるためにからかわれる脇役を演じる)引き立て役, ぼけ役 (straight man). **2** 《口語・軽蔑》**a** (こびるように他人のために行動する)補助役, 手下,「太鼓持ち」. **b** 傀儡(かいらい) (puppet). **3** 《米俗》=stool pigeon 2 b. ― *vi.* **1** 《口語》〔…の〕引き立て役[補助役]を勤める 〔*for*〕. **2** 《俗》**a** 〈飛行機が〉(低空で決まった所を)旋回する. **b** あてもなくぶらぶらする 〈*around*〉.

stook [stʊ́k, stúːk] 〖《15C》 *stouk* ⊏ ? MLG *stūke*〗《スコット・北英》 ― *n.* (畠に積み重ねた)麦などの刈束の山 (shock). ― *vt.* 〈刈束などを〉山に積む[する]: ~ sheaves. ― *vi.* 刈束などを山に積む.

stool [stúːl] 〖OE *stōl* < Gmc **stōlaz* (Du. *stoel* / G *Stuhl* / ON *stóll* / Goth. *stōls* throne) ← IE **stā-* 'to STAND': ⇨ -le¹〗 ― *n.* **1 a** (ひじ掛け・背もたれのない一人用の)腰掛け, 床几(しょうぎ), スツール: ⇨ campstool, cutty stool / a three-legged ~ 三脚床几 / a folding ~ たたみ床几. **b** (バーなどにある)足の高い一本足の腰掛け,「止まり木」. **c** 足台 (footstool), ひざつき台. **2 a** (腰掛け式の)便器 (commode). **b** 便所 (privy): go to [strain at] ~ 便所へ行く. **c** 便通 (evacuation); 便, 大便 (feces). **3 a** (権威と機能の象徴としての) bishop の座; bishop の職. **b** (アフリカ西部で地位と家柄としての)酋長[部族長]の座. **4** 《米》窓台敷居 (window sill). **5 a** (また芽の出る)切株, 根; 母樹, 親木, 親株. **b** 切株または根から生じた若枝, 取り木. **6** 《米》**a** おとりの止まり木. **b** おとり; おとりのカモ (decoy duck). **7** =stool pigeon.

fall* [*come to the ground*] *between two stools 虻蜂(あぶはち)取らずに終わる, 二兎を追って一兎も得ない.

stool of repentance 《スコット》=cutty stool 2.

― *vi.* **1** (親木から)若枝[芽]を出す, 蘖(ひこばえ)を生じる. **2** 《米口語》おとりを勤める. **3** 《古》便所へ行く.

stóol·bàll *n.* 《英》スツールボール《16–17 世紀ごろ行なわれたクリケットに似た婦人の遊戯で, 英国では今でも行なわれる》.

stool·ie [stúːli | -lɪ] *n.* 《米口語》=stool pigeon 2 b.

stóol láyering *n.* 〖園芸〗=mound layering.

stóol pìgeon 〖おとりを止まり木に止まらせたことから〗 ― *n.* 《米》**1** (おとりに使う)ハト, おとりバト. **2** 《俗》**a** (香具師(やし)・博打(ばくち)打ちなどの)おとり, さくら. **b** (警察・雇い主などの)スパイ, 密告者 (stoolie).

stoop¹ [stúːp] 〖OE *stūpian* ← Gmc **stūp-* (MDu. *stūpen* / ON *stūpa*) ← IE **steu-* to push, beat: cf. steep¹〗 ― *vi.* **1** かがむ, こごむ, 腰を曲げる 〈*down*〉: ~ to pick a flower 花を摘むために身をかがめる / ~ over a desk 机の上に前かがみになる. **2 a** 猫背である, 腰が曲がる; 前かがみになる, 体を曲げる (bend): ~ from age 老齢で腰が曲がる / Sit up straight and don't ~. まっすぐに腰掛けて前かがみにならないで. **b** 前かがみで歩く. **c** 〈木などが〉曲がる, 傾く (bow, lean). **3** 恥ずべきことをあえてする, 恥を忍んで…する, 身を落として[卑下して]…する (condescend, deign) 〈*to do*〉; 〔…に〕身を落とす 〔*to*〕: ~ *to* meanness and duplicity 身を落として卑劣な不信行為をする / ~ *to* conquer [win] 屈辱を忍んで目的を達する (cf.「負けるが勝ち」) / He'd never ~ *to* murder. 彼は人を殺すような男ではない. **4** 〈鷹などが〉〔獲物に〕上から襲いかかる (swoop, pounce) 〔*at, on, upon*〕. **5** 《まれ》屈服する, 屈従する (yield). **6** 《廃》高い所から降りる. ― *vt.* **1** 〈体・頭・首・肩・背を〉かがめる, こごめる, 曲げる: ~ oneself 身をかがめる / ~ one's head, one's shoulder, one's back, etc. **2** 《古》卑下させる (abase, humble); 屈従[屈服]させる (subject). ― *n.* **1 a** かがむこと, こごむこと, 屈身. **b** 猫背, 腰の曲がり: He has a shocking ~. 彼はひどい猫背だ. **2** 恥を忍ぶこと, 身を落とすこと, 卑下 (condescension). **3** (鷹などの)襲いかかり (swoop).
~·er *n.*

stoop² [stúːp] 〖《1789》⊏ Du. *stoep*: ⇨ stoep〗 *n.* 《米》玄関口, 入口階段《二, 三段の階段をもち, 庇などの出た住宅や建物の戸口》.

stoop³ [stúːp] *n.* =stoup.

stóop·bàll *n.* 《米》〖遊戯〗ストゥープボール《街路・校庭などの狭い場所で行なう野球に似たゲーム; 階段・壁にボールを投げつけてベースへ向かって駆ける; 相手チームはそのボールを空中で捕えアウトにしようとする》.

stóop cròp *n.* 前かがみの姿勢で耕作[収穫]する作物《野菜など》.

stóop·ing 〖ME〗 *adj.* かがんだ, こごんだ, 体を曲げた; 腰を曲げた, 猫背の: with ~ shoulders 猫背で. **~·ly** *adv.*

stóop làbor *n.* **1** 前かがみの姿勢で行なう耕作[収穫]などの労働. **2** [集合的] 前かがみの姿勢で労働する人たち.

stóop tàg *n.* =squat tag.

stop [stάp | stɔ́p] 〖OE **stoppian* (cf. *forstoppian* to plug (the ear)) < (WGmc) **stoppōn* to plug up (Du. *stoppen* / G *stopfen*) ⊏ VL **stuppāre* to stop up with tow ← L *stuppa* tow ⊏ Gk *stúppē* ← IE **steuə-* to condense, cluster: cf. stuff, stupe¹〗 ― *v.* (**stopped**, 《古》**stopt** [stάpt | stɔ́pt]; **stop·ping**) ― *vt.* **1** 〈動いているものなどを〉止める, 押える: ~ a car [a train, a runaway horse, an engine] 自動車[列車, 逃げた馬, エンジン]を止める / ~ the traffic 往来[交通]をさえぎる / ~ the press 輪転機を止める (⇨ stop press) / ~ a factory 工場の操業を止める / ~ a bird (飛ぶ)鳥を打ち落とす / ~ a bullet [shell] 《俗》弾(たま)に当たって負傷する[死ぬ] / ~ a blow with one's head 《俗・戯言》頭に一撃を食らう / *Stop* thief! 泥棒だ. **2** [しばしば *doing* を伴って] (自分で)やめる, よす (discontinue); しなくなる: ~ work [talk*ing*] 仕事[おしゃべり]をよす / Do ~ grumbl*ing* [nonsense]! ぐずぐず[ばかを]言うのはよせ / *Stop* it! (そんなことは)やめたまえ, よせ / The phone *~ped* ring*ing*. 電話のベルが止まった / It has *~ped* rain*ing*. 雨がやんだ. **3** 邪魔する, 妨げる, 阻止する (interrupt, prevent), 抑制する (restrain); やめさせる, 終わらせる: ~ a quarrel [speaker] 喧嘩[弁士の話]をやめさせる / ~ a burglary [an epidemic] 強盗[伝染病]を防ぐ / Thick walls ~ sound. 厚い壁は音をさえぎる / Nothing will ~ his interfer*ing* [him (*from*) interfer*ing*]. 彼のおせっかい癖にはつける薬がない / She could not ~ a smile *from* flickering. 彼女は笑みを押えることができなかった[思わず顔をほころばせた]. **4 a** 差し止める (intercept), 中止する (cut off), 停止する (suspend): ~ supplies 供給を止める / ~ a person's allowance [wages] 人の手当[給料]を停止する / ~ a check 銀行に小切手の支払いを停止させる / ~ payment 〈銀行が〉支払いを停止する; 銀行に小切手などの支払いを停止させる; 破産宣告をする / He had his leave *~ped*. 彼は休暇を停止された. **b** 差し引く, 控除する (deduct): The cost was *~ped from* [*out of*] my salary. その費用は給料から差し引かれた. **5** 〈穴・通路などを〉ふさぐ, 詰める, 埋める (block, close); 〈出るものを〉止める 〈*up*〉: ~ (*up*) a channel [a passage, an entrance, a hole, a leak] 水路[通路, 入口, 穴, 漏り]をふさぐ / ~ the way 通路をふさぐ; (事の)進行を妨げる / ~ a bottle (*with* a cork) びんに(コルクの)栓をする / have one's decayed tooth *~ped* 《英》虫歯を詰めてもらう / ~ one's ears (*to* [*against*] …) (…に)耳をふさぐ, 耳を貸さない / ~ a person's mouth 人を黙らせる; 殺す; (賄賂などを使って)口止めする / My nose is badly *~ped up*. 鼻がすっかり詰まってしまった / ~ a wound [the bleeding, the blood] 傷[出血]を止める / ~ a person's breath 人の息の根を止める. **6** 《英》…に句読点を[打つ] (punctuate): a badly spelt and *~ped* letter 綴(つづ)りも句読点もでたらめな手紙. **7** 当惑させる, まごつかせる (baffle): a question that *~s* an expert 専門家をも困惑させる問題. **8** 〖スポーツ〗**a** (ボクシングで)〈相手を〉(テクニカル)ノックアウトする. **b** (フェンシングで)〈打撃を〉受け止める. **c** (試合で)〈相手を〉破る, 負かす (defeat). **9** 〖音楽〗〈管楽器・弦楽器〉の弦や穴などを指で押える. **10** 〖トランプ〗〈あるスーツ (suit)〉のストッパー (stopper) がある. **11** 《英》〖園芸〗〈植物の芯(しん)を〉止める (pinch). **12** 〖海事〗(細索で)くくる; くくりつける.

― *vi.* **1 a** 〈動いているものが〉止まる, 停止する (halt); (していることを)やめる: ~ cold [dead] 突然[ぴたりと]止まる / The train *~s at* all stations. その列車は各駅に停車する / This must ~ (at once). これは(ただちに)やめなければならない / ~ *to* rest = ~ *for* rest 止まって[やめて]休む / ~ *to* look at a fence 障害[困難]の前でためらう / He never *~s to* think. 彼は決してゆっくり考えない. ★ stop *to* do の代わりに stop *and* do の形式を用いるのは《口語》: We'd better ~ *and* plan. じっくり計画を立てたほうがよい. **b** 〈運転・機能・継続などが〉止まる, やむ: The clock has *~ped*. 時計が止まった / The rain *~ped*. 雨がやんだ / The annuity *~s*. 年金が止まる. **c** 〈伸びているものが〉終わる, 止まる, 切れる: The paved way *~s* here. 舗装道路はここで終わっている. **2** 自制する, ためらう (hesitate), 思いとどまる: He would ~ *at* nothing *to* gain his end. 目的のためには(平気で)何でもやるだろう / ⇨ *stop* SHORT (2). **3** 《口語》(ちょっと)立ち寄る; とどまる (remain), 滞在する (stay); 泊まる (lodge): ~ *behind* 後まで居残る / ~ *in* [*indoors*] うち[なか]にいる / ~ *out* 外に出ている; 留守にする / ~ *at* home [a hotel] うちにとどまる[ホテルに泊まる] / ~ *in* bed 寝床に入っている / ~ *away from* school 学校を休む / We *~ped at* a bar. ちょっとバーに立ち寄った / Are you *~ping for* [*to*] tea? 寄ってお茶でもいかがですか / I am *~ping with* my sister. 姉[妹]のところに泊まっている. **4** 〈導管・流しなどが〉詰まる (clog) 〈*up*〉.

stop by 《米》(1) [by は *adv.*] (ちょっと)立ち寄る. (2) [by は *prep.*] …に(ちょっと)立ち寄る: ~ *by* a bank. ***stop down*** 〖写真〗(*vi.*) レンズを絞る. (*vt.*) 〈レンズを〉絞る. ***stop in*** (1) 《米》=STOP *by* (1). (2) 《英》(罰として)学校に居残る. (3) ⇨ *vi.* 3. ***stop off*** (*vi.*) 行く途中で寄る; 旅行を中断する; 途中下車する (cf. stop-off): ~ *off at* a café to have a cup of coffee 途中コーヒー店に寄ってコーヒーを一杯飲む. (*vt.*) (1) = STOP *out* (2). (2) 〖金属加工〗〈鋳型の一部分〉に砂[土]を詰める. ***stop out*** (*vi.*) (1) 《米》学業を一時中断して別のことをする (cf. stop-out). (2) ストライキを続ける. (3) ⇨ *vi.* 3. (*vt.*) (1) 遮断する. (2) 〈写真版などに〉止め薬をかける. (3) 〖商業〗逆指し値注文 (stop order) に従って〈株券所有者〉の有価証券を売る. ***stop over*** (1) (旅行先で)しばらく泊まる, 短期滞在する. (2) 途中下車する (cf. stopover) 《★ 飛行機での旅にもいう》: ~ *over in* Rome. ***stop round*** =STOP *by* (1). ***stop up*** (*vi.*) (1) ⇨ *vi.* 4. (2) (寝ないで)起きている (sit up): ~ *up* late. (*vt.*) ⇨ *vt.* 5.

― *n.* **1** 止まる[止める]こと; 休止 (cessation), 停止, 中止 (pause), 終止 (end); 停車, 着陸, 停泊: be at a ~ 停止している, 進まない / make a ~ 止まる, 休止する / What about a ~ for food? 一休みして何か食べて行こうか / Her tongue ran on *without* a ~. 彼女のおしゃべりはやむことがなかった. **2** 停車場, 停留所, 着陸場, 停泊地: ⇨ bus stop, request stop / How many *~s* is it [are there] from here to Chicago? シカゴまで停留所はいくつありますか. **3** 逗留, 滞在, 宿泊 (stay): I'll make an overnight ~ here. ここで一泊しよう. **4** (穴などを)ふさぐ[詰める]こと. **5** (通行などの)妨害, 邪魔, 防止 (hindrance); 障害[妨害]物 (obstacle). **6 a** 抑制機, 調整装置. **b** 止め釘 (peg); 栓, つめ (plug, stopper). **c** 〖建築〗戸当り (doorstop). **d** 〖木工〗=stop bead. **7** (犬の)ストップ《頭部と顔面との境の傾斜面; ⇨ dog¹ 挿絵》. **8** 《英》話し振り, 口調, 語調, 調子: put on [pull out] the pathetic [virtuous] ~ 哀れっぽい[偉そうな]語調を出す. **9 a** 《英》句読点 (punctuation mark); (特に)コンマ, セミコロン, コロン, 終止符. **b** (電信・無線などで終止符の代わりに完全につづられた) 'stop' という語. **10** 〖スポーツ〗相手の得点や攻撃を妨げるプレー; (野球の)捕球; (ボクシングの)受止め; (フェンシングで)アレ, クーダレ《相手の直突などに対する阻止打》; (ラグビーなどの)タックル(など). **11** [*pl.*; 単数扱い] 〖トランプ〗ストップ系ゲーム《数人が札を順に出して行き, 早く手札をなくした者が勝ちとなって終わる方式のゲームの総称; ばば抜き, ダウト, ページワンの類》; (特に) =Michigan 2. **12 a** 〖金融〗(小切手振出人が銀行に対して発する)支払い中止通告. **b** 〖商業〗=stop order. **13** 〖光学・写真〗**a** 絞り《光量・光線束などを制限するもの; diaphragm ともいう》. **b** (絞りによって調整できる)レンズの口径 (aperture) (cf. f-number). **c** 絞りの表示. **14** 〖音声〗閉鎖音《[p] [b] [t] [d] [k] [g] など》. **15** 〖海事〗とめ, ささえ《他物の移動を防ぐ突出物, 特にマストの上部のもの》; 止索, くくりなわ. **16** 〖音楽〗指で弦[穴]を押えて音を変えること[装置]; (オルガン・ハープシコードの)ストップ, 音栓; (リュートの)ことじ.

come* [*bring*] *to a stop 止まる[める], 終わる[らせる], 停頓(とん)する[させる]: *come to a* full [sudden] ~ 完全[急]に止まる. ***pull out all the stops*** (1) 音栓 (stop) を全部作動させながらオルガンを演奏する. (2) あらゆる手だてを尽くす, できるだけの努力をする. ***put* [*give*] *a stop to*** …を止める, 中止[停止, 休止, 終止]させる, 終わらせる (cf. *put a* PERIOD *to*). ***with all the stops out*** (1) 音栓 (stop) を全部作動させながら. (2) 最大限の努力を払って.

― *attrib. adj.* **1** 止める, 止めるために使われる[作られた]: a ~ line [signal] 停止線[信号]. **2** 〖音声〗閉鎖音の (cf. open 17 b): ~ consonants 閉鎖子音.

stóp-and-gó *adj.* (交通渋滞などで)進んではすぐ止まる; (特に)〈交通が〉交通信号で規制されている.

stóp bàth *n.* 〖写真〗(現像)停止浴《short-stop ともいう》.

stóp bèad *n.* 〖木工〗押え玉縁(ぶち)《繰形(くりかた)の終端部に付く装飾; ドアや窓を閉じるための戸当りに施された繰形》.

stóp bìd *n.* 〖トランプ〗(bridge で) ストップビッド, 停止ビッド《一足飛びにゲームコントラクト (game contract) に達したビッドで, パートナーのパスを要求するもの; cf. shut-out bid, sign-off 2》.

stóp·blòck *n.* (鉄道線路の)止め枕, 車輪止め.

stóp clàuse *n.* 〖演劇〗契約の打切り条項《プロデューサーと劇場オーナー間で交わされる契約の条項; eviction clause ともいう》.

stóp·còck *n.* 止めコック, コックの栓.

stóp-cýlinder prèss *n.* 〖印刷〗ストップシリンダー印刷機, 停止円筒印刷機.

stope [stóʊp | stə́ʊp] 〖《1747》⊏ ? LG ~《原義》step: cf. step (n.)〗〖鉱山〗 *n.* 採掘場, 階段採掘場. ― *vi.*

採掘する. ── *vt.* 〈鉱石を〉採掘する.

stóp·er *n.* 〘鉱山〙ストーパー《階段採掘場で垂直孔[斜孔]を掘る削岩機》.

Stopes [stóʊps | stɔ́ʊps], **Marie Car·mi·chael** [kɑ́ə-maɪkəl | kɑːmáɪ-] *n.* (1880–1958) 英国の女性産児制限論者・古植物学者.

stóp·gàp 〘《1533》← *stop a gap* (⇨ gap (n.) 2)〙 ── *n.* **1** 埋め草, 間に合わせ, 当座しのぎ (makeshift). **2** (一時的な)代理人; 臨時雇いの人. ── *adj.* 穴ふさぎの; 間に合わせの, 一時しのぎの (makeshift): a ~ budget [cabinet] 暫定予算[内閣].

stóp-gó 《英口語》〘経済〙*n.* **1** インフレとデフレの交互に出てくる時期. **2** ストップゴー政策《第二次大戦後, 国際収支赤字と黒字とを処理するため, 経済の引締めと拡大とを交互に行なったもの》. ── *adj.* ストップゴー政策の.

stóp·ing 〘⇨ stope〙 *n.* 〘地質〙ストーピング《上昇する岩漿 (magma) が母岩を機械的に破壊しながら進入すること》.

stóp knòb *n.* (オルガンの)音栓; 音栓のつまみの頭《音管名が記してある所》.

stóp·làmp *n.* =stoplight 1.

stóp·light *n.* **1** (自動車の)ストップライト, 停止灯 (brakelight)《ブレーキを踏むと同時にともる尾灯》. **2** (交通の)停止信号《赤ランプ》.

stóp lòg *n.* 〘土木〙角落し《取入れ水門などに用いられる角材[薄板]》.

stóp-lòss *adj.* 〘証券〙一層大きな損失を防ぐための.

stóp-lòss òrder *n.* 〘証券〙=stop order.

stóp nùmber *n.* 〘写真〙=f-number.

stóp-òff *n.* 途中下車 (stopover).

stóp òrder *n.* 〘証券〙逆指し値注文《ある値以上になれば買い, 以下になれば売りを依頼する仲買人に対する指図; stop-loss order ともいう》.

stóp-òut *n.* 《米》一時休学の大学生.

stóp·òver 〘← *stop over* (⇨ stop (v.) 成句)〙 *n.* **1** 途中下車. ★ 飛行機での旅にもいう: have a ~ in Paris パリに途中下車する. **2** (旅行中の)途中下車地[駅].

stop·page [stɑ́pɪdʒ | stɔ́p-] 〘《1465》← STOP (v.)＋-AGE〙 ── *n.* **1** 止めること, 止まり; 中止, 休止, 停止, 途絶え. **2 a** 支払い停止. **b** (前払い金などに対する)差引き支払い. **3** (検証などのための通行人などの)通行止め. **4** 同盟罷業, ストライキ. **5** 障害.

Stop·pard [stɑ́pəd | stɔ́pɑːd], **Tom** *n.* (1937–) チェコスロヴァキア生れの英国の劇作家; *Rosencrantz and Guildenstern are Dead* (1967).

stóp pàyment *n.* 〘金融〙(小切手振出人が銀行に対して発する小切手の)支払い停止指図[通知].

stopped 〘《1440》〙 ── *adj.* **1** 止められた, 停止された (halted); 食い止められた, 抑止された (checked). **2** 栓のしてある; ふさがれた, 詰まった: a ~ bottle / a ~ drain [nose] 詰まった下水管[鼻]. **3** 〘音楽〙 **a** 〈オルガンのパイプが〉おおいのかけられた: a ~ pipe 被蓋(ふた)[閉口]音管. **b** 〈音が〉指先で弦[音孔]を押えて出された. **c** 弱音器をつけた. **4** 〘音声〙〈子音が〉閉鎖音の (cf. open 17 b): a ~ consonant 閉鎖子音.

stópped diapáson *n.* (パイプオルガンの)閉管ダイアペーソン[音栓] (⇨ diapason 5 a).

stóp·per 〘《*a*1525》〙 ── *n.* **1 a** 止める人[物], 止め手, 停止者; 押える人[物], (戸を開けておくための)戸押え; 妨害者[物], 邪魔物: put a ~ on ...を止める[押える]. **b** (機械の)制止装置. **c** 《口語》人の注意を引きつけるもの[人]《変わった飾り付け, グラマー美人など》. **2 a** (穴などを)ふさぐ[埋める]人[物]: ⇨ tobacco stopper. **b** (びん・たる・管などの)栓, つめ (plug). **3** 〘海事〙ストッパー, 止め索. **4** 〘写真〙停止液. **5** 〘トランプ〙ストッパー: **a** エース・キングなど, それを保有していればそのスーツ (suit) を頭から敵に取られないですむような高位札. **b** (gin rummy で)それを保有することで敵のメルド (meld) を妨害するカード. **6** 《俗》〘野球〙切り札投手; リリーフ[救援]投手. ── *vt.* **1** ...に栓をする[付ける]; ふさぐ: ~ a bottle. **2** 〘海事〙...にストッパーをかける, ストッパーで押える[止める].

stóp·ping 〘ME〙 ── *n.* **1** 止めること, 停止, 中止. **2** ふさぐ[詰める]こと. **3** 句読点をつける[打つ]こと (punctuation). **4** 〘音楽〙指で弦[音孔]を押えること. **5** 〘歯科〙ストッピング《歯の暫間充填(じゅう)材料》. **6** 〘鉱山〙隔壁《空気の流れを防ぐ障壁》.

stópping capàcitor [condènser] *n.* 〘電気〙阻止コンデンサー《直流を阻止し交流だけを通すためのコンデンサー》.

stópping tràin *n.* 《英》(多くの途中駅に停車する)鈍行列車.

stóp plàte *n.* 〘機械〙止め板《軸が抜けないための》.

stop·ple [stɑ́pl | stɔ́pl] 〘ME *stoppell*: ⇨ stop (v.), -le¹〙 ── *n.* **1 a** (びんなどの)栓, つめ (stopper). **b** 《米》耳栓 (earplug). **2 a** (管楽器の)キー《管孔をふさぐための栓》. **b** (パイプオルガンの閉管の末端にある)栓. ── *vt.* ...に栓をする.

stóp-prèss *adj.* 《英》〈ニュースが〉輪転機を止めて差し入れられた; 最新重大な.

stóp prèss *n.* 《英》(新聞の)締切り後の重大ニュース, 輪転機を止めて差し入れた記事 (cf. fudge *n.* 4).

stóp rìb *n.* 〘甲冑〙出ぷち《板金鎧(よろい)の胸当てなどの部分についていて, 敵の切っ先をそらす》.

stóp sìgn *n.* 一時停止標識.

stóp strèet *n.* (優先道路 (through street) との交差点で)一時停止を義務づけられる方の道路.

stopt *v.* 《古》stop の過去形・過去分詞.

stóp vàlve *n.* (液体の)流れ止め弁, 止め弁.

stóp vòlley *n.* 〘テニス〙ストップボレー《相手のボールをネット際で受けて, 短く落とすボレー》.

stóp·wàtch 〘《1737》〙 *n.* ストップウォッチ《時間間隔測定用の時計で, 測定開始前に表示を零に戻すことができるもの; cf. timer 2, chronograph》.

stóp·wàter *n.* 〘海事〙水止め, 水止栓《鋲締水密を確実にするために中間に入れるペンキをしませた布》.

stóp·wòrk *n.* 〘時計〙(ぜんまいの巻上角と巻戻し角を定めるための)巻止め装置 (cf. Geneva stop 1).

stor. 《略》storage.

stor·a·ble [stɔ́ːrəbl, stóːr- | stɔ́ːr-] 〘← STORE (v.)＋-ABLE〙 *adj.* 貯えられる, 貯蔵できる. ── *n.* [通例 *pl.*] 貯蔵可能の物[商品].

stor·age [stɔ́ːrɪdʒ, stóːr- | stɔ́ːr-] 〘《1612》← STORE (v.)＋-AGE〙 ── *n.* **1 a** 貯蔵, 保管; (特に)倉庫保管: in cold ~ 冷蔵して. **b** (倉庫の)収容力. **c** 貯蔵[保管]料. **2** 倉庫 (storehouse): put one's furniture in ~ 家具を倉庫に入れる. **3** 〘電気〙蓄電. **4** 〘電算機〙記憶装置, 蓄積装置 (memory).

stórage cèll [bàttery] *n.* 蓄電池《充放電を繰り返して使用できる電池; secondary cell [battery] ともいう; cf. primary cell》.

stórage disèase *n.* 〘病理〙蓄積症, 貯蔵病, 沈着症 (⇨ thesaurosis).

stórage effèct *n.* 〘電気〙**1** 積分効果《入力を積分した値が出力されるような効果》. **2** 蓄積効果: carrier ~ キャリア蓄積効果《蓄積された担体(キャリア)による諸効果で, 例えば整流素子に逆電圧をかけると短時間だけ逆電流が流れることなど》.

stórage hèater *n.* 蓄熱ヒーター《電力のピーク時を外した夜間熱を蓄積して昼間それを放出する》.

stórage lìfe *n.* 貯蔵寿命, 貯蔵期間 (shelf life).

stórage plànt *n.* 〘電気〙貯水池式発電所.

stórage rìng *n.* 〘物理〙(ビーム)貯蔵器《加速した荷電粒子のビームを閉じた軌道内に貯蔵する装置; ビームとビームの衝突実験を行なったり, また高エネルギー電子ビームを磁場内で曲げ, その時放出される X 線を利用したりする》.

stórage tràck *n.* 〘鉄道〙留置線, 収容線.

stórage tùbe *n.* 〘電気〙蓄積管 (memory tube).

stórage wàll *n.* 収納壁《壁面作り付け(戸)棚セット》.

sto·rax [stɔ́ːræks, stóːr- | stɔ́ːr-] 〘《*c*1390》▭ L ～ ▭ Gk *stúrax* 'STYRAX'〙〘植物〙 ── *n.* **1 a** エゴノキ属 (*Styrax*) の樹木の総称《アンソクコウ (*S. benzoin*), セイヨウエゴノキ (*S. officinalis*) など》. **b** その樹脂《安息香の一種》. **2 a** ソゴウコウジュ(蘇合香樹) (*Liquidambar orientalis*)《小アジアに産するマンサク科フウ属の落葉樹; cf. sweet gum》. **b** 蘇合香《ソゴウコウジュから採れる蜂蜜状樹脂で, 昔医薬や香料に用いた; liquid storax ともいう》. **c** 北米産モミジバフウ (*L. styraciflua*) から採った芳香性液体樹脂《sweet gum ともいう》. ── *adj.* エゴノキ科の.

store [stɔ́ə, stóə | stɔ́ː(r)] 〘《n.: *c*1300; v.: 1264》▭ OF *estor* (n.) ← *estorer* (v.) < L *instaurāre* to renew: cf. restore〙 ── *n.* **1 a** 貯え, 貯蔵 (supply, stock); (知識などの)貯え, 蘊蓄(うん), 蓄積; 用意, 準備, 備え: a ~ of food, fuel, clothing, etc. / a ~ of knowledge, earning, information, etc. / *Store* is no sore. 《諺》余って困ることはない (cf.「大は小を兼ねる」). **b** [*pl.*] 衣食[必要品]の備え, 食糧, 用品, 備品: naval [military, household, ship's] ~*s* 海軍[陸軍, 家庭, 船舶]用品 / marine ~*s* (古船具店で売る)古船具. **2 a** 《米》(小売りの)店, 商店 (《英》shop): buy candy at a ~ 店で菓子を買う / keep ~ 店を経営する / ⇨ general store, chain store, bookstore. **b** [*pl.*; 単数または複数扱い] 《英》百貨店, デパート (department store): Selfridge's *Stores* セルフリッジ百貨店 / I get most things at the ~*s*. 大抵の物は百貨店で買う. **3** 貯蔵所, 倉庫. **4** たくさん, 多量 (abundance, plenty) 〔*of*〕: a (great) ~ [~*s*] *of* apples. **5** 大切にされるもの: ⇨ *set* [*put, lay*] STORE *by* [*on*]. **6** 《英》太らせるのに適した家畜の子. **7** 《英》〘電算機〙記憶装置 (memory).

in store (1) 貯えて, 備えて, 持ち合わせて, 用意して; 包蔵して: be *in* ~ / have [keep, hold] a thing *in* ~ 物を貯えておく / Who knows what the future may hold *in* ~? 未来が何を包蔵しているか[どんなことになるか]わかるものではない / lay...*in* ~ for the winter ...の冬の貯え[備え]をする / I have a surprise [an hour's talk] *in* ~ for you. 君を一つ驚かす[君と 1 時間ばかり話したい]ことがある. (2) 〈未来・運命などが〉〔人に〕振りかかろうとする, 待ち構えている〔*for*〕: Who knows what is *in* ~ *for* us? 将来何が起こるかわかったものではない / I little thought of the calamity which was *in* ~ *for* us. 我々に振りかかろうとしていた災難のことは全く考えていなかった. (3) 《廃》大量に, 十分に. ***mind the store*** ⇨ mind 成句. ***out of store*** 貯蔵してない, 備え[用意]がない: be *out of* ~. ***set [put, lay] store by [on]*** ...を重んじる, 尊敬[重視]する: *set* no [little] ~ *by* ...を軽視する.

── *attrib. adj.* **1** 《米》店売りの; 出来合いの, 既製(品)の (ready-made); 人造の (artificial): a ~ bed / ~ clothes 既製服 / ~ teeth 入れ歯. **2** 貯蔵(用)の[に用いる]. **3** 《英》**a** 牧畜の, 畜産の: a ~ farm 畜産農場. **b** 太らせるのに適した: ~ cattle 太らせて売るために飼っている牛[買い込んだやせ牛].

── *vt.* **1** 貯える, 貯蔵[蓄積]する; 取って置く (accumulate) 〈*up, away*〉: ~ *up* [*away*] fuel for the winter 冬に備えて燃料を貯える / The Aswan Dam was built to ~ the waters of the Nile. アスワンダムはナイル川の水を貯えるために造られた / ~ *up* a saying in one's heart 格言を心に留める / All these facts were ~*d* in his memory. これらの事実は皆彼の記憶に止められた. **2** (将来に備えて)〈貯蔵庫・船などに〉に供給する, 用意する, 備える (supply, provide) 〔*with*〕: ~ one's cupboards *with* food 戸棚に食糧を備え込む / ~ the mind *with* knowledge 頭に知識を蓄える / The cellar was ~*d with* apples. 地下貯蔵室にりんごが貯えられた. **3** 〈家具・穀物などを〉倉に入れる, 倉庫に保管する: The harvest has been ~*d*. 収穫物の倉入れは済んだ. **4** 〈倉庫・容器などが〉入れる[収納する]余地がある (hold): The shed will ~ 20 tons of coal. 小屋には石炭が 20 トン入る. **5** 〘電気〙蓄電する. **6** 〘電算機〙〈データを〉記憶装置に記憶させる. ── *vi.* **1** (必要に備えて)貯えておく. **2** 〈物が〉貯蔵される: This food ~*s* well. この食品は貯蔵がきく.

stóre-bóught *adj.* (自家製でなくて)店で買った, 出来合いの, 既製の: ~ clothes.

stóre chèese 〘食料品店の常備品であることから〙 *n.* チェダーチーズ (Cheddar).

stóre·frònt 《米》*n.* **1** 店の正面; (商店の通りに面した)店頭, 店先. **2** 通りに面した店頭のある建物[部屋]. ── *adj.* **1** 店頭の; 通りに面した店頭の部屋をもつ. **2** 店頭教会の[に関する].

stórefront chùrch *n.* 《米》(店頭を集会所とする)店頭教会.

stóre·hòuse 〘ME〙 ── *n.* **1** 倉庫, 貯蔵所 (storage): a ~ for foods 食料貯蔵所. **2** (知識などの)宝庫: The book [He] is a ~ of information. その本は知識の宝庫だ[彼は非常な物知りだ].

stóre·kèeper *n.* **1** 《米》小売商人, (商)店主 (shopkeeper). **2** 倉庫管理人. **3** 〘米海軍〙(艦船や補給基地の)補給係《下士官または兵》.

stóre làyout *n.* 小売店レイアウト, 店舗内機器・商品配置.

stóre·ròom *n.* **1** 貯蔵室, 物置. **2** 貯蔵[収納]余地.

stóre·shìp *n.* 供給物資輸送船.

stóres lèdger *n.* 在庫帳, 在荷控え帳《stock book, stock ledger, stock record ともいう》.

stóre·wìde *adj.* 《米》店全体の, 全店の; 店の全商品の: a ~ sale 全店売出し.

sto·rey [stɔ́ːri, stóːri | stɔ́ːrɪ] *n.* 《英》=story².

stó·reyed *adj.* 《英》=storied².

sto·ri·at·ed [stɔ́ːrièɪtɪd, stóːr-, -ṭəd | stɔ́ːrièɪt-] *adj.* =historiated.

stó·ried¹ 〘《1481》〙 *adj.* **1** 物語[伝説, 歴史]に名高い: a ~ place. **2** 伝説[物語, 歴史上の事実など]を絵や模様に表わした: a ~ frieze, tapestry, etc.

stó·ried² 〘《1624》〙 *adj.* 階[層]のある; [しばしば複合語の第 2 構成素として] ...階[層]の: a two-*storied* house 二階家.

sto·ri·ette [stɔ̀ːriét, stòːr-|stɔ̀ːrɪ-] 〘← STORY¹＋-ETTE〙 *n.* きわめて短い小説, 掌編小説.

stò·ri·ól·o·gist [-dʒɪst, -dʒəst | -dʒɪst] *n.* 伝説研究家.

sto·ri·ol·o·gy [stɔ̀ːriɑ́lədʒi, stòːr- | stɔ̀ːrɪɔ́lədʒɪ] *n.* 伝説研究. **sto·ri·o·log·i·cal** [stɔ̀ːriəlɑ́dʒɪkəl, stòːr-, -dʒə- | stɔ̀ːrɪəlɔ́dʒɪ-] *adj.*

stork [stɔ́ək | stɔ́ːk] 〘OE *storc* < Gmc **sturkaz* (Du. *stork* / G *Storch*) ← ? **sturk-*, **sterk-* 'STARK': この鳥の堅い脚からか〙 ── *n.* (*pl.* ~**s**, ~) 〘鳥類〙コウノトリ《コウノトリ科の鳥類の総称; 特にヨーロッパ産の羽毛が白く嘴(くちばし)の赤い, しばしば屋上の煙突に巣を営むシュバシ(朱嘴)コウ (*Ciconia ciconia*) (white stork) をさす; 欧米では赤ん坊はコウノトリが運んで来るものと子供らに言い聞かす習わしがある; cf. adjutant bird, jabiru, saddle-bill》: ⇨ black stork / a visit from the ~ 子供が生れること / ⇨ King Stork.

stórks·bill *n.* (*also* **stórk's-bill**) 〘植物〙 **1** 実が鳥の嘴(くちばし)のように長いフウロソウ科テンジクアオイ属 (*Pelargonium*) の各種の植物の総称. **2** フウロソウ科オランダフウロ属 (*Erodium*) の植物の総称; (特に) オランダフウロ (alfilaria).

storm [stɔ́əm | stɔ́ːm] 〘OE ～ < Gmc **sturmaz* (Du. *storm* / G *Sturm* / ON *stormr*) ← **stur-* ← IE **twer-* to turn, whirl: ⇨ stir¹〙 ── *n.* **1 a** (通例, 雨・雪・あられ・雷鳴などを伴う)嵐(あらし), 暴風(雨) (cf. tempest): ⇨ hailstorm, rainstorm, snowstorm, thunderstorm / A ~ is gathering [brewing]. 嵐が催して来た; 今に一騒動が起こりそうだ / a cyclonic [revolving] ~ =cyclone 1 / the eye of a ~ 暴風の目[中心]《無風区域》/ After a ~ comes a calm. ⇨ calm 2. **b** 荒天 (stormy weather). **c** (雨・雪などの)大降り: a ~ of rain [snow] 大雨[雪]. **d** 〘気象〙暴風 (⇨ wind scale). **e** 〘地球物理〙(自然界の)大異変, 嵐: ⇨ magnetic storm. **2 a** 嵐を思わせるもの. **b** (弾丸・打撃・称賛・ののしりなどの)雨霰, 雨あられ(と降ること)〔*of*〕: a ~ *of* arrows [missiles] 雨あられと降る矢[弾] / a ~ *of* cheers [applause] 嵐のような喝采(かっさい). **c** (感情などの)激発, 嵐〔*of*〕: a ~ *of* jealousy, indignation, etc. **d** (社会・家庭などの)騒動, 動揺, 動乱 (commotion, agitation): the social ~*s* of the 1930s. **3** 〘軍事〙強襲, 襲撃, 急襲, 攻撃. **4** 〘医学〙(急性)発作 (paroxysm), 発症 (crisis). ***a storm in a teacup*** ⇨ teacup 成句. ***attack by storm*** 急襲する. ***take by storm*** (1) 強襲して取る. (2) たちまち心酔させる[魅了する]. ***weather the storm*** 〈船が〉暴風雨を乗り切る; 難局[危機]を切り抜ける.

storm and stress, S- and S- [the ─] 〘文学〙=Sturm und Drang 1.

── *vi.* **1 a** [it ~ として] 荒れる, 嵐が吹く: *It* ~*ed* all day. 一日中荒れた. **b** 〈風が〉激しく吹く. **2** 怒鳴

る，怒鳴りつける，がみがみ言う (rage)〔at, against〕: ～ *at* a person 人を怒鳴りつける / ～ in reply 怒鳴って答える. **3** (大砲などで)攻撃する，砲火を浴びせる；襲撃する，強襲する. **4** 暴れ回る (rush about)；攻撃に出る，出撃する，突撃する；突進する：～ in (怒って・殺気立って)飛び込む，〈群衆などが〉乱入する / ～ out of [into] the room (怒って)部屋から飛び出す[に飛び込んで来る] / ～ upward(s) 〈飛行機などが〉(ものすごい勢いで)飛び立つ. — *vt.* **1** 襲撃する，強襲する，急襲する，襲い取る：～ the city. **2** 〈群衆などが〉〈部屋・商店・停車場などに〉押し寄せる，殺到する，乱入する.

Storm [ʃtɔ́əm | ʃtɔ́:m; G. ʃtɔ́rm], **Theodor** *n.* シュトルム《1817–88；ドイツの詩人・小説家；*Immensee*「みずうみ」(1851)》.

stórm-bèaten *adj.* 暴風雨に荒らされた[襲われた].

stórm-bèlt *n.* 暴風地帯《周期的に暴風の起る地帯》.

stórm·bìrd *n.* 〘鳥類〙シケドリ，アラシドリ (petrel)《嵐を予報するといわれるミズナギドリ科やウミツバメ科の各種の鳥類の総称》；(特に)ヒメウミツバメ (storm petrel).

stórm bòat *n.* 〘軍事〙高速ボート，ストームボート《強行渡河・上陸戦闘用の外部エンジン付きのもの；cf. assault boat》.

stórm·bóund *adj.* 暴風(雨)に妨げられた；〈船が〉暴風(雨)のため出港不能の；暴風雨のために釘付けにされた[足止めを食った]：～ travelers.

stórm cànvas *n.* 〘海事〙ストームカンバス《特に，丈夫にできている暴風雨用の帆；荒天海域へ行く時に前もって取り替えておく》.

stórm-càrd *n.* 〘海事〙暴風中心測定図，暴風図《これによって暴風中心に対する船の位置を知る》.

stórm cèllar [**càve**] *n.* 暴風雨[旋風]避難用の地下室 (cyclone cellar).

stórm cènter *n.* **1** 暴風の中心. **2** 騒動[論議など]の中心.

stórm clòud *n.* **1** 嵐(あらし)[しけ]雲. **2** 動乱の前兆，危険の前触れ：the ～ gathering in East Europe 東欧に現われている不穏な形勢 / the ～ on his brow 彼の額の険しい表情.

stórm còat *n.* ストームコート《厚手の裏地と毛皮の襟のついたコートで，防水されている場合が多い》.

stórm·còck *n.* 《英》〘鳥類〙 **1** =mistle thrush. **2** =fieldfare. **3** =green woodpecker. **4** =storm petrel).

stórm-còne *n.* 《英》円錐(すい)形の暴風(雨)標識，警報球.

stórm dòor *n.* (寒風・吹雪などに備える)雨戸.

stórm dràin *n.* =storm sewer.

stórm-drùm *n.* 《英》暴風雨信号筒《storm-cone と共に掲げて，嵐が強烈であることを示す》.

stórm·er *n.* **1** 暴れ者，怒鳴る人. **2** 強襲[襲撃]者，強襲隊員.

stórm glàss *n.* 〘気象〙暴風雨予報器《密封びんで，天候によってその内容液の沈澱状態が変化する》.

stórming pàrty *n.* 〘軍事〙襲撃部隊，強襲部隊，攻撃部隊，突撃部隊.

stórm jìb *n.* 〘海事〙ストームジブ《storm sail の一種で，暴風雨用の丈夫なジブ；cf. spitfire jib ともいう》.

stórm làmp *n.* 《英》=storm lantern.

stórm làne *n.* 〘気象〙暴風進路《いつも暴風中心の通る狭い地帯》.

stórm làntern *n.* 《英》=hurricane lamp 1.

stórm·less *adj.* 暴風(雨)のない，荒れない，しけない. **～·ness** *n.*

stórm pétrel *n.* 〘鳥類〙ヒメウミツバメ (*Hydrobates pelagicus*)《嵐を予報すると伝えられる；stormy petrel, Mother Carey's chicken ともいう》.

stórm·próof *adj.* 暴風(雨)[嵐]に耐える，暴風雨よけになる，耐風の.

stórm sàil *n.* 〘海事〙荒天用の丈夫な帆，ストームスル.

stórm sàsh *n.* =storm window 1.

stórm sèwer *n.* 雨水の排水管；雨水渠(きょ).

stórm sìgnal *n.* **1** 暴風標識. **2** =storm warning 2.

stórm-stàyed 〘《15C》〙 *adj.* 暴風で止められた，荒天で出発不能の，暴風(雨)で立往生した.

stórm sùrge *n.* (台風などによる)高潮，暴風津波.

stórm-tòssed *adj.* **1** 暴風に揺られる，暴風にもてあそばれた. **2** 激しく思い悩む，心が動揺した.

stórm tràck *n.* 〘気象〙暴風進路.

stórm tròoper *n.* 突撃隊員；(特に)ドイツ旧ナチの突撃隊員.

stórm tròops *n. pl.* 突撃隊 (shock troops)；(特に)ドイツ旧ナチの突撃隊.

stórm wàrning *n.* **1 a** 暴風雨警報. **b** 暴風信号の掲示[掲揚]. **2** (厄介事の)前触れ[前兆].

stórm wèlt *n.* ストームウェルト《靴の甲革と細革との間にすき間があかないような形状の細革》.

stórm wìnd *n.* **1** 暴風，しけ風. **2** 《気象》=storm wind 1.

stórm wìndow *n.* **1** (暴風・寒気などを防ぐ)二重窓，雨戸《storm sash ともいう》. **2** 屋根窓 (dormer window).

storm·y [stɔ́əmi | stɔ́:mɪ] 〘OE *stormig*: ⇨ storm (n.), -y[1]〙 — *adj.* (**storm·i·er**; **-i·est**) **1** 暴風(雨)の[に関する]，嵐の，しけの，荒天の，荒れる；暴風雨を伴う，暴風雨を予想させる：a ～ night [sea] 荒れる夜[海] / a ～ coast 暴風雨に襲われる海岸 / a ～ sunset, sky, etc. **2** 怒り狂う (raging)，激烈な，猛烈な (vehement)；騒々しい (boitrons)，論争的な (quarrelsome)：a ～ debate 激論 / a ～ life 波乱に富んだ[数奇な]生涯 / ～ passions 激しい情熱 / a ～ temper 怒りっぽい性質. **3** 〘病理〙〈病気の経過が〉増悪と軽快を繰り返す，ジグザグの経過をたどる. **stórm·i·ly** [-məli, -mə- | -lɪ] *adv.* **stórm·i·ness** *n.*

Stórmy Cápe 〘《なぞり》← Port. *Cabo Tormentoso*〙 *n.* [the ～] =Cape of Good Hope 1.

stórmy pétrel *n.* **1** 〘鳥類〙=storm petrel. **2** 紛争をもたらす[の好きな]人，物議の中心人物.

stórm-zòne *n.* =storm-belt.

Stor·no·way [stɔ́ənəwèɪ | stɔ́:-] *n.* Western Isles の首都；人口 53,000.

Stor·ting [stɔ́əṭɪŋ, stóə- | stɔ́:t-; *Norw.* stórtiŋ] 〘□ Norw. ～，《古》*storthing* ← *stor* great＋*t(h)ing* assembly: ⇨ thing[2]〙 — *n.* (*also* **Stor·thing** [～]) (ノルウェーの)国会《Lagting と Odelsting とから成る》.

sto·ry[1] [stɔ́:ri, stó:r- | stɔ́:rɪ] 〘《?*a*1200》 *storie* □ AF *estorie*=OF *estoire* (F *histoire*) □ L *historia* 'HISTORY'〙 — *n.* **1** 話，物語 (tale)；おとぎ話 (fairy tale)：a nursery ～ おとぎ話 / a ghost ～ 怪談 / a funny [good] ～ 面白い逸話 / Please tell us a ～. 話をして下さい / Children like to listen to a ～. 子供たちは話を聞くのが好きだ. **2** (報告的な)話，顛末(てんまつ) (report, account)；言，所説 (statement)：Tell me the ～ of what happened to you. 君に起こった出来事の一部始終を話して下さい / according to his own ～ 彼の話では《疑念をほのめかす》/ idle *stories* ばか話 / the same ～ over again いつでも同じ話，例の通りの繰り言 / the (old) old ～ =the same old ～ 例のよくあるやつ，いつもの話 / That's all there is to the ～. 話はそれで終わり[それっきり] / They all tell the same ～. 彼らの言うことは一致している / be in a [one, the same] ～ 話が合う，所説が一致する / to make [cut] a long ～ short=to make short of the ～ かいつまんで話せば，手短に言うと / It is quite another ～ now. 今では全く別な話になった，事情は一変した / That is not the whole ～. それだけの話じゃない / But that is another ～. だがそれは別の話[余談]だ. **3 a** 履歴，来歴，経歴：a woman with a ～ いわくのある女 / His ～ was an eventful one. 彼の来歴は波乱に富んでいた / That face must have a ～. あの顔には何かいわくがあるに違いない / I know her ～. 彼女の素性は知っている. **b** (特に，面白い)逸話 (anecdote). **4 a** 世間に伝わっている話，うわさ (rumor)：The ～ goes that …という話だ，…と伝えられる / as the ～ goes [runs] うわさによれば. **b** 伝説，口碑 (legend, tradition)：a name [land] famous [famed] in ～ 伝説で有名な名[国] / a ～ connected with a famous jewel 有名な宝石にまつわる因縁話. **5 a** (novel より短い)小説；(特に)短編小説 (short story)：a detective ～ 推理小説 / a love ～ 恋愛小説. **b** (小説・詩・劇などの)筋，構想，脚色 (plot)：a novel [film] with very little ～ 筋らしい筋のない小説[映画] / read only for the ～ ただ筋を知るために読む. **6** 《古》歴史，沿革 (history)：the ～ of the rise of England's sea power 英国海軍興隆の歴史. **7** 《口語》**a** (特に，子供に向かってまたは子供が言う)作り話，作りごと，うそ (lie, fib)：tell *stories* 作りごとを言う，うそをつく / 'Tis a ～. それはうそだ. **b** 《小児語》うそつき (liar)：Oh, you ～! このうそつきだ. **8** 〘新聞〙記事 (news article).

tell its* [*one's*] *own story それだけで明らかだ，自明

— *vt.* **1** 〈つづれ織などを〉物語[歴史上の事実など]の絵で飾る (cf. storied[1] 2). **2** 《古》(…の来歴を)物語る (narrate).

sto·ry[2], 《英》**sto·rey** [stɔ́:ri, stó:ri | stɔ́:rɪ] 〘《*a*1400》 *storie* □ Anglo-L *historia* a row of windows with pictures on them, (L) tale, story (↑)〙 — *n.* **1 a** [しばしば複合語の第 2 構成素として] (建物の)階，層《床と天井の間の空間》；同じ階の部屋《全部》：a house of one ～ 平屋 / a building of three *stories* [*storeys*] 三階建ての建物 / a two-*story* house 二階家 / The building is four *stories* [*storeys*] high. その建物は四階建てだ. ★ 階の順序を数える時に英米で区別がある (cf. floor 4 a)：on the first ～ 一階[《英》二階]で / ⇨ second story, third story / ⇨ upper story. **b** (実際の階と関係なく)建物の外装などの水平な区切り. **2** (水平な)階層，層 (layer)：in *stories* 層を成して.

wanting in the top story 《俗》頭が足りなくて，うすのろで (cf. upper story 2).

Sto·ry [stɔ́:ri, stó:ri | stɔ́:rɪ], **William Wet·more** [wétmɔə, -moə | -mɔ:(r)] *n.* (1819–95) 米国の彫刻家・詩人.

stóry·bòard *n.* 〘映画・テレビ〙ストーリーボード，画コンテ《場面の重要な転換を順番に示す素描画を貼り付ける板》.

stóry·bòok *n.* 物語本，おとぎ話の本：a ～ for children. — *attrib. adj.* おとぎ話の.

stóry lìne *n.* 物語[劇，小説，詩，短編小説]の筋書き[プロット].

stóry pòle [**ròd**] *n.* 〘建築〙尺杖，間竿(けんざお)，柱杖《建物の垂直方向の寸法を刻んだ，一階分の長さをもつ竿；大工が施工時に用いる》.

stóry·tèller *n.* **1 a** 物語を語る人，語り手；話の上手な人；講談師. **b** (児童図書館などで子供にお話をする)お話し役. **c** =storywriter. **2** 《口語》うそつき (liar).

stóry·tèlling *n.* **1** 物語をすること. **2** 《口語》うそをつくこと.

Sto·ry·ville [stɔ́:rivìl, stó:ri- | stɔ́:rɪ-] 〘← *Sidney Story* (この区画の計画者)：⇨ -ville〙 *n.* 米国 New Orleans の旧赤線地帯；初期のジャズ発達の中心地.

stóry·writer *n.* 小説家，物語作者.

S to S 《略》ship to shore；station to station.

Stoss [ʃtóus | ʃtɔ́us; G. ʃtó:s], **Veit** [fáɪt] *n.* シュトース《1440–1533；ドイツの彫刻家・画家》.

Stoth·ard [stɑ́ðəd | stɔ́ðəd], **Thomas** *n.* (1755–1834) 英国の画家.

sto·ting [stóuṭɪŋ | stáut-] *n.* 〘服飾〙=stoating.

sto·tin·ka [sto(u)tíŋkə, stə- | stə(u)-] 〘□ Bulg. ～ ← *sto-* (← *suto* hundred)＋*-tin* (suf.)＋*-ka* (suf.)〙 — *n.* (*pl.* **-tin·ki** [-ki | -kɪ]) ストティンキ《ブルガリアの通貨単位；= $^1/_{100}$ lev；1867 年ラテン通貨同盟に基づく貨幣制度を定めたとき採用した銅貨》；1 ストティンキ硬貨.

St.-Ouen [sɛ̃:(ŋ)twɑ́:(ŋ), -twɔ́:(ŋ), sæntwɑ́:ŋ, -twɔ́(:)ŋ; *F.* sɛ̃twɑ̃] *n.* サントワン《フランス北部，Paris に近い都市；人口 44,000》.

stound[1] [stáund, stú:n(d)] 〘OE *stund* < Gmc **stundō* (Du. *stond* / G *Stunde* / ON *stund* hour) ← IE **stā-* 'to STAND'〙 — *n.* **1** 《古・方言》しばらくの間 (short time)；瞬間 (instant). **2** 《廃・スコット》強打 (heavy blow)；激痛 (sharp pain). — *vi.* 《スコット》痛む (ache)；ずきずきする (throb).

stound[2] [stáund, stú:n(d)] 〘ME *stunde(n)* 《頭音消失》← ASTOUND〙 《英方言・古》 *n.* **1** びっくり仰天，胆をつぶすこと. **2** 茫然自失 (stupor). — *vt.* =astound.

stoup [stú:p] 〘《*c*1397》 *stowp* □ ON *staup* cup ← Gmc **staup-* (OE *stēap*)：cf. steep[2]〙 — *n.* **1** 聖水盤《カトリック教会の入口などに取り付けてあり，信者はその水で指先を洗って十字を切る》. **2** 《古・スコット・北英》杯，酒杯. **3** 《スコット》水おけ，バケツ.

stoup 1

stour[1] [stúə | stúə(r)] 〘ME *sto(u)r* < OE *stōr* □ ON *stōr-r* great ← IE **stā-* 'to STAND'〙 — *adj.* 《スコット》**1** 強い，丈夫な (strong). **2** 厳しい，厳格な (stern).

stour[2] [stáuə | stáuə(r)] 〘ME □ OF *estour* battle ← Gmc：cf. storm〙 — *n.* **1 a** 《古》戦闘. **b** 《英方言》騒動 (tumult)，混乱 (confusion). **c** 《スコット》嵐 (storm). **2** 《スコット》ほこり (dust).

Stour 〘OE *Stūr* 《原義》the strong one〙 — *n.* [the ～] **1** [stúə | stúə(r)] イングランド東部の川；Suffolk 州と Essex 州との境をなし，Harwich で北海に注ぐ (76 km). **2** [stáuə, stúə | stáuə(r), stúə(r)] イングランド南部の川；Somersetshire 州南東部に発し，Hampshire 州の Christchurch で Avon 川に合する (89 km). **3** [stúə | stúə(r)] イングランド Kent 州の川；Canterbury と Sandwich を過ぎ Dover 海峡に注ぐ (65 km)；Great Stour ともいう.

stout [stáut] 〘《?*a*1300》 □ OF *estout* ← (WGmc) **stult-* (Du. *stout* / G *stolz* proud) ← ? **stelt-*：⇨ stilt〙 — *adj.* (**～·er**; **～·est**) **1 a** (構造・中身・地など)強い；作りが頑丈な，強靭(きょうじん)な：a ～ ship 頑丈な船 / a ～ cloth 丈夫な布 / ～ cords 丈夫な綱. **b** 〈アルコール飲料が〉こくのある：～ beer. **2 a** たくましい，丈夫な；健康な，強壮な，元気のいい：a ～ man. **b** でっぷりした，太った，肥満した；ずんぐりした：a ～ old gentleman 太った老紳士. **3 a** びくともしない，断固とした，勇敢な：a ～ fighter [opponent] 頑強な闘士[敵手] / a ～ heart 雄々しい心，勇気. **b** 〈馬など〉よく頑張る，頑張りのきく. **4** 力の強い，強力な；激しい，荒々しい：make a ～ resistance 頑強に抵抗する / a ～ attack 激しい攻撃. **5** 《古》**a** 横柄な，高慢な (proud). **b** 挑戦的な (defiant). — *n.* **1** スタウト《焦がした麦芽を使ったアルコール度の強い黒ビール；cf. porter[3]》. **2** 肥満した人. **3** [しばしば *pl.*] 肥満型の服. **～·ly** *adv.* **～·ness** *n.*

stóut·héarted *adj.* **1** 雄々しい，勇ましい (brave)，大胆な (dauntless). **2** 《古》強情な，反抗する，心かたくなな (stubborn). **～·ly** *adv.* **～·ness** *n.*

stóut·ish [-tɪʃ | -tɪʃ] *adj.* やや太った，太り気味の.

stove[1] [stóuv | stə́uv] 〘《1456》 □ MLG & MDu. ～ 'heated room' (Du. *stoof* footwarmer / G *Stube* room / OE *stofa* steam room) □ VL **extufa* ← EX-[1]＋**tufus* steam (□ Gk *tûphos* 'smoke, TYPHUS')〙 — *n.* **1 a** (暖房用)ストーブ，暖炉. **b** 料理用ストーブ (cooking stove). **c** (瀬戸物を焼く)かまど (kiln). **2 a** 乾燥室 (drying room). **b** 《英》温室 (greenhouse). **c** 《古》暖房の[スチームで熱した]部屋. — *vt.* **1** ストーブで熱する；暖炉で乾かす. **2** 《英》〈植物を〉温室で栽培する.

stove[2] *v.* stave の過去形・過去分詞.

stóve bòlt *n.* 〘機械〙ストーブボルト《丸頭または皿頭で，軸部全体にねじの切ってある小ボルト；⇨ bolt[1] 挿絵》.

stóve léague *n.* 《俗》[集合的] 翌年まで来期のことを議論する野球ファンたち.

stóve·pìpe *n.* **1** ストーブの煙突. **2** 《米口語》=stovepipe hat.

stóvepipe hát *n.* 《米口語》シルクハット (tall silk hat).

stóve plànt *n.* 温室植物.

sto·ver [stóuvə | stə́uvə(r)] 〘《?*a*1300》 *stouer* provisions □ AF *estovers* necessary supplies：⇨ estovers〙 — *n.* **1** 《米》(トウモロコシ・モロコシなどの実を取ったあとの，家畜の飼い葉にする)茎や葉. **2** 《英方言》(特に，冬用の)飼い葉 (fodder).

stow[1] [stóu | stə́u] 〘《*a*1376》 *stowe(n)* to place ← *stowe* a place < OE *stōw* < Gmc **stōwō* ← IE **stā-* 'to STAND'：名詞《廃》*stow* (=holy place, monastery) は多くの地名に残る〙 — *vt.* **1** 〈物を〉〔容器などに〕し

まい込む (store) 〈*away*〉〔*in, into*〕: ~ the papers *away in* the drawer 書類を引出しにしまい込む. **2 a** 〈物を〉〔容器に〕詰め込む, きっちり詰める (pack compactly)〔*in, into*〕; 〈容器など〉に詰め込む: ~ a box 箱にぎっしり詰める / ~ clothes *into* a box 衣服を箱にぎっしり詰める. **b** 〈食物を〉詰めこむ, 平らげる, 食ってしまう (cram in) 〈*away*〉. **3** 〈場所・容器などが〉入れる余地がある, 入れられる (hold). **4** [通例命令法で]《俗》〈冗談・騒ぎなどを〉やめる, よす (stop): *Stow* that nonsense! そんなばかな話はよせ / *Stow* it! (騒ぎ・あざ笑いなどを)やめろ, 黙れ. **5**《廃》**a** 閉じ込める, かぎをかけて隠す (confine): Where hath thou ~*ed* my daughter? 娘をどこに隠した (Shak., *Othello* 1. 2. 62). **b** 宿泊させる (lodge), 宿営させる (quarter). **6**〖海事〗〈船荷を〉船倉などに入れる[しまう], 積載する; 〈船倉など〉に積み込む, 積む: ~ the hold with cargo = ~ cargo *in* the hold 船倉に貨物を積み込む / ~ cargo down (船倉内に)貨物を積み込む. — *vi.* **1** しまい込む, 積み込む. **2** (船・飛行機などで)密航する 〈*away*〉 (cf. stowaway): ~ *away* on a ship 船で密航する.

stow² [stúː, stáu] 〖← Scand. (cf. ON *stūfr* stump)〗 *vt.*《スコット・英方言》(特に)〈羊の耳〉の端を切る; 〈木・低木を〉刈り込む.

Stow [stóu | stáu], **John** *n.* (1525?–1605) 英国の歴史家・考古家; *The Chronicles of England* (1580), *A Survey of London* (1598, 1603).

stow·age [stóuɪdʒ | stáu-] 〖《1390》: ⇨ stow¹, -age〗 — *n.* **1 a** 積むこと, 積込み. **b** 積み方. **c** 荷積み料. **d** 積荷, 載貨; 格納品. **2 a** 収容能力. **b** 積み込む場所[設備].

stów·awày 〖《1854》← *stow away* (⇨ stow¹ (vi.) 2)〗 *n.* **1** 密航者. **2** 隠れ家[場所].

Stowe [stóu | stáu], **Harriet** (**Elizabeth**) **Beecher** *n.* (1811–96) 米国の女流小説家; その作 *Uncle Tom's Cabin* (1852) は奴隷解放運動を促進した.

stowp [stóup | stáup] *n.*《スコット》= stoup.

STP 〖《頭字語》← *S*(*cientifically*) *T*(*reated*) *P*(*etroleum*): ガソリン付加剤の商標名〗 — *n.*〖薬学〗エスティーピー《アンフェタミンの誘導体で催幻覚剤; DOM ともいう》.

STP, S.T.P. 《略》*L.* Sanctae Theologiae Professor (= Professor of Sacred Theology); scientific and technical potential; standard temperature and pressure.

St. Pan·cras [sèɪntpǽŋkrəs | sn̩(t)-, sən(t)-, sɪn(t)-] 〖← *St. Pancras* (290?–?304; フリギア生れのローマの殉教者): この聖徒に捧げられた教会にちなむ〗 — *n.* London 中央北部の旧自治区; 現在は Camden 区の一部.

St. Pátrick's cróss *n.* 聖パトリック十字《白地に赤の X 形の十字架で, アイルランドの国章; 紋章では銀の地に赤; cf. Union flag》.

St. Pátrick's Dày *n.* 聖パトリックの祝日《3 月 17 日; アイルランドの守護聖人 St. Patrick を祝う日》.

St. Paul [sèɪntpɔ́ːl | sn̩(t)-, sən(t)-, sɪn(t)-] 〖同地所在の St. Paul's Church にちなむ〗 — *n.* 米国 Minnesota 州南東部, Mississippi 川東岸にある同州の首都; 人口 310,000; Minneapolis の対岸にあり, 合わせて Twin Cities とも呼ばれる.

St. Paul's [sèɪntpɔ́ːlz | sn̩(t)-, sən(t)-, sɪn(t)-] *n.* 聖パウロ大聖堂, セントポール大聖堂《Westminster Abbey と並び称される London 最大の聖堂; 1666 年の大火後 Sir Christopher Wren の設計によってルネサンス式に再建; Nelson の墓などがある; St. Paul's Cathedral ともいう; cf. BISHOP of London》.

St. Pául's Cathèdral *n.* = St. Paul's.

St. Pe·ter's [sèɪntpíːtə̀z | sn̩(t)píːtəz, sən(t)-, sɪn(t)-] *n.* 聖ペテロ[ピエトロ]大聖堂, サンピエトロ大聖堂《Vatican City にある大聖堂; カトリック教会の総本山で, その建物はルネサンス建築の粋と称される》.

St. Pe·ters·burg [sèɪntpíːtəzbə̀ːg | sn̩(t)píːtəzbə̀ːg, sən(t)-, sɪn(t)-] *n.* **1** ペテルブルグ《Petrograd の旧名; cf. Leningrad》. **2** 米国 Florida 州西部, Tampa 湾に臨む港市, 保養地; 人口 96,000.

St. Péter's fìsh 〖← *St.* PETER: この魚の両側にある暗色斑点は, ペテロがその口から硬貨を引き出した時に生じたとの伝説から: cf. *Matt.* 17: 27〗 — *n.*〖魚類〗ニシマトウダイ (John Dory).

St. Pierre [sèɪntpíə | sn̩(t)píə(r, sən(t)-, sɪn(t)-; *F.* sɛ̃pjɛːr] *n.* サンピエール: **1** インド洋 Réunion 島の都市; 人口 47,000. **2** フランス領西インド諸島の Martinique 島にあった都市; 1902 年 Pelée 火山の噴火によって壊滅し 26,000 人の市民は全滅.

St. Píerre and Mí·que·lon [-míːkəlɑ̀n | -mìːkəlɔ̃ː(ŋ), -lɔ́(ː)ŋ; *F.* -miklɔ̃] *n. pl.* サンピエール ミクロン(島)《Newfoundland 島南方のフランス領の二つの小島; 漁業根拠地; 人口 4,300, 面積 242 km², 首都 St. Pierre》.

St. Quen·tin [sèɪntkwéntn̩ | sn̩(t)kwéntɪn, sən(t)-, sɪn(t)-; *F.* sɛ̃kɑ̃tɛ̃] *n.* サンカンタン《フランス北部, Somme 川上流の工業都市; 人口 70,000》.

STR 《略》submarine thermal reactor.

str. 《略》seater; steamer; straight; strait; strength; streptococcus;〖音楽〗string(s); stringer; stroke; strong; strophe; structural; structure.

stra·bis·mus [strəbízməs | strə-, stræ-] 〖《1684》← NL ~ ← Gk *strabismós* ← *strabízein* to squint ← *strabós* squint-eyed: cf. strepto-, strophe〗 — *n.*〖病理〗斜視, やぶにらみ (squint). **stra·bís·mal** [-məl] *adj.* **stra·bis·mic** [strəbízmɪk] *adj.* **stra·bís·mi·cal** *adj.*

Stra·bo [stréɪbou | -bəu] *n.* ストラボン《63 B.C.?–? A.D. 21; 小アジア出身のギリシャの地理学者・歴史家》.

stra·bot·o·my [strəbɑ́təmi | strəbɔ́təmɪ, stræ-] 〖← Gk *strabós* squint-eyed + -TOMY〗 *n.*〖外科〗斜視切開(術).

Stra·chey [stréɪtʃi | -tʃɪ], **(Giles) Lytton** *n.* (1880–1932) 英国の伝記作家・歴史家; *Eminent Victorians* (1918), *Queen Victoria* (1921).

Strad [strǽ(ː)d] 《略》*n.*《口語》= Stradivarius.

strad·dle [strǽdl̩] 〖《1565》《変形》← 《廃》*striddle*《逆成》← *striddling* (⇨ stride, -ling²): ⇨ -le³〗 — *vi.* **1 a** 両足を広げる; 股を広げてふんばる, 股を広げて歩く[立つ, 座る]. **b** 〈両足が〉広がる (spread apart). **2** 〈枝などが〉不規則に広がる. **3**《米口語》どっちつかずの態度をとる. **4**〖砲術〗夾叉(きょうさ)する (bracket)《目標を遠弾と近弾とではさむ》. **5**〖トランプ〗(draw poker で)見ずてん賭け (blind) をさらに見ずてんで倍に吊り上げる. — *vt.* **1 a** またぐ, …にまたがる: ~ one's horse 馬にまたがる / ~ a chair (背を反対にして)椅子にまたいで座る / He stood *straddling* the ditch. 溝をまたいで立っていた. **b** 〈両足を〉広げる. **2**《米口語》…の去就を明らかにしない: ~ a political question 政治問題にどっちつかずの態度をとる. **3**〖商業〗両立てする. **4**〖砲術〗(射程測定のために)〈的・敵〉の前方[後方]を射撃する, 夾叉する. **5**〖トランプ〗〈見ずてん賭けを〉倍にする (double). — *n.* **1 a** 両足を踏んばること, またぐ[またがる]こと; またがった姿勢. **b** またぎ越えた距離. **2**《米口語》どっちつかずの態度. **3**〖商業〗両立て, 複合選択権付き取引. **4**〖砲術〗夾叉 (bracket). **5**〖トランプ〗(見ずてんの)倍賭け. **6**〖陸上競技〗ストラドル《バーの上で腹を下に向け, バーと平行にクリアーするフォーム; straddle roll, belly roll ともいう; cf. flop 5》. **strád·dler** [-dlə, -dlə | -dlə(r, -dlə(r] *n.*

stráddle càrrier *n.* ストラドルキャリア, 長尺重量物運搬用トラック, (高い)車台付き荷揚げ用車《材木などの上にまたがるように乗り入れ, 自在腕で荷をつかみ上げトラックや他の車に積み込めるトラック; straddle truck ともいう》.

stráddle-lègged [-lègɪd, -gəd, -lègd] *adj.* 足を広げた, またいだ, 足をふん張った.

stráddle ròll *n.*〖陸上競技〗= stradde 6.

stráddle trùck *n.* = straddle carrier.

strád·dling·ly [-dlɪŋli, -dl- | -lɪ] *adv.* **1** またいで, またがって. **2**《米口語》どっちつかずの態度で.

Stra·di·va·ri [strædəvɑ́ːri, strɑ̀ːd-, strædəvɛ́(ə)ri | strædɪvɑ́ːri, -vɛ́əri; *It.* stradivɑ́ːri], **Antonio** *n.* ストラディバーリ《1644?–1737; イタリア Cremona のバイオリン製作家; その手になったバイオリンは名器として珍重される; ラテン語名 Antonius Stradivarius》.

Strad·i·var·i·us [strædəvɛ́(ə)riəs, strɑ̀ːdəvɑ́ːr- | strædɪvɛ́əriəs, -vɑ́ːr-] 〖《ラテン語化》← *Stradivari*〗 — *n.* ストラディバリウス《Antonio Stradivari 製作の弦楽器, 特にバイオリン》.

strafe [stréɪf | strɑ́ːf] 〖《1915》← G *Gott strafe England* May God punish England: 第一次大戦の際のドイツの標語〗 — *vt.* **1** (飛行機で)〈地上部隊・施設を〉銃撃する, 機銃掃射する, 地上掃射する. **2** 爆撃する, 猛爆する, 猛砲撃する (bombard heavily). **3**《俗》罰する (punish); ひどくしかる. — *n.* **1** 地上[機銃]掃射. **2** 爆撃, 猛爆, 猛砲撃. **3**《俗》懲罰. **stráf·er** *n.*

Straf·ford [strǽfəd | -fəd], 1st Earl of *n.* (1593–1641) 英国の政治家; Charles 一世の腹心としてその専制政治を助けたため, Long Parliament の弾劾(だんがい)を受け, 処刑された; 本名 Thomas Wentworth.

strag·gle [strǽgl̩] 〖《c1400》*stragle*(*n*)《変形》← **straklen* (freq.) ← *straken* to move, go ← Gmc **strak-*: cf. stretch: ⇨ -le³〗 — *vi.* **1 a** (進路から)それる; (列から)はぐれる, (隊列から)落伍する. **b** 道草を食う, さまよう, うろつく (rove, stray). **c** ばらばらに行く[来る]: They ~*d* in one by one. 一人一人ばらばらに帰ってきた / The crowd ~*d* along. 群衆はばらばらに立ち去った. **2** (他の仲間から離れて)ばらばらになる; 〈毛髪などが〉ほつれる. **3 a** だらだらと[不揃いに]連なる[進む, 広がる]: Vines ~ over the fence. 垣にツタがだらしなくはびこっている / The town ~*s* out into the country. 町がだらだらと郊外へ伸びて行く. **b** 所々にある, 散在する (occur here and there): The houses ~ along the road. 人家が道路に沿って散在している. — *n.* (人・物などの)ばらばらの[不規則な]配列: a ~ of buildings 不揃いな並びの建物.

strág·gler [-glə, -glə | -glə(r, -glə(r] *n.* **1 a** 仲間にはぐれた人; 落伍者. **b** 敗残兵. **c** はびこる草木[枝]. **d** 迷鳥《渡り鳥で暴風雨などのため例年と異なる土地に迷い着くもの》. **2**〖海事〗無届外出船員. **3**《廃》浮浪人 (vagabond).

strág·gling [-glɪŋ, -gl-] *adj.* **1 a** 仲間から離れた, はぐれた, 落伍した. **b** ばらばらに進む: a ~ line of soldiers だらだらと続く兵士の列 / a ~ procession だらだらと進む行列. **c** 〈道・町など〉不規則に伸びた; 〈家がまとまりのない形の: a ~ village 家が不規則に続く村. **2** 〈髪が〉ほぐれた: a ~ wisp of hair ほつれた毛. **3** 〈木の枝など〉だらだらと伸びた. **~·ly** *adv.*

strag·gly [strǽgli, -gli | -glɪ, -glɪ] *adj.* (**strag·gli·er**; **-gli·est**) = straggling.

straight [stréɪt] 〖《a1325》*streght, straght* (p.p.) ← *strecchen* 'to STRETCH'〗 — *adj.* (~·**er**; ~·**est**) **1 a** (曲がったり途切れたりしない)まっすぐな, 一直線の (direct); 〈膝・足が〉曲がっていない, 湾曲してない: a ~ line 直線 / a ~ road 直線道路 / a ~ look (わき目をふらぬ)直視 / ⇨ straight grain. **b** 〈髪の毛が〉縮れていない: ~ hair 縮れていない髪. **c** 〈スカートが〉ストレートの《フレアのないものにいう》. **2** 直立した, まっすぐな, 垂直の (vertical): a ~ back (猫背でない)まっすぐな背 / Is the picture ~? その絵はまっすぐになっているか. **3 a** (目的に向かって)直進する, ひたむきの; 理路整然とした, 筋の通った: ~ thinking 理路整然とした考え(方) / a ~ race [game] 全力を傾注する競走[競技] / ⇨ straight fight. **b** 包み隠しのない, あからさまな, あけすけな (frank), 率直な (candid): ~ speech 直言 / I'll be ~ with you. 率直に申しましょう. **c** 連結した (continuous), 途切れず続く (consecutive): the ~ sequence of events 連続事件 / for seven ~ days 7 日間続けて / in ~ succession 絶えることなく連続して / ⇨ straight A. **4**《口語》信頼すべき筋から直接出た; 確かな, 信頼すべき (reliable): a ~ report 信頼できる報告. **5 a** 正直な, 公明正大な, 正しい, 公正な (honest, upright), まっすぐな, 曲がったことの嫌いな (honorable): ~ dealings 公正な取引. **b** きちんとした, 整然とした, 片付いた: put [set, keep] a room [things] ~ 部屋[物を]整頓する[片付ける] / put one's hat ~ 帽子をきちんとかぶる / get [make] one's affairs [finances] ~ 身辺の諸事[財政]を整理する. **c** 〈勘定など〉間違いのない; 清算された, 偽りのない: The accounts are ~. 計算はきちんと決済ずみだ / I am ~ with the world. 誰にも借りがない. **d**《米》(数量の多少にかかわらず)一定価格の, 割引なしの, 正札通りの: apples ten cents ~. **6**《米》**a** 絶対忠実な, 徹底した (thoroughgoing): a ~ Republican [Democrat] 生粋の共和[民主]党員. **b** 〈投票など〉全部の公認候補に投じられた: ⇨ straight ticket. **7** 修正[変更]しない, ありのままの (unmodified, unaltered): a ~ comedy 原作のままの喜劇. **8** 〈ウイスキーなど〉純粋の, 混ぜもののない, 生(き)一本の (neat): ~ brandy (水を割らない)ストレートのブランデー / ⇨ straight whiskey / drink gin ~ ジンをストレートで飲む. **9** 〈顔が〉まじめくさった (stern): keep one's face ~ 笑わない, まじめくさった顔をする, 真顔でいる / ⇨ straight face. **10**《俗》**a** 正常な, 保守[伝統]的な. **b** 麻薬を用いない. **c** 異性愛の, ホモ[レスビアン]でない (heterosexual). **11**〖演劇〗**a** 〈演技が〉率直な, 効果を狙わない, けれんのない (straightfoward). **b** 正劇 (legitimate drama) の, 音楽を含まない劇の. **12**〖音楽〗**a** (即興・シンコペーションを用いないで)楽譜通り演奏される. **b** (カントリー音楽などで)モダン化されていない, 純粋な. **13**〖トランプ〗5 枚連続つづき番号の. **14**〖ジャーナリズム〗〈記事が〉(私見・コメントをはさまないで)ストレートの, ありのままに書いた (cf. featurish, featured 1). **15**〖印刷〗平よせの, 坊主組みの《図・表などを含まない, ごく普通の文章の組版にいう》: ⇨ straight matter. **16**〖機関〗直列形の. **17**〖クリケット〗〈バットが〉地面に垂直に構えられた.

get it straight 事実[真相]をはっきりさせる. ***the straight and narrow path*** = *the* STRAIGHT *and narrow* (⇨ *n.* 成句).

straight bill of lading〖貿易〗記名式船荷証券《特定の人に引渡さるべき条件で発行され, 譲渡不可能; 略 straight B/L; cf. BILL³ of lading》.

— *adv.* (~·**er**; ~·**est**) **1** まっすぐに, 一直線に: fly ~ as an arrow 矢のように[一直線に]飛ぶ / walk [run] ~ まっすぐに歩く[走る] / ride ~ (猟犬の後を障害物を乗り越えて)一直線に馬で進む / shoot [hit] ~ 命中させる / make ~ for a precipice 崖に向かって一直線に進む / hit ~ from the shoulder (ボクシングで)肩から一直線に腕をつき出す (cf. straight-from-the-shoulder) / look ~ ahead まっすぐに前を見る, 前を直視する. **2** 直立して, 垂直に, まっすぐに (upright): hang pictures ~ 絵をまっすぐに掛ける / sit up ~ ⇨ SIT *up* (vi.) (2). **3** 直接に, それずに, 直行して, まっすぐに: He will go ~ to Paris. 彼はパリへ直行するでしょう. **4** 率直に, あからさまに (frankly); 遠慮せずに, ぶちまけて (outspokenly): come ~ to the point 要点をすぐ話す / Tell me ~ what you think. 思うところを腹蔵なく話してくれ / talk ~ ぶちまけて話す. **5** 正しく, 正直に, 地道に (honestly): go ~ 曲がったことをしない, 正直にやる / live ~ 地道に暮らす / see ~ (間違わずに)正しく見る. **6** 連続して, 途切れずに: keep ~ on ずんずん続けて行く.

straight away [***off***] すぐ, 早速 (at once). ***straight out*** 率直に, 包み隠さず (cf. straight-out).

— *n.* **1** まっすぐ, 直線. **2** まっすぐな[直立の]姿勢. **3**《米俗》偽りのない声明, 真相 (truth): He told us the ~ of it. (事の)真相を話してくれた. **4**《俗》**a** 正常な人, 保守的な人. **b** 麻薬を用いない人. **c** 同性愛でない人, 異性愛の人. **5**〖競馬〗**a** [the ~] (競馬場の決勝線近くの)直線走路, ホームストレッチ (homestretch): They were even as they reached *the* ~. 最後の直線入口までは並行していた. **b** 単勝, 単勝式 (win). **6 a**〖スポーツ〗連続打撃[プレー]. **b**〖ボクシング〗ストレート《肩からまっすぐに腕を伸ばして相手を打つ法; cf. hook 7》. **7**〖トランプ〗(ポーカーの)ストレート《5 枚の続き番号札；同じ印でなくてもよい；⇨ poker²》.

on the straight (1) まっすぐに，一直線に. (2) 正直に. ***out of*** (***the***) ***straight*** (1) 曲がって，ゆがんで (crooked, awry). (2) 不正直に，不正に. ***the straight and narrow*** 〘cf. *Matt.* 7:14: "*strait* is the gate and *narrow* is the way which leadeth unto life"〙 立派で礼儀正しい行動，正道：keep to [follow] *the* ～ *and narrow* 正しい生活を送る.

～·ly *adv.* **～·ness** *n.*

stráight Á *n.* (*pl.* **～'s**) 全優：graduate with ～'s 全優で卒業する. **—** *adj.* 全優の：a ～ student.

stráight àngle *n.* 〘数学〙平角，二直角《180 度(の角)，π ラジアン(の角)；cf. right angle, round angle》.

stráight-àrm 〘アメリカンフットボール〙 *vt.* 腕をまっすぐに張って〈タックルに来る相手を〉押しのける. **—** *vi.* 腕をまっすぐに張って相手を押しのける. **—** *n.* 腕をまっすぐにすること[動作]《stiff-arm ともいう》.

stráight-árrow *adj.* 《米》非常に高潔な[正直な].

stráight árrow *n.* 《米》非常に高潔[正直]な人.

stráight·awày *adj.* **1** まっすぐ進む. **2** 〈競馬場のコースなど〉まっすぐな，直線の. **3** 理路整然と進む；明快な，素直な (clear). **4** 直接の，じかの (immediate). **5** 〘機械〙 =straight-flute. **—** *n.* **1** (競馬場などの)まっすぐな部分，直線走路[コース]. **2** (高速道路や水路などの妨げるもののない)まっすぐな部分. **—** *adv.* すぐさま，直ちに (immediately).

stráight·bréd *adj.* 〈動物など〉純血種の (↔ crossbred). **—** *n.* 純血種の動物.

stráight cháin *n.* 〘化学〙直鎖《枝分かれしていない直線状に結合した炭素鎖；cf. branched chain》.

stráight chàir *n.* 背もたれの垂直で高い椅子《布[皮]張りがしてなく，脚やひじかけがまっすぐな椅子》.

stráight dèck *n.* 〘造船〙直線式木甲板《すべての材が船首尾方向にまっすぐに張られた木甲板；cf. laid deck》.

stráight·èdge *n.* **1** 直定規. **2** =straight razor.

stráight-èight *n.* 〘自動車〙直列 8 気筒エンジン.

stráight·en [stréitn] 〘《1542》← STRAIGHT (adj.)+-EN¹〙 **—** *vt.* **1** まっすぐにする，〈しわなどを〉伸ばす 〈*out*〉：～ oneself *out* 体をまっすぐにする. **2** 整頓する，整える，整理する (put in order)；清算する 〈*out, up*〉. **3** 〈悩みなどを〉解決する；回復させる 〈*out*〉. **4** 〈行ないを〉正す，正道に戻す 〈*out*〉. **—** *vi.* **1** まっすぐになる，直立する 〈*up*〉. **2** よくなる，正しくなる；まともな生活をする 〈*up, out*〉. **～·er** [-tnə, -tnə | -tnə(r, -tnə(r] *n.*

stráight fáce *n.* (笑いをこらえている)真面目くさった[無表情な]顔. **stráight-fáced** *adj.* **stráight-fáced·ly** [-sɪdli, -səd-, -st- | -li] *adv.*

stráight fíght *n.* **1** 全力挙げての戦い，総力戦 (cf. straight *adj.* 3 a). **2** 《英》〘政治〙二人の候補者の一騎打ち.

stráight flúsh *n.* 〘トランプ〙ストレートフラッシュ《ポーカーで同じ印 (suit) の続き番号札 5 枚揃い；cf. flush⁴ a；⇨ poker²》.

stráight-flùte *adj.* 〘機械〙〈ドリルが〉縦みぞ付きの.

stráight·fórward 〘《1806》〙 **—** *adj.* **1** まっすぐに行く[向かう]：a ～ glance 直視. **2** 曲がったことの嫌いな，正直な；率直な，あからさまな：a ～ offer 遠慮のない申し出 / a ～ answer 率直な答え / He is ～ in his dealings. 取引が正直だ. **3** 回りくどくない，込み入らない；わかりやすい，簡単な：a ～ piece of work 簡単な仕事 / a ～ style すらすらした文体. **—** *adv.* まっすぐに；率直に. **～·ly** *adv.* **～·ness** *n.*

stráight·fórwards *adv.* =straightforward.

stráight-from-the-shóulder 〘もとボクシングの用語〙 *adj.* 〈表現・分析など〉単刀直入な，率直な.

stráight gráin *n.* (木材の)柾目(まさめ) (cf. flat grain).

stráight-gráined *adj.* 縦に木目のある，柾目の.

stráight·jàcket *n., vt.* =straitjacket.

stráight-jét *n.* 〘航空〙(turbofan engine に対して)純ジェット《pure jet ともいう》.

stráight jòint *n.* **1** 〘建築〙芋(いも)目地，一文字継手. **2** 〘木工〙芋継ぎ《枘(ほぞ)と枘穴によって材を継ぐ方法；square joint ともいう》.

stráight-làced *adj.* =straitlaced.

stráight lífe insùrance *n.* 〘保険〙普通終身保険.

stráight-lìne *adj.* **1** 〘機械〙 **a** 〈機械の運転部分が〉一直線に配列された. **b** 〈機械装置が〉直線運動の[をする]. **2** 〘経営〙(毎期同一額を償却する)定額[直線]方式の. 「法の減価償却.

stráight lìne depreciátion *n.* 〘経営〙定額[直線]

stráight-lìne mèthod *n.* 〘経営〙定額法，直線法《固定資産の耐用年数期間を通じ毎事業年度に一定額の減価償却を見積もる償却方法；cf. fixed percentage method》.

stráight màn *n.* 喜劇役者の引立て役[わき役].

stráight màtter *n.* 〘印刷〙普通組(版)，平よせ，坊主組(版)《意匠組版と区別して，書籍・雑誌などの本文の組版》.

stráight-óut 〘← *straight out* (⇨ straight (adv.) 成句)〙 **—** *adj.* 《米口語》 **1** 徹底した，純粋の (thoroughgoing)：a ～ Communist. **2** 率直な，あからさまの (frank)，単刀直入の (direct)：a ～ answer.

stráight póker *n.* 〘トランプ〙ストレートポーカー《配られた 5 枚のカードに基づいて賭けをし，手札の交換なしにすぐ公開勝負(showdown)する方式のポーカー；cf. draw poker, stud poker》. 「(cutthroat).

stráight rázor *n.* 《米》(折り畳み式)西洋かみそり

stráight-rún *adj.* 〘化学〙直留の，原油を分解せずに蒸留した：～ gasoline.

stráight shóoter *n.* 率直で正直な人.

stráight stàll *n.* (畜舎で動物が向きを変えられない)縦に細長い区画.

stráight tícket *n.* 〘米政治〙全票獲得投票用紙《連記制で，全投票が同一の党の候補者に投じられた投票用紙；cf. split ticket 1》：vote a ～ 全部同一政党の候補者に投票する.

stráight-tìme *adj.* **1** 規定労働時間の. **2** 基本給の：a ～ pay 基本給.

stráight tìme *n.* **1** (残業を含まぬ)規定労働時間. **2** (時間外手当は別として，規定労働時間に対して支払われる)賃金.

stráight típ *n.* (靴の)一文字飾り.

stráight·wáy 〘《1461》〙 *adv.* **1** 直接に；まっすぐに. **2** すぐ，即刻. **—** *adj.* 一直線の；まっすぐ通す.

stráight whískey *n.* ストレートウイスキー《原酒のままのウイスキー；cf. blended whiskey》.

strain¹ [stréin] 〘v.: 《*a*1325》 *streine(n), straine(n)* ☐ OF *estrei(g)n-, estreindre* (F *étreindre*) < L *stringere* to draw or bind tight: ⇨ stringent. — n.: 《1432》← (v.)〙 **—** *vt.* **1** (ぴんと)張る，引っ張る；最大限に伸ばす：～ a wire [rope] 針金[綱]をぴんと張る / ～ a rope to the breaking point 綱を切れるまで張りつめる / ～ the strings of a violin バイオリンの弦をぴんと張る / ～ the bandage over the wound 傷の上に絆創膏をうんと伸ばして張る. **2** 〈体(の一部)を〉精一杯に[無理に]働かせる[使う]，極度に使用する：～ one's ears 耳を澄ます，聞き耳を立てる / ～ one's voice 声を絞る[張り上げる] / ～ one's eyes 目を見張る[皿にする] / ～ one's wit 知恵を絞る，頭をひねる / ～ every nerve 全力を注ぐ，一所懸命になる / ～ oneself to finish the work 仕事を完成するために精一杯やる[無理をする]. **3 a** 使い過ぎて〈体(の一部)を〉弱める[痛める]：～ one's eyes (by) reading small print 小さい活字の本を読んで目を痛める / ～ oneself by overwork 過労で体を痛める. **b** (無理な使い方をして)〈筋肉・腱などを〉違える (cf. sprain)：～ a tendon 筋[腱]を違える. **c** (外的な力・圧力で)…の形を変える，曲げる；ひずませる. **4** 〈意味などを〉(無理に)曲げる，曲解する，こじつける：～ the meaning of a passage 文の意味を曲解する / ～ the truth 真実を曲げる / ～ the law 法を曲げる. **5** 濫用する (abuse)；無理強いする，つけ込む：～ one's resources 資力を濫用する / ～ a person's patience [good temper] 人を強いて我慢させる[人のよいのにつけこむ] / The quality of mercy is not ～'d. 慈悲は強いられるべきものではない (Shak., *Merch V* 4. 1. 184). **6 a** (こし器・布などを用いて)〈液体を〉こす (filter). **b** こして除く 〈*out, off*〉：～ *out* coffee grounds コーヒーかすをこして取る / ～ the lumps *out* of the gravy グレービーから塊をこして取る. **7 a** 抱き締める (hug). ★ 通例次の成句で用いる：～ a person to one's breast [bosom, heart] 人を胸に抱き締める. **b** 締めつける，圧縮する (constrict). **c** 〈手を〉握る：～ one's hand.

— *vi.* **1** 〔…を〕引っ張る，強く引く〔*at*〕：～ *at* a rope 綱を引っ張る / The rowers ～ *at* the oar. こぎ手が懸命にこぐ. **2** 緊張する；努力する，骨折る：He ～*ed* to reach the shore. 岸に着こうと努めた / eyes ～*ing* through the mist 霧の中を見通そうとしている目 / ～ *after* effects 無理に効果を求める. **3** 緊張に(やっと)耐える；今にも折れ[切れ]ようとする，曲がる，ねじれる，ひずむ：The masts ～ and groan. 帆柱は折れそうにぎーぎー鳴る / ～ *under* pressure やっと圧迫に耐える. **4 a** [～ at stool として] 便所でいきむ. **b** 吐こうとして無理に吐く (retch). **5 a** こされる，濾(こ)過する (filter). **b** (こされて)しみ出る，にじみ出る (ooze). **c** したたる，したたり落ちる (trickle). **6** 〘cf. *strain at a gnat* (⇨ gnat 成句)〙 難色を示す，抵抗する；〔…を〕ためらう，しりごみする (scruple)〔*at*〕：One should not ～ *at* a few careless words. 何げなく言ったわずかな言葉にこだわってはいけない.

— *n.* **1** 張ること，張っている状態，張りつめ，引っ張り，緊張：keep a ～ on a rope 綱をぴんと張って置く / The rope broke under the ～. 綱は張り過ぎて切れた / The ～ on the rope was tremendous. 索は恐ろしく張っていた. **2 a** (心身の)緊張；過労；緊張の要因[もと]，激しい仕事，重い負担：the ～ of sleepless nights 幾晩もの徹夜の過労 / the ～ of worry 心労 / suffer from the ～ of modern life 現代生活の緊張に悩む / The work was a ～ on him. その仕事は彼には重い負担となるものだった. **b** 非常[無理]な努力：give a great ～ 大変努力する. **c** (無理な使い方によって足・背中などを)痛めること，筋違い (sprain)：have a ～ in a leg 脚の筋を違える. **3** 強要，つけ込み〔*on*〕：a ～ *on* a person's kindness [resources] 人の親切に対するつけ込み[資力に対する無理]. **4** (到達した)高さ：a ～ of excitement 極度の興奮. **5** 《古》(意味・規則などの)曲解. **6** 〘物理〙ひずみ，変形，応力変形.

at* (*full, utmost*) *strain*=*on the strain この上もなく緊張して[張り切って]；力んで，大いに努力して：All his senses were *on the* ～. 彼は気が張っていた.

strain² [stréin] 〘OE (*ġe*)*strēon* gain ← Gmc **streu-* to pile up (OHG *gistriuni* gain: cf. OE (*ġe*)*strēonan* / OHG *striunan* to gain, get) ← IE **ster-* to spread (L *struere* to build (⇨ structure))：今の形は OE *strēon* の発達形《廃》*streen* (14-16C) の↑との連想による変形〙 **—** *n.* **1** 種族，血統 (stock)；家系，祖先 (ancestry)：come of a good [noble] ～ 良家[名門]の出である. **2 a** (同種の植物中で)他と著しく異なった特性をもった種類. **b** (家畜・植物の)人工変種；(生物の)変種. **c** (実験動物などの)系，系統：inbred ～ 近交系《近親交配で得られた系統》. **d** 種類 (kind, sort). **3 a** 遺伝的性質；(先天的な)気質，性向，性格. **b** 気味，傾向 (streak, trace)：There is a ～ of insanity in the family. その一家は精神異常の血筋だ / He has a ～ of melancholy in him. 彼には憂鬱なところがある. **4** (話や文の)調子，口調 (tone)；話し[書き]振り：speak in a dismal ～ 陰鬱な調子でものを言う / in the same ～ 同じ調子で / He went on in another ～. 彼は別の調子で続けた. **5 a** [しばしば *pl.*] (歌の)調べ，曲調，歌曲，旋律：martial [pathetic, stirring] ～*s* 勇ましい[悲愴(そう)な，壮快な]曲[調べ]. **b** 詩，詩歌. **6** [集合的]《古》子孫，子供 (children). **7** 〘細菌〙株；菌株.

strain·a·ble [stréinəbl] 〘《15C》← STRAIN¹+-ABLE〙 *adj.* **1** 引っ張れる；緊張できる；無理に使える. **2** 〈流動物などこせる，濾(こ)過できる (filterable).

strained 〘《*c*1380》: ⇨ strain¹〙 **—** *adj.* **1 a** 張り切った，緊張した (tense)：～ ropes. **b** 〈事情など〉緊張した，緊迫した：～ relations. **2 a** 〈目・筋肉など〉(無理をして)痛めた，違えた：～ eyes. **b** 無理な，不自然な，わざとらしい (forced)：a ～ laugh 作り笑い / a ～ manner よそ行きの態度 / with ～ cordiality 無理に愛想をよくして. **3** こじつけの：a ～ interpretation こじつけの解釈. **4** こし器でこされた. **strain·ed·ly** [stréinɪdli, -nəd-, -nd- | -li] *adv.* **strain·ed·ness** [stréinɪdnɪs, -nəd-, -nd-, -nəs] *n.*

stráin·er 〘《1326-27》 *strei(g)nour* filter, sieve〙 **—** *n.* **1** 引っ張る人[物]；緊張者；無理に使う人. **2** 張り器 (stretcher)，緊張器 (tightener). **3** (流動物をこす各種の)こし器，濾(こ)過器，うらごし，茶こし.

strainer 3

stráiner gàte [**còre**] *n.* 〘金属加工〙(鋳型の)垢取り(中子(なかご))，ストレーナ (cf. skimmer gate).

stráin gàuge *n.* 〘機械〙ひずみゲージ (⇨ extensometer).

stráin hàrdening *n.* 〘冶金〙ひずみ硬化《再結晶温度以下で塑性変形により結晶の硬さと強さが増大する現象》.

stráining bèam [**pìece**] *n.* 〘建築〙二重梁(ばり)《二本の対束(つか)の先をつないで屋根の重みを支える水平の梁；⇨ queen post 挿絵》.

stráin insulator *n.* 〘電気〙耐張碍子(がいし).

strain·om·e·ter [streinámətə | -nɔ́mɪtə(r, -mə-] 〘← STRAIN¹ (n.)+-O-+-METER¹〙 *n.* 〘機械〙 =extensometer.

strait [stréit] 〘《?*a*1200》 *streit* ☐ OF *estreit* (adj.) tight, narrow & (n.) narrow place, strait of the sea, distress < L *strictum* 'STRICT'〙 **—** *adj.* (**～·er**; **～·est**) **1** 《古》 **a** 狭い (narrow)：Enter ye in at the ～ gate. 狭き門より入れ (cf. *Matt.* 7:13). **b** 窮屈な (tight). **2** 《古》厳重な，厳格な (strict)，やかましい (scrupulous)：the most ～*est* sect of our religion われらの宗教の最もきびしき派 (*Acts* 26:5). **3** 《廃》窮乏した，困難な，苦しい. **4** 《廃》けちな (stingy). **—** *n.* **1** [しばしば *pl.*；通例単数扱い] **a** 海峡，瀬戸. ★ 地名につけるときは単数・複数両形がある：the *Strait*(*s*) of Dover, Gibraltar, etc. **b** [the Straits] (もとは) Gibraltar 海峡；(今は通例) Malacca 海峡. **2** [通例 *pl.*] 窮境，難局；困難，難儀，困却，難渋 (distress)：in ～*s* for money 金に困って / be in great ～*s* 非常に難儀をする，窮境にある，難局に苦しむ / drive a person into [to] ～*s* 人を難儀[難渋]させる，人を苦しめる. **3** 《古》 **a** 狭い通路[場所]. **b** 地峡 (isthmus). **～·ly** *adv.* **～·ness** *n.*

stráit-bódied *adj.* 〈(特に，17 世紀ごろの)衣服が〉コルセットを用いて作られた (cf. loose-bodied).

strait·en [stréitn] 〘《1552》: ⇨ strait, -en¹〙 **—** *vt.* **1** [通例 p.p. 形で] 困らす，困難にする，窮させる，難儀させる；〔金・時間などに〕詰まらす，難渋させる〔*for, in*〕：be ～*ed for* money [time, room] 金[時間，余地]がなくて困っている / in ～*ed* circumstances 金がなくて，窮乏して. **2** 〈範囲・額・資力などを〉制限する. **3** 《古》狭くする，狭める；狭い所に閉じ込める.

stráit·jàcket *n.* **1** ストレートジャケット，拘束服《狂人・狂暴な囚人などに着せて両手の自由を制限する一種の上着；固い布地などで作ってある》. **2** (拘束服のような)拘束，束縛：escape the ～ of labor. **—** *vt.* **1** …に拘束服を着せる. **2** 閉じ込める；拘束する.

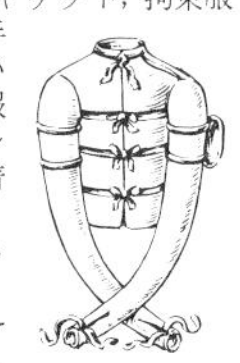

straitjacket 1

stráit-làce *vt.* **1** ひもでしめつける[縛る]. **2** 拘束する，抑圧する.

stráit-láced *adj.* **1** 厳格な (puritanic)，やかましい (strict)；堅苦しい，しかつめらしい (prudish). **2** 《古》ひもで強く締めつけた衣服を着た. **stráit·lác·ed·ly** [-stli, -sɪd-, -səd- | -li] *adv.* **stráit·lác·ed·ness** [-stnɪs, -sɪd-, -səd-, -nəs] *n.*

Stráits dóllar *n.* 海峡植民地ドル《もと Straits Settlements で用いられた通貨単位，銀貨》.

Stráits Séttlements *n. pl.* [the ～] 海峡植民地《Malay 半島南部の旧英国直轄植民地；Singapore, Penang, Malacca, Labuan などの植民地を包含したが，現在は Penang, Malacca, Labuan はマレーシア連邦に属し，Singapore は独立した；当時の首都は Singapore》.

stráit-wàistcoat *n.* 《英》 =straitjacket.

strake [stréɪk] 〚《1330》 *strake*《原義》thing stretched ← *streććan* 'to STRETCH': 16C 以後語形・意味上 STREAK¹ と連想された〛 ― *n.* **1** (車輪の)輪がね (tire) (⇨ wheel 挿絵). **2** 〘造船〙外板の条列.

Stral·sund [strɑ́ːlzʊnt, ʃtrɑ́ːl-, -sʊnt; G. ʃtráːlzʊnt] *n.* シュトラールズント《東ドイツ北部の港市; 中世のハンザ同盟市; 人口 53,000》.

stra·mash [strǽməʃ, strəmǽʃ] 〚擬音語 か〛 *n.* 《スコット》 **1** 騒乱, 騒ぎ (disturbance). **2** 口論, 喧嘩.

stra·min·e·ous [strəmíniəs | -nɪ-] 〚《1621》← L *strāmineus* ← *strāmen* straw (⇨ stratum): ⇨ -ous〛 ― *adj.* **1** 《古》 **a** わらの. **b** わらのような (strawlike). **c** (わらのように)軽い, 無価値な. **2** わら色の, 麦わら色の (straw-colored), 淡黄色の.

stra·mo·ni·um [strəmóʊniəm | -mə́ʊniəm, -njəm] 〚《1677》← NL ~ ← ? Tartar *turman* medicine for horses〛 ― *n.* **1** 〘植物〙シロバナヨウシュチョウセンアサガオ (*Datura stramonium*)《ナス科の有毒植物でアトロピンを含み薬用; thorn apple ともいう》. **2** ダツラ葉, マンダラ葉《シロバナヨウシュチョウセンアサガオの干し葉; 鎮痛・喘息(ぜんそく)剤などに用いる》.

strand¹ [strǽ(ː)nd] 〚n.: OE ~ (cog. G *Strand* / ON *strǫnd*) ← ? IE **ster-* to spread (⇨ stratum): 原義は 'the extended tract of land' か. ―v.: 《1621》← (n.)〛 ― *n.* 《詩》(海・川・湖などの)岸, 浜 (beach, shore). ― *vt.* **1** [通例 p.p. 形で] **a** 〈船を〉岸に乗り上げさせる, 座礁させる: The ship was ~*ed* off Taiwan [on the reef]. 船は台湾沖で座礁した[暗礁に乗り上げた]. **b** 浜[岸]に取り残す: The whale was ~*ed* on the beach. 鯨が浜に取り残された. **2** [通例 p.p. 形で] (資金・手段などの不足で)立往生させる, 行き詰まらせる: be ~*ed* penniless 無一文になって途方に暮れる. **3** 〘野球〙残塁させる. ― *vi.* **1** 〈船が〉乗り上げる, 座礁する. **2** 行き詰まる, 立往生する.

strand² [strǽ(ː)nd] 〚《1497》*strond* ← ?〛 ― *n.* **1 a** (索または撚(よ)り針金の)綹(こ), 片撚り, 撚り. **b** 〘海事〙撚り索. **2 a** (動植物組織の)繊維 (fiber), 繊糸 (filament). **b** (織物の)織り糸 (thread). **3** (頭髪の)房. **4** (真珠・ビーズなどの)ひも, 連: a ~ of pearls ひもに通した真珠. **5** (集まって一つの全体を構成する)要素, 成分; 構成部分: ~*s* of melody. **6** ガラス繊維《ガラス布を構成する1本のガラス繊維》. ― *vt.* **1** 〈索〉の綹[撚り]を切る. **2** 綹[撚り]を合わせて〈ロープなどを〉なう: a ~*ed* wire 針金索. **~·er** *n.*

Strand [strǽ(ː)nd] 〚ME *Stronde* 'STRAND¹': もと Thames 川に沿った地域であったことにちなむ〛 ― *n.* [the ~] ストランド街《London の Trafalgar Square から北東へ伸びる通りで, 古くから the City と Westminster をつなぐ主要街路》.

stránd·ed *adj.* 〘海事〙〈船が〉座礁した[して].

stránd·ing *n.* 座礁.

stránd·line *n.* =shoreline.

strange [stréɪndʒ] 〚《?*a*1300》▭ OF *estrange* (F *étrange*) < L *extrāneum* 'external, EXTRANEOUS': cf. estrange〛 ― *adj.* (**strang·er**; **strang·est**) **1** 見聞きしたことのない, まだ知らない, 初めての (unfamiliar): a ~ man [face, name] 見知らぬ人[見慣れない顔, 聞き慣れない名前] / It feels ~. こんな感じは初めてだ / This handwriting is ~ *to* me. この筆跡は私にはだれのだかわからない. **2** 妙な, 変な, 奇妙な (unusual); 一風変わった; 予想外の; おかしい, 訳のわからない (unaccountable): ~ clothes 変わった衣服 / see ~ sights 不思議なものを見る / ~*st of* all なんとも不思議なことには / ~ to say 不思議な話だが, 妙なことには / ~ as it may sound 変な[妙な]ことを言うようだが / Truth is ~*r* than fiction. ⇨ fiction 2 a / He is ~ *in* his manner. 彼は様子が変だ / There is nothing ~ *about* him. 彼には別におかしいところはない / What a ~ thing! 何と妙なことだ / How ~ (it is) *that* we should meet here! こんなところで会うなんてまあ不思議だ. **3** [Predicative に用いて] 不慣れな, 不案内な; 経験のない, 未熟な (inexperienced) 〔*to*〕: I am quite ~ here [*to* this place]. ここは全く不案内の[初めての]土地だ / He is still ~ *to* his job. 彼はまだ仕事に慣れていない. **4** よそよそしい (distant), 打ち解けない (reserved) 〔*to*〕: become ~ *to* a person 人に対してよそよそしくなる. **5** 《古》他国の, 異国の (foreign); 自分のものでない, よその: visit ~ lands 外国を訪れる / worship ~ gods 異国の神を礼拝する.
feel strange (1) (体の)調子がおかしい; (特に)目まいがする. (2) 勝手が違う: I *feel* ~ here. ここでは妙に落ち着かない. (3) ⇨ 1.
― *adv.* 《方言》=strangely.

stránge·ly *adv.* **1** 奇妙に, 変に; よそよそしく. **2** 不思議なことには: ~ enough 何とも奇妙なことには.

stránge·ness 〚ME〛 ― *n.* **1** 奇妙なこと. **2** 〘物理〙ストレンジネス《強い相互作用をする粒子を分類する量子数の一つ; 超電荷から重粒子数を引いた数で表わされる》.

stránge párticle *n.* 〘物理〙ストレンジ粒子《強い相互作用 (strong interaction) をし, ストレンジネスが 0 でない粒子》.

stran·ger [stréɪndʒə | -dʒə(r] 〚《1375》▭ OF *estrangier* (F *étranger*) ← *estrange*: ⇨ strange, -er¹〛 ― *n.* **1 a** (見)知らない人, 他人, よその人; グループ[組織]の人でない人: an utter [a perfect] ~ 赤の他人 / be shy in the presence of ~*s* 知らない人の前で恥ずかしがる, 〈子供が〉人見知りする / He is a ~ *to* me. 私は彼を知らない / make a [no] ~ of ...をよそよそしくする[暖かくもてなす] / make oneself a ~ 四角張る. **b** 長い間会っていない知人: You are quite a ~. ずいぶん久し振りですね. **c** 《古米》[田舎の人が未知の人への呼掛けに用いて](もし)あなた. **2 a** 新来者 (newcomer); 客, 客人 (visitor, guest). **b** 《戯言》新生児: the little ~ (生れたての)赤ん坊. **c** (客の来る予告と考えられている)茶に浮いている葉,「茶柱」. **d** 不案内者; 初めての人, 新参者〔*to, in*〕: I am a ~ to New York. ニューヨークは知らない / I am a ~ here [*in* these parts]. ここ[この地方]は不案内だ. **3** 門外漢, 局外者 (outsider), しろうと; 不慣れな人〔*to*〕: I am a complete ~ *to* country life. 田舎の生活は全く知らない / He is no ~ *to* poverty. 貧乏の味はよく知っている / His reasoning is a ~ *to* logic. 彼の論法は論理とはほど遠い. **4** 《古》外国人, 他国人 (foreigner, alien): a ~ in a strange land 異国にいる外国人 (cf. *Exod.* 2: 22) / the ~ within the gates 門のうちにいる他国の人; (ある社会や家庭の)環境になじんでいない人, 異分子 (cf. *Exod.* 20: 10). **5** 〘法律〙第三者.
I spy* [*see*] *strangers. 《英》(下院で)傍聴禁止を要求します《傍聴者の退場を要求する時の決まり文句》.

stránge wóman *n.* 売春婦 (cf. *Prov.* 5: 3).

stran·gle [strǽŋɡl] 〚《*c*1300》*strangel(l)e(n)* ▭ OF *estrangl-er* (F *étrangler*) ▭ L *strangulāre* ▭ Gk *straggalân* ← *straggálē* halter ← IE **streng-* tight, narrow: cf. string, strong〛 ― *vt.* **1 a** 絞め殺す, くびり殺す (throttle). **b** 窒息させる; 窒息死させる (stifle, suffocate). **c** 〈襟などが〉〈首を〉きつくする, 締める. **2 a** ...の活動[発達]を押えつける. **b** 握りつぶす (suppress): ~ a bill 議案を握りつぶす. **c** 〈あくび・ため息などを〉かみ殺す: ~ a sob [sigh] 泣きじゃくり[嘆息]を押える. ― *vi.* 窒息する; 窒息死する: ~ to death. **strán·gler** [-ɡlə, -ɡl̩ə | -ɡlə(r, -ɡl̩-] *n.*

strángle·hòld *n.* **1** 〘レスリング〙のど輪, (のどの)締めつけ《反則技》. **2** (個人・団体の)運動[発展]を阻む力; 束縛, 障害.

stran·gles [strǽŋɡlz] 〚(pl.) ← 《廃》*strangle* strangulation ← (v.)〛 ― *n. pl.* [単数または複数扱い] 〘獣医〙(馬などの)腺疫(せんえき), 伝染性熱病《distemper, colt distemper, equine distemper ともいう》.

stran·gu·late [strǽŋɡjʊlèɪt] 〚← L *strangulāt-us* (p.p.) ← *strangulāre* 'to STRANGLE'〛 ― *vt.* **1** 絞め殺す, くびり殺す (strangle). **2** 〘病理・外科〙〈導管・腸などの〉血行を圧止する, 絞扼(こうやく)する (compress, constrict): a ~*d* hernia 嵌頓(かんとん)ヘルニア. ― *vi.* 〘病理〙狭窄(きょうさく)する, 括約する.

stran·gu·la·tion [strǽŋɡjʊléɪʃən] 〚《1542》▭ L *strangulātiō(n-)*: ⇨ ↑, -ation〛 ― *n.* **1** 絞殺. **2** 〘病理〙絞扼(こうやく), 嵌頓(かんとん), 狭窄(きょうさく). **3** 自然な発達[活動]を押えつける[握りつぶす]こと.

stran·gu·ry [strǽŋɡjʊri | -rɪ] 〚《*a*1400–50》▭ L *strangūria* ▭ Gk *straggouriā* ← *strágx* drop squeezed out + *oûron* 'URINE'〛 *n.* 〘病理〙有痛排尿困難, 尿滴瀝(りれき).

stran·gu·ri·ous [strǽŋɡjʊ́(ə)riəs | -ɡjʊ́əri-] *adj.*

strap [strǽp] 〚《1588》《スコット》← STROP: *p* の前の *o* → *a* はスコットランド方言の特徴 (*top* → *tap*, *drop* → *drap*)〛 ― *n.* **1** (縛ったり, 持ち[吊り]上げたり, 固定させたりするための, 柔らかい材質の)ひも, 帯 (strip, band). **2 a** 革ひも, 革帯; (革)ひも状のもの. **b** (電車などの)吊り革: hang on (to) [from] a ~ 吊り革にぶら下がる. **c** (靴の)つまみ革. **d** 《米》《英廃・方言》革砥(かわと), とぎ革 (《英》strop). **e** 肩章 (shoulder strap). **f** (ドレス・スリップなどの)肩吊りひも (shoulder strap). **g** 帯金, 帯輪《箱などにかける》. **h** 腕時計のバンド. **i** むちひも; [the ~] (革ひもでの)むち打ち, 折檻(せっかん) (flogging, chastisement). **j** 絆創膏. **3** 《英俗》信用, かけ (credit, tick): on (the) ~ かけ[信用]で. **4** 《アイル》 **a** 出しゃばり女, おてんば娘 (hussy). **b** 売春婦 (harlot). **5** 〘機械〙(滑車の)目板; 当て金. **6** 〘造船〙覆板《鋼板2枚を接続溶接の時当てる細い鋼板で, 一緒に溶接する》. **7** 〘海事〙=strop 2. **8** 〘植物〙(小花のうちの)舌状花.
― *vt.* (**strapped**; **strap·ping**) **1** (革)ひもを[で]結びつける[縛る, 止める]: ~ books together 書物を(革)ひもでくくる. **2** 革ひもで打つ, むち打つ (beat, flog). **3** 《米》《英廃・方言》革砥で研ぐ (strop). **4** 《口語》[通例 p.p. 形で] ひどく不足させる, 無一文にさせる (cf. strapped 2). **5** 〘外科〙〈傷口〉に絆創膏を張る, 〈傷口を〉絆創膏で閉じる 〈*up, down*〉: ~ *up* a wound 傷口を絆創膏でふさぐ. **6** 〘海事〙〈滑車など〉に帯索を付ける. ― *vi.* 《英》せっせと働く; 忙しい.

stráp bòlt *n.* 〘機械〙羽子板ボルト[金物] (lug bolt).

stráp bràke *n.* 〘機械〙帯ブレーキ (band brake).

stráp·hàng 〚《逆成》↓〛 *vi.* (**strap·hung**) 《英口語》(乗り物の)吊り革につかまる.

stráp·hàng·er 〚《1905》〛 *n.* 《口語》(満員電車・バスなどの)吊り革につかまって立っている乗客; 通勤客 (commuter).

stráp·hàng·ing *n.* (満員電車・バスなどで)吊り革につかまって立ったまま行くこと.

stráp hìnge *n.* ストラップヒンジ《片ひれ (flaps) の長い蝶番(ちょうつがい)》.

stráp-làid *adj.* 平なわの, 平打ちの: a ~ rope 平なわ, 平打ちなわ.

stráp·less *adj.* 〈ドレス・水着など〉肩吊りひもなしの: a ~ bathing suit.

stráp-òil *n.* 《英俗》むち打ち (thrashing).

stráp-òn 〘宇宙〙 *adj.* (付加推進のために)宇宙船に取り付けるように設計された. ― *n.* 取り付け式ブースター[エンジン].

strap·pa·do [strəpéɪdoʊ, -pɑ́ː- | -dəʊ] 〚《1560》▭ F *strapade* ▭ It. *strappata* sharp pull ← *strappare* to pull ▭ OF *estraper, esterper* < L *extirpāre* 'to EXTIRPATE': ⇨ -ado〛 ― *n.* (*pl.* ~**s**, ~**es**) **1 a** 吊し刑《もと罪人を後ろ手にしばり高所に吊り上げ, 急に吊り落として苦しめた刑罰》. **b** (吊し刑の)吊し上げ刑具. **2** 《古》むち打ち. ― *vt.* 《廃》吊し上げにかける, 吊し刑で苦しめる.

strapped *adj.* **1** (革)ひもで留める[留めた]: ~ trousers 革ひもで留めるズボン. **2** 《口語》無一文の, 赤貧の (penniless); 〔金が〕不足している〔*for*〕: a financially ~ city 財政的に逼迫(ひっぱく)している都市 / be ~ *for* money.

stráp·per *n.* **1** 革ひもを使用する人. **2** (特に)馬具をつける人, 馬丁. **3** 《口語》大きく頑丈な人, 大柄の人, 偉丈夫.

stráp·ping *n.* **1** (革ひもなどによる)むち打ち. **2** [集合的] (革)ひも類; (革)ひも材料. **3** 〘医学〙絆創膏, ひも状膏薬. **4** 〘電気〙均圧環. ― *adj.* 《口語》 **1** 背が高くたくましい, 大柄の (robust): a ~ girl. **2** でかい, 大きい (large).

stráp·wòrk *n.* 〘建築〙帯模様, 帯飾り; ひも状細工.

Stras·berg [strɑ́ːsbəːɡ, strǽs- | -bəːɡ; G. ʃtráːsbɛrk], **Lee** *n.* (1901–82) オーストリア生れの米国の演出家・教師・俳優.

Stras·bourg [strɑ́ːsbʊəɡ, strɑ́ːz-, -bəːɡ | strǽzbəːɡ; F. strasbuːr] *n.* ストラスブール《フランス北東部の都市; 有名な大聖堂と大学がある; 普仏戦争以来ドイツ領となったが, 第一次大戦でフランスに帰した; Bas-Rhin 県の首都; 人口 258,000; ドイツ語名 Strassburg》.

strass¹ [strǽ(ː)s] 〚《1820》▭ F *stras(s)* // G *Strass* ← *Joseph Strasser* (これを考案した 18 世紀のドイツの宝石商)〛 *n.* 〘宝石〙=paste¹ 3 a.

strass² [strǽ(ː)s] 〚▭ F *strasse* ▭ It. *straccio*《逆成》← *stracciare* to tear asunder < VL **distractiāre* ← L *distractus*: ⇨ distract〛 *n.* (かせ作りで出る)絹くず.

Strass·burg [G. ʃtráːsbʊrk] *n.* シュトラスブルク (Strasbourg のドイツ語名).

strata *n.* stratum の複数形.

strat·a·gem [strǽtədʒəm, -tɪ-, -dʒɪm, -dʒèm | -tə-, -tɪ-] 〚《1489》▭ F *stratagème* ▭ L *stratēgēma* ▭ Gk *stratḗgēma* ← *stratēgeîn* to be a general ← *stratēgós* commander-in-chief ← *stratós* army + *ágein* to lead: cf. strategy〛 ― *n.* **1** (敵を欺き, 裏をかく)策略, 戦略, 軍略. **2** 計略, 策略, 謀略 (artifice, trick): devise a ~ 策略をめぐらす / by ~ 戦略を用いて.

stra·tal [stréɪtl̩, strǽtl̩, strɑ́ːtl̩ | strɑ́ːtl̩, stréɪtl̩] 〚← STRAT(UM) + -AL¹〛 *adj.* 層[地層] (stratum, strata) の.

strategi *n.* strategus の複数形.

stra·te·gic [strətíːdʒɪk | strətíːdʒ-, stræ-, -tédʒ-] 〚《1825》▭ F *stratégique* ▭ Gk *stratēgikós* of or pertaining to a general: ⇨ strategy, -ic¹〛 ― *adj.* **1** 戦略の, 戦略上の, 戦略的な: ~ skill / a ~ line 戦略線 / a ~ retreat 戦略的退却. **2** 戦略上重要な: a ~ point 戦略要点, 戦略的拠点 / ~ materials 戦略物資[資材]. **3** 〘軍事〙(「敵軍の基地・産業中心地・交通機関などの破壊を目的とする」という意味で)戦略的な (cf. tactical 1): a ~ nuclear weapon 戦略核兵器 / ~ bombing 戦略爆撃 / ~ bombers 戦略爆撃機 / ~ air warfare 戦略航空作戦. **4** 謀略の, 計略の. **~·ly** *adv.*

stra·té·gi·cal [-dʒɪkəl, -dʒə- | -dʒɪ-] *adj.* =strategic.

stra·te·gics [strətíːdʒɪks | strətíːdʒ-, stræ-, -tédʒ-] 〚← L *strategica*: ⇨ strategic, -ics〛 *n.* 〘軍事〙用兵学, 兵学 (strategy).

strát·e·gist [-dʒɪst, -dʒəst | -dʒɪst] *n.* 戦略家, 兵法家.

stra·te·gos [strətíːɡəs, -ɡɑs | strətíːɡəs, stræ-, -ɡɒs] *n.* (*pl.* **-te·goi** [-ɡɔɪ]) =strategus.

stra·te·gus [strətíːɡəs | strə-, stræ-] 〚▭ L *stratēgus* ▭ Gk *stratēgós* a general (↓)〛 ― *n.* (*pl.* **-te·gi** [-dʒaɪ | -ɡaɪ, -dʒaɪ]) (古代ギリシャの)将軍, 司令官《特に, Athens で毎年改任した 10 人のうちの一人》.

strat·e·gy [strǽtədʒi, -tə- | -tɪdʒɪ] 〚《1688》▭ F *stratégie* ▭ Gk *stratēgíā* generalship ← *stratēgós* a general: ⇨ stratagem, -y¹〛 ― *n.* **1** 国家戦略, 用兵学, 兵学 (strategics)《国の安全保障と戦勝のための大規模な総合的立案に関する学問》. **2** 〘軍事〙戦略, 兵法《大規模な軍事作戦を立案・指揮し, 自国の軍隊をもっとも有利な態勢にもっていく方策; tactics よりも大局的なもの; cf. logistics 1》. **3 a** (目的を遂げるための)細心の計画(作製の手腕). **b** 策略, 計略, 作戦.

Strat·ford de Red·cliffe [strǽtfəd-də-rédklɪf | -fəd-], **Viscount** *n.* (1786–1880) 英国の外交官; 本名 Sir Stratford Canning.

Strat·for·di·an [strætfɔ́ədiən, -fóə- | -fɔ́ːdjən, -diən] *adj.* Stratford-upon-Avon (の住民)の. ― *n.* **1** Stratford-upon-Avon の住民. **2** いわゆるシェークスピア劇は Stratford-upon-Avon の William Shakespeare が著者であると主張する人 (cf. Baconian *n.* 2).

Strat·ford-on-A·von [strǽtfədɑnéɪvən, -ɔ(ː)n- | -fədɒn-] *n.* =Stratford-upon-Avon.

Strat·ford-upon-A·von [strǽtfədəpɑ̀néɪvən, -əpɔ̀(ː)n-, -əpən- | -fədəpɒ̀n-, -əpən-] 〚《1255》*Straf-*

ford on Avon ← OE Strǣtford《原義》ford by which a Roman road crossed a river：⇨ street, ford, Avon》 ── n. イングランド Warwickshire 州南部の Avon 河畔の町；William Shakespeare はここで生れ，その Holy Trinity Church に葬られた；川に臨んで Shakespeare 記念劇場がある；人口 20,000；Stratford-on-Avon ともいう.

strath [strǽ(ː)θ]《(1540) ▭ Sc.-Gael. srath (cog. Ir. srath / Welsh ystrad dale) ← IE *ster- to spread》n.《スコット》広い谷 (wide valley).

Strath·clyde [stræθkláɪd]《《原義》valley of the river Clyde ← STRATH + Clyde (← ? L cluere to wash // Welsh Clwyd《原義》warm (river))》── n. **1** スコットランド西部の州；1975 年に新設；Argyllshire, Ayrshire, Buteshire, Dumbartonshire, Lanarkshire, Renfrewshire 諸州と Stirlingshire 州の一部から成る；人口 2,505,000, 面積 13,730 km², 首都 Glasgow. **2** Clyde 川以南のスコットランドとイングランド北西部を含んだ約 7-10 世紀の中世ケルト人の王国；昔の Cumbria はこの南部地方に当たる.

strath·spey [stræθspéɪ]《← Strathspey (スコットランド北東部の川) ← STRATH + Spey (← ? Ir. sceim & Gael. sgeith to spew)》── n. **1**《ダンス》ストラスペイ《reel に似ているが，それより遅い 4 拍子のスコットランドの踊り》. **2** ストラスペイの舞曲.

strati n. stratus の複数形.

strat·i- [strǽtɪ, -ṭə | -tɪ]《← STRATUM》「層，地層 (stratum)」の意の連結形：stratiform.

stra·tic·u·late [strətíkjʊlət, -lɪt, -lèɪt]《← NL *straticulum (⇨ stratum, -cule) + -ATE²》adj.《地質》薄層から成る.

strat·i·fi·ca·tion [strætəfɪkéɪʃən, -fə- | -tɪ-]《(1617) ← NL strātificātiō(n-)：⇨ stratify, -fication》── n. **1** 層にすること，層化，層形成. **2**《地質》**a** 成層，層理. **b** 地層. **3**《社会学》成層，成層化：the ～ of society. **4**《植物》**a** 群落層. **b** (種子の)土砂層保存法.

strat·i·fi·cá·tion·al grámmar [strætəfɪkéɪʃənḷ, -fə-, -ʃnəl- | -tɪfɪ-] n.《言語》成層文法《S. M. Lamb の創始した文法理論》.

strat·i·form [strǽtəfɔ̀ːm | -tɪfɔ̀ːm] adj. **1**《地質》層状の，層を成す. **2**《解剖》層状の. **3**《気象》〈雲が〉層状の.

strat·i·for·mis [strætəfɔ́ːmɪs, -məs | -tɪfɔ́ːmɪs]《← STRATI- + L -formis '-FORM'》adj.《気象》層状雲の.

strat·i·fy [strǽtəfàɪ | -tɪ-]《(1661) ▭ F stratifi-er ← NL strātificāre：⇨ stratum, -ify》── vt. **1** 層にする. **2**《地質》層を成させる，層理にする：stratified rock 成層岩. **3**《植物》〈種子を〉湿った砂・土・おがくずなどの層の間に入れて保存する《ある種の樹木の種子はこうしなければ発芽力を失う》. **4**《社会学》成層化する. ── vi. 層を成す. 「究者].

stra·tig·ra·pher [strətígrəfə | -fə(r] n. 層位学者[研

stra·tig·ra·phy [strətígrəfi | -fɪ]《(1865) ← STRATI- + -GRAPHY》n.《地質》層位，層序；層位学，層序学.

strat·i·graph·ic [strætəgrǽfɪk | -tɪ-] adj. **stràt·i·gráph·i·cal** adj. **stràt·i·gráph·i·cal·ly** adv.

stra·to-¹ [stréɪṭo(ʊ), strǽṭ-, stráːṭ- | stréɪtə(ʊ), stráːt-]《← NL stratus：⇨ stratus》《気象》「層雲と…との (stratus and…)」の意の連結形.

strat·o-² [strǽṭo(ʊ) | strǽtə(ʊ), stráːt-]《← STRATOSPHERE》《航空》「成層圏 (stratosphere)」の意の連結形：stratoplane.

strà·to·círrus [strèɪṭo(ʊ)-, strǽṭ-, strɑ̀ːṭ- | strèɪtə(ʊ)-, strɑ̀ːt-]《← NL ～：⇨ strato-¹, cirrus》n.《気象》巻層雲.

stra·toc·ra·cy [strətɑ́krəsi | -tɔ́krəsɪ]《← Gk stratós army + -CRACY》n. 軍人政治，軍政 (military government).

strà·to·cúmulus [strèɪṭo(ʊ)-, strǽṭ-, strɑ̀ːṭ- | strèɪtə(ʊ)-, strɑ̀ːt-]《(1898) ← NL ～：⇨ strato-¹, cumulus》── n. (pl. -muli, ～)《気象》層積雲 (略 Sc；⇨ cloud 挿絵).

stratocúmulus castellánus [**castellátus**] n. (pl. ～)《気象》塔状層積雲. 「積雲.

stratocúmulus flóccus n. (pl. ～)《気象》房状層

stratocúmulus lenticuláris n. (pl. ～)《気象》レンズ状層積雲. 「層状層積雲.

stratocúmulus stratifórmis n. (pl. ～)《気象》

strat·o·pause [strǽṭəpɔ̀ːz | strǽt-, stráːt-]《← STRATO-² + PAUSE》n.《気象》成層圏界面《成層圏と電離層との界面》. 「層圏飛行機.

strat·o·plane [strǽṭəplèɪn | strǽtə(ʊ)-, stráːt-] n. 成

strat·o·sphere [strǽṭəsfɪə | strǽtə(ʊ)sfɪə(r, stráːt-]《(1908) ▭ F stratosphère：⇨ stratum, -o-, sphere》── n. **1** [the ～]《気象》成層圏《対流圏 (troposphere) の上の大気層で，地上 20-30 km から 50-60 km 付近までをいい，ほとんど温度の変化がない；もとは等温層 (isothermal region) といった》. **2 a** 最高[高度]の水準[程度]，最高段階：the ～ of society. **b** 高度に実験的[アブストラクト的]な領域：the ～ of modern art.

strat·o·spher·ic [strætəsférɪk, -sfí(ə)r- | strætə(ʊ)-sfér-, strɑ̀ːt-] adj. **1** 成層圏の[に関する]. **2 a** 非常に高い. **b** 常識離れした；神秘的な. 「spheric.

stràt·o·sphér·i·cal [-rɪkəl, -rə- | -rɪ-] adj. = strato-

strat·o·vi·sion [strǽṭəvɪ̀ʒən | strǽtə(ʊ)-, stráːt-]《← STRATO-² + (TELE)VISION》── n.《通信》成層圏テレビ放送，ストラトビジョン《聴取範囲を拡大するために飛行機で成層圏からテレビ放送を行なうもの》.

Strat·ton [strǽtṇ], **Charles Sherwood** n. (1838-83) 米国の小人芸人；芸名 Tom Thumb.

stra·tum [stréɪṭəm, strǽṭ-, stráːṭ- | stráːt-, stréɪt-]《(1599) ← NL ～ = L strātum spread thing, covering (neut.) ← strātus (↓)》── n. (pl. **stra·ta** [-ṭə], ～**s**) **1** (人工的または自然に平行に積み重ねられた)層 (layer). **2 a** 層状の構造をもつもの. **b** (大洋・大気の)層. **3**《地質》地層. **4**《生物》組織層，層，薄層 (lamella). **5**《社会学》(社会的地位や教育程度などによる)社会的層：a ～ of society 社会層 / a lower social ～ 下層社会. **6**《生態》層.

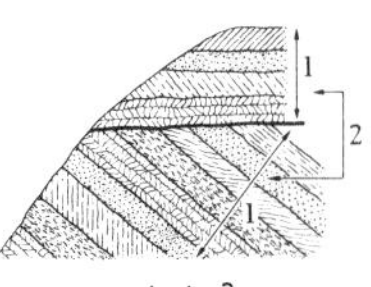

strata 3
1 conformable strata；2 unconformable strata

stra·tus [stréɪṭəs, strǽṭ-, stráːṭ- | stréɪt-, stráːt-]《(1803) ← NL ～ = L strātus a spreading ← (p.p.) ← sternere to stretch out ← IE *ster- to spread：⇨ strew》── n. (pl. **stra·ti** [-taɪ], ～)《気象》層雲 (⇨ cloud 挿絵).

strátus fráctus n. (pl. ～)《気象》= fractostratus.

strátus nebulósus n. (pl. ～)《気象》霧状層雲.

straucht [stráːxt] (also **straught** [stráːxt])《スコット》vt. = straighten. ── adj. = straight.

Straus [stráʊs, ʃtráʊs | stráʊs；G. ʃtráʊs], **Os·kar** [ɔ́skar] or **Oscar** n. シュトラウス《1870-1954；オーストリアの作曲家；Der tapfere Soldat「チョコレートの兵隊」(1908)》.

Strauss [stráʊs, ʃtráʊs | stráʊs；G. ʃtráʊs], **David Friedrich** n. シュトラウス《1808-74；ドイツの神学者・哲学者》. 「西ドイツの政治家》.

Strauss, Franz-Josef n. シュトラウス《1915-

Strauss, Johann n. シュトラウス：**1** (1804-49) オーストリアの作曲家；作品にはワルツが多く「ワルツの父」と呼ばれる. **2** (1825-99) オーストリアの作曲家，前者の子；父と区別するため「ワルツの王」と称される；ワルツのほかに Die Fledermaus「こうもり」(喜歌劇, 1874) など.

Strauss, Richard n. シュトラウス《1864-1949；ドイツの作曲家・指揮者；Der Rosenkavalier「ばらの騎士」(1911)》.

stra·vage [strəvéɪg]《《短縮》← ? EXTRAVAGATE》vi. (also **stra·vaig** [～])《スコット》さまよう，ぶらつく.

Stra·vin·sky [strəvínski | -skɪ；Russ. stravjínskjij], **Igor** (**Fyo·do·ro·vich** [fjódərəvjitʃ]) n. ストラビンスキー《1882-1971；ソ連の作曲家；後に米国へ帰化；The Firebird「火の鳥」(1910)》.

straw¹ [strɔ́ː]《OE strēaw < Gmc *strāwam ← IE *ster- (Du. stroo / G Stroh / ON strā)《原義》that which is scattered：⇨ strew》── n. **1 a** [集合的] (脱穀後の)穀類の茎；わら，麦わら：made of ～ 麦わらで作った / a house thatched with ～ 麦わらでふいた家 / spread ～ わらを敷く / a load of ～ わらの一荷. **b** わら一本，(一本の)わら. **2 a** [否定構文で] わら一本ほどのもの，無価値な[つまらない]もの；ごくわずか，少し：not care a ～ [two ～s, three ～s] 少しも構わない / not worth a ～ わら一本の値打ちもない. **b** いざという時には余り役に立ちそうもない[助けになりそうもない]もの：catch [clutch, grasp] at a ～ [～s, any ～(s)] (おぼれた人のように)不適当な手段に頼ろうとする / A drowning man will catch at a ～.《諺》おぼれる者はわらをもつかむ. **c** わずかな兆候[前兆，前ぶれ]，風向き：a ～ in the wind 風向き[世論]を示すもの / A ～ shows which way the wind blows.《諺》わずかの兆候で大勢のおもむくところが知れる，「一葉落ちて天下の秋を知る」/ ～s indicating public opinion 世論の動向を示すもの. **3 a** 麦わらで作ったもの. **b** (ソーダ水などを飲むための)ストロー：sip lemonade through a ～ ストローでレモネードを飲む. **c** 麦わら帽子 (straw hat)：a man in white ～ 白の麦わら帽子をかぶった人. **4** わら[ストロー]状のもの：⇨ cheese straw. **5** (麦)わら色《クリーム色より濃い淡黄色；straw yellow ともいう》.

as a last straw ⇨ last straw. ***draw straws*** (1) (長短のあるわらの)くじを引く. (2) = gather STRAWS. ***gather*** [***pick***] ***straws*** 眠くなる. ***in the straw*** (1)《古》出産の床について (in childbed). (2) まだ打穀してない，脱穀しないで. ***make bricks without straw*** ⇨ brick 成句. ***a man of straw*** ⇨ man¹ 成句. ***out of the straw*** お産が済んで. ***split straws*** ⇨ split 成句. ***stumble at a straw*** つまらぬことに苦労する. ***throw straws against the wind*** 不可能な事を企てる.

── attrib. adj. **1 a** (麦)わらの. **b** (麦)わら製の：a ～ suitcase. **2** (麦)わら色の，淡黄色の. **3** 無価値な，つまらない (worthless). **4 a** わら人形の[に似た]. **b** まがいの，にせの，虚偽の (sham, fictitious). **5** 紙上投票 (straw vote) の.

── vt. **1** 〈表面を〉わらでおおう. **2** …にわらをあて[がう]；[与える].

straw² [strɔ́ː] vt.《古》= strew.

stráw báil《それで手数料をとることを業とし，目印としてわら靴をはいていたことから》n. 空保証人《財産を有しないのに他人の保釈保証人となる者》.

straw·ber·ry [strɔ́ːbèri, -b(ə)ri | -b(ə)rɪ]《OE strēa(w)-berige：⇨ straw, berry：匍匐枝が麦わらに似ているためか》── n. **1 a**《植物》オランダイチゴ，イチゴ《バラ科イチゴ属の植物の総称》. **b** イチゴの実：strawberries and cream いちごクリーム. **2** いちご色，赤みがかった色. **3**《病理》= strawberry mark. 「pie.

stráwberry báss [-bǽ(ː)s] n.《魚類》= black crap-

stráwberry blónde n. **1** 赤みがかったブロンド. **2** 赤みがかったブロンドの髪をした婦人.

stráwberry bùsh n.《植物》**1 a** 米国産ニシキギ属の低木 (Euonymus americanus)《果実は深紅色で，開裂すると赤い種子がのぞく》. **b** = wahoo¹ 1. **2** = strawberry shrub. 「ちご皿.

stráwberry dìsh n. (縁が縦みぞ彫りの丸く浅い)い

stráwberry guàva n.《植物》テリハ(照葉)バンジロウ (Psidium cattleianum)《ブラジル原産のフトモモ科の低木；その果実は紫赤色の倒卵形または球形，内部はピンクで，イチゴに似た風味がある》.

stráwberry jàr《形がイチゴに多少似ていることから》n. 側面に栽培用植物を差し込むポケット型口付きの大型広口びん.

stráwberry lèaf《公爵の冠にイチゴの葉飾りがつけてあるところから》── n.《英》**1** (公[侯, 伯]爵の位階を象徴する)イチゴの葉. **2** [the strawberry leaves] 公爵の位階. 「あざ.

stráwberry màrk n.《病理》いちご状血管腫，あか

stráwberry pèar n.《植物》西インド産のヒモサボテンの一種 (Echinocerus enneaeanthus)；その実《イチゴの風味があり食用》.

stráwberry ráspberry n.《植物》バライチゴ (Rubus illecebrosus)《日本産のキイチゴの一種で，北米に帰化；集合果は食用》. 「が混じった赤毛の馬》.

stráwberry róan n. 栗芦毛，栗粕毛(の馬)《白い毛

stráwberry shrùb n.《植物》クロバナロウバイ《クロバナロウバイ属 (Calycanthus) の低木の総称；Carolina allspice, American allspice ともいう》.

stráwberry tomàto n.《植物》ショクヨウホウズキ (Physalis pruinosa)《北米産のホウズキの一種；果実は食用》. 「ご舌.

stráwberry tòngue n.《病理》(猩(しょう)紅熱の)いち

stráwberry trèe《(15 C)》── n.《植物》**1** 南欧産ツツジ科アルブツス属の葉を密生する植物 (Arbutus unedo)《いぼ状突起のあるサクランボ大の果実は食用，酒や清涼飲料も作る》. **2** = strawberry bush 1.

stráw·bòard n. 黄板(紙)《麦わらパルプを原料とした紙で，包装などに使用される》.

stráw bòss n.《米口語》**1** (親分の下の)小頭，職工長代理. **2** 監督もやる労務者.

stráw còlor n. 麦わら色，淡黄色.

stráw-còlored adj. 麦わら[淡黄色]の (pale yellow).

stráw·flòwer n.《植物》**1** ムギワラギク (Helichrysum bracteatum)《オーストラリア原産キク科の一年草；鮮やかな色の花は乾燥しても変色せず，冬花束に用いることができる；cf. everlasting 2》. **2** 北米原産ユリ科ウブラーリア属 (Uvularia) の数種の植物の総称；(特に) U. grandiflora《cornflower ともいう》.

stráw·hàt《麦わら帽子をかぶって観劇したことから》《米》── n. (首都の郊外などで興行される)夏期劇場 (strawhat theater). ── attrib. adj. 夏期劇場の：the ～ circuit 夏期劇場チェーン.

stráw hàt n. 麦わら帽子.

stráwhat thèater n.《米》= strawhat.

stráw màn n. = a MAN¹ of straw.

stráw òil n.《化学》ストロー油《ガス油に似た高沸点の石油留分；器具の洗浄用に使用される軽油の一種》.

stráw plàit n. (麦わら帽子を作るための)麦わらさな[だ].

stráw pòll n.《米》= straw vote.

stráw stèm n. (別に取りつけるのではなく，盃部分 (bowl) から引き延ばして作った)ワイングラスの細い足；そのような足の付いたワイングラス.

stráw vòte n. (一般の人気を知るための)非公式の投票，模擬投票，紙上投票 (cf. straw¹ n. 2 c).

stráw wédding n. わら婚式《結婚 2 周年の記念式[日]；⇨ wedding 4》.

stráw wíne n. ストローワイン《発酵前にわら床で天日で干したぶどうから造る濃厚で甘いデザート用ぶどう酒》. 「worm.

stráw·wòrm n.《昆虫》**1** = caddisworm. **2** = joint-

straw·y [strɔ́ːi | strɔ́ːɪ] adj. (**straw·i·er**；**-i·est**) **1 a** わらの，わらのような. **b** わらだらけの；わらで作った；わらぶきの. **2**《廃》無価値な，つまらない (worth[less]).

stráw yéllow n. = straw¹ 5.

stray [stréɪ]《v.：(c1325) straie(n) ▭ OF estrai-er ?< VL *estrāgāre ← L extrā vagārī to wander outside：⇨ extra-, vagary. ── n.：(a1325) ▭ AF estray = OF estraié (p.p.) ← estraier (v.)：cf. astray》── vi. **1 a** 〔与えられた場所，まっすぐ進む道，群れなどから〕離れる，はぐれる〔from〕；〔…に迷い込む〔into〕：a child that has ～ed into a wood 森の中に迷い込んだ子供 / sheep ～ing from the fold 群れからさまよい出た羊. **b** 道に迷う. **2 a** さすらう，さまよう (wander)：～ aimlessly through the woods 森の中を当てもなくさまよう. **b** 曲がりくねって行く[流れる] (meander). **3 a** (一時的に)正道から踏み出す，横道へそれる；邪道に陥る，罪に陥る. **b** 〈論議・考えなどが〉わきにそれる，脱線する. **4 a** (外的な強制で，または意志で抑えられず)思わず知らず動く：His eyes ～ed around the room. 彼は思わず知らず部屋をぐるりと見回した. **b** 〈髪の毛が〉ほつれる：hair ～ing over the eyes 目の上にかかるほつれ髪. ── adj. **1 a** (囲い・仲間・監視などから)迷い出た，はぐれた：a ～ sheep 迷える羊

(cf. *Isa.* 53 : 6) / ~ child 迷子. **b** 〈髪の毛が〉ほつれた : ~ hair ほつれ毛. **c** (まっすぐの, または意図したコースから)それた : a ~ bullet それ弾, 流れ弾. **2** 離れ離れの(scattered) ; たまの, 偶然の, 折々見つかる(sporadic), ひょっこり起こる[来る] : a few ~ pedestrians 時折り見かける二, 三人の歩行者 / a ~ customer ふりの客 / a ~ remark 漫言. **3** 《通信》漂遊の : ~ capacity 漂遊容量. **—** *n.* **1 a** 迷い出た動物[家畜]; 迷子. **b** 宿なし, 浮浪者, あてどなく歩き回る人 ; 野良犬[猫など]. **2** 《古》迷い出ること : make a ~. **3** (油田などを発掘する際に出くわす)予期せぬ地層. **4** [*pl.*] 《通信》空電 (atmospherics). **~·er** *n.*

stráy lìne *n.* 《海事》(流測器や測程器の)贅索(ぜい)漂遊線《測程のマークが出てくるまでに, 前もって繰り出す余分な索の部分》.

streak[1] [stríːk] 〘OE *strica* stroke, line ← Gmc **strikōn-* (Du. *streek* / G *Strich* / Goth. *striks*) ← IE **streig-* to stroke : ⇨ strike〙 **—** *n.* **1** (地色と異なる細長い不規則な)筋(すじ), 縞(しま), 線 (stripe) : Rouge has come off in ~*s*. ほお紅がはげて縞になった / He has ~*s* of gray in his hair. 髪の毛に白髪が混じっている / checkering the eastern clouds with ~*s* of light 東の雲を光の縞で綾に染めて (Shak., *Romeo* 2. 3. 2). **2 a** 光線. **b** 稲妻 : a ~ of lightning 一条の稲妻 / like a ~ [~*s*] (of lightning) 電光石火のように, 全速力で. **c** 《口語》足の速い人[走者]. **3** (肉の脂肪などの)層 : bacon with ~*s* of fat and lean 脂肪と赤肉が層になっているベーコン. **4** 傾向 ; 気味, 調子 : He has a ~ of obstinacy [humor] in him. 彼には少々かたくなな[こっけいな]所がある / ⇨ yellow streak. **5** 《米口語》**a** ひとしきり, 短期間 (spell) : a ~ of luck しばしの幸運. **b** (勝ち・負けなどの)連続 : be on a winning [losing] ~ 勝ち[負け]続ける. **6** 《鉱物》(鉱物を素焼の陶器板にすった時にできる)条痕(こん)(色). **7** 《細菌》**a** 画線(かく)《種菌のついた白金線で培養基の面上に線を引いて行なう接種法》. **b** =streak culture. **8** 《植物病理》植物の茎・葉面に病害菌による条線状の変色または盛上りを生じること. **9** 《鉱山》鉱脈.
— *vt.* **1** [通例 p.p. 形で] …に筋をつける ; 縞にする : be ~*ed* with color 色の筋がついている / Her hair was ~*ed with* gray. 髪に白毛が混じっていた. **2** 《細菌》…の画線培養をする. **—** *vi.* **1** 筋[縞]になる. **2 a** 〈稲妻が〉光る, きらめく (flash). **b** 稲妻のように走る, 疾走する, 全速力で走る. **3** 《口語》ストリーキングをやる. **4** 〈勝ち負けなどが〉連続する.

streak[2] [stríːk] 〘《15C》*streke* ← STREAK[1] (n.)〙 **—** *vt.* 《廃》塗りつける (anoint) : With the juice of this I'll ~ her eyes. この花の汁を彼女の目に塗ってやろう (Shak., *Mids N D* 2. 1. 257).

stréak cùlture *n.* 《細菌》画線[劃線](かく)培養.

streaked *adj.* **1** 筋(すじ)[縞(しま)]の(ある), (白髪の)筋[縞]入りの : ~ cattle / hair ~ with gray 白髪まじりの髪. **2** 《米口語》**a** 不安な (uneasy). **b** びっくりした, 驚いた (scared). **c** 病気の (sick).

stréak·er *n.* **1** ストリーカー《ストリーキングをする人》. **2** 《魚類》**a** =yellow bass. **b** =white bass.

stréak·ing *n.* **1** (薬品による漂白等のための)毛髪(束)の脱色 (cf. frosting 4). **2** ストリーキング《道路やキャンパスなどを裸で走り抜ける遊び》.

stréak lìne *n.* 《物理》流脈《煙突から出た煙の描く形のように, 流体の場の中の特定の一点を次々に通過した流体要素がある時点で占めている位置を連ねた線 ; 流れが定常であれば流線に一致する ; cf. streamline 1》.

streak·y [stríːki | -kɪ] *adj.* (**streak·i·er** ; **-i·est**) **1 a** 筋(すじ)のついた, 縞(しま)の入った. **b** 〈肉が〉層のある : ~ bacon. **2** 〈質が〉むらのある, 一様でない, 変わりやすい. **3** 心配する (apprehensive). **stréak·i·ly** [-kɪli, -kə- | -lɪ] *adv.* **stréak·i·ness** *n.*

stream [stríːm] 〘OE *strēam* < Gmc **straumaz* (Du. *stroom* / G *Strom* / ON *straumr*) ← IE **sreu-* to flow (Gk *rheîn* to flow & *rheûma* 'stream, RHEUM' / Skt *sravati* it flows)〙 **—** *n.* **1 a** (特に, 小川の)流れ, 流水 : down [up] the ~ 下[上]流に[へ]. **b** 小川 (rivulet, brook). **2 a** 一定[一方向へ]の流れ. **b** 流出 (flow) ; 奔流 (gush) : flow in a great ~ 大きな流れをなして[とうとうと]流れる / a ~ [~*s*] of blood [tears] 血[涙]の流れ[川] / a ~ of lava 溶岩の流れ. **c** 気体の流れ, 気流 : a ~ of air 空気の流れ. **d** 海流, 潮流 : ⇨ Gulf Stream. **e** 光線 (beam of light). **3** 引っきりなしに続くもの, 陸続, 〔人, 物の〕流れ〔*of*〕: a ~ *of* people 人の流れ, 人の行列 / a ~ *of* words 口をついて出て来る言葉 / a ~ *of* traffic 往来の流れ / a ~ *of* cars 車の流れ / come out [go by] in a ~ [~*s*] 続々出て来る[通り過ぎる]. **4** [the ~] (時・思想などの)流れ, 形勢, 傾向, 風潮, 趨(すう)勢 (drift, tendency) : *the* ~ of time [times] 時の流れ, 時勢 / *the* ~ of popular opinion 世論の傾向 / *the* ~ of thought 思潮 / *the* main ~ of English literature 英文学の主流[主潮]. **5** 《英》《教育》=track 11.
against the stream 流れに逆らって ; 時勢[時流]に逆らって : go *against the* ~ 流れに逆らって行く ; 時勢に逆らう[逆行する] / ⇨ ROW[2] *against the stream*. ***in mid stream*** 中流で ; 大事の半ばで. ***in the stream*** (1) 中流に. (2) 世事に明るい. ***on stream*** 生産[操業]して, 生産[操業]中で : A new plant will go *on* ~ next year. 新工場は来年操業するだろう. ***with the stream*** 流れに従って ; 時勢[時流, 大勢]に従って : go [float] *with the* ~ 流れに沿って行く ; 時勢[大勢]に順応して行く.
stream of consciousness 《心理学者 W. James の用語》(1) 《心理》意識の流れ. (2) 《文学》意識の流れ《登場人物の思考・感覚が, 理論の連続・統語構造・現実の諸相間の識別等を無視して, でたらめな形で起こっているものとして示されるような形式 ; cf. interior monologue, stream-of-consciousness》.
— *vi.* **1 a** 〈水・涙などが〉流れる, 流れ出る, 流れ行く (flow) : Tears ~*ed* down her cheeks. 涙が彼女のほおを流れた. **b** 〈光が〉射る, 走る, 流れる, 流れ込む : Light ~*ed* through the window. 光が窓から差し込んだ / The comet's tail ~*s* behind it. ほうき星は尾を引く. **2 a** 涙[汗など]が流れ出る : a ~*ing* cold 洟(はな)や涙がよく出る風邪 / with ~*ing* eyes 目に涙を浮かべて. **b** 〔涙・汗などが〕流れ出る〔*with*〕: eyes that ~ *with* tears 涙が流れ出る目 / Her face was ~*ing with* perspiration. 彼女の顔に汗が流れた. **3** 続々出る[行く], 陸続として来る, のべつに続く : People ~*ed* out of the theater. 人々は劇場から流れ出た. **4 a** 〈旗・髪などが〉吹き流される, 翻る, なびく : a flag ~*ing* in the air / hair ~*ing* in the wind 風になびく髪. **b** 〈長髪が〉流れるように[ふさふさと]垂れる. **—** *vt.* **1** 〈水・涙・血などを〉流す, 流れ出させる, 噴(ふ)く : The wounds ~*ed* blood. 傷口は血を噴いた / She ~*ed* smoke through her nostrils. 鼻孔からたばこの煙を出した. **2** 〈旗などを〉吹き流す, 翻させる, なびかせる. **3** 〔涙・汗などの流れで〕おおう, みなぎらせる〔*with*〕: His face was ~*ed with* sweat. 顔は汗びっしょりだった. **4** 《鉱山》洗鉱する. **5** 《英》《教育》=track 9. **6** 《海事》〈ロープやブイなどを〉流し送る.

stréam ànchor *n.* 《海事》中いかり, 中錨(ちゅうびょう).

stréam·bèd *n.* 川床.

stréam càpture *n.* 《地理》川の争奪 (⇨ capture 5).

stréam·er 〘《1293》〙 **—** *n.* **1** 流れる物. **2** 吹流し ; (特に)長旗 (pennant). **3** (衣服につける)細長いひらひら翻る飾り《飾りリボン・飾り羽毛など》. **4** (港で汽船発着の時に用いる)テープ. **5** 《地球物理》**a** (北極光などの)射光, 流光. **b** [*pl.*] =aurora borealis. **6** 《新聞》(通例第一面の)トップ全段抜き大見出し (banner). **7** 《電気》ストリーマー《気体放電の一種》. **8** 《鉱山》探鉱者《鉱床を発見するために, 流れの中で砂や砂利を洗う作業をする人》. **9** 《釣》=streamer fly.

stréamer flỳ *n.* 《釣》ストリーマー(フライ)《小魚の型に羽根を使って巻いてある毛鉤》.

stréam·flòw *n.* 河川の流量[速度].

stréam fùnction *n.* 《力学》流れの関数.

stréam·ing 〘ME〙 *n.* **1** 流れること, 流れ. **2** 《生物》原形質流動. **3** 《英》《教育》=tracking 2.

stréaming cúrrent *n.* 《電気》流動電流.

stréaming potèntial *n.* 《電気》流動電位《液体が固体の壁に対して運動することによりできる電位差 ; cf. zeta potential》.

stréam·less *adj.* 流れのない. 「川 (brook), 小流.

stream·let [stríːmlɪt, -lət] 〘← STREAM + -LET〙 *n.* 小

stréam·lìne *n.* **1** 《物理》流線《流体の流れの場の中に描いた線で, 線上の各点での切線がその瞬間にその点にある流体要素の速度の方向に一致しているもの ; cf. streak line》. **2** (魚類・航空機・自動車・潜水艦などの)流線型[形]. **—** *attrib. adj.* 流線型[形]の : a ~ form 流線型 / a ~ shape (航空機などの)流線形 / a ~ train 流線型列車. **—** *vt.* **1** 流線型[形]にする : ~ a motorcar. **2 a** 余分なものを取り除く. **b** 〈生産・事務などを〉合理[簡素]化する, 能率的にする : ~ the municipal bureaucracy 市のお役所式手続きを簡素化する. **3** 最新式[現代的]にする (modernize).

stréam·lìned *adj.* **1** =streamline. **2** 簡素[合理]化された, 能率化された. **3** 最新式[現代的]にされた, 近代化された (modernized). **4** 《流体力学》層流の.

stréamline flów *n.* 《流体力学》層流《流体中の各部分が秩序正しく流れて, 乱れや混合の起きない状態 ; cf. laminar flow, turbulent flow》.

stréam·lìner *n.* 流線型[形]列車[バスなど].

stréam-of-cónsciousness *adj.* 《文学》意識の流れの (⇨ STREAM of consciousness (2)) : a ~ novel 意識の流れ小説《人物の潜在意識の流れによって事件や人物を物語る形式の小説 ; 例えば James Joyce 作の *Ulysses* (1922) など》.

stréam pìracy *n.* 《地理》川の争奪 (⇨ capture 5).

stream·y [stríːmi | -mɪ] 〘《15C》: ⇨ stream, -y[4]〙 **—** *adj.* (**stream·i·er** ; **-i·est**) **1** 流れ[水流]の多い, 河川の多い : a ~ district. **2 a** (川のように)流れる (streaming). **b** 〈髪・旗など〉翻る, ひらひらする.

Streb·li·dae [strébləd ì: | -lɪ-] 〘← NL ~ ← *Strebla* (属名 : ← Gk *streblós* twisted) + -IDAE〙 *n. pl.* 《昆虫》(双翅目)コウモリバエ科.

streek [stríːk] 〘《北部方言》← STRETCH〙 《スコット・北英》**—** *vt.* **1** 伸ばす, 引っ張る (stretch). **2** (埋葬のために)〈死体を〉伸ばす, 埋葬の準備をする. **—** *vi.* 腹ばいに倒れる[なる].

street [stríːt] 〘OE *strǣt* < (WGmc) **strāta* (Du. *straat* / G *Strasse*) ▭ LL (*via*) *strāta* paved (way) (fem. p.p.) ← *sternere* to spread, cover, pave ← IE **ster-* to spread : cf. stratum, strew〙 **—** *n.* **1 a** 街路, 通り : I met him on [《英》in] the ~. 通りで彼に会った / the chief ~ of the town [village] 町[村]の本通り / a main [broad] ~ 大[広い]通り / in the open ~ 通りで, 表で, 外で ; 公然と / be dressed for the ~ 外出の服装をしている / beat the ~*s* 〈パトロール中の警官などが〉市街を巡回する / live in the ~ いつも外出している / die in the ~*s* のたれ死にする. **b** (歩道と区別して)車道 (roadway) (cf. sidewalk) : walk in [run out into] the ~ 車道を歩く[に飛び出す] / The ~ is blocked with snow. 道は雪でふさがっている / Be careful when you cross the ~. 道を横断する時は気をつけなさい. **c** 《廃》(ローマ軍の残して行ったような)街道 (highway) : ⇨ Watling Street, Icknield Street. **2** …街, …通り (cf. road 1 c). ★ 通例 St. と略される ; Óxford Strèet のように第二強勢を受ける : ⇨ Wall Street / 125 *Street* (New York の) 125 番街《hundred and twenty-five Street と読む》. **3** [集合的] 町内の人々 : The whole ~ knew about it. 町内こぞってそのことを知っていた. **4** [the S-] **a** (商業や経済などの)中心地区. **b** 《英》=Lombard Street. **c** =Fleet Street. **d** 《米》=Wall Street. **e** 《米俗》(米国の都市で劇場などのある)娯楽街.
down *one's* ***street*** =(*right*) *up one's* STREET. ***go on the street*** =*live on the* STREETS. ***in*** [***on***] ***the street*** (1) ⇨ 1. (2) 失業して ; 宿なしで. (3) 出獄して, 自由の身になって. (4) 《英》《証券》証券取引所の取引終了後にその外部で取引をしている. ***live on the streets*** 売春婦の生活をする, 夜の女になる. ***milk the street*** ⇨ milk *v.* 成句. ***not in the same street with*** 《口語》…と比べものにならない, …にはるかに及ばない. ***on easy street*** 《口語》安楽に暮らせるほど豊かで, 財政的に豊かで, とても金持ちで. (***right***) ***up*** *one's* ***street*** 《英口語》自分の能力[趣味]に合って, 得意で. ***the man in*** [(《米》) ***on***] ***the street*** ⇨ man[1] 成句. ***walk the streets*** 売春婦の生活をする (cf. streetwalking).
— *attrib. adj.* **1** 街路の[に面した, にある] ; 通りので[行なわれる, で働く] : a ~ accident 交通事故 / a ~ peddler 街頭売り[行商人] / a ~ map [plan] 市街地図. **2 a** 〈衣服・靴が〉通りで着用するのにふさわしい : ⇨ street dress. **b** 〈婦人服の丈が〉外出着にふさわしい《裾(すそ)が地面につかない程度のものにいう》. **3** 《病理》街上ウイルスによる.

stréet Àrab, s- a- 〘cf. Arab (n. 3)〙 *n.* 浮浪児, 宿なし児 (gamin).

stréet bànd *n.* 街頭楽隊 (《米》German band).

stréet bròker *n.* 《証券》場外取引に従事する証券ブローカー業者, 仲買人.

stréet·càr *n.* 《米》市街電車 (《英》tram) 《路面電車・地下鉄道・高架鉄道・モノレールなどの総称》; (特に)路面電車 (cf. trolley car). 「ている株券.

stréet certìficate *n.* 《証券》証券業者の名義になっ

stréet Chrìstian *n.* 《米》放浪[街頭]クリスチャン《Jesus Movement に参加している人》. 「生課員.

stréet clèaner *n.* 《米》道路掃除人 ; (特に, 市の)衛

stréet crìes *n. pl.* 《英》行商人の呼び声, 呼売りの声.

stréet dòor *n.* (住宅の)街路に接した表口, 表戸口《街路に接しない場合は front door という》.

stréet drèss *n.* 町着, 外出着.

stréet èlbow *n.* 《機械》めすおすエルボ.

stréet gìrl *n.* 街の女, 街娼(がいしょう), 売春婦 (prostitute).

stréet·lìght *n.* 街灯.

stréet nàme *n.* 《証券》証券業者名義.

stréet òrderly *n.* 《英》道路掃除人 (street cleaner).

stréet òrgan *n.* =barrel organ 1.

stréet pèople *n.* (ヒッピーなどのように)街路にたむろする人々《伝統的な価値を否定して, 街路や公園にたむろする人たち》.

stréet pìano *n.* ストリートピアノ《街路上で奏する手回しピアノ ; hurdy-gurdy ともいう》.

street piano

stréet ràilway *n.* 市街電車[バス]路線[会社].

streets [stríːts] 〘(pl.) ← STREET〙 **—** *adv.* 《英口語》はるかに (far and away) : be ~ ahead of [above] him 彼よりはるかに上である.

street·scape [stríːt-skèɪp] 〘← STREET + -SCAPE〙 *n.* **1** 街路の光景[様子]. **2** 街路の絵[写真].

stréet swèeper *n.* **1** =street cleaner. **2** 道路清掃車.

stréet thèater *n.* **1** 街頭演劇. **2** =guerrilla theater.

stréet ùrchin *n.* =street Arab.

stréet vàlue *n.* 《俗》(麻薬などの)末端価格.

stréet vìrus *n.* 《病理》(研究室内で弱毒化したウイルスに対し)街上ウイルス, 街上毒《Pasteur の命名》.

stréet·wàlker 〘《1592》〙 *n.* 街[夜]の女, 街娼(がいしょう), 売春婦.

stréet·wàlking *n.* 売春(生活).

street·ward [stríːtwəd | -wəd] *adj.* 通り[街路]へ向いた. **—** *adv.* 通り[街路]の方へ.

stréet·wíse *adj.* 《米》土地の人々やそこの人たちの問題をよく知っている, 地元通の.

stréet·wòrker *n.* 《米・カナダ》街頭補導員《非行少年や悩みをもった少年を補導する社会奉仕家》.

Stre·ga [stréɪgə] *n.* 《商標》ストレーガ《オレンジの風味を付けたイタリア産リキュール》.

strength [stréŋ(k)θ] 〘OE *strengðu* < Gmc **straŋʒiþō* (OHG *strengida*) : ⇨ strong, -th[2] : cf. length〙 **—** *n.* **1** 強さ, 力 ; 体力 (vitality) : one's health and ~ 健康

と体力 / a man of enormous ～ 大力の人 / a task beyond human ～ 人力の及ばない仕事 / by sheer ～ 腕力で, 腕ずくで / by main ～ = with all one's ～ 力一杯に, 全力を振り絞って / That is too much for my ～. それは私の手にあまる / He has not the ～ to walk. (体が弱って)歩く力もない. **2** (精神的な)力; 知力, 能力; 道徳心, 剛気, 勇気 (fortitude): the ～ of one's mind [will] 精神[決断]力 / ～ to surmount difficulties 困難に打ち勝つ不屈の精神. **3** 勢力, 威力; 資力 (resources): economic ～*s* 経済力 / the national [military] ～ 国[軍事]力 / the ～ of public opinion 世論の威力. **4** 抵抗力, 耐久力, 強度 (toughness): the ～ of a fortified place 要塞(ようさい)の抵抗力 / the ～ of a beam [bridge, building] 梁(はり)[橋, 建物]の耐久力 / ⇨ breaking strength, compressive strength, fatigue strength, tensile strength. **5 a** 強さ, 強弱, 強度 (intensity): the ～ of light [sound, flavor, odor] 光[音, 味, 臭気]の強さ / the ～ of a wind [current, magnetic field] 風[潮流, 磁場]の強さ. **b** 濃度, 濃淡, 深さ, 深浅: the ～ of tea [poison, color] 茶[毒, 色]の濃度. **6** 熱烈さ, 激烈さ, 激しさ (vehemence): the ～ of one's affection 愛情の強さ. **7** 効力, 重み, 説得力 (cogency); (芸術作品の)表現力: the ～ of evidence 証拠の有効性 / the ～ of one's logic 論理の説得力 / a novel of great ～ 大いに感動させる小説. **8** 強み, 長所 (forte): the ～*s* and weaknesses of his new book 彼の新著の長所と短所 / His ～ lies in his honesty. 彼の取柄は正直にある. **9** 力となる[なる]もの, 頼り, 支え (support): God is our ～. 神はわれらの力. **10 a** 〘軍事〙兵力, 勢力, 兵員, 兵数, 艦数: peace [war] ～ 平時[戦時]兵力 / a regiment with a ～ of 3,000 3 千の兵員から成る連隊 / an army [a fleet] at full ～ 全軍[全艦]を従えた軍隊[艦隊]. **b** (一般に)人数, 人手: an employed ～ of 5,000 5 千人の従業員. **11** 〘証券〙市場が強いこと《買いが支配的である状況》.

below strength 定員以下の: The police force is 300 men *below* ～. 警察には 300 人の欠員がある. ***from strength*** 強い立場から: negotiate *from* ～ 強気に交渉する. ***from strength to strength*** ますます強力に[良く, 有名に] (*Ps.* 84. 7): go (on) *from* ～ *to* ～. ***get the strength of*** …を十分に理解する, …の真相を握る. ***in (full [great]) strength*** 全員[大勢]そろって; 大勢で: The enemy were out *in* ～. 敵軍は大挙して現われた. ***on the strength*** (1)〘軍事〙軍籍に編入されて, 兵員名簿に載って. (2) 団体[協会, 会社など]に所属して. ***on the strength of*** …を力に(して), を根拠に, を頼りに: I took him *on the* ～ *of* your recommendation. 君の推薦を信じて彼を採用した. ***up to strength*** 定員に達した: bring the police force *up to* ～ 警察を定員一杯にする.

stréngth dèck *n.* 〘海事〙強力甲板《いくつかの甲板の中で, 特に船体を強固にする目的をもっている甲板》.

strength·en [stréŋ(k)θən] 〘(*a*1325) ← STRENGTH＋-EN¹ ∽ lateOE *strengan* ← STRENGTH〙 ― *vt.* **1** 強くする, 強める, 丈夫にする, 強固にする, 堅固にする (↔ weaken): ～ one's conviction / ⇨ *strengthen a person's* HAND(*s*). **2 a** 増員する, 増援する, 増強する (reinforce). **b** 励ます, 元気づける (encourage). ― *vi.* **1** 強くなる, 強まる; 丈夫になる, 強固になる. **2 a** 増員する. **b** 元気づく. **～·er** [-θ(ə)nə | -nə(r] *n.*

stréngth·less 〘ME〙 *adj.* 力のない. **～·ly** *adv.* **～·ness** *n.*

stren·u·ous [strénjuəs | -njʊ-] 〘(1599) □ L *strēnuus*: ⇨ -ous〙 ― *adj.* **1** 〈人が〉奮闘的な, たゆまず努める, 精力的な (ardent, energetic); 熱心な, 熱烈な (zealous): a ～ scientist. **2** 〈行為・仕事など〉奮闘を要する, 激しい, 猛烈な (arduous): make ～ efforts [endeavors] 奮闘する, 大いに努力する. **stren·u·os·i·ty** [strènjuɑ́səti | -njʊɔ́səti, -sɪ-] *n.* **～·ly** *adv.* **～·ness** *n.*

strep [strép] 〘略〙《口語》〘細菌〙 *n.* ＝streptococcus. ― *adj.* ＝streptococcal.

Streph·on [stréfən] 〘Sir Philip Sidney の小説 *Arcadia* (1590) の羊飼いの名から〙 ― *n.* 恋に悩む男, 恋のとりこ (fond lover).

Strephon and Chloe 相愛の男女, 恋人同士 (cf. Daphnis and Chloë).

strep·i·tant [strépətənt | -pɪt-] 〘□ L *strepitant-em* (pres.p.) ← *strepitāre* (freq.) ← *strepere* (↓): ⇨ -ant〙 *adj.* ＝strepitous.

strep·i·to·so [strèpətóusou | -pɪtə́ʊsəʊ; *It.* strèpitó:so] 〘□ It. ～ ← L *strepitus* noise ← *strepere* to make a noise〙 *adj., adv.* 〘音楽〙騒々しい[く], 強烈な[に].

strep·i·tous [strépəṭəs | -pɪt-] 〘← L *strepitus* (↑)＋-ous〙 *adj.* 騒々しい, やかましい (noisy).

strep·si- [strépsɪ, -sə | -sɪ] 〘← NL ～ ← Gk *stréphein* to twist: cf. strophe〙「曲がった (turned), ねじれた (twisted)」の意の連結形.

strep·si·ne·ma [strèpsəníːmə | -sɪ-] 〘⇨ ↑, nema-〙 *n.* 〘昆虫〙ストレプシネマ《減数分裂の第 1 分裂の複糸期における各染色体を構成する 2 本のよじれた染色糸》.

Strep·sip·ter·a [strepsíptərə] 〘← NL: ⇨ strepsi-, -ptera〙 *n. pl.* 〘昆虫〙撚翅(ねんし)目.

strep·sip·ter·an [strepsíptərən] 〘⇨ ↑, -an¹〙 *adj., n.* 〘昆虫〙撚翅目の(昆虫).

strept- [strept] (母音の前に来る時の) strepto- の異形.

strep·to- [stréptou, -tə | -tə(ʊ)] 〘← NL ～ ← Gk *streptós* twisted ← *Stréphein* to twist: cf. strophe〙 ― 次の意味を表わす連結形: **1**「曲がった; より合わされた鎖 (twisted chain)」. **2** 〘細菌〙「連鎖球菌 (streptococcus)」. **3** 〘生化学〙「ストレプトマイシン (streptomycin)」. ★ 母音の前では通例 strept- になる.

strèpto·bacíllus 〘⇨ ↑, bacillus〙 *n.* 〘細菌〙連鎖桿(かん)菌《ストレプトバチルス属 (*Streptobacillus*) の微生物》.

strep·to·coc·cal [strèptəkɑ́kəl, -to(ʊ)- | -tə(ʊ)kɔ́k-] *adj.* 〘細菌〙連鎖球菌の[によって起こる].

streptococci *n.* streptococcus の複数形.

strep·to·coc·cic [strèptəkɑ́k(s)ɪk, -to(ʊ)- | -tə(ʊ)kɔ́k-] 〘⇨ ↓, -ic¹〙 *adj.* 〘細菌〙＝streptococcal.

strep·to·coc·cus [strèptəkɑ́kəs, -to(ʊ)- | -tə(ʊ)kɔ́k-] 〘(1877) ← NL ～: ⇨ strepto-, -coccus〙 ― *n.* (*pl.* **-coc·ci** [-kɑ́k(s)aɪ, -kɑ́k(s)iː | -kɔ́kàɪ]) 〘細菌〙連鎖球菌, 連球菌《*Streptococcus* 属の微生物》.

strep·to·dor·nase [strèpto(ʊ)dɔ́ənèɪs, -nèɪz | -tə(ʊ)dɔ́:neɪs] 〘← STREPTO-＋D(E)O(XY)R(IBO)N(UCLE)ASE〙 ― *n.* 〘生化学〙ストレプトドルナーゼ《連鎖球菌に含まれるデオキシリボヌクレアーゼのこと》.

strèpto·kínase 〘← STREPTO-＋KINASE〙 *n.* 〘薬学〙ストレプトキナーゼ《ある種の連鎖球菌から採った線維素を溶解する酵素; fibrinolysin ともいう》.

strèpto·lýsin 〘← STREPTO-＋LYSIN〙 *n.* 〘生化学〙ストレプトリジン《連鎖球菌の生産する溶血性物質》.

strep·to·my·ces [strèptəmáɪsiːz, -to(ʊ)- | -tə(ʊ)-] 〘← NL ～ ← STREPTO-＋Gk *múkēs* fungus〙 ― *n.* (*pl.* ～, **-my·ce·tes** [-mæsíːtiːz]) 〘細菌〙ストレプトミセス《放射菌目放線菌科 *Streptomyces* 属の微生物; ストレプトマイシンなどの抗生物質の原料となる》.

strep·to·my·cete [strèpto(ʊ)máɪsiːt, -tə-, ←―⌣―⌣ | -tə(ʊ)-] 〘← NL *Streptmycet-*, *Streptmyces* (↑)〙 ― *n.* 〘細菌〙ストレプトマイシート《放線菌科の土壌に生息する微生物》.

strep·to·my·cin [strèptəmáɪsṇ, -to(ʊ)- | strèptə(ʊ)máɪsɪn] 〘(1944) ← STREPTO-＋Gk *múkēs* fungus＋-IN¹〙 ― *n.* 〘生化学〙ストレプトマイシン ($C_{21}H_{39}N_7O_{12}$)《一種の抗生物質 (antibiotic) で, 結核その他細菌性疾患に対して有効》.

Strep·to·neu·ra [strèpto(ʊ)n(j)ʊ́(ə)rə | strèptə(ʊ)njʊ́ərə] 〘← NL ～: ⇨ strepto-, -neuro, -a²〙 *n. pl.* 〘貝類〙捩(ねじ)神経亜綱 (⇨ Prosobranchia).

strep·to·neu·ran [strèptənjʊ́(ə)rən | -njʊ́ər-] 〘⇨ ↑, -an¹〙 *adj., n.* 〘貝類〙捩神経亜綱の(巻貝).

strep·to·ni·grin [strèptənáɪgrɪn, -grən | -tə(ʊ)náɪgrɪn] 〘← *Strepto(myces flocculus)*＋L *nigr-*, *niger* black＋-IN¹: 黒い結晶をして得られることから〙 ― *n.* 〘生化学〙ストレプトニグリン《放射菌 *Streptomyces flocculus* から得られる, DNA 新陳代謝を損なう有毒な抗生物質》.

strep·to·thri·cin [strèpto(ʊ)θráɪsṇ, -θrísṇ | -tə(ʊ)θráɪsɪn, -θrís-] 〘← NL *streptothrix*: ⇨ strepto-, -thrix, -in¹〙 ― *n.* 〘生化学〙ストレプトスライシン《放射菌 *Streptomyces lavendulae* から得られる抗生物質》.

Stre·se·mann [stréɪzəmɑ̀:n, ʃtréɪ-; G. ʃtré:zəmàn], **Gustav** *n.* シュトレーゼマン《1878–1929; ドイツの政治家; Nobel 平和賞 (1926)》.

stress [strés] 〘n.: (*c*1303) *stres(s)* 《頭音消失》← DISTRESS // □ OF *estrece* narrowness, oppression < VL **stricticam* = L *strictus* 'STRAIT, STRICT'. ― v.: (*c*1303) *stresse(n)* □ OF *estrec-ier* < VL **strictiāre* ← L *strictus* // ← (n.)〙 ― *n.* **1** 抑圧, 圧迫 (pressure); 強制 (compulsion): under (the) ～ of weather [poverty] 天候険悪のため[貧苦に迫られて] / be subjected to great ～ 大きな圧迫を受ける / He is driven by ～ of poverty. 貧困の圧迫に追われている. **2** 緊急, 緊迫, 緊張: in times of ～ 緊急の時に; (商況の)繁忙時に. **3 a** 強調 (emphasis); 重要性, 重み (importance): lay [place, put] (a) ～ on [upon] …に重点を置く, …を強調[力説]する. **b** (演説・談話などで特別の語や音節に置く)強勢, 語勢: put special ～ on a certain word ある言葉を特に強める. **4** 《古》非常な努力, 奮闘 (intense effort). **5** 〘音声〙**a** 強勢, 強さアクセント (stress accent) (cf. accent 1, pitch² 4 b): ⇨ word stress, sentence stress / The ～ is [falls] on the first syllable. 強勢は第一音節にある. **b** 強勢のある音節 (stressed syllable) (cf. primary stress, secondary stress). **6** 〘詩学〙(韻律の)強勢, 揚音 (beat). **7** 〘音楽〙(楽曲・リズムの)強勢 (emphasis), アクセント. **8** 〘物理〙圧力; 応力. **9** 〘医学〙ストレス, 侵襲, 刺激, 負荷: ⇨ stress disease, stress theory. ― *vt.* **1** 力説する, 強調する; …に力を入れる, 重点を置く. **2** 〘音声〙〈音節・母音〉に強勢を置く. **3** 圧迫[緊張]にさらす. **4** 《古》苦しめる, 悩ます (distress). **5** 〘機械〙応力[圧力]を加える.

-stress [strɪs, strəs | strɪs, stres, strəs] 〘← *-str* (-STER の短縮)＋-ESS¹〙 *suf.* -ster に対応する女性名詞を造る: *songstress*.

stréss àccent *n.* 〘音声〙強さアクセント《英語, ドイツ語など; cf. pitch accent, tonic accent》.

stréss diagram *n.* 〘土木〙応力図.

stréss disèase *n.* 〘医学〙ストレス病《ストレスが原因となって起こる病気; cf. stress theory》.

stressed *adj.* 〘音声〙強勢を受けた, 強勢のある.

stréssed skín *n.* 〘航空〙応力外皮[構造]《航空機の翼または胴体の外板の一部または全体に応力をもたせる構造様式》.

stress·ful [strésfəl] *adj.* 圧迫[緊張]に満ちた, ストレスの多い. **～·ly** *adv.*

stréss·less *adj.* **1** 圧迫[緊張]のない, ストレスのない. **2** アクセント[揚音, 強勢, 語勢]のない. **3** 力説しない, 力を入れない. **4** 〘機械〙応力のない.

stréss pàttern *n.* 〘音声〙強勢型《goodness, people における [⌣―], engineer, understand における [⌣―⌣]など》.

stréss thèory *n.* 〘医学〙ストレス学説《カナダの Hans Selye (1907–　) の唱えるもので, 疲労・恐怖・精神的悩みなどの刺激 (stress) が過度になると種々の病気の原因になるという説; cf. stress disease》.

stretch [strétʃ] 〘OE *strećcan* < (WGmc) **strakkjan* (Du. *strekken* / G *strecken*) ← ? IE **(s)ter-* stiff: cf. stare〙 ― *vt.* **1 a** 引っ張る; 無理に(引き)伸ばす: ～ the strings of a violin バイオリンの弦を締める / ～ cloth [trousers] (しわを伸ばしたりするために)切れ地[ズボン]を伸ばす / ～ a pair of gloves (初めて用いる時)手袋を引っ張り伸ばす / ～ one's eyes 両眼をかっと見開く / The shoes need ～*ing*. (窮屈だから)この靴は広げないといけない. **b** 〈筋などを〉違える (strain): ～ a muscle, tendon, etc. **c** 《俗》(拷問で)〈人〉の手足を無理に引き伸ばす. **d** 《古・俗・方言》縛り首(の刑に)する. **e** 《方言》〈屍体〉の手足を伸ばして埋葬の用意を施す. **2** 張る, 張り渡す; 敷く, 広げる (spread): ～ a rope (tight) *between* two trees 二本の木の間に綱を(ぴんと)張る / ～ a carpet *upon* the floor [*across* the room] 床に[部屋一杯に]じゅうたんを敷く / The tree ～*es* its branches *over* the road. その木は道路の上に枝を広げている. **3 a** 〈身体・手足・羽などを〉伸ばす, 差し伸べる, 差し出す 〈*out*〉: ～ (*out*) one's arm 腕を伸ばす / ～ one's neck (見ようとして)首を伸ばす / ⇨ *stretch one's* LEGS, *stretch one's* WINGS / He ～*ed* himself *into* wakefulness. 伸びをして目を醒ました / He ～*ed* himself [lay ～*ed*] *out* on the lawn. 芝生の上に伸び伸びと寝そべった. **b** 《口語》大の字に倒す, のす (knock down): ～ a person on the ground 人を地面に大の字に倒す / He was ～*ed* in the first round. 第 1 ラウンドでノックアウトされた. **4** 極度に緊張させる; 精一杯に用いる: ～ every nerve 全神経を緊張させる / ～ one's imagination 想像力をたくましくする / ～ one's patience じっと我慢する / ～ one's powers 力を振り絞って奮闘する / He ～*ed* himself [was fully ～*ed*] to win. 勝利のために全力を出し尽くした. **5 a** (無理に)拡大して解釈する, 曲解する, こじつける (strain); 濫用する, 悪用する: ～ one's principle 主義に融通をきかせる / ～ the law [a rule, a clause] 法律[規則, 条項]を無理に拡大解釈して融通をきかせる[濫用する] / a person's hospitality 人の親切につけこむ. **b** 誇張する, 大げさに言う: ～ the facts [the truth] 事実[真実]を曲げて針小棒大に言う[うそを言う]. **6 a** (不十分ながら)何とか間に合わせる 〈*out*〉: ～ (*out*) a budget 予算をやりくりする / ～ food for extra guests 食べ物をやりくりして予定外の客にも間に合うようにする. **b** 〈飲食物・ペンキなどを〉薄めて[混ぜて]量を増す: ～ whiskey *with* water. **7 a** 〘ラジオ・テレビ〙(余り早く終わらないように)〈番組を〉長びかせる: ～ a show. **b** 引き延ばす: ～ (*out*) an argument 議論を引き延ばす.

― *vi.* **1 a** 身体[手足]を伸ばす; (背)伸びをする: ～ *up* 背伸びする / He ～*ed* and yawned. 伸びをしてあくびをした. **b** 長々と寝そべる 〈*out*〉: ～ *out* on a couch. **2** 手を伸ばす[差し出す]: ～ (*out*) *for* a book 本を取ろうと手を伸ばす. **3** 伸びる, 伸縮性がある: Rubber ～*es*. ゴムは伸縮性がある / It ～*es* like elastic. ゴムのように伸びる / My patience won't ～ that far. そんなには我慢ができない. **4** 伸びている, 広がる, 及ぶ, 達する: The wire ～*es* from end to end. 端から端まで針金が張ってある / The forest ～*es for* miles. 森林は数マイルに及んでいる / The road ～*es away to* the sea. 道は遠く海まで伸びている. **5** 〈時・記憶などが〉続く, 継続する, 及ぶ, わたる: The war ～*ed over* years. 戦争は何年も長びいた. **6** 事実を誇張する, うそを言う. **7** (元気よく)前進する; 全力を尽くす, (特に)力漕する. **8** 〘ラジオ・テレビ〙(余り早く終わらないように)番組を引き延ばす, 時間をかせぐ.

stretch it a bit 《口語》規則[言葉]などを都合のよいように曲げる; 融通をきかせる; こじつける.

― *n.* **1 a** 伸ばす[伸ばされる]こと, 伸ばし, 伸張, 張り: keep a string at its ～ ひもをぴんと張る. **b** 伸びること[性質], 伸び, 伸縮性 (elasticity): There's not much ～ in this girdle. このガードルはあまり伸びない. **2 a** 身体[手足]を伸ばすこと, 伸び: make a ～ of the arm 腕を差し出す / with a ～ and a yawn 伸びとあくびをして. **b** 脚を伸ばすこと; (疲れ休めの)散歩: take a ～ 散歩する. **3** (距離・時間の)長さ, 一続き (length); (陸地・海などの)広がり: a long ～ of dialogue [the pipeline] 長々と続く対話[伸びるパイプライン] / a ～ of road [open country, water] 一筋の道[一望の野原, 一帯の水]. **4** 範囲, 限度; 極度: at the utmost ～ of one's voice 声を限りに / beyond the ～ of reason 道理の範囲を越えて. **5** 一気, 一息, 一度, 一回; 一続きの仕事[努力, 時間] (spell): at a ～ 一気に, 一息に / work for a ～ of six hours 休まずに 6 時間働く. **6** 神経などの緊張, 全力の発揮: at full ～ 全力を尽くして / keep the spirit on the ～ 精神を緊張させておく. **7 a** 精一杯の利用; 濫用; こじつけ: by any ～ of the imagination いくら想像をたくましくしてみても / by a ～ of authority [language] 権力を濫用して[言葉を無理にこじつけて]. **b** 《古》越権(行為). **c** 《古》誇張(的表現). **8 a** (競技場の両側の)直線コース, (特に)最終直線コース (homestretch) (cf. backstretch). **b** (ペナン

トレース・選挙運動などの)最終段階, 最後の追込み(戦). 9 《俗》懲役(の期間), 禁固(刑): do a ten-year ～ 10年の懲役に服する. 10 《野球》ストレッチ《投手が投球の前に両腕を伸ばし両手を合わせて頭上におく動作》. 11 《海事》途中で帆の開きを変えないでするひと走り; ひと間切りの区間. 12 [S-] のっぽ, ひょろ《やせて背の高い人のあだ名》.
— attrib. adj. 〈布・下着など〉伸縮自在の, よく伸びる, ストレッチの: ～ nylon [socks].

stretch·a·ble [strétʃəbl] 《ME: ⇨↑, -able》 *adj.* 張る[伸ばす, 広げる]ことのできる, 伸縮自在の. **strètch·a·bíl·i·ty** [-tʃəbíləṭi | -lətɪ, -lɪ-] *n.*

strétch·er 《(15C)》 — *n.* 1 a 伸ばす[張る, 広げる]人[物]. b 伸張具: a glove [boot, hat, trouser] ～ 手袋[靴, 帽子, ズボン]張り器. c (カンバスや絵絹などを張る)木枠. d (こうもり傘やほろなどを広げるための)つき上げる骨. e (ハンモックの)吊しなわを広げる金具[木片]. 2 a (死傷者などを運ぶ)担架. b 《豪》(カンバス製の)折畳み式簡易ベッド. 3 (ボートの)足掛け《boat stretcher ともいう》. 4 a (つなぎ材(tie)・支柱(brace)として用いる)棒(bar), 梁(ᵍ)組立て材. b (椅子・テーブルなどの脚をつなぐ)横木. 5 [*pl.*] 《英》(伸縮性の)ナイロンストッキング. 6 《俗》大げさな言葉(exaggeration); ほら, うそ(lie). 7 《石工》a (煉瓦・石材の)長手, 平(ʰ)(cf. header 7; ⇨brick 挿絵). b (塀などの)露側石. 8 《釣》a 毛鉤用のリーダーを伸ばす道具. b ＝tail fly.

strétcher-bèarer *n.* 担架かつぎ手.

strétcher bònd *n.* 《石工》(石造・煉瓦造の)長手積み(running bond)(cf. header bond; ⇨ bond¹ 挿絵).

strétcher còurse *n.* 《石工》(石造・煉瓦造で)長手ばかりが並べられた層; 長手層(cf. header course).

strétch·ing bònd *n.* 《石工》＝stretcher bond.

strétching còurse *n.* 《石工》＝stretcher course.

strétch màrks *n. pl.* (経産婦の下腹部の)妊娠線.

strétch mìll *n.* 《金属加工》ストレッチミル《鋼管の管の肉厚を薄くする連続式圧延機; stretch reducer, stretch reducing mill ともいう》.

strétch-òut *n.* 《米》1 労働強化《賃金はほとんど増やさずに機械の持台数を増やすなどして工員に過剰な労働を課するやり方》. 2 a 引延ばし. b (一定の生産(額)に見合う時間を故意に引き延ばす)生産遅延.

strétch recèptor *n.* 《解剖》伸展受容器.

strétch redùcer *n.* 《金属加工》ストレッチレデューサー(⇨ stretch mill).

strétch redùcing mìll *n.* 《金属加工》＝stretch mill.

strétch rùnner *n.* 《競馬》追い込み馬, 末脚(ᵃᵍ)の切れる馬.

strétch spìnning *n.* 緊張紡糸.

stretch·y [strétʃi | -tʃɪ] *adj.* (**stretch·i·er**; **-i·est**) 1 伸びる, 弾性の, 弾力[伸縮]性のある. 2 伸びたがる, 伸び過ぎる. 3 〈豚が〉胴長の. **strétch·i·ness** *n.*

stret·ta [strétə | -tə; *It.* strétta] 《□ It. ～ (fem.) ← *stretto* (↓)》 — *n.* (*pl.* **stret·te** [-ṭiː; *It.* -te], ～**s**) 《音楽》1 ストレッタ: a イタリアオペラのアリアなどで, 終止効果を高めるためにテンポを速めてゆく演奏法. b その楽節. 2 ＝stretto.

stret·to [strétoʊ | -təʊ; *It.* strétto] 《(1753) □ It. ～ 《原義》narrow, pressed together < L *strictum* 'STRICT'》 — *n.* (*pl.* **stret·ti** [-tiː; *It.* -ti], ～**s**) 《音楽》ストレット《フーガ(fugue)の終結部で終止効果を高めるために, 導主題・答主題各声部が急速に重なり合うこと; 曲の途中で用いられることもある》.

streu·sel [strɔ́ɪzəl, ʃtrɔ́ɪ-, strúː-, -səl, -zl, -sl; *G.* ʃtrɔ́ʏzl] 《□ G ～ 'a sprinkling' ← *streuen*: ⇨ strew¹》 — *n.* シュトロイゼル《コーヒーケーキ(coffee cake)の上にかけて焼くバター・砂糖・小麦粉・シナモンなどを混ぜたそぼろ状のもの》.

stréusel·kù·chen [-kùːkən, -xən; *G.* -kùːxən] 《□ G ～: ⇨↑, kuchen》 *n.* シュトロイゼルクーヘン《streusel をかけて焼いたコーヒーケーキ》.

strew [strúː] 《OE *strewian, streowian* < Gmc **strawjan* (Du. *strooien* / G *streuen* / ON *strā*) ← IE **ster-* to spread (L *sternere* to spread out): cf. straw¹》 — *vt.* (～**ed**; ～**ed, strewn** [strúːn]) 1 〈砂・種子・花などを〉〔…に〕まき散らす, ばらまく(scatter), 振りかける〔*on, over*〕: ～ seed *on* [*over*] a garden bed 花壇に種をばらまく. 2 a 〔…で〕…の表面をおおう, …の表面にばらまく[まき散らす]〔*with*〕: ～ a grave *with* flowers 墓一面に花をまく / ～ the floor *with* sand 床一面に砂をまく / The river was ～*n with* islands. 川の所々に洲があった. b …の上にばらまかれている, ばらまかれたように散らばっている: The wet leaves ～*ed* the grass. 濡れた木の葉が草地の上に散らばっていた. 3 〈うわさなどを〉流布する, 広める.

stréw·ment *n.* 《古》ばらまかれた[る]もの[花].

'strewth [strúːθ] *int.* ＝'struth.

stri·a [stráɪə] 《(1563) □ L ～ 'furrow, channel' ← IE **streig-* to stroke: cf. strike, stringent》 — *n.* (*pl.* **stri·ae** [stráɪiː, stráɪaɪ | stráɪiː]) 1 (平行して並んだ)細い溝, 線, 筋(ᵗ), 縞(ʰ)(stripe, line). 2 《鉱物》線, 線条. 3 《地質》氷河擦痕《岩面に氷河の力でできる細い溝》. 4 《建築》柱の縦溝《strix ともいう》. 5 《解剖》線, 線条: the *striae* gravidarum [grævədéərəm | -vɪdéər-] 妊娠線《妊娠の経験のある女性の下腹部に見られるもの》.

stri·ate [stráɪeɪt] 《(adj.: 1678; v.: 1709) ← NL *striātus*＝L *striātus* (p.p.) ← *striāre* to form furrows ← *stria* (↑): ⇨ -ate³》 — *vt.* …に線[筋, 溝]をつける.
— *adj.* ＝striated.

strí·at·ed [-tɪd, -ṭəd | -tɪd, -təd] *adj.* 平行に走る筋(ᵗ)[溝]のある, 線[線条]のある, 縞(ʰ)の(striped): a ～ crystal.

striated múscle *n.* 《解剖》横紋筋(cf. smooth muscle).

stri·a·tion [straɪéɪʃən] *n.* 1 筋(ᵗ)[線条, 溝]をつけること, 筋[線]入り. 2 筋具合, 線状; 縞(ʰ)[溝](の一つ)(stria). 3 《電気》(低圧ガス放電の)縞状発光. 4 《解剖》横紋.

strick [strík] 《(15C) ← ? LG: cf. MLG *strik* rope / MD *stric* knot》 *n.* すきぐしですいた亜麻[黄麻]の束.

strick·en [stríkən] 《(p.p.): OE *stricen*. — adj.: 《c1380》← (p.p.): ⇨ strike》 — *v.* 《古》strike の過去分詞. — *adj.* 1 (狩猟などで弾丸で)打たれた, 傷ついた, 手負いの(wounded): a ～ deer 手負いの鹿. 2 a [しばしば複合語の第2構成素として] (病気に)かかった, (不幸に)見舞われた, (悲嘆・驚きなどに)襲われた: the drought-*stricken* regions 旱魃(ᵏᵃⁿ)に見舞われた地域 / ⇨ awe-stricken, panic-stricken, grief-stricken, poverty-stricken. b 悲嘆に暮れた(ような), 打ちひしがれた(ような): a ～ heart 悲しみに打ちひしがれた心 / one's ～ features 悲嘆に暮れた顔. 3 (升などの中味が)ならされた, すり切りの(level): a ～ measure of rice すり切りの升目の米. 4 無能になった, 動けなくなった: a ～ vessel / a ～ economy (インフレなどで)立ちゆかなくなった経済. 5 《古》齢とった, 老齢の: ～ in years 齢とった, 寄る年波の.

strícken fíeld 《(?a1700)》 *n.* 《文語》戦場(battleground), 激戦地; 激戦(pitched battle). 「の)一時間.

strícken hóur *n.* 《文語》(時計が次の時を打つまで

Strick·land [stríklənd], **Agnes** *n.* (1796–1874) 英国の歴史家; *Lives of the Queens of England* (1840–48), *Lives of the Queens of Scotland and English Princesses* (1850–59).

strick·le [stríkl] 《OE *stricel* pulley ← **strik-* 'to STRIKE': ⇨ -le¹》 — *n.* 1 斗かき, 升かき(striker)《穀物を量るとき表面を平らにするもの; cf. struck measure》. 2 (大鎌(scythe)などを研(ᵗ)ぐ)砥(ᵗ)石(whetstone)《棒に金剛砂などをのり付けしたもの》. 3 《金属加工》(鋳型用の)かき板, ひき板. — *vt.* 斗かき[升かき]で払い落とす[取り除く, ならす].

strict [stríkt] 《(1578) □ L *strict-us* (p.p.) ← *stringere* to draw tight: ⇨ stringent: cf. strike, strain¹: STRAIT と二重語》 — *adj.* (～**er**; ～**est**) 1 a 〈規則・規律など〉要求の厳しい, 厳しい, 厳重な, やかましい(stern, severe): ～ discipline 厳格なしつけ / ～ rules [orders] 厳重な規則[命令] / keep ～ watch [silence] 厳重に監視する[沈黙を厳守する]. b 〈人が〉規則[主義]を厳しく守る, 厳格な: a ～ Catholic / a ～ observer of rules 規則を厳守する人 / a ～ schoolmaster [teacher] 厳格な教師 / It doesn't do to be too ～ *with* young children. 小さい子供に厳し過ぎるのはよくない / He is ～ in observing the Sabbath. 安息日を厳しく守る. 2 厳密な, 精確な, 精密な(exact, accurate); 綿密な, 几帳面な: a ～ interpretation 精確な解釈 / a ～ statement of facts 事実の精確な陳述 / the ～ truth 厳正な事実 / ～ punctuality 時間厳守 / a ～ search 綿密な調査 / ～ time (音楽で)拍子が適正にとれていること / in the ～(*est*) sense (of the word) (その語の)最も厳密な意味で. 3 全くの, 完全な(absolute, complete): ～ neutrality 厳正[完全]中立 / in ～ confidence [secrecy] 極秘で / live in ～ seclusion 全く世を捨てて暮らす. 4 a 《植物》かたい, 強い(stiff, rigid)《茎がまっすぐに立っているさま》. b 《生物》真正の. 5 《廃》a 張りつめた, 緩みのない(tight). b 狭い. c 親密な: a ～ friendship. **～·ness** *n.*

strict constrúctionist *n.* 《米》法の厳格な解釈を主張する者《特に, 合衆国憲法の厳格な解釈を主張することによって州権の拡大を意図する者; cf. loose constructionist》.

stríct·ly 《(15C)》 — *adv.* 1 厳しく, 厳格に, 厳重に, やかましく(severely, rigidly). 2 厳密に, 精確に: ～ speaking 厳密に言えば. 3 断固として, きっぱり; 全く, 断然: She is ～ a beauty. 全く美人だ.

strictly decréasing fúnction *n.* 《数学》狭義減少関数.

strictly incréasing fúnction *n.* 《数学》狭義増加関数.

stric·ture [stríktʃə | -tʃə(r)] 《(a1400) □ L *strictūra* contraction: ⇨ strict, -ure》 — *n.* 1 [しばしば *pl.*] 批評(comment), (特に)非難, 酷評〔*on, upon*〕: pass ～*s on* …を非難する. 2 制限[限定](するもの). 3 《古》張り詰めること[もの], 緊縮(するもの). 4 《廃》＝strictness. 5 《医学》(尿道などの)狭窄(ᵏʸᵒᵘ)(症)(constriction).

stríc·tured *adj.* 《医学》狭窄した.

stride [stráɪd] 《v.: OE *strīdan* < Gmc **strīdan* 《原義》? to strive (Du. *strijden* to stride / G *streiten* to contend / ON *strīða* to fight) ← ? IE **(s)ter-* stiff, firm: cf. stare, straddle. — n.: 《?a1200》< OE *stride, strǣde* ← (v.)》 — *v.* (**strode** [stróʊd | strə́ʊd]; **strid·den** [strídn], **strid** [stríd]) — *vi.* 1 (元気よく・急いで・横柄に)大またに歩く(cf. trot *vi.* 2). 2 〔…を〕またぐ, またいで[一またぎに]越す〔*over, across*〕: ～ *over* a fence 一またぎで垣根を越す / ～ *across* a brook 小川をまたいで越す. 3 《廃》またを広げて立つ(straddle). — *vt.* 1 大またに歩く[歩いて行く]: ～ the street, deck, etc. 2 〈溝などを〉またぐ, またぎ越す: ～ a ditch. 3 …にまたがる(straddle).
— *n.* 1 大また(の歩き振り), 闊(ᵏᵃᵗ)歩: have a fine ～ 大またにゆうゆうと歩く / walk with big [rapid] ～*s* 大またに[大急ぎに]歩く. 2 a 一また, 一またぎ: at [in] a ～ 一またぎに. b 一またぎの距離; (走者の)歩幅, ストライド. 3 a (馬などの)一駆け《四足が歩き出しの状態に戻るまでの動作》. b 一駆けの歩幅. 4 常態の足並, むらのない進行: lengthen [shorten] one's ～ 速度を早める[緩める] / keep ～ (相手と)歩調を合わせる. 5 [通例 *pl.*] (進歩・発展の)一段階; 進歩, 発展: make [take] great [rapid] ～*s* 長足の進歩を遂げる. 6 [*pl.*] 《英》＝trousers.
hit [***get into, strike***] ***one's stride*** 仕事[運動]の調子が出る, 本調子になる. ***in stride*** 順調に, 滞りなく; 冷静に. ***put*** [***throw***] ***a person out of his stride*** 人を面食らわせる, 人を狼狽(ᵇᵃⁱ)させる. ***take in one's stride*** (1) 〈障害物などを〉(楽に)飛び越す. (2) 〈事を〉たくみに処理する, うまくこなす.

strí·dence [-dns] *n.* ＝stridency.

strí·den·cy [stráɪdnsi | -sɪ] *n.* きしること, 耳障り.

stri·dent [stráɪdnt] 《(1656) □ L *strīdent-em* (pres.p.) ← *strīdere* to creak ← IE **streig-* to hiss 《擬音語》(Gk *strízein* to creak / *strix* owl)》 — *adj.* 1 〈音・声が〉ぎーぎー[きーきー]いう, きしる; 耳障りな, 不快な音を出す: a ～ voice. 2 〈色など〉どぎつい. **～·ly** *adv.*

stríde piàno *n.* 《ジャズ》ストライドピアノ《1920年前後に黒人ピアニストが演奏したピアノのスタイル; 右手でメロディー, 左手のベースビートは1, 3拍と2, 4拍をオクターブにまたがせて演奏する》.

stríd·er *n.* 《昆虫》アメンボ(water strider).

stri·dor [stráɪdə, -dɔə | -də(r, -dɔː(r)] 《(1632) □ L *strīdor*: ⇨ strident, -or²》 *n.* 1 ぎしぎし[きーきー]いう音, きしり声. 2 《病理》喘鳴(ᶻᵉⁿ).

strid·u·lant [strídʒʊlənt | -djʊ-] 《← STRIDUL(ATION) ＋-ANT》 *adj.* 〈虫が〉鳴く, きーきー鳴く(stridulous).

strid·u·late [strídʒʊlèɪt | -djʊ-] 《(1838)《逆成》↓》 *vi.* 〈雄のコオロギなどが〉(翅(ʰᵃ)をすり合わせて)鳴く, きーきーいう[鳴く](stridulous).

strid·u·la·tion [strìdʒʊléɪʃən | -djʊ-] 《(1838) □ F ～: ⇨ stridulous, -ation》 *n.* (昆虫の)鳴き声, かん高い声; 摩擦音.

strid·u·la·to·ry [strídʒʊlətɔ̀ːri, -tɔ̀ːri | -djʊlətərɪ] *adj.* ＝stridulous.

strid·u·lous [strídʒʊləs] 《(1611) □ L *strīdulus* creaking: ⇨ strident, -ous》 *adj.* 1 きーきー音を立てる, きーきー鳴く. 2 《病理》喘鳴(ᶻᵉⁿ)(stridor)の.

strife [stráɪf] 《(?a1200) *strif* □ OF *estrif* ← *estriver* 'to STRIVE'》 — *n.* 1 争い, 衝突(conflict), 奮闘(struggle), 喧嘩: an internal ～ 内紛 / be at ～ (with …) (…と)争っている, 不和である / make ～ 不和にする, 争わせる. 2 競争. 3 《古》奮闘, 奮励(strenuous effort).

stríf·e·less *adj.* 争いのない.

stri·ga [stráɪgə] 《□ L ～ 'stroke, furrow' ← IE **streig-*: cf. strigil, stria》 — *n.* (*pl.* **stri·gae** [stráɪdʒiː, -dʒaɪ], ～**s**) 1 《植物》剛毛(bristle). 2 《建築》柱の縦溝. 3 ＝striation.

striges *n.* strix の複数形.

Stri·ges [stráɪdʒiːz] 《← NL *Strigēs* (pl.) ← L *strix* □ Gk *strígx* screech owl (cf. L *strīdere* to make a shrill sound)》 *n. pl.* 《鳥類》＝Strigiformes.

strig·id [strídʒɪd, -əd | -dʒɪd, -dʒəd] 《↓》 *adj., n.* 《鳥類》フクロウ科の(鳥).

Strig·i·dae [strídʒədìː, strə- | strɪdʒíːɪ-] 《← N ～: ⇨ Stringes, -idae》 *n. pl.* 《鳥類》フクロウ科.

strig·i·form [strídʒəfɔ̀əm | -dʒɪfɔ̀ːm] 《↓》 *adj.* 《鳥類》フクロウ目の.

Strig·i·for·mes [strìdʒəfɔ́əmiːz | -dʒɪfɔ́ː-] 《← NL *strigiformēs* ← L *strix* screech owl: ⇨ Striges, form》 *n. pl.* 《鳥類》フクロウ目.

strig·il [strídʒɪl, -dʒəl | -dʒɪl] 《(1581) □ L *strigil-is* scraper ← IE **streig-* to stroke, rub: cf. strike》 — *n.* 1 (古代ローマ・ギリシャ人が入浴中や激しい運動の後に用いた金属または象牙製の)肌掻き器, 垢(ᵃᵏᵃ)すり器. 2 《建築》(古代ローマで用いた)S字形の溝彫り装飾. 3 《昆虫》脛節櫛歯, 触角清掃器.

stri·gose [stráɪgoʊs, -⌐ | stráɪgəʊs, -⌐] 《(1793) ← NL *strigōsus*: ⇨ striga, -ose¹》 — *adj.* 1 《植物》〈葉など〉剛毛のある, 剛毛質の(cf. hispid). 2 《動物》細かい溝[点]のある, まだらの(striated).

stri·gous [stráɪgəs] *adj.* 《植物》＝strigose 1.

strike [stráɪk] 《v.: OE *strīcan* to go, stroke < (WGmc) **strīkan* (Du. *strijken* / G *streichen*) ← IE **streig-* to stroke, press: cf. streak¹, striga, stroke¹. — n.: 《a1338》← (v.)》 — *v.* (**struck** [strʌ́k]; **struck,** 特に *vt.* 8, 13, 20a または《古》**strick·en** [stríkən]) — *vt.* 1 a 打つ, たたく(hit), なぐる; 〈こぶし・おのなどを〉〔…に〕打ちつける〔(*up*)*on, into*〕; 〈こぶし・おのなどで〉打ちつける〔*with*〕: She *struck* the ball *with* her racket. ラケットでボールを打った / He *struck* the table *with* his fist.＝He *struck* his fist (*up*)*on* the table. こぶしでどんとテーブルを打った / He *struck* me *in* the mouth 私の口をなぐった / I *struck* a branch *from* the tree. 枝を木から切り落とした / The hammer ～*s* the bell. ハンマーが鐘をたたく. b [方向の副詞を伴って]〈相手の刀などを〉打ち払う[のける]. 受け流す, はねる: He *struck* the sword *up* [*down, aside*]. 刀を払い上げた[落とした, のけた]. c 打って生ぜしめる: The magician *struck* water from the rock. 魔法使いが岩をたたくと水が流れ出た. d [しばしば二重目的語を伴って]〈打撃・攻撃などを〉加える(inflict): ～ a blow / He *struck* the boy a violent blow. 激しく少年をぶった.

2 〈雷・地震・暴風・伝染病などが〉襲う: He was *struck* by lightning. 彼は雷に打たれた[落雷に会った] / On September 1, 1923, a notable earthquake *struck* Japan. 1923 年 9 月 1 日大地震が日本を襲った.
3 〈蛇が〉…に毒歯を食い込ませる.
4 a 〈人を〉鋭く刺す, 突き通す (pierce); 《文語》…の心を傷つける: He *struck* the man *with* a dagger. 短刀で男を突き刺した / The news of his father's death *struck* him to the heart. 父が死んだという知らせに胸がえぐられるような思いがした. **b** 〈刀などを〉突き刺す (thrust) 〔*into, in*〕: He *struck* the dagger *into* the man's heart. 短刀を男の胸に突き刺した / He *struck* the spurs *in* the horse. さっと馬に拍車を当てた. **c** 〈寒け・ほのぼのとした思い・強い感情などを〉〔胸に〕しみ込ませる〔*into, in, to*〕: The horrible scene *struck* a chill *into* my heart. その恐しい光景にぞーっとした / His eyes *struck* terror *into* me [*to* the heart]. その目でにらみつけられてぞーっとした / The teacher's words *struck* fear *in* the pupils. 教師の言葉は生徒たちを恐怖におののかせた.
5 a 〔…に〕突き当てる, ぶつける, 衝突させる〔*on, against*〕: He *struck* his head *on* the beam. 梁に頭をぶっつけた / She *struck* her knee *against* the desk. ひざを机に打ち当てた (cf. She *struck* the desk *with* her knee. ⇨ *vt.* 1 a) / The teacher *struck* our heads *together*. 先生は僕たちの頭をごっつんこさせた. **b** …に突き当たる, ぶつかる, 衝突する: The boat *struck* the quay. ボートは岸壁に突き当たった / A falling stone *struck* his head. 石が落ちて来て彼の頭に当たった. **c** 〈光・音が〉…に当たる, 聞こえてくる (fall on): The sun *struck* me in the face. 陽が真っ向から照りつけてきた / A shrill shout *struck* her ear. かん高い叫び声が彼女の耳に聞こえてきた.
6 a 〈火を〉打つ, 打ち出す (ignite); 〈火打ち石・マッチなど〉から火を打ち出す, する: ~ fire [a flame] 火[炎]を打ち出す / ~ a match [light] マッチをする / ⇨ *Strike a* LIGHT[1]*!* / They talked and *struck* sparks *off* each other. 彼らは互いに議論の火花を散らして語り合った. **b** (アーク灯の電極間に)〈電弧を〉とばす.
7 〈貨幣・メダルなどを〉打ち出す, 鋳造する (stamp): ~ a medal, coins, etc.
8 〈文章・名前などを〉抹消する, 削除する (delete) 〈*out, off*〉: You had better ~ the passage *from* the minutes. その一節は議事録から消しておいたほうがよい. ★ この意味ではしばしば p.p. 形として stricken が用いられる: I found the book *stricken off* the list. その本が目録から削除されているのに気づいた.
9 a (急に)〈人〉の心に浮かぶ, …に思い当たる (occur to): A happy idea *struck* him. うまい考えが彼の頭に浮かんだ / It ~*s* me you are afraid. 君がこわがっているような気がする. **b** 〈人に〉〔…と〕感じさせる, 思われる〔*as*〕; …に印象づける, 感心させる (impress): Did anything in his manner ~ you *as* unusual? 彼の態度に何か普段と違うと思うところがありませんでしたか / She *struck* me *as* being very practical. 彼女が大変実際的な人であるように思われた / Something in his tone *struck* her disagreeably. 彼の口調には彼女に不快な印象を与えるようなところがあった / The first thing that ~*s* you about her is her extraordinary fairness. 彼女のことでまず第一に目につくことは彼女が色白だということである / We were *struck* by the city's rapid modernization. 我々はその都市の急速な近代化に感銘を受けた. **c** 〈好み・センスなどに〉快い印象を与える, 引きつける: Did this picture ~ your fancy? この絵がお気に召しましたか / That *struck* his sense of humor. それが彼のユーモア感をくすぐった. **d** [通例 p.p. 形で]《俗》魅する, うっとりさせる (bewitch)〔*on*〕: He seemed *struck on* her. 彼女にのぼせ上がっているようだった.
10 a …に行き着く, に出る (come to); (不意に)〈道・足跡など〉に行き当たる (come across): We *struck* the main road after a short drive. ちょっと車を走らせると大通りに出た. **b** (不意に)見つける, (突然)…に出くわす (encounter): I *struck* the name of my old friend in the newspaper. たまたま新聞で旧友の名に出くわした / It was the best science-fiction story I had *struck* in years. この数年出くわしたことのないほどのよくできた科学小説だった / During those years he *struck* a great many difficulties. その数年間彼は実に多くの困難に出くわした. **c** 掘り当てる (discover): They finally *struck* a vein of ore. ついに鉱脈を掘り当てた / ~ oil 石油を掘り当てる; 思わぬ幸運にめぐり会う, 大発見[大成功]をする.
11 〈人を〉〔強い感情で〕襲う, 圧倒する (affect deeply, overwhelm)〔*with*〕: The sight *struck* her *with* horror. その光景に彼女はぞっとした / She was *struck with* astonishment [wonder, remorse]. 驚き[驚嘆の念, 自責の念]に心打たれた.
12 [目的補語を伴って]〈人を〉一撃で[突然]〈…に〉する, (急激な衝撃で)…ならしめる: A stray bullet *struck* the soldier dead. 流れ弾に打たれてその兵士は死んだ / *Strike* me dead if…《俗》…だったら首をやるよ / The audience was *struck* silent. 聴衆は(感動のあまり)しんと静まり返った / She was *struck* dumb *with* stage fright. 舞台負けして声が出なくなった / *Strike* me pink!《俗》わっ, 驚いた, これはしたり / I was *struck* all of a heap.《口語》唖然(あぜん)としてしまった (cf. *all of a* HEAP (2)).
13 [特に Passive で]〈病気が〉急に[激しく]苦しめる, 倒れさせる (lay low) 〈*down*〉: Some of them *were struck* (*down*) by illness. 彼らの中には病いに倒れた者もいた. ★ この意味ではしばしば p.p. 形として stricken が用いられる: He *was stricken with* a heart attack. 心臓病で倒れた.
14 a 〈時計が〉〈時を〉打つ, 報じる (sound): It has just *struck* four. 今ちょうど四時を打ったところです / a clock that ~*s* the quarters 15 分ごとに鳴る時計. **b** 〈楽器・キーを〉打ち鳴らす, 奏でる; 〈音調を〉鳴り出させる: ~ a lyre / ~ a B sharp 嬰(えい)ロ調を打ち鳴らす / ~ a chord on the piano ピアノで和音を鳴らす / ⇨ *strike a false* NOTE, *strike the right* NOTE.
15 a 〈帆・帆柱・旗などを〉下げる, 降ろす (pull down): ~ one's flag 旗を降ろして降服する; 降服して船[砦]を引き渡す; 〈提督が〉指揮権を放棄する. **b** 《劇場》〈舞台装置を〉取り外す (take away); 〈劇〉の舞台装置を取り外す; 〈ライトを〉弱める, 消す: ~ a stage set 舞台装置[セット]を取り外す. **c** 〈テントを〉取りはずす (take down); 〈野営を〉たたむ (↔ pitch): ~ camp [tents] テントをたたむ, 野営を引き上げる.
16 《(1768): 船主に対する抗議のために「〈帆を〉降ろす」の意から「〈道具などを〉仕舞い込む」の意を経た転義》**a** スト(ライキ)をして〈操業を〉一時停止[不能に]させる, …のストライキを宣言する: They have *struck* work at the factory. その工場ではストにはいって操業を停止している. **b** 《米》〈雇い主・工場〉にストライキを通告する, …に対しストにはいる.
17 a 〈(気取った)ポーズ・態度を〉取る (assume): He *struck* the customary pose of a well-known saint. またも例の高名な聖者のポーズを取って見せた. **b** (急に)〈激しい運動を〉始める, …し出す (start): The horse suddenly *struck* a gallop. 突然馬はまっしぐらに走り出した.
18 a 決済[決算]する (balance); 〈平均を〉算出する: ~ a balance 貸借を差引する, 収支勘定を合わせる / ~ an average [a mean] 平均を出す. **b** 〈協定を〉取り決める, 妥結する (settle): ~ a bargain 契約を取り結ぶ, 手を打つ / ~ a compromise 妥結点に到達する.
19 a 〈植物・樹木が〉〈根を〉下ろす (send down), 張る, 伸ばす (put forth): The plant has begun to ~ root. その植物は根づき出した / These trees ~ deep roots into the soil. これらの木は地中に深く根を下ろす. **b** 〈切り枝を〉(さし木をして)根づかせる: ~ cuttings. **c** 〈植物を〉(さし木をして)繁殖させる.
20 a 〈穀物などの升目を〉斗かきでならす[平らにする] (cf. stricken *adj.* 3). **b** 〈モルタル目地を〉鏝(こて)で平らに詰める (strickle) 〈*out, up*〉.
21 (土地区画などを印すために)〈直線を〉引く (draw).
22 〈道を〉通って行く (proceed along): ~ a line [path] to …へ進路を取る / We *struck* our path across the fields. 我々は小道をたどって畑を横切って行った.
23 《口語》〔…を〕〈人に〉(急に・しつこく)せがむ〔*for*〕: The girls *struck* the lecturer *for* his autograph. 少女たちは講師にサインをせがんだ.
24 〈昆虫が〉…に卵を産みつける (oviposit on).
25 《廃》〈酒だる〉に飲み口をあける (broach).
26 a 《軍事》〈敵・的を〉攻撃する (attack). **b** 《廃》〈戦闘を〉開始する (engage in).
27 a 《釣》(急に)〈魚を〉針に引っ掛ける (hook); 〈魚が〉〈餌〉にとびつく (snatch at). **b** 《捕鯨》〈鯨〉に銛(もり)を打ち込む (harpoon).
28 《法律》(陪審名簿から)〈陪審員を〉選定する, 構成する (form).
29 《鷹狩》(取りはずしが容易なように)〈鷹の頭おおい (hood) を〉ゆるめる.
— *vi.* **1** 打つ, たたく, なぐる (hit, knock); 狙い打つ, 打とうとする〔*at*〕: *Strike* while the iron is hot. ⇨ iron *n.* 1 a / He *struck at* me but missed his aim. 私に打ってかかったが狙いははずれた / The boy was *striking at* the dog *with* a stick. 少年は棒切れで犬をぶとうとしていた / The hammer began to ~ *on* the bell. 打ち子がベルを打ち始めた.
2 a 〈蛇・虎などが〉襲いかかる, 噛みつく: The rattlesnake stood ready to ~. ガラガラヘビが噛みつこうと身構えた. **b** 〈雷・暴風・伝染病・不幸などが〉襲来する, 襲う: We were happy until poverty *struck*. 貧困に見舞われるまでは幸せだった. **c** 〔原理などを〕根底から覆えそうとする, 〔…の核心・根本を〕衝く〔*at*〕: That *struck at* the very heart of my belief. それは私の信念の核心を震駭(しんがい)せしめた / The Act ~*s at* the foundation [very roots] of democracy. その法令は民主主義の根底をも危うくしかねない. **d** 《軍事》襲撃する, 攻撃する〔*at*〕: ~ *at* the enemy / Our troops *struck* at dawn. 我が軍は明け方に攻撃を開始した. **e** 戦う: ~ *for* freedom 自由のために戦う.
3 〈寒さ・風・光などが〉突き通す, 貫く, しみ込む (pierce, penetrate)〔*through, to, into*〕: A chill *struck through* my flesh *to* the marrow of my bones. 冷気が肌を通して骨の髄までしみ込んできた / The cold was *striking into* his marrow. 寒さが骨にまでこたえてきていた / The light ~*s through* the darkness. 光が闇を貫く / The wind [room] *struck* cold. 風が[部屋は]身を切るように冷たかった[寒かった].
4 a ぶつかる, 衝突する (collide)〔*against, on, upon*〕: Just then his foot *struck against* a stone. その瞬間彼の足が石に突き当たった / The two steamers *struck* in mid channel. 2 隻の汽船が水路の中央で衝突した. **b** 〈船が〉座礁(ざしょう)する (strand): The ship *struck on* a rock. 船は暗礁に乗り上げた.
5 〈光が〉落ちる, 当たる (fall); 〈音が〉聞こえてくる〔*on, upon*〕: The sunbeam *struck* full *on* her face. 日光が真っ向から彼女の顔を照らしつけた.
6 〔オール・腕・足などで〕強く水をかく〔*with*〕: ~ *with* the arms, oars, etc.
7 火がつく, 発火する: The lighter wouldn't ~. そのライターはどうしても火がつかなかった.
8 抹消する, 削除する (delete, cancel).
9 〔心・感覚に〕触れる, 印象づける〔*on*〕: The story would ~ *on* pure minds. その物語には純真な心をもった読者は感銘しよう.
10 不意に出くわす, ふと思いつく (light)〔*on, upon*〕: I've *struck on* a solution. 解決法を思いついた.
11 [方向の副詞語句を伴って] 向かって行く, 進む (proceed); 〈道が〉それる (diverge): We *struck off on* a new course. 我々は新しい進路に向かって出発した / They *struck into* the woods. 彼らは森の中へはいって行った / There the road *struck to* the east. そこで道は東へそれた / Now let's ~ *for* home.《口語》さて帰るとしよう.
12 a (時計や鐘が鳴って)〈時刻が〉告げられる: She went to bed just after ten o'clock *struck*. 10 時が打ったすぐあとに床に就いた / The hour has *struck*. 時が打った; いよいよその時が来た / His hour has *struck*. 彼の命数も尽きた, 彼も寿命だ. **b** 〈時計・鐘が〉打つ, 時刻を報じる: I did't hear the clock ~. 時計の鳴るのが聞こえなかった. **c** 楽器を打ち鳴らす, 吹奏する: Then the band *struck into* another melody. その時楽隊は別の曲を吹奏し始めた.
13 a (降服・挨拶の印に)旗を下げる; 帆を降ろす. **b** 降服の白旗を掲げる.
14 スト(ライキ)[同盟罷業]を行なう: ~ *for* higher pay [*against* longer hours] 賃上げを要求して[時間延長に反対して]ストをやる.
15 a 突進する, 飛び出す (dart, shoot); 〔急な運動・状態に〕はいる, 開始する (launch)〔*into*〕: The horse *struck into* a gallop. 馬は急に疾駆し始めた / The sheet of paper *struck to* flame. 紙はぱっと燃え上がった. **b** 〔喧嘩・議論などに〕突入する, 割って出る〔*into*〕: He *struck into* the midst of the brawl. その喧嘩の真っただ中に突入した.
16 《米》**a** 〔目標を目指して〕奮励する, 努力する (strive)〔*for*〕: He is *striking for* what is clearly unattainable. 明らかに達成不可能なことのために努力している. **b** 《米海軍》〈米水兵が〉(下士官昇進を目指して)特訓を受ける. **c** 《米陸軍》将校の当番兵[従卒]を勤める.
17 a 〈植物・切り枝が〉根づく, 根を下ろす (take root); 〈種子が〉発芽する (germinate). **b** 〈牡蠣(かき)の卵が〉固着する, つく.
18 《釣》**a** (釣りざおを操って)魚を鉤に引っ掛ける. **b** 〈魚が〉餌に食いつく, 当たりがある (bite).
19 《地質》〈地層が〉一定の方向に延長する, 走向を生ぜしめる (cf. *n.* 15).
strike a docket 《英》《法律》(破産手続きにおいて)書類を提出する《破産者に不服を申し立てるための債権者の宣誓供述書 (affidavit) や債務証書 (bond) を提出する》. ***strike back*** (1) 打ち[なぐり]返す, 反撃する〔*at*〕. (2) 火が逆流する. ***strike down*** (1) 打ち倒す, 打ちのめす (knock down). (2) ⇨ *vt.* 1 b. (3) ⇨ *vt.* 13. (4) 取り除く (do away with), 取り消す (cancel). (5) 《海事》〈船荷を〉船倉に引き降ろす. ***strike hands*** ⇨ hand 成句. ***strike home*** (1) 真っ向から一撃を加える, ぐさりと突き刺す; 急所を突く; 〈打撃が〉的に命中する, 致命傷を与える. (2) 〈言葉が〉所期の[意義深い]効果をあげる; 〈真実性などが〉〈人を〉感銘させる〔*to*〕: The rector's sermon *struck home*. 牧師の説教は深い感銘を与えた / The truth of his argument *struck home to* me. 彼の議論の真実性に私は感銘した. ***strike in*** (1) 押印する (imprint); 打ち抜く. (2) 〔…を〕突然口に出す, 突然割り込む (interrupt suddenly)〔*with*〕: He *struck in with* an interesting suggestion. 突然口を差しはさんで興味ある提言をした. (3) 〈病気が〉沈潜する, 内攻する. ***strike*** (***it***) ***lucky*** 幸運に会う. ***strike it rich*** 《米》鉱山や油田などを掘り当てる; 思わぬ大発見[大成功]をする; 突然大金持になる (cf. STRIKE oil ⇨ *vt.* 10 c). ***strike off*** (*vt.*) (1) 打ち落とす, 切り落とす, ぶった切る: ~ *off* a chop 肉片をたたき切る / ~ *off* flints 燧石(ひうち)をそぎ落とす / I *struck off* the head of the dandelion with a swish of my cane. ステッキを振ってタンポポの穂をたたき落とした. (2) ⇨ *vt.* 8. (3) (勘定から)除く (deduct). (4) 印刷する, 刷る (print): They *struck off* 500 copies of the book. その本を 500 部刷った. (5) 即座に描く[書く], 難なく[さらりと]作り出す; 克明に描く (hit off): The design of a new constitution was not *struck off* overnight. 新憲法の構想は一夜にして成ったものではない. (*vi.*) ⇨ *vi.* 11. ***strike out*** (*vi.*) (1) (肩から腕を突き出して)打ち出す, なぐりかかる〔*at*〕: He *struck out at* me again. またなぐりかかって来た. (2) [方向の副詞語句を伴って] (勢いよく・急に)出かける (cf. *vi.* 11); 抜き手を切って泳ぎ出す, 漕(こ)ぎ出して行く: He is *striking out* left and right. 東奔西走している / He started *striking out for* the bank. さっと岸に向かって泳ぎ出した / Suddenly she *struck out towards* me. 突然彼女は私の方へ歩み寄って来た. (3) (新たな方向に)

行動し出す, 活動を始める: Then he decided to ~ *out* for himself [on his own]. その時彼は独立独歩の道を踏み出そうと[新たに自営をして行こうと]決心した. (4)《米》〈人・努力などが〉失敗する (fail); 〈人が〉愛想をつかされる. (5)〘野球〙〈打者が〉三振する (cf. strike-out). (*vt.*) (1)〈語句などの〉上に線を引いて消す, 抹消する (strike through) (cf. *vt.* 8): *Strike out* any expressions that do not apply. 該当しない表現にはすべて線を引いて消せ. (2)〈新説・計画などを〉(一気に)作り出す, 案出する; (勢いよく・急に)…へ乗り出す: ~ *out* a plan 計画を考え出す / Then I *struck out* a line of my own. それから独自の新機軸を打ち出した. (3) ⇨ *vt.* 20 b. (4)〘野球〙〈投手が〉〈打者を〉三振させる.
strike through =STRIKE *out* (*vt.*) (1). ***strike up*** (*vt.*) (1) ⇨ *vt.* 1 b. (2)〈金属・模様などを〉浮き出しにする (emboss). (3)〈歌曲を〉歌い[奏し]始める, 奏楽する; …に歌[演奏]を始めさせる: Then the band *struck up* a tune. それから楽隊が一曲奏し始めた / The band director *struck up* the band. 奏楽指揮者は楽隊に演奏を始めさせた. (4)〔偶然会った人などと〕〈会話・交わりなどを〉ふと[急に]始める (start)〔*with*〕: She *struck up* a conversation *with* me while waiting for the bus. 彼女はバスを待っている間に私と話を始めた / It did not take him long to ~ *up* acquaintances in his new school. 彼は新しい学校で友だちを作るのに長いことかからなかった. (5) ⇨ *vt.* 20 b. (*vi.*) 歌い[演奏し]出す; 〈歌曲が〉歌い[演奏し]始められる: Then an organ ~*s up*. それからオルガンの演奏が始まる.
— *n.* **1** 打つこと, 打撃, 殴打; (雷などの)襲来; (蛇などの獲物への)突進: make a ~ *at* …を打とうとする / a lightning ~ 雷の一撃, 落雷. **2 a** (石油・金鉱などの)掘当て: an oil ~. **b**《米》思いがけない幸運, まぐれ当たり (stroke of success): make a lucky ~ 思わぬ幸運にめぐり会う. **3 a** (時計が)時を打つこと[音]. **b**〘時計〙時打装置. **4** 同盟罷業, スト(ライキ) (cf. lockout): ⇨general strike, hunger strike, sit-in strike / a sympathetic ~ 同情スト / a ~ order スト指令 / call [call off] a ~ スト開始[終止]を宣する / be (out) *on* ~ ストライキ決行中で[スト中で]ある / go *on* ~ ストライキにはいる. **5** (貨幣・メダルなどの)一回分の鋳造高[打出し高]. **6** 根づき: There was an 80 percent ~ on the cuttings. さし木が 80 パーセント根づいた. **7 a**〘野球〙ストライク (↔ ball): three ~*s* 三振 / a count of three balls and two ~*s* カウントツースリー. **b**《米口語》不利な点[立場] (handicap): My age was a first [second] ~ *against* me. まず[第二に]年齢が私にとって不利な点だった / ⇨ *have two* STRIKES *against* [*on*] *one*. **8**〘ボウリング〙**a** ストライク《フレームの第一投で 10 本のピンを倒すこと; cf. spare 2》. **b** ストライクによって(次の 2 投を加えて)得る得点. **9**〘軍事〙**a** 武力攻撃; (特に, 航空部隊が地表の単一目標に加える)航空攻撃, 集中攻撃 (air strike): air ~*s on* road junctions 道路交差点に対する集中攻撃. **b** 集中攻撃機群. **10**〘釣〙(魚の口への鉤の)引っ掛け; (魚の)食いつき, 当たり. **11**《米俗》強請, ゆすり. **12** (ドアや引き出しの錠前の)受座《strike plate, keeper ともいう》. **13** (鋳型用・れんが鋳造用の)かき板, 鏝(こて) (strickle). **14**〘醸造〙(ビールなどの)品質, 等級: ale of the first ~ 一級ビール. **15**〘地質〙走向, 層向《傾斜した地層と水平面が交わる方向》. **16**〘活字〙マテ《父型を打ち込むための銅の角材; drive ともいう》. **17**〘獣医〙羊のはえうじ症; (羊の皮膚の)うじ病 (cutaneous myiasis).
have two strikes against [***on***] ***one***《米口語》〈人が〉全く不利な立場にある (cf. 7): In his search for a job he *had two* ~*s against* him. 職捜しに当たって彼は決定的に不利な立場にあった.

strike-a-light *n.* 火打ち道具《火打ち石その他を含む火を作る道具》.

strike bènefit *n.* (スト中の)賃金補償《労働組合から支給する; strike pay ともいう》.

strike·bòund *adj.* スト(ライキ)で動きの取れなくなった, 罷業[ストライキ]で閉鎖された: a ~ factory.

strike·brèaker *n.* スト(ライキ)破り《人》: **a** ストライキ中に就労する労働者. **b** スト中の労働者の代わりに外部から雇い入れる労働者. **c** その外部労働者を会社側へ供給する周旋屋.

strike·brèaking *n.* スト(ライキ)破り《行為》.

strike fàult *n.*〘地質〙走向断層.

strike·less *adj.* ストライキのない[をまぬがれた].

strike mèasure *n.* =struck measure.

strike·òut *n.*〘野球〙三振, ストライクアウト.

strike·òver *n.* **1** 二重打ち《誤字を消さないで, その上にタイプライターを打つこと》. **2** 二重打ちの文字.

strike pàn *n.* (製糖中に蒸発率を上げるための)仕上げがま.

strike pày *n.* =strike benefit.

strike plàte *n.* =strike 12.

strík·er〘ME〙— *n.* **1** 打つ[たたく]人. **2** スト(ライキ)中の労働者, 同盟罷業者. **3 a** 打つもの. **b** (ぼんぼん時計などの)打器, つち (clapper). **c** 鳴る時計, ぼんぼん時計. **d** (銃砲の)撃鉄. **4** 斗かき (strickle). **5**《米》**a** 雑役夫. **b** (各種の職業の)男の助手. **6 a** (コートテニスで, サーブの)レシーバー (cf. server 4). **b** (コートテニスで)ボールをあとで打った方のプレーヤー. **7**〘クリケット〙打手 (batsman) (cf. nonstriker 2). **8**〘サッカー〙ストライカー《攻撃圏内にいるプレーヤー》. **9**〘玉突〙(相手をする)プレーヤー. **10**〘捕鯨〙**a** 銛(もり) (harpoon). **b** 銛打ち (harpooner). **11 a**〘米陸軍〙(将校の雑役をする)当番兵, 当番, 従卒. **b**〘米海軍〙最下級下士官に昇進するための訓練を受ける水兵.

strike zòne *n.*〘野球〙ストライクゾーン.

strík·ing〘(c1400)〙— *adj.* **1** 打つ, たたく: a ~ clock ぼんぼん時計. **2** 目立つ, 人目を引く, 顕著な; めざましい, 印象的な: a ~ example 顕著な一例 / a ~ change [resemblance, lack of enthusiasm] 著しい変化[類似, 熱意の欠如] / a ~ scene 印象的な光景 / a woman of ~ beauty 人目を引く美人. **3** スト(ライキ)をしている, 罷業中の: ~ workmen. **~·ness** *n.*

stríking cìrcle *n.*〘アイスホッケー〙ストライキングサークル《ゴールの前のほぼ半円形の攻防の激戦地となる地域》.

stríking dìstance *n.* 打撃の届く距離; 力の及ぶ範囲: *within* ~ (*of* …) (…の)砲撃[打撃]距離内に迫って; (…の)すぐ近くに.

stríking ènergy *n.* (弾着の際の銃弾の)撃勢, 衝撃力.

stríking fòrce *n.*〘軍事〙打撃部隊《いつでも敵と決戦を交えられる機動防御用の部隊》.

strík·ing·ly *adv.* 著しく, きわだって: a ~ beautiful woman 絶世の美人.

stríking tràin *n.*〘時計〙打方輪列, 時打輪列《りんを打つための歯車輪列; cf. time train》.

Strind·berg [strín(d)bəːg | -bəːg; *Swed.* strín(d)bærj], **(Johan) August** *n.* ストリンドベリ《1849–1912; スウェーデンの劇作家・小説家・評論家; *Tjänstekvinnans son*「女中の子」(1886), *Miss Julie* (1888)》.

Strine [stráɪn]〘← AUSTRALIAN (この語のオーストラリア英語式発音を表わしたもの)〙〘英俗〙*n.* オーストラリア英語. — *adj.* オーストラリアの (Australian).

string [strɪŋ]〘*n.*: OE *streng* < Gmc **straŋʒiz* (Du. *streng* / ON *strengr*) ← IE **strenk-* tight: cf. strong. — v.:〘(c1400)〙← (n.)〙— *n.* **1 a** (rope より細く thread より太い)ひも, 緒(お), 糸, 細糸: a piece of ~ 一本のひも / tie a parcel up with ~ 小包みをひもでくくる. **b** (帽子・エプロンなどの)ひも, リボン: the ~*s* of an apron. **c** 靴ひも (shoestring). **d** (操り人形の)つりひも. **2 a** 糸に通したもの, 数珠つなぎになったもの, 一さし, 一糸, 一連, 一続き: a ~ *of* beads 一さしの数珠 / a ~ *of* onions 一さげの玉ねぎ. **b** ネックレスのひも: a ~ *of* pearls 一連の真珠のネックレス. **3 a** 列状になったもの. **b** 一続き, 一列: a ~ *of* people 一列の人 / a ~ *of* cars 数珠つなぎになった自動車 / in a long ~ 長い列をなして. **c** 連続, 連発 (series, succession): a ~ *of* questions [lies] 質問[うそ]の連続 / a ~ *of* successes 相続く成功. **d** (動物の)一隊, 群れ (drove); [集合的] (ある厩舎(きゅうしゃ)で訓練中の)競走馬: a ~ *of* race horses 競走馬の一群. **e** 系列企業, チェーン. **f** 連続爆撃. **4 a** (楽器の)弦, いと: the A ~ (弦楽器の) A 線《イ音に調律する弦》/ touch the ~*s* 弾奏する / touch a ~ in a person's heart 人の心の琴線に触れる, 人を感動させる. **b** [the ~s; 集合的] 弦楽器, (管弦楽団の)弦楽器部(の演奏者たち) (cf. wind[1] 13). **5** (弓の)弦 (bowstring): follow the ~ 〈弓が〉(使い古して)たわむ. **6** (目的達成の)便法, 手段 (expedient): He has a second ~. 彼には第二の方策がある / ⇨ *have two* STRINGS *to one's bow*. **7** (熟練の順位によって配列された)競技者名列, 級: a third-*string* player 三級選手 / the second ~ (野球・バスケットボールなどのチームの)第二軍. **8** [*pl.*]《口語》**a** (提案・計画などの)ひも, 付帯条件; 制限 (restrictions): an offer without ~*s* ひもつきなしの提案 / There were no ~*s* attached to his offer. 彼の提案には付帯条件がなかった. **b** 支配 (control). **9**《俗》うそ, ぺてん (hoax). **10**《廃》筋(すじ), 神経 (nerve), 腱(けん) (tendon): The ~ of the tongue was loosed. 舌のもつれが解けた (cf. *Mark* 7: 35). **11**〘植物〙繊維, 筋(すじ) (fiber, vein); (サヤエンドウなどの)筋; 巻つる. **12**〘建築〙**a** (階段の)側桁(がわげた): ⇨ close string, open string. **b** =stringcourse. **13**〘玉突〙**a** 前方のクッションへ当てその静止する位置によって競技の順番を決定するために玉を突くこと. **b** =balkline 2 b. **c** 得点数; 数取り器. **14**〘ジャーナリズム〙寄稿の量によって報酬を受ける通信員の原稿の切り抜きを綴ったもの. **15**〘言語〙記号列《言語を記号としてみた時の, 文または文の構成要素》. **16**〘射撃〙(小火器の射撃競技における)予定発射弾数. **17**〘ガラス製造〙糸筋, 刷毛筋, 糸状の脈理《珪砂の粗粒, または異物が徐徐に溶解するためにできるガラス中の透明な糸状の筋》. **18**〘ボウリング〙=line[2] 26.
by the string rather than the bow《口語》単刀直入に. ***have*** [***keep***] ***a person on a*** [***the***] ***string*** 人を操る[言いなりにならせる]. ***have two strings*** [***more than one string, another string***] ***to one's bow*** 一つならず頼る手段[考え]がある, 二の矢の用意がある. ***keep harping on one*** [***the same***] ***string*** 同じことを繰り返し続ける. ***like a piece of chewed string***《英口語》疲れ果てて. ***pull strings***〘操り人形の用語から〙(1) 秘かに操る, 黒幕である. (2) (有力者を動かして, こっそりと)目的を遂げる[遂げようと試みる].
— *attrib. adj.* **1** ひもの; ひも状の. **2 a** 弦を張った. **b** 弦楽器(の音)の.
— *v.* (**strung** [strʌ́ŋ]; **strung,** (まれ) **stringed**) — *vt.* **1 a** …に糸[ひも]をつける; 糸に通す[刺す]; さしに通す, 数珠状[つなぎ]にする: ~ beads ビーズを糸に通す / beads *strung* on wire 針金に通したビーズ. **b**〔…を〕〈糸・針金などに〉通す〔*with*〕: ~ the cord *with* beads ビーズをひもに通す. **2** 糸[ひも]で縛る[結ぶ, くくる]: ~ a parcel 小包みを縛る / ~ onions (吊すために)玉ねぎをひも[なわ]でつなぐ. **3 a** 〈弓・楽器〉に弦を張る: ~ a bow, guitar, violin, etc. **b** …の弦を締める; …の調子を合わせる[整える] (tune). **4** [通例 ~ one*self* または p.p. 形で] …の気などを張りつめさせる, 緊張させる, 引き締める (tighten), 興奮させる (excite) 〈*up*〉: The brandy *strung* him *up*. ブランデーで彼は元気づいた / be high(ly) *strung* 大いに興奮している / ~ one*self up* to a high pitch of expectancy 非常な期待で緊張する / He was *strung up* to do the deed. 彼は躍起となってそれをしようとした. **5** 一列に並べる[配列する]〈*out*〉: ~ *out* scouts along the road 偵察兵を沿道に配置する. **6 a** (数珠つなぎのように)広げる, 張る (extend) 〈*out*〉: ~ (*out*) cables / The policemen ~*ed* themselves around the house. 警官隊はその家を包囲した. **b** (続けて)引き伸ばす (prolong) 〈*out*〉: ~ *out* a lecture 講義を引き伸ばす. **7**〔吊した物で〕飾る〔*with*〕: ~ a room *with* festoons 花づなをぶら下げて[を張って]部屋を飾る / The room was *strung with* cobwebs. 部屋はくもの巣が張りめぐらされていた. **8** 〈人〉の首を吊る; 絞首刑にする〈*up*〉. **9** …の筋[繊維]を除去する: ~ beans 隠元豆の筋を取る. **10**《米口語》だます, ぺてんにかける (fool, hoax). — *vi.* **1** 〈人などが〉数珠つなぎになる, 列をなして進む. **2** 糸になる, 糸のようになる; 〈にかわなどが〉糸を引くようになる. **3** 延びる, 延長する (prolong) 〈*out*〉. **4** 首を吊る; 絞首刑になる〈*up*〉. **5**〘玉突〙(競技の順番を決めるために)玉を突く.
be strung out (1) 麻薬を常用している. (2) (長期間の麻薬常用のため)身体的に衰弱している. ***string along*** (*vt.*)《俗》(1) 〈人を〉待たせて[不安にして]おく. (2) 〈人を〉だます (deceive), 欺く (cheat). (*vi.*) (1)〔…に〕信頼して従う;〔…と〕うまくやっていく〔*with*〕. (2)〔…と〕同調する〔*with*〕. ***string on***《英口語》だます, 欺く (deceive). ***string together*** 〈事実などを〉つなぎ合わせる.

string. (略)〘音楽〙stringendo.

stríng álphabet *n.* ひも字《ひもに種々異なった結節を結んで alphabet に当てる盲人用のアルファベット》.

stríng bàg *n.* (ひもで編んで作る)網袋, 網目のバッグ.

stríng bànd *n.* 弦楽団《特に, ギター・バンジョー・バイオリンなどの弦楽器からなり, カントリー音楽を演奏するバンド》. **stríng-bánd** *adj.*

stríng bàss [-bèɪs] *n.* =contrabass.

stríng bèan *n.* **1**《米》〘植物〙=snap bean《サヤエンドウなどで, 特に, さやのふちに固い糸状の筋(すじ) (string) がある品種をいう》. **2**《口語》背の高いやせた人.

stríng·bòard *n.* (階段の)化粧側板.

stríng correspòndent *n.* (新聞・雑誌に対して随時ニュースを送る)地方通信員《stringer ともいう; cf. staffer 2》.

stríng·còurse *n.*〘建築〙胴蛇腹, ストリングコース, 帯《外壁面の中間あるいは下部を水平に区切る帯》.

stríng devèlopment *n.*〘都市工学〙=ribbon development.

stringed〘lateOE〙— *adj.* **1 a** 弦を有する, 弦を張った (cf. keyed 1). **b** [複合語の第 2 構成素として] 弦が…の: four-*stringed* 4 弦の. **2**《古》弦楽器で出された[鳴らされた]: ~ music 弦楽. **3**〘紋章〙〈ハープ・弓などが〉弦が木部の色と異なる: a harp or ~ argent 銀の弦を張った金のハープ.

stringed ínstrument *n.* 弦楽器《バイオリン, ギターなど》.

strin·gen·cy [stríndʒənsi | -sɪ]〘(1844): ⇨ stringent, -ency〙*n.* **1** 厳重, 厳格: ~ of discipline. **2** (財政上の)切迫, 逼(ひっ)迫, 金詰り. **3** (論説などの)説得力.

strin·gen·do [strɪndʒéndoʊ | -dəʊ; *It.* strindʒéndo]〘⊏ It. ~ (abl. ger.) ← *stringere* < L *stringere* (↓)〙*adv.*〘音楽〙だんだん速く, せきこんで.

strin·gent [stríndʒənt]〘(1605) ⊏ L *stringent-em* (pres.p.) ← *stringere* to draw tight ← IE **streig-* to stroke, press: ⇨ strict, -ent〙— *adj.* **1** 〈規則など〉厳重な; 〈基準・要求など〉厳しい, 厳酷な (severe, rigorous): ~ laws, regulations, etc. / ~ requirements 厳しい要求. **2** 緊急の (urgent): ~ necessity 緊急の必要. **3** 〈金融市場など〉切迫した, 逼(ひっ)迫した, 金詰まりの (tight): a ~ stock market 金詰まりの株式市場. **4** 〈論説など〉人を動かさずにはおかない (compelling); 説得力のある, なるほどと思わせる (convincing). **~·ly** *adv.* **~·ness** *n.*

string·er [stríŋə | -ŋə(r)]〘(15C)〙— *n.* **1 a** 糸を張る人. **b** (弦楽器の)弦張り師. **2** 漁師がとった魚を吊すひも[綱など]. **3** (階段の)側桁(がわげた) (string). **4** [通例複合語の第 2 構成素として] (…の)評価を得ている人: the first-*stringer*. **5**〘建築〙縦桁; 小屋梁(ばり) (tie beam). **6**《米》〘鉄道〙縦枕木. **7**〘造船〙縦(通)材; 梁受け縦材. **8**〘航空〙縦通材《飛行機の翼や胴体の長手方向に走る部材》. **9** =string correspondent. **10**〘地質〙鉱条《鉱脈から分岐した微脈》.

stringer plàte [**stràke**] *n.*〘造船〙デッキ (deck) ストリンガー, 梁上側板《甲板の一番外側の舷側厚板に取り付ける水平縦材》.

stríng galvanómeter *n.*〘電気〙単線検流計.

stríng·hàlt〘(1523–34)〙*n.*〘獣医〙(馬の)跛(は)行症《springhalt ともいう》. **~·ed** *adj.* **stríng·hàlt·y** [-hɔ̀ːlti | -hɔ̀ːltɪ, -hɒ̀l-] *adj.*

stríng·ing *n.* **1** (ラケットの)ガット張り材料《ガッ

ト, シルク, ナイロンなど》. **2** (家具の)細い象嵌(ぞうがん)帯.
stríng·less *adj.* 弦[ひも]のない.
stríng lìne *n.* 〘玉突〙 =balkline 2 b.
stríng órchestra *n.* 弦楽合奏団, ストリングオーケストラ.
stríng·pìece *n.* 〘建築〙 横梁(はり), 横桁(けた).
stríng plàyer *n.* 弦楽器奏者.
stríng pùppet *n.* 操り人形.
stríng quartét *n.* 〘音楽〙 **1** 弦楽四重奏(団)《first violin, second violin, viola および cello から成る》. **2** 弦楽四重奏曲.
stríng tìe *n.* ひもタイ《幅が狭く短いネクタイ》.

string tie

string·y [stríŋi | -ŋi] 〘《1669》← STRING (n.)+-Y[4]〙 ― *adj.* (**string·i·er**; **-i·est**) **1 a** 糸[ひも]の(ような); 筋(すじ)の(ような): ~ hair. **b** 〈液が〉糸を引く (ropy), ねばねばする, 粘質の (viscous). **2 a** 繊維質の, 繊維の多い, 筋だらけの (fibrous): ~ meat 筋の多い肉. **b** 筋ばった, 筋骨のたくましい (sinewy, wiry): a ~ young man. **3** 弦楽器のような音色をした. **stríng·i·ness** *n.*
stríngy·bàrk *n.* 〘植物〙 繊維状木皮《ユーカリノキの木皮に見られる》.
strip[1] [stríp] 〘OE (*be*)*striepan* to plunder < Gmc **straupjan* (Du. *stroopen* / G *streifen*) ← ? IE **ster-* to touch lightly〙 ― *v.* (**stripped, stript** [strípt]; **strip·ping**) ― *vt.* **1** 〈人・物などを〉裸にする: ~ a person (naked [*to* the skin]) 人を(丸)裸にする / ~*ped to* the waist 上半身裸で / a style ~*ped to* the bones 無駄を一切はぶいた文体 / I weigh 140 pounds, ~*ped.* 私は裸で[正味]140 ポンドある / Winter ~*ped* bare all the trees. 冬が来て木の葉がすっかり落ちた. **2 a** 〈外皮・外衣などを〉〔…から〕はぐ, むく〔*from, off*〕/ 〈*off*〉: ~ *off* one's shirt シャツを脱ぐ / ~ the bark *off* (a tree) (木から)皮をはぐ / ~ the paint *from* [*off*] a wall 壁からペンキを削り落とす. **b** …から〔外皮などを〕取り除く〔*of*〕: ~ a tree *of* its bark 木から皮をはぐ / *Stripped of* fine names, it is a swindle. 名前は立派だが, それをはげばぺてんさ. **3** 〈人から〉〔…を〕奪う, 奪い取る〔*of*〕: ~ a person *of* his wealth [possessions] 人から富[財産]を強奪する / ~ a person *of* his honors [privileges, functions, titles] 人から名誉[特権, 職能, 称号]を剝奪する / Science has ~*ped* civilized man *of* his superstitions. 文明人は科学の力によって迷信を捨てた. **4** 〈場所・物などから〉〔備品・装置などを〕取り去る, 取りはずす〔*of*〕: ~ a room *of* its furniture (あけるために)部屋から家具を持ち出す / ~ a house *of* everything valuable 〈泥棒などが〉家から金目の物を全部盗み[持ち]出す / ~ a ship *of* her rigging 船から艤装(ぎそう)を取りはずす. **5 a** (戦闘に備えて)〈船〉の艤装を解く: ~ a ship. **b** 《口語》(軽くしてスピードを増すために)〈自動車〉の余分な装備を取りはずす: a ~*ped* autombile. **c** 〈犬〉の古毛を梳(す)き取る: ~ a dog. **d** 〈ベッド〉から毛布・敷布などを取りはずす: ~ a bed. **e** 〈ポケット〉から中味を出す: ~ a pocket. **6** (検査・調整などのために)〈機械・銃砲など〉の付属品[部品]を取りはずす, 分解する 〈*down*〉. **7 a** 〈歯車〉の歯を取り除く. **b** 〈ねじ・ボルト〉のねじすじ[ねじ山]をすり減らす. **c** 〈銃弾〉から弾帯などを剝離する. **d** 〈鋳塊〉から鋳型を除去する. **8 a** (もんだり, なでたりして)〈乳牛〉の乳を絞り切る; 〈乳を〉絞り切る: ~ a cow / ~ milk. **b** (押して)〈魚〉から魚精[魚卵]をとる: ~ a fish. **9 a** 〈たばこ〉の葉を茎から分ける: ~ tobacco. **b** 〈たばこの葉〉から中肋(ろく)を取りのける: ~ tobacco leaves. **10** 〘トランプ〙 (bridge で)〈相手の手を〉詰まらせる《end play を行なう前段階として, あるスーツ (suit) の札を取れるだけ取る》. **11** 〘化学〙 〈(液体中に溶けている)気体・揮発性成分を〉ストリップする, 放散する, 気相へ追い出す. **12** 〘写真〙 (腐食写真製版で)(像の左右を反転したり位置を正しく決めるため)〈乳剤層を〉フィルムベースから剝離する. **13** 〘紡織〙 **a** 〈カード (card) の歯[針]〉からくず繊維をはぎ取る. **b** カードのシリンダーから他へ〈繊維を〉はぎ取り移す. ― *vi.* **1** 衣服を脱ぐ, 裸になる: ~ *off* 衣服を脱ぎ捨てる / ~ for a bath / ~ (*down*) to the waist 腰まで肌脱ぎになる. **2** ストリップショー (striptease) を演じる. **3** 〈皮・バナナなどが〉むける (peel). **4** 〈ねじ山が〉すり切れる. **5** 〈銃弾が〉(弾帯が剝離して)回転せずに飛び出す.
strip away 〈壁紙・ペンキなどを〉はがす; 〈うわべ・体裁などを〉はぐ, はぎ取る. ***strip off*** (1) =STRIP *away.* (2) ⇨ *vt.* 2 a, *vi.* 1.
― *n.* =striptease.
strip·pa·ble [strípəbl] *adj.*
strip[2] [stríp] 〘《1459》▭ MLG *strippe* strap: cf. stripe〙 ― *n.* **1 a** (ほぼ同じ幅の布・紙・板などの)細長い切れ, 細片: a ~ of cloth, paper, board, etc. / in ~*s* 細長く切れ切れになって. **b** 細長い土地, 条地. **2** 続き漫画 (comic strip). **3** (飛行機の)仮設離着陸場, 急造滑走路; 滑走路 (airstrip): ⇨ flight strip. **4** [しばしば S-] (両側に店舗がすき間なく並んだ)大通り, 通り, 街路. **5** 《英》(鉱石などを洗ったり選別したりする)樋(とい). **6** 《米》=drag strip. **7** 〘郵趣〙 ストリップ《3 枚またはそれ以上一列につながった切手》: a ~ of five 5 枚一列につながった切手. **8** 〘金属加工〙 帯鋼, ストリップ. **9** 〘解剖〙 条片; 横紋. **10** 《口語》(サッカーなどの)選手が着用する服[ユニフォーム].
tear a person off a strip = ***tear a strip*** [***strips***] ***off a person*** 《英口語》 人を厳しく叱る (reproach), 厳重に注意する (admonish).
― *vt.* (**stripped**; **strip·ping**) **1** 細長い切れ[細片]に切る. **2** 〘印刷〙 (写真製版で)〈ネガ膜などを〉貼り込む.
stríp-àrtist *n.* ストリッパー.
stríp cartóon *n.* 《英》 新聞の連続漫画 (comic strip).
stríp chàrt *n.* ストリップチャート《時に応じて変化するデータを記録する細長い紙》.
stríp cìty *n.* 帯状都市《長くて狭い帯状に発展した都市》.
stríp clùb *n.* ストリップ劇場, ストリップショーをやるクラブ.
stríp-cròp *vt.* …に帯状栽培をする. ― *vi.* 帯状栽培を行なう.
stríp-cròpping *n.* 帯状栽培《作物を牧草などと交互に帯状に植え付ける方法; 丘陵地などでの等高線栽培 (contour farming) に行なわれる; strip farming ともいう》.
stripe [stráɪp] 〘《1626》《逆成》↓? : cf. MDu. *stripe* (Du. *streep*) streak, stripe〙 ― *n.* **1** (地の色と違った)細長い線条, 縞(しま), 筋(すじ): ~*s* on a soldier's trousers 軍人のズボンの縦縞 / the ~*s* of a zebra [tiger] シマウマ[トラ]の皮の縞 / The material is blue with yellow ~*s.* その生地は青で黄色の縞がある. **2 a** 縞模様. **b** 縞のある織物, 縞地 (striped cloth). **c** [*pl.*] 《米》(横縞模様入りの)囚人服: wear the ~*s* 刑務所にはいる. **d** [*pl.*] 《口語》トラ (tiger). **3 a** 細長い編みひも[組みひも, 打ちひも, さなだひも, テープ]. **b** [*pl.*] (階級・勤務・善行・負傷などを示す細長い編みひもで作る)袖章, (袖の山形記章 (chevron): a sergeant's ~*s* / ⇨ service stripe / get [lose] one's ~*s* 昇進する[階級を落とされる]. **4** (異質の物質から成る)縞, 層. **5** 《米》(人物などの)種類 (kind), 型, 様式 (style): a diplomat of that ~ そういう型の外交官 / a person of a quite different ~ 全く別種の人. **6** 《古》 **a** むち打ち (stroke): forty ~*s* save one 40 に一つ足りないむち (cf. 2 *Cor.* 11: 24). **b** (筋になった)むち跡, みみずばれ. ― *vt.* 縞で飾る; …に縞をつける.
striped 〘《1617》▭ ? Du. *strijpt* ∥ MLG *striped*〙 *adj.* 縞(しま)[筋(すじ)]のある, 縞模様の: ~ cloth.
stríped báss [-bǽ(ː)s] *n.* 〘魚類〙 米国大西洋沿岸産のスズキ科の魚 (*Roccus saxatilis*).
stríped dógwood *n.* 〘植物〙 =striped maple.
stríped gópher *n.* 〘動物〙 =thirteen-lined ground squirrel.
stríped gróund squìrrel *n.* 〘動物〙 =thirteen-lined ground squirrel.
stríped hyéna *n.* 〘動物〙 シマハイエナ (*Hyaena hyaena*) (⇨ hyena 挿絵).
stríped lízard *n.* 〘動物〙 アメリカハシリトカゲ (⇨ race runner).
stríped máple *n.* 〘植物〙 ペンシルバニアカエデ (*Acer pennsylvanicum*)《北米東部産のカエデで, 樹皮に白い筋がある; moosewood ともいう》.
stríped márlin *n.* 〘魚類〙 マカジキ (*Makaira audax*)《太平洋に生息する紫色の縦縞(たてじま)模様のあるマカジキ科の魚; 食用・フィッシング用》.
stríped múishond *n.* 〘動物〙 ゾリラ, アメリカスカンク (*Zorilla striata*)《アフリカ中南部の岩地に生息するイタチ科ゾリラ属のスカンクに似た動物; 目の上に白い模様がある》.
stríped skúnk *n.* 〘動物〙 シマスカンク (⇨ skunk 1 a).
stríped spérmophile *n.* 〘動物〙 =thirteen-lined ground squirrel.
stríped squírrel *n.* 〘動物〙 **1** シマリス (chipmunk). **2** =thirteen-lined ground squirrel.
stríp·er *n.* **1 a** 縞(しま)をつける人. **b** 縞模様を織る機械. **2** [通例複合語の第 2 構成素として] 《米軍俗》 **a** (…の)袖章をつけた海軍士官: a one-*striper* 海軍少尉 / a one-and-one-half-*striper* 海軍中尉 / a two-*striper* 海軍大尉 / a two-and-one-half-*striper* 海軍少佐 / a three-*striper* 海軍中佐 / a four-*striper* 海軍大佐. **b** (服役年数の袖章をつけた)服役軍人: a five-*striper* 五年兵. **3** 〘魚類〙 =striped bass.
strípe rùst *n.* 〘植物病理〙 麦類の黄銹(さび)病《銹菌の一種 (*Puccinia glumarum*) により麦類の葉に黄色の縞が生じる; yellow rust ともいう》.
strípe smùt *n.* 〘植物病理〙 イネ科植物の茎・葉に寄生する銹菌 (*Ustilago striaeformis*)《長線状灰黒色の条斑を生じる》.
stríp fàrm *n.* 帯状農地.
stríp fàrming *n.* **1** 帯状農地配分《昔ヨーロッパで行なわれた農地配分法; 土質の違いによる不公平を避けるために土地を細長く区分して農夫に与えた》. **2** =strip-cropping.
stríp·film *n.* =filmstrip.
stríp·ing *n.* **1** 縞(しま)模様をつけること. **2 a** 縞模様. **b** [集合的] (ものについている)縞 (stripes).
stríp-lèaf *n.* 茎を取り去ったたばこ.
stríp·lìght 〘← STRIP[2]〙 *n.* **1** (劇場の)ストリップライト, 板つけ《電球を横一列に配列したもので, 舞台に立体感を与えるのに用いる》. **2** 管状蛍光灯.
stríp lìghting *n.* 管状蛍光灯による照明.
strip·ling [strípliŋ] 〘《*a*1398》← STRIP[2]+-LING[1]: 《原義》 one who is slender as a strip〙 *n.* (やっと成年に達した)若者; 若僧.
stríp mìll *n.* ストリップミル《鉄・アルミニウム・銅などの帯状の金属板を連続的に作る圧延機[工場]》.
stríp-mìne *vt.* 〘鉱山〙 〈鉱石を〉露天採掘する.
stríp míne *n.* 〘鉱山〙 露天掘鉱山《表土[岩]を剝ぎとって鉱床を露出させてから採掘する》.
stríp mìner *n.* 〘鉱山〙 露天掘りの鉱夫.
stríp mìning *n.* 〘鉱山〙 露天掘鉱[採掘].
strípped déck *n.* 〘トランプ〙 poker 用に低位の札を除いてある一組のカード.
strípped-dówn *adj.* 〈自動車など〉余分な装備を一切取り除いた: a ~ car.
stríp·per *n.* **1 a** はぐ人, はぎ手. **b** 奪い手, 奪取者. **c** たばこの茎を取る人. **d** 毛皮[木の皮]をはぐ人. **e** 魚から魚精[魚卵]をとる人. **2** はぐ物, はぎ道具, 皮むき器; 除毛ぐし. **3** 脱穀機《stripper-harvester ともいう》. **4** 〘金属加工〙 ストリッパー, かす取り《プレス加工で加工かすを除く型部品》. **5** 乳の止まった牛. **6** 出が著しく悪くなった油井 (oil well). **7** ストリッパー (stripteaser). **8** 〘トランプ〙 一組のカードのうち心もち楔形や紡錘形になるよう端を切りつめた特定のカード《手品師やいかさま師が使う》.
stríp·ping 〘ME〙 *n.* **1** はぐ[脱ぐ]こと. **2** [*pl.*] (乳牛の絞り切った)最後の乳《脂肪が多く細菌が少ない》.
strípping lìquor *n.* (金属表面の)保護膜除去薬液.
stríp plànting *n.* =strip-cropping.
stríp póker *n.* 負けた人が衣類を脱いでゆくポーカーのゲーム.
stript *v.* strip の過去形・過去分詞.
stríp·tèase *n.* ストリップ(ショー): a ~ club, dancer, etc. ― *vi.* ストリップショーに出演する, ストリップをする.
stríp·tèaser *n.* ストリッパー (stripper).
strip·teuse [strɪptə́ːz] 〘← STRIPT(EASE) + (DANS)EUSE〙 *n.* 《戯言》 ストリッパー.
strip·y [stráɪpi | -pɪ] 〘← STRIPE+-Y[4]〙 *adj.* (**strip·i·er**; **-i·est**) 筋(すじ)[縞(しま)]のある[になった].
strive [stráɪv] 〘《?*a*1200》▭ OF *estriv-er* to quarrel ← ? Gmc: cf. Du. 《廃》 *strijven* to contend / MHG *streben* to endeavor: 本来語の DRIVE にならって強変化活用になった唯一の動詞〙 ― *vi.* (**strove** [stróuv | stráuv], **strived**; **striv·en** [strívən], **strived**) **1** 〔…を求めて〕〈…しようと〉一生懸命になる, 骨折る, 努める, 奮起する, 努力する (try, endeavor) 〔*for, after*〕/ 〈*to* do〉: ~ *for* victory [*after* an ideal] 勝とうと[理想を求めて]努力する / ~ *to* understand 理解しようと努める. **2** 〔…と〕戦う, 力闘する, 激しく争う〔*with, against*〕: ~ *with* an opponent [*against* fate] 相手[運命]と戦う / ~ *together* = ~ *with* each other 戦い合う, 競い合う. **3** 《廃》〔…と〕競争する, 張り合う (vie) 〔*with*〕. **stri̇́v·er** *n.*
strix [stríks] 〘▭ L ~ 'furrow'〙 *n.* (*pl.* **~·es, stri·ges** [stráɪdʒiːz]) 〘建築〙 柱の溝彫り[縦溝装飾].
strobe [stróub | stráub] 〘《短縮》← STROBOSCOPE〙 *n.* 《口語》 **1** 〘写真〙 **a** =stroboscope 2. **b** =strobe light. **2** 〘電気〙 =strobotron. ― *adj.* =stroboscopic.
stróbe lìght *n.* 〘写真〙 電子フラッシュ[閃光灯], ストロボ.
stro·bi·la [stro(u)báɪlə, stróubə- | strə(u)báɪ-, strúbɪ-] 〘← NL ~ ← Gk *strobílē* plug of lint shaped like a pine cone ← *stróbīlos* (↓): ⇨ strobile〙 ― *n.* (*pl.* **-bi·lae** [stro(u)báɪliː, stróubəliː | strə(u)báɪliː, stráubɪliː]) 〘動物〙 横分体: **1** ハチクラゲ類の発生中に見られる横分裂により生じる皿状のポリプ. **2** サナダムシの体を構成する数個ないし数百個の片節がひも状につながったもの. **stro·bi·lar** [stro(u)báɪlə, stróubələ, -bəlɑ̀ə | strə(u)báɪlə(r), stráubɪlə, -bɪlɑ̀ː(r)] *adj.*
strob·i·la·ceous [strɑ̀bəléɪʃəs | strɒ̀bɪ-] 〘← Gk *stróbilos* fir cone+-ACEOUS〙 *adj.* 〘植物〙 **1** 〈松かさなど〉球果状の. **2** 球果 (strobilus) をつける.
strobilae *n.* strobila の複数形.
strob·i·la·tion [strɑ̀bəléɪʃən | strɒ̀bɪ-] 〘← STROBILA +-ATION〙 *n.* 〘動物〙 横分体形成, 横分法《横分体を生じる過程》.
strob·ile [strɑ́bɪl, -bəl | stráubaɪl, -bɪl] 〘← LL *strobilus* pine cone ▭ Gk *stróbīlos* anything twisted ← *stréphein* to twist: cf. strophe〙 ― *n.* **1** 〘植物〙 = strobilus 1, 2. **2** 〘植物〙 胞子嚢穂《シダ植物において胞子葉の円錐体状に集まった部分》. **3** 〘動物〙 = strobila.
strobili *n.* strobilus の複数形.
stro·bi·li·za·tion [stròubəlɪzéɪʃən, -lə- | strəubɪlaɪ-, -lɪ-] *n.* 〘動物〙 =strobilation.
stro·bi·lus [stro(u)báɪləs, strɑ́bə- | strə(u)báɪ-, strɒ́bɪ-] 〘▭ L *strobilus*: ⇨ strobile〙 ― *n.* (*pl.* **-bi·li** [stro(u)báɪlaɪ, stróubəlàɪ | strə(u)báɪlaɪ, stráubɪlìː]) **1** 〘植物〙 球花, 毬(きゅう)花《シダ植物の子嚢穂や裸子植物の花のように密生した球形または円錐形状の多数の胞子葉》. **2** 〘植物〙 球果, 毬(きゅう)果《松かさなど》. **3** 〘植物〙 = strobile 2. **4** 〘動物〙 =strobila.
stro·bo·ra·di·o·graph [stròubo(u)réɪdiəgræ̀f, strɑ̀b- | strə̀ubə(u)réɪdɪə(u)grɑ̀ːf, strɒ̀b-, -djə(u)-, -græ̀f] 〘← Gk *stróbos* (↓)+RADIOGRAPH[1]〙 ― *n.* 〘写真〙 ストロボレントゲン写真.
stro·bo·scope [stróubəskòup, strɑ́b- | stráubəskòup, strɒ́b-] 〘← Gk *stróbos* a twisting + -SCOPE〙 ― *n.* **1** 〘物理〙 ストロボスコープ: **a** 明滅光または閃光を用いて高速周期運動体の状態変化を観察研究する装置. **b** 円筒内に少しずつ変化した写真を連続的に張り付け, 円筒を回転させて, 円筒のすき間から観察して写真の活動を見る装置. **2** 〘写真〙 ストロボスコピックランプ, ストロボ《連続的に瞬間的な強い光を出すランプ; 動体の動きを分解して撮影できる》.

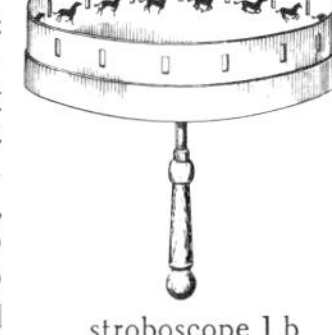
stroboscope 1 b

stro·bo·scop·ic [stròubəskɑ́pɪk, strɑ̀b- | strə̀ubəskɔ́p-, strɔ̀b-]〘⇨↑, -ic¹〙 ── *adj.* ストロボ(スコープ)の[に関する, による, を利用した]: a ～ lamp = stroboscope 2. **strò·bo·scóp·i·cal·ly** *adj.*

stro·bo·tron [stróubətrɑ̀n, strɑ́b- | stráubətrɔ̀n, strɔ́b-]〘⇨↑, -tron〙 ── *n.*〘電気〙ストロボトロン《ストロボスコープ用光源として使用する冷陰極のガス入り電子管》.

strode〘OE -*strād*〙*v.* stride の過去形.

stro·ga·noff [strɔ́(ː)gənɔ̀(ː)f, stróug- | strɔ́gənɔ̀f; *Russ.* strógənəf]〘← *Paul Stroganoff* (19 世紀ロシヤの貴族・外交官)〙 ── *adj.* [名詞に後置して] ストロガノフの《肉と玉ねぎをいため, サワークリームで煮て調味しマッシュルームを添えた》: beef [veal] ～ ビーフ[小牛肉の]ストロガノフ.

Stro·heim [stróuhaɪm, ʃtróu- | stráu-, ʃtráu-; *G.* ʃtróːhaɪm], **Erich Von** *n.* シュトローハイム《1885–1957; オーストリア生れの米国の俳優・映画監督》.

stroke¹ [stróuk | stráuk]〘(*a*1300) *strōk, strāk* < OE **strāc* (Du. *streek* / G *Streich*) < (WGmc) **straikaz* ← **strikan* 'to STRIKE'〙 ── *n.* **1** (手・むち・斧などで)打つ[突く]こと, 打撃; (特に, 剣などによる狙い定めた)一打ち[突き], 一撃 (blow): a finishing ～ 最後のとどめ, とどめの一撃 / kill a person with one ～ of a sword 剣の一撃[一太刀]で殺す / receive 20 ～*s* of the lash むちで 20 打たれる / Little ～*s* fell great oaks. 《諺》小さな打撃でもたび重なれば樫(かし)の大木を倒す, 「雨だれ石を穿(うが)つ」. **2** (クリケット・テニス・ゴルフなどでの)打撃, 打法, ストローク: a backhand ～ in tennis テニスのバックハンドストローク / a new ～ in cricket クリケットの新しい打ち方 / The golfer did the hole in five ～*s*. そのゴルファーは 5 ストロークでホールに打ち込んだ / a 10-*stroke* handicap 10 ストロークのハンデ. **3 a** (時計・鐘などを)打つこと; 鳴る音, 打つ音: The bell hammered out 108 ～*s*. 鐘が百八つ鳴った / It was on [at] the ～ of six when I arrived. 私が着いた時は 6 時を打とうとしていた / exactly on [at] the ～ of five かっきり 5 時に. **b** (ドラムの)強打, ビート. **4** (心臓の)鼓動, 脈拍 (throb): the ～ of the pulse 脈拍. **5 a** (水・空気などの抵抗を押し切って)推し進む動き. **b** (鳥の羽の)一打ち, 羽ばたき. **c** (水泳の)手足の動き, 一搔(か)き; 泳ぎの型, 泳法, ストローク: a crawl ～. **d** (ボートなどの)一漕(こ)ぎ, ストローク; 漕ぎ方, 漕法: a ～ of an oar [the oars] オールの一漕ぎ / pull ～ to another boat 他の舟に調子を合わせて漕ぐ / row with a long ～ 大きく[ぐいぐい]漕ぐ / set [give] the ～ 漕ぎ方を示す / vary the ～ 漕ぎ方を変える / The second boat gained at every ～ [～ by ～]. 第二艇は一漕ぎごとに進出した. **e** 整調[手] (stroke oar)《船尾の最も近い所にいてオールのテンポを整える役をする漕手; cf. bowman²》: row [pull] ～ (ボートの)整調手を勤める, 整調を漕ぐ. **6 a** (反復または同一方向への)動き, (振子の)一振り: ～*s* of a pendulum. **b** (タイプライターの)一打ち (keystroke). **7 a** 一筆, 筆法, 筆使い; 一刀, 一彫り: a thick [fine] ～ 太い[細い]一筆 / finishing ～*s* 最後の仕上げ / dash off a picture with a few ～*s* 二, 三筆で絵を描き上げる / You could do it with a ～ of the pen. 君が一筆入れれば(署名さえすれば)できるのだが. **b** (アルファベットなどの字の)一画(かく), 字画: a character of three ～*s* 三画の字. **c** (文学作品の)筆致, 仕上げ: The description is full of ～*s* from the life. その描写は写実的筆致に満ちている. **8 a** 激しい動き, 急な衝撃: a ～ of state クーデター. **b** 雷に打たれること, 落雷: be killed by a ～ of lightning 雷に打たれて死ぬ. **c** (病気に)襲われる[かかる]こと; 脳卒中 (apoplexy): a ～ of apoplexy 卒中, 脳溢(いっ)血 / have [die of] a ～ 卒中[など]にかかる[で死ぬ] / a ～ of death 死の一撃《卒中など》. **d** (幸運などの)偶然の巡り合わせ: a ～ of good luck [fortune] 幸運 / a ～ of misfortune 不幸. **9 a** 奮発, 努力; 《英》(満足のいく)一仕事, 一働き: a bold ～ for freedom 自由を求める大胆な努力 / He has not done a ～ of work. まだ仕事を何一つしていない. **b** (見事な)出来栄え, 手柄, 業績; 手腕, 手ぎわ: a ～ of genius 天才的手腕 / a great ～ of diplomacy 見事な外交手腕 / a fine ～ of humor 当意即妙のユーモア / a fine ～ of business 見事な腕前の取引. **10**〘機械〙前後往復運動; 前後往復運動の一押し[引き](の距離); (往復機関のピストンの)行程. **11**〘音楽〙**a** (拍子をとる時の)指揮棒[腕]の動き. **b** (弦楽器の)弓の動き.

a stroke above 《口語》…より一枚うわてで: He is *a ～ above* me. 彼は私より一枚うわてだ. ***at a*** [***one***] ***stroke*** (1) 一撃のもとに. (2) 一挙に; 直ちに. ***off one's stroke*** いつものようにうまく行かないで.

── *vt.* **1 a** …に短い横線をつける: ～ the t's. **b** (線を引いて)消し去る (cancel) ⟨*out*⟩. **2** ⟨ボートの⟩整調を漕ぐ: ～ a boat. **3** ⟨ボールを⟩打つ. **4** (タイプライターで)⟨キーを⟩打つ. ── *vi.* **1** (テニス・ゴルフなどで)ボールを(ストロークで)打つ. **2 a** ボートの整調手をやる. **b** 〔1 分…のストロークで〕ボートを漕ぐ〔*at*〕: ～ *at* 32 1 分 32 のストロークで漕ぐ.

stroke² [stróuk | stráuk]〘OE *strācian* ← Gmc **straik-*, **strik-* 'to STRIKE' (Du. *streeken* / G *streichen*)〙 ── *vt.* **1 a** (手で一方向にやさしく)なでる, なでつける, さする: ～ down one's hair 髪をなでつける / ～ a cat 猫をなでる. **b** (手でなでて)なだめる, あやす (soothe, caress) ⟨*down*⟩. **2** …のひだを伸ばす. **3** ⟨牛⟩から乳を搾る. **4**〘石工〙⟨石⟩の表面に荒く浅い縦溝をつけて仕上げる (drove).

stroke a person [***a person's hair***] ***the wrong way*** 人を怒らす, いらだたせる.

── *n.* ひとなで, なでつけ; さすり: give a person a ～ 人をなでる.

stróke hòle *n.*〘ゴルフ〙ストロークホール《ハンディキャップの与えられるホール》.

stróke òar *n.* **1** (ボートの)整調(手)の漕(こ)ぐオール. **2** 整調(手) (⇨ stroke¹ 5 e).

stróke òarsman *n.* = strokesman. ⌈al play).

stróke plày *n.*〘ゴルフ〙ストロークプレー (⇨ med-

strokes·man [stróuksmən | stróuks-]〘← *strokes* (gen.) ← STROKE¹ (n.)〙*n.* (*pl.* **-men** [-mən, -mèn]) 《古》整調(手) (⇨ stroke¹ 5 e).

stroll [stróul | stráut]〘(1603) ▭ ? G《方言》*strollen, strolchen* ← *Strolch* vagabond ← ?〙 ── *vi.* **1** ぶらつく, ぶらぶら歩く (ramble); 散歩する. **2 a** 放浪する, 漂浪する: ～*ing* Gypsies 流浪するジプシー. **b** 旅興行して歩く, 巡業する: a ～*ing* player 旅役者 / a ～*ing* company 巡業団, 旅興行団. ── *vt.* ⟨田舎など⟩をぶらつく, ぶらぶら歩いて行く. ── *n.* ぶらつき, ぶらぶら歩き, 散歩: go for [take] a ～ 散歩する.

stróll·er [-lə | -lə(r] *n.* **1** ぶらぶら歩く人, 散歩する人 (saunterer). **2 a** 放浪者, 浮浪者 (vagrant). **b** 旅役者, 旅興行師, 巡業者. **3** 《米》(通例折り畳み式の)乳母車[ベビーカー] (go-cart ともいう).

stro·ma [stróumə | stráu-]〘(1832) ← NL ～ = L *strōma* bed covering ▭ Gk *strōma* ← *strōnúnai* to spread: cf. stratum〙 ── *n* (*pl.* **-ma·ta** [～tə | ～tə]) **1**〘解剖〙基質, 間質, 支質 (cf. parenchyma); (特に)赤血球の基質. **2**〘植物〙**a** 子座. **b** 葉緑体《葉緑素の微粒が散在している蛋白質の細胞間質》. **stró·mal** [-məl] *adj.* **stró·ma·tal** [-mətl | -tl] *adj.* **stro·mat·ic** [stro(u)mǽtɪk | stra(u)mǽt-] *adj.*

stro·mat·e·id [stròumətíːɪd, -tíːəd | stràumətíːɪd]〘↓〙*adj.*, *n.*〘魚類〙イボダイ科の(魚).

Stro·ma·te·i·dae [stròumətíːədìː | stràumətíːɪ-]〘← NL ～ ← *Stromateus* (属名: ← Gk *strōmateús* fish marked with patchwork colors ← *strōma* bed covering) + -IDAE〙*n. pl.*〘魚類〙イボダイ科.

stro·ma·te·oid [strəmǽtiɔ̀ɪd | stra(u)mǽtɪ-]〘← NL *Stromateoidea* ← *Stromateus* (↑) + -OIDEA〙*adj.*, *n.*〘魚類〙イボダイ亜目の(魚).

stro·mat·o·lite [stro(u)mǽtəlàɪt, -tl- | stra(u)mǽtəl-]〘← Gk *strṓmatos*, *strōma* layer + -LITE: ⇨ stroma〙 ── *n.*〘地質〙ストロマトライト《緑藻類の活動でできたラミナ状の石灰岩塊》. **stro·mat·o·lit·ic** [stro(u)mæ̀təlítɪk, -tl- | stra(u)mæ̀təlít-] *adj.*

Strom·bi·dae [strɑ́mbədìː | strɔ́mbɪ-]〘← NL ～ ← *Strombus* (属名: ← Gk *strómbos* snail) + -IDAE〙*n. pl.*〘貝類〙スイショウガイ科.

Strom·bo·li [strɑ́mbəli, -lìː | strɔ́mbə(u)lɪ, strəmbóu-; *It.* strómboli] *n.* **1** ストロンボリ(島)《Sicily 島の北方, Lipari 諸島中の火山島》. **2** ストロンボリ(山)《同島上の活火山; 927 m》.

stro·mey·er·ite [stróumaɪəràɪt | stráu-]〘▭ G *Stromeyerit* ← *Friedrich Strohmeyer* (1776–1835: ドイツの化学者): ⇨ -ite¹〙 ── *n.*〘鉱物〙輝銅銀鉱 (CuAgS)《銅銀鉱脈に産出し斑銅鉱と密に結晶をなす》.

strong [strɔ́(ː)ŋ, strɑ́ŋ | strɔ́ŋ]〘OE *strang* < Gmc **straŋʒaz* (MDu. *stranc* / ON *strangr*: cf. OE *strenge* severe / Du. & G *streng* strict) ← IE **strenk-* tight: cf. string〙 ── *adj.* (**strong·er** [-ŋgə | -ŋgə(r]; **strong·est** [-ŋgɪst, -ŋgəst]) (↔ weak) **1** 体力のある, 力の強い, 筋骨のたくましい (muscular); 強壮な, 強健な (robust), 丈夫な, 健康な: a ～ man 丈夫な人 (cf. strong man) / ～ arms 強い腕 (cf. strong arm) / a ～ constitution 強健体 / ～ eyes 視力の強い目 / a ～ stomach 強い[むかつかない]胃 / a ～, silent man 力が強くて口数の少い(頼もしい)男性《女流作家の愛用語》/ the ～*er* sex ⇨ sex 2 / a ～ man armed 武具をよろいた強きもの (*Luke* 11: 21) / (as) ～ as a horse [a bull, an ox] 非常に丈夫で / ～ in body [constitution] 身体が強健で / have a ～ head (for liquor) 酒に強い / I do not feel very ～. どうも力がない / He is quite ～ again now. もうすっかり達者になった / He was ～ *to* suffer the hardships. その苦難に耐えうる力があった. **2** ⟨物が⟩丈夫な, 頑丈な, 堅固な (tough, stout): a ～ fort, foundation, etc. / ～ walls, chains, china, cloth, etc. / Is the branch ～ enough to hold you? その枝はつかまっても大丈夫か.

3 ⟨精神力・記憶力など⟩強い, 強力な; ⟨感情が⟩激しい; ⟨信念など⟩堅固な, しっかりした; ⟨偏見・習慣など⟩根強い: a ～ mind, brain, intelligence, will, imagination, memory, etc. / ～ affection 強い愛情 / a ～ sense of dislike [disappointment] 強い嫌悪感[失望感] / have ～ nerves 神経が太い, 物に動じない / ～ in judgment [faith] 判断力[信仰心]が強い / be ～ under temptation 誘惑に会ってもしっかりしている.
4 ⟨議論・論証など⟩もっともな (cogent, convincing); ⟨作品など⟩力のこもった, 力強い; ⟨言葉など⟩激しい: ～ reasons, arguments, etc. / a ～ case 有力な論拠[主張] / a ～ situation (劇・対話などの)感動させる場面 / a ～ expression [literary style] 力強い表現[文体] / ～ words 激しい言葉, 毒舌 / ⇨ strong language.
5 自信のある, 確信する; 有能な (able, competent), 〔…が〕得意で, 〔…に〕強い〔*in*, *on*〕: one's ～ point 強み, 長所, 得意(な点) (↔ weak point) / a ～ fielder 有能な(外)野手 / be ～ *in* mathematics [Greek, sport] 数学[ギリシャ語, スポーツ]が得意である / He is not ～ *on* literature. 彼は文学は不得手だ.
6 勢力[権力, 資力]のある, 有力な, 強力な: a ～ team / a ～ nation [state] 強国 / ～ national economy 強力な国家経済 / a ～ bank [candidate] 有力な銀行[候補者] / a ～ hand (トランプで)良い手 / ⇨ strong man 2 / The yen is ～ nowadays. 当節円は強い.
7 a 多数の, 優勢な: a ～ detachment 強力な[兵員の多い]分遣隊 / the ～ force of the enemy 敵の大軍 / ～ *in* number 人数の多い. **b** [数詞の後に用いて] 人[兵]員が…の, …の人[兵]員の: an army 10 thousand ～ 兵力一万の軍隊 / "How many ～ are you?" "We are 50 ～." 「君の方は何人か」「50 人だ」.
8 ⟨手段・意見など⟩強硬な (drastic); 強力な: ～ remedies [opinions] 強硬な対策[意見] / ～ measures 強硬な手段[処置], 高圧手段 / He has a ～ hold over [upon] it. 彼はそれをしっかり掌握している.
9 奮闘的な, 猛烈な; 熱心な, 熱烈な: ～ efforts 大奮闘 / a ～ advocate [Republican] 熱心な弁護者[共和党員] / be ～ against compromise 妥協に強く反対する / I gave ～ support to him. 大いに彼を援助してやった.
10 a ⟨風・火など⟩強い, 激しい; ⟨光・色・匂いが⟩強烈な; ⟨声など⟩太く大きな; ⟨訛(なま)りが⟩ひどい, 丸出しの (broad): a ～ fire, tide, wind, etc. / a ～ pulse 強く早い脈 / a ～ color [shadow] 濃い色[影] / ～ perfume 強い香水 / a ～ Scottish accent 強いスコットランド訛(なま)り / ⇨ strong breeze, strong gale. **b** ⟨レンズなど⟩倍率の高い, 強い: a ～ microscope / ～ eyeglasses 度の強いめがね. **c** ⟨対照・比較・類似など⟩はっきりした, 顕著な, 強い: a ～ contrast, comparison, resemblance, etc.
11 ⟨茶など⟩濃い; ⟨飲料が⟩アルコール分を(多く)含んだ; ⟨たばこが⟩ニコチンの多い, 匂いの強い; ⟨薬など⟩成分の強い, よく効く; ⟨味など⟩強い, 辛い, しみる: ～ black coffee / ～ beer 強いビール / a ～ adhesive [detergent] 強力接着剤[洗剤] / a ～ taste of salt ひどく塩辛い味 / ⇨ strong drink, strong water.
12 a ⟨食物・息など⟩強い匂い[悪臭]のある: ～ onions 匂いの強い玉ねぎ / ～ butter [bacon, cheese] 香りの強い[悪くなって臭い]バター[ベーコン, チーズ] / Your breath is rather ～. 君の息はちょっと臭いね. **b** ⟨食物が⟩堅い (solid): ～ meat 不消化な食物; (普通の人には)理解しにくい教義[思想] (cf. *Heb.* 5: 12).
13 ⟨小麦粉が⟩強力(きょうりき)の《硬質小麦 (hard wheat) で造った麩質 (gluten) 分の含有量の多い; cf. weak 8》.
14 《豪》⟨羊毛が⟩太くてこわばった; ⟨羊が⟩太くてこわばった毛をした.
15 ⟨市場が⟩買いが支配的な, ⟨相場が⟩上向きの (cf. firm¹ 6): a ～ market / Prices are ～. 相場が上向きだ.
16〘文法〙**a** ⟨動詞・活用が⟩強変化の, 不規則変化の (irregular): ～ conjugation 強変化 / ～ verbs 強変化動詞《eat, sit, take など》. **b** ⟨名詞・形容詞・屈折が⟩強変化の: ～ declension 強変化[屈折].
17〘音声〙アクセント[強勢]のある (↔ weak): ⇨ strong stress, strong vowel.
18〘化学〙⟨酸・塩基が⟩強い《水溶液中でほとんど完全に電離する》.
19〘鉱山〙⟨鉱脈が⟩厚い, 大きい (thick, massive).

strong for 《米口語》…をえらくえこひいきして. ***strong on*** (1) = STRONG *for*. (2) 《英口語》…をひどく重要視して.

── *adv.* (**strong·er** [-ŋgə | -ŋgə(r]; **strong·est** [-ŋgɪst, -ŋgəst]) 強く, 力強く; 強力に, 猛烈に: blow ～ / Suspicions have run ～. 疑念が今も強く残っている. ***come*** [***go***] ***it strong*** 《口語》遠慮なくやる[言う], 極端に走る; 誇張する: That's *coming it* a bit ～. そりゃちょっとひどすぎる. ***come on strong*** 《米俗》まくし立てる〔*about*〕. ***going strong*** 《口語》元気である; 盛んである, 衰えない: He is still *going* ～. まだ達者だ / The book is *going* ～. その本は盛んな人気だ.

── *n.*〘音声〙強音 (cf. fortis).

～·ness *n.*

stróng accumulátion pòint *n.*〘数学〙強集積点《そのどの近傍も, 与えられた点集合の点を無限に多く含むような点; cf. accumulation point》.

stróng-àrm 《口語》*attrib. adj.* 腕力を用いる, 腕ずくの: ～ kidnapping. ── *vt.* **1** …に暴力を用いる. **2** 強奪する.

stróng àrm *n.* **1** 力ずく; 暴力, 高圧手段: the ～ of the law 法の力, 法による高圧手段 / by [with] a [the] ～ = *by a* [*the*] *strong* HAND. **2** 凶漢, 暴漢.

stróng àrm·er *n.* = strong arm 2.

stróng·bàck *n.* **1**〘海事〙**a** (ボートカバーの下に入れる)縦梁(じゅうりょう)《船上にボートを格納しておくのに雨水を避けるためズックカバーをする時, その下に縦に中央に渡した力材》. **b** かんぬき. **c** (倉口カバーを支える)移動ビーム. **d** 手動揚錨機の門型力材. **e** ストロングバック《ダビット (davit) 間に渡した円材で, 救命艇を固定する》. **2**〘植物〙= strongbark.

stróng·bàrk *n.*〘植物〙米国南東部・西インド諸島産のムラサキ科の小低木 (*Bourreria ovata*)《材は緻密で工芸用; 果実から清涼飲料を作る》.

stróng·bòx *n.* (金銭・宝石などを仕舞って置く)小金庫, 金箱 (cf. box² 5).

stróng brèeze *n.*〘気象〙大風 (⇨ wind scale).

stróng derived sét *n.*〘数学〙強導集合《位相空間の部分集合の強集積点 (strong accumulation point) の全体から成る集合; cf. derived set》.

stróng drínk 〖ME〗 *n.* 酒類 (cf. soft drink).
stróng fórce *n.* 〖物理〗 =strong interaction.
stróng fòrm *n.* 〖音声〗 強形 《and の [ǽnd], some の [sʌ́m], he の [híː] など》.
stróng gále *n.* 〖気象〗 大強風 (⇨ wind scale).
stróng gráde *n.* 〖文法〗 強階梯 (⇨ grade 8).
stróng·hèaded *adj.* 頑固な, 強情な (stubborn). ～·ly *adv.* ～·ness *n.*
stróng·héarted 〖《(15C)》〗 *adj.* 勇気のある, 気丈夫な. ～·ness *n.*
stróng·hòld 〖《(a1400)》〗 ── *n.* **1** 砦, 要塞: a robbers' ～ in the mountains 山賊の砦[山塞(さん)]. **2 a** (最後の)拠りどころ. **b** 本拠, 拠点: the ～ of Protestantism [superstition] プロテスタント[迷信]の拠点.
stróng interáction *n.* 〖物理〗 (ハドロンの間に働く)強い相互作用 《核子間に働く核力はその効果の例; strong force ともいう; cf. weak interaction》.
stróng·ish [-ŋɪʃ] *adj.* 丈夫そうな, 強そうな, やや強い.
stróng lànguage *n.* 乱暴な言葉, 悪態, ののしり.
stróng·ly 〖OE *strangliċe*〗 ── *adv.* **1** 強く, しっかりと; 丈夫に, 頑丈に; 強固に, 堅固に: ～ built 建て方の丈夫な, 丈夫[頑丈]にできた. **2** 猛烈に, 激しく, 強硬に; 熱心に, 熱中して; 力をこめて; 強調して: I ～ advise you to meet him. ぜひ彼に会いたまえ.
stróng màn *n.* (*also* **stróng·màn**) **1** (サーカスなどの)怪力男. **2** (仕事・団体で)最も有力な[勢力のある]人: a ～ in the government 政府部内の有力者. **3** 力ずくで指導[支配]する人, 威圧的な人; 独裁者 (dictator). **stróng-mán** *adj.*
stróng-mínded *adj.* **1** 心のしっかりした, 決断力に富む. **2** [軽蔑的に] (婦人運動などをする女性に用いて)男まさりの, 勝ち気な: a ～ woman. ～·ly *adv.* ～·ness *n.*
stróng·pòint *n.* 〖軍事〗 (部隊や火器を配置し築城を施した防御陣地内の)拠点, 要点, 要地.
stróng ròom *n.* **1** 金庫部屋, 安全室 《部屋全体が金庫のようにできた貴重品室》. **2** 重症精神病患者用の部屋.
stróng sánd *n.* 〖金属加工〗 粘り強い[粘土を多く含んだ]鋳物砂.
stróng síde *n.* 〖アメリカンフットボール〗 ストロングサイド 《攻撃フォーメーションの一方法で, 人数の多い力の強いサイド》.
stróng stréss *n.* 〖音声〗 強強勢 《第一強勢 (primary stress) および第二強勢 (secondary stress)》.
stróng súit *n.* **1** 〖トランプ〗 ストロングスーツ 《高位札を含み 4 枚以上から成る強力な同種札の揃い》. **2** (人の)長所; 得意(の分野).
stróng vówel *n.* 〖音声〗 強母音 《英語において多少とも強い強勢のある音節に現われる母音; [ə], [ɚ] などを除いた一般の母音》.
stróng wáter *n.* 《古》 **1** 蒸溜酒. **2** 酸; (特に)硝酸.
stróng-wílled *adj.* **1** 意志の強固な, 決断力に富む, 断固とした (resolute). **2** 片意地な, 頑固な.
stron·gyle [strɑ́ndʒaɪl, -dʒəl | strɔ́ndʒɪl] 〖← NL *strongyl-us* ← Gk *stroggúlos* round〗 ── *n.* (*also* **stron·gyl** [～]) 〖動物〗 円虫 《線虫綱円虫科の寄生動物; 成虫は多く馬の腸内に寄生する》.
stron·gy·lid [strɑ́ndʒəlɪd, -ləd | strɔ́ndʒɪlɪd] 〖↓〗 *adj., n.* 〖動物〗 円虫科の(動物).
Stron·gyl·i·dae [strɑndʒílədìː | strɔndʒílɪ-] 〖← NL ～ ← *Strongylus* (属名: ⇨ strongyle)+-IDAE〗 ── *n. pl.* 〖動物〗 円虫科 《袋形動物門線虫綱に属し, 哺乳類の消化管に寄生する》.
Stron·gy·lo·cen·trot·i·dae [strɑ̀ndʒəlo(ʊ)sentrɑ́tədìː | strɔ̀ndʒɪlə(ʊ)sentrɔ́tɪ-] 〖← NL ～: ⇨ strongyle, centro-, -idae〗 ── *n. pl.* 〖動物〗 (棘皮動物門ウニ綱拱歯目)オオバフンウニ科.
stron·gy·lo·sis [strɑ̀ndʒəlóʊsɪs, -səs | strɔ̀ndʒɪlóʊsɪs] 〖← NL ～: ⇨ strongyle, -osis〗 *n.* 〖獣医〗 円虫症, ストロンギルス感染症.
stron·ti·a [strɑ́nʃiə, -ʃə, -ṭiə | strɔ́nʃɪə, -ʃə, -tɪə, -tjə] 〖《(1802)》: ⇨ ↓, -ia¹〗 ── *n.* 〖化学〗 ストロンチア: **a** 酸化ストロンチウム (SrO). **b** 水酸化ストロンチウム ($Sr(OH)_2$).
stron·ti·an [strɑ́nʃiən, -ʃən, -ṭiən | strɔ́nʃɪən, -ʃən, -tɪən, -tjən] 〖《(1789)》 ← *Strontian* (スコットランド旧 Argyllshire 州の地名, その鉱山から発見されたのにちなむ)〗 ── *n.* 〖化学〗 =strontium.
stron·ti·an·ite [strɑ́nʃənàɪt, -ʃiə-, -ṭiə- | strɔ́nʃɪə-, -ʃə-, -tɪə-, -tjə-] 〖⇨ ↑, -ite¹〗 *n.* 〖鉱物〗 ストロンチウム石 ($SrCO_3$).
stron·tic [strɑ́nṭɪk | strɔ́nt-] *adj.* ストロンチウムの[に関する].
stron·ti·um [strɑ́nʃiəm, -ʃəm, -ṭiəm | strɔ́ntɪəm, -tjəm] 〖《(1808)》 ← NL ～: ⇨ strontia, -ium: H. Davy の命名〗 ── *n.* 〖化学〗 ストロンチウム 《金属元素の一つ; 記号 Sr, 原子番号 38, 原子量 87.62》.
stróntium 90 [-náɪnṭi | -tɪ] *n.* 〖化学〗 ストロンチウム 90 《ストロンチウムの放射性同位元素の一つ; 記号 ^{90}Sr; 人体に有害; radiostrontium ともいう》.
stróntium cárbonate *n.* 〖化学〗 炭酸ストロンチウム ($SrCO_3$) 《花火・医薬品・ラスターガラス (luster glass) の製造に使用》.
stróntium hydróxide *n.* 〖化学〗 水酸化ストロンチウム ($Sr(OH)_2$) 《サッカロースと難溶性の化合物サッカラートを作る特性がある》.
stróntium nítrate *n.* 〖化学〗 硝酸ストロンチウム ($Sr(NO_3)_2$) 《花火・マッチ・医薬用に使用》.
stróntium óxide *n.* 〖化学〗 酸化ストロンチウム (SrO) 《ストロンチウム塩類原料・花火材料等に使用》.
strop [strɑ́p | strɔ́p] 〖《(1357)》 ▭ (M)LG & (M)Du. ～ < (WGmc) *strupa (OE *strop* / G *Strüpfe*) ▭ L *struppus, stroppus* ▭ Gk *stróphos* twisted cord: cf. strap, strophe〗 ── *n.* **1** (かみそりの)革砥(と). **2** 〖海事〗 ストロップ: **a** 滑車の帯索. **b** 滑車の環索. ── *vt.* (**stropped**; **strop·ping**) **1** 革砥で研ぐ. **2** 〖海事〗 〈滑車〉にストロップをつける. ～·per *n.*
stroph- [strouf | strəuf] (母音の前に来る時の)stropho- の異形.
stro·phan·thin [strəfǽnθɪn, -θən | strə(ʊ)fǽnθɪn] 〖⇨ ↓, -in¹〗 ── *n.* 〖薬学〗 ストロファンチン 《主に *Strophanthus kombé* (⇨ strophanthus) の種子から採る有毒の配糖体; 強心剤》.
stro·phan·thus [strəfǽnθəs | strə(ʊ)-] 〖《(1888)》 ← NL ～ ← Gk *stróphos* twisted cord+*ánthos* flower: ⇨ ↓, anther〗 ── *n.* **1** 〖植物〗 ストロファンツス 《熱帯アフリカ産キョウチクトウ科キンリュウカ属 (*Strophanthus*) のつる植物の総称; *S. kombé, S. hispidus* など》. **2** その種子 《猛毒を含み, 原住民は毒矢に用いる; 強心剤 strophanthin を採る》.
stro·phe [stróufi, -fiː | stróufɪ, strɔ́fɪ] 〖《(1603)》 ▭ Gk *strophḗ* 《原義》 act of turning ← *stréphein* to turn ← IE *strebh- to wind, turn〗 ── *n.* **1** 〖ギリシャ劇〗 ストロペ (cf. antistrophe 1): **a** 合唱舞踊隊の右手より左方への転回. **b** 左方転回のとき歌う歌章. **2** 〖詩学〗 **a** 段 《合唱歌・ピンダロス風オード (Pindaric ode) の第一連[節]; これに antistrophe が続く》. **b** (現代詩では, 漠然と)節, 連 《stanza のように定型的韻律形式の繰返しでなくてもよい》.
stro·phic [stróufɪk, strɑ́f- | strɔ́f-] 〖⇨ ↑, -ic¹〗 ── *adj.* **1** 〖詩学〗 strophe の[から成る, を含んだ]. **2** 〖音楽〗 〈歌曲が〉有節の, ストロフィックの 《詩の各節に第 1 節と同じ音楽がつけられ繰り返して歌われる: cf. through-composed》: a ～ song 有節歌曲.
stróph·i·cal [-fɪkəl, -fə- | -fɪ-] *adj.* =strophic. ～·ly *adv.*
Stro·phi·us [stróufiəs | stróufɪəs, -fiəs, -fjəs] 〖▭ L ～ ▭ Gk *Stróphios*〗 ── *n.* 〖ギリシャ神話〗 ストロフィオス 《Phocis の王; Agamemnon が暗殺されたのち, その一子 Orestes をかくまい, 成人させた》.
stro·pho- [stróufo(ʊ) | stróufə(ʊ)] 〖← Gk ～ ← *stréphein* to turn: ⇨ strophe〗 ──「ねじれる, 回転する (turning)」の意の連結形. ★ 母音の前では通例 stroph- になる.
stro·phoid [stróufɔɪd | strə́ʊ-] 〖▭ F *strophoïde* ← Gk *stróphos*: ⇨ strophe, -oid〗 ── *n.* 〖数学〗 ストロフォイド 《円柱の 1 本の母線と直交し, 円柱に接する直線を通る平面によって円柱が切られてできる円錐曲線の焦点の軌跡》.
stroph·u·lus [strɑ́fjuləs | strɔ́f-] 〖← NL ～ ← Gk *stróphos* twisted cord: ⇨ strophe〗 *n.* (*pl.* **-u·li** [-lài]) 〖病理〗 (小児)ストロフルス.
stróp·per *n.* **1** 革砥(と)で研ぐ人. **2** 両刃の安全かみそりの刃の研ぎ器.
strop·py [strɑ́pi | strɔ́pɪ] 〖← ?〗 *adj.* 《英俗》 反抗的な, 手に負えない.
stroud [stráud] 〖← *Stroud* (英国 Gloucestershire 州の産地名) ← OE *strōd* marshy land〗 ── *n.* (以前英国人がアメリカインディアンと物々交換に用いた)きめの粗い木綿布[衣類, 毛布].
strove [ME *stro(o)ve*] *v.* strive の過去形.
strow [stróu | stráu] 〖《(14C)》 《異形》 ← STREW〗 *vt.* (**strowed**; **strown** [stróun | stráun], **strowed**) 《古》 =strew.
stroy [strɔ́ɪ] 〖《(a1250)》 *struȝe(n)* 《頭音消失》 ← DESTROY〗 《廃》 *vt.* 破壊する (destroy). ── *n.* 破壊.
Stroz·zi [strɔ́(ː)tsi | strɔ́tsɪ; *It.* stróttsi] (*also* **Stroz·za** [stróttsa]), **Bernardo** *n.* ストロッツィ (1581–1644; イタリアの画家・版画作者).
struck [strʌ́k] 〖《(17C)》〗 ── *v.* strike の過去形・過去分詞. ── *adj.* **1** スト(ライキ)で閉鎖された[の影響を受けた], スト中の: a ～ factory. **2** [複合語の第 2 構成素として] =stricken: ⇨ awestruck, panic-struck.
strúck jóint *n.* 〖石工〗 (煉瓦の)斜目地.
strúck júry *n.* 《米》 〖法律〗 特別陪審 《特別に裁判所が用意した 48 人の陪審名簿 (panel) の中から両当事者が(抹消していって)選定した 12 人の陪審員》.
strúck méasure *n.* 斗かき (strickle) をかけてならした升目[量] 《level measure ともいう; cf. heaped measure》.
struc·tur·al [strʌ́ktʃ(ə)rəl] 〖《(1835)》 ← STRUCTURE + -AL¹〗 ── *adj.* **1 a** 構造(上)の, 構成上の, 組織(上)の, 組織的な: the ～ beauty of a building 建物の構造上の美しさ / ～ elements 構成的要素. **b** 建造[建築]に用いられる[適した]: ～ steel [iron] 建築用の鉄鋼[鉄材]. **c** 構造に由来する[によって引き起こされる]; (特に)経済組織[機構]の[による]: ～ unemployment. **2** 〖生物〗 機質的な; 形態上の (morphological): ～ botany 組織植物学 / a ～ disease 〖医学〗 器質性疾患. **3** 〖地質〗 (地層などの)構造の: ⇨ structural geology. **4** 〖化学〗 化学構造の. **5** 〖言語〗 構造上の, 構造分析の; 構造言語学の: ⇨ structual linguistics.
strúctural engineéring *n.* 構造工学 《構造物の設計・建設を取り扱う土木工学の一分野》.
strúctural fórmula *n.* 〖化学〗 構造式 (cf. empirical formula, molecular formula).
strúctural-fúnctional análysis *n.* 〖社会学〗 構造機能分析 《社会の構造およびその構成部分間の関係という立場から社会現象を分析する方法論的枠組; cf. functionalism 2》.
strúctural géne *n.* 〖生物〗 構造遺伝子 《蛋白質や RNA などの構造の決定に関与する遺伝子; cf. operator 9》.
strúctural geólogy *n.* 構造地質学 《地層の形態・構造などを扱う; tectonic geology ともいう》.
strúctural íron *n.* 構造用形鋼.
strúc·tur·al·ism [-lìzm] *n.* **1** 〖哲学〗 構造主義 《人文・社会・言語等の諸科学の分野で, 構造の概念を基本的として哲学的分析を企てる現代フランス哲学に有力な立場》. **2** 〖言語〗 構造主義 《言語を構成する諸要素の有機的・組織的な研究方法》. **3** 〖心理〗 =structural psychology.
strúctural isómerism *n.* 〖化学〗 構造異性 (cf. stereoisomerism).
strúc·tur·al·ist [-lɪst, -ləst | -lɪst] *n.* 構造主義者, 構造言語学者. ── *adj.* =structuralistic.
struc·tur·al·is·tic [strʌ̀ktʃ(ə)rəlístɪk] *adj.* 構造主義の[に関する].
struc·tur·al·ize [strʌ́ktʃ(ə)rəlàɪz] *vt.* 構造化する. **struc·tur·al·i·za·tion** [strʌ̀ktʃ(ə)rəlɪzéɪʃən, -lə- | -laɪ-, -lɪ-] *n.*
strúctural linguístics *n.* 構造言語学 《各言語は, 構造上それぞれ一つの体系を成すとする言語理論に基づく言語学; cf. structure 6》.
strúc·tur·al·ly [-rəli | -rɪ] *adv.* 構造[組織]上, 構造[組織]的に.
strúctural méaning *n.* 〖言語〗 構造的意味 《C. C. Fries の用語; 辞書的意味 (lexical meaning) に対する; cf. linguistic meaning》.
strúctural mìll *n.* 〖金属加工〗 =section mill.
strúctural psychólogy *n.* 構成心理学 《心理過程を要素に分析し, これらの要素を結合して精神現象を説明しようとする心理学; 心理学上の立場として structuralism ともいう》.
strúctural shòp *n.* 〖造船〗 =plate shop.
strúctural stéel *n.* 構造用鋼.
struc·tur·a·tion [strʌ̀ktʃəréɪʃən] *n.* 有機的総体における各部分と個の相互関係.
struc·ture [strʌ́ktʃɚ | -tʃə(r)] 〖《(c1450)》 ▭ (O)F ～ // L *structūra* ← *structus* (p.p.) ← *struere* to construct: ⇨ strew, -ure〗 ── *n.* **1** 構造, 構成; 組織; 結構, 組立て: the ～ of a house [a machine, a cell, an organ, a poem] 家[機械, 細胞, 器官, 詩]の構造 / the existing ～ of society 現存の社会組織. **2 a** (特に, 堂々とした)建築物, 建造物 《建物・橋・ダムなど》: a fine marble ～ 立派な大理石の建造物 / The earthquake shook the ～ to its foundations. 地震で建物は土台まで揺れた. **b** (相互関係をもつ個々の部分[要素]から成り立った)構造物, 組織物, 構成物: a ～ of fads and fallacies 幻想と謬(びゅう)論とのでっちあげ. **3** 〖生物〗 (組織・器官などの)構成, 体制 (organization). **4** 〖地質〗 (地層・岩石によって示される)構造; いろいろな岩石組織 (texture) の集合によって示される全体的な様相. **5** 〖化学〗 化学構造 《分子内の原子配列》. **6** 〖言語〗 構造, 言語構造 《言語の音韻・形態・統語上および意味上の要素にみられる構造または型; cf. structural linguistics》. **7** 〖社会学〗 構造 《全体を構成する諸部分 (個人・集団・制度等) 間の比較的安定した関係の様式や体系》. **8** 〖心理〗 =gestalt. ── *vt.* **1** 組織的体系[構成]にする; 構造化する (structuralize). **2** 〖言語〗 〈言語要素を〉構造化する, 言語体系内に位置づける. ── *vi.* 〖言語〗 〈言語要素が〉体系内で機能する.
strúc·tured *adj.* 明確な構造[組織]をもつ[示す].
strúcture·less *adj.* **1** 構造のない, 無組織の. **2** 〈薄膜など〉無細胞の. ～·ness *n.*
strúc·tur·ism [-tʃərìzm] *n.* 〖美術〗 構造主義 《基本的な幾何学的形態[構造]を強調する美術》.
strúc·tur·ist [-rɪst, -rəst | -rɪst] *n.* 〖美術〗 構造主義者, 構造派の人. ── *adj.* 構造主義の.
struc·tur·ize [strʌ́ktʃəràɪz] *vt.* 〈複雑なものを〉有機的な組織に配列する, 組織化する. **struc·tur·i·za·tion** [strʌ̀ktʃərɪzéɪʃən, -rəz- | -raɪz-, -rɪz-] *n.*
stru·del [strúːdl̩, ʃtrúː-; G. ʃtrúːdl] 〖▭ G ～ 《原義》 whirlpool〗 ── *n.* シュトルーデル 《通例, 果物・チーズなどを紙のように薄い生地に巻いて焼いたデザート用菓子》: an apple ～.
strug·gle [strʌ́gl̩] 〖《(c1390)》 *strugle(n)* ← ? 《混成》? ← STRIVE+《方言》 *huggle* (⇨ hug, -le³)〗 ── *vi.* **1** (苦境にあって)もがく, あがく, じたばたする, 暴れる: ～ to escape のがれようともがく[じたばたする] / ～ to one's feet もがきながら立ち上がる. **2** 〔…と〕戦う, 組打ちする, 争う 〔*against, with*〕: ～ *against* the superior numbers 大軍と戦う / ～ *against* the desire for sleep 眠気と戦う / ～ *with* the waves 波と戦う / ～ *with* mathematical problems 数学の問題と取り組む. **3** 〔…を求めて〕〈…しようと〉一生懸命になる, 苦心する, 骨折る, 努力する 〔*for*〕〈*to do*〉: ～ *to* get a position in society 出世しようと努力する / ～ *to* express oneself 何とか自分の考えを言い表わそうと苦心する / ～ *for* breath 呼吸をしようとあえぐ / ～ *for* existence 生活[生存]のために苦闘する. **4** 骨折って進む[する], 押し分けて行く, やっと通る[する]: ～ *through* the snow 雪の中を骨折って進む / ～ *on* in life どうにかこうにか生きていく / ～ *into* [*out of*] one's coat コートを苦労して着る[脱ぐ]. ── *vt.* **1** 《米》 努力して遂行[達成]する[運ぶ, 置く]: ～ a trunk into a car 苦労して車の中にトランクを押し込む. **2** [～ one's way として] 押し分けて進む: ～ *one's way* through the crowd 人込みの中を押し分けて進む. ── *n.* **1** もがき, あがき, 身もだえ: a violent ～ to escape のがれようとする激しいもがき. **2** 努力, 苦

闘, 奮闘 (desperate effort): Some ~ was going on within him [in his mind]. 心の葛藤(かっとう)が生じていた / He had a hard ~ to get his work done in time. 仕事を間に合わせようと大変努力した. **3** 争闘, 組打ち, もみ合い, 乱闘: a sharp ~ *with* the police 警官との激しい乱闘 / a ~ over power＝power ~ 権力闘争 / His life was a hard ~ *against* poverty. 彼の一生は貧困との苦闘だった. **4** 努力を要する仕事[課題, 目標]. ***the struggle for existence*** [***life***] 生存競争 (cf. natural selection).

strúg·gler [-glə, -glə | -glə(r, -glə(r] *n.*

strúg·gling [-glɪŋ, -glɪŋ] *adj.* **1** もがく, あがく, 身もだえする, 暴れる, じたばたする. **2** 奮闘する, 苦闘する; (特に)生活難にあえぐ[苦しむ]: a ~ painter [genius] 奮闘する画家[天才] / a ~ student 苦学生 / a ~ young writer 世に認められようとあせる若い作家. **~·ly** *adv.*

Struld·brug [strʌ́l(d)brʌg] 〘《1726》: J. Swift の恣意的造語〙 *n.* (*Gulliver's Travels* 中に出る)不死の呪いを受けて生れたという種族の人.

strum [strʌ́m] 〘《1775》《擬音的混成》? ← STRING ＋ THRUM[1]〙 ── *v.* (**strummed**; **strum·ming**) ── *vt.* **1** 〈弦楽器を〉下手[いい加減]にかき鳴らす: ~ a guitar. **2** 弦楽器をかき鳴らして〈曲を〉弾く: ~ a tune. ── *vi.* 弦楽器をつま弾きする; 〔弦楽器を〕下手[いい加減]に弾く[鳴らす]〔*on*〕: ~ *on* a banjo. ── *n.* (弦楽器を)下手にかき鳴らすこと[音], つま弾き(の音).

strúm·mer *n.*

stru·ma [strúːmə] 〘1: 《1565》 ⊏ L *strūma* scrofulous tumor. ─2: 《1832》 ← NL ~ ← L〙 ── *n.* (*pl.* **stru·mae** [-miː|-miː, -maɪ]) **1** 〘病理〙 **a** 瘰癧(るいれき) (scrofula). **b** 甲状腺腫(しゅ) (goiter) **2** 〘植物〙 コケ類の蒴(さく)の根元などにできる)こぶ状突起, 小葉節.

Stru·ma [strúːmə; *Bulg.* strúma] *n.* [the ~] ストルマ(川)《ブルガリア西部を南流し, ギリシャ北東部を貫流してエーゲ海に注ぐ川 (346 km)》.

strumae *n.* struma の複数形.

stru·mec·to·my [struːméktəmi | -méktəmɪ] 〘← STRUMA＋-ECTOMY〙 *n.* 〘外科〙 **1** 甲状腺腫(しゅ)切除(術). **2** 《廃》 瘰癧(るいれき)切除(術).

stru·mose [strúːmous | -məus] 〘⊏ L *strūmōs-us*: ⇨ struma, -ose[1]〙 *adj.* 〘植物〙 こぶ状突起(struma)のある.

stru·mous [strúːməs] 〘《1590》 ⊏ L *strūmōsus*: ⇨ ↑, -ous〙 *adj.* 〘病理〙 甲状腺腫(性)の; 甲状腺腫にかかった.

strum·pet [strʌ́mpɪt, -pət] 〘《*a*1327》 *strompet*, ~ ← ? OF *strupe* ← *stupre* concubinage ⊏ L *stuprum* violation: ⇨ -et〙 *n.* 《古》 売春婦, 女郎 (harlot).

strung 〘(pret.: 17C; p.p.: 16C): SING との類推による強変化〙 *v.* string の過去形・過去分詞.

strunt[1] [strʌ́nt] 〘《変形》 ← STRUT[1]〙 *vi.* 《スコット》 ＝strut[1].

strunt[2] [strʌ́nt] 〘← ?〙 *n.* 《スコット》 酒類 (liquor).

strut[1] [strʌ́t] 〘OE *strūtian* to stand stiffly ← Gmc **strūt-* (G *strotzen* / Swed. *strutta* to be swelled) ← IE **ster-* stiff: cf. stare〙 ── *v.* (**strut·ted**; **strut·ting**) ── *vi.* **1** もったい振って[気取って]歩く, そりかえって[肩を怒らせて]歩く 〈*about, along*〉: ~ upon the stage 舞台の上を威張って歩く. **2** 膨らむ, はれる. ── *vt.* **1** 〈道などを〉威張って[もったい振って]歩く. **2** 見せびらかす, 誇示する.
strut one's stuff ⇨ stuff 成句.
── *n.* **1** 気取った[もったい振った]歩き方. **2** 誇示.

strút·ter [-tə | -tə(r] *n.*

strut[2] [strʌ́t] 〘《1575》 ↑ ?: cf. LG *strutt* stiff〙 ── *n.* 〘建築〙 筋違(すじかい), 方杖(ほうづえ) (brace) (⇨ beam, queen post 挿絵); 支柱, 支材, 控え柱 (prop). ── *vt.* (**strut·ted**; **strut·ting**) …に支柱[つっぱり]をかう.

'struth [strúːθ] 〘《略》 ← *God's truth*〙 *int.* 《口語》 畜生《軽いののしりを表わす》.

Stru·thi·o·nes [strùːθióuniːz, -ðiː- | -θiə́u-, -ðɪ-] 〘← NL ← LL *strūthiō* (↓)〙 *n. pl.* 〘鳥類〙 ＝Struthioniformes.

Stru·thi·on·i·dae [strùːθiánədìː, -ðiː- | -θiɔ́nɪ-, -ðɪ-] 〘← NL ~ ← LL *strūthiō* ⊏ Gk *strouthíōn* ostrich ＋ -IDAE〙 *n. pl.* 〘鳥類〙 ダチョウ科.

Stru·thi·on·i·for·mes [strùːθiànəfɔ́əmiːz, -ðiː- | -θiɔ̀nɪfɔ́ː-, -ðɪ-] 〘← NL ~: ⇨ ↑, -form〙 *n. pl.* 〘鳥類〙 ダチョウ目.

stru·thi·ous [strúːθiəs, -ðiː- | -θɪ-] 〘《1773》 ← LL *strūthiō*: ⇨ Struthionidae, -ous〙 *adj.* ダチョウ (ostrich) の(ような); 走鳥類の (ratite).

strút·ting [-tɪŋ | -tɪŋ] 〘ME〙 *adj.* 気取って歩く; もったい振った: a ~ walk. **~·ly** *adv.*

strych·ni·a [strɪ́kniə | -nɪə] 〘← NL ~: ⇨ ↓, -ia[1]〙 *n.* 〘薬学〙 ＝strychnine 1.

strych·nine [strɪ́knaɪn, -nɪn, -nən, -niːn | -niːn] 〘《1819》 ⊏ F ~ ← (N)L *strychnos* ← Gk *strúkhnos* a kind of nightshade: ⇨ -ine[3]〙 ── *n.* **1** 〘薬学〙 ストリキニーネ, ストリキニン ($C_{21}H_{22}N_2O_2$)《マチン科植物の種子に含まれる猛毒アルカロイド》. **2** 〘植物〙 マチン, ストリキニーネノキ (nux vomica). **strych·nic** [strɪ́knɪk] *adj.*

strých·nin·ism [-nìzm] *n.* 〘病理〙 ストリキニン中毒.

Sts. 《略》 Saints.

S.T.S. 《略》 Scottish Text Society.

St. So·phi·a [sèɪntso(ʊ)fáɪə, -fíːə, -sóufiə | sn(t)sə(ʊ)fáɪə, sən(t)-, sɪn(t)-] *n.* 聖ソフィア大聖堂, アヤソフィア《Constantinople にある寺院; 537 年に建てられ, 558 年崩壊後再建; ビザンチン式建築の典型として有名; 1454 年トルコ人が占領して以来イスラム寺院となり, 現在は美術館》.

St. Swith·in's [sèɪntswɪ́ðɪnz, -ðənz, -θɪnz, -θənz | sn(t)swɪ́ðɪn-, sən(t)-, sɪn(t)-, -θɪnz] *n.* ＝St. Swithin's Day.

St. Swíth·in's Dày *n.* 聖スウィズンの日《7 月 15 日; この日の天候がその後 40 日間続くという迷信がある》.

St. Thom·as [sèɪnttɑ́məs | sn(t)tɔ́m-, sən(t)-, sɪn(t)-] *n.* **1** サントメ島 (⇨ São Tomé). **2** 西インド諸島 Virgin 諸島中の米領の一島; 人口 29,000, 面積 83 km². **3** セントトマス《Charlotte Amalie の旧名》.

St. Thómas trèe 〘← *St. Thomas* (キリストの弟子の 1 人): 花弁の 1 枚に見られる赤色の斑点は彼が殉死した折に体から滴り落ちた血によるものとする故事から〙 ── *n.* 〘植物〙 キバナモクワンジュ (*Bauhinia tomentosa*)《熱帯アジア・アフリカ原産マメ科ハカマカズラ属の直立性低木; 花は黄色》.

S.T.T.L. 《略》 *L.* Sit tibi terra levis (＝May the earth be light on thee). なんじをおおう土軽く安かれかし《墓碑に記す文句》.

Stu·art[1] [st(j)úːət, st(j)úət | stjúət, stjúːət] 〘《変形》 ← STEWART, Steward《原義》 steward〙 ── *n.* (英国の)スチュアート家の人; [the ~s] スチュアート朝《Robert 二世から James 六世に至るまで (1371–1603) スコットランドに君臨し, 同 James 六世がイングランドの James 一世となって以後, 共和政 (1649–60) を除いて Anne 女王に至るまで (1603–1714) イングランド・スコットランド両国に君臨した英国の王家; the House of Stuart ともいう》.

Stuart[2] [st(j)úːət, st(j)úət | stjúət, stjúːət-] 〘↑〙 *n.* 男性名.

Stuart, Charles Edward *n.* ⇨ Young Pretender.

Stuart, Gilbert *n.* (1755–1828) 米国の肖像画家.

Stuart, James Ew·ell [júːəl] **Brown** *n.* (1833–64) 米国の南北戦争当時の南軍の将軍; 愛称 Jeb.

Stuart, James Francis Edward *n.* ⇨Old Pretender.

Stuart, Jesse (**Hilton**) *n.* (1907–) 米国の詩人・小説家.

Stuart, Mary *n.* ⇨ Mary Stuart.

stub[1] [stʌ́b] 〘OE *stub(b), stybb* < Gmc **stubbaz, *stubbjaz* (Du. *stobbe* / ON *stubbr* stump: cf. Gk *stúpos*) ← IE **(s)teu-* to push, stick (Gk *túpos* blow): cf. type〙 ── *n.* **1** (木の)切株 (stump). **2 a** 切株状の先の短いもの. **b** (歯の)折れ残り, 根: the ~ of a broken tooth. **c** (鉛筆・たばこ・蠟燭などの)使い残り: the ~ of a pencil, cigar, etc. **d** 短い尾. **e** 先が短く太くなったペン. **f** ＝stub nail 1. **3 a** (小切手帳)控え, 原符 (counterfoil): the ~s of a checkbook. **b** (切符・入場券などの戻ってきた)半券. **4** 〘木工〙 ＝stub tenon. **5** 《俗》〘トランプ〙 (ラバー・ブリッジで)足 (cf. part-score). **6** 〘製本〙 ＝guard 9 a. ── *v.* (**stubbed**; **stub·bing**) ── *vt.* **1 a** 〈土地〉の切株を取り除く〈*up*〉: ~ (*up*) the land. **b** 〈切株・根・雑草などを〉引き抜く (grub up) 〈*up*〉: ~ (*up*) roots. **2** 〈木を〉切株だけ残して切り倒す. **3** 〈足を〉切株[根, 石など]に打ちつける (strike): ~ one's foot, toe, etc. **4** 〈巻たばこ〉の先をつぶして火を消す〈*out*〉. **~·ber** *n.*

stub[2] [stʌ́b] 〘↑の特殊用法〙 *adj.* ずんぐりした, がっしりした(stocky), しゃがんだ(squat).

stub·bed [stʌ́bɪd, -bəd, stʌ́bd | stʌ́bd] *adj.* **1** 切株にした, 根元から切った; 切株だらけの. **2** 〈鉛筆・たばこ・釘など〉短かくなった; ずんぐりした. **~·ness** *n.*

stub·ble [stʌ́bl] 〘《*c*1300》 *stuble* ⊏ OF *(e)stuble* (F《方言》 *éteu(b)le*) < L *stup(u)lam*《変形》 ← *stipula* straw, stalk: STIPULE と二重語〙 ── *n.* **1** [通例 *pl.*] (麦などの)刈り株 (stump). **2** [集合的] (麦などの)刈り株 (stumps); 刈り株畑: wheat ~. **3** 刈り株状に生えた物; (特に)無精ひげ(など).

stub·bled [stʌ́bld] *adj.* ＝stubbly.

stúbble múlch *n.* 刈株マルチ《土壌侵蝕を防ぎ水分を貯え有機物を補うため植物残渣で地面を覆うこと》.

stúbble-múlch fàrming *n.* ＝trash farming.

stub·bly [stʌ́bli, -bli | -bli, -blɪ] *adj.* (**stub·bli·er**; **-bli·est**) **1** (麦などの)刈り株だらけの, 刈り株の多い; 刈り立ての. **2** 無精ひげの生えた.

stub·born [stʌ́bən | -bən] 〘《*c*1395》 *stibourne* ← ? OE *stub(b), stybb* 'STUB[1]': 意味発達については cf. G *störrig* stubborn (← *Storren* stump, stub)〙 ── *adj.* **1 a** 頑固な, 強情な (obstinate), 片意地な, 執拗な, しぶとい (cf. yielding 2); 手に負えない, 言うことを聞かない: a ~ child 言うことを聞かない子供 / (as) ~ as a mule 非常に片意地な / a ~ recession 根強い不況. **b** 頑固な性格を表わす[示す]: a ~ face. **2 a** 頑強な, 不屈の: ~ courage 不屈の勇気 / a ~ resistance 頑強な抵抗. **b** 〈事実など〉確固とした, 断固とした. **3** 取り扱いにくい: Facts are ~ things. 事実は理論に合わない[理屈通りに行かぬ]ものだ. **4** 〈石・木材など〉堅い (hard); 加工しにくい. **~·ly** *adv.* **~·ness** *n.*

Stubbs [stʌ́bz], **William** *n.* (1825–1901) 英国国教会の主教・歴史家; *The Constitutional History of England* (1874–78).

stub·by [stʌ́bi | -bɪ] 〘⇨ stub[1], -y[4]〙 ── *adj.* (**stub·bi·er**; **-bi·est**) **1** 切株のような; 切株の多い, 切株[根]だらけの. **2** 短くて太い[広い] (stocky): a ~ bit of pencil 短くなった鉛筆 / ~ fingers 太くて短い指. **3** 〈毛が〉短くてこわい: a ~ beard. **stúb·bi·ly** [-bɪli, -bəˑ | -lɪ] *adv.* **stúb·bi·ness** *n.*

stúb mòrtise *n.* 〘木工〙 短柄穴(ほぞあな).

stúb nàil *n.* **1** 蹄(てい)鉄の古釘. **2** 短くて太い釘.

stúb swìtch *n.* 〘鉄道〙 鈍端転轍(てつ)器 (cf. split switch).

stúb tènon *n.* 〘木工〙 短柄(ほぞ), 突込み柄.

STUC, S.T.U.C. 《略》 Scottish Trades Union Congress.

stuc·co [stʌ́kou | -kəu] 〘《1598》 ⊏ It. ~ ← Gmc: cf. OHG *stukki* piece, crust: cf. stock[2]〙 ── *n.* (*pl.* **~s, ~es**) **1** スタッコ, 化粧しっくい《外壁仕上げに用いる塗壁材料》. **2** 化粧しっくい細工 (stuccowork): a plasterer [worker] in ~ 化粧しっくい左官. ── *vt.* …に化粧しっくいを塗る.

stúcco·wòrk *n.* 化粧しっくい細工[装飾, 模様].

stuck [stʌ́k] 〘《16C》〙 *v.* stick[2] の過去形・過去分詞. ── *adj.* 《俗》 〔…に〕ほれ込んで, 夢中になって〔*on*〕: He is [gets] ~ *on* her. 彼女に首ったけだ.

stúck-úp 〘(p.p.) ← *stick up* (⇨ stick[2] (v.) 成句)〙 *adj.* 《口語》 傲慢な, 生意気な, うぬぼれた (arrogant, conceited); 紳士気取りの, きざな (snobbish).

stud[1] [stʌ́d] 〘OE *studu* post, prop ← Gmc **studð-* (MHG *stud* / ON *stoð* prop: cf. G *stützen* to prop) ← IE **stā-* 'to STAND': cf. stow[1]〙 ── *n.* **1 a** (飾りに打つ)びょう, 飾りびょう. **b** (標識に路面につける)びょう, スタッド. **2 a** (取りはずしのできる)カラーやカフスのボタン, 飾りボタン《《英》では collar-stud ともいう》. **b** ＝press-stud. **3 a** (機械の)植込みボルト (stud bolt); 軸くび (journal). **b** 〘自動車〙 スタッド, びょう《タイヤと路面の粘着摩擦を増すためにスノータイヤに打ち込む金属製のびょう》. **4** 〘建築〙 **a** 間柱(まばしら), 脚柱. **b** 天井高(だか)《床から天井までの距離; ceiling height ともいう》. **5** 〘時計〙 ひげ持《てんぷのひげぜんまいの外端を固定するための部品》.
stud and mud＝〘建築〙 WATTLE and daub.
── *vt.* (**stud·ded**; **stud·ding**) **1** …に飾りびょうを打つ. **2** [通例 p.p. 形で] 〔…を〕…にちりばめる〔*with*〕: a box ~*ded with* gems 宝石をちりばめた箱. **3** 〈物が〉…の一面に散在する: Many stars ~ the evening sky. 夕空一面に星が出ている. **4** 〔…を〕…に散在させる, 点在させる, 散らす〔*with*〕: a plain ~*ded with* farms あちらこちらに農場の点在している平野 / a sea ~*ded with* islands 島の散在している海. **5** 〘建築〙 …に間柱をつける, 間柱で支える.

stud[2] [stʌ́d] 〘OE *stōd* stable for breeding < Gmc **stōdam, stōðō*《原義》 a standing place for horses (G *Stute* mare / ON *stōð* stud) ← IE **stā-* (↑): cf. steed〙 ── *n.* **1** [集合的] (遊猟・競馬・繁殖などのために飼う一群の)馬: a racing [hunting] ~ 競馬[狩猟]用馬群. **2** 馬の飼育場. **3** 《略》 ← STUDHORSE〙《米》 種馬. **4** [集合的] (家畜の)種牡(ぼ). **5** 《俗》 若い精悍(かん)な[セックスに強い]男. **6** 〘トランプ〙 ＝stud poker.
at [***in***] ***stud*** 〈動物の雄が〉種牡になって.
── *attrib. adj.* **1** 種馬の. **2** 繁殖の目的のために飼ってある.

stud. 《略》 student.

stúd bòlt *n.* 〘機械〙 植込みボルト.

stúd·bòok *n.* (馬・犬の)血統台帳, 血統登録帳.

stud·die [stʌ́di | -dɪ] *n.* 《スコット・英方言》 ＝stithy.

stud·ding [stʌ́dɪŋ] *n.* 〘建築〙 **1** 間柱(まばしら). **2** 間柱材.

stud·ding sail [stʌ́dɪŋsèɪl, 《海》 stʌ́nsəl, -sl] 〘《1549》 ← ? MLG & MDu. *stōtinge* (ger.) ← *stōten* to thrust (cog. G *stossen*): ⇨ sail〙 ── *n.* 〘海事〙 スタンスル, 補助(横)帆《横帆の横に, 袖のようにして張る増設横帆; stunsail, stuns'l ともいう》: a fore-royal ~ 前檣(しょう)のロイヤル補助帆 / a fore-topgallant ~ 前檣のトガン補助帆 / a fore-topmast ~ 前檣のトップマスト補助帆 / a lower ~ 大帆補助帆 / ⇨ main-royal studding sail, main-topmast studding sail.

stud·dy [stʌ́di | -dɪ] *n.* ＝studdie.

stu·dent [st(j)úːdnt, stjúːdənt, -dnt] 〘《*c*1400》 ⊏ L *student-em* (pres.p.) ← *studēre* 'to be eager, STUDY' ∽《15C》 *(e)studiant*, 《14–17C》 *studient* ⊏ OF *estudiant, estudient* (F *étudiant*) ← *estudier* (F *étudier*) 'to STUDY'〙 ── *n.* **1** (大学・専門学校などの)学生. ★ 米国では中等学校の生徒も student ということがある: an art ~ 美術学生 / a medical ~ 医学生 / a ~ of divinity [law] 神[法]学生 / a ~ *at* [《まれ》 *of*] Oxford University / a good [poor] ~ よくできる[できの悪い]学生 / one's ~ days [life] 学生時代[生活]. **2** 学者, 研究家, 学究: a ~ of old Japanese classics 日本古典の研究家 / a ~ of life 人生の探求者. **3** 《英》 **a** (大学・研究所などの)研究生. **b** [しばしば S-] (Oxford 大学 Christ Church の)特別研究員《他大学の fellow に当たる》.

stúdent bòdy *n.* [集合的] (一校の)全学生.

stúdent còuncil *n.* 《米》 学生(自治)委員会《同級生から選出されてできた委員会で, 学生・生徒を代表して校内秩序の維持や学生・生徒の自治活動を指導する》.

stúdent góvernment *n.* 学生自治(会組織).

stúdent intérpreter *n.* (領事館の)見習通訳官, 通訳生; (外務省の)外国語研修生.

stúdent làmp *n.* (高さを調節できる)読書用ランプ[電気スタンド].

stúdent pówer *n.* スチューデントパワー《学生による大学[学校]の管理運営》.

stúdent·shìp *n.* **1** 学生であること, 学生の身分. **2** 《英》 奨学金 (scholarship).

Stúdent's t distribútion 〘← *Student* (英国の統計学者 W. S. Gossett (1876–1937) の筆名)〙 *n.* 〘統計〙 ＝t distribution.

Stúdent's t tést 〘↑〙 *n.* 〘統計〙 スチューデント式テスト《母集団の平均値についての仮説を t 分布 (t distribution) によって検定する方法》.

stúdent téacher *n.* 教育実習生, 教生 (practice

teacher)《教師の実習をする在学生》.
stúdent tèaching n. 教育実習 (practice teaching).
stúdent ùnion n. 学生会館《課外活動に当てられ, 通常, 休憩室・講堂・事務室・娯楽室・学生自治会室・クラブ室などがある; students' union ともいう; cf. union 3 d》.
stúd fàrm n. 種馬飼育場, 畜産場.
stúd fèe n. 種付け料.
stúd·fìsh n. 〖魚類〗 Tennessee 川など北米の淡水産のメダカに似たキプリノドン科の小魚《雄はオレンジ色の斑点のあるオリーブがかった緑色; 次の二種をさす》: a *Fundulu scatenatus*. b *F. stellifer*.
stúd-gròom n. 馬の飼育場の馬丁頭.
stúd·hòrse 〖lateOE *stōdhors*: ⇨ stud[2]〗 n. (特に, 繁殖用の)種馬 (stallion).
stud·ied [stʌ́did | stʌ́dɪd] adj. **1** あらかじめ用意[計画]した, 故意の, 企んだ; 作意のある, わざとらしい: a ~ insult 計画的な侮辱 / a ~ indifference [simplicity] 装った無関心[無邪気] / in ~ disarray わざと身なりを構わないで / with ~ politeness わざとらしい丁寧さで. **2** 熟慮された, 考え抜かれた: one's ~ lecture 用意周到な講義 / one's ~ acceptance 熟慮の上での受諾. **3 a** 研究を積んだ. **b** 〔…に〕精通した, 明るい (versed) 〔*in*〕. **~·ly** adv. **~·ness** n.
stu·di·o [st(j)úːdiòu, -djou | stjúːdiəu] 〖《1819》⇐ It. ~ ⇐ L *studium* 'STUDY (n.)'〗 ― n. (pl. ~s) **1 a** (美術家・写真家・彫刻家・音楽家などの)仕事場, スタジオ, アトリエ, 画室, 彫刻室, 撮影場 (workshop, atelier): a photographic ~ 写真撮影室 / a movie ~ 映画撮影所. **b** (音楽・バレー・演劇などの)練習室[場]: a music ~ 音楽室. **2** 映画撮影所 (movie studio). **3** (放送局の)放送室; (音盤・テープ録音器などの)吹込み室. ― *attrib. adj.* スタジオの[でとった]: a ~ photo [portrait] (スナップ写真でなく)写真館で撮った写真.
stúdio apàrtment n. 《米》 **1** 小台所・バスルーム付きの一部屋だけの小アパート. **2** (アトリエに似た[適した])天井が高く大きな窓をとったアパート.
stúdio còuch n. 寝台兼用寝いす《通例背のつかない couch で, その下にある簡易ベッドを引き出すとダブルベッドになる》.
stúdio flàt n. 《英》 = studio apartment 2.
stu·di·ous [st(j)úːdiəs, -djəs | stjúːdjəs, -dɪəs] 〖《c1390》⇐ L *studiōs-us* ← *studium* 'STUDY': ⇨ -ous〗 ― adj. **1 a** よく勉強する, 学問に励む, 学問好きの: a ~ man 勉強家. **b** 学問[研究]の, 学究的な: a ~ life 学究生活 / ~ tastes 学究的趣味. **c** 《詩》 〈土地・場所が〉勉学[熟考]に適した. **2** 熱心な; 苦心する, 骨折る, 努める 〔*of*〕/ 〈*to* do〉: a ~ effort / ~ *of* another's comfort 人が不快でないように気を配る / be ~ *of* one's business 業務に励む / be ~ *of doing* … 努めて…したがる / be ~ *to* do [*in* doing] …するように気をつかう[骨折る]. **3 a** 慎重な, 念入りな (careful): ~ politeness 念入りの丁寧さ / with ~ attention 念入りに注意して. **b** 故意の, 企んだ, わざとした (studied): with ~ avoidance わざと避けて. **~·ly** adv. **~·ness** n.
stúd pòker n. 〖トランプ〗 スタッドポーカー《各自5枚の持札のうち, 最初の1枚だけ伏せて配られ, 2枚目からは表にしてその都度賭けながら配られる方式のポーカー》.
stúd wèlding n. 〖金属加工〗 スタッド溶接《あらかじめ植込みボルト (stud) で止め, 溶接する方法》.
stúd·wòrk n. **1** 〖建築〗 間柱(まばしら)を用いた煉瓦積み. **2** びょう (stud) を打った革細工《よろいなど》.
stud·y [stʌ́di | -dɪ] 〖n.: 《c1300》 *studie* ⇐ OF *estudie* (F *étude*) ⇐ L *studium* painstaking, study ← *studēre* to study. ― v.: 《c1300》 *studie(n)* ⇐ OF *estudier* (F *étudier*) ⇐ ML *studiāre* (← L *studium* study (n.)) = L *studēre* to be eager, apply oneself, study, 《原義》 to strike or aim at something ← IE *(s)teu- to strike, push (L *tundere* to beat)〗 ― n. **1 a** 勉強, 勉学, 学問: He likes sport more than ~. 彼は勉強よりスポーツが好きだ. **b** [しばしば one's studies として] (従事している)研究, 学業: *one's studies* abroad 在外研究 / pursue [attend] to *one's studies* 研究[学業]に精を出す / be tired of (*one's*) *studies* 勉強[研究]がいやになる / *My studies* show that… 私の研究によれば…である. **2** 研究, 考察, 考究; 検討, 調査: the ~ of economics 経済学の研究 / The Institute for Advanced *Study* (Princeton 大学の)高等学術研究所 / take up the ~ of …の研究を始める / make a (special) ~ of English usage 英語慣用法を(専門に)研究する (cf. 5) / devote one's life to ~ 生涯を研究[学問]に捧げる / The document [proposal] is *under* ~. その文書[提議]は目下研究[検討]中である. **3 a** 研究科目[題目], 研究分野[部門], 学科, 学問: graduate *studies* 大学院研究科(目) / humane *studies* 人文学科 / Archeology is a comparatively modern ~. 考古学は比較的近代の学問である / The proper ~ of mankind is man. 人間の真の研究対象は人間である (Pope, *Essay on Man* 2.2). **b** 注目[観察]に値するもの, 見物(みもの), 典型: His face was a perfect ~. 彼の顔は正に見物だった / He was a ~ *in* British calm. (その時の)彼は従容とした英国人の見本だった. **c** 研究(論文), 論考: A *Study of* History 「歴史の研究」《書名》 / *Studies in* English Literature 「英文学研究」《書名》 / a ~ *on* electronics 電子工学に関する研究論文. **4** 書斎, (個人用の)研究室, 事務室 (cf. office 1 c). **5** 《文語》 (絶えざる)努力, 骨折り, 心遣い; 努力[配慮]の対象: His constant ~ is to please his wife. 彼は妻のご機嫌とりに絶えず苦心している / Your comfort shall be my ~. あなたを安楽にすることを私の勤めとしよう / He made a ~ of my health. 彼は絶えず私の健康に留意してくれた (cf. 2). **6** 思案, 沈思; 夢想; 放心. ★ 今は次のような句にのみ用いる: in a brown ~ ぼんやり考え込んで / lost in ~ 物思いに耽って. **7 a** 〖美術〗 習作, スケッチ: a ~ of a flower 花のスケッチ / A painter's method is best revealed in his *studies*. 画家の手法は習作の中に最もよく現われる. **b** 〖音楽〗 練習曲, エチュード (étude) 〔*in*〕. **8** 〖文学〗 **a** 習作, 試作, スケッチ. **b** (特定の主題を深く追求した)主題作: *Macbeth* is a ~ of evil. 「マクベス」は悪をテーマとした作品だ. **9** 〖演劇〗 [通例, 修飾語を伴って] せりふ覚えが…の役者: a quick [slow] ~ せりふ覚えが早い[遅い]役者. **10** 〖チェス〗 (特定の主題と技法を追求した)作局, エチュード.
― *vt.* **1** 研究する; 調べる, 調査する: ~ history, medicine, English literature, etc. / ~ social conditions [the political situation] 社会状態[政治情勢]を調べる. **2 a** 学ぶ, 勉強する; 〈書物などを〉注意深く読む: ~ one's lesson 学業を勉強する / ~ typing タイプを習う / stop and ~ a sign 立ち止まって掲示をよく読む. **b** 〈せりふなどを〉覚えようと努める: ~ one's part せりふを覚える. **3** よく見る, 調べて見る; 熟視[凝視]する, じろじろ見る: ~ a menu メニューをよく見る / ~ a map 地図をよく調べる / ~ a person's face 人の顔をじっと見つめる. **4** 〈他人の希望・感情・利益などを〉考慮する, …に心を用いる; 〈人〉の意を迎える[機嫌を取る] (humor): ~ the next move 次の手[手段]を考える / ~ one's own interests 私利を図る / ~ others' convenience 他人の便宜を図る / He *studies* his wife in every possible way. なんだかんだと奥さんの機嫌取りに憂(う)き身をやつしている. **5** 志す, 目的とする; もくろむ, 企む, 謀る. ― *vi.* **1** 勉強する, 学ぶ, 勉学する; 研究する: ~ *at* a university 大学で勉強する / ~ *with* the faculty of economics 経済学部で学ぶ / ~ *under* a person 人について学ぶ, 人に師事する / ~ *for* an exam [a degree] 試験に備えて[学位取得のために]勉強する / ~ *for* the bar [church, ministry] 弁護士[牧師]を志して勉強する / He is ~*ing to* be a scientist. 科学者になろうと勉強している. **2** 《文語》 〈…しようと〉努める, 努力する (endeavor), 苦心する, 気を配る 〈*to* do〉: ~ *to* avoid disagreeable topics 不愉快な話題を避けようと気を配る / ~ *to* wrong no man だれにも迷惑をかけまいと注意する. **3** 熟考する, 熟慮する (meditate) 〔*about, on*〕.
study out (1) 案出する, 考案する: ~ *out* a new plan 新計画を案出する. (2) 明らかにする, 解く: ~ *out* a problem 問題を解き明かす. ***study up*** (特定の目的のために)特別に研究[勉強]する: *Study* it *up* in a book. 本を読んでそれをよく勉強しておきなさい. ***study up on*** 《米口語》 …を注意深く研究[検討]する.
stúdy gròup n. 研究グループ《特定の研究テーマに基づき定期的に研究会を開く研究集団》.
stúdy hàll n. 《米》 **1** (教師または上級生の監督の下に勉強[宿題]をする学校の)自習室. **2** (自習室での)自習時間.
stuff [stʌ́f] 〖n.: 《c1330》 *stof(fe), stuf(fe)* ⇐ OF *estoffe* (F *étoffe*) material, provision ← *estoffer* to provide, stuff (v.). ― v.: 《c1375》 *stuffe(n), stoffe(n)* ⇐ OF *estoff-er* (F *étoffer*) to stuff ⇐ Frank. *stopfōn (G *stopfen*) ⇐ LL *stupāre* to plug or stop up: ⇨ stop〗 ― n. **1** (特定のものを指さないで漠然と)物, 物質 (substance, matter): Lava is curious ~. 溶岩は妙な物質である / some soft [sticky] ~ 何か柔らかい[粘る]もの / some ~ they call petrol ガソリンというもの / real ~ 本物 / inch ~ インチもの, インチ板 / food ~ 食料品 / What kind of ~ is in the pillow? 枕の中身はどんな物がはいっているのか. **2 a** 種々の用途に加工[合成]された物(質). **b** 食物: ⇨ garden stuff, greenstuff / sweet ~ 菓子. **c** 飲料; (特に)アルコール飲料: good ~ ウイスキー. **d** 薬; 《俗》 麻薬, マリファナ (marijuana); ヘロイン (heroin): doctor's [doctors'] ~ 《軽蔑》 薬剤, 薬 / sleeping ~ 睡眠薬 / The druggist gave him some ~ for his headache. 薬屋は彼に頭痛の薬を渡した. **e** 商品. **f** 核分裂物質. **3 a** (ある物を作るための)材料, 原料, 資料 (material): collect the ~ for a book 本を書くための資料を集める / We are such ~ as dreams are made on. われわれは夢が作り出されている材料のようなものだ (Shak., *Tempest* 4. 1. 156–7) / Ambition should be made of sterner ~. 野望はもっと冷酷なものでできているべきはずだ (Shak., *Caesar* 3. 2. 97) / He is made of sterner ~ than his father. 彼は父親よりもしっかりしたところがある. **b** 建築材料; 木材: ~ for building / pine ~ 松材. **4** 《口語》 **a** 要素, 素質 (essence, character): the ~ of tradition 伝統の本質 / He has plenty of good ~ in him. 彼にはよい素質がある. **b** 優れた能力, 特異な才能: show the ~ 本領を発揮する. **c** (自分の)専門, 得意とする所; (自分の関わる)分野: ⇨ *do one's* STUFF / know one's ~ 自分の仕事[その道のこと]を心得ている, 万事心得ている. **5** 織物, 反物 (textile fabric); (特に, silk, cotton, linen に対し)毛織物, ラシャ (woolen fabric): silk ~ 絹布, 絹織物 / ~ goods 毛織物, ラシャ / a ~ hat ソフト帽 / ⇨ stuff gown. **6 a** 《口語》 持ち物, 所持品 (personal belongings): I had my ~ carried up to the room. 私の荷物を上の部屋まで運んでもらった. **b** 家財道具 (household goods); 家具. **c** 弾丸 (bullets). **7 a** つまらないもの, がらくた; くだらない[ばかげた]こと[考え, 話], たわごと: Take that ~ away. そのがらくたをあっちへやれ / All ~! I don't believe a word of it. 皆でたらめだ, 信じるものか / What ~ he writes! 何というくだらない物を書くんだろう / What ~! 何だくだらない / His poems are [His new book is] poor ~. 彼の詩[今度の本]はつまらないものだ / None of your ~! へらず口をきくな, たわごとを言うな / *Stuff* (and nonsense)! ばか言え, くだらない / and ~ ⇨ 成句. **b** (文学)作品: write good ~. **c** 《口語》 (記者や作家間で)原稿. **8** 《口語》 (ある)やり方, 言葉つき: rough ~ 乱暴な仕打ち[言葉]. **9** [通例 the ~] 《口語》 金銭, 現なま (cash). **10** 《米口語》 **a** 〖野球〗 (投手の, カーブなどの)制球力; (投手の)球威. **b** 〖玉突〗 プレーヤーが球をコントロールする能力. **11** 〖製紙〗 紙料 《stock ともいう》.
a bit of stuff 《英俗》 (かわいい)女の子; (尻軽な)女, あま. ***and stuff*** 《口語》 その他くだらないもの: You read SF *and* ~. 君は SF だの何だのくだらないものばかり読んでいる. ***do one's stuff*** (1) 自分のやるべきこと[仕事]をちゃんとやる. (2) 《俗》 手並み[得意な所]を見せる. ***strut one's stuff*** 《米俗》 = *do one's* STUFF (2). ***That's the stuff (to give 'em [the troops])***. 《口語》 (同意・賛意を表わして)それこそぴったりだ, それがいい, それそれ.
― *vt.* **1 a** 〈入れ物・クッションなど〉に〔…を〕詰める, ぎっしり詰める (fill, pack) 〔*with*〕: ~ a bag *with* old clothes 袋に古着を詰める / a cushion ~*ed with* feathers 羽毛を詰めた座ぶとん. **b** 〈狭い場所などを〉〈人で〉いっぱいにする, …に〔人を〕詰め込む〔*with*〕: A crowd of people ~*ed* the narrow lane. 群衆が狭い道にぎっしり詰めかけていた / The train is ~*ed with* passengers. 列車はすし詰めだ. **c** 〈料理の鳥など〉に〔…で〕詰め物をする〔*with*〕: ~ a duck *with* sage and onions あひるの腹にセージと玉ねぎを詰める. **d** 〈腹〉に〔食物を〕詰め込む, …の腹を一杯にさせる〔*with*〕: ~ one's stomach [a child] (*with* food) 腹一杯食べる[子供に腹一杯食べさせる] / ~ oneself (*with* food) (食物を)食べ過ぎる, 腹一杯食べる. **e** 〈剥製の鳥など〉に綿を詰める; 〈鳥など〉を剥製にする: a ~*ed* bird 剥製の鳥. **2** [しばしば軽蔑的に] 〈頭の中を〉〔知識・思想などで〕一杯にする〔*with*〕: ~ one's mind [head] *with* knowledge 知識を頭に詰め込む / a head ~*ed with* fancies 空想で一杯になっている頭. **3** 〈物を〉〔…に〕押し込む, 突っ込む (thrust, press) 〔*in, into*〕: ~ a newspaper *into* one's pocket 新聞をポケットにねじ込む / ~ one's fingers *into* one's ears 耳に指を突っ込む / ~ the notes *in* one's pocket 札束をポケットに押し込む. **4 a** 〈すき間・穴などを〉ふさぐ 〈*up*〉 / 〔*with*〕: ~ (*up*) one's ears *with* cotton 耳に綿で栓をする. **b** 〈鼻を〉詰まらせる 〈*up*〉: My nose is ~*ed up*. 鼻が詰まっている. **5** 《米》 〈投票箱〉に不正投票をする. **6** 〈皮〉に加脂する, 油脂を浸透させる〔*with*〕. **7** 《英俗》 だます (hoax). **8** 《卑》 〈男性が〉〈女性〉と性交する. **9** 〖サッカー・ホッケー〗 〈ボール・パックを〉ゴールに近接した地点から激しく打ち込む. ― *vi.* 食物を腹に詰め込む, たらふく食べる, がつがつ食う.
Get stuffed! 《俗》 (人の言ったことに対して嫌悪を表わして)もういい, あっちへ行け.
stúff chèst n. 〖製紙〗 スタッフチェスト (chest).
stúffed shírt n. 《口語》 もったい振った人, できもしないのにできる振りをする人.
stúff·er n. **1 a** 詰める人, 込め物を入れる人. **b** 請求書・ビラなどを封筒などに入れる人. **2** 請求書などと共に同封されるもの《ビラ, パンフレットなど》. **3** 〖織物〗 重量・かさ・強さをもたせるために布の経(たて)方向に入れる糸.
stúff gòwn n. 《英》 **1** (ジュニアバリスター (junior barrister) が着る)ラシャガウン (cf. silk 3 b). **2** ジュニアバリスター.
stúff·ing n. **1** 詰めること. **2 a** (ふとん・枕・人形などに詰める)詰め物《羽毛・毛・綿・わらなど》. **b** (料理の鳥などに詰める)詰め物. **3** (新聞・雑誌などの)埋め草 (padding). **4** 《口語》 内臓, はらわた (innards).
knock [beat, take] the stuffing out of 《口語》 (1) …をやっつける, …の鼻をへし折る. (2) …の元気をくじく, 弱らせる. (3) …を論破する.
stúffing bòx n. 〖機械〗 パッキン箱, 詰め箱 (packing case).
stúffing nùt n. 〖機械〗 パッキン箱 (stuffing box) の押えナット (packing nut).
stúff shòt n. 〖バスケットボール〗 = dunk shot.
stuff·y [stʌ́fi | -fɪ] 〖《1551–52》: ⇨ -y[4]〗 ― adj. (stuff·i·er; -i·est) **1 a** 〈部屋など〉風通しの悪い, むっとする, 息詰まるような. **b** 〈空気など〉うっとうしい. **2 a** 息苦しい, 息が詰まりそうな: I feel ~ in this room. この部屋は息が詰まりそうだ. **b** (風邪などで)鼻の詰まった. **3** 《口語》 **a** 〈文章・講演など〉重苦しい, くどい (stodgy). **b** 精彩を欠いた, 退屈な. **c** 古風な, 古臭い, 保守的な. **d** 野暮な, 堅苦しい, しかつめらしい. **4** 《口語》 怒った, 腹を立てた, 不機嫌な (sulky).
stúff·i·ly [-fɪli, -fə- | -fɪli] adv. **stúff·i·ness** n.
stug·gy [stʌ́gi, stúgi | -gɪ] adj. 《英方言》 = stocky.
stui·ver [stáɪvə | -və(r)] n. = stiver.
Stu·ka [stúːkə; G. ʃtúːka] 〖← G *Stu(rz)ka(mpf-flugzeug)* dive-battle bomber〗 n. スツーカ《第二次大戦中のドイツの急降下爆撃機; cf. BATTLE[1] of Britain》.
stull [stʌ́l] 〖⇐ ? G *Stollen* prop〗 n. 〖鉱山〗 (切羽(きりは)

の部分を支持する)横木, 押木.

St. Úl·mo's fire [light] [sèɪntʌ́lmouz-|sn̩tʌ́lməuz-, sənt-, sɪnt-] *n.* 〘気象〙＝St. Elmo's fire.

stul·ti·fy [stʌ́ltəfàɪ | -tɪ-] 〚《1766》□ LL *stultificāre* ← L *stultus* foolish : ⇨ -fy〛 ── *vt.* **1** ばかに[ばからしく]見せる : ～ oneself by silly conduct 愚かな行為でばか[恥]をさらす. **2** (抑圧的な力・その後の矛盾した行為などで)無効にする, 台無しにする, ぶちこわす: the ～*ing* atmosphere 気力を損う雰囲気 / ～ *oneself* 自家撞(ﾄﾞｳ)着に陥る / Centralization *stultifies* local initiative. 中央集権化は地方の主導性を封じる. **3** 〘法律〙〈自己・人〉の無能力を申し立てる[証明する]: ～ oneself [a person]. **stul·ti·fi·ca·tion** [stʌ̀ltəfɪkéɪʃən, -fə- | -tɪfɪ-] *n.* **stúl·ti·fì·er** *n.*

stum [stʌ́m] 〚《1662》□ Du. *stom* (n.) stum ← *stom* (adj.) dumb ← Gmc **stam-* (↓): cf. F (*vin*) *muet* mute (wine)〛 ── *n.* **1** 未発酵の[発酵を止めた]ぶどう液 (must). **2** (未発酵ぶどう液を加えた)再生ぶどう酒. ── *vt.* (**stummed ; stum·ming**) 未発酵ぶどう液を加えて〈ぶどう酒〉の発酵を促進する.

stum·ble [stʌ́mbl] 〚《*c*1303》*stomble(n)*, *stumble(n)* □ ON **stumla* (Dan. 《方言》 *stumle* / Swed. 《方言》 *stomla* to stumble) ← Gmc **stum-*, **stam-* 'to STAMMER'〛 ── *vi.* **1** つまずく, よろめく; よろめき歩く, よろよろしながら行く: ～ and fall よろめいて倒れる / ～ *on* [*over*] a stone 石につまずく / ～ *along* (a road) (道路を)よろめきながら歩いて行く / The key ～*d into* the lock. 鍵ががちゃがちゃと錠に入った. **2** へまをやる, 失策する, やり損なう; (特に, 道徳的に)しくじる, 過ちを犯す: ～ and learn 間違うことによって覚える / ～ *in* carry*ing* out a plan 計画を実行する段階でミスをする / ～ *into* crime 過って罪を犯す. **3** どもる, 口ごもる, つかえる, つかえつかえ言う: ～ *at* a proper noun 固有名詞でつかえる / ～ *in* one's speech 言葉がしどろもどろになる / ～ *over* one's words 言葉がつかえる / ～ *through* a lesson [recitation] 課題[暗唱]をつかえながら言い終える. **4** 〔…に〕偶然出くわす, 〔…を〕ひょっこり見つける 〔*on, upon, across*〕: ～ *on* the truth 思いがけず真相に突き当たる / ～ *upon* a rare book 珍しい本を偶然見つける / ～ *across* a clue ひょっこり手がかりを見出す. **5** 〔教義などを〕信じることをためらう〔*at*〕. ── *vt.* **1** つまずかせる, よろめかす. **2** まごつかせる, 困らせる: The problem ～*d* me. その問題には参った. ── *n.* **1** つまずき, よろめき. **2** 失策, 間違い; (道徳上の)しくじり, 過失. **stúm·bler** [-blə | -blə(r] *n.*

stúmble·bùm 〚⇨ ↑, bum²〛 *n.* 《米俗》 **1** 下手な[弱い]プロボクサー. **2** 無器用で無能な奴.

stúm·bling [-blɪŋ] 〚《15C》〛 *adj.* **1** つまずき[よろめき]ながらの. **2** どもりながらの, つかえつかえする. **～·ly** *adv.*

stúmbling blòck 〚《1526》: Tyndale が Gk *próskomma* の訳語として用いた: cf. *Rom.* 14:13〛 ── *n.* つまずきの石; 邪魔物, 障害物: a ～ *to* faith [progress] 信仰[進歩]の障害となるもの.

stu·mer [st(j)ú:mə | stjú:mə(r] 〚《1890》← ?〛 ── *n.* 《英俗》 **1** 偽造[不渡り]小切手, にせ札[金]. **2** いんちきなもの, にせもの, まがいもの; (特に, 競馬の八百長による)負け馬. **3** 失敗, へま.

come a stumer 《豪》 破産する. ***run a stumer*** 《豪》 八百長レースをやる.

stump [stʌ́mp] 〚《?*c*1350》 *stompe, stumpe* □ MLG *stump(e)* ∥ (M)Du. *stomp* ← Gmc **stamp-* 'to STAMP'〛 ── *n.* **1** (切り倒した木の)切株, 根株 (stub, stock). **2 a** 切断後の手足の基部. **b** 歯の根. **c** 葉巻の吸残し. **d** 鉛筆の端切れ. **e** (蠟燭の)使いさし. **3** [*pl.*] 短く刈り込んだ毛. **4 a** 義足 (wooden leg): wear a wooden ～ 木製の義足をつけている. **b** [通例 *pl.*] 《口語・戯言》 足 (leg). **5 a** (義足をつけた人のような)重い足どり. **b** 重い足音. **6 a** 《古》(もと米国の新開地で政談の演説台として用いられた)演説用の木の切株. **b** 《米口語》 政治演説台[場] (cf. stump speaker, SOAPBOX orator): on the ～ 政治演説をして / take [go on] the ～ 政治演説に行く, 遊説する. **7** ずんぐりした人. **8** 《米口語》(難事への)挑戦. **9** 〘美術〙 擦筆(ｻｯﾋﾟﾂ) 《クレヨン画・木炭画・鉛筆画などのぼかしに用いる紙や柔らかい革などを円錐形に巻いたもの》. **10** 〘クリケット〙 **a** 柱, スタンプ《現在は各側 3 本, 以前は 2 本ずつあった; ⇨ wicket 挿絵》: ⇨ off stump, leg stump, middle stump. **b** ＝stumper 4. **11** 椅子・ソファーなどひじかけ前部の支柱 (cf. post¹ 5).

draw stumps 〘クリケット〙 試合を終える[中止する]. ***stir one's stumps*** 《口語》 (1) 速く歩く, 急ぐ; 活発にダンスをする. (2) てきぱき[きびきび]やる. ***up a stump*** 《米口語》 途方に暮れて, 閉口して.

── *vt.* **1** 〈木を〉切って株にする, 〈木を〉刈り込む (lop). **2 a** 〈土地〉から切株を取り除く: ～ land. **b** 〈木を〉根こそぎ抜く. **3** [主に p.p. 形で] 《口語》 困らせる, 当惑させる (puzzle, embarrass): be ～*ed* by an examination 試験が難しくて参る / I am ～*ed*. 困った, 途方に暮れた. **4** 〈場所を〉重い足どりで歩く. **5** 《米口語》 遊説して回る, 政治演説をする: ～ the country [a constituency] 地方[選挙区]を遊説して回る. **6** 《米口語》〈人〉に〈…するように〉言う; …に挑む, 挑戦する 〈*to do*〉: He ～*ed* me *to* jump the fence. 垣根を飛び越せるなら越してみよと彼は私に挑んだ. **7** 《米南部》(つまずいて)〈足指などを〉ぶつける (stub): ～ one's toes against a stone 石につま先をぶっつける. **8** 《英俗》 **a** 〈金を〉支払う, 渡す (pay, hand over) 〈*up*〉. **b** 〈人を〉無一文にする. **9** 〘クリケット〙〈捕手 (wicketkeeper) が〉(球で三柱門の横木を打ち落とし)〈位置を離れている打手を〉アウトにする 〈*out*〉. **10** 〘美術〙 …に擦筆(ｻｯﾋﾟﾂ)で陰影をつける, 擦筆で和らげる[ぼかす]. ── *vi.* **1** (義足で, または義足で歩くように)とぼとぼ[どしんどしん]歩く: ～ across the room [along the corridor] 部屋[廊下]をどしんどしんと歩いて行く. **2** 《米口語》 政治演説をする, 遊説する: a ～*ing* trip (選挙の)遊説旅行. **3** 《英俗》 金を支払う 〈*up*〉.

stump·age [stʌ́mpɪdʒ] *n.* 《米》 **1** 立木値段. **2** 立木伐採権. **3** 市場価値のある立木.

stúmp bèd *n.* 天蓋や柱のないベッド.

stúmp·er *n.* **1** 切株を取り除く人. **2** 当惑させるもの, (特に)難問, 難題. **3** 《米口語》 ＝stump speaker. **4** 〘クリケット〙 ＝wicketkeeper.

stúmp·knòcker *n.* 〘魚類〙 ＝spotted sunfish 2.

stúmp màst *n.* 〘海事〙 **1** 上檣を取り付けてない状態の下檣. **2** 折れたマスト.

stúmp òrator *n.* 《米口語》 ＝stump speaker.

stúmp òratory *n.* 《米口語》 ＝stump speech.

stúmp spèaker *n.* 《米口語》 政治[選挙]演説家.

stúmp spèech *n.* 《米口語》 政治演説, 選挙演説.

stump·y [stʌ́mpi | -pɪ] 〚《1600》: ⇨ stump, -y⁴〛 ── *adj.* (**stump·i·er ; -i·est**) **1** 切株だらけの, 切株の多い. **2** 切株のような; ずんぐりした, 太くて短い (stubby, stocky): a ～ man, pencil, book, etc. ── *n.* 《英俗》 金 (money), 現金 (cash). **stúmp·i·ly** [-pɪli, -pə- | -lɪ] *adv.* **stúmp·i·ness** *n.*

stun [stʌ́n] 〚《*a*1325》 *stone(n)*, *stune(n)* □ OF *eston-er* (F *étonner*) < VL **extonāre* (⇨ ex-¹)＝L *attonāre* ← AD-＋L *tonāre* 'to THUNDER': cf. astonish, astound〛 ── *vt.* (**stunned ; stun·ning**) **1** (打撃・震蕩(ｼﾝﾄｳ)などで)気絶させる, 人事不省に陥らせる, …の気を失わせる, 目を回させる: I was ～*ned* with a blow. 一撃をくらって目が回った. **2** 〈音響が〉…の耳をがーんとさせる; (騒音・爆発音などで)ぼうっとさせる (daze). **3** (驚き・疑惑などで)あぜんとさせる, ぼんやり[ぼうっと]させる, びっくりさせる, 肝をつぶさせる: The news ～*ned* him. その知らせに呆然(ﾎﾞｳｾﾞﾝ)となった / He was completely ～*ned* by the (news of the) disaster into silence. 不幸(の知らせ)でぽかんとして口がきけなくなった. **4** 〘石材〙の表面に引っ掻き傷をつける. ── *n.* 気絶すること; 気絶状態, 人事不省.

Stun·dism [stúndɪzm, ʃtún-] 〚《1888》□ Russ. *shtundizm* ← *shtunda* (↓)〛 ── *n.* 〘キリスト教〙 スツンダ派《1860 年ごろロシヤ農民間に起こったキリスト教プロテスタントの一派で, 正教会の教義・典礼を排斥し, 友愛と勤労を高唱したがひどく迫害された》.

Stún·dist [-dɪst, -dəst | -dɪst] 〚《1878》□ Russ. *shtundist* ← *shtunda* stundism ← G *Stunde* hour, lesson (ドイツ人の入植者たちがその集会をこう呼んだことから)〛 ── *n.* スツンダ教徒 (cf. Stundism).

stung *v.* sting の過去形・過去分詞.

stún gàs *n.* 錯乱(ｻｸﾗﾝ)ガス, スタンガス《一時的に方向感覚麻痺や錯乱を起こす催涙ガス》.

stún gùn *n.* スタン銃《砂・散弾などの入った小さな袋を発射する銃身の長い銃で, 暴動鎮圧用; cf. baton gun》.

stunk 〚《17C》〛 *v.* stink の過去形・過去分詞.

stún·ner *n.* **1 a** 気絶させる人[もの], 目を回させる人[もの]; 気絶させるような一撃. **b** 思いがけぬ出来事. **2** 《口語》 びっくりさせる人[もの], すばらしい人[もの], すてきな代物, すばらしい美人.

stún·ning *adj.* **1 a** 気絶させる, 目を回させる: a ～ blow がーんという一撃. **b** びっくりさせる, ぼうっとさせる. **c** 〈音が〉耳をつんぼにさせるような, 耳を聾(ﾛｳ)する (deafening). **2** 《口語》 **a** 驚くべき, すばらしい, すばらしくりっぱな (splendid). **b** とても魅力的な; すごく美人の. **c** 感動的な. **～·ly** *adv.*

stun·sail [stʌ́nsəl, -sl] 〚STUDDING SAIL の発音綴り〛 *n.* (*also* **stun·s'l** [～]) 〘海事〙 ＝studding sail.

stunt¹ [stʌ́nt] 〚《1583》《廃》 to irritate ← OE *stunt* foolish < Gmc **stuntaz* : ⇨ stint²: 今の意味は cog. ON *stuttr* short, stunted の影響か〛 ── *vt.* …の発育を止める[妨げる], いじけさせる, 縮こませる (cramp, dwarf); 〈成長・発達を〉妨げる (cf. stunted): ～ a child [plant] 子供[植物]をいじけさせる / ～ the growth of a nation's power 国力の発展を阻止する. ── *n.* **1** (発育・発達の)阻止, 阻害; 阻害された成育[発達]. **2** 発育を阻害された[いじけた]動物[植物]. **3** 〘植物病理〙 萎縮《発育が阻止されることを特色とする植物の病気》.

stunt² [stʌ́nt] 〚《1895》← ?: 最初は米大学の体操用語: cf. stump (n. 8)〛 ── *n.* **1** 妙技, 離れわざ (feat, trick); 高等飛行, 曲乗り飛行, スタント. **2** 人目を引くための行動, (政治家などの)大見え(を切ること): a publicity [propaganda] ～ 自家広告[宣伝] / That's a good ～. そいつは妙案だ. **3** 〘アメリカンフットボール〙 スタント《ディフェンスのプレーヤーがボールがスナップされる時ポジションを換えること》. ── *vi.* **1** 曲乗り飛行をする, 曲芸操縦する. **2** 人目を引く風変わりなことをする. **3** 〘アメリカンフットボール〙(正規の方法でなく)隣の者とスイッチしてラッシュする. ── *vt.* 〈飛行機など〉で離れわざをやる.

stúnt·ed [-tɪd, -təd | -tɪd, -təd] *adj.* 発育[発達]の止まった, 成長[生長]の止まった, いじけた: a ～ tree. **～·ness** *n.*

stúnt gìrl *n.* 〘映画〙 スタントガール (⇨ stunt man).

stúnt màn *n.* 〘映画〙 スタントマン《危険な場面で俳優の代役を演じる俳優; 女性の場合は stunt girl という》.

stu·pa [st(j)ú:pə | stjú:-] 〚□ Skt *stūpa* tuft of hair: cf. tope³〛 ── *n.* 〘仏教〙 ストゥーパ《神聖な遺物(仏の遺骨など)を納めた円形の築山》; (その上に建てる)塔, 仏舎利塔 (cf. dagoba). ★ 日本で墓地に建てるいわゆる卒塔婆(ｿﾄﾊﾞ)(Skt. *stūpa* の音写)はその頂部がこの塔の形に擬してある.

stupe¹ [st(j)ú:p | stjú:p] 〚《*c*1400》 *stup(p)e* □ L *stuppa* tow □ Gk *stúppē*: cf. Skt *stūpa* (↑)〛 〘医学〙 ── *n.* 温湿布. ── *vt.* 〈体の一部〉に温湿布(を)する; 温蒸する, 蒸す (foment).

stupe² [st(j)ú:p | stjú:p] 〚《1762》《略》← STUPID〛 *n.* 《俗》 間抜け, のろま, とんま, ばか.

stu·pe·fa·cient [st(j)ù:pəféɪʃənt | stjù:pɪ-, stjʊ̀pɪ-] 〚□ L *stupefacient-em* (pres.p.): ⇨ stupefy, -ent〛 ── *adj.* 昏睡(状態)に陥れる, 意識を混濁させる. ── *n.* 全身麻酔剤 (narcotic).

stu·pe·fac·tion [st(j)ù:pəfǽkʃən | stjù:pɪ-, stjʊ̀pɪ-] 〚《1543》□ F *stupéfaction* : ⇨ stupefy, -faction〛 ── *n.* **1** 麻痺させること; 昏睡(状態) (stupor). **2** ぼうっとなること; あっけにとられること, 仰天.

stu·pe·fac·tive [st(j)ù:pəfǽktɪv | stjù:pɪ-, stjʊ̀pɪ-] *adj.* 《古》 ＝stupefacient.

stu·pe·fy [st(j)ú:pəfàɪ | stjú:pɪ-, stjúːp-] 〚《1596》□ F *stupéfi-er* □ L *stupefacere* ← *stupēre* to be benumbed or stunned＋*facere* to make: ⇨ stupid, -fy〛 ── *vt.* **1** 麻痺させる (benumb). **2** …の知覚[感覚]を鈍くする, ぼうっとさせる: be *stupefied with* drink [grief] 酒[悲しみ]で頭がぼうっとなる. **3** 仰天させる, びっくりさせる: be *stupefied by* the accident その事件にびっくりする. **stú·pe·fì·er** *n.*

stú·pe·fỳ·ing·ly *adv.* 仰天させるほどに, 呆(ｱｷ)れ返るばかりに.

stu·pen·dous [st(j)u:péndəs | stju:-, stjʊ-] 〚《1666》□ L *stupendus* amazing (gerundive) ← *stupēre* : ⇨ stupid, -ous〛 ── *adj.* **1** 仰天させるような, あっと言うほどの, 驚嘆すべき. **2** 途方もない, ばかに大きい (prodigious), すばらしい: a ～ achievement すばらしい業績 / a ～ error [folly] 途方もない誤り[愚行] / a ～ structure 巨大な建物. **～·ly** *adv.* **～·ness** *n.*

stu·pe·ous [st(j)ú:piəs | stjú:piəs, -pjəs] 〚□ L *stūp(p)eus* ← *stūpa* tow : ⇨ stupe¹, -ous〛 *adj.* 〘生物〙 ＝stupose.

stu·pid [st(j)ú:pɪd, -pəd | stjú:pɪd, stjúp-] 〚《1541》□ F *stupide* ∥ L *stupid-us* ← *stupēre* to be stunned or benumbed ← IE **(s)teu-* to strike, thrust (Gk *túptein* to beat): ⇨ type, -id⁴〛 ── *adj.* (～**·er**; ～**·est**) **1** ばかな, 愚かな; のろまな, 頭の鈍い; 非常識な, 無分別な: a ～ fellow 間抜けなやつ / a ～ act [answer, mistake] ばかな行為[答え, 誤り] / I am always ～ *at* seeing jokes. 頭が鈍くていつも冗談に気がつかない / It is ～ *of* you to believe him. やつの言うことを信用するなんて君も無分別な. **2** くだらない, つまらない, 退屈な, 面白くもない (boring): a ～ joke くだらない冗談 / a ～ book [party] つまらない本[パーティー]. **3** 無感覚の, 麻痺した (stupefied): ～ *from* [*with*] drink [sleep] 酔って正体を失って[眠くて頭がぼうっとなって]. **4** 《口語》 いまいましい (vexatious), 腹の立つ, 癪にさわる (exasperating): This ～ pen won't write. このいまいましいペンじゃ書けやしない. **5** 《英方言》 頑固な, 強情な (obstinate). ── *n.* 《口語》 間抜け, ばか者. **～·ly** *adv.* **～·ness** *n.*

stu·pid·i·ty [st(j)u:pídəti | stju:pídətɪ, stjʊ-, -dɪ-] 〚《1541》□ F *stupidité* ∥ L *stupiditāt-em* : ⇨ ↑, -ity〛 *n.* **1** ばか, 間抜け, 愚鈍. **2** ばかげた考え[言葉, 行為].

stu·por [st(j)ú:pə | stjú:pə(r] 〚《*a*1398》□ L ← *stupēre* : ⇨ stupid, -or¹〛 ── *n.* **1** 昏睡(状態), 意識混濁 (coma): fall into a heavy ～ 人事不省に陥る. **2** (驚いて)ぼうっとなること, 仰天, 呆然(ﾎﾞｳｾﾞﾝ)自失 (utter amazement). **stú·por·ous** [-pərəs] *adj.*

stu·pose [st(j)ú:pous | stjú:pəus] 〚□ ML *stūpōs-us* ← L *stūpa* tow: ⇨ stupe¹, -ose¹〛 *adj.* 〘生物〙 麻くずのような毛[ろうろう]におおわれた (stupeous).

stur·dy¹ [stə́:di | stə́:dɪ] 〚《?*c*1225》 *stourdi* 《廃》 fierce, violent □ OF *esto(u)rdi* (F *étourdi*) stunned, dazed (p.p.) ← *estourdir* (F *étourdir*) < VL **exturdīre* to be dizzy like a thrush drunk with grapes ← EX-¹＋L *turdus* thrush〛 ── *adj.* (**stur·di·er ; -di·est**) **1 a** たくましい, 頑丈な; 元気な: a ～ youngster たくましい若者 / a ～ oak 頑丈なカシの木. **b** (材質・出来上りなど)丈夫な, しっかりした: a ～ house 頑丈な造りの家. **c** 〈植物など〉生長力の強い, 耐寒性の (hardy): a ～ plant 耐寒性植物. **2 a** 頑強な, 不屈の: a ～ opponent 頑強な相手 / ～ courage [patriotism] 不屈の勇気[愛国心]: a ～ resistance 頑強な抵抗. **b** 健全な, しっかりした: ～ common sense 健全な常識. **stúr·di·ly** [-dɪli, -də- | -lɪ] *adv.* **～·ness** *n.*

stur·dy² [stə́:di | stə́:dɪ] 〚《1570》□ OF *estourdie* giddiness (fem. p.p.) ← *estourdir* (↑)〛 *n.* 〘獣医〙 ＝gid.

stúrdy béggar *n.* 《古》 身体が丈夫なくせに働かずに乞食をする人.

stur·geon [stə́:dʒən | stə́:-] 〚《*c*1300》□ AF ～＝(O)F *esturgeon* < VL **sturiōne* □ Gmc **sturjōn* (OE *styrga* / OHG *sturjo* (G *Stör*) / ON *styrja*)〛 ── *n.* (～**s**, ～) 〘魚類〙 **1** チョウザメ《北半球の淡水または海水に生息するチョウザメ科チョウザメ属 (*Acipenser*) の魚類の総称; 水底すれすれに泳ぐ》. **2** タイセイヨウチョウザメ (*A. sturio*) 《そのはららごを塩づけにしたもの

が caviar; cf. sterlet).

Sturluson, Snorri *n.* ⇨ Snorri Sturluson.

Sturm·ab·tei·lung [ʃtúəmàːptaɪlʊŋ | ʃtúəm-; *G.* ʃtúrmaptàɪlʊŋ] 〖□ G ～ 'storm-division, storming party'〗 ── *n.* 突撃隊, エスアー《1921 年に組織されたナチ党の準軍事的な大衆組織; 1934 年に隊長 E. Röhm [roːm] らが粛清されてのち改組; 略 SA, S.A.; 茶色のシャツを着ていたので Brown Shirt とも呼ばれた》.

Sturm und Drang [ʃtúəm-ʊnt-dráːŋ | ʃtúəm-; *G.* ʃtúrm-ʊnt-dráŋ] 〖□ G ～ 'storm and stress' (⇨ storm, throng): F. M. Klinger 作の戯曲 *Sturm und Drang* (1776) にちなむ〗 ── *n.* [the ～] **1** 〘文学〙疾風怒濤(ど), シュトルム ウント ドランク《1770 年代のドイツに起こった激越なロマン主義的文学運動; 理性的な形式主義に反抗し個性の解放と主観の自由を唱導した; Herder, Hamann, Goethe, Schiller などがその代表; 英語では Storm and Stress という》. **2** 動乱, 動揺, 革命 (turmoil).

Stur·ni·dae [stə́ːnədìː | stə́ːnɪ-] 〖← NL ～ ← *Sturnus* (属名: ⇨ starling[1]) + -IDAE〗 *n. pl.* 〘鳥類〙(スズメ目) ムクドリ科.

sturt [stə́ːt | stə́ːt] 〖ME ～ (音位転換) ← *strut* ← ? OE *strūtian* to struggle: cf. strut[1]〗 *n.* 《スコット》口論, 論争 (contention); 騒動 (disturbance).

stuss [stʌ́s] 〖□ Yid. *s(h)tos* □ G *Stoss* push: cf. ↓〗 *n.* 〘トランプ〙スタッシュ《faro を単純化した賭博ゲーム》.

stut·ter [stʌ́tə | -tə(r)] 〖(1570) ← (廃・方言) *stut* < ME *stutte(n)* ← Gmc **stut-*, **staut-* (MLG & MDu. *stōten* / G *stossen* to push) ← IE **(s)teu-* to push, strike: ⇨ -er[4]: cf. stint[2]〗 ── *vi.* **1** どもる (stammer). **2** 休み休み進む[行なう]. ── *vt.* **1** どもりながら言う ⟨*out*⟩: ～ (*out*) an apology どもりながら言い訳する. **2** どもるような音を立てる. ── *n.* どもること; どもり: speak without a ～ どもらずにしゃべる. **～·er** [-tərə | -tərə(r)] *n.*

stút·ter·ing·ly [-tərɪŋli | -tərɪŋli] *adv.* どもりながら.

Stutt·gart [stʊ́tgɑət, stúːt-, ʃtʊ́t-, ʃtúːt-, stʌ́t- | stʊ́tgɑːt; *G.* ʃtʊ́tgart] *n.* シュトゥットガルト《西ドイツ南部, Neckar 河畔の都市, Baden-Württemberg 州の首都; 人口 634,000》.

Stúttgart disèase *n.* 〘獣医〙=canine leptospirosis 《Stuttgart's disease ともいう》.

Stuy·ve·sant [stáɪvəsənt], **Peter** *n.* ストイフェサント《1592–1672; New Netherland (今 New York のある所) のオランダ植民地時代の最後の総督 (1646–64)》.

St. Válentine's Dày *n.* 聖ヴァレンタインの祝[祭]日; バレンタインデー《2 月 14 日; 当日恋人に贈り物や valentine と呼ばれるカードなどを送るならわしがある; ただしこの慣行は, Valentine 自身よりも, 異教の祭 Lupercalia, あるいはこの日から小鳥たちが一対になり始めるという伝承と関連したものといわれている; 単に Valentine('s) Day ともいう》.

St. Vin·cent [sèɪntvínsənt, -snt | sn(t)vínsənt, sən(t)-, sɪn(t)-, -snt] *n.* **1** 西インド諸島東部, Windward 諸島の一島; 面積 344 km². **2** 同島と Grenadines 諸島北部とから成る英連邦内の西インド諸島国家連合 (West Indies Associated States) の一部; 1979 年独立して St. Vincent and the Grenadines (セントビンセントおよびグレナディーン諸島) となる; 人口 90,000, 面積 389 km², 首都 Kingstown [kíŋstaʊn, kíːŋz-].

St. Víncent, Cape *n.* サンビセンテ岬《ポルトガル南西端の岬; ポルトガル語名 Cabo de São Vicente [kábudəsẽuviséntə]》.

St. Ví·tus's dánce [sèɪntváɪtəsɪz-, -səz- | sn(t)váɪt-, sən(t)-, sɪn(t)-] 〖少年殉教者 St. Vitus がこの病気にかかったから, またはこの聖者に祈願すれば直ると信じられたことから〗 ── *n.* 〘病理〙セントウイツスの舞踏《舞踏病 (chorea) の流行型をさした古名》.

Ś-twist [és-] *n.* 〘紡織〙(縒(よ)線が S となる) S 縒, 右縒 (cf. Z-twist).

sty[1] [stáɪ] 〖(?a1200) *sti(e)* < OE **stī* (cf. *stīfearh* sty-pig) < Gmc **stijam* (ON **stí* (cf. *svínstí* swine-sty) / OE *stiġ* pen, sty, hall (cf. *stigweard* 'STEWARD') ← ? IE **stai-* 'to stop up, thicken; STONE'〗 ── *n.* **1** 豚小屋 (pigsty). **2 a** (豚小屋のように)きたない家. **b** 悪のたまり場[巣]: the ～ of vice 罪悪の巣. **c** 売春宿. ── *vt.* **1** ⟨豚を⟩豚小屋に入れる. **2** (豚小屋のように)きたない家に入れる[泊まらせる]. ── *vi.* 豚小屋(のような家)に住む.

sty[2] [stáɪ] 〖(1617) (逆成) ← (方言) *styany* ← *styan* sty (< OE *stīgend* (原義) riser ← *stīgan* to rise, ascend < Gmc **stīʒan* ← IE **steigh-* to stride, rise) + EYE: この *styany* を *sty on eye* の短縮と誤解〗 ── *n.* (*also* **stye** [～]) 〘病理〙ものもらい, 麦粒腫(しゅ): have a ～ in one's eye.

Styg·i·an, s- [stídʒiən, -dʒən | -dʒɪən] 〖(1566) ← L *Stygius* □ Gk *Stúgios* ← *Stúx* 'STYX': ⇨ -an[1]〗 ── *adj.* **1** ステュクス (Styx) の, 三途(ず)の川の. **2 a** 地獄の. **b** 陰鬱な, 真っ暗な: ～ gloom [darkness] (地獄のような)真っ暗闇. **3** 死の (deathly). **4** ⟨誓いが⟩義務的な (binding), 取り消せない (irrevocable), 破ってはならない (inviolable): a ～ oath.

styl-[1] [staɪl] (母音の前に来る時の) stylo-[1] の異形.

styl-[2] [staɪl] (母音の前に来る時の) stylo-[2] の異形.

sty·lar [stáɪlə, -lɑə | -lə(r)] 〖← NL *stylāris*: ⇨ style[1], -ar[1]〗 *adj.* 尖(せん)筆状の (styliform); ペン[鉛筆]状の.

-sty·lar [stáɪlə, -lɑə | -lə(r)] 〖← Gk *stūlos* pillar + -AR[1]〗「…の柱を備えた」の意の形容詞連結形: amphi*stylar*.

style[1] [stáɪl] 〖(a1325) □ (O)F ～, (廃) *stile* □ L *stilus* stake, stylus, manner of writing, mode of expression < ? **st(o)i-lo-* something pointed ← ? IE **(s)tei-* pointed: ⇨ stimulus: y は語源上無関係の Gk *stūlos* pillar との混同による〗 ── *n.* **1** 尖(せん)筆, 鉄筆 (stylus) 《古典・古代人が蠟引き板 (tablet) に書写するのに用いた金属または骨製の細い尖頭の棒で, 一端は多くへら状になっていて文字を消したり板を平らにする用をした》. **2 a** 尖筆状の物. **b** 彫刻刀, 刀筆 (graver). **c** エッチング針 (etching needle). **d** (日時計の)指柱 (gnomon). **e** (レコードプレーヤーの)針 (stylus). **f** 《詩・廃》筆, ペン (pen), 鉛筆 (pencil). **3 a** 表現法. **b** 文体: a ～ of one's own 独自の文体 / a writer without [who lacks] ～ (独自の)文体を持たない作家 / written in a concise [florid] ～ 簡潔[華麗]な文体で書かれた / The ～ is better than the matter. 文章の方が内容よりもすぐれている / (The) ～ is the man (himself). 文は人なり《Comte de Buffon の言葉》. **c** 話し振り, 口調: take a lofty ～ with us 我々に対して偉そうなしゃべり方をする. **4 a** (文芸・建築・工芸などにおける時代・様式・流派独特の)風, 体, 流儀: in the Elizabethan ～ エリザベス朝風に / in the ～ of Johnson ジョンソン風に / the epic [lyric, dramatic] ～ 叙事[叙情, 劇]詩体 / in the ～ of Wagner [Raphael] ワーグナー[ラファエロ]流に / sing in the Italian ～ イタリア式に歌う / (the) Norman ～ = Norman architecture / (the) Romanesque ～ = Romanesque architecture / ⇨ Early English style. **b** (行動などの独特の)やり方, 様式, スタイル: the ～ of a fencer, lawn tennis player, etc. / the modern ～ of living 現代式生活様式 / cooking in purely Japanese ～ 純日本式料理 / This is the way to knock (in) American ～. これはアメリカ式ノックの方法である. **5 a** (服装などの)流行型, 流行スタイル: the latest ～*s* from Paris パリから直輸入の最新スタイル / in [out of] ～ 流行に合って[はずれて] / dress in good ～ 上品な[スマートな]服装をする. **b** 上品な[上流の]生活様式; (上流風な)品格, 上品; いき (smartness): a good [bad] ～ 上[下]品 / live in (good [grand]) ～ (上流風な)豪華な生活をする / a woman of ～ 上品な婦人 / There is no ～ about her. = She has no ～. 彼女は品がない[平凡だ] / She is shocking bad ～. 彼女はひどく下品だ. **6** 出来(具合), 格好 (make), 形 (shape), 型 (type); 種類 (kind): What ～ of house do you require? どんな風の家をお求めですか / a gentleman of the old ～ 古い型の紳士 / different ～*s* of writing 色々な書き方 / He called me a fool, and more in the same ～. 彼は私をばかだの何だのと罵った / hats in all sizes and ～*s* すべての大きさとさまざまな型の帽子 / I've had quite enough of that ～ of thing. そんなことはもうたくさんだ[こりごりだ]. **7** (一般にまたは法的に認められている)名称, 呼称 (designation); 商号 (trade name); 称号, 肩書き (title): What is the proper ～ of a bishop? bishop の正式の称号を何と言うか / a firm under the ～ of ...という商号[名]の商会 / My ～ is plain John Smith. 私の呼び名はただのジョンスミスです / He is entitled to the ～ of King. 彼には王の称号の権利がある. **8** 暦法: ⇨ old style 3, New Style. **9** 〘植物〙花柱. **10** 〘動物〙針状の突起, 吻針 (stylet). **11** 〘印刷〙(編集・印刷)スタイル[様式], 執筆要項.

cramp a person's style 《口語》人の腕を鈍らせる, 調子を出させない, 自由な活動を邪魔する.

── *vt.* **1** 称号を授ける, 名を与える; 称する, 呼ぶ (call): ～ oneself a count 伯爵と自称する / Such conduct is ～*d* folly. そのような行為は愚行と呼ばれる / Privy Councillors are ～*d* Right Honourable. 枢密顧問官は Right Honourable と尊称される. **2 a** 一定[流行]の型に合わせて作る: ～ a dress. **b** 特定の様式に合わせる; …に特定の様式を与える. ── *vi.* **1** 様式[スタイル, 流行]を作る. **2** 彫刻刀[刀筆]で装飾品を作る (cf. *n.* 2).

stýle·less *adj.*

style[2] [stáɪl] *n.* 《古》= stile[1,2].

-style[1] [stáɪl] 〖□ LL *-stylon* (neut.) □ L *-stylos* □ Gk *-stūlos* ← *stūlos* pillar〗 ──「…の柱の建造物, 柱状のもの; …の柱のある」の意の名詞・形容詞連結形: poly*style*, pygo*style*.

-style[2] [stáɪl] 〖← STYLE[1]〗「…のスタイルの[で]」の意の形容詞・副詞連結形: cowboy-*style*.

stýle·bòok *n.* **1** スタイルブック《印刷者・編集者・作家などのために活字・印刷・句読法・略字法などを説明した本; cf. style sheet》. **2** (服装の流行型を図示した)スタイルブック.

styl·er [stáɪlə | -lə(r)] *n.* 《米》= stylist 2.

stýle shèet *n.* スタイルシート《カード・パンフレット・小冊子形式の編集・印刷様式一覧; cf. stylebook 1》.

sty·let [staɪlét, stáɪlɪt, -lət | stáɪlɪt, -lət] 〖(1697) □ F ～ □ It. *stiletto* 'STILETTO'〗 ── *n.* **1 a** 小刀, 短剣 (stiletto). **b** 小刀状の先の尖った道具[器具]. **2** 〘医学〙**a** 探り針 (probe). **b** スタイレット, マンドリン《カテーテル・穿刺針・注射針など細い管状物の中に補強・鋭利化・つまり止めなどの目的で入れる心棒》. **3** 〘動物〙吻針《ひも虫類の吻の先端にある針状構造》.

styli *n.* stylus の複数形.

sty·li- [stáɪlɪ, -lə | -lɪ] stylo-[2] の異形 (⇨ -i-).

sty·li·form [stáɪləfɔ̀əm | -lɪfɔ̀ːm] 〖← NL *stiliformis*: ⇨ stylo-[2], -form〗 *adj.* 尖(せん)筆状の, 針状の (stylar); (特に)先の尖った長い形の: a ～ antenna.

stýl·ish [-lɪʃ] 〖(1797): ⇨ style[1], -ish[1]〗 ── *adj.* 流行の, 流行を追う, 当世風の (fashionable); いきな, ハイカラな (smart), 上品な: a ～ hat, dress, etc. / ～ manners / a ～ woman. **～·ly** *adv.* **～·ness** *n.*

stýl·ist [-lɪst, -ləst | -lɪst] 〖(1795): ⇨ style[1], -ist〗 ── *n.* **1** 文体を練る人, 文体家, 名文家; 名演説家. **2** (衣服・髪型・室内装飾などの)演出家, スタイリスト, デザイナー (designer): a fashion ～.

sty·lis·tic [staɪlístɪk] *adj.* 文体(上)の; 文体を練る. **sty·lís·ti·cal·ly** *adv.*

sty·lis·tics [staɪlístɪks] 〖(1882): ⇨ stylist, -ics〗 *n.* 「文体論, 文体学.

sty·lite [stáɪlaɪt] 〖(a1638) □ Gk *stūlítēs* ← *stûlos* pillar: ⇨ -ite[1]〗 ── *n.* 〘キリスト教〙**1** 柱頭行者, 柱行者《昔, 高柱の上に住み俗世間から離れて苦行した禁欲者; pillar saint ともいう》. **2** [the Stylites] 柱頭行者派《昔, シリアにあった柱頭行者の一派; cf. Simeon Stylites》. **stý·lit·ism** [-ìzm] *n.*

Stylites, Saint **Simeon** *n.* ⇨ Simeon Stylites.

styl·ize [stáɪlaɪz] *vt.* [通例 p.p. 形で] ⟨芸術上の表現・手法などを⟩ある様式に一致させる, 様式化する, フォルム化する (formalize): a ～*d* human figure / Kabuki is a ～*d* art. 歌舞伎は様式化された芸術である. **styl·i·za·tion** [stàɪlɪzéɪʃən, -lə- | -laɪ-, -lɪ-] *n.* **stýl·iz·er** *n.* 「graph.

sty·lo [stáɪloʊ | -ləʊ] 〖略〗 *n.* (*pl.* ～**s**) 《口語》= stylo-

sty·lo-[1] [stáɪlo(ʊ) | -lə(ʊ)] 〖□ Gk *stûl(o)-* ← *stûlos* pillar〗「柱 (pillar)」の意の連結形: *stylo*lite. ★ 母音の前では通例 styl- になる.

sty·lo-[2] [stáɪlo(ʊ) | -lə(ʊ)] 〖□ L *stil(o)-* ← *stilus* 'writing instrument, STYLE[1], STYLUS'〗 ──「尖(せん)筆 (stylus); 茎状突起(に関する)」の意の連結形: *stylo*graph. ★ 時に styli-, また母音の前では通例 styl- となる.

sty·lo·bate [stáɪləbèɪt] 〖(1694) □ L *stylobat-ēs* □ Gk *stulobátēs* ← STYLO-[1] + *-batēs* one that treads (← *baínen* to walk)〗 ── *n.* 〘建築〙スタイロベート, 土台床《基壇 (stereobate) の最上段で建物の床面となる部分; この上に柱列 (peristyle) が立つ; cf. subbase 1》.

sty·lo·graph [stáɪləgræ̀f | -lə(ʊ)grɑ̀ːf, -græ̀f] 〖← STYLO-[2] + -GRAPH〗 *n.* 鉄筆型万年筆, ステログラフ《先に普通のペンでなく針金を用いたもの》.

sty·lo·graph·ic [stàɪləgræ̀fɪk | -lə(ʊ)-] *adj.* 尖(せん)筆[鉄筆]を用いて書く: a ～ pen = stylograph.

stỳ·lo·grȧph·i·cal [-fɪkəl, -fə- | -fɪ-] *adj.* = stylographic. **～·ly** *adv.* 「筆]書法[画法].

sty·log·ra·phy [staɪlɑ́grəfi | -lɔ́grəfɪ] *n.* 尖(せん)筆[鉄

sty·loid [stáɪlɔɪd] 〖← NL *styloid-es* □ Gk *stūloeidḗs* like a style ← *stûlos* pillar: ⇨ -oid〗 *adj.* 〘解剖〙**1** 茎状の, 尖(せん)筆状の, 錐(すい)状の. **2** 茎状突起の.

stýloid pròcess *n.* 〘解剖〙茎状突起 (⇨ skull[1] 挿絵).

sty·lo·lite [stáɪləlàɪt] 〖← STYLO-[1] + -LITE〗 *n.* 〘地質〙スティロライト《石灰岩などの内部にできた不規則な溶解面上の凸出部》.

Sty·lom·ma·toph·o·ra [staɪlɑ̀mətɑ́fərə | -lɔ̀mətɔ́f-] 〖← NL ～ ← STYLO-[1] + Gk *ommat-, ómma* 'EYE' + -PHORA〗 ── *n. pl.* 〘動物〙(腹足綱有肺亜綱) 柄眼目《触角の先に眼がある》. **sty·lòm·ma·tóph·o·rous** [-f(ə)rəs] *adj.*

sty·lo·pid [stáɪləpɪd, -pəd, -pìd | -pɪd, -pìd] 〖↓〗 〘昆虫〙*adj.* ハチネジレバネ(科)の. ── *n.* ハチネジレバネ《ハチネジレバネ科の昆虫の総称》.

Sty·lop·i·dae [staɪlɑ́pədìː | -lɔ́pɪ-] 〖← NL ～ ← *Stylops* (属名: ⇨ stylo-[1], -ops) + -IDAE〗 *n. pl.* 〘昆虫〙(撚翅目) ハチネジレバネ科.

sty·lo·po·di·um [stàɪləpóʊdiəm | -pə́ʊdɪəm, -djəm] 〖← NL ～: ⇨ stylo-[1], -podium〗 ── *n.* (*pl.* **-di·a** [-diə | -dɪə, -djə]) 〘植物〙花柱下盤《セリ科植物の子房の上にあって花柱を支える平円突起》.

-sty·lous [stáɪləs] 〖← STYLE[1] (n. 9) + -OUS〗 〘植物〙「…の花柱 (style) を有する」の意の形容詞連結形: mono*stylous*.

sty·lus [stáɪləs] 〖(1728) □ L ～ (異形) ← *stilus*: ⇨ style[1]〗 ── *n.* (*pl.* **sty·li** [-laɪ], ～**·es**) **1** 尖(せん)筆, 鉄筆 (style). **2 a** (レコードプレーヤーの)針; 録音用針. **b** 点字器. **c** 日時計の指柱 (gnomon). **d** (地震計・心電図などの)自動記録針. **3** 〘植物〙花柱 (style). **4** 〘医学〙= stylet 2. **5** 〘解剖・動物〙茎状突起 (style); (特に)(昆虫の)棘突起.

sty·mie [stáɪmi | -mɪ] 〖(1857) (転用) ? ← 《スコット・古》～ 'person partially blind' ← ? *styme* glance + -IE〗 ── *n.* **1** 〘ゴルフ〙スタイミー《グリーンで打者のボールとホールとの間に相手のボールがある状態》; スタイミーの状態にある相手のボール, スタイミーボール: lay a ～. **2** 絶望的な困難[難題]. ── *vt.* **1** (以前のゴルフで) ⟨相手・相手のボールを⟩スタイミーボールで邪魔する. **2** 邪魔する, 妨害する (block, check): ～ a plan.

Stym·phá·li·an bírds [stɪmféɪliən-, -ljən- | -ljən-, -lɪən-] 〖← L *Stymphalius* ← *Stymphalus* □ Gk *Stúmphalos*: ⇨ -an[1]〗 ── *n. pl.* 〘ギリシャ神話〙ステュンファロスの森の鳥《Hercules が第 5 番目に退治したという鳥の大群; Arcadia のステュンファロス市の近くの森と湖に巣を作っていて, 町の人々に害を与えていた》.

sty·my [stáɪmi | -mɪ] *n., vt.* = stymie.

Ś-týpe, ś-t- *adj.* 〘電気〙S 字形の《負性抵抗の分類で, 電圧・電流特性が S 字形のもの; cf. N-type 1》.

styp·sis [stípsɪs, -səs | -sɪs] 〖□LL ～ ‘contraction’ □Gk *stûpsis* ← *stúphein* (↓)〗 *n.* 〖医学〗 **1** 収斂(しゅうれん)(作用). **2** 収斂剤による処置.

styp·tic [stíptɪk] 〖(a1400) □L *styptic-us* □Gk *stuptikós* ← *stúphein* to contract: ⇨ -ic¹〗 ― *adj.* **1** 〖医学〗収斂性の (astringent). **2** 止血性の (hemostatic). **3** 〈言葉など〉厳しい, 辛辣な (harsh): Maupassant's ～ naturalism. ― *n.* **1** 収斂剤. **2** 止血薬.

stýp·ti·cal [-tɪkəl, -tə- | -tɪ-] *adj.* =styptic.

styp·tic·i·ty [stɪptísəṭi | -sətɪ, -sɪ-] *n.* 収斂性.

stýptic péncil *n.* 〖医学〗収斂棒剤《みょうばん等の止血剤を含む軟膏の小さい棒で, ひげそりの時などの切り傷・すり傷に用いる止血棒》.

Sty·ra·ca·ce·ae [stàɪrəkéɪsiiː, stɪr- | stàɪər-, stɪr-] 〖← NL ～ ← *Styrac-* (↓)+-ACEAE〗 *n. pl.* 〖植物〗エゴノキ科. **stỳ·ra·cá·ceous** [-ʃəs] *adj.*

sty·rax [stáɪræks | stáɪər-, stáɪr-] 〖(1558) □L ～, *storax* □Gk *stúrax* □Heb. *tzŏrī* resin of the lentisk or terebinth (ギリシャ語形は *stúrax* shaft of lance との連想による): STORAX と二重語〗 ― *n.* 〖植物〗エゴノキ《エゴノキ属 (*Styrax*) の植物の総称; アンソクコウノキ (*S. benzoin*) (benjamin tree), セイヨウエゴノキ (*S. officinalis*) (storax) など》.

sty·rene [stáɪriːn, stí(ə)r- | stáɪ(ə)r-, stíər-] 〖← L *styrax* (↑)+-ENE〗 ― *n.* 〖化学〗スチレン, スチロール ($C_6H_5CH{=}CH_2$)《合成樹脂ゴム原料; phenylethylene, vinylbenzene, cinnamene ともいう》.

stýrene plástic *n.* 〖化学〗スチレンプラスチック.

stýrene rèsin *n.* 〖化学〗スチレン[スチロール]樹脂.

Styr·i·a [stíriə | -rɪə] *n.* シュタイアーマルク《オーストリア南東部の州; もと公国 (duchy); 人口 1,192,000, 面積 16,384 km², 首都 Graz; ドイツ語名 Steiermark》.

Sty·ro·foam [stáɪrəfòʊm | stáɪərəfəʊm] *n.* 〖商標〗スチロホーム《発泡ポリスチレン; ボート建造・絶縁・商品展示用》.

Sty·ron [stáɪrən | stáɪər-], **William** *n.* (1925–) 米国の小説家; *The Confessions of Nat Turner* (1967).

stythe [stáɪθ, stáɪð] 〖《変形》? ← 《方言》 *stife* stifling fume《変形》← STIFLE¹〗 *n.* 〖英方言〗=blackdamp.

Styx [stíks] 〖(a1393) □L ～ □Gk *stúx* 《原義》 the horrible, hatred, chill ← *stugeîn* to abhor, hate, shudder with cold〗 ― *n.* 〖ギリシャ神話〗 **1** ステュクス, 三途(さんず)の川, 黄泉(よみ)の国の川《黄泉の国を七周したという川; 死人は渡し守 Charon の舟でこの川を渡り死人の国に入ったという; cf. Stygian》: (as) black as ～ 真っ暗闇の / cross the ～ 死ぬ. **2** スチュクス《川の擬人化; cf. Zelos》.

SU 《記号》 Aeroflot.

Su. 《略》 Sunday.

S.U. 《略》 Soviet Union; Strontium Unit.

S.U., s.u. 《略》 service unit; 〖商業〗 set up すぐにばらばらにできるようなパーツで組み立てられた (cf. KD).

Sua·bi·an [swéɪbiən | -bjən, -bɪən] *adj.*, *n.* =Swabian.

su·a·ble [súːəbl̩ | sjúːəbl̩, sjúə-] *adj.* 訴訟できる, 訴えられる, 被告にされる. **sù·a·bíl·i·ty** [-ləṭi | -lətɪ, -lɪ-] *n.* **sú·a·bly** *adv.*

sua·sion [swéɪʒən] 〖(c1380) *suasioun* □OF *suasion* // L *suāsiō(n-)* ← *suāsus* (p.p.) ← *suādēre* to urge: ⇨ suave, -sion: cf. persuasion〗 *n.* 勧告, 説得(行為): moral ～ 道義的勧告, (強制的でなく)良心に訴える説得.

sua·sive [swéɪsɪv, -zɪv | -sɪv] *adj.* 勧告する, 説得する; 説得力のある. **～·ly** *adv.* **～·ness** *n.*

sua·so·ry [swéɪsəri | -rɪ] 〖□L *suāsōri-us* ← *sussus*: ⇨ suasion, -ory¹〗 *adj.* =suasive.

suave [swáːv] 〖(c1560) □F ～ // L *suāv-is* agreeable, sweet ← IE **swād-* ‘pleasant, SWEET’〗 ― *adj.* (**more** ～, **most** ～; **suav·er, -est**) **1** 〈人・態度・言葉遣いなど〉(多少軽薄の気味もある)当たりの柔らかい, 快い (bland); やさしい, 愛想のよい: a ～ person / ～ manners, speech, etc. **2** 仕上げの行き届いた, みがきのかかった: a ～ surface. **3** 〈ぶどう酒など〉口当たりのよい: ～ wine. **～·ly** *adv.* **～·ness** *n.*

suav·i·ty [swáːvəṭi | swáːvətɪ, swéɪv-, swǽv-, -vɪ-] 〖(c1450) *suavitee* □(O)F *suavité* // L *suāvitās*: ⇨ ↑, -ity〗 ― *n.* **1 a** (人・態度・言葉遣いなど多少軽薄の気味もある)人ざわりのよさ, 当たりの柔らかさ. **b** (酒などの)口当りのよさ. **2** [*pl.*] (社交のやや表面的な)丁寧な応待, 礼儀: the *suavities* of society 社交儀礼.

sub¹ [sʌ́b] 〖(1696) 《略》〗 ― *n.* 《口語》 **1** =subaltern. **2** =sublieutenant. **3** =subordinate. **4** =substitute. **5** =submarine. **6** =subscription. **7** =subway. **8** 《英》生活費としての前払いの給料. **9** 〖写真〗=substratum 4. ― *adj.* 下位の, 補助的な (auxiliary): a ～ post office (集配局に付属する)無集配郵便局. ― *v.* (**subbed**; **sub·bing**) ― *vi.* **1** 《口語》〔…の〕補欠を勤める, 代行する, 代わりをする (substitute) 〔*for*〕: ～ *for* someone. **2** 生活費として前払い給料を受け取る[支給する]. ― *vt.* **1** =subedit. **2** =subirrigate. **3** =subcontract. **4** 〖写真〗(フィルム・乾板に)ゼラチンの下塗りをする.

sub² [sʌ́b] 〖□L ～ ‘under’ ← IE **upo* ‘from below, UP’〗 *L. prep.* …の下に: ⇨ sub judice, sub rosa.

sub. 《略》 subaltern; *L.* subaudī (=understand, supply (an omitted word)); subject; submarine (boat); subordinate; subscription; substitute; subtract; suburb; suburban; subway.

sub- [sʌb, sʌ́b, səb] 〖ME □L ～ ← *sub* (prep.) under: ⇨ sub²〗 ― *pref.* (cf. hypo-; ↔ super-) **1** (一般的に)「(物の)下」の意: *sub*way, *sub*terranean, *sub*merge, *sub*due. **2** 「(位階・地位が)下位, 副, 補」の意: *sub*editor, *sub*ordinate, *sub*serve. **3** 「さらに(分割する), なおその上の(分割, 分類, 細分)」の意: *sub*divide, *sub*committee, *sub*class, *sub*family. **4** 「やや, 多少, 不完全に」の意: *sub*acid, *sub*human. **5** 「…に近い, …に接する, 亜…」の意: *sub*arctic, *sub*tropical, *sub*urban. **6** 「添加」の意: *sub*join. **7** 〖解剖〗「…の下の, …の内側の」の意: *sub*cutaneous, *sub*labial, *sub*nasal. **8** 〖化学〗 **a** 「塩基性の」: *sub*acetate. **b** 「正常量より少ない, 亜…」: *sub*oxide. **9** 〖数学〗[倍数を表わす形容詞に付いて逆数を示す]: *sub*double, *sub*triple, *sub*quadruple. ★ ラテン語起源の語では sub- は音の同化によって, c, f, g, p の前では通例, suc-, suf-, sug-, sup-, m, r の前ではしばしば sum-, sur-, また c, p, t の前では sus- となることがある: *suc*cumb, *suf*fix, *sup*plement, *sur*rogate, *sus*tain.

sùb·ácetate 〖⇨ ↑, acetate〗 *n.* 〖化学〗塩基性酢酸塩.

sùb·ácid 〖□L *subacid-us*: ⇨ sub-, acid〗 ― *adj.* **1** やや酸(っぱ)い: a ～ fruit. **2** 〈言葉・気質など〉やや鋭い, やや辛辣(しんらつ)な (slightly sharp). **3** 〖化学〗酸の量の少ない, 弱酸の. **～·ly** *adv.* **～·ness** *n.*

sùb·acídity *n.* **1** 弱酸性. **2** 〖病理〗(胃液の)減塩酸症 (hypochlorhydria).

sùb·acúte *adj.* **1** やや鋭い: ～ pain. **2** やや尖った: a ～ petal. **3** 〖医学〗亜急性の《急性 (acute) と慢性 (chronic) の中間の経過をとるものにいう》. **～·ly** *adv.*

su·ba·dar [sùːbədáə | -dáː(r)] 〖(1698) □Hindi *ṣūbahdār* □Pers. *ṣūbadār* ← *ṣūba* province+-*dār* holder〗 ― *n.* 《インド》 **1** (ムガール帝国時代の)地方総督. **2** (インド人軍隊の)インド人中隊長.

sùb·áerial *adj.* 地上の, 地表の[に適した, に生える] (cf. aerial 2, subterranean 1).

sùb·ágency *n.* 副代理(店), 下取次(業).

sùb·ágent *n.* 副代理人, 下取次人.

su·bah·dar [sùːbədáə | -dáː(r)] *n.* =subadar.

sùb·álpine 〖□L *subalpin-us*: ⇨ sub-, alpine〗 *adj.* 〖生態〗 **1** 〈生物区系が〉亜高山帯の. **2** 亜高山帯に生える, 亜高山性の (cf. montane).

sub·al·tern [səbɔ́ːltən | sʌ́bəltən, -tn] 〖(1581) □LL *subaltern-us*: ⇨ sub-, alterne〗 ― *n.* **1** 従属的な地位の人; 次官, 副官, 属官 (subordinate). **2** 〖英陸軍〗大尉 (captain) より下位の士官《中尉・少尉》. **3** 〖論理〗 **a** (対当推理で関連する全称命題との対比における)特称命題 (particular proposition). **b** (一般的な概念のもとに含まれる)特殊な概念. ― *adj.* **1** 下位の, 次位の, 副の, 属官の, 部下の. **2** 〖英陸軍〗大尉より下位の: a ～ officer 大尉より下位の士官《中尉・少尉》. **3** 〖論理〗〈命題が〉特称の (particular).

sub·al·ter·nate [sʌ̀bɔ́ːltənət, -ǽl-, -nɪt | sʌ̀bɔːltə́ːn-, -ɔ̀l-] 〖(1432–50) □ML *subalternātus* ← *subalternāre* to subordinate〗 ― *adj.* **1** 下位の, 次位の, 副の. **2** 〖← SUB-+ALTERNATE〗〖植物〗〈葉が〉亜互生の. ― *n.* 〖論理〗(関連する全称命題との対比における)特称命題 (subaltern); (類に対して)種. **～·ly** *adv.*

sub·al·ter·na·tion [sʌ̀bɔ̀ːltənéɪʃən, -æ̀l- | -ɔ̀ːltən-, -ɔ̀l-] 〖□ML *subalternātiō(n-)*: ⇨ ↑, -ation〗 ― *n.* **1** 下位, 従位. **2** 〖論理〗対当推理における特称命題の全称命題に対する関係; 大小対当.

sùb·antárctic *adj.* 南極に近い, 亜南極の.

sùb·ápical *adj.* 頂点近くにある, 頂点下にある. **～·ly** *adv.*

sùb·apostólic *adj.* 使徒時代の次の(時代の): the ～ church.

sub·aq·ual [sʌ̀bǽkwəl] *adj.* 〖地質〗〈土壌など〉水面下の (cf. superaqual).

sùb·aquátic *adj.* **1** 〖生物〗半水生の. **2** =subaqueous.

sùb·áqueous 〖← SUB-+AQUEOUS〗 ― *adj.* **1 a** 水中にある. **b** 水中を思わせる, 水中のような. **2** 水中で起こる, 水中で行われる[形成される]. **3** 水中用の (submarine): a ～ helmet.

sùb·aráchnoid 〖← SUB-+ARACHNOID〗 *adj.* 〖解剖〗蜘蛛膜(くもまく)下の: ～ hemorrhage 蜘蛛膜下出血.

sùb·árctic *adj.* 北極に近い, 亜北極の.

súb·àrea *n.* 領域[地域]の下位区分.

sùb·árid *adj.* 〈土地など〉やや乾燥した (cf. subhumid): a ～ region 亜乾燥地方.

sùb·assémbly *n.* (機械など大組立部品に対して)小組立部品.

sùb·ástral *adj.* 星の下の; 地上の (terrestrial): ～ beings 地上の生物.

sùb·astríngent 〖医学〗 *adj.* 弱収斂(しゅうれん)性の. ― *n.* 弱収斂剤.

sùb·atmosphéric *adj.* 大気の状態に比べそれ以下の.

sùb·átom *n.* 〖物理〗原子構成要素《陽子 (proton)・電子 (electron) など》.

sùb·atómic *adj.* 〖物理〗原子より小さい, 原子以下の.

sùb·áudible *adj.* 〈音など〉可聴範囲以下の周波数[強さ]の.

sùb·audítion 〖(1658) □LL *subauditiō(n-)*: ⇨ sub-, audition〗 ― *n.* **1** 省略されたものを心で補足して読むこと, 言外の意味を悟る[察する]こと. **2** 補足了解された意味, 言外の意味.

sùb·aurícular *adj.* 〖解剖〗耳下にある.

sùb·áverage *adj.* 標準以下の.

sùb·áxillar *adj.* =subaxillary.

sùb·áxillary *adj.* **1** 〖解剖〗腋窩(えきか)の下の, わき下にある. **2** 〖植物〗葉腋(ようえき) (axil) 下にある: a ～ bud.

súb·bàse *n.* **1** 〖建築〗(円柱の柱礎の)基部 (cf. stylobate). **2** 〖土木〗(舗装の)補助基層《砕石など》. **3** 〖数学〗準基, 部分基 (cf. base² 11). **4** 〖軍事〗(主要航空基地に従属する)次級基地.

súb·bàsement *n.* 〖建築〗(建物の)地階の下の階, 地下二階.

súb·bàss [-bèɪs] 〖← SUB-+BASS³: 「1 オクターブ下」の意〗 ― *n.* 〖音楽〗(パイプオルガンの)スブバッス音栓《通常のバスの音域より 1 または 2 オクターブ低い音を出すための音栓》.

súb·bing *n.* **1** 代理を勤めること. **2** =subirrigation. **3** 〖写真〗=substratum 4.

súb·brànch *n.* **1** 小分派, 小部門. **2** (支店の)支所, 出張所.

sùb·cábinet *adj.* 〖米政治〗副閣議の《連邦政府の閣議に次ぐ重要な行政上の機関にいう》.

sùb·cáliber *adj.* 〈弾丸が〉大砲の口径よりも小さい; 〈大砲が〉口径よりも小さい弾丸を用いる: a ～ gun 内筒(とう)砲《筒の中に補助筒を入れて発射する; 射撃練習のとき弾薬節約のために行なう》.

sùb·cápsular *adj.* 〖解剖〗被膜下の: ～ cataracts.

sùb·cárbide *n.* 〖化学〗亜炭化物《炭素の含有量が通常のものより少ない炭化物》.

sùb·cárbonate *n.* 〖化学〗次炭酸塩《塩基性炭酸塩のこと》.

sùb·cartilaginous *adj.* 〖解剖・動物〗 **1** 軟骨に近い, 半軟骨の. **2** 軟骨の下にある.

sùb·cásing *n.* 〖木工〗(ドアや窓などの枠周りの)下地, 下板.

sùb·cátegory *n.* 亜[下位]範疇(はんちゅう).

sùb·cáudal 〖動物〗 *adj.* 尾の下側にある. ― *n.* 尾下板.

sùb·celéstial *adj.* **1** 天の下の; 地上の (terrestrial). **2** 現世の, 世俗的な (mundane). ― *n.* 地上の生物.

sùb·cèllar *n.* 地下室の下の地下室, 地下二階 (subbasement).

sùb·céllular *adj.* 〖生物〗細胞下の, 細胞レベル以下の.

súb·cènter *n.* 副中心; (特に)副都心.

sùb·céntral *adj.* 中心下の; 中心に近い. **～·ly** *adv.*

súb·cháirman *n.* (*pl.* **-men**) 副議長; 議長代理.

súb·chàser *n.* 《米》駆潜艇 (submarine chaser).

sùb·chief *n.* 副首領, 副長, サブチーフ, 課長代理(など).

sùb·chlóride *n.* 〖化学〗亜塩化物, 次塩化物.

sub·cinc·to·ri·um [sʌ̀bsɪŋ(k)tɔ́ːriəm, -tɔ́ːr- | -tɔ́ːrɪ-] 〖□LL ～ ← L *subcinctus, succinctus* ‘SUCCINCT’: ⇨ -ory²〗 ― *n.* 〖カトリック〗(教皇盛式ミサのとき帯の右端に垂れる, 羊と十字架模様入り刺繍のある)垂装飾.

sùb·clàss *n.* **1** クラスの下分け. **2** 〖生物〗(分類学上の)亜綱. **3** 〖論理・数学〗=subset 2. ― *vt.* …のクラスを下分けする, 下位分類する.

sùb·clássify *vt.* subclass に分ける.

sùb·clávate *adj.* 〖動物〗棍棒に近い形をした.

sub·cla·vi·an [sʌ̀bkléɪviən | -vɪən, -vjən] 〖⇨ subclavius, -an¹〗 *adj.*, *n.* 〖解剖〗=subclavicular.

sùb·clavícular 〖解剖〗 *adj.* **1** 鎖骨 (clavicle) 下にある: ～ arteries [veins] 鎖骨下動脈[静脈]. **2** 鎖骨下動脈[静脈]の. ― *n.* 鎖骨下動脈[静脈].

sub·cla·vi·us [sʌ̀bkléɪviəs | -vɪəs, -vjəs] 〖← NL *subclāvius* ← SUB-+L *clāvis* key〗 *n.* (*pl.* **-vi·i** [-viàɪ | -vɪaɪ]) 〖解剖〗鎖骨下筋.

sùb·clímax *n.* 〖生態〗亜極相, 亜安定期, 不安定期《動植物群落が気候以外の作因によって安定状態になり得ず, しかも見掛け上の安定群落を作っている状態; cf. climax 3》.

sùb·clínical *adj.* 〖医学〗無症状の, 潜伏性の, 不顕性の: a ～ infection 潜伏性伝染病 / ～ diabetes 無症状糖尿病.

sùb·clóver *n.* 〖植物〗=subterranean clover.

sùb·collégiate *adj.* 大学生の学力以下の学生に向けられた.

sùb·colúmnar *adj.* 円柱状に近い, ほぼ円柱状の.

sùb·commíssioner *n.* 分科委員会員; 副委員.

súb·commìttee *n.* 分科委員会, 小委員会: the U.S. Senate *Subcommittee* on Multinational Corporations 米上院多国籍企業小委員会.

sùb·cómpact *n.* 《米》サブコンパクトカー《コンパクトカーより小さい自動車; cf. compact² 2》.

súb·còmpany *n.* 子会社 (subsidiary company).

sùb·cónic *adj.* =subconical.

sùb·cónical *adj.* やや円錐(えんすい)状の.

sùb·cónscious 〖(1832–34) ← SUB- 4+CONSCIOUS〗 ― *adj.* **1** 潜在意識の, 意識下の: ～ desires 潜在意識的欲望 / the ～ self [ideas] 潜在意識下の自己[思考]. **2** ぼんやり意識している. ― *n.* 潜在意識, 半意識. **～·ly** *adv.*

sùb·cónscious·ness *n.* 潜在意識, 下意識.

sùb·contíguous *adj.* ほとんど接触する, ほぼ隣接した.

sùb·cóntinent *n.* **1** 亜大陸《インドなど》. **2** 大陸よりは小さい陸塊, 島《Greenland など》.

sub·contract [⌐ ⌐ ⌐] *n.* 下請負い, 下請け契約. ― [⌐ ⌐ | ⌐ ⌐ ⌐] *v.* ― *vt.* **1** …の下請負い[下請け契約]をする. **2** 〈契約の仕事の一部を〉下請け業者に提供する. ― *vi.* **1** 〔…の〕下請負いを発注[受注]する 〔*for*〕. **2** 下請け業者に仕事を提供する.

sub·contractor [⌐ ⌐ ⌐ ⌐, ⌐ ⌐ ⌐ ⌐ | ⌐ ⌐ ⌐ ⌐] *n.* 下請け(契約)業者[会社].

sub·con·tra·oc·tave [sʌ̀bkɑ̀ntrəɑ́ktɪv, -təv, -teɪv | -kɔ̀ntrəɔ́ktɪv] *n.* 〖音楽〗スブコントラオクターブ, 下(か)2 点音《低音部譜表の下第 6 間ハ音から下第 3 間ロ音までの音よりさらに 1 オクターブ低い各音》.

sùb·contrariety *n.* 〖論理〗小反対(対当関係).

sùb·cóntrary 〖□LL *subcontrāri-us*: ⇨ sub-, contrary〗 〖論理〗 *adj.* 小反対の, 小相反の. ― *n.* 小反対, 小反対命題, 小反対対当《特称肯定命題と特称否定命題との関係》.

sùb·cóol *vt.* =supercool.

sùb·córdate *adj.* ほぼハート形の：a ~ leaf.

sùb·córtex 〘← NL ~：⇨ sub-, cortex〙 *n.* (*pl.* -tices) 〘解剖〙(脳)皮質下.

sùb·córtical *adj.* 〘解剖〙(脳)皮質下にある.

sùb·cósta 〘← NL ~：⇨ sub-, costa〙 *n.* 〘昆虫〙亜前縁脈.

sùb·cóstal *adj., n.* 〘解剖〙肋骨下の(筋肉).

súb·còver 〘← SUB-+COVER〙 *n.* 〘数学〙部分被覆《集合の被覆をなす族の部分族で, やはり被覆になっているもの》.

sùb·cránial *adj.* 頭骨下の.

sùb·crítical *adj.* **1** 決定的とまではゆかない, ほぼ決定的な. **2** 〘物理〙臨界未満の.

sùb·crústal *adj.* 地殻下の.

sùb·crýstalline *adj.* 不完全結晶質の.

sub·culture [⌐‐‐] *n.* **1** 〘細菌〙二次培養, 植えかえ《バクテリアをさらに別の新培養基で培養すること》. **2** 〘社会学〙下位文化《一つの文化[社会]内で他と区別できる社会的・経済的・人種的特性をもつ集団の行動様式や文化》. — [⌐‐‐] *vt.* 〘細菌〙〈バクテリアを〉二次培養する, 植えかえる. **sùb·cúltural** *adj.*

sùb·cùrrent *n.* (思想・思考などの)表面には表われない流れ, 底流.

sùb·cutáneous 〘▭ LL *subcutāneus* ← SUB-+L *cutis* skin：⇨ -aneous〙 *adj.* **1** 〘解剖〙皮下の[にある]：~ fat 皮下脂肪. **2** 皮下に行なう：a ~ injection 皮下注射. **3** 〈寄生虫など〉皮下にすむ. **~·ly** *adv.*

sùb·cútis *n.* 〘解剖〙**1** 皮下脂肪層[組織]. **2** 皮下組織.

sùb·cylíndrical *adj.* やや円筒形の.

subd. 《略》subdivision.

sùb·déacon 〘《c1303》*subdecon* ▭ LL *subdiācon-us* (⇨ sub-, deacon) ∽ 《14-15C》*sudekne, sodekene* ▭ AF & OF *s(o)udiakene* ▭ LL〙 — *n.* 〘カトリック〙副助祭《上級聖職者 (major orders) の一つ》; 《まれ》〘英国国教会・長老派教会〙副執事 (cf. deacon).

sùb·déaconate *n.* =subdiaconate.

sùb·déan 〘《a1376》*su(b)dene* ▭ OF *sou(z)deien, soubdean* (F *sousdoyen*)：⇨ sub-, dean¹〙 — *n.* 〘英国国教会〙(大)聖堂参事会長代理, (大)聖堂首席司祭代理《dean のすぐ下の職位; cf. dcan》.

sùb·déanery *n.* 〘英国国教会〙(大)聖堂参事会長代理 (subdean) の職務[地位, 邸宅].

sub·deb [sʌ́bdèb] 〘略〙 *n.* 《米口語》=subdebutante.

sùb·débutante 〘← SUB-+DEBUTANTE〙 *n.* 《米》**1** まだ社交界に出ない二十歳前の女性, 年ごろの娘. **2** 10代半ばの少女.

sùb·decánal 〘← ML *subdecānus* 'SUBDEAN'+-AL¹〙 *adj.* 〘英国国教会〙**1** (大)聖堂参事会長代理 (subdean) の[に関する]. **2** subdeanery の[に関する].

sùb·delírium *n.* 〘病理〙亜譫妄(せん), 軽くうわごとを言う状態.

sùb·déntate *adj.* 部分的[不完全]に歯状をなす.

sùb·déntated *adj.* =subdentate.

sùb·depártment *n.* 支部; 分局.

sùb·dépot *n.* 〘軍事〙補給所支所.

sùb·dérmal *adj.* =subcutaneous.

sùb·diáconal *adj.* 〘カトリック〙副助祭の; 〘英国国教会・長老派教会〙副執事の.

sùb·diáconate 〘▭ LL *subdiācōnat-us* ← *subdiāconus* 'SUBDEACON'：⇨ -ate¹ 1〙 *n.* 〘カトリック〙副助祭職; 〘英国国教会・長老派教会〙副執事職.

sùb·díscipline *n.* 学問分野の下位区分[細別部分].

súb·dìstrict *n.* 小区域《district の下位区分》.

sub·di·vide [sʌ̀bdɪváɪd, -də-, ⌐‐⌐ | -dɪ-] 〘《1432-50》▭ LL *subdīvid-ere*：⇨ sub-, divide〙 — *vt.* **1** さらに分ける, 再分割する; 細分する. **2** 〈土地を〉建築敷地 (building lot) に小分けする, 分筆する. — *vi.* さらに分かれる, 再分割される; 細分される. **sùb·di·víd·er** *n.*

sub·di·vis·i·ble [sʌ̀bdɪvízəbl | -dɪvízə-, -zɪ-] *adj.* 再分割[細分]できる.

sub·di·vi·sion [sʌ̀bdɪvíʒən, -də-, ⌐‐⌐‐ | -dɪ-] 〘▭ LL *subdīvīsiō(n-)*：⇨ sub-, division〙 *n.* **1** 再分割, 小分け, 細別. **2 a** 一部分, 一区分. **b** 《米》分譲地.

sùb·dóminant *n.* **1** 〘音楽〙**a** 下属音《各音階の第四音; 主音より完全5度下にある》. **b** =subdominant harmony. **2** 〘生態〙亜優占種, 次優占《例えば森林地の低木, 草地に一時期だけ生じる雑草など》. — *adj.* **1** 〘音楽〙下属音の. **2** 〘生態〙亜優占種の. **sùb·dóminance** *n.*

subdóminant hármony *n.* 〘音楽〙下属和音《和声学の用語で下属音上の三和音などを指す》.

sùb·dórsal *adj.* 背の下の, 背部に近い.

sùb·dráinage *n.* 〘土木〙地下排水; 暗渠(きょ)排水.

sùb·dríll *vt.* 〘機械〙下穴をあける《仕上り寸法より少し小さい穴を錐であける》.

sub·du·a·ble [səbd(j)úːəbl | -djúːə-, -djúə-] *adj.* **1** 征服できる; 制しうる, 押えられる. **2** 緩和できる, 和らげられる, 弱められる.

sub·du·al [səbd(j)úːəl | -djúːəl, -djúəl] 〘⇨ -al²〙 *n.* 征服; 抑制; 緩和.

sub·duct [səbdʌ́kt] 〘← L *subduct-us* (p.p.) ← *subdūcere* to draw away, remove ← SUB-+*dūcere* to lead：cf. -duct〙 — *vt.* **1** 《まれ》除く, 除去する (remove); 減じる, 引く (subtract). **2** 〘医学〙引き下げる, 減じる. **sub·duc·tion** [səbdʌ́kʃən] *n.*

sub·due [səbd(j)úː | -djúː] 〘《a1387》*sodewe(n), subdue(n)* ▭ OF *so(u)duire, su(b)duire* to seduce, deceive (この意味は L *sēdūcere* to seduce の影響か) ▭ L *subdūcere* (↑)：語義は L *subdere* to subject, subdue の影響〙 — *vt.* **1** 打ち勝つ, 征服する, 鎮圧する (conquer)：~ an enemy [a country, nature] 敵軍[国, 自然]を征服する. **2** (精神的に)従える, 心服させる (overcome)：be ~*d* by kindness 親切にほだされる / be ~*d* to what one works in (仕事などで)染(し)みついたやり方にとらわれる, 型から抜け出せない (cf. Shak., *Sonnets* III. 6-7). **3** [しばしば p.p. 形で] **a** 〈感情・衝動などを〉抑える, 抑制する (repress)：~ feelings [impulses, passions] 感情[衝動, 激情]を抑える. **b** 〈音・光・色などを〉和らげる, 弱める (soften). **4** 〈炎症などを〉静める, 軽減する. **5** 〈土地を〉開墾する：~ rough land 荒地を開墾する. **sub·dú·er** *n.*

sub·dúed *adj.* **1** 征服された, 服従させられた. **2 a** 抑制された, 押えられた：~ desires. **b** 〈人・性格・態度など〉(いつになく)控え目な, 静かな; 沈んだ：~ manners 控え目な物腰 / He looks ~. (何だか)沈んでいるようだ. **3** 〈音・光など〉和らいだ, 柔らかな：a ~ color [light, tone, effect] 柔らかな[落ち着いた, じみな]色[光, 調子, 効果] / ~ gold つや消し金 / in a ~ voice (ささやくような)低い声で. **4** 〈地形など〉凹凸起伏のない, のっぺりした. **sub·dú·ed·ly** [-d(j)úːɪdli, -əd-, -d(j)úːdli | -djúːɪdli, -əd-, -djúːdli] *adv.*

sub·dú·ed·ness [-d(j)úːɪdnis, -əd-, -d(j)úːdnɪs, -nəs | -djúːɪdnɪs, -əd-, -djúːdnɪs, -nəs] *n.*

sùb·dúplicate *adj.* 〘数学〙平方根の, 平方根を用いた, 平方根で表わした：a ~ ratio 平方根比, 二乗根比.

sùb·dúral *adj.* 〘解剖〙硬膜下の[にある].

sùb·édit 〘《1862》《逆成》↓〙 *vt.* **1** 〈新聞・雑誌など〉の編集補佐[副編者]をする. **2** 《英》〈原稿を〉整理編集する.

sùb·éditor 〘《1837》：⇨ sub-, editor〙 *n.* **1** (新聞・雑誌の)編集補(助者), 副編者. **2** 《英》整理部員, 編集部員 (copyreader).

subéditor·ship *n.* 編集補(助者) [副編者]の職[任務].

sùb·em·plóyed *adj.* 〈労働者が〉不完全雇用の.

sùb·emplóyment *n.* 〘労働〙不完全雇用《パートタイム[フルタイム]勤務などで受ける給与が生計を支えるには不十分である場合, または失業状態を指していう; cf. underemployment》.

súb·èntry *n.* (大項目の中に記載された)下位記載項目, 小項目, 細目.

sùb·epidérmal *adj.* 〘解剖〙表皮下の[にある].

sùb·équal *adj.* ほぼ等しい.

sùb·equatórial *adj.* 亜赤道帯の, 赤道に近い.

su·ber [súːbə | s(j)úːbə(r)] 〘← NL ~ ← L *sūber* cork tree〙 *n.* 〘植物〙コルク組織 (phellem).

sùb·eréct *adj.* ほぼ直立の, まっすぐに近い.

su·be·re·ous [suːbí(ə)riəs | s(j)uːbíərɪ-] 〘《1826》▭ LL *sūbereus*：⇨ suber, -eous〙 *adj.* 〘植物〙コルク質の, コルクのような.

su·ber·ic [suːbérɪk | s(j)uː-] 〘← L *sūber* cork+-IC¹〙 *adj.* コルク (cork) の[に関する].

subéric ácid *n.* 〘化学〙スベリン酸, コルク酸 ($HOOC(CH_2)_6COOH$)《ひまし油やコルクを酸化して得られる; 樹脂原料》.

su·ber·in [súːbərɪn, -rən | s(j)úːbərɪn] 〘▭ F *subérine*：⇨ suber, -in¹〙 *n.* 〘生化学〙コルク質.

su·ber·i·za·tion [sùːbərɪzéɪʃən, -rə- | s(j)ùːbəraɪ-, -rɪ-] *n.* 〘植物〙コルク化, コルク質化[形成], 木栓化.

su·ber·ize [súːbəràɪz | s(j)úː-] *vt.* 〘植物〙コルク質化する. **sú·ber·ìzed** *adj.*

su·ber·ose [súːbəròus | s(j)úːbəràus] 〘《1845-50》← NL *sūberōs-us* ← L *sūber* cork：⇨ -ose¹〙 *adj.* 〘植物〙=subereous.

su·ber·ous [súːbərəs | s(j)úː-] *adj.* 〘植物〙=subereous.

sùb·esséntial *adj.* 絶対ではないが重要な, 準必須の.

sùb·excíter *n.* 〘電気〙副励磁機《大形発電機用励磁機の励磁機》.

sub·family [⌐‐(‐)‐, ⌐‐(‐)‐ | ⌐‐‐‐] *n.* **1** 〘生物〙(分類学上の)亜科. **2** 〘言語〙語派《一語族内で, branch より高いカテゴリーの分類》.

sùb·fébrile *adj.* (平熱より)やや熱の高い, 微熱の.

súb·fìeld *n.* 〘数学〙部分体《体の部分集合で, もとの結合法によってそれ自身体を作るようなもの》.

sub·fix [sʌ́bfɪks] *n.* 〘印刷〙下付きの文字[数字, 記号] (cf. subscript).

súb·flòor *n.* (仕上げ床の下に敷く)下張り床.

súb·flòoring *n.* **1** [集合的] 下張り床 (subfloors). **2** 床の下張材.

súb·fòssil 〘考古〙 *adj.* 半[準]化石の. — *n.* 半化石, 準化石《完新統の化石》.

súb·fràme *n.* (仕上げ枠(わく)に付属する[を支える])副枠.

sùb·fréezing *adj.* 〈温度など〉氷点下の：氷点下の温度の：~ weather.

sub·fusc [sʌbfʌ́sk | ⌐‐, ‐⌐] 〘《a1763》▭ L *subfuscus* 'dark, FUSCOUS'：⇨ dusk〙《英》 — *adj.* **1** やや黒ずんだ, くすんだ. **2** 暗く陰鬱な, 薄汚い. — *n.* **1** くすんだ色の衣服. **2** (オックスフォード大学で)式服《黒ずんだ色をしている》.

sub·fus·cous [sʌbfʌ́skəs] 〘▭ L *subfuscus* (↑)：⇨ -ous〙 *adj.* =subfusc. 1.

subg. 《略》subgenus.

sùb·gelátinous *adj.* ややにかわ質の.

sùb·genéric *adj.* 〘生物〙亜属の.

sùb·genérical *adj.* 〘生物〙=subgeneric. **~·ly** *adv.*

sùb·gènus 〘← NL ~〙 *n.* 〘生物〙(分類学上の)亜属.

sùb·gíngival *adj.* 〘歯科〙歯肉(縁)下の.

sùb·glácial *adj.* **1** 氷河下[底]の; 氷河下[底]にあった：a ~ stream, deposit, etc. **2** 〘地質〙氷河期後の (postglacial). **~·ly** *adv.*

sùb·glóbular *adj.* ほぼ球形の, 球形に近い.

sùb·glóttal *adj.* 〘音声〙声門下部の.

sùb·glóttic *adj.* =subglottal.

súb·gràde *n.* **1** 二[副]次的等級. **2** 〘土木〙(道路の)路盤, 路床.

súb·gròup *n.* **1** (群を分割した)小群 (subordinate group). **2** 〘社会学〙下位集団《一つの文化[社会]内で他と区別できる社会的・経済的・人種的特性をもつ集団》. **3** 〘化学〙亜族, 亜属. **4** 〘数学〙部分群《群の部分集合がもとの結合法によってそれ自身群を作る時の集合》. — *vt.* subgroup に分ける.

sub·gum [sʌ́bgʌ́m] 〘▭ Cantonese (Pidgin) 《原義》mixed vegetable〙 *adj.* 種々の野菜をとり合わせて調理した.

sùb·hálide 〘← SUB-+HALIDE〙 *n.* 〘化学〙次ハロゲン化物.

sùb·harmónic 〘← SUB-+HARMONIC〙 *n.* 〘電気〙分数調波, 低調波.

súb·hèad *n.* **1** 副題 (subordinate title). **2** 標題[見出し]の小区分, 小見出し (cf. deck 8). **3** 副校[学]長, 副主事.

súb·hèading *n.* =subhead 1, 2.

sub·he·dral [sʌbhíːdrəl | -héd-, -híːd-] 〘← SUB-+-HEDRAL〙 *adj.* 〘鉱物〙=hypidiomorphic.

sùb·hepátic *adj.* 肝臓下の[にある, で起こる].

sùb·húman *adj.* **1 a** 〈知識・道徳など〉標準的な[通常の]人間以下の：a ~ child. **b** 人間に適さない：~ conditions. **2** 人間に近い, 類人の：the ~ primates 類人猿. — *n.* 通常の人間以下の人.

sùb·húmid *adj.* 〈土地など〉やや湿気を帯びた (cf. subarid).

sùb·íleus 〘← NL ~：⇨ sub-, ileus〙 *n.* 〘病理〙亜イレウス《腸閉塞に近い状態》.

sùb·imágo *n.* 〘昆虫〙亜成虫《カゲロウ目昆虫に特有な若虫期と成虫期にはさまれた一発生段階》.

sùb·incandéscent *adj.* ほぼ赤熱の.

sùb·incísion *n.* 〘文化人類学〙(オーストラリアおよび Fiji 諸島原住民間に成人儀式の一部として行なわれる)割礼《亀頭下部の尿道切開》.

súb·índex *n.* **1** 〘数学〙副添字, 副添数《添字に添えた添字; cf. suffix 2》. **2** 副索引《主要な部類の下位分類に対する索引》. — *vt.* …に副索引をつける.

sub·in·feu·date [sʌ̀bɪnfjúːdeɪt] 〘《逆成》↓〙〘封建法〙 *vt.* 〈領臣〉に領地[保有権]をさらに分け与える, 転封する. — *vi.* 転封する.

sùb·infeudátion *n.* 〘封建法〙**1** 転封《自分の受けた領地をさらに領臣に与えること》. **2** 転封保有権[領地, 封土].

sub·in·feu·da·to·ry [sʌ̀bɪnfjúːdətɔ̀ːri, -tòːri | -təri] *n.* 〘封建法〙転封によって与えられた封土保有者.

sùb·ínfluent *n.* 〘生態〙亜影響種.

sùb·inóculate *vt.* 〘細菌〙継代接種する.

sùb·inoculátion *n.* 〘細菌〙継代接種.

sùb·inspéctor *n.* 副検査官, 検査官補.

sùb·ínterval *n.* **1** 〘数学〙部分区間《区間に含まれる区間》. **2** 〘音楽〙部分音程.

sùb·írrigate *vt.* …の地下灌漑(かん)[排水]をする.

sùb·irrigátion *n.* 地下灌漑.

su·bi·to [súːbɪtòu | -tàu; *It.* súːbito] 〘▭ It. ~ < L *subitō* ← *subitus* 'SUDDEN'〙 *adv.* 〘音楽〙急に, 突然：f(orte) [p(iano)] ~ 急に強く[弱く].

subj. 《略》subject; subjective; subjectively; subjunctive.

sub·ja·cen·cy [sʌbdʒéɪsənsi, səb-, -sn- | -sɪ] *n.* **1** 下にあること. **2** さらに低い所にあること.

sub·ja·cent [sʌbdʒéɪsənt, səb-, -snt] 〘《1597》▭ L *subjacent-em* (pres.p.) ← *subjacēre* to lie under (↓)：⇨ sub-, adjacent〙 — *adj.* **1** 下の, 下にある. **2** さらに低い所にある：~ valleys and plains もっと下方の谷や平野. **3** 土台をなす, 基礎となる. **~·ly** *adv.*

sub·ject [sʌ́bdʒɪkt, -dʒekt | -dʒɪkt, -dʒekt] 〘《n.: a1333; adj.: a1338》*suget, subget* ▭ OF *suget, subg(i)et* (F *sujet*) ▭ L *subjectus, subjectum* (p.p.) ← *sub(j)icere* to subject, include, throw under ← SUB-+*jacere* 'to throw, JET²'：今の綴りは16C に確立. — v.: 《c1390》*subje(c)te(n)* ▭ (O)F *subject-er* ∥ L *subject-āre* (freq.) ← *sub(j)icere*〙 — *n.* **1** (封建制度下の)臣下, 臣, 家来 (vassal); ((立憲)君主制下の)国民, 臣民 (cf. citizen)：a British ~ 英国民 / rulers and ~*s* 統治者と被統治者 / the liberty of the ~ 臣民の自由《立憲治下の諸特権》. **2** 主題, 題目, 題 (theme); 演題, 論題, 議題, 話題 (topic)：a serious [trifling, political, religious] ~ 重大な[つまらない, 政治上の, 宗教上の]問題 / the ~ of a book 本の表題 / the ~ of a story [play, poem] 物語[劇, 詩]の題目 / the ~ for discussion [conversation] 論題[話題] / change the ~ 話題を変える / wander from the ~ 主題からそれる, 脱線する / I could write if I could think of a ~. 何か主題さえ考えつけば書けるのだが. **3** (学校の)科目, 学科：a required [elective] ~ 必修[選択]科目 / take five ~*s* in one's examination 試験を5科目受ける. **4 a** (医学・心理学などの)実験[治療]を受ける人[動物], 被検者, 被術者, 被(実)験者, 実験材料; 解剖用死体：a medical [surgical] ~ 内科[外科]患者 / a hypnotic ~ 催眠術の被術者 / a ~ for dissection 解剖用死体 / make a person the ~ of an experiment 人を実験の材料[実験台]にする. **b** [修飾語を伴って]〘医学〙…性[質]の人, …患者：a hysterical [gouty] ~ ヒステリー[痛風]性の人 / a bilious [plethoric] ~ 胆汁[多血]質の人 / a good [bad] ~ 予後のよい[悪い]患者, 回復の見込みのある[ない]患者. **5 a** 原因, 種, もと (cause)：the sole ~ of my grief 私の悲しみの唯一の原因 / a ~ for complaint [ridicule] 苦情[物笑い]の種 / a ~ for rejoicing [congratulation] 喜ぶ[祝う]べきこと. **b** 対象, 的：a

〜 of attention [praise] 注目[賞賛]の的 / a 〜 of animosity 恨みの対象. **6 a** 〖音楽〗(フーガ・ソナタの)主題, テーマ (theme), 主楽想, 楽旨. **b** 〖美術〗主題, 題材, 画題 : pictures of sacred 〜*s* 宗教画, 聖画. **7** 〖文法〗主部, 主語 (cf. predicate 1, object 6). **8** 〖論理〗主語, 主辞 (↔ attribute, predicate). **9** 〖哲学〗主体, 主観, 我, 自我 (ego) (↔ object); 実体 (substance); 基体 (substratum), 物(それ)自体 (thing-in-itself) (↔ attribute, predicate).

on the subject of …に関して, 関する.

— *adj.* **1** 支配を受ける, 服従する, 従属する : a 〜 province [state] 属領[属国] / a state 〜 *to* foreign rule 外国の支配を受ける国 / We are all 〜 *to* the laws of nature. 我々は皆自然の法則に支配される. **2** 〔…を〕受けやすい, こうむりやすい, 〔…に〕かかりやすい; 〔…を〕免れない 〔*to*〕: a country 〜 *to* earthquakes 地震がよく起きる国 / imports not 〜 *to* tariffs 関税のかからない輸入品 / He is 〜 *to* colds [moods]. 彼はかぜを引きやすい[気が変わりやすい] / Men are 〜 *to* temptation. 人間は誘惑に陥りやすいものだ / Such conduct is 〜 *to* ridicule [blame, criticism]. そういう行為は人に笑われ[非難され]やすい / All the prices are 〜 *to* change without notice. 価格は予告なしに変更されることがあります. **3** [Predicative に用いて] 〔承認などを〕受けるべき, 条件とする (conditional), 〔…に〕依存する 〔*to*〕: The treaty is 〜 *to* ratification. この条約は批准を必要とする / The arrangement is 〜 *to* your approval. 協定は君の賛同を得なければならない.

subject to …を(得ることを)条件として, …を仮定して : The schedule may change 〜 *to* the weather. 天候次第で予定は変更されることがあります / *Subject to* correction, these are the facts. 訂正があればするとしても事実は以上の通りです / *Subject to* your consent, I will try again. 承諾して下さるなら今一度やってみます.

— [səbdʒékt, sʌb- | səbdʒékt, sʌb-, sʌ́bdʒɪkt, -dʒekt] *vt.* **1** 服従[隷属]させる, 従える (subjugate) : 〜 a nation [person] *to* one's sway [will] 国民[人]を自分の支配下[我が意]に服従させる. **2 a** 〈人を〉〔苦しい目に〕会わせる, さらす (expose), 〈人〉に〔いやなことを〕受けさせる 〔*to*〕: 〜 oneself *to* ridicule [insult] 冷笑[侮辱]される / be 〜*ed to* torture [cross-examination] 拷問[厳しい追及]を受ける / Violations of the law will 〜 offenders *to* fines. この法律に違反すると違反者は罰金を科せられます. **b** 〈物を〉〔…に〕当てる, かける : 〜 a thing *to* heat 物を熱に当てる / 〜 a story *to* verification 話を検証する. **3** 提示する, 提出する 〔*to*〕.

súbject càtalog *n.* 〖図書館〗件名目録, 主題目録.

súbject càtaloging *n.* 〖図書館〗件名目録法, 主題目録法[作業] (cf. descriptive cataloging).

súbject-hèading *n.* 〖図書館〗件名標目.

sub·jec·ti·fy [səbdʒéktəfàɪ, sʌb- | -tɪ-] *vt.* 主観的にする, 主観化する; 主観的に解釈する.

súbject index *n.* 〖図書館〗件名[事項]索引 (cf. author index).

sub·jec·tion [səbdʒékʃən, sʌb-] 〘(*c*1340) ▭ (O)F 〜 // L *subjectiō(n-)* : ⇨ subject (adj.), -tion〙 **—** *n.* **1 a** 服従[屈服, 隷属]させること : the 〜 of a conquered nation. **b** 左右されること, 奴隷[隷属]状態 : 〜 *to* the laws [a vice] 法に対する服従[悪に対する屈服] / bring a person *under* 〜 人を服従させる. **2** 〖論理〗(述語の主語への)従属関係 (cf. predication).

sub·jec·tive [səbdʒéktɪv, sʌb-] 〘(*a*1500) 〘廃〙 submissive ▭ LL *subjectīv-us* : ⇨ subject (n.), -ive〙 **—** *adj.* **1 a** 個人的な, 独自の (personal); 主観の, 主観的な, 心の : 〜 judgment [impressions] 主観的判断[印象] / 〜 symptoms 主観的徴候 / Sensation is 〜. 感覚は主観的なものだ. **b** 現実性を欠いた, 幻想的な, 架空の. **2** (属性の内在するものの)本来的な, 実体の, 本質の. **3** 〘廃〙被征服者の; (自由を奪われて)従順な (submissive). **4** 〖哲学〗主体の, 主観の, 主観的な (cf. objective 2 a). **5** 〖文法〗主格の (nominative) (cf. objective 8) : the 〜 case 主格. **6** 〖医学〗〈症状など〉自覚的な. **—** *n.* **1** [the 〜] 主観. **2** 〖文法〗主格 (nominative case). **〜·ly** *adv.* **〜·ness** *n.*

subjéctive cómplement *n.* 〖文法〗**1** 主格補語 《例 : He lies *dead*. における dead ; cf. objective complement》. **2** 主格補文 《例 : That *John is mad* turns out to be the case. における斜体部》.

subjéctive génitive *n.* 〖文法〗主格属格 《例 : the *doctor's* arrival / *God's* love of men における doctor's, God's ; cf. objective genitive》.

subjéctive idéalism *n.* 〖哲学〗主観的観念論 《事物はすべて主観の観念として存在するとする説 ; cf. objective idealism》.

subjéctive spírit *n.* 〖哲学〗(Hegel 哲学における)主観的精神 《精神の三段階の一つで, 意識・自己意識・理性の階程を含む ; cf. absolute spirit, objective spirit》.

subjéctive tést *n.* 主観テスト 《採点者の主観的基準によって採点されるテスト》.

sub·jéc·tiv·ism [-tɪvɪzm, -tə- | -tɪ-] **—** *n.* **1** 〖哲学〗主観論, 主観主義 《客観的存在が主観の認識に依存するという説 ; cf. objectivism》. **2** 〖倫理〗主観主義 《価値・規範等の客観性を否定し, それを感情・情動・人為的とりきめ等の主観的所産とみる立場》.

sub·jéc·tiv·ist [-vɪst, -vəst | -vɪst] *n.* 主観論[主義]者.

sub·jec·ti·vis·tic [səbdʒèktɪvístɪk, sʌb-, -tə- | -tɪ-] *adj.* 主観論[主義]的な.

sub·jec·tiv·i·ty [sʌ̀bdʒektívəti | -tívəti, -vɪ-] *n.* **1** 主観的なこと, 主観性 (cf. objectivity). **2** 主観, 主観主義 (subjectivism).

sub·jec·tiv·ize [səbdʒéktɪvàɪz, sʌb-, -tə- | -tɪ-] *vt.* 主観化する. **sub·jec·tiv·i·za·tion** [səbdʒèktɪvɪzéɪʃən, sʌb-, -və- | -vaɪ-, -vɪ-] *n.*

súbject·less *adj.* **1** 臣下のない, 臣民のいない. **2** 主題のない. **3** 〖文法〗主語のない.

súbject màtter 〘(*c*1380) *matere subject* 《*a*1542》《なぞり》← LL *subjecta māteria* 《なぞり》← Gk *hupokeiménē húlē* 《原義》underlying matter〙 **—** *n.* **1** (思考・研究・論文などの)問題, 主題; (講演・著作などの形式・文体などと区別して)内容 : the 〜 of a sermon, discourse, book, etc. **2** 〘古〙被作用物; 素材, 材料.

súbject-óbject *n.* 〖哲学〗主観的客観 《主観であると同時に客観であるもの ; 自己の知識の対象としての自我 ; 自意識的存在》.

sub·join [sʌbdʒɔ́ɪn, səb- | sʌb-] 〘(1573) ▭ MF *subjoindre* ▭ L *subjungere* to affix, join beneath ← SUB- + *jungere* 'to JOIN'〙 **—** *vt.* 追加する, 付言する; (特に)補遺を付ける (annex).

sub·jóin·der [sʌbdʒɔ́ɪndə, səb- | sʌbdʒɔ́ɪndə(r] *n.* 追加されるもの; 付言, 付記.

sub ju·di·ce [sʌbdʒúːdəsiː, sʌbjúːdəkèɪ | sʌbdʒúːdɪsɪ, sʌbjúːdɪkɪ] 〘▭ L *sub jūdice* before the judge〙 **—** *L.* 〖法律〗裁判官[法廷]の前に; 審理中, 審問中 (under consideration).

sub·ju·gate [sʌ́bdʒʊgèɪt, -dʒɪ- | -dʒʊ-] 〘(1432-50) ← L *subjugāt-us* (p.p.) ← *subjugāre* to bring under the yoke ← SUB- + *jugum* 'YOKE¹' : ⇨ -ate³〙 **—** *vt.* **1** 支配下に置く, 征服する, 服従させる. **2 a** 飼い慣らす : 〜 a wild horse. **b** 〈感情などを〉抑える, 静める : 〜 one's passion. **súb·ju·gà·tor** [-tə | -tə(r] *n.*

sub·ju·ga·tion [sʌ̀bdʒʊgéɪʃən, -dʒɪ- | -dʒʊ-] 〘(1658) ▭ LL *subjugātiō(n-)* : ⇨ ↑, -ation〙 *n.* 征服, 服従, 従属.

sub·junc·tion [səbdʒʌ́ŋ(k)ʃən] 〘▭ LL *subjunctiō(n-)* ← *subjungere* (↓) : ⇨ -tion〙 *n.* **1** 追加, 増補. **2** 追加[添加]物.

sub·junc·tive [səbdʒʌ́ŋ(k)tɪv] 〘(1530) ▭ LL (*modus*) *subjunctīv-us* 《なぞり》← Gk *hupotaktikḗ égklisis* subordinate mood》← L *subjūnctīvus* connecting, subjoining ← *subjunctus* (p.p.) ← *subjungere* 'to SUBJOIN' : ⇨ -ive : 本来従属節に属するものと考えられたため〙 **—** *adj.* 仮定法の, 叙想法の (cf. conjunctive 2, indicative 2) : the 〜 mood 仮定法, 叙想法. **—** *n.* **1** 仮定法 (subjunctive mood). **2** 仮定[叙想]法動詞 《例えば *if it be true* における be》. **〜·ly** *adv.*

súb·kìngdom *n.* 〖生物〗亜界.

sùb·lábial 〖動物〗*adj.* 唇の下の[にある]. **—** *n.* 唇の下のキチン板 (infralabial) (cf. chitin).

súb·lànguage *n.* (あるグループ・階級などにだけ通用する)特殊言語, 二次言語.

sub·lap·sar·i·an [sʌ̀blæpsέ(ə)riən | -séərɪ-] 〘(1656) ← NL *sublapsārius* (⇨ sub-, lapse) + -ARIAN〙 *n., adj.* = infralapsarian.

sùb·lap·sár·i·an·ìsm [-nìzm] 〘⇨ ↑, -ism〙 *n.* = infralapsarianism.

sub·late [sʌbléɪt] 〘← L *sublāt-us* (p.p.) ← SUB- + *lāt-* (← *tollere* to take away) : cf. collate〙 *vt.* **1** 〖論理〗否認[否定]する (deny) (cf. posit). **2** 〖哲学〗止揚[揚棄]する.

sub·la·tion [sʌbléɪʃən] 〘▭ L *sublātiō(n-)* : ⇨ ↑, -ation〙 *n.* 〖哲学〗止揚, 揚棄 《相対立する契機を否定しながらも, 両者の固有性を保持して綜合へと高める働き ; 特に Hegel の弁証法における Aufheben をいう》.

súb·làttice *n.* 〖数学〗部分束 《束の部分集合で, どの二元も上限・下限をもつようなもの》.

sub·lease [⌐ ⌐, ⌐ ⌐] *n.* 転貸, 又貸し (underlease). **—** *vt.* **1** 転貸する, 又貸しする (sublet). **2** 又借りする.

sùb·lessée *n.* 転借人.

sùb·lessór *n.* 転貸人.

sùb·lét *vt.* (**sub·let**; **-let·ting**) **1** 転貸[又貸し]する (underlet). **2** 〈仕事などを〉下請けさせる. **—** *n.* 転貸[又貸し]した[できる]もの[家].

sùb·léthal *adj.* 致死量にまで達しない : a 〜 dose of poison.

sùb·lèvel *n.* **1** 一つの(明白な)水準より低い水準. **2** 〖鉱山〗中段坑道 《上下の水平坑道の中間に設けた補助水平坑道》. **3** 〖物理〗= subshell.

sùb·librárian *n.* 図書館副長.

sub·lieu·ten·ant [sʌ̀bluːténənt | -left-, -ləft-] *n.* 〖英海軍〗中尉 (cf. lieutenant 3) : a 〜, second class 少尉.

sub·li·mate 〘(adj.: 1460; v.: *c*1566) ▭ L *sublīmāt-us* (p.p.) ← *sublīmāre* to lift up ← *sublīmis* 'SUBLIME' : ⇨ -ate²,³. — n.: (1543) ← ML *sublīmātum* (neut. p.p.) : ⇨ -ate¹〙 **—** [sʌ́bləmèɪt | -lɪ-] *v.* **—** *vt.* **1** 〖化学〗昇華させる. **2** 〖精神分析〗昇華する (cf. sublimation 2). **3** 高尚にする, 純化する; 理想化する. **—** *vi.* 昇華[純化]する. **—** [-mèɪt, -mət, -mɪt | -mət, -mɪt, -mèɪt] *attrib. adj.* **1** 昇華した. **2** 純化した, 気高い. **—** [-mèɪt, -mət, -mɪt | -mət, -mɪt, -mèɪt] *n.* 〖化学〗昇華物; (特に)昇汞(こう) (corrosive sublimate).

sub·li·ma·tion [sʌ̀bləméɪʃən | -lɪ-] 〘(*a*1393) ▭ (O)F 〜 // L *sublīmātiō(n-)* : ⇨ ↑, -ation〙 **—** *n.* **1** 〖化学〗昇華(作用). **2** 〖精神分析〗昇華 《性的・攻撃的衝動を性的でない社会的に認められた行為に向ける無意識的過程》. **3** 純化, 理想化.

sub·lime [səbláɪm] 〘adj.: (1586) ▭ L *sublīm-is* lofty, exalted ← *sub līmen* reaching up to below the lintel ← SUB- + *līmen* lintel : cf. lintel. — v.: (*c*1395) ▭ (O)F *sublim-er* // L *sublīm-āre* to elevate ← *sublīmis*〙 **—** *adj.* (**sub·lim·er**; **-est**) **1 a** 〈自然界・芸術品・光景・人格・行為など〉荘厳な, 崇高な, 壮烈な, 雄大な : 〜 scenery, beauty, virtue, etc. **b** 〈思想・文体・人物など〉卓越した, 抜群の, 高尚な : a 〜 genius, thinker, style, thought, etc. **2** 《口語・皮肉》極度の, 途方もない (supreme) : 〜 impudence, insolence, contempt, ignorance, self-conceit, etc. / You 〜 idiot! この大たわけめ. **3 a** 〘古〙高位の, 尊貴の : his 〜 highness 殿下. **b** 〘詩・廃〙尊大な, 高慢な (haughty). **4** 〘古〙高く上げた, 高い. **—** *n.* **1** [the 〜] 荘厳, 崇高, 壮美 : *the* 〜, the beautiful, and the good 荘厳と美と善 / There is but one step from *the* 〜 to the ridiculous. 崇高と滑稽(こっけい)の差は紙一重だ 《Napoleon 一世の言葉 ; cf. Thomas Pain, *The Age of Reason* II》. **2** 至高, 極致 〔*of*〕: the 〜 of stupidity 愚の骨頂. **—** *vt.* **1** 〖化学〗昇華させる. **2** 高める, 高尚にする, 浄化する. **—** *vi.* **1** 〖化学〗昇華する. **2** 高尚になる, 浄化される. **〜·ly** *adv.* **〜·ness** *n.* **sub·lím·er** *n.*

sub·lim·i·nal [sʌblímənl̩, -láɪm- | sʌblímɪ-, səb-, -mə-] 〘(1886) 《原義》below the threshold ← SUB- + L *limin-*, *līmen* threshold (cf. sublime) + -AL¹ 《なぞり》← G *unter der Schwelle* (*Bewusstseins*) under the threshold (of consciousness)〙 **—** *adj.* **1** 知覚[感覚]を生み出さない; 識別できないほど小さい. **2** 〖心理〗**a** 意識に上らない, 識閾(しきい)下の; 潜在意識の (subconscious) (cf. threshold 4, liminal 1). **b** 潜在意識に働きかける : 〜 advertising 識閾下広告 《テレビの短時間の映像として, 意識的には知覚されないが, スクリーン上の文字などで意見や行動に影響を及ぼしていく広告》. **—** *n.* 〖心理〗= subliminal self. **〜·ly** *adv.*

sublíminal sélf *n.* 〖心理〗識閾下の自我, 潜在自我.

sub·lim·i·ty [səblíməti | -mətɪ, -mɪ-] 〘▭ L *sublīmitātem* : ⇨ sublime, -ity〙 *n.* **1 a** 荘厳, 崇高, 雄大, 壮美. **b** 荘厳なもの, 崇高な人[物]. **2** 絶頂, 極致, 精粋.

sub·lingual 〘← NL *sublinguāl-is* : ⇨ sub-, lingual〙 〖解剖〗**—** *adj.* **1** 舌の下(側)にある : the 〜 artery 舌下動脈 / a 〜 tablet 舌下錠. **2** 舌下腺の[に関する, に起こる]. **—** *n.* 舌下腺[動脈].

sublíngual glànd *n.* 〖解剖〗舌下腺 《唾液腺の一つ》.

sùb·líterary *adj.* 通俗文学の, 三文文学の.

súb·lìterature *n.* **1** 通俗文学, 三文文学. **2** (謄写印刷などによる関係職員向けの当座用の)報告書, 資料集.

sùb·líttoral *adj.* **1** 海岸[沿岸]に近い, 亜沿岸帯の[を構成する]. **2** 〖生態〗亜沿岸帯にすむ. **—** *n.* 亜沿岸帯.

sùb·lúnar *adj.* = sublunary.

sub·lu·nar·y [sʌ̀blúːnəri, sʌ́bluːnèri | sʌblúːnəri] 〘(変形) ← L *sublūnāris* : ⇨ sub-, lunar〙 **—** *adj.* **1** 月下の, 月と地球の間にある (cf. superlunary, translunary). **2** 地球上の, 地上の; この世の, 現世の.

sùb·luxátion 〘← NL *sublaxātiō(n-)* : ⇨ sub-, laxation〙 *n.* 〖医学〗亜脱臼, 不全脱臼.

sùb·machíne gùn *n.* 短[軽(便)]機関銃, サブマシンガン 《肩または腰から打ち出す(半)自動式機関銃》: ⇨ Thompson submachine gun.

sùb·mámmary *adj.* 〖解剖〗乳房の下にある.

súb·màn [-mæ̀n] *n.* (*pl.* **-men** [-mèn]) 人間的機能発達がきわめて低い人 (cf. superman).

sùb·mandíbular *adj.* 〖解剖〗= submaxillary.

sùb·márginal *adj.* **1** 〖生物〗へり (margin) の近くの, 亜縁の. **2** 限界以下の; (ある目的のための)必要最小限に欠ける : a 〜 life 普通以下の生活. **3** 〈土地など〉耕作限界に近い 《地代と資本と労力を投じて収益がほとんどないことにいう》; (耕作に値しないほど)収穫のない (unproductive). **〜·ly** *adv.*

sub·ma·rine [sʌ́bmərìːn, ⌐ ⌐ ⌐ | ⌐ ⌐ ⌐, ⌐ ⌐ ⌐] 〘(1648) ← SUB- + MARINE〙 **—** *n.* **1 a** 潜水艦 (cf. SURFACE boat) : a nuclear-powered 〜 原子力潜水艦. **b** 機(械水)雷. **2** 海底にある[生息する]もの, 海底植物[動物]. **3** 〘略〙《米俗》= submarine sandwich. **—** [⌐ ⌐ ⌐, ⌐ ⌐ ⌐] *adj.* **1** 海底[海中]の, 海底にある[生じる], 海底[海中]で使用する : a 〜 plant / a 〜 boat 潜水艦 / a 〜 cable [tunnel] 海底電線[トンネル] / a 〜 volcano 海底火山 / a 〜 terrace 海底の段丘. **2** 潜水艦の[に関する, による] : 〜 warfare 潜水艦戦. **—** *vt.* 《口語》潜水艦で襲撃[撃沈]する, (特に)潜水艦の(魚)雷(攻)撃で撃沈する. **—** *vi.* **1** 潜水艦に乗る. **2** 潜水する. **3** 〖アメリカンフットボール〗〈防御側ラインマンが〉攻撃側に対し膝より低く頭から突入し相手の下に潜るようにしてディフェンスする.

súbmarine cànyon *n.* 海底峡谷 (canyon).

súbmarine chàser *n.* 駆潜艇 《subchaser ともいう》.

súbmarine mìne *n.* (敷設)水雷, (敷設)機雷.

súbmarine pén *n.* = pen² *n.* 4.

sub·mar·i·ner [sʌ́bmərìːnə, ⌐ ⌐ ⌐ ⌐, sʌbmǽrənə, -mér- | sʌbmǽrɪnə(r, sʌ̀bməríːnə(r] *n.* 潜水艦乗組員.

súbmarine sàndwich *n.* 《米俗》= hero sandwich.

súbmarine sèntry *n.* 〖海事〗水中探礁器 《一定の深さを保って水中を引く凧(たこ)のような装置 ; 暗礁があると, これが水面に出る》.

súbmarine tèlegraph *n.* 海底電信.

sùb·máster 〘(15C)〙 *n.* 主人代理; 校長代理, 教頭.

sùb·mátrix *n.* 〖数学〗部分行列, 小行列 《与えられた行列のいくつかの行といくつかの列の交差点の要素から成る行列》.

sub·max·il·la [sʌ̀bmæksílə] 〘← NL 〜〙 *n.* 〖解剖・動物〗下あご, 下顎(がく) (lower jaw), 下顎骨 (inferior jawbone).

sub·max·il·lar·y [sʌ̀bmǽksəlèri | -mæksílərɪ] 〘←

NL *submaxillāri-us*: ⇨ sub-, maxillary〗 ── *adj.*〘解剖〙 **1** 顎下の[に関する, にある]. **2** 顎下腺(がっかせん)の[に関する].

submáxillary glànd *n.*〘解剖〙顎下腺(がっかせん).

sùb·médiant *n.*〘音楽〙下中音《音階の第 6 音; superdominant ともいう》: ～ chrod 下中和音.

sùb·méntal *adj.* **1**〘解剖〙おとがい下の, 顎(あご)の下にある. **2**〘昆虫〙亜基節の.

sub·men·tum [sʌbméntəm | -təm]〘← NL ～: ⇨ sub-, mentum〙 *n.*〘昆虫〙亜基節《口器の下唇を構成する一部分》.

sub·merge [səbmə́ːdʒ | səbmə́ːdʒ, sʌb-]〘《1606》□ L *submerg-ere*: ⇨ sub-, merge〙 ── *vt.* **1** 水中に入れる, 水中に沈める, 水中に没せしめる: be ～*d* beneath the sea 海底に沈められる / rocks ～*d* at high tide 高潮時には水中に没する岩. **2** …に水をかぶせる; 水に浸す, 浸水させる, 氾濫させる (inundate): The river overflowed and ～*d* the field. 川があふれて畠を水浸しにした. / ～*d* houses 浸水家屋. **3** [通例 p.p. 形で] **a** おおい隠す, 見えなくする: The true meaning was ～*d* in trivialities. 真の意味が些事の中に隠れてわからなくなった. **b** 負債[貧苦]に陥れる, 落ちぶれさせる. ── *vi.* **1** 水中に沈む, 水中に没する, 沈没する. **2** 〈潜水艦が〉潜水する, 潜航する.

sub·mérged *adj.* **1 a** 水面下の, 水中の. **b**〘植物〙水生の (submersed): ～ plants 水生植物. **2** 隠れた (hidden). **3** 貧困に苦しむ: ⇨ submerged tenth.

submérged ténth〘英国人口の 1/10 は貧困と不幸に陥っているという William Booth (1829-1912) の言葉から〙 ── *n.* [the ～]《英》社会最下層の人々, どん底生活者, 細民階級 (cf. upper ten).

sub·mer·gence [səbmə́ːdʒəns | səbmə́ː-, sʌb-] *n.* **1 a** 水中に沈める[沈む]こと; 沈没. **b** 潜水, 潜航. **2** 浸水, 冠水.

sub·mer·gi·ble [səbmə́ːdʒəbl̩ | səbmə́ːdʒə-, sʌb-, -dʒɪ-] *adj.* =submersible. **sub·mèr·gi·bíl·i·ty** [-dʒəbíləṭi | -dʒɪbíləti, -lɪ-] *n.*

sub·merse [səbmə́ːs | səbmə́ːs, sʌb-]〘□ L *submersus* (p.p.) ← *submergere* 'to SUBMERGE'〙 *vt.* =submerge. ── *adj.*〘植物〙=submersed 2.

sub·mérsed *adj.* **1** 水中に没している, 水没した (submerged). **2**〘植物〙水中に生じる, 水生の.

sub·mers·i·ble [səbmə́ːsəbl̩ | səbmə́ːsə-, sʌb-, -sɪ-]〘← SUBMERSE＋-IBLE〙 ── *adj.* **1** 水中に沈められる, 水中に浸せる. **2** 潜航[潜水]できる: a ～ boat 可潜艇, 潜水艦. **3** 水中で可動する: a ～ pump 水中ポンプ. ── *n.* 潜水艦 (submarine).

sub·mer·sion [səbmə́ːʒən, -ʃən | səbmə́ːʃən, sʌb-]〘《1611》□ LL *submersiō(n-)* ← L *submergere* 'to SUBMERGE': ⇨ -sion〙 *n.* =submergence. 「[状]の.

sùb·metállic *adj.* **1** 亜[不完全]金属の. **2** 金属質

sùb·mícrogram *adj.* 100 万分の 1 g より少ない.

sùb·mícron *adj.*〘化学〙 **1** 〈分子の直径など〉1 ミクロンより小さい. **2** 1 ミクロンより小さい分子をもつ[から成る]. 「でも; 微小(物体)の.

sùb·microscópic *adj.* 顕微鏡でも見えないほど小

sùb·míniature〘← SUB-＋MINIATURE〙 *adj.* 〈カメラ・電子装置など〉超小型の. ── *n.* =subminiature camera.

submíniature cámera *n.* 超小型カメラ《8 mm または 16 mm のフィルムを使用するごく小さなカメラ; 単に subminiature ともいう》.

submíniature túbe *n.*〘電子工学〙サブミニアチュア管《真空管の大きさによる分類で最も小さい種類》.

sùb·míniaturize *vt.* 〈電子装置を〉超小型に設計[製造]する (microminiaturize). **sùb·miniaturizá·tion** *n.*

sub·miss [səbmís]〘《1570》□ L *submiss-us* (p.p.) ← *submittere* 'to SUBMIT'〙 *adj.*《古》 **1** 従順な (submissive). **2** 色調の落ち着いた, 地味な.

sub·mis·sion [səbmíʃən]〘《1411》□ OF ～ (F *soumission*) ∥ L *submissiō(n-)* ← *submissus* (↑): ⇨ -sion〙 ── *n.* **1** 服従, 屈服, 降服: in ～ to …に服従して / give in a person's ～ 服従[屈服]する. **2** 言いなりになること, 従順, 恭順 (obedience), 柔和; 従順な態度[振舞い]: with all due ～ (敬意を表して)うやうやしく. **3** (意見・批評・考慮を求める)付託, 提起; 付記事項; (意見の)開陳, 具申, 提案: My ～ is that… 私の考えますところでは… / In my ～… 私見によりますれば. **4**《廃》過誤を認めること, 告白 (confession). **5**〘法律〙仲裁付託合意(書)《仲裁裁判に付託してその裁定に服従するという約束》. **6**〘レスリング〙(scissors hold など)相手のホールドに屈すること.

sub·mis·sive [səbmísɪv]〘《*a*1586》□ L **submissīv-us*: ⇨ submiss, -ive〙 *adj.* 服従的な, 柔順な, 言いなりになる, 素直な. **～·ly** *adv.* **～·ness** *n.*

sub·mit [səbmít]〘《*c*1380》□ L *submitt-ere* to let down, put under ← SUB-＋*mittere* to send: cf. mission, smite〙 ── *v.* (**sub·mit·ted; -mit·ting**) ── *vt.* **1 a** 〔…に〕従わせる, 服従[屈服]させる〔*to*〕: ～ one's will *to* the divine will 神意に従う. **b** [～ *oneself* で]〔…に〕ゆだねる, 甘受させる〔*to*〕: ～ *oneself to* insult 侮辱を甘んじて受ける / ～ *oneself to* his influence 彼の影響を受ける. **2 a** (意見・批評・考慮を求めて)〔…に〕提起する, 寄託する, 付託する (refer)〔*to*〕: ～ a case *to* the court 裁判所に訴訟を提起する / ～ a thing *to* a person's inspection 物を人の検閲に供する[お目にかける]. **b** 提出する: ～ a report. **3** 恭しく述べる, 具申する, 意見として述べる, 〈…ではないかと〉思いますと言う (suggest)〈*that*〉: I ～ *that* this should be allowed. 私の考えではそれは許さるべきだと思います / That, I ～, is a false inference. それは私は誤った推測ではないかと思います. **4 a**《廃》〈身を〉危険にさらす. **b**《古》低くする (lower), 曲げる (bend). ── *vi.* **1 a** 〔…に〕屈服する, 服従する〔*to*〕: ～ *to* a conqueror 征服者に屈服する / ～ *to* the Pope [the Church, God's will] 教皇[教会, 神意]に従う. **b** 〔課せられたことなどに〕服する, 〔受けねばならぬことを〕甘受する, 〔処置を〕受ける〔*to*〕: ～ *to* one's fate 運命に屈する, 運命と諦める / ～ *to* an operation 手術を受ける / I had to ～ *to* defeat. 敗北を甘受せざるを得なかった / I ～ *to* being parted from you. ぜひなく君とお別れする. **2** 〔他人の判断・意見などに〕敬意を払う, 従う〔*to*〕: ～ *to* one's judgment. **sub·mít·ta·ble** [-ṭəbl̩ | -tə-] *adj.* **～·ter** [-ṭə | -tə(r)] *n.*

sùb·mitochóndrial〘← SUB-＋MITOCHONDRI(ON)＋-AL[1]〙 *adj.*〘生物〙ミトコンドリアの部分[断片]から成る[に関する].

sub·mit·tal [sʌbmítl̩ | -tl] *n.* 服従; 降参, 屈服; 甘受.

sùb·móntane〘□ LL *submontān-us*: ⇨ sub-, montane〙 *adj.* **1** 山(脈)のふもとの[にある]. **2** 山(脈)下の[を流れる]: a ～ stream. **～·ly** *adv.*

sùb·mucósa *n.*〘解剖〙粘膜下組織. **sùb·mucósal** *adj.* **sùb·mucósally** *adv.* 「下の[にある].

sùb·múcous〘← SUB-＋MUCOUS〙 *adj.*〘解剖〙粘膜

sùb·múltiple〘数学〙 *n.* 約数, 約量《他の数を割り切る数[量]》. ── *adj.* 約数[約量]の.

sùb·narcótic *adj.* やや麻酔性の, 軽麻酔性の; (特に)熟睡をもたらすのに不十分な.

sùb·násal *adj.*〘解剖〙鼻下の, 鼻の下にある.

sùb·nítrate *n.*〘化学〙次硝酸塩.

sùb·nórmal *adj.* **1** 普通[正常]以下の; (知能・人格など)水準より劣る, 知能の低い. **2**〘数学〙法線で切った. **3**〘医学〙亜正常の, 準正常の. ── *n.* **1** 正常以下の人; (特に)低能者. **2**〘数学〙(*x* 軸上の)法線影. **sùb·normálity** *n.* **～·ly** *adv.* 「の.

sùb·núclear *adj.*〘物理〙原子核より小さい, 素粒子

sùb·núcleon *n.*〘物理〙核子の仮想構成要素 (cf. parton).

sùb·occípital〘← NL *suboccipitāl-is*: ⇨ sub-, occipital〙 *adj.*〘解剖〙 **1** 後頭(骨)下の[にある]. **2** 後頭

sùb·ócean *adj.* =suboceanic. 葉下の[にある].

sùb·oceánic *adj.* **1** 大洋[海底]下にある[起こる]: ～ oil resources 海底石油資源. **2** 海底の. 「経節.

sùb·oesóphageal gánglion *n.*〘解剖〙食道下神

sùb·óffice *n.* (郵便局・銀行などの)支店, 出張所《本店の業務の一部分のみを営業する》.

sùb·ópposite *adj.* 〈花など〉ほぼ対生の.

sùb·óptimal *adj.* 次善の.

sùb·óptimum *adj.* =suboptimal.

sùb·orbícular *adj.* ほぼ球状[環状]の.

sùb·órbital *adj.* **1** 〈人工衛星など〉地球などを完全に 1 周することのない: a ～ flight. **2**〘解剖〙眼窩(がんか)下の[にある].

súb·òrder *n.* **1**〘生物〙(分類学上の)亜目. **2**〘建築〙二次オーダー《構造体ではなく, 装飾などの部分に用いられるオーダー; cf. order B 11》.

sùb·órdinal *adj.*〘生物〙亜目の[に分類された].

sùb·órdinary *n.*〘紋章〙サブオーディナリー (⇨ ordinary 8; ⇨ heraldry 挿絵 D).

sub·or·di·nate [səbɔ́ədənət, -nɪt, -dn̩- | -bɔ́ːd(ə)n-, -dɪn-, -dn̩-]〘《(adj.: 1456; v.: 1597)》□ ML *subōrdināt-us* (p.p.) ← *subōrdināre* to place in a lower order ← SUB-＋*ōrdināre* 'to order, ORDAIN'): ⇨ -ate[2,3]〙 ── *adj.* **1** (階級・地位など)下の, 下位の, 下級の; 劣った, 次位の (secondary): a ～ officer 下級将校; 属官 / a ～ position 下位. **2** 従属する, 付随する: Pleasure should be ～ *to* duty. 楽しみは義務の後にしなければならない. **3**《廃》服従する, 従順な (submissive). **4**〘文法〙従属の, 従位の (cf. coordinate 3): ⇨ subordinate clause, subordinate conjunction. ── *n.* **1 a** 従属[隷属]するもの. **b** 隷属者, 部下, 属官, 下役: leave everything to one's ～*s* 万事下役に任せる. **2**〘生態〙(動植物の)劣位種 (cf. dominant 3). ── [-dənèɪt, -dn̩- | -dənèɪt, -dɪn-, -dn̩-] *vt.* **1** 下位に置く, 下位の地位に就かせる. **2** 〔…の〕次にする, 〔…より〕下に[軽く]見る, 軽視する〔*to*〕: ～ one's own interests *to* the public good 公益を先にして私利を後にする / He ～*s* work *to* pleasure. 仕事を娯楽の次にしている. **3** 〔…に〕従属させる, 従わせる〔*to*〕: ～ the passions *to* reason 情欲を理性に従わせる, 理性によって情欲を制する. **～·ly** *adv.* **～·ness** *n.*

subórdinate cláuse *n.*〘文法〙従(属)節《例えば I will go if it is fine. における if it is fine; cf. coordinate clause》.

subórdinate conjúnction *n.*〘文法〙従位接続詞《as, if, that など; cf. coordinate conjunction》.

subórdinate legislátion *n.*〘法律〙従位立法 (delegated legislation).

subórdinate órdinary *n.*〘紋章〙=subordinary.

sub·ór·di·nàt·ing [-ṭɪŋ | -tɪŋ] *adj.* 従属する. **～·ly** *adv.* 「ordinate conjunction.

subórdinating conjúnction *n.*〘文法〙=sub-

sub·or·di·na·tion [səbɔ̀ədənéɪʃən, -dn̩- | -bɔ̀ːdən-, -dɪn-, -dn̩-]〘《*a*1600》□ ML *subōrdinātiō(n-)*: ⇨ subordinate, -ation〙 ── *n.* **1** 下[下位]に置くこと, 下に[軽く]見ること, 軽視. **2** 従属, 隷属, 下位, 下役: in ～ to …に従属して. **3**《まれ》服従, 従順. **4**〘文法〙従属関係. **5**〘建築〙(建築的な)アーチの割り付け.

sub·òr·di·ná·tion·ìsm [-ʃənɪzm] *n.*〘神学〙(聖子)従属説, 従属主義, (三位一体の)第一位優越説《三位一体に関する教説で, 子は父に従属, または聖霊は父と子に従属するとする説》. 「学〙聖子従属説者.

sub·òr·di·ná·tion·ist [-ʃ(ə)nɪst, -nəst | -nɪst] *n.*〘神

sub·or·di·na·tive [səbɔ́ədənèɪṭɪv, -d(ə)nəṭ-, -dn̩- | -bɔ́ːdənət-, -dɪn-, -dn̩-] *adj.* **1** 下位[次位]の. **2**〘文法〙従属の, 従位の: a ～ conjunction=subordinate conjunction. **3**〘言語〙従属構造を形成する《例えば中心語を一つだけ含む内心構造をいう; endocentric, coordinative 4》.

sub·ór·di·nà·tor [-ṭə | -tə(r)] *n.*〘文法〙従位接続詞.

sub·orn [səbɔ́ən | sʌbɔ́ːn, sə-]〘《1534》□ L *subōrnāre* ← SUB- secretly＋*ōrnāre* to furnish: ⇨ ornate〙 ── *vt.* **1** 買収[贈賄, 教唆]して〈人〉に悪事をさせる **2**〘法律〙(賄賂などを与えて)…に偽誓[偽証]させる.

sub·or·na·tion [sʌ̀bɔənéɪʃən, -bə- | sʌ̀bɔː-]〘□ L *subōrnātiō(n-)*: ⇨ ↑, -ation〙 *n.* **1** 買収, 教唆. **2**〘法律〙偽証. 「orner).

subornation of perjury〘法律〙偽証の教唆 (cf. sub-

sub·órn·er *n.*〘法律〙偽証教唆者, 偽証[偽誓]させる人, 買収者 (cf. SUBORNATION of perjury).

Su·bo·ti·ca [súːbəṭìːtsə; *Serbocroat.* súbotitsa] *n.* (**Su·bo·ti·tsa** [～]) スボティツァ《ユーゴスラビア北東部の都市; 人口 89,000》.

sùb·óvate *adj.* ほぼ卵形の. 「酸化物.

sùb·óxide〘← SUB-＋OXIDE〙 *n.*〘化学〙下級[次, 亜]

sùb·pár *adj.* 標準以下の.

sùb·párallel *adj.* ほぼ平行の. 「subpoena.

sub·pe·na [səpíːnə | səbpíːnə, sʌbp-, səp-] *n.*, *vt.* =

sùb·phýlum〘← NL ～: ⇨ sub-, phylum〙 *n.*〘生物〙(分類学上の)亜門.

sùb·pléural *adj.*〘解剖〙胸膜下の[にある].

súb·plòt *n.* **1** (戯曲などの)わき筋 (cf. MAIN plot). **2** 地面 (plot) の小分け, 分筆.

sub·poe·na [səpíːnə | səbpíːnə, sʌbp-, səp-]〘《1422-61》□ L *sub poenā* under penalty: ⇨ sub-, pain〙 ── *n.* (応じない場合の罰則が付記してある)召喚令状, 喚問状: serve a ～ on …に召喚令状を送達する[して呼び出す] / under ～ 召喚されて, 出廷命令を受けて. ── *vt.* (～**ed**, ～**'d**) 召喚する, 喚問する, 召喚令状を発する.

subpóena ad tes·ti·fi·cán·dum [-æd-tèstəfɪkǽndəm, -fə-| -fɪ-]〘← NL ～ 'under penalty to give testimony'〙 ── *n.*〘法律〙証人召喚令状《証人として法廷に出頭することを命じる罰則付召喚令状》.

subpóena dú·ces té·cum [-dúːkeɪs-téɪkʊm, -d(j)úːsiːz-tíːkəm | -djúːsiːz-tíːkəm]〘← NL ～ 'under penalty you shall bring with you'〙 ── *n.*〘法律〙文書持参証人召喚令状《令状指定の文書を持って証人として法廷に出頭することを命じる罰則付召喚令状》.

sùb·pólar〘← SUB-＋POLAR〙 *adj.* (南北の)極に近い; 亜北極の (subarctic); 亜南極の (subantarctic).

sùb·populátion *n.* 人口の細区分[一区分].

sùb·pótent *adj.* 普通の効力より劣った; あまり効き目のない. **sùb·pótency** *n.*

sùb·préfect *n.* prefect の代理職; (特に)フランスの郡長; subprefecture の長官.

sùb·préfecture *n.* **1** prefecture の下位区分; (特に, フランスなどの)郡. **2** subprefect の職[権限].

sùb·príncipal *n.* **1** 副長官[社長, 会長, 校長], 長官[社長, 会長, 校長]代理. **2**〘建築〙補助の桓(たるき)[支え木材]. **3**〘楽器〙(パイプオルガンの)サブプリンシパル音栓.

sùb·príor〘《1340》□ ML ～: ⇨ sub-, prior[2]〙 *n.* 副修

sùb·próblem *n.* 副(問)題. 道院長.

sùb·proféssional *adj.* **1** 専門家の水準より低い[準専門家的な](資格の). **2** 専門教育の基礎[背景]を提供する: ～ education.

sùb·prógram *n.*〘電算機〙副プログラム, サブプログラム《他のプログラムで共通に使用できるように構成されたプログラムの形式》.

sùb·rátional *adj.* ほぼ[おおむね]合理的な.

súb·règion〘← SUB-＋REGION〙 *n.* **1** (地域内の)小区域. **2**〘生物地理〙(動物分布区の)亜区 (cf. realm 3). **sùb·regional** *adj.*

sub·rep·tion [səbrépʃən, sʌb-]〘《1600》□ LL *subreptiō(n-)* a deliberate misrepresentation, (L) a stealing ← L *subreptus* (p.p.) ← *subripere* to snatch away ← SUB-＋*rapere* 'to snatch, RAPE[1]': cf. rapid, surreptitious〙 ── *n.* **1** 事実の隠匿, 虚偽の申し立て; 虚偽の陳述から得た推論, 誤推. **2**〘教会法〙虚偽の陳述. **3**〘スコット法〙事実隠匿による不動産復帰権取得 (cf. obreption 2). **sub·rep·ti·tious** [sʌ̀bréptɪ́ʃəs] *adj.* **sub·rep·tí·tious·ly** *adv.*

súb·rìng〘← SUB-＋RING[1]〙 *n.*〘数学〙部分環《環の部分集合でもとの結合法によりそれ自身環を作るもの》.

sub·ro·gate [sʌ́brə(ʊ)gèɪt | -rə(ʊ)-]〘← L *subrogāt-us* (p.p.) ← *subrogāre* to put in another's place, substitute ← SUB-＋*rogāre* to ask: cf. surrogate〙 ── *vt.* **1** …の代わりをする, 代理する (substitute). **2**〘法律〙代位する, 代位弁済する, 肩代わりする.

sub·ro·ga·tion [sʌ̀brə(ʊ)géɪʃən | -rə(ʊ)-]〘《15C》□ L *subrogātiō(n-)*: ⇨ ↑, -ation〙 *n.* **1** 代理. **2**〘法律〙代位, 代位弁済.

sub-rosa [sʌ̀bróʊzə|-rə́ʊ-] 〘↓〙 *adj.* 秘密の, 内密の: ~ business dealings.

sub ro·sa [sʌ̀bróʊzə | -rə́ʊ-] 〘▭ L *sub rosā* under the rose: 食堂の天井にバラの花を彫り, 宴席での話の秘密を守ることを求めた古い習慣から; 一説ではスイレンの花の下で指をしゃぶるエジプトの神 Horus の像を, ギリシャ人が口外を戒める沈黙の神と誤解したところからという〙 **—** *adv. L.* 秘密に, 内密に, こっそりと (secretly) (cf. *under the* ROSE[2]).

sùb·routíne *n.* 〘電算機〙 サブルーチン《プログラムの中である定められた機能を実行する一連の命令であるルーチンに対し, 他のプログラムから共通に使用できる形式で作られたルーチン》.

subs. 《略》 subscription; subsidiary; subsistence; substantive; substitute(d).

sùb·sáline *adj.* やや塩辛い.

sùb·sámple *n.* 準見本, 準標本. **—** *vt.* …の準見本をとる.

sùb·sátellite *n.* **1** 衛星国内の衛星国. **2** 〘宇宙〙 軌道を回っているより大きな人工衛星より発射される小型の人工衛星. ⌈**saturation** *n.*

sùb·sáturated *adj.* ほぼ飽和した, 亜飽和の. **sùb-**

sùb·scápular 〘← NL *subscapulār-is*〙 〘解剖〙 *adj.* 肩甲(骨)下の[にある]: the ~ muscle [nerve] 肩甲下筋[神経]. **—** *n.* 肩甲下筋[動脈].

sub·scribe [səbskráɪb] 〘(1425) ▭ L *subscrīb-ere* to write beneath, sign ← SUB- + *scrībere* to write: ⇨ scribe[1]〙 **—** *vt.* **1** 〈姓名などを〉(証書などの)下に書く. **2** 〈証書など〉に署名する (sign); (署名して)証明する; (署名して)同意を表わす: The ~*d* names carry weight. 署名した名前が(大いに)ものを言う. **3** 〈寄付などを〉記名承諾する, (署名して)〈金額〉の寄付を約束する, 寄付を申し込む; 寄付する: ~ money *to* [*for*] charities 慈善事業に金を寄付する / The sum needed was ~*d* several times over. 応募金額は所要額の数倍になった. **4** 支持する, 支援する (support). **5** 《廃》 認める, はっきり言う (declare). **—** *vi.* **1** 〔文書などに〕署名する, 記名する 〔*to*〕. **2 a** (署名して)〔…に〕寄付を約束する; 寄付する 〔*to, for*〕: ~ *to* a charity [*to* a fund, *for* a charitable object] 慈善事業[基金, 慈善の目的]に寄付する. **b** 〔…に〕賛成する, 同意する 〔*to*〕: ~ *to* a scheme [an opinion] 計画[意見]に賛成する. **c** 〔新刊書などを〕予約する 〔*for*〕; 〔新聞・雑誌を〕予約購読する 〔*to*〕: ~ *for* an encyclopedia / ~ *to* a newspaper 新聞を購読する. **d** 〔株式などを〕申し込む, 応募する 〔*for*〕: ~ *for* shares 株に応募する. **3** 《廃》 服従する.

sub·scrib·er *n.* **1** 寄付者 〔*to*〕: a ~ *to* a fund [charity] 基金[慈善事業]寄付者. **2 a** 申し込み人, 応募者, 予約者 〔*for*〕; 予約購読者 〔*to*〕: a ~ *for* a book [shares] 書物の予約者[株式応募者]. **b** (電話の)加入者: a telephone ~ 電話加入者. **3** 記名者, 調印者.

subscríber trúnk dìalling *n.* 《英》〘電話〙 加入者市外ダイヤル方式《交換手を経由しない通話方式; 略 S.T.D.》.

sub·script [sʌ́bskrɪpt] 〘(adj.: 1871; n.: *a*1704) ▭ L *subscript-us* (p.p.) ← *subscrībere* 'to SUBSCRIBE'〙 〘印刷〙 **—** *adj.* **1** (フランス語のセディーユ (cedilla) などのように, 文字などの)真下に付した, 下付きの (cf. adscript 1): an iota ~ 下付きのイオタ (ι)《ギリシャ文字の ᾳ, ῃ, ῳ の下に書く ι》. **2** 下付きの《文字などの横下に付いた文字・数字・記号などにいう; cf. superscript, superior 10》. **—** *n.* 下付き文字[記号, 数字] 《例えば H_2O の $_2$》.

sub·scrip·tion [səbskrípʃən] 〘(*a*1449) ▭ L *subscriptiō(n-)*: ⇨ ↑, -ion〙 **—** *n.* **1 a** 名を下に書くこと; 記名, 署名. **b** 署名承諾, 記名同意; 同意, 賛成. **c** 署名文書. **2 a** (雑誌・株式などの)申し込み, 予約, 予約申し込み, 予約購読[期間, 代金]: by ~ 予約で. **b** (電話の)加入. **3** 寄付申し込み, 寄付; 寄付金, 寄付金額: make [take up] a ~ 寄付を募る. **4** 《英》(クラブ・学会などの)会費 (dues). **5** 〘キリスト教〙 (統一を図るための)教義の受諾. **6** 〘英国国教会〙 (1563 年の 39 信仰個条と祈禱書の)正式受諾. **7** 〘処方〙 調薬の処法.

subscríption bòok *n.* **1** 予約[応募]者帳簿. **2** 予約図書《一定数の予約購読者を得て出版されるもの》.

subscríption edìtion *n.* **1** 一定数の予約者が集まった後に刊行される版. **2** (予約者にのみ頒布される特別の体裁[製本]の)予約版; 予約販売図書.

subscríption lìbrary *n.* 会員制貸出し図書館.

subscríption lìst *n.* 寄付[株式]申し込み人名簿; 予約購読者名簿.

subscríption télevision *n.* 私設会員制有料テレビ(放送)《受信料を払った者にのみ送信される有線テレビ; cf. pay-TV》.

sub·scrip·tive [səbskríptɪv] *adj.* 《まれ》 **1** 署名(受諾)の. **2** 申し込み[加入, 応募]の, 予約[購読]申し込みの. **3** 寄付(金)の; 寄付(金)申し込みの. **~·ly** *adv.*

subsec. 《略》 subsection.

súb·sèction *n.* **1** (section を更に分割した)小区, 小分, 細別, 款(ｶﾝ); 分課. **2** 〘生物〙 (遺伝子等の)小単位.

sub·sel·li·um [sʌbséliəm | -lɪ-] 〘▭ L ~ ← SUB- + *sella* seat: cf. settle[2]〙 *n.* (*pl.* **-sel·li·a** [-liə | -lɪə]) 〘建築〙 = misericord 3.

subseq. 《略》 subsequent; subsequently.

sub·se·quence[1] [sʌ́bsɪkwəns, -sə-, -kwèns|-sɪkwəns] 〘▭ L *subsequentia*: ⇨ subsequent, -ence〙 **—** *n.* **1** 後[次](であること), 続いて起こること, 継起. **2** 後[次]に起こる[続く]もの; 続き, 結果 (sequel).

súb·sèquence[2] 〘← SUB- + SEQUENCE〙 *n.* 〘数学〙 部分列《与えられた列の一部分を成す列》.

sub·se·quent [sʌ́bsɪkwənt, -sə-, -kwènt | -sɪkwənt] 〘(*c*1450) ▭ L *subsequent-em* (pres.p.) ← *subsequī* to follow closely ← SUB- + *sequī* to follow: ⇨ sequent〙 **—** *adj.* **1** 続いて起こる, 次の; 〔…の〕後の 〔*to*〕: ~ events [years] その後の事件[後年] / the period ~ *to* the war 戦争直後の時期 / on the day ~ *to* his death 彼が死んだ翌日. **2** 順々に続く, 連続する: ~ pages, chapters, etc. **3** 〘地理〙 〈河川が〉適従する, 適従の《地表面の一般的な傾斜の方向とは無関係に, 地質構造の弱線に沿って流れる》; cf. consequent 4, obsequent 2》: a ~ stream 適従川. **—** *n.* **1** 続いて起こること[もの]. **2** 〘地理〙 = SUBSEQUENT stream. **~·ness** *n.*

súb·se·quent·ly *adv.* その後に, 次に, その次に; 〔…に〕続いて 〔*to*〕: ~ *to* the election 選挙後に.

súb·sère *n.* 〘生態〙 二次遷移系列《木の伐採や火入れのような人為的手段で裸地化した場所で見られる植物群落の遷移系列》.

sùb·sérous *adj.* 〘解剖〙 漿(ｼｮｳ)膜下の[にある].

sub·serve [səbsə́ːv, sʌb- | -sə́ːv] 〘(*a*1619) ▭ L *subserv-īre* to serve ← SUB- + *servīre* 'to SERVE'〙 **—** *vt.* **1** …の助成[促進]に役立つ; 助成する, 促進する, …に役立つ: ~ one's end, purpose, etc. **2** 《廃》 …の部下として仕える.

sub·ser·vi·ence [səbsə́ːviəns, sʌb-|-sə́ːvjəns, -vɪəns] *n.* **1** 従属的であること. **2** 助成[促進]に役立つこと. **3** 卑屈, 屈従.

sub·sér·vi·en·cy [-viənsi|-vjənsi, -vɪən-] *n.* = subservience.

sub·ser·vi·ent [səbsə́ːviənt, sʌb- | -sə́ːvjənt, -vɪənt] 〘(1632) ▭ L *subservient-em* (pres.p.) ← *subservīre* 'to SUBSERVE': ⇨ -ent〙 **—** *adj.* **1** 〔…に〕補助的な働きをする, 従属的な 〔*to*〕. **2** 〔目的の〕促進に役立つ, 助けになる, 貢献する 〔*to*〕: make it ~ *to* one's purposes. **3** 屈従する, 卑屈な, へつらう. **~·ly** *adv.*

súb·sèt *n.* **1** 小党, 小派, 小仲間 (subordinate set). **2** 〘論理・数学〙 部分集合《集合 M の要素がすべて集合 N に含まれる時の M; cf. inclusion 6》.

súb·shèll *n.* 〘物理〙 副殻《殻構造で, 同一殻内の同じ方位量子数をもつ粒子[電子]の造る殻; sublevel ともいう》. ⌈**shrùbby** *adj.*

súb·shrùb *n.* 〘植物〙 **1** 亜低木. **2** 小低木. **súb-**

sub·side [səbsáɪd] 〘(1681) ▭ L *subsīd-ere* to settle, sink down ← SUB- + *sīdere* to sit down (cf. *sedēre* 'to SIT')〙 **—** *vi.* **1 a** 〈土地・建物などが〉へこむ, くぼむ, めり込む, 陥没する, 沈下する (descend). **b** 〈丘などが〉なだらかになる, 低下する: The hills ~ toward(s) the shore. 山は海岸へ向かってなだらかになっている. **c** 〈船が〉沈む. **2** 〈おりなどが〉底にたまる, 沈殿する (settle, precipitate). **3** 〈人が〉腰を降ろす (sink, fall): ~ into an armchair ひじかけ椅子にどっかと腰を降ろす. **4 a** 〈風雨・騒動・興奮などが〉静まる, おさまる (settle down); 〈洪水などが〉減退する, 退く (abate): The storm [tumult] ~*s*. あらし[騒ぎ]が静まる / The apprehension [excitement, laughter] ~*d*. 不安[興奮, 笑い]がおさまった. **b** おさまって[静まって]〔…に〕なる 〔*to, into*〕: The wind ~*d* to a calm. 風がないだ / A startled expression on his face ~*d into* a smile. 彼の顔に出ていた驚いた表情もなくなってにっこり笑った. **sub·síd·er** *n.*

sub·si·dence [səbsáɪdn̩s, sʌ́bsə-, -dəns | səbsáɪdn̩s, sʌ́bsɪ-, -dəns] 〘▭ L *subsīdentia*: ⇨ ↑, -ence〙 *n.* **1** 沈下, 陥没; 沈殿; 鎮静, 減退. **2** 沈殿物.

sub·sid·i·ar·y [səbsídièri, sʌb-, -diəri | səbsídjəri, -dɪə-] 〘(1543) ▭ L *subsidiāri-us*: ⇨ subsidy, -ary〙 **—** *adj.* **1 a** 補助の, 補足する (auxiliary): a ~ book 補助簿 / ~ business 副業 / ⇨ subsidiary coin / ~ *to* the main business 副業として. **b** 従属的な, 副次的な (tributary): a ~ stream 支流. **2 a** 助成金の[から成る], 補助金による[を受けた]: ~ payments 補助金. **b** 他国に雇われた: ~ troops 雇い兵. **c** (過半数の株をもつ)親会社に支えられた: ⇨ subsidiary company. **—** *n.* **1** 補助物(物); 付属者[物], 付加物 (accessory). **2** = subsidiary company. **3** 〘音楽〙 副主題, 第二主題, 従属楽旨. **sub·sid·i·ar·i·ly** [səbsìdiérəli, sʌb-, ―́―――――|səbsídjərəli, -dɪə-, -rɪlɪ] ⌊*adv.*

subsídiary céll *n.* 〘植物〙 (気孔の)副細胞.

subsídiary cóin *n.* 補助貨幣《基本通貨単位以下の小額硬貨; cf. minor coin》. ⌈会社.

subsídiary cómpany *n.* (親会社に支えられる)子

subsídiary lédger *n.* 〘簿記〙 補助元帳.

sub·si·dize [sʌ́bsədàɪz, -zə- | -sɪ-] 〘(1795): ⇨ ↓, -ize〙 **—** *vt.* **1** 〈政府が〉〈私立学校・個人事業などに〉助成金[補助金, 奨励金]を支給する: a ~*d* line 補助[命令]航路 / a ~*d* newspaper 御用新聞. **2** 報酬金を払って…の援助を得る. **3** 贈賄で〈人〉の協力を得る; 買収する (buy over). **sub·si·di·za·tion** [sʌ̀bsədɪzéɪʃən, -zə-, -də-|-sɪdaɪ-, -dɪ-] *n.* **súb·si·diz·er** *n.*

sub·si·dy [sʌ́bsədi, -zə- | -sɪdɪ] 〘(*a*1387) *subsidie* ▭ AF = (O)F *subside* ▭ L *subsidium* reserve troops, support ← *subsidēre* 'to SUBSIDE': ⇨ -y[5]〙 **—** *n.* **1 a** (政府が個人事業・慈善団体などに交付する)助成金, 奨励金; 助成. **b** (国家間の援助協定に基づいて支払う)報酬金. **c** 補助金, 寄付金, 義援金. **2** 《英》(昔, 議会の協賛を経て国王に認められた)特別補助金, 上納金; (議会の協賛に基づいた)臨時[特別]税.

sub si·len·ti·o [sʌ̀bsɪlénʃiòʊ, -sə-, -ṭiòʊ | -sɪlénʃɪə̀ʊ, -tɪə̀ʊ] 〘▭ L *sub silentiō* 'in SILENCE'〙 *L. adv.* 無言で, 黙然と, 沈黙して.

súb·sìll *n.* 〘土木〙 敷土台.

sub·sist [səbsíst] 〘(1549) ▭ LL *subsist-ere* to stay alive, exist, (L) to stand still ← SUB- + L *sistere* to cause to stand: cf. assist〙 **—** *vi.* **1** 生存する, 生存していく; 生きていく, 食っていく, 暮らしていく: We are unable to ~ without air and water. 空気と水がなければ我々は生きていけない / ~ *on* vegetables [charity] 菜食して[人の恵みで]生きていく / ~ by begging こじきをして食っていく / ~ *on* one's old-age pension 老齢年金で生活する. **2** 存在する, 現存する, 残っている; 残って使われている, 存続する: a country where superstition still ~*s* まだ迷信が残っている国. **3** 〔…に〕存する (consist) 〔*in*〕. **4** 〘哲学〙 **a** 自己自身による存在をもつ, 存立する, 自存する. **b** 真[善]である(と認められる). **—** *vt.* …に食[糧食]を給する, 給養する (maintain): ~ the army 軍隊を養う.

sub·sis·tence [səbsístəns, -tn̩s] 〘(1432–50) ▭ LL *subsistentia* 《なぞり》 ← Gk *hupóstasis* 'HYPOSTASIS': ⇨ subsistent, -ence〙 **—** *n.* **1** 生存, 暮らし; 生活の道, 生計 (livelihood): gain one's ~ 生計費を得る / labor for ~ 生計費[糊(ｺ)口の資]をかせぐ. **2 a** 生活必需品の供給, 生計の資を与えること. **b** = subsistence money. **3** 〘哲学〙 **a** (スコラ哲学における)(実体的な)存立[存在](性)《偶有的性質とは独立に, それ自体として不変に存在し続ける基体や概念・形相・本質など; cf. essence 3, substance 6》. **b** 存在, 実存 (existence). ⌈ing.

subsístence àgriculture *n.* = subsistence farm-

subsístence allòwance *n.* = subsistence money.

subsístence fàrming *n.* **1** 自給農業《家族の生活維持に必要な物しか作らない農業》. **2** 収益のほとんどない[皆無の]農業, 零細農業.

subsístence hómestead *n.* 《米》(家庭)自給農場《生計を農場にたよらず, 敷地内で家族のための食物補足の農業をする》.

subsístence lèvel *n.* 最低生活水準.

subsístence mòney 〘(1687)〙 **—** *n.* **1** (新兵・新規雇用者に支払う)就役[就職]支度金. **2** (出張中職務遂行に要する負担金を充当する)出張(実)費. **3** (兵士に支払われる)食費. ⌈できるほどの低賃金》.

subsístence wàges *n. pl.* 生存費賃金《やっと生活

sub·sis·tent [səbsístənt, -tn̩t] 〘▭ L *subsistent-em* (pres.p.) ← *subsistere* 'to SUBSIST': ⇨ -ent〙 *adj.* **1** 存立する, 存在する (existing). **2** 実在の, 固有の.

sùb·sócial *adj.* 明確[複雑]な社会構造をもたない; 〈昆虫が〉群生するが社会生活をしていない: ~ insects.

súb·sòil 〘(1799)〙 *n.* 〘土壌〙 心土(ｼﾝﾄﾞ), 下層土《表土と基岩との中間に位する土層; cf. surface soil》. **—** *vt.* …の心土[底土]を掘り起こす[して耕す].

súb·sòil·er [-lə|-lə(r)] *n.* **1** 心土犂(ｽｷ) (subsoil plow) を使う人. **2** = subsoil plow. ⌈土]を起こす犂(ｽｷ)》.

súbsoil plòw *n.* 心土犂(ｽｷ), サブソイラー《心土[底

sùb·sólar *adj.* **1** 太陽の下にある; 太陽が天頂にある. **2** 両回帰線間にある.

subsólar póint *n.* 太陽直射[直下]点.

sùb·sónic 〘← SUB- + SONIC〙 **—** *adj.* **1 a** 〘物理・航空〙 音速より遅い, 亜音速の《時速 700–750 マイル以下; cf. sonic》. **b** 亜音速で動く. **2** 〘物理〙 = infrasonic. **sùb·sónically** *adv.*

súb·spàce *n.* 〘数学〙 部分空間.

súbspace topòlogy *n.* 〘数学〙 = relative topology.

sub spe·ci·e ae·ter·ni·ta·tis [sʊ̀b·spékièɪ·aɪtə̀ːnətáːtɪs, -ṭəs, sʌ̀b·spíːʃiìː·iːtə̀ːnɪtéɪ- | sʊ̀b·spékièɪ·aɪtə̀ːnɪtáːtɪs, sʌ̀b·spíːʃiìː·iːtə̀ːnɪtéɪ-] 〘← NL ~ 'under the aspect of eternity'〙 **—** *L. adv.* 永遠の相の下に; 本質[普遍]的形態[性質]において: cognitio ~ 永遠の相の下における認識《Spinoza の言葉》. ⌈種.

súb·spècies 〘← NL ~〙 *n.* 〘生物〙 (分類学上の)亜

sùb·specífic *adj.* **1** 亜種の, 亜種をなす. **2** 種以下の, 種にならない. ⌈substitute.

subst. 《略》 substantival; substantive; substantively;

súb·stàge *n.* **1** 〘光学〙 サブステージ《顕微鏡の載物台の下のアタッチメント取付け部分》. **2** 〘地学〙 (地質時代区分の一単位の)階 (stage) を細分した時間単位.

sub·stance [sʌ́bstəns, -stn̩s] 〘(*a*1325) ▭ (O)F ~ ▭ LL *substantia* being, essence, material property ← L *substāre* to stand firm or under ← SUB- + *stāre* 'to STAND': ⇨ -ance〙 **—** *n.* **1** (物の構成要素としての, または特定の種類か化学的成分を有する)物質 (matter): a porous [transparent] ~ 多孔質の[透明な]物質 / chemical ~*s* 化学的物質. **2 a** (外観・影などに対して物の)本質, 実体 (reality) (↔ appearance): The very ~ of the ambitious is merely the shadow of a dream. 大望の本質は夢の影にすぎない (Shak., *Hamlet* 2. 2. 264). **b** 実質 (solid character), 中身; (織物などの)地 (body): an argument lacking in [without much] ~ 実質の少ない[空疎な]議論 / sacrifice the ~ for the shadow 虚のため実を捨てる, 名を取ろうとして実を捨てる, 本末を転倒する / This cloth lacks ~. この織物は地が薄い. **c** 密度, 濃度, こく: soup without ~. **3 a** (思想・講義・研究などの)内容: the ~ of one's thought, discourse, study, religion, etc. / The ~ is good, but the style is crude. 内容はいいが文章が生硬だ. **b** (演説・著作などの)本旨, 意味; 要旨, 大要, 大意: the ~ of one's speech 演説の要旨. **4** 資産, 財産, 資力 (means): a man of ~ 資産家, 財産

家 / waste one's ~ 財産を浪費する. 5 大部分 (majority): the ~ of one's fortune. 6 〘哲学〙(それ自身において存在するものとしての)実体, 基体 (substratum), 本体, 本質 (reality, essence) (cf. attribute 3): *Substance* and accidents in metaphysics correspond to subject and predicate in logic. 形而上学の本体と偶有性とは論理学上の主辞と賓辞に対応する / the first ~ (アリストテレス的用語として)第一実体, 個体 / the second ~ 第二実体, 本質. 7 〘神学〙実体《三位一体論において, 神の唯一性を語る用語; 中世教会での聖餐論の重要な用語》; 神性. 8 〘製紙〙=basis weight 1. 9 〘言語〙実質 (cf. form 15 a).

in substance (1) 実質的には, 内容は, 大体は (substantially): I agree with you *in* ~. 私も大体は君に同意だ. (2) 現に, 実際に, 事実上 (actually).

~·less *adj.*

súbstance nùmber *n.* 〘製紙〙=basis weight 1.

sùb·stándard *adj.* 1 標準以下の. 2 〈食糧品・薬品などの成分が〉(法定の)基準以下の, 規格外れの. 3 〘言語〙(使用者の無教養を思わせる)標準語以下の, 非標準的な《例えば sit を set, killed を kilt, twice を twicet, all at once を all to once などというような solecism など; cf. nonstandard 2》. 4 〘保険〙標準下体[弱体]の. 5 〘映画〙〈フィルムが〉35 mm 以下の.

substándard insúrance *n.* 〘保険〙標準下体[弱体]保険《標準以下の体格をもつ者の生命保険》.

substándard rísk *n.* 〘保険〙標準下体[弱体]危険.

sub·stan·tial [səbstǽnʃəl] 〘(adj.: 1340; n.: *a*1398) *substancial* ◻ LL *substantiāl-is*: ⇨ substance, -ial〙 — *adj.* 1 a 物質の[に関する, を構成する]. b 実質の, 実体の, 本体の(ある), 実在する (actual); 本当の: no mere apparition, but a ~ being 幽霊でなく実体のあるもの[人]. c 重要な, 重大な. 2 〈食事など〉実(み)のある, たっぷりある: a ~ meal こくのある食事. 3 a 堅固な, 強固な, 頑丈な: a ~ building 頑丈な建物 / a man of ~ build がっしりした体格の人. b 〈学者など〉実力のある, 名に相応する, しっかりした: a sound and ~ scholar 手堅い実力のある学者. 4 相当な, 大した (considerable): a ~ gain 大した利益 / a ~ amount of ammunition 多量の弾薬 / make a ~ concession 大幅の譲歩をする / make a ~ contribution 多大の貢献[寄付]をする. 5 実質的価値[効力, 根拠]のある (↔ verbal): a ~ argument 内容の充実した議論 / a ~ hope 当てのある希望. 6 本質的な (essential), 事実上の: ~ compliance with the law / ~ performance of contract 実際上の契約履行. 7 身代[財産]のある, 資力のある, 裕福な; 有力な (influential), (経済的に)堅実な, 確実な (sound): one of the ~ men of the city. 8 〘哲学〙実体の, 実体的な, 本体の (cf. accidental 4). — *n.* 〘通例 *pl.*〙実体[実質]的なもの; 実在物; 実質的価値ある物. **~·ness** *n.*

substántial dámages *n. pl.* 〘法律〙実質的損害賠償(金) (↔ nominal dangers).

sub·stán·tial·ism [-lìzm] *n.* 〘哲学〙実体論.

sub·stán·tial·ist [-ʃ(ə)lɪst, -ləst | -lɪst] *n.* 〘哲学〙実体論者.

sub·stan·ti·al·i·ty [səbstæ̀nʃiǽləti | -stæ̀nʃiǽlɪti, -lɪ-] 〘◻ LL *substantiālitātem*: ⇨ substantial, -ity〙 *n.* 実在性; 実質のあること; 本体, 実質; 堅固.

sub·stan·tial·ize [səbstǽnʃəlàɪz] *vt.* 1 実体とする, 実体化する, 実在させる, 実在化する. 2 実現する.

sub·stán·tial·ly [-ʃəli | -li] 〘(1398)〙 — *adv.* 1 実質的には, 事実上 (in substance): ~ the same 大体同じ. 2 大体は, 要点は, 趣意は. 3 大いに, 十分に, 大幅に. 4 豊かに, たっぷり. 5 がっしりして; しっかりと, 頑丈に.

sub·stan·ti·ate [səbstǽnʃièɪt | -ʃɪ-, -sɪ-] 〘(1657) ← NL *substantiāt-us* (p.p.) ← *substantiāre*: ⇨ substance, -ate³〙 — *vt.* 1 …の存在[正当性]を実証する, 立証する: ~ a claim [statement] 要求[陳述]の正当性を実証する. 2 a 実体化する, 具体化する. b しっかりさせる, 強固にする. 3 …に実体[中身]を与える.

sub·stan·ti·a·tion [səbstæ̀nʃiéɪʃən | -ʃɪ-, -sɪ-] *n.* 1 実証, 立証. 2 証拠 (evidence). **sub·stan·ti·a·tive** [səbstǽnʃièɪtɪv | -ʃɪətɪv] *adj.*

sub·stán·ti·à·tor [-tə | -tə(r)] *n* 立証者, 証明者, 証人.

sub·stan·ti·val [sʌ̀bstəntáɪvəl] *adj.* 〘文法〙実(名)詞の, 名詞の. **~·ly** *adv.*

sub·stan·ti·va·tion [sʌ̀bstəntɪvéɪʃən, səbstæ̀ntə- | -tɪ-] *n.* 〘言語〙名詞化.

sub·stan·tive 〘(*c*1470) ◻ (O)F *substantif* // LL *substantīv-us* ← L *substantia* 'SUBSTANCE': ⇨ -ive〙 — [sʌ́bstəntɪv, səbstǽn- | -tɪv] *adj.* 1 a 実在的な (real); 〈軍隊の階級など〉(一時的でなく)永続的な, 常置の: a ~ being 永続性のある実在物. b 本質的な (essential). 2 独自に存在する, 独立的な (self-contained, independent): a ~ motion 正式動機. 3 [《英》səbstǽntɪv] 相当の, 相当多量の (considerable). 4 [sʌ́bstəntɪv | -tɪv] 〘文法〙実(名)詞の, 名詞に用いられた; 存在を表わす (cf. adjective 1): a noun ~ 実(名)詞《名詞の旧称で, noun adjective (形容詞の旧称)と区別するために用いられた》/ a ~ clause 名詞節 / a ~ verb 存在動詞《be 動詞のこと》. 5 〘法律〙本則の, 実体の, 明文に書き表わした (cf. adjective 2): ⇨ substantive law / ~ enactment 明文規定. 6 〘染色〙(色留めを要せず)直接に染まる (direct) (cf. adjective 3): ~ colors [dyes] 直接染料. — [sʌ́bstəntɪv | -tɪv] *n.* 〘文法〙 1 実(名)詞 (noun substantive), 名詞 (noun). 2 名詞相当語句 (noun equivalent)《名詞の働きをする名詞・代名詞またはその他の語句・節》. 3 (ラテン語で名詞および名詞と同じ語尾変化をする)形容詞《例えば Puella bona est. (=The girl is good.) の puella (=girl) および bona (=good)》. **~·ly** *adv.* **~·ness** *n.*

súbstantive expréssion *n.* 〘言語〙名詞表現, 実詞語句《名詞と同様の機能を有する語または語群》.

súbstantive láw *n.* 〘法律〙実体法, 主法 (cf. adjective law, remedial law).

substantive rank [⌐−−⌐ | −⌐−⌐] *n.* 〘軍事〙本俸を受ける官等.

substantive right [⌐−−⌐ | −⌐−⌐] *n.* 〘法律〙実体的権利《生命・自由・財産・名誉などの権利; cf. remedial right》.

sub·stan·tiv·ize [sʌ́bstəntɪvàɪz, səbstǽntə- | -tɪ-] *vt.* 〘言語〙〈動詞・形容詞などを〉名詞として用いる, 名詞に変える.

súb·stàtion *n.* 1 支署, 分署, 出張所, 派出所; (郵便局の)支局. 2 〘電気〙変電所, 変圧所.

sùb·stérnal 〘← SUB-+STERNAL〙 *adj.* 〘解剖〙胸骨下の[にある, で感じられる].

sub·stit·u·ent [səbstítʃuənt | -tju-] 〘◻ L *substituentem* (pres.p.) ← *substituere* 'to SUBSTITUTE': ⇨ -ent〙 — *n.* 〘化学〙(原子・原子群の)置換分, 置換基. — *adj.* 代わりになり得る, 置換できる[可能の].

sub·sti·tut·a·ble [sʌ́bstət(j)ùːtəbl | -stɪtjùːt-] *adj.* 代用可能の. **sùb·sti·tùt·a·bíl·i·ty** [-təbíləti | -təbílɪti, -lɪ-] *n.*

sub·sti·tute [sʌ́bstət(j)ùːt | -stɪtjùːt] 〘(n.: *c*1400; adj.: 1432–50; v.: 1532) ← L *substitūt-us* (p.p.) ← *substituere* to put in place of ← SUB-+*statuere* to place: cf. statute〙 — *vt.* 1 a 代わりにする, …に代える, 取り替える: erase a word and ~ another 一語を消して他の語を代わりに入れる. b 〔…に〕代わらせる, 代用する; 〔…と〕すり替える; …に〔…の〕代理をさせる; 〘スポーツ〙〈選手を〉〔…と〕交替させる 〔*for*〕: ~ an experiment *for* a theory 実験をもって理論に替える / ~ margarine *for* butter バターの代わりにマーガリンを使う. ★ 次のように用いるのは《俗用》(cf. replace 2): ~ butter *by* [*with*] margarine / ~ an imitation *for* a real picture にせ物を本物の絵とすり替える / ~ oneself *for* another 他人の代理をする[後任になる]. 2 〘化学〙〔…と〕置換する 〔*for*〕; 置換分 (substituent) を入れ換えて〈化合物を〉変える. — *vi.* 〔…の〕代理をする[となる]; 〘スポーツ〙〔…と〕交替する 〔*for*〕. — *n.* 1 a 代理人, 代人; 補欠(者); 補欠選手 (cf. first-string 1); (劇の)代役 (cf. understudy); 替玉; (昔あった)身代わり兵. b 代用物[品], 代用食: butter ~ バターの代用品 / ~s *for* rubber ゴムの代用品. 2 〘文法〙代用語[詞]《例えば代名詞や He writes better than I do. の do; cf. pronoun, pro-verb》. 3 〘海事〙=repeater 8. — *attrib. adj.* 代理の, 代用の, 代わりの: a ~ food, teacher, etc. / a ~ verb 代(用)動詞 (cf. *n.* 2).

súbstituted sérvice *n.* 〘法律〙=SERVICE by substitution.

súbstitute fìber *n.* 〘植物〙代用繊維《被子植物の繊維細胞のうち養分の貯蔵と機械的作用とを兼ね備えた紡錘形細胞》.

sub·sti·tu·tion [sʌ̀bstət(j)úːʃən | -stɪtjúː-] 〘(*a*1393) *substitucion* ◻ (O)F ~ // LL *substitūtiō(n-)*: ⇨ substitute, -ion〙 — *n.* 1 a 代えること, 取替え, 置換え, 代理, 代用: microbal ~ 〘医学〙菌交代現象《抗生物質などの使用で, 体内に常在する細菌が減り, もっと手ごわい菌が代わりにはびこること》/ ~ transfusion 〘医学〙交換輸血. b 代理[代用]となる人[もの]; 代理人; 代用物. 2 〘キリスト教〙代償, キリストの身代り. 3 a 〘数学〙代入, 置換. b 〘化学〙置換. 4 〘文法〙語の代用(例), 代入: a ~ table 置換表 / ~ transformation 代入変形. 5 〘経済〙代替. 6 〘商業〙代用. 7 〘心理〙代償《ある欲求などの充足が阻止された時, それと関係のある他の目標によって充足させ(ようと)すること》. 8 〘法律〙予備相続人, 代置相続人.

sùb·sti·tú·tion·al [-ʃənl, -ʃnəl] *adj.* 代理[代用]の[に関する, を構成する]. **~·ly** *adv.*

sùb·sti·tú·tion·àr·y [-ʃənèri | -ʃ(ə)nəri] *adj.* =substitutional.

substitútion cìpher *n.* (文字の)置換え暗号 (cf. transposition cipher).

sub·sti·tu·tive [sʌ́bstət(j)ùːtɪv | -stɪtjùːt-] 〘◻ LL *substitūtīv-us*: ⇨ substitute, -ive〙 *adj.* 1 代理[代用]になる[として役立つ, に向いた]. 2 代用の, 代理の. **~·ly** *adv.*

substrata *n.* substratum の複数形.

sub·strate [sʌ́bstreɪt] 〘◻ ML *substrātum* 'SUBSTRATUM'〙 — *n.* 1 =substratum. 2 〘生化学〙基質《酵素の作用を受ける物質》. 3 〘生物〙(細菌の)培養基 (medium).

sub·stra·tive [sʌbstréɪtɪv | -tɪv] *adj.* 1 substrate [substratum] の[に関する]. 2 基礎的な.

sùb·strátosphere 〘← SUB-+STRATOSPHERE〙 *n.* 亜成層圏《成層圏の下部, 上部対流圏》. **sùb·strato·sphéric** *adj.*

sub·stra·tum [sʌ́bstrèɪtəm, -stræ̀t-, ⌐−⌐ | sʌbstrɑ́ːtəm, -stréɪt-, ⌐−⌐] 〘(1631) ◻ ML *substrātum* (neut. p.p.) ← L *substernere* to spread under ← SUB-+*sternere* to spread, strew: ⇨ stratum〙 — *n.* (*pl.* **-stra·ta** [-tə | -tə]) 1 下層; 土台, 基礎 (basis), 根本, 根底: a ~ of fact, truth, etc. 2 心土(しんど), 下層土 (subsoil). 3 〘生物〙a 基層《生物が生存する土台となるもの; 土・岩石・水など》. b =substrate 3. 4 〘写真〙乾板[フィルム]のゼラチンの下塗り《感光剤を完全に固着させるためにあらかじめ行なう》. 5 〘哲学〙実体, 基体, 本体 (substance). 6 〘生化学〙=substrate 2. 7 〘言語〙基層(言語)《ある地域で現在は消滅してしまっているが, 昔は存在し現行の言語にその痕跡を残していると考えられる言語; cf. superstratum 2》.

sub·struc·tion [sʌbstrʌ́kʃən] 〘◻ L *substructiō(n-)* ← *substrahere* to draw from beneath《変形》← *subtrahere* 'to SUBTRACT': ⇨ -tion〙 — *n.* (建造物・ダムなどの)基礎部分, 土台. **~·al** [-ʃənl, -ʃnəl] *adj.*

súb·strùcture *n.* 1 (建物・鉄道などの)基礎工事 (groundwork). 2 下部構造《鉄道の盛土部分や橋台・橋脚など; ↔ superstructure》. 3 (一般に)下部構造; 土台. **sùb·strúctural** *adj.*

sùb·súlfate *n.* (*also* **sùb·súlphate**) 〘化学〙塩基性硫酸塩.

sub·sume [səbsúːm, sʌb- | səbs(j)úːm] 〘(1535) ← NL *subsūmere* ← SUB-+L *sūmere* to take: ⇨ assume〙 — *vt.* 1 〘論理〙包摂する. 2 〈一般物が〉〈特殊を〉包含する; 〈類概念が〉〈種概念を〉包含する; 〈個々の事例を〉一般的原理[規則]にまとめる.

sub·sump·tion [səbsʌ́m(p)ʃən] 〘← NL *subsumptiō(n-)* ← *subsumptus* (p.p.) ← *subsūmere* (↑): ⇨ -ion〙 — *n.* 1 〘論理〙(判断における主語述語の)包摂(関係); 包摂された命題, (三段論法の)小前提 (minor premise). 2 包含, 包容 (inclusion). **sub·sump·tive** [səbsʌ́m(p)tɪv] *adj.*

sùb·súrface *adj.* 1 表面下の; (特に)水面下の: ~ warfare 水中戦. 2 地表下にある[隠された]: ~ riches. — *n.* 1 地表下の土壌. 2 水面近くの水の部分.

subsúrface tíllage *n.* 心土(しんど)耕《地表または地表近くの刈り株や作物には触れず, 下層土のみを耕す耕作法; subtillage ともいう》.

súb·sỳstem *n.* 二次的[副次的]システム, 下位組織. **sùb·systémic** *adj.*

sùb·tángent *n.* 〘数学〙(*x* 軸上の)接線影.

sub·teen [sʌ̀btíːn] *n.* 《口語》準ティーンエージャー, 思春期間近な子供; (特に)13 歳未満で 8-14 サイズの衣服を着る少女.

sùb·témperate *adj.* 1 やや温暖な. 2 亜温帯の.

sùb·ténancy *n.* (家屋・土地の)又借り, 転借.

sùb·ténant 〘(15C)〙 *n.* (家屋・土地の)又借り人, 転借人.

sub·tend [səbténd, sʌb- | səb-] 〘(1570) ◻ L *subtendere* to stretch beneath ← SUB-+*tendere* to stretch: ⇨ tend¹〙 — *vt.* 1 …の境界を作る[示す]. 2 〘数学〙〈弦・三角形の辺が〉〈弧・角〉に対する. 3 〘植物〙〈葉・苞(ほう)などを〉葉腋(えき)に抱く.

sub·tense [səbténs, sʌb- | səb-] 〘← NL *subtensa* (*linea*) subtending (line) (fem. p.p.) ← *subtendere* (↑)〙 — *n.* 〘数学〙弦, 対辺. — *adj.* 〘測量〙水平標尺 (subtense bar) の.

subténse bàr *n.* 〘測量〙水平標尺《直接に測ることなく距離を求めるための標尺で, その長さと, 標尺をはさむ角から求める》.

sùb·ténure *n.* (土地・家屋の)又借り人の保有権[期間, 条件].

sub·ter- [sʌ́btə | -tə(r)] 〘◻ L ~ ← *subter* (adv. & prep.) ← *sub* under+*-ter* (compar. suf.: cf. -ther)〙 — *pref.* 「下に, 下の (under); 以下の, より少ない (less than)」などの意 (↔ super-).

sub·ter·fuge [sʌ́btəfjùːdʒ | -tə-] 〘(1573) ◻ LL *subterfug-ium* ← L *subterfugere* to escape, flee secretly ← SUBTER-+*fugere* to flee: ⇨ fugitive〙 — *n.* 1 逃げ口上, 言い抜け, 口実. 2 ごまかし (sophistry).

sùbter·húman *adj.* 人間以下の (cf. superhuman).

sùb·términal *adj.* 終わりに近い所にある[で起こる].

sùbter·nátural *adj.* 自然以下の, 不自然な.

sub·ter·rane [sʌ̀btəréɪn, ⌐−⌐] 〘◻ L *subterrān-eus* ← SUB-+*tera* earth〙 — *n.* (*also* **sub·ter·rain** [~]) 1 〘地質〙下盤層. 2 =subterranean. — *adj.* =subterranean.

sub·ter·ra·ne·an [sʌ̀btəréɪniən, -njən | -njən, -nɪən] 〘(1603) ← L *subterrāneus* below the earth (← SUB-+*terra* earth (cf. terrace))+-EAN〙 — *adj.* 1 地下の (underground), 地下で働く (cf. subaerial, superterrene): a ~ line (電線などの)地下線, 地中線 / a ~ railway [railroad] 地下鉄. 2 地下潜行の; 隠れた (hidden), 秘密の (secret). — *n.* 1 地下に住む[を掘る, で働く]人. 2 (地下の)ほら穴, 地下洞. **~·ly** *adv.*

subterránean clóver *n.* 〘植物〙地中海沿岸産マメ科のクローバーの一種 (*Trifolium subterraneum*)《南京豆のように地下で結実する; オーストラリアおよび米国 Texas 州南東部で牧草とする》.

sub·ter·ra·ne·ous [sʌ̀btəréɪniəs | -njəs, -nɪəs] 〘(1607) ◻ L *subterrāneus*: ⇨ subterranean, -ous〙 *adj.* =subterranean. **~·ly** *adv.*

sùb·terréstrial *adj.* 地下の. — *n.* 地下にすむ動物.

sùb·tetánic *adj.* 〘医学〙軽症テタニーの[による].

sùb·thréshold *adj.* うまく反応を生み出さない, 刺激閾(いき)に達しない: a ~ stimulus.

sub·tile [sʌ́tl, sʌ́btl, -btɪl, -btaɪl | sʌ́tl] 〘(*c*1375) ◻ (O)F ~《ラテン語化》← OF *s(o)util* 'SUBTLE'〙 — *adj.* 《古》=subtle. **~·ly** [-tli, -btli, -btɪli, -btə- | -tli] *adv.* **~·ness** *n.*

sub·ti·lin [sʌ́btəlɪn, -lən | -tɪlɪn] 〘← NL (*Bacillus*) *subtilis* thin bacillus+-IN¹: ⇨ subtle〙 *n.* 〘生化学〙サブチリン《枯草菌から得られる抗生物質》.

sub·til·i·sin [sʌbtíləsɪn, -sən | -lɪsɪn] 〘← NL (*Bacillus*) *subtilis* (↑)+-IN¹〙 *n.* 〘生化学〙サブチリジン《*Bacillus amyloliquefaciens* が出す蛋白分解酵素》.

sub·til·i·ty [sʌbtíləti | -lətɪ, -lɪ-] 〘(1375) *su(b)tilite* ◻

OF *su(b)tilite*《ラテン語化》← *s(o)utelite* 'SUBTLETY'〗 *n.*《古》=subtlety.

sub·til·ize [sʌ́təlàɪz, -tḷ-, sʌ́btəl-, -btɪl-, -btḷ- | sʌ́tɪl-, -tḷ-] 〘□ ML *subtiliz-āre* : ⇨ subtle, -ize〙 ── *vt.* **1** 薄くする, 希薄にする; 純化する, 精製する (refine). **2** 精妙にする, 上品[高尚]にする (exhalt, elevate). **3** 〈知能・感覚などを〉鋭くする, 鋭敏にする. **4** 微細に区別する, 細かく区別立てをする; 細かく論じる. ── *vi.* 微細な区別立てをする; 細かく論じる[分析する, 扱う]. **sub·til·i·za·tion** [sʌ̀təlɪzéɪʃən, -tḷ-, sʌ̀btəlɪ-, -lə-, -btɪlɪ- | sʌ̀tɪlaɪ-, -lɪ-, -tḷ-] *n.*

sùb·tíll *vt., vi.* 心土(しんど)耕 (subsurface tillage) を行なう.

súb·tillage *n.* =subsurface tillage.

sub·til·ty [sʌ́tḷti, sʌ́btḷ-, -btɪl-, -btəl- | sʌ́tḷti, -tɪlti] 〘《*c*1385》 *subtilte*《変形》← *s(o)utilte* 'SUBTLETY'〙 *n.*《古》=subtlety.

súb·title 〘《1878》〙 ── *n.* **1 a** (書物・章などの)別表題, 副書名, サブタイトル《alternative title ともいう》. **b** (書物の説明的な)副題, サブタイトル. **2**〘映画・テレビ〙説明字幕, スーパー (superimposition); (無声映画の)字幕. ── *vt.* …に副題[サブタイトル]をつける.

sub·tle [sʌ́tḷ | -tl] 〘《16C》□ L *subtil-is* ∽ 《*a*1325》 *sutil, sotil* □ OF *s(o)util* (F *subtil*) < L *subtīlem*《原義》finely woven ← SUB-+*tēla* web (← *texere* to weave: ⇨ textile)〙 ── *adj.* (**sub·tler; -tlest**) **1** 〈溶液など〉薄い (thin); 気体が薄く広がる (elusive), 希薄な: ~ air [vapor] 希薄な空気[蒸気] / a ~ perfume [fragrance] かすかに漂う香気. **2 a** 把握し難い, 深遠な, 幽玄な (abstruse): a ~ problem. **b** 名状しがたい, いわく言い難い, 微妙な (delicate), 神秘的な: ~ irony 微妙な皮肉 / a ~ delight 一種名状できない喜び / a ~ smile ほのかな微笑 / a ~ charm [power] 霊妙不可思議な魅力[力] / a ~ distinction 微細な区別 / a ~ point 微妙な点 / The difference is very ~. その相違はまことに微妙だ[いわく言い難い]. **3** 〈知覚・感覚など〉敏感な, 鋭敏な, 緻(ち)密な (acute): ~ insight [intellect, perception, senses] 鋭敏な眼識[知性, 知覚, 感覚] / a ~ observer [scholar] 緻密な観察者[学者]. **4 a** 陰険な, ずるい, 狡猾な (crafty, cunning); たくらみのある (designing): a ~ enemy 油断のならない敵 / a ~ plan to cheat him 彼をだまそうとのずるい計画. **b** 巧みな (skillful), 巧妙な, 器用な: a ~ diplomat, workman, etc. **5** こっそり[秘かに]行なう[効いてくる]; 潜行性の (insidious): a ~ insinuation. **~·ness** *n.* **súb·tly** [-tḷi, -tli | -tli] *adv.* **~·ly** *adv.*

sub·tle·ty [sʌ́tḷti | -tḷti] 〘《16C》□ L *subtilitās* ∽ 《*c*1340》 *sutilte* □ OF *s(o)utilte* (F *subtilité*) < L *subtilitātem* : ⇨ ↑, -ty〙 ── *n.* **1** 希薄. **2** 把握し難いこと, 深遠; 微妙, 霊妙, 神秘. **3** 鋭敏, 敏感, 明敏, 明察. **4** 巧み, 巧妙, 精妙. **5** ずるさ, 狡猾. **6 a** 細かい区別立て; 微細の区別. **b** 捕え難い[名状できない]特性. **c** 鋭敏[明敏]な知性; 微妙[精妙]な点. **d** 精巧な作りの砂糖菓子.

sùb·tónic *n.*〘音楽〙(音階の)第7音, 下主音, 導音 (leading tone).

sub·to·pi·a [sʌbtóupiə | -təupɪə, -pjə] 〘← SUB(URBS) +*-topia* (← Gk *tópos* place)〙 ── *n.*《英》[軽蔑的に] (無計画な住宅が立ち並び, 都市が田園地方に進出し, その美観を損ねている)郊外. **sub·tó·pi·an** [-piən | -pjən, -pɪən] *adj.*

súb·tòpic *n.* 他の論題の中に含まれている論題.

sùb·tórrid *adj.* =subtropical.

súb·tòtal *n.* (勘定書などの)小計. ── *adj.* 不完全な. ── *vt.* 〈ある欄を〉小計する. ── *vi.* 小計する.

sub·tract [səbtrǽkt] 〘《1540》← L *subtract-us* (p.p.) ← *subtrahere* to draw from beneath ← SUB-+*trahere* to draw : ⇨ tract¹〙 ── *vt.* **1** 〔全体から〕〈一部を〉引く, 引き去る, 控除する 〔*from, out of*〕: That ~*s* nothing *from* his merit. そのために彼の功績は少しも減じない. **2**〘数学〙〔…から〕減じる, 引く (deduct) 〔*from, out of*〕: ~ 2 *from* 4. ── *vi.*〘数学〙引き算をする.

sub·tráct·er *n.* **1** 減じる人, 控除者. **2**〘数学〙減数, 引く数 (subtrahend).

sub·trac·tion [səbtrǽkʃən] 〘《*c*1400》 *subtraccion* □ LL *subtractiō(n-)* : ⇨ subtract, -ion〙 ── *n.* **1** 引くこと, 引き去ること, 減じること, 控除. **2**〘数学〙減法, 引き算《記号 −; ↔ addition》.

subtráction sìgn [màrk] *n.*〘数学〙減号, 減の記号 (−).

sub·trac·tive [səbtrǽktɪv] 〘□ ML *subtractiv-us*: ⇨ subtract, -ive〙 ── *adj.* **1** 減じる, 引く, 引き去る, 控除する. **2**〘数学〙減ずべき, 前に減号 (−) のついた, 負の. **~·ly** *adv.*

subtráctive prímary [cólor] *n.*〘写真〙減色法の原色《黄色(光)・マゼンタ(光)・シアン(光)の一つ; cf. additive primary》.

subtráctive pròcess *n.*〘写真〙減色法《黄色(青色光吸収), マゼンタ(緑色光吸収, 赤紫色), シアン(赤色光吸収, 緑青色)の3色の画像を重ねて, 白色光 (3原色光を含む)から前記の3原色光を種々の割合に吸収除去(減色)して各種の色を再現するカラー写真方式; cf. additive process》.

sub·tra·hend [sʌ́btrəhènd] 〘□ L *subtrahend-um* (neut. gerundive) ← *subtrahere* 'to withdraw, SUBTRACT'〙 *n.*〘数学〙減数, 引く数 (↔ minuend).

sùb·transpárent *adj.* 半透明の (semitransparent).

sùb·tréasury *n.* **1** 国庫[公庫]の支金庫. **2**《米》(もと財務省の)分局《9つあった》.

súb·trìbe *n.*〘生物〙亜族.

sùb·tríplicate *adj.*〘数学〙立方根の, 立方根で表わされる.

sùb·trópic *adj.* =subtropical.

sùb·trópical 〘← SUB-+TROPICAL¹〙 *adj.* **1** 亜熱帯の[に関する]. **2**〘植物〙亜熱帯性の: a ~ plant 亜熱帯植物.

subtrópical hígh *n.*〘気象〙亜熱帯高気圧.

sùb·trópics *n. pl.* 亜熱帯地方 (subtropical regions).

súb·tỳpe *n.* **1** 亜類型. **2** (一般型に含まれている)特殊型.

sub·u·late [sʌ́bjulèɪt, súːb-, -lət, -lɪt | sʌ́b-, s(j)úːb-] 〘《1760》← NL *sūbulāt-us* ← L *sūbula* awl : cf. OHG *siula* awl / L *suere* 'to SEW¹' : ⇨ -ate²〙 ── *adj.* **1** 錐(きり)状の (awl-shaped). **2**〘生物〙鑢(やすり)形の: a ~ leaf.

sub·u·li·form [sʌ́bjuləfɔ̀əm, súːb- | sʌ́bjulɪfɔ̀ːm, s(j)úːb-] 〘← NL *subuliform-is* : ⇨ ↑, -form〙 *adj.* =subulate.

sùb·umbréllla *n.*〘動物〙(クラゲの)下傘面, 内傘面.

súb·ùnit *n.* 亜単位.

sub·urb [sʌ́bəːb | -bəːb, -bəb] 〘《*a*1387》□ (O)F *suburbe* ‖ L *suburb-ium* ← SUB- near+*urbs* (⇨ urban)〙 ── *n.* **1 a** (通例, 住宅地としての)郊外, 市外, 近郊: a market in a ~ of the city 市の郊外にある市場. **b** [the ~s] (都市の)郊外(住宅地区): live in *the* ~*s* of London. **2** [*pl.*] 付近, 周辺 (periphery).

sub·ur·ban [səbə́ːbən | -bə́ː-] 〘□ L *suburbān-us* : ⇨ ↑, -an¹〙 ── *adj.* **1** 郊外の, 郊外に住む[ある]: a ~ villa 郊外の住宅 / a ~ supermarket 郊外にあるスーパー. **2 a** 郊外特有の. **b** 上品でない (cf. countrified). **c**《英》見解の狭い, 偏狭な, 偏見のある (prejudiced). **d**《米》都会と田園の特質を兼ね備えた: ~ manners, points of view, etc. ── *n.* **1** 郊外居住者 (suburbanite). **2**《米》=station wagon. **3** (ふだん着用の)丈の短いオーバー.

sub·ur·ban·ite [səbə́ːbənàɪt | -bə́ː-] *n.* 郊外居住者.

sub·ur·ban·ize [səbə́ːbənàɪz | -bə́ː-] *vt.* 郊外化する.

sub·ur·ban·i·za·tion [səbə̀ːbənɪzéɪʃən, -nə- | -bə̀ːbənaɪ-, -nɪ-] *n.*

sub·ur·bi·a [səbə́ːbiə | -bə́ːbɪə, -bjə] 〘《1896》← NL ~ : ⇨ suburb, -ia²: cf. Belgravia〙 ── *n.* [しばしば軽蔑的に] **1** [集合的] **a** (都市の)郊外, 郊外社会; 郊外居住者[住民], 郊外族 (cf. exurbia, urbia): a big house in ~ 郊外の大邸宅. **b** [S-; 通例軽蔑的に]《英》(特に)ロンドンの郊外; ロンドン郊外の居住者. **2** 郊外風の生活様式[習慣, 風俗].

sub·ur·bi·car·i·an [səbə̀ːbəkέ(ə)riən | -bə̀ːbɪkέərɪ-] 〘《1654》← LL *suburbicārius* ← SUB-+*urbicārius* of the city (← L *urbicus* of the city+*-ārius* '-ARY') : ⇨ -an¹〙 ── *adj.* 市の近くにある, 郊外の (suburban); (特に)ローマ郊外の (cf. title 7): the ~ dioceses ローマ近郊の六教皇管区《各区の司祭は枢機卿》.

sùb·vagínal *adj.*〘植物〙葉鞘の下[内側]にある.

súb·varìety *n.*〘生物〙(分類学上の)(亜)変種.

sub·ven·tion [səbvénʃən | səb-, sʌb-] 〘《1426》□ L *subventiō(n-)* ← *subvenīre* to come to help ← SUB-+*venīre* 'to COME' : ⇨ -ion〙 ── *n.* **1** 救援, 援助. **2** 助成金, 補助金 (subsidy). **sub·ven·tion·ar·y** [səbvénʃənèri | səbvénʃ(ə)nəri, sʌb-] *adj.*

sub ver·bo [sʌ̀b-vɔ́ːbou | -vɔ́ːbəu] 〘□ L *sub verbō* under the word : ⇨ sub-, verb〙 *L.* …の語の下に, …という語を見よ (略 s.v.).

sub·ver·sion [səbvɔ́ːʒən, -ʃən | səbvɔ́ːʃən, sʌb-] 〘《*c*1390》□ OF ~ ‖ LL *subversiō(n-)* : ⇨ subvert, -sion〙 ── *n.* **1 a** 転覆, 打倒, 破壊, 滅亡. **b** 政府の転覆計画. **2**《廃》転覆[滅亡]させるもの[原因].

sub·ver·sive [səbvɔ́ːsɪv, -zɪv | səbvɔ́ːsɪv, sʌb-] 〘← L *subversus* ((p.p.) ← *subvertere* (↓))+-IVE〙 ── *adj.* くつがえす, 転覆する, 破壊する; 〔…を〕打破[打倒]しようとする, 滅亡させる〔*of*〕: ~ activities 破壊活動 / activities ~ *of* a peace 平和の破壊活動. ── *n.* 破壊活動分子, 破壊政策をとる人. **~·ly** *adv.* **~·ness** *n.*

sub·vert [səbvɔ́ːt | sʌbvɔ́ːt, səb-] 〘《*c*1375》□ OF *subvert-ir* ‖ L *subvert-ere* to turn from beneath ← SUB-+*vertere* to turn : ⇨ worth²〙 ── *vt.* **1** 〈現存の宗教・国家・国体などを〉くつがえす, 転覆する, 打倒する. **2** 滅亡させる, 滅ぼす (ruin). **3** 〈思想・信念などを〉くつがえす; 堕落[腐敗]させる. **~·er** [-tə | -tə(r)] *n.*

sùb·vértical *adj.* ほぼ垂直の.

sùb·víral *adj.*〘病理〙ウイルス成分の[による]《感染などがウイルス全体でなく, その一部分によることにいう》.

sùb·vísible *adj.* 拡大しないと[顕微鏡を使用しないと]見えない.

sùb·vócal *adj.* 〈言葉が〉(特に, 発声されずに)心の中で作られた[出てきた]. **~·ly** *adv.*

sub vo·ce [sʌ̀b-vóusi | -vəusɪ] 〘□ L ~ 'under the word' : ⇨ sub-, voice〙 *L.* =sub verbo.

súb·wày 〘《1: 1828; 2: 1904》〙 *n.* **1**《米》地下鉄(道) (《英》underground). **2**《英》地下道 (《米》underground). ── *vi.*《米》地下鉄に乗って行く.

sùb·zéro *adj.* **1 a** (計器で)零以下を示す. **b** (華氏)零下の, 氷点下の: in ~ cold 零下の寒さで. **2 a** 〈気候が〉氷点下の: ~ weather. **b** 〈衣服など〉氷点下で用いるのに適した.

suc.《略》succeed, succeeded; success; successor; suction.

suc- [sək, sʌk] *pref.* (c の前に来る時の) sub- の異形: *succeed, succumb.*

succ.《略》succeeded; success; successor.

suc·cade [səkéɪd, sʌ-] 〘《1463》 *socade* □ OF *succade* sweet, candied fruit □ ? OProv. *sucrado* sweet, sugared (p.p.) ← *sucra* to sugar : ⇨ sugar, -ade〙 ── *n.* 砂糖づけの果物, 糖果.

suc·ce·da·ne·um [sʌ̀ksədéɪniəm | -sədéɪnɪ-] 〘《*c*1643》← NL ~ (neut.) ← L *succēdāneus* substituted ← *succēdere* 'to follow, SUCCEED'〙 ── *n.* (*pl.* **~s, -ne·a** [-niə | -nɪə]) **1**《まれ》代用物, 代(理)人 (substitute). **2**《廃》薬 (medicine). **suc·ce·da·ne·ous** [sʌ̀ksədéɪniəs | -nɪ-] *adj.*

suc·ce·dent [səksíːdṇt] 〘□ L *succēdent-em* (pres.p.) ← *succēdere* (↓) : ⇨ -ent〙 *adj.* =succeeding.

suc·ceed [səksíːd] 〘《1375》 *succede(n)* □ (O)F *succéder* ‖ L *succēd-ere* to go up, follow, prosper ← SUB-+*cēdere* to go: ⇨ cede〙 ── *vi.* **1** 続く, 続いて起こる: The war ended and a long peace ~*ed*. 戦争が終わって長い平和が続いた. **2** 後任[後継者]となる, 跡を継ぐ; 〔…を〕相続[継承]する 〔*to*〕: ~ *to* the throne [office] 王位を継承する[役の後任となる] / ~ *to* one's father's estate [property] 父の財産を相続する / I ~*ed to* a hard task. 困難な仕事を引き継いだ / On Kennedy's death Johnson ~*ed* (as President). ケネディーの死後ジョンソンが(大統領として)跡を継いだ. **3** 成功する, 成就する, 達成する, 及第する; 〈計画・事業などが〉うまく行く (↔ fail): ~ beyond all expectations 予想以上に成功する / ~ *in* (passing) an examination 試験に合格する / I ~*ed in* finding an empty seat. うまい具合に空席を見つけることができた (cf. I *could* find an empty seat. ⇨ could 1 a ★) / Halfhearted attempts rarely ~. いい加減にやる事はめったにうまく行かない / The business ~*ed with* him. 彼は事業に成功した / Nothing ~*s* like success.《諺》一つうまく行くと何もかもとんとん拍子に行く, 一事成れば万事成る. **4** 出世する, 栄える: ~ *in* life 立身出世する / ~ *as* a doctor 医者として成功する. **5**《古》(うまく・まずく)行く (turn out): I have ~*ed* very badly. 首尾はきわめてまずかった. **6**《廃》〈財産などが〉譲渡[相続]される (devolve). ── *vt.* **1** (時間・順序の点で)…に続く, …の後に来る (↔ precede): Night ~*s* day. 昼の後に夜が来る / One event ~*ed* another. 次々に事件が続いた / Rumor ~*ed* rumor. 噂が噂を呼んでどんどん広がった / The applause was ~*ed* by a silence. 拍手がやんで静粛になった. **2** …の後任[後継者]となる, 跡を継ぐ, …に代わる: ~ one's father 父の跡をとる[跡目を継ぐ] / ~ a person as Premier ある人の後任として首相になる / Elizabeth II ~*ed* George VI. エリザベス二世がジョージ六世の跡を継いだ. **3**《古》成功させる: ~ one's wish. **4**《廃》相続する (inherit). ★ *vi.* 1, 2, 6, *vt.* 1, 2, 4 の名詞形は succession, *vi.* 3–5, *vt.* 3 の名詞形は success.

suc·céed·er 〘《15C》〙 *n.*《古》=successor.

suc·céed·ing *adj.* 続いて起こる, 続く, 次の, 後の (following): the ~ chapter 次章 / *Succeeding* ages will reverence his memory. 後代の人々が彼を追慕するだろう. **~·ly** *adv.*

suc·cen·tor [səksénṭə | səkséntə(r), sʌk-] 〘《1609》□ LL ~ ← L *succinere* to sing to or after ← SUB-+*canere* 'to sing, CHANT' : ⇨ -or¹〙 ── *n.*〘キリスト教〙(聖歌隊の)先唱者代理; (聖歌隊の)低音主唱者. **~·ship** *n.*

suc·cès de scan·dale [səkséɪ-də-skɑ̃ː(n)dɑ́ːl, -skɔ̃ː(n)-, -skɑːn-, skɔː(n)- ; *F.* syksɛdəskɑ̃dal] 〘□ F ~ 'SUCCESS from SCANDAL'〙 *F. n.* **1** 問題を起こして有名になった芸術品(など), 問題作. **2** 問題作との評判[悪評].

succès d'es·time [-destíːm ; *F.* -dɛstim] 〘□ F ~ 'SUCCESS from ESTEEM'〙 *F. n.* **1** (一般受けしない劇などに対する)批評家の(儀礼的)賛辞. **2**《米》(一般受けしないが)批評家の賛辞を受ける芸術作品.

succès fou [-fúː ; *F.* -fu] 〘□ F ~ 'mad or wild success'〙 *F. n.* 途方もない大成功.

suc·cess [səksés] 〘《1537》□ L *success-us* success (p.p.) ← *succēdere* 'to SUCCEED'〙 ── *n.* **1 a** 成功, 成就, 達成 (↔ failure); 合格; 勝利: a military ~ 戦勝 / a series of ~*es* 引き続く成功[勝利] / one's ~ *in* business 事業での成功 (cf. 2 b) / with [without] ~ 首尾よく[不首尾で] / achieve [meet with] ~ 成功を収める / wish a person further ~ 人に引き続き成功を祈る / drink ~ to a person …の成功を祝して乾杯する / make a ~ of …〈事〉を成功[成就]させる / I tried on the shoes but had no ~ *with* them. その靴をためしにはいてみたがだめだった. **b** 立身, 出世: He has had great ~ in life. 彼は非常に立身出世した. **2** [通例補語に用いて] **a** 上首尾, 上出来, 大当たり: The evening [play] was a ~. 夜会は盛会[芝居は大当たり]だった / The new car was a signal [an instant] ~. 新車は当たりに当たった[たちまち大好評を博した] / The experiment has turned out a ~. 実験は上首尾だった. **b** うまく行った人[物], 成功者; (にわか勉強の)試験合格者: He is a ~ in business. 彼は実業界の成功者だ (cf. 1 a) / She is a ~ as a wife and mother. 彼女はすばらしい妻であり母である. **3** [形容詞を伴って]《古》結果, 成果: good ~ 上出来, 成功 / bad [ill, poor] ~ 不出来, 不成功 / What ~ did you have? 結果はどうでしたか.

suc·céss·ful [səksésfəl] 〘《*c*1592》: ⇨ ↑, -ful〙 ── *adj.* **1** 成功した[する], うまく行った[行く]; 好結果の, 上首尾の, 上出来の; (試験に)及第した; 〈講演会など〉盛大な, 盛んな, 大当たりの: a ~ candidate 当選者, 及第者 / a ~ play 当たり狂言 / a ~ war 勝ち戦 / His attempts were highly [very] ~. 彼の企ては大成功だっ

た / He was ～ *in* the examination. 彼は試験に及第した. **2** 栄える, 幸運な, 立身出世した, 名声[地位]をかち得た: He had been a ～ man in life. 彼は成功者だった. **3**〘生態〙広く適応した. **～·ness** *n.*

suc·céss·ful·ly [-fəli | -lɪ] *adv.* 首尾よく; 幸運に(も), うまく.

suc·ces·sion [səkséʃən]〘《*a*1325》□(O)F ～ ∥ L *successiō(n-)* ← *successus* (p.p.) ← *succēdere* 'to follow, SUCCEED': ⇨ -sion〙 **— *n.*** **1 a** 続いて起こること, 続くこと, 連続, 継続 (sequence): in ～ 連続して[して], 引き続いて[いた] / win three victories in quick [rapid] ～ 矢継ぎ早に三度勝利を収める. **b** 連続するもの[人], 連続物: a ～ of misfortunes 不幸続き / land a ～ of punches 連続パンチを加える / a ～ of Presidents 代々の大統領. **2 a** 後任となること, 後継者となること; 継承, 相続: ⇨ apostolic succession / ～ *to* someone as editor 主筆としてある人の後任となること / ～ *to* the throne 王位継承 / the law of ～ 相続法 / by ～ 相続(順位)で, 世襲によって / in ～ *to* ...の跡を継いで, の後任[後継者]として / a war of ～ 王位継承戦争 / settle the ～ 継承者を決定する / ⇨ WAR[1] of the Spanish Succession. **b** 継承権, 相続権, 王位継承権: claim the ～ 相続権を主張する / He is not in the ～. 彼には相続権がない. **c** 継承[相続]順位: He is second in the ～. 彼は相続順位第二位だ / He was excluded from the ～. 彼は相続順位から除かれた / The ～ must not be broken. 相続順位は乱してはならない. **d** [集合的] 継承順位の人々, 相続人たち: The property was left to him and his ～. 財産は彼と彼の相続人たちに残された. **3**〘生物〙系列 (order of descent). **4**〘生態〙(自然)遷移, 自然更新.

succession of crops〘農業〙(1) (繰り返し種まきをするかまたは早生種と晩生種の利用などによる)一季節を通じての同一作物の連作. (2) (生育期間の短い)二種以上の作物の交互栽培.

suc·ces·sion·al [səkséʃənl, -ʃnəl] *adj.* **1** 連続の, 続いて起こる (consecutive). **2** 相続の. **～·ly** *adv.*

succéssion dùty *n.* 《英》相続税 (inheritance tax).

succéssion stàte *n.*〘政治〙(国家分割の時, 一部領土の主権を引き継ぐ)継承国家.

suc·ces·sive [səksésɪv]〘《1432–50》□ ML *successivus*: ⇨ success, -ive〙 **— *adj.*** **1 a** 引き続く, 引き続いて起こる, 連続する, 継続的な (consecutive): on three ～ nights [occasions] 三晩[三度]続けて. **b** 代々の, 連綿とした: in ～ reigns 代々. **2**《廃》相続の, 世襲の (hereditary). **～·ness** *n.*

suc·cés·sive·ly〘《15C》〙*adv.* 引き続いて, 連続的に.

suc·ces·sor [səksésə]〘《*c*1300》 *successour* □ OF *successo(u)r* (F *successeur*) □ L *successor*: ⇨ success, -or[1]〙 **— *n.*** **1** 後に来るもの, 取って代わるもの, 後進〔*to, of*〕. **2** 後任者, 後輩 (↔ predecessor); 後継者, 相続者, 継承者〔*to, of*〕: the ～ *to* Mr. A as editor A氏の後任の主筆.

successor·ship *n.* 後任[継承]者の身分[資格など].

succéssor stàte *n.*〘政治〙= succession state.

succéss stòry *n.* 立身出世物語.

suc·cin- [sʌksín, sʌ́ksən | sʌksín, sʌ́ksɪn] (母音の前に来る時の) succino- の異形.

suc·ci·nate [sʌ́ksɪnèɪt, -sə- | -sɪ-]〘← SUCCINO- + -ATE[1]〙*n.*〘化学〙琥珀(ㄈ)酸塩[エステル].

suc·cinct [sʌksíŋ(k)t, sək-, səsíŋ(k)t | sək-, sʌk-]〘《1432–50》□ LL *succinct-us* (p.p.) ← *succingere* to tuck up ← SUB- + *cingere* to gird: cf. cincture〙 **— *adj.*** **1 a** (むだな言葉を省いて)簡潔な, 簡約した. **b** 簡潔な表現をする. **2**《古》**a** (帯などで)からげた, まくった (tucked up). **b** 〈帯などが〉巻きついた. **c** 〈衣服が〉ぴったり体に合う. **～·ly** *adv.* **～·ness** *n.*

suc·cinc·to·ri·um [sʌksɪŋ(k)tɔ́ːriəm, sək-, -tóːr- | -tɔ́ːrɪ-]〘□ LL ～ ← SUB- + *cinctorium* girdle (← *cingere* (↑))〙*n.*〘カトリック〙= subcinctorium.

Suc·ci·ne·id·ae [sʌksəníːədìː | -sɪníːɪ-]〘← NL ～ ← *Succinea* (属名: (fem.) ← L *succineus* (adj.) ← *succinum* (↓)) + -IDAE〙*n.pl.*〘貝類〙オカモノアラガイ科.

suc·cin·ic [səksínɪk, sʌk-]〘□ F *succinique* ← L *succinum* amber: ⇨ -ic[1]〙*adj.* **1** 琥珀(ㄈ) (amber) の, 琥珀から取った. **2**〘化学〙琥珀酸の.

succínic ácid *n.*〘化学〙琥珀(ㄈ)酸 ($C_2H_4(COOH)_2$).

suc·cin·o- [sʌ́ksɪnoʊ, sʌksə- | sʌ́ksɪnəʊ, sʌksɪn-]〘□ L ～ ← *succinum* amber〙「琥珀(ㄈ) (amber); 琥珀酸 (succinic acid)」の意の連結形. ★ 母音の前では通例 succin- になる.

suc·ci·nyl [sʌ́ksənl, -nìl | -sɪnɪl]〘⇨ ↑, -yl〙*n.*〘化学〙琥珀(ㄈ)酸から誘導される基で次の二種がある: **a** 2 価の酸基 ($C_4H_4O_2$). **b** 1 価の酸基 ($C_3H_5O_3$).

sùccinyl·chóline〘⇨ ↑, choline〙*n.*〘化学〙スクシニルコリン ($C_{14}H_{30}Cl_2N_2O_4 \cdot 2H_2O$)《骨格筋弛緩薬として用いる》.

succinylchóline chlóride *n.*〘薬学〙塩化スクシニルコリン ($C_{14}H_{30}Cl_2N_2O_4 \cdot 2H_2O$)《一時的完全麻痺状態を作り出す筋肉弛緩剤・神経筋遮断薬》.

sùccinyl·sulfathíazole〘← SUCCINYL + SULFATHIAZOLE〙 **— *n.***〘薬学〙サクシニルスルファチアゾール ($C_{13}H_{13}N_3O_5S_2$)《赤痢菌・大腸菌などによる腸管病巣に用いたスルファ剤》.

suc·cor,《英》**suc·cour** [sʌ́kə | -kə(r)]〘*n.*: 《?*a*1200》 *sucur, socur* (*sucurs* の *-s* を複数語尾と誤解した逆成) ← *sucurs* □ OF *socours, sucurs* (F *secours*) < ML *succursum* help (p.p.) ← L *succurrere* to run up, run to help ← SUB- + *currere* to run (cf. current). — v.: 《*c*1250》 *sucure(n), soucoure(n)* □ OF *socorre* (F *secourir*) < L *succurrere*〙 **— *n.*** **1** 救助, 救援, 援助 (help, relief): give a person ～ 人を救助する. **2** 救助者[物]. **3** [*pl.*]《古》軍事援助; (特に)援軍, 援兵 (reinforcements). **— *vt.*** 助ける, 救う, ...に助力を与える, 援助する. **～·er** [-kərə | -rə(r)] *n.*

suc·cor·ance [sʌ́kərəns]〘⇨ ↑, -ance〙*n.* 依存 (dependence); 養育依存. **súc·cor·ant** [-rənt] *adj.*

súccor·less〘《15C》: ⇨ succor, -less〙*adj.* 助けのない, 援助[救援]のない (helpless, aidless).

suc·co·ry [sʌ́kəri | -rɪ]〘《1533》《転訛》← ME *cicoree* 'CHICORY': MLG *sucherie* などの影響による〙*n.*〘植物〙キクニガナ, チコリ (⇨ chicory 1).

suc·co·tash [sʌ́kətæʃ]〘《1751》□ N-Am.-Ind. (Narraganset) *misickquatash*《原義》ear of corn〙 **— *n.*** 《米》サッコタシ《北米インディアン起源の青いトウモロコシの実とアオイマメ (lima beans) を煮た豆料理》.

Suc·coth [súkəs, -koʊθ, -koʊt, -koʊs | sʌ́kəθ, súkəʊt] *n.* = Sukkoth.

suc·cu·ba [sʌ́kjubə]〘《1587》□ LL ～ 'prostitute,《原義》one who lies under' ← L *succubāre* ← SUB- + *cubāre* to lie: cf. succumb〙*n.* (*pl.* **-cu·bae** [-bìː]) = succubus.

succubi *n.* succubus の複数形.

suc·cu·bous [sʌ́kjubəs]〘← SUB- + L *cub-* (← *cumbere* to lie) + -OUS〙*adj.*〘植物〙〈葉が〉覆瓦状の (cf. incubous).

suc·cu·bus [sʌ́kjubəs]〘《*a*1387》□ ML ～ (masc.) ← LL *succuba* 'SUCCUBA': ML 形は LL *incubus* 'INCUBUS' との連想〙 **— *n.*** (*pl.* **-cu·bi** [-bàɪ]) **1** (睡眠中の男と情交をすると伝えられる)女の魔物, 夢魔 (cf. incubus 1). **2** 鬼, 悪霊 (evil spirit). **3** 売春婦.

suc·cu·lence [sʌ́kjuləns]〘□ F ～ ← ? NL **succulentia*: ⇨ succulent, -ence〙*n.* **1** 汁の多いこと, 多汁. **2** 多汁[新鮮]な野生植物; まぐさ (silage).

súc·cu·len·cy [-lənsi | -sɪ] *n.* = succulence.

suc·cu·lent [sʌ́kjulənt]〘《1601》□ L *succulent-us* ← *succus* juice (cf. *sūgere* 'to SUCK'): ⇨ -ulent〙 **— *adj.*** **1** 汁[水気]の多い (juicy): a ～ steak 肉汁のしたたるステーキ. **2 a** 滋味に富む, 新鮮味のある (rich, fresh); 生気のある. **b** 興味しんしんたる. **3**〘植物〙(サボテンのように)多肉多汁組織の. **— *n.***〘植物〙多肉多汁植物《サボテンなど》. **～·ly** *adv.*

suc·cumb [səkʌ́m]〘《*c*1489》□(O)F *succomb-er* ∥ L *succub-ere* to lie down ← SUB- + *-cumbere* to lie (cf. L *cubāre* to lie)〙 **— *vi.*** **1** 〔誘惑・悲嘆・病気・老齢などに〕屈服する, 屈する, 負ける〔*to*〕: ～ *to* one's enemies [superior numbers] 敵[多数]に屈する / ～ *to* temptation 誘惑に負ける / ～ *to* grief 悲嘆に暮れる / ～ *to* curiosity 好奇心に駆られる / ～ *to* disease 病に倒れる. **2** 死ぬ: ～ from head injuries 頭傷で死ぬ.

suc·cur·sal [səkə́ːsəl, -sl | sʌkə́ː-]〘□ F (*église*) *succursale* subsidiary (church) ← ML *succursus* help: ⇨ succor, -al[1]〙 **— *adj.*** 従属の (subsidiary): a ～ church (本教会の)付属教会.

suc·cuss [səkʌ́s]〘← L *succusssus* (p.p.) ← *succutere* to shake up ← SUB- + *quatere* to shake: ⇨ quash[2]〙 **— *vt.*** **1** 震動させる, 揺すぶる (shake). **2**〘医学〙《古》震盪(ㄊ)聴診する《患者の上半身を激しく振動させて胸郭内に振水音を発せしめることにいう》.

suc·cus·sa·to·ry [səkʌ́sətɔ̀ːri, -tòːri | -tərɪ]〘←《廃》*succussat(ion)* (□ L **succussatiō(n-)* ← *succussus* (↑)) + -ORY〙*adj.* 〈地震が〉小さな振幅で上下に揺れる.

suc·cus·sion [səkʌ́ʃən]〘《1622》□ L *succussiō(n-)*: ⇨ succuss, -sion〙*n.* **1** 揺すぶること, 震動. **2**〘医学〙ヒポクラテス振水音, 上半身振水音; 震盪(ㄊ)聴診法 (cf. succuss 2).

suc·cus·sive [səkʌ́sɪv] *adj.* = succussatory.

such [sʌ́tʃ; sətʃ]〘OE *swylc, swilc, swelc* < Gmc **swalik-* (G *solch*) ← **swa* 'SO[1]' + **lik-* 'LIKE[1]'〙 **— *adj.*** ★ 4 の場合を除いて, 単数の Countable noun と共に用いられる時には such + a(n) + (形容詞 +) 名詞の語順となる; all, (an)other, any, each, many, no, some などと結合する場合には all [another, etc.] + such + (形容詞 +) 名詞の語順となるが, 代名詞の others, another には such の方が先立って such others [another] となる. **1** [名詞の前で, 種類・範囲] こういう, こんな, そういう, そんな; それと同じような (similar): *Such* a man is [*Such* men are] dangerous. そういう人[人たち]は危険だ (cf. Shak., *Caesar* 1. 2. 194) / I respect all ～ men. そういう人はみな尊敬する / I said no ～ thing. そんなことは何も言わなかった / It's no ～ thing. そんなことではない, とんでもない / Each ～ sentence must be called a simple sentence. そのような文はいずれも単文といわなければならない / You will never have another ～ chance. そのような機会は二度とあるまい / I saw just ～ another yesterday. 昨日これとちょうど同じのを見た / ⇨ SUCH *a one* / tea, coffee, and ～ commodities 茶・コーヒーその他類似の商品 / *Such* master, ～ man [servant].《諺》主が主なら家来も家来.

2 [程度・質] **a** [～ (...) as ... として] ...のような...: *Such* poets *as* Keats are rare. = Poets ～ *as* Keats are rare. キーツのような詩人はまれだ / ～ things *as* iron, silver, and gold 鉄・銀・金のような物 / a tradesman, ～ *as* a baker or a shopkeeper パン屋や小売商人のような商売人 / There is ～ a thing *as* an unexpected accident. 不慮の事故といったものもあるからね / *Such* women *as* he knew were girl students. 彼が知っているような女性は女子学生だった. **b** [～ (...) as *to* do として] ...するような[で], ...するような[で]: I am not ～ a fool *as to* believe that. それを信じるほどのばかじゃない / His illness was not ～ *as to* cause anxiety. 彼の病気は心配するほどのものではなかった. **c** [～ (...) that ... として] ...ほどの[で], ...ような[で]; 非常に...なので...: She had ～ a fright *that* she fainted. 彼女は驚きのあまり卒倒した / His behavior was ～ *that* everyone disliked him. 彼の行動はひどかったので皆彼を嫌った / *Such* was the force of the explosion *that* all the windows were broken. すごい爆発力で窓が全部壊れたほどだ.

3 [種類・程度] **a** [形容詞 + 名詞の前で] あれ[これ]ほどまでの, あんな[こんな]に...な, あの[この]ような;《口語》[強意的に] 非常に...な, とても...な: I have never seen ～ a large one. こんなに大きいのは見たことがない / I never dreamed of ～ a kind reception. こんな歓待は夢想もしなかった / *Such* a pleasant time!《口語》実に愉快だった / He isn't in ～ good spirits this morning.《口語》彼は今朝あまり元気がよくない. **b** [名詞の前または単独に用いて] あれ[これ]ほどよい[すてきな, すばらしい] (so good, so great); あんな[こんな]にひどい (so bad);《口語》[強意的に] 大した, 途方もない: Did you ever see ～ weather? こんないい[悪い]天気は今までにあったか / Don't be in ～ a hurry! そう無茶苦茶に急ぐな / Uncle George could not come too often, he gave us ～ pleasure. ジョージおじさんは何度来てもよかった, 実におもしろい人だったから (cf. Uncle George gave us ～ pleasure *that* he could not come too often. ⇨ *adj.* 2c) / She wrote to him every day, ～ was her love for him. 彼女は彼に毎日手紙を書いた, 彼に対する愛情はそれほど深いものだった (cf. Her love for him was ～ *that* she wrote to him every day.) / We had ～ sport!《口語》実におもしろかった / *Such* a day!《口語》何という(ひどい)日だ.

4 [単独に補語として用いて; 先行の形容詞に代わり, または既述内容を指す] そのようで[に]: Never accept a thing as true unless it appears to you clearly to be ～. 何でも明らかに真実だと思えるようになるまで真実だと信じてはいけない / He is not well off, only he seems ～. 暮らしはよくないがよさそうに見えるだけだ / *Such* is life [the world]! 世の中はこんなものさ / *Such* is the case. 事情は上述のようだ[この通りだ] / *Such* are the results. 結果はこんな具合だ.

5 [法規・商業書式などに用いて] 前述の, 上記の(ごとき) (the aforesaid): Whoever shall make ～ return... 上記のごとき報告をする者はだれも....

6 ある特定の, しかじかの, これこれの: First allow ～ an amount for food. まず食費としてこれこれの額を見ておきなさい / ⇨ SUCH *and such.*

such and such《口語》しかじかの..., これこれの... (cf. *pron.* 成句): He paid ～ *and* ～ a sum to ～ *and* ～ (a) person. だれそれへしかじかの金額を支払った / On ～ *and* ～ a date he lived at number so and so of ～ *and* ～ a street. これこれの時に何々街の何々番地に住んでいた. ***such a one*** (1) そのような人[物], かかるもの; 〔...のような〕人[物]〔*as*〕. (2)《古》何某 (so-and-so), 何とかいう人[物]. ***such as it is*** こんなものだが, つまらない[粗末な]ものだが: You can use my car, ～ *as it is.* こんなものですが私の車をお使い下さい / The room, ～ *as it was,* had been put in order. 部屋はそんな(粗末な)ものだったが整頓されていた.

— [sʌ́tʃ] *pron.* ★ 単複両用; ただし複数の意味で用いることが多い. **1 a** こんな人[物], そんな人[物], この[あの]ような人[物]: tools, machines, and ～ 器具・機械その他(同様な物) / Peace to all ～! そういう人たちすべてに平和あれ. **b** [～ as として]《文語》(...する)人々 (those who): He was the father of ～ *as* dwell in tents, and ～ *as* have cattle. 彼は天幕に住みて家畜を飼うところの者の先祖なり (*Gen.* 4: 20). **2** [補語に用いて; 先行の名詞に代わり, または既述内容を指す] そのような人[物]: He seemed to be a friend but was not ～. 彼は友人のように見えたが実際は友人といったものではなかった / ～ being the case こう[そう]いうわけだから, こんな[そんな]次第で. **3** [商業書式などに用いて]《俗》前記の物[事], 上述の物[事]: We note your remarks, and in reply to ～ 御高見承りましたがそれに答えて....

as such (1) そう[こう]いうものとして, そういう資格で: He is a child and must be treated *as* ～. 子供だからそのように扱わなければならない. (2) それだけで(は), それ自体 (in itself): Wealth, *as* ～, doesn't matter much. 富はただそれだけでは大したものではない.

such and such かくかくのこと[物], しかじかのこと; なにがし (cf. *adj.* 成句): The contents are ～ *and* ～. その内容はこうこうである.

— *adv.* [*that*-clause を伴って] (...する)ように, ...ような具合に: Scope and focus are interrelated ～ *that* the former must include the latter. 範囲と焦点とは前者が後者を必ず包含するように関連し合っている.

súch·lìke〘《1422》〙《口語》 **— *adj.*** この[その]ような(種類の), 同様な (similar): We played tennis and baseball *and* ～ games. 私たちはテニスとか野球とかそういったゲームをした. **— *pron.*** [通例複数の意味を表わして] この[その]ようなもの, 同様な人[物]: critics, artists *and* ～ 評論家, 芸術家などなど.

súch·ness 〖cf. OE *swilcnesse* quality〗 *n.* **1** 根本的[内在的, 本質的]性質, 特質. **2** 〖仏教〗如(にょ), 真如(しんにょ)《tathata, thusness ともいう》.

Sü·chow [sú:tʃóu, ʃú:-, sú:tʃáu | -tʃóu, -tʃáu ; *Chin.* ʃýtʂōu] *n.* 徐州《中国江蘇省 (Kiangsu) 北部の都市》.

suck [sʌ́k] 〖OE *sūcan* ← Gmc **sūk-* ← IE **seu-* to take liquid (L *sūgere* to suck): cf. sup[1,2], sop〗 — *vt.* **1 a** (唇と舌を動かして)〈液体を〉吸う, 吸い込む: ~ milk from one's mother's breast おっぱいを飲む / ~ one's teeth (うらやましがって)よだれを吸い込む / ⇨ *suck the* BLOOD *of*. **b** (唇と舌を動かして)…から液体[乳]を吸う; 吸って…にする: ~ the breast 乳を吸う[飲む] / ~ an orange dry オレンジを汁がなくなるまで吸う. **c** (管を使って)〈液体を〉吸う: Bees ~ honey. 蜂が蜜を吸う / ~ lemonade through a straw ストローでレモネードをすする. **2** (口の中に含んで, または口に当てて)〈あめ・指などを〉しゃぶる, なめる: ~ a lozenge, a lollipop, one's thumb, etc. **3 a** 〈水・水気・空気などを〉吸収する 〈*in, off, up*〉: ~ *in* the morning air 朝の空気を吸い込む / Blotting paper ~*s up* ink. 吸取り紙はインクを吸収する. **b** ポンプで〈水などを〉吸い[くみ]上げる. **4** 〈知識などを〉吸収する (absorb, imbibe); 〈利益を〉得る, 収める (gain); 搾取する (absorb): ~ a person's substance 人の財産を絞り取る / ⇨ *suck a person's* BRAINS / ~ a person to the very marrow 人を骨までしゃぶる, 人から徹底的に金を絞り取る / ~ knowledge into one's mind 知識を吸収する / ~ advantage out of …から利益を得る. **5** [通例 p.p. 形で] (無理強いまたはだまして)〔…に〕巻き込む, のみ込む (engulf) 〔*in, into*〕: He was inadvertently ~*ed into* the intrigue. 不覚にも陰謀に巻き込まれた / The boat was ~*ed* (*down*) *in* the whirlpool. 船は渦巻きにのみ込まれた. **6** 《卑》〈人〉に吸茎 (fellatio) [吸陰 (cunnilingus)] をする. — *vi.* **1** 〔液体・空気などを〕吸う, すする 〔*at*〕: ~ *at* one's pipe パイプをすぱすぱ吸う. **2** 乳を吸う[飲む]: ⇨ sucking. **3** 〈ポンプが〉(すかすかと)から吸いする. **4** (乳を飲む時)ちゅうちゅう音を立てる. **5** 《俗》こびへつらう, 取り入ろうと寄り集まる 〈*around*〉. **6** 《卑》吸茎 (fellatio) [吸陰 (cunnilingus)] をする. **7** 《卑》非常に不愉快である.

suck dry 吸い尽くす, すっかり無くす. ***suck in*** (1) ⇨ *vt.* 3 a. (2) (空気を吸い込んで)〈腹を〉へこます: ~ *in* one's belly. (3) 《俗》だます (deceive). ***suck up to*** 《俗》…に取り入ろうとする, おべっかを使う (flatter).

— *n.* **1** 吸うこと, 吸込み, 吸引; 乳を飲むこと: take [have] a ~ *at* [*on*] …を一吸い[しゃぶり]する / be *at* ~ 乳を飲んでいる / a child *at* ~ 乳飲み子 / give a child ~ =give ~ *to* a child 子供に乳を飲ませる. **2** 吸う力[音]. **3 a** 《口語》一吸い[すすり, なめ]; 一口, 一杯 (a mouthful): a ~ *of* wine. **b** 《英俗》酒 (liquor). **4** (渦巻きなどの)巻込み; 渦巻き (whirlpool). **5** 《俗》こびへつらう人, おべっかつかい (toady). **6** [通例 *pl.*] 《英俗》 **a** 失望 (disappointment), 失敗 (fiasco): *Sucks!* =What a ~! なんというざまだ, 愉快愉快《自信ありげな相手が失敗したのをおもしろがって言う》. **b** ぺてん, だまかし, 一杯食わせること (hoax).

súck·er 〖《*c*1390》〗 — *n.* **1 a** 吸う人[物], 吸収者. **b** 乳飲み子 (suckling). **c** 乳離れのしない動物の子; (特に)豚の子, 鯨の子. **d** (ポンプの)ピストン; 吸込管. **e** (おもちゃの)吸い管. **f** 《米口語》棒つきキャンデー (lollipop): ⇨ all-day sucker. **2 a** 〖動物〗吸盤 (sucking disk). **b** (ゴムなどでできた)吸盤, 吸着具. **3** 〖魚類〗 **a** サッカー《米国の河川に多いサッカー科の魚の総称; しばしば食用にされる; hog sucker など》. **b** [しばしば限定形容詞を伴って] ダンゴウオ (lumpfish), コバンザメ (remora), ウバウオ (clingfish) など吸盤をもつ魚類の総称. **4** 〖植物〗 **a** 吸枝《地下の茎から出た枝で, 後に独立した個体となる》. **b** (寄生植物の)吸盤, 吸根 (haustorium). **5** 《口語》 **a** だまされやすい人, ばか, 「かも」. **b** …が好きでたまらない人, すぐに夢中になる人: a ~ *for* movies 映画に夢中になる人. — *vt.* **1** 〈植物〉の吸枝を取り去る, 〈たばこなど〉の余分の吸枝を取り去る. **2** 《俗》だます, 欺く. — *vi.* 〈植物などが〉吸枝[吸根]を生じる[出す].

súcker bàit *n.* 《俗》人をだますためのえさ《金銭など》.

súcker·fish *n.* 〖魚類〗 =sucker 3.

súcker lìst *n.* 《俗》購買者・寄贈者になってくれそうな人の住所・氏名などの名簿.

súck·fish *n.* 〖魚類〗 **1** コバンザメ, コバンイタダキ (remora). **2** ウバウオ (clingfish).

súck-in *n.* 《英俗》だまされること, 詐欺, ぺてん (hoax, fraud): get a ~ だまされる.

súck·ing *adj.* **1** 吸う, 吸い込む, 吸引する; 吸い着く; 吸収する. **2** 乳を飲む; まだ乳離れしない: a ~ child. **3** 《口語》不慣れな, 未熟な, 乳臭い, 駆け出しの: a ~ writer.

súcking dìsk *n.* =sucker 2.

súcking fìsh *n.* 〖魚類〗 **1** コバンザメ, コバンイタダキ (remora). **2** ヤツメウナギ (lamprey).

súcking lòuse *n.* 〖昆虫〗シラミ《シラミ目の昆虫の総称; 哺乳動物に寄生し, 吸血する》.

súcking pìg *n.* (丸焼き料理用の)豚の子.

súcking stòmach *n.* 〖動物〗吸胃, 吸入胃.

suck·le [sʌ́kl̩] 〖《1408》《逆成》← ? SUCKLING〗 *vt.* **1** …に乳を飲ませる; …に吸わせる. **2** 育てる, 保育する. **3** 栄養として摂取する. — *vi.* 乳を飲む.

súck·ler [-klə, -kl̩ə | -klə(r, -kl̩ə(r] 〖《*c*1440》〗 *n.* **1** 哺(ほ)乳類(の動物). **2** =suckling.

suck·ling [sʌ́kliŋ] 〖《1440》← SUCK (v.) + -LING[1]〗 — *n.* **1** 乳児, 乳飲み子; 乳獣, 幼獣. **2** 世間知らずのうぶな人: babes and ~*s* 全くのうぶな人たち, おぼこ連 (cf. *Ps.* 8:2).

Suck·ling [sʌ́kliŋ], Sir **John** *n.* (1609-41) 英国の廷臣・詩人; *Aglaura* (1637), *The Discontented Colonel* (1640).

sucr- [su:kr | s(j)u:-] (母音の前に来る時の) sucro- の異形.

su·crase [sú:kreɪs, -kreɪz | s(j)ú:kreɪs] 〖← F *sucre* 'SUGAR' + -OSE[2]〗 *n.* 〖生化学〗スクラーゼ, 転化酵素 (⇨ invertase).

su·cre [sú:kreɪ; *Sp.* súkre] 〖⊏ Am.-Sp. ← *Antonio José de Sucre*〗 *n.* **1** スクレ《エクアドルの通貨単位; =100 centavos; 記号 S/》. **2** 1 スクレ銀貨.

Su·cre [sú:kreɪ; *Sp.* súkre] *n.* スクレ《南米ボリビア南部の都市; 同国の憲法上の首都 (政府所在地は La Paz); 人口 70,000》.

Su·cre [sú:kreɪ; *Am. Sp.* súkre], **Antonio José de** *n.* スクレ《1795-1830; ベネズエラ生れの革命家, エクアドルとペルーおよびボリビアの解放者; ボリビアの初代大統領 (1826-28); 暗殺された》.

su·cri·er [sù:kriéɪ | -krɪ-; *F.* sykrie] 〖⊏ F ~ ← *sucre* 'SUGAR' + *-ier* '-ER[1]'〗 *F. n.* (*pl.* **-cri·ers** [~(z); *F.* ~]) (通例ふた付きの)砂糖つぼ.

su·cro- [sú:kro(ʊ) | s(j)ú:krə(ʊ)] 〖← F *sucre* 'SUGAR'〗「砂糖 (sugar)」の意の連結形. ★ 母音の前では通例 sucr- になる.

su·crose [sú:kroʊs, -kroʊz | s(j)ú:krəʊs] 〖⇨ ↑, -ose[2]〗 *n.* 〖化学〗サッカロース, 蔗糖(しょとう) ($C_{12}H_{22}O_{11}$).

suc·tion [sʌ́kʃən] 〖《1626》⊏ LL *sūctiō(n-)* ← L *sūctus* (p.p.) ← *sūgere* 'to SUCK': ⇨ -tion〗 — *n.* **1 a** 吸うこと, 吸上げ, 吸込み, 吸引. **b** 《英》酒を飲むこと, 飲酒. **2 a** (内部気圧の低下による)吸入性[力]. **b** (吸入力を起こすための)内部気圧の低下. **c** (内部気圧の低下による)気体や液体の吸入, 吸引通風. **3** 吸込管, 吸水管. **~·al** [-ʃənl, -ʃnəl] *adj.*

súction cùp *n.* (ゴム・ガラス製などの)吸着器, 吸い出し器.

súction fòrce [**prèssure**] *n.* 〖物理〗吸水力, 吸引圧.

súction pùmp *n.* 吸上げポンプ.

súction sòund *n.* 〖音声〗吸気音 (ingressive).

súction stòp *n.* 〖音声〗吸着閉鎖音, 舌打ち音 (click).

súction stròke *n.* 〖機械〗吸込み行程.

Suc·to·ri·a [sʌktɔ́:riə, -tó:r- | -tɔ́:riə] 〖← NL ~ (属名): ↓〗 *n. pl.* 〖動物〗吸管虫目.

suc·to·ri·al [sʌktɔ́:riəl, -tó:r- | -tɔ́:ri-] 〖《1833》← NL *suctōrius* + -AL[1]: ⇨ suction, -ory[1]〗 — *adj.* **1 a** 吸入[吸引]の. **b** 吸うのに適した, 吸入[吸引, 吸着]の用をする. **2** 吸入[吸引, 吸着]器官のある: a ~ fish. **3** 〖動物〗動物や植物の血や汁を吸って生きている.

suc·to·ri·an [sʌktɔ́:riən, -tó:r- | -tɔ́:ri-] 〖⇨ ↑, -an[1]〗 *n.* **1** 吸着性動物. **2** 吸管虫目の動物. — *adj.* 吸管虫目の.

su·cu·su·cu [sú:ku:sú:ku:] 〖⊏ ? S-Am.-Ind.〗 *n.* 〖音楽〗スクスク《1962 年ごろ流行した南米ボリビアの民俗音楽のリズムに基づくダンス音楽》.

Su·dan [su:dǽn, -dá:n | su:dá:n, sʊ-, -dǽn] 〖⊏ Arab. (*Bilād-al-*)*Sūdān* 《原義》country of the blacks ← *sūd* (pl.) ← *áswad* black〗 — *n.* **1** [the ~] スーダン《アフリカ北部, Sahara 砂漠の南, 大西洋から紅海に及ぶ広大な地域》. **2** [時に the ~] スーダン《アフリカ北東部の共和国; 以前は英国とエジプトの共同管理国 (Anglo-Egyptian Sudan と称した)であったが, 1956 年に独立; 人口 16,901,000, 面積 2,505,805 km^2, 首都 Khartoum; 公式名 the Democratic Republic of the Sudan スーダン民主共和国; フランス語名 Soudan》. **3** 〖植物〗 =Sudan grass.

Su·da·nese [sù:dəní:z, -ní:s, -dn-, | -dəní:z, -dn-] *n.* (*pl.* ~) スーダン人. — *adj.* スーダンの; スーダン人の.

Sudanése Repúblic *n.* ⇨ Mali.

Sudán gràss *n.* 〖植物〗スーダングラス (*Sorghum vulgare* var. *sudanensis*)《モロコシの類の牧草で, 米国では 1909 年移入して以来広く干し草・牧草として栽培されている; 単に Sudan ともいう》.

Su·dan·ic [su:dǽnɪk, sʊ-] *adj.* **1** =Sudanese. **2** スーダン語族の. — *n.* スーダン語族《古い言語分類で非バンツー語と非ハム語から成る語族で, Senegal から南 Sudan に至る地域で用いられている》.

su·dar·i·um [su:dɛ́(ə)riəm | s(j)u:déəri-, s(j)ʊ-] 〖《1601》⊏ L *sūdārium* ← *sūdor* 'SWEAT': ⇨ sudor, -ary〗 — *n.* (*pl.* **-i·a** [-riə | -rɪə]) **1** 汗ふき, ハンカチ (handkerchief). **2** 〖キリスト教〗 **a** ベロニカの布《St. Veronica がはりつけ場に引かれて行くキリストの顔の汗をふいてやったというハンカチ; その上にキリストの顔の像が現われたと伝えられる》. **b** キリストの聖顔像 (veronica). **c** 墓の中のキリストの顔にかけた布 (cf. *John* 20:7). **3** =sudatorium.

su·da·to·ri·um [sù:dətɔ́:riəm, -tó:r- | s(j)ù:dətɔ́:ri-] 〖⊏ L *sudātōrium* ← *sūdātus* (p.p.) ← *sūdāre* to sweat (cf. sudor): ↑〗 — *n.* (*pl.* **-ri·a** [-riə | -rɪə]) 発汗浴, 蒸し風呂.

su·da·to·ry [sú:dətɔ̀:ri, -tòʊri | s(j)ú:dət(ə)ri] 〖⊏ L *sūdātōri-us* ← *sūdātus* (↑)〗 — *adj.* **1** 発汗させる, 発汗を促す. **2** 発汗浴の, 蒸し風呂の. — *n.* **1** 発汗剤. **2** =sudatorium.

Sud·bur·y [sʌ́dberi, -b(ə)ri | -b(ə)ri] *n.* カナダ Ontario 州南東部の鉱業都市; ニッケルの産地; 人口 98,000.

sudd [sʌ́d] 〖⊏ Arab. 《原義》obstruction〗 *n.* (White Nile 川の)浮漂草塊《浮草やアシの茎などで, しばしば船の航行を不能にする》.

sud·den [sʌ́dn] 〖《*a*1325》 *sode(i)n* ⊏ AF *sodein* = (O)F *soudain* < LL *subitānum* = L *subitāneus* ← *subitus* sudden (p.p.) ← *subīre* to go stealthily ← SUB- + *īre* to go〗 — *adj.* **1** (予告・予想もしない)突然の, 思いがけない, 不意の (unexpected); (前の形・状態が急変する)急な, にわかの, 出し抜けの (abrupt): a ~ change, departure, shout, shock, idea, shower, etc. / a ~ turn [bend] in the road 道路の急な曲がり / be ~ in action 行動が出し抜けだ. **2** 急速になされる, 即製の (hasty): a ~ cure 応急手当て. **3 a** 《古》性急な (impetuous), せっかちな (rash). **b** 《廃》〈行動など〉機敏な, 急速な. **c** 《廃》即席の, 即興の (impromptu). **d** 《廃》間もなく, そのうちに来る (soon). — *adv.* 《詩》 =suddenly. — *n.* 突然の出来事 (emergency). ★ 次の成句に用いる以外は《廃》:

(***all***) ***of a sudden*** = ***on a*** [***the***] ***sudden*** 不意に, にわかに, 突然に, 急に (suddenly, unexpectedly).

~·ness *n.*

súdden déath *n.* **1** 不慮の死, 急死. **2** 《口語》銭投 (toss) の一回決め. **3** 〖スポーツ〗(同点の時に行なわれる)一回勝負の延長戦, サドゥンデス《先に得点[ある得点に達]した方が勝ちとなる》: **a** 〖テニス〗ゲームカウント 6-6 のあと 9 ポイントのゲームを行ない, 5 ポイント先取したほうがこのセットの勝者となる (cf. tie breaker). **b** 〖ゴルフ〗ストロークプレーの試合の最後で首位に同スコアの者が 2 人以上出た場合, 延長ホールをいくつと決めず, 先に勝ったほうを勝者とするやり方.

súdden ínfant déath sỳndrome *n.* 〖医学〗乳児急死症候群, 乳児ぽっくり病《寝ている赤ちゃんの原因不明の突然の死; cf. crib death》.

súd·den·ly 〖ME〗 *adv.* 突然, 出し抜けに, 急に, 不意に.

Su·der·mann [zú:dəmà:n | -də-; *G.* zú:dɐmàn], **Hermann** *n.* ズーダーマン《1857-1928; ドイツの劇作家・小説家; 戯曲 *Die Heimat* (英訳名 *Magda*)「故郷」(1893)》.

Su·de·ten [su:déɪtn | s(j)u:-; *G.* zudé:tn] *n.* **1** [the ~] ズデーテン山地《Sudetes Mountains のドイツ語名》. **2** =Sudetenland. **3** ズデーテン(地方) (Sudetenland) の原住民《ドイツ語を話す》. — *adj.* **1** ズデーテン山地の. **2** ズデーテン(地方)の.

Sudéten Gérman *n.* =Sudeten 3.

Su·de·ten·land [su:déɪtnlæ̀nd | s(j)u:-; *G.* zudé:tnlànt] *n.* [通例 the ~] ズデーテン(地方)《チェコスロバキア北部および西北部の山岳地方; 1938 年ドイツに接収され, 1945 年チェコに返還》.

Su·dé·tes Móuntains [su:dí:ti:z- | s(j)u:-] *n. pl.* [the ~] ズデート山地《チェコスロバキア北部とポーランド南西部の山地; the Sudetic [su:détɪk | s(j)u:dét-] Mountains ともいう; ドイツ語名 Sudeten》.

su·dor [sú:dɔə | s(j)ú:dɔ:(r] 〖⊏ L *sūdor*: ⇨ sweat〗 *L. n.* 汗 (sweat); 発汗 (perspiration).

su·do·rif·er·ous [sù:dərɪ́f(ə)rəs | s(j)ù:-] 〖← LL *sūdōrifer* + -OUS: ⇨ ↑, -iferous〗 *adj.* 〖生理〗汗を出す, 発汗させる (sudoriparous): ~ glands 汗腺.

su·do·rif·ic [sù:dərɪ́fɪk | s(j)ù:də-, -dɔ-] 〖← NL *sūdōrific-us*: ⇨ sudor, -ific〗 *adj.* 発汗の, 発汗を促す (diaphoretic): ~ herbs. — *n.* 発汗剤.

su·do·rip·a·rous [sù:dərɪ́pərəs | s(j)ù:-] 〖← NL *sūdōriparus*: ⇨ sudor, -parous〗 *adj.* 〖生理〗汗の出る, 発汗させる.

Su·dra [sú:drə, ʃú:-] 〖⊏ Hindi ~ ← Skt *śūdra*〗 *n.* シュードラ, スードラ, 首陀羅《インド四姓の最下級に属する人(奴隷); cf. caste 1》.

suds [sʌ́dz] 〖《1548》⊏ ? MDu. *sudde, sudse* marsh, bog〗 — *n. pl.* [単数または複数扱い] **1** (泡立った)石鹸水; 石鹸の泡 (lather)《通例 soapsuds という》. **2** 泡, あぶく (foam). **3** 《俗》ビール (beer).

in [***into***] ***the suds*** 《俗》困って, 困難に陥って.

— *vi.* 泡立つ: a soap that ~*es* easily 泡立ちのいい石鹸. — *vt.* 《口語》泡立った石鹸水で〈衣類などを〉洗う.

suds·y [sʌ́dzi | -zɪ] 〖⇨ ↑, -y[4]〗 *adj.* (**suds·i·er**; **-i·est**) **1** 泡立った, 泡だらけの (frothy). **2** =soapy 4.

sue [sú: | s(j)ú:] 〖《? *a*1200》 *sue(n)* ⊏ AF *su-er, sui-re* = OF *sivre* (F *suivre*) to follow < VL **sequere* = L *sequi*: cf. sequent〗 — *vt.* **1** 〈人を〉〔…のかどで〕訴える 〔*for*〕: ~ a person *for* damages [libel] 損害賠償[誹毀(ひき)罪]で人を訴える. **2** 《まれ》…に願う, 請う, 懇願する (beseech). **3** 《古》…に求婚する (court). — *vi.* **1** 〔…の〕訴訟を起こす, 訴える 〔*for*〕: ~ at (the) law 訴訟を起こす / ~ *for* a breach of promise 違約を訴える. **2** 〔…を〕願う, 請う 〔*for*〕; 〔…に〕懇願する (entreat) 〔*to*〕: ~ *to* a person / ~ *for* a favor [peace] 好意[和平]を求める. **3** 《古》求婚する (woo).

sue out 〖法律〗申し立てて〈令状・赦免などを〉得る: ~ *out* a writ [a pardon].

su·er [sú:ə | s(j)ú:ə(r, s(j)úə(r] *n.*

Sue [sú: | s(j)ú:] 〖(dim.) ← SUSANNAH〗 *n.* 女性名.

Sue [sú: | s(j)ú:; *F.* sy], **Eugène** *n.* シュー《1804-57; フランスの大衆小説家; 本名 Marie Joseph Sue》.

suede [swéɪd; *F.* sɥɛd] 〖《1859》← *suède gloves* 《部分訳》← F *gants de Suède* Swedish gloves ← *Suède* Sweden〗 (*also* **suède** [~]) — *n.* **1** スエード(革)《内面をビロード状にけば立てた革, 主に子牛革》: ~ gloves. **2** スエード革まがいの織物《手袋などに用いる; suede cloth ともいう》. — *vt.* 〈生地・皮などを〉

スエード仕上げする. ── vi. 皮などをスエード仕上げする.
suéde clòth n. ＝suede 2.
sued·ed [swéɪdɪd, -dəd] adj. (also **suèd·ed** [～]) スエード革まがいの.
suéde·hèad n. 《英》頭髪が少し伸びたスキンヘッド (cf. skinhead).
sue·dette [sweɪdét; F. sɥɛdɛt] 〚← SUEDE＋-ETTE 3〛 n. 模造[代用]スエード.
sue·gee [súːdʒi | s(j)úːdʒɪ] n. 〚海事〛＝soogee.
su·et [súːɪt, -ət | s(j)úɪt, s(j)úːɪt, -ət] 〚《1377》 sewet □ AF *sewet (dim.) ← su(e), seu < L sēbum tallow, suet〛 ── n. スエット《牛・羊などの腎(じん)臓や腰の辺の堅い脂肪; 料理用・蠟(ろう) (tallow) 製造用》.
～·y [-ṭi | -tɪ] adj.
Sue·to·ni·us [swiːtóuniəs, swɪ-, sùːə- | swiːtə́unjəs, swɪ-, -nɪəs] n. スエトニウス《69?–?140; ローマの伝記作者・歴史家; *De Vita Caesarum*「(十二)皇帝列伝」; Gaius Suetonius Tranquillus》.
súet púdding n. スエットプディング《スエット・小麦粉・パン粉・干しぶどう・香辛料などを混ぜ合わせ, 蒸すか煮て作るプディング》.
Su·ez [suéz, súːez | s(j)úːɪz, s(j)úɪz] n. スエズ《エジプト北東部, Suez 運河南端付近の海港; 人口 368,000》.
Suez, the Gulf of n. スエズ湾《Suez 地峡の南方, Sinai 半島西部, 紅海北西部の支湾》.
Suez, the Isthmus of n. スエズ地峡《アフリカとアジアを結ぶエジプト北東部の地峡; 幅 116km》.
Súez Canál n. [the ～] スエズ運河《地中海と Suez 湾とを結ぶ運河; Ferdinand de Lesseps が設計工事した (1859–69); 長さ 163 km》.
Suéz Canál rúdder n. 〚海事〛＝salmon tail.
suf. 《略》sufficient; suffix.
suf- [səf, sʌf] pref. (f の前に来る時の) sub- の異形: suffer, suffice.
suff. 《略》sufficient; suffix.
Suff. 《略》Suffolk.
suf·fer [sʌ́fə | -fə(r] 〚《?a1200》 suff(e)re(n) □ AF suffr-ir＝OF soffrir (F souffrir) < VL *sufferīre＝L sufferre ← SUB-＋ferre 'to BEAR²'〛 ── vt. **1** 〈苦痛・危害・損害など不快なことを〉経験する, こうむる, 受ける; …に遭遇する, 会う: ～ pain, loss, grief, defeat, punishment, etc. / ～ wrong 害[虐待]を受ける / ～ death 〈既決囚・殉教者が〉処刑される[殉死する] / ～ a change [an alteration] 変化を受ける / The company ～*ed* a 20% drop in sales. 会社は売上げが 20 パーセント低下した / He ～*ed* a heart attack. 彼は心臓の発作に襲われた (cf. vi. 3). **2** [通例否定・疑問構文に用いて] 忍ぶ, 耐える, 辛抱する, 我慢する (endure, tolerate): Some shrubs can*not* ～ a cold winter. 低木の中には寒い冬に耐えられないものもある / I will *not* ～ such insults. そういう侮辱には我慢がならない / How can you ～ his insolence? どうして君は彼の無礼を忍べるのか. **3** 〚文語〛 **a** 放任しておく, 容赦する, 黙認する (allow): ～ fools gladly ばかげたことを黙って見ている, ばかなまねを容認する (2 *Cor.* 11. 19) / You should not ～ it for a moment. それは一瞬たりとも放任しておいてはならない. **b** 〈…することを〉許す, させる 〈*to do*〉: I cannot ～ you *to* be idle. 君を遊ばせておくわけにはいかない / He ～*ed* himself *to* be imposed upon. 黙ってだまされるままになっていた / *Suffer* little children *to* come unto me. 幼児(おさなご)らを許せ我(われ)に来るを (*Matt.* 19. 14). ── vi. **1** 苦痛を受ける, 苦しむ, 悩む, 悲しむ, 苦労する 〔*from, with*〕: learn to ～ without complaining 苦労しても不平をこぼさぬように心掛ける / ～ *with* agony [anxiety] 苦痛に苦しむ[心配で悩む] / Britain has ～*ed from* labor troubles. 英国はたび重なる労働争議で悩んでいる. **2** 傷つく, 傷む, 損害を受ける; 悪くなる 〔*from*〕: The engine ～*ed* severely. エンジンがひどく傷んだ / No passengers ～*ed* much in the accident. その事故で乗客にはだれも大した怪我はなかった / Trade is ～*ing from* the depression. 貿易は景気が悪くて不振だ / Your reputation will ～ *from* such conduct. そんな振舞いを続けていると君の評判は悪くなるぞ / This ～*s from* comparison with that. これもそれと比較すると見劣りがする. **3** 〔病気などを〕病む, 患う, 〔頭痛などで〕苦しむ 〔*from*〕: ～ *from* gout [measles] 痛風[はしか]を病む / ～ *from* hypertension [insomnia] 高血圧[不眠]症に悩む / He ～*s from* headaches. 彼は頭痛が持病だ《★ vi. 用法が状態を記述するのに対し, vt. 用法 (⇨ vt. 1) は一時的な過程を強調する》/ I am ～*ing from* [*with*] toothache. 歯が痛くてたまらない《★一時的な症状を言う場合には時に *with* も用いられる》. **4** 罰せられる; (特に)〈既決囚が〉処刑される, 死刑に処せられる: ～ *for* one's sins [follies] 罪を犯して[ばかなことをして]罰を受ける / You will ～ *for* it. そんなことをしているとひどい目に会うぞ. **5** 〚古〛我慢する, 忍ぶ (endure).
suf·fer·a·ble [sʌ́f(ə)rəbl] 〚《c1303》 □ OF suffrable: ⇨ ↑, -able〛 adj. 忍べる, 耐えられる, 我慢できる; 許容できる. **～·ness** n. **súf·fer·a·bly** adv.
suf·fer·ance [sʌ́f(ə)rəns] 〚《a1325》 □ OF suffrance (F souffrance) < L sufferentiam: ⇨ suffer, -ance〛 ── n. **1** 黙許, 黙諾; 寛容, 許容 (toleration): on [by, through] ～ 黙許によって, 大目に見られて, お情けで / a tenant *at* ～ 黙許借地人. **2** 我慢できる力, 忍耐力: be beyond ～ 我慢できない. **3** 〚古〛苦しみ, 悩み (pain). **4** 〚古〛忍従, 忍耐 (endurance).
súfferance whàrf n. 〚海運〛特許[保税]埠(ふ)頭《納税前に揚荷のできる埠頭》.

súf·fer·er [-fərə | -f(ə)rə(r] 〚《a1500》〛 n. 苦しむ者, 苦労する[悩む]人, 受難者, 被害者, 罹(り)災者; 患者, 病人: earthquake [war] ～s 地震被災者[戦災者].
súf·fer·ing [-f(ə)rɪŋ] 〚《c1340》〛 ── n. **1** 苦しみ, 苦労; 受難, 遭難, 罹(り)災. **2** [しばしば *pl.*] 災難, 難渋, 苦痛. ── adj. **1** 悩む, 苦しむ, 苦労する: ～ mortals 悩める人々. **2** 病気で, むかついて: He is very ～. 大層具合が悪い. **～·ly** adv.
suf·fete [sʌ́fiːt] 〚□ L suf(f)et-, suf(f)es □ Punic suphet (cf. Heb šōphēṭ judge ruler)〛 n. (古代カルタゴの)執政官《毎年選ばれる二人の中の一人》.
suf·fice [səfáɪs] 〚《a1325》 suffische(n) □ OF suffis- (stem) ← suffire < L sufficere ← SUB-＋facere 'to DO¹'〛 ── vt. 満足させる (satisfy), …に十分である: This does not ～ present needs. 我々の目下の必要に対してはこれでは十分でない / Nothing would ～ him but the whole story. 話を全部聞かないうちは彼は満足しないだろう. ── vi. 十分である, 足りる: One word will ～. 一言で事は足りる / That ～s *to* prove it. それはこれを証するに足る / The provisions will ～ *for* the crew. 糧食は乗組員には十分間に合うだろう.
Suffice it (to say) that …と言えば十分だ, (今は)…とだけ言っておこう《★ suffice は仮定法現在形》.
suf·fíc·er n.
suf·fi·cience [-ʃəns] n. 〚古〛＝sufficiency.
suf·fi·cien·cy [səfíʃənsi | -si] 〚《1495》 □ LL sufficientia: ⇨ ↓, -ency〛 ── n. **1** 十分, 充足, 適切, 妥当: the ～ of the equipment 設備[装備]の妥当性. **2** [a ～] 十分な量[数], たくさん: *a* ～ of fuel 十分な燃料 / eat *a* ～ たくさん食べる. **3** 十分な資力[貯え], (特に)十分な資産. **4** 能力, 技量. **5** うぬぼれ, 尊大.
suf·fi·cient [səfíʃənt] 〚《c1390》 □ OF ～ // L sufficient-em (pres.p.) ← sufficere 'to SUFFICE'〛 ── adj. **1** 足りる, 十分な: ～ education, food, information, investigation, proof, etc. / a ～ pension *for* living expenses 生活費に十分な恩給 / He has impudence ～ *for* anything. 彼は厚かましいからなんでもする / I never acquired ～ proficiency to read Greek. 遂にギリシア語が読めるだけの力はつかなかった / This is ～ *to* show our determination. これだけで十分に我々の決意は表明できる / *Sufficient unto* the day is the evil thereof. 一日の苦労は一日にて足れり《翌日のことまで思いわずらうな: *Matt.* 6:34》. **2** 〚古〛十分な能力のある (competent), 資格のある (well-qualified): a scholar ～ *for* the work その研究を十分に遂行できる学者. **3** 〚廃〛 **a** うぬぼれた, 尊大な (self-confident). **b** 資力のある, 裕福な (wealthy).
not sufficient 〚銀行〛資金不足《銀行家が支払拒絶の小切手などに書く文句; 通例 NS, NSF と略記する》.
── n. 十分(な量), たくさん (enough): Have you had ～? 十分食べたかね / He is not ～ *of* an artist *to* give a one-man show. 個展を開くほどの画家ではない.
～·ness n.
sufficient condition n. 〚論理〛十分条件 (cf. necessary condition).
suf·fí·cient·ly 〚ME〛 ── adv. 十分に; 〈…するに〉足るだけ 〈*to do*〉: be ～ provided 十分に供給され(ている) / It was ～ large *to* satisfy him. それはとても大きかったので彼は満足した.
suf·fíc·ing adj. 十分な (sufficient). **～·ly** adv.
suf·fix [n.: 《1778》 ← NL suffix-um ← L suffixus (p.p.) ← suffigere to fasten beneath ← SUB-＋figere 'to FIX'. ── v.: 《1604》 ← L suffix-us] ── [sʌ́fɪks] n. **1** 〚文法〛接尾辞 (cf. prefix, affix 1, infix). **2** 〚数学〛(添え)字, 添数. ── [ˊ‐, ‐ˊ] v. ── vt. **1** 〚文法〛…に接尾辞として付ける. **2** 後ろ[終わり]に付ける (append). **3** …の下に取り付ける[置く]. ── vi. **1** 〚文法〛〈ある語が〉接尾辞をとる. **2** 接尾辞が付く. **～·al** [sʌ́fɪksəl, -sl, ‐ˊ‐] adj.
suf·fix·a·tion [sʌ̀fɪkséɪʃən] n. 〚文法〛接尾辞添加.
suf·fix·ion [sʌfíkʃən, sə-] n. 〚文法〛接尾辞添加.
suf·flate [sʌfléɪt, sə-] 〚← L sufflāt-us (p.p.) ← sufflāre ← suf- 'SUB-'＋flāre 'to BLOW¹': ⇨ -ate³〛 vt. 〚廃〛膨らます (inflate). **suf·fla·tion** [sʌfléɪʃən, sə-] n.
suf·fo·cate [sʌ́fəkèɪt] 〚《1526》 ← L suffocāt-us (p.p.) ← suffocāre ← suf- 'SUB-'＋faucēs throat: ⇨ -ate³〛 ── vt. **1** …の息を止める, 窒息させる: be ～d by poisonous fumes 毒ガスで窒息する. **2** 〈人〉の息をつけなくする, 呼吸を困難にする, 声を出なくする: be ～d by excitement [grief] 興奮[悲しみ]のために息が詰まる. **3** **a** (新鮮な空気がないため)不快にする, 息苦しくする. **b** (空気をなくして)〈火などを〉消す; 押しつぶす. **4** …の発達を止める[妨げる]. ── vi. **1** 窒息(死)する, 息が詰まる, 息が切れる. **2** (新鮮な空気がないため)不快になる, 息苦しくなる. **3** (…の発育[発達]が)妨げられる, 阻害される, いじける.
súf·fo·càt·ing [-ṭɪŋ | -tɪŋ] adj. 窒息するような, 息苦しい. **～·ly** adv.
suf·fo·ca·tion [sʌ̀fəkéɪʃən] 〚□ L suffocātiō(n-): ⇨ suffocate, -ation〛 ── n. 窒息させる[られる]こと; 窒息: The train was crowded *to* ～. 列車は息が詰まるほど込みあっていた.
suf·fo·ca·tive [sʌ́fəkèɪṭɪv | -tɪv] 〚← NL suffocātīvus: ⇨ suffocate, -ative〛 adj. 窒息させる, 息を止める[詰まらせる], 呼吸困難を来たす: ～ catarrh.
Suf·folk¹ [sʌ́fək] 〚OE Sūðfolc ← sūþ 'SOUTH'＋folc 'FOLK': cf. Norfolk〛 ── n. イングランド東部の北海に臨む州, 行政上もとは East Suffolk と West Suffolk とに分かれていたが, 1974 年にその区別は消滅; 人口 589,000, 面積 3,800 km²; 首都 Ipswich.
Suf·folk² [sʌ́fək] n. サフォーク: **1** 英国種の上等食用羊; 角がなく顔と足が黒い; Suffolk Down ともいう. **2** 英国の一品種の馬車馬または農馬; くり毛で脚が短い; Suffolk punch ともいう. **3** 小型の一品種の黒豚.
suf·fra·gan [sʌ́frɪgən, -frə-, -dʒən | -rəgən] 〚《c1383》 □ OF ～ □ ML suffrāgāneus ← L suffrāgium: ⇨ suffrage, -an¹〛 ── adj. **1** 〚カトリック〛属司教の; 〚英国国教会〛教区主教の: ⇨ suffragan bishop / a ～ see 属司教区, 司教[主教]区. **2** 補佐主教の. ── n. ＝ suffragan bishop.
súffragan bíshop n. **1** 〚カトリック〛属司教; 〚英国国教会〛教区主教《metropolitan あるいは archbishop の管区 (province) に属する教区 (dioces) を牧する司教[主教]》. **2** 〚英国国教会〛補佐主教《教区主教の補佐役として任命された主教》.
súffragan·shìp n. suffragan bishop の地位[職].
suf·frage [sʌ́frɪdʒ] 〚《c1390》 □ (O)F ～ // L suffrāgium ballot, right of voting, (ML) vote, support, prayer ← ? suf- 'SUB-'＋fragor noise〛 ── n. **1** 賛成投票; (投票によって表わす)賛成; 賛成, 同意; 投票. **2** 投票権, 選挙権, 参政権 (franchise): female [woman] ～ 婦人参政権 / popular [universal] ～ 普通選挙権 / household ～ 戸主選挙権 / ⇨ manhood suffrage. **3** [通例 *pl.*] 〚英国国教会〛 **a** (祈祷書中の「嘆願(Litany)」の)とりなしの祈り. **b** 〚古〛とりなしの祈り.
suf·frag·ette [sʌ̀frɪdʒét, -frə- | -frə-] 〚⇨ ↑, -ette〛 n. (特に, 20 世紀初頭の熱心な女性の)婦人参政権論者, 過激な婦選論[運動]者.
sùf·frag·étt·ism [-tɪzm̩] n. 婦人参政権運動, 過激な婦選主義[運動].
súf·frag·ist [-frɪdʒɪst, -frə-, -dʒəst | -frədʒɪst] n. 参政権拡張論者, (特に)婦人参政権論者.
suf·fru·tes·cent [sʌ̀fruːtésn̩t] 〚← NL suffrutescentem ← SUB-＋L frutescens frutescent (← L frutex shrub): ⇨ -ent〛 ── adj. 〚植物〛〈植物・茎が〉基底の木質部が年ごとに枯れずに残る.
suf·fru·ti·cose [sʌfrúːṭəkòus | -tɪkə̀us] 〚← NL suffruticōs-us ← suf- 'SUB-'＋L frutic-, frutex shrub＋-OSE¹〛 adj. 〚植物〛根本が木で上部が草の.
suf·fu·mi·gate [sʌfjúːməgèɪt, sə- | -mɪ-] 〚← L suffūmigāt-us ← suffūmigāre ← suf- 'SUB-'＋fūmigāre 'to FUMIGATE': ⇨ -ate³〛 ── vt. 下からいぶす; …に蒸気[薫煙など]を下から当てる. **suf·fu·mi·ga·tion** [sʌfjùːməgéɪʃən, sə- | -mɪ-] n.
suf·fuse [səfjúːz | sə-, sʌ-] 〚《1590》 ← L suffūs-us (p.p.) ← suffundere ← suf- 'SUB-'＋fundere to pour: cf. fuse¹〛 ── vt. [通例 p.p. 形で]〈液体・湿気・色・光・涙などが〉おおう, 満たす, みなぎらす (corer, overspread) 〔*with*〕: the sky ～d *with* light 光に満ちた空 / eyes ～d *with* tears 涙が一杯の目.
suf·fu·sion [səfjúːʒən | sə-, sʌ-] 〚《a1398》 □ L suffūsiō(n-): ⇨ ↑, -ion〛 n. **1** おおうこと, みなぎること. **2** (顔などが)さっと赤くなること, 紅潮 (blush).
suf·fu·sive [səfjúːsɪv, -zɪv | səfjúːsɪv, sʌ-] adj. おおう, みなぎる.
Su·fi¹ [súːfi | -fɪ] 〚《1653》 □ Arab. ṣūfī 《原義》 (man) of wool ← ṣūf wool: この教徒が苦行の目的で毛織の服を肌に着用したことからか〛 ── n. **1** スーフィ教派《禁欲・神秘主義傾向のあるイスラムの一宗派》. **2** スーフィ教徒, イスラムの汎神論者. **Su·fic** [súːfɪk] adj.
Su·fi² [súːfi | -fɪ] n. スーフィ《イランの Safawid 朝の君主》.
Sú·fi·ism [-fiìzm] n. ＝Sufism.
Su·fism [súːfɪzm] n. スーフィ教(の教義) (⇨ Sufi¹ 1).
sug. 《略》suggested; suggestion.
sug- [səg, sʌg] pref. (g の前に来る時の) sub- の異形: suggest.
sug·ar [ʃúgə | -gə(r] 〚《c1299》 suker, sugre □ OF çukre, sukere (F sucre) □ OIt. zucchero □ ML zuccarum, succarum □ Arab. súkkar □ Pers. shakar □ Prakrit sakkara ← Skt śarkarā gravel, sugar〛 ── n. **1** **a** 砂糖, (特に)蔗糖(しょとう): a lump [spoonful] of ～ 角砂糖 1 個[砂糖ひとさじ] / block [cut, cube, lump] ～ 角砂糖 / confectioner's ～ (製菓用)精製粉末砂糖 / loaf ～ 棒砂糖 / powdered ～ 粉砂糖 / muscovado ～ 黒砂糖 / ⇨ beet sugar, brown sugar, cane sugar, maple sugar / ～ and water 砂糖水. **b** 〚化学〛糖 (sucrose) ($C_{12}H_{22}O_{11}$). ★ ラテン語系形容詞: saccharine. **2** 砂糖 1 個[ひとさじ]: How many ～s in your tea? お茶に砂糖はどれだけ入れますか. **3** 砂糖入れ (sugar bowl). **4** お世辞, おべっか, 甘言 (flattery). **5** 《米俗》粉末状の麻薬, ヘロイン. **6** 《俗》金銭, 金 (money). **7** [間投詞として]《口語》ちえっ, 畜生 (pshaw)《困惑・失望を表わす》. **8** [呼掛けとして]《米口語》愛する人, かわいい人, お前 ((my) darling [honey] の代用). **9** 〚病理〛＝sugar diabetes.
be neither sugar nor salt*＝*not made of sugar or salt 張り子ではない, ぬれても大丈夫.
sugar of lead 〚化学〛酢酸鉛 (lead acetate) ($Pb(C_2H_3O_2)_2 \cdot 3H_2O$).
sugar of milk 《米》〚生化学〛乳糖 (⇨ lactose).
── vt. **1** 砂糖で甘くする; …に砂糖をかぶせる[振りかける]: ～ a cake ケーキに砂糖を振りかける / ～ one's tea お茶に砂糖を入れる. **2** **a** 見せかけをよくする, うまくごまかす 〈*over, up*〉: ～ *up* [*over*] reality 現実を偽って飾り立てる, 現実をうまく繕う. **b** 《英》(へつらったり, 甘言で)〈不快なもの[こと]を〉受け入れやすくする；…にお世辞を言う．── *vi.* **1** 糖化する：Honey ～*s* if stored too long. 蜜は貯蔵が長すぎると糖化する．**2** 粒状に結晶する (granulate).
sugar off (1) (かえで糖精製の際に)粒状になるまで糖液を煮つめる．(2)《英俗》ずるける，仕事をなまける．
～·like *adj.*

súgar àpple *n.* ＝sweetsop.

súgar bàsin *n.*《英》＝sugar bowl.

súgar-bèan *n.*〘植物〙西インド諸島産のインゲンマメ (kidney bean) の一種．

súgar bèet *n.*〘植物〙サトウダイコン，テンサイ (*Beta vulgaris*)《ビート (beet) と同種で，肥大した根から砂糖 (beet sugar) を採る；葉は食用にする；cf. red beet》．

súgar·bèrry *n.*〘植物〙**1** エノキ (hackberry). **2** ウシコロシ (Juneberry).

súgar·bìrd *n.*〘鳥類〙**1** 花の蜜を吸う各種の鳥《honeycreeper, honey eater, sunbird など》．**2** ＝evening grosbeak.

súgar bòwl *n.* (通例二つのとってのある蓋付きの食卓用)砂糖入れ[壺] (《英》sugar basin).

súgar-bùsh *n.*〘植物〙**1** アフリカ南部産ヤマモガシ科プロテア属の数種の低木の総称《*Protea mellifera* や *P. angolensis* など》．**2** 米国南西部の砂漠に生えるウルシの一種 (*Rhus ovata*)《常緑低木で，白い花と赤い実をつける》．

súgar bùsh *n.* **1** 砂糖かえで(栽培)園《sugar orchard ともいう》．**2**〘植物〙＝sugar-bush.

súgar-càndy *adj.* **1** 〈小説など〉甘すぎる，大甘の：a ～ novel. **2** 〈人・物など〉愉快な，心地よい．

súgar cándy 〘《1392》▭ OF *sucre candi*〙── *n.* **1** 《米》(精製糖で作った)上質キャンデー．**2** 《英》氷砂糖 (《米》rock candy). **3** 甘い人；口当たりのいいもの，甘い物．

súgar·càne *n.*〘植物〙サトウキビ (*Saccharum officinarum*).

súgarcane mosáic *n.*〘植物病理〙サトウキビのモザイク病 (cf. mosaic 3).

súgar·còat *vt.* **1** 〈丸薬・食物〉に糖衣をかぶせる：～ a pill. **2 a** 〈にがいもの・まずいもの・辛いものなど〉の口当たりをよくする．**b** うまくごまかす，…の見せかけをよくする，体裁をよくする．

súgar·cóated *adj.* **1** 糖衣をかぶせた．**2 a** 口当たりをよくした．**b** 見せかけをよくした．

súgar·cóat·ing *n.* **1** 糖衣．**2** 口当たり[見せかけ]をよくすること[もの].

súgar còrn *n.*〘園芸〙＝sweet corn.

súgar dàddy *n.*《俗》(若い女にせっせと贈物をする)金持ちの中年男[老人]，「甘いパパさん」．

súgar diabétes *n.*〘病理〙＝diabetes mellitus.

súg·ared 〘《c1385》〙── *adj.* **1** 砂糖を入れた[振りかけた]，砂糖で甘くした；糖衣をかぶせた (sugar-coated). **2 a** 甘い，うまい，甘美な．**b** 〈言葉が〉甘ったるい，人を引きつけるような：～ words 甘言．

súgar gùm *n.*〘植物〙オーストラリア産のユーカリノキ (*Eucalyptus corynocalyx* または *E. gunnii*)《葉は甘く，家畜が好んで食べる》．

súgar·hòuse *n.* 砂糖製造所，製糖所 (sugar factory).

súgar·less *adj.* 砂糖の入っていない；無糖の．

súgar·lòaf 〘《1422》〙── *n.* **1** 円錐(えんすい)形に固めた砂糖《昔家庭用に作ったが，今はほとんど作らない；cf. loaf sugar》．**2 a** 円錐形の砂糖状のもの．**b** 円錐形帽子．**c** すりばち山．**3**〘植物〙**a** 米国北西部産キンポウゲ科センニンソウ属の多年草 (*Clematis douglasi*). **b** ムスカリ (*Muscari racemosum*)《ユリ科の観賞用球根植物；cf. grape hyacinth》．

súgar-lòaf *adj.* 円錐形の砂糖状の，すりばち形の：a ～ mountain すりばち山 / a ～ hat 円錐(えんすい)形の帽子．

súgar-lòafed *adj.* ＝sugar-loaf.

Súgarloaf Móuntain *n.* ポン デ アスカル(山)《ブラジル Rio de Janeiro の湾口にある山；標高 390 m；ポルトガル語名 Pão de Açúcar》．

súgar màple *n.*〘植物〙サトウカエデ，(特に)ウラジロサトウカエデ (*Acer saccharum*).

súgar-mìll *n.* 砂糖きび圧搾機． 「bush 1.

súgar òrchard *n.*《ニューイングランド》＝sugar

súgar pàlm *n.*〘植物〙サトウヤシ (*Arenga pinnata*)《マレーシア原産の大形ヤシで，茎の髄から砂糖 (palm sugar) や酒 (palm wine) を作る》．

súgar pèa *n.*〘植物〙＝edible-podded pea.

súgar pìne *n.*〘植物〙サトウマツ (*Pinus lambertiana*)《米国北西部 California, Oregon 州産のゴヨウマツの一種；材から甘い汁が出るが，下痢を起こすので食用にはしない》．

súgar·plùm *n.* **1** 《古》(丸い)糖菓，キャンデー；ボンボン (bonbon). **2** 甘言 (flattery). **3**〘植物〙＝Juneberry.

súgar refìner *n.* 製糖業者，砂糖精製者．

súgar refìnery *n.* 砂糖精製所，製糖場．

súgar-shàker[-sìfter] *n.* 砂糖ふりかけ器．

súgar-tìt [-tèat] *n.* (布で乳首の形にくるんだ)おしゃぶり．

súgar tòngs *n. pl.* (食卓用の)角砂糖ばさみ (cf. ice tongs).

súgar trèe *n.*〘植物〙＝sugar maple.

sug·ar·y [ʃúg(ə)ri | -gəri] 〘《1591》：⇨ -y⁴〙── *adj.* **1** 砂糖を含む，砂糖の(ような)；甘い，甘過ぎる (sweet). **2 a** 〈言葉・態度など〉甘ったるい (honeyed)；口先のうまい，おべっかの，お世辞の：～ words お世辞 / in a ～ voice 甘ったるい声で．**b** 感傷的な，べたべたするほど甘美な：a ～ melody. **súg·ar·i·ness** *n.*

sugg [sʌ́g] 〘《変形》← SWAG〙 *vi.*〘海事〙(座礁している時)〈船が〉波で揺れる．

sug·gest [sə(g)dʒést | sədʒ-] 〘《1526》← L *suggest-us* (p.p.) ← *suggerere* to put under, furnish, suggest ← SUB-＋*gerere* to bring, hold：cf. gestate)〙── *vt.* **1 a** [しばしば doing, *that*-clause, *wh*-clause を伴って] 提議[提案]する (advance)；…と言い出す，勧める (propose)；示唆する (hint)：～ an idea [a theory, a proposition] 考え[理論，提案]を持ち出す / ～ bridge [a drink] ブリッジを[一杯]やらないかともちかける / He yawned and ～*ed* bed. あくびをするとそろそろ寝ようかと言った / ～ a red tie *to* a customer 〈店員が〉客に赤いネクタイはいかがと勧める / We ～ him *as* [*for*] president. 我々は彼を会長にしてはどうかと思う / He ～*ed* my taking [*that* I (should) take] the bus. 私がバスで行ったらよいだろうと言った《★ should を省略するのは主に《米》》/ I ～*ed* (*to* them) *that* somebody neutral take the chair. 不偏不党の人物を議長にしたほうがよかろうと(彼らに)提議した (cf. 1 b) / He ～*ed* (*that*) eating out would be enjoyable. 外で食事をしたほうが楽しいのではないかと言った / Could you ～ *where* I can park the car? どこへ車を駐車したらよいか言ってくれないか．**b** [I ～ that ... として] …と思うが本当か《★ 弁護士が証人の尋問などに用いる決まり文句》：*I* ～ *that* you concluded a secret agreement with him. 君と彼との間に密約があったのだと思うがどうかね (cf. 1 a). **2 a** 暗示する，示唆する (imply)：His conversation ～*s* a man of wide culture. 話しぶりから広い教養の持ち主であることがうかがえる / A few seagulls ～ *that* land is not far distant. カモメが飛んでいるので陸地がそう遠くないと知れる．**b** ほのめかす，遠回しに言う (intimate)：I only ～*ed* it. ただそれとなくそう言っただけだ / Do you ～ *that* he is lying? 彼がうそをついているとでも言うのかね．**3 a** 思いつかせる，連想させる：Does the name ～ anything *to* you? その名前を聞いて何か思い出すことはないか / Jealousy ～*s* itself *as* the motive. 嫉妬がおのずから動機として浮かんでくる．**b** …の動機となる，促す (inspire)：The incident ～*ed* the story *to* the writer. その事件から作者はその物語を書いた．**4** (催眠術で)…と暗示を与える〈*that*〉．**～·er** *n.*

sug·gest·i·bil·i·ty [sə(g)dʒèstəbíləṭi | sədʒèstɪbíləti, -tə-, -lɪ-] *n.* **1** 暗示できること；勧められること．**2** (催眠術で)暗示にかかること；暗示感応性，被暗示性．

sug·gest·i·ble [sə(g)dʒéstəbl | sədʒéstə-, -tɪ-] *adj.* **1** 暗示できる，勧められる．**2** (催眠術で)暗示を受けやすい，暗示性のある．

sug·ges·ti·o fal·si [sə(g)dʒéstʃioʊ-fɔ́:lsaɪ | sədʒéstɪəʊ-, -fɔ́:l-, -fɔ̀l-] 〘← NL *suggestiō falsī* suggestion of falsehood〙── *L. n.*〘法律〙不実な表示，虚偽の暗示 (cf. suppressio veri).

sug·ges·tion [sə(g)dʒéstʃən, -dʒéʃtʃən | sədʒ-] 〘《c1340》▭ (O)F ～ ▭ L *suggestiō(n-)*：⇨ suggest, -tion〙── *n.* **1** 暗示，示唆 (hint)；遠回し，ほのめかし：a talk full of ～*s* 示唆に富んだ談話．**2** 思いつかせること，思いつき，連想 (evocation)：call up ～*s* of …を連想させる．**3** 提議，提案，提言 (proposal)：*at* [*on*] your ～ 君の提案で / *at* [*on*] the ～ of …の発議で / ～*s for* improvements 改善案 / I made the ～ *that* the meeting (should) be brought to an end. 閉会するように提議した《★ should を省略するのは主に《米》》/ Any ～*s* will be thankfully received. 御意見は有難く承ります《商店などの掲示》．**4** (劣情などの)誘発：a novel full of indecent ～*s* いかがわしい個所の多い小説．**5**〘心理〙(催眠術の)暗示，示唆 (cf. autosuggestion)；暗示物《暗示されたまたは暗示を起こす観念・動作》．**6** 風(ふう)，様子，気味 (trace)：with the ～ of a stoop 心持ち肩をかがめて / blue with a ～ of green ほんのり緑がかった青 / There was a ～ of contempt in his tone. 彼の口調には人を軽蔑するような響きがあった．

suggéstion-bòok *n* (提案したいことを自由に書き込む)提案ノート《suggestions-book ともいう》．「う》．

suggéstion-bòx *n.* 投書箱《suggestions-box ともい

sug·ges·tive [sə(g)dʒéstɪv | sədʒ-] 〘《17C》← L *suggestus*＋-IVE：⇨ suggest〙── *adj.* **1** 暗示的な，含蓄のある；示唆に富む：a ～ article, commentary, etc. **2** (色々と)物を思わせる (evocative)；〔…を〕思い出させる，連想させる，〔…を〕ほのめかす，暗示する (indicative)〔*of*〕：weather ～ *of* autumn 秋を思わせる天気 / The symphony is ～ *of* a sunrise. その交響曲は日の出を連想させる．**3** (催眠術的)暗示の：～ medicine 暗示療法，催眠術療法 (cf. Couéism). **4** 劣情を誘発するような，きわどい，いかがわしい (risqué)：a ～ joke, picture, play, etc. **～·ly** *adv.* **～·ness** *n.*

sug·gil·la·tion [sʌ̀(g)dʒəléɪʃən | sʌ̀dʒɪ-] *n.*〘病理〙皮下溢血，広汎(性)皮下出血．

sugh [sú:, sú:f, sú:x] *n.*, *vt.*《スコット》＝sough².

Su·har·to [su:háəṭoʊ | -há:təʊ] *n* スハルト《1921– ；インドネシアの政治家・軍人，大統領 (1968–)》．

Sui [swí:] *n.* 隋(ずい)《中国王朝の一つ；581–610》．

su·i·cid·al [sù:əsáɪdl | s(j)ʊɪ-, s(j)ù:ɪ-] 〘《1777》：⇨ ↓, -al¹〙── *adj.* **1** 自殺の；自殺に導く，自殺行為の：with ～ intent 自殺の目的で / a ～ attack 自爆，体当たり / a ～ explosion 自爆．**2** 自滅的な，自滅する (self-destructive)：a ～ policy. **～·ly** *adv.*

su·i·cide [sú:əsàɪd | s(j)úɪ-, s(j)ú:ɪ-] 〘《1651》← NL *suicid-ium* (act), *suicid-a* (person) ← L *suī* of oneself：⇨ -cide〙── *n.* **1** 自殺，自害：a ～ note 自殺の遺書 / commit ～ 自殺する．**2** 自滅(的行為)：⇨ race suicide / commit political [social] ～ 政治的[社会的]自殺を遂げる，政治家[社会人]としての生命を失う．**3** 自殺者．── *attrib. adj.* 自殺の；自殺的な．── *vi.* 自殺する．── *vt.* [～ *oneself* で] 自殺する．

súicide clàuse *n.* 自殺条項《生命保険契約で自殺に関する免責条項》．

súicide pàct *n.* 心中の約束；(合意の)心中．

súicide pìlot *n.*〘軍事〙特攻飛行隊員．

súicide sèat *n.* (自動車の運転席の隣の)助手席．

súicide squàd *n.* **1**〘アメリカンフットボール〙(特にキックオフなどに用いられる)スペシャルチーム．**2**〘軍事〙(少数の)特攻隊，決死隊 (cf. suicide pilot).

súicide squéeze *n.*〘野球〙⇨ squeeze play 2.

su·i·cid·ol·o·gy [sù:əsaɪdáləd͡ʒi | s(j)ùɪsaɪdɔ́lədʒɪ, s(j)ù:ɪ-] *n.* 自殺学． 「科の(動物).

su·id [sú:ɪd, -əd | -ɪd] 〘↓〙 *adj.*, *n.*〘動物〙イノシシ

Su·i·dae [sú:ədi: | s(j)ú:ɪ-] 〘← NL ～ ← L *sūs* swine (⇨ sow²)＋-IDAE〙 *n. pl.*〘動物〙イノシシ科．

su·i ge·ne·ris [sú:aɪ-dʒénərɪs, sú:i:-, sú:i:-gén-, -rəs | s(j)ú:aɪ-dʒénərɪs, s(j)úaɪ-, s(j)úi:-, -gén-, s(j)ú:i:-] 〘▭ L *suī generis* of its own kind〙── *L. adj.* [通例 Predicative または名詞の後に置いて] 彼[彼女，それ]自身の，その類だけの；類型を異にした，特殊な，無類[無比]な (unique).

su·i ju·ris [sú:aɪ-dʒú(ə)rɪs, sú:i:-, sú:i:-jú(ə)r-, -rəs | s(j)úaɪ-dʒúərɪs, s(j)ú:aɪ-, s(j)ú:i:-júərɪs, súɪ-] 〘▭ L *suī jūris* in one's own right〙── *L. adj.*〘法律〙(未成年者など無能力者と区別して)法律上の能力をもった，成年に達した；独立した (↔ alieni juris).

su·il·line [sú:əlàɪn | s(j)ú:ɪ-] 〘← L *suillus* of pigs (← *sūs* pig)＋-INE¹：⇨ sow²〙 *adj.* 豚の(ような).

su·i·mate [sú:ɪmèɪt, sú:ɪ- | s(j)ú:-] 〘← L *suī* of oneself＋MATE²〙── *n.*〘チェス〙problem の一形式で，わざと自分でメイトになるようにするもの《self-mate ともいう》．

su·int [sú:ɪnt, -ənt, swɪ́nt | s(j)ú:ɪnt, swɪ́nt] 〘▭ F ～ ← *suer* < L *sūdāre* to sweat：cf. sudor〙── *n.* スイント《羊毛に付いている脂肪で，羊の汗腺からの分泌物が毛に付いて乾燥したもの；洗い取って軟膏の原料などに用いる》． 「名》．

Suisse [*F.* sɥis] *n.* スイス《Switzerland のフランス語

suit [sú:t | s(j)ú:t] 〘《c1300》 *siute, s(e)ute* ▭ AF *s(i)ute* ＝OF *si(e)ute* (F *suite*) < VL **sequitam* ← (fem. p.p.) ← **sequere*＝L *sequī* to follow：cf. sue〙── *n.* **A 1 a** 願い，懇願，訴願 (petition)：make (one's) ～ (to…) (…に)懇願する / grant a person's ～ 人の願いをいれる / He had a ～ to the king. 彼は王に嘆願の筋があった．**b** 《文語》求婚 (wooing)：press [push] one's ～ with …にしきりに求婚する / fail [prosper] in one's ～ 求婚に失敗[成功]する．**c** (家臣の領主の御前への)伺候．**2**〘法律〙(主として，民事)訴訟 (action, lawsuit)：a ～ at law 訴訟 / a civil [criminal] ～ 民事[刑事]訴訟 / win [lose] a ～ 勝[敗]訴する / bring [file, institute, start] (a) ～ (*for*…) *against* …を相手取って(…の)訴訟を起こす．**B 1 a** スーツ《紳士用では上着，ベスト，ズボンの三つ揃い，婦人用ではジャケット，スカートの二つまたはジャケット，ブラウス，スカートの三つ揃い》：a tweed ～ ツイードのスーツ[背広] / a two-piece ～ (婦人用)ツーピースのスーツ / ～*s* for misses and juniors お嬢様向きスーツ．**b** [限定詞を伴って] …服[着]：a gym ～ 運動服[着] / ⇨ playsuit, space suit, swimsuit. **c** 《米口語》＝bathing suit. **d** ＝uniform. **e** (鎧(よろい))一領 (suite)：a ～ of armor [mail]. **2**〘トランプ〙**a** スーツ，揃い，組札《クラブ，ハートなど同じマークをつけた全 13 枚の同種札の総称；color ともいう》：red ～*s* 赤の組札《ハートとダイヤ》/ black ～*s* 黒の組札《クラブとスペード》/ a ～ of diamonds ダイヤの揃い．**b** 同じ組の持ち札：a short ～ 4 枚以下の同種札の揃い / ⇨ long suit 2, strong suit. **3**〘ドミノ〙**a** 揃い《牌(はい)の片側に同じ数が揃った一組》：the ～ of sixes 6 の揃い．**b** 手元にある同種の牌．**4**〘海事〙(ボートの)(帆の)一組 (set)：a ～ of sails for a racing yacht レーシングヨット用装備帆一式．
follow suit (1)〘トランプ〙最初に出された札と同じ組の札を出す．(2) 先例を追う，人のまねをする．***in*** [***out of***] ***suit with*** …と調和して[しないで].
── *vt.* **1** …に都合がよい，便利である：The date [train] ～*s* me well. その日取り[列車]は私には好都合だ / Come whenever it ～*s* you. いつでもご都合のよい時においで下さい / When will it ～ you to come? お出になるのはいつがご都合よろしいですか / That ～*s* me down to the ground. ⇨ down³ *adv.* 成句 / Saturday would ～ my schedule. 土曜日なら私のスケジュールにも差支えないのだが．**2** 〈目的・条件・必要・好みなど〉に適(かな)う，〈人〉の気に入る (please)，満足させる：～ one's fancy, needs, purpose, qualifications, etc. / That does not ～ all tastes. それは万人向きという訳にはいかない / That arrangement [house] will ～ us perfectly. そう話が決まる[その家]なら我々にもあつらえ向きだ / *Suit* yourself. 好きなようになさい，勝手にしろ．**3** …に似合う，合う (become, befit)：The color ～*s* her (complexion) admirably. その色は彼女(の肌の色)に実によくうつる / The hat [name, part] does not ～ him. その帽子[名前，役柄]は彼にふさわしくない．**4** 〈気象・食物などが〉〈体・健康〉に合う，適する：The climate here ～*s* me [my health]. ここの

気候は私の体に合う / Rich food does not ~ him [his stomach]. こってりした食べ物は彼の腹に合わない. **5** …を〔…に〕適応させる, 適合させる, 合わせる, 一致させる〔*to*〕: ~ one's style *to* one's audience 話し方を聴衆に合わせる,「人を見て法を説く」/ I have never yet been able to ~ my expenditure *to* my income. 今だかつて支出を収入に合わせることができたことがない / be ~*ed to* ⇨ suited / ⇨ *suit the* ACTION *to the word*(*s*). **6** 《古》…に服を着せる (dress). — *vi.* **1** 合う, 適当[適合]する, 似合う (agree)〔*with*〕: The job ~*s with* his abilities. その仕事は彼の能力にふさわしい. **2** 具合[都合]がよい: That price [time] will ~. その値段[時間]なら差支えないだろう.

suit up (ユニフォーム・防護服など)特定の服を身につける; …に特別服をまとわせる: All the players (were) ~*ed up*. 選手は皆ユニフォームを着(てい)た.

suit·a·bil·i·ty [sùːṭəbíləṭi | s(j)ùːtəbíləti, -lɪ-] *n.* 適当, 適合, 相応, 相当.

suit·a·ble [súːṭəbḷ | s(j)úːt-] 〖(1513): ⇨ suit, -able〗 — *adj.* 適当[適切]な, 適格な; 〔…に〕適した, 似合う, ふさわしい〔*for, to*〕: a ~ house in a ~ place 適当な場所にある適当な家 / a ~ actress *for* the play その劇にぴったりの女優 / words ~ *for* verse 詩にふさわしい言葉 / The movie is ~ *for* women. その映画は婦人向きである / behavior [clothes] ~ *to* the occasion その場にふさわしい振舞い[衣服]. **~·ness** *n.*

súit·a·bly *adv.* 適当に, 適切に, 都合よく; ふさわしく.

súit·càse *n.* スーツケース《服一揃いを入れる位の大きさの平たい長方形の旅行かばん; cf. trunk 5》: ⇨ LIVE[1] *out of a suitcase*.

súitcase ágriculture *n.* 〖農業〗通勤農業 (cf. suitcase farmer).

súitcase fármer *n.* 〖農業〗通勤農民《農作業時期以外は現地に居住せず, 作業の大部分を専門業者に任せる農民》.

súitcase fárming *n.* 〖農業〗=suitcase agriculture.

súit-drèss *n.* (婦人用)スーツドレス《ジャケットとスカートからなるツーピース》.

suite [swíːt] 〖(1673) ▭ F ~ 《変形》← OF *siute*: SUIT と二重語〗 — *n.* **1** (従者などの)一行 (retinue), 随(行)員, 供奉員, 供回り: the prince and his ~ 王子とその一行. **2 a** 組, 揃い, 続き (series): a ~ of pictures 続き絵, 対幅(ﾂｲﾌｸ). **b** (二間以上の)一続きの部屋, 続きの間, スウィート: a ~ of rooms [apartments] (ホテル・アパートなどで一家族または個人が使用する)一連の数室, 数室の一組 / a guest ~ 客用スウィート. **c** [《米》ではまた súːt] (部屋に必要な)一組[揃い]の基本家具: a living room ~ 居間用家具一式. **3** 〖音楽〗組曲《バロック時代の重要な楽曲形式で, アルマンド・クーラント・サラバンド・ジークなど数種類の舞曲を組み合わせたもの; 近代ではバレー音楽などで性格の異なる幾つかの小曲を配列した管弦楽作品》.

súit·ed [-ṭɪd, -ṭəd | -tɪd, -təd] *adj.* **1** [複合語の第 2 構成素として] (…の)服装をした: gray-*suited* グレーの服を着た[ている]. **2** [Predicative に用いて]〔…に〕適した, ふさわしい (fitted, adapted)〔*for, to*〕: the farmland ~ *for* growing potatoes ジャガイモ栽培に向いた農地 / He is particularly ~ *for* salesmanship [*to* be a salesman]. 彼はセールスマンにはまさにあつらえ向きだ / Communism is not ~ *for* [*to*] every nation. 共産主義はどの国にも適するわけではない / They seem well ~ *to* each other. あの二人は実に似合いのようだ / ⇨ ill-suited, well-suited.

súit·ing [-ṭɪŋ | -tɪŋ] *n.* 服地, スーツ地《商業用語; cf. shirting》: gentlemen's ~*s* 紳士用服地.

suit·or [súːṭə | s(j)úːtə(r)] 〖(*c*1300) ▭ AF *suitour* ▭ L *secūtor* pursuer ← *secūtus* (p.p.) ← *sequi* to follow: ⇨ suit, -or[2]〗 — *n.* **1** 〖法律〗原告 (plaintiff), 訴訟当事者. **2** 請願者, 訴願者, 懇願者 (petitioner). **3** (男の)求婚者 (wooer). **4** 《古》従者.

sui·vez [swiːvéɪ | ⌐⌐; *F.* sɥive] 〖▭ F ~ (2nd pl. imper.) ← *suivre* to follow: ⇨ sue〗 — *v.* [命令形で] 〖音楽〗 **1** 直ちに前楽章に続け (segue). **2** (伴奏者に対し)独奏者(のテンポ)に合わせよ; 独奏声部の音型・リズムにならって伴奏せよ.

Sui·yüan [sóɪjwáːn; *Chin.* suīyǎn] *n.* 綏遠(ｽｲｴﾝ)省《中国内モンゴル自治区の旧省》.

su·jee-mu·jee [súːdʒimúːdʒi | -dʒɪmúːdʒɪ] 〖《押韻加重》← SOOGEE〗 *n.* (*also* **su·ji-mu·ji** [~]) 〖海事〗(甲板やペンキを塗った面を洗浄する)洗浄剤溶液.

suk [súːk] *n.* =suq.

Su·kar·no [suːkáːnou | -káːnəʊ] *n.* スカルノ《1901–70; インドネシアの政治家, 大統領 (1945–67)》.

su·key, S- [súːki | s(j)úːkɪ] 〖↓〗 *n.* 《方言》 やかん (teakettle).

Su·key [súːki | s(j)úːkɪ] 〖(dim.) ← SUSANNAH〗 *n.* 女性名.

Su·khu·mi [súkumi, -kə- | -mɪ; *Russ.* suxúmji] *n.* スフーミ《ソ連邦 Georgia 共和国西部, Abkhazia 自治共和国の首都; 黒海に面した港湾都市・保養地; 人口 120,000》.

su·ki·ya·ki [skijáːki, sùkijáːki, sùːki- | sùkɪjǽkɪ, súːk-, -jáːkɪ] 〖▭ Jap.〗 *n.* すき焼き《日本料理》.

suk·kah [súkə] 〖▭ Heb. *sukkā*[h] tabernacle〗 *n.* 仮庵(ｶﾘｲｵ)《ユダヤ教の仮庵の祭り中, 食堂と一時の住いに用いる小枝と葉でふいた屋根の仮小屋》.

Suk·koth [súkəs, -kouθ, -kout, -kous | -kəʊt] 〖▭ Heb. *sukkōth* (pl.) ← *sukkā*[h] booth, 《原義》covert〗 — *n. pl.* (*also* **Suk·kot** [~]) [単数扱い] 〖ユダヤ教〗仮庵(ｶﾘｲｵ)の祭り《ユダヤ人の祖先が荒野を放浪した記念の秋祭り; Tishri 月 15 日から一週間(太陽暦 9. 10 月); Feast of Tabernacles ともいう; cf. Jewish holidays; *Lev.* 23: 34–43》.

Su·ky [súːki | s(j)úːkɪ] 〖⇨ Sukey〗 *n.* 女性名.

Su·la·we·si [sùːləwéɪsi | -sɪ] *n.* スラウェシ(島)《Celebes のインドネシア語名》.

sul·cate [sʌ́lkeɪt] 〖▭ L *sulcāt-us* (p.p.) ← *sulcāre* to furrow, plow ← *sulcus* furrow: ⇨ sulcus〗 — *adj.* 〖植物・解剖〗〈茎など〉溝のある (grooved), 縦溝のある (fluted); 〈ひずめなど〉割れた (cleft). **sul·ca·tion** [sʌlkéɪʃən] *n.*

sul·cat·ed [sʌ́lkeɪṭɪd, -ṭəd | -tɪd, -təd] *adj.* =sulcate.

sulci *n.* sulcus の複数形.

sul·ci·form [sʌ́lsəfɔ̀əm | -sɪfɔ̀ːm] 〖← NL *sulciformis*: ⇨ ↓, -form〗 *adj.* 溝状[形]の.

sul·cus [sʌ́lkəs] 〖▭ L ~ 'furrow' ← IE **selk-* to pull〗 *n.* (*pl.* **sul·ci** [sʌ́lsaɪ]) **1** 溝 (groove). **2** 〖解剖〗溝, 裂溝(ｺｳ).

Su·lei·man I [súːleɪmàːn, -lə- | sùleɪmáːn, ⌐⌐⌐] *n.* スレイマーン一世《1494–1566; オスマン帝国最盛期のスルタン (1520–66); ヨーロッパでは the Magnificent とたたえられた; Solyman I ともいう》.

sulf-[1] [sʌlf] (母音の前に来る時の) sulfo- の異形.

sulf-[2] [sʌlf] (母音の前に来る時の) sulfa- の異形.

sul·fa [sʌ́lfə] 〖《略》← SULFANILAMIDE〗〖薬学〗 *adj.* スルファ剤の; (化学的に)スルファニラミドに関係のある. — *n.* =sulfa drug.

sul·fa- [sʌ́lfə] 〖← SULFANILAMIDE〗 — 次の意味を表わす連結形: **1** 〖薬学〗「スルファニラミドを含んだ」. **2** 〖化学〗「スルファニル基を含んだ」. ★ 母音の前では通例 sulf- になる.

sùlfa·díazine 〖⇨ ↑, diazine〗 *n.* 〖薬学〗スルファダイアジン ($C_{10}H_{10}N_4O_2S$)《ぶどう状球菌・淋(ﾘﾝ)菌による疾患に用いた抗菌薬》.

súlfa drùg *n.* 〖薬学〗スルファ剤《スルフォンアミド系の化学的に合成された各種抗菌性薬剤; 単に sulfa ともいう》.

sùlfa·guánidine 〖← SULFA- + GUANIDINE〗 — *n.* 〖薬学〗スルファグアニジン ($C_7H_{10}N_4O_2S \cdot H_2O$)《赤痢(ｾｷﾘ)・疫痢など腸管内の伝染性諸疾患の治療および予防用に用いたスルファ剤》.

sul·fa·mer·a·zine [sʌ̀lfəmérəzìːn, -zɪn, -zən | -mérəzìːn, -zɪn] 〖← SULFA- + -MER + AZINE〗 *n.* 〖薬学〗スルファメラジン ($C_{11}H_{12}N_4O_2S$)《結晶状スルファ剤》.

sul·fa·meth·a·zine [sʌ̀lfəméθəzìːn, -zɪn, -zən | -zìːn, -zɪn] 〖← SULFA- + METH(YL) + AZINE〗 — *n.* 〖薬学〗スルファメタジン ($C_{12}H_{14}N_4O_2S$)《特に, 動物の病気に用いたスルファ剤》.

sùlfa·mèthyl·thíazole 〖← SULFA- + METHYL + THIAZOLE〗 — *n.* 〖薬学〗スルファメチルチアゾール ($C_{10}H_{11}N_3O_2S$)《特にぶどう状球菌による伝染病の治療に用いたスルファ剤》.

sul·fám·ic ácid [sʌlfǽmɪk-] 〖← SULFA- + AMIDE + -IC[1]〗 *n.* 〖化学〗スルファミン酸 (H_2NSO_3H)《金属や磁器表面清浄剤・有機合成に用いる白色結晶状化合物》.

sul·fa·nil·a·mide [sʌ̀lfənɪ́ləmàɪd, -mɪd, -məd | -màɪd] 〖← SULFANIL(IC) + AMIDE〗 — *n.* 〖薬学〗スルファニラミド ($KH_2C_6H_8N_2O_2S$)《球菌類による化膿性疾患に用いた抗菌薬》.

sul·fa·níl·ic ácid [sʌ̀lfənɪ́lɪk-] 〖← SULFA- + ANIL(INE) + -IC[1]〗 *n.* 〖化学〗スルファニル酸 ($H_2NC_6H_4SO_3H$)《アゾ染料などの中間体》.

sul·fan·i·lyl [sʌlfǽnəlɪl | -nɪ-] 〖← SULFA- + ANIL(INE) + -YL〗 *n.* 〖化学〗スルファニリル ($H_2NC_6H_4SO_2-$)《スルファニル酸から誘導される 1 価の基》.

sulfánilyl gròup *n.* 〖化学〗スルファニリル基 ($H_2NC_6H_4SO_2-$)《スルファニル酸から誘導される 1 価の基》.

sulfánilyl·guánidine 〖← SULFANILYL + GUANIDINE〗 *n.* 〖薬学〗=sulfaguanidine.

sulf·an·ti·mo·nide [sʌlfǽnṭɪmənàɪd, -ṭə-, -nɪd, -nəd | -tɪmənàɪd, -nɪd] 〖← SULFA- + ANTIMONIDE〗 *n.* 〖化学〗硫アンチモン化物.

sùlfa·pýrazine 〖← SULFA- + PYRAZINE〗 — *n.* 〖薬学〗スルファピラジン ($C_{10}H_{10}N_4O_2S$)《肺炎球菌・連鎖(状)球菌およびぶどう状球菌による伝染病の治療に用いたスルファ剤》.

sùlfa·quinóxaline 〖← SULFA- + QUINOXALINE〗 *n.* 〖薬学〗スルファキノクサリン ($C_{14}H_{12}N_4O_2S$)《家畜用に用いたスルファ剤》.

sulf·ar·se·nide [sʌlfáəsənàɪd, -sṇ- | -fáː-] 〖← SULFA- + ARSENIDE〗 *n.* 〖化学〗硫ヒ化物.

sulf·ars·phen·a·mine [sʌ̀lfaəsfénəmìːn, -mɪn, -mən | -faːsfénəmìːn, -mɪn] 〖← SULFA- + ARSPHENAMINE〗 — *n.* 〖薬学〗スルファルスフェナミン《アルスフェナミン (arsphenamine) と同質であるが, 刺激性が少ない》.

Sul·fa·sux·i·dine [sʌ̀lfəsʌ́ksədìːn, -dɪn, -dən | -sɪdìːn, -dən] 〖← SULFA- + SUCC(INIC) + -IDE[2] + -INE[3]〗 — *n.* 〖商標〗スルファスクシジン《胃腸の伝染病治療に用いたスルファ剤; succinylsulfathiazole の商品名》.

sul·fa·tase [sʌ́lfətèɪs, -tèɪz | -tèɪs] 〖⇨ ↓, -ase〗 *n.* 〖化学〗スルファターゼ《硫酸エステルの加水分解を促進する酵素の一種》.

sul·fate [sʌ́lfeɪt | -feɪt, -fət, -fɪt] 〖▭ F ~ ← L *sulfur*: ⇨ -ate[1]〗 — *n.* 〖化学〗硫酸塩: calcium ~ 硫酸カルシウム, 石膏(ｾｯｺｳ) / copper [iron, lead, zinc] ~ 硫酸銅[鉄, 鉛, 亜鉛] / magnesium ~ 硫酸マグネシウム, 含利塩 / sodium ~ 硫酸ナトリウム / ~ of potash = potassium ~ 硫酸カリウム. — *vt.* **1** 〖化学〗 **a** 硫酸で処理する. **b** 硫酸塩にする. **2** 〖電気〗〈蓄電池の鉛板〉に硫酸鉛化合物を沈積させる. — *vi.* 〖化学〗硫酸塩になる.

súlfate pàper *n.* 〖製紙〗クラフト紙《硫酸塩パルプから作った紙; kraft (paper) ともいう》.

súlfate pròcess *n.* 〖製紙〗(パルプ製法の)硫酸塩法.

súlfate pùlp *n.* 〖製紙〗硫酸塩パルプ.

sùlfa·thíazole 〖← SULFA- + THIAZOLE〗 — *n.* 〖薬学〗スルファチアゾール ($H_2NC_6H_4SO_2NHC_3H_2NS$)《肺炎その他ぶどう状球菌による伝染病の治療薬として用いたスルファ剤》.

sul·fa·tion [sʌlféɪʃən] *n.* 〖化学・電気〗硫酸化《不飽和油を濃硫酸で処理して水に可溶性にする場合と, 蓄電池の極板が硫酸鉛化する場合の二通りある》.

sul·fa·tize [sʌ́lfətàɪz] *vt.* 〖化学〗〈鉱石などを〉(焙焼によって)硫酸塩化する.

sulf·hy·dryl [sʌlfháɪdrɪl, -drəl | -drɪl] 〖← SULFA- + HYDRO- + -YL〗 *n.* 〖化学〗スルフヒドリル (mercapto group).

sul·fide [sʌ́lfaɪd, -fəd, -fɪd] 〖← SULFA- + -IDE[2]〗 *n.* 〖化学〗硫化物: arsenious ~ 雄黄, 石黄 / copper [silver] ~ 硫化銅[銀] / mercury ~ 硫化水銀, 辰(ｼﾝ)砂 / ~ of iron 黄鉄鉱.

súlfide dỳe *n.* =sulfur dye.

súlfide tóning *n.* 〖化学〗硫化調色《写真印画をセピア色に変える調色法》.

sul·fín·ic ácid [sʌlfɪ́nɪk-] *n.* 〖化学〗スルフィン酸《一般式 RSO_2H で表わされる酸》.

sul·fi·nyl [sʌ́lfənɪl | -fɪ-] 〖← SULFA- + -IN[1] + -YL〗 *n.* 〖化学〗スルフィニル《SO で表わされる 2 価の基; スルフィン酸 (RSO(OH)) などに含まれている》.

sul·fi·sox·a·zole [sʌ̀lfəsɑ́ksəzòul | -fɪsɔ́ksəzəʊl] 〖← SULFA- + ISOXAZOLE〗 *n.* 〖薬学〗スルフィソキサゾール ($C_{11}H_{13}N_3O_3S$)《尿路感染に用いるスルファ剤》.

sul·fite [sʌ́lfaɪt] 〖▭ F ~ 《変形》← *sulfate*: ⇨ sulfate, -ite[1]〗 *n.* 〖化学〗亜硫酸塩: sodium ~ 亜硫酸ナトリウム.

súlfite pàper *n.* 〖製紙〗サルファイト紙.

súlfite pròcess *n.* 〖化学〗(パルプ製法の)亜硫酸法, サルファイト法.

súlfite pùlp *n.* 〖製紙〗亜硫酸パルプ.

sul·fo [sʌ́lfou | -fəʊ] 〖《略》← SULFONIC〗 *adj.* 〖化学〗スルフォン基を含む.

sul·fo- [sʌ́lfo(ʊ) | -fə(ʊ)] 〖▭ F ~ ← L *sulfur*: ⇨ sulfur〗〖化学〗「硫黄(ｲｵｳ) (sulfur); 硫酸の; スルフォン酸の; スルフォン基の」の意の連結形. ★ 母音の前では通例 sulf- になる.

súlfo gròup *n.* 〖化学〗スルフォン酸の基 (SO_3H-).

sul·fon- [sʌ́lfoun | -fəʊn] 〖← SULFONIC〗〖化学〗「スルフォン基の; スルフォニル基の」の意の連結形.

sul·fo·nal [sʌ́lfənæ̀l, ⌐⌐⌐] 〖← SULFONE + -AL[3]〗 *n.* 〖薬学〗=sulfonmethane.

sul·fon·a·mide [sʌlfɑ́nəmàɪd, -fóun-, sʌ̀lfənǽmaɪd, -mɪd, -məd | sʌlfɔ́nəmàɪd, sʌ̀lfənǽmaɪd, -mɪd] 〖← SULFON- + AMIDE〗 — *n.* 〖薬学〗スルフォンアミド《スルファニル酸のアミドで, 特に細菌性疾患の治療に用いるスルファ剤》.

sul·fo·nate [sʌ́lfənèɪt] 〖← SULFON- + -ATE[1]〗〖化学〗 *n.* スルフォン酸塩[エステル]. — *vt.* スルフォン化する; …にスルフォン基を入れる.

sul·fo·nàt·ed óil [-ṭɪd-, -ṭəd- | -tɪd-, -təd-] *n.* 〖化学〗硫酸化油, ロート油《大豆油・綿毛油などの脂肪油に濃硫酸を作用させて作る; 染色助剤・陰イオン表面活性剤などに使用される》.

sul·fo·na·tion [sʌ̀lfənéɪʃən] *n.* 〖化学〗スルフォン化 (SO_3H 基を導入すること).

sul·fone [sʌ́lfoun | -fəʊn] 〖← SULFO- + -ONE〗 *n.* 〖化学〗スルフォン《二つの炭水素基と結合した二価の SO_2 を含む有機化合物; 一般式 R_2SO_2》.

sùlfon·èthyl·méthane 〖← SULFON- + ETHYL + METHANE〗 *n.* 〖薬学〗スルフォンエチルメタン ($C_8H_{18}O_4S_2$)《催眠剤・鎮静剤》.

sul·fon·ic [sʌlfɑ́nɪk, -fóu- | -fɔ́n-] 〖← SULFONE + -IC[1]〗 *adj.* 〖化学〗スルフォン基の[を含む].

sulfónic ácid *n.* 〖化学〗スルフォン酸 (RSO_3H の一般名).

sul·fo·ni·um [sʌlfóuniəm | -fəʊniəm, -njəm] 〖← NL ~: ⇨ sulfo-, -onium〗 — *n.* 〖化学〗スルフォニウム (R_3S^+) ($R_3S^+X^-$ の形の塩, または X=OH の時は塩基になる).

sùlfon·méthane 〖← SULFON- + METHANE〗 *n.* 〖薬学〗スルフォンメタン ($C_7H_{16}O_4S_2$)《催眠薬・鎮静剤; sulfonal ともいう》.

sul·fo·nyl [sʌ́lfənɪl] 〖← SULFON- + -YL〗 *n.* 〖化学〗(有機化合物の)スルフォニル基 (二価の基 SO_2).

sul·fo·nyl·u·re·a [sʌ̀lfənɪl(j)ʊ́(ə)riə | -l(j)ʊ́əriə] 〖← NL ~: ⇨ ↑, urea〗 — *n.* 〖薬学〗スルフォニル尿素《経口血糖低下薬の中でスルフォニル尿素系化合物に属するものの総称》.

sulf·ox·ide [sʌlfɑ́ksaɪd, -sɪd, -səd | -fɔ́ksaɪd, -sɪd] 〖← SULFO- + OXIDE〗 *n.* 〖化学〗スルフォキシド《一般式 R_2SO で表わされる化合物》.

sulf·óx·one sódium [sʌlfɑ́ksoun- | -fɔ́ksəʊn-] 〖*sulfoxone*: 《混成》← SULFONE + OX-[2]〗 *n.* 〖薬学〗スルフォキソンナトリウム ($C_{14}H_{14}N_2Na_2O_6S_3 \cdot 2H_2O$)《ハンセン病治療剤》.

sul·fur [sʌ́lfə | -fə(r)] 〖(?*c*1380) *sulph(e)re, solfre, soufre* ▭ AF *sulf(e)re* = (O)F *soufre* < L *sulfurem, sulphurem*: cf. OE *swefel* sulfur〗 (*also* **sulphur**) ★ 化

学・科学用語としては sulfur のみ. ― *n.* **1** 〖化学〗硫黄(ぃぉぅ)《非金属元素の一つ; 記号 S, 原子番号 16, 原子量 32.06》: flowers of ～ 硫黄華 / milk of ～ 硫黄乳 / roll [stick] ～ 棒状精製硫黄. ★ 昔は地獄の火や稲妻は硫黄でできていると信じられていた. **2** 痛烈な[激しい, 興奮した]言葉[話し方など]. **3** ＝sulphur 2. **4** 〖昆虫〗＝sulphur 3. ― *attrib. adj.* 硫黄の[に関する, を含んだ, のような]. ― *vt.* 〖化学〗＝sulfurize.

sul·fu·rate [sʌ́lfjʊrèɪt, -fə-] 〘← LL *sulfurāt-us* (p.p.) ← *sulfurāre* ← *sulfur* (↑): ⇨ -ate³〙 *vt.* 〖化学〗＝sulfurize. **sul·fu·ra·tion** [sʌ̀lfjʊréɪʃən, -fə-] *n.*

súl·fu·ràt·ed pótash [-tɪd-, -təd- | -tɪd-, -təd-] *n.* 〖薬学〗硫黄肝, 硫化カリウム.

súl·fu·rà·tor [-tə | -tə(r)] *n.* 〖化学〗硫黄(ぃぉぅ)漂白器, 「硫黄いぶし器.

sulfur bactérium *n.* 〖細菌〗硫黄細菌《硫黄やその化合物を酸化して呼吸を営む細菌》.

súlfur bláck, S- B- *n.* 〖化学〗サルファブラック《黒色硫化染料で, 木綿の黒染め用》.

sulfur chlóride *n.* **1** 〖染色〗塩化硫黄. (正しくは) 二塩化二硫黄 (S_2Cl_2)《ゴムの加硫剤に使用》. **2** 〖化学〗＝sulfur dichloride.

súlfur còlor *n.* 〖染色〗＝sulfur dye.

súlfur dichlóride *n.* 〖化学〗二塩化硫黄 (SCl_2).

súlfur dióxide *n.* 〖化学〗二酸化硫黄 (SO_2), 亜硫酸ガス《刺激臭の無色気体; 硫酸の原料, 漂白・防腐用》.

súlfur dýe *n.* 〖染色〗硫化染料.

sul·fu·re·ous [sʌlfjú(ə)riəs | -fjúəri-] 〘《*a*1552》▭ L *sulfureus*: ⇨ sulfur, -eous〙 ― *adj.* **1** 硫黄(ぃぉぅ)の, 硫黄質の, 硫黄状の, 硫黄臭い: a ～ spring 硫黄泉 / ～ waters 硫黄水. **2** 硫黄色の. **～·ly** *adv.* **～·ness** *n.*

sul·fu·ret [sʌ́lfjʊrèt, -fə-] 〘← NL *sulfuret-um* ← F *sulfure* sulfide ← *sulfur*: ⇨ sulfur〙 〖化学〗 ― *n.* ＝ sulfide. ― *vt.* (**-ret·ed, -ret·ted; -ret·ing, -ret·ting**) 硫化する, 硫黄化する.

súl·fu·ret·ed hýdrogen [-tɪd-, -təd- | -tɪd-, -təd-] *n.* 〖化学〗硫化水素 (H_2S) (hydrogen sulfide).

sul·fu·ric [sʌlfjú(ə)rɪk | -fjúər-] 〘▭ F *sulfurique*: ⇨ sulfur, -ic¹〙 *adj.* 〖化学〗硫黄(ぃぉぅ)の; 六価の硫黄 (S^{VI}) を含む (cf. sulfurous); 硫酸の, 硫酸から導かれる.

sulfúric ácid *n.* 〖化学〗硫酸 (H_2SO_4)《化学肥料, 爆薬の製造や石油精製に使用; oil of vitriol ともいう》.

sulfúric anhýdride *n.* 〖化学〗＝sulfur trioxide.

sulfúric éther *n.* 〖化学〗＝ether 1 b.

sul·fu·rize [sʌ́lfjʊràɪz, -fə-] 〘▭ F *sulfuris-er*: ⇨ sulfur, -ize〙 ― *vt.* 〖化学〗…に硫黄(ぃぉぅ)を含ませる[混ぜる], 硫黄と化合させる, 硫化する; 硫黄でいぶす, 硫黄で漂白する. **sul·fu·ri·za·tion** [sʌ̀lfjʊrɪzéɪʃən, -fə-, -rə- | -raɪ-, -rɪ-] *n.*

súlfur mústard *n.* 〖化学〗＝mustard gas.

sul·fu·rous [sʌ́lfərəs, -fjʊ-] 〘《1530》▭ L *sulfurōs-us*: ⇨ sulfur, -ous〙 ― *adj.* **1** [《米》ではまた sʌlfjú(ə)rəs] 〖化学〗硫黄(ぃぉぅ)の; 四価の硫黄 (S^{IV}) を含む (cf. sulfuric). **2** 硫黄色の, 黄色の. **3** ＝sulphurous 3. **～·ly** *adv.* **～·ness** *n.*

súlfurous ácid *n.* 〖化学〗亜硫酸 (H_2SO_3).

súlfurous anhýdride *n.* 〖化学〗＝sulfur dioxide.

súlfur pòint *n.* 〖化学〗硫黄点《温度の定点の一つで, 硫黄の沸点; 444.600°C》.

súlfur spríng *n.* 硫黄鉱泉.

súlfur tríoxide *n.* 〖化学〗三酸化硫黄 (SO_3), 無水硫酸《sulfuric anhydride ともいう》.

sul·fur·y [sʌ́lfəri | -rɪ] 〘《1580》: ⇨ sulfur, -y⁴〙 *adj.* 硫黄の[に関する, のような], 硫黄質の.

sul·fur·yl [sʌ́lfjʊrɪl, -fə-] 〘← SULFUR＋-YL〙 *n.* 〖化学〗スルフリル基 ($-SO_2-$) (cf. sulfonyl).

súlfuryl chlóride *n.* 〖化学〗塩化スルフリル (SO_2Cl_2).

súlfuryl gròup *n.* 〖化学〗スルフリル基 (SO_2 基).

Su·li·dae [súːlədiː | s(j)úːlɪ-] 〘← NL ～ ← *Sula* (属名: ← ON *sūla* gannet)＋-IDAE〙 *n. pl.* 〖鳥類〗(ペリカン目)カツオドリ科.

sulk [sʌ́lk] 〘《1781》《逆成》← SULKY〙 ― *vi.* すねる, むずかる, ふくれる. ― *n.* **1** [しばしば the ～s] むずかり, 不機嫌 (sulky mood): be in *the* ～*s* むっつりしてる, すねている / have (a fit of) *the* ～*s* すねる. **2** すねる人, むっつりした人.

in a sulk すねた, むっつりした (sulky).

súlk·er *n.* ＝sulk 2.

sulk·y [sʌ́lki | -kɪ] 〘*adj.*: 《1744》← ? 《廃》*sulke* sluggish ← ? OE *āsolcen* (p.p.) ← *āseolcan* to be lazy ← A-²＋Gmc **sulk-* (← IE **selg-* to release): ⇨ -y⁴. ― n.: ? ← (adj.)〙 ― *adj.* (**sulk·i·er; -i·est**) **1** すねた, むっつりした, 不機嫌な: get ～ *with* a person *about* a trifle ささいなことで人にすねる / She is in a ～ humor. 不機嫌だ. **2** 〈天候など〉陰気な, 陰鬱な: a ～ day. **3** 動き[反応]の鈍い. **4** 〈農耕機など〉1人乗りの: a ～ cultivator. ― *n.* 一人乗り一頭立て二輪馬車. **súlk·i·ly** [-kɪli, -kə- | -lɪ] *adv.* **súlk·i·ness** *n.*

sull [sʌ́l] 〘《逆成》← SULLAGE〙 ― *n.* 〖冶金〗 **1 a** 酸化処理《荒引き線(細線を作るための中間製品)の上に, 次の冷間加工工程で潤滑剤を保ちやすくするための薄い酸化物をつけるための処理》. **b** 酸化物の薄い皮膜. **2** ＝sullage 3.

sul·la [sʌ́lə] 〘▭ Sp. ～: cf. LL *sylla* herb〙 ― *n.* 〖植物〗アカバナオオギ, フランスオオギ (*Hedysarum coronarium*)《ヨーロッパ産のピンクの花が咲くマメ科の花壇用多年草; sulla clover, French honeysuckle ともいう》.

Sul·la [sʌ́lə | sʌ́lə, súlə], **Lucius Cornelius** *n.* スラ《138-78 B.C.; 古代ローマの将軍・政治家; ディクタトル (82-79 B.C.)》.

súlla clóver *n.* 〖植物〗＝sulla.

sul·lage [sʌ́lɪdʒ] 〘← ? MF *souiller* 'to SOIL²'＋-AGE〙 ― *n.* **1** (家・農場・街路などからの)廃物 (filth), ごみ (refuse), 下水汚物 (sewage). **2** (水底の)沈泥(ぢ), スラッジ (silt), 沈殿物. **3** 〖冶金〗鉱滓(さ), 浮きかす.

sul·len [sʌ́lən] 〘《1573-80》《変形》← ME *solein* sullen, solitary, single ▭ AF **solein* < VL **solānum* ← L *sōlus* alone: ⇨ sole³, -an¹〙 ― *adj.* **1** むっつりした, すねた, 不機嫌な; 機嫌の悪そうな: a ～ face [expression] むっつりした顔[怒った表情] / ～ silence 不機嫌な沈黙. **2 a** 〈天候・空・音など〉陰気な, 陰鬱な, 暗い, 荒れ模様の; 憂鬱な, もの悲しい: a ～ landscape. **b** 〈色が〉くすんだ, 黒ずんだ (somber): ～ colors. **3** 言うことを聞かない, 扱いにくい (obstinate): a ～ ox. **4** 動きののろい, 緩慢な (sluggish): a ～ stream. **5** 《廃》〈星回りなど〉不吉な (malignant). ― *n.* [通例 the ～s] 《古》不機嫌. **～·ly** *adv.* **～·ness** *n.*

Sul·li·van [sʌ́ləvən | -lɪ-], Sir **Arthur** (**Seymour**) *n.* (1842-1900) 英国の作曲家; W. S. Gilbert の台本に作曲した サヴォイオペラ (Savoy operas) で有名.

Sullivan, Harry Stack *n.* (1892-1949) 米国の精神病医・精神分析学者.

Sullivan, Louis Henri *n.* (1856-1924) 米国の建築家.

sul·ly [sʌ́li | -lɪ] 〘《1594》▭ ? MF *souill-er* 'to SOIL²'〙 ― *vt.* **1** 〈名声・品性・功績などを〉汚す, よごす (soil, stain), …に汚点をつける, 泥を塗る, 傷つける (tarnish, defile): a reputation *sullied* by many crimes 多くの犯罪によって汚れた名声. **2** 《詩》汚す, よごす. ― *vi.* 《廃》汚れる, 汚点がつく, 傷がつく. ― *n.* 《廃》 **1** 汚すこと. **2** 汚点, 汚れ (stain).

Sul·ly [sʌ́li, sʌlíː | sʌ́lɪ; *F.* syli], **Maximilien de Béthune** [betyn] *n.* シュリ《1560-1641; フランスの政治家; 称号 duc de Sully》.

Sul·ly-Pru·dhomme [sʌ́lipruːdɔ́(ː)m, sʌlíː-, -dʌ́m, sʌ́lɪpruːdɔ́m; *F.* syliprydɔm], **René François Armand** *n.* シュリ プリュドム《1839-1907; フランスの詩人・哲学者; Nobel 文学賞 (1901); *Les Solitudes*「孤独」(1869)》.

sul·ph- [sʌ́lf] ＝sulf-¹·².

sul·pha [sʌ́lfə] *adj., n.* 〖薬学〗＝sulfa.

sul·pha- [sʌ́lfə] ＝sulfa-.

sùlpha·díazine *n.* 〖薬学〗＝sulfadiazine.

sùlpha·guánidine *n.* 〖薬学〗＝sulfaguanidine.

sul·pha·mer·a·zine [sʌ̀lfəmérəziːn, -zɪn, -zən | -ziːn, -zɪn] *n.* 〖薬学〗＝sulfamerazine.

sul·pha·meth·a·zine [sʌ̀lfəméθəziːn, -zɪn, -zən | -méθəziːn, -zɪn] *n.* 〖薬学〗＝sulfamethazine.

sùlpha·mèthyl·thíazole *n.* 〖薬学〗＝sulfamethylthiazole.

sul·phám·ic ácid [sʌlfǽmɪk-] *n.* 〖化学〗＝sulfamic acid.

sul·pha·nil·a·mide [sʌ̀lfənɪ́ləmàɪd, -mɪd | -màɪd] *n.* 〖薬学〗＝sulfanilamide.

sul·phan·il·yl·guan·i·dine [sʌlfæ̀nəlɪlgwɑ́ːnədìːn, -dɪn, -dən | -nɪlɪlgwɑ́ːnɪdiːn, -dɪn] *n.* 〖薬学〗＝sulfanilylguanidine.

sulph·an·ti·mo·nide [sʌ̀lfǽntɪmənàɪd, -tə-, -nɪd, -nəd | -tɪmənàɪd, -nɪd] *n.* 〖化学〗＝sulfantimonide.

sùlpha·pýrazine *n.* 〖薬学〗＝sulfapyrazine.

sùlpha·quinóxaline *n.* 〖薬学〗＝sulfaquinoxaline.

sulph·ar·se·nide [sʌ̀lfɑ́əsənàɪd, -sn- | -fɑ́ː-] *n.* 〖化学〗＝sulfarsenide.

sulph·ars·phen·a·mine [sʌ̀lfɑəsfénəmìːn, -mɪn, -mən | -fɑːsfénəmiːn, -mɪn] *n.* 〖薬学〗＝sulfarsphenamine.

sul·phate [sʌ́lfeɪt | -feɪt, -fət, -fɪt] *n., v.* ＝sulfate.

sùlpha·thíazole *n.* 〖薬学〗＝sulfathiazole.

sul·pha·tion [sʌlféɪʃən] *n.* 〖化学・電気〗＝sulfation.

sul·phat·ize [sʌ́lfətàɪz] *vt.* 〖化学〗＝sulfatize.

sulph·hy·dryl [sʌlhàɪdrɪl, -drəl | -drɪl] *n.* 〖化学〗＝sulfhydryl.

sul·phide [sʌ́lfaɪd, -fəd, -fɪd] *n.* 〖化学〗＝sulfide.

sul·phi·nyl [sʌ́lfənɪl | -fɪ-] *n.* 〖化学〗＝sulfinyl.

sul·phite [sʌ́lfaɪt] *n.* 〖化学〗＝sulfite.

sul·pho- [sʌ́lfo(ʊ) | -fə(ʊ)] 〖化学〗＝sulfo-.

sul·phon- [sʌ́lfoʊn | -fəʊn] 〖化学〗＝sulfon-.

sul·pho·nal [sʌ́lfənæ̀l, ⌐‐‐⌐] *n.* 〖薬学〗＝sulfonal.

sul·phon·am·ide [sʌlfɑ́nəmàɪd, -fóʊn-, sʌ̀lfənǽmaɪd, -mɪd, -məd | sʌlfɔ́nəmàɪd, sʌ̀lfənǽmaɪd, -mɪd] *n.* 〖薬学〗＝sulfonamide.

sul·pho·nate [sʌ́lfənèɪt] *n., vt.* 〖化学〗＝sulfonate.

sul·pho·nat·ed óil [-tɪd-, -təd- | -tɪd-, -təd-] *n.* 〖化学〗＝sulfonated oil.

sul·pho·na·tion [sʌ̀lfənéɪʃən] *n.* 〖化学〗＝sulfonation.

sul·phone [sʌ́lfoʊn | -fəʊn] *n.* 〖化学〗＝sulfone.

sùlphon·èthyl·méthane *n.* 〖薬学〗＝sulfonethylmethane.

sul·phon·ic [sʌlfɑ́nɪk, -fóʊn- | -fɔ́n-] *adj.* 〖化学〗＝sulfonic.

sul·pho·ni·um [sʌlfóʊniəm | -fəʊniəm, -njəm] *n.* 〖化学〗＝sulfonium.

sùlphon·méthane *n.* 〖薬学〗＝sulfonmethane.

sul·pho·nyl [sʌ́lfənɪl] *n.* 〖化学〗＝sulfonyl.

sul·phur [sʌ́lfə | -fə(r)] *n.* **1** ＝sulfur 1, 2. **2** 硫黄色, 黄緑色 (greenish yellow). **3** 〖昆虫〗シロチョウ科の黄色またはオレンジ色の翅に黒い縁どりのあるチョウの総称《アメリカモンキチョウ (clouded sulphur), ワタリオオキチョウ (cloudless sulphur) など; sulphur butterfly ともいう》. ― *adj.* ＝sulfur. ― *vt.* ＝sulfur.

sul·phu·rate [sʌ́lfjʊrèɪt, -fə-] *vt.* 〖化学〗＝sulfurate. **sul·phu·ra·tion** [sʌ̀lfjʊréɪʃən, -fə-] *n.*

súl·phu·ràt·ed pótash [-tɪd-, -təd- | -tɪd-, -təd-] *n.* 〖薬学〗＝sulfurated potash.

súl·phu·rà·tor [-tə | -tə(r)] *n.* 〖化学〗＝sulfurator.

súlphur-bòttom 〘腹部に黄色い斑点があることから〙 ― *n.* 〖動物〗シロナガスクジラ (*Balaenoptera musculus*)《南北氷洋に産する最大のクジラ; 現存哺乳動物中で最大; sulphur-bottom whale, blue whale, Sibbald's rorqual ともいう》.

súlphur bútterfly *n.* 〖昆虫〗＝sulphur 3.

súlphur càndle *n.* 〖化学〗硫黄(ぃぉぅ)蠟燭(ろぅ)《硫黄を主成分とした蠟燭で, 火をともせば亜硫酸ガスを発生する》.

súlphur-crèsted cóckatoo *n.* 〖鳥類〗キバタン (*Kakatoe galerita*)《オーストラリア原産の体が白色で黄色の冠毛があるオウム科の鳥; 地上で種子や根を食べることもある; 日本で普通にいう「オウム」》.

sul·phu·re·ous [sʌlfjú(ə)riəs | -fjúəriəs] *adj.* 〖化学〗＝sulfureous. **～·ly** *adv.* **～·ness** *n.*

sul·phu·ret [sʌ́lfjʊrèt, -fə-] *n., vt.* 〖化学〗＝sulfuret.

súlphur flòwer *n.* 〖植物〗＝sulphur plant.

sul·phu·ric [sʌlfjú(ə)rɪk | -fjúər-] *adj.* 〖化学〗＝sulfuric.

sulphúric ácid *n.* 〖化学〗＝sulfuric acid.

sulphúric anhýdride *n.* 〖化学〗＝sulfuric anhydride.

sulphúric éther *n.* 〖化学〗＝sulfuric ether.

sul·phu·rize [sʌ́lfjʊràɪz, -fə-] *vt.* 〖化学〗＝sulfurize. **sul·phur·i·za·tion** [sʌ̀lfjʊrɪzéɪʃən, -fə-, -rə- | -raɪ-, -rɪ-] *n.*

súlphur mústard *n.* 〖化学〗＝sulfur mustard.

sul·phu·rous [sʌ́lfərəs, -fjʊ-] *adj.* **1** [《米》ではまた sʌlfjú(ə)rəs] 〖化学〗＝sulfurous 1. **2** ＝sulfurous 2. **3 a** 地獄の火の(ような); 地獄のような. **b** 熱狂した, 激昂(げき)した, 興奮した (heated, fiery): The atmosphere of the meeting became rather ～ toward the close. 集会の空気は終わりに近づいてかなり熱狂的になってきた. **c** 〈言葉が〉冒瀆(とく)的な, 不敬な (blasphemous); 痛烈な, 毒気を含んだ. **～·ly** *adv.* **～·ness** *n.*

súlphurous ácid *n.* 〖化学〗＝sulfurous acid.

súlphurous anhýdride *n.* 〖化学〗＝sulfurous anhydride.

súlphur plànt *n.* 〖植物〗米国西部に産するタデ科 *Eriogonum* 属の黄金色の花をつける植物の総称《sulphur flower ともいう》.

súlphur pòint *n.* 〖化学〗＝sulfur point.

súlphur spríng *n.* ＝sulfur spring.

súlphur tríoxide *n.* 〖化学〗＝sulfur trioxide.

sul·phur·y [sʌ́lfəri | -rɪ] *adj.* ＝sulfury.

súlphur yéllow *n.* ＝sulfur 3.

sul·phur·yl [sʌ́lfjʊrɪl, -fə-] *n.* 〖化学〗＝sulfuryl.

súlphuryl chlóride *n.* 〖化学〗＝sulfuryl chloride.

súlphuryl gròup *n.* 〖化学〗＝sulfuryl group.

sul·phy·dryl [sʌlfáɪdrɪl, -drəl | -drɪl] *n.* 〖化学〗＝sulfhydryl.

Sul·pi·cian [sʌlpɪ́ʃən] 〘▭ F *sulpicien* ← *Saint-Sulpice* (この会堂区を中心に修道会の改革運動が行なわれたことから): ⇨ -ian〙 ― *n.* 〖カトリック〗シュルピス会士《Jean-Jacques Olier [ʒɑ̃ʒɑ̃ːk ɔlje] (1608-57) により, トリエント公会議の改革指針によって神学校を運営する目的で 1642 年フランスに設立されたシュルピス会 (The Society of the Priests of St. Sulpice) の会士》.

sul·tan [sʌ́ltn, -tən] 〘《1555》▭ F ～ ▭ ML *sultānus* ▭ Arab. *sulṭān* power, ruler〙 ― *n.* **1** イスラム帝国君主, サルタン. **2** [the S-] オスマン帝国の皇帝. **3** 黄色味を帯びたくすんだ赤. **4** [S-] サルタン種《トルコ種の白色のニワトリ》. **5** 〖植物〗＝sweet sultan.

sul·tan·a [sʌltǽnə, səl- | sʌltɑ́ːnə] 〘《1585》▭ It. ～ (fem.) ← *sultano* sultan: ↑〙 ― *n.* **1** サルタン一家の女性; (特に)イスラム国王妃. **2** [《英》səltɑ́ːnə, sʌl-] 《英》〖植物〗Smyrna 産の小粒の種なし干しブドウ; プディング・ぶどう酒などに用いる》. **3** 濃深紅色. **4** 〖鳥類〗＝sultana bird.

sultána bìrd *n.* 〖鳥類〗 **1** セイケイ (*Porphyrio porphyrio*)《旧世界の南半球に分布するクイナ科の鳥; 体は青色, 嘴(くちばし)と脚は赤色で美しい》. **2** ムラサキバン (*Porphyrula martinica*)《セイケイに似て青色の熱帯アメリカ産クイナ科の鳥》.

sul·tan·ate [sʌ́ltənət, -nɪt, -nèɪt, -tn- | -tən-] 〘▭ F *sultanat*: ⇨ -ate¹〙 *n.* **1** サルタンの位[職権]. **2** サルタン国《サルタンの支配する国または領土》.

sul·tan·ess [sʌ́ltənɪs, -nəs, -tn- | -tənɪs, -nès] *n.* 《廃》＝sultana 1.

súltan·shìp *n.* ＝sultanate 1.

sul·try [sʌ́ltri | -trɪ] 〘《1594》← 《廃》*sulter* to swelter (《変形》← SWELTER)＋-Y⁴〙 *adj.* (**sul·tri·er; -tri·est**) **1** 〈天候など〉蒸し暑い, 暑苦しい (stuffy): a ～ day. **2** 〈太陽・砂漠など〉焼けるような, 焼けつくように暑い. **3 a** 〈気質・言語など〉激しい (violent), 熱烈な, 興奮した (hectic). **b** みだらな, 下品な (coarse), 扇情的な (lurid), 官能的な (voluptuous). **súl·tri·ly** [-trəli | -trəlɪ, -trɪ-] *adv.* **súl·tri·ness** *n.*

su·lu [súːluː] 〘▭ Fijian ～〙 *n.* スル《Fiji 島人および Melanesia 諸島の住民が着る lavalava に似た民族服》.

Su·lu [súːluː] 〘▭ 《土語》*sulúg* 《原義》current〙 ― *n.* (*pl.* ～, **～s**) **1 a** [the ～(s)] スル族《フィリピンの Moro 族中最も人口が多い; イスラム教を奉じ主に Sulu Archipelago に居住》. **b** スル族の人. **2** スル語.

Súlu Archipélago *n.* [the ~] スル諸島《フィリピンの Mindanao 島と Borneo との間にある小群島；人口 426,000, 面積 2,688 km², 首都 Jolo》.

Súlu Séa *n.* [the ~] スル海《フィリピン諸島と Borneo の間にある太平洋の大内海》.

sum [sʌ́m] 〖n.: (*c*1300) *summe, somme* ▭ OF < L *summam* (fem.) ← *summus* highest, topmost ← IE **uper* 'OVER' (L *super* above). — v.: (*a*1325) ▭ (O)F *som-mer* ∥ LL *sum-māre* ← *summa*〗 **—** *n.* **1** [単数扱い] **a** (数量の)合計, 総計, 総額, 総数 (total amount): ~, remainder, product, quotient 和, 差, 積, 商 / The ~ of 2 and 3 is 5. 2 と 3 の和は 5 / ⇨ sum total. **b** 総体, 全体: the ~ of one's knowledge 知識全体. **2** (不定または特定の)金高, 金額: a large [small] ~ of money 多[少]額の金 / a ~ of 15 dollars 金 15 ドル / spend large ~*s* 大金を使う / lend small ~*s* 小金を貸す / a good [round] ~ かなりの大金, まとまった金 / the ~ insured 〖保険〗保険金額 / The expenses came to an enormous ~. 費用は巨大な金額に達した. **3 a** 算数の問題: do a ~ [~*s*] (算数の)問題を解く, 計算問題をする. **b** [*pl.*] (特に, 学科としての)算数 (arithmetic): be good at ~*s* 算数が得意だ. **4** [the ~] 概要, 大意 (substance, summary); 要点, 骨子 (essence, gist): *the* ~ of the whole matter 全体の骨子 / ⇨ *the* SUM *and substance*. **5** [the ~] 〖古〗最高, 絶頂 (summit): *the* ~ of happiness 幸福の絶頂. **6** 〖数学〗 **a** (差分法の)和分. **b** 和集合 (union).
in sum 要するに, つまり, 約言すれば (in brief). ***the sum and substance*** 要旨, 要点, 骨子 (gist): *the* ~ *and substance* of his opinions 彼の意見の(せんじつめた)要点. ***the sum of things*** (1) 最高の公利, 公共の利益. (2) 宇宙 (the universe).

sum of years' digits method [the —] 〖会計〗算術級数法《有形固定資産の減価償却の一方法》.

— *v.* (**summed; sum·ming**) **—** *vt.* **1** 足す, 合わせる (add up), 総計[合計]する, しめる; 計算する, 勘定する (reckon) ⟨*up*⟩: ~ *up* one's takings 売上げ高を合計する / ~ *up* advantages and disadvantages 利点も不利な点も皆数える. **2 a** …の要点をつまむ, 要約する (summarize, epitomize) ⟨*up*⟩: ~ *up* facts, arguments, etc. / It can be ~*med up* in two words. こんなことはかいつまめば二語で言える. **b** ⟨人⟩の性格を見てとる[見積もる] ⟨*up*⟩: He ~*med* her *up* as a spoilt girl. 彼女はだだっ子だと彼は見てとった. **3** 〖廃〗完全にする. **—** *vi.* **1** 合計[…に]なる [*to, into*]: These instances ~ *to* several dozen. こんな例は総計数十に上る. **2 a** 約言する, 要約する ⟨*up*⟩. **b** ⟨判事が⟩(原告被告両者の申し立てを聴取後, 陪審員に)事件の要点を略説する[要領を述べる], 事件要点を説示する ⟨*up*⟩. **3** 〖数学〗計算をする; 和分する.
to sum up 要約すれば.

SUM, S.U.M. 《略》surface-to-underwater missile.

sum. 《略》summary. 「形: summon.

sum- [səm, sʌm] *pref.* (m の前に来る時の) sub- の異

su·mac [ʃúːmæk, súː- | ʃúː-, s(j)úː-] 〖ME ~ ▭ (O)F ~ ▭ Arab. *summāq*〗 **—** *n.* (*also* **su·mach** [~]) **1** 〖植物〗ウルシ《ウルシ属 (*Rhus*) の樹木の総称; ウルシ (Japanese sumac), ハゼノキ (*R. succendanea*), ヌルデ (*R. javanica*), poison sumac, staghorn sumac など; cf. squawbush 2》. **2** 南欧産スマック (*Rhus coriaria*) の乾燥した葉の粉末《多量のタンニンを含み製革や染

súmac wàx *n.* =Japan wax. ⌊色に用いる》.

su·ma·tra, S- [sumáːtrə | su-, sjʊ-, s(j)uː-] *n.* 〖気象〗スマトラ風《Malay 半島と Sumatra 島間の Malacca 海峡に起こる突風》.

Su·ma·tra [sumáːtrə | sʊ-, sjʊ-, s(j)uː-] *n.* スマトラ(島)《インドネシア, Malay 諸島中で第二に大きい島; 人口 20,813,000, 面積 74,000 km²》.

Sumátra cámphor *n.* 〖化学〗スマトラ樟脳 (⇨ Borneo camphor).

Su·ma·tran [sumáːtrən | sʊ-, sjʊ-, s(j)uː-] *adj.* スマトラ島の; スマトラ島人の. **—** *n.* スマトラ島人.

Sum·ba [súːmbə] *n.* スンバ(島)《インドネシア, 東インド諸島の小スンダ列島 (Lesser Sunda Islands) 中の一つ; 旧名 Sandalwood Island; 人口 252,000, 面積 11,153 km²; オランダ語名 Soemba》.

Sum·ba·wa [suːmbáːwə] *n.* スンバワ(島)《インドネシア, 東インド諸島の小スンダ列島 (Lesser Sunda Islands) 中の一島; 1815 年に Tambora 火山の猛烈な噴火があった; 人口 196,000, 面積 15,448 km²; オランダ語名 Soembawa》.

Su·mer [súːmə | -mə(r)] *n.* シュメール《古代バビロニアの南部(メソポタミア), Euphrates 川下流地方; 紀元前 3000 年ごろ人類最初の都市文明が形成され, 紀元前 2000 年ごろバビロニア人によって征服された》.

Su·me·ri·an [suːmí(ə)riən, -mér- | s(j)uːmíəri-, s(j)ʊ-] 〖⇨ ↑, -ian〗 **—** *n.* **1** シュメール人《Euphrates 川下流地方に住んだ Babylonia の原住民で, セム族と推定されている; 世界最初の都市文明を形成した》. **2** シュメール語《くさび形文字で伝えられているが, アッシリア・バビロニア系ではないとされている》.
— *adj.* **1** シュメール(人)の. **2** シュメール語の.

Su·me·rol·o·gy [sùːmərɑ́lədʒi | s(j)ùːmərɔ́lədʒi] *n.* シュメール学《シュメール人の歴史・言語・考古学などの研究》. **Sù·me·ról·o·gist** [-dʒɪst, -dʒəst | -dʒɪst] *n.*

súm·less *adj.* 無数の, 無量の (incalculable).

sum·ma [súmə, súːmə, sʌ́mə] 〖▭ L ~: ⇨ sum〗 **—** *n.* (*pl.* **sum·mae** [súmaɪ, súː-, -meɪ, sʌ́miː, -maɪ]) **1** 総合的研究書[論文], 大系, 集大成《特定の分野・題目を総合的に取り扱う[要する]包括的な研究》: *Summa Theologica*「神学大系」《Thomas Aquimas の著作》. **2** 大全, 集成《人知を要約・総合する作品》.

sum·ma·ble [sʌ́məbl̩] 〖← SUM+-ABLE〗 **—** *adj.* 〖数学〗 **1** 加法が可能な. **2** ⟨無限級数 (infinite series) が⟩総和可能な. **3** ⟨関数が⟩有限なルベーグ積分 (Lebesgue integral) をもつ.

sum·ma cum lau·de [súmə-kʊm-láudə, súːmə-kuːm-, -di, -deɪ, sʌ́mə-kʌm-lɔ́ːdi | -də, -dɪ, -deɪ] 〖▭ L *summā cum laude* with highest praise〗 **—** *L. adv., adj.* 最高の栄誉をもって(の), 最優等で(の) (cf. magna cum laude, cum laude): graduate ~.

summae *n.* summa の複数形.

sum·mand [sʌ́mænd, —ˊ] 〖▭ ML *summand-us* (gerundive) ← *summāre* 'to SUM'〗 *n.* 〖数学〗被加数(量) (↔ addend).

sum·ma·rize [sʌ́məràɪz] 〖(1871): ⇨ ↓ (n.), -ize〗 **—** *vt.* …の要点をつまむ, 摘要する, 手短に述べる, 約言する (sum up). **—** *vi.* 要約する[できる]. **sum·ma·ri·za·tion** [sʌ̀mərɪzéɪʃən, -rə- | -raɪ-, -rɪ-] *n.* **súm·ma·rìz·er** *n.*

sum·ma·ry [sʌ́məri, sʌ́mri, sʌ́meri | sʌ́məri] 〖(1432–50) ▭ ML *summāri-us* ← L *summa* 'SUM': ⇨ -ary〗 **—** *adj.* **1** 摘要の, 簡約した; 短い, 簡潔な: ~ reports 概略報告, 概報 / a ~ account 大体の話, 略説, 略述, 略記 / a ~ sketch [statement] 摘要書, 一覧. **2** 略式の, 手っ取り早い, 即座の: ~ methods 略式, 略法. **3** 〖法律〗(正式の手続を略した)即決の, 略式の (cf. plenary 3 a): ~ conviction 即決処分《治安判事その他即決裁判所が陪審にかけずに行なうもの》/ ~ justice 即決裁判 / ~ punishment 即決の刑罰. **—** *n.* 摘要, 一覧, 摘要書; 要約, 梗概, 抄録: give a ~ of …の大要を述べる. **sum·mar·i·ly** [səméreli, sə-, sʌ́mərəli | sʌ́mərəli, -rɪ-] *adv.* **súm·ma·ri·ness** *n.*

súmmary cóurt-martial *n.* 〖軍事〗即決軍法会議, 簡易軍事法廷《1 名の判士から成り, 1 か月を越えない禁固, 45 日を越えない重労働などを課す権限をもつ; cf. general court-martial, special court-martial》.

súmmary júdgment *n.* 〖法律〗略式裁判, 即決裁判.

súmmary jurisdíction *n.* 〖法律〗即決裁判権《略式裁判を行ないうる裁判所の管轄権》.

súmmary offénse *n.* 〖法律〗略式起訴犯罪, 軽犯罪 (cf. summary jurisdiction).

súmmary procédure *n.* 〖法律〗略式な手続.

súmmary procéeding *n.* 〖法律〗略式手続.

sum·mat [sʌ́mət] *adv., n.* 《方言》=somewhat.

sum·mate [sʌ́meɪt] 〖(逆成) ↓〗 *vt.* 合計する; 要約する.

sum·ma·tion [sʌméɪʃən, sə- | sʌ-] 〖▭ ML *summātiō(n-)* ← *summātus* (p.p.) ← *summāre* 'to SUM': ⇨ -ation〗 **—** *n.* **1** 合計すること (addition). **2** 和, 合計 (total). **3** 要約 (summing-up). **4** 〖数学〗求和, 加算, 加法. **5** 《米》〖法律〗 **a** (陪審が評議に入る前に事件の要点を説明する)弁護人の最終弁論. **b** =summing-up 2. **~·al** [-ʃənḷ, -ʃnəl] *adj.*

summátion tòne *n.* 〖音響〗加音《周波数の異なる二つの音の和の周波数をもつ音; cf. difference tone》.

sum·ma·tive [sʌ́mətɪv, -meɪt- | -tɪv] *adj.* 付加の, 累積的な (cumulative).

sum·mer[1] [sʌ́mə | -mə(r)] 〖OE *sumor* < Gmc **sumaraz* (Du. *zomer* / G *Sommer*) ← IE **sem-* (Skt *samā* (half-)year, season)〗 **—** *n.* **1** 夏, 夏季《天文学上は北半球では夏至から秋分まで, 南半球では冬至から春分まで; 一般には春が過ぎて暑い季節を指す; 通俗的には, 北半球では大体 6, 7, 8 月, 英国では 5, 6, 7 月とすることもある》: in (the) ~ 夏に(なると) / ⇨ Indian summer, St. Luke's summer, St. Martin's summer / One swallow does not make a ~. ⇨ swallow[1] 1. ★ ラテン語系形容詞: aestival. **2** (通例, 日差しの強い)暑い時期, 日差しの強い時期: regions of everlasting ~ 常夏(とこなつ)の国. **3** 青春, 盛時, 盛り (prime): the ~ of life 壮年期. **4** [*pl.*; 数詞を伴って] 〖詩〗(通例, 若い人の)年齢, …歳 (cf. winter): a young woman of some twenty ~*s* 20 歳ぐらいの若い女.
— *attrib. adj.* **1** 夏の, 夏期の; 夏向きの[に行なわれる]: a ~ hat 夏帽子 / the ~ holidays [vacation] 暑中休暇, 夏休み / a ~ resort 避暑地 / a ~ suit 夏服 / ~ sports 夏のスポーツ. **2** ⟨小麦など⟩春まきの《春にまいて同年に収穫されるものにいう》.
— *vi.* 夏を過ごす; 避暑をする: ~ in Switzerland.
— *vt.* **1** ⟨家畜を⟩[…に]夏中放牧する [*at, in*]. **2** 夏らしくする; 夏の暑さ[日差し]で一杯にする.
summer and winter (1) 1 年を過ごす[送る]. (2) いつでも大切[大事]にする, 常に…に忠実である, …に同じ態度をとる. (3) 《スコット》際限なくしゃべる, くだくだしく説く.

sum·mer[2] [sʌ́mə | -mə(r)] 〖(1324) ~ 'packhorse, beam' ▭ AF *sumer, somer*=OF *somier* (F *sommier*) < VL **saumārium*=LL *sagmārius* ← *sagma* pack-saddle: ⇨ sumpter〗 **—** *n.* 〖建築〗 **1** 大まぐさ《戸や窓の上部構造を支える大きな梁や桁; breastsummer ともいう》. **2** 笠(かさ)石, 冠石 (capstone). **3** 大梁(はり)《summertree ともいう》.

súmmer càmp *n.* サマーキャンプ《夏の間の数週間, 子供達を集めて運動や勉強をする林間学校や臨海学校など; cf. day camp》.

súmmer complàint *n.* 〖病理〗=summer diarrhea.

súmmer cróokneck *n.* 〖園芸〗首が長く中ぶくらみで皮は黄色が多いカボチャ (pumpkin) の一つ《いぼがあり, 若どりして利用する》.

súmmer cýpress *n.* 〖植物〗ホオキギ (*Kochia scoparia*)《南欧・アジア産のアカザ科の一年草, 観賞用; 枯枝でほうきを作る》.

súmmer diarrhéa *n.* 〖病理〗夏期下痢.

súmmer disèase *n.* 〖獣医〗=blue comb.

súmmer égg *n.* 〖動物〗夏卵, 急発卵《ある種の扁形動物で, 夏に作られる卵; cf. winter egg》.

súmmer flóunder *n.* 〖魚類〗米国大西洋沿岸産のヒラメ属の食用魚 (*Paralichthys dentatus*).

súmmer grápe *n.* 〖植物〗北米東部産エスティバリス種ブドウ (*Vitis aestivalis*)《果肉は甘味に富み, 果粒は小さく黒色; pigeon grape ともいう》.

súmmer háil *n.* 〖気象〗ひょう (cf. winter hail).

súmmer·hòuse 〖(?1440)〗 *n.* (庭園・公園などの中の)東屋(あずまや).

súmmer hóuse 〖(*c*1390)〗 *n.* 《米》夏の別荘.

súmmer kìtchen *n.* 《米》暑い気候の時に台所に使う小さな建物[小屋]《通例家に隣接している》.

súmmer·less *adj.* 夏のない.

súmmer líghtning *n.* =heat lightning. 「er.

súmmer·lìke *adj.* 夏のような, 夏らしい: ~ weath-

súm·mer·ly 〖OE *sumerlić*〗 *adj.* 夏のような, 夏らしい. **—** *adv.* 夏のように, 夏らしく. **súm·mer·li·ness** *n.*

súmmer plúmage *n.* 〖鳥類〗夏羽.

súmmer púdding *n.* サマー プディング《通例, 柔らかい果実の入ったパンまたはカステラ》.

sum·mer·sault [sʌ́məsɔ̀ːlt | -sɔ̀ːlt, -sɔ̀lt] *n., vi.* = somersault.

súmmer sáusage *n.* (暖かい天候にもよくもつように)乾燥または燻製した固いソーセージ.

súmmer sávory *n.* 〖植物〗キダチハッカ (*Satureia hortensis*)《ヨーロッパ原産セリ科の一年草; 種子を調味料として利用; cf. savory[1]》.

súmmer schòol *n.* 夏季講習会, 夏季学校《学生が欠席や不合格によって不足した単位を補うため, あるいは専門職業人の再教育や現職教育のために夏季に開設される講習[研修]会》. 「set.

sum·mer·set [sʌ́məsèt | -məsɪt, -sèt] *n., v.* =somer-

súmmer sólstice *n.* 〖天文〗夏至《6 月 21 日または 22 日; cf. winter solstice》.

súmmer spóre *n.* 〖植物〗夏胞子《休眠しない銹(さび)菌類の胞子; cf. winter spore》.

súmmer squásh *n.* 夏栽培して若どりするカボチャ《メキシコ原産で, 主にペポカボチャの亜種 (*Cucurbita pepo* var. *melopepo*) から品種改良されたカボチャの果実をいう; 家畜の飼料用, 時に装飾用に栽培; zucchini, cymling, summer crookneck などがある; cf. winter squash, vegetable marrow》.

súmmer stóck *n.* [集合的] **1** (レパートリー劇団の)夏季の出し物《毎週出しものを変え, 少ない予算で費用は団員が負担する》. **2** 夏季劇場.

súmmer swèet *n.* 〖植物〗=sweet pepper bush.

súmmer tánager *n.* 〖鳥類〗ナツフウキンチョウ (*Piranga rubra*)《米国産ホオジロ科のフウキンチョウの一種》.

súmmer théater *n.* 夏季劇場《夏期だけ郊外や行楽地で, 毎週異なった劇や喜歌劇を上演する劇場》.

súmmer·tìde 〖(*c*1250)〗 *n.* 〖詩〗=summertime.

súmmer·tìme 〖(*c*1378)〗 *n.* 夏期, 暑中.

súmmer tìme *n.* 《英》夏時間, サマータイム (《米》 daylight saving time)《もと, 夏期のみ英国標準時より 1 時間早めた時間にしたこと (1916–67); 2 時間早めたものを double summer time といった (1941–45); 正式には British Summer Time といった; 略 S.T.》.

súmmer·trèe *n.* 〖建築〗=summer[2] 3.

súmmer-wéight *adj.* ⟨衣服や布地が⟩(薄手で)夏向きの: a ~ suit.

súmmer·wòod *n.* 〖林業〗=latewood.

sum·mer·y [sʌ́m(ə)ri | -məri] 〖⇨ -y[4]〗 *adj.* (**more ~, most ~; -mer·i·er, -i·est**) **1** 夏の(ような), 夏らしい; 夏を思わせる: a ~ day. **2** 夏向きの.

súm·ming 〖(*a*1387)〗 *n.* **1** 合計, 総計; 計算, 算術. **2** 摘要.

súmming-úp 〖← *sum up* (⇨ sum (v.))〗 *n.* (*pl.* **summings-up**) **1** 要約, 摘要. **2** 〖法律〗(特に, 判事が陪審員に与える)事件要点の説示 (cf. summation 5).

sum·mit [sʌ́mɪt, -mət | -mɪt] 〖(*a*1470) *somette* ▭ OF *som(m)et(t)e* (F *sommet*) (dim.) ← OF *som* top < L *summum* (neut.) ← *summus* highest: ⇨ sum, -et〗 **—** *n.* **1** 頂上, 絶頂, 頂, 頂点; 山頂: climb to the ~ 頂上まで登る. **2** 絶頂, 極致; 極点, 極度: at the ~ of power 勢力の絶頂で / reach the ~ of fame 名声の絶頂に達する. **3 a** (外交官などの)頂上級, 最高レベル; (特に, 外交面での)国家元首・首脳クラス: a meeting at the ~ 首脳会談. **b** 頂上会談, 首脳会談: an economic ~ 経済首脳会談. **4** 〖数学〗(錐体などの)頂点. **—** *adj.* 首脳レベル[クラス]の, 頂上級の: a ~ conference [parley] トップ[首脳]会談. **~·less** *adj.*

súmmit canál *n.* =summit-level canal.

súmmit-lèvel *n.* 最高水準; 最高地点, 頂区.

súmmit-level canál *n.* 土地の起伏に従って流路に起伏のある運河《最高所から水が人工的に供給される; summit canal ともいう》.

súmmit méeting *n.* 頂上[トップ]会談, 首脳会談.

sum·mit·ry [sʌ́mɪtri, -mət- | -mɪtri] *n.* 首脳会談による国際問題協議《国際問題の解決を首脳[頂上]会談に求めること》: a round of international ~ 一連の国際首脳会議.

sum·mon [sʌ́mən] 〖《?*a*1200》 *sumne(n), somo(u)ne(n)* ◻ OF *somun-* (stem), *somondre* (F *semondre*) < VL **summonere* = L *summonēre* to remind secretly ← *sum-* 'SUB-' + *monēre* to remind〗 — *vt.* **1 a** 〈人を〉呼び出す, 出頭させる, 召喚する: ~ a servant 召使いを呼び出す / ~ a doctor 医者を呼ぶ. **b** 〔裁判所などへ〕〈人〉の出頭を命じる 〔*to, into*〕, 〈出頭するように〉命ずる 〈*to* appear〉: be *~ed into* [*to*] the presence of …の面前に呼び出される / He was *~ed to* [*to appear* in] court. 出廷を命じられた. **2** 〈会議などを〉召集する: ~ a conference, parliament, etc. **3** (しつこく命令的に)〈…するように〉要求する, 勧告する 〈*to* do〉: ~ a garrison *to* surrender 守備兵に投降を要求する. **4 a** 〈勇気などを〉奮い起こす 〈*up*〉: ~ (*up*) all one's energy ありったけの元気を出す / ~ *up* one's courage [spirit] to do something [for an undertaking] ある事をしようと[仕事に取り掛かろうと]勇を鼓す[勇気を出す]. **b** 〈亡霊などを〉呼び出す: ~ a ghost [spirit] 幽霊を呼び出す. **5** [通例 Passive で]《婉曲》〈神が〉(あの世へ)召す: In the midst of his work he *was ~ed*. 仕事の真っ最中に天国に旅立った.

súm·mon·er 〖ME *somunur* ◻ AF *somenour*: ⇨ ↑, -er¹〗 *n.* **1** 召喚者. **2** 《古》法廷の呼出し係.

sum·mons [sʌ́mənz] 〖《*c*1300》 *somouns* ◻ OF *somonse* (F *semonce*) < VL **summonsam* = L *summonita* (fem. p.p.) ← *summonēre*: ⇨ summon〗 — *n.* (*pl.* ~·es, ~) **1** 召喚, 呼出し: answer one's ~ 召喚に応じる / receive a ~ to the court 法廷へ召喚される. **2** (裁判所への)出頭命令, (証人としての)出廷命令; 召喚状, 呼出し状: ⇨ WRIT¹ of summons / serve a ~ on [upon] a person = serve a person with a ~ 人に召喚状を送達する. **3** (協議会・議会などへの)召集. **4** 〈…せよとの〉要求, 勧告; 降服勧告, 勧降状 〈*to* do〉: ~ *to* surrender 降伏勧告. — *vt.* 〈人〉に召喚状を送達する; 〈人を〉召喚する, 呼び出す (summon).

sum·mum bo·num [sʊ́məm bóʊnəm, sú:m-, sʌ́m- | -bóʊ-] 〖《1563》 ◻ L ~: ⇨ sum, bonus〗 *L. n.* [the ~] 至高善, 最高善 (highest good).

Sum·ner [sʌ́mnə | -nə(r)] 〖ME *sumenor* 'church legal officer, SUMMONER'〗 *n.* 男性名.

Sumner, Charles *n.* (1811–74) 米国の政治家・奴隷制廃止論者.

Sumner, James Batch·el·ler [bǽtʃ(ə)lə | -tʃ(ə)lə(r), -tʃɪ-] *n.* (1887–1955) 米国の生化学者; Nobel 化学賞 (1946).

Sumner, William Graham *n.* (1840–1910) 米国の社会学者・経済学者; *Folkways* (1907).

Súmner lìne 〖← *Thomas H. Sumner* (19 世紀の米国の船長)〗 — *n.* 〔海事〕サムナーライン《一つの天体の高度を測定した結果得られる位置の線; 二つ以上の位置の線があればその交点で船位が得られる》.

su·mo [sú:moʊ | -məʊ] 〖◻ Jap.〗 *n.* 相撲(すもう).

sump [sʌ́mp] 〖《*a*1450》 *sompe* ◻ (M)LG & MDu. *sump* morass, pool: cf. swamp〗 — *n.* **1 a** (水などのたまった)穴, 深い水たまり, 集水孔. **b** 汚水溜(だ)め (cesspool). **2** 《英方言》沼地 (swamp, bog). **3** 〔鉱山〕(坑底の)排水溜め, 坑内水溜め. **4** 〔機械〕(自動車のエンジンなどの)油溜め, 潤滑油溜め, オイルパン. **5** 《英》〔機械〕= crankcase.

súmp pùmp *n.* (水溜めの水[沈澱物])排出ポンプ.

sump·ter [sʌ́m(p)tə | -tə(r)] 〖《*c*1320》 ◻ OF *som(m)etier* < VL **saumatārium* ← LL *sagma* packsaddle ◻ Gk *ságma*: cf. summer²〗 — *n.* 《英古・米》 **1** 駄馬, 荷馬 (packhorse). **2** 荷物運搬[荷車]用動物《horse, mule, donkey など》.

sump·tion [sʌ́m(p)ʃən] 〖《15C》 *sumpcion* ◻ ML *sumpsiō(n-)* = L *sumptiō(n-)* a taking ← *sūmere* (↓)〗 — *n.* 〔論理〕仮定 (assumption); (三段論法の)大前提 (major premise).

sump·tu·ar·y [sʌ́m(p)tʃuèri | -tjuəri, -tjʊri, -tʃuəri, -tʃʊri] 〖《1600》 ◻ L *sumptuāri-us* ← *sumptus* expense (p.p.) ← *sūmere* to take, spend: ⇨ -ary: cf. assume〗 — *adj.* **1** 出費に関する; 贅沢(ぜいたく)取締りの: ~ regulations 贅沢取締令. **2** 〔法律〕奢侈(しゃし)禁止法の.

súmptuary láw *n.* 〔法律〕(衣食などの)奢侈(しゃし)禁止法.

sump·tu·os·i·ty [sʌ̀m(p)tʃuɑ́səti | -tjuɔ́sətɪ, -tʃu-, -sɪ-] 〖◻ LL *sumptuōsitās*: ⇨ ↓, -ity〗 *n.* 贅沢(ぜいたく)なこと, 豪勢 (lavishness).

sump·tu·ous [sʌ́m(p)tʃuəs | -tjʊəs, -tʃʊəs] 〖《1485》 ◻ (O)F *sumptueux* ◻ L *sumptuōsus* ← *sumptus* cost: ⇨ sumptuary, -ous〗 — *adj.* **1 a** 金のかかる, 高価な (costly). **b** 善美を尽くした, 立派な, 壮麗な, 豪勢な. **2** 贅沢な. **~·ly** *adv.* **~·ness** *n.*

súm tótal 〖《14C》《なぞり》← ML *summa tōtālis*〗 *n.* **1** 総計, 合計. **2** [the ~] **a** 一切合財, 全体: *the* ~ of one's wealth. **b** 要旨.

súm·ùp 〖← *sum up* (⇨ sum (v.))〗 *n.* 《口語》要約, 摘要 (summing-up).

sun¹ [sʌ́n] 〖OE *sunne* < Gmc **sunnōn* (Du. *zon* / G *Sonne*) ← IE **sāwel-* (L *sōl* / Gk *hḗlios* / Skt *sūrya*)〗 — *n.* **1** 太陽: The ~ rises [sets]. 日が出る[沈む] / the rising [setting] ~ 昇る[沈む]太陽 / Let not the ~ go down upon your wrath. 怒りを日の入るまで続けるな (*Eph.* 4:26) / Make hay while the ~ shines. ⇨ hay¹ *n.* 1 a / the empire on which the ~ never sets 日の没しない[世界にまたがる]帝国《かつての大英帝国のこと》/ rise with the ~ 早起きする / ⇨ midnight sun, mock sun. **2** 日光 (sunlight), 日なた (sunshine): sit in the ~ 日なたに坐る / expose … to the ~ …を日光にさらす / bathe [bask] in the ~ = take the ~ 日光浴[日なたぼっこ]をする / exclude the ~ 日光をさえぎる / keep … out of the ~ …を日に当てない, 日陰に置く / let in the ~ 日光を入れる / a touch of the ~ ⇨ touch *n.* 7 c / No ~ ever gets into his room. 彼の部屋へは日の差し込むことがない. **3** (惑星を有するまたは有しない)恒星 (fixed star) (cf. planet¹ 1). **4 a** 太陽に比すべきもの: the *Sun* of Righteousness 正義の太陽《キリスト (Christ) のこと; cf. *Mal.* 4:2》. **b** 太陽の図案[紋章], 日輪像《通例, 光線が放射していて人間の顔の形をしている》: the ~ in (his) splendor 日章. **5** 《文語》光輝, 華麗, 栄光; 全盛 (glory): His [Its] ~ is set. 彼の盛りは過ぎた[その全盛期は終わった]. **6** 《文語》気候, 風土 (climate). **7** 《詩》年 (year); 日 (day): a thousand ~*s* ago 千年前. **8** 《古》日の出; 日没: from ~ to ~ = between ~ and ~ 日の出から日の暮れまで, 一日中.

adore [***hail***] ***the rising sun*** 日の出の勢いの人につく, 新興勢力につく. ***against the sun*** 〔海事〕太陽の運行方向と反対に, 右から左へ, 左回りに (counterclockwise) (cf. *with the* SUN). ***a*** [***one's***] ***place in the sun*** (1) 日の当たる場所. (2) 有利な地位[立場], 順境. ***beneath the sun*** = *under the* SUN (1). ***catch the sun*** (1) 日の当たる位置にいる. (2) 日焼けする. ***have been in the sun*** 《俗》酔っている. ***have the sun in one's eyes*** (1) 日が目に差す, 太陽が目にちらつく. (2) 《俗》酔っている. ***in the sun*** (1) ⇨ 2. (2) 苦労もなく, のんきに: live *in the* ~. (3) 公衆の注目の的になって, 衆目に見られて. ***see the sun*** 生れる; 生きている. ***take the sun*** (1) ⇨ 2. (2) 〔海事〕六分儀で正午の太陽高度を計る《緯度がわかる》. ***the sun drawing water*** = ***the sun's eyelashes*** [***backstays***] 〔海事〕雲間を漏れる光線で空間の微塵(みじん)が照らし出される現象 (cf. crepuscular ray). ***under the sun*** (1) 天が下に, この世に: There is no new thing [nothing new] *under the* ~ (L. nil novi sub sole). 日の下には新しきものなし (cf. *Eccl.* 1:9). (2) [疑問詞を強めて] 一体全体 (in the world, on earth): Where *under the* ~ did he go? 一体全体彼はどこへ行ったのか. ***with the sun*** 〔海事〕太陽の運行と同方向に, 左から右へ, 右回りに (clockwise) (cf. *against the* SUN). ***worship the rising sun*** = *adore the rising* SUN.

— *v.* (**sunned**; **sun·ning**) — *vt.* 日にさらす, 日光に当てる; 日に干す: ~ oneself 日なたぼっこをする, 日光浴をする. — *vi.* 日なたぼっこする, 日光浴をする.

sun² [sʌ́n] *n.* = sunn.

Sun. 《略》Sunday.

sún-and-plánet *adj.* 〔機械〕遊星式の《太陽歯車とかみ合ってその周囲を回転する遊星歯車を利用することにいう》: ~ wheels 遊星歯車装置.

sún-and-plánet mòtion *n.* 〔機械〕遊星運動.

sún·bàck *adj.* 〈衣服が〉背中をローカット (low cut) にした, 背を大きくくった.

sún·bàked *adj.* **1** 天日で焼いた: ~ bricks 天日がわら. **2** 日で焼けた, 日光で干からびた.

sún·bàth *n.* 日光浴; 太陽灯浴.

sún·bàthe *vi.* 日光浴をする; 太陽灯浴をする. **sún·bàther** *n.*

sún·bàthing *n.* 日光浴(をすること), 日光浴療法; 太陽灯浴をすること.

sún·bèam 〖OE *sun(ne)bēam*〗 *n.* **1** 太陽光線, 日光. **2** 幸せを発散するもの; (特に)天真爛漫(らんまん)な子供.

sún bèar *n.* 〔動物〕マレーグマ, ヤシグマ (*Helarctas malayanus*) 《Sumatra, Borneo, Malay 半島などにすみ, 主に木の上で過ごし, ヤシの芽などを食べるクマ; 夜行性でもあるが反面太陽の輝くところも好む》.

Sún·bèlt, S- *n.* [the ~] 《米口語》米国の (Virginia 州から California 州南部に至る)気候のよい地帯.

sún·bèr·ry [-bèri, -b(ə)ri | -b(ə)ri] *n.* 〔植物〕イヌホウズキの実 (⇨ wonderberry).

sún·bird *n.* 〔鳥類〕 **1** タイヨウチョウ《旧世界アフリカ・アジア産タイヨウチョウ科の色彩の華やかな小鳥の総称》. **2** = sun-grebe.

sún bìttern *n.* 〔鳥類〕ジャノメドリ, (旧名)サギモドキ (*Eurypyga helias*) 《中央アメリカからブラジルに生息するジャノメドリ科の鳥》.

sún·blìnd *n.* 《英》日よけ, (特に, 窓の外に張る)ズックの日よけ (awning).

sún·bònnet *n.* (婦人用)日よけ帽.

sún·bòw [-bòʊ | -bəʊ] *n.* 太陽の光線でできる局所的な虹(にじ)《滝のしぶきなどに生じるもの; cf. rainbow》.

sún·brèak *n.* **1 a** (日の出の)日光が差すこと, 御来光. **b** (雲の切れ目などから)突然に差す日光 (sunburst). **2** 〔建築〕= brise-soleil.

sunbonnet

sún·brèaker *n.* 〔建築〕= sunbreak 2.

sún·bròwned *adj.* 日焼けした, 日焼けして小麦色になった.

sún·bùrn 〖v.《逆成》↓〗 — *n.* **1** 日焼け《太陽または太陽灯に当たり過ぎて生じる皮膚の炎症; cf. suntan 1》: ~ preventives 日焼け止め. **2** 日焼け色. **3** 〔植物〕 **a** ジャガイモの塊茎が陽光で緑化すること. **b** 果実が強過ぎる日照で褪色すること (sunscald). — *vt., vi.* (**sun·burned, -burnt**) 日に焼く[焼ける].

sún·bùrned *adj.* **1** 日焼けした; 日焼けして赤く炎症を起こした: a ~ neck 日焼けした首 / get ~ 日焼けする. **2** 日焼けして枯れた: a ~ lawn.

sún bùrner *n.* (昔大きな部屋を照らすのに用いた, 環状または束にした)ガスの火口.

sún·bùrnt 〖ME *suune y-brent*〗 *adj.* = sunburned.

sún·bùrst *n.* **1 a** (雲間から急に漏れ出る)強烈な日光. **b** (急に漏れ出る)強烈な日光を思わせるもの: a ~ of popularity 爆発的人気. **2** 日輪型宝石《ダイヤモンドの周囲に光線状に小宝石をちりばめたブローチ》. **3** (もとの)日本の軍艦旗, 旭日旗. **4** 日輪花火. — *adj.* 〈プリーツなど〉放射状になっている.

Sun Chung-shan [sú:n-tʃʊ́ŋ-ʃɑ́:n; *Chin.* sūn tʂūŋ-ʂān] *n.* 孫中山 (⇨ Sun Wên).

sún·cùp *n.* 〔植物〕米国西部の草地に生えるアカバナ科マツヨイグサ属 (*Oenothera*) の数種の植物の総称; (特に)初夏に黄花をつける *O. ovata* 《golden eggs ともいう》.

sún·cùre 〖《逆成》↓〗 *vt.* 〈たばこを〉直射日光に当てて乾燥する.

sún·cùred *adj.* 〈肉類・果実・たばこなど〉日光に当てて乾燥した, 日干しにした (air-cured).

sun·dae [sʌ́ndi, -deɪ | -deɪ, -dɪ] 〖《1904》《変形》? ← *Sunday* (*ice cream*) an ice cream left over from Sunday and on sale later〗 — *n.* **1** サンデー《チョコレート・果物・シロップ・泡立てた生クリーム・ナッツなどを添えたアイスクリーム》: a strawberry ~. **2** サンデー用のガラス容器.

Sún·da Íslands [sú:ndə-, sʌ́n- | sʌ́n-] *n. pl.* [the ~] スンダ列島《Malay 諸島中の列島; Greater [Great] Sunda Islands と Lesser Sunda Islands とに分かれる》.

sún dànce *n.* 太陽踊り《毎年夏至のころ米国平原地方のインディアンの間に太陽崇拝と関連して行なわれていた宗教的行事》.

Súnda Stráit *n.* [the ~] スンダ海峡《Sumatra 島と Java 島との間にある; 幅の最短部 32 km》.

Sun·day [sʌ́ndi, -dèɪ | -dɪ, -dèɪ] 〖OE *sunnandæġ* 'DAY of the SUN¹' < Gmc **sunnōndaʒaz* (Du. *zondag* / G *Sonntag*) 《なぞり》← L *diēs sōlis* 《なぞり》← Gk *hēméra hēlíou* 《原義》day of the sun〗 — *n.* **1** 日曜日《一週の第一日; 略 Sun., S.》; (キリスト教会の)安息日 (Sabbath), 主日 (Lord's day): when two ~*s* come together [meet] 《方言・廃》[否定を強調する場合に用いて] 日曜が二つ来たら, 正月が三度あったら / on ~ 日曜日に《★ on Sundays は「いつも日曜日に」の意に, on a Sunday はこれから先(またはこれまで)の「ある日曜日に」の意に用いられる; また on Sunday を Sunday とのみいうのは口語または新聞での表現》/ ⇨ Low Sunday, Laetare Sunday, Palm Sunday, Rogation Sunday, Show Sunday, Shrove Sunday. **2** 日曜新聞.

a month [***week***] ***of Sundays*** 《口語》[通例否定構文で] (非常に)長い間《★ week の方は 7 週間が原意》: He hasn't written me once in *a month of ~s*. 彼は(随分)長い間一度も手紙をくれない / We haven't met for [in] *a week of ~s*. 私たちはもう随分会っていない.

— *attrib. adj.* **1** 日曜日の[に関する, 特有の]: ⇨ Sunday supplement. **2 a** 日曜日に行なわれる[使われる], 日曜日だけの: a ~ driver [golfer] 日曜ドライバー[ゴルファー]. **b** 素人の, アマチュアの: a ~ carpenter 日曜大工 / ⇨ Sunday painter. **3** よそ行きの, 一張羅(ら)の: ⇨ Sunday best.

a Sunday saint and everyday sinner = Sunday saint.

— *adv.* 《口語》日曜日に: See you ~. (じゃあまた日曜日に(ね)).

— *vi.* 《米俗》日曜日を過ごす.

Sun·day [sʌ́ndi, -deɪ | -dɪ, -deɪ], **William Ashley** *n.* (1862–1935) 米国の福音伝道者; 通称 Billy Sunday.

Súnday bést *n.* 《口語》(特に, 礼拝に行く時の)晴れ着, よそ行きの着物 (cf. EVERYDAY clothes): in one's ~.

Súnday clóthes *n. pl.* = Sunday best.

Súnday-gò-to-méeting *attrib. adj.* 《口語》日曜日に教会に行くのに適した; よそ行きの, 最上の (best): ~ clothes, manners, shoes, etc.

Súnday létter 〖《1430》〗 *n.* = dominical letter.

Súnday Obsérvance Áct 1780 *n.* 〔法律〕日曜日就業禁止法《日曜日は安息日 (Sabbath) であるとして, 日曜日の娯楽・仕事・取引などを禁ずる法律; cf. blue law 2》.

Súnday páinter *n.* 日曜画家《暇な時に絵を描く素人画家》.

Súnday púnch *n.* **1** 〔ボクシング〕強打 (hard blow); (特に)ノックアウトパンチ. **2** (敵・相手に決定的打撃を与える)策略, 術策, 「切り札」.

Sún·days [sʌ́ndiz, -dèɪz | -dɪz, -dèɪz] 〖⇨ -s² 1〗 *adv.* 日曜日に (on any Sunday), 日曜日ごとに (on every Sunday).

Súnday sáint *n.* 《戯言》日曜聖人《日曜日だけ信心深そうに[殊勝に]振舞う人》.

Súnday schòol *n.* **1** 日曜学校《1780 年 Robert Raikes が英国 Gloucester で開いたものに始まる; 一般に毎日曜日に児童を対象として, 聖書や信仰について学び礼拝を行なうために教会が開く学校》: go to ~. **2** [集合的] 日曜学校の(先生と)生徒たち.

Súnday súpplement *n.* 〔新聞〕日曜版付録.

sún dèck *n.* **1** 〔海事〕日向(ひなた)甲板, 上甲板. **2** (日光浴用)屋上, テラス.

sun·der [sʌ́ndə | -də(r)] 〖OE *sundrian, syndrian* < Gmc **sundrōn* (cf. G *sondern*) ← IE **seni-* apart (L *sine* without / Gk *áter*): cf. asunder〗《古・文語》

— vt. (二つの部分に)分かつ, 離す, 裂く (separate). — vi. 分かれる, 分離する, 離れる (part). — n. 分離 (separation). ★ 主に次の成句で: ***in sunder***《古・文語》離れて, 別々に (apart). **～·a·ble** [-dərəbl] adj.

sun·der·ance [sʌ́ndərəns] 〖《1435》: ⇨ ↑, -ance〗 n. 《英》分離 (separation), 分裂, 切断 (severance).

Sun·der·land [sʌ́ndələnd | -də-] 〖OE *sundorland*《原義》'separate LAND[1]': ⇨ sunder〗 n. イングランド Tyne and Wear 州の海港; 人口 296,000.

sún·dèw 〖《なぞり》← Du. *sondauw* & G *Sonnentau*《なぞり》← L *rōs sōlis*〗〖植物〗 n. モウセンゴケ (drosera). — adj. モウセンゴケ科の.

sún·dìal n. **1** 日時計《ダイアルと指柱 (style) とから成り, 太陽によるダイアル上の指柱の影の位置で時刻がわかる》. **2**〖植物〗北米東部産マメ科ルピナスの一種 (*Lupinus perennis*).

sún dìsk n.〖文化人類学〗(宗教的象徴として用いる古代エジプトなどの)日輪像.

sún dòg 〖← ?〗 n. **1** 幻日 (parhelion). **2**〖気象〗地平線近くに現われる小虹(にじ)《単に dog ともいう》.

sún·dòwn n. **1** 日没, 夕暮れ時 (sunset) (cf. sunup). **2**《米》つばの広い婦人帽の一種. **3** 明るい黄褐色《シナモンより少し赤く明るい色》.

sún·dòwn·er n. **1**《豪口語》牧場に夕暮れ時に着いて宿泊する浮浪者, 牧場荒し; 浮浪者 (tramp). **2**《英口語》夕暮れ時の一杯(の酒). **3**〖米海軍〗厳格な海軍士官《もと上陸を許可した候補生を日没までに必ず帰艦させた》.

sún·drèss n. サンドレス《腕・肩・背中が露出する夏用のドレス》.

sún·drìed adj. **1** 天日で乾かした: ～ bricks, raisins, etc. **2** 干上がった, 干からびた (dried up).

sun·dries [sʌ́ndriz | -drɪz] 〖(pl.) ← SUNDRY〗 n. pl. **1** 雑多な物, 寄せ集め; 雑品, 雑貨, 小間物; 雑件, 雑費; 雑の部. **2**〖簿記〗諸口 (various items).

sún·dries·man [-mən] n. (pl. **-men** [-mən, -mèn])《英》雑貨商(人).

sún·dròps n. (pl. ～)〖植物〗マツヨイグサ属 (*Oenothera*) の昼咲きの植物の総称; (特に)北米産の *O. fruticosa*.

sun·dry [sʌ́ndri | -dri] 〖OE *syndriġ* apart, separate ← Gmc **sundriʒa-* ← IE **seni-*: ⇨ sunder〗 — adj. **1** 二つ以上の, いろいろの, 雑多の, 種々の: ～ goods 雑貨 / talk of ～ matters いろいろなことを話す. **2**《廃》**a** それぞれ違った. **b** 多様な, 種々異なった. **3**〖簿記〗諸口の. — pron. [複数扱い] いろいろな人, みんな (everybody). ★ 主に次の成句で: ***all and sundry*** だれもかれも, 各自みんな: extend a welcome to *all and* ～ だれもかれも皆歓迎する.

sún·fàst adj.《米》〈染料など〉日にあせない.

S.U.N.F.E.D.《略》Special United Nations Fund for Economic Development 国際連合経済開発特別基金.

sún·fìsh n.〖魚類〗**1** マンボウ (ocean sunfish). **2** クサビフグ《マンボウ科クサビフグ属 (*Ranzania*) の魚の総称》. **3** 北米産サンフィッシュ科レポミス属 (*Lepomis*) の偏平な淡水魚の総称《pumpkinseed など》.

sún·flòwer n.〖植物〗**1** キク科ヒマワリ属 (*Helianthus*) の植物の総称《種子から食用のひまわり油が採れる》; (特に)ヒマワリ (common sunflower). ★ 米国 Kansas 州の州花. **2** =heliotrope 1 a, 5.

súnflower chèst n. =Connecticut chest.

súnflower òil n. ひまわり油《sunflower-seed oil ともいう》.

Súnflower Stàte n. [the ～] 米国 Kansas 州の俗称.

sung 〖OE *sungon* (pret.) & ME *sunge* (p.p.)〗 v. sing の過去形・過去分詞.

Sung [sʊ́ŋ | sʊ́ŋ, sʌ́ŋ; *Chin.* sùŋ] n. **1** 宋(そう), 宋朝《中国の王朝 (960–1279); 元に滅ぼされた》. **2** (六朝時代の)宋 (420–479).

sun·gar [sʌ́ŋgə | -gə(r] n. =sangar.

Sun·ga·ri [sʊ́ŋgəri | -rɪ] n. [the ～] 松花江, スンガリ(川)《中国東北部, 黒竜江 (Amur) の支流; 1,840 km》.

sún gèar n.〖機械〗太陽歯車《遊星歯車装置を中心に配置される歯車; sun wheel ともいう》.

sún·glàss[1] n. 天火取り (burning glass).

sún·glàss[2] adj. サングラスの.

sún·glàsses n. pl. 日よけ(色)めがね, サングラス.

sún·glòw n. 朝焼け; 夕焼け.

súng máss, S- M- n.〖カトリック〗歌ミサ.

sún·gòd n. 日神, 太陽神《Ra, Shamash, Helios など》.

sún·grèbe n.〖鳥類〗アメリカヒレアシ (*Heliornis fulica*)《熱帯アメリカやアフリカに生息するヒレアシ科の一種》.

sún hàt n. **1** 日よけ帽. **2** =sunbonnet.

sún hèlmet n. 日よけ帽; (特に, 日よけにかぶる)ヘルメット帽 (cf. topee).

sún hèmp n. =sunn.

sunk [sʌ́ŋk] 〖ME *sonk* (pret.) & ME *sunke* (p.p.)〗 — v. sink の過去形・過去分詞. — adj. **1** 沈没した. **2** 肉の落ちた (sunken). **3** [Predicative に用いて]《俗》負けた, 参って, 万事休して: Now we are ～. もうだめだ. **4**〖海事〗〈船首楼・船尾楼など〉露天甲板より高いが甲板の一段分までは高くない: a ～ forecastle [poop] 低船首[船尾]楼.

súnk cósts n. pl.〖会計〗埋没原価《意思決定により, 将来その発生額が変化しない原価; cf. differential costs》.

sunk·en [sʌ́ŋkən] 〖ME〗 — v. sink の過去分詞. — adj. **1** 水中に沈没した, 水底の (submerged): ～ ships, treasures, etc. / a ～ continent 海底(に沈んだ)大陸 / a ～ reef 暗礁 / ～ rocks 岩礁. **2** 沈下した (subsided): a ～ wall, floor, etc. **3** くぼんだ, 落ち込んだ; 肉の落ちた, やせこけた (hollow): ～ eyes, cheeks, etc. **4** 普通[周囲]より低い(所にある): a ～ bath (温泉場で見られるような)床面より低い浴槽 / a ～ living room 床が一段低くなった居間.

súnken córd n.〖製本〗沈み緒, かくれ緒《引き目の中の綴じ緒; cf. raised band》.

súnken gárden n. 沈床園, 低床園, サンクンガーデン《周りにテラスなどを設けて一段低い所に作った庭園で, 主に花壇などに用いる; 西洋の幾何学的模様の庭園に源流がある; sunk garden ともいう》.

sun·ket [sʌ́ŋkɪt, sʊ́ŋ-, -kət] 〖□《スコット》～ 'something'《変形》← SOMEWHAT〗 n.《スコット・英方言》食物, (特に)うまい物《fancy cake や tart など》.

súnk fènce n. (地境に設けた)沈め[隠れ]垣《見通しを害さないために掘り下げて作る; ha-ha ともいう》.

súnk gárden n. =sunken garden.

súnk kéy n.〖機械〗沈みキー (cf. saddle key).

súnk relíef n.〖美術〗陰[凹]刻, 沈み彫り《high [low] relief などの陽刻に対するもので, 古代エジプトの彫塑などに見られる; cavo-relievo, intaglio ともいう》.

sún·làmp n. (紫外線を放射する治療用の)太陽灯.

sún làmp n. (放射線的反射鏡を用いた)映画撮影用大電灯.

sún·less adj. **1** 日の射さない, 日の入らない. **2** 暗い (dark); 味気ない, わびしい, 陰気な. **～·ness** n.

sún lètter 〖《なぞり》← Arab. (*alḥurūf*) *aš-šamsīyah* the solar letters〗 — n.〖文法〗(アラビア語の)太陽文字《アラビア語で冠詞の al の l は, 直後に前舌音が来ればこれに完全同化する; 太陽 (*šams*) と月 (*qámar*) とがそれぞれ前舌音, 非前舌音で始まるので, 前者を表わす文字を太陽文字 (t, d, s, z, š [ʃ] など), 後者を表わす文字を月文字 (m, b など) と呼ぶ; cf. moon letter》.

sún·lìght 〖《?a1200》〗 n. 日光, 日の光, 直射日光: an artificial ～ 太陽灯.

sún·lìt adj. **1** 太陽に照らされた: a ～ park. **2** 太陽に照らされたような, 明るい, 希望に満ちた.

sún lòunge n.《英》=sun parlor 1.

sún-mỳth n. 太陽神話 (solar myth).

sunn [sʌ́n] 〖□ Hindi *san* ← Skt *śaṇa*〗 — n. **1**〖植物〗サンヘンプ (*Crotalaria juncea*)《インド産マメ科タヌキマメ属の一年草繊維植物で古くから栽培》. **2** サンヘンプ《サンヘンプの茎から採る繊維; 綱索・袋・製紙材料になる》.《sunn hemp, sun hemp ともいう》

Sun·na, s- [sʊ́nə, sʌ́nə] 〖□ Arab. *súnnah* form, course, rule〗 n. (also **Sun·nah, s-** [～]) スンナ《Muhammad の言行に基づいてできたイスラムの伝統》.

Sun·ni [sʊ́n(n)iː, sʊ́nji | -n(n)iː, -njɪ] 〖□ Arab. *sunnī* (adj.) ← *súnnah* (↑)〗 — n.〖イスラム教〗**1** スンニー派《Muhammad の伝統 (Sunna) をコーランと同等に正典とみなす正統派イスラム教徒; cf. Shiʻa, Shiʻite》. **2** =Sunnite.

Sun·nite [sʊ́naɪt] n. スンニー派のイスラム教徒.

sun·ny [sʌ́ni | -ni] 〖《a1325》: ⇨ sun[1], -y[4]〗 — adj. (**sun·ni·er; -ni·est**) **1 a** 日のよく射す[照る], 陽光いっぱいの: ～ days [weather] 日のよく照る日[天候]. **b** 日当たりのよい: a ～ room. **2 a** 太陽から出る, 太陽の: ～ beams 日光. **b** (色・形など)太陽のような. **3** 陽気な, 明るい, 快活な: a ～ disposition 明るい気質 / a ～ smile にこやかな微笑 / the ～ side (物事の)明るい面 / look on the ～ side of things 物事を楽観する (cf. dark adj. 6). **sún·ni·ly** [-nɪli, -nəli | -nɪlɪ, -nə-] adv. **sún·ni·ness** n.

súnny-side úp adj. (also **súnny sìde úp**)《米》〈卵が〉片面だけ焼かれた, 目玉焼きの (cf. over adj. 3): fry eggs ～ 卵を目玉焼きにする.

sún pàn n.〖窯業〗粘土泥漿(でいしょう)を流し込んで大気中にさらして乾燥させるための浅いタンク[くぼみ].

sún pàrlor n. **1**《米》日光浴室, サンルーム (《英》sun lounge). **2** =sun porch 2.

sún pìllar n.〖天文〗太陽柱《地球大気に起因する現象で, 太陽(または月)の上方と下方に鉛直に柱状の光が見られること; cf. moon pillar》.

sún plànt n.〖植物〗**1** マツバボタン (garden portulaca). **2** 陽生植物, 陽(地)植物 (cf. shade plant).

sún pòrch n. **1** サンポーチ《日光を多量にとり入れるためガラス張りにしたベランダまたはベランダ風の部屋》. **2** (養鶏の)日光浴用台《床と周囲は金網で地表より高い位置に設けられる》.

sún·pròof adj. 日光を通さない, 日光に当たっても色のさめない.

sún·ràỳ n. **1** 太陽光線. **2**〖美術〗太陽光線の描出. **3** [pl.] 人工太陽光線[灯]《医療用人工紫外線》.

sún·rìse 〖《?a1300》〗 n. **1 a** 日の出 (cf. moonrise): at ～ 日の出に. **b** 日の出時刻. **2** (ものの)初期, 初め: at ～ of this century 今世紀の初めに.

súnrise clàm n.〖貝類〗=sunrise shell.

súnrise sèrvice n. [時に S- S-]〖キリスト教〗早天[日の出]礼拝《日の出時に復活したとされるキリストを記念してしばしば屋外で行なわれる復活祭の礼拝》.

súnrise shèll n.〖貝類〗ニッコウガイ《二枚貝綱ニッコウガイ科の貝の総称; ニッコウガイ (*Tellinella virgatus*) など; sunset shell, sunrise clam ともいう》.

sún·ròof n.〖自動車〗サンルーフ《引き戸式に開いて日光を入れることができるようになっている屋根; sunshine roof ともいう》.

sún·ròom n. 日光浴室, サンルーム (sun parlor).

sún·scàld n. 葉やけ《強すぎる日光または太陽熱の照射により葉・花・果実に生じるしみ》.

sún·scrèen n.〖化学〗日焼け止め.

sún·sèeker n. **1** (特に, 冬季における)温暖地域への旅行者, 避寒客. **2**〖宇宙〗常に太陽を向く光電装置で飛翔体の航行システムの一部.

sún·sèt 〖《a1393》〗 n. **1 a** 日没. **b** 日没時. **2** (ものの)終わり, 末; 晩年, 末路: the ～ of life 晩年.

súnset shèll n.〖貝類〗=sunrise shell.

sún·shàde n. **1 a** 日よけに用いるもの. **b** (店頭などに張る)日よけ (awning). **c** (婦人用)日傘. **d** (婦人帽の)ひさし, 目庇(まびさし); 広ぶち帽子. **e** (カメラレンズの)フード. **2** [pl.]《俗》サングラス (sunglasses).

sún·shìne 〖《c1250》〗 — n. **1 a** 日の輝き, (直射)日光. **b** 日当たり, 日なた. **2** 快活, にこやかさ; 晴々しくするもの, 明るくするもの: the ～ of her smile にこやかな彼女の微笑.
have been in the sunshine《俗》酔っている.
— adj. =sunshiny.

súnshine-recòrder n. 日照計《日照時間を測る器械》.

súnshine ròof n.〖自動車〗=sunroof.

Súnshine Stàte n. [the ～] 米国 Florida 州, New Mexico 州, South Dakota 州の俗称.

sun·shin·y [sʌ́nʃàɪni | -nɪ] 〖⇨ sunshine, -y[4]〗 — adj. **1 a** 日光の, 日光のような. **b** 日のよく照る[射す], 日当たりのよい, 日なたの; 晴天の. **2** 明るい, 朗らかな, 晴々した (bright); 快活な, 陽気な (cheerful).

sún-shòwer n. 天気雨, 「きつねの嫁入り」.

sún-snàke n.〖考古〗サンスネーク, 太陽蛇(だ)《北欧先史時代の遺物中に見られる, 中心に小円形のある S 字形装飾》.

sún·spòt n. **1** (太陽)黒点. **2** そばかす. **3** =sun lamp. **4**《口語》温暖な気候の土地.

súnspot cỳcle n.〖天文〗黒点周期.

súnspot nùmber n.〖天文〗黒点数.

sún stàr n.〖動物〗ニチリンヒトデ《ニチリンヒトデ科の, 特にニチリンヒトデ属 (*Solaster*) の棘皮(きょくひ)動物の総称; 8–13 本の腕がある》.

sún·stòne 〖ME〗 n.〖鉱物〗**1** 日長石, サンストン《赤鉄鉱などの微結晶を含む赤味がかった閃光を発する斜長石の一種; cf. moonstone》. **2** =aventurine 3.

sún·stròke n.〖病理〗日射病 (cf. heat exhaustion).

sún·strùck adj. **1** 日射病にかかった. **2** 太陽に彩られた, 陽光に映えた.

sún·sùit n. サンスーツ《子供用の日光浴をしたり遊んだりするときに着る背の開いた遊び着》.

sún·tàn n. **1** (皮膚の)日焼け《小麦色に健康色に焼くこと; cf. sunburn 1》: get a ～ 日焼けする. **2** 小麦色, カーキ色. **3** [pl.] カーキ色の夏用軍服. **sún·tànned** adj.

sún·tràp n. (特に, 風よけを施した庭やテラスなどの)日だまり.

sún trèe n.〖植物〗ヒノキ (*Chamaecyparis obtusa*)《fire tree, hinoki ともいう》.

sún·ùp n.《米口語》=sunrise.

Sún Válley n. 米国 Idaho 州中部の保養地.

sún vìsor n.〖自動車〗サンバイザー, 日よけ《風防ガラスの上の日よけ板》.

sun·ward [sʌ́nwəd | -wəd] adj. 太陽の方の[向かう]. — adv. 太陽の方へ(向かって).

sun·wards [-wədz | -wədz] adv. =sunward.

Sun Wên [sún-wén; *Chin.* sūn uə́n] n. 孫文 (1866–1925; 中国の政治家, 革命家; 三民主義を提唱, 中国国民党を結成 (1912); 字(あざな)は逸仙, 号は中山, 欧米では通例 Sun Yat-sen と呼ばれる》.

sún whèel n.〖機械〗=sun gear.

sún·wise adv. 太陽の見かけの運行と同方向に, 左から右へ, 右回りに (clockwise). — adj. 右回りの.

sún-wòrship n. 太陽崇拝.

sún-wòrshiper n. 太陽崇拝者.

Sun·ya·ta, s- [ʃúːnjətàː] 〖□ Skt *śūnyatā* ← *śūnya* empty〗 n. (also **Sun·ya** [ʃúːnjə])〖仏教〗空性(くうしょう)《固定的・実体的な本性をもたぬこと》.

Sun Yat-sen [sún-jáːtsén; *Cant.* ʃyn jatʃin] n. 孫逸仙 (⇨ Sun Wên).

su·o ju·re [súːou-dʒúː(ə)ri, -júː(ə)reɪ | -əu-dʒúəri, -júəreɪ] 〖□ L *suō jūre* in his [her, its, one's] own right〗 L. 彼[彼女, それ, 自分]自身の権利において.

su·o lo·co [súːou-lóukou | -əu-lə́ukəu] 〖□ L *suō locō* in one's own or rightful place〗 L. 自分自身の(正しい)場所[立場]において.

Suo·mi [*Finn.* súəmi] n. スオミ《Finland のフィンランド語名》.

sup[1] [sʌ́p] 〖OE *sūpan* ← Gmc **sūp-* (Du. *zuipen* / G *saufen*) ← IE **seu-* (L *sūgere* 'to SUCK'): cf. soup, sop, soak〗 — v. (**supped; sup·ping**) — vt. 〈茶・スープなどを〉すする (sip), 少量ずつ食べる[飲む]. — vi. すする (sip), 少量ずつ食べる[飲む]: He must have a long spoon that ～s with the devil.《諺》悪魔と食事をする者は長いスプーンが必要だ, 悪い奴を相手にするときは油断もすきもならない. — n. (飲物の)一口, 一すすり (sip); 少量: take neither bit [bite] nor ～ of the food その食物は一口も食べない.

sup[2] [sʌ́p] 〖《c1300》*soupe(n), suppe(n)* □ OF *s(o)up-er* ← *soupe* 'piece of bread dipped in broth, SOUP'〗 — v. (**supped; sup·ping**) — vi. **1** 夕食を食べる: ～ out 外で晩飯を食べる. **2** (…を)夕食に食べる (*on, upon, off*). — vt.《まれ》…に夕食を供する.

sup[3] [súːp | s(j)úːp] n.〖数学〗=supremum.

sup.《略》superfine; superior; superlative; supine; supplement; supplementary; supply; supra; supreme.

sup- [səp, sʌp] *pref.* (p の前に来る時の) sub- の異形: *sup*port, *sup*press.
supe¹ [sú:p | s(j)ú:p] 〖略〗 *n.* 《米》 **1** =supernumerary. **2** 《俗》=superintendent.
supe² [sú:p | s(j)ú:p] 〖《短縮》← SOUP〗 *vt.* =soup.
su·per [sú:pə | s(j)ú:pə(r] 〖《1626》《略》〗 ― *n.* 《口語》 **1 a** 臨時雇いの出演者, エキストラ (supernumerary) 《演劇・歌劇などの群衆の一人として出るだけで, せりふを言ったり歌ったりしない人》. **b** 余計な人, 不要な人, 重要でない人. **2** 監督, 取締まり; (アパートなどの)管理人(superintendent). **3** スーパー(マーケット) (supermarket). **4** (ミツバチの巣の)重ね箱 (superhive). **5** 〖《略》← SUPERFINE〗〖商業〗 特等品, 特級品, 特大品. **6** 〖製紙〗 スーパー仕上げ紙 (supercalendered paper) 《特別な光沢紙》. **7** 〖← ?〗〖製本〗 寒冷紗(しゃ) 《書籍の背の補強に使う粗布》. **8** 〖農業〗 =superphosphate 2. ― *vt.* 〖製本〗〈本の背を〉寒冷紗で補強する. ― *adj.* 《口語》 **1 a** (フィート・ヤードなどで表わした)面積の, 表面の (superficial). **b** 平方尺の (in square measure): 120 ~ feet 120 平方フィート. **2 a** 〈商品など〉特級品の, 飛切り上等の (superfine). **b** 巨大な, 超大型の, 特大の. **c** 超愛国的な: a ~ American. ― *adv.* 《口語》 **1** 非常に, 大変(extremely): a ~ expensive hotel. **2** 過度に, ひどく (excessively).
super. 《略》 superficial; superfine; superheterodyne; superintendent; superior; supernumerary.
su·per- [sú:pə | s(j)ú:pə(r] 〖□ L ~ ← *super* (adv. & prep.) 'above, beyond, OVER': cf. sur-²〗 形容詞・名詞・動詞に付いて次の意味を表す連結形: **1** 「上に」(↔ subter-): *super*impose, *super*structure. **2** 「さらに, 付加的に」: *super*add, *super*fax. **3** 「極度に, 極めて」(cf. hyper-): *super*excellent, *super*sensitive. **4** 「過度に, …より以上」(cf. ultra-): *super*heat, *super*normal. **5** 「上位」: *super*intend, *super*visor. **6** 「高等の, 超越した, …より優れた, …以上の」(cf. hyper-): *super*class, *super*natural. **7** 「第二級の; 二次的」: *super*parasite. **8** 「(位置が)…より上に」: *super*aqueous, *super*terrene. **9** 〖化学〗「per- より高い酸素状態の」: *super*phosphate, *super*oxide.
su·per·a·ble [sú:p(ə)rəbl | s(j)ú:-] 〖《1629》□ L *superābil-is* ← *superāre* to overcome ← *super* (↑)〗 ― *adj.* 打ち勝てる, 打ち負かせる, 打破できる. **~·ness** *n.*
sú·per·a·bly *adv.*
sùper·abóund 〖《15C》□ LL *superabund-āre*: ⇨ super-, abound〗 ― *vi.* 〔場所などに〕あり余る〔*in*〕; 〔物などが〕あり余る, 多過ぎる, 余分にある〔*in, with*〕: Fish ~*s in* the river.=The river ~*s in* [*with*] fish. この川には魚が多過ぎるほどいる.
sùper·abúndance 〖《15C》□LL *superabundantia*: ⇨↑, -ance〗 *n.* **1** あり余り, 多過ぎ: ~ of wealth. **2** 余分, 過剰, 剰余.
sùper·abúndancy 〖⇨↓, -ancy〗 *n.* =superabundance.
sùper·abúndant 〖《15C》□LL *superabundant-em* (pres.p.) ← *superabundāre* 'to SUPERABOUND': ⇨ -ant〗 ― *adj.* あり余る (abounding); 余計な, 多過ぎる, 過剰の (excessive). **~·ly** *adv.*
sùper·áctinide sèries 〖← SUPER- + ACTINIDE〗 ― *n.* 〖化学〗 スーパーアクチニド系列《89-103 番元素までのアクチニド系列以降の元素群, 超アクチニドのさらに後に現われると推定される超重元素の系列 122-153 番までの元素; cf. transactinide series》.
sùper·ádd 〖《15C》□L *superadd-ere*: ⇨super-, add〗 *vt.* **1** さらに加える, さらに足す, その上に加える. **2** 付言する, 言い足す.
sùper·addítion 〖□LL *superadditiō(n-)*: ⇨↑, -tion〗 *n.* **1** さらに加えること, 付加, 添加; 付言. **2** さらに加えた物, 付加物, 添加物. **~·al** *adj.*
sùper·aerodynámics *n.* 〖物理〗 超空気力学《希薄気体の力学》.
súper·àgency *n.* (各種政府機関の調整・監督に当たる)統合的機関[官庁].
sùper·álloy *n.* 〖冶金〗 超合金《耐熱・耐酸性に優れた合金》.
sùper·áltar 〖ME□ML *superaltāre*: ⇨super-, altar〗 ― *n.* 〖カトリック〗 携帯用祭壇《聖別された石板で, これを聖別されていない祭壇の上敷きにする; altar stone ともいう》.
su·per·al·tern [sù:pəró:ltən | s(j)ù:pəró:ltən, -ɔ́l-] 〖← SUPER- + (SUB)ALTERN〗 *n.* 〖論理〗 (対当推理で関連する特称命題との対比における)全称命題.
sùper·angélic *adj.* 天使以上の, 超天使的な.
su·per·an·nu·ate [sù:pərǽnjuèɪt | s(j)ù:pərǽnju-] 〖《1649》《逆成》↓〗 ― *vt.* **1** 〈人を〉(老齢・病弱のため)退職させる[を許す], 年金[恩給]を与えて退職させる, 定年退職させる (pension off). **2** 時代遅れ[古過ぎる]として拒絶する. ― *vi.* **1** (老齢・病弱のために)引退する[不適格になる], 定年退職する. **2** 古臭くなる, 時代遅れになる. ― *n.* 老齢[定年]で引退した人.
su·per·án·nu·àt·ed [-tɪd, -təd | -tɪd, -təd] 〖《1639》← ML *superannuāt-us* ((p.p.) ← *superannuārī* be too old ← SUPER- + *annus* year) + -ED: cf. annual〗 ― *adj.* **1** 老齢[病弱]で職に耐えない. **2** 老齢[病弱]で退職した, 恩給をもらって退職した: a ~ officials 定年退職公務員 / a ~ list 定年退職者名簿. **3** 時代遅れの, すたれた, 古臭くなった.
su·per·an·nu·a·tion [sù:pərænjuéɪʃən | s(j)ù:pərænju-] *n.* **1** 老齢[病弱]退職[退役], 定年退職. **2** 老齢[定年]退職年金[恩給]; 退職手当.
su·per·aq·ual [sù:pərǽkwəl | s(j)ù:-,] 〖← SUPER- + AQUA + -AL¹〗 *adj.* 〖地質〗〈土壌など〉水面上にある (cf. subaqual).
su·perb [su:pə́:b, sə- | s(j)u:pə́:b, s(j)ʊ-] 〖《1549》□ L *superb-us* superior, proud, haughty ← *super*: ⇨ super-〗 ― *adj.* (**more ~, most ~; ~·er, ~·est**) **1 a** 壮麗な (majestic): a ~ building, palace, etc. **b** 善美を尽くした, 目もあやな, 華麗な (splendid): ~ jewels, flowers, etc. / a ~ binding 豪華な装丁 / a ~ view 壮観, 絶景. **c** 〈鳥など〉色彩の華麗な. **2** 《口語》 飛切り上等の, 最上等の, すばらしい, 無類の (excellent): a ~ collection [specimen] すばらしい収集[見本] / a ~ performance 絶妙の演技 / a ~ voice 天来の美声 / ~ courage 絶大な勇気 / a ~ dancer すばらしいダンサー. **~·ly** *adv.* **~·ness** *n.*
súper·blòck *n.* 大街区, 集団街区, 街区集団《通過交通のない一まとまりの大規模な街区》.
súper·bòmb *n.* 超高性能爆弾; (特に)水素爆弾.
Súper Bówl *n.* [the ~] スーパーボウル《ナショナルフットボール連盟の行なう選手権で, アメリカンカンファレンスとナショナルコンファレンスの勝者が対戦する》.
súper·càlender 〖製紙〗 *n.* スーパーカレンダー《紙に強光沢をつけるロール; cf. friction calender》. ― *vt.* スーパーカレンダーで〈紙を〉仕上げる, 〈紙を〉スーパー仕上げにする.
sùper·cálendered *adj.* 〖製紙〗〈紙など〉スーパー仕上げの.
súper·càpital 〖← SUPER- + CAPITAL²〗 *n.* 〖建築〗 アーチの迫り元と柱頭との中間部.
súper·càrgo 〖《1697》 *supracargo* □Sp. *sobrecargo* ← *sobre* < L *super*: ⇨ super-, cargo〗 ― *n.* (*pl.* **~es, ~s**) 〖海事〗 (貨物)上乗(うわのり)人《商船便乗の荷主代表で船荷の監督などに任じる》.
sùper·cavitátion *n.* 〖海事・機械〗 超空洞現象《プロペラが急速回転した時に生じる水中の真空状態で, 水をかかなくなり前進力が減殺される現象》.
su·per·cede [sù:pəsí:d | s(j)ù:pə-] *vt.* =supersede.
sùper·celéstial 〖← LL *supercaelestis* + -AL¹: ⇨ super-, celestial〗 *adj.* **1** 天[空]の上の[上にある, 上に住む]. **2** 超神聖な.
súper·chàrge *vt.* **1** …を〔感情, 緊張などで〕過度に充満させる〔*with*〕. **2 a** 〖機械〗〈内燃機関〉に過給する, 与圧する: a ~*d* engine. **b** 〖航空〗 =pressurize 1. ― *n.* **1** (感情などの)過度の充満. **2** (エンジンの)過給.
súper·chàrg·er *n.* 〖機械〗 (発動機の)スーパーチャージャー, 過給機.
súper·chùrch *n.* 〖キリスト教〗 巨大教会, スーパーチャーチ《いくつかの教会が統合して作った大教会》.
supercilia *n.* supercilium の複数形.
su·per·cil·i·ar·y [sù:pəsílièri | s(j)ù:pəsíliəri, -ljə-] 〖← NL *superciliāri-s* ← L *supercilium* (↓)〗 ― *adj.* **1** 眉(まゆ)の[に関する, の近くの], 眉毛の, 目の上の (supraorbital). **2** 〖解剖・動物〗 =supraciliary.
su·per·cil·i·ous [sù:pəsíliəs, -ljəs | s(j)ù:pəsíliəs, s(j)ù:p-, -ljəs] 〖《a1529》□ L *superciliōs-us* ← *supercilium* eyebrow, pride ← SUPER- + *cilium* (lower) eyelid: ⇨ -ous〗 ― *adj.* **1** 人を眼下に見下ろす, 人もなげな, 横柄な (haughty); 高慢な, 威張る (arrogant). **2** 軽蔑的な: a ~ smile. **~·ly** *adv.* **~·ness** *n.*
su·per·cil·i·um [sù:pəsíliəm | s(j)ù:pəsílɪ-] 〖□ L ~ (↑)〗 ― *n.* (*pl.* **-i·a** [-liə | -lɪə]) 〖建築〗 **1** (ローマ建築の)軒上端に施される平縁. **2** (古典主義建築の)柱礎に施される平縁.
súper·cìty *n.* **1** 大都市圏《離れた都市が結合してできた大都市地帯》. **2** 巨大都市, メガロポリス (megalopolis).
súper·clàss *n.* 〖生物〗 上綱《分類学上の綱 (class) の上, 門 (phylum) の下》.
súper·clùster *n.* 〖天文〗 =supergalaxy.
sùper·colóssal *adj.* 超巨大な.
sùper·colúmnar *adj.* 〖建築〗 **1** 円柱の上に円柱を重ねた. **2** 重列柱の.
sùper·columniátion *n.* 〖建築〗 重列柱; 重列柱式の建築.
sùper·condúctive *adj.* 〖物理〗 超電導性の, 超伝導性の.
sùper·conductívity *n.* 〖物理〗 超電導, 超伝導.
sùper·condúctor *n.* 〖物理〗 超電導体, 超伝導体.
sùper·cónscious 〖心理〗 *adj.* 人間の意識を越えた, 超意識的な. ― *n.* 超意識. **~·ness** *n.*
sùper·cóntinent *n.* 〖地質〗 超大陸《現在の大陸が, 過去の地質時代には一塊になっていたと考える場合に用いる語; protocontinent ともいう》.
sùper·cóol *vt.* (凍らせずに)〈液体を〉氷点以下に冷却する, 過冷する (undercool). ― *vi.* 〈液体が〉氷点以下に冷却する, 過冷される.
súper·còuntry *n.* 超大国 (superpower).
sùper·crítical *adj.* **1** 極端に厳格な. **2** 〖物理〗 臨界値より上の; 〈核分裂物質の量が〉(核分裂を起こす)超臨値より多い.
supercrítical wíng *n.* 〖航空〗 スーパークリティカル翼《高亜音速のジェット機に使われる翼形状の一種で, できるだけ高いマッハ数まで音の障壁による抗力増加が起きないように工夫したもの》.
súper·cùrrent *n.* 〖電気〗 超伝導電流, 超電導電流.
sùper·dénse *adj.* 非常に緻密な, ぎっしり詰まった, すし詰めの.
sùper·dóminant *n.* 〖音楽〗 =submediant.
su·per·doo·per [sù:pədú:pə | s(j)ù:pədú:pə(r] *adj.* =superduper.
sùper·dréadnought *n.* 〖軍事〗 超弩(ど)級艦《dreadnought より大型で, 装甲も厚く, 火力を大幅に増大させた戦艦》.
su·per·du·per [sù:pəd(j)ú:pə | s(j)ù:pədjú:pə(r] 〖《加重》← SUPER-〗 *adj.* 《俗》 非常にすばらしい, 天下一品の; 超大型の, 巨大な: a ~ special (film).
sùper·égo *n.* 〖精神分析〗 超自我《自我を監視する無意識的良心》.
sùper·élevate *vt.* **1** 〖鉄道〗〈レール〉にカントをつける《鉄道のカーブについて外方軌条を内側軌条より高くする》. **2** 〖土木〗〈道路〉に(遠心力の影響を減らすため)片勾配をつける.
sùper·elevátion *n.* **1** さらに高く上げること. **2** 〖鉄道〗 カント《鉄道のカーブにおける外方軌条の高度》. **3** 〖土木〗 道路の片勾配.
sùper·éminent 〖□ LL *superēminent-em* (pres.p.) ← *superēminēre*: ⇨ super-, eminent〗 ― *adj.* **1 a** 卓絶した, 卓越した, 抜群の. **b** 一際目立つ, 顕著な. **2 a** 非常に高い, そびえ立つ, すべてを眼下に見下ろす. **b** 高位の, 高官の. **sùper·éminence** *n.* **~·ly** *adv.*
sùper·empírical *adj.* 超経験的な《認識や知識が経験的手段を超えた仕方で得られた; cf. transcendent 2》.
sùper·encípher *vt.* 〈すでに暗号化したものを〉さらに暗号化する.
su·per·er·o·gate [sù:pərérəgèɪt | s(j)ù:pərérə(ʊ)-] 〖← ML *superērogāt-us* (↓)〗 *vi.* 《廃》 義務以上に仕事する.
su·per·er·o·ga·tion [sù:pərèrəgéɪʃən | s(j)ù:pərèrə(ʊ)-] 〖《1526》□ ML *superērogātiō(n-)* ← *superērogātus* (p.p.) ← *superērogāre* ← SUPER- + L *ērogāre* to perform beyond the call of duty (← *ē-* 'EX-¹' + *rogāre* to ask)〗 ― *n.* **1** 〖神学〗 神の命じる以上の仕事《その功徳(くどく)によって死後その人の欠陥が補われるとされる》: works of ~ ⇨ work *n.* 14. **2** 義務以上の仕事.
su·per·e·rog·a·to·ry [sù:pərɪrɑ́gətɔ̀:ri, -rər-, -tɔ̀:ri | s(j)ù:pərerɔ́gət(ə)ri, -rɪr-] 〖□ ML *superērogātōri-us*: ⇨ -ory¹〗 ― *adj.* **1 a** 〖神学〗 神の命じる以上の仕事をする. **b** 義務以上に勤める. **2** 余分の, 余計な.
sùper·éthical *adj.* 倫理を超越した, 超倫理的な.
su·per·ette [sù:pərét | s(j)ù:-] 〖← SUPER (*n.* 3) + -ETTE〗 *n.* 《米》 小規模なスーパーマーケット.
sùper·éxcellent 〖□ LL *superexcellent-em* (pres.p.) ← *superexcellere*: ⇨ super-, excel〗 ― *adj.* きわめて優秀な, きわめて卓越した. **~·ly** *adv.* **sùper·éxcellence** *n.*
sùper·excitátion *n.* 過度の興奮[刺激].
sùper·expréss *adj.* 超特急の. ― *n.* 超特急(列車).
súper·fàmily *n.* 〖生物〗 上科, 超科《亜目 (suborder) に同じ, または亜目と科 (family) の間に位する分類学上の単位》.
sùper·fátted *adj.* 〈石鹸が〉脂肪含有過多の.
sùper·fecundátion *n.* 〖生理・医学〗 過妊娠《一卵子受精後に他卵子が受精すること, また異なる男性によって二卵子がほぼ同時に受精すること》.
sùper·fémale *n.* 〖動物〗 超雌《第二次性徴は著しい雌の特徴を示すが, 生殖能力をもたないもの; cf. supermale》.
su·per·fe·ta·tion [sù:pəfi:téɪʃən | s(j)ù:pə-] 〖□ ML *superfētātiō(n-)* ← L *superfētāt-us* (p.p.) ← SUPER- + *fētāre* to impregnate (← *fētus* 'FETUS')〗 *n.* **1** 〖生理〗 過受胎, 過受精. **2** 過度に達した蓄積[累積的増大].
su·per·fi·cial [sù:pəfíʃəl | s(j)ù:pə-, s(j)ʊ-] 〖《c1420》□ LL *superficiāl-is* ← L *superficiēs* surface: ⇨ superficies, -ial〗 ― *adj.* **1** 表面の, 外面の: ~ color [appearance, resemblance] 外面の色彩[現われ, 類似] / a ~ wound 外傷. **2** 外面[表面]に現われた, 外面[表面]だけの, 見かけだけの; 浅薄な, 皮相の, 上滑りの, 深みのない (shallow); 思慮の足らない: ~ characteristics 表面に現われた[外から見ただけの]特徴 / a ~ observer [writer] 皮相な観察者[作家] / ~ knowledge 浅薄な知識 / ~ piety 見せかけの信心. **3** 実質のない (insubstantial), 取るに足らない. **4** 面積の, 平方の (cf. solid *adj.* 10): 20 ~ feet [extent] 20 平方フィート[面積]. **~·ly** *adv.* **~·ness** *n.*
superfícial cléavage *n.* 〖動物〗 表割《初め卵黄の中心部にある核だけが分裂し, 卵割が表面の細胞質の部位だけで行なわれるもの; cf. discoidal cleavage》.
su·per·fi·ci·al·i·ty [sù:pəfìʃiǽləti | s(j)ù:pəfìʃiǽlɪti, -lɪ-] *n.* **1** 浅薄, 皮相, なまかじり. **2** 浅薄[表面的]なもの.
su·per·fi·cies [sù:pəfíʃi:z, -fíʃi:z | s(j)ù:pəfíʃi:z, s(j)ʊ-, -ʃi:z] 〖《1530》□ L *superficiēs* ← SUPER- + *faciēs* 'form, FACE'〗 ― *n.* (*pl.* ~) **1** 表面, 外面; (幾何学的物体の)面: She seemed to grow a ~ of flesh and bone merely. 彼女はだんだん骨と皮ばかりになっていくようだった. **2** (本質に対して)外観, 外貌. **3** 〖ローマ法〗 **a** 地上物件. **b** 地上権.
sùper·fíne 〖《c1440》□ ML *superfin-us ← SUPER- + fīnus 'FINE¹'〗 ― *adj.* **1** 〈品物など〉最上の, 極上の, 特級の, 飛切りの. **2** 微細にわたり過ぎる, 几帳面過ぎる; あまり上品ぶる. **3** 非常に目の細かい; 微小の. ― *n.* [*pl.*] 最上[高]級品, 特級品.
sùper·fínish *vt.* 〈工作物の表面を〉超仕上げする.
su·per·fix [sú:pəfɪks | s(j)ú:pə-] 〖← SUPER- + (PRE)FIX〗 *n.* 〖音声〗 上被, 接上辞《合成語などに共通して認められる強勢型; 合成名詞の ´ ` 型など》.
sùper·flúid 〖物理〗 *n.* 超流体 (quantum liquid). ― *adj.* 超流体の.
sùper·flúidity *n.* 〖物理〗 超流動.

super·flu·i·ty [sù:pəflú:əṭi | s(j)ù:pəflúːətɪ, s(j)ʊ-, sə-, -flú:ɪ-, -ɪtɪ] 〚(*a*1387) ▭ (O)F *superfluité* ▭ LL *superfluitās* : ⇨ ↓, -ity〛 ── *n.* **1** 余分, 過剰 (superabundance) : ～ of food. **2** 余計[余分]な物, なくてもよい(贅沢な)物, 不必要物, 冗物 ; あり余る財産 : I have no money for *superfluities.* 余分な物を買うような金はない / give of one's ～ あり余る中から与える.

su·per·flu·ous [su:pə́:fluəs, sə- | s(j)u:pə́:fluəs, s(j)ʊ-, sə-] 〚(1432–50) ▭ L *superfluus* ← *superfluere* to overflow ← SUPER- + *fluere* to flow〛 ── *adj.* **1 a** 余分の, 余計な, あり余る (redundant, extra). **b** むだな, 不必要な, なくてもよい. **2** 《廃》 **a** 贅沢(ぜいたく)な (extravagant), むだ使いをする (wasteful). **b** 法外な (inordinate). **c** 異常な (abnormal). **～·ly** *adv.* **～·ness** *n.*

súper·flùx *n.* **1** 過剰. **2** 過度に流れること.

Súper·fòrtress *n.* スーパーフォートレス《第二次大戦で対日戦に使用され, 広島・長崎への原爆投下も行なった米軍の重爆撃機 B-29 の愛称》.

su·per·fuse [sù:pəfjú:z | s(j)ù:pə-] 〚← L *superfūs-us* (p.p.) ← *superfundere* to pour over ← SUPER- + *fundere* to pour : cf. fuse[1]〛 ── *vt.* **1** 《廃》〈液体を〉注ぎかける, ふりかける (sprinkle). **2** 〚化学〛〈液体を〉(凝固させないで)凝固点以下に過冷却する, 過融解する.

su·per·fu·sion [sù:pəfjú:ʒən | s(j)ù:pə-] 〚▭ L *superfūsiō(n-)* : ⇨ ↑, -sion〛 *n.* 〚化学〛 過融解.

súper·gàlaxy *n.* 〚天文〛 超銀河系《非常に多くの銀河系外星雲がさらに集まって作っていると考えられている銀河系に相当する星雲の大集団》.

su·per·gene [sú:pədʒì:n | s(j)ú:pə-] 〚← SUPER- + -GENE〛 ── *adj.* 〚地質〛 **1** 〈鉱床が〉浅成の (cf. hypogene) : ～ deposit 浅成鉱床. **2** 〈鉱床が〉下降水によって富化された. ── *n.* 〚生物〛 超遺伝子《機能上関係がなくても同一染色体上にあって常に一緒に行動し, 共通な一単位として子孫に伝えられる遺伝子群》.

súper·gìant *n.* **1** 巨大な物体. **2** 〚天文〛 超巨星《ベテルギウス (Betelgeuse), アンタレス (Antares) などで, 直径が太陽の百倍以上, 明るさが太陽の百倍から一万倍の恒星 ; supergiant star ともいう》.

sùper·glácial *adj.* **1** 氷河の表面の : ～ rivers. **2** 以前氷河の表面にあったと信じられている : ～ debris.

súper·gòvernment *n.* 〚政治〛 **1** 超国家機構《国家連合体で, 加盟国政府が形成する中央統治機構》. **2** 超政府的存在[団体]《一国内で合法的権限がないにもかかわらず, 合法的政府を動かす圧力団体, 陰の政府》. **3** 極端に大きな権限を有する政府.

súper·gròup *n.* 〚音楽〛 スーパーグループ《別々のグループで活躍していたメンバーで特に優れたものが集まって新しく編成したロックグループ》.

super·heat [ˌ-ˈ-] *n.* **1** 過熱(状態). **2** 過熱量. ── [ˌ-ˈ-] *vt.* **1** 熱し過ぎる, 過熱する (overheat). **2** 〚化学〛 **a** 〈液体を〉(蒸発させないで)沸騰点以上に熱する, 過熱する. **b** 〈気体を〉(液化させないで)熱する.

súper·hèat·er *n.* 過熱器[装置].

sùper·héavy *adj.* 〚物理〛 超重の : ～ nuclei 超重(原子)核《天然に存在するものより質量数の大きな原子核》.

súper héavyweight *n.* (重量挙げの)スーパーヘビー級の選手 (⇨ weight 表).

su·per·het [sú:pəhèt | s(j)ú:pə-] *n.* 《口語》 =superheterodyne.

sùper·héterodyne 〚← SUPER(SONIC) + HETERODYNE〛 〚通信〛 *n.* スーパーヘテロダイン, スーパー《受信装置》. ── *adj.* スーパーヘテロダイン(装置)の.

súper·hìgh fréquency *n.* 〚通信〛 超高周波《周波数 3–30 ギガヘルツの電波 ; 略 S.H.F., SHF ; centimeter wave ともいう》.

sùper·híghway *n.* 《米》 超高速道路, 高速自動車道路.

súper·hìve *n.* =super 4.

sùper·húman 〚(1633) ▭ LL *superhūmān-us* : ⇨ super, human〛 ── *adj.* **1** 人間の能力以上の, 超人的な, 並はずれた. **2** 人間わざでない, 神わざの. **～·ly** *adv.* **～·ness** *n.*

sùper·humánity *n.* 人間以上, 超人性, 神わざ, 神性 (divinity).

sùper·húmeral 〚▭ LL *superhumerāle* : ⇨ super-, humeral〛 *n.* 〚キリスト教〛 肩に着ける祭服《amice, ephod, pallium, stole など》.

Su·pe·ri [sú:pəràɪ | s(j)ú:-] 〚▭ L *Superī* (pl.) ← *superus* (that) which is higher : ⇨ super〛 *n. pl.* 〚ローマ神話〛 スペリ《天上の神々 ; cf. Inferi》.

sùper·impóse 〚(1794)〛 ── *vt.* **1** …の上に置く[載せる], …の上に建てる, 重ねる. **2** 〔…に〕付加する, 添加する 〔*on, upon*〕 : Anxiety was ～*d on* fear. 不安が恐怖の上に重なった. **3** 〚映画・テレビ〛 二重焼付けにする, スーパーインポーズする.

sùper·impósed *adj.* 〚地質〛 **1** 〈岩石が〉層を成した (layered). **2** 川が地表部の地層を刻みこんで, その下の基盤層中に達している : a ～ river 表生川.

sùper·imposítion *n.* 〚映画・テレビ〛 **1** 外国映画の字幕《外国映画の画面の端に原地語で台詞(せりふ)や解説を焼きつけたもの》. **2** スーパーインポーズ《一台のカメラで撮った画面に他のカメラで撮った画面を重ねて新しい画面を作ること》.

sùper·impregnátion *n.* =superfetation.

su·per·in·cum·bent [sù:pərɪnkʌ́mbənt, -rən- | s(j)ù:pərɪn-, -rɪŋ-] 〚▭ L *superincumbent-em* (pres.p.) ← *superincumbere* to lie down on : ⇨ super-, incumbent〛 ── *adj.* **1** 上にある ; 上に横たわる, 上に載る. **2** 〈圧力など〉上から加わる. **sù·per·in·cúm·bence** [-bəns] *n.* **sù·per·in·cúm·ben·cy** [-bənsi | -sɪ] *n.* **～·ly** *adv.*

sùper·indivídual *adj.* 超個人的な.

su·per·in·duce [sù:pərɪnd(j)ú:s, -rən- | s(j)ù:pərɪndjú:s] 〚▭ L *superindūc-ere* : ⇨ super-, induce〛 ── *vt.* **1** さらに生じさせる, さらに来たす ; さらに加える, 付け加える. **2** 余病として併発する, さらに誘発する : The chill ～*d* a pneumonic condition. 風がこじれて肺炎になった.

su·per·in·duc·tion [sù:pərɪndʌ́kʃən, -rən- | s(j)ù:pərɪn-] *n.* **1** 添加, 添付. **2** 余病誘発[併発].

sùper·inféction *n.* 〚病理〛 重(複)感染.

su·per·in·tend [sù:p(ə)rɪnténd, -rən-, -pən- | s(j)ù:p(ə)rɪn-] 〚(*c*1615) ▭ LL *superintend-ere* 《なぞり》 ← Gk *episkopeîn* : ⇨ super-, intend〛 ── *vt.* **1** 〈仕事・労働者などを〉指揮する, 監督する : ～ the workmen. **2** 〈公共機関・地域などを〉管理する. ── *vi.* 監督する.

su·per·in·ten·dence [sù:p(ə)rɪnténdəns, -rən-, -pən- | s(j)ù:p(ə)rɪn-] *n.* 監督 ; 管理 : under the ～ of …の監督の下に.

su·per·in·ten·den·cy [s(j)ù:p(ə)rɪnténdənsi, -rən-, -pən- | s(j)ù:p(ə)rɪnténdənsɪ] 〚⇨ ↓, -ency〛 ── *n.* **1** 監督地域[区域]. **2** 監督の地位[任務, 任期]. **3** =superintendence.

su·per·in·ten·dent [sù:p(ə)rɪnténdənt, -rən-, -pən- | s(j)ù:p(ə)rɪn-] 〚(1554) ▭ ML *superintendent-em* ← (pres.p.) ← LL *superintendere* : ⇨ superintend, -ent〛 ── *n.* **1 a** 監督(者), 管理者 (manager) ; 指揮者 (director). **b** 長官, 部長, 局長, 院長 : the ～ of education [schools] 教育長. **c** 《米》 工事監督者. **d** (陸海軍諸学校・日曜学校などの)校長, 所長. **e** 《米》 警察本部長 ; 《英》 警視 (⇨ police 1 ★). **f** 《米》 建物の管理人. **g** 〚保険〛 保険監督官. **2 a** 《廃》 =bishop. **b** 〚プロテスタント〛 (一定地域の)監督者[地区長, 主任牧師]. ── *attrib. adj.* 監督[支配, 管理]する.

su·pe·ri·or [sʊpí(ə)riə, sə-, su:- | s(j)u:píəriə(r, s(j)ʊ-, sə-] 〚(*a*1393) ▭ OF *superio(u)r* (F *supérieur*) ▭ L *superior* (compar.) ← *superus* upper ← *super* : ⇨ super-〛 ── *adj.* (↔ inferior) **1** (位置が)上の, 上方の, 上部の (upper) : the ～ strata 上層地層. **2 a** 上級の, 高級の, 高位の : a ～ office [officer] 上級官庁[官吏] / the ～ classes 上層階級 / ⇨ superior court. **b** 〔…より〕上級[上位]の 〔*to*〕 : A general is ～ *to* a colonel. 将官は大佐より上位である. **3 a** (質的に)まさった, 優秀な, 優等の, 上等の, 上質の : ～ cloth [leather] 上等の布地[革] / ～ persons 優秀な人々 ; [皮肉] お偉方 / of ～ workmanship 仕上げ[出来栄え]のりっぱな / by ～ wisdom [cunning] うわ手の知恵[ずるさ]で / This brandy is very ～ stuff. このブランデーは大変品が良い. **b** (数量的に)まさった, 多数の, 優勢な : ～ numbers (投票などの)多数, 優勢 / ～ forces 多数の軍勢. **4** (質的に)〔…よりも〕すぐれた, まさった : goods ～ *to* sample 見本より良い品物 / He feels himself ～ *to* such work. 自分はそんな(下らない)仕事をするような人間ではないと思っている / This car is ～ in speed *to* any other machine. この車は速度の点で他のどんな車よりもまさっている. **5** 偉ぶる, 高慢な, 傲(ごう)慢な : with a ～ air 偉ぶって, 高慢に / I don't like his ～ manner. 彼の傲慢な態度が嫌いだ. **6** 〔…を〕超越した, 〔…に〕左右[支配]されない, 屈服しない 〔*to*〕 : ～ *to* hardship 困難に屈しない / ～ *to* temptation 誘惑に負けない / ～ *to* prejudice [bribery] 偏見[賄賂]に左右されない / rise ～ *to*… …を超越する, …の影響を受けない. **7** (分類上)一層包括的な (more comprehensive), より一般的な 〔*to*〕 : A genus is ～ *to* a species. 属は種(しゅ)の上である. **8** 〚解剖・動物〛 他の器官の上に付いた, 上の : the ～ wing (昆虫の)上翼 / the ～ vena cava 上大静脈. **9** 〚植物〛 上生の ; 〈萼(がく)が〉子房の上にある ; 〈子房が〉萼の上にある : a ～ calyx [ovary] 上位萼[子房]. **10** 〚印刷〛 上付きの, 肩付きの (cf. subscript 2) : a ～ figure [letter] 上付き数字[文字]《x^2, y^n などの ^{2}, ^{n} など ; X, 2 superior, Y, N superior と読む ; cf. reference mark》. **11** 〚天文〛 **a** 〈惑星が〉地球の軌道外に軌道をもつ : ⇨ superior planet. **b** 〈合(ごう)が〉太陽に関して地球と反対側で起こる : ⇨ superior conjunction.
── *n.* (↔ inferior) **1** 才能(など)のすぐれた人, 優越者, うわ手 : You are my ～ in ability. 才能では君は私のうわ手だ. **2** 上の人, 上官, 上役, 上司 ; 目上の人 (cf. equal) : He is deferential [impudent] to his ～*s.* 目上の人に腰が低い[生意気である]. **3** [S-; しばしば the Father [Mother, Lady] Superior として] 〚キリスト教〛 修道院[会]長, (修道会の)上長. **4** 〚印刷〛 上付き文字[活字], 肩文字[数字] (superscript).
～·ly *adv.*

Su·pe·ri·or [sʊpí(ə)riə, sə-, su:- | s(j)u:píəriə(r, s(j)ʊ-, sə-] *n.* 米国 Wisconsin 州北西部の都市, Superior 湖畔にある ; 人口 33,000.

Su·pe·ri·or [sʊpí(ə)riə, sə-, su:- | s(j)u:píəriə(r, s(j)ʊ-, sə-], **Lake** 〚▭ F *Lac Supérieur* 《原義》 upper lake (Lake Huron に対して)〛 ── *n.* スペリオル湖《米国とカナダの境にある五大湖中最北西の湖, 世界最大の淡水湖 ; 面積 127,700 km²》.

supérior ángle *n.* 〚数学〛 優角 (⇨ major angle).

supérior conjúnction *n.* 〚天文〛 外合《内惑星の合(ごう)が太陽に関して地球の反対側で起こること ; cf. inferior conjunction》.

supérior cóurt *n.* **1** 《英》 上位裁判所《一般的管轄権をもつ裁判所 ; 貴族院・控訴院・高等法院・刑事法院がこれに当たる ; cf. inferior court》. **2** 《米》 上位裁判所 ; 高等裁判所《州によって名称は異なるが, 最高裁判所・中間上訴裁判所・一般的管轄権をもつ第一審裁判所がこれに当たる》.

supérior général *n.* (*pl.* **superiors g-**) 〚教会〛 修道会総会長.

su·pe·ri·or·i·ty [sʊpì(ə)riɔ́(:)rəṭi, sə-, su:-, -ár- | s(j)u:pìərɪɔ́rətɪ, s(j)ʊ-, sə-, -rɪtɪ] 〚(1526) ▭ (O)F *supériorité* ▭ ML *superiōritās* : ⇨ superior, -ity〛 ── *n.* **1** 優越, 卓越, 優位, 優勢 〔*over, to*〕 (↔ inferiority) : social [numerical] ～ 社会的[数的]優越 / He has a ～ *over* the others. 他人よりすぐれている. **2** 高慢 : assume an air of ～ 偉そうな風をする.

superióríty còmplex *n.* **1** 〚精神分析〛 優越コンプレックス, 優越複合《自分が他人より優れているという潜在観念》. **2** 《口語》 優越感.

supérior plánet *n.* 〚天文〛 外惑星《地球軌道の外側を運行する惑星 ; exterior planet ともいう ; ↔ inferior planet ; cf. outer planet》.

su·per·ja·cent [sù:pədʒéɪsənt, -sn̩t | s(j)ù:pə-] 〚▭ L *superjacent-em* (pres.p.) ← *superjacēre* to lie above or upon ← SUPER- + *jacēre* to lie : cf. adjacent〛 ── *adj.* 上にある, 上に横たわった (overlying).

súper·jèt *n.* 超音速ジェット機.

superl. 《略》 superlative.

su·per·la·tive [sʊpə́:ləṭɪv, sə-, su:- | s(j)u:pə́:lət-, s(j)ʊ-] 〚(*c*1395) ▭ (O)F *superlatif* ▭ LL *superlātīvus* ← L *superlātus* (p.p.) ← *superferre* to carry over ← SUPER- + *ferre* 'to BEAR'〛 ── *adj.* **1** 最高の, 最高度の ; 最上の, 至上の, この上ない : ～ beauty, goodness, virtue, wisdom, etc. **2** 〈言葉・文体など〉誇張された ; 過度の : ～ praise. **3** 〚文法〛 最上級の (cf. comparative 3, positive 15) : the ～ degree 最上級. ── *n.* **1** 最高度, 極度 (utmost degree) ; 極致. **2** 最高[至上]のもの ; 完璧(ぺき)な人[もの]. **3** [通例 *pl.*] 最上級の言葉 ; 誇張した表現[賛辞] : full of ～*s* 誇張たっぷりの / speak [talk] in ～*s* 最上級の言葉で話す, 大げさに言う / His talk is all ～*s.* 彼の言い方は大げさだ. **4** [the ～] 〚文法〛 **a** 最上級 (superlative degree). **b** (形容詞, 副詞の)最上級の語(形). **～·ly** *adv.* **～·ness** *n.*

sùper·láttice *n.* 〚化学・冶金〛 規則格子, 重格子, 超格子《合金中で成分原子が, それぞれ特定の格子点に規則的に配列されてできた格子構造 ; 低温で安定な相に見られる ; cf. superstructure 6》.

súper·lìner *n.* 大型高速豪華客船.

súper·lòad *n.* 〚建築〛 (建築法規・構造計算などで使われる)理論的活荷重.

sùper·lúnar *adj.* =superlunary.

sùper·lúnary 〚← SUPER- + L *lūna* moon + -ARY : cf. lunar〛 *adj.* **1** 月の上の, 月のかなたにある (cf. sublunary, translunary). **2** 天の, 天界の (celestial).

súper·màle *n.* 〚動物〛 超雄《第二次性徴は著しい雄の特徴を示すが, 生殖能力をもたないもの : cf. superfemale》.

súper·màn [-mæ̀n] 〚(1903) 《なぞり》 ← G *Übermensch* : Nietzsche の用語を G. B. Shaw が英訳したもの〛 ── *n.* (*pl.* **-men** [-mèn]) **1** 超人的な人, スーパーマン. **2** 〚哲学〛 (Nietzsche のいう)超人.

súper·màrket 〚(1938)〛 *n.* スーパー(マーケット).

súper·mìcroscope *n.* 超高性能顕微鏡《電子顕微鏡の一種》. **sùper·microscópic** *adj.*

súper·mòlecule *n.* 〚化学〛 超分子 (macromolecule).

súper·mùltiplet *n.* 〚物理〛 超多重状態《ハドロンや原子核などで, アイソスピンその他内部自由度に基づいて性質の似た状態を一まとめにしたもの》.

sùper·mundáne 〚▭ LL *supermundān-us* : ⇨ super-, mundane〛 *adj.* 超俗界の, 超現世的な : ～ idealism.

su·per·nac·u·lar [sù:pənǽkjulə | s(j)ù:pənǽkjulə(r] 〚⇨ ↓, -ar[1]〛 *adj.* 〈酒が〉極上の, 飛切りの, 最上等の.

su·per·nac·u·lum [sù:pənǽkjuləm | s(j)ù:pə-] 〚← NL ～ 《なぞり》 ← G *auf den Nagel* 'on the NAIL' : 最後の一滴を親指のつめにたらしてすするの意から〛 ── *adv.* 一滴残さず. ★ 主に次の句で用いる : drink ～ (一滴も残さずに)飲み干す. ── *n.* 極上の酒[ぶどう酒].

su·per·nal [su:pə́:nl̩ | s(j)u:pə́:-, s(j)ʊ-] 〚(15C) ▭ OF ～ ← L *supernus* supernal ← *super* above : ⇨ super-, -al[1]〛 ── *adj.* **1** 天の, 天上の ; 天(上)からの (cf. infernal) : ～ beings (天に住む)天使たち. **2** この世のものでない, 崇高な, 霊妙な (ethereal) : ～ beauty / a ～ melody. **3** 《まれ》 **a** 天界[空]にある[からの]. **b** 頂上(の近く)にある. **～·ly** *adv.*

su·per·na·tant [sù:pənéɪtn̩t | s(j)ù:pə-] 〚▭ L *supernatant-em* (pres.p.) ← *supernatāre* to float ← SUPER- + *natāre* to swim : cf. natant〛 ── *adj., n.* 表面に浮かぶ[浮いている](物質).

sùper·nátional *adj.* **1** 極端に国粋的な, 熱狂的[超]国粋主義の. **2** 超国家的な, 国際的な (international).

sùper·nátionalism *n.* **1** 超国粋主義. **2** 超国家主義, 国際主義.

súper·nátionalist *n.* 超国粋[国家]主義者.

su·per·nat·u·ral [sù:pənǽtʃ(ə)rəl | s(j)ù:pə-, s(j)ʊ-] 〚(1526) ▭ ML *supernātūrāl-is* : ⇨ super-, natural〛 ── *adj.* **1 a** 超自然の, 超自然的な ; 異常な. **b** 神秘的な, 不可思議な ; 神わざの, 神通の (divine) : a ～ idea 神秘思想. **2** 超人的な ; 極度の (extreme). **3** 幽霊[妖精, 妖怪]の(仕業による) ; 薄気味悪い, 魔法的な. ── *n.* [the ～] **1 a** 超自然(的神秘) ; 超自然的現象. **b** 神わざ, 神通力, 不可思議. **2** 超自然的存在[なもの].

~·ly *adv.* ~·ness *n.*

sù·per·nát·u·ral·ìsm [-lìzm] *n.* **1** 超自然力, 超自然性. **2** 超自然力信仰《人事・自然現象・宗教的経験に超自然力の働きがあると信じること》.

sù·per·nát·u·ral·ist [-lɪst, -ləst | -lɪst] *n.* 超自然論者; 超自然力を信仰[主唱]する者.

su·per·nat·u·ral·is·tic [sù:pənæ̀tʃ(ə)rəlístɪk | sù:pə-, sjù:-] *adj.* 超自然的な; 超自然力信仰の[に関する].

su·per·nat·u·ral·ize [sù:pənǽtʃ(ə)rəlàɪz | s(j)ù:pə-] *vt.* **1 a** 超自然的にする, 超自然化させる. **b** 超自然の働きと解釈する; 超自然と考える. **2** 異常なものにする.

supernátural vírtues *n. pl.* 〖哲学・神学〗超自然(的)徳 (⇨ theological virtues).

sùper·nórmal *adj.* **1** 通常[普通]以上の, 尋常でない, 異常な (abnormal). **2** 人間の力を越えた, 普通には理解できない: a ~ experience. **sùper·normálity** *n.* ~·ly *adv.*

sùper·nóva 〘← NL ~: ⇨ super-, nova〙 *n.* (*pl.* -novae [-vi:], ~s) 〖天文〗超新星《普通の新星の何万倍も明るい新星; cf. nova》.

su·per·nu·mer·ar·y [sù:pən(j)ú:mərèri | s(j)ù:pənjú:m(ə)rəri] 〘《1605》▭ LL *supernumerāri-us*: ⇨ super-, numerary〙 ── *adj.* **1** 規定数以上の, 定員外の. **2** 余分の, 余計な (additional, extra); 補助の, 補充の. **3** 〖生物〗過剰の. ── *n.* **1 a** 定員外の人, 余分な人, 冗員. **b** 過剰物. **2** 臨時雇い. **3** 〖演劇〗(定員外の)雇い役者, エキストラ《大勢の人の出る場面などに出る》.

sùper·nutrítion *n.* 栄養過剰.

súper·òctave *n.* (パイプオルガンの)スーパーオクターブ: **a** カプラー (coupler) 装置により鍵盤で弾いた音より1オクターブ上の音が同時に鳴ること. **b** 記符された音より2オクターブ上の音が出ること[音管].

súper·òrder *n.* 〖生物〗上目《綱 (class) と目 (order) の間に位する分類学上の単位》.

sùper·órdinary *adj.* 普通以上の, 並以上の, 並はずれた, 上等な.

sùper·órdinate *adj.* **1** (状態・階級が)上級の, 上位の. **2** 〖論理〗〈全称命題が〉(同じ名辞を含む特称命題に関してもつ)上位の. ── *n.* 上級の人[物]. ── *vt.* 上級[上位]にする; 上級の地位に昇進させる, 抜擢(ばってき)する.

sùper·ordinátion 〘▭ ML *superordinātiō(n-)*: ⇨ super-, ordination〙 ── *n.* **1** 〖論理〗上位(関係) (cf. superordinate *adj.* 2). **2** 〖教会〗全称命題, 事前叙階《後継者をあらかじめ叙階すること》.

sùper·orgánic *adj.* 超有機的な, 形而上の, 霊的な, 精神的な (psychical). ── *n.* [the ~] 超有機体.

sùper·orgánicism *n.* 〖社会学〗超有機体説.

sùper·órganism *n.* 〖昆虫〗超生物体, 超生物《アリ・ハチなどで, 個体が職能的に集合して, 各集団が生物器官に似た働きを示しながら全体として形成する一つの社会的集団》.

sùper·óvulate *vi.* 一度に普通の数以上の卵を産む. **sùper·ovulátion** *n.*

sùper·óxide 〘← SUPER-+OXIDE〙 *n.* 〖化学〗超酸化物《一般式 MO_2 で表わされる O_2^- イオンを含んだ化合物; hyperoxide ともいう》.

sùper·párasite 〘← SUPER-+PARASITE〙 *n.* 〖生物〗= hyperparasite.

sùper·párasitism *n.* **1** 〘⇨ ↑, -ism〙〖生物〗= hyperparasitism 1. **2** 〘← SUPER-+PARASITISM〙〖昆虫〗過寄生《同一種の寄生体が単一の寄主に多数寄生すること; 多くは完全な発育を遂げられない》.

sùper·pátriot *n.* 極端な愛国主義者, 超愛国主義者. **sùper·patriótic** *adj.*

sùper·phósphate *n.* **1** 〖化学〗過リン酸塩《acid phosphate ともいう》: ~ of lime 過リン酸石灰 (⇨ calcium superphosphate). **2** 〖農業〗過リン酸肥料.

sùper·phýsical *adj.* 物理学的には説明できない, 超物質的な (hyperphysical).

sùper·pigmentátion *n.* 〖医学〗過度色素沈着.

sùper·plástic 〖化学〗*adj.* **1** 超塑性の《弱い力で異常に大きな伸びを示す》. **2 a** 超プラスチックの[に関する]. **b** 超プラスチック製の. ── *n.* 超プラスチック《超塑性をもったプラスチック》. **sùper·plástically** *adv.*

sùper·plastícity *n.* 〖冶金〗超塑性, 超伸展性《ある種の金属[合金]が高温下で極端な程度にまで展延する性質》.

sùper·polyámide *n.* 〖化学〗超ポリアミド《ε-アミノカプロン酸の脱水で生じた分子量約3,000の線状ポリアミドのこと》.

sùper·pólymer *n.* 〖化学〗超重合体《分子量 10,000 以上の線状高分子》.

su·per·pos·a·ble [sù:pəpóuzəbl | s(j)ù:pəpə́uz-] *adj.* 上に置ける, 重ねられる.

su·per·pose [sù:pəpóuz | s(j)ù:pəpə́uz] 〘《1823》▭ F *superpos-er*: ⇨ super-, pose¹〙 ── *vt.* **1** 〔…の〕上に置く, 重ねる, 累置する 〔*on, upon*〕: ~ his idea *upon* mine 私の考えの上に彼の考えを重ねる. **2** 〖物理〗重ね合わせる, 重畳する. **3** 〖数学〗重ねる.

sù·per·pósed *adj.* **1** 〖植物〗〈花の部分が〉上生の, 上位の. **2** 〖生物〗〈組織や器官が〉重層した.

su·per·po·si·tion [sù:pəpəzíʃən | s(j)ù:pə-] *n.* 〖物理〗重ね合わせ (⇨ superposition principle).

superposítion èye *n.* 〖動物〗重複像眼《甲殻類や夜行性昆虫などに見られる複眼で, 小網膜と円錐晶体とが離れて, 個眼が著しく長くなったもの; cf. apposition eye》.

superposítion prìnciple *n.* 〖物理〗重ね合わせの原理, 重畳原理《a の原因に対し A の結果が, b の原因に対し B の結果が得られた場合, a+b の原因に対しては A+B になるという, 線形な系に対して成り立つ原理; principle of superposition ともいう》.

súper·pòwer *n.* **1** 異常[強大]な力. **2 a** 超大国, 強大国 (supercountry): the industrial ~s of the world 世界の産業超大国. **b** (超大国を抑える)国際管理機関. **3** 超出力: a ~ plant [station] 大[超出力]発電所. **súperpòw·ered** *adj.*

súper·ràce *n.* 他より優れていると主張する人種[民族].

sùper·rátional *adj.* 理性の範囲を越えた, 直覚的な.

sùper·réalism *n.* 〖文芸〗= surrealism.

sùper·réalist *n., adj.* 〖文芸〗= surrealist.

sùper·regenerátion *n.* 〖通信〗超再生(法)《受信感度を高める方法》.

sùper·regénerative *adj.* 〖通信〗超再生の.

súper róyal *n.* 〖製紙〗スーパーローヤル(判): **a** 印刷用紙の大きさ《(米) では 22×28 インチ [558.8×711.2 mm]; (英) では $20^1/_2$×$27^1/_2$ インチ [520.7×698.5 mm]》. **b** 筆記用紙・画用紙の大きさ《19×27 インチ [482.6×685.8 mm]》.

sùper·sálesman *n.* (*pl.* -men) **1** ベテランセールスマン. **2** ベテランのまとめ役, 外交のうまい人. **~·shìp** *n.*

sùper·sáturate *vt.* 〖化学〗〈液体を〉過飽和する, 過度に満たす: a ~*ed* solution 過飽和溶液.

sùper·saturátion *n.* 〖化学〗過飽和.

su·per·scribe [sú:pəskràɪb, ﹇﹇﹇ | s(j)ù:pəskráɪb, ﹇﹇﹇] 〘《1598》▭ L *superscrib-ere* ← SUPER-+*scribere* to write: ⇨ scribe¹〙 ── *vt.* **1** …の上[上部]に書く[彫る]. **2** 〈手紙〉の上書きを書く: ~ a letter.

su·per·script [sú:pəskrɪpt | s(j)ú:pə-] 〘▭ L *superscript-us* (p.p.) ← *superscribere* (↑)〙 ── *adj.* 〖印刷〗**1** 肩付きの, 上付きの (superior)《文字などの横上に付いた a², Cⁿ の ², ⁿ にいう; cf. subscript》. **2** (スペイン語 ñ のティルデ (tilde) のように)文字などの真上に付けた, 上付きの. ── *n.* **1** 〈廃〉(手紙などの)上書き (superscription). **2** 〖印刷〗上付き文字[記号], 肩文字 (superior)《字の上や肩に書く[印刷する]文字・数字・記号; cf. tilde, macron》.

su·per·scrip·tion [sù:pəskrípʃən | s(j)ù:pə-, s(j)ʊ-] 〘《c1395》▭ OF ~ ∥ LL *superscriptiō(n-)*: ⇨ ↑, -tion〙 ── *n.* **1** 上に書く[彫る]こと, 表書き. **2 a** 上部に書かれたもの, 上書きされたもの. **b** 表題, 題目 (heading), 銘 (inscription). **c** (手紙の)上書き (address). **3** 〖薬学〗(処方箋の上に書く)ラテン語 *recipe* (服用), またはその略号 ℞ のある部分.

su·per·sede [sù:pəsí:d | s(j)ù:pə-, s(j)ʊ-] 〘《1491》▭ OF *supersed-er* to postpone, desist from ▭ L *supersedēre* to sit above, desist from ← SUPER-+*sedēre* 'to SIT'〙 ── *vt.* **1** (有用なもの・新しいものとして)…に取って代わる; …に代わって就任する: The use of machinery has ~*d* manual labor. 機械の使用が手工業に取って代わった / Mr. Bennett has ~*d* Mr. Smith *as* chairman. ベネット氏が議長としてスミス氏に代わって就任した[の跡を襲った]. **2** 不用にする, 無効にする (annul); (不用なものとして)〔…と〕取り替える, 入れ替える 〔*with*〕: ~ the old statute *with* a new one 古い法令を破棄して新しいものに替える. **sù·per·séd·er** *n.*

su·per·se·de·as [sù:pəsí:diəs | s(j)ù:pəsí:djəs, -dɪəs] 〘《?a1387》▭ ML *supersedeās* ← L *supersedeās* you shall desist (2nd sing. pres. subj.) ← *supersedēre* (↑)〙 ── *n.* (*pl.* ~) 〖法律〗訴訟停止[中止, 休止]令状.

su·per·se·dence [sù:pəsí:dns, -dəns | s(j)ù:pə-] 〘⇨ -ence〙 *n.* = supersedure.

su·per·se·dure [sù:pəsí:dʒə | s(j)ù:pəsí:dʒə(r)] 〘⇨ -ure〙 *n.* **1** 取って代わる[代わられる]こと; 更迭. **2** 〖昆虫〗(新旧女王バチの)交替.

sùper·sénsible *adj.* 五感での知覚を越えた, 超感覚的な. **sùper·sénsibly** *adv.*

sùper·sénsitive *adj.* **1** 非常に敏感な, 過敏な. **2** 〈砲弾の発信管が〉高感度の. **3** 〖写真〗〈感光乳剤が〉高感度の. **~·ness** *n.* **sùper·sensitívity** *n.*

sùper·sénsitize *vt.* **1** 過敏にする. **2** 〖写真〗〈感光乳剤を〉超色増感する, 強化増感する. **sùper·sensitizátion** *n.*

sùper·sénsory *adj.* **1** 感覚器官を越えた. **2** 感覚器官とは独立した.

sùper·sénsual *adj.* **1 a** 感覚を超越した. **b** 精神的な, 霊的な (spiritual). **2** 極度に官能[肉欲]的な.

sùper·sénsuous *adj.* = supersensual 1.

sùper·sérviceable *adj.* おせっかいすぎる, 要らぬおせっかいをする.

su·per·ses·sion [sù:pəséʃən | s(j)ù:pə-, s(j)ʊ-] 〘《1656》▭ ML *supersessiō(n-)*: ⇨ supersede, -sion〙 ── *n.* **1** 取って代わること, 取替え, 代用, 代任. **2** 廃棄, 廃止. **su·per·ses·sive** [sù:pəsésɪv | s(j)ù:pə-] *adj.*

sùper·sólid *n.* 〖数学〗超立体《四次元(以上)の空間の立体》.

su·per·son·ic [sù:pəsánɪk | s(j)ù:pəsɔ́n-] 〘《1919》: ⇨ super-, sonic〙 ── *adj.* **1 a** 超音速の《航空機などの速度が音速を超えた; cf. sonic》: ~ speed 超音速 / ~ flight 超音速飛行. **b** 超音速で運行する[可能の]: a ~ airplane, jet, etc. **c** 超音速飛行機の: the ~ age. **2** 〖物理〗超音波の, 超可聴の《周波数が可聴極限である 20 キロヘルツ以上の; cf. sonic, hypersonic, infrasonic, ultrasonic》: ~ waves 超音波. ── *n.* 〖物理〗超音波. **sù·per·són·i·cal·ly** *adv.*

su·per·son·ics [sù:pəsánɪks | s(j)ù:pəsɔ́n-] 〘⇨ ↑, -ics〙 *n.* 超音波学.

sùpersónic tránsport *n.* 超音速旅客機 (略 SST; cf. Concorde).

súper·sòund *n.* 〖物理〗= ultrasound.

súper·spàce *n.* 〖数学〗超空間《物理的に可能なすべての三次元の空間を点とする数学的な空間》.

sùper·spécies *n.* 〖生物〗上種《動物地理学上の立場から設けた単位で, 種の上の単位; cf. Artenkreis》.

súper·spèed *adj.* 超高速の, 超スピードの: a ~ airplane.

sùper·spíritual *adj.* 非常に心霊的な, 過度に精神的な. **sùper·spirituálity** *n.*

súper·stàr *n.* **1** (スポーツ・芸能界などの)超大スター, スーパースター. **2** 〖天文〗電磁波の強力な発生源である天体.

súper·stàte *n.* **1 a** 超国家《従属する諸国家を支配する国》. **b** 超国家の政府《従属諸国家の政府を支配する強力な政府》. **2** 超大国. **3** 全体主義国家.

su·per·sti·tion [sù:pəstíʃən | s(j)ù:pə-, s(j)ʊ-] 〘《1402》▭ (O)F ~ ∥ L *superstitiō(n-)*《原義》a standing over a thing in amazement ← *superstāre* to stand over ← SUPER-+*stāre* 'to STAND'〙 ── *n.* **1 a** 迷信. **b** 迷信的慣習[行為], 御幣かつぎ. **c** (超自然的なもの・自然・神などに対する迷信から生じる)不合理な恐怖心[恐れ]. **2** 邪教; 偶像崇拝. **3** 盲信, 不合理な固定観念.

su·per·sti·tious [sù:pəstíʃəs | s(j)ù:pə-, s(j)ʊ-] 〘《c1395》▭ (O)F *superstitieux* ∥ L *superstitiōs-us*: ⇨ ↑, -ous〙 ── *adj.* **1** 迷信の[に関する, から生じる]: ~ beliefs, fears, customs, legends, etc. **2** 迷信深い, 御幣かつぎの: ~ people. **~·ly** *adv.* **~·ness** *n.*

súper·stòre *n.* 超大マーケット, 大スーパーストア (hypermarket).

súper·stràtum *n.* **1** 〖地質〗上層. **2** 〖言語〗上層(言語)《来住民の言語; cf. substratum 8》.

su·per·struct [sù:pəstrʌ́kt | s(j)ù:pə-] 〘← L *superstruct-us* (p.p.) ← *superstruere* to build on ← SUPER-+*struere* to build〙 ── *vt.* **1** 構築物の上に建てる. **2** 土台の上に建てる.

súper·strùcture 〘《1641》← L *superstructus* (↑)+-URE〙 ── *n.* **1 a** (ある構築物の上に建てた)上部構造物, 上部構築物. **b** 社会機構の上層. **2** 〖造船〗上部構造(物)《上甲板上の構造物で, 船楼や甲板室など》. **3** 〖土木〗(橋の橋脚・橋台より上の)上部構造 (↔ substructure). **4** 〖鉄道〗線路の上部構造. **5** 〖哲学〗**a** ある原理の上に立っている哲学(体系), 上部構造としての哲学. **b** (マルクス主義における)上部構造《社会の下部構造としての経済構造の上に形成された政治・法律・文化などの意識形態またはその制度・組織》. **6** 〖化学・冶金〗規則構造, 超格子構造《溶質原子が規則正しく配列した固溶体の合金の結晶構造; cf. superlattice》. **sùperstrúctural** *adj.*

súperstructure dèck *n* 〖造船〗船楼甲板《船首や船尾の船楼の甲板など》.

sùper·substántial 〘▭ LL *supersubstantiāl-is*〙 *adj.* 〈聖餐のパン・神の属性など〉超物質的な.

sùper·súbtle *adj.* 細か過ぎる, 微細に過ぎる; 繊細すぎる (extremely subtle). **~ty** *n.*

súper·sỳstem *n.* (組織の上に作られる)超組織.

súper·tànker *n.* 超大型[マンモス]タンカー.

súper·tàx *n.* **1** 所得税特別付加税《英国である限度以上の所得に対して付加した累進税 (1909-29); 今は surtax という》. **2** 付加税 (surtax).

sùper·témporal¹ *adj.* 時を超越した; 永遠の.

sùper·témporal² *adj.* こめかみの上の[にある].

sùper·terránean *adj.* = superterrene.

su·per·ter·rene [sù:pətərí:n, -tér- | -ter-, -tər-] 〘▭ LL *superterrēn-us*: ⇨ super-, terrene〙 *adj.* 地上の[に住む], 地表の[に住む] (cf. subterranean 1).

sùper·terréstrial *adj.* = superterrene.

sùper·tónic *n.* 〖音楽〗(音階の)第二音, 上主音.

súper·tràmp *n.* 〖海事〗(荷物を少なくとも 12,000 重量トン以上を運ぶ)大型不定期船.

sùper·transuránic 〖化学〗*adj.* 超超ウラン元素の《超ウラン元素よりも質量が大きい; cf. transuranic》. ── *n.* 超超ウラン元素《超ウラン元素よりも原子番号が大きい元素》.

su·per·va·ca·ne·ous [sù:pəvəkéɪniəs | s(j)ù:pəvəkéɪnɪəs, -njəs] 〘▭ L *supervacāneus* ← SUPER-+*vacāre* to be empty: ⇨ -eous〙 ── *adj.* 余分に付け加えられた; 余分の (superfluous), 不用の (unnecessary).

su·per·vene [sù:pəví:n | s(j)ù:pə-, s(j)ʊ-] 〘《1647-48》▭ L *superven-ire* ← SUPER-+*venīre* 'to COME'〙 ── *vi.* **1** 〔…に〕引き続いて起こる, 続発する, 付随する 〔*on, upon*〕: typhus *supervening on* a gunshot wound 銃創に続発するチフス. **2** 結果として起こる (ensue). ── *vt.* **1** …に引き続いて起こる, 続発する, 付随する. **2** …の結果として起こる.

su·per·ve·nient [sù:pəví:njənt | s(j)ù:pə-] 〘▭ L *supervenient-em* (pres.p.) ← *supervenīre* (↑): ⇨ -ent〙 ── *adj.* 続発的な, 付随的に[思いがけなく]起こる. **sù·per·vé·nience** [-njəns] *n.*

su·per·ven·tion [sù:pəvénʃən | s(j)ù:pə-] 〘▭ LL *superventiō(n-)* ← *supervenīre* (↑)〙 *n.* 続発, 付随的発生.

su·per·vise [sú:pəvàɪz, ﹇﹇﹇ | s(j)ú:pəvàɪz, s(j)ù:pəváɪz, s(j)ʊ-] 〘《1594》← ML *supervis-us* (p.p.) ← *su-*

pervidēre ← SUPER-＋*vidēre* to see: ⇨ vision〗 ── *vt.* **1** 監督する, 指揮する, 指図する, 指示する (oversee). **2** 《廃》詳しく調べる, 精読する (peruse). ── *n.* 《廃》精読 (perusal).

supervísed stúdy [wórk] *n.* 教師の監督を伴う学習.

su·per·vi·sion [sùːpəvíʒən, ⸗⸗⸗⸗ | s(j)ùːpəvíʒən, s(j)ʊ-] 〖《1640》□ ML *supervīsiō(n-)* ← *supervidēre* (⇨ supervise): ⇨ -sion〗 ── *n.* 監督, 指揮: under the ～ of …の監督の下に.

sú·per·vì·sor 〖□ ML *supervisor*: ⇨ supevise, -or²〗 ── *n.* **1** 監督者 (superintendent); 取締人, 管理人. **2** 《米》(民選の)郡[町]政執行官. **3** 《英》鉄道保線係. **4** 《米》〖教育〗(公立学校の)指導主事, 教師補導官《教授細目や教案作成および教授法などの補導をする》. **5** 《古》(書籍の)校訂者. **6** 《廃》見物人 (onlooker).

súpervisor dìstrict *n.* ＝beat¹ 5.

súpervisor·shìp *n.* supervisor の地位[任務, 任期].

su·per·vi·so·ry [sùːpəváɪz(ə)ri | s(j)ùːpəvàɪz(ə)rɪ, s(j)ùːpəváɪz(ə)rɪ, s(j)ʊ-] *adj.* 監督の, 管理の, 監視する.

súper·wàter *n.* 〖物理・化学〗スーパーウォーター (⇨ polywater).

su·pi·nate [súːpənèɪt | s(j)úːpɪ-] 〖← L *supīnāt-us* (p.p.) ← *supīnāre* to bend backward ← *supīnus* 'SUPINE²': ⇨ -ate³〗 ── *vt.* 〈手などを〉前方に伸ばして手の平を上向きにする, 回外する (↔ pronate). ── *vi.* 〈手などが〉回外する.

su·pi·na·tion [sùːpənéɪʃən | s(j)ùːpɪ-] 〖□ L *supīnātiō(n-)*: ⇨ ↑, -ation〗 *n.* 〖生理・解剖〗(手などの)回外(運動), 外転(作用); 外転位置 (↔ pronation).

sú·pi·nà·tor [-tə | -tə(r] 〖← NL *supīnātor*: ⇨ -or²〗 *n.* 〖解剖〗回外筋 (↔ pronator).

su·pine¹ [súːpaɪn | s(j)úː-] 〖□ LL *supīn-um* (neut.) ← L *supīnus* (↓)〗 ── *n.* 〖文法〗 **1** (ラテン語の)動詞状名詞《対格または与格・奪格としての み現われる; 例えば *mīrābile dictū* wonderful to say における *dictū*》. **2** (英語の) to つき不定詞.

su·pine² [səpáɪn, suː- | s(j)uːpáɪn, ⸗⸗] 〖《c1500》□ L *supīn-us* ← SUPER-: ⇨ -ine¹〗 ── *adj.* **1** 仰向けの, 仰向けに寝た, 仰臥の (cf. prone¹); 手の平を上に向けた: lie ～. **2** 怠惰な, 怠慢な, 無精な, 無気力な. **3** 《古》後ろに寄りかかった[傾いた]. **～·ly** *adv.* **～·ness** *n.*

supp. 《略》supplement; supplementary.

Sup·pé [súːpeɪ; *G.* zupéː, zúpe], **Franz von** *n.* ズッペ《1819-95; オーストリアの作曲家; *Leichte Kavallerie*「軽騎兵」(1866)》.

sup·per [sʌ́pə | -pə(r] 〖《c1275》 *soper, sup(p)er* □ OF *soper, super* (F *souper*) ← *so(u)per* 'to SUP²': ⇨ -er³〗 ── *n.* **1 a** 夕食; (特に, dinner を昼に食べた時の)晩飯. **b** (観劇後などの)軽い晩餐, 夜食. **c** 夕食会. **2** [S-] **a** ＝Last Supper. **b** ＝Lord's Supper.

súpper clùb *n.* (食事・飲物を供する)高級ナイトクラブ.

súpper·less *adj.* 夕食を食べない(で), 夕食抜きで: go ～ to bed 夕食をとらずに床につく.

súpper·tìme 〖《a1376》〗 *n.* 夕食時《通例 5-7 時まで》.

suppl. 《略》supplement; supplementary.

sup·plant [səplǽnt | -plɑ́ːnt] 〖《c1340》□ (O)F *supplant-er* ‖ L *supplant-āre* to overthrow ← SUB-＋*planta* sole of the foot: ⇨ plant〗 ── *vt.* **1 a** (策略・陰謀などを用いて)…に取って代わる, 押しのけて…に代わる. **b** …に取って代わる; 代える: Streetcars were ～*ed* by buses. 路面電車はバスに代わった. **2** 押しのける, 追い出す, 首にする. **sup·plan·ta·tion** [sʌ̀plæntéɪʃən | sʌ̀plɑːn-] *n.* **～·er** [-tə | -tə(r] *n.*

sup·ple [sʌ́pl̩] 〖《c1300》 *souple* □ (O)F < L *supplic-em, supplex* submissive,《原義》bending under ← SUB-＋*plic-* (← *plicāre* to fold: cf. pliant)〗 ── *adj.* (**sup·pler, -plest; more ～, most ～**) **1** しなやかな, 柔軟な (flexible): ～ leather, canes, bows, etc. **2** 〈運動・動作など〉軽快な (limber), 自由に曲がる: ～ movements. **3** 言いなりになる (compliant), 素直な, 柔順な (docile). **4** 他人の機嫌を取る, おべっかを使う (fawning). **5** 〈頭・精神など〉順応性のある, 柔軟な. ── *vt.* **1** しなやかにする, 柔軟にする. **2** 言いなりにならせる, 柔順にする. ── *vi.* 《古》 **1** しなやか[柔軟]になる. **2** 柔順になる. **～·ness** *n.*

súpple·jàck 〖⇨ ↑, Jack〗 ── *n.* **1** 〖植物〗フジの類の攀緣(はん)植物の総称; (主に)熱帯・亜熱帯の山野につるのように野生しているクマヤナギの類の植物 (*Berchemia scandens*). **2** (その幹で作った)強くてしなやかなステッキ.

sup·ple·ly [sʌ́pl̩i, -pli] *adv.* しなやかに; 柔順に, おとなしく.

sup·ple·ment 〖《c1390》□ L *supplēment-um* ← *supplēre* 'to SUPPLY¹': ⇨ -ment〗 ── [sʌ́pləmənt | -lɪ-] *n.* **1 a** (書物・書類などの)補遺, 付録, 追録, 別冊; 補足: a ～ *to* the text. **b** (新聞・雑誌などの)付録: The Times Literary *Supplement*. **2** 〖数学〗 **a** 補角《与えられた角と合わせて 180°C になる角; supplementary angle ともいう; cf. complement 3 a》. **b** 補弧《与えられた円弧と合わせて半円弧になるような円弧; supplementary arc ともいう; cf. complement 3 b》. ── [sʌ́pləmènt, -mənt | sʌ́plɪmènt, ⸗⸗⸗] *vt.* **1** 補う, 補足する. **2** …に補遺[追録, 付録]をつける, 追加する. **sup·ple·men·ta·tion** [sʌ̀pləmentéɪʃən, -mən- | -plɪmen-] *n.*

sup·ple·men·tal [sʌ̀pləméntl̩ | -lɪméntl̩] *adj.* **1** ＝supplementary. **2** 〖法律〗(訴答書・宣誓供述書などの)追補の, 補足の.

suppleméntal plúmage *n.* 〖鳥類〗副羽《基羽・代羽以外の羽装; cf. basic plumage》.

sup·ple·men·ta·ry [sʌ̀pləmént(ə)ri | -lɪmént(ə)rɪ] 〖⇨ -ary〗 ── *adj.* **1** 補う, 補足の, 補充の; 追加の, 付録の; 補遺の. **2** 〖数学〗補角の; 補弧の (cf. supplement 2, complementary): a ～ arc＝supplement 2 b. **3** 〖医学〗副の, 付随した, 補充的な: ～ motor area (脳の)補足運動野 / ～ respiration 代償性呼吸. ── *n.* 補充となる人[もの].

suppleméntary ángle *n.* 〖数学〗＝supplement 2 a.

suppleméntary bénefit *n.* 〖保険〗 **1** [the Supplementary Benefits] 生命保険の付随的特典《復活・不可争など》. **2** 補足給付《一つの社会保障制度によって規定された給付が小額である場合に他の制度から補足的に与えられる給付》.

sup·ple·tion [səplíːʃən] 〖□ ML *supplētiō(n-)* act of supplementing ← L *supplētus* (p.p.) ← *supplēre* 'to SUPPLY¹': ⇨ -tion: cf. ME *suppleccioun* supplement □ OF〗 ── *n.* 〖言語〗補充法, 合成変化: **a** 語形変化の一項に異なった語幹の語を補充すること; 例えば go の過去形を 'goed' とせずに went とし, good の比較級を 'gooder' とせずに better とするなど. **b** 語幹は変わらないが変化語尾が通例のものと異なるものを代用すること; 例えば child の複数形を 'childs' とせず children とするなど.

sup·ple·tive [səplíːtɪv, sʌ́plət- | səplíːtɪv, sʌ́plɪt-] 〖□ LL *supplētīv-us* supplementary ← L *supplētus* (↑): ⇨ -ive〗 ── *adj.* 〖言語〗補充法(的)の, 補充法による (cf. suppletion). **～·ly** *adv.*

sup·ple·to·ry [səplíːtəri, sʌ́plətɔ̀ːri, -tòːri | səplíːtərɪ, sʌ́plətərɪ] 〖← L *supplētus* (↑)＋-ORY〗 *adj.* 補充の, 補遺の (supplementary).

sup·pli·ance¹ [səpláɪəns] 〖⇨ supply¹, -ance〗 *n.* 補充すること, 補充(過程).

sup·pli·ance² [sʌ́pliəns | -lɪəns, -ljəns] 〖⇨ suppliant, -ance〗 *n.* 嘆願, 懇願, 哀願.

súp·pli·an·cy [-lɪənsi | -lɪənsɪ, -ljən-] *n.* ＝suppliance².

sup·pli·ant [sʌ́pliənt | -lɪənt, -ljənt] 〖《1429》□ (O)F ～ (pres.p.) ← *supplier* □ L *supplicāre* 'to SUPPLICATE': ⇨ -ant〗 ── *adj.* **1** 嘆願する, 懇願する, 哀願する. **2** 〈言語・動作など〉頼むような, すがりつくような. ── *n.* 嘆願者, 哀願者. **～·ly** *adv.*

sup·pli·cant [sʌ́plɪkənt, -plə- | -plɪ-] 〖□ L *supplicant-em* (pres.p.) ← *supplicāre* (↓): ⇨ -ant〗 *adj.* 嘆願する (supplicating). ── *n.* 嘆願者 (suppliant).

sup·pli·cate [sʌ́pləkèɪt | -plɪ-] 〖《1471》← L *supplicāt-us* (p.p.) ← *supplicāre* ← *supplic-, supplex*: ⇨ supple〗 ── *vt.* **1** 嘆願する; 〈人〉に懇願する, 泣きつく, すがる (entreat, petition) 〔*for*〕; 〈人〉に〈…する〉ように嘆願する 〈*to* do〉: ～ pardon 許しを乞う / ～ a person *for* pardon 人に許しを乞う / ～ a person *to* help 人に援助を懇願する. **2** 〈神〉に祈願する (pray). ── *vi.* 嘆願する, 懇願する, 哀願する, 祈願する 〔*for*〕: ～ *for* mercy 人の慈悲を懇願する.

súp·pli·càt·ing [-tɪŋ | -tɪŋ] *adj.* 懇願する, 哀願する, 嘆願する, 折り入って頼む, 泣きつく. **～·ly** *adv.*

sup·pli·ca·tion [sʌ̀pləkéɪʃən | -plɪ-] 〖《1384》□ (O)F ～ □ L *supplicātiō(n-)*: ⇨ supplicate, -ation〗 *n.* **1** 嘆願, 懇願, 哀願. **2** 〖キリスト教〗祈願.

súp·pli·cà·tor [-tə | -tə(r] 〖□ LL *supplicātor*: ⇨ -or²〗 *n.* 嘆願者, 哀願者 (supplicant).

sup·pli·ca·to·ry [sʌ́plɪkətɔ̀ːri, -plə-, -tòːri | -plɪkət(ə)rɪ, -kèɪtərɪ] 〖《15C》□ ML *supplicātōri-us*: ⇨ -ory¹〗 *adj.* 嘆願の, 懇願の, 哀願の.

sup·plí·er 〖《1491》〗 *n.* **1** 供給[補充]する人[物]. **2** 原料供給国[地]. **3** 部品製造者.

supplíes accòunt *n.* 〖会計〗消耗品勘定.

sup·ply¹ [səpláɪ] 〖《1375》 *sup(p)l(i)e(n)* □ OF *so(u)ple-er, soupli-er* (F *suppléer*) □ L *supplēre* ← *sup-* 'up, SUB-'＋*plēre* to fill: ⇨ full¹〗 ── *vt.* **1 a** 〈必要物・欠乏品などを〉与える; 〈必要物などを〉〔人・施設・場所などに〕供給する 〔*to, for*〕: ～ information [money] 情報を提供[金を支給]する / Cows ～ milk (*to* [*for*] us). 雌牛は牛乳を(人に)供給する / ～ fresh meat *for* the table 新鮮な肉を食卓に提供する / The company *supplies* electricity *to* the town. その会社は電気を町に供給している. **b** 〈人などに〉〔必要物などを〕支給する 〔*with*〕: Cows ～ us (*with*) milk. 雌牛は人に牛乳を供給する《★ with を省き二重目的語を従える構文を用いるのは《米》》/ He *supplied* me the answer. 《米》彼が私に答を教えてくれた / Workers have been *supplied with* overalls. 作業員には作業服が支給されている. **c** …に配給[配達]する: Families *supplied* daily. ご注文品は毎日ご家庭までお届け致します《商店の広告文》. **2** 〈不足・損害を〉補う, 補充する, 埋め合わせる; 〈必要を〉満たす, 〈需要〉に応じる: ～ a deficiency [want] 欠乏[不足]を満たす / ～ a demand [need] 要求[必要]に応じる. **3** 〈地位・空位・講壇などを〉代わって占める; 〈人, (特に)牧師〉の代理[代行]をする: ～ an office [a pulpit] 代理として職につく[説教壇に立つ] / ～ a clergyman 牧師の代わりをする. ── *vi.* (牧師などの)代理を勤める, 代役をする. ── *n.* **1** 供給, 支給, 補給, 配給: a base of ～ 補給基地 / the ～ of gas to the town 町へのガスの供給. **2** 供給[支給]量; 供給[支給]品[物(資)], (補給)用品: relief *supplies* 救援物資 / send an abundant ～ of food [water] 食糧[水]を十分に補給する. **3** 備え, 用意; 蓄え, 貯蔵; 在庫, 在荷: a small ～ of provisions 食糧品のわずかな蓄え / have a good ～ of reading matter (退屈するといけないので)読み物を沢山用意しておく / lay in fresh *supplies of* dresses 婦人服を新たに仕入れる / Goods are in short ～. 品が払底している, 品薄である. **4** [通例 *pl.*] (貯蔵)生活必需品: lay in *supplies* for the winter 冬に備えて必要品を買い込む / economize the household *supplies* 家庭用品を節約する. **5** (需要に対する)供給 (↔ demand): ～ and demand＝demand and ～ 需要と供給, 需給 / the law of ～ and demand 需要供給の法則 / *Supply* and demand plays an important part in economy. 需要と供給(の関係)は経済で重要な役割を果たす. **6 a** [通例 *pl.*] (議会の協賛を経る)国費, 支出. **b** [*pl.*] (個人の)支出; 仕送り, 送金: cut off the *supplies* 仕送りをやめる. **7** 代理; (特に)代理牧師; 《英》代用教員: on ～ 臨時雇[代理]として / be [go] on ～ 代理を務めている[務める]. **8** 《廃》助力, 援助; [しばしば *pl.*] 増援隊, 援兵. **9** [*pl.*] 〖軍事〗補給品《部隊が必要とする糧食・被服・武器弾薬・各種器材・資材・燃料等》: military [war] *supplies* 軍需品[物資]. ── *attrib. adj.* **1** 供給用の: a ～ pipe 給水[油]管. **2** (軍隊の)補給(係)の: a ～ officer, ship, etc. / a ～ depot [line] 補給部隊[線]. **3** 代理の: a ～ pastor, preacher / a ～ teacher 《英》代用教員.

sup·ply² [sʌ́pli, -pl̩i | -plɪ, -pl̩ɪ] *adv.* ＝supplely.

supplý price *n.* 提供価格《一定の条件で提供される商品の最低値段》.

sup·port [səpɔ́ət, -póət | -pɔ́ːt] 〖《c1390》□ (O)F *support-er* □ L *supportāre* to carry, convey, (LL) endure ← SUB-＋*portāre* to carry: ⇨ port³〗 ── *vt.* **1** 〈物・人を〉支える, 倒れ[沈ま]ないようにしておく: ～ a person *home* 人を抱き支えて家まで送る / ～ oneself *with* a stick 杖で体を支える / The roof ～*s* a huge sign. 屋根には巨大な看板が出ている. **2 a** 〈生命・気力などを〉支える, 維持する, 持続させる (maintain): ～ life [one's strength] 生命[力]を維持する. **b** 〈人を〉力づける, 元気づける (encourage): be ～*ed* by courage [hope] 勇気[希望]で力づけられる / What ～*ed* him was a glass of brandy. 彼を元気づけたのは一杯のブランデーであった. **3** …に耐える, 忍ぶ, 我慢する (endure, tolerate): I cannot ～ the fatigue [his insolence] any longer. この疲労[彼の無礼]にはもう耐えられない. **4 a** 〈家族などを〉扶養する, 扶助する, 養う: ～ oneself 自活する / I have a large family to ～. 養っていかなければならない大家族がある. **b** 〈施設などを〉(財政的に)支援する, 維持する: ～ a hospital by voluntary subscriptions 篤志家の寄付によって病院を維持する / They ～ the local theater. (よく観劇に出かけて)自分たちの土地の劇場を支援している. **5** 〈人・主義・理論などを〉支持する, 支援する, 擁護する (back, uphold), 〈政策・政党など〉に賛成する, 味方する: ～ a leader [cause, policy, motion] リーダー[主義, 政策, 動議]を支持する / ～ increasing wages 賃金の引上げに賛成する / He was ～*ed* on the first ballot. 彼は第 1 回目の投票で支持された. **6** 〈陳述などを〉証拠立てる, 裏書きする, 確認する (vindicate, confirm): ～ a statement [an argument, a claim] 陳述[議論, 主張]を確証する / Neighbors ～*ed* his alibi. 近所の人たちが彼のアリバイを証明した / The theory is poorly ～*ed* by facts. その理論は事実の裏付けが貧弱だ. **7** …に付き添う, 随行する, 補佐する. **8** 〖経済〗(買い付け・融資などによって)〈値を〉支える, 〈特定商品〉の値を支える: ～ a domestic price [basic crops] (*at* …) 国内価格[基本農作物の価格]を(…に)維持する. **9** 〖映画・演劇〗 **a** 〈主演者を〉助演する, 〈スター〉のわき役を勤める: ⇨ supporting actor, supporting part. **b** 〈役を〉(見事に)勤める, 演じる. **10** 〖音楽〗…の伴奏をする. **11** 〖軍事〗〈他の部隊・攻撃などを〉援護する, 支援する. ── *n.* **1** 支える[支えられる]こと; 支持, 維持: stand without ～ 支えなしに立つ. **2** 養育, 扶養 (maintenance); 衣食; 生活費; 財政的援助: a means of ～ 衣食の道《職業など》. **3** 鼓舞; 支持, 援助, 後援, 賛助; 賛成: his ～ for the plan その計画に対する彼の支持[支援] / give ～ to …を支持[後援]する / get [receive] ～ from …の支持[後援]を得る. **4 a** 支持者, 援助者, たよりになる者: He is the chief ～ for the cause. 彼がその主義[運動]を支持する中心人物だ. **b** 支持物, 土台; 支柱: provide a structure with ～*s* 建物に支柱をする / The neck forms a ～ for the head. 首は頭の支えとなる. **5** (油絵用)画布, 木板. **6** 〖写真〗(感光剤を塗布する)フィルムベース, バライタ紙などの支持体. **7 a** 〖映画・演劇〗(主演者の)助演者(たち), わき役(陣); 助演. **b** 〖音楽〗伴奏. **8** 〖軍事〗 **a** 支援. **b** 支援部隊; (中隊)予備隊; (行進中に前方を警戒する)尖兵中隊; (駐止間の警戒部隊の一つの)前哨中隊. **9** 〖経済〗買い支え: ⇨ price support.

in support (1) 支持[擁護, 賛成]して: speak *in* ～ *of* a motion 動議の賛成演説をする. (2) 〖軍事〗支援[予備]の: troops *in* ～ 支援[援護]部隊, 予備隊.

sup·port·a·ble [səpɔ́ətəbl̩, -póət- | -pɔ́ːt-] *adj.* **1** 支えられる, 支持できる, 支援できる. **2** 維持できる, 扶養できる. **3** 我慢できる, 辛抱できる. **～·ness** *n.* **sup·pòrt·a·bíl·i·ty** [-təbíləti | -təbílətɪ, -lɪ-] *n.* **sup·pórt·a·bly** *adv.*

sup·por·tance [səpɔ́ətn̩s, -póət- | -pɔ́ːt-] 〖《15C》← SUPPORT＋-ANCE〗 ── *n.* **1** 支持 (support). **2** 〖スコット法〗特別の救済《死の直前 60 日以内になされた不動産譲渡を有効なものとするために, その間に市場に行くことができたと認定すること》.

suppórt àrea *n.* 〖証券〗＝support level.

sup·pórt·ed jóint [-ṭɪd-, -ṭəd- | -tɪd-, -təd-] *n.* 〖鉄道〗支え継ぎ (cf. suspended joint).

sup·pórt·er [-tə | -tə(r] 〖《1432–50》〗 ── *n.* **1 a** 支持者, 支援者, 後援者, 維持者, 後ろ盾; 扶養者; 擁護者; 賛成者, 味方. **b** 付添人, 随行員, 介添え. **2 a** 支持物: **b** 支柱. **c** サポーター《ゴムを織り込んだ布で作ったもので下腹・乳房・陰嚢(ⓢ)・手首・脚などを引き締めるために用いる》: an athletic ～ ＝jockstrap 1. **d** (ガーターベルト・ガードルなどにとめる)靴下どめ, ガーター (garter). **e** 〖外科〗サポーター, 縛帯 (suspensory). **3** 〖紋章〗大紋章 (achievement) の盾を支えるもの《通例盾の左右にあるが, 片側だけのもの, 盾の背後にあるものなど一定ではなく, また人物・動物の他, 柱などの生物以外のものなどその種類は多様; ⇨ heraldry 挿絵 A》. **4** 〖映画・演劇〗助演者, わき役.

suppórt hòse *n.* 〖医学〗(下肢静脈瘤などの庇護用に使う)弾性靴下.

sup·pórt·ing àctor [**àctress**] [-ṭɪŋ- | -tɪŋ-] *n.* 〖映画・演劇〗助演男優[女優], わき役.

suppórting fìlm [**pìcture**] *n.* (主要長編映画に添えて上映する)補助(番組)映画《通例短編物; cf. supporting program》.

suppórting pàrt [**rôle**] *n.* 〖映画・演劇〗わき役《役柄》.

suppórting prògram *n.* (主要番組に対する)補助番組《映画番組なら通例短編などの補助映画; cf. first feature, supporting film》.

sup·port·ive [səpɔ́əṭɪv, -pɔ́ːt- | -pɔ́ːt-] *adj.* **1** 支える, 支持する. **2** 〖医学〗支持の, 支持療法の: ～ therapy [treatment] 支持療法.

suppórt·less *adj.* 支えのない, 支持[維持]するもののない, 後盾[後援, 賛成]のない, 弁護[擁護]する者のない.

suppórt lèvel *n.* 〖証券〗支持線《価格がそこまで下がってくると買いが増えて価格の下げがとまる価格水準; support area ともいう; ↔ resistance level》.

suppórt prìce *n.* (政府の補助金によって農家などに保障される)最低保障[維持]価格.

suppos. 《略》〖処方〗*L.* suppositorium (＝suppository).

sup·pos·a·ble [səpóuzəbḷ | -páuz-] *adj.* 想像できる, 仮定できる: a ～ case ありうべき場合.

sup·pós·a·bly [-bli | -blɪ] *adv.* 想像できるように, 多分, 恐らく (presumably).

sup·pos·al [səpóuzəl, -zḷ | -páu-] 〖ME ▭ OF *supposail(l)e*: ⇨ ↓, -al²〗 *n.* ＝supposition.

sup·pose [səpóuz, spóuz | səpáuz, spáuz] 〖《?a1300》 ▭(O)F *suppos-er* (*poser* to put と連想) ← L *suppōnere* to put under, (ML) suppose ← SUB- ＋*pōnere* to put: cf. pose¹, position〗 ── *vt.* **1** [通例 *that*-clause, 目的語＋*to* do を伴って] 想像する, 仮定する: Let us ～ (*that*) it is true.＝Let us ～ it *to* be true. 仮にそれが真実であるとしよう / Let it be ～*d that* …だと仮定せよ / *Suppose* a second earthquake! また地震があると想像してみたまえ. **2** [命令法で *that*-clause を伴って] **a** [接続詞的に] もし…ならば (if); …だとしたら(どうだろう) (cf. supposing): *Suppose* (*that*) you were left alone on a desert island, what would you do? 万一無人島に一人取り残されたらどうしますか / *Suppose* you have an accident! 事故にでも会ってみたまえ(どうするんだ). **b** [提案を示して] …してはどうだろう, …しようではないか: *Suppose* we (＝Let's) wait a while. ちょっと待ってみたらどうだろう / *Suppose* we go to bed. 寝るとするか. **3** [通例 *that*-clause, 目的語＋*to* be [do], 目的語＋補語を伴って] …と思う, 考える, 推定[推測]する: I ～ *that*'s the best way. まあそれが最良の方法だと思う / I ～ you don't remember.＝I don't ～ you remember. 君は覚えてはいないと思う(が) / You cannot ～ *that* …＝It is not to be ～*d that* …ということは考えられない / I don't ～ you can lend me some money. お金を少し拝借できないでしょうね《婉曲な依頼》/ Will you come?—I ～ *so* [*not*]. 一緒に来るかい—行くとするか[行きたくもないな] / We'd better try again, I ～. もう一度試したほうがよいと思うけど / as you may ～ 御推察通り / Who do you ～ I met there? そこでだれに会ったと思いますか / I was able to ～ *how* upset he was from his looks. 彼の顔つきから彼がいかに動転していたかがうかがえた / They ～*d* him (*to* be) a bachelor. 彼らは彼が独身だと思っていた / Cats are ～*d to* have nine lives. ねこには命が九つあると思われている / You are only *supposing* it on hearsay. 君はうわさだけでそう推測しているにすぎない. **4** 〈提議・学説などが〉想定する; 〈事実・事情などが〉必要条件として認める, …の仮定を必要とする (presuppose): This theory ～*s* life on the planet. この学説はその惑星上に生物の存在を想定している / Creation ～*s* a creator. 万象の創造は造物主の存在を意味する. ── *vi.* 仮定する; 推測する; 考える.

be supposed to *do* (1) ⇨ *vt.* 3. (2) …することになっている: This medicine *is* ～*d to* kill pain. この薬を飲めば痛みは消えるはずだ / You *are* ～*d to* be here at nine every day. 君は毎日 9 時出勤ということになっている / Every driver *is* ～*d to* wear a seat belt. 運転者はみな安全ベルトを締めるように定められている. (3) [否定構文で] …する義務[必要]はない; 《口語》…してはいけないことになっている: You *are not* ～*d to* do it. 君はそれをしなくてよい / We *are not* ～*d to* smoke here. ここでは喫煙は禁じられている / You *are not* ～*d to* complain. 《口語》不平は言わないはず, 泣き言は禁物だよ.

sup·pós·er *n.*

sup·pósed 〖《1566》〗 ── *adj.* 想像された, 想定(上)の (imagined), 仮定の (hypothetical): a ～ case 仮定された場合, 仮定 / the ～ site (遺跡などの)推定上の位置 / the ～ efficiency (機械などの)推定効率 / his ～ profits 彼が予想していた[いる]利益 / His ～ illness was mere laziness. 病気だと思われていたのになまけていただけだった.

sup·pós·ed·ly [-zɪdli, -zəd- | -lɪ] 〖《1611》〗 ── *adv.* 想像上, 推定上; 多分, 恐らく (presumably): an article ～ written by …の書いたものと言われている記事 / He went back, ～ to take a thing left behind. 恐らく忘れ物を取りにであろう, 彼は引き返した / *Supposedly*, he is a rich man. 多分金持ちなのであろう.

sup·pós·ing *conj.* もし…ならば (if); …だと仮定したら(どうだろう) (cf. suppose *vt.* 2 a): *Supposing* (*that*) he declined, you might be right. 万一彼が断われば君(の言ったこと)が正しいことになる / *Supposing* that is the case (, what are we going to do)? もしそれが本当だとしたら(どうしよう).

sup·po·si·tion [sʌ̀pəzíʃən] 〖《c1449》 ▭ L *suppositiō(n-)* act of placing under, (LL) supposition ← *suppositus* (p.p.) ← *suppōnere* 'to SUPPOSE': ⇨ -tion〗 ── *n.* 想像, 想定, 推定, 推測 (conjecture); 仮定, 仮説 (hypothesis): a very likely ～ 大いに考えられうること / be based on mere ～ 単なる想像に基づく / confirm one's ～s 推測を確かめる / on the ～ *that* …と仮定した上で, とみなして / My ～ is *that*… 私の想像では…だ.

sùp·po·sí·tion·al [-ʃənḷ, -ʃnəl] *adj.* 想像上の, 想像に基づく; 仮定的な, 推測の. **～·ly** *adv.*

sup·po·si·tious [sʌ̀pəzíʃəs] 〖1:《略》↓〗 *adj.* **1** ＝supposititious. **2** ＝suppositional.

sup·pos·i·ti·tious [səpɑ̀zətíʃəs | -pɔ̀zɪ-] 〖《1611》 ▭ L *supposititius*: ⇨ supposition, -itious〗 ── *adj.* **1 a** (不正に)すり替えた, にせの, 偽りの, 偽造の (spurious): ～ writings 偽書. **b** 〈子供が〉相続人に仕立てられた; 庶子の (illegitimate). **2** 想像上の; 推定の, 仮定の (hypothetical). **～·ly** *adv.* **～·ness** *n.*

sup·pos·i·tive [səpɑ́zəṭɪv, -ztɪv | -pɔ́zɪtɪv] 〖▭ LL *suppositīv-us* ← L *suppositus* (↓): ⇨ -ive〗 ── *adj.* **1** 想像[仮定, 推定]の. **2** にせの, 偽りの. **3** 〖文法〗想像[仮定]を表わす. ── *n.* 〖文法〗想像[仮定]を表わす語《例えば if, granting, granted, providing, provided, suppose》. **～·ly** *adv.*

sup·pos·i·to·ry [səpɑ́zətɔ̀ːri, -tòːri | -pɔ́zɪt(ə)rɪ] 〖▭ ML *suppostōri-um* (neut.) ← LL *suppositōrius* placed under ← L *suppositus*: ⇨ supposition, -ory²〗 ── *n.* 〖薬学〗座剤, 座薬.

sup·press [səprés] 〖《c1390》 ← L *suppress-us* (p.p.) ← *supprimere* to press down ← SUB- ＋*premere* 'to PRESS¹'〗 ── *vt.* **1 a** 〈反乱・暴動などを〉(警察力・権力によって)鎮圧する, 静める, 鎮定する (subdue): ～ a revolt [heresy] 反乱[異端]を押える. **b** 〈人・団体などの〉活動を禁止する (abolish). **c** 〈慣行・風習などを〉禁止する, 禁圧する. **2 a** 〈感情・欲望などを〉抑制する, 押える (restrain), 〈笑いを〉こらえる, 〈あくびなどを〉かみ殺す (smother): ～ a smile, groan, yawn, desire, etc. **b** 〈せき・流出・出血などを〉止める (arrest): ～ hemorrhage. **3 a** 〈真相・証拠・名前などを〉公表しない, 隠す (conceal): ～ the truth [evidence, name] 真実[証拠, 名]を隠す. **b** …の公刊を禁止する, の発行を停止する, 発禁にする: ～ a newspaper, book, etc. **c** (発表しようとする)〈文章などの文句を〉カットする, 削除する (eliminate): ～ a passage in a book 本の一節を削除する. **4** 〖電気〗〈振動を〉抑制する. **5** 〖電子工学〗〈2 次電子放出を〉抑制する. **6** 〖精神分析〗意識的に欲求[観念, 感情]を抑制する. **7** 〖植物〗〈植物の生長, 特に頂端生長を〉抑圧する.

sup·pres·sant [səprésənt] 〖⇨ ↑, -ant〗 *n.* 〖医学〗抑制剤.

sup·préssed *adj.* **1** 抑圧[鎮圧]された; 押えられた, 抑制された: sounds of ～ laughter かみ殺した笑い声 / in a ～ tone of voice 声を殺して / a ～ passage 削除した[伏字]の一節. **2** 〈病気が〉普通の経過をとらない, こじれた: ～ measles. **3** 〖植物〗〈樹木が〉森林内で日照不足のため発育を阻害された. **sup·préss·ed·ly** [-stli, -sɪd-, -səd- | -lɪ] *adv.*

sup·préss·er *n.* ＝suppressor.

sup·press·i·ble [səprésəbḷ | -sə-, -sɪ-] *adj.* 抑圧[抑制]できる; 隠しうる; 禁止[削除]できる.

sup·pres·sion [səpréʃən] 〖《1528》 ▭ L *suppressiō(n-)*: ⇨ suppress, -sion〗 ── *n.* **1** 抑圧, 鎮圧, 抑制, 抑止. **2** 隠蔽(ⓘ); 公表[公刊]禁止, 発禁; 削除: ～ of evidence. **3** (せき・流出・出血などを)止めること. **4** 〖心理〗 **a** 抑制《意識的に欲求・観念・感情を押えること; cf. repression 2》. **b** 抑制された記憶[観念, 衝動]. **5** 〖植物〗抑制, 抑止《分泌物が突然停止する現象; cf. suppressed 3》. **6** 〖電気〗抑制.

sup·pres·si·o ve·ri [səprésiòu-vé(ə)raɪ | -siəu-véər-] 〖▭ L *suppressiō vērī* suppression of the truth: cf. very〗 *L. n.* 〖法律〗真実の隠蔽(ⓘ) (cf. suggestio falsi).

sup·pres·sive [səprésɪv] 〖《1778》: ⇨ suppress, -ive〗 ── *adj.* **1** 抑圧する, 鎮圧する; 押える, 抑制する. **2** 隠す, 隠蔽する; 公表[公刊]を禁止する. **3** 咳(ⓢ)[出血, 流出など]を止めるのに役立つ: a ～ drug for cough 咳止め薬. **～·ly** *adv.*

sup·prés·sor 〖▭ LL *suppressor*: ⇨ -or²〗 ── *n.* **1** 抑圧者, 鎮圧者; 抑制者. **2 a** 公表しない人; 隠蔽者. **b** 公表させない人; 公刊[発行, 発売]禁止者. **3** 抹殺者, 削除者. **4** (出血などを)止める人[物]. **5** 〖生物〗抑圧遺伝子. **6** 〖ラジオ・電子工学〗サプレッサー《雑音などを防止する回路など》.

suppréssor grìd *n.* 〖電子工学〗抑制格子.

sup·pu·rate [sʌ́pjurèɪt | -pju(ə)r-] 〖《1563》 ← L *suppūrāt-us* (p.p.) ← *suppūrāre* ← SUB- ＋*pūr-*, *pūs* 'PUS'〗 *vt.* 化膿(ⓢ)させる. ── *vi.* 化膿する, 膿(ⓢ)む.

sup·pu·ra·tion [sʌ̀pjuréɪʃən | -pju(ə)r-] 〖《1541》 ▭ L *suppūrātiō(n-)*: ⇨ ↑, -ation〗 *n.* **1** 化膿(ⓢ). **2** 膿(ⓢ).

sup·pu·ra·tive [sʌ́pjurəṭɪv, -rèɪt-, -prəṭ- | -pju(ə)rət-, -rèɪt-] *adj.* 膿(ⓢ)む, 化膿(ⓢ)する; 化膿させる, 化膿性の.

supr. 《略》superior; supreme.

su·pra [súːprə, -prɑː | s(j)úː-] 〖▭ L *suprā* (cf. super over)〗 *L. adv.* (主にテクストの参照に用いて) 上に (above) (cf. infra 2): ⇨ vide supra.

su·pra- [súːprə | s(j)úː-] 〖← L *suprā* (adv. & prep.) above, beyond: ↑〗 ── *pref.* 「上の, 上に」の意. ★ super- と同義であるが, 特に解剖学上の術語に用いることが多い: *supra*orbital, *supra*renal, *supra*segmental.

sùpra·céllular *adj.* 〖生物〗細胞以上の.

sùpra·cìliary *n.* 〖動物〗上睫板《トカゲ類やある種のヘビ類で, 眼の真上に並ぶ細かい鱗》. ── *adj.* 上睫板の.

sùpra·gingival *adj.* 〖歯科〗歯肉(縁)上の.

sùpra·glóttal *adj.* 声門上部の.

sùpra·glóttic *adj.* ＝supraglottal.

sùpra·hepátic *adj.* 〖解剖〗〈膿瘍(ⓢ)など〉肝臓の上[表面]にある, 肝上の.

su·pra·lap·sar·i·an [sùːprəlæpsέ(ə)riən | s(j)ùːprəlæpséərɪ-] 〖← SUPRA- ＋L *lapsus* 'fall, LAPSE' ＋-ARIAN〗〖神学〗 ── *n.* 堕罪[堕落]前予定論者, 前定論者. ── *adj.* 堕罪前予定論(者)の.

sù·pra·lap·sár·i·an·ìsm [-nìzm] *n.* 〖神学〗堕罪[堕落]前予定説《神の選択の予定はアダムの堕罪以前の人間を対象としているとする予定説の一つ; cf. infralapsarianism》.

sùpra·líminal *adj.* 〖心理〗識閾(ⓘ)上の, 意識内の (cf. subliminal 2 a). **～·ly** *adv.*

sùpra·máxillary *adj.* **1** 上あごの[に関する]. **2** 下あごの上に広がる.

sùpra·molécular *adj.* 〖物理〗 **1** 超分子の, 分子よりもさらに複雑な. **2** 多くの分子の集合から成る.

sùpra·mundáne *adj.* 超現世的な; 霊界の.

sùpra·nátional *adj.* 超国家的な. **sùpra·nátionalism** *n.*

sùpra·nátural *adj.* 超自然的な.

sùpra·órbital 〖← NL *suprāorbitāl-is*: ⇨ supra-, orbital〗 *adj.* 〖解剖〗眼窩(ⓖ)の, 眼窩の上にある[に起こる]: a ～ headache 眼窩上頭痛.

sùpra·prótest 〖《変形》← It. *sopra protesto* upon protest〗 ── *n.* 〖法律〗参加引受け, 名誉引受け《支払い人が拒絶した手形を振出し人の名誉のために第三者が引き受けること》.

sùpra·rátional *adj.* 理性を超越した, 理性では理解できない.

sùpra·rénal 〖← NL *suprārēnāl-is* ← SUPRA- ＋L *rēnēs* kidneys: ⇨ -al¹〗〖解剖〗 *adj.* 腎臓の上にある; (特に)副腎の (adrenal). ── *n.* ＝suprarenal gland.

suprarénal glánd [**bódy**] *n.* 〖解剖〗副腎 (adrenal gland).

su·pra·ren·a·lin [sùːprərénəlɪn, -lən, -nḷ- | s(j)ùːprərénəlɪn] 〖← SUPRARENAL ＋-IN¹〗 *n.* 〖薬学〗スプラレナリン《アドレナリン, エピネフリンの市販品》.

sùpra·segméntal *adj.* **1** 断片[部分, 区画] より上の[を越えた, に付け加えた]. **2** 〖音声・言語〗かぶせの, 超分節的な.

suprasegméntal phóneme *n.* 〖音声・言語〗超分節音素, かぶせ音素《分節音素と共起し, 分節音素におおいかぶさるように生じ, 独自な音韻論的意味をもつ音素で, 強勢 (stress)・音の高さ (pitch)・連接 (juncture) がある; cf. segmental phoneme》.

sùpra·vaginal *adj.* 〖解剖〗膣上部の.

sùpra·ventrícular *adj.* 〖解剖〗上室性の, 心室より上部の[に由来する].

sùpra·vìtal stáining *n.* 超生体染色.

su·prém·a·cist [-sɪst, -səst | -sɪst, s(j)uː-, sə-] 〖⇨ ↓, -ist〗 *n.* 特定集団至上主義者; (特に)白人至上主義[優越論]者: a white ～ 白人至上主義者.

su·prem·a·cy [suprémәsi, sə-, suː- | s(j)upréməsɪ, s(j)uː-, sə-] 〖《1549》 ← SUPREME ＋-ACY〗 ── *n.* **1 a** 至高, 至上, 最高, 無上. **b** 最上位, 最高位. **2** 主権, 大権; 無上権, 最上権; 覇権, 支配権 (domination): naval ～ 海上制覇, 制海権 / a struggle for ～ 覇権争い, 勢力争い / contend ～ 覇を争う.

su·prem·a·tism [supréməṭɪzm, sə-, suː- | s(j)u-, s(j)uː-, sə-] *n.* 〖美術〗シュプレマティスム, (ロシヤの)芸術絶対[至高]主義《絵画芸術における抽象的形態の配合と相互関係を扱う, K. S. Malevich が 1913 年に起こした運動; cf. constructivism 1》.

su·preme [suprίːm, sə-, suː- | s(j)upríːm, s(j)uː-, sə-] 〖《1523》 ▭ L *suprēm-us* (superl.) ← *superus* upper ← *super*: ⇨ super-〗 ── *adj.* **1** 最高権威の, 最高位の: the ～ head, ruler, tribunal, etc. **2** 〈品質など〉至高の, 最高の, 最優秀の: ～ wisdom [courage, goodness] 至高の英知[勇気, 善良さ] / the ～ end 至上善. **3 a** 絶大の, この上ない, 極度の, 非常な: ～ devotion [folly] 絶大の信仰[愚かさ]. **b** 〈刑罰・犠牲など〉死を伴う: ⇨ supreme sacrifice. **4** 究極の (ultimate), 最後の (last): the ～ end 究極目的 / the ～ test of fidelity 忠誠の最後の試し / at the [a] ～ moment [hour] い

よいよという時に, いまわの際に, (国家など)存亡の瀬戸際に. ― *n.* **1** [the S-] =Supreme Being. **2** 最高度, 絶頂: the ~ of folly 愚の骨頂. **3** =suprême 2. **~·ly** *adv.* **~·ness** *n.*

su·prême [sʊpríːm, sə-, suː-, -préɪm | s(j)ʊ-, s(j)uː-, sə-; *F.* syprɛm] 〘□F ～ < L *suprēmum* (↑)〙 ― *n.* **1 a** シュプレーム ソース (sauce suprême). **b** シュプレームソースをかけて供するひな鶏の胸肉料理. **2 a** 大きなはち付きの高脚シャーベットグラス. **b** それに入れて供するデザート.

Supréme Béing *n.* **1** [the ~] 神 (God). **2** [s- b-] 絶対的存在; 絶対的権力.

supréme commánder *n.* 最高司令官, 総指揮官.

Supréme Cóurt *n.* [the ~]〘法律〙**1** (米国の)連邦最高裁判所《9 名の判事から成る》. **2** (米国の多くの州の)州最高裁判所《New York, Maryland および Kentucky の 3 州では Court of Appeals と呼ばれる》.
Supreme Court of Judicature [the ―]〘法律〙(英国の)最高法院《Court of Appeal, High Court of Justice と Crown Court で構成する最高司法機構》.

supréme góod *n.* =summum bonum.

supréme judícial córt, S- J- C- *n.*〘法律〙(米国 Maine 州, Massachusetts 州などの)州最高裁判所.

supréme sácrifice *n.* 最高の犠牲《特に, 戦争などで自分の生命を捧げること》: make the ~ 一命を捧げる, 死ぬ.

Supréme Sóviet *n.* [the ~] (ソ連邦)最高会議《ソ連邦の最高の権力機関・立法機関で連邦会議 (Soviet of the Union) と民族会議 (Council of Nationalities) から成る; 常時執行機関として最高会議幹部会 (Presidium) を選出する; 幹部会議長はソ連邦の元首》.

su·pre·mo, S- [sʊpríːmoʊ, sə-, suː- | s(j)ʊpríːməʊ, sə-, s(j)uː-] 〘□Sp. & It. ～ < L *suprēmum* 'SUPREME'〙 ― *n.* (*pl.* **~s**)《英》最高支配者, 最高権威者; (特に)軍事独裁者.

su·pre·mum [sʊpríːməm, sə-, suː- | s(j)ʊ-, s(j)uː-, sə-] 〘← NL ～ (neut.) ← L *suprēmus*: ⇨ supreme〙 *n.*〘数学〙上限, 最小上界 (least upper bound)《sup ともいう》.

Supt. 《略》Superintendent.

suq [súːk] 〘□Arab. *sūq* market〙 *n.* スーク《イスラム教徒社会での市場》.

sur [sə́ː, sə̀ː | sə́ː(r, sə̀ː(r] 〘□F ～ □L *super* 'SUPER-'〙 ― *prep.*〘法律〙…に関する, …についての, …を理由とする (on, upon). ★ 主として判例集の中で用い, 訴訟手続の名称などに冠する: a writ of entry ~ disseisin 不動産占有侵奪に基づく占有回復訴訟(令状).

Sur [sʊ́ə | sʊ́ə(r)] *n.* スル《Tyre のアラビア語名》.

sur. 《略》surface; surplus.

Sur. 《略》Surrey.

sur-[1] [sər, sʌr, səːr | sər, sʌr, səːr] *pref.* (r の前に来る時の) sub- の異形: *sur*reptitious.

sur-[2] [sər, sʌr, səːr | sər, sʌr, səːr] 〘ME □(O)F ～ < L *super-*: ⇨ super-〙 ― *pref.* **1** Old French からの借入語では super- と同義: *sur*render, *sur*charge, *sur*face, *sur*loin. ★ super- と異なって多く比喩的な意味を表わし, また *sur*prise, *sur*vive のように独立語ではなしに語幹に添えられることがある. **2** 学術用語では時に super-, supra- と同義: *sur*rebuttal / *sur*renal (=suprarenal).

su·ra [sʊ́(ə)rə | sʊ́ərə] 〘□Arab. *sūra*[h] rank, sign〙 *n.*〘イスラム教〙コーラン (Koran) の章 (chapter).

Su·ra·ba·ya [sʊ̀(ə)rəbáɪə, -báːjə | sʊ̀(ə)r-] *n.* (*also* **Su·ra·ba·ja** [~]) スラバヤ《インドネシア Java 島北東部の港市; 人口 1,557,000》.

su·rah[1] [sʊ́(ə)rə | sʊ́ərə] *n.*〘イスラム教〙=sura.

su·rah[2] [sʊ́(ə)rə | sjʊ́ərə] 〘《変形》? ← SURAT〙 *n.* シュラー《柔らかい一種のあや絹またはレーヨン織; 婦人服・ネクタイ用》.

Su·ra·jah Dow·lah [sərɑ́ːdʒə-dáʊlə] *n.* =Siraj-ud-daula.

Su·ra·kar·ta [sʊ̀(ə)rəkɑ́ətə | sʊ̀ərəkɑ́ːtə] *n.* スラカルタ《インドネシア Java 島中央部の都市; 人口 368,000; Solo ともいう》.

su·ral [sʊ́(ə)rəl | s(j)ʊ́ər-] 〘← NL *sūrāl-is* ← L *sūra* calf of the leg: ⇨ -al[1]〙 *adj.*〘解剖〙腓腹(ひふく)の, ふくらはぎの[に関する].

su·rat [surǽt, sʊ́(ə)rət | surǽt] 〘↓〙 *n.* スラット《Bombay 地方産の下級綿布》.

Su·rat [sʊ́(ə)rət, surǽt | sʊ́ərət, súː-, surɑ́ːt, surǽt; *Hindi* surət] *n.* スラト《インド西部, Gujarat 州の海港; インドにおける英国最初の植民地 (1612); 人口 472,000》.

sur·base [sə́ːbèɪs | sə́ː-] 〘← SUR-[2]+BASE[2]〙 *n.*〘建築〙(円柱などの台座の)頂部繰形.

sur·based [sə́ːbèɪst | sə́ː-] 〘← F *surbaissé* (← SUR-[2]+ *baissé* lowered)+-ED〙 ― *adj.*〘建築〙**1** 頂部繰形のついた, 上礎のある. **2** くぼんだ (depressed), 平たくなった (flattened). **3** 〈アーチの高さが〉開口部の巾の半分以下の: a ~ arch 扁用アーチ.

sur·cease 〘(1428) *sursese(e)* ← OF *sursis* (p.p.) ← *surseoir* to refrain, delay < L *supersedēre* 'to SUPERSEDE': 今の形は CEASE の影響を受けた〙 ― [səːsíːs, ⌐―⌐ | səːsíːs] *v.* 《古》 ― *vi.* やむ (desist), 止まる. ― *vt.* やめる, よす (stop). ― [sə́ːsiːs, ―⌐ | səːsíːs] *n.* やめること, 停止, 終止 (cessation).

sur·charge 〘(1429) □ OF *surcharg-er*: ⇨ sur-[2], charge〙 ― [sə́ːtʃɑədʒ | sə́ːtʃɑːdʒ, ―⌐] *n.* **1** 積過ぎ, 過載, 過重. **2** 法外の代金請求, 暴利. **3** 追加(料)金, 割増金. **4** (郵便の)不足税. **5**〘電気〙過充電. **6**〘法律〙**a** (課税財産の不正申告に対する)加重課税〘罰金〙. **b** 《英》不当支出の賠償額. **7**〘郵趣〙**a** (郵便切手の)額面変更のための加刷 (overprint). **b** 額面改訂の加刷がされた切手. **c** 《まれ》額面のほかの寄付金などの表示 《+5, +10 など》. **8**〘石工〙荷重. ― [⌐―⌐|―⌐] *vt.* **1 a** 積み過ぎる, 過載する. **b** …に精神的負担をかける, 圧倒する: His heart was ~*d with* regret. 後悔の念で胸がいっぱいだった. **c** [通例 p.p. 形で] いっぱいにする (overcrowd): The rooms are ~*d.* 満室である. **2** 〈品物・人〉に法外の代金を請求する. **3** (不正申告に対して)〈人〉に加重罰金を徴収する; 不当支出賠償として〈金高を〉徴収[請求]する. **4**〘電気〙過充電する. **5**〘郵趣〙〈切手など〉に額面改訂の印刷をする. **sur·charg·er** [―⌐― | ―⌐―] *n.*

sur·cin·gle [sə́ːsɪŋɡl̩ | sə́ː-] 〘(1390) *sursengle* □ OF *surcengle* ← SUR-[2]+*cengle* belt (< L *cingulam* ← *cingere* to gird)〙 ― *n.* **1** (馬衣の)腹帯; (競走鞍の)上腹帯《通常の腹帯 (girth) の上に鞍の上から締める革または布製の帯》. **2** 帯; (特に)法衣 (cassock) の帯. ― *vt.* 〈馬〉に腹帯をかける; 〈毛布などを〉腹帯で結びつける.

sur·coat [sə́ːkòʊt | sə́ːkəʊt] 〘(*a*1330) *surcote* □ OF: ⇨ sur-[2], coat〙 ― *n.* **1** (*also* **sur·cote** [~]) **a** (中世の男女が用いた)体にぴったりした外衣《一般に丈が長く, 大きな長袖つき; 毛皮で裏打ちしたものが多い》. **b**〘甲冑〙(13-14 世紀に鎖帷子(くさりかたびら)の上に着た)上羽織(うわばおり). **2** (紳士・男児用)ジャケット《一般にヒップ丈, ベルト付》.

surcoat 1 b

sur·cu·lose [sə́ːkjʊlòʊs | sə́ːkjʊləʊs] 〘□ L *surculōs-us* ← *surculus* sucker (dim.) ← *sūrvs* branch: ⇨ -ose[1]〙 ― *adj.*〘植物〙〈マメダオシなど〉吸枝 (suckers) をもった.

sur·cu·lous [sə́ːkjʊləs | sə́ː-] *adj.*〘植物〙= surculose.

surd [sə́ːd | sə́ːd] 〘(1551) □ L *surd-us* deaf, dull 《なぞり》← Arab. *jadhr aṣámm* surd root 《なぞり》← Gk *álogos* irrational, speechless〙 ― *adj.* **1**〘数学〙無理の, 不尽根の, 無理数の (irrational) (↔ rational): a ~ number 無理数, 不尽根数. **2**〘音声〙無声音の (voiceless) (cf. sonant 2 a). **3** 理不尽な. ― *n.* **1**〘数学〙無理数 ($\sqrt{3}$, π, *e* など). **2**〘音声〙無声音 (cf. sonant 2).

sure [ʃʊ́ə | ʃʊ́ə(r, ʃɔ́ː(r] 〘(?*a*1300) □ OF *sure* (F *sûr*) < L *sēcūrum*: SECURE と二重語〙 ― *adj.* (**more ~, most ~; sur·er, -est**) **1** 〈やり方・効果など〉間違いのない, 確かな, 確実な (certain, unfailing); 〈人など〉信頼できる, 当てになる (reliable, dependable): slow and [but] ~ のろいが確かな / a ~ shot [aim] 的をはずさない射手[ねらい] / a ~ method [cure] 確実な方法[治療法] / a ~ source 信ずべき出所 / a ~ friend [messenger] 信頼できる友[使者] / the ~*st* way to succeed 最も確実な成功法 / by a ~ hand 確かな人の手を通して. **2** 確固とした, 丈夫な, しっかりした (firm, stable); 揺るぎない (steady), 強固な: a ~ footing しっかりした足場[立場] / a ~ foundation かたくすえたる石, 確固とした基礎 (*Isa.* 28. 16) / a ~ faith [conviction] 強い信念[確信]. **3** [Predicative に用いて] 確かに[確実に]…する, きっと[必ず]…する (certain) 〈*to* do, *that*〉: You are ~ *to* win. 君は必ず勝つ (cf. 5) / He is ~ *to* pass his exam. 彼はきっと試験に合格する (cf. 5) / Such a day is ~ *to* come. そういう日はきっと来る / It [The weather] is ~ *to* be wet. 天気はきっとくずれる / I thought he would be ~ *to* fail. 彼はきっと失敗すると私は思った / Be ~ *to* come early. 必ず早く来て下さい / Be ~ *to* write me, won't you? きっと便りを下さいね / Be ~ not *to* forget. 必ず忘れるな / Be ~ you finish it. 必ず済ませなさい / Be ~ she gets home. 間違いなく彼女を家まで送り届けなさいよ. ★《口語》では *to* do の代わりに *and* do が用いられることもある: Be ~ *and* bring it. 必ず持って来てくれよ. **4** (客観的に)疑い[不確かさ]のない, 本当の, 真実の, 確実な, 確かな; 避けられない, 必至の (inevitable): a ~ sign 確かな徴候 / ~ proof 確かな証拠 / a ~ and certain hope (根拠のある)確かな希望 (cf. Prayer Book, *the Burial of the Dead*) / ~ grounds for belief 信念の確実な根拠 / make assurance doubly ~ 念には念を入れる (cf. Shak., *Macbeth* 4. 1. 83) / One thing is ~. (他は知らず)一事だけは確かだ / Death is ~. 死は避けられない. **5** [Predicative に用いて] (主観的に)確信して, 確かで, 自信がある (convinced, confident) 〔*of, about*〕〈*that, if, what,* etc.〉: I think he is forty-six, but I am not ~. 彼は 46 歳だと思うが確かではない / I am ~ *of* the fact. その事実を確信している / You may be ~ *of* a welcome. 君はきっと歓迎されるよ / I'm not ~ *about* tomorrow. 明日のことはよくわからない / Don't be too ~. 自信を持ち過ぎるな, 余り確かそうなことは言うな / He feels [looks] very ~ *of* himself. 彼は大いに自信がある[ありそうだ] / I am ~ (*that*) it is true. 確かにそれは本当だ / You may be ~ (*that*) he is honest. 彼の正直なことは確かだ / He is ~ *of* passing [(*that*) he will pass] his exam. 彼は試験に合格すると確信している (cf. 3) / The police are ~ he was murdered. 警察は彼が殺害されたものと確信している / I'm ~ I don't know. =《口語》I don't know, I'm ~. 私は本当に知らない / I'm not ~ *if* I can do it. できるかどうか自信がない / Are you quite ~ *what* it is? それが何か確かに自信があるのか / He was not ~ *how to* get there. そこへ行く行き方に自信がなかった. **6** 《廃》危険のない, 安全な (safe).

for sure (1) 確かに, 確実に, しかと (for certain): I saw it *for* ~. 確かにそれを見た. (2) 確かで: That's *for* ~. それは確かだ. ***make sure*** (1) 確かめる, 念を押す (ascertain): *make* ~ *of* one's facts [the time] 事実[時間]を確かめる / *make* ~ (*that*) the door is locked [*which* is one's train] ドアに鍵がかかっているか[どれが自分の列車か]確かめる / I believe so, but you'd better *make* ~. 確かそうだと思うが確かめてみた方がよい. (2) あらかじめ〔…を〕手に入れる〔*of*〕; 必ず…するように〉手配する 〈*that*〉: *make* ~ *of* a ticket [(*that*) one has a ticket] 切符を確保しておく. (3) [過去時制で用いて] 確信する: He *made* ~ *of* succeeding [(*that*) he would succeed], but he didn't. 彼は自分はきっと成功すると思っていたがだめだった. ***to be sure*** (1) 確かに, もちろん (certainly): Are you happy?—*To be* ~ I am. 幸せですか—もちろん幸せです. (2) [譲歩句] なるほど, いかにも(…だが): He is rich, *to be* ~, but (he is) very stingy. なるほど金持ちには違いないが, すごくけちだ. (3) [間投詞的に] これはこれは, おやまあ, なるほど: So it is, *to be* ~! なるほどそうだわい / Well, *to be* ~! やれやれ, おやまあ. ***Well, I'm sure!*** [間投詞的に] これはこれは, これは驚いた.

― *adv.* **1** 《米口語》疑いなく, 確かに, きっと (undoubtedly): That ~ was a good dinner. 本当にすばらしいご馳走だった / I'm ~ tired. 実際くたびれた. **2** [強い肯定の返答に用いて] 《米口語》もちろん, いいとも (surely, 《英》certainly) (cf. rather 4): May I use your phone?—*Sure*! 電話を拝借できますか—どうぞどうぞ / Can you swim?—I ~ can! 君泳げるかい—もちろん泳げるさ.

(*as*) *sure as death* [*fate, hell, nails, a gun*]=(*as*) *sure as eggs* (*is* [*are*] *eggs*) 《口語》絶対確実に, 本当に間違いなく《★ 2 つ目の as のあとに you are living, I stand here, my name's John, night follows day, God is in Gloucestershire など明白な事実を述べる節の形式が用いられることもしばしばある》. ***sure enough*** 《口語》(1) 案の定(じょう), 果たして: I said he would come, and ~ *enough* here he comes. 彼は来るだろうと言ったが, 案の定ほらやって来た. (2) きっと, 本当に (certainly): That will happen ~ *enough.* そういうことは必ず起こる.

~·ness *n.*

súre dráw *n.* **1** 確実に狐を狩り出せそうな茂み. **2** 相手の本音を確実に引き出せる言葉, 人を確実に釣込む言葉 (cf. draw *n.* 5 b).

súre-enóugh *adj.* 《米口語》現実の, 実際の (real), 本物の (genuine): a ~ circus, cowboy, etc.

súre·fire *adj.* 《米口語》成功間違いなしの, 期待通りになる; 確実な (reliable): a ~ plan / a ~ winner for tomorrow's race 明日のレースで間違いなしの勝馬.

súre·fóoted *adj.* **1** 足(元)の確かな, 足のしっかりした, 転ばない: a ~ horse. **2** 誤らない, 間違わない; 頼もしい, しっかりした. **~·ly** *adv.* **~·ness** *n.*

súre-hánded *adj.* 腕の確かな, 有能な. **~·ness** *n.*

súre·ly 〘(? *c*1300)〙 ― *adv.* **1** 間違いなく, 必ず, 確実に: slowly but ~ ゆっくりとしかし確実に. **2** 安全に (safely), しっかりと (firmly): plant one's feet ~ on the ground 大地にしっかりと足を下ろす. **3** 疑いなく (undoubtedly), 必ず, きっと: He will ~ accept it. きっと引き受けてくれるだろう / The results are ~ satisfactory. 結果は確かに満足すべきものである. **4** [多く否定文の文頭・文尾に置き, 不信または確信の意を強めて] まさか, よもや; 確か, きっと, 必ずや: *Surely* you don't mean it? まさか本気で言ってるんじゃなかろうね / It ~ cannot have been he. まさか彼であったはずがない / There is no truth in it, ~. それはよもやほんとうではあるまい / *Surely* this cold won't last much longer! どうしたってこの寒気はそう長く続くわけがない / *Surely* we have met before. 確かに以前お会いしたことがありますね. **5** [強い肯定の返答に用いて]《米口語》いいですとも, もちろん (certainly) (cf. sure *adv.* 2, rather 4): Are you willing to try?—*Surely.* やってみたいかい—もちろん / May I ask you some questions?—*Surely.* 質問してもよろしいですか—ええどうぞ.

Sûre·té [sʊətéɪ | s(j)ʊə-; *F.* syrte], **la** [lɑː; *F.* la] 〘□ F ～ 'the SURETY'〙 *F. n.* [the ~] (Paris 警視庁などの)捜査課 (cf. C.I.D.). ★ 正式名 le Service de la Sûreté.

súre thíng *n.* 《口語》**1** (成功などの)確実なもの[人・事] (certainty): bet on a ~ 間違いないものに賭ける. **2** 《米》確実に[間違いなく] 起こること: It is a ~ *that*… …ということは確かである[決まっている]. **3** [副詞句として; しばしば間投詞的に]《米》確かに, もちろん, ようし, オーケー (all right): *Sure thing,* I don't mind. 大丈夫, 気にしないよ / Will you be at the dance?—*Sure thing.* ダンスへ行くの—もちろん.

sur·e·ty [ʃʊ́(ə)rəṭi, ʃʊ́əṭi | ʃʊ́ərəti, ʃʊ́əti, ʃɔ́ː-] 〘(? *c*1300) *surte* □ OF (F *sûreté*) < L *sēcūritātem*: ⇨ sure, -ty: cf. security〙 ― *n.* **1** 保証, 請合い; 抵当, 担保. **2** 《古》**a** 確実なこと, 確実性 (sureness): with ~ 確実に. **b** (行動の)自信; 確信 (assurance). **3**〘法律〙保証人, 身許引受人, 保釈保証人 (cf. principal 4 a): stand [go] ~ for …の保証人[引受]人になる / find ~ [*sureties*] 保証人を立てる. **4** 《廃》安全 (safety).

of [*for*] *a surety* 《古》確かに, 確実に (certainly). — *vt.* 《廃》…の保証人になる.

súrety·shìp *n.* **1** 保証, 請合い, 担保; 保証人であること. **2** 〘法律〙保証契約《主たる債務者である他人の金銭債務・債務不履行・不法行為に対して二次的に責任を負う旨の契約, 通常主たる債務者と共に同一の契約によって拘束される; cf. guaranty》.

surf [sə́ːf | sə́ːf] 〘《1685》《変形》? ← 《廃》*suff* ← ?: *sur-* は SURGE の影響か〙 — *n.* **1 a** (海岸・砂浜に砕ける)打ち寄せる波 (cf. billow). **b** (打ち寄せる)波の泡[しぶき, 音]. **2** 打ち寄せる波を思わせるもの: a ~ of dust. **3** サーフィン《ツイストに似た踊りの一種》. — *vi.* **1** (波乗り板 (surfboard) で)波乗りをする, サーフィンをする: go ~*ing*. サーフィンに行く **2** (打ち寄せる)波の中で泳ぐ[遊ぶ]. **~·er** *n.*

surf·a·ble [sə́ːfəbl̩ | sə́ːf-] *adj.* 〈波・海岸など〉サーフィン (surfing) に適する.

sur·face [sə́ːfɪs, -fəs | sə́ː-] 〘《1611》□ F ~ 《なぞり》← L *superficiēs*: ⇨ sur-², face〙 — *n.* **1** 表, 表面, 外面 (outside): on the ~ of the earth [ocean] 地球[大洋]の表面に / the upper ~ 上(表)面 / It has a smooth [an uneven] ~. 表面が滑らか[でこぼこ]だ. **2** うわべ, 見かけ, 外観, 皮相: He looks only at the ~ of men and things. 彼は人も物も表面だけしか見ない / look below [beneath] the ~ of things 事物の内面を見る / One never gets below the ~ with him. 彼の心中にまでは至れない. **3** (空輸・地下鉄輸送に対して)陸上[海上]輸送. **4** 〘数学〙(曲)面: a plane [curved] ~ 平[曲]面 / a developable ~ 展開可能な曲面. **5** 〘航空〙翼面 (airfoil). **6** 〘印刷〙**a** = stone 6. **b** = printing surface.

come to the surface 表面に出てくる, 浮かび上がる; 露見する, 表面化する. ***of the surface*** うわべだけの, 皮相的な: His kindness is only *of the* ~. 彼の親切はうわべだけだ. ***on the surface*** (1) 表面上は, 見かけだけ(は), 外観は. (2) = *of the* SURFACE.

surface of light and shade [the —] 〘建築〙(図学製図での)陰影面.

surface of projection [the —] 〘数学〙投影面《図形や立体が投影される平面》.

surface of revolution [the —] 〘数学〙回転面《平面がその平面上にある直線 g を軸として一回転した時, その平面上の一つの曲線の描く曲面》.

— *attrib. adj.* **1 a** 表面の, 外面の. **b** 水面の: ~ craft 水面艦艇 / a ~ boat 水上艦[船, 艇] (cf. submarine 1 a) / a ~ force 水上部隊. **2 a** (空輸・高架・地下鉄輸送に対して)陸上[海上]輸送の, 陸路の, 路面の: ~ transportation 陸上[海上]輸送 / ⇨ surface car. **b** 陸[海]上郵便の[扱いの]: ⇨ surface mail. **3** 表面だけの, うわべだけの, 皮相の, 外観の (superficial): ~ appearance 外観 / ~ politeness うわべだけの丁寧さ / His information is of the most ~ kind. 彼の知識はきわめて皮相的なものだ. **4** 〘鉱山〙(地下ではなく)地表(近く)[で働く]: ~ workers 坑外夫.

— *vt.* **1 a** 〈紙など〉に(特別の)表[面]をつける. **b** 平ら[なめらか]にする; …の表面仕上げをする. **c** 〈路面を〉舗装する. **2 a** 地表にもたらす[湧き出させる]. **b** 〈潜水艦などを〉水面に浮かばせる, 浮上させる. — *vi.* **1** 〈潜水艦・ダイバーなどが〉水面に出る, 浮上する: The fish ~*d* and jumped. その魚は浮き上って来てはねた. **2** 《米》〈隠したものが〉知れ渡る, 表面化する, 露見する. **3** 《英口語》**a** (ある特別な仕事をした後に)元の[いつもの]生活に戻る. **b** 意識を取戻す. **c** 目を醒ます, 起きる. **4** 〘鉱山〙地表(近く)で採鉱する; 地表[坑外]で働く.

súr·fac·er *n.*

súrface-àctive *adj.* 〘化学〙表面活性の, 界面活性の.

súrface-active ágent *n.* 〘化学〙表面活性剤《表面張力を著しく減少させる物質; 親水基と親油基をもつ物質; 例えば石鹸・洗剤; cf. surfactant ともいう》.

súrface càr *n.* 《米》(高架・地下鉄道に対して)路面電車.

súrface cólor *n.* (宝石などの)表面色 (cf. body color 1).

súrface condènser *n.* 表面凝縮器《水蒸気を冷たいものの表面に触れさせて凝縮させる装置》.

súrfaced 〘[⇨ -ed 2]〙 *adj.* **1** 舗装した: a ~ road. **2** [しばしば複合語の第 2 構成素として] (…の)表面をした: a rough-*surfaced* stone.

súrface dénsity *n.* 〘物理〙面密度, 表面密度.

súrface-effèct shìp *n.* 《米》〘海事〙空気クッション艇《空気を水面に吹き付けて水面上わずかの高さに浮上して, ジェットまたはプロペラーで推進する艇; Hovercraft など》.

súrface fèeder *n.* 〘鳥類〙= dabbler 1 b.

súrface gàuge *n.* 〘機械〙トースカン《工作物に線を描くために用いる道具》.

súrface ìntegral *n.* 〘数学〙面積分《曲面(の領域)上の積分》.

súrface màil *n.* (航空便に対して)陸[海]上郵便(物): by ~.

súrface·man [-mən] *n.* (*pl.* **-men** [-mən, -mèn]) **1** 路面補修工夫. **2** 〘鉄道〙保線工夫. **3** 〘鉱山〙坑外(作業)夫.

súrface nòise *n.* 表面雑音, 針音《レコードの溝を針が通るとき摩擦によって生じる雑音; needle scratch ともいう》.

súrface plàte *n.* 〘機械〙定盤(じょうばん)《工作測定に使う平面規準; planometer ともいう》.

súrface prìnting *n.* 〘印刷〙**1** 凸(とつ)版印刷 (letterpress). **2** 平版印刷 (⇨ planography).

súr·fac·er *n.* **1** 表面仕上げをする人[もの]. **2** 〘木工〙**a** 平がんな. **b** (表面を円滑に仕上げるための)下地塗料. **c** (石材の表面の)平滑機械.

súrface ràilway *n.* 路面鉄道.

súrface resìstance *n.* 〘電子工学〙表面抵抗.

súrface-rìpened *adj.* 〈チーズが〉表面が熟した.

súrface sóil *n.* 〘土壌〙表土 (cf. subsoil).

súrface strúcture *n.* 〘言語〙表面[表層]構造《深層構造に変形規則を適用して得られる構造; 表面構造に音韻規則を適用すると音声表示が得られる; cf. deep structure》.

súrface ténsion *n.* 〘物理〙表面張力, 界面張力.

súrface-to-áir *adj.* 〈ミサイル・通信など〉地上[水上]から大気中の目標に飛ぶことができる, 地対空の: a ~ missile 地[艦]対空ミサイル. — *adv.* 地上[水上]から大気中の目標に, 地[艦]対空へ.

súrface-to-súrface *adj.* 〈ミサイル・通信など〉地上[水上]から遠く離れた地上[水上]の目標へ飛ぶことができる, 地対地の, 艦対艦の (cf. ground-to-ground, land-to-land): a ~ missile. — *adv.* 地上[水上]から地上[水上]の目標へ, 地対地へ, 艦対艦へ.

súrface-to-únderwater *adj.* 〈ミサイル・通信など〉地上[水上]から水中の目標へ飛ぶことができる, 地[艦]対水中の: a ~ missile. — *adv.* 地上[水上]から水中の目標へ, 地[艦]対水中へ.

súrface wàter *n.* 地上水, 地表水 (cf. groundwater).

súrface wàve *n.* 〘地震〙表面波 (cf. body wave).

súr·fac·ing *n.* **1** 表面仕上げ, 正面削り. **2** 表面仕上げ材料. **3** 地表にある鉱石の採掘.

sur·fac·tant [səːfǽktənt, ‐ ‐ ‐ | səːfǽktənt, ‐ ‐ ‐] 〘← SURF(ACE)-ACT(IVE) + A(GE)NT〙 *n.* 〘化学〙= surface-active agent.

súrf·bìrd *n.* 〘鳥類〙アワチドリ (*Aphriza virgata*) 《Alaska に巣を作って冬は南国に渡るシギの一種》.

súrf·bòard *n.* サーフボード, 波乗り板 (cf. surfing). — *vi.* (サーフボードで)波乗りをする, サーフィンをする. **~·er** *n.*

súrf·bòard·ing *n.* サーフィン, 波乗り (surfing).

súrf·bòat *n.* 磯船《打ち寄せる波を乗り切るために両端を高くして浮力を大きくした堅固な作りのボート》.

súrf-càst *vi.* 〘釣〙(海で)投げ釣りをする. **~·er** *n.*

súrf càsting *n.* 〘釣〙投げ釣り《頑丈な釣道具を用い仕掛を岸から海に投げて釣る》.

súrf clàm *n.* 〘貝類〙二枚貝綱バカガイ科の貝の総称《バカガイ (*Mactra chinensis*) など》.

súrf dùck *n.* 〘鳥類〙クロガモ (scoter), (特に)アラナミキンクロ (surf scoter).

sur·feit [sə́ːfɪt, -fət | sə́ːfɪt] 〘《a1325》□ OF ~ < VL **superfactum* (neut. p.p.) ← **superficere* to overdo ← SUPER- + *facere* 'to DO¹': ⇨ fact〙 — *n.* **1** 食い過ぎ, 飲み過ぎ. **2 a** 食傷, 飽満 (satiety). **b** 過度; 氾濫, 洪水 〔*of*〕: a ~ *of* concerts [detective novels] 音楽会[探偵小説]の氾濫 / a ~ *of* advice [commercials] うんざりするほどの忠告[コマーシャル]. **3** 《古》食べ[飲み]過ぎによる不快感[病気].

to* (*a*) *surfeit 飽き飽き[うんざり]するほどに(に).

— *vt.* **1** 〔…を〕…に食い[飲み]過ぎさせる 〔*with*〕. **2** 〔…を〕…で飽満させる, 飽き飽きさせる, 食傷させる (satiate) 〔*with*〕. **3** 〈物を〉…に供給しすぎる, 氾濫させる 〔*with*〕. — *vi.* **1** 《古》食い[飲み]過ぎる, 満腹する; 《廃》食い[飲み]過ぎて病気[不快]になる. **2** 《古》飽き飽きする. **3** 《古》過度に耽る. **~·er** [-tə | -tə(r)] *n.*

súrf·er *n.* 波乗り[サーフィン]をする人.

súrfer's knòt *n.* 〘サーフィン〙(サーフボードの摩擦により膝下や足の甲にできる)波乗りをする人のたこ.

súrf fìsh *n.* 〘魚類〙**1** ウミタナゴ《北米太平洋岸の浅い海に生息するウミタナゴ科のさい魚類の総称》. **2** 北米太平洋岸に生息するニベ科 *Umbrina* 属のが一が一鳴く croaker の総称. **3** = surf smelt.

sur·fi·cial [səːfíʃəl | səː-] *adj.* 地上の, 地表の. **~·ly** *adv.*

súrf·ing *n.* 波乗り, サーフィン (surf-riding).

súrf·man [-mən] *n.* (*pl.* **-men** [-mən, -mèn]) **1** 磯船 (surfboat) を扱うのがうまい人. **2** (米国沿岸警備隊の)救命艇員.

súrf·pèrch *n.* 〘魚類〙= surf fish 1.

súrf-rìding *n.* = surfing.

súrf scòter *n.* 〘鳥類〙アラナミキンクロ (*Melanitta perspicillata*) 《北米産のクロガモの一種》.

súrf smèlt *n.* 〘魚類〙米国 California 州沿岸の浅い海に生息するキュウリウオ科の魚 (*Hypomesus pretiosus*).

surf·y [sə́ːfi | sə́ːfɪ] *adj.* (**surf·i·er; -i·est**) **1** 押し寄せる波の(ような). **2** 押し寄せる波の多い.

surg. 《略》surgeon; surgery; surgical.

surge [sə́ːdʒ | sə́ːdʒ] 〘n.: 《1490》← OF *sourge-* (stem) ← *sourdre* to rise, surge < L *surgere* ← *sur-* 'SUB-, up' + *regere* to lead, rule: cf. regent. — v.: □ MF *sourgir* □ OSp. *surgir* < L *surgere*〙 — *vi.* **1 a** 波打つ, 波立つ: A wave ~*ed* over him. 彼の上に波がかぶった. **b** 〈群衆・畑の作物などが〉波のように動く[揺れる], 波のように打ち寄せる, 殺到する: A big crowd ~*d* out of the baseball stadium. 野球場から大群衆がどっと出て来た / Blood ~*d* to his face. 彼の顔に血がさっとさした. **c** 〈感情などが〉湧き立つ, 渦巻く: Jealousy ~*ed up* within her. 心中に嫉妬(しっと)心が湧き立った. **2** 〈船が〉波に揺れる[もまれる]: A ship ~*s* at anchor. 船が錨につながれて波と共に動く. **3** 〘電気〙〈電流・電圧などが〉急に増す, ひどく動揺する. **4** 〘海事〙**a** 〈引っ込み中の索が〉滑って後戻りする. **b** 〈錨巻上げ機などのロープが〉緩む. **5** 〘機械〙〈管内の流体の圧力・流量などが〉周期的に変動する, サージする. — *vt.* **1** 波に翻弄(ほんろう)させる; 波のようにうねらせる. **2** 〘海事〙〈ロープを〉滑らせて緩める. — *n.* **1 a** 大波, うねり波 (billow). **b** 海のうねり, うねる海. **2** 波動, 動揺; 渦巻き, 湧き立ち, 殺到: a ~ of smoke [flame] 渦巻く煙[火炎] / A ~ of anger rushed over him. 彼は怒りが込みあげてきた. **3** 〘電気〙(電流の)動揺, サージ. **4** 〘海事〙(引き込み中の索の)後戻り. **5** 〘海洋〙**a** サージ《急激な気圧の変化》. **b** 風津波. **6** 〘機械〙サージすること (cf. *vi.* 5).

súrge chàmber *n.* 〘機械〙= surge tank.

súrge impédance *n.* 〘電気〙波動インピーダンス, 特性インピーダンス, サージインピーダンス.

sur·geon [sə́ːdʒən | sə́ː-] 〘《?c1300》*surg(i)en* □ AF 《短縮》← OF *serurgien* (F *chirurgien*) ← *serurgie* 'SURGERY': CHIRURGEON と二重語〙 — *n.* **1** 外科医 (cf. physician, internist). **2** 軍医; 船医. **3** 〘魚類〙= surgeonfish.

sur·geon·cy [sə́ːdʒənsi | sə́ːdʒənsɪ] 〘⇨ ↑, -cy〙 *n.* 《英》軍医の職務[地位].

súrgeon déntist *n.* 歯科医, (特に)口腔外科医.

súrgeon·fish 〘lancet に似たとげがあることから〙 *n.* 〘魚類〙ニザダイ科の海産魚の総称《尾柄に可動性のとげがあり有毒; tang ともいう; cf. doctorfish》.

súrgeon géneral *n.* (*pl.* **surgeons g-**) **1** 〘軍事〙軍医総監. **2** [しばしば S- G-] (米国公衆衛生局 (Public Health Service) の)医務長官.

súrgeon's knót *n.* 〘医学〙= surgical knot.

sur·ger·y [sə́ːdʒ(ə)ri | sə́ːdʒ(ə)rɪ] 〘《?c1300》□ OF *surgerie* 《短縮》← *serurgerie, cirurgerie* ← *serurgie, cirurgie* □ L *chīrūrgia* □ Gk *kheirourgía* ← *kheirourgós* working by hand ← *kheír* hand + *érgon* 'WORK': CHIRURGERY と二重語: ⇨ -ery〙 — *n.* **1 a** 外科(術); 外科的処置, 手術 (cf. medicine 1): antiseptic ~ 防腐手術 / clinical [plastic] ~ 臨床[形成]外科(術) / ⇨ tree surgery. **b** 抜本的な処置, 荒療治. **2** 《米》手術室. **3** 《英》**a** (開業医の)診療室, 診察室《診療と薬の処方をする》. **b** 診療時間. **4** 《英口語》(下院議員・弁護士などの)相談所, 事務所.

súrge tànk *n.* 〘機械〙サージタンク, 調圧[調整]水槽《圧力・水量などの不均衡や一時的変化を調整するタンク; surge chamber ともいう》.

Surg. Gen. 《略》Surgeon General.

sur·gi·cal [sə́ːdʒɪkəl, -dʒə- | sə́ːdʒɪ-] 〘《1770》← SUR-G(EON) + -ICAL〙 — *adj.* **1 a** 外科の, 外科的な; 手術の; 手術上の, 外科的手術を要する (↔ medical): a ~ operation 外科手術 / ~ treatment 外科的手当て[処置]. **b** 外科医の. **2** 外科用の: ~ instruments 外科[手術]用具. **3** 外科手術後[から]起こる: ~ fever / ~ risk 手術の危険度. **~·ly** *adv.*

súrgical bóot *n.* 矯正靴《形成外科用の靴》.

súrgical knòt *n.* 〘医学〙外科結び《通例こま結び, またはこま結びにして最初二かけする結び方》.

súrgical néedle *n.* (外科用の)縫合針.

súrgical shóe *n.* = surgical boot.

súrgical spírit *n.* 《英》(外科消毒用)メチルアルコール.

surg·y [sə́ːdʒi | sə́ːdʒɪ] *adj.* 《古》大波の (billowy), 荒波の, うねりの高い; 大波の多い.

su·ri·cate [sú(ə)rəkèɪt | s(j)ʊ́ərɪ-] 〘□ F *surikate* ← S-Afr. 《土語》〙 — *n.* (*also* **su·ri·cat** [-kæ̀t]) 〘動物〙ミーアカット (*Suricata tetradactyla*) 《アフリカ南部産のマングースに似たジャコウネコ科スリカタ属の動物》.

Su·ri·nam [sʊ́(ə)rənæ̀m, sʊ̀(ə)rənáːm | sʊ̀ərɪnǽm] *n.* スリナム《南米北東岸の共和国, もとオランダ自治領で Dutch [Netherlands] Guiana と呼ばれたが 1975 年 11 月独立; 人口 411,000, 面積 163,820 km², 首都 Paramaribo; 公式名 the Republic of Surinam スリナム共和国》.

Súrinam chérry *n.* **1** 〘植物〙ピタンガ (*Eugenia uniflora*) 《ブラジル産の果樹; pitanga ともいう》. **2** ピタンガの実《黄または赤のさくらんぼうに似た食用の酸っぱい実》.

Súrinam tóad *n.* 〘動物〙コモリガエル (*Pipa pipa* [*americana*]) 《南米 Guiana 特産のカエル; 雌は背中の皮膚の凹みの中で卵を孵(ふ)化する; pipa ともいう》.

sur·jec·tion [səːdʒékʃən | səː-] 〘← ? F *sur* over (⇨ sur-²) + (PRO)JECTION〙 *n.* 〘数学〙全射《始域の像が終域と等しくなるような写像; onto mapping ともいう》.

sur·jec·tive [səːdʒéktɪv | səː-] *adj.* 〘数学〙全射的な《写像が全射 (surjection) であることについていう》.

sur·ly [sə́ːli | sə́ːlɪ] 〘《1566》《変形》← 《廃》*sirly* 《原義》lordly: ⇨ sir, -ly²〙 — *adj.* (**more ~, most ~; sur·li·er, -li·est**) **1** (意地悪く)不機嫌な, むっつりした; 無愛想な, つっけんどんな: a ~ man, dog, etc. / ~ language, manners, etc. **2** 〈天候が〉荒れ模様の, 険悪な. **3** 《廃》高慢な, 横柄な (haughty). **súr·li·ly** [-lɪli, -lə- | -lɪ] *adv.* **súr·li·ness** *n.*

sur·mis·a·ble [səmáɪzəbl̩ | səː-] *adj.* 推量される, 推測できる.

sur·mise 〘《?c1400》← OF *surmis(e)* (p.p.) ← *surmettre* to charge, accuse, 《原義》to put upon □ L *supermittere* ← SUPER- + *mittere* to throw: cf. mission〙 — [səmáɪz | səːmáɪz, ‐ ‐, səmáɪz] *v.* — *vt.* 推量する, 推測する; 〈…かと〉思う 〈*that*〉: I ~*d that* he had failed in his business. 彼は事業に失敗したのだと推測した. — *vi.* 推量する, 推測する. — [sə-máɪz, sə́ːmaɪz | sə́ːmaɪz, ‐ ‐́, səmáɪz] *n.* **1** 確証なし

に作られる考え；推量，推測，臆(おく)測．**2**《古》**a** 疑い (suspicion)．**b** ごく僅か．**3**《廃》証拠のない申し立て (allegation).

sur·mount [sərmáunt | səː-, sə-]〘《1369》▭ (O)F *surmont-er*: ⇨ sur-², mount¹〙── *vt.* **1**〈山を〉登る (climb)；乗り越える：～ a hill. **2**〈困難・障害などを〉乗り越える，克服する，切り抜ける (overcome)：～ barriers, obstacles, hardship, etc. **3 a** …の上にある[載っている]：A cross ～s the steeple of a church. 十字架が教会の尖塔の上に載っている．**b** [しばしば p.p. 形で] …の上に〔…を〕置く，載せる，冠する (cap)〔*with*〕：peaks ～*ed with* snow 雪を頂く峰．**4**《廃》…よりまさる，卓越する (surpass). **～·er** [-tə | -tə(r)] *n.*

sur·mount·a·ble [sərmáuntəbl | səːmáunt-, sə-] *adj.* 克服[打破]できる，切り抜けられる．

sur·mul·let [səːmʌ́lɪt, -lət | səː-]〘《a1672》▭ F *surmulet* < MF *sormulet* ← ? *sor* reddish brown＋*mulet* 'MULLET¹'〙*n.* (*pl.* **～s**, ～)〘魚類〙＝goatfish.

sur·name [sə́ːnèɪm | sə́ː-]〘《?a1300》(なぞり) ← AF *surnoun*＝OF *sornom* ← SUR-²＋*nom* 'NAME'〙── *n.* **1** 姓，氏，名(みょう)字 (family name) (⇨ name 1). **2** (もと，生地・住居・職業その他の特徴から洗礼名などに付加された) 異名，あだ名，通称，称号《例えば William Rufus の Rufus (赤毛)》．── *vt.* **1**〈人〉に異名を付ける：Alfred ～*d* the Great「大王」と呼称されるアルフレッド．**2**〈人〉に姓を付ける．

sur·pass [sərpǽs | səpɑ́ːs, səː-]〘《1555》▭ (M)F *surpass-er*: ⇨ sur-², pass¹〙── *vt.* **1 a** …よりまさる，すぐれる，…以上に出る，しのぐ (outdo, excel)：～ all the competitors in speed 速さで全競争者をしのぐ / The result ～*ed* all our expectations. 結果は全く予想以上だった．**b** [～ *oneself* で] これまでにない手並を見せる．**2** …の力量・範囲などを越す，超越する：beauty ～*ing* all description 言いようのない美しさ / a task that ～*es* one's skill 力に余る仕事．

sur·páss·ing *adj.* 並はずれた，卓越した (supereminent)；無比の (matchless)：a woman of ～ beauty 絶世の美人．── *adv.*《古・詩》卓越して，ずば抜けて；とても，非常に (exceedingly). **～·ly** *adv.*

sur·plice [sə́ːplɪs, -pləs | sə́ː-]〘《c1300》*surplis* ▭ AF ＝OF *sourpelis* (F *surplis*) ▭ ML *superpellicium* ← SUPER-＋ML *pellicium* fur coat (← L *pellicius* made of skin ← *pellis* skin: cf. fell¹)〙── *n.* **1** サープリス，短白衣《英国国教会やカトリック教会で聖職者が cassock の上に着る袖の広い短い白衣；聖歌隊員なども着る》．**2** 前身頃(ごろ)を斜めに重ね合わせる衣服．── *adj.* ＝surpliced 2.

surplice 1

súr·pliced〘⇨↑, -ed 2〙*adj.* **1** サープリス (surplice) を着た：the ～ choir. **2** ネックラインが着物のように斜めに重なった：a ～neckline, sweater, etc.

súrplice-fèe *n.*〘英国国教会〙ころも代《結婚式・葬式などで牧師に出す謝礼》.

sur·plus [sə́ːplʌs, -pləs | sə́ːpləs]〘《c1385》▭ (O)F ～ ▭ ML *superplūs*: ⇨ super-, plus〙── *n.* **1** 余り，剰余，余分，過剰 (overplus)：in ～ 余分に，余計に，残って，余って．**2**《英》過剰量，余分額．**3**《米》(政府が政策的に買い上げる)過剰[余剰]農産物．**4**〘会計〙剰余金．── *attrib. adj.* 残りの，余りの，余剰の：the ～ food of America 米国の余剰食糧 / a ～ population 過剰人口 / ～ funds 剰余金．

sur·plus·age [sə́ːplʌsɪdʒ, -pləs- | sə́ːpləs-]〘《c1407》▭ ML *surplūsag-ium*: ⇨↑, -age〙── *n.* **1** 余分，余剰，過剰 (surplus). **2** (必要のない)余計な文句；不必要な事項．**3**〘法律〙争点の判断に不必要な事実の主張 (cf. inducement 3 b).「価値．

súrplus válue *n.*〘経済〙(マルクス経済学での)剰余

sur·print [sə́ːprɪ̀nt | sə́ː-] *vt.* **1**〘印刷〙(既に印刷したものの上に)〈名前・住所などを〉刷り込む[重ね刷りする] (overprint). **2**〘写真〙(現像した画像のあるフィルムを再び感光性にして)〈別の画像を〉重ね焼きする．── *n.* **1**〘印刷〙刷込み (overprint). **2**〘写真〙重ね焼きした像．

sur·pris·al [sərpráɪzəl, sə-, -zḷ | sə-]〘⇨↓, -al²〙*n.* **1** 驚き，仰天 (surprise). **2** 不意打ち，奇襲．

sur·prise [sərpráɪz, sə- | sə-]〘n.:《1457》▭ (O)F ～ (fem. p.p.) ← OF *surprendre* to overtake < ML *surprehendre* ← SUR-²＋L *prehendere* to seize: ⇨ prehensile〙── *vt.* **1 a** 驚かす，びっくりさせる，意外がらせる：His conduct ～*d* me. 彼の行ないにはあきれた / She was much ～*d* by a knock at the door. ドアにノックがしてぎょっとした．**b** [p.p. 形で，形容詞的に] 驚く，びっくりする (cf. surprised)：She was more ～*d* than frightened. 恐ろしいよりむしろびっくりした / I shouldn't be ～*d* if it rains [rained]. 雨になっても別に驚きはしない《どうやら天気がくずれそうだ》/ I shouldn't be ～*d* if his heart wasn't a bit wonky. 彼の心臓が少々弱いといっても驚かないね / I am very ～*d at* you. 君にはまったく驚いたね，君は本当にあきれたもんだ / It's nothing to be ～*d about* [*at*]. それは別に驚くにはあたらない / I was ～*d at* seeing [*to* see] him there. あそこで彼に会ってびっくりした / He was pleasantly ～*d to* hear the news. その知らせを聞いて心地よい驚きを感じた / They are ～*d* (*that*) you have had an accident. 君が事故に会ったので彼らはびっくりしている / You'll be ～*d how* kind he is. 彼の親切なのにびっくりするだろう．**2 a** 奇襲する，不意打ちする：～ the enemy's camp / Hijackers ～*d* the truck. 強盗がトラックを急襲した / They were ～*d* by the attack. 彼等は不意打ちの攻撃を受けた．**b** (不意に)〔…をして〕驚かせる〔*with, by*〕：We ～*d* him *with* [*by*] a visit [gift, party]. だしぬけに訪ねて行って[贈物をして，パーティーを開いてやって]彼をびっくりさせた (cf. surprise party 1, SURPRISE visit). **3** (現行中の)〈人を〉捕える；〈…しているところを〉押える〈*doing*〉：～ a pickpocket (in the act of) stealing すりを現行犯で逮捕する /～ robbers breaking into a bank 強盗が銀行に押し入る現場を押える．**4 a**〈人を〉びっくりさせて〔ある行動を〕させる〔*into*〕：He ～*d* me *into* consent [dropping my book]. だしぬけにせきたてられて同意した[不意に驚かされて本を落とした]．**b** 不意打ちを食わせて〔人から〕〈秘密などを〉聞き出す〔*from, out of*〕：They ～*d* the facts *from* [*out of*] him. 彼の意表を突いて事実を聞き出した．**5** 突然発見する：I ～*d* a flush on her face. 彼女の顔に赤みがさすのにふと気づいた．

── *n.* **1** 驚き，びっくり：with a look of ～ 驚いた顔つきで / exclaim *in* ～ 驚いて叫ぶ / show some [much] ～ (*at*…) (…に)少し[大いに]驚いた様子を示す / His ～ was visible. 彼の驚きははっきりと顔に現われた．**2** 驚くべきこと[物]，意外の事[物]《事件・報道・贈物など》；番狂わせ：a pleasing ～ 愉快な驚き，意外な喜びごと / a game full of ～*s* 番狂わせ続出の試合 / His visit was a great ～ *to* me. 彼の訪問は思いがけないことであった / I have a ～ *for* you. 君を驚かせるものがある《贈物・知らせなど》/ What a ～! これは驚いた．**3** 不意打ち，奇襲：capture a fortress by ～ 要塞を奇襲占領する．

catch by surprise＝*take by* SURPRISE (1). ***take by surprise*** (1) びっくりさせる，仰天させる：The news *took* Washington *by* ～. その報道は米国政府を震駭(がい)させた．(2) 奇襲する；…の油断している所を捕える；…の不意を襲う，…に不意打ちを食わせる．***to one's surprise*** 驚いたことには (cf. surprisingly)：*To my* (great) ～ he failed (in) the exam. 私の(非常に)驚いたことには彼は試験に落ちた．

── *attrib. adj.* 突然の，予告なしの：a ～ attack 奇襲 / a ～ ending (劇・小説の)どんでん返し / a ～ present 思いがけない贈物 / a ～ search 抜き打ち捜査 / a ～ visit だしぬけの訪問；臨検 / (⇨ surprise party.

sur·prís·er *n.*

sur·prísed *adj.* 驚いた，びっくりした (cf. surprise *vt.* 1 b)：a ～ look 驚いた(ような)顔つき / look ～ 驚いた(ような)様子に見える．

sur·prís·ed·ly [-zɪdli, -zəd-, -zd- | -lɪ] *adv.* 驚いて，びっくりして；不意(打ち)を食らって．

surpríse pàcket [pàckage] *n.*《英》びっくり包み《中から貨幣などが出て来る菓子袋など；cf. jack-in-the-box 1》.

surpríse pàrty *n.* **1**《米》びっくりパーティー《友人たちがあらかじめ相談して食べ物などを用意して突然人の家などに押し掛け，そこでその人を主賓にして催すパーティー》．**2** (しばしば不愉快な)不意の[思わぬ]出来事．**3** 奇襲隊．

sur·prís·ing *adj.* **1** 驚くべき，びっくりさせる(ほどの)，意外な，目ざましい：make ～ progress 目ざましい進歩を遂げる / It is ～ *that* …ということは驚くべきことだ．**2** 不意の，不意打ちの (unexpected). **3**《古》すばらしい (admirable). **～·ness** *n.*

sur·prís·ing·ly〘《1661》〙── *adv.* 驚くほど(に)；驚いたことには：*Surprisingly for* him John failed (in) the exam. 自分でも驚いたことにはジョンは試験に落ちた《★ この用法では for の目的語となる代名詞は主文の主語と同一でなければならない；cf. *to one's* SURPRISE》.

sur·prize [sərpráɪz, sə- | sə-] *vt., n., adj.* ＝surprise.

sur·ra [súrə, sə́ː(r)ə | súrə, sʌ́rə]〘▭ Marathi *sūra* wheezing sound〙── *n.* (*also* **sur·rah** [～])〘獣医〙スラ《インド・ビルマ地方で馬・牛・らくだ・象・犬などの伝染病で，トリパノソーマ科の原生動物 *Trypanosoma evansi* の寄生による悪性貧血症》.

sur·re·al [səríːəl, səːr-, sʊ(ə)r- | səríəl, s(j)ʊr-]〘《逆成》〙*adj.*〘文芸〙超現実主義(的)の (surrealist). ── *n.* [the ～] 超現実的なもの．**～·ly** *adv.*

sur·re·al·ism [səríːəlɪzm, səːr-, sʊ(ə)r-, -ríəl- | sə-ríəl-, s(j)ʊr-]〘《1927》▭ F *surréalisme*: ⇨ sur-², realism〙── *n.*〘文芸〙超現実主義，シュールレアリスム《1920 年代初頭に A. Breton を中心として起こった文芸・芸術上の運動；意識の底に潜むイメージを表現して，理性の束縛を脱し，精神の完全な解放をはかる》.

sur·ré·al·ist [-lɪst, -ləst | -lɪst]〘《1927》〙〘文芸〙*adj.* 超現実主義の．── *n.* 超現実主義(支持[信奉])者．

sur·re·al·is·tic [səriːəlɪ́stɪk, səːr-, sʊ(ə)r-, -rìəl- | səriə-, s(j)ʊr-] *adj.*〘文芸〙＝surrealist. **sur·rè·al·ís·ti·cal·ly** *adv.*

sur·re·but [sə̀ː(r)ɪbʌ́t, -(r)ə- | sʌ̀rɪ-]〘← SUR-²＋REBUT〙*vi.* (**-but·ted**; **-but·ting**)〘法律〙〈原告が〉第 4 回目の訴答 (pleading) をする．

sur·re·but·tal [sə̀ː(r)ɪbʌ́tḷ, -(r)ə- | sʌ̀rɪbʌ́tḷ] *n.*〘法律〙(原告が行なう) 第 4 回目の訴答 (surrebutter) のための立証[証拠の提出]《被告の第 3 回目の訴答 (rebutter) に対するもの》.

sur·re·but·ter [sə̀ː(r)ɪbʌ́tə, -(r)ə- | sʌ̀rɪbʌ́tə(r)] *n.*〘法律〙(原告の)第 4 回目の訴答 (cf. pleading 2 c).

sur·re·join [sə̀ː(r)ɪdʒɔ́ɪn, -(r)ə- | sʌ̀r-] *vi.*〘法律〙〈原告が〉第 3 回目の訴答をする．

sur·re·join·der [sə̀ː(r)ɪdʒɔ́ɪndə, -(r)ə- | sʌ̀rɪdʒɔ́ɪndə(r), -rə-]〘← SUR-²＋REJOINDER〙── *n.*〘法律〙原告の第 3 回目の訴答《被告の第 2 回目の訴答 (rejoinder) に対するもの；cf. pleading 2 c》.

sur·ren·der [səréndə | -də(r)]〘v.:《1466》▭ OF *surrendre*: ⇨ sur-², render〙── *vt.* **1 a** (要求・強制によって)引き渡す，手渡す，明け渡す (deliver)：～ a fortress to the enemy 要塞を敵に明け渡す / ～ one's sword (降参のしるしに)剣を渡す / ～ a ticket at the exit 出口で切符を手渡す．**b** 譲り渡す：～ one's place. **2**〈地位・特権・希望などを〉放棄する：～ comforts, hopes, freedom, etc. / ～ one's position, office, privilege, etc. **3** [～ *oneself* で] **a** (特に，捕虜として)〔…に〕身を任せる，降参する，降伏する〔*to*〕：～ *oneself to* justice [the police] 自首する．**b** (習慣・感情・感化などに)身を委(ゆだ)ねる[任す]，耽る〔*to*〕：～ *oneself to* indolence [despair, grief] 怠惰にふける[がっくりと絶望する，悲嘆に暮れる]．**4**〘保険〙(払込み保険料に基づく積立金の一部の払戻しを受けて)〈保険を〉解除する：～ an insurance policy 保険を解約する．── *vi.* **1** 降参する，降伏する，屈従する；自首する：～ at discretion 無条件で降伏する．**2** (説得・圧力などに)負ける；〔…に〕身を委ねる，耽る〔*to*〕：～ *to* grief 悲嘆に暮れる．

── *n.* **1** 引渡し，明渡し；譲渡：～ of a fugitive 逃亡犯人の引渡し．**2** 降伏，開城．**3** 自首．**4**〘保険〙(払込み保険料に基づく積立金の一部の払戻しを受けて行なう)保険解約：⇨ cash surrender value. **5**〘法律〙**a** 権利放棄《生涯権 (estate for life)・賃借権 (estate for years) を有する者が，その権利を残余権者 (remainderman)・復帰権者 (reversioner) のために放棄し，当該生涯権・賃借権の消滅すること》．**b** (特許権者による)特許権の放棄．**c** 犯人の身柄引渡し《surrender by bail ともいう》；外国の官憲との間における逃亡犯人の引渡し．**d** 破産債務者による(破産債権者への)財産の譲渡．

surrénder chàrge *n.*〘保険〙解約控除．

surrénder vàlue *n.*〘保険〙解約返戻(へんれい)金．

sur·rep·ti·tious [sə̀ː(r)əptɪ́ʃəs, -(r)ɪp-, -(r)ep- | sʌ̀r-]〘《1443》▭ L *surreptitius* ← *surreptus* (p.p.) ← *surripere* to take away secretly ← SUB-＋*rapere* to seize (cf. rapid)：⇨ -ous〙── *adj.* **1** 人目を忍んで[こっそり]得た[行なった]，秘密の，内密の，内々の (clandestine)；こそこそする (furtive)：a ～ glance 盗み見 / ～ pleasures [acts] 人目を忍んで行なう快楽[行為] / a ～ negotiation 秘密交渉．**2** 不正の，こっそり作られた：a ～ copy of a book 海賊版の本．**3** 欺いて行なった，だまして手に入れた．**～·ly** *adv.* **～·ness** *n.*

sur·rey [sə́ːri | sʌ́rɪ]〘↓：最初の製造地〙── *n.*《米》**1** サリー型馬車《軽快な 2 座席 4 人乗りの四輪馬車》．**2** サリー型馬車に似た初期の自動車．

surrey 1

Sur·rey [sə́ː(r)i | sʌ́rɪ]〘OE *Sūþer-gē* ← *sūþer* southern＋*ieg* land, district: cf. island〙── *n.* イングランド南東部，London 南部に接する州；人口 1,000,000，面積 1,678 km²；首都 Guildford.

Sur·rey [sə́ː(r)i | sʌ́rɪ], **Henry Howard** *n.* (1517?–47) 英国の詩人；英国最初の無韻詩 (blank verse) を作り，また Sir Thomas Wyatt と共に最も早く sonnet の形式を採り入れた；Earl of Surrey.

sur·ro·gate [sə́ː(r)əgèɪt, -gət, -gɪt | sʌ́r-]〘v.:《1533》← L *surrogāt-us* (p.p.) ← *surrogāre* to substitute ＝ *subrogāre* 'to SUBROGATE'〙── *n.* **1 a** 代理人，名代 (deputy). **b** 代わり，代用物 (substitute)〔*for, of*〕. **2 a**〘英国国教会〙主教代理《主教 (bishop) によって指命された，予告 (banns) なしに結婚の許しを与える人》．**b** (宗教裁判における)司教(bishop) 代理．**3**〘米法律〙代理官《New York 等若干の州における遺言検認や後見管轄の判事(職員)；cf. prerogative court 2》．**4**〘精神医学〙(精神的な)代理人；(特に)親代りの人物《例えば夢の中の王様は父親》．── [-gèɪt] *vt.* **1** …の代理を勤める．**2**〘法律〙代位する (subrogate). **～·ship** *n.* **sur·ro·ga·tion** [sə̀ː(r)əgéɪʃən | sʌ̀r-] *n.*

súrrogate's cóurt *n.*〘米法律〙(遺言)検認後見裁判所 (⇨ probate court).

sur·round [səráund]〘《1444》*surrounde(n)* to overflow ▭ OF *s(o)urond-er* < LL *superundāre* ← SUPER-＋*undāre* to rise in waves (← *unda* wave)：⇨ water：現在の形と意味は ROUND¹ の影響を受けた〙── *vt.* **1** 囲む，取り囲む，取り巻く (encircle)：A crowd ～*ed* him.＝He was ～*ed by* a crowd. 彼は群衆に取り囲まれた / ～ a park *with* a wall 公園の周囲に塀をめぐらす / The house is ～*ed by* [*with*] trees. 家は木々に取り囲まれている / She grew up ～*ed by* luxury. 彼女は贅(ぜい)沢に囲まれて育った / He ～*s* himself *with* sycophants. 彼は追従(ついしょう)者に取り巻かれている[しか回りにおかない]．**2**〘軍事〙包囲する．── *n.* **1 a** 取り囲むもの．**b** 近郊，周辺：rural ～ 近郊の田園．**c**《英》(緣)飾り，縁取り：a fireplace with a ～ of red brick 赤れんがの飾り縁がついた暖炉．**d**《英》へり敷物《壁と絨毯(じゅうたん)との間に敷く》．**2**〘狩猟〙巻狩《野

生の動物を包囲するか逃げられないような地点に追い込んで狩りをする狩猟法).

sur·róund·ing *adj.* **1** 取り囲む, 取り巻く. **2** 周囲[周辺]の, 近郊[付近]の: the ~ country 周囲の田舎, 近郊. — *n.* **1** 取り囲むこと, 囲い込むこと. **2** 〖《15C》《廃》a overflowing〗[*pl.*] 四囲の状況, 環境, 周囲 (environment); 付近, 近所: luxurious [degraded, cultured, healthy] ~*s* 贅沢な[自堕落な, 文化的な, 健康によい]環境 / in ugly ~*s* 近所[周囲]の悪い所に. **3** [時に *pl.*] 取り巻き連中 (entourage).

sur·roy·al [sərɔ́ɪ(ə)l, -rɔ̀ɪəl, ⏑⏑(⏑) | sɑ:rɔ́ɪ(ə)l, ⏑⏑(⏑)] 〖《?*a*1400》← SUR-²+*royal* (*antler*)〗 *n.* (鹿の)先端の角《royal antler の先》.

sur·sum cor·da [sʊ́əsəm-kɔ́ədə, sə́:-, -dɑ: | sɑ́:səm-kɔ́:-] 〖□L ~ 'lift up your hearts'〗 — *L.* **1** 心を挙げて主を仰げ《ミサ序唱の文句》. **2** 落胆するな, 勇気を奮い起こせ.

sur·tax [sə́:tæ̀ks | sɑ́:-] 〖← SUR-²+TAX〗 — *n.* **1** 所得税特別付加税《ある限度以上の所得に対して課する累進税》. **2** (関税などの)付加税. — *vt.* …に付加税を課する, …から付加税を徴収する.

Sur·tees [sə́:ti:z | sɑ́:-], **Robert Smith** *n.* (1803–64) 英国の狩猟小説家; John Leech のさし絵と共に有名; *Jorrocks' Jaunts and Jollities* (1838).

sur·tout¹ [sə:tú:, -tú:t, ⏑⏑ | sɑ́:tu:, ⏑⏑; *F.* syʀtu] 〖《1686》□F ~ ← SUR-²+*tout* all (< L *tōtum*): cf. total〗 — *n.* **1** 男子用の体にぴったりしたコート; (特に)フロックコート (frock coat). **2** (婦人用の)フード付きマント.

sur·tout² [sə:tú:, -tú:t, ⏑⏑ | sɑ́:tu:, ⏑⏑] 〖□F ~ (↑)〗 — *adv., adj.* 〖紋章〗紋章の中央に inescutcheon を置いた《augmentation, cadency など既存の紋章の上に小さな盾に描いた紋章を重ねる場合をいう》.

surv. 《略》 survey; surveying; surveyor; surviving.

sur·veil [sərvéɪl | sɑ:-, sə-] *vt.* =surveille.

sur·veil·lance [sərvéɪləns, -ljəns | sɑ:véɪləns, sə-] 〖《1802》□F ~ ← *surveiller* to watch over (← SUR-²+*veiller* to watch (< L *vigilāre* ← *vigil*)) + -ANCE: ⇨ vigil〗 — *n.* **1** (容疑者・囚人の)監視: have [place] the suspect under constant ~ 容疑者を絶えず監視する. **2** 見張り, 監督 (supervision): work under one's ~ 監督の下で働く.

sur·veil·lant [sərvéɪlənt, -ljənt | sɑ:véɪlənt, sə-] 〖□F ~ (pres.p.) ← *surveiller*: ⇨ ↑, -ant〗 — *n.* 監督者, 監視者. — *adj.* 《まれ》監視[監督]する, 監視[監督]役の.

sur·veille [sərvéɪl | sɑ:-, sə-] 〖《逆成》← SURVEILLANCE〗 *vt.* 《米》監督する, 監視する.

sur·vey 〖《1467–68》□ AF *survei-er, surveir*=OF *so(u)rve(e)ir* < ML *supervidēre* ← SUPER-+L *vidēre* to look: cf. vision〗 — [sərvéɪ, sə:-, sə́:veɪ | səvéɪ, sə:-] *v.* — *vt.* **1** (高い所から)見渡す, 一望する, 見晴らす: ~ a landscape 風景を見晴らす / We ~*ed* the beautiful scene below us. 眼下の美しい光景を眺めた / I am monarch of all I ~. 見渡す限りわが領土 (W. Cowper, *Alexander Selkirk* 1). **2** 概括的に見る, 概観する; 概説する: ~ the situation 情勢を概観する / ~ the history of a period ある時期の歴史を概観[概説]する. **3** (状態・価値などを確かめるために)〈家屋・地所などを〉検分する, 調査する (inspect); 査定する (appraise). **4** 測量する; …の陸地測量をする. **5** 《廃》見る; 感じる. — *vi.* 土地(など)を測量する. — [sə́:veɪ, sərvéɪ, sə:- | sɑ́:veɪ, ⏑⏑] *n.* **1** 一望すること, 見渡すこと: take a ~ of the scene その光景を見渡す. **2** 概括的に見ること, 概観, 通覧: make a ~ of the situation 情勢を概観する. **3 a** (土地・家屋などの)測量, 測地, 検地, 実地踏査: make a rapid ~ of a house and grounds 家屋敷を大急ぎで検分する / the department of ~ 測量部. **b** 測量図, 実測図; 調査表[書]. **c** 測量部. **4** 〖統計〗標本調査.

Survey of English Usage [the —] 〖言語〗 現代英語語法調査《1960 年以来, London 大学で Randolph Quirk 教授の指導の下に行なわれている語法の実地調査》.

sur·vey·a·ble [sərvéɪəbl, sə:-, sə́:veɪə- | səvéɪə-, sɑ:-] *adj.* **1** 一望できる; 概観できる. **2** 測量[検分]できる.

súrvey còurse *n.* 《米》〖教育〗 サーベイコース《科目中心ではなく現代的問題を概括的に取り上げる大学での専門コース》.

sur·véy·ing *n.* **1** 測量(術); (特に)測量学. **2** 測量士の職, 測量業務.

sur·véy·or 〖《1420》□AF & MF *surve(i)our*: ⇨ -or²〗 — *n.* **1** 測量家, (特に, 土地の)測量技師. **2** 監視者, 監督者 (supervisor). **3 a** 《英》検査官: a ~ of weights and measures 度量衡検査官. **b** (売り家の)建物鑑定士. **c** 《米》(税関の)輸入品検査[調査]官. **~·shìp** *n.*

survéyor géneral *n.* (*pl.* **surveyors g-**, ~**s**) **1** 《米》官[公]有地監督官. **2** 検査主任.

survéyor's àrrow *n.* 〖測量〗=chaining pin.

survéyor's chàin *n.* 〖測量〗 **1** (測量用)チェーン, 測鎖. **2** チェーンを単位とする測量単位.

survéyor's còmpass [dìal] *n.* 測量コンパス《測量に用いる水平角測定器》.

survéyor's lèvel *n.* (測量用)水準儀, レベル.

survéyor's mèasure *n.* (測鎖による)測量単位.

sur·viv·a·ble [sərváɪvəbl | sə-] *adj.* 生き残りうる (capable of surviving), 生き長らえる. **sur·viv·a·bíl·i·ty** [-vəbíləṭi | -lə-, -lɪ-] *n.*

sur·viv·al [sərváɪvəl | sə-] 〖《1598》: ⇨ -al²〗 — *n.* **1** 生き残ること, 生き残り, 残存; 存続. **2** 残存者[物]; (特に, 古い時代の)遺物, 残存風習[儀式, 信仰など]: ~*s* of medieval customs 中世の遺風.

survival of the fittest [the —] 〖生物〗 適者生存 (cf. natural selection).

survíval kìt *n.* 〖軍事〗 救命用具, サバイバルキット《ジャングル・海・孤立地帯・敵地に上陸[落下傘降下]した人が使用する医療品・糧食などの入った容器》.

sur·viv·ance [sərváɪvəns | sə-] 〖□F ~: ⇨ ↓, -ance〗 — *n.* **1** =survival. **2** 〖法律〗(財産または地位について, その財産・地位の保有者から生前に指名された)生残者の相続権.

sur·vive [sərváɪv | sə-] 〖《1473》□ (O)F *surviv-re* < L *supervīvere* ← SUPER-+*vīvere* to live: cf. vivid〗 — *vt.* **1** …より生き残る, より長生きする (outlive): He ~*d* his wife for many years. 彼は妻の死後長い間生き長らえていた / ~ one's children 子供たちに先立たれる / ~ one's fame [usefulness] 長生きして名声をなくする[役に立たなくなる], 名声をなくして[役に立たなくなって]も生きている / His mental faculties ~*d* his physical powers. 彼の身体はきかなくなっても精神力[頭脳]はしっかりしていた. **2** …にもかかわらず[のあとも]生きている, 現存する, …から助かる: ~ all perils あらゆる危険を冒してなお生きている / ~ the storm 無事にあらしを切り抜ける / ~ a shipwreck 難船したが助かる. — *vi.* 生き延びる, 生き残る; 存在し続ける, 存続する: Only three ~*d* out of the whole party. 一行全体のうち僅か 3 人しか生き残らなかった / The custom still ~*s*. その風習は今も残っている.

sur·vív·er *n.* 《古》=survivor.

sur·vív·ing *adj.* 生き残っている, 残存している.

sur·ví·vor *n.* **1 a** 生き残った人, (…よりも)長生きした人, 生存者, 残存者, 遺族: the ~*s* of the earthquake [war] 地震[戦争]に生き残った人々. **b** 残存物, 存続している物; 遺物. **2** 〖法律〗(同一財産権共有者の中の)生残者.

survívor·shìp *n.* **1** 生残り, 存命; 存続. **2** 〖法律〗生残者権《共有財産権者の生残者が死亡者の権利を取得すること》: ⇨ PRESUMPTION of survivorship.

survívorship annúity *n.* 〖保険〗生残年金《年金受取人が被保険者よりも長生きする場合, その生存する間支払われる年金》.

sus [sʌ́s] 〖《略》〗 *n., vt.* 《英俗》=suspect.

sus out 偵察する, 下検分する (reconnoiter).

Sus. 《略》 Sussex.

sus- [səs, sʌs] *pref.* (c, p, t で始まるラテン語系の語の前で用いる) sub- の異形: *sus*tain. ★ ただし c で始まる語の場合は suc- (*suc*ceed), p の場合は sup- (*sup*pose) となることが多い.

Su·sa [sú:zə, -sə] *n.* スーサ《イラン西南部の廃都; 古代 Elam の首都; 聖書に Shushan と記されている都》.

Su·san [sú:zn] 〖《略》↓〗 *n.* 女性名.

Su·san·na [su:zǽnə, sʊ-] 〖↓〗 *n.* 〖聖書〗 **1** スザンナ物語 (The History of Susanna)《外典 (Apocrypha) の一書; Daniel and Susanna ともいう》. **2** スザンナ (「スザンナ物語」中の貞女の名).

Su·san·nah [su:zǽnə, sʊ-] 〖□LL *Susanna* □ Gk *Sousánna* □ Heb. *šōšannā́h*, *šūšán* lily〗 — *n.* 女性名《愛称形 Sue, Susette, Susie, Susy, Suzie; 異形 Susan, Susanna, Susanne, Suzanne》.

Su·sanne [su:zǽn, sʊ-] 〖□ F (↑)〗 *n.* 女性名.

sus·cep·tance [səséptəns] 〖⇨ ↓, -ance〗 *n.* 〖電気〗 サセプタンス《アドミタンス (admittance) の虚数分》.

sus·cep·ti·bil·i·ty [səsèptəbíləṭi | -təbílətɪ, -tɪ-, -lɪ-] 〖□ ML *susceptibilitās*: ⇨ ↓, -ity〗 — *n.* **1 a** 感じやすいこと, 感受性〔*to*〕: one's ~ *to* emotion 情に脆いこと. **b** 〔病気などに〕かかり[感染し]やすいこと; 〔印象などを〕受けやすいこと〔*to*〕: ~ *to* disease. **2** [*pl.*] 感情 (sensibilities): wound [offend] national *susceptibilities* 国民感情を害する. **3** 〖電気〗 磁化率, 磁気感受率《magnetic susceptibility ともいう》.

sus·cep·ti·ble [səséptəbl | -tə-, -tɪ-] 〖《1605》□ LL *susceptibil-is* ← L *susceptus* (p.p.) ← *suscipere* to take up ← SUB-+*capere* to take〗 — *adj.* **1** 感じやすい, 感受性の強い, 多感な, 敏感な: a ~ heart 敏感な心 / He is a ~ fellow where the ladies are concerned. 彼は女のこととなると敏感だ. **2** [Predicative に用いて] **a** 〔…を〕許す, 〔…を〕いれる, 〔…が〕可能な〔*of, to*〕: wood ~ *of* a high polish みがけばよく光沢の出る木 / The passage is ~ *of* [*to*] a number of interpretations. その章句はいろんな解釈ができる. **b** 〔…を〕受けやすい, 〔…に〕かかりやすい (liable), 感染しやすい, 動かされやすい (sensitive)〔*to*〕: a person ~ *to* flattery [female charms] おべっか[女性の魅力]に動かされやすい人 / be ~ *to* kind treatment 親切なもてなしにほだされる / be ~ *to* colds 風邪にかかりやすい. **~·ness** *n.* **sus·cép·ti·bly** *adv.*

sus·cep·tive [səséptɪv] 〖□ LL *susceptīv-us*: ⇨ ↑, -ive〗 — *adj.* **1** =receptive. **2 a** 感受性の強い, 敏感な: a ~ nature. **b** 〔…を〕受けやすい; 〔…を〕許す, 〔…の〕できる (susceptible)〔*of*〕. **~·ness** *n.* **sus·cep·tiv·i·ty** [səsèptívəṭi | -tívətɪ, -vɪ-] *n.*

Su·sette [su:zét, sʊ-] 〖(dim.) ← SUSANNAH: ⇨ -ette〗 *n.* 女性名.

su·shi [sú:ʃi | -ʃɪ] 〖《1893》□ Jap.〗 *n.* 鮨, 寿司.

su·si [sú:si | -sɪ] 〖□ Hindi *sūsī*〗 *n.* 《インド》スーシ《しま織綿布の一種》.

Su·si·an [sú:ziən | -zɪən, -zjən] *n.* **1** スーサ (Susa) の住民. **2** エラム語 (⇨ Elamite 2). — *adj.* スーサ (Susa) の; スシアナ (Susiana) の.

Su·si·a·na [sù:ziǽnə, -ǽnə | -zɪ-] *n.* スシアナ: **1** 古代ペルシャの一地方; 古代エラムとほぼ同一地域. **2** =Elam.

Su·sie [sú:zi | -zɪ] 〖(dim.) ← SUSAN〗 *n.* 女性名.

sus·lik [sʌ́slɪk; *Russ.* súsljik] 〖□Russ. ~〗 *n.* **1** 〖動物〗ジリス, ハタリス《ジリス属 (*Citellus* [*Spermophilus*]) のリスの総称》. **2** ジリスの毛皮.

Sus·lov [sú:slɔ(:)f, -lɑf | -lɔf; *Russ.* súsləf], **Mikhail Andreevich** *n.* スースロフ (1902– ; ソ連の政治家, 党中央委員会政治局員 (1955–)).

susp. 《略》 suspend; suspended; suspension.

sus·pect 〖*adj.*: 《1340》□ (O)F ~ ∥ L *suspect-us* (p.p.) ← *suspicere* to look up to, suspect ← *sus-* 'SUB-' +*specere* to look (⇨ spy). — v.: 《1483–84》← L *suspect-us*〗 — [səspékt] *v.* — *vt.* **1** …に感づく, 気づく, 薄々知る: ~ danger [a plot, a disease] 危険[策略, 病気]に気づく / I ~*ed* the presence of fire from the odor. においで火の気を感じた. **2** …に〔…の〕疑いをかける〔*of, as*〕; 〈人などを〉〈…であると〉疑う〈*to be*〉; 怪しむ, 疑(ぎ)る: chemicals ~*ed of* causing cancer 癌(がん)を誘発する疑いありと見られている化学薬品 / He ~*ed* his wife of infidelity. 妻が不義を働いているのではないかと疑った / He was ~*ed as* an accomplice. 彼は共犯者の嫌疑をかけられた / The police ~ him *to* be an arsonist. 警察は彼が放火犯人であろうとにらんでいる / The ignorant ~ everybody. 無知な人はすべての人を疑る. **3** 〈動機・信憑(ぴょう)性などを〉疑う, 信用しない: ~ a sweeping generalization 十把一からげの一般論は信用しない / ~ the authenticity of a document 文書が本物かどうか疑う. **4** [通例 *that*-clause, 目的語+*to* be を伴って] …ではないかと思う, 推測する; 《口語》[*that*-clause を伴って] …と思う, 考える (suppose): They ~*ed that* he had been murdered. 彼がすでに殺されているのではないかと思った / I ~ the book *to* be mine. その本はどうも私のではないかと思う / I have never ~*ed* him *of* a fondness for music. 彼が音楽を愛好しているなどとは想像したこともなかった / I ~ that's true. 《口語》それは本当だと思う / You, I ~, don't care. 《口語》君はかまわないね. — *vi.* 疑(ぎ)る, 疑いをかける.

— [sʌ́spekt] *n.* 容疑者, 注意人物; 疑わしい物: a murder ~ 殺人の容疑者 / a political ~ 政治上の要注意人物 / the ~*s* in the high incidence of cancer 癌(がん)を高率に発生させる原因として疑われる物質.

— [sʌspékt, ⏑⏑ | ⏑⏑] *adj.* 疑うべき, 疑わしい, 怪しい, うろんな. ★ 通例 Predicative に用いる (cf. suspected): His fitness [statement] is ~. 彼の適性[供述]は信用できない / a ~ drug 効能の怪しい薬. **~·er** *n.*

sus·pect·a·ble [səspéktəbl] *adj.* 疑いをかけられる, 疑わしい, 怪しまれる, 怪しい.

sus·péct·ed *adj.* 疑わしい, 怪しい (cf. suspect *adj.*): a ~ case 擬似患者 / a ~ criminal [person] 容疑者 / ~ bribery 贈[収]賄の嫌疑. **~·ly** *adv.* **~·ness** *n.*

sus·pend [səspénd] 〖《c1300》□ (O)F *suspend-re* ∥ L *suspend-ere* ← SUB- + *pendere* to hang: ⇨ pend〗 — *vt.* **1 a** 吊(つ)す, 掛ける, 下げる (hang up): ~ a medal from one's neck 首からメダルをぶら下げる / ~ a lamp from the ceiling 天井からランプを吊す. **b** [主に p.p. 形で] (沈みも落ちもしないで)ぶら下がったような状態にしておく, 宙に浮かせておく, (空中や水中に)浮遊させる[漂わせる]: I saw dust ~*ed* in the air. 塵が空中を舞っているのが見えた. **2 a** 〈決定などを〉(しばらく)見合わせる, 保留にする; 〈刑罰などを〉延期する (defer): ~ judgment [sentence] 判決[刑]を一時延期する. **b** (一時)中止[停止]する: ~ business [publication, railway service] 営業[刊行, 列車の運転]を一時停止する / ~ a license 免許を停止する / ~ one's indignation 一時怒りを収める / ~ a law [rule, privilege] 法律[規則, 特権]を一時停止する / ~ payment ⇨ payment 1. **3 a** 停職させる, 停学させる〔*from*〕: ~ a clergyman 牧師を停職処分にする / ~ a student *from* school 学生を停学処分にする. **b** 〈会員など〉の資格を一時停止する, 〈選手などを〉出場を停止(処分)にする: ~ a tennis player for six months. **4 a** 〈人〉の気をもませる, 〈人を〉(精神的に)宙ぶらりんにさせる: He was ~*ed* between hope and despair. 希望と絶望の間をさまよった. **b** (驚きなどで)動けなくする. **5** 〖物理化学〗懸濁(だく)する. **6** 〖音楽〗〈音符を〉掛留(けいりゅう)させる (⇨ suspension 10). — *vi.* **1** (一時)停止する, 中止する. **2** 〈商会・銀行などが〉支払いを停止する, 負債が払えなくなる. **3** 〔…から〕ぶら下がっている〔*from*〕. **4** 〖物理化学〗(液体や気体中に)懸濁している. ★ 名詞は suspense, suspension.

sus·pen·da·tur per col·lum [sʌspéndətʊ̀ə-pə-kɑ́ləm, -pɛə- | -tʊ̀ə-pə-kɔ́l-, -pɛə-] 〖□L *suspendātur per collum* let him be hanged by neck〗 — *L. n.* 〖法律〗=suspensio per collum.

sus·pénd·ed *adj.* **1** 吊(つ)した, ぶら下がった, 掛かった (pendent). **2** (一時)中止した, 停止した; 止まった; 停職[停学]になった. **3** 〖化学〗懸濁(だく)した: ~ matter 懸濁物.

suspénded animátion *n.* 〖生理〗仮死 (asphyxia), 人事不省 (unconsciousness).

suspénded cádence *n.* 〖音楽〗=deceptive cadence.

suspénded céiling *n.* 〘建築〙吊り天井《構造体の下面に一段低く張られた天井》.
suspénded jóint *n.* 〘鉄道〙掛け継ぎ (cf. supported joint).
suspénded séntence *n.* 〘法律〙執行猶予.
sus·pénd·er 〘《1524》〙 ── *n.* **1 a** [*pl.*]《米》ズボン吊り(《英》braces): a pair of ~*s* ズボン吊り一組. **b** 《英》靴下留め (garter). **2** ぶら下がっている人[物]. **3** 〘土木〙サスペンダー, ハンガー《吊り橋で橋板を主ケーブルに止める吊りケーブル》.
suspénder bèlt *n.* 《英》=garter belt.
sus·pense [səspéns] 〘《1421》□ AF & OF ~ (fem.) ← *suspens* suspended < L *suspensum* (p.p.) ← *suspendere* 'to SUSPEND'〙 ── *n.* **1** 未決, 未定(状態): hold one's judgment in ~ 意見[判断]などを決めずにおく / For some days matters hung in ~. 数日間事態は宙ぶらりんだった. **2 a** (精神的に)宙ぶらりんの状態, あやふや, どっちつかず; (結果がわからないための)不安, 気がかり: I cannot endure the ~. 宙ぶらりんの不安に耐えることができない / keep a person in ~ 人をどっちつかずの(不安の)状態にしておく, 人をはらはらさせる. **b** (小説・芝居などで)高まる興味[興奮, 緊張感], サスペンス. **3** (権利の一時的)停止.
suspénse accòunt *n.* 〘簿記〙仮勘定, 未決算勘定《仮払金 a/c, 仮受金 a/c など》.
sus·pense·ful [səspénsfəl] *adj.* サスペンスいっぱいの, サスペンスに満ちた: a ~ novel, film, etc.
sus·pen·si·ble [səspénsəbl|-sə-, -sɪ-] *adj.* 吊(つ)させる, 掛けられる; 浮かべられる, 浮動性の. **sus·pèn·si·bíl·i·ty** [-səbíləṭi | -sɪbílətɪ, -sə-, -lɪ-] *n.*
sus·pen·sion [səspénʃən] 〘《1528》□ (O)F ~ // LL *suspensiō(n-)*: ⇨ suspense, -sion〙 ── *n.* **1** 吊(つ)す[吊される]こと, 掛ける[掛けられる]こと, 懸垂. **2** 未決, 未決定; 延期; (法律・特権などの)一時停止. **3** 停職; 停学: a boy under the ban of ~ 停学処分を受けている生徒. **4 a** (一時的な)中止, 休止, 停止, 不通: ~ of arms [hostilities] 停戦. **b** (支払い不能による銀行の)支払い停止, (業務の)停止. **5** どっちつかずの状態, (精神的な)宙ぶらりん. **6 a** 吊すもの. **b** 掛け具, 吊り具. **c** (自動車・列車などの)車体懸架[車台ばね, 車台受け]装置. **7** [しばしば in ~ として] (固体粒子の)浮遊(状態): dust particles *in* ~ in the air 空中に浮遊する塵埃(じんあい). **8** 〘物理化学〙懸濁(けんだく), 懸濁液《固体粒子の分散している液体; cf. emulsion 2》; 懸濁物質, 分散相: mechanical [colloidal] ~ 機械的[膠(こう)質]懸濁液. **9** 〘電気〙(動く部分を吊しておく)吊し線[針金, 織糸]. **10** 〘音楽〙 **a** 掛留(けいりゅう)《先行和音の一部が後続和音の拍に引き延ばされ, 後続和音に遅れて解決すること》. **b** 掛留音《掛留で延ばされた音》. **11** (語頭部分の文字に他の省略部分を示す略号を添えた)略語《例: IHS》. **12** 〘修辞〙サスペンス《前置きの繰り返しなどによって主題や主文[節]を遅らせて読者の期待や不安を高める技巧》.
suspension of disbelief [the ―] 〘文学〙不信の停止《読者が作品を読む時に虚構の内容を一時的に真実として受け入れること; Coleridge, *Biographia Literaria* XIV》.
suspension of judgment [the ―] 〘哲学〙判断中止 (⇨ epoche).
suspénsion brìdge *n.* 吊り橋.
suspénsion còlloid *n.* 〘物理化学〙=suspensoid 1.
suspénsion pèriods [pòints] *n. pl.* 〘印刷〙スリードット, 省略符《文中の省略を示すために通例 … と3点を打つ, ただし文尾の場合は …. と4点を打つ; 例: He said…well, he really said nothing, and then….; breaks ともいう; cf. ellipsis 2》.
sus·pen·si·o per col·lum [səspénsiòu-pə-kɑ́ləm, -nʃ- | -pénsɪəu-pə(:)-kɔ́l-] 〘□ L *suspensiō per collum* hanging by the neck〙 ── *L. n.* 〘法律〙絞殺の刑, 絞殺刑宣告書 (略 sus. per coll.).
sus·pen·sive [səspénsɪv] 〘□ ML *suspensiv-us*: ⇨ suspense, -ive〙 ── *adj.* **1** 未決の, 未決定の: (未決定のために)不安な, あやふやな, どっちつかずの, 宙ぶらりんの. **2** 〈言葉・物語など〉人の心を不安にさせる; サスペンスのある[に富む]: a ~ novel. **3** 一時的に中止[休止, 停止]する. **~·ly** *adv.* **~·ness** *n.*
sus·pen·soid [səspénsɔɪd] 〘《混成》← SUSPENS(ION) + (COLL)OID〙 ── *n.* 〘物理化学〙 **1** 懸濁(けんだく)質, 懸濁コロイド (suspension colloid)《液体中に固体粒子がコロイド状に分散している状態》. **2** 懸濁液.
sus·pen·sor [səspénsə | -sə(r] 〘□ ML ~ ← L *suspensus*: ⇨ suspense, -or²〙 ── *n.* **1** 〘医学〙=suspensorium. **2** 〘植物〙胚柄(はいへい)《シダ植物・種子植物の胚発生初期にみられる細胞(群)》.
sus·pen·so·ri·um [sʌ̀spensɔ́ːriəm, -sóːr- | -sɔ́ːrɪ-] 〘← NL ~: ⇨ ↓, -ium〙 ── *n.* (*pl.* **-ri·a** [-riə|-rɪə]) 〘医学〙吊り包帯, 提挙包帯. **sus·pen·so·ri·al** [sʌ̀spensɔ́ːriəl, sóːr- | -sɔ́ːrɪ-] *adj.*
sus·pen·so·ry [səspénsəri | -s(ə)rɪ] 〘← L *suspensus* (⇨ suspense) + -ORY〙 ── *adj.* **1** 吊る, 吊り下げる, 懸垂の: a ~ bandage 吊り包帯 / a ~ muscle 懸垂筋. **2** (一時的に)停止させる. **3** 〘医学〙吊り包帯の. ── *n.* **1** 〘医学〙 **a** 懸垂筋. **b** 吊り包帯. **2** (陰嚢(いんのう)を保護する)メッシュのサポーター. 「挿絵」.
suspénsory lígament *n.* 〘医学〙提靭(ていじん)帯 (⇨ eye
sus. per coll. [sʌ́s-pə-kɑ́t | -pə(:)-kɔ́l] 《略》〘法律〙suspensio per collum.
sus·pi·cion [səspíʃən] 〘《15C》□ OF ~ // L *suspiciō(n-)* ← *suspicere* 'to SUSPECT' ∽ 《c1300》*suspecioun* □ AF *suspeciun* = OF *sospeçon* (F *soupçon*) < LL *suspectiō(n-)* ← L *suspectus*〙 ── *n.* **1 a** (罪などの)嫌疑, 疑い: There is a strong ~ against him. 彼に濃い嫌疑がかかっている. **b** 疑念, 怪しみ, うさん臭く思う気持 (doubt): with ~ 疑って, 怪しんで / arouse ~ 疑惑を生む / I have a grave ~ of his integrity. 彼の廉潔を大いに疑っている / I have a ~ that my clerk is dishonest. 書記が不正を働いているのではないかと疑っています. **2** 感づくこと, 気づくこと (inkling): The disguise was so good that I had no ~ of his real identity. 変装が実に巧みだったので彼の正体には全然気がつかなかった. **3** [a ~] ほんの感づく程度のもの, ほんの少し, 少しばかり, 気味 (touch) 〔*of*〕: He has not *a* ~ *of* humor. 彼は少しもユーモアを解さない / *a* ~ *of* brandy 少量のブランデー / without *a* ~ *of* dissatisfaction 少しも不満はなく.
above suspicion 疑い[非難]の余地のない, 正しく, 公正で: a person whose conduct is *above* ~ 行為に疑わしいところのない人. ***on* [*upon*] *suspicion of*** … という嫌疑で: He was arrested *on* ~ *of* being the murderer [stealing the treasure]. 殺人犯の[宝物を盗んだ]疑いで逮捕された. ***under suspicion*** 嫌疑を受けて[た]: a person *under* ~ 容疑者, 嫌疑者.
── *vt.* 《方言》…に嫌疑をかける, 怪しむ (suspect).
~·less *adj.*
sus·pí·cion·al [-ʃənl, -ʃnəl] *adj.* (病的に)疑い深い.
sus·pi·cious [səspíʃəs] 〘《1340》~, *suspecious* □ OF *suspicieus, suspecious* < L *suspiciōsum* ← *suspiciō(n-)*: ⇨ suspicion, -ous〙 ── *adj.* **1 a** 疑い深い, (容易に)信じない (distrustful): a ~ nature 疑い深い性質 / The ignorant are ~. 無知な者は疑い深い. **b** 〔…を〕疑う〔*of*〕: be ~ *of* a stranger 見知らぬ人を信じない / I was ~ *of* his words. 彼の言葉に疑惑を抱いた. **2** 嫌疑を起こさせる, 怪しい, うさん臭い, 疑わしい (questionable, doubtful): a ~ character 怪しい人物 / ~ actions 怪しい行為 / under ~ circumstances 嫌疑を受けそうな事情の下で. **3** 疑念を表わしている, 疑っているらしい: a ~ glance 疑う目つき. **~·ness** *n.*
sus·pí·cious·ly 〘《1472》〙 ── *adv.* **1** 怪しむように, 疑るように: glance ~ at …を疑るように[うさん臭そうに]見る. **2** 怪しげに: act [behave] ~ 怪しげな行動をする.
sus·pi·ra·tion [sʌ̀spəréɪʃən | -pə-, -pɪ-] 〘《c1485》□ L *suspīrātiō(n-)*: ⇨ ↓, -ation〙 *n.* 嘆息, 長大息.
sus·pire [səspáɪə | -páɪə(r] 〘《a1500》□ L *suspīr-āre* ← SUB- + *spīrāre* to breathe: cf. spirant〙 ── *vi.* 《詩・まれ》 **1** 嘆息する, ため息をつく (sigh); 呼吸する (respire). **2** 〔…を〕憧(あこが)れる〔*for, after*〕.
Sus·que·han·na [sʌ̀skwəhǽnə] 〘《古形》*Sasquesahanough* ← N-Am.-Ind. 《原義》? 'river of *Susque* (部族名)'〙 ── *n.* [the ~] 米国 New York 州中部に発し Pennsylvania, Maryland 両州を貫流して Chesapeake 湾に注ぐ川 (715 km).
suss [sʌ́s] *n.,vt.* 《英俗》=sus.
Suss. 《略》Sussex.
Sus·sex [sʌ́sɪks, -seks | -sɪks] 〘OE *Sūþ Seaxe* South Saxons (⇨ south, Saxon): cf. Essex, Middlesex〙 ── *n.* **1** サセックス《イングランド南部にあった Saxons の古王国; cf. heptarchy 2 b》. **2** イングランド東南部の旧州; 行政上 East Sussex と West Sussex とに分かれていたが, 1974年それぞれ1州として独立. **3** サセックス: **a** 英国産の一品種の肉牛. **b** 英国産肉の一品種の鶏. **4** =Sussex spaniel.
Sússex spániel *n.* サセックススパニエル《英国産の犬種のイヌで, 鮮やかな金色がかった赤褐色の被毛で, 耳たぶが大きく垂れ尾をよく動かす銃猟犬》.
sus·tain [səstéɪn] 〘《c1300》*suste(i)ne(n)* □ OF *s(o)us-ten-ir* (F *soutenir*) < L *sustinēre* ← SUB- + *tenēre* to hold: cf. tenor¹〙 ── *vt.* **1** …の重みを支える; …の重さに耐える: pillars that ~ the arch アーチを支えている柱. **2** …に(軍事援助などの)支持を与える, 支援する. **3** 〈家族などを〉養う, 扶養する (nourish); 〈生計を〉支える: ~ a family 家族の生計を支える. **4** 〈行動などを〉続ける; 〈施設などを〉維持する (maintain): ~ efforts 努力を続ける / ~ conversation for hours 数時間談話を続ける / ~ an institution 公共施設を維持する. **5** 力づける, 励ます: be ~*ed* by hope 希望に励まされる / ~ the spirits 元気づける. **6** 〈法廷などが〉確認する (uphold); 〈陳述・主義・学説などを〉支持する (bear out), 立証する, 確認する (confirm): The court ~*ed* the applicant's claim [the applicant in his claim]. 法廷は申立人の要求を支持した / ~ the objection 異議を取り上げる[聴許する] / The recently discovered facts ~ this contention. 新発見の事実によりこの論争の主張が立証される. **7 a** 耐える, こらえる, 忍ぶ (endure, bear): ~ a shock 衝撃に耐える / They will not ~ comparison with him. 彼らは彼とはまるで比較にならない. **b** 〈被害・損傷などを〉受ける, こうむる, …に会う (undergo): ~ injuries 損害を受ける / He ~*ed* the loss of two sons in the war. 戦争で二人の息子を失った. **8** 〈役を〉りっぱにやって[こなして]いく, 〈劇などの人物を〉生かしていく: ~ the character of Hamlet ハムレットの役をうまくこなす / ~ one's rôle 役を十分に生かす. **9** 〘音楽〙〈音符を〉(音価いっぱいに)長く響かせる.
sus·tain·a·ble [səstéɪnəbl] *adj.* **1** 支持できる, 支えられる; 維持できる, 持続できる, 持ちこたえられる. **2** 耐えられる, 忍べる. **3** 確認できる, 立証できる.
sus·táined *adj.* 持続した, 弱まらない, だれない (unflagging): a ~ note 続いた音 / ~ efforts 不断の努力. **sus·táin·ed·ly** [-nɪdli, -nəd-, -nd- | -lɪ] *adv.*
sus·táin·er 〘《a1400》〙 ── *n.* **1** 支持[支援, 維持, 持続]する人[物]. **2** 〘ラジオ・テレビ〙=sustaining program. **3** 〘宇宙〙サステーナー: **a** 多段ロケットのうちブースター以外の段のロケット. **b** そのエンジン.
sus·táin·ing *adj.* **1 a** 支持するのに役立つ. **b** 体に元気をつける: The food was good and ~. その食物はとても体に力をつけてくれた. **c** 持久する, 耐えられる: ~ power 耐久力, 持久力. **2** (特別会費を払って)会の維持をする: a ~ member 維持会員. **3** 〘ラジオ・テレビ〙自主番組 (sustaining program) の: a ~ feature.
sustáining fòod *n.* スタミナ食.
sustáining pèdal *n.* **1** サスティニング ペダル, 伸音ペダル (damper pedal). **2** =sostenuto pedal.
sustáining prògram [shòw] *n.* 《米》〘ラジオ・テレビ〙自主番組, サスプロ《スポンサーがなく放送局みずからが企画製作および放送を行なう非商業番組; cf. sponsor program》.
sus·táin·ment 〘《?c1450》〙 *n.* **1** 支えること, 支持. **2** 支える物, 支え (support).
sus·te·nance [sʌ́stənəns | -tɪn-, -tn̩-] 〘《c1300》□ AF *sustenaunce* = OF *so(u)stenance* ← *so(u)stenir, sustenir* 'to SUSTAIN': ⇨ -ance〙 ── *n.* **1** 生計, 暮らし (livelihood): How shall we get ~? どうして生計費をかせいで行こうか. **2 a** 生命[活力]を維持するもの; 食物 (food): without ~ of any kind 何の食物もなくて. **b** 栄養物, 滋養物, 栄養 (nourishment): There is no ~ in it. それには少しも栄養がない. **3** 支持, 維持; 耐久, 持久, 持続: Food is necessary for the ~ of our life. 生命の維持には食物が必要である.
sustentacula *n.* sustentaculum の複数形.
sus·ten·tac·u·lar [sʌ̀stəntǽkjulə, -ten- | -lə(r] 〘⇨ ↓, -ar¹〙 *adj.* 〘解剖〙支えの, 支持する (supporting): ~ ligaments 提靭(ていじん)帯.
sus·ten·tac·u·lum [sʌ̀stəntǽkjuləm, -ten-] 〘□ L *sustentāculum* support ← *sustentāre* (↓): ⇨ -ulum〙 ── *n.* (*pl.* **-u·la** [-lə]) 〘解剖〙載(距)突起《踵骨(しょうこつ)の突起で距骨(きょこつ)を支える》.
sus·ten·ta·tion [sʌ̀stəntéɪʃən, -ten- | -ten-, -tən-] 〘《1389》□ (O)F ~ // L *sustentātiō(n-)* ← *sustentāre* (freq.) ← *sustinēre* 'to SUSTAIN': ⇨ -ation〙 ── *n.* **1** 支持, 維持, 生命[活力, 元気]の維持. **2** 生計の支え, 扶助. **3 a** 食物. **b** 滋養, 栄養. **sus·ten·ta·tive** [sʌ́stəntèɪṭɪv, səsténṭəṭ- | sʌ́stentèɪt-, səsténtət-] *adj.*
sustentátion fùnd *n.* 〘長老派教会〙伝道師扶助基金.
sus·ten·tion [səsténʃən] 〘← SUSTAIN: DETENTION, RETENTION, etc. にならった造語〙 *n.* 支持, 維持.
sus·ti·ne·o a·las [sʌstíniòu-éɪlæs | -nɪəu-] 〘□ L *sustineō ālās* I sustain the wings〙 *L.* われは翼を支える《米空軍の標語》.
Su·su [súːsuː] *n.* (*pl.* ~, ~**s**) **1 a** [the ~(s)] スス族《ギニア・シエラ レオーネなどに住む農耕民族》. **b** スス族の人. **2** スス語《スス族の話す Mande 語》.
su·sur·rant [susə́ː(r)ənt | s(j)uːsʌ́r-, s(j)u-] 〘□ L *susurrant-em* (pres.p.) ← *susurrāre*: ⇨ susurration〙 *adj.* ささやく.
su·sur·rate [susə́ː(r)eɪt | s(j)uːsʌ́r-, s(j)u-] 〘← L *susurrāt-us* (↓)〙 *vi.* ささやく (whisper); さらさら鳴る[音を立てる] (rustle).
su·sur·ra·tion [sùːsəréɪʃən | s(j)ùː-] 〘《a1400》□ L *susurrātiō(n-)* ← *susurrātus* (p.p.) ← *susurrāre* to whisper ← *susurrus* whisper《擬音語》: ⇨ -ation〙 ── *n.* ささやき (whisper).
su·sur·rous [susə́ː(r)əs | s(j)uːsʌ́r-, s(j)u-] 〘□ L *susurrus* (↑): ⇨ -ous〙 *adj.* =susurrant.
su·sur·rus [susə́ː(r)əs | s(j)uːsʌ́r-, s(j)u-] 〘□ L ~〙 *n.* ささやき声; さらさらいう音.
Su·sy [súːzi | -zɪ] 〘(dim.) ← SUSAN〙 *n.* 女性名.
Su·sy-Q [súːzikjúː | -zɪ-] 〘← ?〙 *n.* 〘ダンス〙スージーキュー《黒人間でよく行なわれるダンス》.
Suth. 《略》Sutherland(shire).
Suth·er·land [sʌ́ðələnd | -ðə-] 〘ME *Suthernelande* 《原義》southern land〙 *n.* スコットランド北部の旧州, 現在 Highland 州北部; 面積 4,499 km²; 首都 Dornoch [dɔ́ənɑk, -nək | dɔ́ːnɔk, -nək, -nɔx, -nəx].
Suth·er·land [sʌ́ðələnd | -ðə-], **Earl Wilbur, Jr.** *n.* (1915–74) 米国の生理学者; Nobel 医学生理学賞 (1971).
Sútherland Fálls *n. pl.* [the ~] ニュージーランド南島南西部にある滝; 高さ 580 m.
Suth·er·land·shire [sʌ́ðələndʃɪə, -ʃə | -ðələndʃə(r, -ʃɪə(r] *n.* =Sutherland.
SU(3) sýmmetry 〘*S(pecial) U(nitary)* (group in 3 dimensions) *symmetry*〙 ── *n.* 〘物理〙(ハドロンの) SU(3) 対称性《ハドロンの示す近似的な対称性であって, アイソスピン (2次元) とストレンジネス (strangeness) の三つの自由度についての対称性を指す; cf. eightfold way》.
Sut·lej [sʌ́tledʒ | -lɪdʒ, -ledʒ] *n.* [the ~] サトレジ(川)《チベットに源を発しインド北部, パキスタン東部を流れる川; Indus 川の源流の一つ (1,450 km)》.
sut·ler [sʌ́tlə | -lə(r] 〘《1590》□ Du. 《廃》*soeteler* & MLG *suteler, sudeler* ← 《廃》*soetelen* to follow a low trade ← Gmc **suð-* 'to SEETHE'〙 ── *n.* 酒保商人, 従軍商人《もと, 軍隊について行き, 食料品や酒類を売った商人; cf. camp follower 1 a》.

su·tra [súːtrə] 〖▭Skt *sūtra* thread, string of rules: cf. sew〗 ── *n.* **1**〖バラモン教・ヒンズー教〗スートラ, 経, 修多羅(しゅたら)《古代インドで, 宗教または学術の基本を極めて短い文章にしたもの》. **2**〖仏教〗経《釈尊の教説を文章にまとめたもの》. **3**〖サンスクリット文法〗Panini によるサンスクリット語文法規則《約4,000 条から成り格言の形をもつ》.

Su·tro [súːtrou | -trəu], **Alfred** *n.* (1863–1933) 英国の劇作家・演出家: *The Walls of Jericho* (1904).

sut·ta [sú̩tə | -tə] *n.* ＝sutra.

sut·tee [sʌtíː, ⌐⌐ | sʌtíː, -tɪ, sʌtíː] 〖▭Skt *satī* faithful wife ← *sat* existing, good〗 ── *n.*〖ヒンズー教〗**1** 妻の殉死《昔, インドで夫の死体と共に妻が生きながら焼かれた風習》. **2** 夫に殉死する妻, 貞女.

sut·tée·ism [-ɪzm] *n.*〖ヒンズー教〗＝suttee 1.

Sut·ter [sʌ́tə, súːtə | -tə(r)], **John Augustus** *n.* (1803–80) 米国 California 州の開拓者.

Sútter's Míll 〖*Sutter* (↑) 所有の鉱山であったことから〗 ── *n.* 米国 California 州中部, Sacramento 市北東部の地; 1848 年その付近で金が発見されたために有名な 1849 年の gold rush を現出した.

Sutt·ner [zútnə, sút- | -nə(r; *G.* zútnɐ], **Bertha von** *n.* ズットナー《1843–1914; オーストリアの女流小説家・平和運動家; Nobel 平和賞 (1905); *Die Waffen nieder!*「武器を捨てよ」(1889); 通称 Baroness von Suttner》.

Sut·ton [sʌ́tn] 〖OE *Sūþ-tūn*: ⇨ south, -ton〗 *n.* London 南部の自治区; 人口 169,000.

Sutton Hoo [sʌ́tn-húː] *n.* サットンフー《イングランド Suffolk 州の遺跡; 1939 年ここで発見された長さ 80 フィートの船は王の記念碑として 670 年頃アングロサクソン人によって埋められたものという》.

su·tur·al [súːtʃ(ə)rəl | súːtʃər-, -tjər-] 〖← NL *sūtūrālis*: ⇨ ↓, -al[1]〗 ── *adj.* **1**〖解剖〗(骨の)縫合の. **2**〖生物〗縫合の[に関する]. **3**〖外科〗縫合の[による]. **～·ly** [-rəli | -lɪ] *adv.*

su·ture [súːtʃə | súːtʃə(r, -tjə(r] 〖(1541) ▭(O)F ～ // L *sūtūra* ← *sūtus* (p.p.) ← *suere* 'to SEW[1]': ⇨ -ure〗 ── *n.* **1**〖解剖〗(二つの骨, 特に頭蓋(ずがい)の)縫合線. **2**〖生物〗縫合(線), 縫い目, 継ぎ目《動物の場合では骨と骨との合わさり目や巻貝の各層の接する線》. **3**〖外科〗**a** (傷口などの)縫合, 縫い目 (stitch). **b** (縫合用の)縫糸. **c** 縫合術. **4 a** 縫合わせ(ること). **b** 縫い目 (seam). ── *vt.* 縫い合わせる, 縫合する.

Su·va [súːvə] *n.* スバ《Fiji 諸島中の Viti Levu 島の海港で同国の首都; 人口 64,000》.

Su·vo·rov [suvɔ́(ː)rəf, -vɑ́r-, -rɔ(ː)f, -rɑv, -rɔ(ː)v | -vɔ́rəf, -rɔv; *Russ.* suvórəf], **Aleksandr Vasilievich** *n.* スボーロフ《1729–1800; ロシヤの陸軍元帥; Count SuvorovRymnikski [rímnjískjij], Prince Italiski [italjískjij]》.

Su·wan·nee [səwɑ́ni, -wɔ́(ː)ni | -wɔ́nɪ] 〖← N-Am.-Ind. (Creek ?)〗 ── *n.* [the ～] 米国 Georgia, Florida 両州を流れて Mexico 湾に注ぐ川 (400 km); S. C. Foster の "Old Folks at Home" などでは Swanee となっている.

Su·zan [súːzn̩] 〖《変形》← SUSAN〗 *n.* 女性名.

Su·zann [suːzǽn, su-] 〖《変形》← SUSANNE〗 *n.* 女性名.

Su·zanne [suːzǽn, su-] 〖↑〗 *n.* 女性名.

su·ze·rain [súːzərɪn, -rən, -rèɪn | s(j)úːzərèɪn] 〖(1807) ▭F ～ ← *sus* above, up (< L *sūsum* ← SUB-＋*versum* (neut. p.p.) ← *vertere* to turn)＋(*souv*)*erain* 'SOVEREIGN'〗 ── *n.* **1** (属国に対する)宗主(権). **2** (昔の)封建藩主. ── *adj.* 宗主権をもつ: a ～ state 宗主国.

su·ze·rain·ty [súːzərɪnti, -rən-, -rèɪn- | s(j)úːzərèɪntɪ, -rən-] 〖⇨↑, -ty〗 *n.* **1** (属国に対する)宗主権. **2** (昔の)封建藩主の位[権力].

Su·zie [súːzi | -zɪ] 〖(dim.) ← SUSAN: ⇨ -ie〗 *n.* 女性名.

s.v. 《略》sailing vessel; saves;〖自動車〗side valve 側弁式《エンジン形式の一つ》; sub verbo; sub voce.

S.V. 《略》*L.* Sancta Virgō (＝Holy Virgin); *L.* Sanctitās Vestra (＝Your Holiness); Sons of Veterans.

Sval·bard [sfɑ́ːlbɑə, svɑ́ːl- | svɑ́ːlbɑː(r; *Norw.* svɑ́ːlbar(d)] *n.* スバルバル (諸島)《Spitsbergen 諸島などを含むノルウェー領の諸島群; 面積 62,050 km²》.

sva·ra·bhak·ti [sfɑ̀ːrəbɑ́ːkti, svɑ̀ː-, swɑ̀ː-, -bǽk-, -bʌ́k- | svʌ̀rəbʌ́ktɪ, svɑ̀ːr-, -bǽk-, -tiː] 〖▭Skt ～ ← *svara* sound, vowel＋*bhakti* division〗 ── *n.*〖サンスクリット文法〗母音嵌(かん)入《子音結合の中に母音が加わる現象; cf. epenthesis》.

svas·ti·ka [swɑ́stɪkə, -tə-, swastíː- | swɔ́stɪ-] *n.* ＝swastika.

svc. 《略》service.

svce. 《略》service.

sved·berg [sfédbəːg, svéd-, -beri | svédbəːg, -berɪ; *Swed.* svéːdbærj] 〖← *The Svedberg* (↓)〗 ── *n.*〖化学〗スベドベリ《コロイド溶液の沈降係数の単位; ＝ 10^{-13} 秒; svedberg unit ともいう; 記号 S》.

Sved·berg [sfédbəːg, svéd-, -beri | svédbəːg, -berɪ; *Swed.* svéːdbærj], **The** [teː] *or* **Theodor** *n.* スベドベリ《1884–1971; スウェーデンの化学者; Nobel 化学賞 (1926)》.

svelte [sfélt, svélt | svélt] 〖(*c*1817) ▭F ～ ▭ It. *svelto* (p.p.) ← *svellere* to pull out, stretch out < VL **exvellere* ← EX-[1]＋*vellere* to pull〗 ── *adj.* (**svelt·er**; **-est**) **1** 〈姿が〉すんなりした; (特に)〈婦人が〉すらっとして美しい, しなやかな (lissome), たおやかな (willowy), ほっそりした (slim). **2** 人当たりのやわらかい, 柔和な (suave), 洗練された, あか抜けした (sophisticated). **～·ly** *adv.* **～·ness** *n.*

Sverd·lovsk [sfɛədlɔ́(ː)fsk, svɛəd-, -lɔ́(ː)vsk | svɛ́ədləvsk, -ləvsk, -ləfsk; *Russ.* svjirdlófsk] 〖▭Russ. ～: ロシヤの政治家 Y. M. Sverdlov (1885–1919) にちなむ〗 ── *n.* スベルドロフスク《ソ連邦ロシヤ共和国北西部, Ural 山脈東側の都市; 皇帝 Nicholas 二世およびその一族の処刑地 (1918); 人口 1,187,000; 旧名 Ekaterinburg》.

Sve·ri·ge [*Swed.* svǽrjə] *n.* スベリェ《Sweden のスウェーデン語名》.

Sve·tam·ba·ra [sweɪtɑ́ːmbərə, ʃweɪ-] 〖▭Skt *śvetāmbara* ← *śveta* 'WHITE'＋*ambara* garment〗 ── *n.*〖ジャイナ教〗白衣派《ジャイナ教の一派; 空衣派 (Digambara) に対し, 白衣の着用を許すなど空衣派の厳格主義を緩和している》.

svgs. 《略》savings.

Svo·bo·da [svóʊbədùː | svɔ́ʊ-; *Czech* svóbɔda], **Ludvík** [lúdviːk] *n.* スヴォボダ《1895–1979; チェコスロバキア社会主義共和国の政治家, 元帥, 大統領 (1968–75)》.

s.v.p. 《略》*F.* s'il vous plaît (＝if you please).

SW, S.W., s.w. 《略》shortwave; southwest; southwestern.

sw. 《略》switch.

Sw. 《略》Sweden; Swedish; Swiss.

s/w. 《略》seaworthy.

s.w. 《略》salt water; seawater; specific weight.

S.W. 《略》Senior Warden; shipper's weight; South Wales; South-West(ern)《ロンドン郵便区の一つ》.

S.W.A. 《略》Southwest Africa.

swab [swɑ́(ː)b, swɔ́(ː)b | swɔ́b] 〖v.: (15C) ▭? (M)LG *swab-ben* to splash in water. ─ n.: (1659) ▭? Du. 《廃》*swabbe*〗 ── *vt.* (**swabbed**; **swab·bing**) **1** (モップ (mop) などで)拭(ふ)く, 拭き取る; …に雑巾(ぞうきん)がけをする: ～ (down) the deck 甲板をモップで掃除する. **2** 〈水分を〉モップで拭き取る: ～ (*up*) water. **3**《米》〖医学〗〈のどなどを〉綿棒で拭く[ぬる]. ── *n.* **1** (甲板拭きなどに使う)モップ. **2 a** (病人の口などを拭いたり薬剤をつけたりする)綿棒. **b** スワブ《細菌実験用に綿棒で集められた病的分泌物》. **3** (棒の先に吸収性の物質をつけた)銃[砲]孔掃除具. **4**《米俗》水夫 (sailor); (特に)米海軍の水兵. **5**《俗》不器用者, のろま. **6**《英俗》(海軍士官の)肩章 (epaulet).

Swab. 《略》Swabia; Swabian.

swáb·ber 〖(1592)〗 *n.* **1** モップで掃除する人. **2 a** 掃除係の船員. **b**《米俗》水夫 (sailor). **3**《俗》＝swab 5. 「《米俗》＝swab 4.

swab·bie [swɑ́bi, swɔ́(ː)bi | swɔ́bɪ] 〖⇨ swab, -ie〗 *n.*

swábbing anesthésia *n.*〖医学〗塗布麻酔.

swab·by [swɑ́bi, swɔ́(ː)bi | swɔ́bɪ] *n.* ＝swabbie.

Swa·bi·a [swéɪbiə | -bjə, -bɪə] *n.* シュワーベン《ドイツ語名 Schwaben》: **1** ドイツ南西部にあった中世の公国 (duchy); 現在の Württemberg, Baden, Hesse, および Bavaria 南西部などの地を含んだ. **2** (現在は) Bavaria 南西部の地方; 首都 Augsburg.

Swa·bi·an [swéɪbiən | -bjən, -bɪən] *adj.* シュワーベン (Swabia) の: the ～ emperors ホーエンシュタウフェン (Hohenstaufen) 家のドイツ皇帝 (1138–1254). ── *n.* **1** シュワーベン人. **2** (高地ドイツ語の)シュワーベン方言.

swacked [swǽkt] 〖←《スコット》～ (p.p.) ← *swack* to drink deeply < ME *swakke(n)* to fling《擬音語》〗 *adj.*《俗》酔払った (drunk).

swad·dle [swɑ́dl̩, swɔ́(ː)dl̩ | swɔ́dl̩] 〖(*a*1325) ← SWATHE＋-LE[3]〗 ── *vt.* **1** 〈新生児を〉(動かさないように産着(うぶぎ)または襁褓(むつき)で)くるむ, 包む. **2** 〈物を〉ひもで巻く, くるむ. **3** (保護するように)制止する, 拘束する (restrict). **4**《古》打つ, たたく (beat). ── *n.* **1**《米》＝swaddling clothes 1. **2**《古》包帯 (bandage).

swád·dling bànds [-dlɪŋ-, -dl̩-] 〖ME〗 *n. pl.*＝swaddling clothes 1.

swáddling clòthes *n. pl.* **1 a** (もと, 新生児に巻き付けた)細長い布. **b** (未経験者・未熟者に対する)束縛するもの[力]. **2** (幼児の丈(たけ)の長い)産着. **3** 幼年期 (infancy): still in [hardly out of] ～ まだ年の行かない子供で, (ほんの子供で)親の目が離せない.

swad·dy [swɑ́di | swɔ́di] 〖← Scand.)＋-Y[2]〗 *n.*《英俗》兵士. 〖← 《方言》*swad* soldier, bumpkin (?〗

Swa·de·shi, s- [swɑːdéɪʃi, -déʃi | -déɪʃɪ] 〖▭Bengali *svadesī* own country ← Skt *svadeśin* native ← *sva* one's own＋*deśa* country〗 ── *n.* (もと, インドの)外国製品(特に, 英国製品)の不買運動, 英貨排斥運動, 国産品奨励運動《swaraj の一手段として行なう; cf. khaddar》. ── *adj.* インド製の.

swag [swǽ(ː)g] 〖(1530) ← ? Scand. (cf. Norw. *swagga* to sway)〗 ── *vi.* (**swagged**; **swag·ging**) **1 a** (重々しくまたは不安定に)揺れる. **b** 〈船などが〉傾(かし)ぐ; よろめく (lurch). **2** (重々しく)だらりと垂れる; (中が)たるむ (sag). **3**《豪》身回り品袋を持って旅に出歩く. ── *vt.* **1 a** ぶらぶらさせる. **b** 〈船などを〉傾(かし)がせる; ぶらりと垂らす, たるませる. **3** 〈衣服などを〉花づな飾りで飾る. **4**《豪》身回り品袋に入れて持ち歩く. ── *n.* **1 a** ぶらりと垂れ下がる[揺れる]こと. **b** よろめき, 揺れ動き. **2 a** 房状に垂れ下った花[果実], 垂れ下った小枝. **b** 花づな飾り (festoon). **3**《俗》**a** 強奪品 (booty); 盗品. **b** 貴重品. **c** 金銭, 金 (money). **d** 多量. **4** ＝swale[1] 2. **5**《豪》身回り品袋《放浪者・坑夫・山地旅行者などの携える身回り品を入れた丸く細長い包み》: ⇨ HUMP (*one's* [*the*]) *swag*.

swág-béllied *adj.* 太鼓腹の, 布袋(ほてい)腹の.

swage [swéɪdʒ, swédʒ | swéɪdʒ] 〖(1374) ▭OF *soua(i)ge* (F *suage*) ← ?〗 ── *n.*〖機械〗**1** (かじ屋の使う)火造(ひづくり)型, スエージ, タップ《その上に載せたりその下に入れたりしてハンマーで打って材料を適当な形にする道具》. **2** ＝swage block. ── *vt.* **1** スエージ[タップ]で曲げる[形をつける, 造る]. **2** 〈金属・プラスチックなどを〉高速ハンマーで打ち伸ばす, テーパーする.

swage 1
1 top swage
2 bottom swage

swáge blòck *n.*〖機械〗(かじ仕事に用いる)蜂の巣(金敷き).

swag·ger [swǽgə | -gə(r] 〖(1595) ← ? SWAG＋-ER[4]〗 ── *vi.* **1** 威張って歩く, 肩で風を切って歩く, ふんぞり返って歩く 〈*about, in, out*〉. **2** ほらを吹く; 自慢する (boast, brag): ～ about one's exploits, possessions, etc. ── *vt.* 《まれ》威張りちらして[脅しつけて]…させる: ～ a person *into* [*out of*] doing… 脅しつけて人に…させる[するのをやめさせる]. ── *n.* **1** 威張った歩き振り: 闊(かっ)歩. **2** 威張った[気取った]態度; 見せびらかし. ── *attrib. adj.* 《口語》**1** めかした, しゃれた: a ～ young person. **2** 〈コートが〉肩の線からゆるくたっぷり広がった: a ～ coat. **～·er** [-gərə | -rə] *n.*

swágger-càne *n.*《英》＝swagger stick.

swág·ger·ing [-g(ə)rɪŋ] *adj.* **1** 威張って歩く, 闊(かっ)歩する. **2** ほらを吹く; 威張る, 自慢する. **～·ly** *adv.*

swágger stìck *n.*〖軍事〗(陸軍将校や兵士の外出用)ステッキ《指揮棒のような細い短い杖で, 通例皮でおおわれている; 《英》では swagger-cane ともいう》.

swág·man [-mən] *n.* (*pl.* **-men** [-mən]) 《豪》**1** 放浪者 (tramp), 浮浪者 (hobo). **2** (野営者 (camper) や探鉱師 (prospector) 等)旅行中身回り品袋を携行する人.

swágs·man [-mən] *n.* (*pl.* **-men** [-mən]) 《豪》＝swagman.

Swa·hi·li [swɑːhíːli | swɑːhíːlɪ, swə-] 〖← Arab. *sawāḥil* ((pl.) ← *sāḥil* coast)＋*-ī* belonging to〗 ── *n.* (*pl.* ～, ～**s**) **1 a** [the ～(s)] スワヒリ族《アフリカの Zanzibar 地方に住むアラビア人の血をひく Bantu 人》. **b** スワヒリ族の人. **2** スワヒリ語《東アフリカで用いられる混合語; Bantu 語派の代表的言語》. **～·an** [-liən | -lɪən, -ljən] *adj.*

swain [swéɪn] 〖(*a*1150) ～, *swein* boy, servant ▭ON *sveinn*: cf. boatswain〗 ── *n.* 《古・詩》**1** 田舎の若者; 羊飼い (shepherd). **2 a** 田舎のだて男[色男]. **b** 《戯言》求婚者; 女を慕う若者, 恋人, 愛人.

swáin·ish [-nɪʃ] *adj.* 田舎の若者風の, 田舎者らしい; 洗練されていない (rustic). **～·ness** *n.*

swáin·son's háwk [swéɪnsnz-] 〖← *William Swainson* (1789–1855: 英国の博物学者)〗 ── *n.* (*also* **swáinson háwk**)〖鳥類〗ムナオビノスリ (*Buteo swainsoni*)《米国産の茶灰色のワシタカ科ノスリ属のタカ》.

S.W.A.K., SWAK, swak [swǽk] 《略》sealed with a kiss《ラブレターの終わりか封筒の裏に書く》.

swale[1] [swéɪl] 〖(15C) ～ 'shade, shady place' ← Scand. (cf. ON *svalr* cool)〗 *n.* **1** 草の生え茂った湿地帯. **2** (砂丘と砂丘の間などの)谷状の低地.

swale[2] [swéɪl] *v.* 《方言》＝sweal.

swal·let [swɑ́lɪt, -lət | swɔ́l-] 〖(1668) ← SWALL(OW)[2] (n.)＋-ET〗 ── *n.* 《英方言》**1** (鉱夫などが掘り当てる)地下水流; 地下水の流れ出る岩間. **2** 吸い込み穴《水流が地下に吸い込まれる穴; cf. swallow[2] 4》.

swal·low[1] [swɑ́lou, swɔ́(ː)l-, -lə | swɔ́ləu] 〖OE *swealwe* < Gmc **swalwōn* (G *Schwalbe*)〗 ── *n.*〖鳥類〗**1** ツバメ《ツバメ科の鳥類の総称; ツバメ (barn swallow), ショウドウツバメ (bank swallow) など; cf. martin》: One ～ does not make a summer. 《諺》つばめ一羽で夏にはならぬ《一つの事例で物事を判断するのは危険だ, など》. ★ ラテン語系形容詞: hirundine. **2** エントツアマツバメ (chimney swift) のようなツバメに似た数種の鳥類の総称《ウミツバメ (sea swallow), モリツバメ (wood swallow) など》.

swal·low[2] [swɑ́lou, swɔ́(ː)l-, -lə | swɔ́ləu] 〖OE *swelgan* < Gmc **swelʒan* (G *schwelgen*) ← IE **swel(k)-* to eat, drink〗 ── *vt.* **1** 〈食物・飲物などを〉飲み下す[込む] 〈*down, up, in*〉: ⇨ *swallow the* BAIT[1]. **2 a** 吸い込む, 引き入れる (absorb); 見えなくする 〈*up*〉: The water ～*ed* them *up*. 彼らは水に吸い込まれた. **b** 包む, おおう (envelop) 〈*up*〉; 気づかれないようにする: be ～*ed up* in the mist 霧に包まれる. **c** 使い尽くす, 平らげる, なくす; 消費する (exhaust) 〈*up*〉: The expenses ～*ed up* most of the profits. 費用倒れだった. **3** 《口語》〈人の話などを〉鵜呑(うの)みにする, すぐ真(ま)に受ける: He is so credulous that he ～*s* anything you tell him. 彼はとても信じやすいので人の言うことは何でも鵜呑みにする / Such stories are rather hard to ～. そういう話はなかなか真に受けられない. **4** 〈前言を〉取り消す (take back): ～ one's words ＝*eat one's* WORDS. **5 a** 〈怒り・笑いなどを〉ぐっとのみ込む, 押える (suppress): ～ a laugh [sob] 笑い[すすり泣き]をこらえる / ～ one's pride 自尊心を押える / ～ a yawn あくびをかみ殺す. **b** 〈無礼を〉忍ぶ, 我慢する, 胸に納める (put up with): ～ an insult 侮辱を忍ぶ. **6** 口ごもって言う, もぐもぐ言う: ～ words. ── *vi.* 飲む, 飲み込む; ぐっと飲み込む: ～ at a gulp 一口に飲む. ── *n.* **1** 飲むこと, 一飲み: *in* one ～ 一飲み[一口]に. **2** 一飲みにした物;

一飲みの量 (mouthful): take a ～ of water 水を一口飲む. **3 a** 飲み込む能力; 食欲. **b** 食道 (gullet): have a small ～ 食道が狭い. **4** 《英》【地質】吸い込み穴, 水を吸い込む穴 (sink) 《石灰岩地域にできる地表から地下に通じる水を吸い込む穴; swallow hole, ponor ともいう; cf. swallet 2》. **5** 【海事】通索孔, スワロー《滑車の枠と心車との間にあるロープの通る穴; throat ともいう》.

swal·low·a·ble [swɑ́loʊəbl, swɔ́(ː)l- | swɔ́ləʊ-] *adj.* **1** 飲み込める, 飲み下せる. **2** 信じられる (believable). **3** 忍べる, 耐えられる.

swállow dìve *n.* 《英》【水泳】=swan dive.

swál·low·er 〘OE *swelgere*: cf. G *Schwelger* glutton〙 *n.* **1** 飲み込む人[もの]. **2** 大食家 (glutton).

swállow hòle *n.* 《英》【地質】=swallow² 4.

swállow·lìke *adj.* ツバメのような; とても早い.

swállow shrìke *n.* 【鳥類】=wood swallow.

swállow·tàil 〘《なぞり》← F *queue d'aronde* ∥ G *Schwalbenschwanz*〙 — *n.* **1** ツバメの尾. **2 a** (ツバメの尾状に)末端が二股に割れたもの[形]. **b** 太やじり (broadhead). **c** 《口語》燕尾服 (tailcoat, swallow-tailed coat, swallowtail coat ともいう). **d** 長旗の末端の切込み(など). **3** 【木工】蟻継ぎ (dovetail). **4** 【築城】燕尾外堡《前面が凹形になっている》. **5** 【昆虫】アゲハチョウ《アゲハチョウ科の後翅がツバメの尾のように細長くのびたアゲハ属 (*Papilio*) のチョウの総称; トラフアゲハ (tiger swallowtail), アメリカタイマイ (zebra swallowtail) など》; (特に)キアゲハ (*P. machaon*) 《swallowtail butterfly ともいう》. **6** 【鳥類】エンビハチドリ, エンビトビなどのように二股に割れた尾をもつ鳥類の総称.

swállow-táiled *adj.* **1** 燕尾形の. **2** =dove-tailed 2.

swállow-tàiled cóat *n.* 燕尾服 (dress coat).

swállow-tàiled kíte[háwk] *n.* 【鳥類】エンビトビ (*Elanoides forficatus*) 《尾がツバメに似たトビ》.

swállow-tánager *n.* 【鳥類】ツバメフウキンチョウ (*Tersina viridis*) 《熱帯アメリカ産ホオジロ科の淡青色の鳴鳥; なわばりの習性がある》.

swállow·wòrt 〘1: 《なぞり》← Du. *zwaluwkruid*. 4: 《なぞり》← G *Schwalbenwurtz*: さやの形が翼を広げたツバメに似ていることにちなむ〙 — *n.* 【植物】 **1** クサノオウ (⇨ celandine 1). **2** =soma² 1. **3** ガガイモ科カモメヅル属 (*Cynanchum*) の数種の植物 《*C. nigrum*, *C. vincetoxicum* など; 根を薬用とする》. **4** トウワタ (milkweed) の類の植物. **5** =butterfly-weed 1.

swam 〘OE *swamm*〙 *v.* swim の過去形. 《方言》過去分詞.

swa·mi [swɑ́ːmi, swɔ́ːmi | swɑ́ːmɪ] 〘《1773》□ Hindi *svāmī* master ← Skt *svāmin* owner, lord ← *sva* one's own〙 — *n.* **1 a** [しばしば S-] (インドのヒンズー教で)学者・宗教家などに対する尊称 (lord, pundit). **b** 《古》ヒンズー教の偶像. **2** 学者ぶる人, 学者先生.

swamp [swɑ́mp, swɔ́(ː)mp | swɔ́mp] 〘《1624》□ ? LG *zwamp*: cf. 《廃》*sump* swamp □ (M)LG〙 — *n.* 沼沢地, 低湿地 (bog, marsh) 《通例水に浸っている低地で, 改良工事のない限り農耕に適さない》. ★ ラテン語系形容詞: paludal.

— *vt.* **1** 水浸しにする, 浸す (flood). **2 a** [通例 Passive で] 〔…で〕圧倒する (overwhelm), 洪水のように押し寄せさせる 〔*with, in*〕: be ～*ed with* [*in*] invitations [letters, applications] 招待[手紙, 申込み]攻めに合う / I am ～*ed with* work. 仕事で忙殺されている. **b** 《米》徹底的にやっつける, 敗北させる. **3 a** (木や下生えを取り払って, 木材を運ぶ)〈道を〉切り開く 〈*out*〉. **b** (木を滑らせるために)〈切り倒した木〉の小枝を払う. **4** 【海事】〈船を〉水浸しにする; 〈舟〉に水を一杯入れて沈ませる. — *vi.* **1** 〈ボートなどが〉水浸しになって沈む. **2** (沼などに)沈む, はまり込む. **3** 忙殺される.

swámp azàlea *n.* 【植物】米国東部産のツツジの一種 (*Rhododendron viscosum*) 《香りのよい白花をつける; swamp honeysuckle, white swamp honeysuckle ともいう》.

swámp bìrch *n.* 【植物】米国東部の湿地に生えるカバノキの一種 (*Betula pumila*) 《low birch ともいう》.

swámp bòat *n.* 《米》=air boat 2.

swámp bùggy *n.* 沼沢地で使う車: **a** 水陸両用トラクター[自動車]. **b** 飛行機のプロペラをつけた平底船 《swamp glider ともいう》.

swámp càndles *n.* (*pl.* ～) 【植物】北半球の湿地に生えるサクラソウ科クサレダマの一種 (*Lysimachia terrestris*).

swámp cỳpress *n.* 【植物】 **1** ラクウショウ(落羽松), ヌマスギ (bald cypress). **2** メキシコラクウショウ, メキシコヌマスギ (*Taxodium mucronatum*) 《中央メキシコ産の落葉針葉樹; 湿地の造林に適する; ahuehuete ともいう》.

swamp deer *n.* 【動物】バラシンガジカ (*Cerus duvaucelis*) 《インド・インドシナに生息するバラシンガジカ亜属のシカ; 角には4-8本の枝があり, 第1枝が長い; 夜行性で草を主食とする: barasingha ともいう》.

swámp·er *n.* **1 a** 沼沢地に住む人. **b** 沼沢地に働く[通じている]人. **2 a** 雑用男, 召使, 助手 (handyman). **b** 《古》らばの列[らくだの隊商]の御者[助手]. **3 a** (木材を運ぶ)道を切り開く人 (cf. swamp *vt.* 3). **b** 切り倒した木の小枝を払う人.

swámp féver *n.* 【獣医】馬伝染性貧血 (equine infectious anemia).

swámp glìder *n.* =swamp buggy b.

swámp hòneysuckle *n.* 【植物】=swamp azalea.

swámp·ish [-pɪʃ] *adj.* 沼沢地のような.

swámp·lànd *n.* 沼沢地, 低湿地.

swámp làurel *n.* 【植物】 **1** カルミア, ホソバハナガサシャクナゲ (*Kalmia polifolia*) 《北米原産の小低木》. **2** =sweet bay 2.

swámp lìly *n.* 【植物】 **1** =atamasco lily. **2** アメリカハマユウ (*Crinum americanum*) 《北米産のハマユウの一種で, 黄白色の花をつける》. **3** =lizard's-tail.

swámp lòcust *n.* 【植物】=water locust.

swámp lóosestrife *n.* 【植物】アメリカミズヤナギ (*Decodon verticillatus*) 《北米東部の湿地に生え, 深紅色の花が咲くミソハギ科の多年草; swamp willow, water willow, wild oleander ともいう》.

swámp màllow *n.* 【植物】アメリカフヨウ, クサフヨウ (*Hibiscus moscheutos*) 《北米東部原産アオイ科の白色または桃色の花をつける多年草; (swamp) rose mallow, wild cotton ともいう》.

swámp mìlkweed *n.* 【植物】北米湿地帯に自生するガガイモ科トウワタ属の一種 (*Asclepias incarnata*) 《ばら色の花をつけ, 植物体に白い乳液がある》.

swámp òak *n.* **1** 【植物】トキワギョリュウ, モクマオウ (*Causuarina equisetifolia*) 《オーストラリア産モクマオウ属の高木》. **2** トキワギョリュウ材 《赤色の堅木で家具の製造に用いる》. 《beefwood ともいう》

swámp pìnk *n.* 【植物】 **1** =swamp azalea. **2** =pinxter flower. **3** 北米原産ラン科カロポゴン属の紫赤色の花をつける植物 (*Calopogon pulchellus*).

swámp prìvet *n.* 【植物】米国南部の湿地に生えるモクセイ科の低木 (*Forestiera acuminata*).

swámp ròse *n.* 【植物】北米東部産の桃色の花をつけるノバラ (*Rosa palustres*).

swámp spàrrow *n.* 【鳥類】北米東部の沼沢地に普通のホオジロ科の鳥の一種 (*Melospiza georgiana*).

swámp splèenwort *n.* 【植物】北米東部産のメシダ属のシダ (*Asplenium pycnocarpon*).

swámp sùnflower *n.* 【植物】 **1** =sneezeweed 1. **2** 米国東部の湿地帯に産するヒマワリの一種 (*Helianthus angustifolius*).

swámp whìte òak *n.* 【植物】北米東部産のブナ科ナラ属の落葉高木 (*Quercus bicolor*) 《材質が堅く建築資材に使われる》.

swámp wìllow *n.* 【植物】=swamp loosestrife.

swamp·y [swɑ́mpi, swɔ́(ː)m- | swɔ́mpɪ] *adj.* (**swamp·i·er**; **-i·est**) **1** 沼沢地の, 低湿地の; 沼沢地に似た[から成る]. **2** 沼沢地に多い. **swámp·i·ness** *n.*

swa·my [swɑ́ːmi, swɔ́ːmi | swɑ́ːmɪ] *n.* =swami.

swan¹ [swɑ́(ː)n, swɔ́(ː)n | swɔ́n] 〘OE ～ < Gmc **swanaz* (G *Schwan*), **swanōn* 《原義》 singer (G 《方言》 *Schwane*) ← IE **swen-* to sound (L *sonus* 'SOUND¹')〙 — *n.* (*pl.* ～**s**, ～) **1** 【鳥類】ハクチョウ 《ガンカモ科ハクチョウ属 (*Cygnus*) 大型の水鳥の総称; コクチョウ (black swan), コブハクチョウ (mute swan), ナキハクチョウ (trumpeter swan), コハクチョウ (whistling swan), オオハクチョウ (whooper swan) など; この鳥は臨終に美妙な声で鳴くとの伝説がある; cf. swan song》: All his geese are ～*s*. 何でも自分の物はいいと思っている. **2 a** すばらしく美しい[りっぱな]人[物], すばらしい人[物]. **b** 歌人, 詩人, 歌手: the (sweet) *Swan* of Avon エイボンの白鳥 《Shakespeare のあだ名》 / the Mantuan *Swan* マントバの白鳥 《Vergil のあだ名》. **3** [the S-] 【天文】はくちょう(白鳥)座 (⇨ Cygnus). — *vi.* 《英口語》あてもなくさまよう[行く], ぶらぶら歩く 〈*off, around*〉.

swan² [swɑ́(ː)n, swɔ́(ː)n | swɔ́n] 〘《転訛》← 《北部方言》 (*I*) *s'wan* (I) swear〙 《米方言》 — *v.* (**swanned**; **swan·ning**) — *vi.* 断言する, 誓う (swear) 《主に驚きを表わす》: I ～! — *vt.* 驚かす (surprise).

swán bàse *n.* 【電気】差し込口金 (⇨ base² *n.* 14).

swán bòat *n.* スワンボート 《遊園地などで使われる白鳥の形をしたボートで自転車を踏むようにして進ませるもの》.

swán dìve *n.* 《米》【水泳】前飛び伸び型飛込み, スワンダイブ (《英》swallow dive) 《両腕を広げ延ばして頭から水中に飛び込む飛込み型; cf. jack knife 2》.

Swa·nee [swɑ́ni, swɔ́(ː)ni | swɔ́nɪ] *n.* [the ～] ⇨ Suwannee.

swang 〘OE〙 *v.* 《方言》swing¹ の過去形.

swán góose *n.* 【鳥類】サカツラガン (*Anser cygnoides*) 《東部シベリアで繁殖し, 冬期日本で越冬するガンの一種; シナガチョウの原種とされる》.

swán·hèrd 〘《1482》〙 *n.* 白鳥の番人[世話係].

swank [swǽŋk] 〘《1809》□ ? MHG *swank-en* to sway, swag ← *swank* flexible〙 《口語》 — *vi.* **1** (態度・服装・言葉などで)気取る, 見栄をはる, 見せびらかす (show off); 威張る (swagger). **2** 威張って歩く. — *vt.* **1** 飾り立てる, 着飾らせる (doll up). **2** 冷たく扱う. **3** [～ it として] =*vi.* 1. — *n.* **1** 尊大, 高慢; 見栄をはること, 気取り, 見せびらかし. **2 a** めかし込み, おしゃれ. **b** 《米》(お)上品. **3** 《英》見え坊; 気取り屋. — *adj.* (～**·er**; ～**·est**) **1** 派手な (showy). **2** 《米》〈ホテルなど〉ハイカラな, 一流の. ～**·er** *n.*

swán knìght *n.* 【ゲルマン伝説】白鳥の騎士 《中世伝説の騎士 Lohengrin などのように, 人間が変形した白鳥に助けられて使命を果たす》.

swánk·pòt *n.* =swank 3.

swank·y [swǽŋki | -kɪ] *adj.* (**swank·i·er**; **-i·est**) = swank. **swánk·i·ly** [-kɪli, -kə- | -lɪ] *adv.* **swánk·i·ness** *n.*

swán·lìke *adj.* 白鳥のような.

swán màiden 〘《なぞり》← G *Schwanenjungfrau*〙 — *n.* 【ゲルマン伝説】白鳥の乙女《魔法の衣によって白鳥になったり人間になったりすることのできた古代伝説の少女; 日本の羽衣伝説の天女もこの類》.

swán·màrk *n.* 白鳥の目印《白鳥の上くちばしに刻んだ所有主の記号》.

swán-nèck *n.* **1** (白鳥の首を思わせるような)優美な白いうなじ. **2 a** 白鳥の首を思わせるもの. **b** (色々な細工物に用いる)雁首状の器具[排水管など] (gooseneck). **c** 雁首形通風穴. **3** 【建築】**a** (曲り階段の親柱近くの)曲った手摺. **b** 呼び樋, 鮟鱇《横樋と竪樋をつなぐ曲がった樋》.

swan·ner·y [swɑ́n(ə)ri, swɔ́(ː)n- | swɔ́nərɪ] *n.* 白鳥飼養所.

Swán Rìver dáisy 〘← *Swan River* (西部オーストラリア南西部の河川名)〙 — *n.* 【植物】ヒメコスモス, ヒメヨメナ (*Brachycome iberidifolia*) 《オーストラリア原産のキク科の一年草; コスモスに似た美花をつけ観賞用》.

Swán Rìver everlásting 〘↑〙 — *n.* 【植物】ヒロハノハナカンザシ, ローダンテ (*Helipterum manglesii*) 《白またはピンクの花が咲くオーストラリア産の一年草で, 花はドライフラワーにする》.

Swán·scombe mán [swɑ́nzkəm- | swɔ́nz-] *n.* 【人類学】スウォンズクーム人《英国 Kent 州 Swanscombe で発見された化石人類の一つ》.

swáns·dòwn *n.* **1** 白鳥の綿毛《衣服のへり取りやおしろいのパフなどに用いる》. **2** けばの立った柔らかい厚地ウール地. **3** けば立てた厚手の綿ネル.

Swan·sea [swɑ́nzi, -si | swɔ́nzɪ] 〘ME *Sweynesse* ← ON *Sveinn* (人名)+ON *sǣr* 'SEA' ∥ -s²+ON *ey* 'ISLAND'〙 — *n.* ウェールズ南東部, West Glamorgan 州の海港・首都; 人口 173,000.

swán shìft *n.* 【ゲルマン伝説】白鳥の羽毛で織った羽衣《これを着る者を白鳥に変えるという》.

swán shòt *n.* がんだま《白鳥などを撃つ散弾; 普通の玉より大きい》.

swán·skìn *n.* **1** 羽毛付きの白鳥の皮. **2** =swansdown 3.

swán's nèck *n.* =swan-neck.

swán's nèck pédiment *n.* 【建築・家具】スワンネックペディメント《ペディメントの輪郭が中央部で切断され, その中心部に頂華を飾ったブロークンペディメントの一種》.

Swan·son [swɑ́nsən, swɔ́(ː)n- | swɔ́n-], **Gloria** *n.* (1898–) 米国の映画女優.

swán sòng 〘《1831》《なぞり》← G *Schwanenlied*〙 — *n.* **1** 白鳥の歌《白鳥が臨終に歌うと言われる美妙な歌; cf. DYING swan》. **2** (詩人・作曲家などの)最後の作[曲]; 辞世, 絶筆, 最後の功業. **swán-sòng** *adj.*

swán-ùp·per [-ʌ̀pə | -ʌ̀pə(r] *n.* 《英》(白鳥調べ (swan-upping) のために)白鳥を捕える人, 白鳥調べ人.

swán-ùp·ping [-ʌ̀pɪŋ] 〘《1810》〙 *n.* 《英》 **1** 白鳥調べ《白鳥の子を捕えて上嘴に所有者の印をつけること》. **2** Thames 川で行なわれる白鳥調べの年中行事.

swap [swɑ́p, swɔ́(ː)p | swɔ́p] 〘《*a*1375》 *swappe(n)* to hit, strike hands (in closing a bargain): cog. G *schwappen* to splash, whack: 《擬音語》〙 — *v.* (**swapped**; **swap·ping**) — *vt.* (物々)交換する, 取り換える (exchange): ～ hats 帽子を取り換える / ～ jokes 冗談を交す / ～ a penknife *for* a notebook ナイフをノートと交換する / Will you ～ places? 場所を換えてくれませんか / Never ～ horses while crossing the stream. 《諺》流れを横切っている間に馬を取り換えるな《危機が去るまでは(制度や指導者などを換えずに)現状維持で押し通せ》. — *vi.* **1** 交換する, 取り換える, 物々交換する. **2** 【経済】(為替の)スワップ取引きをする. **3** 《卑》夫婦交換をやる, スワッピングする. — *n.* **1 a** (物々)交換, 取り換え (exchange): a good ～ 得な交換 / Shall we try a ～? 交換しようか. **b** 交換に適した物. **2** 【経済】(為替の)スワップ《直買い先売り, または直売り先買いのこと》. **3** 《卑》夫婦交換, スワッピング. **swáp·per** *n.*

swáp agrèement *n.* 【経済】スワップ協定《為替相場安定を図るため, 二国間の中央銀行が自国の通貨を預け合う取決め協定》.

swáp mèet *n.* 古物交換会.

swa·raj [swərɑ́ːdʒ | swə-, swɑː-] 〘□ Hindi *svarāj* self-ruling ← *svārājya* independent rule ← *sva* one's own + *rājya* rule〙 — *n.* **1** (インドの)独立自治《もとインド国民党の標語; cf. purna swaraj》. **2** [S-] スワラジ 《もと英領インドでの独立自治党》.

swa·ráj·ism [-dʒɪzm] *n.* (もと英領インドでの)独立自治主義[運動].

swa·ráj·ist [-dʒɪst, -dʒəst | -dʒɪst] *n.* (もと英領インドでの)独立自治主義者. — *adj.* 独立自治主義者[運動]の.

sward [swɔ́əd | swɔ́ːd] 〘OE *sweard*, *swearð* skin, hide, rind: cog. G *Schwarte* rind〙 *n.* 草地; 芝生 (turf). — *vt.* 芝でおおう, 芝生にする. ～**·ed** *adj.*

sware 〘ME *swar*〙 *vt.* 《古》swear の過去形.

swarf [swɔ́əf | swɔ́ːf] 〘← Scand. (cf. ON *svarf* file dust, *sverfa* to file): ⇨ swerve〙 *n.* (金属・木などの)切れ端; (レコードなどの)削りくず (sludge).

swarm¹ [swɔ́əm | swɔ́ːm] 〘OE *swearm* < Gmc **swarmaz* (G *Schwarm*) ← IE **swer-* to buzz, whisper (L *susurrus* 'SUSURRATION')〙 — *n.* **1 a** (巣別れ[分封]する)蜂の群. **b** (昆虫の移動する)群, うじゃうじゃした群 (cf. flock¹ 1 a): a ～ [～*s*] of insects, mosquitoes, etc. **2** (移動する大勢の人・動物・物の)群, 群衆, 大勢 (crowd, throng) 〔*of*〕: a ～ [～*s*] of sightseers [refugees, children] うようよしている見物人[避難者,

子供] / a ~ *of* letters [stars] たくさんの手紙[星]. **3** 〘生物〙浮遊細胞[生物]群. **4** 〘地質〙(同じ地質的特徴をもった)群: a dyke ~ 岩脈群 / an earthquake ~ 地震群. 「[した].
in swarms [***a swarm***] 群をなして, うじゃうじゃして
— *vi.* **1 a** 〈蜜蜂が〉(巣別れの用意に)女王蜂の周囲に群がる. **b** 〈蜜蜂が〉巣別れする, 分封(ぶんぽう)する. **2** うじゃうじゃ動く, 群がって行く[来る] 〈*round, about, over*〉: A crowd of people ~*ed* to the spot. 群衆が現場にうようよ寄って来た / Children came ~*ing* round. 子供たちがわんさと集まって来た. **3** 群をなす, たくさん集まる; 〈場所が〉(…で)充満する, 一杯になる, うようよする 〔*with*〕: Brigands ~ in the mountains. 山賊が山に集まっている / a garden ~*ing with* bees 蜜蜂の群がる庭 / a bed ~*ing with* fleas のみのたかったベッド / the hills ~*ing with* rebels 反逆者の立てこもっている山 / The road ~*s with* tramps. 道路には放浪者がうようよいる. **4** 〘生物〙〈細胞・生物が〉群がって浮遊する. **—** *vt.* **1** …に群集する; 〔…で〕満ちる 〔*with*〕: The house is ~*ed with* rats. 家にはねずみがうようよいる. **2** 〈蜜蜂を〉巣に集める; 〈巣箱〉に蜜蜂の群を入れる.

swarm[2] [swɔ́ɚm | swɔ́:m] 〘(*c*1550) ← ?〙 *vi.* (木や棒などに)抱きついて上る, よじ上る: ~ *up* a tree. **—** *vt.* 〈木など〉によじ上る: ~ a tree, pole, rope, etc.

swárm cèll *n.* 〘植物〙 =zoospore.

swárm·er *n.* **1** うようよ群がる人[物]. **2** 巣別れ間近の蜜蜂の群. **3** 〘植物〙 =swarm spore.

swárm spòre *n.* 〘植物〙 =zoospore.

swart [swɔ́ɚt | swɔ́:t] 〘OE *sweart* < Gmc **swartaz* (G *schwarz*) < IE **swordos* (L *sordēre* to be dirty: cf. sordid)〙 **—** *adj.* **1** 〘古〙 浅黒い, 黒ずんだ (swarthy). **2** 悪性の, 有害な (malignant).

swarth [swɔ́ɚθ, swɑ́ɚθ | swɔ́:θ] 〘OE *swearð* skin, rind: ⇨ sward〙 *n.* **1** 草地; 芝生 (sward). **2** 〘方言〙 皮膚, 皮 (skin). **—** *adj.* 〘古〙 =swarthy.

swarth·y [swɔ́ɚði, -θi | swɔ́:ði, -θi] 〘(1577) 〘変形〙 ← 〘廃〙 *swarty*: ⇨ swart, -y[4]〙 **—** *adj.* (**swarth·i·er; -i·est**) 〈皮膚・顔など〉浅黒い, 黒ずんだ (dusky), 日に焼けた (sunburnt). **swarth·i·ly** [-ðɪli, -θɪ-, -ðə-, -θə- | -lɪ] *adv.* **swárth·i·ness** *n.*

Swárt·krans ápe-man [swɔ́ɚtkrænz-, sfɑ́ɚt-krɑ:ns- | swɔ́:tkrænz-, sfɑ́:tkrɑ:ns-] 〘← *Swartkranz* (南アフリカ共和国 Johannesburg 付近の発見地)〙 **—** *n.* 〘人類学〙 スワートクランス猿人 (⇨ australopithecus).

swartz·ite [swɔ́ɚtsaɪt | swɔ́:-] 〘← *George K. Swartz* (1861–1949: 米国の地質学者) + -ITE[1]〙 **—** *n.* 〘鉱物〙 スウォーツァイト ($CaMg(UO_2)(CO_3)_3 \cdot 12H_2O$) 《緑色のウラニウム鉱石》.

swash[1] [swɑ́(:)ʃ, swɔ́(:)ʃ | swɔ́ʃ] 〘(1528): 擬音語か〙 **—** *vi.* **1** 〈水が〉(岩などに当たって)ざぶんという; じゃぶじゃぶ水をはねかける. **2** 〈物・刀などが激しくぶつかる; 物が激しくぶつかるような大きな音を立てる. **3** 〘古〙 威張りちらす, から威張りする (swagger). **—** *vt.* **1 a** 〈水などを〉はねかける, はね飛ばす. **b** …に液体をはねかける. **2** 〈液体を〉(容器の中で)ばちゃばちゃいわせる. **—** *n.* **1** 水の激しくぶつかること[音], ばしゃばしゃ, ざぶん: the ~ of waves against a pier 突堤にぶつかる波の音. **2 a** から威張り, 威張り散らすこと (swagger). **b** =swashbuckler. **3 a** (川口の)浅瀬. **b** 〘米〙 (砂洲(さす)を通るまたは砂洲と陸との間にある)水路.

swash[2] [swɑ́(:)ʃ, swɔ́(:)ʃ | swɔ́ʃ] 〘← 〘廃〙 *swash* slanting ← ?〙 〘印刷〙 *n.* (ひげ文字などの)巻きひげ. **—** *adj.* 巻きひげの: ⇨ swash letter.

swásh·bùckle 〘(逆成) ↓〙 *vi.* から威張りする.

swásh·bùckler 〘← SWASH[1] (*vi.* 1) 2 + BUCKLER〙 *n.* **1** から威張りする人[軍人, 冒険家]. **2** から威張りする人を扱う小説[映画など]; ちゃんばら映画. 「りする.

swásh·bùckling *n.* から威張り. **—** *adj.* から威張

swásh bùlkhead *n.* 〘海事〙 制水隔壁 《液体船荷の自由移動に抵抗を与えるため, 船首尾方向に垂直に取り付けた隔壁》.

swásh·er *n.* =swashbuckler.

swásh·ing *adj.* **1** =swashbuckling. **2 a** 激しくぶつかり合う音を立てる: a ~ blow 強打. **b** ざぶんと音を立てる. **~·ly** *adv.* 「大文字》.

swásh lètter *n.* 〘印刷〙 巻きひげ文字 《装飾用の斜体

swásh plàte *n.* **1** 〘機械〙 回転斜板. **2** 〘海事〙 = swash bulkhead.

swas·ti·ka [swɑ́stɪkə, -tə-, swɑstí:- | swɔ́stɪ-] 〘(1871) ⊏ Skt *svastika* a sign of good luck ← *svasti* welfare ← *su-* well + *asti* he is〙 **—** *n.* **1** 卍(まんじ), 卐 《変形十字架; fylfot ともいう》. **2** (ドイツのナチス及び第三帝国の表章として用いられた)鉤(かぎ)十字章 (⇨ Hakenkreuz).

swat[1] [swɑ́t, swɔ́(:)t | swɔ́t] 〘(1615) 〘異形〙 ← SQUAT〙 〘口語〙 **—** *vt.* (**swat·ted; swat·ting**) **1** 〈はえなどを〉ぴしゃりと打つ, たたく (hit). **2** 〘野球〙 長打する. **—** *n.* **1** ぴしゃりと打つ[たたく]こと: give a person a ~. **2** 〘野球〙 長打 (long hit); (特に)ホームラン.

swat[2] 〘ME *swatte* < OE *swætte* (pret.) & *swat* < OE *ġeswætt* (p.p.)〙 *v.* 〘廃〙 sweat の過去形・過去分詞.

swat[3] [swɑ́t, swɔ́(:)t | swɔ́t] *v.* (**swat·ted; swat·ting**) =swot[2].

Swat [swɑ́t, swɔ́(:)t | swɔ́t] *n.* **1** スワート 《もとインド北西部の藩王国; 現在はパキスタンの一部》. **2** (*pl.* ~, ~s) **a** [the ~(s)] スワート族 《パキスタン北部の回教徒》. **b** スワート族の人.

swatch [swɑ́tʃ, swɔ́(:)tʃ | swɔ́tʃ] 〘← ?〙 *n.* **1** (布地・革などの小さく切った)見本, 見本の切れ. **2** 小片 (patch): a ~ of land 一片の土地.

swath[1] [swɑ́(:)θ, swɔ́:θ, swɑ́(:)ð, swɔ́:ð | swɔ́:θ] 〘OE *swæþ, swaþu* track ← Gmc **swaþ-* (G *Schwad(e)*)〙 **—** *n.* (*pl.* **~s** [swɑ́(:)ðz, swɔ́:ðz, swɑ́(:)θs, swɔ́:θs | swɔ́:θs, swɔ́:ðz]) **1 a** (大鎌で牧草を刈った)一刈りの幅, 刈り幅. **b** 一刈り分の牧草. **2 a** (刈取人・収穫機がある方向に最後まで刈り取った)牧草地[麦畑など]の一直線の刈跡. **b** (そのようにして)刈り倒されてある牧草[小麦など]の列. **3** 細長い土地[物].
cut a (***wide***) ***swath*** (1) 派手に振舞う, 人目を引く; 見えを切る (splurge). (2) ひどく[派手に]破壊する: The typhoon *cut a* (*wide*) ~ *through* the district. 台風はその地方を薙(な)ぎ倒していった.

swath[2] [swɑ́(:)θ, swɔ́:θ | swɔ́:θ] *n.* =swathe[1].

swathe[1] 〘OE *swaþian* ? ← IE **swei-* to turn, bend: cf. OE *swaþum* bandages〙 **—** [swɑ́(:)ð, swɔ́:ð, swéɪð | swéɪð] *vt.* **1** 包帯する. **2 a** 〔布などで〕包む, くるむ 〔*in*〕: His arm was ~*d in* bandages. 腕には包帯が巻かれていた. **b** 〈包帯・ロープなどを〉巻く. **3** (包帯をしたように)包む, くるむ (envelop): The fog ~*d* the whole city. 霧が市全体を包んでいた / The skyscrapers were ~*d in* a pinkish fog. 摩天楼がピンク色の霧に包まれていた. **—** [swéɪð] *n.* **1** 包帯, 包布 (bandage). **2** [*pl.*] =swaddling clothes. **swáth·er** *n.*

swathe[2] [swéɪð] *n.* =swath[1].

Swa·ti [swɑ́:ṭi | -tɪ] *n.* (*pl.* ~, ~s) =Swat 2.

Swa·tow [swɑ̀:táu | swɔ̀tàu; *Chin.* sūāt'au] *n.* 汕頭(スワトウ) 《中国広東省 (Kwangtung) の海港》.

swats [swɑ́ts, swɔ́(:)ts | swɔ́ts] 〘← OE *swatan* (pl.) beer〙 *n. pl.* 〘スコット〙 飲み物, (特に)新しいエール.

swat·ter [swɑ́tɚ | swɔ́tə(r)] *n.* **1** ぴしゃりと打つ[たたく]人[もの]; はえたたき. **2** 〘野球〙 強打者.

S wàve 〘← *shear wave*〙 *n.* 〘地震〙 S 波 《通常地球内部を伝わる地震の横波; 観測点に 2 番目に到達するので secondary wave ともいう; cf. L wave, P wave》.

sway [swéɪ] 〘(*c*1380) *sweye(n), sweghe(n)* to go (down), swoon ⊏ ? ON *sveig-ja* to bend, sway: ⇨ swathe[1]〙 **—** *vi.* **1 a** (前後に)揺れる, 揺らぐ, 動揺する: Branches ~*ed* in the wind. 枝が風に揺れた / The bridge ~*ed* as the truck passed over it. トラックが通ると橋は揺れた. **b** 〔ある方向に〕傾く, 動く 〔*to*〕: ~ *to* the left 左に傾く. **2** 〈気持ちなどが〉傾く; 〈意見などが〉動揺する, 揺らぐ (fluctuate). **3** 〘詩〙 権力を振るう, 支配[統治]する. **—** *vt.* **1 a** 前後[左右]に動かす, 揺さぶる, 振る (waver), 振り動かす: The wind ~*s* the branches. 風で枝が揺れる / ~ one's hips 腰を揺する / ~ oneself 体を揺さぶる / ~ one's head 首を振る. **b** 一方[ある方向]に動かす[倒す]: The pillars were ~*ed* by a storm. 嵐で柱が傾いた. **2 a** 〈人・意見などを〉動揺させる; (ある方向に)傾かせる, 動かす, 左右する: He is too much ~*ed* by the needs of the moment. 彼はあまりに目先の必要に動かされる / His speech ~*ed* the votes. 彼の演説は投票を左右した. **b** 〔目的・方針から〕そらせる (divert) 〔*from*〕: Nothing could ~ him *from* his study. ひたすら研究に励んだ. **3** 〘古〙 〈剣などを〉振るう (wield); 支配する, 統治する (control): ~ a weapon 武器を振るう / ~ the scepter 笏(しゃく)を振るう; 支配する / ~ the realm 領土を支配する. **4** 〘海事〙 〈帆げた・マストなどを〉揚げる (hoist) 〈*up*〉: ~ *up* a topmast. **—** *n.* **1** 揺れること, 揺れ, 揺らぎ, 動揺. **2** 左右する[動かす]力, 勢力 (influence): under a person's ~ 人の勢力下で[にある] / own love's ~ ほれたと自白する. **3** 支配, 統治; 支配権, 主権: King Alfred held ~ over all England. アルフレッド王は英国全体を支配した. **4** 〘廃〙 回転 (rotation). **~·er** *n.*

swáy·bàck *n.* **1** 〘獣医〙 **a** (馬の)脊柱変曲症; くぼんだ背 (cf. camelback 2). **b** 流行性運動失調症 《羊・やぎのコバルト欠乏症; enzootic ataxia ともいう》. **2** 〘病理〙 脊柱前彎(わん)症 (lordosis). **—** *adj.* =swaybacked.

swáy·bácked *adj.* **1** 〘獣医〙 **a** (馬の)脊柱変曲症の. **b** 流行性運動失調症の 《羊・やぎのコバルト欠乏症の》. **2** 〘病理〙 脊柱が前彎(わん)した.

swayed [swéɪd] *adj.* =swaybacked.

Swa·zi [swɑ́:zi | -zɪ] *n.* (*pl.* ~, ~s) **1 a** [the ~(s)] スワージ族 《アフリカ Swaziland に住む Zulu 系 Bantu 原住民》. **b** スワージ族の人. **2** スワージ語 《スワージ族の言語; Bantu 語派の一つ》.

Swa·zi·land [swɑ́:zilæ̀nd | -zɪ-] *n.* スワジランド 《アフリカ南東部モザンビークと南アフリカ共和国との間にある英連邦内の王国; もと英国の保護領であったが 1968 年独立; 人口 446,000, 面積 17,366 km², 首都 Mbabane; 公式名 the Kingdom of Swaziland スワジランド王国》.

swbd. 〘略〙 switchboard.

SWbS 〘略〙 southwest by south.

SWbW 〘略〙 southwest by west.

sweal [swí:l] 〘OE *swelan* (vi.) to burn & *swǣlan* (vt.) to cause to burn ← Gmc **swel-* to be subjected to heat (G *schwelen* to burn slowly): cf. swelter〙 〘方言〙 **—** *vi.* **1** 〈蠟燭(ろうそく)が〉溶ける (melt). **2** 衰退する. **—** *vt.* 〈木の茂みなどを〉焼く; 焦がす (singe).

swear [swέɚ | swέə(r)] 〘OE *swerian* < Gmc **swarjan* (G *schwören*) ← IE **swer-* to speak: cf. answer〙 **—** *v.* (**swore** [swɔ́ɚ, swóɚ | swɔ́:(r)], 〘古〙 **sware** [swέɚ | swέə(r)]; **sworn** [swɔ́ɚn | swɔ́:n]) **—** *vi.* **1** (神・聖書などにかけて)誓う, 宣誓する: ~ *by* [*to*] God [Heaven] 神にかけて[の前に]誓う / ~ *by* [*on, upon*] one's honor [the Bible] 名誉にかけて誓う[聖書に手を置いて宣誓する]. **2 a** 宣誓して証言[陳述]する: ~ *to* one's identity 本人に相違ないと宣誓して証言する. **b** [通例, 否定・疑問構文で] 〘口語〙 〔…と〕誓って言う, 断言する (vow) 〔*to*〕: I would*n't* ~ *to* it [having seen him there]. そうである[そこで彼を目撃した]と断言する自信はない / Can you ~ *to* its authenticity? 君はそれが本物であると誓えるか. **3** (By God!, Jesus Christ! などと)みだりに神・キリストなどの名を呼ぶ, 罰当たりなことを言う; (Damn it!, Fuck you! などと)口ぎたなくののしる, 毒づく (curse): ~ like a pirate [trooper] 盛んに毒づく / ~ *at* a person (for being idle) (なまけていると言って)人に毒づく[人をののしる] / It is enough to make one ~. それではだれだってののしりたくなる. **—** *vt.* **1** 〈誓いを〉立てる: ~ an oath 誓う, 宣誓する; 毒づく, ののしる. **2 a** 誓う, 宣誓する; [*to do, that*-clause を伴って] 誓って言う, 神かけて誓言する, 宣誓して述べる[証言する]: ~ allegiance [eternal friendship] 忠誠[終生の友情]を誓う / I ~ *by* Almighty God *to* tell the truth. 全能の神に誓って真実を証言いたします 《法廷での宣誓》 / I could have *sworn* it was Smith. それがスミスであったことは神かけて誓言できる / I solemnly ~ *that* I will faithfully execute the office. 職務を忠実に遂行することを慎んで宣誓します / He *swore on* his mother's tombstone *that* he would mend his way. 心を入れ替えますと母親の墓石にかけて誓った. **b** [*to do, that*-clause を伴って] 誓って[堅く]約束する (vow): ~ *to* pay the money back soon 金はすぐ返すと堅く約束する / I ~ I'll never go there again. 二度とそこへは行きませんと約束します. **c** [*that*-clause を伴って] 〘口語〙 …と断言する, 言明する (assert): I ~ it is past endurance. 全くのところそれでは我慢ができない / ~ black is white ⇨ black 成句. **3 a** …に宣誓させる, 誓わせる: ~ a jury [witness] 陪審員[証人]に宣誓させる. **b** …に誓わせて〔…を〕守らせる 〔*to*〕; 宣誓の上で〔…に〕入れる, 就任させる 〔*into, to*〕: ~ a person *to* secrecy [silence] 人に秘密[緘口(かんこう)]の厳守を誓わせる / ~ a person *into* the club 宣誓して人をクラブに入会させる / He was *sworn to* the bar. 宣誓の上で弁護士に任命された. **c** 宣誓して訴える: ~ a charge [treason] *against* a person 宣誓して人を告訴する[人に利敵行為があると訴える] / ~ the peace *against* a person ⇨ peace 成句. **4** ののしって(ある状態に)至らせる: ~ one's life *away* ののしったあまり命を落とす / They both *swore* themselves hoarse. 二人とも毒づき合って声をからしてしまった.
enough to swear by 〘口語〙 ほんの少し[わずか]. ***I'll be sworn.*** 〘古〙 きっとだ. ***swear at*** (1) ⇨ *vi.* 3. (2) …と調和しない: The hat ~*s at* her blond hair. その帽子は彼女のブロンドの毛に合わない. ***swear by*** (1) ⇨ *vi.* 1. (2) *vt.* 2 a. (3) 〘口語〙 …を信じ切る, 盲信する, 大いに推奨する: He ~*s by* his doctor [the medicine]. かかりつけの医者[その薬]を絶対に頼信している. ***swear for*** …を保障する, 受け合う (guarantee): ~ *for* a person's sincerity. ***swear in*** 宣誓の上で就任させる (cf. *vt.* 3): The jury were *sworn in*. 陪審員は宣誓の上で任命された. ***swear off*** 〈酒などを〉誓って断つ (renounce): ~ *off* drink(ing) / ~ *off* (smoking) cigarrettes. ***swear out*** 〘米〙 誓言して出してもらう: ~ *out* a warrant for a suspect's arrest 容疑者の逮捕令状を宣誓の上で出してもらう.
— *n.* **1** 誓い, 誓約 (oath). **2** 〘口語〙 ののしり, 悪口; ののしりの言葉: relieve one's feelings by a hearty ~ 思いきりののしってさっぱりした気持になる.
~·er *n.*

swear·ing [swέ(ə)rɪŋ | swέər-] 〘(*c*1200)〙 *n.* **1** 宣誓; 誓言. **2** ののしり, 悪たれ口.

swéar·wòrd *n.* 不敬の言葉, 罰当たりの[卑猥な]言葉, 悪口, ののしり.

sweat [swét] 〘v.: OE *swǣtan* < Gmc **swaitjan* (Du. *zweeten* / G *schweiȝen* to fuse) ← **swaitaz* (OE *swāt* / G *Schweiȝ*) ← IE **sweid-* sweat (L *sūdor* / Gk *hidrōs*). — n.: ME *swe(e)t* ← (v.) ∞ *swote* < OE *swāt*〙 **—** *n.* **1 a** 汗 (perspiration): be running [dripping] with ~ 汗をたらして[流して]いる / bloody ~ 血の汗, 血汗 (cf. *Luke* 22: 44) / wipe the ~ off one's brow 額の汗をふく. **b** 汗を流すこと, 一汗かくこと, 発汗(状態); (医療処置などで)発汗させること, 発汗作用; [a ~] ひとしきりの汗, 一汗(ひとあせ): A good ~ often cures a cold. うんと汗をかくとよく風邪が直る / *A* ~ will do him good. 一汗かくとよくなるだろう / a cold ~ 冷汗 (cf. *be in a cold* SWEAT). **c** [しばしば *pl.*] (運動・病気などでの)異常な発汗: night(ly) ~*s* 寝汗. **2** (物の表面に出る)汗, 水蒸気, 水滴. **3** 〘口語〙 不安, いらだち (anxiety): in a ~ 心配して, いらいらして / He is in a terrible ~. ひどく心配して[いらいらして]いる. **4** 骨の折れる[つらい]仕事; 骨の折れること, つらさ: a horrible [an awful] ~ ひどく骨の折れる仕事 / I cannot stand the ~ of it. その骨折りにはとても耐えられない. **5** [old ~ として] 〘英俗〙 兵士 (soldier); 経験豊かな人. **6** 発汗剤 (sudorific). **7** (たばこなどを)汗をかかせて発酵させること. **8** 〘競馬〙 (出走の前に行なう)馬の予備運動, 練習走り, 試走.
all of a sweat 〘口語〙 =*in a* SWEAT. ***be in a cold sweat*** 冷汗をかく; ひやひや[びくびく]する. ***by*** [***in***]

the sweat of** one's **brow** [**face**]* 額に汗して；正直に働いて (cf. *Gen.* 3:19). ***in a sweat (1) 汗を流して，汗だくになって. (2) ⇨ 3. ***no sweat***《米俗》(1) 容易に，楽々と. (2) [間投詞的に] 平気だ，何でもない，平ちゃらだ.

— *v.* (《米》 ～, ～**·ed,**《古》 **swat** [swát, swɔ́ːt|swɔ́t]) — *vi.* **1** 汗をかく，汗ばむ，発汗する (perspire)：～ with fear [emotion] 恐ろしさの余り[感極まって](冷)汗をかく / ～ at night 寝汗をかく / ～ from a nightmare 悪夢にうなされて寝汗をかく. **2** 露を結ぶ，表面に水玉[水滴]がたまる，汗をかく. **3** 〈たばこなどが〉発酵する (ferment). **4**《口語》汗を流して[精出して]働く；(低賃金で)酷使される，搾取される：～ at one's job 精を出して仕事をする. **5**《口語》ひどい目にあう，ひどく苦しむ，不安になる：You shall ～ for it. 後でひどい目にあうぞ《後悔するな》. **6** 分泌物が滲(にじ)出する. **7**《古》罰を受ける，罰せられる. — *vt.* **1** 〈汗・水分を〉出す，流す；(表面などから)〈滴・水滴などを〉したたらす，にじみ出させる. **2** 〈人・馬などに〉汗をかかせる，発汗させる：～ a horse 馬に汗をかかせる / ～ a patient 〈医者が〉患者に発汗療法を施す. **3 a** 汗をかいて[出させて]〈体重を〉なくさせる[減量する]〈*away, off*〉：～ *off* a pound in a sauna サウナ風呂で汗を出して1ポンド体重を減らす. **b** 発汗させて〈風邪などを〉なくす[直す]〈*out*〉：～ *out* a cold 汗をかいて風邪を直す. **4** 汗でぬらす[汚す]：～ one's collar. **5 a** (製造過程の一つとして)汗をかかせる，湿気を帯びさせる. **b** 〈たばこを〉発酵させる (ferment). **6** 〈労働者を〉(低賃金・時間超過などの悪条件で)酷使する，こき使う. **7** 汗水たらして稼ぎ出す，苦心してつくり出す[得る]. **8** (袋などに入れて振り動かし摩擦させて)〈貨幣，特に金貨〉から粉末を取る：～ gold coins. **9**《俗》**a** 〔人から〕〈金銭を〉ゆする，巻き上げる〔*from*〕. **b** 〈人〉から金を巻き上げる. **10**《俗》**a** 厳しく尋問する；拷問する. **b** (尋問して)〈自白を〉強要する：The policeman ～*ed* a confession *out of* him. 警官は彼を厳しく尋問し自白を強要した. **11**《俗》**a** …に気をもむ，心配する. **b** [～ it として] 不快な[つらい]思いをする，悩む. **12**〘冶金〙**a** 加熱して可溶物を分ける. **b** 〈はんだなどを〉溶解するまで熱する. **c** (はんだをつけてから)〈金属部を〉加熱接合する.

sweat down《米俗》ひどく圧縮する. ***sweat it out*** 最後までがまんする[がんばる]，持ちこたえる. ***sweat out*** (1) ⇨ *vt.* 3 b. (2)《米俗》心配して待ちわびる. (3)《米俗》〈問題などを〉苦労して解く[解決する]，〈目的などを〉苦心の末[じっとがまんして]やりとげる.

～·less *adj.*

swéat·bànd *n.* (帽子の内側につけた)鬢革(びんがわ).

swéat bèe *n.*〘昆虫〙コハナバチ《汗によって引き寄せられるコハナバチ科の数種のハチの総称》.

swéat·bòx *n.* **1** たばこの葉[いちじく，干しぶどう]の発酵装置. **2** 囚人懲罰部屋[独房]. 「布.

swéat clòth *n.* (馬の)汗取り《鞍などの下に敷く薄毛

swéat còoling *n.*〘航空・宇宙〙しみ出し冷却《ロケット・ノズルなど高温に曝される部分に冷却液をしみ出させて行なう冷却法》.

swéat·ed [-tɪd, -ṭəd|-tɪd, -təd] *adj.* 悪条件の下で働かされる，安賃金で働かされる；苦汗労働制度 (sweating system) のもとで生産された：～ labor 被搾取労働 / ～ goods.

sweat·er [swéṭə|-tə(r)]〘(*a*1529)〙— *n.* **1 a** 汗をかく人[物]. **b** 汗をかかせるもの；発汗剤 (sudorific). **2**〘(19C)〙**a** (運動競技用の)厚地のセーター《もとは汗をかかせて体重を減らすために用いた》. **b** セーター. **3** 従業員をこき使う雇い主，低賃金で従業員を酷使する人；労働搾取者 (cf. sweating system). **4** 骨の折れる[つらい]仕事 (cf. sweat *n.* 4).

swéater gìrl *n.*《口語》(通例体にぴったりしたセーターを着ている)バストの発達した若い女性.

swéat glànd *n.*〘解剖〙汗腺.

swéat·ing-bàth [-ṭɪŋ-|-tɪŋ-] *n.* 蒸し風呂.

swéating-ròom *n.* (トルコ風呂の)発汗室.

swéating sìckness *n.* **1**《廃》〘病理〙粟粒(ぞくりゅう)熱 (miliary fever)《15-16 世紀に流行した伝染性発汗性熱病》. **2**〘獣医〙アフリカ南部の子牛の熱性疾患.

swéating sỳstem *n.* 苦汗労働制度《家内労働者など末組織労働者の弱味につけ込み不健康な環境において低賃金で長時間の労働を強制する制度》.

swéat pànts *n. pl.* スウェットパンツ，「トレパン」《冷えを防ぎ，運動中発汗を促すためにはく緩やかな，腰部に引きひもがついたズボン》.

swéat shìrt *n.* スウェットシャツ《運動競技者が冷えを防ぐために競技の前後に着るゆったりしたプルオーバーのセーター；コットンジャージーでつくられ裏が起毛されている；cf. sweater 2》.

swéat·shòp *n.* 苦汗労働工場《苦汗労働制度 (sweating system) の行なわれている工場》.

swéat sùit *n.* スウェットスーツ《sweat pants と sweat shirt から成る一組の運動着》.

sweat·y [swéṭi|-ti]〘(*c*1380)：⇨ -y[4]〙— *adj.* (**sweat·i·er; -i·est**) **1 a** 汗まみれの，汗びっしょりの. **b** 汗のような. **2** 汗をかかせる：a ～ day. **3** 骨の折れる (laborious). **swéat·i·ly** [-ṭɪli, -ṭə-, -ṭḷi|-tɪli, -tə-, -tḷ-] *adv.* **swéat·i·ness** *n.*

Swed.《略》Sweden; Swedish.

Swede [swíːd]〘(1614)□ MLG & MDu. ～ □ ? ON *Svíþjōð* ← *Svíar* Swedes＋*þjōð* people〙— *n.* **1** スウェーデン人. **2**〘Sweden から Scotland に輸入されたのにちなむ〙[しばしば s-]《英》〘植物〙カブハボタン《Swede turnip ともいう；⇨ rutabaga》.

Swe·den [swíːdn̩]〘□ MDu. & MLG ～〙— *n.* スウェーデン《Scandinavia 半島東部の王国；人口 8,128,000，面積 449,793 km²；首都 Stockholm；公式名 the Kingdom of Sweden スウェーデン王国；スウェーデン語名 Sverige》.

Swe·den·borg [swíːdn̩bɔ̀ːɚg|-bɔ̀ːg; *Swed.* svéːdənbɔrj], **Emanuel** *n.* スウェーデンボルグ，スヴェーデンボリ《1688-1772；スウェーデンの神秘主義哲学者・神学者・科学者；本名 Emanuel Svedberg》.

Swe·den·bor·gi·an [swìːdn̩bɔ́ɚdʒiən, -giən|-bɔ́ːdʒɪən] *adj.* スウェーデンボルグ(学説)の. — *n.* スウェーデンボルグ派の人，スウェーデンボルグの神秘説信奉者《その人々の集団を New Jerusalem Church といった》. 「ボルグの学説.

Swè·den·bór·gi·an·ìsm [-nìzm] *n* スウェーデン

Swéde túrnip, s- t- *n.*〘植物〙＝Swede 2.

Swed·ish [swíːdɪʃ] *adj.* **1** スウェーデンの；スウェーデン風[式，流]の. **2** スウェーデン人[語]の. — *n.* **1** スウェーデン語《ゲルマン語派の北ゲルマン語群に属する；略 Swed.；cf. Old Swedish》. **2** [the ～；集合的] スウェーデン人.

Swédish gymnástics [éxercises] *n. pl.*〘スポーツ〙スウェーデン体操《P. H. Ling (1776-1839) の考案，近代の各種体操形式の母体となった》.

Swédish masságe *n.* (スウェーデン体操を応用した)スウェーデン式マッサージ. 「＝10 km》.

Swédish míle *n.* スウェーデンマイル《長さの単位；

Swédish móvements *n. pl.*〘スポーツ〙スウェーデン式運動《衛生・治療を目的とする筋肉運動》.

Swédish túrnip *n.*〘植物〙＝rutabaga 1.

swee·ny [swíːni|-nɪ]〘? ← Penn.-G. *Schwinne* ← (v.) to waste away〙*n.* (*also* **swee·ney** [～])《米》〘獣医〙(馬の肩の)筋肉萎縮(いしゅく)，筋萎縮症.

sweep [swíːp]〘v.: (*a*1300) *swepe*(*n*) ← OE *swēop* (pret.) ∽ *swōpe*(*n*) < OE *swāpan*：⇨ swoop. — n.: (*c*1475) ← (v.)〙— *v.* (**swept** [swépt]) — *vt.* **1 a** 掃除する〈*out*〉：～ (*out*) a room, chimney, road, etc. / ～ a kitchen [house] clean 台所[家]をきれいに掃除する. **b** 〈ちり・ほこりなどを〉払う，掃く〈*away, up, off*〉：～ *away* dust, rubbish, snow, etc. / ～ *up* the mess 散らかっているものを掃き[集めて]取る / ～ the dirt *off* (the floor) (床の)ごみを掃き取る / ～ the crumbs *into* a dustpan パンくずをちり取りに掃き入れる / ～ everything *into* one's net 何でも自分のもとに取り込む；欲張る. **c** 掃いて〈通り道などを〉作る：～ a passage *through* the snow 雪をはきのけて通路を作る. **2** 〈波・急流・なだれ・風などが〉押し流す，洗い流す〈*along, down*〉；吹き飛ばす〈*away, off*〉；(押し流すように)運び去る：The flood *swept away* the bridge. 洪水が橋を押し流した / A gust *swept* his hat *off* (his head). 一陣の突風で彼の帽子が吹き飛ばされた / He *swept* his audience *along with* him. 彼は聴衆の人気をさらった / They were *swept along* in the crowd. 彼らは人波に押し流されて[群衆にもまれて]行った / The election *swept* him *back* into power. 選挙の結果彼は再び政権の座に返り咲いた. **3 a** 〔不必要なものを〕…から一掃する，取りのける (clear)〔*of*〕：～ the sea *of* enemy ships 海から敵艦を一掃する / ～ the country *of* crime 国内から犯罪を一掃する. **b** 〈水域〉から機雷を除去する；～ a channel 海峡を掃海する. **4** 〈激浪が〉〈甲板を〉洗う；〈風・火炎・洪水などが〉〈ある地域を〉吹き通る，吹きまくる，焼き尽くす，襲う，荒らす；〈疫病・騒乱などが〉…に荒れ狂う，蔓延する；〈流行などが〉風靡(ふうび)する：Heavy seas *swept* the deck. 激浪が甲板をざっと洗った / A typhoon *swept* the island. 台風が島中を吹き荒れて通った / The fire *swept* the downtown. 火は商業地区をなめ尽くした / the political campaign now ～*ing* China 目下中国を席捲中の政治運動 / Tennis is ～*ing* the country. テニスが全国を風靡している. **5 a** さっと通る，さっとなでる；〈衣服(のすそ)が〉…の上をすっと引きずる：a searchlight ～*ing* the sky 空をさっと横切る探照灯の光 / Willow branches *swept* the surface of the water. 柳の枝が水面をさっとなでた / Her dress *swept* the floor. 彼女の服のすそが床の上を引いて行った. **b** さっと動かす，さっと払う：～ one's brush *across* a canvas 絵筆をカンバスにさっと走らせる / ～ the chessmen *off* the board チェスの駒を盤からさっと払う. **6 a** 〈手・指・人が〉〈楽器などを〉かき鳴らす：Her hands *swept* the keyboard. 彼女の手はなでるように鍵盤を打った / His fingers *swept* the strings of the guitar. 彼の指はギターの弦をかき鳴らした. **b** 楽器をかき鳴らして〈音楽を〉かなでる. **7 a** 見渡す，見回す：～ the faces of an audience with a glance 一目でさっと聴衆の顔を見渡す / ～ the horizon with one's binoculars 双眼鏡で地平線を見渡す / His eyes *swept* the room. 彼の視線が部屋の中をぐるっと一渡り走った. **b** (見渡すために)〈目・望遠鏡などを〉ぐるっと動かす. **8** すらりと[あでやかに]〈お辞儀を〉する：She *swept* him a bow [curtsy]. 彼にしとやかにお辞儀をした. **9** 〈川・池など〉の底をさらう (drag)：～ a lake *with* a dragnet 引き網で湖底をさらう. **10**〘陸軍〙〈砲列・砲台などが〉〈ある区域を〉掃射できる位置を占める (command)，掃射する (rake)：The battery ～*s* the whole field. 砲列が原野を一面に睥睨(へいげい)している. **11 a**〘スポーツ〙〈シリーズ戦など〉に全勝[完勝]する：～ a series [doubleheader] シリーズ戦[ダブルヘッダー]に連勝する. **b** 〈選挙〉に圧倒的に勝つ；〈ある地区〉の選挙に大勝する：～ an election / ～ a constituency 選挙区で大勝する / The Democrats *swept* the nation. 民主党が全国で圧倒的勝利を得た. **12**〘海事〙〈はしけ・帆船などを〉長柄のオールでこぐ (cf. *n.* 15 a). — *vi.* **1** 掃除する，掃く，払う：～ *up* きちんと掃除する / A new broom ～*s* clean. ⇨ broom *n.* 1. **2 a** 〈雨などが〉勢いよく降る，〈風が〉吹きまくる，〈疫病が〉荒れる，〈軍隊などが〉襲う：A strong wind *swept along* (the street). 強い風が(通りを)さっと吹き抜けて行った / The flame *swept on.* 火はどんどん広がって行った / The rain *swept down* in torrents. 雨が滝のように降った / An epidemic *swept through* the country. 疫病が国中を荒らした / The cavalry *swept down* on the enemy. 騎兵隊は敵に襲いかかった. **b** さっと動く，さっと行く，さっと過ぎる：Children *swept in* [*out*]. 子供達がさっと中へ入って来た[外へ出て行った] / The car *swept past* [*round* the corner]. 車はさっと通り過ぎて[町角を回って]行った / The conservatives *swept in* [*into* power]. 保守党が再び政権の座に戻った. **c** 〈感情が〉襲う：Concern *swept into* her eyes. 彼女の目に心配の色が浮かんだ / He felt fear ～ *over* him. 恐怖が我が身を襲うのを感じた. **3 a** 〈正装した女性などが〉衣服のすそを引いて歩く；〈衣服などが〉すそを引く (trail). **b** あたりを払って堂々[静々]と進む[通る]：She *swept into* [*from, out of*] the room. 静々と部屋に入って来た[から出て行った]. **4** 〈平野・海岸・道などが〉広がる；〈山が〉すそを引く：The plain ～*s away* to the sea. 平野ははるか海まで広がっている / A flight of curving stairs ～*s up* to the floor above. 階段が弧を描いてずっと階上へ続いている. **5** 〈目が〉届く，見渡す：as far as the eye can ～ 目の届く限り / His eyes [glance] *swept* slowly *round* the room. 彼の視線がゆっくりと部屋を一巡した.

sweep all [***everything***] ***before one*** 破竹の勢いで進む，向かうところ敵がない；阻まれることなく大成功を収める. ***sweep aside*** (1) さっと払いのける：～ the curtains *aside* カーテンをさっと両脇へ開く. (2) 〈批判・反対などを〉一蹴する：～ *aside* criticism, doubts, objection, etc. ***sweep away*** (*vt.*) (1) ⇨ *vt.* 2. (2) 〈制度・習慣などを〉すみやかに廃止する：～ *away* inequality [corrupt practices] 不平等[汚職]を一掃する. (*vi.*) ⇨ *vi.* 4. ***sweep back*** 〈髪を〉後ろの方になでつける (cf. swept-back 1)：have one's hair *swept back* 髪が後ろになでつけてある. ***sweep off*** (1) ⇨ *vt.* 1, 2. (2) 〈疫病などが〉〈多数の人〉の命を奪う：～ *off* thousands. ***sweep the board*** [***table***] (1) (卓上の)賭金を全部さらう. (2) 賞品(など)を一手に占める，圧勝する. ***swept and garnished*** 掃き清め飾り立てて (cf. *Matt.* 12:44; *Luke* 11:25).

— *n.* **1 a** 掃くこと，掃除：give a room a good ～ 部屋をきれいに掃除する. **b** 一掃；全廃：make a clean ～ of ⇨ 成句. **c** (水域の)掃海. **2** (風・水などの)速く強い継続的な流れ；吹きつけ，吹きまくり：the ～ of the wind, waves, etc. **3** 進歩，発達，前進：the onward ～ of civilization 文明の進歩. **4 a** (手・刀・オール・大鎌(おおがま)などを)さっと動かすこと，一振り，一薙(な)ぎ：a ～ of the oar オールの一漕(こ)ぎ / at one [a] ～ 一撃で；一挙に，一遍に / with the ～ of one's hand [sword, scythe] 手[刀，大鎌]を一振り振って. **b**〘天文〙掃天《彗星(すいせい)などを発見するために望遠鏡で空を規則的に見回すこと》. **5** (衣服などの)すそを引くこと. **6** (土地の)広がり，連続，一帯 (stretch)；(及ぶ)範囲，区域 (range)：the great ～ of the plains 広々と展開する平原 / within [beyond] the ～ of the telescope [eye, human intelligence] 望遠鏡[目，人知]の及ぶ範囲内[及ばない所]に / The subject is stupendous in its ～. この問題は及ぶ範囲がきわめて広い. **7 a** 長く緩やかな曲線，曲がり，湾曲：the ～ of her hair [the arch] 彼女の髪[アーチ]の緩やかな曲線. **b** 緩やかな曲線状の階段. **c** 曲がった道；(特に，門内の)馬車回し，車寄せ (driveway). **8** 掃除人夫，(特に)煙突掃除人：(as) black as a ～ (煙突屋みたいに)真黒で. **9** [通例 *pl.*] 掃き寄せた[集めた]もの；(特に)金銀細工工場のやすりくず. **10** はねつるべ；(はねつるべの)さお (cf. shadoof). **11** 風車の羽根. **12 a** (選挙などでの)大勝，圧勝. **b** (コンテスト・競技などでの)連勝，全勝，完勝；賞の独占：a clean ～ *for* Japan 日本勢の圧勝 / a ～ of the three highest titles タイトル上位三つの独占. **13**《口語》＝sweepstakes. **14**〘農業〙(耕耘(こううん)機の)除草づめ. **15**〘海事〙**a** 長柄のオール《はしけまたは凪(なぎ)の時など帆船で立って漕ぐ》. **b** 掃海索. **16**〘トランプ〙**a** (whist で)総取り，完勝《13 組全部取ること；cf. slam[2]》. **b** (casino で)場札一掃《卓上の札を一度に全部取ること；役点1がつく》. **17**〘金属加工〙＝sweeping board. **18**〘アメリカンフットボール〙＝end run 1. **19**〘軍事〙**a** (特定区域の)偵察，査察 (reconnaissance)；哨戒 (patrol). **b** 攻撃，掃射 (attack)；掃討；(一編隊機による敵地上空の)掃飛：artillery and aerial ～*s* 砲兵隊と空軍による一斉射撃. **20**〘電子工学〙掃引《ブラウン管の輝点の位置を規則的に動かすこと》. **21**〘航空〙＝sweepback.

make a clean sweep of (1) …を一掃[全廃]する；〈古物などを〉一まとめに処分する；〈老官吏などを〉大整理する；〈負債などを〉さっぱりと清算する. (2) …の完全勝利を得る，…に圧勝する.

swéep·bàck *n.*〘航空〙＝ANGLE[1] of sweepback.

swéep chèck *n.* 〘アイスホッケー〙スイープチェック《相手競技者からパックを奪い取ること》. 「路.
swéep cìrcuit *n.* 〘電子工学〙掃引回路, スイープ回
swéep·er 〚《1440》〛 *n.* **1** 掃除器; じゅうたん掃除器: a lawn ～. **2** 掃除人: ⇨ chimney sweeper. **3** 玄関番, 管理人 (janitor). **4** 掃海艇 (minesweeper).
swéep·fórward *n.* 〘航空〙＝ANGLE of sweepforward.
swéep hànd *n.* 〘時計〙＝sweep-second.
swéep·ing 〚n.: 《*c*1480》〛 **—** *adj.* **1 a** 吹きまくる, 押し流す; 破竹の勢いの, すさまじい; 一掃する: with a ～ stroke 一打ちに. **b** 大きな[緩やかな]カーブを描いて動く. **2 a** 広範囲に及ぶ, 広く見渡す: a ～ glance / have a ～ view of the country 田園を広く見渡す. **b** 広く包括する, 十把一からげの, 大ざっぱな: a ～ generalization [statement] 大ざっぱな概括[所説]. **3** 大々的な, 徹底的な, 完全な: a ～ victory 完勝 / ～ changes 全面的[抜本的]な改革 / ～ reductions (特売などでの)大割引. **—** *n.* **1** 掃除; 一掃; 掃滅: give a room a good ～ 部屋の大掃除をする. **2** [*pl.*] (掃き寄せた)ごみくず (rubbish): the ～*s* of the gutter. **～·ly** *adv.* **～·ness** *n.*
swéeping bòard *n.* 〘金属加工〙かき板《断面の半分の型板で, 回転して円柱状の鋳型を作る時に用いる》.
swéeping pàttern *n.* ＝sweep mold.
swéeping scóre *n.* 〘カーリング〙スウィーピングスコア《目標 (tee) の中心を通る線; ⇨ curling 挿絵》.
swéep mòld *n.* かき型(鋳物). 「捕虫網.
swéep nèt *n.* **1** 大引き網《sweep seine ともいう》. **2**
swéep-sécond *n.* 《米》〘時計〙中央秒針 (center-sec-ond).
swéep sèine *n.* ＝sweep net 1.
swéep·stàke *n.* ＝sweepstakes.
swéep·stàkes 〚《1495》← SWEEP[1] ＋ STAKE[2] ＋ -S[1]〛 **—** *n. pl.* [単数または複数扱い] **1 a** (出場者が全賞金を出し合っている)ステークス競走 (stake race), 総賭け競争, 総賭けの勝負事; その賞金. **b** 〘競馬〙宝くじ式賭け競馬《勝馬投票と宝くじを合わせたもの》. **2** (賞金をかけた)競争, 勝負事; 富くじ, 宝くじ.
sweep·y [swíːpi | -pɪ] *adj.* (**sweep·i·er**; **-i·est**) 《詩》(形・動きなど)大きな曲線を描いて伸びる[進む].
sweer [swíə | swíə(r)] 〚OE *swǣr(e)*, *swār* grievous ← Gmc **swǣr(j)a-* (G *schwer*) ← IE **wer-* heavy: cf. serious〛 **—** *adj.* 《スコット・北英》 **1** のろい; 怠惰な (indolent). **2** 気の進まない (reluctant).
sweese *n.* swoose の複数形.
sweet [swíːt] 〚OE *swēte* ← Gmc **swōtja-* **swōti-* (G *süß*) ← IE **swād-* sweet, pleasant (L *suāvis* pleasant / Gk *hēdús* sweet): cf. suave, hedonic〛 **—** *adj.* (**～·er**; **～·est**) **1 a** (砂糖・蜂蜜などのように)甘い, 甘味の: ～ cakes / ～ stuff 甘い物, 菓子類 / It tastes rather ～. 甘過ぎる / She likes her tea ～. 紅茶に砂糖をたくさん入れたのが好きだ. **b** 〈酒が〉甘口の, 甘味の強い (↔ dry); 〈カクテルが〉スイートな: ～ sherry [wine] / a ～ Manhattan. **2 a** 味のよい, おいしい: ～ dishes おいしい料理. **b** かおりのよい, 芳香の (fragrant): a ～ flower / a ～ smell よいかおり / The garden is ～ with roses. 庭はばらの香りが立ち込めている / It smells ～. いいかおりがする. **c** 〈音・声など〉調子のよい, 甘美な, 快い (melodious): a ～ voice / ～ music / ⇨ sweet singer / Her voice sounds ～. 彼女は声がいい. **d** (見た目に)柔らかな, ぎらぎらしない; 美しい: a ～ color, sight, etc. **e** 《口語》きれいな (pretty), かわいらしい (lovely), 魅力的な (charming): a ～ face 美しい顔 / a ～ young thing かわいらしい娘 / ～ seventeen [sixteen] (鬼も十八の)娘盛り. ★ 特に, 女性語として: What a ～ moustache! まあ, なんて魅力的なおひげだこと / Doesn't this hat look ～? この帽子すてきじゃない. **3 a** 心に快い, 気持のいい, 楽しい, 愉快な (delightful): ～ sleep 快い睡眠 / ～ love 甘い恋 / ～ toil 好きでする仕事 / a ～ hour of prayer 静けき祈りの時《賛美歌の文句》/ It is ～ to hear oneself praised. 人にほめられるのは気持がいいものだ / Life is ～. 《諺》人生は楽しい. **b** (親切・同情心があって)優しい, 気立てのいい, 親切な (amiable, kind); しとやかな (gracious): a ～ temper 優しい気質, 気立てのよさ / a ～ woman [smile] やさしい婦人[微笑] / ～ words 親切な言葉 / a ～ manner しとやかな態度. ★ 特に, 女性語として: He was very ～ *to* me. 私にとても親切にしてくれたわ / That's ～ *of* you. ほんとにお優しいのね / How ～ *of* you *to* let me come! お招き下さって本当にありがとう. **4** 最愛の, いとしい (dear): one's ～ wife 最愛の妻 / ～ one [呼掛けとして] あなた, まあお前. **5** 甘ったるい, 感傷的な (sentimental); (甘ったるくて)鼻につく (cloying). **6 a** いやな味[臭い]のついていない, くさっていない (wholesome) (cf. sour 2): Is the milk still ～? 牛乳はまだ大丈夫ですか. **b** 塩気のない; 硬水でない, 淡水の (fresh) (cf. salt 1 a): ～ butter 塩気のないバター / ～ water (新鮮な)真水. **c** 〘農業〙〈土地が〉酸性でない, 耕作に適する (cf. sour 5). **7 a** 骨折らずに操作できる; なだらかに進む: a ～ schooner 操縦の容易なスクーナー船 / It was ～ going. 道路がよくて[車が快調で]気持よく進めた / This clutch is ～ in operation. このクラッチは操作が簡単だ. **b** 腕のいい, 上手な (skillful): a ～ pilot. **8** 《反語》すごい, ひどい (severe) (cf. fine[1] 3 c): You'll have a ～ time persuading him. やつを説得するのは骨だぞ / I gave him a ～ one on his head. 頭に一発がつんと食らわせてやった. **9** [one's own ～ として] 自分にだけ気に入る, 勝手気ままな. ★ 主に次の句で: at *one's own* ～ will 勝手気ままに. **10** 〘化学〙 **a** 腐食性[酸性]物質のない. **b** 〈ガソリン・天然ガスなど〉アルキルメルカプタンを含まない. **11** 〘ジャズ〙 **a** 甘ったるい, スイートな (cf. hot 17 a). **b** 〈楽団が〉甘ったるいジャズを演奏する.

be sweet on* [*upon*]** 《口語》…にほれている: He *is* ～ *on* her. 彼女に夢中になっている. ***clean and sweet ⇨ clean *adj.* 成句. ***keep a person sweet*** 人に取り入る. ***sweet and twenty*** 二十(はたち)の美人 (cf. *Twel N* 2.3.52).
sweet spirit(s) of nitre 〘薬学〙亜硝酸エチル酒精剤 (⇨ ethyl nitrite spirit).

— *adv.* (**～·er**; **～·est**) 甘く; 快く.

— *n.* **1** 甘いこと, 甘さ, 甘味: a palate for ～ and sour 甘い酸いの味覚. **2 a** [通例 *pl.*] 《米》甘い物[菓子類]《パイ・ケーキ・キャンディー・果物の砂糖づけなど》: a box of ～*s*. **b** 《英》砂糖菓子, キャンディー (sweetmeat, 《米》candy)《ボンボン・ドロップ・トフィー・あめ・チョコレートなど》: roll a ～ on one's tongue 舌でキャンディーを転がしながら食べる. **c** [通例 *pl.*] 《英》(食事の後で出す)甘い物 (《米》dessert) (cf. savory[2]). **d** [*pl.*] 《英》(シロップなどで)甘くしたぶどう酒(など). **e** 《米口語》＝sweet potato 1. **3** [通例 *pl.*] 気持のよい物, 快い物, 楽しみ, 楽しいこと (delights), 快楽, 愉快 (pleasures): the ～*s* and bitters [the ～ and the bitter] of life 人生の苦楽 / taste the ～*s* of victory 勝利の喜びをかみしめる / ～*s* to the sweet 愛らしい乙女に愛らしい花を (Shak., *Hamlet* 5. 1. 266). **4** [通例, one's ～ として, 呼掛けに用いて]いとしい人, おまえ, あなた (darling): Yes, *my* ～. **5** 《古》 **a** よい香り, 芳香 (fragrance). **b** [*pl.*] よい香りのもの.

Sweet [swíːt], **Henry** *n.* (1845–1912) 英国の音声学者・英語学者; *A New English Grammar* (1891–98).
swéet álmond *n.* **1** 〘植物〙スイートアーモンド, 甘扁桃 (*Prunus amygdalus* var. *dulcis*)《いわゆるアーモンド; cf. bitter almond》. **2** 甘扁桃の仁《食用》.
swéet álmond òil *n.* 〘化学〙甘扁桃油 (⇨ almond oil 1).
swéet alýssum *n.* 〘植物〙ニワナズナ, スイートアリッサム (*Lobularia maritima*)《アブラナ科の園芸植物》.
swéet-and-sóur *adj.* **1** (砂糖・酢・レモン汁などに香辛料を加えて)甘酸っぱく調味した: ～ pork 酢豚. **2** 甘酢の《中国料理で砂糖・酢・しょうゆ・コーンスターチ・こしょうで調理したものにいう》. 「on balm).
swéet bálm *n.* 〘植物〙セイヨウヤマハッカ (⇨ lem-
swéet básil *n.* 〘植物〙メボウキ (*Ocimum basilicum*)《シソ科メボウキ属の草本; 葉は料理用香料》.
swéet báy *n.* 〘植物〙 **1** ゲッケイジュ (laurel). **2** アメリカタイサンボク (*Magnolia virginiana*) (cf. evergreen magnolia). **3** ＝red bay.
swéet·brèad *n.* **1** (小牛などの)胸腺(きょうせん)《食用》. **2** (小牛などの)膵(すい)臓 (beef bread)《食用》.
sweet·brier [⌐⌐(–)|⌐⌐(–)] *n.* (*also* **swéet·brìar**) 〘植物〙ヨーロッパの路傍などに普通の赤色単弁のノバラ (*Rosa eglanteria*)《eglantine ともいう》.
swéet cálabash *n.* 〘植物〙西インド諸島産のトケイソウ (passionflower) の一種 (*Passiflora maliformis*)《果実は食用になる》. 「1).
swéet cassáva *n.* 〘植物〙アマカッサバ (⇨ cassava
swéet chérry *n.* 〘植物・園芸〙セイヨウミザクラ, 甘果オウトウ (*Prunus avium*)《ヨーロッパ原産のオウトウの一種; 果実は黒赤色で甘く生食用; 栽培種はハート群 (heart cherries) とビガロー群 (bigarreaus) に分かれる; cf. mazzard 2, sour cherry》. 「nut).
swéet chéstnut *n.* 〘植物〙オオグリ (Spanish chest-
swéet cícely *n.* 〘植物〙 **1** ヨーロッパ産のセリ科の白い花をつけ香りの高い根をつける植物 (*Myrrhis odorata*). **2** アメリカヤブニンジン (⇨ sweetroot 1).
swéet cíder *n.* 未発酵りんご酒 (cf. hard cider).
swéet clóver *n.* 〘植物〙シナガワハギ (⇨ melilot).
swéet cóltsfoot *n.* 〘植物〙＝butterbur.
swéet cóneflower *n.* 〘植物〙北米産キク科オオハンゴンソウ属の黄色い花をつける植物 (*Rudbeckia subtomentosa*).
swéet córn *n.* 《米》〘園芸〙甘味種トウモロコシ (*Zea mays* var. *rugosa*)《トウモロコシ (Indian corn) の一変種で種子が甘い》.
sweet·en [swíːtn] 〚《1552》: ⇨ -en[1]〛 **—** *vt.* **1** (砂糖などを入れて)甘くする: ～ the tea. **2** 〈音・香り・色などを〉よくする, 甘美にする. **3 a** 〈性質・怒りなどを〉和やかにする, 和らげる. **b** 〈悲しみ・労働などを〉軽減する, 軽くする, 減じる. **4** 愉快にする, 楽しくする: ～ life 人生を楽しくする / His company ～*ed* all our pleasures. 彼がいたことは我々の楽しさを増した. **5 a** (長時間煮込んで)〈食物〉の辛味などを和らげる, 味をなじませる. **b** 〈食物〉の塩味を薄める, 水などで薄める. **c** 〈海水など〉から塩分をとる **6** 清める, 消毒する: ～ a room. **7** 〈土壌など〉の酸性度を下げる, 〈胃〉の酸性を弱める. **8** 《英》 **a** 《口語》なだめすかす, 懐柔する 〈*up*〉. **b** 《俗》…に賄賂を贈る (bribe). **9** 《口語》〘金融〙 **a** 〈融資〉の価値を増す. **b** 〈条件などを〉一層魅力的にする[有利にする], …の価値を高める 〈*up*〉. **10** 《俗》〘トランプ〙(poker で)〈賭け金〉を増す, 肥やす《前の場が流れた場合, その賭け金にさらに場代を追加して次のゲームを始める》. **11** 〘化学〙(悪臭と腐食性を低下させるため)〈ガソリン・天然ガス〉の硫化物を変質させる. **—** *vi.* **1** 甘くなる; 味がよくなる. **2** 〈香り・音・調子などが〉よくなる, 甘美になる. **3** 愉快になる, 楽しくなる.
swéet·en·er [-tnə, -tnə | -tnə(r, -tn-] *n.* **1** (しばしば人工)甘味料: an artificial ～. **2** 《英俗》賄賂 (bribe).
swéet·en·ing [-tnɪŋ, -tn̩-] *n.* **1** 甘くすること, 甘味をつけること. **2** (食物などを)甘くする物, 甘味料.
swéet fénnel *n.* 〘植物〙＝Florence fennel.
swéet férn *n.* 〘植物〙北米産ヤマモモ科の低木 (*Comptonia peregrina*)《葉はしだ状で芳香がある》.
swéet·fìsh *n.* 〘魚類〙アユ (⇨ ayu).
swéet flág *n.* 〘植物〙ショウブ (*Acorus calamus*)《サトイモ科ショウブ属の植物; calamus ともいう》.
swéet gále *n.* 〘植物〙ヤチヤナギ (*Myrica gale*)《湿原に生えるフトモモ科の小低木; Scotch gale ともいう》.
swéet gràss *n.* 〘植物〙 **1** ＝manna grass. **2** セイヨウコウボウ (*Hierochloe odorata*)《高さ 50 cm 位になるイネ科の多年草; 地下茎はかごを作るのに用いる; Seneca grass, vanilla grass ともいう》.
swéet gúm *n.* **1** 〘植物〙モミジバフウ (*Liquidambar styraciflua*)《北米産マンサク科フウ(楓)属の植物; 樹脂から一種のバルサムを採る; bilsted, red gum, copalm ともいう》. **2** モミジバフウ材《赤褐色でマホガニーの代用として家具に使用される》. **3** モミジバフウから採るバルサム.
swéet háw *n.* 〘植物〙＝black haw 1.
swéet·hèart 〚《*c*1300》〛 **—** *n.* **1** 恋人, 愛人《特に, 女性; やや古風な語; cf. love 6, lover 1 a, heart 6 b》. **2** [呼掛け] かわいい[いとしい]人, おまえ, あなた, ねえ (darling): one's old ～ 昔の恋人 / the ～ of America アメリカの恋人. **3** 《口語》とてもいい人; すてきな物. **—** 《口語》*vi.* 恋をする, 恋人をもつ; 求婚する (court): go ～*ing* 求愛する. **—** *vt.* …に恋する, 言い寄る.
swéetheart còntract [agrèement] *n.* 《米俗》〘労働〙なれ合い賃金協定《労使代表の共謀により, 組合労働者に雇用者側に有利な条件で賃金を支払って済まそうとする協定》.
swéetheart néckline *n.* スイートハートネックライン《胸元をハート型に大きくくったネックライン》.
sweet·ie [swíːti | -tɪ] 〚⇨ -ie〛 *n.* 《口語》 **1** 恋人, 愛人, いとしい人 (sweetheart)《★ よく呼掛けとして用いる》. **2** [通例 *pl.*] 《英》＝sweetmeat.
swéetie píe *n.* 《口語》＝sweetheart.
sweet·ing [swíːtɪŋ | -tɪŋ] 〚《*c*1300》: ⇨ -ing[3]〛 *n* **1** 甘いりんごの一品種. **2** 《古》愛人, 恋人 (sweetheart).
swéet·ish [-tɪʃ | -tɪʃ] *adj.* **1** やや甘い. **2** 不快なほど甘ったるい. **～·ly** *adv.* **～·ness** *n.*
swéet Jóhn 〚⇨ John〛 *n.* 《古》〘植物〙細葉のアメリカナデシコ (sweet william).
swéet·lèaf *n.* 〘植物〙米国南部産ハイノキ属の植物 (*Symplocos tinctoria*)《香りのよい黄色の花をつけ染料を採る; horse sugar ともいう》.
swéet·ly 〚OE *swētlīċe*〛 **—** *adv.* **1** 甘く; うまく, 味よく. **2** 香りよく, 芳しく. **3** いい音[声]で, 調子よく: sing ～. **4** 人をそらさずに, 愛想よく, 優しく, 親切に: reply [speak] ～. **5** 美しく, 愛らしく (charmingly): ～ pretty. **6** (切れ味などが)よく, 容易に (easily): The saw cuts ～. そののこぎりは切れ味がいい. **7** 気持よく, 心地(ここち)よく; 静かに, なだらかに (smoothly): The bicycle runs ～. 自転車が滑るように走る.
swéet márjoram *n.* 〘植物〙マヨラナ (⇨ marjoram).
swéet márten *n.* 〘動物〙マツテン (pine marten).
swéet·mèat 〚《*c*1480》: cf. OE *swētmettas* delicacies〛 *n.* [通例 *pl.*] 砂糖のたっぷり入った食物; 砂糖菓子 (candy), 果物砂糖づけ, ボンボン(など).
swéet·ness 〚OE *swētnes*〛 **—** *n.* **1** 甘さ, 甘味, 美味; 甘い物: Out of the strong came forth ～. 強き者より甘き物出でたり (*Judges* 14 : 14). **2 a** 芳香. **b** (音・声の)美しさ, 美妙. **3** 愉快, 快さ. **4** 親切, (心の)優しさ, 柔和. **5** 美しさ, 愛らしさ.
sweetness and light 〚Swift, *The Battle of the Books* および M. Arnold, *Culture and Anarchy* に見られる用語〛 (1) 甘美と光明, 優美と明知《美と知性の調和で教養の理想》. (2) 温和, 優しさ (amiability).
swéet òil *n.* オリーブ油 (olive oil).
swéet oleánder *n.* 〘植物〙キョウチクトウ(夾竹桃) (*Nerium indicum*).
swéet órange *n.* 〘植物〙アマダイダイ (*Citrus sinensis*)《最も普通の食用オレンジで, blood orange, navel orange などはこの変種》.
swéet pèa *n.* 〘植物〙スイートピー (*Lathyrus odoratus*)《マメ科の園芸植物》.
swéet pépper *n.* **1** 〘植物〙アマトウガラシ (*Capsicum frutescens* subsp. *grossum*). **2** アマトウガラシの果実《多肉で辛味がない; bell pepper ともいう; cf. hot pepper》.
swéet pépperbush *n.* 〘植物〙アメリカリョウブ (*Clethra alnifolia*)《米国南部原産リョウブ科の芳香性の花が咲く落葉低木》.
swéet potàto *n.* **1 a** 〘植物〙サツマイモ (*Ipomoea batatas*). **b** サツマイモの根茎《食用》. **2** 《口語》オカリーナ (ocarina).
swéet·ròot *n.* 〘植物〙 **1** アメリカヤブニンジン (*Osmorhiza longistylis*)《北米産のセリ科の多年草; sweet cicely ともいう》. **2** カンゾウ (licorice). **3** オーストラリア産キョウチクトウ科の材用の木 (*Alyxia buxifolia*). **4** ショウブ (sweet flag). 「＝camel grass.
swéet rùsh *n.* 〘植物〙 **1** ショウブ (sweet flag). **2**

swéet-scénted *adj.* 香りのよい, 香気のある, 芳香のある.

swéet-smélling dáphne *n.*〘植物〙ジンチョウゲ(⇨ daphne).

swéet·shòp *n.*《英》菓子屋(《米》candy store).

swéet sínger *n.* **1** 声のいい歌手. **2** 宗教詩人.

swéet·sòp *n.* **1**〘植物〙バンレイシ(*Annona squamosa*)《熱帯アメリカ産のバンレイシ科の果樹》. **2** バンレイシの果実(cf. soursop).

swéet sórghum *n.*〘植物〙サトウモロコシ, ロゾク《*Sorghum dochna* と *S. caffrorum* で多くの変種があり, 糖蜜や砂糖の原料となる》.

swéet súltan *n.*〘植物〙ニオイヤグルマ(*Centaurea moschata*)《キク科ヤグルマギク属の観賞用多年草; 花は香気があり黄色で美しい》.

swéet-tàlk《米口語》*vi.* 甘言を用いる. — *vt.* 甘言でだます, …におべっかを言う(coax): ~ a person *into* working 人をおだてて働かせる.

swéet tàlk *n.*《米口語》甘言, おべっか(soft soap).

swéet-témpered *adj.* 気立ての優しい, 柔和な, 人好きのする(amiable).

swéet tòoth〘(*a*1393)〙*n.*《口語》甘い物[菓子]好き, 甘党: have a ~ 甘い物が好きだ, 甘党だ. **swéet-tòothed** *adj.*

swéet tréfoil *n.*〘植物〙=blue melilot.

swéet vérnal gráss *n.*〘植物〙ハルガヤ(*Anthoxanthum odoratum*)《ヨーロッパ北部・北米などに産するイネ科の芳香に富む多年草; vernal grass ともいう》.

swéet vibúrnum *n.*〘植物〙=sheepberry 1.

swéet víolet *n.*〘植物〙ニオイスミレ(*Viola odorata*)《ヨーロッパ原産の香りのよいスミレ; English violet ともいう》.

swéet wílliam, s- W- *n.*〘植物〙アメリカナデシコ, ビジョ(美女)ナデシコ(*Dianthus barbatus*)《アメリカ産の観賞用多年草》.

swéet wílliam cátchfly *n.*〘植物〙ムシトリナデシコ, ハエトリナデシコ(*Silene armeria*)《葉や茎に粘液があり小虫が付着する; corn catchfly ともいう》.

swéet wíllow *n.*〘植物〙ヤチヤナギ(sweet gale).

swéet wóodruff *n.*〘植物〙セイヨウクルマバソウ(車葉草)(*Asperula odorata*)《ヨーロッパ産アカネ科の一年草; 花は白, 葉は輪生し乾燥すると芳香に富む》.

swéet wórmwood *n.*〘植物〙クソニンジン(*Artemisia annua*)《強烈な悪臭を放つヨモギ属の雑草》.

sweet·y [swíːti | -tɪ] *n.*《英》=sweetie 2.

swell [swél]〘OE *swellan* < Gmc **swellan, *swaljan* (G *schwellen*) ← ?〙 — *v.* (**~ed; ~ed, swol·len** [swóʊlən | swə́ʊ-]) — *vi.* **1 a**〈…(の容積)が〉膨れる, 膨張する, 大きくなる: A tire ~*s* as it is filled with air. タイヤは空気が入ると膨れる. **b**〈手足・腫物(はれもの)などが〉腫(は)れる, 腫れ上がる〈*up*〉: The boil [injured wrist] ~*ed* (*up*). おでき[怪我した手首]が腫(は)れ(上がっ)た. **c**〈帆などが〉はらむ, 膨らむ(bulge): The sails ~*ed* (*out*) in the wind. 帆は風をはらんで膨らんだ. **2 a**〈…(の数量・力・強さなど)が〉かさむ, 増える, 大きくなる, 増加する, 増大する: The membership ~*ed to* 100. 会員が増加して 100 名となった / The book has ~*ed to* monstrous size. その本は(ページが増えて)膨大な大きさになった. **b**〈河川などが〉増水する, 水かさを増す;〈潮が〉さす: Rain made the river ~. 雨で川が増水した / the ~*ing* tide 上げ潮. **c**〈音・声などが〉だんだん高く[強く]なる: The murmur ~*ed into* a roar. 小声のささやきが高じて怒号となった / The music ~*ed to* a climax. 音楽は高まってクライマックスに達した. **3 a**〈大波が〉うねる: The sea is ~*ing*. 海は波がうねっている. **b**〈土地が〉隆起する: The ground ~*s into* an eminence. 土地が隆起して丘になっている. **c**〈樽・太鼓腹などが〉出っ張る, 突き出る(protrude): A barrel ~*s* in the middle. 樽は胴が膨れている / His paunch ~*ed out* beneath his jacket. 布袋(ほてい)腹が上衣の下から出っ張っていた. **4 a**〈感情が〉湧く, 高まる: Anger [Hate] ~*ed in* him [his heart]. 怒り[憎しみ]が胸に込み上げた. **b**〈人・胸が〉〔感情で〕一杯になる, 張り裂けんばかりになる〔*with*〕: He [His heart] ~*ed with* grief [pride]. 悲しみで胸が満ちあふれた[慢心で思い上がっていた]. **c**〈泉・涙などが〉湧き出る, あふれ出る. **5 a** 得意になる, そり返る, 威張る; 得意げに[もったいぶって]話す: ~ like a turkey cock (七面鳥のように)得意がる(cf. (as) PROUD as a peacock). **b** しゃれ者[名士]ぶる(cf. *n.* 5). — *vt.* **1** 膨らます, 膨張させる; 腫らす, 腫れ上がらせる: The wind ~*s* the sails. 風が帆を膨らませる / Her eyes were *swollen* with tears. 彼女は目を泣き腫らしていた. **2 a**〈…(の量・数など)を〉増す, 増大させる, 増やす: ~ the population 人口を増加させる / ~ the ranks of … の数を増す / Her extravagance ~*ed* the expenditure. 彼女の贅沢(ぜいたく)で出費がかさんだ. **b** 増水させる: The river is *swollen by* [*with*] melted snow. 雪解けで川が増水している. **c**〈音・声などを〉次第に高める[強める]: ~ a note 音を高く弾じる[歌う] / ~ the chorus of admiration 賛美[崇拝]者の一人となる. **3** [通例 p.p. 形で] 得意にする, 尊大にする, 威張らせる: ⇨ swelled head / a man *swollen with* pride 威張った人 / He is *swollen with* his own importance. 自分が偉いつもりでうぬぼれている. — *n.* **1 a** 大きくする[なる]こと, 膨れること; (手足などが)腫れること, 腫れ上がり, むくみ. **b** 膨張, 増加, 増大: a ~ *in* population 人口の増大. **2 a** (音・声などの)高まり, 強まり: the ~ of the organ オルガンの音の高まり. **b** 感情の高まり. **3 a** (あらしの後などの波の)うねり, 大波: a heavy ~ after the storm / rock in the ~〈船が〉大波にもまれる. **b** (次第に高くなっていく土地の)隆起, 丘陵. **4** 盛り上がり, 膨れた部分, 突出部, 張出し部: the ~ of a pot / the ~ of her breasts 彼女の胸の盛り上がり. **5**《口語》**a** ハイカラ, しゃれ者, めかし屋(dandy). **b** 名士, 大立者(nob): a ~ in politics 政界の名士 / bishops and other ~*s* 主教その他のお歴々. **c** 名手, 達人, 大家(expert): a ~ *at* tennis テニスの名手 / a ~ *on* birds 鳥類の大家. **6**〘音楽〙**a** (音量の)増減; 増減記号(<, >). **b** (主としてオルガンの)音量増減装置, スウェル部; スウェル手鍵(けん)盤. — *adj.* (**~·er; ~·est**)《口語》**1 a** ハイカラな, しゃれた(服装をした)(stylish): ~ clothes しゃれた服装 / You look ~. 粋な格好をしてるね. **b** 上流の, 身分の高い(distinguished). **2** 一流の, すばらしい, すてきな(excellent): a ~ hotel 飛び切り上等のホテル / a ~ teacher すてきな先生 / I feel ~. 天にも昇る心地だ.

swéll bòx *n.* (オルガンの)スウェル ボックス《ある音栓のパイプを仕切りで囲い, 正面の格子を開閉して音量を調節する装置》.

swéll-bútted *adj.*〈木が〉下部が大きく膨らんだ.

swell·dom [swéldəm]〘⇨ swell, -dom〙*n.*《口語》上流社会(high society).

swélled *v.* swell の過去分詞. — *adj.* 膨れた; 腫(は)れ(上がっ)た: a ~ column 真中が膨らんでいる円柱 / a ~ face 腫れ(上がっ)た顔.

swélled héad *n.*《口語》思い上がり, ひどいうぬぼれ: have [suffer from] ~ ひどくうぬぼれ(てい)る.

swélled-héaded *adj.*《口語》思い上がった, うぬぼれた(conceited), 尊大な(arrogant).

swéll·fìsh *n.*〘魚類〙フグ(globefish).

swéll frónt *n.* (たんすなどの)前部凸(とつ)状面《bow front ともいう; cf. bombé》. **~·ed** *adj.*

swéll·hèad *n.*《口語》虚栄心の強い人, うぬぼれ屋.

swéll·ing [-lɪŋ]〘OE *swelling* (n.), *swellende* (adj.)〙 — *n.* **1** 膨らませる[膨らむ]こと, 膨張. **2 a** 膨らんだもの[部分]. **b** (樽などの)張り出した部分. **c** (土地の)隆起(部)(prominence), 丘陵(hillock). **d** (波の)うねり. **3** 増大, 増加; (河川の)増水. **4**〘病理〙腫(は)れ上がり, 腫(しゅ)張, 腫大; 腫物(はれもの)(tumor). — *adj.* **1** 膨らむ, 膨らんだ(enlarging); 腫(は)れる, 腫れた: the ~ sails 風をはらんだ帆. **2 a**〈潮が〉高まる, 高まった: the ~ tide 上げ潮. **b**〈土地が〉起伏する, 高低のある, 隆起した: the ~ turf 盛り上がった芝生. **3** 突き出た, 張り出した: the ~ sides of a ship 船の張出し部. **4**〈音・声など〉高まる, 高まった: the ~ roar 高まるどよめき[怒号]. **5 a** 思い上がった, うぬぼれた: ~ in victory 勝って思い上がった. **b** 感情の盛り上がった. **c**〈言葉など〉誇張的な, 大げさな(bombastic): ~ oratory 美辞麗句をもてあそぶ演説.

swéll·ish [-lɪʃ]〘⇨ -ish[1]〙*adj.*《口語》ハイカラな, しゃれた, 粋な(stylish). **~·ness** *n.*

swéll kéyboard *n.* (オルガンで swell box 装置のついた)スウェル鍵(けん)盤.

swéll mób *n.* [集合的]《英俗》紳士を装った犯罪者[すり]集団.

swéll-móbsman *n.* (*pl.* **-men**)《英俗》紳士を装った犯罪者[すり].

swéll òrgan *n.* **1** スウェル オルガン《音量増減装置をもつパイプオルガン》. **2** スウェル部《オルガンの機構の中で音量調節が可能な部分; swell box 内の音栓, それに接続する鍵盤などを指す》.

swéll pèdal *n.* スウェル ペダル《オルガンの音量調節ペダル》.

swel·ter [swéltə | -tə(r)]〘(*c*1403) *swelt(e)re(n)* (freq.) ← *swelte(n)* < OE *sweltan* to die < Gmc **swiltan*《原義》to be overcome with heat ← IE **swel-* to burn (without flame) (Gk *helánē* torch): ⇨ -er[4]〙 — *vi.* **1** 暑さにうだる, うだるように暑い: The city ~*ed* in the desert. 砂漠の中にあってその都市はうだるように暑かった. **2** 汗だくになる. — *vt.* **1** 暑さにうだらせる, 汗だくにする. **2**《古》〈毒液などを〉汗のように出す, だらだら流す(exude). — *n.* **1** うだるような暑さ, 汗だく(の状態), 炎熱, 炎暑: the ~ of the Indian night インドの夜のうだるような暑さ. **2** 興奮状態.

in a swelter (1) 汗だくで. (2) 興奮して.

swél·ter·ing [-tərɪŋ, -trɪŋ | -t(ə)r-] *adj.* **1** 暑さにうだっている; うだるような: a ~ day / in a ~ room 暑苦しい部屋で. **2** [副詞的に] うだるほど: a ~ hot day うだるような暑い日. **~·ly** *adv.*

swel·try [swéltri | -trɪ]〘⇨ swelter, -y[4]〙*adj.* (**swel·tri·er; -tri·est**) =sweltering.

swept [swépt]〘(16C) ← ∞ ME *swepid*〙*v.* sweep の過去形・過去分詞. — *adj.*〘航空〙〈翼が〉後退角のついた(cf. sweepback): a ~ wing 後退翼.

swépt-báck *adj.* **1**〈髪が〉後ろの方になでつけてある. **2**〘航空〙**a**〈翼が〉後退角(sweepback)のついた: a ~ wing 後退翼. **b**〈航空機・ミサイルなど〉後退翼をもった.

swépt déck *n.*〘造船〙彎曲式木甲板(⇨ laid deck).

swépt-fórward *adj.*〘航空〙〈翼が〉前進角(sweepforward)のついた.

swépt·wìng *adj.*〘航空〙後退翼(swept-back wing)の.

swerve [swə́ːv | swə́ːv]〘OE *sweorfan* to file away, wipe, rub ← Gmc **swerb-* (Du. *zwerven* to rove) ← IE **swerbh-* to turn〙 — *vi.* **1** (まっすぐな進路から)それる, はずれる(deviate), 曲がる, 方向を変える(turn aside): The bird [ball] ~*d* in the air. 鳥[球]が空中で方向を変えた. **2** 正道を踏みはずす, 曲がったことをする; 〔…から〕はずれたことをする〔*from*〕: ~ *from* the path of duty 本務からはずれたことをする, 本分を誤る. — *vt.* そらす, はずれさす, 踏みはずさせる, ゆがませる: ~ a ball. — *n.* **1** それること, はずれ, 踏みはずし(deviation); 曲がり, ゆがみ. **2**〘クリケット〙曲球, カーブ. **swérv·er** *n.*

swérve·less *adj.* **1** それない, はずれない, 曲がらない. **2** 踏みはずさない, ひたむきな.

swev·en [swévən]〘OE *swef(e)n* < Gmc **swefnaz* (ON *svefn*) ← IE **swep-* to sleep (L *somnus* sleep: ⇨ somni-)〙*n.*《古》幻影(vision), 夢(dream).

S.W.G.《略》standard wire gauge.

swift [swíft]〘OE ~ ← Gmc **swipt-* (OE *swifan* to move quickly) ← IE **swei-* to turn, bend: cf. swoop〙 — *adj.* (**~·er; ~·est**) (↔ slow) **1 a** 急速に動く(ことのできる); 速い, すみやかな(rapid, quick): ~ running / a ~ runner, horse, ship, etc. / be ~ *of* foot《文語》足が速い. **b** 速く経過する, つかの間の, すぐ経(た)つ: ~ years. **2** 素早く行なわれる[起こる], 早速(さっ)の, 即座の, たちどころの, たちまちの(speedy): a ~ response 即答 / a ~ revenge [retribution] すみやかな復讐[報復] / He has a ~ wit. 彼には当意即妙の機知がある / ⇨ (as) *swift as* THOUGHT[1]. **3** すぐく…する〉, 〈…し〉やすい(prompt, ready)〈*to do*〉: be ~ *to* act 直ちに行動する / be ~ *to* take offense すぐに怒る, 怒りやすい / Be ~ *to* hear, slow to speak. 耳はさとく口は遅かれ. — *adv.* (**~·er; ~·est**) **1**《詩》速く, すみやかに(swiftly). **2** [複合語の第 1 構成素として]: *swift*-coming[-passing] すぐ来る[過ぎ去る] / *swift*-moving[-changing] すみやかに動く[変わる]. — *n.* **1**〘鳥類〙**a** アマツバメ《鳥類中最も飛翔力があるアマツバメ科の鳥類の総称; ヨーロッパアマツバメ(common swift) など; cf. salangane, chimney swift, swiftlet》. **b** カンムリアマツバメ(tree swift). **2**〘動物〙ハリトカゲ(spiny lizard). **3**〘動物〙スイフトギツネ(*Vulpes velox*)《米国西部およびカナダ南部平原にすむ小型のキツネ; swift fox ともいう》. **4**〘昆虫〙コウモリガ(⇨ ghost moth)《swift moth ともいう》. **5**〘紡織〙**a** ふわり《糸の巻取り枠の一種》; ふわり台, 立糸枠. **b** (亜麻の繊維をすく機械の)主要シリンダー. **~·ly** *adv.* **~·ness** *n.*

Swift [swíft], **Jonathan** *n.* (1667–1745) アイルランド生れの英国の文人・風刺作家; Dublin の St. Patrick 教会の dean; *Gulliver's Travels* (1726); 通称 Dean Swift.

swift·er [swíftə | -tə(r)]〘←《スコット》*swift* to tie fast ▭ Scand. (cf. ON *svipta* to reef (sails)): ⇨ -er[1]〙 — *n.*〘海事〙**1** スウィフター《車地(しゃち)棒(capstan bars)が作業中抜けないように車地棒の外端の穴に次次と通してしめた小索》. **2** (マストの両側の横支索の前方に補強的に付加した)特別横支索. **3**《廃》(防舷(げん)物として)船体の周囲に水平に取り付けた太索.

swíft-fóoted *adj.* 足の早い, 飛ぶように走る.

swíft fóx *n.*〘動物〙=swift 3.

swíft-hánded *adj.* **1** 手の早い. **2** 行動が素早い: ~ justice 迅速な裁判[処罰] / ~ vengeance たちどころの復讐.

Swift·i·an [swíftiən | -tɪ-] *adj.* **1** スウィフト(Jonathan Swift)の[に関する]. **2** スウィフト的な; 痛烈な皮肉をこめて風刺する: a ~ satire.

swift·let [swíftlɪt, -lət]〘← SWIFT+-LET〙 — *n.*〘鳥類〙アナツバメ《洞窟などに営巣するアマツバメ科アナツバメ属(*Collocalia*)の鳥類の総称; 唾液だけで食用となる巣を造るショクソウ(食巣)ツバメ(*C. francica*)などを含む; cf. edible bird's nest》.

swíft móth *n.*〘昆虫〙=swift 4.

Swíft's disèase [swífts-]〘← *W. Swift* (20 世紀オーストラリアの医者)〙*n.*〘病理〙スウィフト病, 肢端疼痛症.

swíft-wínged *adj.* 速く飛ぶ.

swig [swíg]〘(1548) ← ?〙 — *v.* (**swigged; swig·ging**)《口語》*vt.*〈酒などを〉一気にがぶがぶ飲む, 痛飲する, 鯨飲する. — *vi.* 痛飲する. — *n.* **1** がぶ飲み, 一飲み(drink): take a ~ at [of] …をがぶがぶ飲む, あおる, 痛飲する. **2** 酒(liquor). **~·ger** *n.*

swill [swíl]〘OE *swillan, swilian* to wash out ← ? Gmc **swil-* ← IE **swel(k)-*: ⇨ swallow[2]〙 — *vt.* **1** がぶがぶ飲む, 牛飲する, 鯨飲する, 痛飲する(guzzle): ~ beer. **2** 水を注いで洗う, ゆすぐ, すすぐ, 洗い流す(rinse)〈*out*〉: ~ the decks. **3**〈豚など〉に台所の流し水[残飯, 残菜]をやる. — *vi.* **1** がぶがぶ飲む, 大酒を飲む. **2** ざぶざぶ音を立てて流れる(swash). — *n.* **1** (酒など)がぶがぶあおること, 痛飲, 鯨飲. **2 a** (豚にやる)台所のごみ, 残飯. **b** 残飯を思わせるもの; 不快なもの. **3** 水を注いで洗う[ゆすぐ, すすぐ]こと, 洗い流し: give it a ~ それを洗う[ゆすぐ].

swell swill《米俗》(1) すばらしい台所のごみ《贅沢(ぜいたく)な生活程度がわかる》. (2) 贅沢な飲食物.

~·er [-lə | -lə(r)] *n.*

swim[1] [swím]〘OE *swimman* < Gmc **swemjan* (G *schwimmen*) ← ? IE **swem-* to move, stir, swim: cf. sound[4]〙 — *v.* (**swam** [swǽ(ː)m],《方言》**swim·med, swum** [swʌ́m],《方言》**swam, swimmed; swim·ming**) — *vi.* **1** 泳ぐ, 遊泳する, 水泳する: ~ on one's back [chest, side] 背[平, 横]泳ぎする / fishes ~*ming* in the water 水中を泳いでいる魚 / ~ across the river 川を泳いで渡る / ~

about in the sea 海を泳ぎ回る / go ~*ming* in the river 川に泳ぎに行く / ~ to the bottom [like a stone, like a tailor's goose] 沈む, からきし泳げない,「金づち」である. **2** (泳ぐように)すーっと行く[来る], 〈船・星などが〉走る, 滑るように進む (cf. sail *vi.* 3): She *swam* into the room. すーっと部屋に入って来た / The swans are ~*ming* over the lake. 白鳥が湖上で遊泳している. **3** 浮かぶ, 浮流する; (空中などに)浮動する, ちらつく: Oil ~*s* on water. 油は水に浮かぶ / The leaf ~*s* down the stream. 木の葉が小川を流れていく / specks of dust that ~ in sunbeams 陽光の中に浮遊するちりほこり. **4** 〔液体などに〕ひたる, つかる〔*in*〕; 〔…で〕あふれる, 一杯になる (overflow)〔*with*〕: the floor ~*ming in* blood 血まみれの床 / He ~*s in* riches. 金に埋まっている / The boy *swam in* his coat. その子はだぶだぶの上衣を着ていた / eyes that *swam with* tears 涙にあふれた目 / Her heart *swam with* happiness. 彼女の胸は幸せで満ちあふれた. — *vt.* **1 a** 泳いで行く[渡る, 横断する]: ~ the Channel イギリス海峡を泳いで渡る. **b** 〈…泳ぎを〉する: ~ a backstroke 背泳ぎをする / I cannot ~ a stroke. まるで泳げない. **2** 〈競泳〉に加わる; …と競泳する: ~ a race 競泳する / I will ~ you 100 yards. 君と100ヤードの競泳をしよう. **3** 〈馬・犬などを〉泳がせる, 水中を行かせる: ~ one's horse *across* the river 馬に川を泳いで渡らせる. **4** 水に浮かす: ~ a boat / ~ eggs (悪いのを選ぶために)卵を水に浮かす. — *n.* **1** 泳ぐこと, (ひと)泳ぎ, 水泳: go for a ~ (in the lake) (湖へ)泳ぎに行く / have [take] a ~ in the swimming pool プールで泳ぐ. **2** すらすらと動くこと, 滑走. **3** (魚がたくさんいる)淵(ふち). **4** [the ~] (事柄の)主潮, 大勢, 時流. ★ 通例 *in* [*out of*] *the* SWIM で用いる. **5** =swim bladder. **6** スウィム(ダンス)《泳ぐような動作のダンス》.

in* [*out of*] *the swim (1) 実情に通じて[暗くて]. (2) 時流に乗って[からそれて], 流行にそって[はずれて]. (3) 〈事業など〉調子よくいって[調子が悪くて], 羽振りがよくて[悪くて].

— *attrib. adj.* 水泳(用)の: a ~ meet 水泳大会, 競泳会 / ~ lessons 水泳の稽古(けいこ) / ~ trunks 水泳パンツ.

swím·ma·ble [-məbl] *adj.*

swim² [swím] 〘《1702》← SWIM¹ ∽ ME *swime* < OE *swīma* dizziness ← Gmc **swim-* ← IE **swei-* to bend (cf. swift)〙 — *n.* 目まい, 気絶 (swoon). — *vi.* (**swam** [swǽ(ː)m]; **swum** [swʌ́m]; **swim·ming**) **1** 〈頭が〉ぐらぐらする, 目まいがする (reel): have one's head ~ 頭がぐらぐらする / My head *swam*. 目まいがした. **2** 〈物が〉回るように見える, ちらつく: Everything *swam* before my eyes. すべてがぐるぐる回っているように見えた. 「swim ともいう」.

swím blàdder *n.* (魚の)浮袋 (air bladder)《単に

swím fìn *n.* (スキンダイバーが使う)足ひれ(flipper).

swím màsk *n.* (スキンダイバーが使う)潜水マスク [目鏡].

swím·mer 〘《c1378》〙 *n.* 泳ぐ人[物], 泳ぎ手, 水泳者: a poor [good] ~ 泳ぎのまずい[上手な]人[鳥, 獣など].

swim·mer·et [swímərèt, ‐‐‐] 〘⇨ ↑, -et〙 *n.* 〘動物〙(甲殻類の)腹脚, 遊泳脚 (pleopod).

swímmer's ítch *n.* 〘病理〙=schistosome dermatitis.

swim·mie-talk·ie [swímitɔ́ːki | -mɪtɔ́ːkɪ] *n.* 〘軍事〙耐水性携帯(用)無線電話機 (cf. walkie-talkie).

swím·ming¹ 〘《c1378》〙 — *n.* **1** 泳ぐこと, 遊泳, 水泳; 水泳術: an expert at ~ 水泳の名人. **2** [形容詞的に] 水泳(用)の; 水泳に適した[のための]: a ~ teacher. — *adj.* **1** 泳ぐ, 水泳中の; 遊泳性の, 浮遊性の: a ~ bird. **2** あふれる (overflowing): one's ~ eyes 涙にあふれた目. **3** 流れるような, すらすらした: at a ~ rate とんとん拍子に.

swím·ming² 〘《1530》: ⇨ swim²〙 — *n.* 目まい, 頭がふらふら[ぐらぐら]すること (giddiness): He has a ~ in the head. 頭がぐらぐらする. — *adj.* 目まいのする, ふらふらする: a ~ brain, sensation, etc.

swímming bàth *n.* 《英》室内プール. 「鐘(かね)」.

swímming bèll *n.* 〘動物〙(クダクラゲ類の)泳

swímming-bèlt *n.* 水泳ベルト《水泳用浮袋の一種》.

swímming blàdder *n.* =swim bladder.

swímming cràb *n.* 〘動物〙ワタリガニ《最後歩脚の指節が遊泳用であるワタリガニ科のカニの総称》.

swímming gàla *n.* 水泳競技会.

swímming hòle *n.* (川中の)水泳可能な深み.

swím·ming·ly *adv.* とんとん拍子に, すらすらと, 首尾よく: go [get] on ~ どんどん進む, すらすらと行く.

swímming pòol *n.* 《米》(水泳用)プール.

swímming-pòol reàctor *n.* 〘原子力〙水泳プール型原子炉 (cf. water boiler reactor).

swímming stòne *n.* 〘岩石〙=floatstone 1.

swímming sùit *n.* =swimsuit.

swim·my [swími | -mɪ] *adj.* **1** めまいのする, めまいを起こしそうな. **2** 〈目が〉ぼやけた, かすんだ.

swím pòol *n.* =swimming pool.

swím·sùit *n.* 水泳着, 水着 (bathing suit).

Swin·burne [swínbəːn, -bən | -bəːn, -bən], **Algernon Charles** *n.* (1837–1909) 英国の詩人・批評家; *Atalanta in Calydon* (1865), *Poems and Ballads* (1866, '78, '89).

swin·dle [swíndl] 〘《1782》《逆成》← SWINDLER〙 — *vt.* **1** 〈人〉から金などを詐取する; だます, かたる (cheat): ~ a person. **2** 〈人を〉だまして〔金などを〕だまし取る; 〔人から〕〈金などを〉だまし取る〔*out of*〕: ~ a person *out of* money = ~ money *out of* a person 人から金を巻き上げる. — *vi.* 詐欺を働く. — *n.* **1** 詐取, 詐欺, ぺてん (fraud). **2** 食わせ物, にせ物, いかさま物. 「く厚みの薄い」.

swín·dled *adj.* 〈宝石が〉スウィンドルの《直径が大き

swín·dler [-dlə, -dlə | -dlə(r)] 〘《1775》□ G *Schwindler* ← *schwindeln* to be dizzy, swindle < OHG *suintilōn* (freq.) ← *swintan* to languish, lose consciousness ← Gmc **swī-*: cf. swim²〙 — *n.* 詐欺師, ぺてん師.

swíndle shèet *n.* 《口語》(税算定上の)必要経費.

swín·dling [-dlɪŋ, -dl- | -dl-] *adj.* だます, かたって[インチキをやって]いる; 詐欺的な (fraudulent). **~·ly** *adv.*

swine [swáɪn] 〘OE *swīn* < Gmc **swīnam* (G *Schwein*) ← IE **su-s*: ⇨ sow²〙 — *n.* (*pl.* ~) **1** 〘動物〙**a** [通例集合的] 豚 (hogs): a herd of ~ 豚の一群 / several ~ 数頭の豚. ★《英》では《詩・文語》または《動物・農業》; また今では単数としては通例 pig または hog を用いる. **b** イノシシ (wild boar). **2 a** (豚のような)下等な男, 卑劣漢; 貪欲な男, 好色漢: You ~! この豚野郎. **b** 《口語》不愉快な物.

swíne-drùnk *adj.* 泥酔した.

swíne erysípelas *n.* 〘獣医〙豚丹毒《豚丹毒菌 (*Erysipelothrix rhusiopathiae*) による豚の急性・慢性の感染症; 単に erysipelas ともいう; cf. erysipeloid》.

swíne fèver *n.* 〘獣医〙豚コレラ (hog cholera).

swíne·hèrd 〘lateOE *swȳnhyrde*〙 *n.* 豚飼い, 豚番(人).

swíne plàgue *n.* 〘獣医〙豚疫《豚のパスツレラ菌感染症; cf. hemorrhagic septicemia》.

swíne pòx *n.* **1** 《古》〘医学〙水疱瘡(みずぼうそう), 水痘 (chicken pox). **2** 〘獣医〙豚痘.

swin·er·y [swáɪn(ə)ri | -nəri] *n.* **1** 養豚場 (piggery). **2** [集合的] 豚 (hogs). **3** 不潔な状態[行為].

swíne's-snòut *n.* 〘植物〙タンポポ (dandelion).

swing [swíŋ] 〘OE *swingan* to strike, fling oneself < Gmc **swiŋʒan* (G *schwingen* to brandish, shake) ← IE **sweng-*, **swenk-* to swing, turn, toss〙 — *v.* (**swung** [swʌ́ŋ], 《方言》**swang** [swǽŋ]; **swung**) — *vi.* **1 a** (前後に)振れる, 揺れる, ぶらぶら動く, 振動する (sway): let one's legs ~ 脚をぶらぶら動かす / ~ like a pendulum 振子のように振れる / the temperament that ~*s* between despair and rapture 今喜んでいたかと思うともう心配し始めるという性質. **b** ぶらんこをする, ぶらんこに乗る. **2 a** ぶら下がる, ぶら下がりながら進む: a lamp ~*ing* from a hook かぎにぶら下がっているランプ / ~ apelike from branch to branch 猿のように枝から枝へぶら下がって行く. **b** 《口語》絞首刑になる: He'll ~ for it. あんなことをして縛り首にされるだろう. **3** 〈戸が〉(前後に)揺れて開く[閉じる]: The door *swung* open [shut, back to]. 戸はぎーっと開いた[締まった]. **4 a** ぐるっと回る[向きを変える], 弧を描いて動く: ~ *(a)round* a corner 角をくるりと回る / ~ *(a)round* on one's heel かかとでくるりと向き直る / He *swung (a)round* on me [to face me]. 彼はぐるっと振り向いて私を見た / The car *swung* right and stopped. 車は右へカーブを切ると止まった / The plane *swung* low over our heads. 飛行機は低く弧を描くように我々の頭上を飛んで行った / Many blacks [The newspapers] *swung* (over) against him [to his support]. 多くの黒人[新聞]が彼に反対[を支持]する方へ回った. **b** 〈道などが〉弧を描いて続く: The highway ~*s* (to the) south here. ハイウエイはここで緩やかなカーブを描いて南へ延びている. **5** 〈船が〉(錨を降ろして)風や潮のままに揺れる: A ship *swung* in the roadstead. (錨を降ろした)船が停泊地で風や潮のままに揺れていた. **6 a** (物につかまって)体を勢いよく動かす: ~ aboard a bus [train] (手すりにつかまり)身を躍らせてバス[電車]に飛び乗る. **b** (体を左右に振って)威勢よく動く[行く, 進む]: The troops went ~*ing* down the street. 軍隊が元気よく通りを行進して行った / A car *swung* into sight. 車がすっと視界に入ってきた / They *swung* into action. 彼らはさっと行動に移った / The value of the dollar *swung* downward(s). ドルの価値が急落した. **c** (スキーで)スイングする (cf. *n.* 3 b). **7** (腕を振って)打つ, 狙う, (野球・ゴルフ・ボクシングなどで)スイングする: ~ on a person [target] (腕を振って)人になぐりかかる[(銃口を移動させて)的を狙う] / The batter *swung* at a fast ball. バッターは速球をスイングした. **8 a** 〈詩・音楽などが〉律動[躍動]的なリズムをもつ. **b** 〈楽団が〉スイングを演奏する (cf. *n.* 10). **9** 《俗》**a** 活動的で時流の先端をいく, 洗練されて流行に遅れない. **b** フリーセックス[スワッピング]をする.

— *vt.* **1 a** 振る, 振り動かす, ぶらぶらさせる[動かす]: ~ a bat [an axe] バット[おの]を振る / ~ one's arms [legs] 腕[脚]を振り動かす / He *swung* himself *out of* bed. 身を躍らせてベッドから飛び起きた. **b** 〈棒などを〉振り回す, 振る: ~ Indian clubs (体操用の)インディアンクラブを振り回す / ~ one's fist *at* a person 拳骨を振り回して人になぐりかかる / There's no [not (enough)] room to ~ a cat (in). ⇨ room *n.* 3 a. **c** 〘航空〙〈プロペラを〉(エンジン始動のため)手で回転させる. **2** ぶら下げる, 吊り下げる, 吊す, 掛ける: ~ a bag from one's arm 腕にバッグをぶら下げる / ~ a hammock between the trees 木の間にハンモックを吊す. **3 a** 振って(さっと)上げる: ~ cargo *up* 〈クレーンが〉積み荷をさっと吊り上げる / ~ a child on [onto] one's shoulder 子供を肩の上に振り上げる. **b** ぶらんこ[ハンモック]に乗せ(て揺す)る. **4** 〈戸を〉揺すって開く[閉じる]: A gust *swung* the door open [shut, to]. 突風が吹いて戸がばたんと開いた[閉まった]. **5** ぐるっと回す, …の向きを変える: ~ a person *(a)round* 人をぐるっと振り向かせる / He *swung* the car into a byroad. さっとカーブを切ってわき道へ車を走らせた / Can you ~ him *(a)round* to your point of view? 彼をうまく君の意見に同調させることができるかな. **6** (羅針儀の較正のために)〈船舶・航空機などを〉方位の順に従って向きを変えさせる, 回頭させる. **7** 《口語》**a** 望み通りに動かす, 左右する: ~ an election [voting, 《米》a jury] 選挙[投票, 陪審]を思う通りに動かす. **b** 《米》うまくあやつる[処理する] (manage): ~ a job [sale] 仕事[販売]をうまくやってのける / He won't be able to ~ a car on his income. 彼の収入では車を乗り回すのは無理だろう. **8** 〈曲・歌を〉スイング風に演奏する[歌う].

— *n.* **1 a** 振れる[振る]こと, 振動, 揺れ, 前後[往復]運動: the ~ of the tides 潮の干満 / be on the ~ 揺れている. **b** 振動範囲, 振幅: a 3-inch ~ = a ~ of 3 inches 3インチの振幅. **2 a** 回ること, 回転; (武器などを)振り回す[打ち振る]こと, 振り回して打つこと. **b** (ゴルフ・野球・ボクシングなどで)振り[打ち]方, スイング: a batter with a powerful ~ スイングの強力なバッター. **3 a** 体を揺すって[大手を振って]歩くこと: walk with a ~ 体を揺すって歩く. **b** (スキーで)スイング《回転の際, 体を上下左右に振り動かすこと》. **4** ぶらんこ; ぶらんこに乗ること: go on a ~ = ride [sit] in [on] a ~ ぶらんこに乗る / have a (ride on) ~ ぶらんこに乗って遊ぶ / You lose on the ~*s* what you make on the roundabouts. 回転木馬でもうけてぶらんこで損をする, 元の木阿弥(もくあみ)になる / What one loses on the ~*s* one gains [wins] on the roundabouts. 《諺》一方で悪い事があれば他方でよい事がある,「苦あれば楽あり」. **5** (詩・音楽などの躍動的な)律動, 音律, 調子 (rhythm): His style has neither ~ nor vigor. 彼の文体には律動もなければ迫力もない. **6** (株価・景気・世論などの)(大)変動, 動揺: a ~ in prices [public opinion] 物価[世論]の変動 / ~*s* between [of] prosperity and depression 好況と不況の繰り返し. **7** (仕事・事態などの)進行, 前進: in full ~ 真最中で, 真盛りで, たけなわで; どんどん進行中で / get into the ~ of things [one's work] 情勢をのみこむ[仕事に油が乗って来る]. **8** 自由な活動範囲, 活動の自由: let it have its ~ = give full [free] ~ to it それを思うままに活動させる, そのするまま[自由]にしておく / have one's full [free] ~ in the matter 事を自由に切り回す. **9 a** 曲線コース: make a wide ~ 大きくカーブする. **b** (周遊)旅行: a ~ through the United States 合衆国周遊旅行 / a ~ (a)round the circle 《米》(候補者の)遊説区遊説旅行 (cf. *swing (a)round the* CIRCLE). **10** 〘音楽〙スイング《1930年代中期から1940年代中期までのジャズ音楽; 初期のジャズより一層洗練した興趣を表現しうる曲として流行した; swing music ともいう》. **11** 〘機械〙(旋盤の)振り《切削可能な最大直径》. **12** 《口語》(24時間フル操業の場合の)正規労働者[交替要員]が休み, 臨時労働者[他の交替要員]が働く時間 (cf. swing shift). **13** 〘アメリカンフットボール〙スイング《レシーバーがパスを取るため外側に走ること》.

at full swing 全速力で. ***go with a swing*** 〈詩・音楽などが〉調子がよい; 〈仕事などが〉スムーズに運ぶ, すらすら行く; 〈会などが〉調子よく運ぶ, 盛会である. ***the swing of the pendulum*** (1) 振り子の運動. (2) (振り子の揺れに似た, 人心・世論などの)両極端の間を揺れ動く傾向, 浮動. (3) (政党間の)政権交替の趨勢; 勢力の浮沈.

— *attrib. adj.* **1** (前後に)揺れる, 回転する. **2** ぶら下がった, 吊り下げられる: a ~ lamp. **3** ぶらんこ(用)の: a ~ rope. **4** スイング(音楽)の: ~ fans [musicians]. **5** (選挙などで)結果を左右する: the ~ vote 決定投票 / ~ voters 決定票をもつ投票者たち. **6** 必要に応じて交替する, 交替要員の (relief).

~·a·ble [-ŋəbl] *adj.* **~·a·bly** *adv.*

swíng accòunt *n.* 〘金融〙振子勘定《相互にクレジットを一定限度まで供与し合うこと》. 「(*to*).

swíng·bàck *n.* (政治などで, 意見や勢力の)逆戻り

swíng·bòat *n.* 《英》(遊園地などの)舟形のぶらんこ.

swíng brìdge *n.* 旋回橋, 旋開橋《船を通すため橋の中央部で回転して開閉する橋; swing drawbridge ともいう》.

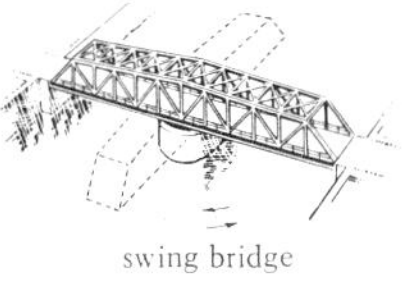

swing bridge

swíng·bỳ *n.* 〘宇宙〙スイングバイ《目的とする惑星または中途の惑星の重力の場を利用してコースまたは軌道を制御する宇宙船の飛行経路》.

swíng dòor *n.* (前後に開き自然に閉じる)自在戸, 自在ドア, スイングドア《swinging door ともいう》.

swíng dràwbridge *n.* =swing bridge.

swinge¹ [swíndʒ] 〘ME *swenge(n)* < OE *swengan* to shake, shatter < Gmc **swaŋgwjan* ← IE **sweng-*: ⇨ swing〙 — *vt.* (~**d**; ~·**ing**) 《古・方言》 **1** 打ちたたく[のめす] (thrash). **2** 〈人を〉懲らしめる, 罰する.

swinge² [swíndʒ] 〘《変形》← SINGE: ↑ との類推による〙 *vt.* (~**d**; ~·**ing**) 《古・方言》焦がす (singe).

swínge·ing [swíndʒɪŋ] 〖⇨ swinge〗 ── *adj.* 《英口語》 **1** (打撃の)ひどい, したたかな, 強い (strong): a ～ blow. **2** ばかに大きい[たくさんな]; 途方もない, すごい: a ～ lie [majority] 途方もないうそ[圧倒的な大多数] / ～ damages 莫大な損害賠償(金) / ～ taxation 重税. **3** [副詞的に] とても, すごく (very).

swing·er[1] [swíŋə | -ŋə(r] 〖⇨ swing〗 *n.* **1** 振る人. **2** 《俗》 **a** 活発で時流[流行]の先端をいく人. **b** フリーセックス[スワッピング]をする人.

swing·er[2] [swíndʒə | -dʒə(r] 〖⇨ swinge〗 *n.* **1** むち打つ人, 懲らす人. **2** 《口語》すばらしいもの, すてきなもの.

swíng gàte *n.* 旋回ゲート, 自在扉門.

swing·ing[1] [swíŋɪŋ] *n.* **1** 振れること; 振動. **2** 《俗》フリーセックス, スワッピング. ── *adj.* **1 a** 揺れる, 振動する, 揺れ動く. **b** 調子の早い, 軽快な: a ～ melody [rhythm]. **2 a** 威勢よく歩く: a ～ stride 大また. **b** 活発な, 活気にあふれた: a ～ party. **3** 《俗》はなやかで時流[流行]の先端をいく; すてきな: a ～ chick 流行の最先端をいくシックな女の子 / ～ London 時流の先端をいく活気に満ちたはなやかなロンドン《1960 年代後期のロンドンをいう》. **～·ly** *adv.*

swing·ing[2] [swíndʒɪŋ] *adj.* 《英口語》 ＝swingeing.

swíng·ing bòom [swíŋɪŋ-] *n.* 〘海事〙係船桁(ㄍ)《投錨(ᵇᵒ)と同時に両船側に水平に出す電柱のような円材; ボートをつないでおくためのもの》.

swíng·ing bùoy [swíŋɪŋ-] *n.* 〘海事〙回頭浮標《錨で固定されており, これに船首をつないで船の向きを変え, ドック入りや自差修正に利便を与える》.

swíng·ing cómpass [swíŋɪŋ-] *n.* 〘海事〙回頭羅針儀《自差修正で回頭するとき使う補助コンパス》.

swíng·ing dóor [swíŋɪŋ-] *n.* ＝swing door.

swíng·ing póst [swíŋɪŋ-] *n.* 〘建築〙門柱 (⇨ gatepost a).

swíng jàck *n.* 〘機械〙 ＝traversing screw jack.

swin·gle [swíŋgl̩] 〖《*c*1325》 *swingel, swengil* ▭ MDu. *swinghel*: cog. OE *swingel* rod, blow (⇨ swing, -le[1])〗 ── *n.* (からざおの)振り棒; 麻打ち棒[具]. ── *vt.* からざおで打つ, 麻打ち棒[具]で打つ[打って精製する].

swíngle·bàr *n.* 《英》 ＝whippletree.

swíng lèg *n.* (テーブルの垂れ板を支える蝶番(ちょう)付きの)回転脚.

swíngle·trèe 〖《*c*1462》〗 *n.* 《英》 ＝whippletree.

swíng mùsic *n.* ＝swing *n.* 10.

swíng-òver *n.* (意見・態度などの)転換, 切換え, 変更.

swíng plòw [**plòugh**] *n.* 〘農業〙 **1** 一輪すき. **2** ＝swivel plow.

swíng shìft *n.* **1** (24 時間フル操業の場合の)午後交替番(勤務時間)《通例午後 3-4 時から深夜の 12 時まで》. **2** [集合的] 午後交替番勤務労働者たち.

swíng shìfter *n.* 午後交替番の人.

swíng-wìng *adj.* 〘航空〙可変後退翼の[を用いた].

swíng wìng *n.* 〘航空〙 **1** 可変後退(角)翼《低速から超音速までの広い速度範囲で良好な空気力学的効率を保つために, 飛行中に後退角を変えられるようにした翼; variable-sweep wing ともいう》. **2** 可変後退翼機.

swing·y [swíŋi | -ŋɪ] *adj.* (**swing·i·er**; **-i·est**) 揺れる, 揺れ動く (swinging).

swin·ish [-nɪʃ] 〖《?*a*1200》: ⇨ swine, -ish[1]〗 *adj.* 豚のような, 豚らしい; 意地きたない, 食い意地の張った; きたない, 下品な, 好色な. **～·ly** *adv.* **～·ness** *n.*

swink [swíŋk] 〖OE *swincan*: ⇨ swing〗 《古》 *vi.* 骨折る, 汗水たらして働く (toil). ── *n.* 骨折り, 労働 (toil). **～·er** *n.*

Swin·ner·ton [swínəṭən, -tn̩ | -nətən, -tn̩], **Frank Arthur** *n.* (1884-) 英国の小説家・批評家; *Nocturne* (1917).

swin·ney [swíni | -nɪ] *n.* 〘獣医〙 ＝sweeny.

swipe [swáɪp] 〖《1750》《変形》? ← SWEEP〗 ── *n.* **1** 《口語》(クリケットなどで)大振りに打つこと, 力一杯の強打. **2** ぐい飲み, 一飲み (draft). **3** 《口語》(レース場での)馬丁. **4** 《英方言》(井戸の)はねつるべのさお (sweep). ── *vt.* **1** 《口語》大振りに打つ, 力一杯に打つ. **2** 《俗》かっぱらう, 盗む (steal). ── *vi.* **1** [...を]強打する, 猛烈に打ってかかる [*at*]. **2** 一口に飲む[あおる]. **swíp·er** *n.*

swipes [swáɪps] 〖《1796》 ← ? SWIPE (n.) 2〗 *n. pl.* 《英口語》水っぽい[弱い]ビール; ビール (beer).

swip·le [swípl̩] 〖《15C》 ← ? SWEEP〗 *n.* (*also* **swip·ple** [～]) ＝swingle.

swirl [swə́ːł | swə́ːł] 〖《*c*1425》《スコット》 *swyrl(l)e* (擬音語) ?: cf. Du. *zwirrelen* to whirl〗 ── *vi.* **1** 〈河流・雪・風・ちりなどが〉渦を巻く, 渦巻く (whirl). **2** 〈頭が〉ふらふらする, ぐらぐらする, めまいする. ── *vt.* ...に渦を巻かせる. ── *n.* **1** (水・空気・雪などの)渦, 渦巻き. **2** 渦巻形; 巻毛 (curl); 髪飾り. **3** 混乱.

swirl·y [swə́ːli | swə́ːlɪ] *adj.* (**swirl·i·er**; **-i·est**) **1 a** 渦巻く; 渦巻形の. **b** 渦の多い. **2** 《スコット》よじれた, もつれた (twisted).

swish [swíʃ] 〖《1756》擬音語〗 ── *vt.* **1** 〈杖・むち・尾などを〉振り回す, 打ち振る, ひゅーひゅー振る (flourish): ～ a cane, whip, tail, etc. **2** 〈草などを〉(杖などで)打ち切る, 杖などを振り回して切る 〈*off*〉: ～ *off* the grass with a sickle 大鎌で草を刈る. **3** むちで打つ (flog). ── *vi.* **1** 〈振り回した杖などが〉ひゅーと音がする; 〈鳥が〉(空を飛ぶとき)しゅっしゅっと風を切る; ひゅーという; (鎌で草を切るとき)しゅっと音がする. **2** 〈絹などが〉さらさらと音を立てる, 衣擦れの音がする (rustle). ── *n.* **1 a** (杖・むちなどの)ひゅーひゅー[しゅっしゅっ]いう音. **b** (水などの)しゅーっと飛ぶ音; 衣擦れの音. **2 a** (杖・むち・尾などの)一振り: a ～ of a cow's tail. **b** むち打ち. **c** (打つための)杖, 棒. **3** 《英口語》スマートさ, ハイカラ. **4** 《米俗》(女性的な男の)同性愛者. ── 〖← ?: cf. 《方言》 *swash* gaudy, showy〗 *adj.* **1** 《英口語》粋な, ハイカラな (smart, swagger). **2** 《米俗》(女性的な男の)同性愛者の[らしい].

swísh-swish *n.* ＝swish 1.

swish·y [swíʃi | -ʃɪ] 〖← SWISH＋-Y[4]〗 *adj.* (**swish·i·er**, **-i·est**) **1** ひゅーひゅー[しゅっしゅっ]音を立てる; 衣擦れの音がする. **2** 《米俗》同性愛的傾向のある.

Swiss [swís] 〖《1515》 ▭ (M)F *Suisse* ▭ MHG *Swizer*: ⇨ Switzer〗 ── *adj.* **1** スイス (Switzerland) の. **2** スイス人の; スイス産[製]の, スイス流[風]の. ── *n.* **1** (*pl.* ～) **a** スイス人. **b** [the ～; 集合的] スイス人《全体》. **2** (*pl.* **～·es**) [しばしば s-] スイスモスリン (dotted swiss)《浮出しまたは染付模様のある堅い薄地モスリン, カーテンなどにする; Swiss muslin ともいう》. **3** (*pl.* **～·es**) ＝Swiss cheese.

Swíss chárd *n.* 〘植物〙フダンソウ (⇨ chard).

Swíss chéese *n.* スイスチーズ《通例, 半脱脂牛乳で作った穴の多い堅いチーズ》.

Swíss Confederátion *n.* [the ～] スイス連邦《Switzerland の公式名》.

Swiss·er [swísə | -sə(r] 〖▭ MDu. *Switser* // MHG *Swizer*: ⇨ Switzer〗 *n.* 《廃》 ＝Swiss 1.

Swíss fránc *n.* スイスフラン《スイスの通貨単位; 記号 S.Fr.; ＝100 centimes》.

Swíss Frénch *n.* スイスフランス語《Franco-Provençal の一つ》.

Swíss Gérman 〖《なぞり》 ← Swiss-G *Schwyzertütsch*〗 *n.* スイスドイツ語《Alemannic の一つ》.

Swíss Guárd, S- g- *n.* スイス人の護衛兵《昔フランスなどにあったスイスの雇い兵で組織した護衛兵; 今はローマ教皇庁に残っている; cf. Switzer 2》.

Swíss lápis *n.* 〘鉱物〙スイスラピス《宝石に用いる》.

Swíss mílk *n.* 甘いコンデンスミルク.

Swíss múslin *n.* ＝Swiss 2.

Swíss píne *n.* 〘植物〙ツエンブラマツ (*Pinus cembra*)《Alps 山脈などユーラシア大陸の山岳地帯に生えるマツ; 実は食用》.

Swíss róll *n.* スイスロール《薄く焼いたスポンジケーキにジャムやクリームなどを塗って巻き込んだもの; cf. jelly roll 1》.

Swíss stéak *n.* スイス風ステーキ《小麦粉を両面につけて焼きトマトや玉ねぎなどのソースとともに蒸煮にした厚切りのステーキ》.

Swit. 《略》 Switzerland.

switch [swítʃ] 〖《1595》 ▭ ? MDu. *swijch* bough, twig // LG *swutsche* long thin stick〗 ── *n.* **1** 若枝; (木から切り取った)細いしなやかな小枝; (乗馬用のむちに用いる)小枝. **2** 《米》(子供を懲らす)むち (cane); むち打ち, 折檻 (lash). **3 a** (女性の)ヘアピース, 入れ毛, かもじ. **b** (牛・ライオンなどの)尾の先の長い房毛. **4** 転換, 振替え; 変更: a ～ of the conversation to another topic 会話を別の話題に変えること / a sudden policy ～ 急激な政策転換. **5** 《米》〘鉄道〙 **a** 転轍(てつ)器, 入換器, ポイント (《英》 point). **b** 側線, 待避線 (sidetrack). **6** 〘電気〙開閉器, 転換器, スイッチ. **7** 〘電話〙交換台. **8** 〘トランプ〙(bridge などで)シフト《打出し (lead) またはビッド (bid) の過程でスーツ (suit) を変えること; cf. switch *vi.* 4》. **9** 〘バスケットボール〙スイッチ《ディフェンスの仲間 2 人がマークする相手を相互に交換すること》.

asleep at the switch 《米》(1) (鉄道の)転轍器の入れ替え作業をするべき時に寝ていて. (2) 《口語》油断して, うっかりして.

── *vt.* **1** むちで打つ, ぴゅーぴゅー[ひゅーひゅー]打つ; 《米》(罰として)折檻する (lash): ～ a boy with a cane 少年を杖でむち打つ. **2** 振る, 振り回す (swing): ～ a cane [fishing line] 杖[釣糸]を振り回す / ～ a tail 〈動物が〉尾を振る / He ～*ed* his head round. 頭を振り向けた. **3** 引ったくる, かっぱらう, 引ったくる (snatch): He ～*ed* it out of my hand. 彼はそれを私の手から引ったくった. **4 a** 交換する (exchange), 転換する (divert): ～ methods. **b** 〈考え・話などを〉〈他の問題に〉導く, 変える, 移す, そらす (shift) [*to*]: ～ conversation from a painful subject *to* another 会話を痛ましい話題から別の話題に移す. **5** 《米》〘鉄道〙 **a** 〈列車・車両を〉転轍(てつ)する, 入れ換える (shunt). **b** 〈車両を〉切り離す, つなぐ; 〈列車を〉仕立てる: ～ cars, a train, etc. **6** 〘電気〙〈電流を〉スイッチで転換する: ⇨ SWITCH *off* [*on*]. **7** 〘野球〙交替させる: ～ flingers 投手を交替させる. **8** 〘トランプ〙(bridge で)〈あるスーツやビッドを〉(別なスーツやビッドに)変える (cf. switch *vi.* 4). **9** 〘映画・テレビ〙(撮像角度やカットを変えるために)〈カメラなどを〉切り替える. **10** 〘競馬〙〈馬を〉他の名で[取り替えて]競馬に出す. ── *vi.* **1** しなやかなむちで打つ, ひゅーひゅー打つ. **2 a** 転換[変換]する, 交換する (shift). **b** [...に]乗り換える [*to*]; [...に]転職する [*to*]: ～ *to* another bus 別のバスに乗り換える. **3** 転じる, 切替える. **4** 〘トランプ〙(bridge で) **a** シフトする《自分またはパートナーが直前に出したスーツと別なスーツを打出す》. **b** (パートナーの直前のビッドと)違うスーツをビッドする. **5** 〘バスケットボール〙スイッチする (⇨ *n.* 9). **6** 《米》〘鉄道〙転轍(てつ)する.

I'll be switched (*if*...) 《米口語》[否定・驚きの意を強く表わして] (...とは)とんでもない, 断じて...ない. ***switch off*** (1) 〈電灯・電流などの〉スイッチを切る; 〈人〉との電話を切る: ～ *off* a light＝～ a light *off* (スイッチをひねって)電灯を消す / ～ a person *off* 人との電話を切る. (2) 《俗》〈人〉の元気をなくさせる, 無気力にする. ***switch on*** (1) 〈電灯・電流など〉のスイッチを入れる; 〈人に〉電話をつなぐ: ～ *on* a light＝～ a light *on* (スイッチをひねって)電灯をつける / ～ a person *on* 人に電話をつなぐ. (2) 《俗》[通例 p.p. 形で] 興奮させる, 幻覚状態にならせる; (麻薬を使って)幻覚状態になる (turn on). (3) 《俗》[通例 p.p. 形で] 時代の最先端を行く; 最新の流行を追う (cf. switched-on): She is really ～*ed on.* 彼女は本当に時代の先端を行っている. ***switch over*** (*from* one *to* another) (一方から他へ)転換する, 鞍替えする (cf. switchover).

～·er *n.*

switch·bàck 〖《1887》〗 ── *n.* **1** Z 字型山岳道路[鉄道]. **2** 《英》 ＝roller coaster. **3** 〘鉄道〙転向線, スイッチバック. **4** 〘映画〙切返し, スイッチバック, カットバック.

switchback ráilway *n.* 《英》 ＝switchback 2.

swítch·bàr *n.* 〘鉄道〙転換レバー, 転換てこ.

swítch·blàde knífe *n.* 折り畳みナイフ, 飛び出しナイフ《switchblade ともいう》.

swítch·bòard *n.* (電気の)配電盤; (電信・電話の)交換台.

swítch bòx *n.* 配電箱, 開閉器箱.

swítch càne *n.* 〘植物〙米国南部産の湿地に生えるメダケ属のタケの一種 (*Arundinaria tecta*).

switched-ón [swítʃt-] *adj.* 《俗》現代的なものを取り入れた; すごく現代的で流行を追う: a ～ art.

swítch èngine *n.* 〘鉄道〙(操車場内の)車両転轍用機関車 (cf. road engine).

switch·er·oo [swìtʃərúː] 〖《変形》 ← SWITCH〗 *n.* (*pl.* **～s**) 《米俗》(態度・立場・性格など)一変すること, 急変.

swítch·gèar *n.* 〘電気〙開閉装置.

swítch·gràss 〖《変形》 ← *quitch grass*〗 *n.* 〘植物〙米国西部産イネ科キビ属の植物 (*Panicum virgatum*).

swítch-hìt 〖《逆成》 ↓〗 *vi.* 〘野球〙〈打者が〉スイッチで打つ《投手が左投げの時右打席で, 右投げの時左打席で打つ》. **swítch-hítting** *n.*

swítch-hítter *n.* 〘野球〙スイッチヒッター《右打ち左打ちのいずれでも打てる打者》.

swítch knìfe *n.* ＝switchblade knife.

swítch-lèver *n.* **1** 〘電気〙スイッチのてこ. **2** 〘鉄道〙 ＝switch-bar.

switch·man [-mən] *n.* (*pl.* **-men** [-mən, -mèn]) **1** (電信・電話の)交換器修理係. **2** 《米》〘鉄道〙 **a** 転轍(てつ)手 (《英》 pointsman). **b** (操車場の)車両の切換え助手.

swítch·òver *n.* 転換, 切換え: the ～ of war industries to peace ones 戦時産業の平和産業への切換え.

swítch plàte *n.* (配電箱の)スイッチ板.

swítch plùg *n.* (電気アイロンなどで, 本体とコードとを接続する)スイッチ付プラグ.

swítch pòint [**ràil**] *n.* 〘鉄道〙先端レール, 尖端軌条, 可動軌条《tongue rail ともいう》.

swítch sèlling *n.* 《英》おとり販売《安価な品を見せておいていざとなると高価なものを売りつける売り方》.

swítch-sìgnal *n.* 〘鉄道〙転轍(てつ)信号, 分岐信号機.

swítch stànd *n.* 〘鉄道〙転換器.

swítch tìe *n.* 〘鉄道〙分岐枕木.

swítch tòwer *n.* 《米》〘鉄道〙信号塔.

switch·yàrd *n.* **1** 《米》〘鉄道〙操車場, 列車仕立て場. **2** 〘電気〙開閉所《発, 変電所などの系統切換装置を屋外に設置した場所》.

swith [swíθ] 〖OE *swīðe* (adv.) strongly ← Gmc **swinþ-* (G (*ge*)*schmind* fast) ← IE **swento-* healthy, strong: cf. sound[2]〗 ── *adv.* (*also* **swithe** [～]) 《英方言》直ちに (immediately), 急いで (quickly). ── *vt.* 《スコット》急ぐ (hasten).

swith·er [swíðə | -ðə(r] 〖← ?〗《英方言・スコット》 *vi.* 疑う (doubt); ためらう (hesitate). ── *n.* 疑い (doubt); 躊躇(ちゅうちょ) (hesitation); 困惑 (quandary).

Swith·in [swíðɪn, -θɪn] 〖← OE *swīþ* strong: Bishop of Winchester の St. Swithun の誤綴: ⇨ swith〗 *n.* 男性名.

Swith·in [swíðɪn, -θɪn], Saint *n.* 聖スウィズン《?-862; 英国 Winchester の主教 (852-62); Wessex 王 Egbert の信任厚く, その子の師; cf. St. Swithin's Day》.

Swith·un [swíðən, -θən], Saint *n.* ＝Saint SWITHIN.

Switz. 《略》 Switzerland.

Swit·zer [swítsə | -tsə(r] 〖▭ MHG *Swīcer* (G *Schweizer*) ← *Swiz* Switzerland: ⇨ -er[1]〗 ── *n.* **1** 《古》スイス人 (Swiss). **2** (ローマ教皇庁の)スイス人護衛兵 (cf. Swiss Guard).

Swit·zer·land [swítsələnd | -ts(ə)-] 〖← MHG *Swīcer* (↑)＋LAND[1]〗 ── *n.* スイス《ヨーロッパ中部の連邦共和国; 人口 6,270,000, 面積 41,288 km², 首都 Bern; 公式名 the Swiss Confederation スイス連邦共和国; ラテン語名 Helvetia, フランス語名 la Suisse, ドイツ語名 die Schweiz》.

swiv·el [swívəl] 〖《1307-08》 *swyvel, swevill* ← OE *swīfan* to revolve (cf. swift): ⇨ -le[1]〗 ── *n.* **1 a** 回り継ぎ手, 自在軸受け, (俗に)さる環(かん). **b** (小銃の)叉(さ)銃環, 床尾環. **2 a** 旋回砲, 回転砲.

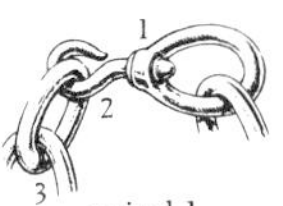

swivel 1

1 swivel; 2 hook turning freely in swivel; 3 chain

b (旋回砲の)旋回装置. **3** (回転いすの)台座. **4 a** 縫取り[刺繍]織機. **b** 縫取りシャトル. — *v.* (**swiv·eled, -elled; -el·ing, -el·ling**) — *vt.* **1** 旋回[回転]させる: ～ one's eyes. **2** 回り継ぎ手[さる環]をつける[で留める]. — *vi.* 旋回[回転]する ⟨*around*⟩. **～ed, swív·elled** *adj.*

swível brìdge *n.* 旋回橋, 旋開橋 (⇨ swing bridge).

swível chàir *n.* 回転いす.

swível-èye *n.* 《英口語》やぶにらみ, 斜視 (squint-eye).

swível-èyed *adj.* 《英口語》やぶにらみの, 斜視の (squint-eyed).

swível gùn *n.* 旋回砲[銃], 回転砲[銃].

swível-híp 〚《逆成》↓〛 *vi.* 尻を振って歩く.

swível-hípped *adj.* 尻を振って歩く, おおげさに尻を振る.

swível hòok *n.* 〚機械〛回りフック《回り継手(swivel joint) のついた鉤》.

swível jòint *n.* 〚機械〛回り継手[接ぎ手].

swível plòw *n.* 〚農業〛互用プラウ《うねを起こすのに用いる》.

swível shùttle *n.* =swivel 4 b.

swível tàble *n.* 〚機械〛自在テーブル《旋回し得る工作台》.

swível vìse *n.* 〚機械〛回り万力, 旋回万力 (cf. universal vise).

swível wèaving *n.* 縫取り[刺繍]織り.

swiv·et [swívɪt, -vət] 〚← ?〛 *n.* (*also* **swiv·vet** [～]) 極度の精神の動揺, 逆上, いら立ち. ★ 通例次の句に用いて: in a ～ 動揺して, 取り乱して.

swiz [swíz] 〚←?〛 *n.* (*also* **swizz** [～]) (*pl.* **swiz·zes**) 《英俗》 **1** 詐欺 (swindle). **2** 失望 (disappointment).

swiz·zle [swízḷ] 〚《1813》← ?〛 *n.* **1** スウィズル《ラムまたはジン・レモンまたはライムジュース・砕き氷・砂糖などをシェイクしたカクテル》. **2** 《英俗》=swiz.

swízzle stìck *n.* (カクテル用の)撹拌棒, かき回し棒.

swob [swɑ́(ː)b, swɔ́(ː)b | swɔ́b] *vt., n.* =swab.

swob·ber [swɑ́bə, swɔ́ːbə | swɔ́bə(r] *n.* =swabber.

swol·len [swóulən | swə́u-] 〚OE *-swollen*〛 — *v.* swell の過去分詞. — *adj.* **1 a** 膨れた, 膨張した (puffy); 腫(ʰ)れ上がった: a ～ hand 腫れた手. **b** 増大した (inflated); 増水した: ～ estimates 膨張した予算 / a ～ city 膨れ上がった都市 / a ～ river 増水した川. **2 a** 感情で一杯になった; (特に)思い上がった, 高慢な: one's ～ heart 感極まった胸(のうち) / ～ by success 成功に思い上がった[て]. **b** 誇張された, 大げさな.

swóllen héad *n.* 《口語》=swelled head.

swóllen-héaded *adj.* 思い上がった, 尊大な.

swoon [swúːn] 〚《?a1300》 *swowene(n), swoune(n)* 《逆成》← *swowening, swouning* (ger.) ← *iswowen, swoun* in a swoon < OE *ġeswōgen* (p.p.) ← *-swōgan* to choke〛 — *vi.* **1** 気が遠くなる, 卒倒する, 気絶する; 恍惚(ˢ)となる: ～ for joy [with pain] うれしくて気が遠くなる[痛くて気絶する]. **2** ⟨音などが⟩徐々に消えていく, 弱くなる, かすれる. — *n.* **1** 気が遠くなること, 卒倒, 気絶; 恍惚: in a ～ 気絶して, 気が遠くなって, 卒倒して / fall into a ～ 気絶[卒倒]する. **2** 麻痺状態. **3** 徐々に弱くなること. **～·er** *n.*

swóon·ing *adj.* **1** 気が遠くなる, 気絶[卒倒]しそうな. **2** 段々薄くなる, 徐々に衰える. **～·ly** *adv.*

swoop [swúːp] 〚《1544》← ME *swope(n)* to sweep < OE *swāpan*: cf. sweep〛 — *vi.* **1** ⟨鳥などが⟩空から舞い降りて〔獲物に〕飛びかかる〔*on, upon*〕: The eagle ～*ed* (*down*) *upon* a hare. 鷲が野兎めがけて舞い降りてきた. **2** 〔…を〕急襲する, 襲う ⟨*down*⟩〔*on, upon*〕: An airplane ～*ed down upon* the enemy. 飛行機が急降下して敵を襲撃した. **3** さっと動く[通り過ぎる]. — *vt.* 引っさらう, かっぱらう, 引ったくる (snatch) ⟨*up, away, off*⟩. — *n.* (猛鳥のするような)不意の襲撃, 急降下; 飛びかかってさらうこと; 引ったくり, 引っさらい: make a ～ at …を突撃する, …に飛びかかる / at [with] a (single) ～ 一つかみに, 一挙に / at one fell ～ (一たまりもない)恐ろしい襲来で, 一挙に (cf. Shak., *Macbeth* 4. 3. 219).

swoose [swúːz] 〚《混成》← sw(AN)[1]+(G)OOSE〛 *n.* (*pl.* **swoos·es, sweese** [swíːz]) 〚鳥類〛ハクチョウとガン[ガチョウ]の合の子.

swoosh [swúʃ] 〚《1867》《擬音語》: cf. swish〛 — *n.* **1** しゅっ[ぴゅん]という音. **2** しゅっと動く[走る]こと, 疾走. — *vi.* **1** しゅっと音を立てる. **2** しゅっと音を立てて走る. **3** ざあざあ流れ出る, ほとばしる. — *vt.* しゅっという音を立てて発射する[運ぶ].

swop [swɑ́p, swɔ́(ː)p | swɔ́p] *v.* (**swopped; swop·ping**) =swap.

sword [sɔ́əd, sóəd | sɔ́ːd] 〚OE *sw(e)ord, swyrd* < Gmc **swerðam* (G *Schwert*) ← ? IE **swer-* to cut, pierce: *-w-* の消失については so, SUCH, TWO を参照〛 — *n.* **1** 剣, 刀: a cavalry ～ 騎兵のサーベル / a court [dress] ～ 礼服に着用する剣.

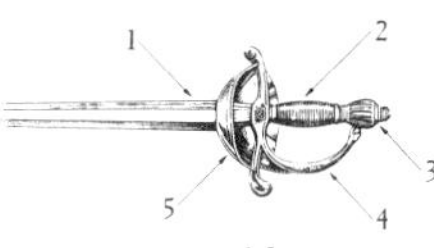

sword 1
1 blade; 2 hilt; 3 pommel; 4 bow; 5 guard

2 a 刀状のもの. **b** メカジキ (swordfish) の吻(ᶠ) (beak). **3** [通例 the ～] **a** 武力, 兵力, 兵馬の権: ～ and purse 武力と財力 / appeal to *the* ～ 武力に訴える / The pen is mightier than *the* ～. ⇨ pen[1] 2 b. **b** 懲罰[司法]権; 主権, 大権: *the* ～ of justice 司法権. **4** 死[破壊]の手段; 戦争: ⇨ FIRE *and sword.* **5** 《軍俗》銃剣 (bayonet).

at swords' points ⇨ point 成句. ***be at swords drawn with*** …と戦って[にらみ合って]いる. ***beat one's swords into plowshares*** 剣を打ちかえて鋤(ˢ)の刃にする; 武器を捨てて平和的な仕事に就く (*Isa.* 2: 4, *Mic.* 4: 3). ***cross swords*** (1) 〔…と〕剣を交える, 渡り合う, 戦う〔*with*〕. (2) 〔…と〕激しく議論を戦わす〔*with*〕. ***draw the sword*** 戦端を開く. ***draw the sword against*** ⟨権威者などに⟩反抗する, …を攻撃する (attack). ***measure swords*** (決闘の前に)剣の長さを調べる; 〔…と〕決闘する, 戦う〔*with*〕. ***perish by the sword*** ⇨ perish *vi.* 1. ***put to the sword*** 切り殺す, 虐殺する. ***put up*** [***sheathe***] ***the sword*** (1) 剣[刀]をさやに納める. (2) 講和する. ***throw one's sword into the scale*** 要求(など)を貫くために武力で決定を左右する. ***worry the sword*** 〚フェンシング〛しきりに剣を動かして相手を悩ます.

sword of Damocles, S- of D- [the ―] ⇨ Damocles.

sword of mercy [the ―] =curtana.

Sword of State [the ―] 御剣, 宝剣《大礼に英国国王の前に捧持する剣》.

sword of the Spirit, s- of the s- [the ―] 神の言葉 (cf. *Eph.* 6 : 17).

swórd àrm *n.* **1** (剣を振るう)右腕 (right arm) (cf. sword-hand). **2** 武力, 武力行為.

swórd báyonet *n.* (剣としても使える刀身と柄を備えた昔の)銃剣.

swórd bèan *n.* 〚植物〛ナタマメ (*Canavalia gladiata*) 《saber bean ともいう》.

swórd-bèarer 〚《1431》〛 *n.* 《英》剣持, 太刀持《儀式の際に御剣 (Sword of State) を捧持する役人》.

swórd bèlt *n.* 剣帯, 刀帯.

swórd·bìll *n.* 〚鳥類〛ヤリハシハチドリ (*Ensifera ensifera*) 《南米産のハチドリ; 嘴(ᵏ)が身長以上に長い》.

swórd càne *n.* 仕込み杖《swordstick ともいう》.

swórd·cràft *n.* **1** 刀剣の知識, 剣術(の腕前). **2** 《まれ》用兵術, 戦術; 戦力.

swórd-cùt *n.* **1** 刀傷, 剣傷. **2** 刀の傷跡.

swórd dànce *n.* 剣(ᵏ)の舞, 剣舞《剣を振って踊ったり, また地上に配置した剣の間を巧みに踏んで踊るものなど》.

swórd dàncer *n.* 剣(ᵏ)の舞[剣舞]を舞う人.

swórd fèrn *n.* 〚植物〛タマシダ《タマシダ属 (*Nephrolepis*) の植物の総称》; (特に)ヤンバルタマシダ (*N. exaltata*) 《観葉植物》.

swórd·fìsh 〚《c1400》〛 — *n.* **1** 〚魚類〛メカジキ (*Xiphias gladius*) 《メカジキ科の回遊魚; 上あごが極端に長く剣状の吻(ᶠ)は全長の 3 分の 1 に達する; 成魚は 2–3.5 m 位だが大きいものは 5 m もあり 500 kg を越える; broadbill ともいう; cf. marlin[1] 1》. **2** [the S-] 〚天文〛 **a** かじき(旗魚)座 (⇨ dorado 2). **b** 《廃》つるぎ座 (⇨ dorado 2).

swórd-flàg *n.* 〚植物〛キショウブ (yellow iris).

swórd gràss *n.* 〚植物〛 **1** 細いへりにとげのある葉をもつ各種の草の通称: **a** 《豪》=cutting grass. **b** シシキリガヤなど *Cladium* 属の植物の総称. **2** クサヨシ (reed canary grass).

swórd-guàrd *n.* 刀のつば.

swórd-hànd *n.* (剣を振るう)右手 (right hand).

swórd knòt *n.* (剣の柄につけた)つかふさ, 下げ緒.

swórd-làw *n.* 武断政治, 軍政; 戒厳令.

swórd·lìke *adj.* 刀剣状の, 刀剣に似た.

swórd lìly *n.* 〚植物〛グラジオラス (gladiolus).

swórd·man [-mən] 〚《a1387》〛 *n.* (*pl.* **-men** [-mən]) 《廃》=swordsman.

swórd·plày 〚OE *sweordplega* fight〛 *n.* **1** フェンシング, 剣術(の妙技), 剣さばき (fencing). **2** 議論上手, 巧妙な即答の才 (repartee).

swórd·plàyer 〚《15C》〛 *n.* 《古》剣客.

swórd-próof *adj.* 刀を通さない[の通らない].

swórds·man [-mən] 〚⇨ -s[2] 2〛 *n.* (*pl.* **-men**[-mən]) **1** 剣士, 剣客; 剣術家, 剣の名手 (fencer). **2** 《古》兵士, 軍人, 武人 (soldier).

swórdsman·shìp *n.* 剣士の腕前[であること]; 剣術, 剣道, 剣さばき (swordplay).

swórd·stìck *n.* =sword cane.

swórd·tàil *n.* **1** 〚動物〛カブトガニ (king crab). **2** 〚昆虫〛 **a** 樹上にすむ *Uroxiphus* 属のカメムシの総称. **b** 長い剣状の産卵管をもったキリギリス類の総称《オナガササキリ (*Conocephalus maculatus*) など》. **3** 〚魚類〛ソードテール, ツルギメダカ (*Xiphophorus helleri*) 《メキシコ地方産の卵胎生の淡水小魚; 雄の尾びれの下端が剣状に延びている; 色彩が美しいので観賞用に飼育される; 性の転換を行なう》.

swore 〚OE *swōr*〛 *v.* swear の過去形.

sworn [swɔ́ən | swɔ́ːn] 〚ME〛 — *v.* swear の過去分詞. — *adj.* 誓った; 誓って保証した: ⇨ sworn brothers [friends] / ～ enemies [foes] 不倶(ᶜ)戴天の敵 / ～ evidence 宣誓して提出した証拠.

swórn bróthers [**fríends**] *n. pl.* (もと騎士道の掟に従って)互いに禍福を分かち合うことを誓った戦友; 盟友, 刎頸(ᶠᵘⁿ)の友.

swot[1] [swɑ́t, swɔ́(ː)t | swɔ́t] *v.* (**swot·ted; swot·ting**), *n.* =swat[1].

swot[2] [swɑ́t, swɔ́(ː)t | swɔ́t] 〚《変形》← SWEAT〛 《英口語》 — *v.* (**swot·ted; swot·ting**) — *vi.* がり勉する; 〔…を〕がむしゃらに[こつこつ]勉強する〔*at, for*〕: ～ *at* German / ～ *for* an exam がむしゃらに試験勉強する. — *vt.* がり勉する, こつこつ勉強する (work hard).

swot up (学科などを)必死[がむしゃら]に勉強する; にわか勉強をする: ～ (a subject) *up.*

— *n.* **1** がり勉. **2** がり勉家, がんばり屋.

swot·ter [swɑ́ṭə, swɔ́(ː)ṭə | swɔ́tə(r] *n.* =swot[2] 2.

swound [swáund, swúːnd] 〚《変形》← SWOON: cf. bound[2], sound[1]〛 *vi., n.* 《古》=swoon.

swounds [zwáundz, záundz, zwúːndz] *int.* (*also* **'swounds** [～]) 《古》=zounds.

swouns [zwáunz, záunz, zwúːnz] *int.* =zounds.

S wrènch *n.* S 形スパナ.

swum 〚OE (*ġe*)*swummen*〛 *v.* swim の過去分詞, 《方言》過去形.

swung 〚OE *swungen* (p.p.)〛 *v.* swing の過去形・過去分詞.

swúng dàsh *n.* スワング ダッシュ, 波形記号 (～).

swy [swáɪ] 〚□ G *zwei* 'TWO'〛 *n.* 《豪》=two-up.

Sy [sáɪ] 〚(dim.) ← SEYMOUR // SILAS // SIMON〛 *n.* 男性名.

sy- [sɪ, sə | sɪ] *pref.* ('s+子音' および z の前に来る時の) syn- の異形: system, syzygy.

-sy [si | sɪ] 〚← ?: ARSY-VARSY または BETSY からの類推か〛 *suf.* 《口語・俗》軽蔑的・戯言的に用いられる名詞・形容詞・副詞語尾: topsy-turvy, tipsy, popsy.

S.Y. 《略》steam yacht.

Syb·a·ris [síbərɪs, -rəs | -rɪs] *n.* シバリス《イタリア南部にあった古代ギリシャの都市; その富と奢(ˢ)りで有名; 紀元前 510 年滅亡》.

Syb·a·rite [síbəràɪt] 〚《1598》□ L *Sybarita* □ Gk *Subarī́tēs* ← *Súbaris*: ⇨ -ite[1]〛 — *n.* **1** シバリス (Sybaris) 人. **2** [しばしば s-] 奢(ˢ)って遊び暮らす人, 奢侈(ˢʰ)逸楽に耽る者 (voluptuary).

Syb·a·rit·ic [sìbərítɪk | -rít-] *adj.* **1** シバリス (Sybaris) 人の. **2** [しばしば s-] 奢(ˢ)って遊び暮らす.

Sỳb·a·rít·i·cal [-tɪkəl, -ṭə- | -tɪ-] *adj.* =Sybaritic. **～·ly** *adv.*

sýb·a·rit·ism [-tɪzm] *n.* 遊び暮らす風, 奢侈(ˢʰ)逸楽主義.

syb·il, S- [síbɪl, -bəl] *n.* =sibyl.

Syb·il [síbɪl, -bəl] 〚《変形》← SIBYL〛 *n.* 女性名.

syb·il·line [síbəlàɪn, -lìːn, -lɪn, -lən | sɪbílaɪn, síbɪlàɪn] *adj.* =sibylline.

syc·a·mine [síkəmàɪn, -mɪn, -mən | -màɪn, -mɪn] 〚《1526》□ L *sȳcamin-us* □ Gk *sūkáminos* □ Phoenician *shiqmīn* (pl.)〛 — *n.* 〚聖書〛くわの木 (mulberry) (cf. *Luke* 17 : 6).

syc·a·more [síkəmɔ̀ə, -mòə | -mɔ̀ː(r] 〚《c1380》 *sicamour* □ OF *sicamor* (F *sycomore*) □ L *sȳcomorus* □ Gk *sūkómoros* (*sûkon* fig+*móron* mulberry) ← Heb. *šiqmāʰ* mulberry〛 — *n.* 〚植物〛 **1** エジプトイチジク (*Ficus sycomorus*) 《エジプト・シリアなど小アジア産の食用の果実をつけるイチジクの木; sycamore fig ともいう》. **2** 《英》サイカモアカエデ (*Acer pseudoplatanus*) 《sycamore maple ともいう》. **3** 《米》アメリカスズカケノキ (⇨ buttonwood).

syce [sáɪs] 〚《1653》□ Hindi *sā'is* □ Arab. *sā'is* ← *sus* horse〛 *n.* (インドで) 馬丁 (groom).

sy·cee [sáɪsiː; *Cant.* ʃaiʃi] 〚《1711》□ Chin. 《広東方言》 *shai shi* (絲細): 純銀は伸展性に富むことから〛 — *n.* (もと, 中国で用いられた)絞銀, 紋銀, 宝紋, 銀錠, 馬蹄(ᵗᵉⁱ)銀《秤(ᵖʸ)量貨幣; sycee silver ともいう; cf. shoe 4》.

syc·o·more [síkəmɔ̀ə, -mòə | -mɔ̀ː(r] *n.* 〚聖書〛=sycamore 1.

sy·con [sáɪkɑn | -kɔn] 〚← NL ～ ← Gk *sûkon* fig〛 — *n.* 〚動物〛シコン型《海綿動物の体内をめぐる水溝系の一型; アスコン型 (ascon) とリューコン型 (leucon) の中間の構造》. **sy·co·noid** [sáɪkənɔ̀ɪd] *adj.*

sy·co·ni·um [saɪkóuniəm | -káuniəm, -njəm] 〚← NL ～ ← Gk *sûkon* fig: ⇨ -ium〛 *n.* (*pl.* **-ni·a** [-niə | -nɪə, -njə]) 〚植物〛陰頭花序《イチジクなどの果実》.

syc·o·phan·cy [síkəfənsi, sáɪk-, -fæn- | -kəfənsɪ, -fæn-] 〚□ L *sȳcophantia* □ Gk *sūkophantíā*: ⇨ ↓, -ancy〛 — *n.* **1** へつらい, おべっか, お世辞 (servile flattery); おべっか根性. **2** 悪口, 中傷; (特に, 古代アテネで行なわれた)密告行為, 告げ口.

syc·o·phant [síkəfənt, sáɪk-, -fænt | sìkəfænt, -fənt] 〚《a1548》□ L *sȳcophant-a* □ Gk *sūkophántēs* informer, false accuser ← *sûkon* fig+*phainein* to show: 原義は「親指を中指と人さし指の間に挿んでみせる軽蔑の仕草 (⇨ fig[1] 4) をする人」か〛 — *n.* **1** へつらい者, おべっか使い, ごますり (toady). **2** 中傷する人; (特に, 古代アテネの)告げ口をする人, 密告者. **3** 《廃》うそつき (liar). — *adj.* =sycophantic.

syc·o·phan·tic [sìkəfǽnṭɪk, sàɪk- | sìkə(ʊ)fǽntɪk] 〚□ Gk *sūkophantik-ós*: ⇨ ↑, -ic[1]〛 *adj.* **1** へつらう, おべっかを使う, ぺこぺこする. **2** 中傷する; 密告する.

sỳc·o·phán·ti·cal [-tɪkəl, -ṭə- | -tɪ-] *adj.* =sycophantic. **～·ly** *adv.*

syc·o·phant·ish [sìkəfǽntɪʃ, sàɪk- | sìkəfǽnt-] *adj.* =sycophantic.

sýco·phant·ism [-tɪzm] *n.* =sycophancy.

sy·co·sis [saɪkóusɪs, -səs | -káusɪs] 〚← NL ～ ← Gk *súkōsis* ← *sûkon* fig: ⇨ -osis〛 *n.* (*pl.* **-co·ses** [-siːz]) 〚病理〛毛瘡(ˢᵒ).

Syd. 《略》Sydney.

Syd·ney[1] [sídni | -nɪ] 〚← *Viscount Sydney I* (1733–1800: この海港発見当時の英国植民地担当大臣)〛 — *n.* **1** オーストラリア南東部の海港, New South Wales 州の首都; 人口 3,200,000. **2** カナダ南東部, Cape Breton 島の海港; 人口 34,000.

Syd·ney[2] [sídni | -nɪ] 〚《変形》← SIDNEY〛 *n.* **1** 男性名. **2** 女性名.

Syd·ney [sídni | -nɪ], Sir **Philip** *n.* =Sir Philip SIDNEY.

sy·e·nite [sáɪənàɪt | sáɪɪ-, sáɪə-] 〖□ L *Syēnītēs (lapis)* (stone) of Syene (現名 Aswan) : ⇨ -ite[1]〗 *n.* 〖岩石〗閃(せん)長岩.

sy·e·nit·ic [sàɪənítɪk | sàɪɪnít-, sàɪə-] 〖⇨ ↑, -ic[1]〗 *adj.* 〖岩石〗閃(せん)長岩の.

syke [sáɪk] *n.* **1** 《スコット・北英》 =sike. **2** 〖紋章〗 ⌈=fountain 7.

Syk·tyv·kar [sìftɪfkáə, -tɪv- | -káː(r ; *Russ.* siktɨfkár] *n.* スクトゥイフカル《ソ連邦ロシヤ共和国北西部, Komi 自治共和国の首都 ; 人口 161,000》.

syl. 《略》 syllable ; syllabus.

syl- [sɪl, səl | sɪl] *pref.* (l の前に来る時の) syn- の異⌈形 : *syl*lepsis.

syl·i [síli | -lɪ] *n.* (*pl.* ~, ~**s**) =sily.

syll. 《略》 syllable ; syllabus.

syl·la·bar·y [síləbèri | -bəri] 〖《1586》 ← NL *syllabārium* ← L *syllaba* 'SYLLABLE' : ⇨ -ary〗 ― *n.* (alphabet に対して)字音表 ; 音節文字表 : the Japanese ~ 日本語の五十音図, かな表, いろは.

syllabi *n.* syllabus の複数形.

syl·lab·ic [sɪlǽbɪk, sə- | sɪ-] 〖《1728》 □ ML *syllabicus* □ Gk *sullabikós* : ⇨ syllable, -ic[1]〗 ― *adj.* **1** 音節の, つづりの. **2** 音節を表わす : a ~ character [symbol] 音節文字[符号]《漢字・かななど》. **3** 各音節を発音する, 鮮明に発音した, 発音が鮮明な : one's ~ style of speaking はっきりした言い方. **4** 〖詩学〗(詩行の構成が音の強弱や長短によらずに)音節の数に基づく : ~ verse. **5** 〖音楽〗シラビックな《歌詞の一音節に旋律の一音が当てられている ; 特に, グレゴリオ聖歌などに用いる》. **6** 〖音声〗 **a** 音節主音的な, 成節的な《音節のなかで最も強く聞こえる ; ↔ nonsyllabic》: The sound 'l' is ~ in battle [bǽtl̩ | bǽtl̩]. / ~ sounds 音節主音《一音節中で最も強く響く音 ; 例えば sudden [sʌ́dn̩] では [ʌ] と [n̩]》/ ~ consonants 音節主音的[成節的]子音《例えば saddle [sǽdl̩], prism [prízm̩], button [bʌ́tn̩] における [l̩], [m̩], [n̩] ; 特に, それを示すにはその子音符号の下に(̩)を付ける》. **b** (二重母音の構成要素中で)強勢をもつ. ― *n.* **1** 音節を表わす文字. **2** 〖音声〗音節主音 (syllabic sound).

syl·láb·i·cal·ly *adv.* **syl·la·bic·i·ty** [sìləbísəṭi | -səti, -sɪ-] *n.* ⌈*vt.* =syllabify.

syl·lab·i·cate [sɪlǽbəkèɪt, sə- | sɪlǽbɪ-] 〖《逆成》 ↓〗

syl·lab·i·ca·tion [sɪlæ̀bəkéɪʃən, sə- | sɪlæ̀bɪ-] 〖《1631》 □ ML *syllabicātiō(n-)* ← *syllabicāre* to form into syllables ← LL *syllabicus* 'SYLLABIC' : ⇨ -ation〗 ― *n.* (綴りを)音節に分けること, 分節, 分綴(ぶんてつ)法.

syl·lab·i·fi·ca·tion [sɪlæ̀bəfɪkéɪʃən, sə-, -fə- | sɪlæ̀bɪfɪ-] 〖□ ML *syllabificātiō(n-)* ← *syllabificāre* to syllabify : ⇨ syllable, -fication〗 *n.* =syllabication.

syl·lab·i·fy [sɪlǽbəfàɪ, sə- | sɪlǽbɪ-] 〖《逆成》 ↑〗 *vt.* 〈綴りを〉音節に分ける, 分節する, 分綴(ぶんてつ)する.

syl·la·bism [síləbìzm̩] 〖《1883》 ← L *syllaba* 'SYLLABLE' + -ISM〗 ― *n.* **1** 音節文字書記法《アルファベット式文字の代わりに漢字やかなのような音節文字[記号]を用いて言葉を写す書記法》. **2** =syllabication.

syl·la·bize [síləbàɪz] 〖□ ML *syllabizāre* □ Gk *sullabízein* : ⇨ ↓, -ize〗 ― *vt.* **1** =syllabify. **2** 〖詩学〗(詩行の韻律構造を明示するために)〈詩を〉音節を区切って読む.

syl·la·ble [síləbl̩] 〖《c1380》 *sillable* □ AF 《変形》 ← OF *sillabe* (F *syllabe*) □ L *syllaba* □ Gk *sullabḗ* ← *sullambánein* to put together, spell together ← *sul-* 'SYN-' + *lambánein* to take〗 ― *n.* **1** 〖音声〗音節, シラブル : a word of two ~*s* 二音節語 / in words of one ~ 簡単(明瞭)に, 率直に. **2** 音節を表わす文字, 綴り. **3** [通例否定構文で] 一言, 片言 : *Not* a ~! 一言も口をきくな / He *never* uttered [breathed] a ~ of all this. このことはただの一言も口に出さなかった / I don't understand a ~ of what you say. 君の言うことはちっともわからない. **4** (単音節語の意味を強調して)語 (word). **5** 〖音楽〗 **a** =syllable name. **b** [集合的] 視唱綴字 (sol-fa syllables) : sing by ~ (歌詞でなく)ドレミファで歌う. ― *vt.* **1** 音節で[ごとに]発音する ; はっきり発音する. **2** 音節に切って示す. **3** 《詩》言う.

sýl·la·bled [⇨ -ed 2] *adj.* [複合語の第 2 構成素として] 音節の : a four-*syllabled* word 四音節語.

sýllable nàme *n.* 〖音楽〗階名, 固定綴(てつ)字《ドレミファ唱法 (solmization) のド, レ, ミ, ファ…など ; 例えば, ドはハ・嬰(えい)ハ・変ハ音, レはニ・嬰ニ・変ニ音に対し一定しており, また調が変っても綴字は一定しているので fixed syllable ともいう》.

syl·la·bog·ra·phy [sìləbágrəfi | -bɔ́grəfi] 〖SYLLABISM + -O- + -GRAPHY〗 *n.* =syllabism.

syl·la·bub [síləbʌ̀b] 〖《古形》 *solybubbe* ← ?〗 ― *n.* **1** シラバブ《牛乳またはクリームにぶどう酒・りんご酒等を混ぜ砂糖と香料を加えて泡立てた飲料, またはこれを冷やし固めたデザート》. **2** シラバブ用グラス.

syl·la·bus [síləbəs] 〖《1656》 ← NL ~ 《変形》 ← *syllabos* label for a book 《誤記》 ← L *sittybās* (acc. pl.) ← *sittyba* □ Gk *sittúba* book title, table of contents〗 ― *n.* (*pl.* **-la·bi** [-bàɪ], ~·**es**) **1** (講義・論文・試験要綱などの)摘要, 要目, 大要 ; 教授細目. **2** 〖法律〗 **a** (判例集に付けた判決理由の概要を示す)頭注 (headnote). **b** (学生用の)判例要覧. **3** [しばしば S-] 〖カトリック〗(ローマ教皇 Pius 九世が近代主義として処断した 80 要目を含む)謬(びゅう)論表.

Syllabus of Errors 〖カトリック〗 =syllabus 3.

syl·lep·sis [sɪlépsɪs, sə-, -səs | sɪlépsɪs] 〖《1577》 □ L *syllēpsis* □ Gk *súllēpsis* a taking together ← *sullambánein* : ⇨ syllable〗 ― *n.* (*pl.* **-lep·ses** [-siːz]) **1** 〖修辞〗兼用法, 一筆双叙(法)《一つの語を同時に主に字義的意義と比喩的意義との両義に用いること ; 例 : His temper was as *short* as his coattails. / He *lost* his hat and his temper.》. **2** 〖文法〗 =zeugma. **syl·lép·tic** [sɪléptɪk, sə- | sɪ-] *adj.* **syl·lép·ti·cal·ly** *adv.*

syl·lid [sílɪd, -ləd | -lɪd] 〖↓〗 *adj., n.* 〖動物〗シリス科の(動物).

Syl·li·dae [síləḍìː | -lɪ-] 〖← NL ~ ← *Syllis* (属名) + -IDAE〗 *n. pl.* 〖動物〗(環形動物門多毛綱遊在目)シリス科.

syl·lo·gism [sílədʒìzm̩ | -lə(ʊ)-] 〖《a1387》 *silogi(s)me* □ OF *sil(l)ogisme* (F *syllogisme*) □ L *syllogismus* □ Gk *sullogismós* ← *sullogizesthai* ← *sul-* 'SYN-' + *logizesthai* to reckon, calculate (← *lógos* word, account)〗 ― *n.* **1** 〖論理〗 **a** 三段論法《major premise (大前提), minor premise (小前提), および conclusion (結論) から成る推論式》: a false ~ 不当な[偽の, えせ]三段論法, 詭(き)弁 / a categorical [hypothetical, disjunctive] ~ 定言的[仮言的, 選言的]三段論法. **b** 演繹(えんえき)(法) (deductive method) (cf. induction 3). **2** ずるい[こじつけの, 人をだます]議論, 詭弁 (crafty argument).

sýl·lo·gist [-dʒɪst, -dʒəst | -dʒɪst] *n.* **1** 三段論[演繹(えんえき)]法を用いる人《三段論法による推理の応用者またはその熟達者》. **2** 詭弁を弄する人.

syl·lo·gis·tic [sìlədʒístɪk | -lə(ʊ)-] 〖□ L *syllogisticus* : ⇨ ↑, -ic[1]〗 ― *n.* [しばしば *pl.*] **1** 三段論法を扱う論理学. **2** 三段論法の推理 (syllogistic reasoning). ― *adj.* 三段論法の(ような), 三段論法的な.

sỳl·lo·gís·ti·cal [-tɪkəl, -tə- | -tɪ-] *adj.* **1** =syllogistic. **2** 三段論法を扱う[で推論される]. ~·**ly** *adv.*

syl·lo·gize [sílədʒàɪz | -lə(ʊ)-] 〖《c1420》 *sylogyse(n)* □ LL *syllogizāre* □ Gk *sullogízesthai* : ⇨ syllogism, -ize〗 ― *vi.* 三段論法を使う. ― *vt.* 三段論法で論じる[推論する]. **syl·lo·gi·za·tion** [sìlədʒɪzéɪʃən, -dʒə- | -lə(ʊ)dʒɪ-] *n.* **sýl·lo·gìz·er** *n.*

sylph [sílf] 〖《1657》 ← NL (pl.) *sylph-es* 《混成》 ? ← L *sylvestris* of the woods + *nympha* 'NYMPH'〗 ― *n.* **1** (もと Paracelsus が空中に住むと考えた)空気の精 (cf. nymph, undine). **2** ほっそりした優美な女[少女]. **3** 〖鳥類〗南米に生息する数種のハチドリ (hummingbird) の総称《アオフタオハチドリ (*Aglaiocercus kingi*) など》.

sylph·ic [sílfɪk] *adj.* 空気の精の(ような).

sylph·id [sílfɪd, -fəd | -fɪd] 〖□ F *sylphide* : ⇨ sylph, -id[2]〗 *n.* 小さな[若い]空気の精. ― *adj.* =sylphic.

sýlph·ish [-fɪʃ] *adj.* =sylphlike.

sýlph·like *adj.* 空気の精 (sylph) のような.

Syl·phon [sílfɑn | -fɔn] *n.* 〖商標〗シルフォン《金属製ふいごおよびそれを用いた種々の装置の商品名 ; 温度[圧力]調整器・伸縮継手など》.

syl·va [sílvə] 〖□ L ~ =*silva* : ⇨ silva〗 *n.* (*pl.* ~**s**, **syl·vae** [-viː]) **1** =silva. **2** 《古》詩集, 文集. ★ 主に書名に用いる.

Syl·va [sílvə ; *Rum.* sílva], **Carmen** *n.* シルバ《ルーマニア女王 Elizabeth の筆名》.

sylvae *n.* sylva の複数形.

syl·van [sílvən] 〖《1565》 □ ML *sylvān-us, silvān-us* ← L *sylva, silva* forest : ⇨ silva, -an[1]〗 ― *adj.* **1** 森の, 森林に関する. **2** 森に住む. **3** 森林のある, 樹木[森]の多い, 木の茂った. **4** 森のような, 木の形をした. ― *n.* **1** 森の精. **2** 森に住む[よく出かける]人[動物, 鳥].

Syl·van·a [sɪlvǽnə] 〖《異形》 ← SYLVIA〗 *n.* 女性名.

syl·van·ite [sílvənàɪt] 〖□ F ~ ← *(Tran)sylvan(ia)* (ルーマニアの発見地) : ⇨ -ite[1]〗 *n.* 〖鉱物〗シルバナイト, 針状テルル鉱 ((Au, Ag) Te_2).

Syl·va·nus [sɪlvéɪnəs] *n.* =Silvanus.

syl·vat·ic [sɪlvǽṭɪk | -vǽt-] 〖□ L *sylvātic-us, silvātic-us* : ⇨ sylva, -atic〗 *adj.* **1** =sylvan. **2** 野生の動物に起こる[がかかる] : ⇨ sylvatic plague.

sylvátic plágue *n.* 〖獣医〗森林ペスト《北米西部及び南米西部に見られる森林動物の疾病》.

Syl·ves·ter [sɪlvéstə | -tə(r] 〖《変形》 ← SILVESTER〗 ⌈*n.* 男性名.

Syl·ves·ter's dialýtic méthod [sɪlvéstəz- | -təz-] 〖← *J. J. Sylvester* (1814–97 : 英国の数学者)〗 *n.* 〖数学〗シルベスターの消去法 (⇨ dialytic method).

Syl·vi·a [sílviə | -vɪə, -vjə] 〖← L *silva* wood : ⇨ silva, -ia[1]〗 *n.* 女性名《愛称形 Silvie ; 異形 Silvia, Sylvana》.

syl·vi·an físsure, S- f- [sílviən- | -vɪən-, -vjən-] 〖← *Sylvius* (ラテン語名) ← *François de la Boe* (1614–72 : フランスの医者・解剖学者) : ⇨ -an[1]〗 ― *n.* 〖解剖〗シルビウス裂溝 (⇨ lateral fissure).

sýl·vic ácid [sílvɪk-] 〖*sylvic* : □ F *sylvique* : ⇨ sylva, -ic[1]〗 *n.* 〖化学〗シルビン酸 (⇨ abietic acid).

syl·vics [sílvɪks] *n.* =silvics.

syl·vi·cul·ture [sílvəkʌ̀ltʃə | -vɪkʌ̀ltʃə(r] *n.* =silvi⌈culture.

syl·vi·id [sílviɪd, -əd | -ɪd] 〖↓〗 *adj., n.* 〖鳥類〗ウグイス科の(鳥).

Syl·vi·i·dae [sɪlváɪədìː | -váɪɪ-] 〖← NL ~ ← *Sylvia* (属名 : ⇨ Sylvia) + -IDAE〗 *n. pl.* 〖鳥類〗(スズメ目)ウグイス科.

syl·vin [sílvɪn, -vən | -vɪn] 〖□ F *sylvine* : ⇨ ↓, -ine[3]〗 *n.* (*also* **syl·vine** [sílvɪn, -vən, -vaɪn | -vaɪn, -vɪn]) 〖鉱物〗 =sylvite.

syl·vite [sílvaɪt] 〖← NL (*sal digestivus*) *Sylvii* (digestive salt) of Sylvius : ⇨ -ite[1]〗 *n.* 〖鉱物〗カリ岩塩 (KCl).

sym. 《略》 symbol ; symmetrical ; symphony ; symp⌈tom.

sym-[1] [sɪm, səm | sɪm] *pref.* (b, p, m の前に来る時の) syn- の異形 : *sym*phony, *sym*metry.

sym-[2] [sím] [通例イタリック体で] 〖化学〗「対称の (symmetrical)」の意の連結形.

sým-állylene *n.* 〖化学〗シムアリレン (⇨ allene).

sy·mar [sɪmáə, sə- | sɪmáː(r] *n.* =simar.

sym·bi·on [símbaɪɑ̀n, -bi- | -bɪɔn] 〖← NL ~ ← Gk *sumbiōn* (pres.p.) ← *sumbioûn* : ⇨ symbiosis〗 *n.* 〖生物〗 =symbiont.

sym·bi·ont [símbaɪɑ̀nt, -bi- | -bɪɔnt] 〖□ Gk *sumbiount-, sumbiōn* (↓)〗 *n.* 〖生物〗共生体《共生生活をする生物》. **sym·bi·on·tic** [sìmbaɪɑ́ntɪk | -ɔ́nt-] *adj.*

sym·bi·o·sis [sìmbaɪóʊsɪs, -bi-, -səs | sìmbɪə́ʊsɪs] 〖《1622》 ← NL ~ ← Gk *sumbíōsis* a living together ← *sumbioûn* to live together ← *sum-* 'SYN-' + *bíos* life : ⇨ -osis〗 ― *n.* (*pl.* **-o·ses** [-siːz]) **1** 〖生物〗 **a** 共生《2 種類の生物が, 相互間で利害を共にしながら一緒に生活している様式 ; 寄生 (parasitism), 片利共生 (commensalism) など》. **b** 相利共生《2 種類の生物が, 双方が共に利益を得ながら一緒に生活している様式 ; mutualism ともいう》. **2** 〖社会学〗共生《人と人, 集団と集団との関係によるもちつもたれつの共同生活》.

sym·bi·ote [símbaɪòʊt, -bi- | -bɪəʊt] 〖□ F ~ □ Gk *sumbiōtḗs* companion ← *sumbioûn* (↑)〗 *n.* (*also* **sym·bi·ot** [-ɑ̀t | -ɔ̀t]) 〖生物〗 =symbiont.

sým·bi·ót·ic [sìmbaɪɑ́ṭɪk, -bi- | bɪɔ́t-] *adj.* 〖生物〗共生の (cf. parasitic 3, free-living 2) : a ~ relation.

sỳm·bi·ót·i·cal [-ṭɪkəl, -ṭə- | -tɪ-] *adj.* 〖生物〗 =symbiotic. ~·**ly** *adv.*

sym·bol [símbəl] 〖《c1450》 □ L *symbol-um* sign, token □ Gk *súmbolon* ← *sumbállein* to throw together, compare ← *sum-* 'SYN-' + *bállein* to throw〗 ― *n.* **1** 象徴, 表象, シンボル (emblem) : White is the ~ of purity. 白は純潔の象徴 / the ~ of the State 国家の象徴. **2** 符号, 記号, しるし (mark) : a chemical ~ 化学記号 / a phonetic ~ 音声記号, 音標文字. **3** 〖神学〗信経 (creed). **4** 〖精神分析〗(夢などに現われる)抑圧されたコンプレックスの象徴. ― *v.* (**sym·boled, -bolled ; -bol·ing, -bol·ling**) ― *vt.* =symbolize. ― *vi.* 象徴[記号]を用いる.

sym·bol·ic [sɪmbɑ́lɪk | -bɔ́l-] 〖《1656》 □ LL *symbolicus* □ Gk *sumbolikós* : ⇨ ↑, -ic[1]〗 ― *adj.* **1 a** 象徴の, 象徴する[された] ; 象徴的な : ~ meaning 象徴された意味. **b** 〔…の〕象徴となる, 〔…を〕表象[象徴]する, 表わす 〔*of*〕: mysterious figures ~ *of* death 死を象徴する神秘的な形象 / The lion is ~ *of* courage. ライオンは勇気を象徴する. **2** 象徴主義的な : a ~ poem. **3** 記号[符号]を用いる, 記号的な : ⇨ symbolic language. **4** 〖言語〗音表象の : ⇨ symbolic words.

sym·ból·i·cal [-lɪkəl, -lə- | -lɪ-] *adj.* 象徴的な ; 記号を用いる. ~·**ly** *adv.*

symbólic [symbólical] bóoks, S- B- *n. pl.* 〖キリスト教〗(宗派・教派の)信条集.

symbólic códe *n.* 〖電算機〗擬似コード (⇨ pseudo⌈code).

symbólic interáction *n.* 〖社会学〗象徴的相互作用《象徴を媒介にした意味の交換過程》.

symbólic lánguage *n.* (数学・論理学・情報処理などに用いられる)記号言語.

symbólic lógic *n.* 記号論理学《特に, 19 世紀末から急速に発展した, 数学的な記号表記や演算・証明法を駆使する論理学 ; mathematical logic ともいう》.

sym·bol·ics [sɪmbɑ́lɪks | -bɔ́l-] 〖⇨ symbol, -ics〗 *n.* **1** 〖キリスト教〗信条学 ; 宗教的象徴論. **2** 〖文化人類学〗儀式研究 ; 象徴研究.

symbólic wórds *n. pl.* 〖言語〗音表象語《頭韻的または脚韻的効果を有し意味上共通要素をもつ語群 ; 例えば glare, glass, glance, glitter, glimmer など(いずれも「ちらり」「きらきら」などの意味を含む)や bounce, flounce, pounce, trounce など(いずれも急速な運動の感じを与える)の語群 ; cf. phonestheme, symbolism 3》.

sým·bol·ism [-lìzm̩] 〖《1654》〗 ― *n.* **1** 象徴的に表わすこと ; 象徴的意義, 象徴性. **2** 符号[記号]で表わすこと, 符号使用 ; 記号[符号]体系. **3** 〖言語〗表象, 象徴 : sound ~ 音表象 (cf. symbolic words). **4** [しばしば S-] 〖文芸・芸術〗象徴主義《19 世紀後半に自然主義やリアリズムの外面的写実的手法に対する反動としてフランスやベルギーに起こった詩と美術の一派 ; 印象・直観・感覚を手がかりに形而上的または神秘的内容を描写するよりは暗示して喚起しようとする》. **5** 〖キリスト教〗 =symbolics 1.

sým·bol·ist [-lɪst, -ləst | -lɪst] 〖← SYMBOL + -IST〗 ― *n.* **1** 符号使用者 ; 符号[記号]学者. **2** 〖□ F *symboliste*〗 **a** [通例 S-] 〖文芸・芸術〗(19 世紀後半の)象徴派詩人, 象徴派画家. **b** 象徴主義者. **3** [しばしば S-] 〖神学〗 **a** (聖餐の実体変化説 (transubstantiation) を否定しその象徴性を主張する)象徴論者. **b** (宗教儀式での)象徴使用[推進]者. **4** 記号論理学者.

sym·bol·is·tic [sìmbəlístɪk] *adj.* 象徴主義的な. **sỳm·bol·ís·ti·cal·ly** *adv.*

sym·bol·i·za·tion [sìmbəlɪzéɪʃən, -lə- | -laɪ-, -lɪ-] *n.* **1** 象徴化. **2 a** 記号で表わすこと, 記号化. **b** 人間の記号化の能力.

sym·bol·ize [símbəlàɪz] 〖《1590》 □ (M)F *symboliser* □ ML *symbolizāre* : ⇨ symbol, -ize〗 ― *vt.* **1** 象徴する, 表わす : A dove ~*s* peace. ハトは平和を象徴する. **2** 符号[記号]で表わす, 象徴化する : How shall we ~ this idea? この思想をどういう象徴で表わせばよいか. **3** 象徴的に見る[扱う], 象徴としてみる[解釈する]. ― *vi.* **1** 象徴[符号, 記号]を用いる. **2**

《古》合致する, 調和する (concur, harmonize). **sým·bol·ìz·er** *n.*

sym·bo·lo- [símbəlo(ʊ) | -lə(ʊ)] 〖← Gk *súmbolon*: ⇨ symbol〗「象徴; 記号 (sign)」の意の連結形.

sym·bol·o·gy [sɪmbɑ́lədʒi | -bɔ́lədʒɪ] 〖⇨ ↑, -logy〗 — *n.* **1** 象徴学, 表象学, 象徴解釈学; 記号論. **2** 象徴[記号, 符号]使用, 象徴[記号, 符号]表示法. **sym·bo·log·i·cal** [sìmbəlɑ́dʒɪkəl, -dʒə- | -lɔ́dʒɪ-] *adj.* **sỳm·bo·lóg·i·cal·ly** *adv.*

sym·met·al·lism [sìmmétəlìzm, -tḷ- | -təl-, -tḷ-] 〖← SYN-+(BI)METALLISM〗 — *n.* 〖経済〗合成本位制, 複本位制《二つまたはそれ以上の金属(例えば金・銀)の合金を通貨単位とする制度; cf. monometallism, bimetallism》.

sym·met·ric [sɪmétrɪk, sə- | sɪ-] *adj.* =symmetrical.

sym·met·ri·cal [sɪmétrɪkəl, -rə-, sə- | sɪmétrɪ-] 〖《1751》← SYMMETRY+-ICAL〗 — *adj.* **1** (左右)相称的な, 対称的な, 釣合いのとれた (balanced); 調和した, 均整の取れた. **2** 〖論理・数学〗対称(的)の. **3** 〖植物〗相称の (actinomorphic); 〈花が〉輪生体の. **4** 〖物理・化学〗対称の. **5** 〖医学〗〈病気が〉対称性の, 対称的に発症する. **~·ly** *adv.* **~·ness** *n.*

symmétric fúnction *n.* 〖数学〗対称式《変数をどのように入れ替えても値の変わらない多項式 (polynomial); cf. alternating function》.

symmétric gróup *n.* 〖数学〗対称群《有限個のものの置換全体の作る群; cf. alternating group》.

symmétric mátrix *n.* 〖数学〗対称行列《転置しても不変であるような行列; cf. alternating matrix》.

sym·me·trize [símətràɪz | -mɪ-] *vt.* (左右)相称的にする, 対称的にする, …の釣合いをよくする, 均整をとらせる, 調和させる. **sym·me·tri·za·tion** [sìmətrɪzéɪʃən, -trə- | -mɪtraɪ-, -trɪ-] *n.*

sym·met·ro·pho·bi·a [sìmətrəfóubiə | -mɪtrə(ʊ)-fə́ubɪə, -bjə] 〖← NL ~: ⇨ ↓, -phobia〗 — *n.* 〖建築〗対称忌避, 均整ぎらい《古代のエジプト建築や日本風の構図などに見られる真四角な建物を忌むような》.

sym·me·try [símətri | -mɪtrɪ, -mə-] 〖《1541》⊏ L *symmetria* ⊏ Gk *summetríā* ← *súmmetros* proportionable, symmetrical ← *sun-* 'like, same, SYN-'+ *métron* measure: ⇨ meter²〗 — *n.* **1** (左右)相称, 対称, 左右の釣合い (balance). **2** (部分と全体または部分と部分の)釣合いのよいこと, 均整, 調和 (harmony). **3** 〖生物〗相称, 対相, 対称 (cf. bisymmetry): ⇨ bilateral symmetry, radial symmetry. **4** 〖数学〗対称変換, 鏡像. **5** 〖物理・化学〗対称(性)《物理系の力学がある変換(空間回転・荷電反転・アイソスピン空間での回転など)に対し不変なこと》.

sýmmetry clàss *n.* 〖結晶〗結晶群 (⇨ point group).

sýmmetry èlement *n.* 〖結晶〗対称要素.

sýmmetry plàne *n.* 〖結晶〗対称面 (⇨ reflection plane)《映進面 (glide plane) を含めることもある》.

Sy·monds [sáɪməndz, símәndz], **John Ad·ding·ton** [ǽdɪŋtən] *n.* (1840–93) 英国の批評家・詩人; *History of the Renaissance in Italy* (1875–86).

Sy·mons [sáɪmənz, sím-], **Arthur** *n.* (1865–1945) 英国の詩人・評論家; *Silhouettes* (1892), *The Symbolist Movement in Literature* (1899).

sym·pal·mo·graph [sɪmpǽlməgræ̀f | -grɑ̀ːf, -græf] 〖← SYN-+Gk *palmós* vibration+-GRAPH〗 *n.* 〖物理〗(調和振動を合成する)音響曲線表示器.

sym·pa·thec·to·mize [sìmpəθéktəmàɪz] 〖⇨ ↓, -ize〗 *vt.* 〖外科〗…の交感神経を切除する.

sym·pa·thec·to·my [sìmpəθéktəmi | -mɪ] 〖← SYMPATH(ETIC) (n.)+-ECTOMY〗 *n.* 〖外科〗交感神経切除(術).

sym·pa·thet·ic [sìmpəθétɪk | -tɪk] 〖《1644》← NL *sympathēticus* ← Gk *sumpathētikós* ← *sumpátheia* 'SYMPATHY': ⇨ -ic¹〗 — *adj.* **1** 同情の; 同情のある, 同情的な, 思いやりのある (compassionate): a ~ person [look, nature, understanding] 同情ある人[顔つき, 性質, 理解] / ~ words 同情的な言葉 / in a ~ voice 思いやりのある声で / ⇨ sympathetic strike. **2** (趣味・気持・気性など)一致した, 気に合った, 気に入った (congenial): live in ~ surroundings 自分の気に合った環境に住む. **3** 〔…に〕同感する, 賛成する, 好意的な (approving) 〔*to, toward*〕: He is ~ *to* the project. 彼はこの計画には好意をもっている. **4** 〖解剖・生理〗交感的な, 交感する, 共感の, 感応する, 感応的な; 交感神経(性)の: ⇨ sympathetic nerve / a ~ pain 同情苦痛《他人の苦痛を見て起こす苦痛》; 交感苦痛《身体のある部分の苦痛が交感作用で他部にも引き起こす苦痛》. **5** 〖物理〗〈振動音など〉共振[共鳴]する: ⇨ sympathetic vibration / ~ resonance [sounds] 共鳴. — *n.* **1** 〖解剖〗交感神経 (sympathetic nerve). **2** (催眠術などに)かかりやすい人.

sỳm·pa·thét·i·cal·ly *adv.* **1** 同情して[的に], 共鳴して; 好意的に: speak [write] ~. **2** 交感[感応]的に; 共感的に. **3** 共鳴[共振]して.

sympathétic cóntact *n.* 〖社会学〗同情的接触《集団的属性よりも個人的資質に基づく人間同士の交流; cf. categoric contact》.

sympathétic ínk *n.* =secret ink.

sympathétic introspéction *n.* 〖心理〗同情的内省《自己を行為者の位置において考察する人間行為の研究》.

sympathétic mágic *n.* 交感魔術《2人の間の交感的な関係により離れていても相互に影響を与えうるという信念に基づいて行なう魔術; 例えば蠟人形に針を刺して人を呪うなど; cf. imitative magic》.

sympathétic nérve *n.* 〖解剖・生理〗交感神経 (cf. parasympathetic nerve).

sympathétic nérvous sỳstem *n.* 〖解剖・生理〗**1** 交感神経系《副交感神経系と共に自律神経系を構成する; cf. parasympathetic nervous system》. **2** 《古》自律神経系 (autonomic nervous system).

sympathétic opthálmia *n.* 〖眼科〗交感性眼炎.

sympathétic stríke *n.* 同情罷業, 同情スト, 支援スト《sympathy strike ともいう》.

sympathétic stríng *n.* 共鳴弦《実際には弾かず, 他の弦を弾いたときに共鳴振動して特有の音色を出す弦》.

sympathétic sýstem *n.* 〖解剖・生理〗交感神経系.

sympathétic vibrátion *n.* 〖物理〗共振.

sym·pa·thin [símpəθɪn, -θən | -θɪn] 〖← SYMPATH(ETIC)+-IN¹〗 *n.* 〖生化学〗シンパチン《交感神経の刺激によって血行中に分泌される物質》.

sym·pa·thise [símpəθàɪz] *vi.* 《英》=sympathize.

sym·pa·thize [símpəθàɪz] 〖《1594》⊏ (M)F *sympathiser*: ⇨ sympathy, -ize〗 — *vi.* **1 a** 〔…に〕同情する, 〔…を〕気の毒に思う (commiserate) 〔*with*〕: I ~ heartily *with* you. 君に心から同情する / I ~ *with* your grief. 君の悲しみをお気の毒に思います / We ~ *with* him in his afflictions. 我々は彼の苦痛に同情する. **b** 〔…を〕弔慰する, 慰める, 〔…に〕悔みを言う (condole) 〔*with*〕. **2** 〔…に〕同感する, 共鳴する; 同意[同調]する, 賛成する (agree, accord) 〔*with*〕: ~ *with* a person in his point of view [*with* a person's point of view] 人の意見に賛成[共鳴]する / My father never ~*d with* my desire to become an actor. 父は私が俳優になりたいという気持に決して同意してくれなかった. **3** 〔…に〕感応する, 〔…と〕一致する (correspond), 合体する, 融合する 〔*with*〕: The poet ~*d with* the calm of nature. その詩人は自然の平穏に感応した.

sým·pa·thìz·er *n.* **1** 同情者, 思いやりのある人. **2** 賛成者, 味方, 同志, 同調者, シンパ (cf. card-carrying). **3** 〖眼科〗交感眼.

sým·pa·thìz·ing·ly *adv.* 同情して, 思いやって; 共鳴[同意, 賛成]して.

sym·pa·tho·lyt·ic [sìmpəθo(ʊ)lítɪk | -θə(ʊ)lít-] 〖← SYMPATHETIC+-O-+-LYTIC〗 *adj.* 〖薬学〗〈薬物が〉交感神経破壊(性)の.

sym·pa·tho·mi·met·ic [sìmpəθo(ʊ)mɪmétɪk, -mə-, -maɪ- | -θə(ʊ)mɪmét-] *adj.* 〖薬学〗〈薬物が〉交感神経刺激作用をもつ.

sym·pa·thy [símpəθi | -θɪ] 〖《1579》⊏ L *sympathia* ⊏ Gk *sumpátheia* ← *sumpathḗs* having common feelings ← *sum-* 'SYN-'+ *páthos* feeling): cf. pathos〗 — *n.* **1 a** [しばしば *pl.*] (苦しみ・悲しみなどに対する)同情, 思いやり, 哀れみ (compassion): an understanding ~ 理解のある同情 / out of ~ 同情のあまり (cf. 3) / have [feel (a)] ~ for the handicapped 身心障害者に同情する / You have my ~ [*sympathies*].=Accept my *sympathies*. 御同情申し上げます / excite [win] a person's ~ 人の同情を買う[得る] / move a person to ~ 人に同情を起こさせる / Our *sympathies* go out to him in his loss. 彼の不幸に対し我々は同情を寄せる / Popular *sympathies* are on his side. 世間の同情は彼の方にある. **b** 弔慰, 弔問, 悔み (condolence); 慰問 (consolation) 〔*for, with*〕: a letter of ~ 悔み状 / express [speak] ~ *for* [*with*] …に見舞いを言う, …を慰問する. **2 a** 共感, 共鳴, (趣味・気持・気性などの)一致: a man of broad *sympathies* 理解の広い人 / Perfect ~ should exist between husband and wife. 夫婦間は完全に気性が合わねばならない. **b** 一致, 調和; 呼応 (correspondence) 〔*with*〕: Prices are low in ~ *with* the general depression. 一般の不況に応じて物価も安い. **3** 同感, 同意, 好意, 好感; 賛成 (favor, approval) 〔*with*〕: I have a great deal of ~ *with* this movement. この運動には大いに賛成している / be in [out of] ~ *with* a plan 計画に賛成する[しない] / They struck in ~ *with* the railway men. 彼らは鉄道従業員に対して同情[支援]ストをやった. **4** 〖心理〗共感, 同情. **5** 〖生理・病理〗交感, 共感, 交感作用. **6** 〖物理〗共振, 共鳴.

sýmpathy stríke *n.* =sympathetic strike.

sym·pat·ric [sɪmpǽtrɪk, -péɪt-] 〖← SYN-+Gk *pátrā* fatherland+-IC¹〗 *adj.* 〖生物〗同所性の (cf. allopatric).

Sym·pet·a·lae [sɪmpétəliː, -tḷ- | -təl-] 〖← NL ~: ⇨ syn-, -petal〗 — *n. pl.* 〖植物〗合弁花類[亜綱], 後世花被類《双子葉植物で癒合した花冠のある花をつける群; Metachlamydeae ともいう; cf. Archichlamydeae》.

sym·pet·a·lous [sɪmpétələs, -tḷ- | -təl-] 〖← SYN-+PETALOUS〗 *adj.* 〖植物〗**1** 合生花弁の, 合弁の (gamopetalous). **2** 合弁花類の.

sym·phi·lid [símfəlɪd, -ləd | -fɪlɪd] 〖← SYMPHYLA+-ID²〗 *adj., n.* 〖動物〗結合綱の(節足動物).

sym·pho·nette [sìmfənét] 〖⇨ symphony, -ette〗 *n.* 〖音楽〗シンフォネット, 小編成の交響楽団.

sym·pho·ni·a [sɪmfóuniə, -njə | -fə́unjə, -nɪə] 〖⊏ L *symphōnia*: ⇨ symphony〗 — *n.* **1** 音の調和; (特に)音楽的調和. **2** シンフォニア《中世に hurdy-gurdy を初め様々な楽器に用いられた名称》. **3** 〖音楽〗=sinfonia.

sym·phon·ic [sɪmfɑ́nɪk | -fɔ́n-] 〖← SYMPHONY+-IC¹〗 — *adj.* **1** シンフォニーの, 交響曲の; 交響的な. **2** 協和音的な, 和声の (harmonious). **sym·phón·i·cal·ly** *adv.*

symphónic bállet *n.* シンフォニックバレエ《演奏会用の交響曲をバレエ化したもの; 振付師 L. Massine が試み, バレエに新しいジャンルを打ち立てた》.

symphónic póem 〖《なぞり》← G *symphonische Dichtung*〗 — *n.* 〖音楽〗交響詩《幻想的な物語や詩的情緒を管弦楽によって表現しようとする標題音楽の一種で, 通例1楽章のみからなる; 19世紀の半ばごろF. Liszt によって命名され, その後 R. Strauss などによってさらに発展させられた》.

sym·pho·nie con·cer·tante [sɛ̃ː(m)fo(ʊ)níː-kɔ̃ː(n)-seɪtɑ́ː(n)t, -tɔ́ː(n)t, sæ̃nfə(ʊ)níː-kɔ̀(ː)nseɪtɑ́ːnt, -tɔ́(ː)nt | -fə(ʊ)-; *F.* sɛ̃fɔnikɔ̃sɛrtɑ̃ːt] 〖⊏ F ~〗 — *n.* (*pl.* **sym·pho·nies con·cer·tantes** [~; *F.* ~]) 〖音楽〗協奏交響曲《通例複数の独奏楽器をもつ交響曲》.

sym·pho·ni·ous [sɪmfóuniəs, -njəs | -fə́unjəs, -nɪəs] 〖← SYMPHONY+-OUS〗 *adj.* 《まれ》〈音が〉調和する, 協和音的な (harmonious). **~·ly** *adv.*

sým·pho·nist [-nɪst, -nəst | -nɪst] *n.* **1** 交響曲作者. **2** 交響楽団員.

sym·pho·nize [símfənàɪz] *vi.* 〈音が〉協和[交響]する (harmonize).

sym·pho·ny [símfəni | -nɪ] 〖《c1300》 *symphonie* ⊏ OF *simphonie* (F *symphonie*) ⊏ L *symphōnia* ⊏ Gk *sumphōníā* ← *súmphōnos* harmonious ← *sum-* 'SYN-' + *phōnḗ* sound: ⇨ -phone, -y¹〗 — *n.* **1** 〖音楽〗シンフォニー, 交響曲. **2** 《米》=symphony orchestra. **3** 《口語》交響楽団の行なうコンサート. **4** 調和的組合わせ; 音の調和; (特に)色彩の調和. **5** 《古》一致 (concord), 調和 (harmony).

sýmphony órchestra *n.* 交響楽団《単に symphony ともいう; cf. orchestra 1》.

sym·phy·lid [símfəlɪd, -ləd | -fɪlɪd] *adj., n.* 〖動物〗=symphilid.

Sym·phy·la [símfələ | -fɪ-] 〖← NL ~ ← SYN-+Gk *phūlḗ* kind, species: cf. phylo-〗 *n. pl.* 〖動物〗(節足動物門)結合綱.

sym·phy·lan [símfələn | -fɪ-] 〖⇨ ↑, -an¹〗 *adj., n.* 〖動物〗=symphilid.

sym·phy·sis [símfəsɪs, -səs | -fɪsɪs] 〖← NL ~ ← Gk *súmphusis* a growing together ← *sumphúein* to make grow together ← *sum-* 'SYN-' + *phúein* to make grow〗 — *n.* (*pl.* **-phy·ses** [-sìːz]) **1** 〖解剖・動物〗(骨の)結合, 癒(ゆ)合, 癒着; 結合[癒合, 癒着]線. **2** 〖植物〗合着 (coalescence). **sym·phy·se·al** [sɪmfəsíːəl, sɪmfízi- | -fɪsíː-, -fízɪ-] *adj.* **sym·phys·i·al** [sɪmfíziəl | -zɪ-] *adj.*

Sym·phy·ta [símfətə | -fɪtə] 〖← NL ← Gk *súmphutos* (p.p.) ← *sumphúein* (↑)〗 *n. pl.* 〖昆虫〗=Chalastrogastra.

Sym·pleg·a·des [sɪmplégədiːz] 〖⊏ L ~ ⊏ Gk *Sumplēgádes* (*pétrai*) the clashing (rocks) ← SYN-+*plḗssein* to strike〗 — *n. pl.* 〖ギリシャ神話〗シュンプレガデス(岩) (⇨ Clashing Rocks).

Sym·plo·ca·ce·ae [sìmpləkéɪsiìː] 〖← NL ~ ← SYN-+Gk *plékein* to twine+-ACEAE〗 *n. pl.* 〖植物〗(双子葉植物カキノキ目)ハイノキ科.

sym·po·di·um [sɪmpóudiəm | -dɪəm, -djəm] 〖← NL ~: ⇨ syn-, podium〗 — *n.* (*pl.* **-di·a** [-dɪə | -dɪə]) 〖植物〗仮軸《側軸が主軸にかわったため単軸分枝から二次的に生じたもの; cf. monopodium》. **sym·pó·di·al** [-diəl | -dɪəl, -djəl] *adj.*

symposia *n.* symposium の複数形.

sym·po·si·ac [sɪmpóuziæ̀k | -pə́uzɪ-, -pɔ́z-] 〖《1581》⊏ L *symposiac-us* ⊏ Gk *sumposiakós*: ⇨ symposium, -ac〗 — *adj.* シンポジウム (symposium) の. — *n.* 《古》=symposium.

sym·po·si·al [sɪmpóuziəl, -ʒiəl, -ʒəl | -pə́uzjəl, -pɔ́z-, -zɪəl] *adj.* =symposiac.

sym·po·si·arch [sɪmpóuziɑ̀ək | -pə́uzɪɑ̀ːk, -pɔ́z-] 〖《1603》⊏ Gk *sumposíarkh-os*: ⇨ symposium, -arch¹〗 — *n.* **1 a** 酒宴の長(ちょう), 宴主; 宴会の主人公. **b** 《戯言》乾盃[祝盃]係 (toastmaster). **2** 談話会[シンポジウム]の司会者[主宰者].

sym·po·si·ast [sɪmpóuziæ̀st, -ziəst | -pə́uzɪæ̀st] *n.* **1** 宴会の客. **2** 談話会[シンポジウム]の参加者.

sym·po·si·um [sɪmpóuziəm, -ʒiəm, -ʒəm | -pə́uzjəm, -pɔ́z-, -zɪəm] 〖《a1586》⊏ L ~ ⊏ Gk *sumpósion* ← *sum-* 'SYN-' + *pósis* drink: cf. potion〗 — *n.* (*pl.* **-si·a** [-ziə, -ʒiə, -ʒə | -zjə, -zɪə], **~s**) **1** 饗(きょう)宴《古代ギリシャで, 通例食に続いて行なわれた酒をくみかわしながら音楽を楽しみ談論に興じた集い》. **2 a** シンポジウム, 談話会, 談論会《特定の論題についてさまざまな角度から自由に意見を発表し, 質疑討論する会; cf. panel discussion》: organize a ~ *on* the modernization of Asia アジアの近代化についてのシンポジアムを組む. **b** シンポジウムの記録. **c** (特定の問題に対する)諸家寄稿の論集. **3** 討論. **4** [The S-] 「饗(きょう)宴篇」《Plato の対話篇の一つ; Platonic love などを論じたもの; The Banquet ともいう》.

symp·tom [sím(p)təm | -təm, -tɪm] 〖《1541》⊏ LL *symptōm-a* ⊏ Gk *súmptōma* chance, accident, symptom ← *sumpíptein* to fall upon ← *sum-* 'SYN-' + *píptein* to fall ∽ ME *synthoma* ⊏ ML 《変形》← LL〗 — *n.* **1** 徴候, 兆し, しるし (indication): premonitory ~*s* of an earthquake 地震の前兆 / We have not yet a reassuring ~ of peace. 心強い平和の兆しはまだ見えない. **2** 〖病理〗症状, 徴候, 症候 (cf. sign 7): have [show] all the ~*s* of malaria マラリアの全症状

が出る / an objective [a subjective] ~ 他覚[自覚]症状.

symp·tom·at·ic [sìm(p)təmǽṭɪk | -(p)təmǽt-, -(p)tɪ-] 〘《1698》▭ LL *symptōmātic-us* ← *symptōmat-, symptōma* (↑): ⇨ -ic¹〙 ― *adj.* **1** 徴候[症候]的な, 前兆となる; 〔…の〕しるしとなる, 〔…を〕表わす, 示す (indicative) 〔*of*〕. **2** 〘病理〙 **a** 〔ある病気の〕徴候[症候]となる, 〔ある病気を〕示す 〔*of*〕: gummas ~ *of* syphilis 梅毒の症候であるゴム腫. **b** 徴候[症候]の[による]: a ~ treatment 対症療法.

sỳmp·tom·át·i·cal [-ṭɪkəl, -ṭə- | -tɪ-] *adj.* =symptomatic. **~·ly** *adv.*

symptomátic ánthrax *n.* 〘獣医〙 =blackleg 3.

symp·tom·a·tize [sím(p)təmətàɪz] *vt.* …の徴候である, …の兆しを示す.

symp·tom·a·tol·o·gy [sìm(p)təmətɑ́ləʤi | -tɔ́ləʤɪ] 〘← NL *symptōmatologi-a*: ⇨ symptom, -logy〙 *n.* 〘医学〙 **1** 症候学. **2** [集合的] (患者の)全症候.

sýmptom·less *adj.* 徴候を示さない, 症候を現わさない: a ~ disease.

symp·to·sis [sɪmptóusɪs, -səs | -táusɪs] 〘▭ Gk *súmptōsis* a falling together ← *súmptōma* 'SYMPTOM'+ -SIS〙 ― *n.* (全身または臓器の)段階的消耗, 漸弱; やつれ, 憔悴(しょうすい).

syn- [sɪn, sən | sɪn] 〘ME ~, *sin-* ▭ (O)F ~ ∥ L ~ ▭ Gk *sun-* ← *sún* with, together, alike〙 ― *pref.* com-, co-¹ と同様に「共に, 同時に, 似た」などの意を表わし, ギリシャ語系の語に付く. ★ l の前では syl-, b, m, p の前では sym-, s の前では sys-, 's+子音' および z の前では sy- となる.

syn. 《略》 synchronize; synonym; synonymous; synonymy.

syn·aer·e·sis [sɪnérəsɪs, sə-, -ní(ə)r-, -səs | sɪníərəsɪs, -rɪ-] *n.* (*pl.* **-e·ses** [-sìːz]) =syneresis.

syn·aes·the·sia [sɪ̀nɪsθíːʒə, -nəs-, -ʒiə | -niːsθíːzjə, -nɪs-, -nes-, -zɪə] *n.* 〘心理〙 =synesthesia.

syn·aes·the·sis [sɪ̀nɪsθíːsɪs, -nəs-, -səs | -niːsθíːsɪs, -nɪs-] 〘← NL ~ ← Gk *sunaísthēsis*: ⇨ syn-, aesthesia〙 *n.* 〘心理〙 =synesthesia.

syn·aes·thet·ic [sɪ̀nɪsθéṭɪk, -nəs- | -niːsθét-, -nɪs-, -nes-] *adj.* 〘心理〙 =synesthetic.

syn·a·gogue [sínɪgɑ̀g, -nə- | -nəgɔ̀g] 〘OE *sinagoge* ▭ OF (F *synagogue*) ▭ LL *synagōga* ▭ Gk *sunagōgḗ* assembly ← *sunágein* to bring together ← *sun-* 'SYN-' +*ágein* to lead (cf. agent)〙 ― *n.* (*also* **syn·a·gog** [~]) 〘ユダヤ教〙 シナゴーグ: **1** ユダヤ教会堂. **2** (礼拝・祈禱のための)教徒の会衆[集会]. **syn·a·gog·al** [sɪ̀nɪgɑ́gəl, -nə- | -gɔ́g-] *adj.* **syn·a·gog·i·cal** [sɪ̀nɪgɑ́ʤɪkəl, -nə-, -ʤə- | -nəgɔ́ʤɪ-] *adj.*

syn·a·le·pha [sɪ̀nəlíːfə] *n.* 〘文法〙 =synaloepha.

syn·al·gia [sɪnǽlʤə, -ʤiə | -ʤɪə, -ʤə] 〘← SYN-+ -ALGIA〙 *n.* 〘病理〙 =referred pain.

syn·al·lag·mat·ic [sɪ̀nəlægmǽṭɪk | -mǽt-] 〘▭ Gk *sunallagmatik-ós* of a contract ← *sunállagma* contract ← *sunallássein* to enter into a contract ← *sun-* 'SYN-' +*allássein* to exchange (← *állos* other)〙 ― *adj.* 〘ローマ法〙〈契約など〉双務的な (bilateral): a ~ contract 双務契約 (cf. commutative contract, UNILATERAL contract).

syn·a·loe·pha [sɪ̀nəlíːfə] 〘← NL ~ ← Gk *sunaloiphḗ* ← *sunaleíphein* to smear or melt together, unite two syllables ← *sun-* 'SYN-'+*aleíphein* to anoint〙 ― *n.* 〘文法〙 母音前語尾母音消失《語尾の母音が次に来る語頭母音と混交して消滅すること; 例: th' (=the) omnipotent; cf. elision 2》.

syn·an·gi·um [sɪnǽnʤiəm, sə- | sɪnǽnʤɪ-] 〘← NL ~ ← SYN-+ -*angium* (← Gk *angeî on* (⇨ angi-))〙 ― *n.* (*pl.* **-gi·a** [-ʤiə, -ʤə | -ʤɪə, -ʤə]) 〘植物〙(シダ類のリュウビンタイ科に見られる)聚囊(しゅのう).

Syn·a·non [sínənɑ̀n | -nɔ̀n] *n.* 《米》 シナノン(財団) 《米国の主要な都市にある麻薬患者の社会復帰を助ける会; 正式には Synanon Foundation という》.

syn·a·phe·a [sɪ̀nəfíːə] 〘▭ LL ~ ▭ Gk *sunápheia* connection ← *sunaphḗs* connected ← SYN-+*háptein* to fasten〙 ― *n.* (*also* **syn·a·phei·a** [~]) 〘古典詩学〙 格調連繫《行末の音節が次行の頭音節に跨って 1 詩脚をなし, 韻律を継続させること》.

syn·apse [sɪnǽps, sə-, sínæps | sáɪnæps, sɪnǽps] 〘← NL *synaps-is*: ⇨ synapsis〙 ― *n.* **1** 〘生理〙 シナプス, 接合(部)《神経興奮を伝達する時の二つの神経細胞の接合部》. **2** 〘生物〙 =synapsis 1. **syn·ap·tic** [sɪnǽptɪk, sə- | sɪ-] *adj.*

synapses *n.* synapsis の複数形.

syn·ap·sid [sɪnǽpsɪd, sə-, səd | sɪnǽpsɪd] 〘↓〙 *adj.*, *n.* 〘古生物〙 爬虫綱単弓亜綱の(動物(の化石)).

Syn·ap·si·da [sɪnǽpsɪdə, sə-, -sədə | sɪnǽpsɪ-] 〘← NL ~: ⇨ ↓, -ida〙 *n. pl.* 〘古生物〙 爬虫綱単弓亜綱.

syn·ap·sis [sɪnǽpsɪs, sə-, -səs | sɪnǽpsɪs] 〘← NL ~ ← Gk *súnapsis* connection ← *sunáptein* to join together ← *sun-* 'SYN-'+*háptein* to fasten〙 ― *n.* (*pl.* **-ap·ses** [-siːz]) **1** 〘生物〙 シナプシス, 対合《減数分裂 (meiosis) における核変化の初期; この時期に相同染色体 (homologous chromosomes) が互いに並んで接着する》. **2** 〘生理〙 =synapse 1.

sy·nap·te [sìːnɑ̀ːptíː] 〘▭ MGk *sunaptḗ* (fem.) ← Gk *sunaptós* joined together〙 ― *n.* (*pl.* **-nap·tai** [-téɪ]) 〘東方正教会〙 連禱《西方の litany に相当する東方式典礼の一連の祈禱》.

syn·ap·tene [sɪnǽptiːn] 〘← NL *synapt-*, *synapsis* 'SYNAPSIS'+-ENE〙 *n.* 〘生物〙 =zygotene.

syn·ap·tic [sɪnǽptɪk, sə- | sɪ-] 〘← NL *synapt-* (↑)+ -IC¹〙 *adj.* **1** シナプス (synapse) の. **2** シナプシス (synapsis) の.

syn·áp·ti·cal [-tɪkəl, -tə- | -tɪ-] *adj.* =synaptic. **~·ly** *adv.*

syn·ap·tid [sɪnǽptɪd, sə-, -təd | sɪnǽptɪd] 〘↓〙 *adj.*, *n.* 〘動物〙 イカリナマコ科の(動物).

Syn·ap·ti·dae [sɪnǽptədìː, sə- | sɪnǽp-] 〘← NL ~ ← *Synapta* (属名: ⇨ synapte)+-IDAE〙 *n. pl.* 〘動物〙 (棘皮(きょくひ)動物ナマコ綱無足目)イカリナマコ科.

syn·ap·to·some [sɪnǽptəsòum, sə- | sɪnǽptəsə̀um] 〘← SYNAPTIC+-O-+-SOME²〙 ― *n.* 〘生理〙 シナプトソーム《神経組織をミキサーにかけて得られる成分で, 神経終末がちぎれたものと考えられる構造物》. **syn·ap·to·som·al** [sɪnæ̀ptəsóuməl, sə- | sɪnæ̀ptəsə́u-] *adj.*

Syn·ar·chism [sínɑəkìzm | -nɑː-] *n.* (*also* **Syn·ar·quism** [~]) =Sinarquism.

syn·ar·thro·di·a [sɪ̀nɑəθróudiə | -nɑːθrə́udɪə] 〘← NL *synarthrōdia*: ⇨ syn-, arthro-, -ode¹, -ia¹〙 ― *n.* (*pl.* **~s**, **-di·ae** [-dìiː]) 〘解剖・病理〙 =synarthrosis. **sỳn·ar·thró·di·al** [-diəl | -dɪ-] *adj.*

syn·ar·thro·sis [sɪ̀nɑəθróusɪs, -səs | -nɑːθrə́usɪs] 〘← NL ~ ← Gk *sunárthrōsis*: ⇨ syn-, arthrosis〙 ― *n.* (*pl.* **-thro·ses** [-siːz]) **1** 〘解剖〙 不動結合. **2** 〘病理〙 関節癒(ゆ)合症.

sy·na·xa·ri·on [sìːnɑːksɑ́ːrjɔ(ː)n, sɪnæksé(ə)riən | sìːnɑːksɑ́ːrjɔn, sɪnækséərɪən] 〘▭ MGk *sunaksárion* ← *súnaksis* a meeting (for celebration of the Eucharist) ← *sunágein* to gather together〙 ― *n.* (*pl.* **-ri·a** [-sɑ́ːriɑ̀ː, -rjə, -sé(ə)riə | -sɑ́ːriɑ̀ː, -rjə, -séərɪə]) 〘東方正教会〙 祝日表順聖人略伝; 聖書および聖人伝抄.

syn·ax·a·ri·um [sɪ̀næksé(ə)riəm | -séərɪ-] 〘⇨ ↑, -arium〙 *n.* (*pl.* **-ri·a** [-riə | -rɪə]) 〘東方正教会〙 =synaxarion.

syn·branch [sínbræŋk] 〘↓〙 *adj.* 〘魚類〙 タウナギ科の.

Syn·bran·chi·dae [sɪnbrǽŋkədìː | -kɪ-] 〘← NL ~ ← *Synbranchus* (属名: ← SYN-+L *branchia* gill)+-IDAE〙 *n. pl.* 〘魚類〙 タウナギ科.

sync [síŋk] 〘略〙 《口語》 〘映画・テレビ〙 *n.* **1** =synchronization. **2** =synchronism 2. ― *v.* (**synced** [~t]) =synchronize.

Syn·ca·ri·da [sɪnkərάɪdə, sɪŋ- | sɪnkǽrɪ-] 〘← NL ~ ← SYN-+L *cāris* a kind of sea-crab〙 *n. pl.* 〘動物〙 厚エビ上目.

syn·carp [sínkɑəp | -kɑːp] 〘← SYN-+-CARP〙 *n.* 〘植物〙 多花果, 集合果 (multiple fruit) (cf. apocarp).

syn·car·pous [sɪnkɑ́əpəs, sɪŋ- | -kɑ́ː-] 〘← NL *syncarpus*: ⇨ ↑, -ous〙 ― *adj.* 〘植物〙 **1** 多花果の, 集果(性)の, 集合果の. **2** 合成[集合]心皮をもつ (↔ apocarpous).

syn·car·py [sínkɑəpi | -kɑːpɪ] 〘⇨ ↑, -y¹〙 *n.* 〘植物〙 集果性.

sýnc-gènerator *n.* 〘テレビ〙 同期信号発生回路[装置] 《送・受信双方の走査を時間的に一致させるための信号を発生させる装置》.

synch [síŋk] *n.*, *v.* 〘映画・テレビ〙 =sync.

syn·chon·dro·sis [sɪ̀nkɑndróusɪs, sɪ̀ŋ-, -səs | sɪ̀ŋkɔndrə́usɪs] 〘← NL ~ ← Gk *sugkhóndrōsis* ← *sun-* 'SYN-'+*khóndros* cartilage+-OSIS〙 ― *n.* (*pl.* **-dro·ses** [-siːz]) 〘外科〙 軟骨結合, 軟骨癒合.

syn·chro [síŋkrou, sín-] 〘《略》 ← SYNCHRONOUS〙 *n.* (*pl.* **~s**) 〘電気〙 =selsyn. ― *adj.* 同時調整の; 同調に適した.

syn·chro- [síŋkro(u), sín- | -krə(u)] 〘← SYNCHRONIZED ∥ SYNCHRONOUS〙 「同時(性)の, 同時に起こる (synchronous)」の意の連結形.

sỳnchro-cýclotron *n.* 〘物理〙 シンクロサイクロトロン《米国の物理学者 McMillan が考案した可変周波数サイクロトロン (cyclotron); 一定磁場中でイオンの質量がエネルギーの増加とともに相対論的に増大することを補うため, 加速電場の周波数を変化させる方式のサイクロトロン; FM cyclotron ともいう》.

sýnchro·flàsh 〘写真〙 *n.* シンクロフラッシュ《シャッターの開きと閃(せん)光球 (flashbulb) の発光が同調する装置》. ― *adj.* シンクロフラッシュの.

syn·chro·mesh [síŋkro(u)mèʃ, sín- | síŋkrə(u)méʃ, ˋ — ˊ] 〘← SYNCHRO-+MESH〙 〘自動車〙 ― *adj.* 等速かみ合いの, (変速装置の)シンクロメッシュの. ― *n.* シンクロメッシュ, 同期かみ合い装置, 等速かみ合歯車[装置].

syn·chro·nal [síŋkrənl, sín- | síŋ-] 〘← SYNCHRO-+ -AL¹〙 *adj.* =synchronous.

syn·chron·ic [sɪnkrɑ́nɪk, sən-, sɪŋ-, səŋ- | sɪŋkrɔ́n-, sɪn-] 〘← SYNCHRO-+-IC¹〙 ― *adj.* **1** =synchronous. **2** 〘▭ F *synchronique*〙 〘言語〙 共時的な《ある時期の言語事実を静止した体系として記述的に扱う; ↔ diachronic》. **3** 〘生物〙〈分類単位が〉同時代に生じた.

syn·chrón·i·cal [-nɪkəl, -nə- | -nɪ-] *adj.* =synchronic. **~·ly** *adv.*

synchrónic linguístics *n.* 〘言語〙 共時言語学.

syn·chro·nism [síŋkrənìzm, sín- | síŋ-] 〘《1588》 ← LL *synchronus* 'SYNCHRONOUS'+-ISM〙 ― *n.* **1** 同時的なこと, 同時発生, 同時性, 同期, 併発. **2 a** (歴史上の諸事件などを)同時的に扱うこと; (歴史的事件・人物などを)年代によって総合対照表示すること. **b** 対照歴史年表. **3** 〘映画・テレビ〙 映像と音声・音響との一致. **4** 〘物理・電気〙 同期状態. **5** 〘美術〙 シンクロニズム《時(代)の異なる事件を一つの絵の中に示すこと》. **6** 〘言語〙 共時的研究法.

syn·chro·nis·tic [sɪ̀ŋkrənístɪk, sɪ̀n- | sɪ̀ŋ-] *adj.* =synchronous. **sỳn·chro·nís·ti·cal** *adj.* **sỳn·chro·nís·ti·cal·ly** *adv.*

syn·chro·ni·za·tion [sɪ̀ŋkrənɪzéɪʃən, sɪ̀n-, -nə- | sɪ̀ŋkrənaɪ-, -nɪ-] *n.* **1** 同時(に起こること); 同期(させること). **2** 〘映画・テレビ〙 **a** 画面と音声の同調. **b** 同時録音.

syn·chro·nize [síŋkrənàɪz, sín- | síŋ-] 〘《*c*1624》 ← LL *synchronos* 'SYNCHRONOUS'+-IZE〙 ― *vi.* **1** 同時性をもつ; 〔…と〕同時である, 同時に起こる 〔*with*〕. **2** 〈二つ以上の時計が〉標準時[一定時]を示す, 同じ時間を示す. **3** 〘映画・テレビ〙〈映像と音声・音響が〉一致する, 同調する. ― *vt.* **1** 同時にさせる, …に同時性をもたせる; (歴史などで)同時[同時代]であることを示すように〈事件を〉並べる. **2** 〈二つ以上の時計〉の時を合わせる, 等時にする: ~ two clocks. **3** 〘映画・テレビ〙〈音声・音響を〉映像と一致させる. **4** 〘写真〙〈シャッターの開きを〉閃光球の発光と同調させる.

sýn·chro·nized shífting *n.* 〘自動車〙 (変速装置の)同期ギヤシフト, 同期ギヤ変え.

sýnchronized swímming *n.* シンクロナイズドスイミング《音楽のリズムに合わせて泳ぐ一種の水中バレエ競技; cf. aquacade, water ballet》.

sýn·chro·nìz·er *n.* **1** 同時性をもたせる人[物]. **2** 等時にさせる(標準)時計. **3** 〘写真〙 シンクロナイザー《フラッシュの発光とカメラのシャッターの開閉を同期[一致]させる装置》.

syn·chron·o·scope [sɪnkrɑ́nəskòup, sɪŋ-, sən-, səŋ- | sɪŋkrɔ́nəskə̀up] 〘⇨ ↓, -o-, -scope〙 *n.* 〘航空〙 =synchroscope 2.

syn·chro·nous [síŋkrənəs, sín- | síŋ-] 〘《1669》 ▭ LL *synchronos* ▭ Gk *súgkhronos* ← *sun-* 'SYN-'+*khrónos* time: ⇨ chronic, -ous〙 ― *adj.* **1** 同時の, 同時性の, 同時に起こる (simultaneous). **2** 同一速度で同時に動く. **3** 〘物理・電気〙 同一周波数の, 同位相の, 同期の. **4** 〘電算機〙〈計算機が〉同期的な. **5** 〘宇宙〙 **a** 静止軌道を回る《地球が自転する速度と同じ速度で地球の周りを回る》. **b** 静止衛星の[に関する] (geostationary). **6** 〘言語〙 =synchronic. **~·ly** *adv.* **~·ness** *n.*

sýnchronous condénser *n.* 〘電気〙 同期調相機 《rotary condenser ともいう》.

sýnchronous convérter *n.* 〘電気〙 同期変流機.

sýnchronous machíne *n.* 〘電気〙 同期機.

sýnchronous mótor *n.* 〘電気〙 同期電動機.

sýnchronous órbit *n.* 〘宇宙〙 同期軌道《衛星 (satellite) が地球の特定点上に静止しているようになる 24 時間周期の円形軌道》.

sýnchronous sátellite *n.* 〘宇宙〙 同期衛星《人工衛星の軌道周期と地球の自転周期とが同じであるような人工衛星》.

sýnchronous spéed *n.* 〘電気〙 同期速度.

syn·chro·ny [síŋkrəni, sín- | síŋkrənɪ] *n.* **1** =synchronism 1. **2** 〘言語〙 **a** 共時態[相] (cf. diachrony). **b** 共時的分析[研究], (特に)共時(的)言語学.

syn·chrop·ter [sɪnkrɑ́ptə, sɪŋ- | -krɔ́ptə(r)] 〘← SYNCHRO-+(HELICO)PTER〙 *n.* 〘航空〙 交叉回転翼ヘリコプター.

syn·chro·scope [síŋkrəskòup, sín- | síŋkrəskə̀up] 〘← SYNCHRO-+-SCOPE〙 ― *n.* **1** 〘電気〙 **a** 同期検定器. **b** シンクロスコープ《高性能のオシロスコープ (oscilloscope)》. **2** 〘航空〙 同期装置《多発機において全エンジンの回転数を同期させる装置; これによって回転数の不揃いによる振動などを避ける》.

syn·chro·tron [síŋkrətrɑ̀n, sín- | síŋkrə(u)trɔ̀n] 〘← SYNCHRO-+-TRON〙 ― *n.* 〘物理〙 **1** シンクロトロン《磁場を強くすると共に加速周波数も変えて軌道半径を一定に保つ方式の加速器; 電子シンクロトロン・陽子シンクロトロンなどがある》. **2** =synchrotron radiation.

sýnchrotron radiátion *n.* 〘物理〙 シンクロトロン放射(光)《高エネルギーの電子(や陽電子)が磁場の中で曲げられる時放出する電磁波》.

sýnchro ùnit *n.* 〘電気〙 同期電動機の一組《遠隔地の電動機を同じ構造の電動機で同期的に回転させる場合にその一組の同期電動機をいう》.

syn·clas·tic [sɪnklǽstɪk, sən-, sɪŋ-, səŋ- | sɪŋ-] 〘← SYN-+Gk *klastós* broken+-IC¹: ⇨ clastic〙 ― *adj.* 〘数学〙 (曲面上の点で)主曲率が同符号の, 全面凸(とつ)[凹(おう)]の (↔ anticlastic).

syn·cli·nal [sɪnkláɪnl, sən-, sɪŋ-, səŋ- | sɪŋ-] 〘← SYN-+Gk *klínein* 'to LEAN²'+-AL¹〙 ― *adj.* **1** (相会するように)反対方向から互いに傾斜した. **2** 〘地質〙 向斜状の (cf. anticlinal 1): the ~ axis 向斜軸 (⇨ ANTICLINAL axis 挿絵) / a ~ fold=syncline. ― *n.* 〘地質〙 =syncline. **~·ly** *adv.*

syn·cline [sínklaɪn, síŋ- | síŋ-] 〘《逆成》 ↑〙 *n.* 〘地質〙 向斜, 向斜褶曲 (cf. anticline 1).

syn·cli·no·ri·um [sɪ̀ŋklənɔ́ːriəm, sɪ̀n-, -nóː- | sɪ̀ŋklɪnɔ́ːrɪ-] 〘⇨ ↑, -orium〙 *n.* (*pl.* **-ri·a** [-riə | -rɪə]) 〘地質〙 複向斜 (cf. anticlinorium).

Syn·com [sínkɑm | -kɔm] 〘← *Syn(chronous) com(munication satellite)*〙 ― *n.* シンコム《米国の静止通信衛星; 1963 年に第 1 号, 1964 年に初の静止軌道 (geostationary orbit) に載せることに成功し, 東京オリンピックを世界中継した》.

syn·co·pate [síŋkəpèɪt, sín- | síŋkə(u)-] 〘← ML *syncopāt-us* (p.p.) ← *syncopāre* ← LL *syncopē*: ⇨ syncope〗 ── *vt.* **1 a**〘言語〙語中音を省略する, 中約する《例: every>ev'ry / pacificist>pacifist / Gloucester>Gloster》. **b** 短くする, 省略する (abbreviate). **2**〘音楽〙切分(せつぶん)する, …に切分法を行なう (⇨ syncopation 2).

sýn·co·pàt·ed [-tɪd, -təd | -tɪd, -təd] *adj.* **1**〘音楽〙〈リズム・メロディーなど〉シンコペーション[切分音]の特徴をもつ. **2** 短く切った, 短くした (abbreviated).

syn·co·pa·tion [sɪ̀ŋkəpéɪʃən, sɪn- | sɪ̀ŋkə(ʊ)-] 〖(*c*1532) ◻ ML *syncopātiō(n-)*: ⇨ sycopate, -ation〗 ── *n.* **1**〘言語〙=syncope 1. **2**〘音楽〙シンコペーション, 切分(せつぶん)(法)《弱拍の位置にある音符と強拍の位置にある音符が結ばれ, それによってアクセントの位置が前者に移行すること; 一般に通常のアクセントがずれること》. **3**〘詩学〙シンコペーション《詩行で一定の韻律強勢と異なる強勢を用いること》.

sýn·co·pà·tor [-tə | -tə(r] *n.*〘音楽〙シンコペーションを用いる人; (特に)ジャズ演奏者.

syn·co·pe [síŋkəpi, sín-, -pìː | síŋkəpɪ] 〖(*a*1400) ◻ LL *syncopē* ◻ Gk *sugkopḗ* ← *sugkóptein* to cut short ← *sun-* 'SYN-'+*kóptein* to cut off〗 ── *n.* **1**〘言語〙語中音消失 (cf. aphaeresis, apocope). **2**〘音楽〙切分(せつぶん)音. **3**〘病理〙(急激な血圧降下などからくる)失神, 卒倒 (faint). **syn·co·pal** [síŋkəpəl, sín- | sín-] *adj.*

syn·co·ty·le·don·ous [sɪnkɑ̀ṭəlíːdənəs, sɪŋ-, -ṭl-, -dn- | sɪŋkɔ̀tɪlíːdən-] 〖← SYN-+COTYLEDONOUS〗 *adj.*〘植物〙合同子葉の[をもつ].

syn·cret·ic [sɪnkréṭɪk, sɪŋ- | sɪŋkríːt-, sɪn-] 〖⇨ ↓, -ic¹〗 *adj.* **1**〈哲学・宗教など〉諸説[諸派]統合の. **2**〘言語〙融合の.

syn·cre·tism [síŋkrəṭìzṃ, sín- | síŋkrɪ-] 〖(1618) ← NL *syncrētism-us* ← Gk *sugkrētismós* union ← *sugkrētízein* to unite against a common enemy: ⇨ syn-〗 ── *n.* **1 a** (哲学・宗教などの)諸説[諸派]統合. **b** [軽蔑的に] 矛盾する主義[信仰]を受け入れる無節操. **2**〘言語〙融合《文法的に異なった機能をもつ二つ(以上)の語形が一つの形になること; 例えば近代英語の名詞の通格 (common case) が古期英語の主格・対格・与格の三格の機能を兼ねるようになったことなど》. **3**〘社会学〙混交, 習合《社会や文化を構成する諸部分が新しいシステムに化合ないし融合すること》.

sýn·cre·tist [-ṭɪst, -ṭəst | -tɪst] *n.* (哲学・宗教などの)諸説[諸派]統合主義者.

syn·cre·tis·tic [sɪ̀ŋkrəṭístɪk, sɪ̀n- | sɪ̀ŋkrɪ-] *adj.* 諸説[諸派]統合主義(者)の.

syn·cre·tize [síŋkrəṭàɪz, sín- | síŋkrɪ-] 〖← NL *syncrētizāre* ◻ Gk *sugkrētízein* to combine〗 ── *vt.* 〈哲学・宗教の反対説[派]などを〉統合[融合]しようとする. ── *vi.* **1** 統合[融合]する. **2** 諸説[諸派]統合に賛成する.

syn·cri·sis [síŋkrəsɪs, sín-, -səs | síŋkrɪsɪs] 〖◻ LL ~ ◻ Gk *súgkrisis* ← *sugkrínein* to compare ← *sun-* 'SYN-'+*krínein* to judge)〗 ── *n.* 《廃》〘修辞〙比較対照法《異なるまたは反対のものをあげて修辞的効果をあげること; cf. antithesis 2》.

syn·cy·ti·um [sɪnsíʃiəm, sən-, -ʃəm | sɪnsíʃɪəm] 〖← NL ~: ⇨ syn-, cyto-, -ium〗 ── *n.* (*pl.* **-cy·tia** [-ʃiə, -ʃə | -ʃɪə])〘生物〙シンシチウム《多核体の一つで, 2個以上の細胞が癒合したもの》. **syn·cý·ti·al** [-ʃiəl, -ʃəl | -ʃɪəl] *adj.*

syn·dac·tyl [sɪndǽkṭl, sən- | sɪndǽktɪl] 〖◻ F *syndactyle* ← SYN-+Gk *dáktulos* finger: ⇨ dactyl〗 (*also* **syn·dac·tyle** [~]) 〘動物〙 ── *adj.* 指 (digits) が癒(ゆ)着した, 合指の. ── *n.* 癒着した指のある鳥類[哺乳動物].

syndactyli *n.* syndactylus の複数形.

syn·dác·ty·lism [-təlìzm | -tɪ-] *n.*〘動物〙指の癒(ゆ)合.

syn·dac·tyl·ous [sɪndǽktələs, sən- | sɪndǽktɪ-] *adj.*〘動物〙=syndactyl.

syn·dac·ty·lus [sɪndǽktələs, sən- | sɪndǽktɪ-] 〖← SYN-+Gk *dáktulos* finger〗 *n.* (*pl.* **-ty·li** [-làɪ])〘医学〙合指症患者.

syn·dac·ty·ly [sɪndǽktəli, sən- | sɪndǽktɪlɪ] 〖← NL *syndactylia*: ⇨ syndactyl〗 *n.*〘動物〙=syndactylism.

syn·de·re·sis [sɪ̀ndərí:sɪs, -səs | -sɪs] 〖← NL ~ ← MGk *suntḗrēsis*: ⇨ synteresis〗 ── *n.* **1**〘倫理〙良知, 良能《特に, キリスト教で道徳意識に内在し善を求め悪を避けるように導く生来の能力; cf. syneidesis》. **2**〘キリスト教〙神と一致する霊魂の本質.

syn·de·sis [síndəsɪs, -səs | -dɪsɪs] 〖← NL ~ ← Gk *sundeîn* to bind together+-SIS: ⇨ syndetic〗 *n.*〘生物〙=synapsis 1.

syn·desm- [sɪndézm, -désm] (母音の前に来る時の) syndesmo- の異形.

syn·des·mo- [sɪndézmo(ʊ), -dés- | -mə(ʊ)] 〖← Gk *súndesmos* (↓)〗 「靱(じん)帯 (ligament); 結合 (contact)」の意の連結形. ★ 母音の前では通例 syndesm- になる.

syn·des·mo·sis [sɪ̀ndezmóʊsɪs, -des-, -səs | -máʊsɪs] 〖← NL ~ ← Gk *súndesmos* ligament ← *sundeîn* (⇨ syndetic): ⇨ -OSIS〗 ── *n.* (*pl.* **-mo·ses** [-si:z])〘解剖〙靱帯結合. **syn·des·mot·ic** [sɪ̀ndezmɑ́ṭɪk, -des- | -mɔ́t-] *adj.*

syn·det [síndet] 〖← *syn(thetic) det(ergent)*〗 *n.* 合成洗剤 (detergent).

syn·det·ic [sɪndéṭɪk, sən- | sɪn-] 〖◻ Gk *sundetik-ós* ← *súndetos* bound together ← *sundeîn* to bind together ← *sun-* 'SYN-'+*deîn* to bind〗 ── *adj.* **1** 接続する, 連結する (connective). **2**〘文法〙接続詞の働きをする, 接続詞的な (conjunctive). **-ly** *adv.*

syn·dét·i·cal [-ṭɪkəl, -ṭə- | -tɪ-] *adj.* =syndetic. **~-**

syn·dic [síndɪk] 〖(1601) ◻ F ~ ◻ LL *syndicus* ◻ Gk *súndikos* court assistant ← *sun-* 'SYN-'+*díkē* judgment〗 ── *n.* **1** 地方行政長官 (magistrate)《国または地方により権限に差がある》. **2** (大学などの)理事, 評議員; (Cambridge 大学などの)特別評議員.

syn·di·cal [síndɪkəl, -də- | -dɪ-] 〖◻ F ~: ⇨ ↑, -al¹〗 *adj.* **1** 地方行政官の; 理事の; 理事会の. **2** サンディカリズム (syndicalism) の.

sýn·di·cal·ism [-lɪ̀zṃ] 〖(1907) ◻ F *syndicalisme* ← (*chambre*) *syndicale* trade union ← *chambre* 'CHAMBER'+*syndicale* of a trade union (⇨ syndic): -ism〗 ── *n.* **1** サンディカリズム《ゼネスト (general strike)・サボ (sabotage) などの直接行動によって生産と分配の, ひいては社会の支配権をその手に収めようとする, フランス起源の労働組合運動; cf. criminal syndicalism》. **2** 労働組合主義.

sýn·di·cal·ist [-lɪst, -ləst | -lɪst] 〖◻ F *syndicaliste*: ⇨ -ist〗 *n.*, *adj.* サンディカリズム信奉者(の).

syn·di·cal·is·tic [sɪ̀ndɪkəlístɪk, -də- | -dɪ-] *adj.* サンディカリズム (syndicalism) 的な[擁護の].

syn·di·cate [*n.*: (1624) ◻ F *syndicat* ◻ ML *syndicātus* ← L *syndicus*: ⇨ syndic, -ate¹,³. ── *v.*: (1610) ← ML〗 ── [síndɪkət, -də-, -kɪt | -dɪ-] *n.* **1**〘経済〙シンジケート, 企業連合 (cf. trust 7, cartel 4). **2** (大学などの)理事会; (Cambridge 大学などの)特別評議員会. **3** ギャング組織, ギャング団, シンジケート: a crime ~. **4**〘金融〙債券[株式]引受組合[銀行団]. シンジケート. **5**〘ジャーナリズム〙**a** 新聞・雑誌記事配給業《ニュース・記事・漫画などを買い上げまたは専属作家に書かせたりして同時掲載するよう新聞・雑誌などに供給する事業》. **b** 同一経営下の新聞連合; 数新聞の同一経営. **c** テレビ・ラジオのローカル放送用のスクリプト (script) を提供する機関.
── [-dəkèɪt | -dɪ-] *v.* ── *vt.* **1** シンジケート(組織)にする, …のシンジケートを作る. **2**〘ジャーナリズム〙(同時掲載のために)新聞・雑誌社などに〈記事を〉供給する: ~*d* news. ── *vi.* シンジケートを組織する.

sýn·di·cà·tor [-ṭə | -tə(r] *n.*

syn·di·ca·tion [sɪ̀ndəkéɪʃən | -dɪ-] *n.* シンジケートを組織すること; シンジケート組織.

syn·di·o·tac·tic [sɪndàɪo(ʊ)tǽktɪk | -dàɪə(ʊ)-] 〖← Gk *sunduo* two together (← *sun-* 'syn-'+*duo* 'TWO')+-TACTIC〗 ── *adj.*〘化学〙シンジオタクチックの: ~ polymer シンジオタクチックポリマー《主鎖に対し側鎖が交互に反対方向に配列されている重合体; 立体特異性重合体 (stereospecific polymer) の一種》.

syn·drome [síndroʊm, -drəm, -drəmì: | síndrəʊm, -drəmɪ, -drəʊmɪ] 〖← NL ~ ← Gk *sundromḗ* a running together, concurrence ← *sun-* 'SYN-'+*drameîn* to run〗 ── *n.* **1**〘病理〙症候群. **2** 同時発生した一連のもの[事件, 行動]. **3 a** (特定の状態を示す)徴候(のパタン). **b** (明確な)行動様式[パタン]. **syn·drom·ic** [sɪndróʊmɪk, -drɑ́m- | -drə́ʊm-, -drɔ́m-] *adj.*

syne [sáɪn] 〖(14C) *seine* ← ? ON *sīþan* ← *sīþ* 'SINCE'〗 ── *adv.*, *prep.*, *conj.* 《スコット》前に, 以前に (since, ago): auld lang ~ 往時, 今は昔. ★ この場合は [záɪn, sáɪn | sáɪn, záɪn].

syn·ec·do·che [sɪnékdəki, sə-, -kìː | sɪnékdəkɪ] 〖(*c*1390) ◻ L *synecdochē* ◻ Gk *sunekdokhḗ* ← *sunekdékhesthai* to receive jointly ← *sun-* 'SYN-'+*ekdékhesthai* to take up (← EX-¹+*dékhesthai* to take)〗 ── *n.*〘修辞〙提喩(ゆ)法, 代喩《一部で全体を, 特殊で一般を表わす技巧; まれにその逆に用いられることがある; 例: blade (=sword) / sail (=ship) / spring (=year) / a Caesar (=dictator) / creature (=man); cf. metonymy》. **syn·ec·doch·ic** [sɪ̀nekdɑ́kɪk | -dɔ́k-] *adj.* **sỳn·ec·dóch·i·cal** *adj.* **sỳn·ec·dóch·i·cal·ly** *adv.*

syn·ech·i·a [sɪnékiə, sə-, -níːk- | sɪnékɪə, -níːk-] 〖← NL ~ ← Gk *sunékheia* continuity ← *sunekhḗs* continuous ← *sun-* 'SYN-'+*ékhein* to hold: ⇨ -ia¹〗 ── *n.* (*pl.* **-i·ae** [-kiìː])〘医学・病理〙癒着(症).

syn·e·chism [sínəkɪzṃ | -nɪ-] 〖← Gk *sunékheia* (↑)+-ISM〗 ── *n.*〘哲学〙シネキズム, 連続主義《連続性を最も重要な哲学的仮説として力説する Peirce の説》.

syn·e·cious [sɪníːʃəs, sə- | sɪ-] *adj.*〘生物〙=synoecious.

syn·e·col·o·gy [sɪ̀nɪkɑ́lədʒi, -ne- | -niːkɔ́lədʒɪ, -nɪ-, -ne-] 〖◻ G *Synökologie*: ⇨ syn-, ecology〗 ── *n.* 群(集)生態学《種と環境の関係を研究する生態学 (ecology) の一部門; cf. autecology》.

syn·ec·tic [sɪnéktɪk, sə- | sɪ-] *adj.* 創造工学の, シネチックスの. **syn·éc·tic·al·ly** *adv.*

syn·ec·tics [sɪnéktɪks, sə- | sɪ-] 〖← ? SYN-+(DIAL)ECTICS〗 ── *n.* [単数扱い] 創造工学, シネチックス《さまざまな人が想像力を自由に駆使し討論し合って問題の解決や新しい発見をしたりする》.

synéctics gròup *n.* 創造工学[シネチックス]グループ[集団]《想像力を自由に働かせ, 諸要因を結びつけることにより問題の創造的解決のために集まった種々の分野の人々》.

syn·ei·de·sis [sɪ̀naɪdíːsɪs, -səs | -sɪs] 〖◻ ML ~ ◻ Gk *suneídēsis* consciousness ← *suneidénai* to be conscious of〗 ── *n.*〘倫理〙(内省的)意識; 良識《普遍的な道徳律に対する生来の適応能力; cf. synderesis 1》.

syn·er·e·sis [sɪnérəsɪs, sə-, -ní(ə)r-, -səs | sɪníərəsɪs, -rɪ-] 〖◻ LL *synaeresis* ◻ Gk *sunaíresis* ← *sunairein* to take or draw, contract ← *sun-* 'SYN-'+*haireîn* to take: ⇨ -sis〗 ── *n.* (*pl.* **-e·ses** [sìːz]) **1**〘文法〙合音《二重母音 (diphthong) または二音節を一つに縮めること; 特に, 二母音を縮めて一つの二重母音にすること; 例: (n)ever>(n)e'er / over>o'er / taken>ta'en; ↔ diaeresis》. **2**〘文法・詩学〙=synizesis 1. **3** [sɪnǽrəsɪs, -səs | -sɪs]〘物理化学〙シネレシス, 離液《ゲル (gel) を放置する時, 自然に液体を分離して収縮する現象; cf. coagulation 1, imbibition 2》.

syn·er·get·ic [sɪ̀nədʒéṭɪk | -nədʒét-] 〖◻ Gk *sunergētik-ós* ← *sunergeîn* to work together ← *sunergós*: ⇨ synergism, -ic¹〗 ── *adj.* =synergic. **sỳn·er·gét·i·cal·ly** *adv.*

syn·er·gic [sɪnə́ːdʒɪk, sə- | sɪnə́ː-] *adj.* 共に働く, 共働の.

syn·er·gid [sɪnə́ːdʒɪd, sə-, sínə-, -dʒəd | sɪnə́ːdʒɪd, sínə-] 〖← NL *synergida* ← Gk *sunergeîn*+-ID²: ⇨ synergetic〗 *n.*〘植物〙助(胎)細胞.

syn·er·gism [sínədʒɪzṃ | -nə-] 〖← NL *syneygismus* ← Gk *sunergós* working together ← *sun-* 'SYN-'+*érgon* 'WORK': ⇨ -ism〗 ── *n.* **1**〘神学〙神人共働説, 神人協力主義《霊的更生は人間の意志と神意との共働によるという説; cf. monergism》. **2**〘生理・薬学〙(二つ(以上)の器官または医薬の)協力[同時]作用, 共働(作用), 協同効果《synergistic effect ともいう; cf. antagonism 2》. **3** (商店・会社などの)共働, 依存.

sýn·er·gist [-dʒɪst, -dʒəst | -dʒɪst] 〖← NL *synergist-a*: ⇨ ↑, -ist〗 ── *n.* **1**〘神学〙神人共働論者. **2**〘解剖〙共力器官; 共力[協力]筋 (cf. agonist 2 a). **3**〘薬学〙共働[協力, 共力]薬, 佐薬 (adjuvant).

syn·er·gis·tic [sɪ̀nədʒístɪk | -nə-] *adj.* **1**〘神学〙神人共働説[論者]の. **2**〘生理・薬学〙〈二つ(以上)の器官・薬など〉共に作用する (cooperative), 共働(作用)の, 協同の; 共働薬の: a ~ muscle / a ~ effect. **3** 互いに作用し合う, 依存し合う. **sỳn·er·gís·ti·cal·ly** *adv.*

syn·er·gy [sínədʒi | -nədʒɪ] 〖← NL *synergia* ← Gk *sunergós*: ⇨ synergism〗 ── *n.* **1** (全体的効果に寄与する各機能の)共同作用, 共働. **2**〘生理・薬学〙=synergism 2. **3**〘社会学〙無意識の共働.

syn·e·sis [sínəsɪs, -səs | -nɪsɪs] 〖← NL ~ ← Gk *súnesis* union, intelligence ← *suniénai* to bring together, understand ← *sun-* 'SYN-'+*hiénai* to send〗 ── *n.*〘文法・修辞〙意味構文《文法形式の一致よりも意味に重きを置いた非論理的構文; 例えば these kind of things や Neither of them are right. における数の不一致など》.

syn·es·the·sia [sɪ̀nɪsθíːʒə, -nəs-, -ʒiə | -niːsθíːzjə, -nɪs-, -nes-, -zɪə] 〖← NL ~: ⇨ syn-, esthesia〗 ── *n.*〘心理〙共感覚, 通感覚《二つの違った感覚を同時に経験すること; 例えばある一定の音を聞くと, それに一定の色が感覚される色聴など》.

syn·es·thet·ic [sɪ̀nɪsθéṭɪk, -nəs- | -niːsθét-, -nɪs-, -nes-] *adj.*〘心理〙共感覚の, 通感覚の.

syn·ga·my [síŋgəmi, sín- | síŋgəmɪ] 〖← SYN-+-GAMY〗 ── *n.*〘生物〙配偶子合体; 有性生殖 (sexual reproduction). **syn·gam·ic** [sɪŋgǽmɪk, sən-, sɪŋ-, səŋ- | sɪn-] *adj.*

Synge [síŋ], **John Mil·ling·ton** [mílɪŋtən] *n.* (1871–1909) アイルランドの劇作家・詩人; *Riders to the Sea* (1905), *The Playboy of the Western World* (1907).

Synge, Richard Laurence Millington *n.* (1914–) 英国の生化学者; Archer J. P. Martin と共同で Nobel 化学賞 (1952).

syn·ge·ne·ic [sɪ̀ndʒəníːɪk | -dʒɪ-] 〖← Gk *sungéneia* kinship+-IC¹: ⇨ syn-, genus〗 *adj.*〘生物〙同質遺伝子的な《遺伝子組成が同じことにいう; cf. allogeneic》.

syn·gen·e·sis [sɪndʒénəsɪs, sən-, -səs | sɪndʒénɪsɪs] 〖← NL ~: ⇨ syn-, -genesis〗 *n.*〘生物〙**1** 有性生殖 (sexual reproduction). **2** =encasement 3.

syn·ge·net·ic [sɪ̀ndʒɪnéṭɪk, -dʒə- | -dʒɪnét-, -dʒe-, -dʒə-] 〖← SYN-+GENETIC〗 *adj.* **1**〘生物〙有性生殖の. **2**〘地質〙〈鉱床が〉同生の《母岩と同時期にできた》.

syng·na·thid [síŋnəθɪd, -θəd | -θɪd] 〖↓〗 *n.*〘魚類〙ヨウジウオ科の魚.

Syng·nath·i·dae [sɪŋnǽθədìː | -θɪ-] 〖← NL ~ ← *Syngnathus* (属名: ⇨ syn-, -gnathous)+-IDAE〗 *n. pl.*〘魚類〙ヨウジウオ科.

syn·i·ze·sis [sɪ̀nəzíːsɪs, -səs | -nɪzíːsɪs] 〖(1846) ◻ LL *synizēsis* ◻ Gk *sunízēsis*《原義》collapse ← *sunizánein* to collapse ← *sun-* 'SYN-'+*hizánein* (← *hízein* to sit down)〗 ── *n.* **1**〘文法・詩学〙母音融合《隣接した2母音(後続の一つが二重母音 (diphthong) のこともある)が融合して1音節となること; 例えば L. *de inde* from thence, from then>*deinde* then, next, thence》. **2**〘生物〙収縮期, 縮合期《減数分裂 (meiosis) において相同染色体 (homologous chromosomes) が核の中心または一方に収縮して固まる時期》. **3**〘生理〙=synapsis 2.

syn·kar·y·on [sɪnkǽriɑ̀n, -riən | -rɪɔn, -rɪən] 〖← NL ~ ← SYN-+Gk *káruon* nut〗 ── *n.* (*also* **syn·kar·i·on** [~])〘生物〙融合核 (cf. fertilization 3, pronucleus). **syn·kar·y·on·ic** [sɪnkæ̀riɑ́nɪk | -rɪɔ́n-] *adj.*

syn·ne·ma [sɪníːmə, sə- | sɪ-] 〖← NL ~ ← SYN-+*nēma* thread〗 *n.* (*pl.* **-ma·ta** [~ṭə | ~tə])〘植物〙束状体 (coremium).

syn·od [sínəd, -nɑd | -nəd] 〘《a1387》□ LL *synod-us* □ Gk *súnodos* meeting ← *sun*- 'SYN-'+*hodós* way, journey〙 ― *n.* **1** 〘キリスト教〙 **a** 教会会議 (ecclesiastical council) : a diocesan ～ 主教(管)区会議, 司教区会議 / a national [provincial] ～ 全国[地方]教会会議. **b** (長老教会で)大会《数地方合同の会議で presbytery (中会)と general assembly (全国総会)との中間的会議》. **2** 会議 (council). **3** 《古》〘天文〙(惑星の)合, 相合 (conjunction). **～·al** [-dḷ] *adj.*

syn·od·ic [sənɑ́dɪk, sɪ- | sɪnɔ́d-] *adj.* ＝synodical.

syn·od·i·cal [sənɑ́dɪkəl, sɪ- | sɪnɔ́dɪ-] 〘← LL *synodicus* (⇨ synod)+-ICAL〙 ― *adj.* **1** 教会会議の. **2** 〘天文〙合の, 相合 (conjunction) の : a ～ period 朔(さく)望週期. **～·ly** *adv.*

synódic [synódical] mónth *n.* 〘天文〙太陰月, 朔望月《新月から次の新月までの期間 ; 29 日 12 時間 44 分 2.8 秒 ; lunar month ともいう》.

Syn·o·don·ti·dae [sìnədɑ́ntədìː | -dɔ́ntɪ-] 〘← NL ～ ← *Synodont-*, *Synodus* (属名 : ⇨ syn-, -odus)+-IDAE〙 *n. pl.* 〘魚類〙エソ科.

syn·oe·cious [sɪníːʃəs, sə- | sɪ-] 〘← SYN-+(DI)OECIOUS〙 *adj.* 〘生物〙雌雄同株[同体]の ; 雌雄器官を備えた. **～·ly** *adv.* **～·ness** *n.*

syn·oi·cous [sɪnɔ́ɪkəs, sə- | sɪ-] 〘□ Gk *súnoikos* dwelling together ← *sun*- 'SYN-'+*oîkos* house : ⇨ -OUS〙 ― *adj.* 〘植物〙〈苔が〉同一総苞内に造卵器 (archegonia) と蔵精器 (antheridia) を備えた.

syn·o·nym [sínənɪ̀m | -nə-, -nɔ-] 〘《1432–50》□ L *synōnym-um* □ Gk *sunṓnumon* (neut. sing.) ← *sunṓnumos* 'SYNONYMOUS'〙 ― *n.* **1** (同一言語内の)類(義)語, 同義語, 同意語, シノニム (cf. antonym, heteronym, homonym 1) : an imperfect ～ 不完全同義語《同じものを意味するがその用法は文脈に左右されるもの ; 例 : pig と swine / outlive と survive》/ a partial ～ 部分同義語《その語の種々の意味のうちある意味だけが一致するもの ; 例 : vessel と ship》. **2** (他国語の)相当語, 対応語. **3** 別名, 異名 ; 換喩 (metonymy) : A country curacy is a ～ of starvation. 田舎の牧師補だというのは飢餓に瀕(ひん)しているということだ. **4** 〘生物〙(同物)異名, シノニム (cf. homonym 3, synonymy 5).

syn·o·nym·ic [sìnənímɪk | -nə-, -nɔ-] 〘⇨ ↑, -ic[1]〙 ― *adj.* **1** 同義[同意]語の, 類語の ; 同義の, 意味の同じ. **2** 同義語を使用した. **sỳn·o·ným·i·cal** [-mɪkəl, -mə- | -mɪ-] *adj.*

syn·o·nym·ics [sìnənímɪks | -nə-, -nɔ-] 〘⇨ ↑, -ics〙 *n.* 同義[同意]語研究.

syn·o·nym·i·ty [sìnənímət̬i | -nənímɪtɪ, -nɔ-, -mɪ-] *n.* 同(意)義, 同義性.

syn·on·y·mize [sɪnɑ́nəmàɪz, sə- | sɪnɔ́nɪ-] *vt.* **1** 〈ある語など〉に同義語を与える, 同意語で言い換える. **2** 異名[シノニム]で〈名を〉つける. ― *vi.* 同義語で表現する ; 同義語を使用する.

syn·on·y·mous [sɪnɑ́nəməs, sə- | sɪnɔ́nɪ-] 〘《1610》□ ML *synōnymus* □ Gk *sunṓnumos* ← *sun*- 'SYN-'+*ónuma*, *ónoma* 'NAME' : ⇨ -ous〙 ― *adj.* 同義[同意]語の, 類語の ; 同義の ; 同じ意味の ; 〔…と〕同じことを意味する 〔*with*〕 : 'High' is ～ *with* 'lofty'. 「high」は「lofty」と同義である. **～·ly** *adv.*

syn·on·y·my [sɪnɑ́nəmi, sə- | sɪnɔ́nɪmɪ] 〘《1609》□ LL *synōnymi-a* : ⇨ synonym, -y[1]〙 ― *n.* **1** 同義(性), 意味の類似(性). **2** (強調のための)同意語畳用, 同義語反復《例 : in any shape or form / if and when》. **3** 同義[同意]語研究, 類語研究. **4** 同義[同意]語集, 類語体系. **5** 〘生物〙(解説または異同弁付きの)同一種属科に対する異名集 (cf. synonym 4).

syn·oph·thal·mi·a [sìnɑfθǽlmiə | -nɔfθǽlmɪə] 〘← SYN-+OPHTHALMIA〙 *n.* 〘病理〙単眼症, 合眼症 (cyclopia).

syn·op·sis [sɪnɑ́psɪs, sə-, -səs | sɪnɔ́psɪs] 〘《1611》□ LL ～ □ Gk *súnopsis* ← *sun*- 'SYN-'+*ópsis* view : cf. optic〙 ― *n.* (*pl.* **-op·ses** [-siːz]) **1** 梗(こう)概, 摘要, 綱要, 綱領, 大意, あらすじ (summary). **2** (全体を通観する)一覧(表), 対照表.

syn·op·size [sɪnɑ́psaɪz, sə- | sɪnɔ́p-] 〘← SYNOPSIS+-IZE〙 *vt.* …の梗概(こうがい)[要約]を作る, 要約する.

syn·op·tic [sɪnɑ́ptɪk, sə- | sɪnɔ́p-] 〘《1763》□ Gk *sunoptik-ós* ← *súnopsis* : ⇨ synopsis, -ic[1]〙 ― *adj.* **1** 梗概の, 綱要の, 大意の ; 一覧的な, 通観的な. **2** [しばしば S-] 〘聖書〙〈福音書が〉共観的な ; 共観福音書の : the ～ Gospels 共観福音書《内容とその排列順序・表現等一致している Matthew, Mark, Luke の三福音書 ; cf. harmony 4》. **3** 〘気象〙総観的な : ⇨ synoptic chart, synoptic meteorology. ― *n.* [しばしば S-] 共観福音書の一つ(の作者).

syn·óp·ti·cal [-tɪkəl, -tə- | -tɪ-] *adj.* ＝synoptic. **～·ly** *adv.*

synóptic chárt *n.* 〘気象〙総観気象図, 天気図.

synóptic meteorólogy *n.* 〘気象〙総観気象学《天気図をもとに広い地域の気象状態を解析し, 総合する気象学の一部門》.

syn·op·tist [sɪnɑ́ptɪst, sə-, -təst | sɪnɔ́ptɪst] *n.* 共観福音書の作者《Matthew, Mark, Luke のこと》.

syn·os·te·o·sis [sɪnɑ̀stióusɪs, sə-, -səs | sɪnɔ̀stɪə́usɪs] *n.* (*pl.* **-o·ses** [-siːz]) 〘解剖〙＝synostosis.

syn·os·to·sis [sìnɑstóusɪs, -səs | -nɔstə́usɪs] 〘← NL ～ : ⇨ syn-, -ostosis〙 ― *n.* (*pl.* **-to·ses** [-siːz]) 〘解剖〙骨癒(ゆ)合, 骨質結合. **syn·os·tot·ic** [sìnɑstɑ́t̬ɪk | -nɔstɔ́t-] *adj.*

syn·o·vi·a [sɪnóuviə, sə-, saɪ- | sɪnə́uvɪə, -vjə] 〘← NL ～ : Paracelsus の恣意的造語〙 *n.* 〘生理・解剖〙滑液, 関節滑液. **sy·nó·vi·al** [-viəl | -vɪəl, -vjəl] *adj.*

syn·o·vi·tis [sàɪnəváɪt̬ɪs, sìn-, -t̬əs | -tɪs] 〘← NL ～ : ⇨ ↑, -itis〙 *n.* 〘病理〙(関節)滑膜炎.

syn·sac·rum [sɪnsǽkrəm, -séɪk-] 〘← NL ～ : ⇨ syn-, sacrum〙 *n.* 〘鳥類〙複合仙骨 (cf. sacrum).

syn·sep·al·ous [sɪnsépələs, sən- | sɪn-] 〘← SYN-+-SEPALOUS〙 *adj.* 〘植物〙＝gamosepalous.

syn·tac·tic [sɪntǽktɪk, sən- | sɪn-] 〘《1828–32》← NL *syntactic-us* □ Gk *suntaktikós* putting together ← *suntássein* : ⇨ syntax, -ic[1]〙 ― *adj.* 〘言語〙シンタックスの, 統語法的な, 統語上の.

syn·tác·ti·cal [-tɪkəl, -tə- | -tɪ-] 〘《1577》← NL *syntacticus* (↑)+-ICAL〙 *adj.* 〘言語〙＝syntactic. **～·ly** *adv.*

syntáctic constrúction *n.* 〘言語〙統語的構造《その直接構成要素 (immediate constituent) が自由形態 (free form) で複合語でないもの ; cf. morphological construction》.

syntáctic fóam *n.* 〘化学〙シンタクチックフォーム《合成樹脂中にガラスの細かい小球を分散して作った水に浮く物質 ; 深海潜水艇・宇宙飛行船に用いる》.

syn·tac·tics [sɪntǽktɪks, sən- | sɪn-] 〘⇨ syntactic, -ics〙 *n.* 〘論理〙＝syntax 2.

syn·tagm [síntæm] *n.* 〘言語〙＝syntagma.

syn·tag·ma [sɪntǽgmə, sən- | sɪn-] 〘□ Gk *súntagma* ← *suntássein* : ⇨ syntax〙 ― *n.* (*pl.* **～s, -ma·ta** [～t̬ə | ～tə]) 〘言語〙シンタグマ《発話の中で統合的関係をもつ語(句)》.

syn·tag·mat·ic [sìntægmǽt̬ɪk | -tɪk] *adj.* 〘言語〙 **1** 統合的な《文・句・語を構成する連続した諸要素の相互関係に関する ; cf. paradigmatic 3》. **2** ＝syntactic.

syntagmátic relátion *n.* 〘言語〙統合的関係《一定の順序で配列された語[文]を形成する諸要素の関係》.

syn·tal·i·ty [sɪntǽlət̬i, sən- | sɪntǽlɪtɪ, -lɪ-] 〘← SYN-+(MEN)TALITY〙 *n.* 〘心理〙集団のもつ行動特性.

syn·tax [síntæks] 〘《1605》□ F *syntaxe* // LL *syntaxis* □ Gk *súntaxis* ← *suntássein* to put in order, arrange ← *sun*- 'SYN-'+*tássein* to arrange : ⇨ taxis〙 ― *n.* **1** 〘言語〙シンタックス, 統語論[法], 構文論[法] (cf. accidence 1, morphology 3). **2** 〘論理〙 **a** 構文論(的方法)《論理・数学的表現の真偽や意味を問わず, 純粋に形式的な記号結合とその変形によって演繹的体系の構成を企てる立場・方法 ; cf. semantics 2》. **b** 構文論《記号論 (semiotics) の一分野で, 使用者としての主体や対象との関係を離れて, 記号表現の論理的・文法的構造だけを問題にする ; cf. pragmatics, semantics 2》. **3** 〘数学〙シンタックス《形式的(記号)体系の代数的定義, ならびにその代数的研究》.

sýntax lànguage *n.* 〘哲学〙構文(論的)言語《研究対象となる言語の構文論的特性や構造を述べるために使われるメタ言語 (metalanguage)》.

syn·te·re·sis [sìntəríːsɪs, -səs | -tərí:sɪs] 〘□ ML *syntērēsis* □ Gk *suntḗrēsis* ← *suntērein* to keep, guard ← *sun*- 'SYN-'+*tērein* to guard〙 *n.* ＝synderesis.

syn·tex·is [sɪntéksɪs, sən-, -səs | sɪntéksɪs] 〘□ Gk *súntēxis* ← *suntḗkein* to melt together〙 ― *n.* 〘地質〙シンテクシス《岩石の超変成作用で再生岩漿(がんしょう)を生じる過程の一つ ; 特に異種岩石の再溶融の場合に用いる》.

syn·the·sis [sínθəsɪs, -səs | -θɪsɪs, -θə-] 〘《1611》□ L ～ □ Gk *súnthesis* a putting together ← *suntithénai* to put together ← *sun*- 'SYN-'+*tithénai* to put : cf. thesis〙 ― *n.* (*pl.* **-the·ses** [-siːz]) **1 a** 総合, 統合, 合成, 組立て (↔ analysis). **b** 総合[統合, 合成]体. **2** 〘化学〙人工的製造, 人造, 合成. **3** 〘哲学・論理〙 **a** 総合 (⇨ HEGELIAN dialectic). **b** (分析と対立する)統合, 総合(の働き, 成果) (cf. analysis 7). **c** (一般原理からの個々の事例の)演繹的推論. **4** 〘言語〙 **a** (言語が)総合的なこと, 総合(性)《2つ(以上)の言語要素を結合して一つの新しい単位を作ること ; cf. analysis 6 ; synthetic language》. **b** 融合《語の合成, 合成[派生]語を作ること》.

sýnthesis gàs *n.* 〘化学〙合成ガス《石油系炭化水素・石炭・メタンより製造される一酸化炭素と水素よりなるガスで, 化学製品の原料に使用》.

syn·the·sist [sínθəsɪst, -səst | -θɪsɪst, -θə-] *n.* 総合者 ; 統合者 ; 合成者 (↔ analyst).

syn·the·size [sínθəsàɪz | -θɪ-, -θə-] 〘《1830》← SYNTHESIS+-IZE〙 ― *vt.* **1** 総合する, 統合する, 組立てる. **2** 総合的に扱う. **3** 〘化学〙合成する : ～*d* fertilizer 合成肥料. **4** 〘論理・哲学〙…に総合法を用いる. ― *vi.* 総合する.

sýn·the·sìz·er *n.* **1** 統合[総合]する人[もの]. **2** (各種の)合成器, シンセサイザー《言語音・楽器音などを電気的に模倣合成する装置 ; cf. Moog synthesizer》.

syn·the·tase [sínθətèɪs, -tèɪz] 〘⇨ ↓, -ase〙 *n.* 〘生化学〙シンセターゼ (⇨ ligase).

syn·thet·ic [sɪnθét̬ɪk, sən- | sɪnθét-] 〘《1697》← NL *synthetic-us* ← Gk *sunthetikós* constructive ← *sunthetós* compounded ← *suntithénai* : ⇨ synthesis, -ic[1]〙 ― *adj.* **1** 総合の, 総合的な, 統合の, 統合的な (↔ analytic). **2 a** 人工的に製造した, 合成の, 人造の : a ～ drug 合成薬剤 / ～ indigo 合成インジゴ / ～ fruit juice 合成果汁. **b** 《口語》本物でない, にせの (spurious) ; 人工的な (artificial) : ～ enthusiasm 見せかけの熱意. **c** 〈宝石が〉合成の《天然産と全く相等しく化学的に製造されたものにいう》. **3** 〘言語〙〈言語が〉総合的な (↔ analytic) : ⇨ synthetic language. **4** 〘哲学〙〈判断・陳述・命題などが〉総合的な《経験的に確かめてみて蓋然的に真である ; cf. analytic 5》: ～ a priori judgment 先天的総合判断. ― *n.* **1** 合成物質《主に医薬用の有機化合物》. **2** 合成[化学]繊維.

syn·thét·i·cal [-t̬ɪkəl, -t̬ə- | -tɪ-] *adj.* ＝synthetic. **～·ly** *adv.*

Synthétic Cúbism, s- c- *n.* 〘美術〙総合的キュービズム《キュービズムの後期の一傾向 ; cf. Analytical Cubism》.

synthétic detérgent *n.* 合成洗剤《単に syndet ともいう》.

synthétic divísion *n.* 〘数学〙組立除法《多項式 (polynomial) を一次式で割るのに, 係数の表の操作に還元して行なう方法》.

synthétic equípment *n.* 〘航空〙総合的地上訓練 (synthetic training) に必要な設備.

synthétic fíber *n.* 合成繊維.

synthétic geómetry *n.* 〘数学〙総合幾何学《座標を使わない幾何学 ; cf. analytic geometry》.

synthétic júdgment *n.* 〘哲学・論理〙総合(的)判断《主語に潜在しない述語を主語に加えて知識を拡張する判断 ; 経験との照合によって真偽が決定される蓋然的判断 ; cf. analytic judgment》.

synthétic lánguage *n.* 〘言語〙総合的言語《ギリシャ語・ラテン語のように語尾変化によって文法的関係を表わす言語 ; cf. analytic language》.

synthétic philósophy *n.* 〘哲学〙(Herbert Spencer の)総合哲学 (Spencerianism).

synthétic proposítion *n.* 〘論理〙総合命題.

synthétic résin *n.* 合成樹脂 (cf. natural resin).

synthétic rúbber *n.* 合成ゴム (cf. natural rubber).

synthétic tráining *n.* 〘航空〙(飛行士の)総合的地上訓練.

Syn·the·tism, s- [sínθət̬ɪzm | -θɪ-] *n.* 〘美術〙サンテティスム, 総合主義《1890 年ごろ E. Bernard, P. Gauguin を中心に試みられた画法観念の総合を主張し, 自然主義的写実を拒否した絵画理論 ; cf. Nabis》.

syn·the·tize [sínθət̬àɪz | -θɪ-, -θə-] 〘《1828–32》← SYNTHETIC+-IZE〙 *vt.* ＝synthesize.

syn·thol [sínθɔ(ː)l, -θoul | -θɔl] 〘← SYNTHET(IC)+-OL[1]〙 *n.* 〘化学〙シントール《水性ガスを高圧触媒上で加熱して得られる合成燃料油》.

syn·ton·ic [sɪntɑ́nɪk, sən- | sɪntɔ́n-] 〘← Gk *súntonos*+-IC[1] : ⇨ syntony〙 *adj.* **1** 〘電気〙同調の, 合調の. **2** 〘精神医学〙同調的な, 同調性の.

syn·tón·i·cal [-nɪkəl, -nə- | -nɪ-] *adj.* ＝syntonic. **～·ly** *adv.*

syntónic cómma *n.* 〘音楽〙シントニックコンマ《大全音と小全音との間に存在する音程の差 ; comma syntonum ともいう ; cf. comma 4》.

syn·to·ni·za·tion [sìnt̬ənɪzéɪʃən, -nə- | -tənaɪ-, -nɪ-] *n.* 〘電気〙合調, 同調.

syn·to·nize [síntənàɪz | -tə-] *vt.* 〘電気〙合調させる, 同調する.

sýn·to·nìz·er *n.* 〘電気〙合調装置.

syn·to·nous [síntənəs | -tə-] *adj.* ＝syntonic.

syn·to·ny [síntəni | -tənɪ] 〘□ Gk *suntoníā* agreement ← *súntonos* being in harmony ← *sun*- 'SYN-'+*tónos* voice, pitch : cf. tone〙 ― *n.* **1** 〘精神医学〙同調性. **2** 〘電気〙同調, 合調.

syn·troph·o·blast [sɪntrɑ́fəblæ̀st, sə- | sɪntrɔ́f-] 〘← SYN-+TROPHOBLAST〙 *n.* 〘生物〙栄養膜合胞層 (cf. cytotrophoblast).

syn·type [síntàɪp] 〘← SYN-+TYPE〙 *n.* 〘生物〙 **1** 等価基準標本. **2** 副模式標本 (paratype). **syn·typ·ic** [sɪntípɪk, sən- | sɪn-] *adj.*

syn·u·si·a [sɪn(j)úːʒiə, sə-, -ʒə, -ziə | sɪnjúːzɪə, -zjə] 〘← NL ～ ← Gk *sunousía* society ← *sun*- 'SYN-'+*ousía* being〙 ― *n.* (*pl.* **-si·ae** [-ʒiìː, -ziː | -ziː]) 〘生態〙 **1** シヌシア, 種社会《動物の社会》. **2** シヌシア《同じ生活形をもった種類で構成されている植生の単位》. **syn·ú·si·al** [-ʒiəl, -ʒəl, -ziəl | -zɪəl, -zjəl] *adj.*

syph [sɪf] *n.* 《俗》＝syphilis.

sy·pher [sáɪfɚ | -fə(r)] 〘《変形》← CIPHER〙 *vt.* 〘建築〙そぎはぎする.

sýpher-jòint *n.* 〘建築〙そぎはぎ.

syph·il- [sɪfəl | -fɪl] (母音の前に来る時の) syphilo- の異形.

syph·i·lis [síf(ə)lɪs, -ləs | sífɪlɪs] 〘《1718》← NL ～ ← *Syphilus* (神を冒瀆して天罰として, この病気に最初にかかった羊飼いの名 ; Verona の医師・天文学者・詩人の Girolamo Fracastoro (*d.* 1553) 作のラテン詩 *Syphilis sive Morbus Gallicus* ('Syphilis or the French disease') (1530) 中の人物) 《原義》 friend of swine ← *sûs* swine+*philos* friend : ⇨ sow[2], philo-〙 ― *n.* 〘病理〙梅毒 (lues) 《性病 (venereal disease) の一つ》 : ⇨ primary syphilis, secondary syphilis, tertiary syphilis.

syph·i·lise [sífəlàɪz | -fɪ-] *vt.* 《英》＝syphilize.

syph·i·lit·ic [sìfəlít̬ɪk | -fɪlít-] *adj.* 梅毒の, 梅毒性の, 梅毒に感染した. ― *n.* 梅毒患者.

syph·i·li·za·tion [sìfəlɪzéɪʃən, -lə- | -fɪlaɪ-, -lɪ-] *n.* **1** 梅毒感染. **2** 梅毒接種.

syph·i·lize [sífəlàɪz | -fɪ-] *vt.* **1** 梅毒に感染させる. **2** …に梅毒を持ち込む.

syph·i·lo- [sífəlo(ʊ) | -fɪlə(ʊ)] 〘← NL ～ : ⇨ syphilis〙 ―「梅毒 (syphilis)」の意の連結形. ★ 母音の前では通例 syphil- になる.

syph·i·loid [sífəlɔ̀ɪd | -fɪ-] *adj.* 梅毒のような, 梅毒状の.

sỳph·i·lól·o·gist [-dʒɪst, -dʒəst | -dʒɪst] *n.* 梅毒学者.

syph·i·lol·o·gy [sìfəlɑ́lədʒi | -fɪlɔ́lədʒi] 〘← SYPHILO- +-(O)LOGY〙 *n.* 梅毒学.

sy·phon [sáɪfən] *n., v.* =siphon.

Syr·a·cuse [sírəkjùːs, -kjùːz | -kjùːs] *n.* **1** New York 州中部の都市; 人口 183,000; 大学がある. **2** [《英》 sáɪərəkjùːz, sír-] シラクーザ《Sicily 島南東部(実際は本島ではなく Ortygia 島)の海港; 人口 120,000; イタリア語名 Siracusa》.

Syr Dar·ya [sɪ́ədɑ́ːrjə | sɪ́ə-; *Russ.* sirdarjá] *n.* [the ~] シルダリヤ(川)《ソ連邦南西部, Kazakstan 共和国南部を流れる川; Tien Shan 山脈に源を発し北西に流れ Aral 海に注ぐ; 2,212 km; 古名 Jaxartes》.

sy·ren [sáɪrən, -rɪn | sáɪər-] *n., adj., vi.* =siren.

Syr·ette [sɪrét, sə- | sɪ-] 〘《商標》← SYR(INGE)+-ETTE〙 *n.* 〘商標〙 シレット《救急処置に用いる注射液を容れた滅菌注射器》.

Syr·i·a [síriə | -rɪə] 〘← L ~ ▭ Gk *Suria*〙 ── *n.* **1** シリア《アジア西部, 地中海東側の共和国; 1958 年エジプトと合邦してアラブ連合共和国 (United Arab Republic) の一州となったが 1961 年同共和国から離脱; 人口 6,879,000, 面積 185,180 km²; 首都 Damascus; 公式名 Syrian Arab Republic シリアアラブ共和国》. **2** 同地方のもとフランス委任統治領《1922–44; Syria, Lebanon 両共和国を含んだ》. **3** (古代)シリア《アジア南西部の古国; ローマ帝国の一部で現在の Syria, Lebanon, Palestine その他を含んだ》.

Syr·i·ac [síriæ̀k | -rɪ-] 〘▭ L *Syriac-us* ▭ Gk *Suriakós* ← *Suria*〙 *n.* シリア語《アラム語の一方言》. ── *adj.* シリア語の[で書かれた].

Syr·i·a·cism [síriəsìzm | -rɪə-] *n.* 古代シリア語風[語法].

Syr·i·an [síriən | -rɪ-] 〘《?a1400》 *sirien* ▭ OF (F *syrien*): ⇨ Syria, -an¹〙 *adj.* **1** シリア(人)の. **2** シリア教会の. ── *n.* **1** シリア人. **2** シリア教会の信徒.

Sýrian hámster *n.* 〘動物〙 =golden hamster.

sy·ring- [sɪríŋ, sə- | sɪ-] (母音の前に来る時の) syringo- の異形.

sy·rin·ga [sərɪ́ŋgə, sə- | sɪ-] 〘← NL ~ ← Gk *sũrigg-*, *sũrigx* pipe, tube〙 ── *n.* 〘植物〙 **1** [S-] ハシドイ属, ライラック属《モクセイ科に属する一属》. **2** =mock orange 1. ★ 米国 Idaho 州の州花.

sy·ringe [sɪríndʒ, sə-, sírɪndʒ, -rəndʒ | sírɪndʒ, ── ⊥] 〘《c1425》 *siryng* ▭ LL *syringa* ← Gk *sũrigg-*, *sũrigx* (↑)〙 ── *n.* **1** 洗浄器; スポイト, 注入器; 灌(かん)腸器. **2** 注射器[筒]: a hypodermic ~ 皮下注射器. **3** 水撒き器. ── *vt.* **1** (スポイト・洗浄器で)洗浄する, 洗う, 注入する. **2** (注射器で)〈体の一部〉に注射する. **3** 〈植物など〉に水をかける.

sy·rin·ge·al [sɪríndʒiəl, sə- | sɪríndʒɪ-] 〘← L *syring-*, *syrinx* 'SYRINX'+-AL¹〙 *adj.* 〘鳥類〙 鳴管 (syrinx) の.

sy·ringe·ful [sɪríndʒfùl, sə-, sírɪndʒ-, -rəndʒ- | sírɪndʒ-, sɪríndʒ-] *n.* 注射器[洗浄器]一杯, 一回の注射[洗浄, 灌(かん)腸]量.

syringes *n.* syrinx の複数形.

syr·in·gi·tis [sìrɪndʒáɪṭɪs, -rən-, -ṭəs | -rɪndʒáɪtɪs] 〘⇨↓, -itis〙 *n.* 〘病理〙 耳管炎.

sy·rin·go- [sɪríŋgoʊ, sə- | sɪríŋgə(ʊ)] 〘▭ Gk *sũrigg-*, *sũrigx*: ⇨ syringa〙「管 (tube)」の意の連結形. ★ 母音の前では通例 syring- になる.

sy·rin·go·my·e·li·a [sɪrìŋgoʊmaɪíːliə, sə- | sɪrìŋgə(ʊ)maɪíːlɪə] 〘← NL ~: ⇨↑, myelo-, -ia¹〙 ── *n.* 〘医学〙 脊(せき)髄空洞症. **sy·rin·go·my·el·ic** [sɪrìŋgoʊmaɪélɪk, sə- | sɪrìŋgə(ʊ)-] *adj.*

syr·inx [síriŋks] 〘《1606》 ▭ L *sȳrinx* ▭ Gk *sũrigx* pipe, tube〙 ── *n.* (*pl.* **sy·rin·ges** [sɪríndʒiːz, sə- | sɪ-], ~·es) **1** [S-] 〘ギリシャ神話〙 シューリンクス《Arcadia の川の精 (nymph); 自分を慕って来るパン (Pan) から逃れるため葦 (reed) に化したが, パンはそれを手折って panpipe を作ったと伝えられる》. **2** =panpipe. **3** 〘鳥類〙 鳴管. **4** 〘考古〙 古代エジプトの墓《岩をトンネル状に掘ってある墓》.

Sy·ro- [sáɪroʊ, sír- | sáɪərə(ʊ)] 〘▭ L ~ ▭ Gk *Suro-* ← *Súros* Syrian〙「シリア(人); シリア(語)と…との」の意の連結形: *Syro*-Phoenician シリア フェニキアの.

syr·phi·an [sə́ːfiən | sə́ːfɪ-] *n., adj.* 〘昆虫〙 =syrphid.

syr·phid [sə́ːfɪd, sɪ́ə-, -fəd | sə́ːfɪd] 〘↓〙 *adj., n.* 〘昆虫〙 ハナアブ科の(ハエ).

Syr·phi·dae [sə́ːfədìː, sɪ́ə- | sə́ːfɪ-] 〘← NL ← Gk *súrphos* gnat+-IDAE〙 *n. pl.* 〘昆虫〙 (双翅目)ハナアブ科.

sýrphid flỳ *n.* 〘昆虫〙 =syrphus fly.

sýr·phus flỳ [sə́ːfəs-, sɪ́ə- | sə́ː-] 〘*syrphus*: ← NL ~ ← Gk *súrphos* gnat〙 ── *n.* 〘昆虫〙 ハナアブ, ヒラタアブ, 食蚜蠅(しょくがばえ)《ハナアブ科の各種のハエの総称》.

syr·tis [sə́ːṭɪs, -ṭəs | sə́ːtɪs] 〘▭ L *Syrtis* ▭ Gk *Súrtis* ← *súrein* to drag, sweep away: the Syrtis Major と the Syrtis Minor を指す古名〙 ── *n.* **1** [the S-] シルチス《地中海に面するアフリカ海岸にある砂(さ)砂漠; the Syrtis Major (現在の the Gulf of Sidra) と the Syrtis Minor (現在の the Gulf of Gabès) の二つがある》. **2** (*pl.* **syr·tes** [-tiːz]) 《古》 流砂 (quicksand).

syr·up [sə́ː(r)əp, sírəp | sír-] 〘《1392–93》 ▭ (O)F *sirop* ‖ ML *siropus*, *sirupus* ▭ Arab. *šarāb* beverage, syrup *šariba* to drink: cf. sherbet, shrub〙 ── *n.* **1** シロップ《砂糖と水を濃厚に煮詰めたもの; 種々の香料を加えたものもあり製菓用に用いる》: ⇨ simple syrup 1. **2** 液体の甘味料《糖蜜 (molasses), corn syrup, maple syrup など》. **3** 感傷的なこと, 甘さ. **4** 〘薬学〙 **a** 舎利別. **b** =simple syrup 2. ── *vt.* **1** シロップにする[作る]. **2** …にシロップをかける[入れる], シロップで甘くする.

syr·up·y [sə́ː(r)əpi, sír- | sírəpɪ] 〘⇨↑, -y⁴〙 *adj.* **1** シロップの(ような); どろどろした, ねばねばした. **2** 感傷的な, センチメンタルな, 甘ったるい.

Syr·ye·ni·an [sɪrjíːniən, sə- | sɪrjíːnɪ-] *n.* (*pl.* ~, ~s) *n.* =Zyrian.

sys- [sɪs, səs | sɪs] (s- の前に用いる時の) syn- の異形: *sys*sarcosis.

sys·sar·co·sis [sìsɑəkóʊsɪs, -səs | -sɑːkə́ʊsɪs] 〘← NL ~ ← Gk *sussárkōsis* the state of being overgrown with flesh ← *sussarkoûsthai* to be likewise overgrown with flesh ← *sun*- 'SYN-'+*sárx* flesh: ⇨ -osis〙 ── *n.* (*pl.* **-co·ses** [-siːz]) 〘解剖・医学〙 筋性(骨)結合.

sys·si·ti·a [sɪsáɪṭiə, sə-, -sít- | sɪsáɪtɪə, -sít-] 〘▭ Gk *sussítia* ← *sússitos* messmate ← *sun*- 'SYN-'+ *sĩtos* food〙 ── *n. pl.* 〘古代ギリシャ〙 共同会食《Sparta, Crete で愛国心・尚武・紀律・質実の精神向上を目的として行なったもの》.

syst. 《略》 system; systematic.

sys·tal·tic [sɪstɔ́ːltɪk, səs-, -tǽl- | sɪstɔ́ːltɪk, -tǽl-] 〘《1676》 ▭ LL *systaltic-us* ▭ Gk *sustaltikós* ← *sustéllein* to draw together: ⇨ systole, -ic¹〙 ── *adj.* 〘生理〙 律動的に収縮する; 交互に収縮膨張する; 心臓収縮の (pulsing).

sys·tem [sístəm, -tɪm] 〘《1619》 ▭ F *système* ‖ LL *systēma* ▭ Gk *sústēma* ← *sunistánai* to combine ← *sun*- 'SYN-'+*histánai* to place: ⇨ stand〙 ── *n.* **1 a** (複雑な要素から構成されながら一つの統一体を作っている)組織, 系, 組立て, 系統, 網 (network); 体系: a railway ~ 鉄道系統; [集合的] (一地方の)鉄道 / a telephone ~ 電話網 / a mountain ~ 山系 / a river ~ 河川系; [集合的] (一地方の)河川 / a ~ of philosophy [grammar] 哲学[文法]体系 / ⇨ solar system. **b** 宇宙: the great [this] ~ 宇宙. **2 a** 体系的[組織的]方法, 方式, (method); 順序, 手順: a sales ~ 販売法 / a ~ of numbering [measuring] 計算[測量]法 / the decimal ~ 十進法 / arrangement without ~ 不規則な配列 / He has no ~ in his work. 彼の仕事には方式[順序]がない / What ~ do you go on? 君はどういう方式でやっていますか. **b** 分類法: the Linnean ~ リンネの(植物)分類法 / ⇨ artificial system, natural system. **3 a** (社会・経済・政治などの組織的な)制度, 機構: a ~ of government 統治[政治]制度 / the feudal ~ 封建制度 / an educational ~ 教育制度 / the capitalist ~ 資本主義制度. **b** [the ~] (支配)体制 (Establishment)《変革の企てを抑圧する社会・経済・政治構造[組織]》: beat *the* ~ 体制を打ち破る. **4** 調和のとれた配列, 秩序 (order): bring ~ out of chaos 混乱から秩序をもたらす. **5 a** [通例 the ~] (人間・動物の)身体(body): *the* (human) ~ 人体 / The poison has passed into *the* ~. 毒が全身に回った / Too much tea is bad for *the* ~. 茶を飲み過ぎるのは体によくない / have one's ~ out of order 体をこわす. **b** [one's ~ として]《口語》感情面, 人格, 個性: get the haughtiness out of *one's* ~ 性格から横柄さをなくす. **6** 説 (theory), 仮説 (hypothesis); 体系: ⇨ Ptolemaic system, Copernican system. **7** (人工頭脳学における)システム, 制御系. **8** 〘生物〙 系統, (器官)系: the nervous [muscular, digestive, reproductive] ~ 神経[筋肉, 消化, 生殖]系統. **9** 〘地質〙 (地層の)系《地質時代の「紀」(period) に当たる》: the Devonian ~ デボン系 (⇨ Devonian 2). **10** 〘鉱物〙 系: a ~ of crystal 結晶系. **11** 〘音楽〙 **a** 音[和声]組織. **b** 譜表《特にピアノ譜やオーケストラ総譜のように 2 段以上の五線譜を括弧で連繋したもの》. **12** 〘物理・化学〙 系: **a** 周囲の物から隔離して考えた物質. **b** 平衡位相にある一つまたは一つ以上の素成物から成った物質: ⇨ binary system 2. **13** 〘チェッカー〙 チェス盤の半分《4 列で黒まず 16 個》. **14** 〘古典詩学〙 韻律組織《音節・詩脚・行・節などが韻律・修辞上関連のあるグループをなすこと》.

all systems (are) go ⇨ go¹ *adj.* 1.

system of Petra Sancta [pétrə sǽŋ(k)tə] 〘紋章〙 ペトゥラサンクタの色彩表現方法《紋章図形を無彩色で表現するため, or は点, argent は無地, その他の原色は線によって示す方法; 1638 年 Petra Sancta によって考案され, 現在も文献やコインの紋章に使用されている; cf. azure 3, gules, purpure, sable 4 a, sanguine 4, vert, tenné》.

sys·tem·at·ic [sìstɪmǽṭɪk, -tə- | -tɪk] 〘《a1680》 ▭ LL *systēmatic-us* ▭ Gk *sustēmatikós*: ⇨↑, -ic¹〙 ── *adj.* **1** 組織的な, 体系的な; 組織立った, 系統的な, 規則正しい, 整然とした (methodical): a ~ course of study 組織立った学習課程 / a ~ worker 規則正しく働く人 / ~ habits 規則的な習慣 / ⇨ systematic theology. **2** 《英》(悪い意味で)計画的な, 故意の (intentional): ~ intrigues / a ~ liar わざとうそを言う人. **3** 〘生物〙 分類上の, 分類学的な: ~ botany [zoology] 分類植物学[動物学], 植物[動物]分類学 / the ~ names of plants 植物の分類学的名称《学名》/ the ~ nomenclature 分類的命名法. **4** 〘古典詩学〙 韻律組織 (system) をなす.

sỳs·tem·át·i·cal [-tɪkəl, -ṭə- | -tɪ-] *adj.* =systematic. **~·ly** *adv.*

systemátic érror *n.* 〘統計〙 定誤差, 系統誤差《原因が明確で, 補正することが可能な誤差; ↔ random error》.

systemátic phonétics *n.* 体系的音声学 (⇨ linguistic phonetics).

sys·tem·at·ics [sìstɪmǽṭɪks, -tə- | -tɪks] *n.* **1** 系統学. **2** 分類研究, 分類学. **3** 組織的な計画.

systemátic theólogy *n.* 〘神学〙 組織神学《一般には神学の中で教義学・倫理学・弁証学を含んだ, いわゆる理論部門の総称; 従来, 教義学 (dogmatics) とほとんど同義に使われてきた》.

sys·tem·a·tism [sístɪmətìzm, -tə-] *n.* **1** 系統を立てること, 組織[順序]立てること, 系統[組織, 体系]化. **2** 系統[組織]偏重; 分類重視[固守].

sýs·tem·a·tist [-tɪst, -ṭəst | -tɪst] *n.* **1** 系統[組織]立てる人, 組織者. **2** 分類学者 (taxonomist). **3** 組織[系統]固守者.

sys·tem·a·ti·za·tion [sìstɪməṭɪzéɪʃən, -təm-, -ṭəz- | -taɪ-, -tɪ-] *n.* 系統[組織, 体系]化; 分類.

sys·tem·a·tize [sístɪmətàɪz, -tə-] 〘《1764–67》 ← LL *systemat-*, *systēma* 'SYSTEM'+-IZE〙 ── *vt.* 組織立てる, 系統[組織, 体系]化する; 順序立てる, 分類する.

sýs·tem·a·tiz·er *n.* 系統学, 体系学.

sys·tem·a·tol·o·gy [sìstɪməṭɑ́lədʒi, -təm- | -tɔ́lədʒi] *n.* 系統学, 体系学.

sys·tem·ic [sɪstémɪk, səs- | sɪstém-, -tíːm-] 〘《1803》 ← SYSTEM+-IC¹〙 ── *adj.* **1** 系統[組織, 体系]の. **2** 〘生理・病理〙 全身的な, 全身を侵す (cf. local¹ 4): the ~ arteries 全身動脈 / a ~ disease 全身病 / ⇨ systemic circulation. **sys·tém·i·cal·ly** *adv.*

systémic circulátion *n.* 〘生理〙 大循環, 体循環 (greater circulation)《血液が心臓の左心室より動脈を通って組織に入り, 組織呼吸を行なったあと, 静脈を通って右心房に戻る循環経路》.

systémic páinting *n.* 〘絵画〙 米国で第二次大戦後に生まれた, あらゆる既成の様式や概念を否定する現代絵画の一表現手法でダダ風の表現.

sys·tem·i·za·tion [sìstɪmɪzéɪʃən, -mə- | -maɪ-, -mɪ-] *n.* =systematization.

sys·tem·ize [sístɪmàɪz, -tə-] *vt.* =systematize.

sýs·tem·iz·er *n.*

sýstem·less *adj.* **1** 系統[組織, 体系]のない, 無系統[組織, 体系]の; 順序のない; 方式[方法]のない. **2** 分類しない, 無分類の.

sýstems anàlysis *n.* システム分析《複雑な技術的[社会的, 生物学的]問題を基本的要素と下位組織に分解し, それらの相互関係を数学・電算機などを利用して評価し完全なまとまった体系に秩序立てる工業技術》.

sýstems ànalyst *n.* システム分析者.

sýstems desìgn *n.* 〘電算機〙 システム設計《応用目的に適合した電子計算機システムを構成すること》.

sýstems engineèr *n.* システムエンジニア.

sýstems engineèring *n.* システム工学[エンジニアリング]《交通網など複雑なシステムを最も有効適切に設計計画する方法を研究する学問》.

sys·to·le [sístəliː, -li | -lɪ] 〘《1577》 ▭ Gk *sustolḗ* contraction ← *sustéllein* to contract ← *sun*- 'SYN-'+*stéllein* to place, send〙 ── *n.* **1** 〘病理〙 心(臓)収縮(期) (cf. diastole 1). **2** 〘古典詩学〙 音節短縮 (cf. diastole 2).

sys·tol·ic [sɪstɑ́lɪk, səs- | sɪs-] *adj.*

sys·tyle [sístaɪl] 〘《1704》 ▭ L *systȳl-os* ▭ Gk *sústūlos* ← *sun*- 'SYN-'+*stũlos* column〙 〘建築〙 ── *adj.* 集柱式の《柱間内法(うちのり)が柱太さの 2 倍のものにいう》. ── *n.* 集柱式.

sys·ty·lous [sístələs | -tɪ-] 〘← NL *systylus* (← SYN- +Gk *stũlos* (↑))+-OUS〙 *adj.* 〘植物〙 花柱密着の.

syz·y·gy [sízədʒi | -zɪdʒɪ] 〘《1656》 ▭ LL *sȳzygi-a* ▭ Gk *suzugía* yoke, pair ← *sun*- 'SYN-'+*zugón* 'YOKE¹'〙 ── *n.* **1** (正反対のもので)対をなす二つのもの. **2** 〘天文〙 **a** 朔(さく)望. **b** 三つの天体がほぼ一直線になること《それらが太陽・地球・惑星(月を含む)の場合, 太陽・惑星・地球または惑星・太陽・地球の順となった時 (惑星と太陽の赤経差が 0)を合 (conjunction), 太陽・地球・惑星(惑星と太陽の赤経差が 12 時)の時を衝 (opposition) という》. **3** 〘古典詩学〙 2 詩脚併合《二つの詩脚が一つに結合されたもの》. **sy·zyg·i·al** [sɪzídʒiəl, sə- | sɪzídʒɪ-] *adj.* **syz·y·get·ic** [sìzədʒéṭɪk | -zɪdʒét-] *adj.*

sz. 《略》 size.

Szcze·cin [ʃtʃétsiːn; *Pol.* ʃtʃɛ́tɕin] *n.* シュチェチン《ポーランド北西部の港市; Oder 川に臨む; 人口 338,000; ドイツ語名 Stettin》.

Sze·chwan [sètʃwɑ́ːn; *Chin.* sìtsʰuān] *n.* 四川省《中国中西部の省; 人口 67,960,000, 面積 560,000 km², 首都 Chengtu (成都)》.

Sze·ged [séged; *Hung.* sɛ́gɛd] *n.* セゲド《ハンガリー南部, Tisza 川と Mureç 川の合流地点にある工業都市; 人口 167,000》.

Szell [sél, zél; *Hung.* séːll], **George** *n.* セル《1897–1970; ハンガリー生まれの米国の指揮者・ピアニスト》.

Sze-ma Ts'ien [súːmɑ̀ː-tʃién | -tʃɪ-] *n.* =Ssu-ma Chien.

Szent-Györ·gyi von Nagy·ra·polt [sèɪntdʒɔ́ː-dʒ(i)-fɔn-nɑ́ːdʒrɑ́ːpoʊlt | -dʒɔ́ːdʒ(ɪ)-fɔn-nɑ́ːdʒrɑ́ːpəʊlt; *Hung.* sɛ́ɲɟørɟi-fon-nɔ́ɟrɔ́polt], **Albert** *n.* セントジェルジ《1893–　; ハンガリー生まれで米国に在住の生化学者; Nobel 医学生理学賞 (1937)》.

Szi·ge·ti [sígɪṭi, sɪgéṭi | sígɪtɪ, sɪgétɪ; *Hung.* sígɛti], **Joseph** *n.* シゲティ《1892–1973; ハンガリー生まれの米国のバイオリン奏者》.

Szold [zóʊld | zə́ʊld], **Henrietta** *n.* (1860–1945) 米国の女性シオニズム指導者; Hadassah の創設者(1912).

Szom·bat·hely [sóumbɑːthèɪ | sɔ́um-; *Hung.* sómbɔthɛj] *n.* ソンバトヘイ《ハンガリー西部の都市; 人口 65,000》.

T

T, t [tíː] 〘OE *T, t* ⊏ L (Etruscan を経由) ⊏ Gk *T, τ* (taū) ⊏ Phoenician X (フェニキアアルファベットの最終文字): cf. Heb. ת (tāw)《原義》mark〙 **—** *n.* (*pl.* **T's, Ts, t's, ts** [～z]) **1** 英語アルファベットの第 20 字. **2** (活字・スタンプなどの) T または t 字. **3** [T] **a** T [T]字形(のもの): ⇨ T bandage / *T* cloth 天竺(てんじく)木綿《商標として T 字を印した英国産アジア向けの木綿》/ ⇨ T connection / a *T* pipe T 状管. **b** 〘アメリカンフットボール〙 = T formation. **4** 文字 t が表わす音《time, heart などの [t]》. **5** (連続したものの)第 20 番目(のもの); (J を数に入れない時は)第 19 番目(のもの). **6** 〘写真〙 = T-number. **7** [通例 T] (中世ローマ数字の) 160.

cross the [*one's*] ***t's*** ⇨ DOT[1] *the i's and cross the t's.* ***marked with a T*** 〘*T*: 《略》← THIEF: 昔盗賊の親指の爪に T の烙印を押したことから〙《英古》〈罪人が〉重罪犯人と告知された. ***to a T*** 〘《短縮》← *to a tittle*: または 'T 定規 (T-square) で測ったようにぴったり' の意から〙 正確に, ぴったりと, かっきりと, ちょうど (exactly): suit [fit] *to a T* ぴったりと合う / hit it off *to a T* ぴったり一致する. ★ to a tee とも書く.

t 《記号》〘統計〙 t distribution; thickness; 〘気象〙 thunder.

T 《記号》〘物理化学〙 absolute temperature; 〘物理〙 period 周期; 〘物理〙 (surface) tension; 〘電気〙 tesla; 〘物理〙 time reversal; 〘米軍〙 trainer 練習機: *T*-38; 〘化学〙 tritium.

t. 《略》 table; tabulated; (ラグビーなどで) tackle; 〘商業〙 tare; teaspoon; teaspoonful(s); tempo; 〘文法〙 tense; tera-; thaler(s); that; tonneau; transit; transitive; troy; tun; turn.

t., T. 《略》 technical; terminal; ton(s); target; teeth; telephone; temperature; *L.* tempore (= in the time of); tenon; *It.* tenore (= tenor); territorial; territory; tertiary; time; tome; *L.* tomus (= volume); town; township.

T. 《略》 tablespoon(s); tablespoonful(s); 〘音楽〙 *It.* tace (= be silent); tanker; 〘音楽〙 *It.* tasto (= key); teacher; telegraph; telegraphic; temporary; Testament; thermometer; tiler; torpedo; transaction; translation; transport; transportation; Treasury; Trinity; 〘海事〙 True; Turkish; 〘音楽〙 *It.* tutti (= all (instruments)).

T. 《記号》〘数学〙 term(s); 〘広告〙 third of a page; Turkish pound(s).

t'[1] [t] *prep.* 《古》 (母音で始まる不定詞に付く時の) to の略: *t'*attempt = to attempt.

t'[2] [tə (子音の前), t (母音の前)] *definite article* 《方言》 the の略: *t'*bottle = the bottle / *t'*other = the other.

't [t] *pron.* 動詞などの前または後に来る時の it の略: '*t*is = it is / '*t*was = it was / '*t*will = it will / do'*t* = do it / see'*t* = see it / on'*t* = on it. ★ 形式張った用法ではあまり用いられない.

t- 《略》〘化学〙 [通例イタリック体で] tertiary: *t*-alcohol 第三アルコール.

-t[1] [t] 〘p.p.: ME *-t, -(e)d* < OE *-od.* — pret.: ME *-te, -(e)de* < OE *-ode*: ⇨ -ed〙 *suf.* 動詞の過去形または過去分詞形語尾 (cf. -ed 1 ★ (1)): learn*t*, spoil*t*.

-t[2] [t] 〘《短縮》← -EST[2]〙 *suf.* = -est[2]: shal*t*, wil*t*, wer*t*.

-t[3] [t] 〘OE *-t* < Gmc **-t* < IE **-t-*〙 *suf.* 動詞派生の抽象名詞を造る: drif*t*, fligh*t*, sigh*t*. ⌈heigh*t*.

-t[4] [t] 〘OE *-t*《変形》← *-þ* '-TH[2]'〙 *suf.* = -TH[2]: drough*t*,

ta [tάː] 〘《1772》《転訛》← *thank (you)*〙 **—** *int., n.* 《英口語》 ありがとう: *Ta* muchly [ever so]. どうもあんがと / You must say *ta*. 坊や, あんがとを言うんですよ. ★ 小児または成人が小児語をまねて用いる.

Ta 《記号》〘化学〙 tantalum.

T.A. 《略》 telegraphic address; 《英》 Territorial Army.

Taal [tάːl] 〘《1896》 ⊏ Afrik. ～ ⊏ Du. *taal* language, speech: cf. tale[1]〙 *n.* [the ～] タール語《Afrikaans の古称》.

tab[1] [tǽ(ː)b] 〘《1607》← ?: cf. tablet〙 **—** *n.* **1 a** (衣服などの)垂(た)れ, 垂れ飾り. **b** 《英方言》靴のつまみ革; (靴ひもなどの)ひも先の金具 (tag); 靴ひも. **c** (小児服の)垂れそで. **d** (帽子の)耳おおい (ear tab). **2** 〘英軍〙 **a** (陸軍将校の)襟章. **b** 《英軍俗》幕僚, 参謀将校 (staff officer). **3** 付け札, 貼札 (tag, label). **4** 《口語》 **a** 勘定 (account), 帳合い (check). **b** (飲食店などの)勘定書, つけ (bill); 費用, 値段. **5** 〘演劇〙 **a** (舞台の一部を隠す)小型の垂れ幕. **b** = tableau curtain. **6** 〘航空〙 タブ《舵面の後縁部の一部を舵面とは独立にまたは連動して動かせるようにしたもので, トリム調整用あるいは補力用に用いる; cf. trimming tab》. **7** (カードや書類の)タブ, 耳, つまみ《分類整理に都合がよいように縁につけた出っ張り》.

have the tabs on = *keep* (*a*) TAB [TABS] *on* (2). ***keep*** (***a***) ***tab*** [***tabs***] ***on*** 《口語》 (1) …を勘定する, 確かめる (keep account of): *keep* close ～ *on* daily sales 日々の売上げを厳密に計算する. (2) …に気を付ける, …を見張る: an Orwellian system of *keeping ～s on* citizens オーウェルが描いたような市民監視組織. ***pick up the tab*** 《米口語》勘定を払う. ***throw up a tab*** 《米口語》借金を重ねる.

— *vt.* (**tabbed; tab·bing**) **1** …に垂れ[垂れ飾り]を付ける. **2** 選び出す, 指名する; 〈…と〉呼ぶ: They ～*bed* him (*as*) a tyrant. みんなが彼を暴君と称した.

tab[2] [tǽ(ː)b] 〘《略》← TABULATE[1]〙 *vt.* (**tabbed; tab·bing**) 《口語》 …の一覧表を作る; 記録する (record).

tab[3] [tǽ(ː)b] 〘略〙 *n.* 《口語》 **1** = tablet. **2** = tabloid 1 a. **3** = tabulator.

Tab [tǽ(ː)b] 〘← OHG *Tabbert*《原義》brilliant among the people ‖ ← ME *tabreur* drummer (⇨ tabor)〙 *n.* 男性名.

tab. 《略》 table; 〘処方〙 tablet; tabulated; tabulation.

ta·ba·nid [təbéɪnɪd, -bǽn-, -nəd | -nɪd] 〘↓〙〘昆虫〙 *adj.* ウシアブの, アブ(科)の. **—** *n.* ウシアブ, アブ《アブ科に属するアブの総称》.

Ta·ban·i·dae [təbǽnədiː | -nɪ-] 〘← NL ～ ← *Tabānus* (属名: ← L *tabānus*) + -IDAE〙 *n. pl.* 〘昆虫〙 (双翅目) アブ科.

tab·ard [tǽbəd | -bəd, -bɑːd] 〘《c1300》 ⊏ OF *tabart* (F *tabar(d)*) ← ?〙 **—** *n.* **1** (中世騎士がよろいの上に着た袖の短い紋章付きの)陣中着 (cf. COAT of arms). **2** 伝令官 (herald) [官吏] の官服《国王または領主の紋章が付いていた》. **3** (中世に一般に用いられた)一種の外套(がいとう). **4** タバード《中世の陣中着に似た婦人用チョッキ; 一般に脇が離れている》. **5** (軍隊のらっぱに付ける)特別の紋章の付いた矩形の絹の垂れ飾り.

tabard 2 (herald's tabard)

tab·a·ret [tǽbərɪt, -rət] 〘《1851》《商品名》← ? TABBY[1]〙 **—** *n.* **1** タバレット織《しゅすじまの丈夫な絹織物; 椅子張りなどに用いる》. **2** 刺繍(ししゅう)枠の一種.

Ta·bas·co[1] [təbǽskoʊ | -kəʊ; *Sp.* taβásko] *n.* タバスコ(州)《メキシコ南東部 Campeche 湾沿岸の一州; 人口 769,000, 面積 25,338 km², 首都 Villahermosa》.

Ta·bas·co[2] [təbǽskoʊ | -kəʊ] 〘《1894》: ↑〙 *n.* 〘商標〙 タバスコ《トウガラシから作る辛味の強いソース》.

tab·a·sheer [tæ̀bəʃíə | -ʃíə(r)] 〘《1598》 ⊏ Arab. *ṭabāšīr* chalk, mortar〙 **—** *n.* (*also* **tab·a·shir** [～]) 〘薬学〙 竹みそ《熱帯産の竹の節に集まった水液の乾燥したもので珪酸(けいさん)を含む; インドなどで小児が引き付けを起こしたとき内服させる》.

tab·bi·net [tǽbənèt | -bɪ-] *n.* = tabinet.

tab·by[1] [tǽbi | -bɪ] 〘《1638》 ⊏ (O)F *tabis*, 《廃》*atabis* ⊏ Arab. *'attābī* rich watered silk ← *Attābīyah* (Baghdad 市の織物産地)〙 **—** *n.* **1** = tabby cat. **2 a** 《英》オールドミス (old maid). **b** 意地の悪いおしゃべり女, 金棒引き. **c** 《豪俗》女, 娘. **3** 《古》タビー織《無地または波紋のある taffeta または moreen の類の織物》; その織物で作ったドレス. **4** = plain weave. **—** *adj.* **1** ぶちの: ⇨ tabby cat. **2 a** 〈織物が〉波紋のある (watered): ～ weave. **b** タビー織の: a ～ gown, dress, etc. **—** *vt.* 〈絹などに〉波紋を付ける.

tab·by[2] [tǽbi | -bɪ] 〘⊏ Gullah *'tabi* ← Afr.〙 *n.* 《米南東部》タビー《石灰・砂利・貝殻・水を等分にまぜたコンクリートの一種》.

tábby càt 〘⇨ tabby[1]〙 *n.* **1** ぶち猫, とら猫. **2** 飼猫, (特に)雌猫 (cf. tomcat).

tab·e·fac·tion [tæ̀bəfǽkʃən | -bɪ-] 〘⊏ L *tābefactiō(n-)* ← *tābefacere* to cause to waste ← *tābēre* to waste, melt: ⇨ -faction〙 **—** *n.* 《まれ》病気やせ[やつれ] (emaciation).

tab·erd·ar [tǽbədὰə | -bədὰː(r), -də(r)] 〘《1648》← *taberd* (《変形》← TABARD) + -AR[2]: もとは tabard を着た〙 **—** *n.* 《英》 (Oxford 大学の) Queen's College の奨学生. **～·ship** *n.*

tab·er·na·cle [tǽbənæ̀kḷ | -bə-] 〘《c1250》 ⊏ (O)F ～ ‖ L *tabernāculum* tent, booth ← *taberna* hut: ⇨ tavern, -cle, -cule〙 **—** *n.* **1** 《古》仮小屋, テント小屋. **2** 住居; 住所. **3** 《古》(霊の仮の宿としての)身体, 人体. **4** [しばしば T-] 〘ユダヤ教〙 **a** 幕屋《ユダヤ人が Palestine に最後の居住を定めるまで荒野をさまよった際の移動神殿; tent of meeting ともいう; cf. *Exod.* 25–27》: the Feast of *Tabernacles* = Sukkoth. **b** ユダヤ神殿. **5 a** 礼拝堂; (特に, 大会衆を入れる)教会堂《英国では軽蔑的に非国教派の会堂をいう》: the Metropolitan *Tabernacle* メトロポリタン教会堂《C. H. Spurgeon のために建てられた London 南部にあるバプテスト派の会堂》. **b** [T-] タバナクル《米国 Utah 州 Salt Lake City にあるモルモン教の大会堂; 1867 年完成》. **6** (聖像などを安置する)天蓋(てんがい)付き壁龕(へきがん). **7** 〘教会〙 聖櫃(せいひつ)《祭壇上に設けられた聖体保存のための箱形の容器》. **8** 〘海事〙 **a** (帆走ボートなどの)檣根(しょうこん)受け《起倒式帆柱の基部を保持する短い柱または箱型のもの》. **b** 倒したマストをデッキ上に支える受け台. **—** *vi.* **1** 仮屋に宿る, 仮住いする. **9** 〈霊魂が〉肉体に宿る. **—** *vt.* **1** …の仮住いとなる. **2** 《古》聖櫃(せいひつ)に祭る.

táb·er·nà·cled 〘《15C》〙 *adj.* (木または石の)天蓋(てんがい)飾りを付けた.

tábernacle mìrror *n.* = Constitution mirror.

tábernacle wòrk *n.* 〘建築〙 天蓋(てんがい)造り《教会堂の聖職者席 (stalls) の上などに設ける多数の小尖塔(しょうせんとう) (pinnacles) をあしらったもの》.

tab·er·nac·u·lar [tæ̀bənǽkjʊlə | -bənǽkjʊlə(r)] 〘← L *tabernācul-um* 'TABERNACLE' + -AR[1]〙 **—** *adj.* **1** 天蓋(てんがい)造りの. **2** 《軽蔑》〈言葉遣いが〉(非国教派の)秘密集会 (conventicle) じみた, 秘密集会ででも使いそうな.

ta·bes [téɪbiːz] 〘《1651》 ⊏ L *tābēs* a wasting away, decay ← *tābēre* to waste away〙 *n.* (*pl.* ～) 〘病理〙 **1** = tabes dorsalis. **2** 癆(ろう) (phthisis), 消耗.

ta·bes·cent [təbésṇt] 〘⊏ L *tābēscent-em* (pres.p.) ← *tābēscere* to waste away: ⇨ ↑, -ent〙 *adj.* 消耗性の, やせ衰える, やつれる. **ta·bés·cence** [-sṇs] *n.*

tábes dor·sál·is [-dɔəsǽlɪs, -séɪl-, -sάːl-, -ləs | -dɔː-sǽlɪs, -séɪl-, -sάːl-] 〘← NL *tābēs dorsālis* 'TABES of the back': ⇨ dorsal[1]〙 *n.* 〘病理〙 脊髄癆(せきずいろう)《脊髄梅毒; 運動失調を起こすため locomotor ataxia ともいう》.

ta·bet·ic [təbéṭɪk | -tɪk] 〘← TAB(ES) + -ETIC〙 *adj.* 脊髄癆(せきずいろう)の, 癆(性)の. **—** *n.* 脊髄癆患者.

tab·id [tǽbɪd, -bəd | -bɪd] 〘⊏ L *tābid-us* wasting: cf. tabes〙 *adj.* **1** 《古》 = tabetic. **2** やせこけた.

tab·i·net [tǽbənèt | -bɪ-] 〘《1778》← ?《廃》*tabine* (⇨ tabby[1], -ine[5]) + -ET〙 *n.* タビネット織《ポプリンに似た絹毛交織で波紋のある織物; 室内装飾用》.

Tab·i·tha [tǽbəθə | -bɪ-] 〘⊏ LL ～ ⊏ Gk *Tab(e)itha* ⊏ Aram. *ṭabhyᵉthā* ← *ṭabhyā* roe, gazelle〙 *n.* 女性名.

ta·bla [tάːblə] 〘⊏ Arab. *ṭabl* drum: ⇨ atabal〙 *n.* タブラ《インドの小太鼓; 二つ一組で両手で奏する》.

tab·la·ture [tǽblətʃʊə, -tʃə | -blətʃə(r, -blɪ-, -tjʊ̀ə(r)] 〘《1574》 ⊏ F ～ ⊏ ML *tabulātūra* ← LL *tabulāre* to board ← L *tabula* plank, writing tablet: ⇨ ↓, -ure〙 **—** *n.* **1** 〘音楽〙 タブラチュア《文字・数字または他の記号で楽曲を書き表わした楽譜, その記譜法; 古くはオルガンやリュートの音楽に多く用いられたが, tonic sol-fa 楽譜もこの一種と見なされる》. **2** 《古》 **a** 銘板 (tablet). **b** 絵画. **c** 心象.

ta·ble [téɪbḷ] 〘ME ⊏ (O)F ～ < L *tabula* board, tablet ∽ OE *tablu, tabule* ⊏ L〙 **—** *n.* **1** テーブル, 卓, 机《食事・会議・事務・ゲームなどに用いる》. **2** 食卓; 食卓上の食物, 食事: the pleasures of the ～ 飲食の快楽 / at ～ 食事中で[に] / for the ～ 食(卓)用の[に] / lay [set, spread] the ～ 食卓の用意をする / sit down at (the) ～ = sit down to ～ 食卓につく / rise from ～ = leave the ～ (食べ終わって)食事の席を立つ / wait at ～ = 《米》 wait (on) ～ 食事の給仕をする, ボーイ[ウエートレス]をする / clean the ～ 食事の後片付けをする / a humble [poor] ～ 粗末な食事 / a liberal [bountiful] ～ 豊富なごちそう / keep a good ～ (来客に)いつもごちそうを食べさせる / keep an open ～ (食卓を開放して)客を歓迎する / ⇨ table manners. **3** (食事・勝負事・会議などのため)テーブルを囲む人々, 一座; 委員会: keep the ～ amused 一座のとりもちをする / set the ～ in a roar 満座を大笑いさせる / a ～ of bridge ブリッジのテーブルを囲む人々 / a ～ of sheriffs 《英》州長官委員会. **4** 台, 仕事台, 裁ち台, 細工台, 遊戯台(など); 手術台: a card ～ トランプテーブル / a billiard ～ 玉突き台 / a green ～ 賭博台《緑色のラシャ[フエルト]が張ってある》/ ⇨ dressing table, gambling table / put the patient on the ～ 患者を手術台に載せる. **5** 平地, 平原; 台地, 高原. **6** [the T-] 〘天文〙 テーブル山座 (⇨ mensa 2). **7 a** (木・石・金属などの)彫り板: the two ～*s* = the ～*s* of stone = the ～*s* of the law [covenant, testimony] 律法[契約, 約束]の板, 証(あかし)の石板《Moses がシナイ山 (Mount Sinai) で受けた十戒 (Ten Commandments) を記したもの》. **b** 《廃》(木・

石・金属の)平板, 薄板. **8** [*pl.*] (ギリシャ・ローマの法典を銘刻した)表《青銅または木》; 法典 (laws): ⇨ Twelve Tables. **9 a** 表, 一覧表, 目録, 計算表 (synopsis, list, scheme): the ~ of logarithms 対数表 / ⇨ multiplication table / a ~ of contents (本の)目次; (物の)内容目録 / a ~ of descent 系図 / a ~ of interest 利息[利回り]表 / a ~ of weights and measures 度量衡表 / a ~ of rates 税率表 / in *Table* 1 第1表に. **b** [*pl.*] (学校で教えられる)計算表《九九表・度量衡表など》: learn one's ~*s*. **10** 〘建築〙 **a** 額板, 笠板(かさ)《彫刻などを施した大理石などの長方形の飾板; fireplace や戸口の上部などにはめ込む》. **b** 胴蛇腹《壁面から突き出た水平の帯》. **11** 〘解剖〙(頭骨などの)骨板, 板. **12** 〘音楽〙(楽器の)表板(おもて), 表甲《共鳴胴の表面》. **13** 〘宝石〙 **a** テーブル《ブリリアントカットなどの上面を成す平らな小面; cf. table cut; ⇨brilliant cut 挿絵》. **b** テーブルのある宝石《特に, ダイアモンド》. **14** 〘手相〙 掌(たなごころ), てのひら. **15** 〘印刷〙 インク練り盤《slab ともいう》. **16** [通例 the Lord's ~, the holy ~ として] 〘キリスト教〙 **a** 聖餐(せいさん)台. **b** 聖餐 (the Communion): go to the ~ 聖餐を受ける. **17 a** (バックギャモンの)折り畳み式盤の一枚: the inner [outer] ~ 内[外]板. **b** [*pl.*] バックギャモン (backgammon).

on the table (1) 〈物事が〉はっきり見える[わかる]ようになって. (2) 《米》〈議案など〉無期延期[棚上げ]になって: lay a motion *on the* ~ 動議を握りつぶす. (3) 《英》〈議案など〉提出[上程]されて: lay a bill *on the* ~ 議案を上程する. ***serve tables*** (1) 食卓に仕える《心の糧を措(お)いて飲食や身の回りのことを先にする; *Acts* 6:2》. (2) (貧しい者など に)食物を施す. ***sweep the table*** ⇨ sweep 成句. ***turn the tables*** 〘バックギャモンで対局者の位置を逆にするところから〙 形勢[局面]を逆転する, 主客転倒する; 〈人に〉逆襲を食わす 〔*on, upon*〕: *The* ~*s* are *turned*. 形勢は逆転した / We may *turn the* ~*s on* them next time. 今度は彼らに一矢を報いることができるかもしれない. ***under the table*** 《口語》 (1) 賄賂(わいろ)として, その下を使って; こっそりと: give money *under the* ~ to make a contract 契約を結ぶために賄賂を使う. (2) 泥酔して, 酔いつぶれて: He drank all his companions *under the* ~. 連れをみな酔いつぶれさせた.

table of (kindred and) affinity＝table of prohibited [forbidden] degrees [the —] (相互の結婚を禁じた)親等(一覧)表, 婚姻禁止近親表.

table of organization 〘軍事〙 (隊の)編制表.

— *attrib. adj.* **1** 卓上の, 机の, テーブルの: ~ decoration 食卓の装飾 / a ~ center テーブルセンター / a ~ radio 卓上ラジオ. **2** 食卓用の, 食用の: ~ oil 食卓油 / ~ fruit 食卓用果物 / a ~ bird 食用に飼育された鳥 / ~ butter 食卓用バター / ~ glass 食卓用ガラス器 / a ~ napkin 食卓用ナプキン《おしめの意味のナプキンと区別していう》. **3** 頂部が平らな; (特に)〈宝石が〉頂部を平らに仕上げた: ~ rock, reef, etc. / a ~ diamond, ruby, etc.

— *vt.* **1** 卓上に置く, 台の上に置く: ~ a card トランプの札を机の上に出す. **2** 表に載せる, 表にする (tabulate): ~ the results of the experiments 実験の結果を表にする. **3 a** 《米》〈議案などを〉無期延期にする, 棚上げする (shelve): ~ a proposal, resolution, etc. **b** 《英》〈議案などを〉提出する, 上程する (present): ~ a bill, motion, etc. **4** 《古》〘木工〙 ＝scarf[2] 1. **5** 〘海事〙 〈帆〉に広いへりを付けて補強する. **6** 〈金を〉支払う (pay). **7** 〈人〉に食物を出す (feed).

tab·leau [tǽblou, —⊥ | tǽblau] 〘(1699) □ F ～ 'picture' (dim.) ← *table* (↑)〙 — *n.* (*pl.* ~**x** [~z], ~**s**) **1** タブロー, 絵画的描写, 絵 (picture). **2** 劇的場面: *Tableau!* 何たる光景《描写の後に感嘆的に用いる; cf. Curtain! ⇨curtain 2 a》. **3** ＝tableau vivant. **4** 〘トランプ〙 タブロー, 台札《solitaire 系のゲームで, 最初に並べる置き札 (layout) のうち, 後から新しい札をつけ加えていくもととなる部分; 今日では foundation という》.

tábleau cùrtain *n.* 〘演劇〙 (劇場用の)引き幕《通常, 中央で会うように舞台の左右から引き寄せる》.

tábleau vi·vánt [-vi:vɑ́:(ŋ), -vɔ̃:(ŋ), -vɑ́:ŋ, -vɔ́(:)ŋ; *F.* tablovivɑ̃] 〘□ F ～ 《原義》'living TABLEAU'〙 — *n.* (*pl.* **tableaux vi·vants** [~]) 活人画《生きた人が扮装(ふんそう)して人形のように静止した姿勢で, 名画や歴史的場面などを現出すること》.

tableaux *n.* tableau の複数形.

táble-bòard *n.* **1** 食卓の板. **2** 《米》(部屋を借りずに)賄いだけしてもらうこと (cf. ROOM *and board*). **3** ゲーム台, 賭博台 (gaming table).

táble bòok *n.* **1** タブレット《蠟でおおわれた古代の筆記用の板》. **2** 《廃》(メモ用の)ノート, 手帳. **3** テーブル本《応接室の卓上に置く, 通例, 美しい絵入り本》.

táble·clòth 〘(15C)〙 *n.* (食卓中に用いる)テーブルクロス. 「作った装飾用のもの》.

táble còver *n.* テーブル掛け《厚地のラシャなどで

táble-cùt *adj.* **1** 〈宝石が〉テーブルカットの. **2** 〈手袋が〉あつらえの (custom-made).

táble cùt *n.* 〘宝石〙 テーブルカット《ダイアモンドの八面体の一方の先端を横に切り, この四角な面をテーブル状に磨く古い磨き方; cf. table 13 a》.

ta·ble d'hôte [tɑ́:bḷdóut, tǽbḷ- | tɑ́:bḷdóut; *F.* tabləːdo:t] 〘(1617) □ F ～ 'host's table'〙 — *n.* (*pl.* ~**s** [~(s)], **ta·bles d'hôte** [~; *F.* ~]) (ホテルの食堂やレストランの)定食《本来, ホテルなどで一定の時間に一定数の客に出していたもの; cf. à la carte, prix fixe》: a ~ lunch, dinner, etc.

tábled jóint *n.* 〘石工〙 かみ合わせ継ぎ, 喰込み継ぎ.

táble èngine *n.* 〘機械〙 テーブルエンジン《シリンダーが鉛直に配置された陸上固定蒸気機関で, シリンダーの上部にあるクロスヘッドから連結棒を経てシリンダーの下部にあるクランクシャフトを回転させる形式のもの》.

táble flàp *n.* ＝drop leaf.

ta·ble·ful [téɪbḷfʊ̀l] *n.* **1** (*pl.* ~**s**, ~) 一食卓分(の数量). **2** 一食卓を囲める人数.

táble gàrden *n.* ＝kitchen garden.

táble-hòp *vi.* 《口語》(レストランなどで友人と談話するため)席をあちこちと変える, テーブルから別のテーブルへと移動する. **táble-hòp·per** *n.*

táble-knìfe *n.* 食卓用ナイフ.

táble làmp *n.* テーブルを照らす電気スタンド.

táble·lànd *n.* 台地, 高原 (plateau).

táble-lèaf *n.* **1** テーブル補助板《extension table に用いる》. **2** ＝drop leaf.

táble-lìfting *n.* 〘心霊〙 ＝table turning. 「ンなど》.

táble lìnen *n.* 食卓用白布《テーブルクロス・ナプキ

táble mànners *n. pl.* テーブルマナー, 食事の作法.

táble màt *n.* テーブルマット《食卓で熱い料理の皿などの下に置く木製・布製などの下敷》.

táble mòney *n.* **1** 〘英陸海軍〙 接待費手当《将官に特別に支給される》. **2** (クラブの)食堂使用料. **3** ＝cover charge.

táble·mòunt *n.* 〘地質〙 ＝guyot.

Táble Móuntain 〘⇨ table 5: 頂上が平らなところから〙 — *n.* **1** テーブル山《南アフリカ共和国 Cape Town 付近の山 (1,087 m)》. **2** [the ~] 〘天文〙 テーブル山座 (⇨ mensa 2).

táble-mòving *n.* 〘心霊〙 ＝table turning.

táble ràpping *n.* ＝spirit rapping.

táble sàlt *n.* 食塩, 食卓塩.

táble·spòon *n.* **1** テーブルスプーン《卓上で食物をよそるために用いる大さじ; 普通; 茶さじ3杯 (15 cc) の容量》. **2** ＝soup spoon. **3** ＝tablespoonful.

ta·ble·spoon·ful [téɪbḷspù:nfʊ̀l] *n.* (*pl.* ~**s**, **ta·ble·spoons·ful**) 大さじ一杯(分) 〔*of*〕.

táble stàke *n.* 〘トランプ〙 (ポーカーで)定(さだ)め賭け《ゲームに先立ち, 自分が勝ちたいと思う総額を賭金として卓上に出す方式; またその賭金》.

táble sùgar *n.* 白砂糖, (特に)グラニュー糖.

tab·let [tǽblɪt, -lət] 〘(*a*1333) *tablette* □ OF *tablete* (F *tablette*) □ ML *tablēta* (dim.) ← L *tabula* 'TABLE': ⇨ -et〙 — *n.* **1** (金属・石・木の)平板《その上に銘などを書いたり彫ったりする》; 銘板, 刻板: a memorial ~ 記念牌(はい) / a votive ~ (祈願成就などの感謝を表わして献納する)奉納額, 絵馬(えま). **2** 〘建築〙 **a** 笠石(かさいし) (tabling ともいう). **b** ＝table. **3** 書字板, 書冊《ろうなどを塗った木・象牙(ぞうげ)などの薄板, 多くは2枚またはそれ以上を綴じ合わせたもので古典古代人が stylus でその上に書き写したもの; cf. diptych 1, triptych 1》. **4** (一綴りの)便箋(びんせん) (pad). **5** 錠剤: throat ~*s* 喉の薬の錠剤 / three ~*s* of aspirin アスピリン3錠. **6** (型に入れて作った石鹸・チョコレートなどの)一かたまり (cake): a ~ *of* soap 石鹸一個 / a ~ of chocolate 板チョコ. **7** 〘鉄道〙 タブレット, 通票《単線部分の列車運転の際機関手に渡す証票》. — *vt.* **1** 平板に記す[刻む]. **2** 錠剤[小球など]にする.

tablet 1

táble tàlk *n.* **1** 食卓での雑談《しばしば書物の表題などに用いる》. **2** 食卓での会話にふさわしい話題.

táble tàpping *n.* ＝spirit rapping.

táblet-àrm chàir *n.* タブレットチェア《一方のひじ掛けが広く平らになっていて, その上でものが書ける椅子; tablet chair, writing chair ともいう》.

táblet chàir *n.* ＝tablet-arm chair.

táble tènnis *n.* 卓球.

táble tìlting [tìpping] *n.* 〘心霊〙 ＝table turning.

táble·tòp *n.* **1** テーブルの表面(に似たもの). **2** 〘写真〙 卓上写真《テーブルの上にミニチュアのセットなどを作って撮影するもの》. — *attrib. adj.* **1** 卓上の, 卓上用の: a ~ water heater 卓上湯沸し器. **2** 〘写真〙 卓上写真の: ~ photography.

tablet-arm chair

táble trìpod *n.* 〘映画・テレビ〙 (背の低い)カメラ用三脚台.

táble tùrning *n.* 〘心霊〙 (降霊術で)数人の人がテーブルに手を載せるとテーブルが自然に動き出して一方に傾くこと《心霊の力によるとされる》.

táble·wàre *n.* [集合的] 食卓用器具《陶器・ガラス器・銀器など》.

táble-wàter *n.* 食卓用鉱泉水.

táble wìne *n.* テーブルワイン, 食中酒《食事中に飲むアルコール度14%以下のぶどう酒; beverage wine, light wine ともいう; cf. aperitif wine, dessert wine》.

tab·li·er [tǽbliə̀r | -lɪ-; *F.* tablie] 〘□ F ～ 'apron' ← *table* 'TABLE'〙 — *n.* **1** (婦人服の)エプロン風装飾. **2** (エプロンのような後ろ開きの)オーバードレス (overdress).

ta·bling [téɪblɪŋ, -bḷ-] 〘(15C)〙 — *n.* **1** 《古》表にすること. **2** ＝table linen. **3 a** 〘木工〙 かみ合わせ. **b** 〘建築〙 ＝table 10 b. **c** 〘建築〙 ＝tablet 2 a. **4** 〘海事〙 (帆のふちに縫い付けた補強用の)縁布(ふちぬの).

tab·loid [tǽblɔɪd] 〘(1884) ← TABL(ET)＋-OID: 英国の Messrs. Burroughs, Wellcome & Co. 製の薬剤の商標名〙 — *n.* **1 a** タブロイド版新聞《記事を要約し写真版を入れたもので普通の新聞の半分位の大きさ》. **b** (扇情的記事・写真がたくさん載っている)大衆紙. **2** タブロイド版の刊行物: a company ~ (タブロイド版の)社内報. **3** 概要 (digest), 要約 (summary). — *attrib. adj.* **1** タブロイド版の: ~ size タブロイド版 / a ~ newspaper [paper] タブロイド版新聞 / the ~ press [集合的] 《軽蔑》小型新聞. **2** 要約した, 圧縮した: a ~ play 寸劇 / in ~ form 要領よく圧縮して. **3** 扇情的な, 卑俗な: ~ reporting 扇情的なルポ.

ta·boo [təbú:, tæ- | tə-] 〘(1777) □ Tongan *tabu*〙 — *n.* (*pl.* ~**s**) **1** 禁忌, タブー《ポリネシアや南洋の原住民の間で, 特定の人や物を神聖または不浄として触れることや口にすることを禁じる風習》: lay a ~ on the trees その木をタブーにする / Names of great chiefs and gods are *under* (*a*) ~. 偉大な酋長や神の名(を口にすること)はタブーになっている. **2** 禁制, 法度(はっと) (ban); 村八分 (ostracism): ⇨ taboo word / put the ~ *on* something＝put something *under* ~ ある物を禁制にする / They found themselves placed in a ~ at Rome. 彼らはローマでは村八分にされた. **3** タブー信仰, 迷信. — *adj.* **1** (神聖または不浄なものとして)タブーの, 禁忌の: a ~ animal. **2** 禁制の, 禁断の (banned): Such topics are ~ in decent society. 品位のある人々との交際にそんな話題は禁物である. — *vt.* **1** タブー[禁忌]とする, 忌む, タブー視する: Wine drinking is ~*ed* among Moslems. 回教徒の間では飲酒はタブーとされている. **2** 禁制する, 厳禁する (prohibit): The topic was ~*ed*. その話題は厳禁にされていた. **3** 〈人を〉村八分にする, 追放する.

tabóo wòrd *n.* 忌み言葉, 禁忌語, タブー語: The so-called four-letter words have been regarded as ~*s* for centuries. いわゆる四文字語は何世紀もの間禁忌語と見なされてきた.

ta·bor [téɪbə | -bə(r, -bɔ:(r] 〘(*c*1300) □ OF *tab(o)ur* (F *tambour*) □ Arab. *ṭubūl* (pl.) ← *ṭabl* drum: cf. tambour〙 — *n.* テーバー《英国で中世に用いられた小太鼓; 同じ人が右手でこれをたたき, 左手で小笛を奏する; cf. pipe 5 c》. — *vi.* 《方言》テーバー[小太鼓]を打ち鳴らす. — *vt.* 《古》繰り返したたく. **~·er** *n.*

tabor

tab·o·ret [tæ̀bərét, -réɪ, tǽbərɪt, -rət | tǽbərɪt, -rət, -rèt] 〘1, 2: (1656) □ F *tabouret* (dim.) ← OF *tabour* (↑): 形の類似から. —3: (1464) *taberett* ← *taber* 'TABOR'＋-*ett* '-ET'〙 — *n.* **1 a** 低い床几(しょうぎ) (stool). **b** (鉢などを置く)低い台. **2** 刺繍(しゅう)枠. **3** 小太鼓 (small tabor).

tab·o·rin [tǽbərɪn, -rən | -rɪn] 〘□ F *tabourin* ← OF *tabour* 'TABOR'＋-*in* '-INE[5]'〙 *n.* ＝tabret 1.

Ta·bor·ite [téɪbəràɪt] 〘← *Tábor* (ボヘミアの町名)＋-ITE[1]〙 — *n.* タボル派の信徒《15世紀ボヘミアで Huss の考えを信奉し, Tábor [tɑ́:bɔə | -bɔ:(r; *Czech.* tá:bor] に本拠を置いた戦闘的な集団の一員》.

ta·bour [téɪbə | -bə(r, -bɔ:(r] *n.*, *v.* ＝tabor.

tab·ou·ret [tæ̀bərét, -réɪ, tǽbərɪt, -rət | tǽbərɪt, -rət, -rèt] *n.* ＝taboret.

tab·ret [tǽbrɪt, -rət] 〘(*a*1377): ⇨ tabor, -et〙 *n.* **1** 小太鼓 (small tabor). **2** 《廃》小太鼓手.

Ta·briz [təbrí:z] *n.* タブリーズ《イラン北西部の都市; 人口 599,000; 古名 Tauris》.

ta·bu [təbú:, tæ- | tə-] *n.*, *adj.*, *vt.* ＝taboo.

tab·u·la [tǽbjʊlə] 〘□ L ～ 'TABLE'〙 *n.* (*pl.* **-u·lae** [-lì:]) **1** 筆記板. **2** 〘解剖・動物〙 骨板, 板; (化石サンゴ虫類の)床板.

tab·u·lar [tǽbjʊlə | -lə(r] 〘(1656) □ L *tabulār-is* (cf. F *tabulaire*) ← *tabula* 'TABLE': ⇨ -ar[1]〙 — *adj.* **1** 平面の, 平板状の: a ~ crystal 板状の結晶. **2** 薄板から成る, 薄層した. **3** 表(ひょう)の, 表にした; 表によって算出した: in a ~ diagram 図表にして. **4** 〈台地・高原が〉平坦で広い: a ~ hill. **~·ly** *adv.*

tábula rá·sa [-rɑ́:zə, -sə | -réɪsə, -rɑ́:-, -zə] 〘□ L ～ 'erased TABLET': ⇨ erase〙 — *L. n.* (*pl.* **tabulae ra·sae** [-zaɪ | -zaɪ, -saɪ]) **1** 文字などの刻まれていない書き板 (tablet). **2** タブラ ラサ, (心の)白紙状態《Locke の哲学で, まだ外界から何の観念をも受けていない心の状態をいう》.

tábular bérg *n.* 〘地理〙 ＝barrier berg.

tábular cáshbook *n.* 〘会計〙 多欄式金銭出納簿《仕訳帳と元帳を合わせたもの》.

tábular dífference *n.* 〘数学〙 表差《数表の隣り合う二つの数値の差で, 補間 (interpolation) のために表にのせてあるもの》.

tábular íceberg *n.* 〘地理〙 ＝barrier berg.

tab·u·lar·ize [tǽbjʊləràɪz] *vt.* ＝tabulate[1].

Tab·u·la·ta [tæ̀bjʊléɪtə | -tə] 〘← NL ～ (neut. pl.) ← L *tabulātus* (↓)〙 *n. pl.* 〘動物〙 (腔腸動物花虫綱の)床板サンゴ亜綱《絶滅したサンゴ類》.

tab·u·late[1] 〘(1596) ← L *tabulāt-us* boarded, planked ← *tabulāre*: cf. tablature〙 — [tǽbjʊlèɪt] *v.* — *vt.*

1 表にする, …の一覧表を作る: ~ data [statistics] 資料[統計]を表で示す / a ~*d* quotation 相場表. **2** 平面にする, 平らにする. **—** *vi.* 要約する, まとめる (condense). **—** [-lət, -lɪt, -lèɪt] *adj.* **1** 平らな, 平面の. **2**《動物》床板 (tabulae) のある.

tab·u·late² [tǽbjulèɪt] 〖《逆成》← TABULATOR〗 *vi.* (タイプライターの)タビュレーターをセットする.

tab·u·la·tion [tæ̀bjuléɪʃən] *n.* 表にすること, 表作成〔*of*〕; (その結果出来た)表 (table): the ~ *of* statistics 統計表作成.

táb·u·là·tor [-ṭə | -tə(r)] *n.* **1** 作表者, 図表作成者. **2** (タイプライター・事務用器具の)タビュレーター《図表作成用装置》. **3**《電算機》自動図表作成装置《パンチカードの情報を整理し, 作表する装置》.

TAC, T.A.C.《略》《米空軍》Tactical Air Command 戦術空軍.

tac·a·ma·hac [tǽk(ə)məhæ̀k] 〖《1577》▭ Sp. *tacamahaca* ▭ N-Am.-Ind. (Nahuatl) *tecamaca*《原義》stinking copal〗 **—** *n.* (*also* **tac·a·ma·hac·a** [tæ̀k(ə)məhǽkə, -hɑ́ː-]) **1** タカマハック樹脂《熱帯産樹木から採る芳香樹脂》. **2**《植物》タカマハック樹脂を産する樹木《特に, アメリカポプラ (balsam poplar), *Bursera gummifera* (熱帯アメリカ産カンラン科), *Calophyllum tacamahaca* (マダガスカル産オトギリソウ科)等》.

TACAN [téɪkæn] 〖《頭字語》← *tac*(*tical*) *a*(*ir*) *n*(*avigation*) *system*〗 **—** *n.*《航空》タカン《戦術用の航空機用航法援助システムで, 固定した地上局または空母のような移動局からの方位と距離を味方の航空機に知らせる; cf. VOR/DME, VORTAC》.

tac-au-tac [tǽkoutǽk | -kəu-] 〖▭ F ~ 'clash for clash' ← *tac*《疑音語》〗 *n.*《フェンシング》受け流して突くこと; 丁々(ちょうちょう)発止(と切り結ぶこと).

Tac·ca·ce·ae [tækéɪsiìː] 〖← NL ~ ← *Tacca* (属名: ▭ Malaya *takah*《原義》notched)+-ACEAE〗 *n. pl.*《植物》タシロイモ科. **tac·cá·ceous** [-ʃəs] *adj.*

tace¹ [tǽ(ː)s, téɪs] *n.*《甲冑》=tasse.

ta·ce² [téɪsiː] 〖▭ L *tacē* (imper.) ← *tacēre* to be silent〗 *vi.* [命令形で] 黙れ: *Tace* is Latin for a candle. 口外するな.

ta·cet [tɑ́ːket, téɪsɪt, -sət | téɪset, tǽs-] 〖▭ L ~ '(it) is silent' ← *tacēre* (↑)〗 *L. vi.* [命令形で]《音楽》休止せよ《演奏歌唱の中止の命令》.

tach¹ [tǽk] *n.* =tachometer.

tache¹ [tǽtʃ] 〖《15C》▭ OF ~ 'a large nail': TACK¹ と二重語〗 *n.* (*also* **tach²** [~])《古》鉤(かぎ); 締め金.

tache² [tǽ(ː)ʃ | tɑ́ːʃ, tǽ(ː)ʃ] 〖(*a*1338) ▭ OF *teche* (F *tache*) ← ? Gmc: cf. token〗 **—** *n.* **1**《医学》斑点(はんてん), 斑紋; そばかす, あざ. **2**《スコット》きず, 欠点 (blemish).

tach·e·om·e·ter [tæ̀kiɑ́məṭə | -kiɔ́mɪtə(r, -mə-] 〖《1876》▭ F *tachéomètre* ← *taché*- (← Gk *tákhos* speed)+-o-+-*mètre* '-METER¹'〗 **—** *n.*《測量》=tachymeter 1.

tách·i·na flỳ [tǽkənə- | -kɪ-] 〖*tachina*: ← NL *Tachina* ← Gk *takhinē̃* (fem.) ← *takhinós* swift〗 **—** *n.*《昆虫》ヤドリバエ, ハリバエ, 寄生蠅《その幼虫は主として鱗翅目の幼虫の内部寄生虫》.

tach·i·nid [tǽkənɪd, -nəd | -kɪnɪd] 〖↓〗《昆虫》*adj.* ヤドリバエ(科)の. **—** *n.* ヤドリバエ, ハリバエ, 寄生蠅《ヤドリバエ科のハエの総称》.

Ta·chin·i·dae [təkínədìː, tə- | -nɪ-] 〖← NL ~ ← *Tachina* (属名: ⇨ tachina fly)+-IDAE〗 *n. pl.*《昆虫》(双翅目) ヤドリバエ科.

tach·i·ol [tǽkiɔ̀(ː)l, -òul | -kɪɔ̀l] *n.*《化学》=silver fluoride.

tach·ism [tǽʃɪzm] 〖↓〗 *n.* [しばしば T-] =tachisme.

ta·chisme [tæʃíːsm; *F.* taʃism] 〖▭ F ~: ⇨ tache², -ism〗 **—** *n.* [しばしば T-]《美術》タシズム《抽象表現主義の画法で, 画面に無作為に絵の具をしたたらせたりはねさせたりしてイメージを描出する; 米国では action painting ともいう》.

ta·chiste [tæʃíːst; *F.* taʃist] [しばしば T-] (*also* **tachist** [~]) *n.* タシズム画家, タシスト (cf. tachisme). **—** *adj.* タシズムの, タシストの.

ta·chis·to·scope [təkístəskòup | -skəup] 〖← Gk *tákhistos* swiftest+-SCOPE〗 **—** *n.*《心理》瞬間露出器《色・文字・単語・物品などを一定の時間(約 1/5 秒)被実験者に見せるための実験心理学用器械》. **ta·chis·to·scop·ic** [təkìstəskɑ́pɪk | -skɔ́p-] *adj.* **ta·chìs·to·scóp·i·cal·ly** *adv.*

tach·o- [tǽkə] 〖← Gk *tákhos* speed〗「速度 (speed)」の意の連結形: *tacho*gram.

tach·o·gram [tǽkəgræ̀m] *n.* タコグラム《タコグラフの記録》.

tach·o·graph [tǽkəgræ̀f | -grɑ̀ːf, -græ̀f] *n.* **1** タコグラフ, 記録回転計, 回転速度記録計. **2** =tachogram.

ta·chom·e·ter [tækɑ́məṭə, tə- | tækɔ́mɪtə(r, -mə-] 〖《1810》〗 **—** *n.* **1** タコメーター, 回転速度計《高速度に回転する物体の回転数[速度]を測る機械》. **2** 血流計, (水流などの)流速計.

ta·chom·e·try [tækɑ́mətri, tə- | tækɔ́mɪtri, -mə-] *n.* 回転速度測定; 流速測定, 血行速度測定.

tach·y- [tǽkɪ, -kə | -kɪ] 〖← Gk *takhús* swift: cf. tacho-〗「急速な (swift, quick)」の意の連結形: *tachy*cardia.

tàchy·auxésis 〖← NL ~: ⇨ ↑, auxesis〗 *n.*《生物》優成長《全体に比べて部分の成長が速いこと; cf. bradyauxesis》. **tàchy·auxétic** *adj.*

tàchy·cárdia 〖← NL ~: ⇨ tachy-, -cardia〗 *n.*《病理》頻脈(ひんみゃく), 頻拍.

tach·y·glos·sid [tæ̀kɪglɑ́sɪd, -kə-, -glɔ́(ː)s-, -səd | -kɪglɔ́sɪd] 〖↓〗 *adj., n.*《動物》ハリモグラ科の(動物).

Tach·y·glos·si·dae [tæ̀kɪglɑ́sədìː, -kə-, -glɔ́(ː)s- | -kɪglɔ́sɪ-] 〖← NL ~ ← *Tachyglossus* (属名: ⇨ tachy-, glossa)+-IDAE〗 *n. pl.*《動物》ハリモグラ科.

tach·y·graph [tǽkɪgræ̀f, -kə- | -kɪgrɑ̀ːf, -græ̀f] *n.* **1** 早書き[続け書き, 省略書き]文書. **2** =tachygrapher.

ta·chyg·ra·pher [tækígrəfə, tə- | tækígrəfə(r] *n.* 速記者(stenographer), (特に, 古代ギリシャ・ローマの)公証人 (notary).

ta·chyg·ra·phist [tækígrəfɪst, tə-, -fəst | tækígrəfɪst] *n.* =tachygrapher.

ta·chyg·ra·phy [tækígrəfi, tə- | tækígrəfɪ] 〖《1641》〗 **—** *n.* **1** 速記法; (特に, 古代ギリシャ・ローマの)早書き法. **2** (中世におけるギリシャ語・ラテン語の)続け書き法; 省略書法. **tach·y·graph·ic** [tæ̀kɪgrǽfɪk, -kə- | -kɪ-] *adj.* **tàch·y·gráph·i·cal** *adj.*

tach·y·la·li·a [tæ̀kɪléɪliə, -kə- | -kɪléɪlɪə, -ljə] 〖← NL ~: ⇨ tachy-, -lalia〗 *n.*《言語》速語癖《聴者が聞き取れないほど速くかつ不明瞭に話すこと》.

tach·y·lite [tǽkɪlàɪt, -kə- | -kɪ-] 〖← TACHY-+-LYTE¹: 酸の中で直ちに分解することから〗 *n.*《岩石》=basalt glass. **tach·y·lit·ic** [tæ̀kɪlíṭɪk, -kə- | -kɪlít-] *adj.*

ta·chym·e·ter [tækíməṭə, tə- | tækímɪtə(r, -mə-] 〖《1860》〗 *n.* **1**《測量》タキメーター, スタジア測量機, 視距器. **2** 速度表示器.

ta·chym·e·try [tækímətri, tə- | tækímɪtrɪ, -mə-] *n.*《測量》スタジア測量, 視距測量.

tach·y·on [tǽkiɑ̀n | -kiɔ̀n] 〖← TACHY-+-ON²: cf. anion, cation, ion〗 *n.*《物理》タキオン《光よりも速い速度をもつと言われる仮説的素粒子》.

tach·y·phy·lax·is [tæ̀kɪfɪlǽksɪs, -kə-, -fə-, -səs | -kɪfɪlǽksɪs] 〖← NL ~ ← TACHY-+Gk *phúlaxis* a watching〗 **—** *n.* (*pl.* **-lax·es** [-siːz])《医学》タキフィラキシー, 速成耐性.

tach·y·pne·a [tæ̀kɪ(p)níːə, -kə- | -kɪ-] 〖← NL ~: ⇨ tachy-, -pnea〗 *n.*《医学》頻呼吸, 呼吸促迫.

ta·chys·ter·ol [tækístərɔ̀(ː)l, tə-, -ròul | tækístərɔ̀l] *n.*《生化学》タキステロール ($C_{28}H_{43}OH$)《ergosterol の紫外線照射によって得られるその異性体》.

tach·y·tel·y [tǽkɪtèli, -kə- | -kɪtèlɪ] 〖← TACHY-+Gk *télos* end+-Y¹〗 *n.*《生物》急進化 (cf. bradytely). **tach·y·tel·ic** [tæ̀kɪtélɪk, -kə- | -kɪ-] *adj.*

tac·it [tǽsɪt, -sət | -sɪt] 〖《1604》▭ L *tacit-us* (p.p.) ← *tacēre* to be silent〗 **—** *adj.* **1** 口に出さない, 心の中での (unspoken): a ~ prayer 黙禱(もくとう) / There was a ~ thankfulness in his look. 彼の表情には無言の感謝がこめられていた. **2** 暗黙の, (口では言わないが)それとなく表わす (implied): a ~ agreement 黙約 / a ~ understanding 暗黙の了解 / ~ approval 黙認 / a ~ consent 黙諾. **3**《法律》黙示の (implied): a ~ mortgage 黙示抵当. **4**《古》黙っている, ものを言わない (silent): ~ spectators of the event 鳴りを静めてその事件を見物している人々. **~·ness** *n.*

Tac·i·ta [tǽsəṭə | -sɪtə] 〖▭ L ~ (fem.) ← *tacitus* (↑)〗 *n.* 女性名《異形 Tace》. ★クエーカー教徒にみられる.

Tac·i·te·an [tæ̀sətíːən | -sɪ-] *adj.* タキトゥス (Tacitus) の; 〈文体など〉タキトゥス風の.

tác·it·ly *adv.* 黙って; 暗黙のうちに, 暗々裡に.

tac·i·turn [tǽsətə̀ːn | -sɪtə̀ːn] 〖《1771》▭ F *taciturne* ∥ L *taciturn-us* quiet: cf. tacit〗 **—** *adj.* **1** (習性的に)無口な, 寡言(かげん)の, 寡黙の, 口数の少ない (reticent): a morose and ~ man 陰気で口数の少ない男 / He is rather ~. どちらかと言えば口数は少ない方だ. **2** 無表情な, 無愛想な: ~ misanthropy 無愛想な人間ぎらい. **~·ly** *adv.*

tac·i·tur·ni·ty [tæ̀sətə́ːnəṭi | tæ̀sɪtə́ːnətɪ, -nɪ-] 〖《1491》▭ (O)F *taciturnité* ∥ L *taciturnitāt-em*: ⇨ ↑, -ity〗 **—** *n.* **1** 無口, 寡言(かげん), 寡黙, 沈黙. **2**《スコット法》(債権者の)沈黙による権利放棄の黙示.

Tac·i·tus [tǽsəṭəs | -sɪt-], **Publius Cornelius** *n.* タキトゥス《55?–?120; ローマの歴史家; *Annales*「年代記」, *Historiae*「歴史」, *Germania*「ゲルマニア」》.

tack¹ [tǽk] 〖*n.*: (*a*1400) ← AF *taque* clasp, nail=OF *tache* point ← Gmc (cf. MLG *tacke* pointed instrument / ON *tac, tak* seizure). — *v.*: (*c*1400) ← (*n.*): TACHE¹ と二重語〗 **—** *n.* **1** 鋲(びょう), (敷物などの)留め鋲: a brass ~ 真鍮の鋲 / a carpet ~ カーペットの留め鋲 / a thumb ~ 画鋲. **2 a**《服飾》とじ付け, 仕付け, 仮縫い. **b** [通例 *pl.*]《製靴》タックス《靴の釣込みに用いる釘》. **3**《海事》帆の風上下隅(かど)索; 横帆の風上下隅; 縦帆の前部下隅; 補助帆の外方下隅を下方の補助帆用の帆桁(ほげた)に張る索. **4**《海事》**a** 開き《風向きに対する帆の位置》: sail on the port [starboard] ~ 左[右]舷(げん)開きで帆走する. **b** 開きの転換. **c** 同一の開きで帆走した区間, 針路. **5**《海事》上手(うわて)回し, 間切り《風を斜め前から受けてジグザグに風上に船をやること; cf. wear²》. **6** (陸上の)ジグザグの動き: He scaled the acclivity in a series of ~s. 何度もジグザグに動いて上り坂を登って行った. **7** (従来と変わった)方針, やり方: be on the right [wrong] ~ 方針を誤っていない[誤っている] / try [go on] another ~ 別なやり方を試みる / take a new ~ 方針を改める / We must change our ~. 方針を変えなければならない. **8** (ワニス・印刷インキなどの)粘性, 粘着度: tape with good ~ よくつくテープ. **9** 付加物;《英議会》付加条項. **10** (鞍(くら)・手綱などの)馬具, 馬具一式. **11**《方言》頑張り, 根性 (endurance).

get* [*come*] *down to brass tacks ⇨ brass tacks 成句.

tack and half tack《海事》あるいは長くあるいは短く間切って. ***tack and tack***《海事》間切りに間切って.

— *vt.* **1** (鋲で)留める, 取り付ける (attach), 〈敷物などを〉鋲で留める, 鋲留めにする 〈*down, up, together*〉: ~ the cloth *down* to the floor 床にクロスを鋲で留める / ~ boards *together* 板を鋲留めしてくっつける / ~ (*up*) a notice *on* the wall 掲示を壁に(鋲で留めて)張りつける. **2** 〈離れているものを〉〔…に〕結び付ける, 連結する (connect) 〔*to, on*〕: The island is ~*ed* *to* the mainland by a bridge. その島は橋で本土に連結されている. **3** とじ合わせる, 縫い付ける, 仮縫いする (baste): ~ *down* a fold ひだを仕付ける / ~ sleeves *on* (*to* a shirt) (シャツに)そでを縫い付ける. **4 a** 〈付属物を〉〔…に〕付ける, 添える, 付加する 〔*to, on, onto*〕: ~ postscript *on* a letter 手紙に追伸を添える / ~ extra charges *onto* a hotel bill ホテルの勘定書に追加料金を加える. **b**《英議会》〔法案に〕〈追加条項などを〉付加する (append) 〔*to, on, onto*〕: ~ a provision *to* an appropriation bill 歳出予算案に一条項を付加する. **5**《英法》〈抵当権を〉結合する; 〈後順位抵当を〉優先させる (cf. tacking 4). **6**《海事》〈帆船を〉上手(うわて)回しする, (上手回しを繰り返して)間切り進ませる.

— *vi.* **1**《海事》〈船が〉上手回しになる, (上手回しを繰り返して)間切る 〈*about*〉 (cf. wear², beat¹ *vi.* 9): ~ *about* 間切りながら進む / ~ *to* port 左舷開きで進む. **2** 方針[政策]を変える. **3** ジグザグに進む. **4** 〔人のあとについて行く〔*on to*〕: ~ *on to* a person. **5** (裁縫で)仕付けをする; 仮縫いをする (baste). **6** 馬に馬具を付ける, 馬の準備を整える 〈*up*〉.

tack² [tǽk] 〖← ?: cf.《方言》*tack* pasture let on hire〗 *n.* **1** 食物, 食料 (food, fare): ⇨ hardtack. **2**《軽蔑》がらくた, くず.

on the tack《俗》酒をやめて, 禁酒して.

táck·bòard *n.* (コルクなどでできた)掲示板.

táck clàw *n.* 鋲(びょう)うはずし《鋲をはずす道具》.

táck dòwn wìnd [-wínd] *n.*《海事》追風間切り《追風でヨットなどが走る時, 右舷開きにしたり左舷開きにしたりして針路を僅か変えながら進む方式で, スピンネーカーを張ったりして直進する方式に対していう》.

táck-drìver *n.* 自動鋲(びょう)打ち器.

táck·er *n.* **1** 鋲(びょう)を打つ人; 鋲打ち器. **2** 仮縫いをする人. **3**《英史》財政案に付加してある法案を通そうとする人; 特に, 18 世紀初頭, 非国教徒が一時的に国教徒を装うのを阻止する法案をこの手段で通そうとした人.

táck hàmmer *n.* 鋲槌(びょうづち)《軽い鋲打ちハンマー; 磁化されていて鋲を吸付けるものが多い》.

táck·i·fi·er *n.* (にかわ・ワニスの)粘着付与剤.

tack·i·fy [tǽkəfàɪ | -kɪ-] 〖← TACKY¹+-FY〗 *vt.* 〈にかわ・ワニス・ゴムなど〉の粘着性を増す.

táck·ing *n.* **1** 鋲(びょう)留め; 仮縫い, 仕付け; 取り付けた接合物: ~ threads 仕付け糸. **2**《海事》**a** 上手(うわて)回し, タッキング. **b** 間切り《ジグザグに風上に帆走すること; cf. beating 9》. **3** (法案への)条項の付加. **4**《英法》(抵当権の)結合, 後順位抵当優先《例えば, 第二抵当を知らずに第三抵当権者となった者は第一位の抵当を譲り受け, それに結合させて, 第二抵当権者を後順位に回すことができる》.

tack·le [tǽkḷ] 〖*n.*: (*c*1250) *takel* ▭ ? (M)LG *takel* equipment ← *taken* to seize. — *v.*: (*a*1340) ← (*n.*): ⇨ tack¹, -le¹ 2〗 **—** *n.* **1** 複滑車《数個の定滑車と動滑車を組み合わせたもので重い物体を引き上げる装置; cf. pulley 1》: a differential ~ 差動滑車 / a single [compound] ~ 単[複]車地(しゃち). **2 a** 道具, 用具, 仕掛け (gear): sports ~ スポーツ用具 / shaving ~ ひげそり用具. **b** 釣り(道)具 (fishing tackle). **c** 弓術道具. **d** 馬具. **3** [しばしば téɪkḷ]《海事》**a** 船の索具, (特に)動索の通っている滑車装置, テークル. **b**《古》船具 (gear), 艤装(ぎそう)品 (equipment). **4** タックル: **a**《ラグビー・アメリカンフットボール》球を持った敵の下半身に飛びついて倒し, 球の処理を妨げること. **b**《サッカー》敵の動きを阻止して球を奪うこと: a sliding ~. **5**《アメリカンフットボール》タックル《センターの両側, ガードとエンドの間に配置されている 2 名の選手のうちの 1 名》.

— *vt.* **1** 滑車で固定する[引き上げる]. **2** 〈馬〉に馬具を付ける (harness) 〈*up*〉. **3** 捕える, つかむ (seize), …に組み付く: The wrestler ~*d* his antagonist. レスラーは相手に組みついた. **4**《ラグビー・サッカー》…にタックルする (⇨ *n.* 4): ~ the player with the ball ボールをもった敵にタックルする. **5** 〔ある問題で〕〈人〉と渡り合う (confront) 〔*about, on, over*〕: ~ the landlady *about* a high rent 高い家賃のことで下宿のおかみと交渉する / I ~*d* him *on* [*over*] the subject. その問題について彼と大いに論じ合った. **6**《口語》〈困難な仕事など〉と[に]取り組む: ~ a task, problem, difficulty, etc. / ~ inflation インフレに取り組む. **7**《口語》勢いよく食べる (attack): ~ dinner. **—** *vi.*《ラグビー・サッカー》敵にタックルする (⇨ *n.* 4).

tackle to《口語》熱心に[本気で]仕事に取りかかる, 元気よく始める.

táck·ler [-kḷə, -klə | -kḷə(r, -kl-] *n.*

táck·ling [-kḷɪŋ, -kl-] 〖《15C》〗 **—** *n.* **1 a**《海事》滑車装置, 綱具, テークリング. **b**《古》滑車仕掛け (tack-

le). **2** 用具, 道具 (tackle) : fishing ～ 釣り道具. **3** (フットボールの)タックル(の動作).
táckling bàg *n.* (アメリカンフットボール・ラグビーなどの)ダミー《タックル練習用具》.
táck ròom *n.* (厩舎の)馬具収納室, 厩務員室《しばしば優勝額や優勝カップも置かれている》.
táck wèld *n.* タック溶接, 仮付け溶接《本溶接前に暫定的に固定する溶接》.
tack·y[1] [tǽki | -kɪ] 〖《1788》: ⇨ tack[1], -y[4]〗 *adj.* (**tack·i·er**; **-i·est**) 〈にかわ・ワニスなど〉粘着性の; べとべとする. **táck·i·ly** [-kɪli, -kə- | -lɪ] *adv.* **táck·i·ness** *n.*
tack·y[2] [tǽki | -kɪ] 〖← *tacky* (廃) hillbilly ← ?〗 ― *adj.* (**tack·i·er**; **-i·est**) 《米口語》 **1** みすぼらしい, 見苦しい (shabby) : a small ～ house. **2** 悪趣味な, やぼったい, あかぬけしない (dowdy); 〈人が〉卑俗な, 下品な (common) : ～ coiffure やぼったい髪型. **3** 派手で俗っぽい (gaudy) : a ～ costume. **táck·i·ness** *n.*
tac·ma·hack [tǽkməhæ̀k] *n.* ＝tacamahac.
Tac·na [tǽknə, tɑ́:k-; *Sp.* tákna] *n.* タクナ《ペルー南部の地方; 面積 14,767 km^2》.
Tácna-A·rí·ca [-ərí:kə; *Sp.* -aríka] *n.* タクナ アリカ《南米西部の沿海地方; 久しくチリ・ペルー両国の紛争の地であったが, 1883 年チリに合併され, 1929 年米国の調停によって Tacna はペルーに, Arica はチリに併合された》.
tac·node [tǽknoud | -nəud] 〖← L *tactus* touch (⇨ tact)＋NODE〗 *n.* 〖数学〗接触節点《曲線の二つの分枝が接し合う点》.
ta·co [tɑ́:kou | -kəu; *Sp.* táko] 〖□ Mex.-Sp. ～ □ Sp. ～ 'bung, snack'〗 ― *n.* (*pl.* ～**s** [～z; *Sp.* ～s]) タコス《トルティーヤ (tortilla) にひき肉やチーズを詰めて揚げたメキシコ料理》.
Ta·co·ma [təkóumə | -kóu-] 〖← N-Am.-Ind. ～ 《原義》 snowy peak〗 *n.* 米国 Washington 州西部, Puget Sound に臨む港市; 人口 152,000.
Tacoma, Mount *n.* タコマ山 (⇨ Mount RAINIER).
tac·o·nite [tǽkənàɪt] 〖← *Tacon(ic Mountains)* (米国北東部にある山脈)＋-ITE[1]〗 *n.* 〖岩石〗タコナイト《米国 Superior 湖地方に産する含鉄チャート (chert)》.
tac·point [tǽkpɔ̀ɪnt] 〖← *tac-* (⇨ tacnode)＋POINT〗 *n.* 〖数学〗同族接触点《同じ曲線族に属する二つの曲線が接する点》.
tact [tǽkt] 〖《1609》□ (O)F ～ // L *tact-us* (sense of) touch, effect (p.p.) ← *tangere* to touch : cf. tangent〗 ― *n.* **1** (人をそらさない)気転, 思いやり, 如才なさ : She had the ～ to avoid tender subjects of conversation. 彼女は如才なく人を傷つけるような話題を避けた. **2** 《古》手触り, 触感, 触覚. **3** 臨機応変の才, 手際, こつ (skill) : He has ～ in dealing with difficult situations. 難局に対処する手際を心得ている. **4** 感受性 (sensitivity), 趣味 (taste) : He has exquisite ～ in his use of color. 彼は色彩の使い方にすばらしいセンスがある. **5** 〖音楽〗(指揮棒の)一振り (stroke).
tact·ful [tǽktfəl] *adj.* **1 a** 如才ない, 気転のきく, 思いやりのある : a ～ person / a ～ speech そつのない話しぶり. **b** 臨機応変の才のある, 手際のよい : *It is* ～ *of* you *to* have everything ready. 用意万端整えているなんて君も手際がいいね[気転がきくね]. **2** 適切な (fitting). **～·ly** *adv.* **～·ness** *n.*
tac·tic [tǽktɪk] 〖《1638》← NL *tactic-us* ← Gk *taktikós* ← *taktós* ordered ← *tássein* to set in order : cf. F *tactique*〗 ― *n.* **1** [*pl.*] ⇨ tactics. **2** 戦術の一部[細目], 用兵, 戦法, 作戦, 策略 : an unusual ～ 異常な作戦. **3** (目的達成の)計画, 戦術 : He used a new ～ in his struggle for power. 権力闘争において新手の戦術を用いた. ― *adj.* **1** 順序の, 配列の. **2** 《古》＝tactical. **3** 〖生物〗走性[趨性(すう)]の(ある).
-tac·tic [tǽktɪk] 〖← Gk *taktikós* (↑)〗 次の意味を表わす形容詞連結形 : **1** 「配列(型)の」: homo*tactic*. **2** 「走性の」: photo*tactic*.
tác·ti·cal [-tɪkəl, -tə- | -tɪ-] 〖《1570》〗 ― *adj.* **1** 〖軍事〗 **a** 戦術の, 戦術上の, 戦術的な : a ～ point 戦術上の要点 / ～ nuclear weapons 戦術核兵器 / ⇨ tactical unit. **b** 〈空軍が〉地上[海上]の作戦の掩護(えん)を目的とする, 戦術的な (cf. strategic 3) : ～ aircraft 戦術航空機 / a ～ air force 戦術航空部隊. **2** 〈人・行為など〉策略のうまい, 駆け引きの上手な, 抜け目のない : a ～ statesman. **3** 便宜的な, 一時しのぎの : a ～ alliance 便宜的な同盟. **～·ly** *adv.*
táctical diámeter *n.* 〖海事〗旋回径《船が直進していて, ある角度の舵を一方に取った時, これによって船が 180° 旋回するまでに, 原針路から横方向へ重心が移動した距離》.
táctical únit *n.* 〖軍事〗戦術部隊, 戦術単位《単一の部隊として戦闘機能を果たすことができるように編成された部隊》.
tac·ti·cian [tæktíʃən] 〖《1798》□ F *tacticien* : ⇨ tactic, -ian〗 *n.* **1** 戦術家. **2** 策略家, 策士.
tac·tics [tǽktɪks] 〖《1626》← NL *tactica* ← Gk (*tà*) *taktiká* 《原義》 (matters) pertaining to arrangement (neut.pl.) ← *taktikós* 'TACTIC' : ⇨ -ics〗 ― *n.* **1** [単数扱い] 〖軍事〗(戦闘における)戦術, 用兵術, 兵学《実戦において, 敵前で部隊を配置したり動かしたりする方策; cf. strategy 2, logistics 1》 : grand ～ 高等戦術[用兵術] / minor ～ 局地[支隊, 初級, 小]戦術 / Strategy wins wars; ～ wins battles. 戦略は戦争の勝利をもたらし, 作戦は戦闘の勝利をもたらす. **2** [複数扱い]策略, 術策, 駆け引き (artful devices) : The opposition's filibustering ～ are deplorable. 野党側の議事妨害戦術は遺憾だ. **3** [単数または複数扱い] 〖言語〗配列論, 結合論《音素配列論 (phonotactics), 形態素配列論 (morphotactics) を含む》.
tac·tile [tǽktḷ, -taɪl, -tɪl | -taɪl] 〖《1615》□ L *tactil-is* tangible ← *tangere* to touch : ⇨ tangent, -ile[1]〗 ― *adj.* **1** 触覚の, 触感の : ～ anesthesia 触覚脱失 / ～ impression 触感 / ～ perception [sensation, sense] 触覚 / a ～ organ 触覚器官 / the ～ proboscis (昆虫の)触吻(ふん) / The cat's whiskers are ～. 猫のひげには触覚がある. **2** 触れることのできる, 触知できる (tangible) : ～ symbols for the blind 盲人のための触知記号. **3** 〖絵画・彫刻〗実体の感じのある : ～ values 触覚値. ― *n.* 〖心理〗触覚的心像が特に鮮明な人 (cf. audile, motile, visualizer).
táctile córpuscle *n.* 〖生物〗触小体.
táctile háir *n.* (動物の)触毛.
tac·til·i·ty [tæktíləṭi | -lətɪ, -lɪ-] *n.* 触知できること, 触知性.
tac·tion [tǽkʃən] 〖□ L *tactiō(n-)* ← *tactus* 'TACT' : ⇨ -tion〗 *n.* 触れること; 接触 (contact).
tact·ism [tǽktɪzm] 〖← Gk *taktós* ordered (⇨ tactic)＋-ISM〗 *n.* 〖生物〗走性, 趨性(すう)《生物が外部からの刺激に反応して方向性のある運動を起こすこと》.
táct·less *adj.* **1** 気転のきかない, 駆け引きを知らない, 不手際な, へまな : a ～ person / a ～ answer 気のきかない返事 / *It was* ～ *of* you not *to* report it to the police. 警察に知らせなかったのは不手際だぞ. **2** あからさまな (blunt) : in ～ truth あからさまに言うと. **～·ly** *adv.* **～·ness** *n.*
tac·to·sol [tǽktəsɔ̀(:)l, -sòul | -sɔ̀l] 〖← Gk *taktós* ordered (⇨ tactic)＋SOL[4] : cf. G *Taktosol*〗 ― *n.* 〖物理化学〗タクトゾル《自然に平行に配列する性質のある非球状粒子を含むゾル (sol); 光学的異方性を示す》.
tac·tu·al [tǽktʃuəl, -tjuəl, -tjʊl, -tʃuəl, -tʃʊl] 〖《1642》← L *tactus* a touch (⇨ tact)＋-AL[1]〗 ― *adj.* **1** 触覚の, 触感の (tactile) : a ～ sense 触感. **2** 感触による, 接触による : ～ tests 触覚による検査 / ～ luxury 贅美な触感.
tác·tu·al·ly [-tʃuəli | -tju(ə)lɪ, -tʃu(ə)lɪ] *adv.* 触れてみて, 触感で, 感触上.
tad[1] [tǽ(:)d] 〖《方言変形》? ← TOAD // 《略》← TADPOLE〗 *n.* 《米口語》男の子, 少年 (boy) : a little ～ 坊や.
tad[2] [tǽ(:)d] 〖《方言変形》← ? TOAD〗 *n.* 少量, 微量 (bit) : He is a ～ taller than me. 私より少し背が高い.
Tad [tǽ(:)d] 〖(dim.) ← THADDEUS〗 *n.* 男性名. ★米国在住のアイルランド人にみられる.
Tad·de·o [tɑdéɪou | -déɪəu; *It.* taddé:o] 〖□ It. ～〗 *n.* 男性名.
Ta·djik [tɑdʒík, -tə-, -dʒí:k | tɑ́:dʒɪk, tɑdʒí:k] *n.* **1** ＝Tajik. **2** ＝Tadzhikistan.
Tad·mor [tǽdmɔə | -mɔ:(r)] 〖□ LL ～ □ Heb. *Tadhmōr* 《原義》 city of palm-tree〗 *n.* 〖聖書〗＝Palmyra 1.
tad·pole [tǽdpòul | -pəʊl] 〖《15C》 *taddepol* ← *tad(de)* 'TOAD'＋*pole* 'POLL[1]'〗 *n.* **1** オタマジャクシ. **2** [通例 T-] 米国 Mississippi 州人《あだ名》.
tádpole-físh *n.* 〖魚類〗北大西洋産タラ科の頭が平たくてオタマジャクシに似た魚 (*Raniceps raninus*).
Ta·dzhik [tɑdʒík, tə-, -dʒí:k | tɑ́:dʒɪk, tɑdʒí:k] *n.* ＝Tajik.
Ta·dzhik·i·stan [tɑdʒíkɪstǽn, tə-, -dʒì:k-, -stɑ́:n | tædʒìkɪstɑ́:n; *Russ.* tadʒjikistán] *n.* タジク《ソ連邦南中部, 中央アジアのパミール高原 (Pamirs) に位置し, 南部でアフガニスタン東部で中国に接するソ連邦構成共和国の一つ; 人口 3,689,000, 面積 143,100 km^2, 首都 Dushanbe; 公式名 the Tadzhik Soviet Socialist Republic タジクソビエト社会主義共和国》.
tae·di·um vi·tae [tí:diəm-váɪṭi, táɪdiəm-ví:ṭaɪ | -dɪəm-váɪtɪ, -ví:taɪ] 〖□ L *taedium vitae* weariness of life〗 ― *L. n.* (自殺傾向を伴う)生への倦怠(けん), 厭世(えん).
Tae·gu [tægú:, taɪ-] *n.* 大邱《韓国南東部の都市; 人口 1,310,000》.
Tae·jon [tædʒɔ́(:)n, taɪ- | -dʒɔ́n] *n.* 大田《韓国中部の都市; 人口 507,000》.
tael [téɪl | téɪl, téɪəl] 〖《1588》□ Port. ～ □ Malay *tahil* weight〗 ― *n.* **1** 両(テール), 平両《東アジア, 特に中国の衡量単位; 通常 $1^1/_3$ オンスに当たる》. **2** 両(テール), 銀両《中国の旧通貨単位, 銀 $^1/_2$ オンス》. ★現行の通貨単位は元 (yuan).
ta'en [téɪn] 〖ME (*y*)*tan* 《中音消失》← (*y*)*taken* 'TAKEN'〗 *v.* 《古・詩》＝taken.
tae·ni- [tí:ni | -nɪ] (母音の前に来る時の) taenio- の異形.
tae·ni·a [tí:niə, -njə | -nɪə, -njə] 〖《1563》□ L ～ □ Gk *tainia* band, ribbon〗 ― *n.* (*pl.* **-ni·ae** [-niàɪ, -nii: | -niì:], ～**s**) **1** (古代ギリシャの)髪飾りバンド, リボン, はち巻き (headband, fillet). **2** 〖建築〗タエニア, 平縁(ひら)《ドリス式建築で architrave と frieze とを分かつ帯状の繰形; ⇨ entablature 挿絵》. **3** 〖解剖〗ひも状器官, ひも状構造. **4** 〖動物〗条虫《テニア属 (*Taenia*) の条虫の総称》.
tae·ni·a·ci·dal [tì:niəsáɪdḷ, -njə- | -nɪə-, -njə-] 〖⇨ ↑, -cidal〗 *adj.* 〖薬学〗サナダムシを殺す.
tae·ni·a·cide [tí:niəsàɪd, -njə- | -nɪə-, -njə-] 〖← TAENIA＋-CIDE〗 〖薬学〗 *adj.* ＝taeniacidal. ― *n.* サナダムシ駆除薬.
taeniae *n.* taenia の複数形.
tae·ni·a·fuge [tí:niəfjù:dʒ, -njə- | -nɪə-, -njə-] 〖← TAENIA＋-FUGE〗 〖薬学〗 *adj.* サナダムシ駆除の. ― *n.* サナダムシ駆除薬.
tae·ni·a·sis [ti:náɪəsɪs, -səs | -sɪs] 〖← NL ～ : ⇨ taenia, -asis〗 〖病理〗条虫症.
tae·ni·o- [tí:niou | -nɪə(ʊ)] 〖← L *taenia* 'TAENIA'〗 **1** 「リボン」の意の連結形. **2** 「条虫」の意の連結形. ★母音の前では通例 taeni- になる.
Tae·ni·oglos·sa [tì:niəglɑ́sə, -glɔ́(:)sə | -nɪəglɔ́sə] 〖← NL ～ : ⇨ ↑, -glossa〗 ― *n. pl.* 〖貝類〗紐舌目《中腹足目 (Mesogastropoda) ともいう》. **tàe·ni·o·glós·sate** [-glɑ́sət, -glɔ́(:)s-, -sɪt, -seɪt | -glɔ́s-] *adj.*
tae·ni·oid [tí:niɔ̀ɪd | -nɪ-] 〖⇨ taenia, -oid〗 *adj.* **1** ひも状の (ribbon-shaped). **2** 〖動物〗テニア属 (*Taenia*) 条虫の.
taf·fa·rel [tǽf(ə)rɪl, -rəl] 〖□ Du. *taffereel* panel (dim.) ← *tafel* □ L *tabula* 'TABLE'〗 *n.* (*also* **taf·fe·rel** [～]) 《古》〖海事〗＝taffrail.
taf·fe·ta [tǽfɪṭə, -fə- | -tə] 〖《1373》□ (O)F *taffetas* □ OIt. *taffetà* □ Turk. *tafta* □ Pers. *tāftah* woven ← *tāftan* to spin : cf. tapestry〗 ― *n.* タフタ, こはく《やや堅い平織絹》. ― *attrib. adj.* タフタ[こはく]の, タフタ[こはく]に似た.
táffeta wèave *n.* ＝plain weave.
taf·fe·tized [tǽfɪtàɪzd, -fə-] *adj.* 〈生地が〉タフタ[こはく]仕上げの.
taf·fe·ty [tǽfəṭi | -fɪtɪ] *n.* ＝taffeta.
taf·fi·a [tǽfiə | -fɪə] *n.* ＝tafia.
taff·rail [tǽfrɪl, -rəl, -reɪl | -reɪl, -rɪl, -rəl] 〖《1814》《変形》← TAFFEREL : *-rel* を RAIL[1] と誤解〗 ― *n.* 〖海事〗 **1** (特に, 彫刻など装飾を施した, 木造船の)船尾の上部. **2** 船尾手すり.
táffrail lòg *n.* 〖海事〗曳航(えい)測程器《船尾手すり (taffrail) に指示器 (governor) があり, それから編み紐 (log line) で長くローテーター (rotator) を曳航する方式の測程器で, 船の航程, ひいては速力を計る計器; patent log ともいう; cf. chip log, harpoon log》.

taffrail 2

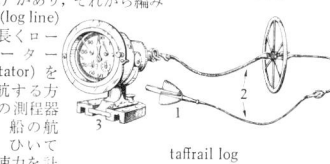

taffrail log
1 rotator; 2 log line; 3 register

taf·fy [tǽfi | -fɪ] 〖□ ? F *tafia* 'TAFIA'〗 ― *n.* 《米》 **1** タフィー《黒砂糖・糖蜜・バターを煮つめて練って作ったキャンデー; 英国では toffee, toffy という》. **2** お世辞, おべっか.
Taf·fy [tǽfi | -fɪ] 〖□ Welsh *Teifi* 《変形》← *Dafydd, Dewi* 'DAVID'〗 *n.* **1** 男性名. **2** 女性名. **3** 《口語》ウェールズ人《あだ名; cf. John Bull》.
táffy pùll *n.* 《米》タフィーパーティ《集まってみんなで taffy を作る会》.
taf·i·a [tǽfiə | -fɪə] 〖《1775》□ Creol-F ～ : cf. Malay *tāfia* spirit distilled from molasses〗 *n.* タフィア(酒)《西インド諸島産の砂糖きび液を蒸溜して造った下等なラム酒》.
Ta·fi·la·let [tæfɪlǽlət] *n.* ＝Tafilelt.
Ta·fi·lelt [tæ̀fəlélt | -fɪ-] *n.* (*also* **Ta·fi·lalt** [-lǽlt]) タフィレルト《モロッコ南東部のオアシス地域; 面積 1,380 km^2, 中心都市 Bou-Am》.
Taft [tǽ(:)ft | tǽft, tɑ́:ft], **Lo·ra·do** [ləréɪdou | -dəu] *n.* (1860–1936) 米国の彫刻家.
Taft, Robert A(**lphonso**) *n.* (1889–1953) 米国上院議員 (1939–53) : ⇨ Taft-Hartley Act.
Taft, William Howard *n.* (1857–1930) 米国の法律家; 第 27 代大統領 (1909–13), 第 10 代最高裁判所長官 (1921–30); R. A. Taft の父.
Táft-Hártley Áct [-hɑ́ətli- | -hɑ́:tlɪ-] *n.* [the ～] 〖米法〗タフト ハートレー法《労働関係調整法 (Labor Management Relations Act, 1947) の俗称; 上院議員 R.A. Taft と下院議員 F.A. Hartley (1903–69) が各委員長となって法案審議に当たったのでこの名がある; closed shop 制の制限など労働組合の不当労働行為制度, 緊急時の争議中止と冷却期間の設定, 共産党員の組合幹部就任禁止などを含む労働立法》.
tag[1] [tǽ(:)g] 〖《1402》 *tagge* ← ? ON (Swed. *tagg* spike, prickle, tooth) : cf. tack[1] / G *Zacke* jag : または TATTER[1] と RAG[1] との混成か〗 ― *n.* **1** (服・リボンなどの)垂れ下がり, 垂れ下がった端, 垂れ飾り. **2** (靴紐などの)紐先の金具 (tab, aglet); (ジッパーなどの)つまみ. **3** (靴の)つまみ革; (上着の襟(えり)裏に付いている)襟吊り (hanger). **4** (動物の)尾の先; (特に)キツネの白い尾先 : a white ～ of the tail. **5 a** 付け札, 下げ札, 付箋(ふせん) (label)《定価札・荷札など; また大会などの際に所属団体や姓名などを書いて胸に下げるものなど : ⇨ dog tag, price tag, tag day / a license ～ 鑑札 / a name ～ 名札. **b** (場所・位置を示す)目印, 旗. **c** 《米》(自動車の)ナンバープレート. **6** 〖釣〗(フライ)タッグ《毛鉤の根元に付ける金・銀箔(はく)のきらきらするもの》. **7 a** (文章・演説などの終りに加える)紋切り型の引用語句 : a Latin ～ 紋切り型のラテン語の引用句. **b** きまり文句 (hackneyed phrase). **c** (詩歌の)押韻した折り返し (refrain) : the ～ of an old song 古歌の折り返し. **d** 話の終りに付ける教訓 (moral). **e** (演劇の)納め口上 (epilogue). **f** 〖文法〗＝tag question. **g** 〖ジャズ〗タッグ《ジャズの曲で通例, 即興的な終曲部; cf. coda 1》. **8** (劇で次の役者のせりふに対する)きっかけ (cue). **9** 〘電算機〙=flag³ 10. **10** (主として検査の目的で微量を化合・混入させた)放射性同位元素, 標識元素. **11** 交通違反カード[チケット] (traffic ticket). **12** (文字の最後の)渦巻き風の飾り書き (flourish). **13** 毛の房, 巻き毛; (羊の)縮れ毛, もつれ毛. **14** 《廃》下層民, やじ馬, わいわい連 (rabble). **15** あだ名, レッテル: the ~ of murderer 人殺しというレッテル.

tag and rag=***tag, rag, and bobtail*** 《廃》=tagrag.

— *vt.* (**tagged**; **tag·ging**) **1** …に垂れ[金具, つまみ]を付ける; …に付箋[荷札]を付ける: ~ a shoelace 靴紐の先に金具を付ける / He ~*ged* his trunk *with* his name and address. トランクに住所氏名を記した札を付けた. **2** 〔…に〕〈付加物を〉付ける, 付加する, 添える (append) 〔*to, on to*〕: ~ a flower *to* one's jacket 上着(の襟)に花を付ける / ~ moral *on to* a story 物語に教訓を添える. **3** 〔引用語句を〕〈文章・演説など〉に添える 〔*with*〕: He ~*ged* his speech *with* poetry. 演説に詩の引用を添えた. **4** 〔…の罪を〕〈人〉になすりつける 〔*for*〕; 〔罪を〕〈人〉のせいにする 〔*with*〕: He was ~*ged for* theft. 盗みの罪を着せられた / I was ~*ged with* the defeat. 私は敗戦の責めを負わされた. **5** …に[…の]値をつける 〔*at*〕: They ~*ged* the radio *at* £50. そのラジオに50ポンドの値をつけた. **6** [しばしば目的補語を伴って] …にあだ名[名称]をつける, レッテルを貼る (label), 〔…と〕称する 〔*as*〕: We may ~ this grammar traditional. この文法は伝統的と称してよい / He was ~*ged as* a tool of labor unions. 労組の手先というレッテルを貼られていた. **7** 《米口語》〈運転者〉に交通違反チケットを渡す; 〈車〉に交通違反チケットを付ける: ~ a driver *for* speeding 運転者にスピード違反のチケットを渡す / His car was ~*ged for* illegal parking. 違法駐車で車に違反チケットを付けられた. **8** 〈羊〉のもつれ毛を刈る: ~ sheep. **9** 《口語》…の後を追う[つける], 後につきまとう (dog): ~ a person *around* あちこちと人につきまとう / He ~*ged* himself on to me all the morning. 午前中ずっと私にくっつき回った / He was ~*ged* at his heels by death. 彼は死につきまとわれていた. **10** 〈詩・脚韻を〉つなぐ, つなぎ合わせる: ~ a couplet 二行連句をつなぐ. **11** 〘物理〙〈元素・原子〉に標識を付ける.

— *vi.* 《口語》後について行く, つきまとう: ~ *after* a person / ~ *at* a person's heels 人のすぐ後について行く / He ~*ged* (on) behind. 後からついて来た / You always ~ *on to* us all the time. 君はいつも我々につきまとうのだね / She ~*s around with* him quite a lot. しょっちゅう彼と付き合っている.

tag along (人に)ついて行く, 盲従する: She always ~*s along with* them. いつも彼らについて行っている.

tag² [tǽ(ː)g] 〘《1738》《転用》? ← TAG¹: cf. L *tangere* to touch〙 — *n.* **1** 鬼ごっこ: play ~ 鬼ごっこをする / long ~ 一人狙いをして長追いする鬼ごっこ / ⇨ cross tag, squat tag. ★ 鬼は 'it' または 'tagger' という. **2** 〘野球〙タッチアウト: put the ~ on a runner ランナーをタッチアウトにする. **3** (プロレスの)タッグ《tag match で交代するときになされるタッチ》: ⇨ tag team.

— *vt.* (**tagged**; **tag·ging**) **1** (鬼ごっこで, 鬼になって)追う; 〈鬼が〉…にさわる, つかまえる. **2** 〘野球〙 **a** [しばしば ~ *out* として] 〈走者〉にタッチしてアウトにする: ~ a runner (*out*). **b** 《口語》〈ボールを〉痛打する. **c** 《口語》〈投手〉から〔安打・点を〕奪う 〔*for*〕: The pitcher was ~*ged for* five runs in the third inning. 投手は3回に5点を奪われた. **3 a** 《口語》激しく打つ (strike). **b** 〘ボクシング〙〈相手〉に痛烈な一撃を浴びせる, 一発食らわせる.

tag up 〘野球〙〈走者が〉タッチアップする《犠牲フライで進塁するためにひとまずベースにつく》.

Tag. 《略》Tagalog.

T.A.G., TAG 《略》the adjutant general.

Ta·gal [təgɑ́ːl] *n.* =Tagalog 1.

Ta·ga·log [təgɑ́ːlɔg, -lɔ(ː)g, -lɑg | -lɔg, -læg] 〘□Tagalog ~ ← *taga* native＋*-ilog* river〙 — *n.* (*pl* ~, ~**s**) **1 a** [the ~(s)] タガログ族《フィリピンの Luzon 島に居住する原住民族》. **b** タガログ族の人. **2** タガログ語《マライポリネシア語族インドネシア語(派)の一言語; 1946年にフィリピン共和国の公式国語となり, さらに1959年に Pilipino と改称された》.

tág·alòng 〘← TAG¹＋ALONG〙 *n.* (盲従的に)人につきまとう人, 腰ぎんちゃく.

Ta·gan·rog [tǽgənrɑ̀g, -rɔ̀(ː)g | -rɔ̀g; *Russ.* təganrók] *n.* タガンロク《ロシヤ共和国南東部, アゾフ海 (Sea of Azov) の Taganrog 湾に臨む港市; Peter 一世がこの地に海軍基地・要塞を築いた (1698年); 人口 285,000》.

tág·bòard 〘← TAG¹＋BOARD〙 *n.* 《米》(下げ札やポスター用の)丈夫なボール紙.

tág dày *n.* 《米》(慈善事業などのための)街頭募金日《寄付者の襟に tag (小札)を付けてやることから; cf. button day, flag day》.

tág énd *n.* **1** [通例 *pl.*] 端切れ, 切れっぱし (fag end). **2** 最後, どんじり (tail end): at the ~ of the nineteenth century 19世紀の終りに.

tag·e·tes [tǽdʒətìːz, tədʒétiːz | tædʒítiːz] 〘← NL ~ ← ? *Tages* (古代 Etruria の神)〙 — *n.* 〘植物〙センジュギク《キク科センジュギク属 (*Tagetes*) の植物の総称; センジュギク (African marigold), マンジュギク (French marigold) など》.

Tag·gard [tǽgəd | -gəd], **Genevieve** *n.* (1894–1948) 米国の女流詩人・教育家.

tágged átom [tǽ(ː)gd-] *n.* 〘物理〙標識原子《放射性原子核をもつ原子; 特有の放射能により識別できる》.

tág·ger¹ *n.* **1** tag を取付ける人[道具]. **2** [*pl.*] 〘金属加工〙薄鉄片, 薄ブリキ: black ~*s* (すずめっきしてない)薄鉄板, 薄鋼板.

tág·ger² *n.* (鬼ごっこの)鬼 (it) (cf. tag² 1 ★).

ta·glia·tel·le [tɑ̀ːljətéli | -lɪ; *It.* taʎʎatélle] 〘□It. ~ (pl.) ← *tagliare* to cut: ⇨ -ella〙 *n.* タリアテーレ《パスタ (pastea) の一種で, 幅の狭いリボン状をしている》.

Ta·glia·vi·ni [tɑ̀ːljɑːvíːni | -nɪ; *It.* taʎʎaví:ni], **Fer·ruc·cio** [ferúttʃo] *n.* タリアビーニ《1913– ; イタリアのテノール歌手》.

tág lìne 〘⇨ tag¹〙 — *n.* **1** (芝居・物語などの)締め括り(の一行), 結末, 落ち. **2** (反復使用されて人や商品の代名詞のようになった)標語, キャッチフレーズ: develop ~*s* 〈芸能人などが〉キャッチフレーズを考え出す. **3** 〘機械〙(起重機のバケットを吊り下げている)支索.

tag·ma [tǽgmə] 〘← NL ~: ⇨ tagmeme〙 *n.* (*pl.* ~·**ta** [~tə | ~tə]) 〘動物〙合体節《互いに近似する構造をもつ体節群》.

tág màtch *n.* (プロレスの tag team が行なう)タッグマッチ.

tag·meme [tǽgmiːm] 〘← Gk *tágma* arrangement＋-EME〙 — *n.* 〘言語〙 **1** タグミーム, 文法素《意味をもつ文法上の最小単位; Bloomfield の用語》. **2** タグミーム《主語・述語・目的語などのような文法機能を示すスロット (slot) と, そのスロットを満たす名詞・動詞などのような形態類とが一つの文法単位として相関的に組み合わさったもの; tagmemics の用語》.

tag·mé·mic grámmar [tægmíːmɪk-] *n.* =tagmemics.

tag·me·mics [tægmíːmɪks] 〘⇨ tagmeme, -ics〙 — *n.* 〘言語〙タグミーミックス《文法分析の基本単位を tagmeme とし, その連鎖がさまざまの構造を作るとする理論; K. L. Pike の創始になる》. **tag·mé·mi·cist** [-məsɪst, -səst | -mɪsɪst] *n.*

Ta·gore [təgɔ́ə, -góə | -gɔ́ː(r)], Sir **Ra·bin·dra·nath** [rəbíːndrənɑ̀ːt | -bín-] *n.* タゴール《1861–1941; インドの Bengali 語による詩人; Nobel 文学賞 (1913); *Gitānjali*「ギーターンジャリ」(1912)》.

tág quèstion *n.* 〘文法〙付加疑問《平叙文の後に簡単に添えられる反復的構造の疑問文; 例: That's queer, *isn't it?* / So I've found you at last, *have I?*》.

tag·rag [tǽgræ̀g] 〘← TAG¹＋RAG¹〙 *n.* **1** 下層民, わいわい連 (riffraff, rabble). **2** (着物から)ぶら下がっているぼろ (tatter).

tagrag and bobtail 下層民, わいわい連, 有象無象(うぞうむぞう).

tág sàle *n.* =garage sale.

tág tèam *n.* (プロレスの)タッグチーム《2人で作る》: ~ wrestling タッグレスリング.

Ta·gus [téɪgəs] *n.* [the ~] タホ(川)《スペイン・ポルトガル両国の中部を西流して Lisbon の近くで大西洋に注ぐ川 (1,007 km); スペイン語名 Tajo [táxo], ポルトガル語名 Tejo [téʒu]》.

Ta·hi·ti [təhíːti, tɑː-, táɪti | tɑːhíːtɪ, tə-; *F.* taiti] *n.* タヒチ(島)《太平洋南部のフランス領 Society 諸島中の主島, Papeete がある; 人口 46,000, 面積 1,042 km²》.

Ta·hi·tian [təhíːʃən, tɑː-, -tiən | tɑːhíːʃən, tə-] 〘← TAHITI＋-AN¹〙 — *adj.* **1** タヒチ島の; タヒチ島人の. **2** タヒチ語の. — *n.* **1** タヒチ島人《特にポリネシア系原住民》. **2** タヒチ語《マライポリネシア語族ポリネシア語派の一言語》.

Ta·hoe [tɑ́ːhoʊ | -həʊ], **Lake** 〘□N-Am.-Ind.《土語》*tah-oo* lake〙 — *n.* ターホー湖《米国 Sierra Nevada 山脈中の湖; California, Nevada 両州にまたがる; 沿岸は避暑地; 長さ 35 km, 幅 19 km; 海抜 1,899 m》.

tahr [tɑ́ə | tɑ́ː(r)] 〘□Nepali *thār*〙 *n.* 〘動物〙タール《ヒマラヤ産ウシ科タール属 (*Hemitragus*) の野生ヤギの総称; ヒマラヤタール (*H. jemlahicus*) など》.

tah·sil [tɑːsíːl] 〘□Hindi *tahṣīl* □Arab. *taḥṣīl* collection of tax〙 *n.* (インドの)税務管理区.

tah·sil·dar [tɑːsíːldɑə | -dɑː(r)] 〘《1799》□Hindi *tahṣīldār* ← Arab. *taḥṣīl* (↑)＋Pers. *-dār* (agent suf.)〙 *n.* (インドの)収税吏, 税務官.

tai [táɪ] 〘□Jap.〙 — *n.* (*pl.* ~) 〘魚類〙タイ科タイ属 (*Pagrus*) またはそれに近類の太平洋に生息する数種の魚類の総称; (特に)マダイ (red tai).

Tai [táɪ] *n.* (*pl.* ~) タイ民族《中国南東部・アジア南東部に広く分布する民族; cf. Thai》.

t'ai chi ch'üan [táɪ-tʃíː-tʃwɑ́ːn, -dʒìː-; *Chin.* tʻàitʃí-tʃʻyán] 〘□Chin. ~〙 — *n.* 太極拳《スローモーションの踊りのような動きをする中国の拳法・体操; 単に t'ai chi ともいう》.

tai·ga [táɪgɑː, táɪgə; *Russ.* tajgá] 〘□Russ. ~ □Turk. ~ 'rocky mountain'〙 — *n.* タイガ, 北方針葉樹林, 亜寒帯林《北欧・シベリア・北米北部の亜寒帯針葉樹林帯》.

taig·lach [téɪgləx, táɪg-] *n. pl.* [単数または複数扱い] =teiglach.

tail¹ [téɪl] 〘OE *tæ̆g(e)l* (n.) < Gmc *tazlaz hair of head (G《方言》*Zagel*) ← IE *doklos (Skt *daśā* fringe of cloth)〙 — *n.* **1** (動物の)尾, しっぽ (cf. head 1, trunk 2, limb¹ 1). ★ ラテン語系形容詞: caudal. **2 a** 尾状物. **b** (洋服の)垂れ, 燕尾(えんび); (ガウンのような長い衣服の)すそ: the ~*s* of a raincoat レインコートのすそ / He wore his shirt with the ~ (hanging) out. シャツのすそを出したまま着ていた. **c** 凧(たこ)の尾. **d** 〘天文〙彗星(すいせい)の尾. **e** 〘音楽〙(音符の)符尾 (stem). **f** 〘印刷〙尾, テール《文字の並び線より下に出ている部分》: the ~ of 'g' or 'y'. **g** (アゲハチョウの)後翅の突起. **3** お下げ髪 (plait): She wears her hair plaited in long ~*s*. 髪を長いお下げに編んでいる. **4 a** 末尾, 後部, 尻 (end, back); 末期, 終り: the ~ of a cart, procession, etc. / close on a person's ~ 人のすぐ後に迫って / the ~ of a gale 強風の終り《静まりかける時》/ It's wearing on to the ~ of May. 5月の末に近づいている. **b** (語・文・談話の)終り, 結尾 (conclusion): in the ~ of his letter 彼の手紙の末尾に. **c** 〘詩学〙尾部《sonnet の末尾に加えられた数行の結句, tail-rhyme stanza の付加詩行》. **5** (順番を待つ人などの)列, 行列 (queue). **6 a** 供回り, 従者, 随行員 (retinue, suite). **b** 《俗》尾行者《刑事・探偵など》: We had a ~ on him. 彼に尾行をつけた. **c** (行軍部隊の)最後尾; 《軍俗》(各部隊の)非戦闘班, 軍属連. **7** 下の方の人, 下っ端, 末輩 (inferior members): the ~ of a team, class, etc. / the ~*s* of a political party 政党の陣笠連. **8** (水流の)末端(のよどみ), (水車の)放水路 (tailrace): the ~ of a canal lock 運河水門の下. **9** [*pl.*] 残り, かす. **10** [*pl.*] 《口語》燕尾(えんび)服, モーニング (tailcoat); (男性の夜会用)正装: *in* ~*s* and white tie 正装しネクタイを締めて / wear ~*s* 燕尾服を着る, 正装する / go into ~*s* 〈子供が〉大きくなって燕尾服(など)を着始める. **11** [通例 *pl.*] (貨幣の)裏, 緡面(なめ) (⇨ head 4 b; cf. tails): *Tails*, you win. (銭投げで)裏が出れば君の勝ち. **12** 馬尾章 (horsetail)《昔のトルコ高官の標章, 位が高いほど数を増した》. **13 a** 〘機械〙尾部. **b** 〘航空〙(飛行機の)尾部《empennage, tail group, tail unit ともいう》; ロケット[ミサイル]の尾部. **14** 〘建築〙(瓦・スレートなどの)葺(ふ)き足《露出している部分》. **15 a** 〘印刷〙地, 罫下《印刷ページの下部余白; 組版で下部余白となる部分; bottom, foot ともいう》. **b** 〘製本〙地, 下小口 (⇨ foot 13). **16** [*pl.*] 〘醸造〙後溜《蒸溜の最後に溜出する溜分; cf. head 30》. **17** [集合的] 〘クリケット〙=tail end 2. **18** 〘□(O)F *taille* notch, cutting (↓)〙 **a** 《俗》尻: sit on one's ~ 坐る. **b** 《卑》性交; (性交の対象としての)女.

can make neither head nor tail of it ⇨ head 成句. ***get one's tail up*** [***down***] 元気づく[しょげる]. ***have*** [***keep***] ***one's tail up*** [***down***] 元気がいい[しょげている]. ***on a person's tail*** 人を尾行して. ***the tail of the*** [***one's***] ***eye*** 目尻: glance at a person from [with, out of] *the* ~ *of the* [*one's*] *eye* 人を横目でちらりと見る. ***tuck one's tail*** 恥をかく; 狼狽(ろうばい)する. ***turn tail*** 〘鷹狩から〙 (1) (恐怖などで)くるりと後ろを向く; 逃げ出す: *turn* ~ and run. (2) 〔…を〕見捨てる 〔*on, upon*〕. ***twist a person's tail*** 人を怒らせるようなことをする: I'll *twist his* ~ for him. 彼にいやがらせをしてやろう / ⇨ *twist the* LION's *tail*. ***with the*** [***one's***] ***tail between the*** [***one's***] ***legs*** (1) 〈犬など〉しっぽを巻いて. (2) 縮み上がって, おじけづいて, しょげて.

— *attrib. adj.* **1** 後方から来る: a ~ wind 追い風. **2** 後部にある, 後尾の: ⇨ taillight.

— *vt.* **1** …に尾[端]を付ける: ~ a kite 凧(たこ)に尾を付ける / ~ one's name *with* esquire 名前の終りに esquire を付ける. **2** 〈行列など〉の末尾を成す, 後につく, しんがりとなる: The Mickey Mouse float ~*ed* the procession. ミッキーマウスの山車(だし)が行列の最後についていた. **3** …の尾を引っ張る[つかむ]: ~ an otter カワウソの尾をつかむ. **4** 〔…の後に〕くっつける 〔*to*〕: ~ one folly *to* another 次々と愚行を続ける. **5** 〈小羊など〉の尾を切る; 〈植物など〉の端を切り落とす (↔ top): ~ a lamb / ~ turnips かぶらの端を切り落とす. **6** 尾部でつなぐ, 船尾で結合する, 〔…の〕尾端につなぐ 〔*on, to, on to*〕: ~ a ship *to* a dock. **7** 〘建築〙〔壁などに〕〈タイル・煉瓦・材木〉の端をはめ込む, さし込む 〔*into*〕 / 〈*in*〉: ~ tiles *into* a wall. **8** 《俗》尾行する (shadow): Two detectives ~*ed* him. 二人の刑事が彼を尾行した. **9** 《豪》〈羊・牛〉の番をする.

— *vi.* **1 a** 後[尻]について行く, ぞろぞろついて行く; 列をなす: ~ closely *behind* a person / He ~*ed along* with the crowd. 群衆のあとについて行った / He always ~*s after* his mother. いつも母親のあとについて歩いている. **b** [通例 ~ *out* として] 〈列になっている者が〉分散する (disperse): The demonstrators ~*ed out* in small groups. デモの参加者は三々五々分散していった. **2** 〘海事〙 **a** 〈停泊中の船が〉船尾をある方向に振り向けている: The ship ~*ed into* the wind. 船は船尾を風上に振り向けていた. **b** [~ *aground* として] 〈船が〉船尾から座礁する: The ship ~*ed aground* on a sandbank. 船は船尾を砂州に乗り上げてしまった. **3** 〈魚が〉尾を水面に表わす: Trout are ~*ing*. **4** 〘建築〙〈タイル・煉瓦・材木が〉はめ込みになる 〔*into*〕. **5** 〈水・炎などが〉逆流する 〈*back*〉. **6** (列から)落伍する (fall away). **7** 〈川が〉注ぐ 〔*into*〕.

tail away (1) ばらばらの長い列になって落伍する. (2) 次第に少なくなって[消えて]行く (diminish): The noise ~*ed away*. 騒音は次第に消えて行った. ***tail off*** [***out***] (*vt.*) (1) 次第に細くさせる. (2) 〈他の競争者などを〉追い抜く. (*vi.*) (1) 次第に細る; 次第に減っていく; 次第に小さく[かすかに]なる, 次第に消える, 徐々に変わる 〔*into*〕: His enthusiasm ~*ed off*. 情熱が次第に薄れて行った / His voice ~*ed off into* an absent-minded mutter. 声が小さくなって上の空のつぶやきになった. (2) 《口語》逃げる; 退去する. ***tail***

on (1) 付け加える. (2) しんがりにつく. ***tail to the tide=tail up and down the stream*** 〈停泊中の船が〉潮流[河流]のままに船尾を振り向ける.

tail[2] [téɪl] 〘n.: 《a1325》 tayl(e) ▭ (O)F *taille* notch, cutting ← OF *taillier* to cut: cf. tailor[1], entail. — adj.: 《1473》 ▭ AF *tailé*=OF *taillié* (p.p.) ← *taillier*〙 — 〘法律〙 *n.* 限嗣不動産: an estate in ~=estate tail / ⇨ HEIR in tail. — *adj.* 継嗣限定の: fee ~ 限嗣相続財産 / ⇨ estate tail.

táil àrea *n.* 〘航空〙 尾翼面積.

táil·bàck *n.* **1** 〘アメリカンフットボール〙 テールバック《I formation で最後尾に位置するバック》. **2** 《英》(事故などで)渋滞した車の列.

táil·bànd *n.* 〘製本〙 =footband 2.

táil bèam *n.* 〘建築〙 =tailpiece 4 a.

táil blòck *n.* 〘機械〙 テールブロック, 紐付滑車.

táil·bòard *n.* (トラック・荷馬車などの)尾板《ちょうつがいで動かせ, また取りはずせる; endgate ともいう》.

táil·bòne *n.* 〘解剖〙 **1** 尾椎. **2** 尾骨.

táil bòom *n.* 〘航空〙 =boom[1] 2 a.

táil·còat *n.* 燕尾(ᵉⁿᵇⁱ)服; モーニング.

táil·còated *adj.* 燕尾服を着た: a ~ headwaiter.

táil còverts *n. pl.* (鳥の)尾の雨覆(ᵃᵐᵃᵒᵒⁱ)羽, 尾筒 (⇨ bird 挿絵).

táil cùps *n. pl.* 〘航空〙 テイルカップ《繋留気球の尾部に綱で付けた海錨に似た装置》.

táil-dòwn *adj., adv.* 〘航空〙 飛行機の尾部を降ろした[て]: fly ~ / ~ landing 尾部下げ着陸, (尾輪式航空機の)三点着陸.

tailed 〘ME〙 *adj.* **1** 尾のある. **2** 端を切り取った: a ~ turnip. **3** [通例複合語の第2構成素として] 尾が…の: long-*tailed* 尾の長い.

táiled sónnet *n.* 〘詩学〙 有尾ソネット《末尾に数行の結句を加えたソネット》.

táil énd 〘ME〙 — *n.* **1** [通例 the ~] **a** 尾端, 末端, 尻 (last part): *the* ~ of a procession 行列の後部[尻]. **b** 終り, 終末 (finish): *the* ~ of a speech 演説の終りの(部分). **2** [集合的] 〘クリケット〙 (打撃順位の)下位打線[打者]. **3** 《口語》 尻 (buttocks).

táil·énd·er *n.* 《口語》 (人・チームなどの)最下位, びり.

táil·er [-lə | -lə(r] *n.* 尾行者; しんがり.

táil fàn *n.* 〘動物〙 (ザリガニやエビの)扇状尾《泳いで後退するのに用いる》.

táil-fèather *n.* (鳥の)尾羽 (⇨ bird 挿絵).

táil fìn *n.* **1** 〘魚類〙 =caudal fin. **2** 〘自動車〙 =fin[1] 6.

táil·first *adv.* 尾(部)を先にして, 後ろ向きに.

táil·fóremost *adv.* =tailfirst.

táil flỳ *n.* 〘釣〙 枝針にしたリーダー[鉤素(ʰᵃʳⁱˢᵘ)]の最後のフライ.

táil·gàte *n.* **1** 後扉《閘門(ᵏᵒᵘᵐᵒⁿ)の下流側の扉》. **2** =tailboard. **3** (トラックまたはステーションワゴンの)テールゲート《積み降ろしに便利なように取りはずしたり外側に落としたりするようにしてある》. **4** 〘楽隊がパレードするとき, トロンボーン奏者が普通トラックのテールゲートに坐ることから〙〘音楽〙 テイルゲート《ジャズで旋律を対位法的に, グリッサンドをまじえてトロンボーンで奏する演奏形態》. — *vt., vi.* (危険なほど接近して前の車の)直後を運転して行く. **táil·gàt·er** *n.*

táil gràb *n.* 〘宇宙〙 尾部グラブ《ロケットが十分な推力を得るまで発射台にとどめておく装置》.

táil gròup *n.* 〘航空〙 =tail[1] 13b.

táil gùn *n.* (飛行機の尾部に据え付けた)尾砲.

táil-hèavy *adj.* 〘航空〙 〈航空機が〉テイルヘビー《重心が後方にある状態をいう; cf. nose-heavy》.

táil·ing [-lɪŋ] *n.* **1** 《口語》 (刑事・探偵などの)尾行. **2** (物の)最後の部分 (last part). **3** 〘建築〙 積込みじり《壁面から突出して積まれたれんがなどの壁面の中に埋め込まれた部分》. **4** 〘染色〙 (サラサ染めの)染めきず. **5** [通例 *pl.*] **a** ふるいを通らなかった砂利. **b** (鉱石の)選鉱くず, かす, 尾鉱. **c** くず穀, (穀物の)はき寄せ; くず粉; コーヒーのくず豆. **6** [*pl.*] (蒸溜の工程で残る)おり, かす (foots).

táil làmp *n.* =taillight.

taille [tɑ́ːjə, táɪjə, téɪl; *F.* tɑːj] 〘▭ F ~ ← *taillier* to cut: ⇨ tail[2]〙 — *n.* **1** 〘フランス史〙 (フランスの封建時代に国王・領主の課した)租税, 人頭税. **2** 《廃》 両肩から腰までの体つき. **3** 〘服飾〙 (婦人服の)胴部; 胴部の合わせ具合.

táil·less *adj.* 尾[尾部]のない: a ~ dog, deer, etc.

tailless áirplane *n.* 〘航空〙 無尾翼機《普通の飛行機に見られるような胴体や尾翼がなく貨物室・乗客室などがすべて主翼の中に収容されているもの》.

tail·leur [tɑjə́ː, tæljə́ː | tɑjə́ː(r, tæljə́ː(r; *F.* tajœːr] 〘▭ F ~ 《原義》 'TAILOR[1]'〙 *n.* (*pl.* ~**s** [~z; *F.* ~]) タイユール《テーラー仕立の婦人服》.

táil·light *n.* (列車・自動車などの)尾灯, テールライト, 後部灯, テールランプ (tail lamp).

táil màrgin *n.* 〘印刷〙 地《本のページの下部余白》.

tai·lor[1] [téɪlə | -lə(r] 〘《c1300》 ▭ AF *taillour*=OF *tailleor* (F *tailleur*) a cutter < VL **tāliātorem* ← LL *tāliāre* to cut ← L *tālea* a cutting, twig: ⇨ tail[2], -or[2]〙 — *n.* 洋服屋; 洋服仕立て屋, 裁縫師, テーラー《主に紳士服や婦人のコート・スーツを注文で作る人; cf. dressmaker》; 〘軍事〙 縫工兵: go to the ~'s to be measured for a suit 洋服屋へ行って寸法を取ってもらう / ride like a ~ 乗馬がへたである / sit ~ fashion あぐらをかく (cf. tailor's chair) / Nine ~s go to [make] a man. 《諺》 仕立て屋は九人で男一人前《仕立て屋のひ弱さをあざけっていう; cf. NINTH part of a man》 / The ~ makes the man. 《諺》 馬子にも衣装. ★ ラテン語系形容詞: sartorial.

— *vt.* **1 a** [しばしば二重目的語を伴って] 〈服を〉仕立てる: He ~*ed* me a tweed suit. ツイードの服を仕立ててくれた / His suit is well ~*ed*. 彼の服は仕立てがよい. **b** 〈注文者(の服)を〉調製する: He is well ~*ed*. 彼の服は仕立てがいい. **2** 〈婦人服などを〉男仕立てにする. **3** 〘米軍〙 〈軍服を〉あつらえる, 〈既製の制服を〉(体に合うように)仕立て直す. **4** 〔要求・条件などに〕適合するように建てる, 向くように造る[変える]〔*to*〕: Her novel is ~*ed to* popular tastes. 彼女の小説は大衆に受けるように書かれている / The vacation plans are ~*ed to* fit our needs. 休暇の計画は我々の要求に合うように練られている. — *vi.* **1** 服を仕立てる; 洋服屋を営む. **2** 〈生地が〉仕立てられる: Wool ~*s* well. ウール地は仕立てがよくできる.

tai·lor[2] [téɪlə | -lə(r] 〘《変形》 ← TELLER: 通俗語源によるか〙 *n.* 葬いの鐘, 弔鐘.

táilor·bìrd *n.* 〘鳥類〙 サイホウチョウ《アジア産サイホウチョウ属 (*Orthotomus*) の小鳴鳥の総称; 葉を縫い合わせてその中に巣を造る; オナガサイホウチョウ (*O. sutorius*) など》.

tái·lored *adj.* **1 a** 服屋仕立ての; 仕立てが…の: a well-*tailored* overcoat 仕立てのよいオーバー. **b** 〈婦人服が〉男仕立ての, テーラー(メード)の: her ~ gray-blue tweed 彼女のテーラードのグレーブルーのツィード. **2** あつらえの, オーダー仕立ての (made-to-order). **3** まるであつらえたような; 仕上りの立派な; すっきりと整った (stylish): have the ~ look きちっとした服装をしている / an expensively ~ suit 上等な仕立ての服 / a neatly ~ garden きちんと整った庭園. **4** こざっぱりと簡素で直線的な: ~ curtains.

tai·lor·ess [téɪlərɪs, -rəs | tèɪlərés, téɪlərɪs, -rès] *n.* 男子服を仕立てる婦人.

tái·lor·ing [-lərɪŋ] *n.* **1** 洋服仕立て業, 仕立て職. **2** (服の)仕立て方; 仕上りの質; 仕立て物. **3** (特別の用途に適合させるための)改造, 改作, 変更 (adaptation).

táilor-máde *adj.* **1 a** テーラーによって仕立てられた; あつらえの, 注文仕立ての: a ~ suit. **b** 〈婦人服が〉テーラー仕立ての《男子服のようにさっぱりとしてきっちり身に合い, 仕上げの良いことにいう; cf. dressmaker》. **2** テーラー仕立ての服を着た: a ~ lady. **3** 特別あつらえの[で作った] (made-to-order): ~ fuels / a sofa ~ *for* a small room 小部屋用に作ったソファー / a college ~ *to* the needs of the community 地域社会の要求に合わせてつくられた大学. **4** 《俗》〈巻きたばこが〉(手巻きでなく)工場製の (factory-made). — *n.* **1** 注文服; (特に)テーラー仕立ての婦人服. **2** 《俗》 工場製巻きたばこ.

táilor-máke *vt.* 特別用途[個人の必要など]に適合するように作る[変える] (↔ mass-produce): ~ a tour, vacation plan, etc.

táilor's cháir *n.* (背があって脚のない)仕立て屋椅子《仕立て屋はその上にあぐらをかく》.

táilor's chálk *n.* テーラーズチョーク,「チャコ」《洋裁で布に印をつけるのに用いる》.

táil·pìece *n.* **1** 尾片, (各種の物の尾部に付けた)付属物 (appendage). **2** (弦楽器の下端にある)緒(ᵒ)止め板. **3** 〘印刷〙 章末飾り《書物の章末などの余白を飾る小カット; cf. headpiece 6》. **4** 〘建築〙 **a** 半端根太(ʰᵃʰᵃⁿᵈᵃ). **b** =lookout 6. **5** (Windsor chair の背を補強する二本の支柱を支える)座席後方の突出し.

táil pìpe *n.* **1** (自動車の)テールパイプ《車体後部下方に取付けりけられた排気管》. **2** (ポンプの)尾管, 尾筒, 吸込み管 (suction pipe).

táil-pipe búrner *n.* 〘航空〙 =afterburner 1.

táil plàne *n.* 〘航空〙 水平尾翼《安定板 (stabilizer) と昇降舵 (elevator) より成るものと, 両者が一体になって尾翼面全体が動くものとがある》.

táil·ràce *n.* **1** (水車・発電所などの)放水路《afterbay ともいう; cf. headrace, millrace》. **2** 〘鉱山〙 鉱石くずの流し路.

táil rhỳme *n.* 〘詩学〙 尾韻.

táil ròd *n.* 〘機械〙 (ピストンの)先棒.

táil ròtor *n.* 〘航空〙 (ヘリコプターの)尾部ローター.

tails 〘⇨ -s[2] 1〙 *adj., adv.* (銭投げで)〈貨幣が〉裏向きになった[て], 裏が出た[て] (↔ heads): *Tails!* 裏 / The coin came down [up] ~. 投げたらコインの裏が出た.

táil shàft *n.* 〘造船〙 プロペラ軸《プロペラを取り付ける軸の最後端の部分》.

táil skìd *n.* 〘航空〙 (飛行機の)尾橇(ˢᵒʳⁱ) (cf. wing skid).

táil slìde *n.* 〘航空〙 尾すべり《飛行機が後方へ滑空すること》.

táil·spìn *n.* **1** 〘航空〙 きりもみ落下, きりもみ: We went into a ~. 我々の飛行機はきりもみを始めた. **2** 意気消沈; 狼狽(ʳᵒᵘᵇᵃⁱ): The news sent me into a ~. その知らせで私はがっかりした. **3** (経済的)混乱, 不景気: send Japan's economy into a ~ 日本の経済を混乱に陥れる.

táil spìndle *n.* 〘機械〙 心押し軸.

táil·stòck *n.* 〘機械〙 (工作機械の)心押し台.

táil sùrface *n.* 〘航空〙 尾翼《水平・垂直両安定板および昇降舵(ᵈᵃ)・方向舵》.

táil tùrret *n.* (軍用機の)尾部(回転)銃座.

táil ùnit *n.* 〘航空〙 =tail[1] 13 b.

táil-wàgging *n.* 〘スキー〙 =tempo turn.

táil wàter *n.* **1** (発電所などの放水路を流れる)放水; ダムの下流の水. **2** (灌漑用水の)あふれ水.

táil whèel *n.* 〘航空〙 (飛行機の)尾輪.

táil wìnd [-wìnd] *n.* (飛行機や船の後ろから吹く)追い風 (cf. headwind).

Tai·mýr Peníns*u*la [taɪmíə- | -míə(r-; *Russ.* tajmír-] *n.* (*also* **Tai·mir P-** [~]) [the ~] タイミル半島《ソ連邦ロシヤ共和国北部の Kara 海と Laptev 海との間にある半島; 面積 400,000 km²》.

tain [téɪn] 〘▭ F ~ 《変形》 ← *étain* tin < L *stannum*: cf. ME *teyne* plate / ON *teinn* twig〙 *n.* **1** 薄いスズ板. **2** (鏡の裏に張る)スズ箔(ʰᵃᵏᵘ).

Tai·nan [tàɪnɑ́ːn; *Chin.* t'áinán] *n.* 台南《台湾南西部の都市; 人口 476,000》.

Taine [téɪn, tén; *F.* tɛn], **Hippolyte Adolphe** *n.* テーヌ《1828–93; フランスの文芸批評家・文学史家; *Histoire de la littérature anglaise*「英文学史」(1864)》.

Tai·no [táɪnou | -nəu] 〘▭ Sp. ~ ← Am.-Ind.〙 — *n.* (*pl.* ~, ~**s**) **1 a** [the ~(s)] タイノー族《Arawakan 族のインディアンで, 西インド諸島の Bahama 諸島や Haiti などに住んでいたが, 現在は絶滅》. **b** タイノー族の人. **2** タイノー語.

taint [téɪnt] 〘《c1375》 *taynte(n)* 《頭音消失》 ← *atayn-te(n)* 'ATTAINT': 後に AF *teinter* (← OF *teint* (p.p.) ← *teindre* < L *tingere* 'to TINGE') と混成〙 — *n.* **1** 汚れ, 汚染 (contamination); 汚点, 汚れ, きず (blemish): the ~ of scandal 醜聞という汚名 / a ~ on his character 性格上の汚点. **2** 腐敗, 堕落 (corruption); 悪影響, 害毒, 弊害: meat free from ~ 腐って[汚染されて]いない肉 / The moral ~ had spread among all classes. 病弊は社会の各方面に及んでいた. **3** (不名誉なものの)気味, 痕跡(ᵏᵒⁿˢᵉᵏⁱ) (trace, tinge): a ~ *of* insanity, vulgarity, etc. **4** 〘▭ OF *teint*〙 《廃》 色, 色合い (color, tinge).

— *vt.* **1** 汚す, よごす, 汚染する: the air ~*ed by* [*with*] smog スモッグでよごれた空気. **2** 〔悪などに〕感染させる, 染ませる, 毒する (infect) 〔*with, by*〕: He is ~*ed with* skepticism. 懐疑主義に染まっている / The transaction is ~*ed with* fraud. その取り引きは詐欺のにおいがする. **3** 腐らせる, いたませる: The meat is ~*ed*. 肉はいたんでいる. **4** (道徳的に)毒する, 腐敗[堕落]させる (defile, corrupt): Pornography ~*s* the young mind. ポルノは青年の心を毒する. **5** 〈名誉・評判を〉汚す (sully): His reputation was ~*ed* by scandal. 彼の評判はスキャンダルのために汚されていた. **6** 《廃》 …に色をつける, 染める (tint). — *vi.* **1** 《廃》 活気[勇気]を失う. **2** 腐る, いたむ (rot).

'taint [téɪnt] 《方言・俗》 it isn't, it hasn't の略.

táint·ed [-ṭɪd, -ṭəd | -tɪd, -təd] *adj.* 汚れた, 腐った; 腐敗した: ~ meat いたみかけた肉 / ~ blood 汚れた血, 悪い血筋 / a ~ family 血統の悪い家 / ~ goods 〘労働〙 不浄商品《組合と争議中の経営者の生産物; 組合員がその輸送・販売等に協力してはならない, とされる》 / ~ money (不正手段でもうけた)不浄の金.

táin·ter gàte [téɪnṭə- | -tə-] 〘← *Jeremiah B. Tainter* (19 世紀のアメリカの発明家)〙 *n.* 〘土木〙 テンターゲート (⇨ radial gate).

táint·less *adj.* **1** 汚れのない, 汚点のない. **2** 腐敗していない (uncorrupted); 純潔な (pure). **3** 病毒のない, 無毒[無害]の. ~**·ly** *adv.* ~**·ness** *n.*

tai·pan[1] [táɪpæn, tàɪpɑ́ːn; *Cant.* taipaːn] 〘▭ Chin. 《広東方言》 *tai paan*〙 *n.* 大班《旧中国における外国商社の支配人・経営者》.

tai·pan[2] [táɪpæn] 〘土語〙 *n.* 〘動物〙 タイパン (*Oxyuranus scutellatus*) 《オーストラリア北部および付近の島々に生息するコブラ科の毒ヘビ》.

Tai·peh [tàɪpéɪ; *Chin.* t'áipěi] *n.* (*also* **Tai·pei** [~]) 台北(ᵗᵃⁱʰᵒᵏᵘ) 《Taiwan の首都; 人口 1,770,000》.

Tai·ping [tàɪpíŋ; *Chin.* t'àip'íŋ] 〘▭ Chin. *t'ai p'ing* (太平)〙 *n.* (中国の)太平天国農民革命参加者, 長髪賊《洪秀全 (Hung Hsiu-ch'üan) が清朝に対して起こした太平天国の乱の参加者》. — *adj.* 太平天国の, 長髪賊の: the ~ Rebellion 太平天国の乱 (1850–64).

Tai·wan [táɪwɑ́ːn | -wɑ́ːn, -wǽn; *Chin.* t'áiuān] *n.* 台湾省《旧名 Formosa; ⇨ China 2》.

Tai·wan·ese [tàɪwɑníːz, -wə-, -níːs | -níːz] *adj.* 台湾の, 台湾人の. — *n.* (*pl.* ~) 台湾人, 台湾の住民.

Táiwan Stráit *n.* [the ~] 台湾海峡《台湾と中国大陸福建省 (Fukien) との間の海峡; Formosa Strait ともいう》.

Tai·yüan [tàɪjuɑ́ːn | -juː-; *Chin.* t'àiyán] *n.* 太原《中国山西省 (Shansi) の首都》.

taj [tɑ́ːʒ, tɑ́ːdʒ] 〘▭ Pers. *tāj* crown〙 *n.* (*pl.* ~**·es**) (イスラム僧のかぶる)円錐(ᵉⁿˢᵘⁱ)形の帽子.

Ta·jik [tɑːdʒík, tə-, -dʒíːk | tɑ́ːdʒɪk, tɑːdʒíːk] *n.* (*pl.* ~, ~**s**) タジク人《Tadzhikistan およびその付近に居住するイラク系民族の人》.

Ta·ji·ki [tɑːdʒíki, -dʒíːki | tædʒíːki] *n.* タジク語《タジク人の話すイラン語》.

Taj Ma·hal [tɑ́ːdʒ-məhɑ́ːl, tɑ́ːʒ-, -hɑ́l; *Hindi* taɪmə-həl] 〘《転訛》 ← Pers. *mumtāz-i-mahall* eminent one of the Palaces (皇后の称号)〙 — *n.* [the ~] タージマハル《インドの Agra にある白大理石の霊廟(ʳᵉⁱᵇʸᵒᵘ); Mogul 帝国第5代皇帝 Shah Jahan が妻のために建造 (1632–52)》.

ta·ka [tɑ́ːkə] 〘▭ Bengali ~〙 *n.* (*pl.* ~) ターカ《バングラデシュの通貨単位; =100 paise》; 1ターカ白銅貨, 1ターカ紙幣.

take [téɪk] 〘lateOE *tacan* ▭ ON *tak-a* to touch, seize ← ? IE **dēg-* to lay hold of ∞ OE *niman* to take (⇨ numb)〙 — *v.* (**took** [túk]; **tak·en** [téɪkən])

— *vt.* **1** (手・腕・道具などで)取る, つかむ, 握る, 抱く (grasp, grip): ～ arms [one's pen, a cigar, one's hat] 武器[ペン, 葉巻, 帽子]を取る / ～ the railing 手すりにつかまる / ～ a thing *with* one's fingers 指で物をつまむ / ～ a person *in* one's arms 人を両腕に抱く / ～ a lantern *in* one's hand カンテラを手に取る / ～ a thing *between* one's knees ひざの間に物をはさむ / ～ a person *to* one's arms [heart, breast] 人を抱える; 人を心に受け入れる / She *took* the baby *on* her lap. 彼女は赤ん坊をひざに抱いた. ★ 把握の対象を目的語とし, その部分を「by＋the＋名詞」で示す慣用法がある: He *took* me *by the* hand [arm, shoulders]. 私の手を取った[腕を取った, 両肩をつかまえた] / I *took* the dog *by the* tail. その犬の尾をつかんだ.

2 a 〈鳥獣を〉捕える, つかまえる; 〈犯人などを〉取り押える, 逮捕する, 捕虜にする: ～ hares, fish, etc. / ～ a person captive 人をとりこにする; 人を魅する / be ～*n* prisoner 捕虜になる / Deuce ～ him! 悪魔にとっつかまるがいい. **b** 〈とりで・都市・国を〉奪取する, 乗っ取る, 攻め取る, 占領する, 占拠する; 〈敵船などを〉拿捕(だほ)する (capture): ～ a town, fortress, country, etc. / ⇨ *take by* STORM. **c** 『法律』〈財産を〉取得する, 接収する (confiscate): ～ lands compulsorily 土地を強制的に接収する. **d** 『チェス』〈相手の駒を〉取る: ～ an opponent's piece / Bishop ～*s* pawn. ビショップでポーンが取れる. **e** 『トランプ』(相手より強い札を出して)〈相手の札を〉取る (win): ～ an opponent's card. **f** 『野球』〈打球を〉捕える (catch), 捕えて投げ返す (field). **g** 『クリケット』〈打者〉の打球を捕えてアウトにする (catch out); 〈投手が〉〈三柱門を〉打ち倒す (cf. wicket 6): He was ～*n* at cover point by Lucas. 彼は後衛の所でルーカスに打球を捕えられてアウトになった.

3 〈ゲーム・競争などを〉勝ち取る, …に勝つ (win); 〈競技相手を〉打ち負かす (beat): ～ first place in the race そのレースで一等となる / ～ a trick at bridge ブリッジで一回勝つ / They *took* the second set 6-4. 6対4で第二セットを取った.

4 受ける, もらう, 受け取る (receive, accept), 受諾する; 〈栄誉・学位・賞などを〉獲得[取得]する: ～ a gift 進物を受ける / ～ a bribe 収賄する / ～ a bet [wager] 賭に応じる / ～ a degree 学位を取得する / I've ～*n* insults *from* him. 何度も彼から侮辱を受けた / ～ 100,000 yen a month 月に10万円もらう[もうける] / Don't ～ lifts *from* strangers. 知らない人の車に乗せてもらってはいけない / What will you ～ *for* this bicycle? この自転車はいくらで売るか / *Take* that! (相手を打ちながら)これでもくらえ / ⇨ TAKE *it* (1).

5 買う, 購買する (buy); 購読する (subscribe to); (契約して)借りる, 予約する (hire): ～ lodgings 宿を取る / I will ～ this hat. この帽子をもらおう[買おう] / I've ～*n* a seat for you at the theater. 劇場の座席を予約してあります / He *took* a house by the sea. 海辺の家を借りた / What papers do you ～? お宅ではどの新聞を取っていますか (cf. TAKE *in* (6)) / We ～ three pints of milk daily. うちでは1日に牛乳を3パイント取っている.

6 〈人を〉受け入れる, 採用する (adopt); 入れる, 入会させる (admit); 〈弟子などを〉取る; 〈下宿人などを〉置く; 〈妻を〉めとる; (家族の一人として)引き取る, 世話する, 扶養する: ～ pupils 生徒を取る / ～ lodgers 下宿人を置く / ～ a lover 〈女が〉恋人ができる / ～ a person *into* a company 人を会社に採用する / ～ a new member *into* a society 新会員を入会させる / ～ a person *into* one's confidence 人を信任する / ～ it *into* one's head to do… ふと…しようと思い立つ / ～ a person *in* marriage 人を夫[妻]にする / ～ a woman *to* wife《古》女を妻にする[めとる] / ～ a boy *in* charge 子供を預かる / He has ～*n* a wife. 妻を迎えた.

7 a 選んで取る, 選ぶ (choose); 〈機会などを〉捕える, 利用する; 〈手段・方法を〉採る, 講じる, 〈方針・態度を〉決める, …による: ～ one's pick [choice] えり抜く, より取りする / ～ the opportunity *to* do [*of* do*ing*] 機会を捕えて…する, 機に乗じて…する / ～ a means [policy, measure] (*to* do) (…するための)手段[政策, 処置]を講じる / ～ the initiative ⇨ initiative 1 / ～ the offensive 攻勢に出る / ～ a moderate course 中道を行く / ～ medical advice 医師の診察を受ける (cf. *vt.* 31) / You can only let the matter ～ its own course. その事は成行きにまかせておくより仕方がない / *Take* whichever you wish. どちらでも好きな方を取りなさい / Which way shall we ～? どっちの道を行きましょうか / I *took* the time to do the sights of the town. その時間を利用してその町を見物して回った. **b** (道具として)〈…に〉用いる 〔*to*〕: ～ a mop *to* the floor モップで床をふく / I'll ～ scissors *to* that long hair of yours. お前のその長い髪をはさみで切り取ってやる / *Take* a stick *to* him! 棒でやつをぶってやれ. **c** 〈隠れ場〉へ入る, …に逃げ込む, 隠れる: ～ shelter [refuge] 避難する / ～ sanctuary 聖域に逃げ込む / ～ earth [a bush] 〈獲物が〉穴[やぶ]に逃げ込む / ～ a harbor 港へ避難する / ～ cover ⇨ cover *n.* 5 a. **d** 〈道路・空中・水中など〉へ入る, 通る (enter): *Take* the second street to the right. 2番目の通りを右へお出でなさい / The quarry *took* the air. 獲物は空へ飛んで逃げた / Snakes occasionally ～ the water. へびは時々水の中へ入る / ⇨ *take the* FIELD.

8 〈乗物〉に乗る, …に乗車[乗船]する (go on board): ～ a car, taxi, train, plane, etc. / ～ ship [boat] 乗船する / ～ horse 馬に乗る / I *took* (a) train [bus] *to* London. 汽車[バス]でロンドンへ行った / He *took* the airliner *for* San Francisco at 10 last night. 彼は昨夜10時にサンフランシスコ行きの定期旅客機に乗った.

9 〈席・位置〉に着く: ～ a seat 着席する / ～ a person's place 人に取って代わる / I *took* the chair that was offered me. 勧められた椅子に腰を降ろした / He *took* the witness stand. 証人席についた.

10 a 〔根源から〕得る, 取って来る, 取り出す (derive) 〔*from*〕: The machine *took* its name *from* the inventor. その機械は発明者の名を取って呼ばれた / The river ～*s* its rise *from* a lake. その川は湖水に源を発している. **b** 〔…から〕引用する, 借用する (borrow) 〔*from*〕; 〔…から〕〈模範などを〉引き出す (deduce) 〔*by*〕: These two lines are ～*n from* Shakespeare. この2行はシェークスピアから引用されている / English has ～*n* a great many words *from* other languages. 英語は他の言語から多数の語を借用している / ～ example *by* another 他人の例にならう.

11 a 〔…から〕取り去る, 取り除く, 抜き取る (remove); 引き離す (withdraw) 〔*from, out of, off*〕: *Take* the knife *from* the baby. 赤ん坊からナイフを取り上げなさい / She began to ～ the pins *out of* her hair. 髪からピンを抜き始めた / His gibe *took* the laugh *off* her face. 彼のあざけりで彼女の顔から笑いが消えた / She never *took* her eyes *off* his face. 彼女は決して彼の顔から目を離さなかった / ～ a record player *to* pieces [bits] レコードプレーヤーを分解する. **b** 〈他人の物などを〉取る, 持ち去る, 盗む (steal): Someone must have ～*n* my fountain pen. だれか私の万年筆を持って行ったに違いない / Who has ～*n* that book *from* [*out of*] the library? だれが図書館からあの本を持ち出したのだろうか.

12 〔…から〕減じる, 引く (subtract) 〔*from*〕; 〔値段から〕引く, 負ける (deduct) 〔*off*〕: If one ～*s* 8 *from* 15, that leaves 7. 15から8を引けば7が残る / We can ～ ten percent *off* the price for cash. 現金払いの場合値段から1割お引きします / ⇨ TAKE *away* (*vt.*) (4).

13 a 〈生命を〉奪う, 無きものにする: ～ one's own life 自殺する / The bloodshed *took* the lives of thirty people in one week. その惨事で1週のうちに30名の人命が失われた. **b** …の生命を奪う, 殺害する: Our son was ～*n* from us. うちの息子は亡くなってしまった / That summer the blight *took* the plants and vegetables. その夏には胴枯れ病で植物や野菜が枯れた.

14 [方向の副詞語句を伴って] **a** 〈物を〉持って行く, 携帯する (carry) (cf. bring 1 a): I *took* the letter *to* the post office [*to* him]. 手紙を郵便局へ[彼のところへ]持って行った / *Take* your umbrella *with* you. 傘を持って行きなさい / You can't ～ it *with* you.《口語》(いくら大事にしていても)墓場まで持って行けはしないよ. **b** 〈人などを〉連れて行く, 案内する (conduct); 〈道路・階段・乗物などが〉導く (lead): ～ a person fishing [hunting, swimming] 人を魚釣[猟, 泳ぎ]に連れて行く / ～ a girl *to* a dance 少女を舞踏会へ案内する / *Take* me *with* you. 一緒に連れて行って下さい / He promised to ～ his children *to* the south of Ireland. 子供たちをアイルランドの南部へ連れて行ってやると約束した / Will this road ～ me *to* the station [*through* the forest]? この道を行けば駅に出ます[森を通り抜けられます]か / This bus will ～ you *to* the village [*into* town]. このバスに乗ればその村へ行けます[町へ入れます] / The stairs *took* me *up to* the attic. その階段を昇ると屋根裏部屋に着いた / I'm just *taking* the dog *for* a walk. ちょっと犬を散歩に連れて行くところです / He *took* her *about* [*around*] the city. 彼女を町中案内した / ～ a person *through* a book 人を導いて本を一冊読ませる. **c** 〈仕事・努力などが〉〈人を〉(…へ)行かせる, 到達させる: Business *took* him *to* London. 仕事でロンドンに出かけた / Diligence *took* her *to* the top of the class. 勉強によって彼女はクラスで一番となった.

15 飛び越す, 渡る (jump over, pass through), 〈障碍物などを〉乗り越える: ～ a corner 角を曲がる / ～ a ditch in one stride 溝をひとまたぎする / ～ a hedge with an easy jump 垣根(かき)をやすやすと飛び越す / ～ a slope 坂を登る.

16 a (体内に)摂取する, 食べる, 飲む; 服用する; すする; 吸入する, 吸う; かぐ; 〈食事を〉する (partake of): ～ food, soup, lunch, etc. / ～ a cup of tea / ～ one's medicine / He died by *taking* poison [gas]. 服毒[ガス]自殺をした / ～ a deep breath 深呼吸をする / ～ a pinch of snuff かぎたばこを一つまみかぐ / He ～*s* too much. 彼は食べ[飲み]過ぎる / Sorry, I don't ～ alcohol. あいにく酒はいただかない方でして / He does not ～ sugar in his coffee. コーヒーに砂糖を入れない / I usually ～ meals at home. ふだんは家で食事をする. **b** 〈日光・外気〉に体をさらす, 浴する: ～ the [some] sun on the lawn 芝生の上で日光浴をする / They were staying there for their daughter to ～ the sea air for her cough. 彼らは娘に海の空気を吸わせて咳(せき)を直してやろうとしてそこに来ていた.

17 〈休息・休暇などを〉取る (enjoy): ～ recreation, a rest, a vacation, etc. / ～ one's ease 休む, くつろぐ / ～ a nap うたた寝する / ～ a holiday 休暇を取る / ～ a day off 一日休暇をとる.

18 a 〈ある行動を〉する, 行なう (perform, make): ～ a walk 散歩をする / ～ a step 一歩踏み出す / ～ a flight 飛行する / ～ a leap (一回)跳躍する / ～ a look round 一わたり見回す / ～ a trip 旅行する / ～ a turn on the beach 海岸を散歩する / ～ vengeance [revenge] 復讐する, 仇を返す / ～ one's departure 出発する / ～ counsel 相談する. **b** 《口語》〔…に〕〈打撃などを〉加える (direct) 〔*at*〕: ～ a jab *at* a person ぐいと人を突く / ～ a punch [poke] *at* a person 人に(こぶしで)殴りかかる / He suddenly *took* a swing *at* me. やにわに私の体を振り回した. **c** 〈訴訟を〉起こす (institute): ～ legal action 訴訟行為を開始する / ～ proceedings 訴訟を起こす. **d** 〈異議を〉申し立てる (raise): ～ an objection / ～ exception to …に異議を申し立てる. **e** 〈別れを〉告げる (bid): ～ (one's) adieu [farewell] いとまごいをする / ～ one's leave 別れを告げる.

19 a 〈注意・決心・見方などを〉する, 〈判断などを〉働かせる (exercise): ～ no notice [note] of …を心に留めない, 顧みない / ～ care [heed] 注意する / ～ prudence 大事を取る / ～ pity [compassion] on …を哀れむ[同情する] / ～ a different [gloomy, grave] view of …に対し違った[悲観的な, 深刻な]見方をする. **b** 〈感情などを〉感じる, 経験する: ～ comfort 慰めを得る, 安んじる / ～ courage [heart] 勇を鼓する, 元気を出す / ～ delight in …に喜びを感じる, …を楽しむ / ～ a dislike to …をきらう / ～ a fancy to …が気に入る / ～ an interest in …に興味を持つ / ～ offense [umbrage] (at…) (…に)怒る, 立腹する / ～ pleasure in doing… 喜んで…する / ～ fright ぎょっとする, おびえる.

20 a 書き取る, 書きつける (write down); …の記録を取る (record): ～ notes of …のノートを取る / ～ a copy 写しを取る / ～ the attendance 出席を取る / ～ a speech in shorthand 演説を速記する / ⇨ TAKE *down* (5). **b** 写す, 描く; (特に) 〈写真を〉撮る, 写す, …の写真を撮る (photograph): ～ a photograph [picture] / ～ a snapshot スナップを撮る / ～ a person in cap and gown 大学の正装をした人を写す / He *took* a lot of home movies of his children. 彼は子供たちをしばしば家庭映画に写した. **c** 刷り取る, 刷り写す: ～ a proof 校正刷りを取る / ～ a person's fingerprints 人の指紋を取る / He *took* a rubbing of the ancient inscription. その昔の碑銘の拓本を取った.

21 a (調査・測定・観測によって)確かめる (ascertain), 調査する, 測定する: ～ a person's measurements 〈洋服屋などが〉人の寸法を取る / ～ the dimensions of a house 家の大きさ(間口・奥行など)を計る / ～ one's temperature 体温を計る / ～ a person's pulse 人の脈を取る / ～ the height of the sun 太陽の高度を測定する. **b** 〈調査・観測を〉行なう (conduct): ～ an observation of stars 星の観測を行なう / ～ a reading on the dial ダイアル目盛を読む / ～ soundings 水深測量をする / ～ a census [poll] 国勢[世論]調査をする.

22 a 〈病気・危害・発作や考え・気分などが〉〈人などを〉とらえる, 襲う (seize, attack); [Passive で] 〔…に〕襲われる, かかる 〔*with*〕; [Passive で, 補語としての形容詞を伴って] 襲われて〈ある状態に〉陥る, (急に)…になる: Plague ～ him! あいつ疫病に取りつかれてしまえ, いまいましいやつめ / He admires as the humor ～*s* him. 気が向けばほめる / At last the fire *took* the temple. ついに火は寺に燃え移った / He *was* ～*n with* a fit of coughing. 急に咳の発作に襲われた / I *was* ～*n with* an intense weariness. 激しい疲労感に襲われた / She *was* ～*n* ill. ＝She was ～*n with* illness. 彼女は病気になった / I *was* ～*n* hoarse [blind, lame] at the last moment. 《古》いよいよと言うときに声がかすれて[盲になって, びっこになって]しまった. **b** 〈人を〉(ある情況のもとで, ある行為中に)襲う, 不意打ちする, 取り押える (catch): ～ a person by surprise 人の不意を打つ, 人を奇襲する / ～ a person *at* a disadvantage 人に不意打ちを食わせる / He was ～*n in* the very act of stealing. 盗みの現行犯で取り押えられた / ～ a person napping ⇨ nap[1] *vi.* 2. **c** [しばしば二重目的語を伴って] 〈人〉の〔体の一部を〕打つ, …に打ち当たる (hit), 〔…に〕〈一撃を〉加える 〔*on, in, over, to*〕: He *took* me a box *on* the ear. 彼は私の横っ面を張った / John *took* Jack a sharp jab *to* the ribs. ジョンはジャックの胸元に鋭いジャブをくらわした / The blow *took* him *over* the face. その一撃が彼の顔に当たった / He *took* a bullet *through* the lungs. 弾丸が肺を貫通した.

23 〈人などが〉〈病気・発作など〉に襲われる, かかる (catch): ～ cold 風邪(かぜ)を引く / ～ a fit 発作を起こす / I *took* the disease. その病気にかかった.

24 〈染料などを〉吸収する, …で染まる; 〈磨きなど〉がきく: Cotton does not ～ dyes kindly. 木綿は染まりがよくない / The stone ～*s* a high polish. その石はよく磨きがきく / It won't ～ a shine. それは磨きがきかない / ～ paint [the color] ペンキ[色]に染まる / ～ the ink インキがつく[しみる].

25 《スコット》〈水が〉(…まで)沈める, 埋没させる (submerge): The water *took* me *over* the head [*up to* the knees]. 水で頭の上[膝の所]までつかった.

26 a (記章・象徴として)身に着ける, 用いる (assume, adopt); 〈議長席・王座など〉に着く (cf. *vt.* 9): ～ an assumed name 仮名を用いる / ⇨ *take the* VEIL, *take the* GAVEL[1] / ～ the throne [crown] 王位に就く / ～ the habit 修道僧となる / ～ the gown 聖職者となる / ～ the ball (クリケットで)投手になる / ～ an oar 漕ぎ始める / ～ the chair 議長席に着く. **b** 〈役職・役割

などを〉勤める, 果たす, 担当する (perform); 〈責任・義務などを〉負う, 引き受ける (undertake): ~ duty 義務を果たす / ⇨ TAKE *upon oneself* / ~ consequences 結果に対する責任をを負う / ~ chairmanship of a committee 委員会の議長の役を引き受ける / ~ command 指揮をとる / ~ the lead 指導役を勤める / ~ orders 聖職に就く, 聖職者となる / ~ a rehearsal リハーサルの監督[指導]をする / This year Miss Nelson will ~ our class [~ French with freshmen]. 今年はネルソンさんが私たちのクラス[(大学)一年のフランス語]を教えて下さる / The governor *took* office on April 1st. 知事は4月1日に就任した / For many years he has been *taking* the responsibility for keeping order in this city. 多年にわたり彼はこの市の治安維持の責を負うて来た / The actor *took* the role of the fool in "King Lear." その俳優は「リア王」で道化師の役を演じた / The curate was going to ~ the morning service. 牧師補が朝の礼拝式を執行しようとするところだった (cf. *take* SERVICE[1]). **c** (進んで)〈労を〉取る, 〈骨折りを〉する: ~ pains 骨を折る (⇨ pain *n.* 3) / ~ the trouble to do 労をいとわず…する, わざわざ…する (⇨ trouble *n.* 4 b). **d** 〈誓いを〉立てる: ~ a vow [pledge] 誓う / ~ one's oath to the fact [that...] 事実であると[…であることに間違いがないと]誓う **e** (抗争・争議などで)〈…の側〉につく, 味方する: ~ a person's side 人に味方する / Some *took* part with me. 何人かは私に味方をした. **f** (論拠として)…による, 〈立場を〉取る: ~ one's stand on …に立脚する / Your point is well ~*n*. 君の議論は正しい. **g** (当然のもののように)自分のものとする (appropriate): ~ credit for another's work 人の功をわがものとする / ~ the liberty of doing something 勝手にある事をする.

27 〈形・性質を〉帯びる (assume); …の性質を帯びる: The tendency has ~*n* a definite form. その傾向は明確な形を取って現われている / Liquid ~*s* the shape of the vessel containing it. 液体はその容器と同じ形になる, 水は方円の器に従う / The butter has ~*n* the flavor of tea. バターに茶のにおいが移った.

28 a 〈問題・事態を〉取り上げる, 取り扱う (treat); 考慮する (consider); (例として)取り上げる: ~ a matter into [under] consideration ある事を考慮に入れる / ~ two enemies in succession 次々に二人の敵と取り組む / He was a man, ~ him for all in all. 彼はどの点から見てもまことの男であった / *taking* one thing with another あれこれ考え合せてみると / *Taken* together, these circumstances are quite serious. 諸般を考え合わせると事態はきわめて深刻である / *Taken* altogether, ... 全体から見れば…, 概して… / *Take* it all round, ... 全体的に見れば… / *Take* Japan for instance. 日本を例に挙げよう. **b** 〈稽古事などを〉習う, 〈学科を〉勉強する (study); (学校で)〈課程〉にはいる, 取る, 履修する (enroll in): ~ ballet バレエを習う / ~ music [tennis] lessons 音楽[テニス]のレッスンを受ける / I am *taking* German at the university. 大学ではドイツ語を取っています.

29 a 〈場所を〉取る, 占める, 〈時間を〉かける, 〈時間〉がかかる (use up); 〈燃料などを〉使う (consume): The box ~*s* little room. その箱は場所を取らない / The work *took* a long time to complete. その仕事を完成するのに長いことかかった / How much oil does your car ~? あなたの車はオイルをどれくらい使いますか / *Take* as long as you like. いくらでも時間をかけてやるがよい. ★ しばしば "*It* ~*s*...*to* do" の構文に用いられ, 時に人を指す間接目的語を伴うことがある: *It took* a long time *to* complete the work. その仕事を完成するのに長いことかかった / *It took* him ten minutes *to* solve the problem. 彼がその問題を解くのに10分かかった / How long does *it* ~ you *to* walk from the station to the school? 駅から学校まで歩いてどのくらいかかりますか. **b** 〈労力・条件などを〉必要とする (require, need); 〈特定のサイズの靴などを〉要する: *It* ~*s* courage *to* do that. それをするのに勇気がいる / *It* ~*s* patience and industry *to* master a foreign language. 外国語の習得には忍耐と勤勉が必要である / *It* ~*s* two *to* make a quarrel. 《諺》一人だけでは喧嘩(けんか)はできない《一方だけが悪いということはない》 / She ~*s* a six *in* shoes [~*s* size 6 shoes]. 彼女はサイズ6の靴を履く / He ~*s* a large size *in* hats. 大きなサイズの帽子をかぶる / This letter ~*s* a 200-yen stamp. この手紙には200円の切手がいる / It ~*s* a lot of [some] doing. それは中々骨が折れる / He has what it ~*s*. 彼には(成功に)必要な素質が備わっている.

30 a [副詞語句を伴って] (よく, 悪く)取る, 受ける (receive); (そのままに)受け入れる: ~ it easy (あることに対して)のんきに構える / ~ something well [kindly, in good part] あることをよく[善意に]取る / ~ something ill あることを悪く取る / ~ a joke in good part 冗談を善意に受ける / ~ something to heart ある事を気にする / You must ~ her as she is. 彼女をあるがままに受け入れなければならない / We *took* it pretty hard. ちょっとつらく感じた / He *took* the situation calmly [coolly]. 彼は事態を冷静に受けとめた / He doesn't ~ women seriously. 女というものをまともに取り合わない. **b** (本当と)思い込む, 信じる (believe); [~ *it that*...として]〈…と〉信じる (cf. *vt.* 32 b): *Take* [You can ~] it from me. 私の言う言葉とし て)それを本当と考えてくれてよい / *Take* my word for it. それについては私の言うことを信じてほしい / You can ~ *it that* he is fully acquainted with the facts. 間違いなく彼は十分事実を知っているんだよ.

31 〈忠言などを〉容れる, …に従う (follow); 〈治療・テストなどを〉受ける (undergo); 〈虐待・処罰・非難などを〉甘受する, 耐え忍ぶ (submit to, put up with), …に耐え抜く (withstand): ~ a person's advice 人の忠告を容れる / (cf. *vt.* 7 a) / ~ censure [criticism] 非難[批判]に甘んじる / ~ a hint [suggestion] 暗示に従う / ~ one's punishment 罰を受ける / ~ a test テストを受ける / ~ hard usage 虐待に耐える / I will ~ no affront. 侮辱されては黙っていられない / I will ~ no refusal. 否(いや)とは言わせない / He *took* the lashing without a whimper. 悲鳴もあげずそのむちをこらえた / You don't have to ~ anything from him. 何も彼の仕打ちを黙って受けていなければならないということはない / I doubt if the dam will ~ these heavy flood waters. ダムがこの大水に耐え切れるか心配だ / ⇨ TAKE *it* (2).

32 a 〈意味・人を〉理解する, 解する, 解釈する (interpret): You must ~ the writer's meaning correctly. 著者の意味するところを正確に理解しなければならない / He failed to ~ the passage as it was intended. その一節を本来の意味通りに解釈することができなかった / if I ~ you rightly お言葉を誤解していないとすれば / I ~ your point. ご趣旨のほどはよく分かりました. **b** 〔…と〕みなす, 思う (consider) 〔*as*〕; 〔…だと〕考える (assume), 間違える (mistake) 〔*for*〕; [目的語+*to* be を伴って]〈…であると〉思う; [~ *it that* …として]〈…と〉思う (suppose) (cf. *vt.* 30 b): She apparently *took* my remark *as* an insult. どうやら彼女は私の言葉を侮辱と受け取ったらしい / I naturally *took* the matter *as settled*. 当然その件は解決済みと考えた / That is what you are to ~ him *as* doing. そんなことは彼がしているとみるべきだ / I ~ it *for* granted. それは当然[勿論]のことと思う (cf. *take...for* GRANTED) / She is often ~*n for* a boy. 彼女はよく男の子と間違えられる / She *took* his mute listening *for* interest. 彼女は彼が黙って聞いているのを興味をもっているものと思いこんだ / What do you ~ me *for*? 私を何者だと思っているのですか《そんなばか[卑劣漢]だと思っているのか》 / Do you ~ me *for* a fool? 私をばかだと思っているのか / Many people ~ the story *to be* true. その話を本当だと考えている人が多い / I ~ *it that* you are well aware of it. そのことは先刻ご承知のことと思う. **c** 〔…と〕受け留める (accept), (概算して)〔…と〕見る (reckon) 〔*at*〕: ~ a report *at* its face value 報告を額面通りに受け留める[頭から信用する] / He *took* me *at* my word. 私の言うことを言葉通りに受け入れた / He *took* their number *at* four thousand. 彼らの数を4千と見た.

33 〈人目・関心を〉引く (attract); [通例 Passive で]〈人〉の心を引きつける, 魂を奪う, 〈人を〉うっとりさせる (captivate, charm) (cf. taking *adj.* 1): ~ a person's eye 人の目を引く / ~ a person's attention 人の注意を引く / ~ a person's fancy 人の気に入る / My eye *was* ~*n by* it. 私はそれに目を引かれた / He *was* much ~*n with* her beauty. 彼女の美しさにすっかり参った / I *was* ~*n with* the car on sight. 一目見てその車が気に入ってしまった.

34 a 〈船が〉〈水を〉しみ入らせる, 浸入させる (admit) (cf. TAKE *in* (1)): The boat *took* a lot of water over the bow. 船にへさきからたくさん浸水した. **b** 〈場所が〉収容する, …がはいる (accomodate); …の宿泊設備をもつ: This elevator ~*s* six persons. このエレベーターには6人乗れる / We cannot ~ so many guests. 私どもではそんなに大勢のお客様をお泊めできません.

35 〚文法〛 **a** 〈語尾を〉取る, (格・法などで)〈特殊の語形〉に変化する; 〈アクセント〉が付く: Most English nouns ~ s in the plural. 英語の名詞は複数形ではたいてい語尾に s が付く / This word ~*s* an accent on the second syllable. この語は第二音節にアクセントが付く. **b** 〈動詞が〉〈目的語などを〉取る, 要する, 〈名詞などが〉〈一致した形態の動詞を〉取る: This verb ~*s* an object. この動詞は目的語を取る / The singular pronoun ~*s* a singular verb. 単数の代名詞は単数形の動詞と用いられる.

36 《俗》だます, 欺く (cheat); だまして〔…を〕奪う 〔*for*〕: I was badly ~*n*. まんまとだまされた / He *took* her *for* $5,000. 彼は彼女から5千ドルだまし取った / ⇨ TAKE *in* (15).

37 〈女性〉と性交する, 交接する (copulate with).

38 《米》〚野球〛〈打者が〉〈投球を〉見送る: The batter *took* a first pitch. 打者は第一球を見送った.

— *vi.* **1 a** 取る, 捕える (capture): The queen ~*s* at any distance in a straight line. (チェスで)クイーンは遠近にかかわらずまっすぐ先の駒が取れる. **b** 〚法律〛財産(権)を取得[相続]する (obtain possession): The eldest son *took*. 長男が財産を相続した. **c** 〈魚が〉餌につく (bite): Fish will ~ best after rain. 魚は雨のあとに一番よく釣れる.

2 〈機械・装置などが〉引っ掛かる, かみ合う (catch, engage) 〔*into*〕: These pins ~ *into* holes in the plate. これらの栓(せん)はプレートの穴にうまく引っかかる.

3 a 〈植物が〉根づく (take root), 〈種が〉芽を出す: Cedars ~ well. ヒマラヤスギは根づきがよい / The seeds have ~*n*. 種が芽を出した. **b** 〚外科〛〈植皮片・植肉片が〉つく, うまく移植される[融合する].

4 a 〈薬などが〉効く (operate); 〈種痘が〉つく: The vaccine did not ~. 種痘はつかなかった / Has the transfusion ~*n*? 輸血は効きましたか. **b** 《まれ》〈燃料などが〉火がつく; 〈火が〉つく (catch): Benzine ~*s* easily. ベンジンは火がつきやすい / The fire *took* quickly. 火はすぐについた. **c** 《米・カナダ》凍る (freeze): The rivers began to ~. 川が凍り始めた.

5 〈インク・染料・色などが〉付く, のる, よくしみ込む (be absorbed): The ink ~*s* well *on* cloth. そのインクは切れ地によく付く.

6 a 〈本・劇・俳優などが〉人気を博する, 〔読者・観客に〕受ける 〔*with*〕: The book *took* well. その本は人気を博した[よく売れた] / This play ~*s with* a certain class. この劇はある階級には受ける / The actor did not ~ *with* the public. その俳優は大衆受けしなかった. **b** 《まれ》〈計画などが〉成功する, 当たる (succeed): The treachery *took*. 裏切は成功した. **c** 《古》人の心を魅する (charm): Then no planets strike, no fairy ~*s*, nor witch hath power to charm. その時には星も妖精もたたらず魔女も通力を失ってしまう (Shak., *Hamlet* 1.1. 162-3).

7 《口語》[副詞語句を伴って] (写真に)撮れる: She ~*s* better standing. 彼女は立っている方がよく撮れる / This color ~*s* well. この色は写真のうつりがよい.

8 〔…の価値を〕減じる, 落とす (detract) 〔*from*〕: Nothing *took from* our sense of happiness. 何物によって我々の幸福感は損なわれることがなかった / The size of her hat ~*s from* her height. 彼女は帽子が大きいので背(せ)が低く見える.

9 [種々の副詞語句を伴って] 引き分けられる, 分解される (come): This toy ~*s to* pieces. このおもちゃは分解できる / ⇨ TAKE *apart* (1), TAKE *off* (*vi.*) (6).

10 [方向の副詞語句を伴って] 行く, 進む: The car *took to* the ditch on the left. 車は左側の溝にはまり込んだ (cf. TAKE *to* (4)) / ~ *across* fields 野を横切る / ~ *down* [*up*] the hill on a run 一走りに丘を下る[上る] / ⇨ TAKE *after* (2), TAKE *off* (*vi.*) (2), TAKE *out* (*vi.*).

11 《口語》[補語を伴って] (病気に)なる (become, fall): She *took* ill [《米》sick] and died. 病気になって死んだ.

12 《米方言》[~ *and* …として] (勢よく, 進んで)…する. ★ 強意語としてまたは冗語的に用いる (cf. go and… ⇨ go[1] *vi.* 1 d): He *took and* ran after the boy. さっと少年のあとを追いかけて行った / I'll ~ *and* tell father. お父さんに言いつけるぞ.

be taken aback ⇨ aback 成句.

be taken short ⇨ short *adv.* 成句.

take after (1) (容姿・性質などで)〈親など〉に似る (resemble); …のやり方に倣(なら)う, まねる: She ~*s after* her father's family. 彼女は父方の家族に似ている / I'm going to ~ *after* my mother. 母を見倣おうと思っている. (2) …を追う: A gang of wolves *took after* her. 狼の群れが彼女を追って来た.

take against 《英》…に反抗する, と対立する (oppose); …に反感を抱く, …をきらう (dislike).

take a lot out of = TAKE *it out of* (2).

take amiss ⇨ amiss 成句.

take apart (1) 〈機械などを〉ばらばらにする, 分解する; 〈家具などが〉分解できる: ~ a bicycle *apart* 自転車を分解する / This piano ~*s apart* for packing. このピアノは分解して梱包(こんぽう)できる. (2) 〈理論などを〉分析する, 検討する, 吟味する. (3) 《口語》〈人・作品などを〉ひどく攻撃する[やっつける], 酷評する; 〈人を〉ひどい目に合わせる: He was *taken apart*. (4) 〈人を〉(内密な話などのため)わきへ連れて行く (take aside). (5) 《俗》〈人を〉八つ裂きにする, ばらす (murder).

take away (*vt.*) (1) 運び去る, よそに移す (remove); 連れ去る: He *took* his son *away from* the boarding school. 息子に寄宿学校をやめさせた / That will ~ your mind *away from* your troubles. それで気が紛れて心配事も忘れるだろう. (2) = TAKE *out* (*vt.*) (4). (3) 取り除く, 取り去る: Love ~*s away* all your ability to enjoy it. 恋愛はそれを楽しむ能力のすべてを失わせる / It *took* her appetite *away*. それで食欲が無くなってしまった. (4) 減じる (subtract): *Take away* 73 *from* 100, and how much have you left? 100から73を引けばいくつ残りますか. (*vi.*) (1) 食卓を片付ける. (2) 〔…の〕価値[効果]を落とす 〔*from*〕.

take back (1) 取り戻す; 〈返品を〉引き取る; 〈解雇した使用人・家出した夫などを〉再び迎え[受け]入れる: Won't you ~ *back* this book, which I bought last week? 先週買ったこの本を引き取ってくれませんか / She was ready to ~ her husband *back*. 彼女はすぐにでも夫を迎え入れようと思っていた. (2) 〈借り出した本・買った品などを〉返す, 返却する (return); 送って帰らせる: These books must be ~*n back to* the library. この本は図書館へ返さなければならない / It's time you *took* the children *back* in your car. もう子供たちを車に乗せて送って行く時間だ. (3) 〈前言・約束などを〉取り消す, 撤回する (retract): ~ *back* one's words 前言を取り消す / One cannot ~ *back* the accomplished action. やってしまったことは取り返すことができない. (4) 〈過去を〉〈人〉に思い起こさせる, よみがえらせる (carry back) 〔*to*〕: The music *took* me *back to* my childhood. その音楽を聞いていると子供の頃が思い出された.

take down (*vt.*) (1) 〔棚・かぎなどから〕取り降ろす[は

ずす], 下げる (lower)〔*from*〕; 〈ズボンなどを〉ずり降ろす: ～ *down* a picture *from* the wall 壁から絵を取りはずす. (2) 〈建物・足場・飾り付けなどを〉取りこわす[はずす] (pull down); 〈樹木などを〉切り倒す (cut down); 〈髪などを〉ほどく (unfasten); 〈銃などを〉分解する (disassemble); 〖印刷〗解版する (distribute): ～ *down* Christmas decorations クリスマスの飾り付けを取りはずす / The standing type has been ～*n down.* 組み置きの活字は解版してしまった. (3) 階下(の食堂)へ案内する (escort down): He *took* her *down* to dinner. 彼は彼女を階下の食堂へ案内した. (4) 〈薬などを〉飲み込む, 飲み下す (swallow). (5) 書きつける, 書き留める, 記す (write down); 〈講義・演説などを〉ノートする, 記録する; 〈音楽・劇などを〉録音する (record): I *took down* his name and address. 彼の住所氏名を書き留めた / I listened, *taking down* every word he said. 彼の言う一言一句をノートしながら聞いた. (6) 〈光・音などを〉弱める, 小さくする (reduce). (7) 〈人〉の高慢の鼻をひしぐ (humble): He must be ～*n down* a peg [notch] or two. 少し彼の高慢の鼻をひしいでやらなければならない. (8) [Passive で]〔病気で〕倒す (lay low)〔*with*〕: He *was* ～*n down with* the flu. インフルエンザで床に就いていた. (*vi.*)〔病気などで〕倒れる, 冒される〔*with*〕: She *took down with* fever. 彼女は熱病で倒れた.

take for 《まれ》…に味方する, …を支持する.

take in (1) 〈船が〉〈水を〉入れる, 浸入させる (cf. *vt.* 34 a); 詰め入れる, 積み込む, 積載する: The boat was *taking* a little water *in.* 船は少し浸水していた / The ship *took in* provisions for two months. 船は 2 か月間の食料品を積み込んだ. (2) 屋[室]内へ案内する, (特に)〈婦人を〉食堂へ案内する: He *took* Mary *in* to supper. メアリーを夕食に招じ入れた. (3) 〈罪人を〉収監する, (警察へ)拘引する. (4) 〈客・同居人を〉泊める (receive); 〈下宿人・使用人を〉置く; 〈犬・猫などを〉家に入れて世話する: In this neighborhood many households ～ *in* lodgers. この近所には下宿家が多い / They added to their income by *taking in* students. 彼らは学生を下宿させて収入の足しとした / She *took* an orphan *in.* 一人の孤児を引き取った. (5) 〈洗濯(物)物・縫物などを〉自宅で引き受ける, (家で)内職とする: She *took in* washing [sewing, mending]. 洗濯[縫物, 修理]の内職をした. (6) 《英》〈新聞・雑誌などを〉取る, 購読する (subscribe to) (cf. *vt.* 5): How many daily papers do you ～ *in*? 日刊新聞はいくつお取りですか. (7) 包含[包摂]する, 取り入れる (include): The observation ～*s in* all the subsidiary factors. その観察は副次的要因もすべて取り入れている. (8) 《口語》旅程に入れる, 訪ねる, 見物する (visit); 《米》〈映画・芝居などを〉見に行く (attend): We *took in* the London Tower on our weekend. 我々の週末旅行の旅程にロンドン塔を入れた / I *took in* a movie last night. 夕べ映画を見に行った. (9) (瞬間的に)気づく, 見てとる (perceive); じっと見る (observe keenly): His eyes *took in* everything. 彼の目は何一つ見逃さなかった / He *took in* the situation at once. すぐにその場の状況を見てとった / I stood a moment *taking in* the grandeur of the scene. 一瞬その光景の雄大さに見入ってたたずんだ. (10) 理解する, 〈意味を〉のみ込む; 真に受ける: He was listening to the lecture without *taking* it *in.* わからぬままにその講演を聞いていた / She stared at him, not seeming at once to ～ *in* what he meant. 彼の言う言葉の意味がすぐにはのみ込めぬらしくじっと彼の顔を見詰めた. (11) 〈着物などを〉小さくする, つめる; 〈たるみなどを〉引き締める (tighten); 〈帆を〉畳む (furl): ～ a frock *in* フロックをつめる / ～ *in* the slack of a rope ロープのたるみを引き締める / ～ a sail *in* 縮帆する. (12) …の収入がある, (収益・配当金として)得る. (13) 《英》〖証券〗〈売株〉の繰延べ料 (backwardation) を受け取る. (14) 〈土地を〉併合する (annex), 囲い込む (enclose). (15) 《口語》だます, 欺く (cheat, deceive): She was ～*n in* by his apparent kindness. 彼女は親切そうな彼の口車に乗せられた.

take it (1) 受諾する, 承諾する (accept): ～ *it* or leave it ⇨ TAKE *or leave* (1). (2) 《口語》〈試練・侮辱・批判・罰などに〉耐える, 頑張り抜く, やり抜く: You can ～ *it.* 君ならやって行ける / ～ *it* lying down 甘んじて屈辱に耐える / ⇨ *take it on the* CHIN, *take it from the* TOP[1]. (3) 考える, 理解する (assume, understand) (cf. *vt.* 32 b): You're not interested, as I ～ *it.* どうやら興味をお持ちでないようですね.

Take it away. [命令文として]〖ラジオ・テレビ〗本番願います《You're on the air. または Mike is yours. に近い表現》.

take it out of (1) 〈人〉に腹いせをする, 痛い目にあわせる, 〈人〉に罰を科する (penalize). (2) 〈人を〉疲れさせる, がっくりさせる, 参らせる (exhaust): The summer heat *took it out of* him. 夏の暑さに彼は参ってしまった.

take it out on 《口語》腹いせに〈人〉に辛く当たる, 〈人〉に八つ当たりする: Don't ～ *it out on* me. 私に八つ当たりしないでくれ.

take kindly to ⇨ kindly[2] 成句.

take off (*vt.*) (1) (…から)〈服・帽子・靴などを〉脱ぐ (↔ put on); 〈ブレーキなどを〉緩める (release): He *took off* his glasses. 眼鏡をはずした / I *took off* the receiver. "Yes?" I said. 私は受話器をはずした.「もしもし」と言った / ～ the brake *off* ブレーキを緩める. (2) (…から)取り去る, 持ち去る, 取り除く (remove) (⇨ *vt.* 11 a); 〈手足などを〉切断する; 〈体重を〉減じる: They have ～*n* steak *off* the menu. メニューからステーキが削られている / It will ～ a lot of worry *off* your mind. そうすればずっと心配が無くなりますよ / The leg had to be ～*n off* above the knee. 脚は膝の上の所から切断しなければならなかった / He *took off* ten pounds during the summer. 夏の間に 10 ポンドやせた. (3) 〈バス・飛行機・劇など〉の運行[公演]を打ち切る, 中止する (discontinue): They *took* two buses *off* (the route). 会社は(その路線の)バスを 2 便廃止した / The night-flight service was ～*n off* at the end of last month. その夜行飛行便は先月末で運行停止となった / The play was ～*n off* after two performances. その劇の公演は 2 回だけで打ち切られた. (4) …の勤務を免じる, (…から)転勤させる: The detective was ～*n off* the murder case. 刑事はその殺人事件の担当を解かれた. (5) (船・島から)救出する: The crew of the tanker were ～*n off* by a helicopter. 油送船の乗組員はヘリコプターで救出された. (6) (…から)まける, 割引く (deduct) (⇨ *vt.* 12). (7) 〈税を〉免じる, 〈制限などを〉解除する (↔ put on): What taxes will be ～*n off* in the next budget? 今度の予算案にはどんな免税があるだろうか. (8) 連れて[持って]行く, 連れ去る (lead away): He was ～*n off* to prison. 刑務所へ連れて行かれた / ～ oneself *off* 立ち去る. (9) (休暇として)取る: He *took* a week *off* (from work). 休暇を 1 週間取った. (10) …の命を取る, 殺す: Many people were ～*n off* by the earthquake. その地震で多くの人命が失われた. (11) 飲み込む, 飲み干す (take down): ～ a pint of beer *off* 1 パイントのビールを飲み干す. (12) 《口語》まねる, ものまねする (mimic): The comedian *took off* the Premier to perfection. その喜劇俳優は首相をそっくりにまねた. (13) 複写[複製]する (reproduce); 描く, 写生する (portray): ～ *off* 500 copies コピーを 500 部とる. (14) 〈通信を〉(受信機から)とる.
(*vi.*) (1) 〈潮が〉減退する, 〈嵐が〉静まる, 〈風・雨が〉やむ (abate): The rain *took off.* 雨がやんだ. (2) 《口語》(急に)出発する, 出かける (leave): ～ *off after* …を追いかける / I'm thinking of *taking off for* Hawaii for a month's leave. ひと月の休暇を取ってハワイへ行って来ようと思っている. (3) 〈飛行機・パイロット・ロケットなどが〉離陸[離水]する, 飛び立つ; 〖スポーツ〗跳躍を開始する, 踏み切る, 跳び上がる. (4) 〈景気が〉著しく上昇する, 〈製品が〉売れ行きがよくなる: The economy is now *taking off* again. 景気がまた上向きになりかけている. (5) 〔主流などから〕分岐する, 〔本筋から〕脱線する (branch off)〔*from*〕; 端を発する, 発生する (stem)〔*from*〕. (6) 取りはずせる.

take on (*vt.*) (1) 〈肉などを〉体につける (add): ～ flesh *on* 肉がつく. (2) (船・飛行機などに)積み込む, 搭載(𝑡𝑜̄)する (take aboard): The pilot refused to ～ any more passengers *on.* 操縦士はそれ以上乗客を乗せようとしなかった. (3) 〈外観・性質・音調などを〉身につける, 帯びる (assume); 〈意味を〉もつようになる (acquire); 〈風習などを〉採用する (adopt): The London afternoon began to ～ *on* the misty yellows of evening. ロンドンの午後のたたずまいは霧に黄ばんだ夕べの情景を帯び始めた / His voice *took on* enthusiasm. 話す声に熱が入って来た / In this context the word ～*s on* a new meaning. この文脈ではその語は新しい意味をもつようになる. (4) 雇う (hire); 〈志願者を〉入学させる (enroll): They had to ～ *on* some extra workers. 彼らは臨時職員を雇い入れなければならなかった. (5) 〈仕事・責任などを〉引き受ける (undertake); 〈医師・弁護士などが〉〈患者・依頼人など〉の世話を引き受ける: ～ *on* a contract 仕事を請負う / You'd better not ～ any more responsibility *on.* これ以上責任を背負い込まないようにした方がよい / The lawyer *took* her *on* as a client. その弁護士は彼女を依頼人として引き受けてくれた. (6) (競技などで)…の挑戦を受けて立つ; …と戦う, 取り組む (tackle): I'll ～ *on* anybody at chess. チェスならだれの相手でもしよう.
(*vi.*) (1) 《口語》騒ぎ立てる, わめき散らす; 悲嘆に暮れる: Don't ～ *on* so! そう悲しむな, まあ落ち着きなさい. (2) 気取る, 威張る. (3) 《口語》〈思想・歌などが〉人気を得る, はやりだす (catch on). (4) 〔…と〕付き合う〔*with*〕.

take or leave (1) 受け入れるか拒むかどちらかにする, (とっさに)採否[諾否]を決める: You must ～ it *or leave* it. 受諾するか拒絶するかのどちらかしかない《いやならやめてもらうだけさ》. (2) [命令法で] (金額・日数など)…の出入り[過不足]はあるとして (give or take): the expenditure of $500,000, ～ *or leave* a few hundred dollars 数百ドルの出入りはあるとしてまず 50 万ドルの経費.

take out (*vt.*) (1) 取り出す, 取り除く, 取り去る (cf. *vt.* 11 a, b); 差し引く (deduct), 除外する (exclude); 〈しみなどを〉抜き取る: He *took out* a small notebook *from* his pocket. ポケットから手帳を取り出した / He *took out* a cigarette and lit it. たばこを取り出して火をつけた / Ammonia is good for *taking* stains *out.* アンモニアはしみ抜きによい / That ～*s* all the fun *out of* it. それでは全く興ざめだ / There were 21 working days, *taking out* weekends and holidays. 週末と休日を除いて仕事日が 21 日あった. (2) 〈障害物などを〉排除する (get rid of); 〖軍事〗〈敵の要塞などを〉壊滅する, 一掃する (destroy). (3) 〈怒り・情熱などを〉〔…に〕浴びせかける, 吐露する, 注ぐ (vent)〔*on, upon*〕: He *took out* his anger *on* the dog. 腹立ちを犬にぶちまけた. (4) 《米》(レストランなどから家での食事用に)〈軽食を〉買って持ち帰る (take away). (5) 連れて出かける, 連れ出す, 案内する (lead forth, conduct); 《口語》〈女性を〉(パーティー・観劇などへ)案内する (escort), デートの相手として連れ歩く: I *took* the dog *out* for a run. 犬をちょっと散歩に連れて出た / He used to ～ me *out* for drives. 彼はよく私をドライブに連れて行ってくれたものでした / John has begun to ～ Kate *out.* ジョンはケートをデートの相手に連れ歩き始めた. (6) 〈証書・免許状などを〉受領する, 取得する, (届け出て)もらう; 〈購読〉の申し込みをする; 〈保険〉に加入する, かける: ～ *out* a doctorate 博士号を取得する / ～ *out* an annual subscription 一年分の購読の手続きを済ます / ～ *out* life [fire] insurance 生命[火災]保険をかける / I haven't ～*n out* a driver's license yet. まだ運転免許証をもらっていない. (7) 〖法律〗〈召喚状・令状などを〉〔…に〕発行する〔*against*〕: The police *took out* a summons *against* him. 警察は彼に召喚状を発行した. (8) 《口語》〈借金・払い戻しなどを〉(品物・クーポン券などで)受け取る〔*in*〕: The storekeeper asked me to ～ the cost *out* in trading stamps. 店主はその費用をクーポン券で受け取ってほしいと言った. (9) 〖トランプ〗(ブリッジで)〈パートナー(のビッド)を〉受けてそれとは別なスーツまたはノートランプで答える (cf. raise *vt.* 20 b). (10) 《廃》写し取る (copy). (*vi.*) 出発する, 出かける (set out): ～ *out after* …のあとを追う / We *took out for* home. 我我は帰途に就いた.

take a person out of himself 〈人〉の気を紛れさせる, 心配事[苦労]を忘れさせる: Holiday should *take* you *out of yourself.* 休暇を取れば気が紛れるはずです.

take over (*vt.*) (1) 送り届ける; (川向こうなどまで)運んで行く (convey across): I'll ～ her *over to* her house. 彼女を家まで送って行こう. (2) 〈事務などを〉引き継ぐ; 〈店などを〉譲り受ける, (代わって)…の経営[管理]を始める, (責任を負って)引き受ける; 接収する, 占拠する: He *took over* the business *from* his father. 父から商売を引き継いだ / Spain *took over* the Sahara in 1884. スペインはサハラを 1884 年に接収した. (3) 借用[採用, 模倣]する. (4) 《俗》だます, ぺてんにかける (cheat). (*vi.*) 〔人の〕あとを継ぐ, 〔人に代わって〕担当する〔*from*〕; 取って代わる, 優勢となる: The director has suddenly resigned, and I've got to ～ *over.* 取締役が急に辞任したので, 私があとを継がなければならないことになった / A new life style is *taking over.* 新しい生活様式が芽生え出している.

take oneself (1) 《古》〔…に〕身を捧げる, 専心する〔*to*〕: I *took myself to* the task. その仕事に専心した. (2) 行く, 進む: He *took himself to* bed. 床についた.

***take the cake* [*bun*, 《英》*biscuit*]** 《口語》(1) 一位を占める (rank first). (2) 〈人・事が〉(馬鹿らしさ・厚かましさなどで)何ものにも引けをとらない (surpass all): He ～*s the cake for* stupidity. 馬鹿さかげんでは天下一だ《あきれる》.

take to (1) [しばしば doing を伴って] …に没頭する, 専心する, ふける; 習慣として…するようになる, 習慣的に…を用いるようになる: ～ *to* one's studies 研究に身を入れる / ～ *to* drink(*ing*) 酒飲みの癖がつく, 酒におぼれる / ～ *to* drugs 麻薬に耽るようになる / ～ *to* thieving [*begging*] 盗み[乞食]癖がつく, 盗み[乞食]をするようになる / He *took to* evil courses. 悪の道に入り込んだ / He has ～*n to* striped ties. 彼はしまのネクタイを着けるようになった / She has recently ～*n to* glasses [*wearing* a wig]. 彼女は最近眼鏡を掛ける[かつらを付ける]ようになった. (2) …に順応する, なじむ (adapt oneself to): The tree ～*s* well *to* this soil. その木はこの土によくなじむ / ⇨ *take* KINDLY[2] *to.* (3) …が好きになる: We *took to* each other instantaneously. すぐお互いが好きになった. (4) 〈隠れ場所・休み場など〉へ行く; (前進の手段として)…に頼る, 訴える (have recourse to): ～ *to* (one's) bed 病気で寝付く / ～ *to* the boats (本船を捨てて)ボートに乗り移る / ～ *to* the skies 飛行機で飛び立つ, 機上の人となる. (5) 《方言》…を世話する, …の面倒を見る (take care of).

take up (*vt.*) (1) 取り上げる, 拾い[抱き, 持ち]上げる (lift, pick up); 取り除く[払う]: ～ *up* a handful of earth 土を一握り拾い上げる / ～ *up* a book [one's pen, the receiver] 本[ペン, 受話器]を手に取る / ～ the carpet *up* 絨毯を取り払う / He bent down and *took* her *up* in his arms. 彼は身を屈めて彼女を抱え上げた. (2) 〈列車などが〉〈人を〉乗せる, 〈船が〉〈荷物を〉積み込む (take aboard): The train stopped to ～ us *up.* 列車が止まると我々は乗り込んだ. (3) 捕縛する, 拘引する, 逮捕する (arrest): He was ～*n up* for theft. 盗みの罪で逮捕された. (4) 〈切れた血管・解けた縫い目などを〉縛る, くくり合わせる, とじつける; 〈糸巻き・巻き枠が〉〈糸・テープ・フィルムなどを〉巻きつける: ～ a dropped stitch *up* ほぐれた縫い目をくくり留める / ～ *up* a vein 血管を縛る / the reel which ～*s up* the film フィルムを巻きつけるリール. (5) 〈たるみなどを〉引き締める (tighten); 〈衣服など(の寸法)を〉詰める, 縮める (shorten): The sailors began to ～ *up* the slack in the ropes. 水夫らは索のたるみを引き締め始めた / This dress needs *taking up* at the hem. この服はへりを詰める必要がある. (6) 〈水分・養分などを〉

吸収する, 吸う (absorb): The blotting paper *~s up* ink. 吸取紙はインキを吸い取る. (7) ⟨場所・時間などを⟩取る, ふさぐ (fill up): The work *took up* much of my time. その仕事で私はひどく時間をとられた / The large bed *took up* nearly all the floor space. その大きな寝台が床のほとんど全部を占めていた. (8) ⟨心・注意などを⟩引きとめる, 集中させる (engross); [通例 Passive で] ⟨人が⟩〔…に〕没頭する, 熱中する〔*with*〕: *~ up* a person's attention 人の注意を引きとめる / She *was* entirely *~n up with* her clothes. 彼女は衣装のことで頭が一杯だった. (9) ⟨位置⟩に就く, ⟨立場⟩に立つ; ⟨住所・宿所を⟩定める: *~ up* a [one's] position (守備・攻略のための)位置に就く; (討論で)立場を取る / *~ up* (one's) residence 住居を定める, 住まう / He again *took up* his quarters at the Athletic Club. 彼は再び運動家クラブに宿泊し始めた. (10) ⟨仕事・職業・研究など⟩に取りかかる, 着手する (engage in); ⟨職責を⟩引き受ける, ⟨任⟩に就く (assume): She *took up* teaching as a profession. 彼女は職業として教師を始めた / I wished I had *~n up* history. 歴史をやっておけばよかったと思った / He *took up* the duties of the mayoralty that year. その年彼は市長に就任した. (11) (趣味などとして)始める, (習慣的に)行なう[用いる]ようになる; ⟨原則・思想などを⟩採用する (adopt): *~ up* smoking [gardening, riding, rabbit farming] たばこ[庭いじり, 乗馬, うさぎの飼育]を始める / You'd better *~ up* some outdoor sport. 何か屋外のスポーツを始めた方がよい. (12) ⟨態度を⟩取る, 装う (assume): *~ up* an aggressive attitude 攻勢に出る. (13) ⟨問題などを⟩取り上げる, 論じる, 検討する: I suggest that we *~ up* one problem at a time. 問題は逐一取り上げて行くことを提案します. (14) ⟨中断されたことを⟩再開する (resume), ⟨話⟩の穂を継ぐ: He *took up* the story just where I had left it. 彼はちょうど私が止めた所から引き継いで物語のあとを話した. (15) ⟨賭・挑戦・申し込みなど⟩に応じる (accept); 《口語》⟨人⟩の〔申し出・挑戦など〕に応じる〔*on*〕: *~ up* a bet [the challenge] 賭[挑戦]に応じる / If your offer still holds good, I would like to *~* you *up on* it. いつぞやのお話, まだよろしいのでしたらお受けしたいのですが. (16) ⟨土地を⟩所有[占有]する; ⟨だふ屋などが⟩買い占める (buy up): *~ up* one's land 土地を所有する. (17) ⟨公債など⟩に応募する (subscribe to): *~ up* a new loan 新しい公債に応募する. (18) ⟨借金を⟩皆済する, ⟨手形・株などを⟩買い取る(借金を返済して) ⟨抵当を⟩受け戻す (pay off). (19) 《スコット・米》⟨寄付金・献金などを⟩募る (gather in): *~ up* a collection 寄付を募集する. (20) ⟨芸術家・芸能人など⟩の後援者となる, 後援する, 保護[庇護(ひご)]する: He *took up* a girl whom everybody neglected. みんなにほったらかしにされていた少女を保護した. (21) ⟨歌・合唱など⟩に唱和する (join in): He started the song, and everyone *took it up*. 彼がその歌を歌い始めると皆がそれに唱和した. (22) (異議とか批判のために)…の話をさえぎる; 鋭く非難する, 叱責(しっせき)する (rebuke): "What do you mean by that?" he *took* her *up* sharply. 「それはどういう意味なのだ」と彼は彼女を鋭くなじった. (23) 《スコット》⟨洒落・風刺などを⟩解する, 理解する (appreciate). (24) ⟨道路を⟩掘り起こす: *~ up* a pavement.

(*vi.*) (1) 詰まる, 縮まる, 引き締まる (shrink, draw together): The rope *took up*. ロープが縮まった. (2) ⟨巻き枠などが⟩巻きつけをする (cf. (*vt.*) (4)). (3) (他の人が止めたところから)引き継ぐ, 再び始める (resume) (cf. (*vt.*) (14)): Let's *~ up* where we left off last week. 先週止めたところからまた始めることにしよう. (4) 《米》⟨授業が⟩始まる: School *took up*. 授業が始まった. (5) ⟨バス・汽車などが⟩乗客を乗せる: The train stops to *~ up* for London. 汽車はロンドン行きの乗客を乗せるために停車する.

take up for 《米》…の味方をする, の肩を持つ (side with, stand up for).

take upon* [*on*] *oneself (自分から進んで)…の責任を負う, 引き受ける, ⟨…する⟩任に当たる ⟨*to do*⟩: She *took* the blame *upon herself*. 自らその責めを負った / He *took* it *upon himself to do* it. 自らそれをする任を買って出た.

take up with (1) 《口語》⟨思わしからぬ相手⟩と交際しだす, …と親しくする (associate with): She has *~n up with* a disreputable man. 彼女は評判のよくない男と親しくなった. (2) ⟨責任者・上司など⟩に相談する, …の意見を求める (consult): You'd better *~* the matter *up with* the teacher. その問題は先生に相談してみたほうがよい. (3) …に興味をもつ, 没頭する. (4) 《古》⟨説などを⟩採る, 支持する (adopt), …に賛成する (agree with): *~ up with* the theory その説に賛成する. (5) 《廃》…を忍ぶ, 我慢する (put up with).

take with (1) 《スコット》…が気に入る, …を好む (like). (2) 《廃》…を忍ぶ, 我慢する (put up with). (3) 《廃》…を認める, 承認する (admit).

— *n.* **1** 取る[受ける]こと, 取得 (cf. give-and-take); (チェスなどで)駒を取ること. **2** (獲物・魚などの一回の)捕獲; (一回の)捕獲高 (catch), 猟, 漁 (haul) 〔*of*〕: a large *~ of* fish 大漁 / the yearly *~ of* furs 一年間の毛皮の取り高. **3 a** 収益, 利得 (proceeds); 売上高, (入場料の)上がり高 (the gate), 総徴収額: the tax *~* last year 昨年の税収額. **b** (競馬・競輪の賭金などからの)分け前, 収益率 (cut). **4** 〖映画・テレビ〗(連続した)一シーンの撮影, 一ショット; (一回分の)撮影シーン[場面]. **5** (演奏などの)録音(取り) (recording), テイク; 一回分の録音; 試し録音 (trial recording): dozens of *~s* 何十回分もの録音. **6** 〖印刷〗(印字機係または植字工が引き受ける)一回分の原稿; (論説・講演などの)一回分: the first *~* of copy which fell to our share 我々の担当になった最初の一回分の原稿. **7** 〖医学〗種痘がつくこと; (植皮の)癒着. **8** (心的な)反応, 呼応, 察し具合 (response): a boy with a quick *~* 反応の速い男の子. **9** 《俗》試み (attempt): on the third *~* 3 度やってみて, 3 度目に.

on the take 《米俗》(1) (人に乗じたりする)機会をねらって. (2) 私利に汲々として.

táke-àll *n.* 〖植物病理〗麦類立枯病 (*Ophiobolus graminis* 菌による穀物の疾病; whiteheads ともいう).

táke·awày *n.*, *attrib. adj.* 《英》 =takeout.

táke·dòwn *n.* **1** 取りはずし; 分解できる部分, 部分品. **2** (機械などの)分解; 組立て式機械; 分解(式)火器 (ライフル銃・ショットガンなど). **3** 《口語》(だまして)鼻をあかすこと, 参らせること (humiliation). **4** 〖レスリング〗テークダウン (アマチュアレスリングで立った状態で組合い, 相手をマットに倒し, 自分が優勢な立場になること; 得点 2 点; cf. reversal 4, escape 7). **—** *attrib. adj.* 取りはずし式の, 分解式の: a *~* shack 組立てバラック / a *~* rifle 分解式ライフル銃.

táke-hòme pày *n.* (所得税などを差し引いた)手取り給料 (take-home, take-home wages ともいう).

táke-home sàle *n.* 《英》 =off-sale.

táke-ìn *n.* **1** 収容[吸収]数量. **2** 《口語》ぺてん, 詐欺 (deception, fraud). **3** 《英俗》(晩餐(ばんさん)会などで)婦人を食堂に案内する男子.

taken 〖(*c*1340) *itaken*, *ytakyn*: cf. OE *ġetacen* (p.p.) ← *tacan*〗 *v.* take の過去分詞.

táke·òff *n.* **1** 出発 (start): *~* hour 出発時刻. **2** (馬術・陸上競技で)跳躍の踏切り (rise, leap); 跳躍点: a good [bad] *~*. **3** (飛行機の)離陸(点), 離水(点): a *~* pad 離着陸場. **4** 放水路. **5** 《口語》(おどけた)物まね; パロディー, 戯画 (caricature): We roared with glee at his *~*. 彼の物まねで大笑いした. **6** 欠点 (drawback). **7** 《米》(急速な経済成長の)出発点, 初期の段階. **8** 〖機械〗(主シャフトにギヤで接続される)補助機構を動かすシャフト, 伝導装置. **9** (管や電線などの)分枝, 支線. **10** (建築に先立って行なう必要資材一切の)見積り調査, 積算: plumbing *~* 水道工事の見積り調査. **11** (馬券の)売上げからの控除金.

tákeoff fìeld lèngth *n.* 〖航空〗離陸滑走路長.

tákeoff rùn *n.* 〖航空〗離陸滑走距離.

táke·òut *n.* **1** 取り出すこと. **2** 取り出したもの, 持ち出したもの. **3** (雑誌などの)とじ込み部分 (小説・写真などを掲載して他をいためずにそっくり取り外せる部分). **4** 《米》持ち帰り用の軽食; 持ち帰り用の軽食を売るレストラン[食堂] (《英》takeaway). **5** 〖機械〗(加工処理後の製品の)取出し装置. **6** 〖トランプ〗テイクアウト: **a** (ブリッジで)パートナーのビッド (bid) またはダブル (double) を受け, 別なスーツ (suit) をビッドすること (cf. raise *vt.* 20 b). **b** (ポーカーで)ゲームを始めうる最低の賭金. **—** *attrib. adj.* 《米》⟨軽食が⟩持ち帰り用の; ⟨店が⟩持ち帰り用の軽食を売る (《英》takeaway): *~* coffee, meals, etc.

tákeout dòuble *n.* 〖トランプ〗(ブリッジで)テイクアウトダブル (敵方がビッドした時, 自分の手が強いことを示してパートナーに何らかのビッドを要請するためのダブル; informatory double ともいう; cf. forcing bid, penalty double).

táke-òver *n.* (管理・支配・所有などの)乗っ取り, テークオーバー: a Moroccan *~* of the Sahara サハラ砂漠をモロッコが乗っ取ること.

táke-over bìd *n.* 《英》〖証券〗 =tender offer.

ták·er 〖ME〗 **—** *n.* **1** 取り手, つかみ手, 捕獲者 (captor). **2** 受取り人, 受け手 (acceptor). **3** (切符などを)集める人; (ノートを)取る人: a ticket *~*. **4** 賭に応じる人: No *~s* at 5 to 3. 5 対 3 では応じる者がない. **5** 購読者. **6** 飲用者, (薬の)服用者; 消費者. **7** 賃借人, 借地人, 借家人.

táker·òff *n.* 〖建築〗見積りをする人, 積算士.

táke-ùp *n.* **1** ぴんと張ること, 締めること. **2** 〖機械〗(糸・なわなどの)引っ張り装置, 締め道具, 糸締め器. **3** (織物・壁紙などの)巻揚げ装置; (フィルムの)巻取り装置. **4** (織物の)縮充, 縮み.

ta·kin [tɑ́ːkiːn] 〖⊏ Tibetan *ta kyin* (原義) horse ibex〗 *n.* 〖動物〗ターキン (*Budorcas taxicolor*) (Assam 北部, チベット山地にすむカモシカに似たウシ科の動物).

ták·ing 〖ME〗 **—** *n.* **1** 取得, 獲得, 捕獲〔*of*〕. **2** 捕獲高, 漁獲高. **3** [*pl.*] 収益, 上がり高, 売上げ高 (earnings, receipts): the day's *~s* of a shop 店のその日の売上げ. **4 a** 《古》騒ぎ, 動揺 (agitation), 興奮 (excitement); 困惑 (perplexity): He was in a great *~*. 非常に気をもんでいた. **b** 《スコット》惨めな情況 (plight).

for the taking (ほしければ)自由に, ただで: The leaflets are yours [there] *for the ~*. リーフレットは自由にお取り[お持ち]下さい.

— *adj.* **1** 人の心を引く, 魅力のある, 愛敬(あいきょう)のある, 人好きのする: in a *~* manner ほれぼれするようなもの腰[言い方]で. **2** うつる, 伝染性の (infectious, catching): a *~* disease. **~·ly** *adv.* **~·ness** *n.*

táking-òff *n.* **1** 除去, 取片付け (removal). **2** 〖航空〗 =takeoff 3. **3** 《俗》まね (imitation).

Ta·kla Ma·kan [tɑ́ːklə-məkɑ́ːn] *n.* (*also* **Ta·kla-ma·kan** [~]) [the ~] タクラマカン(砂漠) (中国新疆(しんきょう)ウイグル自治区 (Sinkiang Uighur Autonomous Region) 南部の Tarim 盆地中部にある砂漠).

tal. (略) 〖処方〗 *L.* tālis このように (such, like this).

ta·la[1] [tɑ́ːlə] 〖⊏ Skt *tāla* hand-clapping (変形) ← *tāḍa* beating〗 *n.* 〖音楽〗ターラ (インド音楽の打楽器が奏する強弱のリズム型, 拍子).

ta·la[2] [téɪlə, -lɑː] 〖⊏ Samoan ~ ⊏ E DOLLAR〗 *n.* (*pl.* **~, ~s**) タラ (西サモアの通貨単位; =100 sene; 記号 WS $).

tal·a·poin [tǽləpɔ̀ɪn, -pwæ̀n] 〖(1586) ⊏ F ~ ⊏ Port. *talapão* ⊏ Burmese *tala poi* our lord〗 **—** *n.* 〖動物〗タラポイン モンキー (*Cercopithecus talapoin*) (アフリカ西部のマングローブ湿地にすむグエノン (guenon) の種類).

tal·a·ri [tǽləri | -rɪ] *n.* タラリ (エチオピアの銀貨; ¹/₅ エジプトポンドに相当).

ta·lar·i·a [təlɛ́(ə)riə | -lέərɪə] 〖⊏ L *tālāria* ankles, winged shoes (neut. pl.) ← *tālāris* of the ankle ← *tālus* ankle: ⇨ -ia²〗 **—** *n. pl.* 〖ギリシャ・ローマ神話〗(Mercury, Iris などのくるぶしに付いた)翼のあるサンダル.

ta·la·yot [təlɑ́ːjoʊt | -jəʊt] 〖⊏ Catalan ~ ⊏ Sp. *atalaya* ⊏ Arab. *ṭalā'i'* (pl.) ← *ṭalī'a^h* sentinel〗 **—** *n.* (Balearic Islands, 特に Majorca, Minorca に残る)青銅器時代末 B.C. 1500 年から紀元ごろまでに作られた石塔.

Tal·bot[1] [tɔ́ːlbət, tǽl- | tɔ́ːlbət, tɔ́l-] 〖(1491) ← ? ME ~ (英国の旧家名: ⇨ Charles Talbot: その家紋にこの犬の姿がある)〗 **—** *n.* **1** タルボット (bloodhound に似て耳の長い猟犬; 今は絶滅). **2** 〖紋章〗(紋章図形として多用されている)タルボット.

Tal·bot[2] [tɔ́ːlbət | tɔ́ːl-, tɔ́l-] 〖← OF *talebot* pillager ← *taillier* to cut (⇨ tail²) + *botte* faggot〗 *n.* 男性名.

Talbot, Charles *n.* (1660–1718) 英国の政治家; 大蔵長官 (1714); 称号 Duke of Shrewsbury.

Tálbot dòg [hòund] *n.* =Talbot¹ 1.

talc [tǽlk] 〖(1601) ⊏ F ~ // ML *talc-um* ⊏ Arab. *ṭalq* ⊏ Pers. *talk*〗 **—** *n.* **1** 〖鉱物〗タルク, 滑石 ($H_2Mg_3(SiO_3)_4$) (滑剤等に用いる). **2** 雲母 (mica). **3** 〖薬学〗 =talcum powder. **—** *vt.* (**talcked, ~ed** [~t]; **talck·ing, ~·ing** [~ɪŋ]) 滑石でこする, 滑石で処理する.

talck·y [tǽlki | -kɪ] 〖← TALC + -Y⁴〗 *adj.* 滑石質[性]の, 滑石から成る.

talc·oid [tǽlkɔɪd] 〖⇨ -oid〗 *adj.* 滑石の, 滑石状の.

talc·ose [tǽlkoʊs | -kəʊs] 〖⇨ -ose¹〗 *adj.* 滑石の, 滑石を含む.

talc·ous [tǽlkəs] *adj.* 滑石から成る, 滑石に似た.

tal·cum [tǽlkəm] 〖⊏ ML ~: ⇨ talc〗 *n.* **1** 〖鉱物〗 =talc 1. **2** =talcum powder.

tálcum pòwder *n.* **1** 滑石粉 (製紙・化粧品・絹などの脱脂料に用いる). **2** タルカムパウダー (滑石粉にホウ散末・香料などを加えたもの; 汗止め, ひげそりあとなどに用いる).

tale[1] [téɪl] 〖OE *talu* story, number < Gmc **talō* incision (Du. *taal* speech / G *Zahl* number) ← **taljan* 'to TELL'〗 **—** *n.* **1** (事実・伝説・架空の)話, 物語 (story, narrative) (cf. fiction 2 a); 昔話: the *~* of Troy トロイ物語 / old Greek *~s* ギリシャの昔話 / ⇨ fairy tale / a twice-told *~* ⇨ twice-told 2 / a *~* of a roasted horse 作り話 / a *~* that is told たわいのない[空しい]話; 陳腐な[ありふれた]事柄 (cf. *Ps.* 90 : 9) / a *~* told by an idiot (痴人の話すような)たわいのない[下らない, 無意味な]事柄 (Shak., *Macbeth* 5. 5. 26–27) / travelers' *~s* ほら話 / tell the *~* of one's adventures 自分の冒険談をする / tell one's *~* 身の上話をする; 自分の言い分を述べる, ⟨使いなどが⟩口上を言う / take up the *~* 語り始める / All this is now a *~*. それもこれも皆昔話になってしまった / It tells its own *~*. それはおのずからその由来を物語っている (言わなくても明らかである) / His *~* is [has been] told. 彼はもうだめだ (運がつきた) / Thereby hangs a *~*. ⇨ thereby 2. **2 a** [しばしば *pl.*] うわさ (rumor, report); 悪口, 陰口, 告げ口 (malicious gossip): carry *~s* to a person 人に告げ口をする / tell *~s* upon a person 人の告げ口をする, 人の陰口をいう / tell *~s* behind a person's back 人のことを陰で取沙汰[攻撃]する / if all *~s* be true… うわさが全部本当なら…, 本当かどうか知らないが… (うわさ話を始める時の言葉) / Dead men tell no *~s*. (諺) 死人に口なし. **b** (たわいもない)むだ話; うそ (falsehood, lie): ⇨ old wives' tale / a *~* of nought つまらない事[物] / ⇨ *a* TALE *of a tub* / There was more of *~* than of truth in those things. そういう事柄には真実よりもうその方が多かった. **3** 《古》計算, 勘定 (count, tally); 総数, 全額 (total): The shepherd tells his *~*. 羊飼いが羊の頭数を数える / The *~* is complete. 数が揃っている / the *~* of dead and wounded 死傷者総数. **4** 《古》類 (category): one and the same *~* 同じ事 / jump in one *~* 一致する / in a [the same] *~* (with) (…と)同一で, 一致して. **5** 《廃》会話 (discourse), 談話 (talk).

a tale of a tub 〖(1532)〗たわいない話. ***by tale*** 《古》数で: *by ~* and not by weight 目方ではなく数で. ***tell a tale*** (1) 話をする. (2) (何か)いわくがある: That *tells a ~*. それには何か事情がある. ***tell tales* (*out of school*)** 内の秘密を外に漏らす, 恥を外にさらす. ***tell the tale*** 《俗》大変な[驚くべき]話をする; (特に, 同情を呼ぶため)哀れっぽく話す.

tale[2] [téɪl] *n.* =tael.

tále·bèarer 〖(15C)〗 *n.* 人の秘事[悪いうわさ]を言

いふらす人, 金棒引き; 告げ口屋 (informer).
tále·bèaring *n.* うわさの言いふらし. — *adj.* うわさを言いふらす.
tal·ent [tǽlənt] 〘OE *talente* ⊏ OF *talente* will, desire < L *talentum* ⊏ Gk *tálanton* balance, weight, sum of money representing a talent of silver ← IE *tel- to lift, weigh (L *tollere* lift up)〙 — *n.* **1 a** [しばしば *pl.*] (特殊な)才能 〔*for*〕: He has no [not much] ~ *for* acquiring foreign languages. 外国語習得の才能が全然[あまり]ない / develop one's dramatic ~*s* 演劇の才能を伸ばす / He early showed ~ *for* music. 幼時から音楽の才が現れていた. **b** (一般的な)才能, 能力 (ability): a man of ~ 才人 / a scholar with many ~*s* 多才な学者. **2 a** 《米口語》才能のある人; (芸能関係の)タレント: younger ~*s* 才能ある若者たち / one of Hollywood's most luminous ~*s* ハリウッドの最も輝かしいタレントの一人. **b** [集合的] 才能ある人々, 人材; タレントたち: look out for local ~ 地方の人材を捜す / discover new ~ 新人タレントを見出す. **3** (発達させて世のために役立てるように神から人に委ねられたと考えられる)素質, 才能《*Matt.* 25: 14–30 のたとえ話から》: hide one's ~ in a napkin 自分の才能を持腐れにする. **4** [the ~; 集合的]《俗》〘競馬〙(人気を変えてしまうほどの影響力をもつ)眼力のある賭師(とし)たち. **5** タラント《古代ギリシャ・ローマ・ヘブライなどの衡量および通貨の単位; 時・所によって異なる》. **6** 《廃》傾向 (inclination), 性向 (disposition).
tál·ent·ed [-tɪd, -təd | -tɪd, -təd] *adj.* 才能のある, 有能な, 手腕のある: a ~ actor, musician, etc. / a very ~ teacher / She isn't particularly ~ on the violin. 格別バイオリンの才能があるわけではない.
tálent·less *adj.* 才能のない, 無能な, 手腕に欠ける.
tálent·mòney *n.* タレントマネー《特に, 野球・クリケットのプロ選手の優秀な成績に対する特別賞金》.
tálent scòut *n.* タレントスカウト《芸能界やプロスポーツ界で有望なタレントを発掘したり引き抜いたりする人》.
tálent shòw *n.* タレントショー《タレント志望のアマチュア歌手・ダンサーなどが登場する新人発掘ショー》.
tálent spòtter *n.* =talent scout.
ta·ler [tɑ́ːlə | -lə(r; *G.* táːlɐ] 〘⊏ G *Taler*: ⇨ dollar〙 *n.* (~, ~s) ターラ《もとドイツ諸州の各種大型銀貨》.
ta·les [téɪliːz] 〘(1495) ⊏ ML *tālēs* (*dē circumstantibus*) such persons (from those standing about) (召集令状の最初の語) ← L (pl.) ← *tālis* such〙 — *n.* (*pl.* ~) 〘法律〙 **1** [複数扱い] 補欠陪審員《法廷で列席者または傍聴人の中から補欠として選ばれる》. **2** [単数扱い] 補欠陪審員召集令状.
ta·les·man [téɪlzmən, téɪliːz- | téɪliːzmən, téɪlz-, -mæ̀n] 〘⇨↑, man〙 *n.* (*pl.* **-men** [-mən, -mèn]) (傍聴人などから選び出された)補欠陪審員.
tále·tèller *n.* **1** (物語の)話し手, 語り手 (narrator). **2** =talebearer.
tále-tèlling *attrib. adj.* 他人の秘密[うわさ]を言いふらす. — *n.* 他人の秘密を言いふらすこと, うわさをまくこと.
taleysim *n.* tallith の複数形.
tali *n.* talus[1] の複数形.
tal·i- [tǽlə | -lɪ] 〘← L *tālus* 'TALUS[1]'〙「足首 (ankle)」の意の連結形: *tali*grade.
Tal·i·a·có·tian operátion [tæ̀liəkóuʃən- | -liəkə́u-] 〘*Taliacotian*: ← NL *Taliacotius* (ラテン語化) ← *Gasparo Tagliacozzi* (1546–99: イタリアの外科医)〙 — *n.* 〘外科〙タリアコッチ法[手術]《隆鼻術の一種》.
Ta·lien [tɑ́ːljén; *Chin.* tàlién] *n.* 大連(Dairen) の中国語名.
Tal·i·es·in [tæ̀liésɪn, -sən | -liésɪn] *n.* **1** タリエシン《6 世紀のウェールズの詩人》. **2** タリアセン《F. L. Wright が 1925 年から米国 Wisconsin 州 Spring Green の近くに建てた別荘兼建築学校; Taliesin North または Taliesin East ともいう; 1938 年から Arizona 州 Paradise Valley に同様の Taliesin West を建設》.
tal·i·grade [tǽləgrèɪd | -lɪ-] 〘← TALI- + -GRADE〙 *adj.* 〘動物〙足の外側で歩行する.
tal·i·on [tǽliən | -lɪən, -ljən] 〘(*a*1420) ⊏ (O)F ~ ⊏ L *tāliō(n-)* retaliation in kind ← *tālis* such (cf. retaliate): ⇨ tales, -ion〙 — *n.* 〘法律〙 =lex talionis. **tal·i·on·ic** [tæ̀liɑ́nɪk | -lɪɔ́n-] *adj.*
tal·i·ped [tǽləpèd | -lɪ-] 〘← NL *tāliped-em* (↓)〙 *adj.* 彎足の (clubfooted). — *n.* 彎足の人[動物].
tal·i·pes [tǽləpìːz | -lɪ-] 〘← NL *tālipēs*, *tālipedem*: ⇨ tali-, pes〙 *n.* 彎足 (clubfoot)《足の変形の総称》.
tal·i·pot [tǽləpɑ̀t | -lɪpɔ̀t] 〘(1681) ⊏ Bengali *tālipot* palm leaf ← Skt *tālī* book palm + *pattra* leaf (cf. feather)〙 — *n.* **1** 〘植物〙タリポットヤシ (*Corypha umbraculifera*)《インド南部・セイロン島・ビルマなどに産する扇状葉を有する巨大なヤシの木; その葉はアンペラむしろに編むほか, 扇・かさ・屋根おおい・紙の代用品; talipot palm ともいう; cf. buntal》. **2** タリポットヤシの澱粉.
tal·is·man [tǽlɪsmən, -ləs-, -lɪz-, -ləz- | -lɪz-, -lɪs-] 〘(1638) ⊏ F ~ // Sp. *talismán* // It. *talismano* ⊏ Arab. *ṭilasmān* (dual) ← *ṭilásm* ⊏ Gk *télesma* payment, completion, (LGk) initiation, incantation ← *teles-* (← *telein* to initiate, 《原義》complete ← *télos* end) + *-ma* (n. suff.)〙 — *n.* (*pl.* ~**s** [~z]) **1** 護符, お守り, まじない札, 魔よけ (charm, amulet)《石や輪などに像や文字などを刻んだもので, それが作られた時に優勢であった天体の影響によって, それを身に着けている人に福をもたらしたり, その人の禍をよけたり, または病を直したりする力があると信じられた》. **2** 不思議な力のあるもの.
tal·is·man·ic [tæ̀lɪsmǽnɪk, -ləs-, -lɪz-, -ləz- | -lɪz-, -lɪs-] *adj.* 護符の, 魔よけの; 魔力のある, 不思議な (magical). **tàl·is·mán·i·cal·ly** *adv.*
tàl·is·mán·i·cal [-nɪkəl, -nə- | -nɪ-] *adj.* =talismanic.
talk [tɔ́ːk] 〘(?*a*1200) *talk(i)e(n)* (freq.) ? ← OE *talian* to reckon < Gmc *talōjan ← *tal- (cf. tale[1], tell[1]): cf. East-Fris. *talken*: 反復を表わす *-k-* については STALK[1] を比較〙 — *vi.* **1 a** 口をきく, しゃべる, 話す, 語る (speak): ~ *about* [*of*] old times [one's family, the weather] 昔[家族, 天気]のことを話す《★ of の方が形式張った表現》/ ~ *to* a person 人に話しかける / He is the man I ~*ed to* you *about.* 彼が君に話した男だ / ~ *against* a person 人を非難する[悪く言う] / ~ *into* a microphone マイクに向かって話す / ~ *on* [*over*] the telephone 電話で話す / ~ *in* Spanish スペイン語で話す / ~ *in* one's sleep 寝言を言う / ~ *from* the point (話が)脱線する / Our child is learning to ~. うちの子は物を言い始めた / Parrots can ~. おうむはものが言える / Now you're ~*ing*. 《俗》それなら話がわかる / He knows what he is ~*ing* about. 彼は自分が話していることをよく心得ている《専門家だ》/ He ~*s* quite sensible. 本当に物のわかった話をする. **b** 〈金などが〉物を言う (carry weight): Money ~*s*. 《諺》金が物を言う《人間万事金の世の中》.
2 話し[語り]合う (converse), 相談する (consult): I have been ~*ing with* [*to*] someone. 人と話をしていたところだ《★《英》では to の方が普通》/ She wants someone to ~ *to*. 彼女は話相手を欲しがっている / For years they have ~*ed about* moving to the country. 数年来彼らは田舎に引っ越すことについて話し合っていた (cf. TALK *of* (2)) / My father and I ~*ed* in detail *on* [*over*] the subject. 父と私はその問題について詳細に話し合った / Have you ~*ed together* yet? もう相談をしましたか.
3 話をする, 講演する, 講義をする (lecture): I ~*ed to* a small gathering for ten minutes. 小人数の集まりで 10 分間ほど話をした / The professor ~*ed on* current trends in economics. 教授は経済学の最近の動向について講演された.
4 a ぺらぺら[ぺちゃくちゃ]しゃべる, おしゃべりをする (chatter, prate): Stop ~*ing*! / She loves to ~. おしゃべりが大好き. **b** うわさ話をする (gossip) 〔*about*, *of*〕《★ about の方が普通》: People will ~. 人の口に戸は立てられぬ; 世間は口がうるさいもの; 物議をかもすだろう / I don't want to be ~*ed about.* 人にとやかく言われたくない / *Talk of* the devil, and he is sure to appear. 《諺》うわさをすれば影がさす. **c** 秘密を明かす, 自白する: The FBI made the suspect ~. FBI は容疑者に口を割らせた.
5 話しているような音[声]を出す: The kettle is ~*ing* on the stove. やかんがストーブの上でちんちんわいている.
6 〔合図・信号などで〕意思を通じる, 知らせる 〔*by*〕; 〔…と〕(無電で)通信する 〔*with*〕; 〔…に〕合図[信号]を送る 〔*to*〕: ~ *by* signs [looks] 手まね[目つき]で語る / ~ *with* a shore station 沿岸無電局と交信する / The light began to ~ *to* us. 光が我々に合図を送り始めた.
— *vt.* **1** 話す, 語る (say): ~ sense ⇨ sense 6 / ~ nonsense 訳のわからないことを言う / ~ rubbish くだらないことを話す / ~ scandal 醜聞を話す / ~ treason [blasphemy] 大逆罪[冒瀆]に当たる事を話す.
2 …のことを話す[語る, 論じる]: ~ books [sports] 本[スポーツ]の話をする / ~ business 商売の話をする / ~ philosophy [politics] 哲学[政治]を論じる / ⇨ *talk* CHURCH, *talk* SHOP, *talk* (*cold*) TURKEY. **3 a** 〈外国語などを〉話す, 使う, しゃべる (speak): He can ~ three languages. 3 か国語をしゃべる / ~ slang [Somerset] 俗語[サマセット方言]を使う / ~ Greek [Hebrew, double Dutch, gibberish] 唐人の寝言みたいなことをしゃべる. **b** …の口調で話す. ★ 次のような句で: ~ sailor 船乗りの言葉を使う / ⇨ *talk* BABY.
4 《米》…のことを(言行が一致しないのに)自信ありげに[自慢して]話す: He doesn't just ~ a good game of tennis, but he plays it. テニスの自慢話をするだけではなく実際にできるのだ. **5** [しばしば ~ *oneself* + 目的補語の形で] …に話して〈ある状態に〉する, 説得して…させる: ~ one's time [one's fears] *away* 話して時を費やす[恐怖を紛らす] / ~ a person *down* 人をしゃべり負かす / ~ a child *to* sleep 話をして子供を寝かしつける / I'm afraid I'm ~*ing* you *to* sleep. 詰まらない話ばかりして居眠りが出かけているようだね / She ~*ed* her parents *into* letting her leave school. 彼女はしつこく両親に頼んで学校をよさせてもらった / I ~*ed* him *into* agreement. 彼を説得して同意させた / I must ~ him *out of* that foolish idea. 彼を説得してあの馬鹿げた考えを思いとどまらせなければならない / He ~*ed himself* hoarse [*out of* breath]. あまり話をしすぎて声がかれて[息切れして]しまった / That night we ~*ed ourselves* tired. その夜は話し疲れるほど語り明かした / ⇨ TALK *around*, TALK *over* (2).
talk about (1) ⇨ *vi.* 1a, 2, 4 b. (2) [命令形で]《口語》(誇張的に)…とはこのことだ; (反語的に誇張して)…どころか(とんでもない): *Talk about* (fine) weather! 正に絶好の日和(ひより)だ / *Talk about* luck! 全く運がいい / *Talk about* honesty! (彼が)正直だなんて聞いてあきれる. ***talk against time*** ⇨ *against* TIME. ***talk a person's arm* [*ear, leg*] *off*** 《俗》のべつ幕なしに話して人をうんざりさせる. ***talk around*** 《米》〈人を〉口説き落とす (talk over), 説得する (persuade): He managed to ~ them *around.* 何とか彼らを説得することができた. ***talk at a person*** (1) 〈人に〉聞こえよがしに言う, 当てつけて言う. (2) 《口語》〈人〉にのべつ幕なしに[執拗(しつよう)に]話しかける, 〈人〉に向かってしゃべり立てる. ***talk away*** (1) 話し続ける, べらべらしゃべる. (2) 話をして過ごす[紛らす] (cf. *vt.* 5). ***talk back*** (1) 《米》〔…に〕つっけんどんな返事をする, 口答えをする 〔*to*〕: Don't ~ *back* (*to* your mother) like that. そんな風に(母親に対して)口答えしてはいけない. (2) 〘ラジオ・テレビ〙トークバック (talk-back) によって応答する. ***talk down*** (1) 〈相手を〉一層大きな声で[激しくまくし立てて]圧倒する[言い負かす, 黙らせる] (cf. *vt.* 5). (2) けなす, 悪く言う, 見くびる: ~ *down* a person's success 人の成功をけなす. (3) 〔人に〕横柄に話しかける 〔*to*〕. (4) 〔人に〕調子を下げて話す 〔*to*〕: He always ~*s down to* his audience. いつも聴衆にレベルを下げて話す. (5) 〘航空〙トークする《計器着陸方式の一種で, 地上の管制官がレーダーで進入して来る航空機を監視し, 無線でパイロットに指示を与えて着陸させる》. ***talk a person's ear off*** =TALK *a person's arm off*. ***talk in*** 〘航空〙 =TALK *down* (5). ***Talking of*** …と言えば, …の話ついでだが (speaking of): *Talking of* beer, aren't you getting thirsty, too? ビールと言えば君もそろそろ喉がかわいてきたんじゃない. ***talk a person's leg off*** =TALK *a person's arm off*. ***talk of*** (1) ⇨ *vi.* 1a, 4 b. (2) [doing を伴って] …する意志があると言う (talk about): He used to ~ *of* giving up his job. いつも職を止めようかと言っていた. (3) =TALK *about* (2). ***talk out*** (1) 思いのままに話す[打ち明ける]: ~ one's mind [anxieties] *out* to a friend 友人に思いのたけを語る[心配事を打ち明ける]. (2) 〈問題などを〉徹底的に論じる. (3) 〘英議会〙〈議案・動議などを〉閉会時間まで討議を引伸ばして審議未了にする (cf. filibuster 2). ***talk over*** (1) 〔人と〕相談する, 話し合う 〔*with*〕: ~ the matter *over* = ~ *over* the matter その件を話し合う / I ~*ed* it *over* *with* my teacher. そのことを先生と相談した. (2) 〈人を〉説き伏せる, 説得する, 説いて考えをひるがえさせる: He ~*ed* me *over to* his viewpoint. 彼は私を説得して自分の考え方に同調させた. ***talk over a person's head*** ⇨ *over a person's* HEAD (1). ***talk round*** (1) …のことを回りくどく言う, …で言を左右にする: He always ~*s round* the subject. その問題になるといつも言を左右にする. (2) =TALK *around.* ***talk the bark off a tree*** 《米口語》激しくののしる. ***talk the hind leg(s) off a donkey*** 《口語》しゃべりまくる, のべつ幕なしにしゃべる. ***talk through*** 〘映画・演劇〙〈監督が〉(リハーサルの間に)…に演技指導をする (cf. talk-through): ~ an actor *through* (his scene) (リハーサルの時に)俳優に(出演場面での)演技を指導する. ***talk to*** (1) ⇨ *vi.* 1 a, 2, 6. (2) …に説じこむ, に意見する, …を叱る (cf. talking-to): I'll have to ~ *to* my butcher *about* this meat. こんな肉を売るなんて肉屋によく言ってやらなければならない / He needs to be ~*ed to*. 彼によく言って聞かせなければならない. (3) 《米中部》…に言い寄る, に求愛する. ***talk to death*** (1) 〈人を〉うんざりさせるほどしゃべりまくる: ~ a person *to death*. (2) (議事妨害のため)際限なく討議を引伸ばし(たりし)て〈議案を〉葬る. ***talk to oneself*** ひとり言を言う (cf. SAY[2] *to oneself*). ***talk up*** (1) 大声で[ためらわずに]はっきり言う; 〔目上の者に〕なまいきな[反抗的]な口のきき方をする 〔*to*〕. (2) 〈本・試合などを〉好意的に批評する[論じる], ほめる (commend); 〈法案などを〉推進する (promote); 〈候補者などを〉支援する (support). ***You can talk.*** 《口語》(1) 君ならそう言える[心配いらない]. (2) = *You can't* TALK. ***You can't talk.*** 《口語》君だって大きなことは言えないよ.
— *n.* **1 a** 話, 談話, 座談: small ~ 世間話, 雑談 / big [tall] ~ 大ぶろしき, 大ぼら, 放言 / an idle ~ むだ話 / lip ~ (口先だけの)世間話 / have a long friendly ~ with …とゆっくり親しく話をする / That's the ~. 《米》そうだそうだ, その通り. **b** むだ話, 空話: That's but ~. それは空話にすぎない. **2** 〔…についての〕(略式の短い)講演, 講話 (speech) 〔*on*, *about*〕; (ラジオ・テレビなどでの)話, 講話《談話風の短いもの》: give a ~ *to* the students *on* the "Women's Lib" movement 学生に「ウーマンリブ」の運動について講演をする. **3 a** [しばしば *pl.*] 話し合い, 会談, 協議 (conference): preliminary ~*s on* a peace treaty 平和条約に関する予備会談 / have a long ~ with …と長時間協議する. **b** (実りのない)議論, 空論: We've had enough ~. 議論は尽くした《もう実行すべき時だ》/ It will end in ~. 議論ばかりに終わるだろう / He is all ~. しゃべるだけで実行力がない. **4 a** (世間の)話 (report); うわさ(話), 風説 (rumor, gossip): There is ~ *of* his returning. 彼が帰って来るといううわさがある / There has been serious ~ *of* bankruptcy. このところ倒産のうわさが深刻だ / I heard it in ~. それをうわさに聞いた. **b** 話の種, 話題 (topic): That will make a ~. 話の種[評判]になるだろう / It was the ~ of the village. それは村中のうわさになっていた / It's common ~ all over the place. その事はここではだれも知らないものがない. **5 a** 話し方, 口調 (way of talking): ⇨ baby talk. **b** (特定社会の)用

語, 言語 (jargon): prison ～ 囚人用語 / campus ～ 学生用語. 6 (動物や機械などが立てる)人語に似た音.
all talk and no cider 《米口語》しゃべるばかりで何の結論も出ないこと.

talk·a·ble [tɔ́:kəbl] *adj.* 1 〈物が〉話題になり得る: a ～ incident. 2 〈人が〉気安く話のできる: a ～ person.

talk·a·thon [tɔ́:kəθɑ̀n | -θɔ̀n] 〖← TALK+(MAR)ATHON: cf. dancathon〗 ── *n.* 1 (議事妨害のための)引伸ばし演説[討論] (filibuster). 2 (テレビ・ラジオによる候補者との)長時間にわたる一問一答《選挙運動の一つ》.

talk·a·tive [tɔ́:kəṭɪv | -tɪv] 〖(*c*1400)〗 ── *adj.* 話し好きな, おしゃべりな, 多弁な (chatty, loquacious): a ～ child, wife, etc. / When he drinks, he becomes as ～ as may be. 酒が入るとむやみと多弁になる. **～·ly** *adv.* **～·ness** *n.*

tálk·bàck *n.* 〖ラジオ・テレビ〗トークバック《スタジオ内の人間に拡声機またはヘッドフォンを通じて指令室[副調整室]から指示を与えたり連絡するための通信設備; 中継放送などの場合の指令・連絡用電話システムのことを指す場合もある》.

talk·ee-talk·ee [tɔ́:kitɔ́:ki | -kɪtɔ́:kɪ] 〖(1808) ▭ West Indies Pidgin E ～ 《反復形》← TALK+-EE²: *-ee* は 'broken English' を暗示したもの〗 ── *n.* 1 (黒人などの)片言英語 (broken English). 2 おしゃべり, 多弁.

talk·er 〖ME〗 ── *n.* 1 話す人, 話し手, 談話者, 演説家, 弁士: a good ～ 話上手, 座談の名人 / a fast ～ 早口に話す人 / a poor ～ 話下手. 2 おしゃべり, (実行の伴わない)空論家: a mere ～ 単なる空論家 / Great ～*s* are little doers. 《諺》多弁な人に実行は伴わない.

talk·fest [tɔ́:kfest] 〖← TALK+-FEST〗 *n.* 1 懇談会, 会談. 2 (社会的関心事についての)長々しい討論(会).

talk·ie [tɔ́:ki | -kɪ] 〖(1913) ← TALK+(MOV)IE〗 *n.* 《口語》トーキー, 発声映画.

tálk-ìn 〖← TALK+-IN²〗 *n.* 1 トークイン, 抗議討論集会 (cf. teach-in). 2 くだけた講義[話]. 3 会議 (conference), 討議 (discussion).

tálk·ing 〖ME〗 ── *n.* 話, 談話, おしゃべり; 討論.
do the talking (一同の)代表者として話す: We three went to the teacher, and I *did the* ～. 我々 3 人は先生のところへ行って私が(代表で)話をした.
── *adj.* 1 a 物を言う, 物が言える: a ～ parrot / a ～ doll おしゃべり人形. b 口数の多い, おしゃべりな (talkative). 2 表情のある, 表情に富んだ: ～ eyes (口ほどに)物を言う目.

tálking bóok *n.* 話す本, トーキングブック《盲人用に書物・雑誌などを音読して録音したレコードやテープ》.

tálking fílm *n.* =talkie.

tálking machíne *n.* =phonograph.

tálking pícture *n.* =talkie.

tálking pòint *n.* 1 (議論・提案にとって)有利な点[事実]. 2 売り込みに役立つ特長[議論].

tálking shòp *n.* 《軽蔑》議会, 国会.

tálking-tò *n.* (*pl.* ～s) 《口語》小言, お目玉 (scolding): I gave him a good ～. うんと叱(しか)ってやった.

tálk shòw *n.* 1 (テレビ・ラジオの)有名人インタビュー番組, トークショー (《英》chat show). 2 =phone-in.

tálk-thròugh *n.* 〖映画・演劇〗(リハーサル中の監督などによる)演技指導.

talk·y [tɔ́:ki | -kɪ] *adj.* (**talk·i·er**; **-i·est**) 1 =talkative. 2 〈劇・小説など〉語り[会話]の多すぎる: a ～ novel, play, etc. / ～ talk おしゃべりのためのおしゃべり, つまらない話.

tall [tɔ:l] 〖ME *tal(l)* docile, seemly < ? OE *ġetæl* prompt, swift (OHG *gizal* quick / Goth. *untals* disobedient) ← IE **del-* to recount: cf. tale¹, tell¹: adj. 1 の語義は (16C) から〗 ── *adj.* (～·**er**; ～·**est**) 1 a 〈人が〉(平均よりも)身長の高い, 丈の高い, 〈物が〉(細長く)高い (high, lofty) (↔ short): a ～ man, animal, tree, grass, chimney, etc. / a ～ window 縦に細長い窓 / He is ～ for his age. 年の割には背が高い / He stands a head ～*er* than I. 私より頭だけ背が高い. b 高さ[身長]が…の: a man six feet ～ 身長 6 フィートの人 / How ～ is that boy [tower, building]? ★ 身長の数字を言う時は six feet high のように high を用いてもよい. c 〈書物が〉天地の長い; 〈靴下など〉(普通より)長めの: a ～ book / ～ stockings. d 〈飲み物が〉丈の高いコップに入れて供される: ⇨ tall drink. e 《植物》特に高く伸びる種類[変種]の. 2 《口語》(数量・程度の)大きな, すばらしい (grand, excellent): a ～ price 高い値段 / a ～ dinner すばらしいごちそう / have a ～ time (of it) とても愉快に過ごす. 3 《口語》(程度の)法外な, 途方もない (extravagant); 大げさな, 誇大な, 仰々しい (high-flown): a ～ story [tale] ほら(話), ありそうもない話 / a ～ talk ⇨ talk *n.* 1 / a ～ order ⇨ order *n.* A 3. 4 《廃》勇気のある, 勇ましい.
── *adv.* 《口語》法外に, 大げさに; 偉そうに: talk ～ ほらを吹く, 大ぶろしきを広げる / walk ～ 威張っている, 気位が高い.
～·ness *n.*

tal·lage [tǽlɪdʒ] 〖(*c*1300) *taillage* ▭ OF ← *taillier* to cut, tax < VL **talliāre*: ⇨ -age: cf. tail², tailor¹, tally¹〗 ── *n.* 1 (ノルマンや初期のアンジュー家の王が国王領地・都市に恣意的に課した)租税. 2 (14 世紀ごろ英国の荘園で領主が自由民でない小作人 (villein) に課した)租税, 小作税.

Tal·la·has·see [tæ̀ləhǽsi | -sɪ] 〖← Am.-Ind. (Muskogean)〗 *n.* 米国 Florida 州北部の都市で同州の首都; 人口 84,000.

táll·bòy 〖(1676)〗 ── *n.* 1 《英》衣装だんす (clothes-press). 2 《英》高脚付き洋だんす (《米》highboy; ⇨ highboy 挿絵). 3 (煙突頂部の)通風管 (chimney pot). 4 高脚のグラス. 5 重ねだんす (chest-on-chest).

táll bùttercup *n.* 〖植物〗ウマノアシガタ (*Ranunculus acris*)《北米東部産のキンポウゲ科の多年草》.

táll-càse clóck *n.* =long-case clock.

táll cópy *n.* 〖印刷〗(天地をたっぷりあけた)トール本.

táll coreópsis *n.* 〖植物〗北米東部産のキク科ハルシャギク属の多年草 (*Coreopsis tripteris*).

táll drínk *n.* トールドリンク《リキュールなどにソーダ水・果汁などを加えた飲み物; 通例, 丈の高いグラスに入れて供する》.

Tal·ley·rand-Pé·ri·gord [tǽlirǽn(d)pèrəgɔ̀ə | -gɔ́:(r); *F.* talrɑ̃perigɔ:r, talɛrɑ̃-], **Charles Maurice de** *n.* タレーラン ペリゴール (1754–1838; フランスの政治家・外交官; 単に Talleyrand ともいう).

táll hát *n.* シルクハット (top hat).

Tal·linn [tǽlɪn, tɑ́:l-, -lən | -lɪn; *Russ.* tálljin] *n.* タリン《ソ連邦 Estonia 共和国の首都, フィンランド湾 (the Gulf of Finland) に臨む海港; 人口 422,000; 旧名 Reval》.

Tal·lis [tǽlɪs, -ləs | -lɪs], **Thomas** *n.* (1510?–85) 英国のオルガン奏者・教会音楽作曲家.

tall·ish [tɔ́:lɪʃ] *adj.* やや丈が高い, 身長が高めの.

tal·lith [tɑ́:lɪs, tǽl-, -ləs, -lɪt, -lət, -lɪθ, -ləθ | -lɪs, -lɪt, -lɪθ] 〖(1613) ▭ Mish.Heb. *ṭallīth* covering, sheet ← Aram. *ṭelál* to cover〗 ── *n.* (*pl.* **tal·li·thim** [tɑ̀:ləsí:m, -tí:m, -θí:m | -lɪ-], **ta·ley·sim** [təléɪsɪm, -səm | -sɪm]) 〖ユダヤ教〗(会堂で朝の礼拝の時ユダヤ人男子が用いる)肩衣(かたぎぬ).

táll méadow rùe *n.* 〖植物〗白または紫の花が咲くキンポウゲ科カラマツソウ属の多年草 (*Thalictrum polygamum*).

táll óat gràss *n.* 〖植物〗オオカニツリグサ (*Arrhenatherum elatius*)《ユーラシア大陸産イネ科オオカニツリ属の草本; まぐさ用; tall meadow oat ともいう》.

táll òil [tɑ́:l-, tɔ́:l-] 〖《部分訳》← G *Tallöl* 《部分訳》← Swed. *tallolja* ← *tall* pine+*olja* 'OIL'〗 ── *n.* トール油《木材パルプ製造の際生じる油状の副産物; グリース・工業用石鹸・ペンキ・乳剤などの製造に用いる》.

tal·low [tǽloʊ, -lə | -ləʊ] 〖(?*a*1300) *tal(u)gh, talow* ▭ MLG *talg, talch* (G *Talg*) < Gmc **talgaz* ← IE **del-* to drip: cf. OE *tælg* color〗 ── *n.* 1 獣脂 (animal fat). 2 牛脂 (beef tallow), 羊脂 (sheep tallow)《溶かして蠟燭(ろうそく)・石鹸・人造バター製造や潤滑油として用いる》. 3 油脂状の物質: ⇨ vegetable tallow.
── *vt.* 1 …に獣脂を塗る. 2 〈羊などを〉肥やす (fatten). ── *vi.* 獣脂を生じる.

tállow cándle 〖(15C)〗 *n.* 獣脂蠟燭(ろうそく) (cf. wax candle).

tállow-chàndler 〖(15C)〗 *n.* 獣脂蠟燭(ろうそく)製造(販売)人.

tállow dròp *n.* 片面または両面をドーム形にした宝石のカット.

tállow-fàced *adj.* 顔の青白い.

tal·low·ish [tǽloʊɪʃ | -ləʊ-] *adj.* やや脂肪性の.

tállow pòt *n.* 《米俗》(機関車の)火夫.

tállow trèe *n.* 〖植物〗=Chinese tallow tree.

tal·low·y [tǽloʊi | -ləʊi] 〖(15C)〗 *adj.* 1 獣脂質の, 脂のような (greasy); 獣脂を塗った. 2 蠟(ろう)色の, 青白い.

táll shíp 〖マストが高いことから〗 *n.* 大型帆船.

Tal·lu·lah [təlú:lə] 〖← N-Am.-Ind. (Choctaw) *talula* leaping water〗 *n.* 女性名《愛称形 Tally》. ★ 米国に見られる名.

tal·ly¹ [tǽli | -lɪ] 〖(1440) ▭ AF *tallie* ∥ ML *tallia*=L *tālea* rod, slip of wood: cf. tail²〗 ── *n.* 1 割符, 割札, 符契, 合札《負債または支払いの額を示す刻み目をつけた棒; 縦に二つに割り借り手(支払いの証拠として)と貸し手(記録として)とが各々その一つを保有した; cf. notch *n.* 1 a》. 2 《廃》(割符などの数を示すための)刻み目 (notch). 3 勘定, 計算 (account); (負債などの)記録, (競技の)得点: pay the ～ 勘定を払う / a ～ register 計数器 / make [earn] a ～ in a game ゲームで得点する / keep a daily ～ of accidents 毎日の(交通)事故件数を記録する. 4 符合物, 対の片方 (counterpart, duplicate); 対応, 符合: One twin is the ～ *of* the other. 双生児の一方は他方と瓜二つだ / the ～ between fact and fancy 事実と空想との符合. 5 付札, 木札, 金札 (label, tag): horticultural *tallies* 園芸植物の付札. 6 (物品受渡しの際の)計算単位, 束 (5 個・1 ダース・100 個など): buy goods by the ～ 一山[一束]いくらで買う. 7 計算単位の最後の数. ★ 受渡しの際, 20 個単位で 1 個ずつ数える時は 18, 19, *tally* と呼び, 100 個単位で 2 個ずつ数える時は, 96, 98, *tally* のように呼ぶ.
live (on) tally 《英古俗・北英》同棲(どうせい)する: *live* ～ *with* a man 男と同棲する. *strike tally* 符合する, ぴったり合う.
── *vt.* 1 (割符などに)〈数などを〉刻む 〈*down*〉; 記録する (record). 2 〈品物などを〉束で数える, 勘定する; 束で記録する. 3 (揚げ降ろしの際に)〈船荷〉の数を調べる, 照合する (check): ～ the cargo 船荷を照合する. 4 数える, 総計する 〈*out, up*〉: ～ *up* the election returns 選挙結果報告書を集計する. 5 〈船荷など〉に付札を付ける. 6 合わせる, 符合させる. 7 〈競技などの得点を〉記録する. ── *vi.* 1 〔…と〕符合する, 一致する (correspond) 〔*with*〕: The goods do not ～ *with* the invoice. 品物が送り状と合わない / The two stories do not ～. 二人の話に食い違いがある. 2 得点する (score).
tally up to …の額に上る, 帰するところ…となる (amount to).

tal·ly² [tǽli | -lɪ] 〖← ?〗 *vt.* 〖海事〗(追風で横帆船が走る時)〈両側のシート(と帆の下端を留る索)を〉後方へ引き留める.

tálly bòard *n.* 勘定板《勘定をチョークなどで記入する》.

tálly càrd *n.* =tally sheet.

tálly clèrk *n.* 1 《米》(選挙の)投票計算係. 2 =tallyman 2.

tal·ly·ho [tæ̀lihóʊ | -lɪhə́ʊ] 〖(1772)《変形》← F *taïaut* (鹿狩の犬をけしかける声) < OF *taho, tielau*〗 ── *int.* 狐狩などでハンターが獲物を認めて犬にかける掛け声. ── *n.* (*pl.* ～s [～z]) 1 tallyho という掛け声. 2 〖← *Tally-ho* (London–Birmingham 間を往復していた乗合馬車の名)〗《英》急行の乗合馬車; 四頭立ての遊覧馬車. ── [《米》ˌ-ˌ-ˈ-] *vi., vt.* (～ed, ～'d) (猟犬に) tallyho と掛け声をかける.

tálly·man [-mən] *n.* (*pl.* **-men** [-mən, -mèn]) 1 《英》分割払い販売人 (cf. tallyshop). 2 (荷役)検数員. 3 《英俗》内縁の夫 (cf. *live (on)* TALLY¹).

tálly plàn *n.* 《英》分割支払い購入(法) (installment plan).

tálly shèet *n.* 1 勘定書; 記数紙. 2 《米》計数カード (score card); (特に, 選挙の)投票数記入紙.

tálly·shòp *n.* 《英》分割払い販売店 (cf. tallyman 1).

tálly sỳstem [tràde] *n.* 《英》(売り手と買い手の両方で勘定書を持っている)分割払い販売法 (cf. installment plan).

tálly·wòman *n.* 1 《英》分割払い販売をする女 (cf. tallyman 1). 2 《英俗》内縁の妻 (cf. *live (on)* TALLY¹).

tal·ma [tǽlmə] 〖(1860) ← *F. J. Talma* (1763–1826: フランスの悲劇役者)〗 *n.* タルマ外套(がいとう)《19 世紀に男女が着た大きいケープや短くゆったりとした外套》.

tál·mi gòld [tǽlmi- | -mɪ-] 〖▭ G *Talmigold* 《部分訳》← F *Talmi-or* 《短縮》← *Tallois-demi-or* 《原義》 Tallois half gold (Tallois は発明者の名)〗 ── *n.* タルミ金, 金着せ真鍮(しんちゅう)《装飾品に用いる》.

Tal·mud [tɑ́:lmʊd, tǽlməd | tǽlmʊd, -məd, -mʌd] 〖(1532) ▭ Mish.Heb. *talmūdh* instruction, learning ← *lāmádh* to learn〗 ── *n.* [the ～] タルムード《本文 Mishnah とその注解 Gemara から成るユダヤ人の生活・宗教・道徳に関する律法の集大成; 400 年頃 Palestine で編集されたパレスチナ[エルサレム]タルムード (Palestinian [Jerusalem] Talmud) と 500 年頃 Babylon で編集されたバビロニア タルムード (Babylonian Talmud) の二つがある》.

Tal·mud·ic [tælmjú:dɪk, tɑ:l-, -mʌ́d-, -mʊ́d- | tælmʊ́dɪk, -mʌ́d-, -mjú:d-] *adj.* 1 タルムードの. 2 タルムード編集者[信奉者, 学者]の: He records temperatures with ～ attention. 彼はタルムード編集者のような細心さで気温の記録を取っている.

Tal·múd·i·cal [-dɪkəl, -də- | -dɪ-] *adj.* =Talmudic.

Tál·mud·ism [-dɪzm] *n.* タルムードの教え; タルムードの教えを信奉すること.

Tál·mud·ist [-dɪst, -dəst | -dɪst] *n.* 1 タルムード編集者の一人. 2 タルムード信奉者. 3 タルムード学者[研究家].

Tal·mud·is·tic [tɑ̀:lmʊdístɪk, tæ̀lmə- | tæ̀lmʊ-, -mə-, -mʌ-] *adj.* =Talmudic.

Tálmud Tórah 〖▭ ModHeb. *talmūdh tōrāh* 《原義》 study of the Torah: ⇨ Talmud, Torah〗 ── *Heb. n.* (ユダヤ教の)教区付属学校《初等学校生徒を対象にヘブライ語・聖書・ユダヤ史, それにユダヤ教の基礎を課外に教える学校》.

tal·on [tǽlən] 〖(? *a*1400) ▭ (O)F ～ 'heel' < VL **tālō(n-)* ← L *tālus* 'heel, TALUS¹'〗 ── *n.* 1 a [通例 *pl.*] (鳥獣, 特に猛鳥または竜・怪獣などの)爪 (claw) (cf. pounce¹ 2a, nail 1). b (人の)指, 手. 2 (刀の)柄元(つかもと) (heel). 3 (錠前の)舌《ボルト (bolt) の鍵と食い合う部分》. 4 (債券に付いた)利札引替券. 5 〖トランプ〗 a 山札, 積み札 (stock). b (一人トランプの)捨て山《わきにのけて積んでおく不要札の山; wastepile ともいう》. 6 〖建築〗葱花(そうか)線繰形《S 字形のように反転曲線をもつ繰形》.

tál·oned *adj.* 爪 (talon(s)) のある.

ta·look [tɑlú:k] *n.* =taluk.

ta·look·dar [tɑ̀:lʊkdɑ́ə | -dɑ́:(r)] *n.* =talukdar.

Ta·los [téɪlɑs | -lɒs] 〖▭ L ～ ▭ Gk *Tálōs*〗 ── *n.* 〖ギリシャ神話〗タロス: 1 Daedalus の甥(おい); 発明の才をねたまれて彼に殺された. 2 Crete 島守護のため Hephaestus が Minos 王のために造った青銅人間.

tal·pa·ta·te [tɑ̀:lpətɑ́:ṭi | -tɪ] 〖▭ Am.-Sp. *talpetate, tepetate* ▭ Nahuatl *tepetatl* ← *tetl* stone+*petatl* mat〗 ── *n.* 〖地質〗タルパターテ: a 火山灰または火山礫(れき)と混ざった主に方解石 (calcite) から成る岩石. b 多少とも凝固した火山灰から成るやせた土壌.

tal·pid [tǽlpɪd, -pəd | -pɪd] 〖↓〗 *adj., n.* モグラ科の(動物).

Tal·pi·dae [tǽlpədì: | -pɪ-] 〖← NL ～ ← *Talpa* (属名: ← L *talpa* mole)+-IDAE〗 *n. pl.* 〖動物〗モグラ科.

tal. qual. 《略》 *L.* tālis quālis (=such as; just as they come).

ta·luk [tɑlú:k] 〖(1799) ▭ Urdu *ta'alluq* ▭ Arab. *ta'álluq* estate, linkage ← *'áliqa* to cling〗 *n.* 《インド》 1 世襲的保有地. 2 (徴税官の所管下の)徴税地区.

ta·luk·dar [tɑ̀:lʊkdɑ́ə | -dɑ́:(r)] 〖▭ Pers. *ta'alluqdār* ← Arab. *ta'álluq* (↑)+Pers. *-dār* holder〗 ── *n.* 《インド》 1 (世襲的保有地 (taluk) の)地主. 2 (徴税地区 ((taluk)の)徴税官.

ta·lus¹ [téɪləs, tǽl-] 〘(1693) ▭ L *tālus* ankle(bone)〙 *n.* (*pl.* **ta·li** [-laɪ]) **1** 〘解剖〙距骨(きょ) (anklebone, astragalus). **2** 足首 (ankle).

ta·lus² [téɪləs] 〘(1645) ▭ F ～ < ? L *tālūtium* slope indicating presence of gold under the soil ← ? Iberian〙 ── *n.* (*pl.* ～·**es**) **1 a** 斜面 (slope). **b** 〘築城〙(城壁の)斜面. **2** 〘地質〙崖錐(がい)《風化作用などのために崖下に崩れ落ちた砕石の堆積(たい); cf. scree》.

Ta·lus [téɪləs] *n.* 〘ギリシャ神話〙 =Talos 2.

Tal·ys [tǽlɪs, -ləs | -lɪs], **Thomas** *n.* =Thomas TALLIS.

tam [tǽ(ː)m] *n.* =tam-o'-shanter.

Tam [tǽ(ː)m] 〘▭ (スコット) ～ (dim.) ← THOMAS〙 *n.* 男性名.

Tam. 《略》 Tamil.

T.A.M., TAM 《略》 Tactical Air Missile; 《英》 Television Audience Measurement.

tam·a·ble [téɪməbl] *adj.* 〈野獣など〉ならすことのできる: *Tamable* if taken young. 幼獣の時に捕えればならすこと可能. **～·ness** *n.* **tàm·a·bíl·i·ty** [-məbíləṭi | -lətɪ, -lɪ-] *n.*

ta·ma·le [təmɑ́ːli | -lɪ] 〘▭ Mex.-Sp. *tamal*, (pl.) *tamales* ▭ Nahuatl *tamalli*〙 ── *n.* タマーリ《とうもろこし粉の生地と調味したひき肉などをとうもろこしの皮に包んで蒸したメキシコ料理》.

Tam·al·pa·is [tæ̀məlpáɪəs], **Mount** *n.* タマルペーズ山《米国 California 州西部 San Francisco の北西方の山》.

tam·an·du [tǽməndùː] *n.* 〘動物〙 =tamandua.

ta·man·du·a [təmǽnduə, -mændwɑ́ː | -mændúɑː, -mǽnduə] 〘▭ Port. *tamanduá* ▭ S-Am.-Ind. (Tupi) ← *taixi* ant + *mondê* to catch〙 ── *n.* 〘動物〙コアリクイ (*Tamandua tetradactyla*)《熱帯アメリカ産樹上性の動物; 夜行性でアリ・ミツバチなどを食べる》.

tam·a·noir [tæ̀mənwɑ́ːə | -nwɑ́ː(r); *F.* tamanwaːr] 〘▭ F ～ ▭ Carib *tamanoà* ▭ S-Am.-Ind. (Tupi) *tamanduá* (↑)〙 *n.* 〘動物〙 =ant bear 1.

ta·ma·ra [təmɑ́ːrə] 〘← ?〙 ── *n.* タマーラ《クローブ (clove)・シナモン (cinnamon)・コリアンダー (coriander)・アニス (anise)・ウイキョウ (fenna) の実を粉にして混ぜ合わせたイタリアの香辛料》.

Ta·mar·a [təmǽrə, -mɑ́ːrə] 〘▭ Heb. *Tāmār* 《原義》 palm tree: cf. tamarind〙 *n.* 女性名.

tam·a·rack [tǽməræ̀k] 〘← ? N-Am.-Ind. (Algonquian)〙 ── *n.* 〘植物〙 **1 a** アメリカカラマツ (*Larix americana*)《American larch, black larch, hackmatack ともいう》. **b** アメリカカラマツ材. **2** 北米西部乾燥地産のクロマツ《*Pinus contorta, P. murrayana* など; tamarack pine ともいう》; その材.

tam·a·rau [tæ̀məráu] 〘▭ Tagalog *tamaráw, timaraw*〙 ── *n.* 〘動物〙タマラウ, ミンドロスイギュウ (*Bubalus mindorensis*)《Philippine 諸島中の Mindoro 島産ウシ亜科の小型のスイギュウ》.

Tam·a·ri·ca·ce·ae [tæ̀mərɪkéɪsiìː, -rə- | -rɪ-] 〘← NL ～ ← *Tamaric-, Tamarix* (属名: ⇨ tamarisk) + -ACEAE〙 ── *n. pl.* 〘植物〙ギョリュウ科. **tàm·a·ri·cá·ceous** [-ʃəs] *adj.*

tam·a·rin [tǽmərɪn, -rən, -ræ̀n | -rɪn] 〘▭ F ～ ← Carib 《方言》〙 ── *n.* 〘動物〙タマリン, シシザル《南米産キヌザル科シシザル属 (*Leontocebus*) のキヌザル (marmoset) のうち長い牙のあるサルの総称; cf. silky tamarin》.

tam·a·rind [tǽmərɪnd, -rənd, -rìnd | -rɪnd] 〘(1533) ▭ Sp. & Port. *tamarindo* ▭ Arab. *tamr Hindī* Indian date: cf. Heb. *tāmār* palm tree〙 ── *n.* 〘植物〙 **1** タマリンド, チョウセンモダマ (*Tamarindus indica*)《熱帯地方産のマメ科の常緑高木》. **2** タマリンドの実《清涼飲料・緩下剤の原料》.

tam·a·risk [tǽmərɪsk, -rəsk, -rìsk | -rɪsk, -rìsk] 〘(*a*1400) ▭ LL *tamarisc-us* ← L *tamarix* tamarisk ← ?〙 ── *n.* 〘植物〙ギョリュウ《ギョリュウ属 (*Tamarix*) の樹木の総称; ギョリュウ (*T. chinensis*) など》.

ta·mas [tʌ́məs] 〘▭ Skt ～ 'darkness'〙 *n.* 〘インド哲学〙タマス, 翳質(えいしつ)《数論(すうろん)派 (Sankhya) の説く自然の三要素 (gunas) の一つ》.

ta·ma·sha [təmɑ́ːʃə] 〘(1872) ▭ Anglo-Ind. *tamāshā* walking about for recreation ▭ Arab. *tamāššā* to walk about〙 *n.* (東インド諸島で)見世物, 催し物, 式典.

Tam·a·sine [tǽməsìːn] 〘⇨ Thomasin〙 *n.* 女性名. ★ Cornwall にみられる名.

Ta·mau·li·pas [tɑ̀ːmaulíːpəs, tæm-; *Sp.* tamàulípas] *n.* タマウリパス(州)《メキシコ北東部, メキシコ湾沿岸の州; 人口 1,457,000, 面積 79,829 km², 首都 Ciudad Victoria [θjudádbiktórja]》.

Ta·ma·yo [təmáɪou | -jəu; *Sp.* tamájo], **Ru·fi·no** [rufíːno] *n.* タマヨ《1899– ; メキシコの画家》.

tam·bac [tǽmbæk | tɔ́m-] *n.* 〘冶金〙 =tombac.

tam·ba·la [tɑːmbɑ́ːlə] 〘▭ Malawi ～ 《原義》 cockerel〙 *n.* (*pl.* ～, ～**s**) **1** タンバラ《マラウィの通貨単位; =$^1/_{100}$ kwacha》. **2** 1 タンバラ硬貨.

tam·ber [tǽmbə | -bə(r)] 〘変形〙 *n.* =timbre.

tam·bo, T- [tǽmbou | -bəu] 〘《短縮》 ← TAMBOURINE〙 *n.* minstrel show の端にいて時々 tambourine を鳴らす座員《Mr. Tambo ともいう; cf. bone¹ 7》.

Tam·bo·ra [tɑːmbɔ́ːrə, -bóːrə | -bɔ́ːrə] *n.* タンボラ(山)《インドネシア Sumbawa 島の活火山 (2,850 m)》.

tam·bour [tǽmbuə, ─́─ | tǽmbuə(r, -bɔː(r, -bə(r)] 〘(1484) ▭ F ～ 'drum': ⇨ tabor〙 ── *n.* **1** (低音の)太鼓. **2** 太鼓手, 鼓手. **3** (円形の)刺繍(しゅう)枠; (それで作った)刺繍, 縫取り. **4** 〘家具〙(キャビネットなどの)よろい戸, シャッター《小さな板切れをよろい状に布にのり付けし, 全体が溝に沿って開閉する方式》. **5** 〘建築〙太鼓石《円柱を構成する円筒形石材》; 鼓胴部《ドーム下部の円筒形の部分》; (防風のために教会の玄関に設けるしおり戸のある)通廊. **6** 〘築城〙(門や道路を防護する)防柵(さく). **7** (コートテニス (court tennis), ファイブズ (fives) の)突き出た壁. **8** 〘魚類〙 **a** =drum¹ 9. **b** =globefish 1. ── *vt., vi.* (刺繍枠を用いて)刺繍する, 縫取りする. **～·er** [tǽmbu(ə)rə, ─́── | tǽmbuərə(r, -bɔː-, -bə-] *n.*

tam·bou·ra [tæmbú(ə)rə | -búərə] 〘▭ Pers. *ṭambūra* ▭ Arab. *ṭunbūr*〙 *n.* タンブーラ《インドなどの小丸胴・長棹のリュート属の撥(はつ)弦楽器》.

támbour clòck *n.* タンブール時計《ドラム形のケースに入ったかぎ巻き時計》.

tam·bou·rin [tǽmbərɪn, -rən, -ræ̀n, tæ̀mbərǽn | tǽmbərɪn; *F.* tɑ̃burɛ̃] 〘▭ F ～ (dim.) ← *tambour* 'TAMBOUR'〙 ── *n.* **1** タンブラン《Provence 地方の長細い太鼓》. **2 a** タンブラン舞踊《タンブランの伴奏がついた Provence 地方の古い 2 拍子の速い踊り》. **b** タンブラン舞曲.

tam·bou·rine [tæ̀mbəríːn] 〘(1579) ▭ F *tambourin* (↑): ⇨ -ine⁵〙 ── *n.* **1** タンバリン《一枚皮の手太鼓》. **2** 〘鳥類〙シロハラミジロバト (*Tympanistria tymphanistria*)《熱帯アフリカに分布する, 背がオリーブ褐色で腹と目の上が白い地上生のハト》.

tam·bu·ra [tæmbú(ə)rə | -búərə] *n.* =tamboura.

tam·bu·rit·za [tæ̀mbəríʦə] 〘▭ Serb. ～ ← Pers. *ṭambūra*: ⇨ tambour〙 *n.* タンブリッツァ《形はギターに, 音はマンドリンに似たユーゴスラビアの撥(はつ)弦楽器》.

Tam·bur·laine [tǽmbəlèɪn | -bə-] *n.* =Tamerlane.

Tám·bur·laine the Gréat [tǽmbəlèɪn- | -bə-] *n.* Christopher Marlowe 作の悲劇 (上演 1587, '88, 出版 1590).

tame [téɪm] 〘adj.: OE *tam* < Gmc **tamaz* (Du. *tam* / G *zahm*) ← IE **domə-*, **demə-* to constrain, force (L *domāre*). ── v.: (13C) 《転用》 ← (adj.) ∞ ME *temie(n)* < OE *temian*〙 ── *adj.* (**tam·er**; **-est**) **1** 〈動物が〉ならされた, 飼いならされた (domesticated) (↔ wild): a ～ bear, monkey, etc. **2** 《戯言》〈道化役など〉専属の, おかかえの (kept): a ～ fool / Hitler's ～ professors ヒットラーの御用学者たち. **3** 〈人・性格が〉従順な, 素直な (docile, pliant); 意気地(いくじ)のない, 無気力な (poor-spirited): ～ submission ふがいない服従 / a ～ husband ふがいない亭主 / (as) ～ as a cat ひどくおとなしい (cf. tame cat). **4** 精彩を欠く (flat); 平板で単調な, 退屈な (dull): a ～ description 精彩のない叙述 / a ～ existence 平凡な人生 / ～ scenery 趣のない景色 / a ～ book 退屈な本 / Now he finds life ～. 今や人生を退屈なものと考えている. **5** 《米》〈土地・資源など〉(自然のままでなくて)耕された, 利用できるようにされた; 〈植物が〉(野生でなくて)栽培された (cultivated): ～ land / ～ plants / a ～ and useful river 制御されて有用になった川.
── *vt.* **1** 〈鳥獣を〉ならす, 飼いならす (domesticate): ～ a tiger. **2** 《米》〈山地を〉耕作できるようにする (cultivate); 〈資源などを〉利用できるようにする (harness): ～ a wild plant / ～ a savage soil. **3** 〈人を〉服従させる, おとなしくさせる (subdue); 〈勇気・熱情などを〉制する, 抑える, くじく (curb, crush), へこます (humble): ～ a person *down* 人をおとなしくさせる / ～ the fierce grief 激しい悲しみを抑える. **4** 〈色彩・調子などを〉和らげる, 弱める 〈*down*〉: ～ (*down*) some of his startling statements 彼のショッキングな言明の一部を和らげる. ── *vi.* なれる; おとなしくなる 〈*down*〉: Leopards will not ～. ヒョウは人になれない.

tame·a·ble [téɪməbl] *adj.* =tamable.

táme cát *n.* **1** (山猫に対して)飼い猫. **2** (飼い猫同様に)重宝がられるお人好し.

táme·less *adj.* なれていない (untamed); ならすことのできない (untamable). **～·ly** *adv.* **～·ness** *n.*

táme·ly *adv.* **1** おとなしく (docilely). **2** ふがいなく, 意気地(いくじ)なく (spiritlessly).

táme·ness *n.* **1** なれていること. **2** 従順, 素直 (docility). **3** ふがいなさ, 無気力; 精彩を欠くこと.

tám·er *n.* ならし手, 調教者: a ～ of wild animals / a lion ～ ライオン使い.

Tam·er·lane [tǽmərlèɪn | -mə(ː)-] 〘《廃》 *Tamberlan(e)* ▭ Tartar *Timur lenk* lame Timur〙 ── *n.* チムール (帖木児) 《1336?–1405; アジア西半を征服し Samarkand に都して世界統一を企てたモンゴルの征服者; 別称 Tamburlaine, Timour, Timur》.

Tam·il [tǽmɪl, tʌ́m-, -məl | tǽmɪl] 〘(1734) ▭ Dravidian *Tamiḻ* 《変形》 ← *Tamiṛ*: cf. Skt *Dramila, Dramiḍa*〙 ── *n.* (*pl.* ～, ～**s**) **1** タミ(ー)ル人《インド南部および Ceylon 島に住むドラヴィダ族の人; cf. Dravidian》. **2** タミ(ー)ル語《Tamil Nadu 以南および Ceylon 北東部などで行なわれる; ドラヴィダ語族の最大の言語》. **3** タミ(ー)ル文字. ── *adj.* タミ(ー)ル人[語]の.

Ta·mil·i·an [təmíliən | -lɪ-] *adj.* タミ(ー)ル人[語]の.

Támil Ná·du [-nɑ́ːduː] *n.* タミルナドゥ(州)《インド南部の州; 人口 41,104,000, 面積 129,966 km²; 首都 Madras》.

Táming of the Shréw, The *n.* 「じゃじゃ馬馴らし」《Shakespeare 作の喜劇 (1593–94)》.

tam·is [tǽmi, -mɪs, -məs | -mɪ, -mɪs] 〘▭ F ～ 'sieve' ← ? Frank.〙 *n.* 濾過(ろか)布, 濾(こ)し袋, 裏濾(うらご)し.

Tamm [tɑ́ːm, tǽ(ː)m; *Russ.* tám], **Igor Yev·ge·nye·vich** [jivgjénjivjitʃ] *n.* タム《1895–1971; ソ連の物理学者; Nobel 物理学賞 (1958)》.

Tam·ma·ny [tǽməni | -nɪ] 〘(1683) 《廃》 *Tamanen* ← *Tamanend* (17 世紀の北米 Delaware 族の酋長(しゅうちょう)の名, 白人と親しく交わり Saint Tammany と戯称された)〙 ── *n.* タマニー派《1789 年 New York 市に初め友愛慈善組合 (Tammany Society) として設立された民主党の政治団体; 1868–71 にかけて政治ボス W. M. Tweed のもとで特に同市の政治と財政を腐敗と乱脈に陥れた; cf. Tammany Hall》. ── *adj.* タマニー派的な, (ボス政治と腐敗によって)市政などを牛耳ろうとする.

Támmany Háll *n.* **1** タマニーホール《1930 年初頭まで Tammany 派が本部として使用した New York 市の会館》. **2** =Tammany.

Tam·ma·ny·ism [tǽmənìɪzm] *n.* タマニー主義[政綱], タマニー派的行為.

Tam·ma·ny·ite [tǽmənìàɪt | -nɪ-] *n.* タマニー主義[政綱]信奉者.

Támmany Sòciety *n.* [the ～] タマニー協会 (⇨ Tammany).

Tam·muz [tɑ́ːmuz] 〘▭ Heb. *Tammūz* ▭ Akkad. *Du'ūzu, Dūzu* ← *Dumu-zi* Tammuz〙 ── *n.* **1** 〘▭ Mish.Heb.〙 (ユダヤ暦の) 4 月《グレゴリオ暦の 6–7 月に当たる; ⇨ Jewish calendar》. **2** 〘バビロニア神話〙タンムズ《春と植物の神; Ishtar の息子で夫; 死後地下界から再来した; それは春における植物の再生を表わす》.

tam·my¹ [tǽmi | -mɪ] 〘(1665) ← F 《廃》 *tamise*: pl. とみた逆成? // 《変形》? ← 《廃》 *tamin* worsted ← F 《廃》 *estamine* (F *étamine*) < ML *stāminia* stamen warp, thread: cf. stamen〙 *n.* タミー《光沢のある混合織維の織物; 通例裏地・下着などに用いる》.

tam·my² [tǽmi | -mɪ] 〘《短縮》 ← TAMIS: ⇨ -y²〙 *n.* 濾(こ)し袋, 裏濾(うらご)し (strainer).

tam·my³ [tǽmi | -mɪ] 〘(1894) 《短縮》 ← TAM-O'-SHANTER〙 *n.* =tam-o'-shanter.

Tam·my [tǽmi | -mɪ] 〘(dim.) ← THOMASIN〙 *n.* 女性名.

ta·mo [tɑ́ːmou | -məu] 〘▭ Jap. 攩網〙 *n.* (*pl.* ～**s**) = Japanese ash 2.

tam-o'-shan·ter [tǽməʃæ̀nṭə, ─ ─ ─ | tæ̀məʃǽntə(r)] 〘(1840–50) ← *Tam o' Shanter* Tam of Shanter: Burns 作同名の詩の主人公の農夫の名, その常用の帽子から〙 ── *n.* (スコットランド人の用いる円形の平らな)ふちなし帽《ウールで作り通例, 上に毛糸の玉 (pompon) がついている tammy ともいう》.

tam-o'-shanter

tamp [tǽmp] 〘(1819) 《逆成》 ← TAMPION // ← F *tamper* to stamp, punch < OF *estamper*: ⇨ stamp〙 ── *vt.* **1** 〘鉱山〙(火薬を詰めた後)〔粘土などで〕〈発破孔を〉詰める〔*with*〕: The hole was ～*ed with* dry clay to the top. 発破孔は一杯に乾いた粘土が詰められた. **2 a** (とんとんと)突き固める (pound) 〈*down*〉: ～ the gravel 砂利を突き固める / He ～*ed down* the tobacco *in* [*into*] his pipe. パイプにたばこを詰めた. **b** …にたばこなどを詰める: He ～*ed* his pipe. パイプにたばこを詰めた. ── *n.* (たばこなどを)詰める道具.

Tam·pa [tǽmpə] *n.* 米国 Florida 州西部の港市, Florida 半島中西部, Tampa Bay に臨む; 人口 281,000.

tam·pal·a [tæmpǽlə] 〘← Ind. 《土語》〙 *n.* 〘植物〙ハゲイトウ (*Amaranthus tricolor*)《熱帯アジア産のヒユ科の観葉植物》.

tam·pan [tǽmpæn] 〘← S-Afr. 《土語》〙 *n.* 〘動物〙ナガヒメダニ (*Argas persius*)《後気門亜目ヒメダニ科のニワトリに寄生するダニ》.

tam·per¹ [tǽmpə | -pə(r)] 〘(1567) ▭ OF *tempr-er* to mix, meddle // 《変形》 ← TEMPER〙 ── *vi.* **1** 〔物を〕いじり回す (meddle) 〔*with*〕: ～ *with* a lock 錠をこじ開けようとする / ～ *with* electrical circuits 電気回路をむやみにいじくる. **2** 〔遺言状・文書などに〕みだりに手を入れる, 不正な変更を加える〔*with*〕: ～ *with* a document, text, etc. / ～ *with* an illness (医者が)不正手段で病気を長引かせる. **3** 〔人を〕不正手段(賄賂・恐喝など)で動かす〔*with*〕: ～ *with* voters, a witness, etc. **4** 《古》もくろむ, たくらむ, 画策する (machinate): ～ *in* a plot 陰謀をたくらむ / ～ *for* [*to* do] something ある事のために[をしようと]画策する. ── *vt.* みだりに変更する, 改竄(かいざん)する: ～ a document, text, etc. **～·er** [-pərə | -rə(r)] *n.*

tamp·er² [tǽmpə | -pə(r)] 〘← TAMP + -ER¹〙 ── *n.* **1** (発破孔に)粘土を詰め[込め]る人; (枕木の下のバラスなどを)突き固める人. **2** 込め棒, 突き棒; (土・コンクリートの)締固め機, 突き固め機, タンパー. **3** 〘原子力〙(原子爆弾などで)核分裂物質, タンパー, 反射体《核分裂生成物や中性子もれを防ぎ, 圧力を高めて爆発力を大きくするための詰めもの[容器]》.

Tam·pe·re [tǽmpərèɪ, tɑ́ːm- | tɑ́ːmpərə; *Finn.* támpere] *n.* タンペレ《フィンランド南西部の工業都市; 人口 167,000》.

tám·per·próof *adj.* 改竄(かいざん)の恐れのない; 不正手段で動かされる恐れのない.

Tam·pi·co [tæmpíːkou | -kəu; *Sp.* tampíko] *n.* タンピコ《メキシコ中東部, Mexico 湾に臨む港市; 人口 232,000》.

tám·ping *n.* **1 a** 充塡(じゅうてん). **b**〘土木〙締固め, 突き固め. **2** 充塡材料.

támping bàr *n.*〘鉄道〙タンピングバー, 突き棒《枕木の下のバラスを突き固める長い柄のある器具》.

támping pick *n.*〘鉄道〙タンピングピック, ビーター《枕木の下のバラス突き固め用のつるはし》.

tam·pi·on [tǽmpiən, tɑ́:m- | -piən]〚《*a*1475》 *tampyne* ▭ F *tampon*《鼻音化変形》← *tapon* ← *tape* plug: ⇨ tap[1]〛 **—** *n.* **1** (銃口・砲口などの)木栓(きせん)《使用しない時に詰めておく》; 砲[銃]口蓋(ふた)《金属またはズック製のおおい》. **2** (オルガンの音管の)上端栓.

tam·pon [tǽmpɑn, -pən | -pɔn, -pən]〚▭ F ～: TAMPION と二重語〛 **—** *n.* **1**〘外科〙タンポン, 綿球, 止血栓(せん): a gauze ～ ガーゼタンポン. **2**〘音楽〙(大太鼓のロール奏法に用いられる)両頭のばち. **—** *vt.* …にタンポンを挿入する, タンポンで栓をする.

tam·pon·ade [tæ̀mpənéɪd, ─ ─ ́]〚⇨ ↑, -ade〛 *n.* **1**〘医学〙(止血などのための)タンポン挿入, タンポナーデ. **2**〘病理〙=cardiac tamponade.

tam·pon·age [tǽmpənɪdʒ, -pɑn- | -pɔn-, -pən-] *n.* =tamponade.

Tam·sin [tǽmzɪn, -zən | -zɪn]〚《変形》← THOMASIN〛 *n.* 女性名. ★ Cornwall にみられる名.

tam-tam [tǽmtæ̀m, tʌ́mtʌ̀m]〚《転訛》← TOM-TOM // ▭ Hindi *tam-tam*〛 *n.* **1** タムタム, どら (gong)《音高不定の金属打楽器》. **2** =tom-tom.

tan [tǽ(:)n]〚v.: OE **tannian* ▭ OF *tann-er* // ML *tann-āre* ← *tannum* tanbark ← Celt. — n.: 《1604》 ▭ F ～ ▭ ML *tannum*〛 **—** *v.* (**tanned**; **tan·ning**) **—** *vt.* **1 a** 〈獣皮を〉なめす: ～ calfskin 子牛の皮をなめす. **b** 〈蛋白質を〉レザーに変える. **2** 〈顔・身体などを〉日に焼く: ～ the skin / He is deeply ～*ned* (*with* [*by*] the sun). ひどく日焼けしている. **3** 〈帆・網などに〉渋を引く. **4**《口語》〈人を〉ひっぱたく, むち打つ, 打つ(beat): ⇨ *tan a person's* HIDE[1]. **—** *vi.* 日焼けする: I ～ easily [quickly]. 私はすぐ日焼けする.
— *n.* **1** タン皮 (tanbark); タン皮がら (spent tan)《タンニン酸を浸出した後のタン皮; 競走路・道路などに敷く》. **2**〘化学〙タンニン (tannin). **3** 黄褐色(こうかっしょく), 淡褐色 (yellowish brown). **4** [*pl.*] 黄褐色の衣料品; (特に)タン皮色の靴 (tan shoes). **5** 日焼け(の色): get a ～ 日焼けする. **6** [the ～]《英俗》曲芸場, 乗馬学校の床《どちらにもタン皮のかすが敷いてある》.
kiss the tan《英俗》落馬する.
— *adj.* (**tan·ner**; **tan·nest**) **1** 黄褐色の, 渋色の: ～ shoes 赤靴 / a ～ sweater. **2** 皮なめし(用)の.

tan [tǽ(:)n]《略》tangent.

ta·na [tɑ́:nə] *n.* =thana.

Ta·na [tɑ́:nə] *n.* [the ～] タナ(川)《アフリカ東部, Kenya 東部のインド洋に注ぐ川 (708 km)》.

Ta·na [tɑ́:nə], **Lake** *n.* タナ湖《エチオピア北西部の湖, 青ナイル (Blue Nile) の水源; 面積 3,673 km²》.

Ta·nach [tɑ:nɑ́:x]〚▭ MHeb. *t(a)n(a)kh*《頭字語》← *tōrāʰ* law + *nᵉbhīʾīm* prophets + *kᵉthūbhīm* writings〛 **—** *Heb. n.* ユダヤ教聖書《Law, Prophets, Writings の三部から成る; cf. Torah 2 ★》.

tan·a·ger [tǽnɪdʒə, -nə- | -dʒə(r)]〚《1614》← NL *tanagra* ▭ Port. *tangará* ▭ S-Am.-Ind. (Tupi) *tangara*〛 **—** *n.*〘鳥類〙フウキンチョウ《中米・南米産の羽毛の美しいフウキンチョウ科の小鳥の総称; アカフウキンチョウ (scarlet tanager), キムネフウキンチョウ (western tanager) など》.

Tan·a·gra [tǽnəgrə, tənǽg-]〚▭ Gk *Tánagra*〛 **—** *n.* **1** タナグラ《古代ギリシャの Boeotia の都市, スパルタ軍がアテネ軍を破った古戦場 (457 B.C.); 陶製小像の発掘で有名》: a ～ statuette [figurine] タナグラ小像《1874 年タナグラ地方の古墳から発掘された terra cotta の小土器像》. **2** タナグラ小像.

tan·a·grine [tǽnəgrɪn, -grən | -grɪn]〚← TANAGER + -INE[1]〛 *adj.* フウキンチョウ (tanager) の.

Tan·a·i·da·ce·a [tæ̀niədéɪʃiə | -nɪədéɪʃɪə]〚← NL ～ ← *Tanaid-*, *Tanais* (属名: ← L *Tanis* the river Don ▭ Gk *Tánaïs*) + -ACEA〛 **—** *n. pl.*〘動物〙(節足動物門)タナイス目.

Tan·a·na [tǽnənɔ̀:, -nɑ̀:] *n.* [the ～] 米国 Alaska 州にある Yukon 川の支流 (765 km).

Ta·na·na·rive [tənǽnərì:v; *F.* tananaʀi:v] *n.* タナナリブ《Antananarivo の旧名》.

Tan·a·quil [tǽnəkwɪl] *n.*〘ローマ伝説〙タナクイル《ローマを支配したエトルリア人の王 Tarquinius Priscus の妻; 夫の死後, 家僕であった Servius Tullius を擁立(ようりつ)して王位につけた》.

tán·bàlls *n. pl.* タン皮がら (spent tan) の玉《燃料》.

tán·bàrk *n.* **1** タン皮, 皮なめし用樹皮《oak, hemlock などタンニンに富む樹皮; 機械で引きつぶして皮なめしに用いる; 使用後のかす (spent tanbark) は競走路・道路などに敷く》. **2** (曲芸場など)タン皮のかすを敷いた場所.

tánbark òak *n.*〘植物〙タン皮を採るカシ; (特に)米国太平洋岸のカシ (*Lithocarpus densiflora*).

Tan·cred[1] [tǽŋkrɪd, -krəd | -kred, -krɪd]〚▭ F ～ ▭ OHG *Thancharat* ← *thanc* to think + *radi* counsel〛 *n.* 男性名.

Tancred[2] *n.* タンクリッド《1078?–1112; 第一回十字軍を指揮したフランス Normandy の勇士》.

T and A《略》〘医学〙tonsillectomy and adenoidectomy.

T. & A.V.R.《略》《英》Territorial and Army Volunteer Reserve.

tan·dem [tǽndəm | -dəm, -dem]〚《1785》 ▭ L ～ 'at length' ← *tam* so (much) + *-dem* (demonstrative suf.): at length の意味を lengthwise にとった戯言的転用〛 **—** *n.* **1** タンデム: **a** 縦並びに馬車につないだ二頭の馬 (cf. random). **b** 縦並びの二頭引き馬車. **2** =tandem bicycle. **3** タンデム車《トレーラーやトラックで重量物運搬用として車軸を接近して車輪を複数としたもの》. **4** (二人(以上)の)協力関係, 協同. **—** *adv.* **1** 〈二頭の馬が〉縦に並んで (↔ abreast), 〈自転車の座席が〉二つ(以上)縦に並んで: drive ～ 馬車馬を縦につないで駆る / ride ～ (自転車に)二人(以上)前後に乗(って走)る. **2**〘電気〙直列に.
— *adj.* **1** 〈二人(以上)乗りの自転車・小舟など〉縦に座席の並んだ, 縦並びに乗れる. **2** (二人(以上)の人が)協同している.

tandem 1 b

in tandem (1) 縦列をなして. (2) [...と]協同して, 連合して [*with*].

Tan·dem [tɑ́:ndem; *G.* tándɛm], **Carl Felix** *n.* Carl SPITTELER の筆名.

tándem bícycle *n.* (縦列座席の)二人[数人]乗り自転車.

tándem compòund *n.*〘機械〙タンデム連成の蒸気機関[タービン].

tándem èngine *n.*〘機械〙タンデム機関, 串形機関《2 個以上のシリンダーを串形に配列した蒸気機関》.

tándem òffice *n.*〘通信〙(電話の)中継局.

tándem propéller *n.*〘航空〙タンデムプロペラ《牽引および推進プロペラを同一軸線上に配置した形式の飛行機のプロペラ》.

tándem róller *n.*〘土木〙タンデムローラー, 二輪輾圧機.

tándem rótor *n.*〘航空〙タンデムローター《ヘリコプターにおいて機体の前後に配した 2 組のローター; 互いに逆方向に回転させてトルクを打ち消し, 後部ローターを省略する》: a ～ helicopter.

t. & o., T and O《略》taken and offered.

Ta·ney [tɔ́:ni | -nɪ], **Roger B(rooke)** *n.* (1777–1864) 米国の法律家; 第 5 代最高裁判所長官 (1836–64).

tang[1] [tǽŋ]〚《*a*1350》 ▭ ON *tang-e* point, spit of land, tang of a knife (cf. ON *tunga* 'TONGUE'): cf. OE *tange* pair of tongs〛 **—** *n.* **1** 刀根, 小身(こみ), 中子(なかご)《剣・小刀・のみなどの柄に入る部分》. **2 a** (舌に残る)強い味, 強い風味. **b** 残り香, 移り香; 鼻をつく臭気, 強いにおい: a strong ～ of onion たまねぎの鼻をつく強いにおい / the fresh salt ～ in the air at sea 海辺の大気中に漂うさわやかな磯の香り. **3** [...の]気味, 風味 (smack) [*of*]: The language has a ～ *of* Milton. その言葉づかいにはミルトンの趣きがある. **4** 独特の味, 持ち味, 特質: the French ～ フランス的な特質. **5**《米》〘魚類〙=surgeonfish. **—** *vt.* **1** …に刀根[中子]を付ける. **2** …に[…の]においを付ける [*with*]: breeze ～*ed with* roses ばらの香りのする微風.
tanged *adj.*

tang[2] [tǽŋ]〚《1556》《擬音語》〛 **—** *n.* (鐘や弦の)がーん[びーん]という音 (ring, twang). **—** *vt.* **1** 〈鐘・弦などを〉がーん[びーん]と鳴らす. **2**《方言》がーんという音を立てて〈ミツバチを〉静める: ～ bees. **—** *vi.* がーん[びーん]と鳴る.

tang[3] [tǽŋ]〚《1547》 ▭ Norw. ～〛 *n.*〘植物〙大型の海藻の総称; (特に)ヒバマタ属 (*Fucus*) の岩藻(いわも).

Tang [tɑ́:ŋ | tǽŋ; *Chin.* tʻɑ́ŋ]〚▭ Chin. *T'ang*〛 *n.* 唐(とう), 唐朝 (618–907).

tan·ga [tɑŋgɑ́:]〚《1598》 ▭ Hindi *taṅgā*《原義》weight〛 **—** *n.* タンガ: **a** インドの旧銀貨《rupee に相当》. **b** チベットの旧銀貨. **c** ポルトガル領インドの旧青銅貨《60 reis に相当》.

Tan·gan·yi·ka [tæ̀ŋgənjí:kə, tæ̀ŋ-, -ní:- | tæ̀ŋgənjí:kə, -gæ-] *n.* タンガニーカ《旧ドイツ領東アフリカの大部分で, 1946 年英国の信託統治領; 1961 年英連邦内の自治国として独立; 面積 945,203 km²; 1964 年 Zanzibar と合邦して Tanzania となる》.

Tanganyika, Lake *n.* タンガニーカ湖《アフリカ中東部, Tanzania と Zaire との間にある世界最長の淡水湖; 長さ 680 km, 幅 16–72 km; 面積 32,893 km²》.

Táng Dýnasty *n.* [the ～] 唐朝 (618–907).

tan·ge·lo [tǽndʒəlòu | -lɔ̀u]〚《混成》← TANG(ERINE) + (POM)ELO〛 **—** *n.* (*pl.* **～s**) タンジェロー《柑橘(かんきつ)類の果物でミカン類とグレープフルーツやブンタンとの雑種》.

tan·gen·cy [tǽndʒənsi | -sɪ]〚⇨ ↓, -cy〛 *n.* 接触 (touching): a point of ～ 接触点.

tan·gent [tǽndʒənt]〚《1594》 ▭ L *tangent-em* (pres.p.) ← *tangere* to touch: cf. tact: デンマークの数学者 Th. Fincke の用語 (1583)〛 **—** *adj.* **1**〘数学〙**a** [...に](一点において)接する, 接触する [*to*]: a straight line ～ *to* a curve 曲線に接する直線. **b** 〈同一平面上の 2 曲線・2 空間曲線・曲面と空間曲線が〉一点で共通接線をもつ. **c** 〈2 曲面が〉一点で共通の接平面をもつ. **2** (元来の目的から)はずれている. **—** *n.* **1**〘数学〙**a** =tangent line. **b** タンジェント, 正接《略 tan; cf. sine[1], cosine》. **2**〘測量〙(鉄道線路・道路の)直線区間. **3**〘音楽〙タンジェント《クラビコード (clavichord) の鍵の先端の打弦用の金属片》.
fly* [*go*] *off at* [*on*] *a tangent 〈人が〉考え[方針, 話題など]を急に変える; 急に脱線する.

tan·gen·tal [tændʒéntḷ, tændʒén- | -tḷ] *adj.* =tangential.

tángent bàlance *n.* 正接ばかり《分銅を用いず, 目盛りを付けた弧形によって重量を表示するもの》.

tángent galvanómeter *n.*〘電気〙正接検流計.

tan·gen·tial [tændʒénʃəl]〚《1630》〛 **—** *adj.* **1** 接する, 接線の, 接面の, 正接の; 接線の方向にある[動く]: a ～ plane 接平面 / ～ coordinates 接線座標. **2** 付随的な (incidental), 周縁的な (peripheral): He had only ～ relations with it. それにはほんのちょっと関係したのみであった. **3** それる, 脱線する, 本題を離れた: ～ information. **～·ly** *adv.*

tangéntial fórce *n.*〘機械〙接線力.

tangéntial mótion *n.*〘天文〙接線運動《視線に垂直な方向への天体の運動》.

tangéntial stréss *n.* **1**〘機械〙接線応力, 剪(せん)断応力. **2**〘地質〙横圧力《横方向からの圧力》.

tángent lìne *n.*〘数学〙接線《曲線や曲面などに一瞬ふれ合う直線》.

tángent plàne *n.*〘数学〙接平面《曲面と一点でふれ合う平面》.

tángent-sàw *vt.*〘木工〙〈丸太を〉縦鋸(たてのこ)にかける《丸太を縦挽(び)きにして何枚もの(同じ厚さの)板材を作る; plain-saw ともいう; cf. quartersaw》.

tángent scréw *n.*〘機械〙**1** ウォーム (worm). **2** (測量器械などの) 微動ねじ, 接線ねじ.

tángent sìght *n.* (銃砲の照準器の)正接目盛り板, 表尺.

Tan·ger [*F.* tɑ̃ʒe] *n.* タンジール《Tangier のフランス語名》.

tan·ge·rine [tæ̀ndʒərí:n, ─ ─ ́ | ─ ─ ─, ─ ─ ́]〚《1842》: ↓〛 **—** *n.* **1 a**〘植物〙タンジェリン, ポンカン (*Citrus reticulata*)《米国・南アフリカに多く産する濃い橙(だいだい)色のミカン》. **b** タンジェリンの果実, ポンカン. **2** 濃い橙色, 赤橙色. **—** *adj.* 濃い橙色をした, 赤橙色の.

Tan·ge·rine [tæ̀ndʒərí:n]〚← TANGIER + -INE[1]〛 *adj.* タンジール (Tangier) の. **—** *n.* タンジール人.

tan·ghin [tǽŋgɪn, -gən | -gɪn]〚▭ F ～ ▭ Malagasy (*voa*) *tanging*〛 *n.* タンジン: **a**〘植物〙=ordeal tree. **b** ordeal tree の核果から採った毒.

tàn·gi·bíl·i·ty [-dʒəbíləṭi | -dʒɪbílɪtɪ, -dʒə-, -lɪ-] *n.* 触れてみられること, 触知できること; 明白, 確実.

tan·gi·ble [tǽndʒəbḷ | -dʒə-, -dʒɪ-]〚《1589》 ▭ F ～ // LL *tangibil-is* ← L *tangere* to touch: ⇨ tangent, -ible〛 **—** *adj.* **1** 触れることのできる, 触知できる, 触れてわかる (palpable): The silence of the cellar was almost ～. 地下室は触れてもわかるといっていいほど静かだった. **2** 実質のある, 実体的な (substantial); 有形の (corporeal): ～ (fixed) assets〘会計〙有形(固定)資産 (cf. intangible fixed assets). **3** (想像的でなく)真実の, 現実の (real); (漠然でなく)明白な, 明確な, 確実な (definite): a ～ cause, reason, advantage, etc. **—** *n.* [しばしば *pl.*] 有形資産[財産]. **～·ness** *n.*
tán·gi·bly *adv.*

tángible próperty *n.*〘法律〙有形財産.

Tan·gier [tændʒíə | tændʒíə(r, ─ ́] *n.* タンジール《Morocco 北西部, Gibraltar 海峡に近い港市; 人口 188,000; フランス語名 Tanger》.

tang·i·le [tɑ́:ŋəli | -ŋɪlɪ] *n.* =tanguile.

tang·ka [tɑŋkɑ́:] *n.* =tanga.

tan·gle[1] [tǽŋgḷ]〚《*c*1340》 *ta(n)gile(n)* ← ? ON (cf. Swed.《方言》*taggla* to disarrange)〛 **—** *vt.* **1** 〈糸・頭髪・木の枝などを〉もつれさせる (intertwine); [...を]...にからませる (entangle) [*with*, *in*]: ～ (*up*) wires 針金を(すっかり)もつれさせる / The hedges were ～*d with* wild rose bushes. 垣根には野ばらがからみついていた / His legs got ～*d up in* his dogs' leashes. 彼の脚が犬の皮ひもにからまった / The trees and bushes were all ～*d together*. 高木や低木がみなからみ合っていた. **2** 〈事を〉入り組ませる, 錯雑[紛糾]させる (complicate): He ～*d* things *together*. 事を紛糾させてしまった. **3** 〈人を〉[論争・混乱などに]巻き込む (involve) [*in*]: He got ～*d in* the controversy [quarrel]. その論争[口論]に巻き込まれた. **4** 網[わな]に掛ける, 陥れる (entrap): He ～*d* himself in his own snare. 自分がしかけたわなに陥ってしまった.
— *vi.* **1** もつれる: My fishing line ～*d in* the weeds. 釣り糸が草にからまった. **2** 紛糾する, 錯雑する. **3**《口語》**a** [...と]争う, 議論する [*with*]: She ～*d with* the Gas Board *over* excessive charges. 高すぎる料金のことでガス会社に抗議した. **b** [...と]取っ組み合う [*with*]: I ～*d with* him in the yard. 庭で彼と取っ組み合いのけんかをした.
— *n.* **1** もつれ, こんがらかり (confused mass): a ～ *of* threads, cables, branches, briars, hair, wool, etc. / in a ～ *of* streets 入り組んだ街並 / get one's hair *in* a ～ 髪をもつれさせる. **2** 紛糾, ごたごた, 混乱 (confusion): an enormous ～ of facts ごたごたした多くの事実 / The traffic got *in* a frightful ～. 交通は著しく混乱した. **3**《口語》論争 (argument), 衝突, 紛争: the Mideast ～ 中東紛争 / get into a ～ *with* ...と論争[衝突]する. **4**〘動物〙海底動物採集器《モップ状のもので海底の小動物をからませて採集する》.
tán·gler [-glə, -glə | -glə(r, -gl-] *n.*

tan·gle[2] [tǽŋgḷ]〚← ? ON *thöngull*: cf. Norw. *taangel*〛 **—** *n.*〘植物〙大型の海藻; (特に)コンブ属のカラフトコンブ (*Laminaria saccharina*) または *L. digitata* 《tangleweed ともいう》.

tángle·bèrry 〚← *tangle* something that is hanging (← ? TANGLE¹: 意味は DANGLE の影響)＋BERRY〛 *n.* 〘植物〙 ＝dangleberry.

tán·gled *adj.* **1** もつれた, こんがらかった: ～ threads. **2** 紛糾した, 錯雑した, 込み入った (mixed up): ～ affairs, politics, etc.

tángle·fòot *n.* (*pl.* ～**s**) **1** 《米俗》強い酒; (特に)安ウイスキー. **2** 〘植物〙 ＝heath aster.

tán·gle·ment *n.* もつれ, からみ合い, 紛糾.

tan·gle·some [tǽŋɡl̩səm] *adj.* もつれた, 錯雑した.

tángle·wèed *n.* 〘植物〙 ＝tangle².

tan·gly [tǽŋɡl̩i, -ɡli | -ɡlɪ] *adj.* (**tan·gli·er**; **-gli·est**) もつれた, 錯雑した, 込み入った (tangled).

tan·go [tǽŋɡoʊ | -ɡəʊ] 〚《1913》□ Am.-Sp. ～ '(Negro drum) dance' ← ? Niger-Congo (cf. Ibibio *tamgu* to dance)〛 — *n.* (*pl.* ～**s**) タンゴ: **a** もと中央アフリカの原住民の舞踏, 後キューバ・ハイチ・メキシコに, 更にアルゼンチン・ウルグアイにもたらされ, 20 世紀の初めにヨーロッパに紹介され, 今日の踊り方となった. **b** その曲. — *vi.* タンゴを踊る (dance the tango).

tan·gor [tǽndʒɔə, tǽŋɡɔə | tǽndʒɔː(r, tǽŋɡɔː(r] *n.* 〘園芸〙 タンゴール《柑橘(ｶﾝｷﾂ)の仲間で, ミカンとオレンジの交雑種; イヨカンなど; cf. temple¹ 9, Murcott》.

tán·go·recèptor [tǽŋɡoʊ- | -ɡəʊ-] 〚← *tango-* (← L *tangere* to touch)＋RECEPTOR: cf. tangent〛 *n.* 〘生理〙 触覚受容体 (touch receptor).

tan·gram [tǽŋɡrəm, tǽn-, -ɡræm] 〚《1864》← ? TANG＋(ANA)GRAM, (CRYPTO)GRAM〛 — *n.* 〘遊戯〙 タングラム, 知恵の板《正方形の厚紙を切って三角形 5 個, 正方形 1 個と平行四辺形 1 個とに分けた中国のパズル; 種々の形に並べて遊ぶ》.

tangram

tang·ui·le [tɑ́ːŋəli | -ŋɪlɪ] 〚□ Tagalog *tan-ğili*〛 — *n.* **1** 〘植物〙 タンギール (*Shorea polysperma*) 《アカラワン類の一種》. **2** タンギール材《赤茶色で材質は堅く家具・合板製造用; cf. red lauan 2》.

Tan·guy [tɑ̃ːŋɡíː, tɔ̃ːŋ-, tɑːŋ-, tɔ(ː)ŋ-; *F.* tɑ̃ɡi], **Yves** *n.* タンギー《1900–55; フランス生れの米国の画家; surrealism の代表者の一人》.

tang·y [tǽŋi | -ŋɪ] 〚← TANG¹＋-Y⁴〛 *adj.* (**tang·i·er**; **-i·est**) 強い味のある, 風味[香気]の強い; 強臭のある, 異臭のある.

tanh 《略》 hyperbolic tangent.

tán hòuse *n.* なめし皮工場 (tanyard).

Ta·nis [téɪnɪs, -nəs | -nɪs] *n.* タニス《古代エジプトの Nile 三角洲(ｽ)地方の都市で, 古代エジプト第 2 中間期の Hyksos 王朝の首都 Avaris [əvέ(ə)rɪs, -rəs | əvέərɪs] と同一とも考えられている; 聖書では Zoan と呼ばれる》.

tan·ist [tǽnɪst, θɔ́ːn-, -nəst | -nɪst] 〚□ Ir.-Gael. *tānaiste* second (person) in rank < OIr. *tānaise*〛 — *n.* (古代アイルランド人およびケルト人の)族長後継者 (cf. tanistry).

tan·ist·ry [tǽnɪstri, θɔ́ːn-, -nəs- | -nɪstrɪ] 〚⇨ ↑, -ery〛 — *n.* (古代アイルランド人およびケルト人の)族長後継者選定制《族長の在世中にその親族中の最も有能で賢明な男子を選挙で決めた》.

Tan·jore [tændʒɔ́ə, -dʒóə | -dʒɔ́ː(r] *n.* ＝Thanjavur.

tank [tǽŋk] 〚《*c*1616》□ Port. *tanque* (頭音消失) ← *estanque* ← *estancar* to stop a flow < VL **stanticāre* 'to cause to stand, STANCH¹'〛 — *n.* **1 a** (水・油・ガスなどを入れる)大桶(ｵｹ), タンク, 水[油]槽(ｿｳ) (cistern), ガス溜(ﾀﾞ) (gasometer); (機関車の)炭水車の水槽, (飛行機の)補助燃料タンク. **b** 〘写真〙 現像タンク; バット《現像・定着などに用いる大皿》. **c** ＝tankful. **2** 〚《1915》: 英軍が製造中に機密保持のため水運搬用tankと偽称したことから〛 タンク, 戦車: a female [male] ～ ＝a light [heavy] ～ 軽[重]戦車. **3** 〚□ ? Gujarati *tānkh* pond, cistern ← ? Skt *taḍāga* ← Dravidian〛 **a** 《インド》 溜池(ﾀﾒｲｹ), 貯水池 (reservoir). **b** 《英方言・米》 池, 湖 (pond, lake). **4** 《米俗》 **a** (囚人を一緒に入れる)雑居房, 囚人収容所. **b** ＝drunk tank.

— *vt.* **1** タンクに満たす[ためる]. **2** (脂肪を採取するため)〈くず肉などを〉タンクで処理する.

tank up (1) ガソリンを満タンにする; 〈車など〉にガソリンを満タンにする. (2) 《俗》 (…を)たらふく食べる[飲む] 〔*on*〕; (特に)酒をしこたま飲む; [通例 Passive で] …に酒をしこたま飲ませる: ～ *up on* beer ビールをしこたま飲む / get completely ～*ed up* (*on* whiskey) (ウイスキーを)飲み過ぎてすっかり酔っぱらう.

tan·ka [tɑ́ːŋkə] 〚《1899》□ Jap.〛 *n.* (*pl.* ～, ～**s**) 短歌.

tank·age [tǽŋkɪdʒ] *n.* **1** (水などの)タンク貯蔵; タンク使用料; タンク設備. **2** タンクの容量. **3** タンクかす《くず肉・内臓などをタンクに入れて蒸し, 脂肪を採取した残りかす; 肥料や飼料にする》.

tan·kard [tǽŋkəd | -kəd] 〚《1310》□ (M)Du. *tanckaert* // OF *tanquart* liquid measure ← *tant quart* as much as a quarter: cf. tantamount, quart¹〛 — *n.* (取っ手・ふた付きの金属製・陶製の)大コップ; その一杯(の量): a ～ *of* ale.

tankard

tánk càr *n.* 〘鉄道〙 タンク車《液体またはガスを輸送する貨車》.

tánk circuit *n.* 〘通信〙 タンク回路《微弱電波信号などを貯えるのに用いる LC 並列共振回路》.

tánk destròyer *n.* 〘軍事〙 自走対戦車砲, 戦車駆逐車《戦車破壊兵器を備えた高速装甲車》.

tánk dràma *n.* **1** 水難救助などの場面に水槽の水を使って俗受けをねらった安芝居. **2** 凝った装置の安芝居.

tanked *adj.* **1** タンクに貯蔵した. **2** 《俗》 酔っぱらった, べろべろの (drunk).

tánk èngine *n.* 〘鉄道〙 ＝tank locomotive.

tank·er [tǽŋkə | -kə(r] 〚《1900》〛 — *n.* **1** タンカー, 油槽船 (tankship). **2** 油[水]送車 (cf. tank trailer, tank truck); 給油(飛行)機; 空中給油機. **3** 〘軍事〙 戦車[装甲車]隊員 (tankman).

tánk fàrm *n.* 石油タンク集合地域.

tánk fàrming *n.* 〘農業〙 水耕, 水栽培 (⇨ hydroponics).

tánk fìghter *n.* 《俗》 八百長ボクサー.

tank·ful [tǽŋkfʊ̀l] *n.* タンク一杯分.

tánk fùrnace *n.* 〘ガラス製造〙 タンク窯, 槽窯《一端から原料を入れ他端からガラス種を取り出す形式のガラス融解窯》.

tánk glàss *n.* 〘ガラス製造〙 タンクガラス: **a** タンク窯で溶かしたガラス. **b** タンク溶融に適したガラス.

tánk locomòtive *n.* 〘鉄道〙 タンク機関車《燃料や水を機関車自体に積載するもの》.

tánk·man [-mən] *n.* (*pl.* **-men** [-mən, -mèn]) **1** ＝tanker 3. **2** (工場の)タンク係. **3** (水族館の)水槽係.

tánk·shìp *n.* ＝tanker 1.

tánk stàtion 〚cf. tank (n.) 1〛 *n.* 《米》 給水停車場.

tánk sùit *n.* (ワンピースの)婦人用水着.

tánk tòp *n.* 〘服飾〙 タンクトップ《袖なしのランニングシャツスタイルのセーターや T シャツ》.

tánk tòwn *n.* 《米》 **1** (汽車が)給水のため停車する町, 給水駅のある町. **2** 小さな田舎町.

tánk tràiler *n.* タンクトレーラー《石油・ガス等を輸送するトレーラー》.

tánk trùck *n.* 《米》 タンク車《ガソリン・油その他の液体を輸送するトラック》.

tán lìquor *n.* なめし液.

tann- [tæn] (母音の前に来る時の) tanno- の異形.

tan·na [tɑ́ːnɑː] 〚□ Mish.Heb. *tanná* teacher〛 — *n.* (*pl.* **-na·im** [tɑ̀ːnɑːím, -íːm]) [しばしば T-] 〘ユダヤ教〙 タンナ《1-2 世紀の Palestine のユダヤ教の律法学者; その教説は Mishnah に記されている》.

tan·na·ble [tǽnəbl̩] *adj.* なめすことができる.

tan·nage [tǽnɪdʒ] *n.* 皮なめし.

tannaim *n.* tanna の複数形.

tan·nate [tǽneɪt] 〚□ F ～: ⇨ tannic, -ate¹〛 *n.* 〘化学〙 タンニン酸塩[エステル].

tanned 〚OE *ġetanned*: ⇨ tan, -ed〛 — *adj.* **1** 日に焼けた (sunburnt); 褐色(ｶｯｼｮｸ)の, 黄褐色の (tawny). **2** なめされた: ～ leather なめし皮. **3** タンがらを敷いた: a ～ enclosure.

Tan·nen·berg [tǽnənbə̀ːɡ, tɑ́ːnənbɛ̀ək | tǽnənbə̀ːɡ, tɑ́ːnənbɛ̀ək; *G.* tánənbɛ̀rk] *n.* タンネンベルク《ポーランド北部の村, もと東プロイセンに属した; 第一次大戦で Hindenburg 麾下(ｷｶ)のドイツ軍がロシヤ軍に対して圧倒的勝利を得た (1914 年 8 月) 戦跡地; ポーランド語名 Stębark》.

tán·ner¹ 〚OE *tannere* ← *tannian* to tan hides: ⇨ tan, -er¹〛 *n.* 皮なめし工, 製革業者.

tan·ner² [tǽnə | -nə(r] 〚《1811》← ?〛 *n.* 《英俗》 タナー《旧制度の六ペンス銀貨 (sixpence)》.

tan·ner·y [tǽn(ə)ri | -rɪ] 〚《1732》← TANNER¹＋-ERY: cf. lateME *tanery* tannage〛 *n.* **1** 皮なめし所, 製革所. **2** 皮なめし法.

Tann·häu·ser [tǽnhɔɪzə | tǽnhɔɪzə(r; *G.* tánhɔʏzɐ] 〚□ G ～ < MHG *Tan-hûser* (原義) forest-dweller〛 — *n.* **1** [Der ～] タンホイザー《13 世紀のドイツの吟遊詩人, 中高ドイツ語による叙情詩の作者; Venusberg で Venus の色香に迷ったあと, 懺悔(ｻﾞﾝｹﾞ)の生活を送ったと伝えられる》. **2** 「タンホイザー」《Tannhäuser を主題とする Wagner 作三幕の歌劇 (1844)》.

tan·nic [tǽnɪk] 〚《1836》□ F *tannique*: ⇨ tannin, -ic¹〛 *adj.* 〘化学〙 タンニン性の; タンニンから得た.

tánnic ácid *n.* 〘化学〙 タンニン酸 (⇨ tannin).

tan·nif·er·ous [tænɪ́f(ə)rəs] 〚← TANNO-＋-FEROUS〛 *adj.* タンニン酸を含む[生じる].

tan·nin [tǽnɪn, -nən | -nɪn] 〚《1802》□ F *tan(n)in* ← *tanner* 'to TAN': ⇨ -in¹〛 — *n.* 〘化学〙 タンニン, タンニン酸《かしわ・ならの類の樹皮やふし(五倍子)などから採り, 皮なめし・インキ製造・製薬に用いる; tannic acid ともいう》.

tán·ning 〚《15C》〛 — *n.* **1** なめし法, 製革(法), 皮なめし. **2** 日焼け. **3** 《口語》 むち打ち. **4** 〘生物〙 硬化《脱皮の直後, 昆虫の外皮が自然に黒っぽく硬くなること》.

tan·nish [tǽnɪʃ] *adj.* やや黄褐色の.

tan·no- [tǽnoʊ | -nə(ʊ)] 〚← F *tan(n)in* 'TANNIN'〛 「タンニン皮 (tan); タンニン酸 (tannin)」の意の連結形. ★ 母音の前では通例 tann- になる.

Tan·noy [tǽnɔɪ] *n.* 〘商標〙 タノイ《拡声器の商品名》.

Ta·no [tɑ́ːnoʊ | -nəʊ] 〚□ N-Am.-Ind. (Tigua) *tinin* (原義) men, Indians〛 — *n.* (*pl.* ～**s**) **1** [the ～s] タノ族《米国 New Mexico 州に住む Pueblo 族に属するアメリカインディアン; 現在はほとんど残っていない; cf. Pueblo 2》. **2** タノ族の人.

tán óak *n.* 〘植物〙 北米太平洋地域に産するブナ科マテバシイ属の木 (*Lithocarpus densiflora*) 《樹皮からタンニン (tannin) を採る》.

Ta·no·an [tɑ́ːnoʊən | -nəʊ-] *n.* **1** タノ語族《米国 New Mexico 州中部に住むアメリカインディアンの一語族》. **2** タノ語. — *adj.* タノ族の; タノ語の.

tan·rec [tǽnrek] *n.* 〘動物〙 ＝tenrec.

tan·sy [tǽnzi | -zɪ] 〚《?*a*1450》 *tan(e)s(e)y* □ OF *tanesie* (F *tanaisie*) (転訛) ← *athanasie* □ ML *athanasia* □ Gk *athanasía* immortality ← A-⁷＋*thánatos* death: 中世に不老長寿薬として用いられたため〛 — *n.* 〘植物〙 ヨモギギク (*Tanacetum vulgare*).

tánsy rágwort *n.* 〘植物〙 ヨーロッパ産のキク科の多年草 (*Senecio jacobaea*) 《yellowweed ともいう》.

tan·ta·late [tǽntəlèɪt, -lət, -lɪt, -tl̩- | -təl-, -tl̩-] 〚← TANTALUM＋-ATE¹〛 *n.* 〘化学〙 タンタル酸塩[エステル].

tan·tal·ic [tæntǽlɪk] 〚⇨ -ic¹〛 *adj.* 〘化学〙 タンタル (tantalum) の.

tantálic ácid *n.* 〘化学〙 タンタル酸 ($Ta_2O_5 \cdot nH_2O$).

tan·ta·lite [tǽntəlàɪt, -tl̩- | -təl-, -tl̩-] 〚《1805》□ Swed. *tantalit*: ⇨ tantalum, -ite¹〛 *n.* 〘鉱物〙 タンタル石, タンタル鉄鉱 ($(FeMn)(TaNb)_2O_6$) 《タンタルの原料》.

tan·ta·lize [tǽntəlàɪz, -tl̩- | -təl-, -tl̩-] 〚《1597》← TANTALUS＋-IZE〛 — *vt.* 〈人・動物〉に Tantalus の責め苦を味わせる, (望みの物を手の届きそうな所に見せつけて)じらして苦しめる (torment). **tan·ta·li·za·tion** [tæ̀ntəlɪzéɪʃən, -lə-, -tl̩- | -təlaɪ-, -lɪ-, -tl̩-] *n.* **tán·ta·lìz·er** *n.*

tán·ta·lìz·ing *adj.* じりじりじらす, 人じらしの, じれったい: a ～ puzzle, smell, smile, etc. ～**·ly** *adv.*

tan·ta·lous [tǽntələs, -tl̩- | -təl-, -tl̩-] 〚⇨ ↓, -ous〛 *adj.* 〘化学〙 三価のタンタル (Ta^{3+}) を含む.

tan·ta·lum [tǽntələm, -tl̩- | -təl-, -tl̩-] 〚《1802》← TANTAL(US)＋-(I)UM 2: 酸に浸しても溶けないので鉱物からの抽出が困難を極めたことから〛 — *n.* 〘化学〙 タンタル《希有元素の一つ; 記号 Ta, 原子番号 73, 原子量 180.9479》.

tan·ta·lus [tǽntələs, -tl̩- | -təl-, -tl̩-] 〚《1898》: ↓〛 *n.* (通例 三つ組の)酒注ぎ飾りびん (decanter) 台《びんは見えるが鍵がないと取り出せない仕掛けのもの》.

Tan·ta·lus [tǽntələs, -tl̩- | -təl-, -tl̩-] 〚□ L ～ □ Gk *Tántalos* (原義) the Bearer or Sufferer < **Tál-talos* ← IE **tel-* to lift, support: cf. talent〛 — *n.* 〘ギリシャ神話〙 タンタロス. **1** Zeus とニンフ Pluto との息子で Pelops と Niobe の父, 富裕な Phrygia の王; 神々の秘密を漏らしたために地獄の湖中につながれ, あごまで水につかりながら, のどがかわいて飲もうとすれば水は退き, 頭上に垂れている果物に手を伸ばすとそれもまた退いて食べることができず, 焦燥の苦しみをなめさせられたという. **2** Thyestes の息子で Clytemnestra の最初の夫.

tan·ta·mount [tǽntəmàʊnt | -tə-] 〚《1641》□ F (廃) ～ ← AF *tant amunter* ← (O)F *tant* (< L *tantum* so much)＋OF *amounter* 'to AMOUNT to'〛 — *pred. adj.* 〔…と〕同等の価値[効力, 意義]のある, ほとんど〔…に〕等しい (equivalent) 〔*to*〕: an invitation (which is) ～ *to* a command ほとんど命令に等しい招待 / This is ～ *to* refusing. これはほとんど拒絶も同然だ.

tan·ta·ra [tæntǽrə, -tɑ́ːrə] 〚《略》← TARATANTARA〛 *n.* らっぱ・角笛などの吹奏[音]; それに似た音《tarantara, taratantara ともいう》.

tan·tiv·y [tæntívi | -vɪ] 〚《1641》: 馬蹄の擬音語?〛 《古》 — *n.* **1** 疾駆 (rapid gallop), 突進 (rush). **2** (1660–1688 年の英国の)高教会派[トーリー党]の一員《あだ名》. — *adv.* 疾駆して (at full gallop): ride ～ 疾駆する. — *adj.* **1** 疾駆の, 突進する (swift, rushing). **2** 高教会派[トーリー党員]の. — *int.* **1** 早駆け《狩猟で追跡が全速力の時の叫び声》. **2** 《俗用》 ＝tantara.

tant mieux [tɑ́ː(m)mjə́ː, tɔ̃ː(m)-, tɑ́ːm-, tɔ́(ː)m-; *F.* tɑ̃mjø] 〚□ F ～ < L *tantum melium*〛 *F.* なお更よい (so much the better) (cf. tant pis).

tan·to [tɑ́ːntoʊ | tǽntəʊ] 〚□ It. ～ < L *tantum* so much ← *tam* so〛 *It. adv.* 〘音楽〙 はなはだ, 余りに, そんなに (too much): allegro non ～ 余り急速でなく.

tant pis [tɑ́ː(m)píː, tɔ̃ː(m)-, tɑ́ːm-, tɔ́(ː)m-; *F.* tɑ̃pi] 〚□ F ～ < L *tantum pēium*〛 *F.* なお更悪い (so much the worse) (cf. tant mieux).

Tan·tra, t- [tʌ́ntrə, tɑ́ːn-] 〚□ Skt ～ 'loom, warp' ← *tanoti* he stretches, weaves: cf. tend¹〛 — *n.* **1** 〘ヒンズー教〙 タントラ《特にタントラ教 (Tantrism) の聖典の名; 7–17 世紀に編纂され, 主に Siva と Shakti との対話形式をとっている; 実践としてヨーガを説く》. **2** 〘仏教〙 儀軌《密教の実践部門および仏教美術に関する根本の典籍》.

Tan·tric [tʌ́ntrɪk, tɑ́ːn-] *adj.* (*also* **Tan·trik** [～]) 〘ヒンズー教〙 タントラの.

Tán·trism [-trɪzm] *n.* 〘ヒンズー教〙 タントラ教《Siva と Shakti の結合によって窮極の真理に達しようとする; シャクティズム (Shaktism) と密接な関係をもつ》.

Tán·trist [-trɪst, -trəst | -trɪst] *n.* 〘ヒンズー教〙 タントラ派の人.

tan·trum [tǽntrəm] 〚《1748》← ?〛 — *n.* 《口語》 立腹, むかっ腹, 癇癪(ｶﾝｼｬｸ): temper ～ 癇癪発作 / be in (one of) one's ～*s* (またぞろ)不機嫌(ｷｹﾞﾝ)である / go [fly, get] into a ～ むかっ腹を立てる.

Tan-tung [tɑ̀ːntʊ́ŋ; *Chin.* tāntūŋ] *n.* 丹東《中国遼寧省 (Liaoning) の朝鮮国境, 鴨緑江 (Yalu) の河口にあ

る港市; Antung ともいう》.

Tan·ya [tǽnjə; *Russ.* tánjə] 〘(dim.) ← TATIANA〙 *n.* 女性名.

tán·yàrd *n.* (なめし皮工場の)なめし桶(おけ)置き場.

Tan·za·ni·a [tæ̀nzəníːə, tænzǽniə | tæ̀nzəníːə, tænzéɪniə, -njə] *n.* タンザニア《アフリカ東部にある英連邦内の共和国; 1964 年 Tanganyika と Zanzibar とが合併したもの; 人口 14,028,000, 面積 945,203 km²; 首都 Dar es Salaam; 公式名 the United Republic of Tanzania タンザニア連合共和国》.

Tan·za·ni·an [tæ̀nzəníːən, tænzǽniən | tæ̀nzəníən, tænzéɪniən, -njən] *n.* タンザニア人. **—** *adj.* タンザニアの, タンザニア人の.

tan·za·nite [tǽnzənàɪt] 〘← *Tanzania*+-ITE¹〙 *n.* 〘鉱物〙 タンザナイト《ゾイサイト (zoisite) の濃紺色の変種; 宝石として使用》.

tao [táu; *Chin.* tàu] 〘▭ Chin. ～ (道)〙 *n.* **1** 〘道教〙 道《万物の存在, 万物の変化が生ずる宇宙の原理》. **2** 〘儒教〙 道《道徳的生活の道, 真理, 宇宙の道理》.

T'ao Ch'i·en [táu tʃién | -tʃɪ-; *Chin.* t'áu tʃién] *n.* 陶潜(365–427)《中国晋代宋代間の詩人; 字(あざな)は淵明》.

Tao·ism [táuɪzṃ | tá:ʊ-, táu-] 〘(1839)〙 *n.* 道教《中国の宗教; 老子の教えを取り入れる》.

Tao·ist [táuɪst, -əst | tá:ʊɪst, táu-] *n.* 道教信者, 道教徒. **—** *adj.* 道教の; 道教信者の, 道教徒の.

Tao·is·tic [tauístɪk | tà:ʊ-, tau-] *adj.* =Taoist.

Taos [táus] 〘▭ Sp. ～ (pl.) ▭ Am.-Ind. ～ ? 'willow people'〙 **—** *n.* (*pl.* ～) **1 a** [the ～] タオス族《New Mexico 州に住むアメリカインディアンの一種族》. **b** タオス族の人. **2** タオス語.

Tao Tê Ching [táu-te-tʃíŋ; *Chin.* tàutótʃīŋ] *n.* 「道徳経」《老子の著; 別名 Lao-tzu 「老子」》.

tap¹ [tǽp] 〘n.: OE *tæppa* < Gmc **tappon* (G *Zapfen*). — v.: OE *toeppian* ← (n.): cf. tip¹〙 **—** *n.* **1** (樽の)飲み口, 樽口, 栓(せん); 給水栓, 蛇口(じゃぐち), コック (faucet, cock): turn the ～ on [off] 栓をひねって口を開ける[閉める]. **2** (樽から出した)酒. **3 a** 酒の種類[たち], (種類を表わす)口: It's a precious good ～. / You know the ～ before. この口(の酒)は前に飲んだことがあるでしょう. **b** 特質, 持ち味: Sentiment wasn't his ～. 感傷は彼の特質ではなかった. **4** =taproom; taphouse. **5** =taphole. **6** (ナットの)雌ねじ切り. **7** (支管を差し込むためにあけた)管の穴. **8** 《米》〘電気〙 (コイル・結線などの)中間口出, タップ. **9** 盗聴(装置): put ～*s* on a home telephone 家庭用の電話に盗聴装置を仕掛ける. **10** 〘外科〙 穿刺(せんし). **11** 《俗》(借金・寄付などの)要請, 請求, せびり.

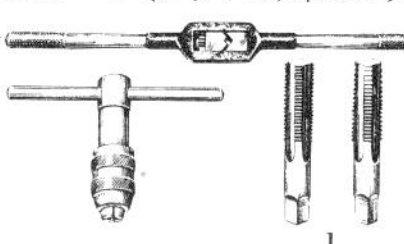

taps and tap wrenches
1 taps; 2 tap wrenches

on tap (1) 〈樽が〉飲み口を付けて, 〈酒が〉いつでも出せるように用意されて: whiskey *on* ～. (2) 準備されて, いつでも使える, 手元にあって (on hand): The dictionaries are *on* ～. 辞書類はいつも手元にある. (3) 〈国庫債券など〉いつでも制限なく買える.

— *vt.* (**tapped; tap·ping**) **1** 〈樽〉に飲み口を付ける; 〈樽〉の口を切る; 〔樽から〕〈酒を〉出す 〔*from*〕: ～ a cask 樽に飲み口を付ける / ～ (*off*) beer *from* a cask 飲み口を付けて樽からビールを出す. **2** …の口をあけて液体を出す; 〈腫物(はれもの)〉の口をあける; (幹に刻み目を付けて)…の樹液を採る: ～ maple trees カエデの樹液を採る / They ～*ped* liquid from his knee. 彼の膝から液を抜き取った. **3** 〈通信・会話などを〉盗聴[傍受]する: ～ a telegraph [telephone] wire / ～ a phone / The conversation ～*ped* from the telephone sounded metallic. 電話から盗聴された会話の響きは金属的だった. **4** (支管・支線を付けるために)〈本管・本線〉に口を開く; (本管・本線から導いて)〈水道やガスを〉引く; 〈電流を〉つなぐ; …のタップに電線を接続する. **5** 開拓する, 開発する (open up): ～ a country, district, mineral vein, etc. / ～ trade 商売の道を開く / ～ a subject ある話題を切り出す. **6** 〔物を〕〈人〉に請う, 〔金などを〕せびる (solicit) 〔*for*〕: ～ a person *for* advice [information] 人に助言[情報]を求める / ～ a person *for* a subscription [a tip] 人に寄付を求める[チップをせびる]. **7** …の雌ねじを切る (cf. thread 4): ～ a nut. **8** 〘トランプ〙 (table stake 方式のポーカーで, 自分の所持金が相手の賭金以下の時は)〈自分〉の所持金全部を賭ける, (相手の賭金以上の時は)〈相手〉の賭金と同額を賭ける.

tap the admiral ⇨ admiral 成句.

tap² [tǽp] 〘(?*a*1200) ▭ (O)F *tap-er* to strike, slap: 擬音語?〙 **—** *v.* (**tapped; tap·ping**) **—** *vt.* **1 a** 軽くとんと叩(たた)く[打つ]; 〔…で〕こつこつ打つ 〔*with*〕: ～ a typewriter タイプを叩く / ～ the door *with* ～ a person *on* the shoulder 人の肩を叩く / ～ the door *with* one's knuckles 拳骨(げんこつ)でドアをとんとん叩く / He ～*ped* his forehead knowingly. したり顔に額をぽんと打った. **b** 〔…を〕…で軽くとんと叩く[打つ] 〔*on, against*〕: ～ one's foot *on* the floor impatiently じりじりして床を足でとんとん踏み鳴らす / ～ a fork *against* a glass フォークでコップをちんちん叩く. **c** とんとん叩いて打ちつける; 軽くとんと叩いて出す[落とす]: ～ a nail *in* 釘を打ち込む / ～ a nail *into* a stool 釘を床几にとんとんと打ちつける / ～ a tablet *out of* the packet ぽんと叩いて箱から錠剤を出す / ～ the ashes *from* the cigar 葉巻の灰をぽんと落とす. **2** [通例 ～ *out* として] とんとんと軽く打って打ち出す[作る]: ～ *out* a beat [rhythm] とんとんと叩いて拍子[リズム]をとる / ～ *out* Morse signals とんとんとモールス信号を打つ / He ～*ped out* a letter on the typewriter. タイプで手紙を打ち上げた. **3** 《米》〈靴〉に張替え革を打ちつける: The shoe wants ～*ping.* その靴は張替える必要がある. **4** 《米》〔クラブの会員に〕選ぶ, 指名する 〔*to, for*〕: ～ a person *to* [*for*] membership 人を会員に選ぶ. **5** 〘バスケットボール〙 タップする《空中のボールを軽打してパスしたりシュートしたりすることにいう》. **—** *vi.* **1** 軽く打つ[叩く], こつこつ叩く (rap): ～ *at* [*on*] the door ドアを叩く. **2** ぱたぱた音を立てて歩く; すたすた歩く. **3** タップダンスをする.

tap up ドアを叩いて〈人を〉起こす: I was ～*ped up* by Bessy. 私はベッシーにドアを叩いて起こされた.

— *n.* **1** とんとん打つこと, こつこつ叩く音: I hear a ～ at the door. / There was a ～ on [at] the door. ドアをこつこつ叩く音がした. **2** 〘医学〙 打診. **3** 《米》(靴底修繕の)張替え皮 (half sole)《tap sole ともいう》. **4** [*pl.*] (タップダンス用靴の つま先やかかとに付ける)金具; タップダンス用の靴; タップダンス (tap dance). **5** 〘バスケットボール〙 タップ《ボールを指先で打つこと》. **6** [主に否定構文で] 微量: She didn't do a ～ of work. 仕事を少しもしなかった. **7** 〘音声〙 =flap 10 a.

TAP 《略》 Transports Aereos Portugueses ポルトガル航空(記号 TP).

ta·pa [tá:pə, tǽpə] 〘▭ Polynesian ～〙 **—** *n.* **1** 〘植物〙 カジノキ (⇨ paper mulberry). **2** タッパ布《南洋諸島原住民がカジノキの皮を石で打って繊維だけにして作る紙布; 敷物・掛布などに用いる; tapa cloth ともいう》.

tápa clòth *n.* =tapa 2.

tap·a·co·lo [tæ̀pəkóulou | -kɔ́uləu] 〘▭ Am. -Sp. ～ 《原義》 one that covers its hindparts ← Sp. *tapar* to conceal+*culo* backside〙 **—** *n.* (*pl.* **～s**) (*also* **tap·a·cu·lo** [-kú:lou | -ləu]) 〘鳥類〙 オタテドリ《チリ・アルゼンチンに分布するオタテドリ科の小鳥の総称; ムナフオタテドリ (*Scelorchilus albicollis*) など》.

Ta·pa·jós [tæ̀pəʒóː)s | tɑ̀:pəʒɔ́us; *Braz.* tàpaʒɔ́s] *n.* (*also* **Ta·pa·joz** [～]) [the ～] タパジョス(川)《ブラジル中央部, Amazon 川の支流 (1,770 km)》.

ta·pas [tɑ́pəs] 〘▭ Skt ～ 'heat': cf. topaz〙 **—** *n.* 〘ヒンズー教〙 **1** 苦行《食事・睡眠・休息などを適切なものにして体を最高の状態に持って行くこと》. **2** (苦行の結果, 苦行者に宿る)神秘力.

táp bèll *n.* タップベル《エレベーターが階に接近したことを知らせて「チン」と一回鳴るベル》.

táp bòlt *n.* 〘機械〙 押えボルト, ねじ込みボルト《金属の穴にねじ込むボルト; cap screw, tap screw ともいう; ⇨ bolt¹ 挿絵》.

táp bònd *n.* (遊資吸収目的で発行する米国の)国債 (《英》 tap stock)《tap issue ともいう》.

táp bòrer *n.* 飲み口あけ, 栓錐(せんきり).

táp chànger *n.* 〘電気〙 タップ切換器.

táp-dànce *vi.* タップダンスを踊る.

táp dànce *n.* 〘ダンス〙 タップダンス.

táp dàncer *n.* タップダンサー.

táp drill *n.* 〘機械〙 ねじ下ぎり.

tape [téɪp] 〘ME *tap(p)e* < ? OE *tæppe* fillet: cf. OFris. *tapia* to tug / MLG *teppen* to pluck〙 **—** *n.* **1** 平打ちひも, さなだひも, テープ: ⇨ red tape. **2** (決勝線の)テープ: breast the ～ テープを切る《一着になる》. **3** 巻き尺 (tape measure). **4** (機械の)調べ帯. **5 a** =adhesive tape. **b** (絶縁用)テープ (friction tape). **6 a** (録音・録画用)磁気テープ (magnetic tape). **b** =tape recording 2. **7 a** 〘電算機〙 (データなどの読込み用)紙テープ, 穿孔テープ (paper tape); (情報記憶用の)磁気テープ. **b** 〘通信〙 送信[受信]用テープ (paper tape): ⇨ ticker tape. **8** 〘動物〙 =tapeworm. **9** 《英俗》 酒 (liquor).

— *attrib. adj.* **1** テープに録音した: ～ music. **2** 磁気テープを入れる: a ～ cartridge.

— *vt.* **1 a** 平打ちひも[テープ]でくくる[結ぶ, 塞(ふさ)ぐ], テープで張る[付ける]: ～ (*up*) a split 割れ目をテープで塞ぐ / ～ *down* a carpet カーペットをテープで止める / ～ two things *together* 二つの物をテープで結びつける / Her mouth was ～*d with* (*up*) adhesive. 口に粘着テープでさるぐつわをされた. **b** 〈本の各部分を〉とじ合わせる. **2** …に平打ちひも[テープ]を付ける, にテープを巻く. **3** …に絶縁用テープを被(き)せる. **4** 巻き尺で計る. **5** =tape-record. **6** 〈決勝線〉にテープを張る. **—** *vi.* テープ録音する.

***have* (*got*) *taped* (*out*)** 《英俗》〈人・物事を〉見抜く, 十分に理解する (size up): I've *got* you ～*d.* 君がどんな人物かわかった / You've *got* all this ～*d out* wrong. 君はこのことをすっかり誤解している.

tápe dèck *n.* **1 a** テープデッキ《増幅器とスピーカーをもたないテープレコーダー; 単に deck ともいう》. **b** テープデッキ, テープ駆動機構《磁気テープがテープデッキのヘッドを通過するよう駆動する機構》. **2** =tape player.

tápe gràss *n.* 〘植物〙 セキショウモ (*Vallisneria spiralis*)《淡水中に生える葉の長い多年草; eelgrass, water celery, wild celery ともいう》.

tápe·lìne *n.* =tape measure.

tápe machìne *n.* **1** 《英》 =ticker 2. **2** =magnetic tape recorder.

tápe·man [-mən] *n.* (*pl.* **-men** [-mən, -mèn]) 〘測量〙 テープ係《測量テープまたはチェーンを張る人》.

tápe mèasure *n.* 巻き尺《布または金属製》.

tápe plàyer *n.* テーププレーヤー《再生増幅器のみをもつテープレコーダー》.

ta·per¹ [téɪpə | -pə(r] 〘OE *taper, tapur* 《異化》 ← ? L *papȳrus* 'PAPYRUS'〙 **—** *n.* **1 a** (もとは)小蠟燭(ろうそく). **b** (長い芯に薄く蠟をかけた)細蠟燭《蠟燭やガス灯などに点火するために用いる; cf. spill² 2》. **2** 《詩・文語》弱い光を放つもの. **3** 次第に先が細くなる[尖る]こと, 先細り. **4** 尖塔(せんとう), 尖錐(せんすい) (spire). **5** (力・容積などの)漸減. **6** (細長い物体の厚さ・直径・幅などの)逓減(ていげん)度[率]. **7** (鋳物工の用いる)こて.

— *adj.* **1** 《詩・文語》 先細の (tapering): ～ fingers 先細の指. **2** 累進的な, 段階別の (graduated): ～ freight rates 段階別貨物運賃表. **3** 《口語》〈資源など〉だんだん乏しくなる: Things are growing very ～. 物資がだんだん乏しくなって来た.

— *vi.* **1** 先が細る, 次第に尖る, 先細りになる 〈*away, off*〉: ～ (*off*) *to* a point 先が細くなって尖っている. **2** 次第に少なくなる, 漸減する 〈*down*〉. **—** *vt.* **1** 先細りにする, 次第に尖らせる 〈*away, off*〉: ～ (*off*) a stick a bit 棒の先を少し尖らせる. **2** 次第に減らす, 漸減する (reduce gradually) 〈*off*〉: ～ *off* production, unemployment, etc. / I tried to ～ *off* the daily amount of drink. 毎日の酒量を減らそうとした.

taper off (*vi.*) (1) ⇨ *vi.* 1. (2) 〈嵐などが〉次第にやむ; 〈団体・協会などが〉次第に消滅する: The fighting ～*ed off* at week's end. 週末には戦闘は次第に収まった / The siren ～*ed off into* silence. サイレンの音が小さくなって聞えなくなった. (3) 〈飲酒の習慣などを〉次第にやめる: ～ *off to* five cigarettes a day たばこを 1 日 5 本に減らす. (*vt.*) ⇨ *vt.* 1, 2.

táp·er² *n.* 平打ちひもをかける工員[機械].

tápe-recòrd *vt.* (磁気)テープに録音[録画]する, テープ録音[録画]する.

tápe recòrder *n.* =magnetic tape recorder.

tápe recòrding *n.* **1** テープ録音[録画]. **2** (磁気)録音[録画]テープ. **3** 録音[録画]された曲[画像].

tá·pered *adj.* 先が次第に細くなった, 先細の: a ～ flagpole, pipe, spire, etc.

tápered wíng *n.* 〘航空〙 テーパー翼, 先細翼.

tá·per·er [-pərə | -pərə(r] *n.* (宗教的行列で)小蠟燭(ろうそく)を持つ人.

tá·per·ing [-p(ə)rɪŋ | -pər-] *adj.* **1** 先が次第に細る[とがる], 先細の: a narrow, ～ blade of a knife. **2** 漸減的な. **～·ly** *adv.*

tápering ràil *n.* 〘鉄道〙 先端レール (《英》 points).

táper jàck *n.* =wax jack.

táper pìn *n.* 〘機械〙 テーパーピン, 勾配(こうばい)ピン.

táper·stìck *n.* 小蠟燭(ろうそく)立て.

táp·es·tried *adj.* **1** タペストリーを掛けた[で飾った]: a ～ hall. **2** タペストリーの中に描かれた.

tap·es·try [tǽpɪstri, -pəs- | -trɪ] 〘(1434) *tapiserye* ▭ (O)F *tapisserie* ← *tapissier* to hang with tapestry ← OF *tapis* tapestry, carpet: ⇨ tapis〙 **—** *n.* **1** タペストリー, 綴織(つづれおり), 綴錦(つづれにしき)《麻や絹の縦糸に手で金銀糸や色糸を織り込んで絵模様を表わしたもの; 壁掛け等の室内装飾に用いる》. **2** 機械織のタペストリー. **3** (デザインの複雑さ・豊かさの点で)タペストリーに似たもの. **—** *vt.* タペストリーに描く[で飾る].

tápestry càrpet *n.* タペストリーカーペット《織る前に図案を糸に色染めにしておく》.

tapeta *n.* tapetum の複数形.

tápe trànsport *n.* (計算機・録音機などの)テープ駆動機構.

tápe trànsport méchanism *n.* =transport 6.

ta·pe·tum [təpíːtəm | -təm] 〘← NL ← L *tapēte, tapēs* carpet〙 **—** *n.* (*pl.* **ta·pe·ta** [-tə | -tə]) **1** 〘植物〙 芽胞[胞子]嚢(のう)膜, 絨氈(じゅうせん)層. **2** 〘解剖・動物〙 壁板, 内面層, 皮膜, 膜層.

tápe·wòrm 〘その形から〙 **—** *n.* 〘動物〙 条虫, (俗に)さなだむし《扁形動物門条虫綱の多種を含む動物の総称; 無鉤(こう)条虫 (beef tapeworm), (有鉤条虫) (pork tapeworm) など》.

tápeworm plànt *n.* 〘植物〙 =centipede plant.

taph·e·pho·bi·a [tæ̀fəfóubiə | -fɪfə́ubjə, -bɪə] 〘← NL ～ ← Gk *taphḗ* grave+-PHOBIA〙 *n.* 〘精神医学〙 埋葬恐怖(症).

táp hòlder *n.* 〘機械〙 タップホルダー《タップの保持具》.

táp·hòle *n.* **1** (樽などの)栓(せん)をする穴, 樽口. **2** 〘冶金〙 湯出し口, 出銑口.

táp·hòuse 〘← TAP¹+HOUSE〙 *n.* (生ビールを売る)居酒屋, 飲み屋; 酒場 (taproom).

Taph·ri·na·ce·ae [tæ̀frənéɪsiiː | -rɪ-] 〘← NL ～ ← *Taphrina* (属名: ← Gk *taphrē* ditch: -ACEAE〙 **—** *n. pl.* 〘植物〙 (菌類)タフリナ科. **tàph·ri·ná·ceous** [-ʃəs] *adj.*

táp-ìn 〘⇨ tap²〙 *n.* 〘バスケットボール〙 =tip-in¹.

táping pìn [-téɪp-] *n.* 〘測量〙 =chaining pin.

tap·i·o·ca [tæ̀pióukə | -pɪə́u-] 〘(1707) ▭ Port. & Sp. ～ ▭ S-Am.-Ind. (Tupi) *typyóca* cassava juice ← *ty* juice+*pýa* heart, pith+*ocó* to be removed〙 **—** *n.* **1** タピオカ《カッサバ (cassava) の根から製した食用・

糊(ﾉﾘ)用の澱粉；粉・薄片・粒・小球状タピオカ (pearl tapioca) のものがある》. **2** タピオカ入りの料理《プディングなど》. **3** 〘植物〙＝tapioca plant.

tapióca plànt *n.* 〘植物〙＝cassava 1.

ta·pir [téɪpɚ, tapíɚ, tǽpɪɚ | téɪpə(r, -pɪə(r] 〘《1774》▭ S-Am.-Ind. (Tupi) *tapiïra*〙 ── *n.* (*pl.* ～, ～**s**) 〘動物〙バク《バク科バク属 (*Tapirus*) の動物の総称；アメリカバク (*T. terrestris*) (熱帯アメリカ産で黒茶色), マレーバク (Indian tapir) など》.

ta·pir·id [téɪpərɪd, -rəd, təpír- | téɪpɪrɪd, təpír-] 〘↓〙 *adj.*, *n.* 〘動物〙バク科の(動物).

Ta·pir·i·dae [təpírədìː | -rɪ-] 〘← NL ～ ← *Tapirus* (属名：⇨ tapir)＋-IDAE〙 *n. pl.* 〘動物〙バク科.

tap·is [tǽpiː, -pɪs, -pəs, tæpíː | tǽpiː, -pɪ; *F.* tapi] 〘《1494》▭ (O)F ～ 'carpet, tapestry' < VL **tappētium* = LL *tapētium* ▭ Gk *tapētion* (dim.) ← *tápēs* cloth wrought with figures ← ? Iran.〙 ── *F. n.* (*pl.* ～)《廃》もうせん (carpet), テーブル掛け (table cover). ★ 今は次の成句にのみ用いる：***on the tapis*** 〘《なぞり》← F *sur le tapis* 《原義》on the tablecloth〙 審議[討議]中で (under consideration).

táp ìssue *n.* ＝tap bond.

táp-òff 〘⇨ tap²〙 *n.* 〘バスケットボール〙＝tip-off².

ta·pote·ment [təpóʊtmənt | -póʊt-] 〘▭ F ～ ← *tapoter* to tap ← OF *taper* to strike with the flat of the hand：⇨ tap², -ment〙 ── *n.* 〘医学〙たたき法, 叩打(ｺｳﾀﾞ)法《マッサージの一法》.

táp·per¹ *n.* **1** 軽く打つ者. **2** 〘通信〙(電信機の)電鍵(ｹﾝ) (key). **3** 〘電気〙(弱界磁制御用の)タップ制御スイッチ. **4** 靴(ｸﾂ)直し(屋). **5** (鐘などの)たたき具. **6** 《英方言》(斑点のある小型の)キツツキ (woodpecker). **7** ＝tap dancer.

táp·per² 〘← TAP¹＋-ER¹：cf. OE *tæppere* tapster〙 ── *n.* **1** 樹液採取者[器]. **2** 〘機械〙(ナットに雌ねじを切る)ねじ立て盤；(パイプ・ナットなどに)雌ねじを切る職工.

tápper tàp *n.* 〘機械〙マシンタップ《ナットに雌ねじを切るタッピングマシンに使用するねじ切りタップ》.

tap·pet [tǽpɪt, -pət] 〘← TAP²＋-ET〙 *n.* 〘機械〙タペット, 凸子(ﾄﾂｼ).

táppet lòom *n.* 〘機械〙タペット織機《ハンマーがタペットで運動させられる機構の織機》.

táppet ròd *n.* 〘機械〙タペット棒. 「くこと[音].

táp·ping¹ 〘《15C》〙 *n.* 軽打, こつこつ[とんとん]たた

táp·ping² *n.* **1** (樽に)飲み口をあけること；(樹皮にきずをつけて)樹液を採ること. **2** 口をあけて引き出したもの；(木から採った)樹液. **3** 雌ねじ切り, 雌ねじ立て. **4** 電信[電話]盗聴. **5** 〘外科〙＝paracentesis.

tápping machìne *n.* 雌ねじ切り機, 雌ねじ立て盤.

táp·pit hèn [tǽpɪt-, -pət- | -pɪt-] 〘*tappit*：《スコット》*tappit* 《変形》← *topped*〙 ── *n.* 《スコット》**1** 冠毛のあるめんどり. **2** (ふたの中央につまみの付いている)大型コップ.

táp ràte *n.* 《英》(国庫債券などの)時価相場.

táp rìvet *n.* 〘機械〙＝screw rivet.

táp·ròom *n.* (ホテル・宿屋・居酒屋の)酒場 (barroom).

táp·ròot 〘cf. tap¹〙 *n.* 〘植物〙直根, 主根 (cf. fibrous root, tuberous root).

taps [tǽps] 〘← TAP² ∥ 《変形》←《廃》 tappit hen 2 *taptoo* 'TATTOO¹'〙 ── *n. pl.* [通例単数扱い]〘米軍〙**1** 消灯[就寝]らっぱ[太鼓] (cf. tattoo¹ 1). **2** (軍隊葬, 時に慰霊祭の)葬送らっぱ.

tap·sal-tee·rie [tǽpsəltíːri | -rɪ] *adv.* 《スコット》＝topsy-turvy.

táp scrèw *n.* 〘機械〙押えねじ (⇨ tap bolt).

táp sòle *n.* ＝tap² 2.

tap·ster [tǽpstɚ | -stə(r] 〘OE *tæppestre* female tapster：⇨ tap¹, -ster〙 *n.* (酒場の)酒出し男, 給仕人, バーテン (bartender).

táp stòck *n.* 《英》＝tap bond.

tap·stress [tǽpstrɪs, -strəs | -strɪs, -stres] 〘⇨ tapster, -ess¹〙 *n.* (酒場の)酒出し女, 酌婦.

táp-tàp 〘《加重》← TAP²〙 *n.* とんとん[ぱたぱた](叩(ﾀﾀ)く音). ── *vi.* とんとん[ぱたぱた]音を立てる. ── *adv.* とんとん[ぱたぱた]と音を立てて.

Ta·pu·ya [təpúːjə] 〘▭ Port. ～ ▭ S-Am.-Ind. (Tupi) *tapuia* savage, enemy〙 ── *n.* (*pl.* ～, ～**s**) **1** [the ～(s)] タプーヤ族《もとブラジル中部に居住した原住民》. **2** タプーヤ族の人. **Ta·pú·yan** [-jən] *adj.*

táp wàter *n.* なま水《水道の蛇口から出たままの, 消毒や煮沸を行なわない水》.

táp wrènch *n.* 〘機械〙タップ回し (⇨ tap¹ 挿絵).

tar¹ [tɑ́ɚ | tɑ́ː(r] 〘ME *tarr, terr* < OE *te(o)ru* ← Gmc **terw-, *trew-* (G *Teer* / ON *tjara* / Dan. *tjære* tar) ← IE **drew-* 'TREE'〙 ── *n.* **1** タール《石炭・木材などを乾溜して得る黒色の油状液》：⇨ coal tar, wood tar. **2** コールタールピッチ (coal-tar pitch)《道路舗装用》. **3** (たばこの)タール, やに：～*s* in tobacco smoke たばこの煙の中のやに.

beat* [*knock, whale*] *the tar out of 《米口語》…を打ちのめす. ***scare the tar out of*** …をひどく脅えさせる.

── *attrib. adj.* **1** タールの. **2** タールを塗った.

── *vt.* (**tarred**; **tar·ring**) **1** …にタールを塗る：～ a telegraph post 電信柱にタールを塗る. **2** 汚す, よごす (stain) 〔*with*〕.

tar and feather 〈人〉の体に熱したタールを一面に塗り鳥の羽毛をくっつけてかつぎまわる《私刑の一種》. ***tarred with the same brush* [*stick*]** 他の人と同様の欠点がある, 同罪[同類]で.

tar² [tɑ́ɚ | tɑ́ː(r] 〘《1676》《略》? ← TARPAULIN〙 *n.* 《口語》水夫, 水兵, 船乗り (sailor)：a jolly ～ 愉快な船乗り / an old ～ 老水夫 / ⇨ jack-tar.

tar³ [tɑ́ɚ | tɑ́ː(r] 〘ME *terre(n)* to irritate < OE **ter-n(i)an* = *tergan*：cf. (M)Du. *tergen* / G *zergen*〙 *vt.* そそのかす, けしかける 〈*on*〉.

tár ácid *n.* 〘化学〙タール酸《コールタール中の酸性物の総称》.

tar·a·did·dle [tǽrədìdḷ | ˌ—ˌ—ˈ—] 〘《1796》← ?：cf. diddle²〙 *n.* 《口語》**1** たわいないうそ (fib). **2** もったいぶったでたらめ, うそっぱち.

tar·a·ki·hi [tǽrəkìːhi | tɑ̀ːrəkíːhɪ] 〘← Maori〙 *n.* 〘魚類〙ニュージーランド産の食用魚 (*Dactylopagrus macropterus*).

tar·an·ta·ra [tǽrəntǽrə, tɑ̀ːrəntɑ́ːrə] 〘《変形》TARATANTARA〙 *n.* ＝tantara.

ta·ran·tass [tɑ̀ːrəntɑ́ːs; *Russ.* tərantás] 〘《1850》▭ Russ. *tarantas*〙 *n.* (ロシヤの旅行用)大型四輪馬車《雪が積もれば車体を車からはずしてそりにのせる》.

tar·an·tel·la [tǽrəntélə] 〘《1782》▭ It. ～ ← TARANTO＋-ELLA：TARANTULA と連想し'舞踏グモ'にかまれた者のような踊り方とするのは通俗語源〙 ── *n.* タランテラ：**a** 《二人で行なう快活な南イタリアの代表的な踊りで, ³/₈ または ⁶/₈ 拍子で踊られる；昔は舞踏狂 (tarantism) を直すと言われた》. **b** その曲.

tar·an·telle [tǽrəntélə] *n.* ＝tarantella.

tar·an·tism [tǽrəntɪzm] 〘《1638-56》← NL *tarantism-us* ← It. *tarantismo* ← TARANTO：⇨ -ism〙 ── *n.* 〘病理〙(毒グモの一種 tarantula にかまれて起こると言われた)舞踏狂《15-17 世紀ごろ南イタリアで流行した；dancing disease ともいう》.

Ta·ran·to [tɑ́ːrəntòʊ, tərǽntoʊ | tərǽntəʊ, tɑ́ːrəntəʊ; *It.* tá:ranto] 〘▭ It. ～ < L *Tarentum* ▭ Gk *Tárās*〙 ── *n.* タラント《イタリア南東部, 地中海 Taranto 湾沿岸の港市・海軍基地；人口 244,000；古名 Tarentum》.

ta·ran·tu·la [tərǽntʃ(ə)lə, -tələ, -tḷə | -tjʊlə] 〘《1561》▭ ML ～ ▭ It. *tarantola* ← TARANTO (この地方に毒ぐもが多いことから)〙 ── *n.* (*pl.* ～**s**, **-tu·lae** [-lìː]) 〘動物〙**1** タランチュラコモリグモ, (俗に)舞踏グモ (*Lycosa tarentula*)《イタリア南部地方にいわれる毒グモ；実際は毒性は極めて低い；tarantism を引き起こすと思われていた》. **2** オオツチグモ, トリクイグモ, トリグモ《トリクイグモ科の大きな毛の多いクモの総称；毒はほとんどない》.

ta·ran·tu·lid [tərǽntʃ(ə)lɪd, -ləd, -tәl-, -tḷ- | -tʃʊlɪd] 〘↓〙 *adj.*, *n.* 〘動物〙ウデムシ科の(サソリ).

Tar·an·tu·li·dae [tæ̀rənt(j)úːlədìː | -tjúːlɪ-] 〘← NL ～ ← TARANTULA (属名)＋-IDAE〙 *n. pl.* 〘動物〙(節足動物脚鬚目)ウデムシ科.

tar·a·tan·ta·ra [tæ̀rətæntǽrə, tɑ̀ːr-, -tɑ́ːrə] 〘《1553》▭ L ～ 《擬音語》：cf. tantara, tarantara〙 *n.* ＝tantara.

tá·ra vìne [tɑ́ːrə-, tǽrə-] 〘*tara*：▭ Jap. 楤木〙 *n.* サルナシ (*Actinidia arguta*)《日本・東アジア産のつる生木本, 果実は美味》.

Ta·ra·wa [tərɑ́ːwə, tǽrəwɑ̀ː] *n.* **1** タラワ(島)《太平洋中部英領 Gilbert and Ellice 諸島中の島；人口 13,000, 面積 23 km²》. **2** タラワ《同諸島の首都》.

ta·rax·a·cin [tərǽksəsɪn, -sən | -sɪn] 〘⇨ ↓, -in¹〙 *n.* 〘薬学〙タラクサシン《taraxacum から採る苦味物質》.

ta·rax·a·cum [tərǽksɪkəm, -sə- | -sə-] 〘《1706》← NL ～ ← Arab. *ṭarakhšaqūn* ▭ Pers. *talkh chakōk* 《原義》bitter herb〙 ── *n.* **1** 〘植物〙タンポポ属 (*Taraxacum*) の各種の草本の総称《セイヨウタンポポ (dandelion) など》. **2** 〘薬学〙その乾燥した根《薬用》.

tár bàse *n.* 〘化学〙タール塩基《コールタール中に含まれる有機塩基の総称》.

tár·bòard *n.* タール板紙《タールをしみ込ませた丈夫な板紙》.

tar·boosh [tɑɚbúːʃ, -búʃ, ˌ—ˈ— | tɑːbúːʃ] 〘《1702》▭ Arab. *ṭarbūš* ← Turk. *ter* sweat＋Pers. *pūshidān* to cover〙 ── *n.* (*also* **tar·boush** [～]) ターブーシュ《イスラム教徒が着用するトルコ帽に似たキャップで, 通例, 赤いフェルト製；時にはターバンの一部となることもある；cf. fez》.

tarboosh

tár·brùsh *n.* **1** タール刷毛(ﾊｹ). **2** 《俗》[通例軽蔑的に]黒人の血(統) (Negro blood).

a touch* [*lick, dash*] *of the tarbrush (血統に)黒人の血の混入していること.

tar·bush [tɑɚbúːʃ, -búʃ, ˌ—ˈ— | tɑːbúːʃ] *n.* ＝tarboosh.

tar·butt·ite [tɑ́ɚbətàɪt | tɑ́ː-] 〘← *Percy C. Tarbutt* (20 世紀のオーストラリアの鉱山技師)：⇨ -ite¹〙 *n.* 〘鉱物〙ターブッタイト, ターブット石 ($Zn_2PO_4(OH)$)《三斜晶系, 無色・淡黄色・褐色・赤あるいは緑の鉱物》.

tar·da·men·te [tɑ̀ɚdəménti | tɑ̀ːdəméntɪ; *It.* tàrdaménte] 〘▭ It. ～ ← *tardare* to slow down ← L *tardus* slow：cf. tardo〙 *It. adv.* 〘音楽〙遅く, ゆるやかに.

Tarde [tɑ́ɚd | tɑ́ːd; *F.* tard], **Gabriel** *n.* タルド《1843-1904；フランスの社会学者・犯罪学者》.

Tar·de·noi·sian [tɑ̀ɚdənɔ́ɪʒən, -ziən, -nwɑ́ːziən, -dṇ- | tɑ̀ːdɪnɔ́ɪzɪən, -zjən, -nwɑ́ː-] 〘← *La Fère-en-Tardenois* (この時期を代表する主に幾何学形細石器 (geometric microlith) を中心とする遺物を出したフランス北東部の地名)：⇨ -an¹〙 ── *adj.* 〘考古〙(ヨーロッパの中石器時代 (Mesolithic era) の一時期である)タルドノワ期(文化)の.

Tar·dieu [tɑɚdjúː | tɑː-; *F.* tardjø], **André Pierre Gabriel A·mé·dée** [amede] *n.* タルデュー《1876-1945；フランスの政治家；首相 (1929-30, 1932)》.

Tar·dig·ra·da [tɑɚdígrədə, tɑ̀ɚdəgréɪ- | tɑːdígrə-, tɑ̀ːdɪgréɪ-] 〘← NL ～ (neut. pl.) ← L *tardigradus* (↓)〙 ── *n. pl.* 〘動物〙**1** 緩歩類《古い分類名；現在のナマケモノ科 (Bradypodidae) に相当》. **2** 緩歩動物門《クマムシの類のナガチョウメイムシ (*Macrobiotus hudelandii*) などを含む》.

tar·di·grade [tɑ́ɚdəgrèɪd | tɑ́ːdɪ-] 〘《1623》▭ F ～ ∥ L *tardigrad-us* slow-paced ← *tardus* slow＋*gradus* step：⇨ tardo, -grade〙 ── *adj.* **1** 鈍い, おそい, 遅鈍な (sluggish). **2** 〘動物〙緩歩類の；緩歩動物門の. ── *n.* 〘動物〙緩歩動物門の動物の総称.

tar·do [tɑ́ɚdoʊ | tɑ́ːdəʊ; *It.* tárdo] 〘▭ It. ～ < L *tardum* slow, late ← ?〙 *It. adj.* 〘音楽〙おそい.

tar·dy [tɑ́ɚdi | tɑ́ːdi] 〘《1483》*tardive* ▭ (O)F *tardif* < VL **tardīvum* ← L *tardus* slow, late ← ?〙 ── *adj.* (**tar·di·er**; **-di·est**) **1** 遅い, のろい (slow, sluggish)：make ～ progress 進歩が遅い. **2 a** 遅れた, 遅ればせの (behindhand)：a ～ arrival / a ～ reform おそまきの改善 / He was ～ *in* answering [his answer]. 返事が遅れた. **b** 《米》(会合・学校などに)遅刻した (late)：a ～ student 遅刻した学生 / I was ～ *for* [*to*] school. 学校に遅れた. **3** ぐずぐずの, 不承不承の, いやいやながらの, 渋々の (reluctant)：a ～ consent 渋々の承諾 / He was ～ *to* shed blood. 流血を好まなかった. ── *n.* (学校などでの)遅刻. **tár·di·ly** [-dəli, -dɪ-, -dḷi | -dɪli, -də-] *adv.* **tár·di·ness** *n.*

tare¹ [téɚ | téə(r] 〘《?a1300》← ?：cf. MDu. *tarwe* wheat ← IE **derwā-* kind of grain (Gk *dáratos* bread)〙 ── *n.* **1** 〘植物〙マメ科ソラマメ属 (*Vicia*) の総称 (⇨ vetch). **2** [*pl.*]〘聖書〙毒麦《普通 darnel と考えられている；cf. *Matt.* 13：25, 27, 36》. **3** [*pl.*] 害毒 (bane).

tare² [téɚ | téə(r] 〘《1486》▭ (O)F ～ 'waste, deficiency' ▭ ML *tara* ▭ Arab. *ṭarḥaʰ* what is rejected ← *ṭaraḥa* to throw：cf. mattress〙 ── *n.* **1** 風袋(ﾌｳﾀｲ)；(差し引くべき)風袋の目方. **2** 車体重量《積荷・乗客などを除いた重量》. **3** 〘化学〙タラ《物質の質量を計る時の容器の重さ》. ── *vt.* …の風袋を量る.

tare³ 〘OE *tær*〙 *v.* 《古》tear² の過去形・過去分詞.

Ta·ren·tum [tərέntəm | -təm] *n.* タレントゥーム《Taranto 古名》.

targe [tɑ́ɚdʒ | tɑ́ːdʒ] 〘《c1300》▭ (O)F ～ ▭ Frank. **targa* shield ∽ OE *targa* ▭ ON *targa* 《原義》edge of a shield：cf. OHG *zarga* frame〙 ── *n.* 《古》(16 世紀の歩兵や弓兵が用いた)小さい円盾.

tar·get [tɑ́ɚgɪt, -gət | tɑ́ː-] 〘《?a1400》▭ OF *targ(u)ete* (F *targette*) (dim.) ← *targe* (↑)：⇨ -et：[g] 音は OF の影響か〙 ── *n.* **1** 的, 標的, 目標 (mark). **2** (批評などの)的；(物笑いの)種, 笑い草 (laughingstock)：the ～ *of* [*for*] bitter criticism 酷評の的 / a prime ～ *for* theft 盗みの絶好の目標 / the ～ *of* the crowd's sneers 群衆の冷笑の的. **3** 《米》(転轍(ﾃﾝﾃﾂ)機の)円形信号機《転轍機の開閉を標示する》. **4** 《米》〘測量〙ターゲット, 視準標, (水準標尺の)ねらい板. **5** 〘物理〙**a** ターゲット《X 線管の陰極線を受ける白金またはタングステン電極；anticathode ともいう》. **b** テレビ[レーダー]スクリーンの螢光物質. **6** 〘物理〙標的, ターゲット《核反応を起こさせるため高エネルギー粒子の衝撃を受ける物質》. **7** (生産・募金・貯蓄などの)目標額：an export ～ 輸出目標額 / a savings ～ 貯蓄目標額 / realize [exceed] the ～ 目標額に達する[を越える]. **8** 子羊の首から胸にかけての肉. **9** ＝targe. **10** 〘フェンシング〙有効面, ターゲット《相手の体のうちでタッチ (touch) が得点になる部分》.

hit a target (1) 的に当てる[たる]. (2) 目標額に達する. ***on target*** 的を射ている, 当たっている.

── *vt.* **1** 〔…を〕…の的[目標]にする, 目標として設定する 〔*for*〕：～ steel production *for* 10 million tons a year 年 1 千万トンの鉄鋼生産を目標とする. **2** 攻撃[爆撃]目標にする. **3** 《米》円形信号機で〈転轍(ﾃﾝﾃﾂ)機の位置などを〉合図する.

tar·get·a·ble [tɑ́ɚgɪtəbl, -gət- | tɑ́ːgɪt-, -gət-] *adj.* 〈主に核弾頭が〉目標に向けられる.

tárget àrea *n.* 〘軍事〙(砲撃・爆撃のため部隊などに割り当てられた)目標地域.

tárget-càrd *n.* 〘アーチェリー〙射的カード《射手の得点を記録する, 標的の形に印刷したカード》.

tárget cèll *n.* 〘病理〙標的赤血球.

tárget dàte *n.* 《米》目標達成日時.

tárget dày *n.* (アーチェリークラブの)アーチェリー大会(日).

tárget dròne *n.* 〘航空〙無人標的機.

tár·get·ed [-tɪd, -ṭəd | -tɪd, -təd] *adj.* 《古》小盾[円盾]をもっている.

tar·ge·teer [tɑ̀ɚgətíɚ, -gə- | tɑ̀ːgɪtíə(r, -gə-] *n.* 民兵, 武装市民《target と剣で武装した 16 世紀のロンドン市民》.

tárget fìgure *n.* 目標額 (cf. target 7).

tárget lànguage *n.* 目標言語：**a** 学習・研究の対象としての外国語. **b** (原文に対して)訳文となる言語 (cf. source language).

tárget·less *adj.* 目標のない.

tárget òrgan *n.* 〖生理〗標的器官《ホルモン・薬物が作用して効力を発揮する器官》.
tárget pràctice *n.* (標的を狙っての)射撃訓練[演習].
tárget rifle *n.* 射撃訓練[演習]用ライフル銃.
tárget shìp *n.* 標的艦[船].
tárget shòoting *n.* 標的射撃, 射撃訓練[演習].
Tar·gum [tάəgùm, -gu:m | tά:-] 〖《1587》▭ Mish.Heb. *targûm* ← Heb. *tirgēm* to interpret : cf. Aram. *targēm* to interpret〗 —— *n.* (*pl.* ~**s, Tar·gu·mim** [tὰəgu-mí:m, -gu:- | tὰ:-]) タルグム《旧約聖書のアラム語による部分訳》. **Tar·gum·ic** [tɑəgú:mɪk, -gú:m- | tɑ:-] *adj.*
Tár·gum·ist [-mɪst, -məst | -mɪst] *n.* タルグム (Targum) 訳者[研究者].
Tar·heel [tάəhì:l | tά:-] 〖← TAR¹+HEEL¹ : 州の主要産物が tar であることから〗 *n.* 米国 North Carolina 州人《あだ名》.
Tár·hèel·er [-lə | -lə(r] *n.* =Tarheel.
Tárheel [Tár Hèel] Státe *n.* [the ~] 米国 North Carolina 州の俗称.
tar·iff [tǽrɪf, tér-, -rəf | tǽrɪf] 〖《1591》▭ F *tarif* ▭ It. *tariffa* ▭ Arab. *ta'rīf* notification, instruction ← *'árafa* to know〗 —— *n.* **1** 関税表, 税率表; 税率; 関税 : conventional ~*s* 協定税率 / preferential ~*s* 特恵税率 / statutory ~*s* 国定税率 / ⇨ retaliatory tariff / the ~ *on* cotton 木綿の関税(率). **2** (鉄道・電信などの)料金表, 運賃表; (料理屋・旅館の)料金表 : the railway [telegraph] ~ / ~ rates 税率; (保険などの)協定率. —— *vt.* **1** …に対する関税表を制定する, …の税率を定める : ~ goods 商品に対する税率を定める. **2** …の料金を定める : ~ service サービス料金を定める.
táriff refòrm *n.* 関税改革《英国では自由貿易反対, 米国では保護貿易反対の意味合いがある》.
táriff wàll *n.* 関税障壁《輸入を阻止するための高関税》: raise a high ~ against …に対して高い関税障壁を設ける.
Ta·rim [tὰ:rí:m] *n.* [the ~] タリム(川)《中国新疆(しんきょう)ウイグル自治区 (Sinkiang Uighur Autonomous Region) 東部の Tarim 盆地の北側を流れ, Takla Makan 砂漠の多数の湖に注ぐ川 (2,179 km)》.
Tárim Básin *n.* [the ~] タリム盆地《中国新疆(しんきょう)ウイグル自治区南部の乾燥盆地》.
Tar·king·ton [tάəkɪŋtən | tά:-], **(Newton) Booth** *n.* (1869–1946) 米国の小説家・劇作家; *Alice Adams* (1921).
tar·la·tan [tάələtn, -tən | tά:lətn, -tən] 〖《1727–41》▭ F *tarlatane* (異化) ← *tarnatane* ← ? Ind.〗 *n.* 薄紗(しゃ), 薄地モスリン《舞踏服・ほこりカバーなどに用いる》.
tar·mac [tάəmæk | tά:-] 〖《略》← TARMACADAM〗 —— *n.* **1** [T-] 〖商標〗ターマック《道路の瀝青膠着(れきせいこうちゃく)材の一種》. **2** 《英》ターマック舗装エプロン[滑走路, 道路].
tár·macádam 〖← TAR¹+MACADAM〗 —— *n.* **1** 〖土木〗タールマカダム舗装《砕石を敷いた上にタールを流してローラーで固めるもの》. **2** タールマカダム《プラントでタールと骨材を混合した道路舗装材料》.
tarn¹ [tάən | tά:n] 〖《?c1380》 *terne* ▭ ON **tarnu*, *tjörn* small lake, (原義) hole filled with water〗 *n.* 山中の小湖; (特に)氷蝕でできた小さい池沼.
tarn² [tάən | tά:n] 〖⇨ tern¹〗 *n.* 《方言》〖鳥類〗=tern¹.
Tarn [tάən | tά:n ; *F.* tarn] *n.* タルヌ《フランス南部の県; 人口 338,000, 面積 5,780 km², 首都 Albi》.
tar·nal [tάənḷ | tά:-] 〖《頭音消失》← ETERNAL〗 《米方言》 *adj.* いまいましい, べらぼうな (damnable). —— *adv.* べらぼうに (damnably). **~·ly**
tar·na·tion [tɑənéɪʃən | tɑ:-] 〖《1784》《混成》← TAR-N(AL)+(DAMN)ATION〗 《米方言》 —— *n.* =damnation. ★ 通例, 次のような表現に用いられる : What *in* ~ is it? 一体何だ. —— *int.* 畜生, いまいましい (damned). —— *adj.* =tarnal : Why are you in such a ~ hurry? どうしてそんなにべらぼうに急ぐんだい. —— *adv.* =tarnal.
Tarn-et-Ga·ronne [tάəneɪgærɔ́(:)n | tά:neɪgærɔ́n ; *F.* tarnegarɔn] *n.* タルヌエガロンヌ《フランス南部の県; 人口 183,000, 面積 3,730 km², 首都 Montauban [mɔ̃tobɑ̃]》.
tar·nish [tάənɪʃ | tά:-] 〖《1598》▭ F *terniss-, ternir* to tarnish (cf. *terne* dull, dark) ← ? Gmc **tarnjan* (MHG *ternen* to darken)〗 —— *vt.* **1** 〈金属・ガラスなど〉の光沢を曇らせる (discolor); 変色させる (fade) : polish ~*ed* spoons 光沢を失ったスプーンをみがく / Her clothes were ~*ed*. 着物が色あせていた. **2** 〈純潔・名誉などを〉汚す, 傷つける (sully); 台無しにする, …の価値を下げる (spoil) : ~ one's name, honor, reputation, etc. / ~ the naval glory of England 英国海軍の栄光を傷つける. —— *vi.* **1** 曇る; 変色する : Silver ~*es* rapidly. 銀器はすぐ曇る. **2** 汚れる; 価値が下がる : seek for images that never ~ 決して汚れないイメージを求める.
—— *n.* **1** 曇り, 汚れ, 変色 : ~ *on* silver 銀器の曇り. **2** 汚点, 汚れ, 傷 (blemish). **3** (価値などの)低下.
tar·nish·a·ble [tάənɪʃəbḷ | tά:-] *adj.* 曇りやすい, 変色しやすい.
tár·nished *adj.* 曇った; 変色した; 汚れた : ~ silverware / a ~ reputation 名折れ.
tárnished plánt bùg *n.* 〖昆虫〗ミドリメクラガメ (*Lygus oblineatus*)《植物の汁液を吸って被害を与えるメクラカメムシ科の昆虫》.
tarn·kap·pe [tάənkὰpə | tά:n-] 〖▭ G *Tarnkappe* ← *Tarn* mask, camouflage+*Kappe* hooded cloak〗 —— *n.* (Nibelungenlied で)魔法の外套(がいとう)《Siegfried が Nibelungs から手に入れた外套で, これを着た者は姿が見えなくなり, かつ 12 人力を得る》.
ta·ro [tά:roʊ, tǽ(ə)r- | tά:rəʊ, tǽər-] 〖《1779》▭ Tahitian ~〗 —— *n.* (*pl.* ~**s**) 〖植物〗 **1** タロイモ (*Colocasia antiquorum* var. *esculenta*)《太平洋諸島で栽培されるサトイモの原種》. **2** タロイモ《タロイモの根茎; 熱帯地方で主食にする》.
ta·roc [tərά:k | -rɔ́k] *n.* (*also* **ta·rock** [~]) =tarok.
ta·ro·ga·to [tά:roʊgətòʊ | -rəʊgətəʊ] 〖▭ Hung. *tárogató*〗 *n.* (*pl.* ~**s**) ターロガトー《ハンガリーの木管楽器で, 現在ではシングルリードのマウスピースを用いる》.
tár òil *n.* 〖化学〗タール油.
tar·ok [tǽrɑk | -rɔk] 〖▭ It. 《廃》 *tarocc(o)* : ↓〗 —— *n.* タロック《22 枚の tarot に 32 枚のカードを足して行なうカードゲーム; 足すカードの数は 42, 52, 56 といろいろある; 14 世紀にイタリアで始められた》.
tar·ot [tǽroʊ | tǽrəʊ ; *F.* taro] 〖《1598》▭ F *tarots* (pl.) ▭ It. *tarocchi* (pl.) ▭ ? Arab. *ṭaraḥa* to throw〗 —— *n.* (*pl.* ~**s** [~(z) ; *F.* ~]) **1** タロー《22 枚一組の絵入りのカードの一枚; 占いや tarok に用いる》. **2** [通例 *pl.*] =tarok.
tarp [tάəp | tά:p] 〖《略》← TARPAULIN〗 *n.* 《米・豪口語》=tarpaulin.
tar·pan [tɑəpǽn | tɑ:- ; *Russ.* tarpán] 〖▭ Russ. ~ ← Tatar〗 *n.* 〖動物〗タルパン《ロシヤの草原地産の野生の小馬; 19 世紀に絶滅》.
tár pàper *n.* タール紙, アスファルトルーフィング《屋根の下張りに用いるタールを染(し)み込ませた紙》.
tar·pau·lin [tɑəpɔ́:lɪn, tάəpə-, -lən | tɑ:pɔ́:lɪn] 〖《1605》 *tarpaul(l)ing, tarrpawlin(g)* ← ? TAR¹+*pawling* covering (ger.) ← *pawl* 'to PALL¹, cover'〗 —— *n.* **1** (タールなどを塗った)防水帆布; 防水シート[カバー]. **2** (船乗りの用いるつば広の)防水帽; 防水服. **3** 《古》水夫, 船乗り (sailor).
Tar·pe·ia [tɑəpí:(j)ə | tɑ:pí:ə, -píə] 〖▭ L *Tarpēia* (fem.) ← *Tarpēius* (ローマの人名)〗 —— *n.* 〖ローマ伝説〗タルペーイア《ローマ防衛総督 Tarpeius の娘;「門をあけたら腕に帯びるものを与える」という約束に惑わされてサビニ人 (Sabines) に城門を開いたが, 約束の報酬の代わりに盾を投げつけられて殺された》.
Tar·pe·ian [tɑəpí:(j)ən | tɑ:pí:ən, -píən] 〖▭ L *Tarpēian-us* ← *Tarpēia* (↑)〗 *adj.* タルペーイアの岩 (Tarpeian Rock) の.
Tarpéian Róck 〖《なぞり》← L *mōns Tarpēius* 'rock of TARPEIA' : ⇨ mons : Tarpeia がそのふもとに埋められたのにちなむ〗 —— *n.* [the ~] タルペーイアの岩《ローマの Capitoline Hill の崖(がけ); 昔国事犯人をここから突き落として処刑した》.
tár pit *n.* タール坑《天然アスファルトが集まっている穴》.
tar·pon [tάəpən | tά:-] 〖《1685》▭ Du. *tarpoen* ← ?〗 —— *n.* (*pl.* ~, ~**s**) 〖魚類〗ターポン (*Megalops atlanticus*)《米国の大西洋南岸および西インド諸島海域に産するハイレン属の銀色のうろこのある全長 2 メートルもある大魚; 釣の対象; silver king ともいう》.

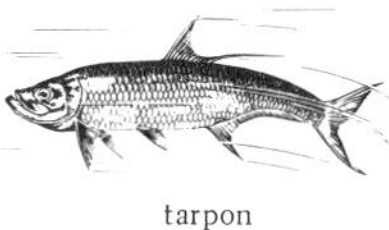
tarpon

Tar·quin [tάəkwɪn, -kwən | tά:kwɪn] *n.* 〖ローマ伝説〗タルクィニウス《ローマ初期の伝説的な Tarquin 王家の王, 最も有名なものは五代目 Tarquinius Priscus (在位 616–578 B.C.) と七代目(最後) Tarquinius Superbus (在位 534–510 B.C.); cf. Lucretia》.
tar·ra·did·dle [tǽrədìdḷ | ─ ─ ─ ─] *n.* =taradiddle.
tar·ra·gon [tǽrəgən] 〖《1538》 *taragon* ▭ Sp. *taragona* ∥ F *targon* ▭ ML *tarc(h)on* ▭ Arab. *ṭarkhūn* ← ? Gk *drákōn* 'DRAGON'〗 —— *n.* **1** 〖植物〗タラゴン, エストラゴン (*Artemisia dracunculus*)《シベリア原産ヨモギ属の宿根草; estragon ともいう》. **2** タラゴンの葉《芳香があるので香味料に用いる》.
tar·ras [tərǽs] *n.* 〖岩石〗=trass.
tarre [tάə | tά:(r] *vt.* =tar³.
tarred *adj.* タールを塗った.
tar·ri·ance [tǽriəns, tér- | tǽrɪ-] 〖⇨ tarry¹, -ance〗 *n.* **1** 《古》遅延 (delay). **2** 《古》滞在, 逗留(とうりゅう). **3** 《廃》待機.
tár·ri·ness *n.* **1** タール質. **2** タールでよごれていること.
tar·rock [tǽrək] 〖▭ ? Greenland Eskimo *tāteraq*〗 —— *n.* 《英方言》〖鳥類〗数種の海鳥の総称《キョクアジサシ (Arctic tern), ミツユビカモメ (kittiwake), カモメ (gull), guillemot など》.
tar·ry¹ [tǽri, téri | tǽri] 〖《c1320》《混成》? ← ME *tarie(n)* (< OE **tergan, tergan* to vex (cf. Du. *tergen* / G *zergen*))+ME *targe(n)* to delay (▭ OF *targ(i)er* < VL **tardicāre* (freq.) ← L *tardāre* to delay : cf. tardy)〗 —— *vi.* 《文語》 **1** 遅れる, 遅い, ひまどる (delay) : Why ~ the wheels of his chariots? どうして彼の車の歩みがはかどらないのか (*Judges* 5 : 28). **2** 留まる, 滞在する (remain) : ~ *at* home, *in* the country, etc. **3** 〔…を〕待つ (wait) 〔*for*〕 : ~ (behind) *for* a person (後に残って)人を待つ. —— *vt.* 《文語》待つ (await) : She *tarried* her hasband's return. 夫の帰りを待った. —— *n.* 《米》滞在 (stay, sojourn) : He made some little ~ in this town. この町にほんの暫く滞在した.
tar·ry² [tά:ri | -rɪ] *adj.* (**tar·ri·er**; **-ri·est**) **1** タールの, タール質[状]の. **2** タールを塗った[でよごれた] : ~ fingers タールでよごれた手; 手癖の悪いこと.
tárry stóol *n.* 〖病理〗(腸管出血などのときの)タール(様)便.
Tar·ry·town [tǽritàʊn | -rɪ-] 〖← ? *Tarry* (姓) (cf. Terry), *Theodoric*+TOWN〗 —— *n.* 米国 New York 州南東部, Hudson 河畔の小都市; Washington Irving の故郷; 人口 12,000.
tars- [tɑəs | tɑ:s] (母音の前に来る時の) tarso- の異形.
tar·sal [tάəsəl, -sḷ | tά:-] 〖← NL *tarsāl-is* : ⇨ tarsus, -al¹〗 〖解剖・動物〗 *adj.* **1** 足根骨の, 足根部の. **2** 瞼(けん)板の. —— *n.* 足根骨; 足根骨関節.
tár sànd *n.* 〖地質〗瀝青(れきせい)質の砂, 瀝青砂岩.
Tar·shish [tάəʃɪʃ | tά:-] *n.* タルシシ《スペイン南部の Cadiz 付近にあったと伝えられる古国; 金・銀・象牙(ぞうげ)などの貿易で有名; 地の果ての楽園と想像された; cf. *1 Kings* 10 : 22》.
tarsi *n.* tarsus の複数形.
tar·si·a [tάəsiə, tɑəsí:ə | tά:sɪə, tɑ:sí:ə] 〖《1665》▭ It. ~ ▭ Arab. *tarṣī'* ← *rāṣṣa'a* to inlay〗 —— *n.* 〖木工〗(15 世紀ごろイタリアで流行した)寄せ木細工, 象嵌(ぞうがん), はめ木細工.
tar·si·er [tάəsièɪ, -siə | tά:sɪèɪ, -sɪə(r ; *F.* tarsje] 〖▭ F ~ ← *tarse* 'TARSUS' : ⇨ -er¹ : 足の構造から〗 —— *n.* (*pl.* ~**s** [~z ; *F.* ~]) 〖動物〗メガネザル (*Tarsius spectrum*)《スマトラ・ボルネオ・フィリピンなどの森林にすむ夜行性の動物; specter lemur ともいう》.
Tar·si·i·dae [tɑəsáɪədì: | tɑ:sáɪɪ-] 〖← NL ~ ← *Tarsius* (属名 : ⇨ tarsus)+-IDAE〗 —— *n. pl.* 〖動物〗メガネザル科.
tar·so- [tάəso(ʊ) | tά:sə(ʊ)] 〖← TARSUS〗 —— 次の意を表わす名詞連結形 : **1**「足根 (tarsus); 足根骨と…との (tarsal and…)」: *tarso*metatarsus. **2**「瞼(けん)板」. ★ 母音の前では通例 tars- になる.

tarsier

tàrso·metatársus 〖← NL ~ : ⇨ tarso-, metatarsus〗 *n.* (*pl.* **-tar·si** [-saɪ]) 〖鳥類〗(鳥の)跗蹠(ふしょ)骨.
tar·so·ne·mid [tὰəsəní:mɪd, -məd | tὰ:səní:mɪd] 〖↓〗 *adj., n.* 〖動物〗ホコリダニ科の(ダニ).
Tar·so·nem·i·dae [tὰəsənémədì:, -ní:- | tὰ:sənémɪ-, -ní:-] 〖← NL ~ ← *Tarsonemus* (属名 : ← TARSO-+Gk *nēma* thread)+-IDAE〗 —— *n. pl.* 〖動物〗(節足動物門ダニ目)ホコリダニ科.
tar·sus [tάəsəs | tά:-] 〖《1676》← NL ~ ← Gk *tarsós* the flat of the foot, the rim of the eyelid〗 —— *n.* (*pl.* **tar·si** [-sàɪ, -sì:]) 〖解剖・動物〗 **1 a** 足首 (ankle). **b** 足根(骨). **2** (鳥の)跗蹠(ふしょ)骨 (tarsometatarsus) (⇨ bird 挿絵). **3** 跗節《昆虫の足の第五番目で最後の肢節; ⇨ insect 挿絵》. **4** 瞼板(けんばん), 瞼板軟骨.
Tar·sus [tάəsəs | tά:-] *n.* タルソス《トルコ南部, Cydnus 河畔の都市; 古代 Cilicia の首都; 聖パウロ (Saint Paul) の生地; 人口 79,000》.
tart¹ [tάət | tά:t] 〖OE *teart* acid, rough ← Gmc **ter-t-* ← IE **der-* to split : cf. OE *teran* 'to TEAR²'〗 —— *adj.* (~·**er**; ~·**est**) **1** すい, すっぱい (acid, sour) : ~ apples. **2** 〈気質・言葉・態度など〉刺すような, 辛辣(しんらつ)な, 激しい (biting, caustic) : a ~ disposition, manner, remark, reply, etc. **~·ly** *adv.* **~·ness** *n.*
tart² [tάət | tά:t] 〖《c1440》▭ OF *tart(r)e* open tart (変形) ← (O)F *torte* < L *torta* round bread, (原義) twisted ← *torquēre* to turn, twist : OF *tarte* は ML *tartarum* 'TARTAR' の影響〗 —— *n.* **1** タルト《果物入りの小型で薄いパイの一種; 米国では上にパイ生地をかぶせないものをいう場合が多い》: an apple ~ リンゴ入りタルト. **2** 《俗》身持ちの悪い娘[女], (特に)売春婦 (prostitute). —— *vt., vi.* [~ *up* として] 《英口語》ごてごて[安っぽく]飾り立てる[着飾る] : ~ *up* streets / ~ oneself *up*=get ~*ed up* 安っぽく着飾る.
tart. 《略》tartaric.
tar·tan¹ [tάətn | tά:tən, -tn] 〖《?a1500》▭ ?(O)F *tiretaine* linsey-woolsey ▭ Sp. *tiritaña* (原義) rustling stuff ← *tiritar* to shiver (擬音語)〗 —— *n.* **1 a** タータン《主にスコットランド高地人が kilt や plaid に用いる格子縞(こうしじま)の綾織毛織物; 各氏族は特有の縞模様をもつ; cf. clan》. **b** それに似た格子柄の布地. **2 a** 格子柄, クランタータン《スコットランド高地人の各氏族に特有の格子柄》. **b** それに似た格子柄. **3** タータン柄の衣服. **4** スコットランド高地人; スコットランド兵. —— *adj.* **1** 格子柄の. **2** 格子柄の布地で作った : ~ plaid タータンの肩掛け.
tar·tan² [tάətn | tά:tən, -tn] 〖▭ F *tartane* ▭ It. *tartana* ▭ ? Arab. *ṭarrādaʰ* cruiser ← *ṭárada* to pursue〗 —— *n.* 〖海事〗タータン《地中海で使われる大三角派帆と船首三角帆とを有する一本マストの小型帆船》.
tar·tar [tάəṭə | tά:tə(r] 〖《c1395》 *tartre*, ~ ▭ OF *tartre* ∥ ML *tartar-um* ▭ MGk *tártaron* ← ? Arab.〗 —— *n.* **1** 歯石 (calculus). **2** 酒石《ぶどう酒製造の際沈澱(ちんでん)する不純な酒石酸水素カリウム; これを精製して酒石酸を造る》: ⇨ CREAM of tartar.
Tar·tar [tάəṭə | tά:tə(r] 〖《c1395》 *Tartre* ▭ (O)F *tartare* ∥ ▭ ML *Tartar-us* (L *Tartarus* hell と連想 ?) ▭ Pers. *Tātār* ← *Tata* (9 世紀にロシヤを侵略したモンゴル人の名)〗 —— *n.* **1 a** [the ~s] タタール族《もとアジア北東部に遊牧したツングース族; 13 世紀のモ

ンゴル帝国西方発展以後はヨーロッパではモンゴル人を含めてこの名で呼び, さらにその勢力下にあった南ロシヤ一帯に散居しているトルコ人をも含めて呼ぶ). **b** タタール人, 韃靼(だったん)人. **2** タタール語《中央アジア西部, 特に, Uzbek 地方のチュルク語派の言語》. **3** [しばしば t-] 強暴な人間, 手におえない人, 始末に困る者. **4** [t-] 思いのほか手強(てごわ)い[厄介な]やつ: a young *tartar* 始末におえない子供. **5** [t-] あばずれ女 (shrew).
catch a Tartar 手強(てご)い相手[厄介なもの]に出会う, 相手が手強くててこずる.
— *adj.* **1** タタール人(風)の; タタール語の. **2** 強暴な.

Tar·tar·e·an [tɑətɛ́(ə)riən | tɑːtɛ́əri-] 〖(1623) ← L *Tartareus* of the infernal regions+-AN[1]: cf. Tartarus〗 — *adj.* タルタロス (Tartarus) の; 地獄の (infernal).

tártar emétic *n.* 〖化学〗吐酒石(としゅせき) ($K(SbO)C_4H_4O_6\cdot{}^1/_2H_2O$)《有毒の白色結晶塩, 媒染剤・薬用; potassium antimonyl tartrate ともいう》.

tár·tare sàuce [tɑ́əṭə- | tɑ́ːtə-] *n.* =tartar sauce.

tártare stèak *n.* =tartar steak.

Tártar fóx *n.* 〖動物〗=corsac.

Tar·tar·i·an [tɑətɛ́(ə)riən | tɑːtɛ́əri-] 〖(c1400) □ OF *Tartarien*: ⇨ Tartar, -ian〗 *adj.* タタール人(の).

Tartárian áster *n.* 〖植物〗シオン (*Aster tataricus*)《シベリア原産のキク科シオン属の多年草》.

Tartárian búckwheat *n.* 〖植物〗ダッタンソバ, ニガソバ (*Fagopyrum tataricum*)《中央アジア原産のソバに似た植物で, 時に栽培される; India wheat, duck wheat ともいう》.

Tartárian dógwood *n.* 〖植物〗シロミノミズキ, シラタマミズキ (*Cornus alba*)《アジア原産のミズキ科の低木》.

Tartárian hóneysuckle *n.* 〖植物〗スイカズラ科の落葉低木 (*Lonicera tatarica*)《アジア原産で白または桃色の花が咲く; bush honeysuckle ともいう》.

tar·tar·ic [tɑətǽrɪk, -tér- | tɑːtǽr-] 〖(1790): ⇨ tartar〗 *adj.* 〖化学〗酒石の.

tartáric ácid *n.* 〖化学〗酒石酸 (HOOC·CH(OH)-CH(OH)COOH).

tar·tar·ize [tɑ́əṭəràɪz | tɑ́ːtə-] *vt.* 〖化学〗酒石化する; 酒石で処理する. **tar·tar·i·za·tion** [tɑ̀əṭərɪzéɪʃən, -rə- | tɑ̀ːtəraɪ-, -rɪ-] *n.*

tar·tar·ous [tɑ́əṭərəs | tɑ́ːtə-] *adj.* 酒石の, 酒石を含んだ, 酒石による, 酒石から得られた.

tár·tar sàuce [tɑ́əṭə- | tɑ́ːtə-] 〖□ F *sauce tartare*〗 — *n.* タルタルソース《マヨネーズソースに, 刻んだピクルスやケーパー (caper)・玉ねぎ・パセリなどを加えて混ぜたソース》.

tártar stèak *n.* タルタルステーキ《粗く挽いた牛肉の赤身を塩・胡椒(こしょう)で調味し, 卵黄・玉ねぎ・パセリ・ケーパー (caper) などを添えて生のまま食べる; steak tartare, beef tartare, tartare steak ともいう》.

Tártar Stráit *n.* [the ~] =Tatar Strait.

Tar·ta·rus [tɑ́əṭərəs | tɑ́ːt-] 〖(1586) □ L ~ □ Gk *Tártaros* ← ?〗 — *n.* **1** 〖ギリシャ神話〗タルタロス《地獄 (Hades) の下の暗い底無し淵(ふち); Zeus が Titans を幽閉した所》. **2** 悪人の懲罰所; 地獄 (Hades, hell).

Tar·ta·ry [tɑ́əṭəri | tɑ́ːt-] 〖□ F *Tartarie* □ ML *Tartaria* land of the Tartars〗 — *n.* タタール地方, 韃靼(だったん)地方《東欧からアジアにわたる地方をさす歴史的名称; Tatary ともいう》.

Tar·ti·ni [tɑətíːni | tɑːtíːnɪ; *It.* tartíːni], **Giuseppe** *n.* タルティーニ《1692–1770; イタリアのバイオリン奏者・作曲家》.

tárt·ish [-ṭɪʃ | -tɪʃ] 〖← TART[1]+-ISH[1] 4〗 *adj.* ややすっぱい; やや辛辣な. **~·ly** *adv.*

tart·let [tɑ́ətlɪt, -lət | tɑ́ːt-] 〖(15C) □ (O)F *tartelette* (dim.) ← *tarte* 'TART[2]': ⇨ -let〗 *n.* 《英》タルトレット《一人用の小さいタルト》.

tar·trate [tɑ́ətreɪt | tɑ́ː-] 〖(1794) □ F ~: ⇨ tartar, -ate[1]〗 *n.* 〖化学〗酒石酸塩 [エステル].

tár·trat·ed [-ṭɪd, -ṭəd | -tɪd, -təd] *adj.* 〖化学〗酒石 (tartar) と化合した, 酒石を含む; 酒石酸から誘導した, 酒石酸の化合した.

tar·tra·zine [tɑ́ətrəzìːn, -zɪn, -zən | tɑ́ːtrəzìːn, -zɪn] 〖← *tartr-* (← TARTAR)+(HYDR)AZINE〗 — *n.* 〖化学〗タルトラジン ($C_{16}H_9N_4Na_3O_9S_2$)《黄色酸性染料・飲食物着色用》.

Tar·tu [tɑ́ətuː | tɑ́ː-; *Russ.* tártu] *n.* タルトゥ《ソ連邦 Estonia 共和国中東部の都市; 人口 100,000》.

Tar·tuffe [tɑətúf, -túːf | tɑːtjúːf; *F.* taʀtyf] 〖(1676) □ F *Tartufe* (Molière の喜劇 *Le Tartufe* (1669) 中の主人公の名) □ It. *Tartufo* ← *tartufo* 'TRUFFLE'〗 — *n.* (*pl.* **~s** [~s; *F.* ~]) (*also* **Tar·tufe** [~]) (タルチュフのように)信心家ぶる偽善者; 偽善家.

Tar·tuf·fer·y [tɑətúfəri, -túːf- | tɑːtjúːfəri] 〖□ F *tartufferie*: ⇨ ↑, -ery〗 *n.* (*also* **Tar·tuf·fer·ie** [~]) タルチュフ的振舞[性格]; 偽善 (hypocricy).

Tar·túf·fism [-fɪzm] *n.* =Tartuffery.

tart·y [tɑ́əṭi | tɑ́ːti] 〖← TART[2]+-Y[4]〗 *adj.* **1** 売春婦の(ような). **2** 安っぽく飾り立てた (gaudy).

Tar·vi·a [tɑ́əviə | tɑ́ːviə, -vjə] *n.* 〖商標〗タルビア《コールタールから作った道路舗装用材料》.

tár·wèed 〖← TAR[1]+WEED[1]〗 *n.* 〖植物〗米国 California 州原産のキク科 *Madia* 属, *Grindelia* 属などの草本の総称.

Tar·zan [tɑ́əzn̩, -zæn | tɑ́ːzn̩, -zən] *n.* **1** ターザン《米国の Edgar Rice Burroughs (1875–1950) 作の一連の物語の主人公; 白人の少年でアフリカの野獣の間で成長する》. **2** 〖(1919)〗[しばしば t-] [しばしば皮肉・戯言] (ターザンのように)たくましく敏捷(びんしょう)な男.

TAS 《略》telephone answering service; 〖航空〗true airspeed 真対気速度.

Tas. 《略》Tasmania; Tasmanian.

ta·sa·ji·llo [tɑ̀ːsəhíːjoʊ | -jəʊ; *Am. Sp.* tàsaxíjo] 〖□ Mex.-Sp. ~ (dim.) ← Sp. *tasajo* a slice of dried meat〗 — *n.* (*pl.* **~s**) 〖植物〗タサヒヨ (*Opuntia leptocaulis*)《米国南西部およびメキシコ産のサボテン科の緑黄色の花が咲く多年草》.

Tá·shi Láma [tɑ́ːʃi- | -ʃɪ-] *n.* =Panchen Lama.

Tash·kend [tæʃként, tɑːʃ-, -kénd | tæʃ-] *n.* =Tashkent.

Tash·kent [tæʃként, tɑːʃ- | tæʃ-; *Russ.* taʃkjént] *n.* タシュケント《ソ連邦アジア南西部 Uzbekistan 共和国の首都; 人口 1,733,000》.

Ta·si·an [tɑ́ːsiən | -sɪ-] 〖← *Deir Tasa* (エジプト中部, ナイル東岸にある村の名)〗 — *adj.* (Upper Egypt のバダリ文化 (Badar) より古い, 新石器時代後期の農耕文化である) タサ文化の.

ta·sim·e·ter [təsímətə | -mɪtə(r, -mə-] 〖← Gk *tásis* tension+-METER[1]〗 *n.* 微圧計《微小な変形や圧力を抵抗変化などを利用して電気的に測定する装置》.

tas·i·met·ric [tæ̀səmétrɪk | -sɪ-] *adj.* 微圧測定の, 微圧計上の.

ta·sim·e·try [təsímətri | -mɪtri, -mə-] 〖← Gk *tásis* tension+-METRY〗 *n.* 微圧測定.

task [tǽ(ː)sk | tɑ́ːsk] 〖(c1400) *taske, tasque* □ ONF *tasque*《変形》← OF *tasche* (F *tâche*) □ ML *tasca*《音位転換》← *taxa* 'TAX': cf. Manx〗 — *n.* **1 a** (課せられた)仕事; 職務, 務め (duty): a home ~ 《英》宿題 / set a ~ before oneself 自らに仕事を課する / take a ~ upon oneself 仕事を引き受ける / He has done [performed] his ~. 仕事を済ませた. **b** 《古》宿題 (cf. 1 a). **2** 仕事: be (busy) at one's ~ (忙しく)仕事をしている. **3** 骨折り仕事, 骨折り, 労苦: Answering letters was quite a ~. 返信を書くのはなかなか大変だった. **4** 《廃》租税, 賦課金 (tax, impost). **5** 〖米軍〗(ある部隊に課されたある特定の)任務.
take [*call, bring*] *a person to task* (…のことで)〈人〉の責任を問う, 人をしかる, とがめる 〔*for*〕: I *took* him *to* ~ *for* his carelessness. 彼の不注意をしかってやった.
— *vt.* **1** 〈人〉に仕事を課する. **2** 酷使する, …に無理を強いる (overtax): ~ one's energies 全力を傾ける / Mathematics always ~*s* my brain. 数学ではいつも苦労する / He ~*s* his mind *with* petty details. 細かい事柄で頭を悩ます. **3** 《廃》(…のことで)〈人を〉非難する, とがめる (accuse) 〔*with*〕. **4** 《廃》…に租税[賦課金]をかける.

tásk fòrce *n.* 《米》**1** 〖軍事〗任務部隊, 機動部隊, 支隊《ある特定の作戦任務を遂行するため一指揮官のもとに一時的または半永久的に編成された部隊》. **2** 特別調査委員会, 専門調査団《特定の問題の調査・分析を行なうため組織された専門家たちから成る委員会》.

tásk mànagement *n.* 〖経営〗課業管理 (⇨ Taylor system).

tásk·màster *n.* 仕事を割り当てる人, (工事)監督 (overseer); (特に)厄介な仕事を割り当てる人, 酷使者.

tásk·mistress *n.* 女性の taskmaster.

tásk wàge *n.* 請負賃金 (cf. piecework).

tásk·wòrk 〖(15C)〗 *n.* **1** 割り当て仕事, 強制労働 (forced labor). **2** 不愉快な[いやな]仕事. **3** 《まれ》賃仕事, 請負仕事 (piecework).

Tasm. 《略》Tasmania; Tasmanian.

Tas·man [tǽzmən; *Du.* tásman], **A·bel Jans·zoon** [ɑ́ːbəl jɑ́nsoːn] *n.* タスマン《1602?–59; オランダの航海家; Tasmania, New Zealand, その他太平洋南部の諸島を発見した (1642–43)》.

Tas·ma·ni·a [tæzméɪniə, -njə | -njə, -nɪə] 〖⇨ ↑, -ia[1]〗 — *n.* タスマニア《オーストラリア南東の島で, 付近の島々を合わせてオーストラリア連邦の一州; 人口 390,000, 面積 68,332 km^2, 首都 Hobart; 旧名 Van Diemen's Land》.

Tas·ma·ni·an [tæzméɪniən, -njən | -njən, -nɪən] *adj.* タスマニア (Tasmania) の. — *n.* タスマニア人.

Tasmánian dévil *n.* 〖動物〗タスマニアデビル, フクロクズリ, フクロアナグマ (*Sarcophilus harrisii*)《タスマニア島産の体は黒く, 頭に白斑がある有袋類; ursine dasyure ともいう》.

Tasmanian devil

Tasmánian wólf [tí·ger] *n.* 〖動物〗タスマニアオオカミ, フクロオオカミ (*Thylacinus cynocephalus*)《タスマニア島特産の食肉性の有袋類で背には黒い横縞がある; thylacine, marsupial wolf [tiger] ともいう》.

Tasmanian wolf

Tásman Séa *n.* [the ~] タスマン海《ニュージーランドとオーストラリア南東部との間の海域》.

tass [tǽ(ː)s] 〖(c1483) □ (O)F *tasse* cup □ Arab. *ṭās*, drinking vessel, bowl □ Pers. *tast* cup, goblet: cf. tazza〗 — *n.* 《スコット》**1** (酒の)杯 (cf. tassie). **2** 一杯(の酒), 一口: a ~ of brandy.

Tass, TASS [tǽ(ː)s, tɑ́ːs; *Russ.* tás] 〖《頭字語》← Russ. *T(elegrafnoe) A(gentstvo) S(ovetskovo) S(oyuza)* Telegraph Agency of the Soviet Union〗 — *n.* (ソ連の)タス通信社.

tasse [tǽ(ː)s] 〖□ OF *tasse* purse, pouch □ MHG *tasche* < OHG *tasca* □ ML *tasca* 'TASK, money pouch'〗 — *n.* 〖甲冑〗(鎧の)草摺(くさずり)《15 世紀の鉄板一枚造りのもの; tuile ともいう; cf. tasset》.

tas·sel[1] [tǽsəl, tǽs-, tɔ́(ː)s-, -sl̩ | tǽs-] 〖(a1325) □ OF *tas(s)el* clasp < ? VL **tassellum*《変形》← L *taxillus* small die (dim.) ← *tālus* gaming die; ankle: cf. talus[1]〗 — *n.* **1 a** 房(ふさ); (衣服・帽子・旗・カーテン・座ぶとん・靴紐などの)飾り房, タッセル. **b** 〖建築〗房飾り, 飾り紐. **2** 房状の物; とうもろこし(など)の房毛 (silk). **3** (書物にとじ込んだ)しおり紐, はさみ紐. — *v.* (**tas·seled, -selled; -sel·ing, -sel·ling**) — *vt.* **1** …に房(飾り)を付ける, 房(飾り)で飾る. **2** 房にする. **3** (実りをよくするため)〈とうもろこし〉の毛を取る. — *vi.* 《米》〈とうもろこしなどが〉房を出す 〈*out*〉.

tas·sel[2] [tǽsəl, -sl̩] *n.* 《廃》〖鷹狩〗=tiercel.

tas·sel[3] [tǽsəl, -sl̩] *n.* 〖建築〗=torsel.

tás·seled *adj.* 房(ふさ)のついた, 房飾りのある.

tássel flòwer *n.* 〖植物〗=love-lies-bleeding.

tas·set [tǽsɪt, -sət] 〖□ F *tassette*: ⇨ tasse, -et〗 *n.* 〖甲冑〗草摺(くさずり)《16世紀以後の鎧造りのもの; cf. tasse; ⇨ armor, corselet[1] 挿絵》.

tass·ie [tǽsi | -sɪ] 〖← TASS+-IE 1〗 *n.* 《スコット》小杯 (small cup) (cf. tass 1).

Tas·so [tǽsoʊ, tɑ́ːs- | -səʊ; *It.* tásso], **Tor·qua·to** [tɔəkwɑ́ːtoʊ] *n.* タッソー《1544–95; イタリアの叙事詩人; *Gerusalemme Liberata* (Jerusalem Delivered) (1575)》.

tast·a·ble [téɪstəbl̩] *adj.* =tasteable.

taste [téɪst] 〖v.: (?a1300) *taste(n)* to examine by touch, test, taste □ OF *taster* (F *tâter*) to feel, taste, < VL **tastāre* (freq.) ← L *taxāre* to touch, feel (freq.) ← *tangere*: 一説では VL 形は L *tangere* to touch と *gustāre* to taste との混成? — n.: (?a1300) □ OF *tast* touching ← *taster*〗 — *vt.* **1** 〈飲食物を〉味わう; 味わって[飲んで]みる, 試食[試飲, 毒味]する, …の塩梅(あんばい)をみる: ~ cheese, food, salad, etc. / *Taste* this wine to see if you like it. このぶどう酒がお口に合うか飲んでみて下さい / She ~*d* the soup before adding salt. 塩を入れる前にスープの味加減をみた / He ~*s* teas for Jones & Co. ジョーンズ商会に勤めて紅茶の味利きをしている. **2** [主に否定構文で]〈飲食物を〉(小量)口にする, 食う, 飲む: I have not ~*d* food for two days. 私は二日間何も食べていない. **3** …の味を感じる, の味がわかる, 味わい分ける: I (can) ~ rum in this cake. このケーキはラム酒の味がする / We can ~ nothing when we have a cold. 風邪を引くと味がわからなくなる. **4** (初めて)経験する, 味わう (experience): ~ great sorrow [the joys of freedom] 大きな悲しみ[自由の喜び]を味わう / ~ the fear of death 死の恐怖を経験する / He has ~*d* the sweets and bitters of life. 彼は世の辛酸をなめた. **5** 《方言》感知する, 認知する (perceive). **6** 《古》好む, おもしろく味わう (like, appreciate): He cannot ~ a joke against himself. 自分に対する冗談は好まない. **7** 《廃》**a** …に触れてみる (touch). **b** ためす, 試みる (try, test).
— *vi.* **1 a** 味わう, 味をみる: I cannot ~ nor smell because of a cold. 風邪を引いているので物の味もにおいもわからない. **b** 味がする: White arsenic does not ~. 白砒は味がない. **2** 少し食べる[飲む], 試食[試飲, 毒味]する 〔*of*〕: He ~*d* slyly *of* the wine. そのぶどう酒を少しばかりこっそり飲んだ. **3 a** [補語として形容詞, p.p. 形, *of*-phrase などを伴って]〈飲食物が〉…の味がする, …の風味がある (savor): This food ~*s* good [fine]. この食物はうまい / This milk ~*s* rather sour. この牛乳は少々すっぱい味がする / Good medicine ~*s* bitter to the mouth. 《諺》良薬は口に苦し / The coffee ~*d* burned. コーヒーが焦げ臭い味がした / The tea ~*d of* orange blossom. その茶はオレンジの花の味がした / The wine ~*s like* port. そのぶどう酒はポートワインのような味がする. **b** 〈物が〉(…の)気味がある (smack) 〔*of*〕: His writings ~ *of* the schools. 彼の書く物は学問臭い. **4** (…を)経験する 〔*of*〕: ~ *of* poverty 貧乏の味を知る / ~ *of* danger 危険を経験する / The valiant never ~*s of* death but once. 勇者にとって死の経験はただ一度しかない (Shak., *Caesar* 2.2.33).
— *n.* **1 a** 味覚, 味感; (味覚によって知った)味, 風味 (flavor, gust) 〔*of*〕: a fine ~ *in* wines ぶどう酒類に対する鋭敏な味覚 / It is bitter to the ~. 苦い味がする / A cold dulls one's ~. 風邪を引くと口がまずくなる / It has a sweet [bitter] ~. それは甘い[苦い] / It has a faint ~ *of* onions. かすかにたまねぎの味がする. **b** (貧苦などの)味, 経験 (experience) 〔*of*〕: a ~ *of* adventure [adversity, freedom, triumph] 冒険[逆境, 自由, 勝利]の味 / Give him a ~ *of* the whip. 彼にむちの味を知らせよ / You'll get a ~ *of* it one of these days. 近いうちに君もその味を味わうだろうよ.
2 [通例 a ~] **a** (飲食物の)少量, 一なめ, 一口 (bit, morsel) 〔*of*〕: have a (small) ~ *of* …を(ほんの)一口味わってみる / Won't you have a ~ *of* this brandy? こ

のブランデーを少しやってみませんか. **b** 〔物事の〕気配, 気味 (touch) 〔*of*〕: The cold wind had a ~ *of* snow in it. その冷たい風には雪の気配があった / There was just a ~ *of* sadness in his remarks. 彼の言葉にはどこか寂しいところがあった.

3 a (個人の)好み, 趣味 (liking): a matter of ~ 趣味の問題, 人の好き好き / add sugar *to* ~ 好みに応じて[適宜に]砂糖を入れる (cf. *to a person's* TASTE) / have a ~ *for* music 音楽に趣味をもつ / lose one's ~ *for* books 本を読む興味を失う / She has good ~ *in* dress. 服装の趣味がよい / *Tastes* differ. 《諺》人によって趣味が違う / There is no accounting for ~*s*. 《諺》「蓼(たで)食う虫も好き好き」. **b** (ある時代・社会の)好み, 好尚: The features of his pictures were very much *to* the American ~. 彼の絵の特徴はアメリカ的な好みによく合っていた.

4 (文学・美術などの)鑑賞力, 審美眼: a man *of* refined ~ (文芸などを解する)趣味の洗練された人 / be *out of* ~ 風流を解しない, 雅趣のない / show a cultivated ~ *in* painting 絵に対する鑑賞力を示す.

5 a (装飾・服飾などの)趣, 風情(ふぜい), 品(ひん): Her dress is *in* good [bad] ~. 彼女の服装は上品[下品]だ / The room was furnished *in* very good ~. 部屋の家具は非常に趣味のよいものであった. **b** (言葉遣い・振舞などの)慎重さ, 分別, 品 (delicacy): His jokes are *in* bad ~. 彼の冗談は品がない / It is bad ~ to give such a party. そんなパーティーをやるなんて悪趣味[無分別]だ. **c** (ある芸術家・文化圏の好んで用いる)様式, 流儀 (manner, style): a room decorated *in* the Victorian ~ ビクトリア朝風に装飾された部屋.

6 《廃》**a** 味見, 試食, 試飲. **b** 試み (test).

give** a person **a taste of** one's **quality ⇨ quality 5. ***leave a nasty*** [***bad***] ***taste in the*** [*a person's*] ***mouth*** 〈物事が〉(人に)後味(あとあじ)の悪い思いをさせる: His novels *leave a nasty* ~ *in my mouth*. 彼の小説は何とも後味が悪い. ***to a person's taste*** 人の好みにかなって[かなう(ように)] (cf. *n.* 3 a): She found no ribbons completely *to her* ~. 彼女の好みにぴったり合うリボンが見つからなかった / a mansion constructed *to his* own perfectionist ~ 彼なりの完全主義的好みにかなうように建てられた邸宅 / Every man *to his* ~. 《諺》人それぞれに好みあり. ***to the king's*** [***queen's***] ***taste*** (どんな気むずかしい人の好みにもかなうほど)申し分ない[なく], 完全な[に].

taste·a·ble [téɪstəbl] 〘《15C》〙 *adj.* 味わうことのできる, 賞味できる; 風味のよい, うまい.

táste bùd *n.* 〘解剖・動物〙(舌にある)味蕾(みらい).

taste·ful [téɪstfəl] *adj.* **1** 趣味を解する, 審美眼のある: a ~ artisan. **2** 趣のある, 風雅な, 凝った, 渋い: ~ decorations. **3** =tasty 1. **~·ly** *adv.* **~·ness** *n.*

táste·less *adj.* **1** 味のない (insipid): ~ food. **2** 趣[趣味]のない, 無味乾燥な (dull): a ~ comedy. **3 a** 〈人・物が〉没趣味の, 無風流な, 殺風景な: ~ people, decorations, etc. **b** 悪趣味な, 俗悪な. **4** 《まれ》味覚のない. **~·ly** *adv.* **~·ness** *n.*

táste·màker *n.* 人気[流行]の基準を設定する人.

tást·er 〘ME □ AF *tastour*=OF *tasteur* ← *taster*: ⇨ taste, -er[1]〙 — *n.* **1 a** 味わう人, 味をみる人; (酒・茶などの)味の鑑定者, 味きき(役). **b** (昔の)毒見役. **c** テースター《フェニルチオ尿素 (phenylthiourea) の味がわかる人, つまり味盲(みもう)者でない人》. **2** (酒の味きき用の)鑑定杯, 見本抜き《バターまたはチーズの内部から見本を抜き取るのに用いる長柄のさじ; cf. sampler 3》; 検見器; 味きき用の少量の飲食物. **3** =pipette. **4** =copy-taster. **5** 《英口語》浅いガラス器に盛ったアイスクリーム.

tast·y [téɪsti | -ti] 〘《1617》〙 — *adj.* (**tast·i·er**; **-i·est**) **1** 味のよい, 美味の, 風味のある, おいしい (savory): a ~ pie / ~ black bread おいしい黒パン. **2** 《口語》〈ニュースなど〉すこぶる魅力的な[おもしろい]: a ~ bit of gossip とてもおもしろいゴシップ. **3** 《まれ》趣のある, 風雅な, 上品な; 渋い, 凝った (tasteful). — *n.* [通例 *pl.*] おいしい物 (goody). **tást·i·ly** [-tɪli, -tə- | -tɪli] *adv.* **tást·i·ness** *n.*

tat[1] [tǽt] 〘《逆成》← TATTING〙 *vi., vt.* (**tat·ted**; **tat·ting**) 糸をかがって作る, タッチング (tatting) で作る; 編糸細工をする.

tat[2] [tǽt] 〘擬音語?〙 *n.* 軽打 (tap): ⇨ TIT[3] *for tat.* — *vi., vt.* (**tat·ted**; **tat·ting**) 《方言》軽く触る[触れる, たたく].

tat[3] [tɑ́:t] 〘□ Hindi *ṭāṭ*〙 *n.* 《インド》(黄麻などで作る)粗製ズック.

tat[4] [tǽt, tʌ́t] 〘略〙 =tattoo[3].

tat[5] [tǽt] 〘← ?〙 *n.* [*pl.*] 《俗》(4, 5, 6 の三数だけの)賽(さい); いかさま賽.

TAT 《略》Thematic Apperception Test.

ta-ta [tɑːtɑ́: | tætɑ́:] 〘← ?: もと小児語〙 *int.* 《口語》バイバイ, さよなら (good-bye). — *n.* 《英小児語》散歩 (walk): go for a ~=go ~*s* 散歩に行く.

ta·ta·mi [tɑːtɑ́ːmi, tæ-, tə- | -mi] 〘《1614》□ Jap.〙 *n.* (*pl.* ~, **~s**) 畳.

Ta·tar [tɑ́ːtə | -tə(r; *Russ.* tatár] *n.* タタール《ソ連邦ロシヤ共和国西部の自治共和国; 人口 3,378,000, 面積 68,000 km^2; 首都 Kazan; 公式名 the Tatar Autonomous Soviet Socialist Republic タタール自治ソビエト社会主義共和国》. — *adj.* =Tartar. **Ta·tar·i·an** [tɑːtɛ́(ə)riən | -tɛ́ər-] *adj.* **Ta·tar·ic** [tɑːtǽrɪk] *adj.*

Tátar Stràit *n.* [the ~] 間宮海峡, タタール海峡《樺太 (Sakhalin) とアジア大陸との間の海峡》.

Ta·ta·ry [tɑ́ːtəri | -təri] *n.* =Tartary.

tat·beb [tǽtbeb] 〘□ F ~ □ Egypt. *tebtebti* (two) sandals〙 *n.* (古代エジプト人の用いた)サンダル.

Tate [téɪt], **(John Or·ley** [ɔ́əli | ɔ́:li]**) Allen** *n.* (1899–1979) 米国南部の詩人・批評家.

Tate, Nahum *n.* (1652–1715) 英国の詩人・劇作家; 桂冠詩人 (1692–1715).

Táte Gállery [téɪt-] *n.* [the ~] テート美術館[ギャラリー]《London にある国立美術館の一つで, Constable, Turner などの作品で知られる; 英国の実業家 Sir Henry Tate (1819–99) が私蔵美術品と私財を寄付して設立した》.

ta·ter [téɪtə | -tə(r)] 〘《頭音消失変形》← POTATO: ⇨ -er[1]〙 *n.* 《方言》=potato.

ta·tha·ta [tɑ́tətɑ̀: | -tə-] 〘□ Pali *tathatā* ← *tathā* thus ← Skt〙 *n.* 〘仏教〙=suchness 2.

Ta·ti·an [téɪʃiən, -ʃən | -ʃɪən, -ʃən] *n.* タティアノス《2 世紀後半のシリア生れのキリスト教弁証家; ラテン名 Tatianus [tèɪʃiéɪnəs | -ʃɪ-]; cf. Diatessaron》.

Ta·tia·na [tætjɑ́ːnə; *Russ.* tatjánə] 〘□ Russ. ~ (殉教者の名): 東洋起源〙 *n.* 女性名.

Ta·tius [téɪʃəs] 〘□ L ~〙 — *n.* 〘ローマ伝説〙タティウス《Sabine 人の王; Sabine 人の婦女たちが辱(はずか)しめられたのでローマに進攻するが, のちに和解して Romulus と共同支配を行なう; Titus ともいう》.

Tat·ler [tǽtlə | -lə(r)], **The** 〘《変形》← TATTLER〙 *n.* 英国の文人 Steele が Addison と共に週三回ずつ編集発行した雑誌 (1709–11).

tat·ou·ay [tǽtuèɪ, tɑ̀ːtuɑ́ɪ | -tu-] 〘□ Sp. *tatuay* □ S-Am.-Ind. (Guarani) *tatu-ai* ← *tatu* armadillo + *ai* worthless: その肉が食用にならないため〙 — *n.* 〘動物〙ジュウイチオビアルマジロ (*Cabassous unicinctus*) 《熱帯南米産のアルマジロの一種》.

tat·pur·u·sha [tætpúrəʃə, tʌt-] 〘□ Skt *tatpuruṣa* 《原義》his servant ← *tat-* that one (← *tad-* (neut. demonstrative pron.)) + *puruṣa* man, servant〙 — *n.* 〘サンスクリット文法・言語〙「依主釈(えしゅしゃく)」, 格限定複合語《第一要素の名詞が第二要素の名詞の意味を限定し, 格関係によって結ばれているもの; 例: horserace, racehorse》.

Tá·tra Móuntains [tɑ́ːtrə-] *n. pl.* [the ~] タトラ山脈《チェコ北部とポーランド南部に連なる山脈; Carpathian 山脈中部の最高部》.

tat·ter[1] [tǽtə | -tə(r)] 〘*n.*: 《c1380》□ ON **taturr*: cf. Icel. *tötur* / OE *tætteca* rag. — *v.*: 《c1380》← (*n.*)〙 — *n.* **1** ぼろ, ぼろ切れ (rags): tear to ~*s* ずたずたに裂く[破る]; 〈議論などを〉完膚なきまでに論破する. **2** [*pl.*] ぼろ着物: be *in* ~*s* [*in* rags and ~*s*] 〈衣類が〉破れてぼろぼろになっている; 〈人が〉ぼろを着ている. **3** 《古》=tatterdemalion. **4** =tatterer. — *vt.* ずたずたに裂く, ぼろぼろに破る. — *vi.* ずたずたに裂ける, ぼろぼろになる.

tát·ter[2] [-tə | -tə(r)] 〘← TAT[1] + -ER[1]〙 *n.* タッチング (tatting) をする人.

tat·ter·de·ma·lion [tæ̀tədɪméɪljən, -də-, -mǽl-, -liən | -tədəméɪljən, -dɪ-, -lɪən] 〘← TATTER[1] + *-demalion* (← ?: cf. rapscallion)〙 — *n.* ぼろを着た人: a filthy ~. — *adj.* **1 a** 〈人が〉ぼろを着た; 〈服が〉おんぼろの: a ~ garment. **b** 〈建物など〉おんぼろの: a ~ warehouse. **2** 浅ましい, いかがわしい.

tát·tered 〘ME〙 — *adj.* **1** 〈衣類が〉ぼろぼろの (ragged): ~ garments / a ~ mattress. **2** 〈人が〉ぼろを着た: an aged and ~ man. **3** 〈船・建物などが〉お粗末な, おんぼろの: ~ ships. **4** 粉砕された, 崩壊した (shattered): his ~ army.

tát·ter·er [-tərə | -tərə(r)] *n.* ぼろを集めて歩く人, くず屋 (rag gatherer).

tat·ter·sall [tǽtəsɔ̀:l, -səl, -sl | -tə-] 〘↓: ここで派手な色模様の毛布が馬おおいに使われたのに因む〙 *n.* タターサル《目立つ 2, 3 色の格子縞(じま)のチェック》; タターサル模様の毛織物[プリント地]《tattersall check ともいう》.

Tat·ter·sall's [tǽtəsɔ̀:lz, -səlz, -slz | -tə-] 〘← *Richard Tattersall* (1724–95: その市場の創立者)〙 — *n.* (London の)タターソル馬市場《1766 年創設; cf. corner *n.* 15》: He knows his ~ better than his Greek Testament. (ギリシャ語の新約聖書のような, まじめな)課業をよそに競馬の賭事(かけごと)に夢中になっている.

tat·ter·y [tǽtəri | -təri] *adj.* ぼろぼろの, ぼろぼろに破れた (tattered, ragged): an ill-bound ~ book 装丁の悪いぼろぼろの本.

tat·ting [tǽtɪŋ | -tɪŋ] 〘《1842》← ? 《方言》*tat* to tangle〙 — *n.* 〘服飾〙 **1** タッチング《シャトル (shuttle) に巻き付けた糸で結び目をつくりながら編むレース編みの一種》. **2** タッチングで作ったレース.

tat·tle [tǽtl | -tl] 〘《1481》□ MDu. *tatelen*: cf. MLG *tatelen* to babble, tattle / MDu. *tateren* to stammer 《擬音語》〙 — *vi.* **1** むだ口をきく, ぺちゃくちゃしゃべる (chatter): He ~*d* on. いつまでもむだ口をたたいていた. **2** 〔…の〕告げ口をする, 秘密をしゃべる (tell tales) 〔*on*〕: ~ *on* a friend 友人の告げ口をする. — *vt.* しゃべり散らす, しゃべって漏らす (gossip about): ~ a secret / She ~*d* herself out of breath. しゃべり散らして息が切れた. — *n.* **1** むだ口, おしゃべり (cf. tittle-tattle). **2** 告げ口 (talebearing).

tát·tler [-tlə, -tlə | -tlə(r, -tlə(r)] 〘《1550》〙 — *n.* **1** おしゃべり, むだ口をきく人; 金棒引き (telltale). **2** 〘鳥類〙キアシシギ《海辺にすむ, 細い脚の, 大きな声でよく鳴く鳥の総称; ハジロシギ (willet) など》: ⇨ wandering tattler. **3** 《俗》目覚まし時計. **4** 〘魚類〙西インド諸島産スズキ科の小型の魚 (*Prionodes phoebe*).

táttle·tàle 〘⇨ tattle, tale[1]〙 *n.* (子供の間で)おしゃべり, 告げ口屋 (informer). — *attrib. adj.* 秘密を洩らす (telltale), (真相を)暴露する (revealing).

táttletale gráy *n.* 灰色がかった白, オフホワイト.

tát·tling·ly [-tlɪŋli, -tl- | -tlɪŋli -tl-] *adv.* むだ口をたたいて, ぺちゃくちゃと.

tat·too[1] [tætúː | tə-, tæ-] 〘《18C》《変形》← 《1644》*taptoo* □ Du. *taptoe* ← *Tap toe!* (酒場を閉店にするときの合図) ← *tap* the tap (of a cask) + *toe* to (i.e., closed, shut)〙 — *n.* (*pl.* **~s**) **1** 帰営らっぱ[太鼓] (cf. taps 1): beat [sound] the ~ 帰営太鼓[らっぱ]をたたく[吹く]. **2** 太鼓の音; どんどんたたく音: a loud ~ on the door どんどんと戸をたたく音 / beat a ~ on the table テーブルをこつこつたたく. **3** 《英》(夜間の催しとして野外で行なわれる隊員の)軍楽行進《たいまつを使うので torchlight tattoo ともいう》.

beat the devil's tattoo ⇨ devil's tattoo.

— *vt.* 〈太鼓などを〉たたく, こつこつ[とんとん]たたく. — *vi.* こつこつ[とんとん]たたく: ~ *on* the door.

tat·too[2] [tætúː | tə-, tæ-] 〘《1769》*tattow* □ Tahitian *tatau*〙 — *n.* (*pl.* **~s**) 入れ墨をすること; 文身. — *vt.* …に入れ墨をする, …の入れ墨をする: ~ the skin / ~ a flower on one's arm 腕に花の入れ墨をする / He was ~*ed with* an elaborate pattern round the wrists. 手首の回りに精巧な模様が入れ墨してあった.

tat·too[3] [tǽtuː, tʌ́t-] 〘□ Hindi *ṭaṭṭū* □ Skt *tarati* he passes over〙 *n.* (*pl.* **~s**) (インド産の)小馬 (pony).

tat·tóo·er *n.* 入れ墨師.

tat·too·ist [tætúːɪst, -əst | tətúːɪst, tæ-] *n.* =tattooer.

tat·ty[1] [tǽti | -ti] 〘□ Hindi *ṭaṭṭī* wicker frame ← ? Skt *tantra* 'thread, TANTRA'〙 — *n.* 《インド》むしろすだれの一種《芳香のある khuskhus の根で作ったもの; インドで涼を取るためぬらして戸口や窓に掛ける》.

tat·ty[2] [tǽti | -ti] 〘← ? OE *tætteca* rag: cf. tatter[1]〙 — *adj.* **1** 《英俗》凝り過ぎた, 念の入り過ぎた (fussy). **2** 安っぽい, 下等な (inferior): a ~ carpet. **3** 《スコット》〈毛が〉もつれた, かみ合った (matted); 〈動物・皮膚が〉毛むくじゃらの (shaggy). **4** 《口語》ぼろを着た, みすぼらしい (shabby).

Ta·tum [téɪtəm | -təm], **Edward Law·rie** [lɔ́:ri | -ri] *n.* (1909–75) 米国の生化学者; Nobel 医学生理学賞 (1958).

Ta·tung [tɑ̀ːtúŋ; *Chin.* tàtʻúŋ] *n.* 大同《中国山西省 (Shansi) 北部の都市; 付近に雲崗(うんこう)石窟がある》.

tau [táu, tɔ́: | táu] 〘《a1325》□ Gk *taû* □ Heb. *tāw* 《原義》sign, mark (ヘブライ文字の最後の字)〙 — *n.* **1** タウ《ギリシャ語アルファベット 24 字中の第 19 字; *T, τ* (ローマ字の T, t に当たる); ⇨ alphabet 表》. **2** T 字形, T 印, T 十字: tau cross. **3** T 字形の模様のある魚[蛾]. **4** =taw[3].

Tauch·nitz [táuknɪts; *G.* táuxnɪts] 〘← *Christian Bernard von Tauchnitz* (1816–95: その出版者)〙 — *n.* タウフニッツ英米作家双書本《ドイツ Leipzig 市の Tauchnitz 書店が 1841 年以来出版の廉価な双書本》: a ~ edition タウフニッツ版.

táu cròss *n.* T 形の十字 (St. Anthony's cross) (⇨ cross[1] 挿絵).

taught 〘OE *tǣhte* (pret.), **(ge)tǣht* (p.p.)〙 *v.* teach の過去形・過去分詞.

taunt[1] [tɔ́:nt, tɑ́:nt | tɔ́:nt] 〘《1513》□ ? F *tant-er* 《変形》← *tenter* < OF *tempter* 'to TEMPT': cf. F *tant* (*pour tant*) so much for so much〙 — *vt.* **1** (皮肉にまたは罵(ののし)って)なじる, 詰責する (reproach); 〔…だと言って〕あざける, なぶる 〔*for, with*〕: ~ a person *with* cowardice [being a coward] 卑怯だと言って人をあざける. **2** あざけって〔ある動作を〕させる 〔*into*〕: We ~*ed* him *into* losing his temper. 彼をあざけったのでとうとう怒った. — *n.* **1** 痛烈な皮肉, あざ笑い (jeer, gibe). **2** 《古》物笑いの種: He became the ~ *to* his neighbors. 彼は近所の人の物笑いになった. **~·er** [-tə | -tə(r)] *n.* **~·ing·ly** [-tɪŋli | -tɪŋlɪ] *adv.*

taunt[2] [tɔ́:nt, tɑ́:nt | tɔ́:nt] 〘《c1529》《頭音消失》? ← ATAUNT〙 〘海事〙 *adj.* 〈マストが〉(非常に)高く整備のよい. — *adv.* 全装帆で, 本格的な帆装で.

Taun·ton [tɔ́:ntn, tɑ́:n-, tǽn- | tɔ́:n-] 〘OE *Tantun* 《原義》'village on the river *Tone* (← Welsh *tan* fire)': ⇨ -ton〙 — *n.* **1** 米国 Massachusetts 州南東部の都市; 人口 44,000. **2** イングランド Somerset 州の首都; 人口 84,000.

táu pàrticle *n.* 〘物理〙タウ (τ) 粒子《荷電をもち, 質量 1.81 GeV/c^2 の不安定な軽粒子の一つ; 通例 τ-particle と書く; 記号 τ》.

taupe [tóup | tə́up] 〘□ F ~ < L *talpam* mole〙 *n.* 暗灰色.

taur- [tɔ:r] (母音の前に来る時の) tauro- の異形.

tau·ri- [tɔ́:ri, -rə | -ri] tauro- の異形 (⇨ -i-).

Tau·ri [tɔ́:raɪ] 〘□ L ~ □ Gk *Taûroi*〙 *n. pl.* タウロイ《Crimea 半島南部に住んだ古代民族》.

tau·ri·form [tɔ́:rəfɔ̀əm | -rɪfɔ̀:m] *adj.* 雄牛の形をした, 雄牛の頭[角]の形をした.

tau·rine[1] [tɔ́:raɪn, -rɪn, -rən | -raɪn, -rɪn] 〘□ L *taurinus* pertaining to a bull: ⇨ Taurus, -ine[1]〙 — *adj.* **1** 雄牛の(ような); 牛類の (bovine). **2** 〘占星〙金牛宮 (Taurus) の.

tau·rine[2] [tɔ́:riːn, -rɪn, -rən | -riːn, -rɪn] 〘← TAURO- + -INE[3]: 牛の胆汁中に発見されたことから〙 — *n.*

〘生化学〙タウリン ($H_2NCH_2CH_2SO_3H$)《動物の胆汁中に含まれているアミノエチルスルフォン酸》. 「名」.

Tau·ris [tɔ́:rɪs, -rəs | -rɪs] *n.* タウリス《Tabriz の古

tau·ro- [tɔ́:ro(ʊ) | -rə(ʊ)] 〚← LL *taur-us* ∥ Gk *taûros* bull〛 ━「雄牛 (bull); 雄牛の(ような) (taurine)」の意の連結形: *tauro*bolium. ★ 時に tauri-, また母音の前では通例 taur- になる.

tau·ro·bo·li·um [tɔ̀:rəbóʊliəm | -bɔ́ʊliəm, -ljəm] 〚▭LL ～▭Gk *taurobólion* ← *taûros* bull＋*-bolion* ← *bállein* to throw〛 ━ *n.* (*pl.* **-li·a** [-liə | -lɪə, -ljə]) **1** (古代地中海沿岸地方での)雄牛犠牲《Mithra 神または Cybele 神信仰の儀式で, 雄牛を殺し, 新改宗者にその血で洗礼を施した》. **2** 〘美術〙(Mithra 神信仰の)雄牛犠牲の図[描写].

tau·ro·chól·ic ácid [tɔ̀:rəkóʊlɪk-, -kál- | -kɔ́ʊl-, -kɔ́l-] 〚*taurochoic*: ⇨ tauro-, cholic〛 ━ *n.* 〘化学〙タウロコール酸 ($(HO)_2C_{23}H_{36}CONHCH_2CH_2SO_3H$)《複合胆汁酸の一種》.

tau·rom·a·chy [tɔ:rɑ́məki | -rɔ́məki] 〚《1846》▭Sp. *tauromaquia* ▭Gk *tauromakhía*: ⇨↓, -machy〛 *n.* 《古》闘牛 (bullfighting); 闘牛術.

Tau·rus [tɔ́:rəs] 〚▭L ～ 'bull': cf. Gk *taûros* bull〛 ━ *n.* **1** 〘天文〙おうし(牡牛)座《北天の星座; the Bull ともいう》. **2** 〘占星〙 **a** 牡牛座, 金牛宮《黄道 12 宮の第 2 宮; the Bull ともいう; cf. zodiac》. **b** 牡牛座生まれの人.

Táu·rus Móuntains [tɔ́:rəs-] *n. pl.* [the ～] トロス山脈《小アジア南部の山脈(最高峰 3,724 m)》.

tau-sa·ghyz [táʊsəgì:z] 〚▭Russ. *tau-sagyz* ▭Turk. *tau-sagïz* ← *tau* mountain＋East Turk. *sagïz* rubber〛 ━ *n.* 〘植物〙キクギフタナミソウ属の植物 (*Scorzonera tau-saghyz*)《根にゴム質を含み, ソ連邦中央アジアで栽培される》. 「米国の経済学者.

Taus·sig [táʊsɪg], **Frank William** *n.* (1859–1940)

taut[1] [tɔ́:t] 〚《17C》*taught, tought* ← 《c1325》*togt, toht* tight (p.p.) ← *togen, towen* 'to pull, TOW[1]'〛 ━ *adj.* (～·**er**; ～·**est**) **1** 〈索·帆など〉ぴんと張られた: a ～ rope. **2** 〈筋肉·神経など〉緊張した, 張りつめた (tense): ～ nerves / His voice was ～ *with* tension. 彼の声は緊張で張りつめていた. **3** きちんとした, 整然とした; 〈人が〉身なりの整った (neat): a ～ ship (乗組員の訓練が行き届いた)整然とした船 / a ～ story 構成の緊密な物語 / She looked ～ and trim. さっぱりときれいに見えた. **4** 厳格な (rigorous), 厳しい (severe): a ～ hand 厳格な士官; やかまし屋.
set taut 〘海事〙〈索·帆を〉ぴんと張る, たぐり込む《ロープを引くために前もって緩み分をたぐり込む》: They *set* the shrouds ～. 横静(ぼう)索をぴんと張った.
～·**ly** *adv.* ～·**ness** *n.*

taut[2] [tɔ́:t, tɑ́:t] 〚← ?〛 *vt.* 《スコット》〈髪·羊毛などを〉もつれさせる (tangle).

Taut [táʊt; G. táʊt], **Bruno** *n.* タウト《1884–1938; ドイツの建築家》.

taut. 《略》tautological; tautology.

taut- [tɔ:t] (母音の前に来る時の) tauto- の異形.

taut·en [tɔ́:tn̩] 〚⇨ taut[1], -en[1]〛 *vt.* ぴんと張る; 緊張させる. ━ *vi.* ぴんと張る; 緊張する.

tau·to- [tɔ́:ṭo(ʊ) | -tə(ʊ)] 〚← Gk *tauto-, tautó* ← *tò autó* the same: cf. tautology〛 ━「同じ (same)」の意の連結形: *tauto*chrone. ★ 母音の前では通例 taut- になる.

tau·to·chrone [tɔ́:ṭəkròʊn | -krəʊn] 〚▭F ～: ⇨↑, chrono-〛 ━ *n.* 〘数学〙等時曲線《重力の場で質点がある曲線に沿って動くとき, どこから出発しても一定点に到達するのに必要な時間が同じであるような曲線》. 「等時性.

tau·toch·ro·nism [tɔ:tɑ́krənìzm̩ | -tɔ́k-] *n.* 〘数学〙

tau·toch·ro·nous [tɔ:tɑ́krənəs | -tɔ́k-] *adj.* 〘数学〙等時性の: the ～ curve 等時性曲線.

tau·tog [tɔ́:tɔ(:)g, -tɑg, ─ ⊥ | tɔ́:tɔg, ─ ⊥] 〚▭N-Am.-Ind. (Narraganset) *tautauog* (pl.) ← *taut, tautau* sheep-sheads〛 ━ *n.* 〘魚類〙米国北大西洋岸産ベラ科の食用魚 (*Tautoga onitis*). 「tautological.

tau·to·log·ic [tɔ̀:ṭəlɑ́dʒɪk, -ṭl̩- | -təlɔ́dʒ-, -ṭl̩-] *adj.* ＝

tau·to·log·i·cal [tɔ̀:ṭəlɑ́dʒɪkəl, -ṭl̩-, -dʒə- | -təlɔ́dʒɪ-, -ṭl̩-] *adj.* 同義語[類語]反復の. ～·**ly** *adv.*

tau·tól·o·gism [-dʒɪzm̩] *n.* 《まれ》同義語[類語]の反復使用; 同義語[類語]反復の例.

tau·tól·o·gist [-dʒɪst, -dʒəst | -dʒɪst] *n.* 同義語[類語]の反復をする人.

tau·tol·o·gize [tɔ:tɑ́lədʒàɪz | -tɔ́l-] *vi.* 同義語[類語]を繰り返す, 重複して述べる.

tau·tol·o·gous [tɔ:tɑ́ləgəs | -tɔ́l-] 〚《1714》〛 *adj.* **1** ＝tautological. **2** 〘哲学〙＝analytic 5. ～·**ly** *adv.*

tau·tol·o·gy [tɔ:tɑ́lədʒi | -tɔ́lədʒɪ] 〚《1579》▭LL *tautologia* ▭Gk *tautologia*: ⇨ tauto-, -logy〛 ━ *n.* **1** 〘修辞〙同義語[類語]反復《例: the modern university of today における modern と of today; pleonasm ともいう; cf. periphrasis 1》. **2** 〘論理〙同語反復, トートロジー《自己同一性「A は A である」のように形式的には真であるが実質的には無内容な命題》; 恒真式《命題論理で真理関数的に真である式; ↔ contradiction》. **3** 類語反復的な陳述. **4** (動作·経験の)反復.

tau·to·mer [tɔ́:ṭəmə | -təmə(r)] 〚← TAUTO-＋-MER〛 *n.* 〘化学〙互変異性体. 「の.

tau·to·mer·ic [tɔ̀:ṭəmérɪk | -tə-] *adj.* 〘化学〙互変体

tau·tom·er·ism [tɔ:tɑ́mərìzm̩ | -tɔ́m-] *n.* 〘化学〙互変異性《ある化合物が容易に相互に変化し得る異性体として存在する現象; それぞれの異性体を互変異性体 (tautomer) という》.

tau·tom·er·i·za·tion [tɔ:tɑ̀mərɪzéɪʃən, -rə- | -tɔ̀məraɪ-, -rɪ-] 〚⇨↓, -ation〛 *n.* 〘化学〙互変異性化.

tau·tom·er·ize [tɔ:tɑ́mərɑ̀ɪz | -tɔ́m-] 〚⇨ tautomer, -ize〛〘化学〙*vi., vt.* 互変異性化する[させる].

tau·to·nym [tɔ́:ṭənìm, -tn̩- | -tən-] 〚▭Gk *tautṓnumos* of same name ← TAUTO-＋*ónuma, ónoma* 'NAME'〛 ━ *n.* 〘生物〙 **1** 反復名《属名と種名とが同一の学名; *Cygnus cygnus* (オオハクチョウ)のように動物学では正式の学名となるが, 植物学では禁止されている; cf. tautonymy》. **2** 3 語から成る学名で, 主要な変種を示すのに種名を反復したもの. **tau·to·nym·ic** [tɔ̀:ṭənímɪk | -tə-] *adj.*

tau·ton·y·my [tɔ:tɑ́nəmi | -tɔ́nɪmɪ] *n.* 〘生物〙反復名《属名と種名とが同一語である場合をいう; 動物学では正式の学名として認められるが, 植物学では国際命名規約で禁じられている; cf. tautonym 1》. **tau·tón·y·mous** [-məs] *adj.* 「同音反復の.

tau·to·phon·i·cal [tɔ̀:ṭəfɑ́nɪkəl, -nə- | -təfɔ́nɪ-] *adj.*

tau·toph·o·ny [tɔ:tɑ́fəni | -tɔ́fənɪ] *n.* 同音反復.

tau·to·syl·lab·ic [tɔ́:ṭo(ʊ)sɪlǽbɪk, -sə- | -tə(ʊ)sɪ-] *adj.* 同一音節に属する, 同音節の.

tav [tɑ́:f, tɑ́:v] *n.* ＝taw[3].

T.-à-v. 《略》*F.* Tout-à-vous.

tav·ern [tǽvən | -vən, -və:n] 〚《c1300》▭(O)F *taverne* ＜L *taberna* hut, booth, tavern 《異化》? ← **traberna* ← *trabs* beam, roof: cf. tabernacle〛《文語》━ *n.* **1** 居酒屋. **2** 宿屋, 旅籠(はたご) (inn). ━ *vi.* 居酒屋に出入りする.

táv·ern·er [-vənə, -və- | -vənə(r)] 〚《?c1300》▭AF *taverner* ＝(O)F *tavernier* ▭L *tabernārius*: ⇨↑, -er[1]〛 ━ *n.* **1** 《古》居酒屋[宿屋]の主人. **2** 《廃》居酒屋の常連.

Tav·er·ner [tǽvənə, -və- | -vənə(r)], **John** *n.* (1490?–1545) 英国の作曲家. 「型テーブル.

távern tàble *n.* (18 世紀ごろ使われた)居酒屋の小

taw[1] [tɔ́:] 〚《1709》← ?〛 ━ *n.* **1 a** はじき石[玉]. **b** はじき石遊び (ringtaw). **2 a** (おはじき遊びの)はじき出し線. **b** (競技の)出発点. **3** (大きいしまなどのある)おはじき(石). **4** (スクエアダンスの)パートナー. **5** 賭け金 (stake).
come [bring] to taw (競技の)出発点に立つ[立たせる].
━ *vi.* はじき石を投げる.

taw[2] [tɔ́:] 〚OE *tawian* to prepare, dress (some raw material) for use ＜ Gmc **tawōjan, *tawjan* to do, make, prepare (Du. *touwen*): cf. tool〛 ━ *vt.* **1** 明礬(みょうばん)なめしをする, 白なめしをする. **2** 《古》〈原料品を〉仮処理する (dress). **3** 《古》打つ (beat). ～·**er** *n.*

taw[3] [tɑ́:f, tɔ́:f, tɑ́:v, tɔ́:v] 〚⇨ tau〛 *n.* タウ《ヘブライ語アルファベット 22 字中の第 22 字: ת (ローマ字の T に当たる); ⇨ alphabet 表》.

taw·dry [tɔ́:dri, tɑ́:d- | tɔ́:drɪ] 〚《1612》《略》← *tawdry lace. tawdry*: 《異分析》← *St. Audrey* [sənt ɔ́:dri] 《転訛》← ETHELDREDA: (St. Audrey は Ely Cathedral の patron saint で, その祭日に Isle of Ely の市で安ぴかのレースの首巻きが売られたことから)〛 ━ *n.* 安ぴか物. ━ *adj.* (**taw·dri·er**; **-dri·est**) 〈宝石·衣装など〉けばけばしい, いやに派手な, 安ぴかの (gaudy): a ～ necklace / ～ clothes. **táw·dri·ly** [-drəli | -drəlɪ, -drɪ] *adv.* **táw·dri·ness** *n.* 「tractable.

taw·ie [tɔ́:i | -ɪ] 〚← TAW[2]＋-IE〛 *adj.* 《スコット》＝

táw·lìne *n.* ＝taw[1] 2. 「**est**) ＝tawny.

taw·ney [tɔ́:ni, tɑ́:ni | tɔ́:nɪ] *adj., n.* (**taw·ni·er**; **-ni-**

Taw·ney [tɔ́:ni | -nɪ], **Richard Henry** *n.* (1880–1962) 英国の経済史家.

taw·ny [tɔ́:ni, tɑ́:ni | tɔ́:nɪ] 〚《c1378》▭AF *taune* ∥ OF *tané* (F *tanné*) (p.p.) ← *tanner* 'to TAN'〛 ━ *adj.* (**taw·ni·er**; **-ni·est**) 黄褐色の: a ～ lion / a ～ complexion 黄褐色の顔色. ━ *n.* **1** 黄褐色. **2** 黄褐色の布[衣服]. **táw·ni·ly** [-nɪli, -nəli, -nḷi | -nɪlɪ, -nḷɪ] *adv.* **táw·ni·ness** *n.*

táwny éagle *n.* 〘鳥類〙ソウゲンワシ (*Aquila rapax*)《アフリカ·中央アジアのサバンナやステップにすむ》.

táwny òwl *n.* 〘鳥類〙モリフクロウ (*Strix aluco*)《ヨーロッパや北米の林などにすむ夜行性の鳥》.

táwny pórt *n.* トーニーポート《数種のビンテージ (vintage) を混合した褐色のポートワイン》.

taw·pie [tɔ́:pi | -pɪ] 〚← Scand. (cf. Norw. *tåpe* simpleton): ⇨ -ie〛 (*also* **taw·py** [～]) 《スコット》━ *n.* ばか[無思慮]な娘[女]: an idle ～ おひきずり. ━ *adj.* 《まれ》〈娘·女が〉ばかな, 軽率な.

taws [tɔ́:z] 〚《1513》(pl.) ← 《廃》*taw* tawed leather, thong: cf. taw[2]〛 (*also* **tawse** [～]) 《スコット》━ *n.* (*pl.* ～) **1** こまを回すための鞭(むち), 皮紐(ひも). **2** (学校や家庭で子供を懲らしめるのに用いる先の分かれた)皮紐, 鞭. ━ *vt.* 皮鞭で打つ (whip).

tax [tǽks] 〚《c1300》▭(O)F *tax-er* ▭L *taxāre* to estimate, compute, censure, ML to impose a tax (freq.) ← *tangere* to touch: ⇨ tangent〛 ━ *n.* **1** 税, 租税, 税金 (duty): lay [levy] a ～ *on* beer ビールに税をかける / pay ($100 in) one's ～*es* 税金(として 100 ドル)を支払う / an additional ～ 付加税 / the interest-equalization ～ 利子平衡税 / national [local] ～*es* 国[地方]税 (cf. rates[1] 3 b) / the business ～ 営業税 / the land ～ 地租 / ～ reform 税制改革 / ⇨ direct tax, income tax, indirect tax, inheritance tax, single tax / free of ～ 無税で[の], 免税で[の]. **2** [a ～] 〔…への〕重荷, 負担, 酷な要求 (strain, burden) 〔*on, upon*〕: a ～ *on* the brain 頭脳の負担 / a heavy ～ *upon* a person's health 人の健康にさわるような無理な仕事 / It will be a great ～ *upon* his time, energy, and attention. それは彼に多大の時間と精力と注意力を要求することだろう. **3** 《米》会費, 分担金.
after tax 税引きで, 手取りで (cf. aftertax): the price *after* ～ 税引値段 / one's income *after* ～ 手取り収入.
before tax 税込みで, 税引き前で (cf. beforetax).
━ *vt.* **1** 〈人·物品〉に税を課する, 課税する: ～ sugar 砂糖に税をかける / ～ the rich heavily 金持に重税を課す. **2 a** …に重荷[負担]を負わせる: We will not ～ the patience of the reader. 読者に無理やりに辛抱してもらうことはしまい. **b** 〈知恵を〉絞る: ～ one's ingenuity 工夫を凝らす. **3** 〈人を〉〔…のかどで〕非難する, 責める (censure) 〔*with*〕: I do not mean to ～ her *with* falsehood. 彼女がうそをいったとして責めるつもりはない. **4** 〘法律〙〈訴訟費用を〉査定する: These costs on both sides were ～*ed*. 当事者双方の訴訟費用が査定された. **5** 《米口語》〈代金を〉〈人〉に請求する: What will you ～ me *for* this? これはいくらですか. **6** 《廃》〈名前を〉調査登録する.
～·**er** *n.*

tax- [tæks] (母音の前に来る時の) taxo- の異形.

taxa 〘*etyma*—*etymon* からの類推〙 *n.* taxon の複数形.

tax·a·ble [tǽksəbl̩] 〚《15C》▭AF ～ ← *taxer* 'to TAX': ⇨ -able〛 ━ *adj.* **1 a** 課税することができる, 有税の: ～ articles 課税品. **b** 税算定の基礎となる: the ～ year 納税年. **2** 〘法律〙(訴訟当事者に対して裁判所が訴訟費用として法的に)当然請求できる: ～ costs. ━ *n.* [通例 *pl.*] 課税対象者[物]. ～·**ness** *n.* **táx·a·bly** *adv.* **tax·a·bil·i·ty** [tæ̀ksəbíləṭi | -lətɪ, -lɪ-] *n.*

Tax·a·ce·ae [tækséɪsiì:] 〚← NL ～: ⇨ taxus, -aceae〛 *n. pl.* 〘植物〙イチイ科. **tax·á·ceous** [-ʃəs] *adj.*

tax·a·tion [tækséɪʃən] 〚《c1325》▭AF *taxacioun* ∥ (O)F *taxation* ▭L *taxātiō(n-)*: ⇨ tax, -ation〛 ━ *n.* **1** 課税, 徴税: progressive ～ 累進課税 / heavy ～ 重税 / a ～ system 税制 / exempt from ～ 免税の / be subject to ～ 課税される. **2** 租税(額). **3** 租税収入, 税収. **4** 〘法律〙訴訟費用査定.
taxation of land values 〘経済〙土地単一課税《社会公正のため土地のみに課税せよとの主張; 米国では Henry George が主張; cf. single tax》.

tax·á·tion·al [-ʃənḷ, -ʃnəl] *adj.* 課税の, 課税に関する.

táx collèctor *n.* 収税吏.

táx crèdit *n.* 〘税法〙税額控除《納入済み税額を別個の賦課税額から控除すること》.

táx dày *n.* 納税期日.

táx-dedùctible *adj.* 所得控除できる.

táx dedùction *n.* 所得控除(額).

táx dòdger *n.* 《口語》脱税者.

táx dùplicate *n.* 〘税法〙 **1** (税務署提出用)不動産評価証明書. **2** 税務簿本《税額決定の際の基礎資料》.

táxed cárt *n.* (昔の)免税荷馬車《英国でかつて農夫·商人が使っていた二輪一頭立て荷馬車; 最初は軽い税が課せられたが後には無税になった》.

tax·eme [tǽksi:m] 〚← TAXO-＋-EME〛 ━ *n.* 〘文法〙文法特性素《語順·語類選択·抑揚·音声変化など文法的配列の単位; Bloomfield の用語》. **tax·e·mic** [tæksí:mɪk] *adj.*

taxes *n.* taxis の複数形.

-taxes -taxis の複数形.

táx evàsion *n.* (虚偽の申告による)脱税.

táx-exémpt *adj.* **1** 非課税の, 免税の, 税金のかからない: ～ institutions 非課税の公共施設. **2** 〈債券など〉利子に所得税のかからない: ～ bonds.

táx èxile [expàtriate] *n.* 税金逃れに国外へ脱出する人.

táx-fàrmer *n.* 徴税[納税請負]請負人.

táx-fìxing *n.* 税の闇(やみ)交渉.

táx-frée *adj.* ＝tax-exempt.

táx-gàtherer *n.* 《古》＝tax collector.

tax·i [tǽksi | -sɪ] 〚《1907》《略》← TAXICAB〛 ━ *n.* (*pl.* ～**s**, ～**es**) **1** タクシー: go *by* ～ / take a ～ タクシーに乗る. **2** ＝taximeter. **3** ＝taxiplane. ━ *v.* (～**ed**; **tax·i·ing, tax·y·ing**; ～**s**, ～**es**) ━ *vi.* **1** タクシーで行く[に乗る]. **2** 〈飛行機が〉地上[水上]を自らの動力で移動する, タキシングする; 〈パイロットが〉飛行機をタキシングさせる: The plane ～*ed* to a halt. 飛行機は滑走して止まった. ━ *vt.* **1** タクシーで運ぶ, タクシーに乗せる. **2** 〈飛行機を〉(駐機場から滑走路へ[滑走路から駐機場へ]自力で)滑走させる, タキシングさせる.

tax·i- [tǽksɪ, -sə | -sɪ] taxo- の異形 (⇨ -i-).

táxi·càb 〚《略》← *taximeter cab*〛 *n.* ＝taxi 1.

táxi dàncer 〚TAXI のように短時間雇われることから〛 *n.* (ダンスホールで時間ぎめの)職業ダンサー.

tax·i·der·mal [tæ̀ksɪdə́:məl, -sə- | -sɪdə́:-] *adj.* ＝taxidermic. 「製(せい)術の.

tax·i·der·mic [tæ̀ksɪdə́:mɪk, -sə- | -sɪdə́:-] *adj.* 剝

tax·i·der·mist [tǽksɪdə̀:mɪst, -sə-, -məst | tǽksɪdə:mɪst, ─ ─ ⊥ ─, tæksídəmɪst] 〚《1828》〛 *n.* 剝製(せい)師.

tax·i·der·my [tǽksɪdə̀:mi, -sə- | -sɪdə̀:mɪ] 〚《1820》← TAXO-＋-DERM＋-Y[1]〛 *n.* 剝製(せい)術.

táxi drìver *n.* タクシー運転手.

Tax·i·la [tǽksələ | -sɪ-] *n.* タキシラ《パキスタン Rawalpindi 北西の都市遺跡; 紀元前 7 世紀頃から紀元 7 世紀頃までにこの地に四つの市が興亡を繰り返した; 多数の仏教寺院跡がある》.

táxi·man [-mən] *n.* (*pl.* **-men** [-mən]) =taxi driver.

táxi·mèter 〖《1898》□ F *taximètre* ← *taxe* 'charge, TAX'+-*mètre* '-METER[1]': cf. G *Taxameter*〗 *n.* (タクシーなどに取り付ける)料金計, メーター.

tax·ine [tǽksiːn, -sɪn, -sən | -siːn, -sɪn] 〖←(N)L *taxus* yew+-INE[3]〗 — *n.* 〖化学〗 タキシン ($C_{37}H_{51}NO_{10}$) 《イチイの葉に含まれる淡黄色鱗状結晶; アルカロイドの一種; 有毒》. **~·ly** *adv.*

táx·ing *adj.* 重荷になる, 厄介な (onerous): a ~ job.

táxing-máster *n.* 《英》 訴訟費用を課する役人.

táxi·plàne *n.* 空のタクシー《賃貸しの軽飛行機》.

táxi rànk *n.* 《英》 =cab rank 1.

tax·is [tǽksɪs, -səs | -sɪs] 〖《1727-41》□ Gk *táxis* arrangement, order ← *tássein* to arrange〗 — *n.* (*pl.* **tax·es** [-siːz]) **1** 〖外科〗 (ヘルニアなどの)整復法[術], 還納術. **2** 〖生物〗 走性, 趨性(すうせい)《外部からの刺激に反応して起こした運動のうち, 方向性が認められるもの; cf. kinesis》. **3** 〖文法・修辞〗 配列, 順序: ⇨ hypotaxis, parataxis. **4** (古代ギリシャの)軍隊の区分, 分隊. **5** 〖建築〗 (建造物の)全体の目的に応じて各部分を配置すること.

-tax·is [-tǽksɪs, -səs | -sɪs] 〖← NL ~ ← Gk *táxis* (↑)〗 — (*pl.* **-tax·es** [-siːz]) 次の意味を表わす名詞連結形: **1** 「配列 (arrangement)」: hypo*taxis*, para*taxis*. **2** 「走性 (taxis)」: chemo*taxis*.

táxi squàd *n.* 〖アメリカンフットボール〗 練習用チーム.

táxi stànd *n.* 《米》 タクシー乗り場 (《英》 cab rank).

táxi strìp 〖⇨ strip[2]〗 *n.* 〖航空〗 =taxiway.

tax·ite [tǽksaɪt] 〖□ G *Taxit*: ⇨ taxo-, -ite[1]〗 *n.* 〖岩石〗 タクサイト《破砕状の外観を呈する火山岩》. **tax·it·ic** [tæksítɪk | -tɪk] *adj.*

táxi tràck *n.* 《英》〖航空〗 =taxiway.

táxi·wày *n.* 〖航空〗 (飛行場の)誘導路.

táx·less *adj.* 無税の, 免税の. **~·ly** *adv.* **~·ness** *n.*

tax·o- [tǽkso(ʊ) | -sə(ʊ)] 〖← Gk *táxis* 'TAXIS'〗 「配列 (arrangement)」の意の連結形. ★ 時に taxi-, また母音の前では通例 tax- になる.

Tax·o·di·a·ce·ae [tæksòʊdiéɪsiiː | -sàʊdɪ-] 〖← NL ~ ← *Taxodium* (属名: ⇨ taxus, -ode[1])+-ACEAE〗 *n.* 〖植物〗 スギ科. **tax·ò·di·á·ceous** [-ʃəs] *adj.*

tax·ol·o·gy [tæksάlədʒi | -sɔ́lədʒɪ] 〖← TAXO-+-LOGY〗 *n.* =taxonomy 1.

tax·on [tǽksɑn | -sɔn] 〖《逆成》← TAXONOMY: ETYMON と類推〗 — *n.* (*pl.* **tax·a** [-sə]) 〖生物〗 分類単位, 分類群, タクソン《生物分類学上の単位; 同様な個体の集まりが種 (species), 種の集まりが属 (genus) で, さらに科 (family), 目 (order), 綱 (class), 門 (phylum, division) などがある》.

taxon. 《略》 taxonomic; taxonomy.

tax·o·nom·ic [tæ̀ksənάmɪk | -sə(ʊ)nɔ́m-] *adj.* 分類学[法]の.

tàx·o·nóm·i·cal [-mɪkəl, -mə- | -mɪ-] *adj.* =taxonomic. **~·ly** *adv.*

tax·ón·o·mist [-mɪst, -məst | -mɪst] *n.* 分類学者.

tax·on·o·my [tæksάnəmi | -sɔ́nəmɪ] 〖《1828》□ F *taxonomie*: ⇨ taxo-, -nomy〗 *n.* **1** 分類法. **2** 分類学; (特に)生物分類学.

táx·pàyer *n.* **1** 納税者. **2** (不動産税支払に充当するためにその土地に建てた)一時的賃貸建物.

táx-pàying *adj.* 納税の[に関する].

táx ràte *n.* 税率.

táx retùrn *n.* 納税申告書.

táx sàle *n.* (不動産の)公売, 競売《滞納税額に充当するために行なう》.

táx sélling *n.* 税金対策としての証券売却《証券の売買益にかかる税金を軽減するために, 買い値より値下がりしている証券を売って損失を出すこと》.

táx shèlter *n.* 税金避難手段《投資・支払給与など》. **táx-shèltered** *adj.*

táx stàmp *n.* 税納印紙.

táx tìtle *n.* 《米》〖法律〗 租税未納のために公売された物件の買受人の得た権利《一定期間は買い戻される可能性がある》.

tax·us [tǽksəs] 〖← NL ~ ← L ~ 'yew': cf. Gk *tóxon* a bow〗 *n.* (*pl.* ~) 〖植物〗 イチイ属 (*Taxus*) の植物の総称《セイヨウイチイ (English yew) など》.

-tax·y [-tæksi | -sɪ] 〖□ Gk -*taxia* ← *tássein* to arrange: ⇨ -y[1]〗 =-taxis.

tax·y·ing [tǽksiɪŋ | -sɪɪŋ] *v.* taxi の現在進行形.

Tay [téɪ] 〖ME *Taye* 《原義》? the powerful (river) ← ? OIr. *teo* force (cf. Gk *taús* / Skt *tavas* strong): Devonshire の Taw (川)と同根語〗 *n.* [the ~] Firth of Tay に注ぐスコットランド東部 Tayside 州の川 (193 km).

Tay, the Firth of *n.* テイ湾《スコットランド南東岸にある入江; 長さ 40 km》.

Ta·yg·e·te [teɪídʒəti | -dʒɪtɪ] 〖□ L *Tāygetē* □ Gk *Taugetē*〗 *n.* 〖ギリシャ神話〗 タユゲテ《Pleiades 七姉妹の一人》.

Taylor [téɪlə | -lə(r)], **Edward** *n.* (1642?-?1729) 英国生れの米国の牧師・詩人.

Taylor, Frederick Winslow *n.* (1856-1915) 米国の工場技師; Taylor system の創始者.

Taylor, (James) Bayard *n.* (1825-78) 米国の詩人・随筆家・ジャーナリスト.

Taylor, Jeremy *n.* (1613-67) 英国国教会の主教・著述家; *Holy Living* (1650), *Holy Dying* (1651).

Taylor, (Joseph) Deems [díːmz] *n.* (1885-1966) 米国の作曲家.

Taylor, Maxwell (Davenport) *n.* (1901-) 米国の将軍・外交官.

Taylor, Zachary *n.* (1784-1850) 米国の将軍; 第 12 代大統領 (1849-50).

Táy·lor·ìsm[1] [-lərɪzm] 〖← *Nathaniel William Taylor* (1786-1858: 米国の神学者): ⇨ -ism〗 — *n.* 〖神学〗 テーラー主義《Calvin 主義の系列で, 人間には自由意志があるとし, 人間の原罪のための堕落性と人間が自らの意志で犯す罪とを区別・調和する考え方; New Haven theology ともいう》.

Táy·lor·ìsm[2] [-lərɪzm] *n.* 〖経営〗 **1** =Taylor system. **2** =scientific management.

Táylor's sèries 〖← *Brook Taylor* (1685-1731: 英国の数学者)〗 — *n.* 〖数学〗 テーラー級数《$x=a$ で無限回微分可能な関数 $y=f(x)$ に対して $f(a)+f'(a)(x-a)+f''(a)(x-a)^2/2!+\ldots$ なる級数をいう; $x=a$ の近くで $y=f(x)$ を近似するのに用いられる; Taylor series ともいう》.

Táylor sỳstem 〖← *F. W. Taylor*〗 — *n.* [the ~] 〖経営〗 テーラーシステム《労働者の公正な 1 日の作業量, すなわち課業を科学的に決定し, これを基準として作業の時間的管理を企てたもの; task management ともいう; cf. scientific management》.

tay·ra [táɪrə | táɪərə] 〖□ Port. *taira* & Sp. *tayra* □ S-Am.-Ind. (Tupi) *taira*〗 *n.* 〖動物〗 タイラ (*Tayra barbara*) 《メキシコから南米熱帯地域に分布するイタチ科タイラ属の動物》.

Táy-Sáchs disèase [téɪsǽks-] 〖*Tay-Sachs*: ← *W. Tay* (1843-1927: 英国の医師) & *B. Sachs* (1858-1944: 米国の神経病学者)〗 — *n.* 〖病理〗 テイザックス病《家族性黒内障性白痴》.

Tay·side [téɪsaɪd] *n.* スコットランド東部の州, Firth of Tay の北に位置する; 1975 年に新設, 旧 Perth 州東部, Angus, Kinrossshire 州から成る; 人口 402,000, 面積 7,510 km², 首都 Dundee.

taz·za [tάːtsə; *It.* táttsa] 〖《1828》□ It. ~ 'cup, mug' □ Arab. *ṭāsaʰ* (fem.) ← *ṭās* 'TASS'〗 *n.* (*pl.* **~s, taz·ze** [tάːtseɪ; *It.* táttse]) 高台付き大皿.

tb 《略》 tablespoon; tablespoonful.

Tb 《記号》〖化学〗 terbium.

Tb, Tb. 《略》 tuberculosis.

T̸B 〖← *t(ubercle) b(acillus)*〗 *n.* 〖病理〗 =tuberculosis.

TB, T.B., tb., t.b. 《略》 tubercle bacillus; tuberculosis.

t.b. 《略》〖簿記〗 trial balance; true bearing.

T.B. 《略》 torpedo boat; torpedo bomber; training battalion; treasury bill.

t.b.a. 《略》 to be announced.

T̸ bàndage *n.* T 字帯.

T̸-bàr *n.* =T-bar lift.

T̸ bàr *n.* T 形材, T 形鋼.

T̸-bar lìft *n.* (スキーヤーを運ぶ二人掛けの) T 字型リフト.

T̸ bèam *n.* =T bar.

T̸ bèvel *n.* 〖木工〗 T 字形角度定規.

Tbi·li·si [tbíləsi | -lɪsɪ; *Russ.* tbjiljísji] *n.* トビリシ《ソ連邦南部 Georgia 共和国の首都; Kura 川に臨む; 人口 1,052,000; 旧名 Tiflis》.

T̸ bòlt *n.* T (形)ボルト.

T̸-bòne *n.* **1** T 字形の骨. **2** T 字形の骨付きステーキ《牛の腰部 loin を, フィレ肉の一部をつけて切り取ったもの; cf. porterhouse 2》.

T̸-bòne stéak *n.* =T-bone 2.

TBS 《略》〖海事〗 talk between ships 船舶間通話(装置)《近距離にある船舶が交信するための無線電話》.

tbs. 《略》 tablespoon(s); tablespoonful(s).

tbsp. 《略》 tablespoon(s); tablespoonful(s).

Tc 《略》 teracycle.

Tc 《記号》〖化学〗 technetium.

tc. 《略》 tierce(s).

t.c. 《略》 till cancelled.

T.C. 《略》 Tank Corps; teachers college; temporary constable; terra-cotta; till countermanded; Town Council; Town Councillor; traveler's check.

TCBM 《略》 transcontinental ballistic missile.

T.C.C. 《略》 Trinity College, Cambridge.

T.C.D. 《略》 Trinity College, Dublin.

Tchai·kov·sky [tʃaɪkɔ́(ː)fski, tʃə-, -kɔ́(ː)v- | -kɔ́fskɪ, -kɔ́v-; *Russ.* tʃijkɔ́fskjij], **Pëtr Ilich** *n.* チャイコフスキー《1840-93; ロシヤの作曲家; 英語名 Peter Ilyich; *Swan Lake* (1876), *Eugene Onegin* (1878), *The Pathetic Symphony* (1893)》.

Tche·by·chéff equàtion [tʃəbɪʃɔ́(ː)f- | -ʃɔ́f-; *Russ.* tʃibiʃéf-] 〖← *P. L. Tchebychev* (1821-1894: ロシヤの数学者)+EQUATION〗 — *n.* 〖数学〗 チェビシェフの方程式《よく知られた 2 階線型同次常微分方程式の一類型》.

Tchebychéff polynòmial 〖↑〗 — *n.* 〖数学〗 チェビシェフの多項式《チェビシェフの方程式の多項式による解; 関数の多項式による近似に関連して用いられる》.

Tche·khov [tʃékɔ(ː)f | -kɔf; *Russ.* tʃéxəf] *n.* =Chekhov.

tcher·vo·netz [tʃəvɔ́ːnɪts, -nəts | tʃəvάʊnɪts; *Russ.* tʃirvónjits] *n.* (*pl.* **tcher·von·tzi** [-vɔ́ːntsi | -vάʊntsɪ; *Russ.* -vóntsi]) =chervonets.

tchick [tʃík] 〖《1823》: 擬音語〗 *n.* ちっ《馬を励ますための舌打ちの音》. — *vi.* (馬に)ちっと舌打ちする.

t'cht [ɪ] *int.* (*also* **t'ck** [~]) =tut[1].

T̸ connèction *n.* 〖電気〗 T 結線《三相電力を二相電力に, またはその逆に交換するための変圧器巻線の結線; Scott connection ともいう》.

TD, td, td 《略》〖アメリカンフットボール〗 touchdown.

t.d. 《略》 tank destroyer; technical data; technical test; 〖処方〗 L. ter in diē (=three times a day).

T.D. 《略》 Tactical Division; 《アイル》 Teachta Dala (=Member of the Dial); Telegraph Department; Telephone Department; Territorial Decoration; 〖チェス〗 tournament director; Traffic Director; Treasury Department.

TDE 〖《略》← *t(etrachloro)-d(iphenyl)-e(thane)*〗 *n.* 〖化学〗 ティーディーイー (⇨ DDD).

t́ distribùtion *n.* 〖統計〗 t 分布《正規母集団の標準偏差が未知の場合, 平均値についての仮説の検定に用いられる分布; Student's t distribution ともいう》.

T.D.N., TDN, t.d.n. 《略》 total digestible nutrients.

TDY 《略》〖軍事〗 temporary duty.

te [téɪ | tíː] *n.* 〖音楽〗 =ti[1].

Te [téɪ; *Chin.* tə́] 〖□ Chin. *te* 徳〗 *n.* 〖哲学〗 徳《Teh ともいう》.

Te 《記号》〖化学〗 tellurium.

TE 《略》 table of equipment; trailing edge.

T.E. 《略》 telecommunications engineering; Topographical Engineer.

tea [tíː] 〖《1655》□ Du. *tee* □ Chin. 《福建方言》 *te* = *ch'a* (茶): cf. F *thé* / Sp. *te* / G *Tee*〗 — *n.* **1** 〖植物〗 チャ (*Thea sinensis*) (tea-plant ともいう). **2** 茶の葉, 茶 (tea leaves) 《加工法によって black, green, oolong 等がある》: pick ~ 茶を摘む / coarse ~ 番茶 / dust ~ 粉茶 / tile ~ =brick tea. **3** (飲料としての)茶; (特に)紅茶: cold ~ 冷やし(紅)茶, アイスティー / early (morning) ~ (朝食前の)早朝のお茶 / strong [weak] ~ 濃い[薄い]茶 / offer [serve] ~ to a visitor 訪問客にお茶を出す / the first infusion of ~ 茶の出花 / make ~ 茶を入れる[立てる] / I like well-brewed ~. よく出たお茶が好きです / This ~ is stewed. このお茶は出過ぎている. **4** (茶に類する)煎(せん)じ汁: ⇨ herb tea, sage tea, beef tea. **5 a** 《英》 ティー, 午後のお茶《昼食と正餐(さん)との間(午後 4 時から 5 時ごろ)の軽食付きのお茶; afternoon tea, five-o'clock tea ともいう》: ⇨ high tea / ask a person to ~ 人をティーに招く. **b** お茶の会《午後の喫茶社交会》. **c** [one's ~ として] 《口語》 =*one's cup of* TEA. **6** 《俗》 マリファナ.

a cup of tea [通例修飾語を伴って] 《口語》 もの, 人: That's another [a different] *cup of* ~. それは全く別のこと[話]だ / She's *a* nice old *cup of* ~. 彼女は感じのいいおばあさんだ. ***one's cup* [*dish*] *of tea*** [通例, 否定構文で] 《口語》 気に入るもの, 性に合うもの: Golf [She] isn't *my cup of* ~. ゴルフ[彼女]は私には合わない. ★ 略して単に one's tea [dish] ということもある. ***take tea with*** 《英植民地俗》 …と交際する (associate with); …に冷淡に接する, …と渡り合う. ***tea and sympathy*** 《口語》 お茶と同情《不幸な人々へのいたわり》.

— *attrib. adj.* **1** 茶の; 茶を扱う: a ~ merchant / a ~ plantation 茶の栽培場[園]. **2** 茶に用いられる: ⇨ tea ball.

— *vi.* 茶を飲む; 軽食をとる. — *vt.* 〈人〉に茶を出す.

Téa Àct *n.* [the ~] 〖米史〗 茶条令《1773 年に英国議会を通過した茶の課税に関する条令で, アメリカの商人には不公平な茶の独占を生ぜしめ, Boston Tea Party の主な原因となった》.

téa bàg *n.* ティーバッグ.

téa bàll *n.* 茶漉(こ)し球《多数の小孔のある金属球, 中に茶を入れ熱湯につけて茶を煎(せん)じ出す》.

téa bàsket *n.* 《英》 (ピクニックなどの)弁当入れバスケット.

téa·bèr·ry [-bèri, -b(ə)ri | -b(ə)ri] 〖その葉を茶に用いるところから〗 *n.* 〖植物〗 =wintergreen 1.

téa bìscuit *n.* 《英》 (通例甘味をつけた)柔らかくて丸い小型のビスケット《午後のお茶の時出される》.

téa·bòard *n.* (木製の)茶盆.

téa·bòwl *n.* 取っ手のない紅茶茶碗.

téa brèak *n.* 仕事中の休憩, 茶飲み時間《午前または午後の作業の合い間に, 手を休めてお茶を飲んだりする時間》.

téa càddy *n.* 茶入れ, 茶筒(づつ).

téa càke *n.* **1** 《米》 (お茶の際に食べる)クッキー. **2** 《英》 茶菓子《午後のお茶の際焼いて, バターを付けて食べる小型菓子パン》.

téa-cànister *n.* =tea caddy.

téa càrt *n.* 《米》 =tea wagon.

téa cèremony *n.* (日本の)茶の湯.

teach [tíːtʃ] 〖ME *teche(n)* < OE *tǣcan* (cf. OE *tāc(e)n* 'TOKEN, sign') < Gmc **taikjan* (G *zeigen* to show) ← IE **deik-* to show: cf. diction〗 — *v.* (**taught** [tɔ́ːt]) — *vt.* **1** [しばしば二重目的語, 目的語+*that*-clause を伴って] 教える, 教授する: ~ grammar [riding, sculpture, the violin, the piano] 文法[乗馬, 彫刻, バイオリン, ピアノ]を教える / ~ children [apprentices] 子供[弟子]を教える / ~ school 《米》 学校の教師をする / Miss Nelson ~*es* five classes daily. ネルスン先生は一日に 5 クラス授業する / ~ oneself French フランス語を独習する / ~ pupils the three R's = ~ the three R's *to* pupils 学童に読み・書き・算数を教える / Taste cannot be *taught*. 人の好みは教えようがない / He decided to ~ his son the trade. 息子に商売を教えることにした / He is being *taught* all sorts of things. いろいろな事を教わっている / We were *taught that* the earth is [was] round. 地球は丸いと教わった. **2** [通例, 目的語+*to* do, 目的語+*wh*-word+*to* do を伴って] 〈…するように, 仕方を〉…に教える, 仕込む, しつける, ならす (train, accustom): ~ a dog *to* sit up and beg 犬にちんちんを教え込む / ~ the ear *to* distinguish sounds 音を聞き分けられるように耳をならす / He was *taught to* swim. 泳ぎを教わった / He *taught* me *how to* swim [*how*

the word was spelt]. 私に泳ぎ方[その単語の綴り方]を教えてくれた. **3** 《口語》[目的語+*to do* を伴って]《脅迫的に》…に教えてやる, 目にもの見せてやる: I'll ~ you *to* meddle in my affairs. いらぬおせっかいをすると承知しないぞ《★ この文における to meddle は not to meddle の意》. **4** [通例, 二重目的語, 目的語+*to do*, 目的語+*that*-clause を伴って]〈事実・経験などが〉教える, 悟らせる: That will ~ him (a lesson). 《口語》あれで奴にもいい薬になるだろう / This will ~ you *to* speak the truth. さあうそをつくとこうだぞ《折檻(せっかん)する時》/ Experience ~*es* us our limitations [us *that* our powers are limited]. 経験によって人は自分の力の限界を知る. — *vi.* **1** 教える, 教授する (give instruction); 教師[先生]をする: ~ *for* a living / ~ *at* college. **2** 教えられる: This textbook ~*es* easily. この教科書は教えやすい.
— *n.* 《俗》先生,「先公」(teacher).

Teach [tíːtʃ], **Edward** *n.* ⇨ Blackbeard.

teach·a·bil·i·ty [tìːtʃəbíləti | -lətɪ, -lɪ-] *n.* **1** 教育用に適していること. **2** 学習能力 (teachableness).

teach·a·ble [tíːtʃəbl] 〘《15C》〙 — *adj.* **1 a** 教えることができる: The stoics held that virtue was ~. ストア学派は徳は教えることができると信じていた. **b** 〈人など〉よく覚える, 仕込みやすい, おとなしい (docile): a ~ pupil. **2** 〈学科・芸など〉教えやすい, 教えるのに適した: a ~ subject. **~·ness** *n.* **téach·a·bly** *adv.*

téach·er 〘《?a1300》〙 — *n.* **1** 教える人, 教師, 先生, 師匠 (instructor, tutor): a capable [competent] ~ 有能な教師 / a primary school ~ 小学校教員 / a ~ of English 英語の教師 / be one's own ~ 独習[独学]する / great ~s like Buddha and Confucius 釈迦(しゃか)や孔子のような偉大な師. **2** 〘モルモン教〙教師《アロン神権 (Aaronic priesthood) の職の一つ》.

téacher bìrd 〘*teacher*: 擬音語〙 *n.* 〘鳥類〙 **1** 《米方言》=ovenbird 1. **2** =red-eyed vireo.

téachers còllege *n.* 《米》(通例 4 年制の)教員養成大学, 総合大学の中の教員養成学部; (米国の Columbia 大学では)教育学の大学院の college (略 T.C.).

téachers' còuncil *n.* 教員協議会.

téacher·shìp *n.* 教師の職, 教職.

téachers' ínstitute *n.* 教員講習会.

téacher's pét *n.* **1** 先生のお気に入り. **2** 権威におもねる人.

téacher tràining còllege *n.* =teachers college.

téa chèst *n.* **1** =tea caddy. **2** 茶箱.

téach-ìn 〘⇨ teach, -in²〙 — *n.* ティーチイン《大学の教授と学生などによって政治・社会問題に関して, 主に抗議行動として長時間にわたって行なわれる講演会; 一般的にも使う》.

téach·ing 〘? OE *teching*: ⇨ teach, -ing¹〙 — *n.* **1** 教えること, 教授: go into [take up] ~ 教職につく, 教員になる. **2** [しばしば *pl.*] 教え, 教訓 (instruction); 教義, 教旨 (doctrine, precept): It is the ~ of history. それは歴史の教えるところである / the ~s of the Church 教会の教義. — *adj.* 教授する, 教職の: ~ staff 教職員 / the ~ profession 教職.

téaching àid *n.* 補助教材.

téaching èlder *n.* (長老派教会の)牧師.

téaching fèllow *n.* 《米》(教職にも従事する大学院の)特別研究生 (cf. teaching fellowship).

téaching fèllowship *n.* 《米》(大学院生で教職にも従事する者に支給される)特別研究生給費, その地位.

téaching hòspital *n.* (医学学習のための)教育病院.

téaching machìne *n.* 教育機器, ティーチングマシーン.

téa clìpper *n.* 〘海事〙(19 世紀中葉の)茶輸送専門の快速帆船.

téa clòth *n.* **1** (tea table に用いる小形の)テーブル掛け. **2** 茶布巾《茶道具をふくのに用いる》.

téa còzy *n.* ティーポットカバー《茶がさめないようにティーポットに被せる綿入れの袋》.

téa·cùp 〘《1700》〙 — *n.* **1** (通例, 受け皿付きの)紅茶茶碗 (cf. breakfast cup): They were gossiping over the ~s. お茶を飲みながら雑談していた. **2** =teacupful.
a storm in a teacup 「コップの中のあらし」, つまらぬ事で大騒ぎすること, から騒ぎ.

tea·cup·ful [tíːkʌpfʊ̀l] *n.* (*pl.* **~s, tea·cups·ful**) 紅茶茶碗一杯(分).

téa dànce *n.* 午後おそくお茶の時刻に催す舞踏会.

téa fìght *n.* 《口語》=tea party.

téa gàrden *n.* **1** 茶畑. **2** 茶店のある公園.

Tea·gar·den [tíːgɑ̀ədn | -gɑ̀ː-], **Wel·don** [wéldn] **John** *n.* (1905–64) 米国のジャズトロンボーン奏者・歌手; 通称 Jack.

téa gòwn *n.* 茶会服《午後の家庭での茶会に着るゆるやかな婦人服》.

Teague [tíːg] 〘《1661》《英語化変形》← Ir. *Tadhg* [téːg, tíːg, táɪg] (アイルランドで普通な人名): cf. Taffy〙 *n.* 《軽蔑》アイルランド人《あだ名》.

téa guìld *n.* 茶業組合.

téa·hòuse *n.* (特に, 中国・日本の)茶房, 喫茶店; (茶道の)茶室.

teak [tíːk] 〘《1698》 *teke* ▭ Port. *teca* ▭ Malayalam *tēkka*〙 — *n.* **1** 〘植物〙チーク (*Tectona grandis*) 《ビルマ・タイなどに自生するクマツヅラ科の高木》. **2** チーク材. **3** チークに類似の木[木材].

téa·kèttle *n.* 湯沸し, やかん.

téak·wòod 〘《古形》 *tekewood*: ⇨ teak, wood¹〙 *n.* = teak 2.

teal [tíːl] 〘《c1325》 *tele*: cf. Du. *taling, teling*〙 — *n.* (*pl.* **~, ~s**) **1** 〘鳥類〙ガンカモ科マガモ属 (*Anas*) の小型のカモの総称《ミカヅキシマアジ (blue-winged teal), アメリカコガモ (green-winged teal) など》. **2** 暗青緑色.

téal blúe *n.* =teal 2.

téa lèad [-lèd] *n.* (もと, 茶箱の内張りに用いた)固くて丈夫な鉛箔(はく).

téa lèaf *n.* **1** 茶の葉. **2** [*pl.*] 茶がら: read *tea leaves* in a cup カップに残った茶の葉で(人の)運勢を占う.

team [tíːm] 〘ME *tem(e)* < OE *tēam* offspring, team of oxen ← Gmc *taumaz 《原義》that which pulls (G *Zaum* bridle, rein) ← IE *deuk- to lead (L *dūcere*): cf. tow¹, tug¹, duke〙 — *n.* **1 a** (車や犂(すき)などを引く 2 頭以上の)一連の馬[牛, 犬など], 連畜: a ~ *of* horses 一連の馬 / a sledge drawn by a dog ~ 一連の犬が引く橇(そり). **b** 車とそれを引く(一頭またはそれ以上の)動物: a loaded ~ 荷を積んだ車とそれを引く動物. **2** (野球・フットボール・綱引などの)チーム, 組, 団: a ~ *of* baseball players 野球チーム, (野)球団 / Is he *on* [《英》 *in*] your ~? 彼は君のチームの選手ですか. **3** 一組の職人[工員]仲間. **4** 《方言》(豚やアヒルなどの)一腹の子. **5** 《廃》子孫 (offspring); 種族, 氏族 (race, lineage).
a whole [***full***] ***team*** 《米》すぐれた人物: He is *a whole* ~ *at* anything. 彼は何をやらしても見事にやってのける.
— *attrib. adj.* チームの, チームで行なう: a ~ race 団体競走 / ~ sports チームでするスポーツ.
— *vt.* **1 a** 〈牛・馬などを〉一車につなぐ. **b** 組にする 〈*up*〉. **2** 一連の馬[牛]で運ぶ. **3** 《廃》〈仕事を〉請負人[組頭]に出す. — *vi.* **1** 一連の馬[牛]を御する (drive a team); 一連の馬[牛]の御者をやる. **2** 協同する (cooperate), 協同作業をする 〈*up*〉: ~ *up* together 一緒に協力する / We ~*ed up* (*with* others) *on* [*for*] the project. (他の人々と)協同して計画に当たった. **3** 〈色などが〉調和する 〈*up*〉: These colors do not ~ *up*. これらの色は調和しない.

téa màker *n.* 茶漉(こ)し《小さい穴のあいたスプーン状で穴あきの蓋(ふた)がついている》.

téam·er *n.* =teamster.

téam fòul *n.* 〘バスケットボール〙チームファウル《personal foul をチーム全体のファウルの数として勘定した場合に言う; 認められた数 (offence のファウルは入らない)を超えて犯すと, その都度相手チームに特別なフリースローが与えられる; プロでは 1 クォーター (quarter) で四つの team foul が認められる》.

téam hándball *n.* 〘球技〙チームハンドボール《サッカーから発達したゲームで, 各 7 人ずつの二つのチームが手を使ってボールをスローしたり, キャッチしたりドリブルしたりするもの》.

téam·ing *n.* **1** (牛馬などを)連結すること; 一連の馬[牛]を御すること. **2** 《廃》(仕事の)下請負制度.

téam·màte *n.* チーム仲間.

téam plày *n.* **1** チームプレー: skillful ~ in basketball バスケットボールの巧みなチームプレー. **2** 一致協力.

téam-spìrit *n.* チーム精神《個人の利益よりもチームの利益を優先する》.

team·ster [tíːmstə | -stə(r)] 〘《1779》〙 *n.* **1** 一連の馬[牛]の御者. **2** 《米》トラック運転手.

téam tèaching *n.* 〘教育〙チーム指導《複数の教師がチームを組んで, 生徒を大・中・小集団に弾力的に編成しながら生徒および教師の個人差に応じた学習指導をする協力的教授方法》.

téam·wìse *adv.* 一連の馬[牛]のように一組になって[並んで].

téam·wòrk *n.* **1** チームワーク, 統制ある共同動作 (cooperation). **2** 集団作業.

Te·an [tíːən] *adj.* =Teian.

téa-of-héaven *n.* 〘植物〙アマチャ, オオアマチャ (*Hydrangea macrophylla* var. *thunbergii*) 《日本原産ユキノシタ科アジサイ属の植物; この葉を乾燥して甘茶を製する》.

téa pàrty *n.* **1** (午後の)お茶の会, ティーパーティー. **2** 〘← *the Boston Tea Party*〙擾乱(じょうらん), 紛争.

téa-plànt *n.* 〘植物〙チャ (*Thea sinensis*).

téa·pòt *n.* ティーポット, 急須(きゅうす).

tea·poy [tíːpɔɪ] 〘《1828》 ▭ Hindi *tipāī* three-legged table ← Skt *tri* 'THREE'+*pāda* foot: 現在の意味は TEA との連想から〙 — *n.* (18 世紀に使用された 3 脚式[時に 4 脚式]の主として喫茶用の)小テーブル.

tear¹ [tíə | tíə(r)] 〘OE *tēar, teagor* < Gmc *taχr- (OHG *zahar* (G *Zähre*) / ON *tār* / Goth. *tagr*) ← IE *dakru- tears (OL *dacruma* (L *lacrima*) / Gk *dákru*)〙 — *n.* **1** 涙(のひとしずく) (teardrop): the ~ of joy 喜びの涙 / with ~s in one's eyes [voice] 目に涙を浮かべて[涙にむせんで] / bring ~s in [to] a person's eyes 目に涙を浮かべさせる / brush the ~s away 涙を払う / burst [break] into ~s わっと泣き出す / draw [force] ~s from a person 人の涙を誘う / dry one's ~s with a handkerchief ハンカチで涙をふく / keep back one's ~s 涙をこらえる / frighten a person to ~s 人をおびえさせて泣かせる / laugh away one's ~s 涙を笑いにまぎらす / shed [weep] ~s 涙を流す, 泣く / drop a ~ over…を嘆く / squeeze out a ~ お義理に涙を流す / without shedding a ~ 涙一滴こぼさず / *Tears* stood [gathered] in her eyes. 彼女の目に涙が宿った / He is easily moved to ~s. 涙もろい / She was all ~s. 涙にくれていた / Her eyes were swimming with ~s. 目に涙を一杯ためていた / The ~s fell [rolled] down her cheeks. 涙がほおを伝った / She wept glad [hot] ~s over her daughter. 娘に会ってうれし涙を流した. **2** 涙のような物, 雫(しずく), 水玉, 露滴, (ガラス・琥珀(こはく)・樹脂などの)透き通る小球: ~s of amber 琥珀玉 / ~s of Eos 朝露 / ~s of strong wine (ポートワインなどの)強いぶどう酒を半ば注いだコップの内側に結ぶ露. **3** [*pl.*] 悲哀, 悲嘆 (sorrow, grief).
in tears 涙を流して, 泣いて (weeping): She found the child *in* ~s over her broken doll. 女の子は人形がこわれたといって泣いていた. ***without tears*** 涙なしの, 易しく学べる: French grammar *without* ~s 涙なしの仏文法.
— *vi.* 〈目が〉涙を浮かべる, 涙を流す (shed tears): Her eyes ~*ed up* again. 彼女の目にはまた涙が浮かんできた.

tear² [tέə | tέə(r)] 〘OE *teran* < Gmc *teran (Du. *teren* / G *zehren* to destroy, consume / Goth. *gatairan* to destory) ← IE *der- to rend, flay (Gk *dérein* to flay): cf. derma, drape〙 — *v.* (**tore** [tɔ́ə, tóə | tɔ́ː(r)], 《古》 **tare** [tέə | tέə(r)]; **torn** [tɔ́ən, tóən | tɔ́ːn], 《古》 **tare**)
— *vt.* **1 a** 〈布・紙・着物などを〉裂く, 引き裂く, 破る (rend, rip) 〈*up*〉: ~ one's coat *on* a nail 釘に引っかけて上着を破る / ~ *up* a letter 手紙をずたずた引き裂く / ~ old newspaper *in* half [two] 古新聞紙を二つに裂く / The weeds will ~ your dress *to* pieces [shreds]. 雑草のため服が引き裂かれてしまいますよ (cf. 1 b) / He *tore open* the envelope. その封筒を破って開けた. **b** 〈場所・家などを〉(引き裂くように)破壊する (shatter): ~ a house *apart* 家をこわす / The bridge was *torn to* pieces by the flood. 橋は洪水に寸断された (cf. 1 a). **c** 〈音が〉つんざく (rend): The shout *tore* the sky. その叫びは空をつんざいた. **2 a** 裂いて…に傷をつける (lacerate): ~ one's hands *on* barbed wire 有刺鉄線で手を引き裂く / A piece of glass *tore* my skin. ガラスの破片で皮膚を傷つけた. **b** 裂いて〈穴などを〉あける, こわして〈裂け目などを〉作る: He [The nail] *tore* a hole *in* his trousers. 彼は[釘が]ズボンにかぎ裂きを作った. **c** [~ one's way として](障害を排して)しゃにむに進む: We *tore our way through* the jungle. 密林の中をかき分けるようにして進んだ. **3** [副詞語句を伴って] 無理に引き離す, 引きちぎる, むしり取る, もぎ取る: ~ *away* a notice [wallpaper] 掲示[壁紙]を引きはがす / ~ *down* an enemy's flag 敵の旗を引きおろす / ~ *off* a leaf *from* a calendar 暦を一枚ちぎり取る / ~ a page *out* (of a book) (本の)一ページをちぎる / ~ *up* a tree *by* the roots 木を根こそぎにする / ~ oneself free 身を振りほどく / The baby was *torn from* her parents. 赤ん坊は無理やりに両親から引き離された / I was unable to ~ myself *away from* her. 彼女を振り切って立ち去ることができなかった. **4** [通例 Passive で] **a** 〈国などを〉分裂させる, 乱す (disrupt): The country *was torn* by civil war. 国は内乱で分裂した. **b** 〈人・人の心を〉悩ます, かき乱す(agitate): My heart *is torn* (*asunder*) by grief [*with* conflicting emotions]. 心は悲しみでかき乱されている[胸は千々に思い乱れている] / He [His mind] *was torn between* the two choices. 彼[彼の心]はどっちにしようかと迷った.
— *vi.* **1** 裂ける, 破れる: The cloud *tore* (*up*) in ribands. 雲がちりぢりになった. **2** 引き裂こうとする, かきむしる 〔*at*〕: ~ *at* the cover of a parcel 小包の包み紙を引きはがす / The sight *tore at* my heart. その光景を見て胸をかきむしられる思いがした. **3** [方向の副詞語句を伴って] 駆ける, 突進する (rush), 暴(あば)れる: ~ *away* [*off*] (大急ぎで)走り去る / ~ *home* (走るように)急いで家に帰る / ~ *about* [(*a*)*round*] in excitement 興奮して暴れ回る / ~ *across* a road 道を突っ走って渡る / A flash of lightning *tore across* the darkness of the night. 稲妻がぴかっと夜の暗闇の中を突き抜けた / ~ *along* the street 通りをひた走りに走る / ~ *down* a hill 丘を駆け降りる / ~ *up* the steps 階段を駆け上がる / ~ *into* [*out of*] the house 家に駆け込む[から走り出る] / She *tore* free of his grip. 彼女は素早く彼の手を振りほどいた.
tear across (*vt.*) 二つに引き裂く: He *tore* the letter angrily *across*. 怒ってその手紙を真っ二つに引きちぎった. (*vi.*) ⇨ *vi.* 3. ***tear apart*** (1) 引き裂く[破る]. (2) 〈建物などを〉取りこわす. (3) (物を捜すために)〈室内などを〉引っかき回す: They *tore* the whole house *apart* to find the evidence. 証拠を捜すために家中を引っかき回した. (4) 〈紛争などが〉〈国などを〉分裂させる; 〈悲しみなどが〉〈人〉の心をかき乱す. (5) 《口語》けなす; 叱る. ***tear around*** (1) (怒りや興奮で)騒ぎ[暴れ, うろつき]回る (cf. *vi.* 3). (2) 乱脈な生活を送る. ***tear at*** (1) ⇨ *vi.* 2. (2) …にかぶりつく: ~ *at* an apple. ***tear away*** (*vt.*) (1) 〔…から〕無理に引き離す (cf. *vt.* 3) 〔*from*〕: ~ a child *away from* a comic book 子供に漫画本を読むのをやめさせる. (2) 〈仮面・ベールなどを〉剝(は)ぎ取る. (*vi.*) ⇨ *vi.* 3. ***tear down*** (*vt.*) (1) 引きはがす[おろす] (cf. *vt.* 3). (2) 破壊する, 取りこわす (demolish): ~ *down* a wall, building, barrier, etc. (3) 分解する (disassemble): ~ *down* an engine. (4) 〈評判などを〉傷つける, 台なしにする (vilify); 〈人を〉誹(そし)る, 悪く言う (disparage); 〈相手の議論〉に論駁(ろんばく)する (controvert). (*vi.*) ⇨ *vi.* 3. ***tear one's hair*** ⇨ hair 成句. ***tear into*** (1) 〈壁・山腹など〉に穴を開ける. (2) …を激しく攻撃する: ~ *into* one's challenger / ~ *into* the dish of beefsteak ビフテキにかぶり付く. (3) …を激しく非難する, 酷評する: The politician *tore*

into his opponents. その政治家は敵を激しく非難した. (4) ⇨ *vi.* 3. ***tear it***《俗》計画[目的, 望み]をだめにする, めちゃめちゃにする: That's *torn it.* それですっかり形(なし)なしだ. ***tear off*** (*vt.*) (1) 引き離す, ちぎり取る (cf. *vt.* 3). (2) 〈着物などを〉急いで脱ぐ; 〈偽装などを〉剝(は)ぎ取る (tear away): ~ *off* one's coat. (3) 急いで書き上げる[やってのける] (dash off): He *tore off* a letter on a train. 列車の中で手紙を1通さっと書き上げた. (*vi.*) ⇨ *vi.* 3. ***tear out*** (*vt.*) 引きはがす[ちぎる] (cf. *vt.* 3). (2) (大急ぎで)走り出る. ***tear up*** (*vt.*) ずたずたに破る[引き裂く] (cf. *vt.* 1 a); 〈木などを〉根こそぎにする (cf. *vt.* 3). (*vi.*) (1) 〈道路・床などを〉掘り起こす, …に穴を開ける: ~ *up* a road, floor, etc. (2) 〈契約・条約などを〉破棄する, 解約する: ~ *up* an agreement.

— *n.* **1** 引裂き, 破損. ★ 主に次の句で: wear and ~ ⇨ wear[1] *n.* 4. **2** 裂け目, 破れ目, 綻(ほころ)び (rent): a ~ *in* the coat 上着の綻び. **3 a** 狂暴; 激怒 (rage). **b** 突進, 大急ぎ: *at* [*in*] a ~ 猛烈な速度で; 大急ぎで / start off *with* a ~ 急に飛び出す. **4**《俗》ばか騒ぎ (spree, frolic): be [go] on a ~ ばか騒ぎをする.

full tear まっしぐらに.

~·er [téə(r)rə | téərə(r)] *n.*

téar·awày [téə- | téə(r)-]《英》*n.* 突進する人; ひどく向こう見ずな人; 暴れん坊, ちんぴら (hooligan). — *attrib. adj.* 猛烈な, 熱烈な, 性急な (impetuous).

téar bòmb [tíə- | tíə-] *n.* 催涙(ガス)弾. 「tory).

téar bòttle [tíə- | tíə-] *n.*〘美術〙涙つぼ (⇨ lacrima-

téar-dìmmed [tíə- | tíə-] *adj.* 涙でかすんだ.

téar·dòwn [téə- | téə-] *n.* 分解, 取りはずし.

téar·dròp [tíə- | tíə-] *n.* **1** 涙(の玉), 涙滴. **2** (耳飾り・首飾りなどに付けた)涙滴状の吊り宝石. — *attrib. adj.* 涙滴状の, 涙形の: ~ jewelry, design, etc. / a ~ line 流線形.

téar dùct [tíə- | tíə-] *n.*〘解剖〙=lacrimal duct.

tear·ful [tíəfəl | tíə-] *adj.* **1** 涙で一杯の, 涙をためた, 涙ぐんだ: ~ eyes. **2** 落涙させる(ような); 悲しい, 悲惨な (sad): ~ news 悲報 / The parting was ~. 別れは悲しいものだった. **~·ly** *adv.* **~·ness** *n.*

téar-gàs [tíə- | tíə-] *vt.* …に催涙ガスを浴びせる.

téar gàs [tíə- | tíə-] *n.* 催涙ガス.

téar gràss [tíə- | tíə-] *n.*〘植物〙=Job's tears 1.

téar grenàde [tíə- | tíə-] *n.* =tear bomb.

tear·ing[1] [téə(r)rɪŋ | téər-] *adj.* **1** 引き裂く(ような), かきむしる(ような), とても苦しい (harrowing): a ~ cough, headache, groan, etc. **2** 猛烈な, すさまじい, 激しい (violent): a ~ hurry, rage, gale, storm, propaganda, etc. **3**《英口語》すばらしい (splendid): a ~ beauty すばらしい美人. **4** [副詞的に]《口語》恐ろしく, ひどく (furiously): be ~ mad, angry, etc.

tear·ing[2] [tí(ə)rɪŋ | tíər-] *n.*〘病理〙流涙(症).

téar·jèrker [tíə- | tíə-] *n.*《口語》(映画・小説などの)お涙頂戴もの.

téar·jèrking [tíə- | tíə-] *adj.* お涙頂戴式の: ~ plot.

tear·less [tíə- | tíə-] *adj.* 涙のない, 涙を流さない. **~·ly** *adv.* **~·ness** *n.*

téar-òff [téə- | téə(r)-] *n.* (切取線に沿って)はぎ取られる紙片. — *attrib. adj.* はぎ取り式の: a ~ calendar = a calendar with ~ leaves はぎ取り式のカレンダー.

téa·ròom *n.* (婦人客向きの)レストラン, 喫茶店《紅茶・コーヒー・軽食を出す》.

téa ròse *n.*〘園芸〙ティーローズ《コウシンバラや中国原産の *Rosa odorata* などから作り出されたバラの一系統; 株バラ・四季咲きで, ハイブリッドティー系の育成以後栽培は減少; cf. hybrid tea rose》.

téar shèet [téə- | téə-] *n.* 裂き取りページ《新聞・雑誌等に掲載した証拠として広告主に送るための広告の載っている切取りページ》.

téar shèll [tíə- | tíə-] *n.* 催涙弾 (tear bomb).

téar-stàined [tíə- | tíə-] *adj.* 涙にぬれた; 涙の痕跡(こんせき)がある, 泣いた跡がある: a ~ face.

téar strìp [téə- | téə-] *n.* 開封帯《罐(かん)や包装紙などに付けて開きやすくする》.

téar tàpe [téə- | téə-] *n.* 開封帯《船用コンテナーにおいて, 開けやすくするために糊付けしたテープの一端をはみ出させておき, これを引くことによってコンテナーが開くようになっているもの》.

tear·y [tí(ə)ri | tíəri]〘ME〙— *adj.* (**tear·i·er**; **-i·est**)《口語》**1** 涙の(ような): a ~ shower. **2** 涙にぬれた, 涙をたたえた (tearful): ~ eyes. **3** 涙を催させる, 哀れな (pathetic): a ~ story. **téar·i·ly** [-rəli | -rəlɪ, -rɪ-] *adv.* 「流詩人.

Teas·dale [tí:zdeɪl], **Sara** *n.* (1884–1933) 米国の女

tease [tí:z]〘OE *tǣsan* to tear up, pull apart < (WGmc) **taisjan* (Du. *teezen* to pull / OHG *zeisan*): cf. touse: 1 と 2 の意味は 17C から〙— *vt.* **1** いじめる, 悩ます (annoy, vex); からかう, なぶる, 冷やかす (banter): ~ a person *about* his old hat 古ぼけた帽子のことで人をからかう. **2** …に(…を)うるさくねだる, 催促する (*for*); …に(…してくれと)しつこくせがむ (importune) 〈*to do*〉: ~ a person *for* [*to do*] something 人に物をくれ[ある事をしてくれ]とせがむ. **3 a** 〈羊毛・麻などを〉すく (comb, card): ~ wool, flax, etc. **b** 〈ラシャ〉にけばを立てる (teasel): ~ cloth. **c**《米》(調髪のため)〈髪〉に逆毛を立てる (backcomb). **d** ずたずたに裂く; (特に, 顕微鏡で検査するために)〈組織・見本を〉細片にする. **4** じらして悩ます; じらして性的に興奮させる. — *vi.* からかう, なぶる.

tease out (1) 〈羊毛などを〉すく. (2) 〈情報などを〉なんとか手に入れる: ~ an information *out* of a person. ***tease up*** ちょっと手を加えて改良する: ~ *up* a picture 絵にちょっと手を加える.

— *n.* **1** いじめる[いじめられる]こと, 悩ます[悩まされる]こと. **2**《口語》いじめ屋, 悩ます人 (tormentor). **3**《俗》金 (money).

tea·sel [tí:zəl, -zl]〘OE *tǣs(e)l*: ⇨ ↑, -le[1]〙— *n.* **1**〘植物〙オニナベナ, ラシャカキグサ (⇨ fuller's teasel). **2** チーズル, けば出し機, アザミ起毛機《オニナベナの乾燥した果穂(針金製の代用品もある); いがだらけの小さなまり状のもので, ラシャのけば立てに用いる》.

— *vt.* (**tea·seled**, **tea·selled**; **-sel·ing**, **-sel·ling**) (チーズルで)〈ラシャ〉にけばを立てる, 起毛する. **~·er** [-z(ə)lə, -zlə | -z(ə)lə(r), -zl-] *n.*

téasel gòurd *n.*〘植物〙=hedgehog gourd.

téas·er〘ME〙— *n.* **1** いじめる人, 困らせる人; (男を性的に)じらす女; 《ボクシング俗》手ごわい相手. **2**《口語》難物, 難問 (poser). **3**《米》好奇心をそそる広告. **4** (羊毛の)すき器, 毛立て器. **5**〘劇場〙舞台上部の隠し幕. **6**〘電気〙ティーザー《T 結線 (T connection) を形成する二つのコイルまたはトランスの一つ》. **7**〘印刷・ジャーナリズム〙=kicker 8.

téaser àdvertising *n.* ティーザー広告《商品や企業名をわざと隠したりして興味を喚起する広告》.

téa sèrvice [**sèt**] *n.* 茶道具(一式), 茶器(一組) (cf. coffee set 1). 「room).

téa shòp *n.*《英》**1** =tearoom. **2** 簡易食堂 (lunch-

téas·ing *adj.* いじめる, 悩ます, からかう; 厄介な, うるさい (annoying, harassing). **~·ly** *adv.*

tea·sle [tí:zl] *n.*, *vt.* =teasel.

téa·spòon *n.* **1** 茶さじ《容量は tablespoon の約 1/3》. **2** =teaspoonful.

tea·spoon·ful [tí:spu:nfʊ̀l, -spʊn-] *n.* (*pl.* **~s**, **tea·spoons·ful**) **1** 茶さじ一杯《大さじ一杯 (tablespoonful) の約 1/3, 5 c.c.; 略 t., tsp.》: a ~ *of* sugar 茶さじ一杯の砂糖. **2** 少量, ちょっぴり.

teat [tít, tí:t | tí:t]〘(*c*1300) *tete* ⊏ OF (F *tette*) ← Gmc ∽ OE *tit(t)* (cf. G *Zitze*): cf. tit[2]〙— *n.* **1** (哺乳動物の)乳首, 乳頭 (nipple, mammilla). **2 a** 乳頭状の物. **b**《英》(哺乳びんの)乳首.

téa tàble *n.* **1** ティーテーブル《喫茶用の方形・円形・矩形などの板と3脚または4脚の脚を備えた小形テーブル》. **2** お茶の集い.

téa·tàster *n.* 茶質鑑定人.

téat·ed [-tɪd, -təd | -tɪd, -təd] *adj.* 乳頭のある.

téa-thìngs *n. pl.* 茶器, 茶道具.

téa·tìme *n.* (午後の)お茶の時間.

téa tòwel *n.* ふきん (dish towel).

téa trèe *n.*〘植物〙=tea-plant.

téa tròlley *n.*《英》=tea wagon.

téa-ùrn *n.* 湯沸かし, 茶釜.

téa wàgon *n.* 茶道具運搬台《脚輪付き》.

tea·zel [tí:zəl, -zl] *n.*, *vt.* (**tea·zeled**, **tea·zelled**; **-zel·ing**, **-zel·ling**) =teasel. **~·er** [-z(ə)lə, -zlə | -z(ə)lə(r), -zl-] *n.*

téaze tènon [tí:z-]〘*teaze*:《変形》? ← TEASE〙*n.*〘木工〙重ね枘(ほぞ), 違い枘.

tea·zle [tí:zl] *n.*, *vt.* =teasel.

Te·bet [teɪvéɪθ, -véɪt, téɪves]〘⊏ Heb. *Ṭēbhēth* ⊏ Akkad. *Ṭebētu*《原義》? month of sinking in, muddy month〙— *n.* (*also* **Te·beth** [~]) (ユダヤ暦の) 10 月《グレゴリオ暦の 12-1 月に当たる; ⇨ Jewish calendar》. 「デカ.

tec[1] [ték]〘(1888)《略》← (DE)TEC(TIVE)〙*n.*《俗》探偵,

tec[2] [ték]〘《略》← *technical college, school* or *institute*〙*n.* (*also* **tech** [~])《口語》工業大学[学校].

tec.《略》technical; technician.

tech.《略》technical; technically; technician; technological; technology.

teched [tétʃt]〘《変形》← TOUCHED〙*adj.* 少し気の狂った, 気がふれた (touched).

tech·ne·ti·um [tekní:ʃiəm | -ʃɪ-]〘← NL ~ ← Gk *tekhnētós* artificial ＋-IUM〙— *n.*〘化学〙テクネチウム《人工的に作られた最初の元素で, モリブデンにサイクロトロンで加速した重陽子を照射して作った; 記号 Tc, 原子番号 43, 原子量 98》.

tech·ne·tron·ic [tèknətrɑ́nɪk | -nɪtrɔ́n-]〘《混成》← TECHN(OLOGICAL) ＋ E(LEC)TRONIC〙*adj.* 〈社会が〉情報化時代の.

tech·nic [téknɪk]〘(1612) ⊏ L *technic-us* ⊏ Gk *tekhnikós* pertaining to art ← *tékhnē* art, skill: ⇨ -ic[1]〙— *n.* **1** [*pl.*] 専門語 (technical term). **2** [《米》ではまた tekní:k]〘《なぞり》← F *technique*〙[通例 *pl.*; 単数または複数扱い] 手法, 技巧 (technique). **3** [*pl.*] ⇨ technics. — *adj.* =technical.

tech·ni·cal [téknɪkəl, -nə- | -nɪ-]〘(1617)〙— *adj.* **1** 技術的[上]の, 学術(上)の, 専門的[特殊]技術の; 専門的見地から見た: ~ skill 技巧 / ~ details 技術的細部 / a ~ adviser 技術顧問 / a ~ expert 専門技術家. **2** 〈教育が〉専門的な, 専門(上)の (cf. classic 5, academic 5, liberal 4 a): ⇨ technical education / a ~ college《英》技術専門学校. **3** 専門語を用いる, 専門的題目を取り扱う: a ~ term 専門語, 術語 / a ~ book 専門書 / a book too ~ for the general reader 一般読者には余りに専門的で難し過ぎる本. **4** 厳密な法解釈による; 法律[規則]上成立する: a ~ difficulty 法律手続上の困難 / a ~ assault 法律的に見て成立する殴打(未遂) / ⇨ technical knockout. **5** 工業の, 工芸の: a ~ school 工業[工芸]学校 / ~ analysis [chemistry] 工業分析[化学]. **6**〘化学〙コマーシャルベース[大量生産]の[による]. **7**〘証券〙株式市場の内部要因による. **~·ness** *n.* 「tional education).

téchnical educátion *n.* 技術[技能]教育 (cf. voca-

téchnical fóul *n.*〘バスケットボール〙テクニカルファウル《故意にプレーの進行を遅らせるなどスポーツマンシップに反したファウル; 相手チームにフリースローが一つ与えられる; cf. personal foul》.

tech·ni·cal·i·ty [tèknəkǽləṭi | -nɪkǽlətɪ, -lɪ-] *n.* **1** 専門的なこと[性質]. **2** 専門的な手続き[用語]の使用. **3** (一般人にはわからない)専門的事項; (特に, 規則解釈上の)専門的事項: *on* a (legal) ~ 厳密な(法的)解釈によって. **4** 専門(用)語 (technical term).

tech·ni·cal·ize [téknɪkəlàɪz, -nə- | -nɪ-] *vt.* 専門化する. **tech·ni·cal·i·za·tion** [tèknɪkəlɪzéɪʃən, -nə-, -lə- | -nɪkəlaɪ-, -lɪ-] *n.*

téchnical knóckout *n.*〘ボクシング〙テクニカルノックアウト《ボクサーが負傷し, 試合続行が不可能と判断された場合のレフリーの宣するノックアウト(の判定); 略 TKO》.

téch·ni·cal·ly *adv.* **1** 技術[専門]的に(言えば). **2** 法的手続上(からは). **3** 術語で(言えば). **4** 大量生産的に; 工業的に.

téchnical sérgeant *n.* **1**〘米陸軍〙一等軍曹(ぐんそう)《今は platoon [sergeant] first class という; ⇨ sergeant 1 ★》. **2**〘米空軍〙二等軍曹《staff sergeant の上, master sergeant の下の下士官》. **3**〘米海兵隊〙二等軍曹《今は staff sergeant という》.

tech·ni·cian [tekníʃən] *n.* **1** 専門家, 専門技術者; (絵画・音楽などの)技巧家. **2**〘米陸軍〙特技[技術]下士官《今は specialist という》. 「cian.

tech·ni·cist [téknəsɪst, -səst | -nɪsɪst] *n.* =techni-

Tech·ni·col·or [téknəkʌ̀lə | -nɪkʌ̀lə(r)]〘← TECHNI(CAL) ＋ COLOR〙— *n.* **1**〘商標〙テクニカラー《天然色映画技術の一種; 同一場面を三原色フィルターを用いて別々に撮影しこれを一つの陽画にまとめて自然色を出す》. **2** [t-] 鮮明な色彩; どぎつい[けばけばしい]色調. — *adj.* [t-] 鮮明な色彩の; 色調のけばけばしい, どぎつい.

téch·ni·còl·ored *adj.* =technicolor. 「学.

tech·nics [téknɪks] *n.* **1** =technology 1. **2** 応用科

tech·ni·phone [téknəfòʊn | -nɪfəʊn] *n.* =dumb piano.

tech·nique [tekní:k | ─ ⌐, ⌐ ─]〘(1817) ⊏ F (*la*) ~ (形容詞の名詞的用法) ⊏ Gk *tekhnikós* 'TECHNIC'〙— *n.* **1** (専門)技術, 手法; (特に, 芸術作品における)手法, 技法, 芸風, 画法, (音楽の)演奏法: master ~ 技法を修得する / a movie ~ *of* [*for*] projecting multiple images 多数の映像を同時に映写する映画の技法. **2** (科学的研究の)方法, 技術. **3**《口語》自分の魅力を感じさせる術; (恋愛の)手練手管(てれんてくだ).

tech·no- [tékno(ʊ) | -nə(ʊ)]〘⊏ Gk *tekhno-* ← *tékhnē* art〙「技術, 技巧 (technic); 科学技術 (technology)」の意の連結形. 「try).

tèchno·chémistry *n.* 工業化学 (industrial chemis-

tech·noc·ra·cy [teknɑ́krəsi | -nɔ́krəsɪ]〘米国の発明家・技師 W. H. Smyth の造語〙— *n.* **1** [しばしば T-] テクノクラシー, 技術家政治《専門技術家に一国の産業資源の支配と統制をゆだねようとする, 1932 年ごろ米国で提唱された政治思想》. **2** テクノクラシーの可能性を研究する技術者の組織. **tech·no·crat·ic** [tèknəkrǽṭɪk | -nə(ʊ)krǽt-] *adj.*

tech·no·crat [téknəkræ̀t | -nə(ʊ)-] *n.* **1** テクノクラット, 技術家政治 (technocracy) 主唱者. **2** 技術者[科学者]出身の行政官[管理者].

tech·nog·ra·phy [teknɑ́grəfi | -nɔ́grəfɪ] *n.* 技術工芸記載学《美術工芸品や民具について, 特にその使用民族・種族の分布・歴史的発展過程を中心に記述する学問》. 「nology.

technol.《略》technological; technologically; tech-

tech·no·lith·ic [tèknəlíθɪk | -nə(ʊ)-] *adj.*〘人類学〙技工石器の《明らかに意図をもって作られた石器についていう》. 「logical.

tech·no·log·ic [tèknəlɑ́dʒɪk | -lɔ́dʒ-] *adj.* =techno-

tech·no·log·i·cal [tèknəlɑ́dʒɪkəl, -dʒə- | -lɔ́dʒɪ-]〘(1627)〙— *adj.* **1** (科学)技術的な: ~ innovation 技術革新. **2** 技術的要因による, (生産)技術革新による: ~ unemployment 技術的失業. **~·ly** *adv.*

tech·nól·o·gist [-dʒɪst, -dʒəst | -dʒɪst] *n.* 科学技術者.

tech·nól·o·gize [teknɑ́lədʒàɪz | -nɔ́l-] *vt.* 科学技術化する.

tech·nol·o·gy [teknɑ́lədʒi | -nɔ́lədʒɪ]〘(1615) ⊏ Gk *tekhnologia* systematic treatment: ⇨ techno-, -logy〙— *n.* **1 a** テクノロジー, 科学技術. **b** 工芸学, 応用科学 (applied science). **2** [集合的] 専門語, 術語.

technólogy assèssment *n.* テクノロジーアセスメント《新しい科学技術が社会に与える影響を前もって評価し予測しようとする試み》.

tech·no·ma·ni·a [tèknəméɪniə | -nə(ʊ)méɪnjə, -nɪə] *n.* (環境に対する影響を考えない)科学技術心酔[盲信].

tech·no·pho·bi·a [tèknəfóʊbiə | -nə(ʊ)fə́ʊbjə, -bɪə] *n.* (社会や環境への悪影響を恐れる)科学技術恐怖症.

tech·nop·ol·is [teknɑ́pəlɪs, -ləs | -nɔ́pəlɪs] *n.* 技術支配社会, テクノポリス. **tech·no·pol·i·tan** [tèknəpɑ́lətn, -tən | -pɔ́lɪtn, -tən] *adj.*

téchno·strùcture *n.*〘経営〙テクノストラクチャー

《高度の複雑な技術を財貨の生産に利用する大企業において，細分化した知識・情報の集積により集団的意志決定を行ない，企業指導力を行使する専門的技術・管理者集団》.

-tech·ny [⌐—tèkni | -nɪ] 〚□F *-technie* ← Gk *tékhnē* art : ⇨ -y¹〛「技術的専門化 (technical specialization)」の意の名詞連結形.

tech·y [tétʃi | -tʃɪ] *adj.* (**tech·i·er ; -i·est**) ＝tetchy. **téch·i·ly** [-tʃɪli, -tʃə- | -lɪ] *adv.* **téch·i·ness** *n.*

tec·no- [tékno(ʊ) | -nə(ʊ)] 〚□Gk *tékno-* ← *téknon* child : cf. thane〛「子供 (child)」の意の連結形 : *tecnology.* 「＝pedology² 1.

tec·nol·o·gy [teknάlədʒi | -nɔ́lədʒɪ] 〚⇨ ↑, -logy〛 *n.*

tecta *n.* tectum の複数形.

Tec·ti·bran·chi·a [tèktəbrǽŋkiə | -tɪbrǽŋkɪə] 〚← NL ～ ← L *tectus* ((p.p.) ← *tegere* to cover)＋-i-＋-*branchia* '**BRANCHIA**'〛 ― *n. pl.* 〘動物〙隠鰓(さい)目《アメフラシ, ナツメガイ等を含む》.

tec·to·gene [téktədʒìːn] 〚← *tecto-* (← Gk *tektaínein* to frame, build ← *téktōn* carpenter)＋-**GENE**〛 ― *n.* 〘地質〙造山帯や島弧を生じるもとになったと考えられる仮説的な地殻の下方屈曲.

tec·to·log·i·cal [tèktəlάdʒɪkəl, -dʒə- | -lɔ́dʒɪ-] *adj.* 〘生物〙組織形態学の.

tec·tol·o·gy [tektάlədʒi | -tɔ́lədʒɪ] 〚□G *Tektologie* ← Gk *téktōn* carpenter, builder : ⇨ -logy〛 ― *n.* 〘生物〙組織形態学《進化や発生の種々の段階の形態上の単位が異なった組合わせを作ることにより，異なった生物が生じるという見解に立つ形態学の一分科》.

tec·ton·ic [tektάnɪk | -tɔ́n-] 〚《1656》□LL *tectonic-us* □Gk *tektonikós* skilled in building ← *téktōn* carpenter : ⇨ -ic¹〛 ― *adj.* **1** 構造の，築造の；構築の (constructive, architectural). **2** 〘地質〙地質構造上の，地質構造の変形によって起こる[できた] : a ～ earthquake 構造地震 / ～ geology 構造地質学 / a ～ lake [basin] 構造湖[盆地]. **3** 〘生物〙構造の，構成の. **tec·tón·i·cal·ly** *adv.*

tectónic pláte *n.* 〘地球物理〙＝plate¹ 25.

tec·ton·ics [tektάnɪks | -tɔ́n-] 〚⇨ ↑, -ics〛 ― *n.* **1** 構造学，構築学 (architectonics). **2 a** 構造地質学 (structural geology). **b** 〘地質〙地質構造. **c** 〘地質〙＝diastrophism.

tec·ton·ism [téktənìzm] 〚⇨ tectonic, -ism〛 *n.* 〘地質〙＝diastrophism.

tec·to·ri·al [tektɔ́ːriəl, -tóːr- | -tɔ́ːrɪ-] 〚← L *tēctōri-us* (← *tēctus* (p.p.) ← *tegere* to cover)＋-**AL**¹〛 *adj.* 〘解剖〙蓋(がい)の，被蓋(ひがい)の，覆(おお)いになる (covering).

tectórial mémbrane *n.* 〘解剖〙蓋膜(がいまく).

tec·to·sil·i·cate [tèkto(ʊ)sílɪkət, -lə-, -kèɪt | -tə(ʊ)sílɪ-] 〚← **TECTUM**＋-o-＋**SILICATE**〛 ― *n.* 〘鉱物〙テクトケイ酸塩《SiO_4 四面体の頂点の共有が三次元的な骨格構造をなしているもの ; cf. cyclosilicate》.

tec·trix [téktrɪks] 〚← NL *tēctrix* one that covers ← *tēctus* : ⇨ tectorial〛 ― *n.* (*pl.* **tec·tri·ces** [téktrəsìːz, tektráɪsìːz | téktrɪ-, tektráɪìːz]) 〘鳥類〙雨覆(あまおおい)羽 (covert). **tec·tri·cial** [tektríʃəl] *adj.*

tec·tum [téktəm] 〚← NL ～ ← L *tēctum* roof, dwelling, building (neut.) ← *tēctus* : ⇨ tectorial〛 *n.* (*pl.* **tec·ta** [-tə]) 〘解剖・動物〙被蓋(ひがい)，天蓋《屋根のような構造をもつ》; (特に) 中脳蓋. **tec·tal** [téktl̩] *adj.*

Te·cum·seh [tɪkʌ́msə, tə-, -si | -sə, -sɪ] 〚← N-Am.-Ind. *Tikamthi*《原義》? he springs〛 ― *n.* (*also* **Te·cum·tha** [-θə]) テカムセ《1768?–1813 ; アメリカインディアン Shawnee 族の酋長(しゅうちょう)》.

ted [téd] 〚《15C》□ ? ON *teðja* ((p.p.) *taddr*) to spread manure : cf. OHG *zetten* to scatter〛 *vt.* (**ted·ded ; ted·ding**)〈干し草等を〉広げて干す，ばら干しにする.

Ted [téd] 〚《14C》《変形》← **E**D (dim.) ← **E**DWARD¹ : cf. Ned, Teddy〛 *n.* **1** 男性名. **2** 《英》＝Teddy boy.

ted·der [tédə | -də(r] 〚《15C》〛 *n.* 乾燥機，テッダー《干し草などを広げて干す器械》.

ted·dy [tédi | -dɪ] 〚← ?〛 *n.* [通例 *pl.* ; 時に単数扱い] テディ《婦人用のワンピース形式の下着 ; 上身頃とゆるいパンツが組み合わされている》.

Ted·dy [tédi | -dɪ] 〚(dim.) ← **T**HEODORE ∥ **E**DWARD¹〛 *n.* 男性名. ★ 米国に多い名.

téddy bèar 〚← **T**EDDY : 狩猟好きの Theodore Roosevelt (米国第 26 代大統領) が仔熊を見逃してやるところを描いた漫画から〛 *n.* ぬいぐるみの熊.

Téddy bòy 〚← **T**EDDY (Edward の愛称)〛 ― *n.* 《英口語》テディボーイ《Edward 七世時代の華美な服装を愛用する，特に 1950 年代および 60 年代初めの英国の非行青少年》. 「女性版》.

Téddy gìrl *n.* 《英口語》テディガール《Teddy boy の

Te De·um [téɪdéɪəm, tìːdíːəm | tíːdíːəm, -díəm | téɪdéɪəm] 〚OE□LL *tē deum (laudamus)* thee, God, (we praise) : St. Ambrose 作とされる聖歌の起句〛 ― *n.* **1** テデウム，賛美の頌(しょう)歌，感謝頌《カトリック教会の朝課や英国国教会の早禱でまた感謝の聖歌として歌われる》: sing ～ 賛美の歌を歌う ; 歓喜する. **2** 「テデウム」の曲. **3** 「テデウム」を歌う感謝式.

te·di·ous [tíːdiəs, -dʒəs | -djəs, -dɪəs] 〚《*a*1420》□LL *taediōs-us* ← L *taedium* : ⇨ ↓, -ous〛 *adj.* **1** 〈仕事・旅行など〉退屈な，飽き飽きする (dull, tiresome) : a ～ discourse [journey] 退屈な長談義[旅行] / He waited for three ～ hours. 退屈しながら 3 時間待った. **2** 〈話・話し手など〉冗長な，くどい，長たらしい (prolix) : a ～ speaker. **～·ly** *adv.* **～·ness** *n.*

te·di·um [tíːdiəm | -djəm, -dɪəm] 〚《1662》□L *taedium* weariness ← *taedēre* to disgust, weary〛 ― *n.* **1** 飽き飽きすること，退屈 : He beguiled [kept away, relieved] the ～ *of waiting* by reading a magazine. 待つ間の退屈を雑誌を読んで紛らした. **2** 退屈な時.

té·di·um ví·tae [tíːdiəm-váɪtiː, téɪdiəm-víːtaɪ | -dɪəm-] *L. n.* ＝taedium vitae.

tee¹ [tíː] 〚《1494–95》: T の字の名〛 ― *n.* **1** T または t の字. **2** T 字形の物 : **a** T 字管. **b** ＝T bar. **3** 〘カーリング〙(house の中心の) 標的 (mark) (⇨ curling 挿絵). *to a tee* ＝*to a T* ⇨ T 成句. 「挿絵).
― *adj.* T 字形の.

tee² [tíː] 〚《1673》《-z を pl. 語尾とみた逆成》← 《古形》*teaz* ← ? : T 字形目標からか〛 ― *n.* **1** 〘ゴルフ〙 **a** ティー (グラウンド)《各ホールの第一打を打つ場所 ; teeing ground ともいう》. **b** ティー《第一打を打つ際に球を載せる小さなゴム・プラスチック・木製のくさび状のもの》. **2** 〘サッカー・アメリカンフットボール〙ティー《キックオフおよびプレースキック (placekick) の際に球を載せるプラスチック製の台》.
dead from the tee 打球の狙いたがわず.
― *vt.* (～**d ; ～·ing**) **1** 〘ゴルフ〙〈球を〉ティーに載せる 〈*up*〉. **2** 準備[手配]する 〈*up*〉: It's (all) ～*d up.*
― *vi.* 〘ゴルフ〙球をティーに載せる 〈*up*〉.
tee off (1) 〘ゴルフ〙ティーから第一球を打ち出す，ティーオフする. (2)〔…から〕〔…を〕始める，(…の) 火ぶたを切る〔*with*〕. (3) 《米俗》〔人を〕叱りつける〔*on*〕. (4) 《俗》〘野球・ソフトボール〙(長打で) 大量得点を挙げる ; 〔相手を〕痛打する〔*on*〕. (5) 《俗》〘ボクシング〙強打する. (6) [しばしば Passive で] 《米俗》怒らせる，いら立たせる.

tee³ [tíː] 〚《1800》□Burmese *h'ti* umbrella〛 *n.* 傘(さん)形飾り，請花(うけばな)《塔・五重塔などの頂上に設けた多く金色の傘形の飾り，周端に鈴を下げることもある》.

tée connèction *n.* 〘電気〙 **1** ＝T connection. **2** ＝tee joint. 「ンド (⇨ tee² 1 a).

tée·ing gròund [tíːɪŋ-] *n.* 〘ゴルフ〙ティーグラウ

tée jòint *n.* 〘電気〙T 字形接続，T 分岐接続 (tee connection). 「nection).

teel [tíːl] *n.* 〘植物〙＝til.

teem¹ [tíːm] 〚OE *tēman, tieman* to breed < Gmc **taumjan* ← **taumaz* family, offspring : ⇨ team〛 ― *vi.* **1 a** 〈場所などが〉〔…に〕満ちる，富む (abound)〔*with*〕: This pond ～*s with* fish. この池には魚が多い / His head is ～*ing with* good ideas. 彼の頭はすばらしい考えで一杯だ / The streets are ～*ing with* people. 通りは人であふれていた. **b** 〔場所などに〕満ちる，たくさんいる〔*in*〕: Fish ～ *in* Japanese waters. 日本近海は魚類に富む / Good ideas ～ *in* his head. 名案が彼の頭にぎっしり詰っている. **2** 《廃》妊娠する. ― *vt.* 《古》〈子を〉産む ; 生じる.

teem² [tíːm] 〚ME *teme(n)* □ON *tœm-a* to pour out ← *tōmr* empty : ⇨ toom〛 ― *vt.* **1** 《方言》〈容器〉の中味をあける (empty). **2** 〘冶金〙〈溶けた金属を〉型に注ぐ. ― *vi.* **1** 〈水が〉どっと注ぐ (flow). **2** [しばしば it を主語として] (雨が) 激しく降る (pour) 〈*down*〉: It's ～*ing* (with rain). ＝The rain is ～*ing* (*down*). どしゃ降りだ.

téem·ing 〚← **TEEM**¹〛 ― *adj.* **1** (うようよするほど) たくさんいる，込み合っている (swarming) : a ～ station 人波でごった返す駅 / the ～ population of the slums スラム街に住んでいるたくさんの人間. **2** 多産の，実を結ぶ (prolific) : a ～ brain (思想の) 豊かな頭脳. **～·ly** *adv.* **～·ness** *n.*

teen¹ [tíːn] 〚OE *tēona* injury, grief < Gmc **tin-nō* ← IE **dau-* to burn〛 ― *n.* **1** 《古》悲哀，悲嘆 (grief) ; 不幸 (misfortune). **2** 《スコット》怒り，腹立ち (anger). **3** 《廃》危害 (injury)，損傷 (damage). 「ager.

teen² [tíːn] 〚↓〛 *adj.* 十代の (teenage). ― *n.* ＝teen-

-teen [tíːn, tìːn] 〚OE *-tēne, -tȳne* '**TEN**' : cf. G *-zehn*〛 ― *suf.* 「10…」の意で，13 から 19 までの基数の名詞を造る. ★ -teen の語 (13–19) のアクセントはリズムの関係で ⌐(–)⌐ または ⌐(–)⌐ となる.

Tee·na [tíːnə] 〚(dim.) ← **A**LBERTINA ∥ **B**ETTINA ∥ **C**HRISTINA〛 *n.* 女性名. 「party, etc.

téen·àge *adj.* 十代の，十代の若者の : a ～ boy, girl,

téen àge *n.* 十代の年齢《-teen で終る 13 から 19 までの間の年齢》: girls of ～ 十代の少女 (cf. teenager).

téen·àged [-èɪdʒd] *adj.* ＝teenage.

téen·àg·er [-èɪdʒə | -dʒə(r] *n.* 十代の少年[少女]，ティーンエージャー.

teen·er [tíːnə | -nə(r] *n.* ＝teenager. 「＝teeny.

tee·nie-wee·nie [tíːniwíːni | -nɪwíːnɪ] *adj.* 《小児語》

teens [tíːnz] 〚⇨ teen², -s¹〛 ― *n. pl.* **1** (年) 齢の) 十代《-teen で終る 13–19 歳》; (特に，連続した) 13 から 19 までの数 ; (世紀の) 10 年代 : a girl *in* her ～ 十代の少女 / *in* one's last ～ 十代の最後に / *in* one's early [low] ～ 十代前期で[の]，ローティーンの / *in* one's late [high] ～ 十代後期で[の]，ハイティーンの / She is just *out of* her ～. 十代を抜けた[20 歳になった]ばかりだ / enter one's ～ 13 歳になる / pass one's ～ 十代から抜ける，二十代になる. **2** 十代の若者たち.

teen·sie-ween·sie [tíːnsiwíːnsi | -sɪwíːnsɪ] 〚《押韻加重》← **TEENY**〛 *adj.* 《小児語》＝teensy.

teen·ster [tíːnstə | -stə(r] *n.* ＝teenager.

teen·sy [tíːnsi | -sɪ] 〚《転訛》← **TEENY**〛 *adj.* 《小児語》(**teen·si·er ; -si·est**) ＝teeny.

teen·sy-ween·sy [tíːnsiwíːnsi | -sɪwíːnsɪ] 〚《変形》← **TEENY-WEENY**〛 *adj.* 《小児語》＝teeny.

teent·sy [tíːntsi | -sɪ] 〚《幼児語，転訛》← **TEENY**〛 *adj.* (**teent·si·er ; -si·est**) ＝teeny.

tee·ny [tíːni | -nɪ] 〚《1847–78》《変形》← **TINY** : **WEENY** などの類推か〛 ― *adj.* (**tee·ni·er ; -ni·est**) 《口語》ちっちゃい (tiny) : I'll give you one ～ bit of advice. ちょっとアドバイスしてあげよう. ― *n.* ＝teenager.

teen·y·bop·per [tíːnibὰpə | -nɪbɔ̀pə(r] 〚← **TEEN**²＋-**Y**²＋**BOPPER**〛 ― *n.* 《口語》 **1** ティーンエージャー《少女》. **2** ティーニーボッパー《しきりに流行を追いロックに凝り，麻薬に興味をもつティーンエージャーの女の子，時に男の子》.

téeny-tíny 〚《加重》⇨ teeny〛 *adj.* 《口語》とってもちっちゃい.

tee·ny-wee·ny [tíːniwíːni | -nɪwíːnɪ] 〚《押韻加重》← **TEENY**〛 *adj.* 《小児語》＝teeny.

tee·pee [tíːpiː, -pi | -piː, -pɪ] *n.* ＝tepee.

Tees [tíːz] 〚OE **Tēs(e)*《原義》? boiling or surging river : cf. Welsh *tes* heat, sunshine〛 ― *n.* [the ～] イングランド北部，Pennine Chain の北方に発し，東流して，Middlesbrough で北海に注ぐ川 (110 km).

tée shìrt *n.* ＝T-shirt.

tée shòt *n.* 〘ゴルフ〙ティーショット《ティーから打ち出す打球》. 「出す打球》.

tée squàre *n.* ＝T square.

Tees·side [tíːzsaɪd] *n.* イングランド北部 Tees 川沿いの旧特別市 (county borough) (1968–74) ; 1974 年から Cleveland 州の一部となった》.

tee·tee [tíːtiː] *n.* 〘動物〙＝titi¹.

tee·ter [tíːtə | -tə(r] 〚《変形》←《古形》*titter* to totter, seesaw < ME *titere(n)* to totter, sway : cf. G *zittern* to tremble, quiver〛 ― *vi.* **1** 《米》シーソーする (seesaw). **2 a** 動揺する，よろめく (totter). **b** ためらう (waver) : ～ *on* a decision [*between* two courses] 決心がつきかねて[二つの進路の取捨に]ためらう. ― *vt.* (シーソーのように) 上下に動かす : He ～*ed* the fretting baby on his knee. むずかる幼児を膝に乗せて上下にゆすった. ― *n.* 《米》 **1** シーソー. **2** 動揺 ; ためらい (vacillation).

téeter·bòard *n.* 《米》 **1** ＝seesaw 1 b. **2** ティーターボード《支えの上に載せた板で，一方の端に人が飛び乗ると他方の端に立っている人が空中に飛び上るようになっている》.

tee·ter-tot·ter [tíːtətὰtə | -tətɔ̀tə(r] 〚《変形》←《方言》*titter-totter* game of seesawing : ⇨ teeter, totter¹〛 《米》 *n.* シーソー (seesaw). ― *vi.* シーソーをする. 「する.

tee·te·ry [tíːtəri | -tərɪ] *adj.* 《米》＝tottery.

teeth [tíːθ] 〚OE *tēþ*〛 *n.* tooth の複数形.

teethe [tíːð] 〚《*c*1410》: ⇨ teeth : **BLEED, FEED** などからの類推か〛 *vi.* 歯を生じる ; 〈小児が〉歯がはえる (cut teeth). 「り.

téeth·er 〚⇨ ↑, -er¹〛 *n.* (歯生期の幼児用の) おしゃぶり.

téeth·ing *n.* **1** 乳歯の萌出，歯のはえること (dentition). **2** 歯の萌出に伴う現象.

téething rìng *n.* 《米》(歯生期の幼児に与える通例ゴムまたはプラスチック製の) 輪形のおしゃぶり.

téething tròubles *n. pl.* (企業などの) 当初の困難.

téeth·rìdge *n.* 〘音声〙歯槽突起，歯茎 (alveolar ridge).

tee·to·tal [tìːtóʊtl̩ | tìːtəʊtl̩] 〚《1834》← T(OTAL)＋TO-TAL (ABSTINENCE) : 強調のため語頭の t を重ねたもの〛 ― *adj.* **1** 絶対禁酒(主義)の : a ～ pledge 絶対禁酒誓約 / a ～ society 禁酒会 / ～ drink アルコールを含まない飲料，清涼飲料. **2** 《米口語・方言》絶対的な，全くの《total の強意語》: ～ ignorance 絶対的な無知. ― *vi.* (**tee·to·taled, -to·talled ; -tal·ing, -tal·ling**) 禁酒を唱える，禁酒を実行する. **～·ly** *adv.*

tée·tò·tal·er [-tələ, -tl̩ə | -tlə(r, -tl̩ə(r] *n.* 絶対禁酒(主義)者. 「酒主義.

tée·tò·tal·ism [-təlɪzm, -tl̩- | -təl-, -tl̩-] *n.* 絶対禁

tée·tò·tal·ist [-təlɪst, -ləst, -tl̩- | -təlɪst, -tl̩-] *n.* ＝teetotaler. 「taler.

tée·tò·tal·ler [-tələ, -tl̩ə | -tlə(r, -tl̩ə(r] *n.* ＝teeto-

tee·to·tum [tìːtóʊtəm | tìːtəʊtʌ́m, ⌐–⌐, tìːtáʊtəm] 〚《1720》*T-totum* ← **TEE**¹＋L *tōtum* the whole (stakes) (neut.) ← *tōtus* 'whole, **TOTAL**' : こま(独楽)の一角に *totum* '(take) all' の頭文字の T が刻んであることから〛 ― *n.* **1** 指で回す小ごま : like a ～ くるくると (回って). **2 a** (かけ勝負用の) 四角ごま《指で心棒をひねって回す小ごま ; 側面に T (take all), H (half), N (nothing), P (put down 賭金を今一度積め) の文字があり，倒れたとき上面に出た文字によって勝負をする ; 今はすたれた》. **b** ＝put-and-take.

tee·vee [tíːvíː] 〚← *TV*〛 *n.* テレビ (television).

teff [téf] 〚□Amharic *ṭēf*〛 *n.* 〘植物〙テフ (*Eragrostis abyssinica*)《アフリカ北部産のイネ科の穀物 ; teff grass ともいう》.

te·fil·lin [təfílɪn, -lən | -lɪn] 〚□Mish.Heb. *tᵉphillīn* (pl.) ← *tᵉphillāʰ* prayer〛 *n. pl.* [時に単数扱い] 〘ユダヤ教〙聖句箱 (⇨ phylactery 1).

TEFL [téfl] 《略》〘教育〙Teaching English as a Foreign Language.

Tef·lon [téflɑn | -lɔn] 〚← (POLY)TE(TRA)FL(UORO-ETHYLENE)＋-*on* (合成物を表わす添え字)〛 ― *n.* 〘商標〙テフロン《耐薬品性・耐熱性にすぐれる四フッ化エチレンの重合体からなるフッ素樹脂の商品名で，絶縁材料やコーティング材として用いられる》.

teg [tég] 〚《*a*1529》← ? : cf. Swed. *tacka* ewe〛 *n.* **1** 《英》2 歳の羊 ; 2 歳の羊の毛. **2** 2 歳の鹿の雌.

t.e.g. 《略》〘製本〙top edge(s) gilt 天金 (cf. g.e.).

tegg [tég] *n.* ＝teg.

teg·men [tégmən] 〚← NL ～ ← L *teg(u)men* covering ← *tegere* to cover : cf. thatch〛 ― *n.* (*pl.* **teg·mi·na** [-mənə | -mɪ-]) **1** 覆(おお)い (covering), 外被 (integument). **2** 〘植物〙内種皮. **3** [*pl.*]〘昆虫〙(甲虫の)翅鞘(しょう), さやばね; (直翅(ちょくし)類の)硬い前ばね. **teg·mi·nal** [tégmənl] *adj.*

teg·men·tum [tegménṭəm | -təm] 〚← NL ～ ← L ～, *tegumentum* : ⇨ tegument〛 *n.* **1** 〘植物〙芽鱗, 苞 (bud scale). **2** 〘解剖〙被蓋. **teg·men·tal** [tegménṭl | -tl] *adj.*

tegmina *n.* tegmen の複数形.

Te·gu·ci·gal·pa [təgùːsɪgǽlpə, -sə- | tegùːsɪ-; *Am. Sp.* tegusiɣálpa] *n.* テグシガルパ《中米 Honduras の南中部にある同国の首都; 人口 274,000》.

teg·u·la [tégjʊlə] 〚□ L *tēgula* (↓)〛 *n.* (*pl.* **-u·lae** [-lìː]) 〘昆虫〙肩板《蜂・蝶・蛾などの前翅関節膜をおおっているもの》.

teg·u·lar [tégjʊlɚ | -lə(r] 〚← L *tēgula* tile (← *tegere* to cover)＋-AR[1]〛 *adj.* **1** 瓦(かわら)状の, 瓦のように並べた. **2** 〘昆虫〙肩板の, 瓦状片の. **～·ly** *adv.*

teg·u·lat·ed [tégjʊlèɪṭɪd, -ṭəd | -tɪd, -təd] *adj.* 〈甲冑が〉瓦(かわら)状に並べた板(いた)から成る: ～ armor.

teg·u·ment [tégjʊmənt] 〚(*c*1450) □ L *teg(u)mentum* a covering ← *tegere* to cover : cf. tegmen〛 ― *n.* 覆(おお)い, 外被. **teg·u·men·tal** [tègjʊménṭl | -tl] *adj.* **teg·u·men·ta·ry** [tègjʊménṭəri | -təri] *adj.*

te·gu·ri·um [təgjúː(ə)riəm | -gjúəri-] 〚□ LL ～ 'covering, shrine', L hut, cottage ← ? *tegere* to cover〛 ― *n.* (*pl.* **-ri·a** [-riə | -rɪə]) (古代ローマの建築で)祭壇や石棺をおおう屋根.

Teh [téɪ] *n.* ＝Te.

te·hee [tìːhíː] 〚(?*a*1300) 擬音語〛 *int.* ひっひ《笑う声》. ― *n.* ひっひという笑い声 (titter, giggle). ― *vi.* (～d; ～·ing) ひっひと笑う.

Te·he·ran [tèɪərǽn, -rάːn | tɛərάːn, tèhə-, tèɪə-] *n.* (*also* **Te·hran** [～]) テヘラン《イラン北部にある同国の首都; 人口 3,639,000》.

Te·huan·te·pec [təwάːnṭəpèk | -tə-; *Am. Sp.* tewántepèk], **the Gulf of** *n.* テワンテペック湾《メキシコ南部, 太平洋側の湾》.

Tehuantepec, the Isthmus of *n.* テワンテペック地峡《メキシコ南部, 太平洋側の Tehuantepec 湾と大西洋側の Campeche 湾との間の地域, 運河開設の候補地; 南北の幅 200 km》.

Te·huel·che [təwéltʃi | tewéltʃi; *Am. Sp.* tewéltʃe] 〚□ Araucanian ～《原義》(people of) the southeast〛 ― *n.* (*pl.* ～, ～s) **1** [the ～(s)] テウェルチェ族《アルゼンチンの南部 Patagonia 地方の長身の狩猟民》. **2** テウェルチェ族の人.

Te·ian [tíː(j)ən] 〚← L *Tēius* (□ Gk *Téōs*)＋-AN[1]〛 *adj.* **1** (Ionia の古都) Teos の. **2** (紀元前 550 年ごろ Teos に生れたギリシャの詩人) Anacreon の.

Téich·mann's crýstal [táɪkmənz-, táɪç-; *G.* táɪç-man-] 〚← *L. K. Teichmann-Stawiarski* (1823–1895: ドイツの解剖学者)〛 *n.* 〘生化学〙タイヒマンの結晶《hemin 結晶の一種; 血液の臨床検査の時検出される》.

Tei·de [téɪdeɪ; *Sp.* téiðe], **the Pi·co de** [píko ðe] *n.* テイデ山《Canary 諸島中の Tenerife 島の火山 (3,718 m); the Pico de Tenerife, the Pico de Teyde ともいう》.

te ig·i·tur [tèɪ-ídʒɪtùɚ | -tùə(r] 〚□ L *tē igitur* thee therefore〛 *n.* 〘カトリック〙ミサの典文 (Canon of the Mass) の第一節.

teig·lach [téɪgləx, táɪg-] 〚□ Yid. *teyglekh* (dim.) ← *teyg* 'DOUGH' □ MHG *teig*〛 ― *n. pl.* [単数または複数扱い] テイグラック《生姜(しょうが)風味の小麦粉の生地をひも状にし, 小さく切って砂糖と蜂蜜のシロップで煮たユダヤの菓子》. ⌈科の(トカゲ).

tei·id [tíːɪd, -əd | -ɪd] 〚↓〛 *adj.*, *n.* 〘動物〙テグトカゲ

Tei·i·dae [tíːədìː | tíːɪ-] 〚← NL ～ ← *Teius* (属名: ← Port. *tejú* ← Tupi & Guarani)＋-IDAE〛 *n. pl.* 〘動物〙テグトカゲ科.

Teil·hard de Char·din [teɪjάɚ-də-ʃaɚdǽː(ŋ), -dǽŋ | teɪjάː-də-ʃɑː-; *F.* tɛjaʀdəʃaʀdɛ̃], **Pierre** *n.* テイヤール ド シャルダン《1881–1955; フランスの古生物学者・地質学者・神学者; 諸科学の総合によって統一的世界観を求め, 科学と信仰の調和を図った》.

Teil·hard·i·an [teɪjάɚdiən | -jάːdjən, -dɪən] 〚↑〛 *adj.* テイヤールの[学説の]. ― *n.* テイヤール学説信奉者.

téil trèe [tíːl-] 〚*teil* : (1589) □ OF *til, teil* (F *tilleul*) // L *tilia* linden tree ← ?〛 *n.* 〘植物〙＝linden 1.

teind [tíːnd] 〚ME *tende* 'TENTH' : cf. ON *tiund*〛 *n.* 《スコット》＝tithe. ― *adj.* ＝tenth. ⌈Tiresias.

Tei·re·si·as [taɪríːsiəs | -sɪəs] *n.* 〘ギリシャ伝説〙＝

tek·non·y·my [teknάnəmi | -nɔ́nɪmi] 〚← Gk *téknon* child＋-ONYMY〛 ― *n.* 〘文化人類学〙テクノニミー《未開民族に見られる,「…の父」「…の母」のように子の名前を軸として親を呼ぶ呼称法》. **tek·non·y·mous** [teknάnəməs | -nɔ́nɪ-] *adj.*

tek·tite [téktaɪt] 〚← Gk *tēktós* molten (← *tēkein* to melt)＋-ITE[1]〛 ― *n.* 〘岩石〙テクタイト《オーストラリア・インドネシア・チェコなどに産する黒曜石に似た岩石で, 地球外からの飛来物という説がある; cf. microtektite》. **tek·tit·ic** [tektíṭɪk | -tɪk] *adj.*

tel [tél] *n.* 〘考古〙＝tell[2].

TEL 《略》〘化学〙tetraethyl lead.

tel. 《略》telegram; telegraph; telegraphic; telephone.

tel-[1] [tel] (母音の前に来る時の) tele-[1] の異形: *tel*autograph. ⌈encephalon.

tel-[2] [tel] (母音の前に来る時の) teleo- の異形: *tel*

tel·aes·the·si·a [tèlesθíːʒɪə, -ʒə | -lɪsθíːzjə, -líːs-, -ləs-, -zɪə, -ʒɪə, -ʒə] *n.* 〘心霊〙＝telesthesia.

tel·a·mon [téləmὰn, -mən | -mən, -mɔ̀n] 〚□ L ～ □ Gk *telamṓn* strap ← *tlênai* to bear : cf. talent〛 *n.* (*pl.* **-a·mo·nes** [tèləmóuniːz | -máu-]) 〘建築〙(支柱となる)男性像 (atlas), テラモン (cf. caryatid).

Tel·a·mon [téləmən | -mən, -mɔ̀n] 〚↑〛 *n.* 〘ギリシャ伝説〙テラモン《Salamis の王; Ajax と Teucer の父; Argonauts の一人》.

tel·an·gi·ec·ta·si·a [təlæ̀ndʒiektéɪʒɪə, -ʒə | -dʒɪektéɪzɪə, -ʒɪə] 〚← NL ～ ← TELEO-＋ANGIO-＋ECTASIA〛 ― *n.* 〘病理〙末梢(しょう)血管拡張(症), 毛細(血)管拡張(症). **tel·an·gi·ec·tat·ic** [təlæ̀ndʒiektǽṭɪk | -dʒɪek-tǽtɪk] *adj.*

tel·an·gi·ec·ta·sis [təlæ̀ndʒiéktəsɪs, te-, -səs | telæ̀n-dʒɪéktəsɪs] 〚← NL ～ : ⇨ ↑, -sis〛 *n.* (*pl.* **-ta·ses** [-siːz]) 〘病理〙＝telangiectasia.

tel·an·thro·pus [təlǽnθrəpəs, tèlænθróu- | təlǽn-θrə-, tèlænθrə́u-] 〚← NL ～ : ⇨ teleo-, -anthropus〛 ― *n.* 〘人類学〙テラントロプス《南アフリカ Johannesburg 近郊の Swartkrans 地方で発見された 2 個の下顎骨片によって知られるテラントロプス属 (*Telanthropus*) の化石人類の総称; cf. Sinanthropus, Homo erectus》.

te·la·ry [tíːləri | -rɪ] 〚← L *tēla* web＋-ARY〛 *adj.* くもの巣の, くもの巣をかける.

tel·au·to·gram [telɔ́ːṭəgræ̀m | -tə-] 〚⇨ ↓, -gram〛 *n.* テロートグラフ (telautograph) で受信された画面 [文字, 図面, 写真].

Tel·Au·to·graph, Tel·a- [telɔ́ːṭəgræ̀f | -təgrὰːf, -græ̀f] 〚《商品名》: ⇨ tele-[1], autograph〛 ― *n.* 〘商標〙テロートグラフ《手書きの文字・図面を電気信号に変えて伝送再現する書字電信装置》.

tel·au·tog·ra·phy [tèlɔːtάgrəfi, telɔ́ːṭəgræ̀fi | tèlɔː-tɔ́grəfɪ, telɔ́ːtəgræ̀fɪ] *n.* 書字電信法.

Tel A·viv [tèləvíːv] *n.* テルアビブ《イスラエル中部, 地中海岸の港市; もと同国の首都 (1948–50); 1950 年 Jaffa と合併して Tel Aviv-Jaffa となる;》.

Tél Avív-Jáf·fa [-dʒǽfə, -jǽfə | -dʒǽfə] *n.* テルアビブヤファ《イスラエル中部地中海岸の港市; 人口 358,000; ⇨ Tel Aviv, Jaffa 1》.

tel·e [téli | -lɪ] 〚《略》〛 *n.* 《米口語》テレビ (television)

tele. 《略》television. ⌊(cf. telly).

tel·e-[1] [télə | -lɪ] 〚← NL ～ ← Gk *tēle* far off, at a distance〛 ―「遠距離(操作); 電信・電送」の意の連結形: *tele*graph, *tele*scope, *tele*vision. ★ 時に telo-, また母音の前では通例 tel- になる.

tel·e-[2] [téli | -lɪ] teleo- の異形.

tel·e-[3] [télə | -lɪ] 〚《略》← TELE(VISION)〛「テレビ (television)」の意の連結形: *tele*picture, *tele*play.

tel·e·ar·chics [tèliάɚkɪks | -lɪά:-] 〚⇨ tele-[1], arch-[1], -ics〛 *n.* 〘航空〙航空機遠隔操縦法.

téle·càmera *n.* **1** 望遠写真機 (telephotographic camera). **2** ＝television camera.

tel·e·cast [télɪkæ̀st, -lə- | -kὰːst] 〚← TELE-[3]＋(BROAD)CAST〛 *vi.*, *vt.* (～, ～·ed) テレビ放送する. ― *n.* テレビ放送; テレビ番組. **～·er** *n.*

télecast stàtion *n.* テレビ放送局.

tel·e·cep·tor [téləsèptɚ | -lɪseptə(r] 〚← TELE-[1]＋L -*ceptor* (《連結形》← *captor* 'CAPTOR')〛 ― *n.* 〘心理〙遠受容器《末端器の下位区分の一つ; 刺激が生体から遠く離れていても認知できるような受容器; 例えば, 視覚や聴覚などの受容器》.

tel·e·cin·e [tèləsíni | -lɪsíni] 〚← TELE-[3]＋CINE(MATOGRAPH)〛 ― *n.* 〘テレビ〙 **1** テレシネスタジオ, フィルムスタジオ《生番組ではなく録画した番組や映画を放映するスタジオ》. **2** 録画番組, テレビ映画. **3** 録画[テレビ映画]放送装置.

tèle·cinematógraphy *n.* テレビ映画術《映画フィルムをテレビで放送するための技術》.

téle·communicátion 〚(1932) □ F *télécommunication*〛 ― *n.* **1** (電話・電信・ラジオ・テレビなどによる)遠距離通信: a ～(*s*) satellite 通信衛星 (cf. Intelsat). **2** [通例 *pl.*] 電気通信学.

téle·còurse 〚← TELE-[3]＋COURSE[1]〛 *n.* 《米》テレビ通信教育講座《単位を取得できるもの》. ⌈断.

téle·diagnòsis 〚← TELE-[1]＋DIAGNOSIS〛 *n.* 遠隔診

tel·e·du [télədùː, tælédu:] 〚□ Malay *ēledu*〛 *n.* 〘動物〙スカンクアナグマ (*Mydaus javensis*) 《Java, Sumatra および Borneo 産のスカンクに似た小動物》.

tèle·facsímile 〚← TELE-[1]＋FACSIMILE〛 *n.* テレファクシミリ《印刷物を電話回線を用いて遠隔地に電送する方法》.

téle·fìlm 〚← TELE-[3]＋FILM〛 *n.* テレビ映画. ⌈phy.

teleg. 《略》telegram; telegraph; telegraphic; telegra-

te·le·ga [təléɪgə | teléɪgə; *Russ.* tjiljégə] 〚□ Russ. ～ ← ?〛 *n.* ロシアの四輪荷馬車.

tel·e·gen·ic [tèlədʒénɪk | -lɪ-, -lə-] 〚← TELE-[3]＋-GENIC〛 ― *adj.* テレビ向きの, テレビ写りのよい (cf. photogenic 3, radiogenic 2): ～ actors, qualities, etc. **tèl·e·gén·i·cal·ly** *adv.*

tel·eg·no·sis [tèlənóusɪs, -legnóu-, -səs | -lɪnə́usɪs, -legnə́u-] 〚← NL ～ : ⇨ tele-[1], -gnosis〛 *n.* 超自然的認識; 千里眼, 透視 (clairvoyance).

Te·leg·o·nus [təlégənəs, tə- | tɪ-, te-, tə-] 〚□ L *Tēlegonus* □ Gk *Tēlégonos* 《原義》born afar : ⇨ tele-[1], genus〛 ― *n.* 〘ギリシャ伝説〙テレゴノス: **1** Odysseus と Circe の息子; 図らずもその父を殺し Penelope を娶(めと)る. **2** Proteus の子, Io の夫; 格闘競技で Hercules に殺される.

te·leg·o·ny [təlégəni, tə- | tɪlégəni, te-, tə-] 〚← TELE-[1]＋-GONY〛 ― *n.* 〘生物〙先夫遺伝, 感応遺伝《ある純粋種の雌が初めの雄に似た子を別の雄によって産むという説; 古くから畜産家に信じられてきたが今は誤りとされる》. **tel·e·gon·ic** [tèləgάnɪk | -lɪgɔ́n-] *adj.*

tel·e·gram [téləgræ̀m | -lɪ-] 〚(1852) ← TELE-[1]＋-GRAM : 米国の法律家 E. P. Smith の造語〛 ― *n.* 電報 (telegraphic message): a collated [an urgent] ～ 照合[至急]電報 / a ～ form [《米》blank] 電報発信紙, 頼信紙 / a ～ in cipher [plain language] 暗号[平文]電報 / a ～ to follow 追尾電報 / by ～ 電報で / send [dispatch, forward] a ～ 電報を打つ. ― *v.* (**tel·e·grammed**) ＝telegraph.

tel·e·graph [téləgræ̀f | -lɪgrὰːf, -græ̀f] 〚(1794) □ F *télégraphe*〛 ― *n.* **1** 電信装置; 電報 (telegram), 電信: a duplex [quadruple] ～ 二重[四重]電信機 / by ～ 電信で, 電報で / submarine ～ 海底電信 / a ～ corps 電信隊 / a ～ office [station] 電報局 / a ～ form [slip] 頼信紙, 電報発信紙. **2** 〘海事〙船橋と機関室との交信装置. **3** 信号機 (semaphore). **4** ＝telegraph board.
― *vt.* **1** 〈ニュースなどを〉電信で報じる, 打電する, 〈人〉に電報を打つ: ～ a message *to* a person 人に電報を打つ / *Telegraph* me the result. その結果を電報で知らせて下さい / *Telegraph* him *that* everything is O.K. [*to* come at once]. 万事 O.K. だと[すぐ来いと] 彼に電報を打て. **2** 電報で頼んで送る: ～ money 電信[電報]為替(かわせ)で送金する / She ～*ed* flowers *to* a sick friend. 病気の友人に電報で注文して花を送った. **3** (信号・合図・目配せで)知らせる[伝える]; 〈手の内を〉知られる, 読まれる: She ～*ed* a nod of assent. うなずいて承知の旨を知らせた. **4** 〈得点などを〉速報掲示板で示す. ― *vi.* **1** 電報を打つ, 打電する: ～ *to* one's father 父に電報を打つ / ～ *off for* money 金送れと電報を打つ / I ～*ed for* my wife. 電報を打って妻を呼び寄せた. **2** 信号[合図]で伝える; 目配せする 〔*to*〕. ⌈示板 (score board).

télegraph bòard *n.* (競馬場・競技場などの)速報掲

télegraph càble *n.* 電信ケーブル.

te·leg·ra·pher [təlégrəfɚ, tə-, téləgræ̀fɚ | tɪlégrəfə(r, te-, tə-] *n.* 電信技手, 電信技術者 (telegraphist).

telégrapher's crámp *n.* 〘病理〙電信技手痙攣(けいれん).

tel·e·graph·ese [tèləgræfíːz, -fíːs, ⸗⸗⸗⸗ | tèlɪgrɑː-fíːz, -græ-, -grə-] 〚← TELEGRAPH＋-ESE〛 ― *n.* **1** (簡約した)電文体. **2** 《戯言》(London の *Daily Telegraph* 紙に見られるような)誇張的文体. ― *adj.* **1** 電文体の. **2** 《戯言》誇張的文体の.

tel·e·graph·ic [tèləgrǽfɪk | -lɪ-] 〚(1794)〛 ― *adj.* **1** 電信装置の. **2** 電送の, 電信[電報]の[による]: a ～ address 電信宛名(あてな) / a ～ code (特に, Morse 式の)電信符号 / ～ instructions 訓電 / ～ instruments 電信機 / ～ brevity 電文体の簡潔さ / a ～ message 電信, 電報 / a ～ form 頼信紙 / a ～ picture 電送写真 / a ～ money order 電信[電報]為替(かわせ). **3** (目配せなどによる)合図の: a ～ glance 目配せ. **4** 電文体の; 短い, 簡潔な (concise): His speech was ～. 彼の言葉は電文のように簡潔だった. ⌈ic.

tèl·e·gráph·i·cal [-fɪkəl, -fə- | -fɪ-] *adj.* ＝telegraph-

tèl·e·gráph·i·cal·ly *adv.* 電信[電報]で; 信号[合図]で; 簡潔に (concisely).

telegráphic óperator *n.* 《米》＝telegrapher.

telegráphic tránsfer *n.* 《英》＝cable transfer.

te·leg·ra·phist [tɪlégrəfɪst tə-, téləgræ̀f-, -fəst | tɪlég-rəfɪst, te-, tə-] 〚□ F *télégraphiste*〛 *n.* 《英》電信技手, 電信技術者.

telégraphist's crámp *n.* 〘病理〙＝telegrapher's ⌊cramp.

télegraph-kèy *n.* 電鍵(けん).

télegraph-lìne *n.* 電(信)線.

te·leg·ra·phone [tɪlégrəfòun, tə- | tɪlégrəfəun, te-, tə-] 〚□ Dan. *telegrafon* : ⇨ tele-[1], grapho-, -phone〛 ― *n.* **1** (旧式の)磁気録音装置. **2** 録音電話機《電話と録音機とを兼ねたもので, 受話機で記録してこれを必要に応じて再生する》.

télegraph-òperator *n.* ＝telegraphist.

tel·e·graph·o·scope [tèləgrǽfəskòup | -lɪgrάːfə-skəup, -grǽf-] *n.* (初期の)写真電送機.

télegraph plànt *n.* 〘植物〙マイハギ (*Desmodium gyrans*) 《インド原産のマメ科の小低木; 小葉が旋回運動をするので有名; clock plant ともいう》.

télegraph-pòle[-pòst] *n.* 電柱.

télegraph-wìre *n.* 電(信)線, 電話線.

te·leg·ra·phy [tɪlégrəfi, tə- | tɪlégrəfɪ, te-, tə-] 〚(1795)〛 *n.* 〘通信〙電信, 電信術: electric wave ～ 無線電信術.

Tel·e·gu [téləgùː | -lɪ-] *n.* (*pl.* ～, ～s) ＝Telugu.

téle·guìde 〚⇨ TELE-[1]〛 *vt.* 遠隔誘導する: a ～*d* anti-air missile 遠隔誘導対空ミサイル.

tèle·kinésis 〚← NL ～ : ⇨ tele-[1], kinesis〛 *n.* 〘心霊〙念動, テレキネシス《距離を隔てて, 物理的媒介なしに物体を動かすこと》.

tèle·kinétic *adj.* 念動の: a ～ phenomenon 念動現象. **tèle·kinétically** *adv.*

téle·lècture 〚⇨ TELE-[1]〛 *n.* **1** 電話線につないだ拡声器. **2** telelecture を利用して行なう講義[講演].

Te·lem·a·chus [tɪléməkəs, tə- | tɪléməkəs, te-, tə-] 〘□L *Tēlemachus* □Gk *Tēlémakhos*《原義》fighting from afar: ⇨ tele-¹, -machy〙 ── *n.* 〘ギリシャ伝説〙テレマコス《Odysseus と Penelope との息子》.

téle·màn [-mæ̀n] 〘← TELE-¹+MAN〙 *n.* (*pl.* **-men** [-mèn]) 下士官信号兵《海軍の下士官で，信号文の送受・通信業務などを担当する》.

Te·le·mann [téɪləmɑ̀ːn; *G.* téːləmàn], **Georg Philipp** *n.* テレマン《1681–1767；ドイツの作曲家》.

tel·e·mark [téləmɑ̀ək | -lɪmɑ̀ːk] 〘□Norw. ~← *Telemark* (ノルウェー南部の地名)〙〘スキー〙 ── *n.* [時に T-] テレマーク(回転)《外側スキーを前に出し後端を開いて回転動作をする；Telemark turn ともいう》. ── *vi.* テレマーク(回転)をする. 「法.

tèle·mechánics *n.* (機械の)遠隔操縦(法), 無線操縦

tel·e·me·ter [téləmìːtə | -lɪmìːtə(r] 〘(1860)〙 ── *n.* **1** 測距儀 (range finder). **2** 〘電気〙遠隔測定器, テレメーター《ある量を遠距離の所に電送する仕掛け》. ── *vt., vi.* (測定値を)遠隔測定器で送信する.

tél·e·mè·ter·ing [-tərɪŋ | -tə-] *n.* 〘測量〙遠隔測定《測定対象から離れた場所で測定値の読み取りまたは記録を行なう測定法》.

te·lem·e·try [təlémətri | tɪlémɪtri, te-, tə-, -mə-] ── *n.* **1** 遠隔測定工学. **2** 遠隔測定器で送信されたデータ. **3** =biotelemetry. **tel·e·met·ric** [tèləmétrɪk | -mét-, -míːt-] *adj.* **tèl·e·mét·ri·cal·ly** *adv.*

téle·mòtor *n.* 〘海事〙テレモーター, (電気・水圧などによる)遠隔かじ取り機.

Te·le·mus [tíːləməs] 〘□L *Tēlemus* □Gk *Tḗlemos*〙 *n.* 〘ギリシャ伝説〙テレモス《Polyphemus に Odysseus が彼を盲目にすると告げた予言者》.

tel·en·ceph·a·lon [tèlɪnséfəlɑ̀n, -lən-, -len-, -lən | tèlenkéfəlɔ̀n, -lɪn-, -séf-, -lən] 〘← TELEO-+ENCEPHALON〙 ── *n.* 〘解剖〙終脳, 端脳《前脳 (forebrain) の前半部；endbrain ともいう》. **tel·en·ce·phal·ic** [tèlènsəfǽlɪk, -sɪ- | -kəfǽl-, -kɪf-, -sef-, -sɪf-] *adj.*

téle·nèws *n.* テレニュース《テレビのニュース放送》.

tel·e·o- [télio(ʊ), tíːl- | -lɪə(ʊ)] 〘□Gk ~← *téle(i)os* complete, ended ← *télos* end, completion: cf. telesis〙 ──「目的；完全；末端」の意の連結形: *teleology, teleosaurus.* ★時に tele-, telo-, また母音の前では通例 tel- になる. 「eological.

tel·e·o·log·ic [tèliəlɑ́dʒɪk, tìːl- | -lɪəlɔ́dʒ-] *adj.* =tel-

tel·e·o·log·i·cal [tèliəlɑ́dʒɪkəl, tìːl- -dʒə- | -lɪəlɔ́dʒɪ-] ── *adj.* 目的論の, 目的論的な: ~ judgment〘哲学〙目的論的判断 / ~ necessity〘哲学〙目的論的必然性. **~·ly** *adv.* 「from design.

teleológical árgument *n.* 〘哲学〙=ARGUMENT

teleológical éthics *n.* 〘倫理〙目的論的倫理《目的論 (teleology) の立場をとる倫理学説で, 利己主義・功利主義等に細分化される；cf. axiological ethics》.

tèl·e·ól·o·gìsm [-dʒɪzm̩] *n.* 目的論信奉.

tèl·e·ól·o·gist [-dʒɪst, -dʒəst | -dʒɪst] *n.* 目的論者.

tel·e·ol·o·gy [tèliɑ́lədʒi, tìːl- | -lɪɔ́lədʒɪ] 〘(1740) ← NL *teleologia*: ⇨ teleo-, -logy: ドイツの哲学者 Christian von Wolff の造語〙 ── *n.* 〘哲学〙 **1** 目的(原因)論《人間の行為のみならず自然も目的によって規定されているとする説；↔ dysteleology；cf. fortuitism, tychism》. **2** 〘倫理〙目的論《行為の義務・正邪の基準をその結果・目的におく倫理的立場；cf. deontology》.

tel·e·on·o·my [tèliɑ́nəmi | -lɪɔ́nəmɪ] 〘← TELEO-+-NOMY〙 *n.* テレオノミー《総合的目的によって支配されること》. 「作ロボット[装置].

téle·òperator *n.* 遠隔操作式記録装置, リモコン操

tel·e·o·saur [téliəsɔ̀ə | -lɪə(ʊ)sɔ̀ː(r] 〘⇨ teleosaurus〙 ── *n.* 〘古生物〙テレオサウラス《中世代ワニ目のうち海生の中鰐類テレオサウラス属 (*Teleosaurus*) の爬虫類の総称》.

tel·e·o·sau·ri·an [tèliəsɔ́ːriən | -lɪə(ʊ)sɔ́ːrɪ-] 〘古生物〙 *adj.* テレオサウラス属の. ── *n.* =teleosaur.

tel·e·o·sau·rus [tèliəsɔ́ːrəs | -lɪə-] 〘← NL ~: ⇨ teleo-, -saurus〙 *n.* 〘古生物〙 **1** [T-] テレオサウラス属. **2** =teleosaur.

tel·e·ost [téliɑ̀st, tíːl- | -lɪɔ̀st] 〘(逆成) ← NL *teleosteī* (pl.) ← Gk *tele-* 'TELEO-'+*ostéon* bone〙 ── *n.* 〘魚類〙真骨上目 (Teleostei) の魚類の総称《普通の魚でその骨格はほとんど全部硬骨から成る；cf. elasmobranch》. ── *adj.* 真骨上目の.

tel·e·os·te·an [tèliɑ́stiən, tìːl- | -lɪɔ́stɪ-] 〘⇨↑, -an¹〙 *adj., n.* 〘魚類〙=teleost.

Tel·e·os·tei [tèliɑ́stiaɪ, tìːl- | -lɪɔ́s-] 〘← NL ~ ← TELEO-+-*ostei* (← Gk *ostéon* bone)〙 *n. pl.* 〘魚類〙真骨上目. 「〘魚類〙=teleost.

tel·e·o·stome [téliəstòum, tíːl- | -lɪəstəʊm] 〘↓〙 *n.*

Tel·e·os·to·mi [tèliɑ́stəmàɪ, tìːl- | -lɪɔ́s-] 〘← NL ~: ⇨ teleo-, -stoma¹〙 *n. pl.* 〘魚類〙 **1** 真口亜綱. **2** 硬骨魚綱. 「── *vi.* =telepathize.

tel·e·path [téləpæ̀θ | -lɪ-] 〘略〙 *n.* =telepathist 2.

tel·e·path·ic [tèləpǽθɪk | -lɪ-] *adj.* テレパシーの[による]: ~ clairvoyance [communication] テレパシーによる透視[伝達]. **tèl·e·páth·i·cal·ly** *adv.*

te·lép·a·thist [-θɪst, -θəst | -θɪst] *n.* **1** テレパシー研究家. **2** 精神感応力を有する人.

te·lep·a·thize [tɪlépəθàɪz, tə- | tɪlép-, te-, tə-] 〘⇨↓, -ize〙 *vt.* テレパシーで伝える；以心伝心的に知らせる. ── *vi.* 精神感応術を行なう.

te·lep·a·thy [tɪlépəθi, tə- | tɪlépəθɪ, te-, tə-] 〘(1882) ← TELE-¹+-PATHY〙 *n.* テレパシー, 精神感応《心の内容が知覚によらずに直接に伝わる現象》; 以心伝心.

tel·e·phone [téləfòun | -ləfəʊn, -lɪ-] 〘(1835) □F *téléphone*《原義》voice from afar: ⇨ tele-¹, -phone: フランスの科学者 Sudré が聴話器に名付けた造語 (1834), のち A. G. Bell が 1876 年その発明した電話機の名称に用いた〙 ── *n.* 電話機；電話；[the ~] 電話(通信)組織: a ~ girl 女子交換手 / a ~ call 電話の呼び出し / a ~ message 通話 / a ~ set 電話機 / ~ lines 電話線 / a ~ subscriber 電話加入者 / a public ~ 公衆電話 / a wireless [radio] ~ 無線電話器 / by ~ 電話で / answer *the* ~ 電話口に出る / call a person *on* [*to*] *the* ~ 人を電話(口)に呼び出す / pick up the ~ 受話器を取り上げる[手にする] / speak to a person *on* [*over*] *the* ~ 電話で人と話す / You are wanted *on the* ~. 君に電話がかかっている / She is just now *on the* ~. 今電話中です / Are you *on the* ~?=Do you have a ~? お宅には電話がおありですか.

── *vt.* **1** 〈人〉に電話を掛ける；〈ニュースなどを〉電話で〔…に〕伝える〔*to*〕: ~ one's mother / ~ a person *for* advice 人に電話して忠告を求める / I ~*d* him the news.=I ~*d* the news *to* him. 彼にそのニュースを電話で知らせた / He ~*d* me *to* come at once [*that* everything was all right]. すぐ来るようにと[万事O.K.だと]私に電話してきた. **2** 電話で頼んで〈人〉に〈電報を〉送る: ~ a person a greetings telegram 電話局に頼んで祝賀電報を送ってもらう《普通, 相手も電文を電話で受ける》. ── *vi.* **1** 電話を掛ける, 電話で話す: ~ to say that… 電話を掛けて…と言う. ★ ~ *to* a person の形は《まれ》(cf. *vt.* 1). **2** 〔…を〕電話で注文する[呼ぶ]〔*for*〕: ~ *for* meat, books, etc. / He ~*d for* a doctor [taxi]. 電話で医者[タクシー]を呼んだ.

telephone in 〔家・本部などに〕電話を入れる〔*to*〕: ~ a report *in to* the head office 本社に一報を入れる.

télephone bòok *n.* 電話(番号)帳.

télephone bòoth *n.* (公衆)電話ボックス.

télephone bòx *n.* 《英》(公衆)電話ボックス.

télephone dirèctory *n.* =telephone book.

tel·e·phon·ee [tèləfouníː | -ləfəʊ-, -lɪ-] 〘⇨ -ee¹〙 *n.* 電話をかけられる人.

télephone exchànge *n.* 電話交換局.

télephone kìosk *n.* (公衆)電話ボックス.

télephone nùmber *n.* 電話番号.

télephone òperator *n.* 電話交換手.

tél·e·phòn·er *n.* 電話をかける人.

télephone recèiver *n.* 電話受話器. 「gram).

télephone tèlegram *n.* 〘通信〙電話電報 (phono-

télephone thèory *n.* 〘生理〙電話説《耳は空気の振動を電気的振動に変換するマイクロフォンのようなものであり, 聴神経はこの電気的振動を大脳に伝える電話のような機能をもち, 音の分析は大脳で行なわれるとする説》.

télephone transmìtter *n.* 電話送話器.

tel·e·phon·ic [tèləfɑ́nɪk | -ləfɔ́n-, -lɪ-] 〘(1834)〙 *adj.* **1** 電話(機)の；電話での: ~ communication 電話による通信, 通話. **2** 音を遠方に伝える. **tèl·e·phón·i·cal·ly** *adv.*

tel·e·phon·ist [téləfòunɪst, tɪléfən-, tə-, -nəst | tɪléfənɪst, te-, tə-] 〘(1882)〙 *n.* 電話技手；電話交換手.

te·leph·o·ny [tɪléfəni, tə-, téləfòuni | tɪléfənɪ, te-, tə-] *n.* 電話術: wireless ~ 無線電話.

tel·e·pho·to [tèləfóutou | tèlɪfə́ʊtəʊ] 〘(略) ← TELEPHOTO(GRAPHIC)〙 ── *adj.* **1** 望遠(写真)の (telephotographic). **2** 望遠の: ⇨ telephoto lens. ── *n.* (*pl.* **~s**) **1** 望遠レンズ. **2** 望遠写真. **3** 〘通信〙=telephotography 1.

Tel·epho·to [téləfòutou | tèlɪfə́ʊtəʊ] *n.* 〘商標〙テレフォト《写真電送装置あるいは電送写真の商品名》.

tèle·phótograph *n.* **1** 電送写真. **2** 《まれ》望遠写真. ── *vt.* 望遠レンズ(付きカメラ)で撮影する.

tèle·photográphic *adj.* **1** 写真電送の；電送写真の. **2** 望遠写真の: a ~ lens 望遠レンズ / a ~ camera 望遠写真機 (telecamera).

tèle·photógraphy *n.* **1** 〘通信〙写真電送 (phototelegraphy). **2** 望遠写真術.

telephóto léns *n.* 望遠レンズ: a 300 mm ~.

tèle·photómeter *n.* **1** 遠隔物光度測定器. **2** 〘気象〙透過率計 (transmissometer).

tel·e·plasm [téləplæ̀zm | -lɪ-] *n.* 〘心霊〙=ectoplasm 2. **tel·e·plasm·ic** [tèləplǽzmɪk | -lɪ-] *adj.*

téle·plày *n.* 《米》テレビドラマ.

tél·e·pòrt [téləpɔ̀ət, -pòət | -lɪpɔ́ːt] 〘← TELE-¹+PORT³〙 *vt.* 《米》〘心霊〙念動[力]作用によって運ぶ.

tel·e·por·ta·tion [tèləpɔətéɪʃən, -poə-, -pə- | -lɪpɔː-] *n.* 〘心霊〙念力移動.

téle·prìnter *n.* =teletypewriter.

téle·pròcessing *n.* (電算機による)遠隔データ操作.

Tel·e·Promp·Ter [téləprɑ̀m(p)tə | -lɪprɔ̀m(p)tə(r] 〘⇨ tele-³, prompter〙 *n.* 〘商標〙テレプロンプター《autocue の商品名》.

tel·e·ran [télərǽn] 〘← *Tele(vision) Ra(dar) N(avigation)*〙 ── *n.* 〘航空〙テレラン《空港周辺における航法の一種で, 地上のレーダーが周辺空域を走査し, その結果を航空機に送ってパイロットが近くの空域にいるすべての航空機の位置を知ることができるようにしたシステム》. 「る.

tele·record [ˊ––ˋ, ˋ–––ˊ] *vt.* 〘テレビ〙録画す

tele·recording [ˊ––ˋ–, ˋ–––ˊ–] *n.* (テレビの)録画；録画番組(など).

tel·er·gy [télə(ː)dʒi | -lə(ː)dʒɪ] 〘(混成) ← TEL(EPATHIC)+(EN)ERGY〙 *n.* 遠隔精神作用.

tel·e·scope [téləskòup | -lɪskəʊp] 〘(1648) ← NL *telescop-ium* ← Gk *teleskópos* far-seeing: ⇨ tele-¹, -scope〙 ── *n.* **1 a** 望遠鏡: a binocular ~ 双眼鏡 / an equatorial ~ 赤道儀 / a sighting ~ 照準望遠鏡《銃砲などに付属した照準用の地上望遠鏡》/ ⇨ astronomical telescope, reflecting telescope, refracting telescope, terrestrial telescope. **b** 電波望遠鏡 (radiotelescope). **2** [the T-] 〘天文〙ぼうえんきょう(望遠鏡)座 (⇨ Telescopium). **3** =telescope bag.

── *attrib. adj.* はまり込み式の, 入れ子式の: ⇨ telescope bag, telescope box.

── *vt.* **1** (入れ子式に)はめ込む, (順次に)たたみ込む. **2** (列車などが衝突して)〈前後の車両を〉折り重ならせる: The cars were ~*d* by the collision. その衝突で車両が折り重なった. **3** 簡単にする (simplify), 縮める (shorten) 〔*into*〕: Two sentences can be ~*d into* a single sentence by transformation. 変形によって二つの文を一つの文に縮めることができる. **4** 〈二つ(以上)の語を〉混交させる (blend) (cf. telescope word).

── *vi.* **1** (入れ子式に)はまり込む. **2** (衝突して)折り重なる: Two of the carriages ~*d*. 車両が二つ折り重なった. **3** 短縮される, 短くなる, 縮まる.

télescope bàg *n.* (一方が他方にすっぽりかぶさる)行李(こうり)式の旅行かばん.

télescope bòx *n.* かぶせぶた式の箱.

télescope gòldfish *n.* 〘魚類〙デメキン. 「遠照尺.

télescope sìght *n.* (測量器・銃砲の)眼鏡照準具, 望

télescope wòrd *n.* 〘言語〙混成語, かばん語 (blend, portmanteau word).

tel·e·scop·ic [tèləskɑ́pɪk | -lɪskɔ́p-] 〘(1705)〙 ── *adj.* **1** 望遠鏡の: a ~ lens / ⇨ telescopic sight. **2** 望遠鏡使用による；望遠鏡で見た；〈天体が〉望遠鏡によってだけ見られる: ~ observations 望遠鏡による観測 / ~ stars 望遠鏡によってのみ見える星 / a ~ object 望遠鏡的物体. **3** 遠目のきく, 先見の明のある (farseeing): a ~ eye. **4** 入れ子式の, (順次)はめ込みのできる, 伸縮自在の: a ~ joint 入れ子式継ぎ手. **tèl·e·scóp·i·cal·ly** *adv.*

telescópic rífle *n.* 眼鏡[望遠照尺]付ライフル.

telescópic síght *n.* =telescope sight.

te·les·co·pist [tɪléskəpɪst, tə-, -pəst | tɪléskəpɪst, te-, tə-] *n.* 望遠鏡使用(熟練)者, 望遠鏡観測家.

Tel·e·sco·pi·um [tèləskóupiəm | -lɪskə́ʊpɪ-] 〘← NL ~: ⇨ telescope〙 *n.* 〘天文〙ぼうえんきょう(望遠鏡)座《南天の小星座；the Telescope ともいう》.

te·les·co·py [tɪléskəpi, tə- | tɪléskəpɪ, te-, tə-] *n.* **1** 望遠鏡使用法[製造法]. **2** 望遠鏡による調査[観測].

téle·scrèen *n.* テレビ(受像機)のスクリーン[画面].

tel·e·seism [téləsàɪzm̩ | -lɪ-] 〘← TELE-¹+-SEISM〙 *n.* 〘地球物理〙遠隔地震による微動.

tèle·seismólogy 〘⇨↑, -logy〙 *n.* 遠隔地震学.

tel·e·sis [téləsɪs, -səs | -lɪsɪs] 〘← NL ~ ← Gk *télesis* event, completion ← *teleîn* to complete ← *télos* end: cf. teleo-〙 *n.* (*pl.* **-e·ses** [-sìːz]) (知的に計画された)進歩；自然・社会の作用の(知的利用による)目的達成.

tèle·spéctroscope *n.* 〘天文〙望遠分光器《天体スペ

tèle·stéreoscope *n.* 望遠実体鏡. 「クトル用》.

tel·es·the·si·a [tèlesθíːʒiə, -ʒə | -lɪsθíːzjə, -lɪːs-, -ləs-, -zɪə, -ʒɪə, -ʒə] 〘← NL ~: ⇨ tele-¹, esthesia〙 ── *n.* 〘心霊〙遠隔透視. **tel·es·thet·ic** [tèləsθétɪk | -lɪs-θét-] *adj.*

te·lés·tial glóry [tɪléstʃəl-, tə-, -tiəl- | tɪléstɪəl-, te-, tə-] 〘*telestial*: ← TELE-¹+(CEL)ESTIAL〙 *n.* 〘モルモン教〙星の光栄《3 種の光栄の最も下位の状態；cf. celestial glory》.

te·les·tich [tɪléstɪk, tə-] 〘← TELEO-+Gk *stíkhos* row, line (cf. stich)〙 ── *n.* 〘詩学〙テレスティック, 行末語呂合わせ《各行の末字を取ってその順に綴り合わせると, その詩の題名などを表わす語句になる詩；cf. acrostic 1》.

tèle·téxt *n.* テレテクスト《多重放送を利用してテレビ画面に情報を伝達する方法；cf. viewdata》.

tèle·thermómeter *n.* 〘物理〙遠隔温度計, 電気温度

tèle·thermómetry *n.* 〘物理〙遠隔温度測定法. 「計.

tèle·thérmoscope *n.* 〘物理〙=telethermometer.

tel·e·thon [téləθɑ̀n | -lɪθɔ̀n] 〘← TELE-³+(MARA)THON: cf. talkathon〙 *n.* 《米》テレソン《基金募集などのための長時間テレビ番組》.

tèle·transcríption 〘← TELE-³+TRANSCRIPTION〙 *n.* **1** 〘テレビ〙(番組などを)ビデオテープ(など)に録画すること；番組などの録画映画. **2** =kinescope 2.

Tel·e·type [télətàɪp | -lɪ-] 〘← TELE-¹+TYPE(WRITER)〙 *n.* **1** 〘商標〙テレタイプ《teletypewriter の商品名》. **2** テレタイプ通信. **téle·týp·er** *n.*

Tèle·týpesetter *n.* 〘商標〙テレタイプセッター《自動植字機用穿孔(せんこう)テープを作成するためのタイプライターのような装置》.

tèle·týpewriter *n.* 《米》電信タイプライター, テレタイプ《一台のタイプライターで打つと電気仕掛けで遠方の他のタイプライターが印字する装置》.

téle·tỳpist *n.* teletypewriter を操作する人.

te·leu·to·so·rus [tɪlùːtəsɔ́ːrəs, tə-, -ljuː-, -sóːr- | -təsɔ́ːr-] 〘← NL ~: ⇨↓, sorus〙 *n.* (*pl.* **-so·ri** [-raɪ]) 〘植物〙=telium.

te·leu·to·spore [tɪlúːtəspɔ̀ə, tə-, -ljúː-, -spòə | tɪlúːtəspɔ̀ː(r, te-, -ljúː-] 〘← Gk *teleutḗ* completion, end

+-o-+-SPORE〗 ── n.〖植物〗teliospore の旧称. **te·leu·to·spor·ic** [tɪlùːtəspɔ́ːrɪk, tə-, -ljùː-, -spɔ́ːr- | tɪlùːtəspɔ́ːr-, te-, -ljùː-] adj.

tel·e·view [téləvjùː, -lə-] vt. テレビで見る. ── vi. テレビを見る. **~·er** n.

tel·e·vise [téləvàɪz | -lɪ-] 〖《逆成》← TELEVISION〗 ── vt. テレビで放送[放映]する; テレビで受像する: The scene was ~d in color by satellite. その場面は人工衛星でカラーテレビ放送された. ── vi. テレビで放送する, 放映する.

télevising stàtion n. テレビ放送局.

tel·e·vi·sion [téləvìʒən | télɪvìʒən, -lə-, ⌣⌣⌣] 〖(1909) □ F *télévision*: ⇨ tele-¹, vision〗 ── n. **1** テレビジョン, テレビ(放送)(略 TV): by ~ / watch (the) ~ テレビを見る / watch boxing *on (the)* ~ テレビでボクシングを見る / appear *on* ~ テレビに出る / I saw it *on* ~. テレビで見た / She looks young *on* ~. テレビに出ると若く見える / What's *on (the)* ~ tonight? 今夜はテレビでどんな番組があるだろう / ⇨ two-way television. **2** テレビ受像機(television set): buy a new ~. **3** テレビ(放送)産業; テレビ関係(の仕事): We are in ~. テレビ関係の仕事をしている. **4** テレビ番組(として)の質《適・不適》: It was [will be] good ~. ── *attrib. adj.* テレビの[による]: ~ commercials / a ~ station テレビ(放送)局. **~·al** [tèləvíʒənl, -ʒnəl | -lɪ-, -lə-] adj. **~·ar·y** [tèləvíʒənèri | -lɪvíʒ(ə)nəri, -lə-] adj. **tèl·e·ví·sion·al·ly** adv.

télevision càmera n. テレビカメラ (telecamera).

télevision recèiver [sèt] n. テレビ受像機.

télevision transmìtter n. テレビ送信機.

télevision tùbe n. 〖テレビ〗受像管 (picture tube).

tel·e·vi·sor [téləvàɪzə | -lɪvàɪzə(r] 〖← TELEVISE+-OR²〗 n. **1** テレビ送信[受信]装置. **2** テレビ放送者; テレビ受信者.

tèle·vísual adj. **1** テレビの. **2** =telegenic.

téle·wrìter n. 《英》=telautograph.

tel·ex [téleks] 〖(1932)《混成》← TEL(EPRINTER)+EX(CHANGE)〗 ── n. テレックス, 加入電信《加入電話のようにダイアルによって外国などの加入者を呼び出し交信できる電信システム》. ── vt. **1** テレックスで〈通信を〉送る. **2** …とテレックスで交信する.

tel·fer [télfə | -fə(r] n., adj., vt. =telpher.

tel·fer·age [télfərɪdʒ] n. =telpherage.

tel·ford [télfəd | -fəd] 〖← *Thomas Telford* (1757–1834: スコットランドの土木技師)〗 ── adj. テルフォード式舗装の《割石の間に砕石をつめ, 小石の層を置き, ローラーで固めならす道路舗装にいう》: ~ pavement.

tel·har·mo·ni·um [tèlhɑəmóuniəm, -njəm | -hɑːmóunjəm, -nɪəm] n. 音楽電送器, 遠距離音楽器.

telia n. telium の複数形.

te·li·al [tíːliəl, -ljəl | -ljəl, -lɪəl] 〖⇨ telium, -al¹〗 adj. 〖植物〗冬(ふゆ)胞子堆(たい) (telium) の: the ~ stage (サビキン類の)冬胞子期.

tel·ic [télɪk, tíːl-] 〖□ Gk *telik-ós* final ← *télos* end: ⇨ teleo-, -ic¹〗 ── adj. **1** 〖文法〗 **a** 目的を示す: a ~ clause 目的節. **b** 〈相が〉完了の (perfective) (↔ atelic). **2** 目的のある (purposive). **tél·i·cal·ly** adv.

te·li·o·spore [tíːliəspɔ̀ə, -spɔ̀ə | -lɪəspɔ̀ː(r] 〖← NL *telium* (↓) +-o-+SPORE〗 ── n. 〖植物〗冬(ふゆ)胞子《サビキン類の生活史の最終段階に生じる, 厚い膜を有し越冬して翌春発芽して担子胞子を造る胞子; winter spore ともいう》. **te·li·o·spor·ic** [tìːliəspɔ́ːrɪk, -spɔ́ːr- | -lɪəspɔ́ːr-] adj.

te·li·um [tíːliəm, -ljəm | -ljəm, -lɪəm] 〖← NL ~ ← TELEO-+-IUM〗 n. (*pl.* **te·li·a** [-liə, -ljə | -ljə, -lɪə]) 〖植物〗(サビキン類の)冬(ふゆ)胞子堆(たい)《冬胞子 (teliospore) の集合体》.

tell¹ [tél] 〖OE *tellan* to reckon, narrate < Gmc **taljan* (Du. *tellen* to reckon, count / G *zählen* to count / ON *telja* to tell, count) ← **talō* 'TALE¹'〗 ── v. (**told** [tóuld | tɔ́uld]) ── vt. **1** [しばしば間接目的語を伴って] 話す, 語る, 物語る (recount): I'll ~ you an interesting story [adventure]. おもしろい話[冒険談]をしてあげよう / He often ~s *back to* you the story you have *told to* him. 彼はよく人から聞いた話をそのままその人に言って聞かせることがある / ⇨ *tell a* TALE¹, *tell* TALES (*out of school*), *tell the* TALE¹.

2 [しばしば間接目的語を伴って] **a** 言葉に表わす, (口に出して)言う, 述べる (utter): ~ (a person) one's thoughts [feelings] (人に)考え[気持]を述べる / ~ (a person) the truth [a lie] (人に)真実[うそ]を言う / ⇨ *to tell the* TRUTH / ~ one's prayers お祈りをする / ~ a person good-by 《米》人にさよならを言う, いとまごいをする / I cannot ~ half of what I feel [*how* happy I am]. 自分の気持を半分も[どんなに仕合わせかは口では]言い表わせない / That's a *told* story; another is whispered. それは表向きの話で実は裏がある. **b** 〈秘密などを〉打ち明ける, 漏らす; 〈陰口などを〉たたく; 〈運勢を〉告げる (disclose, divulge): ~ (a person) a secret (人に)秘密を漏らす / ~ one's love 恋する心を打ち明ける / ~ tales ⇨ tale¹ n. 2 a / ~ fortunes ⇨ fortune n. 3.

3 a [(二重)目的語, *wh*-clause, 目的語+*that*-clause, 目的語+*wh*-clause, 目的語+*wh*-word+*to* do などを伴って] 〈人〉に告げる, 知らせる, 報じる, 伝える, 教える (inform, report): ~ the time (時計を見て)時間を言う (cf. 3 b) / If he asks, ~ him. もし聞かれたら話しなさい / I will ~ you. 話してあげよう, まあお聞きなさい / ⇨ *You're* TELLing *me!* / Don't ~ *where* he escaped. 彼がどこへ逃げたかだれにも言ってはいけない / ~ a person one's name 人に自分の名を告げる / I will ~ you the shortest way. 一番の近道を教えてあげよう / I will ~ you all that I know. 知っていることをすっかり話そう / I have been *told* the full truth. 真相を残らず教えてもらった / ~ the news *to* everyone そのニュースを皆に知らせる / ~ a person *about* [*of*] an accident 人に事故を報じる《★ of の方が形式張っている》/ He *told* the police *on* his friend. 《口語》友人のことを警察に密告した (cf. vi. 3 a) / He *told* me (*that*) you were coming. 君が来ることは彼から聞いた《★ この構文における受動態は I *was told* that… で, It *was told* me that… は《まれ》》/ Never [Don't] ~ me (*that*…)! まさか(…ではないでしょう), ご冗談でしょう / So he *told* me. そう彼は私に言った《★ so は *that*-clause に代わる語》/ I *told* you so! =Did I not ~ you so? 言わないことじゃない, それ御覧 / *Tell* me *why* you don't like it. どうして嫌いなのか言って下さい / *Tell* me *how* it happened. 事の次第を話して下さい / *Tell* me *what to* do. どうしていいのか教えて下さい. **b** 〈物が〉告げる (announce), 表わす, 示す (reveal): ~ the time 〈時計が〉時刻を告げる (cf. 3 a) / The church bell was ~*ing* the hour. 教会の鐘が時を告げていた / Your face ~*s* it. 君の顔に書いてある / *How* well that succeeds only time will ~. それがどのくらい成功するかは時がたってみないとわからない / This fact ~*s* a great deal *about* his steadfast character. この事実が彼の堅実な性格を雄弁に物語っている / His road map *told* him *that* it was eighty miles to the town. 道路地図からその町まであと 80 マイルだということがわかった.

4 [しばしば挿入的に用いて] 〈人〉に断言[明言, 保証]する (assure): It is not so easy, let me ~ you. 実際の話, それはそんなに楽じゃないよ / I did listen, I can ~ you! 本当にちゃんと聞いてましたよ / I ~ you(,) I'm fed up with it. それには全くうんざりだ.

5 [目的語+*to* do を伴って] 〈人〉に〈…せよと〉命じる, 言いつける (order): *Tell* him *to* come at once. 彼にすぐ来るように言って下さい / I was *told to* wait. 私は待つように言われた / Do as I ~ you. 私が言う通りにしなさい《★ you の後に to do が略されている》.

6 [特に can, could などを伴って] **a** [*wh*-word+to do, *wh*-clause, *that*-clause などを伴って] 〔…で〕知る, わかる (make out) 〔*by, from*〕 (cf. vi. 2): I *can* ~ it *from* your eyes. それは君の目でわかる / She *couldn't* ~ *what to* do. 彼女にはどうしたらよいかわからなかった / There is no ~*ing what* may happen. どんな事が起こるか予知できない / *Whether* it was true or not, there was no way to ~. それが本当だったかどうかということは知るすべもなかった / *Can* you ~ *where* he is? 彼がどこにいるかわかりますか. **b** 見分ける, 識別する (distinguish): ~ the true *from* the false 真偽を見分ける / I can't ~ the difference between them. その二つの区別はつかない.

7 a 《古》数える, 勘定する (count) (cf. teller 2, 3): ~ one's beads ⇨ bead n. 2 b / ~ *noses*=*count* NOSES / all *told* ⇨ 成句 / He ~*eth* the number of the stars. エホバもろもろの星をかぞう (*Ps.* 147: 4). **b** 《英》(下院で)〈票〉の数をよむ.

── vi. **1 a** 話す, 語る, 報じる 〔*of*〕: ~ *of* one's experiences [the bygone days] 経験談をする[過ぎし日を語る] / ~ *of* an accident 事故を報じる / Do ~! 《米口語》何とおっしゃる, まさか. **b** 〈物が〉〔…を〕示す, 証明する 〔*of*〕: ruins ~*ing of* an ancient city 古代都市の存在を物語る廃墟 / The lines on his face *told of* a great weariness and misery of spirit. 彼の顔に見えるしわが大きな精神的疲労と苦痛の跡を物語っていた.

2 [特に can, could などを伴って; 通例, 否定・疑問構文で] わかる, 見分ける (cf. vt. 6): How *can* I ~? どうして私にわかりましょう《わかりません》/ *Nobody can* ~. =Who *can* ~? 誰にもわからない / You *never can* ~. わからぬものですよ《予想や外観はあてにはできない》/ You *never can* ~ with women. 女というものは分らぬものだ / It is difficult to ~ at this distance. こんな距離からではなかなかわからない[見分けがつかない] / There is *no* ~*ing about* the weather. 天気のことはわからないものだ / as far as one can ~ (証拠から)はっきり言える限りにおいて.

3 a 《口語》〔他人のことを〕告げ口する, 言い付ける (inform against) 〔*on, of*〕: Don't ~ *on* me. 言い付けちゃいけないよ / Gentlemen never ~. 紳士は密告などしない / I promise not to ~. 他言はしません. **b** 《英方言》しゃべる, 雑談する (talk, chat).

4 効果を表わす, 効目(ききめ)がある; 〈打撃などが〉当たる, 命中する; 〔人・健康などに〕こたえる, 影響する 〔*on, upon; against, in favor of*〕: It is character that ~*s.* 物をいうのは性格です / Every shot *told.* 百発百中だった / The strain *told on* his health [nerves]. 無理が体[神経]にこたえた / He is unusually short-tempered. The lack of sleep must be beginning to ~. 彼はいつになく短気だ. 寝不足がこたえてきているに違いない / His age has begun to ~ *upon* him. 彼も年には勝てなくなってきた《年は争えない》/ Everything *told against* him. すべてが彼にとって不利だった / This fact will ~ *in his favor.* この事実は彼にとって有利に働くだろう.

all told (1) 合計で, 全部で (in all): There were thirty people *all told.* 全部で 30 人いた. (2) 《口語》全体的に見て, 要するに (altogether): *All told,* it had been one of the most thrilling experiences. 要するにそれは最もぞっとする経験のひとつだった. ***hear tell*** ⇨ hear 成句. ***I'm telling you!*** [telling に強勢を置いて] 《口語》(後続の話を強めて)本当なんですよ; 本当なんだが. ***tell apart*** ⇨ apart 成句. ***tell away*** 《方言》呪文を唱えて〈痛みなどを〉取り去る. ***tell down*** 《スコット》〈金を〉勘定して払う: ~ *down* money. ***tell it like it is*** 《米俗》(どんなに不愉快なことでも)事実をありのままに伝える, 本当のことを言う. ***tell off*** (1) 数え分ける (count off) (cf. vt. 7): ~ *off* the sheep. (2) 数え分けて〔仕事に〕割り当てる (assign); 点呼して〔任務を果たすために〕特派する (detail) 〔*for*〕: Two men were *told off for* guard duty [*to* get food]. 2 人の名が呼ばれて見張りの任務を与えられた[食料の調達に派遣された]. (3) 《口語》叱(しか)り付ける (reprimand): He got *told off* severely *for* being rude. 彼は無作法だと言ってこっぴどく叱られた. ***tell out*** =TELL *away.* ***tell a person his own*** 《口語》〈人〉に率直にその欠点を言う[教える]. ***You're telling me!*** [me に強勢を置いて] 《口語》(言わなくても)百も承知だ; 全くその通りだ.

── n. 《方言》話 (talk), うわさ (gossip): according to their ~ うわさによれば / I've a ~ for you. 君に話したい(耳寄りな)ことがある.

tell² [tél] 〖□ Arab. *tall*: cog. Heb. *tēl* mount, hill〗 ── n. (*also* **tel**) 〖考古〗(エジプト・中東の)テル, 遺丘《時代を異にしてその地に存在したいくつかの集落の遺構・遺物が長年の間に堆積してできた人工の丘; エジプト・中東の地名の一部にしばしば使われる語: Tel Aviv など》.

Tell [tél; G. tél], **Wilhelm** *or* **William** n. ⇨ William Tell.

tell·a·ble [téləbl] 〖(15C)〗 adj. 話せる, 話になる, 話すに適した; 話すに足る.

Tell el A·mar·na [tèlèləmɑ́ənə | -mɑ́ː-] n. テル エル アマルナ《エジプト中部, Nile 河岸の古代遺跡; Amenhotep 四世時代の首都; アマルナ文書発見 (1887 年) の地》.

téll·er [-lə | -lə(r] 〖(?a1300)〗 ── n. **1** 話し手, 語り手, 告げる人 (narrator): a ~ of stories 物語作家 / ⇨ story-teller. **2** 数え手, 計算係; (銀行の)金銭出納(すいとう)係: a deposit [savings] ~ 預金係 / a paying [receiving] ~ 支出[収納]係. **3** (議会などの)投票計算係.

Tel·ler [télə | -lə(r], **Edward** n. (1908–) ハンガリー生れの米国の核物理学者; 水爆の父といわれる.

téller·shìp n. 出納係 (teller) の職.

Té·llez [téljeθ; *Sp.* téʎeθ], **Gabriel** n. テリェス《1583–1648; スペインの劇作家; 筆名 Tirso de Molina》.

tel·lin [télɪn, -lən | -lɪn] 〖↓〗 n. 〖貝類〗ニッコウガイ科の貝.

Tel·li·na·ce·a [tèlənéɪʃiə | -lɪnéɪʃɪə] 〖← NL *Tellina* (← Gk *tellínē* a kind of shellfish)+-ACEA〗 ── n. pl. 〖貝類〗ニッコウガイ超科《ベニガイ・サクラガイ・ニッコウガイ・ナミノコガイ・イソシジミなどを含む》.

téll·ing [-lɪŋ] 〖(adj.: 1852; n.: a1325)〗 ── adj. **1 a** 手ごたえのある, 有効な, 効目(ききめ)のある (effective), 強烈な (forcible): a ~ argument 手ごたえのある議論 / a ~ blow 激しい一撃 / ~ evidence 有力な証拠 / with ~ effect 極めて効果的に. **b** 苦しい, 骨の折れる: a ~ climb きつい(山)登り. **2** 多くを物語る, 大そう手掛りになる (revealing): a ~ look 意味ありげな目つき / a ~ coincidence 大いに手掛りになる符合.

── n. **1** 話 (narration); 言いつけ, 命令: take a ~ (早速)言われた通りにする. **2** 数えること.

That's telling(s). 《口語》そんなこと言うと秘密をばらすことになる, それは秘密だ.

~·ly adv.

Tel·lin·i·dae [tɪlínədìː, te- | -nɪ-] 〖← NL ~ ← *Tellina* (属名: ⇨ Tellinacea)+-IDAE〗 n. pl. 〖貝類〗ニッコウガイ科.

téll·tàle 〖(1548) ← TELL¹+TALE¹〗 ── n. **1** 人の秘密をしゃべる人 (talebearer); 告げ口する人, 密告者 (informer). **2** (内実・内情などを)暴露するもの, あかし, 証拠 (sign, evidence). **3** 自動表示器, 指数器, 登録器; タイムレコーダー (time clock). **4** 〖鉄道〗警簾(けいれん)《貨車の上に乗っている乗員に陸橋やトンネルなどが近付いたことを知らせるためにその手前の線路の上方に垂れ下げたなわの列》. **5** 〖海事〗 **a** 舵角(だかく)表示器. **b** 吊羅針儀(つりらしんぎ)《船長室などに下向きに吊ってある羅針儀; これによって室内にいながら寝台の中からでも操舵(そうだ)の具合や針路などを察知できる; telltale compass ともいう》. **6** 〖音楽〗(オルガンの)風圧[空気量]表示器. **7** 〖ヨット〗(左右舷や船尾の支索類に付ける)風向指示用リボン, 吹き流し. **8** 〖球技〗テルテール《racquets や squash で, 前壁の床上 2-2½ フィートのところに付けられている金属の帯; 球はこの帯の上に当てなければならない》.

── adj. **1** われ知らず出る, 隠しても隠しおおせぬ (betraying): a ~ blush (隠そうとしても)おのずと現われる赤面 / The ~ clay on his shoes shows whence he came. 靴に付いている粘土でどこから来たか自然とわかる. **2** 〈装置・器械など〉注意を与える, 警告を与える (warning): a ~ clock 目覚し時計の一種.

télltale cómpass n. 〖海事〗=telltale n. 5 b.

tel·lur- [tɪlʊ́(ə)r, tə-, te-, -ljʊ́(ə)r | teljʊ́ər] (母音の前に来る時の) telluro- の異形.

tel·lu·ral [tɪlú(ə)rəl, tə-, te-, -ljú(ə)r- | teljúər-] 〖⇨ telluro-, -al¹〗 *adj.* 《まれ》地球の, 地上の; 地球住民の. 「ル].

tel·lu·rate [téljʊrèɪt] *n.* 〖化学〗テルル酸塩[エステ

tel·lu·ret [téljʊrət, -rɪt] 〖← TELLURIUM : ⇨ -uret〗 *n.* 《廃》〖化学〗＝telluride.

tél·lu·ret·ted [-ṭɪd, -ṭəd | -tɪd, -təd] *adj.* 《古》〖化学〗＝tellurized.

tel·lu·ri- [tɪlú(ə)ri, tə-, te-, -ljú(ə)ri, -rə | teljúərɪ] telluro- の異形 (⇨ -i-).

tel·lu·ri·an¹ [tɪlú(ə)riən, tə-, te-, -ljú(ə)r- | teljúərɪ-] 〖← TELLURO-＋-IAN〗 *adj.* 地球の, 地上の (earthly); 地球に住む. ── *n.* 地球住民.

tel·lu·ri·an² [tɪlú(ə)riən, tə-, te-, -ljú(ə)r- | teljúərɪ-] 〖《変形》← TELLURION〗 *n.* (地球の公転・自転を示す)地動儀.

tel·lu·ric [tɪlú(ə)rɪk, tə-, te-, -ljú(ə)r- | teljúər-] 〖← TELLURO-＋-IC¹〗 ── *adj.* **1 a** 地球の (terrestrial). **b** 自然電流の. **2** 土の, 土[土地]から生じる. **3** 〖化学〗テルルの[を含む]; (特に)六価のテルル(Te^{VI})を含む (cf. tellurous).

tellúric ácid *n.* 〖化学〗テルル酸: **a** オルトテルル酸 (H_6TeO_6)《等軸晶系と単斜晶系の二つの結晶形のあるきわめて弱い酸; orthotelluric acid ともいう》. **b** アロテルル酸 ($(H_2TeO_4)_n$)《オルトテルル酸を封管中で溶融すると得られるシロップ状物質; allotelluric acid ともいう》.

tel·lu·ride [téljʊràɪd] 〖⇨ telluro-, -ide²〗 *n.* 〖化学〗テルル化物: hydrogen ~ テルル化水素.

tel·lu·rif·er·ous [tèljʊríf(ə)rəs] *adj.* 〖化学〗テルル(tellurium) を含有[産出]する.

tel·lu·ri·on [tɪlú(ə)riɑ̀n, tə-, te-, -ljú(ə)r- | teljúərɪɔ̀n] 〖← NL ~ ← TELLURO-＋Gk *-ion* (dim. suf.)〗 *n.* ＝tellurian².

tel·lu·rite [téljʊràɪt] 〖← TELLURO-＋-ITE³·¹〗 *n.* **1** 〖化学〗亜テルル酸塩 (M_2TeO_3). **2** 〖鉱物〗酸化テルル鉱 (TeO_2).

tel·lu·ri·um [tɪlú(ə)riəm, tə-, te-, -ljú(ə)r- | teljúərɪ-] 〖(1800) ← NL ~ ← L *tellūr-*, *tellūs* earth＋-IUM (cf. Uranium)〗 ── *n.* 〖化学〗テルル《非金属元素の一つ; 記号 Te, 原子番号 52, 原子量 127.60》.

tel·lu·rize [téljʊràɪz] *vt.* [通例 p.p. 形で]〖化学〗テルルと化合させる, テルル化する.

tél·lu·rized *adj.* 〖化学〗テルルと化合した, テルルを含む: ~ hydrogen テルル化水素.

tel·lu·ro- [tɪlú(ə)roʊ, tə-, te-, -ljú(ə)r- | teljúərə(ʊ)] 〖← L *tellūs* earth〗 ── 次の意味を表わす連結形: **1** 「地球 (earth)」: *tellur*ian / *telluro*meter. **2** 〖← TELLURIUM〗 **a** テルル (tellurium): *telluri*ferous. **b** 「酸素に代わって二価のテルルを含む」. ★ 時に telluri-, また母音の前では通例 tellur- になる.

tel·lu·rom·e·ter [tèljʊrɑ́məṭə | -rɔ́mɪtə(r, -mə-] 〖⇨ ↑, -meter¹〗 *n.* テルロメーター《マイクロ波を用いて距離を測定する装置》.

tel·lu·rous [téljʊrəs, tɪlú(ə)r-, tə-, te-, -ljú(ə)r- | téljʊr-, teljúər-] *adj.* 〖化学〗亜テルルの; (特に)四価のテルル (Te^{IV}) を含む (cf. telluric 3).

téllurous ácid *n.* 〖化学〗亜テルル酸 (H_2TeO_3)《きわめて弱い不安定な酸》.

Tel·lus [téləs] 〖□ L ~ : *tellus* earth の擬人化〗 *n.* 〖ローマ神話〗テルス《大地の女神; 結婚と豊産を司った; 別称 Terra Mater》.

tel·ly [téli | -lɪ] 〖《短縮・変形》← TELEVISION : ⇨ -y²〗 *n.* 《英口語》 **1** [通例 the ~] テレビ (cf. tele). **2** テレビ受像機: turn the ~ on テレビをつける. 「mic.

tel·o-¹ [téloʊ, tíːl- | -lə(ʊ)] tele-¹ の異形: *telo*dyna-

tel·o-² [téloʊ, tíːl- | -lə(ʊ)] teleo- の異形: *telo*phase.

tèlo·céntric 〖← TELEO- ＋ CENTRO(MERE) ＋ -IC¹〗 ── 〖生物〗 *n.* 端部動原体型《動原体が染色体の末端にある》. ── *adj.* 端部動原体型の: a ~ chromosome 端部動原体型染色体.

tèlo·dynámic 〖← TELE-¹＋DYNAMIC〗 *adj.* 動力遠距離伝達の: ~ transmission 動力伝達送電.

tèlo·lécithal 〖← TELEO-＋LECITHAL〗 ── *adj.* 〖生物〗端黄の《卵黄顆粒(ᵏᵃʳʸᵘᵘ)が卵の一方の極にかたよって分布している; 爬虫(ᶜʰᵘᵘ)類・鳥類の卵など; cf. centrolecithal》.

tel·ome [téloʊm, tíːl- | -ləʊm] 〖□ G *Telom* : ⇨ teleo-, -ome〗 ── *n.* 〖植物〗テロム《維管束植物の構造単位》. **te·lom·ic** [telóʊmɪk, tiː-, -lɑ́m- | -lóʊm-, -lɔ́m-] *adj.*

tel·o·mere [téləmɪə, tíːl- | -mɪə(r] 〖← TELEO-＋-MERE〗 *n.* 〖生物〗末端小粒《染色体の末端部にあると考えられている特殊な粒子》. 「telemeter.

te·lom·e·ter [təlɑ́məṭə, tiː- | -lɔ́mɪtə(r, -mə-] *n.* ＝

télome thèory *n.* 〖植物〗テロム説《茎と葉との分化に関する学説で, 高等植物の体はすべてテロムの発展したものとみる》.

tel·o·phase [téləfèɪz, tíːl-] 〖← TELEO-＋PHASE〗 *n.* 〖生物〗終期, 末期《有糸分裂や減数分裂の最終期; cf. prophase》. **te·lo·phas·ic** [tiːləféɪzɪk, tèl-] *adj.*

te·los [télɑs, tíːl- | -lɔs] 〖□ Gk *télos* end; cf. teleo-〗 *n.* 終局.

Tel·o·spo·rid·i·a [tèlo(ʊ)spərídiə, tìːl- | -lə(ʊ)spə-rídɪə] 〖← NL ~ ← TELEO-＋*-sporidia* ((pl.) ← *sporidium* (⇨ sporo-, -idium))〗 ── *n. pl.* 〖動物〗(原生動物門)晩生胞子虫綱.

tel·o·tax·is [tèlo(ʊ)tǽksɪs, tìːl-, -səs | -lə(ʊ)tǽksɪs] 〖← NL ~ : ⇨ teleo-, taxis〗 ── *n.* 〖生物〗目標走性, 保目標性《カメラ眼を備える各種動物が一つの刺激源(光点)に向かって定位・前進する走光性の一種》.

tel·o·type [télətàɪp, tíːl-] *n.* **1** 印字電信機. **2** 印字電報.

tel·pher [télfə | -fə(r] 〖(1884) ← TELE-¹＋Gk *phérein* to carry〗 ── 〖鉄道〗 *n.* テルハー《高架軌道に懸垂して走る電気駆動の小型の巻上機のついた手小荷物や貨物などの運搬車》. ── *attrib. adj.* テルハー(運搬)の: a ~ car テルハー運搬車 / a ~ line テルハー路線 / a ~ railway テルハー鉄道 / a ~ ropeway テルハーロープウェー. ── *vt.* テルハーで運ぶ.

tel·pher·age [télfərɪdʒ] 〖(1883): ⇨ ↑, -age〗 *n.* テルハー運搬(装置).

tel·son [télsn, -sɑn | -sn, -sən] 〖(1855) ← NL ~ ← Gk *télson* limit〗 *n.* 〖動物〗尾節《エビその他の甲殻類の最後部の体節で, 大きな扇状をなしている部分》.

Tel·star [télstɑ̀ə | -stɑ̀ː(r] 〖← TELE-¹＋STAR〗 *n.* テルスター《米国電信電話会社の計画で打上げた通信衛星》.

Tel·u·gu [téləgùː, -lʊ- | ⌐⌐⌐, ⌐⌐⌐] *n.* (*pl.* ~, ~s) **1 a** [the ~(s)] テルグ族《インド南東部の Andhra Pradesh 州を中心に広く分布する一種族》. **b** テルグ族の人. **2** テルグ語《インドの南部で用いられるドラヴィダ語族の一大言語》.

tem·blor [témblə, -blɔə | -blə(r, -blɔː(r] 〖□ Sp. ~ ← *temblar* to tremble < VL **tremulāre* ← L *tremulus* trembling ← *tremere* 'to TREMBLE' : cf. terrible〗 ── *n.* (*pl.* ~s, **tem·blo·res** [temblɔ́ːres, -blɔ́ːr- | -blɔ́ːr-]) 《米》地震 (earthquake).

tem·e·nos [témənɑ̀s | -nɔ̀s] 〖□ Gk *témenos* sacred enclosure ← *témnein* to cut〗 *n.* (*pl.* **-e·ne** [-nìː]) (古代ギリシャの)神殿の境内, 聖域; 一区画の土地.

Tem·e·nus [témənəs] 〖□ L *Tēmenos* □ Gk *Témenos* 《原義》holy precinct (↑)〗 ── *n.* 〖ギリシャ神話〗テメノス: **1** Hercules の後裔; Argos の王. **2** Pelasgus の息子; Hera を育てたとされる.

tem·er·ar·i·ous [tèmərέ(ə)riəs | -réərɪ-] 〖(1532) □ L *temerāri-us* ← *temere* rashly : ⇨ -arious〗 *adj.* 《文語》向こう見ずの, 無鉄砲な. **~·ly** *adv.* **~·ness** *n.*

te·mer·i·ty [təmérəṭi | tɪmérɪti, te-, tə-, -rɪ-] 〖(?*a*1425) □ L *temeritāt-em* ← *temere* (↑): ⇨ -ity〗 ── *n.* **1** 向こう見ず, 無鉄砲 (recklessness); 厚顔, 無遠慮 (audacity): have the ~ *to* do 無鉄砲[無遠慮]にも…する. **2** 向こう見ずな行い, 暴挙.

Tém·in énzyme [témɪn-, -mən- | -mɪn-] 〖*Temin*: ← *Howard M. Temin* (1934– : 米国の生化学者でその発見者)〗 ── *n.* 〖生化学〗テミン酵素《RNA を鋳型にして DNA を合成する酵素; reverse transcriptase ともいう; cf. transcriptase》.

Tem·in·ism [témənɪzm | -mɪ-] 〖← *Howard M. Temin* (↑)＋-ISM〗 ── *n.* 〖生化学〗テミン理論《逆転写ともいわれ, RNA を鋳型にして DNA がつくられる場合のあることを実験的に示したもの; cf. central dogma》. 「rary》.

temp [témp] *n.* 《口語》臨時雇《秘書など; cf. tempo-

temp. [témp] 〖《略》← L *tempore* in the time of〗 *adv.* (…の)時代に, (…の)御世(ᵐⁱʸᵒ)に: ~ Charles II チャールス二世の時代に. 「temporal; temporary.

temp. 《略》temperance; temperature; template;

Tem·pe [témpi | -pɪ], **the Vale of** 〖□ L *Tempē* □ Gk *Témpē*〗 ── *n.* (古代ギリシャの)テンペ[テムペー]の渓谷(ᵏᵉⁱᵏᵒᵏᵘ)《Thessaly 北東の Olympus と Ossa 両山の間にある Peneus 川の渓谷で景色がよい; 長さ約 8 km; Apollo にゆかりの聖地》.

Tem·pe·an [témpiən | -pɪ-] *adj.* テンペの渓谷 (the vale of Tempe) の(ような), 風光明媚な, 絶佳の.

tem·peh [témpeɪ] 〖□ Indonesian *témpé*〗 *n.* テンペー《大豆をクモノスカビ (rhizopus) で発酵させて作ったインドネシアの食物》.

Tem·pel·hof [témpəlhòʊf | -hɔ̀ʊf; G. témpəlhoːf] *n.* テンペルホーフ《西ベルリンの一地区; 国際空港の所在地》.

tem·per [témpə | -pə(r] 〖v.: OE *temprian* to mingle, moderate □ L *temper-āre* to regulate, be moderate ← *tempus* time, due season. ── n.: (*a*1387) ← (v.)〗 ── *n.* **1** 《廃》(粘土・しっくいなどの)練り(ⁿᵉʳⁱ)度 (consistency). **2** 〖冶金〗 **a** (鋼鉄などの)鍛え, 鍛え加減; 硬度, 弾性: the ~ of steel. **b** (鉄鋼中の)炭素含有量. **3** (習性的な)気質, 気性 (disposition): a man *of* a soft [sweet] ~ 気立ての優しい[柔和な]人 / a stubborn ~ 頑固(ᵍᵃⁿᵏᵒ)な気性 / a fiery [placid] ~ 激しやすい[穏やかな]気性 / an equal [even] ~ (癇癪(ᵏᵃⁿˢʰᵃᵏᵘ)などを起こさない)平静な気質. **4** (特定時の)気分, 機嫌(ᵏⁱᵍᵉⁿ) (humor, mood): a hot [quick, short] ~ 短気, 癇癪 / ⇨ ill temper / *in* a bad [good] ~ 不機嫌[上機嫌]で / He was not in the best of ~s at breakfast. 朝食時に必ずしも飛び切りの上機嫌ではなかった. **5** 癇癪, 短気, 怒気 (irritation, anger, passion): *in* a ~ 短気を起こして / *in* a fit of ~ 腹立ち紛れに / get *into* [*in*] a ~ (急に)怒り出す, 癇癪を起こす / fly into a ~ かっと怒る / show ~ 怒り出す, 癇癪を起こす. **6** (挑発を受けた場合の)落着き, 沈着, 平静 (composure): lose one's ~＝get *out of* ~ 堪忍袋の緒が切れる, 怒り出す / keep [control] one's ~ (怒らないで)我慢する / recover [regain] one's ~ 怒りが和らぐ, 平静を取り戻す / put a person *out of* ~ 人を怒らす / I have never seen him *out of* ~ with anyone. 彼が人に対して腹を立てたのを見たことがない. **7** 傾向 (tendency), 趨勢(ˢᵘᵘˢᵉⁱ) (trend): the conservative ~ of the times 時代の保守的な趨勢 / the present public ~ 現代の一般民衆の傾向. **8** 〖化学〗調質用添加剤《物質の性質を変化させるために添加される物; 砂糖の清澄剤としての石灰など》; (合金の)添加剤. **9** 《古》中庸 (mean, medium); 妥協 (compromise). **10** スズと銅の合金《白鑞(ˡᵒᵘ)製造用》. **11** 《廃》 **a** (物質の)組成 (constitution). **b** (非物質的なものの)性質, 特質. **12** 革の味(ᵃʲⁱ)《手ざわり, やわらかさ, かたさなど》.

── *vt.* **1** 〈粘土・しっくいなどを〉機械で練る. **2** 《古》〈酒などを〉割って適度にする〔*with*〕: ~ wine *with* water ぶどう酒を水で割る. **3** 調節[緩和, 軽減]する, 緩(ʸᵘʳᵘ)める, 和らげる (mitigate): ~ justice *with* mercy 正義に慈愛を加味する, 情状酌量(ˢʰᵃᵏᵘʳʸᵒᵘ)する / God ~*s* the wind *to* the shorn lamb. 《諺》弱者には不幸も軽い. **4 a** 〖冶金〗〈鋼鉄などを〉焼き戻す. **b** 〈ガラスを〉(低温から急激に冷却して)強化する, 焼入れする (toughen). **5** 〈ピアノ・オルガンなどを〉調律する (tune). **6** 《古》宥(ⁿᵃᵈᵃ)める, 静める (mollify). **7** 《古》支配する, 抑制する (control). **8** 〈革を〉味(ᵃʲⁱ)する《湿気・水蒸気などで革の硬さを和らげることをいう》.

── *vi.* **1** 適度になる; 和らぐ, 柔軟になる. **2** 〈鋼(ʰᵃᵍᵃⁿᵉ)などが〉練られる, 鍛えられる.

tem·per·a [témpərə] 〖(1832) □ It. (*pingere a*) *tempera* (to paint in) distemper ← *temperare* to temper < L *temperāre* (↑)〗 ── *n.* **1** テンペラ画(法)《水彩顔料を卵白・蜜・膠(ⁿⁱᵏᵃʷᵃ)などの媒剤で溶いて描く画法; 中世からルネサンス初期までの絵画は大部分これで描かれた》. **2** テンペラ絵の具. **3** ポスターカラー.

tem·per·a·ble [témp(ə)rəbl] 〖lateME〗 *adj.* 和らげられる, 調和できる; 鍛えられる. **tèm·per·a·bíl·i·ty** [-rəbíləṭi | -lətɪ, -lɪ-] *n.*

tem·per·a·ment [témp(ə)rəmənt, -pəm- | -p(ə)rəm-] 〖(*a*1449) □ L *temperāment-um* disposition, constitution, due mixture ← *temperāre* 'to mix, TEMPER' : ⇨ -ment〗 ── *n.* **1** (昔の生理学で四体液 (humors) の調合によって生じると考えられた)体質; (体質による)気質: a choleric ~ 胆汁質 / a phlegmatic ~ 粘液質 / a melancholic ~ 憂鬱(ʸᵘᵘᵘᵗˢᵘ)質 / a sanguine ~ 多血質. **2** 気質, 気性, 性分 (temper): the artistic ~ 芸術家的気質 / the poetic ~ 詩人肌 / He is *of* a nervous ~. 神経質だ / He is excitable [placid] *by* ~. 気性が興奮しやすい[冷静である]. **3** 激しい気性, 熱情的な気質, 癇癪(ᵏᵃⁿˢʰᵃᵏᵘ): a woman lacking in ~ 情熱的なところのない女 / a display of ~ 癇癪を起こすこと. **4** 〖音楽〗音律《楽音の音高の相互関係を数学的に決定したもの》: ⇨ equal temperament. **5** 《古》調節, 妥協 (adjustment, compromise); 中道, 中庸 (mean). **6** 《古》 **a** 温度 (temperature). **b** 気候 (climate).

tem·per·a·men·tal [tèmp(ə)rəménṭl, -pəm- | -p(ə)rəméntl] *adj.* **1** 性質の, 気質(上)の, 性分による: I have a ~ preference for facts. 性分として事実を好む. **2** 気難し屋の, 癇(ᵏᵃⁿ)の強い, 不機嫌(ᶠᵘᵏⁱᵍᵉⁿ)な (moody); 気まぐれ性の (fickle).

tèm·per·a·mén·tal·ly [-ṭəli, -ṭḷi | -təlɪ, -tḷɪ] *adv.* 性質上, 気分的に, 性分で: He is ~ disinclined for work. 仕事ぎらいの性分である.

tem·per·ance [témp(ə)rəns, -pəns | -p(ə)rəns] 〖(1340) □ AF *temperaunce* □ L *temperantia* moderation : ⇨ temper, -ance〗 ── *n.* **1** 自制, 克己 (self-restraint). **2** (飲食の)節制 (moderation): ~ *in* eating and drinking 飲食の節制. **3** 禁酒 (sobriety). **4** (天候の)穏かさ. ── *adj.* **1** [Attributive に用いて] 禁酒の; アルコール分を含まない: ~ drinks 無酒精性飲料 / a ~ hotel (酒を一切出さない)禁酒旅館 / a ~ pledge 禁酒の誓い / a ~ league [meeting, movement, society] 禁酒同盟[演説会, 運動, 会]. **2** [Predicative に用いて]《口語》禁酒主義の: He was very ~.

tem·per·án·tia trày [tèmpərǽnʃə- | -ʃɪə-, -ʃə-] 〖*temperantia*: □ L ~ (↑)〗 ── *n.* 「自制」盆《17 世紀の白鑞(ˡᵒᵘ)製の盆で,「自制」を象徴する図がレリーフで描かれ, ラテン語で Temperantia (＝temperance) と記されていた》.

tem·per·ate [témp(ə)rət, -rɪt] 〖(*c*1395) □ L *temperāt-us* (p.p.) ← *temperāre* 'to TEMPER' : ⇨ -ate²〗 ── *adj.* **1** 節制する, 度を過ごさない, 控え目な: a man of ~ habits 節制家 / ~ living 節制生活 / be ~ *in* eating and drinking 飲食に節度がある. **2** 節酒の, 禁酒の (abstinent). **3** 中庸を得た, 〈言葉遣い・思想・意見など〉穏やかな, 穏健な, 適度の (moderate): a ~ statement 穏やかな意見 / a ~ speaker 平静に語る演説者 / His conduct was more ~. 彼の行為の方がより穏やかであった. **4** 〈気候・季節など〉温和な (mild): a ~ climate, region, season, etc. / ⇨ Temperate Zone. **5** 〈温度が〉ほどよい: ~ warmth ほどよい暖かさ. **6** 〖生物〗弱力の, 溶原性の: ~ phages 溶原性ファージ. **~·ly** *adv.* **~·ness** *n.*

Témperate Zóne *n.* [the ~]〖地理〗温帯 (⇨ zone 挿絵): ⇨ North Temperate Zone.

tem·per·a·ture [témpəṭʃʊ̀ə, -pə-, -p(ə)rə-, -tʃə | -prətʃə(r, -pərə-, -rɪtʃ-, -pətʃə(r] 〖(1531) □ L *temperātūra* : ⇨ temperate, -ure〗 ── *n.* **1** 温度, 寒暖: absolute zero of ~ 絶対温度の零度 / atmospheric ~ 気温 / effective ~ 有効温度 / ⇨ absolute temperature. **2** 〖生理・病理〗 **a** 体温: take a person's ~ 体温を計る / Normal body ~ is 98.6°F. 平常体温はカ氏 98.6 度だ. **b** 《口語》(平温以上の)熱, 発熱状態 (fever): have [run] a ~ 〈病人が〉熱がある[を出す] / He has no

~. 熱はない. **3** (感情・関心などの)強さ, 度合: the ~ of the zeal 熱心さの度合. **4** 《廃》(気候の)適度, 温和 (mildness). **5** 《廃》気質, 性質 (temperament).
run a temperature (1) ⇨ 2 b. (2) 《俗》興奮する, 怒る; 熱烈である; ほれる.

témperature coeffìcient *n.* 〘物理化学〙温度係数.
témperature cùrve *n.* 〘気象〙気温曲線.
témperature gràdient *n.* 〘気象〙気温傾度《高度が増すに従って温度が変化する率; cf. lapse rate》.
Témperature-Humídity Índex *n.* 〘気象〙温湿指数《もと discomfort index と呼んだ; 略 T.H.I.》.
témperature invèrsion *n.* 〘気象〙温度逆転《下層大気中で高度が増すに従って温度が上がる現象》.
témperature nòise *n.* 〘電気〙温度雑音.
témperature scàle *n.* **1** 温度計の目盛. **2** (セ氏・カ氏等の)温度標準.
témper còlor *n.* 〘冶金〙焼戻し色《鋼を焼戻した際表面に現われる酸化膜の色; cf. blue heat》.
tém·pered 〘ME〙 — *adj.* **1** [通例複合語の第2構成素として] (…の)気質の: good-*tempered* 気立てのよい / hot-[short-]*tempered* 怒りっぽい[短気な] / ⇨ even-*tempered*. **2** 調節された, 緩和された, 適度にされた (moderated); 鍛錬された: I listened to his ~ speech. 彼の穏やかな言葉に耳を傾けた / ~ steel 鍛鋼. **3** 〘音楽〙(ある音律に従って)整[調]律された (cf. temperament 4).
témpered glàss *n.* 強化ガラス《焼入れを行なったガラス; safety glass の一種》.
tém·per·er [-pərə | -rə(r] *n.* **1** 鍛え手; 練り手; 焼入れ工. **2** (しっくいやセメントなどの)ミキサー.
tém·per·ing [-p(ə)rɪŋ] *n.* 〘冶金〙(鋼の)焼戻し《焼入れしたものを比較的低い温度で加熱し冷却する操作; cf. annealing 1, hardening 1 a》.
témper strùcture *n.* 〘冶金〙焼戻し組織.
tem·pest [témpɪst, -pəst] 〘《c1275》⊏ OF *tempeste* (F *tempête*) < VL **tempestam*=L *tempestas* portion of time, season, weather, storm ← *tempus* time, season〙 — *n.* **1** 大嵐(おおあらし), 暴風雨, 暴風雪, 大荒れ (violent storm): The ~ roared. **2** 大騒ぎ, 大騒動, 大動揺 (tumult): a ~ in the breast 激しい胸騒ぎ / a ~ of cheering 万雷のかっさい / a ~ of laughter 大笑い, 爆笑 / Helen was very silent during this paternal ~. こうして父親が怒り狂っている時ヘレンはじっと黙っていた.
a tempest in a teapot 《米》=*a storm in a* TEAPOT.
— *vt.* **1** 激しく荒れさせる, …に騒乱を起こす. **2** 《古》動揺[動転]させる (upset). — *vi.* (嵐のように)荒れる, 荒れ狂う (rage).
Tem·pest [témpɪst, -pəst], **The** *n.* 「大あらし」, 「テンペスト」《Shakespeare 作のロマンス劇 (1611)》.
témpest-tóssed *adj.* (*also* **témpest-tóst**) 嵐(あらし)に弄(もてあそ)ばれた; 心を激しくかき乱された; 浮き世の荒波にもまれた (cf. Shak., *Romeo* 3. 5. 138, *Macbeth* 1. 3. 25).
tem·pes·tu·ous [tempéstʃuəs | tempéstju-, təm-] 〘《1447》⊏ LL *tempestuōs-us*: ⇨ tempest, -ous〙 — *adj.* **1** 嵐のような, 大嵐の, 大しけの, 大荒れの (stormy); 嵐の多い, よく荒れる: a ~ wind 大暴風 / ~ weather 大荒れの天気 / a ~ day 大嵐の一日. **2** 激しい, 癇癪(かんしゃく)持ちの, 狂暴な, すさまじい (violent): a child with a ~ nature 癇の強い子供 / in a ~ state 動乱状態で. **~·ly** *adv.* **~·ness** *n.*
tempi *n.* tempo の複数形.
Tem·plar [témplə | -plə(r] 〘《c1300》⊏ (O)F *templier* ⊏ ML *templārius* ← *templum* 'TEMPLE[1]': ⇨ -ar[2]〙 — *n.* **1** テンプル騎士団員 (⇨ Knight Templar 1). **2** [しばしば t-] (英国の法学院のうち Inner Temple, Middle Temple に事務所のある)バリスター (barrister), 法学生 (cf. temple[1] 7). **3** =Knight Templar 2. **4** =Good Templar.
tem·plate [témplət, -plɪt] 〘《1677》《変形》← 《古形》*templet* ⊏ ? F *templet* stretcher (dim.) ← (O)F *temple* < L *templum* 'small rafter, TEMPLE[1]': -ate の形は PLATE[1] との連想による〙 — *n.* **1** 型取り工具, 型板, 指形(さしがた)《金属・石・木などを切り取る時, またはひき物細工などの型として用いる》. **2** 〘建築〙梁(はり)受け, 桁(けた)受け. **3** 〘造船〙(造船時に竜骨と盤木との間に打ち込む)盤木用くさび. **4** 〘生化学〙鋳型《DNA や RNA が合成される時に必要とされる相補的な DNA》. **5** 〘軍事〙=overlay 6.
tem·ple[1] [témpl] 〘OE *templ*, *tempel* ⊏ L *templum* consecrated place, shrine, 《原義》something cut off: ME 期に (O)F *temple* (< L *templum*) の影響あり〙 — *n.* **1** (キリスト教以外の宗教で神を祭りこれを礼拝する)聖堂, 神殿, 宮, 寺院: the *Temple* of Apollo at Delphi デルポイのアポロの神殿 / the *Temple* of Artemis アルテミスの神殿《小アジアの古都 Ephesus にあった; Seven Wonders of the World の一つ》/ the *Temple* of Heaven 天壇《中国北京にある円形大理石造の建物; 歴代の皇帝はここで天地の神を祭った》/ the *Temple* of Horus ホルス寺院 (⇨ Edfu) / a Shinto ~ (神道(しんとう)の)神社. **2** [the T-] (Solomon, Zerubbabel, Herod がそれぞれエルサレムに建てた)神殿. **3 a** (キリスト教の)聖堂, 教会堂, (特に)大聖堂. **b** (フランスにおける新教徒の)教会堂. **4** (モルモン教の)神殿, 礼拝堂《特に, 1853–95 年に米国 Utah 州の Salt Lake City に建てられたもの》. **5 a** (特別の目的に捧げた)殿堂: a ~ of music [science] 音楽[科学]の殿堂. **b** (思想・価値・信条などの)金字塔. **6** 宮《神のいますと見なされる所》; (特に)キリスト教信者の身体: the ~ of the Holy Ghost 聖霊の宮 (cf. *1 Cor.* 6: 19). **7** [the T-] **a** Lonond にある法学院 (Inns of Court) のうちの Inner Temple または Middle Temple. **b** Paris にあったテンプル騎士団の本部. **8** (米国の)ナイトテンプラー (Knight Templar) 団の建物. **9** [T-] 〘園芸〙テンプル《品質優良なタンゴール (tangor) の品種名》.
tem·ple[2] [témpl] 〘《c1330》⊏ OF ~ (F *tempe*) < VL **tempulam* (dim.) 《変形》← L *tempora* (pl.) ← *tempus* temple of the head〙 — *n.* **1** こめかみ, 側頭(部): She felt a tiny stab of pain in her ~. こめかみが少しずきずきした / He flushed to the ~*s*. こめかみの所までまっ赤になった. **2** 《米》眼鏡のつる.
tem·ple[3] [témpl] 〘《1483》*tempylle* ⊏ (O)F *temple* 'TEMPLATE'〙 *n.* (織機で織布を張って置く)伸子(しんし).
Tem·ple [témpl], **William** *n.* (1881–1944) 英国の神学者・哲学者, Canterbury 大主教 (1942–44); *Mens Creatrix* (1917), *Nature, Man and God* (1934), *Christianity and Social Order* (1942).
Temple, Sir **William** *n.* (1628–99) 英国の政治家・外交官・著述家; Swift のパトロンとしても知られる.
Témple Bár *n.* テンプル門《City of London 西端にあった正門で, 国王といえども City に入るにはここで Lord Mayor から許可を受けなければならなかった; the Temple (⇨ temple[1] 7 a) の近くにあったが 1878 年郊外に移された》.
tém·pled *adj.* **1** 聖堂[神殿, 寺院]のある. **2** 聖堂[神殿, 寺院]に祭られた.
tem·plet [témplɪt, -plət] *n.* =template.
tem·plon [témplɑn | -plɒn] 〘⊏ MGk *témplon* reredos, iconostasis ⊏ L *templum* 'TEMPLE[1]'〙 *n.* 〘東方正教会〙=iconostasis.
tem·po [témpou | -pəʊ] 〘《1724》⊏ It. ~ < L *tempum* time: TENSE[2] と二重語〙 — *n.* (*pl.* **~s, tem·pi** [témpi:]) **1** 〘音楽〙(楽曲演奏の)テンポ, (緩急)速度 (pace): ~ di marcia [minuetto] 行進曲[メヌエット]の速度で / ~ primo 最初の速度で. **2** 速さ, テンポ: the fast ~ of city life 都会生活の急速なテンポ. **3** 〘チェス〙テンポ, 調子.
tem·po·ral[1] [témp(ə)rəl] 〘《c1340》⊏ L *temporālis* belonging to time, lasting only for a time ← *tempŏr-*, *tempus* time: ⇨ temper, -al[1]〙 — *adj.* **1** 時の, 時間の, 時間的な (cf. spatial): a vast amount of ~ and spatial experience 膨大な時間的空間的な経験. **2** 一時的な, 暫時の, 束(つか)の間の, はかない (transient). **3** この世の, 現世の, 浮世の (earthly): ~ prosperity 現世の繁栄. **4** (聖職者・教会に対して)世俗の, 俗界の (secular, lay) (cf. spiritual 3 c): ~ lords=lords ~ 《英》聖職以外の上院議員 (⇨ lord temporal) / the ~ power of the Pope 教皇の俗事上の権力. **5** 〘文法〙時を表わす; 時制の: a ~ adverb, clause, conjunction, etc. — *n.* [通例 *pl.*] 世俗の物事, 世事, 俗事, 俗務; 俗事上の権力 (temporal power); 世俗的所有物[財産] (temporal possession). **~·ly** *adv.*
tem·po·ral[2] [témp(ə)rəl] 〘《1541》⊏ F ~ // L *temporālis* ← *tempor-*, *tempus* temple of the head: ⇨ temple[2], -al[1]〙 〘解剖〙 *adj.* 側頭(部)の. — *n.* 側頭部.
témporal bóne *n.* 〘解剖〙側頭骨 (⇨ skull[1] 挿絵).
tem·po·ra·le [tèmpəréɪli:] 〘⊏ ML *temporāle* (neut.) ← L *temporālis*: ⇨ temporal[1]〙 — *n.* 〘カトリック〙聖務日課書 (breviary) とミサ典書 (missal) 中各節の特定典礼文を載せた部分 (cf. sanctorale).
témporal hóur *n.* 〘天文〙(ローマ帝国・オットマン帝国で採用した)時間単位《昼間を一年を通じて同じ時間数に分割したため, 1 時間の長さが夏は長く, 冬は短くなかった》.
tem·po·ral·i·ty [tèmpərǽləṭi | -lətɪ, -lɪ-] 〘1: 《1634》⊏ LL *temporālitāt-em* ← *temporālis* 'TEMPORAL[1]'. 2, 3: 《?a1387》*temporalite* ⊏ ML *temporālitāt-em*: ⇨ -ity〙 — *n.* **1** 一時的なこと, 一時性, はかなさ (↔ perpetuity). **2** [しばしば *pl.*] 〘キリスト教〙教会の不動産[収入] (cf. spirituality 3). **3** [通例 *pl.*] 俗事, 俗人, 俗界. **4** 〘法律〙一時的所有[収入](など).
tem·por·al·ize [témp(ə)rəlàɪz] *vt.* **1** 時間的に位置づける, 時間の枠にはめる. **2** 世俗化する.
témporal lóbe *n.* 〘解剖〙側頭葉.
témporal summátion *n.* 〘心理〙時間的加重《単独に与えられると知覚できない弱い刺激を二つ, 短い時間間隔で与えると知覚を生じること》.
tem·po·ral·ty [témp(ə)rəlti | -tɪ] 〘《1378》⊏ (O)F *temporalité* ← *temporel*: ⇨ temporal[1], -ty[2]〙 — *n.* **1** [the ~; 集合的] 俗人 (the laity) (cf. spirituality 2). **2** [しばしば *pl.*] =temporality 2.
tem·po·rar·i·ly [tèmpərérəli, ⌐—⌐—⌐ | témp(ə)rərəli, -rɪli] *adv.* **1** 少しの間, ほんのしばらく: She just went ~ insane. 一時的に気が狂った. **2** 仮に, 一時的に, 間に合わせに.
tem·po·rar·y [témpərèri | -p(ə)rəri] 〘《1547–64》⊏ L *temporāri-us* lasting only for a time ← *tempor-*, *tempus* (period of) time: ⇨ -ary〙 — *adj.* **1** 一時の, 束(つか)の間の, はかない, かりそめの (transient): ~ insanity 一時的な発狂 / ~ expedients 一時しのぎの便法 / a ~ magnet 一時磁石 / ~ parasitism 一時寄生. **2** 仮の, 暫定的な, 臨時の, 間に合わせの: a ~ dwelling 仮家, 仮寓 / a ~ account [business] 仮勘定[営業] / a ~ depot [office] 仮置場[事務所] / a ~ loan 一時借入金[貸付金] / ~ needs 急場の入用 / ~ work 臨時の仕事. — *n.* 臨時雇. **tém·po·ràr·i·ness** *n.*
témporary cártilage *n.* 〘解剖〙骨化性軟骨《後に骨に変わる軟骨》.
témporary dúty *n.* 〘軍事〙派遣勤務《一時的に所属部隊以外の場で任につくこと; 略 TDY》.
témporary hárdness *n.* 〘化学〙一時硬度, 炭酸塩硬度《カルシウム・マグネシウムなどの重炭酸塩による水の硬度で, 加熱によって硬度が減少する; cf. permanent hardness》.
témporary lífe annùity *n.* 〘保険〙定期生命年金《被保険者の死亡または支払い期限満了のいずれか早い方で打ち切られる生命年金》.
témporary wílting *n.* 〘植物〙一時的しおれ, 一時的凋萎(ちょうい)《一度しおれた状態になった植物が給水によって回復できる状態》.
tem·po·rize [témpəràɪz] 〘《1555》⊏ (O)F *temporiser* to pass one's time ⊏ ML *temporizāre* ← *temporāre* to delay ← L *tempor-*, *tempus* time: ⇨ -ize〙 — *vi.* **1** 一時しのぎをする; ぐずぐずする, 日和見(ひよりみ)をする (vacillate). **2** (時をかせぐために)交渉する 〔*with*〕. **3** 折り合う, 妥協する (compromise) 〔*with, between*〕: ~ *with* a person 人と折り合う / ~ *between* churches 教会と妥協する. **tem·po·ri·za·tion** [tèmpərɪzéɪʃən, -rə- | -raɪ-, -rɪ-] *n.* **tém·po·rìz·er** *n.*
tém·po·rìz·ing *n.* =temporization. — *adj.* 一時しのぎの, 妥協的な; 日和見(ひよりみ)的な; 迎合的な: a ~ politician. **~·ly** *adv.*
tem·po·ro-[1] [témpərou | -rə(u)] 〘← L *tempŏr-*, *tempus* time: cf. temporal〙「時間(的)」の意の連結形.
tem·po·ro-[2] [témpərou | -rə(u)] 〘← L *tempora* (pl.) ← *tempus* 'TEMPLE[2]'〙「こめかみ, 側頭」の意の連結形.
tem·po·ro·max·il·lar·y [tèmpərou)mǽksəlèri | -rə(u)mæksílərɪ] 〘⇨ ↑, maxilliary〙 *adj.* 〘解剖〙側頭(骨および)上顎骨の.
tem·po·ro·spa·tial [tèmpərou)spéɪʃəl | -rə(u)-] 〘← TEMPORO-[1]+SPATIAL〙 *adj.* 時間的空間的な.
témpo rubáto *n.* 〘音楽〙=rubato.
témpo tùrn *n.* 〘スキー〙テンポターン《速度を落とさずに大きな半円を描いてスキーのテールを振るようにして行なう平行回転; high-speed turn, parallel turn または俗には tail-wagging ともいう》.
temps le·vé [tɑ̃:(n)-ləvéɪ, tɔ̃:(n)-, tɑ́:n-, tɔ́:(n)-; F. tɑ̃ləve] 〘⊏ F ~ 《原義》raised motion〙 — *n.* (*pl.* **temps le·vés** [~; F. ~]) 〘バレエ〙タンルヴェ《バレエの基礎技術の一つ; 第1ポジションと第2ポジションから行なわれる小跳躍で, 両足で始めて両足で終わる跳躍と, 片足で始めて片足で終わる跳躍》.
temps li·é [tɑ̃:(n)-ljéɪ, tɔ̃:(n)-, tɑ́:n-, tɔ́:(n)-; F. tɑ̃lje] 〘⊏ F ~ 《原義》bound motion〙 — *n.* (*pl.* **temps liés** [~; F. ~]) 〘バレエ〙タンリエ《バレエの基礎技術の一つ; 足の基本となる第4, 第5, 第2の三つのポジションを基盤とした脚と腕の動きの組合わせ》.
tempt [tém(p)t] 〘《?a1200》⊏ OF *tempt-er* (F *tenter*) to try, tempt < L *temptāre* to attempt ← ?〙 — *vt.* **1** 〈悪事・快楽に〉〈人を〉誘惑する, 唆(そそのか)す (seduce) 〔*to, into*〕/ 〈*to do*〉: The serpent ~*ed* Eve. へびはイブを誘惑した / Nothing could ~ him *to* evil. どんなに誘惑されても彼が悪事を働くはずがない / The sight ~*ed* him *to* steal [him *into* stealing]. 彼はそれを見るとふと魔がさして盗んだ. **2** …する気にさせる, …するように…に勧める (induce, persuade) 〈*to do*〉: The fine weather ~*ed* me *to* go out [~*ed* me *out*]. よい陽気に誘われて戸外へ出た / Can't I ~ you *to* (have) another helping? もう一つ[一杯]召し上がりませんか / I feel ~*ed to* try. 試してみたくてしょうがない. **3** 〈物・事が〉〈人(の心)・食欲などを〉そそる: This dish ~*s* me [the appetite]. この料理はうまそうだ[食欲をそそる] / The sight ~*ed* his cupidity. その有様は彼の欲心をそそった / His offer strongly ~*ed* me. 彼の申し出に強く心をそそられた. **4** 《文語》…の危険を冒す; …に挑む (defy): ~ the sea [storm, flood] 海[嵐, 洪水]の危険を冒す / ~ one's fate 運命に挑戦する. **5** 《古》試みる, ためす (try, test): God did ~ Abraham. 神アブラハムを試みぬ (*Gen.* 22: 1).
tempt God [*providence*] 神意に逆らう, 神を恐れぬこと[冒険]をする (defy God): Don't ~ *God.* / It's ~*ing providence* to climb that cliff. あの絶壁をよじのぼるとは無茶な話だ.
tempt·a·ble [tém(p)təbl] *adj.* 誘惑できる; 誘惑されやすい, 唆(そそのか)されやすい.
temp·ta·tion [tem(p)téɪʃən] 〘《?a1200》⊏ OF *temptaciun* (F *tentation*) ⊏ LL *temptātiō(n-)* ← *temptāre* to handle, touch, try: ⇨ tempt, -ation〙 — *n.* **1** 誘惑: fall into [yield to] ~ 誘惑に陥る[負ける] / lead a person into ~ 人を誘惑に陥れる / put [throw] ~ in a person's way 人を誘惑しようとたくらむ / resist the ~ *to* tell a lie うそをつきたい誘惑に耐える. **2** 誘惑物, 誘惑の魔手, 人の心を引きつけるもの (allurement): a ~ of drink 飲酒の誘惑 / Many ~*s* beset the young. 青年を陥れる誘惑は多い / I am so comfortable here that there is no ~ *to* leave. ここは居心地がいいので帰る気が起こらない. **3** [the T-] 〘聖書〙(キリストが悪魔から受けた)荒野の試み (cf. *Matt.* 4).
témpt·er 〘ME *temptour* ⊏ OF *tempteur* ⊏ L *temptātōrem*: ⇨ tempt, -er[1]〙 *n.* **1** 誘惑者; 誘惑物. **2** [the T-] 悪魔, サタン (the Devil).

témpt·ing 〖ME〗 ── *adj.* **1** 誘惑的な, 唆(そそのか)す[そそる]ような : a ~ demon 人を誘惑する鬼神. **2** うっとりさせる ; 心[味覚]をそそる (alluring) : a ~ offer 心そそられる申し出 / This roast beef looks very ~. このローストビーフはとてもうまそうだ. **~·ly** *adv.* **~·ness** *n.*

tempt·ress [tém(p)trɪs, -trəs] *n.* 誘惑する女, 妖婦(ようふ).

tem·pu·ra [témpərə, -rɑ̀ː, tempúrə] 〖《1936》⊏ Jap.〗 *n.* てんぷら.

tem·pus fu·git [témpəs-fjúːdʒɪt, -dʒət, -pʊs-fúːgɪt | -pəs-fjúːdʒɪt, -pʊs-fúːgɪt] 〖⊏ L ~ 'time flies'〗 *L.* 光陰矢のごとし.

ten [tén] 〖OE *tēn*, *tien* < Gmc **texan*, **texun* (G *zehn* / Goth. *taihun*) < IE **dekm̥* (L *decem* / Gk *déka* / Skt *daśa*)〗 ── *n.* **1** 10 ; 10 個 ; 10 人 ; 10 歳 ; 10 時 ; 10 分 : a child of ~ 10 歳の子供 / come at ~ 10 時に来る / ~ past six 6 時 10 分過ぎ / ~s of thousands 幾万も. **2** 10 [X] の記号[数字]. **3** 10 人[個]一組 : arrange things in ~s 物を 10 個ずつそろえる. **4** (トランプなどの) 10 の札《bridge では honor card の最下位 ; bézique, six-bid solo などではエースに次いで 2 位》: the ~ of hearts ハートの 10. **5** 《英口語》10 ポンド紙幣 ; 《米口語》10 ドル紙幣. **6** 10 番サイズの衣料品 : wear a ~. **7** [通例 *pl.*] 〖数学〗10 の位(の数[数字])《ten's place ともいう》. **8** 《口語》10 分休み, 短い休憩 : take ~ 10 分間の休憩をする ; 一休みする (cf. *take* FIVE).

hang ten ⇨ hang *v.* 成句. *ten* (*for*) *a penny* ⇨ penny 成句. *ten to one* 十中八九まで, 九分九厘 : *Ten to one* [It's ~ *to one* that] he will be elected. きっと彼は当選する. *the upper ten* ⇨ upper ten.

── *adj.* **1** 十の, 10 個の, 10 人の ; [Predicative に用いて] 10 歳で : ~ thousand＝10,000 / one in ~ thousand 万に一つ / ~ or twelve 10 か 11 の《twelve とするのは頭韻のため》/ He is ~ (＝ten years old). 彼は 10 歳です. **2** (漠然と)たくさんの : ⇨ TEN *times*.

ten times 十倍(も), はるかに : be ~ *times* as big as …の十倍も大きい / He is ~ *times* the man you are. 彼は君の十倍も偉い人物だ / I'd ~ *times* rather …する方がずっとましだ.

ten. 《略》 tenement ; tenor ; 〖音楽〗 tenuto.

Ten. 《略》 Tennessee.

ten·a·ble [ténəbl̩ | tén-, tíːn-] 〖《1579》⊏ F ~ ← *tenir* < L *tenēre* to hold, keep : ⇨ tenor[1], -able〗 ── *adj.* **1** 守ることができる, 攻撃に耐えられる : a ~ fortress [position] 守りの堅い要塞(ようさい)[陣地]. **2** 〈言明・意見など〉主張することのできる, 支持しうる, 条理にかなっている, 筋の通った (logical) : a ~ argument, opinion, theory, etc. / His theory is no longer ~. 彼の説はもはや支持しうるものではない. **3** 〈地位・官職など〉維持[継続]できる : a scholarship ~ for three years 3 年間受けられる奨学金. **tèn·a·bíl·i·ty** [-əbíləṭi | -lɪtɪ, -lɪ-] *n.* **tén·a·bly** *adv.* **~·ness** *n.*

ten·ace [téneɪs, ─́─, ténɪs, -nəs] 〖《1655》⊏ F ~ ⊏ Sp. *tenaza* (原義) forceps, pincers (referring to cards) < L *tenācia* (neut. pl.) ← *tenāx* 'TENACIOUS'〗 ── *n.* 〖トランプ〗(bridge, whist で) 穴あきオナーズ《一つの手に配られた同種札のオナーズ (honor cards) で中間のカードが一つ飛んでいるもの》: ⇨ major tenace, minor tenace.

te·na·cious [tɪnéɪʃəs, tə-, te- | tɪ-, te-, tə-] 〖《1607》← L *tenac-*, *tenāx* holding fast, sticky (← *tenēre* to hold) ＋-IOUS〗 ── *adj.* **1** 〔…を〕しっかり押えて[固く握って]放さない, しっかり着いて離れない〔*of*〕; 〈記憶など〉強い (retentive) : a ~ grip 固い握り / The frog is so ~ *of* life. カエルはなかなか死なない / a ~ memory 強記. **2 a** 粘り強い (tough) : a hard and ~ alloy 堅くて強い合金. **b** 粘着力の強い, 粘質の (sticky) : ~ clay, mud, etc. **3** 〔主義・意見などを〕固執する (holding fast)〔*of*〕; 執拗(しつよう)な, 頑固(がんこ)な (obstinate) : He is ~ *of* his opinions [rights]. 自説を[権利に]固執する / He is quick in opposition and ~ *in* defence. すばやく反対し辛抱強く防ぐ. **~·ly** *adv.* **~·ness** *n.*

te·nac·i·ty [tɪnǽsəṭi, tə- | tɪnǽsɪtɪ, te-, tə-, -sɪ-] 〖《1526》⊏ (O)F *tenacité* ∥ L *tenācitāt-em* ← *tenāx* : ⇨ ↑, -ity〗 ── *n.* **1** 保持の固さ ; しっかり着いて離れない力, 固く握って離さない力. **2** 粘り強さ (toughness). **3** 粘着力, 粘着性 (stickiness). **4** 強い保持力, 強記 (retentiveness) : a memory of uncommon ~ 並はずれた強記. **5** (意見・主義・目的などの)堅持, 固執 (persistence) ; 頑固(がんこ) (stubbornness) : ~ of prejudice 偏見の強さ.

te·nac·u·lum [tɪnǽkjʊləm, tə- | tɪ-, te-, tə-] 〖← (N)L *tenāculum* ← L *tenēre* to hold ＋ -*aculum* (「道具」の意を表わす接尾辞) : cf. tenacious〗 ── *n.* (*pl.* **-u·la** [-lə], **~s**) **1** 〖外科〗支持鉤(こう). **2** 〖昆虫〗(叉状)腹管, 吸盤, 保(護)器《粘管目の種類の第 3 腹節にある静止の際に粘管を保護する役目をするもの》. **3** 〖生物〗テナキュラ《藻類の細胞が変形した付着細胞》.

te·naille [tɪnéɪl, tə-, -náɪ | tɪ-, te-, tə-; *F.* tənɑːj] 〖⊏ F ~ 'pincers, forceps' < L *tenācula* (pl.) ← *tenāculum* (↑)〗 *n.* (*also* **te·nail** [~]) 〖築城〗凹角堡(おうかくほ).

te·na·im [tənάː(j)ɪm, -(j)əm, -(j)iːm, -nɑːíːm] 〖⊏ Yid. *tnoyim* ⊏ MHeb. *tᵉnā'īm* engagement (pl.) ← *tᵉnay* condition.〗 ── *n. pl.* [単数または複数扱い] **1** (ユダヤ人の社会で婚約パーティーで親同士で取り決める) 結婚の諸条件, 結婚の了解. **2** (ユダヤ人社会の) 婚約発表のパーティー.

ten·an·cy [ténənsi | -sɪ] 〖⇨ ↓, -cy〗 ── *n.* **1** (土地・家屋の)借用 (tenure). **2** (土地・家・事務所などの)借用期間, 借地[借家]期間 ; 小作年期. **3** 《古》借地, 小作地, 借家. **4** (肩書・権利などによる)地位の占有[保有] ; 地位, ポスト : his ~ as professor of philosophy 哲学教授としての地位.

ten·ant [ténənt] 〖《*a*1325》⊏ (O)F ~ (pres.p.) ← *tenir* to hold < L *tenēre*〗 ── *n.* **1 a** 借地人, 小作人, 借家人 (cf. landlord 2, 3). **b** 〖法律〗(不動産回復訴訟の)被告. **2** (封建制度下の, 土地を保有した)領臣. **3** 住人, 住民, 居住者 (dweller) : ~s of the woods [trees] 森[樹木]の居住者《鳥類》.

tenant in cap·i·te [-kǽpɪṭi | -tɪ] [**chief**] (国王から領地を授けられた)国王直属の領臣, 直属受封者, 直臣.

── *adj.* 《まれ》＝tenent.

── *vt.* [通例 Passive で] 〈土地・家屋を〉借用する, (借用して)居住する : The house *is* ~*ed* by a schoolmaster. その家には学校の先生が住んでいる. ── *vi.* (借家人として)居住する〔*in*〕.

ten·ant·a·ble [ténənṭəbl̩ | -tə-] *adj.* 〈土地・家屋など〉借用[賃借]することのできる ; 住める.

ténant fàrmer *n.* 小作人, 小作農.

ténant fàrming *n.* 借地耕作, 小作.

ténant·less *adj.* 借地[家]人のない, あいている, 空地[家]の.

ténant rìght *n.* 《英》(土地・家屋などの)借有権, 借地権, 小作権, 借家人の権利.

ten·ant·ry [ténəntri | -rɪ] 〖《1385》〗 *n.* **1** [集合的]借地人, 小作人, 借家人. **2** 借地人[小作人, 借家人]であること ; 土地[家屋]の借用. **3** (借家[地]人に)貸している財産.

tén·cént *adj.* 《米口語》安物の, お粗末な (sorry).

tén-cént stòre *n.* 《米口語》安物(雑貨)店 (five-and-ten).

tench [téntʃ] 〖《1390》⊏ OF *tenche* (F *tanche*) < LL *tincam* ← Celt.〗 *n.* (*pl.* **~**, **~·es**) 〖魚類〗テンチ (*Tinca tinca*)《ヨーロッパ産コイ科の淡水魚の一種》.

Tén Commándments *n. pl.* [the ~] 〖聖書〗十戒《神が Sinai 山の山頂で Moses に託してイスラエルの民に与えた十個条の訓戒 (cf. *Exod.* 20 : 2–17 ; *Deut.* 5 : 6–21) ; the Decalogue ともいう》.

tend[1] [ténd] 〖《*a*1375》⊏ (O)F *tend-re* < L *tendere* to stretch, direct one's course : cf. Gk *teinein* / Skt *tanōti* he stretches : cf. tender[1]〗 ── *vi.* **1** 〈道・進路などが〉〔…の方へ〕向く, 向かう, 至る, 行く (lead)〔*to*, *toward*〕: This road ~s *north* [*to* the north, *toward* the coast] here. この道はここで北へ[北の方へ, 海岸の方へ]向かっている / Prices are ~*ing downward* [*upward*]. 物価は下落[上昇]の傾向を見せている. **2** 〔…の〕傾向がある〔*to*, *toward*〕; [*to* do を伴って] …しがちである : This portrait ~s *to* [*toward*] caricature. この肖像画はどうも戯画的だ / Most of the refugees ~ *to* be conservative. 亡命者は大抵保守的になりがちである / Too much smoking ~s *to* injure the health. たばこを吸い過ぎると健康を損ないがちだ. **3** 〔…に〕資する, 貢献する (conduce)〔*to*, *toward*〕; 〈…するのに〉役立つ (serve)〈*to* do〉: measures ~*ing to* the improvement of [*to* improve] working conditions 労働条件の改善に資する方策. **4** 〖海事〗〈錨泊中の船が〉潮流[風向き]に沿って振れる, 風[潮]にかかる.

tend[2] [ténd] 〖《*a*1325》(頭音消失) ← ATTEND〗 ── *vt.* **1 a** 〈家畜・機械, 《米》店など〉の番をする, 気をつける, 管理をする (attend to) : ~ sheep 羊の番をする / ~ a fire [machine] 火[機械]の番をする / ~ (a) bar バーテンを勤める (cf. bartender) / ~ (a) store 店番をする. **b** 〈植物など〉の手入れをする, 手入れして育てる (cultivate) : ~ roses. **2** 〈病人・子供など〉の世話をする, 看護する, 介抱する (watch over) : ~ the sick and wounded 傷病者を看護する. **3** 〖海事〗(停泊中錨鎖(びょうさ)がからまない[ロープ作業でもつれない]ように)番をする (stand and watch) : ~ a vessel. **4** 《方言》…に出席する (attend). ── *vi.* **1** かしずく, 仕える (wait)〔*on*, *upon*〕. **2** 《米口語》〔…に〕気をつける, 注意する, 心を配る (attend)〔*to*〕: Why don't you ~ *to* your own business? どうして君は自分のことに専念できないのだ.

ten·dance [téndəns] 〖《1573》(頭音消失) ← ATTENDANCE〗 *n.* **1** 世話, 看護, 介抱, 付添い (care). **2** 《古》[集合的] 召使, 従者 (attendants).

ten·den·cious [tendénʃəs] *adj.* ＝tendentious.

tend·en·cy [téndənsi | -sɪ] 〖《1628》⊏ ML *tendentia* ← *tendentem* (pres.p.) ← *tendere* : ⇨ tend[1], -ency〗 ── *n.* **1** 傾向, 傾き, 風潮 (trend, drift)〈*to* do〉: the ~ of society 社会の風潮 / Juvenile delinquency shows a ~ *to* increase. 青少年の非行は増加の傾向を示している / The ~ of events is *toward* peace. 事態は和平の方向に向かって進みつつある. **2** (体質的)傾向 ; 性向, 性癖 (inclination, bent)〔*to*, *toward*〕; 〈…する〉傾[性]向〈*to* do〉: He has a ~ *to* corpulence [baldness, absent-mindedness, melancholia]. 彼には太る[はげる, ぼんやりする, 憂鬱に陥る]傾向がある / She had a natural ~ *to* flippancy. 彼女には生れつき浮かれがちなところがあった / A ~ *toward* exaggeration is his characteristic. 物事をおおげさに言う性向が彼の特徴だ / a ~ *to* drink too much 深酒をする癖. **3** (文学作品などのもつ社会的・政治的な)特殊な意図, 特定の傾向 : a ~ play [novel] 傾向劇[小説]《社会思想などを主張する劇や小説》.

téndency tòne *n.* 〖音楽〗傾向音《自然に上がるか下がるかしてしまう不安定な音程 ; 上がり[下がり]がちの音程》.

ten·den·tious [tendénʃəs] 〖← TENDENCY ＋ -IOUS : cf. G *tendenziös*〗 ── *adj.* 《軽蔑》〈記述・書物など〉偏向的な, 特別な目的のある, 底意のある : a false and ~ account 偽りの底意のある記述. **~·ly** *adv.* **~·ness** *n.*

ten·der[1] [téndə | -də(r)] 〖《1542》⊏ (O)F *tend-re* < L *tendere* to stretch : TEND[1] と二重語〗 ── *vt.* **1** 差し出す, 提出する (present) : ~ one's card 名刺を差し出す / ~ one's resignation (*to* the chief) (上司に)辞表を提出する. **2** 提供する, 申し出る (offer) : ~ one's thanks [apologies] お礼[詫(わ)び]を言う / They ~*ed* their services *to* us. 彼らは我々に奉仕を申し出た / We ~*ed* him a reception. 我々は彼のために歓迎会を開いた. **3** 〈謁見などを〉許す, 与える (give). **4** 〖法律〗(債務の弁済・義務の履行として)〈金品を〉提供する : ~ some money in satisfaction of a claim 賠償要求に応じて金を払う. **5** 売りに出す : ~ stock 株を売りに出す. ── *vi.* 入札する (make a tender)〔*for*〕: ~ *for* the construction of a new freeway 新しい高速道路の建設に入札する.

── *n.* **1** 提出, 提供, 申しいで, 申し込み. **2 a** 〖商業〗請負見積り書, 入札 : invite ~s for …の入札を募(つの)る. **b** 〖証券〗＝tender offer. **3** 〖法律〗(弁償・弁済・賠償などの)提供 ; 弁償金, 賠償金, 弁済金 : legal ~ 法定貨幣, 法貨. **4** 〖スコット法〗弁済金, 賠償金.

~·er [-d(ə)rə | -rə(r)] *n.*

tend·er[2] [téndə | -də(r)] 〖《1470》← TEND[2] ＋ -ER[1]〗 ── *n.* **1** 世話する人, (病人の)看護人, (子供の)おもり, 見張り人, 番人, 監督 : ⇨ bartender. **2** 〖海事〗(大型艦船専属の雑役用)給仕船, 艀(はしけ) ; (沖に停泊中の船や漁場にある漁船・捕鯨船などと陸上との間の連絡や雑役に当たる)専属船. **3** 〖鉄道〗(機関車の)炭水車. **4** 〖軍事〗母艦 ; 《兵站(たん)支援用の補助艦艇》: a submarine ~ 潜水艦母艦. **5** (雑巾(ぞうきん)・箒(ほうき)などに付けた)給水器. ── *vt.* 艀(はしけ)に積み込む.

ten·der[3] [téndə | -də(r)] 〖《*adj.* : ?*a*1200 ; v. : *a*1393》⊏ (O)F *tendre* < L *tenerum*, (nom.) *tener* tender, susceptible〗 ── *adj.* (**~·er** ; **~·est**) **1** 〈肉など〉柔らかい (soft) : ~ meat, grass, etc. **2** こわれやすい, 弱い, もろい (fragile) ; 〈花・幼児など〉虚弱な, かよわい, きゃしゃな ; 〈動・植物が〉(寒暑に)痛みやすい (weak) : a ~ structure 弱い構造物 / a ~ skin 弱い皮膚 / a ~ shoot [blossom] かよわい芽[花] / a ~ plant かよわい木《育ちにくい木》; 手のかかる人. **3** 若い, 年端のいかない, 未熟の (youthful) : boys and girls of ~ age [years] 年端のいかない少年少女たち / the ~ period of youth うら若い頃. **4** 〈色・光・音調・感触など〉柔らかな, 弱い (delicate) ; 穏やかな (mild) : ~ green 新緑 / ~ pink 新紅《初花などの色》/ the ~ touch of a girl's hand 少女の手の柔らかな感触 / ~ irony 穏やかな皮肉. **5** 敏感な ; 痛みを感じやすい, さわると痛い (sensitive) : a ~ spot [tooth] 痛む所[歯] / My bruise is still ~. 傷がまださわると痛い. **6** 感動しやすい, 感じやすい (easily touched, susceptible) : a ~ person, heart, etc. / a ~ conscience 感じやすい良心. **7** 優しい, 思いやりのある, 親切な, 情深い (compassionate) : ~ parents 優しい[子供に甘い]両親 / the ~ passion [sentiment] 愛情, 恋情 / grow ~ of a person 人が好きになる / feel ~ *toward* [have a ~ feeling for] a person 人に対して愛情を抱く, 人を憎からず思う / He is ~ to weakness. 彼は優し過ぎる / The Lord is of ~ mercy. 主はあわれみあるものなり (cf. *James* 5 : 11) / leave to the ~ mercies [mercy] of ⇨ mercy 成句. **8** 〔…を〕心配する, 〔…に〕心を遣う (considerate) ; 傷つけまいと気にする, 〔…しはしないかと〕気遣う, 恐れる (afraid)〔*of*, *for*〕: be ~ *of* hurt*ing* a person's feelings 人の感情を傷つけまいと心を遣う / He was ~ *for* his honor. 名誉を傷つけまいと気にしていた. **9** 〈話題・事態など〉慎重な取扱いを要する, 扱いにくい, 面倒な : a ~ topic [subject] (人の感情を傷つけかねない)難しい話題[問題] / a ~ situation めんどうな事態. **10** 〖海事〗〈船が〉傾きやすい, 転覆しやすい, 不安定な, 重頭船の (crank).

── *vt.* **1** 和らげる. **2** 《古》優しく扱う, 大切にする.

── *vi.* 柔らかくなる.

── *n.* 《廃》 **1** 優しさ (tenderness). **2** 配慮, 考慮 (consideration).

~·ly *adv.*

ten·der·a·ble [ténd(ə)rəbl̩] 〖← TENDER[1] ＋ -ABLE〗 *adj.* 〈金品など〉弁済に提供しうる.

ténder ánnual *n.* 〖植物〗霜に弱い一年生植物 (cf. hardy annual).

ténder-éyed *adj.* **1** 優しい目をした. **2** 目の弱い.

ténder·fòot 〖⇨ tender[3]〗 ── *n.* (*pl.* **-feet**, **~s**) **1** (牧場・鉱山などの荒い仕事に不慣れの)新参者, 新米 ; 未経験者. **2** (Boy Scouts や 《米》 Girl Scouts の)初級スカウト (⇨ boy scout).

ténder·héarted *adj.* 心の優しい, 感じやすい, 情にもろい, 同情のある. **~·ly** *adv.* **~·ness** *n.*

ténder-héfted 〖← TENDER[3] + *hefted* (《変形》← HAFT) ＋ -ED 2)〗 *adj.* 《古》＝tender-hearted.

ten·der·ize [téndəràɪz] *vt.* 〈肉などを〉柔らかくする.

ten·der·i·za·tion [tèndərɪzéɪʃən, -rə- | -raɪ-, -rɪ-] *n.*

tén·der·ìz·er *n.* 食肉軟化剤《食肉中の堅い繊維や結合組織を分解して柔らかくするもの ; 特に, 植物性酵素パパイン (papain)》.

ténder·lòin 〖← TENDER³+LOIN〗 — *n.* **1** テンダーロイン《牛・豚の腰肉の下部の非常に柔らかい部分; ⇨ pork 挿絵》; ヒレ肉 (cf. fillet 3 a). **2** [しばしば the T-]《米》(もとは New York 市の, 今は各大都市の警官の買収が盛んで悪徳が横行する)盛り場, 歓楽街 (tenderloin district).

ténder·ness 〖(*a*1325): ⇨ tender³〗 — *n.* **1** こわれやすさ, もろさ (fragility). **2** 優しさ, 親切 (kindness), 思いやり (considerateness). **3** 敏感さ. **4** 〖病理〗圧痛. **5** 〖海事〗(船の)不安定性.

ténder òffer *n.* 《米》〖証券〗(会社乗っ取りなどのための)株式の公開買い付け《一定の条件を公表の上, 特定会社の株を市価より高い価格で買い集めること; 《英》では take-over bid という》.

ten·der·om·e·ter [tèndərɑ́mətə | -rɔ́mɪtə(r, -mə-] 〖← TENDER³+-O-+-METER¹〗 *n.* 〖植物〗(市場向けまたは罐詰用の果物や野菜の)成熟度測定装置.

ten·di·ni·tis [tèndənáɪtɪs, -təs | -dɪnáɪtɪs] 〖← NL ~ ← *tendin-*, *tendō* (⇨ tendon)+-ITIS〗 *n.* 〖病理〗腱炎(ᵉⁿ).

ten·di·nous [téndənəs | -dɪ-] 〖(1658) ← NL *tendinosus* ← *tendin-*, *tendō* (↓)+*-osus* '-OUS'〗 — *adj.* **1** 腱(ᵏᵉⁿ)の(ような), 腱質(性)の. **2** 腱から成る: ~ tissue 腱組織.

ten·don [téndən] 〖(1541) ◻ ML *tendōn*, *tendō* ← L *tendere* to stretch ← Gk *ténōn* sinew〗 — *n.* **1** 〖解剖〗腱(ᵏᵉⁿ): ~ of Achilles = Achilles' tendon. **2** (pre-stressed concrete の)補強用鋼線.

tèn·do·vaginítis [téndo(ʊ)- | -də(ʊ)-] 〖← NL ~: ⇨ ↑, vaginitis〗 *n.* 〖病理〗腱鞘炎.

ten·dresse [tɑ̃:(n)drés, tɑ:n-; *F.* tɑ̃drɛs] 〖◻ F ~ ← *tendre* 'TENDER³'〗 *n.* 優しさ; 愛情.

ten·dril [téndrəl | -drɪl, -drəl] 〖(1538) *tendrel* ← ? 《廃》F *tendrillon* tender shoot (dim.) ← *tendron* tender part, shoot < OF *tendrun* < L *tenerum* 'TENDER³'〗 — *n.* **1** 〖植物〗巻きひげ. **2** 巻きひげに似たもの: a ~ of hair 巻き毛. **~ed** *adj.*

ten·dril·lar [téndrələ | -drɪlə(r] *adj.* = tendrilous.

ten·dril·ous [téndrələs | -drɪ-, -drə-] *adj.* 巻きひげ(状)の.

-tene [← — tì:n] 〖← L *taenia* ribbon ◻ Gk *tainía*: cf. taenia〗「…糸期」の意の名詞連結形: diplo*tene*, pachy*tene*.

Ten·e·brae [ténəbrèɪ, -bràɪ, -bri: | -nɪbri:] 〖(1525) ◻ L ~ 'shadows, darkness'〗 — *n. pl.* [単数または複数扱い]〖カトリック〗テネブレ《復活祭前週の聖木曜日・聖金曜日・聖土曜日の 3 日間行なうキリスト受難記念の朝課と賛課; その勤行(ᵍʸᵒ)中にろうそくを 1 本ずつ消して室内を次第に暗くし, 最後の 1 本は祭壇のすみに隠してキリストの死と復活とを表象する》.

ten·e·brif·ic [tènəbrífɪk | -nɪ-] 〖⇨ ↑, -fic〗 *adj.* **1** 暗黒を生じる: ~ stars 暗い光を放って夜をもたらすと信じられた星. **2** 《俗》= tenebrous 1.

te·ne·bri·o·nid [tɪnébriənɪd, tə-, -nəd | -brɪənɪd] 〖↓〗〖昆虫〗 *n.* ゴミムシダマシ《ゴミムシダマシ科に属する甲虫の総称》. — *adj.* ゴミムシダマシ(科)の.

Te·neb·ri·on·i·dae [tɪnèbriɑ́nədì:, tə- | -nèbrɪɔ́nɪ-] 〖← NL ~ ← *Tenebrio(n)-*, *Tenebrio* (属名: 《原義》one who shuns light ← L *tenebrae* darkness)+-IDAE〗 — *n. pl.* 〖昆虫〗(鞘翅目)ゴミムシダマシ科.

te·neb·ri·ous [tɪnébriəs, tə- | -rɪ-] *adj.* = tenebrous.

Ten·e·brism, t- [ténəbrɪzm | -nɪ-] 〖← L *tenebrae* darkness+-ISM〗 — *n.* 〖美術〗明暗対比画法《16 世紀後期から 17 世紀初頭の画法で, イタリアバロック画家 Caravaggio により代表される; 後世の画家, 特に Rembrandt に強い影響を与えた》. **Tén·e·brist, t-** [-brɪst, -brəst | -brɪst] *n.*

ten·e·brose [ténəbròʊs | -nɪbrəʊs] *adj.* = tenebrous.

ten·e·brous [ténəbrəs | -nɪ-] 〖(15C) ◻ OF *tenebrus* (F *ténébreux*) ◻ L *tenebrōsus* dark ← *tenebrae* (pl.) darkness: ⇨ -ous〗 — *adj.* 《古》 **1** 暗い, 暗黒の, 陰気な (gloomy): a ~ night, cave, etc. **2** 難解な, 曖昧な (obscure): a ~ philosophy [philosopher] 難解な哲学[哲学者].

Ten·e·dos [ténədɑ̀s, -dòʊs | -nɪdɔ̀s, -dəʊs] *n.* テネドス(島)《エーゲ海 Dardanelles 海峡の西側入口に近いトルコ領の小島; トルコ語名 Bozcaada》.

tén-éighty 〖研究室におけるこの薬物の連続番号から〗 *n.* (*also* **1080**)〖化学〗= sodium fluoroacetate.

ten·e·ment [ténəmənt | -nɪ-, -nə-] 〖(*a*1325) ◻ OF ~ (F *tènement*) ← *tenir* to hold < L *tenēre* (cf. tenant): ⇨ -ment〗 — *n.* **1 a** 保有物, 享有物《土地・家屋・収益権・爵位など一定期間または終身保有する物》. **b** [*pl.*] 自由保有不動産権. **2** 借地, 借家. **3 a** 家屋, 建物. **b** 《詩》すみか, 住居 (abode): the soul's ~ = the ~ of clay 肉体. **4** (単独生活ができるようになった)貸家の一部分, 貸室. **5** = tenement house.

ten·e·men·tal [tènəméntl̩ | -nɪ-, -nə-] *adj.* **ten·e·men·ta·ry** [tènəménṭəri, -tri | -nɪméntərɪ, -nə-] *adj.*

ténement dìstrict *n.* 貧民街.

ténement hòuse *n.* 《米》(下層階級の人々の住む都会の荒れた)共同住宅, 棟割長屋 (cf. apartment house).

ten·ent [ténənt] *adj.* 〖動物〗(昆虫やクモの足の粘毛のように)付着に適した, 粘着性のある: ~ hairs 粘毛, 抱合毛.

Ten·er·i·fe [tènərí:fi, -ríf, -rí:f | -rí:f; *Sp.* tènerífe] *n.* (*also* **Ten·er·iffe** [tènəríf, -rí:f | -rí:f]) テネリフェ(島)《アフリカ北西海岸沖, Canary 諸島中の最大島; Santa Cruz de Tenerife がある; 人口 665,000, 面積 2,058 km²》.

Tenerife, the Pico de *n.* ⇨ the Pico de TEIDE.

te·nes·mus [tɪnézməs, tə-, -nés- | tɪ-, te-, tə-] 〖◻ ML *tēnesmus* ◻ Gk *teinesmós* ← *teínein* to stretch: ⇨ tend¹〗 — *n.* 〖病理〗しぶり, テネスムス, 裏急後重(ʳⁱᵏʸᵘᵘᵏᵒᵘʲᵘᵘ): a vesical ~ 膀胱(ᵇᵒᵘᵏᵒᵘ)のしぶり.

ten·et [ténɪt, -nət | tí:net, tén-, -nɪt, -nət] 〖(*a*1619) ◻ L ~ 'he holds' ← *tenēre* to hold, maintain〗 — *n.* (ある特定の集団の成員が信奉[主張]する)主義 (principle), 信条 (belief), 教義 (doctrine): the basic ~*s* of structural linguistics 構造言語学の基本的な教義.

tén·fòld 〖OE *tīenfeald*: ⇨ ten, -fold〗 *adj.* **1** 十部分[部門, 要素]のある, 十重(ᵉ)の. **2** 10 倍の. — *adv.* 十重に; 10 倍に.

tén-fóur 〖もと警察などの無線交信手が使った符号〗 — *int.* (*also* **10-4**)《米俗》 **1** [特に, 無線交信の最後に用いて] 了解 (cf. roger²): *Ten-four.* 了解. **2** オーケー, その通り.

tén-gàllon hát 〖深く大きくて ten-gallon も入るの意から〗 *n.* 《米》テンガロンハット (⇨ cowboy hat).

Têng Hsiao-ping [tʌ́ŋ-ʃiàʊpíŋ | -ʃɪ-; *Chin.* tə̀ŋ ʃiǎupíŋ] *n.* 鄧小平《1902– ; 中国の政治家, 中華人民共和国国務院副総理 (1952–66, 1973–)》.

Ten·gri Khan [téŋ(g)ri-kɑ́:n | -rɪ-] *n.* = Khan-Tengri.

Tengri Nor [téŋ(g)ri-nɔ́ə, -nɔ́ə | -rɪ-nɔ́:(r] *n.* テングリノル(湖)《チベット中南部, Lhasa の北西にある塩水湖; 面積 1,800 km², 海抜 4,627 m; Na-mu Lake, Nam Tso ともいう》.

te·ni·a [tí:niə, -njə | -nɪə, -njə] *n.* (*pl.* **te·ni·ae** [-niì:], ~s) = taenia.

te·ni·a·cide [tí:niəsàɪd, -njə- | -nɪə-, -njə-] *n.* 〖医学〗= taeniacide.

teniae *n.* tenia の複数形.

te·ni·a·fuge [tí:niəfjù:dʒ, -njə- | -nɪə-, -njə-] *adj.*, *n.* 〖医学〗= taeniafuge.

te·ni·a·sis [tɪ:náɪəsɪs, -səs | -sɪs] *n.* 〖病理〗= taeniasis.

Te·niers [téniəz, ténjəz | téniəz, -njəz; *F.* tenje, *Flem.* təní:rs], **David** *n.* テニールス, テニエ: **1** (1582–1649) フランドルの風俗画家; 通称 Teniers the Elder. **2** (1610–90) 前者の息子で同じく画家; 通称 Teniers the Younger.

Tenn. 《略》Tennessee.

ten·nant·ite [ténəntàɪt] 〖← *Smithson Tennant* (1761–1815: 英国の化学者): ⇨ -ite¹〗 *n.* 〖鉱物〗テンナント鉱, 砒四面(ᵛᵒ)銅鉱 ($(Cu, Fe)_{12}(AsS_3)_4S_{0-1}$).

ten·né [téni | -nɪ] 〖◻ F 《廃》~ ← *tanné* (p.p.) ← *tanner* 'to TAN'〗 — *n.* 〖紋章〗黄褐色, オレンジ色《無彩色図では fess lines (横線) と bend sinister lines (向って右上からの斜線) で示す》.

ten·ner [ténə | -nə(r] 〖(1861) ← TEN+-ER¹〗 *n.* **1** 《英》10 ポンド紙幣. **2** 《米》10 ドル紙幣.

Ten·nes·se·an [tènəsí:ən | -nə-, -nɪ-] *adj.* (米国) Tennessee 州(人)の. — *n.* Tennessee 州人.

Ten·nes·see [tènəsí:, ← — ← | -nəsí:, -nɪ-] 〖◻ N-Am.-Ind. (Cherokee)《原義》(river of) the big bend〗 — *n.* **1** 米国南東部の州 (⇨ United States of America 表). **2** [the ~] 同州東部を南西流して Alabama 州の北部を西流し, 再び Tennessee 州の西部を北流して Kentucky 州 Paducah [pəd(j)ú:kə | -djú:-] 付近で Ohio 川に合流する川 (1,049 km).

Ten·nes·see·an [tènəsí:ən | -nə-, -nɪ-] *adj.*, *n.* = Tennessean.

Ténnessee Válley Authòrity *n.* [the ~] テネシー渓谷(ᵏᵉⁱᵏᵒᵏᵘ)開発公社《1933 年米国政府によって New Deal の一環として設立された独立行政機関で, Tennessee 川の利用による低廉な電力供給・治水・灌漑(ᵏᵃⁿᵍᵃⁱ)・航行・硝酸塩の生産などを目的とする; 略 TVA》.

Ténnessee wálker *n.* = Tennessee Walking Horse.

Ténnessee Wálking Hòrse, T- w- h- *n.* 《米》Standardbred 種と Morgan 種を交配した一品種の乗用馬《Tennessee walker ともいう》.

Ténnessee wárbler *n.* 〖鳥類〗北米産の黄緑色で胸の白いアメリカムシクイ科の小鳥 (*Vermivora peregrina*).

Ten·niel [ténjəl | -njəł, -nɪəł], **Sir John** *n.* (1820–1914) 英国の漫画・挿絵画家; Lewis Carroll の *Alice's Adventures in Wonderland* (1865) の挿絵は特に有名.

ten·nis [ténɪs, -nəs | -nɪs] 〖(*c*1400) *tenetz*, *teneys* ◻ (O)F *tenez* (imper.) ← *tenir* to hold < L *tenēre* to hold: 試合開始の時サーバーのいう語からか〗 — *n.* **1** = court tennis. **2** テニス, 庭球 (lawn tennis). — *attrib. adj.* テニスの; テニス用の: a ~ player / a ~ racket テニスラケット / ~ flannels テニス用フランネル運動服 / ~ lawn テニス用芝生 / ~ sets テニス用具 / a ~ marker (テニスコートの)線引き器.

ténnis bàll *n.* テニスボール.

ténnis còurt *n.* テニスコート.

ténnis èlbow *n.* 〖病理〗テニス肘(ᵉ)《テニスが原因の肘関節の炎症》.

ténnis shòe *n.* テニスシューズ.

ten·nist [ténɪst, -nəst | -nɪst] *n.* テニスをする人, テニス選手.

Ten·ny·son [ténəsn̩ | -nɪ-], **Alfred** *n.* (1809–92) 英国の詩人; 桂冠(ᵏᵉⁱᵏᵃⁿ)詩人 (1850–92); *In Memoriam* (1850), *Idylls of the King* (11 巻) (1859–85); 1st Baron Tennyson または Alfred, Lord Tennyson ともいう.

Ten·ny·so·ni·an [tènəsóʊniən, -njən | -nɪsə́ʊnjən, -nɪən] *adj.* Tennyson の, Tennyson の作[作風]の. — *n.* Tennyson 崇拝者[研究家].

ten·o- [téno(ʊ) | -nə(ʊ)] 〖← Gk *ténōn* tendon〗「腱(ᵏᵉⁿ) (tendon)」の意の連結形.

Te·noch·ti·tlán [teɪnɔ̀(:)tʃti:tlɑ́:n | -nɔ̀tʃ-; *Sp.* tenòtʃtitlán] *n.* テノチティトラン《Aztec 王国の首都; 1325 年創建, 1521 年スペイン人によって破壊, 現在その跡にメヒコ市がある》.

ten·on [ténən] 〖(1596) ◻ F ~ ← *tenir* (< L *tenēre* to hold)+*-on* (< L *-ōnem* (n. suf.))〗 *n.* 〖木工〗枘(ᵖ) (⇨ mortise 挿絵). — *vt.* **1** …に枘を造る; 枘にする. **2** 枘で結合する. **3** しっかりと結合する.

ten·o·ni·tis [tènənáɪtɪs, -təs | -tɪs] 〖← NL ~: ⇨ teno-, -itis〗 *n.* 〖病理〗テノン嚢炎(ᵉⁿ).

ten·or¹ [ténə | -nə(r] 〖(?*a*1300) ◻ AF *tenur* ∥ OF *teno(u)r* (F *teneur*) ◻ L *tenōrem*, *tenor* course, import of a law ← *tenēre* to hold〗 — *n.* **1** 方針, 行路, 進路 (course): the homely ~ of one's life じみな人生行路. **2** 趣意, 主旨, 大意 (purport): the ~ of a letter [story] 手紙[物語]の主旨. **3** 〖法律〗(文書の)文面; 写し. **4** 〖修辞〗(隠喩における二つの要素の一つとしての)主意《I. A. Richards の用語; たとえば Time is money. という隠喩の場合, Time が tenor で money が vehicle》. **5** 《廃》性質, 性格 (nature); 状態 (state).

ten·or² [ténə | -nə(r] 〖(1388) ◻ OF ~ (F *ténor*) ◻ It. *tenore* ∥ ML *tenor* tenor, 《原義》holder ← L *tenēre* (↑); 定旋律を受けもつ (hold) ことから〗 — *n.* 〖音楽〗 **1** テナー, テノール《男声高音(域); alto と baritone との間; ⇨ alto》. **2** テナー歌手. **3** テナー声部《グレゴリオ聖歌や初期多声音楽の基礎となる声部はこの音域に置かれている; 定旋律 (cantus firmus) を受けもつことが多い》. **4** テナー楽器《同種の楽器中テナー音域をもつもの; 例えば弦楽器の viola》. **5** 一組の鐘 (peal) の中の最低音の鐘. — *attrib. adj.* テナーの; テナー歌手の: a ~ voice / a ~ bell (一組の鐘の中)最低音の鐘.

ténor cléf *n.* 〖音楽〗テノール記号 (⇨ C clef).

ténor drúm *n.* テナードラム, 中太鼓《吹奏楽で愛用される snare drum に似た太鼓; 響線はない》.

te·no·re [teɪnɔ́:reɪ, -nɔ́:r- | -nɔ́:r-; *It.* tenɔ́:re] 〖◻ It. ~: ⇨ tenor²〗 *It. n.* (*pl.* **te·no·ri** [-ri:; *It.* -ri]) 〖音楽〗= tenor².

ten·o·ri·no [tènərí:noʊ, -nəʊ; *It.* tènorí:no] 〖◻ It. ~ (dim.) ← *tenore* 'TENOR²': ⇨ -ine⁵〗 — *It. n.* (*pl.* **-ri·ni** [-ni:; *It.* -ni]) 〖音楽〗 **1** 仮声テナー, 仮声による男声高音 (falsetto). **2** 仮声テナー歌手 (falsettist).

tén·or·ist [-nərɪst, -rəst | -rɪst] *n.* テナー (tenor) 歌手, テナー楽器の演奏者.

ten·o·rite [ténəràɪt] 〖◻ It. ~ ← G. *Tenore* (1780–1861: ナポリ学士院院長): ⇨ -ite¹〗 *n.* 〖鉱物〗黒銅鉱, テノーライト (CuO)《銅の酸化鉱物》.

ténor·less *adj.* 趣意のない.

te·nor·rha·phy [tɪnɔ́(:)rəfi, tə-, -nɑ́r- | tenɔ́rəfɪ] 〖← TENO-+-rrhaphy (← Gk *-rhaphia* sewing)〗 *n.* 〖外科〗腱(ᵏᵉⁿ)縫合(術).

ténor víol *n.* = viola da braccio.

ténor violín *n.* **1** = viola¹ 1. **2** = violotta.

tèno·synovítis 〖← NL ~: ⇨ teno-, synovitis〗 *n.* 〖医学〗腱滑膜炎.

te·not·o·my [tɪnɑ́ṭəmi, tə- | tenɔ́təmɪ] 〖← TENO-+-TOMY: cf. F *tenotomie*〗 *n.* 〖外科〗腱(ᵏᵉⁿ)切り術.

te·not·o·mize [tɪnɑ́ṭəmàɪz, tə- | tenɔ́t-] *vt.*

ten·pence [ténpəns, ténpəns] *n.* (*pl.* ~, **-penc·es**) (英国の) 10 ペンス(の価). ★ 用法その他については ⇨ penny 1.

ten·pen·ny [ténpéni, ténp(ə)ni | -nɪ] *adj.* **1** 10 ペンスの. **2** 〖100 本につき 10 ペンスしたことから〗〈釘が〉3 インチ(の長さ)の. — *n.* (英国の) 10 ペンス白銅貨[紙幣].

tén-percént·er [ténpəsénṭə | -pəséntə(r] 〖依頼者の収入の 10% を報酬として貰う所から〗 *n.* 《俗》(俳優の)代理人, 事務代行者, マネージャー.

tén·pìn 〖← TEN+PIN〗 — *n.* **1** [*pl.*; 単数扱い]《米》十柱戯《ボウリングに類する遊戯; 10 本のピンを使用; cf. ninepin 2, candlepin, duckpin》. **2** 十柱戯に用いるピン.

ten·pound·er [ténpáʊndə | -də(r] *n.* **1** 10 ポンドの(重さの)物: **a** 〖魚類〗暖海に生息するカライワシ科のうろこが銀色の大型食用魚 (*Elops saurus*)《ladyfish ともいう》. **b** 十ポンド砲. **2** 価 10 ポンドの物, 10 ポンド紙幣. **3** 〖英史〗10 ポンド選挙人《年 10 ポンドの価値を生む土地・財産を占有することによって選挙権を有する人》.

ten·rec [ténrek] 〖◻ F *tanrac*, *tanrec* ◻ Malagasy *tàndraka*〗 — *n.* 〖動物〗テンレック (*Tenrec ecaudatus*)《Madagascar 島産のハリネズミに似たテンレック科の食虫哺乳動物》.

tenrec

Ten·rec·i·dae [tenrésədì: | -sɪ-] 〖← NL ~ ← *Tenrec* (属名: ↑)+-IDAE〗 — *n. pl.* 〖動物〗テンレック科.

tense¹ [téns] 〖(1670) ◻ L *tens-us* (p.p.) ← *tendere* to stretch: ⇨ tend¹〗 — *adj.* (**tens·er**, **-est**) **1** 〈綱などが〉ぴんと張った, 張り切った (taut). **2 a** 〈神経・感情・顔つきなど〉張り詰めた, 〈人が〉緊張した (strained): a face ~ *with* anxiety 心配でこわばった顔 / He is ~ before an exam. 試験を控えて緊張している / He was too ~ to smile. 緊張しすぎて微笑できなかった. **b** 〈情況が〉緊張を起こさせるような, 緊迫した (stiff): a

moment of ～ silence 緊迫した沈黙の一瞬. **3 a** 〈筋肉など〉張った: muscles ～ *from* exercise 運動で固く張った筋肉. **b** 〖音声〗緊張した, 筋肉の張った (cf. lax² 6): a ～ vowel 緊張母音《英語の [iː] [uː] など》.
── *vt.* ぴんと張る, 緊張させる 〈*up*〉: be [get] ～*d up* 緊張する. ── *vi.* 張り詰める, 緊張する 〈*up*〉.
～·ly *adv.* **～·ness** *n.*

tense² [téns] 〚(*a*1333) ▭ OF *tens* (F *temps*) < L *tempus* time: cf. tempo〛 *n.* 〖文法〗(動詞の)時制 (cf. time *n.* 1 a): ⇨ present tense, past tense.

ten·seg·ri·ty [tenségrəṭi | -rəti, -rɪ-] 〚← TENSE¹ + (IN)TEGRITY〛 ── *n.* 〖建築〗テンセグリティ《各部材の最大有効性を求めたシステム; R. B. Fuller の提唱する構造》. ── *attrib. adj.* テンセグリティの.

ten·si·bil·i·ty [tènsəbíləṭi | -sɪbíləti, -lɪ-] *n.* 伸長性.

ten·si·ble [ténsəbl̩ | -sə-, -sɪ-] 〚▭ LL *tensibil-is* ← *tensus*: ⇨ tense¹, -ible〛 *adj.* 張ることのできる, 引き伸ばすことのできる (tensile). **tén·si·bly** *adv.*

ten·sile [ténsəl, -sɪl | -saɪl] 〚(1626) ← NL *tensil-is* ← L *tensus*: ⇨ tense¹, -ile¹〛 ── *adj.* **1** 緊張の, 伸張の, 張力の: ～ force 張力 / ～ stress 〖物理〗引張り内力《物体内に誘起されるひずみ》. **2** 張ることのできる, 引き伸ばすことのできる (ductile). **3** (弦楽器の)緊張弦から音を発する.

ténsile stréngth *n.* 〖物理〗引張り強さ, 抗張力 (略 t.s.; cf. compressive strength).

ten·sil·i·ty [tensíləṭi | -ləti, -lɪ-] *n.* 緊張性, 伸張性, 張力.

ten·sim·e·ter [tensímәṭə | -mɪtə(r, -mə-] 〚← TENSI(ON) + -METER¹〛 *n.* ガス[蒸気]張力計.

ten·si·om·e·ter [tènsiáməṭə | -siɔ́mɪtə(r, -mə-] 〚← TENSIO(N) + -METER¹〛 ── *n.* **1** 張力計. **2** 土壌中の水分量をその表面張力で測定する計器. **3** テンシオミター《(液体)表面張力計》.

ten·si·om·e·try [tènsiámətri | -siɔ́mɪtri, -mə-] *n.* 張力測定学《張力・引っ張り強さを扱う物理学の一分野》.

ten·sio·met·ric [tènsio(ʊ)métrɪk | -sɪə(ʊ)-] *adj.*

ten·sion [ténʃən] 〚(1533) ▭ F ～ ∥ L *tensiō(n-)* ← *tendere* to stretch: ⇨ tense¹〛 ── *n.* **1** 緊張, 伸張: the ～ of the muscles. **2** (精神的な)緊張: under ～ 緊張して. **3** (情勢・関係などの)切迫, 緊張(状態): at [on] ～ 緊張状態で / the relaxation of international ～ 国際間の緊張緩和 / the ～ *between* big countries 大国間の緊張(状態) / His nerves were at their highest ～. 彼の神経は緊張の極に達していた. **4** 《古》〖物理〗張力, (弾性体の)応力, 内力, 歪力 (stress); (気体の)膨張力, 圧力 (pressure): surface ～ 表面張力. **5** 〖電気〗電圧; 動電力 (electromotive force): a high *tension*-current 高圧電流 / a ～ fuse 電圧ヒューズ. **6** 〖力学〗引張り. **7** 〖機械〗引張り装置, 伸張器, 伸子(しんし). **8** 力の釣り合い, 拮抗(きっこう). **9** 〚← (EX)TENSION & (IN)TENSION〛〖文学〗テンション《新批評の用語; wit, paradox, irony などの作用によって生じる詩の効果的な統一》. ── *vt.* 〖建築〗《鋼索など》に張力をかける, ぴんと張る. **～·al** [-ʃənl̩, -ʃnəl] *adj.* **～·er** *n.*

ténsioned *adj.* 緊張した: ～ nerves.

ténsion·less *adj.* 緊張のない; 張力のない.

ténsion mèter *n.* 〖建築〗荷重計《構造物に荷重を加えて実験するときに荷重を測定する計器》.

ténsion pùlley *n.* 〖機械〗テンションプーリー, 張り車《ベルトの弛みをとるためベルトに張力を与えるようにばねやおもりで引張り力を与えたプーリー》.

ten·si·ty [ténsəṭi | -səti, -sɪ-] 〚▭ ML *tensitāt-em* ← L *tensus* 'TENSE¹': ⇨ -ity〛 *n.* =tenseness.

ten·sive [ténsɪv] 〚▭ F *tensif*: ⇨ tense¹, -ive〛 *adj.* 緊張感を生じる, 緊張感のある.

ten·som·e·ter [tensáməṭə | -sɔ́mɪtə(r, -mə-] *n.* =tensiometer 1.

ten·son [ténsən] 〚▭ F ～ =Prov. *tensoun, tenso* a poetical contest ▭ L *tensiō(n-)*: ⇨ tension: cf. contention〛 ── *n.* 〖詩学〗タンソン, 論争詩《二人の詩人が恋愛・騎士道などについて交互の連 (stanza) で言い争う troubadour の対話詩; cf. débat, partimen》.

ten·sor [ténsə, -sɔə | -sə(r, -sɔː(r] 〚(1704) ← NL ～: ⇨ tense¹, -or²〛 *n.* **1** 〖解剖〗張筋. **2** 〖数学〗テンソル: ～ analysis [algebra] テンソル解析[代数].

tén's plàce *n.* 〖数学〗=ten 7.

tén-spòt *n.* 《俗》**1** (トランプの) 10 点札. **2** 10 ドル紙幣.

tén-strìke *n.* 《米》**1** 〖ボウリング〗ストライク《第一投で 10 ピン全部を倒すこと》. **2** 大成功, 大当たり.

tent¹ [tént] 〚(*c*1300) ▭ (O)F *tente* < L *tenta* (neut. pl.) ← *tentus* (p.p.) ← *tendere* to stretch: cf. tend¹〛 ── *n.* **1** 天幕, テント: a bell ～ 鐘形[円錐(えんすい)形]テント / an oxygen ～ 〖医学〗酸素テント / pitch [strike] a ～ テントを張る[はずす]. **2** テント状の物; 住居, 住家: the thick ～ of arching boughs overhead 頭上にうっそうとテント状に伸びている大枝. **3** 〖昆虫〗テンマクケムシ (tent caterpillar) の巣.
tent of meeting 〖ユダヤ教〗=tabernacle 4 a.
── *vt.* **1** テントの中に泊まらせる. **2** テントのようにおおう. ── *vi.* テントを張る, テントに泊まる (encamp).

tent² [tént] 〚(1542) ▭ Sp. (*vino*) *tinto* dark red (wine) < L *tinctum* (p.p.) ← *tingere* to dye: cf. tinct, tinge〛 ── *n.* 《英》テント(ワイン)《スペイン産の濃紅色の甘口のぶどう酒; 特に, 聖餐(せいさん)に用いる》.

tent³ [tént] 〚(*a*1325) ▭ (O)F *tente* ← *tenter* to try, test < L *temptāre*: ⇨ tempt〛〖外科〗── *n.* **1** 《廃》さぐり針, 消息子. **2** 栓塞(せんそく)子《もと傷口を広げておいたり, うみなどを吸収するため用いられた, 丸く巻いた脱脂綿や海綿など》. ── *vt.* 《古》栓塞子を入れて〈傷口などを〉あけて置く.

tent⁴ [tént] 〚《頭音消失》← ATTENT〛《スコット》── *n.* 注意 (attention), 用心 (care). ── *vt.* **1** …に注意を払う, 用心する (heed). **2** …の世話をする, 後見する (tend). **3** 観察する, 見守る (watch).

ten·ta·cle [ténṭɪkl̩, -ṭə- | -tə-, -tɪ-] 〚(1762) ← NL *tentācul-um* ← L *tentāre* to feel, handle: ⇨ -cle〛 ── *n.* **1** 〖動物〗触角, 触手《腔腸(こうちょう)動物などの口辺にある細長い感覚器官》; 触腕《イカ類の足の中の長い 2 本》. **2** 〖植物〗《モウセンゴケなどの》腺毛(せんもう), 触毛.

tén·ta·cled *adj.* 触手[腺毛(せんもう)]のある.

ten·tac·u·lar [tentǽkjʊlə | -lə(r] 〚← NL *tentāculum* (⇨ tentacle) + -AR¹〛 *adj.* 触手[腺毛(せんもう)]状の; 触毛[腺毛]を備えた.

Ten·tac·u·la·ta [tentæ̀kjʊlɑ́ːṭə, -léɪ- | -tə] 〚← NL ～ ← (neut.pl.) ← *tentaculatus* (↓)〛 *n. pl.* 〖動物〗(有櫛動物)有触手綱.

ten·tac·u·late [tentǽkjʊlət, -lɪt] 〚← NL *tentaculatus*: ⇨ tentacle, -ate²〛 *adj.* 〖動物〗**1** 触手[腺毛(せんもう)]のある. **2** 有触手綱の.

ten·tac·u·lat·ed [tentǽkjʊlèɪṭɪd, -ṭəd | -tɪd, -təd] *adj.* =tentacled.

ten·tac·u·lo·cyst [tentǽkjʊlo(ʊ)sɪst | -lə(ʊ)-] 〚← NL *tentāculum* (⇨ tentacle) + -o- + -CYST〛 *n.* 〖動物〗触手胞《クラゲ類の傘縁に垂下する平衡器》.

tent·age [ténṭɪdʒ | -tɪdʒ] 〚← TENT¹ + -AGE〛 *n.* **1** 〖集合的〗テント (tents). **2** テント設備.

ten·ta·tion [tentéɪʃən] 〚▭ L *tentātiō(n-)* ← *tentātus* (p.p.) ← *tentāre* 'to try, TEMPT'〛 ── *n.* **1** 《古》誘惑 (temptation). **2** 〖機械〗試(ため)し調整《幾度も試験して機械の調子を整えること》.

ten·ta·tive [ténṭəṭɪv | -tət-] 〚(1588) ▭ ML *tentātīvus* ← L *tentāre* to try: ⇨ tempt〛 ── *adj.* **1** 試みの, 試(ため)しの, 試験的な, 仮の (provisional): a ～ method 実験法 / a ～ theory 仮説 / sign a ～ agreement 仮の同意書に署名する. **2** 確かでない, ためらいがちな, 煮え切らない: a ～ smile おずおずとした微笑. ── *n.* 試み, 試し (attempt); 試案; 仮説. **～·ly** *adv.* **～·ness** *n.*

tént bèd *n.* テント型の天蓋(てんがい)のついた四柱式ベッド.

tént càterpillar *n.* 〖昆虫〗テンマクケムシ《カレハガ科オビカレハ属 (*Malacosoma*) の昆虫の総称; 成虫(オビカレハ)はサクラ・ウメなどの樹枝に指輪状に産卵し幼虫は共同の幕状の網の中に群居する; cf. fall webworm》.

tént còat *n.* テントコート《肩から裾にかけてフレアがたっぷり入った三角形のシルエットのコート》.

tént drèss *n.* テントドレス《肩から裾にかけてフレアがたっぷり入った三角形のシルエットのドレス》.

tént·ed [-ṭɪd, -ṭəd | -tɪd, -təd] *adj.* **1** テントを張った, テントにおおわれた. **2** テントを宿舎とする: ～ Arabs. **3** テント状の: ～ hills テント状の山.

ten·ter¹ [ténṭə | -tə(r] 〚(14C) *tentour* 《変形》← ? ML *tentura* ← L *tentus* (⇨ tent¹) + -*ura* '-URE'〛 ── *n.* **1** 〖紡織〗張り枠, 幅出し機《加工された織物の横幅を均一に整える工程に用いられる》. **2** 《古》=tenterhook.
on the tenters 《古》=*on* TENTERHOOKS.
── *vt.* 〈織物を〉幅出し機にかける, 張り枠に張る: a ～*ing* machine (織物の)幅出し機. ── *vi.* 張り枠に張れる.

tent·er² [ténṭə | -tə(r] 〚← 《スコット》*tent* to attend (← TENT⁴) + -ER¹: cf. tend²〛 *n.* 《英》番人, 見張り人; (特に工場の)機械監視人, 機械係 (tender).

ténter·hòok *n.* 張り枠 (tenter) の釘.
on tenterhooks 気をもんで, やきもき[はらはら]して: The author keeps the reader *on* ～*s*. 作者は終始読者をはらはらさせる.

tént flỳ *n.* テントの上おおい《テントの上に張って雨や強い天日を防ぐ帆布》.

tenth [ténθ] 〚(*a*1150) *tenðe* (⇨ ten, -th¹) ∽ ME *teþe* < OE *tēoða*: ⇨ tithe〛 ── *adj.* **1** 第 10 の, 10 番目の, 10 度目の (10th). **2** 10 分の 1 の: a ～ part 10 分の 1. ── *n.* (*pl.* ～s [ténθs, ténts]) **1** [the ～] 第 10, 10 番目, 第 10 位; (月の)第 10 日: *the* ～ [10th] of March 3 月 10 日. **2** 10 分の 1: a [one] ～ / 3 ～s 10 分の 3. **3 a** 10 分の 1 ガロン《ぶどう酒を量る単位》. **b** 10 分の 1 ガロン入りのぶどう酒びん. **4** (十進記数法における)小数(点以下)第一位《tenth's place ともいう》. **5** 〖音楽〗第十音; 十度; 十度音程. **6** 〖英法〗(国王への) 10 分の 1 奉納金《1272-1624 年, 英国民に賦課された; 初めは所有動産の 10 分の 1 であった》.

ténth·ly *adv.* 第 10 に, 10 番目に, 10 度目に.

ténth-ráte *adj.* (性格・性質が)最低の.

ten·thred·i·nid [tenθrédənɪd, -nəd | -dɪnɪd] 〚↓〛〖昆虫〗*n.* ハバチ《ハバチ科に属するハチの総称》. ── *adj.* ハバチ(科)の.

Ten·thre·din·i·dae [tènθrədínədiː | -θrɪdínɪ-] 〚← NL ～ ← *Tenthredin-, Tenthredo* (属名: ← Gk *tenthrēdṓn* a kind of wasp) + -IDAE〛 ── *n. pl.* 〖昆虫〗(膜翅目)ハバチ科.

ténth's plàce *n.* =tenth 4.

tent·ie [ténṭi | -tɪ] *n.* =tenty.

tént·less *adj.* テントのない; 避難所のない.

tént·màker *n.* テント製造人[業者].

ten·to·ri·um [tentɔ́ːriəm, -tóːr- | -tɔ́ːrɪ-] 〚← NL ～ ← L *tentus* (⇨ tent¹) + -ORIUM〛 ── *n.* (*pl.* **-ri·a** [-riə | -rɪə]) 〖動物〗幕状骨《昆虫の頭部の U 字形の内骨格》.

ten·to·ri·al [tentɔ́ːriəl, -tóːr- | -tɔ́ːrɪ-] *adj.*

tént-pèg *n.* テントの留め杭(くい)《テントの支索を地面に留める杭》.

tént pègging *n.* 杭抜き騎馬術《疾駆しながら長槍でテント杭をしごき抜く騎馬術; インドで始まった》.

tént pòle *n.* テントの支柱.

tént shòw *n.* 小屋がけショー《サーカスなど》.

tént slide [slìp] *n.* (テントの)張り綱調節装置.

tent-peg

tént stìtch *n.* 〖服飾〗テントステッチ《短く斜めに刺していくステッチ; cf. petit point》.

tént-tràiler *n.* テントトレーラー《自動車に引かせる 2 輪トレーラーでテント用具を積む》.

tent·y [ténṭi | -tɪ] 〚《変形》← 《古形》*tentif* ▭ OF ← *atentif* 'ATTENTIVE'〛 *adj.* 《スコット》注意深い (careful, watchful).

ten·u·is [ténjuɪs, -əs | -jʊɪs] 〚(1650) ▭ L ～ 'thin, slight' 《なぞり》← Gk *psilós* unaspirated: cf. tenuous〛 ── *n.* (*pl.* **-u·es** [ténjuìːz, -èɪs | -njʊ-]) 〖言語〗細音《古典語文法や比較言語学で無声無気閉鎖音 [p] [t] [k] の名称》.

te·nu·i·ty [ten(j)úːəṭi, tɪ-, tə- | tenjúːəti, tə-, tɪ-, -njúːə-, -ɪti] 〚(1535-36) ▭ L *tenuitāt-em* thinness, slenderness ← *tenuis* (↑): ⇨ -ity〛 ── *n.* **1** (物の)薄いこと, 薄っぺら. **2** (毛髪などの)細いこと, 細さ; (液体・気体などの)希薄 (rarity). **3** (文体・証拠・知性などの)貧弱, 薄弱 (meagerness): intellectual ～ 知性の乏しさ.

ten·u·ous [ténjuəs | -njʊ-] 〚(1597) ← L *tenuis* (⇨ tenuis) + -OUS〛 ── *adj.* **1** 薄い, 細い (slender): the ～ web of a spider 細いくもの巣. **2** 〈液体・気体など〉薄い, 希薄な (rarefied): ～ air. **3** 薄弱な, 貧弱な (meager), 薄っぺらな: a ～ argument, plot, etc. **4** 曖昧な, はっきりしない (vague): It is impossible to analyze all the ～ factors at work. ここに介在している微妙な要因のすべてを分析することは不可能だ. **～·ly** *adv.* **～·ness** *n.*

ten·ure [ténjə, -njʊə | -njʊə(r, -njə(r] 〚(1436) ▭ OF *ten(e)ure* ← *tenir* < L *tenēre* to hold: ⇨ -ure: cf. tenable, tenant〛 ── *n.* **1** (不動産の)保有, 保有権; 保有期間; 保有条件: alodial ～ 自由土地保有(権) / feudal ～ 封建的土地保有(権) / military ～ 軍役による土地保有(権) / On what ～? どんな条件で. **2** 保有, 保持 (holding), 保有期間: a long ～ of office 長期在任 / his slight ～ of life 彼の短い寿命 / *during* one's ～ of office 在職期間中 / He holds his life *on* a precarious ～. 明日をも知れない命だ. **3** (大学教授などの)終身在職権《ふつう associate professor 以上》.
tenure for life (1) 終身土地保有権. (2) (終身官の)終身地位保有.

tén·ured *adj.* 終身在職権のある: ～ professors.

ten·u·ri·al [tenjʊ́(ə)riəl, tɪ-, tə- | -njʊ́ərɪ-, tə-, tɪ-] *adj.* 土地保有上の. **～·ly** *adv.*

te·nu·to [tenúːṭoʊ | tenúːtəʊ; *It.* tenúːto] 〚▭ It. ～ 'held' (p.p.) ← *tenēre* to hold: ⇨ tenor¹〛〖音楽〗── *adv., adj.* テヌートの, (音符の時価を十分に)持続して[た]《音符の上に略語 ten. または水平線を付してその記号とする; cf. staccato 1》. ── *n.* (*pl.* ～s, **te·nu·ti** [-tiː; *It.* -ti]) 持続記号.

tén-wéek stòck 〚夏から秋にかけて咲いていることから〛 *n.* 〖植物〗コアラセイトウ (*Matthiola incana* var. *annua*)《南欧原産アブラナ科の一年草》.

Ten·zing [ténsɪŋ] *n.* テンジン《1913?- ; ネパールのシェルパ; E. Hillary と Mt. Everest 初登頂 (1953); Tenzing Norgay [nɔ́əgeɪ | nɔ́ː-]》.

ten·zon [ténzn̩] *n.* 〖詩学〗=tenson.

te·o·cal·li [tìːəkǽli, tèɪəkɑ́ːli | -lɪ; *Am. Sp.* tèokáji] 〚(1578) ▭ Mex.-Sp. (Nahuatl) ～ 'house of the god' ← *teotl* god + *calli* house〛 ── *n.* 丘上神殿《中央アメリカのアステカ人が截頭ピラミッド状の丘を築いてその上に設けた祭壇》.

Te·o·do·ro [tèɪədɔ́ːroʊ, -dóːr- | -dɔ́ːrəʊ; *It.* tèodɔ́ːro] 〚▭ It. ～ 'THEODORE'〛 *n.* 男性名.

te·o·na·na·catl [teɪo(ʊ)nɑ̀ːnəkɑ́ːṭl̩ | -ə(ʊ)nɑ̀ːnəkɑ́ːtl̩] 〚▭ Mex.-Sp. (Nahuatl) ～ ← *teotl* god + *nanacatl* mushroom〛 ── *n.* 〖植物〗メキシコのマヤ文明時代から神事に用いられてきたシビレタケ属 (*Psilocybe*) などのキノコの総称《psilocybin という幻覚剤を含み, 巫女(みこ)がこれを食べて神と交流した》.

Te·os [tíːɑs | -ɔs] *n.* テーオス《小アジア西岸, Ionia の古都; Anacreon の生誕地》.

te·o·sin·te [tèɪəsínṭi | -tɪ] 〚▭ Mex.-Sp. (Nahuatl) *teocentli* 《原義》divine maize ← *teotl* god + *cintli* ear of maize〛 ── *n.* 〖植物〗ブタモロコシ (*Euchlaena mexicana*)《メキシコ・中央アメリカ産のトウモロコシに似たイネ科の雑草; 家畜飼料となる》.

te·pa [tíːpə] 〚← T(RI)- + E(THYLENE) + P(HOSPHORO-) + A(MIDE)〛 *n.* 〖化学〗テパ ($C_6H_{12}N_3OP$)《制癌剤の一種; 白血病などに用いる》.

te·pal [tíːpəl, tép-] 〚▭ F *tépale* 《混成》? ← *pétale* 'PETAL' + *sépale* 'SEPAL'〛 *n.* 〖植物〗花被片《花被の構成葉》.

tép·a·ry bèan [tépəri- | -rɪ-] 〚*tepary*: ← ?〛 *n.* 〖植物〗米国南西部・メキシコ原産マメ科インゲン属の一年生つる植物 (*Phaseolus acutifolius* var. *latifolius*).

te·pee [tíːpiː, -pi|-piː] 〖(1872)▭N-Am.-Ind. (Sioux) *tipi* tent, house ← *ti* to dwell + *pi* used for〗 ── *n.* ティーピー《北米平原地方インディアンのテント小屋; 数本の棒を立てそれを頂点で結び合わせて獣皮を張る; cf. wigwam 1》.

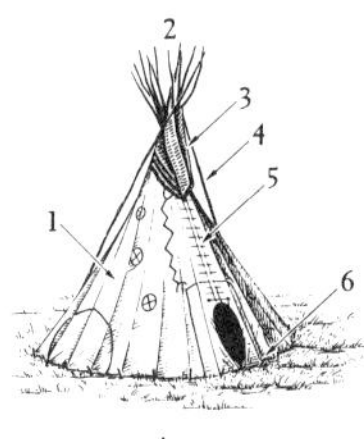

tepee
1 cover; 2 poles; 3 flaps; 4 outside poles; 5 pins; 6 pegs

tep·e·fy [tépəfàɪ|-pɪ-] 〖← L *tepēre* to be lukewarm + -FY: cf. tepid〗 ── *vt., vi.* 微温化する, なまぬるくする[なる].
tep·e·fac·tion [tèpəfǽkʃən|-pɪ-] *n.*

Te·pe Gaw·ra [tépegaurɑ́ː] *n.* テペガウラ《イラク北部 Mosul 北東約 25 km にある遺跡; 高さ約 22 m, 長径約 168 m のテル (tell[2]) をなす; 発掘の結果ウバイド期からフルリ期に至る 20 の層位が明らかにされた》.

「ダヤ教」=tefillin.

te·phil·lin [təfílɪn, -lən|-lɪn] 〖⇨ tefillin〗 *n. pl.* 《ユ

teph·ra [téfrə] 〖▭Gk *téphra* ashes〗 *n. pl.* [単数または複数扱い] 砕屑(さいせつ)性火山物質, 火山灰《噴火により排出され空中に吹き上げられる》.

teph·rite [téfraɪt] 〖(1879) ← Gk *tephrós* ash-colored (↑) + -ITE[1]〗 *n.* 〖岩石〗テフル岩, 灰色玄武岩. **teph·rit·ic** [tefrítɪk|-tɪk] *adj.*

teph·ro·ite [téfrouàɪt|-rəu-] 〖▭G *Tephroit* ← Gk *tephrós* (↑): ⇨ -ite[1]〗 *n.* 〖鉱物〗テフロ石, 灰色マンガン鉱 (Mn_2SiO_4)《鮮紅色ないし灰色の斜方晶系鉱物》.

tep·id [tépɪd, -pəd|-pɪd] 〖(*a*1400)▭L *tepid-us* lukewarm ← *tepēre* to be lukewarm〗 ── *adj.* **1** 〈液体が〉微温の, なまぬるい (lukewarm) (cf. warm): ～ water ぬるま湯 / a ～ bath 微温湯浴 / ～ tea なまぬるいお茶. **2** 〈感情など〉微温的な, 熱のない: a ～ reception 熱のない迎え方 / have a ～ interest in jazz ジャズには大して関心がない. **～·ly** *adv.* **～·ness** *n.*

tep·i·dar·i·um [tèpədé(ə)riəm|-pɪdéəri-] 〖▭L ～: ⇨↑, -arium〗 *n.* (*pl.* **-i·a** [-riə|-rɪə]) (古代ローマの)微温浴室 (cf. caldarium, frigidarium).

te·pid·i·ty [tɪpídəṭi, tə-, te-|tepídətɪ, -dɪ-] 〖← LL *tepiditāt-em*: ⇨ tepid, -ity〗 *n.* 微温的であること, なまぬるさ.

te·poy [tíːpɔɪ] *n.* =teapoy.

TEPP 《略》〖化学〗tetraethyl pyrophosphate.

te·qui·la [tɪkíːlə, tə-, teɪ-; *Sp.* tekíla] 〖▭Am.-Sp. ～ (Nahuatl 語の地名から)〗 ── *n.* **1** 〖植物〗テキラリュウゼツ (*Agave tequilana*)《メキシコ産のリュウゼツランの一種》. **2** テキーラ《テキラリュウゼツの茎の汁を発酵させ, 蒸溜して造るメキシコの酒》.

ter [tə́ː|tə́ː(r)] 〖▭L ～ 'thrice': cf. tri-〗 *L. adv.* 〖処方〗3 度, 3 回《t. と略して使うことが多い; 例: t.i.d.》.

ter. 《略》〖処方〗L. tere (=rub); terrace; territory.

ter- [tə́ː|tə́ː(r)] 〖← L *ter* thrice〗「3 度 (thrice, three times)」の意の連結形: *ter*centenary.

ter·a- [térə] 〖← Gk *téras* monster〗「1 兆(倍), 10^{12} (倍), テラ」の意の連結形 (cf. kilo-, mega-, giga-): *tera*ton.

téra·bìt 〖← TERA- + BIT[5]〗 *n.* 〖電算機〗テラビット《記憶容量の単位; =1 兆 bits》.

téra·bȳte 〖⇨ byte〗 *n.* 〖電算機〗テラバイト《記憶容量の単位; =1 兆 bytes》.

téra·cȳcle 〖← TERA- + CYCLE〗 *n.* 〖電気〗1 兆[10^{12}] サイクル (略 Tc).

téra·elèctron vólt *n.* 〖物理〗1 兆[10^{12}]電子ボルト.

téra hèrtz *n.* 〖電気〗1 兆[10^{12}]ヘルツ《毎秒 10^{12} 回繰り返す; 略 THz》.

te·rai [təráɪ] 〖↓〗 *n.* タライ帽《亜熱帯地方で用いられる広つばのフェルト帽; terai hat ともいう》.

Te·rai [təráɪ] 〖▭Hindi *tarai* moist (land) ← *tar* moist, damp〗 *n.* タライ《インド Ganges 川の北方, ヒマラヤ山脈のふもとにある低湿地帯》.

terái hàt *n.* =terai.

ter·a·phim [térəfìm] 〖(*c*1390) *t(h)eraphyn, -ym* ▭Heb. *tᵉrāphīm* ← ?: cf. Heb. *rᵉphā'īm* shades, ghosts〗 ── *n. pl.* (*sing.* **ter·aph** [térəf]) [しばしば単数扱い] (古代ヘブライ人の)家神像《祖先崇拝・子孫繁栄の祈願・占いなどに用いられたと考えられるもの; cf. *Gen.* 31: 19, 30》.

ter·at- [térət] (母音の前に来る時の) terato- の異形.

ter·a·tism [térətìzm] 〖⇨↓, -ism〗 *n.* **1** 〖生物・医学〗奇形, 奇形胎児. **2** 怪奇趣味, 怪物崇拝.

ter·a·to- [térəto(u)|-tə(u)] 〖▭Gk *térato-, téras* monster, marvel〗〖生物・医学〗「奇形…; 怪物的」の意の連結形: *terato*logy. ★ 母音の前では通例 terat- になる.

ter·at·o·gen [tɪrǽṭədʒɪn, tə-, -dʒən|-tə-] *n.* 〖医学〗奇形生成因子; 催奇(形)物質《薬品やウイルスなど》.

tèrato·génesis 〖← NL ～: ⇨terato-, -genesis〗 *n.* 〖生物〗奇形生成. **tèrato·génic** *adj.* **tèrato·genétic** *adj.*

ter·a·to·ge·nic·i·ty [tèrəṭo(u)dʒənísəṭi|-tə(u)dʒənísətɪ, -sɪ] 〖← TERATO- + -GENIC + -ITY〗 *n.* 〖生物・医学〗奇形生成性, 催奇形性.

ter·a·toid [térətɔ̀ɪd] *adj.* 〖生物〗**1** 奇形状の. **2** 奇形腫 (teratoma) の特徴を示す.

tèr·a·tól·o·gist [-dʒɪst, -dʒəst|-dʒɪst] *n.* 奇形学者.

ter·a·tol·o·gy [tèrətɑ́lədʒi|-tɔ́lədʒɪ] 〖(1678)▭Gk *tératologia*: ⇨ terato-, -logy〗 *n.* **1** 〖生物〗奇形学. **2** 怪物譚(たん), 怪談(集). **ter·a·to·log·i·cal** [tèrəṭəlɑ́dʒɪkəl, -ṭl-, -dʒə-|-təlɔ́dʒɪ-] *adj.* **tèr·a·to·lóg·ic** *adj.*

ter·a·to·ma [tèrətóumə|-tə́u-] 〖← NL ～: ⇨terato-, -oma〗 *n.* (*pl.* **～s, ～·ta** [～ṭə|～tə]) 〖生物〗奇形腫. **～·tous** [～ṭəs|～təs] *adj.*

ter·a·to·sis [tèrətóusɪs, -səs|-tə́usɪs] 〖← NL ～: ⇨ terato-, -osis〗 *n.* 〖生物・医学〗=teratism 1.

téra·wòrd *n.* 〖電算機〗テラワード《記憶容量の単位; =1 兆 words》.

ter·bi·a [tə́ːbiə|tə́ːbɪə, -bjə] 〖← NL ～: ⇨ terbium, -ia[2]: cf. erbium〗 *n.* 〖化学〗酸化テルビウム (Tb_2O_3)《非晶質の白色粉末》.

ter·bic [tə́ːbɪk|tə́ː-] *adj.* 〖化学〗テルビウムの.

ter·bi·um [tə́ːbiəm|tə́ːbɪəm, -bjəm] 〖← NL ～ ← *Ytterby* (スウェーデンの発見地): ⇨-ium: cf. erbium〗 ── *n.* 〖化学〗テルビウム《希土類金属元素の一つ; 記号 Tb, 原子番号 65, 原子量 158.9254》.

térbium mètal *n.* 〖化学〗テルビウム金属《希土類元素 (rare-earth elements) の一つ》.

Ter Borch [təbɔ́ək|təbɔ́ːk; *Du.* tɛrbɔ́rx] (*also* **Terborch** [～]), **Ge·rard** *n.* テルボルヒ《1617–81; オランダの風俗画家》.

terce [tə́ːs|tə́ːs] 〖(15C)《変形》← TIERCE〗 *n.* [しばしば T-] 〖カトリック〗(聖務日課の)3 時課《午前 9 時の祈り; cf. canonical hour 1》.

Ter·cei·ra [təsé(ə)rə, -sí(ə)rə|tə(ː)séɪrə; *Port.* tərsɐ́irɐ] *n.* テルセイラ(島)《北大西洋ポルトガル領 Azores 諸島中の一島; 人口 121,000, 面積 397 km², 首都 Angra do Heroísmo [ɐ̃grɐduiwíʒmu]》.

ter·cel [tə́ːsəl, -sl|tə́ː-] *n.* 〖鷹狩〗=tiercel.

terce·let [tə́ːslɪt, -lət|tə́ːs-] *n.* 〖鷹狩〗=tiercel.

ter·cen·ten·a·ry [tə̀ːsenténəri, təːsénṭənèri, -ṭɪn-, -tṇ-|tə̀ːsentíːnərɪ, -tén-, təːséntɪn-] 〖← TER- + CENTENARY〗 ── *adj.* 三百年の, 三百年間の; 三百年記念の. ── *n.* 三百年記念; 三百年祭.

ter·cen·ten·ni·al [tə̀ːsenténiəl, -sən-, -njəl|tə̀ːsenténɪəl, -njəl] *adj., n.* =tercentenary.

ter·cet [tə́ːsɪt, -sət, təːsét|tə́ːsɪt, -sət, -set] 〖(1598) *terset* ▭It. *terzetto* (dim.) ← *terzo* < L *tertium* third: ⇨-et〗 ── *n.* **1** 〖詩学〗三行連句 (triplet)《通例, 同一の押韻が連続した 3 行詩句; 主に Italian sonnet の結尾の六行連句 (sestet) の半分をいう》. **2** 〖音楽〗三連音符 (triplet).

Ter·e·bel·li·dae [tèrəbélədìː|-lɪ-] 〖← NL ～ ← *Terebella* (属名: ← (dim.) ← L *terebra* gimlet) + -IDAE: cf. terebridae〗 ── *n. pl.* 〖動物〗(環形動物門多毛綱定在目)フサゴカイ科.

ter·e·bene [térəbìːn|-rə-, -rɪ-] 〖▭F *térébène*: ⇨ terebinth, -ene〗 ── *n.* 〖化学〗テレベン《テルペンチン油 (turpentine) から得るテルペン混合物; 塗料・防腐剤用》.

te·reb·ic [təréb ɪk, -ríːb-|te-] 〖← TEREB(INTH) + -IC[1]〗 *adj.* 〖化学〗テレビン酸の[からできる].

terébic ácid *n.* 〖化学〗テレビン酸 ($C_7H_{10}O_4$) (α-ピネンなどを酸化して得られる).

ter·e·binth [térəbìnθ|-rə-, -rɪ-] 〖(*c*1390) ▭ OF *therebint(h)e* ▭ L *terebinthus* ▭ Gk *terébinthos*〗 ── *n.* 〖植物〗テレビンノキ, トクノウコウ (*Pistacia erebinthus*)《地中海沿岸地方産のウルシ科の樹木; 樹幹を傷つけてテレビン油を採る》: oil of ～ テレビン油 (turpentine).

terebinth trèe *n.* 〖植物〗=terebinth.

ter·e·bin·thi·nate [tèrəbínθənèɪt|-rəbínθɪ-, -rɪ-] 〖▭ML *terebinthināt-us*: ⇨↓, -ate[2]〗 *adj.* テルペンチン (turpentine) の[に類似した]: a ～ odor.

ter·e·bin·thine [tèrəbínθɪn, -θən|-rəbínθaɪn, -rɪ-] 〖← L *terebinthinus* 'of the TEREBINTH' + -INE[1]〗 ── *adj.* **1** =terebinthinate. **2** テレビンノキ (terebinth) の.

te·re·bra [tərí:brə, térə-|térɪ-] 〖▭L ～ 'borer, gimlet' ← *terere* to rub + *-bra* (「道具」を表わす接尾辞)〗 *n.* 〖昆虫〗穿孔器《産卵管のこと》.

Te·reb·ri·dae [təríbrədìː|terébrɪ-] 〖← NL ～ ← *Terebra* (属名: ↑) + -IDAE〗 *n. pl.* 〖貝類〗タケノコガイ科.

teredines *n.* teredo の複数形.

ter·e·din·id [tèrədínɪd, -nəd, tərédən-, -dṇ-|tèrədínɪd, tərédɪn-] 〖↓〗 *adj., n.* 〖動物〗フナクイムシ科の(動物).

Ter·e·din·i·dae [tèrədínədìː|-rɪdínɪ-] 〖← NL ～ ← *Terēdin-, Terēdo* (属名: ↓) + -IDAE〗 *n. pl.* 〖動物〗フナクイムシ科.

te·re·do [tərí:dou, -réɪ-|teríːdəu, -réɪ-] 〖(*a*1398) ▭ L *terēdo* ▭ Gk *terēdṓn* woodworm〗 *n.* (*pl.* **～s, te·red·i·nes** [-dəniːz, -dṇ-|-dɪnìːz]) 〖貝類〗=shipworm.

te·re·fah [təréɪfə] 〖▭MHeb. *ṭᵉrēphāʰ*〗 *adj.* =tref.

Ter·ence[1] [térəns] 〖▭L *Terentius* (もとローマの氏族名) ← ?〗 *n.* 男性名《愛称形 Terri, Terry》.

Ter·ence[2] [térəns] *n.* テレンティウス《190?–159 B.C.; ローマの喜劇詩人; ラテン語名 Publius Terentius Afer [tɪrénʃiəs éɪfə, tə-, -ʃəs|-ʃɪəs, ʃəs]》.

Te·ren·tia [tərénʃə|tərénʃɪə, tɪ-, te-, -ʃə] 〖(fem.) ← TERENCE[1]〗 *n.* 女性名.

ter·eph·thal·ate [tèrefθǽleɪt, -lət, -lɪt] 〖← TEREPHTHAL(IC) (↓) + -ATE[1]〗 *n.* 〖化学〗テレフタル酸塩[エステル].

ter·eph·thál·ic ácid [tèrefθǽlɪk-, -rəf-|-ref-, -rəf-] 〖*terephthalic*: ← TERE(BENE) + PHTHALIC〗 ── *n.* 〖化学〗テレフタル酸 ($C_6H_4(COOH)_2$)《白色結晶のジカルボキシル酸; ポリエステル系合成繊維・フィルムなどの製造原料》.

Te·re·sa [tərí:sə, -zə|tərí:zə, tɪ-, te-, -réɪ-] 〖⇨ Theresa〗 *n.* 女性名《愛称形 Terri, Terry, Tess, Tessa, Tessie; 異形 Theresa, Tracy》.

Te·re·sa [tərí:sə, -zə|tərí:zə, tɪ-, te-, -réɪ-], **Saint** *n.* テレジア《1515–82; スペインのカルメル会の修道女・神秘家・著述家; 聖テレジア派を創立; Teresa of Ávila [ɑ́ːvɪlə, -və-|-vɪ-; *Sp.* ábila] ともいう》.

Te·resh·ko·va [tèrəʃkɔ́(ː)vɑː, -kóv-|-kɔ́v-, -kə́uv-; *Russ.* tjirjiʃkóvə], **Va·len·ti·na Vla·di·mi·rov·na** [vəljintjínə vladjímjirəvnə] *n.* テレシコワ《1937– ; 1963 年世界で初めて宇宙を飛行したソ連の女性宇宙飛行士》.

Te·re·sian [tərí:ʒən|tərí:zɪən, tɪ-, te-, -zjən, -ʒɪən, -ʒən] *n.* カルメル会聖テレジア派の修道女[士]の一員. ── *adj.* カルメル会聖テレジア派に属する.

Te·re·si·na [tèrəzí:nə; *Braz.* tèrezínɐ] *n.* テレジナ《ブラジル北東部 Piauí 州 Parnaíba 河畔の港市; 人口 291,000》.

te·rete [tərí:t, te-|te-] 〖(1616) ▭ L *teret-, teres* rounded off, smooth, 《原義》rubbed ← *terere* to rub〗 ── *adj.* 〖植物〗〈茎・葉身・さやなど〉円筒状の; 少し先の尖った円筒形の.

Te·reus [tí(ə)rjuːs, tíːruːs|tíərɪəs] 〖▭ L *Tēreus* ▭ Gk *Tēreús*〗 ── *n.* 〖ギリシャ神話〗テレウス《トラキアの王で Procne の夫; Procne の妹 Philomela を犯し, その罪としてヤツガシラ (hoopoe) に変えられた》.

terga *n.* tergum の複数形.

ter·gal [tə́ːgəl|tə́ː-] 〖← L *tergum* the back + -AL[1]〗 *adj.* 背の, 背部の (dorsal).

ter·gem·i·nate [təːdʒémənət, -nɪt|təːdʒémɪ-] 〖← L *tergeminus* triple + -ATE[2]〗 *adj.* 〖植物〗〈葉が〉三回双生の.

ter·gite [tə́ːdʒaɪt|tə́ː-] 〖← L *tergum* the back + -ITE[1]〗 ── *n.* 〖動物〗背板, 背被《昆虫その他の節足動物の各体節(特に腹部体節)の背面をおおうキチン (chitin) 板; cf. notum》.

ter·gi·ver·sate [tə́ːdʒɪvəsèɪt, tə̀ːdʒɪvə́ːseɪt, -dʒə-, tə̀ːdʒívəsèɪt|tə́ːdʒɪvəːsèɪt] 〖(1654) ← L *tergiversāt-us* (p.p.) ← *tergiversārī* to turn one's back ← *tergum* the back + *versāre* to turn: ⇨ -ate[2]〗 ── *vi.* **1** 言いまぎらす, 逃げ口上を言う, ごまかす (shuffle, equivocate). **2** 変節する, 豹変(ひょうへん)する (apostatize). **tér·gi·ver·sà·tor** [-ṭə|-tə(r)] *n.*

ter·gi·ver·sa·tion [tə̀ːdʒɪvəséɪʃən, -dʒə-, təːdʒìvə-|tə̀ːdʒɪvəː-] 〖(1570) ▭ L *tergiversatiō(n-)* evasion: ⇨↑, -ation〗 ── *n.* **1** 言いまぎらし, ごまかし, 逃げ口上 (subterfuge). **2** 変説, 変節 (apostasy).

ter·gum [tə́ːgəm|tə́ː-] 〖▭L ～ 'the back'〗 *n.* (*pl.* **ter·ga** [-gə]) **1** 〖動物〗**a** 背部. **b** =tergite. **2** 〖昆虫〗=notum.

term [tə́ːm|tə́ːm] 〖(?*a*1200) ▭(O)F *terme* < L *terminum* limit, boundary: TERMINUS と二重語〗
── *n.* **1** 期間, 任期, 刑期: during one's ～ of office [service] 任期中 / a short ～ of imprisonment 短期間の禁固 / in the long [short, medium] ～ 長期[短期, 中期]的には / He served two ～*s* in the House. 議員を 2 期勤めた. **2 a** (学校の)学期 (cf. quarter A 2 c, semester 2): the first [spring] ～ 一[春]学期 / keep a ～ 一学期間出席する. **b** (裁判所の)開廷期, 開期: ⇨ Easter term, Trinity term, general term. **c** 〖法律〗(権利の)存続期間; 賃貸借期間; 定期借地: let a house *for* a ～ of years. **3 a** 期限; (支払いなどの)期日, 勘定日, 節季 (cf. quarter day): set a ～ to …に期限を付ける. **b** [しばしば full ～ として] 妊娠期間の終結, 出産予定日: a healthy baby born *at full* ～ 妊娠期間が満ちて生れた健康な赤ん坊, 満[正]期産の健康乳児. **4 a** 言葉, 語, 辞; (特に)術語, 専門語, 用語: technical [scientific] ～*s* 専門[学術]語 / business ～*s* 商業用語 / ～*s* of law [golf] 法律[ゴルフ]用語 / Hero is hardly the ～ to apply to him. 英雄という言葉はとても彼には当てはまらない. **b** [*pl.*] 言い方, 表現 (phraseology): *in* high ～*s* ほめちぎって / *in* plain ～*s* 平易な言葉で, 平たく言えば / *in* set ～*s* きっぱりと, 明確に / *in* ～*s* of approval [reproach] 賛成[非難]して / *in the* ～*s* of the highest praise 口を極めてほめたたえて. **5 a** [*pl.*] (契約・支払い・値段・料金・給金などの)条件 (conditions); 要求額, 料金, 値段 (price): *under* favorable ～*s* 有利な条件で / *Terms* cash. 現金払い / the ～*s* of peace 講和条件 / ～*s* of trade 交易条件《輸入と輸出との交換比率》/ *on* even ～*s with* …と五分五分で, 対等で / *on* equal ～*s*=*on* ～*s* of equality 対等の条件で / *on* a person's own ～*s* 人の言う通りの条件で / set ～*s* 条件を付ける[定める] / *Terms*, two guineas a week. 料金は一週 2 ギニー / The ～*s* were "no cure no pay."「直らなければ払わない」という条件だった. **b** 要求額; 値段, 料金; 賃金〔*for*〕. **6** [*pl.*] 協約, 約定 (agreement): keep ～*s with* …と談判[交渉]を続ける / make ～*s* (*with*…) (…と)話がつく, まとまる, 妥協する / be *in* ～*s* 談判中[交渉中]である. **7** [*pl.*] 間柄, 仲, 関係; 親しい間柄, 友交関係: *on* good [friendly] ～*s with*…=*on* ～*s* of intimacy *with* …と仲よく[親しく]して / *on* bad ～*s* 仲が悪く, 折合いがよくなく / *on* the best of ～*s* 最も親密で / be *on* visiting [writing] ～*s with* …と往来(ゆきき)[文通]する間

柄である / ⇨ *on* [*upon*] *speaking* TERMS / They were *on* ~*s* of perfect equality. 完全に平等な間柄だ / Since when have you been *on* Christian name ~*s*? いつからクリスチャンネームで呼び合うような間柄になったのか. **8** 〘数学〙 **a** 項《式や数列などの成分》: ⇨ absolute term, general term 2. **b** 限界点[線, 面]. **9** 〘論理〙 **a** 項《関係の項である個体記号やそれらをさらに項とした関数記号等》. **b** 名辞《命題の主辞または賓辞; 三段論法の三前提と結論にわたって用いられる主要な三つの概念の一つ》: ⇨ major term, middle term, minor term. **10** 〘建築〙 **a** (古代ローマなどの)境界柱《上部は境界神 (Terminus) の像になっていた; terminal figure, terminal statue ともいう》. **b** 台座付き胸像. **11** 《古》終末, 終極 (end); 限界, 境界 (boundary). **12** [*pl.*] 《廃》状態, 情況, 事情 (situation).

at term (特定の)期間の終りに: *at* full ~ ⇨ *n.* 3. ***bring*** *a person* ***to terms*** 〈人を〉承服[同意]させる, 降参させる. ***come to terms*** (1) 〔…と〕折り合う, 協定[話]がまとまる 〔*with*〕. (2) 〔…に〕甘んずる, 〔…を〕甘受する; 〔…に〕慣れる 〔*with*〕. ***eat one's terms*** 〘法学院学生が修業期間中に一定回数の会食をすることから〙《英口語》(法学院で)バリスター (barrister) をめざして勉強する, 法学院で勉強する (cf. eat dinners ⇨ eat[1] *vt.* 1 a). ***for term of one's life*** 一生涯, 終身. ***in term*** (1) 学期中に. (2) (裁判所の)開廷期中に. ***in terms of***…によって (by means of); …に換算して; …に関して (concerning); …の点から (from the standpoint of) (cf. 4 b): *in* ~*s of* sales 売上げに関しては / express an idea *in* ~*s of* action 思想を行動によって表わす / see life *in* ~*s of* money 人生を金銭の観点から見る / think *in* ~*s of* doing (今後の方針として)…することを考える. ***not upon any terms*** = ***upon no terms*** どうあっても…しない. ***on*** [***upon***] ***speaking terms*** (1) 〔…と〕言葉をかわす間柄で 〔*with*〕: He is *on speaking* ~*s with* her. 彼女とは言葉をかわす仲だ. (2) [否定構文で] 〔…と〕会って言葉をかわすほどの間柄でもない, 会って口をきかない, けんか[仲たがい]している 〔*with*〕: They were *not on speaking* ~*s* for years. 何年も互いに口をきくことがなかった. ***on terms*** (1) 条件付で (conditionally). (2) 〔…と〕親しくして 〔*with*〕: He lived *on* ~*s with* tools generally. いろいろな道具と親しんで暮らしていた.

terms of reference 《英》委託された権限, 委任事項.

— *vt.* [目的補語を伴って] 名づける, 称する, 呼ぶ (name, call): He ~*ed* this gas argon. 彼はこのガスをアルゴンと命名した / His life may be ~*ed* happy. 彼の生活はまあ幸福と呼んでよかろう / She was what might be ~*ed* a difficult woman. 彼女はいわゆる扱いにくい女というやつだった.

term. 《略》terminal; termination; terminology.

ter·ma·gan·cy [tə́ːməgənsi | tə́ːməgənsɪ] 〘⇨↓, -ancy〙 *n.* (通例, 女性の)気性の荒々しいこと, 口やかましさ.

ter·ma·gant [tə́ːməgənt | tə́ːm-] 〘《?*a*1200》 *Terma-ga(u)nt, Tervagant* ▭ OF *Tervagan(t)* 《原義》god wandering in three different names ▭ It. *Trivigante* ← ? TRI-＋*vagāns* ((pres.p.) ← *vagārī* to wander)〙 — *n.* **1** [T-] (中世の宗教劇中の)荒神《キリスト教徒がイスラムの神と信じていた想像上の騒がしい神》. **2** 口やかましい女, がみがみ女, けんか好きな女 (virago, shrew): a ~ of a wife. — *adj.* 〈女性(の性質)が〉がみがみ言う, 口やかましい, 荒々しい (shrewish): a ~ wife, voice, etc. **~·ly** *adv.*

Ter·man [tə́ːmən | tə́ː-], **L**(**ewis**) **M**(**adison**) *n.* (1877–1956) 米国の心理学者.

térm dày 〘ME〙 *n.* 支払い期日, 満期日, 勘定日; 四季支払い日 (quarter day).

térm·er *n.* [刑期の限定詞を伴って] (公職または刑務所で)特定期を勤める人: a first [second, third] ~ 初犯[再犯, 三犯]服役者. 「-lɪ-] *n.* 有期性.

ter·mi·na·bil·i·ty [tə̀ːmənəbíləṭi | tə̀ːm(ɪ)nəbílətɪ,

ter·mi·na·ble [tə́ːm(ə)nəbḷ | tə́ːm(ɪ)n-] 〘《15C》 ← 《廃》*termine(n)* to bound (⇨ terminate)＋-ABLE〙 — *adj.* (一定期間の後)終止することのできる; 有期の: a ~ annuity 有期年金. **~·ness** *n.* **tér·mi·na·bly** *adv.*

ter·mi·nal [tə́ːmənḷ | tə́ːmɪ-] 〘《1486》 ▭ L *terminā-lis*: ⇨ term, -al[1]〙 — *adj.* **1** 終端の[をなす], 末端の; 結末の, 終末の: the ~ stage 末期 / a ~ syllable 末尾音節. **2 a** 終点の, 終着(駅)の: a ~ station 終着駅. **b** 空港(周辺)の: a ~ building 空港ビル. **c** (鉄道・倉庫などでの)貨物取扱いの: ~ charges 荷揚げ・荷降ろし料金, 発着手数料 / a ~ service 貨物取扱い業務. **3 a** 一期間の, 毎期[季]の, 定期の; 毎学期の, 学期中[末]の: ~ payments 毎季の支払い / a ~ fee 一学期分の授業料 / ~ examinations 学期末試験. **b** 〈課程など〉(上級学校への進学準備をしない)完成教育の. **4** 〈病気・病人が〉末期の: ~ pneumonia 末期肺炎 / a ~ patient 末期的患者. **5** 境界の[にある]: a ~ landmark 境界標. **6** 〘植物〙〈花・芽が〉頂生の (cf. lateral 3): a ~ flower [bud] 頂生花[芽]. **7** 〘建築〙境界神 (Terminus) の. **8** 〘論理〙項の; 名辞 (term) の. **9** 〘化学〙末端の: a ~ group 末端基.

— *n.* **1** 末端, 終端, 終末, 終点 (extremity, end). **2** 学期末試験. **3 a** (鉄道・バス・船・航空機などの)終着[始発]駅, ターミナル. **b** 《米》ターミナル都市 (terminus). **4** 〘電気〙電極, 端子, ターミナル: the positive [negative] ~ of the battery 電池の陽極[陰極]の端子. **5** 〘建築〙先端装飾《柱などの頂上の装飾; cf. finial 1 a》; (境界神の胸像の載った)境界柱 (term). **6** [通例 *pl.*] = terminal charge(s) (⇨ terminal *adj.* 2 a). **7** 〘生理〙神経末端(部). **8** 〘電算機〙末端装置, ターミナル《データ通信の末端; data communication terminal ともいう》. **9** 最後の文字[音, 音節, 単語].

términal bóard *n.* 〘電気〙端子盤. 「juncture).

términal cóntour *n.* 〘言語〙末尾曲線 (⇨ terminal

términal fígure *n.* 〘建築〙= term 10 a.

términal júncture *n.* 〘言語〙末尾連接《アメリカ構造言語学の術語で, 文の終りを示す音調型をいう; terminal contour ともいう; cf. juncture 3, internal open juncture, close juncture》.

términal léave *n.* 《米》(除隊前の)最終賜暇, 除隊休暇《兵役中の未使用賜暇の集計に相当する》.

tér·mi·nal·ly [-nəli, -nḷi | -nəlɪ, -nḷɪ] *adv.* **1 a** 終末に, 末端に, 終端に. **b** 〘医学〙末期[終末]的に: ~ ill 末期的病状で. **2** 定期に, 毎期に; 学期末に: Accounts must be paid ~. 勘定は節季ごとに支払わなければならない. 「卸売市場.

términal márket *n.* (農産物などの集結する)中央

términal moráine *n.* 〘地質〙末端氷堆石.

términal státue *n.* 〘建築〙= term 10 a.

términal stríng *n.* 〘文法〙終端記号列《句構造文法により生成される構造に語彙の挿入されたもの》.

términal velócity *n.* 〘物理〙終端速度《雨滴などが落下する際に, ある速度に達すると重力と抵抗が平衡して等速運動をするようになる, その速度をいう》.

términal vóltage *n.* 〘電気〙端子電圧.

términal VÓR *n.* ターミナル VOR, 空港 VOR.

ter·mi·nate 〘《1589》 ← L *terminātus* (p.p.) ← *terminā-re* to set bounds to, bring to an end: ⇨ term, -ate[3]〙 — [tə́ːmənèɪt | tə́ːmɪ-] *v.* — *vt.* **1 a** 終える, やめる, 済ます, 終結させる (conclude): ~ a controversy [an argument] 論争[議論]を終結させる. **b** …の終りをなす: Hearty thanks for her civilities ~*d* the visit. 彼女の親切に心からの感謝を述べて訪問が終った. **c** 解雇する (discharge): ~ workers 労働者を解雇する. **2** (空間的に)限る, …の端にある: The view was ~*d* by the sea. その景色の端には海があった. — *vi.* **1** 終わる, 終結する, 落着する (end): The meeting ~*d* at 11 o'clock [*with* the conclusion of a peace treaty]. 会談は11時に[平和条約の締結で]終わった / Her skirt ~*d* some six inches above the knees. 彼女のスカートは膝上6インチぐらいまでしかなかった. **2** 〔…で〕終わる (end) 〔*in*〕: a path *terminating in* woods 森の中で終わっている道 / This noun ~*s in* -ity. この名詞は -ity で終わっている. **3** 〈汽車・バスが〉終点に着く: This train ~*s at* Victoria Station. この列車はヴィクトリア駅が終点です.

— [tə́ːmənɪt, -nət | tə́ːmɪ-] *adj.* **1** 有限の (limited): a ~ decimal = terminating decimal. **2** 〘文法〙動作の全体を示す, 終止(相)の (cf. ingressive 2): the ~ aspect 終止相.

tér·mi·nat·ing décimal [-nèɪṭɪŋ- | -tɪŋ-] *n.* 〘数学〙有限小数 (cf. recurring decimal).

ter·mi·na·tion [tə̀ːmənéɪʃən | tə̀ːmɪ-] 〘《*c*1450》 ▭ L *terminātiō(n-)*: ⇨ terminate, -ation〙 — *n.* **1** 終り, 終結, 終末 〔*of*〕: the ~ *of* an adventure [a quarrel, a game, a journey] 冒険[喧嘩(けんか)], 競技, 旅行]の終り[結末] / the ~ *of* an agreement 契約の満了 / the ~ *of* one's life 一生の終り / bring …to a ~ …を終結させる / put a ~ to …を終了する, 終える. **2** 結末, 結果: a satisfactory [happy] ~ 満足な[幸福な]結末. **3** 限界 (limit); 終端, 末端 (end, extremity): the ~ of a line 線の末端. **4** 〘文法〙 **a** 語末《語末音節または語末字》. **b** 接尾辞 (suffix), 語尾 (ending); (特に)屈折語尾. **5** 〘電気〙成端, 終端. **~·al** [-ʃənḷ, -ʃnəl] *adj.*

ter·mi·na·tive [tə́ːmənèɪṭɪv, -m(ə)nəṭ- | tə́ːmɪnətɪv, -nèɪt-] 〘《15C》 ▭ ML *terminātīv-us*: ⇨ terminate, -ative〙 — *adj.* **1** 終止的な, 終末となる, 終結の, 決定的な. **2** 〘文法〙〈動詞が〉終止相の; 〈接尾辞など〉方向を指示する: the ~ case 方向格. **~·ly** *adv.*

tér·mi·nà·tor [-ṭə | -tə(r)] 〘▭ LL *terminātor*: ⇨ terminate, -or[2]〙 *n.* **1** 終止者[物]. **2** 〘天文〙(月・惑星の)明暗界線.

ter·mi·na·to·ry [tə́ːm(ə)nətɔ̀ːri, -tòːri | tə́ːmɪnətərɪ] *adj.* 末端の; 終端をなす (terminal).

ter·mi·ner [tə́ːmənə | tə́ːmɪnə(r)] 〘《15C》 ▭ AF ~ = F *termineur* < L *termināre*: ⇨ terminate〙 *n.* 〘法律〙 ⇨ OYER and terminer.

termini *n.* terminus の複数形.

ter·mi·nism [tə́ːmənɪzm | tə́ːmɪ-] 〘⇨↓, -ism〙 — *n.* **1** 〘神学〙恩恵有限[有期]説《神の定めた悔い改めの時期を過ぎれば救いの機会を失うという17世紀の教説で, 正統的なルター派からは激しい反対を受けた》. **2** 〘哲学〙名辞説, 唯名論 (nominalism) 《14世紀に Occam によって唱えられた》.

tér·mi·nist [-nɪst, -nəst | -nɪst] 〘← NL *termista*: ⇨ terminus, -ist〙 *n.* 〘神学〙恩恵有限[有期]論者; 〘哲学〙名辞論者.

ter·mi·no·log·i·cal [tə̀ːmənəlɑ́dʒɪkəl, -nḷ-, -mnəl-, -dʒə- | tə̀ːmɪnəlɔ́dʒɪ-] *adj.* **1** 術語学(上)の. **2** 術語の, 用語上の: ~ inexactitude 用語上の不正確《戯言的に「虚偽」を指す; Winston Churchill の議会演説中の言葉》. **~·ly** *adv.*

tèr·mi·nól·o·gist [-dʒɪst, -dʒəst | -dʒɪst] *n.* 術語学者.

ter·mi·nol·o·gy [tə̀ːmənɑ́lədʒi | tə̀ːmɪnɔ́lədʒɪ] 〘《1801》 ← ML *terminus* 'TERM'＋-O-＋-LOGY〙 — *n.* **1** 術語学; 専門用語論. **2** [集合的] (ある学問分野の)術語, 学術用語 (nomenclature): the ~ of zoology 動物学術語 / technical ~ 専門語. 「限の死亡保険).

térm insùrance *n.* 〘保険〙定期保険《保険期間が有

ter·mi·nus [tə́ːmənəs | tə́ːmɪ-] 〘《1555》 ▭ L ~ 'boundary (line), limit': TERM と二重語〙 *n.* (*pl.* **-mi·ni** [-nàɪ, -nìː | -nàɪ], **~·es**) **1 a** 終点, 終端, 末端; 起点. **b** 《英》(鉄道・路線バス・航空路線などの)終点 (terminal); 終着駅, ターミナル, ターミナル都市. **2** 目的地 (goal). **3** 境界 (boundary); 境柱, 境界標. **4** [T-] 〘ローマ神話〙境界神. **5** 〘建築〙= term 10 a.

términus ad quém [-æd-kwém] 〘← NL ~ 《原義》limit to which〙 *L. n.* **1** (議論・政策などの)目標点, 到達点 (terminal point). **2** 最終期限.

términus a quó [-ɑː-kwóu | -kwə́u] 〘← NL ~ 《原義》limit from which〙 *L. n.* (議論・政策などの)出発点 (starting point).

ter·mi·tar·i·um [tə̀ːmətɛ́(ə)riəm | tə̀ːmɪtɛ́ərɪ-] 〘← NL ~: ⇨ termite, -arium〙 *n.* (*pl.* **-tar·ia** [-riə | -rɪə]) シロアリの巣.

ter·mi·tar·y [tə́ːmətèri | tə́ːmɪtərɪ] *n.* = termitarium.

ter·mite [tə́ːmaɪt | tə́ː-] 〘《1781》 ← NL *termes* (← LL ~ 'woodworm')＋-ITE[1]〙 *n.* 〘昆虫〙シロアリ(白蟻) 《等翅(とうし)目の昆虫の総称; white ant ともいう》.

ter·mit·ic [tə:mítɪk | təːmít-] *adj.* シロアリの, シロアリが作った.

ter·mi·tid [tə́ːmətɪd, -təd | tə́ːmɪtɪd] 〘↓〙 〘昆虫〙 *n.* シロアリ《シロアリ科に属する数種のアリの総称》. — *adj.* シロアリ(科)の.

Ter·mit·i·dae [təːmítədìː | təːmítɪ-] 〘← NL ~ ← *Termit-, Termes* (属名: ⇨ termite)＋-IDAE〙 *n. pl.* 〘昆虫〙(等翅目) シロアリ科.

térm·less *adj.* **1** 期限のない; 際限のない, 無限の (boundless): ~ joy. **2** 無条件の (unconditional): ~ peace. **3** 《詩》名状し難い (inexpressible).

térm·ly 〘《15C》〙 《古》 *adj.* 定期の, 毎期の. — *adv.* 定期的に, 毎期.

ter·mor [tə́ːmə | tə́ːmə(r)] 〘《*a*1325》 *termurre* ▭ AF *termer* ← OF *terme* 'TERM'＋AF *-er* (⇨ -er[1] 2)〙 *n.* 〘法律〙定期または終身借地人. 「ト[論文].

térm páper *n.* 《米》(学生が提出する)学期末リポー

térm pòlicy *n.* 〘保険〙定期保険(証券)《保険期間が, 例えば10年というように, 有限の保険契約(証券)》.

térm·tìme *n.* (学校・大学の)学期中の期間; (法廷の)開廷期間中の時期.

tern[1] [tə́ːn | tə́ːn] 〘《1678》 ← Scand.: cf. Dan. *terne* / Norw. *terna* < ON *þerna*〙 — *n.* 〘鳥類〙アジサシ《カモメ科アジサシ属 (*Sterna*) に属する中型の海鳥の総称; アジサシ (*S. hirundo*) など》.

tern[2] [tə́ːn | tə́ːn] 〘《?*a*1300》 ▭ (O)F *terne* ∥ ← L *ternī* three each ← *ter* thrice〙 — *n.* **1** 三つ組, 三つ揃(そろ)い (trio). **2** (組合わせになっている)当たりくじの三つの数字; その賞品. **3** 〘海事〙3本マストの縦帆スクーナー船. — *adj.* = ternate.

ter·na [tɛ́ənə, tə́ː- | tɛ́ə-, tə́ː-] 〘《略》 ← NL *terna nomina* three names together ← L *terna* (neut. pl.) ← *ternī* (↑)〙 — *n.* 〘カトリック〙(空位の司教職などの)候補者名簿《教皇に提出されるもので, 候補者3名の名が記載される》.

ter·nal [tə́ːnḷ | tə́ː-] 〘▭ ML *ternāl-is* ← L *ternī*: ⇨ tern[2], -al[1]〙 *adj.* 三つから成る, 三つ組の, 三つ揃(そろ)いの (threefold).

ter·na·ry [tə́ːnəri | tə́ːnərɪ] 〘《*a*1500》 ▭ L *ternāri-us* made up of three: ⇨ tern[2], -ary〙 — *adj.* **1 a** 三つから成る, 三つ組の (threefold) (cf. binary). **b** 〘植物〙〈花弁が〉三個ずつ配置された. **2** 第三位の, 三番目の. **3** 〘化学〙三元の, 三成分の: ~ ternary system. **4** 〘数学〙 **a** 三個の変数を有する, 三元の. **b** 三進の: the ~ scale 三進(記数)法. **c** 〈対数が〉3を底とする. **5** 〘冶金〙三成分の: a ~ alloy 三元合金. — *n.* 《廃》三つから成るもの, 三つ組 (trio).

térnary fórm *n.* 〘音楽〙三部形式《二部形式と共に主な楽曲構成原理の一つ; 第三部は第一部の反復》.

térnary sýstem *n.* 〘物理化学〙三成分系, 三元系.

ter·nate [tə́ːneɪt, -nət, -nɪt | tə́ː-] 〘《1760》 ▭ ML *ternātus* (p.p.) ← *ternāre* to treble ← L *ternī*: ⇨ tern[2], -ate[2]〙 — *adj.* **1** 三つの, 三つ組の, 三つ揃(そろ)いの. **2** 〘植物〙三出の: a ~ leaf 三出葉. **~·ly** *adv.*

Ter·na·te [tənɑ́ːteɪ | tənɑ́ːtɪ] *n.* テルナテ(島)《インドネシア Moluccas 諸島北部の小島 (106 km²)》.

terne [tə́ːn | tə́ːn] 〘《略》 ← TERNEPLATE: *terne* ▭ F ~ 'dull, lusterless' ← *ternir* 'to TARNISH'〙 *n.* **1** = terne metal. **2** = terneplate.

térne mètal *n.* ターンメタル《スズ1と鉛4の割合の合金; ターンプレートを造るのに用いる》.

térne·plàte *n.* ターンプレート《軟鋼板を鉛とスズの合金でめっきしたもの; 屋根ぶき等に使用する》.

térn fòot *n.* (椅子などの)脚先が三つの渦巻模様になった脚.

ter·ni·on [tə́ːniən, -niɑ̀n | tə́ːnɪən, -nɪɔ̀n] 〘▭ L *terniō(n-)* ← *ternī* three each〙 — *n.* **1** 《古》三つ一組, 三つ組, 三つ揃(そろ)い (triad). **2** 〘製本〙三列丁《三紙葉を二折にして, 一つの折丁としたもの》.

ter·o·tech·nol·o·gy [tèro(ʊ)teknɑ́lədʒi | -rə(ʊ)teknɔ́lədʒɪ] 〘← Gk *tērein* to watch over, take care of＋-O-＋TECHNOLOGY〙 *n.* テロテクノロジー, 総合設備工学, 設備診断工学《機械・プラント・装置・建物等, 一般に設

備と呼ばれるものの使用期間中の全費用を最も経済的にするために設備の信頼性・保全性・運転費等, 関係するすべてを考慮して最適化することを研究する工学》.

ter·pene [tə́ːpiːn | tə́ː-] 〖《1873》◻G *Terpen* ← *Ter-p(entin)* 'TURPENTINE'+-*en* '-ENE'〗 ── *n.* 〘化学〙テルペン《$(C_5H_8)_n$ の組成の炭化水素およびその誘導体の総称; 松などの樹脂に含まれる芳香のある液体》.

ter·pe·nic [təːpíːnɪk, -pén- | təː-] *adj.*

térpene·less *adj.* 〘化学〙テルペン含量の低い.

ter·pe·noid [tə́ːpənɔ̀ɪd | tə́ːpɪ-] 〘化学〙 *adj.* テルペン類似の. ── *n.* テルペノイド《テルペン類似化合物; $(C_5H_8)_n$ 組成の炭化水素およびこれから誘導される含酸素化合物(アルコール・アルデヒド・ケトン)など》.

ter·pin [tə́ːpɪn, -pən | tə́ːpɪn] 〖← TERP(ENE)+-IN[1]〗 ── *n.* (*also* **ter·pine** [-pɪn, -pən, -piːn | -pɪn, -piːn]) 〘化学〙テルピン ($C_{10}H_{18}(OH)_2$)《単環式モノテルペンに属する二価アルコール》.

ter·pi·nene [tə́ːpəniːn | tə́ːpɪ-] 〖⇨ ↑, -ene〗 ── *n.* 〘化学〙テルピネン ($C_{10}H_{16}$)《単環式モノテルペンの一つ; *α*, *β*, *γ* の 3 種の異性体がある; menthadiene ともいう》.

ter·pin·e·ol [təːpíniɔ̀(ː)l, -òʊl | təːpíniɔ̀l] 〖← TERPINE+-OL[1]〗 ── *n.* 〘化学〙テルピネオール ($C_{10}H_{17}OH$)《天然には精油に含まれるが人工的に合成できる; 香料用; *α*, *β*, *γ* の異性体がある》.

térpin hýdrate *n.* 〘薬学〙抱水テルピン ($C_{10}H_{18}$-$(OH)_2$·H_2O)《白色の結晶粉末; 去痰剤に用いられる》.

ter·poly·mer [təːpɑ́ləmə | təːpɔ́lɪmə(r)] 〖← TER-+POLYMER〗 *n.* 〘化学〙三量体《単量体 3 分子の重合体》.

Terp·sich·o·re [təːpsíkəri, -riː | təːpsíkəri] 〖◻L *Terpsichorē* ◻Gk *Terpsikhórē* 《原義》 dance-enjoying ← *térpein* to delight+*khorós* 'dance, CHORUS'〗 ── *n.* **1** 〘ギリシャ神話〙テルプシコレ《舞踏と合唱を司る; cf. Muse 1》. **2** [t-] 振り付け, 踊り方 (choreography). **3** [t-] 女性ダンサー.

terp·si·cho·re·an [tə̀ːpsɪkəríːən, tə̀ːpsə-, -kɔ́ːriən, -kóːr- | tə̀ːpsɪkəríːən, -kɔr-, -ríən] 〖《1825》〗 ── *adj.* **1** [T-] テルプシコレ (Terpsichore) の. **2** 舞踏の: the ~ art 舞踊芸術. ── *n.* 《戯言》踊り子, ダンサー.

terr. 《略》 terrace; territorial; territory.

ter·ra [térə] 〖《1871》◻L ~ ∥ It. ~ 'land, (the) earth'〗 ── *n.* (*pl.* **ter·rae** [-riː, -raɪ]) **1** 土 (earth); 地, 大地 (the earth, land). **2** [T-] テラ《古代ギリシャ宗教の大地の女神》. **3** (月面の)陸地 (cf. mare[3]).

térra ál·ba [-ǽlbə, -ɔ́ːl-] 〖← NL ~ 'white earth'〗 *n.* 白土《絵の具としての粉末石膏(せっこう); 絵の具に混ぜるカオリン (kaolin), 苦土 (magnesia) など》.

ter·race [térəs, -rɪs] 〖《1515》◻OF ~ 'pile of earth, platform' (F *terrasse*) < VL **terrāceam* (fem.) ← L *terrāceus* earthen ← *terra* earth: cf. It. *terrazza*〗 ── *n.* **1 a** (段々になった)台地, 段庭《広いひな段のように作った公園や庭園の一趣向; その側面は石垣や芝生になっている》. **b** 段々坂道. **2** (家に接して庭に突き出した)テラス《れんがなどを敷きつめて造ったもので天気のよい時にはその上に椅子などを持ち出す》. **3** (スペインや東洋風の家の)陸(ろく)屋根, 平屋根 (flat roof). **4** 台町, 坂町《台地に家の並んだ町; 通りより一段と高く家の並んだ町, または傾斜地の両側にひな段式に並んだ町》. ★しばしば町名に用いられる. **5** 《米》=median strip. **6** [通例 *pl.*] **a** (サッカー競技場などの)屋根なしの(外野の)観客席. **b** [集合的] その観客(たち). **7** 〘地質〙(河岸・湖岸・海岸・海底などの)段丘. ── *vt.* 〈土地を〉段々にする; 〈家を〉陸(ろく)屋根にする; 〈家〉にテラスを付ける.

tér·raced *adj.* 〈台地など〉広い段々になった; 〈屋根が〉平らに作られた; 〈家が〉テラスの付いた: a ~ walk 段庭道 / ~ fields 段々畑 / a ~ roof 陸(ろく)屋根 / a ~ house =terrace house.

térrace hòuse *n.* 〘建築〙テラスハウス: **a** 《英》テラス状の敷地に並んだ住宅; 道路に面して建ち裏が庭になる; 一般に連続して建てられる. **b** 《米》二階・三階が順次後退して屋上がテラスになった集合住宅.

tér·rac·er *n.* 台地[排水用の水路]を作る機械. 「成.

tér·rac·ing *n.* **1** 段丘構造, ひな段形式. **2** 段丘形

ter·ra-cot·ta [térəkɑ́ṭə | -kɔ́tə; *It.* tɛ̀rrakɔ́tta] 〖《1722》◻It. *terra cotta* 《原義》 baked earth < L *terram coctam*〗 ── *n.* **1** テラコッタ《無釉, 焼成粘土製の建築物用ブロックおよび装飾物の構成要素》. **2** テラコッタ人形. **3** テラコッタ色, 赤褐色. ── *attrib. adj.* **1** テラコッタ(製)の: a ~ pipe 土管. **2** 赤褐色の.

terrae *n.* terra の複数形.

ter·rae fil·i·us [tériː-fíliəs, téraɪ- | -fíli-] 〖◻L ~ 《原義》 son of the soil〗 ── *L. n.* (*pl.* **-i·i** [-fíliàɪ, -liː | -liàɪ, -liː]) **1** 《古》生れの卑しい人, 賤民(せんみん). **2** (もと Oxford 大学で)選ばれて学位論文口述試験の際に諷刺演説を行なった学生 (cf. prevaricator 2).

térra fír·ma [-fə́ːmə, -fíə- | -fɔ́ː-] 〖《1605》← NL ~ 'solid earth'〗 *n.* (水・空気に対して)大地, 陸地.

ter·rain [təréɪn, te-, téreɪn | teréɪn, ⌐⌐] 〖《1727》◻F ~ 'land, ground' < VL **terrānum* ← L *terrēnum* made of earth ← *terra* earth: cf. terrene〗 ── *n.* **1 a** 地形, 地勢《多く軍事上の観点からいう》; 地域 (territory). **b** 土地 (ground). **2** 〘地質〙=terrane 1. **3** 分野, 領域, 範囲 (field): the whole ~ of linguistics 言語学の全分野. **4** 環境 (environment).

térra in·cog·ní·ta [-ìnkɑgníːṭə, -ɪnkɑ́gnə- | -ɪnkɔ́gnɪtə] 〖《1616》◻L ~ 'unknown land'〗 ── *L. n.* (*pl.* **terrae in·cog·ni·tae** [-ìnkɑgníːtaɪ, -ɪnkɑ́gnətàɪ | -ɪnkɔ́gnɪtàɪ]) 未知の国[世界], 人跡未踏の地 (unexplored area); (学問などの)未知の分野: a ~ *to* scientists 科学者未踏の分野.

térrain fòllowing *n.* 〘航空〙超低空飛行《レーダーの探知を避けるために地形の起伏に沿って地面から一定の高度を保って飛ぶこと》.

ter·ra·ma·ra [tèrəmɑ́ːrə] 〖《1866》◻It. ~ ← *terra* (< L *terram*: ⇨ terra)+《方言》 *mara* 《変形》 ← *marna* ← OF *marle* 'MARL[1]'〗 ── *n.* (*pl.* **-ma·re** [-mɑ́ːri | -rɪ]) **1** (イタリアの Po 川流域にある)アンモニア性の沈積土《肥料となる》. **2** テラマーレ(文化)《北イタリア Po 川流域の低湿地帯に分布する, 杭上住居を特徴とする青銅器時代中・後期の文化》.

Ter·ra Ma·ter [térə-méɪṭə | -tə(r)] *n.* 〘ローマ神話〙テラマーテル, 母なる大地《Tellus の別称》.

Ter·ra·my·cin [tèrəmáɪsn̩ | -sɪn] 〖← TERRA+-MYCIN〗 *n.* 〘商標〙テラマイシン《oxytetracycline の商品名》.

Ter·ran, t- [térən] 〖← *Terra* the planet Earth+-AN[1]: ⇨ terra〗 *n.* =earthman.

ter·rane [təréɪn, te-, téreɪn | téreɪn, ⌐⌐] 〖《異形》← TERRAIN〗 *n.* **1** 〘地質〙系統, 層(群)《特定の岩石が多く分布する地域》. **2** =terrain 1.

ter·ra·ne·ous [təréɪniəs, te-, -njəs | teréɪnjəs, -nɪəs] 〖⇨ terra, -aneous〗 *adj.* 陸生の, 地球の (terrestrial).

tér·ra né·ra [térə-nérə; *It.* tɛ́rrané:ra] 〖◻It. ~ 'black earth'〗 *It. n.* 黒土《古代画家の用いた黒色の顔料》.

ter·ra·pin [térəpɪn, -pən | -pɪn] 〖《1613》◻N.-Am.-Ind. (Algonquian) ~ (dim.) ← ? *torope* tortoise〗 ── *n.* **1** 〘動物〙イリエガメ属 (*Malaclemys*) のカメの総称; (特に) =diamondback terrapin. **2** [通例 T-] 米国 Maryland 州人《あだ名》.

ter·ra·que·ous [teréɪkwiəs, tər-, -rǽk- | -kwɪəs] 〖《1658》← L *terra* earth+AQUEOUS〗 ── *adj.* 水陸から成る, 水陸の: The earth is a ~ globe. 地球は水陸から成る球体である.

ter·rar·i·um [tərɛ́(ə)riəm | terɛ́ərɪ-] 〖← NL ~ ← L *terra* earth+-ARIUM: cf. aquarium〗 ── *n.* (*pl.* **-i·a** [-riə | -rɪə], **~s**) **1** 陸生動物飼育場, 飼育箱 (cf. aquarium, vivarium). **2** 植物栽培用ガラス容器.

térra rós·sa [-rɔ́(ː)sə, -rɑ́sə | -rɔ́sə; *It* -rɔ́ssa] 〖◻It. ~ 'red earth'〗 *n.* 〘地質〙紅土, テラロッサ《石灰岩の風化によってできた紅色土壌》.

térra sig·il·lá·ta [-sìgəlɑ́ːṭə, -dʒəléɪ- | -sìgɪlɑ́ːtə, -dʒɪléɪ-] 〖← ML ~ 《原義》 sealed earth〗 ── *n.* 〘窯業〙テラ シギラタ: **a** Lemnos および Samos の島々からとれる白色の土《これを山羊の血と混ぜ, 錠剤に成形し Diana その他の神聖な象徴として多くの病気の特効薬に用いた》. **b** 古代ローマその他の赤色粘土で造った各種の容器のうちで表面がわずかに光沢を示すもの.

térra vér·de [-vɛ́ədeɪ | -vɛ́ə-; *It.* -vérde] 〖◻It. ~ 'green earth'〗 *n.* =terre verte.

ter·raz·zo [tərǽzoʊ, -rɑ́ːz-, -tsoʊ, -zə, -tsə | terǽtsəʊ; *It.* tɛrráttso] 〖◻It. ~ 'terrace, balcony': ⇨ terrace〗 ── *n.* 〘建築〙テラゾー《大理石などの砕石を散りばめた研ぎ出しモルタル; 通例, 床に用いる》.

Ter·re Haute [térə-hóʊt, téri-, -hʌ́t, -hɔ́t | térəhə́ʊt, térɪ-, -hʌ́t] 〖◻F ~ 《原義》 high land〗 *n.* 米国 Indiana 州西部の工業都市; 人口 61,000.

ter·rene [teríːn, tə-, tɛ́(ə)riːn | teríːn] 〖《?*a*1300》◻L *terrēn-us* of (the) earth ← *terra* earth〗 ── *adj.* **1** 地球の (terrestrial). **2** 《古》土地の, 陸地の; 土の, 土質の (earthy). **3** 地上の, 現世の, 俗世の (earthly). ── *n.* **1** 地球; 陸地. **2** 国, 地方 (land).

ter·re·plein [térəplèɪn] 〖《1591》◻F *terre-plein* ← *terre* earth+-*plein* < L *plēnum* full〗 ── *n.* **1** 〘築城〙塁道《塁上の大砲を置く平地》. **2** 上方が平たくなっている土手.

ter·res·tri·al [təréstriəl, tə-, te- | tɪréstrɪəl, te-, tə-] 〖《*c*1400》← L *terrestris* pertaining to earth (← *terra* earth)+-AL[1]〗 ── *adj.* **1** 地球の, 地球上の, 地上の (cf. celestial): the ~ ball [globe] 地球 / a ~ globe 地球儀 / ~ gravitation 地球引力 / ~ heat 地熱. **2** (空気・水に対して)陸地の, 陸上の: a ~ journey 陸上旅行 / ~ parts of the world 世界の陸地の部分. **3** 現世の, この世の, 俗世の (earthly): ~ aims [interests] 名利心. **4** 〘生物〙**a** 陸上にすむ, 陸生の: ~ animals, birds, etc. **b** 陸生生物の. **5** 〘天文〙《惑星が》地球型の. **6** 《廃》土の, 土質の. ── *n.* **1** 陸上動物, 陸生植物. **2** 地上に住むもの, (特に)人間. **~·ly** *adv.*

terréstrial cúrrent *n.* 地電流. 「lestial equator).

terréstrial equátor *n.* 〘天文〙(地球の)赤道 (cf. ce-

terréstrial glóry *n.* 〘モルモン教〙月の光栄《3 種の光栄の 2 番目の状態; cf. celestial glory》.

terréstrial látitude *n.* 〘天文〙地球緯度.

terréstrial lóngitude *n.* 〘天文〙地球経度.

terréstrial mágnetism *n.* 地磁気.

terréstrial télescope *n.* 地上望遠鏡 (cf. astronomical telescope).

ter·ret [térɪt, -rət] 〖《1486》 *tyret* 《変形》 ← ME *toret* ◻OF *toret* ring for falcon's leash (dim.) ← *to(u)r* a round, circumference〗 *n.* 〘馬具〙(鞍の)手綱通し輪 (⇨ harness 挿絵).

terre verte [tɛ́ə-vɛ́ət | tɛ́ə-vɛ́ət; *F.* tɛrvɛrt] 〖◻F ~ 'green earth'〗 ── *n.* 緑土; 緑色絵の具《原料は緑砂 (glauconite) など; green earth, green ocher ともいう》.

Ter·ri [téri | -rɪ] *n.* =Terry.

ter·ri·bi·li·ta [tèrəbìlətɑ́ː | -rɪbìlɪ-; *It.* tèrribilitá:] 〖◻It. *terribilità* 《原義》 terribleness〗 ── *It. n.* 〘美術〙(Michelangelo の作品などに見られる)圧倒的迫力, すさまじい躍動感.

ter·ri·ble [térəbl̩ | -rə-, -rɪ-] 〖《*c*1430》◻(O)F ~ ∥ L *terribil-is* dreadful, frightful ← *terrēre* to frighten: ⇨ -ible〗 ── *adj.* **1** 恐ろしい, すさまじい, ものすごい (fearful); 悲痛な (grievous); 荘厳な (awesome): a ~ foe [weapon] 恐るべき敵[兵器] / ~ news 痛ましいニュース / He is ~ in anger. 彼は怒ると怖い. **2** 厳しい, つらい (severe); ひどい, 大変な: a ~ winter [ordeal] 厳しい冬[試練] / ~ heat ひどい暑気 / a ~ bore ひどく退屈な男 / a ~ man to drink 大変な酒飲み / in a ~ hurry おそろしく急いで / I've got a ~ headache. ひどく頭痛がする. **3** 《口語》ぞっとするような, 実にいやらしい; 実にまずい[へたな], とてもひどい: a ~ smell ひどい悪臭 / ~ coffee ひどくまずいコーヒー / her ~ table manners 彼女のひどい食事の作法 / His English was ~. 彼の英語はひどいものだった. ── *adv.* 《口語》恐ろしく, ひどく (terribly, very): a ~ hot night. ── *n.* [通例 *pl.*] 恐ろしい人[もの]: the most terrible of ~*s* この上もなく恐ろしいもの. **~·ness** *n.*

térrible-lòoking *adj.* 恐ろしそうな.

tér·ri·bly [-bli | -blɪ] 〖《1526》〗 ── *adv.* **1** 恐ろしく, すさまじく, ものすごく (horribly): He was ~ shocked. 恐ろしい衝撃を受けた. **2** 《口語》ひどく, おそろしく (extremely): I was ~ hungry. ひどく空腹だった / She cooks ~ well. 料理がすごくうまい.

ter·ric·o·lous [teríkələs, tə-] 〖← L *terricola* earth dweller (← *terra* earth+*colere* to inhabit)+-OUS〗 *adj.* 〘生物〙=terrestrial 4.

ter·ri·er[1] [tériə | -rɪə(r)] 〖《1440》 *terrere* ◻(O)F (*chien*) *terrier* burrowing (dog) ← *terrier* of earth < ML *terrarius* ← L *terra* earth: cf. terrier[2]〗 ── *n.* **1** テリア《狐狩やうさぎ狩に用いた猟犬の総称; 獲物を穴に追いつめたり, 外に狩り立てたりする; 後, 飼犬として飼われるようになった; fox terrier, Scottish terrier, Yorkshire terrier などの種類がある》. **2** [T-] 《英口語》国防義勇軍兵士 (Territorial).

ter·ri·er[2] [tériə | -rɪə(r)] 〖《1477》 *terrere* ◻(O)F (*papier*) *terrier* < L (*librum*) *terrārium* (book) relating to land: cf. terra〗 *n.* 〘法律〙土地台帳《借地人の名前と保有条件・奉仕態様・賃料などを詳細にリストしたもの; また, 個人および法人(とりわけ教会)所有の土地の位置・境界・面積を記録したもの》.

ter·rif·ic [tərífɪk | tə-, tɪ-] 〖《1667》◻L *terrific-us* causing terror, frightful ← *terrēre* to frighten: ⇨ -fic〗 ── *adj.* **1** ぞっとするような, 恐ろしい, ものすごい (appalling): a ~ hurricane [thunderclap] すさまじい暴風[雷鳴]. **2** 《口語》ひどい, 激しい, すごい (extraordinary): a ~ scandal ひどいスキャンダル / I'm a ~ fan of hers. 彼女のすごいファンだ / She's really a ~ cook. 全くすごく料理がうまい. **3** 《口語》すばらしい: a ~ view. **ter·ríf·i·cal·ly** *adv.*

tér·ri·fied *adj.* **1** 恐れた, 怖がった, 脅えた (frightened): ~ people 恐怖に駆られた人々 / She is ~ *of* dogs. 彼女は犬をとても怖がる. **2** [Predicative に用いて] 心配で, 不安で (worried) 〔*of*〕: He is ~ *of being* laughed at. 笑われないかと心配でたまらない.

ter·ri·fy [térəfàɪ | -rɪ-] 〖《1575》← L *terrific-āre* to frighten ← *terrificus* 'TERRIFIC': ⇨ -fy〗 ── *vt.* **1** 恐れさせる, 怖がらせる, 脅かす, 驚かす (frighten): The dread of failure *terrified* him. 失敗を恐れて彼は脅えた / You ~ me! 驚かしちゃいけないよ / He was *terrified at* the scene [*by* the shadow]. 彼はその光景を見て[その物影に]ぎょっとした / be *terrified* of ... ⇨ terrified. **2** 怖がらせて〔ある状態に〕陥らせる (scare) 〔*into*〕; ぞっとさせて〔…を〕失わせる 〔*out of*〕: ~ a person *into* compliance 人を脅かして承諾させる / The burglar's threats *terrified* him *into* handing over the safe key. 強盗の脅迫に脅えて彼は金庫の鍵を渡してしまった / They were *terrified out of* their wits. 彼らは驚いて肝(きも)をつぶした / That *terrified* the breath *out of* me. それには思わずぎょっとして息も止まるほどだった.

tér·ri·fỳ·ing *adj.* **1** 恐ろしい, 怖い, ものすごい (frightening): the ~ North Face of the Eiger アイガーのぞっとするような北壁. **2** 恐るべき, 大変な: his ~ erudition 彼の大変な博識. **~·ly** *adv.*

ter·rig·e·nous [terídʒənəs, tə- | -dʒɪ-] 〖← L *terrigen-us* born of the earth: ⇨ terra, -genous〗 ── *adj.* **1** 地から生じる, 地生の (earthborn), 陸性の, 近海性の: ~ metals 土金属《アルミニウムなど》. **2** 〘地質〙陸地に由来する, 陸成の, 大陸源の: ~ deposits 陸源堆積(たいせき)物.

ter·rine [təríːn, te- | te-, tə-; *F.* tɛrin] 〖《1706》◻F ~ < LL *terrineum* made of earth: ⇨ terra, -ine[1]〗 ── *n.* **1** (長方形や楕円形の)陶器の蒸し焼き用容器. **2** テリーヌ《1 の容器にすりつぶして調味した肉・魚・家禽などを入れ蒸し焼きにして冷ました料理; そのまま食卓に出す》. **3** =tureen.

ter·rit [térɪt, -rət | -rɪt] *n.* 〘馬具〙=terret.

ter·ri·to·ri·al [tèrətɔ́ːriəl, -tóːr- | -rɪtɔ́ːrɪ-] 〖《1625》◻L *territōriāl-is* ← *territōrium* 'TERRITORY': ⇨ -al[1]〗 ── *adj.* **1** 領土の, 領地の: ~ acquisitions [rights] 領土獲得[権] / ~ air 領空 / ~ expansion 領土拡張 / ~

integrity 領土保全 / ～ sovereignty 領土主権 / ⇨ territorial sea / ～ principle 〖国際法〗属地主義. **2 a** 土地の；土地を所有する (landed)：～ property 土地財産 / a ～ owner 土地所有者 / the ～ class 地主階級. **b** 私有地からの. **3 a** 地方の, 地域的な (local). **b** 〖スコット法〗(判事の)担当地区の. **4** [しばしば T-] (米国・カナダ・オーストラリアなどで)準州の：a ～ government 準州政府. **5** [しばしば T-]〖軍事〗地方守備の：⇨ Territorial Army. **6** 〖生態〗縄張りを守る習性のある：～ animals.

Territorial and Army Volunteer Reserve [the —] ⇨ Territorial Army.

— *n.* **1** [T-]《英》国防義勇軍兵士. **2** 地方軍兵士, 地方守備兵；属領編成部隊員.

～·ly *adv.*

Territórial Ármy *n.* [the ～] (英国の)国防義勇軍《もとの militia を改組したもの；1908-67 までの地方別志願制予備軍；今は Territorial and Army Volunteer Reserve (地方軍及び陸軍義勇予備軍)という》.

territórial cóurt *n.* 米国の準州裁判所.

Territórial Fórce *n.* [the ～] ＝Territorial Army.

territórial impérative *n.* 〖生態〗縄張り意識.

tèr·ri·tó·ri·al·ìsm [-lìzm] *n.* **1** 地主制(landlordism)《地主の優越を認める制度》. **2** 〖教会〗(教会制の)領主主義《その土地の支配者がその土地の住民の宗教的最高支配者であるとする説》. **3** [しばしば T-] ユダヤ人自治区獲得運動. **4** 地方(守備)軍[国防義勇軍]制度. **5** 〖生態〗＝territoriality 3.

tèr·ri·tó·ri·al·ist [-lɪst, -ləst | -lɪst] *n.* **1** 地主. **2** territorialism の主唱者.

ter·ri·to·ri·al·i·ty [tèrətɔ̀ːriǽləṭi, -tɔ̀r- | -rɪtɔ̀ːrɪǽlətɪ, -lɪ-] *n.* **1** 土地所有；領土権. **2** 領地であること, 属地性. **3** 〖生態〗縄張り制.

ter·ri·to·ri·al·ize [tèrətɔ́ːriəlàɪz, -tɔ́r- | -rɪtɔ́ːrɪəl-] *vt.* **1** …の領地を拡張する. **2** 領土とする, 領土に加える. **ter·ri·to·ri·al·i·za·tion** [tèrətɔ̀ːriəlɪzéɪʃən, -tɔ̀ːr-, -lə- | -rɪtɔ̀ːrɪəlaɪ-, -lɪ-] *n.*

territórial jurisdíction *n.* 〖国際法〗領土管轄権, 属地管轄権.

territórial séa *n.* 領海 (cf. inland sea 1).

territórial wáters *n. pl.* [通例 the ～] 領海《国家主権の及ぶ領土に接続する水域, 特に沿岸海(領海)；沿岸から 3 海里, 12 海里, 200 海里と国によって見解が異なる》.

ter·ri·to·ry [térətɔ̀ːri, -tɔ̀ri | -rɪt(ə)rɪ] 〖(*c*1400) ⊏ L *territōri-um* domain, district ← *terra* earth：⇨ -orium〗 — *n.* **1 a** (領海をも含めて)領土, 領地, 版図：a leased ～ 租借地 / a neutral ～ 中立地域[地帯] / an acquisiting of ～ 領土の獲得. **b** 統治地域：⇨ trust territory. **2** 広大な地域, 地方 (region, tract)；土地 (land)：the most fertile ～ 最も地味の肥えた地域. **3** (科学などの)領域, 分野 (province)：Psychology has no ～ of its own. 心理学はそれ自体の領域を持っていない. **4 a** 〖スコット法〗(判事の)担当地区. **b** (セールスマンなどの)担当区域, 縄張り. **5** 〖生態〗(野鳥・哺乳動物などの)縄張り, テリトリー, 領分 (cf. home range). **6** 〖スポーツ〗(各チームの)陣地. **7** [しばしば T-] (行政上の下位区分としての)地方；(米国・カナダ・オーストラリアなどの)未編入地域《まだどの州にも属さない地域》.

take in too much territory 極端に走る；十把(ぱ)一からげに言い過ぎる.

térritory wòol *n.* Mississippi川以西産羊毛《もと準州だった地域, 特に Washington 州や Rocky 山脈付近の州で産する羊毛；cf. bright wool》.

ter·ron [təróʊn | terɔ́n] 〖⊏ Mex.-Sp. *terrón* ← Sp. *terrón* clod, lump of earth < L *terram* earth〗 — *n.* (*pl.* **ter·ro·nes** [təróʊniːz | terɔ́ʊ-]) 日干しれんが《牧草地の土を日干しにして固めたれんが；Rio Grande 川流域で用いる》.

ter·ror [térə | -rə(r)] 〖(*c*1375) *terrour* ⊏ AF *terrour* (F *terreur*) < L *terrōrem* great fear ← *terrēre* to frighten：⇨ -or¹〗 — *n.* **1** (非常な)恐怖：a novel [romance] of ～ 恐怖小説 / be stupefied with ～ 恐怖の余りぼかんとしている / in ～ びっくり仰天して / have a ～ of …をひどく恐れる[こわがる] / strike ～ into a person's heart 人を恐怖におののかせる. **2 a** 恐ろしさ, すさまじさ. **b** 恐怖の種, 恐ろしい人[もの]：the ～*s* of a storm 嵐の惨状 / be a ～ to evildoers 悪人どもに恐れられる / He was a ～ when he was in drink. 酒が入ると手がつけられなかった / the king of ～*s* 死 (cf. *Job* 18：14). **3 a** 恐怖政治 (terrorism)：rule by ～ 恐怖政治を行なう / ⇨ Red Terror, White Terror. **b** [the T-] ＝REIGN of Terror (1). **4** テロリスト集団；テロ, テロ計画：a ～ group プロテスタントのテログループ. **5** 《口語》大変な厄介物, うるさい奴 (nuisance)：a perfect [holy] ～ 全く厄介な困り者, 手におえない奴.

have no terrors ＝*have no* FEARS (2).

～·less *adj.*

ter·ror·ism [térərìzm] 〖(1795) ⊏ F *terrorisme*：⇨ ↑, -ism〗 *n.* **1** 威嚇政策, 恐怖政治；テロ行為[手段]. **2** (テロ行為による)恐怖(状態).

tér·ror·ist [-rɪst, -rəst | -rɪst] 〖(1795) ⊏ F *terroriste*〗 — *n.* **1** テロリスト《政治目的達成のために敵対者を恐怖手段によって圧倒しようとする者；特に, フランス革命期恐怖政治時代のジャコバン党員 (Jacobin), ロシヤ 19 世紀の急進主義者など》. **2** 人騒がせをする者 (alarmist). — *adj.* テロリストの：a ～ party.

ter·ror·is·tic [tèrərístɪk] *adj.* 暴力主義の, テロの.

ter·ror·i·za·tion [tèrərɪzéɪʃən, -rəz- | -rəraɪz-, -rɪz-] *n.* (恐怖手段による)威嚇, 弾圧.

ter·ror·ize [térəràɪz] *vt.* **1** …に恐怖を起こさせる, 脅嚇する (terrify)：He ～*d* her *into* silence by means of threats. 脅しでこわがらせて彼女を沈黙させた. **2** 恐怖政策で支配する, …にテロ手段を採る. **tér·ror·ìz·er** *n.*

térror-strìcken [-strùck] *adj.* 恐怖に怯(おび)えた, びくびくした.

ter·ry [téri | -rɪ] 〖(1784)《変形》← ? F *tiré* (p.p.) ← *tirer* to draw：cf. terret〗 — *n.* **1** (ビロード・絨毯(じゅうたん)等の)けばの輪. **2** テリー織《けばを輪にして織り出した厚地織物》. — *attrib. adj.* けばの輪のある：a ～ towel テリータオル《けばが輪になっている普通のタオル》/ ～ velvet けばを切ってないビロード.

Ter·ry [téri | -rɪ] 〖(dim.) 1：← TERENCE¹ // THEODORIC. 2：← T(H)ERESA〗 *n.* **1** 男性名. **2** 女性名.

Terry, Dame **Ellen Alicia [Alice]** *n.* (1847–1928) 英国の女優.

térry clòth *n.* ＝terry *n.* 2.

Ter·sanc·tus, t- [təːsǽŋ(k)təs, tɛə- | tɑː-, tɛə-] 〖(1832) ← NL ～ ← L *ter* thrice＋*sanctus* holy〗 *n.* 〖キリスト教〗＝Sanctus.

terse [tə́ːs | tɜ́ːs] 〖(1601) ⊏ L *ters-us* clean, neat (p.p.) ← *tergēre* to rub off, polish〗 — *adj.* (**ters·er**; **ters·est**) **1** 〈文体・表現・話者など〉巧みに簡潔な, 簡明な (succinct)：a ～ writer [speaker] きびきびした文を書く[話をする]人. **2** 簡単な, 手短な (brief)：a ～ answer 手短な返事. **～·ly** *adv.* **～·ness** *n.*

ter·tial [tə́ːʃəl | tɜ́ː-] 〖← L *tertius* third＋-AL¹〗〖鳥類〗*adj.* 三列の, 後列の：～ feathers 三[後]列風切羽. — *n.* 三列風切羽.

ter·tian [tə́ːʃən | tɜ́ːʃən, -ʃɪən] 〖(*a*1376) *tercian* ⊏ L (*febris*) *tertiāna* tertian (fever) ← *tertius* third：⇨ an¹〗 — *adj.* **1** 〖病理〗〈マラリアなど熱発作が〉三日目毎に起こる, 約 48 時間ごとに起こる (cf. quartan)：a ～ fever 三日熱. **2** [T-]〖カトリック〗第三修練期の：a *Tertian* Father＝tertian *n.* 2. **3** 〖音楽〗3 度音栓(せん)《長 3 度の間隔で調律された 2 列のパイプよりなるオルガンの複合音栓》. — *n.* **1** 〖病理〗三日熱. **2** 〖カトリック〗(叙任後)第三修練期のイエズス会士. **3** (Aberdeen 大学などの) 3 回生.

tértian malária *n.* 〖病理〗＝vivax malaria.

tértian·shìp *n.* 〖カトリック〗第三修練期.

ter·ti·ar·y [tə́ːʃièri, -ʃəri | tɜ́ːʃərɪ, -ʃɪə-] 〖(1550) ⊏ L *tertiāri-us* of third part or rank ← *tertius* third：⇨ -ary〗 — *adj.* **1** 第三の, 三位の (third) (cf. primary, secondary). **2** 〖化学〗第三級の, 第三の (略 *t*-)：a ～ carbon atom 第三級炭素原子 / a ～ salt 第三塩. **3** 〖病理〗〈梅毒など〉第三期の：⇨ tertiary syphilis. **4** [T-]〖地質〗第三紀[系]の：the *Tertiary* period [system] 第三紀[系]. **5** 〖鳥類〗＝tertial. **6** 〖カトリック〗第三会 (third order) の (cf. *n.* 3). **7** 〖言語〗第三強勢の：a ～ stress 第三強勢. **8** 〖文法〗三次語(句)の (⇨ *n.* 4). — *n.* **1** [the T-]〖地質〗第三紀《新生代 (Cenozoic era) の前期；cf. quaternary》. **2** 〖鳥類〗＝tertial. **3** 〖カトリック〗(修道会員で俗籍にある)第三会 (third order) の会員：a regular ～ 律修第三会員《修道会で生活するもの》/ a secular ～ 在俗第三会員《修道院内で生活しないもの》. **4** 〖文法〗三次語(句)《副詞および副詞相当語句：⇨ primary 7》. **5** [*pl.*]〖病理〗第三期梅毒(の徴候). **6** 〖美術〗＝tertiary color.

tértiary álcohol *n.* 〖化学〗第三アルコール《第三炭素原子に水酸基が結合した形のアルコール；例えば $(CH_3)_3COH$》.

tértiary cólor *n.* 〖美術〗(2 種の等和色 (secondary color) の混色による)第三色.

tértiary consúmer *n.* 〖生態〗三次消費者《小型肉食動物を食う大型肉食動物；⇨ food chain》.

tértiary prodúcer *n.* 〖生態〗三次生産者《大型肉食動物に食われる小型肉食動物；cf. food chain》.

tértiary quálity *n.* 〖哲学〗第三性質《価値評価の対象としての物の性質；cf. primary quality》.

tértiary sýphilis *n.* 〖病理〗三期梅毒《脳・脊髄・心臓・肝臓などが冒される》.

tértiary wínd·ing [-wáɪndɪŋ] *n.* 〖電気〗(変圧器の)三次巻線.

ter·tio¹ [tɛ́əṭiòʊ | tɛ́ətɪəʊ; *It.* tértjo] 〖⊏ It. ～ < L *tertius* (↓)〗 *n.*, *adj.* 〖音楽〗第 3 部(の) (cf. primo¹).

ter·ti·o² [tə́ːʃiòʊ | tɜ́ːʃɪəʊ] 〖⊏ L *tertiō* ← *tertius* 'THIRD'〗 *L. adv.* 第三に (thirdly)《3° と略記；cf. primo²》.

ter·ti·um quid [tə́ːʃiəm-kwíd, -ṭi- | tɜ́ːtjəm-, -tɪəm-, -ʃɪəm-] 〖(1724) ⊏ LL ～ 'third something'《なぞり》← Gk *tríton ti*〗 — *n.* **1** 第三のもの, 中間物《例えば物質と精神の中間物など》；どっちつかずのもの. **2** (三角関係の)三人目の人物：a man, his wife and a ～.

ter·ti·us [tə́ːʃiəs | tɜ́ːʃɪ-] 〖⊏ L ～ 'THIRD'〗 — *adj.* 《英》**1** 第三の：～ gaudens [gɔ́ːdənz] 漁夫の利を占める第三者 (glad third). **2** (ある男子 public school で同姓の 3 人の生徒中, 年長順や学年順により)第三の, 最年少の (cf. primus¹ 2)：Smith ～.

Ter·tul·li·an [təːtʌ́liən, -túːl-, -ljən | təːtʌ́lɪən, -ljən] *n.* テルトゥリアヌス《160?–?220；カルタゴ生れのキリスト教神学者；ラテン語名 Quintus Septimius Florens Tertullianus [septímiəs flɔ́ːrenz təːtʌ̀liéɪnəs, -flɔ́ːr- | -mɪəs flɔ́ːrenz təːtʌ̀lɪ-]》.

ter·va·lent [tɜ̀ːvéɪlənt | tɜ̀ː-] 〖← TER-＋-VALENT〗 *adj.* 〖化学〗**1** 三価の (trivalent). **2** 三つの異なる原子価を有する：～ cobalt.

Ter·y·lene [térəlìːn | -rə-, -rɪ-] 〖← TER(EPHTHALIC ACID)＋(ETH)YLENE(GLYCOL)〗 — *n.* 〖商標〗テリレン《terephthalic acid と ethylene glycol を縮合して溶融紡糸したポリエステル系合成繊維の英国の ICI 社の商品名》.

ter·za ri·ma [tɛ́ətsə-ríːmə | tɛ́ə-; *It.* tértsaríːma] 〖(1819) ⊏ It. ～ 'third or triple rhyme' ← *terza* ((fem.) ← *terzo* (↓))＋*rima* 'RHYME'〗 — *n.* (*pl.* **ter·ze ri·me** [tɛ́ətseɪ-ríːmeɪ | tɛ́ə-; *It.* tértseríːme]) 〖詩学〗テルツァリーマ, 三韻句法《三行連句 (tercet) の iambic 体で, a b a, b c b, c d c, …のように押韻する；Dante の神曲の詩形はその代表的なもの》.

ter·zet·to [tɛətséṭoʊ | tɑːtsétəʊ, tɛə-; *It.* tertsétto] 〖⊏ It. ～ (dim.) ← *terzo* < L *tertium* third〗 — *n.* (*pl.* **～s**, **-zet·ti** [-tiː; *It.* -ti]) 〖音楽〗三重唱(曲)；《まれ》三重奏(曲) (trio).

Té·shu Láma [téɪʃuː-] *n.* ＝Panchen Lama.

TESL [tésl] 《略》〖教育〗Teaching English as a Second Language.

tes·la [téslə] 〖← N. *Tesla* (↓)〗 *n.* 〖電気〗テスラ《磁束密度の単位：1 ウェーバー / m^2；記号 T》.

Tes·la [téslə], **Ni·ko·la** [níko(ʊ)lə | -kə(ʊ)-] *n.* テスラ《1856–1943；ユーゴスラビア生れの米国の発明家》.

Tésla còil [transfòrmer] 〖↑〗 *n.* 〖電気〗テスラコイル[変圧器]《火花放電を利用して高電圧を得るための空心変圧器》.

TESOL [tíːsɔ(ː)l | -sɔl] 《略》Teachers of English to Speakers of Other Languages.

Tess [tés] 〖(dim.) ← TERESA〗 *n.* 女性名.

Tes·sa [tésə] 〖(dim.) ← TERESA〗 *n.* 女性名.

tes·sar- [tésər] (母音の前に来る時の) tessara- の異形.

tes·sa·ra- [tésərə] 〖⊏ L ～ ← Gk *téssara*, *téssera* (neut.) ← *téssares*, *tésseres* four〗 — 「四 (four)」の意の連結形：*tessaraglot*. ★ 時に tessera-, また母音の前では通例 tessar- になる.

tes·sa·ra·glot [tésərəglɑ̀t | -glɔ̀t] 〖⇨ ↑, -glot〗 *adj.* 4 か国語を使用する[含む].

tes·sel·lae [tɪséliː, tə- | te-] 〖⊏ L ～ (pl.) ← *tessela* (↓)〗 *n. pl.* 〖美術〗モザイク片.

tes·sel·lar [tés(ə)lə | -sɪlə(r, -sə-] 〖← L *tessella* little cube (dim.) ← *tessera*：⇨ tessara-, -ar¹〗 *adj.* 切りばめ細工の, モザイク式嵌石(がんせき)状の.

tes·sel·late 〖← L *tessellāt-us* formed in mosaic (p.p.)：⇨ ↑, -ate³〗 — [tésəlèɪt, -sḷ- | -sɪl-, -səl-, -sḷ-] *vt.* 〈床・舗道などを〉切りばめ細工にする, モザイク式嵌石(がんせき)にする：The floor was ～*d* with great elegance. 床は実に上品な切りばめ細工にしてあった. — [-lət, -lɪt, -lèɪt] *adj.* ＝tessellated.

tés·sel·làt·ed [-ṭɪd, -ṭəd | -tɪd, -təd] 〖(1695)〗 — *adj.* **1** 切りばめ細工の, 嵌石(がんせき)床の, モザイク模様の：a ～ pavement モザイク式舗道[舗装] / a ～ ceiling 格(ごう)天井. **2** 〖生物〗規則正しい市松模様の.

tes·sel·la·tion [tèsəléɪʃən, -sḷ- | -sɪl-, -səl-, -sḷ-] *n.* 切りばめ法；切りばめ細工, 嵌石(がんせき)細工；モザイク.

tes·se·ra [tésərə] 〖(1647) ⊏ L ～ 'square piece, cube'：⇨ tessara-〗 — *n.* (*pl.* **-se·rae** [-rìː, -ràɪ]) **1** 切りばめ細工用の嵌石(がんせき)《大理石・象牙(ぞうげ)・ガラスなどのモザイク用の四角な小片》. **2** 骨・象牙・木などの小片《ローマ時代に切符・札・鑑札などに用いた》.

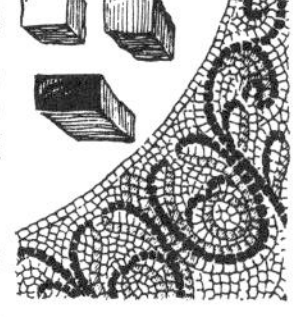

tesserae 1

tes·se·ra- [tésərə] ＝tessara-.

tes·ser·act [tésərǽkt] 〖← Gk *tésser(es)* four＋*akt(ís)* ray〗 — *n.* 〖数学〗四次元立方体《通常の立方体を四次元空間へ拡張したもの》.

tesserae *n.* tessera の複数形.

tes·ser·al [tésərəl] *adj.* **1** ＝tessellar. **2** 〖結晶〗等軸の, 等軸晶系の：the ～ system 等軸晶系.

Tes·sie [tési | -sɪ] 〖(dim.) ← TERESA：⇨ -ie〗 *n.* 女性名.

tes·si·tu·ra [tèsətúːrə | -sɪtúərə; *It.* tèssitúːra] 〖⊏ It. & F ～ 'TEXTURE'〗 — *n.* (*pl.* **～s**, **-tu·re** [-reɪ; *It.* -re]) 〖音楽〗テッシトゥーラ《最高音と最低音を除いた, 旋律の歌唱の可能な声域》.

test¹ [tést] 〖(*c*1395) ～ 'cupel' ⊏ OF ～ (F *têt*) < L *testum* earthen pot, ML one for refining metals in 《変形》← *testa* tile, earthen vessel：cf. testa. — v.：(1603) ← (n.)〗 — *n.* **1** 試験, 検査, 考査 (critical trial)：an oral ～ 口頭試問 / a strength [an efficiency] ～ 強度[能率]試験 / ⇨ achievement test, blood test, intelligence test, mental test / put [bring] … to the ～ …を試験[吟味]する / stand [bear] the ～ 試験に耐える, 考査[検査]に合格する / a ～ *in* English 英語の試験 / His novels will survive the ～ of time. 彼の小説は時の試練に耐えて残るだろう. **2** 試(ため)す物, 試金石 (touchstone), 試練, 試験の手段 〔*of*〕：face a real ～ 真の試練に直面する / Poverty is a ～ of character. 貧困は性格の試金石である. **3** 〖英史〗(審査法 (Test Act) に基づいて行なった官吏の)就任宣誓：take the ～ 就任宣誓する. **4** 《口語》＝test match. **5** 〖化学〗**a** 試験, 分析, 鑑識 (analysis)：a ～ *for* radioactivity 放射能検査. **b** 試薬 (reagent). **c** (試薬によって検出した)証跡 (evidence). **6** 《英》〖冶金〗(灰吹法で用いる骨灰製の)灰皿, 骨灰坩堝(るつぼ) (cupel), 灰吹炉床. — *vt.* **1** 試みる, 試す, 考査する, 試験する, 吟味(判断)する, 検査する：～ one's physical strength 体力を

試す / ～ the water in a well 井戸水を検査する / get one's eyes ～*ed* (*for* glasses) (眼鏡を作るために)視力検査[検眼]を受ける / ～ A against B Bに照らしてAを吟味する / ～ a car tire *for* a puncture パンクしていないか車のタイヤを調べる / The pistol was ～*ed for* fingerprints. ピストルに指紋がついているかどうか検査された / A hypothesis must be ～*ed* by experiments. 仮説(の真偽)は実験によって検証しなければならない. **2** 〘化学〙試験する, 鑑識する, 分析する : ～ ore *for* gold 鉱石を分析して金の有無を調べる. **3** 《英》〘冶金〙〈金・銀などを〉(灰吹法で)精錬する (refine). ── *vi.* **1** テスト[試験]を受ける, 受験する〔*for*〕: He is ～*ing for* (the role of) Hamlet. ハムレット役のテストを受けている. **2** [副詞または副詞句を伴って] テストの結果[成績]が…である : He ～*s* high. 成績が良好である. **3** 〔…の分析・診断のために〕試験[テスト]を行なう〔*for*〕: ～ *for* allergies アレルギー体質をテストする.

test out 〈理論などを〉実際に試みる (try out).

test² [tést] 〘□ L *testa* piece of earthenware, potsherd, shell : cf. test¹〙 *n.* **1** 〘動物〙(無脊椎(せきつい)動物の)外殻, 殻 (shell), よろい (lorica). **2** 〘植物〙 = testa.

test. 《略》 testamentary ; testator ; testatrix ; testimonial ; testimony.

Test. 《略》 Testament ; Testamentary.

tes·ta [téstə] 〘□ L ～ : ⇨ test²〙 *n.* (*pl.* **tes·tae** [-tiː, -taɪ]) 〘植物〙 種皮, 種殻《種子を包む皮膜 ; episperm ともいう》.

test·a·ble¹ [téstəbl̩] *adj.* 試験[検査, 分析]することのできる, 試(ため)すことのできる, 検証可能な. **tèst·a·bíl·i·ty** [-təbílət̬i | -lɪti, -lɪ-] *n.*

test·a·ble² [téstəbl̩] 〘← TEST(ATE) + -ABLE〙 *adj.* 〘法律〙 遺言で譲ることのできる ; 遺言[証言]能力のある.

Tes·ta·ce·a [testéɪʃiə, -ʃə | -ʃɪə, -ʃə] 〘← NL ～ ← L *testācea* (neut.pl.) ← *testāceum* shelled animal ← *testa* 'TEST²' : cf. testaceous〙 *n. pl.* 〘動物〙 有殻アメーバ目.

tes·ta·cean [testéɪʃən | -ʃən, -ʃɪən] 〘⇨ ↑, -an¹〙 *adj.*, *n.* 〘動物〙 有殻アメーバ目の(原虫).

tes·ta·ceous [testéɪʃəs | -ʃəs, -ʃɪəs] 〘(1646) □ L *testāceus* shell-covered : ⇨ test², -aceous〙 ── *adj.* **1** 〘生物〙 れんが色の. **2** 殻をもった : a ～ animal 有殻動物. **3** 殻[石灰質の物質]から成る : the ～ matter of marine shell 貝殻の石灰質の物質.

Tést Àct *n.* [the ～] 〘英史〙 審査法, 審査律《公職就任の際, 王への忠順と国教信奉の宣誓をさせた法律 ; 1673 年に制定され, 1828 年廃止》.

tes·ta·cy [téstəsi | -sɪ] 〘← TESTA(TE) + -CY〙 *n.* 〘法律〙 遺言してあること, 有効な遺言書のあること.

testae *n.* testa の複数形.

tes·ta·ment [téstəmənt] 〘(*a*1325) □ LL *testāmentum*, (L) will, declaration of one's will ← *testārī* to witness, testify ← *testis* a witness ← IE **tri-st-i* ← **trei-* 'THREE' + **stā-* 'to STAND' : ⇨ -ment : 「聖書」の意味は Gk *diathḗkē* last will, covenant, arrangement の誤訳から〙 ── *n.* **1** 《古》(神と人との間の)誓約, 聖約 (covenant). **2** [T-] 聖書 : the Old [New] *Testament* 旧[新]約聖書 / the Greek *Testament* ギリシャ語新約聖書. **3** [the T-] (旧約聖書と区別して)新約聖書 (the New Testament). **4** 〘法律〙(死後の財産処分に関する)遺言(書) (will) : one's last will and ～ 死後の財産処分の遺言書 / make one's ～ 遺言書を作成する / a military ～ (口頭の)軍人遺言 (cf. nuncupative). **5 a** 証左, 証(あか)し (testimonial) : firsthand ～ *to* one's statements 自分の陳述に対する直接の証し. **b** 信条(告白) (credo) : a political ～ 政治的信条.

tes·ta·men·tal [tèstəmént̬l | -tl] *adj.* = testamentary.

tes·ta·men·ta·ry [tèstəmént̬əri, -tri | -t(ə)ri] 〘(1456) □ LL *testāmentāri-us* : ⇨ testament, -ary〙 ── *adj.* **1** 遺言の : ～ capacity 遺言をする資格. **2** 遺言による[基づく] ; 遺言で指定した : ～ dispositions 遺言で指定された財産分与. **3** 旧約[新約]聖書の.

tes·ta·mur [testéɪmə | -mə(r)] 〘(1840) □ L *testām-ur* we testify ← *testārī* to testify〙 *n.* 《英》(大学での)試験合格証.

tes·tate [tésteɪt, -tɪt, -tət] 〘(1475) □ L *testāt-us* (p.p.) ← *testārī*, *testāre* to testify〙 ── *adj.* **1** 遺言した (cf. intestate) : die ～ 遺言書を残して死ぬ. **2** 遺言書で定められた : ～ property. ── *n.* 遺言書を残して死んだ人 (testator).

tes·ta·tion [testéɪʃən] 〘□ LL *testātiō(n-)* : ⇨ testate, -ation〙 *n.* **1** 〘法律〙 遺言による遺産処理, 遺贈. **2** 《廃》立証, 証明, 証言.

tes·ta·tor [tésteɪt̬ə, ─ ─́ ─ | testéɪtə(r)] 〘(1447) □ AF *testatour* (F *testateur*) // L *testātor* ← *testārī* to witness, make a will : ⇨ -or²〙 ── *n.* 遺言書を残して死んだ人, 遺言者.

tes·ta·trix [testéɪtrɪks, ─ ─́ ─ | testéɪtrɪks] 〘□ LL *testātrix* (fem.) ← *testātor* (↑)〙 *n.* (*pl.* **-ta·tri·ces** [testéɪtrəsiːz, tèstətráɪsiːz | testéɪtrɪsiːz]) 女性の testator.

tést bàn *n.* (大気圏内の)核実験禁止[停止]協定.

tést bèd *n.* 〘航空〙(エンジンの)試験台 (⇨ flying test bed).

tést blànk *n.* 〘教育・心理〙(問題を印刷した)テスト用紙.

tést càrd *n.* 《英》〘テレビ〙 = test pattern.

tést càse 〘(1895)〙 *n.* **1** 〘法律〙 試訴《その結果が他の類似の事件の先例となるもの》. **2** 〘法律〙 テストケース《ある制定法の合憲性をテストするために当事者が合意の上で提起した事件》. **3** 初めての試み(となるもの), テストケース.

tést·cròss 〘生物〙 *n.* 検定交雑《ヘテロの雑種を劣性ホモの個体と交雑し, ヘテロの遺伝子型を調べる交雑》. ── *vt.* …に検定交雑を行なう.

tést-drìve *vt.* 〈自動車を〉(購入前に)試乗する.

tést·ed *adj.* [しばしば複合語の第 2 構成素として] 試験済みの : a well-*tested* modesty 十分に試された慎しみ深さ.

test·ee [testíː] *n.* 受験者, 被験者.

tést·er¹ 〘(1661)〙 *n.* **1** 試験者, 検査人, 吟味者, 分析者. **2** 試験器, 試験装置, テスター. **3** 〘電気〙 = circuit tester.

tes·ter² [téstə | -tə(r)] 〘(?*c*1380) 'headpiece' □ ML *tester-ium* ← L *testa* skull, head // OF *testière* (F *têtière*) head covering ← *teste* head < L *testam* pot, shell, skull : ⇨ test¹, -er¹〙 ── *n.* (寝台・祭壇などの上の)天蓋(てんがい) (canopy).

tes·ter³ [téstə | -tə(r)] 〘(変形) ← OF *testart* 'TESTON'〙 ── *n.* 〘英史〙 テスター : **a** 1504 年 Henry 七世発行の 12 ペンス銀貨 (teston). **b** 1553 年スコットランドで発行の 5 シリング銀貨.

testes *n.* testis の複数形.

tést-fìre *vt.* 〈ロケット銃などを〉試験発射する, 試射する : ～ a gun.

tést flìght *n.* 試験飛行.

tést-flỳ *vt.* …の試験飛行をする.

tést glàss *n.* 〘化学〙 試験杯.

tes·ti·cle [téstɪkl̩, -tə- | -tɪ-] 〘(*c*1425) □ L *testiculus* (dim.) ← TESTIS〙 *n.* 〘解剖・動物〙 睾丸(こうがん), 精巣.

tes·tic·u·lar [testíkjulə | -lə(r)] 〘(1656)〙 *adj.* **1** 〘解剖〙 睾丸(こうがん)の, 精巣の. **2** 〘植物〙 = testiculate 2.

tes·tic·u·late [testíkjulɪt, -lət, -lèɪt] 〘□ LL *testiculāt-us* : ⇨ testicle, -ate²〙 *adj.* **1** 睾丸(こうがん)状の. **2** 〘植物〙〈ランが〉睾丸状の根茎をもつ.

tes·ti·fi·ca·tion [tèstəfɪkéɪʃən, -fə- | -tɪfɪ-] *n.* 立証 ; 証言 ; 証拠 (evidence).

tés·ti·fi·er *n.* 立証者, 証明者, 証言者 (witness).

tes·ti·fy [téstəfàɪ | -tɪ-] 〘(*c*1378) □ L *testific-āre* to bear witness ← *testis* witness : ⇨ testament, -fy〙 ── *vi.* **1 a** 〈人が〉〔…を〕証言する, 立証する〔*to*〕: ～ *to* a person's competency 人の適格を証明する / ～ *to* the fact that …という事実を証言する / I cannot ～ *to* having seen the man. その男を見たと証言することはできない. **b** 〈事柄が〉〔…の〕証拠となる〔*to*〕: This book *testifies to* his profound erudition. 本書は著者の博識を証するものである. **2** 〘法律〙(法廷で証人として)宣誓証言する (declare on oath) : ～ in court 法廷で宣誓証言する / ～ *against* a person 人に不利な証言をする / ～ *to* [*on behalf of*] a person 人に有利な証言をする. ── *vt.* **1** 〈…だと〉証言する (attest) 〈*that*〉: The letter *testifies that* he is a reliable person. 手紙には彼が信頼できる人間であると証言されている. **2** …の証拠となる : Acts ～ intent. 行為は意志のあったことの証拠である. **3** 〘法律〙(法廷で)宣誓の下に証言する 〈*that*〉: ～ *that* one has seen it それを目撃したと誓って証言する. **4** 《古》 **a** 〈同意・希望・遺憾などの意を〉表わす (show) : ～ one's respect for a person 人に対する敬意を表する. **b** 〈信念などを〉公言する (profess) : ～ one's faith in Christianity openly キリスト教の信仰を公言する.

tes·ti·mo·ni·al [tèstəmóuniəl, -njəl | -tɪmə́ʊnjəl, -nɪəl] 〘(*c*1400) □ (O)F ～ // L (*literae*) *testimōniāl-ēs* (letters) containing testimony : ⇨ testimony, -al¹〙 ── *n.* **1** (人物・資格などの)証明書 ; 推薦状. **2** 感謝状, 表彰状, 賞状 (written tribute) ; (感謝状を付けて贈る)功労表彰の贈り物, 記念品. **3** 証拠 (proof)〔*to*〕: The work is a ～ *to* his industry. この本は彼の努力の証拠である. ── *adj.* **1** 証明書の. **2** 感謝の, 表彰の : a ～ dinner for the retiring professors 退職する教授たちのための謝恩晩餐(ばんさん)会.

testimónial advèrtising *n.* 権威者に商品の有効性を語らせる形式の広告.

tes·ti·mo·ni·al·ize [tèstəmóuniəlàɪz, -njəl- | -tɪmə́ʊnjəl-, -nɪəl-] *vt.* **1** …に(人物・資格などの)証明書[推薦状]を書く. **2** …に感謝状を贈る, 記念品を贈って表彰する.

tes·ti·mo·ny [téstəmòuni, -mə- | -tɪmənɪ] 〘(*c*1390) □ LL *testimōni-um* evidence, attestation ; Decalogue (この語義は Heb. *'ēdūth* witness, testimony of the Decalogue から) ← L *testis* witness : ⇨ testament〙 ── *n.* **1** 〘法律〙(法廷で行なう)宣誓証言 ; (一般に)証明, 立証 (attestation) : I can bear ～ *to* his good character. 彼が立派な人物であることを証明します / We have his ～ *for* that. それについては彼の証言がある. **2** 証拠 (evidence)〔*to*, *of*〕: in ～ *of* our respect and affection 我々の尊敬と愛情のしるしとして / produce ～ *to* [*of*] …の証拠を提出する / His poverty is a ～ *to* his honesty. あんなに貧乏しているのが彼の正直な証拠だ. **3** 《古》(信仰などの)声明, 公言, 宣言 (profession). **4** 〘聖書〙 **a** (Moses の)十戒 (the Decalogue) : the two tables [tablets] of ～ 十戒を記した二枚の石板. **b** [the ～] 約櫃(やくひつ) (⇨ ARK of Testimony) (cf. *Ex.* 25 : 16). **c** [通例 *pl.*] 神の教え (precepts). **5** 《古》抗議 (protest) : bear a strong ～ *against* …に対して強く抗議する. **6** 証明書 (certificate).

call in testimony 〈人を〉証人に立たせる (cf. 1) ; 〈神〉に照覧を請う.

téstimony mèeting *n.* = experience meeting.

tést·ing *n.* **1** テスト(すること), 試験, 実験 : nuclear ～ 核実験. **2** [形容詞的に] 試験をする, 実験の(ための) : ⇨ testing ground. ── *adj.* 最大限の努力[能力]を必要とする : a very ～ question まさに最大限の努力を要する問題.

tésting gròund *n.* 実験場, 試験場.

tésting machìne *n.* 材料試験器《材料の強度を試験する装置》.

tes·tis [téstɪs, -təs | -tɪs] 〘(1681) □ L ～ 'witness (of virility), testicle' : L *testa* pot と結びつける説もある〙 *n.* (*pl.* **tes·tes** [-tiːz]) 〘解剖・動物〙 睾丸(こうがん), 精巣.

tést màtch *n.* (クリケット・ラグビーなどの)国際戦 ; (特に, 英・豪間の)クリケット国際戦.

tést mèal *n.* 〘医学〙 試験食《検査の目的で与える一定の成分と量の食事》.

tést òbject *n.* **1** 〘光学〙(顕微鏡の)拡大率試験物体. **2** 被験物体.

tes·ton [téstɑn | -tɒn] 〘(1543) □ F 《廃》 ～ □ It. 《廃》 *testone* ← *testa* head < LL *testa* skull ← L *testa* tile : これらの銀貨は皆表面に人の顔がついていた〙 ── *n.* テストン銀貨 : **a** Louis 十二世の時のフランスの銀貨 (＝$^1/_4$ ecu). **b** ＝tester³. **c** Milan の古銀貨 ; Sforze 公の時代に初めて発行された ; 表面に Milan 公爵の胸像が刻まれていた《testone ともいう》.

tes·to·ne [testóuneɪ | -tə́ʊ-] 〘↑〙 *n.* ＝teston c.

tes·toon [testúːn] *n.* ＝teston.

tes·tos·ter·one [testɑ́stəròun | -tɒ́stərəʊn] 〘← *testo-* (《連結形》← TESTIS) + STER(OL) + -ONE〙 ── *n.* **1** 〘生化学〙 テストステロン ($C_{19}H_{28}O_2$) 《動物の睾丸(こうがん)から得られる男性ホルモンの一種》. **2** 〘薬学〙 テストステロン剤《もとは牛の睾丸から抽出したが, 現在は合成して作られる男性ホルモン剤》.

tést pàper *n.* **1** 試験問題紙, 答案用紙. **2** 〘化学〙 試験紙《紙に試薬を塗布したもの ; リトマス試験紙・沃度(ようど)カリ澱粉(でんぷん)紙・鉛糖紙など》.

tést pàttern *n.* 〘テレビ〙 テストパターン《テレビの映像調整のため送られる固定した画面》.

tést pìlot *n.* テストパイロット《新しい航空機の試験飛行を行なう操縦士》.

tést pìt *n.* 〘鉱山〙 試掘坑.

tést plàte *n.* 〘鉱物〙 検光板, 検板《顕微鏡の光路中に入れるガラス板に雲母(うんも)などの特殊な結晶の薄片を貼り付けたもの ; 偏光顕微鏡用》.

tést rùn *n.* 試運転.

tést stànd *n.* 〘宇宙〙(ロケットの性能測定用の)地上燃焼試験台.

tést-tùbe *adj.* 試験管の中で作られた ; 合成の, 実験的な : a ～ baby 試験管ベビー, (正確には)体外受精児.

tést tùbe *n.* 〘化学〙 試験管.

tést tỳpe *n.* 〘眼科〙 視力表用の文字.

tes·tu·di·nal [test(j)úːd(ə)nəl | -tjúːdɪnl̩] 〘← L *testūdin-* (《連結形》← *testūdō* 'TESTUDO') + -AL¹〙 *adj.* リクガメの[に似た] ; べっ甲の[に似た].

Tes·tu·di·na·ta [test(j)ùːdənɑ́ːt̬ə, -néɪ- | -tjùːdɪnɑ́ːtə, -néɪ-] 〘← NL ～ ← *Testūdin-*, *Testūdō* (属名 : ↑) + -ATA〙 *n. pl.* 〘動物〙 カメ目.

tes·tu·di·nate [test(j)úːdənət, -nɪt, -nèɪt, -dn̩- | -tjúːdɪn-] 〘□ LL *testūdināt-us* : ⇨ ↓, -ate²〙 ── 〘動物〙 *adj.* **1** (カメの甲状に)弓状をした (arched, vaulted). **2** カメの, カメ目に属する. ── *n.* カメ (tortoise).

tes·tu·din·e·ous [tèst(j)uːdíniəs | -tjuːdíni-] 〘← L *testūdineus* (← *testūdō* 'TESTUDO') + -EOUS〙 *adj.* **1** カメの甲に似た. **2** 〈歩みが〉(カメのように)のろい : a ～ pace.

testudines *n.* testudo の複数形.

Tes·tu·di·nes [test(j)úːdəniːz, -dn̩- | -tjúːdɪ-] 〘← NL ～ (pl.) ← L *testūdō* (↑)〙 *n. pl.* ＝Testudinata.

Tes·tu·din·i·dae [tèst(j)uːdínədìː | -tjuːdínɪ-] 〘← NL ～ ← *Testudo* (属名 : ↓) + -IDAE〙 *n. pl.* 〘動物〙 リクガメ科.

tes·tu·do [test(j)úːdou | -dəʊ] 〘(*a*1400) □ L *testūdō* tortoise, tortoise shell, arch, shelter ← *testa* shell : ⇨ test²〙 ── *n.* (*pl.* **～s**, **-tu·di·nes** [-dəniːz, -dn̩- | -tjúːdɪniːz, -túːdɪnèɪz]) **1** 〘動物〙 リクガメ《カメ科リクガメ属 (*Testudo*) のカメの総称 ; ナンベイリクガメ (*T. denticulata*) など》. **2** 〘ローマ史〙 亀甲形状掩蓋(えんがい) : **a** 城攻めの際使用された装甲車の一種で, 通例不燃性の弓形の屋根がついていた. **b** 敵の城壁の直下に迫る時, 一隊の兵士が各自の盾を護身用に頭上にかざして連ねたもの. **3** 〘建築〙(古代ローマの)亀甲型屋根[天井]. **4** 〘医学〙 亀甲(きっこう)帯. **5** (亀甲で作られることも多かった)古代ギリシャの竪琴 (lyre).

testudo 2 b

tést wòrking *n.* (機械の)試運転.

tes·ty [tésti | -tɪ] 〘(*c*1385) □ AF *testif* headstrong ＝ OF *testu* (F *têtu*) heady < L *testam* shell, skull〙 ── *adj.* (**tes·ti·er** ; **-ti·est**) **1** 〈人が〉短気な, 怒りっぽい, 性急な, 癇癪(かんしゃく)の (irritable) : He got ～ with his staff. スタッフに当たり散らした. **2** 〈言葉・行動が〉つっけんどんな, 辛辣(しんらつ)な : ～ words 辛辣な言葉. **tés·ti·ly** [-tɪli, -tə- | -lɪ] *adv.* **tés·ti·ness** *n.*

Tet [tét] 〘□ Vietnamese *têt*〙 *n.* テト《ベトナム地方の旧正月の祭 ; 3 日間続く》.

tet·a·nal [tétənl̩, -tn̩, tnəl | -tənl̩, -tn̩l, tn̩əl] *adj.* 〘病理〙 破傷風の[による].

te·tan·ic [tetǽnɪk] 〘□ L *tetanic-us* □ Gk *tetanikós* suffering from tetanus : ⇨ tetanus, -ic¹〙 ── *adj.* **1** 〘病理〙 破傷風(性)の ; 強直(性)の : a ～ spasm [convulsion] 強直痙攣(けいれん)). **2** 〘医学〙〈神経薬が〉筋肉の強直を促す. **— n.** 〘薬学〙強直痙攣誘起剤《ストリキニンなど》. 「**ly** *adv.*

te·tan·i·cal [-nɪkəl, -nə- | -nɪ-] *adj.* =tetanic. **～-**

tet·a·nize [tétənàɪz, -tn- | -tən-, -tn̩-] 〘← TETANUS +-IZE〙 **—** *vt.* 〘生理〙〈筋肉に〉強直痙攣(けいれん)を起こさせる. **tet·a·ni·za·tion** [tètənɪzéɪʃən, -nə-, -tn̩- | -tètənaɪ-, -nɪ-, -tn̩-] *n.*

tet·a·noid [tétənɔ̀ɪd | -tə-] 〘⇨↓, -oid〙 *adj.* 〘病理〙破傷風様の; 強直性の.

tet·a·nus [tétənəs, -tn̩- | -tən-, -tn̩-] 〘(a1398) □ L ～ □ Gk *tétanos* a stretching, spasm (of muscles) ← *teínein* to stretch〙 **— n. 1 a** 〘病理〙破傷風, テタヌス《筋の強直・発作的痙攣(けいれん)・高熱などを伴う; 本症による開口障害を俗に lockjaw という》. **b** 〘細菌〙破傷風菌 (*Clostridium tetani*). **2** 〘生理〙(激烈な)筋肉の強直[攣縮(れんしゅく)]: artificial ～ 人為的痙攣《ストリキニンなどで起こる》.

tet·a·ny [tétəni, -tn̩i, -tni | -tənɪ, -tn̩ɪ] 〘← NL *tetania*: ⇨↑, -y¹〙 *n.* 〘病理〙テタニー, 強直, 強縮.

te·tart- [tɪtɑ́ət, tə- | tɪtɑ́:t] (母音の前に来る時の) tetarto- の異形.

te·tar·to- [tɪtɑ́ətoʊ(ʊ), tə- | tɪtɑ́:tə(ʊ)] 〘□ Gk *tetarto-* ← *tétartos* fourth〙「四分の一」の意の連結形. ★ 母音の前では通例 tetart- になる.

te·tar·to·he·dral [tɪtɑ̀ətoʊ(ʊ)hí:drəl, tə- | tɪtɑ̀:tə(ʊ)-héd-, -hí:d-] 〘⇨↑, -hedral〙 *adj.* 〘結晶〙四半面像の (cf. holohedral): a ～ form 四半面像.

te·tàr·to·hé·drism [-drɪzm] *n.* 〘結晶〙四半面性《対称性から出現し得る面のうち四分の一だけが結晶外形に現われる性質》.

tetched [tétʃt] *adj.* 《方言・戯言》=teched.

tetch·y [tétʃi | -tʃɪ] 〘(1592) ← ? OF *tache* speck, blemish+-Y⁴: cf. tache², touchy〙 **—** *adj.* (**tetch·i·er; -i·est**) 〈人・性格・行動が〉神経過敏の, いらいらした, 怒りやすい, 気難しい (touchy, irritable, testy): a ～ temper 怒りっぽい気質 / I was a little ～ under his bantering. 彼のからかいで少しいらいらした. **tétch·i·ly** [-tʃɪli, -tʃə- | -lɪ] *adv.* **tétch·i·ness** *n.*

tête-à-tête [téɪṭətéɪt | téɪtɑ:téɪt; *F.* tɛtatɛt] 〘(1697) □ F ～ 'head to head'〙 **—** *adj.* 二人だけの, 差向かいの, 内密の (private): a ～ dinner 差向かいの晩餐. **—** *adv.* 差向かいで (face to face), 二人だけで, 内密に (privately): sit ～ / I dined ～ *with* John. ジョンと差向かいで夕食を取った. **— n. 1** 対談, 密談, 内緒話, 打解け話: I had the pleasure of a delightful ～ *with* him. 彼と差向かいで楽しく話し合った. **2** 《米》(二人が差向かいで掛けることのできる) S字形長椅子.

tête-à-tête 2

tête-bêche [tèɪtbéɪʃ, tét-béʃ; *F.* tɛtbɛʃ] 〘□ F ～ 'pair of inverted stamps' ← *tête* head+*bêche* (短縮) ← OF *bechevet* head against foot ← *bes-* (⇨ bi-¹)+*chevet* bedhead〙 **—** *F. adj.* 〘郵趣〙テートベーシュの《ペアの切手が意図的に互いに反対向きに印刷された》.

tête-de-pont [tèɪtdəpɔ́:(ŋ), -pɔ́(:)ŋ; *F.* tɛtdəpɔ̃] 〘□ F ～ 'head of bridge'〙 *n.* (*pl.* **têtes-** [～]) 〘軍事〙橋頭堡 (bridgehead).

teth [téɪt, téɪθ, téɪs] 〘□ Heb. *ṭēth*〙 *n.* テース《ヘブライ語アルファベット22字中の第9字: ט; ⇨ alphabet 表》.

teth·er [téðə | -ðə(r)] 〘(1376–77) *tethir* □ ? ON *tjóðr* tether〙 **— n. 1** (牛馬などをつないで草を食わせる) つなぎ縄(なわ), つなぎ鎖. **2** 束縛 (bonds): the matrimonial ～ 夫婦の縁. **3** (知識・財源・権限などの)範囲, 限界 (scope, extent): his short ～ of understanding 彼の知識の乏しさ.

beyond one's tether 力の及ばない; 権限外で. ***the end of one's tether*** ⇨ end¹ 成句.

— *vt.* **1** つなぎ縄[鎖]でつなぐ, つなぎ留める (fasten): ～ a horse *to* a tree 馬を木につなぐ. **2** 拘束する, 束縛する (confine).

téther·bàll *n.* テザーボール《直立した棒の先にひもで吊りさげた球を二人の競技者がラケットで互いに反対方向に打つことにより, どちらがひもを棒に完全にまきつけるかを競う球技》. 「thys) の.

Te·thy·an [tí:θiən | -θɪ-] *adj.* テテュス海 (the Te-

Te·thy·i·dae [tɪθáɪədi:, tə- | tɪθáɪɪ-] 〘← NL ～ ← *Tethys* (属名: ↓)+-IDAE〙 *n. pl.* 〘動物〙=Aplysiidae.

Te·thys [tí:θɪs, -θəs | -θɪs] 〘□ L *Tēthys* □ Gk *Tēthús*〙 **— n. 1** 〘ギリシャ神話〙テテュス《Uranus の娘で海神 Oceanus の妻》. **2** [the ～] テテュス海《アフリカ大陸とユーラシア大陸とを分離していたと考えられる, 古生代頃からの大海; 地中海はその名残りと考えられている》. **3** 〘天文〙テテュス, テチス《土星 (Saturn) の第3衛星》.

Te·ton [tí:tn̩] 〘□ (土語) ～ 《原義》 dwellers on the prairie〙 **— n.** (*pl.* **～, ～s**) **1 a** [the ～(s)] テトン族《米国西部の Dakota 族の支族》. **b** テトン族の人. **2** テトン語《Dakota 語の一方言》.

tetr- [tétr] (母音の前に来る時の) tetra- の異形.

tet·ra [tétrə] 〘(短縮) ← NL *Tetra(gonopterus)*: ⇨ tetragon, -pterous〙 *n.* 〘魚類〙テトラ《カラシン科の美麗な各種の南米淡水産の熱帯魚の総称; 観賞用》.

tet·ra- [tétrə] 〘□ Gk *tetra-* ← *téttares, téttara* four〙次の意味を表わす連結形: **1** 「四」. **2** 〘化学〙「四原子[基, 原子団]をもつ」. ★ 母音の前では通例 tetr- になる.

tètra·básic *adj.* 〘化学〙 **1** 四塩基性の. **2** 四原子の一価金属をもつ. **3** 水酸基を四つもつ. **tètra·ba·sícity** *n.* 「ステル] ($M^{I}_{2}B_{4}O_{7}$).

tètra·bórate 〘⇨↓, -ate¹〙 *n.* 〘化学〙四ホウ酸塩[エ

tètra·bóric ácid 〘*tetraboric*: ← TETRA-+BORIC〙 *n.* 〘化学〙四ホウ酸, テトラホウ酸 ($H_2B_4O_7$).

tet·ra·brach [tétrəbræ̀k] 〘□ Gk *tetrábrakh-us* ← TETRA-+*brakhús* short〙 *n.* 〘古典詩学〙四短格 (◡◡◡◡).

tet·ra·branch [tétrəbræ̀ŋk] 〘↓〙 〘動物〙 *adj.* 四鰓(さい)亜綱の. **— n.** 四鰓亜綱の軟体動物, オオムガイ類.

Tet·ra·bran·chi·a [tètrəbrǽŋkiə | -kɪə] 〘← NL ～: ⇨ tetra-, branchia〙 *n. pl.* 〘動物〙四鰓(さい)亜綱《オオムガイ類を含む》.

tet·ra·bran·chi·ate [tètrəbrǽŋkiət, -kiɪt, -kièɪt | -kɪət, -kɪɪt, -kɪèɪt] 〘← NL *Tetrabranchiāta*: ⇨↑, -ate²〙 *adj., n.* 〘動物〙四鰓(さい)亜綱(の).

tètra·bròmo·éthane 〘← TETRA-+BROMO-+ETHANE〙 *n.* 〘化学〙テトラブロモエタン ($C_2H_2Br_4$) 《2種の異性体がある》.

tet·ra·caine [tétrəkèɪn] 〘← TETRA-+(PRO)CAINE〙 *n.* 〘薬学〙テトラカイン ($C_{15}H_{24}N_2O_2$) 《プロカインに類似した作用を示す局所麻酔薬》.

tètra·cárbonyl *n.* 〘化学〙テトラカルボニル《鉄・ニッケルなどの金属原子と4個のカルボニル基 CO との作る基を含む化合物; 例えば, テトラカルボニル鉄 (II) 酸ナトリウム ($Na_2[Fe(CO)_4]$)》.

tet·ra·cene [tétrəsi:n] 〘(異形) ← TETRAZENE〙 **— n.** 〘化学〙テトラセン ($H_2NC(NH)NHNHN{=}NC(NH)NHNHNO$) 《淡黄色の結晶; 雷管の点火薬に用いる; tetrazene ともいう》.

tètra·chlóride 〘← TETRA-+CHLORIDE〙 *n.* 〘化学〙四塩化物.

tètra·chloroéthane 〘← TETRA-+CHLOROETHANE〙 **— n.** 〘化学〙テトラクロロエタン, 四塩化アセチレン ($CHCl_2CHCl_2$) 《重い液体; 不燃性溶剤; acetylene tetrachloride ともいう》.

tètra·chloroéthylene 〘← TETRA-+CHLOROETHYLENE〙 **— n.** 〘化学〙テトラクロロエチレン, 二塩化炭素, 四塩化エチレン ($CCl_2{=}CCl_2$) 《無色の液体で不燃性; 洗浄剤・脂肪や油脂の溶剤として用いられる; perchloroethylene ともいう》.

tètra·chloromethane 〘← TETRA-+CHLOROMETHANE〙 *n.* 〘化学〙テトラクロロメタン (⇨ carbon tetrachloride).

tet·ra·chord [tétrəkɔ̀əd | -kɔ̀:d] 〘(1603) □ Gk *tetrákhord-on* (neut.) ← *tetrákhordos* four-stringed: ⇨ tetra-, -chord〙 **— n.** 〘音楽〙 **1** 四音音階《4個の全音階的音から成る音列》. **2** テトラコルドン《古代の四弦琴》. **tet·ra·chor·dal** [tètrəkɔ́ədl̩ | -kɔ́:-] *adj.*

tètra·chóric *adj.* 〘統計〙四分の《二つの確率変数 X, Y の値をそれぞれ2階級に分けて, X, Y の相関を調べる方法に関連していう》.

tètra·chromátic *adj.* 4色の; 4原色の.

te·trac·id [tetrǽsɪd, -səd | -sɪd] *adj.* 〘化学〙酸度四の, OH 基を四つもつ.

tètra·cóccus *n.* 〘細菌〙四連球菌.

Tet·ra·co·ral·la [tètrəkərǽlə] 〘← NL ～ ← TETRA-+*coralla* (⇨ coral)〙 *n. pl.* 〘動物〙(腔腸動物門四放珊瑚(さんご)類)放サンゴ亜綱《絶滅した古生代のサンゴ類》.

Te·trac·ti·nel·li·da [tetræ̀ktənéləda, tə- | -tɪnélɪ-] 〘← NL ～ ← *Tetractina* (⇨ tetra-, -actine)+-ELLA+-IDA〙 **—** *n. pl.* 〘動物〙(海綿動物門尋常海綿綱)四放海綿目.

tètra·cỳano·plátinate *n.* 〘化学〙テトラシアノ白金 (II) 酸塩[エステル].

tètra·cỳano·platínic ácid *n.* 〘化学〙テトラシアノ白金 (II) 酸 ($H_2Pt(CN)_4$) 《水溶液はかなり強い酸; 固体は無色透明の安定な結晶; platinocyanic acid ともいう》.

tètra·cýclic *adj.* 〘植物〙〈花が〉四輪の, 四花輪の.

tet·ra·cy·cline [tètrəsáɪkli:n, -klɪn, -klən, -klaɪn, -klɪn] 〘← TETRA-+CYCLO-+-INE³〙 **— n.** 〘薬学〙 **1** テトラサイクリン ($C_{22}H_{24}N_2O_8$) 《抗生物質の一種》. **2** テトラサイクリンから誘導した物質《chlortetracycline, oxytetracycline など》.

Tet·ra·cyn [tétrəsɪn, -sən | -sɪn] *n.* 〘商標〙テトラシン《tetracycline の商品名》.

tet·rad [tétræd | -ræd, -rəd] 〘(1653) □ L *tetrad-em*, *tetras* □ Gk *tétras* group of four ← *téllares* four〙 **— n. 1** 四数. **2** 4個(一組), 四人組, 四つ組, 四つ揃(そろ)い. **3** 〘化学〙四つ組元素. **4** 〘生物〙 **a** 四分(しぶん)子《減数分裂に伴う2回の核分裂の結果できる四つの娘細胞; cf. dyad》. **b** 四分染色体. **te·trad·ic** [tetrǽdɪk] *adj.*

tet·ra·dac·tyl [tètrədǽktl̩ | -tɪl] 〘□ Gk *tetradáktul-os*: ⇨ tetra-, dactylo-〙 *adj.* 〘動物〙四指の.

tètra·dáctylous *adj.* 〘動物〙=tetradactyl.

tètra·dec·a·nó·ic ácid [tètrədèkənóʊɪk- | -nə́ʊ-] 〘*tetradecanoic*: ← TETRA-+DECANOIC¹〙 *n.* 〘化学〙テトラデカン酸 (⇨ myristic acid).

tet·ra·drachm [tétrədræ̀m] 〘□ Gk *tetrádrakhm-on*: ⇨ tetra-, drachm〙 *n.* (古代ギリシャの) 4ドラクマ銀貨.

tètra·dráchma 〘↑〙 *n.* =tetradrachm.

te·trad·y·mite [tetrǽdəmàɪt | -dɪ-] 〘□ G *Tetradymit* ← Gk *tetrádumos* fourfold: ⇨ -ite¹: 複合双晶中にみられることから〙 **— n.** 〘鉱物〙テルル蒼鉛(そうえん)鉱 (Bi_2Te_2S).

tet·ra·dy·na·mous [tètrədáɪnəməs, -dín-] 〘← TETRA-+DYNAMO-+-OUS〙 *adj.* 〘植物〙四長[四強]雄蕊(ずい)の《6本の雄蕊がありそのうち4本が他より長い》.

tètra·éthyl *adj.* 〘化学〙エチル基を4個もつ.

tétraethyl léad *n.* 〘化学〙四エチル鉛, テトラエチル鉛 ($Pb(C_2H_5)_4$) 《ガソリンに添加してそのオクタン価を高めるアンチノック剤; 略 TEL》.

tetraéthyl pyrophósphate *n.* 〘化学〙テトラエチルピロリン酸 ($(C_2H_5)_4P_2O_7$) 《殺虫・殺鼠剤; 略 TEPP》.

tet·ra·eth·yl·thi·ú·ram disúlfide [tètrəèθɪlθaɪjú(ə)rəm-, -θəl-, -θáɪjʊræ̀m- | -èθɪlθaɪjúərəm-, -θáɪjʊræ̀m-] 〘*tetraethylthiuram*: ← TETRAETHYL+THIOUR(EA)+AM(YL)〙 **— n.** 〘薬学〙テトラエチルチウラムジスルフィド ($C_{10}H_{20}N_2S_4$) 《クリーム色の結晶; アルコール中毒の対症薬; disulfiram ともいう》.

tètra·flúoride *n.* 〘化学〙四フッ化物.

tétra·flùoro·éthylene 〘← TETRA-+FLUORO-+ETHYLENE〙 **— n.** 〘化学〙テトラフロオルエチレン, 四フッ化エチレン ($CF_2{=}CF_2$) 《無色無臭の気体; 空気中で燃焼する; フッ素樹脂の原料; 略 TFE》.

tètra·fúnctional *adj.* 〘化学〙四官能性の.

tet·ra·gon [tétrəgɑ̀n | -gən] 〘(1626) □ LL *tetragōnum* □ Gk *tetrágōnon* quadrangle ← *tetrágonos*: ⇨ tetra-, -gon〙 **—n.** 《まれ》〘数学〙四角形, 四辺形 (quadrangle, quadrilateral): a regular ～ 正方形.

te·trag·o·nal [tetrǽgənl̩] 〘(1571) □ LL *tetragōnalis*: ⇨↑, -al¹〙 **—** *adj.* **1** 〘数学〙四角[四辺]形の. **2** 〘結晶〙正方晶系の (dimetric): a ～ pyramid 正方錐(すい). **～·ly** *adv.* **～·ness** *n.*

tetrágonal sỳstem *n.* 〘結晶〙正方晶系.

tet·ra·gram [tétrəgræ̀m] 〘□ Gk *tetrágramm-on* four-letter (word): ⇨ tetra-, -gram〙 *n.* **1** 4字の語. **2** [しばしば T-] =Tetragrammaton.

Tet·ra·gram·ma·ton, t- [tètrəgrǽmətɑn, -tɑ̀n | -tɔ̀n] 〘(?a1400) □ Gk *tetragrámmaton* (word) of four letters (neut.) ← *tetragrámmatos* having four letters ← TETRA-+*gramma(t-)* letter (cf. grammatical)〙 **— n.** (*pl.* **-ma·ta** [-mətə | -tə]) 4文字の語; (特に)ヘブライ語で「神名」を示す4字《母音なしに JHVH, JHWH, YHVH, YHWH など, 母音を補って Jehovah, Jahveh, Yahaveh, Yahweh などと書かれる; ユダヤ人は神の名を口にするのは恐れありとしてこの代わりに Adonai または Elohim を代用していた》.

tètra·gýnous *adj.* 〘植物〙四雌蕊(ずい)の; 四心皮の.

tetrahedra *n.* tetrahedron の複数形.

tet·ra·he·dral [tètrəhí:drəl | -héd-, -hí:d-] *adj.* 〘数学・結晶〙四面の; 四面体の: a ～ prism. **～·ly** *adv.*

tet·ra·he·drite [tètrəhí:draɪt | -héd-, -hí:d-] 〘□ G *Tetraëdrit*: ⇨↓, -ite¹〙 *n.* 〘鉱物〙黝(ゆう)銅鉱 ($(Cu, Fe)_{12}Sb_4S_{13}$).

tet·ra·he·dron [tètrəhí:drən | -héd-, -hí:d-] 〘(1570) ← NL ～ ← Gk *tetráedron* (neut. adj.) four-sided (figure): ⇨ tetra-, -hedron〙 **— n.** (*pl.* **～s, -he·dra** [-drə]) 〘数学・結晶〙四面体: a regular ～ 正四面体.

tètra·hýdrate *n.* 〘化学〙四水化物.

tètra·hýdrated *adj.* 〘化学〙四水化物を含む.

tètra·hýdric *adj.* 〘化学〙〈アルコール・フェノールが〉水酸基を4個もつ (cf. tetrahydroxy).

tet·ra·hy·dro- [tètrəháɪdroʊ(ʊ) | -drə(ʊ)] 〘← TETRA-+HYDRO-〙 〘化学〙「水素原子4個を含む(化合物)」の意の連結形.

tetrahỳdro·bénzene 〘⇨↑, benzene〙 *n.* 〘化学〙テトラヒドロベンゼン (⇨ cyclohexene).

tetrahỳdro·bórate 〘← TETRAHYDRO-+BORATE〙 *n.* 〘化学〙=borohydride.

tetrahỳdro·can·nab·i·nol [-kənǽbənɔ̀(:)l, -nòʊl | -bɪnɔ̀l] 〘← TETRAHYDRO-+CANNABIN+-OL¹〙 **— n.** 〘化学〙テトラヒドロカンナビノール ($C_{21}H_{30}O_2$) 《インド麻から得られる樹脂中に含まれる無色の液体; マリファナの主要成分; 略 THC》.

tetrahỳdro·fúran 〘← TETRAHYDRO-+FURAN〙 **— n.** 〘化学〙テトラヒドロフラン (C_4H_8O) 《O を含む5員環化合物; エーテル様の臭気をもつ無色可燃性の液体; 溶剤, ナイロンの合成原料に用いる》.

tetrahỳdro·náphthalene 〘← TETRAHYDRO-+NAPHTHALENE〙 **— n.** 〘化学〙テトラヒドロナフタリン ($C_{10}H_{12}$) 《無色油状の液体; ペンキ・ラッカーなどの溶剤に用いる》.

tetrahỳdro·pýrrole 〘← TETRAHYDRO-+PYRROLE〙 *n.* 〘化学〙テトラヒドロピロール (⇨ pyrrolidine).

tet·ra·hy·drox·y [tètrəhaɪdrɑ́ksi | -drɔ́ksɪ] 〘← TETRAHYDRO-+OXY(GEN)〙 *adj.* 〘化学〙〈分子が〉4水酸基を含む (cf. tetrahydric).

tet·ra·hy·drox·y·a·díp·ic ácid [tètrəhaɪdrɑ̀ksiədípɪk- | -drɔ̀ksɪ-] 〘⇨↑, adipic acid〙 *n.* 〘化学〙テトラヒドロキシアジピン酸 (⇨ mucic acid).

tet·ra·hy·droz·o·line [tètrəhaɪdrɑ́zəli:n, -lɪn, -lən | -drɔ́zəli:n, -lɪn] 〘← TETRA-+HYDRO-+(IMIDA)ZOLE+-INE³〙 **— n.** 〘薬学〙テトラヒドロゾリン ($C_{13}H_{16}N_2$) 《塩酸塩の形で, 鼻腔粘膜充血の際の血管収縮用に使用》.

tet·ra·hy·me·na [tètrəháɪmənə | -mɪ-] 〘← NL ～: ⇨ tetra-, hymen〙 **— n.** 〘動物〙テトラヒメナ《繊毛虫類 *Tetrahymena* 属の原虫の総称; 完全合成培地を

用いて増殖可能の *T. pyriformis* など).
tètra·iòdo·pýrrole 〘← TETRA-＋IODO-＋PYRROLE〙 *n.* 〘薬学〙テトラヨードピロール (C_4I_4NH)《防腐剤》.
Tet·ra·lin [tétrəlɪn, -lən | -lɪn] *n.* 〘商標〙テトラリン《tetrahydronaphthalene の商品名》.
tet·ral·o·gy [tetráləd͡ʒi, -rǽl- | -rǽləd͡ʒɪ] 〘《1656》□ Gk *tetralogía* series of four dramas : ⇨ tetra-, -logy〙 — *n.* **1** (戯曲・歌劇・小説などの)四部作. **2** 〘ギリシャ劇〙四部劇《Dionysus の祭の時アテネで演じられたもので, 悲劇三つと狂言劇一つから成る》. **3** 〘病理〙四徴, 四候《ある病気を特徴づける四つの徴候》; (特に) ＝TETRALOGY of Fallot.
tetralogy of Fal·lot [-fælóu|-lóu; *F.* -falo] 〘*Fallot*: ← *E. L. A. Fallot* (1850–1911 : この病気を記載したフランスの医師)〙〘病理〙ファロー の四徴症《肺動脈狭窄・心室中隔欠損・大動脈右方転位・右心室肥大の四つの病変が併存する心臓の奇形》.
tet·ra·mer [tétrəmə | -mə(r] *n.* 〘化学〙 **1** 四つの同一の分子から構成される分子. **2** 四量体《四つの同じ単量体から誘導される重合体 (polymer)》.
tet·ram·er·al [tetrǽmərəl] 〘← NL *tetramerus* (↓)＋-AL¹〙 *adj.* ＝tetramerous.
tet·ram·er·ous [tetrǽmərəs] 〘← NL *tetramer-us* ← Gk *tetramerḗs* four-parted : ⇨ tetra-, -merous〙 — *adj.* **1** 4部分から成る[に分かれた]. **2** 〘植物〙〈花が〉4分裂の, 4片の, 四部花の《しばしば 4-merous と書く; cf. trimerous》: a ～ flower 四片花.
tet·ra·mer·ic [tètrəmérɪk] *adj.* ＝tetramerous.
tet·ram·e·ter [tetrǽmətə | -mɪtə(r, -mə-] 〘《1612》□ L *tetrametr-us* □ Gk *tetrámetron*: ⇨ tetra-, -meter²〙 — 〘詩学〙 *n.* **1** (英詩の)四歩格(の詩)《1行四詩脚からなる詩行; cf. meter² 1 b》. **2** (古典詩の)四複詩脚(の詩), 八歩格. — *adj.* 四歩格の. **tet·ra·met·ric** [tètrəmétrɪk] *adj.* **tèt·ra·mét·ri·cal** *adj.*
tètra·méthyl *adj.* 〘化学〙テトラメチルの《分子内にメチル基が4個ある》.
tet·ra·meth·yl·di·ar·sine [tètrəmèθɪldàɪɑəsí:n, -θəl-, -daɪɑ́əsi:n, -sɪn, -sən | -θɪldàɪɑ:sí:n, -daɪɑ́:sì:n, -sɪn] 〘← TETRA-＋METHYL＋DI-¹＋ARSINE〙 — *n.* 〘化学〙テトラメチルジアルシン (⇨ cacodyl 1).
tètra·méthylene *n.* 〘化学〙 **1** テトラメチレン ($-CH_2CH_2CH_2CH_2-$)《メチレン基4個から成る2価の原子団》. **2** ＝cyclobutane.
tetraméthylene cýanide *n.* 〘化学〙シアン化テトラメチレン (⇨ adiponitrile).
tètra·méthylene·diamíne *n.* 〘生化学〙テトラメチレンジアミン (⇨ putrescine).
tetraméthyl léad *n.* 〘化学〙四メチル鉛, テトラメチル鉛 ($Pb(CH_3)_4$)《アンチノック用ガソリン添加剤》.
tet·ra·meth·yl·thi·ú·ram disúlfide [tètrəmèθɪlθaɪjú(ə)rəm-, -θəl-, -θàɪjəræ̀m- | -θɪlθaɪjʊ́ər-, -θàɪjəræ̀m-] 〘*tetramethylthiuram*: ← TETRAMETHYL＋THIUR(EA)＋AM(YL)〙 — *n.* 〘化学〙テトラメチルチウラム ジスルフィド ($[(CH_3)_2NCS]_2S_2$)《白色の結晶; ゴム加硫促進剤・防黴剤・農業用種子殺菌剤に用いる; 略 TMTD; thiram ともいう》.
tet·ra·morph [tétrəmɔ̀əf | -mɔ̀:f] 〘□ Gk *tetrámorph-on* (neut.) ← *tetrámorphos* of four shapes : ⇨ tetra-, -morph〙 — *n.* 〘キリスト教〙四福音書記者の形像《四福音書記者 (マタイ・マルコ・ルカ・ヨハネ)を象徴する有翼の組合わせ形像; 獅子(ᵕ)・牛・鷲(ᵕ)・人面など》.
te·tran·drous [tetrǽndrəs] 〘← TETRA-＋-ANDROUS〙 *adj.* 〘植物〙四雄蕊(ずい)の.
tètra·nítrate *n.* 〘化学〙四硝酸塩.
tètra·nìtro·méthane 〘← TETRA-＋NITRO-＋METHANE〙 *n.* 〘化学〙テトラニトロメタン ($C(NO_2)_4$)《有毒な重い液体; 爆発性がある》.
te·tran·y·chid [tetrǽnəkɪd, tétrənìk-, -kəd | tetrǽnɪkɪd, tétrənɪk-] 〘↓〙 *adj., n.* 〘動物〙ハダニ科の(ダニ).
Tet·ra·nych·i·dae [tètrəníkədì: | -kɪ-] 〘← NL ～ ← *Tetranychus* (属名: ← TETRA-＋Gk *-onukhos* -clawed ← *onukh-*, *ónux* claw)＋-IDAE〙 *n. pl.* 〘動物〙ハダニ科《植物の害虫となるものが多い》.
te·tra·o·dont [tetréɪədɑ̀nt | -dɔ̀nt] 〘↓〙 *adj., n.* 〘魚類〙フグ科の(フグ).
Tet·ra·o·don·ti·dae [tètrəo(ʊ)dɑ́nṭədì: | tètrə(ʊ)dɔ́ntɪ-] 〘← NL ～ ← *Tetraodont-*, *Tetraodon* (属名: ⇨ tetra-, -odont)＋-IDAE〙 *n. pl.* 〘魚類〙フグ科.
Tet·ra·on·i·dae [tètrəɑ́nədì: | -ɔ́nɪ-] 〘← NL ～ ← *Tetrao* (属名 : ← L *tetrao* heath cock □ Gk *tetráōn*)＋-IDAE〙 *n. pl.* 〘鳥類〙ライチョウ科.
tètra·pétalous *adj.* 〘植物〙四花弁の, 四弁の.
tet·ra·phyl·lous [tètrəfíləs] *adj.* 〘植物〙四葉のある.
tet·ra·ple·gi·a [tètrəplí:d͡ʒiə, -d͡ʒə | -plí:ʒɪə, -ʒə] *n.* 〘病理〙四肢麻痺 (quadriplegia).
tet·ra·ploid [tétrəplɔ̀ɪd] 〘生物〙 *adj.* 〈細胞・核など〉(染色体が)四倍性の, 四倍体の. — *n.* 四倍体 (cf. genome). **tet·ra·ploi·dic** [tètrəplɔ́ɪdɪk] *adj.*
tet·ra·ploi·dy [tétrəplɔ̀ɪdi | -dɪ] *n.* 〘生物〙四倍性《染色体数が基本数の4倍になっているような状態》.
tet·ra·pod [tétrəpɑ̀d | -pɔ̀d] 〘← NL *tetrapod-us* : ⇨ ↓, -pod¹〙 *n.* **1** 〘動物〙四足獣《主に陸生高等脊椎動物に用いる》. **2** テトラポッド《コンクリート製の四脚消波ブロック》. **3** (小卓・椅子などの)支柱が四つに分かれた脚. — *adj.* 〘動物〙四足の, 足が4本ある.
Te·trap·o·da [tetrǽpədə] 〘← NL ～ ← (neut. pl.) ← Gk *tetrápodos* : ⇨ tetra-, -poda〙 *n. pl.* 〘動物〙四肢動物上綱.
te·trap·o·dal [tetrǽpədḷ] *adj.* **1** 〘動物〙＝tetrapod 1. **2** 四脚の.
te·trap·o·dous [tetrǽpədəs] *adj.* 〘動物〙＝tetrapod 1.
te·trap·o·dy [tetrǽpədi | -dɪ] 〘□ Gk *tetrapodía* : ⇨ tetra-, -pod¹〙 *n.* 〘詩学〙四歩格, 四脚律 (tetrameter).
te·trap·ter·ous [tetrǽptərəs] 〘□ Gk *tetrápteros* : ⇨ tetra-, -pterous〙 *adj.* **1** 〘動物〙〈昆虫が〉四翅(ᵕ)の《翼が四つある》. **2** 〘植物〙四つの翼状体のある.
tètra·pýlon *n.* (古代ローマの都市の街路の交差点に見られるような)四つの門のある建造物, 四塔門建築.
tètra·pýrrole *n.* 〘化学〙テトラピロール《4個のピロールが鎖状または環状に結合したものをいう; クロロフィルなどにある》.
tet·rarch [tétrɑək, tí:t- | -trɑ:k] 〘《*c*1390》□ LL *tetrarcha*＝L *tetrarchēs* □ Gk *tetrárkhēs* ruler of one of four (parts) : ⇨ tetra-, -arch¹〙 — *n.* **1** (古代ローマ帝国の)一州の四分の一の守護, 四分領太守. **2** (属領の)小王, 小君. **te·trar·chic** [tetrɑ́əkɪk, ti:- | -trɑ́:-] *adj.* 「*n.* ＝tetrarchy.
tet·rarch·ate [tétrɑəkèɪt, tí:t- | -trɑ:-] 〘⇨ ↑, -ate¹〙
tet·rarch·y [tétrɑəki, tí:t- | -trɑ̀:kɪ] 〘《*c*1400》: ⇨ tetra-, -archy〙 — *n.* **1** (古代ローマなどの)四分領太守の職[領地]. **2** 4人による共同統治. **3** 四分領の4人の領主.
tet·ra·some [tétrəsòum | -səʊm] 〘← TETRA-＋-SOME³〙 — *n.* 〘生物〙四染色体《種に固有な染色体数に, さらに1対の相同染色体が加わって生じた2対(4本)の相同染色体》. **tet·ra·so·mic** [tètrəsóumɪk | -sə́ʊ-] *adj.*
tètra·sporángium 〘← NL : ⇨ tetra-, sporangium〙 *n.* (*pl.* -gia) 〘植物〙四分胞子嚢(ᵕ).
tet·ra·spore [tétrəspɔ̀ə, -spɔ̀ə | -spɔ̀:(r] *n.* 〘植物〙四分胞子[芽胞]《紅藻類などに見られる1個の母細胞から減数分裂によって生じた4個の胞子; cf. monospore》.
tet·ra·spor·ic [tètrəspɔ́:rɪk, -spɔ́:r- | -spɔ́:r-] *adj.*
tet·ra·spo·rous [tètrəspɔ́:rəs, -spɔ́:r-, tetrǽspər- | tètrəspɔ́:r-, tetrǽspər-] *adj.*
tet·ra·spo·ro·phyte [tètrəspɔ́:rəfàɪt, -spɔ́:r-|-spɔ́:r-] 〘← TETRASPORE＋-O-＋-PHYTE〙 *n.* 〘植物〙四分胞子植物.
tet·ra·stich [tétrəstɪ̀k] 〘《1580》□ L *tetrastich-on* □ Gk *tetrástikhon* (neut. adj.) (verse) consisting of four lines: ⇨ tetra-, stich¹〙 — *n.* 〘詩学〙四行連(句) (quatrain). **te·tras·ti·chal** [tetrǽstɪkəl, -stə- | -tɪ-] *adj.*
te·tras·ti·chous [tetrǽstəkəs | -tɪ-] 〘□ LL *tetrastichus*: ⇨ tetra-, -stichous〙 *adj.* 〘植物〙〈花が〉4列の.
tet·ra·style [tétrəstàɪl] 〘□ L *tetrastȳl-os*: ⇨ tetra-, -style¹〙 〘建築〙 — *adj.* 〈portico など〉(正面に)4本の円柱をもつ, 四柱式の (cf. distyle). — *n.* 四柱式の portico.
tet·ra·sty·los [tètrəstáɪlɑs | -lɔs] 〘↑〙 *n.* 〘建築〙(古代ギリシャの神殿など)四柱式建築.
tet·ra·syl·lab·ic [tètrəsɪlǽbɪk, -sə- | -sɪ-] *adj.* 4音節からなる.
tèt·ra·syl·láb·i·cal [-bɪkəl, -bə- | -bɪ-] *adj.* ＝tetrasyllabic.
tet·ra·syl·la·ble [tétrəsɪ̀ləbḷ, ´ー´ーー] 〘《1589》: cf. Gk *tetrasúllabos*〙 *n.* 4音節語[詩脚].
tet·ra·tom·ic [tètrətɑ́mɪk | -tɔ́m-] *adj.* 〘化学〙 **1** 〈分子が〉4原子の, 4個の原子をもった. **2** 〈原子価が〉4価の. **3** 4個の置換しうる原子[原子団, 基]をもった.
tet·ra·va·lent [tètrəvéɪlənt] *adj.* **1** 〘化学〙4価の (quadrivalent). **2** 〘生物〙4価の, 相同染色体 (homologous chromosomes) が4個ある. — *n.* 〘生物〙4価染色体《4倍体の生物の減数分裂の際に現われる4本の相同染色体が接合した染色体》.
Tet·rax·on·i·da [tètrækśɑnədə | -sɔ́nɪ-] 〘← NL ～ ← TETRA-＋Gk *axōn* 'AXIS¹'＋-IDA〙 *n. pl.* 〘動物〙四放海綿目 (Tetractinellida).
tet·ra·zene [tétrəzì:n] 〘← TETRA-＋AZO-＋-ENE〙 *n.* 〘化学〙 **1** テトラゼン ($H_2NN{=}NNH_2$ なる化合物). **2** ＝tetracene.
tet·ra·zine [tétrəzì:n, -zɪn, -zən | -zì:n, -zɪn] 〘← TETRA-＋AZINE〙 — *n.* 〘化学〙テトラジン《6原子複素環内に4個の窒素原子をもつアジン; 3種の異性体が可能》.
tet·ra·zole [tétrəzòul | -zəʊl] 〘← TETRA-＋AZOLE¹〙 *n.* 〘化学〙テトラゾール (CH_2N_4)《環内に4個の窒素原子と1個の炭素原子を含む複素環化合物; 無色の結晶》.
tet·ra·zo·li·um [tètrəzóuliəm | -zə́ʊlɪ-] 〘← NL ～: ⇨ ↑, -ium〙 — *n.* 〘化学〙テトラゾリウム ($CH_2N_4^+$·RX^-)《テトラゾールの窒素がアンモニウム形になった化合物》.
te·trig·id [tetrídʒɪd, -dʒəd | -dʒɪd] 〘↓〙〘昆虫〙 *n.* ヒシバッタ《ヒシバッタ科に属する昆虫数種の総称》. — *adj.* ヒシバッタ(科)の.
Te·trig·i·dae [tetrídʒədì: | -dʒɪ-] 〘← NL ～ ← *Tetrig-*, *Tetrix* (属名: 《変形》← Gk *téttix* cicada)＋-IDAE〙 *n. pl.* 〘昆虫〙(直翅目)ヒシバッタ科.
tet·rode [tétroud | -rəud] 〘← TETRA-＋-ODE²〙 *n.* 〘電子工学〙四極真空管, 四極管 (cf. pentode).
tet·ro·do·tox·in [tètrədo(ʊ)tɑ́ksɪn, -sən | -də(ʊ)tɔ́ksɪn] 〘← *tetrodo-* (← NL *Tetrodon*＝*Tetraodon* : ⇨ tetraodontidae)＋TOXIN〙 *n.* 〘化学〙テトロドトキシン ($C_{11}H_{17}O_8N_3$)《ふぐ毒の成分で神経系統を麻痺(ᵕ)させる》.
tet·rose [tétrous, -rouz | -rəus] 〘← TETRA-＋-OSE²〙 *n.* 〘化学〙四炭糖, テトロース ($C_4H_8O_4$).
te·trox·ide [tetrɑ́ksaɪd | -rɔ́k-] 〘← TETRA-＋OXIDE : cf. F *tétroxide*〙 *n.* 〘化学〙四酸化物.
tet·ryl [tétrɪl, -rəl] 〘← TETRA-＋-YL〙 *n.* 〘化学〙テトリル ($(CH_3N(NO_2)C_6H_2(NO_2)_3)$)《trinitrophenyl-methylnitramine の略称; 強力な爆薬で雷管に用いる》.
tet·ter [téṭə | -tə(r] 〘OE *teter* ringworm, skin disease ← Gmc **tetru-* ← IE **dedru-* (freq.) ← **deru-* torn skin ← **der-* to split, peel (Skt *dadru* a kind of skin disease)〙 — *n.* 〘病理〙皮疹(ᵕ)《田虫・湿疹・疱疹(ᵕ)などを広く指した俗称的な語》: honeycomb ～ 黄癬(ᵕ) (favus) / moist [humid] ～ 湿疹 / scaly ～ 乾癬.
tétter·wòrt 〘《15C》: ⇨ ↑, wort²: もと TETTER の薬と考えられた〙 *n.* 〘植物〙 **1** ＝bloodroot 1. **2** ＝celandine.
Tet·ti·gel·li·dae [tèṭədʒélədì: | -tɪdʒélɪ-] 〘← NL ～ ← *Tettigella* (属名: ← Gk *tettig-*, *téttix* cicada＋-ELLA)＋-IDAE〙 — *n. pl.* 〘昆虫〙(半翅目, 同翅亜目)オオヨコバイ科.
Tet·tig·i·dae [tetídʒədì: | -dʒɪ-] 〘← NL ～ ← Gk *tettig-*, *téttix* : ⇨ Tetrigidae〙 *n. pl.* 〘昆虫〙＝Tetrigidae.
tet·ti·go·ni·id [tèṭəgóuniɪd, -əd | -tɪgə́ʊniɪd] 〘↓〙 — 〘昆虫〙 *n.* キリギリス《ツユムシ, クツワムシ, ウマオイなどを含むキリギリス科の各種の昆虫の総称》. — *adj.* キリギリス(科)の.
Tet·ti·go·ni·i·dae [tèṭəgənáɪədì: | -tɪgənáɪɪ-] 〘← NL ～ ← *Tettigonia* (属名: ← L *tettigonia* leafhopper □ Gk *tettigonión* (dim.) ← *téttix* cicada)＋-IDAE〙 — *n. pl.* 〘昆虫〙(直翅目)キリギリス科.
Te·tuán [tetwɑ́:n, tètuɑ́:n | tetwɑ́:n, tètuɑ́:n; *Sp.* tetwán] *n.* テトワン《Morocco 北東部地中海沿岸の海港; もとスペイン領 Morocco の首都; 人口 137,000》.
Tet·zel [tétsəl; *G.* tétsḷ], **Johann** *n.* テッツェル《1465?–1519; ドイツのドミニコ会修道士; 免償状を販売して Luther の宗教改革の導因を作った》.
Teu·cer [t(j)ú:sə | tjú:sə(r] 〘□ L ～ □ Gk *Teûkros*〙 *n.* 〘ギリシャ伝説〙テウクロス: **1** Troy の初代王. **2** Telamon の庶子; *Iliad* に弓の名手として登場する.
Teu·cri·an [t(j)ú:kriən | tjú:krɪ-] 〘← L *Teucrī* Trojan ((pl.) ← *Teucrus* ← *Teucer* (↑))＋-AN¹〙 — *adj.* トロイ人の; テウクロス (Teucer) の. — *n.* トロイ人 (Trojan).
Teu·fels·dröckh [tɔ́ɪfəlzdrèk, -drʌ̀k; *G.* tɔ́ʏfəls-drœ̀k], **Herr** 〘□ G ～ 'Mr. Devil's dirt': cf. G *Dreck* dirt〙 — *n.* トイフェルスドレック《Thomas Carlyle の *Sartor Resartus* の主人公である仮想のドイツ人哲学教授》.
Teut. 《略》Teuton; Teutonic.
Teu·thid·i·dae [t(j)u:θídədì: | tju:θídɪ-] 〘← NL ～ ← *Teuthid-*, *Teuthis* (属名: ← LL *teuthis* squid)＋-IDAE〙 *n. pl.* 〘魚類〙ニザダイ科.
Teu·to·bur·ger Wald [tɔ́ɪṭəbə̀:gə-vɑ̀:lt | -tə(ʊ)-bə̀:gə-; *G.* tɔ́ʏtobʊ̀rgɐ-vált] *n.* [the ～] トイトブルガーワルト《Teutoburg Forest のドイツ語名》.
Téu·to·burg Fórest [t(j)ú:ṭəbə̀:g- | tjú:tə(ʊ)bə̀:g-; *G.* tɔ́ʏtobʊ̀rk] *n.* [the ～] トイトブルクの森《西ドイツ North Rhine-Westphalia 州北西部の山林; ドイツ語名 Teutoburger Wald》.
Teu·ton [t(j)ú:tn | tjú:tən, -tn] 〘《1727》□ L *Teutonēs, Teutonī* (pl.) (種族名) ← Gmc **þeuda-* people, race; cf. Dutch〙 — *n.* **1** チュートン人《ゲルマン民族の一派で Elbe 川の北に住み, 紀元前110年ごろにローマ共和国を攻撃した民族の人》. **2** (ゲルマン語派に属する言語を話す)ゲルマン人; (特に)ドイツ人 (German). — *adj.* ＝Teutonic.
Teu·to·nes [t(j)ú:ṭəni:z, -tn- | tjú:tən-, -tn-] 〘↑〙 *n. pl.* 昔 Jutland に居住したチュートン[ケルト]族.
Teu·ton·ic [t(j)u:tɑ́nɪk | tju:tɔ́n-, tjʊ-] 〘《1605》□ L *Teutonic-us* ← *Teutonēs* : ⇨ Teuton, -ic¹〙 — *adj.* **1 a** 古代チュートン人の. **b** チュートン[ゲルマン]民族の, (ドイツ人・オランダ人・スカンジナビア人・イギリス人などを含む)北欧民族の. **2** ドイツ人の, ドイツ民族の. **3** チュートン[ゲルマン]語の (Germanic): a sleepy voice with a ～ accent ドイツ語なまりのある眠そうな声. **4** 《廃》＝Nordic 1, 2. — *n.* チュートン語, ゲルマン語. **Teu·tó·ni·cal·ly** *adv.*
Teu·tón·i·cìsm [-sìzṃ] *n.* チュートン人風, (特に)ドイツ人風; チュートン[ゲルマン]語風.
Teutónic Knights *n. pl.* [the ～] ドイツ騎士団《第3回十字軍のころ (1190年) 聖地 Palestine に創立されたキリスト教徒の医療組織が起源; のち宗教騎士団となり, 異教民族を圧迫して中世ドイツの東方進出に力を尽くした; ドイツ語名 Deutscher Orden》.
Teutónic Órder *n.* [the ～] ＝Teutonic Knights.
Téu·ton·ìsm [-nìzṃ] *n.* ＝Germanism.
Téu·ton·ist [-nɪst, -nəst | -nɪst] *n.* ＝Germanist.
Teu·ton·ize, t- [t(j)ú:ṭənàɪz, -tn- | tjú:tən-, -tn-] *v.* ＝Germanize. **Teu·ton·i·za·tion, t-** [t(j)ù:ṭənɪzéɪʃən, -nə-, -tn- | tjù:tənaɪ-, -tṇ-, -tənɪz-, -tṇɪz-] *n.*
Teu·to·phil [t(j)ú:ṭəfɪl | tjú:t-] 〘← TEUTON＋-PHIL〙 *n., adj.* チュートン[ドイツ](人)びいき(の), 親独家(の).
Teu·to·phile [t(j)ú:ṭəfàɪl | tjú:t-] *n., adj.* ＝Teutophil.
Teu·to·phobe [t(j)ú:ṭəfòub | tjú:təfəub] 〘← TEUTON＋-PHOBE〙 *n., adj.* チュートン[ドイツ]人恐怖症の(人); 恐独家(の), (極端な)ドイツぎらいの(人).
Teu·to·pho·bi·a [t(j)ù:ṭəfóubiə | tjù:təfə́ubɪə, -bjə]

〚← TEUTON＋-PHOBIA〛 *n.* (極端な)ドイツ(人)嫌い, ドイツ恐怖症.
TeV 《略》〘物理〙 teraelectron volt.
TEV 《略》〘聖書〙 Today's English Version (⇨ Good News Bible).
Te·ve·re [*It.* té:vere] *n.* [the ～] テーヴェレ(川) 《Tiber のイタリア語名》.
Te·vet [téɪvɛt] *n.* ＝Tebet.
tew [t(j)úː | tjúː] 〚ME *tewe(n)* 《異形》 ← *tawe(n)* 'TAW[2]'〛 *vt.* 《廃》 ＝taw[2]. ── *vi.* 《英方言》 **1** 一生懸命に働く. **2** やきもきする, 心配する (worry).
Te·wa [téɪwə, tíː-] 〚← ? Keresan ～ 《原義》 moccasins〛 ── *n.* (*pl.* ～, ～**s**) **1 a** [the ～(s)] テワ族 《米国 New Mexico 州の Pueblo 族に属するアメリカインディアン》. **b** テワ族の人. **2** テワ語 《テワ族の用いるタノ語族 (Tanoan) の言語》.
Tewkes·bur·y [t(j)úːksberi, -b(ə)ri | tjúːksb(ə)rɪ] 〚OE *Tēodechesberie* 《原義》 *Tēodic's* burg: *Tēodic* は古い愛称名 (cf. Theodoric)〛 *n.* イングランド西部, Avon 川が Severn 川から分かれる分岐点近くにある Gloucestershire 州の都市; ばら戦争で Lancaster 家が最後の決戦 (1471) に敗れた戦跡; 人口 5,800.
Tex [téks] 〚《略》 ← TEXTURE〛 *n.* テックス 《繊維糸の太さの単位; ISO (国際標準化機構)で制定; 長さ 1000 m の質量(グラム数)で示す》.
Tex. 《略》 Texan; Texas.
Tex·an [téksən, -sn̩] 〚← TEXAS＋-AN[1]〛 *adj.* (米国) Texas 州(人)の. ── *n.* Texas 州人.
Tex·ar·kan·a [tèksəkǽnə | -sə-] 〚← TEX(AS)＋ARK(ANSAS)＋(LOUISI)ANA〛 ── *n.* テクサルカナ 《米国 Texas, Arkansas 両州にまたがる二つの都市から成る; 人口 55,000》.
tex·as [téksəs, -sɪz | -səs, -sæs] 〚↓: Mississippi 川の蒸気船の上等船室に, 広大な面積をもつ Texas の名をつけたことから〛 ── *n.* (*pl.* ～, ～·**es**) 《米》〘海事〙 (川蒸気船の)最高甲板室 《操舵(そうだ)室・高級船員室・特別客室などに分かれている》.
Tex·as [téksəs, -sɪz | -səs, -sæs] 〚⊏ N-Am.-Ind. (Caddoan) *techas* 《原義》 allies, friends〛 ── *n.* 米国南西部の州 (⇨ United States of America 表).
Téxas cítrus mìte *n.* 〘動物〙 テキサスミカンハダニ (*Eutetrarychus banksi*) 《北・南米に分布し, 柑橘(かんきつ)類の葉液を吸う害虫; ミカンハダニ (citrus red mite) と同様な害虫》.
Téxas féver *n.* 〘獣医〙 テキサス熱 《マダニによって伝染する疫病で, *Babesia bigemina* という原生動物が血液中に繁殖して牛や馬の赤血球を破壊する; tick fever, tristeza ともいう》.
Téxas Indepéndence Dày *n.* [the ～] テキサス独立記念日 《3 月 2 日; 1836 年メキシコからの独立を記念する》.
Téxas jújube *n.* 〘植物〙 熱帯の荒地に生じるクロウメモドキ科ナツメ属の黒い小果を食用にする低木 (*Ziziphus mauritiana*).
Téxas léaguer 〚← *Texas Leaguer's hit*: テキサス州出身の選手がよくこの種のヒットを打ったことにちなむ〛 ── *n.* 〘野球〙 テキサスヒット 《内野手と外野手の中間に落ちるポテンヒット》.
Téxas lónghorn *n.* ＝longhorn 2 b
Téxas Ránger *n.* テキサス(州)騎馬警官 《もとはインディアンと戦うために移民で組織された半官半民の警備隊の隊員》.
Téxas ságe *n.* 〘植物〙 ベニバナサルビア (*Salvia-strum texanum*) 《米国南西部産のシソ科の多年草》.
Téxas spárrow *n.* 〘鳥類〙 北米南部産ホオジロ科の小鳥 (*Arremonops rufivirgatus*).
Téxas Tówer, T- t- *n.* 〘米軍〙 テキサスタワー, 早期警戒用レーダー塔 《外域警戒網の一環として北大西洋の大陸棚上に設置されたレーダー塔の俗称》.
text [tékst] 〚《c1369》 ⊏ (O)F *texte* ⊏ ML *textus* wording (of the gospel), L literary composition, 《原義》 woven thing (p.p.) ← *texere* to weave〛 ── *n.* **1 a** 原文, 原文の字句: keep strictly to the ～＝go strictly by the ～ 厳密に原文の字句を守る / a full ～ 全文. **b** (校訂した)本文; テクスト, テキスト: Robinson's ～ of Chaucer ロビンソン版チョーサー(校訂本) / a good [bad] ～ 良い[悪い]テクスト / a corrupt ～ 乱れたテクスト / a revised ～ 改訂版 / a critical ～ 批評テクスト. **c** (翻訳に対する)原文; (前付・後付・付録・注釈などに対して)本文; (挿絵に対して)本文 (letterpress): Sophocles in Jebb's ～ ソフォクレスのジェブ訳本文. **2** (説教の題目に引用した)聖書の原句, 聖句: The preacher named his ～. 説教者は聖句の名前をあげた / ⇨ golden text. **3** (討論・演説などの)題目, 主題, 論題 (theme): stick to one's ～ (話などで)脱線しない. **4 a** (曲譜に対して)歌詞 (words). **b** (印刷された音楽作品の)総譜, スコア. **5 a** 《米》 ＝textbook. **b** (情報・知識などの)典拠. **6** 〘古文書〙 ＝text hand. **7** 〘印刷〙 **a** (新聞・雑誌などの)本文活字. **b** ＝black letter. **8** [*pl.*] (研究のための)指定図書. **9** 〘言語〙 テクスト, 文章 《word, sentence より高次の文法単位》.
téxt·bòok *n.* 教科書; 教則本, 教本.
téxt·bòok·ish *adj.* 〈文体が〉教科書的な.
téxt edìtion *n.* 〘製本〙 教科書版 (cf. trade edition).
téxt hànd 〚もと写本の本文を書き込みと区別するのに用いたことから〛 *n.* 〘古文書〙 テクスト(書)体 《かなり大き目で整った手書き書体》.
tex·tile [tékstaɪl, -tl̩, -tɪl | -taɪl] 〚《1626》 ⊏ L *textil-is* woven, (n.) fabric: ⇨ text, -ile[1]〛 ── *n.* **1** 織物 (woven fabric). **2** 織物原料. ── *attrib. adj.* 織物の, 織物用の; 織物に関する: ～ fabrics 織物 / ～ arts 織物の技術 / ～ fibers 織物用繊維 / the ～ industry 繊維工業.
téxt linguístics *n.* テクスト言語学 《sentence の段階を越えて text の構造を研究する》.
text. rec. 《略》 textus receptus.
tex·tu·al [tékstʃuəl, -tʃəl | -tjuəl, -tjuːl, -tʃuəl, -tʃuːl] 〚《c1390》 ⊏ AF *textuel* ← (O)F *texte* 'TEXT': ⇨ -al[1]〛 ── *adj.* **1** 本文の, 原文の; 文字の: a ～ error 原文の誤り. **2** 聖書原典の, 聖書の字句上の. **3** (聖書の)原文そのままの: an exactly ～ quotation 正確に原文通りの引用文. **4** 教科書の. **～·ly** *adv.*
téxtual crític *n.* 本文[作品分析]批評家.
téxtual críticism *n.* **1** (文書, 特に聖書の)本文批評 《種々な本文を考証して正しい原典を見出そうとする研究; cf. higher criticism, lower criticism》. **2** 作品分析批評 《テクストの精読分析を強調する批評的文学研究; cf. New Criticism》.
téx·tu·al·ìsm [-lìzm̩] *n.* **1** (聖書の)原文(尊重)主義. **2** 原文研究; 原文批評.
téx·tu·al·ist [-lɪst, -ləst | -lɪst] *n.* **1** (聖書の)原文(尊重)主義者. **2** (聖書の)原文学者, 原文批評家; 聖書の本文に明るい人.
tex·tu·ar·y [tékstʃuèri | -tjuərɪ] 〚← ML *text-us* (⇨ text)＋-ARY〛 *adj.* ＝textual. ── *n.* ＝textualist 2.
tex·tur·al [tékstʃərəl] 〚⇨ ↓, -al[1]〛 *adj.* 組織[構造]上の; 織地の. **～·ly** *adv.*
tex·ture [tékstʃə | -tʃə(r] 〚《1447》 ⊏ L *textūra* web, fabric, structure: ⇨ text, -ure〛 ── *n.* **1** 《古》 織物 (woven fabric), 織地, 生地. **2** 織り方, 組織: cloth of (a) loose [coarse, rough, close] ～ 目のゆるい[荒い, ざらざらした, つんだ]切れ地. **3** (皮膚・木材・岩石などの)肌理(きめ), 手触り; (精神的な)気質, 性格: Her skin is of a velvety ～. 彼女の皮膚は肌理がなめらかだ / The poet has a mind of fine ～. その詩人はこまやかな心の持主である. **4** 本質, 性質 (nature): the very ～ of this epistle この書簡の性質そのもの / Her thoughts were of a tender ～. 彼女の思いは優しいたぐいのものであった. **5** (比喩や韻律など詩の)要素の集合, テクスチャー. **6** 組織, 構成, 構造, 組立; (構成の与える)感じ: the whole ～ of the fable この寓話の全体の構成. **7** 〘地質〙 組織, 石理 《岩石を構成する鉱物の形・大きさ・配列状態などによって示される様相》. **8** 〘美術〙 表面の質, (絵や彫刻の)肌合い. **9** 〘音楽〙 (各パートが一体となって醸(かも)し出す)基調, テクスチャー: contrapuntal ～ 対位法的テクスチャー. ── *vt.* **1** 織って作る; 織り成す. **2** …に織り目を出す.
téx·tured *adj.* 「る)人造肉.
téxtured végetable prótein *n.* (大豆蛋白によ
téxture pàint *n.* (建物壁面用の)砂入り仕上げ塗料.
tex·tus re·cep·tus [tékstəs-rɪséptəs, -rə-] 〚← NL ～ 《原義》 received text〛 *n.* 〘聖書〙 公認本文 《例えば新約聖書のギリシャ語原典》.
Tey·de [téɪdeɪ; *Sp.* téiðe], **the Pico de** *n.* ⇨ Teide.
Tez·el [tétsəl; *G.* tétsl̩], **Johann** *n.* ＝Johann TETZEL.
t.f. 《略》 till forbidden.
T.F. 《略》 tank force; task force; Territorial Force.
TFE 《略》〘化学〙 tetrafluoroethylene.
T́ formàtion [tíː-] *n.* 〘アメリカンフットボール〙 ティーフォーメーション 《center の直後に quarterback, quarterback の直後に fullback が一直線に並び, その両側に halfback が並ぶ攻撃体形; 単に T ともいう; cf. I formation》.
tfr. 《略》〘金融〙 transfer.
TG 《略》〘生物〙 type genus.
TG 《記号》 ⇨ THAI.
TGIF, T.G.I.F. 《略》 Thank God it's Friday 《通例間投詞に用いて, 1 週間の仕事[勉強]からの解放感を表わす》.
T́-gròup 〚《略》 ← *t(raining) group*〛 *n.* 〘心理〙 T グループ 《訓練を受けた指導者の下で, 自己洞察, 他人への配慮, 人間関係の理解などを深めるための集団》.
tgt. 《略》 target.
T.G.W.U. 《略》 Transport and General Workers' Union (英国)運輸一般労働組合.
Th, Th. 《略》 Thursday.
Th 《記号》〘化学〙 thorium.
Th. 《略》 Theater; Theology; Thermal; Thomas.
T.H. 《略》 Territory of Hawaii; true heading.
-th[1] [θ] 〚OE -(o)*þa*, -(o)*þe* < IE *-*tos* (L -*tus* / Gk -*tos*)〛 ── *suf.* 1, 2, 3 を除く序数語尾: four*th*, ten*th*, thirteen*th*, hundred*th*, million*th*. ★ -ty に付く時は -tie*th* となる: thirtie*th*.
-th[2] [θ] 〚OE -*þu*, -*þo*, -*þ* < Gmc *-*iþō* < IE *-*ita* (L -*ta* / Skt -*tā*)〛 ── *suf.* 形容詞または少数の動詞から抽象名詞を造る (cf. -ness): true → tru*th* / broad → bread*th* / foul → fil*th* / grow → grow*th* / steal → steal*th* / till → til*th*.
-th[3] [θ] 〚OE -*þ*: cf. -eth[1]〛 *suf.* 《古・詩》 動詞の三人称単数直説法現在語尾 《現代英語の -s, -es に当たる》: do*th* (＝does) / ha*th* (＝has) / hope*th* (＝hopes).
Th 227, Th-227 《記号》〘化学〙 トリウム 227 《トリウムの質量数 227 の同位体核種; cf. radioactinium》.
Thack·er·ay [θǽk(ə)ri | -kərɪ], **William Makepeace** [méɪkpìːs] *n.* (1811-63) 英国の小説家; *Vanity Fair* (1847-48), *Henry Esmond* (1852).
Thack·er·ay·an [θæ̀k(ə)riən | -kərɪən] *adj.* サッカレー(風)の. ── *n.* サッカレー研究家[心酔者].
Thad·de·us [θǽdiəs | θædíːəs, -díəs] 〚⊏ L *Thaddaeus* ⊏ Gk *Thaddaîos* ⊏ Talmudic Heb. *Taddáy* ⊏ Aram. *tᵉdhayyā* (pl.) breasts〛 ── *n.* **1** 男性名 《愛称形 Tad, Thaddy, Thady》. **2** [(Saint) ～] 〘聖書〙 タダイ 《十二使徒の一人であるユダ (⇨ Judas 2) の別名; cf. *Matt.* 10:3》.
Thad·y [θǽdi | -dɪ] 〚(dim.) ← THADDEUS〛 *n.* 男性名.
thae [ðéɪ] 〚OE *þā* (pl.) ← *þæt* 'THAT[1]'〛 *pron.* 《スコット》 ＝those, these.
Thai [táɪ] *n.* (*pl.* ～, ～**s**) **1** タイ人 《Thailander ともいう》; [the ～(s)] タイ国民. **2** タイ語 《タイの公用語; シャム語 (Siamese) ともいう》. **3** タイ語派 《Thai, Lao, Shan, Khamti, Ahom などを含むシナチベット語族の一語派》. ── *adj.* **1** タイ語派の. **2** タイ国の.
THAI 《略》 Thai Airways International, Ltd. タイ国際航空 (記号 TG).
Thai. 《略》 Thailand.
Thai·land [táɪlæ̀nd | -lænd, -lənd] *n.* タイ 《アジア南東部にある王国; 人口 42,000,000, 面積 514,000, 首都 Bangkok; 公式名 the Kingdom of Thailand タイ王国; 旧名 Siam》.
Thái·lànd·er *n.* タイ国人.
Tha·is [θéɪɪs, -əs | -ɪs] 〚← NL ～ ← Gk *Thaïs*〛 ── *n.* タイス 《紀元前 4 世紀のアテネの遊女で, Alexander 大王の東征に同行; 大王の死後は Ptolemy 一世の妾(めかけ)となった》.
thal·a·men·ceph·a·lon [θæ̀ləmenséfəlɑ̀n | -séfəlɔ̀n, -kéf-] 〚← NL ～: ⇨ thalamus, encephalon〛 *n.* (*pl.* ～**s**, **-a·la** [-lə]) 〘解剖〙 視床脳.
thalami *n.* thalamus の複数形.
thalamia *n.* thalamium の複数形.
tha·lam·ic [θəlǽmɪk] 〚← THALAMUS＋-IC[1]〛 *adj.* thalamus の. **tha·lám·i·cal·ly** *adv.*
tha·la·mi·um [θəléɪmiəm | -mɪəm, -mjəm] 〚← NL ～ (dim.) ← THALAMUS: ⇨ -ium 3〛 *n.* (*pl.* **-mi·a** [-miə | -mɪə, -mjə]) ＝thalamus 3.
thal·a·mus [θǽləməs] 〚《1753》 ← NL ～ ← Gk *thálamos* inner chamber〛 ── *n.* (*pl.* **-a·mi** [-màɪ]) **1** 〘解剖〙 視床. **2** 〘植物〙 花托(かたく) (torus); 葉状体 (thallus). **3** (古代ギリシャの家の)深窓, 婦人用私室 (thalamium ともいう).
thal·ass- [θǽləs] (母音の前に来る時の) thalasso- の異形.
thal·as·se·mi·a [θæ̀ləsíːmiə | -mɪə, -mjə] 〚← NL ～: ⇨ thalasso-, -emia〛 ── *n.* 〘病理〙 サラセミア, 地中海貧血 《地中海沿岸諸国に多く見られる遺伝性の溶血性貧血》. **thal·as·se·mic** [θæ̀ləsíːmɪk] *adj.*
tha·las·sic [θəlǽsɪk] 〚《1860》 ⊏ F *thalassique*: ⇨ thalasso-, -ic[1]〛 ── *adj.* **1** 海の, 海洋の (marine); (大洋・外洋に対して)近海の, 内海の, 湾内の (cf. oceanic). **2** 〘生態〙 海に住む, 海産の (marine); 深海の: ～ fishes 深海魚.
tha·las·so- [θǽləso(ʊ) | -sə(ʊ)] 〚← Gk *thálassa* sea＋-o-〛「海 (sea)」の意の連結形: *thalasso*graphy. ★ 母音の前では通例 thalass- になる.
thàlasso·chémistry *n.* 海洋化学. **thàlasso·chémical** *adj.*
thal·as·soc·ra·cy [θæ̀ləsɑ́krəsi | -sɔ́krəsɪ] 〚⊏ Gk *thalassokratía*: ⇨ thalasso-, -cracy〛 *n.* 制海権 (maritime supremacy).
thal·as·so·crat [θəlǽsəkræ̀t] *n.* 制海権を握る人.
thal·as·sog·ra·phy [θæ̀ləsɑ́grəfi | -sɔ́grəfɪ] 〚← THALASSO-＋-GRAPHY〛 ── *n.* (湾・入江などを扱う)海洋学. **thal·as·sóg·ra·pher** [θæ̀ləsɑ́grəfə | -sɔ́grəfə(r] *n.* **thal·as·so·graph·ic** [θəlæ̀səgrǽfɪk | -sə(ʊ)-] *adj.*
tha·lás·so·phile élements [θəlǽsəfàɪl-] 〚*thalassophile*: ← THALASSO-＋-PHILE〛 ── *n. pl.* 〘化学〙 親海元素 《塩素・臭素・ホウ素・ナトリウムなど, 海水に集まりやすい元素》.
tha·lás·so·xene élements [θəlǽsəksìːn-] 〚*thalassoxene*: ⇨ ↑, -xene〛 *n. pl.* 〘化学〙 疎海元素 《鉄・アルミニウムなど加水分解を受けやすい元素》.
tha·ler [tɑ́ːlə | -lə(r] 〚《1787》 ⊏ G *Thaler*: cf. dollar〛 *n.* (*pl.* ～, ～**s**) ＝taler.
Tha·les [θéɪliːz] *n.* タレス 《640 (または 624)?-?546 B.C.; Miletus 生れの哲学者; ギリシャの七賢人の一人; 水を万物の本源とした; cf. Seven Sages》. **Tha·le·sian** [θeɪlíːʒən | -zɪən, -zjən] *adj.*
Tha·li·a [θəláɪə] 〚⊏ L *Thalīa* ⊏ Gk *Tháleia* Muse of comedy and bucolic poetry, 《原義》 blooming ← *thállein* to bloom〛 ── *n.* 〘ギリシャ神話〙 タレイア: **1** ミューズ (Muses) の一人で喜劇を司る. **2** 美の三女神 (Graces) の一人 (cf. grace 12).
Tha·li·a·ce·a [θèɪliéɪsiə | -lɪéɪsɪə] 〚← NL ～ ← L *Thalīa* (属名: ↑)＋-ACEA〛 *n. pl.* 〘動物〙 (原索動物門)サルパ綱.
tha·li·a·cean [θèɪliéɪʃən | -lɪ-] 〚↑〛 *adj.*, *n.* 〘動物〙 「サルパ綱の(動物).
Tha·li·an [θəláɪən] *adj.* **1** (喜劇を司る女神)タレイア (Thalia) の. **2** [時に t-] 喜劇の (comic).
tha·lid·o·mide [θəlídəmàɪd, -mɪd, -məd | θəlídəmàɪd, θæ-] 〚← (PH)THAL(IC ACID)＋(IM)IDO-＋(I)MIDE〛 ── *n.* 〘薬学〙 サリドマイド ($C_{13}H_{10}N_2O_4$) 《催眠薬》: a ～ baby [child] サリドマイド(奇形)児.
thall- [θǽl] (母音の前に来る時の) thallo- の異形.
thalli *n.* thallus の複数形.
thal·li- [θǽli, -lə | -lɪ] thallo- の異形 (⇨ -i-).
thal·lic [θǽlɪk] 〚⇨ thallium, -ic[1]〛 *adj.* 〘化学〙 タリウム (III) の, 三価のタリウム (Tl^{+++}) を含む (cf. thallous).
thal·li·ous [θǽliəs | -lɪəs] *adj.* 〘化学〙 ＝thallous.

thal·li·um [θǽliəm | -lɪəm, -ljəm] 〘(1861)← NL ～ ← Gk *thallós* green shoot＋-IUM：スペクトルに現われるその美しい緑線にちなむ〙 ── *n.* 〖化学〗タリウム《金属元素の一つ；記号 Tl, 原子番号 81, 原子量 204.37》. ⌈(Tl_2SO).

thállium oxysúlfide *n.* 〖化学〗酸化硫化タリウム

thállium súlfate *n.* 〖化学〗硫酸タリウム《硫酸タリウム (I) (Tl_2SO_4), 硫酸タリウム (III) ($Tl_2(SO_4)_3$), 硫酸タリウム (I, III) ($Tl_2SO_4 \cdot Tl_2(SO_4)_3$) があるが, 硫酸タリウム (I) を指すことが多い》.

thal·lo- [θǽlo(ʊ) | -lə(ʊ)] 〘← Gk *thallós*：⇨ thallus〙 ── 次の意味を表わす連結形：**1** 〖植物〗**a**「若枝 (young shoot)」. **b**「葉状体 (thallus)」. **2** 〖化学〗「タリウム (thallium)」. ★ 時に thalli-, また母音の前では通例 thall- になる. ⌈(thallus) の.

thal·loid [θǽlɔɪd] 〘⇨↑, -oid〙 *adj.* 〖植物〗葉状体

Thal·loph·y·ta [θəlɑ́fəṭə | -lɔ́fɪtə] 〘← NL ～：⇨↓, -a²〙 ── *n. pl.* 〖植物〗葉状植物門《葉状体 (thallus) を有する植物類で, 藻(ﾓ)類・菌類・地衣類・蘚苔(ｾﾝﾀｲ)類などを含む；cf. Cormophyta》.

thal·lo·phyte [θǽləfàɪt] 〘← THALLO-＋-PHYTE〙 *n.* 〖植物〗葉状植物《葉状植物門 (Thallophyta) に属する植物》. **thal·lo·phyt·ic** [θæ̀ləfíṭɪk | -tɪk] *adj.*

thal·lous [θǽləs] 〘← THALL(IUM)＋-OUS〙 *adj.* 〖化学〗タリウム (I) の, 一価のタリウム (Tl^+) を含む (cf. thallic).

thállous súlfate *n.* 〖化学〗＝thallium sulfate.

thal·lus [θǽləs] 〘← NL ～ ← L ～ ⊏ Gk *thallós* young shoot ← *thállein* to bloom〙 ── *n.* (*pl.* **thal·li** [-laɪ], ～·**es**) 〖植物〗葉状体《茎・葉・根が明らかに分化しないで, 全体が一様の葉状を成す植物体；cf. cormus》.

thal·weg [tɑ́ːlveg, -veɪk；*G.* tá:lve:k] 〘⊏ G *T(h)alweg* ← *T(h)al* valley (⇨ dale)＋*Weg* 'WAY¹'〙 ── *n.* **1** 〖地理〗凹線(ｵｳｾﾝ), 谷線. **2** 〖国際法〗(国境線となる) 主要航行水路の中央線.

Thames 〘OE *Temese* ⊏ L *Tamēsa* ∥ Celt. *Tamēsā* 《原義》dark river：cf. L *tenebrae* darkness / Skt *tamasa* dark：*Th*- の綴字は Gk θ を *th* と綴り [t] と発音したラテン語の習慣による〙 ── *n.* [the ～] **1** [témz] イングランド南西部を東流し, London を通って北海に注ぐ川 (338 km) (cf. Isis²). **2** [témz] カナダ南東部 Ontario 州を南西に流れ, St. Clair 湖に注ぐ川 (260 km). **3** [témz, θéɪmz, téɪmz] 米国 Connecticut 州南東部にあり, New London を通って南へ流れ, Long Island Sound に注ぐ川の河口部 (25 km).
set the Thames on fire ⇨ fire 成句.

Thámes Embánkment *n.* [the ～] テムズ河畔通り《テムズ川の左岸 Westminster Bridge から Blackfriars [blækfráɪəz | -fráɪəz] Bridge まで約 2 km にわたる美しい London の河岸通り；Victoria Embankment ともいう》.

Thámes méasurement *n.* 〖海事〗テムズトン測定法《特に, ヨットのトン数の測定に用いる》.

Thámes tònnage *n.* 〖海事〗テムズ トン《ヨットのトン数をテムズトン測定法で算定したもの；トン数は, フィートで表わした艇の長さと幅の差に, 幅の 2 乗の $^1/_2$ を乗じた積の 94 分の 1 で表わされる》.

than [ðən；ðǽn, ðén] 〘ME *than, thene, thonne* ＜ OE *þanne, þonne, þænne* than, then：cf. then / G *denn*〙 ── *conj.* **1** [比較級の形容詞・副詞の後に続いて] …よりも, …に比して：A is *bigger* [*stronger, more, less*] ～ B. A は B より大きい[強い, 多い, 少ない] / He is *taller* ～ I (am). 彼は私よりも背が高い《★《口語》ではしばしば …than *me* とする (cf. *prep.* b ★)》/ I know you [júː] *better* ～ (I know) him [hím]. 私は彼を知っている以上に君を知っている / I like cats *better* ～ dogs. 犬よりも猫の方が好きだ / The sea is *deeper* ～ the mountains are high. 山は高いが海の方がそれよりもっと深い / He is no *happier* ～ (he was) before. 以前と比べてちっとも幸福でない《相変わらず不幸だ》/ I am *wiser* ～ to believe that. それを信じるようなばかではない / I desire nothing *more* ～ that you should come [for you to come]. 私が何よりも望むことはあなたがおいで下さることです / I am much *happier* ～ if I were rich. 金持である場合よりもずっと幸せだ / He arrived *sooner* ～ (he was) expected. 彼は思ったよりも早く到着した / It is much *colder* today ～ (it was) yesterday. 今日は昨日よりもずっと寒い. **2** [rather, sooner などの後に続いて] …するよりは, …するくらいなら(いっそ)：I would *rather* [*sooner*] die ～ disgrace myself. 恥をかくくらいならむしろ死んだ方がましだ / I would do anything *rather* ～ let him get off [～ that he should get off]. 彼を去らせるくらいなら私はどんなことでもする. **3** [other, otherwise, else, 《米》different などの後に続いて] …より外の, より外には, …とは違う：I have no *other* friend ～ you. 君の外には友人はない / He is *otherwise* ～ I thought. 彼は私が思っていた人間とは違う / It is nothing *else* ～ nonsense. それは全くのたわごとだ / It was none [no] *other* ～ the king. 誰あろう王御自身であった (It was the king himself.) / It is not known *elsewhere* ～ in Japan. それは日本以外では知られていない / The house was a good deal *different* ～ he remembered it. 家は彼の記憶とは大分違っていた. **4** 《俗用》[prefer, preferable, preferably の後に用いて] …よりもむしろ (rather than)：I *prefer* to read ～ watch television. テレビを見るよりも読書をする方がいい. ★ …rather than watch television の方が慣用的. **5** 《古》…よりほかに (other than)：I had no alternative ～ to fight. 戦うほか仕方がなかった. **6** 《俗用》[scarcely, hardly, barely と共に用いて] ＝when：I had *scarcely* uttered the word ～ I regretted it. その言葉を発するや否や後悔した.
── *prep.* …よりも, 以上に：**a** 《文語》[～ whom として]：Here is my son, ～ *whom* a better does not exist. ここに息子がいるが私にはこれ以上良い者はない. **b** 《口語》[目的格の人称代名詞を伴って]：He is younger ～ *me*. 彼は私よりも若い. ★ もと接続詞の than に導かれる省略構文で, than に続く代名詞が目的語(または目的補語)の場合ばかりでなく主語(または主格補語)の場合にも目的格で用いられるようになったことに由来する；今日《口語》では '…than *I* (am)' は幾分 pedantic に感じられ, than *me* の方が普通.

tha·na [tɑ́ːnə] 〘⊏ Hindi *thānā* ← Skt *sthāna* place of standing, post：cf. state〙 *n.* **1** (インドの)警察署. **2** (英国植民地時代のインドの)軍事基地.

tha·na·dar [tɑ̀ːnədɑ́ə | -dɑ́ː(r)] 〘⊏ Hindi *thānēdār* 《原義》holder of a police station ← *thānā* (↑)＋Pers. -*dār* holder〙 *n.* (インドの)駐屯(ﾁｭｳﾄﾝ)隊長；警察署長.

than·age [θéɪnɪdʒ] 〘(15C)：⇨ thane, -age〙 *n.* 〖英史〗**1** thane の土地保有権. **2** thane の領地. **3** thane の身分[地位]. ⌈異形.

than·at- [θǽnət] (母音の前に来る時の) thanato- の

than·a·to- [θǽnəṭo(ʊ) | -tə(ʊ)] 〘← Gk *thánatos* death〙「死 (death)」の意の連結形：*thanatosis*. ★ 母音の前では通例 thanat- になる.

than·a·toid [θǽnətɔɪd] 〘⇨↑, -oid〙 *adj.* 死のような (deathlike), 仮死(状態)の；致命的な (deadly).

than·a·to·pho·bi·a [θæ̀nəṭəfóʊbiə | -tə(ʊ)fə́ʊbjə, -bɪə] *n.* 〖精神医学〗死亡恐怖(症), 死恐怖(症).

than·a·top·sis [θæ̀nətɑ́psɪs, -səs | -tɔ́psɪs] 〘← THANATO-＋Gk *ópsis* view：W. C. Bryant の造語〙 *n.* 死の考察, 死観.

Than·a·tos [θǽnətɑ̀s | -tɔ̀s] 〘⊏ Gk *Thánatos*：*thánatos* death の擬人化〙 ── *n.* **1** 〖ギリシャ神話〗タナトス《死の擬人化；cf. Mors》. **2** 〖精神分析〗タナトス, 死の本能《生命活動を原始的な死・無の状態へ復帰させようとする根本的な衝動；cf. Eros 2》. **Than·a·tot·ic** [θæ̀nətɑ́ṭɪk | -tɔ́t-] *adj.*

than·a·to·sis [θæ̀nətóʊsɪs, -səs | -tə́ʊsɪs] 〘← NL ～：⇨ thanato-, -osis〙 ── *n.* **1** 〖病理〗壊死(ｴｼ) (necrosis). **2** 〖動物〗擬死《動物が急激な刺激に反応してあたかも死んだような姿勢を示すこと》. ⌈に関する.

than·a·tot·ic [θæ̀nətɑ́ṭɪk | -tɔ́t-] *adj.* 死の本能の, 死

thane [θéɪn] 〘ME *thain* ＜ OE *þeġ(e)n* soldier, retainer ＜ Gmc **þeʒnaz* (G *Degen* servant, warrior) ← IE **tekno-* descendant ← **tek-* to beget, give birth to (Gk *téknon* child)〙 ── *n.* **1** 〖英史〗(アングロサクソン時代の)武士《軍役奉仕によって王や豪族から土地を保有した, 後には世襲貴族と騎士に転化した》. **2** 〖スコット史〗氏族の長；領主, 藩主；豪族：Macbeth, ～ of Glamis グラームズの領主マクベス.

tháne·dom [-dəm] 〘(15C)：⇨↑, -dom〙 *n.* thane の領地.

tháne·hòod *n.* thane の地位[職]；[集合的] 豪族階級.

tháne·shìp *n.* ＝thanage.

Than·et [θǽnɪt, -nət], **the Isle of** 〘*Thanet*：OE *Tænett* 《原義》bright island, fire island ← OWelsh *tan* fire〙 ── *n.* イングランド Kent 州北東部の一地区；Stour 川の 2 支流によって本土から分離されている島；Dane 人の侵入地；面積 110 km^2.

Than·ja·vur [tʌ̀ndʒəvúə | -vúə(r)] *n.* タンジャヴル《インド南部 Tamil Nadu 州の都市；人口 141,000；Tanjore ともいう》.

thank [θǽŋk] 〘*n.*：OE *þanc, þonc* thanks, gratitude, 《原義》thoughtfulness, thought, grace ＜ Gmc **þaŋkaz* ← **þaŋk-, *þeŋk-* (⇨ think) (Du. *dank* / G *Dank*). ── *v.*：OE *þancian* ＜ Gmc **þaŋkōjan* ← (*n.*)〙 ── *vt.* **1** […に対して]〈人〉に感謝する, 礼を言う[述べる], 謝意を表する 〔*for*〕：He ～*ed* me heartily. 心から私に礼を言った / *Thank* you. ありがとう (★ 特に形式張った場合の外は I を省くのが普通)；ありがとう, お願いします (Yes, please)《申し出を受ける場合》；これで終わります, 以上です《講演・訓示などの後で言う場合》；[you に強勢を置いて] いやこちらこそ《相手の Thank you, に対する答え》/ *Thank* you very [(ever) so] much. どうもありがとう / *Thank* you just the same. とにかくありがとう / No, ～ you. ありがとう, でも結構です；いいえ, よろしゅうございます《申し出を辞退する言葉》/ No more, ～ you. もうたくさんです / *Thank* you *for* help*ing* me. ご協力ありがとう / I ～*ed him for* his kindness. 彼に親切にしてもらったお礼を述べた / *Thank* you *for* nothing. 《皮肉》大きにお世話様 / You may ～ yourself *for* that.＝You have only yourself to ～ *for* that. 《皮肉》そいつは君の自業(ｼﾞｺﾞｳ)自得さ (cf. *vt.* 3) / He has you to ～ *for* his failure. 《皮肉》失敗したのは君のお陰だと言ってるぞ (cf. *vt.* 3) / *Thanking* you in anticipation. まずはお願いまで《依頼の手紙の結句》. **2** [通例 will ～ の形式で] **a** (あらかじめ)〈人〉に礼を言う：I *will* ～ you *for* the butter. すみませんがバターを取って頂けませんか / *Thank* (＝I'll ～) you *for* that ball. すみませんそのボールを拾って下さい. **b** 《皮肉・反語》〈人〉に〈…して〉もらいたい (request) 〈*to* do〉：I'*ll* ～ you *to* be a little more polite. もう少し丁寧にしてくれても罰は当たるまい / I *will* ～ you *to* leave my affairs alone. 余計な世話を焼かないでもらいたい. **3** 《皮肉》〔…については〕…のせいにする, …に責任がある (hold responsible) 〔*for*〕：You have only yourself to ～ *for* your failure. 君の失敗は自業自得だよ.
Thank God* [*Heaven, goodness*]*!*＝*God* [*Heaven*] *be thanked! [挿入句] ああありがたい, しめた：*Thank God* I'm safe! ありがたい, 助かった / Everything is ready, ～ *goodness!* 万歳, これで用意万端整った.
thank one's* (*lucky*) *stars ⇨ star *n.* 2b.
── *n.* [通例 *pl.*] 謝意 (gratitude)；感謝の言葉, 謝辞, 礼：with ～*s* 感謝して, 謝辞を述べて / decline with ～*s* 体(ﾃｲ)よく断わる / bow [smile] one's ～*s* お辞儀をして[微笑して]謝意を表する / express [extend] one's ～*s* (*to* a person *for* a thing) (人にある事の)礼を言う / get [receive] ～*s* 感謝される / give [return] ～*s to* …に礼を述べる；〈乾杯〉に対し答辞を述べる；(食前食後に)〈神〉に感謝を捧(ｻｻ)げる / I owe him ～*s*. 彼にお礼を言わなければならないことがある / No, ～*s!* いやたくさんです (cf. *vt.* 1) / No ～*s!* ありがた迷惑だよ / No ～*s to* him though. だって何も彼の世話になりゃしない / *Thanks* be *to* God! ああありがたい；しめた / Much ～*s* I got *for* it. 大層お礼を言われたよ；《反語》お礼を言われるどころではなかった (Small thanks I got for it.) / A thousand ～*s*.＝Many ～*s*.＝*Thanks* (very much).＝*Thanks* a lot. どうもありがとう / Please accept my best ～*s*. どうもありがとうございます / *Thanks for* your help [help*ing* me]. 手伝ってくれてありがとう.
no* [*small*] *thanks to …の力によらないで (not owing to)：I managed somehow, (but) *no* ～*s to* you. なんとか切り抜けたが君のおかげではないよ. ***thanks to*** …のおかげで (with the help of)；…の結果, のために (owing to)：*Thanks to* you, I was saved from drowning. あなたのおかげで溺(ｵﾎﾞ)れずにすんだ / The plane was delayed two hours, ～*s to* bad weather. 悪天候のために飛行機が 2 時間遅れた.
～·er *n.* ⌈とよ (Thank you).

thank·ee [θǽŋki | -kɪ] 〘⇨↑, ye¹〙 *int.* 《方言》ありが

thank·ful [θǽŋkfəl] 〘OE *þancfull*：⇨ thank, -ful〙 ── *adj.* **1** 〈人が〉感謝して(いる), ありがたく思っている (grateful), 非常にうれしい：be ～ *to* a person *for* a thing ある事で人に感謝している / I am ～ *to* know that he is safe. 彼が無事だと知ってとてもうれしい / I am ～ *that* I saw her before she died. 彼女の死に目に会えてありがたく思っている. **2** 〈心・言動・態度など〉感謝に満ちた, 感謝の念を表わす：～ service 感謝のこもった奉仕 / with a ～ heart 感謝の心で. **～·ly** *adv.* **～·ness** *n.*

thánk·less 〘(1536)〙 *adj.* **1** 〈人が〉感謝を知らない, 恩知らずの, 忘恩的な (ungrateful)：How can you be ～ *to* your best friend? あなたの親友に感謝しないとはどういうことですか. **2** 〈仕事など〉感謝されない, 割の悪い (unappreciated)：a ～ task [job] 割の悪い仕事, 縁の下の力持ち. **～·ly** *adv.* **～·ness** *n.*

thánk òffering *n.* **1** 〖聖書〗(レビ記の律法による)(神への)感謝の捧(ｻｻ)げ物 (cf. *Lev.* 7：12-13). **2** 感謝の捧げ物[贈物].

thánks·gìver *n.* 感謝を捧げる人, 謝恩者.

thanks·giv·ing [θæ̀ŋksgívɪŋ, ⌐⌐⌐ | ⌐⌐⌐, ⌐⌐⌐] 〘(1533)← *thanks* ((pl.) ← THANK)＋GIVE＋-ING¹〙 ── *n.* **1** 感謝の表示, 謝恩；(神への)感謝. **2** 感謝の祈り：a [the] General *Thanksgiving* 一般に用いる感謝の祈り《Book of Common Prayer にあるもの》. **3** 神恩感謝祭, 謝恩祭：harvest ～ 収穫感謝祭. **4** [T-] (米国・カナダの)感謝祭日 (Thanksgiving Day)：a *Thanksgiving* dinner 感謝祭のごちそう / a *Thanksgiving* turkey 感謝祭のごちそうの七面鳥.

Thanksgíving Dày 〘(1674)〙 ── *n.* **1** (米国の)感謝祭日《現在は 11 月第 4 木曜日；国民一般が神恩に感謝の意を表する法定休日》. **2** (カナダの)感謝祭日《10 月第 2 月曜日で法定休日》.

thánk·wòrthy 〘ME〙 *adj.* 感謝に値する, 感謝すべき, ありがたい (worthy of thanks).

thánk-yòu 〘← (*I*) *thank you*〙 *adj.* 感謝の：a ～ letter 謝状, お礼の手紙. ── *n.*「ありがとう」の言葉, 感謝の言葉：a hearty ～ 心からのありがとうの言葉.

thánk-you-mà'am 〘車が通る時動揺して乗っている人にひょっこり頭を下げさせることから〙 ── *n.* 《米口語》道路を斜めに横切る小溝(ｺﾐｿﾞ)《雨水排除のため丘の坂道などに設けたもの》.

Thant, U *n.* ⇨ U Thant.

Thap·sus [θǽpsəs] *n.* タプスス《アフリカ北海岸(今の Tunisia) にあった古都；Julius Caesar が大勝を博した戦跡 (46 B.C.)》.

thar [tɑ́ə | tɑ́ː(r)] *n.* 〖動物〗＝tahr.

Thár Désert [tɑ́ə- | tɑ́ː-] *n.* [the ～] タール砂漠《インド北西部およびパキスタン南東部の大砂漠；260,000 km^2；Great Indian Desert ともいう》.

Thar·ge·li·a [θɑəgíːliə, -dʒíː- | θɑːgíːlɪə, -dʒíː-, -ljə] 〘⊏ Gk *Thargēlia*〙 ── *n.* [時に複数扱い] タルゲリア《古代アテネおよびイオニアで 5 月に行なわれたアポロ神の祭》.

Tha·sos [θéɪsɑs | -sɒs；*Mod. Gk.* θásɔs] *n.* ターソス(島)《エーゲ海最北の島；ギリシャ領；人口 14,000, 面積 379 km^2》.

that¹ 〘OE *þæt* that, the ＜ Gmc **þat* (G *das* & *dass*) ← IE **tod-* ← **to-* (Gk *tó*)：指示代名詞・定冠詞の中

性 (cf. OE sē (masc.), sēo (fem.)): 関係代名詞, 接続詞は指示代名詞からの発達》 ── [ðǽt] *demons. pron.* (*pl.* **those** [ðóuz | ðə́uz]) **1** それ, あれ, その事, あの事, あの人, その人《★ this に対してやや離れている, または今話に出た人や事物をさす》: Give me ~. それを下さい / Do you see ~? あれが見えますか / Who was ~? あれは誰でしたか / Who is ~, please? [電話で]《英》どちら様でしょうか (⇨ this 1 a) / *That* is the duchess. あれが公爵(こうしゃく)夫人です / after ~ その後(は) / before ~ その時以前に / by ~ その時までには / upon ~ ここにおいて, そこですぐ / if ~ were the case そういう訳なら / only ~ ただそれだけのこと / ~ being so そういう訳で / *That*'s about [the size of] it. まあそんなところだ / *That*'s all. それで全部; それだけのこと / *That*'s right! よろしい;《口語》その通り, さようで (Just so.);《米》賛成, 謹聴 (Hear, hear) / (Is) ~ so? そうですか / *That*'s so. その通り (Yes, it is so.); それでよし / *That*'s it. ⇨ it¹ 2 / *That*'s the (very) thing. それこそおあつらえ向きだ / *That*'s the man for me! それこそ私にうってつけの人だ / *That* will do. それで結構 / (Is) ~ you, John? ジョン, 君かい / Will you help him?—*That* I will! 彼を助けてくれますか—助けますとも / They are fine chaps.—They are ~. いい人たちですよ—その通り / I'm real sorry, ~ I am. 全く申し訳ない, 本当に / *That*'s what I want to know. それが[は]私の知りたいことです / *That*'s what men are! 男ってそういうものなんです / *That*'s what it is! まさにその通り / *That*'s why I dislike him. だから彼が嫌(きら)いなのだ / Do you call ~ an officer and a gentleman? [特定の人を軽蔑的にさして] あんなものが将校で紳士だと言えるのかね. ★《口語》で子供のする行為をほめたり奨励したりする場合, 次の形式の言い方が用いられる: *That*'s a good boy [a good girl, a dear, the boy]. いい子だね, いい子だから / Make haste, ~'s a good boy. さっさとしなさいよ, いい子だから. **2** [特に that of… の形式で, 前出の "the＋単数名詞＋of…" の反復を避けるための代名詞として (cf. those *pron.* 1 ★)] (…の)それ: Which house?—*That* with a verandah. どの家—ベランダのある家です / The climate of this country is like ~ (=the climate) *of* Japan. この国の気候は日本(の気候)に似ている. **3** [this と相関的に] **a** あれ: Which will you have, *this* or ~? どちらを取りますか, これですかあれですか. **b** (後者に対して)前者 (the former), (一者に対して)他者: Work and play are both necessary to health; *this* (=play) gives us rest, and ~ (=work) gives us energy. 仕事と遊戯とは健康に必要である, 後者は休息を与え前者は活力を与える. **c** [不定的に]あれ: ⇨ THIS *and* [*or*] *that*; THIS, *that, and the other*. **4** [関係代名詞の先行詞として] (…する)こと, もの (the thing), 人 (the one); 何か(…する)もの (something) (cf. those *pron.* 2)《★ この場合関係代名詞は特に目的語の場合しばしば省略される》: *That which* (=What) you bade me do I did. やれと言われたことはしました / What was ~ (*that*) you said? 君が言ったのは何でしたか / Who is ~ (*that*) I see? 向こうに見えるのは誰かしら / There was ~ in him *which* commanded respect. 彼には尊敬せずにはいられないものがあった.

all that ⇨ all *adj.* 成句. ***and all that*** ⇨ and 成句. ***and that*** (1) [前文全部を繰り返す代わりに用いて強意的に] しかも: He makes mistakes, *and* ~ very often. 彼は間違いをする, しかもしょっちゅう / It was necessary to act, *and* ~ promptly. 行動することが必要だった, しかも速やかに. (2)《英口語》=AND *all that*. ***at that***《口語》(1) それでも; それにしても (anyway): It was dear *at* ~. それでも高かった / The book was a difficult one, but *at* ~ he enjoyed it. その本はむずかしかったがそれでも楽しんで読んだ. (2) それくらいで(終りにして): ⇨ LEAVE¹ *it at that* / We'll let it go *at* ~. それくらいにしておこう. (3) おまけに, しかも (moreover): The tea was 1,000 yen, and not a very good tea *at* ~. 茶は千円で, しかも良い茶ではなかった. (4) =WITH *that*. ***for all that*** ⇨ for *prep.* 成句. ***not care*** [***give, worth***] ***that*** (ぱちんと指を鳴らしながら)これっぽっちも構わない[出さない], 値打ちがない]: I would*n't give* ~ for it. そんなものにはこれっぽっちも出せるものか / It's *not worth* ~. これっぽっちの値打ちもない. ***that is*** (1) すなわち, (つまり)正確に言えば (that is to say) (略 i.e.): I'll come with you, ~ *is* if you don't mind. ご一緒します, つまりおいやでなければですが. (2) たとえば (for example). ***that is to say*** (1) すなわち, 換言すると (namely): next Wednesday, ~ *is to say*, the 15th 次の水曜日, つまり 15 日. (2) 少なくとも (or at least): I haven't met her, ~ *is to say*, I don't remember that I have. 彼女には会ったことがない, 少なくとも会った覚えがない. ***That's that***《口語》(この事は)それで決まった[終わりだ]: I won't go and ~'s ~. 行かないと言ったら行かないのだ / So ~'s ~! じゃあそれはそうとしておくさ, そういうわけで一件落着[めでたしめでたし]《討議や物語を終える時の決まり文句》. ***this and*** [***or***] ***that*** ⇨ this *demons. pron.* 成句. ***with that*** ⇨ with 成句.

── [ðǽt] *demons. adj.* (*pl.* **those** [ðóuz | ðə́uz]) (cf. this) **1** [やや離れている, あるいは今話に出た人や事物をさして] その, あの, あちらの: ~ man there あそこにいるあの人 / What was ~ noise? あの音は何でしたか / I only saw him ~ once. あの時会っただけだ / ~ day あの日 / from ~ hour その時から. ★ しばしば後続の関係詞と相関的に先行詞の限定語として用いられる (cf. those *adj.* ★ (1)): I've decided to take ~ room (*that*) you showed me first. 初めに見せてもらったあの部屋を借りることにしました. **2** (よく知られている)あの《★ しばしば軽蔑・賞賛などの感情的色彩を伴う; cf. those *adj.* ★ (2)》: ~ sort of people その手の人々 / It's ~ dog again! またあの犬だ / I hate ~ Johnson. 私はあのジョンソンという男は大嫌いだ / Well, how's ~ leg of *yours*? ところで, 君のあの脚はどうかね / ~ pretty wife *of his* 彼のあのきれいな細君 / ~ pride *of hers* 彼女のあの気位の高さ / ~ stately bearing *which* we know so well 例のあの堂々たる風采(ふうさい) / ~ courage *which* you boast of 例の君の自慢の勇気. **3** [this と相関的に] あの, 別の (another): Shall it be *this* one or ~ one? これにしましょうか, (それとも)あれにしましょうか / He is always quarreling with *this* man or ~. 彼は始終だれかと争っている / He went to *this* doctor and ~. 彼はあちこちといろいろな医者にかかってみた. **4** [後続の接続詞 that と相関的に] そんな, …するような (such (a)): He has ~ confidence in his theory *that* he would put it into practice tomorrow. 明日にも実行しかねないほど自説に自信をもっている / He was angry to ~ degree *that* he foamed at the mouth. 口から泡(あわ)を飛ばすほどの怒りようであった.

that there [***'ere***]《方言・俗》あの (that) (cf. THIS *here*; ⇨ there *attrib. adj.*): ~ *there* fellow (あそこにいる)あいつ. ***that way*** ⇨ way¹ 成句.

── [ðǽt] *adv.* **1** [量・程度を示す語を修飾して]《口語》それほど, それだけ, そんなに (to that extent): I've done only ~ much. 私はそれだけしかしなかった / I can't walk ~ far. そんな遠くまでは歩けない / Does he want to have ~ many children? そんなにたくさん子供をほしがっているのか / Is it ~ funny? そんなにおかしいか. **2** [形容詞または副詞＋結果の Clause を伴って]《方言・口語》(…する)ほど, 非常に…な(ので…) (so, to such an extent)《★ この場合後続する Clause を導く接続詞 that は通例省かれる》: He was ~ angry he could have struck me. 彼は非常に怒っていたので私は殴られるところだった / I'm ~ sleepy I can't keep my eyes open. どうにも眠くて目をあけていられない.

all that ⇨ all *adv.* 成句.

that² [ðət] *rel. pron.* **1** [制限的関係詞節を導いて] (…する, …である)ところの《人・物など》. ★ (1) 先行詞が物の場合でも人の場合でも用いられ, 特に先行詞が "the＋最上級の形容詞", the only, the very, all など限定性の強い修飾語を含んでいる場合に好んで用いられる. (2) 目的語の場合略されることが多い; there [here] is…, it is… (⇨ 3) などの後では主格でも, 特に《口語》で略されることがある: This is the house (~) Jack built. これはジャックが建てた家です / These are the books (~) you lent me. これらは君が私に貸してくれた本です / the house (~) we live in われわれの住んでいる家 (cf. the house *in which* we live) / the play (~) you are talking about 君が話している劇 / The only thing ~ can be done now is to resign. この際できることは辞任することだけである / He is the greatest scientist ~ has ever lived in the world. 彼こそ不世出の大科学者である / This is all ~ matters. 問題になるのはただこれだけです / That's all (~) there is to say about it. それについて言うべきことはそれだけです《★ この構文では that が省かれるのが普通》/ Fool ~ I am! 私は何というばかなんだろう / Wicked man ~ he was, he would not consent. なにしろ意地の悪い男なので承諾しなかった / Like the Japanese ~ he was, he remained calm on the occasion. さすが日本人だけあってその時泰然としていた / There is no one (~) has such good taste as he. 彼ほどによい趣味をもっている者はない. **2** [関係副詞的に用いて] (…する, …である)ところの(時・日など) (when): This is the time (~) he normally arrives. 普通は今ごろ到着することになっている / You gave me this book the last time (~) I saw you. この本はこの前お会いした時に下さったものです / The moon shone very clearly the night (~) we went to see the play. 私たちが劇を見に行った晩には月が実に明るく輝いていた. **3** [強意形式 It is…that …における用法 (cf. that³ 9)]: *It was* a book (~) I bought yesterday. 私が昨日買ったのは本でした / It is I ~ (=who) am to blame. 悪いのは私だ / Who was it (~) said so? そう言ったのは誰だ. **4** [非制限的用法]《古・文語》(そして)それ[その人]が (which, who): The waterwheel turns the shaft, ~ turns the stones. 水車が車軸を回し, その車軸が石臼(うす)を回す. **5** [否定構文の主節に続いて] …する限りでは (so far as): He has never seen Mary, ~ I know (of). 私の知っているところでは彼はメアリに会ったことはない / He is not here, ~ I can learn. 私にわかる限りでは彼はここにいない / No one knows anything about it, ~ I can find. 私の気づいている限りでは誰もそのことは知っていない. **6** [複合関係代名詞]《古・詩》(…する, …である)ところの物[人] (what, he who): Keep ~ thou hast unto thyself. なんじの持ち物はなんじみずからこれをもてよ (*Gen.* 33:9) / I am ~ I am. われはありてあるものなり (*Exod.* 3:14) / Handsome is ~ handsome does. ⇨ handsome 1 a.

that is to be 未来の: Miss Mary Brown, Mrs. Jones ~ *is to be* メアリーブラウン嬢, 未来のジョーンズ夫人. ***that was*** もとの: Mrs. Jones, Mary Brown ~ *was* ジョーンズ夫人, 旧名メアリー ブラウン / Iran, ~ *was* Persia イラン, 旧名ペルシャ.

that³ [ðət] *conj.* **1 a** [主語・目的語・補語・同格としての節を導いて] …ということ (cf. how¹ *adv.* B): *That* he will come is certain.=*It* is certain ~ he will come. 彼が来ることは確かだ (cf. it¹ *pron.* 5) / I know (~) it is impossible. それが不可能であることを知っています / He said (~) he would do it. 彼はそれをすると言った / The truth is (~) she is not fit for the job. 実を言うと彼女はその仕事に向いていない (cf. The truth is, she is not for the job.) / The trouble is ~ he is awfully careless. 困ったことには彼はとても不注意な男なのだ / The fact ~ he is here makes no difference. 彼がここにいても別に変わりはない. ★ (1)《口語》では文の中間に用いられる目的語節・補語節などを導く that はしばしば省略される. (2) しばしば主語としての *that*-clause が should を伴って判断の基準となる事柄を表わすことがある (cf. 6): It is right [wrong] ~ you *should* do so. 君がそうするのは当然だ[間違っている] / It is impossible ~ he *should* have made such a mistake. 彼がそんな誤ちをしたとは考えられないことだ / *That* humans *should* do such things is a scandal. 人間がそんなことをするなどということは恥さらしだ. (3) 前項の *that*-clause が独立して詠嘆的な意味の省略構文を成すことがある: *That* it *should* ever come to this! こんな体(てい)たらくになるなんて / *That* a brother *should* be so perfidious! 血を分けた兄弟がかくも不信であるとは (Shak., *Tempest* 1. 2. 67-68). (4) 意欲動詞 (demand, insist, order, propose, recommend, suggest など) の目的語節としては, "should＋原形" か, または特に《米》では, 仮定法現在形の動詞を含む *that*-clause が用いられる: We *proposed* to him ~ he *admit* [*should* admit] all applicants. 彼に申込者を全部受け入れるように提案した / He *suggested* ~ the railways *be* [*should* be] improved. 鉄道を改良すべきだと提議した. **b**《文語》[O that または Would that で始まり, 願望・祈願を表わして]: O ~ it were possible! ああそれが可能だったら(よいのだが) (I wish it were possible!) / O [Would] ~ it might be the last! どうかこれが最後であってくれるとよいが.

2 [自動詞, "be＋形容詞または p.p. 形", "他動詞＋目的語" などに続く節を導いて] (…である)ことを, (…である)ことについて, …して: I am glad (~) we have won. 勝ってうれしい / I don't wonder (~) she refused. 彼女が断わったのも無理はない / I am afraid (~) he will not come. 彼は来ないのではないかしら / We were sorry (~) you couldn't join us. あなたが加われなくて残念だった / I am contented ~ my son has passed the examination. 息子が試験に合格してくれて満足している / He was convinced ~ he had achieved his end. 目的が達成できたものと思い込んだ / She flattered herself ~ she was the most beautiful girl in the class. クラス一の美人とうぬぼれていた / I assured him ~ he would have good success in the end. 彼に最後には必ずうまく行くと保証してやった (cf. I assured him *of* his good success.).

3 [理由・根拠] …だから, …のゆえに (because): If I find fault, it is ~ I want you to do better in future. 君の欠点を挙げるのも君をこれからよくしたいからだ. ★ 特に It is not that…, Not that… の形式で, 前出の陳述に対する否定の理由・根拠を付け加え, あるいはさらに対照的に肯定の理由・根拠を but (it is) that… の形式で述べる場合に用いられる: *It is not* ~ [*Not* ~] I want it. といってそれがほしいというわけではない / *Not* ~ I loved Caesar less, *but* ~ I loved Rome more. シーザーを愛せること薄きに非ず, ローマを愛せること深きが故である (Shak., *Caesar* 3. 2. 22).

4 [目的: (so) that [in order that] …can [could, may, might, should] などとして] (…する, …できる)ように: Speak more slowly *so* ~ I *can* understand you. 私にわかるようにもっとゆっくり話してください / I stepped aside *so* ~ he *could* go in. 彼が中に入れるようにわきに寄った / Send me away, ~ I *may* go unto mine own place. われを帰して故郷(ふるさと)に行かしめよ (*Gen.* 30:25) / I would give a thousand pounds ~ he *may* prove the man. 彼が真の男だということがわかれば千ポンド出してもよいのだが / They advertised the concert *in order* ~ everyone *might* [*should*] know about it. 皆に知らせるように音楽会の広告をした. ★ so that よりも that は文語的であり, in order that はより形式張っていて目的の観念が強い; 節内の助動詞としては may, might, should にくらべ can, could が口語的.

5 a [結果: so…that, such…that として] (非常に…なので)…である: I am *so* tired (~) I cannot go on. 疲れてしまってもう続けて行けない / He ran *so* quickly ~ I could not catch him. ひどく速く走ったのでつかまえることができなかった / It is *such* a tiny thing ~ it is little use to us. とても小さなものでほとんど我々の役には立たない. ★ 特に《米口語》では that がしばしば省略される. **b** [so that として] それゆえ,

従って (⇨ so¹ *that* (2)).

6 [判断の基準] …とは. ★ しばしば主節が疑問文または否定文をなし, *that*-clause に should が用いられる (cf. 1 ★ (2) (3)): Are you mad ～ you *should* do such a thing? そんなことをするとは気でも狂ったのか / We are *not* pigeons ～ we *should* eat dry peas. 干した豆など食えるものか, 鳩(ﾊﾄ)じゃあるまいし / What's the matter with you ～ you are so silent? そんなに黙りこくっていてどうしたというのか.

7 《古》[主節と *that*-clause の双方に否定表現を含んで] ＝but that, but: *Never* a year goes by ～ he does*n't* write to us. 彼が手紙をよこさない年は一年もない. ★ 今日では普通この文意は次のように表現される: Never a year goes by *without* his writ*ing* to us.

8 [副詞 now または前置詞 in, except, but, notwithstanding, save などに伴い複合的接続詞をなして節を導く]: *Now* (～) he has got well, he ought to come and see us. もうよくなったのだから訪ねて来てもよいはずだ / Men differ from brutes *in* ～ they can think and speak. 人はものを考えまた言うことができる点で獣と異なる / It's a very nice hat, *except* ～ it doesn't fit me. 至極けっこうな帽子なのだが, ただ頭に合わないというだけだ / I do not doubt (*but*) ～ you are surprised. きっと君はびっくりしたろう. ★ 古くは他の前置詞 after, before, for, since, till, until や接続詞 because, how, if, lest, though, when などの後にも用いられた: The people also met him, *for* ～ (＝because) they heard that he had done this miracle. 群衆のまたイエスを迎えたるは, かかる徴(ｼﾙｼ)を行ないたまいしことを聞きたるによりてなり (*John* 12:18) / *When* ～ the poor have cried, Cæsar hath wept. 貧民が叫んだときシーザーは泣いた (Shak., *Caesar* 3.2.96).

9 [It is…that… の形式で副詞語句を強調する (cf. that² 3)]: *It was* here ～ he fell. 彼が転んだのはここだった / *It was* yesterday ～ I bought a book. 私が本を買ったのは昨日でした / *It was* on this condition ～ I went. こういう条件で私は行ったのだ.

10 《古》[so that として; 条件] …ならば, …さえすれば (⇨ so¹ *that* (3)).

that·a·way [ðǽtəwèɪ | -tə-] 〚《変形》← *that way*: *-a-* は音調上の添加 (cf. 《方言》 *away* along): cf. hereaway, thisaway〛 ― *adv.* 《方言》 あの方向へ; あの[その]ように (cf. thisaway).

thatch [θǽtʃ] 〚v.: OE *þeċċ(e)an* to cover, roof < Gmc **þakjan* (G *decken* to cover) ← IE **(s)teg-* to cover (L *tegere* to cover). ― n.: (*a*1398) *þacche*: 現在の語形は OE *þæc* roof, *þacian* to thatch (cf. G *Dach*, *dachen*) との同化による〛 ― *n.* **1** (わら・かや・しゅろの葉などの)屋根ふき材料: The house had a roof of ～. その家は草ぶき屋根だった. **2** 草[かや, わら]ぶき屋根. **3 a** 草ぶき屋根に似た物, おおい. **b** 《口語》 (濃い) 頭髪: a ～ of white hair. **4** (植物の根元付近の土壌の上に堆積した)落葉, 朽ち葉. **5** 《植物》 ＝thatch palm. ― *vt.* (かや・わらなどで)〈屋根を〉ふく. **～·er** *n.*

thatched 〚《15C》〛 ― *adj.* **1** 草ぶき(屋根)の: a ～ roof [cottage]. **2** 草ぶき屋根におおわれたような: the brooding eyes under the ～ brows もじゃもじゃした眉の下の思案がちな目.

Thatch·er [θǽtʃə | -tʃə(r)], **Margaret** (**Hilda**) *n.* (1925–) 英国の保守党党首 (1975–), 首相 (1979–).

thátch·ing 〚ME〛 *n.* **1** 屋根ふき. **2** ＝thatch 1.

thátch pálm *n.* 《植物》 葉を屋根ふき用に使う熱帯アメリカ産のヤシ 《ホソエクマデヤシ属 (*Thrinax*), サバルヤシ属 (*Sabal*), *Inodes* 属などのもの》.

thatch·y [θǽtʃi | -tʃi] *adj.* 《まれ》 ふきわらの多い.

that·ness [ðǽtnɪs, -nəs] 〚← THAT¹＋-NESS: cf. thisness〛 *n.* 《スコラ哲学》 ＝quiddity 1 b.

that's [ðǽts] that is または that has の縮約形.

thau·mat- [θɔ́ːmət] (母音の前に来る時の) thaumato- の異形.

thau·ma·to- [θɔ́ːmətoʊ | -tə(ʊ)] 〚← Gk *thaúmato-*, *thaûma* wonder, marvel, juggler's trick〛 ―「驚異 (wonder); 奇跡 (miracle)」などの意の連結形. ★ 母音の前では通例 thaumat- になる.

thau·ma·tol·o·gy [θɔ̀ːmətάlədʒi | -tɔ́lədʒɪ] 〚⇨ ↑, -logy〛 *n.* 奇跡学, 奇跡論.

thau·ma·trope [θɔ́ːmətròʊp | -tràʊp] 〚← Gk *thaûma* wonder＋-TROPE〛 ― *n.* びっくり盤 《円盤の, 例えば一面に鳥かご, 他面に小鳥を描き, これを急速に回転させれば小鳥がかごの中にいるように見える目の残像現象応用のおもちゃ》.

thau·ma·turge [θɔ́ːmətə̀ːdʒ | -tɔ̀ːdʒ] 〚《1715》 ▭ F ～ ← NL *thaumatūrgus* ← Gk *thaumatourgós* ← *thaumato-*, *thaûma* ＋ *-ourgos* -working〛 ― *n.* 奇跡を行なう人 《聖徒・奇術師など》. **thau·ma·tur·gic** [θɔ̀ːmətə́ːdʒɪk | -tə́ː-] *adj.* **thàu·ma·túr·gi·cal** *adj.*

thaumaturgi *n.* thaumaturgus の複数形.

tháu·ma·tùr·gist [-dʒɪst, -dʒəst | -dʒɪst] *n.* 奇跡を行なう人, (特に)奇術師 (magician).

thau·ma·tur·gus [θɔ̀ːmətə́ːgəs | -tə́ː-] 〚⇨ thaumaturge〛 *n.* (*pl.* **-tur·gi** [-dʒaɪ]) 奇跡を行なう人.

thau·ma·tur·gy [θɔ́ːmətə̀ːdʒi | -tə̀ːdʒi] 〚▭ Gk *thaumatourgía*; ⇨ thaumaturge, -y¹〛 *n.* 魔術, 魔法, 奇術.

thaw [θɔ́ː] 〚OE *þāwian* < (WGmc) **þawōjan* (Du. *dooien* / G *tauen* / ON *þeyja* to melt) ← IE **tā-* to melt (L *tābēre* to waste away, melt / Gk *tēkein*, *tēkein* to melt)〛 ― *vi.* **1** 〈雪・氷・凍結した物などが〉溶ける 〈*out*〉: The ice is ～*ing*. / The pond has ～*ed out*. 池の氷が溶けた / The pipe ～*ed*. 凍りついた導管が溶けた. **2** [it を主語として] 氷[霜]が溶ける, 雪解けの陽気になる: *It* ～*s* in March here. ここでは3月に雪が溶ける. **3** (冷えた体が) しだいに暖まる 〈*out*〉: I am ～*ing*. **4** 《口語》〈冷淡な人・態度・感情などが〉和らぐ, 次第に打ち解ける, にこやかになる (unbend) 〈*out*〉: I talked to him in the friendliest way, but he would not ～. とても親しく話しかけたが, 彼は打ち解けなかった / She gradually ～*ed to* him. 次第に彼に打ち解けてきた. ― *vt.* **1** 〈雪・氷・凍結した物などを〉溶かす (melt) 〈*out*〉: ～ (*out*) frozen meat 冷凍肉をもどす. **2** (…の冷えた体を) 暖める 〈*out*〉: I was ～*ed* (*out*) by the fire. 火で体が暖まった. **3** 打ち解けさせる 〈*out*〉: She may be ～*ed* (*out*) by kindness. 親切にすれば打ち解けるかもしれない / His pleasant manner ～*ed* her *into* a corresponding amiability. 彼の感じのよい態度に打ち解けて彼女も同様に愛想よくなった.

― *n.* **1** 雪解け, 霜解け (thawing). **2** 雪[霜]解けの陽気, 温暖: A ～ has set in. 雪解けの候となった. **3** 打ち解けること, 「雪解け」. **4** [the ～] 解氷日 《港や河川の氷が溶けて初めて航行可能になる日》.

tháw·er *n.* 溶かす人[物, 装置]

tháw·less *adj.* 雪解けしない, 〈雪などが〉少しも溶けない.

thaw·y [θɔ́ːi | θɔ́ːɪ] *adj.* (**thaw·i·er**; **-i·est**) 霜[雪]解けする, 溶ける: ～ weather.

Th.B. 《略》 *L.* Theologiae Baccalaureus (＝Bachelor of Theology).

THC 《略》 *n.* 《化学》 ＝tetrahydrocannabinol.

Th.D. 《略》 *L.* Theologiae Doctor (＝Doctor of Theology).

the 〚article: lateOE *þe* 《変形》 ← *sē* (masc.) (cf. *sēo* (fem.), *þæt* (neut.)): OE でも本来は指示代名詞: cf. G *der, die, das*. ― adv.: OE *þē* ← *þӯ* (instr.) ← *sē*: ⇨ that¹〛 ― [(子音の前) ðə, (母音の前) ðɪ; ðíː | (子音の前) ðə, (母音の前) ðɪ; ðíː] *definite article* **A** [限定用法]: **1 a** [場面上特定なものを指して (cf. a² 1 a)] その, 例の, 問題の: We keep a dog. We are all fond of ～ dog. / What's ～ matter now? 一体どうしたのか / *The* trouble is that he cannot speak English. 困ったことには彼は英語が話せない / Shut ～ door, please. ドアをしめて下さい / Turn ～ light [gas] off. 電灯[ガス]を消しなさい / You are wanted on ～ telephone. 電話ですよ / I'm going to ～ post office. 郵便局へ行くところです / *The* stars were shining. 星が輝いていた / *The* clouds looked threatening. 雲行きがあやしくなっていた / *The* wind is blowing from ～ north. 風は北から吹いている (cf. There is *a* north wind.). **b** [文脈上限定的な修飾語句を伴う名詞に付いて]: ～ right answer 正しい答え / ～ greatest possible weight ありうる最大の重量 / ～ only son 一人息子 / He tried for ～ third time. 3度目にやってみた (cf. a² 2 d) / He is ～ better boy *of* the two. 二人のうちでは彼のほうがよい少年である / *The* pencil *in* your hand is mine. 君の手に持っている鉛筆は私のです / George is ～ man *for* the position. ジョージこそ適任者だ / Who is ～ girl sitt*ing* at the corner? 隅の所にすわっている少女は誰ですか / He is not ～ man *to* betray a friend. 彼は友を裏切るような男ではない / This is ～ book I talked about the other day. これが先日話をした本です. ★ 次のような構造で Uncountable noun の前に用いる the は enough の意味を表わす: He had ～ kindness *to* show me the way. 彼は親切にも道を案内してくれた / I wonder you have ～ impudence (*to* ask for it). (それをくれなんて)君の厚かましいのには驚くね / I didn't have ～ time *to* read all those books. その本を全部読む時間がなかった / She hasn't got ～ money *for* a new dress. 彼女には新しい服を買う金がない. **c** [形容詞の最上級・比較級または序数詞に付き名詞句を成して]: ～ *best* (of the three) / ～ *first* (of January) / turn for ～ *better* 快方に向かう.

2 a [時を表わす名詞に付いて] 現在の, 目下の, 当時の (this, that); 今[その時]から見ての: questions of ～ day 今日の問題 / He is a hero of ～ hour. 彼は時の英雄である / We have plenty of snow about this time of ～ year. 毎年今ごろ雪が多く降る / I was at a loss for ～ moment. 一時は途方に暮れた / For ～ future (＝In future) you must be more careful. 今後はもっと気をつけなさい / Come again five days later, on ～ Monday. 《英》 5日後の月曜にまた来て下さい. **b** 《スコット》 [day, night などに付いて] 今の, この: ～ day ＝today / ～ night＝tonight / ～ year＝this year.

3 a [一日の時間区分を表わす名詞に付いて]: in ～ morning 朝[午前]に / in ～ evening 夕方に / I woke up in (～ middle of) ～ night. 夜中に目を覚ました (cf. at NIGHT). **b** [-ties で終わる複数形の数詞に付いて] (世紀の)…十年代; (個人の生涯の)…十代: The energy crisis started in ～ seventies. エネルギー危機は70年代に始まった / He was in ～ (＝his) fifties. 彼は50代だった.

4 a [所有格人称代名詞に代わって, 人の身体または衣服の一部を表わす名詞に付いて]: I took her by ～ hand. 彼女の手を取った (I took her hand.) / He patted me on ～ shoulder. 私の肩をたたいた (He patted my shoulder.) / Somebody grabbed him by ～ collar. だれかが彼の襟首をつかんだ (Somebody grabbed his collar.). ★ 次のような your, my に相当する用法は 《口語》 (cf. B 4 ★): How's ～ (＝your) arm this morning? 腕の具合は今朝はどうですか / *The* (＝My) leg is much better today. きょうは脚の具合がずっとよい. **b** 《口語》 [my, our, your などに代わって, 人の所有物・家族(の者)などを表わす名詞に付いて]: *The* baby [dog] is sleeping. うちの赤ん坊[うちの犬]は寝ている / I must consult ～ wife. 家内[かみさん]に聞いてみなければならない / He's taking ～ family along. 家族を一緒に連れて行こうとしている.

5 a [-ing 形の名詞について, 特定の場面で行なわれる動作を示す]: Do ～ wash*ing* [pack*ing*], please. 洗濯[荷造り]をして下さい / You'll shrivel the meat in ～ cook*ing*. そんな火の入れ方をしては肉が縮んでしまうよ. **b** [*on the*＋動詞派生名詞の慣用句を成して, 継続中の動作の状態を示す]: *on* ～ move 移動中で, 進行中で / on ～ prowl うろつき回って / He caught the ball *on* ～ fly. その飛球を捕えた.

6 [唯一物を指して]: ～ sun / ～ moon / ～ earth / ～ sea / ～ sky / ～ air / ～ world / ～ Almighty 全能の神 / ～ Lord 神 / ～ Gospel 福音 / ～ Bible / ～ abyss [pit] 地獄 (hell) / ～ Devil 魔王 / ～ Emperor / ～ King / ～ House (of Commons) 下院 / ～ Tower ロンドン塔 (the Tower of London) / ～ Channel イギリス海峡 (the English Channel) / ～ Flood ノアの洪水 / ～ Reformation 宗教改革 / ～ First [Second] World War 第1[2]次大戦 (World War I [II]) / flowers that bloom in ～ spring 春咲く花 《★ ただし四季名は無冠詞で用いることが多い》.

7 [固有名詞に付いて] **a** 複数形(まれに単数形)の山・島・地方などの名の前に: ～ Alps アルプス山脈 / ～ Matterhorn マッターホルン (cf. Mont Blanc) / ～ Canaries カナリー諸島 / ～ Midlands (イングランド)中部地方 / ～ Netherlands ネーデルランド, オランダ / ～ United States (アメリカ)合衆国 / ～ Sudan スーダン(共和国) / ～ Crimea クリミア(半島). **b** 海洋・港湾・河川・砂漠, 特定の街路・駅・市(区)などの名の前に: ～ Pacific (Ocean) 太平洋 / ～ Bay of Tokyo 東京湾 (Tokyo Bay) / ～ Thames テムズ川 / ～ Amazon アマゾン川 / ～ Sahara サハラ砂漠 / ～ Oxford Road オックスフォード街道 (cf. Oxford Street) / (～) High Street 《★ 無冠詞は特に 《米》 に多い》 / ～ Grand Central Station (cf. Paddington Station) / ～ Gare du Nord [*F.* gar dy nɔːr] (パリの)北駅 / *The* Hague ハーグ市 / ～ Bronx ブロンクス 《New York 市の一区》 / ～ City (London の)シティー. **c** 船舶・列車・航空路の名の前に: ～ Normandie ノルマンディー号 / ～ Orient Express オリエント特急 / ～ Trans-Pacific Line 太平洋横断航空路 / ～ JAL＝～ Japan Air Lines. **d** 公共の施設・建造物の名の前に: ～ Ritz リッツホテル / ～ Savoy サボイホテル / ～ Globe (Theatre) グローブ座 / ～ British Museum 大英博物館 / ～ Vatican ヴァチカン宮殿 (cf. Buckingham Palace) / ～ University of London (略称 London University) / ～ Théâtre-Français フランス座 / ～ Washington Monument (ジョージ)ワシントン記念塔. **e** 書物・新聞・雑誌の名称の前に: *The* Oxford English Dictionary / *The* Times タイムズ紙 / *The* Economist エコノミスト誌 / *The* Listener リスナー誌. **f** 特定の場合の国語名の前に: a new translation directly from ～ Hebrew ヘブライ語から直接の新訳 / What is ～ English (word) for ～ Japanese "hana"? 日本語の「花」に当たる英語は何か / ～ King's [Queen's] English 純正英語. **g** 尊称・爵位など, 修飾語を伴った人名, または人名に続く同格語の前に: ～ Duke of Edinburgh エジンバラ公爵 / ～ Marquis of Salisbury ソールズベリー侯爵 / ～ Right Hono(u)rable ～ Earl of Pembroke ペンブルック伯爵閣下 / ～ Hono(u)rable James Jones ジェームズ ジョーンズ閣下 / ～ Reverend John Smith ジョン スミス師 / ～ poet Byron 詩人バイロン / ～ huntress Diana 狩猟の女神ダイアナ / ～ ambitious Napoleon 大望を抱(ｲﾀﾞ)くナポレオン 《★ ただし dear, honest, good, great, noble, cruel, poor など感情のこもった一般的な形容詞に修飾された人名は無冠詞: Honest John / poor, little Nancy》 / ～ Lady Rowena ローウィーナ姫 《★ 無冠詞の場合よりも形式ばった呼称》 / William ～ Conqueror 征服王ウィリアム / Sindbad ～ Sailor 船乗りシンバッド / Alfred ～ Great アルフレッド大王 / Elizabeth ～ Second エリザベス二世. **h** アイルランドおよびスコットランドの氏族 (clan) の族長の姓の前に: ～ Chisholm チザム氏 / ～ MacNab マクナブ氏 / ～ O'Conor Don オコナドン氏. **i** 人気のある女優・女性歌手などの名の前に: a picture starring ～ Garbo (グレタ)ガルボ主演の映画.

8 a 典型的な (the typical), 真の, 随一の; [人名に付いて] …という名の人として最も著名な 《★ しばしば [ðíː] と強調され, 書記上でも *the* と斜字体で表わされる》: This is ～ drink for hot weather. これこそ暑い時の格好な飲み物だ / Caesar was ～ general of Rome. シーザーはローマ随一の将軍であった / Do you mean ～ Hardy? 君の言うのはあの(文豪の)ハーディーのことか. **b** [act または play の目的語としての人をさす名詞に付いて]: act ～ man [～ fool] 男らしく[ばかのように]振舞う / play ～ soldier [～ knave] 軍人[悪党]らしく振舞う.

B [総称用法]: **1 a** [普通名詞の単数形でその類総体を代表させる場合] …なるもの, …というもの: *The* dog is a faithful animal. 犬は忠実な動物である《★ 同じ意味はまた A dog is a faithful animal. (cf. a² 6) または Dogs are faithful animals. でも表わされるが, このうち最後の複数構造の文が最も口語的で, the を用いた文が最も形式ばっている》/ The eagle is the king of birds. わしは百鳥の王である / The sapphire is next in hardness to ~ diamond. サファイアは堅いことではダイヤモンドに次ぐ / We will compare ~ medieval student with his modern successor. 中世の学生とその現代の後継者とを比較してみよう / She can play ~ piano. ピアノが弾ける / I'm learning to use ~ typewriter. タイプを打つ練習をしているところです / Edison invented ~ phonograph. エジソンは蓄音機を発明した / He is interested in ~ drama [cinema, opera, law]. (演)劇[映画, オペラ, 法学]に興味をもっている / They were dancing ~ waltz. 彼らはワルツを踊っていた. **b** [具体物を指す単数名詞の前に付き, その類に共通の属性・機能を表わして]: It is pleasant to ~ eye. 見て美しい / He is at home in ~ saddle. 彼は鞍(くら)[乗馬]に慣れている / *The* pen is mightier than ~ sword. ⇨ pen¹ 2 / *The* mother in her awoke. 彼女の母性本能がわいてきた.

2 [独立的に用いた形容詞に付いて] **a** [人々の全体を表わして]: *The* rich should help ~ poor. 金持ちは貧困者を援助すべきである / a lack of communication between ~ young and ~ old 若い者と年寄りとの間の意志疎通の欠如. ★ (1) 次のように単数の意味をなすのは《まれ》: Let ~ wicked forsake his way. 悪(あ)しき者はその道を捨てよ (*Isa.* 55:7). (2) 対句をなす場合には the はしばしば省略される: Education should be for both *rich* and *poor*. 教育は貧富を問わず万人のためにあるべきだ. **b** 《文語》[抽象的概念を表わして]: *The* beautiful is higher than ~ true. 美は真よりも尊い (Beauty is higher than truth.) / The grammarian deals with ~ general rather than ~ particular. 文法学者は特殊(な事項)よりもむしろ一般(的な事項)を扱う / You are attempting ~ impossible. 君は不可能なことをやろうとしている.

3 [集合体を総括して] **a** [複数名詞に付いて]: ~ Americans, English, French, etc. / ~ Stuarts スチュアート一家 (cf. *a* Stuart ⇨ a² 4 b) / a plant not yet known to ~ botanists まだ植物学者に知られない植物 / What would become of us without ~ newspapers? この世に新聞がなかったらどうなるだろうか. **b** [階級・階層を表わす集合名詞に付いて]: ~ aristocracy 貴族(階級) / ~ elite エリート / ~ rabble 下層社会.

4 [病名に付けて; 一般に古風で非専門的用法; 特に《口語》で複数形の名詞と共に用いられる]: ~ itch 皮癬(ひぜん) / ~ smallpox《古》天然痘 / ~ mumps おたふくかぜ / ~ measles《口語》はしか / He's got ~ jitters [fidgets]. 《口語》ひどくいらいら[せかせか]している. ★ 次の口語用法は A 4 a ★ の用法に準じる: How's ~ toothache [~ cough]? 歯[咳]はどんな具合ですか.

5 [単位を示して] **a** [前置詞なしに] …につき, …ごとに (per, for every) (cf. a² 7): at 12 shillings ~ sack ひと袋 12 シリングで. **b** [*to* または *by* に導かれて]: 16 ounces go *to* ~ pound. 16 オンスで 1 ポンドになる / This car does 30 miles *to* ~ gallon. この車は 1 ガロンで 30 マイル走る / The house is rented *by* ~ month. その家はひと月いくらで貸している / Eggs are sold *by* ~ dozen. 卵は 1 ダースいくらで売っている / They were killed or injured by (~) hundreds [thousands]. 何百[千]人という死傷者が出た.

— [(子音の前) ðə, (母音の前) ði | ðɪ] *adv.* **1** それだけ(いっそう), かえって, ますます (to that extent): **a** [形容詞・副詞の比較級の前に付けて]: If you start now, you will be back ~ *sooner*. 今出かければそれだけ早く帰れる / The watch was ~ *more* precious to her *because* it was her mother's keepsake. その時計は母の形見であるだけに彼女にはいっそう大事なものだった / I was none ~ *better for* seeing him. 彼に会っても結局同じことだった[何にもならなかった]. ★ この "the+比較級" は all または so much によって強調されることがある: I love him *all* ~ *better for* his faults. 彼は欠点があるからかえって好きだ / That made the matter *so much* ~ *worse* for me. それで事がいよいよ[かえって]具合の悪いこととなった. **b** [相関的に形容詞・副詞の比較級の前に付けて] …すればする[であればある]ほどますます…: *The more* you have, ~ *more* you want. 《諺》たまればたまるほどほしくなる / *The sooner* ~ *better*. 早ければ早いほどよい. ★ (1) この構文における初めの the は関係副詞で 'by how much' の意, 後の the は指示副詞で 'by so much' の意. (2) 次のように従節の比較級のあとに that がはいることがある: *The older that* we get, ~ wiser we become. 年をとればとるほど賢くなる. (3) 時に次のように従節が後に表わされることもある, この場合しばしば主節の the が落ちる: I play (~) *worse*, ~ *more* I practice. 練習すればするほどますます下手になる.

2 [副詞の最上級の前に付けて] (…のうちで)どれよりも: Of all I like this ~ *best*. すべてのうちでこれが一番好きだ. ★ 今は best の前に the を付けない方が普通; この "the+最上級" は定冠詞としての用法 A 1 c の副詞的用法に由来する.

the- [θiː | θiː, θɪ] (母音の前に来る時の) theo- の異形.

The·a [θíːə | θíə, θíːə] 〖← Gk *Theā*《原義》goddess // (dim.) ← ALTHEA〗 *n.* 女性名.

The·a·ce·ae [θiéɪsiìː | θɪ-] 〖← NL ~ ← *Thea* (属名: ⇨ tea)+-ACEAE〗 *n. pl.* 《植物》ツバキ科. **the·á·ceous** [-ʃəs] *adj.*

the·an·dric [θiǽndrɪk | θɪ-] 〖《1612》□ Gk *theandrik-ós* (← *theós* god+*andr-* ⇨ andro-): ⇨ -ic¹〗 *adj.* 神人に属する, 神人両性を有する.

the·an·throp·ic [θìːænθrάpɪk | -θrɔ́p-] 〖《1652》← Gk *theós* god+*ánthrōpos* man+-IC¹〗 **—** *adj.* 神人の, 神人両性を有する: a ~ image of Christ 神人的キリスト観.

the·an·thro·pism [θiǽnθrəpɪzṃ | θɪ-] *n.* **1** 《神学》神人一体説; (特に)キリスト神人説. **2** 《神話》神に人性を賦与すること, 擬人論 (anthropomorphism).

the·án·thro·pist [-pɪst, -pəst | -pɪst] *n.* 神人一体[キリスト神人]説の主唱者.

the·ar·chy [θíːɑəki | -ɑːkɪ] 〖《1643》□ Gk *thearkhía* ← *theós* god+*-arkhía* '-ARCHY'〗 **—** *n.* **1** 神の統治, 神政 (theocracy); 神政国. **2** 神々の階級[序列]: the Olympian ~. **the·ar·chic** [θiάəkɪk | θɪ-] *adj.*

theat. 《略》 theater; theatrical.

the·a·ter, 《英》**the·a·tre** [θíːəṭə, θíə-, θíːeɪṭə | θíətə(r, θɪétə(r] 〖《1369》□ OF *t(h)eatre* (F *théâtre*) // L *theātr-um* □ Gk *théātron* seeing place ← *théa* sight, spectacle〗 **—** *n.* **1 a** 劇場, 芝居小屋 (playhouse); 映画館: a picture ~ 映画館 / ⇨ patent theater / go to the ~ 観劇に行く. ★ 《英》の -tre は《米》では -ter となる場合が多いが, 劇場名には《米》でも 'theatre' の綴りを用いたものが多い. **b** (古代ギリシャ・ローマの)野外劇場. **2** [(the) ~] 劇, 演劇 (the drama); [集合的] (ある国・作家などの)劇作品 (dramatic works); 演劇界: *the* Elizabethan ~ エリザベス朝演劇 / *the* Greek ~ ギリシャ劇 / Goethe's ~ ゲーテの劇作 / *the* modern ~ 近代劇. **3** [the ~; 集合的] (劇場の)観客: *The* ~ clapped him many times. 観客は何度も彼に拍手喝采(かっさい)した. **4** 活動の舞台 (field of operation), (出来事などの)現場 (scene): the ~ of public life 公的生活の舞台 / the ~ of war 交戦圏, 戦域; 戦争の舞台, 戦場. **5 a** 階段講堂[教室]《階段式の座席のある解剖・手術などの教室》: a lecture ~ 階段講堂. **b** [theatre]《英》手術室: in ~ / ⇨ theatre nurse [sister]. **6** 劇としての効果《適・不適》: The play was [made] good ~. あの芝居は上演ばえがした. **7** 段丘 (terrace).

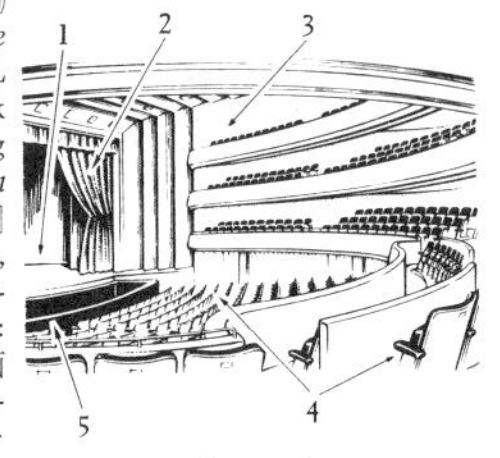

theater 1 a
1 stage; 2 curtain; 3 gallery; 4 auditorium; 5 orchestra pit

do a theater 《口語》芝居見物に行く.

theater of chance [the —] 偶然演劇《言葉や行動の偶発性を重んじる演劇》.

theater of cruelty [the —] 残酷演劇.

theater of despair [the —] 絶望演劇.

theater of fact [the —] 事実演劇《事件の記事などをつなぎ合せた一種のコラージュ演劇》.

theater of involvement [the —] 参加演劇《観客に強く働きかけ, 彼らを覚醒させようとする演劇》.

theater of operations 《軍事》作戦地域[地区]: the European ~ *of operations* ヨーロッパ作戦地域.

theater of protest [the —] 抗議演劇.

theater of the absurd [the —] 不条理演劇《1950 年代ヨーロッパに現われた, 人間の行動や経験を無目的なものと見, 合理性を拒否した方法で造型する演劇》.

theater of the streets [the —] 街頭演劇.

theater of violence [the —] 暴力演劇.

théater·gòer *n.* よく芝居見物に行く人, 好劇家, 芝居通 (playgoer) (cf. filmgoer).

théater·gòing *n.* 観劇, 芝居見物. **—** *adj.* 芝居へ行く, 芝居好きの: the ~ public 好劇家連.

théater-in-the-róund *n.* =arena theater.

théater pàrty *n.* 観劇会.

The·a·tine [θíːətàɪn, -tìːn] 〖← NL *Theatin-us* ← L *Teatinus* of Chieti ← *Teate* Chieti (イタリアの地名): ⇨ -ine¹〗 **—** *n.* 《カトリック》 **1** テアティノ会修道士《1524 年に神学者 Cajetanus [kædʒətéɪnəs | -dʒɪ-, -dʒə-], および後の Pius 四世になった Caraffa [kərǽfə] 枢機卿によってイタリアで設立された道徳向上を標榜(ひょうぼう)するローマカトリックの修道会の一員》. **2** テアティノ会修道女《1583 年にイタリアでテアティノ会の指導を受けて設立された女子修道会の一員》. **—** *adj.* テアティノ修道会(士[女])の.

theatre *n.* =theater.

Thé·âtre-Fran·çais [*F.* teatrfrɑ̃sɛ] *n.* [the ~] フランス座 (Comédie-Française の正式名).

théatre nùrse [sìster] *n.* 《英》手術室付看護婦.

the·at·ric [θiǽtrɪk | θɪ-] 〖□ LL *theātric-us* □ Gk *theātrikós* theater: ⇨ theater -ic¹〗 *adj.* =theatrical.

the·at·ri·cal [θiǽtrɪkəl, -trə- | θɪǽtr-] 〖《1558》← LL *theātricus* (↑)+-AL¹〗 **—** *adj.* **1** 劇場の, 劇場風の; 劇の, 演劇的な: ~ effect 劇的効果 / ~ performances 演劇, 劇, 芝居 / ~ scenery (芝居の)書割り / a ~ agent 芸能人斡旋業者 / a ~ company 劇団. **2** わざとらしい, 偽りの (unreal): ~ greatness 偽りの偉大さ. **3** 〈挙止・言動など〉芝居がかりの[もどきの], 芝居[狂言]じみた (dramatic): with ~ gestures 芝居がかりの仕草で / She sobbed in a rather ~ manner. 少し芝居もどきにすすり泣いた. **—** *n.* **1** [*pl.*] (素人の)芝居, 演芸: private [amateur] ~*s* 素人芝居 / student ~*s* 学生演劇. **2** [*pl.*] 演劇技法 (dramatics). **3** [*pl.*] 芝居がかったしぐさ, わざとらしさ. **4** (職業的)舞台俳優.

the·át·ri·cal·ìsm [-lɪzṃ] *n.* 劇演出の仕方, 劇的表現法; 大見え, 芝居がかり, 芝居もどき (staginess).

the·at·ri·cal·i·ty [θiæ̀trəkǽləṭi | θɪæ̀trɪkǽlətɪ, -lɪ-] *n.* (行動・様子などの)芝居がかり, 芝居もどき.

the·at·ri·cal·ize [θiǽtrɪkəlàɪz, -trə- | θɪǽtrɪ-] *vt.* **1** 芝居がかり[劇的]にする. **2** 劇化する (dramatize). **—** *vi.* 出演する, 芝居をする. **the·at·ri·cal·i·za·tion** [θiæ̀trɪkəlɪzéɪʃən, -trə-, -lə- | θɪæ̀trɪkəlaɪ-, -lɪ-] *n.*

the·át·ri·cal·ly *adv.* **1** 劇のように, 劇的に. **2** 芝居がかりに, 芝居もどきに; 気取って (affectedly).

the·a·tri·cian [θìːətríʃən] 〖← THEATER+-ICIAN〗 *n.* 舞台芸術家, 演劇専門家.

the·at·ri·cism [θiǽtrəsɪzṃ | θɪǽtrɪ-] *n.* =theatricalism.

the·at·rics [θiǽtrɪks | θɪ-] 〖⇨ theater, -ics〗 *n. pl.* **1** [単数扱い] 演劇, 芝居. **2** [複数扱い] =theatrical *n.* 3.

The·ba·id [θíːbeɪɪd, -bɪd | -beɪɪd] 〖《1727》□ L *Thēbaid-*, *Thēbāis* □ Gk *Thēbaid-*, *Thēbaís* of Thebes〗 **—** *n.* [the ~] テーベ地方《古代エジプトまたは古代ギリシャの都市 Thebes 付近の地方》.

the·ba·ine [θíːbəìːn, θɪbéɪiːn, θə-, -ɪn, -ən | θíːbəìːn, θɪbéɪiːn] 〖← NL *thēbaia* (herb of) Thebes, Egyptian opium ← Gk *Thēbai* Thebes: ⇨ -ine³〗 **—** *n.* 《化学》テバイン ($C_{19}H_{21}NO_3$)《アヘン中に存在する白色結晶質のアルカロイドの一種》.

The·ban [θíːbən] 〖《c1375》□ L *Thēbān-us* ← *Thēbae* □ Gk *Thēbai* Thebes: ⇨ -an¹〗 **—** *adj.* (古代エジプトまたはギリシャの都市)テーベ (Thebes) の. **—** *n.* テーベ人.

Thebes [θíːbz] *n.* テーベ: **1** エジプト, カイロの南約 675 km Nile 中流のエジプトの都市; 中・新王国時代に首都として栄え, 東岸にカルナック神殿・ルクソール神殿, 西岸にデル エル バハリ神殿・王家の谷など遺跡が多い. **2** 古代ギリシャ Boeotia の都市国家; Athens および Sparta と勢力を競って前 4 世紀前半 Epaminondas の下に全ギリシャを支配するに至ったが, 後に Alexander 大王の軍に滅ぼされた.

Seven against Thebes [the —] ⇨ seven.

thec- [θiːk] (母音の前に来る時の) theco- の異形.

the·ca [θíːkə] 〖□ L ~ □ Gk *thḗkē* case〗 **—** *n.* (*pl.* **the·cae** [θíːsiː, θíːkiː]) **1** 《植物》(蘚類の)蒴(さく) (capsule), (苔類の)子嚢(のう). **2** 《動物》包膜《昆虫のさなぎの外殻》. **the·cal** [θíːkəl] *adj.*

the·cate [θíːkeɪt] 〖← THECA+-ATE²〗 *adj.* theca のある, theca の中に入っている.

the·ci- [θíːsi, -sə | -sɪ] theco- の異形 (⇨ -i-).

-the·ci·um [θíːsiəm, -ʃəm | -siəm, -sjəm] 〖← NL ~ ← Gk *thēkíon* small case (dim.) ← *thḗkē* case〗 **—** (*pl.* **-ci·a** [-siə, -ʃə | -siə, sjə]) 《生物》「小内包組織」の意の名詞連結形: endo*thecium*.

the·co- [θíːko(ʊ) | -kə(ʊ)] 〖← NL ~ ← L *thēca* case: ⇨ theca〗「theca」の意の連結形. ★ 時に theci-, また母音の前では通例 thec- になる.

thec·o·dont [θíːkədὰnt | -dɔ̀nt] 〖⇨ theco-, -odont〗《動物》 **—** *adj.* 槽生歯をもった. **—** *n.* 槽生歯動物《歯が顎骨の溝または穴に挿入されている特徴をもつ動物; 爬虫類の祖先の杯竜類など》.

The·da [θíːdə] 〖(dim.) ← THEODORA〗 *n.* 女性名.

thé dan·sant [téɪ-dɑ̃ː(n)sɑ́ː(ŋ), -dɔ̃ː(n)sɔ̃ː(ŋ), -dɑːnsɑ́ːŋ, -dɔ̃(ː)nsɔ̃(ː)ŋ; *F.* tedɑ̃sɑ̃] 〖□ F ~ 'dancing tea (party)'〗 *F. n.* (*pl.* **thés dan·sants** [~]) =tea dance.

thee [ði; ðiː, ðíː | ðɪ; ðiː, ðíː] 〖OE *þē* (dat., acc.) < Gmc **þez* (LG *di* / G *dir*) < IE **tes* ∽ OE *þēc* (対格) < Gmc **þeke* (G *dich*) < IE **tege* (L *tē* / Gk *se*): ⇨ thou¹〗 **—** *pron.* 《古》thou の目的格. ★ 《英方言》およびクエーカー教徒の用法では Thee has (=You have) のように主語としても用いられ, その場合動詞は三人称単数形をとる. **—** *vi.* thee と呼び掛ける.

thee·lin [θíːlɪn, -lən | -lɪn] 〖← Gk *thḗlus* female+-IN¹〗 *n.* 《生化学》テーリン (⇨ estrone).

thee·lol [θíːlɔ(ː)l, -loʊl | -lɔl] 〖⇨ ↑, -ol¹〗 *n.* 《生化学》テーロール (⇨ estriol).

theft [θéft] 〖OE *þēoft*, *þēofð* < Gmc **þiūbiþō* ← **þeubaz* 'THIEF'+*-*iþō* '-TH²': -*t* は -*þ* が -*f*- との異化によって生じたもの〗 **—** *n.* **1 a** 盗み, 窃盗 (stealing). **b** 《法律》窃盗罪 (cf. larceny). **2** 《まれ》盗品. **3** 《野球》盗塁.

théft insùrance *n.* 《保険》盗難保険.

thegn [θéɪn] 《異形》 *n.* =thane. **~·ly** *adj.*

The·ia [θíːə, θáɪə] 〖□ Gk *Theia*〗 *n.* 《ギリシャ神話》テイアー《Hyperion の妹で妻, Helios の母》.

Thei·ler [táɪlə | -lə(r], **Max** *n.* (1899–1972) 南アフリカ共和国生れの米国の医学者; Nobel 医学生理学賞 (1951).

the·ine [θíːiːn, -ɪn, -ən | -iːn, -ɪn] 〖← NL *theina* ← *thea* tea+-INE³〗 *n.* 《化学》テイン, 茶素 (⇨ caffeine).

their [ðə; ðɛə, ðéə | ðə(r; ðɛə(r, ðéə(r] 〖《?c1200》□ ON *þeir(r)a* of those (gen. pl.) ∽ OE *hiera* their: cf. they〗 **—** *pron.* (they の所有格; cf. theirs) **1** 彼ら[彼女ら, それら]の: ~ wives / We mourn ~ loss. 彼らを失ったことは悲しい. ★ 《口語》では anyone, everybody などの単数の不定代名詞, または or で結ばれる通性の単数名詞を受けて, his, her または his or her に代わって用いられる (cf. they 3): Let us give *everybody* ~ due. 各人それぞれの長所を認めてやりましょう. **2** 彼ら[彼女ら]なりの: They know ~ Greek. 彼らは彼らなりのギリシャ語を知っている / They love ~ Devon. 彼らは彼らなりにデボン州を愛している. **3** [しばしば T-; 複数形の敬称を伴って]: *Their* Majesties ⇨ majesty 4. **4** 《古》[関係詞の先行詞として] =of those: ~ lot who fled 逃げた人々の運命.

theirn [ðέən | ðέən] *pron.* 《方言》=theirs.

theirs [ðέəz | ðέəz] 〘《?*c*1200》 *þayres, þeires*: ⇨ their, -s[2] 4〙 ── *pron.* (they に対する所有代名詞) **1** 彼ら[彼女ら, それら]のもの: That house is ~. あの家は彼らのものです / I will do my best if everybody else will do ~. 他の者が皆ベストを尽くすのなら私もそうする (cf. their 1 ★). **2** [...of ~ の形式をなして (⇨ mine[1] 1 b ★)] 彼ら[彼女ら]の...: a child of ~ 彼らの子供.

their·selves [ðəsélvz, ðεə- | ðə-, ðεə-] 〘ME *their self*: ⇨ their, selves: HERSELF, MYSELF との類推による〙 *pron.* 《卑》=themselves.

the·ism[1] [θíːɪzm] 〘《1678》← Gk *theós* god+-ISM〙 ── *n.* 《哲学》 **1** 有神論《一般に神の存在を信じる立場; ↔ atheism》. **2** (キリスト教のように世界を超越した唯一の創造主である人格神を認める)一神論 (monotheism), 人格神論 (cf. polytheism, pantheism, deism).

the·ism[2] [θíːɪzm] 〘← NL *thea* tea+-ISM〙 *n.* 《病理》茶中毒, テイン中毒.

-the·ism [⌐─θìːɪzm, ⌐θí(ː)ɪzm] 〘⊏ MF *-théisme*: ⇨theism[1]〙「有神論」の意の名詞連結形: mono*theism*.

the·ist [θíːɪst, -əst | -ɪst] 〘《1662》← Gk *theós* god+-IST〙 *n.* **1** 有神論者 (↔ atheist). **2** 一神論者, 人格神論者 (cf. deist, polytheist, pantheist).

-the·ist [⌐─θìːɪst, ⌐θiɪst, -əst | -ɪst] 〘⊏ MF *-théiste* (↑)〙「有神論者」の意の名詞連結形: pan*theist*.

the·is·tic [θiːístɪk] 〘《1780》← THEIST+-IC[1]〙 *adj.* **1** 有神論(者)の. **2** 一神論(者)の; 人格神論(者)の. **the·ís·ti·cal** *adj.* **the·ís·ti·cal·ly** *adv.*

Thel·e·pho·ra·ce·ae [θèləfəréɪsiìː | -fə(ʊ)-] 〘← NL ~ ← *Thelephora* (属名: ← Gk *thēlḗ* teat, nipple+NL *-phora* (⇨ -phore))+-ACEAE〙 *n. pl.* 《植物》(ヒダナシタケ目) イボタケ科《革質・硬質で針状や疣(いぼ)状の子実層を生じる担子菌類》.

the·li·tis [θɪláɪṭɪs, θə-, -ṭəs | θɪláɪtɪs] 〘← NL ~ ← Gk *thēlḗ* nipple+-ITIS〙 *n.* 《病理》乳頭炎.

Thel·ma [θélmə] 〘《変形》? ← SELMA: Marie Corelli の造語〙 *n.* 女性名.

thel·y- [θéli | -lɪ] 〘⊏ Gk *thēlu-* ← *thēlus* female〙「雌 (female)」の意の連結形: *thely*toky.

thel·y·ot·o·kous [θèliáṭəkəs | -lɪ́ɔt-] 〘異形〙 *adj.* 《生物》=thelytokous.

thel·y·ot·o·ky [θèliáṭəki | -lɪ́ɔtəkɪ] 〘異形〙 *n.* 《生物》=thelytoky.

the·lyph·o·nid [θɪlífənɪd, θə-, -nəd | θɪlífənɪd] 〘↓〙 *adj., n.* 《動物》サソリモドキ科の(動物).

Thel·y·phon·i·dae [θèlɪfánədìː | -lɪfɔ́nɪ-] 〘← NL ~ ← *Thelyphonus* (属名: ← THELY-+*phónos* murder)+-IDAE〙 *n. pl.* 《動物》サソリモドキ科.

the·lyt·o·kous [θɪlíṭəkəs, θə- | -tə-] 〘⊏ Gk *thēlutókos*: ⇨ ↓, -ous〙 *adj.* 《生物》雌性子孫生殖 (thelytoky) の (↔ arrhenotokous).

the·lyt·o·ky [θɪlíṭəki, θə- | -təkɪ] 〘⊏ Gk *thēlutokía* ← *thēlus* female+*tókos* offspring+*-ia* '-Y[1]'〙 ── *n.* 《生物》雌性子孫生殖, 産雌単為生殖《雌のみ発生する単性生殖; ↔ arrhenotoky》.

them [ðəm, əm, ([p, b] の後では) m̩; ðèm, ðém] 〘《?*c*1200》 *þe(y)m* (cf. OE *þǣm* (dat.) ← *þā* those) ⊏ ON *þeim* to those (dat. pl.) ∽ OE *him* (dat. pl.) ← *hie* 'THEY'〙 ── *pron.* (they の目的格) **1** 彼ら[彼女ら, それら]を[に, へ]: We like ~. / We paid ~ the money. / He lived with ~. / There are no objections to ~ smoking. 彼らがたばこを吸うのに異存はない《★ ...to *their* smoking. よりも口語的》. ★《口語》では単数の不定代名詞などを受けて him, her に代わって用いられる (cf. they 3): If *anybody* comes, tell ~ to wait. だれか来たら待つように言いなさい. **2** 《口語》[be 動詞の補語として, また than, as の後などに用いて] =they (cf. me 2, him 2, her 2 b, c, us 3): That's ~. 彼ら[やつら]だ / You are younger *than* ~. 君の方が彼らより年下だ / Did they help you?—Not ~. 助けてくれたかい—いいや. **3** 《方言・俗》 **a** [主格として] =those: *Them* are the women I meant. あれが私の言った女たちだ. ★ 呼応する動詞が単数のこともある: *Them*'s my sentiments. ⇨ sentiment 1 b. **b** [指示形容詞的] =those: some of ~ apples そのりんごのいくつか.

Th-Em 《記号》《化学》thorium emanation.

the·ma [θíːmə] 〘⊏ L *thēma*: ⇨ theme〙 *n.* (*pl.* ~·**ta** [~ṭə | ~tə]) **1** (談話・論文の)主題, 論題. **2** =theme 6. **3** =theme 3.

the·mat·ic [θɪmǽṭɪk, θə-, θiː- | θɪmǽt-] 〘《1861》⊏ Gk *thematik-ós*: ⇨ theme, -ic[1]〙 ── *adj.* **1** 主題[論題, テーマ]の: ~ relation 主題関係. **2** 《文法》 **a** 〈母音が〉語幹を形成する: ~ vowels 語幹形成母音, 幹母音《屈折語尾の直前にある母音》. **b** 〈動詞・名詞の語幹が〉語幹形成母音をもつ: ~ verbs 幹母音動詞. **3** 主題の; 《音楽》主旋律の: a ~ catalog [index, summary] 主題目録[索引]. **the·mát·i·cal·ly** *adv.*

themátic apperception tèst, T- A- T- *n.* 《心理》課題統覚検査《一連の絵を見せてそれについて被験者に自由に物語をさせてその人のパーソナリティー諸特性, 無意識の欲求などを投射させるテスト; 略 TAT》.

theme [θíːm] 〘《*a*1325》 *teme* ⊏ OF **teme* // L *thēma* ⊏ Gk *théma* ← *tithénai* to place: cf. F *thème* / G *Thema* / It. *tema*〙 ── *n.* **1 a** (議論・思考などの)題目, 主題, 論題, 話題 (subject, topic): economic ~*s* 経済に関する話題. **b** (文学・美術の)主題, テーマ: Love is the constant ~ of the poet. 愛がこの詩人の不断のテーマである. **c** (ある民族の文化を支配する)主導観念. **2** 《米》(学生に課せられる)作文, 小論文 (essay): a college ~. **3** 《音楽》主題, テーマ, 主旋律 (melodic subject)《短いがそれ自体完結した楽想で, 楽曲[楽章]全体の性格を決定する》: a ~ and variations 主題と変奏曲. **4** 《ラジオ・テレビ》=signature tune. **5** 《言語》 **a** =stem[1] 7. **b** (変形文法で)主題《話し手が提示し, それについて何かを述べるもの; 純粋に意味機能を表わす概念で, すべての文に必ず含まれる要素; 深層構造で主語となるもの》. **6** (ビザンチン帝国の)行政区画の一つ.

théme sòng *n.* **1** (軽歌劇・映画などの)主題曲[歌], テーマソング《1928 年の米国映画 *The Singing Fool* が先駆をなした》. **2** (人やグループの)決まり文句, お定まりの主張[不平]. **3** 《ラジオ・テレビ》=signature tune.

The·mis [θíːmɪs, -məs | -mɪs] 〘⊏ L ~ ⊏ Gk *Thémis* 《原義》law, right〙 ── *n.* **1** 《ギリシャ神話》テミス《Uranus の娘; 法律・秩序・正義の女神》. **2** [しばしば t-] 正義, 法.

The·mis·to·cles [θɪmístəklìːz, θə- | θɪ-, θe-, θə-] *n.* テミストクレス《527?–?460 B.C.; アテネの政治家・将軍; Salamis の海戦でペルシア王 Xerxes の率いる艦隊を撃破した》.

them·selves [ðəmsélvz, ðem- | ðəm-] 〘《*a*1325》 *þam self* (⇨ them, self) ∽ ME *hemselve(n)*: 現在の形は 16 世紀に確立〙 ── *pron.* (三人称複数複合代名詞; ⇨ oneself, himself) **1** [強意用法] 彼ら[彼女ら, それら]自身, 彼ら[彼女ら, それら]自ら: They ~ must do it. 彼らは自分でそれをしなければならない / They had to do it *for* ~. 彼らは独力でそれをしなければならなかった / The children were afraid to be left *by* ~. 子供たちは自分たちだけで取り残されるのをこわがった. **2** [─⌐] [再帰用法] 彼ら[彼女ら, それら]自身を: They are deceiving ~. 彼らはおのれを欺いている / They were ashamed of ~. 彼らは自らを恥じていた. ★《口語》では単数の不定代名詞を受けて himself または herself に代わって用いられる (cf. their 1 ★): Everyone likes to keep it to ~. 誰もがそれをひとり占めしたがる. **3** (身体的・精神的に)いつもの[正常な]彼ら: They were ~ again. 彼らもいつもの調子[状態]に戻っていた / They were coming to ~. 彼らは正気に返りつつあった.

then [ðén] 〘OE *þænne, þonne* ← Gmc **þa-* ← IE **to-*: ⇨ the, that[1]: もとは THAN と同一語で, この分化は 17 世紀に確立, 同様の過程は G *dann, denn* にも見られる〙 ── *adv.* **1** (過去・未来の)その時, そのころ(には); あの時は, 当時 (↔ now): Prices were not so high ~. あのころは物価はそんなに高くなかった / Prices will be lower ~. そのころには物価が下がるだろう. **2** [しばしば first と対照的に] 次には, 今度は (next); それから(すぐ) (directly after that): Take a hot drink and ~ go to bed. 熱いものを一杯飲んで床にお入りなさい / First you borrow, ~ you beg. 一度借りると, 次は物乞いをすることになる / He ~ made off. 彼はそれから急いで立ち去った. **3** それから, その上, 更にまた (besides, moreover): Then there's the general to be invited. それからまた将軍も招待しなければならない. **4** [しばしば if または when と相関的に] それなら, それでは (in that case, if so): well ~ それでは; では, ねえ / What ~? そうしたらどうなる(と言うのだ) / Have it your own way, ~. それでは好きなようにしなさい / *Then* you mean to say I am a liar. では君は私がうそつきだと言うんだね / Oh, all right [very well] ~, do what you like. ああ, ではよろしい, 好きなようにしなさい / *Then* what about this watch? それならこの時計はどうしたのだ / If you did go, ~ you saw all. 君が行ったのなら何もかも見ているわけだ.

and then some ⇨ some *pron.* 成句. ***but then*** (***again***)... ⇨ but[1] *conj.* 成句. (***every***) ***now and then*** ⇨ now *adv.* 成句. ***now...then...*** ⇨ now *adv.* 成句. ***now...then*** ⇨ now *adv.* 成句. ***then and not till then*** その時初めて. ***then and there***=***there and then*** その時その場で, 立ちどころに (at once): His petition was granted ~ *and there.* 彼の請願は立ちどころに許された.

── *attrib. adj.* その時の (then existing) (cf. present[1] 1): the ~ conditions その当時の情況 / the ~ president 当時の大統領 / The ~ current of opinion was against it. 当時の世論はこれに反対であった.

── *n.* [主に前置詞の目的語として]その時 (that time): before ~ それ以前に / by ~ その時までに, それまでには / since ~ その時以来 / from ~ onward(s) それ以来 / till ~ その時まで / up to ~ それまで.

thén·aboùts *adv.* ほぼそのころ (about then).

the·nar [θíːnɑə, -nə | -nɑː(r, -nə(r] 〘← NL ~ ← Gk *thénar* palm of hand, sole of foot〙 《解剖》 ── *n.* **1** 母指球《親指の付け根の盛り上がった部分》. **2** てのひら (palm); (時に)足の裏 (sole). ── *adj.* てのひらの; 母指球の: the ~ eminence 母指球.

the·nard·ite [θɪnáədaɪt, θə- | θenáː-] 〘← *L. J. Thénard* (1777–1857: フランスの化学者): ⇨ -ite[1]〙 ── *n.* 《鉱物》テナルダイト, 芒(ぼう)硝石 (Na$_2$SO$_4$)《天然産の無水の硫酸ナトリウム》.

The·nárd's blúe [θɪnáədz-, θə- | θenáːdz-] 〘← *L. J. Thénard* (↑)〙 *n.* 《顔料》テナール青 (⇨ cobalt blue).

thence [ðéns] 〘《*c*1300》 *thennes, thannes* ← *thenne* (< OE *þanon* thence: cf. G *dannen*)+-s[2] 1〙 ── *adv.* 《文語》★ しばしば from thence として用いる. **1** そこから (from there): We went to London and (*from*) ~ to Oxford. われわれはロンドンへ行きそこからオクスフォードへ行った / start *from* ~ そこから出発する. **2** それから, その時から (thenceforth): a year ~ それから一年 (cf. hence 3) / *from* ~ to the present time その時から今日まで. **3** そこから, それゆえ (for that reason, therefore): A discrepancy ~ results. それゆえ不一致が生じる / It ~ appears that... それによって見ると...であるらしい / *Thence* it follows that... だから...ということになる.

thence·forth [⌐⌐, ⌐─ | ⌐─] 〘ME *thennes forth*〙 ── *adv.* 《文語》 **1** その時から, それ以来 (from that time onward): from ~ =thenceforth. **2** 《まれ》そこから: *Thenceforth* was he carried. そこから運ばれて行った.

thènce·fórward *adv.* =thenceforth.

thènce·fórwards *adv.* =thenceforth.

The·o [θíːoʊ | θíːəʊ, θíəʊ] 〘(dim.) ← THEOBALD, THEODORE, THEODORIC〙 *n.* 男性名.

the·o- [θíːo(ʊ) | θíə(ʊ)] 〘← Gk *theós* god〙「神」の意の連結形: *theo*logy, *Theo*dore. ★ 母音の前では通例 the- になる.

The·o·bald [θíːəbɔ̀(ː)ld | θíə-; *G.* téːobàlt] 〘⊏ ML *Theobald-us* ⊏ OHG *Theudobald, Theodbold* (cf. OE *Þeodbeald*) ← *theuda* folk, people+*bald* 'BOLD'〙 ── *n.* 男性名.

Theobald, Lewis *n.* (1688–1744) 英国の劇作家; Shakespeare 全集 (1734) の編纂者.

the·o·bró·ma óil [θìːəbróʊmə- | θɪəbrə́ʊ-, θìːə-] 〘*theobroma*: ← NL ~ 'the cacao genus' ← THEO-+Gk *brō̂ma* food〙 *n.* =cocoa butter.

the·o·bro·mine [θìːəbróʊmiːn, -mɪn, -mən | θɪəbrə́ʊmiːn, θìːə-, -mɪn] 〘⇨ ↑, -ine[3]〙 ── *n.* 《薬学》テオブロミン (C$_7$H$_8$N$_4$O$_2$)《ココアの種子の中に含まれる結晶粉末; 神経興奮作用がある》.

the·o·cen·tric [θìːəséntrɪk | θɪə-, θìːə-] 〘← THEO-+CENTRIC〙 ── *adj.* 神中心の: a ~ view of the world 神中心の世界観. **the·o·cen·tric·i·ty** [θìːəsentrísəṭi | θɪəsentrísətɪ, θìːə-, -sɪtɪ] *n.* **the·o·cén·trism** [-trɪzm̩] *n.*

the·oc·ra·cy [θiákrəsi | θɪɔ́krəsɪ] 〘⊏ Gk *theokratía*: ⇨ theo-, -cracy〙 ── *n.* **1 a** 神政, 神政政治《神または神的権威をもつものによる統治》. **b** [the T-] (古代ユダヤの)神権政治時代, 祭政一致制. **2** 神政政治国家, 神政国《古代 Egypt, Israel, Islam など》. **3** (神の委任によるという)聖職[僧職]政治《教皇政治など》.

the·oc·ra·sy [θiákrəsi | θɪɔ́krəsɪ] 〘⊏ Gk *theokrasía* ← THEO-+*krāsis* a mixing: ⇨ -y[1]〙 *n.* **1** 諸神混同崇拝. **2** 《哲学》(黙想による)神人融合.

the·o·crat [θíːəkræt | θíə-] 〘← THEO-+-CRAT: cf. theocracy〙 *n.* **1** 神政政治家; 神政政治の下に暮らす人. **2** 神政主義者.

the·o·crat·ic [θìːəkrǽṭɪk | θɪəkrǽt-, θìːə-] 〘⇨ ↑, -ic[1]〙 *adj.* 神政の, 神政政治的な. **thè·o·crát·i·cal** *adj.* **thè·o·crát·i·cal·ly** *adv.*

The·oc·ri·te·an [θiàkrəṭíːən | θɪɔ̀krɪ-] 〘⇨ ↓, -ean〙 *adj.* 〈田園生活描写が〉テオクリトス (Theocritus) 風の, 牧歌的な (idyllic).

The·oc·ri·tus [θiákrəṭəs | θɪɔ́krɪt-] 〘⊏ L ~ ⊏ Gk *Theókritos*〙 *n.* テオクリトス《紀元前 270 年ごろのギリシャの詩人, 牧歌の創始者と見なされる》.

the·od·i·cy [θiádəsi | θɪɔ́dɪsɪ] 〘《1797》⊏ F *théodicée* (Leibnitz の著書名 *Théodicée* (1710) より) ← Gk *theós* god+*díkē* justice〙 ── *n.* 《キリスト教》神義論, 弁神論《悪の存在が神の全能と善とに矛盾するものでないことを弁証するもの》.

the·od·o·lite [θiádəlàɪt, -dḷ- | θɪɔ́dəl-, -dḷ-] 〘《1571》← NL *theodelit-us* ←? *the alidade* (⇨ alidade): 英国の数学者 Leonard Digges [dígz] (*d.*1571) の造語〙 ── *n.* 《測量》 **1** セオドライト, 経緯儀《鉛直角および水平角を測定するのに用いる器械; cf. transit 6》. **2** =phototheodolite.

the·od·o·lit·ic [θiàdəlíṭɪk, -dḷ- | θɪɔ̀dəlít-] *adj.* セオドライトの, セオドライトで計った.

The·o·dor [θíːədɔ̀ə, -dòə | θíədɔː(r; *G.* téːodòːɐ, *Swed.* téːodɔr] 〘⊏ G ~ 'THEODORE'〙 男性名.

The·o·do·ra [θìːədɔ́ːrə, -dóːrə | θɪədɔ́ːrə, θìːə-] 〘⊏ Gk *Theodṓra* (fem.) ← THEODORE〙 ── *n.* **1** 女性名. **2** テオドラ《508?–548; ビザンチン帝国の Justinian I の妃》.

The·o·dore [θíːədɔ̀ə, -dòə | θíədɔː(r] 〘⊏ Gk *Theódōr-os* ← *theós* god+*dōron* gift〙 *n.* 男性名《愛称形 Ted, Teddy, Theo》.

Thé·o·dore [tèɪo(ʊ)dɔ̀ə, -dɔ́ə | -ə(ʊ)dɔ́:(r ; *F.* teɔdɔ́:r] 〖▭ F ～ (↑)〗 *n.* 男性名.

Théodore Róosevelt Ísland *n.* セオドールルーズベルト島《米国 Washington, D. C. の Potomac 川の島; 面積 0.36 km²》.

The·od·o·ric [θiɑ́dərɪk | θɪɔ́d-] 〖▭ LL *Theodōric-us* ▭ Goth **þiudoreiks* ← *þiuda* folk, people + **reiks* ruler, leader : ⇨ Teuton, regal¹〗 ── *n.* **1** 男性名《異形 Theodorick》. **2** テオドリック(大王)《454?–526; 東ゴート王国の建設者で王 (493–526); 493 年イタリアを征服し Ravenna に都した; 通称 Theodoric the Great》.

The·o·do·si·a [θì:ədóʊʃiə, -ʃə | θɪədóʊsjə, θì:ə-, -sɪə] 〖▭ Gk *Theodosía* ← *theós* god+*dósis* gift (⇨ dose)〗 *n.* 女性名.

The·od·o·si·an [θì:ədóʊʃiən, -ʃən | θɪədóʊsjən, θì:ə-, -sɪən] 〖⇨↓, -an¹〗 ── *adj.* **1** テオドシウス一世 (Theodosius I) の. **2** テオドシウス二世 (Theodosius II) の : the ～ Code テオドシウス法典.

The·o·do·si·us I [θì:ədóʊʃiəs, -ʃəs | θɪədóʊsjəs, θì:ə-, -sɪəs] *n.* テオドシウス一世《346?–395; ローマ帝国の最後の皇帝 (379–395), その死後ローマ帝国は東西に分裂した; Flavius Theodosius; 通称 Theodosius the Great》.

Theodosius II *n.* テオドシウス二世《401–450; テオドシウス一世の孫で, 東ローマ帝国皇帝 (408–450); *the Theodosian Code* (*Codex Theodosianus*) (16 巻) を 438 年発布》.

the·og·o·nist [θiɑ́gənɪst, -nəst | θɪɔ́gənɪst] *n.* 神統系譜学者.

the·og·o·ny [θiɑ́gəni | θɪɔ́gənɪ] 〖(1612) ▭ Gk *theogonía* genealogy of the gods : ⇨ theo-, -gony〗 ── *n.* 神々の起源[系譜]; 神統系譜学, 神統紀《Hesiod のものが有名》. **the·o·gon·ic** [θì:əgɑ́nɪk | θɪəgɔ́n-, θì:ə-] *adj.*

theol. 《略》 theologian; theological; theology.

the·ol·a·try [θiɑ́lətri | θɪɔ́lətrɪ, θi:-] 〖← THEO-+-LATRY〗 *n.* 神を崇拝すること, 神の崇拝.

the·o·log [θí:əlɔ̀(:)g, -lɑ̀g | θíəlɔg] *n.* =theologue 2.

the·ol·o·gate [θiɑ́ləgət, -gɪt, -gèɪt | θɪɔ́l-] 〖⇨ theologue, -ate¹〗 *n.* 〖カトリック〗(イエズス修道会の)神学校 (seminary).

the·o·lo·gian [θì:əlóʊdʒən | θɪəlóʊdʒən, θì:ə-, -dʒɪən] 〖(1483) ▭ (O)F *théologien* ← *théologie* 'THEOLOGY' : ⇨ -ian〗 ── *n.* **1** 神学者 (divine). **2** 〖カトリック〗(哲学研究の後で神学研究をしている)神学生.

the·o·log·ic [θì:əlɑ́dʒɪk | θɪəlɔ́dʒ-, θì:ə-] 〖▭ F *théologique* ∥ L *theologic-us* : ⇨ theology, -ic¹〗 *adj.* = theological.

the·o·log·i·cal [θì:əlɑ́dʒɪkəl, -dʒə- | θɪəlɔ́dʒɪ-, θì:ə-] 〖▭ ML *theologicāl-is* : ⇨↑, -al¹〗 ── *adj.* **1** 神学(上)の; 神学的(性質)の; 神学を研究する : ～ education 神学教育 / ～ debate 神学的な論争 / a ～ student 神学生. **2** 聖書に基づく, 神の言葉として見た : ⇨ theological virtues. **～·ly** *adv.*

theológical vírtues *n. pl.* 〖哲学・神学〗対神徳, 神学的徳《faith, hope, charity の三元徳をいう; supernatural virtues ともいう; cf. *1 Cor.* 13 : 13; Plato やストア学派の cardinal virtues に対する》.

the·ól·o·gist [-dʒɪst, -dʒəst | -dʒɪst] 〖(1638) ▭ ML *theologista* : ⇨ theology, -ist〗 *n.* =theologian 1.

the·ol·o·gize [θiɑ́lədʒàɪz | θɪɔ́l-, θi:-] *vt.* 神学的に取り扱う. ── *vi.* 神学を研究する[論じる]. **the·ol·o·gi·za·tion** [θiɑ̀lədʒɪzéɪʃən, -dʒə- | θɪɔ̀lədʒaɪ-, θi:-, -dʒɪ-] *n.* **the·ó·lo·gìz·er** *n.*

the·o·logue [θí:əlɔ̀(:)g, -lɑ̀g | θíəlɔg] 〖(*c*1425) ▭ L *theolog-us* ▭ Gk *theológos* : ⇨ theo-, -logue〗 ── *n.* **1** =theologian 1. **2** 《口語》(聖職に就く準備をしている)神学生.

the·ol·o·gy [θiɑ́lədʒi | θɪɔ́lədʒɪ] 〖(*a*1376) *theologie* ▭ L *theologia* ▭ Gk *theología* : ⇨ theo-, -logy〗 ── *n.* **1** 神学 (divinity)《神の本質と属性, 神と人間および世界との関係を研究する学問》. **2** (特定の)神学, 神学体系 : comparative ～ 比較神学 / dogmatic ～ 教義[教理]神学 / ⇨ natural theology, pastoral theology, revealed theology, speculative theology. **3** 信念. **4** 〖カトリック〗(カトリック系の主要神学校における司祭になるための通例 4 年間の) 神学コース.

the·om·a·chy [θiɑ́məki | θɪɔ́məkɪ] 〖▭ Gk *theomakhía* : ⇨ theo-, -machy〗 ── *n.* **1** 神々の戦い[抗争]《特に, Homer の *Iliad* に描かれているものを指す》. **2** 《廃》神々[神]への反逆, 神意に逆らうこと.

the·o·mor·phic [θì:əmɔ́əfɪk | θɪəmɔ́:-, θì:ə-] 〖← Gk *theómorphos* of divine form (← THEO- + *morphḗ* form)+-IC¹〗 ── *adj.* 神の姿をした, 神に似た, 神の形の : the ～ conception of man 人間が神に似ているという考え.

the·on·o·mous [θiɑ́nəməs | θɪɔ́n-] 〖← THEO- + (AUTO)NOMOUS〗 *adj.* 神に支配される, 神が統治する. **～·ly** *adv.*

the·on·o·my [θiɑ́nəmi | θɪɔ́nəmɪ] 〖▭ G *Theonomie*: ⇨ theo-, -nomy〗 *n.* 神政, 神による支配.

the·op·a·thy [θiɑ́pəθi | θɪɔ́pəθɪ] 〖← THEO-+-PATHY : cf. Gk *theopátheia* suffering of God〗 ── *n.* (宗教的黙想による)神人融合感, 神意に感応すること[力]. **the·o·pa·thet·ic** [θì:əpəθétɪk | θɪəpəθét-, θì:ə-] *adj.* **the·o·path·ic** [θì:əpǽθɪk | θɪə-] *adj.*

the·oph·a·ny [θiɑ́fəni | θɪɔ́fənɪ] 〖▭ ML *theophania* ▭ Gk *theopháneia* ← THEO-+*phaínein* to show : ⇨ -y¹〗 ── *n.* **1** 神の顕現《神が目に見える姿で個人に出現すること》. **2** 顕現した神, 神の顕現とされるもの. **the·o·phan·ic** [θì:əfǽnɪk | θɪə-, θì:ə-] *adj.*

The·oph·i·la [θiɑ́fələ | θɪɔ́fɪ-] 〖(fem.) ← THEOPHILUS〗 *n.* 女性名.

thèo·philánthropic 〖← THEO- + PHILANTHROPIC〗 *adj.* 敬神博愛主義の.

thèo·philánthropism 〖▭ F *théophilanthropisme* : ⇨↓, -ism〗 ── *n.* 敬神博愛主義, 神人愛主義《当時公式に否認されていたキリスト教の代わりに 1796 年フランスに起こった理神論的一派; 敬神と人類愛を強調した; カトリックの復権と共にその基盤を失う》.

thè·o·philánthropist *n.*

thèo·philánthropy 〖▭ F *théophilanthropie* love to god and man : ⇨ theo-, philanthropy〗 *n.* =theophilanthropism.

The·oph·i·lus [θiɑ́fələs | θɪɔ́fɪ-] 〖▭ L ～ ▭ Gk *Theóphilos* loved by gods : ⇨ theo-, -philous〗 *n.* 男性名.

The·o·phras·tus [θì:əfrǽstəs | θɪə(ʊ)-, θì:ə(ʊ)-] *n.* テオフラストス《372?–288(または 287) B.C.; ギリシャの哲学者; 性格学 (characters) の始祖》.

the·oph·yl·line [θiɑ́fəlɪn, -lən | θɪɔ́fɪlɪn] 〖← THEO-(BROMINE)+PHYLLO-+-INE³〗 ── *n.* 〖薬学〗テオフィリン ($C_7H_8N_4O_2$)《茶の葉から抽出される白色結晶質のアルカロイドで, theobromine の異性体; 筋肉弛緩剤・血管拡張剤として用いる》.

theóphylline éthylene·diamíne *n.* 〖薬学〗= aminophylline.

the·op·neust [θí:ɑpn(j)ù:st | -ɔpnjù:st] 〖▭ Gk *theópneust-os* (↓)〗 *adj.* (神の)霊感を受けた.

the·op·neus·tic [θì:ɑpn(j)ú:stɪk | -ɔpnjú:s-] 〖← Gk *theópneustos* (← THEO- + *pneîn* to breathe) + -IC¹〗 *adj.* =theopneust.

the·op·neus·ty [θí:ɑpn(j)ù:sti | -ɔpnjù:stɪ] 〖▭ G *Theopneustie* ∥ F *théopneustie* : ⇨↑, -y¹〗 *n.* 霊感 (divine inspiration).

theor. 《略》 theorem.

the·or·bo [θiɔ́əboʊ | θɪɔ́:bəʊ, θi:-] 〖(1605) ▭ F *t(h)éorbe* ▭ It. *tiorba* ▭ ? Venetian 《方言》 *tiorba, tuorba* traveling bag ▭ Slovenian *torba* ▭ Turk. *torba* bag〗 ── *n.* (*pl.* **～s**) テオルボ《変型 lute の一つで, 二つの糸蔵をもつ; 17 世紀ごろ使用された》.

The·o·rell [tèɪo(ʊ)rél | -ə(ʊ)-; *Swed.* teurél], **Ax·el** [ǽksəl] **Hugo Theodor** *n.* テオレル《1903– ; スウェーデンの生化学者; Nobel 医学生理学賞 (1955)》.

the·o·rem [θí:ərəm, θíərəm | θíərəm, -rem, -rɪm] 〖(1551) ▭ LL *theōrēma* ▭ Gk *theṓrēma* sight, speculation, theory ← *theōreîn* to look at, inspect ← *theōrós* : ⇨ theory〗 ── *n.* **1** 〖論理・数学〗定理《一組の公理 (axiom) から証明される命題》: the polynomial ～ 多項定理 / ⇨ binomial theorem. **2** 一般原理, 法則 (rule); 理論 (theory). **the·o·re·mat·ic** [θì:ərəmǽtɪk, θì(ə)r- | θɪərəmǽt-, -re-, -rɪ-] *adj.*

the·o·ret·ic¹ [θì:ərétɪk, θɪ(ə)r- | θɪərét-] 〖(1656) ▭ LL *theōrētic-us* ▭ Gk *theōrētikós* contemplative : ⇨ theory, -ic¹〗 *adj.* =theoretical.

the·o·re·tic² [θì:ərétɪk, θɪ(ə)r- | θɪərét-] 〖▭ LL *theōrētica* (fem.) ← *theōrēticus* (↑)〗 *n.* =theoretics.

the·o·ret·i·cal [θì:ərétɪkəl, θɪ(ə)r-, -tə- | θɪərétɪ-] 〖(1616) ← L *theōrēticus* (↑)+-AL¹〗 ── *adj.* **1** 理論(上)の, 学理的な, 純理的な (↔ practical) : ～ physics [linguistics] 理論物理学[言語学]. **2** 理論上にのみ存在する, 仮定上の (hypothetical) : an animal whose existence is only ～ 仮定上存在するにすぎない動物. **3** 〈人が〉思索的な, 理論好きな, 空論的な (speculative) : ～ writers 理論好きな著作家たち. **～·ly** *adv.*

the·o·re·ti·cian [θì:ərətíʃən, θì(ə)r-, -re- | θɪərə-, -rɪ-, -re-] 〖(1886) ← THEORETIC + -IAN〗 *n.* 理論家 (theorist).

the·o·ret·ics [θì:ərétɪks, θɪ(ə)r- | θɪərét-] 〖⇨ -ics〗 *n.* [単数または複数扱い] (芸術・科学の)理論.

the·or·ic [θí:ərɪk | θíə-] 〖▭ Gk *theōrik-ós* ← *theōría* a viewing〗 *adj.* (古代ギリシャの)興行物の, 見せ物の : the ～ fund (アテネの)貧民観劇基金.

thé·o·rist [-rɪst, -rəst | -rɪst] 〖(1594) ← THEORY + -IST〗 *n.* **1** 学説[理論]を立てる人. **2** 理論家, 空論家.

the·o·rize [θí:əràɪz, θí(ə)r- | θíər-] 〖(1638) ▭ ML *theōrizāre* ← LL *theōria* : ⇨↓, -ize〗 ── *vi.* 理論を立てる, 理論を構築する 〔*about*〕. ── *vt.* **1** 理論化する. **2** 理論上想定する 〈*that*〉. **the·o·ri·za·tion** [θì:ərɪzéɪʃən, θì(ə)r-, -rə- | θɪəraɪ-, -rɪ-] *n.* **thé·o·rìz·er** *n.*

the·o·ry [θí:əri, θí(ə)ri | θíərɪ] 〖(1597) ▭ LL *theōria* ▭ Gk *theōría* spectacle, contemplation ← *theōrós* spectator ← *theâsthai* to view, contemplate〗 ── *n.* **1** (学説的な)論, 説, 学説 (general principle) (cf. hypothesis) : Darwin's ～ of evolution ダーウィンの進化論 / ⇨ atomic theory / the ～ of gravitation 引力論 / a ～ that smoking is a cause of cancer 喫煙はがんの原因であるという説. **2** (実際に対して)理論, 学理 (↔ practice) : I'll talk facts but not *theories*. 理論ではなく事実を語ろう / It is very well *in* ～, but will it work in practice? 理屈は至極けっこうだが, しかし実際にはうまく行くだろうか. **3** 理屈, 空論 (speculation) (↔ praxis) : No induction can take you beyond ～. いくら説いても君の論は依然として机上の空論に過ぎない. **4** 推測, 憶測 (conjecture); 持論, 意見, 考え (opinion) : My ～ is that it was an act of revenge. それは報復行為であったというのが私の意見だ. **5** (学問の)理論, 原理 : the ～ of music=music ～ 音楽理論. **6** 〖数学〗…論 : the ～ of probability 確率論 / ⇨ number theory. **7** 《古》洞察力 (insight).

theory of epigenesis [the ―] 〖生物〗後成説.

theory of equations [the ―] 〖数学〗方程式論.

theory of games [the ―] ゲームの理論《各種室内ゲームにおける最も合理的な行動を経済・軍事・外交上などの分析に応用しようとする理論; game(s) theory ともいう》.

theory of numbers [the ―] 〖数学〗= number theory.

theory of preformation [the ―] 〖生物〗前成説 (⇨ preformation 2).

theos. 《略》 theosophical; theosophist; theosophy.

the·o·soph [θí:əsɑ̀f | θíəsɔf] 〖▭ F *théosophe* ▭ ML *theosophus* : ⇨ theosophy〗 *n.* =theosophist 1.

the·os·o·pher [θiɑ́səfə | θɪɔ́səfə(r-] *n.* =theosophist.

Theosóphical Society 〖⇨ theosophy, -ical〗 ── *n.* [the ～] 神知学会《バラモン教と仏教に基づく折衷宗教を唱える宗教団体; 1875 年 Blavatsky 夫人らにより New York に創立》.

the·ós·o·phist [-fɪst, -fəst | -fɪst] 〖(16C) ← THEOSOPHY + -IST〗 *n.* **1** 神知学者, 接神論者. **2** [通例 T-] 神知学会 (Theosophical Society) 会員.

the·os·o·phy [θiɑ́səfi | θɪɔ́səfɪ] 〖(1650) ▭ ML *theosophia* ▭ LGk *theosophía* knowledge of divine things ← THEO-+*sophía* wisdom (← *sophós* wise)〗 ── *n.* **1** 神知学, 接神論《神秘的直観によって自然の奥底に徹し, 神の啓示に触れようとする宗教的立場; cf. anthroposophy》. **2** [通例 T-] (米国の Theosophical Society で唱える仏教とバラモン教に基づく)一種の汎神論的輪廻(りんね)説. **the·o·soph·ic** [θì:əsɑ́fɪk | θɪəsɔ́f-, θì:ə-] *adj.* **the·o·soph·i·cal** [θì:əsɑ́fɪkəl, -fə- | θɪəsɔ́fɪ-, θì:ə-] *adj.* **thè·o·sóph·i·cal·ly** *adv.*

The·o·to·có·pu·li [*Sp.* tèotokópuli], **Domingo** *n.* ⇨ El Greco.

ther- [θɪ(ə)r | θɪər] (母音の前に来る時の) thero- の異形.

-ther [ðə | ðə(r] 〖OE *-þer* < Gmc **-þar* < IE **-tero-* (比較級語尾) (L *-terus* / Gk *-teros*) : cf. after, presbyter〗 ── *suf.* 本来比較・区別の意を表わす形容詞・代名詞などの語尾 : *other, either, neither, further, whether.*

therap. 《略》 therapeutic; therapeutics.

ther·a·peu·sis [θèrəpjú:sɪs, -səs | -sɪs] 〖← NL ～ ← Gk **therápeusis* ← *therapeúein* to attend, treat〗 *n.* =therapeutics.

ther·a·peu·tic [θèrəpjú:tɪk | -tɪk] 〖(1541) ← NL *therapeutic-us* ← Gk *therapeutikós* attentive, able to cure ← *therapeúein* to serve, treat medically〗 ── *adj.* 治療上の, 治療法(上)の (curative); 健康維持のための. **thèr·a·péu·ti·cal** *adj.* **thèr·a·péu·ti·cal·ly** *adv.*

therapéutic abórtion *n.* 〖医学〗治療的流産《母体の治療手段としての流産》.

therapéutic commúnity *n.* 〖精神医学〗治療社会《医師・看護婦・患者という病院内の階層構造を打破し, 自治制度により治療効果を目指した 1940 年代以降の精神医療》.

therapéutic ìndex *n.* 〖医学〗(薬剤の)治療指数.

ther·a·peu·tics [θèrəpjú:tɪks | -tɪks] 〖(pl.) ← *therapeutic* (n.) ← NL *therapeutica* (fem.) ← *therapeuticus* : ⇨ therapeutic, -ics〗 ── *n.* [単数または複数扱い] 治療学, 治療論.

thèr·a·péu·tist [-tɪst, -təst | -tɪst] *n.* =therapist.

ther·a·pho·sid [θèrəfóʊsɪd, -səd, -zɪd, -zəd | θèrəfóʊsɪd, -zɪd] 〖↓〗 *adj., n.* 〖動物〗トリクイグモ科の(クモ).

Ther·a·pho·si·dae [θèrəfóʊsədì:, -zə- | -fóʊsɪ-, -zɪ-] 〖← NL ～ ← *Theraphosa* (属名 : ← Gk *thēráphion* little beast, insect (dim.) ← *thḗr* wild beast)+-IDAE〗 ── *n. pl.* 〖動物〗トリクイグモ科.

ther·a·pist [θérəpɪst, -pəst | -pɪst] *n.* **1** (病気の治療に従事する)臨床医. **2** 療法士, テラピスト : an occupational [a physical] ～ 作業[理学]療法士.

the·rap·sid [θɪrǽpsɪd, θə-, -səd | θɪrǽpsɪd] 〖↓〗 〖古生物〗 *adj., n.* 獣弓目の(動物).

The·rap·si·da [θɪrǽpsədə, θə- | -rǽpsɪ-] 〖← NL ～ ← Gk *théraps* attendant (← *therapeúein* to attend)+-IDA〗 *n. pl.* 〖古生物〗(爬虫綱)獣弓目.

ther·a·py [θérəpi | -pɪ] 〖(1846) ← NL *therapīa* ← Gk *therapeía* attendance, healing ← *therapeúein* to attend, treat : ⇨ -y¹〗 ── *n.* **1** [しばしば複合語の第 2 構成素として] 治療, 療法 : surgical ～ 外科的療法 / hormonal and other *therapies* ホルモンその他の療法 / ⇨ hydrotherapy, radiotherapy. **2** = psychotherapy. **3** (社会的)緊張を解きほぐすための活動[仕事]. **4** 治療力[効果]. **5** 物理療法.

Ther·a·va·da [θèrəvɑ́:də] 〖▭ Pali *theravāda* 《原義》 doctrine of the elders ← *thera* elder+*vāda* speech〗 ── *n.* 〖仏教〗上座部 (Hinayana)《いわゆる小乗仏教の部派の一つ》.

ther·blig [θə́:blɪg | θɔ́:-] 〖(逆つづり) ← *F. B. Gilbreth*(1868–1924 : 米国の技師)〗 ── *n.* **1** サーブリッグ, 動素《時間・動作研究の術語で, 作業動作を構成する最小単位をさす; cf. micromotion》. **2** サーブリック記号《サーブリックを表わす 17 種の記号の一つ》.

there 〖OE *þǣr, þār, þēr* < Gmc **þar* there (Du. *daar* / G *da*) ← **þa-* (⇨ that¹, the)+**-r* (adv. suf. : cf. where)〗 ── *adv.* **A** [ðéə | ðéə(r] [場所・方向の副詞] **1** そこに[で], あそこに[で] (in that place) (cf. here) : here and ～ ここかしこに / ～ or thereabouts ⇨ 成句 / Put it down ～. そこに置きなさい / We will stay

~ all winter. われわれは冬中そこに滞在します / What is that dog doing *over* ~? あの犬はあそこで何をしているのでしょう (cf. *pron.* 1★) / *There* it is—under the desk. あそこにある—机の下に / Are you ~? もしもし(聞こえますか)《電話で相手の声が聞こえなくなった時など》/ Where there's a will ~'s a way. 《諺》決意のあるところに道が開ける, 「精神一到何事か成らざらん」. ★ 指示代名詞, 指示形容詞付き名詞の後に形容詞的に付加されることがある(cf. *adj.*): *those* ~ そこにいる人々 / *that* girl ~.
2 そこへ, あそこへ (thither): I've never been to Paris, but I'm going ~ at Christmas. パリへは行ったことがないがクリスマスに行きます / Look ~! あちら[向こう, あれ]をご覧 / I have not yet reached your intellectual position, but I may get ~ in time. 私はまだあなたの頭の程度まで達していませんが, そのうちにはそこまで進めるでしょう.
3 a (談話・事件・動作などの進行中)そこで[に] (at that point): Don't stop ~, go on please. そこでやめないでもっと続けて下さい. **b** その点で (in that respect): *There* I cannot agree with you. その点は賛成できません / *There* he failed. その点で彼は失敗した.
4 [ある事物に注意を呼ぶ用法 (cf. *int.*)]: *There* they go. おやあそこを行ってますよ / *There* goes the bell! ほら鐘が鳴る / *There* he goes [you go]! [軽蔑・非難などを示して] あれあんな[そんな]事をする, またあんな[そんな]事を言う, あの[この]通りだ / *There* it goes! あれ, 落ちる[こわれる, 見えなくなる] / *There* it is! さあそこだ, そこが問題だ; それより仕方がない, 処置なしだ / *There* you are! それご覧《まあ君がそんなことをするなんて》; それそこだ; そらどうだ[済んだ, できた] / You have me ~. 《俗》これは参った / *There*'s a good boy [a fine fellow]! おお感心感心, いい子だ; いい子だからね(...しておくれ) / *There*'s a fine fellow for you! あれこそりっぱな男ですよ《賞賛または皮肉》.
5 [be ~ として] 存在して (present): The pain *was* still ~ when he woke up. 目をさました時もまだ痛みがあった / The critic *is* ~ not to feel but to judge. 批評家は感じるためにではなく評価するためにいる.
B [ðɛə, ðə | ðɛə(r, ðə(r] [場所の観念はなく be 動詞または存在・往来・受身の動詞を導く用法]: *There is* a shrine. / *Is* ~ anyone here? / *There being* no moon, … 月がなかったので… / God said, Let ~ *be* light: and ~ *was* light. 神光あれと言いたまいければ光ありき (*Gen.* 1:3) / *There was* a drop in the temperature. 温度が下がった / What *is* ~ to say? 何か言うことがあるか / *There are* several pages missing. 数ページ落丁がある / *There was* no money left in my purse. 財布には全然お金が残っていなかった / *There was born* a child to them. 彼らに子供が生れた / *There was heard* a rumbling noise. ごろごろという音が聞こえて来た / *There came* to Japan a young Frenchman. 日本へ一人の若いフランス人がやって来た(★A young Frenchman came to Japan. に比べ, 文語調) / *There comes* a time when …する時が到来する / *There* once *lived* a great king. / *There remains* for me to apologize. あとは私がお詫(ゎ)びするだけです. ★ (1) 場所の意を示す there (⇨ A 1) と併用することもある: *There* is a shrine ~. そこに神社がある. (2) There is [was]…の構文で時に名詞に特定のものが用いられるが, それは既知のものに注意を喚起して問題の確認とか例挙・例示などをする場合, またはこの構文を用いた質問に対して答える場合である: And *there are the children* (to consider). それに子供のことがある / Finally, *there's the question* of getting the money. 最後にその金を手に入れるという問題がある / Who can we ask? —*There's* John, or Tom, or Mary. / *Is there* anyone coming?—Yes, *there's* John.
get there ⇨ get[1] 成句. ***have been there*** (***before***) 《口語》実地を踏んできた, 体験して知っている, その事は十分心得ている: I've *been* ~ *before*. ***in there*** (1) ⇨ *pron.* 1. (2) たゆまず(戦って, 努力して): They were always *in* ~ trying. 彼らはいつもたゆまず努力していた. ***neither here nor there*** ⇨ here *adv.* 成句. ***there and back*** 往復で (⇨ back[1] *adv.* 成句). ***there and then*** ⇨ then 成句. ***There is no doing*** …することはできない (It is impossible to do): *There is no telling* when he will arrive. いつ彼が到着するのかさっぱりわからない. ***there or thereabouts*** その辺のところに[で]《場所・時間・値段など》: Was it ten years ago?—*There or thereabouts*. 十年も前のことでしたかね—その辺でした.
— *attrib. adj.* 《方言・俗》[強調的に指示形容詞のあとに用いて (cf. *adv.* A 1 ★)] あの (⇨ THAT *there*): Ask *that* ~ man. ほら, あの人に聞いてごらん.
— *pron.* **1** [前置詞のあとに用いて] そこ, あそこ: He comes *from* ~ too. 彼もそこの出だ / *by* ~ その側を[に] / *near* ~ あの近くに / *up to* ~ そこまで / He is working *in* ~. 彼はあの中で働いている. ★ 最後の例の in there は, もと副詞と副詞との結合 (cf. out there (⇨ out *adv.* 1 c), OVER *there*, in here (⇨ in *adv.* 2 a), etc.). **2** [呼び掛けに用いて] そちらの人: Hello out ~! 今日は, そこの人.
— *int.* [満足・激励・慰め・挑戦などを表わして (cf. *adv.* A 4)] そら, それ, そら見ろ, そーら(ご覧), これはしたり, しっかり: *There*, I told you so. それご覧, 私の言った通りだろう / *There* now! それどうだ / *There* now, it has turned all right after all! それ見たまえ, やっぱり何ともなかったろう / *There, There*! you'll soon be better. まあまあ[よしよし], すぐ良くなるよ / But ~! しかしまあ, ね[我慢するさ].
so there ⇨ so *adv.* 成句.

there- [ðɛ̀ə | ðɛ̀ə(r] 〖↑〗「that (place), that (time)」の意で副詞・前置詞と結合する連結形: *there*of = of it [them], of that [those].

there·about [⊥−⊥, ⊥−⊥ | ⊥−⊥, ⊥−⊥] 〖OE *þǣr abūtan*: ⇨ there, about〗 *adv.* = thereabouts.

there·a·bouts [ðɛ̀(ə)rəbáuts, ⊥−⊥ | ðɛ́ərəbàuts, ⊥−⊥] 〖lateME: ⇨ ↑, -s[2] 1〗 **—** *adv.* **1** その辺[近所]に (near that place): He lives in the Bronx *or* ~. 彼はブロンクス辺に住んでいる. **2** 〈時間・数量・程度が〉(…か)そのあたりに[で], (…か)そこら: in three hours *or* ~ 3時間かそこらで / from the year 1660 *or* ~ 1660 年のころから / a girl of 17 *or* ~ 17 歳かそこいらの娘.

thère·áfter 〖OE *þǣr æfter*: ⇨ there, after〗 **—** *adv.* **1** その後; それ以来 (after that): He died a year ~. その後1年して死んだ. **2** 《古》それに従って.

thère·agáinst 〖lateME *ther agenst* ∽ ME *thereageyns*: ⇨ there, against〗 *adv.* 《古》それに反して, 反対に (against that).

there·a·nent [ðɛ̀(ə)rənént | ðɛ̀ər-] 〖← THERE + ANENT〗 *adv.* 《スコット》そのことについて[関して].

thère·át 〖OE *þǣræt*: ⇨ there, at[1]〗 **—** *adv.* 《古》 **1** そこで[に] (at that place). **2** そのために, そこで (because of that): They wondered greatly ~. そのことを大いにいぶかしがった.

there·by [⊥−⊥, ⊥−⊥] 〖OE *þǣrbi*: ⇨ there, by〗 **—** *adv.* **1** それによって, そのために (by that, by that means): I gave him my advice, and I hope he may profit ~. 私は彼に忠告を与えたが彼はそれによって利することがあるだろう / He wandered in the woods, ~ losing his way. 森の中をさまよって道に迷った. **2** それについて[関して] (connected with that): *Thereby* hangs a tale. それにはちと曰(ᵢ)くがある (Shak., *As Y L* 2. 7. 28). **3** 《古・方言》その辺に, その近くに: How did you come ~? どうしてそれを手に入れたか. **4** 《スコット》〈数・量・程度が〉その位.

there'd [ðɛəd | ðɛəd] there had [would] の縮約形.

thère·fór 〖? OE *þerfor(e)*: ⇨ there, for〗 **—** *adv.* 《古》 **1** そのために (for that); それの代わりに (in exchange for that): the common substitute ~ それの普通の代用品. **2** それ故に (for that reason): He was fined ~. そのために罰金を課された.

there·fore [ðɛ́əfɔ̀ə, -fòə | ðɛ́əfɔ̀:(r] 〖ME *therfore* 《異形》← *therfor* 'THEREFOR'〗 **—** *adv.* **1** その結果, 従って, それゆえに (consequently): I think, ~ I am. ⇨ think *vi.* 1. **2** 《廃》= therefor 1.

thère·fróm 〖ME *therfrom*: ⇨ there, from〗 *adv.* 《古》そこから, それから (from there or that): the streams that flow ~ そこから流れ出る川.

thère·ín 〖OE *þǣrin*: ⇨ there, in〗 **—** *adv.* 《古》 **1** その場に, そこに, その中に: the universe and the things that are ~ 宇宙とその中に存在するもの. **2** その点で (in that respect): *Therein* lies our problem. そこに我々の問題がある.

thèrein·áfter *adv.* (公式書類などで)後文に, 以下.

thèrein·befóre *adv.* (公式書類などで)前文に.

there·in·to [ðɛ̀(ə)ríntu:, -tʊ, -ɪntú: | ðɛ̀ərɪ́ntu:, -tʊ, -ɪntú:] 〖ME *ther into*: ⇨ there, into〗 *adv.* 《古》その場に, その中へ, そこへ.

there'll [ðɛəl | ðɛəl] there will の縮約形.

ther·e·min [θérəmɪn, -mən | -mɪn] 〖← *Leon Theremin* (1896-　: その発明者であるロシヤ人)〗 **—** *n.* テレミン《2 個の真空管によってうなりを起こさせて音を発する一種の電子楽器》.

thère·óf 〖OE *þǣr of*: ⇨ there, of[1]〗 **—** *adv.* 《文語》 **1** それを, それについて (of that, of it): Do not eat ~. それを食べるな. **2** それから (from that): Sufficient unto the day is the evil ~. ⇨ sufficient 1.

thère·ón 〖OE *þǣron*: ⇨ there, on〗 **—** *adv.* 《古》 **1** それに, その上に (on that, on it): the sand strewed ~ その上にまかれた砂. **2** そこにおいて, そこですぐさま (thereupon).

thère·óut 〖OE *þǣrūt(e)*: ⇨ there, out〗 *adv.* 《古》それから (from that). 「has の縮約形.

there's [ðəz ; ðɛəz | ðəz ; ðɛəz] there is または there

The·re·sa [tərí:sə, -zə | tɪrí:zə, tə-] 〖▭ F *Thérèse* // L *Therasia* ▭ Gk *Therasía* (Crete および Sicily 付近の島の名): cf. Gk *therízo* to reap〗 *n.* 女性名.

The·re·sa [tərí:sə, -zə | tɪrí:zə, tə-; *Sp.* teréθa], Saint *n.* = Saint TERESA.

thère·thróugh 〖? OE *þer þurh*: ⇨ there, through〗 *adv.* 《古》それを通って; それによって, そのために.

thère·tó 〖OE *þǣrtō*: ⇨ there, to〗 **—** *adv.* **1** 《古》そこへ (to that place), それに, それへ (to that, to it): the means ~ そのための手段. **2** 《古・詩》それに加えて, かてて加えて (besides): with usury ~ その上利子を加えて.

there·to·fore [ðɛ̀ətəfɔ̀ə, -fòə, ⊥−⊥ | ðɛ̀ətəfɔ́:(r] 〖ME *þer tofore*: ⇨ there, to, fore[1]〗 **—** *adv.* 《古》それより先き, その前に (before that time): the laws ~ made それより先に作られた法.

thère·únder 〖OE *þærunder*: ⇨ there, under〗 **—** *adv.* 《文語》 **1** その下に (under that, under it). **2** (年齢・数が)…以下で: They were thirty years old and ~. 彼らは 30 歳およびそれ以下だった. **3** その項目の下に (under that head); そのような条件のもとに: royalties paid ~ そういう条件で払った印税.

there·un·to [ðɛ̀(ə)rʌ́ntu:, -tʊ, -ʌntú: | ðɛ̀ərʌ́ntu:, -tʊ, -ʌntú:] 〖ME *therunto*: ⇨ there, unto〗 *adv.* = thereto.

thère·upón 〖? OE *þer uppon*: ⇨ there, upon〗 **—** *adv.* **1** そこでさっそく[直ちに] (immediately after that). **2** そこで (in consequence of that): *Thereupon* he accepted the duel. そこですぐ決闘を承諾した. **3** それに関して[ついて]: I wish to know your sentiments ~. それについてのご感想を伺いたい. **4** 《古》その上に (upon that, upon it): the good laden ~ その上に積まれた商品.

there've [ðɛəv | ðɛəv] there have の縮約形.

the·rev·id [θərévɪd, θə-, -vəd | -vɪd] 〖↓〗 〖昆虫〗 *n.* ツルギアブ《ツルギアブ科に属する昆虫数種の総称》. **—** *adj.* ツルギアブ(科)の.

The·rev·i·dae [θərévədì:, θə- | -vɪ-] 〖← NL ~ ← *Thereva* (属名: ← Gk *thēreuein* to hunt ← *thḗr* wild animal: ⇨ -idae〗 *n. pl.* 〖昆虫〗 ツルギアブ科.

thère·wíth 〖OE *þǣr wiþ*: ⇨ there, with〗 **—** *adv.* 《古》 **1** それをもって, それと共に (with that, with it): every person connected ~ それに関係のある全部の人. **2** そこで(早速) (thereupon): *Therewith* they kissed each other. **3** その上に, おまけに (in addition to that, besides): He is a liar, and a fluent liar ~. 彼はうそつきだ, しかもすらすらとうそをつく.

there·withal [⊥−⊥, ⊥−⊥] 〖ME *ther withal*: ⇨ there, withal〗 *adv.* 《古》 **1** それと共に (with that, with it); その上 (moreover). **2** = therewith 2.

The·re·zi·na [tèrəzí:nə; *Braz.* terezína] *n.* = Teresina.

The·ri·a [θí(ə)riə | θíəriə] 〖← NL ~ ← Gk *thēría* (pl.) ← *thērion* wild animal〗 *n. pl.* 〖動物〗 真獣亜綱.

-the·ri·a [θí(ə)riə | θíəriə] 〖← NL ~ ← Gk *thēría* (pl.) ← *thērion* (↑)〗「動物 (animal); 野獣 (beast)」の意の名詞連結形.

the·ri·ac [θí(ə)riæ̀k | θíərɪ-] 〖↓〗 *n.* = theriaca.

the·ri·a·ca [θɪráɪəkə, θə-] 〖《1568》← NL ~ ← LL ▭ Gk *thēriakḗ* (*antídosis*) reptilian (antidote) ← *thērion* venomous animal (dim.) ← *thḗr* wild beast ∽ 《c1450》 *tyriake* < OE *tyriaca* ▭ LL: cf. treacle〗 **—** *n.* **1** セリアカ《糖蜜で舐剤(ᵢₐ)に製した解毒剤; 70 種の薬物の合剤より成る》. **2** 《英》= treacle 1. **the·ri·a·cal** *adj.*

the·ri·an [θí(ə)riən | θíərɪ-] 〖← THERIA + -AN[1]〗 *adj., n.* 〖動物〗 真獣亜綱の(動物).

the·ri·an·throp·ic [θì(ə)riænθrάpɪk | θìərɪænθrɔ́p-] 〖← Gk *thēri(on)* wild beast + *ánthrōp(os)* man + -IC[1]〗 *adj.* 半人半獣の(姿の): a ~ deity 半人半獣神.

the·ri·an·thro·pism [θì(ə)riǽnθrəpìzm | θìərɪ-] *n.* (Centaur のような) 半人半獣神崇拝.

the·rid·i·id [θɪrídiɪd, θə-, -əd] 〖↓〗 *adj., n.* 〖動物〗 ヒメグモ科の(クモ).

The·ri·di·i·dae [θèrədáɪədì: | -rɪdáɪɪ-] 〖← NL ~ ← *Theridion* (属名: ← Gk *thēridion* (dim.) ← *thḗr* wild beast) + -IDAE〗 *n. pl.* 〖動物〗 ヒメグモ科.

the·ri·o- [θí(ə)rio(ʊ) | θíərɪə(ʊ)] 〖▭ Gk *therio-* ← *thērion*: ⇨ theriaca〗「野獣 (beast)」の意の連結形: *therio*latry.

the·ri·ol·a·try [θì(ə)riάlətri | θì(ə)rɪɔ́lətrɪ] 〖← THERIO- + -LATRY〗 *n.* 動物[獣神]崇拝.

thèrio·mórphic 〖← THERIO- + -MORPHIC〗 *adj.* 〈神など〉獣の姿をした, 獣形の: ~ gods.

thèrio·mórphous *adj.* = theriomorphic.

-the·ri·um [θí(ə)riəm | θíərɪ-] 〖← NL ~ ← Gk *thērion*: ⇨ theriac〗 **—**「動物 (animal), 野獣 (beast)」の意の名詞連結形; 絶滅した哺乳動物の属の名に用いる: Titano*therium*.

therm [θə́:m | θə́:m] 〖▭ Gk *thérmē* heat ← *thermós* hot, warm〗 **—** *n.* 〖物理化学〗 サーム《熱量の単位数種の名称》: **a** = calorie 1 b. **b** = calorie 1 a. **c** 1,000 大カロリー. **d** 10 万 B.T.U. (英国熱量単位).

therm. 《略》 thermometer. 「の異形.

therm- [θə:m | θə:m] (母音の前に来る時の) thermo-

-therm [θə:m | θə:m] 〖⇨ therm〗 **—** 次の意味を表わす名詞連結形: **1**「…の温度に慣れている植物」: mega*therm*. **2**「…の体温をもつ動物」: ecto*therm*. **3**「温度線 (thermic line)」: isobathy*therm*.

ther·mae [θə́:mi: | θə́:-] 〖▭ L ~ 'hot springs' ▭ Gk *thérmai* (pl.) ← *thérmē* heat〗 *n. pl.* (古代ギリシャ・ローマの)公衆浴場.

therm·aes·the·si·a [θə̀:mesθí:ʒiə, -ʒə | θə̀:mɪsθí:ziə, -mi:s-, -məs-, -zjə, -ʒɪə, -ʒə] 〖← THERMO- + AESTHESIA〗 *n.* 〖生理〗 = thermesthesia.

ther·mal [θə́:məl | θə́:-] 〖《1756》← Gk *thérmē* (⇨ therm) + -AL[1]〗 **—** *adj.* **1** 熱の, 温度の: ~ insulation 熱の絶縁 / ⇨ British thermal unit. **2** 熱い (hot): ~ burns やけど. **3** 温泉の, 温浴の: ~ regions 温泉地帯 / ⇨ thermal spring. **4** 《まれ》熱烈な, 熱情的な (passionate). **5** 《米》〈下着が〉保温の良い網目織りの. **—** *n.* 〖気象〗 熱気泡(ₕ). **~·ly** *adv.*

thérmal agitátion *n.* 〖物理化学〗 熱運動《物体の温度は分子などのランダムな運動の激しさを表わしている; その熱による分子などの運動を熱運動という》.

thérmal ámmeter *n.* 〖電気〗 熱形電流計.

thérmal análysis *n.* 〘物理化学〙 熱分析, 熱解析《相転移・化学変化を物体の加熱・冷却の際の温度変化から調べる方法》.
thérmal bárrier *n.* 〘航空・宇宙〙 熱障壁: **a** ロケットなど超高速の物体が生じる高温高熱から自身を保護するための断熱壁. **b** 超音速の物体と地球大気との摩擦により生じる高温のために航空機やロケットの速度が制限されること; heat barrier ともいう (cf. sonic barrier).
thérmal bláck *n.* 〘化学〙 サーマルブラック《天然ガス・アセチレンなどの熱分解によって得られるカーボンブラックの一種; ゴム配合用に使われる; furnace thermal black ともいう; cf. acetylene black》.
thérmal bréeder *n.* 〘原子力〙 熱中性子増殖炉《熱中性子核分裂を利用した増殖炉; トリウム 232–ウラン 233 サイクルをとるものが考えられる; cf. fast breeder》.
thérmal capácity *n.* 〘物理化学〙 熱容量 (⇨ heat capacity).
thérmal coagulátion *n.* 〘化学〙 熱凝固《蛋白質などが熱を受けて凝固すること》.
thérmal cólumn *n.* 〘原子力〙 熱中性子柱.
thérmal conductívity *n.* 〘物理〙 熱伝導率[度].
thérmal convérter *n.* 〘電気〙 熱変換器.
thérmal crácking *n.* 〘化学〙 熱分解《熱によって化合物を分解する過程で, 主として石油の熱分解をいう; cf. catalytic cracking》.
thérmal decomposítion *n.* 〘物理化学〙 熱分解.
thérmal devélopment *n.* 〘写真〙 熱現像《写真潜像の熱による現像複写器等に応用される》.
thérmal diffúsion *n.* 〘物理化学〙 熱拡散, 温度拡散《温度勾配による気体[液体]の拡散; その結果混合気体[液体]の成分が分離される》.
thérmal diffusívity *n.* 〘物理化学〙 =diffusion coefficient.
thérmal effíciency *n.* 〘物理化学〙 (熱機関の)熱効率.
thérmal equátor *n.* **1** 〘気象〙 熱赤道《地表面で年平均気温が約 27°C の等温線で囲まれた地域; 南米北部とアフリカ・インドの大部分から成る》. **2** 熱赤道《地球表面で最高温度の線》.
thérmal equilíbrium *n.* 〘物理化学〙 熱平衡《系の各部が同一温度で熱の移動も相の変化も起こらない状態》.
thérmal expánsion *n.* 〘物理化学〙 熱膨張《温度の上昇に伴って物体の体積が増加すること》.
thérmal féver *n.* 〘病理〙 熱射病 (heatstroke).
therm·al·ge·si·a [θə̀ːmældʒíːʒiə | θə̀ːmældʒíːziə, -ʒiə] 〘← THERMAL+NL *algesia* (← Gk *álgēsis* feeling of pain+-IA[1])〙 *n.* 〘医学〙 温熱性痛覚過敏.
thérmal néutron *n.* 〘原子力〙 熱中性子.
thérmal nóise *n.* 〘電子工学〙 熱雑音《抵抗体の内部で熱運動をしている伝導電子のゆらぎにより生じる電気的雑音; Johnson noise ともいう; cf. shot effect》.
thérmal pollútion *n.* 熱汚染《火力・原子力発電所などの廃水が昇温したまま河川や海に放流され, 環境・生態系に変化をもたらし, また動植物に被害を与えること; heat pollution, calefaction ともいう》.
thérmal pówer plànt [stàtion] *n.* 〘電気〙 火力発電所.
thérmal radiátion *n.* 〘物理化学〙 熱放射《物体から熱エネルギーが電磁波として放出される現象》.
thérmal reáctor *n.* 〘原子力〙 熱中性子炉.
thérmal resístance *n.* 〘化学〙 耐熱性.
thérmal shóck *n.* 〘物理化学〙 熱衝撃《物体に加えられた急激な温度変化》: ~ resistant 熱衝撃抵抗性の.
thérmal shrínkage *n.* 〘化学〙 熱収縮《延伸された高分子固体に熱を加えた時ある温度で急に収縮する現象》.
thérmal spríng *n.* 温泉 (hot spring).
thérmal stréss *n.* 〘物理〙 熱応力, 温度応力《温度変化が原因となって物体中に起こる歪力》.
thérmal ùnit *n.* 〘物理化学〙 熱量単位, 熱単位 (cf. British thermal unit).
therm·an·es·the·si·a [θə̀ːmænesθíːʒiə, -ʒə | θə̀ːmænɪsθíːziə, -niːs-, -nəs-, -zjə, -ʒiə, -ʒə] 〘← THERMO-+ANESTHESIA〙 *n.* 〘病理〙 温(度)覚消失.
ther·man·ti·dote [θəːmǽnṭidòut, -ṭə- | θəːmǽntɪdəut] 〘← THERMO-+ANTIDOTE〙 *n.* 室内冷却器《インドで用いる一種の換気扇》.
therme [θə́ːm | θə́ːm] *n.* 〘物理化学〙 =therm.
therm·el [θə́ːmel | θə́ː-] 〘← THERMO-+EL(ECTRIC)〙 *n.* 〘電気〙 =thermoelectric thermometer.
therm·es·the·si·a [θə̀ːmesθíːʒiə, -ʒə | θə̀ːmɪsθíːziə, -miːs-, -məs-, -zjə, -ʒiə, -ʒə] 〘← THERMO-+ESTHESIA〙 *n.* 〘生理〙 温覚, 温度(感)覚 (thermal sensation).
ther·mic [θə́ːmɪk | θə́ː-] 〘← THERMO-+-IC[1]〙 *adj.* 熱の, 熱による: ~ rays 熱線. **thér·mi·cal·ly** *adv.*
Ther·mi·dor [θə́ːmɪdɔ̀ə | θə́ːmɪdɔ̀ː(r; *F.* tɛrmidɔːr] 〘▭F ~ ← Gk *thérmē* heat+*dōron* gift〙 ― *n.* 熱月, テルミドール《フランス革命暦の第 11 月; ⇨ Revolutionary calendar》.
Ther·mi·do·re·an [θə̀ːmədɔ́ːriən, -dɔ́ːr- | θə̀ːmɪdɔ́ːrɪ-] 〘▭F *thermidorien*: ⇨↑, -ian〙 (*also* **Ther·mi·do·ri·an** [~]) ― *n.* (フランス革命の際の)熱月党員《1794 年の Thermidor の第 9 日(7 月 27 日)に Robespierre の打倒に参加した人》. ― *adj.* **1** 熱月の. **2** 熱月党員の.
therm·i·on [θə́ːmàɪən, -àɪɑn | θə́ːmàɪən, -àɪɔn] 〘← THERMO-+ION〙 *n.* 〘電気〙 熱電子, 熱イオン《白熱体から発する電子またはイオンのような帯電粒子群》.
therm·i·on·ic [θə̀ːmaɪɑ́nɪk, -mi- | θə̀ːmɪɔ́n-] 〘⇨↑, -ic[1]〙 *adj.* 〘電気〙 熱電子の.
thermiónic cúrrent *n.* 〘電気〙 熱電子[熱イオン]電流.
thermiónic emíssion *n.* 〘電気〙 熱電子[熱イオン]放出《加熱された物質の表面から電子が放出される現象; cf. field emission, photoemission》.
therm·i·on·ics [θə̀ːmaɪɑ́nɪks, -mi- | θə̀ːmɪɔ́n-] 〘⇨ thermion, -ics〙 *n.* 熱電子学, 熱イオン学.
thermiónic túbe *n.* 〘電子工学〙 熱電子管; (ラジオ用)真空管 (thermionic valve ともいう).
thermiónic válve *n.* (英) =thermionic tube.
therm·is·tor [θə́ːmɪstə | θə́ːmɪstə(r] 〘← THERMO-+(RES)ISTOR〙 *n.* 〘電子工学〙 サーミスター《温度制御用の半導体感温素子の一種》.
Ther·mit [θə́ːmɪt, -mət | θə́ːmɪt] *n.* 〘商標〙 テルミット《thermite の商品名》.
ther·mite [θə́ːmaɪt | θə́ː-] 〘← THERMO-+-ITE[1]〙 ― *n.* 〘化学〙 テルミット《粉末アルミニウムと酸化鉄との等量混合物; セ氏約 3,000 度の高温を出すので溶接などに応用する》.
ther·mo- [θə́ːmou, -mə | θə́ːmə(ʊ)] 〘← Gk *thermós* hot ← *thérmē* heat〙 ― 次の意味を表わす連結形: **1** 「熱(heat)」: *thermo*dynamics. **2** 「熱電気の (thermoelectric)」: *thermo*pile. ★ 母音の前では通例 therm- になる.
thèrmo·ámmeter *n.* 〘電気〙 熱電電流計.
thèrmo·bálance *n.* 〘化学〙 熱天秤《温度の関数として物質の質量を測定する天秤》.
thèrmo·bárograph *n.* 〘物理〙 自記温度気圧計.
thèrmo·barómeter *n.* 〘物理化学〙 温圧計.
thèrmo·báttery 〘← THERMO(ELECTRIC)+BATTERY〙 *n.* 熱電池.
thèrmo·cáutery *n.* 〘外科〙 焼灼(しょうしゃく)器.
thermochem. (略) thermochemical; thermochemistry.
thèrmo·chémical *adj.* 熱化学の.
thèrmo·chémist 〘(逆成) ↓〙 *n.* 熱化学者.
thèrmo·chémistry *n.* 熱化学.
ther·mo·cline [θə́ːməklàɪn | θə́ːmə(ʊ)-] *n.* 〘地質〙 温度躍層《海水・湖水で, ある深度で急に水温が低下する部分; 水深 1 m につき少なくとも 1°C 以上低下する; また水質も著しい変化を示すことから変水層 (metalimnion) ともいう; cf. epilimnion, hypolimnion》.
thèrmo·coagulátion *n.* 〘医学〙 熱凝固(法).
thèrmo·còuple *n.* 〘電気〙 熱電対(つい)《異種金属の接合を用いた感温素子》.
thèrmo·cúrrent *n.* 〘電気〙 熱電流.
thèrmo·diffúsion *n.* 〘物理化学〙 =thermal diffusion.
thèrmo·dynámic *adj.* 熱力学の; 熱量を動力に利用する. **thérmo·dynámical** *adj.* **thèrmo·dynámically** *adv.*
thermodynámic effíciency *n.* 〘機械〙 熱力学的効率, 機関効率《ある熱機関において, 一定量のガスから実際に得られる仕事量と熱力学理論から期待される仕事量との比》.
thermodynámic equilíbrium *n.* 〘物理化学〙 熱力学平衡《熱力学的系において各成分・各相の化学ポテンシャルが等しい平衡状態》.
thermodynámic poténtial *n.* 〘物理化学〙 熱力学ポテンシャル (⇨ Gibbs free energy).
thèrmo·dynámics *n.* 熱力学. **thèrmo·dynámicist** *n.*
thermodynámic sýstem *n.* 〘物理化学〙 熱力学系.
thermodynámic témperature *n.* 〘物理〙 熱力学的温度.
thèrmo·elástic *adj.* 〘物理化学〙 熱弾性の.
thèrmo·eléctric *adj.* 〘物理〙 熱電気の (cf. pyroelectric): a ~ current 熱電流 / a ~ pile 熱電堆(たい) / a ~ couple 熱電対(つい) / ⇨ thermoelectric thermometer.
thèrmo·eléctrical *adj.* =thermoelectric. **~·ly** *adv.*
thermoeléctric efféct *n.* 〘電気〙 熱電効果.
thèrmo·electrícity *n.* 熱電気.
thermoeléctric pówer *n.* 〘電気〙 熱電能《単位温度差あたりの熱起電力の大きさ》.
thermoeléctric refrigerátion *n.* 〘電気〙 熱電冷却, 電子冷凍《ペルチエ効果 (Peltier effect) によって冷却する方法》.
thermoeléctric séries *n.* 〘電気〙 熱電列《各種金属の熱電能の序列》.
thermoeléctric thermómeter *n.* 〘電気〙 熱電温度計《熱電対を応用した温度計》.
thèrmo·electrómeter *n.* 〘電気〙 熱電流計.
thèrmo·electromótive *adj.* 熱電流を起こす, 熱起電力の.
thermoelectromótive fórce *n.* 〘電気〙 熱起電力, 熱動電力.
thèrmo·eléctron *n.* 〘電子工学〙 熱電子.
thèrmo·élement 〘← THERMO(COUPLE)+ELEMENT〙 ― *n.* 〘電気〙 **1** 熱電対(つい). **2** 真空熱電対《電熱線と熱電対とを真空中に封入した熱電形計器用の素子》.
ther·mo·form [θə́ːməfɔ̀əm | θə́ːmə(ʊ)fɔ̀ːm] *n.* 加熱成形. ― *vt.* (熱と圧力を加えて)〈プラスチックなど〉を成形する. **thér·mo·fòrm·a·ble** [-məbl] *adj.*
thèrmo·galvanómeter *n.* 〘電気〙 熱電検流計《電流計と熱電対(つい)とを合わせた器械》.
thèrmo·génesis *n.* 熱発生《特に, 生理的作用による動物体の体温の発生》. **thèrmo·genétic** *adj.*
ther·mo·gen·ic [θə̀ːmədʒénɪk | θə̀ː-] *adj.* 熱を発する; (特に)体温を生じる.
ther·mog·e·nous [θəːmɑ́dʒənəs | θəːmɔ́dʒɪ-] *adj.* 熱を発生する (thermogenetic).
ther·mo·gram [θə́ːməgræ̀m | θə́ːmə(ʊ)-] *n.* **1** 温度記録図. **2** (自記温度計の)写真計測記録.
ther·mo·graph [θə́ːməgræ̀f | θə́ːmə(ʊ)grɑ̀ːf, -græ̀f] *n.* **1** 自記温度計, 記録温度計. **2** =thermogram.
ther·mog·ra·phy [θəːmɑ́grəfi | θəːmɔ́grəfɪ] *n.* **1** 〘印刷〙 盛り上げ印刷, 隆起印刷《画線を加熱隆起させる印刷方法》. **2** サーモグラフィー《身体各部から出る熱線を描画して研究・診断(乳癌の診断など)に利用する方法》. **ther·mo·graph·ic** [θə̀ːməgrǽfɪk | θə̀ːmə(ʊ)-] *adj.* **thèr·mo·gráph·i·cal·ly** *adv.*
thèrmo·gravímetry *n.* 〘物理化学〙 熱重量分析. **thèrmo·gravimétric** *adj.*
ther·mo·ha·line [θə̀ːmou(ʊ)héɪlaɪn, -hǽl- | θə̀ːmə(ʊ)-] 〘← THERMO-+Gk *háls* 'SALT[1]'+-INE[1]〙 *adj.* 〘海洋〙 熱塩の《温度と塩分による》.
thèrmo·júnction *n.* 〘電気〙 熱電接点《熱電対(つい)の接合点》.
thèrmo·lábile *adj.* 〘生化学〙 熱に侵されやすい, 不耐熱性の (↔ thermostable). **thèrmo·labílity** *n.*
ther·mol·o·gy [θəːmɑ́lədʒi | θəːmɔ́lədʒɪ] 〘▭F *thermologie*: ⇨ thermo-, -logy〙 *n.* 熱学.
thèrmo·luminéscence *n.* 〘光学〙 熱ルミネセンス, 温度冷光《特殊の物質を少し温めまたは冷やすと光を放つ現象》. **thèrmo·luminéscent** *adj.*
ther·mol·y·sis [θəːmɑ́ləsɪs, -səs | θəːmɔ́lɪsɪs] 〘← THERMO-+-LYSIS: cf. G *Thermolyse*〙 ― *n.* **1** 〘生理〙 体温発散. **2** 〘化学〙 熱分解, 熱解離. **ther·mo·lyt·ic** [θə̀ːməlíṭɪk | θə̀ːməlɪt-] *adj.*
thèrmo·magnétic *adj.* 〘電気〙 熱磁気の: ~ effect 熱磁気効果. **thèrmo·magnétically** *adv.*
thèrmo·mágnetism *n.* 〘電気〙 熱磁気.
ther·mom·e·ter [θəmɑ́məṭə, θə- | θəmɔ́mɪtə(r, -mə-] 〘(1633) ▭F *thermomètre*: ⇨ thermo-, -meter[1]〙 ― *n.* 温度計, 寒暖計, 検温器: a Centigrade [Celsius] ~ セ氏温度計《氷点 0 度, 沸騰点 100 度》/ a Fahrenheit ~ カ氏温度計《氷点 32 度, 沸騰点 212 度》/ a Réaumur ~ 列氏温度計《氷点 0 度, 沸騰点 80 度》/ a clinical ~ 体温計 / a combination ~ 対照温度計《セ氏・カ氏・列氏温度計を兼ね, 互いに対照できるようにしたもの》/ a maximum [minimum] ~ 最高[最低]温度計 / ⇨ resistance thermometer.
ther·mo·met·ric [θə̀ːməmétrɪk | θə̀ːmə(ʊ)-] *adj.* 温度計上の; 温度測定の. **thèr·mo·mét·ri·cal** *adj.* **thèr·mo·mét·ri·cal·ly** *adv.*
thermométric titrátion *n.* 〘化学〙 温度滴定, 熱滴定《滴定溶液の温度変化により終点を検知する滴定》.
ther·mom·e·try [θəmɑ́mətri | θəmɔ́mɪtrɪ, -mə-] *n.* **1** (物理学の一分野としての)温度測定学. **2** 温度測定. **3** 温度計学《温度計の構造・利用に関する学問》.
thèrmo·mótive *adj.* **1** 熱によって生じた運動の, 熱動力の, 熱動の. **2** 熱機関 (thermomotor) の.
thèrmo·mótor *n.* 熱(気)機関.
ther·mo·nas·ty [θə́ːmənæ̀sti | θə́ːmə(ʊ)næ̀stɪ] *n.* 〘植物〙 傾熱性《温度変化が刺激になって起こる傾性運動》.
thèrmo·núclear *adj.* 〘原子力・物理〙 高温による原子核(融合)反応の: a ~ bomb 熱核爆弾, 水素爆弾 / ~ burning 熱核燃焼 / the ~ club 水爆保有国仲間 / a ~ explosion 熱核爆発《水素爆弾などの爆発》/ ~ reaction 熱核反応, 核融合反応 / a ~ reactor 核融合炉 / a ~ test 熱核実験 / ~ transformation 熱核変換 / a ~ weapon (水爆などの)熱核兵器 / a ~ warhead 熱核弾頭.
thèrmo·penetrátion *n.* 〘医学〙 熱透過, ジアテルミー (diathermy).
thèrmo·périod *n.* 〘生物〙 温度周期, 温周期《日夜・四季のような変化する温度条件の下に生育する期間; cf. photoperiod》.
thèrmo·periodícity *n.* 〘生物〙 温(度)周期性.
thermo·périodism *n.* 〘生物〙 温度周期現象《外界の温度の周期的変化に応じる生物体の反応; cf. photoperiodism》.
ther·mo·phile [θə́ːməfàɪl | θə́ː-] 〘生物〙 *n.* 好熱性細菌. ― *adj.* =thermophilic.
ther·mo·phil·ic [θə̀ːməfílɪk | θə̀ːmə(ʊ)-] *adj.* 〘生物〙 〈細菌が〉好熱性の《45°C–75°C で発育できる; cf. psychrophilic》: ~ bacteria 好熱性細菌.
ther·moph·i·lous [θəːmɑ́fələs | θəːmɔ́fɪ-] *adj.* 〘生物〙 =thermophilic.
ther·mo·phone [θə́ːməfòun | θə́ːməfəun] 〘← THERMO-+(TELE)PHONE〙 *n.* 〘電気〙 サーモフォン《マイクロフォンの校正に使用する電気音響変換器》.
ther·mo·phore [θə́ːməfɔ̀ə, -fòə | θə́ːməfɔ̀ː(r] *n.* 伝熱装置, 加熱器.
thèrmo·phosphoréscence *n.* 〘光学〙 =thermoluminescence.
thèrmo·phýsical *adj.* 〘物理化学〙 熱物理の.
thérmo·pìle 〘← THERMO-+PILE[1]〙 *n.* 〘物理〙 サーモパイル, 熱電対(つい)列《多数の熱電対を直列に接続したもので, 赤外線など放射エネルギーの測定に使用》.
thèrmo·plástic *adj.* 熱(可)塑性の. ― *n.* 熱(可)塑物. **thèrmo·plastícity** *n.*
thermoplástic résin *n.* 〘化学〙 熱可塑性樹脂《加熱すると軟らかくなり, 冷やすと硬くなるポリエチレン・塩化ビニールなど》.
ther·mo·ple·gi·a [θə̀ːmo(ʊ)plíːdʒiə, -dʒə | θə̀ːməplíːdʒɪə, -dʒə] *n.* 〘病理〙 熱射病 (heatstroke).
thèrmo·polymerizátion *n.* 〘化学〙 熱重合.

Ther·mop·y·lae [θə(ː)mápəlìː | θə(ː)mɔ́pɪ-] *n.* テルモピレー《ギリシャ北東部から Thessaly に通じる海辺の峡路; ギリシャの将軍 Leonidas の率いる 1,000 人がペルシャの大軍を迎え全滅した場所 (480 B.C.)》.

thèrmo·recéptor *n.* 〘生理〙温度受容器.

thèrmo·regulátion *n.* **1** 温度調節. **2** 〘生理〙体温調節(機能).

thèrmo·régulator *n.* 温度調節器, 整温器.

thèrmo·régulatory *adj.* 〘生理〙体温調節(性)の.

thèrmo·rélay *n.* 〘電気〙熱電継電器.

thèrmo·rémanent *adj.* 〘物理化学〙熱残留の: ~ magnetization 熱残留磁化. **thèrmo·rémanence** *n.*

Ther·mos, t- [θə́ːməs | θə́ːmɔs, -məs] 〘□ Gk *thermós* hot〙 ── *n.* 〘商標〙サーモス《魔法びん (vacuum bottle) の商品名; Thermos bottle [flask, jug] ともいう》: a ~ of tea お茶を入れたサーモス[魔法びん].

ther·mo·scope [θə́ːməskòup | θə́ːməskə̀up] *n.* 〘物理化学〙温度験器, 測温器, 温度測定器《二物体の温度差を見る器械》. **ther·mo·scop·ic** [θə̀ːməskápɪk | θə̀ːməskɔ́p-] *adj.* **thèr·mo·scóp·i·cal** *adj.*

thèrmo·sénsitive *adj.* 〘化学〙熱感性の, 熱[温度変化]に感応する[敏感な].

thérmo·sèt 〘← THERMO-+SET (vt. 15) (p.p.)〙〘化学〙*adj.* 熱硬化性の; 熱で硬化した. ── *n.* 熱硬化物質.

thérmo·sètting 〘化学〙*adj.* 〈可塑物など〉熱硬化性の. ── *n.* 熱硬化性.

thérmosetting résin *n.* 〘化学〙熱硬化性樹脂《メラミン・フェノール樹脂など熱すると硬くなる樹脂》.

Thérmos flàsk *n.* 〘商標〙=Thermos.

thèrmo·síphon *n.* 熱サイフォン《温度差などの熱の不均衡によって生じるサイフォン作用》.

Thérmos jùg *n.* 〘商標〙=Thermos.

thérmo·sóftening *adj.* 〘化学〙熱軟化性の.

ther·mo·sphere [θə́ːməsfɪə | θə́ːmə(ʊ)sfɪə(r)] *n.* 〘気象〙[the ~] 熱圏《大気の中間圏 (mesosphere) より上の部分の総称》. **ther·mo·spher·ic** [θə̀ːməsférɪk, -sfí(ə)r- | θə̀ːmə(ʊ)sfér-] *adj.*

thèrmo·stáble *adj.* 〘生化学〙耐熱性の (↔ thermolabile). **thèrmo·stabílity** *n.*

ther·mo·stat [θə́ːməstæ̀t | θə́ːmə(ʊ)-] 〘← THERMO-+-STAT〙 ── *n.* 〘電気〙サーモスタット, 温度調節器《一定の温度に達すると熱源を自動的に停止する装置; cf. cryostat》. ── *vt.* **1** …にサーモスタットを付ける. **2** サーモスタットで調温する. **ther·mo·stat·ic** [θə̀ːməstǽṭɪk | θə̀ːmə(ʊ)stǽt-] *adj.* **thèr·mo·stát·i·cal·ly** *adv.*

ther·mo·stat·ics [θə̀ːməstǽṭɪks | θə̀ːmə(ʊ)stǽt-] 〘← THERMO-+STATICS: HYDROSTATICS との類推から〙 *n.* 〘物理化学〙静熱力学, 熱平衡論.

thérmo·tànk *n.* サーモタンク《強制通風による冷暖房用タンク》.

ther·mo·tax·is [θə̀ːmo(ʊ)tǽksɪs, -səs | θə̀ːmə(ʊ)tǽksɪs] *n.* 〘生物・生理〙熱走性, 趨熱(すう)性, 温度走性. **ther·mo·tac·tic** [θə̀ːmətǽktɪk | θə̀ːmə(ʊ)-] *adj.*

thèrmo·ténsile *adj.* 《まれ》〘物理化学〙熱張力の.

thèrmo·thérapy *n.* 〘医学〙温熱療法 (cf. cryotherapy).

ther·mot·ics [θə(ː)máṭɪks | θə(ː)mɔ́t-] 〘⇨ thermo-, -ics〙 *n.* =thermology.

ther·mot·ro·pism [θəːmátrəpɪzm | θə(ː)mɔ́t-] *n.* 〘生物〙屈熱性, 向熱性: negative [positive] ~ 背熱[向熱]性. **ther·mo·trop·ic** [θə̀ːmətrápɪk | θə̀ːmətrɔ́p-] *adj.*

ther·mot·ro·py [θəːmátrəpi | θəːmɔ́trəpɪ] *n.* 〘化学〙熱互変《熱によって起こる可逆的な結晶形の転移》.

-ther·mous [θə́ːməs | θə́ː-] 「…の熱をもつ」の意の連結形: homo*thermous*.

thérm wíndow *n.* 〘建築〙=Diocletian window.

-ther·my [θə̀ːmi | θə̀ːmɪ] 〘← NL *-thermia* ← Gk *thérmē* heat: ⇨ -therm, -y[1]〙「熱」の意の名詞連結形: dia*thermy*.

the·ro- [θí(ə)ro(ʊ) | θíərə(ʊ)] 〘← Gk *thēro-* ← *thḗr* wild animal〙「野獣」の意の連結形. ★ 母音の前では通例 ther- になる.

the·roid [θí(ə)rɔɪd | θíər-] 〘□ Gk *thēroeid-ḗs*: ⇨ ↑, -oid〙 *adj.* (性状が)獣のような, 野獣性の (brutish): a ~ idiot 〘心理〙野獣性白痴.

the·rol·o·gy [θɪrálədʒi | θɪ(ə)rɔ́lədʒɪ] 〘← THERO-+-LOGY〙 *n.* 《まれ》哺乳類学 (mammalogy).

The·ro·mor·pha [θì(ə)rəmɔ́ːfə | θìərəmɔ́ː-] 〘← NL ~: ⇨ thero-, -morpha〙 *n. pl.* 〘古生物〙獣形上目 (⇨ Pelycosauria).

the·ro·phyte [θí(ə)rəfàɪt | θíər-] 〘← *thero-* (← Gk *théros* summer)+-PHYTE〙 *n.* 〘植物〙一年生[一季生]植物.

the·ro·pod [θí(ə)rəpàd | θíərəpɔ̀d] 〘↓〙 *adj., n.* 〘古生物〙獣脚亜目(の恐竜).

The·rop·o·da [θɪ(ə)rápədə | θɪərɔ́p-] 〘← NL ~: ⇨ thero-, -poda〙 *n. pl.* 〘古生物〙《爬虫類竜盤目》獣脚亜目.

the·rop·o·dous [θɪ(ə)rápədəs | θɪərɔ́p-] 〘⇨ ↑, -ous〙 *adj.* 〘古生物〙=theropod.

Ther·si·tes [θə(ː)sáɪtiːz | θəː-] 〘□ L *Thersītes* □ Gk *Thersítēs* 《原義》bold (of speech) ← *thérsos* courage, audacity〙 ── *n.* 〘ギリシャ伝説〙テルシーテース《Homer の *Iliad* 中でギリシャ人中最も醜悪で意地悪く口汚ない男として描かれている人物; Achilles や Odysseus をののしったが, 結局 Achilles に殺された》.

ther·sit·i·cal [θə(ː)sítɪkəl, -ṭə- | θəːsítɪ-] 〘《1650》: ↑〙 *adj.* 口の悪い, 口汚ない (scurrilous, abusive).

Thes. 《略》Thessalonians (新約聖書の)テサロニケ書.

thesauri *n.* thesaurus の複数形.

the·sau·ro·sis [θìːsɔːróusɪs, -səs | -rə́usɪs] 〘← NL ~ ← Gk *thēsaurós* storeroom (↓)+-OSIS〙 ── *n.* 〘病理〙蓄積症, 沈着症, 貯蔵症《類脂体・蛋白質・炭水化物または他の生体成分が異常に細胞内に蓄積する代謝病; storage disease ともいう》.

the·sau·rus [θɪsɔ́ːrəs, θə- | θɪ-, θiː-, θə-] 〘《1736》□ L ~ □ Gk *thēsaurós* 'TREASURE, storehouse'〙 ── *n.* (*pl.* **-sau·ri** [-raɪ, -riː | -raɪ], **~·es**) **1** 知識の宝庫《辞書・百科辞典など》, 宝典, 辞典 (lexicon); (特に)類義語辞典. **2** 宝庫 (treasury), 倉庫 (storehouse). **3** 〘電算機〙シソーラス《コンピューターに記憶された情報の索引》. **the·sáu·ral** [-rəl] *adj.*

these [ðíːz] 〘ME *þese* ← *þis* 'THIS'+*-e* (pl. suf.) ∽ ME *þās, þōs* < OE *ðās* 'THOSE'〙 ── *demons. pron.* [this の複数形] これらは[を, に]: *These* are my sons. これが息子たちです / I prefer ~ to the others. 私は他のものよりこれらの方がいい.
── *demons. adj.* [this の複数形] **1** これらの; このごろの, 現時の (cf. those): ~ books, houses, people, etc. / ~ United States この合衆国 / (in) ~ days このごろは, 当節 / one of ~ days 近日 / ~ times 現時 / He has been studying French ~ twenty years. 彼はこの 20 年間フランス語を研究している《★ ただしこの文では *these* twenty years よりも (for) twenty years を用いるほうが口語的》. ★ one of these はしばしば軽蔑的に用いられる (cf. *a* SORT *of*, KIND *of*): He's *one of* ~ artist chaps. やつはへぼ絵かきだ. **2** [よく知られている, または大きな話題になっている人や物を指して] これらの…というもの (cf. this *adj.* 3): ~ space shuttles このスペースシャトルというもの. **3** 《口語》[話者の念頭にある未出の特定の人や物を指して] ある (some) (cf. this *adj.* 4): I heard ~ footsteps behind me, and I looked back. 私は後ろに足音がするので振り返った.

theses *n.* thesis の複数形.

The·seus [θíːsuːs, -siəs | -sjuːs, -sɪəs, -sjəs] 〘□ L *Thēseus* □ Gk *Thēseús* ← ?〙 ── *n.* 〘ギリシャ神話〙テーセウス《アテネの王 Aegeus の子, 立憲的王制を樹立して Attica の諸都市をアテネに統一した; また Crete 島の迷宮を突破して Minotaur を殺し, Hercules の Amazon 征伐や Argonauts の遠征に参加した》.

the·sis [θíːsɪs, -səs | -sɪs] 〘《*a*1398》□ L ~ □ Gk *thésis* an arranging, sitting down, something set down, proposition ← *tithénai* to place: cf. theme〙 ── *n.* (*pl.* **the·ses** [-siːz]) **1** 論題; (作文・論文の)題目 (subject); 作文. **2** 学位論文, 卒業論文 (dissertation) [*on*]: a doctor's [doctoral] ~=a ~ for the doctorate 博士論文 / a graduation ~ 卒業論文. **3 a** 〘論理〙(論証さるべき)命題, 定立, テーゼ: a ~ *that* sound laws admit of no exceptions 音法則には例外なしという命題. **b** 想定 (assumption), 仮定 (postulate). **c** 〘哲学〙措定(そ), 定位, 定立《推論の前提として使用される, まだ証明されていない命題; cf. HEGELIAN dialectic, antithesis 3》. **4** 〘音楽〙下拍, 強拍 (down beat) (↔ arsis). **5** [θíːs-, θés- | θés-, θíːs-] 〘詩学〙(英詩の)弱音部[節] (cf. arsis 1, ictus 1); (古典詩の)揚音部, 強音部.

thésis plày *n.* テーマ劇《ある特定の主張を展開したり擁護したりする劇》.

Thes·mo·pho·ri·a [θèsməfɔ́ːriə, -fóːr- | -fɔ́ːrɪə] 〘□ L ~ □ Gk *thesmophória* (pl.) ← *thesmophóros* giving laws ← *thesmós* law, ordinance (← *tithénai* to put, lay down)+*-phoros* '-PHORE'〙 ── *n.* [時に複数扱い] テスモフォリア《古代ギリシャの女性による祭で, 農業・家族の守護女神 Demeter のために行なわれた》.

Thes·pi·an [θéspiən | -pɪən, -pjən] 〘《1675》: ⇨ ↓, -an[1]〙 ── *adj.* **1** テスピス (Thespis) の. **2** [時に t-] 悲劇の (tragic); 戯曲の, 演劇の (dramatic): the ~ art 戯曲, 劇 (the drama). ── *n.* [時に t-] 《戯言》悲劇役者 (tragedian); 俳優, 役者 (actor or actress).

Thes·pis [θéspɪs, -pəs | -pɪs] 〘□ L ~ □ Gk *Théspis* ← *théspis* inspired by the gods 《短縮》← *thespésios* divinely sounding, divine〙 ── *n.* テスピス《紀元前 6 世紀のギリシャの伝説的悲劇詩人; ギリシャ悲劇の祖と言われる》.

Thess. 《略》Thessalonians (新約聖書の)テサロニケ書.

Thes·sa·li·a [θesélɪə, -ljə | -ljə, -lɪə; *Mod.Gk.* θesalía] 〘□ Gk ~〙 *n.* テッサリア《Thessaly の現代ギリシャ語名》.

Thes·sa·li·an [θeséɪliən, -ljən | -ljən, -lɪən] 〘← L *Thessalius* of Thessalay+-AN[1]: ↑〙 ── *adj.* テッサリア (Thessaly) の; テッサリア人[語]の. ── *n.* テッサリア人[語].

Thes·sa·lo·nian [θèsəlóunjən, -niən | -lə́unjən, -nɪən] 〘← *Thessalonica* (↓)+-AN[1]〙 ── *adj.* テサロニカ (Thessalonica) の. ── *n.* **1** テサロニカ人. **2** [the ~s] (新約聖書の)テサロニケ書 (The Epistles of Paul to the Thessalonians)《前・後二書から成る; 略 Thess.》.

Thes·sa·lo·ni·ca [θèsələnáɪkə, -lánɪ-, -nə- | -lənáɪkə, -níː-] *n.* テサロニカ《Salonika の古名》.

Thes·sa·lo·ni·ki [*Mod.Gk.* θesaloníki] *n.* テサロニキ《Salonika のギリシャ語公式名》.

Thes·sa·ly [θésəli | -lɪ] *n.* テッサリア《ギリシャ北東部の一地方; 古代ギリシャの一州; 人口 660,000, 面積 13,940 km^2》.

the·ta [θéɪṭə, θíː- | θíːtə] 〘□ Gk *thêta* □ Heb. *ṭēth*〙 *n.* テータ《ギリシャ語アルファベット 24 字中の第 8 字: *Θ, θ*; ⇨ alphabet 表》.

théta pìnch *n.* 〘物理〙テータ[*θ*]ピンチ《プラズマ柱の円周方向(これをテータ方向という)に流れる電流と軸方向に印加されている磁場との相互作用によりプラズマ柱が細い紐状に絞られる現象; cf. zeta pinch》.

thet·ic [θéṭɪk, θíːt- | -tɪk] 〘□ Gk *thetik-ós* fit for placing, positive ← *thétos* (verbal adj.) ← *tithénai* to place: ⇨ -ic[1]〙 ── *adj.* **1** 断言的な, 恣意的な (dogmatic). **2** 〘詩学〙**a** thesis をなす: a ~ syllable. **b** thesis で始まる: a ~ line.

thét·i·cal [-ṭɪkəl, -ṭə- | -tɪ-] *adj.* =thetic 1. **~·ly** *adv.*

The·tis [θíːṭɪs, -ṭəs | θétɪs] 〘□ L ~ □ Gk *Thétis*〙 *n.* 〘ギリシャ神話〙テティス《海神 Nereus の 50 人の娘 (Nereids) の一人; Peleus の妻で Achilles の母》.

the·ur·gic [θi(ː)ə́ːdʒɪk | θiːə́ː-, θɪ-] 〘□ LL *theurgic-us* □ Gk *theourgikós* magical: ⇨ theurgy, -ic[1]〙 *adj.* **1** 奇跡の. **2** 魔法の. **~·ly** *adv.*

the·úr·gi·cal [-dʒɪkəl, -dʒə- | -dʒɪ-] *adj.* =theurgic.

thé·ur·gist [-dʒɪst, -dʒəst | -dʒɪst] *n.* **1** 奇跡を行なう人. **2** 魔術師 (magician).

the·ur·gy [θíːəːdʒi | θíːəːdʒɪ] 〘《1569》□ LL *theūrgia* □ Gk *theourgía* miracle, sorcery ← *theourgós* doing the works of a god ← THEO-+*érgon* work: ⇨ ergon, -y[1]〙 ── *n.* **1** 神わざ, 奇跡. **2** (エジプトの新プラトン学派の行なった)神的秘術, 魔術 (sorcery).

thew [θ(j)úː | θjúː] 〘OE *þēaw* custom, usage ← ?: cf. OHG *dau* discipline〙 ── *n.* **1** [通例 *pl.*] 筋肉, 腱(けん) (sinew). **2** [*pl.*] **a** 筋力, 腕力, 体力. **b** 《古》精神力, 気力. **3** 活力 (vitality).

thewed *adj.* [複合語の第 2 構成素として] (…な)筋肉をもつ: strong-*thewed*.

théw·less *adj.* 《スコット》無気力な (inactive).

thew·y [θ(j)úːi | θjúːɪ] 〘← THEW+-Y[4]〙 *adj.* (**thew·i·er; -i·est**) 筋力のたくましい (sinewy).

they [ðeɪ; ðèɪ, ðéɪ] 〘《?*a*1200》*þei* □ ON *þei-r* those (nom. pl. masc.) ∽ OE *hī, hīe* they (pl.) ← *hē* 'HE[1]', *hēo* 'SHE', *hit* 'IT[1]': cf. OE *þā* (pl.) ← *þæt* 'THAT[1]'〙 ── *pron.* (人称代名詞, 三人称複数主格; 所有格 **their**, 目的格 **them**) **1** 彼ら, 彼女ら, それら, あの人人, あれら, それら: *They* are my cousins [books]. ★ they who [that]…(=those who [which]…) という形は古体. **2 a** 世人, 人々 (people) (cf. one *pron.* 3 a, we *pron.* 3, you *pron.* 2): *They* say (that) the government is going to resign. 内閣は辞職するということ[うわさ]だ(★《口語》では It is said that… よりも好まれる) / In America ~ speak English. アメリカでは英語が話される. **b** 《俗》(軍または民間の)おえら方, 当局. **3** 《口語》[anyone, everybody など単数の不定代名詞を受けて] =he, she: *Nobody* ever admits that ~ are to blame. だれも自分が悪いと言う人はない / Place yourself behind the door, and you'll be able to see *everyone* as ~ come in. 戸のうしろに隠れていなさい, そうすれば入って来る人が皆見られる. **4** 《英方言》[指示形容詞的] =those: some of ~ workers その労働者の何人か.

they'd [ðéɪd] they would または they had の縮約形.

théy-gròup *n.* 〘社会学〙かれら集団, 外集団 (⇨ outgroup).

they'll [ðéɪl] they will の縮約形.

they're [ðéɪə, ðéə | ðé(ɪ)ə(r)] they are の縮約形.

they've [ðéɪv] they have の縮約形.

T.H.I. 《略》〘気象〙Temperature-Humidity Index.

thi- [θaɪ] (母音の前に来る時の) thio- の異形: *thi*azine, *thi*azole.

thi·a·ben·da·zole [θàɪəbéndəzòul | -zəul] 〘← THIA(ZOLE)+BEN(ZO-)+(IMI)D(E)+AZOLE〙 *n.* 〘薬学〙チオベンダゾール ($C_{10}H_7N_3S$)《回虫駆除その他に使用》.

thi·a·cet·a·zone [θàɪəséṭəzòun | -təzəun] 〘⇨ ↓, azo-, -one〙 *n.* 〘薬学〙チオアセタゾン ($C_{10}H_{12}N_4OS$)《淡黄色の結晶; 抗結核剤》.

thi·a·cé·tic ácid [θàɪəsíːṭɪk-, -æs-, -séṭ- | -síːt-, -sét-] 〘*thiacetic*: ← THIO-+ACETIC〙 *n.* 〘化学〙=thioacetic acid.

thi·a·min [θáɪəmɪn, -mən | -mɪn] *n.* 〘生化学〙=thiamine.

thi·ami·nase [θaɪǽmənèɪs, θáɪəm-, -nèɪz | -mɪnèɪs] 〘⇨ ↓, -ase〙 ── *n.* 〘生化学〙チアミナーゼ《チアミンを分解する酵素; 生の魚に含まれ, 多量の生魚を食べるとチアミン不足を引き起こす原因となる》.

thi·a·mine [θáɪəmɪn, -mən, -mìːn | -mìːn, -mɪn] 〘← THIO-+AMINE〙 ── *n.* 〘生化学〙チアミン ($C_{12}H_{17}ClN_4OS$)《vitamin B_1 の国際的名称; 抗神経痛性または抗ベリベリ病性のビタミン; aneurin ともいう》.

Thi·ar·i·dae [θaɪǽrədìː | -rɪ-] 〘← NL ~ ← *Thiara* (属名)+-IDAE〙 *n. pl.* 〘貝類〙トゲカワニナ科.

thi·a·sus [θáɪəsəs] 〘□ L ~ □ Gk *thíasos* the Bacchic dance, religious guild ← ?〙 ── *n.* (*pl.* **-a·si** [-sàɪ]) **1** (古代ギリシャで)特定の守護神(通例 Dionysus)を崇拝しその祭礼を行なう集団[講中]. **2** 〘ギリシャ神話〙ティアソス《Dionysus に従う巫女(みこ) (maenads) や森の神 (satyrs) などの群れ》.

thi·a·zide [θáɪəzàɪd, -zɪd, -zəd | -zàɪd, -zɪd] 〘← THIO-+(DI)AZ(INE)+(DIOX)IDE〙 *n.* 〘薬学〙チアザイド《利尿剤・血圧降下剤》.

thi·a·zine [θáɪəzìːn, -zɪn, -zən | -zìːn, -zàɪn] 〘← THIO-+AZINE〙 *n.* 〘化学〙チアジン (C_4H_5NS) (NS を含む複素環化合物の一種; 1, 4-チアジンが知られている》.

thi·a·zole [θáɪəzòul | -zəul] 〘← THIO-+AZOLE〙 ── *n.* 〘化学〙**1** チアゾール (C_3H_3NS)《ピリジン臭

のある液体》: ~ dye チアゾール染料. **2** チアゾール《1 の誘導体の総称; 炎症の治療薬・反応促進剤》.

Thi·baud [tɪbóu, tə- | tɪbáu; *F.* tibo], **Jacques** *n.* ティボー《1880–1953; フランスのバイオリン奏者》.

Thi·bet [tɪbét, tə- | tɪ-] *n.* =Tibet.

Thi·bet·an [tɪbétn̩, tə- | tɪbétən, -tn̩] *adj., n.* =Tibetan.

thick [θík] 〚OE *þicce* ← Gmc **þeku-, *þekwia-* (Du. *dik* thick / G *dick*) ← ? IE **tegu-* thick, fat (OIr. *tiug*)〛 **—** *adj.* (~·**er**; ~·**est**) **1 a** 厚い, 厚みのある (↔ thin); 太い, 肉太の (↔ slim): a ~ carpet 厚いカーペット / a ~ lump of butter バターの厚いかたまり / ~ lips 厚い唇 / a ~ neck [finger, bough] 太い首[指, 枝] / a ~ type 肉太の活字. **b** 《方言》〈人・動物が〉ずんぐりした (thickset): He was somewhat ~. ややずんぐりしていた. **2** 厚さ…の: The board is 2 inches ~. 板は厚さ 2 インチある / How ~ is it? 厚さはどの位あるか / a rope one inch ~ 太さ 1 インチのロープ. **3** 〈液体など〉濃い, 濃厚な, 半固体の (semisolid): (a) ~ soup [syrup] 濃いスープ[シロップ] (cf. clear soup) / (a) ~ paste 濃い糊(のり) / a cup of ~ black coffee 濃いブラックコーヒー. **4** 〈煙・霧など〉深い, 濃い (dense): ~ smoke / a ~ mist [fog] 濃霧 / ~ clouds 密雲 / a ~ snow 降りしきる雪 / ~ rain 降りしきる雨. **5** (人や物の集まりが)密な, 密集した, 茂った, こんもりした, 濃い (compact, dense); 〈髪が〉濃い, 豊かな (luxuriant) (↔ sparse): a ~ forest [wood] 密林 / ~ brown hair 濃い褐色の髪の毛 / ~ eyebrows 濃い眉毛 / be ~ *with* grass 草が茂っている / The crowd grew ~*er.* 群衆は段々込んで来た. **6** ひっきりなしの (frequent); 込み合った, たくさんの (crowded, numerous); 〔…で〕一杯の, 〔…を〕かぶった, …だらけの 〔*with, in*〕: a car ~ *with* people 人で込み合った車 / desks and chairs ~ *with* dust ほこりをかぶった机や椅子 / The room was ~ *in* dust. 部屋にはほこりが厚く積もっていた / The sky was ~ *with* stars. 満天の星が輝いていた / with honors ~ upon one 降り注ぐばかりの光栄を一身に浴びて. **7** 濁った, 混濁した (turbid, muddy): The river looked ~ after the rain. 雨上がりで川の水は濁っていた. **8** 〈音・声など〉不鮮明な; しゃがれた; こもった; 低くて太い (throaty) (cf. clear 4 a); 〈なまり・方言など〉目立つ, ひどい: a ~ voice だみ声 / He had a ~ German accent. ひどいドイツ語なまりがあった. **9** 〈天候が〉曇った, どんよりした, はっきりしない, 霧深い (foggy, misty): a ~ morning どんよりした朝 / The weather proved ~ and hazy. 天気はどんよりしてもやが深かった. **10** 〈夜・闇(やみ)など〉濃い, 深い (deep): ~ darkness 濃い暗闇 / ~ gloom 深い闇. **11** [Predicative に用いて]《口語》親密な, 仲のよい (intimate) 〔*with*〕: (as) ~ as thieves 離れられないほどの仲で / They're very ~ *together.* お互いにとても仲がいい / He was quite ~ *with* his pastor. 牧師と大の仲よしだった. **12 a** 〈知力・人が〉鈍い, ばかな, 愚鈍な (obtuse): have a ~ head 頭が鈍い / (as) ~ as too short planks ひどく頭の鈍い. **b** 《方言》(感覚の)鈍い: be ~ *of* hearing 耳が遠い. **13** もて余すほど多い, ひどい, たまらない (hardly tolerable): That's rather ~. **それはひどい** / This is a bit [a little] too ~. **これはちょっとひど過ぎる.** ★ この語義は多分 lay it on thick (⇨ lay[1] *v.* 成句) から.

a thick 'un 〚'*un* ⇨ un〛《英俗》ソブリン金貨; (もとはまた) 5 シリング銀貨. ***thick on the ground*** たくさんで (plentiful) (cf. THIN *on the ground*).

— *adv.* (~·**er**; ~·**est**) =thickly: The snow lay ~ on the ground. 雪が地上に厚く積もった / ~ and fast =fast and ~ どんどん; しきりに / spread the butter ~ バターを厚く塗る / The snow was falling ~. 雪が降りしきっていた / The heart beats ~. 胸がどきどきする / Doubt came ~ upon him. 大きな疑惑が湧いてきた / The porridge stirs ~. かゆをかきまぜるとどろどろする / ⇨ LAY[1] *it on thick.*

— *n.* **1** (前腕・ふくらはぎ・バットなどの)最も太い[厚い]部分: the ~ of the thigh 腿(もも)の一番太い部分. **2** (林などの)茂み (thicket): the ~ *of* a wood. **3** 最も人の集まる所; 〔戦いなどの〕最も激しい所, まっただ中 〔*of*〕: the ~ *of* a town 町の一番にぎやかな所 / in the ~ *of* a crisis [fight] 危機[激戦]のまっ最中に. **4** 《学校俗》鈍物, ばか: He is not a ~.

through thick and thin 万難を排して (cf. thick-and-thin): We'll back you up *through ~ and thin.* どんなことがあろうとも君を援助しよう.

thíck-and-thín 〚⇨↑, thin: 《原義》thicket and thin wood〛 **—** *adj.* 水火も辞さない, 終始変わらない (constant), 身命をささげた (devoted): ~ supporters, admirers, friends, etc.

thíck-bráined *adj.* 頭の悪い, 愚鈍な.

thick·en [θíkən] 〚《c1425》← THICK (adj.) + -EN[1]〛 **—** *vt.* **1** 厚くする; 太くする. **2** 濃くする, どろどろにする, 濃密にする: ~ soup *with* flour スープに粉を加えてどろどろにする / ~*ed* oil 濃化油, スタンド油. **3** 〈言葉などを〉不鮮明にする, はっきり聞きとれなくさせる (blur). **—** *vi.* **1** 厚くなる; 太くなる. **2** 濃くなる, どんよりする; どろどろになる, 濃密になる; (生地の)目がつまる: The gloom ~*ed into* one gray curtain. 夕闇が濃くなって一枚の灰色のとばりになった / The crowd ~*ed.* 次第に人込みが多くなった. **3** 複雑になる: The plot ~*s.* 筋が一層込み入って来る (cf. George Villiers, *The Rehearsal*). **4** 〈言葉などが〉不鮮明になる. **5** 繁くなる; 激しく[たけなわに]なる: The battle ~*ed.* 戦闘がたけなわになった.

thíck·en·er [-k(ə)nə | -nə(r)] *n.* 濃くするもの; 沈澱(でん)装置, 濃縮器.

thíck·en·ing [-k(ə)nɪŋ] 〚← THICKEN + -ING[1]〛 **—** *n.* **1** 厚くする[なる]こと, 太くする[なる]こと, 肥大, 肥厚; 太く[厚く]なった部分. **2** 濃くする[なる]こと, 濃化; 濃(密)化, 稠密化. **3** 濃厚材料, 濃化剤. **4** 《料理》=liaison 4.

thick·et [θíkɪt, -kət] 〚OE *þiccet* ← *þicce* 'THICK'〛 *n.* やぶ, 茂み, 雑木林.

thick·et·y [θíkɪṭi, -kə- | -tɪ] *adj.* ある: a ~ hill.

thíck·et·ed [-ṭɪd, -ṭəd | -tɪd, -təd] *adj.* やぶ[茂み]のある: a ~ hill.

thíck fílm *n.* 《電子工学》厚膜(まく)《集積回路 (IC) を作るのに用いる比較的厚い導電材料などの層; cf. thin film》.

thíck·hèad 〚《逆成》← *thickheaded*〛 *n.* **1** 頭の鈍い人, 鈍物, 愚物 (blockhead). **2** 《鳥類》=whistler 3 b.

thíck·héaded *adj.* **1** 〈動物が〉頭部が太い《特に, 動物名に用いる》. **2** 頭の鈍い, 愚鈍な (stupid).

thíck·ish [-kɪʃ] *adj.* やや厚い, 厚みのある, やや太い; やや濃い (rather thick).

thíck-knèe *n.* 《鳥類》イシチドリ (⇨ stone curlew).

thíck·lèaf *n.* (*pl.* **-leaves**) 《植物》多肉の葉をもつベンケイソウ科フチベニベンケイ属 (*Crassula*) の草本の総称.

thíck-lèaved *adj.* **1** 葉の茂った. **2** 厚い葉をもった, 葉の厚い.

thíck-lìpped *adj.* 唇の厚い.

thíck·lìps *n. pl.* [単数扱い]唇の厚い人.

thíck·ly 〚lateME〛 **—** *adv.* **1** 厚く, 濃く, 密に, こんもりと (closely, densely): *thickly*-powdered おしろいをごてごてと塗りたてた / The ground was ~ covered with snow. 地面は厚く雪におおわれていた. **2** おびただしく (abundantly); 繁く (frequently): *thickly*-peopled [-populated] 人口の密な. **3** (言葉などが)不鮮明に, だみ声で (indistinctly): speak ~.

thíck-nécked *adj.* 首の太い.

thíck·ness 〚OE *þicness*: ⇨ thick, -ness〛 **—** *n.* **1 a** 厚いこと, 厚さ; 厚み, 太さ; 厚い[太い]部分: a ~ of ten feet 10 フィートの厚さ / be 2 inches *in* ~ 厚さ 2 インチある. **b** (壁などの)内部: in the ~ of a wall 壁の内部に. **2** 濃さ, 濃厚; 濃度, 濃密: the ~ of population 人口稠密(ちゅうみつ). **3** 密集, 繁茂; 頻繁(ぱん) (frequency). **4** 頭の鈍さ, 愚鈍 (dullness): ~ of intellect. **5** 混濁 (turbidness). **6** 曇って[どんよりして]いること. **7** (言葉などの)不分明, 不鮮明: ~ of speech. **8** (一定の厚さの材料の)一枚, 一層 (layer): Three ~*es* of cardboard will do. ボール紙 3 枚重ねれば十分だ. **—** *vt.* 〈板などを〉同じ厚さに仕上げる, …の厚さをそろえる.

thíckness gàge *n.* シックネスゲージ, 隙間ゲージ (⇨ feeler 5).

thíckness pìece *n.* 《劇場》見込み《背景に立体感をつけるためドア・窓などに輪郭をつける細長い板》.

thíck règister *n.* 《音楽》=chest register.

thíck·sét 〚← THICK + SET (p.p.)〛 **—** *adj.* **1 a** 密な, おい茂った (dense): a ~ hedge [wood] 茂った垣根(かき)[林]. **b** けばの詰んだ. **2** 〔…で〕所狭きまでの, 〔…を〕おびただしくはめ込んだ (thickly studded) 〔*with*〕: a wild country ~ *with* bushes やぶの茂った荒野. **3** ずんぐりした, むっくりした, 太くて短い (stocky): one's ~ body / a short, ~ man 背の低いずんぐりした人. **—** *n.* 《古》やぶ, 茂み.

thíck-skínned *adj.* **1** 皮膚の厚い (↔thin-skinned). **2** 鈍感な, 無神経な, 鈍重な (callous).

thíck·skúlled *adj.* =thickheaded.

thíck-tàiled ráy *n.* 《魚類》ガンギエイ亜目のエイ類の総称《ガンギエイ (skate), サカタザメ (guitarfish) など》.

thíck-wítted *adj.* 頭の悪い, 愚鈍な (stupid).

thief [θíːf] 〚OE *þiof, þēof* ← Gmc *þeutaz* (Du. *dief* / G *Dieb*) ← ? IE **teup-* to crouch (Gk *entupás* crouchingly)〛 **—** *n.* (*pl.* **thieves** [θíːvz]) **1** 盗人, 窃盗, 泥棒 (cf. robber): Stop ~! 泥棒だ / like a ~ in the night (夜盗のように)こっそりと (cf. *1 Thess.* 5:2) / There is honor among *thieves.* 《諺》盗賊にも仁義 / Set a ~ to catch a ~. 《諺》泥棒は泥棒に捕えさせよ, 「蛇(じゃ)の道はへび」/ fall among *thieves* ⇨ fall *vi.* 15. **2** 《口語》(蠟燭(ろうそく)の)心のこぶ《そのため蠟が流れて損になる》.

thíef ànt *n.* 《昆虫》他のアリの巣の近くに巣を造ってそこから食物を盗む小型のアリ (*Solenopsis molesta*).

Thiers [tjɛ́ə | tjɛ́ə(r; *F.* tjɛːr], **Louis Adolphe** *n.* ティエール《1797–1877; フランスの政治家・歴史家; 第三共和制初代の大統領 (1871–73)》.

thieve [θíːv] 〚OE *þēofian* ← *þēof* 'THIEF'〛 *vt.* 〈物を〉盗む (steal). **—** *vi.* 盗みをする, 窃盗を働く.

thíeve·less 〚《変形》← ? *theueless* 'THEWLESS': 誤読による変形?〛 *adj.* 《スコット》 **1** 心のこもらない, 冷淡な. **2** 気乗りのしない (listless).

thiev·er·y [θíːv(ə)ri | -vəri] 〚← THIEF + -ERY〛 *n.* **1** 盗み, 窃盗 (stealing, theft). **2** 《古》盗品.

thíev·ish [-vɪʃ] 〚《15C》← THIEF + -ISH[1]〛 **—** *adj.* **1** 手癖の悪い, 盗癖の, 泥棒の: have ~ habits 手癖が悪い / ~ living 盗人(ぬすっと)渡世. **2** 泥棒のような, 隠れて[こっそり]やる, こそこそする (stealthy, furtive). **~·ly** *adv.* **~·ness** *n.*

thig [θíg] 〚ME *thigge* ⊏ ON *þigg-ja* to receive ∽ OE *þicg(e)an* to take (food)〛 *vt., vi.* (**thigged**; **thigging**) 《スコット》(施し・食物などを)請う (beg).

thíg·ger 〚《15C》〛 *n.* 《スコット》こじき (beggar).

thigh [θáɪ] 〚OE *þēoh, þīoh* < Gmc **þeuχam* 《原義》swollen part (of the leg) (Du. *dij* / OHG *dioh* / ON *þjō*) ← IE **tēu-* to swell (L *tumēre* to swell)〛 **—** *n.* **1** もも, 大腿(たい). ★ ラテン語系形容詞: femoral **2** 大腿骨 (femur, thighbone): break one's ~. **3** 《昆虫》腿節 (femur). **4** 《鳥類》腿部, もも《皮膚や羽毛におおわれた腿骨のある部分をいう場合と, 外部から見える腓骨(ひこつ)・脛骨(けいこつ)部分をいう場合がある》.

thígh·bòne *n.* 大腿骨 (femur).

thighed *adj.* [通例複合語の第 2 構成素として] (…の)ももののある, ももの…な: large-*thighed* ももの太い.

thig·mo·tac·tic [θìgmətǽktɪk] *adj.* 《生物》=stereotactic 1.

thig·mo·tax·is [θìgmətǽksɪs, -səs | -sɪs] 〚← NL ~ ← *thigmo-* (← Gk *thígma* touch) + -O- + -TAXIS〛 *n.* 《生物》=stereotaxis 1.

thig·mot·ro·pism [θɪgmátrəpìzm̩ | -mɔ́t-] 〚← NL *thigmo-* (↑) + -TROPISM〛 *n.* 《生物》=stereotropism.

thill [θíl] 〚ME *thylle* < OE *þille* plank ← IE **tel-* something flat (L *tellus* earth): cf. OE *þel* plank / OHG *dil(o), dilla* (G *Diele* deal, board, plank)〛 **—** *n.* (馬車の)長柄(ながえ), 梶棒(かじぼう).

thill·er [θílə | -lə(r)] *n.* 長柄(ながえ)馬; 後馬 (wheeler).

thíll hòrse *n.* =thiller.

thim·ble [θímbl̩] 〚OE *þӯmel* thumbstall ← *þūma* 'THUMB' + *-el* '-LE[1]'〛 *n.* **1** 指ぬき《裁縫をする時中指を保護するために使う》. **2** 《海事》はめ輪, シンブル《索端や帆にはめた擦れ止めの金具; ⇨ cringle 挿絵》. **3** 《機械》はめ輪, 継ぎ輪; はめ筒, シンブル.

thímble·bèr·ry [-bèri, -b(ə)ri | -b(ə)rɪ] *n.* 《植物》クロミキイチゴ (*Rubus occidentalis*)《米国産のキイチゴ (raspberry) の一種》.

thímble còupling *n.* 《機械》はめ輪継手.

thím·bled *adj.* 指ぬきをはめた.

thímble·flòwer *n.* 《植物》 **1** =self-heal. **2** =purple foxglove. **3** タマザキヒメハナシノブ (*Gilia capitata*)《北米原産のハナシノブ科の一年草, 淡青色の花が咲く》.

thim·ble·ful [θímbl̩fùl] *n.* 指ぬきに入るぐらいの量(の液体), 少量 (dram): a ~ *of* brandy.

thímble jòint *n.* 《機械》はめ輪継手.

thímble-pìe *n.* (罰として)指ぬきをはめた指で頭を打つこと.

thim·ble·rig [θímbl̩rìg] 〚← THIMBLE + RIG[2]〛 **—** *n.* **1** 指ぬき手品, 杯芸《三つの指ぬき (thimble) 状の杯を伏せそのどれかに豆(時には小球)を隠し, 杯を動かしてその豆を移し, 観客にどの杯に豆が入っているかを賭けさせる香具師(やし)のトリック》. **2** 指ぬき手品師 (thimblerigger). **—** *v.* (**-ble·rigged**; **-rig·ging**) **—** *vt.* 杯芸をしてだます; 小手先のわざでだます. **—** *vi.* 指ぬき手品をする. **thím·ble·rìg·ger** *n.*

thím·ble·rìg·ging *n.* =thimblerig 1.

thímble·wèed *n.* 《植物》まんじゅう形に盛り上がった花托(かたく)をもつ植物の総称《アネモネ (anemone), オオハンゴンソウ (rudbeckia) など》.

Thim·bu [θɪmbúː] *n.* ティンブー《ブータン (Bhutan) 西部にある同国の首都》.

thi·mer·o·sal [θaɪmɔ́ːrəsæ̀l, -mér- | -mér-] 〚← THIO- + MER(CURY) + -O- + SAL(ICYLATE)〛 *n.* 《薬学》チメロサール ($C_9H_9HgNaO_2S$)《血清・殺菌消毒薬》.

Thim·phu [θɪmpúː] *n.* =Thimbu.

thin [θín] 〚adj.: OE *þynne* < Gmc **þunnuz* 《原義》stretched (Du. *dun* / G *dünn*) ← IE **ten-* to stretch, extend (L *tenuis* thin). — v.: OE *þynnian* ← *þynne*〛 **—** *adj.* (**thin·ner**; **thin·nest**) **1** 薄い (↔ thick): a ~ board [slice] 薄い板[薄片] / ~ clothes 薄い着物 / a ~ layer of butter 薄く塗ったバター / ~ paper 薄紙 / a ~ blanket 薄手の毛布 / a ~ mouth (唇の)薄い口 / wafer-*thin* ウエハースのように薄い / cut meat very ~ 肉をごく薄く切る. **2 a** 細い, 細長い, ほっそりした (slender, slim): a ~ wire, rope, branch, finger, etc. / ~ arms and legs 細い腕と脚. **b** やせた, やせこけた (lean, gaunt): be ~ in the face 顔がやせている / look ~ after an illness 病後でやつれている / His ~ frame quivered. 彼のやせた体がぶるぶる震えた. **c** 〈土地が〉やせた (infertile). **3** まばらな, 薄い (↔ dense); 〈集会など〉入りの少ない (not full): ~ hair 薄い頭髪 / ~ vegetation まばらに生えている植物 / The population is ~. 人口が希薄である / A ~ rain began to fall. こぬか雨が降り出した / a ~ house 入りの少ない劇場 / a ~ meeting [audience] 寄りの悪い会合[少ない聴衆]. **4 a** 〈液体・気体・空気など〉薄い, 希薄な (rarefied), 水っぽい, 弱い (weak): a ~ soup [porridge, paste] 薄いスープ[かゆ, 糊(のり)] / ~ air 希薄な空気 / a ~ mist [haze] 薄もや. **b** 〈酒が〉こくのない (weak): a very ~ wine ひどくこくのないワイン. **5 a** 実のない, 浅薄な, うわすべりの (shallow, unsubstantial): ~ eloquence [humor, jokes] 実のない雄弁[滑稽, 冗談] / The matter of the book is rather ~. その本の内容はかなり貧弱である / a ~ story 実の少ない話, 薄弱な説明. **b** 〈口実・言訳など〉見えすいた (flimsy): a ~ disguise [excuse] 見えすいた仮面[言訳] / That's too ~. 《口語》余りに見えすいている. **6** 〈音・声など〉か細い, 力のない (weak): a ~ voice [screech, noise]. **7** 〈供給など〉乏しい, 少ない,

わずかな (slight, poor, feeble): a ~ supply わずかな供給 / a ~ pittance わずかな手当 / a ~ diet 乏しい食物 / a ~ purse さびしいふところ / a ~ year 不景気な年, 凶年. **8** 〈色が〉薄い, 鈍い (↔ deep): a very ~ color. **9** 《俗》つまらない, 不愉快な, いやな (uncomfortable, wretched): give a person a ~ time 人に不愉快な思いをさせる / have a ~ time (of it) 不愉快[いや]な目にあう[思いをする]. **10** 〖写真〗〈陰画・印画が〉全体に濃度が薄い, 力の弱い, 濃淡差の少ない. ***thin on the ground*** 数の少ない, わずかで (cf. THICK *on the ground*). ***wear thin*** (1) すり減って[使い古して]薄くなる: The coin has *worn* ~. 硬貨はすり減って薄くなった / Her shoes have *worn* ~. 彼女の靴(のかかと)はすり減っている / My patience is *wearing* ~. 私は次第に我慢がしきれなくなって来た. (2) 〈話などが〉興味をもたれなくなる, 新味を失う, 飽きられる.
— *adv.* (**thin·ner**; **thin·nest**) [通例複合語の第 1 構成素として] = thinly: *thin*-clad 薄着をした.
— *n.* 薄い[細い]部分.
— *v.* (**thinned**; **thin·ning**) — *vt.* **1** 薄くする 〈*out*〉: ~ one's clothing by degrees 次第に薄着をする. **2** 細くする; やせさせる. **3** まばらにする, 透かす, 間引く 〈*out*〉: ~ the branches of a tree 木の枝を透かす / ~ one's hair 髪を透かす. **4** 希薄にする (dilute); 弱くする (weaken) 〈*down*〉: ~ our population 人口をまばらにする / ~ wine *with* water ワインを水で薄める. — *vi.* **1** 薄くなる 〈*out, off, away*〉: The smoke ~*ned away*. 煙が薄くなった. **2** 細くなる; やせる 〈*down*〉: Her face ~*ned down* 彼女の顔はやせこけてしまった. **3** まばらになる 〈*out*〉; 〈毛髪が〉薄くなる, 薄らぐ: The people in the restaurant were ~*ning out*. レストランの客が少なくなって来た / His hair is ~*ning*. 髪の毛が薄くなって来た. **4** 希薄になる; 弱くなる 〈*out*〉: The afterglow ~*ned into* dusk. 残光が薄れてたそがれになった / Traffic ~*ned out* early each afternoon. 毎日午後早くに交通量が減った.
~·ly *adv.* **~·ness** *n.*

thín·clàd 〖← THIN + CLAD[1]〗 *n.* トラック競技選手.

thine [ðáɪn] 〖OE *þīn* ((gen.) ← *þū* 'THOU[1]') < Gmc *þīnaz (G *dein*) < IE *t(w)einos ← *tū- 'THOU[1]'〗 — *pron.* 《古》 **1** [thou の所有代名詞 thy の独立形; 単数または複数扱い] なんじ[そなた, あなた]のもの: Lend me ~. / The blame is ~. 悪いのはなんじ(そち)だ. **2** [母音または [h] 音で始まる名詞の前] = thy: ~ ear, heart, etc.

thín fílm *n.* 〖電子工学〗薄膜(はく)(まく)《集積回路 (IC) などに用いられる薄い材料の層; cf. thick film》.

thing[1] [θíŋ] 〖OE *þing* public assembly, affairs, matters, thing < Gmc *þiŋgam (Du. *ding* / G *Ding* affair, thing / ON *thing* assembly, thing) ← IE *tenk- to extend (in space or in time) (L *tendere* to stretch / Gk *teínen*)〗 — *n.* **1 a** 物, 事物: all ~*s* 万物 / take ~*s* off the table 卓上の物を片付ける / make ~*s* with a knife ナイフで物を作る / There is a name for every ~. あらゆる物には名前がある / A ~ of beauty is a joy for ever. 美わしき物は永遠(とわ)に喜びなり (Keats). **b** (生き物に対して)無生物, 物体: Become a mere ~ (人間が)単なる物になりさがる. **c** [通例形容詞を伴って] 生き物, 動物 (living being) (cf. 8); 草木: a living ~ 生き物, 生物 / dumb ~*s* (物の言えない)動物 / creeping ~*s* 蛇 (*Gen.* 7:14) / green and growing ~*s* 青々とした草木 / all ~*s* that breathe すべて生あるもの. **d** 物質; (特に)飲食物(など): chocolate ~*s* チョコレート類 / eat [drink] some warm ~*s* 何か温かい物を食べる[飲む] / Sweet ~*s* are bad for the teeth. 甘い物は歯によくない. **e** 事実, 実体, 実在 (reality): the philosophy of ~*s* 事実の哲学 / ⇨ thing-in-itself.
2 a [one's ~*s* として] 携帯品, 所持品, 身の回りの品 (personal belongings, effects): He is busy packing up *his* ~*s*. (携帯品の)荷造りに忙しい / Put *your* ~*s* away. 身の回りの物を片づけなさい. **b** [通例 *pl.*] 《口語》衣類, 衣服 (apparel, clothes) 《特に, 女性が外出時に身につけるもの》: one's outdoor [walking] ~*s* 外出[散歩]着 / take off all one's ~*s* 服を全部脱ぐ / get one's ~*s* wet 服を濡(ぬ)らす / Do take off your ~*s*. どうぞ外套(がいとう)(など)をお脱ぎ下さい / I haven't a ~ to wear to the dance. ダンスパーティーへ着ていくものが何もない. **c** [*pl.*] 道具, 用具 (utensils, equipment): swimming ~*s* 水泳用品 / cricket ~*s* クリケット用具 / household ~*s* 調度, 家具 / kitchen ~*s* 台所道具 / tea ~*s* 茶道具. **d** [*pl.*] 〖法律〗財産, 物件, 有体物 (goods, possessions): ~*s* personal [real] 動[不動]産 / ~*s* mortgaged 抵当物.
3 a (心にかかる)仕事, 用事 (affair): get over with a ~ (いやな)仕事を片付ける / I have many ~*s* to do. することがたくさんあります. **b** [通例 do の目的語として] 行ない, 行為 (act, deed), 所為 (accomplishment): *do* the decent [handsome] ~ by a person 人を寛大に遇する, 人に親切を施す / the best ~ to *do* 一番よいこと, 最良の手段 / What's the next ~ to *do*? 次にする事は何ですか / That's a nice ~! 《皮肉》(怒って)そいつはけっこうだよ《とんでもない》/ That was a silly ~ to *do*. そんな事をしたのはばかげている / We expect great ~*s* of you. 君はえらいことをやるだろうと期待している. **c** 言う事, 聞く事; 主題, 題目 (subject): I have another ~ to say to you [to ask you about]. もう一つ君に言いたい[尋ねたい]ことがある / He spoke of many ~*s*. 彼は色々な事を話した. **d** 事項, 点 (item, particular): an understood ~ 了解事項 / perfect in all ~*s* あらゆる点で完全な / the ~ I don't like about her 彼女について私の気に入らない点 / Not a ~ escaped attention. 何ひとつとして見逃されなかった. **e** 《口語》大変な事: Now there's a ~! ところで一つ大変な事がある.
4 a [*pl.*] 事情, 事態 (matters): as ~*s* are [stand] 目下の形勢では, 現状では / as ~*s* go 目下の様子では, 世の常として / take ~*s* easy [too seriously, as they are] 事態[物事]を楽観する[まじめに考え過ぎる, あるがままに受け取る] / *Things* went wrong right from the start. しょっぱなから事態はうまく行かなかった / *Things* have changed greatly. 事情が大分変わって来た / How are ~*s*? (御機嫌)いかがですか; (景気は)どうですか. **b** (特定の)情勢, 情況 (situation): Let's look at the ~ from another viewpoint. その情況を外の観点から見てみよう. **c** 出来事, 事件 (event): The earthquake was a terrible ~. その地震は大変な出来事だった / It's a strange ~ that he doesn't write to me. 彼が手紙をよこさないのはどうも変だ.
5 a 物事, 事柄: ~*s* of the mind 精神的な事柄 / think ~*s* over 物事[事態]をよく考えて見る / the good ~*s* of life この世の良いもの, 人生に幸福をもたらすもの / in [by] the nature of ~*s* 事の本質上, 本来, もともと / Ignorance is an odious ~. 無知は忌わしいものだ. **b** [*pl.*; 形容詞をあとに従えて] 風物, 文物; (一切の)事柄. ★ この表現法はしばしば戯言的含意を伴う: ~*s* Japanese [foreign] 日本[外国]の風物 / ~*s* political [feminine] およそ政治[婦人]に関する事柄.
6 a 考え, 意見, 観念 (idea, opinion, notion): say the right ~ 適切な事を言う / get off good ~*s* うまい[うがった]事を言う / put ~*s* in a person's head 人の頭に色々な事を詰め込む, 人に色々知恵をつける. **b** ニュース, 情報 (news, information): She goes about saying ~*s*. 色々な事を言いふらして歩く / Reporters couldn't get a ~ out of the Prime Minister. 記者たちは首相からひと言も情報が得られなかった.
7 (芸術)作品 (artistic composition): a little ~ of mine 拙作 / the most popular ~ Wagner produced ワーグナーが作曲した最も有名な作品[楽曲] / I have a ~ in prose, written a few years ago. 数年前に書いた散文が 1 編ある.
8 [形容詞に修飾されて] (感情的に見た)人, 者, やつ (being, individual) (cf. 1 c) 《軽蔑・非難・哀れみ・親愛などの気持をこめていう》: a pretty little ~ かわいい子[娘] / a dear old ~ かわいいやつ / Old ~. ねえ君《親しい者へのふざけた[親しみをこめた]呼掛け》/ You stupid ~! このばかめ / The poor little ~! = Oh, poor ~! まあかわいそうにあの子は / a ~ like him 彼みたいなやつ / The poor ~ lost her husband in a traffic accident. かわいそうにあれは交通事故で夫をなくした / She is a spiteful ~. あの女は意地悪だ / ⇨ *be no great* THINGS.
9 [the ~] **a** [Predicative に用いて] 当を得た[うってつけの, 正しい]こと: It is hardly *the* ~ to stare at people. 人をじろじろ見るのは失礼(なことだ) / It's just *the* ~. 正にそれだ, それこそおあつらえ向きだ / A good night's sleep will be *the* very ~ for you. 一晩ぐっすり眠るのが君には一番いい. **b** 特別[重要]なこと, (特に)必要なこと: *The* ~ is (to) make a start, at all events. 大事なこと[当面の問題]はとにかく踏み出すことだ. ★《口語》ではしばしば The thing is が遊離して文の主体に対し副詞的に用いられる: *The* ~ *is*, can we raise enough money? 肝心[問題]なのは, 十分な資金が集められるかだ (cf. *The* ~ *is* whether we can raise enough money). **c** 流行(中のもの): *the* latest [last] ~ *in* swimsuits 水着の最新型 / Topless bathing suits are quite *the* ~ this season among young girls. トップレスの水着が今シーズンは若い女性たちの間で大流行だ. **d** 《英》正常な健康状態: I am not (feeling) quite *the* ~ today. 今日はどうも体の具合が本当でない.
10 《口語》特別な感情, 異常な恐怖: He has a ~ *about* cats. 猫をひどく怖がる / ⇨ *have a* THING *about*.
11 《口語》[しばしば do の目的語として] 一番好きな[得意な]こと: I should prefer to *do* my (own) ~ on holiday. 休日には一番好きなことをしたい.
above all things = *above* ALL. ***a close thing*** = *a near* THING. ***among other things*** ⇨ among 成句. ***and another thing*** [接続副詞的に] さらにいま一つ, なおその上 (moreover). ***...and things*** 《口語》...など (and the like): a Japanese room and mats *and* ~*s* 日本間, たたみなど. ***a near thing*** 《口語》(1) = narrow escape. (2) (勝敗など)きわどいところ, すれすれ. ***a thing or two*** 《口語》(1) (知る[言う]に値する)多少の物事: know [be up to] *a* ~ *or two* 《口語》抜け目がない, 如才ない, もの慣れている / know *a* ~ *or two* about literature 文学についてはいささか[大いに]通じている / learn *a* ~ *or two* 多少物を知る[学ぶ] / show a person *a* ~ *or two* 人に多少物事を教えてやる. (2) 率直な忠告, ちょっとした小言(こごと)[苦言]: Let me tell you *a* ~ *or two* (about it). (それについて)ひと事苦言を言わせてもらおう. ***be all things to all men*** 皆の気に入るように努める (cf. *1 Cor.* 9:22); (俗に)「八方美人」である. ***be no great things*** 《口語・方言》〈人・物が〉大したものではない. ***do one's (own) thing*** 《口語》(1) ⇨ 11. (2) (社会の規範などに拘束されずに)好き勝手に振舞う. ***do things to [for]*** ⇨ do[1] 成句. ***for one thing (..., for another)*** 一つには(..., また一つには); まず第一に (in the first place) (また次には): *For one* ~ he drinks; *for another* he gambles. 一つには酒を飲むし, 一つにはギャンブルをやる. ***have [get] a thing about*** 《口語》(1) ⇨ 10. (2) ...に取りつかれている (be obsessed by). ***make a good thing (out) of*** 《口語》...で利益を得る, もうける; 〈事態・経験など〉を有利に利用する: We have *made a good* ~ *of* coming over here. ここまでやって来ただけのかいがあった《無駄骨は折らなかった》. ***make a thing of*** ...を問題にする, 騒ぎたてる (fuss about). ***neither one thing nor the other*** 〈物事が〉どっちつかずで. ***not a thing*** (1) 全然...しない[ない] (nothing at all): He did*n't* do *a* ~ to help me. 援助のえの字もしてくれなかった / I do*n't* know *a* ~ about philosophy. 哲学は全然わかりません. (2) ⇨ 2 b; 3 d. ***not get a thing out of*** (1) ⇨ 6 b. (2) ...を理解できない, 楽しめない: I can*not get a* ~ *out of* ballet. バレエの面白さがちっともわからない. ***not know the first thing about*** ...を何も知らない, ...については全くの素人だ: I do*n't know the first* ~ *about* skiing. スキーについてはずぶの素人だ. ***of all things*** こともあろうに. ***one of those things*** 《口語》(説明はつかないが)どうしようもない[仕方のない]事(柄): It's just *one of those* ~*s*. ***one thing...another*** (1) あれこれと: Taking *one* ~ with *another*, ... あれこれと[色色と]考えてみて... (2) (...と...とは)別物: A man of parts is *one* ~, and a pedant *another*. 才能ある人と学識を衒(てら)う人とは別ものだ. ***see [hear] things*** 幻視[幻聴]を起こす. ***(the) first thing*** [副詞句をなして] 真っ先に, 何をおいても: I will do it *(the) first* ~ tomorrow morning. 明朝第一に[起きぬけに]それをしよう. ***(the) first thing one knows*** 気がついてみると, いつの間にか: *The first* ~ you *know*, you will catch cold. (気をつけないと)今に風邪を引くぞ. ***(the) last thing*** [副詞句をなして] 最後に: He did it *(the) last* ~ at night. 夜最後にそれをした. ***(the) next thing*** [副詞句をなして] 第二に, 次に: *The next* ~ he knew he was safe in his bed. 次に気がついてみると彼はちゃんと自分のベッドに寝ていた.

thing[2], **T-** [θíŋ, tíŋ] 〖《1840》⊏ ON ~ 'assembly (↑)'〗 *n.* (古スカンジナビア諸国での)公共の集会 (public meeting); (特に)議会, 法廷.

thing·a·bob [θíŋəbɑ̀b | -bɔ̀b] *n.* = thingumbob.

thing·a·ma·bob [θíŋəməbɑ̀b | -bɔ̀b] *n.* = thingumbob.

thing·a·ma·jig [θíŋəmədʒɪg | -mɪ-, -mə-] *n.* = thingumbob.

thing·a·my [θíŋəmi | -mɪ] 〖← THING[1] + *-amy* (無意味の suf.): cf. -y[2]〗 *n.* = thingumbob.

T hìnge [tí:-] *n.* T 形ちょうつがい.

thíng-in-itsélf 〖《なぞり》← G *Ding an sich*〗 *n.* (*pl.* **thíngs-in-themsélves**) 〖カント哲学〗物(それ)自体 (Ding an sich).

thing·ism [θíŋɪzm] 〖《なぞり》← F *chosisme* ← *chose* thing: ⇨ -ism〗 *n.* 即物主義《文学や芸術において物体に対し関心を寄せること》.

thíng-lànguage *n.* 〖哲学〗物言語《Carnap の用語で, 四次元的限定のように純粋に感覚的な所与に対する加工・構成を含み, 日常の物や物理的対象について語る時の言語; cf. sense-datum language》.

thíng·ness *n.* 事物性, (事物的な)客観的実在性.

thing·stead [θíŋstèd, tíŋ-] 〖← THING[2] + STEAD 3〗 *n.* (スカンジナビア諸国で)公共集会場, 議場.

thing·um·a·jig [θíŋəmədʒɪg | -mɪ-, -mə-] *n.* = thingumbob.

thing·um·bob [θíŋəmbɑ̀b | -bɔ̀b] 〖← THING[1] + *umbob* (無意味の suf.)〗 — *n.* 《口語》[知らないまたは忘れた名の代用で] 何とかいう物 (what-do-you-call-it) (cf. dingus, doohickey), 何とかいう人 (what's-his-name): Mr. *Thingumbob* 何とかさん.

thing·um·my [θíŋəmi | -mɪ] *n.* = thingumbob.

thing·y [θíŋi | -ŋɪ] 〖← THING[1] + -Y[4]〗 *adj.* **1** 物の, 物体の, 物質的な (material). **2** 現実の, 実際の, 実際的な (real, practical): a ~ person 実際家.

think [θíŋk] 〖ME *thinke(n)*: OE *þyncan* to seem (⇨ methinks) が ME 期に OE *þenc(e)an* to think ((caus.) ← *þync(e)an* < Gmc *þankjan (Du. & G *denken*) ← IE *tong- to think, feel: cf. thank) と融合した結果生じたもの: 語形は前者, 語義は後者から〗 — *v.* (**thought** [θɔ́:t]) — *vt.* **1 a** 考える, 心に抱く, 想像する (conceive): I cannot ~ the infinite. 無限は考えることができない / That's what you ~. それは君だけの考え[意見]だ / What [Who] do you ~? それがどうだ[だれだ]と思う《挿入節として驚くようなことを述べる前に》. ★ しばしば同族目的語として thought を従える: ~ base [sad, great] *thoughts* 下品な[悲しい, 偉大な]ことを考える / They sat silent, each ~*ing* the same *thought*. 彼らは二人とも同じ事を考えながら無言のまま坐っていた. **b** 〈悪いことなど〉に気づく (suspect): ~ no harm 害を受ける[危険がある, 悪い]とは思わない. **c** 〈ある感情を〉自覚する, 感じる (feel): ~ shame (to do) 《英方言》(...するのを)恥とする / ~ scorn (of [to do]) 《古》(...を[...することを])軽蔑する (scorn).
2 a [通例 *that*-clause を伴って] 〈...だと〉思う, 考え

る (suppose, believe), 〈…だと〉思う (expect): Do you ~ (*that*) it is true? それは本当だと思いますか / I ~ he'll come. 彼は来ると思う / I don't ~ it will be hot. 暑くはならないと思う《★《口語》では I ~ it will *not* be hot. より普通; ただし明瞭な否定が相手に好意的なことを表わす場合は別: I ~ (*that*) your time will *not* be misspent. お時間は無駄にはならないと思います》/ It is *thought that* he will accept the post. 彼はその職を引き受けるだろうと予想されている / I *thought* (*that*) I might come and see you later. もう少し遅くお伺いしようと思っていますが《相手の意向を尊重する丁寧な言い方》/ I *thought* (*that*) you said so yesterday. 君がきのうそう言ったと思うのだが《相手に遠慮しながら注意などを促す場合》/ They *thought that* the earth was flat. 彼らは地球は平たいと考えていた / I ~ so. 私もそう考える / I ~ not. そうでないと思う / It's going to rain, I ~. ひと雨来そうですね / Who the hell do you ~ you are? 自分を一体何様だと思っているのか. **b** [目的語＋補語または *to* be [do] を伴って] 〈…だと〉思う, 信じる (consider, regard as): I *thought* the matter very important. その事は非常に重要だと思った / I ~ her a charming girl. 彼女を魅力的な娘だと思っている / He ~*s* himself all-important. 自分をひどく偉いものだと思って(威張って)いる / If you ~ it necessary to do so, … そうすることが必要だとお考えなら… / I ~ it a pity that you didn't try harder. 君がもっと頑張らなかったのは残念だ / It is not *thought* fair. それは公正であるとは考えられていない / It is *thought to be* a bribe. それは賄賂(わいろ)だと思われている. ★ I ~ it *to be* true. は I ~ *that* it is true. (⇨ *vt.* 2 a) よりも形式ばった構文.

3 [*that*-clause を伴って] 〈…しようと〉思う, 思っている (have in mind); [*to* do を伴って] 〈…する〉つもりでいる (intend): I ~ I'll try. やってみようと思っている / You ~ *to* outwit me yet again. また出し抜こうという魂胆だな. ★ think がこの意味であとに to 不定詞を従えるのは古風な語法 (cf. *vt.* 5).

4 [*wh*-clause, *wh*-word＋*to* do を伴って] **a** [しばしば進行形で用いて] 〈どうしようかなどと〉考える, 思案する (reflect): I'm ~*ing where to* go next. 次はどこへ行こうかと考えているところだ / He was ~*ing* (to himself) *how* nice it would be to go abroad. 外国へ行けたら何とすてきだろうと(心の中で)考えていた. **b** [通例 cannot, could not に伴って] わかる, 考えつく, 想像する: I *cannot* ~ *what* he means. 彼がどういうつもりなのか私にはわからない / You *cannot* ~ *how* glad I am. 私がどんなにうれしいか君には想像がつくまい / He *couldn't* ~ *what to* give the children for Christmas. クリスマスに子供たちに何をプレゼントしたらよいのか思案がつかなかった.

5 [通例, 否定・疑問構文で] **a** [*that*-clause, *to* do を伴って] 予期する, 予想する (expect): *Little* did I ~ *that* he would return safe. 彼が無事に帰るとは夢にも思っていなかった / Who would have *thought to* see you here? ここで君に会おうとはだれも予想しなかっただろう. **b** [*to* do を伴って] 〈…すること〉に気づく, 思いつく (remember): I *never thought to* look in the directory. 住所録を調べてみるということには全然気がつかなかった / Did he ~ *to* lock the door, I wonder? 彼忘れないでドアに鍵をかけたかな.

6 [目的語の後に副詞・前置詞付きの句・形容詞などを従えて; しばしば ~ *oneself* で] 考えて〈ある状態に〉至らせる: He tried to ~ *away* his toothache. 考えごとをして歯の痛みを忘れようと努めた / She seemed to have thought *herself into* a fever. あまり考え過ぎて熱を出したようだった / ~ *oneself out of* a difficulty 考えて困難を切り抜ける / ~ *oneself* stupid 考え過ぎて頭がぼんやりする.

7 …のことばかり考えている; …の観念に取りつかれている: He ~*s* nothing but business. 商売のことばかり考えている.

— *vi.* **1** 考える, (思考力・判断力を働かせて)思う: ~ aloud [out loud] 考えごとを口に出して言う, 思わずひとり言をいう / ~ fast (火急な場合に)頭を機敏に働かす, 急いで考える / ~ hard しきりに[一心に]考える / ~ and ~ とくと考える, 考え抜く / ~ in English 英語で考える, 考えが英語で浮かぶ / learn to ~ clearly 明確な考え方を学ぶ / ~ *ahead* 先のことを考える (cf. *vi.* 3) / ~ *back* ふり返って考える / ~ *back to* those days あのころのことを思い起こす / Let me ~ a minute. ちょっと考えさせて下さい / I ~, therefore I am. 我思う, ゆえに我あり (L *Cogito, ergo sum.* ⇨ 巻末) / Only ~! まあ考えてもごらん. ★ しばしば進行形で用いられる: I'*m* ~*ing about* my childhood days. 子供だったころのことを考えています / What *are* you ~*ing about*? 何のことを考えているのですか.

2 〔…のことを〕よく考える, 思案する, 熟慮する (deliberate, meditate) 〔*about, of, over*〕: *Think* before you speak. よく考えてから口をききなさい / I'll ~ *about* it. まあよく考えておきましょう《しばしば体(てい)のいい謝絶》/ He *thought about* quitting his job. 仕事を止めようかと考えた / I have a hundred and one things to ~ *about* [*of*]. 思案しなければならないことが山ほどある / Please ~ *over* what I have said before you decide. 決心する前に私の言ったことをよく考えておいて下さい / ⇨ GIVE *a person* (*furiously*) *to think*. ★ (1) しばしば be *thinking of* doing が 'be going to do' の意味で用いられる: We *are* ~*ing of* moving to another house. 別な家に引っ越そうかと思っている. (2) 前置詞として *on, upon* は《古》: Whatsoever things are true, … ~ *on* these things. おおよそ真(まこと)なること, これを思え (*Philip.* 4: 8).

3 予期する, 予想する: when you least ~ 君が思ってもいないときに / It will be more difficult than you ~ *for*. 君が予想するよりはるかに困難だろう. ★ この think *for* (＝expect) はやや古風な語法.

I don't think [don't に強勢を置いて]《口語》(しばしば皮肉な文などに添えて) (…とは)全く(思わない)ね: You're very generous, *I don't* ~. 君は実に気前がいい, なあーんて / She is a pattern of virtue, *I don't* ~. 彼女が貞女の鑑(かがみ)だなんてどうかな. ***think about*** (1) …のことを(よく)考える[熟考する], …を思いめぐらす (cf. *vi.* 1); …のことを検討する (consider) (cf. *vi.* 2). (2) …のことを〈…と〉考える: What do you ~ *about* it? それについてどうお考えですか. ***think again*** 考え直す, 考えを変える. ***think*** (***all***) ***the world of*** ⇨ world 成句. ***think better of*** (1) 〈人〉を見直す, …をもっと立派な人と考える: Now I ~ *better of* you. 君を見直す《お見それした》(2) 考え直してやめる: He was going to hand in his resignation, but he *thought better of* it. 辞表を出そうかと思ったが考え直してやめた. ***think fit*** [***good, proper***] (***to do***) (…するのを)適当と思う, (…して)然るべきだと思う: He didn't ~ *fit to* do what I suggested. 私の提案したことをしないほうがよいと判断した / if you ~ *fit* そのほうがよいとお思いだったら. ★ この表現法であとに to do が続く場合は, 通例 fit などの前に形式上の目的語 it を用いない; なお think の代わりに see を用いることもある. ***think for oneself*** 独自の考えをもつ. ***think long***《英方言》あこがれる, 恋い焦がれる (yearn). ***think no end of*** ＝THINK (*all*) *the world of*. ***think nothing of*** ⇨ nothing 成句. ***think of*** (1) …のことを考える; 〈…しようか〉と思う (intend) 〈*doing*〉 (cf. *vi.* 2 ★ (1)). (2) …のことを想像する (imagine): Just [To] ~ *of* it! まあ考えてもごらんなさい《驚くでしょう》/ Just ~ *of* the expense [fun]! ちょっとその費用[おもしろさ]を想像してごらんなさい / To ~ *of* his becoming a doctor. 彼が医者になるなんて(とても考えられない) / To ~ *of* me having to apologize! 私がわびなければならないだって(とんでもない)《★ この構文で doing の前に所有格でなく目的格が用いられる場合, その目的格はやや強調的となる》/ *Think of* what would happen if another big earthquake struck Tokyo. もし万一東京にまた大地震が起きたらどうなるか考えてもごらんなさい. (3) [通例, 否定構文で] …を夢想[予想]する (dream of): In those days a welfare state had *not* been *thought of*. 当時は福祉国家など夢にも考えられなかった / She just wouldn'*t* ~ *of going* with you. 君と一緒に行くなんて夢にも思わないだろう. (4) …を思い出す (recall): Now I ~ *of* it. さあ思い出したぞ / I can't ~ *of* his name. 彼の名前が思い出せない / He could not ~ *of* anything to say. 言うべきことを何も思いつくことができなかった. (5) …を考え出す (devise), 提唱する (suggest): I'm still trying to ~ *of* a better idea. もっとよい考えがないかとまだ考えている最中だ / Can you ~ *of* any good hotel in London? ロンドンのよいホテルをどこか教えていただけませんか. (6) …のことを思いやる (have regard for): ~ *of* a person's feelings 人の気持ちを思いやる / She has her family to ~ *of*. 彼女には面倒を見なければならない家族がある. (7) …を〔…と〕みなす〔*as, like*〕: He *thought of* himself *as* a genius. 自分が天才だと考えた / He *thought of* her *like* a daughter. 彼女のことを娘のように考えていた. (8) [what を目的語とし, または分量・程度を示す副詞を伴って] …のことを〈…と〉思う, 評価する: What do you ~ *of* it? それをどう思いますか (cf. *vt.* 1 a) / I don't ~ *much of* him as a scholar. 彼が学者として大したものだとは思わない / He *thought* too *much of* himself. 自分を過信していた / ~ *little of* …を軽んじる, 軽蔑する / ~ *little of* doing …をするくらいは何とも思わない (cf. *think* NOTHING *of*) / ~ *highly* [*well*] *of* …を尊敬する / ~ *lightly* [*meanly*] *of* …を見下げる, 軽蔑(けいべつ)する. (9) 〈人〉を〔ある地位に〕ふさわしいと考える, 〔…の〕候補と考える〔*for*〕: We are ~*ing of* you *for* the position. 私たちはあなたがその地位にふさわしい方だと考えています. ***think out*** 考え出す, 工夫する; 考え抜く; (一歩一歩)よく考えて(…の計画を)立てる: We must ~ *out* our next course of action. 次に我々が取るべき道を考えなければならない / That wants ~*ing out*. それはよく考える必要がある. ***think out loud*** ⇨ *vi.* 1. ***think over*** (1) よく考える, 熟考する; 〈過去の事などを〉考えてみる, 考え直す: I will ~ it *over*. その事を十分検討してみよう. (2) …のことをよく考える (⇨ *vi.* 2). ***think through*** (結論に達するまで)とくと考える, 考え抜く: He always ~*s* problems *through*. いつも問題を十分に考えてみる. ***think to oneself*** ひそかに[心の中で]思う (cf. *vt.* 4 a). ***think twice*** ⇨ twice *adv.* 成句. ***think up***《口語》〈口実・案・話などを〉考え出す (devise): ~ *up* an idea, an excuse, an answer, a scheme, etc. ***think well of*** …をよく思う, …に感心する.

— *n.*《口語》一考(すること); 考え (idea); 意見 (opinion): have a hard ~ しきりに考える / exchange ~*s* 考えを交換する / My own private ~ is this. 私個人としてはこういう意見だ. ***have another think coming*** ＝*have another* GUESS *coming*.

— *attrib. adj.*《口語》**1** 思考の, 思考に関する; 考えさせられる, 心に訴える: a ~ book [film] 考えさせられる本[映画]. **2** 解説記事 (think piece) を書く: a ~ columnist.

think·a·ble [θíŋkəbḷ] *adj.* **1** 考えられる, 想像がつく (conceivable): Is white blackness ~? 白い黒さなんてものが考えられるか. **2** 可能と考えられる (conceivably possible): a ~ project 実現可能と思われる案. — *n.* 考えられる物[事], 実現可能と思われる物[事]. **~·ness** *n.* **think·a·bly** *adv.*

think·er 〖(15C)〗 — *n.* **1** 考える人, 思索家, 思想家. **2** (特定の)考え方をする人: a deep ~ 深くものを考える人 / an original ~ 独創的なものの考え方をする人 / ⇨ freethinker. **3** 頭, 頭脳 (brain).

thínk fàctory *n.*《米》＝think tank 1.

think·ing 〖(adj.: 1678; n.: *a*1300): ⇨ think, -ing[1,2]〗 — *n.* **1** 思案, 思考, 熟考: philosophical ~ 哲学的思考 / plain living and high ~ ⇨ living *n.* 3 / You had better do some hard ~. もう少しよくお考えになった方がいいですよ. **2** [*pl.*] 思い, 瞑想 (meditations). **3 a** 判断, 意見 (opinion): wishful ~ 希望的観測 / to my (way of) ~ 私の考えでは / He is of my way of ~. 彼は私と同意見だ. **b** (時代・集団・人などの)考え方, 思想, 思潮: the current student ~ 当世の学生の考え方 / modern [economic] ~ 近代[経済]思想.

— *adj.* **1** 考える, 思索[思案]する, 思考力のある: a ~ reed ⇨ reed[1] *n.* 1 / Man is a ~ animal. 人間は考える動物である. **2** 道理のわかる (rational), 考え深い, 思慮のある (thoughtful): all ~ men 心あるものは皆, あらゆる識者 / the ~ public 考える民衆.

put on one's thinking cap ⇨ cap[1] *n.* 成句.

think·ing·ly *adv.* よく考えて; (特に)思案[承知]の上で.

thínking pàrt *n.*〖演劇〗だんまり役.

thínk pìece *n.*〖新聞・雑誌〗解説記事《事実関係のニュースとは区別して, 通例記者の署名入りで政治・経済・外交問題などの分析・背景説明・論評を扱った記事》.

thínk-sò 〖← *think so*〗 *n.* 独断的な意見.

thínk-tànk *attrib. adj.* シンクタンク所属の: ~ researchers.

thínk tànk *n.* **1** 頭脳集団, シンクタンク《think factory ともいう》. **2**《米俗》頭, 脳味噌 (the brain).

thínk-tànker *n.* シンクタンクの一員.

thín-láyer chromatógraphy *n.*〖化学〗薄層クロマトグラフィー《シリカゲルなどの粉末吸着剤を薄層にして用いる; cf. gas-liquid chromatography》.

thín·ner *n.* **1** 薄くする人[もの]. **2** (ペンキなどに入れる)希釈剤[液], シンナー. **3** 除草[枝透き]人夫.

thín·ning shèars *n. pl.* 毛透きばさみ.

thín·nish [-nɪʃ] 〖← THIN＋-ISH[1]〗 *adj.* **1** やや薄い, やや希薄な: ~ hair. **2** やや細い. **3** ややまばらな. **4** やや弱い; 少しやせた: a ~ woman.

Thin·o·cor·i·dae [θìnəkɔ́(ː)rədìː, θàɪn-, -kɑ́r-|-kɔ́rɪ-] 〖← NL ~ ← *Thinocorus* (属名: ← Gk *thin-, thís* shore, sandbank＋-o-＋Gk *kórus* helmet)＋-IDAE〗 — *n. pl.*〖鳥類〗ヒバリチドリ科.

thín règister *n.*〖音楽〗＝head register.

thín-skínned *adj.* **1** 皮の薄い (↔ thick-skinned). **2** 感じやすい, 敏感な; 激しやすい, 怒りっぽい (sensitive, touchy): a ~ person.

thín spàce *n.*〖活字〗＝hairline 5 a.

thi·o [θáɪoʊ|-əʊ] 〖← Gk *theîon* sulphur〗 *adj.*〖化学〗硫黄を含んだ.

thi·o- [θáɪo(ʊ)|-ə(ʊ)] 〖← Gk *theio-* ← *theîon* brimstone, sulphur〗「硫黄(いおう)を含んだ, チオ」の意の連結形. ★ 母音の前では通例 thi- になる.

thìo·acétic *adj.*〖化学〗チオ酢酸の, チオ酢酸から生じる.

thioacétic ácid *n.*〖化学〗チオ酢酸 (CH_3COSH).

thío ácid *n.*〖化学〗チオ酸《酸素酸の酸素原子の代わりに硫黄原子が入っているもの; 例えばチオ硫酸 ($H_2S_2O_3$) は硫酸 (H_2SO_4) の O を S で置き換えたもの》.

thìo·álcohol *n.*〖化学〗チオアルコール《アルコールの OH の O を S に換えたもの; 悪臭のある無色の液体》.

thìo·áldehyde *n.*〖化学〗チオアルデヒド《-CHS 基を含む有機化合物の総称》.

thìo·antímonate *n.*〖化学〗チオアンチモン酸塩[エステル].

thìo·antimónic ácid *n.*〖化学〗チオアンチモン酸《塩のみで遊離の酸 (H_3SbS_4) は知られていない》.

thìo·antimónious ácid *n.*〖化学〗チオ亜アンチモン酸《塩のみで遊離の酸 (H_3SbS_3) は知られていない》.

thi·o·an·ti·mo·nite [θàɪo(ʊ)ǽntɪmənàɪt, -ṭə-|-ə(ʊ)-ǽntɪ-] *n.*〖化学〗チオ亜アンチモン酸塩.

thìo·ársenate *n.*〖化学〗チオヒ酸塩[エステル].

thìo·arsénic ácid *n.*〖化学〗チオヒ酸《塩のみで遊離の酸 ($HAsS_3$) は知られていない》.

thìo·arsénious ácid *n.*〖化学〗チオ亜ヒ酸《塩のみで遊離の酸 (H_3AsS_3) は知られていない》.

thìo·ársenite *n.*〖化学〗チオ亜ヒ酸塩[エステル].

thìo·bacíllus *n.*〖細菌〗硫黄菌.

thìo·bactérium, T- *n.*〖細菌〗＝sulfur bacterium.

thìo·cárbamide *n.*〖化学〗チオカルバミド (⇨ thiourea).

thìo·car·ba·níl·ide [-kɑ̀ːbənílaɪd|-kɑ̀ː-] 〖← THIO-＋CARBO-＋ANIL(INE)＋-IDE[2]〗 — *n.*〖化学〗チオカルバニリド ($CS(NHC_6H_5)_2$)《ゴムの加硫促進剤用; di-

phenylthiourea ともいう》.
thìo·cárbonate *n.* 〘化学〙チオ炭酸塩[エステル]《炭酸 (H_2CO_3) の酸素を硫黄で置き換えた H_2CS_3》.
thìo·carbónic ácid *n.* 〘化学〙チオ炭酸《炭酸 ($CO(OH)_2$) の O を S に換えた形の酸の総称; ただし遊離の酸として知られているのはトリチオ炭酸 ($CS(SH)_2$)》.
thio·chrome [θáɪəkròum | -krə̀um] 〘← THI(AMINE) ＋-O-＋CHROME〙 — *n.* 〘生化学〙チオクローム ($C_{12}H_{14}N_4OS$)《酵母の中に含まれる; チアミン (thiamine) すなわちビタミン B_1 の酸化によって得られる蛍光物質》.
thìo·cýanate *n.* 〘化学〙チオシアン酸塩[エステル]《俗に, rhodanate ともいう》.
thìo·cyánic 〘← THIO-＋CYANIC〙 *adj.* 〘化学〙チオシアン酸の, チオシアン酸から生じる.
thiocyánic ácid *n.* 〘化学〙チオシアン酸 (HSCN).
thìo·cýano 〘《逆成》← THIOCYANOGEN〙 *adj.* 〘化学〙チオシアン基を含む.
thìo·cyánogen 〘← THIO-＋CYANOGEN〙 *n.* 〘化学〙チオシアノーゲン ($(SCN)_2$).
thiocýano gròup *n.* 〘化学〙チオシアン基《チオシアン酸から誘導される1価の原子団 -SCN》.
thìo·éster *n.* 〘化学〙メルカプタン類のエステル.
thìo·éthyl álcohol *n.* 〘化学〙チオエチルアルコール (⇨ ethyl mercaptan).
thìo·flávine, T- *n.* 〘化学〙チオフラビン《黄色の塩基性染料》.
thio·guánine 〘← THIO-＋GUANINE〙 *n.* 〘薬学〙チオグアニン ($C_5H_5N_5S$)《白血球増加病の治療用》.
thìo·índigo 〘← THIO-＋INDIGO〙 *n.* 〘化学〙チオインジゴ ($C_{16}H_8O_2S_2$)《インジゴ系の赤色染料》.
Thi·o·kol [θáɪəkɔ̀(ː)l, -kòul | -kɔ̀l] *n.* 〘商標〙チオコール《幾種類かの多硫化物系耐油性合成ゴムの商品名》.
thi·ol [θáɪɔ(ː)l, -oul | -ɔl] 〘← THIO-＋-OL[1]〙 — *n.* 〘化学〙 **1** チオール《化学構造上アルコール類似の化合物で, アルコールの酸素原子の代わりに硫黄(いおう)原子の入ったもの (RSH); mercaptan ともいう》. **2** -SH で表わされる一価の基.
thìol·acétic 〘⇨↑, acetic〙 *adj.* 〘化学〙＝thioacetic.
thi·o·lic [θaɪóulɪk, -ál- | -ɔ́l-] *adj.* 〘化学〙カルボンチオール酸の.
thiólic ácid *n.* 〘化学〙チオール酸.
thi·on- [θáɪən] (母音の前に来る時の)thiono- の異形.
thi·o·nate [θáɪənèɪt] 〘← THIONO-＋-ATE[1]〙 *n.* 〘化学〙チオン酸塩[エステル]. — *vt.* 加硫する. **thi·o·na·tion** [θàɪənéɪʃən] *n.* 「学〙チオン酸の.
thi·on·ic [θaɪánɪk | -ɔ́n-] 〘← THIONO-＋-IC[1]〙 *adj.* 〘化
thiónic ácid *n.* 〘化学〙 **1** チオン酸 ($H_2S_nO_6$) (n=2-6). **2** カルボン酸の酸素原子を硫黄(いおう)で置換した形の酸; RCO·OH の代わりに RCS·OH.
Thi·o·nine [θáɪənìːn, -nɪn, -nən | -nìːn, -naɪn] 〘← THIONO-＋-INE[3]〙 *n.* 〘商標〙チオニン《紫色塩基性染料 ($C_{12}H_9N_3S$) の商品名で, 細菌の染色に使われる》.
thi·o·no- [θáɪəno(u) | -nə(u)] 〘← Gk *theîon* sulphur〙「硫黄(いおう) (sulfur)」の意の連結形. ★ 母音の前では通例 thion- になる.
thi·o·nyl [θáɪənḷ, -nìl | -nìl] 〘⇨↑, -yl〙 *n.* 〘化学〙チオニル《SO で表わされる二価の基; 有機化合物の場合は sulfinyl ということが多い》.
thíonyl chlóride *n.* 〘化学〙塩化チオニル ($SOCl_2$)《無色刺激性の液体》.
thi·o·pen·tal [θàɪo(u)péntæl, -tɔːl | -ə(u)-] 〘← THIO-＋PENTA-＋-AL[3]〙 *n.* 〘薬学〙チオペンタール ($C_{11}H_{18}N_2O_2S$)《催眠薬・麻酔薬》.
thi·o·pen·tone [θàɪo(u)péntoun | -ə(u)péntəun] 〘⇨↑, -one〙 *n.* 《英》〘薬学〙＝thiopental.
thi·o·phen [θáɪəfɪn, -fən, -fèn | -fɪn, -fèn] *n.* 《英》〘化学〙＝thiophene.
thi·o·phene [θáɪəfìːn] 〘← THIO-＋PH(ENYL)＋-ENE〙 — *n.* 〘化学〙チオフェン (C_4H_4S)《コールタールから得た benzene 中に存在し, その物理的性状も benzene に似た無色の液体; 溶媒, 合成原料》.
thìo·phénol *n.* 〘化学〙チオフェノール (C_6H_5SH)《にんにくのような匂いがする無色の液体; 有機合成に用いる; phenyl mercaptan ともいう》.
thìo·phósphate *n.* 〘化学〙チオリン酸塩[エステル].
thìo·phosphóric ácid *n.* 〘化学〙チオリン酸 (H_3PO_3S)《リン酸 (H_3PO_4) の酸素を硫黄で置換した酸》.
thi·o·rid·a·zine [θàɪərídəzìːn, -zɪn, -zən | -zìːn, -zɪn] 〘← THIO-＋(PIPE)RID(INE)＋(PHENOTHI)AZINE〙 — *n.* 〘薬学〙チオリダジン《不安症・分裂症の治療に用いる精神安定剤》.
thi·o·sin·am·ine [θàɪəsɪnǽmɪn, -sə-, -mən, -o(u)sínəmìːn | -ə(u)sínəmìːn, -sɪnǽmɪn] 〘← THIO-＋L *sin(āpis)* mustard＋AMINE〙 *n.* 〘化学〙チオシナミン (CH_2=$CHCH_2NHCSNH_2$)《allylthiourea ともいう》.
thìo·súlfate *n.* 〘化学〙チオ硫酸塩[エステル] ($M_2S_2O_3$); (特に) ＝sodium thiosulfate.
thìo·sulfúric *adj.* 〘化学〙チオ硫酸の[から生じる].
thiosulfúric ácid *n.* 〘化学〙チオ硫酸《塩のみで遊離の酸 ($H_2S_2O_3$) は知られていない》.
thio·te·pa [θàɪətíːpə] 〘← THIO-＋TEPA〙 *n.* 〘化学〙チオテパ ($C_6H_{12}N_3PS$)《テパ ($C_6H_{12}N_3OP$) の O を S に換えた制癌剤》.
thi·o·u·ra·cil [θàɪo(u)jú(ə)rəsìl | -ə(u)júər-] 〘← THIO-＋URACIL〙 — *n.* 〘薬学〙チオウラシル ($C_4H_4N_2OS$)《甲状腺(せん)ホルモンを抑制する作用をもつ白色・無臭の結晶状化合物》.

thìo·uréa 〘← NL ～: ⇨ thio-, urea〙 *n.* 〘化学〙チオ尿素 ($SC(NH_2)_2$)《thiocarbamide ともいう》.
thir [ðə; ðíə, ðúə | ðə; ðíə(r, ðúə(r] *demons. pron.* 《英方言》＝these.
thi·ram [θáɪ(ə)ræm | θáɪər-] 〘《変形》← ? *thiuram* ← ? THIOUREA＋-*amyl* (⇨ carbamyl)〙 *n.* 〘化学〙サーラム (⇨ tetramethylthiuram disulfide).
third [θə́ːd | θə́ːd] 〘OE *þirda*《音位転換》← *þridda* < Gmc **þriðjaz* (Du. *derde* / G *dritte*) < IE **tritjós* (L *tertius* / Gk *trítos* / Skt *tṛtīyas*) ← **trei-* 'THREE'〙 — *adj.* **1** 第3の, 3番目の (3rd): Henry the *Third* ヘンリー三世《Henry III とも書く》/ in the ～ place 第3に, 3番目に / *Third* time lucky.＝The ～ time is lucky [does the trick, pays for all]. 《諺》「三度目の正直」. **2** 3分の1の: the ～ part of a ton 1トンの3分の1. **3** (自動車などの変速機の)前進第3段の.
third law of thermodynamics [the —] 〘物理化学〙熱力学第三法則 (⇨ LAW of thermodynamics).
— *n.* **1** [the ～] 第3, 3番目, 第3位; (月の)(第)3日: *the* ～ [3rd] of March 3月3日. **2** 3分の1: He lost a ～ of his money. 彼は金の3分の1を失った. **3** (自動車などの変速機の)前進第3段, サード (third gear): do a hill in ～ ギヤをサードに入れたまま丘を上る / She changed up into ～. (変速ギヤを)サードに上げた. **4** [*pl.*] 《まれ》〘法律〙 **a** 夫の動産の3分の1《当然寡婦に与えられるべきもの》. **b** 《俗》寡婦産 (dower). **5** 〘音楽〙三度, 三度音程; 第三音. **6** 〘野球〙三塁 (third base). **7** (時間・角度の)1秒の 1/60. **8** [通例 *pl.*] 〘商業〙三等品.
— *adv.* **1** 第3に, 3番目に: finish ～ 3着になる / come ～ 3番目になる[来る]. **2** 三等で: go [travel] ～ 三等で行く[旅行する].
thírd báse *n.* 〘野球〙三塁, サード; 三塁の守備位置.
thírd báseman *n.* 〘野球〙三塁手.
thírd-cláss *adj.* **1** 〈列車など〉三等の: a ～ passenger 三等乗客 / a ～ compartment (列車の)三等個室. **2** 《米・カナダ》〘郵便〙第三種の: ～ matter 第三種郵便物《第二種の認可を得た新聞・雑誌以外の書籍・印刷物など》. **3** ＝third-rate 2. — *adv.* **1** 三等で: go [travel] ～ 三等で行く[旅行する]. **2** 《米・カナダ》〘郵便〙第三種で.
thírd cláss *n.* **1** 三等; 三等品. **2** 三等(船室). ★ 客船では今は tourist class といい, もとの steerage をこういう. **3** 《米・カナダ》〘郵便〙第三種郵便物 (third-class matter). **4** 《英》(大学の優等試験で)第三級(の学生)《三種の等級の中で最低のもの》.
Thírd dáy *n.* (クエーカー教徒間で)火曜日 (Tuesday).
thírd déck *n.* 〘海事〙第三甲板.
thírd-degrée *vt.* 《米》拷問にかける.
thírd degrée *n.* **1** [the ～] (警察などの)精神的[肉体的]拷問 (torture)《フリーメーソンで第三級 (master mason) に昇格するために課せられた肉体的苦痛に由来するといわれる》: give a person *the* ～. **2** 〘フリーメーソン〙第三級 (master mason の階級).
thírd-degrèe búrn *n.* 〘病理〙第三度熱傷《壊死(えし)性火傷; cf. burn 1 a》.
thírd diménsion *n.* **1** 第三次元《幅・長さに対して深さ・厚み》. **2** 現実味を高めるもの; 迫真性: give a ～ to a story 話に生彩を与える. **thírd-diménsional** *adj.*
thírd estáte, T- E- *n.* [the ～] 平民; (特に, フランス革命以前の, 聖職者・貴族以外の)第三身分.
thírd fórce 〘《なぞり》← F *troisième force*〙 — *n.* 第三勢力: **a** [the T- F-] (もと)フランスの共産党とドゴール派との中間派. **b** 極左・極右両派に属さない中道派, 対立する政治勢力の中間にある勢力・国家.
thírd·hánd 〘《1599》〙 — *adj.* **1** 二人の人の仲介を経た; また聞きの (cf. *at third* HAND (1)): ～ information. **2 a** 二人の持主を経て手に入れた; 再中古の: a ～ typewriter. **b** 再中古品を扱う: a ～ dealer. — *adv.* **1** 二人の所有者の手を経て, 再中古で. **2** 何人かの手を経て, 間接的に.
thírd hóuse *n.* 第三院《立法に影響を与えるロビーイスト (lobbyist) 集団を指す》.
thírd inténtion *n.* 〘外科〙三次[三期]癒合 (⇨ healing).
Thírd Internátional *n.* [the ～] 第三インターナショナル (⇨ international *n.* 2).
thírd·ly 〘《1509》← THIRD＋-LY[1]〙 *adv.* 第3に, 3番目に (in the third place).
thírd mán *n.* **1** 〘クリケット〙第三手《捕手の横のやや深い off 側の守備位置(の野手); ⇨ cricket[2] 挿絵》; 第三手の位置. **2** 〘《なぞり》← Gk *trítos ánthrōpos*〙〘哲学〙第三の人間《Plato のイデア論に内在する背理的問題をいう言葉; 個別的人間のほかに抽象概念としての人間のイデアを認めると, このイデアと個別的人間との間にさらに共通の第三番目の人間のイデアが生まれ, 無限後退に陥るという問題》.
thírd márket *n.* 《米》〘証券〙第三市場《上場株の店頭取引; cf. fourth market》.
thírd máte *n.* ⇨ mate[1] *n.* 3 a.
thírd mólar *n.* 〘歯科〙第三大臼歯.
thírd órder *n.* [しばしば T- O-] 〘カトリック〙第三会《修道会士で俗籍にある人々の団体; 修道会の規則に従いながら教育に従事したり, 病人の看護のためなどの目的をもつ団体に組織されることがある; cf. tertiary *n.* 3》.

thírd párty *n.* **1** (当事者以外の)第三者. **2** 〘政治〙 **a** (二大政党制下の)第三党. **b** 少数党 (minor party).
thírd-párty insùrance *n.* 〘保険〙第三者保険《被保険者以外の第三者の傷害に対する保険》.
thírd pérson *n.* **1** 第三者 (third party). **2** 〘文法〙第三人称(の語形). **3** (小説の記述など)第三人称.
Thírd Prógramme *n.* [the ～] 《英》BBC (英国放送協会)のラジオ第三放送で放送される高度の教養番組《その後この種の番組は Radio Three (音楽)と Radio Four (教育講座など)に分けられた》; [形容詞的に] インテリ向きの, インテリ的な.
thírd ráil *n.* 〘鉄道〙(電車線路の)第三レール, 第三軌条《地下鉄・電車などに給電するレール》.
thírd-ráte 〘《1649》← THIRD＋RATE[1]〙 *adj.* **1** 三等の, 三級の, 三流の: a ～ boading school 三流の寄宿制学校. **2** 下等な, 劣等な (inferior).
thírd-ráter *n.* 三流の人.
thírd réading *n.* 〘議会〙第三読会 (cf. first reading, second reading): **a** (米国議会で)第二読会 (second reading) を経て浄書された議案を採否に付する前に名称だけ読み上げる. **b** (英国議会で)報告審議 (report stage) を経た議案を採否に付する前に討議する.
Thírd Réich 〘《部分訳》← G *das dritte Reich* the third Empire〙 *n.* [the ～] 第三帝国《1933–45 年の Hitler 治下の全体主義的ドイツ; ⇨ Reich》.
Thírd Repúblic 〘《なぞり》← F *La Troisième République*〙 — *n.* [the ～] フランス第三共和制《1870 年から, 1940 年7月ドイツ占領により Vichy 政府が成立するまで》.
thírd séx *n.* [the ～; 集合的] 第三の性, 同性愛者 (homosexuals).
thírd stóry *n.* **1** 《米》3 階. **2** 《英》4 階.
thírd-stréam *adj.* 〘音楽〙サードストリームミュージック (third stream) の.
thírd stréam *n.* 〘音楽〙サードストリームミュージック《古典音楽とジャズの要素を取り入れた音楽》.
thírd véntricle *n.* 〘解剖〙第三脳室《四つある脳室のうちの一つで, 両半球の中間にある》.
Thírd Wórld, t- w- 〘《1965》《なぞり》← F *tiers monde*〙 — *n.* [the ～] 第三世界: **1** 共産圏・非共産圏のいずれにも属さない発展途上国《アジア・アフリカ・ラテンアメリカの国など; cf. First World 1》. **2** 先発発展途上国《比較的工業化の進んでいる国; インド・パキスタン・アラブ連合など; cf. First World 2》. **3** 優勢な文化の内部の少数集団の総体.
Thírd Wórld·er [-wə́ːldə | -wə́ːldə(r] *n.* 第三世界に属している人, (特に)アフリカ人, アジア人.
Thírd Wórld·ism [-wə́ːldɪzm | -wə́ːld-] *n.* 第三世界主義《西側または共産圏のいずれにも属さず独自性を主張するアジア・アフリカ・ラテンアメリカ諸国の方針》.
thirl[1] [θə́ːl | θə́ːl] 〘OE *þyrlian* ← *þȳrel* hole ← *þurh* 'THROUGH': cf. nostril, thrill〙《英方言》 — *n.* 穴 (hole). — *vt.* **1** 刺し貫く, …に穴をあける (pierce, drill). **2** 激しい感動でぞくぞく[わくわく]させる.
thirl[2] [θə́ːl | θə́ːl] 〘← 《スコット》*thirl* to bind to a servitude ← *thrill* (↓)〙 *n.* 《スコット》＝thirlage.
thirl·age [θə́ːlɪdʒ | θə́ː-] 〘《1513》《音位転換》← 《廃》*thrillage* bondage ← ME 《スコット》*thril* 'THRALL' ＋-AGE〙 — *n.* 〘スコット法〙水車利用義務《一定の土地の借地人(主に隷農)に課せられたその土地から生産された穀物を特定の水車場を利用して製粉しその使用料を支払わなければならない義務》; その製粉代.
thirst [θə́ːst | θə́ːst] 〘OE *þurst* ← (WGmc) **þurstu* (Du. *dorst* / G *Durst*) ← IE **ters-* to be dry (L *torrēre* to parch & *terra* earth / Gk *térsesthai* to become dry / Skt *tṛṣyati* he thirsts). — v.: OE *þyrstan* ← *þurst* (n.)〙 — *n.* **1** のどの渇(かわ)き, 渇: ～ *for* cool fresh water 冷たい水を求める渇き / slake [quench, relieve, satisfy] one's ～ 渇をいやす / cause [produce] ～ 渇を催させる / have a ～ 《口語》一杯飲みたい. **2** 渇望, 熱望 (strong desire) 〔*for*, 《文語》*after*, 《古》*of*〕: a ～ *for* knowledge [pleasure, adventure] 知識[快楽, 冒険]に対する渇望 / the ～ *to* learn 学習欲 / He had lost his ～ *for* money. 金銭欲を失った. **3** ＝thirstland. — *vi.* **1** のどが渇く: be ～*ing for* a drink 一杯飲みたくてたまらない / I ～. 《古》＝I am thirsty. **2** 渇望する, 熱望する (crave): ～ *for* knowledge, adventure, power, battle, blood, etc. / hunger and ～ *after* righteousness 《文語》義に飢え渇く (*Matt.* 5:6) / She was upon me, ～*ing for* information. いろいろ聞き出そうと私に迫った / ～ *to* overturn a government 政府の転覆を渇望する. **～·er** *n.*
thírst·lànd *n.* 水の無い地帯, 砂漠. 「い.
thírst·less *adj.* のどが渇(かわ)かない, 渇することのな
thirst·y [θə́ːsti | θə́ːsti] 〘OE *þyrstig*: ⇨ thirst, -y[4]〙 — *adj.* (**thirst·i·er**; **-i·est**) **1** 渇した, のどの渇(かわ)いた: I am [feel] ～. のどが渇いた / a ～ car ガソリンを食う車. **2** 《口語》酒好きの: a ～ soul 酒好きな男, 飲み助. **3 a** 〈土地・草木など〉乾燥した, 乾(かわ)き切った (dry, parched): ～ plains. **b** 吸湿性の強い. **4** 渇望する, 熱望する, 切望する 〔*for*〕: be ～ *for* [《文語》*after*] knowledge [news] 知識[ニュース]を渇望する. **5** 《口語》〈仕事・食物など〉渇を覚えさせる, のどが渇くような: ～ food, work, etc. / a ～ game. **thírst·i·ly** [-tɪli, -tə- | -tɪ] *adv.* **thírst·i·ness** *n.*
thir·teen [θə̀ːtíːn, ⌐⌐ | θə̀ːtíːn, ⌐⌐] 〘OE *þrēotīene*: cf. G *dreizehn*: ⇨ three, -teen〙 — *n.* **1** 13; 13

個, 13 人 ; 13 歳. **2** 13 [XIII] の記号[数字]. **3** 13 人[個]一組. **4** 13 番サイズの衣料品. ── *adj.* 13 の, 13 個の, 13 人の ; [Predicative に用いて] 13 歳で. ***the thirteen superstition*** 13 を不吉とする迷信《特に, 食卓・部屋の番号などで》.

thirtéen-lìned gróund squìrrel *n.* 〖動物〗ジュウサンセンジリス (*Citellus tridecemlineatus*)《北米西部に広く分布する灰褐色の毛皮に白い縞が何本も縦に走っているジリスの一種 ; thirteen-lined gopher, leopard squirrel, striped ground squirrel ともいう》.

thir·teenth [θə̀ːtíːnθ, ⌐⌐ | θəːtíːnθ, ⌐⌐] 〘(16C) ← THIRTEEN＋-TH¹ ∞ OE *þrēotēoða*, etc. : cf. G *dreizehnte*〙 ── *adj.* **1** 第13の, 13番目の (13th). **2** 13分の1の : a ~ part 13分の1. ── *n.* (*pl.* ~s) **1** [the ~] 第13, 13番目, 第13位 ; (月の)(第) 13日 : *the* ~ [13th] of June 6月13日. **2** 13分の1. **~·ly** *adv.*

thir·ti·eth [θə́ːṭiɪθ, -ṭiəθ | θə́ːtɪɪθ, θə́ːtɪθ, -tɪəθ] 〘OE *þritigoða* : ⇨ thirty, -th¹〙 ── *adj.* **1** 第30の, 30番目の (30th). **2** 30分の1の : a ~ part 30分の1. ── *n.* **1** [the ~] 第30, 30番目, 第30位 ; (月の)(第) 30日 : the ~ [30th] of March 3月30日. **2** 30分の1.

thir·ty [θə́ːṭi | θə́ːtɪ] 〘OE *þrītiġ* : cf. G *dreissig* : ⇨ three, -ty¹〙 ── *n.* **1** 30 ; 30個, 30人 ; 30歳 : a man of ~ 30歳の人 / die at ~ 30で死ぬ. **2** 30 [XXX] の記号[数字]. **3** 30人[個]一組. **4** 30番サイズの衣料品 : He wears a ~. **5** [*pl.*] 30代, 30年代[歳代] : during the *thirties* 30年代の間(1830–39年, 1930–39年の間など)に / a man in his *thirties* 30代の人 / just out of one's *thirties* 30代を出たばかりで[の]. **6** ＝30-dash. **7** 〖テニス〗サーティー《2点目の得点 ; cf. fifteen 6》. **8** 30口径機関銃《通例 .30 と書く》. ── *adj.* 30の, 30個[人]の ; [Predicative に用いて] 30歳で.

30-dàsh [θə́ːṭi- | θə́ːtɪ-] *n.* 《米》〖印刷〗30ダッシュ《—30—, —XXX—, —0— などと記して原稿・物語などの終わりを示す》.

.38 [θə́ːṭiéɪt | θə́ːtɪ-] *n.* (*pl.* **.38s, .38's**) 38口径ピストル (cf. revolver 1).

thírty·fòld *adj.* 30倍の ; 30の部分[相]をもった. ── *adv.* 30倍に.

Thírty-nìne Árticles *n. pl.* [the ~] 〖英国国教会〗三十九か条《16世紀制定の英国国教の教義で, 聖職に就く者は任命式の際これに同意を表明しなければならない》.

.30-'06 [θə́ːṭiòusíks | θə́ːtɪəʊ-] *n.* (*pl.* **.30-'06s, .30-'06's**) 30口径06改良型ライフル《1903年開発, 1906年改良の軍用ライフル ; 現在は狩猟用》.

thírty·pènny 〘もと100本につき30ペンスしたことから〙 *adj.* 〈釘が〉 $4^1/_2$ インチ(の長さ)の.

thírty-sécond nòte *n.* 〖音楽〗三十二分音符.

thírty-sécond rèst *n.* 〖音楽〗三十二分休(止)符.

.30-30 [θə́ːṭiθə́ːṭi | θə́ːtɪθə́ːtɪ] *n.* (*pl.* **.30-30s, .30-30's**) 30グレインの発射薬を用いる30口径ライフル.

thírty-thrée *n.* 33回転盤《毎分 $33^1/_3$ 回転のレコード ; 通例33と書く》.

.32 [θə́ːṭitúː | θə́ːtɪ-] *n.* (*pl.* **.32s, .32's**) 32口径ピストル (cf. revolver 1).

thírty-twó·mo [-mou | -məʊ] 〘(1771) ← *thirty-two* ＋-MO〙 ── *n.* (*pl.* ~s) 三十二折(判) ; 三十二折本《trigesimo-secundo, tricesimo-secundo ともいう》. ── *adj.* 三十二折(判)の ; 三十二折本の.

Thírty Yéars' [Yéars] Wár *n.* [the ~] 三十年戦争《ドイツを舞台に新・旧教諸侯の間で30年間 (1618–48) にわたって争われた戦争》.

Thir·za [θə́ːzə | θə́ː-] 〘⊏ Heb. *Tirzāh* 《原義》? acceptance ; a kind of tree〙 *n.* 女性名《異形 Thirzah, Tirzah, Thyrza》.

this [ðís] 〘OE *þis* (neut. sing. ; cog. G *dies*), *þes* (masc. sing.), *þēos* (fem. sing.) ← (WGmc) **þa-* (⇨ the, that¹) ＋ **-se, *-si* (指示性を強調する suf.)〙 ── *demons. pron.* (*pl.* **these**) **1 a** [時間的・空間的・心理的に近いものを指して] これ, この物, この人 (cf. that¹) : for all ~ これにもかかわらず / I don't like ~ at all. こういうのは困る / What's all ~ (about)? ⇨ all *adv.* 1 d / Is ~ the man you saw yesterday? この方が君がきのう会った人ですか / *This* is Thomas speaking. [電話・放送で] こちらはトマスです / *This* is he [she]. [電話で] (だれだれさんですかと聞かれた時の返事として)そうです, 私です / Who is ~, please? [電話で] 《米》どちら様でしょうか (《英》＝Who is that, please?) / *This* is a free country. ここは自由な国だ / *This* will never do. これではとてもだめだ / *This* is it. ⇨ it¹ 2 / You mustn't behave like ~. こういう振舞をしてはいけない. **b** 次のこと : Do it like ~. このように[これから私が言う通りに]しなさい / Answer me ~. さあこれに答えて下さい / The question is ~, that... 問題はこうだ, すなわち.... **2** [that と対照的に用いて] **a** ⇨ ...THIS *and*...*that*, THIS *and* [*or*] *that*. **b** 後者 (the latter) : Tobacco and alcohol are both injurious ; ~, however, less than *that.* たばこと酒は共に有害であるが, 後者[酒]はまだ前者[たばこ]よりも害が少ない. **3** 今, ただ今, この日, 今日, 今度 (this time) : *This* is Monday. 今日は月曜日です / What day of the month is ~? 今日は何日ですか / long before ~ これよりずっと前に. **4** ここ (this place) : Get out of ~. ここから出て行け.

at this これを聞いて[見て], ここにおいて : *At* ~, he got up and went out. これを見ると[聞くと]彼は立ち上がって出て行った. ***by this*** この時までに, 今ごろは : They ought to be here *by* ~. もう今ごろには来ているはずだ. ***...this and...that*** 一にも二にも..., ふたこと目には... : It was Miss Smith ~ *and* Miss Smith *that.* 一にも二にもスミス嬢でもちきりだった. ***this and* [*or*] *that*** あれこれ, あれやこれや, なにかしら, 何かしら : put ~ *and that* together あれこれ総合して考える / We drank tea, talking about ~ *and that.* あれこれのことを話しながらお茶を飲んだ. ***this, that, and the other*** あれやこれや, 種々様々の物[人] : He would do ~, *that, and the other.* 彼はあれこれと色々なことに手を出すのであった. ***with this*** ⇨ with 成句.

── *demons. adj.* (*pl.* **these** [ðíːz]) **1** [空間的・時間的・心理的に近いものを指して] この (cf. that¹) : ~ book / ~ country / ~ man here この人 / I don't like ~ one. これは好かない / ~ life 現世, この世 / by ~ time この時までには / ~ broad land of ours この広い我が国《決まり文句》. ★ *this our* のように, 指示形容詞が所有格の人称代名詞と直結する連語法は古風で, 今は代わりに *this...of ours* の形式を用いるのが普通. **2** [ðís, ðɪs, ðəs | ðís, ðɪs] 今の, 現在の (cf. last¹ 3 a, next) : ~ time 今度 / ~ time tomorrow night 明日の晩の今ごろ / ~ day 本日, 今日 / from ~ day forth 今日から(ずっと) / ~ day week 先週[来週]の今日 / ~ morning [afternoon, evening] 今朝[今日の午後, 今晩] / ~ week [year, month] 今週[年, 月] / all ~ week 今週一杯 / ~ very moment たった今 / to ~ day 今日に至るまで / He has been waiting ~ half hour. 彼はもう30分も前から待っている. **3** [よく知られている, または大きな話題になっている人や物を指して] この...というもの (cf. these *adj.* 2) : What do you think of ~ structuralism? この構造主義というやつどう思う. ★ 時に軽蔑的な含みをもつ. **4** 《口語》[話者の念頭にある未出の特定の人や物を指して] (ある)一人の, 一つの (a certain, a) (cf. these *adj.* 3) : There was ~ boy I used to go to school with. もと私が一緒に通学していた男の子がありました. ★ 聞き手への親近感を与えるため特に物語体に用いられる.

(***for***) ***this once*** ⇨ once 成句. ***this here* ['ere]** 《方言・俗》＝this (cf. THAT¹ *there*) : ~ *here* man (ここにいる)この男. ***this way*** ⇨ way¹ 成句.

── *adv.* 《口語》[主として程度・量を示す形容詞・副詞を修飾して] この程度まで, これだけ (to this extent) (cf. that *adv.*) : ~ far [high] この距離[高さ]まで / ~ long こんなに長い間 / ~ early こんなに早く / I know ~ much. これだけ知っている / I've never seen ~ many lions at one time. こんなにたくさんライオンを一度に見たのは生れて初めてだ.

this·a·way [ðísəwèɪ] 〘《変形》← *this way* : ⇨ thataway〙 *adv.* 《方言》このように ; こちらの方へ.

This·be [θízbi | -bɪ] 〘⊏ L ~ ⊏ Gk *Thisbē*〙 *n.* **1** 女性名. **2** 〖ギリシャ・ローマ伝説〗ティスベー (⇨ Pyramus).

this·ness [ðísnɪs, -nəs] 〘《なぞり》← ML *haecceitās* (⇨ this, -ness) : cf. thatness〙 *n.* 〖スコラ哲学〗＝haecceity.

this·tle [θísḷ] 〘OE *þistel* < Gmc **þīstilaz* (Du. *distel* / G *Distel*) ← ? IE **(s)teig-* 'to pick, STICK² ; a point'〙 ── *n.* **1** 〖植物〗アザミ《キク科の, 特にヤハズアザミ属 (*Carduus*), アザミ属 (*Cirsium*), オオヒレアザミ属 (*Onopordum*) の植物の総称 ; その一種オオヒレアザミ (*O. acanthium*) (Scotch thistle) はスコットランドの国花および badge ; cf. shamrock, leek》. **2** [the T-] (英国の)あざみ勲位[勲章] (⇨ ORDER of the Thistle).

grasp the thistle firmly 敢然として難局に当たる.

thístle bùtterfly *n.* 〖昆虫〗＝painted lady 1.

thístle·dòwn *n.* あざみの冠毛 : (as) light as ~ きわめて軽い.

thístle tùbe *n.* (通例ガラス製の)じょうご.

this·tly [θísli, -sḷi | -sḷi, -slɪ] 〘← THISTLE＋-Y⁴〙 *adj.* **1** あざみの多い, あざみのおい茂った : ~ ground. **2** (あざみのように)とげのある (prickly).

thís-wòrldly *adj.* 現世的な, 俗世間的な. **thís-wòrldliness** *n.*

thith·er [θíðə, ðíðə | ðíðə(r)] 〘OE *þider, þæder* ← Gmc **þa-* (demonstrative base) (ON *þaðra* there) ← IE **to-* : cf. that¹, the, hither〙 《文語》 ── *adv.* そこへ, あそこへ (there) ; あちら[そちら]の方へ : hither and ~ ⇨ hither. ── *attrib. adj.* 向こう側の, 対岸の, 向こうの (farther) : the ~ side [bank] of the river 川の対岸 / on the ~ side of sixty 60を越えて.

thither·to [⌐⌐⌐, ⌐⌐⌐] 〘(15C)〙 *adv.* 《文語》その時まで (up to that time).

thith·er·ward [θíðəwəd, ðíðə- | ðíðəwəd, -wɔ̀ːd] 〘OE *þiderweard* : ⇨ thither, -ward〙 *adv.* 《古》＝thither.

thíth·er·wards [-wədz | -wədz, -wɔ̀ːdz] 〘OE *þiderweardes* : ⇨ ↑, -wards〙 *adv.* 《古》＝thitherward.

thix·o·tro·pic [θɪ̀ksətróupɪk, -tráp- | -trə́ʊp-, -tróp-] *adj.* 〖化学〗チキソトロピーの, 揺変性の : ~ ink.

thix·ot·ro·py [θɪksátrəpi | -sɔ́trəpɪ] 〘← Gk *thíxis* a touching (← *thiggánein* to touch : cf. touch)＋-o-＋-TROPY〙 ── *n.* 〖化学〗チキソトロピー, シキソトロピー, 揺変性《揺れるとゲル (gel) から流動性のゾル (sol) に変化するが, 静止すると再びゲルに戻る性質 ; 水酸化鉄やある種の粘土にみられる》.

Th.L., ThL 《略》Theological Licentiate.

Th.M., ThM 《略》*L.* Theologiae Magister (＝Master of Theology).

tho [ðo(ʊ), ðòu, ðóu | ðəʊ, ðə́ʊ] 〘略〙 *conj., adv.* (*also* **tho'** [~]) 《口語》＝though.

Tho. 《略》Thomas.

Tho·as [θóuəs | θə́ʊ-] 〘⊏ L ~ ⊏ Gk *Thóas*〙 ── *n.* 〖ギリシャ・ローマ神話〗トアス : **1** Hercules に殺された Gigantes の一人. **2** Hypsipyle と Jason との息子. **3** Ariadne と Dionysus との息子 ; Tauri 族の王で Iphigenia の恩人. **4** (*Iliad* で) トロイ戦争でギリシャ軍を援助した Helen の求婚者.

thole¹ [θóul | θə́ʊl] 〘OE *þolian* ← Gmc **þul-* (ON *þola* / G *Geduld* patience) ← IE **tel-* to lift, support, weigh (L *tolerāre* to bear, support) : cf. tolerate〙 ── *vt.* 《英方言》 **1** 受ける, 苦しむ, 被る (suffer). **2** 耐え忍ぶ, 我慢する (bear, endure).

thole² [θóul | θə́ʊl] 〘OE *þol(l)* rowlock ← Gmc **þul-* (ON *þollr* fir-tree, tree / Dan. *tol* / Swed. *tull* / Du. *dol*) ← IE **tul-* (Gk *túlos* peg) ← **tēu-* to swell〙 ── *n.* **1** (船ばたの穴にさす木製あるいは金属製の) 櫂栓(かいせん), オール受け《これにオールをはめて漕ぐための力点》. **2** 栓 (pin), 留めくぎ (peg).

1　2

thole̲s 1

1 single ; 2 double

tho·lei·ite [θóuləàɪt, tóu- | θə́ʊlɪ-, tə́ʊ-] 〘⊏ G *Tholeiit* ← *Tholei* (ドイツの Saarland にある村) : ⇨ -ite¹〙 ── *n.* 〖岩石〗ソレアイト《アルカリ成分に乏しい玄武岩の一種》. **tho·lei·it·ic** [θòuləíɪṭɪk, tòu- | θəʊlɪ-, təʊ-] *adj.*

thóle·pìn *n.* ＝thole².

tholi *n.* tholus の複数形.

thol·o·bate [θáləbèɪt | θɔ́l-] 〘← Gk *thólos* round building with a conical or vaulted roof＋-BATES〙 *n.* 〖建築〗円形のドームを支える下部構造.

tho·los [θóulɑs | θə́ʊlɒs] 〘⊏ Gk *thólos* 《原義》rotunda〙 ── *n.* (*pl.* **tho·loi** [-lɔɪ]) トロス, トルス : **a** 〖建築〗(古代ギリシャ建築で)円形建築物《ドーム天井を架ける場合が多い》. **b** 〖考古〗(Mycenae 時代の)丸天井式地下墳墓.

tho·lus [θóuləs | θə́ʊ-] 〘⊏ L ~ ⊏ Gk *thólos* (↑)〙 *n.* (*pl.* **tho·li** [-laɪ]) ＝tholos.

Thom·as [táməs | tɔ́m- ; *G.* tóːmas] 〘⊏ LL *Thōmās* ⊏ Gk *Thōmās* ⊏ Aram. *tᵉʼōmā* twin ⊏ ? Sem. *w-ʼ-m* to tally〙 ── *n.* **1** 男性名《愛称形 Tom, Tommy, (スコットランド) Tam, Tammie》. **2** 英国兵士 (Tommy Atkins). **3** [(Saint) ~] 〖聖書〗トマス《十二使徒の一人 ; 疑い深く, イエスの復活の証拠を要求した ; 祝日12月21日 ; cf. *John* 20 : 24–29 ; cf. doubting Thomas》.

Tho·mas [toumáː | təʊ- ; *F.* tɔma], **Ambroise** *n.* トーマ《1811–96 ; フランスの作曲家 ; *Mignon* (1866)》.

Thomas, Dyl·an [dílən] (**Mar·lais** [máːleɪ | máː-]) *n.* (1914–53) ウェールズ生れの英国の詩人 ; *Deaths and Entrances* (1946).

Thomas, Edward *n.* (1878–1917) 英国の詩人・著作家 ; *Collected Poems* (1920).

Thomas, Seth *n.* (1785–1859) 米国の時計製造業者.

Thomas, Theodore *n.* (1835–1905) ドイツ生れの米国の指揮者.

Thom·a·sa [táməsə | tɔ́m-] 〘(dim.) ← THOMAS〙 *n.* 女性名.

Thomas à Becket *n.* ⇨ Becket.

Thomas à Kempis [táməs-ə-kémpɪs, -ɑː-kém-, -pəs | tɔ́məs-ə-kémpɪs] *n.* トマス アケンピス《1380?–1471 ; ドイツの聖職者・著述家 ; *De Imitatione Christi* 「キリストのまねび」(?c. 1424) ; 本名 Thomas Hamerken von Kempen *or* Thomas Hämmerlein》.

Thomas A·quí·nas [-əkwáɪnəs | -əkwáɪnæs, -æk-, -nəs], Saint *n.* トマス アクィナス《1225?–74 ; イタリアのカトリック教会の神学者で13世紀最大のスコラ哲学者 ; 異名 the Angelic Doctor ; *Summa Theologiae* 「神学大全」(1265–73)》.

Thómas Átkins *n.* (英陸軍の)兵士. ★ Tommy Atkins または Tommy のほうが普通に使用される.

Thom·a·sin [táməsɪn, -sən | tɔ́məsɪn] 〘(fem. dim.) ← THOMAS〙 *n.* 女性名《異形 Thomasina, Thomasine》.

Thómas Jéfferson's Bìrthday *n.* トーマス ジェファーソン生誕記念日《4月13日 ; Alabama, Missouri, Oklahoma, Virginia の諸州では法定休日》.

Thómas of Ér·cel·doune [-ə́ːsəldùːn | -ə́ː-] *n.* (1220?–?1297) スコットランドの詩人・予言者 ; 通称 Thomas the Rhymer.

Thómas of Wóod·stock [-wúdstɑk | -stɔk] *n.* (1355–97) 英国王 Edward 三世の子 ; Richard 二世に反抗し, のち亡命 ; 称号 Duke of Gloucester.

tho·mi·sid [θóumәsɪd, -səd | θə́ʊməsɪd] 〘↓〙 *adj., n.* 〖動物〗カニグモ科の(クモ).

Tho·mis·i·dae [θo(ʊ)mísədiː | θə(ʊ)mísɪ-] 〘← NL ~ ← Gk *thōminx* string＋-IDAE〙 *n. pl.* 〖動物〗カニグモ科.

Tho·mism [tóumɪzṃ | tə́ʊ-] 〘(1727) ← *Thom(as Aquinas)*＋-ISM〙 *n.* トマス主義《Thomas Aquinas の哲学および神学説》. ── *adj.* ＝Thomistic.

Thó·mist [-mɪst, -məst | -mɪst] *n.* トマス主義者.

Tho·mis·tic [to(ʊ)místɪk | tə(ʊ)-] *adj.* トマス主義の, トマス主義の信奉者の.

Thomp·son [tám(p)sṇ | tɔ́m-] *n.* トムソン (⇨Thompson submachine gun).

Thomp·son [tám(p)sn | tɔ́m-], Sir **Benjamin** *n.* (1753–1814) 米国生れの英国の物理学者・政治家; Royal Institution の創立者; 称号 Count Rumford.

Thompson, David *n.* (1770–1857) 英国生れのカナダの探検家; カナダや Mississippi 川源流地方を探検・紹介した.

Thompson, Francis *n.* (1859–1907) 英国の詩人; *The Hound of Heaven* (1893).

Thómpson séedless 〖← W. B. *Thompson* (1869–1930: 米国の園芸家)〗 *n.* 〘園芸〙 トムソンシードレス《ブドウの一品種; 黄色で種なし; 干しぶどうにする》.

Thómpson submachíne gùn 〖← *John T. Thompson* (1860–1940: 発明者の米陸軍将校)〗 ── *n.* (45口径の)トムソン式短[小型]機関銃; 単に Thompson, また Tommy gun ともいう》.

Thom·sen [támsn | tɔ́m-; *Dan.* tɔ́msən], **(Hans Peter Jör·gen) Ju·li·us** [jœ́r(g)ən júːlius] *n.* トムセン《1826–1909; デンマークの化学者》.

Thomsen, Vil·helm [vílhɛlm] **Ludvig Peter** *n.* トムセン《1842–1927; デンマークの言語学者》.

Thom·son [támsn | tɔ́m-], Sir **George Paget** *n.* (1892–1975) 英国の物理学者; J. J. Thomson の子; Nobel 物理学賞 (1937).

Thomson, James *n.* **1** (1700–48) スコットランド生れの英国の詩人; *The Seasons* (1726–30), *The Castle of Indolence* (1748). **2** (1834–82) 英国の詩人; *The City of Dreadful Night* (1874); 筆名 Bysshe Vanolis または B.V. は Percy *Bysshe* Shelley と Novalis からの合成.

Thomson, J(ohn) Arthur *n.* (1861–1933) スコットランドの生物学者・著述家.

Thomson, Sir **Joseph John** *n.* (1856–1940) 英国の物理学者; G. P. Thomson の父; Nobel 物理学賞 (1906).

Thomson, Roy Herbert *n.* (1894–1976) カナダ生れの英国の実業家; *The Times* の社主で新聞王と呼ばれた; 称号 Lord Thomson of Fleet.

Thomson, Virgil *n.* (1896–　) 米国の作曲家.

Thomson, Sir **William** *n.* ⇨ Kelvin.

Thómson effèct [**hèat**] 〖← *Sir William Thomson, Lord Kelvin*〗 ── *n.* 〘電気〙 トムソン効果《温度が一様でない導体または半導体に電流を流すとき, ジュール熱以外の熱の発生または吸収が起こる現象; Kelvin effect ともいう》.

Thon·bu·ri [tɑnbú(ə)ri | tɔ̀nburíː] *n.* トンブリ《タイの都市; Chao Phraya 川をはさんで Bangkok に対する; 人口 628,000》.

thong [θɔ́(ː)ŋ, θá(ː)ŋ | θɔ́ŋ] 〖OE *þwong, þwang* ← Gmc *þwaŋg- to restrain (G *zwang* force) ← IE *twengh- to press in on: cf. twinge〗 ── *n.* **1** 革ひも《獣皮またはなめし革の細長いひもで, 物を縛ったりむちなどに用いる》. **2** (革以外の)ひも, 苧縄. **3** (革ひも製の)サンダル. ── *vt.* …に革ひもなどを付ける; 革ひもなどで打つ. **~ed** *adj.*

Thon·ga [θáŋgə | θɔ́ŋ-] *n.* (*pl.* ~, ~**s**) =Ronga.

Tho·ön [θóuɑn | θóuɔn] *n.* 〘ギリシャ・ローマ神話〙 =Thoas 1.

Thor [θɔə | θɔ́ːr] 〖⊏ ON *Þórr* < *þunroz*=OE *þunor* 'THUNDER': cf. Thursday〗 ── *n.* **1** 男性名. **2** 〘北欧神話〙 トール《アースの神々の中の一神; 人間の住む世界, 地上界 (Midgard) の守護者; 雷・天候・豊穣の支配者; cf. Mjollnir》.

Tho·ra [θɔ́ːrə, θóurə | θɔ́ːrə] 〖(fem.) ← THOR〗 *n.* 女性名.

tho·rac- [θɔ́ːræk, θóːr- | θɔ́ːr-] (母音の前に来る時の) thoraco- の異形.

tho·ra·cal [θɔ́ːrəkəl, θóːr- | θɔ́ːr-] *adj.* =thoracic.

thoraces *n.* thorax の複数形.

tho·ra·ci- [θɔ́ːrəsɪ, θóːr-, -sə | θɔ́ːrəsɪ] thoraco- の異形 (⇨ -i-).

tho·rac·ic [θəræ̀sɪk, θɔːr-, θoːr- | θɔːr-, θɔr-, θər-] 〖(1656) ⊏ ML *thoracic-us*: ⇨ thoraco-, -ic[1]〗 ── *adj.* 〘解剖・動物〙 胸の, 胸部の, 胸郭の. **tho·rác·i·cal·ly** *adv.*

Tho·rac·i·ca [θəræ̀sɪkə, θɔːr-, θoːr-, -sə- | θɔːræ̀sɪ-, θɔr-, θər-] 〖← NL ~ (↑)〗 *n. pl.* 〘動物〙 (節足動物門甲殻綱蔓脚亜綱)完胸目.

thorácic cávity *n.* 〘解剖〙 胸腔.

thorácic dúct *n.* 〘解剖〙 胸管.

thorácic nérve *n.* 〘解剖〙 胸神経, 胸郭神経.

tho·ràc·i·co·lúmbar [θəræ̀sɪko(u)-, θɔːr-, θoːr- | θɔːræ̀sɪkə(u)-, θɔr-, θər-] 〖← THORACIC + -O- + LUMBAR〗 *adj.* **1** 胸腰部(胸と腰の部分)の. **2** =sympathetic 4.

thorácic vértebra *n.* 〘解剖〙 胸椎《dorsal vertebra ともいう》.

tho·ra·co- [θɔ́ːrəko(u), θóːr- | θɔ́ːrəkə(u)] 〖← Gk *thōrāk-, thṓrāx* 'corslet, chest, THORAX' + -O-〗 ── 次の意味を表わす連結形: **1** 「胸, 胸部 (chest, thorax)」: *thoraco*plasty. **2** 「胸[胸部]と…」: *thoraco*lumbar. ★ 時に thoraci-, また母音の前では通例 thorac- になる.

thòraco·lúmbar *adj.* =thoracicolumbar.

tho·ra·cop·a·gus [θɔ̀ːrəkápəgəs, θòːr- | θɔ̀ːrəkɔ́p-] 〖← NL ~: ⇨ thoraco-, -pagus〗 ── *n.* (*pl.* ~**·es**, **-a·gi** [-pədʒàɪ]) 〘病理〙 胸結合体, 胸部癒着双生児 (cf. Siamese twins).

tho·ra·co·plas·ty [θɔ́ːrəko(u)plæ̀sti, θóːr- | θɔ́ːrəkə(u)plæ̀sti] *n.* 〘外科〙 胸郭形成(術), 胸成術.

tho·ra·co·scope [θɔ́ːrəkəskòup, θóːr- | θɔ́ːrəkəskə̀up] *n.* 胸腔鏡.

tho·ra·cot·o·my [θɔ̀ːrəkátəmi, θòːr- | θɔ̀ːrəkɔ́təmɪ] *n.* 〘外科〙 開胸(術).

tho·rax [θɔ́ːræks, θóːr- | θɔ́ːr-] 〖(*a*1400) ⊏ L *thōrāx* ⊏ Gk *thṓrāx* breastplate, chest: cf. Gk *thrónos* seat〗 ── *n.* (*pl.* ~**·es**, **tho·ra·ces** [θɔ́ːrəsìːz, θóːr- | θɔ́ːr-]) **1 a** 〘解剖・動物〙 胸, 胸腔, 胸郭. **b** (昆虫などの)胸部 (⇨ insect 挿絵). **2** 〘甲冑〙 (古代ギリシャの)胸よろい, 胸当て (cuirass, breastplate).

Tho·ra·zine [θɔ́ːrəziːn, θóːr- | θɔ́ːr-] 〖《商標》← *thor-* (← ?) + (CHLORPROM)AZINE〗 *n.* 〘商標〙 ソラジン《chlorpromazine の商品名》.

Tho·reau [θəróu, θɔ́ːr-, θóːr- | θɔ́ːrəu], **Henry David** *n.* (1817–62) 米国の超絶主義者・著述家; *Civil Disobedience* (1849); *Walden* (1854).

Tho·reau·vi·an [θəróuviən, θɔːr-, θoːr- | θɔːrə́uvɪən, -vjən] *adj.* ソーロー (Thoreau) の, ソーロー風の.

Tho·rez [tɔːréz; *F.* tɔrɛːz], **Maurice** *n.* トレーズ《1900–64; フランスの政治家; 共産党の指導者》.

tho·ri·a [θɔ́ːriə, θóːr- | θɔ́ːrɪə] 〖← NL ~ ← THORI(UM) + -A[3]: cf. magnesia〗 *n.* 〘化学〙 トリア (⇨thorium oxide).

tho·ri·a·nite [θɔ́ːriənàɪt, θóːr- | θɔ́ːrɪə-] 〖⇨ thorium, -ite[1]: -n- は口調をよくするための無意味の連結音〗 ── *n.* 〘鉱物〙 方トリウム石 (ThO_2)《放射能のある重要な鉱石》.

thor·ic [θɔ́ːrɪk, θár-, θóːr- | θɔ́ːr-, θɔ́r-] 〖← THOR(IUM) + -IC[1]〗 *adj.* 〘化学〙 トリウム (thorium) の.

tho·rite [θɔ́ːraɪt, θóːr- | θɔ́ːr-] 〖⊏ Swed. *thorit* ← NL *thorium* (↓): ⇨ -ite[1]〗 *n.* 〘鉱物〙 トーライト, ケイトリウム鉱 ($ThSiO_4$).

tho·ri·um [θɔ́ːriəm, θóːr- | θɔ́ːrɪ-] 〖(1832) ← NL ~ ← THOR + -IUM〗 *n.* 〘化学〙 トリウム《アクチノイド元素の一つ; 記号 Th, 原子番号 90, 原子量232.0381》.

thórium dióxide *n.* 〘化学〙 二酸化トリウム (⇨ thorium oxide).

thórium emanátion *n.* 〘化学〙 =thoron.

thórium nítrate *n.* 〘化学〙 硝酸トリウム ($Th(NO_3)_4$).

thórium óxide *n.* 〘化学〙 酸化トリウム (ThO_2)《白色耐火性の結晶粉末; ガスマントルの材料・光学ガラスの原料・触媒などに用いる; thorium dioxide, thoria ともいう》.

thórium sèries *n.* 〘化学〙 トリウム系列《天然に存在する放射性元素の壊変系列の一つで, トリウムから始まるもの》.

thorn [θɔ́ən | θɔ́ːn] 〖OE *þorn* < Gmc *þurnuz (Du. *doorn* / G *Dorn* / ON *þorn*) < IE *trnus ← *(s)ter-n- thorny plants ← *(s)ter- stiff (Gk *térnax* stem of thistle)〗 ── *n.* **1** (植物の)とげ, 針 (spine, prickle): Roses have ~*s*. =No rose without a ~. 《諺》 とげのないばらはない, ばらにとげあり, 「楽あれば苦あり」/ ⇨ *a* BED *of thorns*. **2** 〘植物〙 **a** イバラ《トゲのあるバラ科サンザシ類やマメ科サイカチ類の植物の総称》: the crown of ~*s* (キリストが十字架につけられる前にかぶらされたと伝えられる)いばらの冠, 苦難 (affliction) (cf. *John* 19:5). **b** その木材. **c** 〘動物〙 とげ, 針《動物の堅いとげ状の突起》. **3** 苦痛を与えるもの, 悩みの種: be [sit, stand, walk] (up)on ~*s* 絶えず不安におののく / a ~ in the [one's] flesh [side] 苦痛[心配]のもと, 苦労の種 (cf. *2 Cor.* 12:7). **4** ソーン《古期英語および中期英語初期に使用されていたルーン文字の þ Þ の名称; 現代英語の th に相当し, 今なおアイスランド語に残る; cf. eth》.
── *vt.* とげ[針]で刺す; 悩ます.

thórn àpple *n.* 〘植物〙 **1** ナス科チョウセンアサガオ属 (*Datura*) の植物の総称; (特に)ヨウシュ(洋種)チョウセンアサガオ (*D. tatula*)《その蒴にとげがある; cf. stramonium》. **2** サンザシの実 (haw).

thórn·bàck 〖ME *thornebakk*: ⇨ thorn, back[1]〗 ── *n.* **1** 〘魚類〙 ガンギエイ (skate). **2** 〘魚類〙 イトヨ (three-spined stickleback). **3** 〘動物〙 クモガニ科ケアシガニ属のカニの一種 (*Maja squinado*)《ヨーロッパで食用になる》.

thórn·bìll *n.* 〘鳥類〙 長い鋭いくちばしで花の蜜や砂糖きびの汁などを吸う羽の美しい *Ramphomicron* 属, *Chalcostigma* 属の南米産ハチドリ (hummingbird) の類の鳥の総称.

thórn·bùsh 〖ME〗 *n.* **1** とげのある低木. **2** (熱帯地方などの)いばらのやぶ.

Thorn·dike [θɔ́əndaɪk | θɔ́ːn-] 〖OE *þorn-dic* ditch covered with thorns: ⇨ thorn, dike[1]〗 *n.* 男性名.

Thorndike, Edward Lee *n.* (1874–1949) 米国の心理学者・辞書編集家.

Thorn·dike, Dame **Sybil** *n.* (1882–1976) 英国の女優・劇場経営者.

Thorn·dyke [θɔ́əndaɪk | θɔ́ːn-] 〖⇨ Thorndike〗 *n.* 男性名.

Thorndyke, Dr. *n.* 英国の推理小説家 R. Austin Freeman の作品に出る弁護士で医師.

thorned *adj.* とげのある, とげ[針]の多い, とげだらけの.

thórn·hèad *n.* 〘魚類〙 キチジ《北太平洋に生息するカサゴ科キチジ属 (*Sebastolobus*) の魚類の総称》.

thórn·less *adj.* とげのない.

thórn lètter *n.* =thorn 4.

thórn·like *adj.* とげのような.

thórn lìzard *n.* 〘動物〙 =Moloch 2.

thórn·tàil 〖← THORN + TAIL[1]〗 *n.* 〘鳥類〙 長い尾の先が針状をなす南米産ハチドリ (hummingbird) の一種 (*Popelairia conversii*).

Thorn·ton [θɔ́əntən | θɔ́ːn-] 〖OE *þorn-tun* thorny enclosure: ⇨ thorn, -ton〗 *n.* 男性名.

thórn trèe 〖(15C)〗 *n.* 〘植物〙 =hawthorn.

thorn·y [θɔ́əni | θɔ́ːnɪ] 〖OE *þornig*: ⇨ thorn, -y[4]〗 ── *adj.* (**thorn·i·er**; **-i·est**) **1** とげのある, とげの多い, とげだらけの, 針のある (spiny, prickly); とげ[針]のような (thornlike): ~ fins (スズキなどの)とげの付いたひれ. **2** いばらのおい茂った: a ~ bush [country]. **3** 痛い, 苦しい (painful); つらい, めんどうな, 困難な (difficult): ~ cares つらい心労 / a ~ subject [question] 難問 / tread a ~ path いばらの道[困難な道]をたどる. **thórn·i·ly** [-nɪli, -nə-, -nḷi | -nɪlɪ, -nəlɪ] *adv.* **thórn·i·ness** *n.*

thórny lócust *n.* 〘植物〙 =honey locust.

thor·o [θɔ́ː(r)ou, -rə | θʌ́rə] *adj., adv., prep., n.* 《俗》 =thorough.

tho·ron [θɔ́ːrɑn, θóːr- | θɔ́ːrɔn] 〖← *thoro-* ← THORIUM: NEON にならった造語〗 ── *n.* 〘化学〙 トロン《radon の放射性同位体で, thorium の崩壊によって生じる; 質量数 220; 古くは記号 Tn で表した》.

thor·ough [θɔ́ː(r)ou, -(r)ə | θʌ́rə] 〖OE *þuruh* (強調) ← *þurh* 'THROUGH'〗 ── *adj.* **1** 完全な, 徹底的な; 綿密な, 周到な; 間然するところのない, 完璧の: a ~ cleaning 徹底的な掃除 / a ~ search 徹底的な捜査 / make a ~ examination 徹底的に検査する / a ~ translator 周到な翻訳者 / a ~ rest 絶対安静 / ~ work 徹底的な仕事 / be ~ *in* one's research 調査[研究]が徹底している. **2** 全くの (out-and-out): a ~ fool / a ~ scoundrel 心からの悪党. **3** 《古》 貫く, 貫通する (going through). ── *prep., adv.* 《古》 =through. ── *n.* 徹底的な政策[行動]; (特に) [T-] (英国の)徹底的弾圧政策《Charles 一世時代に Strafford 伯と Laud 大主教の採った圧制政策》. **~·ness** *n.*

thórough·bàss [-bèɪs] 〖(1622): ⇨ ↑, bass[3]〗 *n.* 〘音楽〙 **1** 通奏低音 (⇨ continuo). **2** 数字付低音. **3** 《俗用》 和声学 (science of harmony).

thórough·bràce *n.* 《米》 **1** 馬車などの車体を支える革ひも, 貫革, 貫帯. **2** 貫革で車体を支えた乗物[馬車].

thórough·brèd 〖(1701) ← THOROUGH + BRED〗 ── *adj.* **1** 〈動物, 特に馬が〉純血種の (purebred) (cf. cross[1] *adj.* 6). **2** [通例 T-] サラブレッド種の. **3** 〈人が〉元気のよい, 威勢のいい (high-spirited); 優雅な, おっとりした (elegant); 教養のある, しつけのよい. **4** 優秀な, 一級の (excellent). ── *n.* **1** 純血種の動物. **2** [T-] **a** サラブレッド《もと英国種牝馬とアラブ産種牡馬との交配によって, 17 世紀末以来, 英国で育てられた優秀な競走馬の種属》. **b** サラブレッド種の馬. **3 a** 育ちのよい人, 良家の生れの人. **b** 最優秀車(など).

thor·ough·fare [θɔ́ː(r)o(u)fɛ̀ə, -(r)ə- | θʌ́rəfɛ̀ə(r)] 〖(*c*1385) *thurghfare*: ⇨ through, fare (n.)〗 ── *n.* **1** 往来, 街道, 公道 (public road); (特に)大通り, 主要道路 (main street) (cf. cul-de-sac 1): a busy ~ 往来の激しい大通り. **2** 通行 (passage, transit): No ~. [掲示] 往来止め, 通行止め. **3** (船の交通を許す)水路《海峡・河川など》.

thórough·góing 〖(1819) ← THOROUGH + GOING〗 ── *adj.* 徹底徹尾の, 徹底的な (out-and-out); 完全な, 純然たる (complete, unqualified): a ~ reform [disciplinarian] 徹底的な改革[訓練主義者] / a ~ scoundrel 全くの悪党 / in a ~ way [manner] 徹底的に, 十分に. **~·ly** *adv.* **~·ness** *n.*

thór·ough·ly 〖(*c*1300): ⇨ thorough, -ly[1]〗 ── *adv.* **1** 十分に, 徹底的に, すっかり; 全然, 徹頭徹尾: ~ reliable 十分信用のおける / I am ~ tired. すっかり疲れた. **2** あくまで, 全く: a ~ bad man 全くの悪人.

thórough-páced *adj.* **1** 〈馬が〉すべての歩調にならされた (cf. paced). **2** 全くの, 徹底的な (out-and-out): a ~ rascal 全くの悪漢. **3** 〈人が〉熟達した, 老練な: a ~ politician / He was ~ *in* three tougues. 三か国語に熟達していた.

thórough·pìn 〖止め針状のものが関節を突き抜いているように見えるのにちなむ〗 *n.* 〘獣医〙 飛節軟腫.

thórough stòne *n.* 〘建築〙 =perpend[2].

thórough-wàx *n.* 〘植物〙 **1** =hare's-ear. **2** =boneset.

thórough·wòrt 〖← THOROUGH + WORT[2]〗 *n.* 〘植物〙 ヒヨドリバナ属 (*Eupatorium*) の植物; (特に)フジバカマ (⇨ boneset).

thorp [θɔ́əp | θɔ́ːp] 〖OE *þorp, þrop* < Gmc *þurpam (G *Dorf* / ON *þorp* village) ← ? IE *treb- dwelling (L *trabs* beam, timber & *taberna* hut)〗 ── *n.* (*also* **thorpe** [~]) 《古》 村, 小村, 村落 (village, hamlet). ★ 今は地名に残っているだけ: Al*thorp*, Mable*thorpe*, etc.

Thorr [θɔ́ə | θɔ́ː(r)] *n.* 《まれ》 =Thor.

Thór's hámmer *n.* 〘北欧神話〙 トールのハンマー (⇨ Mjollnir).

thort·veit·ite [tɔ́ətvaɪtaɪt, θɔ́ət- | tɔ́ːt-, θɔ́ːt-] 〖⊏ G *Thortveitit* ← *Olaus Thortveit* (発見者である 20 世紀のノルウェーの鉱物学者): ⇨ -ite[1]〗 ── *n.* 〘鉱物〙 ソートベイタイト, トルトバイト石 ($(Sc, Y)_2Si_2O_7$)《イットリウム・スカンジウムなどを含む珪酸塩鉱物》.

Thor·vald·sen [θɔ́əwɔ̀ːlsən, tɔ́əvɑːl- | θɔ́ə-, tɔ́ː-; *Dan.* tɔ́rvalsən] (*also* **Thor·wald·sen** [~]), **(Albert) Ber·tel** [bɛ́rtəl] *n.* トルバルセン《1768–1844; デンマークの彫刻家》.

Thos. 《略》 Thomas.

those [ðóuz | ðə́uz] 〖OE *þās* these (pl.) ← *þes* 'THIS' ∽ *þā* those (pl.) ← *þæt* 'THAT': cf. these〗 ── *demons. pron.* [that[1] の複数形] **1** それらのもの[人]: *Those* are violets. あれはすみれです / Ah, ~ were the days! ああ, 全くあのころはよかった. ★ しばしば those of ...として前出の "the＋複数名詞＋of ..." の反復を避けるために用いられる (cf. that[1] *pron.* 2): The houses of the rich are larger than ～ *of* the poor. 富者の家は貧者の家より大きい. **2** [形容詞(句)や分詞句を伴い, または関係代名詞 who の先行詞として] (...する)人々 (the people, some persons): ～ present 出席者 / ～ applying for the post その職を志望する人々 / Of ～ expected only a few turned up. 予期していた人々のうちで姿を見せたのはほんの数人だった / Let ～ try *who* choose. やってみたい人たちにやらせてみよ / *Those* (*whom*) I spoke to made no answer. 私が話しかけた人たちは何の返答もしなかった. **—** *demons. adj.* [that[1] の複数形] (cf. these 1) それらの, あの, その: Who are ～ people? あの人たちはだれですか / in ～ days あのころ[当時]は. ★ (1) しばしば後続の関係詞と相関的に先行詞の限定語として用いられる (cf. that[1] *adj.* 1 ★): For most children ～ parts of the brain *which* control language are fully developed by the age of 9. 大抵の子供の場合言語を支配する頭脳の部分は 9 歳までに十分な発達を遂げる. (2) しばしば軽蔑などの感情的色彩を伴って用いられる (cf. that[1] *adj.* 2): See ～ big feet *of his.* 彼のあの大きな足をごらん.

Thoth [θóuθ, tóut | θóuθ, táut] 〘□ L ～ □ Gk *Thóth* □ Egypt. *Ṭeḥuti*〙 **—** *n.* 〘エジプト宗教〙トート《体は人間で頭はトキ (ibis) またはヒヒ (baboon) の神; 神々の書記役で数字・文字の発明者, 学問・知恵・技術・芸術・魔法の神; ギリシャの Hermes に当たる》.

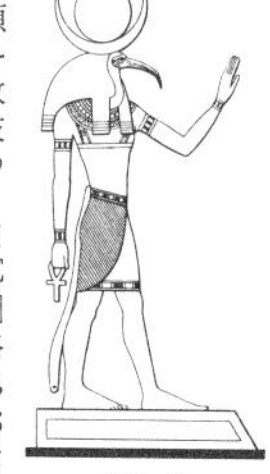

Thoth

thou[1] [ðau, ðàu, ðáu] 〘OE *ðū* < Gmc **þū* (G & MDu. *du*) ← IE **tū-* thou (L *tū* / Gk *sú, tú*)〙 **—** *pron.* 《古》[二人称単数形主格人称代名詞] (所有格 **thy** [ðaɪ, ðàɪ, ðáɪ]; 目的格 **thee** [ði, ðiː, ðíː]; 複数 **ye** [jɪ, jìː, jíː]) なんじ[そなた, あなた](は). ★ 現在は神に祈るときやクエーカー教徒間で, また《方言》および古雅な散文や詩などに用いられ, 一般にはすべて you を用いる; なおクエーカー教徒間でも単数の場合は thou の代わりに thee を用いる; thou に伴う動詞は are が art, have が hast となるなどの外は -st, -est の語尾をつける: When ～ prayest, ～ shalt not be as the hypocrites are. なんじら祈るとき, 偽善者のごとくあらざれ (*Matt.* 6:5). **—** *v.* (～**ed**, ～'**d**) **—** *vi.* 談話に thou を用いる. **—** *vt.* ...に thou と呼びかける: He ～'*d* me.

thou[2] [θáu] 〘《略》← THOUSAND〙 *n.* (*pl.* ～, ～**s**) 《俗》 **1** 1,000 ドル. **2** 1,000 ポンド.

though 〘ME *tho(u)gh, thoh* □ ON **þōh* ← *þō* ∽ OE *þēah, þah* ← Gmc **þa-* (pron. base: ⇨ the, that[1])＋*-*h* (cf. Goth. *-uh* / L *-que* also / Gk *te* and)〙 **—** [ðo(ʊ); ðòʊ; ðóʊ | ðə(ʊ), ðəʊ, ðə́ʊ] *conj.* ★ although との相違については ⇨ although ★. **1** ...だが, ...だけれども, ...にもかかわらず (notwithstanding that): *Though* he knew the risks, he went. 危険はわかっていたが彼は出かけて行った. ★ (1) その導く従節の主語が主節の主語と同じである場合, その主語と be 動詞とは省略されることがある: *Though* (he is) poor, he is generous. 貧乏ではあるが気前はよい. (2) 次の構文も可能である (cf. as[1] *conj.* 8): Poor ～ he is, he is generous. **2** たとえ...でも, よし...にもせよ (even if): It is worth attempting ～ we fail. たとえ失敗してもやってみる価値はある. ★ 次のように従節内に仮定法の動詞を用いるのは古風な語法: Even ～ I *were* starving, I would not ask a favor of him. たとえ飢えても彼の世話にはならない / *Though* he *slay* me, yet will I follow him. たとえ殺されてもついて行く. **3** [従節が主節のあとに従って](読み下して)とはいっても...だが, もっとも...であるが: We may escape, ～ I think not. あるいは助かるかもしれない, とてもだめとは思うが.
as though ⇨ as[1] *conj.* 成句. ***What though...?[!]*** ⇨ what *pron.* 成句.
— [ðóʊ | ðə́ʊ] *adv.* 《口語》やっぱり, でも, しかし, もっとも (however). ★ この場合は決して文頭に置かない: It was quite true, ～. やはり全く本当でした / I'll come and see you this evening—I can only stay a few minutes, ～. 今晩お訪ねします, もっともちょっとの間しかいられないでしょうけれども / Did he, ～! やっぱりそうだった[した, 言った]かい.

thought[1] [θɔ́ːt] 〘OE *þōht, ġeþoht* ← Gmc **ʒaþanχt-* (G *Gedächtnis* memory) ← **þaŋkjan* 'to THINK'〙 **—** *n.* **1 a** 思考, 思索 (thinking, cogitation); 思案, 沈思黙考 (meditation); 考慮, 熟考 (serious consideration) 〔*of*〕: after much [further, serious] ～ よく[なお, とくと]考えた上で / at first ～ ちょっと考えると / on second thought(s) ⇨ second thought / be lost [sunk, absorbed, buried] in ～ 考え事に耽っている, 思案に暮れている / in deep [profound] ～ 深いもの思いに沈んで, じっと考え込みながら / with one's brow furrowed in ～ 眉間(ﾐｹﾝ)にしわを寄せて考え込みながら / without a moment's ～ 即座に / act without ～ (*of* consequences) (結果のことなど)考えもしないで行動する / take ～ 熟考する (cf. 4) / think base [great] ～*s* ⇨ think *vt.* 1 a ★ / give a ～ to ...を一考する / He was too busy to give the new project much ～. 忙しくてその新しい計画のことをよく考える暇もなかった / My heart was light and gay at the ～ *of going* to an unknown land. 未知の国へ行くことを思うと私の胸ははずんだ / I didn't like the ～ *of being* laughed at. 人に笑いものになるなど考えただけでもいやだった / The mere ～ *that* he might fail terrified him. しくじるかもしれないと考えただけでぞっとした / *Thought* is free. 思考は自由だ《好きなように自由に考えることができる》. **b** 思考力 (reasoning power); 想像力 (imagination): be endowed with ～ 思考力が備わっている / blessings beyond ～ 想像を絶する恵み. **c** 《古》回想, 思い出 (remembrance). **2 a** 考え (idea); 趣向, 思い付き: a happy ～ うまい趣向, 妙案 / an essay full of original ～*s* 独創的な考えに満ちた論文 / collect one's ～*s* 考えをまとめる / put one's ～*s* on paper 考えを書きとめる. **b** [通例 *pl.*] 意見, 見解, 思う所 (belief, opinion): keep one's ～*s* to oneself 自分の気持ちを人に話さない / read a person's ～*s* 人の心を読む / speak one's ～*s* freely 思う所を自由に述べる / Tell me your ～*s* on the matter. その件に関する君の意見を聞かせて欲しい / ⇨ *a* PENNY *for your thoughts.* **3** [しばしば否定的構文で] **a** (...する)考え, 所存, 意向 (intention): My only ～ was to escape. 逃げることばかり考えていた / I had *no* ～*s* of it then. その時そのつもりは少しもなかった / He had *no* ～ *of* offend*ing* you. 彼には君を怒らせるつもりはなかった. **b** 予想, 期待 (expectation) 〔*of*〕: I had no ～ *of* see*ing* him there. まさかあそこで彼に会おうとは思わなかった. **4** 〔...への〕思いやり, 配慮, 心配 (consideration, care) 〔*of, for*〕: have no ～ *of* one's appearance 身なりをかまわない[気にしない] / take ～ *for* ...を心配する, 気にかける, 思いやる (cf. 1 a) / Take therefore no ～ *for* the morrow. このゆえにあすのことを思い煩うな (*Matt.* 6:34) / You are always in my ～*s.* 君のことは片時も忘れません / I appreciate your kindly ～. ご親切なご配慮に感謝いたします. **5** (時代・民族・学派などの)考え方, 思想, 思潮: modern [Western, Greek] ～ 近代[西洋, ギリシャ]思想 / the scientific ～ in the 20th century 20 世紀の科学思想. **6** [a ～; 副詞的に用いて] ちょっと, 少々, 心持ち(だけ) (a little): He seems to me *a* ～ arrogant. 私には彼はいささか尊大に思える / Please be *a* ～ more careful in the future. これからはもう少し注意して下さい.
(*as*) ***quick*** [***swift***] ***as thought*** 直ちに, たちまち, 見る間に. ***at*** [***like, upon, with***] ***a thought*** 直ちに, すぐに.

thought[2] 〘OE *þōhte* (pret.) & *ġeþōht* (p.p.) ← *þenc(e)an* 'to THINK'〙 *v.* think の過去形・過去分詞.

thóught contròl *n.* (全体主義政府などによる)思想統制.

thought·ed [-ṭɪd, -ṭəd | -tɪd, -təd] *adj.* [複合語の第 2 構成要素として] 考えが...の: deep-*thoughted* 深い考えの.

thóught expèriment *n.* 〘物理〙思考実験《理想の装置を用い, 理想の条件の下で起こると考えられる現象を理論にもとづいて思考的に追求すること》.

thought·ful [θɔ́ːtfəl] 〘《?c1200》: ⇨ thought[1], -ful〙 **—** *adj.* **1** 考え込む, 考えに耽る, 思索する, 沈思する (contemplative): a ～ person, face, expression, etc. / in a ～ voice もの思いに耽っているような声で / one's ～ walks 考えごとをしながらの散歩 / He remained ～. 考え込んだままだった / I gave his question ～ consideration. 彼の質問をじっくりと考えてみた. **2** 思慮に富んだ, 思想の豊かな: a ～ mind, writer, lecture, book, etc / ～ eyes. **3** 注意する, 用心する (attentive, careful): He was very ～ *of* [*about*] my safety. 私の安全にひどく気を使ってくれた. **4** 〔...に対して〕思いやりのある, 情深い (considerate) 〔*of*〕: a ～ gift 心づくしの贈り物 / be ～ *of* others 他人に思いやりがある / He was so ～ as to recommend me. 親切なことに私を推薦してくれた / It is very ～ of you to say so. そうおっしゃってくださるとはあなたも本当に思いやりのあるお方だ.
～·ly *adv.* **～·ness** *n.*

thought·less 〘《16C》〙 **—** *adj.* **1** 思いやりのない, 不親切な (inconsiderate): ～ words / be ～ *of* others 他人に思いやりがない / It is ～ *of* you to forget. 忘れてしまうなんて君も思いやりがないね. **2** 思慮のない, 軽率な, 不注意な (heedless): a ～ action / be ～ *of* [*for*] one's health 健康に気をつけない. **3 a** 《まれ》分別のない, 愚かな (stupid): a ～ land boom 馬鹿げた土地ブーム. **b** 《廃》思考力のない, 非情の (insensate): the ～ forces of nature 無情な自然の力.
～·ly *adv.* **～·ness** *n.*

thóught-óut *adj.* 考え抜いた上の, 周到な: a hard ～ play よくよく考え抜いた戯曲.

thóught-provòking *adj.* 人を考えさせる; 〈論文など〉示唆に富む: a ～ book.

thóught-rèad [-rìːd] *vt.* (顔の表情またはテレパシーで)〈人〉の心を読み取る. **～·er** *n.*

thóught-rèading *n.* 読心術.

thóught transfèrence *n.* 思考伝達《言語・動作・表情などを用いずに思想を他人に伝達すること》; (特に) =telepathy.

thóught-úp *adj.* 考えついた[出した], 思いついた: a quickly ～ pretext 急いででっちあげた口実.

thóught-wàve *n.* **1** 心波《伝心現象を説明するための仮定》. **2** 思想の感応波動.

thóught·wày *n.* (特定のグループ・時代・文化の)思考様式.

thou·sand [θáuzənd, -zənd] 〘OE *þūsend* < Gmc **þus- undi* 《原義》swollen (i.e., many) hundred (Du. *duizend* / G *tausend*) ← IE **tēu-* to swell (L *tumēre* to swell): cf. OE *hund* 'HUNDRED'〙 **—** *n.* (*pl.* ～**s**, ～) **1** 1,000; 千個, 千人: a [one] ～ 一千 / three ～ 三千 / a hundred ～ 十万 / one in a ～ 千に一つ, 千人に一人, 不世出の英雄, 絶世の美人 / ⇨ upper ten thousand / Bricks are sold by the ～. れんがは千個単位で販売される. ★ 数詞の後では複数形をとらない (cf. hundred). **2** 1000 [M] の記号[数字]. **3** 千人[個]一組. **4** [通例 *pl.*] 〘数学〙1,000 の位の数[数字] (thousand's place ともいう). **5** [*pl.*] 無数, 多数 (a great number): ～*s* of times [people] 何千回[人]も.
a thousand to one (1) ほとんど間違いのない, 確実な (cf. TEN *to one*): It is *a* ～ *to one.* ほとんど絶対的[確実]だ. (2) 千に一つの見込みもない. ***by the thousand***=***by the thousands*** 幾千となく.
— *adj.* **1** 千の, 千個の: a ～ men 千人. **2** (漠然と) 無数の, 多数の (many): a ～ times 何度も何度も / It's a ～ times easier. そのほうがはるかにたやすい / I have told you a ～ times not to do that. そうするなと何度も君に言ってある / A ～ thanks [pardons, apologies]. ほんとうにありがとう[どうもすみません] / A ～ pities she's never married. 一度も結婚したことがないとは気の毒千万だ.
(*a*) ***thousand and one*** 無数の (cf. *a* HUNDRED *and one*): He made *a* ～ *and one* apologies. 彼は七重(ﾅﾅｴ)の膝を八重(ﾔｴ)に折って詫(ﾜ)びた. ***It is a thousand nuts to an orange pip.*** ほとんど絶対的だ (＝It is a thousand to one.).

Thóusand and Óne Níghts, The *n.* 「千一夜物語」(⇨ Arabian Nights' Entertainments).

thóusand·fòld 〘OE *þūsendfeald*: ⇨ thousand, -fold〙 ★ 通例 a または数詞に伴って用いられる. **—** *adj.* **1** 千倍の: a ～ increase. **2** 千の要素[部分]から成る. **—** *adv.* 千倍に: increase a ～ [ten ～] 千倍に[一万倍に]ふえる.

thóusand-hèaded kále *n.* 〘植物〙アブラナ科ハボタンの類の植物 (*Brassica oleracea* var. *fruticosa*) 《家畜のえさにする》.

Thóusand Ísland dréssing 〘← ? *Thousand Islands*〙 **—** *n.* 《米》サザン アイランド ドレッシング《マヨネーズソースに刻んだピクルス, ピーマン, チリソース (chili sauce) などを加えたソース》.

Thóusand Íslands *n. pl.* [the ～] 北米 Ontario 湖の出口の St. Lawrence 川にある約 1,500 の小島群; 避暑地; New York 州とカナダ Ontario 州とにまたがる.

thóusand-légger *n.* 〘動物〙=millipede.

thóusand's plàce *n.* 〘数学〙=thousand *n.* 4.

thou·sandth [θáuzən(t)θ, -zən-] 〘《1552》: ⇨ thousand, -th[1]〙 **—** *adj.* **1** 第千の, 千番目の (1000th): I told him for the ～ time. 何度も何度も彼に言ってある《これで千度目だ》. **2** 千分の一の: one ～ 千分の一. **—** *n.* (*pl.* ～**s** [-zn̩ts, -zən-, -(t)θs | -(t)θs]) **1** [the ～] 第千, 千番目. **2** 千分の一 (cf. tenth 2). **3** 〘数学〙小数(点以下)第 3 位《thousandth's place ともいう》.

thóusandth's plàce *n.* 〘数学〙=thousandth *n.* 3.

thow·less [θáulɪs, -ləs] 〘ME *thowles* 《異形》← *thewles* 'THEWLESS'〙 *adj.* 《スコット》気乗りしない, 活気のない, ぐうたらな.

thp 《略》〘物理〙thrust horsepower.

thr. 《略》their; through.

Thrace [θréɪs] 〘□ L *Thrācia* □ Gk *Thráikē*〙 **—** *n.* トラキア: **1** Balkan 半島南東部に当たるギリシャ Macedonia 北東地方の古名; 後にはローマ領となった. **2** Balkan 半島南東部の地方で 1 の南部; 西部はギリシャ領 (面積 8,578 km²), 東部はトルコ領 (面積 24,011 km²).

Thra·cian [θréɪʃən | -ʃɪən, -ʃən] 〘⇨ ↑, -ian〙 *adj.* トラキア(人)の. **—** *n.* **1** トラキア人. **2** トラキア語《印欧語族に属する古代語》.

Thra·co- [θréɪkoʊ | -kə(ʊ)] 〘⇨ Thrace, -o-〙「トラキア(人, 語)と...との」の意の連結形.

Thràco-Illýrian *adj., n.* トラコ イリュリア語派(の)《古代トラキア語とイリュリア語がなすと想定される一語派》.

Thràco-Phrýgian *n.* トラコ フリギア語派《古代トラキア語とフリギア語がなすと想定される一語派》. **—** *adj.* トラコ フリギア語派の.

thral·dom [θrɔ́ːldəm] *n.* =thralldom.

thrall [θrɔ́ːl] 〘OE *þrǣl* □ ON *þrǣll* < **þraχilaz* ← Gmc **þraχ-*, **þreχ* to run (Goth. *þragjan* to run): cf. OHG *dregil* servant, runner〙 **—** *n.* **1 a** (古代北欧の)奴隷; 農奴 (serf). **b** 〔悪徳などの〕奴隷, とりこ (slave) 〔*to*〕: a ～ *to* vice 悪習のとりこ. **2** 奴隷の身分, 束縛 (servitude): in ～ 奴隷の身で / in the ～ of a habit 習慣に束縛されて.
in thrall (*to*) (...に)縛られて; (...に)とらわれて.
— *vt.* 《古》奴隷にする (enslave), とりこにする (enthrall). **—** *adj.* 《古》奴隷にされた, 束縛された.

thrall·dom [-dəm] 〘ME *thraldom*: ⇨ ↑, -dom〙 *n.* 奴隷の身分[境遇]; 束縛 (servitude).

thrash [θrǽ(ː)ʃ] 〘《16C》《変形》← THRESH〙 **—** *vt.* **1** (罰として, 棒・むち・こぶしなどで)打ちすえる, むち打つ (beat, flog); むち打って...させる: ～ a person soundly [well] 人をしたたかに打ちすえる / ～ the truth *out of* a person 人を打ちすえて本当のことを言わせる. **2** (戦い・ゲームなどで)決定的に[手ひどく]打ち負かす: I ～*ed* him *at* billiards. ビリヤードで彼を手ひどく負かした. **3 a** 〈穀物を〉(からざおなどで)打つ, 脱穀する (thresh): ～ wheat. **b** 〈腕などを〉(からざおのように)振り回す[動かす]. **4** 〈問題などを〉練りに練る, 検討する 〈*over*〉: ～ a subject *over*. **5** 〘海事〙 **a** 〈船を〉風や潮流に抗して押し進める: The captain ～*ed* his boat through the deep. 船長は大海を風や潮流に逆らって船を進めた. **b** [～ one's way として] 〈船・水夫が〉風や潮流に逆らって進む: The ship ～*ed her way* up the river. 船は流れに逆らって川上へ進んで行った.

— *vi.* **1 a** 穀物をからざおで打つ. **b** 〔…を〕(からざおでするように)打つ 〔*on, at*〕. **2** 転(ころ)げ回る, のたうち回る: The shark ～*ed about* in great agony. 鮫(さめ)はひどく苦しんでのたうち回った. **3** 〘海事〙 〈船・水夫が〉風や潮流に逆らって進む: ～ to windward.

thrash out 〈問題などを〉議論の末解決する, 徹底的に検討する: We'll have to ～ this issue *out* before we can go further. この問題を徹底的に検討してから次に進む必要がある.

thrash the life out of 《口語》〈人〉を打ちのめす.

— *n.* **1** 打つこと; 負かすこと. **2** 〘水泳〙 (クロールの)ばた足. **3** 〘海事〙 風や潮流に逆らって船を押し進めること.

thrásh·er 〘《17C》《変形》← THRESHER〙 — *n.* **1 a** むち打つ人. **b** 脱穀者, 脱穀機 (thresher). **2** 〘《変形》? ← THRUSH[1]: THRASHER 1 の影響による変形か〙〘鳥類〙 ツグミモドキ《米国産 *Toxostoma* 属のモノマネドリに類するツグミに似た鳥; チャイロツグミモドキ (brown thrasher) など》: ⇨ sage thrasher. **3** 〘魚類〙 =thresher 2.

thrásh·ing *n.* **1** 脱穀. **2** むち打ち.

thráshing flòor *n.* 〘農業〙 脱穀場 (threshing floor).

thráshing machìne *n.* 〘農業〙 脱穀機.

thra·son·i·cal [θreɪsάnɪkəl, -nə- | -sɔ́nɪ-] 〘《1564》← L *Thrasōn-, Thrasō* (Terence 作の喜劇 *Eunuchus* 中の大ほら吹きの軍人の名) ← Gk *Thrásōn* ← *thrasús* overbold: ⇨ -ical〙 — *adj.* 自慢する, ほらを吹く (bragging). **～·ly** *adv.*

Thras·y·bu·lus [θræ̀səbjúːləs | -sɪ-] *n.* トラシュブロス《?-?389 B.C.; アテネの愛国者・海将; 暗殺された》.

Thrau·pi·dae [θrɔ́ːpədìː | -pɪ-] 〘← NL ～ ← *Thraupis* (属名: ← Gk *thraupis* small bird) + -IDAE〙 *n. pl.* 〘鳥類〙 フウキンチョウ科.

thrave [θréɪv] 〘OE *þrefe* ⊏ ? ON *þrefi*〙 *n.* 《スコット》 **1** 穀物・わらの単位《通常 24 束》. **2** 多数, 多量.

thraw [θrɔ́ː, θrάː] 〘ME *thrawe* < OE *thrawu* 'THROE'〙 — *vt.* **1** 《英方言》 =throw. **2** 《スコット》 **a** 撚(よ)る (twist); ねじる. **b** 邪魔する, 怒らせる. — *vi.* 《スコット》 **1** ねじれる, 曲がる. **2** 一致しない, 食い違う. — *adj.* 《スコット》 =thrawn 1. — *n.* 《スコット》 **1** ねじれ, 曲がり. **2** 不機嫌, 立腹.

thra·wart [θrάːwət | -wət] 〘《15C》《変形》← FROWARD: THRAW, THRAWN の影響による〙 *adj.* 《スコット》 **1** つむじ曲がりの (perverse). **2** ねじれた (twisted).

thrawn [θrɔ́ːn, θrάːn] 〘《変形》← THROWN: cf. thraw〙 — *adj.* 《スコット》 **1** ねじれた, 曲がった, 歪んだ. **2** つむじ曲がりの, 怒りっぽい. **3** 不愉快そうな, 不機嫌な. **～·ly** *adv.*

thread [θréd] 〘n.: OE *þrǣd* < Gmc *þrǣðuz (Du. *draad* / G *Draht*) ← IE *ter- to rub (by turning) (L *terere* to rub away). — v.: 《c1380》 ← (n.): cf. throw〙 — *n.* **1 a** (木綿・麻・毛・絹などの)糸, より糸: cotton [silk] ～ 木綿[絹]糸 / gold [silver] ～ 金[銀]糸. **b** (織物の)横糸と縦糸; (服地の)糸: be bare to a ～ 〈服が〉すり切れている / a suit worn to the (last) ～ 糸が見えるほどにすり切れた服. **c** 一本の糸. **2 a** 糸状のもの. **b** (ガラス・プラスチック・ゴム・金属などの)線, 繊条, 細線 (filament, fiber). **c** (くも・かいこなどの吐く)糸: the ～s of a cobweb くもの巣の糸. **d** 液体[気体]の細い流れ; (川の)中流; 色彩の細い線; (鉱石の)細脈, 糸状脈: a ～ of light (穴などから漏れる)光線. **e** 〘機械〙 ねじすじ, ねじ山: If you screw it too hard, you destroy the ～. あまりひどくねじると山がつぶれる. **f** (シロップが煮詰まって引く)糸. **3** 人間の寿命: the ～ of life 寿命, 玉の緒(お)《運命の三女神 (the Fates) が紡ぎ, 長さを定め, そして断ち切るといわれる》 / cut one's mortal ～ 玉の緒を絶つ, 自殺する. **4** (話などの)つながり, 連絡, 脈絡, 続き, 筋道 (course, sequence): gather up the ～s (別々に取り扱った問題・部分などを)総合する / resume [take up] the ～ of a story 話の穂を継ぐ / He quite lost the ～ of his argument. 彼は議論の脈絡を全く失ってしまった. **5 a** (全体を流れる)一貫した特徴: A historical ～ runs through Sydney's sonnets. シドニーのソネットには歴史的特徴が一本通っている. **b** (糸のように全体を)つなぎ合わせるもの, 靭帯(じんたい): a ～ uniting all the different parts of the legend その伝説のさまざまな部分を結ぶ靭帯. **6** (Crete 島の迷路で Theseus を導いたような迷路・窮境などでの)導きの糸: I have in my hand that ～ of knowledge, which might extricate me thence. 私はそこから私を救い出してくれるかも知れないような知識の糸を手中にしている. **7** スレッド《木棉の織糸の長さの単位 (1/80 lea)》. **8** 織り合わされた一要素: There is a ～ *of* truth in this theory. この説には一筋の真理が含まれている. **9** [*pl.*] **a** 種々の糸. **b** 《米俗》 スーツ; 衣類 (clothes). **10** 微弱な脈搏.

hang by* [*on, upon*] *a* (*single*) *thread ⇨ hang 成句.

have not a* [*one*] *dry thread on one ずぶ濡れである: He *has not a dry* ～ *on* him. 彼はずぶ濡れだ.

pick up the threads 《口語》〔中断した仕事・生活様式などの〕よりを戻す 〔*of*〕: They set about *picking up the* ～*s of* their marriage again. 二人はもう一度結婚生活のよりを戻すことにとりかかった. ***thread and thrum*** 縦糸としね糸; 一切合財, 玉石混交. ***threads and thrums*** 縦糸のくず; がらくた.

— *vt.* **1 a** 〈針〉に糸を通す; 〈数珠(じゅず)玉などを〉糸に通す[でつなぐ] (string): ～ a needle, beads, etc. **b** 〈管など〉に〔…を〕通す 〔*with*〕: ～ a pipe *with* wire パイプに針金を通す. **c** 〈ミシンなど〉に糸をかける; 〈テープ・フィルムなどを〉〔…に〕入れる 〔*into*〕: ～ the sewing machine ミシンに糸をかける / ～ a film *into* the camera カメラにフィルムを入れる. **2 a** 縫うようにして通る: ～ a narrow passage, forest, crowd, etc. **b** [～ one's way [course] として] 〈道を〉拾って通る: ～ *one's way through* a maze [street, crowded place] 迷路[街路, 込み合った場所]を縫うように通る. **3** 〔…を〕…に織り混ぜる (interweave) 〔*with*〕: His tawny hair began to be ～*ed with* silver. 彼の黄褐色の髪に銀髪がまじり始めた. **4** 〈ねじくぎ・ナットなど〉にねじ(山)を切る (cf. tap[1] 7). **5** …に一貫して通っている: A note of hope ～*ed* the story. 物語全体に一脈の希望が貫いていた. **6** 糸を張っておおう: ～ one's crocuses 糸を張ってクロッカスをおおう.

— *vi.* **1** 縫うようにして通る, 縫って行く, 道を拾って通る (thread one's way): ～ *between* obstacles 障害物の間を縫って行く / A stream ～*s through* the middle of the field. その畑の真中を縫って小川が流れている. **2** 〈シロップが〉(煮詰まって)糸を引く.

thread out 〈道を〉たどる.

thréad·bàre 〘《a1376》: ⇨ ↑, bare[1]〙 — *adj.* **1** 〈織物・衣服など〉すれて糸の見える, すり切れた, 着古した (worn-out): a ～ overcoat. **2** すり切れた着物を着た, ぼろをまとった (shabby); みすぼらしい, 貧弱な: a ～ little old man / a ～ diet お粗末な食事. **3** 陳腐な, 古臭い: a ～ subject, joke, etc. **～·ness** *n.*

thréad blìght *n.* 〘植物病理〙 髪の毛病《温帯・熱帯の樹木 (茶・カカオ・オレンジ) の葉や茎にオチバタケ属などの菌糸束が糸状に延びて種々の影響を与える》.

thréad·ed *adj.* 糸を通した, 糸でつづった, 糸模様の: a ～ needle 糸を通した針 / ～ beads 糸でつづったビーズ / gold-*threaded* brocade 金糸の錦.

thréaded glàss *n.* 〘ガラス製造〙 糸模様ガラス《いろいろな色彩のガラス繊維が模様を織りなす装飾ガラス》.

thréad èel *n.* 〘魚類〙 =snipe eel.

thréad·er *n.* **1** 糸通し器. **2** ねじ切り盤.

thréad escùtcheon *n.* (かぎ穴が中央にあいた金属製の)かぎ座金.

thréad·fìn *n.* 〘魚類〙 ツバメコノシロ《胸びれの先端が糸状に分れているツバメコノシロ科の魚類の総称》.

thréad·fish *n.* 〘魚類〙 **1** イトヒキアジ (*Alectis ciliaris*). **2** ツバメコノシロ (threadfin).

thréad gàge *n.* 〘機械〙 ねじゲージ.

thréad·ing machìne *n.* =threader 2.

thréading tòol *n.* 〘機械〙 ねじ切りバイト.

thréad ìnsert *n.* 〘機械・建築〙 ねじ付インサート《おねじあるいはめねじが切ってある金具; 軽金属鋳物・プラスチックスに鋳込んで使用する》.

thréad làce *n.* 糸製のレース.

thréad-lègged búg [-lègɪd-, -gəd-, -lègd-] *n.* 〘昆虫〙 アシナガサシガメ (⇨ spider bug).

thréad·less *adj.* 糸[ねじ山, 脈絡]のない.

thréad·lìke *adj.* 糸のような; ほっそりした.

thréad-lìne fìshing *n.* 〘釣〙 スピンフィッシング (spin fishing) の別名 (⇨ spinning 5).

thréad màrk *n.* 糸すき入れ《紙幣の偽造を防ぐため紙に着色した繊維をすき込んだもの》.

thréad mìller *n.* 〘機械〙 ねじフライス盤.

thréad-nèedle *n.* **1** 〘遊戯〙 「針に糸通す」《一列に手をつなぎ合わせ, その一端の一人が他の端の二人の脇下をくぐり抜け, 他の者も順次にこれにならう子供の遊戯》. **2** 「針に糸通す」遊戯の動きに似たダンスの動作. — *vi.* **1** 「針に糸通す」遊びをする. **2** (ダンスで)「針に糸通す」の動作をする.

Thread·née·dle Strèet [θrédníːdḷ-, ⏑⏑—] *n.* London のシティーの街路名《角にイングランド銀行がある》.

Old Lady of Threadneedle Street [the —] ⇨ old lady.

thréad pàper *n.* **1** 糸束を包む薄い紙. **2** ひょろ長い人, 細長いもの: a ～ of a boy ひょろ長い少年.

thréad·wòrm *n.* 〘動物〙 =pinworm 1.

thread·y [θrédi | -dɪ] 〘《c1425》← THREAD + -Y[4]〙 — *adj.* (**thread·i·er**; **-i·est**) **1** 糸から成る, 糸のよう[に似た]; 糸状の, 細い (slender): ～ beard / ～ roots 繊維状の根. **2** 〈声など〉か細い (thin): his ～ old voice. **3** 〈液体など〉ねばねばの, 糸を引く (stringy, viscid). **4** 〈脈搏(みゃくはく)が〉微弱な (feeble): ～ pulse. **5** すり切れた: a ～ carpet. **thréad·i·ness** *n.*

threap [θriːp] 〘OE *þrēapian* to blame ← ?〙《スコット》 — *vt.* **1** 譴責(けんせき)する, なじる (rebuke). **2** [通例目的節を伴って] 強く[しつこく]主張する. — *vi.* 口論する, 言い争う. — *n.* けんか, 口論; 非難.

threat [θrét] 〘n.: OE *þrēat* crowd, calamity, threat ← Gmc *þraut-, *þreut-, *þrut- (ON *þrjóta* to fail / G *verdriessen* to trouble) ← IE *tr-eu-d to press, push (L *trūdere* to thrust, push): cf. OE *þrēotan* to afflict, urge. — v.: OE *þrēatian* (↓)〙 — *n.* **1 a** 脅し, 脅迫, 恐喝(きょうかつ): a ～ *to* expose a person 正体をばらすぞという脅し / a ～ *that* he shall be murdered 命が無いぞという脅迫 / ～*s against* the life of a person 人の命を取ろうという脅し / on a mere ～ 単に脅迫されただけで / under (the) ～ *of* a revolver [punishment] 拳銃で[罰するぞと]脅されて / try ～*s of* violence 暴力に訴えるぞと脅してみる / put one's ～ into execution 脅しを実行する. **b** 脅威 (menace) 〔*to*〕: a serious ～ to freedom of speech 言論の自由に対する重大な脅威 / The flood was a ～ *to* our village. あの洪水は我々の村にとっては脅威だった. **2** 〔危険・災い・あらしなどの〕きざし, 恐れ, 前兆 〔*of*〕: the ～ *of* war [overpopulation] 戦争[人口過剰]のきざし / preserve the dynasty from the ～ of extinction 王朝を消滅の脅威から守る / There was a ～*of* rain. 一雨来そうな様子だった. **3** 《俗》〘スポーツ〙 (相手に脅威を与える)強敵. — *v.* 《古》 =threaten.

threat·en [θrétṇ] 〘OE *þrēatnian* to compel ← *þrēat* (↑): ⇨ -en[1]〙 — *vt.* **1 a** 脅す, 脅迫する; 〈…する〉ぞと威嚇する (intimidate) 〈*to do*〉: ～ an opponent 相手を威嚇する / ～ a person's life 人の命を奪うと脅す / ～ the management *with* a strike ストライキをするぞと経営者側を脅す / He ～*ed to* murder me. 殺すぞと言って私を脅迫した. **b** 〈処罰・仕返しなどを〉するぞと脅す: ～ punishment 処罰すると言って脅す / ～ a general strike ゼネストをするぞと脅す. **2** (不吉な, 思わしからぬ現象について)…の恐れがある (portend); …しそうである 〈*to do*〉: The clouds ～ rain. あの雲では今にも雨になりそうだ / It ～*s to* rain. 雨になりそうだ / The trade deficit ～*s to* reach $3 billion. 貿易の赤字が 30 億ドルにも及びそうである. **3** 〈危険・災いなどが〉…に脅威を与える (menace); 〔災害などで〕脅す 〔*with*〕: The current controversy ～*s* the very existence of the CIA. 現今の論議は CIA の存在そのものを脅している / Some species of birds have been ～*ed with* extinction. 鳥類の中には絶滅に瀕(ひん)しているものもある / Bangladesh appeared ～*ed with* civil war. バングラデシュは内乱の危機をはらんでいるように見えた. — *vi.* **1** 脅す, 脅迫する: Do not ～. 人を脅すものではない. **2** 〈危険・災いなどが〉来そうである, 迫っている: A storm ～*s*. 嵐が来そうだ / We are aware that danger ～*s*. 危険が迫っていることに気がついている. **～·er** [-tṇə, -tnə | -tṇə(r), -tnə(r] *n.*

thréatened abórtion *n.* 〘病理〙 切迫流産.

thréat·en·ing [-tṇɪŋ, -tn-] 〘《1530》: ⇨ threaten, -ing[2]〙 — *adj.* **1** 脅す, 脅迫する, 脅かす: a ～ letter [note] 脅迫状 / a ～ call 脅迫電話. **2** 〈悪いことが〉来そうな, 迫ってくる: a ～ danger. **3** 〈空模様が〉険悪な, あぶない: a ～ sky 険悪な空模様 / The weather looks ～. 天気が荒れ模様だ. **～·ly** *adv.*

three [θríː] 〘OE *þrī(e)* (masc.), *þrēo* (fem., neut.) < Gmc *þrijiz (Du. *drie* / G *drei*) < IE *trejes ← *trei- (L *trēs, tria* / Gk *treîs, tría* / Skt *tri*)〙 — *n.* **1** 3; 三つ, 3 個; 3 歳; 3 時: ～ and six (英国の旧通貨制度での) 3 シリング 6 ペンス (3s. 6d.) / ～ foot [feet] ～ 3 フィート 3 インチ (3 ft. 3 in.) / ～ ten 3 ポンド 10 ペンス (£3 10p.) / a child of ～ 3 歳の子供 / a father of ～ 3 人の子供の父親 / come home at ～ 3 時に帰宅する. **2** 3 [III] の記号[数字]. **3** 3 人[個]一組. **4** (トランプの) 3 の札; (さい (die) の) 3 の目; 半面に 3 個の点のあるドミノの牌. **5** 〘スケート〙 3 の字型曲すべり. **6** 3 番サイズの衣料品: wear a ～. **7** [*pl.*] 3 分利付公債. **8** 〘ラグビー〙 =three-quarter.

Three in One 〘神学〙 三位一体 (the Trinity).

three of a kind 〘トランプ〙 スリーカード《ポーカーで同位札の 3 枚揃い; ⇨ poker[2]》.

— *adj.* 3 の, 3 人の, 3 個の; [Predicative に用いて] 3 歳で: ⇨ *three* PARTS / the ～ (golden) balls ⇨ ball[1] 1 a / the ～ Fates = the *Three* Sisters 運命の三女神 (⇨ fate 4) / the ～ Graces 3 人の美の女神 (⇨ grace 12) / the *Three* Wise Men = the Magi / ⇨ three times three / *Three* women makes a market. 《諺》 女三人市をなす, 「女三人寄れば姦(かしま)しい」.

Three Signs of Being [the —] 〘仏教〙 三修(さんしゅ)《無常 (anicca), 苦諦 (dukkha), 無我 (anatta) という, 全生物に共通に見られる特徴》.

thrée-àct *adj.* 三幕物の: a ～ play.

thrée-and-a-hálfpenny *adj.* 〘木工〙 〈釘が〉 1 3/8 インチ(の長さ)の《柿(こけら)葺きの屋根用》.

thrée-àrm protráctor *n.* 〘測量〙 三脚分度器《海図上で自己の位置を求めるために用いる分度器》.

thrée-bágger *n.* 《野球俗》 =three-base hit.

thrée-báll mátch *n.* 〘ゴルフ〙 スリーボールマッチ《3 人がそれぞれの球を打ちながら一緒にラウンドする試合方式》.

thrée-bàse hít *n.* 〘野球〙 三塁打 (triple ともいう).

thrée-bòttle mán *n.* 一度にぶどう酒三本を飲みほす人, 酒豪, 大酒家.

thrée-cárd mónte *n.* 〘トランプ〙 三枚賭博《クイーンを含む 3 枚のカードを巧みな手さばきで卓上に伏せ, 2 対 1 の確率で客にクイーンを当てさせるゲーム; しばしば仲間と組んで客をだます目的で行なわれる; Find the Lady ともいう》.

thrée-càrd póker n. 〖トランプ〗三枚ポーカー《3枚のカードを1枚ずつ伏せて配られるポーカーで, 1枚もらうごとに賭け, 3枚目で勝負 (show down) する; three of a kind が最高位》.

thrée-céntered árch n. 〖建築〗三心アーチ, 三心迫持(せりもち)《共軸線が三心円のアーチ》.

thrée-cólor adj. 〖印刷〗《写真製版で原色製版法による》三色の (cf. trichromatic): ~ printing 三色版印刷.

thrée-còlor photógraphy [prócess] n. 〖写真〗三色カラー写真法《3原色を用いる普通のカラー写真法》.

thrée-córnered adj. 1 三角の (triangular): a ~ hat 三角帽. 2 3人の選手でする, 三つ巴(どもえ)になって争う; 三角関係の: a ~ fight 三つ巴の戦い / a ~ relation 三角関係. 3 依怙地(えこじ)な, 意地の悪い (cross-grained): a hard, ~ family 無情で意地の悪い一家.

3-D [θríːdíː] 〖*D*: 《略》← DIMENSIONAL〗 n. 立体, 立体写真[映画]. — adj. 1 三次元の. 2 〖映画〗立体(映画)の: ~ movies 立体映画.

thrée-dày féver n. 〖病理〗三日熱 (⇨ sandfly fever).

thrée-décker n. 1 〖海事〗 a 三層甲板船. b (昔の)三層甲板艦《上中下各甲板に砲を備えた》. 2 大人物, 重要な人物. 3 a 三部から成るもの. b 三段の説教壇. c 三部作小説. d 《口語》パンを三枚重ねたサンドイッチ. e 三段にすそひだをとったスカート.

thrée-diménsional adj. 1 三次元の: ~ space. 2 〈写真・映画が〉立体の, 立体的な幻覚を起こさせる《3-D ともいう》: ~ movies 立体映画. 3 十分に述べられている, 多角的な; 迫真的な (lifelike). 4 〖軍事〗陸海空三方からの: ~ warfare 立体戦.

thrée·fòld 〖OE *þrifeald*: ⇨ three, -fold〗 — adj. 1 三部分[部門, 要素]のある, 三重の: ~ conditions 三重の条件. 2 3倍の. — adv. 三重に, 3倍に.

thréefold púrchase n. 〖機械〗三重複滑車(かっしゃ)《三重滑車2組からなる複滑車》.

thrée-fóur n. 〖音楽〗4分の3拍子.

thrée fóurths n. pl. 4分の3; 大部分.

thrée-fóur tìme n. 〖音楽〗=three-four.

thrée-gáited adj. 〖馬術〗三種歩様訓練ずみの《常歩 (walk), 速歩 (trot), 普通駆歩 (canter) が行なえるように訓練した; cf. five-gaited》.

thrée-hálfpence 〖《1483》: ⇨ three, *halfpence* (⇨ halfpenny (n.) 1 b)〗 n. (pl. ~, -penc·es) 1ペンス半 ($1^1/_2$d.).

thrée-hálfpennyworth 〖《1440》〗 n. 1ペンス半の値打のもの.

thrée-hánd adj. =three-handed.

thrée-hánded adj. 〈遊戯など〉3人でする《特にトランプで本来4人でするゲームについていう; cf. cutthroat 3》: ~ bridge, canasta, etc.

three·há'porth n. 《英口語》 =three-halfpennyworth.

Thrée Hóurs n. pl. 〖教会〗三時間御苦悶(くもん)追憶式《十字架上のキリストの苦悩を記念する教会の儀式で Good Friday の正午から午後3時まで行なう; Three Hours' Agony [Service] ともいう》.

Thrée Hóurs' Ágony [Sérvice] n. 〖教会〗= Three Hours.

thrée húndred hítter n. 〖野球〗3割打者.

thrée ísland shìp n. 〖海事〗三島船《船首楼・中央船室部・船尾楼をもつ貨物船; 横から見ると水線上に3つの島があるように見える》.

thrée-làne adj. 〈道路が〉三車線の: a ~ road.

thrée-lég·ged [-légɪd, -gəd, -légd] adj. 1 三脚の: a ~ stool 三脚(腰掛け). 2 《口語》〈スクーナー船が〉三本マストの.

thrée-legged ráce n. 二人三脚(レース).

thrée-lìne octáve n. 〖音楽〗三点音《高音部譜表で上第二線のハ音から上第五線のロ音までの音》.

thrée-lìne whíp n. ⇨ whip n. 4 b.

thrée-máster n. 〖海事〗三本マストの船.

thrée-mìle límit n. 〖国際法〗海岸から3マイル以内の限界《領海の限界; 海洋交通の自由や海洋利用の利益などの点から狭い領海の幅員を提唱する先進海洋国側からの主張; cf. twelve-mile limit》.

thrée-mìnute gláss n. =egg timer.

thrée-mónthly adj. 3か月1回発行の, 季刊の. — n. 3か月1回発行の雑誌, 季刊もの (quarterly).

three old cat [θríːoʊlkǽt, θríːə(ʊ)-, ⌐⌐⌐ | θríːə(ʊ)kǽt, ⌐⌐⌐] n. (*also* **three o'cat** [~]) 〖遊戯〗スリーアキャット《ベース三つ, 打者3人で行なう one old cat》.

thrée-pàir attrib. adj. 《古》4階の (up three pair of stairs) (⇨ two-pair 1).

thrée-pàrt attrib. adj. 3部の, 3部から成る.

thrée-pàrt tìme n. 〖音楽〗3拍子(系の拍子) (⇨ triple time).

three·pence [θríːpéns, θrépəns, θríp-, θrʌ́p-, θrúp-] 〖《1589》← THREE+PENCE〗 — n. (pl. ~, -penc·es) 1 (英国の)3ペンス(の価). ★ 用法その他については ⇨ penny 1. 2 (昔の)3ペンス銀貨; (1971年までの)3ペンス銅貨.

three·pen·ny [θríːpéni, θrép(ə)ni, θríp-, θrʌ́p-, θrúp- | -nɪ] 〖《1429–30》: ⇨ three, penny〗 — adj. 1 《英》3ペンスの: a ~ bit [piece] =threepence 2. 2 つまらない, 安っぽい. 3 〖100本につき3ペンスしたことから〗〈釘が〉$1^1/_4$ [$1^1/_8$] インチ(の長さ)の.

thrée-per-cént adj. 1 百分の3の, 3パーセントの. 2 3分利付きの. — n. [pl.] 1 3分利付き公債. 2 《英》整理公債 (⇨ consol).

thrée-phàse adj. 〖電気〗三相の: a ~ motor 三相電動機.

thrée-píece adj. 〈家具など〉三点セットの; 〈衣類が〉三つ揃(ぞろ)いの, スリーピースの《女性の coat, skirt, blouse, 男性の jacket, vest, trousers など》: a ~ set (家具などの)三点セット / a ~ suit. — n. スリーピースの服, 三つ揃い (cf. coordinate n. 2 a).

thrée-pìle adj. =three-piled[1]. — n. 三重の高さのパイルをもった上ビロード.

thrée-píled[1] adj. 1 〈ビロードなど〉三重の高さのパイルをもった. 2 《廃》極上の.

thrée-píled[2] adj. 三段積みの, 三層の, 三重の (threefold).

thrée-plý adj. 1 三重の; 三枚合わせの: ~ cloth 三重織物 / ~ plywood 三枚合わせの合板. 2 〈綱が〉3本撚(よ)りの, 3本の: ~ yarn 3本撚り合わせ糸.

thrée-pòint lánding n. 1 〖航空〗三点着陸《主輪と尾輪または前輪が同時に接地する着陸; cf. two-point landing》. 2 《口語》(事業などの)上首尾.

thrée-pòint próblem n. 〖測量〗三点法, 三点観測法《三角形の三辺の長さを知って頂点の位置を定める方法》.

thrée-pòint túrn n. 《英》〖自動車〗3点方向転換《狭い場所などでハンドルを切りながら前進・後退・前進と車を動かしてその方向を転換すること》.

thrée-póst·er [-póʊstə | -pə́ʊstə(r] n. 〖海事〗3本マストの帆船.

thrée-prónged adj. 1 三叉(さ)の: a ~ fork 三叉フォーク. 2 三地点に関する: a ~ attack 〖軍事〗三方面からの攻撃.

thrée-quárter 〖《15C》〗 — adj. 1 a 4分の3の. b 〈服など〉(通常の)4分の3の長さの, 七分(ぶ)の: a ~ sleeve 七分袖. 2 a 〈写真など〉七分身の《頭から尻の所まで》: a ~ portrait. b 〈顔が〉半横向きの《fullface と profile との間》. — n. 〖ラグビー〗スリークォーター《center three-quarter と wing three-quarter の各2名のプレーヤーの一人; ⇨ Rugby football 挿絵》.
to the extent of three-quarter ほとんど.

thrée-quárter báck n. 〖ラグビー〗=three-quarter.

thrée-quárter bínding n. 〖製本〗四分(の)三装, 七分装; 四分(の)三革(装) (three-quarter leather); 四分(の)三クロス(装) (three-quarter cloth) (cf. full binding).

thrée-quàrter bóund adj. 〖製本〗〈本が〉四分三装の.

thrée-quárter-flóating áxle n. 〖自動車〗四分の三浮動式車軸《駆動輪後車軸の一形式で, 半浮動式車軸と全浮動式車軸の中間的構造》.

thrée-quárter léngth adj. =three-quarter 1 b.

thrée-quárter nélson n. 〖レスリング〗スリークォーターネルソン《片腕を背後から相手の体の下に入れ, もう一方の腕をわきの下から首の後に伸ばして組み合わせた首攻め法; cf. half nelson》.

thrée-quárters adj. =three-quarter.

thrée-quárter tìme n. 〖音楽〗=three-four.

thrée-rìng[-rìnged] círcus n. 1 (三つの舞台で)三つのショーのできる大サーカス. 2 大混乱, てんやわんや, 目まぐるしいもの[人].

Thrée Rívers n. カナダ Quebec 州南部, St. Lawrence 河畔の工業都市; 人口 56,000; フランス語名 Trois-Rivières.

three R's [-ɑ́əz | -ɑ́ːz] 〖無学だったロンドン市長 Sir William Curtis (1752–1829) が宴席で "I will give you *the three R's*—writing, reading, and arithmetic." といったのにちなむという〗 — n. pl. [the ~] 1 読み・書き・算術《小学校の基礎学科》. 2 基本技術.

thrée·scóre 〖《c1395》〗 adj. 60の, 60歳の (sixty): ~ (years) and ten (人の寿命)70 (cf. Ps. 90:10).

thrée-séater n. 3人乗りの自動車; 三座(飛行)機.

three·some [θríːsəm] 〖《1375》: ⇨ three, -some[2]〗 — adj. 1 3の, 三重の: do one's hair in a ~ plait 髪を三つ組にする. 2 3人でする[行なう]: a ~ dance. — n. 1 三つ組, 3人組. 2 3人で行なうもの, 3人競技. 3 〖ゴルフ〗スリーサム《一人対二人で行なう競技; 二人側は1個のボールを使う》.

thrée-spìned stíckleback n. 〖魚類〗イトヨ (*Gasterosteus aculeatus*)《背に3本のとげのあるトゲウオ科の魚; 淡水型と降海型とある; threespine stickleback ともいう》.

thrée-spót n. =three 4.

thrée-squáre 〖《15C》〗 adj. 〈やすり・きりなど〉断面が正三角形の: a ~ file 三角やすり (⇨ file[2] 挿絵).

thrée stár adj. 三星の《フランスの高級ブランデーを表わす》: ~ brandy.

thrée-stíck·er [-stíkə | -kə(r] n. 《口語》3本マストの帆船.

three tìmes thrée n. 万歳三唱の三度繰返し: give a person ~ 人のために万歳三唱を三度繰返す.

thrée-tòed slóth n. 〖動物〗ミツユビナマケモノ (*Bradypus tridactylus*)《前肢後肢とも3本の爪をもったナマケモノ; cf. sloth 3》.

thrée-toed wóodpecker n. 〖鳥類〗ミユビゲラ《寒帯に生息する足指が3本のキツツキ》.

thrée-tòothed cínquefoil n. 〖植物〗=crystal tea 1.

thrée-válued adj. 〖論理〗三値的な《真・偽の二値ではなく三つの値をもった; cf. many-valued 2》: ~ logic 三値論理学.

three vówels n. pl. 《俗》(略式の)借用証《IOU のこと; cf. vowel vt. 2》.

thrée-vól·um·er [-ljuːmə, -ljuːmə | -ljuːmə(r, -ljʊm-] n. 《英》三巻物の小説.

thrée-wày adj. 1 三方向に通過できる: a ~ intersection [cock] 三叉(さ)交差点[活栓]. 2 三様の: ~ ambiguity 三様の曖昧性. 3 三人の参加者でする: a ~ civil war 三勢力入り乱れての内戦.

thrée-way búlb n. (明るさを)三段階に切換えられる電球.

thrée-way swítch n. 〖電気〗三路スイッチ.

thrée-whéeler n. 1 サイドカー付オートバイ. 2 三輪車. 3 三輪自動車.

thrée-wíre génerator n. 〖電気〗三線式発電機.

thrée-wíre sỳstem n. 〖電気〗三線式《三本の電線からなる送配電方式で, 中性線を用いない三相三線式, 100 V・200 V 共用の単相三線式, 直角二相用三線式などがある》.

threm·ma·tol·o·gy [θrèmətɑ́lədʒi | -tɔ́lədʒɪ] 〖← Gk *thremmat-*, *thrémma* nursling+-o-+-LOGY〗 n. 《まれ》〖生物〗動植物育成学, 飼育学, 繁殖学.

thre·net·ic [θrɪnétɪk, θrə- | θrɪnét-] 〖□Gk *thrēnētikós* ← *thrênos* dirge: cf. threnody〗 adj. 悲しむ, 悲嘆の, 哀悼の (mournful); 悲歌の, 哀歌の.

thre·nét·i·cal [-tɪkəl, -tə- | -tɪ-] adj. =threnetic.

thre·node [θríːnoʊd, θrén- | -nəʊd] 〖《変形》← THRENODY (ODE の影響あり)〗 n. =threnody.

thre·no·di·al [θrɪnóʊdiəl, θrə- | θrɪnə́ʊdjəl, -dɪəl] adj. 悲歌の, 挽歌の, 哀悼の.

thre·nod·ic [θrɪnɑ́dɪk, θrə- | θrɪnɔ́d-] adj. =threnodial.

thren·o·dist [θrénədɪst, -dəst | θrénədɪst, θríːn-, -nəʊ-] n. 悲歌[挽歌]の作者[を歌う人].

thren·o·dy [θrénədi | θrénədɪ, θríːn-, -nəʊ-] 〖《1634》□Gk *thrēnōidía* ← *thrênos* dirge+*ōidía* (← *aeidein* to sing): cf. ode〗 n. 悲歌, (特に)挽歌 (dirge).

thre·o·nine [θríːəniːn, -nɪn, -nən | -niːn, -naɪn] 〖← NL *thre(ose)* an artificial sugar+-ON(E)+-INE[3]〗 — n. 〖生化学〗トレオニン, スレオニン ($C_4H_9NO_3$)《無色の結晶質のアミノ酸で, 栄養上重要な要素》.

threp·sol·o·gy [θrepsɑ́lədʒi | -sɔ́lədʒɪ] 〖← Gk *thrépsis* feeding+-o-+-LOGY〗 n. 栄養学.

thresh [θréʃ, θrǽ(ː)ʃ | θréʃ] 〖OE *þrescan*, *þerscan* ← Gmc *þersk- (原義) to tramp or stamp heavily with the feet (G *dreschen*) ← IE *tersk- ← *ter- to rub (L *terere* to rub away): cf. thrash〗 — vt. 1 〈穀物を〉からざおで打つ, 脱穀する. 2 〈案などを〉(徹底的に)検討する, 練る 〈*out*, *over*〉: ~ a problem *out* [*over*] in one's mind 問題を心の中で検討する / I ~*ed* the matter *out* with him. その件を彼と検討した. 3 打つ (beat, flog). — vi. 1 からざおで打つ, 脱穀する. 2 転(ころ)げ回る (toss about). — n. 脱穀.

thrésh·er 〖《1380》: ⇨ ↑, -er[1]〗 n. 1 脱穀者[機]. 2 〖魚類〗オナガザメ属の一種 (*Alopias vulpinus*)《fox shark, thresher shark ともいう》.

thrésher shàrk n. 〖魚類〗=thresher 2.

thrésh·ing flòor n. 打穀場, 脱穀場.

thréshing machìne n. 脱穀機.

thresh·old [θréʃ(h)oʊld | -(h)əʊld] 〖OE *þrescold*, *-wold* (原義) something to tread upon ← *þerscan* 'to tread, trample, THRESH': cf. ON *þreskjöldr*〗 — n. 1 敷居 (sill); 入口, 門口 (entrance, gate): cross one's ~ 敷居をまたぐ, 家にはいる. 2 a 始め, 出発点, 発端 (outset): *at* the ~ *of* the space age 宇宙時代の出発点に / *on* the ~ 戸口で / *on* the ~ *of* manhood [old age, fame] 大人[老齢, 有名]になりかけて / approach the ~ of political power あと少しで政権を取るという段階にさしかかる. b (滑走路の)終端. 3 (地域の)境 (border), 境界線[地]: the ~ of England イングランドの境界地《Sussex 海岸のこと》. 4 〖《なぞり》← G *Schwelle*〗〖心理〗閾(いき)《刺激が知覚できなくなる限界点; cf. limen, subliminal 2》: the ~ of consciousness 意識閾, 識閾《意識作用の生起と消失との境》/ the ~ of discrimination 弁別閾, 識別閾 / the ~ of sensation 感覚閾. 5 〖生理〗閾(いき), 閾(値), 限界(値), 臨界値《生体現象を起こさせるに必要な刺激》. ★ ラテン語系形容詞: liminal. 6 〖物理〗閾(しきい)値《反応その他を起こさせるため系に加えなければならない物理量の最少値》.
lay one's sins at another's threshold ⇨ sin[1] 成句.

thréshold fréquency n. 〖電気〗限界周波数.

thréshold swítch n. 〖電子工学〗限界スイッチ《電圧などがある限界値を越えると動作する》.

thréshold válue 〖生理〗閾(いき)値, 域値, 限界値《生体現象を起こさせるに足る限界の値》.

Thres·ki·or·nith·i·dae [θrèskiɔəníθədiː | -kɪɔːníθɪ-] 〖← NL ~ ← *Threskiornith-*, *Threskiornis* (属名: ← Gk *thrēskeía* religion, worship+NL *-ornith-*, *-ornis* (⇨ ornis))+-IDAE〗 n. pl. 〖鳥類〗トキ科.

threw 〖OE *þrēow* (pret.) ← *þrāwan* 'to THROW'〗 v. throw の過去形.

thrice [θráɪs] 〖《?c1200》 *thries* ← *þrie* thrice (< OE *ðrīga* ← *þriwa* ← Gmc *þri- 'THREE') + -s[2] 1〗 — adv. 《文語》 1 三たび (three times) (cf. twice). 2 3倍に. 3 大いに, 非常に, きわめて (extremely): *thrice*-blessed [-happy, -favored] 非常に恵まれた[幸福な, 幸運な].

thrid [θríd] 〖《変形》← THREAD〗 vt., vi. (**thrid·ded; thrid·ding**) 《古》縫うように通る, 通り抜ける, (道を)拾って通る (thread).

thrid·ace [θrídeɪs] 〖← NL *thridacium* ← Gk *thrídax* lettuce〗 n. 《まれ》lettuce の煮詰め汁《鎮静剤》.

thrift [θríft] 〖《?c1200》□ ON *þrift* prosperity ← *þrífask* 'to THRIVE'〗 — n. 1 節倹, 倹約 (economy, frugality); けち, しみったれ (stinginess). 2 (植物などの)盛んな生長, 繁茂. 3 〖植物〗ハマカンザシ, アル

メリア (*Armeria vulgaris*)《イソマツ科の多年草でピンクの花をつける; 花壇の縁植え用》. **4**《古》貯え (savings). **5**《廃》繁栄 (prosperity), 成功 (success).

thrift accòunt *n.*《米》=savings account.

thrift·less〘lateME〙 — *adj.* **1** 締りのない, ずぼらな; 貯蓄心のない, 金使いの荒い, 浪費する (extravagant, wasteful). **2**《古》役に立たない, 無価値な. **~·ly** *adv.* **~·ness** *n.*

thrift shòp *n.* 中古品特価販売店《特に, 慈善のための中古衣料を扱うもの》.

thrift·y [θrífti | -tɪ]〘《*c*1385》: ⇨ thrift, -y⁴〙 — *adj.* (**thrift·i·er**; **-i·est**) **1** 節約する, 倹約する, つましい, 貯蓄心のある (frugal): a ~ wife, family, etc. **2** 繁茂する, 元気に育つ: a ~ plant, colt, etc. **3**《刻苦精励で》繁盛する (prosperous). **thrift·i·ly** [-tɪli, -tə-, -tḷi | -lɪ] *adv.* **thrift·i·ness** *n.*

thrill [θríl]〘《*a*1325》*thrille*(*n*) to pierce《音位転換》← *thirlen* to pierce: ⇨ thirl¹ (v.): 現在の語義は Shakespeare 以後〙 — *vt.* **1** 感動[感激, 興奮]させる, …の血を沸かす, ぞくぞく[わくわく]させる (stir, excite): The game ~*ed* the spectators. その試合は見物人をわくわくさせた / ~ a person *with* delight [horror] 人を喜びでわくわく[恐怖でぞくぞく]させる / be ~*ed at* a prospect 期待に胸がはずむ. **2** 震えさせる: An earthquake ~*s* the planet. 地震で地球が震動する.

— *vi.* **1 a** 〔うれしさ・恐怖などで〕ぞっと[ぞくぞく, わくわく]する; 感動する, 感激する 〔*at, with*〕: She ~*ed at* the news [seeing him alive]. その知らせを聞いて[彼の無事な姿を見て]彼女は胸を震わせた / He was ~*ing with* excitement *at* the prospect. その期待に興奮してわくわくしていた / She ~*ed to* his voice. 彼の声に胸をときめかせた. **b** 〈恐怖・感激などが〉体中を突き抜ける, 身にしみ渡る 〔*through*〕: A sudden horror ~*ed through* my veins. 突然ぞっとするような恐怖が体中を走った. **2** 震える (vibrate): Her voice ~*ed with* emotion. 彼女の声は感動で震えた.

— *n.* **1 a** (恐怖・感激・愉快のため)ぞっと[ぞくぞく, わくわく]する感じ, スリル, 身震い, 戦慄(せんりつ), 快感: a ~ of delight [anticipation] わくわくするような喜び[期待] / a ~ of terror [disgust] ぞっとするような恐怖[嫌悪] / the ~ of speed スピードの快感[スリル] / full of ~*s* スリル満点の / A ~ went through her. 彼女は体中がぞっとした / This film lacks ~. この映画にはスリルがない. **b** ぞくぞく[わくわく]するような経験: It's a ~ to visit London again. またロンドンへ行けるなんて胸がわくわくする. **c**《俗》=thriller 2. **2** 震え, 震動 (tremor): the ~ of indignation in one's voice 憤りの震え声 / the ~ of the land (地震などによる)地面の震動. **3**〘医学〙(触診で手に感じる)振盪(しんとう)音 (fremitus).

thrill·er [-lə | -lə(r)] *n.* **1** 人をぞくぞく[ぞっと]させるもの. **2**《口語》スリラー(もの)《煽情的でハラハラさせるような小説・劇・映画など》: a spy ~.

thrill·ing [-lɪŋ] *adj.* **1** ぞっと[ぞくぞく, わくわく]させる, 身の毛のよだつような, 血沸き肉踊る, スリル満点の, 感激[感動]させる: ~ news / a ~ joy, adventure, experience, etc. **2** 震える (vibrant): a ~ voice. **3** 身震いするように冷たい: a ~ coldness. **~·ly** *adv.*

thrim·ble [θrímbḷ]〘← ?〙 *vt.*《英》〈金などを〉おずおずといじくる.

thrip·id [θrípɪd, -pəd | -pɪd]〘↓〙〘昆虫〙 — *n.* アザミウマ《アザミウマ科, 時には総翅目全部に属する種類の総称》. — *adj.* アザミウマ(科)の; 総翅目の.

Thrip·i·dae [θrípədiː | -pɪ-]〘← NL ~ ← *Thrip-*, *Thrips* (属名: ← L *thrips* woodworm ← Gk *thrips*)＋-IDAE〙 *n. pl.*〘昆虫〙(総翅目)アザミウマ科.

thrip·pence [θrípəns]〘変形〙 *n.*《英口語》=threepence.

thrip·pen·ny [θríp(ə)ni | -nɪ]〘変形〙 *adj.*《英口語》=threepenny.

thrips [θríps]〘《1658》□ L ~ □ Gk *thríps* woodworm〙 *n.* (*pl.* ~) アザミウマ《総翅目の昆虫の総称; 植物の害虫》.

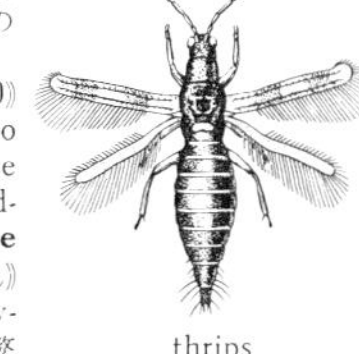

thrips
(*Aeolothrips fasciatus*)

thrive [θráɪv]〘《?*c*1200》*þrife*(*n*) □ ON *þrifa-sk* to grasp for oneself, thrive (refl.) ← *þrifa* to grasp (suddenly)〙 — *vi.* (**throve** [θróʊv | θrə́ʊv],《まれ》**thrived**; **thriv·en** [θrívən],《まれ》**thrived**) **1** 繁盛する, 繁栄する, 栄える (prosper); 成功する, 盛んになる; 金持になる: His business is *thriving*. 彼の商売は繁盛している / Wickedness of all kinds ~*s* in big cities. 大都会にはあらゆる種類の悪が栄える / First ~ and then wive.《諺》まず商売を繁盛させてから妻をめとれ. **2 a** 〈動物・植物が〉生(お)い茂る, はびこる: Cotton does [Sheep do] not ~ in Japan. 綿[羊]は日本ではよく育たない. **b** 〔…で〕丈夫に育つ, 成長する 〔*on*〕: ~ *on* meat 肉を食って丈夫に育つ / Christianity *throve on* suffering. キリスト教は迫害によって発展した / She ~*s on* compliments. お世辞を生きがいにしている. **thriv·er** *n.*

thriv·en〘ME *þriuen* (p.p.)〙 *v.* thrive の過去分詞.

thriv·ing〘ME: ⇨ thrive, -ing²〙 — *adj.* 繁盛する, 繁栄する, 繁華な, 栄える (flourishing); 盛んな, 盛大な (successful): a ~ town, business, etc. **~·ly** *adv.*

-thrix [θrɪks]〘← NL ~ ← Gk *thríx* hair: ⇨ trichina〙「毛を有するもの」の意の名詞連結形.

thro [θruː, θrù:, θrúː] *prep., adv., adj.* (*also* **thro'** [~])《古》=through.

throat [θróʊt | θrə́ʊt]〘OE *þrote, þrotu* ← Gmc **þrūt-* (cf. OE *þrūtian* to swell / G *Drossel*) ← ? IE **(s)treu-* something stretched or swollen (L *strūma* thick neck) ← **(s)ter-* stiff: cf. throttle〙 — *n.* **1** のど, 咽喉(いんこう), のどもと, のど笛: a sore ~ 咽喉痛[炎] / have a sore ~ のどが痛い / a clergyman's (sore) ~ 慢性咽喉炎 / full up to the ~ 動けないほど満腹して / fill up to the ~ 満腹になるほど詰め込む / clear one's ~ (話を始める前に)せき払いをする / spring [fly] at the ~ of … 躍りかかって…ののどを締めようとする / take [catch, have, hold, seize] a person by the ~ 人ののどを締める / A lump was (rising) in his ~. 彼は胸が一杯になった. **2 a** のど状の物. **b** (器物・器官などの)首, 口: the ~ of a vase. **c** 狭い通路: the ~ of a cave. **d** (暖炉の)炉喉(ろこう) (⇨ fireplace 挿絵). **e** (テニスラケットの)スロート《ヘッドと柄とを結ぶ部分》. **f** (靴の爪皮(つまかわ)の)足の甲に当たる上端. **3** 声 (voice): at the top of one's ~ 声を限りに. **4**〘海事・機械〙= swallow² *n.* 5. **5**〘海事〙 **a** スロート《肘 (knee) の内側の部分; cf. breech 4》. **b** スロート《四角い縦帆の前部上端; nock ともいう》. **c** =jaw¹ *n.* 5. **d** 錨喉(びょうこう) (⇨ anchor 挿絵). **6**〘金属加工〙のど厚《溶接部の溶着盛り上がりを除いた部分の厚さ; throat depth ともいう》.

cut a person's throat 人ののどを切る;《口語》(不当な競争手段で)人を経済的に破滅させる. ***cut one another's* [*each other's*] *throats*** 互いののどを切り合う, 激しく戦う;《口語》(安売り競争などで)共倒れになる. ***cut one's own throat* (*with one's own knife*)** のどを突く;《口語》自滅を招く. ***cut the throat of*** 〈計画など〉をだいなしにする, ぶちこわす. ***give a person the lie in his throat*** ⇨ lie¹ *n.* 成句. ***jump down a person's throat***《口語》(議論などで)人を激しくののしる, 人にくってかかる: He *jumped down my* ~ at the mere mention of it. そのことをちょっと口にしただけで彼はくってかかって来た. ***lie in one's throat*** ⇨ lie¹ *v.* 成句. ***pour* [*send*] *down the* [*one's*] *throat*** 〈財産・金を〉飲み食いでつぶす. ***stick in one's throat*** 〈骨などが〉のどに引っ掛かる; 〈言葉などが〉中々出て来ない, 気に食わない. ***thrust* [*cram, force, push, ram, shove*] *down a person's throat***《口語》人に〈意見などを〉押しつける, むりやりに承知させる.

— *vt.* **1** …に溝を付ける. **2** ぶつぶつ言う (mutter). **3**《古》しわがれ声で言う[歌う].

throat·ed [-tɪd, -təd | -tɪd, -təd] *adj.* [通例複合語の第2構成素として] (…の)のどをもった: a red-*throated* のどの赤い.

thróat hàlyard *n.*〘海事〙スロートハリヤード《ガフ (gaff) のスロートを吊り上げる揚げ綱》.

thróat·ing [-tɪŋ | -tɪŋ] *n.*〘建築〙水切り《蛇腹などの下面に設けられた小さい溝; 雨水が伝わるのを防ぐ》.

thróat·làsh *n.* =throatlatch.

thróat·làtch *n.* **1** (馬の)のど革 (⇨ bridle 挿絵). **2 a** (馬の首の)のど革の通る部分. **b** 他の動物のこれに対応する部分: the ~ of a fish 魚ののど元.

thróat microphone *n.* のど当てマイクロホン《のどに当ててその振動を取り出すマイクロホン》.

thróat règister *n.*〘音楽〙喉声声域 (cf. register 7 b).

thróat swèetbread *n.*〘解剖〙=thymus.

throat·y [θróʊti | θrə́ʊtɪ]〘《*c*1645》: ⇨ throat, -y⁴〙 *adj.* (**throat·i·er**; **-i·est**) **1** 喉音(こうおん)の (guttural); しわがれた, しわがれ声の: a ~ scream. **2** 〈牛・犬などの〉のどが大きく垂れ下がっている. **thróat·i·ly** [-tɪli, -tə-, -tḷi | -tɪlɪ, -tə-, -tḷɪ] *adv.* **thróat·i·ness** *n.*

throb [θrɑ́(ː)b | θrɔ́b]〘《*a*1376》*throbbe*(*n*): 擬音語 ?〙 — *vi.* (**throbbed**; **throb·bing**) **1 a** 〈脈が〉(平常に)打つ, 〈心臓が〉鼓動する (beat): His heart had ceased to ~. 彼は事切れていた. **b** (恐怖・苦痛・動揺などで)激しく動悸(どうき)を打つ, どきどきする, ぴくぴくする (palpitate): Her heart was ~*bing with* emotion [shock]. 彼女の心は感情が高まって[ショックを受けて]どきどきしていた / His head [tooth] ~*bed* (*with* pain). 頭[歯]が(痛みで)ずきずきした. **2** 震える, 震動する (vibrate); 色めく, 感動する: He ~*bed with* desire. 欲望に打ち震えた / a town ~*bing with* business activity 商業で躍動している町 / They ~*bed at* the expectation. 期待に胸を躍らせた. **3** 〈汽船が〉エンジン音を響かせながら進む: The steamer ~*bed* (*away*) up the river. 汽船はエンジン音を響かせながら川上へのぼって行った.

— *n.* **1 a** 鼓動; (激しい)動悸, どきどき (palpitation): My heart gave a ~. 心臓がどきんとした. **b** (感動の)うずき; 感動, 興奮: ~*s* of joy 喜びの興奮. **2** 振動 (vibration): the ~ of the engines エンジンの振動.

thrób·ber *n.*

thrób·bing〘《*a*1376》: ⇨ ↑, -ing²〙 — *adj.* **1** 動悸(どうき)のする, どきどきする; ずきずきする: ~ pain. **2** 躍動する: the ~ life of a big city 大都会の活気に満ちた生活. **~·ly** *adv.*

throe [θróʊ | θrə́ʊ]〘ME *throw*(*e*), *thraw*(*e*) < OE *þrawu* threat, oppression, punishment ← ?〙 — *n.* **1** 劇痛, ひどい苦しみ (agony): That sent me into ~*s* of despair. それで私は激しい絶望に陥った. **2** [*pl.*] 産みの苦しみ, 陣痛 (pains of childbirth); (作り出す)努力, 苦闘: a nation *in* the ~*s of* political rebirth 政治的再生の苦しみをなめている国民 / be *in* the ~*s of* an examination [*of* spring-cleaning] 試験に苦しんでいる[汗を流して大掃除のまっ最中である]. **3** [通例 *pl.*] 死の苦しみ, 断末魔: The Goverment was in its death ~*s*. 政府は断末魔にあえいでいた. **4** 発作的な激情. — *vi.*《まれ》ひどく苦しむ, 苦悶(くもん)する.

Throg·mór·ton Strèet [θrɑgmɔ́ətn-, ⌐ー⌐ー | θrɔgmɔ́ːtn-, ⌐ー⌐ー]〘← *Sir Nicholas Throckmorton* (1515–71: 英国の外交官)〙 — *n.* **1** スログモートン街《London 市の City の中心の街路名》. **2** (そこにある)ロンドン証券取引所, ロンドンの証券市場 (cf. Lombard Street, Wall Street).

thromb- [θrɑmb | θrɔmb] (母音の前に来る時の) thrombo- の異形.

throm·bec·to·my [θrɑmbéktəmi | θrɔmbéktəmɪ]〘← THROMBO-＋-ECTOMY〙 *n.*〘外科〙血栓(けっせん)摘出(術).

thrombi *n.* thrombus の複数形.

throm·bin [θrɑ́mbɪn, -bən | θrɔ́nbɪn]〘← THROMBO-＋-IN¹〙 *n.*〘生化学〙トロンビン《血液の凝固にあずかる酵素様物質》.

throm·bo- [θrɑ́mbo(ʊ) | θrɔ́mbə(ʊ)]〘← Gk *thrombos* clot〙 —「血栓(けっせん) (blood clot), 血液の凝固; 血小板 (thrombocyte)」の意の連結形: *thrombo*gen. ★ 母音の前では通例 thromb- になる.

throm·boc·la·sis [θrɑmbɑ́kləsɪs, -səs | θrɔmbɔ́kləsɪs]〘⇨ ↑, -clasis〙 *n.*〘医学〙=thrombolysis.

throm·bo·cyte [θrɑ́mbəsàɪt | θrɔ́m-]〘← THROMBO-＋-CYTE〙 *n.*〘解剖〙血小板, 栓球(せんきゅう) (⇨ blood platelet); 紡錘細胞. **throm·bo·cyt·ic** [θrɑ̀mbəsítɪk | θrɔ̀mbəsít-] *adj.*

throm·bo·cy·to·pe·ni·a [θrɑ̀mbəsàɪṭəpíːniə | θrɔ̀mbəsàɪtəpíːnɪə, -njə]〘← NL ~ ← THROMBOCYTE＋-o-＋-PENIA〙 *n.*〘病理〙栓球[血小板]減少症. **throm·bo·cy·to·pe·nic** [θrɑ̀mbəsàɪṭəpíːnɪk | θrɔ̀mbəsàɪt-] *adj.*

thròmbo·émbolism *n.*〘病理〙血栓(けっせん)塞栓症. **thròmbo·embólic** *adj.*

throm·bo·gen [θrɑ́mbədʒɪn, -dʒən | θrɔ́mbədʒèn, -dʒɪn]〘← THROMBO-＋-GEN〙 *n.*〘生化学〙トロンボゲン (⇨ prothrombin).

thròmbo·kínase *n.*〘生化学〙トロンボキナーゼ《組織や血液中にありプロトロンビン (prothrombin) を活性化し, したがって凝血を促進する物質》.

Thròmbo·lýsin *n.*〘商標〙トロンボリシン《fibrinolysin 2 の商品名》.

throm·bol·y·sis [θrɑmbɑ́ləsɪs, -səs | θrɔmbɔ́lɪsɪs]〘← THROMBO-＋-LYSIS〙 *n.*〘医学〙血栓(けっせん)崩壊. **throm·bo·lyt·ic** [θrɑ̀mbo(ʊ)lítɪk | θrɔ̀mbə(ʊ)lít-] *adj.*

throm·bo·pe·ni·a [θrɑ̀mbo(ʊ)píːniə | θrɔ̀mbə(ʊ)píːnɪə, -njə]〘← NL ~ ← THROMBO-＋-PENIA〙 — *n.*〘病理〙血小板減少(症), 栓(せん)球減少(症) (thrombocytopenia). **throm·bo·pe·nic** [θrɑ̀mbo(ʊ)píːnɪk | θrɔ̀mbə(ʊ)-] *adj.*

thròmbo·phlebítis〘← NL ~: ⇨ thrombo-, phlebitis〙 *n.*〘病理〙血栓(けっせん)(性)静脈炎.

thròmbo·plástic *adj.*〘生化学〙血液凝固促進性の. **thròmbo·plástically** *adv.*

throm·bo·plas·tin [θrɑ̀mbo(ʊ)plǽstɪn, -tən | θrɔ̀mbə(ʊ)plǽstɪn]〘← THROMBO-＋-PLAST＋-IN¹〙 — *n.* **1**〘生化学〙トロンボプラスチン《牛などの脳の組織細胞または血小板から採る凝血促進物質》. **2**〘薬学〙トロンボプラスチン剤.

throm·bo·sis [θrɑmbóʊsɪs, θrəm-, -səs | θrɔmbə́ʊsɪs]〘《1706》← NL ~ ← Gk *thrómbōsis* clotting, curdling: ⇨ ↓, -osis〙 — *n.*〘病理〙血栓(けっせん)症. **throm·bot·ic** [θrɑmbɑ́tɪk, θrəm- | θrɔmbɔ́t-] *adj.*

throm·bus [θrɑ́mbəs | θrɔ́m-]〘《1693》← NL ~ ← Gk *thrómbos* clot, lump〙 *n.* (*pl.* **throm·bi** [-baɪ])〘病理〙血栓(けっせん).

throne [θróʊn | θrə́ʊn]〘《*c*1300》□ L *thron-us* □ Gk *thrónos* high seat, chair ← IE **dher(ē)-* to hold, support ⇔《?*a*1200》*trone* □ OF (F *trône*) □ L〙 — *n.* **1** 王座, 玉座: a speech from the ~《英》議会開院式[閉院式]の勅語 / the ~ (of grace) 神の御座 (mercy seat). **2** (cathedral にある)司教[主教, 監督]座, (司教)高座; 教皇聖座. **3** [the ~] 王位, 帝位, 王権; 国王, 皇帝, 君主 (king, sovereign): lose [claim] *the* ~ 王位を失う[要求する] / come to [mount, second] *the* ~ 即位する / set a person on *the* ~ 人を王位につかす. **4** 司教[主教, 監督]の地位. **5** (モデルの坐る)高い腰掛. **6**《俗》=toilet seat. **7** [*pl.*]〘神学〙座天使《天使の九階級中第三階級の天使; ⇨ angel 1 a》. — *vt.* 王位につかせる, 即位させる (enthrone). — *vi.* 王位につく, 即位する (be enthroned).

thróne·less *adj.* 王座のない, 王座を失った.

thróne ròom *n.* **1** (王座のある)謁見の間. **2** 実権のありか.

throng [θrɔ́(ː)ŋ, θrɑ́(ː)ŋ | θrɔ́ŋ]〘OE (*ge*)*þrang* ← Gmc **þriŋʒ(w)-*, **þriŋχ(w)-* (Du. *drang* / G *Drang*): cf. OE *þringan* to crowd〙 — *n.* **1** 群衆, 人だかり: ~*s of* people 人の群れ / ~*s* of demonstrators デモをする人人の群れ. **2** (群衆の)殺到, 雑踏: The ~ was great at the entrance of the gate. 門の入口の所ではひどい雑踏だった. **3** 〔物の〕集合 (collection), 多数 (host) 〔*of*〕: a ~ *of* dreams 数多くの夢 / a ~ *of* confused notions 数多くの混乱した考え. **4**《方言》〔仕事の〕圧迫, 多忙 〔*of*〕: a great ~ *of* business 大変な仕事の多忙さ. — *vi.* [方向の副詞語句を伴って] 群がる, 込み合う,

殺到する (crowd): Legions of fans ~*ed around* him [*to* see him]. 大勢のファンが彼を取り巻いた[彼を一目見ようと殺到した] / People ~*ed to* the big cities in search of jobs. 人々は仕事を捜して大都市に殺到した / Surmises ~*ed into* his mind. いろいろな憶測が頭の中へ殺到して来た. ― *vt.* 〈場所〉に群がる; …に押し掛ける, 殺到する: ~ the church 教会に押し掛ける / Shoppers ~*ed* the wide sidewalks. 買物客が広い歩道にあふれていた / The station was ~*ed with* commuters. 駅は通勤客でごった返していた.
― *adj.* 《スコット》 **1** 雑踏した, 混雑した (crowded). **2** 〈期間・季節など〉なすべき事がいっぱいの, 忙しい (busy): a very ~ time とても忙しい時期.

throp·ple [θrɑ́pl | θrɔ́pl] 〚ME *throppill* < ? OE *þrotbolla*: ⇨ throat, bowl¹: cf. throttle〛 *n.* 《方言》(馬の)のど (throat).

thros·tle [θrɑ́sl | θrɔ́sl] 〚OE *þrostle* ← Gmc *þrau(d)st- (Du. *drossel* / G *Drossel*) ← IE *trozdos- (L *turdus* 'THRUSH¹'): cf. -le¹〛 ― *n.* **1** 〚鳥類〛ウタツグミ (⇨ song thrush). **2** 《英》(旧式な木綿・羊毛の)紡績機.

throt·tle [θrɑ́tl | θrɔ́tl] 〚n.: (*a*1547) (dim.) ← ME *throte* 'THROAT'. ― v.: (*?a*1400) *throtele(n)*: ⇨ throat, -le¹〛 ― *n.* **1** 〚機械〛 **a** =throttle valve. **b** =throttle lever. **2** のど (throat), のど元, のど笛 (windpipe).

at full throttle*=*with the throttle against the stop 全速力で (at full speed).

― *vt.* **1** …ののどを締めつける; 絞め殺す (strangle); 窒息させる (choke): ~ a chicken. **2** 巻きつけて圧迫する: ~ a finger 指を(指輪をはめて)締めつける. **3** 〈表現・活動を〉押さえつける, 抑圧する (suppress): ~ discussion 討論を封じる / ~ trade 貿易を押える. **4** 〚機械〛(絞り弁で)〈蒸気・燃料など〉の流れを押える, 絞る; (そのようにして)〈エンジンなど〉の速度を落とす
― *vi.* 窒息する (choke).

***throttle down* [*back*]** (*vt.*) (1) 〈自動車・エンジンなど〉の速力を落とす: He ~*d* the car *down*. 車のスピードを落とした. (2) 〈発展・発達などを〉阻止する, 抑圧する (cf. *vt.* 3): ~ *down* economic growth 経済の成長を押える. (*vi.*) (エンジンの)速度を落とす: The driver ~*d back* a bit. 運転手は少し速度を落とした.

thrót·tler [-tlə, -tḷə | -tlə(r), -tḷə(r)] *n.*

throt·tle·a·ble [θrɑ́tḷəbḷ | θrɔ́tḷ-] *adj.* 〚宇宙〛〈ロケットが〉(飛行中に)推力を変化させることができる.

Thróttle·bòttom, t- 〚← *Alexander Throttlebottom* (G.S. Kaufman & Morris Ryskind の音楽喜劇 *Of Thee I Sing* (1932) の登場人物にちなむ)〛 ― *n.* 無能だが無害な[毒にも薬にもならない]役人.

thróttle·hòld 〚← THROTTLE+HOLD¹〛 *n.* 発展[運動]の自由を制約[妨害]する勢力 (stranglehold).

thróttle lèver *n.* 〚機械〛(機関の)絞り弁レバー, スロットルレバー.

thróttle vàlve *n.* 〚機械〛絞り弁, スロットルバルブ.

through [θrúː] 〚ME *þrugh* (音位転換) ← ME & OE *þurh* < (WGmc) *þurχ (Du. *door* / G *durch* / Goth. *þairh*) ← IE *ter- to pass through (L *trāns* 'across, TRANS-'): cf. thorough〛 ― [θruː, θrùː, θrúː] *prep.*
1 〈物体・表面〉の一方の端[側, 表面]から反対の端[側, 表面]まで通り抜けて, …を貫いて, を通して: bore a hole ~ the plank 板に穴をあける / break ~ the cloud 〈日光が〉雲間を漏れる / creep ~ the hedge 〈犬などが〉垣根をくぐる / march ~ the street 〈行列が〉通りを練って行く / flow ~ the city 〈川が〉市中を貫流する / pass ~ the town [tunnel] 町[トンネル]を通り抜ける / An arrow passed ~ his hat. 矢が彼の帽子を貫いた / He got a bullet ~ the head. 弾丸に頭を射抜かれた / There is a path ~ the wood. 森を通り抜ける道がある. **2** [場所] …中(じゅう)を[に], …の至る所に, …をくまなく (throughout, all over): travel ~ France フランス中をあまねく旅行する / Fragrance diffused ~ the air. 芳香があたりに漂った / A thrill ran ~ my vein. 体中がぞくっとした / The poison passed ~ his system. 毒が体中に回った. **3** [通行・通路] …の中を[に]通って (along within); …を通して (by way of); …を押し分けて; 〈赤信号など〉を無視して: fly ~ the air 空中を飛んで行く / look ~ the window 窓からのぞく / listen ~ a keyhole 鍵(かぎ)穴から聞く / look ~ one's eye 〈心などが〉目に現われる / ⇨ *look through one's* FINGERS *at* / run the fingers ~ the hair 髪の中に指を突っ込む / swim ~ the water 水中を泳ぐ / wander ~ the jungle ジャングルの中をさまよう / walk ~ the long grass たけ高い草を押し分けて歩く / see ~ a brick wall [a millstone] 目が鋭い / see ~ the fog 霧を通して見る / smile ~ one's tears 涙の中に微笑を漏らす / wade ~ slaughter to a throne 多数の人を殺して王座に着く / speak ~ the throat [nose] のど声[鼻声]で話す / She spoke ~ her tears. 涙ながらに話した / He drove ~ a red light. 赤信号を無視して車を走らせた. **4** 〈人手・機械など〉を経て: ~ a machine 機械で加工されて / It has passed ~ many hands since then. その時以来それは多くの人の手を経ている. **5** [時間] …中(じゅう), …を通じて (cf. *adv.* 4): stay ~ the summer 夏中滞在する / enjoy health ~ life 一生健康で通す / ~ all ages 万世にわたって, 永遠に / ~ long years 長年の間 / ~ the year 年中 / The rain lasted ~ the night. 雨は夜通し降り続いた / He won't last ~ the night. 彼は朝までもつまい. **6** **a** [経過・通過・終了] …を通って; …し終わって, し抜いて, し通して: pass [come] ~ dangers 危険を切り抜ける / see ~ a person's design 人の企(たくら)みを見破る / break ~ all restraints 束縛を打ち破る / break ~ the law 法律を破る[犯す] / get ~ an examination 試験を首尾よく切り抜ける / get ~ one's task 仕事をし終える / go ~ an operation 手術を受ける / go ~ the accounts 会計を調べる / go ~ college 大学の課程を終了する / go ~ an undertaking 事業を完成する / go ~ one's fortune 財産を使い果たす / pass ~ a crisis 危機を切り抜ける / ⇨ SIT *through* / No one knows the anxiety I have been ~. 私が味わったような不安は誰にも分ってもらえない. **b** [*be* ~ として] …を終了する; 〈試験〉にパスする: I *am* half ~ the poem. その詩は半分読み[書き]終えた / *Is* he ~ his examination? 彼は試験にパスしたのか. **7** [手段・媒介] …を通じて, …により (by means of): look at a thing ~ a telescope [microscope] 望遠鏡[顕微鏡]で物を見る / It was ~ him that I knew her. 私が彼女を知ったのは彼を通じてでした / I heard of you ~ Jones. 君のことはジョーンズから聞いた / I obtained my position ~ a friend. 友人の世話で今の地位を得た / I succeeded ~ your help. 君の援助のおかげで成功した. **8** [原因・理由・動機] …のために, …から, …のかどで (by reason of): run away ~ fear こわくて逃げる / ~ shame 恥ずかしさの余り / He lost his place ~ neglect of duty. 職務怠慢のために免職になった. **9** 《米》(…から)…まで (to the end of): (*from*) January 1st ~ 31st 1月1日から31日まで(31日いっぱい) / It will be on display ~ April 30. それは4月30日まで展覧される. **10** 〈遠いまたはかすかな音が〉〈近くのまたは大きい音〉にもかき消されずに: A voice was heard ~ rolling drums. 鳴り響く太鼓の音にもかき消されずにだれかの声が聞えた.

through and through …をすっかり通り抜けて (entirely through): A second shot went ~ *and* ~ his body. 2番目の弾丸はすっかり彼の体を貫通した.

― *adv.* **1** 通して, 貫いて, 貫通して, …通す, …抜く (from end to end): shoot [pierce] something ~ 物を射抜く[貫く, 突き通す] / Anger pierced her ~. 怒りが体中にこみ上げてきた. **2** **a** 初めから終わりまで; 終わりまで, 完成まで: read a book ~ 本を通読する / sing a song ~ 歌を終わりまで歌う / look something ~ (徹底的に)物を調べる / carry one's plans ~ 計画を完成する / ⇨ SEE *through* (2). **b** 〔…が〕終わって〔*with*〕; 〔友人などから〕手が切れて (finished) 〔*with*〕; だめになって: Wait till I'm ~. 私が終わるまで待って下さい / He is not yet ~. まだ仕事が終わらない / I am ~ for the day. 今日の仕事は済んだ / My work is ~. 仕事は終わった / get ~ *with* one's work 仕事を終える / When will you be ~ *with* the book? その本をいつ読み終えますか / I am ~ *with* that fellow. あの男とは手を切った / As a boxer, he is ~. ボクサーとしてはもうだめだ. **3** 途中ずっと (all the way), 目的地まで: This train goes ~ *to* London. この列車はロンドンへ直通だ / Get the ticket ~ *to* Reading. レディングまでの通し切符を買いなさい. **4** [時間] …中(じゅう), ぶっ通して, ずっと (cf. *prep.* 5): sleep all the night ~ 一晩眠り通す / He stayed there the whole summer ~. 夏中ずっとそこに滞在した / The sound lasted all ~. 音はその間ずっと続いた. **5** 直径…で, さしわたし…で: The mast is [measures] 30 inches ~. マストは直径30インチある. **6** 全く, 徹底的に, すっかり (entirely): She was wet ~ with perspiration. 汗で全身びっしょりぬれていた / I am chilled ~. 体中冷え切った / The room is warmed ~. 部屋は十分に暖めてある. **7** 首尾よく; (試験に)パスして: Is he ~? パスしましたか. **8** 〚電話〛 **a** 《英》つながって (connected) 〔*to*〕: You are ~. お出になりました / I will put you ~ (*to* Mr. Smith). (スミスさんに)おつなぎします. **b** 《米》(通話が)終わって: Are you ~? 通話は終わりましたか.

through and through 全く, どこからどこまで; 徹頭徹尾, 徹底的に: look a person ~ *and* ~ 人を穴のあくほどじろじろ見つめる / We were wet ~ *and* ~. ずぶぬれになった / He is a bad man ~ *and* ~. 全くの悪人だ / I read it ~ *and* ~. 繰返し繰返し読んだ.

― *attrib. adj.* **1** 〈道路が〉通しの, 通り抜けられる: a ~ road / No ~ road. [掲示]通り抜けできません. **2** 〈汽車・船・飛行機など〉直通の: a ~ passenger 通し[直行]旅客 / a ~ ticket 通し切符 / a ~ train 直通列車. **3** 〚土木〛橋構造の下部に通路がある (cf. deck *adj.*): ⇨ through bridge.

thróugh bòlt *n.* 〚機械〛通しボルト.

thróugh brìdge *n.* 〚土木〛下路橋(かろきょう)《通路が橋桁の下部にある橋; cf. deck bridge》.

thróugh-compósed 〚《なぞり》← G. *durchkomponiert*〛 *adj.* 〚音楽〛〈歌曲が〉通作の《詩の各節が異なる旋律で歌われる; cf. strophic 2》: a ~ song 通作歌曲.

through·ith·er [θrúːɪðə | -ðə(r)] 〚← THROUGH+*itur* (《変形》← OTHER)〛 *adv., adj.* 《スコット》混乱して[した], 乱雑に[な].

thróugh·ly 〚(15C)〛 *adv.* 《古》=thoroughly.

through·oth·er [θrúːʌðə | -ðə(r)] *adv., adj.* =throughither.

thròugh·óut 〚OE *þruh ūt*: ⇨ through, out〛 ― *prep.* **1** [場所] …中(じゅう), …全体にわたって, …のすみからすみまで, 至る所に: ~ the country 国中至る所で / ~ the length and breadth of the land 全国至る所に, 津々浦々までも. **2** [時間] …中, …を通じて: ~ one's life [the night, the war] 一生を通じて[夜通し, 戦争中ずっと] / ~ the year 年がら年中. ― *adv.* **1** くまなく, すみからすみまで (everywhere): The house was searched ~. 家はくまなく捜索された. **2** 全部, 徹頭徹尾: revise a dictionary ~ 辞書を全面的に改訂する / He is an honest man ~. 彼はあくまで正直な人だ. **3** 初めから終わりまで, ずっと: sit perfectly still ~ 終わりまでじっと静かにすわっている / Today has been fine ~. 今日は一日中天気がよかった. ― *adj.* 〚紋章〛〈十字などが〉盾一杯に描かれた (cf. couped 1).

thróugh·pùt *n.* **1** 一定時間内に処理[加工]される原料の量. **2** 〚電算機〛スループット《電算機で単位時間に処理できる情報の量》.

thróugh stòne¹ *n.* 〚建築〛つなぎ石, 控え石 (bondstone, perpend)《壁の全厚みを貫いている石》.

thróugh stòne² 〚ME *throgh stone* ← OE *þrūh* pipe, coffin, (ME) flat grave-stone〛 *n.* 《スコット》平たい墓石.

thróugh strèet *n.* 優先道路《交差点で進入または横断車両に対して優先権が通過車両に与えられている街路; cf. stop street》.

thróugh tràffic *n.* 通過交通.

thróugh tràin *n.* 直通列車.

thróugh·wày *n.* **1** 《米》高速道路 (express highway). **2** =through street.

throve 〚ME *þrof(e), þraf(e)* (pret.) ← *þrive(n)* 'THRIVE'〛 *v.* thrive の過去形.

throw [θróu | θrə́u] 〚OE *þrāwan* to (cause to) turn, twist, hurl ← (WGmc) *þrējan- (Du. *draaien* / G *drehen* to twist, twirl) ← IE *ter- to rub, turn, twist (L *terere* to rub / Gk *tríbein* to rub & *teírein* to rub): 現在の中心語義 to cast, hurl は to throw by a turn or twist of the arm を経て ME から〛 ― *v.* (**threw** [θrúː]; **thrown** [θróun | θrə́un]) ― *vt.* **1** **a** 投げる, ほうる (cast, fling): ~ a ball *up* [*back*] ボールをほうり上げる[投げ返す] / ~ litter *about* ごみを投げ散らかす / ~ one's goods *into* the sea 積荷を海へ投げ棄てる / ~ *out* a lifeline 救命索を投げてやる / ~ a person *out* [*to* the floor] 人を外へほうり出す[床へ投げつける] / I *threw* the bone *to* the dog [*threw* the dog the bone]. その犬に骨を投げてやった / He *threw* a stone *at* the dog. 犬を目がけて石を投げつけた / *Throw* me that magazine, please. その雑誌を投げてくれないか / ~ a cigarette *on* the road たばこを路上に投げ捨てる / He *threw* his clothes all *over* the room. 部屋中に服を脱ぎ散らかした. **b** [~ *oneself* で]〈身を〉投げかける: He *threw himself down on* the sofa. どっと身を投げるようにソファーへ横になった / I *threw myself upon* my horse. ひらりと馬に飛び乗った / She *threw herself into* his arms. 彼女は彼の妻[愛人]になった (cf. *throw oneself into the* ARMS *of*) / He *threw himself into* a chair. どっかと椅子に腰かけた / She thought of ~*ing herself off* a bridge. 橋から身投げでもしようかと思った. **c** 〚スポーツ〛〈槍・円盤などを〉投げる, 投擲(とうてき)する: ~ the discus [javelin] 円盤[槍]投げをする. **d** 〚釣〛〈投網・釣糸などを〉投げる, 投げ込む (cast): ~ a net [line] 網[釣糸]を投げる / ~ a fly 毛鉤(けばり)釣をする. **e** 〚クリケット〛急に肘を伸ばして〈球を〉投げる《反則》. **f** 〈波・風が〉〈海岸・岩などに〉打ち上げる〔*on, upon*〕: The boat was ~*n upon* dry land. 船は陸地に打ち上げられた.
2 **a** 〈馬が〉〈乗り手を〉振り落とす (unseat). **b** 〚レスリング〛〈相手を〉投げる, 倒す, 投げ倒す: ~ one's opponent 相手を投げ倒す. **c** 〈建物・木を〉倒す.
3 **a** 〈弾丸・ミサイル・人工衛星などを〉発射する; 〈噴水・ポンプなどが〉〈水などを〉噴出[射出]する (project): ~ a missile, satellite, etc. / This big gun can ~ a heavy shell. この大きな大砲は重い弾丸を発射できる / a machine by which water is ~*n upon* fires 火事に放水する機械. **b** 〈打撃・パンチなどを〉加える (deliver): ~ a straight right *to* one's opponent (ボクシングで)相手に右ストレートを浴びせる.
4 **a** [時に二重目的語を伴って] 〈光・陰などを〉〔…に〕投げる, 投げかける (cast) 〔*on, upon, over,* etc.〕; 〈視線を〉向ける (direct): ~ light *on* …に光を投じる; …を明らかにする / ~ a luster *over* …に光輝を添える / A bed lamp *threw* an amber glow *on* the sheet. 寝台用電灯がシーツにこはく色の光を投げかけていた / The poplars *threw* their long reflections *on* the stream. ポプラの木は小川に長々とした影を落としていた / The king's death *threw* a gloom *over* the country. 国王の死が国中を憂鬱(ゆううつ)にした / He *threw* an angry look at me [*threw* me an angry look]. 私をにらみつけた / She *threw* her eyes *to* the ground. 急に地面に目を向けた / He *threw* her a quick glance. ちらと彼女に視線を走らせた. **b** 〔…に〕〈疑いなどを〉投げかける (cast), 〈罪を〉着せる (lay) 〔*on*〕: ~ doubt *on* a person's veracity 人の誠実さに疑いをかける / ~ the blame *on* a person 人に罪をかぶせる. **c** 〈言葉などを〉(投げ)かける (direct), 差しはさむ (insert): ~ a question *at* a person 人に質問を投げかける / ~ a greeting *to* a person 人に挨拶の言葉をかける / ~ an outrageous comment *into* the discussion 討論中に途方もない意見を差しはさむ / ~ a kiss *toward* a person 人に投げキスをする / She *threw* me a nod. 私にちょっと会釈をした / ⇨ THROW *in* (2).

5 〈手・足などを〉(激しく)動かす (jerk): ～ one's legs and arms *about* (水中で)手足をばたばたさせる / ～ one's head *back* 頭をのけぞらせる / ～ *up* one's hands 両手を上げる; 降参する,「お手あげになる」/ She *threw* her arms (*a*)*round* my neck. 私の首に抱きついた.

6 a 〈衣服などを〉急いで着る, 引っかぶる〈*on*〉, かなぐり捨てる〈*off*〉: ～ *off* [*on*] one's coat 上着をさっと脱ぐ[着る] / ～ a cloak (*a*)*round* one 外套(がいとう)をさっと身にまとう / She *threw* the shawl *over* her head. 彼女はさっと頭にショールを掛けた. **b** 〈ヘビが〉〈皮を〉脱ぐ(cast off); 〈鳥が〉〈羽毛を〉落とす; 〈馬が〉〈蹄鉄を〉落とす: There the snake ～*s* her enamell'd *skin.* そこでへびが五彩に光る皮を脱ぐ (Shak., *Mids N D* 2. 1. 255). **c** 〈分別・道徳感などを〉かなぐり捨てる (abandon): ～ *to* the winds すっかりかなぐり捨てる (cf. *cast to the* (*four*) WINDS (2)).

7 [前置詞句や目的補語を伴って]〈ある位置・状態などに〉投じる, 向ける, 陥らせる (put, turn); 〔他国語に〕翻訳する〔*into*〕: ～ a person *into* prison 人を投獄する / ～ one's soul [heart, spirit, efforts, energies] *into* …に全力を投入する / ～ troops *into* action 軍隊に行動を起こさせる / ～ a meeting *into* confusion 会を混乱に陥らせる / The news will ～ her *into* a state of misery. その事を耳にすれば彼女はひどく心を痛めてしまうだろう / ～ a person *out of* work [employment] 人を失業させる / ～ a student *out of* college 学生を退学させる / ～ a troop *across* a river 軍隊の兵を川向こうへ移動させる / ～ a cordon (*a*)*round*…の回りに非常線を張る / ～ obstacles *before* …の邪魔をする, …を妨害する / *Throw* this *into* Japanese. これを和訳せよ / ～ a person *off* his guard 人を油断させる / ～ the switch *to* 'on' 急にスイッチを「オン」にする / The scene *threw* my mind *back to* those happy days. その光景を眺めていると, ふと楽しかったあのころのことを思い出した / He *threw* the window open [*threw* open the window]. 窓をさっと開けた.

8 〈橋・ダムなどを〉(急いで)かける, 造る (build): ～ a bridge *across* [*over*] the river 川に橋を急設する.

9 a 〘窯業〙〈陶工が〉手でろくろ成形する (shape): ～ pots on one's wheel. **b** 〘紡織〙〈生糸を〉撚(よ)る,〈生糸〉に撚りをかけて糸にする (twist). **c** 〈材木などを〉(旋盤に取付けて)回転させる.

10 a 〈犬・兎・鳩などの家畜が〉〈子を〉産み落とす, 産む. **b** 〈畑が〉〈作物を〉産する, 作る: ～ a good crop.

11 〘トランプ〙〈札を〉出す(play); (特に)〈手札を〉捨てる (discard): ～ a card 札を出す[捨てる] / You can ～ your queen *on* the ace. エースに対してクイーンを出してもよい.

12 a 〈さいを〉投げる, 振る (cast). **b** (さいを投げて)〈目を〉出す: ～ a six さいを振って 6 を出す.

13 〈票を〉投じる (cast): ～ one's vote 投票する.

14 a 〈声を〉明瞭に響かせる, はっきりと出す (project): ～ one's voice so that everyone can hear 皆が聞こえるように大声を張り上げる. **b** (腹話術などで)〈声(の出所)を〉わからなくする: ～ one's voice.

15 《米》〈競技・競走など〉に八百長で勝ちをゆずる, わざと負ける: ～ a contest, game, race, etc.

16 《口語》〈パーティーなどを〉催す, 挙行する (hold, give): ～ a (cocktail) party, dance, dinner, etc.

17 〈発作・癇癪(かんしゃく)などを〉起こす (have): ～ a fit 発作を起こす; びっくりする, かんかんに怒る / ～ a tantrum むかっ腹を立てる.

18 《口語》狼狽(ろうばい)させる, 仰天させる (disconcert): This problem completely *threw* me. この問題にはまったく参った.

19 〈自動車(のギア)を〉〔…に〕入れる〔*in, into*〕: ～ the car [gear] *in* high [reverse] 車のギアをトップ[バック]に入れる.

20 〘機械〙 **a** (機械・クラッチ・スイッチなどの各部を連結[遮断(しゃだん)]するために)〈レバーを〉動かす. **b** (レバーを動かして)〈クラッチ・スイッチなどを〉連結[遮断]する.

― *vi.* **1 a** 投げる, 投じる, ほうる: ～ well うまく投げる / ～ a hundred yards 100 ヤード投げる. **b** 弾丸などを発射する: This gun'll ～ about a mile. この砲は 1 マイルくらい弾丸が飛ぶ. **c** 投網[釣糸など]を投げる **2** 〔…に〕激しく飛びかかる (spring)〔*at*〕: The lion *threw at* me. ライオンが飛びついてきた. **3** さいを投げる[振る] (cast dice): ～ for large stakes 大ばくちを打つ. **4** 《スコット》〔…と〕争う, けんかをする (quarrel)〔*with*〕. **5** 〈溶液が〉沈澱物を生じる.

throw about [***around***] (*vt.*) (1) 投げ散らかす (scatter) (cf. *vt.* 1 a). (2) 振り回す (cf. *vt.* 5). (3) 《口語》〈金を〉浪費する (waste): ～ one's money *about* 金銭を浪費する. (*vi.*) 〘海事〙〈船が〉針路を変える (tack).

throw aside 〈計画・友人などを〉捨てる (cast), 顧みない (neglect).

throw away (1) 投げ捨てる, 廃棄する; 〘トランプ〙〈札を〉捨てる (discard): ～ *away* an empty can あきかんを捨てる. (2) 〈好機などを〉見逃す, 棒に振る (miss): ～ *away* an advantage [a college education] 有利な地歩[大学教育]を棒に振る. (3) 〈金銭・一生などを〉むだにする, 浪費する (waste); [～ *oneself away*] 〔配偶者・恋人などのために〕〈一生を〉むだに費やす〔*on*〕; [Passive で]〈忠告などが〉〔人に〕むだである〔*on, upon*〕: ～ one's savings *away* 貯金を使い果たす / She is simply ～*ing herself away on* such a man. 彼女はあんな男にだまされているだけだ / Kindness [Any advice] is ～*n away upon* him. 彼には親切を尽くしても[どんな忠告をしても]むだだ. (4) (芝居・放送などで)〈せりふ・言葉などを〉わざとさりげなく言う: ～ *away* a line, remark, word, etc.

throw back (*vt.*) (1) 投げ返す (cf. *vt.* 1 a); 〈頭を〉のけぞらせる (cf. *vt.* 5); 〈光・熱などを〉反射する (reflect). (2) 〈寝具などを〉さっと引きはがす; 〈カーテンなどを〉さっと引いて開ける. (3) 遅らせる, 阻止する (check); 撃退する (repel): ～ *back* an enemy 敵の前進を阻止する; 敵を撃退する / My cold *threw* me *back* a week at school. 風邪で学校の勉強が一週間遅れた. (4) [しばしば Passive で]〔…に〕頼らせる, 依存させる〔*on, upon*〕: He has *been* ～*n back on* his own resources. (頼む所がなく)自分でやるよりほかに道がなくなった. (5) 《口語》〔人に向かって〕〈その人の言動を〉非難する〔*at*〕: Why should you of all people ～ my decision *back at* me? 人もあろうに君から私の決めたことについてとやかく言われる筋がどこにあろう. (*vi.*) 〘生物〙〈動植物などが〉先祖返りをする.

throw by 捨てる, 廃棄する.

throw down (1) 投げ倒す (cf. *vt.* 1 b). (2) 投げ捨てる: ～ *down* a book / ～ *down* one's arms 武器を投げ捨てる《降服する》. (3) 〈銅像・建物などを〉引き倒す (upset), 〈都市などを〉破壊する (destroy): houses ～*n down* by an earthquake 地震で倒壊した家屋. (4) 〈友人などを〉見捨てる, はねつける (reject).

throw in (*vt.*) (1) 投げ込む; 注入する (inject). (2) 〈言葉などを〉差しはさむ (insert) (cf. *vt.* 4 c): He listened, ～*ing in* an occasional question or interjection. 時々質問や合いづちをさしはさみながら聞いていた. (3) おまけに添える: If you'll take ten copies, I'll ～ *in* another. 10 部お買いになれば 1 部だけおまけいたします. (4) 〈歯車を〉かみ合わせる (mesh), 〈クラッチを〉つなぐ (engage). (5) (サッカー・バスケットボールなどで)スローインする (⇨ throw-in 2). (*vi.*) (1) 《口語》仲間にはいる, 仲間入りする (join)〔*with*〕: ～ *in with* bad company 不良の仲間にはいる (2) 〘トランプ〙ポシャにする, 流す (cf. PASS[1] *out* (*vt.*) (3)).

throw in a person's face 〈人の言動または人を〉面と向かって[公然と]非難[侮蔑(ぶべつ)]する: I don't like to ～ anyone's past *in his face.* 過ぎた事をその人に面と向かってなじるようなことはしたくない / He *threw* my age *in my face.* この老いぼれめと私をののしった.

throw off (*vt.*) (1) 急いで脱ぐ (cf. *vt.* 6 a); 〈仮面・偽装などを〉脱ぎ捨てる; 〈拘束・考えなどを〉かなぐり捨てる: ～ *off* one's shirt / ～ *off* every restraint あらゆる束縛を振り捨てる. (2) 〈厄介なものを〉お払い箱にする; …との関係を絶つ (get rid of); 〈追手・客引きなどを〉まく (elude); 〈猟犬に〉臭跡を見失わせる: ～ *off* a dependent 食客をお払い箱にする. (3) 〈病気・くせなどを〉直す (shake off): ～ *off* a cold, an illness, a bad habit, etc. (4) 《口語》〈詩・しゃれなどを〉即座に作る[言う] (knock off): ～ *off* a poem [witty saying] 即座に詩を作る[しゃれを飛ばす]. (5) 〈煙・匂い・火花などを〉出す, 発散させる (emit). (6) 予定の針路から逸脱させる; 誤解させる (mislead); 狼狽させる, あわてさせる (confuse): My mistake *threw* me *off* a bit. 間違いをしたために予定がいささか狂った / His appearance had ～*n* me *off.* 風采に釣られて彼を誤解してしまっていた / The speaker was ～*n off* by the hoots and jeers. 弁士は散々やじられてかっとなってしまった. (*vi.*) (1) 猟を始める; 始める (start) (cf. throw-off). (2) 悪口を言う, 中傷する〔*on*〕: ～ *off on* one's neighbors 近所の人の悪口を言う.

throw on (1) 急いで着る (cf. *vt.* 6 a). (2) 急に〈ブレーキを〉かける.

throw open ⇨ open *adj.* 成句.

throw out (1) 投げ出す (cf. *vt.* 1 a); 捨てる, 廃棄する (discard): ～ *out* old magazines 古雑誌を捨てる / ⇨ *throw out the* BABY *with bathwater.* (2) 《口語》(力ずくで)追い出す, 追放する (expel); (急に)罷免する, 放校する (dismiss): The drunk got ～*n out* (*of* the pub). 酔っぱらいは(酒場から)つまみ出された. (3) (それとなく)言う, (試みに)言ってみる, (ふと)口に出す (utter): ～ *out* a loud shriek (思わず)きゃっと叫ぶ / I just wanted to ～ *out* a few suggestions. ただ自分の考えをひとこと言ってみたいと思っただけだった. (4) 〈光熱・匂いなどを〉発散する, 放射する (emit); 〈芽・枝などを〉出す (put forth): The plants begun to ～ *out* young leaves. 木々が若葉を出し始めた. (5) 増築する, つぎ足す, 伸ばす, 張り出す (extend): ～ *out* a new wing *to* a building 建物に新しい翼部を増築する[張り出させる]. (6) 考慮に入れない; 〈議案・提案などを〉否決する, 無効にする (reject): His petition was ～*n out* of the house. 彼の請願は議院で否決されてしまった (7) 〈計画・予定などを〉台無しにする, 狂わせる (put out); 〈人を〉狼狽(ろうばい)させる, …の気を散らせる (confuse): It *threw* the whole plan *out.* そのために計画全体が駄目になってしまった / Don't ～ me *out* in my calculations. 計算をしているのだから気を散らさないでくれ. (8) 〘クリケット〙〈打手を〉アウトにする; 〘野球〙送球して〈走者を〉アウトにする[刺殺する]. (9) 〘スポーツ〙走り抜く, 引き離す (outdistance). (10) 〈胸を〉張る: ～ *out* one's chest. (11) 〈信号・旗などを〉掲げる (display). (12) 際立たせる, 目立たせる. (13) 〘軍事〙〈斥候を〉出す (send out); 〈戦列を〉前面に進める, 展開させる (extend). (14) 〈クラッチを〉切る (disengage).

throw over 《口語》(1) 〈恋人・友人・政党などを〉見捨てる (desert): He has ～*n* Kate *over for* her sister. 彼はケートを棄ててその妹に乗り換えた. (2) 〈説・計画などを〉捨てる, 排除する (reject).

throw oneself at (1) …に激しく突進する. (2) 〈女性が〉〈男性〉の関心を引こうとやっきになる: She *threw herself at* any young man she came across. 彼女はだれかれの見境なく若い男に色目を使った.

throw oneself into (1) …に身を投じる (cf. *vt.* 1 b). (2) …に勢いよく[熱心に]従事する: He began to ～ *himself* wholeheartedly *into* the work. 全身全霊を傾けてその仕事にとりかかった.

throw oneself on [***upon***] (1) 〈人・恩情など〉にすがる, …を頼(り)にして身を寄せる): He *threw himself on* [*upon*] the mercy of the court. 法廷の情けにすがった. (2) 〈敵など〉を激しく攻撃する; 〈食べ物〉を勢いよく食べ始める: He *threw himself on* the pie.

throw together 《口語》(1) 〈仕事・仕立て・着こなしなどを〉いい加減にやる; 〈作品などを〉寄せ集める, 寄せ集めてでっち上げる: This desk is ～*n together.* この机はぶっつけ仕事だ / I have ～*n together* such reflections as occurred to me on that subject. その題目について頭に浮かんできた感想を寄せ集めてまとめてみた. (2) 〈人々を〉偶然会わせる[一緒にする]: They had been ～*n together* as children. 彼らは子供のころ偶然会った.

throw true ⇨ true *adv.* 3.

throw up (1) 投げ上げる (cf. *vt.* 1 a, 5). (2) 〈窓を〉押し上げ(て開け)る. (3) (*vt., vi.*) 《口語》(食べた物を)戻す, 吐く (vomit): *Throw up* what you've swallowed. 飲み込んだ物を吐き出しなさい / When he *threw up,* nothing but bile came. 吐いたら胆汁しか出なかった. (4) 《口語》〈職場・任官・仕事などを〉放棄する, やめる (abandon): ～ *up* one's job 辞職する. (5) (対照によって)目立たせる, 引き立たせる. (6) 急いで建てる, 急造する (build hastily): Barricades were ～*n up.* バリケードが急造された. (7) 作り出す (produce): The present generation will ～ *up* more leaders [discoveries] of this kind. 今日の世代からはこの種の指導者[発明]が益々産み出されよう. (8) 〔人に〕指摘して(しつこく)非難[批判]する〔*to*〕: I won't have an old scandal ～*n up to* me. 古い醜聞など探し出して来てとやかく言ってもらいたくない. (9) 〈鳥が〉〈新しい羽毛を〉生やす.

throw up one's eyes ⇨ eye 成句.

throw one's weight about [***around***] ⇨ weight 成句.

― *n.* **1 a** 投げること (cast, fling); (球戯の)投球; (弾丸の)発射: a good [straight] ～ よい球[直球] / the hammer ～ ハンマー投げ / a record ～ with the javelin 槍投げの記録的な投擲(とうてき). **b** さいを振ること; 振り出したさいの目: It's your ～. 今度は君の振る番だ. **c** 〘釣〙釣糸[投網]を投げること, 投込み. **d** 〘レスリング・柔道〙投げ, 投げわざ. **e** 〘バドミントン〙= sling[1] 5. **f** 〘クリケット〙投手が急に肘を伸ばして球を投げること《反則》. **2** 投げて届く所[距離]: *at* [*within*] a stone's ～ (*of* …) (…から)石を投げれば届く距離に. **3** 《口語》冒険, 運 (venture, chance): He had ventured his all on this ～. 彼は一切をこの運にかけていた. **4 a** (婦人の)肩掛け, スカーフ (scarf). **b** 軽い上掛け《ベッドカバー (bedspread), 毛糸編みの毛布 (afghan) など》. **5** 〘機械〙 **a** 行程, 動程: the ～ of an eccentric 偏心距離. **b** = crank web. **6** 〘地質〙 **a** (断層の)垂直落差: ⇨ downthrow, upthrow. **b** = dislocation 3. **7** 〘窯業・鉱山〙(陶工の)ろくろ. **8** 映写距離, 開き《映写機とスクリーンの距離》; (講堂などの)拡声器と聴衆の距離. **9** 照射距離; 〘劇場〙スポットライトの照射距離[範囲]: a spotlight with a ～ of 450 feet 照射距離 450 フィートのスポットライト. **10** 《口語》1 個, 1 杯, 1 回, 1 足(など) (unit, piece): Catalogs can be obtained at $2 a ～. カタログは 1 部 2 ドルで入手できる.

thrów·awày 〘← *throw away* (⇨ throw (v.) 成句)〙 ― *n.* **1** (広告の)びら, ちらし, パンフレット《街路で配ったり戸の隙間(すきま)に差し込んで行くもの》. **2** (芝居などで)さりげなく[投げやりに]言われたせりふ. ― *attrib. adj.* **1** 使い捨ての: ～ cans 使い捨てのかん / America's ～ mentality アメリカの使い捨ての心理. **2** 〈芝居のせりふなどが〉さりげなく[投げやりに]言われた; ふとした, ぞんざいな: his ～ remark.

thrów·bàck 〘← *throw back* (⇨ throw (v.) 成句)〙 *n.* **1** 投返し. **2** 〘映画〙= flashback 1 a. **3** 後戻り, 逆転 (setback, reversion). **4** 先祖返り (atavism).

thrów·dòwn 〘← *throw down* (⇨ throw (v.) 成句)〙 ― *n.* **1** 拒絶 (refusal). **2 a** (レスリングなどの)フォール (fall). **b** 《俗》敗北 (defeat). **3** 〘サッカー〙スローダウン《審判がボールを両チームの間の地面に落としてゲームを開始すること》.

thrów·er 〘← THROW + -ER[1]〙 ― *n.* **1** 投げる人, 投げ手; 投げる物. **2** 生糸を撚(よ)る人, 撚り糸工 (throwster). **3** (陶器の)ろくろ工. **4** 爆雷発射装置; 擲(てき)弾筒. **5** 〘機械〙= flinger 4. **6** 〘野球〙[軽蔑的に] 投手 (pitcher).

thrów-in 〘← *throw in* (⇨ throw (v.) 成句)〙 ― *n.* **1** 《俗》おまけ《無償でくれるもの》. **2** スローイン: **a** 〘サッカー〙タッチラインから出たボールを投げ入れること. **b** 〘野球〙外野手による内野への投球. **c** 〘ポロ〙レフェリーによってボールが, フィールド中央にゴロで投げ入れられること. **d** 〘バスケットボール〙コートの外からコート内のプレーヤーにボールを投げ入れること. **3** 〘トランプ〙(ブリッジで)ほうりこみ, 打って返し《end play の一つ; わざと相手に手を渡し, 不利な打ち出しをするよう仕向ける戦術》.

thrówing pòwer *n.* 〘電気〙投入電力, スローイングパワー《スイッチを入れることで送り出される電力》.

thrówing-spèar *n.* 投げ槍 (javelin).

thrówing-stìck *n.* **1** 〘文化人類学〙槍投げ器《未開社会で使われる投げ矢・投げ槍の発射器具; throwing-board, dart thrower, spear-thrower ともいう》. **2** 《豪》ブーメラン (boomerang).

thrown 〘OE *þrāwen* (p.p.) ← *þrāwan* 'to THROW'〙 — *v.* throw の過去分詞. — *adj.* **1** 〈生糸が〉撚(ょ)ってある: ~ silk 絹撚り糸. **2** 〘音楽〙(バイオリン等の運弓で弓の重心を利用した)投げ弾きの: ~ staccato ジュテ.

thrów-òff 〘← *throw off* (⇨ throw (v.) 成句)〙 *n.* **1** 〘狩〙(猟の)開始. **2** 開始, 出発: at the first ~ 出発の当初に.

thrów-òut 〘← *throw out* (⇨ throw (v.) 成句)〙 *n.* **1** 投げ出すこと. **2** 拒否された人[物]. **3** (製品の)不合格品. **4** 捨てる物[くず]. **5** 〘機械〙クラッチ[ギヤ]を切る装置.

thrów rùg *n.* =scatter rug.

throw·ster [θróustə | θráustə(r)] 〘← THROW (vt.)+-STER〙 *n.* **1** (生糸の)撚(ょ)り糸工. **2** 《廃》さい (die) を振る人.

thru [θruː; θrùː, θrúː] 〘異形〙 *prep., adv., attrib. adj.* 《米》=through.

thrum[1] [θrʌ́m] 〘《1553》擬音語 ?〙 — *v.* (**thrummed**; **thrum·ming**) — *vt.* **1** 〈ギターなどを〉つまびきする, かき鳴らす: ~ a guitar, harp, etc. **2** 〈机などを〉こつこつたたく (tap): ~ the table. **3** 単調に話す, 平板な調子で朗読する. — *vi.* **1 a** (ギターなどを)かき鳴らす: ~ *on* a mandolin マンドリンをつまびく. **b** 〈ギターなどが〉つまびきの音を出す; ぶんぶん[どくどく]音を立てる: Spinning wheels are ~*ming.* 紡ぎ車がぶんぶんいっている. **2** 〔テーブルなどを〕こつこつたたく〔*on*〕: ~ *on* a table. **3** 平板な調子で話す[朗読する]. **4** 《方言》〈猫が〉ごろごろとのどを鳴らす. — *n.* **1** つまびき, かき鳴らすこと[音]. **2** 《方言》(猫の)ごろごろとのどを鳴らす音. **thrúm·mer** *n.*

thrum[2] [θrʌ́m] 〘ME *throm* end-piece ← OE *-þrum* ligament ← Gmc **þrum-, *þram-* (G *Trumm* / ON *þrǫmr* edge) ← IE **tr̥m* ← **ter-* to get over (L *terminus* end / Gk *térma* 'end, TERM')〙 — *n.* **1** (織機から織物を切り離した時に織機に残る)糸の切れはし. **2** [通例 *pl.*] **a** (布の端の)ほぐれ糸のふさ (tuft), 織り端; くず糸: thread and ~ ⇨ thread 成句. **b** くず, 残り物 (odds and ends). **3** [通例 *pl.*] 〘海事〙スラム《毛や古縄(ﾅﾜ)の繊維を帆布に差し通して表面をもじゃもじゃにしたもの》. — *vt.* (**thrummed**; **thrum·ming**) **1** 《廃》…に織端を付ける, ふさを付ける. **2** 〘海事〙(すれ止め用として)〈帆布などに〉スラムを縫い付ける.

thrúm·ming 〘← THRUM[1]+-ING[1]〙 *n.* (ギターなどの)つまびき, かき鳴らし.

thrum·my [θrʌ́mi | -mɪ] 〘← THRUM[2]+-Y[4]〙 *adj.* (**thrum·mi·er**; **-i·est**) 《まれ》 **1** くず糸の[で作った]: a ~ cap. **2** (表面が)けば立った (shaggy).

thrump [θrʌ́mp] 〘擬音語〙 *n.* どどーんどどーん, ずしんずしん《モーターの回転音, 砲撃のひびき, 行進の足音など重い反復音》.

thru·óut *prep., adv.* 《米》=throughout.

thrup·pence [θrʌ́pəns] *n.* =threepence.

thrush[1] [θrʌ́ʃ] 〘ME *þrusche* < OE *þrysċe* (∽ OE *þrǣsċe* < Gmc **þrauskōn*) < Gmc **þruskjōn* ← IE **trozdos-* thrush: cf. throstle〙 — *n.* **1** 〘鳥類〙ツグミ《ツグミ科の各種の小鳴鳥の総称; (特に)ツグミ属 (*Turdus*) のウタツグミ (song thrush), ヤドリギツグミ (mistle thrush) など》: ⇨ gray-cheeked thrush, hermit thrush. ★ ラテン語系形容詞: turdine. **2** 〘鳥類〙ツグミに類似の小鳥. **3** 《米俗》女性流行歌手.

thrush[2] [θrʌ́ʃ] 〘《1665》← ?: cf. Dan. *troske* / Swed. 《方言》*trosk* rotten wood〙 *n.* **1** 〘病理〙口腔カンジダ症, 鵞口瘡(ｶﾞｺｳｿｳ). **2** 〘獣医〙蹄叉(ﾃｲｻ)腐爛, 腐叉(ﾌｻ).

thrust [θrʌ́st] 〘《?a1200》*þruste(n), þryste(n)* ▭ ON *þrȳst-a* < Gmc **þrūstjan* ← IE **tr-eu-d* to squeeze (L *trūdere* to push: cf. intrude)〙 — *v.* (**thrust**) — *vt.* **1 a** [方向の副詞語句を伴って] ぐい(ぐい)と押す, 押し出す; 突っ込む, 突き出す (shove): ~ a person *aside* 人を押しのける / ~ *away* a plate 皿を向うへ押しやる / ~ a chair *forward* 椅子を前方に押し出す / ~ *off* a dog 犬を押しのける / ~ *out* one's tongue 舌を突き出す / ~ a person *out* (室内などから)人を追い出す / ~ one's fist *at* a person's face 人の顔面に拳骨を突き出す / ~ one's hands *in(to)* one's pockets 手をポケットに突っ込む / ~ a large piece of beefsteak *into* one's mouth 大きなビフテキを口の中へ押し込む / ~ one's foot *into* the shoe 片足を靴に押し入れる / He ~ his cane *at* me. ステッキで突きかかって来た / ~ oneself *forward into* a train 人を押し分けて列車に乗る / ~ one's head *out of* a window 頭を窓から突き出す / He ~ the thought *away.* その考えを捨てた. **b** [~ one's way として] (押し分けて)進む: He ~ *his way through* the crowd. 人込みの中をかき分けて進んだ. **2** ぐいと突く, 刺す, 刺し通す (stab, pierce): ~ a knife *home* ナイフを深く突き刺す / ~ a dagger *into* a person = ~ a person *with* a dagger 短剣で人を突き刺す / The bayonet ~ him *through.* 銃剣が彼の体を突き抜いた. **3** 〈根・枝などを〉伸ばす, 広げる (extend): a tree ~*ing* its roots deep [its branches high] 根を深く張って[枝を高く伸ばして]いる木. **4 a** 強いて取らせる, 無理に押しつける〔*into, on, upon*〕: He ~ a coin *into* the porter's hand. ポーターの手に硬貨を一枚(無理に)握らせた / The florist ~ a bouquet *into* her hands. 花屋は彼女の手に花輪を握らせた / ~ extra work [full responsibility] *on* a person 余計な仕事[全責任]を人に押しつける / I don't like to have greatness ~ *upon* me. 人に担ぎあげられるようなことはしたくはない (cf. Shak., *Twel N* 4. 5. 158). **b** [方向を表わす副詞語句を伴い, しばしば ~ one*self* で] 無理やり(ある状態・地位に)つける[おく]: ~ *oneself forward* でしゃばる / ~ *oneself into* danger 危険に身をさらす / ~ *oneself into* a well-paid position 強引に高給の取れる地位につく / He would ~ *himself into* her presence. しゃにむに彼女の面前に出ようとした / He ~ *himself upon* her. 彼は彼女に対し押しつけがましい態度に出た. **5** 〈言葉を〉横合いから差しはさむ〈*in*〉: ~ (*in*) a question 質問を差しはさむ.

— *vi.* **1** 押す, 突く (push, shove); 突きかかる: He ~ *at* me *with* his cane. ステッキで私に突きかかって来た. **2** 突進する, 押し分けて進む: A man ~ *in.* 一人の男が勢いよく入って来た / ~ *through* a crowd 人込みの中を押し分けて通る / A white bar of light ~ *through* the screened window. ぎらぎらした光線が窓のカーテン越しに差し込んでいた. **3** 〈樹林・鉄道などが〉伸びる (extend); 〈岩・建物などが〉突き出る (project): a crowd of skyscrapers ~*ing* boldly *into* the air 空にくっきりとそびえ立つ高層建築の群れ.

— *n.* **1 a** 急な押し; 突き, 刺し, 突っ込み (violent push): a ~ with a sword 剣の一突き / I made a ~ *at* him. 彼に突きかかった. **b** (言葉による)攻撃 (verbal attack)〔*at*〕; (敵陣への)攻撃 (assault): a shrewd ~ (*at* an author) (筆者に対する)批評の痛い一突き[鋭いほこ先] / a home ~ ⇨ home *adj.* 2 / the ~ and parry of barrister and witness 弁護人と証人との鋭い言葉のやり取り / They made a ~ deep *into* the enemy's line. 彼らは敵陣へ深く突進した. **2** 〘機関〙スラスト, 推力. **3** 〘地質〙衝上(ｼｮｳｼﾞｮｳ)断層. **4 a** 〘建築〙押圧力, 推圧, 推力. **b** 〘鉱山〙天井の崩落, 落盤; 岩盤にかかってくる力. **5** 推進力, 躍進力, 精力, 迫力 (impetus, energy). **6** (人々の集団の)移動, 進行. **7** (話などの)要点, 趣意 (point).

thrúst augmentàtion *n.* 〘宇宙〙推力増強《特に, ターボジェットや小型のロケットを併用して一時的にジェットエンジンの推力を増強すること》.

thrúst augmèntor *n.* 〘航空・宇宙〙=augmentor 2.

thrúst bèaring [blòck] *n.* 〘機械〙スラスト軸受け, 推圧軸受け.

thrúst chàmber *n.* ロケットの燃焼室.

thrúst coeffìcient *n.* 〘宇宙〙スラスト定数《ロケットエンジンの推力係数であり, 推力と燃焼室圧力ノズル開口部面積の積との比で表わされる》.

thrúst dedùction *n.* 〘海事〙(船尾を過ぎ後方へ流れる水を原因とする)推進力低下.

thrúst·er *n.* **1** 突く人, 刺す人. **2** 《英》〘狐狩〙(猟犬を追って)とかく前に乗り出して行く狩猟家. **3** 《口語》でしゃばり屋 (pusher). **4** =reaction engine.

thrúst fàce *n.* 〘海事〙=driving face.

thrúst fàult *n.* 〘地質〙衝上(ｼｮｳｼﾞｮｳ)断層, 逆断層 (cf. gravity fault).

thrust·ful [θrʌ́stfəl] *adj.* 《英》でしゃばりな, 攻撃的な (aggressive). **~·ness** *n.*

thrúst hòe *n.* 〘園芸〙押しくわ (scuffle hoe).

thrúst hòrsepower *n.* **1** 〘機械〙スラスト馬力. **2** 〘航空〙推力パワー, 有効パワー《推進の有効パワーで推力×速度で表わされ, エンジンパワー×プロペラ効率に等しい》.

thrúst kèy *n.* =push key.

thrús·tor 〘⇨ thrust, -or[2]〙 *n.* =reaction engine.

thrúst revèrser *n.* 〘航空〙逆スラスト装置, スラストリバーサー《航空機にブレーキ力を与えるために, ジェットエンジンの噴流を前方に噴出させる機構》.

thrúst shàft *n.* 〘海事〙スラスト軸《長いプロペラ軸のうちスラスト軸受を通じてプロペラの推力を船体に伝える部分》.

thrúst stàge 〘← *thrust* (p.p.)〙 *n.* 〘劇場〙 **1** 張り出し舞台《三方を観客に囲まれている舞台》. **2** プロセニウムの前に臨時に設けられた張り出し.

thru·wày 〘← THRU+WAY〙 *n.* 《米》=throughway 1.

thrym·sa [θrímzə, -sə] 〘OE *ðrymsa* (gen. pl.) 《変形》(*þrie* 'THREE' の影響による) ← *trym(e)sa* (gen. pl.) ← *trymes* ▭ LL *trēmis* (a kind of) coin ← L *trēs* three+*-mis* (⇨ semis)〙 — *n.* スリムザ (Anglo-Saxon の金貨; 3 ペンスに相当).

Thu. 《略》Thursday.

Thu·ban [θ(j)úːbæn | θjúː-] 〘▭ Arab. *al-thuban* the dragon〙 *n.* 〘天文〙ツーバン《りゅう(竜)座 (Draco) の α 星で 3.6 等星》.

Thu·cyd·i·des [θ(j)uːsídədìːz | θjuːsídɪ-, θjʊ-, -də-] *n.* ツキディデス《460?–?400 B.C.; ギリシャの歴史家; *History of the Peloponnesian War*》.

thud [θʌ́d] 〘OE *þyddan* to strike ← ?〙 — *n.* どしん, どさっ, どたん, ばたん《重い物の落ちるまたは重々しい打撃の音; cf. thump 1》; どしんという打撃: the ~ of horses' hoofs 馬の蹄(ﾋﾂﾞﾒ)の音 / the ~ of blows in boxing 拳闘の打撃の音 / An apple fell with a ~. りんごがぼとりと音を立てて落ちた. — *v.* (**thud·ded**; **thud·ding**) — *vt.* どんと打つ. — *vi.* どさっと落ちる〈*down*〉; どしんと鳴る: His heart was ~*ding* with excitement. 彼の心臓は興奮でどきどきしていた.

thug [θʌ́g] 〘《1810》▭ Hindi *ṭhag* 《原義》thief ← Skt *sthaga* rogue ← *sthagati* he conceals: cf. thatch〙 — *n.* **1** [しばしば T-] 昔インド北部で人を絞殺した殺人強盗団の一員《13 世紀に起こり 1828–35 年間に全滅させられた》. **2** 凶漢, 刺客, 暴漢 (assassin, ruffian).

thug·gee [θʌ́gi | -gɪ] 〘《1837》▭ Hindi *ṭhagī* robbery ← *ṭhag* (↑)〙 *n.* [しばしば T-] (インドの Thugs による)殺人強盗行為.

thug·ger·y [θʌ́gəri | -rɪ] 〘← THUG+-ERY〙 *n.* **1** 暗殺, 殺人. **2** 暴行 (lawless violence). **3** =thuggee.

thug·gism [θʌ́gɪzm] *n.* **1** Thugs の習慣と主義. **2** 暴行の.

thúg·gish [-gɪʃ] *adj.* **1** 暗殺の, 殺人の. **2** 暴行の.

thu·ja [θ(j)úːdʒə | θjúː-] 〘《1760》← NL ~ ← Gk *thúia* kind of cedar〙 — *n.* 〘植物〙ヒノキ科クロベ属 (*Thuja*) の植物の総称《コノテガシワ (*T. orientalis*) など》; (特に)ニオイヒバ (arborvitae).

Thu·le[1] [θ(j)úːli | θjúːliː, -lɪ] 〘《1598》▭ L *Thūlē* ▭ Gk *Thoúlē* ∽ ME & OE *Tyle* ▭ L *Thȳlē* ▭ Gk *Thúlē*〙 — *n.* **1** ツーレ《古代の航海家が考えた極北の地; 現在の Shetland Islands, アイスランドまたはノルウェーなどに当たる》. **2** [特に, ultima ~ として] 世界の果て. **3** [時に t-] **a** 極端, 極限. **b** はるかなる目的[目標].

Thu·le[2] [túːli | -lɪ; *Dan.* túːlə] *n.* トゥーレ《Greenland 北東部のエスキモー居住地; 米空軍基地がある》.

thu·li·a [θ(j)úːliə | θjúːlɪə] 〘← NL ~: ⇨ Thule[1]〙 *n.* 〘化学〙酸化ツリウム (Tm_2O_3).

thu·li·um [θ(j)úːliəm | θjúːlɪ-] 〘← NL ~: ⇨ ↑, -ium〙 *n.* 〘化学〙ツリウム《希土金属元素の一つ; 記号 Tm, 原子番号 69, 原子量 168.9342》.

thumb [θʌ́m] 〘OE *þūma* ← (WGmc) **þūmo* 《原義》swollen (i.e., thick) finger (Du. *duim* / G *Daumen*) ← IE **tēu-* to swell (L *tumēre* to swell / Gk *túlos, túlē* knot, callus): *-m* の後の *-b* は 13C 末の添加〙 — *n.* **1** (手の)親指, 母指 (cf. big toe, finger 1 a). **2** (手袋の)親指. **3** 〘建築〙まんじゅう繰形 (ovolo).

all* (*fingers and*) *thumbs 《口語》ぎこちない, 不器用で: His fingers are [He's] *all* ~*s* in mechanical matters. 機械的な事柄では不器用な男だ. ***(a) rule of thumb*** ⇨ rule *n.* 成句. ***bite one's thumb at*** (親指のつめで歯をはじいて)…を侮辱する. ***get one's thumb out of a person's mouth*** 人[人の魔手]からのがれる. ***have ten thumbs***=be *all* THUMBS. ***Put your thumbs up!*** 《俗》しっかりしろ, 元気を出せ. ***thumb of gold***=***golden thumb***=***miller's thumb*** 金のなる木, ドル箱. ***Thumbs down!*** 《俗》だめだ, なってないぞ. ***Thumbs up!*** 《俗》いいぞいいぞ, うまいぞ《満足の間投句》. ***turn up* [*down*] *the thumb*(*s*)** 満足[不満]の意を表わす, ほめる[けなす]《古代円形闘技場で闘技者に対する満足・不満足を親指で示したことから; cf. pollice verso》. ***twiddle* [*twirl*] *one's thumbs*** (両手の指を 4 本ずつ組んで)親指をくるくる回す《退屈しているしぐさ》; (何もしないで)ぶらぶらしている, のらくらしている. ***under a person's thumb*** 人の言いなりになって, 人に押えつけられて: He has been very much *under his father's* ~. 彼はひどく父親に押えつけられて来た. ***weigh the thumb*** 《米俗》目方をごまかす.

— *vt.* **1 a** 〈本・書類〉のページのすみを親指でよごす: a badly ~*ed* dictionary 親指でひどくよごれた辞書. **b** 〈本のページを〉(親指で)手早くめくる: He picked up a book and ~*ed* its pages. 本を取り上げて手早くページをめくった. **c** 反復して読む: Novels are ~*ed* more than Kant. カントよりも小説の方がよく読まれている. **2** 〈仕事などを〉下手に[不器用に, まずく]やる (handle clumsily). **3** 《口語》(親指を行きたい方向へ向けて)ヒッチハイクで〈便乗を〉求める[させてもらう]; 〈走って来る車〉にヒッチハイクの合図をする: [~ one's way として] ヒッチハイクする〔*to*〕: He managed to ~ a ride [《英》lift] most of the way to Chicago. シカゴまでの道のりをほとんどヒッチハイクで行った / He ~*ed his way to* New York. ニューヨークまでただで乗せてもらった. **4** 〈楽器を〉親指でひく. **5** 親指で検査する[さわる, 押す, 指す, 攻撃するなど]: I ~*ed* him in the eye. 親指で彼の目を突いた. **6** [方向の副詞語句を伴って] 親指を動かして[当てて](ある状態に)する: She ~*ed* her glasses *off* her forehead. 親指で眼鏡を額より上の方へ押し上げた / The umpire ~*ed* him *out of* the game. 審判は親指を動かして彼をゲームからはずした. — *vi.* 《口語》(親指を行きたい方向へ向けて)ヒッチハイクをする.

thumb one's nose at ⇨ nose 成句. ***thumb through*** 〈本・報告書など〉を手早くめくって目を通す: ~ *through* an address book.

thúmb-blùe *n.* 藍玉(ｱｲﾀﾞﾏ)《洗濯(ｾﾝﾀｸ)用青味剤》.

thumbed *adj.* **1** 〈本など〉手あかのついた. **2** [複合語の第 2 構成素として] 親指が…の: black-*thumbed.*

thúmb·er [-mə | -mə(r)] *n.* 《口語》ヒッチハイカー.

thúmb·hòle *n.* **1** 親指を入れる穴; (特に)ふたを開け易くするための容器の半円形の穴. **2** (管楽器の)親指孔《親指で開閉する楽器の穴》.

thúmb-index *vt.* 〈辞書など〉に切込み[爪掛け]を付ける[入れる].

thúmb ìndex *n.* 爪掛け, 切込み, インデックス《必要な部分を開くのに便利なように, 辞書などの小口につけた半円形の切込み》.

thúmb làtch *n.* 親指で押し開ける掛け金, 押し錠.
thúmb·màrk *n.* (ページをめくる時に付いた)親指の跡;(人物同定の資料とする)親指の指紋.
thúmb·nàil *n.* **1** 親指の爪. **2** (親指の大きさに書くほどの)ごく小さい[簡単な]もの《スケッチ・小論文など》. **3** (印刷広告で)どんなアイデアの広告表現かを示した大まかなスケッチ. — *attrib. adj.* **1** 親指の爪ほどの. **2** ごく小さい, 短い (short): a ~ sketch (人の経歴などの)寸描; 小さい略図. — *vt.* …の略図を作る; 略記[略述]する.
thúmb nùt *n.* 〘機械〙蝶ナット, つまみナット.
thúmb piàno *n.* (mbira, kalimba などのような)アフリカ起源の体鳴楽器.
thúmb·pìece *n.* (容器の把手(とって)で)親指のかかる部分;(蓋(ふた)付き容器の蓋を開ける)指押しノブ[ボタン].
thúmb·prìnt *n.* **1** 親指の指紋; 拇印(ぼいん). **2** 特徴.
thúmb·scrèw *n.* **1** ねじで親指を締めつける昔の拷問具; その拷問. **2** 〘機械〙(親指と人差し指で締める)つまみねじ, 蝶ねじ.
thúmbs-dówn 〘← *Thumbs down!* (⇨ thumb (n.) 成句)〙 *n.* 《口語》不満, 不賛成, 拒否.
thúmb·stàll 〘← THUMB+STALL¹〙 *n.* (親指にはめる革製の)指サック, (靴(くつ)屋の)指ぬき.
thúmb·tàck 〘← THUMB+TACK¹〙 *n.* 《米》画鋲(がびょう) (《英》 drawing pin). — *vt.* 画鋲で留める[取り付ける].
Thummim *n. pl.* 〘ユダヤ教〙 ⇨ Urim and Thummim.
thump [θʌ́mp] 〘《c1537》: 擬音語〙 — *n.* **1** (棍棒や拳骨などで)ごつん[どしん, どん]と打つこと, 強い一撃; ごつん[どしん, どん]という音《thud ほど鈍くはない》: with a ~ ごつんと, どしんと. **2** [*pl.*; 単数扱い]〘獣医〙(若豚の)しゃっくり《豚肺虫症等に見られる症状》. **3** 〘電気〙サンプ《電話回路に起る強い雑音》. — *vt.* **1** (拳骨・棍棒などで)ごつん[どしん, どん]と打つ(pound): ~ a cushion [the pulpit] 〈説教者が〉講壇の聖書台をたたいて力説する / The dog ~s the floor *with* his tail [his tail *on* the floor]. 犬が尾で床をばたばた打つ / ~ a pillow [cushion] flat 枕[クッション]をたたいて平らにする. **2** 〈物を〉(…に)ごつん[どしん, どん]とぶつける〔*on*〕; 〈物が〉…にごつん[どしん, どん]とぶつかる: He ~*ed* his baggage *down on* the floor. 手荷物を床の上にがたんと置いた. **3** 《口語》こっぴどくなぐる, ひっぱたく (thrash severely); 徹底的に負かす: ~ the French very well フランス軍を見事に打ち負かす. **4** 〈楽器を〉がたがた鳴らす; 〈メロディーを〉機械的に演奏する[作り出す]〈*out*〉: ~ a drum ドラムをどんどん打つ / She ~*ed out* a tune *on* the old piano. 古ピアノでぽんぽんと曲をひいた. **5** [方向の副詞語句を伴って] ごつん[どしん, どん]と打って…させる: ~ a person *forward* [*off, out*] 人をごつんと打って追い立てる[追いやる, 追い出す]. — *vi.* **1** ごつん[どしん, どん]と突き当る; ひどくなぐる, ひっぱたく〔*at, on, against,* etc.〕: ~ *at* the door どんどん戸をたたく / ~ *on* a drum ドラムをどんどんたたく. **2** 〈心臓が〉どきどきする, 動悸(どうき)を打つ: His heart ~*ed* with fear. 恐怖で彼の胸はどきどきした. **3** どしんどしん歩く: He ~*ed down* the street. 通りをどしんどしん歩いて行った. **4** (…を)強力に支持する〔*for*〕: I've got a couple of friends to ~ *for* me. 私には強力に支持してくれる友人が二, 三人いる.
thúmp·er *n.* **1** ごつん[どしん, どん]と打つ人[物]. **2** 《口語》巨大な人, 巨大な物; 途方もないうそ[ほら] (whopper). **3** 〘天文〙サンパー, 月面起震装置《月面の構造を調べるために浅い地震波を起こさせる装置》.
thúmp·ing 〘← THUMP+-ING²〙 — *adj.* **1** ごつん[どしん, どん]という. **2** 《口語》巨大な (very large), 途方もない, すばらしい (whopping): This is a ~ lie. これは途方もないうそだ. **3** 《口語》[副詞的に] 猛烈に, すごく (extremely): a ~ good [great] dinner すばらしいごちそう. **~·ly** *adv.*
Thun [tú:n; G. tú:n] *n.* トゥーン《スイス中部, Aare 河畔の都市; 人口 37,000》.
Thun, the Lake of *n.* トゥーン湖《スイス中部の湖; Aare 川の広くなったためにできた湖; 長さ 19 km》.
thun·der [θʌ́ndə | -də(r)] 〘n.: OE *þunor* < Gmc **þonaraz* (Du. *donder* / G *Donner* / ON *Þórr* 'THOR') ← IE **(s)ten-* to stretch, resound (L *tonāre* to thunder & *tonitrus* thunder / Skt *tanyati* it sounds). — v.: OE *þunrian* ← (n.): *-d-* は 13C 半ばごろの添加 (cf. sound¹)〙 — *n.* **1** 雷, 雷鳴: a clap [peal] of ~ 雷鳴 / The farmer's wife says that the ~ turns the milk. 百姓のおかみさんは雷が鳴ると牛乳が腐るという. **2** 雷のような音[声, とどろき]: ~s of applause from the galleries 天井桟敷(さじき)からの割れるような大喝采(かっさい) / the ~ of a cataract 滝のとどろき. **3** [しばしば*pl.*] 威嚇(いかく) (threat); 激しい非難 (denunciation); 怒号, 熱弁: the ~s of the Pope 教皇の激怒《破門など》/ tempt [draw] Jove's ~s 大神の怒りに触れる. **4** 《古》落雷. **5** 《口語》[軽いののしりを表わして]: *Thunder!* = By ~! まあ, いまいましい, 畜生 / What *in* ~ (and blazes) is that? 一体全体あれは何だ. ***steal* [*run away with*] *a person's thunder*** 人の工夫[発明]を横取りする, お株を奪う; 人の先手を打つ, 人を出し抜く. ***thunder and lightning*** (1) 雷電, 雷鳴と電光. (2) 弾劾(だんがい), 攻撃, 非難, 悪口(denunciation). (3) 濃いねずみ色ラシャ (Oxford mixture). (4) [形容詞的に] 〈衣服が〉きわめて対照的な色彩の; 目のさめるような色の: ~ *and lightning* neckties.
— *vi.* **1 a** [it を主語として] 雷が鳴る: *It* ~*ed* yesterday. / *It* is ~*ing*. 雷が鳴っている. **b** [神・天・雲・空などを主語として] 雷を鳴らせる; 雷でとどろく: Then heaven ~*ed*. 続いて天が雷でとどろいた. **2** 大声で話す; 大きな音を立てる, 大きな音がする: ~ *at* the door 破れるように戸をたたく / a cataract ~*ing* vertically *into* a gorge 大音響を立てて垂直に山峡に流れ落ちる滝 / The train ~*ed past* [*across* an iron bridge]. 列車がごうごうと通り過ぎた[鉄橋を渡って行った]. **3** どなる; 口をきわめて非難する, 弾劾する: ~ *at* a servant 召使をどなりつける / ~ *against* corruption [gambling] 汚職[ギャンブル]を弾劾する.
— *vt.* **1** どなる, 大声で言う〈*out*〉: ~ *out* one's indignation 怒ってどなりつける / ~ *out* threats *at* a person 人を大声でおどしつける / ~ words of warning *in* a person's ears 人に強く警告する. **2** 大きな音を立てて打つ[打ち込む, 攻撃する], (大音響を立てて)発射する: ~ a drum どんどんとドラムをたたく / Guns ~*ed out* a salute. 大砲は礼砲を発射した / ~ blows *upon*... をごつんごつんとたたきつける.
thun·der·a·tion [θʌ̀ndəréɪʃən] 〘⇨ ↑, -ation〙 — *n.* [間投詞的に]《米口語》うぬ, 畜生, いまいましい《軽いののしりを表わす; cf. thunder *n.* 5》: What in ~ do you mean? 一体全体どういう意味だ.
thúnder·bìrd *n.* **1** 〘鳥類〙オーストラリア産モズヒタキ科の鳥 (*Pachycephala pectoralis*). **2** 《米》かみなり鳥《西部アメリカインディアンの伝説で雷鳴・電光・雨を起こすことができるという巨鳥》.
thúnder·bòlt 〘《15C》〙 — *n.* **1** 雷, 雷電, 霹靂(へきれき), 落雷《昔 Jupiter が地上に投げつける石矢のために雷鳴が起こると考えたため》: It came upon me like a ~. = It was a regular ~ to me. それは私には全く青天の霹靂[寝耳に水]であった. **2** = thunderstone. **3** 乱暴な[破壊的な]ことをする人物, 雷将軍: ~s of war. **4** 激しい非難[威嚇]: ~s of excommunication 破門の威嚇. **5** 〘紋章〙雷電《Jupiter の象徴; Jupiter's thunderbolt ともいう; Napoleon の紋章の鷲 (Imperial Eagle) はこれを踏まえていることで知られる》.
thúnder·clàp 〘ME〙 — *n.* **1** 雷鳴, 霹靂(へきれき) (crash of thunder): a ~ of talk 雷鳴のような話し声. **2** 青天の霹靂, 寝耳に水(の出来事, 報道): It was a great ~ to me. 私には全く青天の霹靂だった.
thúnder·clòud *n.* 雷雲.
thún·der·er [-dərə | -rə(r)] 〘ME〙 — *n.* **1** 大声を発する人, どなる人. **2** 〘ローマ神話〙[the T-] Zeus または Jupiter. **3 a** 有力新聞(の論説). **b** [the T-] London のタイムス (*The Times*) 紙(の異名).
thúnder·hèad *n.* 〘気象〙 = incus 2.
thún·der·ing [-d(ə)rɪŋ] *adj.* **1** 雷鳴する, 雷のようにとどろく: a ~ voice, drum, waterfall, etc. **2** 《口語》途方もない, 大変な, 大した (remarkable): a ~ lie [mistake, rogue] ひどいうそ[誤解, 悪党]. — *adv.* 《口語》非常に, すてきに, 滅法, ひどく: I was ~ glad of it. それが非常にうれしかった. **~·ly** *adv.*
Thúndering Légion *n.* [the ~] 雷軍団《ローマの第12軍団の異名 (ラテン語名 Legio Fulminans); Marcus Aurelius 帝の時代 Quadi 種族等と交戦中, 該軍団のキリスト教徒の兵士が上帝に祈りをささげると, 急に雷雨が起こって敵の多数は落雷のため死んだと伝えられる》.
thúnder·less *adj.* 雷を伴わない, 雷が鳴らない.
thúnder lìzard 〘《なぞり》← NL *brontosaurus*〙 *n.* 〘古生物〙雷竜 (⇨ brontosaur).
thun·der·ous [θʌ́nd(ə)rəs] 〘⇨ thunder, -ous〙 — *adj.* **1** 雷のような, 雷のようにとどろく: amid ~ cheers 万雷のような喝采の中を. **2** 〈雲など〉雷を生じる, 〈天候が〉雷の来そうな (thundery). **~·ly** *adv.*
thúnder·pèal *n.* 雷鳴.
thúnder·shòwer *n.* 雷雨.
thúnder snàke *n.* 〘動物〙 **1** = milk snake. **2** ミミズヘビ (*Carphophis amoena*)《米国東部産のミミズに似た小型で赤色のヘビ》.
thúnder·squàll *n.* 雷電を伴うスコール.
thúnder·stìck *n.* = bull-roarer.
thúnder·stòne *n.* 雷石《神が雷鳴を起こすために地上に投げた石矢だと俗に信じられている古代の石器や化石など; cf. belemnite》.
thúnder·stòrm *n.* 雷雨.
thúnder·strìke *vt.* (**thúnder·strùck**; **-strùck, -strìcken**) **1** 《古》雷で打つ, …に落雷する. **2** [p.p. 形で] びっくり仰天させる, …の肝をつぶす (astonish, amaze): I was *thunderstruck* by his words. 彼の言葉を聞いて仰天した.
thúnder·stròke *n.* 雷撃, 落雷.
thun·der·y [θʌ́nd(ə)ri | -ri] 〘⇨ thunder, -y⁴〙 — *adj.* **1** 〈天候が〉雷の来そうな, 雷鳴のする: ~ weather. **2** 今にも怒り出しそうな, 怒ったような, 形勢不穏な: a ~ countenance.
Thü·nen [t(j)ú:nən | tjú:-; G. tý:nən], **Johann Heinrich von** *n.* チューネン《1783–1850; ドイツの農業経済学者》.
Thur. 《略》Thursday.
Thur·ber [θə́:bə | θə́:bə(r)], **James (Gro·ver)** [gróuvə | gráuvə(r)] *n.* (1894–1961) 米国のユーモア作家・風刺漫画家; 雑誌 *The New Yorker* で活躍.
Thur·gau [tʊ́əgau | tʊ́ə-; G. tú:ɐgau] *n.* トゥールガウ(州)《スイス北東部の州; 人口 183,000, 面積 1,006 km², 首都 Frauenfeld [fráuənfɛ̀lt]》.
thu·ri·ble [θ(j)ʊ́(ə)rəbl, θə́:rə- | θjʊ́ərəbl, -rɪ-] 〘《1440》 *turrible, thoryble* ▭ (O)F *thurible* // L *t(h)ūribul-um* censer ← *t(h)ūri-, t(h)ūs* frankincense (▭ Gk *thúos* sacrifice ← *thúein* to sacrifice, 《原義》cause to smoke) + -ɪ- + *-bulum* (instr. suf.)〙 — *n.* 〘教会〙 = censer.
thu·ri·fer [θ(j)ʊ́(ə)rəfə, θə́:rə- | θjʊ́ərəfə(r), -rɪ-] 〘《1853》← NL *thūrifer* ← *thūri-* (↑) + -ɪ- + *-fer* bearing〙 *n.* 〘教会〙(儀式の際の)香炉持ち.
thu·rif·er·ous [θ(j)u(ə)rɪ́f(ə)rəs | θjuər-] 〘⇨ ↑, -ferous〙 *adj.* 乳香 (frankincense) を生ずる.
thu·ri·fi·ca·tion [θ(j)ʊ̀(ə)rəfɪkéɪʃən, θə̀:rə-, -fə- | θjʊ̀ərəfɪ-, -rɪ-] 〘▭ F 《廃》*thurificacion* // ML *thūrificātiō(n-)* ← *thūrificātus* (p.p.) ← *thūrificāre* to burn incense: ⇨ thurible, -fication〙 — *n.* 香をたくこと, 焼香.
Thü·ring·en [G. tý:rɪŋən] *n.* チューリンゲン《Thuringia のドイツ語名》.
Thü·rin·ger [θ(j)ʊ́(ə)rɪndʒə, θə́:r-, -rən-, tʊ́(ə)rɪŋə | θjʊ́(ə)rɪndʒə(r; G. tý:rɪŋɐ] 〘▭ G ~ 《略》← *Thüringerwurst* Thuringian sausage〙 — *n.* チューリンゲンソーセージ《薄味の生または燻製(くんせい)のソーセージ》.
Thüringer Wàld [-vɑ̀:lt; G -vàlt] *n.* [the ~] チューリンゲンの森《Thuringian Forest のドイツ語名》.
Thu·rin·gi·a [θ(j)u(ə)rɪ́ndʒiə, -dʒə | θjʊ(ə)rɪ́ndʒɪə, tʊ(ə)rɪ́ŋgɪə] *n.* チューリンゲン《ドイツ中央部の地方で, 東ドイツ南部の旧州; 現在は東ドイツに属する; 1952 年三地区に区分; 面積 11,760 km², 首都 Weimar; ドイツ語名 Thüringen》.
Thu·rin·gi·an [θ(j)ʊ(ə)rɪ́ndʒiən, -dʒən | θjʊ(ə)rɪ́ndʒɪ-, tʊ(ə)rɪ́ŋgɪ-] 〘⇨ ↑, -an¹〙 — *adj.* **1** チューリンゲン (Thuringia) の, チューリンゲン族の. **2** (ゲルマン語の)チューリンゲン方言の. — *n.* **1** (古代の)チューリンゲン族の人. **2** チューリンゲン地方[公領]の住民.
Thuríngian Fórest *n.* [the ~] チューリンゲンの森《Thuringia 地方の山岳森林地帯; ドイツ語名 Thüringer Wald》.
thurl [θə́:ɫ | θə́:ɫ] 〘← ? 《英方言》~ 'gaunt'〙 *n.* (牛の)股(こ)関節.
thurm [θə́:m | θə́:m] 〘《音位転換による変形》← ? THRUM²〙 *vt.* 〈テーブルの脚などの木片を〉ろくろ細工風に木目と交差して刻む[仕上げる].
Thur·rock [θə́:(r)ək | θʌ́r-] 〘OE *T(h)urruc(ca)* ← *þurruc* bilge of a ship ← ?: この地が Thames 川の湾曲部に位置していることからか〙 — *n.* イングランド Essex 州南部, Thames 川北岸の地区.
Thurs. 《略》Thursday.
Thurs·day [θə́:zdi, -deɪ | θə́:zdɪ, -deɪ] 〘lateOE *þōrsdæg* ▭ ON *þōrsdag-r* ∽ OE *þunresdæg* 'DAY of THOR' (cf. Du. *donderdag* / G *Donnerstag*) 《なぞり》← LL *diēs Jovis* 《原義》Jupiter's day (cf. F *jeudi*)〙 — *n.* 木曜日 (略 Thur., Thurs., Th.). — *adv.* 《口語》木曜日に (on Thursday).
Thúrsday Ísland *n.* 木曜島《オーストラリア北東部, York 岬西方の小島; 真珠の産地; 戦前日本人の出漁者が多かった; 人口 2,200, 面積 3¹/₃ km²》.
Thurs·days [θə́:zdiz, -deɪz | θə́:zdɪz, -deɪz] 〘⇨ Thursday, -s² 1〙 *adv.* 木曜日に (on any Thursday), 木曜日ごとに (on every Thursday).
Thur·stan [θə́:stən, -tn | θə́:s-] 〘▭ Dan. *Thorstein* ← THOR + *stein* 'STONE'〙 *n.* 男性名.
thus [ðʌ́s] 〘OE *þus* (Du. *dus*) ← ?: cf. this, the, that〙 — *adv.* 《文語》 **1 a** このように, かように, こんな風に (in this way): He began ~. 彼はこんな風に切り出した / ~ and ~ = 《米》~ and so かようかように, これこれしかじかと. **b** 《古・詩》[thus says [said] の省略語法として] かく言う[言った]: *Thus* the king. 王かく言えり. **2** こうして, 従って (accordingly), だから, ゆえに (so, therefore): It ~ appears that … だから一見…だと思われる / *Thus* we are no further forward. こういうわけで少しも前進していない. **3** これだけ, この程度まで (to this extent): ⇨ *thus* FAR / *Thus* much is certain. これだけは確かだ / Why are you ~ bold with me? なぜにかくも厚かましくするのか. **4** 例えば (for example).
thús·ly *adv.* 《口語》= thus.
thús·ness 〘《1867》← THUS + -NESS〙 *n.* **1** 《戯言》こんな風であること: Why this ~? どうしてこうなんだろう. **2** 〘仏教〙 = suchness 2.
thwack [θwǽk] 〘《1530》: 擬音語: *thack* 《方言》to pat (< OE *þaccian*) または whack の方言的変形か〙 — *vt.* (平たいまたは重い物で)ぴしゃりと打つ, ひっぱたく (whack). — *n.* (平たいまたは重い物で)ぴしゃりと打つこと[音], ひっぱたくこと[音] (whack).
thwaite [θwéɪt] 〘▭ ON *þveit(i)* a piece of land, 《原義》cut-piece: cf. whittle〙 — *n.* 《英》森林を切り開いた耕地, 荒地を耕した牧草地, 開拓地. ★ 今はイングランド北部の地名と家名に残る: Rost*hthwaite*, Sea*thwaite*, Stone*thwaite*, etc.
thwart [θwɔ́ət | θwɔ́:t] 〘《c1250》 *þwert* (adv.) ▭ ON *þvert* across (neut.) ← *þverr* transverse < Gmc **þwerxwaz* (OE *þwe(o)rh* cross) ← IE **terk-* to turn, twist (L *torquēre* to twist)〙 — *vt.* **1** 〈人・計画・目的・意思などを〉妨げる, 妨害する, 邪魔する (oppose, hinder), 挫(くじ)く, …の裏をかく (frustrate): ~ a person's wish, purpose, etc. / He ~s me *in* everything I do. 私がするすべての事を邪魔をする. **2** 《古》横切る (pass across); 横切って広がる[伸びる] (extend across). — *vi.* **1** 反対する, 衝突する (clash). **2** 《古》斜めに行く[伸びる]. — *adv.* 《古》横切って, 横断して, 横たわって (across, athwart); さからって. — *prep.* 《古》…を横切って, 横断して, …に横たわって (across, a-

thwart); …にさからって. ── *adj.* **1** 横たわる, 横切っている, 横断の (transverse). **2** 〈物が〉不利な, 都合の悪い (unfavorable). **3**《古》〈人が〉意地の悪い (perverse): a ~ reviewer 意地の悪い書評家. ── *n.* [θwɔ́ət, θɔ́ət | θwɔ́:t, θɔ́:t]《海事》(ボート・丸木舟の)こぎ手座, 腰掛梁(ばり). **~·er** [-ṭə | -tə(r)] *n.*

thwárt·ing [-ṭɪŋ | -tɪŋ]《(15C)》*adj.* ひねくれた, つむじ曲がりの, 邪魔する (perverse, contradictory). **~·ly** *adv.*

thwárt·shíp *adj.*《海事》船を横切る, 竜骨の線に直交する, 横置きの.

thwárt·shíps *adv.*《海事》船を横切って, 竜骨の線に直交するように, 横置きに (across a ship).

thy [ðaɪ, ðàɪ, ðáɪ]《lateOE *þȳ* (弱形) ← *þīn* 'THINE'》── *pron.*《古・詩・方言》[thou の所有格] なんじの, そなたの, あなたの (cf. thine): It was ~ merit. それはそなたの手柄であった.

Thy·es·te·an [θaɪéstiən, θàɪestí:ən | θaɪéstɪən, θàɪestí:ən]《⇨↓, -ean》*adj.* テュエステース (Thyestes) の; 人肉を食べる, 人食いの: a ~ banquet 人肉食宴.

Thy·es·tes [θaɪésti:z]《□L *Thyestēs* □Gk *Thuéstēs*》── *n.*《ギリシャ伝説》テュエステース《Pelops の息子で Atreus の弟; 兄の妻を誘惑したため, Atreus はその報復として Thyestes の息子たちを殺しその肉を彼に食わせた》.

thy·la·cine [θáɪləsàɪn, -sɪn, -sən | -sàɪn, -sɪn]《(1838) □F ~ // NL *Thȳlacin-us* (属名: ← Gk *thúlakos* pouch) + -INE¹》*n.*《動物》=Tasmanian wolf.

thy·la·koid [θáɪləkɔ̀ɪd]《← Gk *thúlakos* (↑) + -OID》*n.*《生物》シラコイド, ティラコイド《植物細胞の葉緑体内にある偏平な袋状の構造; 膜面にクロロフィルや蛋白質が並び, 光合成の明反応がここで行なわれる》.

thym-¹ [θaɪm] (母音の前に来る時の) thymo-¹ の異形.

thym-² [θaɪm] (母音の前に来る時の) thymo-² の異形.

thyme [táɪm, θáɪm | táɪm]《(a1398) □(O)F *thym* // L *thym-um* □Gk *thúmon* ← *thúein* to sacrifice, 《原義》cause to smoke》── *n.*《植物》タイム, タチジャコウソウ (*Thymus vulgaris*)《シソ科イブキジャコウソウ属の植物; 葉を香味料に用いる》.

thy·mec·to·my [θaɪméktəmi | -mɪ]《← THYMO-² + -ECTOMY》*n.*《外科》胸腺摘出(術).

Thym·e·lae·a·ce·ae [θàɪməliéɪsiì:, θìm- | -mɪlɪ-]《← NL ~ ← *Thymelaea* (属名: ← Gk *thumelaía* ← *thúmon* 'THYME' + *elaía* olive-tree) + -ACEAE》── *n.*《植物》ジンチョウゲ科. **thỳm·e·lae·á·ceous** [-ʃəs] *adj.*

thymi *n.* thymus の複数形.

-thy·mi·a [θáɪmiə | -mɪə, -mjə]《← NL ~ ← Gk *thūmós* spirit, mind + -IA¹》「(…の)精神・意志状態」の意の名詞連結形: schizo*thymia*.

thy·mic¹ [táɪmɪk, θáɪ- | táɪ-]《← THYMO-¹ + -IC¹》*adj.* たちじゃこうそう (thyme) の.

thy·mic² [θáɪmɪk]《← THYMO-² + IC¹》*adj.*《解剖》胸腺 (thymus) の.

thy·mi·co·lym·phat·ic [θàɪmɪko(ʊ)lɪmfǽṭɪk, -mə- | -mɪkə(ʊ)lɪmfǽt-]《← THYMIC² + -O- + LYMPHATIC》*adj.*《解剖・生理》胸腺リンパ性の.

thy·mi·dine [θáɪmədì:n, -dɪn, -dən | -mɪdì:n, -dɪn]《(混成) ← THYMINE + -ID⁵》*n.*《生化学》チミジン ($C_{10}H_{14}N_2O_5$)《生物体内に存在する結晶性ヌクレオシド》.

thy·mine [θáɪmi:n, -mɪn, -mən | -mi:n, -mɪn]《□G *Thymin*: ⇨ thymo-², -ine³》── *n.*《生化学》チミン ($C_5H_6N_2O_2$)《生物体内に存在するピリミジン誘導体の一種》.

thy·mo-¹ [θáɪmo(ʊ) | -mə(ʊ)]《← L *thymum*: ⇨ thyme》「タチジャコウソウ (thyme)」の意の連結形. ★ 母音の前では通例 thym- になる.

thy·mo-² [θáɪmo(ʊ) | -mə(ʊ)]《← NL *thymus*: ⇨ thymus》「胸腺 (thymus)」の意の連結形. ★ 母音の前では通例 thym- になる.

thy·mo·cyte [θáɪməsàɪt]《⇨↑, -cyte》*n.*《解剖》胸腺細胞; (特に)胸腺リンパ球.

thy·mol [θáɪmɔ(:)l, -moʊl | θáɪmɔl]《← THYMO-¹ + -OL¹》*n.*《化学》チモール ($(CH_3)_2CHC_6H_3(CH_3)(OH)$)《たちじゃこうそう油の主成分; 殺菌剤・防腐剤》.

thýmol blúe *n.*《化学》チモールブルー ($C_{27}H_{30}O_5S$)《青色のスルフォンフタレイン系色素; 酸塩基指示薬; 変色域が二つある》.

thỳmol·phthálein *n.*《化学》チモールフタレイン ($C_{28}H_{30}O_4$)《無色の結晶; 酸塩基指示薬; アルカリ性で, 無色から青色に変わる》.

thỳmo·nucléic ácid《← THYMO-² + NUCLEIC ACID》*n.*《生化学》胸腺核酸《子牛の胸腺から抽出した核酸で, 主に deoxyribonucleic acid》.

thy·mus [θáɪməs]《← NL ~ ← Gk *thúmos* thymus gland》── *n.* (*pl.* ~·es, **thy·mi** [-maɪ])《解剖》胸腺《年齢とともに退化する内分泌腺; 子羊や子牛の thymus で食用になるものは sweetbread という; thymus gland ともいう》.

thym·y [táɪmi | -mɪ]《← THYME + -Y⁴》*adj.* (**thym·i·er**; **-i·est**) たちじゃこうそう (thyme) の多い; たちじゃこうそうの匂いのする.

thyr- [θaɪr | θaɪ(ə)r] (母音の前に来る時の) thyro- の異形.

thy·ra·tron [θáɪrətrɑ̀n | θáɪ(ə)rətrɔ̀n]《(商標) ← *Thyratron*》── *n.*《電子工学》サイラトロン, 熱陰極格子制御放電管《格子制御によりオンオフ的な電流制御を行なう放電管》.

thy·re·o- [θáɪrio(ʊ) | θáɪ(ə)rɪə(ʊ)] = thyro-.

thy·re·o·trop·ic [θàɪriətrɑ́pɪk | θàɪ(ə)rɪətrɔ́p-] *adj.*《医学》=thyrotrophic.

Thy·rid·i·dae [θaɪrídədì: | -dɪ-]《← NL ~ ← *Thyrid-*, *Thyris* (属名: ← Gk *thurid-*, *thurís* window (dim.) ← *thúra* door) + -IDAE》*n. pl.*《昆虫》(鱗翅目)マドガ科.

thy·ris·tor [θaɪrístə | -tə(r)]《← Gk *thúra* (↑) + (TRANS)ISTOR》── *n.*《電気》サイリスター《サイラトロン (thyratron) と同様な特性をもたせた半導体の電力用スイッチング素子》.

thy·ro- [θáɪro(ʊ) | θáɪ(ə)rə(ʊ)]《← Gk *thureós* shield》「甲状腺 (thyroid)」の意の名詞連結形: *thyro*toxicosis. ★ 母音の前では通例 thyr- になる.

thỳro·calcitónin *n.*《生化学》サイロカルシトニン (⇨ calcitonin).

thỳro·glóbulin *n.*《生化学》チログロブリン《甲状腺の中で蛋白質の形で見出されるチロキシン》.

thy·roid [θáɪrɔɪd | θáɪ(ə)r-]《(1726) □F《廃》*thyroide* (F *thyréoïde*) // NL *thyroid-ēs* ← Gk *thureoeidḗs* shield-shaped: ⇨ thyro-, -oid》《解剖》── *adj.* **1 a** 甲状腺の: the ~ gland [body] 甲状腺. **b** 甲状腺疾患を思わせる. **2** 甲状軟骨の. ── *n.* **1** 甲状腺 (thyroid gland). **2** 甲状軟骨 (thyroid cartilage). **3** 甲状腺動脈[静脈, 神経]. **4**《薬学》甲状腺剤《動物の甲状腺から作った製剤》.

thýroid ártery *n.*《解剖》甲状腺動脈.

thýroid cártilage *n.*《解剖》甲状軟骨.

thy·roid·ec·to·mize [θàɪrɔɪdéktəmàɪz | θàɪ(ə)rɔɪd-]《⇨↓, -ize》*vt.*《外科》…に甲状腺切除[摘出]を施す.

thy·roid·ec·to·my [θàɪrɔɪdéktəmi | θàɪ(ə)rɔɪdéktəmɪ]《← THYROID + -ECTOMY》*n.*《外科》甲状腺切除[摘出](術).

thýroid glànd *n.*《解剖》甲状腺.

thýroid hórmone *n.*《生理》甲状腺ホルモン.

thy·roid·i·tis [θàɪrɔɪdáɪṭɪs, -ṭəs | θàɪ(ə)rɔɪdáɪtɪs]《← NL ~: ⇨ thyroid, -itis》*n.*《病理》甲状腺炎.

thýroid·less *adj.* 甲状腺のない.

thýroid-stìmulating hórmone *n.*《生理》=thyrotrophin.

thýroid véin *n.*《解剖》甲状腺静脈.

thỳro·prótein *n.*《化学》チロプロテイン, チロ蛋白質《甲状腺に存在するヨードを含む蛋白質》.

thy·ro·tome [θáɪrətòʊm | θáɪ(ə)rətəʊm] *n.*《外科》甲状軟骨切開刀.

thy·rot·o·my [θaɪrɑ́ṭəmi | -rɔ́təmɪ] *n.*《外科》**1** 甲状軟骨切開(術), 喉頭(こうとう)切開(術) (laryngotomy). **2** =thyroidectomy.

thy·ro·tox·ic [θàɪro(ʊ)tɑ́ksɪk | θàɪ(ə)rə(ʊ)tɔ́k-] *adj.*《病理》甲状腺中毒性の.

thỳro·toxicósis *n.*《病理》**1** 甲状腺中毒症. **2** =hyperthyroidism.

thỳro·tróphic《← THYRO- + -TROPHIC》*adj.*《医学》=thyrotropic.

thy·ro·tro·phin [θàɪrətróʊfɪn, -fən | θàɪ(ə)rətrə́ʊfɪn]《⇨↑, -in¹》*n.*《生理》=thyrotropin.

thy·ro·tro·pic [θàɪrətróʊpɪk, -trɑ́p- | θàɪ(ə)rə(ʊ)trɔ́p-] *adj.*《医学》甲状腺刺激(性)の, 向甲状腺性の: ~ hormone (下垂体の)甲状腺刺激ホルモン.

thy·ro·tro·pin [θàɪrətróʊpɪn, -pən | θàɪ(ə)rətrə́ʊpɪn]《⇨ thyro-, tropine》── *n.*《生理》甲状腺刺激ホルモン《下垂体前葉ホルモンの一種で, 甲状腺ホルモンの分泌を支配する》.

thy·rox·ine [θaɪrɑ́ksi:n, -sɪn, -sən | -rɔ́ksi:n, -sɪn]《← THYRO- + OXY¹- + -INE¹》── *n.* (*also* **thy·rox·in** [~]) **1**《生化学》チロキシン ($C_{15}H_{11}O_4NI_4$)《甲状腺ホルモン》. **2**《薬学》甲状腺ホルモン剤《甲状腺腫(しゅ)・クレチン病 (cretinism) などの治療に用いる》.

thyrse [θɔ́:s | θɔ́:s]《□F *thyrse* // L *thyrs-us*》*n.*《植物》密錐(すい)花(序).

thyrsi *n.* thyrsus の複数形.

thyr·soid [θɔ́:sɔɪd | θɔ́:-]《□Gk *thursoeid-ēs* thyrsus-like: ⇨ thyrsus, -oid》*adj.*《植物》密錐(すい)花(序) (thyrse) に似た.

thyr·soi·dal [θə:sɔ́ɪdl | θə:-] *adj.*《植物》=thyrsoid.

thyr·sus [θɔ́:səs | θɔ́:-]《(1591) □L ~ □Gk *thúrsos* light wand (Bacchic staff), stem of a plant ← ?》── *n.* (*pl.* **thyr·si** [-saɪ]) **1**《ギリシャ・ローマ古物》テュルソスの杖(つえ)《キヅタまたはブドウの葉で巻いた杖に松かさをのせたもので, 酒神 Dionysius (Bacchus) や彼に仕える者たちが携えた》. **2**《植物》=thyrse.

thysan- [θáɪsən] (母音の前に来る時の) thysano- の異形.

thy·sa·no- [θáɪsəno(ʊ) | -nə(ʊ)]《← NL ~ ← Gk *thúsanos* tassel》「房(ふさ) (tassel); 房飾り (fringe)」の意の連結形. ★ 母音の前では通例 thysan- になる.

Thy·sa·nop·ter·a [θàɪsənɑ́ptərə, θìs- | -nɔ́p-]《← THYSANO- + -PTERA》*n. pl.*《昆虫》総翅目, アザミウマ目.

Thy·sa·nu·ra [θàɪsən(j)ú(ə)rə, θìs- | -njúərə]《← THYSANO- + -URA》*n. pl.*《昆虫》総尾目, シミ目.

thy·self [ðaɪsélf, ─´]《ME *þi self* ∞ OE *þē sylf* (dat.): ⇨ thee, thy, self》*pron.*《古》[二人称単数複合代名詞 (cf. yourself)] なんじ自身: Know ~. なんじ自身を知れ.

THz《略》《電気》tera hertz.

ti¹ [tí:]《(変形) ← SI》── *n.*《音楽》**1** (階名唱法の)「ティ」《全音階的長音階の第 7 音; te ともいう; ⇨ do¹》. **2** (固定ド唱法の)「ティ」, ロ(B)音《ハ調長音階の第 7 音; te ともいう》.

ti² [tí:]《□Polynesian *ti(-ti)*》*n.*《植物》ニオイシュロラン (*Cordyline australis*)《太平洋諸島産のヤシに似たユリ科センネンボク属の高木; cabbage tree ともいう》.

Ti《記号》《化学》titanium.

Ti·a·hua·na·can [tì:əwənɑ́:kən]《⇨↓, -an¹》*adj.*《考古》=Tiahuanaco.

Ti·a·hua·na·co [tì:əwənɑ́:koʊ | -kəʊ; *Am. Sp.* tiawanáko]《その文化の遺跡が発見された西部ボリビアの村名》── *adj.*《考古》ティアワナコ文化の《(100 B.C.–A.D. 900 頃形成期後期から後古典期にかけてのペルー・ボリビア一帯の文化; 特に石工技術が高度に発達した》.

Ti·an Shan [tiá:n-ʃɑ́:n | tɪ-] *n.* [the ~] =Tien Shan.

ti·ar·a [tiǽ(ə)rə, -ɑ́:rə | tɪɑ́:rə]《(1555) □L *tiāra* □Gk *tiáras* ← ? Pers.: cf. It. *tiara* the papal crown》── *n.* **1**《カトリック》ローマ教皇の三重冠《現世・霊界・煉獄(れんごく)を司る表象; the triple tiara [crown] ともいう》. **2** [the ~] 教皇職; 教皇の職権. **3** ティアール《宝石をちりばめた婦人の頭飾り》: a ~ of diamonds [pearls]. **4** 古代ペルシャ人などの用いた冠.

tiara 3

ti·ár·aed *adj.* (*also* **ti·a·ra'd**) tiara をかぶった.

Tib·bie [tíbi | -bɪ]《《スコット》(dim.) ← ISABEL // ← OFlem. *Tybalt*》*n.* 女性名. ★ 猫の名に用いるようになったのは *Reynard the Fox* による.

Ti·ber [táɪbə | -bə(r)] *n.* [the ~] テーベレ(川)《イタリア中部の川, アペニン山脈中に発し Rome 市を貫流して地中海に注ぐ (405 km); イタリア語名 Tevere》.

Ti·be·ri·as [taɪbí(ə)riəs | -bíəriæs, -rɪəs], **the Sea of** *n.* テベリヤの海 (⇨ the Sea of GALILEE).

Ti·be·ri·us [tɪbí(ə)riəs, taɪ- | taɪbíərɪəs] *n.* ティベリウス《42 B.C.–A.D. 37; ローマ第二代の皇帝 (A.D. 14–37); Tiberius Claudius Nero Caesar》.

Ti·bes·ti [tɪbésti, tə- | tɪbéstɪ] *n.* [the ~] ティベスティ(山地)《Chad 北西部, Sahara 砂漠にある山系; 最高峰 3,415 m; Tibesti Mountains, Tibesti Massif, Tibesti Highlands ともいう》.

Ti·bet [tɪbét, tə- | tɪ-]《(1827) □Arab. *Tibat, Tóbbat* □Tibet *Tö-bhöt*《原義》? 'highlands of *Bod* (=fortress)'》── *n.* チベット《中国南西部, ヒマラヤ山脈北方の自治区; 古くから Dalai Lama に支配されてきたが, 1965 年自治区となった; 海抜 4,200–5,200 m; 人口 1,790,000, 面積 1,221,700 km², 首都 Lhasa (拉薩); 中国語名 Sitsang [ʃítsɑ̀ŋ] (西蔵)》.

Ti·bet·an [tɪbétn, tə- | tɪbétən, -tn]《(1806): ⇨↑, -an¹》*adj.* チベットの, チベット人[語]の. ── *n.* チベット人[語].

Tibétan térrier *n.* チベタンテリア《チベット原産の頭部の長い毛が前に垂れて目にかぶさっている old English sheepdog の小型のものに似た犬種のイヌ》.

Ti·bet·o- [tɪbéṭo(ʊ), tə- | tɪbétə(ʊ)]《← TIBET + -O-》「チベット(人, 語)と…との (Tibetan and …)」の意の連結形.

Tibèto-Búrman *n.* **1** チベットビルマ語族《チベット語・ボド語・ビルマ語を含む》. **2** チベットビルマ語系諸族の人. ── *adj.* **1** チベットビルマ語族の. **2** チベットビルマ語系人の.

Tibèto-Burmése *n.* =Tibeto-Burman.

tib·i·a [tíbiə | tíbɪə, táɪb-, -bjə]《(1548) □L *tibia* shinbone, flute ← ?》── *n.* (*pl.* **-i·ae** [-bìi:, -bìaɪ | -bìi:], **~s**) **1**《解剖》脛骨(けいこつ) (shinbone) (⇨ fibula 挿絵). **2 a**《動物》脛節. **b**《昆虫》脛節《脚の第 4 肢節; ⇨ insect 挿絵》. **3** (古代のダブル[シングル]リードの)笛. **tib·i·al** [-biəl | -bɪəl, -bjəl] *adj.*

tib·i·o·fib·u·la [tìbio(ʊ)fíbjʊlə | -bɪə(ʊ)-]《← NL ~ ← TIBI(A) + -O- + FIBULA》*n.*《動物》(カエルやガマの)脛腓骨.

tib·i·o·tar·sus [tìbio(ʊ)tɑ́:səs | -bɪə(ʊ)tɑ́:-]《← TIBI(A) + -O- + TARSUS》── *n.* (*pl.* **-tar·si** [-saɪ])《鳥類》脛骨(けいこつ)《脚部の主要な骨で, 脛骨の部に幾つかの足根骨が融合したもの》.

Ti·bul·lus [tɪbʌ́ləs, tə- | tɪbʌ́ləs, -búl-], **Al·bi·us** [ǽlbiəs | -bɪ-] *n.* ティブルルス《48?–19 B.C.; 哀歌 (elegy) を書いたローマの詩人》.

tic [tík]《(1800) □F ~《擬音語》》*n.* **1**《病理》チック《随意筋, 特に顔面筋の病的な不随意痙攣(けいれん)》. **2** (性格・行動に)しつこく現われる特徴, 頑癖.

ti·cal [tɪkɑ́:l, tə-, tíkəl, tí:k- | tɪkɑ́:l, -kɔ́:l, tí:kəl]《(1662) □Thai ~ □Malay *tikal* a monetary unit: cf. Hindi *takā* weight》── *n.* (*pl.* **~s**, **~**) ティカル: **a** タイの旧通貨単位《1928 年 baht と変更》. **b** 昔のタイの銀貨《約 1 rupee》; その目方《約半オンス》. **c** =baht. **d** ビルマの衡量 (=255.6 grains).

tic dou·lou·reux [tík-dù:lərú:, -rə́: | -du:lərə́:; *F.* tikdulurø]《□F ~ 'painful tic'》*n.*《病理》三叉(さ)神経痛性チック, 疼痛(性)チック.

tice [táɪs]《←《廃》*tice* to entice < ME *tyce(n)* □? OF *atisi-er*: cf. entice》── *n.* **1**《クリケット》=yorker. **2**《クロッケー》タイス《相手にボールを狙うように誘う打撃》.

tich [tɪtʃ]《← *little Tich*: 喜劇役者のあだ名》*n.*《英俗》ちび (small man).

Ti·ci·no [tɪtʃí:noʊ | -nəʊ; *It.* titʃí:no] *n.* **1** ティチーノ(州)《スイス南部の州; 人口 246,000, 面積 2,810 km², 首都 Bellinzona [bèllintsó:na]》. **2** [the ~] ティチーノ(川)《スイス南部に発し, イタリア北部で Po 川に合流する川》.

tick¹ [tík]《(1440) *tek* a light touch, pat ←《擬音語》: cf. Du. *tik* a touch, pat / LG *tikk* a touch, moment》── *n.* **1** かっちかっち, かちかち《時計などの音》. **2**《英口語》瞬間 (moment, instant): do it in three *~s* すぐにそれをする / come in a ~ すぐ来る / Half a ~! ちょっと待って. **3** 点 (dot), 線, 棒 (dash), 合印(あいじるし) (check)《/, √ など》. **4**《馬術》(馬の脚の)障

害物接触《障害物を倒しはしないが, 減点される》.
to* [*on*] *the tick 《英》きわめて正確に.
— *vi.* **1 a** 〈時計などが〉かちかちいう, 〈メーターなどが〉かちゃっと音を立てる: The clock *~ed away* in the hall. ホールの柱時計がかちかちいい続けていた. **b** 〈時が〉かちかち音を立てるように過ぎる, 〈人生などが〉刻々と過ぎる 〈*away, by*〉. **c** 〈ニュースなどが〉刻刻と起こる[入電してくる]: news *~ing in from* all parts of the world 世界中から刻々と入ってくるニュース. **2** 《口語》(隠された時計仕掛けのように)作動する; 不可解な行動をする: What makes him [it] ~? 何で彼はあんな風に振舞うのか[あれはあんな風になるのか]. **— *vt.*** **1** かちかち音を立てて送る[知らせる] 〈*off, out*〉; 〈時計が〉かちかちと〈時を〉刻む 〈*off, away*〉: The meter *~ed off* my fare. タクシーのメーターがかちゃっかちゃっと料金を表示した / The telegraph *~ed out* a message. 電信機はかちかちと音信を打ち出した / The clock was *~ing away* the time. 時計はかちかちと時を刻んでいた. **2** [通例 *~ off* として] …に(点検済みの)合印を付ける, チェックする(check): *~ off* the articles [names] on the list リストに記載されている品物[名前]をチェックする. **3** 《馬術》〈馬が〉〈障害物〉に軽く接触する.
tick off (1) ⇨ *vt.* 1. (2) ⇨ *vt.* 2. (3) 《口語》確認する (identify): I *~ed* him *off* as soon as I saw him. 彼を見るとすぐ彼だと分かった. (4) 《俗》怒らせる, いらいらさせる: His impudence *~ed* me *off*. 彼の厚かましさには腹が立った. (5) 《口語》しかる (scold): get *~ed off* しかられる / The boss *~ed* him *off* for his laziness. 社長は彼の怠惰をしかった. ***tick over*** (1) 〈エンジン・自動車などが〉遊転する, アイドリングする. (2) 《口語》〈人が〉どうやらやってゆく, 〈商売などが〉まあまあはかどる.

tick[2] [tík] 〘OE ticia, *tica, *ticca ← (WGmc) *tik-, *tikk- (Du. teek / G Zecke) ← IE *deigh- insect〙 **— *n.*** **1** 《動物》マダニ《ダニ目の後気門亜目またはマダニ亜目の吸血性のダニの総称; ウシマダニ (cattle tick), アメリカイヌカクマダニ (dog tick) など; cf. mite[2]》: (as) full as a ~ 満腹して. **2** 《昆虫》ヒツジシラミバエ (sheep ked) など翅のない寄生性の双翅類の昆虫の総称. **3** 《口語》不愉快な[軽蔑すべき]人, いやなやつ.

tick[3] [tík] 〘(1466) tikke ▭ MDu. tēke, tike (Du. tijk) < (WGmc) *tika (G Zieche) ▭ L tēca, thēca ▭ Gk thḗkē case ← IE *dhē- to place〙 **— *n.*** **1** (ふとん・まくらの)皮(がわ). **2** 《口語》ふとん皮地 (ticking).

tick[4] [tík] 〘(1642)《略》← TICKET〙 **— *n.*** 《英口語》**1** 借り, つけ, 勘定 (account): He had a long ~ at the pub. パブでつけがたまっていた. **2** 掛け, 掛売り, 信用貸し (credit, trust): on ~ 掛けで / go (on) ~ = run on ~ 掛けで買う, 借りがかさむ / give ~ (信用して)掛けで売る. **— *vi.*** 《廃》掛けで売る[買う].

tíck-bòrne *adj.* マダニから伝染する: a ~ disease.

tíck clòver *n.* 《植物》= tick trefoil.

ticked 〘← TICK[1] + -ED 2〙 *adj.* **1** 〈犬・鳥など〉斑点[斑紋]のついた (flecked). **2** 〈毛髪が〉(二色またはそれ以上の)まだらの.

Tick·ell [tíkəl], **Thomas** *n.* (1686–1740) 英国の詩人・翻訳家.

tíck·er 〘← TICK[1] (v.) + -ER[1]〙 **— *n.*** **1** かちかちいう物, かっちかっち音のする物; 印をつける物. **2** チッカー, (株式)相場表示機[速報機] (tape machine). **3** (時計の)振子. **4** 《口語》懐中時計 (watch). **5** (電信の)受信機. **6** 《戯言》心臓 (heart).

tícker tàpe *n.* **1** チッカー (ticker) から自動的に出て来るテープ《刻々の株式相場やニュースが印字されている》. **2** (ticker tape などの)紙吹雪, 紙テープ《人を歓迎する際, ビルの窓などからこれを投げる》: The whole town gave a welcome with brass and ~s. 町中が楽隊を仕立て, テープの雨を降らせて歓迎した.

tícker-tàpe paràde *n.* (米国 New York 市伝統の)紙吹雪[テープ]の舞うパレード.

tícker-tape wèlcome *n.* 紙吹雪の大歓迎: The general received a ~. 将軍はテープをまいての大歓迎を受けた.

tick·et [tíkɪt, -kət] 〘(1528) ▭ F《廃》étiquet (F étiquett(e)) ticket, label,《原義》something stuck up: ⇨ etiquette〙 **— *n.*** **1 a** 切符, 入場券, 乗車券: a railroad [a railway, a train, an air, a plane] ~ / a concert [theater] ~ / a single [through] ~ 片道[通し]切符 (=《米》one-way [round-trip] ~) / ⇨ return ticket / a ~ on the Hikari ひかり号の切符 / buy [take] *~s for* the theater 劇場の入場券を買う / get [take] one's ~ *to* Paris パリまでの切符を買う / Admission by ~ alone [only by ~]. 切符所有者に限り御入場のこと. **b** 《英》図書借出券. **2 a** (値段・品質などを示す)札, 正札, 定価札 (label, tag); 質札: a price ~ 正札 / a pawn ~ 質札. **b** (窓に出す)貸家札. **3** (商船士官・航空パイロットなどの)免状, 資格証書 (certificate, license). **4** 《米》**a** 公認候補者名簿 (slate); (候補者の名を列記してある)投票用紙 (ballot): ⇨ split ticket, straight ticket / vote a ~ (ある政党の)公認候補者に投票する / a general ~ (一州の)全公認候補者名簿 / a mixed [scratch] ~ 混合[一部削除の]候補者名簿 / run ahead of [behind] one's ~ 自党の他候補よりも多く[少なく]得票する / on the Republican ~ 共和党公認候補として / ⇨ SPLIT *the ticket* / The whole Republican ~ was returned. 共和党候補は全部当選した. **b** (政党の)政綱, 綱領. **5** [the ~] 《口語》適当な[望ましい]物; おあつらえ向きの事 (proper thing): That's *the* (proper) ~. それは(ちょうど)あつらえ向きだ, その通りだ / His conduct is not quite *the* ~. 彼の振舞いはいささか当を得ていない / What's *the* ~? どうすればいいか / A little rest will be just *the* ~ *for* you. 少し休養するのが君には一番いい. **6** 《口語》〔望ましい物を〕手に入れる手段, 〔…への〕切符〔*to*〕: the ~ *to* popularity 人気者になれる手段 / Industry is your ~ *to* success. 勤勉こそ成功への切符です. **7** (略式の)伝票《後で正式の帳簿に記帳する; cf. slip[2] 2 c》: a deposit ~ 預金伝票 / a sales ~ 売上げ伝票. **8 a** 《口語》(交通違反者などに対する)呼出し状, 交通違反カード: a parking ~ 駐車違反のカード[呼出し状]. **b** 《廃》短い手控え, 覚書, メモ. **9 a** 《英》(兵士・水夫の)給料支払伝票. **b** 《軍事》除隊命令 (discharge): get one's ~ 除隊になる / work one's ~ 《俗》(仮病などを使って)うまく除隊になる. **c** 仮出獄許可状[書] (ticket of leave). **10** 《古》貼紙(はりがみ), プラカード (placard). **11** 《英方言》名刺 (visiting card).
write one's own ticket 自分の好きなように方針[計画]を立てる, 望み通りの職業(など)を選ぶ.
ticket of leave (もと英国で)仮出獄許可状[書] (cf. parole 4): out on ~ *of leave* 仮出獄中で.
— *vt.* **1 a** …に札を付ける, 〈商品〉に正札を付ける (label). **b** …に〔…の〕レッテルを貼る, 〔…と〕称する〔*as*〕: He's *~ed as* a fanatic. 狂信者というレッテルが貼られている. **c** 〔特定の目的・地位などに〕指名する〔*for*〕: He is *~ed for* the post. そのポストに指名されている. **2 a** 《米》…に切符を発行する (book). **b** 《口語》…に交通違反カード[呼出し状]を渡す: I was *~ed for* speeding. スピード違反でカードを渡された. **— *vi.*** 《米》切符を発行する.

tícket àgency *n.* (芝居・映画・乗物の)切符販売店.

tícket àgent *n.* (芝居・映画・乗物の)切符販売人.

tícket collèctor *n.* (乗車券などの)集札係.

tícket dày *n.* 《英》《証券》(London 証券取引所で)伝票回付日《買方の会員が決済のため銘柄・株数・代金・買主の氏名などを記した紙片を売方の会員に渡す日で, 決済処理期間 (settlement) の第 2 日; name day ともいう; cf. settlement 9》.

tícket òffice *n.* (鉄道・劇場などの)切符売場, 出札所.

tícket-of-léave màn *n.* (もと英国の)仮出獄者.

tícket-pòrter *n.* (昔の London のシティーの)公認ポーター《免許バッジを付けていた》.

tick·et·y-boo [tìkɪtibúː, -kə- | -tɪ-] 〘← (That's the) ticket (⇨ ticket (n.) 5) + -Y[2] + BOO: 小児語からか〙 *adj.* 《英俗》申し分のない, うまくいっている (fine).

tick·ey [tíki | -kɪ] 〘(1877)《変形》? ← TICKET // Du. stukje little piece〙 *n.* 《南アフリカ口語》3 ペンス銀貨 (threepenny piece).

tíck fèver *n.* **1** 《病理》ダニ熱《マダニが媒介するロッキー山紅斑(はん)熱 (Rocky Mountain spotted fever) など》. **2** 《獣医》**a** = Texas fever. **b** ダニ熱.

tick·i·cide [tíkəsàɪd | -kɪ-] 〘← TICK[2] + -I- + -CIDE〙 *n.* マダニ駆除剤.

tíck·ing[1] 〘← TICK[1] (v.) + -ING[1]〙 *n.* かちかちいうこと, かちかち(の音).

tíck·ing[2] 〘← TICK[3] + -ING[1] 2〙 *n.* ふとん皮(がわ)地, マットレスカバー地《しま綿・しまズックなど》.

tíck·ing[3] 〘← TICK[1] + -ING[1]〙 *n.* (犬・鳥などの)斑点, 斑紋, (毛髪の)まだら (cf. ticked).

tick·le [tíkl̩] 〘(a1338) tikele(n) (freq.) ← TICK[1]《廃》to touch lightly (cf. -le[4]) // 《音位転換》← KITTLE[2]: cf. OE tinclian to tickle / G kitzeln〙 **— *vt.*** **1 a** くすぐる (titillate): ~ a person *under* the arm(s) 人のわきの下をくすぐる / We can cause laughing by *tickling* the skin. 皮膚をくすぐって人を笑わせることができる. **b** 〈弦楽器など〉に軽くさわる, 軽く動かす: The harpist *~d* the strings. ハープ奏者は弦に軽やかに触れた. **2** 〈人・感覚などを〉喜ばせる, 満足させる, (人気に)投じる (please, gratify): ~ a person's [the] palate 味覚を満足させる / ~ a person's heart 人の心を満足させる / ~ a person's fancy ⇨ fancy 3 a / I was vastly *~d* by his compliment. 彼のお世辞で大いに気をよくした. **3** 〈人を〉おもしろがらせる, 楽しませる, 笑わせる (amuse): be *~d* by a person's stories 人の話をおもしろがる / I was greatly *~d at* the notion. そのことを考えるとおかしくてたまらなかった. **4** 《釣》〈鱒(ます)などを〉手づかみにする《指をえらにさし入れて捕える》. **5** くすぐって[くすぐるようにして]動かす, くすぐって[おだてて]〔ある状態に〕させる〔*into*〕: ~ one's feet *into* slippers スリッパをつっかける / ~ a person *into* consent [saying yes] 人をおだてて同意させる. **6** 鼓舞する, 刺激する (stir up) 〈*up*〉: ~ *up* the crazy minds of the multitude 大衆の気違いじみた心を刺激する. **7** 《反語》打つ, 懲らしめる (chastise): These little rogues should be well *~d with* the birch. このいたずら小僧どもはむちでうんと懲らしめねばならない. **— *vi.*** **1** くすぐったい, むずがゆい, むずむずする (itch, tingle): My ear [back, foot, throat, nose] ~s. 耳[背中, 足, のど, 鼻]がむずがゆい. **2** くすぐる: Don't ~.
tickle a person's palm ⇨ palm 成句. ***tickle a person pink*** [しばしば Passive で] 《口語》〈人を〉非常に喜ばせる: All *were ~d pink at* the clown's antics. 道化師の滑稽な演技に一同抱腹絶倒した. ***tickle to death*** [しばしば Passive で] 《口語》死ぬほどくすぐる; 抱腹絶倒させる; 非常に喜ばせる: He will *be ~d to death to* hear the news. その知らせを聞けば彼も大喜びすることでしょう.
— *n.* **1** くすぐり: ⇨ SLAP[1] *and tickle*. **2** くすぐるもの, 喜ばせる[満足させる]もの: The dinner was a ~ of the palate. 夕食は味覚を満足させるものであった. **3** くすぐったい心地(ここち), むずがゆさ: a ~ in the nose.

tíck·ler [-kl̩ə, -klə | -kl̩ə(r, -kl-] 〘(1680): ⇨ ↑, -er[1]〙 **— *n.*** **1 a** くすぐる人, くすぐる物. **b** (祭やカーニバルで)通行人の顔や襟元(えりもと)などをくすぐるおもちゃ[仕掛け]. **2** 《口語》(人や物について)難問, 難物; ややこしい事情 (ticklish situation). **3** 《米》**a** 手帳, 覚え帳, 備忘帳. **b** (銀行の)単式控え帳《支払い期日などを書き込む》. **4** 《電気》= tickler coil.

tíckler còil *n.* 《電気》チクラー線輪, 再生線輪《三極真空管のプレート回路に入れたコイルで, これと結合したコイルで格子に正帰還をかけるためのもの》.

tick·lish [tíklɪʃ, -lɪʃ] 〘(1581) ← TICKLE + -ISH[1]〙 **— *adj.*** **1** くすぐったがりの. **2** 気むずかしい, 怒りっぽい (touchy): He is ~ *on* such points. そういうことはひどく気にする. **3** 不安定な (unsteady); 〈ボートなど〉すぐひっくり返る: a ~ boat. **4** 〈問題・事態など〉扱いにくい, ややこしい: a ~ question [situation] 慎重を要する問題[事態]. **5** 〈天候・気質など〉当てにならない, 変わりやすい: ~ weather / a ~ disposition. **~·ly** *adv.* **~·ness** *n.*

tíck·ly *adj.* (tick·li·er, -li·est) = ticklish.

Tick·nor [tíknə, -nɔə | -nə(r, -nɔː(r], **George** *n.* (1791–1871) 米国の文学史家.

tíck·sèed 〘← TICK[2] + SEED〙 *n.* 《植物》**1** 種子が衣服につく植物の総称《オオキンケイギク (coreopsis) など》. **2** = tick trefoil.

tíckseed súnflower *n.* 《植物》キク科タウコギ属 (Bidens) の植物の総称《痩果(そうか)には逆さとげがあって衣類などに付着する; cf. bur marigold》.

tick·tack [tíktæ̀k | --, --] 〘(1549)《加重》← TICK[1]: cf. Du. tiktak / G ticktack / F tic-tac〙 **— *n.*** **1** (時計などの)こちこち, かちかち, チクタク(いう音) (ticking). **2** 心臓の鼓動, 動悸(どうき). **3** こつこつ音を立てる装置《Halloween などに子供がいたずらに窓や戸のかたわらに小さい重い物をつるし長い糸を付けて遠くから引っぱる仕掛けなど》. **4** 《小児語》時計 (watch, clock). **5** 《英》(競馬の)賭け元同士が手で交わす合図. **— *vi.*** かちかちと音を立てる.

tícktack màn *n.* 《英》手や身振りで合図を交わし(競馬の)賭けの状況を知らせる情報屋.

tick·tack·toe [tìktæktóu | -tə́u] 〘← TICKTACK + TOE〙 **— *n.*** 《遊戯》**1** 三目並べ《一人は○を他は×じるしを九つの枠の中へ交互にはめて行き, 先に三つの連続した枠を占めた者が勝となる五目並べに似た子供の遊び; crisscross, また《英》では noughts-and-crosses ともいう》. **2** 目を閉じて並んだ数字を鉛筆で指しその得点数で勝負を決める子供の遊び.

tick·tock [tíktɑ̀k, -- | tíktɔ̀k] 〘擬音語〙 **— *n.*** (大時計などの)かちかち[こちこち]いう音: the slow ~ of the wall clock 柱時計のゆっくりとこちこちいう音. **— *vi.*** 〈大時計などが〉かちかちいう, 音を出す.

tíck tréfoil 〘← TICK[2]: その実が衣服や動物の毛に付着することから〙 *n.* 《植物》マメ科ヌスビトハギ属 (Desmodium) の植物の総称《tick clover, bush trefoil ともいう》.

tick·y [tíki | -kɪ] *n.* = tickey.

tick·y-tack·y [tíkitǽki | -kɪtǽkɪ] 〘《加重》← TACKY[2]: Malvina Reynolds (1900– : 米国の作詞・作曲家)の造語〙 《米》 **— *n.*** 月並みで安っぽい材料. **— *adj.*** 月並みで安っぽい材料を使った.

Ti·con·der·o·ga [tàɪkɑndəróugə | -kɔndərə́u-] 〘▭ N-Am.-Ind. (Iroquoian) ~ 《原義》between two lakes〙 **— *n.*** 米国 New York 州北東部, Champlain 湖畔の村; もと砦(とりで)があり, 独立戦争に Ethan Allen が攻略した (1775); 人口 3,300.

tic·po·lon·ga [tìkpəlɔ́(ː)ŋgə | -lɔ́ŋ-] 〘▭ Sinhalese tik-polaṅgā ← tik spot + polaṅgā viper〙 *n.* 《動物》ラッセルクサリヘビ (Russell's viper).

tic·tac [tíktæ̀k | --, --] *n.*, *vi.* = ticktack.

TID, t.i.d., tid 《略》《処方》L. ter in die (= three times a day).

tid·al [táɪdl̩] 〘(1807) ← TIDE[1] + -AL[1]〙 **— *adj.*** **1** 潮の, 潮の影響を受ける, 潮のさす, 潮によって生じる, 干満のある: a ~ harbor 潮港, 高潮港《満潮時にのみ船が出入できる港》/ ~ erosion 潮による浸食 / a ~ indicator 検潮儀. **2** 潮の状態[満潮時]に依存する: a ~ boat [steamer] 満潮時に出帆する船 / a ~ train (tidal boat に連絡する)臨港列車. **3** 周期的な (periodic), 間欠的な (intermittent): a ~ recurrence 周期的な再発. **~·ly** [-dəli, -dli | -dəli, -dli] *adv.*

tídal àir *n.* 《生理》一回換気量, 一回呼吸(気)量.

tídal ámplitude *n.* 《海洋》潮位振幅《高潮と標準海面との高さの差》.

tídal básin *n.* 潮泊渠(きょ)《通例水門によって水位の調節ができるようにして潮水と連絡しているドック》.

tídal bénch màrk *n.* 潮汐(ちょうせき)観測の基準点.

tídal bòre *n.* 《海洋》= bore[4].

tídal cùrrent *n.* 潮流.

tídal dàtum *n.* 《測量》= datum plane.

tídal flàt *n.* (潮汐の出入によって)潟 (lagoon) の内部に形成された干潟(ひがた).

tídal fríction *n.* 《海洋》潮汐(ちょうせき)摩擦《潮流が海底

との間に呈する摩擦現象》.

tídal pówer plànt [stàtion] *n.* 〘電気〙潮力発電所.

tídal rìver *n.* 感潮河川, 有潮河川《満潮時に海水が入りこむかないしは水面が高まる川の下流部分》.

tídal wàter *n.* ＝tidewater 1.

tídal wàve 〘(1884)〙 *n.* **1** 潮波《太陽または月の起潮力によって起こされる長波》. **2** (大風などのために岸に押し寄せる)大波. **3** 《俗用》(地震などによって起こる)津波. **4** (感情・世論などの)激動, 大波瀾.

tid·bit [tídbìt] 〘← 《方言》 *tid* delicate＋BIT²〙 *n.* 《米》 **1** うまい物の一口[一片] (choice morsel). **2** 面白いニュースの一片, 豆記事 : a ~ of information about the accident その事故についてのちょっとした情報.

tid·dle·dy·wink [tídḷdiwìŋk | -dɪ-] 〘(1870) 《変形》 ← TIDDLYWINK : disks が小さいことと, disks を押す時に wink をし合うことからか〙 ── *n.* [*pl.* ; 単数扱い] 〘遊戯〙 ＝tiddlywink 1.

tid·dler [tídlə, -dḷə | -dlə(r, -dḷ-] 〘← ? TIDDLY＋-ER¹〙 *n.* 《英小児語・口語》小魚 ; (特に)とげうお(stickleback) ; 異常に小さい物.

tid·dly [tídḷi, -dli | -dḷɪ, -dlɪ] 〘← 《方言》 *tiddly* little 《変形》 ← LITTLE : もと《海俗》〙 《英俗》 ── *adj.* (*also* **tid·dley** [~]) **1** ほろ酔いで (intoxicated). **2** 一流の, 上等な, スマートな. **3** ちっちゃな (tiny). ── *n.* 酒 : on the ~ 酔って.

tid·dly·wink [tídḷiwìŋk, -dli- | -dḷɪ-, -dlɪ-] 〘← ? TIDDLY＋WINK〙 ── *n.* **1** 〘遊戯〙 **a** [*pl.* ; 単数扱い] 平たい面からいくつかの小円盤 (disk) をはじいてカップなどに入れる遊戯. **b** 同上に使う小円盤. **2** 《英方言》もぐりのパブ.

tide¹ [táɪd] 〘OE *tīd* time < Gmc **tīdiz* (Du. *tijd* / G *Zeit* time) ← IE **dā-* to divide, cut up (Gk *daiesthai* to divide (⇨ geodesy) & *dêmos* 'DEME, DEMOS') : cf. time〙 ── *n.* **1 a** 潮, 潮汐(ちょうせき), 潮の干満 : ebb ~ 干潮 / half ~ 間潮 / the flowing [rising] ~ 上げ潮 / the ebbing [falling] ~ 下げ潮, 落潮 / ⇨ flood tide, high tide, low tide, neap tide, spring tide / on the ~ 潮に乗って / The ~ is making [ebbing]. 潮がさして[引いて]いる / The ~ is in [out, down]. 今満潮[干潮]だ. **b** [the ~] ＝flood tide 1 a. **2 a** 潮流 (tidal current). **b** 《詩》流れ (stream). **3** 盛衰, 栄枯 (rise and fall) : the full ~ of pleasure 快楽[歓楽]の絶頂 / the high [ebb] ~ of fortune 好運の絶頂[運勢の下り坂]. **4** 風潮, 形勢, 気運 (tendency) : on a ~ of patriotic fervor 熱狂的な愛国主義の気運に乗って / the ~ of social conservatism 社会の保守的風潮 / turn the ~ 形勢を一変させる / The ~ of events turns. 形勢が一変する, 情勢が変わる / The ~ turns to [against] him. 形勢が彼に有利[不利]になって来る. **5** [通例複合語の第 2 構成素として] **a** 《古》時, 季節 (time, season) : ⇨ noontide, springtide / Time and ~ wait for no man. 《諺》歳月人を待たず. **b** (宗教上の)節, 祭 : Christmas*tide*, Easter*tide*, holy*tide*, Shrove*tide*, Whitsun*tide*, yule*tide*. **6** 《古》好機, 潮時, ころあい (opportunity) : take fortune at the ~ ＝take the ~ at the flood 好機に乗じる / lose one's ~ 好機を逸する.

against the tide 潮流に逆らって ; 時流に逆らって : go [swim] *against the* ~ 時流に逆らう[逆行する] / row *against the* ~ ⇨ row² 成句. ***with the tide*** 流れに従って ; 時流に従って : go [drift, swim] *with the* ~ 時勢に従う[順応する]. ***work double tides*** 昼夜兼行で働く.

── *vi.* 潮のように流れる ; 潮に乗じて行く, 潮と共に流れる 〈*on, onward, over*〉. ── *vt.* **1** 潮と共に流し去る ; (潮のように)さっと運び去る. **2** [~ one's way として] (潮に乗じて)進んで行く.

tide over (1) 〈人が〉〈困難など〉をしのぐ, 乗り越す, 乗り切る (overcome) : ~ *over* a crisis [hard times] 急場をしのぐ[不景気を乗り越える]. (2) 〈金・仕事などが〉〈人〉に(困難(な時期)を)首尾よく通過させる, 乗り切らせる : The loan will ~ me *over* this month. そのローンで何とか今月を切り抜けられるだろう / Will this money be sufficient to ~ you *over* until payday? これだけあれば給料日までなんとかやっていけますか. 「る (betide).

tide² [táɪd] 〘OE (*ġe*)*tīdan* ← *tīd* (↑)〙 *vi.* 《古》起こ

tide·bòund *adj.* 〘海事〙〈船が〉干潮で動きがとれない, 潮待ち状態の.

tide·ful [táɪdfəl] 〘ME〙 *adj.* 潮の満ちている.

tíde gàge *n.* 験[検]潮儀, 験潮器《潮位を自動的に記録する機械》.

tíde gàte *n.* 防潮門, 潮門《上げ潮の時に開き下げ潮の時に自動的に閉じる》. 「[限界].

tíde·hèad *n.* (内陸水路に流入している)潮の境界線

tíde·lànd [-lænd, -lənd] *n.* **1** 干潟(ひがた)《満潮の時は水をたたえ干潮の時は露出する土地》. **2** [しばしば *pl.*] 潮標より沖の領土水域. 「port.

tíde·less *adj.* 潮の干満のない, 潮汐(ちょうせき)のない : a ~

tíde lòck *n.* 潮水閘(こう), 潮閘《運河やドックと潮の満干によって水面の上下する港湾との間の水門》.

tíde·màrk *n.* **1** 水準点[線], 基準点[線]. **2** 潮汐(ちょうせき)点 ; 潮標, 潮[量]水標.

tíde ràce *n.* **1** 強い潮流. **2** 潮路 (tideway).

tíde règister *n.* ＝tide gage.

tíde rìp *n.* **1** 潮衝, 激潮 (⇨ rip³). **2** 速い潮流.

tide-rode [táɪdròʊd | -rəʊd] 〘← TIDE¹＋《方言》 *rode* ((p.p.) ← RIDE)〙 ── *adj.* 〘海事〙〈停泊中の船が〉潮がかりの《風向に関係なしに潮の力にかかっていることにいう ; cf. wind-rode》.

tíde tàble *n.* 潮汐(ちょうせき)表.

tíde·wàiter *n.* **1** (往時の)乗船税関監吏. **2** 世論の形勢を見る人, 日和見(ひよりみ)主義者.

tíde·wàter *n.* **1** 潮水《潮汐(ちょうせき)と共に動く水 ; 満潮の時に地面にみなぎる水》. **2** 《米》低い沿岸地帯 (seacoast). ── *attrib. adj.* **1** 潮水の. **2** 《米》沿岸 「地方の.

tíde wàve *n.* ＝tidal wave 1.

tíde·wày *n.* **1** 潮路《潮流の通る路》. **2** 潮の流れ. **3** ＝tideland.

tid·ing [táɪdɪŋ] 〘ME *tidinge, tiðende* < OE *tīdung* ▭ ON *tíðendi* events, tidings (neut. pl.) ← *tíðr* (adj.) happening (← *tīð* time)＋*-endi* (nominal suf.) : cf. G *Zeitung* news〙 ── *n.* **1** [通例 *pl.*] 便り, 通知, 音信, 消息 (report, news) : glad ~*s* 福音, 喜びのおとずれ / sad ~*s* 悲報 / good [evil] ~*s* よい[悪い]便り. ★ 今では多く文語体に用いられ, これを受ける動詞は単数形のこともある (cf. news) : The ~*s* come [comes] too late. 報知は間に合わない. **2** 《古》事件 (event).

tid·ol·o·gy [taɪdɑ́lədʒi | -dɔ́lədʒɪ] 〘← TIDE¹＋-O-＋-LOGY〙 *n.* 潮汐(ちょうせき)学.

ti·dy [táɪdi | -dɪ] 〘(*c*1250) *tidi* 《原義》 timely ← *tid* 'time, TIDE¹'＋-Y⁴ : cf. G *zeitig*〙 ── *adj.* (**ti·di·er ; -di·est**) **1** 〈家・部屋など〉きちんとした, さっぱりした, こぎれいな, 整頓(せいとん)された (neat) ; 〈人が〉きれい好きな : a ~ room きちんと片付いた部屋 / the *tidiest* woman in the world 世界中で一等きれい好きな女. **2** 《口語》 **a** ほどよい, 満足な, 中々よい (fairly good) ; 〈人が〉好い (nice) : a ~ solution 満足すべき解決策 / a ~ chap いいやつ. **b** (量・程度が)かなりの, かなり大きな : a ~ income, price, etc. / a ~ sum of money かなりの金額 / a ~ penny かなりの大金. **3** 〈考え方など〉整然とした, 正確な (precise) : ~ thinking 整然とした思考 / a ~ mind 明晰な知力. **4** 《方言》器量よしの (comely) ; 太った (fat), 健康な (healthy) : She was bonny and ~. かわいく健康だった.

── *vt.* きちんとする, 片付ける, 整頓する 〈*up*〉 : ~ (*up*) oneself 身づくろいをする, 身なりをきちんとする / ~ *up* the room [the table] 部屋[食卓]を片付ける / ~ *up* one's flower garden 花壇をきちんと手入れする.

── *vi.* 片付ける 〈*up*〉 : ~ *up* after the meal 食事の後片付けをする.

tidy away 片づける, しまう : ~ *away* one's clothes. ***tidy out*** 〈デスク・引き出しなどの中を〉整頓する : ~ *out* drawers [a desk] 引き出し[机]を整頓する.

── *n.* **1** 《米》椅子(など)の背おおい. **2 a** 小物を入れて置く袋[容器], がらくた入れ : a toilet ~ / a hair ~. **b** (台所の流しの三角の)水切り籠(かご).

tí·di·ly [-dɪli, -də-, -dḷi | -dɪlɪ, -də-, -dḷɪ] *adv.* **tí·di·ness** *n.* **tí·di·er** *n.*

tídy·tìps 〘← TIDY＋TIP¹＋-S¹〙 *n.* (*pl.* ~) 〘植物〙 (米国 California 州産の)黄色の花をつけるキク科 *Layia* 属の植物の総称 (*L. elegans, L. platyglossa* など).

tie [táɪ] 〘OE *tīgan* to bind ← *tēag-, teāh* rope < Gmc **tauʒō* ← **tauχ-* (G *ziehen* to draw / ON *taug* rope & *teygja* to draw) ← IE **deuk-* to lead : cf. tow¹〙 ── *v.* (**tied ; ty·ing**) ── *vt.* **1** (なわ・ひも・綱などで)縛る, くくる, ゆわえる, たばねる (bind) ; 〔…で〕縛り[くくり]つける (fasten) 〔*with*〕 ; 〘外科〙〈血管などを〉結紮(けっさつ)する : ~ a package 小包を縛る / ~ *back* one's hair 髪を後ろでたばねる / ~ a crate *down* 木わくを縛りつける / ~ a horse *to* a tree 木に馬をつなぐ / ~ a scarf *around* one's neck 首にスカーフを巻きつける / ~ a stake *against* a fruit tree 果樹に添え木をくくりつける / ~ a person's hands *behind* his back 人の両手を背に縛りつける / ~ *up* a skiff 小舟をつなぎ留める / ~ *up* one's things *in* a parcel 身の回りの物を包みにする / ~ old magazines *together with* string 古雑誌をひもでたばねる /a cup ~*d with* red ribbon 赤いリボンを結わえつけたカップ / be ~*d* hand and foot 手足を縛られる ; 行動の自由を失う / He ~*d* the bundle tight. 束をぎゅっとたばねた. **2 a** (…のひもを)結ぶ, ひもなどで結ぶ : ~ one's shoes [shoelace] 靴のひもを結ぶ / ~ one's bathrobe バスローブのひもを結ぶ. **b** 〈リボン・ネクタイなどを〉結ぶ, 〈結び目を〉作る : ~ one's necktie / ~ a knot [bow] 結び目[蝶結び]を作る / *Tie* it *in*(*to*) a bow. 蝶結びに結びなさい. **3 a** 〔…に〕関係づける, 結びつける (connect) 〔*to*〕 : They were ~*d* by common interests. 彼らは共通の利害で結ばれていた / Nitrates in smoked fish have been ~*d to* the high incidence of stomach cancer. 燻製魚に含まれる硝酸塩が胃癌(がん)の高い発生率に関連づけられている. **b** 《方言》結婚させる. **4** 〔ある境遇に〕〈人を〉束縛する, 縛りつける, 拘束する (confine) 〔*to*〕 : I am much ~*d*. ちっとも暇がない, 自由がきかない / I am ~*d to* [*for*] time. 期限を切られている《定刻までにある事を果たさなければならない》 / Illness ~*d* me *to* the bed. 病気で寝ていなければならなかった. **5** 〘スポーツ〙 **a** (競技で)…と同点[タイ]になる : Oxford ~*d* Cambridge in the boat race. ボートレースでオックスフォードはケンブリッジとタイになった. **b** 〈試合・得点などを〉同点にする : ~ a record タイ記録にする / His run ~*d* the game. 彼の 1 点で試合は同点になった. **6 a** 〘音楽〙〈音符を〉(タイで)結合する (cf. *n.* 7). **b** 〘建築〙〈たる木などを〉(横木で)結合[接合]する. **c** 〘電気〙〈発電所・送電系統などを〉連結する. **d** 《米》〘鉄道〙〈線路〉にまくら木を敷設する. **7** 〘釣〙〈毛鉤を〉巻く, つくる.

── *vi.* **1** 結ぶ ; 結べる, 縛れる : ~ well 〈ひもなどが〉よく結べる / This sash ~*s* in front. この帯は前で結ぶ. **2** (競技・選挙などで)同点になる, 互角である 〔*with*〕 : ~ *with* the visiting team 遠征チームと引き分けになる / They ~*d for* first place in the tournament. 彼らは選挙権大会で同点で首位を争った. **3** 《米口語》関連する 〔*to*〕 : This fact ~*s to* no other. この事実は他の事実とは関連がない. **4** 《米口語》〔…を〕頼みにする 〔*to*〕 : He's a man to ~ *to*. 彼は頼れる男だ.

ride and tie ⇨ ride 成句. ***tie down*** (1) しっかり縛りつける (cf. *vt.* 1) ; 立てないように縛りつける : ~ dogs *down* 犬を縛りつける. (2) (条件・義務などで)拘束[束縛]する (restrict) (cf. *vt.* 4) : My duties ~ me *down* all day. 一日中仕事に縛られている / be ~*d down to* conditions [a schedule] 条件[予定]に縛られている / I hated being ~*d down to* an office desk. 事務所の机に縛りつけられているのがいやだった. (3) 〘軍事〙…の行動を妨げる. ***tie in*** (*vt.*) (1) 結合する (join). (2) 関係づける ; 調和[適合]させる (coordinate) 〔*with*〕. (3) (広告で)抱合わせに使う (cf. tie-in). (4) 〘測量〙…の位置を定める. (*vi.*) 調和[一致]する (match) 〔*with*〕 : Your story ~*s in with* what they told me. 君の話は彼らが言っていたことと一致する. ***tie into*** (1) 〈仕事など〉に精力的に取り組む. (2) 〈食事〉をむさぼり食う. (3) 〘野球〙〈ボール〉を痛打する ; 〈投手〉を連打する. (4) …を入手する, 〈獲物〉を捕獲する (catch). (5) 《俗》〈人〉をきつく叱る. ***tie off*** (1) 〘外科〙〈血管などを〉しばる, 結紮(けっさつ)する. (2) 《米俗》黙る. ***tie on*** (ひもなどで)結び[ゆわえ]つける : ~ one's bonnet *on* ボンネットを(あごの下に)結びつける. ***tie one on*** 《俗》酔っ払う (get drunk). ***tie together*** 結び合わせる : ~ a person's legs *together* 人の両脚を縛り合わせる. ***tie up*** (*vt.*) (1) 固くくくる, 縛り上げる ; 〈船を〉つなぎ留める, もやう ; 結び合わせる, たばねる ; 包装する, 荷造りする (cf. *vt.* 1). (2) …に包帯する : ~ *up* a wound, a person's head, etc. (3) 《口語》[通例 Passive で] 〈人を〉動きがとれなくさせる, 忙しくさせる : I was ~*d up with* work all the afternoon. 午後ずっと仕事で忙殺された. (4) 〈電話などを〉一人占めする : She ~*d up* the phone for about an hour. 彼女は一人で 1 時間ほど電話を使っていた. (5) 動けなくする, 不通にする (block), (…の進行・操業を)停止させる (obstruct) : Traffic was ~*d up* until noon. 交通は昼まで不通になっていた. (6) (売買などのできないように)〈財産の遺贈〉に条件を付ける ; (他に流用できないように)〈資本などを〉固定させる 〔*in*〕 : Her money is ~*d up in* land for her benefit. 彼女のために彼女の金は土地に投資して他に使えないようにしてある. (7) 連合させる, 提携させる, タイアップさせる (link) 〔*with*〕 : Our firm is ~*d up with* an American company. わが社はアメリカの会社と提携している. (8) 《口語》完了させる, 片付ける (complete) : ~ *up* the arrangements for a holiday 休日の準備万端を整える. (*vi.*) (1) 船をつなぎ留める ; 〈船が〉停泊する, ドックに入る (dock). (2) 〔…と〕関連する, 関係がある 〔*with*〕 ; 〔…と〕関係を結ぶ, 提携する, タイアップする 〔*with*〕.

── *n.* **1 a** 結び, 結び目 (knot, loop), 飾り結び. **b** ＝bride² 1. **2 a** (結ぶために用いる)ひも, なわ (cord, string) ; (特に)靴ひも (shoelace). **b** 〘海事〙 ＝tye. **3 a** ネクタイ (necktie) : ⇨ old school tie. **b** 毛皮の小さい襟巻(えりまき). **4** 《米》靴紐で結ぶ靴. **5 a** つながり, 縁, 絆(きずな) ; 義理 (bond) : a business ~ 商売上のつながり / family ~*s* 家族の縁 / ~*s* of blood 血のつながり / the ~*s* of marriage 結婚の絆 / keep clear of domestic ~*s* 家庭というしがらみに縛られないようにする. **b** 拘束[束縛]するもの ; 足手まとい, 厄介物 (burden) : legal ~*s* 法的拘束 / Children were a great ~ *on* her. 子供は彼女にとって非常な足手まといであった. **c** (民族・国家間などの)(親交)関係, 提携 : They want friendly ~*s with* America. 彼らはアメリカとの友好関係を望んでいる / The country has cut [extended] its ~*s with* the Arab world. その国はアラブ世界との関係を絶った[拡張させている] / promote closer ~*s to* …との提携をいっそう強化する. **6 a** (競技・選挙などで)同点, タイ ; 引分け (draw) ; 引分け試合. **b** 《英》(引き分け後の)優勝決定戦 : play [shoot] off a ~ 決戦試合をする. **c** (二人または二組で勝負して敗者が次々と抜けて行く)勝抜き試合, トーナメント (cf. round robin 2) : ⇨ cup tie. **7** 〘音楽〙タイ《同じ音高の音符を結ぶ弧線 ; ひとつの音として演奏される ; cf. slur 4》. **8 a** 《米》〘鉄道〙まくら木 (《英》 sleeper). **b** 〘建築〙つなぎ材. **9** 〘測量〙(測量位置決定のための)つなぎ線.

tíe-and-dýe *n.* 〘染色〙 ＝tie-dyeing.

tíe·bàck *n.* **1** 留め飾り《カーテンなどを片側に寄せて留める飾り帯・リボン・テープなど》. **2** [通例 *pl.*] 留め飾りつきカーテン.

tíe bèam *n.* 〘建築〙つなぎ梁(ばり), 小屋梁 (⇨ beam, queen post 挿絵). 「breaker).

tíe-brèak *n.* 《英》〘テニス〙タイブレイク (《米》 tie

tíe brèaker *n.* 《米》〘テニス〙タイブレイカー《ゲームカウントが 6 対 6 または 8 対 8 になった場合にそのセットの勝者を決めるために一定の条件のもとで行なわれる延長ゲーム ; cf. sudden death 3 a》.

Tieck [tíːk ; *G.* tíːk], **Ludwig** *n.* ティーク (1773–1853 ; ドイツの作家・文学者).

tíe·clàsp *n.* ネクタイ留め.

tíe clìp *n.* ＝tieclasp.

tied *adj.* 〘郵趣〙〈切手が〉消印を押された.

tíed cóttage *n.* 《英》(雇主の持ち家で)雇人[小作人]用貸家.

tíed hóuse *n.* 《英》 **1** タイドハウス, 特約居酒屋《特定の醸造所のビールだけを販売するパブまたは居酒屋; cf. free house》. **2** ＝tied cottage.

tíe-dỳe 〘染色〙 *n.* ＝tie-dyeing. ―― *vt., vi.* くくり染め[絞り染め]にする (cf. bandhnu).

tíe-dýed *adj.* くくり染め[絞り染め]にした.

tíe-dỳeing *n.* 〘染色〙くくり染め, 絞り染め.

tíe-ìn 〘← *tie in* (⇨ tie (v.) 成句)〙〘商業〙 ―― *adj.* 抱き合わせの; 条件付き購入の: a ～ sale 抱き合わせ販売. ―― *n.* **1** 抱き合わせ販売. **2** 抱き合わせで売られる品; (製造元と小売店とのような)抱き合わせ広告. **3** (何か秘密の)つながり, 関連: Is there a ～ between smoking and cancer? 喫煙と癌(㊟)との間に何か関係があるだろうか.

tíe lìne *n.* 《米》〘電話〙(PBX 方式で)2本以上の内線を連結する線.

tie·mann·ite [tíːmənàɪt] 〘← W. *Tiemann* (19 世紀のドイツの科学者): ⇨ -ite[1]〙 *n.* 〘鉱物〙セレン水銀鉱, チーマンナイト (HgSe).

Tien Shan [tièn-ʃɑ́ːn; *Chin.* tʻiēnʂān] *n.* [the ～; 複数扱い] 天山山脈《中国新疆(㊟)ウイグル自治区とソ連邦 Kirghizia 共和国とにまたがるアジア中部の山脈; 最高峰 Pobedy Peak [pabjédɪ-] (7,439 m)》.

Tien·tsin [tièntsín, tìn- | tjentsín; *Chin.* tʻiēntʃīn] *n.* 天津(㊟)《中国北部河北省 (Hopeh) の大商工業都市; 現在は中央直轄市; 人口 7,210,000》.

tíe·pìn *n.* (ネク)タイピン.

tíe-plàte *vt.* 〈線路〉にタイプレートを挿入する.

tíe plàte *n.* **1** 〘海事〙帯板(㊟)《甲板の木板を支える骨材のうちの一つ; 帯状の鉄材》. **2** 〘鉄道〙タイプレート《枕木とレールの間に挿入する金属板》.

tíe plùg *n.* 〘鉄道〙込み栓, 埋め木《まくら木を繰返し用いる時に, もとの犬釘の穴に詰める木の栓》.

Tie·po·lo [tiéɪpəlòu | tiéɪpəlàu; *It.* tjɛ́ːpolo], **Giovanni Battista** *n.* ティエポロ《1696–1770; イタリアバロックの代表的画家; ベネチアで活躍》.

tier[1] [tíə | tíə(r)] 〘(1569) *tire* ◻ (O)F row, rank, sequence ← *tirer* to draw < VL **tīrāre* ← ?: cf. ON *tirr* & OE *tīr* glory / G *Zier* adornment〙 ―― *n.* **1** (上下に並んだ)列, 段, 階, 層 (row, range): five ～*s* of seats 五段に並んだ座席 / a classroom *in* ～*s* 階段教室 / be arranged *in* ～*s* 段々に並べられる. **2** 《米》(地図の上で隣合わせに並んだ)一連の州[郡など]: a ～ *of* counties 一連の諸郡. **3** 《豪》山脈. **4** 階級 (class): the lower ～ of society 社会の下層階級. **5** 〘服飾〙段[層]になったラッフルやフラウンスの一列. ―― *vt.* 段々に積む, 積み重ねる 〈*up*〉. ―― *vi.* 段々に積み重なる, 段々になっている.

ti·er[2] [táɪə | táɪə(r)] 〘← TIE (v.)＋-ER[1]〙 *n.* **1** 結ぶ人. **2** (米国 New England 地方で)子供のエプロン, 前掛け. **3** 〘海事〙巻き収めた帆をゆわえる綱.

tierce [tíəs | tíəs] 〘(*c*1375) *terse* ◻ (O)F *tierce, terce* < L *tertiam* (fem.) ← *tertius* ‘THIRD’〙 ―― *n.* **1** ティアス《昔の容量単位; ＝$^1/_3$ pipe》; 1 ティアス入りの樽. **2** 〘カトリック〙＝terce. **3** [《英》tɜ́ːs, tíəs] 〘トランプ〙(ピケット (piquet) で)同種札の3枚続き. **4** 〘フェンシング〙ティエルス, 第3の構え《8種の受け構えの一つ; cf. guard *n.* 6 ★》: ～ and quart フェンシングの練習. **5** 《廃》3分の1. **6** 〘音楽〙＝third 5.

tierced [tíəst | tíəst] 〘⇨↑, -ed 2: cf. F *tiercé*〙 *adj.* 〘紋章〙〈盾が〉三等分された《三分された各部分は必ず異なる三色で彩色される; ⇨ heraldry 挿絵》.

tier·cel [tíəsəl, -sl | tɜ́ː-] 〘(*c*1380) ◻ OF ～, *tercel* < VL **tertiōlum* (dim.) ← L *tertius* ‘THIRD’ (第3の卵が雄びなになると信じられた)〙 ―― *n.* 〘鷹狩〙雄の鷹《ハヤブサ・オオタカなど; cf. falcon 2》.

tier·ce·ron [tíəsərən | tíə-] 〘◻ F ～ ← TIERCE＋-*r*-(← ?)＋-*on* ‘-OON’〙 ―― *n.* 〘建築〙枝リブ, 放射状リブ, ティエルスロン《ヴォールト天井で, 柱と柱を結ぶ主要な肋材 (rib) 以外に枝わかれして伸びる肋材》.

tier·cet [tíəsɪt, -sət | tíə-] *n.* ＝tercet.

tiered [tíəd | tíəd] *adj.* 段[層]になった: a ～ skirt 段切り替えのスカート, 横はぎのスカート.

Tier·nan [tíənən | tíə-] 〘◻ Ir.-Gael. *Tiernghernán* (原義) lord〙 *n.* 男性名. ★ アイルランドに多い.

tíe ròd *n.* **1** タイロッド, 控え桿; 控え棒. **2** 〘自動車〙タイロッド, 前輪連結棒《左右前輪のナックルアームを連結する操舵用の横桿》.

Tier·ra del Fue·go [tiérə-dèl-f(j)uéɪgou | tiérə-del-fwéɪgəu, -fuéɪ-; *Sp.* tjérradelfwéɣo] 〘◻ Sp. ～ ‘land of fire’〙 ―― *n.* [the ～] フェゴ諸島《南米南端の諸島; Magellan 海峡をはさんでアルゼンチンに対し, その最南の島の南端が Cape Horn; アルゼンチン領とチリー領とに分かれる; Magellan の命名》.

tiers é·tat [tjɛ́əzeɪtéɪ | tjɛ́ə-; *F.* tjɛːrzeta] 〘◻ F ～ ‘third estate’〙 *F. n.* ＝third estate.

tíer tàble [tíə- | tíə-] *n.* (円い甲板が2段以上ある飲食用の)小形の円テーブル.

tíe sìlk *n.* タイシルク《腰があり, 反撥性があり, 結んだ際にすべらない絹織物で, ネクタイ・ブラウス・アクセサリーに用いる》.

tíe tàck [tàc] *n.* **1** タイタック《ネクタイとシャツを突き通してピンの台に留める装飾つきのピン》. **2** 浮かし留め《スカートなどの表地と裏地をつなぐ編糸や共布の細紐》.

Tíet·ze's exténsion thèorem [tíːtsəz-] 〘← *Heinrich Tietze* (1880–1964)〙 ―― *n.* 〘数学〙ティーツェの拡張定理《平面上の閉集合上で定義された連続関数は平面全体に拡張されるという定理》.

tíe-ùp 〘← *tie up* (⇨ tie (v.) 成句)〙 ―― *n.* **1** 行詰まり, 停滞 (stoppage). **2** 《米》 **a** (ストライキ・悪天候・事故などのための業務・交通などの)休業, 不通. **b** 交通渋滞. **3 a** 提携, 協力, タイアップ〔*with, between*〕: a technical ～ 技術提携. **b** 〔悪人・悪事などとの〕結びつき, 掛かり合い〔*with*〕. **4 a** 《米》(ボートの)係留所. **b** 牛舎; (牛舎内の)一頭分のつなぎ場.

tiff[1] [tíf] 〘略〙 *vi.* 《インド》＝tiffin.

tiff[2] [tíf] 〘(1727) ← 《スコット・北部方言》 *tift* a puff of wind 《擬音語》?〙 ―― *n.* **1** (恋人・友人間などの)小さなけんか, いさかい: a labor ～ 労働争議 / have a ～ *with* …といさかいをする. **2** 不機嫌, 向かっ腹: be *in* a ～ 向かっ腹を立てている. ―― *vi.* **1** 向かっ腹を立てる, 機嫌が悪い. **2** いさかいをする〔*with*〕.

tiff[3] [tíf] 〘◻ ? ON *þēf-r* a smell & *þēf-a* to sniff〙 *n.* 《古》(酒の)ちょっと一杯.

tif·fa·ny [tífəni | -nɪ] 〘(1323) ◻ OF *tifanie* Epiphany < LL *theophaniam* manifestation of God (その祝日に着るところから): ⇨ theophany〙 ―― *n.* **1** 薄い絹織物《紗(㊟)の一種; 造花用》. **2** 目のあいた綿平織物《チーズ用クロス》.

Tif·fa·ny [tífəni | -nɪ] 〘↑〙 *n.* **1** 男性名. **2** 女性名.

Tiffany, Charles Lewis *n.* (1812–1902) 米国の宝石商.

Tiffany, Louis Com·fort [kʌ́mfət | -fət] *n.* (1848–1933) 米国の装飾芸術家・ガラス工芸家; C. L. Tiffany の子.

Tíffany's *n.* [the ～] ティファニー宝石店《米国 New York 市にある》.

Tíffany sétting [móunting] 〘← *C. L. Tiffany*〙 ―― *n.* 《米》〘宝石〙ティファニーセティング[マウンティング]《6本または8本の爪で1個のダイヤを台にとめた指環セットの型》.

tif·fin [tífɪn, -fən | -fɪn] 〘(1785) 《略》 ← *tiffing* (ger.) ← 《廃》 *tiff* to sip ← (n.) weak liquor ← ?〙 《英》 *n.* 昼食, 昼飯 (luncheon). ★ 初めインドなどアジア地域在住の英国人の間で用いられた語. ―― *vi.* 昼食をする, 昼飯を食べる. ―― *vt.* …に昼食を出す.

Tif·lis [tíflɪs, -ləs | -lɪs; *Russ.* tjiflʲís] *n.* Tbilisi の旧名.

tig [tíg] 〘← 《スコット》 *tig* to touch lightly or playfully〙 *n.* (子供の)鬼ごっこ (tag).

ti·ger [táɪgə | -gə(r)] 〘OE *tigras, -es* (pl.) ◻ L *tigr-is, tigris* ◻ Gk *tígris* 《原義》 swift animal ◻ Avestan *tigra* pointed ← IE **steig-* to prick, stick, pierce〙 ―― *n.* (*pl.* ～**s**, ～) **1** 〘動物〙トラ (*Panthera tigris*): work like a ～ 猛烈に働く. ★ 雌は tigress. **2** 〘動物〙トラに類似の動物の総称: **a** 剣歯虎 (saber-toothed tiger). **b** ＝jaguar. **c** ＝tiger cat. **d** 《豪》＝Tasmanian wolf. **3 a** とらのような男, 残忍な男, 暴れ者. **b** 猛烈な活動家: He's a ～ for work. 仕事の鬼だ. **4** 《英古》(仕着せを着た)少年馬丁. **5** 《口語》(テニス・クリケット・ゴルフなどでの)強敵, 手ごわい相手. **6** 《米》(万歳を三唱した後)おまけにつける ‘tiger’ という喝采(㊟): three cheers and a ～ (for a person). **7** 〘魚類〙サメ・フカなどの獰猛(㊟)な魚類の総称《イタチザメ (tiger shark) など》. **8 a** とらの印のバッジ. **b** [T-] とらの印をバッジとする団体[協会]; そのメンバー. **9** [the ～] とらのような獰猛な性質. **10** 《米俗》〘トランプ〙＝faro. **11** ＝blind tiger.

buck the tiger 《米俗》(トランプの) faro をやる. *fight the tiger* 《米俗》(トランプの) faro で賭ける. *have a tiger by the tail* 《米》予期せぬ苦境に立つ.

～·lìke *adj.*

tíger bèetle *n.* 〘昆虫〙ハンミョウ《ハンミョウ科の昆虫の総称; 他の昆虫を襲う》.

tíger bìttern *n.* 〘鳥類〙トラフサギ《中南米産サギ科 *Tigrisoma* 属の鳥の総称; 淡黄色または褐色の地に黒い横縞斑がある》.

tíger càt *n.* 〘動物〙 **1** ジャガーネコ (*Felis tigrina*) 《中・南米産のヤマネコの一種》. **2** 《豪》フクロネコ (*Dasyurus maculatus*). **3** (縞または斑点のある)トラネコ.

tíger·èye *n.* **1** 〘鉱物〙虎眼石《黄褐色; 飾り石に利用》. **2** 〘窯業〙砂金石釉の特種な型で虎眼石風の紋様のもの.

tíger fìsh 〘非常に大食なことと体にある3条の黒褐色の縦帯にちなむ〙 ―― *n.* 〘魚類〙 **1** タイガーフィッシュ (*Hydrocyon goliath*) 《アフリカ産カラシン科の獰猛な魚; 体重 50 kg にも達する》. **2** ヤガタイサギ (*Therapon jarbua*).

tíger·flòwer *n.* 〘植物〙中米産の虎斑(㊟)模様のあるアヤメ科トラユリ属 (*Tigridia*) の植物の総称《トラユリ (*T. pavonia*) など》.

tí·ger·ish [-g(ə)rɪʃ | -gər-] *adj.* **1** とらのような. **2** 凶暴な, 残忍な (cruel, fierce), 血に飢えた (bloodthirsty), すさまじい. **～·ly** *adv.* **～·ness** *n.*

tí·ger·ism [-gərìzm] *n.* 《古》大見栄を切ること, 威張ること (swagger).

tíger lìly *n.* 〘植物〙 **1** オニユリ (*Lilium lancifolium*) 《東アジア原産で花はオレンジ色》. **2** オニユリに類似したユリ.

ti·ger·ling [táɪgəlɪŋ | -gə-] 〘⇨ -ling[1]〙 *n.* 小とら.

tíger mòth *n.* 〘昆虫〙ヒトリガ《鱗翅目ヒトリガ科のガの総称》.

tíger sálamander *n.* 〘動物〙トラフサンショウウオ (*Ambystoma tigrinum*).

tíger's-èye *n.* 〘鉱石〙＝tigereye 1.

tíger shàrk *n.* 〘魚類〙イタチザメ (*Galeocerdo cuvier*) 《暖海産の大形のサメ》.

tíger snàke *n.* 〘動物〙タイガースネーク (*Notechis scutatus*) 《オーストラリアおよび Tasmania に広く分布する褐色に黒い縞模様のあるコブラ科の毒ヘビ》.

tíger swàllowtail *n.* 〘昆虫〙トラフアゲハ (*Papilio glaucus*) 《北米産のアゲハチョウの一種》.

tíger·wòod 〘← TIGER＋WOOD[1]〙 *n.* 斑(㊟)入りの美しい家具用材; (特に)熱帯アフリカ産センダン科の樹木 (*Lovoa klaineana*) の木材.

tight [táɪt] 〘(1379) *ti(g)ht, thight* ◻ ON *þētt-r* (water) tight, solid < Gmc **þinχtaz* (G *dicht* thick) ← **þinχ-* to grow ← IE **tenk-* to be thick or strong〙 ―― *adj.* (～·**er**; ～·**est**) **1** 堅く結んだ, 堅い, きつい (firm): a ～ knot 堅い結び目 / a ～ drawer きつい引出し / a ～ little bud (まだ)堅い小さなつぼみ / a ～ squeeze 堅い握手, 強い抱擁 (cf. 5 c, 7) / a ～ little group 小さくまとまった集団 / The cork is ～ in the bottle. コルクがびんにきつく入っている. **2 a** すき間のない, 空気[水など]の漏らない: a ～ ship, cask, roof, etc. **b** [tàɪt] [通例複合語の第2構成素として]〔…の〕透らない, 漏れない, 防…, 耐…(cf. -proof): air*tight*, gas*tight*, water*tight*, wind*tight*. **3 a** 〈なわなど〉張り切った, ぴんと張った (taut) (↔ slack, loose): a ～ rope / ⇨ tightrope / (as) ～ as a drum 〈腹の皮など〉太鼓のようにぴんと張った; 満腹した (cf. 10). **b** 〈微笑など〉引きつった, こわばった: a ～ smile. **4 a** 〈衣服など〉きちっと合った; (特に)きつい, 窮屈な (cf. loose 3 c, easy 6): a ～ collar, dress, hat, etc. / ～ gloves, trousers, pants, etc. / ～ boots きついブーツ / This coat is ～ under the arms. この上着は両腕の下のところがきつい / It is a ～ fit. これは窮屈だ. **b** 〈胸の感じなど〉締めつけられるような (constricted): a ～ feeling / My throat was ～ with emotion. 感動でのどが締めつけられるようだった. **5 a** 〈布地など〉詰まった, 目のつんだ: a ～ weave 目のつんだ織り. **b** 〈袋・予定など〉一杯になった, ぎっしり詰まった: a ～ bale 一杯に詰まった俵 / a ～ schedule ぎっしり詰まった予定,「ハードスケジュール」. **c** ぎゅうぎゅう詰めの, 身動きもならない: It was a ～ squeeze. まったくすし詰めだった (cf. 1, 7). **6** 厳しい, 厳格な (severe): ～ control, discipline, etc. / a ～ police state 厳重な警察国家 / keep a ～ hand over a person 人を厳格に監督する. **7** 〈立場など〉厄介な, 難しい, 取扱いにくい (difficult): a ～ situation / a ～ squeeze のっぴきならない立場, 窮地 (cf. 1, 5 c) / be in a ～ place [corner, spot] 進退極まる, 窮地に陥る. **8** 《口語》〈競走・試合など〉ほとんど互角の (close): a ～ race [match] 接戦. **9 a** 《口語》けちな, しまり屋の (close-fisted): He is ～ *in* his dealings. 商売のやり方ががめつい. **b** 誠実な, かたい (faithful). **c** 《俗》親しい, 好意的な. **10** 《俗》酔った (drunk): get ～ 酔っぱらう / (as) ～ as a drum ぐでんぐでんに酔って (cf. 3 a). **11** 《方言》 **a** 上手な, 器用な, うまい, 有能な (dexterous). **b** 格好のいい; 姿のよい, 顔立ちのよい. **c** きちんと着飾った; こぢんまりとした, きちんとした (trim): a ～ little vessel [lass] こぢんまりした船[こぎれいな娘]. **12 a** 〘商業〙〈商品が〉手に入れにくい, 払底の; 〈金・金融が〉つまった, 逼迫(㊟)した (straitened) (↔ easy): a ～ budget 切り詰めた予算 / The money market is ～. 金融が逼迫している. **b** 〈商売・取引が〉あまりもうからない, マージンの少ない: a ～ bargain. **13** 〈文体が〉圧縮された, ひどく堅苦しい; 〈美術作品が〉調子のかたい, 描写が細かすぎて余裕のない. **14** 〘印刷〙語間[行間]の詰まった; 〈ページが〉ぎっしり詰まった. **15** 〘新聞〙 **a** (広告が多くて)記事の紙面がほとんどない. **b** ニュースが紙面に載せきれないほどたくさんある. **16** 〘アメリカンフットボール〙〈フォーメーションが〉すき間のない, 固い, タイトな (compact) (cf. loose 13 a): a ～ formation. **17** 〈曲線・弧・カーブなど〉急な, (カーブの)きつい (sharp). **18** 《口語》〘野球〙〈投球が〉(打者に対して)近めの, インサイドの. **19** 〈木材が〉腐っていずひびもない.

up tight ＝uptight.

―― *adv.* (～·**er**; ～·**est**) **1** 堅く, しっかりと, きつく; ぎっしりと: squeeze [hold] it ～ きつく締めつける[しっかりと持つ] / fit ～ 〈衣服が〉ぴったり合う, 窮屈である / shut the door ～ ドアをしっかりと締める / pack a bag ～ 袋にぎっしり詰め込む. **2** 《方言》ぐっすりと (soundly): be ～ asleep 熟睡している.

sit tight (1) (馬の)鞍に正座する. (2) しっかり腰をすえる, 一歩も動かない; (隠れて)じっとしている. (3) 《口語》時機を待つ, 行動を起こさない. (4) 《口語》主張をまげない, 強硬にねばる, 固執する.

―― *n.* **1** 《俗》窮地, 窮境: pull a person out of a ～ 人を苦境から救い出す. **2** [しばしば the ～] 《英》〘ラグビー〙タイト《フォワードが散開しないで展開するプレイ; cf. loose 2》.

～·ly *adv.* **～·ness** *n.*

tíght báckbone [báck] *n.* 〘製本〙タイトバック, 硬背(㊟)《堅牢な表紙の背に, 中身の背をぴったりと貼付けた装丁法; fastback ともいう; cf. hollow back》.

tight·en [táɪtn] 〘(1725): ⇨ tight, -en[1]〙 ―― *vt.* **1** しっかりと締める, 固くする, 張る 〈*up*〉: ―― (*up*) the rope なわをぴんと張る / ～ one's bootlace 靴紐を締め直す / ～ one's grip 一層きつくつかむ / ～ the reins 手綱を引き締める / ～ *down* hatch covers ハッチの

蓋(ふた)をしっかり締めつける / She ~*ed* her lips. (怒って)口を固く結んだ / ⇨ *tighten one's* BELT[1]. **2** 〈統制・政策などを〉引き締める, 厳しくする, 強化する 〈*up*〉: ~ sentences 文章を引き締める / ~ monetary policy 金融政策を引き締める / ~ *up* economic controls 経済統制を強める. — *vi.* しっかりと締まる, 固くなる, 窮屈になる; 一層厳しくなる, 強化する 〈*up*〉: ~ *up on* the legal protection of wildlife 野生生物の法的保護を強化する / His face muscles ~*ed*. 顔の筋肉が引き締まった. **~·er** [-tṇə, -tnə | -tṇə(r, -tnə(r] *n.*

tight énd *n.* 〘アメリカンフットボール〙タイトエンド《タックルから 2 ヤード以内の位置につくエンド》.

tíght·físted *adj.* けちな, にぎり屋の (close-fisted).

tight fít *n.* 〘機械〙締りばめ《穴と軸との間に必ず締めしろのあるはめあい; cf. loose fit》.

tíght·fítting *adj.* 〈衣服など〉ぴっちり合った, 窮屈な: a ~ sweater 体にぴったり合ったセーター.

tíght jóint *n.* 〘製本〙突き付け《表紙の平と背との間に溝を作らない形式のもの; smooth joint ともいう; cf. open joint》.

tíght-knít *adj.* しっかり組み立てられた, 緊密に統合された: a ~ organization 緊密に組み立てられた組織.

tíght-láced *adj.* **1** きついコルセットを着けた. **2** 堅苦しい, 杓子(しゃくし)定規の.

tíght-lípped *adj.* **1** 口を固く閉じた: He answered in ~ anger. 怒って口をへの字に結んで答えた. **2** 容易に口を開かない, 口数の少ない. 「closemouthed.

tíght-móuthed [-máuðd, -máuθt | -máuðd] *adj.* =

tíght·ròpe *n.* 綱渡りの綱, 張り綱 (cf. slack rope): a ~ dancer 綱渡り芸人 / perform on the [a] ~ 〈軽業師が〉綱渡りをする.

walk a tightrope (1) 綱渡りをする. (2) 危い[きわどい]ことをする, 危い橋を渡る.

— *vt.* [~ one's way [course, etc.] として] 綱渡りで進む; 綱渡りのように歩いて行く[進む]. — *vi.* 綱渡りをする; 危い橋を渡る.

tights [táits] 〖《1833》← TIGHT＋-S[1]〗 *n. pl.* **1** (バレリーナ・子供などの着る)タイツ. **2** (昔, 男子が正装に用いた)ぴったりした半ズボン (breeches).

tíght sìde *n.* (合板用)薄板の表側.

tight·wad [táɪtwɑ̀d, -wɔ̀(ː)d | -wɔ̀d] 〖← TIGHT＋WAD[1]〗 *n.* 《米俗》けちんぼう, にぎり屋 (miser, niggard).

tíght·wìre *n.* ワイヤー製の綱渡りの綱. 「gard).

Tig·lath-pi·le·ser III [tíglæθpaɪlíːzə-, -pɪ-, -pə- | -paɪlíːzə-, -pɪ-] *n.* ティグラト ピレセル三世 (?-727 B.C.; アッシリアの王 (745-727 B.C.); 欽定訳聖書では Tilgath-pilneser [tɪlgæθpɪlníːzə | -zə(r] (テルガテ ピルネセル)と呼ばれる; cf. *1 Chron.* 5:6》.

tig·lic [tíglɪk] 〖← NL *tiglium* croton-oil plant (← Gk *tílos* watery excrement＋-IUM)＋-IC[1]〗 *adj.* 〘化学〙チグリン酸の[から生じる].

tíglic ácid *n.* 〘化学〙チグリン酸 (CH_3CH=$C(CH_3)$-COOH)《ローマカミツレ花の精油や, クロトン油中に存在する; 医薬用》. 「tigon.

ti·glon [táɪglən] 〖← TIG(ER)＋L(I)ON〗 *n.* 〘動物〙=

ti·gon [táɪgən] 〖《混成》← TIG(ER)＋(LI)ON〗 *n.* 〘動物〙タイゴン, トラシシ《トラの雄とライオンの雌との交配による雑種; cf. liger》.

Ti·gré [tíːgreɪ] *n.* **1** ティグレー《アフリカ東部の旧王国; 現在はエチオピアの一州; 首都 Aduwa [áːdʊwə]》. **2** ティグレー語《北部エチオピアのセム語派の一言語》.

ti·gress [táɪgrɪs, -grəs | -grɪs, -grəs, -gres] 〖《1611》▭ F *tigresse*: ⇨ tiger, -ess[1]〗 *n.* **1** 雌のとら. **2** (雌とらのような)残忍な女, たけだけしい女.

ti·grine [táɪgrɪn, -grən, -graɪn | -grɪn, -graɪn] 〖▭ L *tigrīn-us*: ⇨ tiger, -ine[1]〗 *adj.* とらの(ような); 虎斑の.

Ti·gri·nya [tɪgríːnjə, tə- | tɪ-] *n.* ティグリニア語《北部エチオピアのセム語派の一言語》.

Ti·gris [táɪgrɪs, -grəs | -grɪs] 〖▭ L ~ ▭ Gk ~ ▭ OPers. *Tigra*《原義》the swift river: cf. tiger〗 — *n.* [the ~] ティグリス(川)《トルコ南東部に発しイラクを貫流して Euphrates 川と合流し, Shatt-al-Arab 川となってペルシャ湾 (Persian Gulf) に注ぐ (全長 1,900 km)》.

ti·grish [táɪgrɪʃ] *adj.* =tigerish.

T.I.H. 《略》Their Imperial Highnesses. 「の旧名》.

Ti·hwa [tìː(h)wáː; *Chin.* tìxuà] *n.* 迪化(てきか)《Urumchi

Ti·jua·na [tìːəwáːnə, tiːwáː-; *Am. Sp.* tihwána] *n.* ティワナ《メキシコ北西部, 米国国境に面した都市; 人口 412,000》.

tike [táɪk] *n.* =tyke.

Ti·kho·nov [tíːko(ʊ)nɔ̀(ː)f | -kə(ʊ)nɔ̀f; *Russ.* tíxənəf], **Nikolai Aleksandr** *n.* チーホノフ《1905-　; ソ連の政治家, 政治局員 (1979), 首相 (1980-　)》.

ti·ki [tíːki | -kɪ] 〖← Maori《土語》〗 *n.* **1** [しばしば T-] (ポリネシア神話の)地上の人間の始祖. **2** tiki 1 の彫像《首輪にして下げる》.

til [tɪl, tíːl] 〖▭ Hindi ~ ← Skt *tila*〗 *n.* ごま (sesame).

til·ak [tílək] 〖▭ Skt *tilaka*: cf. Skt *tila* sesame〗 *n.* (*pl.* ~**s**, ~) (ヒンズー教徒が宗派の標識として額につける)赤い小斑点(はんてん).

ti·la·pi·a [tɪláːpiə, tə-, -léɪ- | tɪláːpɪə, -léɪ-] 〖← NL ~〗 — *n.* 〘魚類〙テラピア《アフリカ産のカワスズメ科カワスズメ属 (*Tilapia*) の淡水魚の総称; 受精卵を口の中で育て, 危険が迫ると子魚を口に避難させるテラピア (*T. mossambica*), *T. nilotica* など》.

til·bur·y [tílbèri, -b(ə)ri | -b(ə)rɪ] 〖《1796》← *Tilbury* (ロンドンの馬車製造業者でその考案者)〗 *n.* 覆(おお)いのない二輪軽装馬車《19 世紀初めに流行した》.

Til·bur·y [tílbèri, -b(ə)ri | -b(ə)rɪ] 〖OE *Til(l)aburg* 《原義》burg of *Tila* (人名): ⇨ burgh〗 — *n.* イングランド Essex 州南部 Thurrock の Thames 川に臨む一地区; London 港の一部.

Til·da [tíldə] 〖(dim.) ← MATILDA〗 *n.* 女性名.

til·de [tíldə | tíld, tíldɪ, -də; *Sp.* tilde] 〖《1864》▭ Sp. ~ ▭ L *titulus* 'TITLE'〗 — *n.* **1** ティルデ《スペイン語で n の上に付ける記号; señor, cañon などの ˜ で [ɲ] 音を表わす》. **2** ティルド《ポルトガル語で母音の上につける鼻母音記号; pão [pɐ̃ũ] などの ˜》. **3** (省略を表わす)波ダッシュ. **4** 〘論理・数学〙(否定を表わす)波形記号 (~). **5** 〘数学〙ティルダ《Ã のように記号の上につけてプライム (prime) と同じ目的に用いるもの》. 「米国の政治家.

Til·den [tíldən, -dṇ], **Samuel Jones** *n.* (1814-86)

Tilden, William Ta·tem [téɪṭəm | -təm], **Jr.** *n.* (1893-1953) 米国のテニス選手; 通称 Big Bill.

tile [táɪl] 〖OE *tīgele* (cog. G *Ziegel*) ▭ L *tēgula* ← IE *(s)teg- to cover (L *tegere* to cover): cf. thatch〗 — *n.* (*pl.* ~**s**, *1*, *2* ではまた ~) **1** 瓦(かわら), タイル, 化粧タイル: a roofing ~ 屋根瓦 / a plain ~ 平瓦 / ⇨ pantile. **2 a** 空洞れんが. **b** 下水土管. **3** 《口語》シルクハット (top hat). **4** (マージャンの)牌(パイ): wash the ~*s* 牌を掻きまぜる.

have a tile loose 《俗》少々気がふれている (cf. *have a* SLATE[1] *loose*). (*out*) ***on the tiles*** 〖交尾期の猫が夜屋根に上ることから〗《俗》遊び[飲み]回って, 夜遊びをして.

— *vt.* **1** 瓦でふく, …に瓦を敷く, タイルを張る: ~ a house [roof] 家[屋根]を瓦でふく / ~ a floor 床にタイルを張る. **2** 〈Freemason の集会所〉に見張番を置く. **3** …に秘密を誓わせる; 〈会議などを〉極秘にする. **4** …に土管を敷く; 土管で排水する.

tiled *adj.* **1** 瓦を敷いた, タイル張りの. **2** 部外者を入れない, 極秘の. **3** 土管を敷いた; 土管で排水する.

tíle·fìsh 〖← *tile*- (← NL (*Lophola*)*tilus*)＋FISH: 鮮やかな色が装飾用タイルの色と似ていることから〗 *n.* 〘魚類〙 **1** 大西洋産の色彩の鮮美な食用魚 (*Lopholatilus chamaeleonticeps*). **2** アマダイ科の魚類の総称.

tíle hànging *n.* 〘建築〙(外壁などの垂直面の)平瓦葺き.

tíle hàt *n.* シルクハット.

tíle pìpe *n.* 〘土木〙陶管.

til·er [-lə | -lə(r] 〖《?a1300》: ⇨ tile, -er[1]〗 *n.* **1** 瓦(かわら)製造人, 瓦職; タイル職人. **2** (Freemason の)集会所の見張人. 「タイル製造所.

til·er·y [táɪləri | -rɪ] 〖← TILE＋-ERY〗 *n.* 瓦(かわら)焼場,

tíle·stòne 〖OE *tigelstān*: ⇨ tile, stone〗 *n.* 〘岩石〙タイル石, 石瓦(いしがわら)《薄くはいで屋根瓦などに用いる石》.

tíle tèa *n.* =brick tea.

Til·i·a·ce·ae [tìliéɪsiìː | -lɪ-] 〖← NL ~ ← *Tilia* (属名: ← L *tilia* linden tree)＋-ACEAE〗 *n.* 〘植物〙シナノキ科. **til·i·á·ceous** [-ʃəs] *adj.*

tíl·ing [-lɪŋ] 〖《1440》: ⇨ tile, -ing[1]〗 *n.* **1** 瓦(かわら)をふくこと, タイル張り(工事). **2** [集合的] 瓦, タイル (tiles). **3** 瓦屋根; タイル面.

till[1] [tɪl, tḷ, təl; tɪl, tíːl] 〖OE (Northumbrian) *til* ▭ ON *til* to (adv.) ← ? Gmc *tilam (↓)〗 — *prep.* **1** 〈特定の時〉まで(ずっと) (cf. since, by[1] 6): be true ~ death 死ぬ[最後]まで誠実である / ~ now 今まで / ~ then その時まで / ~ next week 来週まで / sleep ~ noon 正午まで眠る / Wait ~ tomorrow [~ his arrival]. 明日まで[彼の帰るまで]待て / They traveled from dawn ~ dusk. 夜明けから夕方まで旅を続けた. **2** [否定語の後に用いて] 〈特定の時〉…まで(…しない), …に至って(…する) (before): He did *not* return ~ ten o'clock [~ after ten]. 10 時[10 時過ぎ]まで帰らなかった / It was *not* ~ evening that I knew the fact. 夕方になってやっとその事実を知った. **3** 《スコット》[場所] …まで, …へ (to, unto). — *conj.* **1** …(する時)まで; …してついに…: I slept ~ it was light. 明るくなるまで眠った / She laughed ~ (at last) the tears ran down her cheeks. 涙の出るほど笑った, 余り笑ってとうとう涙がこぼれた. **2** [否定語の後に用いて] …するまでは(…しない), …して初めて(…する) (before): Don't start ~ I give the word. 追って命じるまで出発するな / People do *not* know the value of health ~ they lose it. 健康は失って初めてその真価がわかる. ★ till と until との使い分けについては ⇨ until.

till[2] [tíl] 〖OE *tilian* to strive for attempt, obtain < Gmc *tilōjan, *tilējan (Du. *telen* to breed, cultivate / G *zielen* to aim) ← *tilam aim, goal (OE *till* fixed point, station / G *Ziel* end) ← ? IE *ad- to order, establish〗 — *vt.* **1** 耕作する, 耕す (cultivate, plow): ~ the land. **2** 培う, 開発する: ~ the mind [a virtue] 精神[徳]を培う / ~ a field of knowledge ある知識分野を研究する. — *vi.* 土地を耕す.

till[3] [tíl] 〖《1452》*tylle*《逆成》← ME *tyllen* to draw < OE *-tyllan* ← ?: cf. L *dolus* trick〗 — *n.* **1 a** (商店・銀行などの)現金入れ引出し, 現金箱. **b** (銀行などの)出納(係のいる)窓口. **2 a** 現金箱に入れた金. **b** 手元にある現金. **3** (戸棚(とだな)・たんすなどの)貴重品引出し. **4** (机上に置く)整理棚, 書類分類ケース.

till[4] [tíl] 〖← ?: cf. ME *thill* underclay〗 *n.* 〘地質〙 **1** 漂転土, 漂礫(ひょうれき)土《氷河で運ばれた土砂や礫が氷河が溶けるとともに積もったもの》. **2** 《スコット》硬粘土.

till[5] [tíl] 〖← ? G *Tülle* socket, mouth of a pitcher〗 *n.* 〘印刷〙角筒支え《昔の手動印刷機の角筒を支えるための横板》. 「る.

till·a·ble [tíləbḷ] *adj.* 耕すことのできる, 耕作に適す

till·age [tílɪdʒ] 〖《1488-89》← TILL[2]＋-AGE〗 *n.* **1** 耕すこと, 耕作. **2** 耕地. **3** 農作物. 「地.

in tillage 耕作されて: land *in* ~ 耕作されている土

til·lands·i·a [tɪlǽndziə | -dzɪə] 〖← NL ~ ← *Elias Tillands* (17 世紀のフィンランドの植物学者): ⇨ -ia[1]〗 — *n.* 〘植物〙熱帯および米国南部産パイナップル科ティランジア属 (*Tillandsia*) の植物の総称《サルオガセモドキ (Spanish moss) など》.

till·er[1] [-lə | -lə(r] 〖《c1250》*tiliere* ∽ OE *tilia*: ⇨ till[2], -er[1]〗 *n.* 耕す人, 耕作者, 農夫 (farmer); 耕耘(うん)機.

till·er[2] [tílə | -lə(r] 〖《a1420》*tiler* ▭ AF *telier* weaver's beam < ML *tēlārium* ← L *tēla* web // ME *tille(n)* to draw, pull (cf. till[3])＋-ER[1]〗 — *n.* **1** 〘海事〙舵柄(だへい). **2** (一般に)方向を決める舵(かじ).

till·er[3] [tílə | -lə(r] 〖OE *telgor* twig, shoot〗 *n.* **1** (切株からはえた)ひこばえ (shoot). **2** 若木 (sapling). — *vi.* (切株から)ひこばえがはえる. 「操舵手.

tíller·man [-mən | -lə-] *n.* (*pl.* -**men** [-mən, -mèn])

Til·le·ti·a·ce·ae [tɪlìːʃiéɪsiìː, tə- | tɪlìːʃɪ-] 〖← NL ~ ← *Tilletia* (属名: ← ?)＋-ACEAE〗 *n. pl.* 〘植物〙ナマグサクロボキン科. **til·lè·ti·á·ceous** [-ʃəs] *adj.*

Till Eu·len·spie·gel [tɪ́l-ɔ́ɪlənʃpìːgəl; G. tíl-ɔ́ʏlṇʃpìːgəl] *n.* ティル オイレンシュピーゲル《14 世紀ドイツの伝説的人物で, いたずら好きの道化者・遍歴職人; 多くの物語の題材となった》.

Til·lich [tílɪk; G. tílɪç], **Paul (Johannes)** *n.* ティリヒ《1886-1965; ドイツ生れの米国の哲学者・神学者》.

Til·lie [tíli | -lɪ] 〖(dim.) ← MATILDA〗 *n.* 女性名《異形 Tilly》.

till·ite [tílaɪt] 〖← TILL[4]＋-ITE[1]〗 *n.* 〘地質〙漂礫(ひょうれき)岩, 氷礫岩《氷河によってできた漂礫土の固結したもの》.

tíll mòney *n.* 〘銀行〙(金庫室に保管の金と区別して)出納係の手許にある金.

Til·lot·son [tílətsṇ], **John** *n.* (1630-94) 英国の聖職者; 雄弁な説教者; カンタベリー大主教.

tíll-tàpper *n.* 《俗》売上げ金泥棒.

tíll-tàpping *n.* 《俗》売上げ金盗み[着服].

Til·ly [tíli | -lɪ] 〖⇨ Tillie〗 *n.* 女性名.

Til·ly [tíli | -lɪ; G. tíli], **Johann Tser·claes** [tseːr-kláːs] **Graf von** *n.* ティリー《1559-1632; 三十年戦争の際に活躍したドイツの旧教徒の将軍》.

til·ly-val·ly [tílivæ̀li | -lɪvæ̀lɪ] 〖← ?〗 *int.* 《古》ばかばかしい, くだらない (fiddlesticks).

Til·sit [tílzɪt, -zət | -zɪt; G. tílzɪt, *Russ.* tjiljzít] *n.* **1** ティルジット《Neman 河畔の都市; もと東プロイセン領, 1807 年この地で Napoleon 一世とプロイセン・ロシヤとの間に平和条約が締結された; 現在は Sovetsk》. **2** ティルジットチーズ《全乳製の薄黄色の柔らかいチーズ; Tilsit cheese ともいう》.

tilt[1] [tílt] 〖ME *tylte(n)* < OE *tyltan, *tieltan ← *tealt* unsteady, shaky: cf. Norw. *tylten* unsteady〗 — *vi.* **1** 傾く, かしぐ (slant) 〈*up*, *over*〉: The table is apt to ~ *over*. そのテーブルはかしぎやすい. **2** 上下に動く; (特に)〈船が〉上下に揺れる: The boat ~*ed* (up and down) on the waves. **3** (槍で)突きかかる, 突く 〔*at*〕: ~ at the ring (馬を走らせて)高くつるした環を手槍で取る《昔行なわれた一種の武技》 / ⇨ *tilt at* WINDMILLS. **4** 馬上槍試合をする (joust). **5** 論争する 〔*with*〕; 風刺する, 攻撃する 〔*at*, *against*〕: ~ *at* wrongs 悪弊を攻撃する. **6** 突進する (rush): ~ *out* / ~ *into* a room. **7** 〘地質〙〈地層が〉急角度で傾動する. **8** カメラをティルティングする[上下に傾ける].

— *vt.* **1 a** 傾ける, かしげる (tip) 〈*up*, *over*〉: ~ a cask *up* [*over*] 樽を傾ける[倒す] / ~ one's head *back against* the wall 頭を壁に寄りかける / ~ one's head on one side 頭を一方にかしげる / ~ Japan's policy *toward* the Arabs 日本の政策をアラブ諸国寄りにする. **b** 傾けて〈容器〉の中味をあける: ~ a dust cart / He ~*ed* his second cocktail. 二杯目のカクテルを飲みほした. **2** 〈槍を〉繰り出す, (槍で)突く (thrust): ~ a lance. **3** 襲う, 攻撃する: ~ an adversary 敵を攻撃する. **4** tilt hammer で鍛える[打つ]. **5** (撮影のため)〈カメラを〉ティルティングする[上下に傾ける].

— *n.* **1** 傾けること; 傾き, 傾斜, かしぎ (slant): give a ~ to a barrel 樽をかしげる / on the ~ 傾いて / have a ~ to the left [east] 左[東]へ傾く / adjust one's hat to a more rakish ~ 帽子を動かして一層伊達男風にかしげる. **2 a** (中世騎士の)馬上槍試合 (joust) (cf. tournament 2). **b** 馬上槍試合大会 (jousts). **3 a** 試合 (contest). **b** 論争 (dispute). **4** (槍などの)突き; 攻撃: have a ~ *at* [*against*] …を攻撃する, 論駁(ばく)する. **5** 〘釣〙細長いトップの付いた穴釣用の浮き. **6** 〘金属加工〙=tilt hammer. **7** 〘写真〙(空中撮影で)カメラの方向(光軸)が垂直でないこと; 垂直線との角度; カメラや映写機を垂直平面内で傾けること.

tilt[1] 2

(*at*) ***full tilt*** 全速力で, まっしぐらに: come [go, run] *full* ~ into [at] …に突進する. ***at tilt*** =atilt.

~·er [-ṭə | -tə(r] *n.* **~·a·ble** [-ṭəbḷ | -tə-] *adj.*

tilt[2] [tílt] 〖《1440》< Gmc *teldam《変形》← ME *tild*

< OE *teld* tent, pavilion, covering (G *Zelt* tent) ← IE **del-* to split, carve (L *dolire* to split)〛 ── *n.* (馬車・舟・屋台店などの)雨覆(おお)い, 雨よけ, 日覆い. ── *vt.* 〈舟・車など〉に雨よけ[日覆い]をかける.

tílt àngle *n.* 〖宇宙〗(発射されたロケット・ミサイルの垂直線に対する)傾斜角.

tilth [tílθ, tíltθ|tílθ] 〚OE *tilþ* ← *tilian*: ⇨ till², -th²〛 ── *n.* **1 a** 耕すこと, 耕作; 耕作状態 (tillage): the ~ of the ground 土地の耕作 / land in good ~ よく耕した土地. **b** (精神などの)涵養(かんよう): the ~ of the mind. **2** 耕した土, 土壌. **3** 耕地, 田畑 (tilled land).

tílt hàmmer *n.* 〖金属加工〗チルトハンマー (⇨ helve hammer).

tílt·hèad *n.* 〖写真〗(三脚の)可動式カメラ取付部《水平方向へは自由に, 垂直方向へはある程度まで回転してカメラの傾斜を調整できるもの》.

tílt·ing chèst [-tɪŋ- | -tɪŋ-] *n.* 馬上槍試合の光景を描いてある中世の櫃(ひつ).

tílting lèvel *n.* 〖測量〗(望遠鏡を正確に調整するための)微動ねじ付水準器.

tílting yàrd *n.* =tiltyard.

tílt·mèter *n.* 〖測量〗傾斜計《地面の傾き角を測る器具》.

tílt-tòp tàble *n.* =tip-top table.

tílt·yàrd 〚《1528》← TILT¹ (n.) 2+YARD²〛 *n.* (中世の)馬上槍試合場.

Tim [tím] 〚(dim.) ← TIMOTHY〛 *n.* 男性名.

Tim. 《略》Timothy (新約聖書の)テモテ書.

tim·a·rau [tìməráu] *n.* 〖動物〗=tamarau.

tim·bal [tímbəl] 〚《1680》□ F *timbale*《変形》←《廃》*tamballe* □ Sp. *atabal* Moorish drum □ Arab. *aṭ-ṭábl* the drum: ⇨ atabal〛 ── *n.* **1** =kettledrum 1. **2** 〖昆虫〗(セミなどの)振動膜.

tim·bale [tímbəl, tɪmbáːl, tæm- | tæmbáːl, tímbəl; *F.* tɛ̃bal] 〚《1854》□ F ~ (↑) (形が似ているところから): cf. Sp. *timbal* kettledrum〛 ── *n.* **1** =timbale iron. **2** タンバル《タンバル型 (timbale iron) に入れるか, タンバル型に作ったパイ ケースなどに魚や鶏・野菜・チーズなどを入れて仕上げた料理》.

tímbale ìron *n.* タンバル型《底面が丸く, 側面がまっすぐか少し斜めになった深みのある型; 金属か陶製で料理に用いる》.

tim·ber¹ [tímbə | -bə(r] 〚OE ~ 'building, timber' < Gmc **timram* (G *Zimmer* room / ON *timbr* timber) < IE **demrom* ← **dem-* to build; house (L *domus* house / Gk *dómos* house & *démein* to build)〛 ── *n.* **1** (家・橋・船などの建造に用いられる)材木, 木材《伐採したものにもそうでないものにも言う》. **2 a** (建築用に製材した)材木, 製材《専門的には米国では5インチ角以上のもの, 英国では4½×6インチ以上のものをいう》. **b** 《英》用材, 挽材, 板材 (《米・カナダ》lumber). **3** [集合的] (建築用に用いられる)樹木; 立木 (growing trees): standing ~ 立木. **4** 《米》(材木を採るための)森林地, 林地 (wooded land). **5** 人物, 人柄, 素質 (caliber): men of John's ~ ジョンのような人柄の人々. **6** [*pl.*] 〖海事〗船材, 肋(ろく)材 (rib). **7 a** 《俗》〖馬術〗木造障害物《門や垣根》. **b** 《俗》(クリケットの)三柱門. **8 a** 木製の義脚. **b** 《俗》脚 (leg).
Shiver* [*Dash*] *my timbers!*=*My timbers! 《海事俗》畜生, いまいましい (cf. 6). ── *vt.* 材木で支える[おおう]. ── *vi.* 木材を切り出す. ── *int.* 「木が倒れるぞ」《伐木の際に木材切出し人夫が近くの人に警告する叫び声》.

tim·ber² [tímbə|-bə(r] 〚□ OF *timbre* ‖ ML *timbrium* □ LG *timmer*〛 *n.* 〖商業〗(シロテン (ermine), クロテン (sable) などの)毛皮の一束《40枚》.

tim·ber³ [tǽmbə, tím- | tǽmbr(ə), -bə(r, tímbə(r] *n.* =timbre.

tim·ber·doo·dle [tímbədùːdl | -bə-] 〚← TIMBER¹ + *doodle* cock (cf. cock-a-doodle-doo)〛 *n.* 〖鳥類〗=woodcock 1 b.

tím·bered 〚← TIMBER¹ + -ED 2〛 ── *adj.* **1** [しばしば複合語の第2構成素として] 立木のある, 樹木のおい茂った (wooded): well-*timbered* land. **2 a** 木造の: ~ houses. **b** [複合語の第2構成素として] (...の)木材を使ってある, 造りが...材の, 木口が...の. **3** 〈壁が〉材木をむき出しにした.

tímber·hèad *n.* 〖海事〗**1** 肋(ろく)材の上端. **2** 肋材延長部; (同部を利用した)繫柱(けいちゅう) (bollard).

tímber-hèaded *adj.* 《俗》愚鈍な (stupid).

tímber hìtch *n.* 〖海事〗ねじり結び《円材などに索の端を結びつける時の結び方の一種》.

tím·ber·ing [-b(ə)rɪŋ | -bər-] 〚? lateOE *timbrung*: ⇨ timber¹, -ing¹〛 *n.* **1** [集合的] 建築用材, 木材. **2** 木組み (timberwork).

tímber·jàck *n.* 樵(きこり), 樵夫(しょうふ), 木材切出し人夫.

tímber·lànd *n.* 《米》森林地.

tímber·less *adj.* 立木のない.

tímber·lìne *n.* 《米》〖生態〗(高山または北極・南極の)高木限界線, 樹木限界線.

tímber·man [-mən] *n.* (*pl.* **-men** [-mən, -mèn]) = lumberman.

tímber mìll *n.* (建築用木材の)製材所.

tímber ráttlesnake *n.* 〖動物〗ヨコシマガラガラヘビ (*Crotalus horridus horridus*)《米国東部に広く分布するガラガラヘビ》.

tímber rìght *n.* 伐採権.

tímber tóe *n.* 《口語》**1** 木の義足. **2** 木の義足を付けた人.

tímber-tòes *n.* =timber toe 2.

tímber wòlf *n.* 〖動物〗シンリンオオカミ (*Canis lupus lycaon*)《カナダ森林地帯・米国北部産の大型のオオカミ; オオカミ (gray wolf) の亜種》.

tímber·wòrk *n.* **1** 木組. **2** [*pl.*] 材木工場.

tímber-yàrd 〚《15C》〛 ── *n.* **1** 《英》木材置場, 木場. **2** 《英俗》〖クリケット〗打手側の三柱門 (batsman's wicket): hear a row in one's ~ 三柱門に球が当たる.

tim·bre [tǽmbə, tím- | tǽmbr(ə), -bə(r, tímbə(r; *F.* tɛ̃ːbr] 〚《1849》□ F ~《原義》bell struck with hammer, tambourine < VL **timbano* □ MGk *timbanon*=Gk *túmpanon* timbrel, kettledrum: TIMPANI, TYMPANUM と二重語〛 ── *n.* **1** 〖音声〗**a** 音色, 音質《その強さや高さは相等しくても発音体・発音方式が違うと異なった感じを起こさせる特性》. **b** 声色《高さと強さが同じでも共鳴の質を異にさせる母音の特性》. **2** 〖音楽〗音色《特定の楽器や声の音の特質》. **3** 特色, 特質: an author's personal ~ 作家の個人的特質.

tim·brel [tímbrəl] 〚《1500》(dim.) ← ME *timbre* □ (O)F *timbre* (↑)〛 *n.* ティンブレル《鈴付きの手打ち小太鼓; tambourine など》. **tím·brelled** *adj.*

Tim·buk·tu [tìmbʌktúː, ─́─́─ | tìmbʌktúː, -bək-] *n.* ティンブクトゥ《アフリカ西部, Mali 中部, Niger 川付近の町; 12-15 世紀には文化と通商の中心地; 人口 7,000; フランス語名 Tombouctou》.

time [táɪm] 〚OE *tīma* < Gmc **tīmon* (ON *tími*) ← **tī-* to stretch, extend (cf. tide¹) (← IE **dā-* to divide (Gk *daíein*)) + **-mon-* (abstract suf.)〛 ── *n.* **1 a** (過去・現在・未来と続く)時, 時間 (cf. place¹ *n.* 1 b, tense²); 時の経過, 歳月: ~ and space 時間と空間 / stand the test of ~ 時の試練に耐える / *in* ~ to come 将来に / with ~ 時がたつにつれて, やがて / travel in ~ (SF などで, 現在から過去・未来へ)時間旅行をする (cf. time travel) / *Time* will tell which is right. 時がたてばどちらが正しいかわかる / *Time* hangs heavy on my hands. 時間を持て余している, 退屈で仕方がない / *Time* and tide wait for no man. 《諺》歳月人を待たず / *Time* flies. 《諺》光陰矢の如し (cf. tempus fugit) / *Time* is money. 《諺》時は金なり / *Time* cures every disease. 《諺》時はあらゆる病を癒(いや)す / *Time* stood still. 時の流れが[も]止まった《恍惚(こうこつ)などの境地にある時の描写に用いる表現》 **b** [T-] =Father Time. **c** 〖演劇〗時間(の統一)《三統一の一つ; cf. unity 9》.
2 (一定の長さの)時間; 期間, 間 (period): *for* a short [long] ~ 短時間[長い間] / *for* a ~ 一時(は), 当分(は) / (*for*) some ~ しばらく(の間) / *after* a ~ 暫(しばら)くすると / *in* a short ~ 間もなく / He was told to appear before the committee *in* one week's ~. 1週間以内に委員会に出頭するようにと言われた / She is coming *in* about half an hour's ~. 30分もすれば彼女はやって来ます《★ この2例における in ...'s time は単純な in ... より経過する時間の長さを漠然とさす意味が強い》 / He takes ~ *to* speak. 彼はものを言うのに時間がかかる[手間どる] / This work will take a long ~ *to* complete. この仕事は完成に長時間を要するだろう / It will take you all your ~ (to do this). 《口語》(これをするには)随分時間がかかるだろう / ⇨ *take one's* (*own*) TIME / What a (long) ~ you have been! 随分手間取ったね / It was no ~ before he was back. 《口語》(行ったかと思ったら)すぐに戻って来た, いつの間にか帰っていた.
3 時刻, ...時(じ): *at* any ~ いつでも (cf. anytime 2) / *at* no ~ 一度も[決して]...ない / *at* some ~ いつか (cf. sometime 1 a) / ⇨ *at this* TIME *of* (*the*) *day* / by this ~ この時までに, 今時分は / this ~ or other [副詞的に] いつかは, 早晩 / this ~ tomorrow [副詞的に] あすのこの時間(に) / The ~ was midnight. 時刻は真夜中だった / The child can tell the ~. あの子は時計の見方を知っている / What ~ is it?=What is the ~? 今何時ですか / What ~ do you have?=Do you have the ~? (あなたの時計では)今何時ですか / What [*At* what] ~ do you get up? 何時に起きますか / How's the ~? 時間はどうかね(まだ間に合うかね).
4 標準時; ...時間: ⇨ Greenwich Time, summer time, daylight-saving time, standard time, local time.
5 a 時節, 季節 (season): harvest ~ 刈入れの季節 / It is very cold for this ~ of year. 今時分にしてはとても寒い. **b** [通例複合語の第2構成素として] (...の)時間, 期間: dinner-[lunch-]*time* 食事[昼食]時間 / examination-[vacation-]*time* 試験[休暇]の期間.
6 a [しばしば *pl.*] 時代, 年代, 代 (age, era): ancient [modern] ~*s* 古代[現代] / a ~ of troubles 動乱の時代 / the good old ~*s* 古き良き時代, 懐しい昔 (★ the good old days の方が普通) / *in* the ~ of Queen Victoria ビクトリア女王の時代に / *in* prehistoric ~*s* 有史以前に / of all ~ 古今を通じての / with the change of the ~*s* 時代の推移につれて / Those were ~*s*! 思えば実に愉快な時代だった / *Times* change. 《諺》時代は変わる[移る] / The ~ is out of joint. ⇨ *out of* JOINT. **b** [通例 *pl.*] 時勢; 景気: hard [bad] ~*s* 不景気 / good ~*s* 好景気 / move with the ~*s* 時代と共に動く / follow the trend of the ~*s* 時代の趨勢(すうせい)に従う / as ~*s* go 《口語》この時勢では, 時節柄. **c** [the ~] 現代, 当世 (cf. hour 3 b, period 3): the important issues of *the* ~ 現代[当時]の重要問題.
7 [a ~ として, 時に無意味な of it を伴って] **a** (経験する)時間, 経験: have *a* good ~ (*of it*)=*have a good* TIME (1) / He had a bad ~ at the dentist's. 歯医者で辛い[痛い]目にあった / We had a hard ~ get*ting* him here. 彼をここに連れて来るのに骨が折れた / give a person *a* hard ~ 人をひどい[辛い]目にあわせる. **b** とても楽しい[不愉快な]ひと時: have *a* ~ with them 連中と楽しい[不愉快な]ひと時を過ごす / We had *a* ~ (*of it*). 大変な目にあった, 骨が折れた. **c** 《俗》ばか騒ぎ, 酒宴 (spree): on a ~ 飲み騒いで.
8 [通例 one's ~] 一生 (lifetime); (人の関係していた)期間, ころ: The house will last *my* ~. この家は私の一生の間もつだろう / He was no longer president of the university *in my* ~. 私の(いた)ころは彼はもう学長ではなかった / The trouble happened before *his* ~. 事件は彼がまだいない時に起こった.
9 (...するのに必要な, または...するのに与えられた)時間; 余暇, 暇: the cooking ~ *for* ...を作るのに必要な調理時間 / find ~ *for* a trip 旅行する暇を見つける / I have no ~ *for* reading. 読書の暇がない / This is no ~ *for* trifling. ぐずぐずしている場合でない / give a person ~ 人に時を貸す, 猶予を与える / be pressed for ~ 時間に追われている, 忙しくて寸暇もない / Ask for ~ *to* consider 考える時間が欲しいという / Have I ~ *to* catch the train? 列車に間に合うだろうか / I have no ~ *to* spare. 忙しくて割(さ)く時間がない / There is no ~ *to* lose. ぐずぐずしてはいられない / The ~ of the bus trip is two hours. バス旅行の時間は2時間です / The ~ is up. 時間が来た[尽きた].
10 a (ある決まった)時, (...する[した])時; 期日, 日取り (the proper time); 時機, 機会, 折 (opportunity): curtain ~ 開演時間 / ⇨ closing time, opening time / *at* a set ~ 予定の時に / *at* the best of ~*s* 一番いい時でさえも / I was absent *at* the ~. その時私は留守でした / *for* the first ~ 初めて / *for* the last ~ (それ[これ]を)最後に[として] / *for* the second [third] ~ 2[3]回目に / He will have finished it *by* the ~ we reach home. 家に着くまでには彼はそれをし終えているだろう / bide [watch] one's ~ 時機をうかがう / ask for the ~ of the next bus 次のバスの発車時刻をきく / a ~ not *for* words but *for* action 議論ではなく行動すべき時 / fix a ~ *for* a call 訪問の時間を決める / There is a ~ *for* everything [all things]. 物事にはすべて潮時というものがある (cf. *Eccles.* 3: 1) / Now is the ~ *to* invest. 今こそ投資の好機である / It's ~ *for* the news now. もうニュースの時間だ / It is (high) ~ *for* me *to* go [I was [were] going]. もうおいとまする時間です《★ あとに clause を従える構造では, しばしば接続詞の that が省かれ, clause 内の述語動詞には過去形(しばしば仮定法)が用いられる》 / The ~ will come *when* television telephones are in general use. 将来テレビ電話が一般に普及する時が来るだろう / This is the first ~ I've been here. ここへ来たのは今度が初めてです / That was the last ~ I saw her alive. あの時が存命中の彼女に会った最後だった. ★ 次のような句はしばしば副詞的に用いられ, また接続詞的に副詞節を導くものもある: this ~ 今度(だけは) / each ~ 毎度, 毎回 / ⇨ *every* TIME / next ~ 次回(に), 今度 / *Each* ~ I see him, I dislike him more and more. 会うごとにますます彼がいやになる / Bring it to me *next* ~ you come. 今度来る時に持って来なさい. **b** 《英》(パブ (public house) の)閉店時間: *Time*, gentlemen, please! 皆さん, 看板[閉店]です.
11 a [通例副詞句をなして] (何)度, (何)回: many ~*s* =many a ~《文語》幾度も / many and many a ~《文語》=many a time and oft [often]《詩・文語》幾度も幾度も / ~*s* out of number 数え切れないほど何度も / three ~*s* a day 日に3度 / ⇨ *at a* TIME, TIME *after time*. **b** [tàɪm] [*pl.*] (何)倍: an increase of income *by* five ~*s* 5倍の収入増加 / three ~*s* smaller [larger] 3倍も小さい[大きい] / five [many] ~*s as* large (*as*...) (...の)5倍[幾倍も]大きい / ten ~*s* the size of ...の10倍の大きさ / An ant can lift 50 ~*s* its own weight. ありは自分の重さの50倍もの物を持ち上げることができる / One ~ one is one. 1掛ける1は1 / Three ~*s* four is [are] twelve. 3×4=12《★ 数式では times を掛け算符号 (×) で置き換えるだけで表わす》/ 6 ~*s* 5 is [are] 30(6×5=30). **c** 順番 (turn): four ~*s* at bat 4回の打席 / It's my ~ at bat. 打順が回ってきた.
12 a (奉公の)年季: He has now served his ~. 年季がすんだ. **b** (兵役の)期間: serve one's ~ in the army [navy] 陸軍[海軍]で兵役に服する. **c** 刑期: serve (one's) ~=《口語》do (one's) ~ 服役する / He served his full ~. 刑期を勤め上げた / He is doing ~ at Dartmoor. ダートムア(刑務所)で服役中である.
13 a 勤務[就業]時間, 勤務[就業]日数: ⇨ full time, part time. **b** (時間・日割などに基づく)給料, 賃金: pay double ~ for overtime work 超過勤務に対して2倍の賃金を支払う / ⇨ straight time, TIME and a half. **c** 未払い給料[賃金]《解雇時や退職時に支払われる前回の給料日以後の分》: get one's (back) ~ 未払いの賃金を受取る.
14 [one's ~] **a** 死期, 臨終 (time of death): near *one's* ~ 臨終が近い (cf. b) / *His* ~ has come. いよいよ彼の最期が来た. **b** 〖生物〗懐妊期; 分娩(ぶんべん)期: She is far on in *her* ~. 彼女は月がかなり進んでいる / She is near *her* ~. お産が近い (cf. a).
15 〖ラジオ・テレビ〗放送[放映]時間: buy [sell] radio [TV] ~ ラジオ[テレビ]の時間帯を買う[売る].
16 〖スポーツ〗**a** (競技者の)所要時間: do the mile in poor [record] ~ 1マイル競走を不満足[記録的]な

タイムで走る. b 休止, タイム (time-out)《競技の一時中断》: call ～〈審判が〉タイムを宣する. c「始め」《審判の合図》.
17〔写真〕タイム露出.
18 a〔音楽〕拍子 (measure); 速度 (tempo); 律動 (rhythm): waltz ～ ワルツの拍子 / *in* slow [true, good] ～ ゆるやかな[正しい, いい]速度で / beat ～ 拍子を取る / ⇨ *keep* TIME (2). b〔軍事〕行進歩度: quick ～ 速足 / slow ～ 並足 / ⇨ double time 1 a, *mark* TIME (1). c〔詩学〕韻律の単位 (mora)《1 短音節の時間に相当》.
19〔馬術〕(個々のまとまった)動作, 演技.
abreast of the times 時世に遅れないで, 時事に明るく: be [keep] *abreast of the ～s*. ***against time*** (1) 時計と競争で[にらめっこで], 全速力で: work *against* ～. (2)《米口語》(時間切れまで)時をかせぐために: talk *against* ～. (3) (勝つだけでなく)記録を破るために: race *against* ～. ***ahead of time*** (定刻[予定]より)早く, 早目に (early) (↔ behind time): be [arrive] *ahead of* ～. ***ahead of one's time*** 〈人が〉時代に先んじていて, 進歩的で: He was born *ahead of his* ～. 彼は早く生れすぎた《世間は彼の考えについていけなかった》. ***all in good time*** 時が来れば, 時節を待てば (cf. *in good* TIME (2)). ***all the time*** [副詞的に] (1) その間ずっと. (2) いつでも (at all times): He is a businessman *all the* ～. 常に商売は忘れない. ***at all times*** いつも, 常に (always). ***at a time*** 一度に, 一時に(…ずつ): Do one [One] thing *at a* ～. 一時に二つの事をするな / I started up the stairs two *at a* ～. 一度に 2 段ずつ階段を登り出した. ***at one time*** (1) かつて, ひところは, 昔(は) (once). (2) 一度に, 同時に (at once). ***(at) one time with [and] another*** 前後とり合わせて; いろいろの折に. ***at other times*** (1) ふだんは, 平素は. (2) またある時は. ***at the same time*** (1) 同時に (simultaneously). (2) ではあるが, やはり (nevertheless): It will cost a lot of money. *At the same* ～ we need it. 大分金はかかるがやっぱり必要だ. ***at this time of (the) day*** 今ごろになって, 今さら, こんな時[段階]に. ***at times*** 時々, 折々 (now and then). ***beat a person's time***《俗》人の恋人を横取りする. ***before one's time*** (1) =*ahead of one's* TIME. (2) 時ならず, 尚早に (prematurely); 天寿を全うせずに; 月足らずで. (3) ⇨ *n.* 8. ***behind the times*** 時世に遅れて, 時代遅れで (old-fashioned): The present members are *behind the ～s*. 現在のメンバーは時代遅れだ. ***behind time*** (1) (定刻より)遅れて, 遅刻して (late) (↔ahead of time): be [arrive] *behind* ～. (2)〈時計が〉遅れて (slow). (3)〈人が〉〔支払いなどに〕滞って (behindhand)〔*with*〕: be *behind* ～ *with* one's payments 支払いが滞っている. ***between times*** ⇨ between 成句. ***buy time*** (1) 時間をかせぐ, (決断・決行を避けて)時機を待つ (stall): *buy* ～ against the day その日の到来まで時をかせぐ. (2)〔ラジオ・テレビ〕⇨ *n.* 15. ***by times***《廃》(1) =betimes. (2) =*at* TIMES. ***every time*** (1) 毎度 (each time);《口語》いつでも, 例外なしに, 必ず (certainly): You can rely on him *every* ～. 彼はいつでも頼りにすることができる. ★ しばしば独立的に強調の応答として用いる: Will you do it for her?—*Every* ～! 彼女のためにそうしてくれるね—大丈夫だ. (2) [接続詞的に; cf. *n.* 10 ★] (…する)度(たび)ごとに (whenever): *Every* ～ I call him, he is out. いつ電話しても彼は留守だ. ***for the time (being)*** 当分(の間), さし当たり (for the present). ***from time to time*** 時々, 折々 (once in a while). ***gain time*** (1) 時をかせぐ, 事を引き延ばす (cf. *play for* TIME). (2)〈時計が〉進む (↔ lose time). ***half the time***《口語》しばしば, ほとんどいつも, たいてい (nearly always). ***have a good time*** (1) 楽しい思いをする, 愉快に過ごす (enjoy oneself). (2)《米俗》〈男女同士が〉楽しむ,「遊ぶ」. ***have no time for a person***《口語》〈人〉をきらう (dislike). ***in good time*** (1)〔…に〕十分間に合って〔*for*〕; 早めに, いい頃合いに: I got there *in good* ～ *for* his train. 彼の乗っている列車に十分間に会う時刻に着いた. (2) そのうちに, 時節が来れば; やがて(めでたく): All *in good* ～. 待てば海路の日和(ひより)あり. (3) ⇨ *n.* 18 a. ***in no time*** 直ちに, すぐさま: *In no* ～ the story was all over town. たちまち話は町中にひろまった. ★ この句の変形または強調形として *in next to no time*, *in less than no time* が用いられることがある. ***in one's own good time*** 自分なりの速度[調子]で. ***in one's own time*** (1) =*on one's own* TIME. (2) =*in one's own good* TIME. ***in time*** (1) 時節を待てば, 早晩, やがては (sooner or later): He will learn that *in* ～. 今にそれがわかるだろう. (2) ついに, 結局 (eventually). (3) ちょうどよい時に, (ゆっくり)間に合って (early enough) (↔ late) (cf. *on* TIME (1)): Were you *in* ～ *for* [*to* catch] the last train? 終列車に間に合いましたか. (4) 調子が合って[を合わせて]: Slowly he came down the staircase *in* ～ *to* the music. ゆっくりと音楽に調子を合わせて階段を降りて来た. (5)《口語》[疑問詞を強調して] 一体 (on earth): Why *in* ～ don't you come? 一体どうして来ないのか. ***keep time*** (1) 時間を記録する,〈時計が〉時を刻む: *keep* good [bad] ～〈時計が〉きちんと合う[合わない]. (2) (手などで)拍子を取る; 拍子[歩調]を合わせる: *keep* ～ *to* the music [*with* one's partner]. 音楽に[パートナーと]調子を合わせる. ***kill time*** 時間をつぶす, 退屈をしのぐ. ***know the time of day*** 何もかも心得ている. ***live on borrowed time*** はからずも長生きする, 奇跡的に生き延びる. ***lose no time*** 一刻も猶予しない, ぐずぐずしない: I shall *lose no* ～ (*in*) *beginning* work. 早速仕事を始めます / He *lost no* ～ *on* it. そのことにぐずぐずしなかった. ***lose time*** (1)〈時計が〉遅れる (↔ gain time). (2) 時間を損する[無駄にする]: ⇨ *lose no* TIME. ***make a time***《米口語》大騒ぎする〔*over, about*〕. ***make time*** (1)〈列車などが〉(遅れを取り戻すために)スピードを出す. (2)《米》(ある速度で)進行する; 進行がはかどる: We *made* (good) ～ between New York and here. ニューヨークからここまでは道がはかどった. (3) (…するのに)時間を繰り合わせる: make ～ *for* doing [*to* do] something 繰り合わせてある事をする. (4)《米俗》〔女と〕デートする, 親しくなる, よろしくやる〔*with*〕. ***mark time*** (1)〔軍事〕足踏みする. (2)〈物事が〉進行しない, 停頓している;〈人が〉静観する, (商売などを)手控える. ***on [upon] a time***《廃》一度, ある時 (once). ***once upon a time*** 昔々《おとぎ話の切出し文句》. ***on one's own time*** (1) (労働時間以外の)余暇に, 暇な時に. (2) 無報酬で. ***on time*** (1) 時間通りに[で] (on schedule); 時刻をたがえずに (punctually) (cf. *in* TIME (3)): arrive *on* ～ 定刻に着く / Be *on* ～. 時間を守りなさい. (2)《米》〔商業〕後払いで, 賦払いで (《英》on hire purchase): buy a car *on* ～ 月賦で車を買う. ***out of time*** (1) 遅れて, おそ過ぎて (too late). (2) 時候はずれの (unseasonable). (3)〔…と〕調子はずれに[の]〔*with*〕. ***pass the time of day*** 朝晩の挨拶をする[交す]〔*with*〕. ***play for time*** (1) 時をかせごうとする, (事の)引き延ばしを図る (cf. *gain* TIME (1)). (2)〔スポーツ〕(リードしているチームが)(勝利間際に)時間かせぎをする. ***play out time***〈守勢のチームが〉相手に得点を許さずにゲームの最後まで持ちこたえる. ***sell time***〔ラジオ・テレビ〕⇨ *n.* 15. ***serve the time*** 時勢に迎合する, 日和見(ひよりみ)をする (temporize) (cf. timeserving). ***some time or other*** 早晩, いつかは. ***spar for time*** =*play for* TIME. ***take one's (own) time*** (1) ゆっくり[急がず]やる: *Take your* ～ (over [*about*] it). (そのことなら)どうぞごゆっくり. (2) ぐずぐずする (dawdle). ***take time by the forelock*** ⇨ forelock[1] 成句. ***take time off*** 休む: *take* ～ *off from* one's work 仕事を休む. ***take time out*** ⇨ time-out 1. ***talk against time*** ⇨ *against* TIME. ***(the) time of day*** (1) 時刻: ⇨ *at this* TIME *of (the) day* / ask a person what ～ *of day* it is 人に何時かと聞く. (2) (その時の)情勢: ⇨ *know the* TIME *of day* / It depends on *the* ～ *of day*. その場の情勢次第だ / So that's *the* ～ *of day*.《俗》なるほどそういう訳か, ははあ小細工をやりおったな. (3)《口語》[通例否定構文で]最小限の注意: He would*n't* give me *the* ～ *of day*. 私のことなど見向きもしなかった. ***the time of one's life***《口語》一生の最良の経験, またとない楽しいひと時: We had *the* ～ *of our lives* on our trip to America. アメリカ旅行はこの上もなく楽しかった. ***time after time***=***time and (time) again*** しばしば, たびたび; 何度も, 繰り返し, 再三再四. ***time enough***《口語》まだ早い(うちに) (early enough): We got there ～ *enough for* [*to* see] the show. ショーに[を見るのに]十分間に合うようにそこへ着いた. ***one's time of life*** 年齢: at *your* ～ *of life* 君の年では. ***time on one's hand*** 退屈な[持て余す]時間, 無聊(ぶりょう) (cf. *n.* 1 a). ***time out of mind*** (1) 太古, 大昔. (2) [副詞的に] 太古から, いつの世からともなく (from time immemorial). ***Time was when***…《古・文語》…という時代が(昔)あった (There used to be a time when…). ***to time*** (1) 時間を限って: write *to* ～ 期限つきの原稿を書く. (2) 時間(表)通りに (on schedule): The buses on this route seldom run *to* ～. この路線のバスときたら定刻通りに動く[来る]ことはまずない. ***up to time*** =*on* TIME (1). ***what time***《詩・古》=when, while (*conj.*). ***when it comes time to do***《米》いざ…する時になって, さて…する段になると: *When it came* ～ *to* leave, he became ill. いよいよ出発という時になって彼は病気になった / *When it comes* ～ *to* make a decision, he always hesitates. 決断を下す時になるといつも躊躇する. ***with the times*** =*abreast of the* TIMES.
time and a half (時間外労働などに対する) 5 割増賃金[手当].
time and motion study 作業研究《労働の生産能率増大を目的として, 作業の時間と動作とを分析する時間管理方法; time-motion study ともいう》.
time of flight〔化学〕(イオンなどの)飛行時間.
— *attrib. adj.* 1 a 時の, 時間の経過を示す: ～ sense 時間感覚 / a ～ cue (放送や映画で)時間の経過を示す合図 (cf. autocue). b 時間[時刻]を記録する: a ～ register 時間記録器. 2 時限装置の: ⇨ time bomb. 3〔金融〕約定の期日[間]に支払うべき, 定期の: ⇨ time deposit. 4 分割払い[割賦購入]の: a ～ payment [sale] 割賦払い[販売].
— *vt.* 1〈競走など〉の時間を計る: ～ a race [runner] レース[ランナー]のタイムを取る. 2 a (時刻表に合わせて)〈列車・船など〉の時間[スピード]を調節する;〈時計〉の時刻を合わせる: The train is ～*d to* leave at 6:30. その列車は 6 時半発車になっている / ～ one's watch *with* the time signal 時計を時報に合わせる. b …の時間[速さ]を定める: ～ the exam *at* thirty minutes 試験の時間を 30 分にする / ～ one's exposure *for* three seconds 露出を 3 秒に合わせる. c …の間(ま)[リズム]を定める; …の拍子を合わせる: ～ one's strokes *at* ten per minute 毎分 10 回のピッチでオールを漕ぐ / ～ one's footsteps *to* the march 歩調を行進曲に合わせる. 3〈行動・事件など〉の時刻[日時, 時機]を定める, よい時機に合わせる, 頃合を見計らって行なう: ～ one's punches〈ボクサーが〉適切にパンチを打つ / ～ one's arrival opportunely ちょうどよい時刻に到着するようにする / ～ one's vacation *to* miss the busy season 盛りのシーズンを避けるように見計らって休暇を取る / They ～*d* their coup *for* August 15. 彼らはクーデターの決行を 8 月 15 日と定めた / His remark was not well ～*d*. 彼の言葉は時宜を得ていなかった / ⇨ ill-timed, well-timed.
— *vi.*《まれ》拍子を取る (keep time);〔…と〕拍子を合わせる〔*with*〕.

tíme ázimuth *n.*〔海事〕時辰(じん)方位法《クロノメーター[時辰儀]によって正確な時刻を知り, その時の天体の方位を計算する方法》.
tíme bàll *n.* 報時球, 標時球《英国では午後 1 時, 米国では正午に測候所でさおから落とす; 今はすたれた》.
tíme bàrgain *n.*〔商業〕定期売買[取引き]《将来の一定の期間を受渡期日と定めた一種の先物取引き》.
tíme bàse *n.*〔電子工学〕1 時間軸《オシロスコープ・オシログラフなどで垂直軸に現象信号を, 水平軸に時間信号を与えて波形を直接に表示する場合の水平軸》. 2 タイムベース《時間に比例した電圧を発生する電子回路》.
tíme bèlt *n.* =time zone.
tíme bìll *n.* 1《英》(列車などの)時間表 (timetable). 2〔金融〕定期払い約束手形.
tíme-bìnding *n.* 経験を世代から世代へ記号を用いて伝える人間特有の活動.
tíme bòmb *n.* 1 時限爆弾. 2 (時限爆弾のような)危険な情勢, 一触即発の危機.
tíme bòok *n.* 就業時間表, 作業時間記録.
tíme càpsule *n.* タイムカプセル《将来の発掘を予期して現在の文書・物品等を収納し基石などに埋め込むための容器》.
tíme càrd *n.* 1 就業[執務]時間記録票, タイムカード. 2 [通例 timecard] 列車時間表 (timetable).
tíme chàrt *n.* 1 時差表, 世界時表. 2 (特定の時代の)年表.
tíme chàrter *n.* 期間[定期]用船契約.
tíme clòck *n.*《米》時間記録時計, タイムレコーダー: punch a ～ タイムレコーダーを押す.
tíme cònstant *n.*〔電気〕時定数《現象の速さを表わす量の一つ》.
tíme-consùming *adj.* 時間のかかる; 時間浪費の.
tíme còpy *n.*〔ジャーナリズム〕予備記事《いつでも必要に応じて使えるよう活字組みしてとっておく記事; cf. filler[1] 2 b》.
timed *adj.* 1 時限の; 定期の. 2 [主に複合語の第 2 構成素として] 時期が…の: ⇨ ill-timed, well-timed.
tíme depòsit *n.*《米》〔銀行〕定期性預金《定期預金・据置預金・定期積立金など》.
tíme dilàtion [dilatàtion] *n.*〔物理〕時間膨張《相対論的効果により, 運動座標系に固有な時間の進行が遅れること》.
tíme dìscount *n.*〔金融〕期限割引き《満期にならぬ手形などを銀行が買い入れる際に一定率の割引料を差し引くこと》.
tíme divìsion *n.*〔通信〕時間割《多重通信の一方式; 複数の信号を少しずつずれた短い時間間隔でサンプルし, 一度に送るもの; cf. frequency division》.
tíme dràft *n.*《米》〔金融〕一覧後定期払い手形.
tíme-expìred *adj.*〔軍事〕〈兵士・水兵など〉満期の, 兵役期間満了の.
tíme expòsure *n.*〔写真〕1 (瞬間露出のシャッターを用いない)タイム露出《普通 $^1/_2$ 秒または 1 秒以上》. 2 タイム露出による写真.
time·ful [táimfəl]〔ME〕*adj.*《古》折よい, 都合のよい.
tíme fùze *n.* 時限信管 (cf. fuze 1).
tíme gùn *n.*〔軍事〕時砲, 午砲.
tíme-hònored *adj.* 昔からの, 由緒(ゆいしょ)のある: a ～ custom.
tíme immemórial *n.* 1 (記録にも人の記憶にもない)太古, 大昔: from ～ 太古[大昔]から. 2〔英法〕超記憶的時代《法律上は Richard 一世の治世第一年 (1189) 以前の時代》. 3 [副詞的に] 大古[大昔]から.
tíme·kèeper *n.* 1 (競技などの)計時係, 時間記録係; 時間記録器. 2 時計 (timepiece): a good [bad] ～ 正確[不正確]な時計. 3 作業時間係. 4 拍子を取る人.
tíme·kèep·ing *n.* 計時.
tíme kìller *n.* 1 暇を持て余している人. 2 暇潰しになるもの, 慰み.
tíme làg *n.* 1 (二つの関連した事象の間の)時間のずれ, 遅れ, 遅滞量, 減速度. 2 =cultural lag.
tíme làmp *n.* (17–18 世紀の)一定の割合で油が燃焼して時刻を知らせるオイルランプ《ガラス製の油タンクに時刻を示す目盛りがしてある》.
tíme-làpse *attrib. adj.*〔写真〕低速度撮影の, こま抜きの《植物の成長などを記録映画にする時の手法で, コマ撮りの露出間隔を長くし映写は普通の速度で行なう》: ～ photography 低速度撮影写真.
tíme·less *adj.* 1 無窮の, 永遠の, 永久の. 2 特定の時間を示さない, 超時的な, 無時的な《文法で現在時制が不変の真理を示す場合など》. 3《古》時ならぬ, 時を得ない, 折悪い (untimely). **～·ly** *adv.* **～·ness** *n.*
tíme lìmit *n.* 1 時間的制限, タイムリミット. 2〔心理〕時間制限《一定時間内の個人作業量を調べる場合の時間枠; cf. amount limit》.
tíme lòan *n.*〔金融〕定期貸金 (time money).

time lòck n.《米》時限[時計]錠《時計仕掛けの錠で定められた時刻が来るまで開かない》.
tíme·ly〖(?a1200): ⇨ time, -ly[2]〗— adj. (**time·li·er; -li·est**) 1 時を得た, 時宜にかなった, 臨機の, 折よい, ちょうど間に合った (seasonable): ~ help [warning] 時宜にかなった援助[警告] / a ~ hit〖野球〗適時打 / a ~ joke うまい冗談. 2《古》早い (early). — adv.《古》1 時を得て, 好機に, 折よく (opportunely). 2 早く (early, soon). **tíme·li·ness** n.
time machìne n. (SF などで)タイムマシーン.
time mòney n.〖金融〗定期貸金 (time loan).
time-mótion stùdy n. =TIME and motion study.
ti·men·o·guy [taɪménəgàɪ]〖(1794) ← F timon tiller, helm + GUY[1]〗n.〖海事〗《動索が障害物にからんだり擦れたりするのを防ぐために張った》張索.
time nòte n.〖金融〗=time draft.
time·ous [táɪməs, -mɪəs, tímɪəs | táɪməs, -mɪəs, tímɪəs]〖(c1470): ⇨ time, -ous〗adj.《スコット》1 早い (early). 2 時を得た, 好時機の (timely). **~·ly** adv.
tíme-óut n. 1 [通例 time out] (活動の)小休止, 中断, 休憩: take time out for [to have] a cup of tea 仕事をちょっと休んで紅茶を1杯飲む. 2《米》〖スポーツ〗タイムアウト《試合中チームが要求する休息または協議のための短い競技中断時間》.
tíme·pìece n. 時計, 時刻を指示する装置.
tíme·plèaser n.《廃》=timeserver.
time pòlicy n.〖海上保険〗期間保険.
tím·er〖(c1500): ⇨ time, -er[1]〗— n. 1 タイマー《時間を測ったり, 記録したり, 知らせたりする人; timekeeper ともいう》. 2 (競技や工場等で時間間隔を測るための)時計, タイマー《針のスタート, ストップおよび戻し機構を備える; ウォッチタイプのものは stop watch とも呼ばれる》. 3《米》〖機械〗(内燃機関の)点火時調整器. 4 タイマー, タイムスイッチ.
time ràte n. [通例 pl.]〖経済〗1 時間賃率, 時間給 (cf. piece rate, timework). 2 時間帯別放送料率. 3 期限付為替相場.
time recòrder n. =time clock.
time-reflèction sýmmetry n.〖物理〗時間反転の対称(性).
time revérsal n.〖物理〗時間反転《時間の向きを逆転させること; cf. time reversal invariance》.
time revérsal inváriance n.〖物理〗時間反転不変性《物体の運動や状態の変化を記述する方程式において, 時間の向きを逆転させて得られる方程式が元の方程式と同等であるという性質》.
Times [táɪmz], **The** n. タイムズ紙《英国の代表的な日刊新聞紙, 1785 年創刊, 1788 年から The Times という名になる》: write to *The* ~ タイムズに投書する《苦情などを公表して世に訴える》.
tíme-sàver n. 時間の節約になるもの.
tíme-sàving adj. 時間節約の: ~ devices, methods, etc.
time sèries n.〖統計〗時系列《時間 t の進行につれて変化していくある量の値の系列 x(t) のこと》.
tíme·sèrver n. 1 その場の都合のよいように行動する人, 御都合主義者. 2 世論に迎合する人, 事大[日和見(ひよりみ)]主義者.
tíme·sèrving adj. 御都合主義の; 世の風潮に従う, 世論に迎合する, 事大主義の, 日和見(ひよりみ)的な, 無節操な: ~ morality 事大主義の倫理 / a ~ rogue 無節操な悪党. — n. 御都合主義; 世の風潮への追随, 世論への迎合, 事大主義, 日和見, 無節操.
tíme-shàred[-shàre] adj.〖電算機〗タイムシェアリングで使用される.
tíme-shàring n.〖電算機〗タイムシェアリング, 時分割(じぶんかつ)《一定の時間内に相互に関連のない複数の使用者が計算機を共同使用して, 処理を進める方式》.
time shèet n. タイムシート《就業時間・各仕事所要時間の総計などを記録するカード》.
time sìgnal n.〖ラジオ〗時報信号, 時刻放送.
time sìgnature n.〖音楽〗拍子記号.
Tímes Líterary Súpplement, The n. タイムズ紙文芸付録《1902 年創刊の週刊新刊書評新聞; 略 TLS》.
time spàce n. 時空《四次元の世界》.
time spàn n. (特定の)時間の長さ〔of〕.
time spìrit〖《なぞり》← G Zeitgeist〗n. 時代精神.
times sìgn n. 乗法を示す符号 (×).
Tímes Squáre〖The New York Times 社の旧所在地〗n. New York 市の中央部 Broadway と 47 番街との交差点の広場, 付近には劇場が多い.
tíme-stàmp vt. ...にタイムスタンプを押す.
time stàmp n. タイムスタンプ《特に, 手紙や文書の発信・受信の日付と時間を記録するもの》.
time stùdy n. =TIME and motion study.
time swìtch n.〖電気〗タイムスイッチ, 時限スイッチ.
tíme·tàble n. 1 行事予定表; (列車・飛行機・船舶などの発着)時刻表. 2《英》(学校の)時間割, 講義要綱. — vt., vi.《英》(...の)時間割[行事予定表]を作る.
tíme-tèsted adj. 時の試練を経た: ~ methods.
time tràin n.〖時計〗調速輪列《調速機に関連し針を動かしている歯車列; cf. going train》.
time tràvel n. (SF などで)時間旅行, タイムトラベル.
time trìal n. 一定の距離ごとに個人のタイムを計る競走, タイムトライアル《自動車レースなど》.
time vàlue n.〖音楽〗時価 (⇨ value 8).
tíme·wòrk n. 時間(払い)仕事 (cf. piecework). **~-er** n.
tíme·wòrn adj. 1 古くなっていたんだ, 古ぼけた: ~ steps. 2 陳腐な, 言い古された: a ~ joke.
time zòne n.《米》時間帯《Greenwich を基準に一般に経線に沿って分割された同一標準時を用いる地帯》.
tim·id [tímɪd, -məd | -mɪd]〖(1549) □ L timid-us frightened ← timēre to fear,《原義》be in the dark: ⇨ -id[4]〗— adj. (~·er, ~·est; more ~, most ~) 1〈人が〉臆病(おくびょう)な, 気の小さい, おずおずした, 内気な (timorous, shy): (as) ~ as a hare きわめて臆病な / He is ~ of praise. 賞賛に対して臆病だ. 2〈言動など〉大胆さの欠けた, おどおどした: ~ counsel 大胆さの欠けた忠告 / a girl with ~ eyes おどおどした目つきをした少女. **~·ly** adv. **~·ness** n.
ti·mid·i·ty [tɪmídəṭi, tə- | tɪmídəti, -dɪ-]〖⇨ ↑, -ity〗n. 臆病(おくびょう), 小胆, 小心; 内気, はにかみ.
tím·ing〖(c1250): ⇨ time, -ing[1]〗— n. 1〖演劇・音楽〗タイミング《演出の最大効果をあげるための演奏または所作(しょさ)スピードの調節; そのようにして得られた効果》. 2 a〖スポーツ〗タイミング《適当な時にスピードが出せるような動作の速さの調節》. b〖野球〗バットを投球に合わせること. 3 潮どき(の選び方), タイミング. 4 (ストップウォッチなどによる)時間の計測, 計時.
tíming gèars n. pl.〖機械〗(弁軸)調時歯車.
tíming vàlve n.〖機械〗(ガスエンジンの)点火調節弁.
Ti·mi·șoa·ra [tìːmɪʃwáːrə; Ruman. timiʃwára] n. チミシュワラ《ルーマニア西部の都市; 人口 269,000》.
tim·ist [táɪmɪst, -məst | -mɪst] n. [通例 good [poor] などの限定詞を伴って] 拍子[調子]が...の人: a good [poor] ~ 拍子[調子]のうまい[まずい]人.
Tim·my [tími | -mɪ]〖(dim.) 1: ← TIMOTHY. 2: ← TIMOTHEA〗n. 1 男性名. 2 女性名.
ti·moc·ra·cy [taɪmákrəsi | -mɔ́krəsɪ]〖(1586) timocratie □ (O)F // ML tīmocratia □ Gk tīmokratía ← tīmḗ price, honor + -kratía '-CRACY'〗— n. 1 (プラトン哲学で)名誉政治《名誉欲が支配的動機となるような政治形態》. 2 (アリストテレス哲学で)金権政治《政治権力が所有財産に比例するような政治形態》.
ti·mo·crat·ic [tàɪməkrǽṭɪk | -tɪk] adj. **ti·mo·crát·i·cal** adj.
Ti·mon [táɪmən | -mən, -mɔn]〖□ Gk Tímōn〗n. 1 ティモン《(320?-?230 B.C.; 人間ぎらいで有名なアテネの人. 2 タイモン《Shakespeare 作の悲劇 Timon of Athens の主人公》.
Tí·mon·ism [-nɪzm] n. 人間ぎらい (misanthropy).
Tímon of Áthens n.「アセンズ[アテネ]のタイモン」《Shakespeare 作の悲劇 (1607-08)》.
Ti·mor [tíːmɔə, ─́─ | tíːmɔː(r; Port. timór] n. チモール島《マレー諸島中の一島, Lesser Sunda Islands 中の最大・最東端の島; 人口 1,515,000, 面積 30,775 km^2; 西部のインドネシア領チモール (Indonesian Timor) と東部および西部の一部のポルトガル領チモール (Portuguese Timor) に分かれている》.
tim·o·rous [tím(ə)rəs | -mər-]〖(c1450) □ (O)F temoros, timoureus □ ML timōrōs-us fearful ← timor fear ← timēre: ⇨ timid, -ous〗— adj.〈人・言動が〉臆病な, 小胆な, 気の弱い, 腰抜けの, ふがいない〔of〕. **~·ly** adv. **~·ness** n.
Tímor Séa n. [the ~] チモール海《インド洋中オーストラリア以西部と Timor 島との間の部分》.
Ti·mo·shen·ko [tìməʃéŋkou | -kəu; Russ. tjimaʃénkə], **Semën Konstantinovich** n. ティモシェンコ《1895-1970; 第二次大戦当時のソ連の元帥》.
Ti·mo·the·a [tɪmóuθiə, tə- | tɪmə́uθɪə]〖(fem.) ← TIMOTHY〗n. 女性名《愛称形 Timmie, Timmy》.
tim·o·thy [tíməθi | -θɪ]〖← Timothy Hanson (これを New England から南部諸州に移入したと伝えられる 18 世紀の米国の農夫)〗— n.《米》〖植物〗チモシー, オオアワガエリ (Phleum pratense)《優良なイネ科の牧草; timothy grass ともいう》.
Tim·o·thy [tíməθi | -θɪ]〖□ F Timothée // L Timotheus □ Gk Timótheos《原義》honoring God ← tīmḗ honor, respect + theós god〗— n. 1 男性名《愛称形 Tim, Timmy》. 2〖聖書〗テモテ《パウロの弟子; cf. Acts 15》. 3 (新約聖書の)テモテ(への)書, テモテへの手紙 (The Epistles of Paul to Timothy)《前・後二書から成る; 略 Tim.》.
Ti·mour [tɪmúə, tə- | tɪmúə(r] n. チムール(帖木児) (⇨ Tamerlane).
tim·ous [táɪməs]〖← TIME + -OUS〗adj.《英》=timeous.
tim·pa·ni [tímpəni, -nìː | -nɪ, -nìː]〖□ It. ~ (pl.) ← timpano kettledrum □ L tympanum 'TYMPANUM'〗n. pl. [時に単数扱い] ティンパニ (⇨ kettledrum 1).
tím·pa·nist [-nɪst, -nəst | -nɪst] n. ティンパニ奏者.
tim·pa·no [tímpənòu | -nəu]〖□ It. ~: ⇨ timpani〗n. (pl. -pa·ni [-ni, -nìː | -nɪ, -nìː]) timpani の単数形.
Tim·rod [tímrɑd | -rɔd], **Henry** n. (1828-67) 米国の詩人.
ti·mu·cu [tɪmúːkə, tə-, tímjʊkjùː | tɪmúːkə, tímjʊkjùː]〖《変形》← Timoco, Timucua (↓)〗n.〖魚類〗西大西洋の暖海にすむダツ科の魚 (Strongylura timucu).
Tim·u·cu·a [tìməkúːə] n. ティムクワ語《米国 Florida 州北東部の死滅したアメリカインディアン語》.
Ti·mur [tɪmúə, tə- | tɪmúə(r] n. =Timour.
tin [tín]〖OE < Gmc *tinam (Du. tin / G Zinn) ← ?〗— n. 1〖化学〗スズ《金属元素の一つ; 記号 Sn, 原子番号 50, 原子量 118.69》: ⇨ SALT[1] of tin / a cry of ~ = ~ cry すずを曲げるとき発する音. 2 ブリキ (tinplate): a box (made) of ~ ブリキ製の箱. 3《英》a すず製容器, すずかん. b ブリキかん, (かん詰の)かん (can): a ~ for biscuits ビスケットのかん. c かん詰め; かん一杯(の量) (can): eat a whole ~ of sardines [biscuits] いわしのかん詰[ビスケット]を一かん食べる / ⇨ LIVE[1] out of tins. 4《英俗》金銭.
on the tins《口語》〖クリケット〗得点掲示板に.
straight from the tin 源からすぐに; 真新しい.
— attrib. adj. 1 すず製の. 2 ブリキ製の; 安っぽい (worthless): a ~ box [cup] ブリキの箱[水飲みコップ].
put the [a] tin lid on ⇨ lid 成句.
— vt. (tinned; tin·ning) 1〖金属加工〗スズでおおう, ...にスズをきせる, スズメッキする. 2《英》かん詰にする (can).
Ti·na [tíːnə]〖← ALBERTINA // BETTINA // CHRISTINA〗n. 女性名《異形 Teena》.
Ti·nam·i·dae [tɪnǽmədìː, tə- | tɪnǽmɪ-]〖← NL ~ ← Tinamus (属名: ← F tinamou (↓)) + -IDAE〗n. pl.〖鳥類〗シギダチョウ科.
tin·a·mou [tínəmùː]〖(1783) □ F ~ □ Galibi tinamu〗n.〖鳥類〗シギダチョウ《中南米産のウズラに似たシギダチョウ科の鳥の総称》.
tín àsh n.〖化学〗スズ灰《酸化スズと金属スズ粉末の混合物; cf. stannic oxide》.
tín béard n.《俗》(俳優のメーキャップで)とってつけたようなあごひげ.
Tin·ber·gen [tínbəːgən | -bə-; Du. tínbɛrxen], **Jan** n. ティンバーゲン《1903- ; オランダの経済学者; Nobel 経済学賞 (1969)》.
tinc.《略》tincture.
tin·cal [tíŋkəl]〖(1635) □ Malay tingkal ← Skt ṭaṅkaṇa〗n.〖鉱物〗天然硼砂(ほうしゃ)《以前はホウ素化合物の主な原料》.
tín cán n. 1 ブリキかん. 2《米俗》a (旧式の)駆逐艦 (destroyer). b (初期フォードなどの)安い小型車.
tín·clàd n. 軽装甲の砲艦.
tinct [tíŋ(k)t]〖□ L tinct-us dyeing (p.p.) ← tingere to wet, dye, color: cf. tinge〗— vt.《廃》1 ...に色[色合い]をつける (color). 2 しみ込ませる (imbue). — adj.《詩》色をつけた, 染めた (dyed). — n.《詩》色, 色合い (tint, color).
tinct.《略》tincture.
tinc·tion [tíŋkʃən] n. 色づけ, 着色.
tinc·to·ri·al [tɪŋ(k)tɔ́ːriəl, -tóːr- | -tɔ́ːrɪ-]〖← L tinctōrius (← tinctor dyer ← tunctus (pp.) ← tingere to dye) + -AL[1]〗— adj. 着色の, 染色の; 色の; 色が染まる. **~·ly** adv.
tinc·ture [tíŋ(k)tʃə | -tʃə(r]〖(a1400) □ L tinctūra dyeing: ⇨ tinct, -ure〗— n. 1 色, 色合い, 色気 (tinge, tint): a ~ of red 赤み. 2 気味, 臭味, 少々...な所 (trace, smack): a faint ~ of tobacco [vanilla] かすかなたばこ[バニラ]のにおい / a ~ of French manners フランス臭のある行儀. 3 上面(うわつら), 付焼刃(つけやきば), 表面だけ...な所 (veneer): some ~ of education [civilization, good breeding] 薄っぺらな教育[文明, 教養]. 4〖薬学〗チンキ剤《アルコール溶媒に解いた薬品》: ~ of iodine [quinine] ヨード[キニーネ]チンキ. 5 [通例 pl.]〖紋章〗紋章に用いる metals (金属), color (原色), furs (毛皮模様)の総称. 6《廃》染料 (dye), 顔料 (pigment).
— vt. 1 染める, ...に着色する; ...に〔...の〕色合いをつける (tinge)〔with〕: the cloth ~d with red 赤い色合いのついた布. 2 ...に風味[臭味]を帯びさせる; ...に〔...の〕色彩[気味]を帯びさせる〔with〕: be ~d with prejudice [humanity] 偏見を帯びる[人間味がある].
tin·dal [tíndḷ]〖(1698) □ Hindi taṇḍail □ Malayalam taṇḍal □ Telugu taṇḍelu〗n.《インド》(インド人の)水夫の小頭(こがしら)《serang の下役》.
Tin·dal [tíndḷ], **William** n. =William TYNDALE.
tin·der [tíndə | -də(r]〖OE tynder ← -tendan to kindle ← Gmc *tund- (p.p.) ← *tend- to burn, kindle (Du. tonder / G Zunder)〗— n. 1 火口(ほくち)《通例麻布を焦がしたものに硝石を混ぜて作り, 昔, 火打ち石と火打ち金で打ち出した火花を捕えるのに用いた》: burn like ~ よく火がつく[燃える]. 2 火のつきやすい乾燥したもの.
tínder·bòx n. 1 火口(ほくち)箱. 2 燃えやすい[火のつきやすい]物; 怒りっぽい人. 3 (戦争・トラブルの)火種, 導火線.
tin·der·y [tínd(ə)ri | -dərɪ] adj. 火口(ほくち)のような; 火のつきやすい, 燃えやすい.
tine[1] [táɪn]〖(15C) tyne《語尾消失》← ME & OE tind ← Gmc *tind- point (OHG zint sharp point / ON tindr point, tooth): cf. tooth〗— n. (フォークなどの)歯, 叉(また); (鹿の角の)叉, 枝 (prong).
tine[2] [táɪn]〖ME tine(n) □ ON tȳn-a to lose, destroy: cf. teen[1]〗v. (~d, tint [tínt])《英方言》— vt. 失う (lose). — vi. 滅びる, 死ぬ (be lost, die).
tin·e·a [tíniə | -nɪə]〖(a1398) □ L ~ 'gnawing worm'〗n.〖病理〗輪癬(りんせん), 頭部皮疹 (ringworm): ~ alba 白癬. **tín·e·al** [-niəl | -nɪəl] adj.
tínea crú·ris [-krú(ə)rɪs, -rəs | -krúərɪs]〖← NL ~ 'crural tinea'〗n.〖病理〗頑癬(がんせん), いんきんたむし.
tín éar n.《俗》1 =cauliflower ear. 2《米》つんぼになった耳, (音楽, 特にジャズなどのわからない)音痴.
tined〖← TINE[1] + -ED 2〗adj. [通例複合語の第 2 構成素として] 歯[枝]のある, (...の)歯の: a three-tined fork.
tin·e·id [tíniɪd, -əd | -ɪd]〖← TINE(A) + -ID[2]〗〖昆虫〗n. ヒロズコガ, イガ(衣蛾)《ヒロズコガ科に属する小蛾の総称》. — adj. ヒロズコガ(科)の, イガの.
Ti·ne·i·dae [tɪníːədìː, tə- | tɪníːɪ-]〖← NL ~ ← Tinea (属名: ← TINEA) + -IDAE〗n. pl.〖昆虫〗(鱗翅目)ヒロズコガ科.
tín físh n.《俗》魚雷 (torpedo).

tín·fòil *n.* すず[アルミ]箔(はく), (チョコレートやたばこを包む)銀紙. — *vt.* …にすず[アルミ]箔を着せる, すず箔[銀紙]でおおう[包む].

tin·ful [tínfùl] *n.* 《英》かん一杯(の量) (canful) 〔*of*〕.

ting¹ [tíŋ] 〘(1495) 《擬音語》: cf. tinkle〙 *n.* ちりんちりん, りんりん, 鈴の音 (tinkle). — *vt., vi.* ちりんちりん[りんりん]鳴らす[鳴る].

ting² [tíŋ] *n.* =thing².

ting-a-ling [tìŋəlíŋ, ⌐–⌐] 〘擬音語〙 *n.* 鈴の音.

tinge [tíndʒ] 〘(1477) ▭ L *ting-ere* to dye, color ← IE **teng-* to moisten, soak: cf. tinct〙 — *vt.* (**tinge·ing, ting·ing**) **1** 染める; …に〔…の〕色合いをつける (color) 〔*with*〕: ~ the sky *with* a rosy flush 空をあかね色に染める / His cheek was ~*d with* color. 頬に赤味が差していた. **2** 加味する; …に〔…の〕風味を帯びさせる, 気味を添える〔*with*〕: His words were ~*d with* irony. 彼の言葉には皮肉の気味があった. — *n.* **1** 色合い (tincture): a ~ of red 赤の色合い. **2** 〔…の〕気味, 臭味, …じみた所 (touch) 〔*of*〕: have a ~ *of* hypocrisy [malice] 偽善じみた所[意地悪な所]がある / There was a ~ of hysteria in the laugh. その笑いにはヒステリーじみた所があった.

tin·gid [tíndʒɪd, -dʒəd | -dʒɪd] 〘↓〙 〘昆虫〙 *n.* グンバイムシ《グンバイムシ科に属する種類の総称》. — *adj.* グンバイムシ(科)の.

Tin·gi·dae [tíndʒədìː | -dʒɪ-] 〘← NL ~ ← *Tingis* (属名: ← ?)+-IDAE〙 *n. pl.* 〘昆虫〙(半翅目)グンバイムシ科.

Tin·git·i·dae [tɪndʒítədìː | -tɪ-] 〘← NL ~ ← *Tingit-*, *Tingis* (↑)+-IDAE〙 *n. pl.* 〘昆虫〙 =Tingidae.

tín glàze *n.* 〘窯業〙スズ釉(ゆう)《酸化スズを加えて造られる不透明な釉薬》.

tin·gle [tíŋgl] 〘(*c*1395) *tingle(n)* 《変形》 ← TINKLE // (freq.) ← TING¹〙 — *vi.* **1** 〔寒さ・打撃などのために〕ひりひりする, きりきり[ちくちく]痛む, うずく〔*with*〕: ears *tingling with* the cold 寒さでうずく耳 / My cheek ~*d with* shame. 恥かしさで頬がちくちくした / His conscience began to ~. 彼の良心がうずき出した. **2** 〔興奮などで〕うずうずする〔*with*〕: I was *tingling with* anger. 怒りでうずうずしていた. **3** 震動する, 余韻が残る (vibrate, throb): The air still ~*d with* the sound of distant bells. 遠くの鈴の音の余韻がまだ残っていた. **4** 軽い連続音を立てる, ちりんちりん[りんりん]鳴る (tinkle): A little shrill bell kept *tingling*. 小さな鐘がかん高い音を立ててちりんちりん鳴り続けた. — *vt.* 〈耳などを〉ちくちくさせる. — *n.* **1** ひりひり, ぴりぴり, きりきり, うずき: feel a ~ in the cheek ほおがひりひり痛む. **2** うずうず; 興奮. **3** ちりんちりん[りんりん]いう音.

Ting·ley [tíŋli | -lɪ], **Katherine Augusta** *n.* (1847–1927) 米国の Theosophy の女性指導者; 旧姓 Westcott [wés(t)kət].

tin·gling·ly [-glɪŋli, -gl- | -lɪ] *adv.* ひりひり[ぴりぴり, ちくちく]して.

tin·gly [tíŋgli, -glɪ | -glɪ, -glɪ] *adj.* ひりひりする[させる], うずく, うずかせる, 刺激的な.

tín gód *n.* **1** 偶像. **2** 食わせ者: a little ~ 地位や立場のゆえに偉ぶる小者, おだてられていい気になっている人.

tíng wàre, T- w- [tíŋ-] 〘↓〙 — *n.* 〘窯業〙宋王朝 (960–1279) の中期頃造造られた磁器《主に深皿や皿が有名; 彫刻や刻印で花模様の絵柄をつけ乳白色の釉(ゆう)をかけてある》.

tíng yá·o, T- y- [-jáu; *Chin.* tìŋiáu] 〘▭ Chin. ~ (定窯)〙 *n.* 〘窯業〙 =ting ware.

tín hát *n.* 《俗》 **1** (兵士・労働者などのかぶる)鉄かぶと (steel helmet) (cf. brass hat). **2** [*pl.*] 〘海事〙酔いどれ.

put the* [*a*] *tin hat on =*put the* [*a*] *tin* LID *on*.

tín·hòrn 《俗》 *adj.* はったりの, 見せかけの: a ~ person. — *n.* はったり屋, はったり賭博師.

tín·kal [tíŋkəl] *n.* 〘鉱物〙 =tincal.

tink·er [tíŋkə | -kə(r)] 〘(*c*1378) *tinkere* ← ? *tinke(n)* 'to TINKLE': なべなどをたたいてふれ回るところから〙 — *n.* **1** (通例回って歩く)鋳掛け屋. **2** 下手な職人 (bungler). **3** 《米》よろず屋, 何でも屋 (jack-of-all-trades). **4** 繕い, 直し (patching); いじり回し (botching): have a ~ at …を(直そうと)いじり回す. **5** 《米》〘魚類〙米国大西洋岸に生息するサバ科のホンサバ・ゴマサバに似た魚 (*Pneumatophorus grex*). **6** 《スコット・アイル》ジプシー; 旅役者, 旅商人, こじき. — *vi.* **1** 鋳掛けをする, 鋳掛け屋をする. **2** 〔…を〕いじり回す, もてあそぶ; 下手な繕いをやる, 間に合わせの修繕をする〔*at, with*〕: ~ *away* (*at*…) (…を)いじり回す / ~ (*around*) *with* one's car 自分の車をいじり回す. — *vt.* **1** 〈なべ・かまを〉修繕する. **2** 下手に繕う, どうにか間に合うようにする 〈*up*〉.
~·er [-kərə | -rə(r)] *n.*

tink·er·ly [tíŋkəli | -kəlɪ] *adj.* ぞんざいな, 下手な, 不細工な.

tínker's cúrse [**dámn**] 〘鋳掛け屋は冒瀆的な言辞を好むと信じられていたことから〙 — *n.* (*also* **tinker's cúss** [**dám**]) [否定構文で]全く価値の無いもの: *not* care [give] a ~ ちっとも構わない, 何とも思わない / It *isn't* worth a ~. 全く値打がない.

tin·kle [tíŋkl] 〘(*c*1390) (freq.) ← ME *tinke(n)* 《擬音語》: ⇨ -le³: cf. tinker〙 — *n.* **1** ちりんちりん, りんりん, ちんちん (jingle): a silver ~ of cowbells 雌牛の首につけた鈴の銀鈴を鳴らすようにちりんちりんという音. **2** 《英口語》電話(をかけること) (telephone call): give a person a ~ 人に電話する. **3** (詩や散文の)調子のよい響き. — *vi.* **1** ちんちん[りんりん]と鳴る. **2** (鍵盤楽器を)単調に弾く, 味気なく弾く. **3** 《英口語・小児語》おしっこする (urinate). — *vt.* **1** ちんちん[りんりん]と鳴らす: ~ a bell. **2** ちんちん[りんりん]鳴らして呼ぶ[注意を促す]: ~ *out* the hour of nine 〈時計が〉鳴って9時を知らせる.

tín·kler [-klə, -klə | -klə(r)] *n.* **1** りんりんと鳴らす人[物]. **2** 《口語》小鈴, りん (small bell).

tín·kling [-klɪŋ, -kl- | -kl-] *n.* ちんちん, りんりん, ちりんちりん. — *adj.* ちんちん[りんりん]鳴る.

tín·kly [tíŋkli, -klɪ | -klɪ] 〘← TINKLE+-Y⁴〙 *adj.* ちりんちりん[りんりん]鳴る.

tín lìquor *n.* 〘化学・染色〙塩化第一スズ溶液《以前媒染染料の媒染剤として使用》.

tín líz·zie [-lízi | -zɪ] 〘← *Tin Lizzie* (Model T フォード車の愛称): ⇨ tin, Lizzie〙 *n.* 《米》安自動車.

tín·man [-mən] 〘← TIN+MAN〙 *n.* (*pl.* **-men** [-mən, -mèn]) =tinsmith.

tinned 〘← TIN+-ED¹〙 — *adj.* **1** 《英》かん詰の, かん詰にした (canned): ~ salmon さけのかん詰 / ~ goods かん詰類 / ~ air 〘海事〙人工通風. **2** すずめっきをした; すず[ブリキ]を張った: a ~ box 内部にすず[ブリキ]を張った箱.

tín·ner *n.* **1** =tinsmith. **2** すず鉱夫. **3** 《英》=canner.

tin·ner·y [tínəri | -rɪ] 〘← TIN+-ERY〙 *n.* **1** すず鉱山. **2** すず[ブリキ]工場 (tinworks).

Tin·név·el·ly sénna [tɪnévəli-, tə-, tínəvèli- | tɪnévəlɪ-, tínəvèlɪ-] 〘← *Tinnevelly* (Madras にある地名)〙 — *n.* 〘植物〙ホソバセンナ (*Cassia angustifolia*) (⇨ senna 2).

tin·ni·ent [tíniənt | -nɪ-] 〘← L *tinnient-*, *tinniens* (pres.p.) ← *tinnire* to ring, jingle 《擬音語》〙 *adj.* 澄んだ音のする, ちりん[かちん]と鳴る.

tín·ning *n.* **1** スズめっき, (鉄板を溶けたスズに浸す)ブリキ板の製造. **2** スズをめっきすること, スズ張り. **3** 《英》かん詰.

tin·ni·tus [tínətəs | tɪnáɪtəs, tínɪ-] 〘(1843) ← NL ~ =L *tinnītus* (p.p.) ← *tinnīre* to jingle〙 *n.* 〘病理〙耳鳴り, 耳鳴(じめい).

tin·ny [tíni | -nɪ] 〘← TIN+-Y⁴〙 — *adj.* (**tin·ni·er; -ni·est**) **1** すずの, すずのような. **2** すずを含む[産する], すずの多い. **3** ブリキのような(音がする): a ~ sound, piano, etc. / ~ music ブリキかんを叩くような音楽. **4** (すずのように)軽い, もろい (fragile), ぴかぴかしている. **5** 〈かん詰の食物など〉かんの味[匂い]がする. **6** 〈話など〉薄っぺらな, 内容に乏しい.
tín·ni·ly [-nɪli, -nə-, -nli | -nɪlɪ, -nə-] *adv.* **tín·ni·ness** *n.*

tín òpener *n.* 《英》かん切り (can opener).

tín-pàn 〘← 《方》 *tin-pan* shivaree: ⇨ tin, pan¹〙 *adj.* ブリキのような音を出す, がんがん鳴る, やかましい (clanging, noisy).

Tín Pàn Álley *n.* 《米》 **1** ポピュラー音楽の作曲家・出版者の集まる地域; (特に) New York 市 28 番街近辺をいう. ★ ただし New York 市の出版会社は現在は住宅地帯 (uptown) および Radio City 方面に散在するに至った. **2** [集合的]ポピュラー音楽作曲家[演奏家, 出版社]連.

tin-pan·ny [tínpǽni | -nɪ] *adj.* =tin-pan.

tín pánts *n. pl.* 《米》(樵(きこり)や漁夫の)丈夫な防水ズボン《パラフィンに浸したズック製》.

tín pèst [**plàgue**] *n.* スズペスト《スズ製の器が北欧など厳寒期に白色スズから同素体転移を起こして無定形の灰色スズになり, 遂には全体が崩れてしまう現象》.

tin·plate [⌐–⌐ | ⌐–⌐] *n.* (鉄板にスズめっきをした)ブリキ.

tín·plàte *vt.* 〈鉄板など〉にスズめっきをする, (スズめっきをして)ブリキにする.

tín-pót *attrib. adj.* 粗悪な, 安物の, お粗末な (inferior): ~ information about …についてのお粗末な情報.

tín pyrítes *n.* 〘鉱物〙黄錫(おうしゃく)鉱 (⇨ stannite 2).

tin·sel [tínsəl, -sl, -zəl, -zl | -səl, -sl] 〘(1502) ▭ F *étincelle* spark, flash < OF *estencelle* spark < VL **stincillam* ← L *scintilla*: SCINTILLA と二重語〙 — *n.* **1** (芝居や踊りの衣装などに付ける)ぴかぴか光る金属片 (spangle); 金ぴか. **2** (刺繡(しゅう)などに用いる)金銀糸; ラメ (lamé). **3** 安ぴか物 (showy pretence). **4** 《廃》金銀糸の織物. — *adj.* **1** 金ぴかの, ぴかぴか光る. **2 a** 見かけ倒しの, 安ぴかの. **b** 見せかけの (specious): ~ promises. — *vt.* (**tin·seled, -selled; -sel·ing, -sel·ling**) 金ぴか[金銀糸]で飾る; 安ぴか物で飾り立てる, 金ぴかにする.

tin·sel·ly [tíns(ə)li, -z(ə)li | -s(ə)lɪ] *adj.* 安ぴかの.

tin·sel·ry [tínsəlri, -zəl- | -səlrɪ] 〘← TINSEL+-RY〙 *n.* 安ぴかの材料[飾り, 外観, 見せかけ].

tíns·man [-mən] *n.* (*pl.* **-men** [-mən, -mèn]) =tinsmith.

tín·smìth 〘← TIN + SMITH: cf. goldsmith, silversmith〙 *n.* ブリキ職, すず細工師, 板金工.

tín·smìthy *n.* ブリキ職の仕事場.

tín sóldier *n.* **1** (ブリキ製の)おもちゃの兵隊. **2** 兵隊ごっこをする人.

tín spírit *n.* [しばしば *pl.*] 〘化学・染色〙スズ精《第一錫塩を含む溶液; 羊毛の染色に用いる》.

tín·stòne *n.* 〘鉱物〙スズ石 (⇨ cassiterite).

tint¹ [tínt] 〘(1717) 《変形》 ← TINCT (It. *tinta* の影響あり): ⇨ taint〙 — *n.* **1** 色合い (hue), 色, (赤み・黄みなどの)…み (slight tinge): autumnal ~*s* 秋色 / red of [with] a blue ~ 青みがかった赤色. **2** 色彩の配合, 映り, 濃淡《白色を混ぜて出す濃淡の色合い; cf. shade 4》: in all ~*s* of red 濃淡様々の赤色で. **3** ほのかな色, 淡色《白色を含んだ各色》. **4** 〘エッチング〙線ぼかし, 隈(くま), 影, 毛羽(けば)《並行線で陰影を表わすこと; cf. hatching² 1》: crossed [ruled] ~ 交差[平行]線陰影. **5** 性質; 〔…の〕気味 (tinge) 〔*of*〕: His virtue was of the purest ~. 彼の徳は極めて純粋なものであった / a ~ *of* envy そねみの気味. **6** 〘印刷〙チント《小切手・さし絵などの下刷用の淡い色》. **7** 毛染め剤, 白髪(しらが)染め.
— *vt.* **1** …に色合いを付ける, 染める (tinge): The sunset ~*s* the rocks. 入日が岩を染める. **2** …に陰影を付ける; ぼかす.

tint² *v.* tine² の過去形・過去分詞.

tin·tàck *n.* 《英》すずめっきの鋲(びょう)[小釘] (tin-plated tack).

Tin·tág·el Héad [tɪntǽdʒəl-] 〘← *Tin-* (← 《Cornwall 方言》 *dun* hill, fort)+*-tagel* (← ?)〙 — *n.* イングランド南西部, Cornwall 州西海岸の岬; Arthur 王の生誕地と言われる Tintagel Castle の遺跡がある.

tínt blòck *n.* 〘エッチング〙隈(くま)を刷る版, 地色刷版, 地色版.

tínt·ed [-tɪd, -təd | -tɪd, -təd] *adj.* **1** 色づいた, 着色の: ~ paper 色紙 / ~ spectacles 色めがね. **2** [通例複合語の第2構成素として] …色の: the orange-*tinted* sky オレンジ色の空.

tínt·er [-tə | -tə(r)] *n.* **1** 色合いをつける人[物], 染色者. **2** (幻灯に使う)色ガラス.

tínt·ing [-tɪŋ | -tɪŋ] *n.* 色付け, 着色.

tínting strèngth *n.* 着色力.

tintinnabula *n.* tintinnabulum の複数形.

tin·tin·nab·u·lar [tìntənǽbjulə | -tɪnǽbjulə(r)] *adj.* =tintinnabulary.

tin·tin·nab·u·lar·y [tìntənǽbjulèri | -tɪnǽbjulərɪ] 〘⇨ tintinnabulum, -ary〙 *adj.* 〈鈴・金属板など〉ちりんちりん鳴る; 鈴の(ような).

tin·tin·nab·u·la·tion [tìntənæ̀bjuléɪʃən | -tɪ-] 〘(1831): ⇨ tintinnabulum, -ation〙 *n.* **1** 鐘を鳴らすこと. **2** ちりんちりん, りんりん, ちんちん, 鈴の音.

tin·tin·nab·u·lous [tìntənǽbjuləs | -tɪ-] 〘⇨ ↓, -ous〙 *adj.* =tintinnabulary.

tin·tin·nab·u·lum [tìntənǽbjuləm | -tɪ-] 〘(1597) ▭ L *tintinnābulum* bell ← *tintinnāre* to jingle, ring ((freq.) ← *tinnīre* 《擬音語》)+*-bulum* (「道具」を表わす接尾辞)〙 — *n.* (*pl.* **-u·la** [-lə]) 小さな鈴[りん].

tínt·less *adj.* 色のつかない, 無(着)色の.

Tint·om·e·ter [tɪntɑ́mətə | -tɔ́mɪtə(r, -mə-] 〘← TINT¹+-O-+-METER¹〙 — *n.* 〘商標〙ティントメーター《英国の The Tintometer Limited 製作の比色[色調]計の商品名》. **tin·to·met·ric** [tìntəmétrɪk | -tə-] *adj.* **tin·tom·e·try** [tɪntɑ́mətri | -tɔ́mɪtərɪ, -mə-] *n.*

Tin·to·ret·to [tìntərétou | -tərétəu, -tɔr-; *It.* tintorétto], **Il** [il] *n.* ティントレット (1518–94; イタリアのベネチア派の画家; 本名 Jacopo Robusti [jáːkopo robústi]).

tínt tòol *n.* 〘エッチング〙(彫版で用いる)陰影線彫刻刀.

tint·y [tínti | -tɪ] *adj.* べたべた色を塗り過ぎた, (色彩が)不調和な.

tín·type *n.* 《米》〘写真〙鉄板写真 (ferrotype).

tín·wàre *n.* ブリキ[すず]細工品.

tín wédding *n.* すず婚式《結婚の 10 周年の記念式 [日]; ⇨ wedding 4》.

tín whístle *n.* =penny whistle.

tín-whíte *adj.* すず色の, 青みがかった白色の.

tín·wòrk *n.* **1** すず製品, ブリキ製品. **2** [*pl.*; 単数または複数扱い] すず工場, ブリキ(細工)工場; すず製品製作所.

ti·ny [táɪni | -nɪ] 〘(1598) ← 《廃》 *tine, tyne* very small (something) (← ?)+-Y⁴: cf. teeny〙 — *adj.* (**ti·ni·er; -ni·est**) ごく小さい, ちっぽけな (minute), 豆…: little ~ =little ちっちゃな / a ~ baby [tot] ごく小さい赤ん坊[子供] / After a ~ pause he said. ちょっと黙っていた後で言った. — *n.* 《英》幼児, 赤ちゃん (infant). **tí·ni·ly** [-nɪli, -nə-, -nli | -nɪlɪ, -nə-] *adv.* **tí·ni·ness** *n.*

-tion [ʃən] 〘▭ F ~ (< OF *-cion*) // L *-tiō(n-)* (*-t-* は p.p. 語幹, *-iō* は名詞語尾): cf. -ation, -cion, -ion, -sion, -xion〙 — *suf.* 動詞から名詞を造り, 状態・動作または具体的な事例(人・物)・結果を表わす: combi*nation*, determi*nation*, tempt*ation*.

-tious [ʃəs] 〘▭ F *-tieux* // L *-tiōsus*: ⇨ ↑, -ous〙 — *suf.* -tion に終わる名詞から形容詞を造り「…な, …を有する, …である」の意を表わす: ambi*tious*, cau*tious*, ficti*tious*.

tip¹ [típ] 〘(1440) *typ* ▭ ON *typpi* (n.), *typpa* (v.) ← Gmc **tupp-* 'TOP¹' (Du., Dan. & LG *tip* / G *Zipfel*)〙 — *n.* **1** 先, 先端 (pointed end): the ~ of the ear [nose, finger] 耳[鼻, 指]の先 / the ~ of a cigarette 巻きたばこの先 / the ~ of the iceberg 氷山の一角, (あることの)小さな[表面的な]一部 / at the eastern ~ of Texas テキサス州の東端に / walk on the ~*s* of one's toes つま先で歩く / The bird measures 15 inches from ~ to ~. その鳥は翼の先から先までで 15 インチある. **2** 《廃》頂上, 頂, 頂点 (summit, apex): a mountain ~. **3** 先端に付ける金具, 金輪, 金たが, (刀剣のさやの)こじり, (杖やこうもりがさの)石突き (ferrule). **4** (靴の)先革 (⇨ shoe 挿絵); (装飾用)毛皮・羽毛の末端;

釣りざおの先端部. **5** 〘航空〙(飛行機の)翼端 (wing tip); (プロペラの)翅端(したん). **6** 金箔刷毛(きんぱくはけ). **7** 〘製本〙(地図・図版・正誤表などの)貼込み別丁《製本する前にのり付けする; tip-in, tip-on ともいう》. **8** [*pl.*] **a** (茶・たばこなどの)葉芽. **b** 《俗》たばこ: a packet of ~*s* たばこ一箱. **9** 〘音声〙舌先 (apex) (cf. point 22 b, blade 7).

from tip to toe 端から端まで, どこからどこまで, すっかり: be fashionably dressed *from* ~ *to toe* どこからどこまでりっぱに着飾っている. ***have something at the tips of one's fingers*** [***at one's finger tips***] 〈ある事を〉よく知っている. ***on the tip of one's tongue*** 口から出かかって: I had it *on the* ~ *of my tongue.* そのことが口の先まで出かかっていた / It was *on the* ~ *of his tongue* to tell her that he loved her. 彼女を愛しているという言葉が口の先まで出かかっていた. ***to the tips of one's fingers*** = ***to one's finger tips*** 徹頭徹尾, あくまで, すっかり (through and through).

— *vt.* (**tipped**; **tip·ping**) **1** ...に先を付ける〔*with*〕; ...の先となる, ...の端を飾る: ~ missiles *with* nuclear warheads ミサイルに核弾頭を付ける / have one's cane ~*ped* ステッキの先に金を付けさせる. **2** 《米》〈新芽などの〉先を切り取る: ~ a bush 木を刈り込む / have one's hair ~*ped* 頭髪を刈り込ませる. **3** (外見をよくするために)〈毛皮〉の毛先を染める.

tip in [***into, on***] 〘製本〙〈地図・図版などを〉貼込む.

tip[2] [típ] 〘《?c1380》 *tȳpe(n)* to overthrow ← ?: 現在の語形の短母音は *tipt(e)* (pret.) の影響: cf. tip[1]〙 — *v.* (**tipped**; **tip·ping**) — *vt.* **1** 傾ける, 傾かせる, かしげる (incline): ~ (*up*) a barrel [cart] 樽[荷車]をかしげる. **2** くつがえす, ひっくり返す (overturn) 〈*over, up*〉: a seat that can be ~*ped up* 上げ起こしできる座席 / She ~*ped* the pot *over.* ポットをひっくり返した. **3** 《英》かしげて〈中味を〉あける, 捨てる (dump) 〈*out*〉: ~ rubbish *out* (*of* a cart) (車をかしげて)ごみをあける. **4** 〈人を〉放り出す〈*out*〉: He was ~*ped out of* the car *into* the river. 車がひっくり返って川の中へほうり出された. **5** 挨拶のために〈帽子〉にちょっとさわる: ~ one's hat [《英俗》lid] *to* a person 帽子にちょっと手を触れて人に会釈する. **6** 《方言》〈酒を〉一息に飲む.

— *vi.* **1** 傾く, 傾斜する, かしぐ (incline). **2** くつがえる, ひっくりかえる, 転覆する, 転ぶ (topple) 〈*over*〉: The boat ~*ped over.*

tip (over) the perch ⇨ perch[1] *n.* 成句. ***tip the balance*** = ***tip the scale(s)*** ⇨ scale[2] 成句.

— *n.* **1** 傾ける[かしげる]こと, 傾斜. **2** 《英》ごみ捨て場 (dump): a coal ~ ボタ(山).

tip[3] [típ] 〘《1610》← ? TIP[4]: もと隠語?〙 — *n.* **1** チップ, 心付け, 祝儀 (gratuity): give a ~ to a servant 召使にチップをやる / I gave the girl fifty pence for [as] a ~. その娘にチップとして 50 ペンスやった / He left a large ~. 多額のチップを残した. **2** (その道の人, 特に競馬・投機などの)暗示, ヒント, 助言 (piece of advice); 内報, 予想 (hint, steer): the straight ~ 確かな助言, 信頼できる内報 / a ~ *that* a raid on the train is planned 列車強盗が計画されているという情報 / give [get] the ~ 内報する[内報に接する] / Police received telephoned ~*s on* where he might be hidden. 警察はその男の潜伏場所について電話による内報を受けた / He gave me the ~ *to* buy those shares. その株を買うように内報[助言]してくれた / Take my ~. 私の言う通りにしなさい. **3** 〘商業〙月報. **4** よい思いつき (good idea); 秘訣(ひけつ), 秘法 (recipe): a ~ *for* extracting grease spots 油のしみ抜き法.

miss one's tip やまがはずれる, 失敗する.

— *v.* (**tipped**; **tip·ping**) — *vt.* **1** 〈召使・給仕など〉にチップをやる, 心付けをする: ~ a porter, waiter, etc. / He ~*ped* me (《まれ》*with*) a dollar. 私に 1 ドルの心付けをくれた. **2** 《口語》[しばしば二重目的語を伴って]与える, 伝える (give, bestow, communicate): He ~*ped* me a significant nod. 意味ありげに私にうなずいてみせた / *Tip* us a song [yarn]. 一つ歌を歌って[話をして]聞かせて下さい / *Tip* us your fist [fin]. 《俗》手を出したまえ, 握手しよう / ~ a person the wink 人にこっそり知らせる / He ~*ped* a sharp glance in my direction. 私の方に鋭い一瞥(いちべつ)を投げた. **3** 《口語》〈情報屋などが〉内報する, 密告する; ...に内報する: ~ a winner 勝馬を知らせる / He was ~*ped* two days in advance. 2 日前に内報に接していた.

— *vi.* **1** チップをやる, 心付けをする: ~ freely [handsomely] ふんだんに[たんまり]チップを出す. **2** 《口語》(競馬・投機などで)内報をする.

tip off 《口語》(1) 〈人〉に密告して逃亡させる. (2) 〈人〉に警告する, 内報する, ちょっと知らせる: We were ~*ped off that* ...という情報が入った.

tip[4] [típ] 〘《?a1200》← ?: cf. tap[2] / LG *tippen* / G *tappen* to touch lightly〙 — *n.* **1** 軽打 (tap): He gave me a ~ on the shoulder. 私の肩をぽんとたたいた. **2** 〘野球・クリケット〙チップ. — *vt.* (**tipped**; **tip·ping**) **1** 軽打する. **2** 〘野球・クリケット〙〈球を〉チップする. — *vi.* つま先で歩く.

tip off 〘バスケットボール〙ティップオフする (⇨ tip-off[2]).

tip and run チップアンドラン《バットに球が当れば打者はすぐ走らなければならないクリケットに類したゲーム》.

Tip. 《略》Tipperary.

tí pàlm *n.* 〘植物〙 = ti[2].

tip-and-rún *adj.* **1** 〘クリケット〙球に触れればすぐ走る. **2** 《英》さっと急襲してはさっと引き上げる: a ~ raid.

típ·bùrn *n.* 〘植物病理〙葉の先枯れ《強い日照などによりトマト・チシャなどの葉の先が乾燥・焼焦げを生じること》.

típ·càr *n.* = tipcart.

típ·càrt *n.* (積荷台を傾けて砂利・土などを落とすことのできる)放下車 (cf. dumpcart).

típ·càt 〘《1676》← TIP[4] + CAT〙 — *n.* 〘遊戯〙 **1** 棒打ち遊び《両端がとがった木片 (cat) を棒で打っておどり上がらせ地に落ちないうち同じ棒で打って遠くへ飛ばす子供の遊戯》. **2** 棒打ち遊びに用いる木片 (cat).

tiph·i·id [tífiɪd, -əd | -ɪd] 〘↓〙〘昆虫〙 *n.* コツチバチ《コツチバチ科に属するハチの総称》. — *adj.* コツチバチ(科)の.

Ti·phi·i·dae [tɪfáɪədìː, tə- | tɪfáɪɪ-] 〘← NL ~ ← *Tiphia* (属名: ← Gk *típhē* beetle + -IA[2]) + -IDAE〙 *n. pl.* 〘昆虫〙(膜翅目)コツチバチ科.

ti·pi [tíːpiː, -pi | -piː] *n.* 《米》 = tepee.

típ·ìn[1] *n.* 〘バスケットボール〙指先ではたくようにしてリバウンドボールの方向を変えて得点すること.

típ·ìn[2] *n.* 〘製本〙 = tip[1] 7.

tip làyering *n.* 〘園芸〙先取り法《取り木法の一つ; 枝を曲げ先端を土に埋め発根させて苗とする; キイチゴに多く用いる》.

típ·less *adj.* 〈ホテルなど〉チップ不要の. **~·ness** *n.*

tip lòrry *n.* 《英》 = dump truck.

típ·òff[1] 〘← *tip off* (⇨ tip[3] 成句)〙 *n.* 《口語》 **1** 内報, 情報, 秘密予想: an anonymous ~ (警察への)匿名の情報. **2** 助言, 注意, 警告 (hint, warning).

típ·òff[2] 〘← TIP[4]〙 *n.* 〘バスケットボール〙ティップオフ《ジャンプボール (jump ball) でレフェリーがボールを投げ上げてプレーを開始させること》.

típ·òn *n.* 〘製本〙 = tip[1] 7.

Tip·pe·ca·noe [tìpikənúː | -pɪ-] 〘← N-Am.-Ind. (Algonquian) 《原義》place of buffalo fish〙 — *n.* **1** 米国 Indiana 州北部に発し, Wabash 川に注ぐ川 (270 km). **2** William Henry Harrison のあだ名.

típ·per[1] 〘← TIP[1] + -ER[1]〙 *n.* **1** (こうもりがさなどの)金具付け手. **2** 〘製本〙(図版などの)貼込み工《tipper-in ともいう》.

típ·per[2] 〘← TIP[2]〙 *n.* 傾ける人[物]; 放下車 (tipcart) を扱う人; 《英》ダンプカー (《米》dump truck).

típ·per[3] 〘← TIP[3]〙 *n.* **1** 内報者, 密告者 (tipster). **2** 心付けをする人.

Tip·pe·rar·y [tìpəréː(ə)ri | -réəri] *n.* **1** アイルランド共和国南部, Munster 地方の州; 人口 124,000, 面積 4,255 km², 首都 Clonmel [klænmél, ーー | klɔnmét, ーー]. **2** 同州の町; 人口 4,700. **3** 第一次大戦中英国兵士が行軍歌として愛唱した 'It's a long way to Tipperary.' で始まる歌.

tipper-in 〘← TIP-IN[2]: ⇨ -er[1]〙 *n.* 〘製本〙 = tipper[1] 2.

tip·pet [típɪt, -pət] 〘《c1300》(dim.) ← TIP[1]: cf. OE *tæppet* / L *tapētum* cloth, tapestry〙 — *n.* **1** (婦人の)ケープ; 肩掛け《毛皮・布地などのもので両端を前に下げる》. **2** (裁判官・聖職者の)一種の肩ぎぬ. **3** (フード・袖などの)細長く垂れ下がった部分. **4** 〘釣〙 **a** ティペット《はりす (leader) の先端の細い部分》. **b** (毛鉤の尾にする)羽枝. **5** 鳥の首のまわりの環状の毛 (ruff).

tippet 2

típping cènter *n.* 〘造船〙浮面心 (⇨ CENTER of floatation).

tip·ple[1] [típl] 〘《1544》《逆成》? ← TIPPLER[1]: cf. tip[2]〙 *vt.* 〈(強い)酒を〉ちびちび飲む. — *vi.* (習慣的にまたは過度に)(強い)酒を飲む. — *n.* (強い)酒.

tip·ple[2] [típl] 〘← TIP[2] + -LE[1] 2〙 *n.* 《米》 **1** (車を傾けて積荷をおろす)放下装置. **2** 傾けて車の積荷をおろす場所《石炭の選別場・ごみ捨て場など》.

tip·ple[3] [típl] 〘(freq.) ← TIP[2]〙《英方言》 *vt.* 転ばす, ひっくり返す. — *vi.* 転ぶ, ひっくり返る.

típpl·er[1] [-plə, -plə | -plə(r, -pl-] 〘《1396》 *tipeler* tavern-keeper ← ?: cf. Norw. 《方言》 *tipla* to dip slowly〙 *n.* 酒豪, 飲んべえ.

típpl·er[2] [-plə, -plə | -plə(r, -pl-] 〘← TIPPLE[2] + -ER[1]〙 *n.* 放下装置係; 選炭夫.

tip·py [típi | -pi] 〘← TIP[2] (v.) + -Y[4]〙 *adj.* (**tip·pi·er**; **-pi·est**) 《口語》転げそうな, ひっくり返りそうな; 不安定な: a ~ boat.

típpy·tòe 〘⇨ tiptoe〙 *n., adj., adv., v.* (~**d**; ~**·ing**) 《口語》 = tiptoe.

tip shèet *n.* (競馬などの)予想紙, 出馬表, 競馬専門紙.

tip·si·fy [típsəfàɪ | -sɪ-] 〘← TIPSY + -FY〙 *vt.* 酔わせる.

tip spèed *n.* (車輪の)外縁速度, (プロペラの)先端速度.

tip·stàff 〘《1541-42》← *tipped staff*: ⇨ tip[1]〙 — *n.* (*pl.* **tip·staves**, ~**s**) **1** 《廃》先端に金具を付けたつえ《ある種の役人の職務づえ》. **2** 《古》tipstaff を持ち歩いた役人《法廷使丁・執達吏・巡査など》.

tip stàll *n.* 〘航空〙翼端失速.

tip·ster [típstə | -stə(r] 〘← TIP[3] + -STER〙 *n.* 《口語》(競馬・投機などの)内報者, 助言者, 予想屋; 密告者.

tip·sy [típsi | -si] 〘《1577》← TIP[2] + -s- (無意味の連結音) + -Y[4]〙 — *adj.* (**tip·si·er**; **-si·est**) **1** ほろ酔いの. **2** (酔いのため)転びそうな, よろよろする (unsteady): a ~ lurch 千鳥足 / get ~ 酔っぱらう. **3** かしいだ, ゆがんだ (tilted). **típ·si·ly** [-sɪli, -sə- | -lɪ] *adv.* **típ·si·ness** *n.*

típsy càke *n.* 《英》ティプシーケーキ《カスタードやジャムをはさんで酒に浸したスポンジケーキ; 泡立てた生クリームや刻んだ木の実を飾る; cf. trifle 4》.

tip tàble *n.* = tip-top table.

tip-tàp 〘《加重》← TIP[4]: cf. tap[2]〙 *n.* とんとん[こつこつ](たたく音).

tip-tìlted *adj.* 〈鼻など〉先の反(そ)った.

tip·toe [típtòu, ーー | típtəu, ーー] 〘《15C》《逆成》← 《c1390》 *tiptoon* (pl.) ← TIP[1] + *toon* (< OE *tān* (pl.) ← *tā* 'TOE')〙 — *n.* [集合的] つま先.

on tiptoe (1) つま先で; こっそりと, 忍び足で, 抜き足差し足で (stealthy): stand [walk] *on* ~ つま先で立つ[歩く]. (2) 大いに期待して, 待ち設けて (eagerly expectant): *on* ~ *to* win やっきになって勝とうとして / be *on* (the) ~ *of* expectation 首をのばして待つ.

— *adj.* **1** つま立てて立つ[歩く]; こそこその, 忍び足の (stealthy). **2** 大いに期待している.

— *adv.* **1** つま立ちで, つま先で (on tiptoe); こっそりと, 用心して (quietly, warily): stand ~. **2** 期待して, 待ち設けて (expectantly).

— *v.* (~**d**; ~**·ing**) — *vt.* [~ one's way として]つま先で進む: He ~*d his way* to the bathroom. つま先で浴室へ進んで行った. — *vi.* **1** つま先で立つ. **2** つま先で歩く: ~ into a room.

tip-tóp 〘《1702》← TIP[1] + TOP[1]〙 — *n.* **1** 絶頂, 頂上 (top): the ~ of the mast マストの頂上. **2** 《口語》極上, 飛切り, 全盛 (crown, pinnacle): cry at the ~ of one's voice 声を限りに叫ぶ. **3** [通例 *pl.*] 《英口語》最上層階級. — *adj.* **1** 頂上[絶頂]にある. **2** 《口語》最上の, 極上の, 飛切りの (first-rate): a ~ lecture [concert] すばらしい講演[演奏会] / be in ~ condition 最上のコンディションである / I'm a ~ man at this sort of thing. この種のことに関しては第一人者だ. — *adv.* 《口語》申し分なく (perfectly).

tip-tòp táble *n.* (使用しない時)天板が垂直に傾けられる台座付きテーブル《tilt-top table, tip table ともいう》.

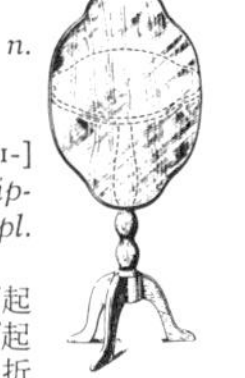

tip-top table

tip·u·lid [típjʊlɪd, -ləd | -lɪd] 〘昆虫〙 *n.* ガガンボ《ガガンボ科の昆虫の総称》. — *adj.* ガガンボ(科)の.

Ti·pu·li·dae [tɪpjúːlədìː, tə- | tɪpjúːlɪ-] 〘← NL ~ ← *Tipula* (属名: ← L *tip(p)ula* water spider) + -IDAE〙 — *n. pl.* 〘昆虫〙(双翅目)カガンボ科.

típ-ùp 〘⇨ tip[2] (vt.) 2〙 — *adj.* 上げ起こし式の: a ~ seat (劇場などの)上げ起こし式座席 / a ~ table (天板が二つに折れる台座つきの)上げ起こしテーブル.

ti·rade [taɪréɪd, ーー | taɪréɪd, tɪréɪd, tɪrɑ́ːd] 〘《1801》□ F ~ 'draught, shot' □ It. *tirata* a pulling, volley ← *tirare* to draw ← ?: ⇨ -ade〙 — *n.* **1** 長い熱弁, 長広舌; 長い攻撃演説, 弾劾(だんがい)演説. **2** 《米》tɪrɑ́ːd, tə-] 〘音楽〙ティラード《バロック音楽の装飾音の一種で跳躍進行の間を埋める急速な経過音》. **3** (詩などで)単一テーマに終始する節.

ti·rail·leur [tìraɪ(j)ɔ́ː, -raɪlɔ́ː | tìraɪ(j)ɔ́ː(r, -aɪlɔ́ː(r; *F.* tiʀajœːʀ] 〘□ F ~ ← *tirailler* to skirmish ← *tirer* to pull〙 — *F. n.* (*pl.* ~**s** [~z; *F.* ~]) 〘軍事〙 **1** 狙撃(そげき)兵 (sharpshooter). **2** (フランスがかつて北アフリカ・セネガル・インドシナで組織した現地人部隊の)歩兵.

Ti·ra·na [tɪrɑ́ːnə] *n.* チラネ《アルバニア中央部にある同国の首都; 人口 170,000; アルバニア語名 Tiranë [tiránə]》.

tire[1] [táɪə | táɪə(r] 〘OE (*ġe*)*tȳrian*, *tēorian* to fail, be tired < ? Gmc **tiuzōn* to stay behind ← IE **deus-* to cease: cf. tarry[1]〙 — *vt.* **1** 疲れさせる, くたびれさせる (fatigue): Walking ~*s* me. 歩くと私は疲れる / He was ~*d out* by his journey. 旅行でくたくたに疲れ(てい)た. **2** 飽きさせる, うんざりさせる (bore): The subject [Your importunity] ~*s* me. その話ならもう飽き飽きだ[君のしつこさにはうんざりする] / Don't ~ me *with* the details. いちいち細かい事まで言ってうんざりさせないでくれ. **3** 〈土壌・ゴムなどを〉(使い過ぎて)疲れさせる (wear out). — *vi.* **1** 疲れる, 疲労する, くたびれる: Our horses ~*d* (*out*). 馬が(とても)疲れた. **2** 〔...に〕飽きる, いやになる〔*of*〕: I never ~ *of* reading Dickens. ディケンズはいくら読んでも飽きない / I shall never ~ *of* your company. 君とならいつまで一緒でも飽きない.

tire down (疲れて動けなくなるまで)〈獲物を〉追いつめる (cf. RUN *down* (*vt.*) (4)). ***tire out*** ⇨ *vt.* 1, *vi.* 1.

— *n.* 《英方言》疲労 (fatigue).

tire[2] [táɪə | táɪə(r] 〘《1485》 *tyre* 《廃》curved plating for the rim of a wheel, 《原義》the attire of the wheel: tire[3] の特別用法〙 — *n.* **1** (車の)輪金. **2** (ゴム製の)タイヤ: a pneumatic ~ (空気入り)ゴムタイヤ / a solid ~ 中実タイヤ / peel ~*s* ⇨ peel[1] 成句. — *vt.* ...にタイヤ[輪金]を付ける.

tire[3] [táɪə | táɪə(r] 〘《?c1300》 *tyr(e)* 《頭音消失》← *atir* 'ATTIRE (n.)'〙 — *n.* **1** (女の)かぶり物, 頭飾り (headdress). **2** 《廃》衣装, 着物 (attire, dress). **3** 《米》前掛け, エプロン. — *vt.* **1** 《古》〈頭・髪を〉頭飾りで飾る. **2** 《廃》装う (attire, dress).

tíre chàin *n.* 《米》(すべり止めにタイヤに巻く)鎖, タイヤチェーン《単に chain, 又は skid chain ともいう》.

tired[1] [táɪəd | táɪəd] 〘《?a1400》: ⇨ tire[1], -ed 1〙 — *adj.* (**more** ~, **most** ~; ~**·er**, ~**·est**) **1** **a** [通

例 Predicative に用いて] 疲れた, 疲労した, くたびれた (weary): feel ～ 疲労を覚える / look ～ *out* へとへとに疲れているようだ / be ～ to death へとへとに疲れる / dance [talk] oneself ～ 踊り[話し]疲れる / The housework made her ～. 彼女は家事で疲れた / I was very ～ *from* [*with*] my trip. 旅行でひどく疲れていた / My arms got ～ (*from*) carry*ing* my heavy baggage. 重い荷物を持って腕が疲れた / He was a little ～ *after* his long motor drive. 長いドライブをして来て少々疲れていた / I was a ～ man when I got home. 家に着いたときはくたくただった. **b** [Attributive に用いて] 〈声・表情など〉疲れたような: a ～ voice / a middle-aged man with a ～ face 疲れた顔をした中年の男. **2** [Predicative に用いて] 〔…に〕飽きた, うんざりした, 〔…が〕いやになった (bored, disgusted) 〔*of*〕: get [be] ～ *of* life [one's daily round] 世の中[毎日の決まった仕事]がいやになる / I'm ～ *of* being ordered about every day. 毎日ああしろこうしろと追い使われるのはもううんざりだ / You make me ～. (つまらぬ話ばかりして)君にはうんざりする[愛想がつきる]よ / You can shout till you are ～. いやになるまでわめくがいい. **3** [Attributive に用いて] **a** 〈物が〉くたびれた, 古ぼけた (dilapidated): a ～ chair, hat, house, etc. **b** 〈冗談・句・話など〉聞き飽きた, 陳腐な, 古臭い (stale, hackneyed): a ～ joke, sermon, theme, etc.

tired² 〖← TIRE²＋-ED 2〗 *adj.* [通例複合語の第 2 構成素として] (…の)タイヤ[輪金]を付けた: rubber-*tired* ゴムタイヤの付いた.

tíred·ly *adv.* 疲れて.

tíred·ness *n.* 疲労; 倦怠(けんたい).

Tíred Tím *n.* 「物臭(ものぐさ)太郎」《怠け者につけるあだ名》.

Tíred Tímothy *n.* ＝Tired Tim.

tíre·less¹ *adj.* **1** 〈人が〉疲れを知らない (unwearied), 精力的な, 勤勉な (industrious): a ～ worker [laborer]. **2** 〈行為・活動が〉疲れの見えない (unwearing), 衰えない, 不断の: ～ energy, zeal, etc. **～·ly** *adv.* **～·ness** *n.*

tíre·less² *adj.* 〈車が〉タイヤ[輪金]のない.

Ti·re·si·as [taɪríːsiəs, -ziəs | taɪríːsiæ̀s, tàɪər-, -rés-, -sɪəs, -sjəs] 〖◻ L *Tiresias* ◻ Gk *Teiresías*〗 ― *n.* 〖ギリシャ伝説〗 テイレシアス《Thebes の予言者; 水浴中の Athene を見たため盲にされたが, 後には彼女の怒りが解け, 道案内をするつえと鳥の言葉を理解する力と予言の力とを与えられた》.

tire·some [táɪəsəm | táɪə-] 〖《1500》: ⇨ tire¹, -some¹〗 ― *adj.* **1** 退屈な, 飽き飽きする, うんざりする (tedious): a ～ job, lecture, sermon, etc. **2** 《口語》 やっかいな, 面倒な, いやな; 腹立たしい, いまいましい: *It's* ～ *of* her *to* nag all day long. 1 日中がみがみ小言ばかり言っていやな女だ. **～·ly** *adv.* **～·ness** *n.*

tíre·wòman 〖← TIRE³＋WOMAN〗 *n.* **1** 《古》 腰元, 侍女 (lady's maid). **2** 劇場の衣装係の婦人. **3** ＝dressmaker.

Ti·rich Mir [tíːrɪtʃ-míə | -míə(r)] *n.* ティリッチミル《パキスタン北部の Hindu Kush 山脈中の最高峰 (7,692 m)》.

tir·ing [táɪ(ə)rɪŋ | táɪər-] 〖← TIRE¹＋-ING²〗 ― *adj.* **1** 〈仕事など〉疲れさせる, 骨の折れる, やっかいな: a ～ job / I have had a ～ day. 今日は一日きつかった. **2** 〈人・話など〉退屈な, うんざりする (tedious, boring).

tíring-hòuse *n.* 〖演劇〗 (エリザベス朝および王政復古期の, 舞台裏の)楽屋.

tíring-ròom 〖⇨ tire³〗 *n.* (劇場の)楽屋 (dressing room).

tirl [tə́ːl | tə́ːl] 〖《音位転換》← TRILL〗 《スコット》 *vi.* 〈ドアの掛け金・かんぬきが〉がたがたと音を立てる. ― *vt.* ＝twirl.

ti·ro [táɪrou | táɪərəu] *n.* (*pl.* **～s**) ＝tyro.

ti·ro·cin·i·um [tàɪro(ʊ)síniəm | tàɪərə(ʊ)sínɪ-] 〖◻ L *tīrōcini-um* the first service of a young soldier ← *tiro* beginner＋*-cinium* (abstract n. suf.)〗 ― *n.* 手ほどき, 入門 (apprenticeship); 未熟 (inexperience).

Tir·ol [tɪróʊl, tə-, táɪroʊl, taɪróʊl, tírəl | tírəl, tɪrə́ʊl; *G.* tiróːl] *n.* ＝Tyrol.

Ti·ro·le·an [tɪróʊliən, tə-, taɪ-, tìrəlíːən, tàɪr- | tɪrə́ʊlɪən, tìrəlíːən, -líən] *adj., n.* ＝Tyrolean.

Tir·o·lese [tìrəlíːz, tàɪr-, -líːs | tìrə(ʊ)líːz] *adj., n.* (*pl.* ～) ＝Tyrolese.

T iron [tíː-] *n.* (自在かぎとして用いる) T 形鉄棒.

Ti·ros [táɪroʊs | táɪərəʊs] 〖《頭字語》← *T*(*elevision and*) *I*(*nfra-*)*R*(*ed*) *O*(*bservation*) *S*(*atellite*)〗 *n.* タイロス《米国の打上げた一連の気象衛星》.

Tir·pitz [tíəpɪts, tə́ː-, -pəts | tíəpɪts; *G.* tíːɐpɪts], **Alfred von** *n.* ティルピッツ《1849–1930; ドイツの提督・政治家》.

tir·ra·lir·ra [tìrəlírə] 〖擬音語〗 *n.* ひばり[こまどり]の鳴き声; それに似た陽気な歌の調子. 「騒動.

tir·ri·vee [tə́ːrəviː | tə́ːrɪ-] *n.* 《スコット》 癇癪(かんしゃく);

Tir·so de Mo·li·na [tíəsoʊ-deɪ-məlíːnə | tíəsəʊ-; *Sp.* tírsodemolína] *n.* ティルソ デ モリーナ (⇨ Téllez).

Tir·uch·chi·ra·ppal·li [tìrətʃərάːpəli | -lɪ] *n.* ティルチラパリ《インド南部, Tamil Nadu 州中部の都市; 人口 307,000》.

Ti·ryns [tírɪnz, táɪr-, -rənz | tírɪnz, táɪər-] *n.* ティリンス《ギリシャ南部 Peloponnesus 半島東部のミュケナイ時代の城塞都市; 紀元前 468 年に破壊され, その廃墟が H. Schliemann により最初に発掘された》.

'tis [tɪz, tíz] 《詩・古》 it is の縮約形.

ti·sane [tɪzǽn, tə- | tiː-, tɪ-] 〖◻ F ～ 'barley water' ◻ L *ptisana* 'PTISAN'〗 *n.* 《廃》 ＝ptisan.

Tisch·en·dorf [tíʃəndɔ̀əf | -dɔ̀ːf; *G.* tíʃəndɔrf], (**Lo·be·gott** [lóːbəgɔ̀t] **Friedrich**) **Konstantin von** *n.* ティッシェンドルフ《1815–74; ドイツの新約本文批評学者; シナイ写本 (⇨ Sinaiticus) の発見者》.

Ti·se·li·us [tɪséɪliəs, -zéɪ-, tə- | tɪséɪlɪəs, -zéɪ-; *Swed.* tiséːlius], **Ar·ne** [άːrnə] *n.* ティセリウス《1902–71; スウェーデンの生化学者; Nobel 化学賞 (1948)》.

Tish·ah b'Ab [tíʃə-bὰːb, -bɔ̀ːb] 〖◻ MHeb. *tišʿāh bᵉʾābh* ninth of Ab〗 ― *n.* (*also* **Tish·ah b'Av** [-bάːv, -bɔ́ːv]) 〖ユダヤ教〗 神殿滅亡記念日, アブの 9 日, ティシュア ベ アブ《アブの 9 日に起こったソロモン神殿の滅亡 (586 B.C.) とヘロデ神殿の滅亡 (70 A.D.) を記念して断食し, 祈る; ⇨ Jewish holidays》.

tish·ew [tíʃuː] 〖擬音語〗 *int., n.* ＝atchoo.

Tish·ri [tíʃri | -rɪ] 〖◻ Mish.Heb. *Tišrī* ◻ Akkad. *Tašrītu* 《原義》 beginning ← *šurrū* to begin, open〗 ― *n.* (ユダヤ暦の) 7 月《グレゴリオ暦の 9–10 月に当たる; ⇨ Jewish calendar》.

Ti·siph·o·ne [tɪsífəniː, tə- | tɪ-] 〖◻ L *Tisiphonē* ◻ Gk *Tisiphónē* 《原義》 avenger of murder ← *tísis* payment, vengence (← *tínein* to pay a price, avenge)＋*phónos* murder〗 ― *n.* 〖ギリシャ・ローマ神話〗 ティーシポネー《復讐(ふくしゅう)の女神 Furies の一人》.

Tis·sot [tiːsóʊ | -sə́ʊ; *F.* tiso], **James Joseph Jacques** *n.* ティソー《1836–1902; フランスの画家; 華やかな風俗描写を得意とした》.

tis·sue [tíʃuː, -ʃu | tíʃuː, tísjuː] 〖《*c*1380》 ◻ OF *tissu* woven (fabric) (p.p.) ← *tistre* to weave ＜ L *texere* to weave: cf. text, texture〗 ― *n.* **1 a** 薄い織物. **b** 《古》 (金糸銀糸を織り込んだ)薄絹, 金銀紗(しゃ). **2** (うそ・ばかげたことなどの)織混ぜ, 連続, かたまり: a ～ *of* falsehood [lies] うそ八百 / a ～ *of* myths 作り話のかたまり. **3 a** 薄葉(うすよう)紙 (cf. tissue paper 1). **b** ティッシュペーパー (cf. cleansing tissue): face ～ / toilet ～. **c** 〖写真〗 カーボン印画紙 (carbon paper). **4** 〖生物〗 組織: muscular [nervous] ～ 筋肉[神経]組織 / ⇨ adipose tissue, connective tissue. **5** カーボン複写用薄紙, 複写用紙. ― *vt.* **1** 《古》 (金糸銀糸で)織る[刺繍する]. **2** ティッシュペーパーで〈洗顔クリームなどを〉ふき取る. **tis·su·ey** [tíʃuːi, -ʃʊi | -ʃuːɪ, -sjuːɪ] *adj.*

tíssue cùlture *n.* 〖生物〗 組織培養.

tís·sued *adj.* 金[銀]を織込んだ.

tíssue flùid *n.* 〖生物〗 組織液.

tíssue pàper *n.* **1** 薄葉(うすよう)紙《本の図版などをおおうのに用いる》. **2** ＝tissue 3 b.

tíssue tỳping *n.* 〖外科〗 組織適合試験, 組織型別(合わせ)《臓器移植の前に供与者の組織と受容者のそれとの適合性の型別, またはそれを調べること》.

tíss·wòod [tís-] 〖← *tiss* (← ?)＋WOOD¹〗 *n.* 〖植物〗 ＝snowdrop tree.

Ti·sza [tísɔː; *Hung.* tísɔ] *n.* [the ～] ティサ(川)《ハンガリーおよびユーゴスラビアを貫流し Danube 川に合流する川 (970 km)》.

tit¹ [tít] 〖《14C》 *tit-* ◻ Scand. (cf. ON *tittr* bird, titmouse, small thing / Norw. 《方言》 *titta* little girl) // ← 《擬音語》: cf. titmouse〗 ― *n.* **1** 〖鳥類〗 [しばしば限定詞を伴って] シジュウカラ科の小鳥の総称 (titmouse): ⇨ blue tit, coal tit. **2** 《古》 小娘, 若い女: a little ～. **3** 《古》 やせた小馬; やくざ馬 (nag).

tit² [tít] 〔OE ～ (G *Zitze* / MD & LG *titte*): ⇨ teat〕 *n.* 《卑》 **1** (女性の)乳頭, 乳首 (teat). **2** [*pl.*] (女性の)胸, おっぱい (breasts): a girl with big ～*s*.

tit³ [tít] 〖《1556》 《変形》 ← ? *tip* (*for tap*): ⇨ tip⁴: cf. F *tant pour tant*〗 ― *n.* 軽打, しっぺい返し (tap).

tit for tat (1) しっぺい返し (blow for blow): give [pay] ～ *for tat* しっぺい返しをする, 売言葉に買言葉を言う. (2) 〖(*derby*) *hat* の押韻俗語〗 《英俗》 帽子 (hat) 《通例略して titfer という》.

tit. 《略》 title.

Tit. 《略》 Titus (新約聖書の)テトス書.

Ti·tan [táɪtn | -tṇ, -tən] 〖《*a*1420》 ◻ L *Titan* ◻ Gk *Titā́n* 《原義》 god of the sun ← *titṓ* sun〗 ― *n.* **1 a** 〖ギリシャ神話〗 タイタン《Uranus (天) と Gaea (地) を父母とする大力の巨人族の一人; タイタン族はオリンポスの神々 (Olympian gods) にそむいて戦ったが (cf. Titanomachy), 破れて Tartarus に落とされた》: the weary ～ 疲れたタイタン《大空を肩にかつぐ Atlas のこと》. **b** (英国その他の)老大国《その地上の重責を負うことを天空に負う Atlas に比していう》. **2** [the ～] 〖ギリシャ神話〗 太陽神 Helios《巨人 Hyperion の子》. **3** 〖天文〗 タイタン《土星 (Saturn) の第 6 衛星》. **4** [通例 t-] 巨大な人, 大力無双の人, (学界・芸術界・政界などの)巨匠, 巨星, 大立物. **5** 〖機械〗 ＝titan crane. ― *adj.* 巨人的な, 巨大な (titanic, gigantic): ～ strength.

ti·tan- [táɪtən, -tn, taɪtǽn, tɪ-, tə-, -téɪn | táɪtən, -tṇ, taɪtǽn, tɪ-, -téɪn] (母音の前に来る時の) titano- の異形.

ti·ta·nate [táɪtənèɪt, -nɪt, -nət, -tṇ- | -tən-] 〖← TITANO-＋-ATE¹〗 *n.* 〖化学〗 **1** チタン酸塩[エステル]. **2** 一般式 $Ti(OR)_4$ で表わされるチタンエステル.

títan cràne *n.* 〖機械〗 タイタンクレーン, 仁王起重機《機台の上を水平に旋回する起重機》.

Ti·tan·esque [tàɪtənésk, -tṇ- | -tə-] 〖← TITAN＋-ESQUE〗 *adj.* タイタン (Titan) の(ような); (タイタンのように)巨大な (titanic).

Ti·tan·ess [táɪtənɪs, -nəs, -tṇ- | -tənɪs, -nès] 〖← TITAN＋-ESS¹〗 *n.* **1** 女性の Titan. **2** [通例 t-] 大力無双の女, 大女.

ti·ta·ni·a [taɪtéɪniə, tɪ-, tə-, -tǽn-, -njə | taɪtéɪnɪə, tɪ-, -njə] 〖← NL ～: ⇨ titanium〗 *n.* **1** 〖化学〗 ＝titanium dioxide. **2** チタニア (⇨ rutile 2).

Ti·ta·ni·a [tɪtéɪniə, tə-, -tάːn-, taɪtéɪ-, -njə | tɪtάːnjə, taɪtéɪ-, -nɪə] *n.* **1** ティターニア《Shakespeare 作 *A Midsummer Night's Dream* の中の人物; Oberon の妻で妖精(ようせい)の国の女王》. **2** 〖ギリシャ・ローマ神話〗 Diana, Pyrrha, Latona, Circe などの添え名. **3** 〖天文〗 タイタニア《天王星 (Uranus) の第 3 衛星; 内側から 4 番目》.

ti·tan·ic¹ [taɪtǽnɪk, tɪ-, tə- | taɪ-, tɪ-] 〖《1656》 ◻ Gk *Titanik-ós* ← *Titânes* the Titans: ⇨ Titan, -ic¹〗 ― *adj.* **1** [T-] Titan の(ような). **2** 巨大な, 大力無双の (gigantic): the ～ figure of Napoleon ナポレオンの巨大な姿. **ti·tán·i·cal·ly** *adv.*

ti·tan·ic² [taɪtǽnɪk, tɪ-, tə-, -téɪ- | taɪtǽn-, tɪ-] 〖← TITANO-＋-IC¹〗 *adj.* 〖化学〗 チタンの; (特に)チタン(IV) の, 四価のチタン (Ti^{++++}) を含む (cf. titanous).

Ti·tan·ic [taɪtǽnɪk, tɪ-, tə- | taɪ-, tɪ-] 〖⇨ titanic¹〗 ― *n.* [the ～] タイタニック号《1912 年 4 月 New York 港へ向けて処女航海の途上で Newfoundland の南方において氷山と衝突して沈没し, 1,500 名余の犠牲者を出した英国の豪華客船》.

titánic ácid *n.* 〖化学〗 チタン酸.

titánic óxide *n.* 〖化学〗 酸化チタン (IV) (titanium dioxide).

ti·ta·nif·er·ous [tàɪtənɪ́f(ə)rəs, -tṇ- | -tən-, -tṇ-] 〖← TITANO-＋-I-＋-FEROUS〗 *adj.* チタンを含む[生じる].

Ti·tan·ism [táɪtənɪzm, -tṇ- | -tən-, -tṇ-] *n.* **1** (伝統・因襲・秩序などへの)反逆. **2** 巨大な力.

ti·ta·nite [táɪtənàɪt, -tṇ- | -tən-, -tṇ-] 〖◻ G *Titanit*: ⇨ titano-, -ite¹〗 *n.* 〖鉱物〗 チタナイト (⇨ sphene).

ti·ta·ni·um [taɪtéɪniəm, tɪ-, tə-, -tǽn-, -njəm | taɪtéɪnjəm, tɪ-, -nɪəm] 〖《1796》 ← NL ～ ← Gk *Titā́n* 'TITAN'＋-IUM〗 ― *n.* 〖化学〗 チタン, チタニウム《金属元素の一つ; 記号 Ti, 原子番号 22, 原子量 47.90》.

titánium dióxide *n.* 〖化学〗 二酸化チタン (TiO_2).

titánium tetrachlóride *n.* 〖化学〗 四塩化チタン ($TiCl_4$).

titánium whíte *n.* 〖顔料〗 チタン白(はく), チタンホワイト《二酸化チタンを主成分とする白色顔料・絵の具》.

ti·ta·no- [táɪtənoʊ, -tṇ-, taɪtǽn-, tɪ-, tə-, -téɪn- | táɪtənə(ʊ), -tṇ-, taɪtǽn-, tɪ-, -téɪn-] 〖← NL *titanium* (⇨ titanium)＋-o-〗 ― 〖化学〗「チタン, チタニウム (titanium)」の意の連結形. ★ 母音の前では通例 titan- になる.

Ti·tan·om·a·chy [tàɪtənάməki, -tṇ- | -tənɔ́məkɪ, -tṇ-] 〖◻ Gk *titanomakhía* ← *Titā́n* 'TITAN'＋*mákhē* fight〗 ― *n.* 〖ギリシャ神話〗 タイタン族 (Titans) とオリンポスの神々 (Olympian gods) との戦争《Thessaly で行なわれたこの戦いで, Zeus の率いるオリンポス神族の軍勢が大勝し, タイタン族は Tartarus に投げ込まれた》.

ti·tan·o·saur [taɪtǽnəsɔ̀ə, táɪtənə-, -tṇ- | taɪtǽnəsɔ̀ː(r), táɪtənə-, -tṇ-] 〖↓〗 ― *n.* 〖古生物〗 チタノサウルス《白亜(はくあ)紀の地層に発見されたチタノサウルス属 (*Titanosaurus*) の竜脚類の恐竜》.

Ti·tan·o·sau·rus [taɪtæ̀nəsɔ́ːrəs, tàɪtənə-, -tṇə- | taɪtæ̀nə-, tàɪtənə-, -tṇ-] 〖← NL ～: ⇨ Titan, -o-, -saurus〗 〖古生物〗 チタノサウルス属 (⇨ titanosaur).

ti·tan·ous [taɪtǽnəs, tɪ-, tə-, taɪtéɪn-, táɪtənəs, -tṇ- | taɪtǽnəs, tɪ-, táɪtən-, -tṇ-] 〖← TITANO-＋-OUS〗 *adj.* 〖化学〗 チタンの; (特に)三価のチタン (Ti^{III}) を含む (cf. titanic²).

tit·bit [títbɪt] *n.* 《英》 ＝tidbit.

ti·ter, 《英》 **ti·tre** [táɪtə | -tə(r)] 〖◻ F *titre* fineness: ⇨ title〗 *n.* 〖化学〗 **1** 力価. **2** 規定濃度. **3** タイター《水に不溶性の脂肪酸の凝固点》.

tit·fer [títfə | -fə(r)] 〖《短縮》 ← *tit for tat* (⇨ tit³ 成句)〗 *n.* 《英俗》 帽子 (hat).

tith·a·ble [táɪðəbl̩] *adj.* 〈土地が〉十分の一税を課することができる.

tithe [táɪð] 〖*n.*: OE *tēoþa* 《短縮》 ← *teogoða* tenth part (ON *tíunde* / OHG *zehanto* tenth): ⇨ ten, -th¹. ― *v.*: OE *tēoþian, teogoþian* ← (n.)〗 ― *n.* **1 a** [しばしば *pl.*] 十分の一(教区)税《牧師・教会の費用に充当するため教区の住民が所得の 10 分の 1 を納めた; 古くは主に物納であったが, のちに金納となり, 今世紀に廃止されるまでその過程は種々変遷した(フランスでは 18 世紀, ドイツでは 19 世紀に廃止); cf. *Gen.* 14: 20, *Lev.* 27: 30》: mixed ～*s* 混合十分の一税《personal tithe と praedial tithe との 2 種をまぜ合わせたもの》 / personal ～*s* 勤労所得十分の一税 / ⇨ praedial tithe. **b** 十分の一税; (小額の)税, 年貢(ねんぐ). **2** 十分の一 (tenth); [a ～] 小部分, わずか (one bit) 〔*of*〕: I cannot remember *a* ～ *of* it. その事はちっとも思い出せない.

pay tithe of mint (***and anise***) ***and cummin*** はっか(・いのんど)・クミンの十分の一を納める (*Matt.* 23: 23); 小事にこだわって大事を怠る.

― *vt.* …に十分の一税を課する[納める]: ～ one's goods, earnings, etc. ― *vi.* 十分の一税を支払う.

tithe mint and cummin ＝*pay* TITHE *of mint and cummin.*

títhe bàrn *n.* (昔の)十分の一税の穀物を貯蔵した納屋.

títhe·less *adj.* 十分の一税のない[を受取っていない].

títhe pìg *n.* 十分の一税として納める豚《しばしば 10 頭中最悪の豚》.

títh·er *n.* **1** 十分の一税を納める人. **2** 十分の一税を取り立てる人；十分の一税支持者.

tith·ing [táɪðɪŋ] 〖OE *tigeðing*, *tēoðung* group of ten (men)：⇨ tithe, -ing[1,3]〗 ── *n.* **1** 十分の一税(の徴収). **2** 〘古英法〙十人組《近くに住む 10 人の自由土地保有者 (freeholder) とその家族を一組にして, その行動について連帯の責任を負わせた；cf. frankpledge 2》. **3** (イングランドの)農村部の小行政区画《もと hundred の 1/10 であった；cf. hundred 9 a》.

ti·tho·nia [tɪθóʊnjə, tə-, taɪ-, -niə | tɪθə́ʊnjə, taɪ-, -niə] 〖← NL ～ ← ? L *Tithōnia* aurora：cf. Tithonus〗 ── *n.* 〘植物〙メキシコ原産キク科ニトベギク属 (*Tithonia*) の植物の総称《ニトベギク (*T. diversifolia*), ヒロハヒマワリ (*T. rotundifolia*) など》.

Ti·tho·nus [tɪθóʊnəs, tə- | tɪθə́ʊ-] 〖▭ L ～ ▭ Gk *Tithōnós*〗 ── *n.* 〘ギリシャ神話〙ティトノス《トロイ王 Laomedon の息子, 暁の女神 Eos [Aurora] に愛され, 不死を求めて与えられたが, 老いぼれていつまでも生き長らえていたので, せみに姿が変ったという》.

ti·ti[1] [tɪtíː, tə- | tɪ-] 〖▭ Sp. *titi* ▭ Aymara *titi* (原義) a little cat〗 ── *n.* 〘動物〙ティーティーモンキー《南米産オマキザル科 *Callicebus* 属の尾が長く毛深い小型のサルの総称；エリマキティーティー (*C. torquatus*) など》.

ti·ti[2] [táɪtaɪ, tíːtiː | táɪtaɪ, tíːtɪ] 〖▭ Am.-Sp. ～ ▭ Aymara ～〗 ── *n.* 〘植物〙米国南部産のキリラ科の常緑低木 (*Cliftonia monophylla*)《沼地に産して芳香のある白色の花をつける》.

ti·ti[3] [tíːtiː] 〖← Maori〗 *n.* 《ニュージーランド》〘鳥類〙=sooty shearwater.

ti·tian, T- [tíʃən | -ʃən, -ʃɪən] 〖(1824) ← *Titian* (↓)：Titian が描いた人物の頭髪にこの色を好んで用いたところから〗 *adj.* 〈頭髪が〉黄褐色の, 金褐色の.

Ti·tian [tíʃən | -ʃən, -ʃɪən] *n.* ティチアーノ《1477?–1576；イタリアベネチアの画家；盛期ルネサンスの代表者の一人；イタリア語名 Tiziano Vecellio [titsjáːno vetʃɛ́lljo]》.

Ti·tian·esque [tìʃənésk | -ʃɪə-, -ʃə-] 〖← *Titian* + -ESQUE〗 *adj.* ティチアーノ (Titian) 風の.

Ti·ti·ca·ca [tìtɪkáːkə | -tɪ-], **Lake** *n.* ティティカカ湖《ペルーとボリビアとの間, Andes 山脈中の湖；海抜 3,810 m (世界最高位), 面積 8,300 km²》.

tit·il·late [tíṭəlèɪt, -ṭl- | -tɪl-, -tl-] 〖(1620) ▭ L *titillāt-us* (p.p.) ← *titillāre* to tickle〗 ── *vt.* **1** くすぐる (tickle). **2** 〈味覚・想像などを〉快く刺激する, …の興をそそる：～ one's imagination 想像をそそる.

tít·il·làt·ing [-tɪŋ | -tɪŋ] *adj.* 快く刺激する, 興をそそる：～ reading 興をそそる読物. **～·ly** *adv.*

tit·il·la·tion [tìṭəléɪʃən, -ṭl- | -tɪl-, -tl-] 〖(?c1425) ▭ L *titillātiō(n-)* ← *titillāre* (↑)〗 *n.* **1** くすぐること, くすぐり, くすぐったさ. **2** 快い刺激, 感興.

tit·il·la·tive [tíṭəlèɪṭɪv, -ṭl- | -tɪlèɪt-, -tl-] *adj.* くすぐる, くすぐったがらせる；興をそそる.

tit·i·vate[1] [tíṭəvèɪt | -tɪ-] 〖(1805) ←《古》*tid(d)ivate* ← TIDY + *-vate* (cf. cultivate)〗《口語》 ── *vt.* [しばしば ～ oneself で](外出前に)ちょっとめかす, おつくりする, 飾る (spruce) 〈*off, up*〉. ── *vi.* 飾る, めかす.

tít·i·và·tor [-ṭə | -tə(r)] *n.*

tit·i·vate[2] [tíṭəvèɪt | -tɪ-] 〘変形〙 *vt.* =titillate.

tit·i·va·tion [tìṭəvéɪʃən | -tɪ-] 〖⇨ titivate[1], -ation〗 *n.* 《口語》身ぎれいにすること, おめかし.

tít·làrk 〖← TIT[1] + LARK[1]〗 *n.* 〘鳥類〙=pipit.

ti·tle [táɪṭl | -tl] 〖*n.*：(*a*1325) ▭ OF ～ (F *titre*) < L *titulum* inscription, label ← ? ∽ OE *titul* ▭ L. ── *v.*：(*a*1325) ▭ OF *title-r* (F *titrer*) ▭ L *titulāre*：TITTLE と二重語〗 ── *n.* **1** 表題, 題目, 題名：the ～ of a book [chapter, poem, painting] 書名[章の見出し, 詩題, 画題]. **2** **a** 肩書, 称号, 官職名, 学位, 爵位, 敬称《たとえば King, Duke, Earl, Baron, Justice, Rector, Professor, Sir, General, Admiral, Captain, Lady, Mr., His Majesty, M.A., M.P., K.G. など》：a man of ～ 肩書のある人, 貴族. **b** 《口語》肩書のある人, 貴族. **c** 呼称 (appellation)：This gained for him the ～ of 'father of modern linguistics'. このために「現代言語学の父」と称せられるに至った. **3** **a** (本の)表題紙, 題とびら (title page)；背の書名. **b** 本 (book), 出版物 (publication)：The catalogue contains over 3,000 ～*s* of fiction. そのカタログには 3,000 点以上の小説を含んでいる. **4** (正当な)権利, 権利の根拠, (主張しうる)資格 (claim) 〔*to*〕/ 〈*to* do〉：He has many ～*s to* distinction. 彼は高名となるべき多くの資格を有している / You have no ～ *to* expect obedience. 服従を期待する権利はない. **5** (カラットで表わす)金位, 金質. **6** 〘教会〙聖職資格《一定の職務と収入》. **7** 〘カトリック〙名義聖堂《枢機卿(すうきけい)がその名義上の主任司祭となっているローマ近郊の各自のカトリック聖堂；cf. suburbicarian》. **8** 〘法律〙財産(特に, 不動産)の権原；権利証書 (title deed)：The ～ of the house passed to a bank. 家の権利証書はある銀行へ移った. **9** 〘法律〙法律書の区分の題名；訴状の件名. **10** 〘スポーツ〙タイトル, 選手権 (championship)：defend [lose] one's ～ タイトルを防衛する[失う] / play for the ～ / a ～ favorite 優勝候補(者) / ⇨ titleholder. **11** [通例 *pl.*] 〘映画・テレビ〙字幕, タイトル (cf. caption 3, subtitle 2).

── *attrib. adj.* **1** 表題と同名の：the ～ essay, poem, story, etc. **2** 〘映画・テレビ〙字幕[タイトル]の[にかかわる, と共に用いられる]：～ music.

── *vt.* **1** **a** …に表題を付ける. **b** [目的補語を伴って]〈…を〉〈…と〉呼ぶ：～ oneself Emperor 自らを皇帝と称する. **2** …に肩書を与える, 称号[爵位]を与える (cf. titled). **3** [通例 p.p. 形で] 称号[敬称]で呼ぶ. **4** 〘映画・テレビ〙〈フィルム〉に字幕を入れる.

title càtalog *n.* 〘図書館〙書名目録《書名を検索の手がかりとする目録；cf. author catalog》.

tí·tled *adj.* 肩書のある, 位階を有する；有爵の, 華族[貴族]の：～ members 有爵議員.

title dèed *n.* 〘法律〙不動産権利証書.

title èntry *n.* 〘図書館〙書名記入《目録で, 書名を見出し語とする記入；普通は書名(冠詞を除く)のアルファベット順に配列されている》.

títle·hòlder *n.* 肩書[称号]所有者；(特に)選手権保持者 (champion).

title ìndex *n.* 書名索引.

title insùrance *n.* 〘保険〙タイトル インシュアランス, 権原保険《不動産の購入者などがその不動産の権原の瑕疵(かし)によって被る損害の保険》.

title lìning *n.* 〘印刷〙見出し用活字[大文字]並び線そろえ, タイトルライニング (cf. art lining, standard lining).

title màtch *n.* 〘スポーツ〙選手権試合, タイトルマッチ.

title pàge *n.* (書物の)標題紙, (本)とびら, 題とびら《書物の題名・編著者名・出版者・出版地・出版年などが印刷してある》.

title pàrt *n.* 主題役《例えば *Macbeth* 劇中の Macbeth 役のような役；name part ともいう》.

title pìece *n.* **1** (選集などの)表題作(品) (name piece). **2** 〘製本〙題簽(だいせん), 題箋, 貼り外題《書名を記して本の表紙または背に貼付する通例革のラベル》.

tí·tler [-ṭlə, -tlə | -tlə(r), -tl-] 〖← TITLE + -ER[1]〗 *n.* **1** 映画のタイトルを書く人. **2** タイトル撮影のためカメラ前にタイトルカードを支えるための枠型の装置.

title ròle *n.* =title part.

tí·tling [-ṭlɪŋ, -tl- | -tl-, -tl-] 〖(15C) ← TITLE + -ING[1]〗 *n.* (書物の背の)箔(はく)押し, (金箔による)文字入れ；文字入れ文字.

títling lètter *n.* 〘印刷〙見出し用活字, タイトリング.

ti·tlist [táɪtlɪst, -tl-, -əst | -tl-] *n.* 《米》=titleholder.

tit·mouse [títmàʊs] 〖(*a*1325) *titmōse* ← TIT[1] little + *mōse* (< OE *māse* < (WGmc) **maiso*) titmouse〗 ── *n.* (*pl.* **-mice** [-màɪs]) 〘鳥類〙シジュウカラ科シジュウカラ属 (*Parus*) の種々の小鳥の総称《シジュウカラ (great tit), アメリカコガラ (chickadee), アオガラ (blue tit), ヒガラ (coal tit), ハシブトガラ (marsh tit) など》.

Ti·to [tíːtoʊ | -təʊ; *Serbo-Croat.* tîto], *n.* チトー《1892–1980；ユーゴスラビアの政治家・元帥；首相 (1945–53), 大統領 (1953–80)；本名 Josip Broz》.

Tí·to·ism [-tòʊɪzm | -təʊ-] *n.* チトー主義《1948 年ユーゴスラビアの Tito 大統領が Stalin と対立して以来同国の政策を指す国家主義的・修正主義的共産主義》.

Tí·to·ist [-toʊɪst, -əst | -təʊɪst] *n.* チトー主義者. ── *adj.* チトー主義(者)の.

ti·trant [táɪtrənt] 〖← TITER + -ANT〗 *n.* 〘化学〙滴定剤《定量分析における標準液》.

ti·trat·a·ble [táɪtreɪṭəbl | -tə-] *adj.* 〘化学〙滴定し得る.

ti·trate [táɪtreɪt] 〖(1870) ← F *titrer* to titrate (← *titre*：⇨ title) + -ATE[3]〗 *vt., vi.* 〘化学〙滴定する. **tí·tra·tor** [-ṭə | -tə(r)] *n.*

ti·tra·tion [taɪtréɪʃən] 〖⇨ ↑, -ation〗 *n.* 〘化学〙滴定(法)《容量分析において試料溶液の一定量と過不足なく反応する既知濃度の試薬の量からその物質を定量する方法》.

ti·tre [táɪṭə | -tə(r)] *n.* 〘化学〙=titer.

ti·tri·met·ric [tàɪtrəmétrɪk | -trɪ-] *adj.* 〘化学〙滴定による. **tì·tri·mét·ri·cal·ly** *adv.*

tit-tat-toe [tìttættóʊ | -tə́ʊ] 〘変形〙 *n.* 〘遊戯〙=ticktacktoe.

tit·ter [títə | -tə(r)] 〖(*a*1619)：擬音語：cf. Swed. 《方言》*tittra* to giggle〗 ── *vi.* くすくす笑う (giggle)；くすくす笑いながら言う. ── *n.* くすくす笑い, 忍び笑い. **～·er** [-ṭərə | -tərə(r)] *n.*

tít·ter·ing·ly *adv.* くすくす笑って.

tit·tie [títi | -tɪ] 〖《小児語》← SISSY〗 *n.* 《スコット》=sister.

tit·ti·vate [tíṭəvèɪt | -tɪ-] *v.* =titivate[1].

tit·tle [títḷ | -tl] 〖(*c*1390) *titel* ▭ ML *titul-us* superscription = L *titulus* 'TITLE'：TITLE と二重語〗 ── *n.* **1** (文字の上の)小点, 点画《i の点, á の ´ など》：to a ～ きっちり, きちんと, 正確に. **2** [通例否定構文で] ぽっちり, 微少, みじん (whit)：There is *not* a ～ *of* evidence against him. 彼に不利な証拠はみじんもない / *not* a [one] jot or ～ ⇨ jot 成句.

tit·tle·bat [títlbæ̀t | -tl-] 〖《転訛》← STICKLEBACK：もとは小児語〗 *n.* 《英方言》〘魚類〙トゲウオ (stickleback).

tit·tle-tat·tle [títltæ̀tl | -tltæ̀tl] 〖(*a*1529)《加重》← TATTLE：cf. LG *titel-tatlen*〗 ── *vi.* ぺちゃくちゃしゃべる, むだ話をする, 雑談する；うわさ話をする (gossip). ── *n.* おしゃべり, むだ話；うわさ話 (cf. tattle 1). **tít·tle-tàt·tler** [-ṭlə, -tlə | -tlə(r), -tlə(r)] *n.*

tit·tup [títəp | -təp] 〖擬音語：馬のひづめの音から //《転訛》← ? TITUBATE〗 ── *vi.* (**tit·tupped, -tuped**; **-tup·ping, -tup·ing**) **1** 飛び回る, はね回る, 踊り歩く (prance, caper) 〈*about, along*〉. **2** 〈馬・乗手が〉軽がけする (canter), 踊るように走る, 騰躍する (curvet). **3** 〈ボートが〉揺れる. **4** 《俗》〘海事〙(飲み代を作るため)銭投げのかけ (toss-up)をする.

── *n.* **1** 踊り回り, はね回り, 跳(と)び回り (caper). **2** (馬・乗手の)軽がけ, 騰躍. **3** 〘海事〙(飛び上るような)揺れ. **4** 《方言》生意気な女 (hussy).

tit·tup·py [títəpi | -təpɪ] 〖⇨ ↑, -y[4]〗 *adj.* **1** 陽気な, はしゃぐ, はね回る, 跳(と)び回る (frolicsome). **2** 揺れる, 動揺する, ぐらつく (shaky).

tit·ty[1] [títi | -tɪ] *n.* =tittie.

tit·ty[2] [títi | -tɪ] 〖(dim.) ← TIT[2]：⇨ -ie 1〗 *n.* 《小児語・卑》=tit[2].

tit·u·bate [títʃʊbèɪt, -ṭə- | -tju-] 〖(1575) ← L *titubāt-us* (p.p.) ← *titubāre* to stagger, stammer：⇨ -ate[3]〗 ── *vi.* 《まれ》**1** よろめく, よろよろする (reel, totter). **2** どもる (stammer).

tit·u·ba·tion [tìtʃʊbéɪʃən, -ṭə- | -tju-] 〖▭ L *titubātiō(n-)*：⇨ ↑, -ation〗 *n.* **1** よろめく[よろける]こと. **2** 〘病理〙よろめき《小脳障害による歩行の乱調》.

tit·u·lar [títʃʊlə | -tjʊlə(r)] 〖(1591) ← NL *titulār-is* ← L *titulus* 'TITLE'：⇨ -ar[1]〗 ── *adj.* **1** 表題の, 題名の：～ words 題詞 / a ～ character 主題役. **2** 肩書[称号, 尊称]の：a ～ distinction 肩書による栄誉 / a ～ rank 爵位. **3** 名だけの, 名義上の, 有名無実の (nominal) (↔ real, actual)：a ～ sovereign, prince, leader, head, etc. **4** 正当な権利を有する[による]：～ possessions 有権所有物. **5** 〘カトリック〙〈聖人・聖物など〉教会などの名の由来となっている；〈枢機卿が〉名義上の主任司祭である (cf. title *n.* 7)；〈教会が〉名義聖堂である：a ～ saint 教会の守護聖人《その名を取って教会に命名する》. ── *n.* **1** 肩書のある人, 称号を有する人. **2** 名義[肩書]だけの人, 名誉職の人. **3** 〘カトリック〙=titular bishop. **～·ly** *adv.*

titular bíshop *n.* 〘カトリック〙名義司教《今は異教国あるいは異端・分派の支配する地域となっている教区の名義だけの司教》.

tit·u·lar·y [títʃʊlèri | títjʊləri] 〖← L *titulus* 'TITLE' + -ARY〗 *adj., n.* 《古》=titular.

Ti·tus [táɪṭəs | -təs] 〖▭ L ～ ▭ Gk *Títos*〗 ── *n.* **1** 男性名. **2** 〘聖書〙**a** テトス《使徒パウロの友人；パウロは彼にあてて「テトスへの書」を書いたとされている》. **b** (新約聖書中の)テトス(への)書, テトスへの手紙 (The Epistle of Paul to Titus) (略 Tit.). **3** 〘ローマ伝説〙=Tatius. **4** ティトゥス《40?–81；ローマの皇帝 (79–81)；本名 Flavius Sabinus Vespasianus》.

Títus An·drón·i·cus [-ændrɑ́nɪkəs | -drɔ́nɪ-] *n.* 「タイタスアンドロニカス」《Shakespeare の作とされる悲劇 (1593–94)》.

Tit·y·re-tu [títəreɪt(j)úː | -tɪreɪtjúː] 〖▭ L *Tityre, tū* Tityrus, thou：Virgil の第一「農夫対話」(Eclogue) の最初の 2 語〗 ── *n.* 〘英史〙ティテュルス団員《17 世紀末, 特に Charles 二世のころ London を荒した良家の不良青年の一団の一人；cf. Mohock》.

Ti·u [tíːuː] 〖OE *Tīw* god of war < Gmc **Tiwaz* (OHG *Zīo* / ON *Týr*) < IE **dyēus* ← **dei-* to shine (L *deus* god / Gk *Zeús*)：cf. Tuesday〗 ── *n.* 〘チュートン神話〙ティーウ《空と戦争の神；北欧神話の Tyr に相当》.

Tiv [tív] *n.* (*pl.* ～, ～**s**) **1** **a** [the ～(s)] ティブ族《Nigeria の Benue 川下流地域の部族》. **b** ティブ族の人. **2** ティブ語《ティブ族の話すニジェールコンゴ語群 (Niger-Congo) の言語》.

Tiv·o·li [tívəli | -lɪ; *It.* tíːvoli] *n.* ティボリ：**1** イタリア中部, Rome の東方にある町；古代ローマ人の別荘の遺跡がある；人口 42,000. **2** デンマークの Copenhagen にある公園でレクリエーションセンター.

Ti·wa [tíːwə] 〖▭ Sp. *tigua* ← N-Am.-Ind.〗 ── *n.* (*pl.* ～, ～**s**) **1** **a** [the ～(s)] ティワ族《米国 New Mexico 州に住むタノ語族のアメリカインディアン》. **b** ティワ族の人. **2** ティワ語.

tiz·zy[1] [tízi | -zɪ] 〖← ?〗 *n.* 《俗》興奮[狼狽(ろうばい)]状態 (dither)：in a ～ そわそわ[びくびく]して / all of a ～ すっかりそわそわ[びくびく]して.

tiz·zy[2] [tízi | -zɪ] 〖(1804)《転訛》← TESTER[3]〗 *n.* 《英廃》6 ペンス銀貨 (sixpence).

T jòint *n.* 〘機械〙T 継手.

T jùnction *n.* T 字形三叉路；(パイプなどの) T 字形接合部.

tk [ɪ] *int.* =tut[1].

tk. 《略》tank；truck.

TKO, T.K.O., t.k.o. 《略》〘ボクシング〙technical knockout.

tkt. 《略》ticket.

Tl 《記号》〘化学〙thallium.

TL 《記号》⇨TMA；〘貨幣〙Turkish pound(s).

T/L 《略》time loan.

T.L., TL 《略》total loss；trade-last；trade list；truckload.

TLC 《略》thin-layer chromatography.

TLC, T.L.C. 《略》《口語》tender loving care 優しい世話：get ～.

Tlin·git [tlíŋ(g)ɪt, -ŋ(g)ət | -ŋ(g)ɪt] 〖▭ N-Am.-Ind. (Tlingit) *Lingit* (原義) people〗 ── *n.* (*pl.* ～, ～**s**) **1** **a** [the ～(s)] トリンギット族《Alaska 南部および British Columbia 北部の海岸地方に住むアメリカインディアンの諸族》. **b** トリンギット族の人. **2** トリンギット語《同地方のアメリカインディアンの一語系》.

Tlin·kit [tlíŋkɪt, -kət | -kɪt] *n.* (*pl.* ～, ～**s**) =Tlingit.

T.L.O. 《略》〘保険〙total loss only 全損のみ担保.

TLPs 《略》transient lunar phenomena.

tlr. 《略》tailor；teller；trailer.

T.L.S. 《略》The Times Literary Supplement；typed letter signed.

Tm 《記号》〘化学〙thulium.

t.m. 《略》trademark；trench mortar；true mean.

T.M. 《略》technical manual；trademark；transcendental meditation；Their Majesties.

TMA 《略》Trans-Mediterranean Airways トランスメディタレニアン航空 (記号 TL).

T-màn [-mæ̀n] 〖← *T(reasury) man*：*G-man* の類推

による造語〗 *n.* (*pl.* **-men** [-mèn])《米口語》(米国財務省の)特別税務調査員.

tme·sis [(t)mí:sɪs, -səs | tmí:sɪs] 〖《1577》□ Gk *tmēsis* a cutting ← *témnein* to cut: cf. tome〗 ― *n.* (*pl.* **tme·ses** [-si:z]) 〖文法・修辞〗分語法, 合成語分割《合成語などの間に他語を挿入して分割すること; 例えば *to* us-*ward*, *what* place *soever*, *abso*-blooming-*lutely* など; cf. toward *prep.* 1 ★ (2)》.

TMO 《略》telegraph money order 電信為替.

TMTD 《略》〖化学〗tetramethylthiuram disulfide.

TMV 《略》tobacco mosaic virus.

Tn 《記号》〖化学〗thoron.

TN 《略》〖米郵便〗Tennessee ; true north.

tn. 《略》ton ; town ; train.

TNB 《略》〖化学〗trinitrobenzene.

T nétwork *n.* 〖電気〗T 形回路網.

tng. 《略》training.

tnpk 《略》turnpike.

TNT, T.N.T. [tí:èntí:] 《略》〖化学〗trinitrotoluene.

T-nùmber 〖← *t*(*otal light transmission*)＋NUMBER〗 ― *n.* 〖写真〗T ナンバー, T 絞《実際にレンズを透過する光量を測定して, それと同光量を通過させる円の直径で焦点距離を割った数値で F ナンバーを透過率の平方根で割った値になり, F ナンバーよりやや大きな値となる; cf. f-number》.

to [(子音の前) tə; (母音の前) tu | tʊ; (句・節・文の終り) tù: ; tú:] 〖OE *tō* (adv. & prep.) < (WGmc) *tō- (adv.) (Du. *toe* / G *zu* / Goth. *du*) ← IE *dō-, *de- (L *dōnec* while & *quando* when): TOO と二重語〗

― *prep.* **1 a** [運動の方向・到着] …へ, …に, …まで, …の方へ (↔ from): go *to* the south 南方へ行く / go from west *to* east 西から東へ行く / the way *to* glory 栄光[名誉]への道 / come *to* the house 家に着く / He returned *to* London. ロンドンへ帰った / Come here *to* me. 私のところまで来なさい / a trip *to* the moon 月への旅行 / get *to* Nagoya 名古屋に着く / go *to* law [war] 法律[戦争]に訴える / go *to* sea 船乗りになる. **b** [命令文で go その他の運動の動詞を省略して]: *To* arms! 武器を取れ / All hands *to* work! 全員仕事につけ / *To* horse! 馬に乗れ. **c** 《古》[法助動詞の後で go その他の運動の動詞を省略して]: I'll *to* bed. 床に着くことにしよう.

2 [方向]…の方を[へ], の方向に (toward): turn *to* the right 右の方へ向く, 右へ曲がる / keep *to* the right 右側を行く; [掲示] 右側通行 / on one's [the] way *to* the station 駅へ行く途中で / He pointed *to* a tree. 一本の木の方を指さした / The house opens *to* the south. その家は南向きだ / Where are you going *to*? どこへ行くのですか / An extensive range of pasturage lay *to* the west. 広々とした牧場が西方にあった.

3 [状態・境遇の変化] …へ, …に, …の方へ: change [go, turn] from bad *to* worse ますます悪化する / reclaim a sinful woman *to* virtue 罪深い女性を教化する / come *to* the crown 王位に登る / rise *to* wealth and honor 富貴の地位にのぼる / sink *to* misery [poverty] みじめな境遇[貧困]に陥る / stand *to* attention 気を付けの姿勢を取る.

4 [限度・程度] …まで, …に至るまで, …するほどに: be rotten *to* the core 心(しん)まで腐っている / an Englishman *to* the core 心からの英国人 / The thermometer has risen *to* above 32°. 温度計は 32 度以上に上った / It is eleven miles *from* Oxford *to* Witney. オックスフォードからウィットニーまでは 11 マイルだ / be expressed *to* a nicety [shade] 微妙な点まで表現される / *to* a degree ⇨ degree 成句 / He loves you *to* distraction. 彼は気も狂うほどあなたを愛している / *to* that [this] extent その[この]程度まで / *to* perfection 完全に, 十分に / *to* the full 十分, 完全に, 心行くまで / be sick *to* death 死ぬほどいやだ / be wet [drenched] *to* the skin ずぶぬれになる / stripped *to* the waist 腰のところまで[上半身]裸になって / punctual *to* the [a] minute 1 分と違わず時間通りに / goods *to* the value of $10,000 1 万ドルに上る品物 / It comes *to* ten pounds. 勘定は 10 ポンドになる / The park extends *to* 3,000 acres. 公園は広さ 3,000 エーカーに及ぶ / The room was hot *to* suffocation. 部屋は息ができないほど暑かった.

5 [結果・効果] …したことには, …にも, 結局…を招く: *to* one's cost 結局損をして[迷惑して] / *to* a person's credit 人の名誉になるように, 人をほめて / *to* no purpose 空しく, いたずらに / *to* one's delight [surprise] 喜んだ[驚いた]ことには / *to* one's great distress 大変困ったことには / tear a letter *to* pieces 手紙をずたずたに引き裂く / pull a flower *to* pieces 花をずたずたに引きちぎる / He was flattered *to* his ruin. おだてられて身の破滅を招いた.

6 a [時間の終点] …まで (until): from Saturday *to* Monday 土曜日から月曜日まで / from day *to* day 連日 / from month *to* month 毎月毎月 / The business hours are from ten *to* six. 営業時間は 10 時から 6 時まで / *to* her dying day 彼女の臨終の日まで / be conscious *to* the last 最後まで意識がある / *to* this day 今日に至るまで / stay *to* the end of June 六月末まで滞在する / All were ten *to* fifteen years his junior. 全員 10 から 15 くらい彼より若かった. **b** 《何時》(…分)前 (《米》of) (↔ past): a quarter [ten minutes] *to* four 4 時 15 分[10 分]前. **c** (定刻)通りに: He came *to* his time. 時刻を違(たが)えずにやって来た.

7 [目的・計画] …のために: *to* that end その目的のために / *to* the end that… のために / He came *to* our rescue. 我々を救いに来た / He was brought up *to* joinery. 指物師に仕立てられた / I went back *to* writing at the desk. 再び机に向かって書きものにとりかかった.

8 [予定・運命] …に: be born *to* the purple [bitter fate] 高貴な身分に生れる[悲運に生れつく] / sentence a person *to* transportation 人を流刑に処する.

9 …として, …に (as, for): call [take] a person *to* witness 人に証人になってもらう / take a woman *to* wife 《古》女を妻にめとる / He has a duke *to* his father-in-law. 《古》彼は公爵を義父にもっている.

10 [適用の方向・範囲] …に対して, にとって, …に: be alive *to* the value of one's wares 自分の品物の値打ちを十分心得ている / apply a rule *to* the case 規則をその場合に適用する / apply soap *to* a towel タオルに石けんをつける / his father's unmerciful use of the whip *to* him 父が彼に無慈悲なむちを加えたこと / known *to* the world 世間[世界]に知れて / familiar *to* them 彼らになじみ深い / necessary *to* education 教育に必要な / His attitude is open *to* attack. 彼の態度には非難される余地がある.

11 [行為・性質等の影響を受ける対象] …に, にとって, に対する, …への, …のために, の手に: a son born *to* him 彼の息子 / little waves sparkling *to* the moonbeams 月光を受けて輝く小波 / attend *to* the business 仕事にかかる / drink *to* a person 人のために[人を歓迎または祝福して]乾杯する / drink *to* a person's health 人の健康を祝して乾杯する / keep [have, get] the room *to* oneself 部屋を独占する / leave the management *to* a person 人に管理を一任する / give [send] a book *to* a person 人に本を与える[送る] / Tell it *to* me. そのことを話してくれ / do harm *to* a person 人に害を与える / listen *to* the radio ラジオを聞く / reply *to* a letter 手紙に対して返事を出す / Instead of marrying the lady, he has more mind *to* her niece. 彼はその婦人と結婚するよりむしろその姪(めい)の方に乗り気だ / It is nothing *to* me. 私にとっては何でもない / What is that *to* you? それが君にとってどうだと言うのだ / What will he say *to* this? これに対して彼は何と言うだろうか / It means a great deal *to* him. それは彼にとっては大変重要なことだ / a claim [title] *to* the name その名を得る資格[に対する正当の権利] / disobedience *to* one's order 命令に対する不服従 / duty *to* one's parents 親に対する義務.

12 [付属・付加] …に, …の上に, …に加えて, に付く[付ける]: add A *to* B A を B に加える / a kite with a tail *to* it 尾の付いている凧(たこ) / an adviser *to* the Foreign Office 外務省顧問 / a nephew *to* the king 王の甥(おい) / It belongs *to* me. それは私のものです / without clothing *to* his back, or shoes *to* his feet 着るに着物なく, はくに靴なく / Put this *to* what you already have. 既にお持ちのものにこれを加えなさい / He can't have cream *to* his tea. 彼はお茶にクリームを入れて飲むことができない / Wisdom he has, and *to* his wisdom, courage. 知恵はあるし, その上に勇気もある / That's all there is *to* it. 《米口語》単にそれだけのことだ / There's nothing *to* him. ただあれだけの男だ.

13 [執着・付着] …へ, …に: hold [adhere] *to* one's opinion 自分の意見を固執する / He was sincerely attached *to* the Established Church. 彼は心から英国国教に帰依(きえ)していた / Ivy clings *to* wood or stone. つたは木や石にからみ付く.

14 [適合・一致] …に合わせて, に応じて, …通りの[に]: a poem *to* one's liking 好みに合った詩 / an occupation *to* one's taste 趣味に合った仕事 / drawn *to* the life 生き写しで / This coat is made *to* order. この上衣はあつらえ仕立てです / The dog came *to* his whistle. 犬は彼の口笛にこたえてやって来た / I cannot find any rhyme *to* 'lady.' lady に押韻する語が見つからない / *to* all appearance(s) どう見ても / *to* all intents and purposes すべての点において, あらゆる意味において, どう見ても / *to* my mind 私の意見では / *to* my (way of) thinking 私の考え方からすれば / *to* the best of my belief 私の信じる限りでは.

15 [随伴] …に合わせて, につれて: sing *to* the guitar [piano] ギター[ピアノ]に合わせて歌う / We danced *to* the sound of a banjo. バンジョーの音に合わせてダンスした.

16 [接近・対立] …に向かい合って, に相対して: I sat down *to* table. 食卓に向かった / be opposed *to* all kinds of reform あらゆる改革に反対である / face *to* face 面と向き合って / fight hand *to* hand 接戦する, 白兵戦をする.

17 [比較・対比] …と比べて, …対, …につき (cf. with *prep.* 7): superior [inferior] *to* …よりもすぐれて[劣って]いる / All former wars were mere child's play *to* World War II. 第二次世界大戦に比べれば以前の戦争は皆児戯に類するものだった / He's quite rich *to* what he once was. 以前の彼に比べれば今は全く金持だ / Three is *to* nine as [what] nine is *to* twenty-seven. 3 の 9 に対する比は 9 の 27 に対する比に等しい《3 : 9 = 9 : 27》/ ten pence *to* the pound 1 ポンドにつき 10 ペンス / The score was 9 *to* 5. スコアは 9 対 5 であった.

18 [attest, confess, subscribe, swear, testify, witness などの動詞に伴って] …であると, …を認めて: *confess to* a crime 罪を犯したと白状する / He *swore to* the miracle. その奇跡は本当にあったのだと彼は言った / That is a fact *to* which I can *speak*. それは私が断言できる事実だ.

19 《方言》…で (at): I got this *to* Brown's. これはブラウンの店で買った / He's *to* home. 彼は家にいる. ★ G. *zu* Berlin (= in Berlin), *zu* Hause (= at home) などと比較せよ.

20 〖数学〗…乗した, 冪数(べき)が…の: five *to* the third 「5 の 3 乗.

21 [不定詞を導く] ★ 前後の関係で明らかな時には to のみが残って不定詞の代用をすることがある (cf. proinfinitive): **a** [名詞的] …すること: *To* err is human, *to* forgive divine. 過(あやま)つは人の常, 許すは神の道 (Pope, *Essay on Criticism*) / *To* defy the law is a crime. 法律を無視するのは罪悪だ / It is foolish *to* read such a book. そんな本を読むのはばかげている / I like *to* think so. 私はそう考えたい / I want *to* visit him. 彼を訪問したい / I should like *to* (do it). (そう)したいものです / My object was (*to*) know his mind. 私の目的は彼の本心を知ることであった / All you have to do is (*to*) go. 君はただ行きさえすればいい. ★ 最後の例のような構文の場合, 特に《米》ではしばしば原形不定詞を用いる. **b** [形容詞的] …する, するための, …すべき: a house *to* let 貸家 / water *to* drink 飲み水 / have nothing *to* do 何もすることがない / the first man *to* come 最初に来る[来た]人 / in days *to* come 来たるべき日に, 未来に. **c** [副詞的] …するために, するには, …して, …するとは《目的・結果・原因・限定・判断の根拠などを表わす》: I have come *to* see you. 君に会いに来た / We eat *to* live. 生きんがために食う / I am sorry *to* hear that. それはいけないね / She is wise enough *to* know it. 賢いから分からないはずがない / It is good *to* eat. それは食用に適する / She is beautiful *to* look at. 見るからに美しい / What a fool he must be *to* say such a thing! そんなことを口にするとはあの人も何というばかだろう / *to* tell the truth [独立不定詞]本当を言えば / *To* return. [独立不定詞] 本題に立ち返って. **d** [種々の補足構造をなして]: He seems *to* be happy. 幸福そうだ / Sun and rain cause the grass *to* grow. 太陽と雨によって草が生長する / I asked her *to* come in. 彼女にはいってくださいと言った / I like boys *to* be quiet. 子供たちが静かにしているのが好きだ. ★ 知覚動詞 (see, hear, feel, etc.), 使役動詞 (let, make, have) および《特に米》help などの後には原形不定詞を用いる; ただし受動の際には to を用いる: I saw him enter the house. 彼が家にはいるのを見た / He was seen *to* enter the house. / Make him repeat it. 彼にそれを繰り返させなさい / He was made *to* repeat it. / Help me lift it. それを持ち上げるのを手伝っておくれ.

― [tú:] *adv.* **1** 正常の[必要な]状態に[へ], (特に)停止[閉鎖]の状態へ: bring a ship *to* 〈軍艦が〉船に進行停止を命じる / come *to* 〈気絶した人が〉正気づく / ⇨ HEAVE *to*, LIE² *to* (2) / push [shut] the door *to* 戸を閉める / Is the door *to*? 戸は閉まっているか / The door crashed *to*. ドアがばたんと閉まった / I can't get the lid of my trunk quite *to*. トランクのふたがきちんと閉まらない. **2** 活動状態に[へ], 仕事に: fall *to* 食い始める; 殴り合いを始める / turn *to* (仕事に)着手する / ⇨ SET *to*. **3** [close *to* の形で] 近くに (at hand): The accident occurred *close to*. 事故はすぐそばで起こった. **4** 前方へ (forward): His hat is on wrong side *to*. 帽子を後ろ前にかぶっている / The ship moored head *to*. 船は風上に船首を向けて停泊した. **5** 付着して; 〈馬が〉馬車に付けられて: I ordered the horses *to*. 馬を馬車に付けるように命じた / The horses are *to*. 馬は馬車に付けられている.

to and fro あちらこちらに, 右往左往して (cf. to-and-fro): I was watching the crowd passing *to and fro*. 群衆が右往左往しているのを見ていた.

T.O., TO 《略》table of organization ; Telegraph Office ; 〖文法〗traditional orthography.

T.O., t.o. 《略》turnover ; turn over (cf. P.T.O.).

toad [tóʊd | tə́ʊd] 〖OE *tādi*(*ge*)*e* ← ?: cf. tadpole〗 ― *n.* **1** 〖動物〗 **a** ヒキガエル《ヒキガエル科ヒキガエル属 (*Bufo*) のカエル類の総称》. **b** ヒキガエルに似た動物の総称: ⇨ horned toad. **2** 〖魚類〗＝toadfish. **3 a** いやなやつ《人・動物》. **b** くだらぬ物. **4** 《口語》＝toady.

a toad under the harrow 圧迫[迫害]されて難渋している人. ***eat a person's toads*** 人にへつらう (cf. toadeater).

tóad·èater 〖やぶ医者が解毒の力をもっていることを見せつけるために助手を雇い, 有毒と信じられていたひきがえるを食べ(るふりを)させたことから〗 ― *n.* 《古》おべっか使い (toady).

tóad·èating 〖←《廃》*toadeat* to toady (《逆成》← TOADEATER)＋-ING[1,2]〗 *n.* おべっか, へつらい (sycophancy). ― *adj.* おべっかの, へつらう (flattering).

tóad·fish *n.* 〖魚類〗 **1** バトラコイデス科の魚類の総称; (特に) *Opsanus tau*. **2** イザリウオ (frogfish).

tóad·flàx *n.* 〖植物〗 **1** ホソバウンラン (*Linaria vulgaris*)《ゴマノハグサ科のウンランの一種》. **2** ウンラン属 (*Linaria*) の植物の総称.

tóad-in-the-hóle *n.* (*pl.* ~)《英》トードインザホール《ソーセージや肉片に小麦粉と卵・牛乳などで作った生地をかけてオーブンで焼いた料理》.

tóad·ish [-dɪʃ] *adj.* ひきがえるのような.

tóad lìly *n.* 〘植物〙 **1** ホトトギス (*Tricyrtis hirta*)《日本原産ユリ科の多年草》. **2** ニオイヒツジグサ (*Nymphaea odorata*)《北米原産スイレン科の多年生水生植物》.

tóad spìt [spìttle] *n.* =cuckoo spit 1.

tóad·stòne *n.* ひきがえるの体内に生じるものと信じられた石または化石《護符として用いられた》.

tóad·stòol 〘(*a*1398) ← TOAD+STOOL〙 *n.* 〘植物〙 傘状キノコのうちで食用にならず, むしろ毒成分のあるキノコ.

toad·y [tóudi | tə́udɪ] 〘(1826) ← 《廃》 *toady* toad-like ← TOAD+-Y⁴〙 *n.* (いやしい)おべっか使い. — *vt.* …におべっかを使う, へつらう. — *vi.* 〔…に〕おべっかを使う, へつらう 〔*to*〕: ~ *to* the boss 上役にへつらう. **tóad·y·ish** [-dɪɪʃ] *adj.*

tóad·y·ism [-diìzm] *n.* おべっか, へつらい, おもねり.

to-and-fro [tú:ənfróu | -frə́u] 〘(adv.: *c*1380; n. 1553) ← *to and fro* (⇨ to (adv.) 成句)〙 — *adj.* あちこちに動く[行く], 前後の (back-and-forth): this ~ motion. — *n.* (*pl.* ~**s**) あちこちに動くこと, 動揺. — *adv.* =to and fro (⇨ to *adv.* 成句).

toast¹ [tóust | tə́ust] 〘(*a*1398) *toste*(*n*) to parch ⊏ OF ← *tost-er* to roast, grill < VL **tostāre* ← L *torrēre* to dry, parch〙 — *n.* **1** トースト, トーストパン, 焼パン: a slice of dry ~ バターを塗らないトースト1枚 / make ~ トーストを作る. **2** 《古》 トーストの1片.

(as) warm as (a) toast (火にあたって)心地(ここち)よく暖かい. ***have a person on toast*** 《俗》〈人を〉こちらの意のままにする.

toast and water 《古》 トーストパンを浸した湯(toast-water)《病人用飲物》.

— *vt.* **1** 〈パン・チーズなどを〉狐色に焼く; あぶる: ~ the bread brown パンを狐色に焼く. **2** 〈体・足などを〉火にあてる, 火で暖める: ~ oneself [one's feet] before the fire 火にあたる[足を暖める]. — *vi.* **1** 〈パン・チーズなどが〉(狐色に)焼ける, トーストになる: This bread ~*s* well. **2** 火にあたる, 暖まる.

toast² [tóust | tə́ust] 〘(1674) toast¹ (n.) の比喩的用法; 風味を増すため酒杯に焼きパンの1片を入れることから〙 — *n.* **1** 祝杯をあげること, 祝杯, 乾杯: drink a ~ 乾杯する / give [propose] a ~ to a person 人のために乾杯する[を提案する] / respond [reply] to the ~ 乾杯に対して謝辞を述べる. **2 a** 《古》 よく祝杯をあげられる(ような)評判の美人: She was a great ~ in her day. 若いころは美人で大いにちやほやされたものだ. **b** (男女を問わず)祝杯をあげられる人, 祝杯の対象となるもの; 名士, 有名人: She's the ~ of the season. 今年の社交季節の花形だ. **3** 乾杯の辞[挨拶]. — *vt.* (…の健康を)祝して乾杯する; …に祝杯をあげる, 乾杯する (drink to): ~ a person's health 人の健康を祝して乾杯する / ~ the queen [bride and bridegroom] 女王[新郎新婦]に乾杯する. — *vi.* 乾杯する.

toast·ee [toustí: | təu-] 〘⇨↑, -ee¹〙 *n.* (健康を祝して)祝杯をあげられる人.

tóast·er¹ 〘(1582) ← TOAST¹+-ER¹〙 *n.* **1** (パン・チーズなどを)焼く人. **2** パン焼き器, トースター.

tóast·er² 〘(1704) ← TOAST²+-ER¹〙 *n.* **1** 乾杯する人, 乾杯の辞を述べる人. **2** 女にちやほやする人.

tóast·ing fòrk *n.* **1** (柄の長い)パン焼きフォーク. **2** 剣.

tóast lìst *n.* **1** (もとは)乾杯名簿《乾杯される人々の名簿》. **2** 食卓演説者名簿《司会者用メモ》.

toást·màster 〘(1749)〙 *n.* **1** (宴会席上で)乾杯の辞を述べる人, 乾杯を提案する人. **2** (宴会の)司会者《演説者などを紹介する》.

tóast·mìstress *n.* (宴会の)女性司会者.

tóast ràck *n.* (卓上用の)トーストパン立て.

tóast-wàter *n.* =TOAST¹ and water.

toast·y [tóusti | tə́usti] 〘← TOAST¹+-Y⁴〙 *adj.* (**toast·i·er, -i·est**) **1** トーストの, トーストに似た: ~ aromas. **2** 心地(ここち)よく暖かい: a ~bed.

tob [tóub | tə́ub] *n.* =tobe.

Tob. 《略》 Tobias; Tobit (聖書外典の)トビト書.

to·bac·co [təbǽkou, -kə | -kəu] 〘(1577) ⊏ Sp. & Port. *tabaco* ⊏ W-Ind. (Caribbean) pipe for smoking, roll of tobacco leaves smoked: 今の形は西インド諸島の島 *Tobago* との連想か〙 — *n.* (*pl.* ~**s**, ~**es**) **1** 〘植物〙 **a** タバコ (*Nicotiana tabacum*)《ナス科タバコ属の植物; tobacco-plant ともいう》. **b** (タバコ属以外の)タバコに似た植物. **2** たばこ, 刻みたばこ: the choice ~*s* of Syria シリアの極上たばこ. **3** 喫煙 (smoking): swear off ~ 誓ってたばこを断つ.

tobácco búdworm *n.* 〘昆虫〙 北米に分布する鱗翅目ヤガ科のタバコガの一種 (*Heliothis virescens*)《幼虫はタバコや綿の芽や若葉を食害する》.

tobácco-cùtter *n.* たばこ刻み機.

tobácco hèart *n.* 〘病理〙 喫煙者心臓病《smoker's heart ともいう》.

tobácco hórnworm *n.* 〘昆虫〙 **1** =tobacco worm. **2** =tomato hornworm.

tobácco júice *n.* 喫煙によって茶色になった唾液.

tobácco mosáic *n.* 〘植物病理〙 タバコのモザイク病《タバコなどの葉その他の部分がウイルスに犯され, モザイク状の斑点を生じ萎縮する病気》.

to·bac·co·nist [təbǽkənɪst, -nəst | -nɪst] 〘(1599) ← TOBACCO+-*n*- (音調をよくするために挿入されたもの)+-IST〙 — *n.* **1** たばこ商人, たばこ屋《人》; たばこ製造人: at a ~'s たばこ屋で. **2** 《廃》 喫煙者.

tobácco-pìpe *n.* (刻みたばこ用)パイプ, きせる.

tobácco-plànt *n.* 〘植物〙 タバコ (⇨ tobacco 1 a).

tobácco-pòuch *n.* 刻みたばこ入れ.

tobácco stòpper *n.* たばこ詰器《パイプに刻みたばこを詰める道具》.

tobácco wòrm *n.* 〘昆虫〙 スズメガ科のガ (hawk-moth) の一種 (*Protoparce sexta*) の幼虫《タバコなどナス科植物の葉を食害する; tobacco hornworm ともいう》.

To·ba·go [to(u)béigou | tə(u)béigəu] *n.* トバゴ(島) (⇨ Trinidad and Tobago).

tobe [tóub | tə́ub] 〘⊏ Arab. *thawb* garment〙 — *n.* トーブ《アフリカ北・中部の人の外衣で, 長い布をゆったりしたスカート状に纏い合わせたり, または体にまとわせて一方の肩で留める》.

to-bé 〘(1600) ← *to be*〙 *adj.* [通例名詞に後置して] 未来の; 予定の: a minister-*to-be* 大臣予定者 / a bride-*to-be* 花嫁になる人. — *n.* [the ~] 将来, 未来.

To·bey [tóubi | tə́ubɪ], **Mark** *n.* (1890-1976) 米国の画家; 東洋の影響を受けた抽象的作風で知られる.

To·bi·ah [təbáɪə, to(u)- | tə(u)-] 〘⊏ Heb. *Ṭōbhiyyā*[h] : ⇨ Tobias〙 *n.* 男性名《愛称形 Toby》.

To·bi·as [təbáɪəs, to(u)- | tə(u)-] 〘⊏ LL *Tōbīās* ⊏ Gk *Tōbīās* ⊏ Heb. *Ṭōbhiyyā*[h] ← *Ṭobhiyyāhū* 《原義》 Yahweh is good ← *ṭōbh* good〙 *n.* **1** 男性名. **2** 〘聖書〙 トビア, トビアス: **a** Tobit の子. **b** 聖書外典の「トビト書」に対応するカトリックの旧約聖書の一書.

Tobías ácid 〘← *Georg Tobias* (19世紀のドイツの化学者)〙 *n.* 〘化学〙 トビアス酸 ($H_2NC_{10}H_6SO_3H$)《染料の中間体とする》.

to·bi·ra [təbáɪrə | -báɪərə] 〘⊏ Jap. 扉〙 *n.* 〘植物〙 トベラ, トビラギ, トビラノキ (*Pittosporum tobira*)《中国・日本原産のトベラ科の常緑低木》.

To·bit [tóubɪt, -bət | tə́ubɪt] 〘⊏ L ~ ⊏ Gk *Tōb(e)it* ⊏ Heb. *Tōbhiyyā*[h] 'TOBIAS'〙 — *n.* 〘聖書〙 **1** トビト書 (The Book of Tobit)《外典 (Apocrypha) の一書; 略 Tob.》. **2** トビト《同書中の主要人物である信心深いユダヤ人; Tobias の父》.

to·bog·gan [təbágən | -bɔ́g-] 〘(1829) ⊏ Canad.-F *tabagann(e)* ⊏ Micmac *tobāgun* a sled made of skin〙 — *n.* **1** トボガン《雪の積った坂を滑り降りるのに用いるそりの一種》. **2** トボガン滑降に適した下り斜面. **3** (物価・運勢などの)下落.

on the toboggan 下り坂の; 破滅に瀕して.

— *vi.* **1** トボガンに乗って坂を滑り降りる. **2** 〈物価・運勢などが〉急降[急落]する.

~·er *n.* **~·ist** [~ɪst, ~əst | ~ɪst] *n.*

tobóggan chùte *n.* =toboggan slide.

to·bóg·gan·ing *n.* トボガン遊び[競技].

tobóggan slìde *n.* トボガンすべり路.

To·bol [təbɔ́(:)l | -bɔ́l; *Russ.* taból] *n.* [the ~] トボル(川)《ソ連邦 Kazakstan 共和国北部, ウラル山脈に発して北北東に流れ Irtysh 川に注ぐ川 (1,591 km)》.

to·by¹ [tóubi | tə́ubɪ] 〘(1840) ← TOBY〙 — *n.* **1** [しばしば T-] 翁(おきな)形ビールジョッキ《通例太った老人の形をしたジョッキで, そのかぶった三角帽のすみからビールを飲む; toby jug ともいう》. **2** (*pl.* ~**s**) 《米俗》 細長い安葉巻きたばこ.

toby¹ 1

to·by² [tóubi | tə́ubɪ] 〘《変形》 ← Gypsy *tobar* 《変形》 ← ? Ir.-Gael *bōthar*〙 — *n.* 《英》 **1** 道路, ハイウェー. **2** 街道でのおいはぎ行為.

To·by [tóubi | tə́ubɪ] 〘(dim.) ← TOBIAS: ⇨ -y²〙 — *n.* 男性名《異形 Tobi, Tobie》. ★ トビト書 (Book of Tobit) にトビトが犬をかわいがったとあることから, 犬の名に用いることが多い.

tóby còllar 〘← TOBY〙 *n.* 《英》 (婦人・子供用の)幅広のひだ付きえり.

tóby jùg *n.* =toby¹ 1.

To·can·tins [tòukəntí:nz | tàu-; *Braz.* tokãtĩs] *n.* [the ~] トカンティンス(川)《ブラジル東部を北流して Pará 川に注ぐ川 (2,700 km)》.

toc·ca·ta [təkáːṭə | -tə; *It.* tokkáːta] 〘(1724) ⊏ It. ~ 《原義》 keyboard that is touched (fem. p.p.) ← *toccare* to touch < VL **toccāre* 'to strike, TOUCH'〙 — *n.* (*pl.* **-ca·te** [-teɪ; *It.* -te], ~**s**) 〘音楽〙 トッカータ《華麗・急速な演奏を主眼とし, ピアノ・オルガンなどの鍵盤楽器のために書かれた17-18世紀に流行した即興曲風の楽曲》.

toc·ca·tel·la [tɑ̀kətélə | tɔ̀k-; *It.* tokkatélla] 〘⊏ It. ~ (dim.) ← TOCCATA: ⇨ -el¹〙 *n.* 〘音楽〙 =toccatina.

toc·ca·ti·na [tɑ̀kətí:nə | tɔ̀k-; *It.* tokkatí:na] 〘⊏ It. ~ (dim.) ← TOCCATA〙 *n.* 〘音楽〙 小トッカータ(曲) (short toccata).

To·char·i·an [to(u)kéəriən, -kɑ́:r- | təkéri-, tə(u)-, -kɑ́:r-] 〘← L *Tochari* (⊏ Gk *Tokhároi* nomad Chinese tribes)+-AN¹〙 — *n.* **1** トカラ人《紀元1000年ごろ絶滅した文化の高い中央アジア人》. **2 a** トカラ語《7-8世紀ごろの仏教文献の訳を主とした中央アジアの印欧語族の言語; A, B 二方言がある》. **b** トカラ語派《印欧語族の一語派》. — *adj.* トカラ語[人]の.

Tochárian Á *n.* 〘言語〙 トカラ語 A 方言《トカラ語の東部方言; 古代中央アジアのアゾニ国で話されていたトカラ語の一方言》.

Tochárian B́ *n.* 〘言語〙 トカラ語 B 方言《トカラ語の西部方言》.

toch·er [tɑ́xə | tɔ́xə(r)] 〘(1496) ⊏ Ir. *tochar* ← *tochuirim* I assign ← *cuirim* I put〙 《スコット》 *n.* 新婦の持参金. — *vt.* …に持参金を与える.

to·co [tóukou | tə́ukəu] 〘(1823) ⊏ Hindi *ṭokō* (imper.) ← *ṭoknā* to blame〙 *n.* (*pl.* ~**s**) 《英俗》 折檻(せっかん) (chastisement): catch [get] ~ 罰を食う, ひっぱたかれる.

to·co- [tóuko(u), tɑ́k- | tə́ukə(u), tɔ́k-] 〘← Gk *tókos* child ← *tiktein* to bear, beget〙 「出産, 分娩 (childbirth)」の意の連結形: *tocology*.

tòco·dynamómeter 〘⇨↑, dynamometer〙 *n.* 〘医学〙 陣痛計, (子宮)娩出力測定器.

to·col·o·gy [to(u)kɑ́lədʒi | tə(u)kɔ́lədʒɪ] 〘← TOCO-+-LOGY〙 *n.* 産科学 (obstetrics). **to·co·log·i·cal** [tòukəlɑ́dʒɪkəl, -dʒə- | tàukəlɔ́dʒɪ-] *adj.*

to-cóme 〘← TO (prep.)+COME 3: cf. OE *tōcyme* arrival, advent 《なぞり》 ← L *adventus*〙 *n.* [通例 the ~] 将来, 未来 (the future).

to·coph·er·ol [to(u)kɑ́fərɔ̀(:)l, -ròul | tə(u)kɔ́fərɔ̀l] 〘← TOCO-+Gk *phérein* to bear+-OL¹〙 — *n.* 〘生化学〙 トコフェロール ($C_{29}H_{50}O_2$)《麦芽油・チサ・ホウレンソウ・卵黄などに含有されるビタミンEの本体》.

Tocque·ville [tóukvɪl, tɔ́(:)k-, ták-, -viːl, -vəl | tɔ́kvɪl; *F.* tɔkvil], **Alexis** (**Charles Henri Maurice Clérel**) **de** [klerɛl də] *n.* トクヴィル (1805-59; フランスの政治家・著述家; *De la Démocratie en Amérique* (英訳 *Democracy in America*) (1835-40)).

toc·sin [tɑ́ksɪn, -sən | tɔ́ksɪn] 〘(1586) ⊏ F ~ ⊏ Prov. *tocasenh* ← *toc-* (← *tocar* 'to TOUCH, strike')+*senh* sign, bell (< L *signum* 'SIGN, bell')〙 — *n.* 警鐘(の音), 警報 (alarm signal).

tod¹ [tɑ́(:)d | tɔ́d] 〘(1425) *todde* ⊏ ? LG *tot, tod* bundle: cf. Swed. 《方言》 *todd* mass (of wool) / East-Fris. *todd* small load〙 — *n.* **1** 《英》 (ツタ (ivy) などの葉の)やぶ, 茂み. **2** トッド《以前の羊毛の量目単位; 普通 28 lbs.》. **3** 《方言》 荷物 (load).

tod² [tɑ́(:)d | tɔ́d] 〘(*c*1170) ← ?〙 *n.* 《スコット》 **1** 狐 (fox). **2** (狐のように)ずるい人, 腹黒い人.

To·da [tóudə | tə́u-] *n.* **1** トダ人《インド南部のニルギリ (Nilgiri) 高地人; 一妻多夫制が行なわれている》. **2** ドラヴィダ語族 (Dravidian) に属するトダ人が用いる言語.

to·day [tədéɪ, tu-] 〘OE *tō dæġ*: ⇨ to (prep.), day〙 (*also* **to-day** [~]) — *n.* **1** 今日, 本日 (cf. tonight): ~'s newspaper 今日の新聞 / from ~ 今日から / up to ~ 今日まで / *Today* is Friday [my birthday]. 今日は金曜[私の誕生日]だ. **2** 現在, 現今, 当世 (this present time): the writers of ~ 現代の作家. ★ ラテン語系形容詞: hodiernal.

today week [month, year] =*this* DAY *week* [*month, year*].

— *adv.* **1** 今日: I saw [shall see] him ~. 今日彼に会いました[会えましょう] / a week ago ~ 先週の今日. **2** 当世では, 現今は, 当今 (nowadays): *Today* there are few Japanese who cannot read. 今日文字の読めない日本人はほとんどいない.

to·dáy·ish [-déɪɪʃ] *adj.* 現代の (current), 最近の.

Todd [tɑ́(:)d | tɔ́d] 〘← TOD²〙 *n.* 男性名.

Todd, Lord **Alexander Ro·ber·tus** [rəbɔ́:ṭəs | rəbɔ́:təs, rɔ-, rəu-] *n.* (1907-) 英国の化学者; Nobel 化学賞 (1957).

tod·dle [tɑ́dl | tɔ́dl] 〘(*c*1600) 《変形》 ← ? 《スコット》 *tottle* to walk with short steps (freq.) ← TOTTER¹ // 《混成》 ← TO(TTER)+(WA)DDLE〙 — *vi.* **1** (歩き始めの小児のように)ちょこちょこ[よちよち]歩く. **2** 《口語》 ぶらつく, ぶらぶら歩く, 散歩する (stroll): ~ *down to* the pub ぶらっとパブまで行く. **3** 《口語》 出発する, 出掛ける: It's getting late; we must be *toddling along* [*off*]. もう遅い, ぼちぼち出かけなくちゃならない. — *vt.* [~ one's way として] ちょこちょこ進む. — *n.* **1** ちょこちょこ[よちよち]歩き; あぶなっかしい足どり (unsteady gait). **2** ぶらぶら歩き, ぶらつき (stroll). **3** 《口語》 よちよち歩きの子供.

tód·dler [-dlə, -dlə | -dlə(r), -dl-] *n.* よちよち歩きをする人, (特に)幼児.

tod·dy [tɑ́di | tɔ́dɪ] 〘(1609) *tarrie, terry, toddey* ⊏ Hindi *tāṛī* juice of the palmyra tree ← *tāṛ* palmyra tree ← Skt *tāla*〙 — *n.* **1** トディ《ウイスキー・ラム・ブランデーなどに湯と砂糖とレモンなど香料を加えた飲料》. **2** (toddy palm の樹液を発酵させた)ヤシ酒.

tóddy pàlm *n.* 〘植物〙 クジャクヤシ (*Caryota urens*)《その汁を発酵させてヤシ酒を造るインド産のヤシ; cf. wine palm》.

tóddy tàble *n.* (18世紀の)酒びん類を置く小卓.

To·di·dae [tóudədi: | tə́udɪ-] 〘← NL ~ ← *Todus* (属名: ← L *todus* tody)+-IDAE〙 *n. pl.* 〘鳥類〙 コビトドリ科.

to-dó 〘(1570-76) ← TO (prep.)+DO¹〙 — *n.* (*pl.* ~**s**) 《口語》 大騒ぎ, 騒動 (fuss, commotion) (cf. ado): She made a terrible ~ about losing her handbag. ハンドバッグがなくなったといって大騒ぎをした.

to·dy [tóudi | tə́udɪ] 〘⊏ F *todier* ⊏ L *todus*: cf. -y²〙 *n.* 〘鳥類〙 コビトドリ (*Todus todus*)《西インド諸島に生息する羽毛の美麗なコビトドリ科の小鳥》.

toe [tóu | tə́u] 〘OE *tā* (pl. *tān*) < Gmc **taix(w)ōn* (G *Zeh(e)*) 《原義》 pointer ← ? IE **deik-* to show (L *digitus* finger, toe)〙 — *n.* **1** 足指 (cf. finger 1 a): the ball of the ~ 足指の腹 / the great ~ (足の)親指 / ⇨ big toe, little toe / kiss the pope's ~ 教皇の右足の草履の黄金の十字架に接吻(せっぷん)する《君主以外の謁見(えっけん)を許される者の普通の会釈の仕方》 / turn one's ~*s* out [in] 外股[内股]に歩く[立つ]. **2 a** 足の前部, つま先;

(靴・靴下などの)つま先(cf. heel 1): the ~ of a boot ブーツのつま先. **b** (馬の)ひづめの先端. **c** (脊椎動物の)ゆび. **3** 《口語》足 (foot): toast one's ~*s* 足を火で暖める. **4 a** 蹄鉄(ていてつ)の前部の底に付けてある鉄片《馬が滑らぬようにするもの》, 蹄尖部, 鉄頭. **b** 道具の下端(または先端); (ゴルフクラブの)ヘッドの先端 (《英》nose). **c** 〖鉄道〗(轍叉の)轍趾(てっし). **d** 〖機械〗軸踵(じくしょう), 軸趾(じくし). **e** 〖建築〗(扶壁などの)土台の突出部. **f** (小銃の)床嘴(しょうし) (⇨ rifle¹ 挿絵). **5** (位置・形が)つま先に似ている部分: the ~ of Italy.
from top to toe ⇨ top 成句. ***on one's toes*** 熱心で; 油断なく. ***step on a person's toe*** =*tread on a person's* TOES. ***stub one's toes*** へまをやる. ***the light fantastic toe*** 《戯言》ダンス (cf. Milton, *L'allegro*). ***toes up*** 死んで (dead). ***toe to toe*** お互いつま先を向い合わせて, ぴったり向い合って (cf. FACE *to face*, NOSE *to nose*): They stood ~ *to* ~. お互い顔をつき合わせて立った. ***tread*** [***tramp***] ***on a person's toes*** (1) 人のつま先を踏む; 人の感情を害する, 人の気にさわる. (2) 人の領域[権利]を侵す. ***turn up one's toes***=***turn*** (***up***) ***one's toes to the daisies*** 《俗》死ぬ.
toe and heel つま先とかかとでするタップダンス (cf. toe-and-heel).
— *v.* (~**d**; ~·**ing**) — *vt.* **1** 〈靴・靴下など〉につま先を付ける, …のつま先を繕う 〈*off*〉. **2** つま先で蹴る; つま先で触れる: ~ a person *out of* the room 人を蹴って部屋から追い出す / ~ one's cigarette *out* つま先でたばこを踏み消す. **3** 〖ゴルフ〗クラブヘッドの先端で打つ. **4** 〖木工〗〈釘を〉斜めに打ち込む; 釘を斜めに打ち込んで固定する. — *vi.* **1** つま先を(…の方へ)向ける: ~ *in* [*out*] 内股[外股]に歩く[立つ]; つま先を内側[外側]にして立つ. **2** 足指を動かす; トーダンスのステップを踏む. **3** つま先で触れる; つま先で蹴る. **4** つま先で歩く (tiptoe).
toe the line [***mark, scratch***] (1) (競技などで)スタートラインにつま先を触れて立つ. (2) 命令[規則]に従う, 統制[党規]に服する, 慣習を守る. (3) なすべき事をきちんとやる, 仕事に励む.

toe·a [tóuɑ: | táu-] 〖□ Papuan《土語》〗 *n.* トーア《パプアニューギニアの通貨単位; =$^1/_{100}$ kina》.
tóe-and-héel *vt.* [しばしば ~ it として] (タップダンスなどの)ダンスをする.
tóe bòx *n.* 先芯(さきしん), ボックストウ, トウパフ《靴のつま先部に入れる芯》.
tóe càp *n.* (靴の)爪革(つまかわ), つま先革 (⇨ shoe 挿絵).
tóe cràck *n.* 〖獣医〗蹄尖裂《馬の蹄(ひづめ)のつま先割れ; cf. sand crack 1, quarter crack》.
toed 〖← TOE+-ED 2〗 — *adj.* **1** 足指のある. **2** [通例複合語の第2構成素として] 足指が…の, (…の)足指の: square-*toed* つま先の四角な / three-*toed* 足指の3本ある. **3** 〖木工〗〈釘が〉斜めに打ち込まれた; 釘斜めに釘で留めた.
tóe-dànce *vi.* トーダンスを踊る.
tóe dànce *n.* (主にバレエの)トーダンス.
tóe dàncer *n.* トーダンサー.
tóe dàncing *n.* トーダンス(を踊ること).
tóe·hòld *n.* **1** 山登りの際の足指がかり. **2** 足がかり, 支え. **3** 〖レスリング〗トーホールド《相手の足首をつかんで逆ひねりにしめる技》.
tóe-ìn 〖← TOE (vi.) 1〗 *n.* 〖自動車〗 **1** トーイン《前輪の内向き; cf. toe-out》. **2** =camber 4.
tóe·less *adj.* 足指のない; 〈靴など〉つま先部分のない.
tóe·nàil *n.* **1** 足指の爪. **2** 〖木工〗斜めに打ち込んだ釘. **3** 《俗》〖印刷〗括弧, 丸括弧 (parenthesis). — *vt.* 〖木工〗…に釘を斜めに打ち込んで留める.
tóe-òut 〖← TOE (vi.) 1〗 *n.* 〖自動車〗トーアウト《前輪の先開き; cf. toe-in》.
tóe·pìece *n.* =toe cap.
tóe·plàte *n.* 靴底鋲《靴底のつま先部の摩耗を防ぐための鋲》.
tóe pùff 先芯《靴のつま先部の甲革と裏との間に入れてかたくする材料》.
tóe ràil *n.* 〖海事〗足留め板《ヨットの甲板のへりに張りめぐらした細板》.
tóe·shòe *n.* 〖バレエ〗トーシューズ《トーダンス用の靴; 主にバレリーナの靴をいう》.
to·e·to·e [tóuitóui, tɔ́itɔ̀i | tə́uitə́ui, tɔ́itɔ̀i] 〖□ Maori ~〗 — *n.* 〖植物〗ニュージーランド産の大型のイネ科ダンチク属 (*Arundo*) やスゲ科ヒトモトススキ属 (*Cladium*) の植物の総称《特に, マオリ族 (Maori) が屋根ふきに用いる *A. conspicua*》.
to-fall [tú:fɔ̀:l] 〖《15C》: ⇨ to (prep.), fall〗 *n.* 《スコット》 **1** 日暮れ (nightfall): at ~ of the day [night] 日暮れに. **2** 差し掛け小屋 (lean-to).
toff [tɑ́f, tɔ́(:)f | tɔ́f] 〖《1851》《変形》← TUFT〗 《英俗》 — *n.* **1 a** 紳士, 上流人 (gentleman). **b** [the ~s] 上流社会. **2** しゃれもの, めかしや, ハイカラ (fop, dandy, swell): He came out no end of a ~. ばかにめかし立てて出て来た. — *vt.* 紳士[しゃれ者]のように盛装する 〈*up*〉: get ~*ed up* 盛装する.
tof·fee [tɔ́(:)fi, tɑ́fi | tɔ́fi] 〖《*a*1825》《異形》← TAFFY〗 — *n.* **1** タフィー《砂糖・バターなどを煮固めた菓子》: almond [walnut] ~ アーモンド[クルミ]入りタフィー. **2** 《英》タフィーの小さなかたまり.
can't for toffee 《英俗》からきし[さっぱり]…できない: He *can't* skate *for* ~. スケートが全然できない.
tóffee àpple *n.* タフィーアップル《棒に差してタフィー用のシロップをかけたりんご》.
tóffee-nòse *n.* 《英俗》うぬぼれ[気取り]屋, 紳士気取りの俗物 (snob). **tóffee-nòsed** *adj.*
tof·fy [tɑ́fi, tɔ́(:)fi | tɔ́fi] *n.* =toffee.
toft [tɑ́ft, tɔ́(:)ft | tɔ́ft] 〖lateOE ~ 'piece of ground, hillock' □ ON *topt* green knoll, site for a house < Gmc **tumftō* ← IE **dem-* house (hold)〗 — *n.* **1** 《英》家屋敷 (homestead): ~ and croft 家屋敷耕地全部. **2** 《英方言》丘 (hillock).
to·fu [tóufu: | tə́u-] 〖□ Jap.〗 *n.* 豆腐.
tog [tɑ́(:)g, tɔ́(:)g | tɔ́g] 〖《1793》《短縮》← 《廃・隠語》*togeman(s)* cloak, coat ← F *toge* // L *toga* (↓): cf. D *tuig* trappings〗 — *n.* **1** 《俗》外衣 (outer garment); (特に)上着 (coat). **2** [*pl.*] 《口語》(ひと揃いの)着物 (clothes): riding ~*s* 乗馬服 / golf ~*s* ゴルフ服. **3** [*pl.*] 《豪》水泳着. — *vt.* (**togged**; **tog·ging**) 《口語》着せる (dress) 〈*out, up*〉: be ~*ged out* in full uniform 礼装している / He ~*ged* himself *up* in his Sunday best. 晴れ着を着込んだ.
to·ga [tóugə | tə́u-] 〖《1600》□ L ~ 《原義》a covering ← *tegere* to cover〗 — *n.* (*pl.* ~**s**, **to·gae** [tóudʒi:, -gaɪ | tə́u-]) **1 a** トーガ《古代ローマ市民が用いた白いウールのゆるやかな外衣; cf. stola》. **b** (それに似た)ゆるやかな外衣. **2** (裁判官・教授などの)職服, 正服 (robe of office). **3** 《米》上院議員 (senator) の職[地位].

toga 1 a
1 toga; 2 tunic; 3 clavus

tó·gaed 〖《1860》: ⇨ ↑, -ed 2〗 — *adj.* (*also* **to·ga'd** [~]) トーガをまとった; 職服を着た.
togae viriles *n.* toga virilis の複数形.
to·gate [tóugeɪt | tə́u-] 〖《1851》□ L *togāt-us*: ⇨ toga, -ate²〗 *adj.* =togated.
to·gat·ed [tóugeɪtɪd, -ṭəd | tə́ugeɪt-] 〖《1634》: ⇨ ↑, -ed〗 *adj.* **1** トーガ[職服]を着た. **2** 〈言葉が〉威厳のある, 堂々とした (stately). **3** 平和な (peaceful).
to·ga vi·ri·lis [tóugə-vɪríːlɪs, -və-, -wɪ-, -wə-, -ríl-, -ləs | tə́ugə-vɪráɪlɪs, -wɪríːlɪs] 〖□ L ~ 'toga of man(-hood)'〗 — *n.* (*pl.* **to·gae vi·ri·les** [tóugaɪ-vɪríːleɪs, -və-, -wɪ-, -wə-, -ríl-, -les | tə́udʒi:-vɪráɪli:z, tə́ugaɪ-wɪríːles]) (古代ローマの男子が14歳の終わりに着た)元服用のトーガ.
to·geth·er [təgéðə, tu- | -ðə(r)] 〖OE *tōgædere* ← *tō* 'TO'+*gædere* (adv.) (< **ʒaduri* (locative-instr.) ← **ʒador* (OE *geador*) ← IE **ghedh-* to unite): cf. Du. *tegader*〗 — *adv.* **1 a** 共に, 一緒に, 連れ立って (in company): go about ~ 連れ立って歩き回る / live ~ 一緒に住む, (特に)同棲(どうせい)する / They were at school ~. 一緒に学校で学んだ. **b** 一緒になるように, 一緒に合わせて, …し合わせる: sew things ~ 縫い合わせる / call children ~ 子供たちを呼び集める / put things ~ 物を寄せ集める / ⇨ *put* TWO *and two together*. **2** 同時に, 一時に (cf. altogether): Do not speak all ~. 皆一度にしゃべってはいけない. **3** 協力[共同]して: do a task ~ 仕事を共同でやる / Parents have ~ the responsibility for discipline. 両親は共同でしつけの責任を取っている. **4** まとめて, 一緒にして (taken conjointly): He earned more than all the others (put) ~. 彼は他の人たち全部よりも余計にもうけた / All ~, there are 20 items. 全部まとめて20点ある. **5** 連続して, ぶっ続けに (on end): We talked for hours ~. 何時間もぶっ続けに語り合った / He was moody for days ~. 何日もぶっ続けに不機嫌だった. **6** 互いに, …し合う: compare [confer] ~ 比べ[相談し]合う / multiply 3 and 5 ~ 3と5とを掛け合わせる / fight ~ 相戦う. **7** 調和して: His argument does not hold ~ well. 彼の議論はつじつまがうまく合わない.
close [***near***] ***together*** 互いの近くに. ***get it all together*** ⇨ get¹ 成句. ***together with*** …と共に; ならびに, また (as well as, and also): He was arrested, ~ *with* his wife. 妻と共に逮捕された.
— *attrib. adj.* 《米俗》 **1** (精神的・情緒的に)落着いている: a very ~ person. **2** きちんと整った, ちゃんとした.
to·géth·er·ness *n.* **1** 統一; 合同, 共同; 近接. **2** 親しい交わり; 共同一致, 一体感.
tog·ger [tɑ́gə, tɔ́(:)gə | tɔ́gə(r)] 〖《変形》〗 *n.* 《俗》=torpid².
tog·ger·y [tɑ́g(ə)ri, tɔ́(:)g- | tɔ́gəri] 〖← TOG+-ERY〗 — *n.* **1** [集合的] 衣服, 衣装, 着物 (garments, togs); (特に, ある特殊な人の)服装: an actor's ~ 俳優の服装 / a bishop's [general's] ~ 司教の職服[将軍の制服]. **2** 《英》洋服店.
tog·gle [tɑ́gl | tɔ́gl] 〖《1769-76》《変形》← ? TANGLE // 《方言》*tuggle* (freq.) ← TUG¹〗 — *n.* **1** 〖海事〗(索の端の環に通してある)留木, 大くぎ, トグル《他の索を掛け留めるのに用いる》. **2** 〖機械〗=toggle joint. **3** (スポーツコートなどに使う)棒状の変わりボタン, トグル. **4** 〖劇場〗 **a** ぬき《フラット肋材の補強材; toggle rail ともいう》. **b** toggle rail を肋材に固定する金具 《toggle iron ともいう》. — *vt.* **1** 留木[大くぎ, トグル]をはめる[で留める]. **2** (爆撃照準器を通じての自動投下装置によらず)トグルスイッチによって飛行機から〈爆弾を〉投下する.

toggles 3

tóggle bòlt *n.* 〖機械〗トグルボルト《スプリングによって開くことができる脚をもつボルト; 初め脚を閉じて, 狭い穴を通すと穴を通過した後にスプリングの力で脚が開き, 抜けなくなる》.
tóggle harpòon *n.* =toggle iron 1.
tóggle ìron *n.* **1** (捕鯨用の)先端に十字に開く銛爪(もりづめ)の付いた銛. **2** 〖劇場〗=toggle 4 b.
tóggle jòint *n.* 〖機械〗トグル継手, トグル装置《力を拡大して伝達するリンク装置》.
tóggle ràil *n.* 〖劇場〗=toggle 4 a.
tóggle swìtch *n.* 〖電気〗トグルスイッチ, ひじスイッチ《つまみを上げ下げするスイッチ; 通例つまみの上下に 'ON' と 'OFF' の文字を記してある》.
To·gliat·ti [touljɑ́:ṭi | təuljɑ́:ti; *It.* toʎʎátti], **Pal·mi·ro** [palmí:ro] *n.* トリアッティ《1892-1964; イタリアの政治家; 共産党の指導者》.
To·go [tóugou | tə́ugəu] *n.* トーゴ《アフリカ西部, Guinea 湾に臨む共和国; もとフランス信託統治領 (⇨ Togoland) であったが, 1960年独立; 人口 2,350,000, 面積 567,000 km², 首都 Lomé; 公式名 the Republic of Togo トーゴ共和国》.
To·go·land [tóugoulæ̀nd | tə́ugəu-] *n.* トーゴランド《アフリカ西部 Guinea 湾に臨む旧ドイツ保護領; 後分割されて東部はフランス委任統治領から信託統治領 (French Togoland) を経て今は独立して Togo となり, 西部は英国委任統治領から信託統治領 (British Togoland) を経て Gold Coast に併合され独立して Ghana となる》. **~·er** *n.*
To·go·lese [tòugo(u)lí:z, -lí:s | tə̀ugə(u)lí:z] 〖← TOGO+*-lese* (cf. Congolese)〗 *n.* (*pl.* ~) トーゴ人, トーゴ国民. — *adj.* トーゴ人の; トーゴ共和国の.
to·hu·bo·hu [tóuhu:bóuhu: | tə́uhu:bə́u-] 〖□ F ~ ← Heb. *tōhū* emptiness+*bōhū* emptiness, wasteness (*Gen.* 1:2)〗 *n.* 混沌(こんとん), 混乱 (chaos).
toil¹ [tɔ́ɪl] 〖*v.*: 《*c*1325》 *toile(n)* □ AF *toil-er*=OF *toeillier, tooillier* (F *touillier*) to strive, dispute, wrangle < L *tudiculāre* to stir ← *tudicula* machine for bruising olives ← *tundere* to beat, crush. — n.: 《?*a*1300》□ AF *toil, toyl* dispute=OF *tooil* battle, trouble ← *tooillier*〗 — *vi.* **1** 骨折る, 骨折って働く, こつこつ働く (work hard): ~ *over* a task こつこつ仕事をする / ~ *for* one's living 生計のために働く / ~ *on* 働き続ける / ~ and moil あくせく働く. **2** とぼとぼ歩く, 骨折って進む (plod): ~ *along* (the road) (道を)骨折って歩いて行く / ~ upstairs to one's room 苦労して2階の自分の部屋へ上って行く / ~ *up* (a steep hill) (けわしい山を)苦労して登る / ~ (*on*) *through* a book 骨折って本を通読する.
— *vt.* **1** 《古》…に骨を折らせる. **2** 《古》骨折って し遂げる[得る] 〈*out*〉. **3** 《廃》〈土地を〉耕す (till).
— *n.* **1** 骨折り(仕事), 苦労, 労役 (drudgery): ~ and moil あくせく働き. **2** 《古》戦闘, 闘争, 争い (battle).
~·er [-lə | -lə(r)] *n.*
toil² [tɔ́ɪl] 〖《*a*1529》□ (O)F *toile* cloth, web < L *tēlam* web: cf. text〗 — *n.* **1** [通例 *pl.*] 網 (net); 《比喩》わな (snare): in the ~*s* 網にかかって, 捕えられて; 魅せられて, 魂を奪われて (charmed); 陰謀に陥って. **2** [通例 *pl.*] 《廃》(野獣捕獲用の)わな (snare). — *vt.* わなで捕える: ~ a bird.
toile [twɑ́:l | twɑ́:l, twɔ́:l; *F.* twal] 〖□ F ~ 'linen cloth, canvas' (↑)〗 *F. n.* **1** モスリン, 天じく, トアル. **2** モスリンで作った服の試作品.
toile de Jouy [twɑ́:l-də-ʒwí: | twɑ́:l-, twɔ́:l-; *F.* twaldəʒwi] 〖□ F ~ 'cloth of Jouy' ← *Jouy-en-Josar* (フランスの生産地名)〗 — *F. n.* (*pl.* **toiles de Jouy** [~; *F.* ~]) ジュイ染め《薄色の背景に単色の図柄がプリントされた綿またはリンネル布地; Jouy print ともいう》; プリント製の同種の生地.
toi·let [tɔ́ɪlɪt, -lət] 〖《1540》□ F *toilette* (dim.) ← *toile* cloth: ⇨toil², -et〗 — *n.* **1** 化粧: spend time on one's ~ 化粧に時間を費す / make one's ~ 化粧する, 身仕舞する (dress) / at one's ~ 化粧中で, 身仕舞している / ~ articles 化粧用品 (cf. toiletry). **2** 《古》化粧道具《鏡・ブラシ・くしなど》; 化粧台 (toilet table). **3** 化粧室 (dressing room). **4** 《古》着こなし, 着付け, 服装, 衣装 (toilette). **5** 《古》=toilet cloth. **6** 《米》浴室付きの化粧室; 浴室 (bathroom); 便所, トイレット (water closet): set a child on a ~ 子供にトイレに行かせる[用便させる]. **7** 〖外科〗創面洗浄《分娩(ぶんべん)・外傷または手術前[後]における, 特に腸の洗浄》. — *vi.* **1** 化粧する, 身仕舞する. **2** 〈幼児が〉(自分で)用便する (cf. toilet training). — *vt.* **1** …に身仕舞をさせる. **2** 〈幼児〉に用便をさせる.
tóilet bòwl *n.* 便器.
tóilet clòth [**còver**] *n.* 鏡台[化粧台]掛け.
tóilet glàss *n.* 化粧台[室]の鏡.
tóilet pàper *n.* (通例, 巻紙の)トイレットペーパー.
tóilet pòwder *n.* 化粧パウダー《入浴後等に使用》.
tóilet ròll *n.* (トイレットペーパーの)ロール.
tóilet ròom *n.* **1** 化粧室 (dressing room). **2** 《米》 **a** (便所付きの)洗面室, 浴室 (lavatory, bathroom). **b** (駅などの)便所.
toi·let·ry [tɔ́ɪlɪtri, -lət- | -rɪ] 〖← TOILET+-RY〗 *n.* [通例 *pl.*] 化粧品類.
tóilet sèat *n.* 便座.
tóilet sèt *n.* 化粧道具《一揃い》.

tóilet sòap *n.* 化粧石けん.
tóilet tàble ＝dressing table.
toi·lette [tɔɪlét, twɑː- | twɑː-; *F.* twalɛt] 〘□F ～: ⇨ toilet〙 ── *n.* (*pl.* ～**s** [～s; *F.* ～]) **1** (婦人の)化粧, 身仕舞, 身づくろい《入浴・結髪・着衣を含む》. **2** (特定の)衣粧, 装束 (costume): a formal [an elaborate] ～ 正式の[凝った]服装. **3** 《古》＝dressing table.
tòilet-tráin *vt.* 〈幼児〉に用便のしつけをする.
tóilet tràining *n.* (幼児への)用便のしつけ[訓練].
tóilet vìnegar *n.* 手洗い水に混ぜる香水を入れた酢.
tóilet wàter *n.* 化粧水《eau de Cologne など》.
toil·ful [tɔ́ɪlfəl] *adj.* 骨の折れる, つらい, 苦しい (laborious). **～·ly** *adv.*
tóil·less *adj.* 骨の折れない, 楽な.
toil·some [tɔ́ɪlsəm] 〘← TOIL¹＋-SOME¹〙 *adj.* 骨の折れる, つらい, 苦しい (laborious). **～·ly** *adv.* **～·ness** *n.*
tóil·wòrn *adj.* 仕事に疲れた, 苦労にやつれた; 苦労の跡の見える.
to·ing and fro·ing [túːɪŋənfróuɪŋ | túːɪŋənfrə́u-, túɪŋ-] 〘⇨ to-and-fro〙 *n.* (*pl.* **toings and froings**) あちこち動くこと, 行ったり来たりすること.
toise [tɔɪz] 〘□(O)F ～ < VL **tēsa* ← L *tēnsa* (fem.) ← *tēnsus* (p.p.) ← *tendere* 'to stretch, TEND¹': cf. tense¹〙 ── *n.* トワズ《フランスの昔の長さの単位; 6.396 フィート, 1.949 メートルに相当》.
toi·son d'or [twɑːzɔ̃ː(n)-dɔ́ə, -zɔ́(ː)n- | -dɔ́ː(r); *F.* twazɔ̃dɔːr] 〘□F ～ 'fleece of gold'〙 *F. n.* ＝Golden Fleece 1.
toi·toi [tɔ́ɪtɔɪ] *n.* 〘植物〙＝toetoe.
To·kaj [toukéɪ, ⌐⌐ | təukéɪ, -káɪ, tə́ukaɪ, tɔkáɪ; *Hung.* tóːkɑj] *n.* トカイ《ハンガリー北東部の町; 人口 5,000; トカイワイン (Tokay) の産地》.
to·ka·mak [tóukəmæ̀k, tɑ́k- | tə́uk-, tɔ́k-; *Russ.* təkamák] 〘□Russ. ～《頭字語》← *to(roidal'naja) ka(mera s) mag(nitnym polem)* toroidal camera with magnetic field〙 ── *n.* 〘物理〙トカマク方式《核融合炉の一形式; ドーナツ形の管の外部に流した電流と内部のプラズマ電流によってプラズマを閉じ込めを行なう》.
to·kay [toukéɪ | tə́ukeɪ] 〘(1753) □Malay *toke*〙 *n.* 〘動物〙オオヤモリ (*Gekko gecko*)《東南アジア産のヤモリ; 夜間大きな声を出して鳴く》.
To·kay [toukéɪ, ⌐⌐ | təukéɪ, -káɪ, tə́ukaɪ, tɔkáɪ; *Hung.* tóːkɑj] 〘← TOKAJ〙 ── *n.* **1 a** トカイ(ワイン)《ハンガリーの Tokaj 周辺で産する黄金色の良質のぶどう酒; 芳香があり甘口でデザート(ワイン)にする; Tokay wine ともいう》. **b** トーケー(ワイン)《トカイワインに似た米国産の甘口の混合ワイン; California Tokay ともいう》. **2** トーケー《アルジェリアから米国に導入されたブドウの品種名; 色はピンクないし赤で生食・醸造用; Flame Tokay ともいう》.
toke [touk | təuk] 〘(変形)? ← TACK²〙 ── *n.* **1** 《英俗》食物 (food), (特に)パン (bread). **2** 《米俗》(マリファナ)煙草の一服: take a ～ of marijuana マリファナ煙草を飲む.
to·ken [tóukən | tə́u-] 〘OE *tāc(e)n* < Gmc **taiknam* (Du. *teeken* / G *Zeichen*) ← IE **deik-* to show: ⇨ teach, toe〙 ── *n.* **1** 印, 象徴 (sign, symbol); 証拠 (proof): a ～ of respect, regard, affection, etc. / wear black as a ～ of mourning 服喪の印に黒衣を着る. **2** 特徴 (characteristics): the ～s of a good horse 良い馬の特徴. **3** (全体を示す)現われ, 片鱗(ぺんりん), 一端 (indication) 〔*of*〕. **4** 記念品, 形見 (keepsake): present a friend with a ～ 友人に記念品を贈る. **5** (人物・安全などの保証として人に与える)証拠品; 合言葉. **6 a** (昔, 商人・銀行などが発行した)私鋳貨幣. **b** (バスや地下鉄などで切符の代わりに, また自動販売機用に用いる)代用硬貨: a bus ～. **c** ＝token coin. **7 a** (商品との)引換券 (voucher): ⇨ book token / a gift ～ ギフト券. **b** 景品引換証《クーポン券・レッテルなど》. **8** 《古》合図 (signal): give ～s 合図をする. **9** 〘聖書〙予表, 前兆, しるし (omen, portent) (cf. *Ps.* 135: 9). **10** 〘言語〙トークン, 生起形《特定の語・表現・文が実際に用いられている例[回数]; cf. type 9》. **11** 《古》〘印刷〙通し《印刷作業の単位; 手刷りは通例 250–500 刷り》. **12** 《廃》名残り (vestige): a ～ of bygone fashion 過去の流行の名残り. **13** 《廃》標章, 記章 (badge).
by* (*the same*) *token*＝*by this* [*that*] *token (1) その証拠には. (2) その上, なお (moreover). (3) 同じ理由で, 同様にして (similarly). ***in* [*as a*] *token of*** …の印として, の証拠に (as a proof of); …の記念に: *in* ～ *of* peace 和平の印として. ***more by token*** 《古》なお一層, いよいよ益々 (the more so).
── *attrib. adj.* **1** 保証として与えられる. **2** (借金返済などの)内金としての. **3** (実物に対する)まねごとの, 名ばかりの, 見本程度の (nominal): a ～ post only ただ名目だけの地位 / a ～ raid [attack, resistance] 申しわけ程度の空襲[攻撃, 抵抗] / I'll make a ～ appearance. ちょっと申し訳に顔出しをしましょう / ～ import 〘貿易〙(将来本式の輸入を行なうという含みをもたせて行なう少額の)名目輸入.
── *vt.* 象徴する, …の印である (symbolize).
── *vi.* 印として起こる, 証拠となる (instance).
tóken cóin *n.* 代用硬貨.
tó·ken·ìsm [-nɪzm] *n.* 《米》(黒人の公的権利に関する)形ばかりの法律順守[世論配慮], 名目主義《一握りの黒人に門戸を開放するのみで実質的には黒人閉め出しに等しい》.
tóken móney *n.* **1** 私鋳貨幣, 代用貨幣, 手札《もと, 商人・会社・銀行などが交易の必要上発行したもの; 今はバス料金・自動販売機用として用いられる》. **2** 名目通貨, 定位通貨《実物価値が表面価値より劣る政府発行の臨時補助通貨》.
tóken páyment *n.* **1** 〘政治〙一部支払い《国債を破棄しないしるしに債権国へ一部分だけ支払いすること》. **2** (借金返済の)内金.
tóken vóte *n.* 《英》(議会の)支出決議《金額は暫定的なもので正確な金額は後に追加予算案で決定される》.
To·khar·i·an [to(ʊ)kɛ́(ə)riən, -kɑ́ːr- | təkɛ́ərɪ-, tə(ʊ)-, -kɑ́ːr-] *n., adj.* ＝Tocharian.
to·ko [tóukou | tə́ukəʊ] *n.* (*pl.* ～**s**) ＝toco.
to·ko- [tóuko(ʊ), tɑ́k- | tə́ukə(ʊ), tɔ́k-] ＝toco-.
tòko·dynamómeter *n.* 〘医学〙＝tocodynamometer.
to·kol·o·gy [to(ʊ)kɑ́lədʒi | tə(ʊ)kɔ́lədʒɪ] *n.* ＝tocology.
to·ko·no·ma [tòukənóumə | tə̀ukənə́u-] 〘(1727) □ Jap.〙 *n.* 床の間.
tok·us [tóukəs | tə́u-] 〘□ Yid. *tokhes* □ Heb. *táḥath* under〙 *n.* **1** 《俗》尻. **2** 《卑》肛門.
To·kyo·ite [tóukiouàɪt | tə́ukjəʊ-, -kɪəʊ-] 〘⇨ -ite¹〙 *n.* 東京都民.
Tókyo Róund *n.* [the ～] 〘経済〙東京ラウンド《GATT の下における多角的貿易交渉; 関税引下げ・非関税障壁 (NTB) の排除を目的とし, 1973 年東京で採択されたガット閣僚会議での宣言に基づき, 1973–79 年にかけて行なわれた国家間交渉; cf. Kennedy Round》.
tol- [tɑl | tɔl] 〘⇨ tolu-〙 (母音の前に来る時の) tolu-の異形.
to·la [tóulə, to(ʊ)lɑ́ː | tə́ulə, tə(ʊ)lɑ́ː] 〘□ Hindi *tolā* ← Skt *tulā* ← *tul* to weigh a balance, weight〙 *n.* トーラ《インドの重量単位; ＝1/80 seer; rupee 銀貨の重さ》.
to·lan [tóulæn | tə́u-] 〘← TOLU-＋-AN¹〙 *n.* 〘化学〙トラン ($C_6H_5C \equiv CC_6H_5$)《無色の結晶; diphenylacetylene ともいう》.
to·lane [tóuleɪn | tə́u-] 〘← TOLU-＋-ANE²〙 *n.* 〘化学〙＝tolan.
tol·booth [tóulbùːθ, -bùːð | tɔ́l-] *n.* ＝tollbooth.
tol·bu·ta·mide [tɑlbjúːtəmàɪd, -mɪd, -məd | tɔlbjúːtəmàɪd, -mɪd] 〘← TOLU-＋BUTO-＋AMIDE〙 *n.* 〘薬学〙トルブタミド ($C_{12}H_{18}N_2O_3S$)《血糖降下剤》.
told 〘OE *tealde* (pret.), (*ġe*)*teald* (p.p.) ← *tellan*: ⇨ tell〙 *v.* tell¹ の過去形・過去分詞.
tol-de-rol [tɑ́ldərɑ̀l | tɔ́ldərɔ̀l] 〘擬音語〙 *n.* 古い歌の無意味な折り返し.
tole¹ [toul | təul] 〘□F *tôle* sheet iron, plate ← L *tabula*: ⇨ table〙 ── *n.* (*also* **tôle** [～; *F.* toːl]) トール《ニスまたはエナメル塗りの金属製食器・盆・料理用器具など; これに用いるスズ板》.
tole² [toul | təul] *v.* ＝toll³.
To·le·do¹ [təlíːdou, -də | -dəʊ] 〘↓〙 *n.* 米国 Ohio 州北西部, Erie 湖に臨む都市; 人口 368,000. **～·an** [-douən | -dəʊən] *n., adj.*
To·le·do² [təlíːdou | təléɪdəʊ, tə-; *Sp.* toléðo] *n.* **1** トレド《スペイン中央部, Tagus 河畔の都市; ローマ統治時代のスペインの首都; 人口 45,000》. **2** (*pl.* ～**s**) トレド剣《スペインの Toledo でできた剣, 鍛えが優秀なことで有名》. **To·lé·dan** [-dn] *n., adj.*
To·le·do [təlíːdou | təléɪdəʊ, tə-; *Sp.* toléðo], **Francisco de** *n.* トレド (1515?–?84; スペインの行政官, Peru の太守 (viceroy) (1569–81)).
tol·er·a·ble [tɑ́l(ə)rəbl̩ | tɔ́lər-] 〘(1422) □(O)F *tolérable* □ L *tolerābilis* bearable ← *tolerāre* to bear: ⇨ -able〙 ── *adj.* **1** 耐えられる, 我慢できる (endurable): The pain was severe but ～. 痛みは激しかったが我慢はできた. **2** かなりの, かなり良い (fairly good): a ～ cook かなり料理のうまい人 / The work was ～. かなりの作であった / I am in ～ health. 私はかなり健康です / He speaks ～ Japanese. かなり上手に日本語を話す. **3** 《口語》[Predicative に用いて] かなり健康で (pretty well): I'm ～. Thank you. **tòl·er·a·bíl·i·ty** [-əbíləti | -ləti, -lɪti] *n.* **～·ness** *n.*
tól·er·a·bly [-bli | -bli] 〘(1485): ⇨ ↑, -ly¹〙 ── *adv.* 耐えられるほどに, 我慢できるほどに; かなりに. ★ 普通良い意味に用いる: be ～ well [satisfied] かなり健康である[満足している] / He is ～ proficient in French. フランス語にかなり堪能(かんのう)だ.
tol·er·ance [tɑ́l(ə)rəns | tɔ́lər-] 〘(*a*1420) □(O)F *tolérance* ∥ L *tolerantia*: ⇨ tolerant, -ance〙 ── *n.* **1** (他人の説・信仰などに対する)寛容, 寛大, 認容; 偏見なき関心, 公平な見方 (cf. bigotry): ～ *for* other people's opinions / his broad ～ *of* her prejudice 彼女の偏見に対する彼の大幅な寛容. **2** 耐えること, 我慢; 耐久力: I have no ～ *for* nonsense. 愚にもつかない考えは我慢ができない. **3 a** 〘医学〙(劇薬・毒物などに対する)耐(容)性, 許容度, 耐薬力: ～ *for* a drug / ～ *to* a virus. **b** 〘植物〙(干魃(かんばつ)・日光不足・寄生動植物などに対する)耐性. **c** (法的に認められた, 殺虫剤など有害物質の食品中の)最大許容量. **4 a** 〘造幣〙公差 (allowance)《鋳造貨幣の量目および純分の法律上公認されている誤差》. **b** 〘機械〙公差, 許し代(しろ)《工作寸法・重さなどで標準規格と実際できたものとの間の許容誤差》.
tólerance lìmits *n. pl.* 〘統計〙許容限界《品質管理で, サンプルの値が越えてはならない限界; もし越えれば工程に異常があると判断する》.
tol·er·ant [tɑ́l(ə)rənt | tɔ́lər-] 〘(1780) □F *tolérant* ∥ L *tolerant-em* (pres.p.) ← *tolerāre* to bear, endure〙 ── *adj.* **1** 〔他人の説・信仰などに対して〕寛容な, 寛大な (liberal) 〔*of, to*〕: be ～ *of* criticism 批判を容認する. **2 a** 〘医学〙〔劇薬・毒物などに対して〕耐(容)性のある, 許容度[耐薬力]のある〔*of*〕. **b** 〘植物〙〈植物が〉〔干魃(かんばつ)・日光不足に対して〕耐性のある〔*of*〕. **～·ly** *adv.*
tol·er·ate [tɑ́lərèɪt | tɔ́l-] 〘(1531) □ L *tolerāt-us* (p.p.) ← *tolerāre* to endure〙 ── *vt.* **1 a** 〈他人を〉(その説・信仰などに対して)寛大に取扱う, …に寛容の態度を示す: ～ heretics 異教徒を寛大に扱う. **b** 〈行為などを〉黙許する, 許容する, 堪忍する, 大目に見る (permit): ～ a religion 宗教を黙許する / I will not ～ interference in my affairs. 自分のことを干渉されて黙ってはいられない. **2** (嫌悪をもたずに)耐える, 我慢する, 忍ぶ: I cannot ～ that smell [rude fellow]. あの匂い[無礼な男]には我慢がならない. **3** 《廃》〈苦痛・苦境など〉に耐える (sustain): ～ the severe climate 厳しい気候に耐える. **4 a** 〘医学〙〈劇薬・毒物など〉に耐(容)性[許容性, 耐薬性, 耐毒性]がある. **b** 《米》〘植物〙〈日光不足など〉に耐性がある. **tól·er·à·tor** [-tə | -tə(r)] *n.* **tol·er·a·tive** [tɑ́lərèɪtɪv | tɔ́lərèɪt-] *adj.*
tol·er·a·tion [tɑ̀ləréɪʃən | tɔ̀l-] 〘(1517) □F *tolération* ∥ L *tolerātiō(n-)* ← *tolerāre* (↑): ⇨ -ation〙 ── *n.* **1** 寛容, 寛大; 黙認, 認容, 堪忍 (forbearance). **2** (国家が公認宗教以外の宗教または信仰に与える)異教の認容, 信教の自由: the Act of *Toleration*＝*Toleration* Act 《英》寛容法, 信教自由令 (1689). **3** 《廃》認可 (license).
tòl·er·á·tion·ìsm [-ʃənɪzm] *n.* 寛容主義; 信教自由主義.
tòl·er·á·tion·ist [-ʃ(ə)nɪst, -nəst | -nɪst] *n.* 寛容[信教自由]主義者.
tol·i·dine [tɑ́lədìːn, -dɪn, -dən | tɔ́lɪdìːn, -dɪn] 〘← TOLU-＋-ID³＋-INE³〙 *n.* 〘化学〙トリジン (($CH_3 \cdot C_6H_3 \cdot NH_2)_2$)《異性体がある; アゾ染料中間体》.
To·li·ma [təlíːmə; *Sp.* tolíma] *n.* トリーマ(山)《コロンビア西部, アンデス山脈中の火山 (5,215 m)》.
Tol·kien [tɑ́lkiːn | tɔ́l-], **J**(**ohn**) **R**(**onald**) **R**(**euel**) [rúːəl] *n.* (1892–1973) 英国の児童文学者・中世英文学研究者; *The Lord of the Rings* (3 vols., 1954–55).
toll¹ [toul | təul] 〘(1452)《原義》to draw a bell so that it sounds ← TOLL³〙 ── *vt.* **1** 〈入相の鐘・弔鐘・教会への呼寄せの鐘などを〉(ゆるやかに一定の間を置いて)つく, 鳴らす: ～ a funeral knell 弔いの鐘を鳴らす / ～ a bell at a person's death 人の死を弔って鐘を鳴らす / The curfew ～s the knell of parting day. 入相の鐘の声暮るる日を弔えり (Thomas Gray, *Elegy Written in a Country Churchyard*). **2** 〈鐘が〉鳴って報じる, 告げる; 〈大時計が〉〈時を〉打つ, 報じる: ～ a person's death [a departing soul] 人の死[臨終]を鐘で知らせる / ～ five [the hour] 5 時を打つ[時を告げる] / Big Ben ～*ed* midnight. ビッグベンが鳴って真夜中を知らせた. **3** 〈鐘が〉鳴って呼ぶ[散会させる] 〈*in, out*〉: ～ the people *out* (of the church) 鐘が人を(教会から)送り出す / ～ *in* the people 鐘を鳴らして[鐘が鳴って]会衆を教会に集める.
── *vi.* 〈鐘が〉(ゆるやかに一定の調子で)鳴る: Midnight ～*ed*. 真夜中の鐘が鳴った / The bell is ～*ing in*. 鐘が鳴って会衆を教会に集めている.
── *n.* **1** 鐘を鳴らすこと. **2** (ゆるやかに間を置いて鳴る)鐘の音: He heard the ～ of a bell. **3** 鐘の鳴るような音.
toll² [toul | təul] 〘OE ～ 'payment for a privilege' (G *Zoll*) ← *toln* □ ML *tolōne-um* 《変形》← LL *telōnium* □ Gk *telṓnion* tollhouse ← *telṓnēs* collector of taxes ← *télos* toll, tax〙 ── *n.* **1** 使用税, 料金《通行税・橋銭・渡し賃; 高速道路通行料; 市または縁日の地代・場代・店張り賃; 鉄道・運河などの運賃など》. **2** 使用税徴収権. **3** 《方言》粉ひき賃として取る穀物の一部. **4** 《米》長距離電話料. **5** 税金, 税 (tax, duty). **6 a** (税のように)取られるもの, 代価, 犠牲 (price): Too much drink had taken a heavy ～ *of* him. 大酒のためひどく健康を害した / The train wreck took a heavy ～ *of* lives. 列車事故で多数の死傷者を出した. **b** 死傷者数 (casualties): a death ～ 死者数.
take toll of …の一部を引き去る (cf. 6 a).
── *vt.* **1** 〈人〉から使用税[料金]を取る; 〈物〉に使用税[料金]を課する. **2** (…の一部を)税として取る.
── *vi.* 使用税[料金]を取る[払う].
toll³ [toul | təul] 〘(*a*1250) *tolle(n)* to allure, draw < OE **tollian*: cf. OE *-tyllan* (*fortyllan* to attract, allure): cf. toll¹〙 ── *vt.* **1** 《米》**a** 〈猟鳥獣を〉おびく, おびき寄せる (decoy). **b** 〈魚を〉こませで寄せる. **c** 〈家畜を〉(望みの方向へ)導いて行く: ～ the sheep *into* the sheepfold 羊を導いて羊舎に入れる. **2** 《廃》誘惑する, そそのかす (entice). ── *vi.* 〈猟鳥獣が〉おびき寄せられる.
toll·a·ble [tóuləbl̩ | tə́ul-] *adj.* 使用税を課される; 通行税を払わねばならない.
toll·age [tóulɪdʒ | tə́ul-] 〘← TOLL²＋-AGE〙 *n.* 使用料[通行税など]の徴収[支払い].
tóll bàr *n.* (料金を払ってあけてもらう道路や橋の)遮断(しゃだん)棒 (cf. barkeeper 2).
tóll bòard *n.* 〘通信〙市外台《電話の市外通話の交換接続を行なう交換台》.
toll·booth [tóulbùːθ, -bùːð | tɔ́l-] 〘ME *tolbothe* 《原義》the booth or shed of the tax-collector: ⇨ toll², booth: もとは市場税を集めたり, 税を払わない者を留めて置いたりした小屋〙 ── *n.* **1** 《スコット》監獄 (prison, jail). **2** 《スコット》市役所, 町役場. **3** 《米》(有料道路などの)料金徴収所 (tollgate).
tóll bridge *n.* 有料橋《料金を払って渡る橋》.
tóll càll *n.* (基本料金の高い)長距離電話[通話].

tóll collèctor *n.* **1** 料金徴収員[器]. **2** 徴収料金登録機.

tóll dìaling *n.* 〖通信〗市外ダイヤル.

tóll·er¹ [-lə | -lə(r] 〖← TOLL³+-ER¹〗 *n.* 《米》おとり犬《鴨(かも)をおびき寄せるように訓練された小型猟犬》.

tóll·er² [-lə | -lə(r] 〖OE *tollere* : ⇨ toll², -er¹〗 *n.* ＝toll collector 1.

tóll·er³ [-lə | -lə(r] 〖← TOLL¹+-ER¹〗 *n.* 鐘を突く人, 「鐘突き」.

Tol·ler [tɔ́(ː)lə, tálə | tɔ́lə(r; *G.* tɔ́lɐ], **Ernst** *n.* トラー《1893–1939; ドイツの表現主義詩人・劇作家; *Die Maschinenstürmer* (英訳 *The Machine Wreckers*, the Luddites のこと) (1922)》.

tóll·gàte *n.* (高速道路などの)料金所, トールゲート.

tóll·gàtherer 〖ME〗 *n.* 通行税[使用税などの]徴収員.

tóll·hòuse 〖(15C)〗 *n.* 料金徴収所.

tóllhouse cóoky 〖米国 Massachusetts 州の町 Whatman の *Toll House* で用いた製法から〗 *n.* 《米》固形チョコレートの小片入りクッキー.

tólling dòg *n.* ＝toller¹.

tóll·kèeper *n.* (高速道路などの)料金徴収員.

tóll lìne *n.* 〖通信〗市外線.

tóll·man [-mən] *n.* (*pl.* **-men** [-mən, -mèn]) ＝toll-keeper.

tol·lol [tɑlɑ́l | tɔ(l)lɔ́l] 〖《加重》← TOL(ERABLE)〗 *adj.* 《俗》まんざらでもない, かなりの, 相応の (so-so).

tol·lol·ish [tɑlɑ́lɪʃ | tɔlɔ́l-] *adj.* まあまあかなりの.

tóll ròad *n.* 有料道路.

tóll thòrough *n.* 〖英法〗使用税, 道路税, 橋税.

tóll tràverse *n.* 〖英法〗私有地通行料.

tóll TV *n.* 有料テレビ (cf. subscription television).

tóll·wày *n.* ＝toll road.

tol·ly [táli | tɔ́lɪ] 〖《変形》← TALLOW〗 *n.* 《英俗》蠟燭(ろうそく).

Tol·stoi [tɔ(ː)lstɔ́ɪ, toʊl-, tɑl-, ⸗⸗ | tɔ́lstɔɪ; *Russ.* tal-stój], **Aleksei Nikolaevich** *n.* トルストイ《1883–1945; ロシヤの小説家; *Peter I* (1929–45 (未完))》.

Tolstoi, Count **Lev Nikolaevich** *n.* (レフ)トルストイ《1828–1910; ロシヤの小説家・社会改良家 (⇨ Yasnaya Polyana); *War and Peace* (1865–69), *Anna Karenina* (1875–77), *Resurrection* (1899); 英語名 Leo Tolstoi》.

Tol·stoi·an [tɔ́(ː)lstɔɪən, toʊl-, tɑ́l-, ⸗⸗⸗ | tɔ́lstɔɪən] *adj.* ＝Tolstoyan.

Tol·stoy [tɔ(ː)lstɔ́ɪ, toʊl-, tɑl-, ⸗⸗ | tɔ́lstɔɪ; *Russ.* tal-stój] *n.* ＝Tolstoi.

Tol·stoy·an [tɔ́(ː)lstɔ̀ɪən, tóʊl-, tɑ́l-, ⸗⸗⸗ | tɔ́lstɔɪən] *adj.* (レフ)トルストイ的な[風の]. **— *n.*** トルストイ信奉者.

Tol·tec [tóʊltek, tɑ́l- | tɔ́l-] 〖⊏ Sp. *Tolteca* ← Am.-Ind. (Nahuatl)〗 **— *n.*** (*pl.* ～, ～**s**) **1** [the ～(s)] トルテック族《Aztec 人に先んじ 10 世紀から 11 世紀にわたってメキシコを支配したといわれる種族》. **2** トルテック族の人. **— *adj.*** ＝Toltecan.

Tol·tec·an [toʊltékən, tɑl-, -téɪk- | tɔltέk-] 〖⇨ ↑, -an¹〗 *adj.* トルテック人の.

tol·u [təlúː, to(ʊ)- | tɑ(ʊ)lúː, təljúː] 〖(1671) ⊏ Sp. *tolú* ← (*Santiago de*) *Tolú* (南米コロンビアの海港)〗 **— *n.*** トルーバルサム《南米産マメ科の高木トルバルサムノキ (tolu tree) から得られる芳香樹脂》.

tol·u- [tálju | tɔ́l-] 〖← TOLU (↑)〗「トルエン (toluene)」の意の連結形. ★ 母音の前では通例 tol- になる.

tol·u·ate [táljuèɪt | tɔ́lju-] 〖⇨ tolu-, -ate¹〗 *n.* 〖化学〗トルイル酸塩[エステル].

tolú bálsam *n.* ＝tolu.

To·lu·ca [təlúːkə; *Sp.* tolúka] *n.* **1** トルカ《メキシコ南部の都市, Mexico 州の首都; 人口 154,000》. **2** トルカ(山)《同市付近にある火山 (4,577 m)》.

tol·u·ene [táljuìːn | tɔ́lju-] 〖(1871) ← TOLU-+-ENE : cf. benzene〗 **— *n.*** 〖化学〗トルエン ($C_6H_5CH_3$)《染料・火薬製造用; まれには methylbenzene, phenyl-methane ともいう; また純度の落ちる工業用トルエンを toluol ということがある》.

tol·ú·ic ácid [təlúːɪk-, tɑ́ljuɪk- | təlúːɪk-, -ljúː-, tɔ́l-juɪk-] 〖*toluic* : ← TOLU-+-IC¹〗 *n.* 〖化学〗トルイル酸, メチル安息香酸 ($CH_3C_6H_4COOH$).

tol·u·ide [tɑ́ljuàɪd, -ɪd, -əd | tɔ́ljuàɪd, -ɪd] 〖← TOLU-+-IDE²〗 **— *n.*** 〖化学〗トルイド類 ($RCONHC_6H_4CH_3$)《カルボン酸とトルイジンの縮合によって生成する酸アミド誘導体》.

to·lu·i·dine [təlúːədìːn, -dɪn, -dən | təlúːɪdìːn, -ljúː-, -dɪn] 〖⇨ ↑, -ine³〗 **— *n.*** 〖化学〗トルイジン ($CH_3C_6H_4NH_2$)《toluene の誘導体で o-, m-, p- の 3 種の異性体があり, 染料製造用・薬剤用》.

tolúidine blúe, T- B- *n.* 〖化学〗トルイジンブルー ($C_{15}H_{16}N_3SCl \cdot ZnCl_2$)《黒色の粉末; 溶液として青色を呈し核染色料として用いられる》.

tol·u·ol [tɑ́ljuɔ̀(ː)l, -ljuòʊl | tɔ́ljuɔ̀l] 〖(1845) ← TOLU-+-OL²: cf. benzol〗 *n.* 〖化学〗 **1** トルオール (⇨ toluene). **2** トルエン剤.

tolú trèe *n.* 〖植物〗トルバルサムノキ (*Myroxylon balsamum*)《南米産マメ科の高木》.

tol·u·yl [tɑ́ljuɪl, -ljuəl | tɔ́ljuɪl] 〖← TOLU-+-YL〗 *adj.* 〖化学〗トルイル基 ($CH_3C_6H_4CO$-) をもつ.

tóluyl gròup [ràdical] *n.* 〖化学〗トルイル基 ($CH_3C_6H_4CO$-).

tol·yl [tɑ́lɪl, -ləl | tɔ́lɪl] 〖← TOLU-+-YL〗 *n.* 〖化学〗トリル基 ($CH_3C_6H_4$-)《toluene から誘導される一価の置換基; cresyl ともいう》.

tólyl gròup [ràdical] *n.* 〖化学〗トリル基 ($CH_3C_6H_4$-).

tom¹ [tɑ́(ː)m | tɔ́m] 〖《転用》← TOM〗 **— *n.*** **1** (動物の)雄. **2** 雄猫 (tomcat): a tiger-striped ～ とら縞の雄猫. **— *attrib. adj.*** 雄の (male): a ～ pheasant [turkey] きじ[七面鳥]の雄.

tom² [tɑ́(ː)m | tɔ́m] 〖《略》← TOM(ATO)〗 *n.* 《俗》(野菜作りや小売商人の間で)トマト.

Tom [tɑ́(ː)m | tɔ́m] 〖(c1378) (dim.) ← THOMAS〗 **— *n.*** **1** 男性名: ⇨ Old Tom. **2** 《米俗》アンクルトムのような黒人 (Uncle Tom)《白人に対して卑屈な黒人》. **3** 《廃》＝Tom o' Bedlam (⇨ bedlam 成句). **4** 巨鐘: ～ of Oxford. **5** 〖鉱山〗＝long tom 3.

Blind Tom 鬼ごっこ. ***(every) Tom, Dick and Harry*** 〖英米でごく普通の男性名の愛称〗《俗》太郎や次郎や三郎, ねこもしゃくしも (cf. Brown): They invited *every* ～, *Dick and Harry*. だれも彼もみんな招いた.

Tom and Jerry 〖英国のスポーツ記者 Pierce Egan 作 *Life in London* (1821) に出てくる, 飲んで騒ぎ回る二人の主人公の名から〗《米》ラム卵酒《ラム酒に水か牛乳と卵とを混ぜ薬味と甘味とを添え暖めて飲む》.

— *v.* (**Tommed; Tom·ming**) 《米俗》 **— *vi.*** アンクルトムのように振舞う (Uncle Tom) (cf. *n.* 2). **— *vt.*** [しばしば ～ it として] ＝*vi.*

tom·a·hawk [tɑ́məhɔ̀ːk, -mɪ- | tɔ́mə-] 〖(c1612) ⊏ N-Am.-Ind. (Algonquian) *tämähāk* (短縮) ← *tämähākan* cutting instrument ← *tämähāken* he rises for cutting ← *tämäham* he cuts〗 **— *n.*** **1** (アメリカインディアンの)まさかり, 戦斧(せんぷ):

tomahawks 1

bury [lay aside] the ～ ほこを収める, 講和する / dig up [raise, take up] the ～ 戦端を開く, 宣戦する. **2** 《豪》(オーストラリア原住民の)斧 (hatchet). **— *vt.*** **1** まさかりで打つ[切る, 殺す]. **2** 〈書籍・著書などを〉酷評する.

to·mal·ley [təmǽli, tɑ́mæ- | təmǽlɪ, tɔ́mæ-] 〖← Carib : cf. Galibi *tumali* sauce of lobster or crab livers〗 **— *n.*** (*also* **to·mal·ly** [～]) いせえびのみそ[肝臓]《煮ると緑色になり sauce に用いる》.

to·man [təmɑ́ːn | təʊ-] 〖(1566) ⊏ Pers. *tūmān* (原義) ten thousand ← Mongolian〗 **— *n.*** **1** トーマーン: **a** ペルシャの金貨. **b** イランの紙幣 (＝10 rials). **2** (モンゴル族・タタール族の)一万人隊.

To·mas [to(ʊ)mɑ́ːs | tə(ʊ)-; *Sp.* tomás] 〖⊏ Sp. ～ 'THOMAS'〗 *n.* 男性名.

to·ma·til·lo [tòʊmətíː(l)joʊ | tòʊmətíː(l)jəʊ; *Am. Sp.* tòmatíjo] 〖⊏ Sp. ～ (dim.) ← *tomate* 'TOMATO'〗 **— *n.*** (*pl.* ～**es**, ～**s**) 〖植物〗オオブドウホオズキ (*Physalis ixocarpa*)《メキシコ・米国南部原産のナス科の一年草; 紫色の実は食用になる》.

tom·a·tine [tɑ́mətìːn | tɔ́m-] 〖← TOMAT(O)+-INE³〗 **— *n.*** 〖生化学〗トマチン ($C_{50}H_{83}NO_{21}$)《トマトの葉などから得られる一種のアルカロイドで, 手足に出来る水虫・たむしなどの皮膚病に対する特効薬》.

to·ma·to [təméɪtoʊ, -mɑ́ː- | -mɑ́ːtəʊ] 〖(1604) ⊏ Sp. *tomate* ⊏ Nahuatl *tomatl* (原義) the swelling fruit ← *tomana* to swell〗 **— *n.*** (*pl.* ～**es**) **1** 〖植物〗 **a** トマト (*Lycopersicon esculentum*) (cf. currant tomato). **b** トマトの実. **2** (赤い)トマト色. **3** 《米俗》女, 娘; 売春婦.

tomáto cànker *n.* 〖植物病理〗トマトの癌腫病《*Corynebacterium michiganense* 菌に茎が犯され, 葉に斑点, 果実に腫状体が生じる》.

tomáto èggplant *n.* 〖植物〗カザリナス, ヒラナス (*Solanum integrifolium*)《熱帯アメリカ原産ナス科の一年草; 白い花とナスに似た小さい緋色の実をつける; 観賞用; scarlet eggplant ともいう》.

tomáto frúitworm *n.* 〖昆虫〗オオタバコガの幼虫 (bollworm)《トマトを食害する》.

tomáto hórnworm *n.* 〖昆虫〗トマトやジャガイモを害するスズメガ科のスズメガの一種 (*Protoparce quinquemaculata*) の幼虫《potato worm ともいう; cf. hornworm》.

tomáto réd *n.* ＝tomato 2.

tomáto stréak *n.* 〖植物病理〗トマトの斑点, 立枯病《ウィルス・細菌・菌等の混合感染により葉に病斑を生じ, また全草が犯される; spotted wilt ともいう》.

tomáto wòrm *n.* 〖昆虫〗＝tobacco worm《その幼虫がトマトを害する時に用いる語》.

tomáto wórm mòth *n.* 〖昆虫〗スズメガ (hawk-moth)《tomato hornworm の成長したガ》.

tomb [túːm] 〖(c1300) *toume, tumbe* ⊏ AF *tumbe* // (O)F *tombe* < LL *tumbam* ⊏ Gk *túmbos* sepulchral mound ← IE **teu-* to swell〗 **— *n.*** **1** (死体を納める)墓穴, 墓; (地下)納骨所 (burial vault). **2** 墓石, 墓標. **3** [the ～] 死 (death). **4** [the Tombs] 《米》New York 市刑務所. **— *vt.*** 《まれ》墓に納める, 埋葬する.

tom·bac [tɑ́mbæk | tɔ́m-] 〖(1602) ⊏ F ～ ⊏ Port. *tambaca* ⊏ Malay *tambāga* copper〗 **— *n.*** 〖冶金〗人造金《銅と亜鉛との合金; 安物の宝石細工に用いられる代用金; cf. Dutch gold》.

Tom·big·bee [tɑmbígbi | -bɪ] 〖⊏ Choctaw ～ 'coffin maker' ← *itombi* box, coffin+*ikbi* maker〗 **— *n.*** [the ～] 米国 Mississippi 州および Alabama 州を流れ Alabama 川と合流して Mobile 川となる川 (640 km).

tómb·less *adj.* 墓のない.

tom·bo·la [tɑ́mbələ | tɔmbə́ʊlə, tɔ́mbələ] 〖(1880) ⊏ F ～ // It. ～ ← *tombolare* to tumble ← *tombare* to fall < VL **tumbare* to fall with a thump《擬音語》〗 **— *n.*** 《英》一種の富くじ《景品として小間物などが出る福引き》.

tom·bo·lo [tóʊmbəlòʊ, tɑ́m- | tɔ́mbələ̀ʊ] 〖⊏ It. ～ < L *tumulus* mound : ⇨ tumulus〗 *n.* (*pl.* ～**s**) トンボロ, 陸繋砂州《島と本土[他の島]とをつなぐ砂州》.

Tom·bouc·tou [tɔ̃(ː)mbuːktúː, tɔ̀(ː)m-; *F.* tɔ̃buktu] *n.* トンブクトゥー《Timbuktu のフランス語名》.

tom·boy [tɑ́mbɔ̀ɪ | tɔ́m-] 〖(1553) ← TOM+BOY¹〗 *n.* おはね, おてんば娘, 男の子のような娘 (hoyden). ★ 今はひどく悪い意味でなく用いられる.

tom·boy·ful [tɑ́mbɔɪfəl | tɔ́m-] *adj.* ＝tomboyish.

tóm·bòy·ish [-bɔ̀ɪɪʃ] *adj.* おてんばな. **～·ly** *adv.* **～·ness** *n.*

Tombs [túːmz], **the** *n. pl.* ⇨ tomb 4.

tómb·stòne *n.* 墓石, 墓碑 (gravestone).

tom·càt 〖(1809) ← TOM¹+CAT : 匿名氏の *The Life and Adventures of a Cat* (1760) という人気小説中の主人公の雄猫の名が Tom だったことから〗 **— *n.*** **1** 雄猫 (male cat) (cf. tabby cat). **2** 《俗》漁色家, 女郎買, 助平. **— *vi.*** 《俗》女を漁る 〈*around*〉.

tóm·còd 〖← TOM¹+COD¹〗 **— *n.*** (*pl.* ～, ～**s**) 〖魚類〗タラ科魚類の次の 2 種を指す: **a** 大西洋産の魚 (*Microgadus tomcod*)《Atlantic tomcod ともいう》. **b** 北米の太平洋沿岸産の魚 (*M. proximus*)《Pacific tomcod ともいう》.

Tóm Cól·lins [-kɑ́lɪnz, -lənz | -kɔ́lɪnz] 〖← *Tom Collins* (考案者のバーテンの名)〗 *n.* トムコリンズ《ジンをベースにしたコリンズ; cf. collins》.

tome [tóʊm | tə́ʊm] 〖(1519) ⊏ F ～ ⊏ L *tomus* ⊏ Gk *tómos* volume, section of a book ← *témnein* to cut〗 **— *n.*** **1** (大著の)一冊, 一巻 (volume): a history in five ～*s* 大冊 5 巻から成る歴史書. **2** 大きな本, 大冊.

-tome [⸗tòʊm | -tə̀ʊm] 〖← Gk *tomḗ* a cutting ← *tómos* (↑)〗「部分 (part); 切断器具 (cutting instrument)」の意の名詞連結形 (cf. -tomy): myo*tome* / micro*tome*.

tomenta *n.* tomentum の複数形.

to·men·tose [toʊméntoʊs, ⸗⸗⸗ | təʊméntəʊs, ⸗⸗⸗] 〖(1698) ← NL *tōmentōs-us* ← L *tōmentum* 'TOMENTUM' : ⇨ -ose¹〗 **— *adj.*** **1** 〖解剖・昆虫〗羊毛状の, 綿毛の (flocculent). **2** 〖植物〗綿毛でおおわれた, 柔毛の密生した.

to·men·tous [toʊménṭəs | təʊméntəs] *adj.* ＝tomentose.

to·men·tum [toʊménṭəm | təʊmént-] 〖⊏ L *tōmentum* stuffing (of wool, hair, etc.) for cushions ← ? : cf. L *tōtus* all & *tumēre* to swell〗 **— *n.*** (*pl.* **to·men·ta** [-ṭə | -tə]) 〖植物〗綿毛.

tóm·fóol 〖(1356)〗↓〗 *n.* **1** [通例 T-] 道化. **2** たわけ者, 大ばか者. **— *attrib. adj.*** たわけた, ばかな. **— *vi.*** ばかなまねをする, おどける.

Tóm Fóol *n.*「ばか」《軽蔑的なあだ名》.

tòm·fóolery 〖(1812) ← TOMFOOL+-ERY〗 *n.* **1** ばかなまね, ばかげたこと[行為]; くだらない冗談. **2** [集合的] つまらない飾り物.

Tom·ism [tɑ́mɪzm | tɔ́m-] *n.* ＝Uncle Tomism.

to·mi·um [tóʊmiəm | təʊmɪ-] 〖← NL ～ ← Gk *tómos* a cutting (⇨ tome)+-IUM〗 *n.* (*pl.* **to·mi·a** [-miə | -mɪə]) 〖鳥類〗(鳥のくちばしの)鋭利な先端部.

Tóm Jónes *n.*「トム ジョーンズ」《Henry Fielding 作の小説 (1749)》.

Tom·lin·son [tɑ́mlɪnsn, -lən- | tɔ́mlɪn-], **Henry Major** *n.* (1873–1958) 英国の小説家・随筆家; *The Sea and the Jungle* (旅行記, 1912), *Gallions Reach* (小説, 1927).

Tom·ma·si·ni [tɑ̀məzíːni | tɔ̀məzíːnɪ; *It.* tɔmmazíː-ni], **Vi·cen·zo** [vitʃéntso] *n.* トマジーニ《1878–1950; イタリアの作曲家》.

tom·my [tɑ́mi | tɔ́mɪ] 〖← TOMMY : 3 は *Tommy Brown* (兵士用黒パンのあだ名)から〗 **— *n.*** **1** [通例 T-] 《英》＝Tommy Atkins. **2** 〖機械〗＝tommy bar. **3** 《英》 **a** 職人のもつ弁当; (賃金として支給される)食料品. **b** (昔の兵の糧食の)黒パン, パン: soft [white] ～ 〖海事〗(ビスケットと区別して)パン. **4** 《英》＝tommy-shop. **5** 《英方言》ばか, あほう (fool).

Tom·my [tɑ́mi | tɔ́mɪ] 〖(dim.) 1 : ← THOMAS. 2 : ← THOMASIN〗 *n.* **1** 男性名. **2** 女性名《異形 Tommie》.

Tómmy Át·kins [-ǽtkɪnz, -kənz | -kɪnz] 〖1815 年以来陸軍法規に兵士の代表名として *Thomas Atkins* という名を用いたことから起こった〗 **— *n.*** (*pl.* ～) 《英》 **1 a** (英陸軍の)兵士《あだ名》. **b** 兵士. **2** (組織・集団の)下っぱ, 一兵卒.

tómmy bár *n.* 〖機械〗回り柄, かんざしスパナ.

Tómmy Cóoker *n.* (小型の)軽便石油ストーブ.

tómmy-gùn *vt.* (**-gunned; -gun·ning**) Tommy gun で射撃する.

Tómmy gùn, t- g- *n.* ＝Thompson submachine gun; 短[軽]機関銃.

tommy·rot [⸗⸗|⸗⸗] 〖← TOMMY+ROT (n.) 3〗 *n.* 《口語》たわごと (absurd nonsense).

tómmy-shòp *n.* 《英》(かつて賃金の代りに食料品を支払った)食料品店 (truck shop).

Tómmy Tíd·dler's gróund [-tídləz- | -ləz-] *n.* 〖遊戯〗＝Tom Tiddler's ground 1.

tóm·nòddy 〖(1702) ← TOM(FOOL)+NODDY〗 *n.* **1** ばか, あほう (fool, noddy). **2** 《スコット》〖鳥類〗ヒメツノメドリ (Atlantic puffin).

to·mo- [tóʊmo(ʊ), -mə | təʊmə(ʊ), tɔ́m-] 〖← Gk *tómos* slice, section〗「切断 (cut); 部分 (section)」の意の連結形.

to·mo·gram [tóʊməgræ̀m | təʊm-, tɔ́m-] 〖← TOMO-

+-GRAM〛 n. 〘医学〙断層写真.

to·mo·graph [tóuməgræ̀f | tə́uməgrɑ̀:f, tóm-, -græ̀f] 〚← TOMO-+-GRAPH〛 n. 〘医学〙(レントゲン)断層写真撮影装置.

to·mog·ra·phy [təmɑ́grəfi | -mɔ́grəfi] 〚⇨↑, -graphy〛 n. 〘医学〙(レントゲン)断層(写真)撮影(法), 断層写真術: computed ～ コンピューター断層(撮影)法. **tom·o·graph·ic** [tɑ̀məgrǽfɪk | tə̀um-, tɔ̀m-] adj.

to·mor·row [təmɑ́rou, tʊ-, -mɔ́(:)r-, -rə | -mɔ́rəu] 〚OE *tō morġenne* on the morrow, in the morning ← TO+*morġenne* ((dat.) ← *morġen* 'MORROW'): cf. today, morn〛 (*also* **to-mor·row** [～]) — n. 1 明日(みょうにち), 明日(あす) (cf. today): ～ morning [afternoon, evening] 明日の朝[午後, 晩] / ～ week 来週[先週]の明日 / the day after ～ 明後日 / ～'s newspaper 明日の新聞 / *Tomorrow* will be fine. あしたは晴天でしょう / *Tomorrow* is [will be] Sunday. 明日は日曜日だ / *Tomorrow* never comes. 《諺》明日は決して来ない《今日なすべきことを明日に延ばす人に対する戒め》. 2 将来, 未来: a brighter ～ より明るいあした / the stars of ～ 明日のスターたち. — *adv.* 1 明日, あした: I will do it ～. あしたしよう / Come ～. あした来い. 2 将来, いずれ: Lawrence *Tomorrow*. あしたのロレンス《書名など》.
like there's no tomorrow 《俗》明日という日がないみたいに, 全然自制せずに《金を浪費するなど》. ***tomorrow come never*** 決してやって来ない日; 決して…しない: He will do it very soon.—*Tomorrow come never*, I believe. 彼はじきにそれをやるよ—決してやらないでしょう.

Tóm Pát 〚← TOM+*Pat* (←? *patrico* 《隠語》strolling priest ←? PATER+CO(VE[2]))〛 n. 《俗》(大して学問のない)村の牧師.

tom·pi·on [tɑ́mpiən | tɔ́mpjən, -piən] 〚《1727》〛 n. =tampion.

Tóm Póker 〚← TOM+POKER[3]〛 n. (おとぎ話の)お化け (bugbear).

Tóm Sáw·yer [-sɔ́:jɚ, -sɔ́ɪɚ | -sɔ́:jə(r)], **The Adventures of** n. 「トム ソーヤーの冒険」《Mark Twain 作の小説 (1876)》.

Tóm shów n. 《米俗》1 旅回りの *Uncle Tom's Cabin* 劇の上演. 2 安芝居.

Tomsk [tɑ́:msk, tɔ́(:)msk | tɔ́msk; *Russ.* tómsk] n. トムスク《ソ連邦ロシヤ共和国中部の工業都市; シベリアで最も古い大学がある; 人口 423,000》.

Tóm Swíft·ie [-swífti | -ti] 〚この種の言い方が米国の少年冒険小説 *Tom Swift* シリーズによく使われていることから: ⇨ -ie〛 — n. トム スウィフト遊び《副詞をうまく掛け言葉に使う言葉の遊び》.

tom·tate [tɑ́mteɪt | tɔ́m-] 〚←?〛 n. 〘魚類〙米国 Florida から西インド諸島にかけての海域でとれるイサキ科の魚 (*Bathystoma rimator*).

Tóm Thúmb n. 1 親指トム《童話の主人公で利口な一寸法師》. 2 a 小さな人, 一寸法師 (dwarf) (cf. hop-o'-my-thumb). b 小さい動物[植物]. 3 P. T. Barnum のサーカスで見世物にされた小人の Charles S. Stratton の芸名.

Tóm Tíd·dler's gróund [-tídlɚz- | -ləz-] n. 1 〘遊戯〙地面取り《仕切ってある一定の広さの地面に親 (Tom Tiddler) のすきを見て他の者が "We're on Tom Tiddler's ground, picking up gold and silver." と歌いながら侵入する, そしてつかまえられた者が親になる子供の遊戯》. 2 物が拾うがままに得られる土地; 二つの国の間の無人地帯.

Tóm Tí·ler [-táɪlɚ | -lə(r)] n. 《廃》=Tom Tyler.

tom·tit [tɑ́mtìt, ⌐⌐ | tɔ́mtít] 〚《1709》← TOM[1]+TIT[1]〛 — n. 〘鳥類〙1 《英方言》=titmouse. 2 小さな鳥, 小鳥: a 《英方言》=wren. b 《アイルランド》=tree creeper. c 《豪》=thornbill.

tom-tom [tɑ́mtɑ̀m, tʌ́mtʌ̀m | tɔ́mtɔ̀m] 〚《1693》⊏ Hindi *ṭam-ṭam*: cf. Malay *tong-tong*: いずれも擬音語〛 — n. 1 トムトム《インド・アフリカなどの原住民の太鼓; 胴の長いもので平手で打つ, またはばちで奏する; その改良型はジャズなどで用いられる》. 2 とんとん《単調な太鼓などの音》.

tom-toms 1

Tóm Tý·ler [-táɪlɚ | -lə(r)] n. 《廃》男; 女房の尻に敷かれる男.

-to·my [⌐təmi | -təmɪ] 〚← NL *-tomia* ← Gk *-tomía*: ⇨ -tome, -y[1]〛「分断, 切開, 外科手術」の意の名詞連結形: ana*tomy*, appendec*tomy*, broncho*tomy*.

ton[1] [tʌ́n] 〚《1379》*tonne* 《異形》← *tunne* 'TUN': ton と tun の区別は 17C より〛 — n. 1 トン《貨物の重量単位; =20 hundredweight》: a 英トン, 大トン《2,240 ポンド, =1016.1 kg; 主に英国で用いる; long ton ともいう》. b 米トン, 小トン《2,000 ポンド, =907 kg; 主に米国・カナダ・南アフリカで用いる; short ton ともいう》. c 仏[キログラム]トン《1,000 kg; metric ton ともいう》. 2 容積トン《貨物の容積単位; 物によって違い, 木材は普通 40 立方フィート, 石材は 16 立方フィート, 塩は 42 bushels, 石炭は 49 bushels, コークスは 28 bushels, 小麦は 20 bushels, ぶどう酒は 252 wine gallons; measurement ton, freight ton ともいう》. 3 トン《船の大きさ・積載能力の単位》: a 総トン《100 立方フィート; gross ton ともいう》. b 純トン《総トンから貨物旅客の積載に利用できない部屋の容積を除いたもの; net ton ともいう》. c 容積トン《純トン算出用; cf. b》. d 重量トン《2,240 ポンド; 貨物船用》. e (軍艦の)排水トン《海水 35 立方フィートの重量; displacement ton ともいう》. 4 積載トン《35 立方フィートの重さ, この容積が 20 cwt. を超過する時は重量の英トンで運賃を徴する; shipping ton ともいう》. 5 登簿トン《100 立方フィート; register ton ともいう》. 6 《米》冷凍トン《冷却能力の単位; 毎時 12,000 B.T.U. に相当》. 7 [主に *pl.*] 《口語》 a 大重量; 大量, 多数: This box of yours weighs a ～. 君のこの箱はばかに重い / ～s *of* books, people, sugar, love, etc. / I've got a ～ of homework. 家事が山ほどある / He has ～s *of* money. 金をどっさりもっている. b [副詞的に] はるかに (far): That is ～s better. その方がはるかにいい. 8 《英俗》 a 100 ポンド《金額》. b 時速 100 マイルのスピード.

ton[2] [tɔ̃́:(ŋ), tɔ́(:)ŋ; *F.* tɔ̃] 〚《1769》⊏ F ～ < L *tonum* 'TONE'〛 — n. (*pl.* ～**s** [～z; *F.* ～]) 1 a 流行, はやり (vogue): in the ～ 流行中で, 流行して / ⇨ bon ton. b いき, ハイカラ (smartness). 2 ハイカラ連, 流行の先端を行くと自任する人たち (the smart set).

-ton [tən, tn̩] 〚← OE *tūn* 'enclosure, TOWN'〛 地名・姓につける連結形: Prince*ton*, Somer*ton*.

ton·al [tóunl, -nəl | tə́u-] 〚《1776》⊏ ML *tonāl-is*: ⇨ tone, -al[1]〛 — *adj.* 1 〘音楽〙調子の, 音色の; 調性の, 調的な (cf. modal 6). 2 〘絵画〙色調の, 色合いの. 3 〘音声〙音の高低の, トーニーム (toneme) の.

tón·al·ist [-nəlɪst, -ləst, -nl̩- | -nəlɪst, -nl̩-] n. 〘絵画〙色調主義者《微妙な色の調和に重きを置く》.

to·nal·i·ty [to(ʊ)nǽləṭi | tə(ʊ)nǽlətɪ, -lɪ-] 〚《1838》← TONAL+-ITY〛 — n. 1 〘音楽〙調性《あるひとつの音(主音)を中心として各音・各和音の性格・役割が体系的に決定されていること; cf. atonality》. 2 〘絵画〙色調, 色彩の配合.

tón·al·ly [-nəli, -nl̩i | -nəlɪ, -nl̩ɪ] *adv.* 調子の上から, 音色から; 色合いでは.

tō-nàme [tú:-] 〚OE *tōnama*: ⇨ to (prep.), name: cf. G *Zuname*〛 n. 1 《スコット》(主に同姓同名の人を区別する)添え名, あだ名. 2 《廃》姓 (surname).

ton·do [tɑ́ndou | tɔ́ndəu; *It.* tóndo] 〚《1890》⊏ It. ～ 《頭音消失》← *rotondo* round plate < L *rotundum* 'ROUND[1]'〛 — n. (*pl.* **ton·di** [-di:; *It.* -di]) 〘芸術〙円形の絵[浮彫].

Ton Duc Thang [tɑ́n-dʌ̀k-tɑ́:ŋ | tɔ́n-] n. トンドクタン《1888–1980; ベトナムの政治家, ベトナム民主共和国大統領 (1969–76), ベトナム社会主義共和国大統領 (1976–80)》.

tone [tóun | tə́un] 〚《?c1325》*ton(e)* ⊏ (O)F *ton* // ML *ton-us* ⊏ Gk *tónos* tension, pitch, key ← *teínein* to stretch, strain ← IE **ten-* to stretch (L *tendere* to stretch, TEND[1])〛 — n. 1 音(の調子), 音声, 音調, 調子, 音色: a deep [thin, loud, low, soft, harsh] ～ 太い[細い, 高い, 低い, 柔らかい, 耳障りな]声の調子 / ～s of a harp 立琴の音色 / heart ～s (聴診で聞える)心音. 2 口調, 語調, 語気; (新聞などの)論調: the ～ of the Press 新聞の論調 / frightened ～s 驚いた語調 / in a different ～ of voice 別な口調で / a ～ of command 命令口調 / *in* an angry ～ 怒った語気で / *in* a ～ of entreaty [apology] 懇願[弁解]の口調で / He took a high ～. 横柄な言い方をした / Her voice held a slight ～ of irony. 彼女の声には少し皮肉の響きがこもっていた. 3 一般的傾向, 気風, 風格, 気品; 風潮, 気配(けはい), 市況: a good moral ～ 善良な気風 / the ～ of the market 市況 / The ～ of the speech [school, army] is admirable. その演説の気品[校風, 軍紀]は賞賛に値する. 4 a 色合い (hue, tint); 色調; (濃淡・明暗の)調子: a cool [vivid, light, dull] ～ 冷たい[鮮やかな, 明るい, 鈍い]色調 / a car painted in two ～s 二色に塗られた自動車. b 〘写真〙陽画の色合い. 5 〘生理〙 a (身体・精神の)正常な調子, 健康な状態: recover mental ～ 心の調子を取り戻す / His mind has lost its ～. 彼の精神は正常な調子を失っている. b (器官・組織の)正常な緊張状態. c 刺激に対する正常な感性. 6 〘音楽〙 a 楽音《音楽に使用される音で, 一般に一定の音高(振動数)と長さをもつ音を指す》. b 全音(程) (whole tone): the major [minor] ～ (純正調の)大[小]全音《全音程を隔てている二音の振動数比は 9 : 8 [10 : 9]》. c (グレゴリオ聖歌の)朗唱(定式)《朗読や祈りなどで, 主に同じ高さの音で歌うこと》; (単調な)御経口調 (singsong). 7 〘音声〙 a 音調, 声調《社会習慣的に一定している音節音調》: the four ～s (中国語の)四声 / falling ～ 下降調 / rising ～ 上昇調 / falling-rising ～ 下降上昇調. b 高さ (key). c 高さアクセント (pitch accent). d (語)強勢 (stress). 8 〘通信〙可聴音. 9 気分, 気質: a healthful ～ of mind 健康な気質. 10 音調 (intonation); (特に)特殊な[気取った, わざとらしい]音調[抑揚]. 11 (談話・文章において個性を表する)スタイル, 調子: His book is joyous *in* ～. 彼の本の調子は楽しいものである.
— *vt.* 1 〈音を〉ある調子にする, …に調子をつける; 〈楽器〉の調子を合わせる, 調音[調律]する (attune). 2 〈色を〉ある色合いにする, 調色する. 3 …にある気風[風格]を与える. 4 〘写真〙(薬品で)…の色調を変える. 5 〈身体・精神など〉の調子を整える, 丈夫にする (strengthen) ⟨*up*⟩: A shower bath will ～ you *up*. シャワーでも浴びれば元気がでるだろう. 6 特定の調子で言う (intone).
— *vi.* 1 調子づく; 色合いをとる. 2 〈色彩が〉調和する 〔*with*〕: The curtains do not ～ (*in*) *with* the furniture. カーテンが家具(の色)と調和していない.
tone down (1) 〘絵画〙〈色〉の調子を下げる (subdue). (2) 〈語気・調子などを〉静める, 和らげる, 加減する (soften); 和らぐ, 静まる: ～ *down* one's criticism [a person's anger] 批判の手をゆるめる[人の怒りを和らげる]. (3) 〘写真〙(薬品で)色調が変る. ***tone up*** (1) …の調子を上げる; 〈色合い・語気などを〉高める, 強める: He attempted to ～ *up* his campaign strategy. 選挙運動の戦略を強化しようと努めた. (2) ⇨ *vt.* 5.

tóne àccent n. 〘音声〙=pitch accent.

tóne àrm n. (レコードプレーヤーの)トーンアーム, ピックアップのアーム.

tóne clùster n. 〘音楽〙1 トーンクラスター, 音群《一群の不協和な近接する音》. 2 音群の記譜.

tóne còlor 〚《なぞり》← G *Klangfarbe*: cf. G *Tonfarbe*〛 n. 1 〘音楽〙音色 (timbre). 2 〘文芸〙風格, 香.

tóne contròl n. 〘電気〙音質調節, 音質調整.

toned *adj.* 1 色合いをつけた, 薄く色をつけた: ～ paper クリーム色[淡黄色]の紙. 2 a 調子の合った, 音[音調]を有する. b [しばしば複合語の第 2 構成素として] …調子の: loud-*toned*, sweet-*toned*.

tóne-dèaf *adj.* 音痴の.

tóne dèaf·ness n. 音痴.

tóne gròup n. 〘音声〙音調群.

tóne lànguage n. 〘言語〙音調言語《音調によって語の意味が区別される言語; 中国語など》.

tóne·less *adj.* 音のない, 調子のない; 抑揚のない; 色(調)のない; 風格のない, 単調な, 平凡な (spiritless). **～·ly** *adv.* **～·ness** n.

to·neme [tóuni:m | tə́u-] 〚← TONE+-EME〛 — n. 〘言語〙トーニーム, 音調素《同一の音素から成る二つの単語が音の高低の対立によって意味が異なるとき, その対立の最少単位をいう》.

to·ne·mic [to(ʊ)ní:mɪk | tə(ʊ)-] *adj.* 〘言語〙トーニームの, 音調素の. **to·né·mi·cal·ly** *adv.*

tóne pàinting n. 〘音楽〙音画《絵画・文学などの音楽外的事象を音によって表現しようとする作曲技法》.

tóne pòem 〚cf. G *Tondichtung*〛 n. 〘音楽〙音詩《音楽外的観念を音楽で表現しようとする管弦楽曲; 標題音楽で交響詩 (symphonic poem) の一種》.

tóne pòet n. 〘音楽〙音詩人.

tóne qùality n. 〘音声・音楽〙=timbre 1, 2.

tón·er n. 1 〘顔料〙トーナー《無機物を含まない濃厚有機顔料》. 2 (塗料工場の)色調[品質]検査係. 3 〘写真〙調色液. 4 トナー《電子複写機用インク》.

tóne-ròw [-ròu | -rəu] 〚《なぞり》← G *Tonreihe*〛 n. 〘音楽〙=twelve-tone row.

to·net·ic [to(ʊ)néṭɪk | tə(ʊ)nét-] 〚← TONE+(PHONE)TIC〛 *adj.* 音調[声調]の; 抑揚の; 音調言語 (tone language) の. **to·nét·i·cal·ly** *adv.*

to·ne·ti·cian [tòunətíʃən | tə̀unɪ-, -ne-] n. 音調学者.

to·net·ics [to(ʊ)néṭɪks | tə(ʊ)nét-] 〚⇨ tonetic, -ics〛 n. 声調学 (cf. phonetics).

to·nette [tounét | təu-] 〚← TONE+-ETTE〛 n. (小型・狭音域の)縦笛《主にプラスチック製で初等教育でよく使われる》.

tong[1] [tɑ́ŋ, tɔ́(:)ŋ | tɔ́ŋ] 〚← TONGS〛 *vt.* tongs でつかむ[はさむ, 持つ, 扱う, かき集める] ⟨*up*⟩. — *vi.* 火ばしなどを使う. **～·er** n.

tong[2] [tɑ́ŋ, tɔ́(:)ŋ | tɔ́ŋ; *Cant.* t'ɔŋ] 〚⊏ Chin. 《広東方言》*t'ong* (堂)〛 n. 1 (中国で)協会, 組合, 結社, 政党. 2 《米》(在米中国人の)秘密結社.

ton·ga [tɑ́ŋgə, tɔ́(:)ŋ- | tɔ́ŋ-] 〚《1874》⊏ Hindi *tāṅgā*〛 n. タンガ《インドの小型二輪馬車》.

Ton·ga [tɑ́ŋ(g)ə, tɔ́(:)ŋ- | tɔ́ŋ-] n. トンガ《南太平洋 Fiji 諸島の南東方にある 3 群島 (Tonga Islands) から成るポリネシア人王国, もと英国の保護領であったが 1970 年独立; 人口 90,000, 面積 696 km^2, 首都 Nukualofa [nù:kuəlɔ́:fə | -kuəlóu-]; 公式名 the Kingdom of Tonga トンガ王国》.

Tónga Íslands n. *pl.* [the ～] Tonga 王国を形成する 3 群島《Friendly Islands ともいう》.

Ton·gan [tɑ́ŋ(g)ən, tɔ́(:)ŋ- | tɔ́ŋ-] 〚⇨ Tonga, -an[1]〛 n. 1 トンガ人. 2 トンガ語《ポリネシア語群の言語》. — *adj.* トンガの; トンガ人[語]の.

Tong·king [tɑ̀ŋkíŋ | tɔ̀nkíŋ] n. =Tonkin.

tong·man [tɑ́ŋmən | tɔ́ŋ-] 〚← TONG[2]+MAN〛 n. (*pl.* **-men** [-mən, -mèn]) (中国人の)秘密結社員.

tongs [tɑ́ŋz, tɔ́(:)ŋz | tɔ́ŋz] 〚ME *tanges, tonges* < OE *tangan* (pl.) ← *tang(e)* ← Gmc **tang-* (Du. *tang* / G *Zange*) ← IE **denk-* to bite (Gk *dákos* biting animal & *dáknein* to bite)〛 — n. *pl.* [時に単数扱い] 物をつかむ道具《2 本の腕が肩で連絡している》, …ばさみ: (a pair of) fire ～ 火ばさみ(1 丁) (⇨ fire irons 挿絵) / ice ～ 氷ばさみ / sugar ～ 角砂糖ばさみ / blacksmith's ～ かじ屋の火ばし / ⇨ curling tongs / go [be] at it hammer and ～ ⇨ HAMMER *and tongs*.
not touch with a pair of tongs 《口語》(火ばさみで触れるのも)まっぴらだ, 大きらいだ (cf. *not touch with a* BARGE POLE).

tongue [tʌ́ŋ] 〚OE *tunge* < Gmc **tunʒōn* (Du. *tong* / G *Zunge*) < IE **dṇghū* (L *lingua*: ⇨ language, linga)〛 — n. 1 舌: a coated [dirty, furred] ～ 白くなった舌, 舌苔(ぜったい) / on everyone's ～=on the ～s of men 噂にのぼって / put [stick] out one's ～ 舌を出す《時に軽

蔑の表情》/ stick [put, thrust] one's ~ in one's cheek 舌先で頬をふくらませる《皮肉・軽蔑などの表情》/ wag one's ~ のべつ幕なしにしゃべる / You have a ~ in your head. (舌があるのだから)黙っていないで何とか言いなさい. ★ ラテン語系形容詞: lingual. **2** 言語能力: lose one's ~ (恥ずかしくて)物が言えなくなる / His ~ failed him. 彼は物が言えなかった / ⇨ GIFT of tongues / the confusion of ~s 言葉の混乱 (cf. *Gen.* 11:1–9; ⇨ Babel 1 a). **3** 口, 弁舌 (speech); 話し振り, 言回し, 言葉遣い, 話 (discourse): a long ~ 長広舌 / have a ready [fluent] ~ 雄弁である, 弁舌さわやかである / have a spiteful [venomous, bitter] ~ 口が悪い / keep a civil ~ in one's head 言葉遣いを慎む, 丁寧な口をきく / a flattering ~ おべっかロ / a gentle ~ 優しい話し振り / a slip of the ~ 言い誤り, 不用意な言葉遣い / A verdict of not guilty would silence all ~s. 無罪の評決が出れば口さがないうわさもやむのではないか. **4 a** 国語, 言語 (language); 方言 (dialect): the English ~ 英語 / the Hebrew ~ ヘブライ語 / one's mother ~ 自国語, 母国語 / the ancient ~s 古典語 / a ~ not understanded of the people《古》異国語, 外国語 (*Prayer Book*, 'Articles of Religion 24'). **b** 外国語. **c** [the ~s]《古》古典[学問]語《ヘブライ語・ギリシャ語・ラテン語》. **5** [通例 *pl.*]《聖書》ある国語を話す国民: all ~s あらゆる国語の民; あらゆる国の国民 (cf. *Isa.* 66:18). **6**〖狐狩〗(猟犬などの)ほえる声, 鳴き声. **7** (食用に供する牛・羊などの)舌肉, タン: ox [sheep's] ~ / stewed ~ シチューにしたタン / smoked ~ 燻製のタン / tinned [canned] ~ かん詰めのタン. **8 a** 舌状物[部]. **b**〖地理〗(海中・湖中・川の合流点に突出した)岬(ꜜ) (promontory); (陸地へ突入した)入江 (narrow inlet); その他一般に舌状の地形. **c** (編上げ靴の)舌革 (⇨ shoe 挿絵). **d** (鐘・鈴の)舌 (clapper). **e** (馬車の)長柄. **f** (天秤(ʼ)の)指針 (pointer). **g** (バックルの)針《革帯の穴に通る》. **h**〖音楽〗(オーボエ・オルガンなどのリード, 舌(reed). **i** (刃物・剣などの)根部. **j**〖木工〗(さねはぎ板の)さね (feather) (⇨ TONGUE and groove). **k**〖機械〗(種々の目的の)突縁 (flange). **l**〖鉄道〗(転轍(ᵗᵉ)器の)先端. **m** 受け口 (socket) にはまる棒の頭. **n** (舌接ぎ (tongue graft) の)舌. **o** (火炎の)舌: ~s of flames 紅蓮(ぐれん)の炎. **p** 氷山の水面上の突出部分. **9**〖魚類〗= tonguefish. **10**〖動物〗(無脊椎(ᵗˢ)動物の)舌帯. **11** (悪い)後味: Good brandy leaves no ~ in the morning. 上等のブランデーは翌朝後味が残らない.

bite one's tongue 言いたいことをぐっとこらえる. ***find one's tongue*** (びっくりした後などで)やっと口がきけるようになる. ***give the*** (***rough*** [***sharp***]) ***edge of*** *one's* ***tongue*** = ***give the rough side of*** *one's* ***tongue*** 〈人を〉厳しくしかる[きめつける]. ***give tongue*** = ***throw*** (***its***) ***tongue*** (1)〈猟犬が〉(特に, 臭跡を見つけて)ほえる. (2)〈人が〉わめく, 叫ぶ, 大声で[激しく]しゃべる; 胸の内を明らかにする, しゃべる. ***hold*** *one's* ***tongue*** 黙っている. ***lay tongue to*** …を口に出す, 表現する. ***loosen*** *one's* ***tongue*** 口をきく: She would *loosen her* ~ a bit to him. 彼になら少しは口をきくだろう. ***on*** *one's* ***tongue*** = *on the* TIP *of one's tongue.* ***tie*** *a person's* ***tongue*** 人に口止めする: *My* ~ *is tied.* それは言えない. ***with*** *one's* ***tongue hanging out*** (1) のどが乾いて. (2) 期待して. ***with*** *one's* ***tongue in*** *one's* ***cheek*** = (***with***) ***tongue in cheek*** 顔とは裏腹に, 不誠実に; 皮肉たっぷりに, あざけって, ふまじめに: speak *with* [have] *one's* ~ *in one's cheek* 本心とは裏腹なことを言う, 皮肉に[あざけって]話す.

tongue and groove〖木工〗さねはぎ継ぎ, 目違い継ぎ. 「ぎ.

— *vt.* **1**〖音楽〗タンギング (tonguing) する. **2**《古》**a** [しばしば ~ it として] 言う, 話す, 述べる (speak, utter); 物が言えるようにする. **b** しかる (scold). **3**《方言》発音する (pronounce). **4**〖木工〗〈板などに〉舌状の突縁を造る; さねはぎに継ぐ. **5** 舌で触れる[なめる]: The horse ~*d* the bit. 馬ははみを舌でなめた. — *vi.* **1**〖音楽〗タンギングする. **2 a** 舌を使う. **b**《まれ》話をする (talk), ぺらぺらしゃべる (prate). **c** なめる (lick). **3**〈陸地・土地などが〉(舌のように)突き出る 〈*out*〉;〈炎が〉めらめらと舌を出す. **4**〈犬が〉臭跡を見つけてほえる.

tóngue blàde *n.*〖医学〗= tongue depressor.

tóngue bòne *n.*〖解剖〗舌骨 (hyoid).

tongued *adj.* [しばしば複合語の第 2 構成素として] 舌のある, …舌の, 言葉遣いが…の: double-*tongued* 二枚舌の / foul-*tongued* 口ぎたない.

tóngue deprèssor *n.*〖医学〗舌圧子《tongue blade ともいう》. 「魚類の総称》.

tóngue·fìsh *n.*〖魚類〗シタビラメ《ウシノシタ科の

tóngue gràft *n.*〖園芸〗舌接ぎ《接ぎ穂と台木の接合面が舌で食い込み合うように接ぐ方法; whip graft ともいう》.

tóngue-in-chèek *adj.* からかい半分の, ふまじめな.

tóngue-làsh〖《逆成》↓〗*vt., vi.*《口語》ひどくののしる, きつくしかる. 「つくしかること.

tóngue-làshing *n.*《口語》口ぎたないののしり, き

tóngue·less〖ME〗*adj.* **1** 舌のない. **2** 物を言わない, 黙っている.

tongue·let [tʌ́ŋlɪt, -lət]〖← TONGUE + -LET〗*n.* 小舌, 舌状突起.

tóngue·lìke *adj.* 舌のような.

tóngue ràil *n.*〖鉄道〗= switch point.

tóngue-tìe〖《逆成》↓〗*n.*〖病理〗舌小帯短縮(症); 舌足らず. — *vt.* 舌が回らないようにする.

tóngue-tìed *adj.* **1** 舌小帯短縮(症)の; 舌足らずの, 舌もつれの. **2** (当惑などして)物の言えない: I got ~ *at* the idea. そう思うと物が言えなくなった. **3** 物を言わない, 黙して語らない.

tóngue twìster *n.* 舌をかむような発音の難しい語句, 早口言葉 (cf. jawbreaker 1)《例えば, Shall she sell seashells on the seashore? / Peter Piper picked a peck of pickled pepper. Did Peter Piper pick a peck of pickled pepper? If Peter Piper picked a peck of pickled pepper, where's the peck of pickled pepper Peter Piper picked?》.

tóngu·ing *n.*〖音楽〗タンギング《舌の動きによって呼気の送入を開始させまた断続させる管楽器の基本的演奏技術; cf. flutter 7》.

To·ni [tóuni | táuni]〖(dim.) ← ANTONIA〗*n.* 女性名.

To·ni·a [tóuniə | táuniə, -njə]〖(dim.) ← ANTONIA〗*n.* 女性名.

-to·ni·a [tóuniə | táuniə, -njə]〖← NL ~ ← L *tonus* tension (⇨ tone) + -IA[1]〗「緊張 (tonus) の状態・程度」の意の名詞連結形: myo*tonia*.

ton·ic [tɑ́nɪk | tɔ́n-]〖(1649) ▭ F *tonique* // NL *tonicus* ← Gk *tonikós* of tone ← *tónos* 'sound, TONE': ⇨ -ic[1]〗— *adj.* **1**〈医薬・治療などが〉強壮にする, 力を増す (invigorating): a ~ medicine 強壮剤. **2**〈成功・罰などが〉元気づける, 鼓舞する (bracing). **3**〖言語〗声調的な《中国語などのように音の高低によって語を区別する》: Chinese is a ~ language. 中国語は声調言語である. **4**〖音楽〗主音 (keynote) の: a ~ chord 主和音. **5**〖音声〗**a**《まれ》〈音・音節が〉第一強勢のある. **b** 有声の (voiced). **6**〖生理・病理〗強直の, 強直性の (cf. clonic): ~ convulsions 強直性痙攣(ᵗˢ).
— *n.* **1 a** 強壮薬, 強壮剤. **b** ヘアトニック, 養毛剤. **2** トニック: **a** = quinine water: gin and ~ ⇨ gin[2] 1 a. **b**《ニューイングランド》= soft drink. **3** (肉体的・精神的に)元気づける[鼓舞する, 激励する]もの: A day on the beach was a ~ for her. 海辺での一日は彼女を元気づけた. **4**〖音楽〗主音 (keynote). **5**《まれ》〖音声〗主要な揚音アクセントのある音節. **tón·i·cal·ly** *adv.*

tónic áccent *n.*〖音声〗音調アクセント《音調の高さの変動を伴うアクセント; cf. stress accent》.

to·nic·i·ty [to(u)nísəti | tə(u)nísəti, -sɪ-]〖← TONIC + -ITY〗*n.* **1** 強壮, 強健 (health, vigor). **2** 音調 (musical tone). **3**〖生理〗(筋肉の)張度, 緊張性.

tónic sol-fá *n.*〖音楽〗トニックソルファ視唱法《英国の移動ド方式による視唱法 (solmization) の一種; do, re, mi, fa, sol, la, ti (= si) の略 d, r, m, f, s, l, t を, また半音高低には母音 e, a などを加えた de, re, ma などを用い, オクターブ・動律を示すには垂直の棒やコロンやダッシュを用いた記譜法を用いる》.

tónic spásm *n.*〖病理〗強直(性)痙攣(ᵗˢ) (⇨ spasm).

tónic wàter *n.* 炭酸飲料. 「せる.

ton·i·fy[1] [tɑ́nəfàɪ | tɔ́nɪ-]〖← TON[2] + -IFY〗*vt.* 流行さ

to·ni·fy[2] [tóunəfàɪ | táunɪ-]〖← TONE + -IFY〗*vt.* 強める (tone up).

to·night [tənáɪt, tʊ-]〖OE *tō niht*: ⇨ to (prep.), night: cf. today〗(*also* **to-night** [~]) — *n.* 今夜 (cf. today). — *adv.* **1** 今夜 (cf. today). **2**《廃》昨夜 (last night): I dream'd a dream ~. 昨晩夢を見た (Shak., *Romeo* 1. 4. 50).

tón·ing *n.* **1** 調子を合わせること. **2**〖写真〗調色, メッキ《例えば黒色の写真画に硫化調色を施してセピア色の写真画に変えるなど》. **3**《英》(織物などの)色合, 色調.

ton·ish [tɑ́nɪʃ | tɔ́n-]〖← TON[2] + -ISH〗*adj.* 流行の (in the ton), 流行を追う, ハイカラな (modish, stylish): a ~ singer 流行歌手. **~·ly** *adv.* **~·ness** *n.*

to·nite [tóunaɪt | táu-]〖(1881) ← L *tonāre* to thunder + -ITE[1]〗*n.*〖化学〗雷薬《強力な綿火薬の一種》.

tonk [tɑ́ŋk | tɔ́ŋk]〖《変形》← ?《中部方言》*tank* to strike〗*vt.* 強く打つ (hit hard). — *n.* 強打.

tón·ka bèan [tɑ́ŋkə- | tɔ́ŋ-]〖(1796) ← Guiana《土語》*tonka*〗— *n.*〖植物〗**1** トンカ豆《熱帯アメリカ産のマメ科トンカマメノキの芳香のある種子; 香料製造に用いる》. **2** トンカマメノキ (*Dipteryx odorata*).

tónka bèan cámphor *n.*〖化学〗= coumarin.

ton·kin [tɑ̀nkín, tɑ̀ŋ- | tɔ̀ŋkíŋ]〖↓〗*n.* トンキン竹《インドシナ産の丈夫な竹; スキーのストックや釣ざおなどに用いる》.

Ton·kin [tɑ̀nkín, tɑ̀ŋ- | tɔ̀ŋkíŋ] *n.* トンキン《インドシナ東北部の地方, ベトナム北部の中心部を占める; もと仏領》. 「ある南シナ海の湾》.

Tonkin, the Gulf of *n.* トンキン湾《海南島の西方に

Ton·kin·ese [tɑ̀ŋkəníːz, tɑ̀n-, -níːs | tɔ̀ŋkɪníːz]〖← TONKIN + -ESE〗— *adj.* トンキン地方の. — *n.* (*pl.* ~) **1** トンキン地方の人. **2** トンキン語《ベトナム語の方言》.

Ton·le Sap [tɑ́nleɪ-sǽp | tɔ́n-] *n.* トンレサップ(湖)《インドシナ南西部, カンボジアの湖, Mekong 川に通じる; 北方に Angkor の古跡がある》.

ton·let [tɑ́nlɪt, -lət]〖▭ F *tonnelet* keg (dim.) ← ? *ton(n)el* cask, barrel: cf. tunnel〗*n.*〖甲冑〗(徒歩戦用甲冑の)鉄製スカート.

tón-mìle *n.* トンマイル《トン数とマイル数との積で鉄道・航空機の一年間の輸送量を示すのに用いる》.

tonn.《略》tonnage.

ton·nage [tʌ́nɪdʒ]〖3: (1422) ▭ OF ~ ← (O)F *tonne* < ML *tunnam*: ⇨ tun, -age. — 1 & 2 ← TON[1] + -AGE〗— *n.* **1 a** (船舶の)積量, 容積トン数《1 トンを 100 立方フィートとして計算する》: ⇨ gross tonnage, displacement tonnage, net tonnage, register tonnage, deadweight tonnage. **b** (軍艦における)排水トン《重量トンで 2240 ポンドを 1 トンとする》. **2** [集合的] 船腹, 船舶, 一国商船の総トン数. **3** (昔, 船舶に貨物の積載量に応じて課された)トン税. **4** (鉄道などの)輸送(総)トン数. **5** (鉱山など)産出(総)トン数.

tonnage and poundage《英》トンポンド税《トン税は 12 世紀, ポンド税は 13 世紀から始まり, 前者は輸入ぶどう酒, 後者は他のすべての輸出入商品に課されたが, 1350 年統合され, 1415 年からは国王に終身与えられる関税収入になった; 1787 年廃止》.

tónnage dèck *n.*〖海事〗測度甲板《船のトン数計算をする場合に基準となる甲板》.

tónnage hàtch *n.*〖海事〗減トンハッチ《露天甲板に作ったハッチで, 法律上トン数の計算値を少なくする目的で作ったもの》.

tónnage lèngth *n.*〖海事〗測度長さ《船首から船尾までの内側で測った中心線の長さ》.

tónnage òpening *n.*〖海事〗減トン開口《船のトン数計算に当たってその数値を小さくするために作った上甲板への出口; 測量の時に開いて, 上甲板下の空間部分を減トンする》.

tónnage wèll *n.*〖海事〗減トンハッチの下の空間.

tonne [tʌ́n]〖▭ F ~: cf. tonnage〗*n.* = metric ton.

ton·neau [tɑ́nou, tənóu | tɔ́nəu]〖(1901) ▭ F ~ 'cask' (dim.) ← *tonne* tun: cf. tonnage〗— *n.* (*pl.* **~s, ton·neaux** [~z]) **1 a** トンノー, トノー, (自動車の)後部座席部: the ~ of a limousine. **b** (自動車の)全座席. **2**《米》(スポーツカーの)取りはずしのできるほろ屋根[おおい]. **3**〖時計〗トノー《腕時計のケース・ムーブメントまたは文字盤の形状に関する呼び名の一つで, 中ぶくれの樽の輪郭に似たもの》. **4** [F. tɔno] (フランスの)軽便二輪馬車.

tón·ner *n.* [通例複合語の第 2 構成素として] …トン(級)の船: a 10,000-*tonner* 一万トンの船.

Ton·ni·dae [tɑ́nədìː | tɔ́nɪ-]〖← NL ~ ← *Tonna* (属名: ← ML *tunna, tonna* barrel: ⇨ tun) + -IDAE〗*n. pl.*〖貝類〗ヤツシロガイ科.

Tön·nies [tɑ́niəs, tén- | -nɪ-; G. tœ́niəs], **Ferdinand** *n.* テニエス《1855–1936; ドイツの社会学者; *Gemeinschaft und Gesellschaft*「ゲマインシャフトとゲゼルシャフト」(1887)》.

ton·nish [tɑ́nɪʃ | tɔ́n-] *adj.* = tonish.

ton·o- [tɑ́no(u), tóun- | tɔ́nə(u), -]〖← Gk *tónos* tension, pitch: ⇨ tone〗「音調 (tone); 圧力 (pressure)」の意の連結形: *tono*logy, *tono*meter.

to·nol·o·gy [to(u)nɑ́lədʒi | tə(u)nɔ́lədʒɪ]〖← TONO- + -LOGY〗*n.* 史的[比較]声調学. **ton·o·log·i·cal** [tɑ̀nəlɑ́dʒɪkəl, tòun-, -dʒə- | tɔ̀nəlɔ́dʒɪ-, tàun-] *adj.*

to·nom·e·ter [tounɑ́mətə | təunɔ́mɪtə(r, -mə-]〖⇨ tono-, -meter[1]〗— *n.* **1**〖音響・音楽〗トノメーター《音叉(ᵗˢ)または音叉群による音振動測定器》. **2**〖生理〗圧力計; 眼圧計; 血圧計 (sphygmomanometer). **3**〖物理化学〗表面張力計, 蒸気圧計.

to·nom·e·try [tounɑ́mətri | təunɔ́mɪtrɪ, -mə-]〖← TONO- + -METRY〗*n.* 張力計測; 振動計測. **ton·o·met·ric** [tɑ̀nəmétrɪk, tòun- | tɔ̀n-, tàun-] *adj.*

to·no·plast [tóunəplæ̀st | táun-]〖← TONO- + -PLAST〗— *n.*〖植物〗トノプラスト, 空胞膜《空胞を有する細胞の, 細胞質と空胞とが接する界面に存在するとされる半透性の膜》.

tóns bùrden *n.*〖海事〗積載重量トン数, 載貨トン数.

ton·sil [tɑ́nsəl, -sɪl, -sl̩ | tɔ́n-]〖(1601) ▭ F *tonsill-es* // L *tonsill-ae* (pl.) (dim.) ← *tōlēs* goiter ← ?〗*n.*〖解剖〗扁桃(ᵗᵒ)(腺). **ton·sil·lar** [tɑ́nsələ | tɔ́nsələ(r] *adj.*

ton·sil·lar·y [tɑ́nsəlèri | tɔ́nsɪləri] *adj.*

ton·sill- [tɑ́nsəl, -sl̩ | tɔ́nsɪl, -səl, -sl̩] (母音の前に来る時の) tonsillo- の異形.

ton·sil·lec·to·my [tɑ̀nsəléktəmi, -sl̩- | tɔ̀nsɪléktəmɪ, -səl-, -sl̩-]〖← TONSILLO- + -ECTOMY〗*n.*〖外科〗扁桃(ᵗᵒ)摘出(ᵗˢ)(術), 扁摘(ᵗᵉ).

ton·sil·li·tis [tɑ̀nsəláɪtɪs, -təs | tɔ̀nsɪláɪtɪs, -səl-, -sl̩-]〖← NL ~ ← TONSILLO- + -ITIS〗*n.*〖病理〗扁桃(ᵗᵒ)炎. **ton·sil·lit·ic** [tɑ̀nsəlítɪk, -sl̩- | -sɪlít-, -sl̩-] *adj.*

ton·sil·lo- [tɑ́nsəlo(u), -sl̩- | tɔ́nsɪlə(u), -səl-, -sl̩-]〖← L *tonsillal* tonsils + -O-〗「扁桃(ᵗᵒ)(腺) (tonsil)」の意の連結形.

ton·sil·lot·o·my [tɑ̀nsəlɑ́təmi | tɔ̀nsəlɔ́təmɪ]〖⇨ ↑, -tomy〗*n.*〖外科〗扁桃(ᵗᵒ)切除(術).

ton·so·ri·al [tɑnsɔ́ːriəl, -sóːr- | tɔnsɔ́ːrɪ-]〖(1813) ← L *tonsōrius* pertaining to shaving + -AL[1]〗— *adj.* [しばしば戯言的に] 理髪師の, 理髪(術)の: a ~ artist 理髪師 / a ~ parlor 理髪店.

ton·sure [tɑ́nʃə | tɔ́nʃə(r, -ʃʊə(r]〖(a1387) ▭ (O)F ~ // L *tonsūra* shearing ← *tonsus* ((p.p.) ← *tondēre* to shear) + *-ura* '-URE'〗— *n.* **1** 頭髪を切ること, 剃髪(ᵗᵉ), 落髪. **2** 頭髪のそった部分. **3 a**〖教会〗(僧・聖職者になる時の)剃髪, 剃髪式, トンスラ《カトリックでは脳天だけであったが, 1972 年に廃止され, 東方正教会では頭髪全部をそり落とす》. **b** 出家, 僧門に入ること. — *vt.* …の頭髪(の全部または一部)をそる; (特に)

tonsure 2

副助祭より下の下級聖職に任ずる.

tón·sured *adj.* **1** 頭髪をそった, 剃髪(ていはつ)した. **2** 〖教会〗剃髪式を受けた.

ton·tine [tɑ́ntiːn, ─́ ─̀ | tɔntíːn, ─̀ ─́] 〖(1765) ▭F ~ ▭It. *tontina* ← *Lorenzo Tonti* (1653 年ごろフランスでこの方法を始めたイタリア Naples の銀行家): ⇨ -ine¹〗 ── *n.* **1** 〖年金〗 **a** トンチン年金《元金総額に対する利息を生存者だけが受取る仕組で, 長生者ほど多くの利息を受取ることができる》. **b** トンチン年金組合. **c** [集合的] トンチン年金組合員. **d** 組合員の受ける配当金. **2** トンチン式生命保険《トンチン年金法と同様の条件の生命保険》.

Ton·to [tɑ́ntou | tɔ́ntəu] *n.* (*pl.* ~, ~**s**) **1** [the ~(s)] トント族《アパッチの 1 支族》. **2** トント族の人.

tón-ùp 〖← TON¹ 8 b〗 *adj.* 《英俗》時速 100 マイルの猛スピードでオートバイを飛ばす, 暴走族の (cf. hell's angel): ~ boys.

to·nus [tóunəs | táu-] 〖← NL ~ ← Gk *tónos*, TONE¹〗 *n.* 〖生理〗張力; (筋肉の)緊張(度), トーヌス.

ton·y [tóuni | táuni] 〖← TONE (n.)+-Y⁴: TON² の影響あり〗 *adj.* (**ton·i·er**; **-i·est**) 《米俗》ハイカラな (stylish); 贅沢(ぜいたく)な; 流行の: a ~ residence.

To·ny¹ [tóuni | táuni] 〖(dim.) 1: ← ANT(H)ONY. 2: ← ANTONIA〗 *n.* **1** 男性名. **2** 女性名.

To·ny² [tóuni | táuni] 〖← *Antoinette Perry* (1887-1946: 米国の女優でプロデューサー)〗 ── *n.* (*pl.* ~**s**) トニー賞《米国で年間の優秀な演出・演劇に与えられるメダル》.

Tóny Béa·ver [-bíːvə | -və(r)] *n.* 〖米伝説〗トニービーバー《米国 West Virginia 州の山間地方で信じられていた伝説的巨人; cf. Paul Bunyan, Pecos Bill》.

too [tùː, túː] 〖OE *tō*: TO (prep.) の強形, 現在の綴字は 16C から: cf. G *zu*〗 ── *adv.* **1** その上, また (as well, also): beautiful, and good ~ 美しくてしかも善良な / I had some food, and some wine ~. 食物があり, その上にまた酒もあった / I mean to do it ~. (単に言うだけでなく)また本当にやる気なんだ / You ~ are against me. 君もまた私に反対する / And it was achieved, ~, at a small cost. しかもまたわずかな費用で成就された / And then, ~, she squints. それにまたやぶにらみと来ている. ★ 文尾・文中に置く; 米国では文頭に用いることがある: *Too*, there were rumors of his resignation. それにまた彼の辞職のうわさがあった. **2** [形容詞・副詞に先立って] **a** [しばしばあとの for または *to* do と相関的に用いて] 余りに, …過ぎて, …過ぎる (excessively): a hat far ~ big *for* him 彼にはひどく大き過ぎる帽子 / ~ beautiful *for* words 言葉で表現できないほど美しい / ~ fat *for* beauty 太り過ぎて美しいとは言えない / ~ good *to* be true あまり良過ぎて信じられない / ~ good *to* last あまり良過ぎて長持ちしない《善人過ぎて若死》 / The fish is ~ hot *to* eat [*to* be eaten, *for* me *to* eat]. その魚は余り熱くて食べられない / He speaks ~ fast. 彼はものを早く言い過ぎる. **b** 《口語》非常に, 大層 (very): I am ~ happy. 私はとても幸福だ / How ~ delightful it must have been! さぞかしとても楽しかったことだろう. **3** [相手の否定の言葉に対して] ところが, どっこい: "You don't mean it." "Oh, I do, ~." 「まさか」「いや, ところがそうなんだ」.

all too 残念なほど…すぎる (cf. *only* TOO (1)): It ended *all* ~ soon. あまりにもあっけなく終わった. ***but too*** 《文語》=*only* TOO (1). ***none too*** [緩叙法として] …どころではない, ちっとも[かえって]…でない (not at all): I got home *none* ~ soon. ちょうどよい時に家に帰った / The pay is *none* ~ high. その給料は決して高すぎはしない. ***not too*** [緩叙法として] あまり…でない: He is *not* ~ well today. 今日は体の具合があまり良くない / I did*n't* sleep ~ well. あまりよく眠れなかった. ***one too many*** (1) 〈人・物が〉一つだけ多過ぎて, 余計で, 邪魔で: You've given me *one* ~ *many*. 一つ余計にくれた / I wish he'd go away; he's *one* ~ *many*. 行ってしまえばよいのに邪魔っけだ / He has had *one* ~ *many*. 《口語》(飲み過ぎて)酔っ払っている. (2) 〔…の〕手に余って, 〔…に〕まさる〔*for*〕: He is *one* ~ *many for* you. 彼は君の手に余る, 彼の方が一枚うわ手だ. ***only too*** (1) 悲しいかな, 遺憾ながら: It is *only* ~ true. それは残念ながら本当だ / Such a thing is *only* ~ likely to happen. そのようなことは実際起こりそうなことだ. (2) ただただ…で, この上なく (very): I shall be *only* ~ pleased to help you. 喜んでお手伝いします. ***quite too*** =TOO *too* (2): This is *quite* ~. とてもすてきだ. ***too much*** (***for***) 〈事が〉(…の)手に余る[負えない], (…にとって)かなわない: ⇨ *too much of a* GOOD THING / This is ~ *much*. これはあんまりだ / He is ~ *much for* me. 彼にはかなわない / Life has been ~ *much for* her. 人生は彼女にとって余りに苛酷すぎた. ***Too right!*** ⇨ right *adj.* 成句. ***too too*** (cf. too-too¹) (1) [too の強調] 余りにも: this ~ ~ solid flesh 余りにも堅固なこの肉体 (Shak., *Hamlet* 1. 2. 129). (2) 《口語》すてきで: This is ~ ~. これはとてもいい[すてきだ]. ★ この形は後に delightful などの形容詞を略したもので, 多くは気取った, またはばかに感心した口調を帯びる.

too·dle-oo [tùːdlúː] 〖← ? 《擬音語》(自動車の警笛)〗 *int.* 《英口語》さよなら (good-bye).

took 〖OE *tōc* (pret.) ← *tacan*: ⇨ take〗 *v.* take の過去形.

Tooke [túk], **(John) Horne** [hɔ́ən | hɔ́ːn] *n.* (1736-1812) 英国の政治家・英語学者; アメリカ独立運動を支持して投獄され, 獄中で英語の語源論を研究した.

tool [túːl] 〖OE *tōl* < Gmc **tōwlam* (ON *tōl* (pl.)) ← **tōw-*, **taw-* to prepare, make (cf. taw²)+*-lom* (agent suf.)〗 ── *n.* **1** (職人などが用いる)道具, 工具, 用具《つち・のこぎり・のみ・きり・やすり・かんな・ねじ回し・刃物類など》: a broad ~ (石工の)広刃のみ, 大刃のみ / an edged ~ 刃物. **2 a** (かんな・きり・旋盤などの)刃の部分; (旋盤などのような)工作機械 (machine tool). **b** 《古》剣 (sword). **3** 道具, 用具; 手段 (means): literary ~*s* 文房具 / the ~*s* of one's trade 商売道具 / Words are the ~*s* of thought. 言葉は思考表現の手段である. **4** 手先, お先棒, だし, 道具 (puppet, cat's-paw): an easy ~ すぐ人に利用される人 / a ~ of labor unions 労組の手先. **5** (書籍の表紙の模様の)押し型(器); 押し型による模様. **6** 《卑》男根 (penis).

down tools =***throw down*** *one's* ***tools*** (道具を投げ出して)ストライキにはいる (go on strike).

── *vt.* **1** …に道具を使う, 道具で細工する; 〈石を〉(のみで)仕上げる (dress). **2** 〈表紙を〉押し型で装飾する. **3** 《俗》〈馬車・自動車などを〉(ゆっくり)駆る, 走らせる; 〈人を〉乗せて行く[走る] (drive): ~ a car / Let me ~ you *down to* the station. 駅まで乗せて行こう. **4** 〈工場など〉に道具[機械]を備え付ける, …の道具立てをする 〈*up*〉: ~ *up* a factory. ── *vi.* **1** 道具を使う. **2** [通例, 方向の副詞語句を伴って] 《俗》**a** (ゆっくり)車を走らせる, 乗って行く, ドライブする: ~ *along* 車で進む / ~ *around* a city 町の周囲を車を走らせる / ~ *off* in one's car 車で走る[出かける] / ~ *through* a park 公園を車で通る. **b** 〈車が〉(ゆっくり)走る. **3** (一貫作業ができるように工場の)生産設営をする, (機械器具を設備して)量産態勢をとる 〈*up*〉: ~ *up for* new models 新型の量産態勢をとる.

tóol àngle *n.* 〖機械〗刃先角.

tóol·bòx *n.* **1** 工具[道具]箱. **2** 〖機械〗(旋盤などの)刃物台《刃の支持・調節機構》.

tóol chèst *n.* =toolbox.

tóol engineèr *n.* 生産設営技師.

tóol engineèring *n.* ツール エンジニアリング, 生産設営工学《機械工場の生産設備機械の設計・設置・能率を総合的に研究する工学部門》.

tóol·er [-lə | -lə(r)] *n.* 道具を使う人.

tóol·hèad *n.* 〖機械〗ツール ヘッド《保持した工具を希望する位置に移動させるための機械部分》.

tóol·hòlder *n.* 〖機械〗バイト ホルダー《旋盤などの刃を支える装置》.

tóol·hòuse *n.* 道具小屋 (toolshed).

tóol·ing [-lɪŋ] *n.* **1** 工具細工. **2** のみの目を並行線状に残す石の仕上げ方. **3** (本の表紙の)型押し: a blind [gold, gilt] ~ 空[箔]押し. **4** 装飾彫刻. **5** 〖機械〗(工場の)生産設備; (生産工程に必要な)道具だて.

tóol·màker *n.* 道具を作る人; (特に)工具製作[修理, 調整]工.

tóol·màking *n.* 道具製作, 道具製作業.

tóol pòst *n.* 〖機械〗(旋盤などの)刃物台.

tóol rèst *n.* 〖機械〗(旋盤の)刃物台.

tóol·ròom *n.* **1** 道具小屋. **2** (工場の)工具室.

tóol·shèd *n.* =toolhouse.

tóol·slìde *n.* 〖機械〗(工作機械の)刃物送り台.

tóol stèel *n.* 〖機械〗工具鋼《切削工具の製作に用いる硬度の高い炭素鋼》.

tóol sùbject *n.* 〖教育〗用具教科《国語・外国語・数学など生活や思想を理解・表現・処理するための技術の習得を目標とする教科; cf. content subject》.

toom [túːm] 〖OE *tōm* ← Gmc **tōm-*〗 *adj.* 《スコット》内容[中味]のない, 中空の, からの.

toon [túːn] 〖▭ Hindi *tūn* ← Skt *tunna*〗 ── *n.* **1** 〖植物〗東インド諸島およびオーストラリア産センダン科インドチャンチン(*Cedrela toona*)やマホガニーに類似した木 (*Cedrela toona*). **2** その材《赤色で家具・彫刻用》.

toot¹ [túːt] 〖(1510) 《擬音語》: cf. LG & G *tuten* / Du. *toeten*〗 ── *vi.* **1** 〈らっぱなどが〉ぷーぷー鳴る (hoot); 〈人が〉らっぱ[笛など]を吹く. **2** 〈動物が〉らっぱのように鳴く, らっぱの鳴るような音を出す; (特に)〈山鳥・雷鳥などが〉鳴く. **3** 〈子供が泣き叫ぶ. **4** 自動車を駆る. **5** 《俗》本当のことを言う. ── *vt.* **1** 〈らっぱ・笛などを〉吹く, 鳴らす. **2** 〈曲などを〉らっぱ[笛など]で吹く: ~ a tune. **3** 吹聴する: ~ a person's fame 人の名声を吹聴する.

toot one's own horn 《米口語》=BLOW¹ *one's own horn*. ***toot the ringer*** ⇨ ringer¹ 成句.

── *n.* (口笛・らっぱなどの)ぷーぷー(鳴る音); ぷーぷー吹くこと.

~·er [-tə | -tə(r)] *n.*

toot² [túːt] 〖《スコット》 ~ 'to drink heavily'〗 *n.* 《口語》酒宴, 浮かれ騒ぎ; on a ~ 浮かれ騒いで.

tooth 〖OE *tōþ* < Gmc **tanþ(u)z* 《原義》eater, chewer (Du. *tand* / G *Zahn* / ON *tọnn*) ← IE **dont-*, **dent-*, **dn̥t-* (L *dēns* / Gk *odṓn* / Skt *dan*) ← **ed-* 'to EAT¹'; cf. dental, tusk〗 ── [túːθ] *n.* (*pl.* **teeth** [tíːθ]) **1** 歯: a canine ~ 犬歯, 糸切り歯 / a milk ~ 乳歯 / a molar ~ 臼歯(きゅうし) / ⇨wisdom tooth / the crown of a ~ 歯冠 / the root [fang] of a ~ 歯根《歯の顎骨(がっこつ)に固着する部分》 / a false [an artificial] ~ 人工歯, 義歯 / between the [one's] *teeth* 声をひそめて / cut a ~ 歯を生じる / have a ~ out 歯を抜いてもらう. ★ ラテン語系形容詞: dental. **2** [*pl.*] 〖歯科〗=denture 1. **3 a** 歯状物, 歯状突起. **b** (歯車などの)歯 (cog). **c** (くし・くま手・フォークなどの)歯 (prong, tine). **d** (のこぎり・やすりなどの)目. **4** [通例 *pl.*] (かみつくような感じを与える)力, 猛威, 威力: put *teeth* in [into] a new law 新法律の効果を強める / The wind retains its *teeth*. 風にはまだ身を切るような冷たさが残っている / That will have *teeth* in the issue. それはその論争で威力をもつことになろう. **5** (食物の)趣味, 好み, 口 (taste, relish): ⇨ sweet tooth / have a dainty ~ 口が肥えて[おごって]いる / Monkeys have a great ~ *for* fruit. 猿は果物が大好きである. **6** 〖植物〗(コケ類の蒴歯(さくし) (peristome) の)歯. **7** [*pl.*] 〖海事俗〗船の大砲. **8** (画用紙・画布の)ざらざらした紙面.

break *one's* ***teeth on*** ⇨ break¹ 成句. ***cast*** [***fling, throw***] ***in*** *a person's* ***teeth*** (1) 〈ある事〉で人を(面と向かって)責める, ののしる (cf. *Matt.* 27: 44): They *cast* [*threw*] the fault *in his teeth*. 彼の過失を責めた. (2) 〈挑戦・侮辱などを〉人に投げつける. ***clench*** *one's* ***teeth*** =*set one's teeth* (⇨tooth 成句). ***cut*** *one's* ***teeth on*** (1) …を小さい時から習い覚える[使い慣れる]. (2) …を手初めにやる (start with). ***draw*** [***pull***] *a person's* ***teeth*** (1) 人の不平の種を除く; 人をなだめる. (2) 人を無力[無害]にする, 骨抜きにする. ***fed to the*** (***back***) ***teeth*** 《俗》〔…に〕食傷気味で, 〔…に〕飽き飽きして, 全くいやになって (fed up) 〔*with*〕. ***file*** *one's* ***tooth*** 〖歯にやすりを掛けて鋭くする意から〗辛辣(しんらつ)なことを言う, 毒舌を振るう. ***from the teeth forward*** [***outward***] 《古》うわべだけで, 口先だけで. ***get*** *one's* ***teeth into*** (1) 〈食べ物など〉にかぶりつく; …を食べる. (2) 〈仕事など〉に身を入れる, 真剣に取組む: He *got his teeth into* a case of murder. 殺人事件に真剣に取組んだ. ***in spite of*** [***despite***] *a person's* ***teeth*** 《古》人の反対を物ともせず. ***in*** *a person's* [***the***] ***teeth*** 人に逆らって, 反抗して (to a person's face); 人に面と向かって; 公然と, 大っぴらに (openly): The wind was right *in our teeth*. 風は真正面から吹きつけてきた. ***in the teeth of*** (1) …に面と向かって: They were *in the* very *teeth of* starvation. 彼らはまさに餓死に直面していた. (2) …を物ともせず (in the face of); 〈命令など〉に抗して[逆らって] (in spite of): fly *in the teeth of* …にまっこうから反抗する / They sailed *in the teeth of* a hurricane. ハリケーンを物ともせずに航行した. ***a kick in the teeth*** ⇨kick¹ *n.* 成句. ***kick*** *a person* ***in the tooth*** ⇨kick¹ *v.* 成句. ***lie in*** [***through***] *one's* ***teeth*** ⇨ lie¹ *v.* 成句. ***long in the tooth*** 〖馬が老齢になると歯茎が縮んで歯が長く見えるところから〗〈人が〉盛りを過ぎて, 年老いて (old). ***set*** *one's* ***teeth*** 歯を食いしばる《憤激・決意を表わす》. ***set*** [***put***] *a person's* [***the***] ***teeth on edge*** (1) (酸味や軋(きし)る音などで)歯の浮くような感じを与える (cf. *Jer.* 31: 29). (2) 人の神経にひどくさわる, 人をひどくいら立たせる: His flattering tone *sets my teeth on edge*. 彼のお世辞の口調を聞くと(歯が浮くようで)とても不愉快だ. ***show*** *one's* ***teeth*** 歯をむき出す, 威嚇する, 怒る, 歯向かう. ***sink*** *one's* ***teeth into*** =*get one's teeth into* (⇨tooth 成句). ***take*** [***get***] ***the bit between*** [***in***] ***the*** [*one's*] ***teeth*** ⇨ bit¹ 成句. ***tooth and nail*** [***claw***] 〖cf. L *unguibus et rostro* with claws and beak〗(食いついたり, 引っかいたりして)手段を尽くして, 極力: fight [oppose, defend] ~ *and nail*. ***to*** *a person's* ***teeth*** 《古》人に面と向かって, 大胆不敵に: I said it *to his teeth*. ***to the teeth*** 寸分のすきもなく, 完全に (fully): be armed *to the teeth* 寸分のすきもなく武装している 〔*with*〕.

── [túːθ, túːð | túːθ] *vt.* **1** …に歯を付ける, 歯状物[突起]をつける; 〈のこぎりなど〉に目を立てる: ~ a saw のこの目立をする. **2** (歯で)かむ, …にかみつく (bite, gnaw). **3** …の表面をざらざらにする. ── *vi.* 〈歯車などが〉かみ合う (interlock).

tóoth·àche *n.* 歯痛: have a ~ 歯が痛む / suffer from ~ 歯痛に悩む. **tóoth·àch·y** [-èɪki | -kɪ] *adj.*

tóothache gràss *n.* 〖植物〗米国南部産イネ科のぴりっとした辛い味のする丈の高い草 (*Ctenium aromaticum*).

tóothache trèe *n.* 〖植物〗=prickly ash 1.

tóoth-bílled *adj.* 歯のある嘴(くちばし)をもった, 嘴の縁に歯状突起のある.

tóoth·brùsh *n.* 歯ブラシ.

tóoth·brùshing *n.* 歯ブラシで歯を磨くこと.

tóoth chìsel *n.* 〖石工〗=claw chisel.

tóoth·còmb *n.* 《英》目の細かいくし.

toothed [túːθt, túːðɪd, -ðd | túːθt, túːðd] 〖ME ← TOOTH (n.)+-ED 2〗 ── *adj.* **1** 歯のある, 歯付きの, 鋸歯(きょし)状の. **2** [通例複合語の第 2 構成素として] (…の)歯の, 歯が…の: buck-*toothed* そっ歯の.

tóothed whále *n.* 〖動物〗歯鯨(はくじら)亜目のクジラ《円錐状の歯をもつマッコウクジラ・ツチクジラ・イルカなど; cf. whalebone whale》.

tooth·ful [túːθfʊ̀l] *n.* 〈ブランデーなどの〉一口, ちょっぴり 〔*of*〕.

tóoth-glàss *n.* 歯磨き用コップ.

tooth·ing [túːθɪŋ, túːð- | túːθ-] 〖(15C)〗 ── *n.* **1** 歯を付けること; 目立て. **2 a** (歯車の)かみ合わせ. **b** [集合的] (歯車などの)歯. **3** 〖建築〗待歯(まちば)《塀(へい)などを先へ継ぎ足し得るようにれんが・石の端を一段おきに突出させて積み残すもの》.

tóothing plàne *n.* のこぎり歯かんな《板に接着剤をつけるために表面をざらざらにするもの》.

tóoth·less 〖ME〗 *adj.* **1** 歯のない, 歯の抜けた: a ~ old man. **2** 辛辣(しんらつ)さのない; 無力な, 効力のない.

tooth·let [túːθlɪt, -lət] 〖← TOOTH+-LET〗 *n.* 小歯, 小歯状突起.

tóoth·lìke *adj.* 歯のような.

tóoth mùg *n.* =tooth-glass.

tóoth òrnament *n.* 〖建築〗(ノルマンおよび初期英国式建築の)犬歯飾り (dogtooth).
tóoth·pàste *n.* 練り歯磨き.
tóoth·pìck 〖(15C) ← TOOTH+PICK[2]〗 — *n.* **1** 小ようじ, つまようじ. **2** [*pl.*] 破片 (fragments): smash into ~*s* 〈物を〉粉みじんに砕く. **3** 長細い物[人]: a ~ of a man ひょろ長い人.
tóoth pòwder *n.* 歯磨き粉.
tóoth ràil *n.* =cograil.
tóoth shèll *n.* **1** 〖貝類〗軟体動物門掘足(ほりあし)綱の貝類の総称《ヨーロッパツノガイ (*Dentalium entalis*) など》. **2** 1の貝殻《象牙に似た形で北米北西岸のインディアンが貨幣として用いた》.
tooth·some [tú:θsəm] 〖← TOOTH+-SOME[1]〗 — *adj.* **1** うまい, おいしい, 美味の (dainty): a ~ dish おいしいごちそう. **2** 〈権力・名声など〉快適な, 快い, 喜ばしい (pleasing): ~ news. **3** 肉感的な, 性的魅力あふれる (luscious): a ~ blonde セクシーなブロンド女. **4** 〈人が〉口が奢(おご)っている: a ~ man. **~·ly** *adv.* **~·ness** *n.*
tóoth·wàsh *n.* 水歯磨き.
tóoth·wòrt *n.* 〖植物〗 **1** ヨーロッパ産ハマウツボ科ヤマウツボ属の寄生植物 (*Lathraea squamaria*)《根茎は歯状の鱗片におおわれている》. **2** コンロンソウ《アブラナ科コンロンソウ属 (*Dentaria*) の植物の総称; 根茎に鋸歯状の凸凹がある; crinkleroot など》.
tooth·y [tú:θi, -ði | -θɪ, -ðɪ] 〖← TOOTH+-Y[4]〗 — *adj.* (**tooth·i·er; -i·est**) **1** うまい (toothsome); 快い, 気持がよい (agreeable). **2** 歯を見せた, 歯並びを示す: a ~ grin 歯を見せたにやにや笑い / He answered with his ~ smile. 歯を見せて笑いながら答えた. **3** 〈紙が〉表面がざらざらした. **4 a** 威力のある, 効力を有する (effectual). **b** 《古》辛辣(しんらつ)な, 厳しい (bitter). **tooth·i·ly** [-θɪlɪ, -θə-, -ðɪ-, -ðə- | -lɪ] *adv.*
too·tle [tú:ṭl | -tl] 〖(1820) (freq.) ← TOOT[1]: ⇨ -le[3]〗 — *vi.* **1** 〔笛などを〕ゆるやかに吹く[鳴らす], ぴゅーぴゅー吹き続ける 〔*on*〕. **2** 〈鳥が〉ぴーぴー鳴く. **3** ぺらぺらしゃべる, 下らない事をしゃべる[書く]. **4** 《口語》(歩いて, または車で)出かける, 進む 〈*along, around, off*〉: I think I'll ~ *off to* bed. そろそろ寝るとしようか. — *vt.* 〈笛などを〉ぴゅうぴゅう吹き続ける. — *n.* **1** 笛などを吹く音, ぴゅーぴゅー. **2** 下らない話[文章]. **tóo·tler** [-ṭlə, -tlə | -ṭlə(r, -tl-] *n.*
too-too[1] [tú:tú:] 〖(加重) ← TOO〗 (cf. TOO *too*) 《口語》 — *adv.* 極端に (excessively); きざなほどに, いやらしいほどに: She is ~ kind. — *adj.* 過度な, 極端な (excessive); すてきな; モダンな (fashionable), 気取った, きざな (affected): She is a ~ radical. 彼女は大変な急進派だ / He is just ~. ちと気取っている.
too-too[2] [tú:tú:] 〖擬音語〗 *vi.* 笛などをぷーぷー鳴らす, (歌などを)歌う.
toots [túts] 〖(短縮) ← TOOTSY〗 *n.* 《俗》[見知らぬ娘に対する親しみをこめたまたは戯言的な呼掛けに用いて] あんた, 娘さん (darling, dear).
toot·sie [tútsi | -sɪ] 〖← ?〗 *n.* 《俗》 **1** [呼掛けに用いて] あなた, いとしい人 (dear). **2** =party girl 1.
toot·sy [tútsi | -sɪ] 〖(1854) 《変形》 ← *footsy* ← FOOT: ⇨ -y[2]〗 *n.* **1** 《小児語・戯言》(子供や女性の小さい)あんよ (foot). **2** 《古俗》=toots. **3** 《古俗》娘, 婦人.
toot·sy-woot·sy [tútsiwútsi | -sɪwútsɪ] 〖(加重) ← TOOTSY〗 *n.* =tootsie 1.
top[1] [tá:p | tɔ́p] 〖*n.*: OE *top(p)* < Gmc **toppaz* (Du. *top(p)* / G *Zopf* top, tuft of hair). — v.: (c1306) *tope(n), toppe(n)* ← (n.)〗 — *n.* **1** (↔ bottom) **a** 頂, 頂上, 絶頂 (summit, apex); (建物の)最上部[階]: the ~ of a hill 山頂 / the ~ of a house 家の最上部《屋根裏部屋など》. **b** (ページ・地図などの)上, 上部, 上段 (head): *at the* ~ of a page [map] ページ[地図]の上の方に / line 3 from the ~ 上から3行目. **c** 〖製本〗天 (⇨ head 28 c): the gilt ~ 天金. **d** 〖印刷〗天 (⇨ head 28 b). **e** (坂の)上端, 頂上; (街路などの)突き当たり: the ~ of a street 通りの突き当たり.
2 a 頭(のてっぺん). ★ 主に次の成句で: ⇨ *from* TOP *to toe, on* TOP (1). **b** [しばしば *pl.*] (にんじん・かぶなど根菜類の)葉, 葉っぱ (cf. root[1] 1): turnip ~*s* かぶの葉っぱ. **c** [通例 *pl.*] (植物の)頂芽, 若芽.
3 a (容器の)ふた, (びんなどの)栓, キャップ (lid, cap): a bottle ~ びんのふた / a saucepan without a ~ ふたのないなべ. **b** (馬車・自動車などの)屋根, 幌(ほろ): a carriage without a ~ 幌なし馬車. **c** 《口語》(サーカス・カーニバルなどの)テント: ⇨ big top.
4 a 上面, 表面: the ~ of a table テーブルの表面 / a table with a glass ~ 上がガラスになっているテーブル / *on* the ~ of the ground [ocean] 地上[洋上]に. **b** (トンネルなどの)開口部, 入口, 出口. **c** 《英》坑道の天井. **d** (塹壕(ざんごう)の)胸壁の頂: ⇨ *over the* TOP (1).
5 a (食卓・部屋などの)上座, 上席, 上手(かみて): take the ~ of the table 卓の上座につく; 座長となる, 司会する. **b** (劇場などで)特等席の料金.
6 最初の部分; 始まり; (楽曲の)出だし, 冒頭: the ~ of a lake 《古》湖の源 / ⇨ *take it from the* TOP.
7 a 首席, 首位, トップ (head) (↔ bottom): come out (*at* the) ~ 席次が一番になる, 首席を占める / She graduated *at* the ~ of her class. 彼女はクラスの首席で卒業した / He stood near the ~ of his class for the first year. 1年ではクラスの一二番というところにいた. **b** 首位にある人[物]; (ボートのこぎ手の)トップ: the ~ of one's family 一家の長. **c** [*pl.*] 《英》上流人, 貴族 (aristocrats).
8 a 極度, 極点, 絶頂: call *at* the ~ *of* one's voice 声を限りに叫ぶ / run *at the* ~ *of* one's speed 最大速力で走る / *at* the ~ *of* one's form (心身の状態が)ベストコンディションで / the ~ *of* the market 高値の絶頂 / the ~ *of* the tide 高潮, 満潮; 一番調子のよい時 / ⇨ *to the* TOP *of one's bent*. **b** 《英》(自動車などの)最高速度, トップ(ギヤ) (《米》 high) (cf. top gear): *in* ~ =*on* (the) ~ トップで, 全速力で.
9 a 最良の部分, 精華, 精髄: the ~ *of* all creation 万物の精華. **b** [*pl.*] 《口語》(性質・能力・人気など)最上, 最高 (topmost): His book is ~*s on* the subject. その主題のものとしては彼の本が最高だ / He is ~*s as* a comic. コメディアンとしては最高だ / You're ~*s at* [*for*] cooking. 君は料理の名人だ. ★ Predicative に用い, しばしば the を伴なう: He was considered *the* ~*s* in the field. その分野では最高の人と目されていた. **c** 《古》模範, 鑑(かがみ) (perfect example). **d** [*pl.*] (羊・やぎなどの群れの中の)より抜きの動物.
10 《方言》前髪 (forelock); (かぶとなどの)毛房, 毛の前立て (crest).
11 〖宝石〗頂 (crown); (耳飾りの)耳たぶにつける部分: ~*s* and drops 飾り玉付き耳飾り《一そろい》.
12 a 靴の最上部の革《長靴・乗馬靴ではひざの辺で広がっているか折り返されている部分の革, 編上げ靴ではくるぶしを包む部分の革, 短靴では腰革》. **b** [*pl.*] =top boot.
13 [時に *pl.*] トップ《セーターやシャツなどのように上半身につける衣服》; (ツーピースになった服・水着の)上着[上半分]; (特に)パジャマの上着 (cf. bottom 7 b).
14 a トップ《羊毛などを引きそろえ毛糸に紡ぐまでに用意されたスライバー (sliver)》. **b** 《方言》(1ポンド半の)繊維房.
15 a 装飾[保護]用覆い (coating): a spoon with a silver ~ 銀めっきしたスプーン. **b** 表面だけめっきしたボタン.
16 〖海事〗 **a** 檣楼(しょうろう), トップ《下檣の頂部にある円形の台; cf. maintop, foretop 3, mizzentop》: ⇨ fighting top, military top. **b** 中檣帆 (topsail): ~ and topgallant 中檣帆とトゲルンスル; 帆を全部あげて, 全速力で.
17 〖トランプ〗 **a** (bridge で)一つの手にある同一スーツ (suit) 中最高の札. **b** (duplicate bridge で) 同一の手によって得られた最高得点 (top score). **c** [*pl.*] 一つの手にあるエースとキングすべて, または一つのスーツの上位札3枚.
18 〖スポーツ〗 **a** (ゴルフ・テニス・クリケット・ビリヤードなどで)トップ《ボールの中心部より上を強打し球に順回転をかける打ち方》. **b** トップスピン《トップしたために起きるボールの前方回転》.
19 〖野球〗 **a** (回の)表(おもて) (↔ bottom). **b** [集合的] 上位打順《1, 2, 3番》; 上位打者.
20 [しばしば *pl.*] 〖化学〗(蒸留の際に)最も揮発性が高く最初に留出される成分.
at the top of *one's* ***bent*** =*to the* TOP *of one's bent*. ***at the top*** (***of the tree*** [***ladder***]) (樹木[はしご]の)頂上に; 大成功で, 最高の地位を占めて. ***blow one's top*** ⇨ blow[1] 成句. ***come to the top*** (1) (表面に)出る, 現われる. (2) 他に抜きん出る. ***flip one's top*** ⇨ flip[1] 成句. ***from top to bottom*** [***toe, tail***] 頭のてっぺんから足のつま先まで, すっかり, 徹頭徹尾 (completely). ***off the top*** 《俗》(1) =*off the* TOP *of one's head*. (2) 総収入から(差引いて). ***off one's top*** 《口語》気が狂って; 気が転倒して, あがって. ***off the top of*** *one's* ***head*** (よく考えないで)即座[即席]に. ***on top*** (1) (頭の)てっぺんで[に]: His head is bald *on* ~. 頭のてっぺんがはげている / He was a little thin *on* ~. 頭の毛が少々薄くなっていた. (2) 上に, 上方に (above); その上に, さらに (in addition): He put my suitcase *on* ~. 私のスーツケースを(一番)上に置いた. (3) 先頭に立って (in the lead); 支配[管理]して; 成功して, 勝って (successful): come out *on* ~ (競技などで)勝つ; 首席[トップ]になる; 成功者となる (cf. 7a) / go *on* ~ 先頭を切る. (4) 〖航空〗雲[悪天候]の上を: fly *on* ~ 〈飛行機が〉雲の上を飛ぶ. (5) ⇨ *n.* 8 b. ***on top of*** (1) …の上に (upon, over): put my suitcase *on* ~ *of* his 彼のスーツケースの上に私のを載せる. (2) …に加えて (in addition to): *on* ~ *of* that その上に(たまらないことには). (3) …のすぐあとに, …に追い迫って (close upon): Fires broke out *on* ~ *of* the earthquake. 地震のあとすぐ火災が発生した. (4) 《口語》…を支配[管理]して (in control of): I was *on* ~ *of* the work within an hour. 1時間もしないうちにその仕事をやってのけた. (5) 《口語》…に通じた (informed about): He tried to keep *on* ~ *of* things in his office. 事務所の事情に通じているように努めた. ***on top of the world*** 《口語》成功して, 功成り名を遂げて (successful); 得意の絶頂にあって, 有頂天になって, 意気揚々として (elated): I was *on* ~ *of the world.* 天にも昇るような気分だった. ***over the top*** (1) 塹壕(ざんごう)の胸壁を越えて; 最後の[決定的]段階にはいって: go *over the* ~ 攻撃に移る; 最後の処置をとる, 断固とした手段に出る. (2) 《米》目標[限度]以上に. ***take it from the top*** 〖演劇〗(あるシーンを)初めから演ずる[繰り返す]. ***the top of the heap*** ⇨ heap 成句. ***The top of the morning*** (***to you***)! 《アイル》お早う. ***top and tail*** (1) 全体, 全部, 一部始終 (the whole). (2) 結局の所 (upshot); 実質 (substance). (3) =*from* TOP *to tail*. ***top of the pops*** 《口語》売上げトップ[第1位]のポップスレコード(歌手): This [He] was ~ *of the pops* last year. ***top or tail*** [否定構文で]全く(…ない): I can*not* make ~ *or tail* of it. それはさっぱりわからない. ***top over tail***=***tail over top*** まっさかさまに, 逆に. ***tops and bottoms*** 両極端 (the extremes). ***top to bottom*** (1) まっさかさまに, 逆に. (2) =*from* TOP *to bottom*. ***to*** [***at***] ***the top of*** *one's* ***bent*** 力の限り, 精一杯; 思う存分, 心ゆくまで (cf. Shak., *Hamlet* 3. 2. 401). ***up top*** 《口語》頭[心]の中で. ***with the top of*** *one's* ***mind*** ぼんやりと, 上の空で. **top of house** 〖海事〗=flying bridge 2. **top of nothing** 〖トランプ〗トップオブナシング《bridge の打出し (lead) 法の一つで, 弱い三枚札を高い方から順に打出すこと; cf. mud[2]》.
— *attrib. adj.* **1** 一番上の (uppermost); 上の (upper): the ~ shelf [layer, peg] 一番上の棚[層, くぎ] / the ~ floor 最上階 / the ~ rung 梯子の最上段; 成功の絶頂; 重要な地位, 首位 (cf. top-rung) / one's ~ lip 上唇 / ⇨ top drawer. **2** 最高の, 最大の (highest); 最も重要な[興味のある]: ~ prices 最高価格 / ~ quality 最上質, 極上等 / the ~ news トップニュース / at ~ speed 最高速度で / ⇨ top gear / in ~ condition 最高の健康状態で[にある] / hold a ~ post 最高の地位を占める / do ~ work 最高の仕事をする. **3** 首席[位]の (chief), 第一人者の, 一番偉い: one of the world's ~ scientists 世界最高の科学者の一人 / the ~officials at FBI headquarters FBI 本部の最高幹部.
— *v.* (**topped; top·ping**) — *vt.* **1 a** …に頂を付ける, にかぶらせる, …の頂をおおう (cover, crown): ~ a box 箱にふたをする / ~ a carriage 馬車に屋根を付ける / a church ~*ped with* [*by*] a pinnacle 尖塔(せんとう)のある教会堂 / a cup of chocolate ~*ped with* foaming whipped cream かき回されて泡立ったクリームが載っかっている一杯のチョコレート / The ice cream was ~*ped with* a sliced melon. アイスクリームの上には薄く切ったメロンが載っていた. **b** …の頂をなす, の頂点にある: a childish face ~*ping* his lanky frame やせぎすの体に載っかっている子供じみた顔 / A church ~*s* the elevation. その丘には教会が立っている / Bacon ~*s* the list in intellect. 知性ではベイコンがそこに挙げてある人々のトップだ. **c** …に装飾[保護]用の覆いをかぶせる. **2 a** …の頂上に登る[達する]; …の上に昇る (rise above): We ~*ped* the hill at noon. 正午に山の頂上に達した / The sun had ~*ped* the maples. 太陽はカエデの上に昇っていた. **b** …の上を飛び越す (clear): ~ a fence, barrier, etc. **3 a** …より高い; …よりすぐれる, より上手(うわて)に出る, 越す (surpass): He ~*s* his father by a head. 彼は父より頭だけ高い / Carter ~*ped* Bayh, 3,239 to 2,567. カーターはベイに3,239票対2,567票で打ち勝った / This ~*s* all I ever saw. こんなのは見たことがない. **b** やり遂げる (come up to): ~ one's part 〖演劇〗役を(これまでになく)立派に演じる; 立派に自分の役目を果たす. **4 a** (高さ・重さなどで)…以上ある, 越える (exceed): He ~*s* six feet. 彼は身長が6フィート以上ある / The deer ~*ped* 300 pounds. その鹿は300ポンドを越えていた / The river ~*ped* the high water mark by 3 feet. 川は高水位線を3フィート越えた. **b** 越える, …以上に達する (overtop): ~ the previous record 前回の記録を上回る / The rate of inflation ~*ped* 30 %. インフレの率は30パーセントを越えた. **5** 〈植物など〉の先端を切り取る (pinch) (↔ tail): ~ beets [turnips] 砂糖大根[かぶら]の葉を切り落とす. **6** 〈地面〉に〔敷肥を〕施す (topdress) 〔*with*〕: ~ the soil *with* manure. **7** 〖染色〗…に上掛けする《染色布の色相を美しくするために他の染料でかるく染める》. **8** 〖化学〗〈原油など〉の最も揮発しやすい成分を蒸留する. **9** 〖ゴルフ〗 **a** 〈ボール〉の中心より上を打つ, 〈ボール〉にトップスピンをかける: ~ a ball. **b** (トップスピンで)〈ストロークを〉打つ: ~ a stroke. **10** 〖海事〗〈帆桁(ほげた)など〉の一端を上げる. **11** [通例 Passive で] 《俗》縛り首にする (hang). **12** 《米西部》〈馬を〉ならし終える 〈*off, out*〉. **13** 《廃》〈女〉と性交する (cover).
— *vi.* **1** 終わりとする, 仕上げをする, 締めくくる 〈*off, out, up*〉. **2** 《まれ》そびえ立つ, 抜きん出る.
top off (*vt.*) (1) (…の)仕上げをする, 終える (finish) (cf. *vi.* 1): ~ *off* one's dinner *with* coffee コーヒーを飲んで食事を終える. (2) =TOP *up* (2). (3) ⇨ *vt.* 12. (*vi.*) ⇨ *vi.* 1. ***top out*** (*vt.*) (1) 〈石造建築〉に屋根を載せて仕上げる; 〈高層建築など〉の骨組みを完成する; 〈建物〉の完成を祝して祝宴を張る, の竣(しゅん)功式をあげる. (2) 〈最良の動物を〉群れからえり抜く. (3) ⇨ *vt.* 12. (*vi.*) ⇨ *vi.* 1. ***top up*** (*vt.*) (1) (注ぎたして上まで)一杯に満たす; 〈人〉に飲物を一杯に注ぎたす: Let me ~ *up* your glass [~ you *up*]. さあ(一杯になるまで)お注ぎしましょう. (2) 〈燃料タンク・蓄電池など〉に〔…を〕補給して一杯にする (refuel) 〔*with*〕: ~ *up* a car battery 車のバッテリー一杯に充電する / ~ *up* a tank *with* gas 満タンにする. (*vi.*) ⇨ *vi.* 1. ***to top it all*** なおその上に.
top[2] [tá:p | tɔ́p] 〖OE ~ ← Gmc *top-* (Flem. *top* / G *Topf*): cf. top[1]〗 — *n.* **1** こま: spin a ~ こまを回す / The ~ sleeps. こまが澄む. **2** [old ~ として] 《俗》親友, 大将, やっこさん (old fellow): Good morning, *old* ~. やあ, お早う.
(***as***) ***fast*** [***sound***] ***as a top*** 熟睡して (soundly asleep). ***sleep like a top*** 熟睡する (cf. The TOP sleeps.).

TOP 《略》 temporarily out of print.

top. 《略》 topographic; topographical.

top- [tɑp | tɔp] (母音の前に来る時の) topo- の異形: *toponym*.

to·parch [tóupɑək, tɑ́p- | tóupɑ:k, tɔ́p-] 〘□LL *toparcha* □Gk *topárkhēs*: ⇨ topo-, -arch〙 *n.* 小国家 (toparchy) の君主.

to·par·chy [tóupɑəki, tɑ́p- | tóupɑ:kı, tɔ́p-] 〘□L *toparchia* □Gk *toparkhía*: ⇨↑, -y¹〙 *n.* (数都市を含む程度の)小国家 (small state).

to·paz [tóupæz | tóu-] 〘《*a*1272》 *tupace* □OF *topace* (F *topaze*) □L *topazus* □Gk *tópazos*〙 ── *n.* **1** 〘鉱物〙黄玉(おうぎょく), トパーズ ($Al_2SiO_4(F,OH)$)《次の種類と区別して true topaz または occidental topaz という; ⇨ birthstone》: oriental ~ インド[東洋]黄玉《sapphire の黄色種》/ ⇨ false topaz. **2** 〘鉱物〙黄水晶. **3** 〘鳥類〙のどが黄玉色をした南アメリカ産ハチドリ (hummingbird) の一種 (*Topaza pella*, *T. pyra*).

To·paze [tóupæz | tóu-] 〘↑〙 *n.* 女性名.

to·paz·o·lite [to(u)pǽzəlàit | tə(u)-] 〘← *topazo-* (← Gk *tópazos* topaz)+-LITE〙 *n.* 〘鉱物〙黄色ざくろ石.

tóp banána 〘3人で演ずるお定まりの笑劇で最も巧みな警句を吐いた役者がバナナを与えられる慣例から〙 ── *n.* 《米俗》 **1** (バーレスク (burlesque) などの)筆頭喜劇役者, 立役者. **2** 最重要人物, 中心人物.

tóp bílling *n.* **1** 芝居のビラの主役の名を掲げる最上部. **2** 大々的な広告取扱い.

tóp bòot *n.* トップブーツ, 猟騎用長靴《主に調教師・騎手・馬丁または狐狩をする人などが用いる上部に明るい色の革が使ってある乗馬靴または狩猟靴など; cf. riding boot》.

tóp bràss *n.* [集合的]《米》高級官僚 (cf. brass 6).

tóp·càp *n.* **1** タイヤの表面に張った新しい踏面. **2** 〘機械〙軸箱の上部分.

tóp-càp *vt.* (**-capped**; **-cap·ping**) (再生ゴムなどで)〈タイヤ〉の踏面を修繕する[張り変える].

tóp·còat *n.* 外套(がいとう), (特に)軽い外套 (cf. greatcoat); トッパー (topper).

tóp·cròss *n.* 〘生物・畜産〙トップ交雑《雑種強勢を利用するために行なわれる近交系の雄と非近交系の雌の交雑》.

tóp-dòg *attrib. adj.* 勝者の, 最高の.

tóp dóg *n.* **1** (競争などに)勝った方, 勝者(victor)(↔ underdog). **2** 主要人物 (principal person).

tóp-dówn 〘← *from the top down*〙 *adj.* 綿密に組織[統制]された.

tóp-dráwer [-drɔ́ə | -drɔ́:(r] *attrib. adj.* (重要性・階級・特権などが)最も高い.

tóp dráwer [-drɔ́ə | -drɔ́:(r] *n.* **1** 一番上の引出し. **2** トップクラス, 上流階級 (upper class): come [be] out of the ~ 上流の出である, 育ちがいい.

tóp·drèss *vt.* (土の中へすき込まないで)〈作物・草地・芝生など〉に上から肥料を施す.

tóp·drèssing *n.* **1** 肥料(を施すこと)(cf. dressing 5). **2** 道路の(砂利・砕石などの)最上層.

tope¹ [tóup | tóup] 〘《1654》←《廃》~ (乾杯の時に健康を祝する間投詞)□F ~ 'agreed! done!' ← *toper* to shake hands on a bargain〙 ── *vt.* 《古》〈酒を〉大いに飲む. ── *vi.* 大酒を飲む, 酒浸りになる.

tope² [tóup | tóup] 〘《1686》←? Corn.〙 *n.* 〘魚類〙ヨーロッパ沿岸産メジロザメ科エイラクブカ属のサメの一種 (*Galeorhinus galeus*).

tope³ [tóup | tóup] 〘《1815》□Hindi *tōp* ← Skt *stūpa* 'tope, STUPA'〙 *n.* (半球形・立筒形・だるま形などの)仏塔 (stupa).

tope⁴ [tóup | tóup] 〘《1698》□Tamil *tōppu*〙 *n.* 《インド》(mango などの)森, 林, 茂み, やぶ.

to·pec·to·my [təpéktəmi | -mı] 〘←TOPO-+-ECTOMY〙 *n.* 〘外科〙(大脳前頭葉の)分野切除(術).

to·pee [to(u)píː, tóupi | tóupı] 〘□Hindi *ṭopī* hat〙 *n.* (インドの)トーピー《クサネム (sola) の髄で作るヘルメット型の軽い日よけ帽》.

to·pek [tóupık | tóu-] 〘□Eskimo *tupek* tent〙 *n.* エスキモー人の夏季の小屋《木の枝などを骨組みとしてアザラシなどの皮で作ったもの; cf. igloo 1》.

To·pe·ka [təpíːkə | tə(u)-] 〘□? N-Am.-Ind. (Siouan) ~ 《原義》good place to dig potatoes〙 ── *n.* 米国 Kansas 州の北東部にある同州の首都, Kansas 川に臨む; 人口 120,000.

To·pe·li·us [tupéiliəs | -lı-; *Finn.* təpéːlius], **Zak·ris** [sákris] *or* **Za·ka·ri·as** [sɑ̀karíːɑs] *n.* トペリウス《1818-89; フィンランドの詩人・小説家》.

tóp énd *n.* (細い方の)先端 (cf. butt end).

tóp·er 〘← TOPE¹+-ER¹〙 *n.* 《文語》大酒家, のんだくれ.

tóp·flíght *adj.* 《口語》一流の (first-rate): a ~ pianist.

tóp flíght *n.* [the ~]《口語》一流.

tóp·flíght·er *n.* 《口語》最優秀なもの[人, 選手など].

top·ful [tɑ́pfùl | tɔ́p-] *adj.* (*also* **top·full** [~])《まれ》上まで一杯の, あふれんばかりの (brimful).

top·gal·lant [tɑ̀pgǽlənt | tɔ̀p-; (海) təgǽlənt] 〘《1514》← TOP¹+GALLANT (adj.)〙 ── 〘海事〙 *n.* **1** トゲルン, 上檣(じょうしょう)《継ぎ足しマストにおいて下から3番目のマストで, topmast の上につける; topgallant mast ともいう》. **2** トゲルンスル《トゲルンマストにかかる帆; topgallant sail ともいう》. **3** 頂上, 最高(地)点. ── *adj.* topmast よりも上で royal mast よりも下にある; トゲルンマストの.

topgállant bùlwarks *n. pl.* 〘海事〙=quarter boards.

topgállant fòrecastle *n.* 〘海事〙トゲルンホクスル《船首楼の上にある付加甲板》.

topgállant màst *n.* 〘海事〙=topgallant 1.

topgállant sàil *n.* 〘海事〙=topgallant 2.

topgállant yàrd *n.* 〘海事〙トゲルンヤード《上檣(じょうしょう) (topgallant mast) の帆桁(ほげた)》.

tóp géar *n.* 《英》(自動車などの)最高速ギヤ, トップギヤ (high gear) (cf. bottom gear).

tóp-gráde *adj.* 一等級の: ~ petrol.

tóp gràfting *n.* 〘園芸〙=topworking.

tóp-hámper *n.* **1** 大木の幹の上部, 中枝. **2** 〘海事〙 **a** トップマスト以上の帆柱・帆・索具. **b** (汽船・軍艦などの)甲板上のやっかいな重量物《砲塔・ボート・いかりなど; cf. hamper¹ 2》.

tóp-hát *adj.* 上流階級の.

tóp hát *n.* **1** シルクハット (silk hat). **2** =opera hat.

tóp-hèavy *adj.* **1** 頭[上部]の重過ぎる, 頭でっかちの; 不安定な, 不均衡の. **2** 〘財政〙〈資本組織が〉優先配当をすべき債券の多過ぎる; 資本が過大な (overcapitalized). **tóp-hèaviness** *n.*

To·phet [tóufıt, -fət | tóufet] 〘《*c*1390》□Heb. *Tōpheth* 《原義》fire-place〙 ── *n.* (*also* **To·pheth** [~]) **1** 〘聖書〙トペテ《エルサレム付近の Hinnom の谷の南東端の地; 昔ユダヤ人が偶像 Moloch に子供をいけにえとしてささげたが後に不用物焼却地となり, その火は常に絶えなかったという; *Jer.* 7:31, 19:11》. **2** 焦熱地獄, 地獄; 混乱.

tophi *n.* tophus の複数形.

tóp-hóle *adj.* 《英俗》第一等の, 飛切りの (first-rate).

to·phus [tóufəs | tóu-] 〘《1555》□L *tōphus*, *tōfus* sandstone〙 *n.* (*pl.* **to·phi** [-faı]) **1** 〘病理〙痛風結節. **2** 〘地質〙=tufa 1.

to·pi¹ [to(u)píː, tóupi | tóupı] *n.* =topee.

to·pi² [tóupi | tóupı] 〘← Mandingo〙 *n.* (*pl.* ~) 〘動物〙トピ, コリガム (*Damaliscus corrigum jimela*)《アフリカ中東部のサバンナに生息するレイヨウ》.

to·pi·ar·y [tóupièri | tóupjəri, -pıə-] 〘《1592》□L *topiāri-us* landscape gardener ← *topia* garden (□Gk *topion* field, small place (dim.) ← Gk *tópos* place)+ *-arius* '-ARY'〙 〘園芸〙 ── *adj.* 〈庭木が〉装飾的に刈り込んだ: the ~ art. ── *n.* **1** トピアリー《特に, イチイ・ツゲなどを動物や鳥などの形に刈込む方法》. **2** 装飾的に刈り込んだ庭, 装飾庭園.

top·ic [tɑ́pık | tɔ́p-] 〘《*a*1568》□L *topica* (pl.) □Gk (*Tà*) *Topiká* (Aristotle の著書の題名)《原義》things pertaining to commonplaces (neut. pl.) ← *topikós* of a place, commonplace ← *tópos* place〙 ── *n.* **1** 話題, 題目, 問題 (subject): a ~ for discussion, conversation, etc. / ~*s* of the day 時事問題 / current ~*s* 今日の話題. **2** 原則, 原理 (principle). **3** 〘修辞〙(雄弁術や議論の)常套的論題. **4** 〘論理〙大体論, 弁証的推理《確実な根拠からの論証的推理に対して, 世間知らずなどの臆測からの蓋然(がいぜん)的推理およびその際矛盾に陥らぬようとるべき観点》.

top·i·cal [tɑ́pıkəl, -pə- | tɔ́pı-] 〘《1588》← Gk *topikós* of a place, of a commonplace+-AL¹〙 ── *adj.* **1** 話題の, 題目の, 項目の: a synopsis in ~ form 項目式の摘要書. **2** 原則的な, 総論的な. **3** 時事問題の: a ~ allusion 時事問題への言及 / a ~ song 時事を歌った歌. **4** 場所の, 土地の (local). **5** 〘医学〙局所(性)の (local): a ~ remedy 局所療法. ── *n.* 〘郵趣〙(動物・花・船などの)テーマによって図案をつけた切手. **~·ly** *adv.*

top·i·cal·i·ty [tɑ̀pıkǽləṭi, -pə- | tɔ̀pıkǽlətı, -lı-] *n.* **1** 話題になること; 時事問題となること, 時事性: gain [lose] ~ 話題となる[忘れられる]. **2** 単に時事的な興味のある事柄.

tópic [tópical] séntence *n.* (通例節・章の初めの)要旨説明文, 主題文.

tóp·kíck *n.* 《軍俗》=first sergeant.

tóp·knòt *n.* **1** **a** (上部に突き出た)房, 束; (鳥の)冠毛. **b** トップノット《髪をよじって結び目などにし, 頭の上にしつらえたもの》. **c** まげ, ちょんまげ. **2** (リボン・レース・花などでつくった)髪飾り; 帽子の飾り. **3** 《口語》頭 (head). **4** 〘魚類〙ヒラメ科の一種 (*Zeugopterus punctatus*).

tóp-lántern *n.* 〘海事〙檣楼(しょうろう)灯《旗艦の檣楼の後部に取り付けた信号灯》.

tóp·less *adj.* **1** **a** 〈衣服が〉トップレスの, (上下そろいの)上がない, 乳房をおおうものがない (cf. top¹ *n.* 13): a ~ bathing suit トップレス水着. **b** 〈女性が〉トップレスの衣服を着た: a ~ waitress. **c** トップレスのウェイトレス[ダンサーなど]を雇っている[呼び物にしている] (cf. bottomless 4): a ~ bar, restaurant, etc. **2** 《古》頂の見えない, 非常に高い; 際限のない (unbounded): a ~ tower. **3** 《廃》並ぶものなき, 無類[無比]の. ── *n.* **1** トップレスのドレス[水着]. **2** **a** トップレスのウェイトレス[ダンサーなど]. **b** トップレスのウェイトレス[ダンサーなど]が呼び物のバー[レストラン, ナイトクラブなど].

tóp-lével *adj.* 《口語》首脳の, 最高の, 最重要な: a ~ conference 首脳会議 / ~ news 最重要ニュース.

tóp líft *n.* 化粧革《靴のかかとの地面にふれる革またはゴム; 摩擦を防ぐために取り付ける; ⇨ shoe 挿絵》.

tóp líght *n.* 〘建築〙トップライト, 天窓採光.

tóp·líner *n.* 《英》=headliner 2.

top·loft·i·cal [tɑplɑ́ftıkəl, -tə- | tɔplɔ́ftı-] *adj.* =toplofty.

tòp·lófty *adj.* 《口語》高慢な, 威張る, もったいぶる: her obnoxious, ~ airs 彼女のいやにお高くとまった様子. **tòp·lóftily** *adv.* **tóp·lóftiness** *n.*

tóp·man [-mən] 〘←TOP¹+MAN〙 *n.* (*pl.* **-men** [-mən, -mèn]) **1** =top sawyer 1. **2** 〘海事〙檣楼(しょうろう)員《マストの途中にある檣楼での見張り員》.

tóp mánagement *n.* 〘経営〙(企業の)最高管理[職能]; 経営者, 経営層, 最高経営層《社長・重役など; cf. middle management, lower management》.

tóp márgin *n.* 〘印刷〙天 (head).

tóp·màst [tɑ́pmæ̀st | tɔ́pmɑ̀:st; (海) -məst] 〘← TOP¹+MAST¹〙 ── *n.* 〘海事〙トップマスト, 中檣(ちゅうしょう)《継ぎ足しマストにおいて下から2番目のマストで, lower mast の上につける; cf. topgallant 1, royal mast》.

tóp mílk *n.* 〘畜産〙容器に放置されたミルクの上層部《脂肪分が浮いて濃くなっている》.

tóp·mìnnow 〘水面を泳ぐ習慣にちなむ〙 ── *n.* (*pl.* ~**s**, ~) 〘魚類〙 **1** キプリノドント科フンドゥルス属 (*Fundulus*) の魚類の総称 (*F. albolineatus*, *F. chrysotus* など). **2** カダヤシ科の魚の一種 (*Poeciliopsis occidentalis*).

top·most [tɑ́pmòust, -məst | tɔ́pmə̀ust, -məst] 〘← TOP¹+-MOST〙 ── *adj.* 一番上の, 一番高い, 最高の (uppermost): the ~ branches of an elm にれの木の一番高い枝.

tóp·nòtch *n.* 《米口語》最高度: a machine in the ~ of perfection 最高に完璧(かんぺき)な機械.

tóp-nótch *adj.* 《米口語》一流の, 最高の (first-rate): the ~ efficiency 最高能率. **tóp·nótch·er** *n.*

top·o- [tɑ́po(u) | tɔ́pə(u)] 〘← Gk *tópos* place〙「場所 (place)」の意の連結形: *topography*. ★母音の前では通例 top- になる.

top·o·cen·tric [tɑ̀po(u)séntrık | tɔ̀pə(u)-] 〘← TOPO-+CENTRIC〙 *adj.* 〘地理〙地球の表面の特定の地点の[から測定した] (cf. geocentric 2).

topog. 《略》topographical; topography.

top·o·graph [tɑ́pəgræ̀f, tóup- | tɔ́pə(u)grɑ̀:f, tóup-] 〘《逆成》← TOPOGRAPHY〙 *n.* (物の)表面の詳細な写真.

to·pog·ra·pher [təpɑ́grəfə, to(u)- | təpɔ́grəfə(r, tɔ-, təu-] 〘《1603》← Gk *topográphos* (← *topográphein* to describe a place)+-ER¹〙 ── *n.* **1** 地誌作者, 風土記作者. **2** 地形学者, 地誌学者.

top·o·graph·ic [tɑ̀pəgrǽfık, tòup- | tɔ̀pə(u)-, tə̀up-] 〘《1632》□Gk *topographik-ós* ← *topographía*: ⇨ topography, -ic¹〙 ── *adj.* **1** =topographical. **2** 〘解剖〙局所の[に関する], 局在(性)の: ~ anatomy [diagnosis] 局所解剖学[診断].

top·o·graph·i·cal [tɑ̀pəgrǽfıkəl, tòup-, -fə- | tɔ̀pə(u)-grǽfı-] 〘⇨↑, -ical〙 *adj.* 地誌の; 地形[地勢]上の. **~·ly** *adv.*

topográphic máp *n.* 地形図.

to·póg·ra·phist [-fıst, -fəst | -fıst] *n.* =topographer.

to·pog·ra·phy [təpɑ́grəfi, to(u)- | təpɔ́grəfı, tɔ-, təu-] 〘《*c*1400》□LL *topographia* □Gk *topographía*: ⇨ topo-, -graphy〙 ── *n.* **1** 《廃》地誌《一地方の詳細な描写》. **2** 地勢, 地形 (configuration); 地勢図; 地形測量. **3** (品物などの)地方分布状態; その研究. **4** (一地方の)全体的な特徴. **5** 〘解剖・動物〙局所解剖学 (topographic anatomy); 局在論.

topoi *n.* topos の複数形.

top·o·log·i·cal [tɑ̀pəlɑ́dʒıkəl, tòup- | tɔ̀pəlɔ́dʒı-, tə̀up-] *adj.* **1** 地勢学の; 風土誌研究の. **2** 位相幾何学の. **3** トポロギー心理学(上)の. **~·ly** *adv.*

topológical equívalence *n.* 〘数学〙位相同型《2つの位相空間の間に位相写像があること》.

topológical gróup *n.* 〘数学〙位相群《位相の定義された群で, 演算がその位相に関して連続であるようなもの》.

topológical inváriant *n.* 〘数学〙位相不変量《位相写像で不変に保たれていく量》.

topológically equívalent *adj.* 〘結晶・数学〙= homeomorphic.

topológical psychólogy *n.* 〘心理〙トポロギー心理学《行動を規定する諸条件を扱うのにトポロギー幾何学の概念を用いる心理学》.

topológical spáce *n.* 〘数学〙位相空間《位相の定められている空間》.

topológical transformátion *n.* 〘数学〙=homeomorphism 2.

to·pol·o·gy [təpɑ́lədʒi, to(u)- | təpɔ́lədʒı, tɔ-, təu-] 〘← TOPO-+-LOGY〙 ── *n.* **1** **a** 地勢学. **b** 風土誌研究. **2** 〘数学〙 **a** トポロジー, 位相幾何学《位相写像によって不変な性質を研究する数学の分科》. **b** 位相空間論《位相空間の性質を研究する数学の分科; general topology ともいう》. **c** 位相《集合の部分集合族で, 任意個数の集合の和集合を作る操作と, 有限個数の集合の共通部分を作る操作について完結しているようなもの; その要素を開集合という》. **3** 形態 (configuration). **4** 〘心理〙=topological psychology. **5** 〘解剖・動物〙局所解剖学. **to·pól·o·gist** [-dʒıst, -dʒəst | -dʒıst] *n.*

tóp ónion *n.* 〘植物〙トップオニオン (*Allium cepa* var. *viviparum*)《タマネギの変種; 花に似た房状の球根がつく; tree onion ともいう》.

to·pon·o·my [təpɑ́nəmi, to(u)- | tə(u)pɔ́nəmı, tɔ-] 〘← TOPO-+-NOMY〙 *n.* =toponymy.

top·o·nym [tɑ́pənìm, tóup- | tɔ́p-, tóup-] 〘《逆成》↓〙 *n.* **1** 地名 (place-name). **2** 地名に由来する名.

to·pon·y·my [təpɑ́nəmi, to(u)- | tə(u)pɔ́nəmı, tɔ-] 〘《1887》← TOPO-+-ONYMY〙 ── *n.* **1** 地名研究, 地名学《onomastics の一分野; cf. anthroponymy》. **2** 《まれ》〘解剖〙(体の)局所[部分]名, 局所命名法. **top·o·nym·ic** [tɑ̀pənímık, to(u)- | tɔ̀p-, tə̀up-] *adj.* **tòp·o·ným·i·cal** *adj.*

to·pos [tóupɑs, tɑ́p- | tɔ́upɔs, tɔ́p-] 〘▭ Gk *tópos* place: ⇨ topic〙 *n.* (*pl.* **to·poi** [-pɔɪ]) (文学・修辞法などにおける)トポス, 定型化した主題[概念], 常套的表現.

top·o·type [tɑ́pətàɪp, tóu- | tɔ́pə-, tə́u-] 〘← TOPO-＋-TYPE〙 *n.* 〘生物〙同地基準標本, 模式産地標本.

topped *adj.* [通例複合語の第2構成要素として](…の)頂でおおわれた, 表面[ふた]の付いた: snow-*topped* mountains 雪をいただいた山 / a glass-*topped* table 上面がガラスになっているテーブル.

tópped crúde *n.* 〘化学〙トップトクルード, 抜頭原油《蒸留などにより原油から軽質部分を取去った残り》.

tóp·per 〘← TOP¹＋-ER¹〙 ― *n.* **1** 上部の物, 上層. **2** (箱詰めの野菜・果物などの)上積み. **3** 石垣の上部の大石. **4** 《口語》＝top hat. **5** 《口語》(婦人がスーツなどの上に羽織る軽いゆるやかな)外衣, トッパー (topcoat). **6 a** 《英俗》すぐれた物[人]; すてきな物[人], 逸品, 傑物; いい人, 立派な人. **b** 《米俗》(冗談など)秀逸, (これまで無類の)最高傑作. **7** 〘化学〙常圧蒸留装置《原油を常圧下で蒸留し, ガソリンから重油までの成分に分ける装置》.

tóp·ping 〘(n.: ?c1390; adj.: 1681) ← TOP¹＋-ING¹·²〙 ― *n.* **1 a** 上部を取り除くこと. **b** 〘化学〙トッピング《原油からガソリン・灯油など軽質留分を蒸溜によって分ける操作》. **2** [*pl.*] 上部から取り除かれたもの《刈り取った木の枝など》. **3** (物の)上端, 上部, 頂, てっぺん; 頂部の飾り; 冠毛; 《戯言》頭 (pate). **4** (コンクリートの)上塗り, 表層; (ケーキなどの)上飾り. ― *adj.* **1** 《廃》〈山が〉そびえ立つ: ～ mountains. **2** (地位・階級・程度などが)最高の, 最上の, 第一級の: the ～ lady of the parish 教区のファーストレディー. **3** 《英口語》すてきな, とても良い, 極上の (excellent): a ～ dinner すばらしいごちそう / a ～ fellow 実にいい男. **4** 《ニューイングランド》尊大な, 傲慢(ごう)な (arrogant). ～**·ly** *adv.*

tópping lìft *n.* 〘海事〙(帆桁(けた)やブームの)吊り綱《lift ともいう》.

tóp pláte *n.* 〘建築〙鼻母屋, 端母屋(もや) (⇨ beam 挿絵).

top·ple [tɑ́pl | tɔ́pl] 〘(1590) (freq.) ← TOP¹ (v.): ⇨ -le³〙 ― *vi.* **1** 〈高い物が〉よろめく, ぐらつく (totter); 倒れる: The chimney ～*d* onto the roof. 煙突が屋根の上に倒れた. **2** 倒れそうに前に傾く. ― *vt.* **1** ぐらつかせる, 倒す. **2** (高い地位から)追放する; 〈国家を〉転覆させる: ～ the military regime 軍事政権を転覆させる.
topple down 倒れくずれる, 崩壊する; 崩壊させる.
topple over ぐらぐらと倒れる, 転倒する; 倒す.
― *n.* 《まれ》よろめくこと (toppling).

tóp ráke *n.* 〘機械〙前すくい角《切削工具の切り屑をすくい取る面と切削される素材表面の法線とが作る角》.

tóp-ránking *adj.* 最高位の: a ～ diplomat.

tóp róund *n.* (牛の)もも肉 (round) の内側の部分 (cf. bottom round).

tóp-rúng *adj.* 最高の, 一流の: a ～ economist.

TOPS [tɑ́ps | tɔ́ps] 〘《頭字語》← *t*(*hermoelectric*) *o*(*uter*) *p*(*lanet*) *s*(*pacecraft*)〙 *n.* 〘宇宙〙熱電気を用いた外惑星探査機.

tóp·sàil [tɑ́psèɪl | tɔ́p-; (海) -səl, -sl] 〘← TOP¹＋SAIL〙 ― *n.* 〘海事〙中檣(しょう)帆, トップスル: the fore lower [upper] ～ 前檣の下段[上段]トップスル / the main [mizzen] lower ～ 大[後]檣の下段トップスル / the club ～ クラブトップスル《すそがクラブに取り付けてある競漕(そう)艇などのトップスル》.

tópsail schòoner *n.* 〘海事〙トップスルスクーナー《前檣(しょう)縦帆の上に2枚の横帆のあるスクーナー》.

tóp sáwyer *n.* **1** 上びき人《上下二人で大のこぎりで材木をひく場合木びき穴の上にいる人; ↔ bottom sawyer》. **2** 《英口語》(地位が)上の人, 上役.

tóp sécret *adj.* **1** 極秘の: ～ documents 極秘文書. **2** 〘政治・軍事〙機密の, 最高機密の, 国家機密の. ― *n.* 〘政治・軍事〙(文書・情報の重要度の段階としての)機密 (cf. classification 1 d).

tóp sérgeant *n.* 《口語》〘軍事〙曹長 (first sergeant).

tóp-sháped 〘⇨ top²〙 *adj.* こま型の.

tóp shèll 〘← TOP²〙 *n.* 〘貝類〙 **1** ニシキウズガイ科の巻貝の総称《ニシキウズガイ (*Trochus maculatus*) など》. **2** ＝turban shell.

tóp·sìde *n.* **1** 上側 (upper side). **2** [通例 *pl.*] 〘海事〙乾舷(げん)《喫水線以上の船側》; (特に)乾舷の上部; (軍艦の)上甲板. **3** 《英》牛肉の尻のロース《米国でいう rump roast にほぼ相当; cf. silverside》. **4** 《英》牛のもも肉の上部[外側部]. **5** 上層幹部, 指導層, 最高権威. **6** 電離層の上部. **7** 〘製紙〙＝felt side. ― *attrib. adj.* 上側[乾舷]の[にある]. ― *adv.* **1** 上甲板に. **2** 高い場所に; 地上に. **3** 権威ある地位に, 高い地位に.

tóp·sìder *n.* トップクラスの人.

tóp·sìdes *adv.* ＝topside 1.

tóp slíce *n.* 〘鉱山〙トップスライス《トップスライシング採掘法 (top slicing) における鉱体の最上部の部分; 崩壊した岩石や杭木がその上に乗っている》.

tóp slícing *n.* 〘鉱山〙トップスライシング《比較的軟弱な鉱体に対して行なわれる採掘法; 鉱体の上部から下方へ, 後退しながら鉱石を崩壊させて抜き取る》.

tóps·man [-mən] 〘← TOP¹＋-S²＋MAN〙 *n.* (*pl.* **-men** [-mən, -mèn]) 《英俗》＝hangman 1.

tóp smélt 〘← TOP¹＋SMELT³〙 *n.* (*pl.* ～**s**, ～) 〘魚類〙(北米太平洋岸の)トウゴロウイワシ科の食用魚 (*Atherinops affinis*).

tóp·sòil *n.* 表土《土壌の表面または上部; cf. solum》. ― *vt.* 表土でおおう.

tóp spìn *n.* トップスピン《球が飛球方向に順回転しつつ進むように球の上半分をたたいて与えるスピン》.

tóp·stìtch *vt.* 〘服飾〙〈襟(えり)・袖口・前たてなど(のふち)〉に(表から)飾りステッチ[トップステッチ]をかける.

tóp·stòne *n.* 〘建築〙＝capstone 1.

top·sy·tur·vi·fy [tɑ́psitə́ːvɪfàɪ, -və- | tɔ́psitə́ːvɪ-] *vt.* ＝topsy-turvy. **top·sy·tur·vi·fi·ca·tion** [tɑ̀psitə̀ːvɪfɪkéɪʃən, -və- | tɔ̀psitə̀ːvɪfɪ-] *n.*

top·sy·tur·vy [tɑ́psitə́ːvi | tɔ́psitə́ːvɪ] 〘(1528) ← *topsy* (← TOP¹＋-SY)＋*turvy* (← ME *terve*(*n*) to overturn＋-Y⁴)〙 ― *adv.* **1** (まっ)さかさまに (upside down): walk ～ on the ceiling さかさまになって天井を歩く. **2** (順を)逆に, あべこべに; めちゃくちゃに: Everything turned [went] ～. 万事めちゃくちゃになった. ― *adj.* **1** さかさまの (upset). **2** あべこべの, 逆の (inverted); めちゃくちゃの (confused): be ～ / a ～ stock market 混乱状態の株式市場. ― *n.* あべこべ, さかさま; めちゃくちゃ, 混乱. ― *vt.* 逆に[さかさまに, めちゃくちゃに]する. **tóp·sy-túr·vi·ly** [-vɪli, -və- | -lɪ] *adv.* **tóp·sy-túr·vi·ness** *n.*

tóp·sy·túr·vy·dom [-dəm] *n.* **1** ＝topsy-turvy. **2** (物事が)あべこべ[さかさま]の世界.

tóp-tìmber *n.* 〘海事〙(木船の)頂部肋材.

tóp·wòrk *vt.* 〘園芸〙高接ぎする《成長した大きな樹木の枝に穂木を接ぐ; cf. framework》.

tóp·wòrking *n.* 〘園芸〙高接ぎ法 (cf. crown graft, root graft).

-to·py [(母音の後) tə̩pi, (子音の後) təpi | təpɪ] 〘← NL *topia* ← Gk *tópos* place〙「位置 (position), 場所 (location)」の意の連結形: heterotopy.

tóp yèast *n.* 上面酵母, 上層酵母.

toque [tóuk | tə́uk] 〘(1505) ▭ F ～ 'hat, bonnet' ▭ Sp. *toca* kerchief ▭ Arab. *ṭāqīyaʰ* skull cap〙 ― *n.* **1** トーク: **a** つばが狭くクラウンにひだをよせたベルベットなどの帽子; 16 世紀に男女が用いた. **b** つばのない頭にきっちりついた婦人用帽子. **2** ＝tuque. **3** 〘動物〙＝bonnet monkey.

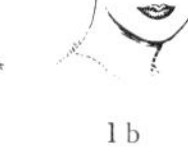
1 a 1 b
toques

to·qui·lla [to(ʊ)kíːjə | tə(ʊ)-; *Am. Sp.* tokíja] 〘▭ Sp. ～ (dim.) ← *toca* 'TOQUE'〙 ― *n.* **1** 〘植物〙＝jipijapa 1. **2** パナマソウの葉の繊維《丈夫で柔軟性に富みパナマ帽などに用いられる》.

tor [tɔ́ə | tɔ́ː(r] 〘OE *torr* ← Celt. (cf. Gael. *tòrr* bulging hill / Welsh *tor* protuberance) // ▭ L *turr-is* 'TOWER'〙 ― *n.* (小高い)岩山; 岩山の山頂. ★ 特にイングランド Devon の高原地帯を tors という.

-tor [tə | tə(r] 〘▭ L ～ ← *-t-* (p.p. suf.)＋-OR²: cog. Gk *-tōr, -tēr*〙 ― *suf.* (ラテン語動詞の過去分詞が t に終わる時の) -or² の異形 (cf. -tress, -trix): actor, distributor.

To·rah [tɔ́ːrə, tóurə, -rɑː, ←́ | tɔ́ːrə, ←́] 〘(1577) ▭ Heb. *tōrāʰ* 《原義》instruction, law ← *hōrāʰ* to teach, direct〙 ― *n.* (*pl.* **To·roth** [touróut, -róuθ, -róus | tɔːrə́ut, -rə́uθ, -rə́us], ～**s**) (*also* **To·ra** [～]) [the ～] **1** 〘ユダヤ教〙トーラー, 律法 (the Law)《成文律法と口伝律法の総称》. **2** 〘聖書〙 **a** モーセの五書 (the Pentateuch)《旧約聖書の第一部》. ★ ユダヤ人は旧約聖書を「律法 (Torah, the Law)」,「預言書 (Nebiim, the Prophets)」およびその他の「諸書 (Ketubim, the Writings)」に三分した. **b** 旧約聖書 (the Old Testament).

to·ral [tɔ́ːrəl, tóːr- | tɔ́ːr-] 〘← TORUS＋-AL¹〙 *adj.* 〘植物〙花托(たく) (torus) の.

to·ran [tɔ́ːrən, tóːr- | tɔ́ːr-] 〘▭ Skt *toraṇa* arched portal〙 *n.* 〘建築〙(インドなどのやや鳥居に似た)寺門.

to·ra·na [tɔ́ːrənə, tóːr- | tɔ́ːr-] *n.* 〘建築〙＝toran.

tor·bern·ite [tɔ́əbənàɪt | tɔ́ːbə-] 〘▭ G *Torbernit* ← *Torbern O. Bergman* (1735-84: スウェーデンの化学者): ⇨ -ite¹〙 ― *n.* 〘鉱物〙**1** 銅ウラン鉱 ($CuU_2P_2O_{12}·12H_2O$)《ウラニウム原鉱》. **2** 燭炭(しょくたん) (cannel coal).

torc [tɔ́ək | tɔ́ːk] *n.* ＝torque 1.

torch¹ [tɔ́ətʃ | tɔ́ːtʃ] 〘(c1300) ▭ (O)F *torche* 《原義》anything twisted < VL **torcam*＝L *torqua* 《変形》← *torquēs* twisted necklace, wreath ← *torquēre* to twist: cf. torque, torture〙 ― *n.* **1** たいまつ: the ～ of Hymen 恋の炎 / the inverted ～ 逆たいまつ《絶命・死の象徴; ギリシャの死の神 Thanatos のたいまつの持ち方から》. **2** (知識・文化の)光: the ～ of learning [science] 学問[科学]の光. **3** 《英》(棒型)懐中電灯 (《米》flashlight): an electric ～ 懐中電灯. **4** ＝blowlamp. **5** 《米》放火犯[魔] (cf. arsonist).
carry a* [*the*] *torch for 《口語》(1) …に愛の灯(ひ)を燃やす, (にほれている《特に, 片想いの場合をいう》. (2) …を指導[支持]する. ***hand on the torch*** 〘古代ギリシャのたいまつリレー競走 (torch race) でたいまつを次の走者に渡したことから〙知識[文化など]の伝統の火を後世に伝える (hand on the lamp).
― *vi.* たいまつのように燃える[燃え上がる]. ― *vt.* **1** たいまつで…に火をつける, たいまつの火で焦がす[にかざす]. **2** (夜間)たいまつを使って〈魚を〉取る (cf. torch-fishing).

torch² [tɔ́ətʃ | tɔ́ːtʃ] 〘▭ F *torch-er* to plaster with a mixture of clay and chopped straw ← *torche* a twist of straw (↑)〙 ― *vt.* 〈屋根がわらの継ぎ目を〉しっくいで固定する.

tórch·bèarer *n.* **1** たいまつ持ち. **2** 新知識[真理, 刺激など]をもたらす人, 啓蒙家. **3** (運動・戦いなどの)リーダー, 指導者.

tor·chère [tɔəʃéə | tɔːʃéə(r; *F.* tɔrʃɛːr] 〘▭ F ～: ⇨ torch¹, -er¹〙 *n.* (18 世紀に用いられた)丈の高い燭台.

tórch-fìshing *n.* (夜間)たいまつを使って魚を取ること.

tor·chier [tɔətʃíə | tɔːtʃíə(r] 〘▭ F *torchère* small, high candlestick ← OF *torche* 'TORCH¹': ⇨ torchère〙 ― *n.* (*also* **tor·chiere** [～]) (間接照明用)たいまつ灯《光を天井方向に向けるため椀(わん)形の反射器を付けた床上灯》.

tórch·lìght 〘(15C)〙 *n.* **1** たいまつの明かり: a ～ procession たいまつ行列. **2** たいまつ (torch).

tórch lìly *n.* 〘植物〙＝spear lily.

tor·chon [tɔ́əʃɑn, ←́ | tɔ́ːʃɔn, -ʃɔn; *F.* tɔrʃɔ̃] 〘▭ F ～ 'dishcloth' ← *torche* 'TORCH¹'＋-*on* (dim. suf.)〙 *F. n.* ＝torchon lace.

tórchon bòard *n.* トーション板紙《水彩画用のトーション紙を張った厚紙》.

tórchon láce *n.* **1** トーションレース《ゆるくよった麻糸または綿糸で編んだ目の荒いレース; 端がスカラップ (scallop) になっている》. **2** 機械製の類似品.

tórchon pàper *n.* トーション板紙《水彩画用の表面のざらざらした手すきの紙》.

tórch ràce *n.* (古代ギリシャのある種の祭りで行なわれた)たいまつ競走《たいまつを次々に渡して行くリレー競走; cf. *hand on the* TORCH¹》.

tórch sìnger *n.* トーチソング歌手.

tórch sòng 〘← *carry a torch for* (⇨ torch¹ (n.) 成句)〙 *n.* トーチソング《失恋などを扱ったセンチメンタルなブルースソング》.

tórch·wòod *n.* 〘植物〙たいまつ用材となる木《樹脂に富んだミカン科の木アミリス (*Amyris balsamifera*) など》.

torch·y [tɔ́ətʃi | tɔ́ːtʃɪ] 〘← TORCH¹＋-Y⁴〙 *adj.* (**torch·i·er; -i·est**) トーチソング (torch song) (歌手)の.

Tor·de·sil·las [tɔ̀ədəsíː(j)əs, -síːljəs | tɔ̀ː-; *Sp.* tòrdesíjas] *n.* トルデシリャス《スペイン北西部の町; スペインとポルトガルの海外領土分割を規定した条約 (1494) を結んだ地; 人口 6,700》.

tore¹ 〘OE *tær* (pret.) ← *teran* 'to TEAR²'〙 *v.* tear² の過去形.

tore² [tɔ́ə, tóə | tɔ́ː(r] 〘▭ F ～ // L *tor-us* 'TORUS'〙 *n.* **1** 〘建築〙＝torus 1. **2** 〘数学〙＝torus 4.

tor·e·a·dor [tɔ́(ː)riədɔ̀ə, tɔ́ːr-, tɑ́r- | tɔ́rɪədɔ̀ː(r; *Sp.* tòreadór] 〘(1618) ▭ Sp. ～ ← *torear* to fight bulls in the ring ← *toro* bull < L *taurum*: cf. Taurus〙 ― *n.* (騎馬)闘牛士 (cf. torero, picador).

tóreador pànts *n. pl.* トレアドルパンツ《闘牛士のはくような先細の膝下丈の婦人用のスポーツズボン》.

To·rel·li [tɔ(ː)réli, to(ʊ)- | təréli, tə(ʊ)-; *It.* torélli], **Giuseppe** *n.* トレルリ (1658-1709; イタリアのバイオリン奏者・作曲家).

to·re·ro [təré(ə)rou | -réərəu; *Sp.* toréro] 〘▭ Sp. ～ 'bullfighter' ← (adj.) ← *toro* bull: ⇨ toreador〙 *n.* (*pl.* ～**s** [～z; *Sp.* ～s]) (徒歩)闘牛士 (cf. toreador).

to·reu·tic [tərúːtɪk | -tɪk] 〘(1837) ▭ Gk *toreutik-ós* ← *toreúein* to work in relief ← *toreús* boring instrument〙 *adj.* 金属細工の.

to·reu·tics [tərúːtɪks | -tɪks] 〘⇨ ↑, -ics〙 *n.* 彫金, 金属細工.

tor·goch [tɔ́əgoux | tɔ́ːgɔx] 〘▭ Welsh ～ ← *tor* belly ＋*coch* red (▭ L *coccum* kermes berry, scarlet ▭ Gk *kókkos* grain)〙 ― *n.* 〘魚類〙英国ウェールズの湖にすむサケ科イワナ属 (*Salvelinus*) の腹の赤い魚の総称.

to·ri *n.* torus の複数形.

to·ric [tɔ́(ː)rɪk, tɑ́r-, tóːr- | tɔ́r-] 〘← TOR(US)＋-IC¹〙 *adj.* **1** (乱視矯正めがね用)円環体レンズの **2** 《まれ》〘数学〙環状面[体]の.

tóric léns *n.* トリックレンズ《屈折面としてトリック面をもつ乱視矯正用めがねレンズ》.

To·ri·fy [tɔ́ːrəfàɪ, tóːr- | tɔ́ːrɪ-] *vt.* ＝Toryfy.

to·ri·i [tɔ́ːriìː, tóːr- | tɔ́ːriìː] 〘(1727) ▭ Jap.〙 *n.* (*pl.* ～) 鳥居.

to·rín·go cráb àpple [təríŋgou- | -gəu-] 〘*toringo*: ← NL ～ ← Jap.? 豆林檎〙 ― *n.* 〘植物〙ズミ, ヒメカイドウ, コリンゴ (*Malus sieboldii*)《日本原産のバラ科の落葉樹; 花はつぼみの時は紅色で開けば白色となる》.

To·ri·no [*It.* toríːno] *n.* トリノ《Turin のイタリア語名》.

tor·ment 〘(c1300) *tormente*(*n*) ▭ (O)F *torment-er* (F *tourmenter*) ← *torment* torment < L *tormentum* windlass, torture, pain ← *torquēre* to twist: cf. torture〙 ― [tɔəmént, ←́ | tɔːmént] *vt.* **1** 《まれ》責める, 拷問にかける (torture). **2** 〈病気などが〈人〉に激痛を与える, 苦しめる (pain): be ～*ed* by [with] toothache [neuralgia] 歯痛[神経痛]に悩まされる. **3** うるさがらせる, 悩ます, 困らす, いじめる (annoy) [*with*]: ～ a person *with* questions 人を質問責めにする / be ～*ed with* suspense 気掛りで悩む / His conscience ～*ed* him to death. 死ぬほど良心に責めさいなまれた. **4** 《廃》騒がせる, 混乱させる (disturb). **5** 〈水・空気などを〉かき乱す. **6** …の意味をまげて解釈する (distort).
― [tɔ́əment | tɔ́ːment, -mənt] *n.* **1** (肉体的・精神的

な)苦痛, 激痛, 苦悩 (pain, agony): the ~*s* of the damned 地獄に落ちた者の苦しみ / He was in ~. 彼は苦悩していた. **2** うるさいもの[人, 事], 厄介物, 苦の種: His undutiful sons are the ~ of his life. 親不孝な息子たちが彼の生涯の悩みだ / The child is a positive ~. 《口語》あの子のうるさいったらない. **3** 《古》拷問; 拷問の苦痛; 拷問台, 責道具.

tor·mént·er [-ṭə | -tə(r] *n.* =tormentor.

tor·men·til [tɔ́əməntɪl | tɔ́ː-] 〘《?c1450》 *tormentille* ▭ (O)F ▭ ML *tormentilla* (dim.) ← L *tormentum* 'TORMENT': 苦痛を和らげるのに用いられたことから〙 ── *n.* 〖植物〗ヨーロッパ産バラ科キジムシロ属の植物 (*Potentilla tormentilla*)《根にタンニンを含む; 薬用・染料・皮なめし用; septfoil ともいう》.

tor·mént·ing [-ṭɪŋ | -tɪŋ] *adj.* 苦しめる, 悩ます, 厄介な, うるさい. **~·ly** *adv.* **~·ness** *n.*

tor·mén·tor [-ṭə | -tə(r] 〘《c1300》 ▭ AF *tormentour* =OF *tormenteor* ← *tormenter* 'to TORMENT': ⇨ -or²〙 *n.* **1 a** 《古》拷問者. **b** 苦しめる者[物], 悩ます物. **2** (車輪付きの)砕土機. **3** 長い肉フォーク《船のコックが使う》. **4** 〖演劇〗舞台の両脇にある作りつけのまたは幕の書割り. **5** 〖映画〗(トーキー撮影の時の)反響防止用スクリーン.

tor·men·tress [tɔəméntrɪs, -trəs, ⌐‒‒ | tɔːméntrɪs, -trəs, -tres] 〘《15C》 ▭ AF *tormenteresse*: ⇨ ↑, -ess¹〙 *n.* 女性の tormentor 1.

tor·mi·na [tɔ́əmənə | tɔ́ːmɪ-] 〘▭ L ~ 'griper, griping of the bowels' (pl.) ← **tormen*=**torqmen* ← *torquēre* to twist〙 ── *n. pl.* 〖病理〗(激しい)腹痛, 仙痛(せん) (colic, gripes). ｢の過去分詞.

torn 〘OE (*ġe*)*toren* (p.p.) ← *teran* 'to TEAR²'〙 *v.* tear²

tor·na·dic [tɔənéɪdɪk, -nǽd- | tɔː-] 〘⇨ ↓, -ic¹〙 *adj.* たつまきの, 旋風性の.

tor·na·do [tɔənéɪdou | tɔːnéɪdəu] 〘《1556》 ▭ Sp. ~ 《混成》← *tornado* ((p.p.) ← *tornar* to turn < L *tornāre* to turn in a lathe)+*tronada* thunderstorm (← *tronar* to thunder < L *tonāre*)〙 ── *n.* (*pl.* **~es, ~s**) **1** 〖気象〗**a** トルネード《アフリカ西部で雨季の初めおよび終わりごろに起こる旋風を伴った雷雨》. **b** トルネード《4月から6月の間に米国 Mississippi 川流域地方に起こるもので, 通例漏斗状の雲を伴い風勢猛烈をきわめ恐ろしい破壊力を有する; cf. cyclone 1, hurricane 1》. **c** 大旋風, 大暴風雨. **2** (喝采(かっ)・非難・弾丸などの)あらし (outburst, volley).

tornádo bèlt *n.* たつまき地帯《米国 Missouri 州南部を中心とした半径約 800 km のたつまき頻発地域》.

tornádo clòud *n.* 〖気象〗竜巻雲 (⇨ tuba 4).

tornádo làntern *n.* =hurricane lantern 1 a.

tor·nar·i·a [tɔənέ(ə)riə | tɔːnέəriə] 〘← NL ~ ← L *tornus* lathe + -ARIA〙 ── *n.* (*pl.* **~s, -i·ae** [-riìː]) 〖動物〗トルナリア《ギボシムシ類のうちで間接発生をするものの幼生》.

tor·nil·lo [tɔəníːjou, -nílou | -jəu, -ləu; *Am.Sp.* torníjo] 〘▭ Sp. ~ ← L *tornus* lathe (▭ Gk *tórnos*)+Sp. *-illo* (dim. suf.)〙 ── *n.* (*pl.* **~s** [~z; *Am. Sp.* ~s]) 〖植物〗=screw bean 1.

to·ro [tɔ́ːrou, tóːr- | tɔ́ːrəu] 〘▭ Sp. ~ ▭ L *taurus*〙 *Sp.* *n.* (*pl.* **~s**) 《米国西部》(闘牛用の)雄牛.

to·roid [tɔ́ːrɔɪd, tóːr- | tɔ́ːr-] 〘← TORUS+-OID〙 *n.* **1** 〖数学〗トロイド, 環状面[体]. **2** 〖電気〗=toroid coil.

to·roi·dal [tɔːrɔ́ɪdl, toːr- | tɔːr-] 〘⇨ ↑, -al¹〙 *adj.* 〖数学〗ドーナツ型の, トロイド状の, 環状面[体]の.

tóroid còil *n.* 〖電気〗環状コイル.

To·ron·to [tərɑ́ntou, -ṭə | -rɔ́ntəu] 〘← N-Am.-Ind. (Iroquoian) ← ?〙 ── *n.* カナダ南東部, Ontario 州の商業都市で同州の首都; Ontario 湖に臨む; 人口 713,000.

to·rose [tɔ́ːrous, tóːr-, ⌐‒ | tɔ́ːrəus, ⌐‒] 〘▭ L *torōsus* bulging: ⇨ torus〙 ── *adj.* **1** 〖植物〗ところどころがふくれた念珠状の, 連玉状円筒形の. **2** 〖動物〗(筋肉などで)ふくれ上がった.

Toroth *n.* Torah の複数形.

to·rous [tɔ́ːrəs, tóːr- | tɔ́ːr-] *adj.* =torose.

Tor·pe·din·i·dae [tɔ̀əpədínədìː | tɔːpɪdínɪ-] 〘← NL ~ ← *Torpedin-, Torpēdō* (属名: ↓): ⇨ -idae〙 *n. pl.* 〖魚類〗シビレエイ科.

tor·pe·do [tɔəpíːdou | tɔːpíːdəu] 〘《1520》 ▭ L *torpēdō* numbness, torpidity, torpedo fish ← *torpēre* to be numb, stiff: cf. torpid¹〙 ── *n.* (*pl.* **~es**) **1 a** 魚雷, 魚形水雷: ⇨ aerial torpedo. **b** 敷設水雷[機雷], 水雷 (submarine mine). **2** 《米》〖鉄道〗発雷信号 (《英》detonator)《レールに施して爆発音で知らせる停止信号装置》. **3** 《米》**a** 地雷. **b** (油井の出をよくさせるための)発破. **4** かんしゃく玉《打ちつけて爆破させる子供のおもちゃ》. **5** 〖魚類〗**a** デンキナマズ (*Malapterurus electricus*)《Nile 川産; electric catfish ともいう》. **b** シビレエイ (*Torpedo ocellata*)《大西洋産; torpedo fish, electric ray ともいう》. **6** 《米俗》プロのガンマン, (特に, ギャングなどに雇われた)殺し屋. ── *vt.* **1** 魚雷[水雷]で破壊[攻撃, 撃沈]する. **2** 〈油井〉に発破をかける. **3** 〈政策・制度など〉を破壊する (wreck), 無力[無能]にする. ── *vi.* 魚雷[水雷]を発射[敷設]する; 魚雷[水雷]で破壊[撃沈]する.

torpédo bòat *n.* 魚雷[水雷]艇.

torpédo-boat destròyer *n.* 〖軍事〗対魚雷艇用駆逐艦, 魚雷駆逐艦《もとは魚雷艇駆逐用に造られたが, 後には大型魚雷艇として用いられた; cf. destroyer 2》.

torpédo bódy *n.* (競走用自動車の)水雷形車体.

torpédo bòmber *n.* (魚雷を投下する)雷撃機《torpedo plane ともいう》.

torpédo fìsh *n.* 〖魚類〗シビレエイ (⇨ torpedo 5 b).

torpédo·màn [-mæ̀n, -mən] *n.* (*pl.* **-men** [-mèn, -mən]) (水中兵器担当の)魚雷準士官[兵曹長].

torpédo nèt [**nètting**] *n.* 防雷網, 魚雷防御網.

torpédo plàne *n.* =torpedo bomber.

torpédo tùbe *n.* 魚雷発射管.

tor·pex, T- [tɔ́əpeks | tɔ́ː-] 〘《混成》← TORP(EDO)+EX(PLOSIVE)〙 *n.* 〖海軍〗トーペックス火薬《爆雷用の高性能爆薬》.

tor·pid¹ [tɔ́əpɪd, -pəd | tɔ́ːpɪd] 〘《1613》 ▭ L *torpid-us* benumbed ← *torpēre* to be numb: ⇨ -id⁴〙 ── *adj.* **1** 〈体の器官など〉動かない, 不活発な, のろい (inactive): His mind grew ~ in old age. 年を取って彼の精神は不活発になった. **2** 鈍い, 無神経な, 不感の (dull, apathetic): a ~ audience 無感動な聴衆. **3** 〈冬眠・夏眠動物など〉眠った, 冬眠[夏眠]した (dormant). **~·ly** *adv.* **~·ness** *n.*

tor·pid² [tɔ́əpɪd, -pəd | tɔ́ːpɪd] 〘《特殊用法》← TORPID¹〙 ── *n.* 《英》**1** [Torpids] (オックスフォード大学の学寮間で Hilary term に行なわれる)春季ボートレース. **2 a** 春季レース用 8 人漕ぎのボート. **b** その選手.

tor·pid·i·ty [tɔəpídəṭi | tɔːpídətɪ, -dɪ-] 〘← TORPID¹+-ITY〙 *n.* **1** 不活発, 遅鈍, 無感覚. **2** 冬眠, 夏眠.

tor·pi·fy [tɔ́əpəfàɪ | tɔ́ːpɪ-] 〘⇨ torpid¹, -ify〙 *vt., vi.* 無感覚にする[なる], 鈍くする[なる].

tor·por [tɔ́əpə | tɔ́ːpə(r] 〘《1607》 ▭ L ~ 'numbness' ← *torpēre* to be numb: ⇨ -or¹〙 ── *n.* **1** 活動不能, 麻痺(ひ); 無気力, 不活発. **2** 鈍感, 無感情, 無関心 (apathy): He seemed in a melancholy ~. 憂うつで無関心の様子だった. **3** (冬眠動物などの)休眠状態 (dormancy).

tor·por·if·ic [tɔ̀əpərífɪk | tɔ̀ː-] 〘← L *torpor* (↑)+-I-+-FIC〙 *adj.* 遅鈍にする, 麻痺(ひ)させる, 無感覚にする.

tor·quate [tɔ́əkweɪt | tɔ́ː-] 〘▭ L *torquāt-us* (p.p.) adorned with a necklace: cf. torque, -ate²〙 ── *adj.* 〖動物〗〈獣の毛・鳥の羽毛が〉首の回りが環状に色の変わった, 首輪のある.

tor·quat·ed [tɔ́əkweɪṭɪd, -ṭəd | tɔ́ːkweɪt-] *adj.* 〖動物〗=torquate.

Tor·quay [tɔəkíː | tɔː-] 〘16C ごろの命名: 《原義》'the QUAY at Tor(moham)': cf. tor〙 ── *n.* イングランド南西部, Devon 州のイギリス海峡に臨む都市; 海水浴場・避暑地; 人口 109,000.

torque [tɔ́ək | tɔ́ːk] 〘《1834》 ▭ F ~ ∥ L *torqu-ēs* twisted metal necklace ← *torquēre* to twist: cf. tort〙 ── *n.* **1** (古代ゴール人・ブリトン人などの貴金属の針金をねじって作った)首飾, 首環, 腕環. **2 a** 〖機械〗トルク《軸回りの力のモーメント》. **b** 〖物理〗トルク, ねじりモーメント; 回転モーメント. ── *vt., vi.* (軸・ボルト・輪などに)トルクを与える. **tórqu·er** *n.*

tórque convèrter *n.* 〖機械〗トルクコンバーター, 流体変速機.

tórque lìnk *n.* 〖航空〗まわり止めリンク《脚の緩衝装置のピストンとシリンダーとが相対的に回転しないで伸縮できるように両者をつなぐリンク》.

Tor·que·ma·da [tɔ̀əkəmɑ́ːdə | tɔ̀ːkɪ-, -ke-, -kwɪ-, -kwe-; *Sp.* tòrkemáda] 〘← *Tomás de Torquemada* (↓)〙 *n.* 迫害者 (persecutor).

Tor·que·ma·da [tɔ̀əkəmɑ́ːdə | tɔ̀ːkɪ-, -ke-, -kwɪ-, -kwe-; *Sp.* tòrkemáda], **Tomás de** *n.* トルケマダ《1420–98; スペイン最初の宗教裁判所長; 冷厳で有名》.

tórque·mèter *n.* 〖機械〗トルク測定計.

tórque mòtor *n.* 〖電気〗トルクモーター《回転速度によらずほぼ一定の回転力の出せるモーター》.

tor·ques [tɔ́əkwiːz | tɔ́ː-] 〘▭ L *torquēs* 'twisted neckchain': ⇨ torque〙 *n.* 〖動物〗首の環《首の回りの色の異なる毛または羽毛の環》.

tórque tùbe *n.* (自動車の推進軸を包んでいる)トルクチューブ, トルク管.

Tor·quil [tɔ́əkwɪl, -kwəl | tɔ́ːkwɪl] 〘▭ Gael. *Torcail* ▭ ON *þorketill* ← *Þor* 'THOR'+*ketill* (← ?)〙 *n.* 男性名. ★ スコットランドに見られる.

torr [tɔ́ə | tɔ́ː(r] 〘← *E. Torricelli*〙 *n.* (*pl.* ~) 〖物理〗トル《圧力の単位; 高さ 1 mm の水銀柱が底におよぼす圧力; 1333.22 マイクロバール》.

Tor·rance [tɔ́(ː)rəns, tɑ́r- | tɔ́r-] 〘この近郊の地主だった *Jared S. Torrance* にちなむ〙 *n.* 米国 California 州南西部, Los Angeles 近郊の工業都市; 人口 140,000.

tor·re·fac·tion [tɔ̀(ː)rəfǽkʃən, tɑ̀r- | tɔ̀rɪ-] 〘← L *torrefactus* ((p.p.) ← *torrefacere* (↓))+-TION〙 *n.* 乾燥; あぶり, 焙焼(ばいしょう).

tor·re·fy [tɔ́(ː)rəfàɪ, tɑ́r- | tɔ́rɪ-] 〘《1601》 ▭ F *torréfier* ▭ L *torrefacere* to make dry or hot ← *torrēre* to parch: ⇨ -fy〙 ── *vt.* **1** 〈薬品などを〉乾燥する, あぶる. **2** 〈鉱石などを〉焼く, 焙焼(ばいしょう)する (roast).

Tor·rence [tɔ́(ː)rəns, tɑ́r- | tɔ́r-], **(Frederic) Ridgely** [rídʒli | -lɪ] *n.* (1875–1950) 米国の詩人・劇作家・編集者.

Tor·ren·ize [tɔ́(ː)rənàɪz, tɑ́r- | tɔ́r-] 〘⇨ Torrens system, -ize〙 *vt.* 〈土地を〉トレンズ制 (Torrens system) によって登記する.

Tor·rens [tɔ́(ː)rənz, tɑ́r- | tɔ́r-], **Lake** *n.* トレンズ湖《オーストラリア南東部の塩水湖; 5,776 km²》.

Tórrens sỳstem 〘← *Sir Robert Torrens* (1814–84: その発案者である英国出身のオーストラリアの政治家)〙 ── *n.* 〖法律〗トレンズ制《1858 年, 南オーストラリアで初めて採用され, のち英国・カナダ・米国の一部などに広まった土地権利登記制度; 政府が正規に登録された土地権利証書を保証するので, 譲渡手続が簡素化され, 地券保険が不要となる利点をもつ》.

tor·rent [tɔ́(ː)rənt, tɑ́r- | tɔ́r-] 〘《1599》 ▭ F ~ ▭ It. *torrente* ▭ L *torrentem* torrent, 《原義》boiling (pres.p.) ← *torrēre* to burn: cf. torrid〙 ── *n.* **1** 急流, 激流, 奔流: ~*s* of water 奔流 / a mountain ~ 急な谷川 / stem the ~ of ...の勢いを阻止する. **2** どしゃ降り: ~*s of* rain 車軸を流すような雨 / a ~ *of* missiles 弾丸雨飛 / It rained ~*s*. 車軸を流すような雨だった / He was perspiring *in* ~*s*. 滝のような汗を流していた. **3** (言葉などの)連発, (感情などの)ほとばしり: a ~ *of* words, grief, eloquence, etc. / He burst into a ~ *of* profanity. 突然汚ない言葉を連発し始めた. ── *attrib. adj.* =torrential: a ~ stream 激流.

tor·ren·tial [tɔ(ː)rénʃəl, tɑ-, tə- | tɔr-, tə-] 〘《1849》: ⇨ ↑, -ial〙 ── *adj.* **1** 急流の; 滝のような, 車軸を流すような: a ~ downpour 車軸を流すようなどしゃ降り. **2** 〈感情など〉激しい, 猛烈な (violent, vehement); あふれるばかりの (overwhelming): a ~ speech とうとうたる弁舌. **3** 急流の作用でできた: ~ gravel and sand 急流でできた砂利と砂. **~·ly** *adv.*

Tór·res Stráit [tɔ́(ː)rɪs-, tɑ́r-, -rəs-, -rɪz-, -rəz- | tɔ́rɪs-, -rɪz-] *n.* [the ~] トレス海峡《オーストラリア北東端 York 岬と New Guinea 南部との間の海峡; 幅 153 km》.

Tor·ri·cel·li [tɔ̀(ː)rətʃéli, tɑ̀r-, -séli | tɔ̀rɪtʃélɪ; *It.* torritʃélli], **E·van·ge·lis·ta** [èvandʒelísta] *n.* トリチェリ《1608–47; イタリアの物理学者・数学者; 水銀気圧計の原理の発見者》.

Tor·ri·cel·li·an [tɔ̀(ː)rətʃéliən, tɑ̀r-, -sél- | tɔ̀rɪtʃéliən, -ljən] 〘《1660》: ⇨ ↑, -an¹〙 ── *adj.* トリチェリの: the ~ experiment トリチェリの実験《水銀気圧計の原理を示す水銀管の実験》.

Torricéllian vácuum *n.* トリチェリの真空《水銀気圧計の主体をなすガラス管の水銀のない部分の真空》.

tor·rid [tɔ́(ː)rɪd, tɑ́r-, -rəd | tɔ́rɪd] 〘《1586》 ▭ L *torridus* ← *torrēre* to parch: ⇨ -id⁴〙 ── *adj.* (**~·er, ~·est; more ~, most ~**) **1** 〈地域など〉(太陽の熱で)焼け焦げた, 乾き切った (parched): a ~ region / ⇨ Torrid Zone. **2** 〈天候など〉炎熱の, 酷熱の (scorching): ~ weather / ~ heat 炎熱. **3** 熱烈な (ardent): ~ love 熱烈な恋愛. **~·ly** *adv.* **~·ness** *n.*

tor·rid·i·ty [tɔ(ː)rídəṭi, tɑr- | tɔrídətɪ, tə-, -dɪ-] *n.* 焦熱 (intense heat). ｢絵).

Tórrid Zòne *n.* [the ~] 〖地理〗熱帯 (⇨ zone 挿

tor·ri·fy [tɔ́(ː)rəfàɪ, tɑ́r- | tɔ́rɪ-] *vt.* =torrefy.

tor·sade [tɔəsɑ́ːd, -séɪd | tɔː-] 〘▭ F ~ 'twisted fringe' ← 《廃》*tors* (p.p.) ← *tordre* < VL **torcēre*= L *torquēre* to twist: ⇨ -ade〙 ── *n.* ねじった紐[リボン]《特に, 帽子の飾り》.

torse [tɔ́əs | tɔ́ːs] 〘▭ F 《廃》~, *torce* ← *tors* twisted (↑)〙 *n.* 〖紋章〗=wreath 6.

tor·sel [tɔ́əsəl, -sl | tɔ́ː-] 〘《変形》← TASSEL¹〙 *n.* 〖建築〗梁(はり)受け《石垣またはれんが壁に入れ, 桁(けた)を支えさせる短い木材[鉄材]》.

torsi *n.* torso の複数形.

tor·si·bil·i·ty [tɔ̀əsəbíləṭi | tɔ̀ːsɪbílətɪ, -sə-, -lɪ-] 〘← TORSUS+-IBILITY〙 *n.* ねじれに対する抵抗力.

tor·si·graph [tɔ́əsəgræ̀f | tɔ́ːsɪgrɑ̀ːf, -græ̀f] 〘← TORSION+-GRAPH〙 *n.* 〖機械〗ねじり振動記録計.

tor·sion [tɔ́əʃən | tɔ́ː-] 〘《c1425》 *torcion* ▭ (O)F *torsion* ▭ LL *torsiō(n-)* ← *torquēre* to twist〙 ── *n.* **1** ねじり, ねじれ (twisting). **2** 〖機械〗トーション, ねじり, ねじり力; ねじれ. **3** 〖数学〗ねじれ, ねじれ率.

tor·sion·al [tɔ́əʃənl, -ʃnəl | tɔ́ː-] *adj.* ねじる; ねじれの. **~·ly** *adv.*

tórsion bàlance *n.* 〖機械〗ねじり秤り《針金やコイルばねのねじり抵抗モーメントを応用した微細力の測定装置[秤り]》.

tórsion bàr *n.* 〖機械〗ねじり(棒)ばね.

tórsion-frèe gróup *n.* 〖数学〗ねじれのない群《単位元以外の元の位数がすべて無限であるような可換群》.

tórsion gròup *n.* 〖数学〗ねじれ群《どの元の位数も有限であるような可換群; 可換群の有限位数の元全体から成る部分群》.

tórsion hèad *n.* 〖機械〗ねじり頭《ねじり秤り (torsion balance) の一部で, このヘッドに針金を懸垂させ, 通常ねじれ角測定用の角度目盛が付けてある》.

tórsion·less *adj.* ねじれることのない.

tórsion mèter *n.* 〖機械〗ねじり動力計《回転機械の回転軸のねじれを測定して伝達トルクを知り, その機械の動力を測定する計器》. ｢dulum 1 b).

tórsion pèndulum *n.* 〖機械〗ねじり振子 (⇨ pen-

torsk [tɔ́əsk | tɔ́ːsk] 〘▭ Norw., Swed. & Dan. ~ < ON *þorskr* 《原義》dried fish〙 ── *n.* (*pl.* **~, ~s**) 〖魚類〗北大西洋に産するタラ科の食用魚 (*Brosmius brosme*)《cusk ともいう》.

tor·so [tɔ́əsou | tɔ́ːsəu] 〘《1797》 ▭ It. ~ < L *thyrsum* 'THYRSUS'〙 ── *n.* (*pl.* **~s, tor·si** [-siː]) **1** (人体の)胴 (trunk). **2** トルソー《頭および手足のない彫像》: the ~ of Hercules. **3** (基本的形態のみを備えた)未完成[不完全]の作: ~*s* of dramas. **4** 衣服の胴を被う部分.

tórso mùrder *n.* ばらばら殺人事件.

tort [tɔ́ət | tɔ́:t] 〖(c1385) ▭ (O)F ～ 'injury,《原義》something twisted' < ML *tortum* (neut.) ← L *tortus* (p.p.) ← *torquēre* to twist〗 ── *n.* 〖法律〗私犯, 不法行為 (private wrong): the law of ～ 不法行為法.
in tort 私犯のために, 私犯に関して.

tor·te [tɔ́ətə | tɔ́:tə; G. tɔ́rtə] 〖▭ G *Torte* ▭ It. *torta* < LL *tōrtam* twisted bread: cf. tart[2]〗 *n.* (*pl.* **tor·ten** [-tn; G. -tn], **～s**) トルテ《小麦粉またはパン粉に卵・砂糖・刻んだ木の実などを入れて作ったケーキ》: ⇨ Linzer torte, Sacher torte.

tor·teau [təətóu | tɔ:tə́u] 〖▭ MF ～ < OF *tortel* wafer, small round loaf of bread (dim.) ← *to(u)rte* round loaf of bread < LL *tōrtam* (↑)〗 ── *n.* (*pl.* **tor·teaux** [～z])〖紋章〗赤色の小円 (cf. roundel 7).

tor·tel·li·ni [tɔ̀ətəlí:ni, -tl- | tɔ̀:təlí:nɪ, -tl-; *It.* tòrtellí:ni] 〖▭ It. ～ (pl.) (dim.) ← *tortelli* (pl.) a pasta < LL *torta* round loaf of bread〗 *n.* トーテリーニ《詰めものをした三か月形の生地をねじって両端を合わせリング型にしたパスタ, およびその料理》.

torten *n.* torte の複数形.

tort-fea·sor [tɔ́ətfì:zə, -zɔə, ニーー | tɔ́:tfì:zə(r, -zɔ:(r, ニーー] 〖▭ AF *tortfesor* wrongdoer (=F *tortfaiseur*): ⇨ tort, feasance, -or[2]〗 ── *n.* 〖法律〗不法行為者, 不法行為における加害者.

tor·ti·col·lis [tɔ̀ətəkɑ́lɪs, -ləs | tɔ̀:tɪkɔ́lɪs] 〖(1811) ← NL ～ 'crooked neck': cf. tort, collar〗 *n.* 〖病理〗斜頸(しゃけい) (wryneck).

tor·tile [tɔ́ətl, -taɪl, -tɪl | tɔ́:taɪl] 〖▭ L *tortil-is* twisted, winding: ⇨ tort, -ile[1]〗 *adj.* ねじれた, 曲った (twisted).

tor·til·i·ty [tɔətíləti | tɔ:tíləti, -lɪ-] *n.* ねじれ, 巻き.

tor·ti·lla [tɔətí:(j)ə | tɔ:tílə; *Am. Sp.* tortíja] 〖(1699) ▭ Am.-Sp. ～ (dim.) ← Sp. *torta* cake < LL *tōrtam* (*pānem*) twisted (bread)〗 ── *n.* トルティーヤ《メキシコのパンケーキの一種; とうもろこし粉をこねて円く薄く伸ばし, 鉄板またはほうろうで焼く》.

tor·tious [tɔ́əʃəs | tɔ́:-] 〖ME *torcious* ▭ AF ← ML *tortiō* use of violence, L torture: ⇨ tort, -ious〗 *adj.* 〖法律〗私犯 (tort) の, 不法行為の. **～·ly** *adv.*

tor·toise [tɔ́ətəs | tɔ́:təs] 〖(a1398) *tortuce* ▭ (O)F *tortues* (pl.) ← *tortue* ▭ Port. *tortuga* < VL **tartarūcam*《原義》the infernal animal ← L *Tartarus* 'TARTARUS': Port. *tortuga* は通俗語源により, その足の形からの連想で L *tortus* twisted の影響を受けている: cf. turtle[1]〗 ── *n.* **1**〖動物〗カメ (turtle); (特に)陸生のカメ (land turtle): ⇨ giant tortoise. **2** ＝tortoiseshell 1 a. **3** 非常にのろい人[物]. **4**〖ローマ史〗＝testude 2.

tórtoise bèetle *n.* 〖昆虫〗カメノコハムシ, ジンガサハムシ《ハムシ科の亀の形をした小甲虫の総称; 金属光沢をしたものが多く, 幼虫は植物の葉を食べる》.

tórtoise-còre *n.* 〖考古〗トータス コア, 亀甲(きっこう)形石核《広くアフリカ・ユーラシアの中期旧石器時代に盛行したルヴァロア技法によって剝片 (flake) が剝離された後に残る石核; cf. Levalloisian》.

tórtoise plànt *n.* 〖植物〗ツルカメソウ (⇨elephant's-foot 1).

tórtoise·shèll [-təʃèl, -təsʃèl | -təʃèl, -təʃʃèl] *n.* **1 a** べっ甲《タイマイ (hawksbill turtle) の甲から製する》. **b** 亀の甲. **2**〖昆虫〗＝tortoiseshell butterfly. **3** べっ甲色の猫, 三毛猫. ── *adj.* **1** べっ甲(製)の; べっ甲まがいの. **2** べっ甲色[模様]の: a ～ cat 三毛猫.

tórtoiseshell búttterfly *n.* 〖昆虫〗ヒオドシチョウ《タテハチョウ科ヒオドシチョウ属 (*Nymphalis*) のチョウの総称; (特に) *N. milberti* と *N. j-album*》.

tórtoiseshell túrtle *n.* 〖動物〗＝hawksbill turtle.

Tor·to·la [tɔətóulə | tɔ́:tələ, tɔ:tə́u-] *n.* 西インド諸島北東にある英領 Virgin 諸島の主島; 面積 54 km², 人口 9,000.

tor·to·ni [tɔətóuni | tɔ:tə́unɪ; *It.* tortó:ni] 〖▭ ? It. *tortone* big tart: cf. tart[2] ∥ ← *Tortoni* (19 世紀にパリで料理店を経営したイタリア人)〗 ── *n.* トルトーニ《泡立てた生クリームに刻んださくらんぼやアーモンドを加えたアイスクリーム》.

tor·tri·cid [tɔ́ətrəsɪd, -səd | tɔ́:trɪsɪd] 〖↓〗〖昆虫〗*n.* ハマキガ《ハマキガ科に属するガの総称》. ── *adj.* ハマキガ(科)の.

Tor·tric·i·dae [tɔətrísədì: | tɔ:trísɪ-] 〖← NL: ⇨ ↓, -idae〗 *n. pl.* 〖昆虫〗(鱗翅目)ハマキガ科.

tor·trix [tɔ́ətrɪks | tɔ́:-] 〖← NL *Tortric*, *Tortrix*《原義》female twister (属名) ← L *tortus* ((p.p.) ← *torquēre* to twist) ＋*-ric-*, *-rix* (fem.) ← *-or* '-OR[2]': 糸で葉を巻いて巣を作ることから〗 ── *n.* 〖昆虫〗ハマキガ《ハマキガ科 *Tortrix* 属のガの総称; ミドリハマキ (*T. viridana*) など》.

Tor·tu·ga [tɔətú:gə | tɔ:-] *n.* ラ トルチュ(島)《Haiti 北岸沖の小島; もと海賊の根拠地; フランス語名 La Tortue [la tɔrty]》.

tor·tu·lous [tɔ́ətʃuləs | tɔ́:tju-] 〖← L *tortula* small twist＋-OUS〗 *adj.* 《俗用》〖生物〗＝torulose.

tor·tu·ose [tɔ́ətʃuòus | tɔ́:tjuə̀us] 〖⇨ tortuous, -ose[1]〗 *adj.* 〖植物〗ねじれた, 曲がりくねった (tortuous).

tor·tu·os·i·ty [tɔ̀ətʃuɑ́səti | tɔ̀:tjuɔ́səti, -sɪ-] *n.* **1** 曲がり, ねじれ (twist, bend, crook). **2** 曲がりくねっているもの, ねじれているもの. **3**〖数学〗湾曲.

tor·tu·ous [tɔ́ətʃuəs | tɔ́:tju-, -tʃu-] 〖(1391) ▭ OF ～ (F *tortueux*) ∥ L *tortuōs-us* twisting ← *tortus* a twist (p.p.) ← *torquēre* to twist〗 ── *adj.* **1** 〈道・流れなど〉ねじれた, 曲がりくねった (winding): a ～ stream, street, path, etc. **2** 〈心・方法・目的など〉まっすぐでない, 回り遠い (devious); 不正の, よこしまな (crooked): his ～ mind. **3** 《まれ》〖数学〗くねった, 湾曲した: a ～ curve くねり線. **～·ly** *adv.* **～·ness** *n.*

tor·ture [tɔ́ətʃə | tɔ́:tʃə(r] 〖(c1540) ▭ (O)F ～ ∥ LL *tortūra* twisting, torment, torture ← *tortus* (↑)〗 ── *n.* **1** 苦痛を与えること, 拷問: death by ～ 拷問による死 / instruments of ～ 拷問台, 責め道具 / put a person to (the) ～ 人を拷問にかける. **2** [しばしば *pl.*] (心身の)大きな苦痛, 苦悶(くもん), 苦悩 (anguish, agony): suffer the ～*s* of the damned 地獄の苦しみをなめる / be in ～ 責めさいなまれている, 苦悶している / It was ～ for him to be squeezed in the crowd. 人込みの中でぎゅうぎゅう押されるのはほんとうに苦しかった. **3** 大きな苦痛を与えるもの, 苦悩の種. **4** 《まれ》(意味・考えなどの)曲解, こじつけ.
── *vt.* **1** 拷問する[に掛ける]: ～ a prisoner. **2** ひどく苦しめる, 悩ます: be ～*d by* [*with*] anxiety [shyness, neuralgia, tight boots] 不安[内気, 神経痛, きつい靴]に悩まされる / Don't ～ me by keeping me in suspense. いつまでも気をもませて苦しめないでくれ. **3** 〈庭木などを〉無理に曲げる, ねじる (warp) 〔*into*, *out of*〕: pine trees ～*d* by storms 暴風で曲がった松の木. **4** 〈言葉などを〉こじつける, 曲解する (distort) 〔*out of*, *into*〕.
tór·tur·er [-tʃərə | -tʃ(ə)rə(r] *n.*

tór·tur·ing [-tʃ(ə)rɪŋ] *adj.* 責めさいなむ, 苦しめる, 苦しい (tormenting): some ～ fear. **～·ly** *adv.*

tor·tur·ous [tɔ́ətʃ(ə)rəs | tɔ́:tʃər-] 〖▭ OF *tortureux*: ⇨ torture, -ous〗 ── *adj.* **1** 拷問的な, 苦しい: in the course of her ～ love affair 苦しみに満ちた恋愛をしているうちに. **2** ＝tortuous. **～·ly** *adv.*

tor·u·la [tɔ́(:)r(j)ulə, tɑ́r- | tɔ́rjulə] 〖(1833) ← NL ～ (dim.) ← L *torus* 'bulge, TORUS'〗 ── *n.* (*pl.* **-u·lae** [-lì:, -làɪ]) **1**〖細菌〗トルラ《*Torula* 属のアルコール発酵の能力がない無胞子酵母菌》. **2**〖病理〗＝cryptococcosis.

tor·u·lose [tɔ́(:)r(j)ulòus, tɑ́r- | tɔ́rjulə̀us] 〖← NL *torulos-us* (dim.) ← L *torōsus* 'TOROSE'〗 *adj.* 〖生物〗ところどころにふくらみのある.

to·ru·lous [tɔ́(:)r(j)uləs, tɑ́r- | tɔ́rju-] 〖← NL *torulos-us* (↑)〗 *adj.* 〖生物〗＝torulose.

To·ruń [tɔ́:ru:n, -ru:njə; *Pol.* tɔ́:runj] *n.* トールニイ《ポーランド北部の Vistula 川に沿う工業都市; 人口 150,000》.

to·rus [tɔ́:rəs, tóːr- | tɔ́r-] 〖(1563) ▭ L ～ 'bulge, rounded molding' ← ?〗 ── *n.* (*pl.* **to·ri** [-raɪ]) **1**〖建築〗(柱基 (base) の)トルス, 半円形繰形, 大玉縁(おおたまぶち) (⇨ molding[1] 挿絵). **2**〖解剖〗隆起: paratine ～ 口蓋(こうがい)隆起 / ～ palatinus 硬口蓋の円形隆起. **3**〖植物〗**a** 花托(かたく) (receptacle). **b** トールス, 円節. **4**〖数学〗トーラス, 円環面[体] (anchor ring).

To·ry [tɔ́:ri, tóːri | tɔ́:rɪ] 〖(1646) ▭ Ir.-Gael. *tōraidhe* robber, 《原義》pursuer ← Ir. *tōir* pursuit〗 ── *n.* **1** 《英》**a** [the Tories] トーリー党《1688 年 James 二世を擁護し革命に反対した王権派; その後は Stuart 王家に味方し, Anne 女王死後 George 一世の即位に反対し, 1832 年の Reform Bill 反対後は Conservative Party となる; cf. Whig 1 b》. **b** トーリー党員. **2** 《米》(独立戦争の際の独立派に対して)英国派, 王党員 (Loyalist). **3** [しばしば t-] 保守党員; 保守主義者. **4** (17 世紀の)アイルランドの追いはぎ《王党と自称した》. ── *adj.* **1** トーリー党(員)の; 王党(員)の. **2** [しばしば t-] 保守党(員)の; 保守主義者の: a ～ candidate 保守党の候補者.

-to·ry [←ー-tɔ:ri, -tɔ̀ri, ←təri | -təri] 〖▭ L *-tōrium* ← *-tus* (p.p. 語尾)＋*-ōrium* '-ORY[2]'〗 ── *suf.* (ラテン語動詞の過去分詞の語幹が t に終わる時の) -ory の異形: declama*tory*, fac*tory*.

Tóry Demócracy *n.* 〖政治〗トーリーデモクラシー《既存の制度の擁護; 政治的民主主義と庶民のための社会・経済計画との結合などを主張する保守党の政治思想》.

To·ry·fy [tɔ́:rəfàɪ, tóːr- | tɔ́:rɪ-] 〖← TORY＋-FY〗 *vt.* **1** 《戯言》トーリー党員にする. **2** [しばしば t-] 保守派にする.

Tó·ry·ish [-riɪʃ] 〖← TORY＋-ISH〗 *adj.* トーリー党員の, 保守的な.

Tó·ry·ìsm [-riìzm] *n.* **1** トーリー党主義 (cf. conservatism 2). **2** [しばしば t-] 保守主義.

to·ry-ro·ry [tɔ:riró:ri, tɔ:riró:ri | tɔ:rɪrɔ́:rɪ] 〖← ?〗 *adj.* 《廃》騒がしい (uproarious).

Tos·ca [tɑ́skə | tɔ́s-; *It.* tóska] *n.* 「トスカ」《Puccini 作曲の歌劇 (1900)》.

To·sca·na [*It.* toská:na] *n.* トスカーナ《Tuscany のイタリア語名》.

Tos·ca·ni·ni [tɑ̀skəní:ni, tɔ̀(:)s- | tɔ̀skəní:nɪ, *It.* tòskaní:ni], **Arturo** *n.* トスカニーニ《1867–1957; イタリアの指揮者; 主に米国で活動した》.

tosh[1] [tɑ́(:)ʃ | tɔ́ʃ] 〖(1892)《変形》← ? BOSH[1]〗 *n.* **1** 《英》むだ口, たわごと (rubbish). **2**〖クリケット・テニス〗(打者を軽くみた)緩球, ゆるいサーブ.

tosh[2] [tɑ́(:)ʃ | tɔ́ʃ] 〖← ?〗 ── 《スコット》*adj.* **1** こぎれいな, さっぱりした (neat, tidy), きちんとした (trim). **2** 快い (agreeable); 親しい (intimate). ── *adv.* こぎれいに, さっぱりと, きちんと; 親しく. ── *vt.* こぎれいにする 〈*up*〉.

tosh·er [tɑ́ʃə | tɔ́ʃə(r] 〖《変形》← UNATTACHED〗 *n.* 《俗》〖英大学〗大学のどの学寮 (college) にも属さない学生 (cf. unattached 4).

toss [tɔ́(:)s, tɑ́(:)s | tɔ́s] 〖(1506) ← ? Scand.: cf. Norw. & Swed. 《方言》*tossa* to spread, strew〗 ── *v.* (**～ed**, 《詩・古》**tost** [tɔ́(:)st, tɑ́(:)st | tɔ́st]) ── *vt.* **1 a** (軽くまたはぞんざいに)ぽいと投げる (hurl): ～ a thing *aside* [*away*] 物を捨てる, うっちゃる / ～ a beggar a coin＝～ a coin *to* a beggar こじきに銭を投げてやる / ～ something *into* the wastepaper basket 物をぽいと紙くずかごの中にほうる / She ～*ed off* her hat. 帽子をぽいと脱ぎ捨てた. **b** 〈人を〉(乱暴に)ほうり込む, 追い出す 〔*into*, *out of*〕: ～ a person *into* jail 人を留置場にぶち込む / ～ a boy *out of* an orphanage 少年を孤児院からほうり出す. **c**〖球技〗〈ボールを〉トスする: The catcher ～*ed* the ball *to* the pitcher. 捕手が投手にボールをトスした. **d** 〈馬が〉〈騎手を〉振り落とす 〈*off*〉; 〈雄牛が〉〈人間などを〉角でほうり上げる. **2 a** (急に)投げ上げる; 〈頭などを〉ぐいと上げる (raise): ～ hay *about* (乾かすために)乾草をほうり上げて引っくり返す / ～ a pancake (なべの中で)パンケーキをぽんと引っくり返す / ～ oars (ボートで)オールを立てる《敬礼》/ ～ one's head (*back*) 頭をぐいともたげる[つんと反らす]《あざけり・軽蔑・抗議またはじれったい時の身振り, または気負い立った馬の動作》/ ～ *up* one's nose at ...に向かってつんと鼻を上げて見せる / ～ a person in a blanket ⇨ blanket 1 a. **b** 〈グラスなどを〉ぐいと傾ける (tilt): ～ a glass (*to* one's mouth) (口元に)ぐいとグラスを傾ける. **c** ぐいと飲む (swallow): ～ the brandy *down* [*down* one's throat] ブランデーをぐいと飲み干す[のどへ流し込む]. **3** 〈硬貨を〉(空に軽く)ほうり上げる《その結果が表か裏かによって順番を決める》; 硬貨を投げて〈人〉と決着をつける (match); 硬貨を投げて決める (cf. heads or tails ⇨ head 4 b): ～ (*up*) a coin / I will ～ you *for* the armchair. 君と硬貨を投げてどちらが安楽椅子にかけるか決めよう / Let's ～ *up who's* to pay. だれが勘定を持つかトスで決めよう. **4** (激しく)動揺させる (stir up); 〈人・心を〉騒がす, 混乱させる (disturb): The sea was ～*ing* a ship. 波が船を木の葉のようにもてあそんでいた / the wind ～*ing* the tops of trees こずえをゆさぶる風 / He ～*ed* himself in bed. 床の中で寝返りを打った / be ～*ed about* in the storms of life 浮世の荒波にもまれる / be ～*ed* by jealousy and rage 嫉妬と怒りにかき乱される. **5** 〈言葉などを〉不意に差しはさむ; 手軽に論じる: ～ an argument 不意に議論を差しはさむ / Her name was ～*ed* about. 彼女の名前が盛んに出て来た. **6** 〈食物を〉軽くかきまぜる: ～ a salad (ドレッシングがよく混ざるように)サラダを軽くまぜる / ～ shrimps in butter 小えびにバターをかけてかきまぜる. **7** 〈衣服を〉さっと無雑作に羽織る: ～ *on* one's bathrobe. **8**〖鉱山〗〈スズ鉱石を〉揺り分ける.
── *vi.* **1** 〈波・船などが〉動揺する, 上下する; 〈羽毛・旗などが〉空(くう)に揺れる, ひるがえる: a ～*ing* sea 波の荒い海 / ～*ing* plumes [crests, banners] ひらめく羽毛[羽飾り, 旗] / one's ～*ing* hair はらはらと風に揺れる髪 / The branches were ～*ing* in the wind. 枝が風に揺れていた. **2** 寝返りをうつ; 転げ回る: ～ *about* [from side to side] in bed 床の中で盛んに寝返りを打つ / He lay ～*ing* all night. 一晩中寝返りを打ち通しだった. **3** じれったそうに[憤然と, 軽蔑したように]行く, 身を動かす (go, move): ～ *out* (*of* a room) つんとして(部屋から)出て行く. **4** 銭投げをする, 硬貨を投げて決める 〈*up*〉: Which team will kick off?—Let's ～ *up* [～ (*up*) *for* it]. どっちのチームがキックオフするか—トスで決めようじゃないか.
toss in [***up***] ***the sponge*** ⇨ sponge 成句. ***toss off*** (*vt.*) (1) ⇨ *vt.* 1 a, d. (2) 一息に飲み干す: ～ a glass *off*. (3) 手軽に[無雑作に]やってのける: ～ *off* one's work 仕事を手早く片づける / ～ *off* a magazine article 雑誌の記事を一気に書きあげる. (4) [～ *oneself off* で]《俗》手淫をする. (*vi.*)《俗》手淫をする. ***toss up*** (*vt.*) (1) ⇨ *vt.* 2 a. (2) ⇨ *vt.* 3. (3) 〈料理などを〉急いで作る: ～ *up* a hot supper. (5)《口語》吐く (vomit). (*vi.*) ⇨ *vi.* 4.
tossing the caber 棒投げ遊び《スコットランド高地で行なわれる, 若木の丸太棒 (caber) を手で垂直に立ててほうり投げる遊び》.
── *n.* **1 a** 投げ上げ, ほうり上げ, トス: the ～ of a ball / ⇨ full toss. **b** (雄牛が角にかけてする)ほうり上げ: a ～ from a bull. **c** 投げ[ほうり]出されること: take a ～ 投げ出される; 《英》落馬する. **d** 投げる[投げた]距離: within the ～ of a ball ボールの届く距離内に. **2** (頭などを)ぐいと[急に]上げること: with a proud ～ of the head 誇らしげに頭をぐいともたげて. **3** 《古》(上下の)動揺; (心の)動揺, 興奮 (commotion, excitement). **4** (表が出るか裏が出るかの)銭投げ, トス (toss-up); (いずれともわからない)五分五分の見込み (even chance): win [lose] the ～ トスで勝つ[負ける]; 首尾よく行く[行かない] / It is quite a ～ whether he comes or not. 彼が来るか来ないかはどっちとも言えない.
argue the toss 《英》二者のうちいずれを選ぶかで議論する; 決定がなされているのに反対[議論]し続ける.
toss and catch 《米》＝pitch-and-toss.
～·er *n.*

tóssed sálad *n.* トストサラダ《青野菜にトマト・玉ねぎの薄切りなどを添え dressing を卓上で軽くかけ, まぜ合わせたもの; cf. toss *vt.* 6》.

tóss·pòt 〖cf. *toss off* (⇨ toss (v.) 成句)〗 *n.* 大酒飲み, 飲んだくれ (drunkard, toper).

tóss-ùp 〖← *toss up* (⇨ toss (v.) 成句)〗 ── *n.* **1** (勝

負を決める)銭投げ, トス. **2**《口語》どちらとも言えない事[疑問], 五分五分 (even chance): It's a ～ whether they will marry or not. 二人が結婚するかどうかはどっちとも言えない.

tost [tɔ́(ː)st, tɑ́(ː)st | tɔ́st] *v.* toss の過去形・過去分詞. ― *adj.* [複合語の第2構成素として] (…に)激しくもまれる: a storm-*tost* boat.

tos·ta·da [to(ʊ)stɑ́ːdə | tə(ʊ)s-; *Sp.* tostáda] 〘▭ Am.-Sp. ～ (fem.) ← *tostado* fried, Sp. toasted (p.p.) ← Sp. *tostar* to toast < VL **tostāre*〙 ― *n.* トスターダ《トルティーヤ (tortilla) をぱりぱりに揚げたもの; tostado ともいう》.

tos·ta·do [to(ʊ)stɑ́ːdoʊ | tə(ʊ)stɑ́ːdəʊ; *Sp.* tostádo] 〘↑〙 *n.* (*pl.* ～**s**) =tostada.

tot[1] [tɑ́t | tɔ́t] 〘《1725》《短縮》? ← *totterer* (← TOTTER[1]＋-ER[1]) // ON *tutt-r* dwarf〙 ― *n.* **1** 小さい子供: a tiny ～ ちび, 幼児 / ～*s* and toddles 幼児たち. **2 a** 《英》少し, 少量; (特に)酒の一口 (shot). **b** 《方言》小さいグラス[コップ].

tot[2] [tɑ́t | tɔ́t] 〘《1690》《短縮》← TOTAL // L *tōtum*: cf. L *tot* so much, so many〙 ― *n.*《英》**1** 加算; 寄せ算 (addition, sum). **2** 寄せ算の答, 和, 合計 (total, aggregate). ― *v.* (**tot·ted; tot·ting**)《英》 ― *vt.* 加える, しめる (add together) ‹*up*›. ― *vi.* ‹数・量・費用などが›〔…に〕なる, 達する (amount) ‹*up*› 〔*to*〕.

tot[3] [tɑ́t | tɔ́t] 〘← ?: cf. OE *tættec* rag〙 *n.*《英俗》(くず山の中の)骨; くず山[ごみ箱]の中の掘り出し物.

TOT 《略》time on target.

tot. 《略》total.

to·tal [tóʊṭl | tə́ʊtl] 〘《*c*1390》▭(O)F ～ ▭ ML *tōtālis* ← L *tōtus* entire ← IE **teu-* to swell〙 ― *adj.* **1 a** 全体の, 総計の (entire, whole) (↔ partial): the ～ number [amount, population, tonnage, expenditure] 総数[量, 人口, トン数, 支出] / the sum ～ 総計, 総額. **b** 全体的な, 総体的な: the ～ effect of a room 部屋の全体的な効果. **2** 全くの, 完全な, 全然の (complete): a ～ abstainer 絶対禁酒家 / a ～ stranger 全く見知らぬ人 / ～ blindness 全盲 / ～ nakedness 素裸 / ～ color blindness 全色盲 / ～ ignorance [indifference, silence] 全くの無知[無関心, 沈黙] / in ～ darkess まっ暗やみの中で. **3** 総力的な, 国家全体の力を出しての, 総動員の: ～ war 総力戦 / ～ defense 総力的防備. **4** 全体主義的な (totalitarian): a ～ state 全体主義国家. ― *n.* **1** 全体, 総体 (aggregate): reach a ～ of $200 / the ～ of his gains 彼の収益の全体. **2** 総計, 合計, 総高 (total amount, sum): the grand ～ 総計 / find the ～ 総計を出す. ***in total*** 全体として (as a whole). ― *v.* (**to·taled, -talled; -tal·ing, -tal·ling**) ― *vt.* **1** 総計する, 合計する, しめる (add up). **2** …に上る, 総計…になる (amount to): The visitors ～*ed* 350. 来訪者総計350人であった. **3**《米俗》‹車などを›めちゃめちゃにこわす, 完全に破壊する: ～ a car. ― *vi.* **1** 総計して〔…に〕なる (amount) ‹*up*› 〔*to*〕. **2**《米俗》めちゃめちゃ[完全]にこわれる.

tótal ábstinence *n.* 絶対禁酒.

tótal báses *n. pl.*〘野球〙塁打(数).

tótal cléavage *n.*〘生物〙全割《受精卵の細胞質の全域に渡る卵割》.

tótal cúrvature *n.*〘数学〙全曲率 (⇨ Gaussian curvature).

tótal deprávity *n.*〘神学〙(カルヴァン主義における原罪による)人性全悪(説).

tótal differéntial *n.*〘数学〙全微分《ある関数の微分に等しいような微分形式》.

tótal eclípse *n.*〘天文〙皆既食 (cf. annular eclipse, partial eclipse).

tótal envíronment *n.* =environment 6.

tótal hárdness *n.*〘化学〙全硬度《単位体積に含有されるカルシウム・マグネシウムイオンの全量》.

tótal héat *n.*〘物理化学〙=enthalpy.

tótal ímpulse *n.*〘宇宙〙全力積《ロケットエンジンの時間的積分値》.

tótal intérnal refléction *n.*〘光学〙=total reflection.

to·tal·i·sa·tor [tóʊṭəlɪzèɪṭə, -lə-, -ṭl- | tə́ʊtəlaɪzèɪtə(r, -tl-] *n.* =totalizator.

to·tal·ism [-ṭəlɪzm, -ṭl- | -təl-, -tl-] *n.* =totalitarianism.

to·tal·is·tic [tòʊṭəlístɪk, -ṭl- | tə̀ʊtəl-] *adj.* =totalitarian.

to·tal·i·tar·i·an [toʊtæ̀lətέ(ə)riən | tə̀ʊtælɪtέəri-, tə(ʊ)-tæ̀l-] 〘← TOTAL＋(AUTHOR)ITARIAN〙 ― *adj.* **1** 全体主義の: a ～ state 全体主義国家. **2** 完全独裁の (despotic): ～ rule. ― *n.* 全体主義者.

to·tàl·i·tár·i·an·ìsm [-nìzṃ] *n.* **1 a** 全体主義《独裁または寡頭制により権力を独占し, 官僚組織・軍隊・警察などによって国民を統制する考え方; cf. liberalism 2 a》. **b** 集産主義 (collectivism). **2** 全体主義的性格.

to·tal·i·tar·i·an·ize [toʊtæ̀lɪtέ(ə)riənàɪz | tə̀ʊtælɪtέəriən-, tə(ʊ)tæ̀l-] 〘← TOTALITARIAN＋-IZE〙 *vt.* 全体主義化する.

to·tal·i·ty [to(ʊ)tǽləṭi | tə(ʊ)tǽlətɪ, -lɪ-] 〘《1598》← ML *tōtālitās* ← *tōtālis* 'TOTAL': ⇨ -ity〙 ― *n.* **1** 全体であること (entirety); (全体の)完備. **2** 全体 (whole); 全額, 総数, 総計 (total amount): in ～ 全体的に, 全く. **3**〘天文〙皆既食の持続時間.

to·tal·i·za·tor [tóʊṭəlɪzèɪṭə, -lə-, -ṭl- | tə́ʊtəlaɪzèɪtə(r, -tl-] 〘《1879》▭F *totalisateur*: ⇨↓, -ator〙 ― *n.* **1** 加算器. **2** 競馬賭け率計算器, トータリゼーター (pari-mutuel machine).

to·tal·ize [tóʊṭəlàɪz, -ṭl- | tə́ʊtəl-, -tl-] 〘← TOTAL＋-IZE: cf. F *totaliser*〙 ― *vt.* **1** 合計する, しめる. **2** 総力化する: ～*d* war (国家)総力戦. **3** まとめる, 要約する (summarize). ― *vi.* 競馬賭け率計算器 (totalizator) を用いる. **to·tal·i·za·tion** [tòʊṭḷɪzéɪʃən, -ṭə- | tòʊtəlaɪ-, -təlɪ-, -tḷ-] *n.*

tó·tal·iz·er *n.* **1** =totalizator 2. **2** (燃料などの)残りの総計を記録する装置《メーターなど》.

tótal lóss *n.* **1**〘保険〙全損 (cf. partial loss): an actual ～ 現実全損 / ⇨ constructive total loss. **2**《俗》全然だめ[役に立たぬ]もの; 怠け者, ぐうたら: He is a ～ when it comes to mechanics. 力学のことになると彼はからっきしだめだ.

tótal lúnar eclípse *n.*〘天文〙皆既月食.

to·tal·ly [-ṭəli, -ṭḷi | -tḷɪ, -təlɪ] 〘《1509》〙 ― *adv.* 全く, 全然, すっかり (wholly, completely): be ～ blind 全く目が見えない / This is ～ different from that. これとそれとは全く違う.

tótally órdered sét *n.*〘数学〙全順序集合《linearly ordered set ともいう; cf. partially ordered set, well-ordered set》.

tótal negátion *n.*〘文法〙全体否定 (↔ partial negation).

tótal préssure *n.*〘物理〙総圧, 全圧《流体の動圧 (dynamic pressure) と静圧 (static pressure) との和》.

tótal quántum nùmber *n.*〘物理〙=principal quantum number.

tótal recáll *n.* 完全記憶能力.

tótal refléction *n.*〘光学〙全反射 (cf. critical angle 1).

tótal sólar eclípse *n.*〘天文〙皆既日食.

tótal théater *n.*〘演劇〙トータル演劇《音楽・せりふ・舞台装置など劇的効果を最大に利用した舞台劇など》.

tótal utílity *n.*〘経済〙(財・サービスの)総効用.

to·ta·qui·na [tòʊṭəkíːnə | tə̀ʊtə-] 〘↓〙 *n.*〘薬学〙=totaquine.

to·ta·quine [tóʊṭəkwàɪn, -k(w)ìːn, -k(w)ɪn | tə́ʊtə-k(w)ìːn] 〘← NL *totaquina* ← ML *tōtālis* 'TOTAL'＋Sp. *quina* (⇨ quinine)〙 ― *n.*〘薬学〙トタキン《アメリカキナの皮から得られるマラリア治療剤; キニーネと他のアルカロイドを含有するが, キニーネより効果が薄い》.

tote[1] [tóʊt | tə́ʊt] 〘▭ ? Afr. (Angola) *tota, tuta* to pick up, carry: cf. F *tauter* to remove on rollers〙《米口語》 ― *vt.* **1 a** (かかえたり背負ったりして)運ぶ, 背負う, 担(かつ)う (carry, bear): ～ a bundle 包みを運ぶ / ～ a gun on one's shoulder 銃を肩にかつぐ. **b** ‹ピストルなどを›携行する: ～ a pistol. **2** (車・船などで)輸送する, 運ぶ (convey). ― *n.* **1** 背負うこと, 担うこと, 運ぶこと; 背負う物, 運ぶ物. **2** =tote bag.

tote[2] [tóʊt | tə́ʊt]〘短縮〙*n.* =totalizator 2.

tote[3] [tóʊt | tə́ʊt] 〘短縮 ← TOTAL〙 *vt.* [通例 ～ *up* として] =total 1, 2.

tóte bàg *n.*《米》(婦人用)大型バッグ[手さげ].

tóte bòard *n.*《口語》賭け率表示盤.

tóte-bòx *n.* (持ち運び可能の)道具箱, 部品入れ.

to·tem [tóʊṭəm | tə́ʊtəm] 〘《1760》▭ Algonquian (Ojibwa) *ototeman* his relations〙 ― *n.* **1** トーテム《未開人, 特にアメリカインディアンの間で種族または氏族に因縁あるものとして世襲的に尊崇する自然物; 特に動物の場合が最も多く, その動物を種族の祖先として崇拝する》. **2** トーテム像 (cf. totem pole).

to·tem·ic [toʊtémɪk | təʊ-] *adj.* トーテムの, トーテム信仰の. **to·tém·i·cal·ly** *adv.*

tó·tem·ism [-mìzm] 〘⇨ totem, -ism〙 ― *n.* **1** トーテム崇拝, トーテム信仰. **2** トーテム組織[制度]《トーテムによる氏族の分割, 同一トーテム族間の結婚を禁じるなど社会的風習の体系》.

tó·tem·ist [-mɪst, -məst | -mɪst] *n.* **1** トーテム制度の社会に属する人. **2** トーテム研究家.

to·tem·is·tic [tòʊṭəmístɪk | tə̀ʊtə-] *adj.* totemism の; totemist の.

to·tem·ite [tóʊṭəmàɪt | tə́ʊtə-] 〘⇨ -ite[1]〙 *n.* =totemist.

tótem pòle 〘《1891》〙 *n.* **1** トーテムポール《トーテムの像を彫刻・彩色した柱で北米北西海岸地方のアメリカインディアンが建てる》. **2** 階級組織, 階層制度 (hierarchy).

tótem pòst *n.* =totem pole.

tót·er [-ṭə | -tə(r] 〘← TOTE[1]＋-ER[1]〙 *n.* 運ぶ人, 輸送する人.

toth·er [tʌ́ðə | -ðə(r] 〘《*c*1250》*þe toþer*《異分析》← *þet oþer, þat oþer* the other: the は 16C 以後落ちた〙 (*also* **t'oth·er** [～]) 《方言》 ― *pron.* (二者の中)今一つ, 片方 (the other): tell one from ～ どれがどれだかを区別する / tell ～ from which《戯言》=tell one from the other. ― *adj.* (二者の中)今一つの, 他の (the other): ～ day 先日.

to·ti- [tóʊṭɪ, -ṭə | tə́ʊtɪ] 〘▭ L *tōti-* ← *tōtus* all, the whole of, entire〙「全部 (whole); 全く (wholly)」の意の連結形: *toti*palmate.

to·ti·dem ver·bis [tάṭədèm-vɚ́ːbɪs, -bəs | tɔ́tɪdèm-və́ːbɪs] 〘▭ L *tōtidem verbis* with just so many words, in these words〙 *L. adv.* 全くその通りの言葉で.

to·tient [tóʊʃənt | tə́ʊ-] 〘《変形》← L *totiēns, totiēs* so often, so many times ← *tot* so many: QUOTIENT にならって〙 ― *n.*〘数学〙トーシェント (⇨ Euler's phi-function).

tot·i·es quo·ti·es [tóʊṭièɪs-kwóʊṭièɪs, tóʊʃiìːz-kwóʊʃiìːz | tɔ́tiìːs-kwɔ́tiìːs, tə́ʊʃiìːs-kwə́ʊʃiìːs] 〘▭ L ～ 'as many times as'〙 ― *L. adv.*〘カトリック〙〔…の〕度ごとに〔*of*〕, その都度 (every time); 繰り返して, 再三《善行の度毎に与えられる全免償についていう; 今日では日に1回だけ得ることができる》.

tót·ing [-ṭɪŋ | -tɪŋ] 〘← TOTE[1]＋-ING[1]〙 *n.*《米南部》(奉公先からの召使の)食料持帰り; 持帰りの食料.

tòti·pálmate 〘← TOTI-＋PALMATE〙〘鳥類〙 *adj.* 4本の足指に全部水かきがある, 全蹼(ぜんぼく)の. ― *n.* 全蹼の鳥《カモ・ガチョウ・ペリカンなど》.

tòti·palmátion 〘⇨↑, -ation〙 *n.*〘鳥類〙全蹼(ぜんぼく).

to·tip·o·tent [toʊtípəṭənt, tòʊṭəpóʊṭṇt | təʊtípətənt, tə̀ʊtɪpə́ʊt(ə)nt] 〘← TOTI-＋POTENT[1]〙 ― *adj.*〘生物〙‹胚域が›分化全能の (cf. pluripotent, unipotent). **to·tip·o·ten·cy** [toʊtípəṭənsi, tòʊṭəpóʊtṇ- | tə(ʊ)típətənsɪ, tə̀ʊtɪpə́ʊt(ə)n-] *n.*

to·to cae·lo [tóʊtoʊ-síːloʊ | tə́ʊtəʊ-síːləʊ] 〘▭ L *tōtō caelō* by the whole heaven, diametrically〙 ― *L. adv.* 天地の隔りで, 全く (entirely): differ ～ 雲泥の差がある / disagree ～ 全然合わない.

Tot·ten·ham [tάtṇəm, -tn- | tɔ́tnəm, -tṇ-] 〘OE *Totehām*《原義》village of *Totta* (人名): ⇨ home〙 *n.* Greater London の北部 Haringey の一部.

Tóttenham púdding *n.*《英》豚の飼料《台所の廃物で作る》.

tot·ter[1] [tάṭə | tɔ́tə(r] 〘《*c*1200》*tot(t)re(n)* to swing ▭ MDu. *touter-en* to swing < OSaxon **taltrōn*=OE *tealtrian* to totter: cf. Norw.《方言》*totra* to quiver, shake〙 ― *vi.* **1** よろめく, ふらふらする, よろめき歩く, よちよち歩く: He ～*ed out* of the room. よろめきながら部屋から出て来た. **2** ‹建物などが›ぐらつく; ‹国家・制度などが›倒れそうになる: The state was ～*ing* to its fall. その国は今にも滅びそうだった. **3**《廃》ためらう, 逡巡(しゅんじゅん)する (waver). ― *vt.* よろめかせる. ― *n.* **1** よろめき, ぐらつき. **2**《ニューイングランド》=seesaw. **～·er** [-ṭərə | -tərə(r] *n.*

tot·ter[2] [tάṭə | tɔ́tə(r] 〘← TOT[3]＋-ER[1]〙 *n.*《英俗》ばた屋.

tót·ter·ing [-ṭərɪŋ | -tər-] *adj.* よろめく, ぐらつく, 揺れる: ～ steps よろよろ歩き / a ～ tower ぐらぐらする塔 / a ～ government 倒れそうな政府 / a ～ reason しっかりしない理由. **～·ly** *adv.*

tot·ter·y [tάṭəri | tɔ́tərɪ] *adj.* よろめく, ふらふらする, ぐらつく (unsteady, shaky): a ～ old man.

tót·ting [-ṭɪŋ | -tɪŋ] 〘⇨ tot[3]〙 *n.*《英俗》くずの中の掘り出し物を集めること.

tótting-úp *n.* **1** (個々の項目を)合計すること. **2**《英》(運転免許取り消しになるような)交通違反の累計.

Toua·reg [twάːreg] *n.* (*pl.* ～, ～**s**) =Tuareg.

Tou·at [túːæt] *n.* トゥーアト《アフリカ北部の Sahara 砂漠北西部のオアシス群》.

tou·can [túːkæn, -kɑːn, ⌐⌐ | túːkən, -kæn, -kɑːn] 〘《1568》▭F ～ ▭Port. *tucano* ▭ Tupi *tucana*〙 ― *n.* **1**〘鳥類〙オオハシ《熱帯アメリカ産のオオハシ科の巨大なくちばしを有する羽毛の美しい鳥》. **2** [the T-]〘天文〙きょしちょう(巨嘴鳥)座 (⇨ Tucana).

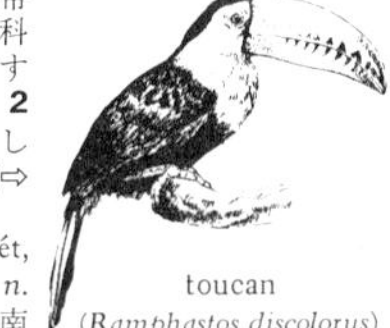

toucan
(*Ramphastos discolorus*)

tou·can·et [tùːkənét, ⌐⌐⌐] 〘⇨↑, -et〙 ― *n.*〘鳥類〙チュウハシ《中南米に生息するオオハシ科の体が緑色の小型の鳥の総称; ミドリチュウハシ (emerald toucanet) など》.

touch [tʌ́tʃ] 〘《*c*1300》*touche(n)* ▭ OF *toch-ier* (F *toucher*) < VL **toccāre* to knock, strike, touch ← **tok* light blow《擬音語》?: cf. G *zucken* to twitch / It. *toccare*〙 ― *vt.* **1 a** …に(手・指などで)触れる, さわる, さわってみる: Don't ～ exhibits. 陳列品に手を触れるべからず / ⇨ *not touch with a pair of* TONGS / ～ a person *on* the arm [shoulder] 人の腕[肩]に手を触れる《注意を引くため》/ ～ one's hat (*to* a person) =～ one's hand *to* one's hat 帽子に手を上げて(人に)会釈する / I never ～*ed* him. 彼にはさわりもしなかった《気にさわるようなことは何もしなかった》/ The fur was [felt] smooth to ～. その毛皮は滑らかで手ざわりがよかった (cf. *n.* 2). **b**〘医学〙触診する (palpation). **c** ‹王・女王が›‹人›に治療のためにさわる: be ～*ed for* scrofula 瘰癧(るいれき)を直すためにさわってもらう《昔英国やフランスで瘰癧は王[女王]に触れてもらえれば直ると信じられた; cf. king's evil》. **2 a** ‹物を›接触させる, 触れ合わせる: ～ glasses *together* (乾杯の時に)グラスを触れ合わせる / ～ gloves *with* one's opponent ‹ボクサーが›相手とグラブを触れ合わせる / ～ a match *to* kindling マッチをすってたき木につける / ⇨ *touch* ELBOWS. **b** …に接触する, 触れ合っている: His car ～*ed* mine but did no damage. 彼の車が私の車と接触したが損傷はなかった / The snow melted as it ～*ed* the earth. 雪は地面に触れると溶けた / ～ pitch ⇨ pitch[1] *n.* 1. **c**〘数学〙‹直線が›‹円など›に接する.

3 …と境を接する, …に隣接する, 沿う: The province ～*es* the lake. その州はその湖に接している.

4 a (手・指などで)軽く押す[打つ]: ～ the bell [switch] ベル[スイッチ]を軽く押す / ～ the keys of a piano [the strings of a harp] ピアノのキーを軽くたたく[ハープの弦に触れて鳴らす] / ～ a horse *with* a whip 馬に軽くむちを当てる. **b**《古》‹楽器を›鳴らす, ひく, かなでる (play); ‹曲を›奏する, 歌う: ～ the lyre [piano] 竪琴をかきならす[ピアノをひく].

5 a …に軽く塗る, 軽く描く[染める]〔*with*〕: a drawing ~*ed with* water washes 水彩で色を加えた素描 / She ~*ed* her lips *with* red. 軽くくちびるに紅をさした. **b** …に色合いをつける；に〔…の気味を〕もたせる〔*with*〕: brown hair ~*ed with* grey 灰色を帯びた褐色の髪の毛 / admiration ~*ed with* envy 嫉妬を交えた賞賛 / The dawn ~*ed* the horizon. 曙(あけぼの)の色が地平線を染めた.

6 …に達する, 届く, 及ぶ (reach): Can you ~ the ceiling? 天井に届くかい / The thermometer just ~*ed* 34° today. 寒暖計は今日はちょうど 34 度に達した / At times the bobsleigh ~*ed* 80 m.p.h. 時々ボブスレーは時速 80 マイルにも達した / ~ success (ついに)成功する / ⇨ *touch* BOTTOM.

7 [通例否定構文で] (能力などが)…に匹敵する, 比肩する (be equal to): *No* one can ~ him *in* tragedy [*as* a tragedian]. 悲劇の分野では[悲劇俳優としては]誰も彼に及ぶ者がない / There are *few* things to ~ sea air *for* bracing you up. 元気をつける点では海の空気に匹敵するものは少ない.

8 [通例否定構文で] **a** 〈飲食物など〉に手をつける；(みだりに)手を触れる: He ~*es neither* coffee *nor* tea. コーヒーもお茶も飲まない / He had *never* ~*ed* a card before then. それまでトランプなどしたこともなかった / *Nothing* must be ~*ed* before the police come. 警察が来るまで何にもさわってはならない. **b** 〈金〉に手をつける, 着服する (misappropriate): He ~*ed* the whole of her money. 彼女の金を全部着服した. **c** 〈仕事など〉に手をつける, 〈事業など〉に手を出す, 関係する；…に手出しをする, 干渉する (interfere with): I have*n't* been able to ~ my work all day. 一日中仕事に手がつかなかった / It isn't my business; I *won't* ~ it. それは私の知ったことではない, 手なんか出しませんよ / The law can*'t* ~ him. 法律も彼をどうすることもできない. **d** 〈試験問題など〉に手をつける (cope with): I could*n't* ~ the algebra paper. 代数の問題には手が出なかった.

9 a [通例 Passive で] 軽く害する, 少しいためる[傷つける] (injure slightly): The blossom *was* ~*ed* by the frost. 花は霜で少し痛んだ / The horse *was* ~*ed* in the wind. 馬はちょっと息切れしていた. **b** [通例否定構文で] …に(物質的に)影響を与える (affect), 変化させる (modify): *No* file ~*es* this metal. どんなやすりもこの金属にはきかない / *Nothing* will ~ these stains. 何を使ってもこのしみは落ちない / The experience seems *not* to have ~*ed* him at all. その経験も彼には全然影響を与えなかったようだ. **c** [通例 p.p. 形で] …の精神をそこなう, …の気をふれさす: He's a little ~*ed* (in his mind [the head, 《俗》 the upper story]). 少し気がふれている.

10 a 〈人・心を〉感動させる, …に同情[感謝, 悔悟など]の念を起こさせる (move): The scene ~*ed* her (heart). その光景を見て彼女は感動した / It ~*ed* me *to* the heart. それは私を深く感動させた / The story ~*ed* them *to* tears. その話に感動して彼らは涙を流した / I was ~*ed by* his personal warmth [*with* his solicitude]. 彼の人間的な暖か味[心遣い]に心を動かされた. **b** 〈人〉の急所を突く；…の感情を害する (wound): The remark ~*ed* him *home* [*to* the quick]. その言葉は彼の急所を突いた / That ~*ed* me on a sore spot. それには思わずぎくりと胸を刺される思いがした / You ~ me there. それを言われると痛い / ~ a person on the raw ⇨ raw *n.* 1 b.

11 …に軽く言及する, 触れる (mention casually); 取り扱う (treat of) (cf. *vi.* 3): We ~*ed* many topics in our conversation. 座談の中で色々な話題に触れた / a pamphlet that ~*es* social welfare 社会福祉を論じたパンフレット.

12 《古》…に関係する, …の利害にかかわる(concern): The matter ~*es* you closely. その問題はあなたと深いかかわりがあります / Anything ~*ing* the problem interested him. その問題に関することは何でも彼の興味を引いた.

13 〖海事〗〈船が〉…に寄港する, 立ち寄る (stop at) (cf. *vi.* 5 a): ~ port [shore] 〈船が〉寄港する.

14 《俗》 **a** 〈人〉から〔金を〕借りる, 〈人〉に〔金を〕せびる〔*for*〕: He ~*ed* me *for* fifty dollars. まんまと私から 50 ドル巻き上げた. **b** 〈人〉から〔物を〕すり取る〔*for*〕: Somebody ~*ed* her *for* her purse. 彼女はだれかにハンドバッグをすられた.

15 〖冶金〗 **a** 〈金銀を〉試金石 (touchstone) でためす. **b** 〈金属〉に(純度試験済みの)証印を押す.

— *vi.* **1 a** 触れる, さわる, 接触する: Their hands ~*ed*. 互いの手が触れた. **b** 〈王・女王が〉病人に手を当てる(瘰癧(るいれき)を直すために) (cf. *vt.* 1 c). **c** 《古》(さわった時…の)感じがする (feel): This surface ~*es* rough. この表面はざらざらする. **2 a** 〔…に〕境を接する〔*on, upon*〕: The two states ~. **b** 〔…に〕接近する, 近い (verge) 〔*on, upon*〕: His remarks ~ *on* blasphemy. 彼の言葉は神に対する不敬に近い. **c** 《古》〈時間が〉〔…に〕近づく〔*on, upon*〕. **3** 〔…を〕簡単に論じる, ざっと説く, 〔…に〕言及する〔*on, upon*〕 (cf. *vt.* 11): The rector ~*ed on* the subject in his sermon. 牧師は説教でその問題にちょっと触れた / You ~*ed upon* rather a tender point. ちょっと痛い所に触れられたね. **4** 《まれ》〔…に〕関係する, 関連する (relate) 〔*on, upon*〕. **5** 〖海事〗 **a** 〈船が〉〔…に〕寄港する (cf. *vt.* 13) 〔*at*〕: ~ *at* Naples. **b** 〈帆が〉風を受けて震えるようになる. **6** (絵などに)筆を入れる[加える] (retouch).

touch and go (1) 《廃》軽く論じ去って他におよぶ. (2) 〖海事〗〈船が〉水底をかすって進む. (3) 辛うじてのがれる (cf. TOUCH *and go* ⇨ *n.* 成句). ***touch down*** (1) 〖アメリカンフットボール・ラグビー〗〈ボールを〉タッチダウンする (cf. touchdown 1 a, 2). (2) 〖航空〗(短時間)着陸する (land); (特に, 燃料補給のため)途中立ち寄る; 〖海事〗陸地に着く: The plane ~*ed down at* the airport for refueling. その飛行機は燃料補給のため空港に着陸した. ***touch in*** (絵画などで)〈細部を〉描き込む[加える]. ***touch off*** (1) 〈大砲などに〉点火する, 発射する (discharge); 〈ダイナマイト・感情などを〉爆発させる. (2) 〈激烈な行動・事態などを〉誘発する, 引き起こす (trigger): The walkout ~*ed off* the worst traffic jam in the city. ストライキはその都市最悪の交通渋滞を引き起こした. (3) (リレーで)〈次の走者〉に手を触れて出走させる, タッチする. (4) 《米》正確に[巧みに]描き出す; 《英》手早く写生する, さっと書き上げる. (5) 〈人を〉出し抜く, 打ち負かす. ***touch up*** (1) 〈絵・文章などを〉ちょっと変える, 仕上げる, 〈写真などを〉修整する (improve); 〈顔など〉の化粧の仕上げをする: Before the mirror she ~*ed up* her lips and face. 鏡に向かって唇やほおの辺りのお化粧に手を加えた / This photo needs to be ~*ed up*. この写真には修整が必要だ. (2) 〈馬など〉に軽くむちを当てる. (3) 〈記憶などを〉呼び起こす (jog). (4) 《英》〈人を〉怒らせる.

— *n.* **1 a** 触れること, さわること, 接触 (contact): feel a ~ on one's arm 腕に誰[何]かさわるのを感じる / give a person a ~ 人にさわる / salute with a ~ to one's hat 帽子に手をやって会釈する (cf. *vt.* 1 a) / It will break *at* a ~. ちょっと触れただけでもそれはこわれる / *At* a ~ he yielded. 一押しで彼は折れた[譲歩した] / ⇨ royal touch. **b** 〖医学〗触診 (palpation). **2** 触覚, 触感; 手ざわり, 感触: the sense of ~ 触覚, 触感 / the velvety ~ of a fabric 織物のビロードのような柔らかい感触 / It is soft [rough] *to* the ~. 手[肌]ざわりが柔らかい[ざらざらする]. ★ ラテン語系形容詞: tactile.

3 軽く押す[打つ]こと〔*of*〕: *at* the ~ *of* a bell ベルを軽く押すと / give a horse a ~ *of* the spurs 馬に軽く拍車を当てる.

4 (筆・鉛筆・ペンなどでの)一筆 (stroke, dash); 筆致, 筆法, 筆触; 仕上げ, タッチ (workmanship): a happy ~ 巧みな筆致[表現] / finishing ~*es* 仕上げ / a sculpture with a bold ~ 鑿(のみ)の使い方が大胆な彫刻 / add a few ~*es* 二, 三筆加える / He put the final ~*es* to his preparations for the journey. 旅行の準備の最後の仕上げをした.

5 a 〖音楽〗タッチ《鍵盤楽器, 特にピアノの打鍵法; 演奏様式》; (ピアノなどの鍵とアクションの)タッチ, 手応え: This piano has a very stiff [light] ~. このピアノは手応えが堅い[軽い] / This piano is wanting in ~. このピアノは鍵の弾力が弱い. **b** 〖鳴鐘法〗鐘の鳴らし方の一種《種々の音色をもつ教会の組鐘の一部を強からず鳴らす一連の鳴らし方》.

6 (精神的)接触, 交渉, 連絡 (contact, communication); 共鳴[熟知]している立場〔*with*〕: I've been trying to get *in* ~ *with* you all afternoon. 午後ずっとあなたと連絡を取ろうとしていました / Would you put me *in* ~ *with* him? 彼と話ができるように取り計らってくださいませんか / They keep *in* constant [close] ~ *with* each other. 二人は絶えず[密接に]連絡を取り合っている / He was always *in* ~ *with* public opinion. 常に世論に通じていた / She was *out of* ~ *with* reality. 彼女は現実を認識していなかった[実情にうとかった] / I've lost ~ *with* her. 彼女と連絡が取れなくなった.

7 [通例 a ~] **a** 気味, ちょっぴり, 少量 (trace, dash) 〔*of*〕: with a ~ *of* spite [irony, asperity] in one's voice ちょっと声に悪意[皮肉, 厳しい調子]を帯びさせて / He felt *a* ~ *of* regret [impatience]. ちょっと残念な[じれったい]気持になった / She has *a* ~ *of* real genius. 彼女は本当に天才的なところがある / I want *a* ~ *of* salt [sugar]. 少し塩気[甘味]がほしい / It's just a ~ *of* headache. ちょっと頭痛がするだけだ. **b** ちょっとした印象[感じ]: Some ~ *of* compunction smote him. いささか良心の苛責を感じた. **c** (病気などの)軽いさわり, 気味, 異常; (気などの)ふれ (taint): *a* ~ *of* rheumatism [gout, flu] リューマチ[痛風, インフルエンザ]の気味 / *a* ~ *of* the sun 軽い日射病 / *a* ~ in the brain 頭が少し変なこと. **d** 《古》短い[簡単な]言及, 暗示 (hint).

8 [a ~; 副詞的に] 少し (a bit): He is *a* ~ more sensible. 彼はもうちょっと話がわかる.

9 特質, 特徴 (trait): 特質の現われ: a characteristic ~ (話などの)特徴, 癖 / a personal ~ (ある人の)独特の風格 / the ~ of a master 巨匠の特徴《いかにも巨匠らしい格調》/ a human ~ 人間味, 人情味 / a ~ of nature 生来の特性, 人情味(の流露); (俗に)共感を呼ぶ感情の表示 / One ~ of nature makes the whole world kin. 気脈が通じれば世界の人はみな親族となる (Shak., *Troilus* 3. 3. 175) / He was a man of about fifty, with a ~ of the scholar in his stooping shoulders. ねこ背加減になっているところに学者らしい風貌をうかがわせる 50 がらみの男だった.

10 手際, こつ, 技巧, 熟練 (knack, skill): the Nelson ~ (難局に処する)ネルソンのような手際 / The doctor had an expert ~ with the cannula. その医師はカニューレ操作にかけてはすばらしい技量をもっていた.

11 a 《古》試金石 (touchstone); 試金石による試験. **b** 〖冶金〗(金銀の純分が規定通りであることを示す)極印, (金銀などの純度試験済みの)証印; (金銀などの)純度. **c** 試験 (test); 標準 (criterion). ★ 通例次の句で: bring [put] something to the ~ あるものをためす.

12 《物理》(鋼片の)接触磁化.

13 タッチ: **a** 〖ラグビー〗タッチラインの外側の部分: in [into] ~ タッチになって; 競技停止中で. **b** 〖サッカー〗タッチラインより外側の部分. **c** 〖タッチフットボール〗ボールを保持したプレーヤーに守備側プレーヤーが両手で触れること; プレーはその場でアウトとなる. **d** 〖フェンシング〗トゥシュ, 突き, 斬り《foil または épée の剣先または saber のカッティングエッジが相手の有効面に触れること; ポイントになる》.

14 [near ~ として] 《口語》 = narrow escape.

15 鬼ごっこ (tag).

16 《俗》 **a** (金を)借りる[巻き上げる, 盗む]こと: make a ~ 金[物]をせびる / He put the ~ *on* her *for* another fin. 彼女にまた 5 ドルの無心をした. **b** 借りた[巻き上げた, 盗んだ]金. **c** [修飾語を伴って] 金を巻き上げられた人: an easy [a soft] ~ 簡単に金をせびられてしまう人.

17 《俗》 **a** 物を買わせる法. **b** (…ほどの値で)売れる物: a dollar ~ 1 ドルほどの(値の)物. **c** (いかがわしいやり方で得た)売上げ (sale).

be no touch to 《米口語》…とは比べものにならない. ***touch and go*** (cf. touch-and-go) (1) ちょっと触れて離れること, 素早い動き. (2) 軽く論じ去って他に及ぶこと. (3) きわどさ, 不安な状態, 一触即発. (4) 〖航空〗タッチアンドゴー《操縦訓練のために飛行機を滑走路に接地させ, 引き続き離陸させること》.

touch·a·ble [tʌ́tʃəbl] 〘⇨ ↑, -able〙 *adj.* **1** 触れることのできる, 触知できる (tangible). **2** 感動させることのできる.

tóuch-and-gó 〘← *touch and go* (⇨ touch (n.) 成句)〙 — *adj.* **1** ちょっとさわると破裂する, 一触即発の; きわどい, 危ない, 不安な (risky, uncertain): a ~ business 危ない綱渡り / It was ~ *with* him. 彼にとっては生きるか死ぬかの瀬戸際だった / It is ~ whether I will pass the exam. 試験に通るかどうかきわどいところだ. **2** 触れては進む; ぞんざいな, ざっとした (hasty, desultory): ~ dialogue 話題があちこちに飛ぶ対話 / ~ sketches ざっとしたスケッチ.

tóuch·bàck *n.* 〖アメリカンフットボール〗タッチバック《一方のチームがキックまたはパスしたボールを相手チームのプレーヤーが自軍エンドゾーン内で受け取り, そのボールをダウン (down) すること; 20 ヤードラインから受け取ったチームの攻撃となる; cf. safety 4》.

tóuch bòdy [còrpuscle] *n.* 〖生物〗 = tactile corpuscle.

tóuch·dòwn *n.* **1** 〖アメリカンフットボール〗 **a** タッチダウン《ボールキャリアーがゴールラインを越えるかまたはエンドゾーンに入ること; 6 点となる》. **b** タッチダウンで得た得点. **2** 〖ラグビー〗タッチダウン《相手が蹴り込んだボールを味方のインゴールで押えること》. **3** 〖航空〗(着陸時の車輪の)接地.

tou·ché [tuːʃéɪ; *F.* tuʃe] 〘□F ~ (p.p.) ← *toucher* 'to TOUCH'〙 — *n.* **1** 〖フェンシング〗 = touch 13 d. **2** (討論における)急所を突いた言葉や論法. — *int.* **1** 〖フェンシング〗トゥシェー《トゥシュ (touch) により 1 本取った時にいう》. **2** 一本参った, うまい《討論会などで相手の巧みな論法や機知のある受答えに対していう》.

touched 〘《*a*1396》← TOUCH + -ED 1〙 *adj.* 少し気のふれた (slightly crazed): He is a bit ~ in the head. 少し気がふれている.

tóuch·er 〘《15C》〙 — *n.* **1** 触れる人[物]. **2** 《英俗》危機一髪 (close shave): near as a ~ ほとんど, まさに, あやうく / a near ~ 危機一髪. **3** 〖球技〗(bowls 遊戯で)静止する前に目標の球 (jack) に触れる木球 (bowl).

tóuch fóotball *n.* 《米》タッチフットボール《アメリカンフットボールの tackle を touch におきかえてする競技; cf. touch *n.* 13 c》.

tóuch·hòle 〘← 《廃》 *touch(powder)* powder used for priming a gun + HOLE〙 — *n.* (中世末期ないし近世初期の大砲の)火門, 点火孔《熱した釘や道火(どうか)を挿入して筒内の火薬に点火する砲尾の孔》.

tóuch·ing 〘prep.: 《*a*1325》《なぞり》← (O)F *touchant* (pres.p.) ← *touch(i)er*: ⇨ touch, -ing². — adj.: 《1508》〙 — *adj.* 人の心を動かす, 人を感動させる, 悲壮な, いじらしい (moving, pathetic): a ~ tale [incident] 痛ましい物語[出来事] / She was so ~ in her simplicity. 彼女の単純さは全くいじらしかった.

— *prep.* [しばしば as ~ として] 《古・文語》…について, …に関して (concerning, about) (cf. touch *vt.* 12): ~ the subject of our conversation 我々の話題に関して / *As* ~ the gulls, they build in rocks. カモメについて言えば彼らは岩間に巣を作る.

~·ly *adv.* **~·ness** *n.*

tóuch-in-góal *n.* 〖ラグビー〗タッチインゴール《競技場の四隅(すみ)に接しゴールラインおよびタッチラインの延長にはさまれた区域》.

tóuch-in-góal line *n.* 〖ラグビー〗タッチインゴールライン《タッチラインの延長で, ゴールラインとデッドボールラインの間の部分》.

tóuch·làst *n.* 《英》〖遊戯〗鬼ごっこ《最後に触れられた者が鬼になる子供の遊戯》.

tóuch·lìne *n.* **1** 〘サッカー・ラグビー・アメリカンフットボール〙側線, タッチライン《両ゴールライン (goal line) を直角に結ぶ二本の側線》. **2** 《英》=sideline 4.

tóuch·màrk *n.* (宝石・貴金属の)純度表示極印.

tóuch-me-nòt 〘《1597》《なぞり》← NOLI ME TANGERE: ホウセンカの pod は手を触れるとはじけて種子がこぼれやすいことから〙 ― *n.* **1** 〘植物〙ホウセンカ科ホウセンカ属 (*Impatiens*) の草本の総称; (特に)キツリフネ (*I. nolitangere*) (noli me tangere ともいう; cf. impatiens). **2** 《廃》〘病理〙=noli me tangere 5. **3** 触れてはならない人[もの, 話題]; 尊大な人; (特に)冷たくよそよそしい女.

tóuch nèedle *n.* 〘金属加工〙試金針《純金または銀との合金の針; 他の合金を試金石で吟味する際に標準として用いる》. 「いる硝石に浸した紙」.

tóuch pàper *n.* 導火紙《爆薬や花火などの点火に用

tóuch·pìece *n.* お手付け金《昔英国の王が瘰癧(るいれき)の治療のためにさわってやった人に与えた angel 金貨またはメダル; cf. king's evil, royal touch》.

tóuch·stòne *n.* **1** 〘鉱物〙試金石《黒色緻密(ちみつ)な石英の集合体; この岩石に条痕をつけて金・銀の純度を試験するのに用いる; Lydian stone ともいう》. **2** 《試験の》標準, 基準 (criterion).

tóuch sỳstem *n.* タッチシステム《タイプライターのキーを見ずに打つ方法; cf. HUNT and peck》.

Touch-Tone [tʌ́tʃtòun | -tàun] *n.* 〘商標〙タッチトーン《ダイアル式ではなくプッシュボタン式の電話》. ― *adj.* プッシュボタン方式の.

tóuch-tỳpe *vi.* タッチシステム (touch system) でタイプライターを打つ.

tóuch-ùp *n.* 修整 (retouch).

tóuch·wòod *n.* 火口(ほくち) (punk, amadou).

tóuch·y [tʌ́tʃi | -tʃɪ] 〘《1605》《変形》← TETCHY: touch との連想による: ⇨ touch, -y⁴〙 ― *adj.* (**touch·i·er**; **-i·est**) **1** 怒りっぽい, 短気な, 性急な (testy): I am ~ *about* the thinness of my hair. 髪の毛の薄いことをいわれると腹が立つ. **2** 〈体の部分が〉鋭敏な, 過敏な (oversensitive). **3** 〈問題・仕事が〉面倒な, やっかいな, 扱いにくい (ticklish): a ~ issue. **4** 〈化学製品が〉燃えやすい, 火のつきやすい, 爆発しやすい. **tóuch·i·ly** [-tʃɪli, -tʃə- | -tʃɪli] *adv.* **tóuch·i·ness** *n.*

tough [tʌ́f] 〘OE *tōh* < Gmc **taŋxuz* (Du. *taai* / LG *tage* / G *zäh*) ← IE **denk-* to bite〙 ― *adj.* (~·**er**; ~·**est**) **1** 強い, 曲がっても折れない, こわい, 堅い, 硬い (↔ tender, soft): ~ meat, wood, fiber, paper, steel, etc. / a beefsteak as ~ as leather 革のように硬いビフテキ. **2** 〈粘土など〉粘りのある, 腰の強い, ねばつく (sticky): ~ tar ねばつくタール. **3** 〈人・動物(の体)が〉頑丈(がんじょう)な, 強い, 丈夫な (robust); 〈精神・性格が〉たくましい, 不屈の (hardy): a ~ worker, soldier, etc. / a ~ constitution 頑丈な体格 / a ~ people たくましい民族. **4** 頑強な, 手ごわい; 強情な, 一徹な (stubborn): a ~ antagonist / a ~ customer 手ごわい相手. **5** 困難な, 難かしい (difficult), 骨の折れる, やっかいな (laborious): a ~ problem, job, etc. / a ~ question to answer 答えにくい問題 / Japanese is one of the ~*est* languages in the world. 日本語は世界中で最も難かしい言語の一つだ. **6** 〈戦いなど〉激しい, 激烈な (violent): a ~ fight [contest] 激しい戦闘[試合]. **7** 信じられない (incredible): a ~ story [yarn] 信じられない話 / *Tough!* 《俗》まさか《そんなことは信じられない》. **8** 現実的な (realistic), 冷徹な, 非情な (hard-boiled): a ~ writer ハードボイルド作家. **9 a** 乱暴な, 無法な (vicious, ruffianly): a ~ nut 《俗》やくざ, 悪党; 扱いにくい相手, 強情な男. **b** 〈場所が〉ごろつき[よた者]の出入りする, 柄の悪い: a ~ waterfront よた者の出入する海岸通り. **10** 《口語》厳しい, 強硬な (severe): a ~ law 厳しい法律 / a ~ policy 強圧政策 / get ~ *with* a person 人を容赦しない. **11** 《口語》不愉快な, 辛い (disagreeable), ひどい (bad): ~ luck 辛い運命, 不運 / Things are ~. 世の中はせちがらい. **12** 《米俗》すばらしい, 見事な (fine, excellent)《賞賛のことば》.

― *adv.* 《口語》頑強に; 乱暴に; 冷酷に; 厳しく.

― *n.* 《口語》よた者, ごろつき, 無頼漢 (ruffian): a street ~ 町のよた者.

― *vt.* 〈困難〉に耐える[を忍ぶ] 〈*out*〉: ~ the winter *out* 冬を耐え忍ぶ / ~ it *out* 耐え忍んでやり通す (cf. rough 5). ~·**ly** *adv.* ~·**ness** *n.*

tough·en [tʌ́fən] 〘⇨ ↑, -en¹〙 ― *vt., vi.* **1** 強くする[なる], こわくする[なる]: ~ stomach muscles 腹筋を強くする. **2** 頑丈(がんじょう)にする[なる], たくましくする[なる]: His hands were ~*ed* from the manual work of many years. 彼の手は長年の労働でごつごつしていた. **3** 粘り強くする[なる]. **4** 頑固(がんこ)にする[なる], 強情にする[なる]. **5** 困難にする[なる]. ~·**er** *n.*

tough·ie [tʌ́fi | -fɪ] 〘⇨ tough, -ie〙 *n.* 《口語》 **1** たくましい男; 好戦的な男. **2** 難問[題], 難局. **3** 非情な[ハードボイルドな]映画[小説].

tóugh·ish [-fɪʃ] *adj.* **1** 少し強い, ややこわい; やや丈夫な. **2** やや粘り強い. **3** やや強情な. **4** やや困難な.

tóugh-mínded *adj.* **1** 〈態度・考え方など〉実際活動向きの, 感傷的でない. **2** 意志強固な, (性格的に)強い. ~·**ness** *n.*

tough pítch *n.* 〘冶金〙精銅の柔軟で可鍛的な状態; 柔軟で可鍛的状態の精銅.

tough·y [tʌ́fi | -fɪ] *n.* =toughie.

Toul [túːl; *F.* tul] *n.* トゥール《フランス北東部, Moselle 河畔の都市; 人口 17,000》.

Tou·lon [tuːlɔ́ː(ŋ), -lɔ́(ː)ŋ; *F.* tulɔ̃] *n.* トゥーロン《フランス南東部の都市; 海軍基地; 人口 185,000》.

Tou·louse [tuːlúːz; *F.* tuluːz] *n.* トゥールーズ《フランス南部, Garonne 河畔の都市で Haute-Garonne 県の首都, もと Langue d'oc 地方の首都; 人口 384,000》.

Tou·louse-Lau·trec [tulúːzloutrék | -ləu-; *F.* tuluzlotrɛk], **Henri (Marie Raymond) de** *n.* (トゥールーズ)ロートレック《1864–1901; フランスの画家・版画家; パリのモンマルトルの歓楽と哀愁を描く》.

tou·pee [tuːpéɪ | ⌐―] 〘《1727》⊏F *toupet* tuft of hair, forelock (dim.) ← OF *to(u)p* ⊏ Frank. **top* (cf. G *Zopf*): ⇨ top¹〙 ― *n.* **1** 毛の房 (tuft, lock); (昔用いた)付け前髪, (かつらの頂上の)飾り毛. **2** はげかくしのかつら[入れ毛].

tou·pet [tuːpéɪ | ⌐―; *F.* tupɛ] *n.* (*pl.* ~**s** [~z; *F.* ~]) =toupee.

tour [túə | túə(r] 〘《*c*1390》⊏ (O)F ~ < L *tornum* ⊏ Gk *tórnos* tool for making a circle, lathe: cf. turn〙 ― *n.* **1** (商用・観光・視察などの)漫遊, 巡遊, 周遊, 観光旅行: a bicycling [motoring, walking] ~ 自転車[自動車, 徒歩]旅行 / a circular ~ 周遊, 一周旅行 / a foreign ~ 外国旅行 / a ~ of inspection 視察旅行 / go on a ~ 漫遊に上る / make a ~ of the world [the country, the factory] 世界[全国, 工場]を漫遊[一巡]する / take a ~ of the building 建物の中を見て回る / a knight's ~ 騎士の巡歴; 〘チェス〙ナイトが盤面を一巡すること / I was on a lecture ~ in Japan. 日本を講演旅行していた / ⇨ grand tour. **2** 遠足, 散策 (rambling excursion, walk): a ~ of observation through the town 町をぶらぶら見て歩くこと, 町の見物. **3** (劇団の)巡業: go on ~ 巡業する / actors on ~ 巡業中の役者, 旅回りの役者 / a ~ of the country=a provincial ~ 田舎回り, 地方巡業. **4** 〘軍事〙(隊員または部隊が一つの服務場所にとどまる)服務期間, 勤務期間. **5** (工場の)交代 (shift): three ~*s* a day 1 日 3 交代. **6** (郵便配達人の)区間の一巡.

― *vi.* **1** 漫遊する, 旅行する, 周遊する. **2** 巡業する. **3** 歩む, 進む (proceed); 〈車が〉ゆるい速力で走る.

― *vt.* **1** 〈場所を〉漫遊[周遊]する. **2** 〈人を〉漫遊[周遊]に連れて行く. **3** 〈劇を〉巡業で上演する.

tou·ra·co [tú(ə)rəkòu | túərəkàu] 〘⊏F ~ ← W-Afr. 《土語》〙 ― *n.* (*pl.* ~**s**) 〘鳥類〙エボシドリ《アフリカ産で真紅と緑の羽毛と高い冠毛をもつエボシドリ科の鳥類の総称; エボシドリ (*Turaco leucotis*) など》.

Tou·raine [turéɪn; *F.* turɛn] *n.* トゥレーヌ(県)《フランス西部の旧県, 首都 Tours》.

tour·bil·lion [tuəbíljən | tuəbíljən, tɔː-, túbɪlən, tɔ́ː-] 〘⊏ (O)F *tourbillon* whirlwind < VL **turbinio* ← L *turbo* whirlwind: cf. turbine〙 ― *n.* (*also* **tour·bil·lon** [~]) **1 a** きりきり舞い上がる花火. **b** つむじ風. **c** (つむじ風・渦巻の)渦 (vortex). **2** 〘時計〙ツールビロン: **a** 一つの枠に納められて全体として回転する形式の脱進機. **b** その脱進機をもつ携帯時計.

Tour·coing [tuəkwɛ̃ː(ŋ), -kwǽŋ | tuə-; *F.* turkwɛ̃] *n.* トゥルクワン《フランス北部ベルギー国境近くにある都市; 戦跡 (1914, 1918); 人口 103,000》.

tour de force [túə-də-fɔ́əs, -fɔ́əs | túə-də-fɔ́ːs; *F.* tu:rdəfɔrs] 〘⊏F ~ 'feat of strength'〙 ― *n.* (*pl.* **tours de force** [~]) **1** 力業(ちからわざ), 離れ業, 大手腕: He performed some ~ of analytical reasoning in those cases. それら事件で分析的な推理の離れ業をやってのけた. **2** (芸術上の)力作.

tour d'i·voire [túə-diːvwáə | túə-diːvwáː(r; *F.* tuːrdivwaːr] 〘⊏F ~ 'TOWER of IVORY'〙 *n.* 象牙の塔 (ivory tower).

Tou·ré [tuːréɪ; *F.* ture], **Sé·kou** [séɪkuː; *F.* seku] *n.* トゥーレ《1922–　; アフリカの政治指導者; ギニア共和国大統領 (1958–　)》.

tou·relle [tuːrél; *F.* turɛl] 〘⊏F ~ (dim.) ← *tour* 'TOWER¹'〙 *n.* =turret 1.

tour en l'air [túərɑːnlɛ́ə | túə(r)ɑːnlɛ́ə(r; *F.* turɑ̃lɛːr] 〘⊏F ~ 'turn in the air'〙 ― *n.* (*pl.* **tours en l'air** [túəzɑːn- | túəzɑːn-; *F.* turzɑ̃-]) 〘バレエ〙トゥールアンレール《力強く上方に跳躍して体を一回転させる技術で, バレエの基礎技術の一つ》.

tour·er [tú(ə)rə | túərə(r] 〘← TOUR(v.)+-ER¹〙 *n.* =touring car.

tour·ing [tú(ə)rɪŋ | túər-] 〘← TOUR(v.)+-ING¹〙 *n.* **1** 漫遊[周遊]すること. **2** (楽しみとしての)クロスカントリースキー.

tóuring càr *n.* ツーリングカー, 旅行向き自動車: **1** ほろ型観光用自動車《通例 4 ドアで 5–6 人乗り; tourer, phaeton ともいう》. **2** (スポーツカーと区別して)通常 2 ドアのセダン.

tour·ism [tú(ə)rɪzm | túər-] 〘《1811》← TOUR+-ISM〙 *n.* **1 a** 観光旅行. **b** [集合的] 観光客, 観光団 (touring party). **2** 旅行案内業, 観光事業.

tour·ist [tú(ə)rɪst, -rəst | túərɪst] 〘《*c*1800》← TOUR+-IST〙 ― *n.* **1 a** 観光客, 漫遊者. **b** [形容詞的に] 観光客の(のための, に適した): a ~ party 観光団 / a ~ ticket 回遊[遊覧]切符 / ~ spots 観光地. **2** =tourist class. ― *adv.* ツーリストクラスで. ― *vi.* 観光旅行する. ― *vt.* 観光旅行中に訪問する.

tóurist àgency *n.* 旅行案内社[所], 旅行代理店.

tóurist càr *n.* (鉄道の)寝台車《座席が寝台に換えられる方式で, Pullman car より設備は劣るが低廉》.

tóurist càrd *n.* ツーリストカード《通例一定期間パスポートやビザの代りに旅行者に発行される証明書》.

tóurist-clàss *adj.* (客船・列車・飛行機などの)ツーリストクラス[2 等]の. ― *adv.* ツーリストクラスで.

tóurist clàss *n.* (客船・列車・飛行機などの)ツーリストクラス (cf. cabin class).

tóurist còurt *n.* 《米》=motel.

tóurist hòme *n.* 《米》(観光客向けの)民宿.

tour·is·tic [tu(ə)rístɪk | tuər-] *adj.* 観光旅行の; 観光客の. **tour·ís·ti·cal·ly** *adv.*

tour·ist·ry [tú(ə)rɪstri, -rəst- | túərɪstrɪ] 〘← TOURIST+-RY〙 *n.* **1** 旅行, 周遊 (touring). **2** [集合的] 旅行者, 観光団 (tourists). 「トラン, ホテルなど」.

tóurist tràp *n.* 観光客相手に暴利をむさぼる店[レス

tour·ist·y [tú(ə)rɪsti, -rəs- | túərɪstɪ] 〘⇨ -y⁴〙 *adj.* [しばしば軽蔑的に] **1** 旅行者[観光者]の. **2** 観光客向きの, 観光客でにぎわう: ~ stops 観光客向きの滞在地.

tour je·té [túə-ʒətéɪ | túə-; *F.* turʒəte] 〘⊏F ~ 'flung turn'〙 ― *n.* (*pl.* ~**s** [~]) 〘バレエ〙トゥールジュテ《片足踏切りで跳び上がって空中で一回転し, 他方の足で着地する技術; jeté en tournant ともいう》.

tour·ma·line [túəməlɪn, -lən, -liːn | túəməliːn, tɔ́ː-] 〘《1759》⊏ Sinhalese *toramalli* carnelian〙 ― *n.* (*also* **tour·ma·lin** [túəməlɪn, -lən | túəməlɪn]) 〘鉱物〙電気石 $((Na, Ca)(Li, Mg, Fe, Al)_3(Al, Fe)_6(BO_3)_3(Si_6O_{18})(O, OH, F)_4)$ (⇨ birthstone).

tóurmaline tòngs *n. pl.* [時に単数扱い] 電気石ばさみ《偏光器として用いられる》.

Tour·nai [tuənéɪ | tuə-; *F.* turnɛ] *n.* トゥルネー《ベルギー西部, Scheldt 河畔の工業都市; 戦跡 (1914, 1918); 人口 137,000》.

tour·na·ment [túənəmənt, tɔ́ː-, tə́ə- | túə-, tɔ́ːn-, tɔ́ːn-] 〘《?*a*1200》 *torne(i)ment* ⊏ OF *torneiement* ← *torneier* 'to TOURNEY': ⇨ -ment〙 ― *n.* **1 a** 試合, 競技: a chess ~ チェス戦. **b** (勝抜き式の, すなわちリーグ戦式でない)選手権争奪戦 (contest), トーナメント (cf. round robin 2): a lawn tennis ~ テニストーナメント / ⇨ KNOCKOUT tournament, ELIMINATION tournament. **2 a** (中世騎士の)馬上武術試合《甲冑をつけた騎士たちが両陣に分かれて突進し, 槍や剣を順に用いて互いに武術を競い合った試合》. **b** (馬上試合その他を行なった)騎士の競技大会.

tour·nay [tuənéɪ | tuə-; *F.* turnɛ] 〘← *Tournai* (ベルギーの産地名)〙 *n.* 14 世紀から生産されてきた室内装飾用毛織物《tournay tapestries ともいう》.

Tour·nay [tuənéɪ | tuə-] *n.* =Tournai.

tour·ne·dos [tùənədóu | tùənədáu, tɔ̀ː-; *F.* turnədo] 〘⊏F ~ ← *tourner* 'to TURN'+*dos* (< L *dorsum* back)〙 ― *F. n.* (*pl.* ~) トゥールヌドー, トルネード《牛のヒレ肉の中寄りの部分をステーキ用に切ったもの; ⇨ fillet 挿絵》.

Tour·neur [tə́ːnə | tə́ːnə(r], **Cyril** *n.* (1575?–1626) 英国の劇作家; *The Revenger's Tragedy* (1607).

tour·ney [túəni, tə́ː- | túənɪ, tɔ́ː-] 〘《?*c*1300》⊏ OF *tornei-er* (F *tournoyer*) < VL **tornidiāre* ← L *tornus*: ⇨ turn〙 ― *n.* =tournament. ― *vi.* 馬上武術試合を行なう.

tour·ni·quet [túənɪkɪt, tə́ː-, -nə-, -kət | túənɪkèɪ, tɔ́ːn-, tɔ́ːn-] 〘《1695》⊏F ~ 'turnstile, tourniquet' ← *tourner* 'to TURN'〙 *n.* 〘医学〙止血帯[器], 圧迫帯.

tour·nure [tuənjúə, ⌐―― | túənjuə(r, tɔ́ː-, ⌐―; *F.* turnyːr] 〘⊏F ~ 'shape, 《原義》turn' < ML *tornātūra* a turning ← L *tornāre* 'to TURN'〙 ― *n.* **1** 輪郭, 姿, 曲線美. **2** (優美な)身のこなし, 上品な応待ぶり. **3 a** 腰当て《婦人が腰をふくらませるためにスカートの下に用いる; cf. bustle²》. **b** 腰当てを使用したドレス. **4** 《まれ》言い回し.

Tours [túə | túə(r; *F.* tuːr] *n.* トゥール《フランス西部, Loire 河畔の商工業都市, Indre-et-Loire 県の首都, もと Touraine 県の首都; この地と Poitiers との戦いで Charles Martel がサラセン軍を破った (732); Balzac の出生地; 人口 146,000》.

touse [táuz] 〘ME *-t(o)use(n)*: cf. OFris *tūsen* to rend / G *zausen* to tousle〙 《まれ》 ― *vt.* **1** 手荒く扱う. **2** 〈髪・衣服などを〉もじゃもじゃ[くしゃくしゃ]にする (dishevel). ― *vi.* 手荒な扱いをする. ― *n.* 騒動, 混乱 (commotion).

tou·sle [táuzl] 〘《*c*1440》 *tousel* (freq.) ← *touse* to pull (↑): ⇨ -le³〙 *vt.* **1** 〈髪・衣服などを〉乱す, 乱雑にする, くちゃくちゃにする (rumple, dishevel) 〈*up*〉. **2** 〈女性を〉荒々しく扱う. ― *vi.* 乱雑になる, くしゃくしゃになる. ― *n.* **1** (髪などの)乱れ[もつれ]た状態. **2** 乱雑, ごちゃごちゃ.

tóu·sled 〘⇨ ↑, -ed〙 *adj.* 〈髪・衣服など〉乱れた, もじゃもじゃ[くしゃくしゃ]になった: ~ hair.

tous-les-mois [tùːlɛmwɑ́ː; *F.* tulɛmwa] 〘⊏F ~ 'all the months': フランス領 Antilles 諸島の *toloman* の通俗語源による変形(一年中食べられるところから)?〙 ― *n.* 西インド諸島産の一種のカンナ (*Canna edulis*) の球根から採る食用澱粉(でんぷん).

Tous·saint L'Ou·ver·ture [túːsɛ̃ː(ŋ)-lúːvət(j)uə, -sæ̃ŋ- | -vətjuə(r; *F.* tusɛ̃luvɛrtyːr] *n.* トゥサン ルベルチュール《1743–1803; Haiti の黒人の軍人・政治家; Haiti 解放者の一人; フランス軍に捕われ, フランスで死亡; 本名 Pierre François Dominique Toussaint》.

tous·y [táuzi | -zɪ] 〘← TOUSE+-Y⁴〙 ― *adj.* (**tous·i·er**; **-i·est**) 《スコット》 **1** 乱れた, もつれた (disheveled); 毛むくじゃらの (rough, shaggy). **2** 間に合わせの, にわか作りの (makeshift).

tout [táʊt] 〖(?*a*1400) *tute(n)* to peep, look < ? OE **tutian* ← **tut-* to project, stick out: cf. MLG *tūte* horn / MDu. *tūte* nipple / ON *túta* teat-like prominence / OE *totian* to project〗 ― *vi.* **1** 押売りをする, ねだる, うるさく勧誘する, 得意を求める (solicit, canvass): ～ *for* orders うるさく注文を求める. **2** 《口語》 うるさく投票を求める. **3 a** 《英》〖競馬〗(調練中の競走馬の)様子を探る (spy) 〈*round*〉. **b** 《米》 競馬の予想をする. ― *vt.* **1** (…に)うるさく勧める[勧誘する] (solicit, importune): ～ people *for* tickets 人々にうるさく切符を勧める. **2** ほめちぎる, 〔…だと〕盛んに売り込む[宣伝する] 〔*as*〕: a much-*touted* episode 盛んに宣伝されたエピソード / She is ～*ed as* the most talented pianist of today. 今日の最も才能のあるピアニストと喧伝されている. **3** 〖競馬〗 **a** 《英》〈調練中の競走馬など〉の様子[機密]を探る. **b** 《米》〈勝馬など〉の予想屋[コーチ屋]をやる. **4** 《俗》 探偵する, …の様子を探る (spy on).

tout about [***around***] 《口語》(あちこちに)売り込もうとする: ～ trinkets *about* [*around*] 安物を売り込もうとする.

― *n.* **1** 客引き, 得意取り. **2** 〖競馬〗 **a** 《英》 競走馬の様子を探る人. **b** 《米》 予想屋 (tipster), コーチ屋. **3** (泥棒などが)様子をうかがうこと, 見張ること.

keep (***the***) ***tout*** 見張りする. ***on the tout for***…を見張って.

tout à fait [tùːṭəféɪ | -tə-; *F.* tutafɛ] 〖□F ～ 'all done'〗 *F. adv.* 全く, すっかり (entirely).

tout court [túː-kúə | -kúə(r; *F.* tukuːr] 〖□F ～ 'quite short'〗 ― *F. adv.* 簡単に, 単に, ただ: They addressed him 'Bishop' ～. 単に彼を Bishop とだけ呼んだ / I told him ～ that his services were not required. 彼には用がないと私は手短かに言った.

tout de suite [tùːd(ə)swíːt, tùːtswíːt; *F.* tudsɥit, tutsɥit] 〖□F ～ 'all in succession'〗 *F. adv.* 直ちに (at once).

tout en·sem·ble [túːtɑ̃ː(n)sɑ́ː(m)bl, -ɔ̃ː(n)sɔ̃ː(m)-, -ɑːnsɑ́ːm-, -ɔ(ː)nsɔ́(ː)m-; *F.* tutɑ̃sɑ̃ːbl] 〖□F ～ 'all (taken) together'〗 ― *F. adv.* 一緒に, ことごとく(all together). ― *n.* (芸術品などの)全体的効果 (general effect).

tout·er [táʊṭə | -tə(r] *n.* 《口語》 ＝tout.

tout le monde [túːləmɔ̃ː(n)d, -mɔ́(ː)nd; *F.* tulmɔ̃ːd] 〖□F ～ 'all the world'〗 *F. n.* 全世界, 世界中 (all the world); だれでも, みんな (everyone).

tou·zle [táʊzl] *v., n.* ＝tousle.

to·va·rich [təváːrɪʃ, to(ʊ)-, -rɪtʃ | tə(ʊ)váːrɪtʃ] 〖□Russ. *tovarishch* comrade ← Turk.〗 ― *n.* (*also* **to·va·rish** [*Russ.* tavárjiʃtʃ], **to·va·risch** [*Russ.* tavárjiʃtʃ]) **1** 同志 (comrade), 「タワリシチ」《ソ連で共産党員の間で用いられる》. **2** ソ連国民.

To·vey [tóʊvi | tóʊvɪ], Sir **Donald Francis** *n.* (1875–1940) 英国の作曲家・音楽評論家・ピアニスト.

tow[1] [tóʊ | tóʊ] 〖OE *togian* to pull by force, draw < Gmc **toʒōjan* (OHG *zogōn* to draw, tug, drag) ← IE **deuk-* to lead: cf. tug[1]〗 ― *vt.* **1** 〈馬・人が〉(岸を歩いて)〈船を〉引く (pull, draw); 〈船が〉(他の船の破損のためまたは航行を助けるため)引く, 引き船する, 曳航(えいこう)する 〈*in, out,* etc.〉. **2** 〈馬・車などが〉〈自動車などを〉引く, 牽引(けんいん)する: ～ a car *away* 車を引いて行く. **3** 〈子供・犬などを〉(後に)引いて行く (drag): ～ a dog *along* 犬を引いて行く. **4** (標本採集のために)〈網を〉水面に引く, 〈水面を〉網でさらう. ― *vi.* 引かれて動く.

― *n.* **1** 綱(つな)で引くこと, 綱引き; 引かれて行くこと, 付いて行くこと: The ship arrived *in* the ～ *of* a tug. その船は引き船に引かれて到着した. **2** 引かれる船[車など]; 引かれて行く一連の荷船 (line of barges). **3** 引く船, 引き船 (tugboat). **4** 引き綱. **5** ＝ski tow.

in tow (1) (引き綱・引き船に)引かれて. (2) 保護されて 〔*by*〕. (3) (賛美者などを)お伴にして: She'd got a few young men *in* ～. 2, 3 人の若者をお伴にしていた.

take [***have***] ***in tow*** (1) 〈破損船などを〉綱で引く. (2) 〈人を〉保護する, 指導する: *take* a child *in* ～ 子供を保護する. (3) 〈人を〉供にする, 引き連れる: The cinema star *had* a number of admirers *in* ～. その映画スターのあとにファンが大勢ぞろぞろついて行った.

under tow ＝*in* TOW.

tow[2] [tóʊ | tóʊ] 〖OE *tow-* (cf. *towlič* pertaining to thread & *towhūs* spinning house): cf. ON *tō* wool〗 ― *n.* **1** トウ《亜麻・大麻・合成繊維などの短い繊維; 糸・より糸・詰め物に用いる》. **2 a** トウを紡いだ糸[布]. **b** よりをかけていない化学繊維の太い繩状物. ― *attrib. adj.* トウ糸[布]で作った: a ～ rope / ～ cloth 粗麻布.

tow[3] [tóʊ | táʊ] 〖(15C) 《スコット》 *towe* < ? OE *toh-* (cf. *toh-līne* towline): cf. tow[1] / ON *tog* / OE *tēag, tēah* rope〗 *n.* 《スコット》 ロープ (rope).

tow·age [tóʊɪdʒ | tóʊ-] 〖(*a*1327): ⇨ tow[1], -age〗 *n.* **1** 船引き, 曳航(えいこう), 引き船する[される]こと. **2** 引き船料, 引き賃.

to·ward [tɔ́əd, tóəd, twɔ́əd, twóəd, təwɔ́əd | təwɔ́ːd, tʊwɔ́ːd, twɔ́ːd, tɔ́ːd] 〖OE *tōweard*: ⇨ to, -ward〗 ― *prep.* **1** [運動の方向] …の方へ, …をさして (in the direction of): sail ～ the west 西へ向かって航行する / draw ～ the trees 木立の方へ近づく / get ～ …に近づく (cf. GET *to*) / go ～ the town 町の方へ行く / turn ～ home (踵(きびす)をめぐらして)家路につく / I look ～ you. 《戯言》 御健康を祝します《乾杯の言葉》. ★ (1) to と異なり, 目的点への到着は含意しない. (2) 古くはしばしば(例えば聖書などで)この語を二分してその間に目的語を入れた (cf. tmesis): *to* us-*ward*＝toward us / *to* God-*ward*＝toward God. **2 a** [位置] …の方に, の方を向いて (facing): cannon with the mouths ～ the street 砲口が市街に向いている大砲 / hills ～ the north 北の方にある山々 / Your road lies [is] ～ the north. 君の行く道は北に向いている. **b** …の近くに: His cottage was down ～ the sea. 彼の小別荘は海の近くにあった. **3** [態度・傾向・結果・目的] …の方へ, …に向かって; …に対して: cruelty ～ a lady 婦人に対する虐待 / one's attitude ～ the question その問題に対する態度 / feel kindly ～ a person 人に対して好意をもつ / drift ～ war だんだん戦争の方に向かう / move ～ better things 良い傾向[明るい方]に向かう / strive ～ a better understanding 一層の理解に向かって努力する. **4** [時間] …近く, …ごろ (shortly before): ～ noon [evening, sunset] 正午[夕方, 日没]近く / ～ six o'clock 6 時ごろ / ～ the end of the 15th century 15 世紀の終わりごろ. **5** [数量] …近く, …くらい (nearly as much [many] as): He is ～ fifty. / There were ～ a thousand of them. 千人に近い人がいた. **6** [補助・貢献・準備] …のために, …に資する, に貢献する (for): He saved something ～ his old age. 老後のために幾らか貯金した / Here is a dollar ～ it. ではこの 1 ドルを寄付します / This money goes ～ the debts. この金は借金を返す足しになる / He is saving ～ a new car. 新車を買おうと思って貯金している.

― [《英》 tóʊəd] *adj.* 《古》 **1** [Predicative に用いて] **a** 進行して, 行なわれて (in progress): Then I saw what was ～. その時どんなことが起こっているのかを知った. **b** まさに起ころうとする, 間近に迫って (imminent): There is a wedding ～. すぐ婚礼がある. **2 a** 〈物事が〉都合のよい (↔ untoward): a ～ breeze 順風. **b** 〈青年など〉有望な (promising); 覚えの早い (apt): a ～ youth. **3** 温順な, おとなしい (docile): a child of a ～ disposition 性質の温順な子供.

～·ness *n.*

to·ward·ly [tɔ́ədli, tóəd-, twɔ́əd-, twóəd-, təwɔ́əd- | tóʊədlɪ] 〖← TOWARD＋-LY[1,2]: cf. OE *tōweardlīc* that is to come, future〗 《古》 ― *adj.* **1 a** 好都合な, 適切な (favorable, befitting). **b** 有望な (promising). **2 a** 親切な, 愛想のよい (kindly, affable). **b** 従順な (docile). ― *adv.* **1** 前途有望に. **2** おとなしく (docilely). **tó·ward·li·ness** *n.*

to·wards [tɔ́ədz, tóədz, twɔ́ədz, twóədz, təwɔ́ədz | təwɔ́ːdz, tʊwɔ́ːdz, twɔ́ːdz, tɔ́ːdz] 〖OE *tōweardes*: ⇨ toward, -s[2]〗 ― *prep.* ＝toward. ★ 特に《英》で好まれる.

tów·awày 〖← TOW[1]＋AWAY〗 《米》 ― *n.* 駐車違反車の牽引(けんいん)[押収]. ― *adj.* 駐車違反車の牽引[押収]の[に関する]: a ～ truck / a ～ charge (駐車違反車の)撤去料金.

tów·awày zòne *n.* 駐車禁止区域《駐車している車はレッカー車などで撤去される》.

tów·bòat *n.* **1** 引き船 (tugboat). **2** 《米》(内陸水路で)はしけを推し動かすディーゼル[蒸気]船.

tów càr *n.* ＝wrecker 5.

tow·el [táʊəl, táʊl] 〖(*c*1250) □ OF *toaille* (F *touaille*) ← Gmc **þwaxljō* (G 《方言》 *Zwehle* napkin) ← **þwaχan* to wash: cf. OE *þwēal* washbasin〗 ― *n.* タオル, 手ぬぐい, ふきん. ★ けばが輪になっている普通のタオルは terry [Turkish] towel という: a bath ～ バスタオル / a dish ～ ふきん / a lead ～ 《古俗》 弾丸 / an oaken ～ 《古俗》 棍棒(こんぼう).

throw [***toss***] ***in the towel*** 《口語》 (1) (ボクシングで)タオルを投げ入れる《敗北の承認として》. (2) 敗北を認める, 降参する (cf. *throw up the* SPONGE).

― *v.* (**tow·eled, -elled; -el·ing, -el·ling**) ― *vt.* **1** タオルでぬぐう[こする]: ～ oneself (*down*) タオルで体をふく[こする] / ～ oneself dry タオルで体をふいてかわかす. **2** タオルでおおう. **3** 《英俗》 なぐる, むち打つ (thrash). ― *vi.* タオルでぬぐう[ふく, こする]; タオルを使う: ～ *away* at one's ears [cheeks] タオルで耳[ほお]をせっせとふく[こする].

tówel hòrse *n.* ＝towel-rack.

tówel·ing [-lɪŋ] *n.* **1** タオル地. **2** タオルでふくこと. **3** 《英俗》 むち打ち (whipping).

tówel-ràck *n.* (台所・浴室などの)タオル掛け.

tówel-ràil *n.* (棒を壁に平行に打ち付けた)タオル掛け.

tow·er[1] [táʊə | táʊə(r] 〖ME *tour* □ OF *tur, tor* (F *tour*) < L *turrem, turris* tower □ Gk *túrris* ∞ OE *torr* □ L *turr-is*〗 ― *n.* **1** 塔, やぐら: a bell ～ 鐘楼 / a clock ～ 時計台 / a keep ～ 天主閣 / a watch ～ 望楼 / ⇨ water tower / the *Tower*＝TOWER of London. **2 a** 砦(とりで), 要塞(ようさい) (citadel, fortress); 要害の地, 安全な場所: ⇨ ivory tower. **b** 防備物, 擁護者 (protector): a ～ of strength たよりになる人, 干城, 抱擁者 (cf. *Ps.* 61:3). **3** 《米》〖鉄道〗 信号塔 (signal tower). **4** (タカやワシの)飛翔 (soar); (特に)(手負いの猟鳥の)一直線上昇.

tower and town＝***town and tower*** 人家のある所 (inhabited places).

Tower of Babel, t- of b- [the ―] バベルの塔 (⇨ Babel 1 a).

tower of ivory [the ―] ＝ivory tower.

Tower of London [the ―] ロンドン塔《Thames 川北岸にある London の古城; William 一世が造営し, 中世には宮殿として用いられたが, 後には国事犯監獄, 今は兵器庫・博物館として使用; cf. Traitor's Gate》.

tower of silence 沈黙の塔《インドのパルシー教徒 (Parsis) が死者を置き去りにして鳥葬にする高さ 30 フィート位の円形の石塔; dakhma ともいう》.

― *vi.* **1** そびえる, そびえ立つ (rise aloft) 〈*up*〉: ～ *against* the sky 空中にそびえる, 天を摩する / ～ *into* clouds 雲にそびえる / Skyscrapers ～ *over* the city. 摩天楼がその市の上空にそびえている. **2** 〖鷹狩〗〈鷹などが〉(獲物に襲いかかる前に)高くまっすぐに飛び上がる, 舞い上がる (soar); 〈手負いの猟鳥が〉(落ちる前に)一直線に飛び上がる.

tower above [***over***]…よりはるかに高い, 高さが…を抜いている (cf. 1); 〈知恵・才能などが〉…を抜く: He ～*s above* all the rest in intellect. 知性が他の者を抜きん出ている. ***tower head and shoulders*** ずば抜けている.

～·like *adj.*

tow·er[2] [tóʊə | tóʊə(r] 〖← TOW[1]＋-ER[1]〗 *n.* 引く人.

tówer blòck *n.* 《英》(塔状の)住宅用[オフィス用]高層ビル.

Tówer Brídge *n.* [(the) ～] London の, Thames 川にかかる橋 (1885–94 年間に建設); 中央部は船舶の通過の時上方に開く.

tówer clòck *n.* 〖時計〗 塔時計《公衆用大時計の一般名; 初期のものは鉄製で主として教会の建物にとりつけられた; turret clock ともいう》.

tów·ered 〖ME〗 *adj.* 塔のある; 塔で飾られた[防御された].

Tówer Hámlets *n.* Greater London の自治区; 人口 147,000.

tówer hòuse *n.* (中世の)砦(とりで), 城砦(じょうさい), 防備を施した城.

tower·ing [táʊ(ə)rɪŋ | táʊər-] 〖← TOWER[1]＋-ING[2]〗 ― *adj.* **1** 塔のような, 高くそびえる (lofty), 雲突くような: a ～ peak, oak, building, giant, etc. **2** 〈野心・誇りなど〉大きな, 高い: a man of ～ ambition 大きな野心を抱く人. **3** 抜きん出た (surpassing): a man of ～ intellect 抜きん出た知性の持主. **4** 〈利率・借金など〉法外に高い, 巨額の: ～ debt. **5** 〈怒りなど〉非常[激烈]な, 激しい (violent): a ～ passion 激しい怒り (Shak., *Hamlet* 5. 2. 79) / He was in a ～ rage. 激昂していた. **～·ly** *adv.*

tówer·less *adj.* 塔のない.

tówer·man [-mən] *n.* (*pl.* **-men** [-mən, -mèn]) **1** (鉄道の)信号係, 信号所係員. **2** (空港の)管制官.

tówer wàgon *n.* タワーワゴン《高さの調節可能な作業台がついている車(輌)》.

tow·er·y [táʊ(ə)ri | -ərɪ] 〖← TOWER[1]＋-Y[4]〗 *adj.* (**tow·er·i·er; -i·est**) **1** 塔のある (towered). **2** 塔のような; 高くそびえる (lofty).

tów·hèad 〖← TOW[2]＋HEAD〗 *n.* **1** 《米》 亜麻色の頭髪(の人); 髪の乱れた頭(の人). **2** 《米中・南部》(ヒロハハコヤナギの群生した)砂州(す) (sandbar).

tów·hèaded *adj.* 亜麻色の頭髪の.

to·whee [tóʊ(h)iː, toʊhíː | tóʊ(h)iː, taʊhíː] 〖擬音語: その鳴声から〗 ― *n.* 〖鳥類〗 トウヒチョウ (*Pipilo erythrophthalmus*) 《北米東部産のヒワに似たホオジロ科の小鳥; chewink ともいう》.

tow·ie [táʊi | táʊɪ] 〖← ?〗 *n.* 〖トランプ〗 タウイー《3 人で遊ぶブリッジの変種》.

tów·ing bàsin *n.* 〖海事・航空〗 走行式試験水槽《towing tank ともいう》.

tówing lìght *n.* 〖海事〗 曳船(えいせん)標識灯《他の船舶を引いて航行する船が掲揚する標識灯》.

tówing-lìne *n.* ＝towline.

tówing nèt *n.* ＝townet.

tówing pàth *n.* ＝towpath.

tówing-ròpe *n.* ＝towrope.

tówing tànk *n.* 〖海事・航空〗 ＝towing basin.

tów·lìne 〖← TOW[1]＋LINE[2]〗 *n.* **1** 引き船用綱(つな), 引き綱. **2** (捕鯨用の)もり綱 (whale line).

tow·mond [tóʊmənd | táʊ-] 〖(15C) 《スコット》 *towlmonyth*: cf. ON *tōlfmānuðr*: ⇨ twelvemonth〗 *n.* 《スコット》 12 か月, 1 年.

tow·mont [tóʊmənt] *n.* ＝towmond.

town [táʊn] 〖OE *tūn* enclosure, village < Gmc **tūnaz,* **tunam* (Du *tuin* garden / G *Zaun* hedge) ← IE **dheu-* fortified, enclosed place (OIr. *dūn* fortified place): cf. down[1]〗 ― *n.* **1 a** 町, (小)都会 (↔ country). ★ (1) 一般には village に比し人家が密集し人口も多く商業なども相当に行なわれている所で, city と公称されない小都会; ただし, 特に英国では city の資格があっても俗にはよく town という. (2) 米国では New England 各州で city ほどの組織・権限を持たないで town meeting によって運営される自治体, 他の多くの州では township 2 と同義; 英国では村でも市 (market) や縁日 (fair) の行なわれる所を (market) town という: ⇨ hometown, county town / leave the country to work in the ～ 都会で働くために田舎を離れる / Winchester is a very old ～. ★ ラテン語系形容詞: oppidan. **b** [the ～] 都会生活 (urban life). **2** [集合的; 単数扱い] **a** [the ～] 町民, 市民, 都人士 (the townspeople): the talk of *the* ～ 町のうわさ[評判] / *The* whole ～ knows of it. 町中の人がそれを聞き知っている. **b** [the ～] (町の)選挙民《全体》 (the electorate). **c** (大学関係者に対し)市民たち: ～ and gown 一般市民と大学関係の人々, 市民側と大学側. ★ 英国の Oxford と Cambridge での呼称に由来する. **d** [the ～] 《古》(大都会の)上流社会. **3 a** [無冠詞] 首都, 《英》(特に) ＝London; (話者の付近の)主要都市, 「町」: in ～ 在京して, 上京して / out of ～ 町にいない; 田舎に行って / come [go] (up) to ～ 上京する /

leave ～ 退京する / commute daily to ～ 毎日町へ通勤する (cf. 3 b). **b** [無冠詞] (郊外に対して) 都心[商業]地区, 繁華街 (downtown): have one's office in ～ 都心に事務所がある / go to ～ to do some shopping 買い物をするために町へ出かける / down ～ = downtown (*adv.*). **c** [修飾語を伴って] (都会で特色のある) 地区, 区域, …街, …タウン: the old ～ 旧市街 / the upper ～ 山の手地区 / the Japanese ～ 日本人街 / ⇨ Chinatown. **4** 《英方言》部落, 村落, 村 (hamlet, village). **5** 《スコット》農場 (farmstead). **6** (封建時代の) 都市, 城市.

come to town (1) ⇨ 3 a. (2) 現われる, 登場する; 到着する. *go to town* (1) ⇨ 3 a, b. (2) 《俗》てきぱきと[効果的に, 上手に]やる 〔*on*〕; (大) 成功する. (3) 《俗》思う存分に[気前よく]やる; 浮かれ騒ぐ. *a man about town* = man-about-town. *of the town* (1) ⇨ 2 a. (2) 花柳界の, 色町の; 暗黒街の: a woman *of the* ～ 街(まち)の女, 売春婦. *on the town* (1) 町の世話になって, 公費の補助を受けて: go *on the* ～ 生活補助を受ける (cf. *on the* PARISH). (2) 《口語》(仕事から解放されて夜の) 都会の歓楽を追って[に耽って]: go out *on the* ～ 憂さ晴らしに(夜の)町へ出かける. *paint the town* (*red*) 《俗》底抜け騒ぎ[どんちゃん騒ぎ]をする, 盛り場を遊び回る[飲み歩く]. *town and gown* ⇨ 2 c. *town and tower* = TOWER *and town*. *upon the town* = *on the* TOWN (1).

tówn càr *n.* タウンカー《ガラス戸で前後席の仕切られた 4 ドアの自動車; 後方席には囲いがあるが運転席はオープンのものが多い》.

tówn clérk 〖《1343》〗 *n.* 《米》町政記録係; 《英》町[市]書記官《通例法律家で, 法律問題の助言もした; 1974 年に廃止》.

tówn cóuncil *n.* 町議会.

tówn cóuncilor *n.* 町議会議員.

tówn críer *n.* 町の触れ役《もと新規則・布告などを触れ回った役人》.

town·ee [taʊníː] 〖《1897》← TOWN+-EE[1]〗 *n.* 《軽蔑》(田舎の人または大学町では大学に属する人と区別して) 町民, 町人.

tówn·er *n.* 《俗》都市生活者, 町の住人.

Townes [táʊnz], **Charles Hard** *n.* (1915–) 米国の物理学者; Nobel 物理学賞 (1964).

tów·nèt *n.* 引き網 (towing net ともいう).

tówn háll 〖《15C》〗 *n.* 市庁舎, 市役所, 市公会堂《市[町]役所と市[町]会議事堂とを兼ねた建物; 公会堂としても用いる》.

tówn hòuse *n.* **1** 町の邸宅《同一人物所有の田舎の住宅に対していう》; 《英》貴族の London にある邸宅《本邸は田舎にあって country house という》. **2** (大都会の) 立派な私邸, 豪邸. **3** 《米》(側壁を共有している 1 家族用の) 2–3 階建都市住居 (《英》 terrace house). **4** [通例 townhouse] 《英》 = town hall.

town·ie [táʊni | -nɪ] 〖⇨ -ie〗 *n.* 《米》 = townee.

tówn·i·fìed *adj.* 町の, 都会の; 都会化した, 都会風の (cf. countrified).

town·i·fy [táʊnəfàɪ | -nɪ-] 〖← TOWN+-FY〗 *vt.* 都会風にする.

tówn·ish [-nɪʃ] 〖《15C》: ⇨ town, -ish[1]〗 *adj.* **1** 都会[町]の, 都会特有の. **2** 〈人が〉都会風の, 都会的な.

town·let [táʊnlɪt, -lət] 〖⇨ -let〗 *n.* 小さな町.

tówn líbrary *n.* 町立図書館.

tówn májor *n.* 〖英軍〗(駐屯(ちゅうとん)都市などの) 衛戍(えいじゅ)少佐, 内衛兵司令《軍紀・治安・交通・宿営など一切の取締りを担当した》.

tówn mánager *n.* 《米》町政担当者《町委員会・町長もしくは町議会によって任命され, 町の行政全般に責任をもつ》.

tówn méeting *n.* **1** 町民大会. **2** 《米》町民会《New England 地方で一定の資格のある町民で構成され町政を行なう機関》.

tówn plán *n.* = city plan.

tówn plánning *n.* = city planning.

town·scape [táʊnskèɪp] 〖← TOWN+-SCAPE: cf. landscape〗 *n.* **1** 都会の風景, 町の眺め; 町の絵. **2** (人工的・自然的要素を含む) 都市造景計画.

Tówn·send ávalanche [táʊnzənd- | -zend-] 〖← *J. S. E. Townsend* (1868–1957: アイルランドの物理学者)〗 ── *n.* 〖物理・化学〗電子なだれ, タウンゼンドなだれ (⇨ avalanche 3).

Town·send·ite [táʊnzəndàɪt | -zen-] 〖⇨ ↓, -ite[1]〗 *n.* Townsend Recovery Plan の支持者.

Tówn·send Recóvery Plàn [táʊnzənd- | -zend-] 〖← *Francis E. Townsend* (1867–1960: 米国の医師・社会改良家)〗 ── *n.* [the ～] 《米》タウンゼンド養老年金案《Townsend が 1934 年に提案した養老年金制度で, 60 歳以上の退職者に毎月 200 ドルを支給し, その財源を 2% の取引税に求めるという法案; 通過しなかった》.

Tównsend Rídges *n. pl.* [the ～] タウンゼント山脈《オーストラリア Western Australia 州の Great Victoria Desert と Great Sandy Desert との間にある小山脈》.

Tównsend's sólitaire 〖← *John Kirk Townsend* (1809–51: 米国の鳥類学者)〗 *n.* 〖鳥類〗ヒタキツグミ (*Myadestes townsendi*) 《北米西部産のヒタキ科の小鳥》.

tówns·fòlk *n. pl.* 町民 (townspeople).

tówn·shìp 〖OE *tūnscipe*: ⇨ town, -ship〗 ── *n.* **1** 《英》(昔の) 町区, 字(あざ)《大きな parish を更に区分した 1 教区; 時には manor や parish と同じ》; その住民. **2** 郡区《米国北東部の州やカナダで county, province 内の地方行政区分》. **3** (米国の公有地測量で) 町, タウンシップ《通例 1 マイル平方 (section) の 36 区画を含む 6 マイル四方の地域; cf. section 9, range 9》. **4** 《ニューイングランド》 = town 1 a. **5** 《豪》 **a** 都市計画地域; 田園地域の中心となる小都市. **b** (市内[郊外]の) 中心街, ショッピングセンター.

tównship lìne *n.* (米国の公有地測量における) 郡区[タウンシップ制]で区画の北限・南限を定める東西の 6 マイル間隔の平行線 (cf. range line, township 3).

tówn·sìte *n.* 都市敷地; 都市計画地域.

tówns·man [-mən] 〖OE *tūnesman* villager: ⇨ town, -s[2] 2, man: cf. craftsman, etc.〗 ── *n.* (*pl.* **-men** [-mən, -mèn]) **1** (田舎の人に対して) 都会人. **2** 町民; 町内の人 (fellow citizen). **3** (ニューイングランドで) 都市行政委員 (selectman).

tówns·pèople *n. pl.* **1** 都会人. **2** 町民, 市民: one's ～.

Towns·ville [táʊnzvɪl] *n.* オーストラリアの Queensland 州北東部の港市; 人口 80,000.

tówns·wòman 〖⇨ town, -s[2] 2, woman〗 *n.* **1** 都会の女性. **2** 同じ町の女性.

tówn tàlk *n.* **1** (町内の) 取りざた, 町のうわさ. **2** うわさの種, ゴシップ種.

town·ward [táʊnwəd | -wəd] 〖《15C》← TOWN+-WARD〗 *adj.* 都会の方へ向かう, 町へ向かう. ── *adv.* 町の方へ, 都会をさして, 町の方に向かって.

tówn·wards [-wədz | -wədz] *adv.* = townward.

tówn·wèar *n.* タウンウェア《テーラード仕立て (tailored) の衣服でビジネスや街着に着用する》.

tówn wòman *n.* 街(まち)の女, 売春婦.

town·y [táʊni | -nɪ] *n.* 《米》 = townee.

tów·pàth *n.* 《米》(川や運河の両側に作った, 船を引く動物や人が通る) 引き船道 (towing path ともいう).

tów·ròpe *n.* (車・グライダー・スキーヤーなどを引く) 引き綱, (船を引く) 曳航索.

tówrope hórsepower *n.* 〖機械〗 = effective horsepower.

tów sàck 〖⇨ tow[2]〗 *n.* 《米中部・南部》 = gunnysack.

towse [táʊz] *v., n.* = touse.

tow·ser [táʊzə | -zə(r)] 〖← TOUSE+-ER[1]〗 *n.* **1** 大きな犬. **2** 《口語》大柄な無骨者; (特に) 精力家: a ～ for work 精力的な働き手.

tow·sy [táʊzi | -zɪ] *adj.* = tousy.

tów trùck *n.* = wrecker 5.

tow·y [tóʊi | tə́ʊi] 〖⇨ TOW[2]+-Y[4]〗 *adj.* 麻の繊維のような: ～ locks. **tów·i·ness** *n.*

tox. 《略》toxicology.

tox-[1] [tɑks | tɒks] (母音の前に来る時の) toxo-[1] の異形.

tox-[2] [tɑks | tɒks] (母音の前に来る時の) toxo-[2] の異形.

tox·ae·mi·a [tɑksíːmiə | tɒksíːmjə, -mɪə] *n.* 〖病理〗 = toxemia. **tox·áe·mic** [-mɪk] *adj.*

tox·al·bu·min [tɑ̀ksælbjúːmɪn, -mən | tɒ̀ksælbjúːmɪn] 〖⇨ toxo-[1], albumin〗 *n.* 〖生化学〗毒性アルブミン.

tox·a·phene [tɑ́ksəfìːn | tɒ́k-] 〖← *Toxaphene* (商標名) ← TOXO-[1]+-A-+(CAM)PHENE〗 ── *n.* 〖化学〗トキサフェン (化学式はほぼ $C_{10}H_{10}Cl_8$) 《多塩素化二環テルペンの混合物; 黄色ろう状物質; 殺虫剤として用いられる》.

tox·e·mi·a [tɑksíːmiə | tɒksíːmjə, -mɪə] 〖← NL ～: ⇨ toxo-[1], -emia〗 *n.* 〖病理〗毒血症 (blood poisoning の一種).

tox·e·mic [tɑksíːmɪk | tɒk-] 〖⇨ ↑, -ic[1]〗 *adj.* 〖病理〗毒血症 (toxemia) の[にかかった].

Tox·e·us [tɑ́ksiəs, -sjuːs | tɒ́ksjuːs, -sjəs, -sɪəs] 〖⊏ L ～ ⊏ Gk *Toxeús* (原義) bowman〗 ── *n.* 〖ギリシャ伝説〗トクセウス《Calydon の王 Oeneus と Althaea の息子; 父親に殺される》.

tox·i-[1] [tɑ́ksɪ, -sə | tɒ́ksɪ] toxo-[1] の異形 (⇨ -i-).

tox·i-[2] [tɑ́ksɪ, -sə | tɒ́ksɪ] toxo-[2] の異形 (⇨ -i-).

tox·ic [tɑ́ksɪk | tɒ́k-] 〖《1664》⊏ LL *toxic-us* ← L *toxicum* poison ⊏ Gk *toxikón* (*phármakon*) (poison) connected with a bow, i.e. poison used on arrows ← *tóxon* bow〗 ── *adj.* **1** 毒の, 有毒な, 毒性の (poisonous): ～ smoke 毒煙, 毒ガス. **2** 中毒(性)の: ～ anemia 中毒性貧血 / ～ symptoms 中毒症状. ── *n.* 有毒物質, 毒物. **tóx·i·cal·ly** *adv.*

tox·ic- [tɑ́ksɪk, -sək | tɒ́ksɪk] (母音の前に来る時の) toxico- の異形.

tox·i·cant [tɑ́ksɪkənt, -sə- | tɒ́ksɪ-] 〖← TOXIC+-ANT〗 *adj.* 有毒な; 中毒性の (poisonous, toxic). ── *n.* 毒, 毒物, 毒薬 (poison); (特に) 殺虫剤.

tox·i·ca·tion [tɑ̀ksɪkéɪʃən, -sə- | tɒ̀ksɪ-] *n.* 中毒.

tox·ic·i·ty [tɑksísəṭi | tɒksísɪtɪ, -sɪ-] 〖← TOXIC+-ITY〗 *n.* 毒性, 毒力, 有毒性 (poisonousness).

tox·i·co- [tɑ́ksɪkoʊ, -sə- | tɒ́ksɪkə(ʊ)] 〖← Gk *toxikón* poison: ⇨ toxic〗 ──「毒 (poison)」の意の連結形 (cf. toxo-[1]): *toxico*logy. ★ 母音の前では通例 toxic- になる.

tòxico·génic *adj.* 〖生理・病理〗毒物[毒素]を生じる, 産毒性の.

tox·i·co·log·ic [tɑ̀ksɪkəlɑ́dʒɪk, -sə- | tɒ̀ksɪkəlɒ́dʒ-] 〖← TOXICOLOGY+-IC[1]〗 ── *adj.* 毒物学(上)の; 毒素の. **tòx·i·co·lóg·i·cal** *adj.* **tòx·i·co·lóg·i·cal·ly** *adv.*

tòx·i·cól·o·gist [-dʒɪst, -dʒəst | -dʒɪst] 〖⇨ ↓, -ist〗 *n.* 毒物学者.

tox·i·col·o·gy [tɑ̀ksɪkɑ́lədʒi, -sə- | tɒ̀ksɪkɒ́lədʒɪ] 〖← TOXICO-+-LOGY〗 *n.* 毒物学.

tòxico·mánia *n.* 〖病理〗毒物嗜癖(しへき); 麻薬中毒.

tox·i·co·sis [tɑ̀ksɪkóʊsɪs, -sə-, -səs | tɒ̀ksɪkə́ʊsɪs] 〖← TOXIC+-OSIS〗 *n.* 〖病理〗中毒(症), 中毒性疾患.

tòxi·génic 〖← TOXO-[1]+-GENIC〗 *adj.* 毒素を生ずる: ～ bacteria. **tòxi·genícity** *n.*

tox·in [tɑ́ksɪn, -sən | tɒ́ksɪn] 〖《1886》← TOXO-[1]+-IN[1]〗 *n.* 毒素.

tox·i·pho·bi·a [tɑ̀ksəfóʊbiə | tɒ̀ksɪfə́ʊbjə, -bɪə] 〖← TOXO-[1]+-PHOBIA〗 *n.* 〖精神医学〗毒物恐怖(症).

tox·o-[1] [tɑ́kso(ʊ) | tɒ́ksə(ʊ)] 〖⊏ LL ～ ← L *toxicum* poison: ⇨ toxic〗 ──「有毒な (toxic); 毒 (toxin)」の意の連結形: *toxo*plasmosis. ★ 時に toxi-, また母音の前では通例 tox- になる.

tox·o-[2] [tɑ́kso(ʊ) | tɒ́ksə(ʊ)] 〖⊏ Gk ～ ← *tóxon* bow〗 ──「弓形の (bowed); 矢 (arrow), 弓術 (archery)」の意の連結形. ★ 時に toxi-, また母音の前では通例 tox- になる.

tox·oid [tɑ́ksɔɪd | tɒ́k-] 〖← TOXO-[1]+-OID〗 ── *n.* 〖医学〗トキソイド, 類毒素, 変性毒素《抗原性毒素液をフォルマリン処理などにより, 抗原性を失わない状態で無毒化したもの; 伝染病の予防もしくは治療用》.

tox·oph·i·lite [tɑksɑ́fəlàɪt | tɒksɒ́fɪ-, -fə-] 〖《1794》← *Toxophil-us* (Roger Ascham の造語で, 彼の著書 (1545) の名): ⇨ toxo-[2], philo-, -ite[1]〗 ── *n.* 弓術愛好家, 弓術家 (archer). ── *adj.* 弓術(上)の.

tox·oph·i·lit·ic [tɑksɑ̀fəlíṭɪk | tɒksɒ̀fɪlít-] *adj.* = toxophilite.

tox·oph·i·ly [tɑksɑ́fəli | tɒksɒ́fɪlɪ] 〖《1887》← TOXO-[2]+-PHILY〗 *n.* 弓術愛好.

tox·o·plas·ma [tɑ̀kso(ʊ)plǽzmə | tɒ̀ksə(ʊ)-] 〖← TOXO-[1]+-PLASMA〗 ── *n.* (*pl.* ～**s**, ～·**ta** [～ṭə | ～tə], ～) 〖獣医・病理〗トキソプラズマ《トキソプラズマ属 (*Toxoplasma*) の原虫; 人・猫・犬などに寄生するが, ペット・食肉を通じて感染する場合が知られ, 胎児を冒すこともある》. **tòxo·plásmic** *adj.*

tox·o·plas·mo·sis [tɑ̀ksəplæzmóʊsɪs, -səs | tɒ̀ksə(ʊ)plæzmə́ʊsɪs] 〖← TOXO-[1]+-PLASM+-OSIS〗 ── *n.* 〖獣医・病理〗トキソプラズマ症《住血原虫の一種 (*Toxoplasma gondii*) の寄生により人間・犬・羊・猫などに起こる病気; 一般には症状をあらわさないことが多いが, 死産・流産・奇形・視力障害などを起こす》.

tox·o·so·zin [tɑ̀kso(ʊ)sóʊzɪn, -zən | tɒ̀ksə(ʊ)sə́ʊzɪn] 〖← TOXO-[1]+SOZIN〗 *n.* 〖生化学〗トキソソチン《細菌の毒素を破壊するソチン; cf. sozin, mycosozin》.

toy [tɔ́ɪ] 〖《c1303》 *toye* dalliance ⊏ ? MDu. *toi* (Du. *tooi*) attire, finery // ? MDu. *toy* (Du. *tuig*) tools: cf. G *Zeug* instrument〗 ── *n.* **1** おもちゃ (plaything): a mere ～. **2** (おもちゃのような) くだらない[つまらない]物 (trifle). **3** 小さくてきれいなもの, 小間物 (knickknack, trinket). **4** ままごと, 道楽 (hobby): She makes a ～ of housekeeping. 彼女の家事はまるでままごとのようだ. **5** 《スコット》(昔スコットランドの老婦人が使用した) ウールや麻の肩までかかるかぶりもの. **6** 《廃》(男女の) ふざけ, いちゃつき. **7 a** (同類の他のものと比べて) ちっぽけな物. **b** ごく小型の動物. **8** 《廃》(16–17 世紀英国の virginal 用の) 単純で軽快な楽曲. **9** 《古》冗談, 軽口, 戯文. **10** 《廃》奇想 (odd conceit); 気まぐれ (whim).

── *attrib. adj.* **1** おもちゃの: a ～ train [soldier] おもちゃの汽車[兵隊]. **2** ごく小型の: a ～ pigeon [terrier] 愛玩(あいがん)用の小型のハト[テリア].

── *vi.* **1** もてあそぶ, おもちゃにする, 戯れる, いじる (trifle) 〔*with*〕: ～ *with* one's watch chain 時計の鎖をいじくる / For years I have ～*ed with* the idea of writing a life of Sancho Panza. もう何年も前からサンチョパンサの生涯を書いてみようかと何となく考えている. **2** 〈男女が〉いちゃつく, ふざける 〔*with*〕.

～·**er** *n.*

Toy [tɔ́ɪ] 〖(dim.) ← ANTONIA〗 *n.* 女性名《異形 Toye》.

tóy·bòx *n.* おもちゃ箱.

tóy dóg *n.* (Chihuahua, Maltese, Yorkshire terrier などの) 小さいタイプの犬.

Toye [tɔ́ɪ] 〖⇨ Toy〗 *n.* 女性名《異形 Toy》.

tóy físh *n.* 水槽飼育用小型魚.

tóy·ing·ly *adv.* もてあそんで, 戯れて, ふざけて.

tóy·like *adj.* おもちゃのような.

tóy Mánchester térrier *n.* トイマンチェスターテリア《マンチェスター原産の犬種のイヌ; Manchester terrier の小型で, 12 ポンド以上でないもの; toy Manchester ともいう》.

Toyn·bee [tɔ́ɪnbi | -bɪ], **Arnold** *n.* (1852–83) 英国の経済史家・社会改良家.

Toynbee, Arnold J(oseph) *n.* (1889–1975) 英国の文明史家; Arnold Toynbee の甥; *A Study of History* (12 vols., 1934–61).

Tóynbee Háll *n.* トインビー記念館《Oxford および Cambridge 両大学校友によって Arnold Toynbee を記念して, 1884 年に恵まれない人に正しい教育と娯楽とを授けることを目的として London のスラム街 Whitechapel に建てられた最初の大学隣保館》.

toy·on [tɔ́ɪɑn, tóʊjən | tɔ́ɪɒn, táʊjən] 〖⊏ Mex.-Sp. *tollon*〗 ── *n.* 〖植物〗米国 California 州産バラ科カナメモチ属の常緑低木 (*Photinia arbutifolia*) 《Christmasberry ともいう》.

tóy póodle *n.* トイプードル《背の最高部で 10 インチかそれ以下のプードル犬》.

tóy·shòp *n.* おもちゃ屋.

TP 《記号》⇨ TAP.

tp. 《略》township; troop.

t.p. 《略》title page.

T.P. 《略》〖測量〗turning point.

TPÍ tèst *n.* 〖医学〗TPI 試験《梅毒反応の一種》.

tpk. 《略》turnpike.
tpke. 《略》turnpike.
TPN 《略》〘生化学〙triphosphopyridine nucleotide.
tpr. 《略》〘医学〙temperature, pulse and respiration.
Tpr. 《略》Trooper.
tps. 《略》townships.
Tr 《記号》〘化学〙terbium.
T-R 《略》transmit-receive.
tr. 《略》tare; tincture; 〘化学〙trace; train; transaction(s); transitive; translated; translation; translator; transport; transportation; 〘校正〙transpose 文字[行]を入れかえよ《例: (is/that)》; treasurer; tributary; 〘音楽〙trill; trust; trustee.
Tr. 《略》Troop.
T.R. 《略》*L.* tempore regis (=in the time of the king); 〘海事〙tons registered.
tra- [trə] *pref.* (d, j, l, m, n, v の前に来る時の) trans- の異形: *tra*dition, *tra*ject.
tra·bant [trəbɑ́:nt] 〘▭ G *Trabant, Drobant* ▭ Czech *drabant* ▭ Pers. *darwān* porter, doorkeeper〙 *n.* 〘生物〙=satellite 5.
tra·be·ate [tréɪbièɪt, -biət, -biɪt | -bièɪt, -biət, -bɪɪt] 〘《逆成》← TRABEATION〙 *adj.* 〘建築〙=trabeated.
tra·be·at·ed [tréɪbièɪṭɪd, -ṭəd | -bièɪt-] 〘⇨↑, -ed〙 *adj.* 〘建築〙楣(まぐさ) (lintel) のある, 柱梁(はり)式の.
tra·be·a·tion [trèɪbiéɪʃən | -bɪ-] 〘←L *trabem* beam ((acc.) ← *trabs*)+-ATION〙 *n.* 〘建築〙楣(まぐさ)式構造.
tra·bec·u·la [trəbékjʊlə] 〘← NL ~ 'little beam' (dim.) ← *trabs* beam〙 — *n.* (*pl.* **-u·lae** [-lì:, -làɪ]) **1** 〘解剖・動物〙柱, 小柱, トラベキュラ《脾臓(ひぞう)の脾柱, 心臓の肉柱など》. **2** 〘植物〙(コケ類の造胞体の蒴(さく)の口縁にある)蒴歯の横線. **tra·bec·u·lar** [trəbékjʊlə | -lə(r)] *adj.*
tra·bec·u·late [trəbékjʊlət, -lɪt] 〘⇨↑, -ate²〙 *adj.* **1** 〘解剖・動物〙柱[小柱]のある. **2** 〘植物〙蒴歯(さくし)横線のある.
tra·bec·u·lat·ed [trəbékjʊlèɪṭɪd, -ṭəd | -tɪd, -təd] *adj.* =trabeculate.
Trab·zon [*Turk.* trɑ́bzɔn] *n.* トラブゾン: **1** トルコ北東部の州. **2** 同州の首都で黒海に臨む海港; 人口 140,000. 《Trebizond ともいう》.
tra·casse·ries [trɑ̀:kɑ:srí:; *F.* trakasri] 〘▭ F ~ ← *tracasser* to worry: ⇨ -ery〙 *F. n. pl.* 気苦労 (petty worries); いさかい (quarrels).
trace¹ [tréɪs] 〘n.: 《(?*a*1300)》 *trace, tras* ▭ (O)F *trace.* — v.: 《(*c*1380)》 *trace(n)* ▭ OF *trac-ier* (F *tracer*) to trace, pursue < VL **tractiāre* to drag, draw ← L *tractus* 'TRACT¹'〙 — *n.* **1 a** (動物・人・物などの通った)跡, わだち (track); [*pl.*] (動物の)足跡 (footprints): find the ~*s* of big game 大きな獲物の足跡を発見する / be hot on the ~*s* of ...を激しく追跡している, ...に追い迫っている. **b** 《米》(動物・人・物などが通って出来た荒野などの)小道 (path, trail). **c** 《古》(人がたどる)道 (road). **2** (残された)跡; 痕跡(こんせき), 形跡 (vestige); (経験・境遇などの)影響, 結果 (evidence): the ~*s* of war 戦争のつめ跡 / look out for ~*s* of former dwellers 先住民の遺跡を捜す / remove every ~ of the crime 犯罪の証跡をすっかり消す / There is still no ~ of the missing man. 依然として失踪(しっそう)した男の行方がわかっていない / Does this poison leave any ~ in a victim's body? この毒物は犠牲者の体内に痕跡を残しますか / He spoke with ~*s* of a German accent. 彼はドイツ語なまりのある調子で話した / The bed bore no ~ of having been slept in. そのベッドには人の寝ていた形跡がなかった. **3 a** [通例 a ~] ほんの少し, 微少; かすかな気配[気味] (tinge, touch): He smiled at her with *a* ~ of interest. やや関心を示して彼女にほほえみかけた / without *a* ~ of sympathy 同情の気配は少しもなく / There is just *a* ~ of garlic in the beefsteak. このビフテキはほんの少しばかりにんにくの味がする / There is no ~ of love between us any longer. われわれ夫婦の間にはもう愛情のかけらもない / His tone implied the barest ~ of contempt for her. 彼の口調にはほんのかすかながら彼女に対する軽蔑がこもっていた. **b** 〘化学〙痕跡《定量できないほどの微量またはその含まれている成分; 略 tr.》: ⇨ trace element. **c** 〘気象〙微量の降水[降雨]《0.1 ミリメートル以下の降水量》. **4** 線, 図形 (line, figure); 見取図 (sketch). **5** (地震計・カイモグラフ・心電計など自動記録装置が自記した)記録, トレース. **6** 〘心理〙=engram 2. **7** 〘数学〙跡(せき), トレース《正投影法における直線と画面の交点, ないしは平面と画面との交線; 行列の主対角線上にある成分の総和》. **8** 〘電子工学〙掃引(そういん)線[点]《電子ビームによって陰極線管 (cathode-ray tube) のスクリーンに描き出された線[点]》.
— *vt.* **1** ...の跡をたどる[つける], 追跡する (track down); ...の足取り[ありか]を捜す, 〈行方不明者・紛失物などを〉捜し[探り]出す, 突き留める: ~ a person's footprints 人の足跡をたどる / ~ the animal *to* its lair 動物を巣穴まで追跡する / ~ the criminal [missing man] *to* New York 犯人[行方不明者]の足取りをニューヨークまで突き留める / They ~*d* the stolen goods *to* a pawnshop. 彼らは盗品が質屋の手に渡っているのを突き留めた / I cannot ~ any letter of that date. そういう日付の手紙は見つからない. **2** 〈起源・原因・歴史などを〉(さかのぼって)調べ出す, 明らかにする; ...の由来[起源]をたどる 〈*back*〉: ~ the history of parliamentary government [the etymology of a word] 議会政治の歴史[言葉の語源]を明らかにする / ~ a river *to* its source 川をその源流にまでさかのぼる / He ~*s* his ancestry *to* 15th century Spain. 彼は自分の祖先が15世紀のスペインに始まることを突き留めている / ~ one's descent *back to* the Norman conquest 家系をたどってノルマン人の英国征服の時代にまで至る / The report has been ~*d back to* you. うわさのもとが君の所までわかって来た. **3 a** (遺跡・痕跡によって)...の位置[大きさ]を確かめる, 発見する: ~ an ancient road [wall] 古代の道路[城壁](の位置)を確かめる. **b** (輪郭などによって)見きわめる (discern): I could scarcely ~ his features in the gloom. 薄暗がりで彼の顔つきは殆んどわからなかった. **4 a** 〈線・輪郭・地図などを〉引く, 描く, 書く 〈*out*〉; ...の(見取)図を描く (sketch) 〈*out*〉: ~ (*out*) a design [pattern] 図案[模様]を描く / ~ *out* the site of an ancient city 古代都市の見取図を作る. **b** (丁寧にまたは苦労して)〈字句などを〉書く. **c** 〈自動記録装置が〉(線を描いて)記録する: The cardiograph ~*s* the heart action. 心電計は心臓の動きを記録する. **5 a** 敷写しする, 透写[複写]する, トレースする (copy): ~ a copy *from* the original 原稿[原図]をなぞってコピーを取る / ~ a map *onto* a sheet of paper 地図を紙に透写する. **b** 〈図案・模様などを〉押す, 印する (imprint): ~ a pattern *onto* cloth 布地に模様をつける. **c** [主に p.p. 形で]〘建築〙〈窓などを〉トレーサリー (tracery) で飾る: ~*d* windows トレーサリーの窓. **6** 〈計画などを〉立てる, 決める (devise) 〈*out*〉: ~ (*out*) a line of conduct 行動方針を決める / The policy ~*d out* by him was never followed. 彼の立てた政策は実行されずに終わった. **7** 〈小道などを〉たどる, 通って行く (follow): ~ a path.
— *vi.* **1** 由来をたずねる, (歴史を)さかのぼる (date back) 〔*to*〕: We can ~ no further. これ以上過去にさかのぼることはできない / His family ~*s* (*back*) *to* the Pilgrim Fathers. 彼の一門はピルグリムファーザーズ(の時代)にまでさかのぼる. **2** 《まれ》(通った跡・道筋を)たどる; 行く, 進む.
trace² [tréɪs] 〘《(?*a*1350)》 *trays* ▭ OF *traiz* (pl.) ← *trait* 'strap for harness, act of drawing, TRAIT'〙 — *n.* **1** 〘馬具〙引き革《馬車・大ぞりなどの一部; ⇨ harness, whippletree 挿絵》: in the ~*s* 引き革を付けて[につながれて]; 常務に服して. **2** 〘機械〙蝶番(ちょうつがい)連動桿(かん). **3** 〘釣〙道糸の先に付けるテグス, 鉤素(はりす) (leader). **4** 〘植物〙茎から葉および枝に分かれてゆく維管束.
kick over the traces (1) 〈馬が〉引き革を蹴りのける. (2) 〈人が〉束縛をはねのける; 不従順になる, 手がつけられなくなる.
trace·a·ble [tréɪsəbl] 〘← TRACE¹+-ABLE〙 — *adj.* **1** たどることのできる, 跡をたずねることのできる; 〔...に〕起因する, 帰することができる (ascribable) 〔*to*〕: Many of our customs are ~ *to* Buddhism. わが国の習慣は仏教に由来するものが多い. **2** 描くことのできる; 透写することのできる. **tràce·a·bíl·i·ty** [-səbíləṭi | -lɪti, -lɪ-] *n.* **~·ness** *n.* **tráce·a·bly** *adv.*
tráce èlement *n.* **1** 〘生化学〙微量元素《植物や動物の組織内に含まれている微量の(主として, 金属)元素で, 動植物の生存に必要不可欠と考えられるもの; microelement, micronutrient, minor element ともいう; cf. macronutrient》. **2** 〘地質〙=minor element 1.
tráce hòrse *n.* 引き馬, 輓用(ばんよう)馬《引き革でつながれて引く, または1本の引き革で引く馬》; (特に)坂道などで付け加えられた引き馬.
tráce·less *adj.* 痕跡(こんせき)のない, 跡を残さない. **~·ly** *adv.*
trác·er 〘← TRACE¹ (v.)+-ER¹〙 — *n.* **1** 追跡者, 跡をたずねる人; 写図者, 透写工. **2** 線引ペン, 鉄筆, 透写筆 (stylus). **3** (裁縫用)トレーサー; ルーレット《ペン軸状の棒の先に小さな車輪のついたもので紙型の上を転がして生地にしるしを付ける; tracing wheel ともいう》. **4** 紛失物捜索係; 《米》紛失郵便物捜索照会状. **5** 〘軍事〙曳光(えいこう)弾《tracer ammunition ともいう》; 曳光弾剤[薬]. **6** 〘解剖〙探針(さぐり). **7** 〘化学・生理〙トレーサー, 追跡子《生体内での特定物質の運命を追跡証明するために投与する微量物質; (特に)放射性同位元素》.
trácer ammunìtion *n.* 〘軍事〙=tracer 5.
trácer bùllet *n.* 〘軍事〙曳光(えいこう)弾.
trácer èlement *n.* 〘化学・生理〙追跡元素, 標識元素 (⇨ tracer 7).
trác·er·ied *adj.* tracery のある[で飾った]; 網目模様のある.
trac·er·y [tréɪs(ə)ri | -rɪ] 〘《(1464)》 ← TRACE¹+-ERY〙 — *n.* **1** 〘建築〙トレーサリー《ゴシック式建築の窓・つい立て・羽目仕切りなどに施す装飾的狭間(はざま)》: ⇨ bar tracery, plate tracery. **2** (刺繍・彫刻などの)トレーサリー模様; 網目細工 (network): the delicate ~ of light and shade [of the boughs, on the insect's wing] 光と影[枝, 昆虫の羽]の繊細な格子模様.

tracery 1
1 trefoils
2 quatrefoil

tra·che- [tréɪki | -kɪ] (母音の前に来る時の) tracheo- の異形.
tra·che·a [tréɪkiə | trəkí:ə, -kíə] 〘《*a*1400》 ▭ ML *trāchēa* = LL *trāchīa* ▭ Gk *trākheîa* (fem.) ← *trākhús* rough〙 — *n.* (*pl.* **-che·ae** [-kiì:, -kiàɪ | -kí:i:, -kí:aɪ], **~s**) **1** 〘解剖・動物〙気管 (windpipe); (昆虫その他の節足動物の)呼吸管 (cf. vessel 4). **2** 〘植物〙道管 (duct, vessel).
tra·che·al [tréɪkiəl | trəkí:əl, -kíəl] 〘← NL *trāchēalis* ← ML *trāchēa* (↑): ⇨ -al¹〙 — *adj.* **1** 〘解剖・動物〙気管[呼吸管]の, 気管[呼吸管]とつながった. **2** 〘植物〙道管の機能をもつ, 道管からなる.
trácheal gíll *n.* 〘動物〙気管鰓(さい)《水生昆虫の幼虫・さなぎ, まれに成虫に見られる呼吸器官》.
trácheal tíssue *n.* 〘植物〙道管組織.
tra·che·ate [tréɪkièɪt, -kiət, -kiɪt | trəkí:ət, -ɪt] 〘← NL *Trāchēāta* (属名): ⇨ tracheo-, -ate²〙 〘動物〙 — *adj.* 〈節足動物が〉呼吸管をもつ. — *n.* 呼吸管をもつ節足動物.
tra·che·at·ed [tréɪkièɪṭɪd, -ṭəd | trəkí:eɪt-] *adj.* 〘動物〙=tracheate.
tra·che·a·tion [trèɪkiéɪʃən | -kɪ-] 〘← TRACHEO-+-ATION〙 *n.* 〘動物〙(昆虫その他の節足動物の)呼吸管の分布[排列].
tra·che·id [tréɪkiɪd, -kiəd, -ki:d | -kiɪd] 〘← TRACHEO-+-ID³〙 *n.* 〘植物〙仮道管 (cf. trachea 2, vessel 5). **tra·che·i·dal** [treɪkí:ədl, trə-, -kí:dl | -kí:ɪ-] *adj.*
trach·e·i·tis [trèɪkiáɪṭɪs, -ṭəs | -kɪáɪtɪs] 〘← NL ~: ⇨ trachea, -itis〙 *n.* 〘病理〙気管炎.
trach·el- [trǽkəl, tréɪ-, trəkí:l] (母音の前に来る時の) trachelo- の異形.
tra·che·li·um [trəkí:liəm | -lɪ-] 〘← NL ~ ← Gk *trákhēlos* neck+-IUM〙 — *n.* (*pl.* **-li·a** [-liə | -lɪə]) (古代建築で)柱身と柱頭の間のくびれた部分《gorgerin より上の部分》.
trach·e·lo- [trǽkəlo(ʊ), tréɪ- | -lə(ʊ)] 〘← NL ~ ← Gk *trakhelo-* ← *trákhēlos* neck〙 — 「首, 頸部(けいぶ) (neck)」の意の連結形: *trachelo*logy. ★ 母音の前では通例 trachel- になる.
trach·e·o- [tréɪkio(ʊ) | trəkí:ə(ʊ)] 〘← NL ~ ← ML *tráchēa*: ⇨ trachea〙 — 次の意味を表わす連結形: **1** 「気管, 道管 (trachea)」: *tracheo*scopy. **2** 「気管と...との (tracheal and...)」: *tracheo*bronchial. ★ 母音の前では通例 trache- になる.
tràcheo·brónchial *adj.* 〘解剖〙気管(と)気管支の.
tra·che·ole [tréɪkiòʊl | -kiəʊl] 〘← TRACHEO-+-OLE²〙 *n.* 〘昆虫〙(昆虫の呼吸管分岐の)末端細管. **tra·che·o·lar** [treɪkí:ələ | -lə(r)] *adj.*
tra·che·o·phyte [tréɪkiəfàɪt | -kɪə-] 〘← TRACHEO-+-PHYTE〙 *n.* 〘植物〙維管束植物.
tra·che·os·copy [trèɪkiɑ́skəpi | trækɪɔ́skəpɪ] 〘← TRACHEO-+-SCOPY〙 *n.* 〘医学〙気管鏡検査(法). **trà·che·o·scóp·ic** [-kiəskɑ́pɪk | -kɪəskɔ́p-] *adj.*
tra·che·os·to·my [trèɪkiɑ́stəmi | -kɪɔ́stəmɪ] 〘← TRACHEO-+-STOMY¹〙 *n.* 〘外科〙気管開口術, 気管形成術.
trà·che·ót·o·mist [-mɪst, -məst | -mɪst] *n.* 気管切開医.
tra·che·ot·o·my [trèɪkiɑ́ṭəmi | trækɪɔ́təmɪ] 〘← TRACHEO-+-TOMY〙 *n.* 〘外科〙気管切開(術).
Trach·ich·thy·i·dae [trèɪkɪkθáɪədi:, træ̀k- | -θáɪɪ-] 〘← NL ~ ← *Trachichthys* (属名: ⇨ trachea, ichthyo-)+-IDAE〙 *n. pl.* 〘魚類〙ヒウチダイ科.
tra·chle [trǽxl, trɑ́:-] 〘← ?: cf. Flem. *tragelen* to go with difficulty〙 *vt.* 《スコット》 **1** (踏みつけて)よごす. **2** 過労で疲れさせる.
tra·cho·ma [trəkóʊmə | trəkə́ʊ-, træ-] 〘← NL ~ ← Gk *trákhōma* roughness: ⇨ trachy-, -oma〙 — *n.* 〘病理〙トラコーマ, トラホーム《眼病》. **tra·cho·ma·tous** [trəkóʊməṭəs, -kɑ́m- | -kóʊmətəs, -kɔ́m-] *adj.*
Trach·o·me·du·sae [træ̀ko(ʊ)mɪd(j)ú:si:, trèɪk-, -mə-, -zi: | trèɪkə(ʊ)mɪdjú:-, træ̀k-] 〘← NL ~ 《異形》← TRACHYMEDUSAE〙 — *n. pl.* 〘動物〙(腔腸動物ヒドロゾア綱, 硬水母目)硬水母亜目.
trach·y- [trǽki, tréɪki | tréɪkɪ, trǽkɪ] 〘← Gk *trākhús* rough〙「強い (strong); 粗い (rough)」の意の連結形: *trachy*spermous.
tràchy·cárdia 〘← NL ~ ← TRACHY-+-CARDIA〙 *n.* 〘病理〙速脈 (cf. bradycardia).
tràchy·cárpous *adj.* 〘植物〙皮のざらざらした果実をつける.
Trach·y·li·na [træ̀kɪláɪnə, trèɪk- | trèɪkɪ-, træ̀k-] 〘← NL ← ? TRACHY-+L *linum* flax (⇨ linen)〙 *n. pl.* 〘動物〙(腔腸動物ヒドロゾア綱)硬水母目.
Trach·y·li·nae [træ̀kɪláɪni:, trèɪk- | trèɪkɪ-, træ̀k-] 〘← NL ~: ↑〙 *n. pl.* 〘動物〙=Trachylina.
Trach·y·me·du·sae [træ̀kimɪd(j)ú:si:, trèɪk-, -mə-, -zi: | trèɪkɪmɪdjú:-, træ̀k-] 〘← NL ~: ⇨ trachy-, Medusa〙 *n. pl.* 〘動物〙=Trachomedusae.
tràchy·spérmous *adj.* 〘植物〙皮のざらざらした種子をもつ.
trach·yte [trǽkaɪt, tréɪk- | tréɪk-, trǽk-] 〘《(1821)》 ▭ F ~ ▭ Gk *trākhútēs* roughness ← *trākhús* rough〙 *n.* 〘岩石〙粗面岩.
tra·chyt·ic [trəkíṭɪk | -tɪk] 〘⇨↑, -ic¹〙 *adj.* 〘岩石〙粗面岩状の.
trác·ing 〘《(15C)》 ← TRACE¹+-ING¹〙 — *n.* **1** トレーシング, 透写, 複写. **2** 透写図. **3** 跡をたずねる[跡を追う, 源にさかのぼる]こと, 詮索(せんさく), 捜索. **4** 自記計量器の記録. **5** 〘スケート〙トレース《滑り跡; print ともいう》. **6** 〘図書館〙トレーシング《基本記入に対する補助記入の作成記録》.
trácing clòth *n.* トレーシングクロス, 透写布《透明質の布; 建築図面の原図を描くのに用いる; cf. tracing paper》.
trácing pàper *n.* トレーシングペーパー, 透写紙.
trácing whèel *n.* =tracer 3.
track [trǽk] 〘《(*a*1470)》 *trak* ▭ (O)F *trac* ← Gmc: cf.

MDu. *trecken* & Du. *trekken* to draw, pull〛 ── *n.* **1** (車などの)通った跡 (trace, trail) ; わだち (wheel rut) ; 航跡 (wake) : the ~ of a wagon, wheel, etc. / the ~ of a vessel, etc. **2 a** (人・動物の)足跡 (footprint), 蹄跡 : ~*s* in the snow 雪の中の足跡 / a fresh ~ of blood 真新しい血のついた足跡. **b** (獲物の)臭跡 (scent) ; 手掛り : ⇨ *on the* TRACK *of, on the right* [*wrong*] TRACK. **3** (足跡でできた)小道, 踏みならした道 (rough road) ; (人生の)進路, 行路, (世の)常道, 常軌 (course of life, routine) : a rough ~ / ⇨ beaten track / clear the ~ 道をあける ; [命令] そこどけ / go on in the same ~ year after year 年々歳々同じ行路をたどる. **4** 鉄道線路, 軌道 (railroad line) : a single [double] ~ 単[複]線 / jump the ~ 脱線する / lay ~*s* 線路を敷設する. **5 a** 進路, 通路 (line of motion) : the ~ of a comet [meteor] 彗星(すいせい)[流星]の軌道 / the ~ of a storm あらしの進路 / the ~ of a bird 鳥が飛んで行く道 / We followed in his ~. 我々は彼の進んだ道をたどって行った. **b** 〘航空〙航跡《飛行機が実際に飛んだコースの地表面への投影》. **c** ＝sound track. **d** ＝band[1] 2 c. **e** 磁気テープの録音帯. **6** 《古》(陰謀などの)形跡 (trace, vestige). **7** (出来事・思想などの)連続, 一続き : My pen goes in the ~ of my thoughts. 私のペンは私の一連の考えを追って動く. **8 a** (競馬場・競技場などの)競走路, 走路, トラック, コース (running track). **b** 《米》トラック競技 ; 陸上競技 (track and field) (cf. field 10) : ~ events トラック種目[競技] / ⇨ track meet. **9** 《米》**a** 〘自動車〙両輪の間隔, 輪距 (tread). **b** 〘鉄道〙軌間. **10 a** (トラクターの)無限軌道 (caterpillar). **b** (自動車のタイヤの)踏面 (tread). **11** 《米》〘教育〙能力[適性]別に編成された学級[教育課程] (《英》 stream) (cf. setting 10, tracking 2). **12** 〘電算機〙トラック《磁気テープ等の記憶装置の連続して情報を記憶する線状の部分》.

across the tracks ＝*on the wrong* SIDE *of the tracks*. *cover* (*up*) *one's tracks* (1) 足跡をくらます. (2) 自分の意図[行動]を隠す. *in one's tracks* 《俗》その場で, 立ち所に, すぐに (on the spot) : stop *in one's* ~*s* ただちに止まる / He fell dead *in his* ~*s*. その場に倒れて死んだ. *keep track of* 〈進行・発展など〉の跡を追う[たどる] ; …の記録を取る : I *kept* close ~ *of* what was going on. 出来事を丹念に記録した. *lose track of* …を忘れる, 見失う, 〈人・物〉と交渉をもたなくなる : *lose* ~ *of* the days of the week 何曜日か分らなくなる. *make tracks* 《口語》(1) (急いで)去る, 行く (go away) : *make* ~*s for* home 急いで家に向かう. (2) 逃げる (make off). (3) あとを追う (go after) 〔*for*〕. *off the track* (1) 〈猟犬が〉臭跡を失って, 〈追手が〉犯人の手掛りを失って (off the scent) : throw a person *off the* ~ 追手をまく. (2) 〈列車が〉脱線して (derailed) ; 〈論旨などが〉脱線して, 本題を離れて ; 誤って (wrong) : You are *off the* ~ altogether. 全く誤っている. *on the right* [*wrong*] *side of the tracks* ⇨ side 成句. *on the right* [*wrong*] *track* 確かな[誤った]手掛り[目標など]に添っていて ; (考え方が)正しい[誤っていて]. *on the track of* …を追跡して ; …の手掛りを得て : The police are *on the* ~ *of* the criminal. 警察は犯人を追跡している / At last we are *on the* ~ *of* the mystery. ついにその謎の手掛りが得られた.

track and field 陸上競技.

── *vt.* **1** …の跡を追う, 追跡する (follow, hunt) ; 跡を追って捜し出す, 探知する (find) 〈*out*〉 : ~ a deer 鹿の跡を追う. **2** 〈船を〉(陸地から)曳航(えいこう)する (tow). **3** 〈雪道などを〉踏み固めて造る. **4** 《米》…に足跡をつける ; (歩いた後に足から泥・雪などを落として)跡をつける 〈*up*〉 : ~ a floor 床に足跡をつける / ~ mud through a house 歩いて家中泥の跡をつける. **5** 〈山中などを〉通る (traverse) : ~ a wild forest, desert, etc. **6** 《米》車輪の間隔が…である : a car that ~*s* 36 inches 車輪間隔が 36 インチある車. **7** 〘軍事〙(照準点・要撃路などを決定するため砲・望遠鏡・探照灯などによって)〈ある目標〉の進路を追う, 追従[追随]する ; 〈飛行機が〉〈他機を〉追尾する. **8** (望遠鏡・レーダーなどで)〈飛行機・宇宙船〉の進路[軌道]を観測[記録, 追跡]する. **9** 《米》〘教育〙〈学生・生徒を〉能力[適性]別に学級[教育課程]を分ける (《英》 stream).

── *vi.* **1 a** 〈後輪が〉前輪のわだちを踏んで走る : The trailer ~*s* perfectly. トレーラーはぴったり前輪のわだちを踏んで走る. **b** 〈左右の車輪が〉(直線道路で)一定の間隔を保つ ; 軌道にぴったり合う. **c** 〈大歯車が〉〈他の歯車と〉完全にかみ合う 〔*with*〕. **2** 〘軍事〙(望遠鏡・探照灯などによって)敵の進路を追う, 追従[追随]する ; 〈飛行機が〉他機を追尾する. **3** 〈船が〉(土手から)引かれて行く ; 曳航(えいこう)船で行く. **4** 〘映画・テレビ〙＝dolly[1]. **5** (床などに)足跡をつける. **6** 《米》歩く, 進む, 旅行する 〈*around, about, up*〉. **7** 〈レコードプレーヤーの針が〉レコードの溝をなぞる. **8** (床などに)足跡を残す.

track back 同じ道を戻って行く〔*to*〕. *track down* 〈逃亡者などを〉追い詰める ; 〈原因などを〉突き止める : ~ *down* a bank robber 銀行強盗を追い詰める / ~ *down* the facts 事実を突き止める.

track·age [trǽkɪdʒ] 〘← TRACK (n.)＋-AGE〙 ── *n.* **1** 《米》〘鉄道〙**a** [集合的] 鉄道線路, 軌道(rails). **b** 軌道使用権《他の鉄道の軌道を使用する権利 ; 通例 trackage right という》; 軌道使用料《通例 trackage charge という》. **2** 曳航 (towage).

tráck-and-fíeld *adj.* 陸上競技の.

tráck bràke *n.* 〘鉄道〙軌道ブレーキ《車輪をしめつけるのではなく軌条との抵抗を増して減速・停止を行なうブレーキ機構》.

tráck cìrcuit *n.* 〘鉄道〙軌道回路《軌道の閉そく区間に列車等が入ると短絡して電気的に作動する回路》.

tráck-clèarer 〘cf. *clear the track* (⇨ track (n.) 3)〙 *n.* 〘鉄道〙(機関車・排雪車・草刈機などの前部につけた)排障器 ; (機関車の)排雪装置. 「る.

tracked *adj.* **1** 無限軌道で動く. **2** レールの上を走

tráck·er *n.* **1** (獲物・犯人を)追い詰める人. **2** 狩猟の案内人 (hunter's guide). **3** 曳航船.

trácker dòg *n.* 追跡犬《bloodhound のように人を襲撃しないで人の跡をつけて追う犬》.

tráck evènt *n.* [通例 *pl.*] 〘陸上競技〙トラック競技[種目] (cf. field event). 「定具》.

tráck gàge *n.* 〘鉄道〙軌間[トラック]ゲージ《軌間測

tráck ìndicator *n.* 〘鉄道〙軌道表示器, 線路標識.

tráck·ing *n.* **1** 〘映画〙トラッキング《撮影中カメラの前後移動 ; その効果》. **2** 《米》〘教育〙能力[適性]別学級[教育課程]編成 (《英》 streaming).

trácking shòt *n.* 〘映画・テレビ〙＝dolly shot.

trácking stàtion *n.* 〘宇宙〙(宇宙船・人工衛星などの)追跡ステーション.

tráck jàck *n.* 〘鉄道〙軌道ジャッキ《工事のために線路を持ち上げるのに用いるジャッキ》.

tráck·làyer *n.* 《米》**1** 線路敷設工手, 線路工夫 (《英》 platelayer). **2** 無限軌道車. 「工事).

tráck·làying *adj.* 無限軌道(車)の. ── *n.* 軌道敷設

tráck·less *adj.* **1** 足跡のない, 道のない (untrodden) : a ~ waste 人跡未踏の荒野. **2** 無軌道の : ~ trams 無軌道電車. **3** 跡を残さない : ~ feet. **~·ly** *adv.* **~·ness** *n.*

tráckless trólley *n.* ＝trolleybus.

tráck·man [-mən, -mæ̀n] *n.* (*pl.* **-men** [-mən, -mèn]) 《米》**1** 保線工夫, 保線作業員 ; (特に) ＝trackwalker. **2** (トラック競技の)競技者. 「などからなる》.

tráck mèet *n.* 《米》陸上競技会《競走・跳躍・投擲(とうてき)

tráck rècord *n.* (企業・個人などの特定の分野における)実績, 業績. 「用いる継電器》.

tráck rèlay *n.* 〘電気〙軌道継電器《track circuit に

tráck scàle *n.* 〘鉄道〙車両計重機.

tráck·shìfter *n.* 〘鉄道〙軌道移動機.

tráck shòe *n.* **1** 〘鉄道〙(軌道ブレーキ (track brake) の)減速装置. **2** (かかとのないスパイクのついた)陸上競技用靴. 「わきの.

tráck·sìde *n.* 鉄道わきの空間. ── *attrib. adj.* 線路

tráck sùit *n.* (トラック競技者などの保温用)トラックスーツ.

tráck sỳstem *n.* 〘教育〙＝tracking 2.

tráck·wàlker *n.* 《米》線路巡視人. 「街道.

tráck·wày *n.* **1** 踏みならされた道. **2** (英国の)古い

tract[1] [trǽkt] 〘(*a*1387) *tracte* ▭ L *tract-us* drawing, extent, region (p.p.) ← *trahere* 'to DRAW' : TRAIT と二重語〙 ── *n.* **1** (広さを問わず)土地, 地方, 地域 (region) ; (空・海などの)広がり (expanse) : a big [large] ~ of land 広い地面 / a ~ of country 一地方 / a wooded ~ 森林地帯. **2 a** 時間, 期間 : a long ~ of time 長時間. **b** 《古》時の経過 (lapse) ; (行為・事件の)連続. **3** 〘解剖〙**a** 管, …系, 道, 路 : an alimentary ~ 栄養管 / the urinary ~ 尿路 / the gastrointestinal ~ 胃腸管. **b** (神経線維の)束, 索 ; (神経の走向としての)…路 : the olfactory [optic] ~ 嗅(きゅう)[視]索. **4** 〘カトリック〙詠誦(えいしょう)《ミサの時連続して歌われる聖歌》. **5** 〘鳥類〙＝pteryla. **6** 《米西部》宅地開発. **7** (ある物の特定の)領域, 局面.

tract[2] [trǽkt] 〘(?*a*1425) *tracte* 《短縮》← L *tractāt-us* 'TRACTATE'〙 ── *n.* **1** (宗教・政治上の)小論文, 小冊子 (cf. pamphlet). **2** 《古》論文 (treatise).

Tracts for the Times [the ─] 時局小冊子《Oxford movement を擁護するために 1833–41 年間に 90 編が発行された小冊子 ; (Oxford) Tracts ともいう》.

trac·ta·bil·i·ty [træ̀ktəbíləṭi | -lɪti, -lɪ-] *n.* 取り扱いやすいこと ; 従順, 柔順.

trac·ta·ble [trǽktəbl̩] 〘(1502) ▭ L *tractābil-is* ← *tractāre* to touch, manage (freq.) ← *trahere* to draw : cf. tract[1]〙 ── *adj.* **1** 御しやすい (manageable) ; 教えやすい, 従順な, おとなしい (docile) : a ~ horse 御しやすい馬 / ~ children. **2** 〈材料など〉細工しやすい, 扱いやすい : This tree is extremely ~. この木はきわめて細工しやすい. **~·ness** *n.* **trác·ta·bly** *adv.*

Trac·tar·i·an [træktɛ́(ə)riən | -tɛ́əri-] 〘(1824) ← TRACT[2]＋-ARIAN : *Tracts for the Times* を刊行したことから〙 ── *adj.* オックスフォード運動の (⇨ Tractarianism). ── *n.* **1** オックスフォード運動首唱者, オックスフォード論文 (Oxford Tracts) 筆者. **2** オックスフォード運動支持者.

Trac·tar·i·an·ism [-nìzm] *n.* オックスフォード運動 (Oxford movement) の別名.

trac·tate [trǽkteɪt] 〘(1474) ▭ L *tractāt-us* handling, treatment ← *tractāre* to handle (freq.) ← *trahere* to draw〙 *n.* 論文 (treatise, essay).

Trac·ta·tor [trǽkteɪṭə | -tə(r)] 〘▭ L *tractātor* ← *tractāre* (↑)〙 *n.* ＝Tractarian.

trac·tile [trǽktl̩, -taɪl, -tɪl | -taɪl] 〘← L *tractus*＋-ILE[1] : ⇨tract[1]〙 *adj.* 引き伸ばすことのできる (ductile).

trac·til·i·ty [træktíləṭi | -lɪti, -lɪ-] *n.* 延性, 伸張性.

trac·tion [trǽkʃən] 〘(1615) ▭ ML *tractiō(n-)* a drawing ← L *tractus* : ⇨ tract[1]〙 ── *n.* **1** 引くこと, 牽引(けんいん) (drawing, pulling) (↔ pulsion) ; 牽引力[方法] : the angle of ~ 引張り角 / force of ~ 牽引力 / the line of ~ 引張り(作用)線 / mechanical [electric, steam, motor] ~ 機械[電気, 蒸気, 発動機]牽引. **2** 《米》公営輸送業務 : an (electric) ~ company 電鉄会社. **3** (筋肉などの)収縮 (contraction). **4** 〘医学〙(骨折・脱臼(だっきゅう)治療などのための)牽引 : a ~ splint 牽引用副木(ふくぼく) / an arm in ~ 牽引している腕. **5** 引きつける力, 魅力 (attraction). **6** (レールと車輪, タイヤと道路などの)静止摩擦. **~·al** [-ʃənḷ, -ʃnəl] *adj.*

tráction èngine *n.* (蒸気・ガソリンによる鉄道以外の所に用いる)牽引(けんいん)車, 耕作用機関車.

tráction fìber *n.* 〘生物〙(細胞の)牽引(けんいん)糸《有糸分裂の際, 分かれている染色体を両極に引き寄せる紡錘体中の繊維》. 「機, 車両駆動用電動機.

tráction mòtor *n.* 〘電気〙電車電動機, 電鉄主電動

tráction trànsport *n.* 〘地質〙流水・氷河・風のひきずり力によって砂礫が流れの底面をすべりながら運ばれること (cf. saltation 4).

tráction whèel *n.* (機関車の)動輪 (driving wheel).

trac·tive [trǽktɪv] *adj.* **1** 引く, 牽引(けんいん)する (drawing). **2** 牽引の[に関する] (tractional).

tráctive éffort *n.* (機関車などの)牽引(けんいん)力.

trac·tor [trǽktə | -tə(r)] 〘(1798) ← NL ~ : ⇨ tract[1], -or[2]〙 ── *n.* **1** 牽引(けんいん)者[物]. **2** トラクター, 牽引車, 牽引自動車《農業機械その他の車を引く》, (特に) 無限軌道牽引車 : a farm ~ 耕作用トラクター. **3** 牽引式飛行機《プロペラが胴体や主翼の前方に付いている飛行機 ; tractor airplane ともいう ; cf. pusher airplane》. **4** 牽引用トラック《車台が短くボデーのない貨物自動車で, 主に full trailer, semitrailer を牽引する ; tractor truck ともいう》.

tráctor áirplane *n.* ＝tractor 3.

tráctor propèller *n.* 〘航空〙(翼または胴体の前部の)牽引(けんいん)プロペラ.

tráctor trùck *n.* ＝tractor 4.

trac·trix [trǽktrɪks] 〘← NL ~ ← L *tractus* 'TRACT[1]'＋-TRIX〙 ── *n.* (*pl.* **trac·tri·ces** [træktráɪsiːz]) 〘数学〙追跡線, トラクトリックス《一直線上を等速度で動く点を, その直線上にない点が等速で追跡する時に描く曲線》.

tráct socìety *n.* トラクト協会《教会パンフレットの出版・普及活動をする団体》.

Tra·cy [tréɪsi | -sɪ] 〘1 : ← ? Ir.-Gael. *treasach* battle. ─2 : (dim.) ← THERESA〙 *n.* **1** 男性名. **2** 女性名《異形 Tracey》.

trad [trǽ(ː)d] 〘《略》← TRADITIONAL〙 *adj.* 《英》伝統的な ; (特に) 〈ジャズが〉トラッドな (cf. traditional 3).

trad. 《略》tradition ; traditional ; traditionally.

trad·a·ble [tréɪdəbl̩] *adj.* 商いうる, 売買[交易]できる.

trade [tréɪd] 〘(*c*1375) *trad(e)* path, course of conduct ▭ MLG *trade* track, course ← (WGmc) **treðan* 'to TREAD'〙 ── *n.* **1** (大工・左官などの)手職, 手仕事 (handicraft) : the ~ of a blacksmith, carpenter, wheelwright, etc. **2 a** 商業, 商い, 売買 ; 貿易, 通商 : domestic [home] ~ 国内商業 / foreign ~ 外国貿易 / ⇨ fair trade, free trade / a trick of the ~ 商売の秘訣(ひけつ)[こつ] / direct ~ *with* Cuba キューバとの直接貿易 / be good [bad] for ~ 買気を起こさせる[させない] / drive [do, make] a roaring ~ 商売が繁盛する / go out of the ~ 商売をやめる / be engaged in ~ 商業[貿易]に従事する / the Department of *Trade* and Industry (英国の)通商産業省 / the Ministry of International *Trade* and Industry (日本の)通産省. **b** 市場 (market) : an increase in the ~ 市場の拡大. **c** (物物)交換 (exchange) ; 〘野球〙(プロ野球選手の)トレード : an even ~ 五分五分の交換 / take a car in ~ 車を交換する / make a ~ for another batter 別のバッターとトレードする. **d** 未開人との交易品. **3** 小売業, 小売商 (retail business) (cf. commerce) : be in ~ 小売商を営む, 小売商である (keep a shop). **4** 職業, 商売, 家業 (occupation) (cf. profession) : the ~ of war 軍人の職業 / the ~ of a printer 印刷業 / doctor's ~ 《米東部》医業 / a butcher by ~ 商売は肉屋 / Jack of all ~*s* よろず屋, なんでも屋 / Every man for his own ~. ＝ Every man to his ~. 《諺》もちはもち屋 / Two of a ~ never [seldom] agree. 《諺》商売敵(がたき)は気の合わぬもの, 「商売身敵(みがたき)」. **5** [the ~ ; 集合的] 同業者[仲間], 小売商人連 (retailers) ; 醸造業者 (brewers and distillers), 酒屋 : discount to *the* ~ 同業者割引 / It is unpopular with *the* book ~. それは本屋仲間で不評だ. **6** [集合的] 顧客, 得意先, 取引先 (customers) : wait on ~ 顧客の相手をする. **7** [the ~s] 〘気象〙貿易風 (trade wind). **8** 《米》(政治上の)取引, (政党間の)妥協, 談合. **9** [the T-] 《口語》〘英海軍〙潜水艦勤務. **10** 《廃》道 (course) ; (人間・動物の通った)足跡. **11** 《廃・方言》常習 (practice).

── *attrib. adj.* **1** 商業の, 貿易の. **2** 同業者の, 業界の. **3** 同業者[労組]の《trades ともいう》: a ~ club. **4** 〘気象〙貿易風の : the ~ belts 貿易風地帯.

── *vi.* **1** 商う, 売買する, (…の)商売をする〔*in*〕; (…と)取引する, 貿易する, (…を)相手に商売をする〔*with*〕: ~ *in* furs 毛皮の商売をする / ~ *with* Russia ロシヤと貿易する / The lira last week was *trading* at 890 to the dollar. 先週リラは 1 ドル 890 で商われていた. **2** 〈地位・赦免などを〉金で売る〔*in*〕: ~ *in* benefices, exemptions, etc. **3** (物々)交換をする. **4** 〈船が〉商品[貨物]を運ぶ, 通う〔*to, between*〕. **5** 〔行きつけの店で〕買物をする (buy, shop) 〔*at*〕. **6** 《廃》〔…と〕付き合う, 交渉する〔*with*〕.

— *vt*. **1** 商う, 売買する, 交易する (traffic in). **2** (物物)交換する (barter); 〘野球〙〈プロ野球選手を〉トレードする: ～ dirty jokes きわどい冗談を交わす / ～ an article *for* another [seats *with* a person] 品物と品物を[座席を]交換する / ～ a pitcher *to* another team *for* a batter 投手を他チームのバッターとトレードする. **3** 《古》〈他国など〉と通商する: ～ India インドと通商する.

trade away 売り払う (dispose of). ***trade down*** (中古車などを下取りに出して同種の)より安いものと交換する. ***trade in*** (1) ⇨ *vi*. 1. (2) 下取りに出す (cf. trade-in): ～ *in* an old car *for* [*on*] a new one 中古車を下取りに出して新車を買う. ***trade off*** 《米》(1) 売り払う, さばく; (交換して)処分する. (2) 代わる代わる使用する. (3) 〈地位などを〉交代する〔*for*〕. ***trade on*** [***upon***] …を利用する; …に付け込む (exploit): ～ *on* one's reputation [a person's credulity] 自分の名声を利用する[人の軽信に付け込む]. ***trade up*** (*vi*.) (車などを下取りに出して同種の)より高価なものと交換する. (*vt*.) 〈客〉により高価なものを買わせる.

trade·a·ble [tréɪdəbl̩] *adj*. =tradable.

tráde accèptance *n*. 〘金融〙輸出[商業]引受手形《買主に当てて振り出した荷為替(にがわせ)の引受; cf. bank acceptance》.

tráde agrèement *n*. **1** (国際)貿易協約. **2** 〘労働〙=collective agreement.

tráde associàtion *n*. 同業組合, 事業者団体.

tráde bàlance *n*. =BALANCE of trade.

tráde bìnding *n*. 〘製本〙=edition binding.

tráde bòard *n*. 賃金審議会《英国の 1909 年の賃金審議会法によって設立されたもので, 労働組合もなく搾取のひどい業種で, 雇用主側・労働者側の代表と第三者とで協議して最低賃金を定める》.

tráde bòok *n*. **1** 大衆本《一般読者を対象に出版した本》. **2** 〘製本〙=trade edition.

tráde càrd *n*. 《英》=business card.

tráde còuncil *n*. =trades council.

tráde cỳcle *n*. 《英》〘経済〙景気循環(《米》business cycle).

tráde dìscount *n*. 〘商業〙卸売割引, 仲間割引《メーカーが卸と小売に対して売る時に, 販売数量の大きさには関係なく, 卸には, 小売に対するより大きな割引率を与えること》.

tráde dòllar *n*. 貿易ドル《1873–78 年間に米国で鋳造し, 東洋貿易に用いた銀含有率の高いドル貨幣》.

tráde edìtion *n*. 〘製本〙(ある本の限定版・教科書版などに対する)流布(るふ)版, 市販版, 通行版 (cf. library edition, text edition).

tráde fìxture *n*. 〘法律〙取引用定着動産《取引や製造の目的で不動産に定着された動産で, 定着させた者の所有に属する》.

tráde guìld *n*. **1** 職業ギルド, 同職ギルド (craft guild) (cf. livery company). **2** 《英》=trade union.

tráde-ìn 〘← *trade in* (⇨ trade 成句)〙 *n*. 下取り品〔*for*〕; 下取り(金), トレードイン. — *attrib*. *adj*. 下取りの: a ～ price 下取り価格.

tráde jòurnal *n*. 業界誌.

tráde lànguage *n*. 通商語《pidgin English などの混成共通語》.

tráde-làst *n*. 《米口語》(まず相手からも聞かせてもらえるなら, お返しに相手に聞かせてやろうと持ちかける)第三者からのほめ言葉《通例略して T.L., TL という》: I have a *TL* for you. 君のことをほめていた人がいるよ.

tráde·màrk 〘《1838》: ⇨mark[1]〙 — *n*. **1** 商標, トレードマーク《業として商品を生産し, 加工し, 証明しまたは譲渡する者が, その商品について使用する文字・図形・記号などの標識; cf. service mark》: a registered ～ 登録商標. **2** (人や物の特徴を示す)トレードマーク. — *vt*. **1** …に商標を付ける. **2** …の商標を登録する.

tráde nàme *n*. **1** 商用名. **2** 商品名. **3** 商号, 屋号, のれん(名). — *vt*. 商用名[商品名, 商号]で示す.

tráde-òff 〘← *trade off* (⇨ trade 成句)〙 — *n*. **1** = toss-up 2. **2** 交換 (exchange). **3** 取引 (bargain); (取引による)協定, 取決め (arrangement). **4** (同時には達成できない要因の)釣合, かね合い.

tráde pàper *n*. =trade journal.

trade premìère [–́ – – | – – – –́] *n*. 〘映画〙試写会《映画会社の関係者だけで見る試写; cf. preview 2 a》.

tráde prìce *n*. 仲間値段, 卸値段.

tràd·er 〘← TRADE＋-ER[1]〙 — *n*. **1** 商人(merchant); (特に)貿易業者; (未開地方で現地人と物々交換をする)交易商人: a fur ～ 毛皮商人. **2** 貿易船. **3** 《米》〘証券〙不断に短期的売買を行なう投機者, 証券業者の自己計算による売買を担当する従業員.

tráde rèference *n*. 同業者信用照会先《初めて取引を行なう時に相手方に通告する自己の信用に関する問合わせ先》.

tráde ròute *n*. (隊商・商船などの通る)通商路.

tráders' transàction *n*. 仲間取引 (cf. trade sale).

trades [tréɪdz] *attrib*. *adj*. =trade 3.

tráde sàle *n*. 仲間競売 (cf. traders' transaction).

trad·es·can·ti·a [trædɪskǽnʃiə, -dəs-, -ʃə, -tiə | -dɪskǽnʃɪə, -tɪə] 〘← NL ～ ← *John Tradescant* (1608–1662: 英国の博物学者・旅行家): ⇨-ia[1]〙 *n*. 〘植物〙= spiderwort.

tráde schòol *n*. 職業学校.

trádes còuncil *n*. 労働組合地方協議会《trade council ともいう; 英国では T.U.C. の地方機関》.

tráde sècret *n*. 営業秘密.

trádes·fòlk 〘cf. tradesman〙 *n*. *pl*. =tradespeople.

tráde shòw *n*. 〘映画〙封切映画試写会《映画館主・評論家に見せる》.

trádes·man [-mən] 〘《16C》← TRADE＋-S[2] 2＋MAN: cf. craftsman〙 — *n*. (*pl*. **-men** [-mən]) **1** 商人, 貿易業者. **2** 《英》小売商人 (shopkeeper) (cf. tradeswoman). **3** 店員. **4** 《方言》職人 (handicraftsman), 熟練工 (skilled worker).

trádes·pèople 〘↑〙 *n*. *pl*. **1** 商人. **2** 《英》小売商人; [集合的] 小売商 (shopkeepers).

trades union [–́ – –́ – | –́ – –́ –] 〘《1831》〙 *n*. 《英》= trade union.

Trádes Ùnion Cóngress *n*. [the ～] 労働組合会議《英国の組織労働者の全国的連合体; 1868 年結成, 労働党の母体; 略 T.U.C.》.

trádes·wòman 〘cf. tradesman〙 *n*. 女小売商人 (cf. tradesman 2).

trade union [–́ – –́ – | –́ – –́ –] *n*. 労働組合 (《米》labor union); (特に)職業別組合.

tráde únionism *n*. 労働組合主義, 労働組合運動.

tráde únionist *n*. 労働組合員; 労働組合主義者.

tra·dev·man [trædévmən, treɪ-] 〘← *tra*(*ining*) *dev*(*ices*) *man*〙 *n*. 《米海軍》訓練具係下士官.

tráde wàste *n*. 《英》産業廃棄物 (industrial waste).

tráde wìnd 〘← 《廃》*to blow trade* to blow constantly in the same direction〙 — *n*. 〘気象〙 **1** 貿易風, 恒(信)風《亜熱帯高気圧から赤道に向って吹く半恒久的な偏東風; the trades ともいう; cf. antitrade》. **2** 《古》恒風《常に同じ方向に吹く風; ↔ variable》.

tráde-wind rìg *n*. 〘海事〙小型船の帆装の一形式《帆を一つか二つ舵柄に帆脚索(ほあし)を結び, 船が自動的に風を背後から受けて進むようにするもの》.

trád·ing *n*. **1** 《米》(政党間などの)取引. **2** [形容詞的に] 商業[貿易]のための[に従事する]: a ～ concern [company] 商事[貿易]会社. — *adj*. 〈役人など〉買収のきく.

tráding estàte *n*. 《英》=industrial park.

tráding pòst *n*. **1** (未開地方で現地人との交易のために設けられた)貿易所. **2** 〘証券〙(取引所の立会場に設けられた)売買ポスト《そこに割り当てられた各銘柄の売買が行なわれる個所》.

tráding stàmp *n*. 景品券《何枚か集めて景品に引き換える》.

tra·di·tion [trədíʃən] 〘《c1390》▭ (O)F ～ ∥ L *trāditiō*(*n*-) delivery, handing down ← *trādere* to hand over ← *trāns* 'TRANS-'＋*dare* to give: ⇨ -ition: TREASON と二重語〙 — *n*. **1** 言伝え, 伝説, 口碑, 伝承; しきたり, 伝統: according to ～ 伝説によると / break ～ 慣習を破る / be handed down by ～ 言い伝えられる / keep up the family ～*s* 家の伝統[しきたり]を維持する / follow ～ 伝統に従う / *Tradition* says [runs] that …と伝えられている / true to ～ 伝説通りに, 名にたがわず / a school with a long ～ behind it 長い伝統のある学校. **2** (芸術上の)伝統, 慣例, 因襲, 流儀, 型: stage ～ 舞台上[芝居]のしきたり[型] / the ～ of the Dutch school オランダ画派の伝統. **3** 〘ローマ法・スコット法〙(財産権の)取得 (formal delivery), (財産権の)移転 (transfer). **4** [しばしば T-] 〘宗教〙伝承, 聖伝, 経外伝説: **a** 〘ユダヤ教〙神が Sinai 山で直接 Moses に授け, 口伝えに子々孫々に伝えてきた不文律. **b** 〘キリスト教〙聖書には載らないキリストおよび使徒たちの言伝え. **c** 〘イスラム教〙Koran 以外のマホメットの言行. **5** 〘文化人類学〙(ある時代・文化に特有な工芸品を作るための)伝統的技法, 慣用手法; (比較的長い歴史をもつ)伝統文化.

tra·dí·tion·al [-ʃənl̩, -ʃnəl] 〘《1592》▭ ML *trāditiōnāl-is*: ⇨ ↑, -al[1]〙 — *adj*. **1** 伝説[伝承]の, 伝統の, 口碑の, 伝説[伝統]に基づく, 伝説[口碑]から出た: ～ games 伝承遊戯. **2** 伝統に従う[に執着する], 古風な, 因襲的な (conventional); 在来の: ～ morality 因襲的な道徳 / a ～ view 伝統的な考え. **3** 〘ジャズ〙旧形式ジャズの, トラディショナルな《特に, New Orleans, Chicago, Kansas City, Dixieland などの形式; cf. mainstream 2》.

tra·dí·tion·al·ism [-ʃ(ə)nəlìzm] 〘▭ F *traditionalisme*: ⇨ ↑, -ism〙 — *n*. **1** 伝統[因襲]の墨守, 伝統尊重主義. **2** 〘キリスト教〙伝統主義, 伝統派《宗教的真理の知識はすべて伝統のうちに受けつがれた神の啓示によるべきだとする主義; キリスト教史上では 19 世紀のローマ教会思想家のグループの説を指し, またこの言葉は一般に自由主義的立場から多少非難の意でも用いられる》.

tra·dí·tion·al·ist [-lɪst, -ləst | -lɪst] *n*. 伝統主義者; 伝統の遵奉(じゅんぽう)者. — *adj*. 伝統主義者の.

tra·di·tion·al·is·tic [trədìʃ(ə)nəlístɪk] *adj*. 伝統主義の, 伝統派の.

tra·dí·tion·al·ize [trədíʃ(ə)nəlàɪz] *vt*. 伝統的にする, 伝統化する.

tra·dí·tion·al·ly [-ʃ(ə)nəli | -lɪ] *adv*. 伝統[因襲]的に.

tra·dí·tion·àr·y [-ʃənèri | -ʃ(ə)nərɪ] *adj*. =traditional.

tradítion-dirécted *adj*. 〘社会学〙伝統志向型の《目的・理想が伝統的価値や権威によって決定される; cf. inner-directed 2》: a ～ type 伝統志向型.

tra·dí·tion·ist [-ʃ(ə)nɪst, -nəst | -nɪst] *n*. **1** =traditionalist. **2** 伝承[伝統]を伝える人, 伝承に精通した人, 伝承記録者[研究家].

tradítion·less *adj*. 伝統のない.

trad·i·tive [trǽdəṭɪv | -dɪt-] 〘← TRADITION＋-IVE〙 *adj*. =traditional.

trad·i·tor [trǽdəṭə | -dɪtə(r] 〘《c1375》▭ L *trāditor* 'TRAITOR, betrayer'〙 — *n*. (*pl*. **-i·to·res** [trædətɔ́ːriːz, -tóːr- | -dɪtɔ́ːr-]) (初期キリスト教徒の)裏切者, 背教者《ローマの迫害に耐えかねて聖書・聖器を迫害者に引き渡したり教友の名を密告したりした者》.

tra·duce [trəd(j)úːs | -djúːs] 〘《a1533》▭ L *trādūcere* to lead across, transport, disgrace: ⇨ trans-, duct〙 — *vt*. **1** (事実を曲げて)あしざまに言う, そしる, 中傷する (slander): ～ a person's character, honor, etc. **2** 〈法などを〉犯す (violate), 破る. **tra·dúc·er** *n*.

tra·dúce·ment *n*. 悪口, 中傷.

tra·du·cian [trəd(j)úːʃən | -djúː-] 〘▭ L *trāduciānus*: ⇨ traduce, -ian〙 〘神学〙 *n*. 霊魂伝移論者. — *adj*. 霊魂伝移論(者)の.

tra·dú·cian·ism [-ʃənìzm] 〘← NL *trādūciānismus*: ⇨ ↑, -ism〙 — *n*. 〘神学〙霊魂伝移[伝遺]説, 霊魂分生説《霊魂も体と同様親から与えられるとする説; cf. creationism 2, infusionism》.

tra·dú·cian·ist [-ʃ(ə)nɪst, -nəst | -nɪst] *n*. 〘神学〙霊魂伝移論者. **tra·du·cian·is·tic** [trəd(j)ùːʃənístɪk | -djùː-] *adj*.

tra·dúc·ing·ly *adv*. 中傷的に, そしって.

Tra·fal·gar [trəfǽlgə | -gə(r; *Sp*. tràfalɣár], **Cape** *n*. トラファルガー岬《スペインの南西岸の岬; Nelson に率いられた英国艦隊がフランス・スペインの連合艦隊を破った (1805)》.

Trafálgar Squàre *n*. トラファルガー広場《London 中央部, National Gallery 南側にある広場; 中央に Nelson の像をいただく記念柱がある; しばしば集会・デモに使用される》.

traf·fic [trǽfɪk] 〘《1506》▭ MF *trafique* (F *trafic*) ▭ It. *traffico* ← *trafficare* to push across ← *tra-* across (< L *trāns* 'TRANS-')＋? *ficcare* to shove, stick (< L *fīgere* 'to FIX')〙 — *v*. (**traf·ficked**; **-fick·ing**) — *vi*. **1** 〔…を〕売買する〔*in*〕, 〔…と〕取引する, 貿易する (trade)〔*with*〕: ～ *in* goods [*in* her charms] 品物を売買する[愛嬌(あいきょう)を売る] / ～ *with* natives 現地人と交易する. **2** 不正な取引をする〔*in*〕. **3** 〔…を〕相手にする, 〔…と〕交渉する (deal)〔*with*〕: I will not ～ *with* such people. そういう手合いは相手にしない. **4** さまよう. — *vt*. **1** 交換する, 交易する. **2** 犠牲にする: ～ one's honor 名誉を売る. **3** 〈国などを〉旅行する, 〈道などを〉通行する (travel).

— *n*. **1 a** 貿易, 交易, 売買, 取引, 商業 (trade, commerce)〔*in*〕: ～ *in* rice [furs] 米[毛皮]の売買. **b** 不正[非合法]取引: ～ *in* votes 投票の売買 / human ～ 人身売買 / illicit liquor ～ 酒類の不正取引. **2** 交通, 通行, 往来, 人通り: a ～ accident 交通事故 / motor ～ 自動車の交通 / air ～ 空の交通 / ～ volume 交通量 / The bridge is open to [for] ～. 橋は開通している / There is little ～ on this road. この道路は(人や車馬の)往来があまりない / *Traffic* was light [heavy]. 交通量が少なかった[多かった]. **3** (貨物の)運輸; 運輸業: ships of ～ 貿易船 / the superintendent of ～ (鉄道の)運輸監督 / the ～ department (鉄道の)運輸局[部] / The ～ interests were represented. 運輸業者の代表者が出ていた. **4 a** 交渉, 関係 (relation)〔*with*〕: I'll have no ～ *with* him. 彼とは付き合いたくない. **b** 交換 (exchange): a ～ *in* ideas 意見の交換. **5 a** (人通りの)交通量, (貨物の)運輸量, (電話の)通話量: telephone ～. **b** 通信 (messages). **6** 鉄道運賃. **7** (一定期間内の, 小売店の)推定顧客数, 客足. **8** 《古》商品.

the traffic will bear 現状が許す: He spends more than *the* ～ *will bear*. 現状が許さないくらい金を使う.

traf·fic·a·bil·i·ty [træ̀fɪkəbíləṭi | -lətɪ, -lɪ-] 〘⇨ ↓, -ity〙 *n*. **1** (地形・地質の)交通許容度; (地面の)耐荷力[性]. **2** (ある地形での軍隊の)移動能力.

traf·fic·a·ble [trǽfɪkəbl̩] 〘← TRAFFIC＋-ABLE〙 *adj*. **1** 〈道路が〉通行可能の, 往来できる. **2** 商業に適した; 市場性のある.

traf·fi·ca·tor [trǽfəkèɪṭə | -fɪkèɪtə(r] 〘← TRAFFIC＋(INDIC)ATOR〙 *n*. 《英》(昔の自動車の)腕木式方向指示器.

tráffic blòck *n*. 《英》=traffic jam.

tráffic cìrcle *n*. =rotary 1.

tráffic còne *n*. 道路標識の一種《道路に置いて補修工事中であることを示すために用いられる円錐状の標識》.

tráffic contròl *n*. 交通整理.

tráffic contròl sìgnal *n*. =traffic signal.

tráffic còp *n*. 《口語》交通巡査.

tráffic còurt *n*. 交通裁判所.

tráffic dènsity *n*. 交通量.

tráffic enginèer *n*. 交通工学専門家.

tráffic enginèering *n*. 交通工学.

tráffic ìsland *n*. (街路上の)交通島, アイランド (cf. safety island).

tráffic jàm *n*. 交通渋滞, 交通麻痺(まひ).

trafficked *v*. traffic の過去形・過去分詞.

tráf·fick·er 〘← TRAFFIC (v.)＋-ER[1]〙 *n*. **1** (しばしば不正な)貿易商, 交易者, 商人: a ～ *in* slaves 奴隷売買人. **2** 周旋屋, (秘密などの)売込人, 売人.

tráf·fick·ing *v*. traffic の現在分詞.

tráffic làne *n*. =lane[1] 3 a.

tráffic lìght *n*. [《英》ではしばしば *pl*.] (red, amber [yellow], green の)交通信号(灯).

tráffic mànager *n*. **1** (企業の)商品受渡し係長. **2** (運輸会社の)運輸係長. **3** (大きい電信電話会社の)役員.

tráffic pàttern *n*. 〘航空〙(離着陸の際の)指定飛行経路, 場周径路.

tráffic polìceman *n*. 交通(整理)巡査.

tráffic-retùrns *n*. *pl*. 運輸(統計)報告: the ～ on the railways 鉄道の運輸報告.

tráffic sìgn *n*. 交通標識.

tráffic sìgnal *n.* (traffic light などによる)交通信号 (traffic control signal).

tráffic wàrden *n.* 《英》交通整理係, (特に)車両整理係.

trag. 《略》 tragedy; tragic.

trag·a·canth [trǽɡəkæ̀nθ, -kənθ | -kæ̀nθ] 〘《1573》□ F *tragacanthe* ∥ L *tragacantha* goat's thorn □ Gk *tragákantha* ← *trágos* he-goat+*ákantha* thorn: cf. acanthus〙 ― *n.* **1** トラガカントゴム《トラガカントゴムノキの幹から出る粘液の凝固したもの; 主に製薬・織物の仕上げのりなどに用いる》. **2** 〘植物〙トラガカントゴムノキ (*Astragalus gummifer*)《小アジア・ペルシャなどに産するマメ科レンゲソウ属の植物》.

tra·ge·di·an [trədʒíːdiən | -djən, -dɪən] 〘《c1380》□ OF *tragediane* (F *tragédien*) writer of tragedies: ⇨ tragedy, -an¹〙 *n.* **1** 悲劇作者. **2** 悲劇俳優[役者].

tra·ge·di·enne [trədʒìːdién | -dɪ-; *F.* traʒedjɛn] 〘□ F ～ (fem.) ← *tragédien*(↑)〙 *n.* (*pl.* ～**s** [～z; *F.* ～]) 悲劇女優.

trag·e·dy [trǽdʒədi | -dʒɪdɪ, -dʒə-] 〘《c1380》 *tragedie* □ (O)F *tragédie* □ L *tragoedia* □ Gk *tragōidía* goat song ← *tragōirós* 《原義》 singer competing for a he-goat as a prize ← *trágos* goat+*ōidḗ* 'ODE'〙 ― *n.* (cf. comedy) **1 a** (一編の)悲劇: Shakespeare's ～ of "Hamlet" シェークスピアの悲劇「ハムレット」/ a ～ king [queen] 悲劇俳優[女優]. **b** (文学のジャンルとしての)悲劇. **2** [T-] 悲劇の女神 (Melpomene). **3** 悲劇創作法[演出法]. **4** 悲劇的事件, 惨劇, 惨事 (calamity); 悲運 (misfortune): The ～ of it! 何たる悲劇だ. **5** 悲劇的要素: the ～ of life.

tragi *n.* tragus の複数形.

tragia *n.* tragion の複数形.

trag·ic [trǽdʒɪk] 〘《1545》□ L *tragic-us* □ Gk *tragikós* of tragedy ← *trágos* he-goat+*-ikos* '-IC¹'〙 ― *adj.* **1 a** 悲劇の (cf. comic): a ～ poem / the ～ stage 悲劇. **b** 悲劇を演ずる, 悲劇を扱う: a ～ actor / a ～ poet 悲劇詩人. **2** 悲劇的な, 悲壮な, 悲惨な (sad, calamitous): a ～ tale, scene, event, etc. / ～ love 悲恋. **3** 悲しげな, 痛ましい, 悲痛な (mournful): a ～ person, look, etc. ― *n.* [the ～] (人生・文芸などの)悲劇的要素 (cf. comic 3).

trag·i·cal [trǽdʒɪkəl, -dʒə-|-dʒɪ-] 〘《c1489》←L *tragicus* (↑)+-AL¹〙 ― *adj.* **1** 悲劇の; 悲劇的な: a ～ story. **2** 悲しげな, 哀れな. ★ tragical は tragic と同義であるが, 時に悲しみを装った場合にも用いる: a ～ voice (おどけて)悲しげな声. **～·ly** *adv.* **～·ness** *n.*

trágic fláw *n.* 〘文芸〙悲劇的欠点《悲劇の主人公がもつ自らの破滅のもとになる性格的欠陥》.

trágic írony *n.* 〘演劇〙 =dramatic irony.

trag·i·com·e·dy [træ̀dʒɪkɑ́mədi | -kɔ́mɪdɪ, -mə-] 〘《1579》□ F *tragicomédie* ∥ It. *tragicomedia* □ LL *tragicōmoedia*=L *tragico-cōmoedia*←*tragicus* 'TRAGIC'+*cōmoedia* 'COMEDY' ∽ 《廃》 *tragic-comedy*〙 ― *n.* **1** 悲喜劇《悲劇的に始まって, めでたく終わる劇》. **2** 悲喜こもごもの出来事.

trag·i·com·ic [træ̀dʒɪkɑ́mɪk|-kɔ́m-] 〘← TRAGI(C)+COMIC〙 *adj.* 悲喜劇の, 悲喜劇的な.

tràg·i·cóm·i·cal [-mɪkəl, -mə- | -mɪ-] *adj.* =tragicomic. **～·ly** *adv.*

tra·gi·on [trǽdʒiɑ̀n | -dʒɪɔ̀n] 〘□ L ～ ← *tragus* 'TRAGUS'+Gk *-ion* (dim. suf.)〙 *n.* (*pl.* **-gi·a** [-dʒiə|-dʒɪə], ～**s**) 〘人類学〙耳珠(じゅ)上縁点.

trag·o·pan [trǽɡəpæ̀n] 〘《1831》□ L *tragopān* fabulous Ethiopean bird □ Gk *tragópan* ← *trágos* he-goat +*Pán* 'PAN'〙 ― *n.* 〘鳥類〙ジュケイ《アジア産のキジ科ジュケイ属 (*Tragopan*) の鳥類の総称; 雄は青色の肉角と華麗な肉垂がある; ヒオドシジュケイ (*T. satyra*) など》.

trag·u·lid [trǽɡjʊlɪd, -ləd | -lɪd] 〘↓〙 *adj., n.* 〘動物〙マメジカ科の(動物).

Tra·gu·li·dae [trəɡjúːlədiː | -lɪ-] 〘← NL ～ ← *Tragulus* (属名: ← Gk *trágos* he-goat+L *-ulus* (dim. suf.))+-IDAE〙 *n. pl.* 〘動物〙マメジカ科.

tra·gus [tréɪɡəs] 〘← NL ～ ← Gk *trágos* hairy part of ear, 《原義》 he-goat: 山羊のひげに似た毛があるところから〙 ― *n.* (*pl.* **tra·gi** [-dʒaɪ]) 〘解剖〙 **1** 耳毛(もう). **2** 耳珠(じゅ).

Tra·herne [trəhə́ːn | -hɔ́ːn], **Thomas** *n.* (1637?–74) 英国の詩人: *Centuries of Meditation* (1908).

tra·hi·son des clercs [trɑ̀ːizɔ́ː(n)-deɪ-kléə, -zɔ́(ː)n-| -kléə(r; *F.* traizɔ̃deklɛːr] 〘□ F ～ 'treason of the learned'〙 *F. n.* 知的裏切り, 知識人の原理の放棄.

trail¹ [tréɪl] 〘《c1303》 *traile(n)* □ OF *traill-(i)er* to tow (a boat) < VL **tragulāre* to drag ← L *trāgula* dragnet ← *trahere* to draw, drag: ⇨ tract¹〙 ― *vt.* **1 a** 引きずる, 引きずって行く (drag): ～ a toy cart by [on] a piece of string おもちゃの車を糸で引っぱる / ～ (*along*) one's foot 片足を引きずって歩く / ～ one's skirt *through* the dust ほこりの中をスカートを引きずって行く / ⇨ *trail one's* COAT [COATTAILS]. **b** 〈釣糸などを〉(水中で)引きずる, 〈オールを〉流す: ～ a fishing line 釣糸を水中で流す / ～ one's oars in salute オールを流して敬礼する. **c** 〈貨車などを〉牽引(けんいん)する, 引いて走る (haul, tow). **2** …の跡を長く引かせる, たなびかせる: automobiles ～*ing* exhaust fumes 排気ガスをまき散らして行く自動車. **3 a** (迷惑にも)引き連れて歩く[来る]: He ～*ed along* his girl friends. 女友達を連れてやって来た. **b** …の跡を残す: He walked out of the room, ～*ing* sand all over it. 部屋中を砂だらけにして出て行った. **4 a** 〈獣など〉の跡を追う (hunt); 〈犯人などを〉追跡する (track): ～ a deer, suspect, etc. **b** …の後ろに(三々五々)ついて行く (pursue); 《米口語》(競走などで)〈人〉の後を遅れて進む: ducklings ～*ing* their mother duck 母アヒルの後についてまわるアヒルの子 / He ～*ed* the other runners. 他のランナーに遅れてしまった. **5** 《米》 **a** 〈草などを〉踏んで小道をつける: ～ grass. **b** 草などを踏み分けて〈小道を〉つける: ～ a path. **6 a** 〈議論・用件などを〉引き延ばす 〈*out*〉: ～ *out* the business 仕事[商談]を引き延ばす. **b** 〈言葉などを〉引っ張って発音する[言う]. **7** 〘軍事〙〈小銃などを〉下げ銃(つつ)にする: *Trail* arms! 下げ銃! / ⇨ *trail a* PIKE¹. **8** 〘窯業〙〈焼き物〉にいっちん (trailer) で模様をつける. **9** 《米》〈家畜を〉(夏の放牧地から冬の放牧地などへ)追う.
― *vi.* **1** 〈すそなどが〉引きずる, 〈髪などが〉垂れる: Your dress is ～*ing along*. ドレスが引きずってます / The horse's tail ～*ed to* the ground. 馬の尾が地面に垂れ下がっていた. **2 a** 〈蔓(つる)植物が〉はう (creep); 〈蛇などが〉のろのろはう (crawl): Ivy ～*s over* the wall. 塀(へい)にはキヅタがはっている. **b** 〈枝などが〉地面に垂れ下がる. **3** 〈雲・煙・かすみなどが〉たなびく, 長く跡を引く: Smoke ～*ed* from the chimney. 煙が煙突からたなびいていた. **4** 足を引きずって歩く, 疲れて歩く, だらだら進む: The beaten army ～*ed back* from the front. 戦(いくさ)に破れた兵士たちが足を引きずるようにして前線から戻ってきた. **5 a** 臭跡を追う, 獣の跡をつける. **b** (引っ張られるように)後ろについて行く: ～ *along after* a person (何の考えもなく)人のあとについて行く. **c** (他人に)遅れる (lag) 〈*behind*〉; 最後に到着する[やって来る] 〈*in*〉. **d** (競争で)後を走る, (競技で)負けている: Our team is ～*ing* 3 to 2. 我々のチームは3対2で負けている. **6 a** 〈道などが〉だらだらと伸びて行く, 〈塀・町並などが〉だらだらと連なる (straggle). **b** 〈議論・話などが〉わき道にそれて行く, 尻すぼまりになる; 〈音・言葉などが〉次第に消える (dwindle) 〈*off, away*〉: The discussion ～*ed off into* futilities. 議論は本題から離れて空論に堕した / Her voice [words] ～*ed* (*off* [*away*]) *into* silence. 声[言葉]が次第に小さくなってついに消えてしまった. **7** 《古》流し釣りをする (troll): ～ *for* trout. **8** トレーラー (trailer) を引いて旅行する.
trail on 〈いやな時間などが〉長びく, なかなか済まない; 〈行事などが〉延び延びになる.
― *n.* **1 a** 引きずった跡, 通った跡 (trace, track): the ～ of a snake 蛇の通った跡 / the slimy ～ of a slug なめくじの通ったぬるぬるした跡. **b** (残された)跡; (獣の)臭跡 (scent), (捜索などの)手掛り (clue): follow the ～ 通った道をたどる / take up the ～ 追跡する / (hot) *on* [*upon*] the ～ of…を(必死になって)追跡して / *on* [*off*] the ～ 臭跡を得て[失って]; 手掛りがついて[なくなって]. **c** 〘天文〙(写真に映された)天体の移動した跡; (星のスペクトル写真で)スペクトルに幅をつけるように撮影すること. **2** (荒野などで)踏みならされて[馬車などが通って]できた道, (山中・森林などの)目印された小道 (cf. footpath): an Indian ～ インディアンの通る小道 / woodland ～*s* 樹皮がはがされて目印となっている森林地帯の道 / ⇨ Oregon Trail. **3 a** 引きずる物. **b** (彗星(すいせい)・流星などの)尾. **c** (雲・煙などの)たなびき: vapor ～*s* 飛行機雲 / A ～ of woodsmoke was brought to me by the wind. たきぎの煙が風に吹かれて私の所へただよって来た. **d** (衣服の)長すそ, もすそ. **e** 垂れ下がった房[髪]: a ～ of gold hair 長くたれた金髪. **f** (船が引く)引き網 (trail net). **g** (火砲の)脚, 架尾(かび). **h** (人・車などの)列: a ～ *of* wooers 後ろにぞろぞろと続く求婚者の列. **i** (縦隊の後尾を行進する)後尾車両. **j** 〘空軍〙連続投下弾; (飛行編隊の)単縦陣. **k** (花などの)小枝 (spray). **4 a** (地をはう)蔓(つる)(草), 匍匐(ほふく)枝. **b** (ゴシック建築の繰り形などの)蔓草状の装飾, 唐草模様. **5** (暴風雨などの)余波; (事件などが後に引いた)尾, 後遺症 (aftermath): a ～ *of* destruction (暴風雨などが残した)破壊のつめ跡 / a ～ *of* prejudice (事件などが残した)偏見という悪影響. **6** 〘軍事〙下げ銃(つつ)(の姿勢) (trail arms). ★ 次の句で: *at* (*the*) ～ 下げ銃の姿勢を取って. **7** 〘海事〙 =trail board. **8** 〘スキー〙 = slope 2 b.
blaze a trail ⇨ blaze³ 成句. ***hit*** [***take***] ***the trail*** 《米口語》出発する, 旅に出る. ***in trail*** 一列縦隊で.

Trail of Tears [the ―] 《米》「涙の道行き」《1838–39 年冬, Cherokee 族が Georgia 州の故郷を追われ, Mississippi 川を渡って Oklahoma のインディアン居留地に送り込まれた時の苦しい旅を, Cherokee 族自らが呼んだもの》.

trail² [tréɪl] 〘《頭音・尾音消失》← ENTRAILS〙 *n.* 《古》内臓, (特に, 食用としての)鳥獣の臓物, もつ.

T-ràil *n.* 〘鉄道〙平底レール, T レール《断面が T 形のレールで, わが国で普通に用いられているもの; Vignoles rail ともいう》.

tráil àrms 〘← TRAIL (vt.) 7〙 *n.* [単数扱い] 〘軍事〙下げ銃(つつ)の姿勢.

tráil bìke *n.* (道の悪い地域で使う)軽量で丈夫なオートバイ.

tráil·blàzer *n.* 《米》 **1** (未開地や荒野で道しるべとなるように)通った道に目印をつける人 (pathfinder). **2** 新分野開拓者, 草分け, 先駆者 (pioneer).

tráil·blàzing *adj.* 先駆的な: a ～ experiment.

tráil bòard *n.* 〘海事〙(船首像から錨鎖孔(びょうさこう)までの船側部分の)装飾を施した張板《単に trail ともいう》.

tráil bòss *n.* 《米西部》 trail herd の責任者, カウボーイ頭.

tráil·brèaker *n.* =trailblazer.

tráil·er [-lə | -lə(r] 〘《1590》← TRAIL¹+-ER¹〙 ― *n.* **1** 引かれて行く人[物], あとについて行く人[物]. **2** 追跡者. **3** 蔓(つる)植物 (trailing plant). **4** (自転車・自動車・電車・トラックなどの)付随車, トレーラー; 《米》(自動車で引く旅行者用)移動家屋, ハウストレーラー (house trailer). **5** 〘機械〙従輪 (⇨ trailing wheel). **6** 〘映画〙(新映画の)予告編 (preview); (リールの終わりの)フィルムの空白部分 (cf. leader 5). **7** 〘窯業〙いっちん《模様を描くための泥漿(でいしょう)を入れる注ぎ口付き容器》. ― *vt.* 〈小船などを〉トレーラーで運搬する. ― *vi.* **1** トレーラーで旅行する, 移動家屋での生活をする. **2** トレーラーで輸送できる.

trail·er·a·ble [tréɪlərəbl] *adj.* トレーラーで輸送[運搬]できる.

tráiler càmp *n.* ハウストレーラー用駐車場《trailer court [park] ともいう》.

tráiler càr *n.* 〘鉄道〙 **1** (重量の大きいものや長大なものを運ぶ)無蓋無側貨車, 長物車. **2** (自己推進車と一緒に列車を編成する)自己推進装置のない客車.

tráiler còach *n.* 〘自動車〙 =house trailer.

tráiler còurt *n.* =trailer camp.

tráil·er·ist [-lərɪst, -rəst | -rɪst] *n.* **1** ハウストレーラーで旅行をしている人. **2** =trailerite 1.

trail·er·ite [tréɪlərὰɪt] 〘← TRAILER+-ITE¹〙 *n.* **1** ハウストレーラーの住人. **2** =trailerist 1.

tráiler pàrk *n.* =trailer camp.

tráiler pùmp *n.* (車につけて引く)移動消防ポンプ.

tráiler·shìp *n.* トレーラー運搬船《トラックやトレーラーを運搬する専用の船》.

tráiler trúck *n.* 〘自動車〙トレーラートラック《トラクターがトレーラーの一部の荷重をも支持する構造のトラック》.

tráil hèrd *n.* 《米西部》牧場から市場へ移送される牛の群れ.

tráil·ing [-lɪŋ] 〘ME: ⇨ trail¹, -ing²〙 *adj.* 引きずっている, はいまつわる, たなびく: ～ clouds of glory ⇨ cloud *n.* 3 b / ～ plants 蔓(つる)草.

tráiling arbútus *n.* 〘植物〙 =arbutus 2.

tráiling èdge *n.* **1** 〘航空〙翼[プロペラ]の後縁 (cf. leading edge 1). **2** 〘電気〙立下り縁《パルス波の後の縁》. **3** 〘海事〙後縁《曲線で表現できるような運動状態などにおける曲線の後端部分; ↔ leading edge》.

tráiling évergreen *n.* 〘植物〙ツルマンネングサ (*Sedum sarmentosum*)《中国原産のベンケイソウ科マンネングサ属の草本; 花は黄色で丈は低い》.

tráiling fúchsia *n.* 〘植物〙ニュージーランド原産のアカバナ科フクシア属のバスケット植にして吊るすのに適した観賞用低木 (*Fuchsia procumbens*).

tráiling póle tìp *n.* 〘電気〙磁極後端.

tráiling trùck *n.* 〘鉄道〙従台車, 被牽引車《機関車の動輪の後につけて重量の一部を負担させるための台車》.

tráiling vórtex *n.* 〘航空〙後流渦.

tráiling whèel *n.* 〘機械〙従輪《動輪 (driving wheel) の後方にあって直接動力の加わらない輪; trailer ともいう》.

Tráill's flýcatcher [tréɪlz-] 〘← *Thomas S. Traill* (19 世紀の英国の百科辞典編集者)〙 *n.* 〘鳥類〙 =alder flycatcher.

tráil·man [-mən] *n.* (*pl.* **-men** [-mən, -mèn]) 《米》 =trailsman.

tráil màn *n.* (牛の群れを市場まで移動させる仕事をする)カウボーイ.

tráil nèt *n.* (船で引く)引き網 (dragnet).

tráil ròpe *n.* **1** (気球の)着陸[降着, 誘導]索 (guide rope). **2** 〘軍事〙 =prolonge. **3** (馬などの)引き綱.

tráil·sìde *adj.* (山中の)小道に沿った.

tráils·man [-mən] 〘← TRAIL¹+-s² 2+MAN〙 *n.* (*pl.* **-men** [-mən, -mèn]) (山中の)小道をたどる人.

train¹ [tréɪn] 〘《a1338》□ OF *traine* ← *trair* (F *trahir*) to betray < L *trādere* to deliver: cf. tradition, betray〙 *n.* 《廃》策略, 計略 (trick).

train² [tréɪn] 〘v.: 《1375》 *trayne(n)* □ OF *tra(h)in-er*. ― n.: 《a1338》 *trayn(e)* □ (O)F *train* (masc.), *traine* (fem.) ← OF *tra(h)iner* (F *traîner*) to drag, draw along < VL **trāgināre* ← L *trahere* 'to DRAW': cf. tract¹〙 ― *vt.* **1** 仕込む, 教育する, 調練する, しつける, 訓練する (instruct, drill) 〈*up*〉: ～ a child, horse, etc. / ～ soldiers 兵を訓練する / ～ a child *to* obedience [*to* obey] 良く言うことをきくように子供をしつける / ～ a dog *to* jump through a hoop 犬に環を飛び抜けるように仕込む / ～ a girl *in* nursing 少女に看護術を習わせる / ～ a person *for* a lawyer 人を弁護士に仕込む / ～ a person *to* [*in*] the law 人に法律を教え込む / They are ～*ed up to* a high level of efficiency. 訓練されて高度の技能を身に付けている. **2** (競走などの準備に練習や食事で)…の体を慣らす, 鍛える: ～ a person [oneself] *for* a boat race ボートレースの準備練習をさせる[する]. **3** 養成する: ～ hospital nurses [a swimmer, airmen] 看護婦[水泳選手, 飛行家]を養成する. **4** 〈写真機・武器・望遠鏡・努力などを〉〔…に〕向ける (direct) 〔*on, upon*〕: ～ guns *on* [*upon*] a fort とりでに大砲を向ける. **5** 〘園芸〙(枝を曲げたり剪定(せんてい)したりして)〈樹などを〉好みの形に仕立てる, 整枝する: ～ roses *against* a wall バラを壁にはわせる / ～ vines *round* a post 蔓(つる)植物を柱に巻きつかせる. **6** 《口語》〈子供・子犬などを〉粗相をしないようにしつける[仕込む]. **7** 《まれ》〈重い物を〉引きずる (drag). **8** 《古》そそのかす, 誘惑する (allure). **9** [～ it として] 《口語》列車[汽車]で行く (cf. *vi.* 3).

— *vi.* **1** 訓練を受ける, しつけられる: ～ to be a doctor. **2** 〈選手などが〉(準備に)体を慣らす, 練習する〔*for*〕: He is ～*ing* (=is in ～*ing*) *for* the three miles. 彼は3マイル競走の練習をやっている / He always ～*s on* vegetarian diet. 彼はいつも菜食で鍛える. **3** 《口語》列車[汽車]で行く[に乗る] (cf. *vt.* 9): We ～*ed* the rest of the way [to York]. 残りは[ヨークまで]列車で行った. **4** 《米》はね回る, ふざける (romp). **5** 〈すそなどが〉引きずる: Her long skirt ～*ed* on the floor. ロングスカートが床に引きずっていた. **6** 《米》〔…と〕付き合う, 交際する (associate)〔*with*〕: He ～*s with* extremists. 過激主義者と付き合っている.

train down 鍛えて[節食して]減量する. ***train fine*** 厳しく訓練する. ***train off*** (*vt.*) 運動[節食]して〈ぜい肉などを〉落とす: ～ *off* fat 運動して[体を鍛えて]脂肪を減らす. (*vi.*) (1) 練習[稽古, 鍛練]をやめる. (2) 〈砲弾が〉それる (swerve). (3) 《古》ぞろぞろと立ち去る, 行ってしまう. ***train on*** 鍛練して技をのばす.

— *n.* **1** 列車: an accident to a ～=a ～ accident 列車事故 / a local ～ 普通列車 / an armored ～ 装甲列車 / ⇨ corridor train / a ～ de luxe (豪華な)特別列車 / a down [an up] ～ 下り[上り]列車 / an express ～ 急行列車 / a through ～ 直通列車 / go by ～ 列車で行く / miss [catch] one's ～ 列車に乗り遅れる[間に合う] / put on a special ～ 臨時列車を仕立てる / take ～ to …へ列車で行く / When does your ～ leave? あなたの列車は何時発ですか. **2** [集合的] 供まわり, 従者, 随行員 (retinue, suite): the prince and his ～. **3** (人・車などの)列, 連続, 一続き, 行列 (procession): a funeral ～ 葬列 / a long ～ *of* loaded camels 荷を着けたラクダの長い行列 / a long ～ *of* sightseers 観光客の長い列 / She was followed by a ～ *of* admirers. ファンが大勢あとについて行った. **4** 裳裾(もすそ): Two pages held up her ～. 二人の小姓(こしょう)が彼女の裾をもった. **5** (観念などの)連続, つながり; (事件などが)続いて起こる事: a ～ *of* thought [reasoning] 一連の思考[推理] / a singular ～ *of* events 一連の不思議な出来事 / a long ～ *of* misfortunes 長い不幸の連続 / He fell into another ～ *of* thought. 彼はまた別の事を次々と考え始めた. **6** (事件などの)結果, 続き, 余波 (sequence): *in* the ～ *of* peace 平和のあとに続いて / War brings many evils *in* its ～. 戦争はそれに付随して色々な害をもたらす / The step left other problems *in* its ～. その措置により他の問題があとに残った. **7** 《文語》順序, 次第, 手順, 整備 (proper order, due course): *in* (good) ～ (いつでも始めることができるように)準備が整って, 〈事が〉順調で / *in* this ～ こんな調子で / put things *in* ～ 万事整備する / (All) things are *in* ～. 手筈は(すべて)整っている, 準備完了. **8 a** (動物の)尾; (特に)くじゃくの垂れ尾. **b** 《天文》(彗星(すいせい)・流星などの)尾. **9** 《機械》列, つながり: the ～ *of* gearings [wheels] 歯車[車輪]の列[連動] / a gear ～ 歯列. **10** 口火, 導火線《黒色火薬などを切れ目なく線状に巻いて火を爆発物へと導くもの; cf. fuse[2]》. **11** 《物理》(波動などの)連続, 列: the ～ *of* wave 波列. **12** 《軍事》**a** (大砲の)架尾(かび), 車尾. **b** 段列, 輜重(しちょう), 輜重隊《補給後送・整備などの業務を行ない第一線部隊を支援する》. **c** 連続投下弾. **13** 《詩》(川などの)流れ; (蛇の)長い体.

train·a·ble [tréɪnəbl] 〘⇨↑, -able〙 — *adj.* 訓練のできる, 教育することのできる, 仕込むことのできる, ならすことのできる, 鍛えられる. **tràin·a·bíl·i·ty** [-nəbíləṭi | -ləti, -lɪ-] *n.*

tráin·bànd 〘《変形》← *trained band*〙 — *n.* (16–18世紀に英国や米国で組織された)民兵精鋭軍《市民軍 (militia) の非能率さを改善するために始められた特別訓練隊》.

tráin·bèarer *n.* **1** (儀式の時の貴人の, または婚礼の時の花嫁などの)裳裾(もすそ)もち. **2** 《鳥類》南米に生息する尾の長いハチドリの一種 (*Lesbia victoriae*).

tráin càse [bòx] *n.* トレインケース《化粧品などを入れる小さい箱型の旅行ケース》.

tráin dispàtcher *n.* 《米》(列車の)操車係, 列車発着係.

trained *adj.* **1** 訓練された, 仕込まれた; 養成された, 練達した, 熟練した: a ～ secretary 十分仕込まれた秘書 / a ～ mind 修養を積んだ精神, 熟練した人 / a half-*trained* [an over-*trained*, an under-*trained*] horse 調教半ばの[過度の, 不足の]馬. **2** 裳裾(もすそ)のある, 裾の付いた: a ～ gown.

tráined núrse *n.* =graduate nurse.

train·ee [treɪníː] 〘← TRAIN[2] (v.)+-EE〙 *n.* **1** 職業[軍事]訓練を受ける人. **2** 訓練[仕込み]を受けている人[動物].

trainée·shìp *n.* trainee の身分[資格].

tráin·er *n.* **1** (競技者・競走馬の)訓練者, 仕込み手, トレーナー, 調馬[教]師. **2** 《米海軍》旋回手《艦砲を水平方向に照準する砲員; cf. pointer 7》. **3** 練習機; 訓練器. **4** =trainee. **5** 民兵団員 (militiaman).

tráin fèrry *n.* 列車航送船, 列車フェリー《列車をそのまま積み込む連絡船》.

train·ful [tréɪnfʊ̀l] *n.* 列車一杯(の人, 商品).

tráin·ing 〘《1440》: ⇨ train[2], -ing[1]〙 — *n.* **1** 訓練, 教練, 訓育, しつけ; (運動家などの)練習, トレーニング, (身体・体力の)鍛練; (馬などの)調教, 仕込み; 養成: ～ *for* teachers [nurses] 教員[看護婦]の養成 / go *into* ～ 練習を始める. **2** (競技に備えて)訓練されている状態, コンディション: be *in* [*out of*] ～ 練習ができている[いない], コンディションが良い[悪い] / He is *in* first-rate ～ *for* the three miles. 彼は3マイル競走に今絶好のコンディションだ. **3** 《園芸》仕立て, 整枝, (枝や蔓(つる)の)誘引 (cf. pruning). **4** (銃・カメラ・ライトなどを)向けること.

tráining àid *n.* (映画・スライドなどの)補助教材.

tráining còllege *n.* 《英》(昔の)教員養成所, 師範学校 (teachers college)《第二次大戦後は college of education と改称された》.

tráining pànts *n. pl.* (おしめの取れたばかりの幼児用の)厚手の下ばき[パンツ].

tráining schòol *n.* **1** (職業・技術)訓練所, 養成所: a ～ for nurses 看護婦養成所. **2** 少年院, 感化院 (reformatory).

tráining shìp *n.* 練習船, 練習艦.

tráining tàble *n.* 《米》コンディション調整中の運動選手が規定食をとる食卓.

tráining wàll *n.* (河川・潮流の流れの方向を制御するための)人工堤防, 導流堤.

tráin jùmper *n.* 《米口語》ただ乗りする者.

tráin lìne *n.* 《鉄道》=brake pipe.

tráin·lòad *n.* 列車一台分の貨物[旅客]; 一列車の貨物[旅客]積載能力.

tráin·man [-mən, -mæ̀n] *n.* (*pl.* -**men** [-mən, -mèn]) 《米》(車掌の監督下にある)列車乗務員.

tráin·màster *n.* 《米》**1** (昔の)荷馬車隊長. **2** 列車長《鉄道のある区間の列車運行の責任者》.

tráin-mìle *n.* 《鉄道》列車走行マイル《一列車の走行したマイル数; 運転経費算出の単位》.

tráin-mìleage *n.* 《鉄道》列車走行マイル数.

tráin òil 〘《c1553》← 《廃》*train*, 《古形》*trane* train oil ▭ MDu. *traen, trāne* tear, drop: cf. G *Träne*〙 *n.* 鯨油 (whale oil); (その他の)海獣から採った油.

tráin·pìpe *n.* 《鉄道》=brake pipe.

tráin shùnt *n.* 《電気》列車短絡《軌道回路の列車による短絡》.

tráin·sìck *adj.* 車酔いにかかった, 列車に酔った.

tráin sìckness *n.* 列車酔い (cf. motion sickness).

tráin-spòtter *n.* 機関車のナンバープレートを集める人.

traipse [tréɪps] 〘← ?: cf. tramp〙《口語・方言》 — *n.* **1** だらしなく歩くこと, ぶらぶら歩き. **2** だらしない女 (slattern). — *vi.* (通例)〈女・子供が〉ぶらつき回る, ほっつき歩く 〈*across, along, away*, etc.〉. — *vt.* 〈場所を〉ほっつき歩く, うろつく.

trait [tréɪt | tréɪ, tréɪt] 〘《c1477》▭ F ～ 'draught, stroke' ((p.p.) ← *traire* to draw) < L *tractum* (p.p.) ← *trahere* 'to DRAW': TRACT[1] と二重語〙 — *n.* **1** (心・品性・習慣などの)特性, 特色, 特徴: the chief ～*s* of one's character 人の性格の主な特徴 / national ～*s* 国民性 / English ～*s* 英国国民性. **2** 《まれ》一筆 (stroke); ちょっと, 気味 (touch): a ～ *of* humor ユーモアの気味. **3** 目鼻立ち (feature), 人相 (lineament).

trai·tor [tréɪṭə | -tə(r)] 〘《?a1200》▭ OF *traitour* (F *traître*) < L *trāditōrem* betrayer ← *trāditus* (p.p.) ← *trādere* to deliver ← *tra-* 'TRANS-'+-*dere* (← *dare* to give): cf. tradition〙 — *n.* **1** (君主・国家に対する)逆賊, 国賊, 国事犯人. **2** (主義・友人などに対する)反逆者, 裏切者. ★ 伝統的に Judas Iscariot の連想がある: a ～ *to* a cause [religion] 主義[宗教]にそむく人 / turn ～ (*to* …) (…に対し)反逆者になる.

trai·tor·ous [tréɪṭərəs, -trəs | -t(ə)rəs] 〘ME ▭ OF *traitreux*: ⇨ ↑, -ous〙 — *adj.* **1** 反逆の, 背信の, 友を売る, 裏切的な (perfidious, treacherous): a ～ action 裏切的行為 / ～ thoughts 反逆的な考え. **2** 反逆罪の; 不忠な (disloyal). **～·ly** *adv.* **～·ness** *n.*

Tráitor's Gáte *n.* [the ～] 逆賊門, 反逆者の門《London 塔にある Thames 川沿いの古い水門で, 昔国事犯人はここから塔に送り込まれた》.

trai·tress [tréɪtrɪs, -trəs | -trɪs, -trəs, -tres] 〘← TRAITOR+-ESS[1]〙 *n.* 女性の traitor.

Tra·jan [tréɪdʒən] *n.* トラヤヌス《53?–117; ローマ皇帝 (98–117); 本名 Marcus Ulpius Traianus》.

tra·ject [trədʒékt] 〘▭ L *trāject-us* (p.p.) ← *trā(j)icere* to throw across ← *trā-* 'TRANS-'+*jacere* to throw: ⇨ jet[2]〙 — *vt.* 《古》**1** 〈川などを〉渡る, 越える. **2** 〈光・色・思想などを〉伝える (transmit). — *n.* **1** 渡し場 (ferry). **2** 通行, 横断. 「=metathesis 1.

tra·jec·tion [trədʒékʃən] *n.* **1** 透過, 伝導. **2** 《音韻》

tra·jec·to·ry [trədʒékt(ə)ri | trǽdʒɪkt(ə)rɪ, -dʒək-, trədʒéktərɪ] 〘《1668》← NL *trājectōri-us* (adj.) casting over ← L *trājectus* (↑): ⇨ -ory[2]〙 — *n.* **1** (軌道をめぐる惑星・彗(すい)星・発射体・ロケットなどの描く)曲線, 弧, 弾道: an ascending [a descending] part [portion] of a ～ 弾道の昇[降]弧 / a curved [flat, low] ～ 曲射[平射, 低射]弾道. **2** 《数学》軌線, 軌道.

tra-la [trəlɑ́:, trɑ:-] 〘擬音語〙 *int.* トララー, タラララー《歓喜・陽気を表わす; 楽器の吹奏などのまね》.

tra-la-la [trɑ̀:lɑ:lɑ́:] *int.* =tra-la.

Tra·lee [trəlíː] *n.* アイルランド共和国 Kerry 州の首都・海港; 人口 13,000.

tram[1] [trǽm] 〘《1500–20》《スコット》～ 'shaft of a barrow or cart' ▭ LG *traam* beam or handle of a barrow < MLG *trāme* beam, rung ← ?: 1, 2 は TRAMCAR の略で初出は《1879》〙 — *n.* **1** 《英》市街電車 (tramcar) (《米》streetcar): by ～ 電車で. **2** (昔の)鉄道馬車, 軌道馬車. **3** =tramroad. **4** 《鉱山》(石炭・鉱石運搬用)トロッコ, 炭車, 鉱車. **5** (索道の)運搬器. **6** [*pl.*] 《英》電車軌道. — *v.* (**trammed**; **tram·ming**) — *vi.* 《英》電車で行く. — *vt.* **1** トロッコ[電車]で運ぶ. **2** [～ it として] 《英》電車で行く.

tram[2] [trǽ(ː)m] 〘《略》← TRAMMEL〙 — *n.* **1** 《機械》=trammel 5. **2** 《廃》正確な位置[調整]: The spindle is *in* [*out of*] ～. 紡錘は正しく調整されている[いない]. — *vt.* (**trammed**; **tram·ming**) 《機械》正しい位置に調整する.

tram[3] [trǽ(ː)m] 〘《?c1380》*tramme* instrument, scheme ▭ OF *traime* (F *trame*) < L *trāmam* woof, weft〙 — *n.* 片撚(よ)り絹糸《ビロードその他上等絹織物の緯糸(よこいと)用》.

trám·càr 〘《1873》← TRAM[1]+CAR: cf. 《1872》tram-way car〙 *n.* **1** 《英》市街電車, 電車, 軌道車 (《米》streetcar). **2** 《鉱山》(石炭・鉱石運搬用)トロッコ, 炭車.

trám·lìne 〘← TRAM[1]+LINE[2]〙 — *n.* 《英》**1 a** 電車路線. **b** [*pl.*] 市街軌道, 電車軌道. **2** 《比喩》不動の規則[原則]. **3** [*pl.*] 《口語》(ローンテニスコート・バドミントンコートの)左右2本のサイドライン《内側の線はシングルスのコートのサイドライン, 外側の線はダブルスのコートのサイドラインをなす》; その間の区間《米国では alley という》.

tram·mel [trǽməl] 〘《1363》*trama(i)l* ▭ OF *tramail* (F *trémail*) net with three layers of meshes < ML *tramaculum*=LL *tremaculum* ← L *trē(s)* 'THREE'+*macula* mesh〙 — *n.* **1** 馬枷(かせ)《馬に amble を調練する時に用いる》. **2** [通例 *pl.*] 拘束物, 束縛 (restraint), 障害 (impediment): the ～*s* of etiquette [custom] 礼儀[慣習]の束縛 / the ～*s* of the flesh 肉体の枷 / the ～*s* of the Old World 旧世界の束縛. **3** 《機械》長円コンパス. **4** [通例 *pl.*] 《機械》ビーム[さお]コンパス (beam compass): a pair of ～*s* ビームコンパス一脚. **5** 《機械》(機械各部の)取付け(位置)定規《tram ともいう》. **6** 自在かぎ (adjustable pothook). **7** 鳥網, 魚網; (特に) =trammel net. **8** 《機械》調整器《ねじ等を利用して, 機械部品の位置を調整する装置》.

— *vt.* (**tram·meled**, **-melled**; **-mel·ing**, **-mel·ling**) **1** 拘束する, 束縛する, …の自由行動を妨げる (hamper). **2** 〈魚・鳥を〉網で捕える; 網にひっかける. **trám·mel·er** [-m(ə)lə | -lə(r)] *n.*

trámmel nèt *n.* (魚を取る)三重[刺し]網《真ん中の網の目は細かくなっている》.

tram·on·ta·na [trɑ̀:mɑntɑ́:nə | -mɒn-; *It.* tràmontá:na] 〘▭ It. ～ (fem.) ← *tramontano* (↓)〙 — *n.* **1** (アドリア海を吹きすさぶ)北風, アルプスおろし. **2** (山岳地帯から吹きおろす)北風.

tra·mon·tane [trəmɑ́nteɪn, træ̀məntéɪn | trəmɒ́nteɪn] 〘《?c1380》▭ It. *tramontano* ▭ L *trānsmontānus* ← *tra-* 'TRANS-'+*montanus* of a mountain (← *mōns* 'mountain, MOUNT[2]')〙 — *adj.* **1** 山の向こう側の[から来る]; (イタリア側から見て)アルプスの向こう側の[から来る] (cf. ultramontane): a ～ wind. **2** (もとはイタリアから見て)外国の (foreign); 野蛮な (barbarous): strange ～ ideas. — *n.* **1** 山向こうの人《もとはイタリア側から見てアルプスの向こう側の人》. **2** 他国人, 外国人 (stranger); 野蛮人. **3** (南フランスに吹く)強い北西風.

tramp [trǽmp] 〘《c1395》*trampe(n)* ← ?: cf. LG *trampen* to stamp〙 — *vi.* **1** 踏みつける (stamp) 〔*on, upon*〕: ～ *on* a snail かたつむりを踏みつける. **2** どしんどしんと歩く, 重い足取りで歩く 〈*across, along, in*, etc.〉: heavy footsteps ～*ing* overhead 頭上をどしんどしんと歩く重い足音 / We heard soldiers ～*ing by*. 兵隊がざっくざっく(と靴音をたてて)通り過ぎるのを聞いた. **3** とぼとぼ歩く, 徒歩で行く (trudge): ～ about the country 田舎をあちこち歩き回る. **4** (浮浪者として)うろつく, 浮浪する, こじきをして歩く. **5** 不定期貨物船として航海をする.

— *vt.* **1** [しばしば ～ it として] どしんどしんと歩く, 徒歩で行く: ～ the streets, roads, etc. / I missed the train and had to ～ *it*. 列車に乗り遅れてやむを得ず歩いた. **2** 踏みつける (trample): ～ grapes for wine ワインを作るためにぶどうを踏みつける / ～… under one's foot [feet] …を踏みにじる / ～…*down* …を踏みつぶす, 踏み固める / ～ stones *in* 踏みつけて石を(地面などに)押し込む. **3** [しばしば ～ it として] 浮浪者として歩き回る: ～ the island. **4** 〈不定期貨物船を〉航海させる.

tramp on a person's toes ⇨ toe 成句. ***tramp under one's foot*** [***feet***] ⇨ foot 成句.

— *n.* **1 a** 浮浪者, 放浪者, 無宿者, (渡り歩く)こじき (vagabond, vagrant): look like a ～ うすぎたないなりをしている / a ～ dog 野良犬. **b** 《俗》身持ちの悪い女; (特に)売春婦. **2** 徒歩旅行, ハイキング (hike): take a long ～ to …へ長い道を徒歩で行く. **3** 徒歩旅行者; 旅職人, 渡り職人. **4** 足踏み; (軍隊の行進などのざっくざっくという)靴の音, どしんどしんと歩く音: the ～ of marching feet / the ～*s* of horses ぱかぱかという馬のひづめの音. **5** 《海事》不定期貨物船《tramp steamer [ship] ともいう》: go on a ～ 不定期貨物船で行く. **6** (穴掘り人などが靴を損じないためにつける)靴の底金.

on (the) tramp (職を捜して, または浮浪者として)放浪して.

trámp·er *n.* **1** ハイカー; 浮浪者. **2** 渡り職人. **3** 不定期貨物船 (tramp).

trám plàte *n.* (両端に出ぶちのある)板レール (gully).

tram·ple [trǽmpl] 〘《c1390》*trampele(n)*: ⇨ tramp, -le[3]: cf. G *trampeln*〙 — *vt.* **1** 踏みつける, 踏みつぶす, 踏み荒らす[倒す]; 踏みつけて…する: ～ grapes ぶどうを踏みつぶす / ～ a worm under foot 虫を踏みつける / ～ grass *down* 草を踏み倒す / ～ *out* a fire 火

を踏み消す / ~ *up* the ground 地面を踏み荒らす / He was ~*d to* death by the elephant. 象に踏み殺された. **2** 〈権利・面目などを〉踏みにじる, 踏みつけにする (crush); 無視する, 押えつける (suppress) 〈*down*〉: ~ order under foot 秩序を踏みにじる / ~ *down* a person's feeling 人の感情を踏みにじる / He ~*d* her pride in the dust. 彼女の誇りを踏みにじった. — *vi.* **1** どしんどしんと歩く (tramp): hear a person *trampling* about overhead 頭上を人がどしんどしんと歩くのが聞える. **2** 踏む, 踏みつける[つぶす] 〔*on, upon, over*〕: A tiger ~*ed on* the snake. とらがへびを踏みつけた. **3** 〔人・人の感情・正義などを〕踏みつけにする, 無視する 〔*on, upon, over*〕: ~ *on* a person [law and justice] 人[法と正義]を踏みにじる / ~ *over* a weak nation 弱小国をしいたげる. — *n.* **1** どしんどしん歩くこと[音]: the ~ of many feet. **2** 踏みつぶすこと[音].

trám·pler [-plə, -plə̩ | -plə(r, -plə̩(r] *n.*

tram·po·line [træ̀mpəlíːn, ←—— | trǽmpəlɪn, -lìːn] 〘□Sp. *trampolin* □It. *trampolino* ← *trampoli* stilts ← Gmc〙 — *n.* トランポリン《体操の特殊器具の一つ; 弾性が強くこの上で宙返りなどを行なう》. — *vi.* トランポリンを使う. **tràm·po·lín·er** *n.* **tràm·po·lín·ist** [-nɪst, -nəst | -nɪst] *n.*

tràm·po·lín·ing *n.* トランポリン競技[遊び].

trámp stéamer [**shìp**] *n.* 〘海事〙 =tramp 5.

trám ràil *n.* **1** 鉱車[炭車]用軌条. **2** 〘機械〙 索道.

trám·ròad *n.* (鉱山や炭坑の)鉱車[炭車]用軌道.

trám·wày *n.* **1** 《英》 市街軌道, 路面鉄道, 電車線路 (streetcar line); 市街電車, 路面電車. **2** 〘機械〙 索道 (tram rail). **3** =tramroad. **4** 〘海事〙 =railway 4. **5** 《米》 ロープウェイ.

tran- [træn | træn, trɑːn] *pref.* (s の前に来る時の) trans- の異形: *tran*scend, *tran*scribe.

trance [trǽns | trɑ́ːns] 〘*n.*: 《*c*1385》《廃》 'extreme fear' □OF *transe* (F *trance*) passage, esp. from life to death ← *transir* to go across, die □L *transire* to pass over, cross ← TRANS- + *īre* to go. — v.: 《*c*1300》 □OF *trans-ir*〙 — *n.* **1** 夢幻の境, 恍惚(こう), 夢うつつ; 夢中, 有頂天 (ecstasy, rapture); 失神, 人事不省, 昏睡(こん)状態 (coma): fall into a ~ うっとり[恍惚]となる; 失神する. **2** 〘心霊〙 催眠[失神]状態《霊媒が霊の指示を受けたり死者の霊と交わったりできる状態》. — *vt.* 《古》 **1** 恍惚状態に陥れる; 茫然とさせる (stupefy). **2** =entrance² 1. **~·like** *adj.*

tranche [trɑ́ː(n)ʃ, trɔ̃ː(n)ʃ, trɔ́(ː)nʃ, trɑ́ːntʃ; *F.* trɑ̃ːʃ] 〘□F *tranché* (p.p.) ← *trancher* (↓): cf. trench〙 — *n.* 一切れ (slice); (特に, 収入・債券などの)部分 (portion).

tran·chet [trɑ̃ː(n)ʃéɪ, trɔ̃ː(n)-, trɑːn-, trɔ(ː)n-; *F.* trɑ̃ʃɛ] 〘□F ~ ← *trancher* to cut + -ET〙 — *n.* (*pl.* ~**s** [~z; *F.* ~]) 〘考古〙 トランシェ, 直刃斧《北・中部ヨーロッパの中石器時代から新石器時代の打製ののみ状の石斧》; その刃部加工技術.

tran·gam [trǽŋgəm] 〘← ?〙 *n.* 《古》 奇妙な仕掛け; 安ぴか物, つまらない物 (trinket).

trank [trǽŋk] 〘← ?: cf. F *tranche* a cutting〙 *n.* **1** (手袋片方分の)皮切れ. **2** 手袋の形に裁断された皮切れ《親指・まち・三角切れをこれに縫合して仕上げる》.

tran·quil [trǽŋkwɪl, trǽn-, -kwəl | trǽŋkwɪl] 〘《1604》 *tranquill* □L *tranquill-us*: ⇨ trans-, quiet〙 — *adj.* **1** 〈海・天候・風景など〉静かな, 穏やかな, のどかな (calm, serene): a ~ sea 静かな海 / a ~ landscape のどかな風景. **2** 〈心など〉興奮していない, 落ち着いた, 平静な (unruffled); 平穏な, 安らかな (peaceful): a ~ life [heart] 平穏な生活[心] / a ~ gaze [face, voice] 落ち着いた凝視[顔, 声]. **3** 変動のない, 安定した: a ~ flame ゆらがない炎. **~·ly** [-kwɪli, -kwə- | -kwɪli] *adv.* **~·ness** *n.*

tran·quil·i·ty [trænkwíləṭi, træŋ- | træŋkwílɪti, -lɪ-] *n.* =tranquillity.

tran·quil·ize [trǽŋkwəlàɪz, trǽn- | trǽŋkwɪ-] 〘← TRANQUIL + -IZE〙 — *vt.* 静かにする, 静める, 〈心を〉落ち着かせる (appease, compose). — *vi.* 静かになる, 静まる, 鎮静する. **tran·quil·i·za·tion** [træ̀ŋkwəlɪzéɪʃən, træ̀n-, -lə- | træ̀ŋkwɪlaɪ-, -lɪ-] *n.*

trán·quil·iz·er *n.* **1** 静める人[物], 鎮静物. **2** 〘薬学〙 トランキライザー, 鎮静剤.

trán·quil·iz·ing·ly *adv.* 静めるように, 落ち着けるように.

tran·quil·li·ty [trænkwíləṭi, træŋ- | træŋkwílɪti, -lɪ-] 〘《*c*1380》 □(O)F *tranquillité*: ⇨ tranquil, -ity〙 — *n.* 静穏, のどけさ, 静けさ (serenity); 平安, 落着き (composure).

tran·quil·li·ty·ite [trænkuíləṭiàɪt, træŋ- | træŋkuíl-əti-, -lɪ-] 〘⇨ ↑, -ite¹〙 — *n.* 〘鉱物〙 トランキリタイト ($Fe_8(Zr, Y)_2Ti_3Si_3O_{24}$)《アポロ 11 号の乗組員が月の静かの海 (the Sea of Tranquillity) から採集して来た玄武岩中に発見された新鉱物; cf. armalcolite》.

tran·quil·lize [trǽŋkwəlàɪz, trǽn- | trǽŋkwɪ-] *v.* = tranquilize.

trans [træns, trænz | træns, trænz, trɑːns, trɑːnz] 〘⇨ trans-〙 *adj.* 〘化学〙 トランス形の《幾何異性の一つで, 同一原子または基が二重結合の反対側にある; cf. cis》.

trans. 《略》 transaction(s); transfer; transferred; transformer; transistorized; transit; transitive; transitory; translated; translation; translator; transparent; transportation; transpose; transverse.

trans- [træns, trænz | træns, trænz, trɑːns, trɑːnz] 〘ME □(O)F ~ // L *trāns-* ← *trāns* across, beyond, on the farther side of (cf. Aves. *tarō* across, beyond): cf. through〙 — *pref.* **1** 「越えて, 横切って」の意: *trans*mit, *trans*port, *trans*continental, *trans*-Siberian, *trans*-Alaska. **2** 「…の向こう側に」の意 (cf. cis-). ★この意味では自由に造語できる: *trans*-Caucasian, *trans*-Gangetic. **3** 「貫いて」の意: *trans*fix, *trans*pierce. **4** 「別の状態・場所へ」の意: *trans*fer, *trans*form, *trans*late. **5** 「超越して」の意: *tran*scend. **6** 〘化学〙 「(元素周期(律)表で, ある元素より)上の, 超…」の意: *trans*uranium. **7** 〘化学〙 [通例イタリック体で] 「二重結合の 2 個の原子のそれぞれの反対側に同じ原子(群)が結合している幾何異性体」の意 (cf. cis-): *trans*-dichloro-ethylene. **8** 〘天文〙 「(太陽からみてある惑星より)遠くにある」の意: *trans*martian. ★ s の前では通例 tran- となり, d, j, l, m, n, v の前ではしばしば tra- となる.

trans·act [trænsǽkt, -zǽkt | trænzǽkt, trɑːn-, trən-, -sǽkt] 〘《1584》 □L *trānsact-us* (p.p.) ← *trānsigere* to carry out, drive through ← TRANS- + *agere* to drive, act〙 — *vt.* 〈業務・交渉などを〉執行する, 行なう (perform), 〈事件を〉処理する, 解決する (manage). — *vi.* **1** 《まれ》 取引する 〔*with*〕: ~ *with* a person. **2** 事件を処理[解決]する. **3** 〔…に〕関係する, 〔…と〕妥協する (compromise) 〔*with*〕. **trans·ác·tor** *n.*

trans·ac·ti·nide [trænsǽktənàɪd, -zæk- | trænsǽktɪ-, trɑːn-, -zǽk-] *adj.* 〘化学〙 超アクチニド(元素)の《103 番元素より原子番号の大きい元素にいう》.

transáctinide sèries *n.* 〘化学〙 超アクチニド系列《104–121 番元素; cf. superactinide series》.

trans·ac·tion [trænsǽkʃən, -nts-, -zǽk- | trænzǽk-, trɑːn-, trən-, -sǽk-] 〘《*c*1460》 □L *trānsactiō(n-)* act of carrying out ← *trānsigere*: ⇨ transact, -tion〙 — *n.* **1** 取扱い, 処理, 処分, 処置 〔*of*〕: leave the ~ *of* a matter to a person ある事の処理を人に任せる / The ~ was discreditable to all concerned. その処置は関係者すべての不面目になるものであった. **2** (処理される)業務, 取引, 事件 (affair): a profitable ~ 収益のある取引 / commercial ~*s* 商取引き / be mixed up in shady ~*s* いかがわしい事件に関係している. **3** [*pl.*] (学術協会などの)会報, 紀要 (records); (会議の)議事録 (proceedings): Philosophical *Transactions* 英国王立学士院 (Royal Society) の会報. **4** 〘ローマ法〙 和解, 示談 (compromise). **5** 契約 (compact), 法律行為, 取引. **~·al** [-ʃənl̩, -ʃnəl] *adj.*

trans·al·pine [trænsǽlpaɪn, trænz-, -pɪn, -pən | trænzǽlpaɪn, trɑːnz-] 〘□L *trānsalpīn-us* ← TRANS- + *alpīnus* 'ALPINE'〙 — *adj.* (主にイタリア側から見て)アルプスの向こう側の (cf. cisalpine 1). — *n.* アルプスの向こう側の住人.

Transálpine Gául *n.* ⇨ Gaul 1.

trans·am·i·nase [trænsǽmənèɪs, trænz-, -nèɪz | trænzǽmɪnèɪs, trɑːnz-, træns-, trɑːns-] 〘← TRANS-AMIN(ATION) + -ASE〙 — *n.* 〘生化学〙 トランスアミナーゼ《アミノ基転移を起こす酵素; aminopherase ともいう》.

trans·am·i·nate [trænsǽmənèɪt, trænz- | trænzǽmɪ-, trɑːnz-, -sǽm-] 〘《逆成》 ↓〙 *vi., vt.* 〘生化学〙 アミノ基転移を起こす[起こさせる].

trans·am·i·na·tion [trænsæ̀mənéɪʃən, trænz- | trænzæ̀mɪ-, trɑːn-, -zæ̀m-] 〘← TRANS- + AMINE + -ATION〙 — *n.* 〘生化学〙 アミノ基転移《アミノ基 (NH_2) がアミノ酸からケト酸へ転移する化学反応》.

trans-An·de·an [trænsǽndiən, trænz-, træ̀nsændíːən | trænzǽndiən, trɑ̀ːnz-, trænzǽndɪən, trɑːnz-] *adj.* アンデス山脈の向こう側の; アンデス山脈横断の.

tràns·ánnular *adj.* 〘化学〙 トランスアンニュラーの《環状化合物の環を通じる結合を作ることにいう》.

tràns·atlántic — *adj.* **1** 大西洋の向こう岸の《米国・ヨーロッパいずれの側からもいう; cf. cisatlantic》: a ~ country / ~ humor 《英》 米国式のユーモア / a faint ~ accent かすかな米国[英国]訛り. **2** 大西洋を横断する: a ~ cable [flight] 大西洋横断ケーブル[飛行] / a ~ liner 大西洋航路定期船 / ~ phone calls 大西洋横断の通話. — *n.* **1** [しばしば T-] (ヨーロッパで)アメリカ人. **2** =TRANSATLANTIC liner.

trans·ax·le [trænsǽksl̩, trænz- | træn-, trɑːn-] *n.* 〘自動車〙 トランスアクスル《前置機関・前輪駆動車などに用いられる動力伝達装置で, 変速装置と差動装置が一体になったもの》.

trans·ca·lent [trænskéɪlənt | træns-, trɑːns-] 〘← TRANS- + L *calentem* ((pres.p.) ← *calēre* to be hot)〙 — *adj.* 熱をよく通す[伝える], 熱の良導の. **trans·cá·len·cy** [-lənsi | -sɪ] *n.*

Tràns·caucásia 〘← TRANS- + CAUCASIA〙 — *n.* ザカフカス, トランスコーカシア《ソ連南西部 Caucasus 山脈以南の地方 (cf. Ciscaucasia); 以前は Armenia, Azerbaijan および Georgia 共和国を含んで the Transcaucasian Soviet Federated Socialist Republic を構成した (1922–36)》.

Tràns·caucásian 〘⇨ ↑, -an¹〙 *adj.* ザカフカス(人)の. — *n.* ザカフカス人.

trans·ceiv·er [trænsíːvə, trænz- | -və(r] 〘《1943》《混成》 ← TRANS(MITTER) + (RE)CEIVER〙 *n.* 〘通信〙 トランシーバー《送信受信共用の音声無線機》.

tran·scend [trænsénd | træn-, trɑːn-] 〘《*c*1340》 *transcende(n)* □L *trānscend-ere* to climb over, surmount ← TRANS- + *scandere* to climb, ascend: cf. scan, ascend〙 — *vt.* **1** 〈限界・範囲を〉越える, 超越する, 超絶する (go beyond, overstep): ~ human experience [comprehension] 人間の経験範囲[理解力]を越える / ~ the limits of decency 不謹慎にわたる / ~ one's powers of description 表現の言葉がない. **2** …にまさる, しのぐ (surpass, excel): They strive to ~ one another in civility. 彼らは礼儀正しさでは互いに競い合っている. **3** 〘神学〙 〈神が〉〈宇宙・人間を〉超越[超絶]する. — *vi.* しのぐ, まさる, 卓越する (excel).

tran·scen·dence [trænséndəns | træn-, trɑːn-] 〘《1602》 □LL *trānscendentia*: ⇨ transcendent, -ence〙 — *n.* **1** 超絶, 超越, 優越 (supereminence). **2** 〘神学〙 (神の)超越[超絶](性) (↔ immanence).

tran·scén·den·cy [-dənsi | -sɪ] *n.* =transcendence.

tran·scen·dent [trænséndənt | træn-, trɑːn-] 〘《1581》 □L *trānscendent-em* (pres.p.) ← *trānscendere* 'to TRANSCEND'〙 — *adj.* **1** すぐれた, 優越した, 抜群の (surpassing); 大変な, 大きな (extraordinary): ~ merit [genius] すぐれた長所[才能] / a person of ~ greatness 卓抜な偉人 / the ~ beauty of sunset 夕焼空のたぐいのない美しさ / ~ folly 大愚行 / a matter of ~ importance 極めて重要な事柄. **2** 〘哲学〙 (スコラ哲学では, アリストテレスの範疇(はんちゅう)の下に包摂されないという意味で)超越的な; (カント哲学では)経験を超越する, 超越的な; (近代の実在論では)意識を超越した. **3** 〘神学〙 (神は宇宙・人間を超えて存在するという意味で)超越[超絶]的な (↔ immanent). — *n.* **1** 卓越した人[物]; 超絶物. **2** 〘哲学〙 (アリストテレス的範疇の下に類型化されない)超越名辞; (カント哲学で)超越的なもの. **3** 〘数学〙 超越関数 (transcendental function). **~·ly** *adv.* **~·ness** *n.*

tran·scen·den·tal [træ̀nsendéntl̩, -sṇ- | træ̀nsen-, trɑːn-, -sən-, -sṇ-] 〘《1668》 □ML *trānscendentāl-is*: ⇨ ↑, -al¹〙 — *adj.* **1** すぐれた, 優越した, 卓絶した. **2** 超絶的な, 人知の及ばない, 理外の (superrational, supernatural): Poetry is, in a measure, ~. 詩はある意味で超絶的なものである. **3** 抽象的な, 難解な (abstract); 玄妙な, 深遠な (abstruse); 曖昧(あいまい)な, 漠然(ばく)とした (vague): ~ conceptions 抽象的な概念. **4** 理想主義的な, 高尚な (idealistic); 理想に走る, 途方もない. **5** 〘哲学〙 (スコラ哲学で)超越的な (transcendent); (カント哲学で, 経験を基礎づけまたは経験に先立つという意味で)先験的な: ~ cognition 先験的認識 / ~ philosophers 先験哲学者たち / ~ unity 先験的統一《先験的認識によってなされた統一》. **6** 〘数学〙 **a** 〈数が〉超越の: a ~ number 超越数. **b** 〈関数が〉超越の. **c** 〈方程式が〉超越関数を含む.

transcendental (unity of) apperception 〘哲学〙 先験的統覚.

— *n.* **1** 〘数学〙 超越数 (transcendental number). **2** [*pl.*] 〘哲学〙 (スコラ哲学で)超越的なもの《真・善・美などのように範疇(はんちゅう)[カテゴリー]を超越した普遍的なもの》; 超越的なもの, 超越名辞.

~·ly *adv.*

transcendéntal aesthétic *n.* 〘哲学〙 (カント哲学の)先験的感性論.

transcendéntal analýtic *n.* 〘哲学〙 (カント哲学の)先験的分析論.

transcendéntal cúrve *n.* 〘数学〙 超越曲線《その方程式が超越関数 (transcendental function) であるような曲線; サインカーブなど》.

transcendéntal dialéctic *n.* 〘哲学〙 (カント哲学の)先験的弁証論.

transcendéntal égo *n.* 〘哲学〙 (カント哲学の)先験的自我《認識の根本に要請される主観》.

transcendéntal fúnction *n.* 〘数学〙 超越関数《代数関数でないような関数, すなわち代数方程式の解とはならないような関数; sin *x*, log *x*, exp *x* など; transcendent ともいう》.

transcendéntal idéalism *n.* 〘哲学〙 (カント哲学の)先験的観念論.

tràn·scen·dén·tal·ism [-ṭəlɪzm, -ṭl̩- | -təl-, -tl̩-] 〘《1803》 ← TRANSCENDENTAL + -ISM〙 — *n.* **1** 卓越性; 曖昧(あいまい), 不可解; 幻想 (fantasy). **2** 〘哲学〙 **a** (カントの)先験論, 先験哲学. **b** 超越主義. **c** (Emerson の唱道した)超絶論《唯物的・経験的に反対した精神的・直覚的・超感覚的な宇宙観》.

tràn·scen·dén·tal·ist [-ṭəlɪst, -ləst, -ṭl̩- | -təlɪst, -tl̩-] *n.* 先験哲学者, 先験論者; 超絶論者.

tran·scen·den·tal·is·tic [træ̀nsendèn̩ṭəlístɪk, -sṇ-, -ṭl̩- | træ̀nsendèntəl-, trɑ̀ːns-, -sən-, -tl̩-] *adj.* 先験論(者)の, 超越論(者)の.

tran·scen·den·tal·ize [træ̀nsendéntəlàɪz, -sṇ-, -ṭl̩- | træ̀nsendéntəl-, trɑːn-, -sən-, -tl̩-] 〘← TRANSCENDENTAL + -IZE〙 — *vt.* **1** 先験的なものとして見る, 超絶的なものとして説明する. **2** 抽象化[観念化]する.

transcendéntal lógic *n.* (カント哲学の認識論で)先験的論理学.

transcendéntal númber *n.* 〘数学〙 超越数《代数的でないような数, すなわち整数係数の代数方程式の根とはならないような数; π, *e* など; 単に transcendental ともいう; cf. algebraic number》.

tràns·condúctance *n.* 〘電子工学〙 相互コンダクタンス《陽極電流 a と格子電圧 b との比 a/b のように, 異なる部分の電流と電圧との比》.

tràns·continéntal *adj.* **1** 大陸(特に, ヨーロッパ大陸)横断の: a ~ railroad 大陸横断鉄道 / a ~ road race 大陸横断のロードレース. **2** 大陸の向こう側の: a ~ country.

tran·scribe [trænskráɪb | træn-, trɑːn-] 〘《1552》□

L *trānscrīb-ere* to write, copy off : ⇨ trans-, scribe〗 ―― *vt.* **1** 写す, 複写する, 謄写する : ～ a document. **2** 〈演説などを〉(そのまま)筆記する ; 〈速記・外国文字などを〉普通の字に直す, 他の文字・発音記号などに書き換える, 転写する (transliterate), タイプライターで打ち直す : ～ a sentence in phonetic signs 文を発音記号で転写する. **3** 翻訳する : ～ a book *into* Braille 本を点字に翻訳する. **4** 〘音声〙〈発音を〉表記する, 音声[音素]記号で示す. **5** 〘ラジオ・テレビ〙録音[録画]する ; 〈収録したものを〉再生する, 録音[録画]放送する. **6** 〘音楽〙〔他の楽器のために〕〈楽曲を〉編作する〔*for*〕. **7** 〘生物〙転写する《DNA から与えられた遺伝情報に基づいて伝令 RNA の分子を形成[合成]する ; cf. translate 9》. **tran·scrib·er** *n.*

tran·script [trǽnskrɪpt | trǽn-, trɑ́ːn-] 〖《1467》▭ L *trānscript-us*《原義》thing copied (p.p.) ← *trānscrībere* 'to TRANSCRIBE' ∽《*c*1300》*transcrit* ▭ OF〗 ―― *n.* **1** (手書きタイプされた)写し, コピー. **2** 《米》(学校の)成績証明書. **3** (公式の)正確な写し, 複写, 転写, 謄本. **4** (体験などの)芸術的な表現. ―― *vt.* 〘生物〙 = transcribe 7.

tran·scrip·tase [trænskrípteɪs, -teɪz | trænskrípteɪs, trɑːn-] 〖《略》← *reverse transcriptase* : ⇨ ↑, -ase〗 ―― *n.* 〘生化学〙転写酵素《DNA を鋳型にして RNA を合成する酵素 ; cf. Temin enzyme, RNA polymerase》.

tran·scrip·tion [trænskrípʃən | træn-, trɑːn-] 〖《1598》▭ L *trānscrīptiō(n-)* act of transcribing ← *trānscrībere* 'to TRANSCRIBE' : ⇨ -tion〗 ―― *n.* **1** 写すこと, 謄写, 転写 (copying). **2** 写し, 写本, 謄本 (copy). **3** 〘音楽〙編曲, 編作《ある楽曲を, 編曲者のある程度自由な付加・変更などをまじえて他の楽器用に書き直すこと ; cf. arrangement 5》; 編作された曲. **4** 〘ラジオ・テレビ〙 **a** 録画フィルム, 録音盤[テープ]. **b** 録音[録画]放送, 再生. **5** 〘音声〙表記(法) : (a) broad ～ ⇨ broad *adj.* 7 b / (a) narrow ～ ⇨ narrow *adj.* 7 a / ⇨ phonetic transcription, phonemic transcription, allophonic transcription. **6** 〘生物〙(遺伝情報の)転写 (cf. translation 11). **～·al** [-ʃənḷ, -ʃnəl] *adj.* **～·al·ly** *adv.*

transcríption machìne *n.* (ラジオ・テレビなどの)録音[録画]機, 録音[録画]再生機.

tran·scrip·tive [trænskríptɪv | træn-, trɑːn-] 〖⇨ transcript, -ive〗 *adj.* 転写に関する, 書写的な, 写本のような ; 複写をする.

tràns·crýstalline 〖← TRANS- + CRYSTALLINE〗 *adj.* 〘結晶〙(モザイク結晶で)〈割れ目など〉一つの小結晶領域から他のものにまたがった (cf. intercrystalline).

trans·cur·rent [trænskə́ːrənt | trænskʌ́r-, trɑːns-] 〖▭ L *trānscurrent-em* (pres.p.) ← *trānscurrere* to run across : ⇨ trans-, current〗 *adj.* 横切る, 横断する.

tràns·cutáneous *adj.* 〘医学〙経皮の.

tràns·díalect 〖← TRANS- + DIALECT〗 *vt.* 〈話・文章を〉他の方言に直す[訳す].

trans·duce [trænsd(j)úːs, trænz- | trænzdjúːs, trɑːnz-] 〖▭ L *trānsdūc-ere* to lead across, transfer ← TRANS- + *dūcere* to lead〗 ―― *vt.* **1** 〈エネルギー・信号などを〉他の形に変える, 変換する. **2** 〘生物〙…に形質導入を生じさせる.

trans·dúc·er 〖← L *trānsdūcere* (↑) + -ER[1]〗 *n.* 〘物理〙変換器《ある物理量を対応する異なる物理量に変える装置》.

trans·duc·tion [trænsdʌ́kʃən, trænz- | trænz-, trɑːnz-] 〖← L *trānsduct-us* ((p.p.) ← *trānsdūcere* (↑)) + -TION〗 ―― *n.* **1** (エネルギー・通信などの)変換. **2** 〘生物〙形質導入《遺伝形質がバクテリオファージ (bacteriophage) を通じて一つの細菌から他の細菌へ移される現象》. **～·al** [-ʃənḷ, -ʃnəl] *adj.*

trans·duc·tor [trænsdʌ́ktə, trænz- | trænzdʌ́ktə(r, trɑːnz-] 〖← L *trānsductus* (↑) + -OR[2]〗 *n.* 〘電気〙磁気増幅器 (⇨ magnetic amplifier).

tràns·éarth *adj.* 〈宇宙船の軌道・エンジン点火など〉(ある天体から)地球へ向けての (cf. translunar).

tran·sect [trænsékt | træn-, trɑːn-] 〖《1634》← TRANS- + -SECT〗 ―― *vt.* 横に切断する ; 横断する (cut across). ―― *n.* 〘植物〙トランセクト《群落の種類・組成, 植生の変化などを調べるのに用いる植物群落の帯状横断面》.

tran·sec·tion [trænsékʃən | træn-, trɑːn-] *n.* 〘生物〙横断(面) (cf. longisection).

trans·el·e·ment [trænséləmənt, trænz- | trænzélə-, trɑːnz-, -élɪ-] 〖▭ ML *trānselement-āre* : ⇨ trans-, element〗 *vt.* …の成分[要素]を変える, 変質させる.

trans·el·e·ment·ate [trænséləməntèɪt, trænz- | trænzélə-, trɑːnz-, -élɪ-] 〖▭ ML *trānselementāt-us* : ⇨ ↑, -ate[3]〗 *vt.* = transelement.

tràns·empírical 〖⇨ empirical〗 *adj.* 超経験的な.

tran·sen·na [trænsénə] 〖▭ L *trā(n)senna* lattice-work,《原義》cross-work〗 ―― *n.* (*pl.* **-sen·nae** [-niː]) (初期キリスト教建築で)聖物安置所を保護する石または金属製の格子.

tran·sept [trǽnsept | trǽn-, trɑ́ːn-] 〖《1538》← NL *trānseptum* : ⇨ trans-, septum〗 ―― *n.* 〘建築〙トランセプト, 袖廊(しゅうろう), 翼廊《十字形教会堂の左[右]の翼部 ; ⇨ church 挿絵》. **tran·sep·tal** [trænséptḷ | træn-, trɑːn-] *adj.* **tran·sép·tal·ly** *adv.*

tràns·esterificátion 〖⇨ esterification〗 *n.* 〘化学〙エステル交換[置換].

trans·e·unt [trǽnsiənt | trǽnsɪ-, trɑ́ːn-] 〖▭ L *trānseunt-em, trānsiēns* (pres.p.) ← *trānsīre* to go across : ⇨ transient〗 ―― *adj.* 〘哲学〙超出する, 転移の《物理的原因などのように自己から発して自己を越えて他に作用を及ぼす ; ↔ immanent》.

tran·sex·u·al [trænsékʃuəl, -ʃəl | trænséksjuəl, trɑːn-, -sjʊl, -ʃʊəl, -ʃʊl] *n., adj.* = transsexual.

transf. 《略》transfer ; transference ; transferred ; transformer.

trans·fer 〖《*c*1390》*transferre(n)* ▭ L *trānsfer-re* to carry across ← TRANS- + *ferre* 'to carry, BEAR[2]' : cf. -ferous〗 ―― [trænsfə́ː, ⌐ ⌐ | trænsfə́ː(r, trɑːns-] *v.* (**trans·ferred ; -fer·ring**) ―― *vt.* **1** **a** 移す, 動かす, 運ぶ, 渡す (shift, convey) : ～ a book *from* a table *to* a shelf 本をテーブルから棚へ移す / ～ the head office *from* Boston *to* New York 本社をボストンからニューヨークへ移す / ～ one's gaze *to* a person 人に視線を移す. **b** 転勤[転属, 転任]させる ; 転校[転学]させる ;《英》〈フットボールの選手などを〉移籍[トレード]する : be ～*red to* another post [a branch office] 外の持場[支店]に転任を命じられる / ～ one's child *to* another school 子供を転校させる. **c** 〈愛情・興味・権力・預金などを〉移す ; 〈責任などを〉転嫁する ; 〈思想・性質などを〉伝える : ～ one's affections *to* another woman 愛情を外の女性へ移す. **2** 〘法律〙〈財産・権利などを〉譲渡[譲与]する (make over) : ～ property *to* a person 財産を人に譲渡する / They decided to ～ the oilfields *back to* Egyptian sovereignty. 彼らは油田をエジプトの主権へ返還することにした. **3** 〔…に〕変える, 変化させる〔*into*〕: A caterpillar ～*s* itself *into* a butterfly. 毛虫は蝶に変身する. **4** (石版印刷術などで)〈図形などを〉(他の版に, 特に転写紙によって石版石に)写す, 転写する ; 〈壁画などを〉(画布に)模写する. **5** 〘言語〙〈語の意味を〉転移させる (cf. *n.* 9).
―― *vi.* **1** 移る ; 転勤[転属, 転任]する ; 転校[転学]する ;《英》〈フットボールの選手などが〉移籍する : The office has ～ *red to* new premises. 事務所は新しい建物に移転した / He has ～*red from* the local school *to* the vaster one in the city. 地方の学校から市内のもっと大きな学校へ転校した / Next semester I intend to ～ *from* physics *to* chemistry. 来学期は物理(のクラス)から化学(のクラス)へ替わるつもりだ. **2** (乗り物を)乗り換える : ～ *from* the train *to* a bus 列車からバスに乗り換える. **3** 〘電算機〙= jump 10.
―― [⌐ ⌐] *n.* **1** 移転, 移動〔*of*〕; 転任, 転勤, 転属 ; 転校 : a gradual ～ *of* sovereignty 漸次的な統治権の移行. **2** 乗換え ; 乗換地点[場所], 移送点《列車をフェリーに乗せたり, 電気機関車を蒸気機関車に換えたりする場所》. **3** 《米》乗換切符 (transfer ticket) : a car ～ 電車の乗換切符. **4** 転写画, 移し絵. **5** 転校生 ; 転勤者, 転任者 ; 転隊兵, 転属兵. **6** 〘金融〙為替(かわせ), 振替 : ⇨ cable transfer / the P.O. Savings *Transfer* Account 郵便貯金振替口座. **7** **a** 〘法律〙(財産・権利などの)譲渡, 譲与 ; 譲渡証書 : make a deed of ～ 譲渡証書を作成する. **b** 〘証券〙(株券などの)名義書換え. **8** 〘心理〙転移《以前の学習結果がその後の学習に影響を与えること ; 後の学習が促進される正の転移 (positive transfer) と, 妨げられる負の転移 (negative transfer) がある ; cf. generalization 4》. **9** 〘言語〙転移《leaf が「葉」の意味から「紙片」の意味に変わるような無意図的, 自然的な比喩に基づく意味変化》. **10** 〘海事〙旋回横距《直進中の船が転舵してから新しいコースにつくまで横方向に移動した距離》.

transfer of training 〘心理〙学習転移 (cf. *n.* 8).

trans·fer·a·ble [trænsfə́ː(r)əbḷ, ⌐ ⌐ ⌐ ⌐ | trænsfə́ːr-, trɑːns-, trǽnsf(ə)r-, trɑ́ːns-] 〖⇨ ↑, -able〗 ―― *adj.* **1** 移すことができる. **2** 譲ることができる (negotiable) : ～ currency 振り替え可能通貨. **trans·fèr·a·bíl·i·ty** [-əbíləṭi | -bílətɪ, -lɪ-] *n.*

transférable vóte *n.* 〘政治〙移譲票《当選標準点以上に得票した候補者の残余票を得票の少ない候補者に移譲する比例代表の選挙方法における票》.

tránsfer àgent *n.* 〘証券〙(株式の)名義書換代理人.

trans·fer·al [trænsfə́ː(r)əl | trænsfə́ːr-, trɑːn-] 〖← TRANSFER + -AL[1]〗 *n.* = transference.

trans·fer·ase [trǽnsfə(ː)rèɪs, -rèɪz | trǽnsfə(ː)rèɪs, trɑ́ːns-] 〖← TRANSFER + -ASE〗 *n.* 〘生化学〙トランスフェラーゼ, 転移酵素.

tránsfer bòok *n.* (株券などの)書換台帳.

tránsfer càliper *n.* [しばしば *pl.*] 〘機械〙写しパス《補助脚のついたカリパス》.

tránsfer cèll *n.* 〘植物〙転移細胞《細胞膜を通して物質を周辺と交換する特殊な細胞》.

tránsfer cómpany *n.* 《米》(ターミナル駅間など短距離の旅客・貨物輸送を行なう)運送会社.

tránsfer-dày *n.* 《英》記名公債の名義書換が行なわれる所定の日.

trans·fer·ee [trænsfəríː | træ̀n-, trɑ̀ːn-] 〖⇨ -ee[1]〗 *n.* **1** 転任[転隊]を命じられた人. **2** 〘法律〙財産譲受人, 財産被移転者 (cf. transferor).

trans·fer·ence [trænsfə́ː(r)əns, trǽnsfə(ː)rəns, -f(ə)r- | trǽnsf(ə)rəns, trɑ́ːns-, trænsfə́ːr-, trɑːns-] 〖《1681》← TRANSFER + -ENCE〗 ―― *n.* **1** 移ること, 移すこと ; 移転, 移動 ; 譲渡, 譲与, 売渡し. **2** 〖《なぞり》← G *Übertragung*〗〘精神医学〙転移, 感情転移《子供の時以来ある人に対してもった愛情を別の人に置き換えること》: ～ of feelings 感情転移 / ～ neurosis 転移神経症.

transférence nùmber *n.* 〘物理化学〙輸率《電導にあたり, 陽イオンと陰イオンとが電流を分担する割合 ; transport number ともいう》.

trans·fer·en·tial [trænsfərénʃəl | trænsfərénʃəl, trɑ̀ːns-] 〖← NL *trānsferentia* (← L *trānsferentem* (pres.p.) ← *trānsferre* 'to TRANSFER') + -AL[1]〗 ―― *adj.* 移転の, 譲与の ; 転写の.

tránsfer fàctor *n.* 〘生化学〙転移因子《ある人から他の人への細胞の免疫性を移す物質》.

tránsfer fèe *n.* (プロフットボール選手などの)移籍料.

tránsfer impèdance *n.* 〘電気〙伝達インピーダンス.

tránsfer ìncome *n.* 〘財政〙移転所得.

tránsfer ìnk *n.* (石版印刷の)転写インキ.

tránsfer mòlding *n.* 〘化学〙圧送成形, 移送成形, トランスファー成形.

trans·fer·or [trænsfə(ː)rɔ́ə | trænsfəːrɔ́ː(r, trɑ̀ːns-] 〖← TRANSFER + -OR[2]〗 *n.* 〘法律〙財産譲渡人, 財産移転者 (cf. transferee 2).

tránsfer pàper *n.* (表面をカーボンや顔料で塗被した)転写紙 (cf. decalcomania, flimsy 1 b).

tránsfer pàyment *n.* [*pl.*] 移転支出《生活補助費のように政府を通じて所得の再配分を行なうこと》.

tránsfer pìcture *n.* 転写画.

trans·fer·ra·ble [trænsfə́ː(r)əbḷ, ⌐ ⌐ ⌐ ⌐ | trænsfə́ːr-, trɑːns-, trǽnsf(ə)r-] *adj.* = transferable.

tránsfer reàction *n.* 〘化学〙連鎖移動反応.

transférred épithet *n.* 〘修辞・文法〙転移修飾語句《たとえば a *sleepless* pillow における sleepless のように, 眠れないのは人であるのにそれを枕に転移する用法をいう ; cf. hypallage》.

trans·fer·rer [trænsfə́ː(r)ə, ⌐ ⌐ ⌐ | trænsfə́ːrə(r, trɑːns-] 〖← TRANSFER + -ER[1]〗 *n.* **1** 譲渡人, 譲与人, 売渡人. **2** 転写者. **3** 転送者.

trans·fer·rin [trænsférɪn, -rən | trænsférɪn, trɑːns-] 〖← TRANS- + FERRO- + -IN[1]〗 ―― *n.* 〘生化学〙トランスフェリン《血漿(けっしょう)中のグロブリンの一種で, 鉄イオンと結合し鉄分を身体各部に送る機能をもつ》.

tránsfer RNÁ *n.* 〘生化学・生物〙転移 RNA, 運搬 RNA《特定のアミノ酸と結合し, リボゾームの所にまで運び, 蛋白の生合成をさせるリボ核酸 ; 略 tRNA ; cf. messenger RNA》.

tránsfer tàble *n.* 〘鉄道〙遷車台.

trans·fig·u·ra·tion [trænsfɪgjəréɪʃən, ⌐ ⌐ ⌐ ⌐ ⌐ | trænsfɪgjʊ(ə)r-, trɑ̀ːns-, -gjər-, -gər-, ⌐ ⌐ ⌐ ⌐ ⌐] 〖《*c*1375》▭ (O)F ～ // L *trānsfigūrātiō(n-)* : ⇨ ↓, -ation〗 ―― *n.* **1** **a** 変容, 変形 (metamorphosis). **b** 輝かしい[神秘的な]変容. **2** **a** [通例 the T-] (山上のキリストの)変容 (cf. *Matt.* 17 : 1–13 ; *Mark* 9 : 2–13). **b** [the T-] 〘東方正教会・カトリック〙変容の祝日, 変容貌日《8 月 6 日》. **3** [T-] キリスト変容の図.

trans·fig·ure [trænsfígjə | trænsfígə(r, trɑːns-] 〖《*a*1325》*transfigure(n)* ▭ L *trānsfigūr-āre* : ⇨ trans-, figure〗 ―― *vt.* **1** …の形を変える, …の姿を変える, 変形する, 変貌(へんぼう)させる (transform) 〔*into*〕: Hope ～*d* his face. 希望のために彼の顔は変わった / Nationalism was ～*d into* internationalism. 国家主義は変容して国際主義となった. **2** 神々しくする, 美化する, 理想化する (glorify, idealize) 〔*into*〕: Her face was ～*d into* the angelic. 彼女の顔は神々しく天使のそれのようになった. **～·ment** *n.*

trans·fi·nite [trænsfáɪnaɪt | træns-, trɑːns-] 〖▭ G *Transfinit* : ⇨ trans-, finite〗 ―― *adj.* **1** 有限性を超越した. **2** 〘数学〙〈数が〉超限の. ―― *n.* 〘数学〙= transfinite number.

transfìnite númber *n.* 〘数学〙超限数《超限基数と超限順序数との総称 ; 前者は 0, 1, 2, 3, …などの基数の無限への拡張, 後者は 1 番目, 2 番目, 3 番目, …などの序数の無限への拡張 ; 単に transfinite ともいう》.

trans·fix [trænsfíks | træns-, trɑːns-] 〖《1590》▭ L *trānsfix-us* (p.p.) ← *trānsfīgere* to pierce through ← TRANS- + *fīgere* 'to FIX'〗 ―― *vt.* **1** 〔槍(やり)などで〕突き刺す, 突き通す, 刺し通す (pierce) 〔*with*〕: ～ a bird *with* an arrow 鳥を矢で射抜く / ～ a boar *with* a spear いのししを槍で突き刺す. **2** 〈恐怖などが〉〈人を〉その場にくぎ付けにする, 立ちすくませる : be ～*ed with* terror [amazement] 恐ろしくて[驚いて]立ちすくむ / I stood staring, ～*ed* by her beauty. 彼女の美しさにくぎ付けされて目を丸くして立っていた.

trans·fixed *adj.* 〘紋章〙突き通した, 刺し通した.

trans·fix·ion [trænsfíkʃən | træns-, trɑːns-] 〖▭ LL *trānsfixiō(n-)* : ⇨ ↑, -ion〗 *n.* **1** 刺し貫き, 貫通, くぎ付け. **2** 〘医学〙貫通, 穿刺(せんし).

trans·flu·ent [trænsflúːənt | træns-, trɑːns-] 〖▭ L *trānsfluent-em* (pres.p.) ← *trānsfluere* to run through : ⇨ trans-, fluent〗 *adj.* 貫流する.

trans·flux [trǽnsflʌks | træns-, trɑːns-] 〖⇨ ↑, flux〗 *n.* 流れ通ること, 貫流.

trans·fo·ra·tion [trænsfəréɪʃən | træns-, trɑ̀ːns-] 〖▭ LL *transforātiō(n-)* ← L *transforāre* to pierce through ← TRANS- + *forāre* to bore〗 *n.* 〘産科〙(母体内で死亡した胎児に対する)穿頭(術).

trans·form 〖《*c*1340》▭ (O)F *transform-er* // L *trāns-form-āre* to change form : ⇨ trans-, form〗 ―― [trænsfɔ́əm | trænsfɔ́ːm, trɑːns-] *v.* ―― *vt.* **1** (…の外形・様子を)一変させる, 変形[変容]させる (alter) ; 変態させる (metamorphose) 〔*into, to*〕: The removal of his beard ～*ed* him beyond recognition. あごひげを剃(そ)り落としたので見分けがつかぬほど変わった / A caterpillar ～*s into* a butterfly. 毛虫が蝶になる. **2** (…の性質・機能・用途などを)変える, 一変する ; (…の性質・性格・気性などを)変化させる (convert) : The experience has ~ed him *from* a lazy fellow *into* a capable leader. その経験によって彼は怠け者から有能な指導者に変身した / Oil has ~ed the Arab nations *into* a kind of plutocracy of the poor. 石油はアラブ民族を一種の貧者の金権政体に変貌(ぼう)させた. **3** 〘物理〙〈エネルギーを〉変換する; 〘電気〙〈電圧を〉変圧する, 〈電流を〉変換する; 〘錬金術〙〈物質を〉変質[変化]させる: Heat is ~ed *into* energy. 熱はエネルギーに変わる. **4** 〘数学・論理・言語〙変換する, 変形する. **5** 〘生物〙〈細胞を〉形質転換させる.

— *vi.* 形が変わる, 変形する, 変化する (change) 〔*into*〕: Electric energy can ~ *into* light and heat. 電気エネルギーは光と熱に変形される.

— [́ー ̀] *n.* **1** 〘数学・論理〙変形体, 変換体, 変換《形を変える操作, およびそれを行なった結果》: ⇨Fourier transform. **2** 〘言語〙変形体, 変換体《変形の結果派生する言語形式; 例えば, 能動文から派生すると考えられる受動文など》.

trans·form·a·ble [trænsfɔ́əməbl̩ | trænsfɔ́ːm-, trɑːns-] 〘⇨↑, -able〙 *adj.* 変形させることのできる, 変化させうる.

trans·for·ma·tion [trænsfəméɪʃən, -fɔə- | trænsfə-, trɑ̀ːns-, -fɔː-] 〘《?*a*1425》▭ (O)F ~ // LL *trānsformātiō(n-)*: ⇨ transform, -ation〙 — *n.* **1** 変形, 変態, 変化 〔*of*〕. **2** 〘動物〙(昆虫などの)変態 (cf. metastasis 1). **3 a** 〘数学・論理〙変形, 変換. **b** 〘言語〙変形, 変換《変形理論の主要概念で, 複数の言語形式の構造的関連性を記述する変形操作をいう》. **4** 〘物理化学〙転移, 変換, (金属の)変態: ~ *of* heat *into* kinetic energy 熱の運動エネルギーへの転換. **5** 〘電気〙変圧. **6** 〘鉱物〙相転移 (inversion ともいう). **7** 〘化学〙(化合物の)変換, 変態. **8** (女の)入れ毛; つけまげ. **9** 〘演劇〙= transformation scene. **10** 〘生物〙形質転換《ある細菌から抽出した DNA を他の細菌に与えた時, その性質が伝えられる現象》.

tràns·for·má·tion·al [-ʃənl̩, -ʃnəl] 〘↑〙 — *adj.* 〘言語〙変形規則[部門]を含む: a ~ rule 変形規則《深層構造から表面構造を派生するのに必要とされる変形部門に含まれる規則》.

transformátional-génerative grámmar *n.* 〘言語〙変形生成文法《変形部門を含む生成文法; generative-transformational grammar ともいう; cf. transformational grammar, generative grammar》.

transformátional grámmar *n.* 〘言語〙変形文法《ある言語の深層構造 (deep structure) を句構造規則によって生成し, それを変形規則によって表層構造に関係づける文法体系》.

tràns·for·má·tion·al·ìsm [-ʃ(ə)nəlìzm] *n.* 〘言語〙変形文法理論[研究].

tràns·for·má·tion·al·ist [-lɪst, -ləst | -lɪst] *n.* 〘言語〙変形文法学者.

transformátion pòint *n.* 〘冶金〙変態点《金属のある組織が他の組織と変わる温度; cf. transition point》.

transformátion rànge *n.* 〘冶金〙変態温度範囲.

transformátion rùle *n.* 〘論理〙変形規則《公理等に変形を加えて定理や派生の規則を導出するための根本的規則》.

transformátion scène *n.* 〘演劇〙早変わりの場面《舞台や人物が観客の眼前で変化する場面; 特に, クリスマスのおとぎ劇 (pantomime) のフィナーレで, その場の人物が道化劇 (harlequinade) の人物に変身する場面》.

trans·form·a·tive [trænsfɔ́əmətɪv | trænsfɔ́ːm-, trɑːns-] 〘▭ ML *trānsformātīv-us* ← L *trānsformātus* (p.p.) ← *trānsformāre* 'to TRANSFORM': ⇨ -ative〙 — *adj.* 変形させる, 変化させる, 変形させる力のある.

trans·fórm·er *n.* **1** 変化させるもの. **2** 〘電気〙変圧器, 変成器, トランス: a step-down [step-up] ~ 逓降[逓昇]変圧器.

transfórmer òil *n.* 〘電気〙変圧器油, トランス油《変圧器用の絶縁油》.

tránsform fàult *n.* 〘地質〙トランスフォーム断層《海嶺やその陸上延長部を横切っている断層》.

trans·form·ism [trænsfɔ́əmɪzm | trænsfɔ́ːm-, trɑːns-] 〘▭ F *transformisme*: ⇨ transform, -ism〙 — *n.* 〘生物〙生物変移説《新種が既存の種から主に環境の影響によって生じるという一種の進化説; 今は行なわれない; cf. transmutation 3》.

trans·fórm·ist [-mɪst, -məst | -mɪst] *n.* 生物変移論者.

tràns·fróntier 〘← TRANS- + FRONTIER〙 *adj.* 国境外に住む[にある, でなされた].

trans·fus·a·ble [trænsfjúːzəbl̩ | træns-, trɑːns-] 〘⇨↓, -able〙 — *adj.* **1** 移すことができる; しみ込ませることができる. **2** 〘医学〙輸血[輸液, 輸注]できる: ~ blood.

trans·fuse [trænsfjúːz | træns-, trɑːns-] 〘《?*c*1425》▭ L *trānsfūs-us* poured across (p.p.) ← *trānsfundere* to pour from one (vessel) into another: ⇨ trans-, fuse[1]〙 — *vt.* **1** 《古》〈液体を〉(他の容器へ)注ぎ移す (pour). **2** 〈感化などを〉しみ込ませる, しみ通らせる (imbue) 〔*into, to*〕: He ~d his own courage *into* his men. 彼は自分の勇気で部下を鼓舞した. **3** 浸透する (permeate), 充満する 〔*with*〕: The air is ~*d with* light. 大気は光が充満している. **4** 〘医学〙 **a** 〈血液・食塩水などを〉注入する, 輸液[輸注]する: ~ blood 輸血する 〔*into*〕. **b** 〈人〉に輸血[輸液]を行なう. **trans·fús·er** *n.*

trans·fus·i·ble [trænsfjúːzəbl̩ | trænsfjúːzə-, trɑːns-, -zɪ-] *adj.* = transfusable.

trans·fu·sion [trænsfjúːʒən | træns-, trɑːns-] 〘▭ L *trānsfūsiō(n-)*: ⇨ trans-, fusion〙 — *n.* **1** 移注, 注入. **2** しみわたること, 浸透. **3** 〘医学〙輸血, 輸液, 輸注: receive a (blood) ~ 輸血を受ける / drip ~ 点滴(輸液). **~·al** [-ʒənl̩, -ʒnəl] *adj.*

transfúsion cèll *n.* 〘植物〙通過細胞 (⇨ passage cell).

trans·fú·sion·ist [-ʒ(ə)nɪst, -nəst | -nɪst] *n.* 〘医学〙輸血専門医.

transfúsion tissue *n.* 〘植物〙移入組織《針葉の維管束を取り巻く特殊な組織》.

trans·fu·sive [trænsfjúːsɪv, -nts- | træns-, trɑːns-] 〘▭ ML *trānsfūsīv-us*: ⇨ transfuse, -ive〙 *adj.* 移注する, 注入する; 浸透力のある.

trans·gress [trænsgrés, trænz- | træns-, trɑːns-, trænz-, trɑːnz-] 〘《1526》▭ F *transgresser* // L *transgress-us* (p.p.) ← *trānsgredī* to step across ← TRANS- + *gradī* to walk (⇨ grade)〙 — *vt.* **1** 〈制限・範囲を〉越える, 踏み越える, 逸脱する: ~ the bounds of decency 不謹慎にわたる. **2** 〈法律・規則などを〉破る, 犯す, 侵犯する (violate): ~ the law [the divine commands] 法律を犯す[神の掟にそむく]. — *vi.* 法律を犯す, 規則違反をする; (宗教的・道徳的に)罪を犯す (sin), 則(のり)を越える 〔*against*〕: ~ *against* one's mother 母親に対して罪を犯す. **trans·grés·sor** *n.*

trans·gres·sion [trænsgréʃən, trænz- | træns-, trɑːns-, trænz-, trɑːnz-] 〘《1426》▭ (O)F ~ ▭ L *trānsgressiō(n-)* going across ← *trānsgressus*: ⇨↑, -sion〙 — *n.* **1** 制限無視; 違反, 違背, 反則, 犯罪. **2** 〘地理・地質〙海進《陸地の沈降または海面の上昇によって陸地に海が侵入してくる現象; ↔ regression》. **~·al** [-ʃənl̩, -ʃnəl] *adj.*

trans·gres·sive [trænsgrésɪv, trænz- | træns-, trɑːns-, trænz-, trɑːnz-] 〘▭ LL *trānsgressīv-us*: ⇨ transgress, -ive〙 — *adj.* **1** 《古》違反しやすい, 犯しがちな. **2** 〘生物〙超越的な: ~ segregation 超越分離 / ~ variation 超越変異. **~·ly** *adv.*

tran·ship [trænʃíp | træn- trɑːn-] *v.* (**tran·shipped**; **-ship·ping**) = transship. **~·ment** *n.*

tràns·húman 〘← TRANS- + HUMAN〙 *adj.* 超人的な (superhuman).

trans·hu·mance [træns(h)júːməns, trænz- | trænzhjúː-, trɑːnz-, træns-, trɑːns-] 〘▭ F ~ ← *transhumer* ▭ Sp. *trashumar* to change ground: ⇨ trans-, humus〙 — *n.* (季節ごとの)家畜(特に羊群)の移動.

trans·hu·mant [træns(h)júːmənt, trænz- | trænshjúː-, trɑːns-, trænz-, trɑːnz-] 〘▭ F ~ ▭ Sp. *trashumante* ← *trashumar* (↑)〙 — *adj.* 家畜[羊群]移動の; 遊牧の. — *n.* 家畜(特に羊群)の移動を行なう人.

tran·sience [trǽnʃəns, -ziəns, -siəns, -ʃiəns, -ʒəns | trǽnziəns, trɑ́ːn-, -zjəns, -ʒiəns, -siəns, -sjəns, -ʃiəns] 〘⇨ transient, -ence〙 — *n.* 一時的であること, はかなさ; 移動性, 流動性: the ~ of youth [human life] 青春[人生]のはかなさ / the ~ of pleasure 快楽の移ろいやすさ.

trán·sien·cy [-nsi | -nsɪ] *n.* = transience.

tran·sient [trǽnʃənt, -ziənt, -siənt, -ʃiənt, -ʒənt | trǽnziənt, trɑ́ːn-, -zjənt, -ʒiənt, -siənt, -sjənt, -ʃiənt] 〘《1607》▭ L *trānseunt-em*: ⇨ transeunt〙 — *adj.* **1** 暫時の, 短期の, 一時の, 短い, 瞬間的な (momentary) (↔ lasting, permanent): a ~ smile すぐに消えて行く微笑 / snatch a ~ glimpse of …をちらと見る. **2** 滅びやすい, 移ろいやすい (passing), つかの間の, はかない, 無常の (ephemeral): ~ success はかない成功 / ~ pleasures [joys] かりそめの快楽[喜び] / the ~ enjoyments of this life この世のはかない快楽. **3** 《米》〈ホテル客・下宿人など〉滞在の短い (temporary): a ~ lodger [guest] 短期宿泊者[滞在客]. **4** 〘哲学〙= transeunt. **5** 〘音楽〙経過的な, 一時的な: a ~ note [chord] 経過音[和音] / ~ modulation 経過的転調.

— *n.* **1** 一時の事物[人]. **2** 《米》短期滞在客 (↔ resident); 渡り労働者. **3** 〘動物〙通過鳥《渡り鳥 (passage birds) の中で特に滞留期間の短いものをいう》. **4** 〘数学〙トランジェント《独立変数が無限大に近づくとゼロに収束する関数; cf. stable equation》. **5** 〘電気〙過渡現象, 過渡電流.

~·ly *adv.* **~·ness** *n.*

tránsient cúrrent *n.* 〘電気〙過渡電流《定常的でない電流》.

tran·sil·i·ence [trænsíliəns, -ljəns | trænsíliəns, trɑːn-, -ljəns] *n.* 飛越え, 急変.

tran·sil·i·ent [trænsíliənt, -ljənt | trænsíliənt, trɑːn-, -ljənt] 〘▭ L *transilient-em* leaping across (pres.p.) ← *trānsilīre* to spring over or across ← TRANS- + *salīre* to leap〙 — *adj.* 一点から一点へと飛び移る[飛び越える]; 急変する.

tràns·illúminate 〘← TRANS- + ILLUMINATE〙 *vt.* **1** 透し照らす. **2** 〘医学〙徹照する, 透過する. **tràns·illúminator** *n.*

tràns·illuminátion *n.* 〘医学〙徹照(法), 透過(法), 《診断のため光線を透過させること》.

trans·i·re [trænsáɪri | trænsáɪərɪ, trɑːn-] 〘《1599》▭ L *trānsīre* to go across ← TRANS- + *īre* to go〙 — *n.* 《英》沿岸運送免状《沿岸貿易船に対して税関が発行する課税貨物運送許可証》.

tràns·isthmian 〘← TRANS- + ISTHMIAN〙 *adj.* 地峡を横切る, 地峡横断の: a ~ canal 地峡横断運河 / ~ traffic 地峡横断交通.

tran·sis·tor [trænzístə, -sís- | trænsístə(r, trɑːn-, -zís-] 〘《1948》《混成》← TRAN(SFER) + (RE)SISTOR〙 — *n.* **1** 〘電子工学〙トランジスター《半導体を用い真空管と同様の機能をもった回路素子》. **2** 《口語》トランジスターラジオ.

tran·sis·tor·ize [trænzístəràɪz, -sís- | trænsís-, trɑːn-, -zís-] 〘⇨↑, ize〙 — *vt.* 〘電子工学〙〈ラジオ受信機など〉をトランジスター化する. **tran·sis·tor·i·za·tion** [trænzìstərɪzéɪʃən, -sìs-, -rə- | trænsìstəraɪ-, trɑːn-, -zìs- -rɪ-] *n.*

transístor rádio *n.* トランジスターラジオ《単に transistor ともいう》.

tran·sit [trǽnsɪt, -sət, -zɪt, -zət | trǽnsɪt, trɑ́ːn-, -zɪt] 〘《1440》▭ L *trānsit-us* passage ← *trānsīre* to pass over: ⇨ transire〙 — *n.* **1** 通過, 経過, 通行: make a ~ across the prairies 草原を横断する / We allowed two days for the ~ of the lake. 湖水通過に二日を当てた. **2** (人・荷物の)運送, 運搬, 輸送 (conveyance): ⇨ rapid transit / the ~ of goods 貨物運送 / lose quality in ~ 輸送中品質が低下する. **3** 通路, 運送路 (route): the overland ~ 陸上輸送路. **4** 移り変わり, 変化 (transition, change); 死去. **5** 〘天文〙 **a** (天体の)子午線通過, 正中, 南中; 小天体の他の天体面通過《特に, 金星または水星の太陽面通過など》. **b** (天体の)望遠鏡視野通過. **c** = transit instrument 1. **6** 〘測量〙トランシット, 転鏡儀, (土地測量用)転鏡経緯儀 (transit theodolite) (cf. theodolite 1). **7** [T-]トランシット衛星《1960年4月に米国で打上げられた初の航海衛星で, 船舶・航空機の位置などに関するデータを提供する》.

— *vt.* **1 a** 通過する, 横断する (cross). **b** 輸送する (convey). **2** 〈天体が〉〈太陽面などを〉経過する, 通過する, 横断する. **3** 〘測量〙〈トランシットの望遠鏡を〉水平軸の回りに反転させる.

— *vi.* **1** 通過する (pass), 横断する. **2** 〘天文〙〈天体が〉子午線[太陽面]を通過する, 正中する, 南中する.

tran·sit·a·ble [trǽnsɪṭəbl̩, -sə-, -zɪ-, -zə- | trǽnsɪt-, trɑ́ːn-, -zɪ-] 〘⇨↑, -able〙 *adj.* 通過[横断]可能な.

tránsit cìrcle *n.* 〘天文〙= meridian circle.

tránsit còmpass *n.* 〘測量〙= transit 6.

tránsit dùty *n.* (貨物の)通過税, 通行税.

tránsit ìnstrument *n.* **1** 〘天文〙子午儀《天体の正中高度や正中時刻を測定する》. **2** 〘測量〙トランシット, 転鏡儀 (transit).

tran·si·tion [trænsíʃən, -zíʃən | trænsíʒən, trɑːn-, -zíʃən] 〘《1551》▭ (O)F ~ // L *trānsitiō(n-)* act of going across: ⇨ transit, -tion〙 — *n.* **1 a** (ある状態・行動・位置から他への)移り変わり, 変化, 変容, 推移, 変遷, 交替 (passage): a sudden ~ *from* hot *to* cold weather 暑い天候から寒い天候への急変 / with a rapid ~ *from* grave *to* gay 急にまじめから陽気に変わって / an age of ~ 変転期, 過渡期. **b** (話題の)変化. **2 a** 過渡期, 変わり目: Early *Transition* English (OE から ME へ移る)前過渡期英語 / Late *Transition* English (ME から ModE へ移る)後過渡期英語 / in ~ 過渡期にある. **b** (政権などの)交替期間. **3** 〘音楽〙 **a** 一時的転調 (passing modulation). **b** 意想外の転調. **c** (楽曲の一部と他の一部分との間にまたがる)経過部, 移行部. **4** (芸術様式の)変化, 変移; 《特に, 英国建築において ノルマン式から 初期英国式への》推移. **5** 〘物理・航空〙(層流から乱流への)遷移. **6** 〘電気〙渡り《直・並列制御での直列から並列への移り変わりの回路などをいう》. **7** 〘物理〙遷移, 転移《量子力学的な状態の間の移り変わり》. **8** 〘生物〙塩基転位《DNA [RNA] のピリミジン塩基が外のピリミジン塩基で, プリン塩基が外のプリン塩基で置換されること》.

tran·sí·tion·al [-síʃənl̩, -zɪʃ-, -ʃnəl | -síʒənl̩, -zíʃənl̩, -ʒnəl, -ʃənl̩, -ʃnəl] *adj.* **1** 過渡的な, 変わり目の: this ~ stage この過渡的な段階. **2** [通例 T-] 〘考古〙= Mesolithic. **~·ly** *adv.*

tran·sí·tion·àr·y [-síʃənèri, -zíʃ- | -síʒ(ə)nərɪ, -zíʃ(ə)n-] *adj.* = transitional.

transítion cùrve *n.* = easement curve.

transítion èlement *n.* 〘化学〙遷移元素《transition metal ともいう》.

transítion fìt *n.* 〘機械〙中間ばめ.

transíton mètal *n.* 〘化学〙= transition element.

transítion pèriod *n.* 過渡期.

transítion pòint *n.* 〘物理化学〙転移点, 遷移点《相変態を起こす温度; cf. transformation point》.

transítion probabìlity *n.* 〘数学〙推移確率《マルコフ過程における, ある状態から次の状態に移る確率》.

transítion spìral *n.* = easement curve.

transítion stàge *n.* 過渡的段階.

transítion tèmperature *n.* 〘物理化学〙転移温度, 遷移温度.

transítion tìme *n.* 〘化学〙遷移時間.

tran·si·tive [trǽnsəṭɪv, -zə- | trǽnsɪtɪv, trɑ́ːn-, -zɪ-, -sə-, -zə-] 〘《1560》▭ LL *trānsitīv-us*: ⇨ transit, -ive〙 — *adj.* **1** 《まれ》移る, 転移する, 移行する (transitional); 中間的な (intermediate): a ~ state (移行の)中間的状態. **2** 〘哲学〙超出する, 転移の (transeunt). **3** 〘文法〙 **a** 〈動詞が〉他動の (↔ intransitive): a ~ verb = a verb ~ 他動詞 (略 vt., v.t.). **b** 〈文法的構造が〉他動詞形を含む. **4** 〘数学〙推移的な《大小関係における「$a \leqq b$ かつ $b \leqq c$ ならば $a \leqq c$」のように, 「三すくみ」が起こらないことにいう》. **5** 〘論理〙推移[移項]的な《命題 p と q 間, q と r 間に条件または同値関係がある時, p と r 間にも同じ関係があることにいう》. — *n.* 〘文法〙他動詞 (transitive verb). **~·ly** *adv.* **~·ness** *n.*

tran·si·tiv·i·ty [trӕnsətívəṭi, -zə- | trӕnsɪtívətɪ, trɑ̀ːn-, -zɪ-, -sə-, -zə-, -vɪ-] *n.* **1** 移行性. **2** 〘文法〙他動性.

tránsit·man [-mən] *n.* (*pl.* **-men** [-mən, -mèn]) 〘測量〙トランシット係.
tránsit nùmber *n.* (銀行連盟が割り当てる各銀行独自の)銀行番号《小切手に印刷されている》.
tran·si·to·ry [trǽnsətɔ̀ːri, -nzə-, -tòːri | trǽnsɪt(ə)rɪ trɑ́ːn-, -zɪ-, -sə-, -zə-] 〘《c1385》◻(O)F *transitoire* ◻ LL *trānsitōrius*: ⇨ transit, -ory[1]〙 ― *adj.* 過ぎ去り行く, 暫時の, 一時的な; はかない, 無常の, 移ろいやすい (evanescent): a ~ service 一時的な奉仕 / this ~ life このはかない人生. **tran·si·to·ri·ly** [trӕ̀nsətɔ́ːrəli, -nzə-, -tɔ́ːr-, ―――――― | trǽnsɪt(ə)rəlɪ, -zɪ-, -sə-, -zə-, -rɪlɪ] *adv.* **trán·si·tò·ri·ness** *n.*
tránsitory áction *n.* 〘法律〙追身訴訟, 移動訴訟《土地管轄が定められずどこの裁判所に訴えてもよい訴訟》.
tránsit pássenger *n.* 通過旅客.
tran·si·tron [trǽnsətrɑ̀n, -zə-| trǽnsɪtrɔ̀n, -zɪ-] 〘← ? TRANSI(TION)＋-TRON〙 ― *n.* 〘電子工学〙トランジトロン《相互コンダクタンス (transconductance) が負の状態で用いる五極管》.
tránsit theódolite *n.* 〘測量〙＝transit 6.
tránsit tìme *n.* 〘物理・化学〙走行時間, 走時, 通過時間《電子などがある距離を飛ぶのに要する時間》.
tránsit vìsa *n.* 通過査証[ビザ]《その国の通過のみを許可する査証》.
Trans·jor·dan [trӕnsdʒɔ́ədn, trӕnz- | trӕnzdʒɔ́ː-, trɑ́ːn-] *n.* ⇨ Jordan 2.
Trans·kei [trӕnskáɪ, -kéɪ | trӕnskáɪ, trɑːns-, trӕnz-, trɑːnz-] *n.* トランスケイ《南アフリカ共和国 Cape Province 東部のバンツー族自治区域; 人口約 1,900,000, 面積 42,292 km²》.
transl. 《略》translated; translation(s); translator.
trans·lat·a·ble [trӕnsléɪtəbl, trӕnz- | trӕns-, trɑːns-, trӕnz-, trɑːnz-,] 〘⇨↓, -able〙 ― *adj.* 訳すことのできる, 言い換えられる, 移すことのできる. **trans·làt·a·bíl·i·ty** [-təbíləti | -təbílətɪ, -lɪtɪ] *n.*
trans·late [trӕnsléɪt, trӕnz-, ―― | trӕnsléɪt, trɑːns-, trӕnz-, trɑːnz-] 〘《a1325》← L *trānslāt-us* carried over (p.p.) ← *trānsferre* 'to carry over, TRANSFER': ⇨ -ate[3]〙 ― *vt.* **1 a** 〔他の言語に〕訳す, 翻訳する (render) 〔*into*〕: ~ an English book *into* Japanese 英語の本を日本語に訳す / The Bible has been ~*d into* all tongues. 聖書はあらゆる国語に翻訳されている / ~ Homer *from* the Greek ホーマーをギリシャ語から訳す. **b** わかりやすい言葉に言い換える, 説明する (explain) 〔*into*〕: ~ scientific language for the layman 科学用語を素人にもわかるように言い換える / ~ the principle of relativity *into* everyday language 相対性原理をだれでもわかる言葉で説明する. **2** 〈言動・身振・暗示などを〉解釈する (interpret): How do you ~ his silence?—I ~ it *as* a refusal. 彼の沈黙をどう解しますか—拒絶と解釈します. **3** 〔別の形式に〕書き換える, 移す (transcribe) 〔*into*〕: ~ a book *into* Braille 本を点字に直す / ~ a poem *into* prose 詩を散文に書き換える / ~ one's message *into* a coded one 電文を暗号に変える. **4 a** 〔他の場所に〕移す (remove, transfer) 〔*to*〕: She was ~*d to* the fairy palace in a second. 彼女はたちまちおとぎの宮殿に移された. **b** 〘教会〙〈主教・司教 (bishop) を〉転任させる; 〈司教座・主教管区 (see) を〉〔他の場所に〕移す; 〈聖人・殉教者などの肉体や遺物を〉〔他の場所に〕移す 〔*to*〕. **c** 〘神学〙(生きたまま)昇天させる: By faith Enoch was ~*d* that he should not see death. 信仰によりてエノクは死を見ぬように移されたり (*Heb.* 11:5). **5 a** 〔…に〕変える, 変質させる, 転換させる (transform, convert) 〔*into*〕: ~ a car *into* scrap 自動車をスクラップにする / ~ knowledge *into* action 知識を行動に移す / Sibelius ~*ed* the nature of Finland *into* music. シベリウスはフィンランドの自然を音楽で表わした. **b** 《英》〈古靴・古着などを〉直して再生する; 〈靴・着物などを〉古材料で作る[作り替える]. **6** 〘通信〙〈電信を〉(自動中継機によって)中継する. **7** 〘機械〙〈物体を〉(回転しないように)動かす, 並進させる. **8** 〘数学〙〈図形などを〉平行に移動させる. **9** 〘生物〙翻訳する (⇨ translation *n.* 11). **10** 《古》うっとりとさせる (entrance). **11** 《廃》〘医学〙〈病毒を〉転移させる.
― *vi.* **1 a** 翻訳する; 翻訳官を勤める: I can read French but cannot ~ *into* it. フランス語は読めるがフランス語に訳すことはできない / He ~*s for* the Foreign Office. 外務省で翻訳の仕事をしている. **b** 言い換える, 説明する: Kindly ~. 《口語》もっとわかりよい言葉で言って下さい. **2 a** [副詞(語句)を伴って]〈詩などが〉訳せる: His novels ~ well [easily]. 彼の小説は翻訳がうまく[たやすく]できる / These words ~ *into* Japanese. これらの語は日本語に翻訳できる. **b** 言い換えられる, 換算される 〔*into*〕: The rise in prices will ~ *into* an 8% sales increase. 物価の上昇は売上げ高 8 パーセント増しということになる.
trans·la·tion [trӕnsléɪʃən, trӕnz- | trӕns-, trɑːns-, trӕnz-, trɑːnz-] 〘《c1340》◻(O)F ~ // L *trānslātiō(n-)* transportation: ⇨↑, -ation〙 ― *n.* **1** 翻訳; 訳, 翻訳物 〔*of*〕: a Japanese ~ *of Hamlet*「ハムレット」の日本語訳 / read a novel *in* ~ 小説を翻訳で読む. **2** 解釈. **3** 言い換え; 置き換え. **4** 〘教会〙 **a** (主教・司教の)転任. **b** (遺体・遺品の)移転. **c** (生きたままの)昇天. **5** 〘物理〙(物体の)並進. **6** 〘機械〙並進運動. **7** 《廃》〘医学〙転移. **8** 《まれ》〘法律・ローマ法・スコット法〙財産譲渡, 遺産受取人変更. **9** 〘通信〙(電信・電話の)自動中継. **10** 〘数学〙平行移動《によって出来た図形など》. **11** 〘生物〙翻訳《メッセンジャー RNA から与えられた遺伝情報に基づく蛋白質の合成; cf. transcription 6》.
translation of axes 〘数学〙(デカルト座標系における)座標軸の平行移動.
trans·la·tion·al [trӕnsléɪʃənl, -ʃnəl, trӕnz- | trӕns-, trɑːns-, trӕnz-, trɑːnz-] *adj.* **1** 翻訳の, 翻訳上の. **2** 〘物理〙(回転運動に対して)一方向に運動する, 並進運動の. **~·ly** *adv.*
trans·la·tive [trӕnsléɪtɪv, trӕnz- | trӕnsléɪt-, trɑːns-, trӕnz-, trɑːnz-] 〘◻ L *trānslātīv-us*: ⇨ translate, -ative〙 ― *adj.* **1** 〘法律〙財産譲渡の. **2** 翻訳の. **3** 〘文法〙転格の. ― *n.* 〘文法〙転格《フィンランド語にある格で状態の移行や変化を表わす》.
trans·lá·tor [-tə | -tə(r] 〘《c1350》◻OF ~ (F *translateur*) // L *trānslātor*: ⇨ translate, -ator〙 ― *n.* **1** 訳者, 翻訳家 (cf. author); 通訳 (interpreter): *Translators* (are) traitors. 翻訳者は裏切者《イタリアの諺 'Traduttori traditori.' の英訳: 翻訳は結局原文の文体・思想を忠実に伝えることはできないということ》. **2** 《英俗》(古靴・こうもりがさ・古着などの)修理人. **3** [*pl.*] 《英俗》修繕した古靴. **4** 〘通信・電話〙中継器[盤]. **5** 〘機械〙並進器. **6** 〘電算機〙トランスレーター《高級な命令を自動的に基本的な命令に置き換えるプログラム; cf. interpreter 3》.
trans·la·to·ry [trǽnzlətɔ̀ːri, trǽnz-, trӕnsléɪtəri, trӕnz- | trӕnsléɪtərɪ, trӕnz-, trɑːns-, trɑːnz-] *adj.* 〘物理〙＝translational 2.
trans·lit·er·ate [trӕnslítərèɪt, trӕnz- | trӕnzlítə-, trɑːnz-, trӕns-, trɑːns-] 〘《1861》← TRANS-＋L *littera* 'LETTER[2]'＋-ATE[3]〙 ― *vt.* 字訳する《一国語のアルファベットで書かれたものを他国語の相当字母に書き直す》; (全然成立を異にする国語間において)音訳する《「上海」を 'Shanghai' とするように》: ~ the Greek χ as ch ギリシャ語の χ を ch に書き直す / ~ Japanese *into* rōmaji 日本語をローマ字に書き直す.
trans·lít·er·à·tor [-tə | -tə(r] *n.*
trans·lit·er·a·tion [trӕnslìtəréɪʃən, trӕnz-, ――――― | trӕnzlɪtə-, trɑ̀ːnz-, trӕns-, trɑ̀ːns-, ――――――] 〘《1861》: ⇨↑, -ation〙 ― *n.* (他国語の文字への)書き直し, 翻字, 字訳, 音訳.
trans·lo·cate [trǽnslo(ʊ)kèɪt, trǽnz-, trӕnslóʊkeɪt, trӕnz- | trӕnzlə(ʊ)kèɪt, trɑ́ːnz-, trǽns-, trɑ́ːns-] 〘← TRANS-＋LOCATE〙 ― *vt.* …の場所を移す, 置き換える (displace), 移動する (remove).
trans·lo·ca·tion [trӕ̀nslo(ʊ)kéɪʃən, trӕnz- | trӕ̀nzlə(ʊ)-, trɑːnz-, trӕns-, trɑːns-] 〘← TRANS-＋LOCATION〙 ― *n.* **1** 場所を移すこと, 置き換え, 転置, 移動. **2** 〘植物生理〙転流《葉で形成された澱粉・蛋白質などが植物体各部に移転すること; conduction ともいう》. **3** 〘生物〙転位, 転座.
trans·lu·cence [trӕnslúːsns, trӕnz- | trӕnzlúː-, trɑːnz-, trӕns-, trɑːns-, -ljúː-] 〘⇨ translucent, -ence〙 *n.* 半透明.
trans·lu·cen·cy [trӕnslúːsnsi, trӕnz- | trӕnzlúːsnsɪ, trɑːnz-, trӕns-, trɑːns-, -ljúː-] 〘⇨↓, -ency〙 *n.* **1** ＝translucence. **2** 半透明な物.
trans·lu·cent [trӕnslúːsnt, trӕnz- | trӕnzlúː-, trɑːnz-, trӕns-, trɑːns-] 〘《1596》◻L *trānslūcent-em* (pres.p.) ← *trānslūcēre* to shine through: ⇨ trans-, lucent〙 ― *adj.* **1** 半透明の (semitransparent). **2** 《まれ》清らかな (clear), 透明な (transparent). **3** わかりやすい, 明快な (lucid). **~·ly** *adv.*
trans·lu·cid [trӕnslúːsɪd, trӕnz-, -səd | trӕnzlúːsɪd, trɑːnz-, trӕns-, trɑːns-, -ljúː-] 〘◻L *trānslūcid-us* ← *trānslūcēre* (↑): ⇨ -id[4]〙 *adj.* ＝translucent 1.
trans·lu·ci·dus [trӕnslúːsədəs, trӕnz- | trӕnzlúːsɪ-, trɑːnz-, trӕns-, trɑːns-, -ljúː-] 〘← NL ~: ↑〙 ― *adj.* 〘気象〙〈雲が〉透明な《太陽・月・上層の雲などをおおい隠さない状態をいう》.
tràns·lúnar 〘← TRANS-＋LUNAR〙 *adj.* 〘宇宙〙〈宇宙船の軌道・エンジン点火など〉(地球から)月へ向けての (cf. transearth).
trans·lu·nar·y [trǽnsluːnèri, trǽnz-, trӕnslúːnəri, trӕnz- | trӕnzlúːnərɪ, trɑːnz-, trӕns-, trɑːns-, -ljúː-] 〘← TRANS-＋L *lūna* moon＋-ARY〙 ― *adj.* **1** 月の向こうの, 月の上方の (cf. sublunary, superlunary). **2** 天上の (celestial); 理想の (ideal), 空想の (visionary).
trans·ma·rine [trӕnsməríːn, trӕnz- | trӕ̀nz-, trɑ̀ːnz-, trӕ̀ns-, trɑ̀ːns-] 〘《1583》◻L *trānsmarin-us*: ⇨ trans-, marine〙 ― *adj.* **1** 海外の, 海の向こうの[からの] (oversea): a ~ dominion 海外領土. **2** 海上を通過する, 海を横断する: ~ migrations 海を横断する移動.
tràns·mémbrane *adj.* 〘生理〙(生体の)膜を通じて[の内外で]生じる: a ~ potential 膜内外電位差.
tràns·merídional 〘← TRANS-＋MERIDIONAL〙 *adj.* 子午線を横切る, 東西に走る. **~·ly** *adv.*
tràns·methylátion 〘← TRANS-＋METHYLATION〙 *n.* 〘生化学〙メチル基移《メチル基が一つの化合物から他の化合物へ移される化学反応》.
trans·mi·grant [trӕnsmáɪgrənt, trӕnz- | trӕnz-, trɑːnz-, trӕns-, trɑːns-] 〘◻L *trānsmigrant-em* (pres.p.) ← *trānsmigrāre* (↓): ⇨ trans-, migrant〙 ― *adj.* **1** 移住する. **2** 〈霊魂が〉転生する. ― *n.* 移民, 移住者, (特に, ある国を通過して他国へ行く)移住民.
trans·mi·grate [trӕnsmáɪgreɪt, trӕnz- | trӕ̀nzmaɪgréɪt, trɑ̀ːnz-, trӕ̀ns-, trɑ̀ːns-, ――――] 〘《1430–40》*transmigrate* (vt.) ← L *trānsmigrāt-us* (p.p.) ← *trānsmigrāre* to migrate to another place: ⇨ trans-, migrate〙 ― *vi.* **1** 〈霊魂が〉(肉体の死後他に)生れ変わる, 転生する. **2** 移転する, 移る; 移住する (migrate). ― *vt.* 生れ変わらせる, 転生させる. **trans·mí·gra·tor** [-tə | -tə(r] *n.*
trans·mi·gra·tion [trӕ̀nsmaɪgréɪʃən, trӕ̀nz- | trӕ̀nz-, trɑ̀ːnz-, trӕ̀ns-, trɑ̀ːns-] 〘《c1300》◻ LL *trānsmigrātiō(n-)* change of country ← *trānsmigrāre* (↑): ⇨ -ation〙 ― *n.* **1** 移住, 移民(行為) (migration). **2** 転生, 輪廻(りんね) (metempsychosis)《死後霊魂が他の人間・動物の体に移ること; cf. reincarnation》: the ~ of souls 霊魂輪廻(りんね).
tràns·mi·grá·tion·ism [-ʃənɪzm] 〘《1888》: ⇨↑, -ism〙 *n.* 輪廻(りんね)説, 転生説.
trans·mi·gra·to·ry [trӕnsmáɪgrətɔ̀ːri, trӕnz-, -tòːri | trӕnzmáɪgrət(ə)rɪ, trɑːnz-, trӕns-, trɑːns-, trӕ̀nzmaɪgréɪtərɪ, trɑ̀ːnz-, trӕ̀ns-, trɑ̀ːns-] 〘← TRANSMIGRATE＋-ORY[1]〙 ― *adj.* **1** 生れ変わる, 転生する. **2** 移住する, 移転する.
trans·mis·si·ble [trӕnsmísəbl, trӕnz- | trӕnzmísə-, trɑːnz-, trӕns-, trɑːns-, -sɪ-] 〘← L *trānsmissus* (⇨ transmissive)＋-IBLE〙 ― *adj.* 送る[伝える]ことのできる. **trans·mìs·si·bíl·i·ty** [-səbíləti | -səbílətɪ, -sɪ-, -lɪ-] *n.*
trans·mis·sion [trӕnsmíʃən, -nts-, trӕnz- | trӕnz-, trɑːnz-, trӕns-, trɑːns-] 〘《1611》◻L *trānsmissiō(n-)* ← *trānsmittere* 'to TRANSMIT': ⇨ trans-, mission〙 ― *n.* **1 a** 送達, 伝達, 伝送〔*of*〕: ~ *of* news. **b** 伝達されたもの, メッセージ. **2** 譲渡 (transfer). **3** 〘物理〙伝導, 伝送: electric ~ 送電. **4** 〘機械〙動力伝送, 伝動; 伝動装置, (特に, 自動車の)変速機, 変速装置. **5 a** 〘通信〙(電波の発信局から受信局への)送信. **b** 放送(番組). **6** 〘生物〙遺伝 (heredity). **7** 〘医学〙伝達, 媒介.
transmíssion dynamómeter *n.* 〘機械〙伝動動力計.
transmíssion efficiency *n.* 〘電気〙伝達効率.
transmíssion eléctron microscope *n.* 〘光学〙透過型電子顕微鏡《光の代わりに電子線を用いた顕微鏡; cf. scanning electron microscope》.
transmíssion lìne *n.* 〘電気〙伝送線, 送電線.
transmíssion lòss *n.* 〘電気〙送電損, 伝送損.
transmíssion ròpe *n.* 〘機械〙伝動ロープ《動力伝導に利用されるロープ》.
transmíssion shàft *n.* 〘機械〙伝動軸《動力伝達に利用される軸》.
trans·mis·sive [trӕnsmísɪv, trӕnz- | trӕnz-, trɑːnz-, trӕns-, trɑːns-] 〘← L *trānsmissus* ((p.p.) ← *trānsmittere*)＋-IVE: ⇨ transmit〙 ― *adj.* **1** 伝達する, 伝送する. **2** 送られた, 伝えられた, 伝導された. **3** 送られる, 伝えられる.
trans·mis·siv·i·ty [trӕ̀nsmɪsívəti, trӕ̀nz-, -mə- | trӕ̀nsmɪsívətɪ, trӕ̀nz-, -vɪ-] *n.* 透過率《透過光と入射光との強度比》.
trans·mis·som·e·ter [trӕ̀nsmɪsɑ́mətə, -məs-, trӕnz- | trӕnzmɪzɔ́mɪtə(r, trɑːnz-, trӕns-, trɑːns-, -mət-] 〘← TRANSMISS(ION)＋-O-＋-METER[1]〙 ― *n.* 〘気象〙透過率計, 視度計《大気の視度を測定する計器》.
trans·mit [trӕnsmít, trӕnz- | trӕnz-, trɑːnz-, trӕns-, trɑːns-] 〘《?a1400》*transmitte(n)* ◻ L *trānsmitt-ere* to send across ← TRANS-＋*mittere* to send: ⇨ mission〙 ― *v.* (**trans·mit·ted**; **-mit·ting**) ― *vt.* **1** 〈品物などを〉渡す, 送る, 送達する (transfer): ~ a parcel by rail [a message by radio, a letter by hand] 小包を鉄道便で送達する[音信を無線で送る, 手紙を手渡す]. **2 a** 〈性質などを〉〔子孫に〕伝える, 遺伝させる; 〈財産・爵位などを〉〔子孫に〕伝える, 譲る, 伝承する〔*to*〕: ~ one's characteristics *to* one's offspring 自分の特徴を子孫に伝える. **b** 〈病気などを〉媒介する: Mosquitos ~ malaria. 蚊はマラリヤを媒介する. **3** 〘物理〙〈電気・力・運動などを〉伝える (conduct); 〈光・熱・音などを〉伝導する: Glass ~*s* light. ガラスは光を透す / Metals ~ heat. 金属類は熱を伝導する. **4** 〈うわさなどを〉伝える. **5** 〘通信〙〈電波を〉送波する, (電波で)〈信号を〉送る. ― *vi.* **1** 〘通信〙送信する. **2** 〘ローマ法〙(相続した権利がそのまま)子孫に伝わる.
trans·mit·ta·ble [trӕnsmítəbl, trӕnz- | trӕnzmít-, trɑːnz- trӕns-, trɑːns-] 〘⇨↑, -able〙 *adj.* 伝達[送達]できる; 伝染性の.
trans·mit·tal [trӕnsmítl, trӕnz- | trӕnzmítl, trɑːnz-, trӕns-, trɑːns-] 〘⇨ -al[1]〙 *n.* ＝transmission.
trans·mit·tance [trӕnsmítns, trӕnz- | trӕnz-, trɑːnz-, trӕns-, trɑːns-] 〘← TRANSMIT＋-ANCE〙 *n.* **1** 伝達, 送達 (transmission). **2** 〘物理〙透過度[率].
transmíttance mèter *n.* ＝transmissometer.
trans·mit·tan·cy [trӕnsmítnsi, trӕnz- | trӕnzmítnsɪ, trɑːnz-, trӕns-, trɑːns-] 〘← TRANSMIT＋-ANCY〙 ― *n.* 〘物理〙 **1** 透光度《溶液層を通過する光の強さの同じ厚さの溶媒を通過する光の強さに対する比》. **2** 透過度, 透過率 (transmittance).
trans·mít·ter [-tə | -tə(r] 〘← TRANSMIT＋-ER[1]〙 ― *n.* **1** 送達者, 伝達者, 伝送者. **2** 譲渡者. **3** 遺伝者, 伝承者. **4** (電話の)送話器; 〘通信〙送信機 (↔ receiver). **5** 〘生理〙(神経興奮などの)伝達物質. **6** 〘医学〙(感染の)伝播者.
trans·mít·ting sèt [-tɪŋ- | -tɪŋ-] *n.* 〘通信〙送信機.
transmítting stàtion *n.* 〘通信〙送信局.
trans·mog·ri·fy [trӕnsmɑ́grəfàɪ, trӕnz- | trӕnzmɔ́grɪ-, trɑːnz-, trӕns-, trɑːnz-] 〘《1656》《混成》? ← 《廃》*transmigure* to transmigrate＋MODIFY: 戯言的

造語》 ── vt. 〔奇怪または滑稽な形に〕一変させる, 姿を変える, 変形する, 化けさせる (transform) 〔into〕.

trans·mog·ri·fi·ca·tion [trænsmɑ̀ɡrəfɪkéɪʃən, trænz-, -fə-|trænzmɔ̀ɡrɪfɪ-, trɑːnz-, træns-, trɑːns-] n.

tràns·móntane 〘lateME ~ ◻ OF ~ : ⇨ tramontane〙 adj. =tramontane 1.

tràns·móuntain adj. 山を越える[抜ける] : a ~ path [tunnel].

trans·mun·dane [trænsmʌndéɪn, trænz-, ──ˊ─ | trænzmʌndéɪn, trɑːnz-, træns-, trɑːns-, ─ˊ─] 〘← TRANS-+MUNDANE〙 ── adj. この世界の向こうの; この世の向こうの, あの世の.

trans·mut·a·ble [trænsmjúːtəbl̩, trænz- | trænzmjúːt-, trɑːnz-, træns-, trɑːns-] 〘《15C》 ◻ ML *trānsmūtābil-is* ← L *trānsmūtāre* 'to TRANSMUTE' : ⇨ -able〙 ── adj. 変化[変質, 変形]できる. **trans·mùt·a·bíl·i·ty** [-təbíləti|-təbílətɪ, -lɪ-] n. **trans·mút·a·bly** adv. **~·ness** n.

trans·mu·ta·tion [trænsmjuːtéɪʃən, trænz-|trænz-, trɑ̀ːnz-, træns-, trɑːns-, -mju-] 〘《c1390》 ◻ (O)F ~ ∥ LL *trānsmūtātiō(n-)* : ⇨ transmute, -ation〙 ── n. **1** a 変化, 変形, 変質, 変性 〔of〕: ~s of fortune 栄枯盛衰. b 《古》変動 (fluctuation). **2** 〘錬金術〙変成《卑金属が貴金属に変じること》: ~ of metals. **3** 〘生物〙変移 (cf. transformism); 進化 (evolution). **4** 〘法律〙所有権の譲渡[移転], 夫婦の共有財産 (community property) についての夫婦間の取り決め: ~ of possession. **5** 〘物理〙転化; (原子核の)転換. **6** 〘窯業〙窯変(ようへん)《主として東洋の銅や鉄を含む釉(ゆう)を調節された雰囲気で還元炎焼成して得られる効果》.
~·al [-ʃənl̩, -ʃnəl] adj.

tràns·mu·tá·tion·ist [-ʃ(ə)nɪst, -nəst | -nɪst] n. **1** 金属変質論者, 錬金術信者. **2** 生物変移論者.

trans·mut·a·tive [trænsmjúːtətɪv, trænz- | trænzmjúːtət-, trɑːnz-, træns-, trɑːns-] 〘◻ ML *trānsmūtātīv-us* ← *trānsmūtātus* (p.p.) ← *trānsmūtāre* (↓)〙 ── adj. 変化する, 変形する, 変質の, 変性の : a ~ force.

trans·mute [trænsmjúːt, trænz- | trænz-, trɑːnz-, træns-, trɑːns-] 〘《15C》 *transmute(n)* ◻ L *transmūtāre* to change, shift ∽ 《c1385》 *transmuwe(n)* ◻ (O)F *transmu-er* : ⇨ trans-, mutate〙 ── vt. **1** 変える, 変性する, 変質[変形]させる (transform) 〔into〕: ~ water power *into* electric power 水力を電力に変える. **2** 〘錬金術〙〈卑金属を〉〔金銀に〕変える 〔into〕. ── vi. 変形[変質]する 〔into〕. **trans·mút·er** [-tə | -tə(r] n.

tràns·nátional adj. 国境[民族]を超えた, 多国間の : ~ vocabularies.

tràns·nátural adj. 超自然的な (supernatural).

tràns-Neptúnian 〘← TRANS-+NEPTUNE+-IAN〙 adj. 〘天文〙海王星 (Neptune) の軌道の外にある.

tràns·nórmal adj. 普通以上の, 並はずれた.

tràns·oceánic adj. **1** 大洋の向こうの, 海外の: a ~ country. **2** 大洋を横断する, 渡洋の: ~ operations 渡洋作戦.

tran·som [trǽnsəm] 〘《1487–78》《変形》← L *transtrum* (異化によって第二の *-tr-* が消滅したもの) ← *trāns* 'TRANS-' + *-trum* (「道具」を表わす接尾辞)〙 ── n. **1** 〘建築〙 a 無目(むめ), トランサム《ドアとその上の明り取り窓を仕切る横棒; transom bar ともいう; cf. mullion》. b =lintel. c (十字架・絞首台の)横棒. **2** 《米》=transom window. **3** 〘海事〙船尾梁(りょう), 船尾肋(ろく)板, 船尾肋骨. **4** 〘砲術〙横梁(おうりょう)《砲車の尾部や側面をつなぐ金属板》.

trán·somed adj. 〈ドア・窓が〉無目(むめ)のある.

tránsom lìght n. 〘建築〙欄間.

tránsom wìndow n. (ドアの上部の)明り取り窓, 欄間窓.

tran·son·ic [trænsɑ́nɪk | -sɔ́n-] 〘← TRANS-+SONIC〙 ── adj. 〘航空〙遷音速の《物体のまわりの流れに音速以下と以上の部分が混在しているような場合をいい, 物体から離れた一様流の速度がマッハ数で 0.9~1.2 程度の時に生じることにいう; cf. sonic, subsonic, supersonic》.

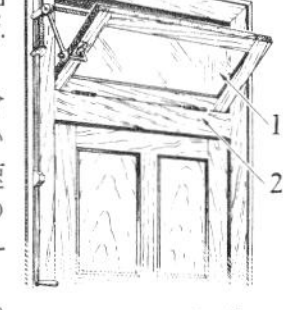

transom window
1 transom window
2 transom (bar)

transónic bárrier n. 〘航空〙=sonic barrier.

transónic flów n. 〘航空〙遷音速流《マッハ数が 1 前後で場所により亜音速流と超音速流とが混在する流れ》.

transp. 《略》transportation.

tràns·pacífic adj. **1** 太平洋を越える, 太平洋横断の: a ~ flight 太平洋横断飛行(便). **2** 太平洋の向こう側の: ~ regions.

trans·pa·dane [trænspədéɪn, trænspéɪdeɪn | trǽnspədeɪn, trænspéɪdeɪn] 〘◻ L *trānspadān-us* ← TRANS- +*Padus* the river Po + *-ānus* '-ANE¹'〙 ── adj. (ローマから見て) Po 川の向こう[北側]の (cf. cispadane).

trans·par·ence [trænspέ(ə)rəns, -pǽr- | trænspǽr-, trɑːns-, trəns-, trænz-, trɑːnz-, trənz-, -péər-] 〘⇨ transparent, -ence〙 n. 透明(度), 透明性.

trans·par·en·cy [trænspέ(ə)rənsi, -pǽr- | trænspǽrənsɪ, trɑːns-, trəns-, trænz-, trɑːnz-, trənz-, -péər-] 〘《1591》: ⇨ ↓, -ency〙 ── n. **1** 透明, 透明性; 透明度; 明白. **2** 透明物, 透き通って見える物; 透明陽画; 透明画, すかし絵《裏側からの光で透き通して見えるもので, 主に商店の広告用》: a positive ~ 透明陽画《スライドなどに使用する》. **3** 〘cf. G *Durchlaucht*〙 [T-; 戯言的敬称として] 閣下: his [your, etc.] *Transparency* 閣下. **4** 〘写真〙透明度. **5** 〘劇場〙透し張りもの.

trans·par·ent [trænspέ(ə)rənt, -pǽr- | trænspǽr-, trɑːns-, trəns-, trænz-, trɑːnz-, trənz-, -péər-] 〘《1413》 ◻ ML *trānsparent-em* (pres.p.) ← L *trānspārēre* ← TRANS-+*pārēre* 'to APPEAR'〙 ── adj. **1** 透明な, 透き通る: ~ colors 透明絵具《umber, sienna など》/ ~ soap 透明石鹸(せっけん) / ~ glaze 〘窯業〙透明釉(ゆう), 完全に透明な釉. **2** 〈織物が〉目の透けた (open): ~ cotton. **3** 〈文体など〉平明な, 明快な, わかりやすい (lucid). **4** a 明白な (evident). b 〈言い訳など〉見え透いた: a ~ excuse, lie, etc. **5** (性格など)率直な, あけっぴろげな (frank, open): She was ~ as the daylight. 全く気取りがなかった. **6** a (X 線・紫外線など)特定の放射線を通過させる. b 《廃》〈光が〉透過する: ~ beams. **~·ly** adv. **~·ness** n.

trans·par·ent·ize [trænspέ(ə)rəntàɪz, -pǽr- | træns-pǽr-, trɑːns-, trəns-, trænz-, trɑːnz-, trənz-, -péər-] vt. 透明にする.

trans·pep·ti·da·tion [trænspèptədéɪʃən | trænspèptɪ-, trɑːns-] 〘← TRANS-+PEPTIDE+-ATION〙 ── n. 〘生化学〙ペプチド転移《ペプチドの一部が他のペプチドの一部またはアミノ酸と交換される転移反応》.

tràns·pérsonal adj. 超個人的な.

tran·spic·u·ous [trænspíkjuəs | -kjʊ-] 〘← NL *trānspicuus* ← L *trānspicere* to see through ← TRANS-+*specere* to look : ⇨ -ous : cf. conspicuous, perspicuous, etc.〙 ── adj. **1** 透明な, 見通せる (transparent). **2** a 〈言語など〉明瞭(めいりょう)な. b 明白な (clear).

trans·pierce [trænspíəs | -píəs] 〘◻ F *transpercer* : ⇨ trans-, pierce〙 vt. 突き通す, 刺し通す, 貫く, 貫通する (penetrate).

tran·spir·a·ble [trænspáɪrəbl̩ | trænspáɪər-, trɑːns-] 〘◻ F ∥ LL *trānspīrābil-is* : ⇨ transpire, -able〙 adj. 発散[蒸発]しうる.

tran·spi·ra·tion [trænspəréɪʃən | træns-, trɑ̀ːns-] 〘◻ F ~ : ⇨ transpire, -ation〙 ── n. **1** 発散(作用); 発散物. **2** 発汗(作用) (perspiration). **3** 〘植物生理〙蒸散《高等植物の体内の水分が水蒸気として空中に排出される現象》. **4** (愛情の)発露. **5** 秘密の漏洩(ろうえい).

tran·spir·a·to·ry [trænspáɪrətɔ̀ːri, -tɔ̀ːri | træns-páɪərətərɪ, trɑːns-] adj.

transpirátion strèam [cùrrent] n. 〘植物生理〙蒸散流.

tran·spire [trænspáɪə | trænspáɪə(r, trɑːns-] 〘《1597》 ◻ F *transpirer* ◻ ML *trānspīrāre* ← TRANS-+L *spīrāre* to breathe : cf. spirit〙 ── vt. 〈皮膚・肺が〉〈老廃物を〉排出する, 〈植物が〉〈水蒸気を〉発散する, 〈物が〉〈臭気を〉出す, 発散する (emit, exhale). ── vi. **1** (体または葉などの表面から)廃物などを発散する. **2** 〈水分・臭気などが〉気孔から発散する. **3** 〈秘密などが〉漏れる, 知れ渡る: It ~d that the king was critically ill. 王の危篤が知れ渡った. **4** 起こる (happen). ★ この用法は好ましくないと言う人もある: After all, nothing ~d. 結局, 何事も起こらなかった.

trans·pla·cen·tal [trænspləséntl̩ | trænspləsέntl, trɑ̀ːns-] adj. 〘医学〙経胎盤の. **~·ly** adv.

tràns·plánetary adj. (特定の)惑星よりも太陽から遠い.

trans·plant 〘《c1450》 *transplante(n)* ◻ LL *trānsplantāre* : ⇨ trans-, plant〙 v. ── [trænsplǽnt | træns-plɑ́ːnt, trɑːns-] vt. **1** 移植する, 移し植える; 〘植物〙〔他の場所に〕移植する 〔to〕: ~ rice seedlings 田植をする. **2** 他の場所へ移す, 移転させる; 植民させる, 移り住ませる (resettle). **3** 〘外科〙〈器官・組織などを〉移植する (cf. graft¹ 3): ~ skin *from* a white man *to* a black 白人から黒人へ皮膚を移植する. ── vi. **1** 〈植物が〉移植に耐える[ができる]. **2** 《廃》〈人間が〉移住する (emigrate). ── [ˊ─] n. **1** 移植; 移転. **2** (数回)移植された苗(木). **3** 〘医学〙移植組織(片).

trans·plant·a·ble [trænsplǽntəbl̩ | trænsplɑ́ːnt-, trɑːns-] adj. 移植することのできる, 植え換えられる.
trans·plànt·a·bíl·i·ty [-təbíləti | -təbílətɪ, -lɪtɪ] n.

trans·plan·ta·tion [trænsplæntéɪʃən | trænsplɑːn-, trɑːns-] n. **1** 移植, 植え換え. **2** 植民, 移民; 移住民. **3** 〘医学〙移植(術) (grafting).

trans·plánt·er [-tə | -tə(r] n. **1** 移植者. **2** 移植機.

tràns·pólar adj. 北[南]極を越える, 極地横断の.

tran·spon·der [trænspɑ́ndə | trænspɔ́ndə(r, trɑːns-] 〘← TRANS(MITTER)+(RES)PONDER〙 ── n. 〘通信〙トランスポンダー, 応答機《レーダーの電波を受信し, 同一のまたは異なった周波数の電波を再発射する装置; cf. interrogator 2》.

trans·po·ni·ble [trænspóʊnəbl̩ | trænspə́ʊnə-, trɑːns-, -nɪ-] 〘← L *trānspōnere* 'to TRANSPOSE' + -IBLE〙 ── adj. 置き換える (transpose) ことのできる, 置換可能の. **trans·pò·ni·bíl·i·ty** [-nəbíləti | -nɪbílətɪ, -nə-, -lɪ] n.

trans·pon·tine [trænspɑ́ntaɪn | trænzpɔ́n-] 〘《1844》 ← TRANS-+L *pontem* (← *pōns* bridge) + -INE¹〙 ── adj. **1** 橋の向こう側の, 橋向こうの[にある]; (特に, London で) Thames 川の向う側[南岸]の[にある] (↔ cispontine). **2** 〘もと Thames 川南岸区域に流行したことから〙安芝居の: a ~ drama 俗受け芝居 / a ~ hero 俗受け劇の主人公.

trans·port 〘《c1380》 *transporte(n)* ◻ (O)F *transporter* ∥ L *trānsport-āre* to carry across : ⇨ trans-, port³〙 ── [trænspɔ́ət, -pɔ́ət, ─ˊ | trænspɔ́ːt, trɑːns-] vt. **1** 〈人・品物・軍隊などを〉輸送する, 運ぶ, 運送する (convey): ~ goods *from* one place *to* another 物品をある場所から他へ輸送する. **2** 〈罪人を〉流刑に処する, 徒刑地へ送る, 追放する (deport): be ~ed for cattle stealing 牛を盗んだかどで流刑に処せられる. **3** [通例 Passive に用いて] 夢中にする, 有頂天にする, うっとりとさせる (ravish) 〔with〕: He was ~ed *with* joy [grief]. 喜びで有頂天に[悲しみのあまり茫然(ぼうぜん)と]なった. **4** 《廃》あの世へ送る, 殺す (kill).
── [ˊ─] n. **1** a 輸送, 運送, 運搬, 運輸 (conveyance) 〔of〕: the ~ *of* goods 貨物の輸送 / ~ planes 輸送機 / ~ workers 交通労働者. b 輸送機関. **2** 運送船, 流刑囚護送船; (特に)軍用輸送船, 御用船. **3** 《まれ》流刑囚, 追放囚. **4** 輸送(飛行)機. **5** 夢中, 恍惚(こうこつ), 有頂天 (rapture, ecstasy): He was *in* ~s. 彼は有頂天になっていた / be *in* a ~ of rage 怒り狂っている / He went *into* a ~ of rage. 怒りに狂った / ~s [a ~] of joy 有頂天の喜び. **6** テープ駆動機構.

trans·port·a·bil·i·ty [trænspɔ̀ətəbíləti, -pɔ̀ət- | trænspɔ̀ːtəbílətɪ, trɑːns-, -lɪ-, ─ˊ─ˊ──] n. **1** 運送[輸送]の可能性. **2** 《英》流刑に値すること.

trans·port·a·ble [trænspɔ́ətəbl̩, -pɔ́ət- | trænspɔ́ːt-, trɑːns-] adj. **1** 運ぶ[運送する]ことのできる. **2** 《英》〈罪人・犯罪が〉流刑に値する.

trans·por·ta·tion [trænspətéɪʃən|trænspɔː-, trɑ̀ːns-] 〘《1540》 ◻ F ~ ◻ L *trānsportātiō(n-)* ← *trānsportātus* (p.p.) ← *trānsportāre* : ⇨ transport, -ation〙 ── n. **1** 輸送, 運搬, 運送, 運輸 (conveyance) 〔of〕: the railway ~ 鉄道輸送. **2** 《米》 a 輸送機関 (means of transport). b 運送料, 運賃. **3** 流刑, 追放 (deportation): ~ for life 終身流刑 / I was sentenced to ~. 流刑に処せられた. **4** 《米》輸送[旅行]許可書, 切符. **~·al** [-ʃənl̩, -ʃnəl] adj.

transportátion insùrance n. 〘保険〙運送保険.

transport café [ˊ─ˊ─] n. ドライバー用軽食堂.

trans·pórt·ed [-tɪd, -təd | -tɪd, -təd] adj. **1** うっとりとした, 夢中になった (ecstatic). **2** 輸送[運搬]された: ~ trees. **3** 流刑にされた: ~ slaves.

trans·pórt·er [-tə | -tə(r] n. **1** 運送者, 輸送者. **2** 〘機械〙運搬装置 (conveyor).

transpórter bridge n. 運搬橋《吊(つ)り下げた電車に似た装置で人や物を運搬する橋》.

Tránsport Hóuse n. London の Westminster 区の Smith Square にある建物; 中に労働党本部がある.

tránsport nùmber n. =transference number.

tránsport-shìp n. 輸送船.

trans·pos·a·ble [trænspóʊzəbl̩|trænspə́ʊz-, trɑːns-] adj. 置換可能の.

trans·pos·al [trænspóʊzəl, -zl̩ | trænspə́ʊ-, trɑːns-] 〘⇨ ↓, -al²〙 n. 置換 (transposition).

trans·pose 〘《c1390》 *transpose(n)* ◻ (O)F *transposer* ◻ L *trānspōnere* : ⇨ trans-, pose¹〙 ── [træns-póʊz | trænspə́ʊz, trɑːns-] v. ── vt. **1** 置き換える, 入れ換える, 置換する (interchange). **2** 〈文字・語句を〉入れ換える: ~ letters in a word 語の文字を入れ換える. **3** 〘数学〙移項する. **4** 〘音楽〙〈楽曲を〉移調する: ~ the air メロディーを移調する. **5** 《まれ》移す, 運ぶ, 移転する (transfer, transport) 〔to, into〕. **6** 〘通信〙〈電信・電話線の回路を〉交差させる, 撚架(ねんか)する. **7** 〘電気〙〈コイルの導体を〉転置する. **8** 《廃》 a 変形する, 変化させる (transform, transmute) 〔to, into〕. b 翻訳する (translate) 〔into〕. ── vi. **1** 入れ換えられる: The sentence is ambiguous as it stands —won't it ~? この文はこのままではあいまいだ―語句の入れ換えができないだろうか. **2** 〘音楽〙移調する. ── [ˊ─] n. 〘数学〙転置行列《行列の行と列とを入れ換えてできる行列; transposed matrix ともいう》.
trans·pós·er n.

trans·pós·ing ìnstrument n. 移調楽器《記譜音と実音の音高が異なる楽器》.

trans·po·si·tion [trænspəzíʃən | træns-, trɑ̀ːns-] 〘《1538》 ◻ F ~ ∥ LL *trānspositiō(n-)* : ⇨ transpose, -tion〙 ── n. **1** (位置・順序の)転換, 置換. **2** 転換[転置]法; 転換語句, 転換文. **3** 〘数学〙移項; 互換《集合の二つの元を入れ換えること》. **4** 〘音楽〙移調(曲). **5** 〘病理〙転位. **6** 〘通信〙交差, 撚架(ねんか). **7** 〘電気〙(コイルの)転置. **8** 〘写真〙(ネガの焼付などによる)映像の反転.

trans·po·si·tion·al [trænspəzíʃənl̩, -ʃnəl | træns-, trɑ̀ːns-] adj. 転置の, 転置を示す, 転換を伴う.

transposítion cìpher n. 〘軍事〙転置暗号《平文の文字を組織的に他の配列に変える暗号; cf. substitution cipher》.

trans·pos·i·tive [trænspɑ́zətɪv | trænspɔ́zɪt-, trɑːns-] adj. 転置の, 転換できる.

tràns·rácial adj. 異人種間の: ~ adoption 異人種間の養子縁組.

tràns·rectificátion n. 〘電子工学〙相互整流作用.

tràns·réctifier n. 〘電子工学〙相互整流管, 相互整流装置.

trans·rhe·nane [trænsrɪnéɪn, -rə-, trænsríːneɪn, trænz- | trænzrɪnéɪn, trɑ̀ːnz-, træns-, trɑ̀ːns-, trænz-ríːneɪn, trɑːnz-, træns-, trɑːns-] 〘◻ L *trānsrhēnān-us* ← TRANS-+L *Rhēnus* the Rhine + *-ānus* '-ANE¹'〙 ── adj. Rhine 川の向こう側の; ドイツの, ドイツ風の (German) (cf. cisrhenane): ~ philosophy.

tràns·séxual 〘← TRANS-+SEXUAL〙 ── n. **1** 異性化願望の持ち主. **2** 性転換者. ── adj. **1** 異性化願望のある[に関する]. **2** 性転換の.

tràns·séxualism n. 性転換; 異性化願望.

trans·shape vt. 《古》変形する (transform).

trans·ship [træn(s)ʃíp | trænsʃíp, trɑːns-, trænzʃíp,

trɑːnz-] *vt.* 〈乗客・貨物を〉他船[他車]に移す, 積み換える. ― *vi.* 他船[他車]に移る. **～·ment** *n.*

Tràns-Sibérian Ráilroad *n.* [the ～] シベリア横断鉄道《シベリア南部を東西に横断する (Ural 山脈南東部の Chelyabinsk から沿海州の Vladivostok まで) 鉄道で, ロシヤ政府が 1891 年に経済的目的のほかに軍事的目的からその建設に着手し, 1904 年に Baikal 湖周辺の一部を除いて完成した; 全長約 7,400 km》.

tràns·subjéctive *adj.* 〚哲学〛超主観的な: Concepts are ～. 概念は超主観的なものである.

tran·sub·stan·tial [trænsəbstǽnʃəl | træn-, trɑ̀ːn-] *adj.* 他の物質に変化した[しうる].

tran·sub·stan·ti·ate [trænsəbstǽnʃièɪt | trænsəbstǽnʃɪ-, trɑ̀ːn-, -sɪèɪt] 〚《1533》← ML *trānsubstantiāt-us* (p.p.) ← *trānsubstantiāre*: ⇨ trans-, substantiate〛 ― *vt.* **1** 変質させる (transmute) 〔*into, to*〕. **2** 〚神学〛実体変化させる, 化体(かたい)する《聖体のパンとぶどう酒とをキリストの肉と血とに変化させる》. ― *vi.* 変質する.

tran·sub·stan·ti·a·tion [trænsəbstæ̀nʃiéɪʃən | trænsəbstæ̀nʃɪ-, trɑ̀ːn-, -siéɪ-] 〚《*a*1398》▭ ML *trānsubstantiātiō(n-)*: ⇨ ↑, -ation〛 ― *n.* **1** 変質. **2** 〚神学〛実体変化, 化体説《聖餐式において聖体のパンとぶどう酒とがキリストの肉と血に変えられること; カトリック・東方正教会の教義; cf. consubstantiation, impanation》.

tràn·sub·stàn·ti·á·tion·al·ist [-ʃ(ə)nəlɪst, -ləst, -lɪst] *n.* 〚神学〛実体変化論者, 化体論者.

tran·su·date [træns(j)udèɪt, trænz-, -dɪt, -deɪt, trǽns(j)udèɪt, -z(j)ʊ- | træn-, trɑːn-] 〚← NL *trānsūdāt-us* (p.p.) ← *trānsūdāre* 'to TRANSUDE': ⇨ -ate¹〛 ― *n.* **1** 浸出物. **2** 〚医学〛漏出液 (cf. exudate).

tran·su·da·tion [træ̀ns(j)uːdéɪʃən, -z(j)uː- | træ̀n-, trɑ̀ːn-] 〚⇨ ↓, -ation〛 *n.* **1** 浸出. **2** 浸出物.

tran·sude [træns(j)úːd, trænz- | træn-, trɑːn-] 〚← NL *trānsūd-āre* ← TRANS-+*sūdāre* 'to SWEAT': cf. sudatory〛 ― *vi.* 〈液状物が〉しみ出る, 浸出する, 浸透する. ― *vt.* 〈液状物を〉しみ出させる, 浸出する.

tran·su·da·to·ry [træns(j)úːdətɔ̀ːri, -z(j)úː-, -tɔ̀ːri | træns(j)úːdətəri, trɑːn-, -z(j)úː-] *adj.*

tràns·uránian 〚← TRANS-+URANIUM+-AN¹〛 *adj.* 〚化学・物理〛=transuranic.

tràns·uránic 〚← TRANS-+URANIUM+-IC¹〛〚化学・物理〛 *adj.* 超ウランの (cf. supertransuranic). ― *n.* =transuranium element.

tràns·uránium *adj.* 〚化学・物理〛=transuranic.

transuránium élement *n.* 〚化学・物理〛超ウラン元素《ウラニウム(原子番号92)より原子番号の高い元素》.

Trans·vaal [trænsvɑ́ːl, trænz- | trǽnzvɑːl, trɑ́ːnz-, trǽns-, trɑ́ːns-, ―´] 〚← TRANS-+*Vaal* (南アフリカの the Orange River の支流)〛 ― *n.* [the ～] トランスバール《南アフリカ共和国北東部の州; 世界第一の金産地; もと the South African Republic (1856-77, 1881-1902); 人口 6,389,000, 面積 283,919 km², 首都 Pretoria》.

Transváal dáisy *n.* 〚植物〛オオセンボンヤリ (*Gerbera jamesoni*)《アフリカ南部原産の, 橙赤色の頭花をつけるキク科ガーベラ属の多年生植物》.

tràns·váluate 〚《逆成》← TRANSVALUATION〛 *vt.* = transvalue.

tràns·valuátion *n.* 価値変更, 再評価.

tràns·válue *vt.* …の価値を変える, 再評価する.

trans·ver·sal [trænsvə́ːsəl, trænz-, -sl | trænzvə́ː-, trɑːnz-] 〚《*c*1450》▭ ML *trānsversāl-is*: ⇨ transverse, -al¹〛 ― *adj.* **1** 横断する (transverse): a ～ line 横断線. **2** 横断線の. **3** 〚解剖〛横の, 横断の, 横行する. ― *n.* 〚数学〛横断線. **～·ly** *adv.*

trans·ver·sal·i·ty [trænsvəːsǽləti, trænz- | trænzvəːsǽləti, trɑːnz-, træns-, trɑːns-, -lɪ-] *n.* 横位; 横断.

trans·verse [trænsvə́ːs, trænz-, ―´ | trǽnzvəːs, trɑ́ːnz-, ―´] 〚《1596》▭ L *trānsversus* ← TRANS-+*versus* (⇨ verse): cf. traverse〛 ― *adj.* **1** 横の, 横切った, 横断の (crosswise, athwart): a ～ muscle [artery] 横行筋[動脈] / a ～ section 横断面 / a ～ strain 横ひずみ. **2** 〈笛が〉横吹きの: ⇨ transverse flute. **3** 〚数学〛交軸の, 切軸の. ― *n.* **1** 横断物, 横に並ぶ[働く]もの; 〚解剖〛横筋. **2** 〚海事〛=web frame. **3** 〚数学〛=transverse axis. **4** (公園などを横切る)横断道路. ― [―´] *vt.* **1** 横切る, 横断する. **2** 《古》…に反対する (oppose). **3** ひっくり返す (overturn). **～·ly** *adv.*

tránsverse áxis *n.* 〚数学〛**1** (双曲線の)交軸, 切軸《二つの焦点を通る直線》. **2** (双曲線の)頂点間の交軸の部分.

tránsverse cólon *n.* 〚解剖〛横行結腸.

tránsverse flúte *n.* (recorder に対して)横笛型のフルート《flauto traverso ともいう; cf. flute 1 a》.

transvérse magnificátion *n.* 〚光学〛横倍率 (lateral magnification)

tránsverse prócess *n.* 〚解剖〛(脊椎(せきつい)の)横突起.

tránsverse séction *n.* =cross section.

tránsverse véin *n.* 〚昆虫〛=crossvein 2.

transvérse vibrátion *n.* 〚物理〛横振動.

tránsverse wáve *n.* 〚物理〛横波《電磁波のように振動方向と進行方向が垂直な波; cf. longitudinal wave》.

trans·vert·er [trænsvə́ːtə, trænz- | trænzvə́ːtə(r, trɑːnz-] 〚← L *trānsvertere* to turn+-ER¹: ⇨ transverse〛 *n.* 〚電気〛トランスバーター, 変圧整流機.

trans·ves·tism [trænsvéstɪzm, trænz- | trænzvés-, trɑːnz-] 〚▭ G *Transvestism-us* 《原義》clothing across: ⇨ trans-, vest, -ism〛 ― *n.* 〚心理〛異性装, 服装倒錯《異性の服装をすることで性的な満足を得ること; cf. eonism》. **trans·ves·tic** [trænsvéstɪk, trænz- | trænz-, trɑːnz-] *adj.* **trans·vés·tist** [-tɪst, -təst | -tɪst] *n., adj.*

trans·ves·tite [trænsvéstaɪt, trænz- | trænz-, trɑːnz-] 〚▭ G *Tranvestit*: ⇨ ↑, -ite¹〛 *n.* 服装倒錯者. ― *adj.* 服装倒錯の.

trans·ves·ti·tism [trænsvéstətɪzm, trænz- | trænzvéstɪ-, trɑːnz-] *n.* 〚心理〛=transvestism.

Tran·syl·va·nia [trænsɪlvéɪnjə, -səl-, -niə | træn-sɪlvéɪnjə, trɑ̀ːn-, -nɪə] *n.* トランシルバニア《ルーマニア北西部および中部の地域; 以前はハンガリーの一部であったが, 1918 年ルーマニアに併合された; 人口 3,473,000, 面積 55,146 km²》.

Tran·syl·va·nian [trænsɪlvéɪnjən, -səl-, -niən | trænsɪlvéɪnjən, trɑ̀ːn-, -nɪən] 〚⇨ ↑, -an¹〛 *adj.* トランシルバニア(人)の. ― *n.* トランシルバニア人.

Transylvánian Álps *n. pl.* [the ～] トランシルバニアアルプス《ルーマニア南部の山脈; Carpathian 山脈の南西の部分を成す; 最高峰 Mt. Moldoveanul [mòldoveáːnul] (2,543 m)》.

trap¹ [trǽp] 〚n.: OE *træppe* 《原義》that on which an animal steps ← Gmc **trep-* (MDu. *trappe* / MLG *trappe* step, stairs (G *Treppe*)) ← IE **der-* to run, step (ML *trappa*). ― v.: 《*a*1393》*trappe(n)* ← (n.): cf. tread〛 ― *n.* **1** (鳥獣を捕える)わな, 落とし (pitfall, snare); (魚を捕える)笯(ど), 筌(うえ) (fish trap): be caught in a ～ =fall into a ～ わなにかかる. **2 a** 落し穴, 策略, 術策, 計略 (artifice): fall [walk] into a ～ 術中に陥る / lay [set] a ～ for …にわなをかける; …を陥れようとたくらむ. **b** =police trap. **3** 〚射撃〛放鳥器, 標的飛ばし《射的練習のため, 土ばと (clay pigeon)・ガラス球などを空中に飛ばす仕掛け; cf. trapshooting》. **4** 〚球技〛(trapball 用の)球飛ばし《靴形の木片; バットでその一端を打つと他端に入っているボールが空中に飛ぶ》; トラップボール(競技). **5 a** (鉱坑の)通風口. **b** 床尾板の穴《銃の付属品を入れる》. **c** 防臭弁, トラップ《臭気・ガスが上に戻らないようにするため液体が途中でたまるように U 字型に曲げた導管》. **d** トラップ《野球のグローブの親指と人差指との間の皮紐》. **6** (二輪・ばね付きの)軽馬車《gig, dogcart など》. **7** =trapdoor 1. **8** (グレーハウンド競走で)スタート前に犬を入れて置く囲い. **9** 《英俗》巡査, 警官 (policeman); 探偵 (detective). **10** [通例 *pl.*] 《口語》〚ジャズ〛打楽器類《大太鼓・小太鼓・シンバル・マラカス・どらなど》: play the ～s. **11** (衣服などの)かぎ裂き. **12** 《俗》口 (mouth): ⇨ SHUT *one's trap*. **13** 〚スポーツ〛トラップ捕球, ショートバウンドでの捕球. **14** 〚アメリカンフットボール〛=mouse-trap 3. **15** 〚ゴルフ〛=sand trap 2. **16** [*pl.*] トラップ《自動車レース場などで電子計時装置を用いて競走車の速度を測定する区間》. **17** 〚チェス〛はめ手. ***be up to trap*** 《英口語》すみに置けない, 心得ている; ずるい. ***understand trap*** 《英口語》自分の利益を心得ている, 抜目がない.

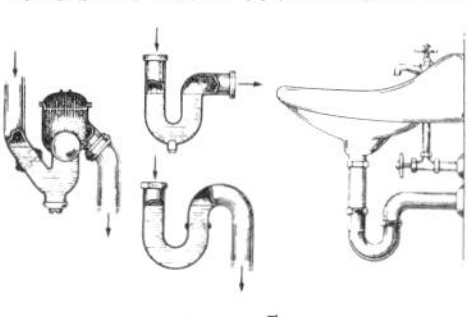

traps 5 c

― *v.* (**trapped,** 《古》**trapt** [trǽpt]; **trap·ping**) ― *vt.* **1** (毛皮をとるために)〈動物を〉わな[落とし]でとる (ensnare): ～ lobsters / The bear was ～*ped*. その熊はわなにかかった. **2** 〈人を〉落し穴に陥れる, だます, 一杯くわす (deceive): ～ a person *into giving* away vital information 人をわなにかけて重大な情報を言わせる. **3** 〈場所〉にわなをしかける: ～ the wood, hedge, etc. **4 a** 〈排水管などに〉トラップを付ける, 防臭装置を施す. **b** 〈ガスなどを〉防臭装置で止める; 〈水・空気・光などを〉止める, ふさぐ. **5** 〈芝居の舞台〉に落し戸を設ける. **6 a** 〚サッカー・野球〛〈球を〉トラップする, 落下直後にショートバウンド捕球する. **b** 〚野球〛(投手や捕手の牽制球や送球で)〈走者を〉刺す, アウトにする. **7** 〚アメリカンフットボール〛トラッププレー (trap play) をする. **8** 〚射撃〛〈土ばとなどを〉放鳥器から放つ (cf. *n.* 3). **9** 〚ゴルフ〛〈ゴルフコースに〉サンドトラップ (sand trap) を設ける. ― *vi.* **1** わなをかける. **2** 《米》わな猟をする, わな猟を職業にする. **3** 〚射撃〛放鳥器を使う[扱う]; 放鳥器から放つ. **4** 〈蒸気などが〉管の中で詰まる. **5** 〚演劇〛奈落(ならく)を使う. **6** (炭坑で)通風口の番をする.

trap² [trǽp] 〚《?*a*1300》《変形》← ? (O)F *drap* cloth, covering (cf. Sp. *trapo* cloth / ML *drappus* cloth): cf. drape〛 ― *n.* **1** [*pl.*] 《口語》持ち物, 携帯品, 手回り品, 手荷物 (belongings, baggage): pack up one's ～*s* 手回り品[荷物]をまとめる. **2** [通例 *pl.*] 《廃》馬飾り (trappings). ― *vt.* (**trapped; trap·ping**) …に馬飾り[馬衣]を付ける (caparison).

trap³ [trǽp] 〚▭ Swed. *trapp* 《変形》← *trappa* stair ▭ MLG *trappe* 'TRAP¹': 2 の語義は外見が階段状をしていることから〛 ― *n.* **1** [*pl.*] 《スコット》踏台, きゃたつ (stepladder). **2** 〚岩石〛**a** トラップ《きめの細かい黒ずんだ火山岩(玄武岩など); 道路工事に用いる》. **b** 石油・天然ガス埋蔵の地質構造.

Tra·pa·ce·ae [trəpéɪsiìː] 〚← NL ～ ← *Trapa* (属名: 《短縮》? ← ML **calcitrappa* caltrop)+-ACEAE〛 ― *n. pl.* 〚植物〛ヒシ科《アカバナ科 (Onagraceae) に含めることもある》.

tra·pan [trəpǽn] *vt., n.* =trepan².

Tra·pa·ni [trɑ́ːpəni | -nɪ; *It.* trá:pani] *n.* トラパニ《イタリア Sicily 島北西部の海港; 人口 71,000》.

tráp·bàll *n.* **1** トラップボール《trap で空中にはね上がった球をバットで飛ばす昔の球戯; ⇨ trap¹ 4》. **2** トラップボール用の球.

tráp càr *n.* 〚鉄道〛(ターミナル駅で用いる)貨物集散車.

tráp·cèllar *n.* 《英》舞台の床下, 奈落(ならく).

tráp cùt *n.* 〚宝石〛=step cut.

tráp·dòor *n.* **1 a** (床・屋根・天井・舞台の)はね上げ戸, 落し戸, 揚げぶた, はねぶた, 引窓. **b** それがおおう穴. **2** 〚鉱山〛通風戸《weather door ともいう》. **3** (服の)かぎ裂き.

tráp-dòor spíder *n.* 〚動物〛トタテグモ《巣をくぼみに作り一端にちょうつがいのあるふたを作るトタテグモ科のクモの総称》.

trapes [tréɪps] 〚《1593》? ← 《廃・方言》*trap(p)e* to tramp: cf. Du. *trappen* to tread: cf. traipse〛 *n., v.* =traipse.

tra·peze [træpíːz, trə- | trə-] 〚《1861》▭ F *trapèze* ∥ L *trapezi-um* small table: ⇨ trapezium〛 ― *n.* **1** (曲芸用・体操用)ぶらんこ (flying trapeze). **2** (ヨットレースなどで, バランスのため体を艇外に乗り出す時に使う)命綱. ― *vi.* (曲芸用)ぶらんこに乗る.

trapéze àrtist *n.* ぶらんこ曲芸師.

trapezia *n.* trapezium の複数形.

tra·pe·zi·form [trəpíːzəfɔ̀ːm | trəpíːzɪfɔ̀ːm] 〚⇨ trapezium, -form〛 *adj.* 不等辺四辺形の.

tra·péz·ist [-zɪst, -zəst | -zɪst] *n.* =trapeze artist.

tra·pe·zi·um [trəpíːziəm, træ- | trəpíːzjəm, -zɪəm] 〚《1570》← NL ～ ← Gk *trapézion* (dim.) ← *trápeza* table ← *tra-* four +*péza* foot〛 ― *n.* (*pl.* **～s, -zi·a** [-ziə | -zjə, -zɪə]) **1** 《英》〚数学〛= trapezoid 2. **2** 《米》〚数学〛不平行四辺形 (《英》trapezoid)《平行四辺形でない四辺形》; 2 組の対辺がどれも平行でない四辺形. **3** 〚解剖〛(手首の)菱形骨.

trapezium 2

tra·pe·zi·us [trəpíːziəs, træ- | trəpíːzɪəs, -zjəs] 〚← NL ～ (adj. masc.) (↑)〛 *n.* 〚解剖〛僧帽筋《背部の両側にある僧帽状の筋肉》.

tra·pe·zo·he·dron [trəpìːzo(ʊ)híːdrən, træ̀pə-, -drɑn | trəpìːzə(ʊ)hédrən, træ̀pɪ-, -híːd-] 〚← Gk *trápeza* (⇨ trapezium)+-HEDRON〛 *n.* (*pl.* **～s, -he·dra** [-drə]) 〚結晶〛偏方多面体《不等辺四辺形で囲まれた多面体; ざくろ石に現れる偏方二十四面体など》.

trap·e·zoid [trǽpəzɔ̀ɪd | -pɪ-] 〚《1706》← NL *trapezoidēs* ← LGk *trapezoeidḗs* table-like ← *trápeza* (↑)〛 ― *adj.* 〚数学〛**1** 《英》不平行四辺形の. **2** 《米》台形の, 梯(てい)形の. ― *n.* **1** 《英》〚数学〛=trapezium 2. **2** 《米》〚数学〛台形, 梯(てい)形 (《英》trapezium). **3** 〚解剖〛小菱形骨.

trapezoid 2

trap·e·zoi·dal [træ̀pəzɔ́ɪdl | -pɪ-] 〚⇨ ↑, -al¹〛 *adj.* 〚数学〛台形の, 梯(てい)形の.

trapezóidal rúle *n.* 〚数学〛台形公式, 梯(てい)形公式, 台形法則《定積分の近似値を求める公式で, 関数の縦線図形を幾つかの台形の和で近似するという考えに基づくもの》.

trapezóidal thréad *n.* 〚機械〛台形ねじ.

trap·e·zoph·o·ron [træ̀pəzɑ́fərɑ̀n | -pɪzɔ́fərɔ̀n] 〚▭ L *trapezophoron* ▭ Gk *trapezophóron* 《原義》table-bearer: ⇨ trapezium, -phorous〛 ― *n.* (*pl.* **-o·ra** [-rə]) (古代の, 装飾を施した)テーブル脚《人間や動物の顔・翼・脚などの身体部分が彫刻されている》.

tráp·nèst *n.* トラップネスト《入口が蝶番(ちょうつがい)式の戸で, めんどりが一度入ると出られなくなる産卵箱》. ― *vt.* (トラップネストで)〈めんどり〉の産卵成績を調べる.

Trappe, La *n.* ⇨ La Trappe.

trap·pe·an [trǽpiən, trəpíːən | trǽpɪən, trəpíːən] 〚← TRAP³+-EAN〛 *adj.* 〚岩石〛トラップ (trap) 質の.

tráp·per 〚《?*a*1300》〛 ― *n.* **1** わなで鳥獣を取る人, 落としをかける人; (特に, 初期の北米・カナダで毛皮を取るための)わな猟師: a fur ～. **2** 〚鉱山〛鉱坑通風口の開閉係. **3** 軽馬車 (trap) を引く馬. **4** 《英》〚鉄道〛(貨車や車両を側線に引き込む)転轍(てんてつ)係.

tráp·ping 〚ME: ⇨ trap²〛 ― *n.* **1** [通例 *pl.*] (儀式の時などに用いる装飾的な)馬衣, 馬具, 馬飾り (caparison). **2** [*pl.*] (美々しく飾った)礼服, 式服. **3** [*pl.*] (うわべの)装飾 (embellishments): He needs no ～*s* of fame. 彼には名声などという虚飾はいらない.

Trap·pist [trǽpɪst, -pəst | -pɪst] 〚《1814》▭ F *trappiste* ← LA TRAPPE+-*iste* '-IST'〛 ― *n.* 〚カトリック〛トラピスト会修道士《1664 年フランス Normandy の La Trappe 修道院に, シトー修道会 (Cistercian Order) の改革派として創立され, 絶対沈黙その他の厳重な戒律を採用する修道会の一員》. ― *adj.* トラピスト(会)の.

Tráppist chéese 〚トラピスト会修道士が作り始めたことから: ↑〛 ― *n.* トラピストチーズ《新鮮な牛乳で造る黄色いチーズ; Gethsemane cheese, Port (du) Salut ともいう》.

Trap·pist·ine [trǽpɪstìːn, -pəs-, -tàɪn | -pɪs-] 〖⇨ Trappist, -ine[4]〗 *n.* トラピスト女子修道女《1796 年創立のトラピスト女子修道会の一員》.

tráp plày *n.* 〘アメリカンフットボール〙トラッププレー (⇨ mousetrap 3).

trap·py [trǽpi | -pɪ] 〖← TRAP[1]+-Y[4]〗 ― *adj.* (**trap·pi·er**; **-pi·est**) **1** わなのある; 油断のならない. **2** 〈馬が〉脚をやや高く上げて小刻みに速く歩く. **tráp·pi·ness** *n.*

tráp·róck *n.* 〘岩石〙=trap[3] 2.

trapse [tréɪps] *n., v.* =traipse.

tráp·shòoter *n.* トラップ射撃者.

tráp·shòoting *n.* 〘射撃〙トラップ射撃, クレー射撃《trap から放った土ばと (clay pigeon) などを射つ射撃競技; clay pigeon shooting ともいう; cf. trap[1] *n.* 3》.

tráp shòt *n.* **1** 〘球技〙=half volley. **2** =trapshooter.

trapt *v.* 《古》trap[1] の過去形・過去分詞.

tra·pun·to [trəpúːntou, -pún- | -təu; *It.* trapúnto] 〖⊏ It. ~ (p.p.) ← *trapungere* to embroider ← *tra-* 'through, TRANS-' + *pungere* to prick (⇨ pungent)〗 ― *n.* (*pl.* ~**s**) トラプント《2 枚以上の布を用い, デザインの輪郭をランニングステッチして, 内部に綿や紡ぎ糸(ヤーン)などを詰めて浮彫りのような立体感をもたせた装飾的なキルティング》.

trash[1] [trǽ(ː)ʃ] 〖《*c*1518》← Scand.: cf. Norw.《方言》*trask* lumber, trash〗 ― *n.* **1** 《米》くず, 廃物, がらくた (rubbish); まがい物, 安ぴか物 (shoddy): Who steals my purse steals ~. 私の財布を盗むのはくずを盗むに等しい (cf. Shak., *Othello* 3. 3. 157). **2** 切りくず, かけら, こっぱ; 切り枝 (loppings), 落葉, とうもろこしのむきがら, 砂糖きびの絞りがら(など)《燃料》. **3** ばか話, たわいのない話 (nonsense, stuff): No more of such ~! そんなばか話はよしてくれ. **4** (芸術・文学上の)駄作, 愚作 (rubbish): verbal ~ 文学上の駄作 / This book is mere ~. この本は全くの愚作だ. **5** 役に立たない人, つまらない人; [集合的] つまらない人間: ⇨ white trash. **6** 《米俗》(反抗の表示としての)手当り次第の破壊.
― *vt.* **1** …からくずを除く; …からいらぬ葉や枝を取り除く (lop, crop), 〈砂糖きびの外葉(ㇹ)を取る《太らせるため》: ~ trees 木の枝をおろす. **2** くず物扱いにする, 捨てる. **3** 《米俗》(反抗の表示として)手当り次第に破壊する. ― *vi.* 《米俗》(反抗の表示として)手当り次第に破壊する.

trash[2] [trǽ(ː)ʃ] 〖⊏ ? OF *trach-ier* 《異形》← *tracier* to make one's way: ⇨ trace[1]〗 ― *vt.* **1** 《廃》妨げる, 邪魔する, 阻止する. **2** 《廃》〈犬・馬を〉制御する. ― *n.* 《英方言》(猟犬を制御する)長いひも.

trásh càn *n.* 《米》金属製ごみ入れ (《英》dustbin).

trash·er [trǽʃə | -ʃə(r)] 〖← TRASH[1]+-ER[1]〗 *n.* 《米俗》(反抗の表示として)手当り次第に破壊する人.

trash·er·y [trǽʃəri | -rɪ] 〖← TRASH[1]+-ERY〗 *n.* [集合的] つまらない物 (trashes, rubbish).

trásh fàrming *n.* 〘農業〙刈株マルチ耕作法《stubble-mulch farming ともいう》.

trásh fìsh *n.* **1** =rough fish. **2** 食用にはならぬが家畜の飼料や油の原料となる海産魚.

trásh·màn [-mæ̀n, -mən] *n.* (*pl.* **-men** [-mèn, -mən]) 《米》くず[廃物]収集人.

trásh·ràck *n.* 〘土木〙=rack[1] 10.

trash·y [trǽʃi | -ʃɪ] 〖← TRASH[1]+-Y[4]〗 ― *adj.* (**trash·i·er**; **-i·est**) **1** くずの, 廃物の, かすの, がらくたの; 役に立たない, くだらない, つまらない: ~ novels 三文小説. **2** 〈畑など〉雑草[下ばえなど]でいっぱいの. **trásh·i·ly** [-ʃɪli, -ʃə- | -lɪ] *adv.* **trásh·i·ness** *n.*

Tra·si·me·no [træ̀zəménou | trùːzɪméɪnəu; *It.* tràzi-méːno], **Lake** *n.* トラシメノ湖《イタリア中部の湖 (130 km[2]); ローマ軍が Hannibal に大敗した所 (217 B.C.)》.

trass [trǽ(ː)s] 〖⊏ Du. *tras(s)*, *tarasse* 《変形》← *terras* ⊏ F *terrasse* 'TERRACE'〗 ― *n.* 〘岩石〙火山土, トラッス《主に火山灰の凝結したものからできている粉末状凝灰岩; 水硬セメントの原料》.

trat·to·ri·a [træ̀təríːə | -tə-; *It.* tràttoríːa] 〖⊏ It. ~ ← *trattore* innkeeper ← *trattare* to treat〗 *It. n.* (*pl.* ~**s**, **-ri·e** [-ríːiː; *It.* -ríːe]) (イタリアの)飲食店.

trau·ma [tráumə, trɔ́ː- | trɔ́ː-, tráu-] 〖《1693》← NL ~ ← Gk *traûma* wound: cf. Gk *tróein*, *titrṓskein* to wound, damage〗 ― *n.* (*pl.* ~**·ta** [~tə | ~tə], ~**s**) **1** 〘病理〙外傷, 創傷 (wound); 外傷性症状; 外傷原因. **2** 〘精神医学〙(精神的・心理的後遺症となる)衝撃 (shock), (精神的)外傷.

trau·mat- [tráumət, trɔ́ː- | trɔ́ː-, tráu-] (母音の前に来る時の) traumato- の異形.

traumata *n.* trauma の複数形.

trau·mat·ic [trəmǽtɪk, trɔː-, trau- | trɔːmǽt-, trau-] 〖《1656》⊏ LL *traumatic-us* ⊏ Gk *traumatikós* pertaining to wound(s) ← *traûma* 'TRAUMA': ⇨ -ic[1]〗 ― *adj.* **1 a** 〘病理〙創傷の, 外傷(性)の, 外力性の: She is the victim of a ~ neurosis. 外傷(性)神経症にやられている. **b** 《口語》(心の痛手となるほど)不快な: a ~ experience, event, etc. **2** 創傷[外傷]治療の. ― *n.* 傷薬, 外傷薬. **trau·mát·i·cal·ly** *adv.*

traumátic ácid *n.* 〘化学〙トラウマチン酸 ($C_{12}H_{20}O_4$)《青豆から採りまた合成もできる; 植物の外傷に特効がある》.

traumátic occlúsion *n.* 〘歯科〙外傷性咬合《歯を支えている組織に外傷を与える咬み合わせ》.

trau·ma·tism [tráumətɪzm, trɔ́ː- | trɔ́ː-, tráu-] *n.* 〘病理〙外傷, 創傷 (trauma); 外傷性(全身)障害.

trau·ma·tize [tráumətàɪz, trɔ́ː- | trɔ́ː-, tráu-] 〖← TRAUMATIC + -IZE〗 ― *vt.* **1** 〘病理〙…に外傷を起こさせる. **2** 〘精神医学〙…に(永続的影響を残す)衝撃を与える. **trau·ma·ti·za·tion** [tràumətɪzéɪʃən, trɔ̀ː-, -tə- | trɔ̀ːmətaɪ-, tràu-, -tɪ-] *n.*

trau·ma·to- [tráumətou, trɔ́ː- | trɔ́ːmətəu, trau-] 〖⊏ LL ~ ← Gk *traûma* 'TRAUMA'〗 ―「外傷 (trauma)」の意の連結形. ★ 母音の前では通例 traumat- になる.

trav. 《略》travel(s); traveler.

trav·ail [trəvéɪl, trǽveɪl | trǽveɪl] 〖《*c*1275》⊏ (O)F ~ 'painful effort, trouble' ← *travailler* to work (hard) < VL **trepāliāre* ← ML *trepālium* torture instrument ← L *trēs* 'THREE' + *pālus* 'stake, POLE[1]'〗 ― *n.* **1** 陣痛: *in* ~ 陣痛がして, 産気づいて. **2** 労苦, 骨折り, 辛苦 (labor, effort). **3** 《廃》(文学的)労作: my first ~ 最初の労作. ― *vi.* **1** 産みの苦しみをする. **2** 《古》苦労する, 骨折る (toil). ― *vt.* 《古》苦しめる (torment), 悩ませる (harass).

Trav·an·core [trǽvənkɔ̀ə, -kɔ̀ə | træ̀vəŋkɔ́ː(r)] *n.* トラバンコール《インド南西部の旧州; 現在は Kerala 州の一部》.

trave [tréɪv] 〖ME ⊏ OF ~ < L *trabem*, *trabs* beam〗 ― *n.* **1** 〘建築〙**a** 横桁(ﾖｺｹﾞﾀ) (crossbeam), 横断梁. **b** (横桁が作る)径間(ｹｲｶﾝ), 格間(ｺﾞｳﾏ). **2** 馬のかせ《蹄鉄(ﾃｲﾃﾂ)を打つ間馬を閉じ込めておくための枠》.

trav·el [trǽvəl] 〖《*c*1300》《変形》← TRAVAIL: 《原義》to have a toilsome journey〗 ― *v.* (**trav·eled**, **-elled**; **-el·ing**, **-el·ling** [-v(ə)l-]) ― *vi.* **1** (遠くへまたは外国へ)旅行する (journey): ~ abroad 海外旅行をする / ~ (for) two months [hundreds of miles] 2 か月間[何百マイルも]旅行する (cf. *vi.* 4 a) / ~ for one's health 保養のために旅行する / ~ light (荷物などをなるべく少なくして)身軽に旅をする / ~ first-[second-]class *to* Paris パリまで一等[二等]で旅行する / ~ *in* Britain 英国を旅行する / ~ *throughout* Europe ヨーロッパをくまなく旅行する / ~ (*a*)*round* the world 世界一周旅行をする / The birds ~ south in winter. その鳥は冬になると南方へ飛んで行く. **2** […の]注文取りに出る, 売込みに回る, 巡回販売をする [*in*] (cf. traveling salesman): ~ *in* domestic appliances 家庭用品のセールスをする / ~ *for* a firm ある商会の外交員をする. **3** (乗物で)行く, 通う: He has never ~*ed* on a bus. バスに乗ったことがない / He ~*s to* the City each day by underground. 毎日地下鉄でシティーへ通っている. **4 a** 動いて行く, 進む, 走る (go, move along): ~ *in* an orbit 〈人工衛星などが〉軌道を運航する / Trains ~ *along* rails. 列車はレールを走る / We ~*ed* three hundred miles in one day. 我々は(車で) 1 日に 300 マイルを走った (cf. *vi.* 1). **b** 〈機械の(部分)が〉(一定の通路を)動く, 移動する (move): ~ in the groove 溝の中を動く. **c** 〈動物, (特に)鹿などが〉(草を食いながら)進む: The deer ~*s* leisurely. 鹿はゆっくりと進む. **5 a** 《口語》速く動く[進む] (move rapidly): That car is ~*ing*, and no mistake! 確かにあの車は速く走っている / Keep ~*ing*! 《米俗》さっさと行ってしまえ. **b** 《方言》歩く (walk). **6** 〈光・音・痛み・ニュースなどが〉伝わる, 進む, 走る: Light ~*s* faster than sound. 光は音よりも早く伝わる / Bad news ~*s* fast. 《諺》悪い噂はすぐ広まる,「悪事千里」/ The pain ~*ed down* my leg. 痛みが脚を走った. **7** 〈目・視線が〉次から次へと移る; 〈心・記憶が〉次々と思い出す: His gaze ~*ed* slowly *over* the rows of books. 彼の視線がずらりと並んだ本の上をゆっくり動いて行った / His mind ~*ed back to* the events of the day. 思いをその日の出来事に馳(ﾊ)せた. **8** [副詞語句を伴って]《口語》〈品物などが〉運送に耐える (bear transportation); 〈思想などが〉伝播(ﾃﾞﾝﾊﾟ)される: Some wines ~ well, some badly. ぶどう酒には輸送によって品質の落ちないものと落ちるものがある / His philosophy didn't ~ well. 彼の哲学は十分に普及しなかった. **9** 《口語》交際する, つき合う (associate) [*with*]: ~ *with* intellectuals インテリ仲間とつき合う / ~ *in* wealthy circles 金持ち連中と交際する. **10** 〘スポーツ〙(バスケットボールまたはサッカーで)球を持って歩く[走る]《反則となる》.
― *vt.* **1 a** 〈国・地方などを〉旅行する, 〈道などを〉(旅行して)通る (journey through): ~ the whole world 全世界を旅行する / ~ the U.S. from San Francisco to New York アメリカ合衆国をサンフランシスコからニューヨークまで旅行する / The path was well ~*ed*. その道は通る人が多かった. **b** [~ it として]《口語》旅行する; (特に)徒歩旅行する. **c** 〈区域を〉外交して回る, 売込みに回る: ~ the district *for* an automobile company 自動車会社の外交員としてその地区を回る. **d** 〈ある距離を〉進行する, 通過する: The distance ~*ed* by light in one year is a light year. 光が 1 年間に進行する距離を 1 光年という. **2** 《口語》〈家畜の群れなどを〉追う, 移動させる: ~ stock [logs] 家畜[木材]を移動させる.
― *n.* **1 a** 旅行(すること) (traveling): ~ *to* the moon 月への旅行 / be fond of ~ 旅行が好きである. **b** [今は通例 *pl.*] (特に)遠距離旅行, 外国旅行 (journey): ~*s* abroad [*in Europe*] 海外[ヨーロッパ]旅行 / be (off) *on* one's ~*s* 旅行中である / set out *on* another ~ また旅行に出かける / be back from one's ~*s* 旅行から戻る / meet a person *in* one's ~*s* 旅行中に人に出会う. **2** [*pl.*] 旅行記, 紀行, 旅行談; 紀行文学 (cf. voyage 2): Gulliver's *Travels* ガリバーの旅行記 / the ~*s* of Marco Polo マルコポーロの見聞録. **3** 《米》(人・車馬の)往来, 交通(量) (traffic): There is much ~ on this road. この道路は交通量が多い. **4 a** 移動; (星・光・音などの)進行, 運動, 運行 (progress): the ~ of blood 血液の流れ. **b** 〘機械〙行程, 動程, 衝程.
― *attrib. adj.* 旅行の[に関する]: a ~ book 旅行記, 紀行 / ~ goods 旅行用品 / a ~ guide 旅行案内(書) / ~ literature 紀行文学.

trável àgency *n.* 旅行案内所[代理店]; 旅行案内業.

trável àgent *n.* 旅行案内業者.

trav·el·a·tor [trǽvəlèɪtə | -tə(r)] 〖《混成》← TRAVE(L) + (ESCA)LATOR〗 *n.* (ベルトコンベア式の)動く歩道.

trável bùreau *n.* =travel agency.

tráv·eled *adj.* **1** 旅行の経験がある, 広く旅をした; (旅行して)見聞の広い, 旅慣れた: He is a ~ man. **2** 旅人の多い: a ~ route 旅人の多く通る路. **3** 〘地質〙漂移性の (erratic): ~ boulders 漂石.

tráv·e·ler [-v(ə)lə | -lə(r)] 〖《*c*1375》: ⇨ travel, -er[1]〗 ― *n.* **1 a** 旅行者; 旅行家, 旅客, 旅人: a ~'s tale 旅行家の見聞物語; 信用のできないほら話. **b** 《英方言》放浪者 (tramp). **2** (企業の)外交員, 注文取り, 得意回り (《米》traveling salesman). **3** 〘機械〙走行台, トラベラー《一定の動程を往復する装置》. **4** [形容詞を伴って] 進行の…な物《馬・車など》: This horse is a fast ~. この馬は足が早い. **5** 〘海事〙**a** すべり環《綱・棒・円材に沿って自由に動くようにそれらにはめた金属性の環》. **b** すべり環のはまっている棒[綱, 円材]《horse ともいう》. **6** 〘紡織〙トラベラー《リング精紡機などで糸によりをかける作用をするクリップ》. **7** 〘劇場〙(前舞台の両脇から引いてあける)横幕, 引き幕《traveler curtain ともいう; cf. drop curtain》.
play the traveler upon …にほらを吹く; …をだます.
tip the traveler upon=***tip*** *a person* ***the traveler*** 《俗》=*play the* TRAVELER *upon*.

tráveler cùrtain *n.* 〘劇場〙=traveler 7.

tráveler's chèck *n.* 旅行(者)小切手, トラベラーズチェック《通例比較的少額の小切手で, 外国旅行をする者に銀行が振り出し, 利用者はこれに裏書して支払いを受けることができる》: dollars [pounds] in ~*s*.

tráveler's-jòy *n.* 〘植物〙キンポウゲ科センニンソウ属 (*Clematis*) の植物の総称《ボタンズル・テッセン・センニンソウなど》.

tráveler's-trèe *n.* 〘植物〙オウギバショウ, タビビトノキ (*Ravenala madagascariensis*)《Madagascar 島原産のヤシに似たバショウ科の大木; その葉柄の基部に水をたくわえているので, 旅人の渇きをいやすという》.

traveler's-tree

tráv·el·ing [-v(ə)lɪŋ] 〖《1375》: ⇨ travel, -ing[1,2]〗 ― *n.* **1 a** 旅行(すること); 巡歴; 巡業. **b** [形容詞的に] 旅行用の, 旅行のための: a ~ cap, dress, lamp, etc. / a ~ companion 旅の道連れ, 同行者 / ~ expenses 旅費. **2** 移動; 滑動. ― *adj.* **1** 旅行する, 巡歴する, 巡業する (itinerant): a ~ musician 旅音楽家 / a ~ company 巡業中の一座. **2** 〈機械など〉移動する, 可動の; 〈索条など〉滑動する, 滑走する.

tráveling bàg *n.* (通例衣類を入れる)旅行かばん, 旅行用スーツケース.

tráveling càse *n.* (通例箱型の)旅行用スーツケース.

tráveling clòck *n.* 旅行用時計, トラベルウォッチ.

tráveling cràne *n.* 〘機械〙走行クレーン[起重機].

tráveling fèllowship *n.* (海外)旅行奨学金.

tráveling-héad shàper *n.* 〘機械〙トラバース形削り盤《traverse shaper ともいう》.

tráveling líbrary *n.* **1** 貸出文庫, 巡回文庫《図書館がグループや団体に貸出す図書資料》. **2** 移動図書館 (bookmobile).

tráveling mícroscope *n.* 遊動[移動]顕微鏡.

tráveling sálesman *n.* 《米》(企業の)得意回り, 注文取り, 外交員 (《英》commercial traveller).

tráveling wáve *n.* 〘物理〙進行波 (cf. standing wave).

tráveling-wáve tùbe *n.* 〘電子工学〙進行波管, TW管《マイクロ波用増幅管の一種》.

trav·el·la·tor [trǽvəlèɪtə | -tə(r)] *n.* =travelator.

tráv·el·ler [-v(ə)lə | -lə(r)] *n.* =traveler.

tráv·el·ling [-v(ə)lɪŋ] *n.* =traveling.

trávelling rùg *n.* =lap robe.

trav·el·ogue [trǽvəlɔ̀(ː)g, -làg | -lɔ̀g, -lɔ̀ug] 〖← TRAVEL + -LOGUE: dialogue にならった造語〗 ― *n.* (*also* **trav·el·og** [~]) **1** (スライド・映画などを使用する)旅行談. **2** (映画の)紀行もの.

trável shòt *n.* 〘映画・テレビ〙トラベルショット《移動式撮影台 (dolly) のカメラで被写体の動きを追って撮影したもの》.

trável-sìck *adj.* 乗物に酔った.

trável sìckness *n.* 乗物酔い.

trável-sòiled *adj.* 旅でよごれた.

trável-stàined *adj.* 旅でしみのついた.

trável tìme *n.* (職務遂行上必要な)移動時間.

trável tràiler *n.* 旅行用トレーラー《自家用車に引かせて住居とするもの》.

trável vòucher *n.* 《英》旅行券[クーポン].

trável-wéary *adj.* 旅に飽いた, 旅疲れのした.

trável-wòrn *adj.* 旅にやつれた, 旅疲れした.

Trav·ers [trǽvəz | -vəz], **P**(**amela**) **L.** (1904–)

オーストラリア生れの英国の女流作家・詩人; *Mary Poppins* (1934).

tra·vers·a·ble [trəvə́ːsəbḷ, trǽvəːs-, -vəs-|trǽvəːs-, -vəs-, trəvə́ːs-] 〖⇨ traverse, -able〗 *adj.* 横切ることのできる, 越えることのできる, 通過できる.

tra·vers·al [trəvə́ːsəl, træ-, trǽvə(ː)-, -sḷ | trǽvə-, trəvə́ː-] 〖⇨↓, -al²〗 *n.* 横断.

tra·verse [trəvə́ːz, trǽv-, trǽvə(ː)s | trǽvəs, trəvə́ːs] 〖*v.*: ((*a*1325)) *traverse(n)* ▭ (O)F *traverser* to cross, thwart < LL *trā(n)sversāre* ← L *trānsversus* (p.p.) ← *trānsvertere* ← TRANS- + *vertere* to turn. —*n.*: ((*c*1330)) ▭ OF *travers(e)*: cf. transverse〗 ― *vt.* **1** 〈物が〉横切る, 横断する: The railway line ~*s* the road at this point. 鉄道線路がこの地点で道路を横切る / a district ~*d* by canals 運河で横断されている地方. **2** 〈人・動物・船などが〉横切る, 横切って行く, 横断(して旅行)する, 越える, 通る, 縦走する; 〈光線などが〉通過する: ~ the desert [the ocean] 砂漠[大洋]を横断する / ~ mountain ridge 山の尾根を縦走する. **3** 〈場所を〉前後左右に動き回る: ~ one's ground (フェンシングなどで)あちこち動き回る. **4** ((まれ))〔武器などで〕貫く, 刺し通す〔*with*〕: ~ an enemy *with* a spear 敵を槍(ﾔﾘ)で突き通す. **5** ((まれ))〔物で〕横切らせる, ふさぐ〔*with*〕: They ~*d* the streets *with* barricades. 通りにバリケードを作った. **6** 〈題目・論文などを〉詳しく考察する, 詳論する: I need not ~ that ground in my present lecture. この講義ではその点を詳説する必要はない. **7** 〈砲口を〉(照準するため)左右に旋回する, 方向移動させる. **8** 〈意見・計画など〉に反対する, 邪魔する, …の裏をかく (oppose, thwart): ~ a person's opinion, proposal, etc. / ~ a person's designs 人の計画の裏をかく. **9** 〖法律〗否認する; 〈相手の主張した事実を〉拒否する, 抗弁する (deny): ~ an indictment 告発を否認する / ~ an office 役所の審問の有効性を認めない. **10** 〖海事〗(帆げたを回して)竜骨の線に並行させる. **11** 〖測量〗〈土地を〉トラバース法で測る. **12** 〖登山〗〈がけ・岩壁などを〉ジグザグに登る[下る], トラバースする.

― *vi.* **1** 横断する, 横切る, 横切って行く[来る], 縦走する: The railway ~*d along* the lake. 鉄道が湖のそばを通っていた. **2** 〈砲口が〉旋回する. **3** 〖馬術〗〈馬が〉斜めに歩く, 斜め歩きをする. **4** 〈磁石の針などが〉横に回転する, 旋回する (swivel). **5** 〖フェンシング〗相手の刀のつかの方へ刀身をじりじりすべらせる. **6 a** 〖登山〗ジグザグ形に登る[下る], (岩壁で)トラバースする. **b** 〖スキー〗斜面を横切って[斜滑降で]滑る. **7** 〖ボクシング〗左右に動き回る[身をかわす]. **8** 〖測量〗トラバース法で測る.

― [((米)) trǽvə(ː)s] *n.* **1** [((米)) trǽvə(ː)s, trəvə́ːs, træ-] 横切ること, 横断(旅行), 縦走: the ~ of a mountain [lake] 山[湖]を横切ること. **2 a** 横切っている物, 横木, 横材, 横ばり, 横げた (crosspiece, crossbeam); 横垣, 格子, 隔壁 (partition). **b** ((廃)) 横張り幕[カーテン]. **3** ((まれ)) 障害, 妨害, 邪魔, 支障 (obstacle). **4** 横断線 (transversal line). **5 a** 〖登山〗(がけなどを)ジグザグに登る[下る]こと, トラバース((岩壁などで行き詰まった時など横切って進むこと)). **b** 〖スキー〗斜滑降で滑ること. **c** ジグザグ道. **6** 〖馬術〗(馬の)横歩, 横動, 斜め歩き. **7** 〖築城〗横土, 横墻(ｵｳｼｮｳ)((塹壕(ｻﾞﾝｺﾞｳ)内の横からの射撃や砲弾による炸裂(ｻｸﾚﾂ)の威力をそぐための防弾障)). **8** 〖測量〗**a** =traverse survey. **b** トラバース, 多角線, 折線, 折測線. **9** 〖海事〗**a** (風上への) Z字[ジグザグ]航路. **b** 連針航路(法). **c** (Z字[ジグザグ]航路の)一間切(ﾏｷﾞﾘ)区間. **10** [((米)) trǽvə(ː)s, trəvə́ːs, træ-] 〖砲術〗(砲口の)旋回, 旋回範囲, 方向移動範囲. **11** [((米)) trǽvə(ː)s, trəvə́ːs, træ-] 〖機械〗横移動, 横行; 横行部. **12** 〖法律〗(相手方の主張した事実の)拒否, 否認, 抗弁; 不服申立て. **13** 〖フェンシング〗相手の刀のつかの方へ刀身をじりじりすべらせる動作[位置]. **14** 〖建築〗(教会の)横通廊.

― [((米)) trǽvə(ː)s] *adj.* 横の, 横断する (cross, transverse); 横切って造った.

― [((米)) trǽvə(ː)s] *adv.* ((廃)) 横に, 横断して (transversely).

tra·vérsed *adj.* **1** 横切った, 横断の. **2** 通り過ぎた; 突き通された. **3** 〖紋章〗交差する, 交わるように置かれた.

tráverse jùry *n.* 〖法律〗=trial jury; petty jury.

tra·vers·er [―⏑―, ⏑―⏑―, ⏑―⏑―] *n.* **1** 横断者, 横断物; 踏査者. **2** 〖法律〗(相手方の主張した事実の)拒否者, 否認者. **3** 〖鉄道〗=traverse table 1. **4** 運搬器.

tráverse ròd *n.* (滑車付きの)金属製カーテンレール.

tráverse sàiling *n.* 〖海事〗 **1** 連針航路法((航海術の一方法で, 数回針路を変えて走った後の船の位置を求めるやり方)). **2** Z字形航法.

tráverse shàper *n.* 〖機械〗=traveling-head shaper.

tráverse súrvey *n.* 〖測量〗トラバース測量((トラバース点での測角とトラバース線の距離測定によって, トラバースの形状を確定する)).

tráverse tàble *n.* **1** 〖鉄道〗遷車台((車両を別の線路に移すのに用いる)). **2** 〖海事〗トラバース表, 経緯表, 方位表((針路と航走距離と変緯・東西距などの関係を示した航海学上の表)).

tráverse tràck *n.* =traverse rod.

travérsing jàck *n.* 〖機械〗=traversing screw jack.

travérsing scréw jàck *n.* 〖機械〗横送りねじジャッキ((traversing jack, swing jack ともいう)).

trav·er·tine [trǽvətìːn, -tn, -tɪn, -tən | -vətiːn, -tɪn] 〖((1797)) ▭ It. *travertino* ((変形)) ← *tivertino* < L (*lapidem*) *Tiburtinum* (stone) of Tibur (=Tivoli)〗 ― *n.* (*also* **trav·er·tin** [trǽvətn, -tɪn, -tən | -vətɪn]) 〖地質〗トラバーチン, 石灰華((温泉などの石灰質沈澱物; 特に質の密なものでイタリアでは建築材料にする; calc-sinter ともいう; cf. tufa 1, sinter 1)).

trav·es·ty [trǽvɪsti, -vəs- | -tɪ] 〖((*c*1662)) ▭ F *travesti* (p.p.) ← *travestir* to disguise ▭ It. *travestire* ← *tra-* across (< L *trāns* 'TRANS-') + *vestire* to dress (< L *vestīre* ← *vestis* 'garment, VEST')〗 ― *vt.* **1** 滑稽(ｺｯｹｲ)化する, 戯画化する, 滑稽にまねる, 茶化す (burlesque, mimic): ~ a person's manner [mode of speech] 人の態度[しゃべり方]をおかしくまねる. **2** 〈役割・職務などを〉下手にやる, まずく演じる: ~ the part of Hamlet ハムレットの役をへたくそに演じる / ~ the position of chairman 議長振りがまずい. **3** …の服装[外見]を変える, 変装させる (disguise).

― *n.* **1** 滑稽化, 戯画化, 滑稽なもじり, 茶化した物 (parody); (まじめな問題を茶化して書いた)狂文, 狂詩. **2** 無理な演出, なっていないやり方; ひどいこじつけ, にせ物 (distortion, perversion): a ~ of a miracle 奇跡のまね事. **3** (異性を装う)変装, 仮装 (disguise).

Tra·vi·a·ta [trǽviáːṭə | -viáːtə; *It.* travjáːta], **La** [la] 〖▭ It. ~ ((原義)) the woman gone astray (p.p.) ← *traviare* to lead astray ← *tra-* (< L *trāns* 'TRANS-') + *via* way (⇨ via¹)〗 ― *n.* 「椿姫」((Verdi 作の歌劇 (1853); Dumas (fils) の *La dame aux camélias* をもとにして, 時代を Louis 十四世の当時に移したもの)).

tra·vois [trəvɔ́ɪ, trǽvɔɪ] 〖▭ Canad.-F ~ ((変形)) ← F *travail* brake ← L *trabs* beam〗 ― *n.* (*pl.* ~ [~z]) 2本の棒を枠で結び合わせ獣に引かせる運搬用具((もと平原地方のアメリカインディアンが用いた)).

tra·voise [trəvɔ́ɪz, trǽvɔɪz] *n.* =travois.

trawl [trɔ́ːl] 〖((1561)) ? ▭ MDu. *traghel-en* to drag ← *traghel* dragnet ▭ L *trāgula* dragnet ← *trahere* to draw〗 ― *n.* **1** トロール網, うたせ網((海底を引いて魚を捕える)). **2** ((米)) はえなわ((なわの所々にえさをつけた釣針を配したもの; たらなどの漁獲に用いる; 時には1マイルの長さのものも用いる; trawl line ともいう)). ― *vi.* **1** うたせ網で漁をする, トロール漁業をする. **2** =troll¹ 3. ― *vt.* **1** 船で引く: ~ a net 網を引く. **2** トロール網で〈魚を〉捕える.

tráwl·bòat *n.* トロール船, 引網船.

tráwl·er [-lə | -lə(r)] 〖((1599)): ⇨ -er¹〗 *n.* **1** トロール漁業者. **2** トロール船.

tráwl line *n.* はえなわ (⇨ trawl 2).

tráwl·nèt *n.* トロール網, うたせ網 (trawl).

tray¹ [tréɪ] 〖OE *trīg*, **trēg* < Gmc **traujam* ((原義)) wooden (vessel) ← **trau-*, **treu-* wood ← IE **deru-* to be firm: cf. tree〗 ― *n.* **1 a** 盆, トレイ (cf. salver¹); 食べ物を盛った盆, 盆に盛った食べ物: a card ~ 名刺受け(盆) / a tea ~ 茶盆 / a serving ~ 料理を運ぶ盆 / ⇨ ashtray, ice tray / a ~ for hairpins ヘアピン皿. **b** (盆の形をした)浅い箱; (ゼリーの)流し箱; (写真現像用)バット: a developing ~ 現像皿. **2** (トランク・たんすなどの中の)仕切り箱, 懸子(ｶｹｺﾞ). **3** ((英)) (電車前部の)救助網. **4** (机上の書類)整理箱: ⇨ in-tray, out-tray, pending-tray. **5** 〖歯科〗トレー((歯の印象を採る時, 印象材を盛る受け皿用の器具)).

tray² [tréɪ] 〖⇨ trey〗 *n.* ((豪俗)) 3ペンス貨 ((tray bit ともいう)).

tráy àgriculture *n.* 〖農業〗水耕, 水耕栽培 (⇨ hydroponics).

tray·ful [tréɪfʊ̀l] *n.* 盆に一杯(の量): a ~ *of* oranges 盆に一杯盛ったオレンジ.

tráy tàble *n.* =tray-top table 2.

tráy-tòp tàble *n.* **1** 卓表に盆状の縁のあるテーブル. **2** (運び盆に折りたたみ式の脚のついた)小茶卓.

t-r box, T-R box 〖*t-r*: ← *t(ransmit-)r(eceive)*〗 *n.* 〖通信〗TR 箱 (⇨ duplexer).

treach·er·ous [trétʃ(ə)rəs] 〖((*c*1330)): ⇨↓, -ous〗 ― *adj.* **1** 〈人が〉裏切りをする, 二心ある, 寝返る (perfidious); 不信実な, 不忠実な, 当てにならない (disloyal, unreliable); 〈動物が〉頼りにならない〔*to*〕: a ~ friend. **2** 〈行為・動作が〉裏切るような, 反逆的な; 〈心の働きが〉当てにならない (uncertain): a ~ action 裏切り行為 / a ~ memory おぼつかない記憶力 / a ~ smile [glance] 人を裏切りそうな微笑[一べつ]. **3** 〈物が〉外見ほど良くない, 期待に反しそうな: a ~ floor [branch] 丈夫のようで弱い床[枝] / ~ ice 丈夫そうに見えて割れやすい氷 / ~ weather 当てにならない天気 / a ~ path 足もとの危ない道 / a road ~ *with* ice 氷で足もとの危い道 / a ~ bridge 危ない橋. **~·ly** *adv.* **~·ness** *n.*

treach·er·y [trétʃ(ə)ri | -rɪ] 〖((?*a*1200)) *trecherie* ▭ OF (F *tricherie*) ← *trich(i)er* 'to cheat, TRICK' + *-erie* '-ERY'〗 ― *n.* **1** 裏切り, 寝返り, 背信, 不実 (betrayal, perfidy). **2** 裏切り[背信]行為, 反逆 (treason); 当てにならない事柄.

trea·cle [tríːkḷ] 〖((1340)) ▭ OF *triacle* antidote < L *thēriacam* ▭ Gk *thēriakḗ* antidote ← *thērion* (⇨ theriac)〗 ― *n.* **1** ((英)) **a** 糖蜜(ﾄｳﾐﾂ) (molasses) ((砂糖精製の時生じる褐色の残液)). **b** =golden syrup. **2** ((廃)) **a** 〖薬学〗毒消し. **b** 妙薬 (sovereign remedy). **3** (声・態度・お世辞などの)べたべたした甘さ[感傷].

tréa·cly [-kḷi, -kli | -klɪ, -klɪ] 〖⇨↑, -y⁴〗 ― *adj.* **1** 糖蜜(ﾄｳﾐﾂ)の(ような), 濃く粘っこい; 糖蜜をつけた[かぶせた]. **2** 甘ったるい, 取り入るような (honeyed, unctuous): a ~ smile.

tread [tréd] 〖*v.*: ME *trede(n)* < OE *tredan* < (WGmc) **treðan* (Du. *treden* / G *treten*) ← IE **der-* to run, walk, step: cf. trap¹. ― *n.*: ((?*a*1200)) *tred(e)* ← (*v.*)〗 ― *v.* (**trod** [trɑ́(ː)d | trɔ́d], **~·ed**, ((古)) **trode** [tróud | tráud]; **trod·den** [trɑ́dn | trɔ́dn], **trod**) ― *vi.* **1 a** 歩く, 行く (walk, go); 進行する (proceed): He *trod* quietly *across* the room. 静かに部屋の中を歩いて行った / ~ cautiously 用心して進む; 慎重に事を運ぶ / ~ lightly そっと歩く; 慎重にやる / ⇨ *tread in a person's* FOOTSTEPS. **b** 足を踏み入れる: ~ *in* a puddle (誤って)水たまりに足を突っ込む / Fools rush in where angels fear to ~. ⇨ angel *n.* 1 a. **2 a** 踏みつける[にじる] (trample); (誤って)踏みつける[つぶす]〔*on, upon*〕: ~ *on* a person's foot (誤って)人の足を踏む / ~ *on* a cigarette butt 煙草の吸殻を踏みつける / Do not ~ *on* the grass. 芝生を踏みつけるな, 芝生に入るな. **b** 強く踏む〔*on*〕: ~ *on* an accelerator アクセルを踏む. **3** 〈雄鳥が〉つがう (copulate)〔*with*〕.

― *vt.* **1** 〈地面・道・場所などを〉踏む, 歩く, 行く, 通る: ~ a safe [perilous] path (比喩的にも)安全な[危険な]道を歩く / ~ the paths of exile 流浪の道をたどる, 亡命者になる / ~ this world [earth] 生きている / ~ the ground 歩く, 散歩する / ~ the deck 水夫である / ⇨ *tread* WATER. ★ 一般に自動詞用法 (⇨ *vi.* 1a) に比べ文語的. **2 a** 踏みつける, 踏みつぶす: ~ clothes 足で踏んで衣類を洗濯(ｾﾝﾀｸ)する / ~ grain 足で踏んで穀物を脱穀する / ~ grapes (ぶどう酒をしぼるため)ぶどうを踏む / be *trod* to death 踏み殺される / ~ shoe-leather ⇨ shoe-leather 2. **b** 蹂躙(ｼﾞｭｳﾘﾝ)する, 征服する (subdue) 〈*down*〉: ~ *down* the masses 一般大衆を虐げる / ~ a person's rights under foot 人の権利を踏みにじる. **3 a** 〈土などを〉踏み固める 〈*down*〉: ~ (*down*) the earth around the roots 根のまわりの土を踏み固める. **b** 〈道などを〉踏んで作る (beat); 踏みつけて〈穴などを〉あける: ~ a path through grass 踏みつけて通っているうちに草原に道ができる / ~ a hole in a carpet じゅうたんの上を何度も歩いて穴があく. **c** [目的語+副詞を伴って] 踏んである状態にする: shoes *trodden down* at the heel かかとを踏みつぶした靴 / ~ the flame *out* 炎を踏み消す. **4** 〈ペダル・機械の踏板などを〉踏む, 踏みつける. **5 a** 〈歩を〉進める: ~ a hurried pace 急いで行く. **b** 〈踊りを〉踊る, 舞う (dance): ~ a minuet メヌエットを踊る. **6** 〈雄鳥が〉…とつがう. **7** ((英)) 〈泥などを〉足につけて持ち込む ((米)) track): ~ dirt 泥の足跡をつける.

tread away 〈人が〉しくじる, 〈物事が〉うまくいかない. ***tread in*** 〈物を〉土の中へ踏み込む, 踏んで押し込む. ***tread out*** (1) 〈火を〉踏み消す (cf. *vt.* 3 c); 〈内乱などを〉鎮圧する. (2) 〈ぶどう汁などを〉踏みしぼる; 〈麦などを〉踏んで脱穀する: ~ *out* grain. (3) (原野などに)踏み入って〈道を〉作る. ***tread the boards [stage]*** 舞台を踏む[に立つ], 出演する; 俳優である: She first *trod the stage* in London. ロンドンで初舞台を踏んだ.

― *n.* **1 a** 踏むこと, 歩み (step). **b** 歩きぶり[方]; 足音: a heavy [soft, cautious, sprightly] ~ 重い[静かな, 用心深い, 活発な]足取り / the ~ of marching soldiers 行進する兵隊の足音 / He entered the room with his usual noiseless ~. いつものそっとした足取りで部屋へはいって行った. **c** 踏み跡((足跡・わだち・タイヤの跡など)). **2 a** (階段の)踏みづら, 踏板 (tread-board) (⇨ flight¹ 挿絵); 踏み幅((踏みづらの幅)). **b** 踏面, トレッド((車輪・タイヤの路面またはレールに触れる部分)); (タイヤの)踏面の刻み[模様]. **c** 無限軌道 (caterpillar tread). **d** (靴の地面に触れる)底 (sole); 足の裏の地面に触れる部分((土踏まず以外の部分)). **3** 輪距((左右の車輪間の距離で路面の中心から中心まで; cf. wheelbase)). **4 a** ((古)) (雄鳥の)交尾 (copulation). **b** 〖動物〗=chalaza 1. **5** 〖獣医〗蹄冠踊(ﾃｲｶﾝﾖｳ)傷((ひずめのすぐ上を他の足で踏むために起こる)). **6** 〖海事〗**a** 竜骨の長さ. **b** 竜骨の幅.

~·er *n.* **~·less** *adj.*

tréad·bòard *n.* (階段または踏み車の)踏み板, 段板.

trea·dle [trédḷ] 〖OE *tredel*: ⇨ tread, -le¹〗 ― *n.* **1 a** (ミシン・自転車などの)踏み子, 踏み木, ペダル: a sewing-machine worked by ~*s* ペダルで動くミシン. **b** 踏み子装置((列車が上を通ると警報装置が始動する)). **2** (卵の)カラザ (chalaza). ― *vi.* 踏み子を踏む. ― *vt.* 踏み子を踏んで動かす. **tréa·dler** [-dḷə, -dlə | -dḷə(r, -dl-] *n.*

tréad·mìll 〖((1822)): ⇨ mill¹〗 ― *n.* **1 a** 踏み車((昔, 獄舎内で懲罰のために囚人に踏ませた)). **b** (動物が無限ベルトを踏んで動かす)足踏み車. **2** つらい単調な仕事.

treadmill 1 a

tréad plàte *n.* 踏み板((滑らぬように階段に取り付けた金属板)).

tréad·whèel 〖((*c*1573))〗 *n.* (水をくみ上げたりする)踏み車; (はつかねずみの回す)踏み輪.

treas. ((略)) treasurer; treasury.

trea·son [tríːzn] 〖((?*a*1200)) *treison, tresoun* ▭ AF *tre(i)soun* = OF *traison* (F *trahison*) < L *trāditiō(n-)* act of betraying: TRADITION と二重語〗 ― *n.* **1** 反

逆(罪), 大逆(罪), 国事犯；(特に, 米国で合衆国憲法3条3節に規定する)国家に対する反逆: ⇨ high treason, petit treason. **2** 《まれ》背信, 裏切り, 不忠, 不実.

trea·son·a·ble [tríːznəbl̩, -zn- | -zn̩-, -z(ə)n-] 〘《1375》: ⇨↑, -able〙 *adj.* **1** 反逆の, 大逆の, 国事犯の. **2** 不実な, 背信の. **～·ness** *n.* **tréa·son·a·bly** *adv.*

tréason félony *n.* 〘英法〙国事犯《国王の廃位・制度の変革などを目的とする挙兵・議会脅迫・外国兵侵入促進などの罪で, 5年以上終身刑以下で処罰される; 1848年以前は high treason と同義》.

trea·son·ous [tríːznəs, -zn- | -zn-, -z(ə)n-] 〘《15C》〙 *adj.* =treasonable. **～·ly** *adv.* **～·ness** *n.*

treasr. 《略》treasurer.

trea·sur·a·ble [tréʒ(ə)rəbl̩] 〘⇨↓, -able〙 *adj.* 貯えるに値する, 秘蔵に値する, 貴重な (precious).

trea·sure [tréʒə, tréɪʒə | tréʒə(r] 〘《1121–60》 *tresor* ◻ OF (F *trésor*) < VL **tresaurum*=L *thēsaurus*: THESAURUS と二重語〙 **—** *n.* **1** 宝物, 財宝《特に, 貯えられた古銭・宝石・金銀器など》; 秘蔵物, 秘宝: buried ～ 埋(ら)もれた宝 / in search of ～ 宝捜しに[の]. **2** 財貨, 富, 財産 (wealth), 金銭: spend blood and ～ 生命財産を捨てる / The war cost the country great sacrifices in blood and ～. 戦争はその国に大きな生命財産の犠牲を払わせた / Where your ～ is, there will your heart be also. なんじらの財宝(たから)のある所にはなんじらの心もあるべし (*Matt.* 6:21; *Luke* 12:34). **3** 貴重品, 重要品, 名品: ～s of art=art ～s 美術品の逸品《名画・名彫刻など》. **4** 《口語》 **a** 貴重な人, かけがえのない人 (gem, jewel): Our cook is a perfect ～. うちのコックは全くかけがえのない存在だ. **b** [特に, 子供・若い婦人に対する呼掛け] 最愛の人: My ～! **—** *vt.* **1** 〈価値のある物を〉貯える, 秘蔵する；(将来のために)取っておく, 貯える (store) 〈*up*〉: ～ money and jewels 金銭や宝石を貯える / ～ *up* a large collection of coins たくさん収集したコインを秘蔵する. **2** 〈教訓などを〉心に留める 〈*up*〉: ～ (*up*) one's memory 記憶を胸に秘めておく / ～ *up* in one's heart the recollection of former days 昔の追憶を心に留めておく. **3** 大事にする, 珍重する (prize): a ～*d* book 珍蔵書 / ～ one's friends 友人を大事にする.

tréasure-cíty *n.* 府庫(ふ)の邑(まち), 倉庫の建ち並んだ都市 (cf. *Exod.* 1:11).

tréasure hòuse *n.* 宝蔵, 宝庫；(特に)知識の倉.

tréasure hùnt *n.* 宝捜し《遊戯》.

Tréasure Ísland *n.*「宝島」《R. L. Stevenson の冒険小説 (1883)》.

tréa·sur·er [-ʒ(ə)rə | -rə(r] 〘《c1300》 *treso(u)rer* ◻ AF *tresorer*=(O)F *trésorier*: ⇨ treaure, -er[1]〙 **—** *n.* **1** 財宝物係. **2** 会計係, 金庫係, 収入役: Lord High *Treasurer* 〘英史〙大蔵卿《1714年廃官; 現在は CHANCELLOR of the Exchequer が事実上の大蔵大臣; ⇨ Treasury Board》/ the *Treasurer* of the Household 英国王室会計局長官 / the *Treasurer* of the United States 米国財務省出納局長.

tréasurer·shìp 〘《15C》〙 *n.* 会計係[収入役]の職.

Tréasure Stàte *n.* [the ～] 米国 Montana 州の俗称.

tréasure tròve [-tròuv | -trəuv] 〘《1550》 ◻ AF *tresor trové* treasure found ← OF *tresor* 'TREASURE' + *trové* ((p.p.) ← *trover* to find (⇨ trover))〙 **—** *n.* **1** 地中から掘り出した宝; 貴重な発見物, 掘出し物. **2** 〘法律〙地下などからの所有者不明の発掘物, 埋蔵物《金・銀・財宝など; 英国では国王に帰属し, 不届けは軽罪》.

trea·sur·y [tréʒ(ə)ri, tréɪʒ- | tréʒ(ə)rɪ] 〘《c1300》 *treso(u)rie* ◻ OF *tresorie* (F *trésorerie*): ⇨ treasure (n.), -y[1]〙 **—** *n.* **1 a** 宝庫, 宝物蔵 (treasure-house). **b** 《廃》貴重な収集物, 宝物 (stored treasure). **2** (公共の歳入が備蓄される)金庫, 国庫; (公共団体の)公庫. **3 a** (政府や民間企業体や個人の)基金, 資金, 資産. **b** [T-] 〘財政〙財務省証券[手形]. **4** [the T-] **a** (英国の)大蔵省《国家財政委員会 (Board of Commissioners of the Treasury) の運営する国家財政を司る一省; 総理大臣がその委員長 (First Lord of the Treasury) として名目上は長官であるが, 実際上の大蔵大臣は Chancellor of the Exchequer である; ⇨ Treasury Board》. **b** (米国の)財務省《正式には the Treasury Department または the Department of the Treasury という》. **5** (知識の)宝庫; (書名に用いて)宝典, 宝鑑, 珠玉集 (thesaurus): *The Golden Treasury of Songs and Lyrics* 「英国叙情詩選」《英国の F.T. Palgrave が編集した (1861)》. **6** 《俗》〘劇場〙一座の俳優への毎週の支払い.

Lords (Commissioner) of the Treasury ⇨ lord.

treasury of merits [the Church, the saints] 〘カトリック〙功徳[教会, 聖徒]の宝蔵.

Tréasury Bènch *n.* 〘英議会〙(下院における)国務大臣席《議長右側の第一列》.

tréasury bìll *n.* **1** (英国の)大蔵省証券《同省発行の短期債券; exchequer bill の後身》. **2** (米国の)財務省証券《同省発行の短期債券》. (略 T.B., T/B)

Tréasury Bòard *n.* (英国の)国家財政委員会《総理大臣が First Lord of the Treasury として委員長となり, Chancellor of the Exchequer (大蔵大臣)と下院議員である5名の Junior Lords によって構成される; その委員は Lord (Commissioner) of the Treasury と呼ばれる; 正式名 the Board of Commissioners of the Treasury》.

tréasury bònd *n.* (米国の)財務省発行の長期債券.

treasury certìficate *n.* (米国政府の発行する)利付債券, 財務省証券.

Tréasury Depàrtment *n.* [the ～] (米国の)財務省《the Department of the Treasury ともいう》.

tréasury lòrd *n.* 《英》大蔵委員会委員.

tréasury nòte *n.* **1** (英国の)1ポンド(または10シリング)の金貨に代わる法定紙幣《1914–28年間金貨回収の目的で英国政府が発行し, それ以後はイングランド銀行発行の紙幣がこれに代わった; currency note ともいう》. **2** (米国の)1890年のシャーマン銀買入法に基づいて地金買入代金を支払うために財務省が発行した紙幣. **3** (米国の)財務省の中期債券《1年ないし5年満期のもの》.

tréasury stòck *n.* 〘証券〙社内株, 自己株式, 金庫株《一度発行した自社の株式を買入れ, 消却しないで保有している株式; cf outstanding stock》.

tréasury wàrrant *n.* 国庫支払命令書.

treat [tríːt] 〘*v.*: 《c1300》 *tre(e)te(n)* ◻ OF *tret-ier, traitier* (F *traiter*) < L *tractāre* to drag (freq.) ← *trahere* 'to DRAW'. — *n.*: 《1375》 ← (v.): cf. tract[1]〙 **—** *vt.* **1 a** 〈人・動物などを〉待遇する, 遇する, あしらう, 扱う: ～ one's servant [dog] kindly [badly] 召使[犬]を親切に[ひどく]扱う / ～ a person *with* respect [consideration] 人を尊敬して[思いやりをもって]扱う / She ～*ed* the girl *like* a daughter. 彼女はその少女を娘のように扱った / She was inclined to ～ all menfolk *as* transgressors. 彼女は男をみな侵入者と見なしがちだ / He ～*ed* me *as if* I were a child. 私をまるで子供扱いにした / Is that *how* you ～ me? それが君の私に対する仕打ちか. **b** 〈問題などを〉扱う, 考える, みなす (regard) 〔*as*〕: ～ a matter lightly 問題を軽く扱う / ～ the law with contempt 法律を蔑視する / ～ the papers *as* confidential 書類を機密扱いにする / He ～*ed* my mistake *as* a joke. 私の誤りを冗談とみなした. **2 a** 〈病気・患者・患部などを〉処置する, 治療する, 手当てする: ～ a disease [sprained ankle] 病気[くじいた足首]の手当てをする / ～ cancer [a person] *with* a new drug 癌(がん)[人]を新薬を使って治療する / He was ～*ed for* his diabetes. 糖尿病の治療を受けた. **b** (化学薬品などで)処理する (process) 〔*with*〕: ～ dry leather *with* grease 乾いた革に油を塗る. **3 a** 〈問題などを〉論じる, 扱う, 述べる (deal with, discuss): The author ～*s* the subject technically [in detail] in this book. 筆者はこの本でその問題を専門的に[詳細に]論じている. **b** (文学・美術などで)〈主題を〉扱う, 表わす, 表現する (represent): ～ a theme realistically テーマをリアルに扱う / the life of a saint ～*ed* in mural frescoes フレスコ壁画に描かれた聖人の生涯. **4 a** 〈人を〉もてなす, 歓待する; (特に)〈選挙人を〉(買収の目的で)供応する. **b** 〈人〉に〔…を〕おごる, ごちそうする 〔*to*〕: ～ a person *to* a drink 人に一杯おごる / He ～*ed* me *to* a box at the opera house. 私をそのオペラ劇場のます席に接待してくれた / We were ～*ed to* an exhibition of petulance. 《反語》お目玉をちょうだいした. **c** [～ *oneself* で]〔飲食物などを〕張り込む, 奮発する, 〔観劇・旅行などを〕自前で楽しむ 〔*to*〕: He ～*ed himself to* a large steak [a bottle of champagne, a new suit]. 大きなステーキを[シャンパンを1本, 背広を1着]張り込んだ / I was able to ～ *myself to* movies and weekend trips. 自前で映画を見たり週末旅行に出かけたりすることができた.

— *vi.* **1** 〈書物・論文などが〉〔問題を〕扱う, 説く, 述べる, 論じる 〔*of*, 《時に》*with*〕: This book ～*s of* the progress of medicine. この本は医学の進歩を論じている / What subject did you ～ *with*? どんな問題を論じたのか. ★ 特に, 問題の取扱い方を示す場合には他動詞として用いる (cf. *vt.* 3 a). **2** 談判する, 交渉する, 掛け合う, 取引する (negotiate): I am ～*ing with* them *for* a loan. 先方と借金の交渉をしている. **3** おごる, ごちそうする; 供応する: I'll ～ today. 今日は僕がおごる / He was elected, but unseated for ～*ing*. 当選したが供応のかどで議席を剝奪された.

— *n.* **1 a** おごり, ごちそう; おごる番: give oneself a ～ 一つ奮発する[張り込む] / Whose ～ is it now? 今度は誰がおごる番かね. **b** 慰安会 (entertainment): a children's [school] ～ (日曜学校で行なう)子供たちの慰安会《ピクニック・運動会など》/ ⇨ Dutch treat. **c** 《古》饗宴(きょう) (feast); 歓待 (reception). **2** (めったにない)楽しみ, (思わぬ)喜び(事), 非常な満足; とてもいい物: enjoy the ～ *of* hearing him play the piano 彼のピアノ演奏を聞くという醍醐(だい)味を味わう / This Japanese dish is a ～ *to* the eye as well as the palate. この日本料理は実に味覚だけでなく目も楽しませてくれる / What a ～ it is to have a spell of fine weather like this! こんなにいい天気が続くなんて全くありがたいことだ.

a (fair) treat [副詞的に]《口語》満足に, 申し分なく, 非常に(よく) (cf. fair treat): get on *a fair* ～ 非常にうまくいく, 大いに上達する / go down *a (fair)* ～ 非常に受ける. ***stand treat*** ごちそう[供応]の代金をもつ, おごる.

～·a·ble [-təbl̩ | -tə-] *adj.* **～·er** [-tə | -tə(r] *n.*

trea·tise [tríːtɪs, -təs, -tɪz, -təz | -tɪz, -tɪs] 〘《c1385》 *tre(a)tis* ◻ AF *tretiz* ← OF *traitier* (↑)〙 **—** *n.* **1** (学術)論文, 論説; a classic ～ (*up*)*on* the subject その題目に関する古典的論文. **2** 《廃》話, 物語 (tale).

tréat·ment 〘《c1560》〙 **—** *n.* **1** (他人に対する)取り扱い, 待遇, 処遇, あしらい (usage) 〔*of*〕: fair [hard, unkind] ～ 公平[無情, 不親切]な取扱い. **2** (薬品などによる)処理, 処置: heat ～ 熱処理. **3** 論じ方, 扱い方: a scientific ～ 科学的論述 / give front-page ～ to an article ある記事を第一面扱いにする. **4 a** 治療, 手当て, 処置: emergency ～ 応急処置 / for the ～ *of* hemophilia 血友病の治療のために / give [receive] ～ 治療を施す[受ける] / be under (medical) ～ 治療[医療]を受けている. **b** 治療法: ambulatory [radical] ～ 外来[根治]療法 / a new ～ *for* cancer 癌(がん)の新治療法. ***give the absent treatment*** 《米》〈人・公演などに〉熱意を示さない, 相手にしない: The play was *given the absent* ～. その劇は不入りだった. ***give the silent treatment*** 《米》〈人・事を〉(軽蔑・非難のしるしに)黙殺する, 無視する.

trea·ty [tríːṭi | -tɪ] 〘《c1390》 *trete(e)* ◻ AF *treté* (p.p.) =(O)F *traité* < L *tractātum* 'TRACTATE': ⇨ -y[3]〙 **—** *n.* **1 a** 条約, 盟約: a secret ～ 秘密協定 / ⇨ commercial treaty. **b** 条約文書, 協定書. **2** (個人間の)約定, 約束. **3** 《古》談判, 商議, 協議 (negotiation): be in ～ (with...) (…と)談判中である, 協議中である. **4** 《廃》懇請, 嘆願 (entreaty).

Treaty of Brest Litovsk [the —] ブレストリトフスク条約《第一次大戦中の1918年3月, Brest Litovsk でソ連とドイツおよびその同盟国 (Central Powers) との間に締結された単独講和条約》.

Treaty of Verdun [the —] ベルダン条約《843年フランスの Verdun で締結された, フランク帝国 (Frankish Empire) の三分割を定めた条約; フランス・ドイツ・イタリアの分離のもとをなす》.

Treaty [Treaties] of Westphalia [the —] =Peace of Westphalia.

～·less *adj.*

tréaty pòrt *n.* (昔の)条約港《特に, 中国・日本・朝鮮のヨーロッパ諸国への開港場》.

tréaty pòwers *n. pl.* 締盟国, 条約国.

Treb·bi·a [trébiə | -bɪə; *It.* tréb̤bja] *n.* [the ～] トレッビア(川)《イタリア北西部, Po 川の支流; 合流点付近で Hannibal がローマ軍を決定的に破った (218 B.C.); 長さ115 km.》.

Treb·i·zond [trébəzànd | -bɪzɔ̀nd] *n.* トレビゾンド (⇨ Trabzon).

tre·ble [trébl̩] 〘《?a1300》 ◻ OF ～ ◻ L *triplum* 'TRIPLE'〙 **—** *adj.* **1** 3倍の, 三重の, 三様の (triple, threefold): ～ walls 三重の塀. **2 a** 〘音楽〙(最)高音部の, ソプラノの; 高音楽器の, (最)高音弦の: a ～ singer. **b** 〈声が〉かん高い, 鋭い (shrill). **c** 〘音響〙高音域の. **—** *adv.* 《廃》=trebly. **—** *n.* **1** 3倍, 三重の物. **2 a** 〘音楽〙(最)高音部, ソプラノ; 高音部の楽器, (最)高音弦; ソプラノ歌手; 《英》ボーイソプラノ. **b** かん高い声. **c** 〘音響〙(音響システムで)可聴周波帯の高音域. **3** 〘鳴鐘法〙(転調鳴鐘の)最高音の鐘声. **4** 〘競馬〙同一馬による3レースの優勝. **5** 《英》(ダーツ (darts) で)二つの広い輪に囲まれた狭い輪にあてて3倍点をとる投げ. **—** *vt.* 3倍する: The population has ～*d* itself. 人口は3倍になった. **—** *vi.* **1** (最)高音部を歌う. **2** 3倍になる: Prices have ～*d*. 物価は3倍になった.

tréble cléf *n.* 〘音楽〙 **1** =G clef. **2** =treble staff.

tréble stáff *n.* 〘音楽〙ト音[高音部]譜表.

Tre·blin·ka [trəblíŋkə; *Pol.* trɛblíŋka] *n.* トレブリンカ《Warsaw の北東100km にある村; 第二次大戦中ナチスの強制収容所・絶滅施設があった; 70–80万人のユダヤ人が虐殺された》.

tre·bly [trébli | -blɪ] 〘⇨ treble, -ly[1]〙 *adv.* **1** 3倍[三重]に. **2** 高音で[に].

treb·u·chet [trèb(j)uʃét, -ʃét] 〘ME ◻ OF ～ (F *trébuchet*) ← *trébuch(i)er* to stumble ← *tre(s)* across, over (< L *trāns* 'TRANS-')+*buc* trunk of the body (← Gmc: cf. OE *būc* belly)〙 **—** *n.* **1** (てこの原理による中世の攻城戦用)投石機《天秤の一方のかごに入れた石弾を片方の錘(おもり)の反動で投げ出す機械》. **2** (薬剤師などの用いる)小型天秤.

tre·buck·et [tríːbʌ̀kɪt, -kət] *n.* =trebuchet 1.

tre·cen·tist [treɪtʃéntɪst, -təst | -tɪst] 〘⇨↓, -ist〙 *n.* **1** 14世紀の(特に, イタリアの)美術家[文学者]. **2** 14世紀の(特に, イタリアの)美術[文学]模倣者.

tre·cen·to, T- [treɪtʃéntou | -təu; *It.* tretʃénto] 〘《1841》 ◻ It. ～ 'three hundred' 《略》← *mille trecento* one thousand and three hundred: ⇨ three, cent〙 **—** *n.* 14世紀(風)《特に, イタリアの美術・文学についていう; cf. duecento, quattrocento, cinquecento》.

tre cor·de [tréɪ-kɔ́ədeɪ | -kɔ́ː-; *It.* trékórde] 〘◻ It. ～ 'three strings'〙 *adv.* 〘音楽〙トレコルデ《ピアノ演奏上の指示で「ソフトペダルを踏まないで」の意; cf. una corda》.

tred·dle [trédl̩] *n., v.* 《英》=treadle.

tre·de·cil·lion [trìːdɪsíljən, -də-] 〘← L *trē(s)* 'THREE'+DECILLION〙 *n.* 《米》10^{42}; 《英》10^{78} (⇨ million 表). **—** *adj.* tredecillion の.

tree [tríː] 〘OE *trēo(w)* < Gmc **trewam* (ON *trē* / Goth. *triu*) ← IE **derw(o)-*, **drew(o)-* tree, wood, oak ← **deru-* to be firm, solid (Gk *drûs* tree, oak)〙 **—** *n.* **1 a** 木, 立木, 樹木, 高木 (cf. bush[1], shrub[1]). **b** 草本で高木のように大きくなるもの: a banana ～. ★ (1) ラテン語系形容詞: arboreal. (2) 本辞典では, tree を含む樹木の名称の複合語は原則として見出しに立てていない. **2** [通例複合語の第2構成要素として] 木材, 木具: ⇨ axletree, boot tree, crosstree, rooftree, saddletree, whippletree. **3 a** =shoe tree. **b** =saddletree. **c** [時に T-] =Christmas tree. **4** 《古》絞首台 (gallows, gibbet), はりつけ台, (特に, キリストの)十字架 (cross). **5** (分岐の状態を樹枝状に表現した)系図, 系譜; 樹形図: ⇨ family tree, genealogical tree. **6** 〘化学〙樹状結晶《電解液槽(そう)の内部に生

じるような》. 7 〘動物〙管系《動物体内で見られる細かく分枝した管》. 8 〘数学〙トリー, 樹形図《有限個の点を結んでできる樹木の形をした図形》. 9 〘言語〙＝tree diagram : analyze a ～.
as trees walking 不分明に, おぼろげに. ***at the top*** (***of the tree***) ⇨ top[1] 成句. ***bark up the wrong tree*** 〘暗闇の中でアライグマ狩りをするとき猟犬が獲物の隠れた木を間違えて吠えたりすることから〙〘通例進行形で〙《口語》(追求・非難などで)見当[お門]違いをする. ***in the dry tree*** 逆境で, 不幸で. ***up a tree***《口語》進退きわまって, 困り果てて (cornered).
tree of Buddha〘植物〙インドボダイジュ (bo tree).
tree of heaven〘植物〙ニワウルシ, シンジュ (*Ailanthus altissima*)《アジア産ニガキ科の植物; 花に悪臭があるが, しばしば日よけのために植えられる》.
tree of Jesse ＝Jesse tree.
tree of (**the**) **knowledge** (**of good and evil**) [the —]〘聖書〙知恵の木, 善悪を知るの木《エデンの園の中央にあり, その実を Adam と Eve が食べたために楽園を追われた; cf. *Gen.* 2 : 9 ; 3》.
tree of liberty 自由の木《自由獲得の記念に広場などに植える》.
tree of life (1) [the —]〘聖書〙生命の木《「創世紀」によればエデンの園の中央にあってその実は限りなき生命を与える (cf. *Gen.* 2 : 9 ; 3 : 22); 「黙示録」によれば天のエルサレムにある木で, 12 種の実を結びその葉は諸国の民をいやすという (cf. *Rev.* 22 : 2)》. (2) [the —] 生命活力の源泉. (3)〘植物〙＝arborvitae 1.
tree of Porphyry〘哲学〙ポルピュリオスの木《Porphyry が探求した概念分類を後のスコラ学者が図示したもの》.
tree of sadness〘植物〙ヨルソケイ (⇨ hursinghar).
— *v.* (**treed** ; **～·ing**) — *vt.* **1**《米》〈人・動物を〉木に追い上げる : He was ～*d* by a wolf. **2**《口語》追いつめる, 困らせる (corner). **3** …に木[心棒]を付ける. **4**〈靴を〉木型に入れて形をつける ; 〈鞍(くら)を〉鞍わくに張る. **5** …に木を植える, 木でおおう. — *vi.* **1** 木になる, 木に成長する ; 枝の形になる. **2** 木に登る ; 木に登って逃げる.
Tree [triː], Sir **Herbert Beerbohm** *n.* (1853–1917) 英国の俳優・劇場主 ; 旧名 Herbert Beerbohm.
trée àgate *n.*〘鉱物〙樹状めのう《こけめのう (moss agate) の一種で, 含有不純物が樹枝状のもの》.
trée azàlea *n.*〘植物〙米国南東部産ツツジ科の白または淡紅色の花をつける低木 (*Rhododendron arborescens*).
trée bèlt *n.* ＝tree lawn.
trée càlf *n.*〘製本〙木模様カーフ《酸によって樹木模様をつけた子牛皮》.
trée còny *n.*〘動物〙＝tree hyrax.
trée crèeper *n.*〘鳥類〙キバシリ (*Certhia familiaris*).
trée crìcket *n.*〘昆虫〙カンタン《カンタン科 *Oecanthus* 属の昆虫の総称》.
treed 〘← TREE＋-ED〙 *adj.* **1** 樹木を植えた, 植林した. **2**〈獣が〉木に追い上げられた. **3** 靴の保存型を入れて形を整えた.
trée dàssie *n.*〘動物〙＝tree hyrax.
trée dìagram *n.*〘言語〙樹形図, 枝分かれ図《変形生成文法などで句構造を樹状に図示したもの》.
trée fàrm *n.* (材木用に育てた樹木の)森林地.
trée fèrn *n.*〘植物〙木生シダ《木質性の茎が直立するヘゴ科, リュウビンタイ科などの各種のシダ植物》.
trée·fìsh *n.*〘魚類〙米国 California 州沿岸に生息するカサゴ科カサゴ属の黒い縞(しま)のある魚 (*Sebastodes serriceps*).
trée fròg *n.*〘動物〙アマガエル科の樹上性のカエルの総称《ヨーロッパアマガエル (*Hyla arbarea*) など》.
trée germànder *n.*〘植物〙ヨーロッパ南部産のシソ科ニガクサ属の青い花をつける常緑草本 (*Teucrium fruticans*).
trée góose *n.* ＝barnacle goose.
trée hèath *n.*〘植物〙ブライヤ (⇨ brier[2] 1).
trée·hòpper *n.*〘昆虫〙ツノゼミ《ツノゼミ科の小昆虫の総称 ; よく跳び, 草木の液汁を吸っては草木に害を与える》.
trée hòuse *n.* 樹上の小屋《木の大枝の間に作った小屋 ; 《米》では子供の遊び場などに用いる》.
trée hỳrax *n.*〘動物〙キノボリハイラックス《アフリカ産の樹上にすむキノボリハイラックス属 (*Dendrohyrax*) の動物の総称 ; tree cony [dassie] ともいう》.
trée kangaròo *n.*〘動物〙キノボリカンガルー《オーストラリア・ニューギニアの熱帯雨林にすむ, キノボリカンガルー属 (*Dendrolagus*) の小型のカンガルーの総称 ; 樹上生に適応 ; tree wallaby ともいう》.
trée làwn *n.*《米》(歩道と縁(ふち)石との間の)緑地帯《芝生・木などを植えてある》.
trée·less *adj.* 樹木のない : ～ hills. **～·ness** *n.*
trée lìne *n.*〘生態〙＝timberline.
trée·lìned *adj.* (通例両側に)並木のある : a ～ street.
trée lùpine *n.*〘植物〙キバナハウチワマメ (*Lupinus arboreus*)《米国太平洋岸産マメ科の常緑低木 ; 鮮かな黄色または紫紺色の花をつける》.
trée màrtin *n.*〘鳥類〙＝tree swallow 2.
trée mìlk *n.* **1** インド産ガガイモ科の植物 (*Gymnema lactiferum*) の乳液《現地人は食用にする》. **2** ベネズエラ産クワ科の木 (*Brosimum galactodendron*) の乳液《牛乳に似て飲料となる》.
trée mỳrtle *n.*〘植物〙米国太平洋岸産クロウメモドキ科ソリチャ属の青い花が咲く常緑低木 (*Ceanothus arboreus*).
tre·en [triːən] 〘OE *trēowen* : ⇨ tree, -en[2]〙 *adj.* 木製の, 木造の (wooden). — *n.* [集合的] (主に, 骨董品としての)木製家庭用品[道具] (treenware)《皿・鉢など》.
tree·nail [triːnèɪl, trénl, trʌ́nl | triːnèɪl, trénl] 〘《1295》〙 *n.* 木釘(くぎ), 木栓. — *vt.* 木釘[木栓]で留める.
tréen·wàre *n.* ＝treen.
trée ònion *n.*〘植物〙＝top onion.
trée pèony *n.*〘植物〙＝Japanese tree peony.
trée pòppy *n.*〘植物〙米国 California 州産の黄色い花をつけるケシ科の低木 (*Dendromecon trigida*)《bush poppy ともいう》.
trée rìng *n.* ＝annual ring 1.
trée ròse *n.* 低木状に仕立てられたバラ《standard rose ともいう》.
trée shrèw *n.*〘動物〙ツパイ《南アジアおよびその隣接諸島産のリスに似たツパイ科 *Tupaia* 属の食虫哺乳動物の総称 ; 霊長類中最も原始的な種類 ; ツパイ (*T. tana*) など》.
trée spàrrow *n.*〘鳥類〙**1** スズメ (*Passer montanus*). **2** ムナフヒメドリ (*Spizella arborea*)《北米産のホオジロ科の鳥》.
trée squìrrel *n.*〘動物〙(キ)リス《樹上にすむリス科リス属 (*Sciurus*) のリスの総称 ; ヨーロッパリス (*S. vulgaris*) など》.
trée sùrgeon *n.* 樹木外科術 (tree surgery) 専門家.
trée sùrgery *n.* 樹木外科術.
trée swàllow *n.*〘鳥類〙**1** ＝white-bellied swallow. **2** キツバメ (*Hirundo nigricans*)《オーストラリア・ポリネシア産の, 木の穴に巣を作るツバメ ; tree martin ともいう》.
trée swìft *n.*〘鳥類〙カンムリアマツバメ《インドから東インド諸島にかけてすむカンムリアマツバメ属の鳥の総称 ; カンムリアマツバメ (*Hemiprocne longipennis*) など》.
trée tòad *n.*〘動物〙＝tree frog.
trée tobàcco *n.*〘植物〙キダチタバコ (*Nicotiana glauca*)《南米産のナス科の黄色い花が咲く高木状の常緑草本》.
trée·tòp *n.* 木の頂, こずえ.
trée wàllaby *n.*〘動物〙＝tree kangaroo.
tref [tréɪf] 〘《1851》◻ MHeb. *ṭᵉrēphāʰ*《原義》an animal torn (by wild beasts) ← *ṭārāph* to tear〙 — *adj.* (ユダヤ人のおきてに従って)正式に処理されていない, 不適法の (↔ kosher).
tre·fah [tréɪfə] *Heb. adj.* ＝tref.
tre·foil [triːfɔɪl, tréf- | tréf-, triːf-, trɪfɔ́ɪl] 〘《?c1400》 *treyfoyle* ◻ AF *trifoil* ◻ L *trifolium* triple leaf : ⇨ tri-, foil[2]〙 — *n.* **1**〘植物〙**a** ＝trifolium 2. **b** 三つ葉, 三葉 (trifoliolate leaf). **2**〘建築〙三弁模様, 三葉飾り (cf. quatrefoil 2 b, cinquefoil 2, foil[2] 5 ; ⇨ arch[1], cinquefoil, tracery 挿絵). **3**〘紋章〙三つ葉 (cf. cinquefoil 3). — *adj.* 三つ葉の, 三弁の.
tréfoil àrch *n.*〘建築〙三弁形アーチ, 三葉形アーチ《天井および両側の断面が三弁模様をなしている》.
tré·foiled *adj.* **1** 三葉形の, 三つ葉の. **2**〘建築〙三弁模様の, 三葉飾りのある, 三葉飾りで飾られた.
tre·ha·la [trɪháːlə, trə-] 〘◻ F *tréhala* ◻ Turk. *tigala* ◻ Pers. *tīghāl*〙 — *n.* トレハラ《トルコに分布する鞘翅目ゾウムシ科ゴボウゾウムシの一種 (*Larinus maculatus*) が分泌する食用の蜜(みつ)》.
tre·ha·lase [trɪháːleɪs, trə-, -leɪz | -leɪs] 〘⇨ ↑, -ase〙 *n.*〘生化学〙トレハロース《二糖類の一つ ; 麦角や, カビ類, 若いキノコ等の菌類や昆虫にみられる》.
tre·ha·lose [trɪháːlòus, trə-, -lòuz | -ləus] 〘⇨ trehala, -ose[2]〙 *n.*〘化学〙トレハローズ ($C_{12}H_{22}O_{11}$)《2 分子の d-glucose から成る二糖類の一種》.
treil·lage [treɪljáːʒ ; *F.* trɛjaːʒ] 〘◻ F ～ ← *treille* arbor, trellis (< L *trichilam* arbor)＋-AGE〙 *n.* 格子(こうし)細工 (latticework) ; 組格子, 格子 (lattice, trellis).
Treitsch·ke [tráɪtʃkə ; *G.* tráɪtʃkə], **Heinrich von** *n.* トライチュケ《1834–96 ; ドイツの歴史家・評論家》.
trek [trék] 〘《1849》◻ Afrik. ～ ◻ Du. *trekken* to draw, travel ← MDu. *trēken* to draw〙 — *v.* (**trekked** ; **trek·king**) — *vi.* **1**《アフリカ南部》**a** 牛車に乗って旅行する. **b** (通例, 牛車で)移住する. **2** のろのろ進む[行く] ; 旅行する 〔*to*〕. **3**《俗》去る, 立ちのく. **4** 〈牛が〉荷車を引く. **5**《口語》(徒歩で)行く. — *vt.*《アフリカ南部》〈牛が〉〈車・荷を〉引く. — *n.* **1**《アフリカ南部》牛車旅行. ★ 通例 次の句で : on (the) ～ 牛車旅行に[中で]. **2**《アフリカ南部》(牛車旅行の)一行程 : a day's ～ 一日の牛車旅行. **3** 旅行, 移住. **4**《口語》(徒歩の)小旅行. **trék·ker** *n.*
trel·lis [trélɪs, -ləs | -lɪs] 〘《?a1400》 *trelis* ◻ OF *treliz* (もと adj.) < VL **trilicium* ← L *trilix* woven with three threads ← TRI-＋*līcium* thrum〙 — *n.* **1** 格子 (lattice, grating) ; (果樹などの幹や枝を支えるための)垣, 棚, 支柱. **2** 格子で組んだ東屋(あずまや)[アーチなど]. **3**〘紋章〙格子形紋《交差する部分が鋲打ちされている ; cf. fretty[2]》. — *vt.* **1** 〈戸・窓などに〉格子を付ける, 格子造りに造る ; 四目垣で囲む : ～ windows. **2** 〈植物を〉垣にからませて仕立てる, 棚で支える : lanes ～*ed with* vines ツタを垣にからませた小道. **3** 格子形に造る, 交錯させる (interlace).
trél·lised 〘《15C》〙 *adj.* **1** 垣にからませた : ～ grapes. **2**〘甲冑〙〈革製のよろいが〉帯や鋲(びょう)で格子形に綴(と)じた : a ～ armor.
tréllis·wòrk *n.* 格子細工, 格子組 (latticework).
-tre·ma [triːmə] 〘← NL ～ ← Gk *trêma* hole〙 (*pl.* **～s**, **～·ta** [～tə | ～tə])「穴」の意の名詞連結形 : helicotrema.
Trem·a·to·da [trèmətóudə, trìː- | -tə́u-] 〘← NL *Trematōda* ← Gk *trēmatṓdēs* having holes ← *trêma* hole＋*-ṓdēs* '-ODE[1]' : ⇨ -a[2]〙 *n. pl.*〘動物〙吸虫綱.
trem·a·tode [trémətòud, triːm- | -tə̀ud] 〘↑〙 *adj.*, *n.*〘動物〙吸虫綱の(動物).
trem·blant [trémblənt] 〘⇨ ↓, -ant〙 *adj.* バネ仕掛けで震動する.
trem·ble [trémbl] 〘《c1380》◻ (O)F *trembl-er* < VL **tremulāre* ← L *tremere* to tremble ∽ 《c1303》 *tremle* ← L *tremul-us* 'TREMULOUS'〙 — *vi.* **1 a** 〈人・手足などが〉(恐怖・怒り・興奮・寒さ・疲労・病気などで)震える, 身震いする (shiver, shudder) : ～ in the snow 雪の中でぶるぶる震える / ～ *at* the sound [mention] of…の音を聞いて[…という言葉を聞いただけで]震える / ～ *at* the thought of [*to* think] …を考えただけでぞっとする / He ～*d with* fear [excitement]. 恐怖でわなないた[興奮のため身震いした] / His limbs ～*d with* anger. 彼の手足は怒りで震えた / His hands ～ *from* oversmoking. たばこの吸いすぎで手が震える / Hear and ～ ! 《反語》さあ聞いて驚くな. **b** 〈光・木の葉・旗・声などが〉震える, 揺れ動く (quiver) : leaves *trembling* in the breeze 微風にそよぐ木の葉 / Excitement made his voice ～. 感極まって声が震えた. **2** 〈地面・橋・建物などが〉揺れる, 震動する, 震える : The vessel ～*d with* the shock. その衝撃で船が揺れた. **3**《詩》震えながら通る[行く, 進む, 来る]. **4** 大いに心配する, 気をもむ, 気づかう : ～ *for* a person 人のことを心配する / ～ *for* a person's safety 人の安否を気づかう / I ～ *to* think what has become of him. 彼がどうなったかと思うと心配でたまらない. **5** 〈運命・生命などが〉きわどい瀬戸際にある, どっちつかずである : His fate [life] was *trembling in* the balance. 彼の運命[生命]は危うかった.
— *vt.* **1** 震わす : ～ one's fan. **2** 震え声で言う 〈*out*〉 : He ～*d out* prayers. 震え声で祈った.
— *n.* **1** 震え, おののき, 身震い (tremor). **2** [*pl.* ; 単数扱い]〘病理〙**a** (病的な)震え, 震えを伴う病気《おこりなど》; ＝milk sickness. **b**〘獣医〙マルバフジバカマ (white snakeroot) の類の植物を食べて起こる家畜の中毒症《筋肉の震顫(しんせん)を伴う》.
all of [***in***] ***a tremble*** ＝***on*** [***upon***] ***the tremble***《口語》(興奮・心配などで)すっかり震えて, ぶるぶる震えて.
trém·bler [-blə, -blə̩ | -blə(r)] *n.* **1** 震える人[もの]. **2**〘電気〙(ベルなどの)振動板, 振動子. **3**〘鳥類〙西インド諸島産マネシツグミ科の体を震わせて鳴く習性をもつハシナガツグミモドキ属 (*Cinclocerthia*) とムナジロツグミモドキ属 (*Ramphocinclus*) の鳥の総称.
trém·bling [-blɪŋ, -bl̩- | -bl-] 〘《1303》〙 *n.* 身震い : ⇨ *in* [*with*] FEAR *and trembling*. — *adj.* 震える, おののく. **～·ly** *adv.*
trémbling póplar *n.*〘植物〙**1** ＝European poplar. **2** ＝American poplar.
trém·bly [-bli, -bl̩i | -blɪ] 〘← TREMBLE＋-Y[4]〙 *adj.* ぶるぶる震えて(いる), 身震いして(いる), 震える.
Trem·el·la·ce·ae [trèməléɪsiìː] 〘← NL ～ ← *Tremella* (属名 : ← L *tremere* 'to TREMBLE'＋-ELLA)＋-ACEAE〙 *n. pl.*〘植物〙シロキクラゲ科.
trem·el·lose [tréməlòus | -ləus] 〘← NL *tremella* (↑)＋-OSE[1]〙 *adj.*〘植物〙にかわ状の (gelatinous).
tre·men·dous [trɪméndəs, trə-] 〘《1632》◻ L *tremendus* dreadful ← *tremere* to tremble : ⇨ -ous〙 — *adj.* **1** 恐るべき, すさまじい, ものすごい (dreadful) : a ～ description 恐るべき記述 / a ～ explosion すさまじい爆発. **2**《口語》**a** 巨大な, 途方もなく大きい (immense) : ～ applause 盛大な拍手喝采(かっさい) / a ～ success ものすごい大成功 / at ～ speeds 途方もない大速力で / an oak of ～ height 見上げるようなオークの大木 / She has done a ～ job in raising the five children. 彼女は5人の子供を育て上げるのに実に大変な苦労をして来た. **b** とてつもない, 実にすてきな (excellent) : We have had a ～ time. 実にすばらしいひと時を過ごした / His performance was ～. 彼の演奏は実にすてきだった. **～·ness** *n.*
tre·mén·dous·ly 〘《1680》〙 *adv.* **1** 恐ろしく, すさまじく, ものすごく (dreadfully) : scream most ～ いとも恐ろしげな悲鳴をあげる. **2**《口語》ひどく, 猛烈に, 途方もなく, とても (extremely) : ～ hard work ひどく骨の折れる仕事 / He is ～ rich. 大変な金持ちだ / I'm ～ obliged to you. 実にどうもありがたい.
trem·ie [trémi | -mɪ] 〘◻ F *trémie* hopper < L *trimodiam* three-peck measure ← TRI-＋*modius* measure of grain＋-IA[1]〙 — *n.*〘土木〙トレミー, 吐き管《水中コンクリートの施工に用いる上端が漏斗状になった水密な管》.
tre·mis·sis [trɪmísɪs, trə-, -səs | -sɪs] 〘◻ LL ～ ← L *trēs* 'THREE'＋(*sē*)*missis* (⇨ semis)〙 — *n.* (*pl.* **-mis·ses** [-siːz]) トリミセス : **a** 東ローマ帝国の金貨. **b** (それを模した)メロビンガ朝の金貨.
trem·o·lan·do [trèməláːndou | -lǽndəu ; *It.* trèmolándo] 〘《1852》◻ It. ～ (pres.p.) ← *tremolare* to shake < ML *tremulāre* 'to TREMBLE'〙 — *adv.*〘音楽〙トレモロで, 音を震わせて.
trem·o·lant [tréməlәnt] 〘◻ G *Tremolant* ◻ It. *tremolante* tremulant (pres.p.) ← *tremolare* (↑) : cf. tremulant〙 *adj.* 震える音の. — *n.* ＝tremolo 2.
trem·o·lite [tréməlàɪt] 〘◻ F *trémolite* ← *Tremola* (その発見地であるスイスの谷)＋-ITE[1]〙 — *n.*〘鉱物〙透角閃石(とうかくせんせき) ($Ca_2Mg_5Si_8O_{22}(OH)_2$). **trem·o·lit·ic** [trèməlítɪk | -tɪk] *adj.*
trem·o·lo [tréməlòu | -ləu] 〘《1801》◻ It ～ < L *tremulum* 'TREMULOUS'〙 — *n.* (*pl.* **～s**)〘音楽〙**1**

トレモロ《同じ音または二つの音の急速な反復または交代；特に，弦楽器で効果的な奏法；cf. vibrato》. **2** トレムラント《オルガンで vibrato に似た効果を出す装置[音栓]；tremolo stop ともいう》.

trem·or [trémə | -mə(r)] 〘《c1385》□ OF *tremo(u)r* < L *tremōrem* fear, trembling, terror ← *tremere* 'to quiver, TREMBLE'〙 ── *n.* **1** (恐怖・衰弱などのための)震え，身震い，胴震い：A ～ of sheer fear passed over him. 全くの恐怖のために体中が震えた. **2** 声[音]の震え：There was a little ～ in her voice. 彼女の声は少し震えていた. **3** (快感・興奮などのための)心の震え，ぞくぞくする思い (thrill)：in a ～ of delight うれしさに心震えて. **4** おじ気，気おくれ (qualm)；おじ気[気おくれ]の種：face death without a ～ 死に当面してびくともしない. **5 a** 震動 (vibration). **b** (光・機械室・木の葉・水などの)微動，震え (slight quiver)：the ～ of a leaf 木の葉のそよぎ. **c** 小さな地震，(地震の)前ぶれ，余震：⇨ earth tremor. **6** 〘医学〙振戦(しんせん)，ふるえ：intention ～ 意図振戦《何かしようとする時に生じる》. **～·less** *adj.*

trem·or·ous [trémərəs] 〘⇨ ↑, -ous〙 *adj.* 震える；恐れおののく：a ～ voice.

trem·u·lant [trémjʊlənt] 〘□ ML *tremulant-em* (pres.p.) ← *tremulāre* 'to TREMBLE'：⇨ -ant〙 *adj.* **1** 震える，震動する. **2** 恐れおののく，震え上がる.

trem·u·lous [trémjʊləs] 〘《1611》← L *tremulus* shaking, quivering (← *tremere* 'to TREMBLE') + -OUS：TREMOLO と二重語〙 ── *adj.* **1** 震える，震動する，身震いする，おののく，わななく (shaking)：a ～ hand [forefinger, voice] 震える手[人差し指，声] / ～ leaves 震える木の葉. **2** 〈書いた物など〉震えた，ぶるぶるした：a ～ line ぶるぶるした線 / a ～ handwriting 震えた筆跡. **3** 臆病(おくびょう)な，気の弱い (timorous)：an abject and ～ spirit みじめな気の弱い精神. **4** 非常に敏感な：～ *to* calumny 陰口をひどく気にする. **～·ly** *adv.* **～·ness** *n.*

tre·nail [tríːnèɪl, trénḷ, trʌ́nḷ | tríːnèɪl, trénḷ] *n.* = treenail.

trench [tréntʃ] 〘《c1395》 *trenche* track cut through a wood □ OF (F *tranche*) act of cutting, slice ← *trenchier* to cut < VL *trincāre = L *truncāre* to cut off：⇨ truncate〙 ── *vt.* **1** 堀[塹壕(ざんごう)]で囲む[で固める]. **2** …に溝[堀]を掘る，あぜ[溝]を造る：～ the ground. **3** 〈田畑などを〉掘り返す，深く耕す：～ the garden, field, soil, etc. **4** 《廃》切って分ける，切断する；切り開く (cut). ── *vi.* **1** 溝[塹壕]を掘る. **2** 切断する (cut). **3** 〔権利などを〕侵害する (infringe)〔*on, upon*〕：～ *upon* a person's time 人の時間をつぶす. **4** 〔…に〕接近する，近い (verge)〔*on, upon*〕：an act ～*ing on* treason 反逆に近い行為. **5** 《廃》〔心の底・本質などに〕食い込む，しみ通る (enter)〔*into, unto*〕. ── *n.* **1** (深い)溝，堀，掘割り (ditch, fosse). **2** 〘軍事〙壕，塹壕；[*pl.*] 塹壕陣地：a dummy ～ にせ塹壕[陣地] / a cover ～ 掩壕(えんごう) / a fire ～ 戦闘壕，散兵壕 / mount the ～*es* 塹壕内の任務につく / open the ～*es* 塹壕作業を始める / relieve the ～*es* 塹壕勤務兵と交替する / search the ～*es* 榴(りゅう)散弾などで塹壕を砲撃する. **3** 〘地理〙海溝.

tren·chan·cy [tréntʃənsi | -sɪ] 〘⇨ ↓, -ancy〙 *n.* 鋭いこと，鋭利 (incisiveness).

tren·chant [tréntʃənt] 〘《a1325》□ OF ～ (F *tranchant*) (pres.p.) ← *trenchier* to cut：⇨ trench〙 ── *adj.* **1** 〈言葉・文章・論者など〉鋭い，痛烈な (incisive)；辛辣(しんらつ)な，刺すような (biting)：a ～ wit, style, etc. **2** はっきりした，くっきりした (distinct)：a ～ line. **3** 厳しい (vigorous)，激しい，徹底的な (thoroughgoing)：a ～ policy / a ～ warning 厳しい警告. **4** 《古・詩》鋭利な，切れ味のよい (sharp)：a ～ sword, blade, etc. **5** 〘動物〙〈歯・くちばしが〉肉裂き用の (sectorial)：a ～ tooth 犬歯. **～·ly** *adv.*

trénch còat *n.* **1** 〘軍事〙(ベルト付き)塹壕(ざんごう)用防水外套(がいとう). **2** トレンチコート《1 に似せたもので，共布のベルト・ポケット・肩ヨークなどがついている；多くの場合，防水加工をほどこした布地を使う》.

trénch dìgger *n.* 〘機械〙溝掘機，溝切機.

trenched *adj.* **1** 溝を掘った. **2** 塹壕(ざんごう)で固めた.

trén·cher[1] 〘《c1308》□ AF *trenchour* = OF *tranchouir* (F *tranchoir*) a cutting place, trencher ← OF *trenchier* to cut：⇨ trench〙 ── *n.* **1** 《古》 **a** (四角または丸い)木皿 (wooden platter). **b** (木皿に盛った)食物；飲食，食事 (supply of food)：lick the ～ へつらう. **c** (四角または丸い)平板. **2** = trencher cap. ── *attrib. adj.* **1 a** 木皿の[に関連する]：a ～ knife 《古》木皿用ナイフ. **b** 食事の[に関連する]：～ companions 飲食仲間. **2** 《古》寄食する，食客の，こびる (fawning)：some ～ knight さる食客の騎士.

trénch·er[2] 〘← TRENCH + -ER[1]〙 *n.* 壕(ごう)を掘る人，溝[堀]を掘る人.

tréncher càp *n.* 《俗》大学の角帽 (mortarboard).

tréncher-féd *adj.* 《英》〈猟犬が〉(狩猟クラブの犬舎でなく)各狩猟家の手もとで飼われている.

tréncher·man [-mən] 〘← TRENCHER[1] + MAN〙 ── *n.* (*pl.* **-men** [-mən, -mèn]) **1** 食う人 (eater)；(特に)よく食う人，大食家：a poor [good, stout, valiant] ～ 小[大]食家. **2** 《古》食客，寄食者，居候 (sponger).

tréncher tìme *n.* 食事時 (meal time).

trénch fèver *n.* 〘病理〙塹壕(ざんごう)熱《第一次大戦中，兵士に発生した，しらみの伝播(でんぱ)するリケッチア (rickettsia) による伝染病》.

trénch fòot *n.* 〘病理〙塹壕(ざんごう)足《長く塹壕内に立っているため湿気と寒気のために生じる足の病気；cf. immersion foot》.

trénch knìfe *n.* (白兵戦用の両刃の)短剣.

trénch mòrtar *n.* 〘軍事〙塹壕砲，迫撃砲，曲射砲.

trénch mòuth *n.* 〘病理〙塹壕(ざんごう)口腔炎 (⇨ Vincent's angina).

trénch plòw *n.* 深耕用のすき.

trénch wárfare *n.* 〘軍事〙塹壕(ざんごう)戦.

trend [trénd] 〘OE *trendan* to turn, revolve ← Gmc *trend-《原義》? split-off piece of a tree trunk, as a disk or wheel (OE *trinda* round lump / MHG *trendel* disk) < ? IE *der- to split：cf. trundle〙 ── *vi.* **1** (ある方向へ)進路[方向]を取る，向かう，傾く，向く (bend, go)：The coast ～*s* south [*toward(s)* the south, *to* the south]. 海岸は南に向いている. **2** 〈事態などが〉(ある方向に)傾く，向く，(ある)傾向を取る：Things are ～*ing toward* militarism [*away from* individualism]. 人心が次第に軍国主義に傾いて[ようやく個人主義を去ろうとして]いる / Prices are ～*ing upward* [*downward*] 物価は上向き[下向き]だ.
── *n.* **1** (道路・河川・山脈・海岸線などの)方向，傾き，向き：the north-to-south ～ 南北の方向 / The ～ of the coastline is toward the north. 海岸線の方向は北である. **2 a** 傾向，傾き，趨勢(すうせい)：the ～ of events 形勢 / the ～ of public opinion 世論の趨勢 / the ～ *to(ward)* nationalism 国家主義への傾向 / a strong socialist ～ in France today 現代フランスの強い社会主義的傾向 / He got his artistic ～ from his mother. 彼の芸術家的傾向は母親譲りだった. **b** 〘統計〙トレンド，傾向変動，趨勢：upward ～ of prices / global economic ～*s* 世界的に見た経済動向. **3** 流行(のスタイル) (vogue)：the new ～ in women's hairdo 最新流行の女性の髪型 / the ～ of white in bedrooms 寝室を白にする流行.

trénd·sètter *n.* 新しい流行を定着させる人[物].

trénd·sètting *adj.* 新しい流行を定着させる.

trend·y [tréndi | -dɪ] 〘← TREND + -Y[2,4]〙 ── *adj.* 《英口語》(**trend·i·er**; **-est**) 流行の先端を行く：a ～ London boutique 流行の先端を行くロンドンのあるブティック. ── *n.* 流行の先端を行く人，最新流行の服装をした人. **trénd·i·ly** [-dɪli, -də- | -lɪ] *adv.* **trénd·i·ness** *n.*

Treng·ga·nu [treŋgɑ́ːnuː] *n.* トレンガヌ《マレーシア北西部の州；人口 406,000，面積 12,950 km^2，首都 Kuala Trengganu》.

Trent [trént] 〘2：OE *Trente* ← Brit. *Trisantōn*《原義》? trespasser, i.e., river liable of floods ← *tri* through, across + *santōn* one who goes, travels〙 ── *n.* **1** トレント《イタリア北東部，Adige 川に沿う都市，人口 95,000；トレント公会議 (Council of Trent) の開催地 (1545-63) (cf. Tridentine)；イタリア語名 Trento，ドイツ語名 Trient》. **2** [the ～] イングランド中部，Staffordshire 州に発し，北流して Humber 川に注ぐ川 (275 km).

tren·tal [tréntḷ | -tl] 〘《1300》□ LL *trentāle* < VL *trenta ← L *trīgintā* thirty ← *trēs, tria* 'THREE' + *-gintā* (suf.) tens：cf. F *trente*〙 ── *n.* 〘カトリック〙(死者のために行なう)三十日間のミサ.

trente-et-qua·rante [trɑ́ːnteɪkərɑ́ːnt | -teɪ-; *F.* trɑ̃tekarɑ̃ːt] 〘□ F ～ 'thirty and forty'〙 *n.* 〘トランプ〙= rouge et noir.

Tren·te·pohl·i·a·ce·ae [trèntəpòʊliéɪsiìː | -təpəʊlɪ-] 〘← NL ～ ← *Trentepohlia* (属名：← *Johann F. Trentepohl* (18 世紀のドイツの植物学者) + -IA[1]) + -ACEAE〙 ── *n. pl.* 〘植物〙(藻類)スミレモ科. **trèn·te·pòhl·i·á·ceous** [-ʃəs] *adj.*

Tren·ti·no-Al·to A·di·ge [trentíːnoʊɑ́ːltoʊɑ́ːdɪdʒèɪ | -nəʊɑ́ːltəʊ-; *It.* trentíːnoáltoáːdidʒe] *n.* トレンティーノアルトアディジェ《イタリア北東部の自治州；その北部はもとオーストリア領 Tyrol の一部；第一次大戦の激戦地；首都 Trent》.

Tren·to [*It.* trénto] *n.* トレント《Trent のイタリア語名》.

Tren·ton [tréntn] 〘← *William Trent* (1655-1724：この市の創建者)：⇨ -ton〙 *n.* 米国 New Jersey 州の首都；Delaware 川にまたがる；人口 102,000.

tre·pan[1] [trɪpǽn, trə-] 〘n.：《a1400》□ ML *trepan-um* crown saw □ Gk *trúpanon* borer ← *trupân* to bore. ── v.：《a1400》□ (O)F *trépan-er*〙 ── *n.* **1** 〘鉱山〙(竪(たて)坑開鑿(かいさく)用)鑿坑機. **2** 〘機械〙筒鋸(つつのこ)(盤). **3** 〘外科〙トレパン，穿孔器，穿頭器. ── *vt.* (**tre·panned**; **-pan·ning**) **1** 〘外科〙(trepan で)穿孔[穿頭]する. **2** 〘機械〙筒鋸で切り抜く：a ～*ing* tool 丸板切抜き工具.

tre·pan[2] [trɪpǽn, trə-] 〘《古形》*trapan*《混成》← TRAP[1] + TREPAN[1]〙 ── 《古》 *vt.* (**tre·panned**; **-pan·ning**) **1** わなにかける，計略にのせる (entrap). **2** 誘う，誘惑する，そそのかす (lure)〔*into, to*〕〈*to do*〉. **3** だます (cheat)：～ a person *out of* a thing 人をだまして物を巻き上げる. ── *n.* **1** わなをかける人，策謀家，ぺてん師. **2** わな，策略 (trap). **tre·pán·ner** *n.*

trep·a·na·tion [trèpənéɪʃən] 〘《a1400》□ (O)F *trépanation* ← *trépaner* to perforate with a trepan ← *trépan* □ ML *trepanum* 'TREPAN[1]'〙 ── *n.* 〘外科〙穿孔(術)，頭蓋開口(術).

tre·pang [trɪpǽŋ, trə-, tríːpæŋ] 〘□ Malay *teripang*〙 ── *n.* 〘動物〙ナマコ (holothurian)；(特にキンコ《ナマコやキンコを煮て干した乾製品をいりこといい，中国ではスープにする；bêche-de-mer ともいう》.

treph·i·na·tion [trèfənéɪʃən | -fɪ-] 〘⇨ ↓, -ation〙 *n.* 〘外科〙= trepanation.

tre·phine [tríːfaɪn | trɪfíːn, tre-, trə-, -fáɪn] 〘《古形》*trafine* ← L *trēs finēs* three ends：TREPAN[1] の影響による変形〙〘外科〙 ── *n.* (穿頭用の)トレフィン，冠状のこ. ── [《米》ではまた trɪfáɪn, trə-] *vt.* 冠状のこぎりで手術する.

treph·o·cyte [tréfəsàɪt] 〘← Gk *tréphein* to feed + -CYTE〙 *n.* 〘動物〙栄養細胞《無脊椎(せきつい)動物の組織に栄養を与える細胞または血球》.

trep·id [trépɪd, -pəd | -pɪd] 〘□ L *trepid-us* scared：⇨ trepidation〙 *adj.* 小心な，臆病な (timorous).

trep·i·dant [trépədənt | -pɪ-] 〘□ L *trepidānt-em* (pres.p.) (↓)〙 *adj.* (恐怖・不安で)ぶるぶる震えている.

trep·i·da·tion [trèpədéɪʃən | -pɪ-] 〘《1605》□ L *trepidātiō(n-)* ← *trepidāre* to be agitated ← *trepidus* trembling〙 ── *n.* **1** (ぶるぶる震える)恐怖，戦慄(せんりつ) (alarm)；狼狽(ろうばい) (perturbation)：With ～ I stood near the door. 恐怖でおののきながら入口の近くに立っていた. **2** 《古》震動；(手足の)震え (tremor). **3** 〘病理〙振戦運動.

trep·o·ne·ma [trèpəníːmə] 〘← NL ～ ← Gk *trépain* to turn + NEMA〙 *n.* (*pl.* ～·**ta** [～ṭə | ～tə], ～**s**) 〘細菌〙トレポネーマ《回帰熱・梅毒などの病原体を含むスピロヘータ目 *Treponema* 属の微生物》.

trep·o·ne·mal [trèpəníːməl] 〘⇨ ↑, -al[1]〙 *adj.* 〘細菌〙 **1** トレポネーマが病原体の. **2** トレポネーマに作用する.

treponemata *n.* treponema の複数形.

trep·o·nem·a·tous [trèpənéməṭəs | -təs] *adj.* 〘細菌〙トレポネーマ菌の.

trep·o·ne·ma·to·sis [trèpəniːmətóʊsɪs, -səs | -tóʊsɪs] 〘← *Treponemat-* (← TREPONEMA) + -OSIS〙 *n.* 〘病理〙トレポネーマ症《梅毒など》.

trep·o·neme [trépəniːm] *n.* 〘細菌〙= treponema.

tres [trés] 〘□ L *trēs* 'THREE'〙 *adj.* 〘処方〙三つの (three).

-tre·si·a [tríːʒɪə, -ʒə | -zɪə, -zjə, -ʒɪə] 〘← NL ～ ← Gk *trēsis* perforation (cf. -trema) + -IA[1]〙「貫通 (perforation)」の意の名詞連結形：procto*tresia*.

tres·pass [tréspəs, -pæs | -pəs] 〘v.：《c1303》□ OF *trespass-er* (F *trépasser*) to go beyond ← *tres* across (< L *trāns* 'TRANS-') + *passer* 'to PASS[1]'. ── n.：《c1300》□ OF *trespas* (F *trépas*) ← (v.)〙 ── *vi.* **1** 〔他人の時間・好意・寛容などに〕侵入する，つけ込む，〔…を〕よいことにする，〔人に〕迷惑を掛ける，邪魔する (encroach)〔*on, upon*〕：～ *on* a person's hospitality 人の親切をよいことにしてごちそうにあずかる / ～ *on* a person's preserves 人の領分に手を出す[でしゃばる] / I won't ～ *on* your time any longer. これ以上お邪魔はいたしません / May I ～ *on* you for the mustard? からしを取ってくれませんか. **2** 〔法律などに〕違反する，罪を犯す，もとる (sin)〔*against*〕：～ *against* the law 法律を犯す. **3** 〘法律〙他人の権利を侵害する，〔他人の土地に〕不法侵入する〔*on, upon*〕：If A's cattle ～ *on* B's land, B can impound them. A の家畜が B の土地に侵入したならば B はこれを囲いの中に入れることができる / ～ in search of game 獲物を捜して他人の土地に侵入する / No ～*ing*. [掲示] 立入禁止. **4** 《廃》死ぬ (die). ── *vt.* 《まれ》犯す，破る (violate)：～ the Pope's commandment 教皇の命令に背く.
── *n.* **1** 〔他人の時間・好意・忍耐などへの〕侵入，迷惑，邪魔 (encroachment)〔*on, upon*〕：One ～ more I must make *on* your patience. もう一つだけ御辛抱を願わなければならない事があります. **2** (宗教・道徳上の)罪過，罪 (sin, offense). **3** 〘法律〙 **a** (他人の身体・財産・権利に対する)不法侵害，権利侵害，不法侵入(罪). **b** 不法侵害訴訟《action of trespass ともいう》.

trés·pass·er 〘ME *trespasour*：⇨ ↑, -er[1]〙 ── *n.* 不法侵入者，(特に)他人の土地に侵入する人：*Trespassers* will be prosecuted. [掲示] 無断侵入者は告発されます.

tréspass òffering *n.* (古代ユダヤの)罪のあがないのささげ物，咎(とが)の供えもの，罪祭，愆祭(けんさい) (cf. *Lev.* 5：6；6：5).

tress [trés] 〘《c1300》□ (O)F *tresse* plait or braid of hair ← ?：cf. L *tricae* (pl.) trifles / Frank. *thrēhja twisted〙 ── *n.* **1** 《古》(通例，婦人の)一房の編んだ[結った]髪 (plait, braid). **2** [通例 *pl.*] (婦人の束ねてない)房々した髪：golden ～*es* 房々した金髪. ── *vt.* 〈髪を〉房にする[編む，結う].

-tress [trɪs, trəs | trɪs, tres, trəs] 〘⇨ -tor, -ess[1]〙 *suf.* 男性の -tor に対応する女性名詞を造る：ac*tress* (cf. actor).

tressed 〘ME〙 *adj.* **1** 〈頭髪が〉束ねた，結った，巻いた，編んだ. **2** [通例複合語の第 2 構成素として] (…の)髪をした：a golden-*tressed* girl 金髪の少女.

tres·sel [trésəl, -sḷ] *n.* = trestle.

tres·sure [tréʃə | -ʃə(r)] 〘《15C》□ OF *tress(e)ure* braid of hair ← *tresse* 'TRESS'：⇨ -ure ∽ 《a1310》 *tressour* □ OF < L *triciātōrium：⇨ -our〙 ── *n.* **1** 〘紋章〙orle の幅の狭い帯《2 本が多く 3 本もまれにあるが，1 本のものはほとんどない；単に tressures といえば 2 本のものを指す；⇨ heraldry 挿絵 D》. **2** 〘造幣〙貨幣面の意匠を囲むへり飾り.

tress·y [trési | -sɪ] 〘← TRESS + -Y[4]〙 *adj.* (**tress·i·er**; **-i·est**) 《古》髪の房々した.

tres·tine [tréstaɪn] 〘← L *trēs* 'THREE' + TINE[1]〙 *n.* = royal antler.

tres·tle [trésḷ|trʌ́sḷ|trésḷ] 〖(?a1300) ◻ OF *trestel* (F *tréteau*) transom, beam < VL **transtellum* (dim.) ← L *transtrum* 'crossbeam, TRANSOM': ⇨ -le¹〗 —— *n.* **1** トレッスル, 架台, うま《組んだ棒の上部に横材を載せたもの; 二つ並べてテーブルなどの台とする》. **2** 〖土木〗 **a** 構脚《トレッスル橋 (trestle bridge) の台となる》. **b** =trestle bridge.

trestle 1

tréstle brìdge *n.* 〖土木〗トレッスル橋, 構脚橋, 陸橋.
tréstle tàble *n.* トレッスルテーブル《うま (trestle) を二, 三個並べた上に支えられているテーブル; 脚部は横木で補強してあることが多い》.
tréstle·trèe *n.* [通例 *pl.*] 〖海事〗檣頭(しょうとう)縦材, マスト縦けた.
tréstle·wòrk *n.* 〖土木〗トレスル工, 構脚工《陸橋・足場などの脚組み》.
tret [trét] 〖(a1500) ◻ AF & OF ~ 《変形》← *trait* act of drawing, a draught, transportation: cf. trait, tract¹〗 —— *n.* 〖商業〗減損見積り添量, 入れ目, 歩増し《昔ある種の商品 104 ポンドにつき 4 ポンドずつを運送中の減損見積りとして添えたもの》.

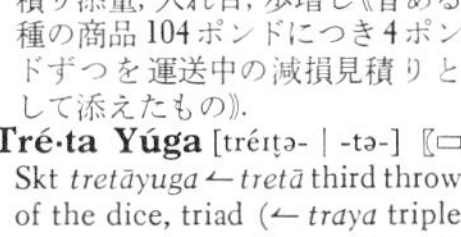

Tré·ta Yúga [tréɪṭə-|-tə-] 〖◻ Skt *tretāyuga* ← *tretā* third throw of the dice, triad (← *traya* triple ← *tri* 'THREE')+*yuga* 'YUGA'〗 —— *n.* 〖ヒンズー教〗薄明時代 (⇨ Yuga).

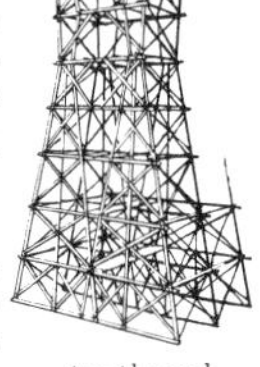
trestlework

tre·val·ly [trɪvǽli, trə-|-lɪ] 〖← ?〗 *n.* 〖魚類〗オーストラリア産アジ科の食用魚 (*Caranx georgianus*).
Tre·vel·yan [trɪvéljən, trə-, -víl-|trɪvíljən, trə-, -vél-], **George Macaulay** *n.* (1876–1962) 英国の歴史家; G.O. Trevelyan の子; *History of England* (1926), *English Social History* (1944).
Trevelyan, Sir **George Otto** *n.* (1838–1928) 英国の歴史家・政治家; T. B. Macaulay のおい; *The Life and Letters of Lord Macaulay* (1876).
Treves [tríːvz] 〖◻F *Trèves*〗 *n.* トリール, トレブ《西ドイツ Rhineland-Palatinate 州 Moselle 河畔の都市; 人口 104,000; ドイツ語名 Trier》.
Tre·vi·so [trəvíːzoʊ|trɪvíːzəʊ, trə-; *It.* trevíːzo] *n.* トレビゾ《イタリア北東部の都市; 人口 92,000》.
Tre·vi·thick [trévəθɪk|-vɪ-], **Richard** *n.* (1771–1833) 英国の機械技師; 初めて蒸気機関車を作った (1804).
Trev·or [trévə|-və(r] 〖◻ Welsh *Trefor* ← *tref* homestead+*mawr* great〗 *n.* 男性名.
trews [trúːz] 〖(a1568) ◻ Ir. *trius* // Gael. *triubhas* 《変形》← *trouse*: ⇨ trousers〗 —— *n. pl.* **1** タータン地 (tartan) の細いズボン《スコットランド連隊の兵士が着用する》. **2** (スコットランド高地人がキルト (kilt) の下に着用する)細く短めのタータン地のパンツ.
trey [tréɪ] 〖(c1390) ◻ OF *trei(s)* (F *trois*) < L *trēs* 'THREE'〗 —— *n.* **1** (トランプの) 3 の札, (さいの)3; (トランプ・さいの) 3 点 (cf. ace 1). **2** 《英俗》三つ組; 3 ペンス貨幣.
TRF, t.r.f., T.R.F. 《略》tuned radio frequency.
T.R.H. 《略》Their Royal Highnesses.
tri [tráɪ] *n.* =trimaran.
tri- [traɪ] 〖← L *trēs, tria* three ◻ Gk *treîs, tría* three, *tris* thrice〗「三, 三重, 三倍」などの意の連結形.
tri·a·ble [tráɪəbl] 〖(15C) ◻ AF ~: ⇨ try, -able〗 —— *adj.* **1** 《廃》試みることのできる; 試みるに足る, 試験することのできる. **2** 〖法律〗公判に付することのできる. **~·ness** *n.*
tri·ac [tráɪæk] 〖← TRI(ODE)+*a(lternating)-c(urrent switch)*〗 *n.* 〖電子工学〗トライアック《交流制御用 3 端子サイリスター》.
Tri·a·can·thi·dae [tràɪəkǽnθədiː|-θɪ-] 〖← NL ~ ← *Triacantha* (属名: ← TRI-+ACANTHA)+-IDAE〗 *n. pl.* 〖魚類〗ギマ科.
tri·ac·e·tate [traɪǽsətèɪt] 〖← TRI-+ACETATE〗 *n.* **1** 〖化学〗三酢酸塩[エステル]. **2** 三酢酸セルロース; それからなる繊維[織物].
tri·ac·e·tin [traɪǽsətn, -tɪn, -tən|-sɪtɪn] 〖← TRI-+ACETIN〗 *n.* 〖化学〗トリアセチン (⇨ acetin c).
tri·a·ce·tyl·o·le·an·do·my·cin [traɪəsìːṭəlòʊliæ̀ndəmáɪsn, traɪæ̀səṭəl-, -ṭḷ-|traɪæ̀sɪtɪləʊliæ̀ndəmáɪsɪn] 〖← TRI-+ACETYL+OLEANDOMYCIN〗 —— *n.* 〖薬学〗三アセチルオレアンドマイシン ($C_{41}H_{67}NO_{15}$)《抗生物質の一種》.
tri·ac·id [traɪǽsɪd, -səd|-sɪd] 〖← TRI-+ACID〗 〖化学〗 *adj.* 一塩基酸の 3 分子と化合する, 三酸…: a ~ base 三酸塩基. —— *n.* 三塩基酸.
tri·a·con·ta·nó·ic ácid [traɪəkɑ̀ntənóʊɪk-|-kɔ̀ntənə́ʊ-] 〖← Gk *triákonta* thirty+-ANE²+-IC¹〗 *n.* 〖化学〗トリアコンタン酸 (⇨ melissic acid).
tri·ad [tráɪæd, -əd|-əd, -æd] 〖(1546) ◻ L *triad-* ← *trias* ◻ Gk *triás* group of three: ⇨ -ad¹〗 —— *n.* **1** 三人組, 三つ組, 三幅対, 三人関係 (cf. monad, dyad). **2** 〖音楽〗三和音《ある音とその上の三度音および五度音の 3 音から成る和音》. **3** 〖化学〗 **a** 三価の元素[原子, 塩基]. **b** 三組元素《性質が類似の三組の元素; 例えば chlorine, bromine, iodine など》. **4** (中世ケルト文学の)三題詩; 三つ組表現法《例: Three things that ruin wisdom: ignorance, inaccurate knowledge, forgetfulness.》. **5** 〖医学〗三主徴, 三徴候 (trias, trilogy). **~·ic** [traɪǽdɪk] *adj.* **~·i·cal·ly** *adv.*
tri·a·del·phous [tràɪədélfəs] 〖← TRI-+-ADELPHOUS〗 *adj.* 〖植物〗雄蕊(ずい)が三体からなる, 三体雄蕊の (cf. monadelphous, diadelphous, polyadelphous).
tri·age [triɑ́ːʒ, tríːɑːʒ|triɑ́ːʒ, tríːɑːʒ; *F.* triaːʒ] 〖◻ F ~ 'a sifting' ← *trier* to sift: ⇨ try, -age〗 —— *n.* **1** (前線・災害地などでの)患者の仕分け, 負傷兵[者]選別《負傷の程度・症状によってどの病院へ送付するかなどを定めること》. **2** 《英》 **a** (商品の)選別格付. **b** 格付が最低のコーヒー豆.
tri·a·kid [tráɪəkɪd, traɪǽk-, -kəd|-kɪd] 〖← NL *Triakid-al* ← Gk *triákis* thrice+-IDAL: 歯が三叉に尖っていることから〗 〖魚類〗 —— *adj.* ドチザメ科の. —— *n.* ホシザメ (smooth dogfish).
tri·al¹ [tráɪəl, tráɪl] 〖(1526) ◻ AF ~ ← *trier* 'to TRY': ⇨ -al²〗 —— *n.* **1** 試み, ためし, 吟味, 試験, 実験 (test, experiment) 〔*of*〕: the ~ *of* a new airplane 新型飛行機の試験 / make (a) ~ *of* his intelligence 彼の知力をためしてみる / run a ~ 試運転をする / by way of ~ 試みとして, ためしに / give a person [thing] a ~ 人[物]をためしに使ってみる / He has been making ~*s with* an airplane. 彼は飛行機の試験をしてきた / I shall put it to further ~. 更にためしてみよう. **2** 試練, 苦難, 辛苦, 苦しみ, 災難 (affliction, trouble): ~*s* of life 人生の苦難 / the hour of ~ 試練の時. **3** うるさい人[物], 困りもの, やっかいもの (nuisance) 〔*to*〕: a ~ *to* patience うるさいこと / A dog that barks all night is rather a ~. 一晩中ほえる犬は実にやっかいだ / The boy [The piano next door] is a great ~. あの子は実に困る[隣りのピアノは実にうるさい]. **4** 〖法律〗裁判, 公判, 審理 (judicial examination): a criminal ~ 刑事裁判 / the first ~ 第一審 / a new ~ 再審 / move for a new ~ 再審を請求する / a public ~ 公判 / a ~ by jury 陪審裁判 / a ~ of a man for theft 窃盗犯人の公判 / stand one's ~=take [undergo] one's ~ 裁判を受ける / bring a person to ~=put a person on his ~ 人を公判に付する. **5** 〖スポーツ〗予選(試合) (trial match). **6** 〖窯業〗色見《焼成状態を知るために炉内に入れる小さな素地; 焼成のいろいろな段階で炉から取出して調べる》. **7** 企て (attempt), 努力 (effort): I proposed to make a ~ *for* landing. 上陸を企ててみようと申し出た.
on trial (1) ためして見ると, 試験の結果: It proved excellent *on* ~. ためしてみると優秀であった. (2) 試験の上で, ためしに: take [have, employ] a person [thing] *on* ~ 人[物]をためし[試験的]に採用する. (3) 公判に付されて: He is *on* ~ for a theft. 窃盗罪で公判中である. ***on one's trial*** (1) ためされて, 試験中で: He [It] is *on his* [*its*] ~. 彼[それ]は試験中である. (2) 審問されて, 審理中で, 公判に付されて (cf. 4): He is *on his* ~. 公判中である.
trial and error 〖心理〗試行錯誤《問題を解決するのに種々の方法を無計画に試みて失敗すればまた別の仕方でやり直すという方法》: the rule [method] of ~ *and error* 試行錯誤法.
trial by battle [combat] 〖英史〗決闘裁判 (judicial combat)《当事者を格闘[決闘]させて行なう裁判; Norman 朝時代に大陸から導入され, 1819 年廃止; cf. grand assize》.
—— *attrib. adj.* 試みの, ためしの, 試験の; 予選の: ~ boring 試掘 / a ~ cruise (船の)試運転 / a ~ flight 試験飛行 / a ~ match 予選試合 / a ~ subscription 試験的講読.
tri·al² [tráɪəl] 〖← TRI-+(DU)AL〗 〖文法〗 —— *adj.* 三数の. —— *n.* 三数《三つの事物を指すのに用いられる数を表わす文法範疇; ポリネシア, メラネシア諸語に認められる; cf. dual, quadrual》.
tríal bálance *n.* 〖簿記〗試算表.
tríal ballóon *n.* **1** 測風[探測]気球 (pilot balloon). **2** (世論の動向を探るための)試案, さぐり.
tríal cóurt *n.* 〖法律〗(上訴裁判所 (appellate court) に対して)第一審[事実審]裁判所.
tríal dòcket *n.* 〖法律〗=docket 1 a.
tríal éights *n. pl.* (ボートレース出場を決める 2 チームの)予備レース.
tríal exàminer *n.* 〖法律〗行政審査官《種々の行政的問題を審査し, 勧告を付して行政機関に事実について調査報告をする官吏》.
tríal hórse *n.* 《口語》(チャンピオンなどの)練習試合の相手, 調整用の相手.
tri·al·ism [tráɪəlɪzm] 〖◻ G *Trialism-us* ← TRI-+*-alismus*: *Dualismus* 'DUALISM' にならった造語〗 *n.* 三国連邦主義.
trí·al·ist [-lɪst, -ləst|-lɪst] *n.* 三国連邦主義者.
tríal jùdge *n.* 第一審判事.
tríal júry *n.* 《米》〖法律〗審理陪審, 小陪審 (petty jury) (cf. grand jury).
tríal làwyer *n.* (第一審の裁判所で主として弁論する)公判弁護士《事務所で法的事務を処理する弁護士や上訴審で弁論する弁護士に対していう》.
tríal márriage *n.* 契約結婚 (cf. companionate marriage).
tri·a·logue [tráɪəlɔ̀(ː)g, -lɑ̀g|-lɔ̀g] *n.* 三人劇; 鼎談(ていだん).
tríal rún [tríp] *n.* 試運転, 試乗; 試験.
tri·am·cin·o·lone [tràɪæmsínəlòʊn, -nḷ-|-nələʊn] 〖← TRI-+*-amcin-* (← ?)+(PREDNIS)OLONE〗 —— *n.* 〖薬学〗トリアムシノロン ($C_{21}H_{27}FO_6$)《乾癬(かんせん)・アレルギー性皮膚疾患の治療用》.
tri·an·drous [traɪǽndrəs] 〖← NL *triandr-us*: ⇨ tri-, -androus〗 *adj.* 〖植物〗三雄蕊(ずい)の.
tri·an·gle [tráɪæŋgl] 〖(a1398) ◻ (O)F ~ // L *triangul-um* three-cornered ← TRI-+*angulus* 'ANGLE¹'〗 —— *n.* **1** 〖数学〗三角形: an equilateral ~ 正[等辺]三角形 / an isosceles [a scalene] ~ 二等辺[不等辺]三角形 / a right-[an acute-, an obtuse-]angled ~ 直[鋭, 鈍]角三角形 / a spherical ~ 球面三角形. **2** 三角形の物[記章]: a red ~ 赤色の三角形《Y.M.C.A. の標章》/ a ~ of land 三角形の土地. **3** 三角定規. **4** 三人組; 三角関係: the (eternal) ~ (恋愛の)三角関係. **5** [通例 *pl.*] (昔, 英国軍隊の)三角叉《3 本の斧槍 (halberd) を組み合わせ刑罰を受ける兵士をこれに縛りつけたもの》. **6** 〖音楽〗トライアングル《三角形の金属製打楽器》. **7** 〖海事〗三脚[剃股(ていこ)]起重機. **8** [the T-] 〖天文〗さんかく(三角)座 (⇨ Triangulum). **9** 〖紋章〗トライアングル《正三角形のチェック図形; 見方によって正三角形が正逆になるので countertriangle ともいう》.
triangle of forces 〖機械〗力の三角形《一点に作用する二力の合力を求める作図法; cf. force polygon》.
tríangle inequàlity *n.* 〖数学〗三角形不等式《二つの数またはベクトルの和の絶対値は, それらの数またはベクトルの絶対値の和を超えないということを表わす不等式》.
tri·an·gu·lar [traɪǽŋgjʊlə|traɪǽŋgjʊlə(r, trɪ-] 〖(1541) ◻ LL *triangulār-is* ← L *triangulum* 'TRIANGLE'+*-āris* '-AR¹'〗 —— *adj.* **1** 三角形の, 三角の: a ~ ruler 三角定規. **2** (底面または断面が)三角形の: a ~ table 三角テーブル / a ~ prism 三角柱. **3 a** 三部から成る, 三重の (triple). **b** 〖軍事〗〈師団など〉三部隊を基幹とする, 三部隊編成の. **4** 三つの物の, 三部の, 三人の, 三者間の: a ~ duel [fight] 三人間の決闘[争闘] / a ~ situation (小説・劇における)三角関係 / a ~ love affair 男女の三角関係 / a ~ treaty 三国条約.
triángular cómpass *n.* 三脚規[コンパス].
tri·an·gu·lar·i·ty [traɪæ̀ŋgjʊlǽrəṭi|traɪæ̀ŋgjʊlǽrətɪ, trɪ-, tràɪæŋ-, -lér-, -rɪ-] 〖⇨ -ity〗 *n.* 三角形であること, 三角形.
tri·án·gu·lar·ly *adv.* 三角形をなして; 三角(形)的に; 三重に.
triángular màtrix *n.* 〖数学〗三角行列《主対角線の右上または左下の要素がすべて 0 である正方行列》.
triángular númbers *n. pl.* 〖数学〗三角数《正三角形に並べられる数, すなわち 1, 3, 6, 10, 15, etc.; 初項 1, 公差 1 の等差数列 1, 2, 3, 4, 5, etc. の数を初めから順次に加えて得られる; cf. square number》.
triángular tráde *n.* 三角貿易《三国間で相互循環的に輸出入を行なう貿易の形態》.
tri·an·gu·late 〖◻ ML *triangulāt-us*: ⇨ triangle, -ate²,³〗 —— [traɪǽŋgjʊlɪt, -lət, -lèɪt|traɪ-, trɪ-] *adj.* **1** 三角形の (triangular). **2** 三角模様のある; 三角形から成る. —— [-lèɪt] *vt.* **1** 三角形にする. **2** 三角形に分ける. **3** 〖測量〗…の三角測量をする; 三角法で決定する. **~·ly** *adv.*
tri·an·gu·la·tion [traɪæ̀ŋgjʊléɪʃən|traɪæ̀ŋ-, trɪ-, tràɪæŋ-] 〖◻ ML *triangulātiō(n-)* ← **triangulāre* to make triangles: ⇨ ↑, -ation〗 —— *n.* **1** 〖測量〗 **a** 三角測量 (cf. trilateration). **b** (三角測量によって設定された)三角網. **2** 三角形に分割すること.
tri·an·gu·loid [traɪǽŋgjʊlɔ̀ɪd|traɪ-, trɪ-] 〖⇨ triangle, -oid〗 *adj.* ほぼ三角形の.
Tri·an·gu·lum [traɪǽŋgjʊləm] 〖◻ L ~: ⇨ triangle〗 *n.* 〖天文〗さんかく(三角)座《北天の星座; the Triangle ともいう》.
Triángulum Aus·trá·le [-ɔːstréɪli|-lɪ] 〖◻ L ~ 'southern triangle'〗 —— *n.* 〖天文〗みなみのさんかく(南の三角)座《南天の小星座; the Southern Triangle ともいう》.
tri·an·te·lope [traɪǽnṭəlòʊp, -ṭḷ-|-tɪləʊp] 〖《転訛》← TARANTULA〗 *n.* 〖動物〗オーストラリアに生息する *Voconia* 属の大型で体が平たいクモの総称.
tri·ap·sal [traɪǽpsəl, -sḷ] 〖← TRI-+APSE+-AL¹〗 *adj.* 〖建築〗三つのアプス (apses) をもつ, 三葉形アプスの.
tri·ap·si·dal [traɪǽpsədḷ|-sɪ-] 〖← TRI-+APSIDAL〗 *adj.* 〖建築〗=triapsal.
tri·arch [tráɪɑək|-ɑːk] 〖← TRI-+-ARCH〗 *adj.* 〖植物〗〈根が〉三原型の《中心柱に三本の木部がはしっている型にいう; cf. monarch³》.
tri·ar·chy [tráɪɑəki|-ɑːkɪ] 〖(1601) ← TRI-+-ARCHY〗 —— *n.* **1** 三頭政治. **2** 三頭政治をする三人組 (triumvirate). **3** 三人の統治者に治められる国. **4** (それぞれの統治者をもつ)三つの地域から成る国. **5** 同盟三か国, 三か国連合.
tri·ar·yl [traɪǽrɪl, -rəl|-rɪl] 〖← TRI-+ARYL〗 *adj.* 〖化学〗アリール (aryl) 基を 3 個有する, トリアリールの.
triàryl·méthane dýe 〖⇨ ↑, methane〗 —— *n.* 〖化学〗トリアリールメタン系染料《炭素 1 原子を中心に三つのアリール基が結合した化合物を主成分とし, 綿・毛・絹の染色に専ら用いる》.
tri·as [tráɪæs, -əs|-əs, -æs] 〖◻ L ~: ⇨ triad〗 *n.* 〖医学〗=triad 5.
Tri·as [tráɪəs] 〖(1610) ◻ LL *trias* the number three ◻ Gk *triás* 'TRIAD'〗 *adj., n.* 〖地質〗=Triassic.
Tri·as·sic [traɪǽsɪk] 〖(1841): ⇨ ↑, -ic¹〗 〖地質〗 —— *adj.* 三畳紀[系]の: the ~ period [system] 三畳紀

[系]. ── [the ～] n. 三畳紀[系]《中生代 (Mesozoic era) の三つの時代区分の最古のもの；すなわち古生代の二畳紀 (Permian period) に次ぎ中生代のジュラ紀 (Jurassic period) の前》.

tri·át·ic stáy [traɪǽtɪk- | -tɪk-] 〖triatic: ? ← TRI-＋-ATE[2]＋-IC[1]〗 n. 〘海事〙 ＝jumper stay.

tri·a·tom·ic [tràɪətɑ́mɪk | -tɔ́m-] 〖← TRI-＋ATOM＋-IC[1]〗 adj. 〘化学〙 **1** 1分子中に3原子を有する. **2** 三つの置換しうる原子を有する. **3** 三価の.

tri·ax·i·al [tràɪǽksiəl | -sɪəl, -sjəl] 〖← TRI-＋AXIAL〗 adj. 三軸の. **tri·ax·i·al·i·ty** [traɪæ̀ksiǽləti | -sɪǽlɪtɪ, -lɪ-] n.

tri·a·zine [tráɪəzìːn, tràɪǽziːn, -zɪn, -zən | tráɪəziːn, tràɪǽziːn] 〖← TRI-＋AZINE〗 ── n. 〘化学〙 **1** トリアジン《窒素3原子と炭素3原子から成る環式化合物 ($C_3H_3N_3$)》. **2** トリアジン誘導体.

tri·a·zo·ic [tràɪeɪzóuɪk, -əzóu- | -əzə́u-, -æzə́u-] 〖← TRI-＋AZO-＋-IC[1]〗 adj. 〘化学〙 ＝hydrazoic.

tri·a·zole [tráɪəzòul, tràɪǽzoul | tráɪəzəul, tràɪǽzəul] 〖← TRI-＋AZOLE〗 ── n. 〘化学〙 **1** トリアゾール《窒素3原子と炭素2原子から成る環式化合物 ($C_2H_3N_3$)》. **2** トリアゾール誘導体. **tri·a·zol·ic** [tràɪəzɑ́lɪk | -zɔ́l-] adj.

trib. 《略》 tribal; tributary, tributaries.

trib·ade [tríbəd, trɪbɑ́ːd, trə-, -bǽd] 〖□ F ～ ∥ L tribad- ← tribas rubbing □ Gk tríbos ← tríbein to rub〗 n. tribadism で男性の役割をする女性.

trib·a·dism [tríbədìzm] n. 擦淫《女性同士の(擬似)性交》.

trib·al [tráɪbəl] 〖《1632》← L tribus 'TRIBE'＋-AL[1]〗 adj. 種族の, 部族の: ～ customs, gods, legends, etc. / ～ loyalties 部族への忠誠心.

tríb·al·ìsm [-lìzm] n. **1** 種族組織[生活, 根性], 種族の特徴. **2** (強い)同族意識.

trí·bal·ly [-bəli | -lɪ] adv. 種族的に.

tri·ba·sic [tràɪbéɪsɪk] 〖← TRI-＋BASIC〗 adj. 〘化学〙 **1** 〈酸が〉三塩基の. **2** 一価の塩基性原子3個を有する. **tri·ba·sic·i·ty** [tràɪbeɪsísəti | -sətɪ, -sɪtɪ] n.

tribásic sódium phósphate n. 〘化学〙 ＝sodium phosphate c.

tribe [tráɪb] 〖《c1390》 trybe □ L trib-us ∽ 《c1250》 tribu □ (O)F □ L tribus 《原義》 the third part of the Roman people ← TRI-＋IE *bhū, *bheu- to be〗 ── n. **1** 種族, 部族《同一の血統・制度・慣習をもち, 上に族長をいただいて群居する》: the Arab [Red Indian, Mongol] ～s アラブ[赤色インディアン, モンゴル]族. **2** (未開社会の)部族, 種族: warlike ～s of Indians 好戦的なインディアンの部族. **3** (古代イスラエル人の)支族, 部族: the ten ～s (十二支族 (tribes of Israel) から Judah と Benjamin を除いた)十支族 / ⇨ lost tribes. **4** 《戯言》 連中, 階級, 手合い, やから (class, lot): the ～ of artists 芸術家仲間 / the scribbling ～ 文士連 / the Tribe of Ben ベンの一党《Ben Jonson の文学者仲間・門人連が彼の晩年に自ら称(とな)えた名》. **5** [pl.] 多数の人々[動物]; 群れ (troop): ～s of children 大勢の子供たち. **6** (大人数の)家族 (family). **7** 〘ローマ史〙 部族《政治上の区分を代表するもので最初三つであったが, 後には Servius Tullius によって30とされ, 更に35となった; cf. curia 1 a》. **8** (古代ギリシャの)部族 (phyle). **9** 〘生物〙 族, 類《通例, 目 (order) と属 (genus) の間の group に漠然(ばく)と用いる; cf. classification 1 b》: the dog ～ 犬族 / a ～ of birds 鳥の一つの類. **10** 〘畜産〙 (同一の雌を祖とする)母系の子孫.

tribes of Israel [the ―] 〘聖書〙 イスラエルの十二支族《ヤコブ (Jacob) の子の子孫; 十二支族は次の通り: Reuben, Simeon, Gad, Judah, Issachar, Zebulun, Joseph, Manasseh, Benjamin, Dan, Asher, Naphtali; ただし聖書の記事には多少異同があり, Levi, Ephraim を加えることもある》.

～·less adj.

-tribe [ˌ─tràɪb] 〖← Gk tríbein to rub〗 「こするもの」の意の名詞連結形: pleurotribe.

tribe·let [tráɪblɪt, -lət] 〖← TRIBE＋-LET〗 n. 小支族, 小部族.

tríbes·man [tráɪbzmən] 〖《1798》← TRIBE＋-S[2] 2＋MAN[1]〗 n. (pl. -men [-mən, -mèn]) 種族の一員, 部族民: hill tribesmen 山岳部族民.

tríbes·man·shìp n. 種族民であること.

tríbes·pèople n. pl. 部族[種族]民.

trib·let [tríblɪt, -lət] 〖《1611》□ F triboulet ← ? OF tribouler to press, afflict (□ LL tribulāre to oppress, afflict)＋-ET: cf. tribulation〗 ── n. (環・管・ナットなどを造るのに用いる)心軸, 心棒 (mandrel).

tri·bo- [tráɪbo(u), tríb- | -bə(u)] 〖← Gk tríbein to rub〗 「摩擦」の意の連結形: tribophysics.

trìbo·electrícity n. 〘電気〙 摩擦電気. **trìbo·eléctric** adj.

tri·bol·o·gy [traɪbɑ́lədʒi, trɪ-, trə- | traɪbɔ́lədʒɪ, trɪ-] 〖← TRIBO-＋-LOGY〗 ── n. 《英》 摩擦学《相対的に運動する接触面の摩擦・摩耗・潤滑などに関する学問分野》. **tri·bo·log·i·cal** [tràɪbəlɑ́dʒɪkəl, -dʒə- | -lɔ́dʒɪ-] adj. **tri·bó·lo·gist** [-dʒɪst, -dʒəst | -dʒɪst] n.

trìbo·luminéscence n. 〘光学〙 摩擦ルミネッセンス《物体を互いに摩擦するときに発する光》. **trìbo·luminéscent** adj.

tri·bom·e·ter [traɪbɑ́mətə | -bɔ́mɪtə(r, -mə-] n. 摩擦計.

trìbo·phýsics n. 摩擦物理学.

tri·brach [tráɪbræk, tríb- | tríb-] 〖《1589》□ L tribrach-ys □ Gk tríbrakhus consisting of three short syllables ← TRI-＋brakhús short〗 ── n. **1** 〘古典詩学〙 三短格, 短短短格 (⏑⏑⏑). **2** 〘測量〙 (測量器スタンド上部の)指方規・視準標などを支える枠. **～·ic** [traɪbrǽkɪk, trɪ-, trə- | trɪ-] adj.

tri·bro·mide [traɪbróumaɪd | -brə́u-] 〖← TRI-＋BROMIDE〗 n. 〘化学〙 三臭化物.

tri·bro·mo·eth·a·nol [traɪbròumo(u)éθənɔ̀(ː)l, -nòul | -brə̀umə(u)éθɪnɔ̀l] 〖← TRI-＋BROMO-＋ETHANOL〗 ── n. 〘薬学〙 トリブロモエタノール (CBr_3CH_2OH)《麻酔剤》.

trib·u·late [tríbjulèɪt] 〖← L tribulāt-us ← tribulāre (↓): ⇨ -ate[3]〗 vt. …に困苦[艱難(かん)]を与える.

trib·u·la·tion [trìbjuléɪʃən] 〖《?a1200》□ (O)F ～ ∥ L tribulātiō(n-) ← tribulāre to afflict ← tribulum instrument for threshing ← trī- (← terere to rub)＋-bulum (「道具」を表わす接尾辞)〗 ── n. (迫害などによる)苦難, 困苦, 艱難(かん), 災難 (distress): in great ～ ひどく苦しんで / ～s of all kinds あらゆる種類の艱難.

tri·bu·nal [traɪbjúːnl, trɪ-, trə- | traɪ-, trɪ-] 〖《1526》□ (O)F ～ ∥ LL tribūnāle ← L tribūnus 'TRIBUNE[1], judgment seat': ⇨ -al[1]〗 ── n. **1** 裁判所, 法廷《また, 正規の司法体系外で, 司法的および準司法的 (quasi-judicial) 機能を行使する機関について用いられることが多い》: the Hague Tribunal ハーグ国際司法裁判所. **2** 判事席, 法官席. **3** 世間の批判, さばき, 審判: by the ～ of public opinion 世論のさばきによって.

trib·u·nar·y [tríbjunèri | -nəri] 〖← TRIBUNE[1]＋-ARY〗 adj. 護民官の.

trib·u·nate [tríbjunèɪt, -nət, -nɪt | -nət, -nèɪt, -nɪt] 〖□ L tribūnāt-us: ⇨ ↓, -ate[1]〗 n. 〘ローマ史〙 護民官の職[地位, 任期]; [集合的] 護民官連 (tribunes).

trib·une[1] [tríbjuːn, trɪbjúːn, trə- | tríbjuːn] 〖《c1375》□ L tribūn-us 《原義》 chief of a tribe ← tribus 'TRIBE'〗 ── n. **1** 〘ローマ史〙 **a** 〖cf. L tribūnus plēbis〗 護民官 (tribune of the people)《平民の権利を保護するために平民によって選挙された10人の役人》. **b** 〖cf. L tribūnus mīlitāris〗 軍団司令官 (military tribune)《6人あって1年の2か月ずつ交替に指揮する》. **2 a** 人民の権利の保護[擁護]者; 民衆扇動政治家. **b** [T-] 新聞の名称: the Tribune 民友新報 / the Herald Tribune.

trib·une[2] [tríbjuːn, trɪbjúːn, trə- | tríbjuːn] 〖《1645》□ F ～ □ It. tribuna □ ML tribūna ∽ L tribūnāle 'TRIBUNAL'〗 ── n. **1** (古代ローマ公会堂 (basilica) 内の)高級行政官の席. **2** (basilica 式教会の)アプス, 後陣 (apse). **3** 高座, 壇 (dais); (教会の)説教壇 (pulpit); (教会の)主教席; 演壇 (platform). **4** (教会の)信者席; (競馬場の)見物席, スタンド.

tríbune·ship n. 護民官の職[地位, 任期].

trib·u·ni·cial [trìbjuníʃəl] adj. ＝tribunician.

trib·u·ni·cian [trìbjuníʃən] adj. 護民官の, 護民官らしい.

trib·u·ni·tial [trìbjuníʃəl] adj. ＝tribunician.

trib·u·tar·y [tríbjutèri | -t(ə)rɪ] 〖《c1390》□ L tribūtāri-us: ⇨ ↓, -ary〗 ── adj. **1** 貢(みつぎ)を納める, 進貢する; 従属する, 属国の (subordinate): ～ states 属国, 進貢国. **2** 貢として納める[ささげる]; 貢のような: ～ tears at the tomb 墓前の哀悼の涙. **3** 助成する, 貢献する (contributory). **4** 支流の: a ～ river 支流. ── n. **1** 進貢国, 属国; 進貢者《属国の王》. **2** 支流 (tributary stream) (cf. distributary). **trib·u·tar·i·ly** [trìbjutérəli, ˌ─ˌ─── | tríbjut(ə)rəli, -rɪlɪ] adv.

trib·ute [tríbjuːt, -bjʊt | -bjuːt] 〖《c1350》 tribu(i)t □ L tribūt-um (neut.) 《原義》 division into three ← tribūtus (p.p.) ← tribuere to divide, allot ← tribus 'TRIBE'〗 ── n. **1** 貢(みつぎ), 貢物; 貢税, 年貢, 税 (tax): annual ～ 毎年の貢物. **2** 進貢の義務, 進貢国の地位: lay a ～ on a country [king]＝lay a country [king] under ～ 国[国王]に貢物を納めさせる. **3** 賞賛[尊敬, 愛情]の印となる行為[言葉], 推賞の辞; 献(けん)げ物, 贈り物: floral ～s (女優などへの)花の贈り物; (葬式の)供花 / a ～ of praise 賛辞 / a ～ to a person's memory 故人への手向け; 弔詞 / the ～ of a tear 涙の手向け / pay a ～ to… に賞賛の言葉を呈する / pay the last ～ to… に最後の手向けをする. **4** 〘鉱山〙 (鉱山主から鉱夫へ採掘された鉱石の一部またはその相当価格を与える)配分, 配当: work on ～ [on the ～ system] 配分制度で働く.

tríbute·wòrk n. 〘鉱山〙 (代償に現鉱を分ける)配分仕事.

tri·car [tráɪkɑ̀ə | -kɑ̀ː(r] 〖← TRI-＋CAR〗 n. 《英》 三輪自動車, オート三輪.

tri·car·box·yl·ic [tràɪkɑ̀əbɑksílɪk | -kɑ̀ːbɔk-] 〖← TRI-＋CARBOXYLIC〗 adj. 〘化学〙 3個のカルボキシル基を有する.

tricarboxýlic ácid cỳcle n. 〘生化学〙 三炭酸回路 (Krebs cycle).

tri·car·pel·lar·y [tràɪkɑ́əpəlèri | -kɑ́ːpɪlərɪ] 〖← TRI-＋CARPELLARY〗 adj. 〘植物〙 ＝tricarpellate.

tri·car·pel·late [tràɪkɑ́əpəlèɪt, -lət, -lɪt | -kɑ́ːpe-] 〖⇨ ↑, -ate[2]〗 adj. 〘植物〙 三心皮の, 3個の心皮 (carpel) を有する.

trice[1] [tráɪs] 〖《c1390》 trise(n), trice(n) to pull □ MDu. tris-en to hoist ← trise pulley ← ?: cf. Swed. trissa pulley〗 ── vt. 〘海事〙 **1** 索で吊(つ)り上げる (haul) 〈up〉: ～ up a sail. **2** 吊り上げてくくる[縛りつける] (tie, lash) 〈up〉: ～ up the hammocks ハンモックを吊る.

trice[2] [tráɪs] 〖《a1400》 tryse ← TRICE[1] (cf. at a trice at one tug): cf. Sp. en un tris (← tris clink of breaking glass)〗 ── n. 瞬間 (moment): come back in a ～ またたく間に[直ちに]戻って来る.

tri·cel [tráɪsel] 〖《商標名》〗 n. トライセル《絹に似た化学繊維トリアセテート》.

tri·cen·ten·a·ry [tràɪsenténəri, traɪséntənèri | tràɪsentíːnəri, -tén-, traɪséntɪ-] 〖← TRI-＋CENTENARY〗 adj., n. ＝tercentenary.

tri·ceps [tráɪseps] 〖《1577》□ L ～ 'three-headed'〗 n. (pl. ～·es, ～) 〘解剖〙 三頭筋 (cf. biceps 1); (特に)上腕三頭筋.

Tri·cer·a·tops [traɪsérətɑ̀ps | -tɔ̀ps] 〖← NL ～ ← TRI-＋CERATO-＋-OPS〗 ── n. 〘古生物〙 **1** トリケラトプス属《北米の白亜紀 (Cretaceous period) 末期に出現した角竜亜目の恐竜の一属》. **2** [t-] トリケラトプス, 三角竜 (Triceratops 属の恐竜; T. elatus など).

tri·ce·ri·on [traɪsí(ə)riɑ̀n | -síərɪɔn] 〖□ MGk trikḗrion ← TRI-＋kērion wax candle (← kērós wax)〗 n. (pl. -ri·a [-riə | -rɪə]) 〘東方正教会〙 ＝trikerion.

-trices suf. -trix の複数形.

tri·ces·i·mo·se·cun·do [traɪsésəmòusɪkɑ́ndou, -sek- | -sɪkʌ́ndəu] 〖□ L trīcēsimō secundō, trīgēsimō secundō (abl.), trīcēsimus secundus, trīgēsimus secundus thirty second: cf. trigesimo-secundo〗 n. ＝thirty-twomo.

trich- [trɪk, traɪk] (母音の前に来る時の) tricho- の異形: trichite.

Trich·ech·i·dae [trɪkékədìː, trə- | trɪkékɪ-] 〖← NL ～ Trichechus (属名: ← TRICHO-＋Gk ékhein to have, hold)＋-IDAE〗 ── n. pl. 〘動物〙 マナティー科, カイギュウ科.

trich·i [trítʃi | -tʃɪ] 〖《1877》《短縮》〗 n. 《口語》 ＝trichinopoly.

trich·i- [tríkɪ, tráɪkɪ, -kə | -kɪ] tricho- の異形 (⇨ -i-).

trichia n. trichion の複数形.

tri·chi·a·sis [trɪkáɪəsɪs, trə-, -səs | trɪkáɪəsɪs] 〖□ LL ～ □ Gk trikhíāsis ← trikhiân to be hairy: ⇨ -asis〗 ── n. (pl. -a·ses [-sìːz]) 〘病理〙 **1** さか(さ)まつげ, 睫毛(しょう)乱生(症). **2** 毛尿《尿中に毛髪状繊糸が発生するもの》. **3** (授乳期の)乳首多裂.

tri·chi·na [trɪkáɪnə, trə- | trɪ-] 〖← NL ～ ← Gk tríkhinos of hair ← thríx hair〗 ── n. (pl. -chi·nae [-niː]) **1** 〘動物〙 センモウチュウ(旋毛虫) (Trichinella spiralis)《豚・人・ネズミなどに寄生する》. **2** 〘病理〙 ＝trichinosis. **tri·chí·nal** [-nl] adj.

trich·i·ni·a·sis [trìkənáɪəsɪs, -səs | -kɪnáɪəsɪs] 〖⇨ ↑, -asis〗 n. (pl. -a·ses [-sìːz]) 〘病理〙 ＝trichinosis.

trich·i·nop·o·ly [trìkənɑ́pəli | -kɪnɔ́pəlɪ] 〖↓〗 n. (also **trich·i·nop·o·li** [～]) (インド産の)葉巻の一種《trichi と略称する》.

Trich·i·nop·o·ly [trìtʃənɑ́pəli | -tʃɪnɔ́pəlɪ] n. トリチノポリ《Tiruchchirappalli の旧名》.

trich·i·nosed [tríkənòust, -nòuzd | -kɪnəust, -nə̀uzd] 〖⇨ ↓, -ed 2〗 adj. 〘病理〙 旋毛虫症の[にかかった].

trich·i·no·sis [trìkənóusɪs, -səs | -kɪnə́usɪs, -kə-] 〖← NL ～: ⇨ trichina, -osis〗 n. (pl. -no·ses [-sìːz]) 〘病理〙 旋毛虫症.

trich·i·on [tríkiɑ̀n | -kɪɔ̀n] 〖□ Gk trikhíon (dim.) ← thríx hair〗 n. (pl. -i·a [-kiə | -kɪə], ～s) 〘人類学〙 頭髪の生えぎわの線と正中矢状面との交点.

trich·ite [tríkaɪt] 〖← TRICHO-＋-ITE[1]〗 n. **1** 微少な針状体. **2** 〘鉱物〙 (黒曜石中の)毛状晶子. **tri·chit·ic** [trɪkítɪk, trə- | trɪkít-] adj.

Trich·i·u·ri·dae [trìkijú(ə)rədìː | -kjúərɪ-] 〖← NL ～ Trichiurus (属名: ← TRICHO-＋-urus (⇨ -urous))＋-IDAE〗 n. pl. 〘魚類〙 タチウオ科.

tri·chlor·fon [traɪklɔ́əfɑn, -klóə- | -klɔ́ːfɔn] 〖← TRI-＋CHLORINE＋-form (← (phos)phon(ate))〗 ── n. 〘化学〙 トリクロルフォン ($C_4H_8Cl_3O_4P$)《殺虫剤・駆虫剤に用いられる》.

tri·chlo·ride [traɪklɔ́ːraɪd, -klóːr-, -rɪd, -rəd | -klɔ́ːraɪd] 〖← TRI-＋CHLORIDE〗 n. 〘化学〙 三塩化物.

tri·chlo·ro·a·cé·tic ácid [tràɪklɔ̀ːrouəsíːtɪk-, -klòːr-, -æs-, -sét- | -klɔ̀ːrəuəsíːt-, -æs-, -sét-] 〖← TRI-＋CHLORO-＋ACETIC〗 ── n. 〘化学〙 トリクロロ酢酸 (CCl_3COOH)《刺激臭を有し, 防腐剤・収斂剤用》.

tri·chlo·ro·eth·ane [tràɪklɔ̀ːrouéθeɪn, -klòːr- | -klɔ̀ːrəu-] 〖← TRI-＋CHLORO-＋ETHANE〗 n. 〘化学〙 トリクロロエタン ($C_2H_3Cl_3$)《2種の異性体がある》.

tri·chlo·ro·eth·yl·ene [tràɪklɔ̀ːrouéθəlìːn, -klòːr- | -klɔ̀ːrəuéθɪ-] 〖← TRI-＋CHLORO-＋ETHYLENE〗 ── n. 〘化学〙 トリクロロエチレン ($CHClCCl_2$)《有機溶媒; ドライクリーニング用溶剤》.

tri·chlo·ro·flu·o·ro·meth·ane [tràɪklɔ̀ːro(u)flùːəro(u)méθeɪn, -klòːr-, -flɔ̀ːro(u)-, -flòːr- | -klɔ̀ːrə(u)flùərə(u)-, -flɔ̀ːr-] 〖← TRI-＋CHLORO-＋FLUORO-＋METHANE〗 ── n. 〘化学〙 トリクロロフルオロメタン (⇨ chlorotrifluoromethane).

tri·chlo·ro·phe·nol [tràɪklɔ̀ːro(u)fíːnoul, -klòːr-, -nɔ(ː)l, -fiːnóul | -klɔ̀ːrə(u)fíːnɔl] 〖← TRI-＋CHLORO-＋PHENOL〗 ── n. 〘化学〙 トリクロロフェノール ($C_6H_3Cl_3O$)《6種の異性体がある猛毒性の殺菌剤》.

tri·chlo·ro·phe·nox·y·a·cé·tic ácid [tràɪklɔ̀ːro(u)fɪnɑ̀ksiəsíːtɪk-, -klóːr-, -fə-, -æs-, -sét- | -klɔ̀ːrə(u)fɪnɔ̀ksɪəsíːt-, -æs-, -sét-] 〖← TRI-＋CHLORO-＋PHENO-＋OXY-[1]＋ACETIC〗 ── n. 〘化学〙 トリクロロフェノキシ酢酸 ($Cl_3C_6H_2OCH_2COOH$)《バナナやトマトの果実に成熟色を与え, 植物の生長を促進させる; 2, 4-D と同じく除草剤に用いる; 通例, 2, 4, 5-trichlorophenoxyacetic acid の形で用いる; 略称 2, 4, 5-T》.

tri·chlo·ro·sil·ane [tràɪklɔ̀ːro(u)síleɪn, -klòːr- | -klɔ̀ːrə(u)-] 〖← TRI-＋CHLORO-＋SILANE〗 n. 〘化学〙 トリクロロシラン ($SiHCl_3$)《無色流動性の液体; 有機ケイ素化合物の合成に用いる; silicochloroform ともいう》.

trich·o- [tríko(u), tráɪk- | -kə(u)] 〖← Gk trikho- ← thríx hair〗 「毛髪 (hair)」の意の連結形. ★ 時に trichi-, また母音の前では通例 trich- になる.

trich·o·cyst [tríkəsɪ̀st] 〘⇨↑, -cyst〙 *n.* 〘動物〙(原生動物の)糸胞, 毛胞 (cf. nematocyst). **trich·o·cys·tic** [trɪ̀kəsístɪk] *adj.*

Trich·o·dec·ti·dae [trɪ̀kədéktədiː | -tɪ-] 〘← NL ～ ← *Trichodectes* (属名: ← TRICHO- + Gk *déktēs* (← *dáknein* to bite) + -IDAE〙 ── *n. pl.* 〘昆虫〙(食毛目)ケモノハジラミ科.

Trich·o·don·ti·dae [trɪ̀kədɑ́ntədiː | -dɔ́ntɪ-] 〘← NL ～ ← *Trichodon* (属名: ← TRICHO- + -ODON) + -IDAE〙 *n. pl.* 〘魚類〙ハタハタ科.

trich·o·gen [tríkədʒɪn, -dʒən] 〘← TRICHO- + -GEN〙 *n.* 〘動物〙生毛細胞 (trichogenous cell).

tri·chog·e·nous [trɪkɑ́dʒənəs, trə- | trɪkɔ́dʒɪ-] 〘← TRICHO- + -GENOUS〙 *adj.* 〘動物〙発毛する, 生毛の: a ～ cell 生毛細胞.

trich·o·gyne [tríkədʒàɪn, -gàɪn] 〘← TRICHO- + -GYNE〙 ── *n.* 〘植物〙(紅藻(ⁿ)類の)受精糸, 受精毛. **trich·o·gyn·i·al** [trɪ̀kədʒíniəl | -nɪ-] *adj.* **trich·o·gyn·ic** [trɪ̀kədʒínɪk] *adj.*

trich·oid [tríkɔɪd, tráɪk-] 〘← TRICHO- + -OID〙 *adj.* 毛髪状の, 毛状の (hairlike).

tri·chol·o·gist [trɪkɑ́lədʒɪst, trə-, -dʒəst | trɪkɔ́lədʒɪst] *n.* 毛髪学者.

tri·cho·ma [trɪkóumə, trə-, traɪ- | trɪkə́u-, traɪ-] 〘← NL ～ ← Gk *trikhōma* growth of hair ← *trikhoûn* to cover with hair ← *tríx* hair〙 *n.* 〘植物〙= trichome.

trich·ome [tríkoum, tráɪk- | -kəum] 〘◻G *Trichom* ◻Gk *tríkhōma* (↑)〙 ── *n.* 〘植物〙(植物の外皮に生じる)毛状体, 毛茸(もうじょう). **tri·chom·ic** [trɪkɑ́mɪk, trə-, traɪ-, -kóum- | trɪkɔ́m-, -kə́um-, traɪ-] *adj.*

trich·o·mo·na·cide [trɪ̀kəmóunəsàɪd | -mə́u-] 〘← TRICHOMONA(D) + -CIDE〙 ── *n.* 〘薬学〙殺トリコモナス剤. **trich·o·mo·na·cid·al** [trɪ̀kəmòunəsáɪdḷ | -mə̀u-] *adj.*

trich·o·mon·ad [trɪ̀kəmɑ́næd, -móun-, -nəd | -mɔ́n-, -mə́un-] 〘← TRICHO- + MONAD〙 ── *n.* 〘動物〙トリコモナード《トリコモナス属 (*Trichomonas*) に属する, 人間を含めた脊椎動物全般にわたって寄生する原生動物の総称》.

trich·o·mo·na·dal [trɪ̀kəmóunədḷ | -mə́un-] *adj.* trichomonad の[に起因する]. ⌈omonadal.

trich·o·mo·nal [trɪ̀kəmóunḷ | -mə́unḷ] *adj.* = trich-

trich·o·mo·ni·a·sis [trɪ̀kəmənáɪəsɪs, -səs | -sɪs] 〘← TRICHOMON(AD) + -IASIS〙 ── *n.* (*pl.* **-a·ses** [-sìːz]) トリコモナス症: **a** 〘病理〙*Trichomonas* 属の寄生による膣(ちつ)・口腔・腸などの病気. **b** 〘獣医〙*T. foetus* による家畜の病気. **c** 〘獣医〙*T. diversa, T. gallinorum* による鳥の病気.

trich·o·not·id [trɪ̀kənɑ́ṭɪd, -ṭəd | -nɔ́tɪd] 〘← NL *Trichonotid-ae* (科名) ← TRICHO- + Gk *nōtidanós* a kind of small shark〙 ── *n., adj.* 〘魚類〙ベラギンポ科の(魚).

Tri·chop·ter·a [trɪkɑ́ptərə, trə- | trɪkɔ́p-] 〘← NL ～: ⇨ tricho-, -ptera〙 *n. pl.* 〘昆虫〙毛翅(もうし)目.

tri·chop·ter·an [trɪkɑ́ptərən, trə- | trɪkɔ́p-] 〘⇨↑, -an[1]〙 〘昆虫〙 *n.* トビケラ (caddis fly). ── *adj.* トビケラの; 毛翅目の.

Tri·chop·ter·yg·i·dae [trɪkɑ̀ptərídʒədiː, trə- | trɪkɔ̀ptərídʒɪ-] 〘← NL ～ ← *Trichopteryx* (属名: ← TRICHO- + -PTERYX) + -IDAE〙 ── *n. pl.* 〘昆虫〙(鞘翅目)ムクゲキノコムシ科.

tri·chord 〘← TRI- + CHORD〙 〘音楽〙 ── [tráɪkɔ̀əd | -kɔ̀ːd] *n.* 三弦楽器; 三弦琴《三弦の lyre, lute など》. ── [─́ ─̀] *adj.* (ピアノの各鍵に対して)三弦を有する.

tri·cho·sis [trɪkóusɪs, trə-, -səs | trɪkə́usɪs] 〘← TRICHO- + -OSIS〙 *n.* (*pl.* **-cho·ses** [-siːz]) 〘病理〙 **1** 異所発毛(症). **2** 睫毛(しょうもう)乱生(症) (trichiasis).

trich·o·stron·gy·lid [trɪ̀kəstrɑ́ndʒəlɪd, -ləd | -strɔ́ndʒɪlɪd] 〘↓〙 *adj., n.* 〘動物〙毛様線虫科の(線虫).

Trich·o·stron·gyl·i·dae [trɪ̀kəstrɑ̀ndʒílədiː | -strɔ̀ndʒílɪ-] 〘← NL ～ ← *Trichostrongylus* (属名: ⇨ tricho-, strongyle) + -IDAE〙 *n. pl.* 〘動物〙毛様線虫科.

tri·chot·o·mous [traɪkɑ́ṭəməs | -kɔ́t-] *adj.* 三つに分ける[分かれた]. **～·ly** *adv.*

tri·chot·o·my [traɪkɑ́ṭəmi | -kɔ́təmɪ] 〘《1610》← TRICHO- + -TOMY: cf. dichotomy〙 ── *n.* **1** 三分; 三分法《三つの区分・種類・範疇に分けること》. **2** 三分割できるもの, 三部から成る体系[思想, 構造など]. **3** 〘キリスト教〙人性三分法[説]《人性を body (身体), soul (心), spirit (霊)の三つに分かつこと》.

-tri·chous [-trɪkəs, trə- | trɪ-] 〘◻Gk *-trikhos*: ⇨ tricho-, -ous〙「(…な)毛をした」の意の形容詞連結形: peri*trichous*.

tri·chro·ic [traɪkróuɪk | -krə́u-] 〘← Gk *tríkhroos* (← TRI- + *-khroos* '-CHROUS') + -IC[1]〙 *adj.* **1** 三色性の. **2** 〘結晶〙三色性の (cf. pleochroic).

tri·chro·ism [tráɪkrouɪ̀zṃ | -krəu-] 〘⇨↑, -ism〙 *n.* 〘結晶〙三色性《結晶を異なる三方向から見る時, それぞれ異なった色を示す性質; cf. pleochroism》.

tri·chro·mat [tráɪkro(u)mæ̀t, traɪkróumæt | tráɪkrə(u)-, traɪkrə́umæt] 〘《逆成》↓〙 ── *n.* 〘眼科〙三色型色覚者《三原色を識別し得る正常色覚者; cf. dichromat, monochromat 1》.

tri·chro·mat·ic [trɑ̀ɪkro(u)mǽṭɪk, -krə- | -krə(u)mǽt-] 〘← TRI- + CHROMATIC〙 ── *adj.* **1 a** 三色の. **b** 〘印刷〙三色(使用)の (cf. three-color): ～ photography 三色写真(術). **2** 〘眼科〙三色型色覚の.

tri·chro·ma·tism [trɑ̀ɪkróumətɪzṃ | -krə́u-] *n.* **1** 三色であること, 三色使用. **2** 〘眼科〙三色性色覚 (cf. dichromatism).

tri·chrome [trɑ̀ɪkróum | -krə́um] *adj.* = trichromatic. ⌈matic.

tri·chro·mic [trɑ̀ɪkróumɪk | -krə́u-] *adj.* = trichro-

trich·u·ri·a·sis [trɪ̀kjuráɪəsɪs, -səs | -sɪs] 〘← NL ～ ← *Trichuris* (⇨ Trichuridae) + -ASIS〙 *n.* (*pl.* **-a·ses** [-sìːz]) 〘病理〙鞭虫症.

trich·u·rid [trɪkjú(ə)rɪd, trə-, -rəd | trɪkjúərɪd] 〘↓〙 *adj., n.* 〘動物〙鞭虫科の(線虫).

Trich·u·ri·dae [trɪkjú(ə)rədiː, trə- | trɪkjúərɪ-] 〘← NL ～ ← *Trichuris* (← TRICHO- + *-uris* (← Gk *ourá* tail)) + -IDAE: 鞭毛が尾に似ていることから〙 ── *n. pl.* 〘動物〙鞭虫科.

trí·cìty [tráɪ-] *adj.* 〈都会が〉三つの独立の市から成る. ── *n.* (都会を成す)独立の三市の中の一.

trick [trík] 〘n.: 《c1412》 *trik* ◻ONF *trique* deceit ← OF *trichier* (F *tricher*) to deceive ← ? ── v.: 《?a1500》← (n.)〙 ── *n.* **1 a** (ずるい)たくらみ, 策略 (stratagem); 瞞着(まんちゃく), ごまかし (deception): play a mean ～ on one's rival 競争相手に対し卑劣なたくらみをする / I suspect some ～. なにか臭い, どうもたくらみがありそうだ / None of your ～s with me. おっとその手は食わぬ. **b** 迷い, 幻覚 (illusion); 錯覚 (optical illusion); 錯覚の作因《光彩など》: a ～ of the senses 気の迷い, 気のせい / a ～ of vision = a visual ～ 錯覚 / ～s of memory 覚え違い / My imagination played a ～ on me. 気のせいでそう思い込んでしまった. **2 a** (悪意のない)いたずら, 悪さ, 冗談, 悪ふざけ (prank): the ～s of fortune 運命のいたずら / the ～s of the clowns (サーカスの)道化師の悪ふざけ / play [show] a person a ～ 人にいたずらをする / She is fond of playing ～s on her little brother. 彼女は弟にいたずらをするのが好きだ. **b** [修飾語を伴って] 悪い冗談, 卑劣なやり方 (mean prank): a dirty [nasty, shabby, dog's] ～ / None of your cheap ～s! 小細工はやめろ. **c** 幼稚な[愚かな]行為: It would be a ～ indeed. そんなことをするのは全くばかだ. **3 a** (物事を上手にする)やり方, こつ, 呼吸 (knack): know a ～ or two なかなかすみに置けない / get [learn] the ～ of it こつを覚える, 呼吸を飲み込む / The ～ is to do …するのがこつだ / He has a ～ of *winning* [*making* others happy]. 彼は勝つ[人を楽しませる]こつを知っている. **b** [*pl.*] (商売・玄人の)巧みなやり方, 要領, 秘訣(ひけつ) (special skills); しきたり (convention): advertising ～s 広告の巧みな活用法 / He knows the ～s of his trade. 商売のこつを知っている. **4 a** 手先の早業, 手品: a conjurer's ～s = conjuring ～s 手品, 奇術 / be clever at card ～s トランプの手品がうまい. **b** 巧みな業(わざ), 芸当: ～s in horsemanship 曲馬の妙技 / teach a dog ～s 犬に芸を仕込む. **c** (演劇・映画などの)技巧, トリック, 特撮. **5** (通例, 悪い)癖, 特徴 (habit, idiosyncrasy); (文体などの)癖, 気取り (mannerism): a ～ of speech 言葉遣いの癖 / ～s of expression 表情の特徴 / ～s of style 文体の癖 / The river has a ～ of *overflowing* its banks. その川は氾濫しやすい / He has a ～ of *repeating* himself [*scratching* his head]. 彼は同じことを二度言う[頭をかく]癖がある. **6 a** (仕事の)交替勤務 (shift); 〘海事〙(舵手(だしゅ)などの)一交替服務時間 (turn of duty)《普通 2 時間》: the night ～ 夜勤 / take [stand] one's ～ at the wheel 舵輪(だりん)当直をする. **b** (任地での)勤務(期間) (tour of duty): return from a ～ in Morocco モロッコでの任期を終えて(本社へ)戻る. **7** 〘トランプ〙 **a** 組, トリック《競技者を一巡して場に出された札をまとめて 1 組と数えたもの; 通例, 打ち出しの札と同じスーツ (suit) の最高位札か切札を出した人がその組を獲得する》: take [lose] the ～ その回に勝つ[負ける], 場札を取る[人に取られる] / ⇨ odd trick. **b** (ブリッジで)勝って勝つ見込みのある有力な札. **8 a** 《古》つまらない飾り, おもちゃ(など). **b** [*pl.*] 《米》小間物類; 身の回り品 (traps). **c** 《方言》お守り, 魔よけ (amulet). **9** 〘紋章〙トリック《色彩を使用せずに紋章図形を作画し, 色は略字で表現する方法: engraver's trick ともいう》: in ～ 略字で紋章彩色を表現した. **10** 《米口語》(かわいい)子供, 女の子 (young girl). **11** 《俗》(売春婦の)客 (customer); (売春婦の)接客: turn a ～ 客を相手にする, 接客する.

do the trick 《口語》(ちょうど)うまくいく, 〈薬などが〉きく: That's *done the* ～. ***How's tricks!*** 《俗》ごきげんいかが, 景気はどうだい. ***know a trick worth two of that*** それよりずっといい方法を知っている (cf. Shak., *1 Hen IV* 2. 1. 40–41). ***not* [*never*] *miss a trick*** 《口語》決してチャンスを逃さない, 抜け目がない: He hasn't *missed a* ～. ***the* (*whole*) *bag of tricks*** ⇨ bag[1] 成句. ***turn the trick*** = *do the* TRICK. ***up to a person's tricks*** 人のしようとしているいたずらに気づいて. ***up to one's tricks*** いたずらを(しようとして): He is *up to his* ～*s* again. またいたずらをしている.

trick or treat 《米》いたずらかお菓子か《Halloween に子供達がする遊び; 'Trick or treat!'「お菓子をくれないといたずらするぞ」と言いながら近隣を回ることから》; (この遊びで)得た菓子.

── *attrib. adj.* **1 a** 芸当[曲芸]の; (映画などの)トリックの: ～ cycling [riding] 自転車[馬]の曲乗り / a ～ film [photograph] トリック映画[写真]. **b** 芸当[曲芸, 奇術]用の: ～ cards [dice] 奇術用トランプ札[さいころ] / a ～ horse 曲馬用の馬. **2 a** 〈錠前など〉欠陥のある, 頼りにならない: a ～ lock 時々具合が悪くなる錠前. **b** 〈身体の関節など〉固くなる, 思わぬ時にがくっとなる: a ～ knee.

── *vt.* **1** だます, 一杯食わす, かつぐ (swindle); だまして〔ある行動を〕させる (beguile)〔*into*〕; だまして〔…を〕奪う (cheat)〔*out of*〕: ～ a person *into* consent [*signing* an agreement] 人をだまして承諾[契約書に署名]させる / ～ a person *out of* his share [savings] 人をだまして取り分[貯金]を巻き上げる / I've been ～*ed*. 一杯食わされた. **2** 〈物事が〉…の予想に反する, の期待を裏切る (belie). **3** 〈人・物を〉めかす, 飾り立てる 〈*out, up, off*〉: be ～*ed out* in jewels 宝石で飾り立てる / ～ oneself *up* for a dance ダンスパーティーへ行くのでめかし込む. **4** 〘紋章〙(色を用いずに)トリックで描く (cf. *n.* 9).

── *vi.* **1** 人をだます (cheat). **2** いたずらをする, ふざける; もてあそぶ, からかう (trifle)〔*with*〕.

～·er *n.* ⌈病医 (psychiatrist).

tríck cỳclist *n.* **1** 自転車の曲乗り師. **2** 《俗》精神

trick·er·y [trík(ə)ri | -kəri] 〘← TRICK + -ERY〙 ── *n.* **1** 瞞着(まんちゃく), ぺてん, ごまかし, 詐欺 (artifice): He tried to work ～ on me. 私をぺてんにかけようとした. **2** 策略, 計略 (trick).

tríck·ish [-kɪʃ] *adj.* **1** ずるい, こすい, 狡猾(こうかつ)な, 油断のならない (crafty). **2** 手際のいる, 難しい (ticklish). **～·ly** *adv.* **～·ness** *n.*

trick·le [tríkḷ] 〘《c1375》 *trikle(n)* ← ? *strickle(n)* (freq.) ← *striken* 'to STRIKE': 語頭音 *s* の脱落はこの語がしばしば tears に先行される (i.e. tears strickle) ために生じた連声形 (sandhi form) と解される: ⇨ -le[3]〙 ── *vi.* **1 a** 〈涙・その他の液体が〉したたる, ちょろちょろ流れる, たらたら落ちる 〈*down, out, along, over*〉: Tears of joy ～*d* slowly *down* her cheeks. 喜びの涙がぽろりぽろりと彼女のほおを流れ落ちた / A stream ～*d over* the flat rocks. 平たい岩の上を小川がちょろちょろ流れていた. **b** 〔涙・血などが〕したたり落ちる〔*with*〕: His hand was *trickling with* blood. 彼の手は血がしたたっていた. **2** ぼつぼつ来る[行く, 進む]: Summer visitors are *trickling home*. 避暑客はぼつぼつ帰り始めている / Subscriptions are *trickling in*. 申し込みはぼつぼつ来ている / The information *trickled out*. そのうわさはぽつりぽつりと知れて来た / His enthusiam ～*d away*. 情熱が徐々に失せて行った. **3** 《戯言》行く: ～ *up* to town 上京する. ── *vt.* **1** したたらす, たらたら落とす, たらし込む〔*into*〕. **2** 一人ずつ行かせる, 一つずつ通過させる 〈*off, out*〉.

── *n.* **1** しずく, したたり (drip): the ～ of warm blood 暖い血のしたたり. **2** (ちょろちょろ流れる)小流, 細流. **3** (ぼつぼつ来る・行く・進む)少量, 少し: a ～ of visitors ぼつぼつ来る訪問客.

tríckle chàrge *n.* 〘電気〙細流充電.

tríckle chàrger *n.* 〘電気〙細流充電器, 小刻充電器.

tríckle-dòwn *adj.* 《米》〘経済〙トリクルダウン方式の《経済に流入する資金, 特に, 政府からの資金は福祉事業や公共事業よりも企業に分配する方が経済成長を刺激するという理論に基づく》: the ～ theory.

tríckle-írrigate *vt.* 細流灌漑(かんがい)する.

trick·less *adj.* たくらみ[ごまかし]のない.

trick·let [tríklɪt, -lət] 〘← TRICKLE + -ET〙 *n.* 小流, 細流, 小川 (rill).

tríck·ling fìlter [-kḷɪŋ-, -kl-] *n.* 〘土木〙散水濾床(ろしょう)《下水・工場廃水などを生物学的に濾過する設備》.

trick·ly [tríkḷi, -kli | -kḷɪ, -klɪ] 〘⇨ trickle, -y[4]〙 *adj.* (**trick·li·er**; **-li·est**) したたる, ちょろちょろ[たらたら]流れる. ⌈**er** *n.*

tríck-or-tréat *vi.* 《米》TRICK or treat をする. **～-**

trick·some [tríksəm] 〘← TRICK + -SOME[1]〙 *adj.* **1** = tricksy 1. **2** = tricky 1.

trick·ster [tríkstə | -stə(r] 〘← TRICK + -STER〙 ── *n.* **1 a** 詐欺師, ぺてん師 (cheat). **b** 手品[奇術]師. **2** 計略を用いる人, 策略家. **3** トリックスター《原始民族の民話・神話に登場し, 通例文化英雄 (culture hero) の役をする》.

trick·sy [tríksi | -sɪ] 〘《1552》← *tricks* ((pl.) TRICK) + -Y[4]〙 ── *adj.* (**trick·si·er**; **-si·est**) **1** いたずら好きな, ふざける (mischievous): a ～ spirit いたずら好きな妖精. **2** 《古》 **a** ずるい, 狡猾(こうかつ)な (cunning); 油断のならぬ (deceptive). **b** 扱いにくい, 厄介な (trying): a ～ job 厄介な仕事. **3** 《古》めかし立てた, きれいな (spruce). **tríck·si·ly** [-sɪli, -sə- | -lɪ] *adv.* **tríck·si·ness** *n.*

trick·track [tríktræ̀k] *n.* 〘遊戯〙= trictrac.

tríck vàlve *n.* 〘機械〙トリック弁《蒸気機関用の D 型すべり弁の一種》.

tríck whèel *n.* 〘海事〙(操舵エンジンが故障した際に使用する)操舵輪.

tríck wìg *n.* 〘演劇〙仕掛かつら《髪が立ちあがるようにできている》.

tríck wòrk *n.* 技工を用いた仕事; (特に, 文学・美術の)技巧に走った作品.

trick·y [tríki | -kɪ] 〘《1786》← TRICK + -Y[4]〙 ── *adj.* (**trick·i·er**; **-i·est**) **1** 狡猾(こうかつ)な, 油断のならない, ずるい, ぺてんの (crafty, deceptive): a ～ policy 狡猾な政策. **2** 機略縦横の, 言い逃れのうまい (resourceful); 機敏な, 器用な (deft): a ～ hunter / ～ driving. **3** 〈物が〉手の込んだ (intricate); 巧妙な, 微妙な (ingenious); 〈役目・仕事など〉手際のいる, やりに

くい: a ～ situation 微妙な情況 / a ～ ending (物語の)ひねった結末 / a ～ experiment 手際のいる実験.
tríck·i·ly [-kɪli, -kə- | -lɪ] *adv.* **tríck·i·ness** *n.*

tricl. (略)〘結晶〙triclinic.

tri·clad [tráɪklæd]〘↓〙*adj., n.*〘動物〙三岐腸目の(動物).

Tri·clad·i·da [traɪklǽdədə | -dɪ-]〘← NL ～: ⇨ tri-, clado-, -ida〙*n. pl.*〘動物〙(扁形動物門渦虫綱)三岐腸目《カブトガニウズムシ (*Ectoplana limuli*) などを含む》.

triclinia *n.* triclinium の複数形.

tri·clin·ic [traɪklínɪk]〘← TRI-＋-CLINIC〙*adj.*〘結晶〙三斜の, 三斜晶系の.

triclínic sýstem *n.*〘結晶〙三斜晶系.

tri·clin·i·um [traɪklíniəm | -nɪ-]〘《1646》□ L *triclinium* □ Gk *triklīnion* three-couch dining room ← TRI-＋*klínion* ((dim.) ← *klínē* couch)〙— *n.* (*pl.* **-i·a** [-niə | -nɪə]) **1** (古代ローマ人が横臥(おうが)して食事をとる時, 食卓の三方に設備した食事用の)寝[横臥]椅子《寝椅子はそれぞれ三つの席に区分された》. **2** 食事用寝椅子を備えた食堂.

tric·o·lette [trɪkəlét]〘← TRICO(T)＋(FLANNE)LETTE〙*n.* トリコレット《絹または人造絹糸のメリヤス地; 衣類の生地に使われる》.

tri·col·or [tráɪkʌ̀lə | tríkələ(r, tráɪkʌ̀lə(r]〘《1786》□ F *tricolore* □ LL *tricolor* (adj.): ⇨ tri-, color〙— *adj.* **1** 三色の; 〈犬が〉黒・黄褐色・白のぶちの. **2** (しばしばフランスの)三色旗の: ～ politics フランスの政策. — *n.* 三色旗《特に, フランス国旗》.

trí·còl·ored *adj.* 三色の.

Trícolor Túbe *n.*〘商標〙トリカラーチューブ《米国の RCA 社のカラーテレビ用三色ブラウン管》.

tri·corn [tráɪkɔən | -kɔːn]〘《1760》□ L *tricorn-is* ← TRI-＋*cornū* horn〙— *adj.* 〈帽子など〉三つの角(かど)[角状突起]のある, 三つの面のある. — *n.* **1** ＝tricorne. **2**〘伝説〙三角獣《想像上の動物; cf. unicorn 1》.

tri·corne [tráɪkɔən | -kɔːn]〘□ F ～〙*n.* 三角帽 (cf. cocked hat 1). — *adj.* ＝tricorn.

tricorne

tri·cor·nered [tràɪkɔ́ənəd | -kɔ́ːnəd] *adj.* 三つの角(かど)がある.

tri·cor·po·ral [tràɪkɔ́əp(ə)rəl | -kɔ́ː-]〘← L *tricorpor-* (← TRI-＋*corpor-*, *corpus* body (⇨ corpus))＋-AL[1]〙— *adj.*〘紋章〙＝tricorporated.

tri·cor·po·rate [tràɪkɔ́əp(ə)rət, -rɪt | -kɔ́ː-]〘⇨ ↑, -ate[2]〙*adj.*〘紋章〙＝tricorporated.

tri·cor·po·ra·ted [tràɪkɔ́əpərèɪtɪd, -t̬əd | -kɔ́ːpərèɪt-] *n.*〘紋章〙頭が一つで体が三つの (cf. bicorporated).

tri·cos·tate [traɪkɑ́steɪt, -tət, -tɪt | -kɔ́s-]〘← TRI-＋COSTATE〙*adj.*〘生物〙3 条のうねのある.

tri·cot [tríːkou, tráɪkət | tríːkəu, tríːk-; *F.* triko]〘《1872》□ F ～《逆成》← *tricoter* to knit ← ? *tricot* short stick ← OF *estriquier* to strike □ MDu. *striken* < Gmc **strikan* 'to STRIKE'〙— *n.* **1** トリコット《ナイロン・ウール・レーヨン等の薄いニット; 下着に多く使用される》; それに似た織地. **2** トリコット《羊毛または混紡うね織服地》.

tric·o·tine [trɪkətíːn, trìːk-, ∸–∸]〘□ F ～: ⇨ ↑, -ine[1]〙*n.* トリコチン《あや織りラシャの一種》.

trícot-stìtch *n.* かぎ針編みの一種《一般には毛足の長いソフトな毛糸を長いかぎ針で編む》.

tri·cot·y·le·don·ous [traɪkɑ̀t̬əlíːdənəs, -t̬l-, -dn- | -kɔ̀tɪ-] *adj.*〘植物〙(種子発芽時に)3 枚の子葉を付ける, 三子葉植物の.

tri·cre·sol [traɪkríːsouɫ, -sɔ(ː)l | -sɔl]〘← TRI-＋CRESOL〙*n.*〘化学〙トリクレゾール《クレゾールの異性体 3 種の混合物》.

tri·crés·yl phósphate [traɪkríːsɪl-, -krés-, -səl- | -kríːsɪl-, -krés-]〘*tricresyl*: ← TRI-＋CRESYL〙— *n.*〘化学〙リン酸トリクレジル($(CH_3C_6H_4)_3PO_4$)《クレゾールのリン酸エステル; 塩化ビニール・ニトロセルロースなどの可塑剤または軟化剤》.

tri·crot·ic [traɪkrɑ́tɪk | -krɔ́t-]〘← Gk *trīkrotos* with triple beat＋-IC[1]〙*adj.*〘生理〙三拍脈の, 三段脈の.

tric·trac [tríktræk]〘《1687》□ F ～: 擬音語〙*n.*〘遊戯〙トリックトラック《バックギャモン (backgammon) の古い種類》.

tri·cus·pid [traɪkʌ́spɪd, -pəd | -pɪd]〘□ L *tricuspid-*, *tricuspis* ← TRI-＋*cuspis* point〙— *adj.* **1** 〈歯など〉三つの先端のある. **2**〘解剖〙三尖(せん)弁の. — *n.*〘歯科〙三咬頭のある歯. 「＝tricuspid 1.

tri·cus·pi·dal [traɪkʌ́spədl | -pɪ-]〘⇨ ↑, -al[1]〙*adj.*

tricúspid válve *n.*〘解剖〙(心臓の)三尖弁.

tri·cy·cle [tráɪsɪkl, -səkl]〘《1828》□ F ～: ⇨ tri-, cycle〙— *n.* **1** 三輪自転車; (子供用)三輪車; 身体傷害者用三輪車《駆動または非駆動のもの》. **2** 三輪自動車, オート三輪. **3** 三輪装置. — *vi.* 三輪車[オート三輪]に乗る.

trícycle lánding gèar *n.*〘航空〙前輪式降着装置.

trí·cy·cler [-klə | -klə(r] *n.* 三輪車乗用者 (tricyclist).

tri·cy·clic [traɪsáɪklɪk, -sík-]〘← TRI-＋CYCLIC〙*adj.* **1** 三輪の. **2**〘化学〙三つの(融合した)環を有する, 三環の.

trí·cy·clist [-klɪst, -kləst | -klɪst]〘⇨ tri-, cyclist〙*n.* 三輪車乗用者.

tri·dac·na [trɪdǽknə, trə- | trɪ-]〘← NL ～ ← L ～ 'oyster' ← Gk *trídaknos* eaten at three bites ← TRI-＋-*daknós* (← *dáknein* to bite)〙— *n.*〘貝類〙シャコガイ《シャコガイ科シャコガイ属 (*Tridacna*) の大きな二枚貝の総称; giant clam など》.

Tri·dac·ni·dae [trɪdǽknədìː, trə- | trɪdǽknɪ-]〘← NL ← *Tridacna* (↑)＋-IDAE〙*n. pl.*〘貝類〙シャコガイ科.

tri·dac·tyl [traɪdǽktl̩ | -tɪl]〘□ Gk *tridáktul-os* ← TRI-＋*dáktulos* finger, toe: ⇨ dactyl〙*adj.*〘動物〙三指の(ある), 三趾(し)の(ある).

tri·dac·ty·lous [traɪdǽktɪləs, -tə- | -tɪ-]〘⇨ ↑, -ous〙*adj.*〘動物〙＝tridactyl.

tri·dent [tráɪdn̩t, -dənt]〘《1589》□ L *trident-em* having three teeth ← TRI-＋*dentem* (← *dēns* tooth)〙— *n.* **1** 三叉の道具[武器]; 三叉のやす. **2** (古代ローマの網闘士 (retiarius) 用の)三叉槍. **3 a**〘ギリシャ・ローマ神話〙(海神 (Poseidon, Neptune) の標章である)三叉槍. **b** 制海権: the ～ of the main 制海権 / the British ～ 英国制海権, 英海軍の実力範囲. **4**〘数学〙三叉(さ)曲線. — *adj.* 三叉の (three-pronged).

tri·den·tate [traɪdénteɪt]〘⇨ ↑, -ate[2]〙*adj.* **1** 三歯の; 三叉の. **2**〘化学〙三座(配位)の.

trident 3

Tri·den·tine [traɪdéntaɪn, -tiːn, -tɪ̀n | traɪdntaɪn, tríd-, -tɪ̀n]〘《1561》← NL *Tridentīn-us* ← *Tridentum* Trent: ⇨ -ine[1]〙— *adj.* **1** (イタリアの) Trent の. **2** トレント公会議 (COUNCIL of Trent) の: the ～ profession of faith トレント公会議で定めたローマカトリックの信仰告白 / ～ theology トレント公会議で定めたカトリック神学. — *n.* トレント公会議の信仰告白を受け入れる人, 正統派ローマカトリック教徒.

tri·dig·i·tate [traɪdídʒətèɪt | -dʒɪ-]〘← TRI-＋DIGITATE〙*adj.*〘動物〙＝tridactyl.

tri·di·men·sion·al [tràɪdɪménʃənl̩, -də-, -ʃnəl | -dɪ-]〘← TRI-＋DIMENSIONAL〙*adj.* 三次元の《長さ・広さ・厚さの三つの広がりを有することにいう》, 立体の.

tri·di·men·sion·al·i·ty [tràɪdɪmènʃənǽləti, -də- | -dɪmènʃənǽlətɪ, -lɪ-] *n.* 三次元.

trid·uo [tríːduòu | -duəu; *It.* tríːdwo]〘□ It. & Sp. ～ < L *triduum*〙*n.*〘カトリック〙＝triduum.

trid·u·um [trídʒuəm, -dju- | -djʊ-]〘□ L *triduum* (*spatium*) (space) of three days ← TRI-＋*diēs* day〙— *n.*〘カトリック〙(聖人の祝日を祝うためまたは代禱(とう)を得る準備の)三日間の信心行 (cf. novena).

trid·y·mite [trídəmàɪt | -dɪ-]〘□ G *Tridymit* ← Gk *trídumos* three-fold＋-*it* '-ITE[1]'〙*n.*〘鉱物〙トリジマイト, 鱗ケイ石 (SiO_2).

tri·e·cious [traɪíːʃəs] *adj.*〘植物〙＝trioecious.

tried〘ME〙— *v.* try の過去形・過去分詞. — *adj.* **1** 試験を経た, 試された, 試験済みの (tested); 確実な, 当てになる (reliable): ～ friends [friendship] 頼りになる友だち[友情] / old and ～ すっかり信用のできる / ～ and true friends 当てになることがわかっている友人. **2** 苦労した, 辛酸をなめた: a much-*tried* man 多くの辛酸をなめた人.

tri·ene [tráɪiːn, ∸–∸] *n.*〘化学〙トリエン《二重結合を 3 個もつ炭化水素の一般名》.

triennia *n.* triennium の複数形.

tri·en·ni·al [traɪéniəl, -njəl | -énjəl, -nɪəl]〘《1640》← L *triennium* period of three years (TRI-＋*annus* year)＋-AL[1]〙— *adj.* **1** 3 年ごとの (cf. biennial): a ～ meeting. **2 a** 3 年間継続の. **b**〘植物〙三年生の: a ～ plant 三年生植物. — *n.* **1**〘植物〙三年生植物. **2** 3 年ごとの行事[刊行物]. **3**〘英国国教会〙3 年忌.

Triénnial Áct *n.* [the ～]〘英史〙三年議会法《議会の期限を 3 年に限定する法律; 1641 年発布され 1694 年再制定されたのち, 1716 年七年議会法 (Septennial Act) の制定に伴い廃止》.

tri·én·ni·al·ly [-niəli, -njəli | -njəlɪ, -nɪəlɪ] *adv.* 3 年ごとに.

tri·en·ni·um [traɪéniəm, -njəm | -njəm, -nɪəm]〘□ L ～: ⇨ triennial〙*n.* (*pl.* ～**s**, **-ni·a** [-niə, -njə | -njə, -nɪə]) 3 年間.

tri·ens [tráɪenz, tríːeɪns]〘□ L *triēns* third part ← *trēs* three〙— *n.* (*pl.* **tri·en·tes** [traɪéntiːz, triːénteɪs]) **1** トゥリエンス《古代ローマ共和国時代の銅貨 (＝$^1/_3$ as); 重さは 4 オンス》. **2** ＝tremissis a.

Tri·ent [G. triːént] *n.* トリエント《Trent のドイツ語名》.

trientes *n.* triens の複数形.

trí·er〘《c1330》*triour*: ⇨ try, -er[1]〙— *n.* **1** 試験者, 試験官, 試す人. **2** (…しようと)努める者. **3** 裁判官 (judge); 審問者, 審査官. **4**〘法律〙(陪審員に対する忌避申し立てを審理するため裁判所の任命する)審判官. **5**〘農業〙さし《粉・種子・加工肉などの検査試料採取用の先の尖った筒状の道具》.

Trier [G. triːɐ] *n.* トリール《Treves のドイツ語名》.

tri·er·arch [tráɪərɑ̀ək | -rɑ̀ːk]〘□ L *triērarch-us* // Gk *triḗrarkh-os* ← *triḗrēs* 'TRIREME'＋*arkhós* ruler〙— *n.* **1** (古代ギリシャの)三段オール船 (trireme) の司令官. **2** (アテネで個人または共同で)三段オール船の建造や維持の義務を負った市民. **trí·er·àrch·al** [-kəl] *adj.*

tri·er·ar·chy [tráɪərɑ̀əki | -rɑ̀ːkɪ]〘□ Gk *triērarkhía*: ⇨ trierarch, -y[1]〙— *n.* **1** (古代ギリシャの)三段オール船司令官の職; [集合的] 三段オール船司令官. **2** (アテネの)三段オール船建造義務制度.

Tri·es·te [triést, -ésti | triést, triː-, -éstɪ; *It.* triéste] *n.* トリエステ: **1** アドリア海の北端, Gulf of Trieste に臨む海港; もとはイタリア領であったが, 1947 年に Free Territory of Trieste に編入; 人口 274,000. **2** ＝the Free Territory of TRIESTE.

Trieste, the Free Territory of *n.* トリエステ自由地域《Trieste 1 およびその周辺地域; 1947 年に国連管理下の自由地域となり, 1954 年以来 Trieste 1 を含む北部 A 地区はイタリア, 南部 B 地区はユーゴスラビアが施政権をもつ》.

tri·eth·a·nol·a·mine [tràɪèθənɔ́(ː)ləmìːn, -nóul- | -nɔ́l-]〘← TRI-＋ETHANOLAMINE〙— *n.*〘化学〙トリエタノールアミン ($(HOCH_2CH_2)_3N$)《アミノアルコールの一つ; さび止め剤・エンジンの清浄剤; またその脂肪酸エステルも用途が広い; cf. ethanolamine》.

tri·eth·i·o·di·de [traɪèθáɪədàɪd, -dɪd, -dəd | -dàɪd, -dɪd]〘← TRI-＋*ethiodide* (⇨ ETHO-, IODIDE)〙— *n.*〘生化学〙3-エチルヨード化合物《ヨードを含むエチル基を三つ結合させている物質》.

tri·eth·yl [traɪéθɪl, -éθəl | -éθɪl]〘← TRI-＋ETHYL〙*adj.*〘化学〙3 個のエチル基を有する.

tri·eth·yl·a·mine [traɪèθələmíːn | -èθɪ-]〘⇨ ↑, amine〙*n.*〘化学〙トリエチルアミン ($(C_2H_5)_3N$)《無色の可燃性液体で, 主として溶剤として用いる》.

triéthyl orthofórmate *n.*〘化学〙トリエチルオルトホルマート ($HC(OC_2H_5)_3$)《オルト蟻酸のトリエチルエステル; 化学薬品, 有機合成に用いる》.

tri·fid [tráɪfɪd, -fəd | -fɪd]〘《1753》□ L *trifid-us* split in three: ⇨ tri-, -fid〙*adj.*〘植物〙三裂の.

trífid fóot *n.* (18 世紀の英米で流行した家具支脚下部の)三裂状の足型《drake foot ともいう》.

tri·fle [tráɪfl]〘n.: 《?a1200》 *trufle* idle tale, trifle □ OF *truf(l)e* mockery, deceit ← ?. — v.: 《c1305》 *trufle(n)*, *trifle(n)* □ OF *trufl-er* to deceive ← (n.): 今の形は 14 C から〙— *n.* **1** つまらない物[事], くだらない物[事], 些細な物[事]: I'll send a few ～*s* for your birthday. 君の誕生日のお祝いに二, 三のつまらない品をお送りします / waste time on ～*s* つまらぬ事に時間を浪費する / stand on ～*s* 些細な事にこだわる / He doesn't stick at ～*s*. つまらない事に拘泥(こうでい)しない / Some ～*s* had put him out. 何か些細なことで彼は怒ったのだ. **2** [a ～] **a** 少量, わずか, 少し (a little): *a* ～ *of* sugar 少量の砂糖. **b** [副詞的] 少し (somewhat): The room was *a* ～ dark. 部屋は少し暗かった / answer *a* ～ brusquely 少し無愛想な返事をする / Her voice wavered *a* ～. 彼女の声が少しためらった. **3** [a ～] はした金, 少額: He sold the picture for a mere ～. 彼はその絵をほんのはした金で売った. **4**《英》トライフル《ジャムと砕いたマカロンをのせ, 酒をふりかけたスポンジケーキ; カスタードと泡立てた生クリームを添える; cf. zuppa inglese》. **5 a** 一種の白鑞[目](しろめ) (pewter)《やや軟質のもので小さな器具を作るのに用いる》. **b** [*pl.*] 白鑞[目]製品. **6** (文学・音楽作品の)断片, 断章, 小品.
— *vi.* **1** 冗談を言う, 軽々しい口をきく, たわいないことを言う; ふざける, 安請合いする: I am in no mood for *trifling*. 冗談どころではない. **2** もてあそぶ, なぶる; いじくる; いいかげんにあしらう, 粗末にする〔*with*〕: ～ *with* one's moustache [a pen, a knife] ひげ[ペン, ナイフ]をいじくる / ～ *with* a person's feelings [affections] 人の感情[愛情]をもてあそぶ / ～ *with* one's dinner ぐずぐずいつまでも食事している / He is not a man to be ～*d with*. 彼は軽率に扱えない[ばかにしたりできない]男だ / Do you think you can ～ *with* the police in that way? そんなふうに警察をばかにできると思っているのか. **3** 遊んで暮らす, ぶらぶらして過ごす, のらくらしている (idle): ～ *through* the best years of one's life 人生の盛りをぶらぶら遊んで暮らす.
— *vt.* **1** 〈時間・金銭などを〉無駄に使う, 浪費する (idle, fool)〈*away*〉: ～ time [energies, money] 時間[精力, 金銭]を浪費する / ～ *away* the whole evening 一晩を無為に過ごす. **2** 軽々しく言う (utter lightly).

trí·fler [-flə, -flə | -flə(r, -fl-]〘《c1390》: ⇨ ↑, -er[1]〙*n.* 冗談を言う人, ふざける人, 軽薄な人.

trífle-rìng *n.* 一種の知恵の輪 (puzzle ring).

tri·fling [tráɪflɪŋ, -fl-]〘《c1390》: ⇨ -ing[1,2]〙— *adj.* **1** つまらない, くだらない, 取るに足らない (trivial); わずかの: a ～ matter [error] くだらない事[些細な誤り] / ～ gifts つまらない贈り物 / a ～ sum わずかな金額. **2** 物を冗談扱いにする, 軽率な, 不まじめな (frivolous): ～ thoughts 不まじめな考え. **3**《米方言》〈人が〉怠け者の, ぐうたらな (lazy). — *n.* **1** 軽薄な[くだらぬ]行動[言葉]. **2** 時間の浪費[無駄]. **3** 無益な努力. **～·ness** *n.*

trí·fling·ly〘《c1550》: ⇨ ↑, -ly[1]〙*adv.* **1** ばかにして, 茶化して, 軽率に, 軽々しく. **2** ほんの少し, 取るに足らないほど.

tri·flu·o·per·a·zine [tràɪflùːəpérəzìːn | -flùə-]〘← TRI-＋FLUO-＋L (*pe*)*per* pepper＋AZINE〙*n.*〘薬学〙トリフルオペラジン($C_{21}H_{24}F_3N_3S$)《精神安定剤に用いる》.

tri·flu·o·ride [traɪflúː(ə)raɪd, -flɔ́ːr-, -flóːr-, -flúːəràɪd | -flúəràɪd, -flɔ́ːr-]〘← TRI-＋FLUORIDE〙*n.*〘化学〙三フッ化物.

triflúoro·chlòro·éthylene 〖← TRI-＋FLUORO-＋CHLORO-＋ETHYLENE〗 ── *n.* 〘化学〙トリフルオロクロロエチレン ($F_2C{=}CFCl$)《重合物は耐化学薬品性・耐熱・耐水性がすぐれているテフロン》.

triflúoro·chlòro·méthane 〖← TRI-＋FLUORO-＋CHLORO-＋METHANE〗 *n.* 〘化学〙トリフルオロクロロメタン (⇨ chlorotrifluoromethane).

tri·fo·cal [traɪfóukəl | -fə́u-] 〖← TRI-＋FOCAL〗 ── *adj.* 〈眼鏡のレンズが〉三焦点の, トリフォーカルの《近距離・中距離・遠距離のものが見えるように焦点の三つある: cf. bifocal 2》: a ～ lens. ── *n.* **1** 三焦点レンズ. **2** [*pl.*] 三焦点眼鏡, トリフォーカル.

tri·fo·li·ate [tràɪfóuliət, -liɪt, -lièɪt | -fə́uliət, -liɪt, -lièɪt] 〖← TRI-＋FOLIATE〗 ── *adj.* **1** 葉が三つある, 三葉の. **2** 〘植物〙 =trifoliolate. **3** 〘建築〙 三葉繰形(くりかた)の.

tri·fo·li·at·ed [tràɪfóulièɪtɪd, -tɪd | -fə́ulièɪtɪd, -təd] *adj.* =trifoliate 1.

trifóliate órange *n.* 〘植物〙 カラタチ (*Poncirus trifoliata*).

tri·fo·li·o·late [tràɪfóuliəlèɪt | -fə́ulɪ-] 〖← TRI-＋FOLIOL(E)＋-ATE²〗 *adj.* 〘植物〙〈複葉など〉三小葉の, 三出葉の.

tri·fo·li·um [traɪfóuliəm | -fə́uljəm, -liəm] 〖□ L ～ 'triple leaf': ⇨ tri-, folium〗 ── *n.* 〘植物〙 **1** [T-] シャジクソウ属《マメ科の一属》. **2** シャジクソウ属の植物の総称《ベニバナツメクサ (*T. incarnatum*), シャジクソウ (*T. lupinaster*) など》.

tri·fo·ri·um [traɪfɔ́:riəm, -fó:r- | -fɔ́:rɪ-] 〖《1703》□ ML ～ ← TRI-＋L *foris* door: 各柱間 (bay) に三つずつ開口部がついていることから〗 ── *n.* (*pl.* **-ri·a** [-riə | -rɪə]) 〘建築〙 トリフォリウム《教会建築で側廊 (aisle) の上部の層で nave のアーチと clerestory の中間; cf. blindstory; ⇨ Gothic 挿絵》.

tri·form [tráɪfɔəm | -fɔ:m] 〖□ L *triform-is*: ⇨ tri-, form〗 *adj.* 三体[三形]ある, 三体の; 三部から成る.

trí·fòrmed *adj.* =triform.

tri·func·tion·al [tràɪfʌ́ŋ(k)ʃənl, -ʃnəl] 〖← TRI-＋FUNCTIONAL〗 *adj.* 〘化学〙 三官能性の: a ～ molecule 三官能分子.

tri·fur·cate 〖← L *trifurcus* three forked (← TRI-＋*furca* 'FORK')＋-ATE²˒³〗 ── [tráɪfə(:)kèɪt, traɪfə́:keɪt | tráɪfə(:)kèɪt] *vt., vi.* 三叉にする[なる], 三枝に分かつ[分かれる], 三部に分かつ[分かれる]. ── [traɪfə́:kət, -kɪt, -keɪt, tráɪfə(:)kèɪt, -kət, -kɪt | tráɪfə(:)kèɪt] *adj.* 三叉の, 三枝の.

tri·fur·càt·ed [-tɪd, -təd | -tɪd, -təd] *adj.* =trifurcate.

tri·fur·ca·tion [tràɪfə(:)kéɪʃən | -fə(:)-] *n.* 三つに分岐すること, 三叉; 三つに分かれる点; 三叉路.

trig¹ [tríg] 〖《?*c*1200》□ ON *trygg-r* faithful, firm, safe (Norw. & Dan. *tryg* safe / Goth. *triggus* true): ⇨ true〗 ── *adj.* **1** 《スコット》こぎれいな, きちんとした, さっぱりした, きりっとした, 粋な (neat, trim): a ～ damsel こぎれいな娘. **2** 《英方言》丈夫な, 健全な (sound). **3** 《スコット》活発な (active), 生き生きした (lively). ── *vt.* (**trigged; trig·ging**) 《英方言》 **1** こぎれいにする, きちんとする (tidy). **2** 飾る, めかす (deck) 〈*up, out*〉.

trig² [tríg] 〖□ ? ON *trygg-ja* to make fast or firm ← *tryggr* (↑)〗 《方言》 ── *n.* 《輪・樽などの転がりを防ぐ》輪止め, 転び止め. ── *vt.* (**trigged; trig·ging**) **1** …に輪止めをする. **2** …につっかい[支え]をする 〈*up*〉.

trig³ [tríg] 〖《略》← TRIGONOMETRY〗 *n.* 《学生語》三角(法).

trig. 《略》 trigonometric; trigonometrical; trigonometry.

tri·ga [trí:gə, tráɪ-] 〖□ LL ～《短縮》← L *trijuga* (fem.) of a team of three ← TRI-＋*juga* 'YOKE, team'〗 ── *n.* (*pl.* **tri·gae** [trí:gaɪ, tráɪdʒi:]) **1** (古代ローマの)三頭立て二輪戦車. **2** (triga などを引く)三頭一組の馬.

tríg·a·mist [-mɪst, -məst | -mɪst] *n.* 三妻[三夫]を有する人.

trig·a·mous [trígəməs] 〖□ Gk *trígamos* (↓)〗 ── *adj.* **1** 一夫三妻[一妻三夫]の, 三重婚の (cf. bigamous). **2** 〘植物〙 3 種の花(雄花・雌花および両性花)を有する, 三様花の.

trig·a·my [trígəmi | -mɪ] 〖《1615》□ LL *trigamia* □ Gk *trigamia*: ⇨ tri-, -gamy〗 *n.* 一夫三妻, 一妻三夫; 三重婚 (cf. bigamy).

trig·a·tron [trígətrɑ̀n | -trɔ̀n] 〖← TRIG(GER)＋*-a-* (連結辞)＋-TRON〗 *n.* 〘電子工学〙 トリガトロン《制御用補助電極をもったスイッチ用放電管》.

tri·gem·i·nal [traɪdʒémənl | -mɪ-] 〖← NL *trigeminus* (⇨ trigeminus)＋-AL¹〗 〘解剖〙 ── *adj.* **1** 三叉(さ)神経の. **2** 三重の (triple), 三段の: a ～ pulse 三段脈. ── *n.* 三叉神経 (trigeminal nerve).

tri·gem·i·nus [traɪdʒémənəs | -mɪ-] 〖← NL ～ ← TRI-＋L *geminus* born at the same birth〗 *n.* (*pl.* **-i·ni** [-nàɪ]) 〘解剖〙 三叉(さ)神経 (trigeminal nerve).

tri·ges·i·mo·se·cun·do [traɪdʒésəmousɪkʌ́ndou, -sək- | -sɪməusɪkʌ́ndəu] 〖□ L ～ 'thirty-second'〗 ── 〘製紙〙 *n.* (*pl.* ～**s**) =thirty-twomo. ── *adj.* =thirty-twomo.

trig·ger [trígə | -gə(r)] 〖《1621》 *tricker* □ Du. *trekker* ← *trekken* to pull: ⇨ trek, -er¹〗 ── *n.* **1** (銃砲の)引き金: pull the ～ (*at* [*on*]…) (…に向けて)引き金を引く, 撃つ (shoot). **2** 制動機, 輪止め装置; 〘海事〙 (進水台の)止め金, トリガー. **3** (事件・行動の)起因, 動機, 引き金. **4** 《口語》 =triggerman. **5** 〘魚類〙 =triggerfish. *in the drawing of a trigger* たちまち. *quick on the trigger* 《口語》射撃の速い; 手早い, すばしこい. ── *vt.* **1** 〈銃〉の引き金を引く, 〈銃を〉発射する; 〈ミサイルなどを〉発射する, 爆発させる: a ～*ing* device (ミサイルなどの)起爆装置. **2** 〈些細な事が〉〈大きな事を〉誘発する, 触発する (touch off) 〈*off*〉: The incident ～*ed off* the war. その出来事が戦争を誘発した / The landslide was ～*ed* by a heavy rain. がけ崩れは豪雨によって起こった. ── *vi.* 引き金を引く.

trigger càtalyst *n.* 〘化学〙 引き金触媒, トリガー触媒.

trigger fìnger *n.* 引き金を引く指; 利き手の人差し指.

trigger·fish *n.* 〘魚類〙 モンガラカワハギ《モンガラカワハギ科のうち, 鱗でおおわれた魚類の総称》.

trigger guàrd *n.* 用心鉄《小銃などの引き金を囲む金具; ⇨ rifle¹ 挿絵》.

trigger-hàppy *adj.* 《口語》 **1** (やたらに)ぶっ放すのが好きな: a ～ detective. **2** 短慮でけんか早い, 好戦的な (bellicose): ～ nations. **3** 人のあら探しばかりする, 揚足取りの: ～ critics.

trígger·man [-mən, -mæ̀n] *n.* (*pl.* **-men** [-mən, -mèn]) **1** (銃・ピストルを使う)殺し屋. **2** (ギャングの)ボディガード.

trigger mèchanism *n.* 引き金機構《ある刺激がきっかけとなって大きな反応が生じる生理的または心理的過程》.

trig·lid [tríglɪd, -ləd | -lɪd] 〖↓〗 *adj., n.* 〘魚類〙 ホウボウ科の(魚).

Trig·li·dae [tríglədì: | -glɪ-] 〖← NL ～ ← LL *trigla* red mullet＋-IDAE〗 *n. pl.* 〘魚類〙 ホウボウ科.

tri·glot [tráɪglɑt | -lɔt] 〖← TRI-＋-GLOT: cf. polyglot〗 *adj.* 〈書物・文章が〉3 か国語の. ── *n.* 3 か国語の書物, (特に)聖書.

tri·glyc·er·ide [tràɪglísəràɪd, -rɪd, -rəd | -ràɪd, -rɪd] 〖← TRI-＋GLYCERIDE〗 ── *n.* 〘化学〙 トリグリセリド《グリセリンの脂肪酸エステルのうち, 結合している脂肪酸基が 3 個のものをいう; cf. glyceride》.

tri·gly·ce·rol [tràɪglísəròul | -rɔ̀ul] 〖← TRI-＋GLYCEROL〗 ── *n.* 〘化学〙 トリグリセリン ($C_9H_{20}O_7$)《3 分子のグリセリンがエーテルとして結合したもの; 粘性液体で, ポリエステルの原料》.

tri·glyph [tráɪglɪf | tráɪg-, tríg-] 〖《1563》□ L *triglyphus* □ Gk *trígluphos* thrice-grooved ← TRI-＋*gluphḗ* carving〗 ── *n.* 〘建築〙 トリグリフ《ドリス式建築の frieze に, 一定間隔で繰返される三条の溝のある突起石; またその溝: ⇨ entablature 挿絵》. **tri·glyph·ic** [tràɪglífɪk | tràɪ-, trɪ-] *adj.* **tri·glýph·i·cal** *adj.*

tri·go [trí:gou | -gəu; *Sp.* trígo] 〖□ Sp. ～ < L *triticum* wheat ← *terere* to grind〗 *n.* (*pl.* ～**s** [～z; *Sp.* ～s]) 小麦 (wheat).

tri·gon [tráɪgɑn | -gən] 〖□ L *trigōn-um* □ Gk *trígōnon* triangle: ⇨ tri-, -gon〗 ── *n.* **1** (古代ギリシャの)三角琴. **2** 〘占星〙 **a** =trine 3. **b** 三宮 (⇨ triplicity 3). **3** (日時計用の)三角規, 三角板《その落とす影で時を計る》. **4** 《古》三角形 (triangle).

trigon. 《略》 trigonometric; trigonometrical; trigonometry.

trigona *n.* trigonum の複数形.

tri·go·nal [tràɪgóunl] 〖□ L *trigōnāl-is*: ⇨ trigon, -al¹〗 ── *adj.* **1** 三角形の: a ～ pyramid [prism] 三方錐(すい)[柱]. **2** 〘結晶〙 三方晶系の. **3** 〘生物〙 切断面が三角形を成す: ～ antennae, stems, etc. **～·ly** *adv.*

trigonal sýstem *n.* 〘結晶〙 三方晶系.

tri·gone [tráɪgoun | -gəun] 〖□ F ～ □ L *trigōnum* 'TRIGON'〗 *n.* 〘解剖〙 三角(部) (trigonum).

tri·go·neu·tic [tràɪgən(j)ú:tɪk | -njú:t-] 〖← TRI-＋Gk *goneúein* to beget＋-IC¹〗 *adj.* 〘昆虫〙 三世代性の《一年に三世代が生じる》.

trig·o·nom·e·ter [trɪgənɑ́mətə | -nɔ́mɪtə(r, -mə-] 〖《1767》← TRIGONOMETRY: ⇨ -meter¹〗 ── *n.* **1** 直角三角計, トリゴノメーター《器械的に平面三角法の問題を解く器具》. **2** 三角法学者; 三角測量者.

trig·o·no·met·ric [trɪgənə(u)métrɪk | -nə(u)-] *adj.* 〘数学〙 **1** 三角法の. **2** 三角関数の.

trig·o·no·mét·ri·cal [-trɪkəl, -trə- | -trɪ-] *adj.* 〘数学〙 =trigonometric. **～·ly** *adv.*

trigonométric equátion *n.* 〘数学〙 三角方程式《未知の角の三角比を含む方程式; 例えば $\sin x = 1/3$ 等》.

trigonométric fúnction *n.* 〘数学〙 **1** 三角関数《sin, cos, tan など》. **2** 三角関数と定数のみから四則によって作られた関数.

trigonométrical idéntity *n.* 〘数学〙 三角恒等式《三角関数の間に成り立つ恒等式; 例えば, $\sin^2 x + \cos^2 x = 1$ など》.

trigonométric séries *n.* 〘数学〙 三角級数《sin *nx*, cos *nx* (n=0, 1, 2, …) の定数倍を項とする級数》.

trig·o·nom·e·try [trɪgənɑ́mətri | -nɔ́mɪtrɪ, -mə-] 〖《1614》← NL *trigōnometria*: ⇨ trigon, -metry〗 ── *n.* 〘数学〙 三角法《三角比に関する数学的理論, およびそれによる解法》.

tri·go·nous [tràɪgóunəs, trígən- | tràɪgə́un-, trígən-] 〖□ L *trigōn-us* triangular □ Gk *trígōnos*: ⇨ trigon, -ous〗 *adj.* 〘生物〙 =trigonal 3.

tri·go·num [tràɪgóunəm | -gə́u-] 〖← NL *trigōnum*: cf. trigone〗 *n.* (*pl.* **-go·na** [-nə], ～**s**) 〘解剖〙 =trigone.

tri·gram [tráɪgræm] *n.* **1 a** 3 文字の銘. **b** =trigraph 2. **2 a** 三つの線[要素]から成る図形. **b** (日本や中国の)八組の卦(け)の一つ《陽と陰とを組み合わせる》.

tri·graph [tráɪgræf | -grɑ:f, -græf] *n.* **1** 〘音声〙 三重音字《schism [sízm] の sch, beau [bóu | bə́u] の eau など; cf. digraph》. **2** 三重字《連続する 3 文字から成る文字集合; 例えば the》. **tri·graph·ic** [traɪgrǽfɪk] *adj.*

trig·y·nous [trídʒənəs | -dʒɪ-] 〖← TRI-＋-GYNOUS〗 *adj.* 〘植物〙 三雌蕊(ずい)の, 3 本の雌しべを有する.

trihedra *n.* trihedron の複数形.

tri·he·dral [tràɪhí:drəl | -héd-, -hí:d-] 〖← TRIHEDRON＋-AL¹〗 〘数学・結晶〙 *adj.* 三面の; 三面体の. ── *n.* =trihedron.

trihédral ángle *n.* 〘数学〙 三面角《空間内の頂点を共有する三つの角 ∠AOB, ∠BOC, ∠COA のつくる図形》.

tri·he·dron [tràɪhí:drən | -héd-, -hí:d-] 〖← NL ～: ⇨ tri-, -hedron〗 *n.* (*pl.* ～**s, -he·dra** [-drə]) 〘数学・結晶〙 三面体《三つの曲面で囲まれた立体》.

tri·hy·brid [tràɪháɪbrɪd, -brəd | -brɪd] *n.* 〘生物〙 三遺伝子雑種《3 組の対立遺伝子についてヘテロである個体》.

tri·hy·drate [tràɪháɪdreɪt, -drət, -drɪt | -dreɪt, -drət, -rɪt] 〖← TRI-＋HYDRATE〗 *n.* ── 〘化学〙 三水化物《三つの結晶水をもつ水化物》. **tri·hy·dra·ted** [tràɪháɪdreɪtɪd, -tɪd | -tɪd, -təd] *adj.*

tri·hy·dric [tràɪháɪdrɪk] *adj.* 〘化学〙 〈アルコール類・フェノール類が〉3 個の水酸基をもつ (trihydroxy).

tri·hy·drox·y [tràɪhaɪdrɑ́ksi | -drɔ́ksɪ] 〖← TRI-＋HYDROXY〗 *adj.* 〘化学〙 3 個の水酸基 (OH) をもつ, 三水酸基の.

tri·i·o·do·meth·ane [tràɪàɪədo(u)méθeɪn | -də(u)-] 〖← TRI-＋IODO-＋METHANE〗 *n.* 〘化学〙 トリヨードメタン (⇨ iodoform).

tri·i·o·do·thy·ro·nine [tràɪàɪədo(u)θáɪrənì:n, -nɪn, -nən | -də(u)θáɪ(ə)rənì:n, -aɪəd-, -nɪn] 〖← TRI-＋IODO-＋*thyronine* (⇨ thyro-, -on¹, -ine³)〗 ── *n.* 〘化学〙 トリヨードチロニン ($C_{15}H_{12}I_3NO_4$)《甲状腺および血液中にある; 甲状腺機能不全の治療に用いる》.

tri·jet [tráɪdʒèt] 〖← TRI-＋JET²〗 *adj.* 三基のジェットエンジンのある. ── *n.* 三発ジェット機.

tri·ju·gate [tráɪdʒugèɪt, traɪdʒú:gət, -gɪt, -geɪt] 〖← L *trijugus* threefold＋-ATE²〗 *adj.* 〘植物〙 三対(つい)小葉の.

tri·ju·gous [tráɪdʒugəs, tràɪdʒú:-] 〖⇨ ↑, -ous〗 *adj.* 〘植物〙 三小葉の.

trike [tráɪk] 〖《短縮》← TRICYCLE: cf. bike〗 《口語》 *n.* 三輪自転車. ── *vi.* 三輪自転車に乗る.

tri·ke·ri·on [tri:kérjɑ(:)n | -rjən] 〖□ MGk *trikērion* ← TRI-＋MGk *kērion* waxcandle, Gk honeycomb〗 ── *n.* (*pl.* **-ri·a** [-rjɑ:]) 〘東方正教会〙 三本立[三枝]燭台(しょくだい)《三位一体を表象する》.

tri·la·bi·ate [tràɪléɪbiət, -biɪt, -bièɪt | -bɪət, -biɪt, -bièɪt] 〖← TRI-＋LABIATE〗 *adj.* 〘生物〙 三つの唇をもった, 三唇(しん)の.

tri·lam·i·nar [tràɪlǽmənə | -mɪnə(r)] 〖← TRI-＋LAMINAR〗 *adj.* 三層の.

tri·lat·er·al [tràɪlǽtərəl, -trəl | -t(ə)r-] 〖← L *trilaterus* three sided＋-AL¹: ⇨ tri-, lateral〗 〘数学〙 ── *adj.* 三辺の, 辺を三つもった. ── *n.* 三辺形, 三角形.

tri·lat·er·al·i·ty [tràɪlæ̀tərǽləti | -tərǽlətɪ, -lɪtɪ] *n.* **～·ly** *adv.*

tri·lat·er·a·tion [tràɪlæ̀təréɪʃən | -tə-] 〖⇨ ↑, -ation〗 *n.* 〘測量〙 三辺測量(術) (cf. triangulation 1 a).

tril·by [trílbi | -bɪ] 〖《1895》← *Trilby*: パリ生れの英国の作家 George du Maurier (1834–96) 作の同名の小説 (1894) の女主人公; モデルで美しい足をしていた: 1 はこの作品が上演された時, この帽子が舞台で用いられたことから〗 ── *n.* **1** 《英口語》フェルト製の中折れ帽の一種 (trilby hat). **2** [通例 *pl.*] 《俗》足 (feet).

Tril·by [trílbi | -bɪ] 〖↑〗 *n.* 女性名.

tri·lem·ma [traɪlémə | -mə] 〖《1672》← TRI-＋LEMMA¹: cf. dilemma〗 ── *n.* **1** 三つの方法のうちどれを選ぶべきか決定しにくいような状態, 三者択一の窮地. **2** 〘論理〙 三刀論法 (cf. dilemma, polylemma). **3** 〘経済〙 トリレンマ《不況・インフレ・エネルギー危機による三重苦》.

tri·lin·e·ar [tràɪlíniə | -nɪə(r, -njə(r)] 〖← TRI-＋LINEAR〗 *adj.* 三つの線の[に囲まれた].

tri·lin·gual [tràɪlíŋgwəl, -gjuəl | -gwəl] 〖← TRI-＋LINGUAL: cf. bilingual〗 ── *adj.* **1** 三か国語[三言語]を(自由に)話す: a ～ student. **2** 〈書物・辞典など〉三か国語で記述された; 三言語(併用)の: a ～ inscription. ── *n.* 三か国語[三言語]を話す人; 三言語併記の碑文. **～·ly** *adv.*

tri·lit·er·al [tràɪlítərəl, -trəl | -t(ə)r-] 〖← TRI-＋LITERAL〗 ── 〘言語〙 *adj.* 〈語など〉3 字から成る, 3 字を用いる; (特に)〈語根が〉3 子音から成る: ～ languages 3 子音式言語《セム語のように語根が通例 3 子音字から成る》. ── *n.* 3 字から成る語[語根].

tri·lít·er·al·ism [-lɪzm] *n.* 〘言語〙 3 子音式, 3 子音法, 3 字語根式《セム語のような》.

tri·lit·er·al·i·ty [tràɪlɪtərǽləti | -tərǽlətɪ, -lɪtɪ] *n.* (語または語根が) 3 字[子音]から成ること.

tri·lith [tráɪlɪθ] *n.* 〘考古〙 =trilithon. **tri·lith·ic** [tràɪlíθɪk] *adj.*

tri·lith·on [tràɪlíθɑn, tráɪləθɑ̀n | tràɪlíθɔn, tráɪləθɔ̀n] 〖□ Gk *trílith-on* (neut.) ← *trílithos* of three stones: ⇨ tri-, -lith〗 ── *n.* 〘考古〙 三石塔《直立する両石の上に一石を載せたもの; イングランド Wiltshire 州の Salisbury 平野にある Stonehenge 中最大の巨石記念物; 青銅器時代初期 Wessex 文化のもので, 重さ 50 トン以上の巨石を使用している》.

trill¹ [tríl] 〖v.: 《1666–67》 ⊏ It. *trill-are* ⊏ ? Du. *trillen* to vibrate. — n.: 《1649》 ⊏ It. *trillo* ← (v.)〗 ── *vt.* **1** 震え声[顫音(せんおん)]で歌う[奏する]〈*out*〉. **2** 〖音声〗〈音を〉顫動音[震え音]で発音する. ── *vi.* 震え声で歌う, 顫音で奏する; 顫動音の発音をする; 〈鳥が〉さえずる. ── *n.* **1** 震え声, (虫や人の笑い声などの)顫音, (鳥の)さえずり: with a ～ of laughter 震え声で笑いながら. **2** 〖音楽〗 **a** トリル, 顫音. **b** ヴィブラート (vibrato). **3** 〖音声〗顫動音, 震え音《舌や口蓋垂などの弾力性のある音声器官を数回震わせて作る音; [r] [R] など; cf. flap 10 a》.

written tr played

trill¹ 2

trill² [tríl] 〖《c1395》 *trille(n)* to turn, flow ← ? ON (cf. Dan. *trille* to roll): cf. trill¹〗《古》 ── *vi.* **1** 回転する, 旋回する (revolve). **2** ちょろちょろ流れる; したたる. ── *vt.* ちょろちょろ流す.

tril·ling [tríliŋ] 〖← TRI-＋-LING¹: cf. G *Drilling* triplet〗 ── *n.* **1 a** 三つ子の一人 (cf. triplet, twin). **b** [*pl.*] 三つ子. **2** 〖結晶〗三連双晶《triple twin ともいう; cf. twin 3》.

Tril·ling [tríliŋ], **Lionel** *n.* (1905–75) 米国の文芸評論家; *The Liberal Imagination* (1943).

tril·lion [tríljən] 〖《1690》⊏ F ～ ← TRI-＋(*mi*)*llion* 'MILLION': cf. billion〗 *n.* 《米》兆, 10^{12}; 《英》百万兆, 10^{18} (⇨ million 表). ── *adj.* trillion の.

tril·li·um [tríliəm | -lɪ-] 〖← NL ～ ← ? Swed. *trilling* triplet＋-IUM〗 ── *n.* 〖植物〗ユリ科エンレイソウ属 (*Trillium*) の植物の総称《オオバナエンレイソウ (great white trillium) など》.

tri·lo·bate [traìlóubeɪt | -lə́u-] 〖← TRI-＋LOBATE〗 *adj.* 〖植物〗〈葉が〉三裂の: a ～ leaf 三裂葉.

tri·lo·bat·ed [traìlóubeɪtɪd, -ṭəd | -lə́ubeɪtɪd, -təd] *adj.* 〖植物〗＝trilobate.

tri·lo·ba·tion [traìlo(ʊ)béɪʃən | -lə(ʊ)-] 〖← TRI-＋LOBATION〗 *n.* 〖植物〗(葉の)三裂状.

tri·lobed [traìlóubd | -lə́ubd] *adj.* 〖植物〗＝trilobate.

Tri·lo·bi·ta [traìləbáɪṭə | -tə] 〖← NL ～ (↓)〗 *n. pl.* 〖古生物〗三葉虫綱.

tri·lo·bite [tráɪləbàɪt | -lə(ʊ)-] 〖《1832》← NL *trilobites* ← Gk *trílobos* three-lobed ← TRI-＋*lobós* 'LOBE': ⇨ -ite¹〗 *n.* 〖古生物〗三葉虫《節足動物門に属する古生代の三葉虫類の動物; 古生代の指準化石として重要》. **tri·lo·bit·ic** [traìləbíṭɪk | -lə(ʊ)bít-] *adj.*

Tri·lo·bi·to·mor·pha [traìləbàɪṭo(ʊ)mɔ́ːəfə | -tə(ʊ)mɔ́ː-] 〖← NL ～: ⇨ trilobite, -morpha〗 *n. pl.* 〖動物〗三葉虫様亜門.

tri·loc·u·lar [traìlɑ́kjʊlə | -lɔ́kjʊlə(r)] 〖← TRI＋LOCULAR〗 *adj.* 〖生物〗三室の, 三房の.

tri·loc·u·late [traìlɑ́kjʊlət, -lɪt, -lèɪt | -lɔ́k-] *adj.* ＝trilocular.

tril·o·gy [tríləʤi | -ʤɪ] 〖《1661》⊏ Gk *trilogía*: ⇨ tri-, -logy〗 ── *n.* **1** (劇・歌劇・小説などの)三部作, 三部劇, 三部曲. **2** 〖ギリシャ劇〗(昔, アテネの Dionysus の祭典で続けて上演された)三悲劇. **3** 三つ組 (triad). **4** 〖医学〗＝triad 5.

trim [trím] 〖《adj.: c1510; v.: c1513》: cf. OE *trymman, trymian* to strengthen, arrange, prepare ← *trum* (adj.) firm, active < Gmc *trum- ← IE *deru- to be firm; tree, wood: cf. tree〗 ── *adj.* (**trim·mer**; **trim·mest**) **1** こぎれいな (neat, spruce), きちんとした, 整った (in good order): a ～ girl [villa] こぎれいな少女[別荘] / a ～ lawn 手入れのよい芝生 / a ～ moustache きちんと手入れした口ひげ. **2** 《古》立派に整備された: a ～ ship 装備の整った船. **3** 《廃》立派な, すてきな (excellent, fine).

── *adv.* [通例, 複合語の第 1 構成素として] こぎれいに, きちんと (trimly): *trim*-kept 手入れの行き届いた.

── *v.* (**trimmed**; **trim·ming**) ── *vt.* **1** 刈り込む, 刈り込んできれいに[格好よく]する, (端などを摘(つ)んで)整える, 手入れする: ～ a hedge [turf, beard] 垣根[芝生, あごひげ]を刈り込む / ～ one's nails つめを切り整える / ～ a lamp ランプの心を切る. **2 a** 切り取る, 刈り取る, はさみ取る, 摘み取る (prune, clip)〈*off, away*〉: ～ *off* dead branches 枯枝を切り取る / Redundant epithets should be ～*med away*. 余計な形容語は削除すべきだ. **b** 〈人員・予算を〉削減する: ～ an additional 4,000 employees さらに 4,000 の従業員を削減する / The city ～*med* 255 workers *from* its payroll last year. 市は昨年 255 人の職員を削減した / ～ a budget by 5% 予算を 5% 削る. **3** 《古》装う, 仕度する (fit up, dress)〈*up, out*〉: ～ oneself *up* きちんと身仕度する. **4** 〔リボンなどで〕…に飾りを付ける, 装飾する, …にへりを付ける (decorate, fringe)〔*with*〕: ～ a Christmas tree クリスマスツリーに飾り付けをする / ～ a woman's hat 婦人帽に飾りを付ける / ～ a dress *with* ribbons 服にリボンを付ける. **5** 〈意見などを〉都合のいいように変える, (事情に応じて)調整する: ～ one's opinions out of expediency 都合次第で意見を変える. **6** 《口語》しかる, とがめる (reprove); むち打つ, 打つ (beat); 負かす (defeat): I ～*med* him at chess. 彼をチェスで負かした. **7** 《口語》〈人を〉ごまかして金を巻き上げる (cheat): They ～*med* him in a crooked game. いかさま賭博で彼の金を巻き上げた. **8** 〖木工〗(削ったり, かんなをかけたり, 角を落としたりして)…の形を整える, 仕上げをする (smooth, dress): ～ *in* 〈板などを〉形を整えて他の木などへはめ込む. **9** 〖航空〗〈機体〉の釣合いを保つ. **10** 〖海事〗(積荷の具合などで)〈船〉の釣合いをよくする (balance); 〈船〉の船倉内荷繰りをする; (風受けのいいように)〈帆・帆桁(ほげた)を〉整える (adjust): ～ one's course 帆を整えて進む. **11** 《古》〖海事〗(出帆のために)〈船を〉装備する (equip). **12** 〈石炭・貨物などを〉船倉に積む (stow in the hold). **13** 〖劇場〗(天井裏の操作で)〈大道具を〉舞台の適切な場所に降ろす. **14** 《米》〈ショーウインドーなど〉に商品を陳列する.

── *vi.* **1** 〈政治家などが〉八方美人主義をとる, どっちつかずにやる, 日和見をする: ～ *between* two parties 二つの党派のいずれにも不即不離の立場を取る. **2** 〖海事〗〈船が〉釣合う, 釣合いがとれる; 帆[帆桁]を風受けのいいように整える, 適帆する: The boat ～*med* well enough. 船はうまく釣り合っていた.

be trimmed by the head [***bow***] 〖海事〗〈船が〉表脚(おもてあし)である《船首の喫水が深い》. ***be trimmed by the stern*** 〖海事〗〈船が〉艫脚(ともあし)である《船尾の喫水が深い》. ***trim by*** [***on***] ***a wind*** ⇨ wind¹ 成句. ***trim down*** (1) 刈り込む: ～ the hedge *down* 生垣を刈り込む. (2) 切り詰める, 削減する: ～ *down* expenditure 出費を切り詰める. ***trim the*** [*one's*] ***sails*** (***to the wind***) ⇨ sail *n.* 成句. ***trim up*** (1) 切って整える: ～ *up* one's beard あごひげを切って整える. (2) ⇨ *vt.* 3.

── *n.* **1** 整っていること, きちんとしていること, 整頓(せいとん)状態 (proper condition, order): *in* (good [proper]) ～ 整って, 具合よく / *into* ～ 適当な状態に / find everything *out of* ～ 何もかも調子[具合]が悪くなっている. **2** 準備状態, 用意, 仕度; 服装 (equipment, dress); (健康などの)具合; 気分, 調子; 体重[体調]調節: *in* marching ～ 行進準備が整って / *in* fighting ～ 戦闘準備をして / *in* hunting ～ 狩猟の服装で. **3 a** 飾り, 装飾 (decoration): the ～ on the dress 洋服の飾り. **b** 《米》(店頭や飾り窓の)飾り付け. **4 a** 刈り込み; 刈り込んだ物, 切り取った物; (映画フィルムの)カットされた部分. **b** (スタイルを変えないでする)調髪: give a person a ～ (理髪師が)人の髪の手入れをする. **5 a** 〖海事〗(船の)姿勢, 釣合い; 船の首尾喫水の差異; (帆の)風受け具合, 装備; (潜水艦の)浮力状態: *in* sailing ～ 出帆準備が整って / *out of* ～ (船が)片重(かたおも)りで; 不整頓で, 具合悪く. **b** 〖航空〗(飛行中の飛行機の)平衡状態. **6** 《米》〖自動車〗(車内の)内装《装飾品・座席・床・側壁の内張り・握り手・ハンドル・照明・ひじかけなど》; (車体の)外装. **7** 《米》(窓やドアの)額縁; 回り縁. **8** 性質, 様子, 柄(がら) (character): I know his ～. 彼の人柄は知っている.

～·ly *adv.* **～·ness** *n.*

tri·ma·ran [tráɪməræ̀n, ーーー] 〖← TRI-＋(CATA)MARAN〗 *n.* 三胴のいかだ舟; (高速の)三胴船 (cf. catamaran 2).

tri·mer [tráɪmə | -mə(r)] 〖← TRI-＋(POLY)MER〗 *n.* 〖化学〗三量体, トリマー. **tri·mer·ic** [traɪmérɪk] *adj.*

trim·er·ous [trímərəs] 〖← NL *trimerus* ⊏ Gk *trimerēs* made up of three parts: ⇨ tri-, -merous〗 ── *adj.* **1** 三部分から成る[に分かれた]. **2** 〖植物〗〈花が〉各輪生体に三花をもつ《3-merous とも書く; cf. tetramerous》. **3** 〖昆虫〗三関節の.

tri·mes·ter [traɪméstə, ーーー | -tə(r)] 〖⊏ F *trimestre* ⊏ L *trimēstris* of three months ← TRI-＋*mēnsis* month: cf. moon〗 ── *n.* **1** 3 か月間. **2** (3 学期制の学校の)一学期.

tri·mes·tral [traɪméstrəl] *adj.* ＝trimestrial.

tri·mes·tri·al [traɪméstriəl | -trɪ-] *adj.* 3 か月間の; 3 か月ごとに起こる[現われる]. ── *n.* 季刊誌.

tri·me·tal·lic [traɪmɪtǽlɪk, -mə- | -mɪ-, -me-, -mə-] *adj.* **1** 三種の金属でできた. **2** 〖彫刻・印刷〗〈彫り版が〉三層の《銅版の表面にクローム・ステンレスなどの層があり, かつ鋼などで裏打ちされたもの》.

trim·e·ter [tríməṭə | -mɪtə(r), -mə-] 〖《1567》⊏ L *trimetr-us* ⊏ Gk *trímetron*: ⇨ tri-, -meter²〗〖詩学〗 ── *n.* **1** (英詩の)三歩格(の詩)《1 行 3 詩脚から成る詩行; cf. meter² 1 b》: iambic ～ 短長[弱強]三歩格《本来古代ギリシャ詩の対話部分に用いられた形式》. **2** (古典詩の)三複詩脚(の詩), 六歩格. ── *adj.* (英詩の)三歩格の. **tri·met·ric** [traɪmétrɪk] *adj.* **tri·mét·ri·cal** *adj.*

tri·meth·a·di·one [traɪmèθədáɪoun | -əun] 〖← TRI-＋METH(YL)＋-*a*- (連結辞)＋-DIONE〗 *n.* 〖化学〗トリメタジオン ($C_6H_9NO_3$)《癲癇(てんかん)の治療用》.

tri·meth·yl·a·mine [traɪmèθɪləmíːn, -θə-, -lǽmɪn, -mən | -θɪləmíːn, -lǽmɪn] 〖← TRI-＋METHYL＋AMINE〗 ── *n.* 〖化学〗トリメチルアミン ($(CH_3)_3N$)《魚類臭のある液体; 広く天然動植物にある》.

tri·meth·yl·ene [traɪméθəlìːn | -θɪ-] 〖← TRI-＋METHYLENE〗 *n.* 〖化学〗トリメチレン (⇨ cyclopropane).

tri·meth·yl·gly·cine [traɪmèθɪlgláɪsɪn, -θəl-, -sən, -siːn | -θɪlgláɪsiːn] 〖← TRI-＋METHYL＋GLYCINE〗 *n.* 〖化学〗トリメチルグリシン (⇨ betaine).

tri·met·ric [traɪmétrɪk] 〖← TRI-＋Gk *métron* measure＋-IC¹〗 *adj.* 〖結晶〗斜方晶系の (orthorhombic).

trimétric projéction *n.* 〖数学〗斜方投影[射影].

tri·met·ro·gon [traɪmétrəgɑ̀n | -gɔ̀n] 〖← TRI-＋Gk *métron* measure＋-GON〗 ── *n.* 〖測量〗三角点俯瞰(ふかん)撮影法《被写地域の真上および等距離に離れた 2 点の上空から同時に撮影する方法》.

trím·mer 〖← TRIM (v.)＋-ER¹〗 ── *n.* **1** 整える人, 整頓(せいとん)者, 手入れ人; 装飾者. **2** 刈り込み用道具《なた・はさみなど》; (ろうそく・ランプなどの)心切り; (写真フィルム・プリントなどの)カッター, トリミングボード. **3** 荷繰(にく)り(機)《船倉内の貨物を都合よく積み直し置き換える人または機械》. **4** 〖建築〗口際(くちぎわ)根太(ねだ); 切根太掛け. **5** (政治的に)無定見な人; 日和見主義者 (timeserver). **6** 《口語》しかる人 (scolder). **7** 《口語》手ごわい人[もの]. **8** カワカマス釣りに夜間に使用するふせ鉤. **9** 〖電気〗トリマー《調整のために値を変えることのできる半固定の抵抗やコンデンサー》.

trímmer condénser *n.* 〖電気〗トリマーコンデンサー《小型可変コンデンサー》.

trím·ming 〖← TRIM (v.)＋-ING¹〗 ── *n.* **1 a** 整頓, 片付け, きちんとすること, 釣合いを[具合]よくすること, 加減[調整]すること; 日和見(主義). **b** 〖写真〗トリミング. **2** 手入れ, 刈り込み; [*pl.*] 刈り込んだ物, 切りくず: ～*s* of meat. **3 a** 飾り, 飾り付け, 装飾《衣服のひだ飾りや縁どり》; 飾り物, 装飾品 (garnish): ～*s* of lace レースの飾り / the ～*s* of a Christmas tree クリスマスツリーの飾り付け. **b** (余分な)言葉の飾り, あや. **4** [*pl.*] 《口語》(食物の)添え物, つま, 付け合わせ (accessories): a leg of mutton and ～*s* 付け合わせを添えた羊肉の脚. **5** 《口語》しかりつけ, 大目玉; 打ち懲らし (thrashing); 敗北 (defeat): Our team took another ～. わがチームはまた負けた. **6** 〖建築〗枠組の形成.

trímming tàb *n.* 〖航空〗トリムタブ《操縦桿(かん)や踏桿に力を加えないで, つまり手放しで飛行機が釣合いを保って飛行できるように調節するタブ; cf. tab¹ 6》.

trímming tànk *n.* 〖海事〗トリミングタンク《船の喫水傾斜調節のため船首および船尾に設けた水槽》.

tri·mod·al [traɪmóudḷ | -mə́u-] 〖← TRI-＋MODAL〗 ── *adj.* 〖統計〗(分布について)三つの並数 (mode) をもつ. **tri·mo·dal·i·ty** [traɪmo(ʊ)dǽləṭi | -mə(ʊ)dǽlətɪ, -lɪ-] *n.*

tri·mo·lec·u·lar [traɪməlékjʊlə | -mə(ʊ)lékjʊlə(r), -mə-] 〖← TRI-＋MOLECULAR〗 *adj.* 〖化学〗三分子の.

tri·month·ly [traɪmʌ́nθli | -lɪ] *adj.* 3 か月に 1 回の, 3 か月ごとの: a ～ visit.

tri·morph [tráɪmɔəf | -mɔːf] 〖《1909》《逆成》↓〗 ── *n.* 〖結晶〗同質三形物質; 同質三形の一つ. **tri·mor·phic** [traɪmɔ́əfɪk | -mɔ́ː-] *adj.* **tri·mor·phous** [traɪmɔ́əfəs | -mɔ́ː-] *adj.*

tri·mor·phism [traɪmɔ́əfɪzm | -mɔ́ː-] 〖《1860》← Gk *trímorphos* having three forms (⇨ tri-, -morph)＋-ISM〗 *n.* **1** 三形, 三態. **2** 〖結晶〗同質三形. **3** 〖植物〗三様開花, 三形花《同一種の植物に雄蕊や雌蕊の長さを異にする花をつけること》. **4** 〖動物〗三形性《同一種の動物に形態や色などの違いが 3 通りあること》.

tri·mo·tor [tráɪmòuṭə, ーーー | tráɪmə̀utə(r), ーーー] 〖← TRI-＋MOTOR〗 *n.* 〖航空〗三発機《特に, Ford 社が作った三発機 (Trimotor) を指す》.

trì·mó·tored *adj.* 〈飛行機が〉三基の発動機を備えた, 三発の.

trím ràil *n.* 〖劇場〗トリムレール《pinrail の下列で, 下に降ろした大道具を固定するのに用いる》.

trím size *n.* (雑誌・書籍類のページの)仕上げ寸法《不要なへりなどを裁ち落とした後の大きさ》.

trím tàb *n.* 〖航空〗＝trimming tab.

Tri·mur·ti [trɪmúəṭi | -múətɪ] 〖⊏ Skt *trimūrti* ← TRI-＋*mūrti* shape, body〗 ── *n.* 〖ヒンズー教〗三神一体《Brahma (創造者), Vishnu (保持者), Siva (破壊者) を一体にまとめたもの; 彫刻その他で一つの体に三つの頭を付けて表わす》.

Trin. 《略》Trinidad; Trinity.

Tri·na·cri·a [traɪnǽkriə, trɪ-, trə- | trɪnǽkrɪə, traɪ-] 〖↓〗 *n.* トリナクリア《Sicily の古名》.

Tri·na·cri·an [traɪnǽkriən, trɪ-, trə-, -néɪk- | traɪnǽkrɪən, trɪ-, -néɪk-] 〖← L *Trinacria* Sicily (⊏ Gk *Trinakría*)＋-AN¹〗 ── *adj.* 《詩・文語》シチリアの (Sicilian).

tri·nal [tráɪnḷ] 〖《1561》⊏ LL *trīnāl-is*: ⇨ trine, -al¹〗 *adj.* 三倍の, 三重の (threefold); 三部分から成る.

tri·na·ry [tráɪnəri | -rɪ] 〖《1474》⊏ LL *trīnāri-us*: ⇨ trine, -ary〗 *adj.* 三部から成る; 三つずつ生じる[出る] (ternary). ── *n.* 三つ組, 三人組.

trin·dle [tríndḷ] 〖ME *trindel* < OE *tryndel, trendel* circle, ring ← Gmc *trend- 'to TREND': cf. trundle〗 ── *n.* **1** 〖製本〗トリンドル《音叉(おんさ)状の金具で, 前小口を切り揃える際に背と板紙との間にさし込む》. **2** 《英方言》円いもの, (特に, 手押し一輪車の)車輪. **3** 《廃》渦巻型の小蠟燭(ろうそく). ── 《廃・方言》*vt.* 〈車輪などを〉回す, 転がす. ── *vi.* 〈車輪などが〉回る, 転がる.

trine [tráɪn] 〖《c1380》⊏ OF ～ < L *trinum* threefold ← *trīnī* three each ← *trēs* 'THREE'〗 ── *adj.* **1** 三重の, 三層の, 三倍の (threefold). **2** 〖占星〗三分一対座の《120 度の距離を保つことにいう》. ── *n.* **1** 三つ組, 三つ揃い (trio, triad); 三つどもえ. **2** [the T-] 三位一体 (the Trinity). **3** 〖占星〗三分一対座《惑星が互いに 120 度隔たる位置にあること》: be in ～ to … と三分一対座にある. **4** [*pl.*] 三つ子 (triplets).

tríne aspérsion [**immérsion**] *n.* 〖キリスト教〗三回注水《父と子と聖霊の名で 3 度水を注ぐ洗礼》.

trin·gle [tríŋgḷ] 〖⊏ F ～《変形》← OF *tingle* ⊏ MDu. *tingel* prop〗 ── *n.* **1** (カーテン・寝台天蓋(てんがい) (canopy) の)横木, 支え棒, 張桿(かん). **2** 〖建築〗角縁形(かくぶちがた), 平縁(ひらぶち). **3** 〖砲術〗反動止め《砲座の端に付けた木片》.

Trin·i·dad [trínədæ̀d, ⸗⸗⸗ | -nɪ-] *n.* トリニダード島 (⇨ Trinidad and Tobago).

Trínidad and Tobágo *n.* トリニダード トバゴ《南米ベネズエラ北東沖, 西インド諸島 (West Indies) にある英連邦内の自治領; Trinidad 島 (面積 4,828 km^2) および Tobago 島 (300 km^2) から成る; もと西インド諸島連邦 (Federation of the West Indies) の一部であったが, 1962 年独立; 人口 946,000, 面積 5,128 km^2, 首都 Port-of-Spain》.

Trin·i·tar·i·an [trìnətέ(ə)riən | -nɪtέəri-] 〘《1628》← NL *trīnitārius* (← (L)L *trīnitās* 'TRINITY')+-IAN〙 — *adj.* **1** 三位一体の, 三位一体説の (cf. anti-Trinitarian). **2** 三位一体を信じる. **3** 三位一体(修道)会の[に属する]. **4** [t-] 三者一体の, 三重の, 三倍の (threefold, triple). — *n.* **1** 三位一体信者[論者]. 三一神論者. **2** 三位一体(修道)会, 贖虜(しょくりょ)会 (Order of the Holy Trinity) の修道士《この修道会は最初, 異教徒に捕えられたキリスト教徒をあがない戻す目的で 1198 年に創立された》.

Trìn·i·tár·i·an·ism [-nìzm] *n.* 〘キリスト教〙三位一体の教理, 三位一体論, 三一神論.

tri·ni·tra·mine [trаɪnàɪtrəmíːn, -naɪtrǽmɪn, -mən | -náɪtrəmìːn, -mɪn] *n.* 〘化学〙トリニトロアミン《1 分子中に 3 個のニトロアミン基をもつ化合物の総称》.

tri·nit·rate [tràɪnáɪtreɪt, -trət, -trɪt] *n.* 〘化学〙トリニトラート《1 分子中に 3 個の NO_3- 基を含む硝酸エステル》.

tri·ni·tro- [tràɪnáɪtro(ʊ) | -trə(ʊ)] 〘← TRI-+NITRO-〙「3 個のニトロ基をもつ」の意の連結形: *trinitro*-cellulose.

trinìtro·bénzene *n.* 〘化学〙トリニトロベンゼン ($C_6H_3(NO_2)_3$)《1, 2, 3-, 1, 2, 4-, 1, 3, 5- などの異性体がある; 爆薬の一種》.

trinìtro·crésol *n.* 〘化学〙トリニトロクレゾール ($CH_3C_6H(OH)(NO_2)_3$)《高性能爆薬に用いられる》.

trinìtro·glýcerin *n.* =nitroglycerin.

tri·ni·tro·phen·yl·meth·yl·ni·tra·mine [traɪnáɪtro(ʊ)fènḷméθɪlnàɪtrəmíːn, -fìːnḷ-, -θəl-, -nàɪtrǽmɪn, -mən | -trə(ʊ)fènɪlméθɪlnàɪtrəmíːn, -fìːn-, -naɪtrǽmɪn] 〘← TRINITRO-+PHENYL+METHYL+NITRAMINE〙 — *n.* 〘化学〙 ⇨ tetryl.

trinìtro·tóluene 〘← TRI-+NITROTOLUENE〙 *n.* 〘化学〙トリニトロトルエン ($CH_3C_6H_2(NO_2)_3$)《異性体があるが 2, 4, 6-トリニトロトルエンは近代戦で用いる高性能爆薬; 通例 TNT または T.N.T. と略称する; trinitrotoluol, methyltrinitrobenzene ともいう; cf. nitrotoluene》.

trinìtro·tóluol *n.* 《俗用》=trinitrotoluene.

Trin·i·ty [trínəti | -nɪtɪ, -nə-] 〘《?*a*1200》□ (O)F *trinité* □ LL *trīnitātem* trinity (《なぞり》) ← Gk *triás* 'TRIAD') ← L *trīnus* 'TRINE': ⇨ -ity〙 — *n.* **1** [the T-] 〘神学〙三位一体, 三一神《父なる神・子なる神・聖霊を一体として見ること; the Holy Trinity または the Blessed Trinity ともいう; cf. quaternity 2, modalism, person 9》; 三位一体説. **2** 〘美術〙三位一体の象徴. **3** =Trinity Sunday. **4** [t-] 3 個であること; 3 部から成るもの, 三つ揃(ぞろ)い, 三拍子, 三幅対(つい) (trine, trio). **5** (喫煙者の用いる) 3 部分から成るパイプ掃除器.

Trínity Bréthren *n. pl.* Trinity House の会員.

Trínity Còllege *n.* **1** Oxford 大学の学寮の一つ; 1555 年創立. **2** Cambridge 大学の学寮の一つ; 1546 年創立. **3** Dublin にあるアイルランド最古の大学; 1591 年創立; 1903 年より共学; 別名 University of Dublin.

Trínity Hòuse *n.* トリニティハウス, 水先案内協会《1514 年英国に設立された法人団体で, 灯台・航路標識の建設および水先案内の試験などを司る; 本部はロンドンにある》.

trínity lìly *n.* 〘植物〙=great white trillium.

Trínity síttings *n. pl.* 〘英法〙=Trinity term 2.

Trínity Súnday *n.* 三位一体主日, 三位一体の祝日《聖霊降臨祭日 (Whitsunday) の次の日曜日; 復活祭 (Easter) 後第 8 日曜日》.

Trínity tèrm *n.* **1** 〘英大学〙(Oxford, Cambridge その他の大学の)第三学期《4 月中旬から 6 月の終りごろまで; ただし Oxford 大学では多くの場合 Easter term と一緒にして, 一つに数えられる; cf. Easter term 2, Hilary term 2, Michaelmas term 2》. **2** 〘英法〙高等法院第四開廷期《Trinity sittings ともいう》.

Trínity·tìde *n.* 三位一体節《Trinity Sunday から待降節 (Advent) までの間》.

trin·ket [tríŋkɪt, -kət] 〘《*a*1533》← ? 《廃》*trenket* small knife □ ONF *trenquet* (F *tranchet*) knife ← OF *tranchier* to cut: cf. trench〙 — *n.* **1** 小さな飾り物, 小間物《宝石・指輪・小さな金銀飾り物など》. **2** つまらない[下らない]物 (trifle). — *vi.* 策動する, たくらみをする. 「謀家.

trín·ket·er [-tə | -tə(r)] 〘⇨ ↑, -er¹〙 *n.* 腹黒い人, 策

trin·ket·ry [tríŋkɪtri, -kət- | -rɪ] 〘⇨ trinket (n.), -ry〙 *n.* [集合的] 小飾り物, 小間物類; 下らない物.

trin·kums [tríŋkəmz] 〘《変形》← ? TRINKET〙 *n. pl.* 安っぽい装身具類 (trinkets).

trin·oc·u·lar [traɪnákjʊlə | -nɔ́kjʊlə(r)] 〘《変形》← 《古形》*triocular* ← TRI-+OCULAR: *-n-* は BINOCULAR からの連想〙 — *adj.* 〘光学〙三眼の: a ~ microscope 三眼顕微鏡《二つの接眼レンズの他に写真撮影用のレンズを備えた顕微鏡》.

tri·nod·al [traɪnóʊdḷ | -nə́ʊ-] 〘← L *trinōdis* having three knots (← TRI-+*nōdus* 'NODE')+-AL¹〙 *adj.* 〘解剖・植物〙三節の.

tri·no·men [traɪnóʊmən | -nə́ʊmen] 〘← TRI-+L *nōmen* 'NAME'〙 *n.* 〘生物〙=trinomial 2.

tri·no·mi·al [traɪnóʊmiəl | -nə́ʊmjəl, -mɪəl] 〘《1674》← TRI-+(BI)NOMIAL〙 — *adj.* **1** 〘数学〙三項の, 三項式の: a ~ expression 三項式. **2** 〘生物〙三名法の《動植物の学名で属名・種名・亜種名の三つを用いる; cf. binomial》: the ~ system 三名法. — *n.* **1** 〘数学〙三項式. **2** 〘生物〙三名法. 「名の)三名法.

tri·nó·mi·al·ìsm [-lìzm] *n.* 〘生物〙(属名・種名・亜種

tri·nom·i·nal [traɪnámənḷ | -nɔ́mɪ-] 〘← TRI-+NOMINAL: cf. trinomial〙 *adj.* =trinomial.

tri·nu·cle·o·tide [traɪn(j)úːkliətaɪd | -njúːklɪə-] *n.* 〘生化学〙三ヌクレオチド《ヌクレオチドが三つ結合したもの; 遺伝コードとなる》.

tri·o [tríːoʊ | tríːəʊ, tríː-] 〘《1724》□ F ~ // □ It. ~ ← L *trēs* 'THREE'〙 — *n.* (*pl.* ~**s**) **1** 〘音楽〙三重奏[唱]曲; 三重奏[唱](団), トリオ (cf. solo); (メヌエット・スケルツォ・マーチなどの)中間部《17 世紀には中間部が 3 声部で書かれたことに由来する》. **2** 〘トランプ〙(piquet で) キング・クイーン・ジャック・エースの各 3 枚揃(ぞろ)い. **3** 三つ組, 3 人組, 三つ揃い, 三幅対(つい): the scenic ~ of Japan 日本三景.

tri·ode [tráɪoʊd | -əʊd] 〘← TRI-+-ODE²〙 〘電子工学〙 *n.* 三極(真空)管, 三端子素子. — *adj.* 〈真空管が〉三極の, 三端子の.

tri·oe·cious [traɪíːʃəs] 〘← NL *trioecia* (← TRI-+Gk *oîkos* house)+-OUS〙 *adj.* 〘植物〙雌雄雑株の, 雌雄・両性花を異株に生じる, 三性花異株の. **~·ly** *adv.*

tri·ol [tráɪɔ(ː)l, -oʊl | -ɔl] 〘← TRI-+-OL¹〙 *n.* 〘化学〙トリオール《3 個の水酸基 (OH) を有する化合物》.

tri·ole [tríoʊl, tráɪ- | -əʊl] 〘(dim.) ← TRIO: ⇨ -ole²〙 *n.* 〘音楽〙三連(音)符 (triplet).

tri·o·le·in [traɪóʊliɪn, -liən | -ə́ʊlɪɪn] 〘← TRI-+OLEIN〙 *n.* 〘化学〙トリオレイン (⇨ olein 1).

tri·o·let [tráɪəlɪt, -lət, tríːəlèt | tríːə(ʊ)lèt, tríə(ʊ)-, tráɪə(ʊ)-, -lɪt, -lət; *F.* triɔlε] 〘《1651》□ F ~: ⇨ trio, -let〙 — *n.* 〘詩学〙トリオレ《フランス起源の 8 行短詩で a b a a a b a b と押韻し, かつ第 1 行は第 4 行と第 7 行にそのまま繰り返され, 第 2 行は第 8 行にそのまま繰り返される》.

Tri·o·nal [tráɪənæ̀l] 〘← TRI- (ethyl 基 3 個をもつため)+(SULPH)ONAL〙 *n.* 〘商標〙トリオナール《sulfonethylmethane の商品名; 催眠剤》.

Tri·o·nes [traɪóʊniːz | -ə́ʊ-] 〘□ L *triōnēs* plowing oxen〙 *n. pl.* 〘天文〙北斗七星 (⇨ dipper 4 a).

tri·on·y·chid [traɪánəkɪd | -ɔ́nɪ-] 〘↓〙 *adj., n.* 〘動物〙スッポン科の(カメ).

Tri·o·nych·i·dae [tràɪənɪ́kədìː | -kɪ-] 〘← NL *Trionych*-, *Trionyx* (属名: ⇨ tri-, onycho-)+-IDAE〙 *n. pl.* 〘動物〙スッポン科.

tri·or [tráɪə | tráɪə(r)] *n.* 〘法律〙=trier 4.

tri·ose [tráɪoʊs, -oʊz | -əʊs] 〘← TRI-+-OSE²〙 *n.* 〘化学〙トリオース, 三炭糖 ($C_3H_6O_3$)《炭素原子 3 個を有する単糖類》.

trío sonáta *n.* トリオソナタ《バロック時代の重要な器楽曲形式; 3 声部から成り, 二つの旋律楽器と通奏低音楽器で演奏される; cf. trio 1》. 「trioxane.

tri·ox·an [traɪáksæn, -sən | -ɔ́k-] *n.* 《英》〘化学〙=

tri·ox·ane [traɪáksein | -ɔ́k-] 〘← TRI-+OXA-+(CYCLOHEXA)NE〙 — *n.* 〘化学〙トリオキサン ($(CH_2O)_3$)《ホルムアルデヒドの三重合体, 環状エーテル; trioxymethylene ともいう》.

tri·ox·ide [traɪáksaɪd, -sɪd, -səd | -ɔ́ksaɪd] 〘← TRI-+OXIDE〙 *n.* 〘化学〙三酸化物《三酸化ヒ素 (As_2O_3) など》.

tri·òxy·méthylene 〘← TRI-+OXY-¹+METHYLENE〙 *n.* 〘化学〙トリオキシメチレン (⇨ trioxane).

trip¹ [tríp] 〘*v.*: 《*c*1380》□ OF *trip(p)-er* to dance ← Gmc: cf. LG *trippen* to trample / OE *treppan* to tread / trap¹. — *n.*: 《1412-20》← (*v.*)〙 — *v.* (**tripped**; **trip·ping**) — *vi.* **1 a** 速く軽快な足取りで歩く, ちょこちょこ歩く, 軽く歩く: ~ *about* ちょこちょこ歩き回る / The children came ~*ping down* the path to meet me. 子供達が私を出迎えに小道をちょこちょこ走って来た. **b** 《古》軽い足取りで踊る (skip, dance). **c** 〈詩句が〉軽快である. **2** つまずく, よろける (stumble): ~ *over* a stool [*on* a stone] 床几に[石に]つまずく / He ~*ped over* and fell down. つまずいて倒れた. **3** 過ちを犯す, 過失[失錯]をする, 失態を演じる (slip, err): catch a person ~*ping* 人の揚げ足を取る, 人の落ち度を見つける. **4** 〈舌が〉言いよどむ, 詰まる, 口ごもる: He drank till his tongue ~*ped*. ろれつが回らなくなるまで飲んだ. **5** 傾く, かしぐ (tilt up). **6** 旅行をする: ~ *to* Paris / ~ for health 保養のために旅行する. **7** 〘海事〙 **a** 〈縦帆の下ぶちの円材が〉(帆走中)波に突っ込む. **b** 〈竜骨と副竜骨の間の肋板 (floor) が〉垂直でなくなりひん曲がる. **8** 〘時計〙トリップする《脱進機が過度の衝撃を受け, そのためがんぎ車の歯がつめの間を一度に 2 歯通り抜けてしまう》. **9** 《俗》(LSD の) 幻覚体験をする, トリップする: ~ *out*. — *vt.* **1 a** 〈床・地面などを〉踏んで踊る: ~ the green 緑地を踏んで踊る. **b** 《古》〈踊りを〉軽快な足取りで踊る: ~ the light fantastic 踊る. **2** つまずかせる, よろめかせる 〈*up*〉: ~ *up* a person's heels 人をつまずかせる. **3** 失錯[失敗]させる; …の揚げ足を取る: He can ~ me in anything. 何かにつけて揚げ足を取る. **4** 傾ける, かしげる (tip, tilt). **5** 〘機械〙〈機械の止め具を〉はずす (release). **6** 〘海事〙 **a** (降ろすに先立ち)〈帆桁(ほげた)を〉傾ける; 〈上方のマストを〉降ろす時その根もとの栓(せん)を抜くためちょっと上げる. **b** 〈錨(いかり)を〉(引いて海底から)離す. **7** (切り目にくさびを打ち込んで)〈木を〉倒す (wedge).

trip it (1) 《古》踊る. (2) 軽快な足取りで歩く: I ~*ped it* down to my office. 事務所まで軽快な足取りで歩いて行った. (3) 小旅行に出かける. ***trip up*** (*vi.*) (1) つまずく: He ~*ped up on* a stone. 石ころにつまずいた. (2) 誤る, しくじる. (*vt.*) (1) つまずかせる, 〈人〉の足をさらう (cf. *vt.* 2). (2) 〈人〉の揚げ足を取る, の落度を見つける, の過ちを見付ける: Wrong-doing ~*s up* itself. 非行はおのずと見つかるものだ.

— *n.* **1 a** (短い)旅行, 船旅, 航海 (journey, voyage): a cheap ~ 遠足 / make [take] a ~ *to* …へ旅行する / a ~ *to* the moon 月旅行 / a ~ *on* the continent 大陸旅行 / a ~ *around* the world 世界一周旅行 / He is away on a business ~. 商用旅行で留守だ / ⇨ round trip, round-trip. **b** (特別の目的のための)旅行, 往訪: a ~ *to* the movies 映画見物 / a ~ for health 保養旅行. **2** ちょこちょこ歩き, 軽快な足取り (nimble step): I know her by her ~. 軽快な足取りで彼女だとわかる. **3** つまずき (stumble): make a ~ つまずく. **4 a** つまずかせること; 揚げ足取り. **b** 〘レスリング〙足すくい, け返し. **5** 過ち, 間違い, 失錯, 失態 (error, blunder); 言いそこない, 失言 (slip of the tongue). **6** (漁船の)一航海; 《米》一航海の漁獲高. **7** トリップ: **a** 〘機械〙はずし装置, 掛けはずし子(こ). **b** 〘時計〙がんぎ車の歯が脱進機のつめを通り越す誤動作. **8** 〘海事〙上手回し (tack); 上手回しをして次にするまで進む距離. **9** 《米俗》捕縛 (arrest); (他刑務所への犯人の)移送. **10** 《俗》 **a** (LSD などによる) 幻覚体験, トリップ. **b** (一般に)刺激的な体験. **c** 妄想などに一時的に取りつかれた行動[精神状態].

trip² [tríp] 〘《1305》← ? troop〙 *n.* 《英方言》(家畜や鳥の)小集団 (small flock).

TRIP [tríp] 〘《頭字語》← *tr*(*ansformation*-)*i*(*nduced*) *p*(*lasticity*)〙 *adj.* (クローム・モリブデン・ニッケル・炭素を含む)高強度高延性特殊鋼の.

tri·pack [tráɪpæ̀k] 〘← TRI-+PACK¹〙 — *n.* 〘写真〙トライパック《感色性の異なる三種のフィルムを重ねたカラーフィルム; 一回の露光で三色分解撮影をして, カラー写真を作る; cf. bipack》.

tri·pal·mi·tin [tràɪpǽlmətɪn, -páːl-, -tən | -mɪtɪn] 〘← TRI-+PALMITIN〙 — *n.* 〘化学〙トリパルミチン ($C_3H_5(OOCC_{15}H_{31})$)《グリセリンのトリパルミチン酸エステル; 牛脂・やし油などに含まれる結晶性の脂肪》. 「triparted.

tri·part [tráɪpɑ̀ət | -pɑ̀ːt] 〘← TRI-+PART〙 *adj.* =

tri·part·ed [traɪpɑ́ətɪd, -təd | -pɑ́ːt-] 〘《1424》← L *tri partītus* (↓)+-ED〙 — *adj.* 三つ(の部分)に分かれた.

triparted and fretted 〘紋章〙〈十字架が〉縦横三本ずつの腕木が交互に交差している.

tri·par·tite [traɪpɑ́ətaɪt, ⸗⸗⸗ | traɪpɑ́ːtaɪt, ⸗⸗⸗] 〘《*c*1420》□ L *tripartīt-us* divided into three parts: ⇨ tri-, partite〙 — *adj.* **1** 3 部分に分かれた[から成る]: a ~ division 三分割. **2** 三者間の, 三者の間で締結した: a ~ treaty [conference] 三国条約[会議]. **3** 〘法律〙同文 3 通の (cf. bipartite 1 b): a ~ indenture 3 通作成の契約書. **4** 〘植物〙〈葉が〉三深裂の (cf. bipartite 3). **5** 〘紋章〙〈盾形が〉異なる色で三等分された.

tripartite and fretty 〘紋章〙=TRIPARTED and fretted.

— *n.* 三部から成る書物[文書, 論文].

~·ly *adv.*

tri·par·ti·tion [tràɪpɑətɪ́ʃən, -pə- | -pɑː-, -pə-] 〘⇨ ↑, -tion〙 *n.* 三分, 三分割.

trip·cock [trípkɑ̀k | -kɔ̀k] *n.* 〘鉄道〙トリップコック, 自動停車装置《信号機に取り付ける装置で, 危険の際信号機を通過する列車に自動的にブレーキをかける装置》.

tríp còil *n.* 〘電気〙=tripping coil.

tríp-dìal *n.* トリップダイヤル《その都度距離数が記録される走程計》.

tripe [tráɪp] 〘《*a*1300》□ (O)F ~ □ ? Arab. *tharb* fold of a piece of cloth〙 — *n.* **1 a** トライプ《反芻(はんすう)動物, 特に牛の第一胃と第二胃, すなわち食用となる部分; 第一胃の胃袋を plain tripe, はちの巣状の第二胃の胃袋を honeycomb tripe という》. **b** [*pl.*] 臓腑 (entrails). **2** 《口語》つまらない物, 貧弱な物, (文芸の)駄作.

tri·pe·dal [tráɪpèdḷ] 〘□ L *tripedāl-is*: ⇨ tri-, pedal〙 *adj.* 三足の, 三本足の.

tripe-de-roche [triːpdəróʊʃ | -rə́ʊʃ; *F.* tripdrɔʃ] 〘□ F ~ 'rock tripe'〙 *n.* 〘植物〙=rock tripe.

tri·pel·en·na·mine [tràɪpelénəmìːn, -mɪn, -mən | -mɪn, -mɪn] 〘← TRI-+P(YRIDINE)+E(THY)LEN(EDI)A-MINE〙 — *n.* 〘薬学〙トリペレナミン ($C_{16}H_{21}N_3$)《抗ヒスタミン物質でアレルギー性疾患の治療に用いる》.

trípe·man [-mən] *n.* (*pl.* **-men** [-mən, -mèn]) 牛の胃袋の呼び売り商人.

tri·pen·nate [tràɪpéneɪt] *adj.* 〘植物〙=tripinnate.

tri·per·son·al [tràɪpə́ːsnḷ, -sṇt, -snəl | -pə́ː-] 〘← TRI-+PERSONAL〙 *adj.* [時に T-] 〈神性が〉三位の.

tri·per·son·al·i·ty [tàɪpə̀ːsənǽləti | -pə̀ːsənǽlətɪ, -sn-, -lɪ-] 〘⇨ ↑, -ity〙 *n.* [しばしば T-] (神の)三位(格)性《神性が三位格から成る[で存在する]こと》.

tri·pet·al·ous [traɪpétələs, -tḷ- | -təl-, -tḷ-] 〘← TRI-+PETAL+-OUS〙 *adj.* 〘植物〙三花弁(かべん)の.

tríp gèar *n.* 〘機械〙引きはずし装置.
tríp-hàmmer *n.* 〘機械〙はねハンマー. — *attrib. adj.* (はねハンマーのように)矢継ぎ早の, 息もつかせぬ: ~ questioning 矢継ぎ早の質問.
tri·phen·yl·a·mine [tràɪfènələmíːn, -fìːn-, -lǽmɪn, -mən, -nḷ- | -nɪləmíːn, -lǽmɪn] 〘← TRI-+PHENYL+AMINE〙 — *n.* 〘化学〙トリフェニルアミン ($(C_6H_5)_3N$)《芳香族塩基の一種》.
tri·phènyl·méthane 〘← TRI-+PHENYL+METHANE〙 *n.* 〘化学〙トリフェニルメタン ($(C_6H_5)_3CH$)《染料の原料》.
triphenylméthane dýe [cólor] *n.* 〘染色〙トリフェニルメタン染料《絹の染色や雑貨の着色に用いる塩素性染料》.
tri·phènyl·méthyl *n.* 〘化学〙トリフェニルメチル ($C(C_6H_5)_3$)《有機の基; 遊離状態でも安定》.
triphényl phósphate *n.* 〘化学〙リン酸トリフェニル ($(C_6H_5)_3PO_4$)《白色の結晶; ニトロセルロース・アセチルセルロースなどの可塑剤》.
tri·phib·i·an [tràɪfíbiən | -bɪ-] 〘← TRI-+(AM)PHIBIAN〙 — *adj.* 〘軍事〙 **1** 〘英国首相 W. Churchill の用語 (1943) から〙陸・海・空いずれの戦いにも強い. **2** =triphibious 1. **3** 〈飛行機が〉万能離着陸の, 陸上・水上・氷雪上のいずれからでも行動[発進]できる. — *n.* **1** 陸・海・空いずれの戦闘にも巧みな指揮官. **2** 水陸ならびに氷雪上兼用飛行機, 万能離着陸機.
tri·phib·i·ous [tràɪfíbiəs | -bɪəs, -bjəs] 〘← TRI-+(AM)PHIBIOUS: 英国の政治家 Leslie Hore-Belisha (1893–1957) の造語 (1941)〙 — *adj.* **1** 陸・海・空三軍部隊を用いる《しばしば空挺部隊も含む》, 陸・海・空統合[合同]作戦の: a ~ attack. **2** =triphibian 1.
tri·phos·phate [tràɪfɑ́sfeɪt | -fɔ́s-] 〘← TRI-+PHOSPHATE〙 *n.* 〘化学〙三リン酸塩《$P_3O_{10}^{5-}$ を含むリン酸塩》.
tri·phòspho·pýridine núcleotide 〘← TRI-+PHOSPHO-+PYRIDINE〙 — *n.* 〘生化学〙トリホスホピリジン ヌクレオチド ($C_{21}H_{28}N_7O_{17}P_3$)《生体組織に広く分布している補酵素; 略 TPN; coenzyme II, nicotinamide-adenine dinucleotide phosphate ともいう》.
triph·thong [trífθɔ(ː)ŋ, -θɑŋ | trífθɔŋ, trípθɔŋ] 〘← TRI-+(DI)PHTHONG〙 — *n.* **1** 〘音声〙三重母音《日本語の「わいわい」の [wai] や英語の pure の [jʊə | jʊə] など; fire における [aɪə | aɪə], や power における [aʊə | aʊə] は三重母音とされることもあるが, 音声学的には 2 音節を成す; cf. diphthong, monophthong》. **2** 《俗用》=trigraph.
triph·thong·al [trɪfθɔ́(ː)ŋ(g)əl, -θɑ́ŋ- | trɪfθɔ́ŋgəl, trɪpθɔ́ŋ-] *adj.* 〘音声〙三重母音(性)の. **~·ly** *adv.*
triph·thong·i·za·tion [trìfθɔ(ː)ŋ(g)ɪzéɪʃən, trɪp-, -θɑŋ(g)-, -ŋ(g)ə- | -θɔŋ(g)aɪ-, -ŋ(g)ɪ-] *n.* (単母音や二重母音の)三重母音(性)化.
triph·thong·ize [trífθɔ(ː)ŋ(g)àɪz, tríp-, -θɑŋ(g)- | -θɔŋ(g)-] *vt.* 〘音声〙〈単母音・二重母音を〉三重母音(性)化する.
triph·y·line [trífəlìːn, -lɪn, -lən | -lìːn, -lɪn] 〘□G *Triphylin* ← TRI-+PHYLO-+-IN[1]〙 *n.* =triphylite.
triph·y·lite [trífəlàɪt] 〘⇨↑, -ite[1]〙 *n.* 〘鉱物〙トリフィライト, 三リン石 ($Li(Fe, Mn)(PO_4)$).
tri·phyl·lous [tràɪfíləs] 〘← TRI-+-PHYLLOUS〙 *adj.* 〘植物〙三葉の.
tri·pin·nate [tràɪpíneɪt, -nət, -nɪt] 〘← TRI-+PINNATE〙 *adj.* 〘植物〙〈葉が〉三回羽状の: a ~ leaf 三回羽状複葉. **~·ly** *adv.*
tri·pin·nat·ed [tràɪpíneɪtɪd, -ṭəd | -tɪd, -təd] *adj.* 〘植物〙=tripinnate.
tripl- [trɪpl] (母音の前に来る時の) triplo- の異形: *triploid, triplopia.*
tri·plane [tráɪplèɪn] *n.* (初期の)三葉(飛行)機 (cf. biplane, monoplane).
tri·ple [trípḷ] 〘adj.: 《(1550)》□(O)F ~ // L *tripl-us* ← TRI-+-PLE. — v.: 《(1375)》□ML *triplāre* ← L *triplus*. — n.: 《(c1425)》← L *tripl-us* (adj.): TREBLE と二重語〙 — *adj.* **1** 3 部分から成る; 3 部の, 三重の (threefold) (cf. single, double): a ~ mirror 三面鏡 / a ~ window 三重窓 / a ~ killing 三重殺人 / a ~ steal 〘野球〙トリプルスチール, 三重盗 (cf. double steal). **2** 3 倍の: It now sells for $15,000, ~ the 1968 price. 今は 1968 年の価格の 3 倍の 15,000 ドルで売れる《★ この用法は double に準じる; cf. double *adj.* 1 ★》. **3** 3 種の. **4** 〘国際法〙三者間の (tripartite). **5** 〘音楽〙三拍子の. **6** 〘詩学〙 **a** 〈韻律が〉三つの成分単位から成る. **b** 〈脚韻が〉三重韻の《*scornfully—mournfully* など》.
— *vi.* **1** 三重になる, 3 倍になる (treble): Cancer rates have nearly ~*d* since 1900. 1900 年以来癌(がん)の比率がほとんど 3 倍にはね上がった / The city's expense budget ~*d to* more than $12 billion. 市の出費予算は 3 倍の 120 億ドル以上に増大した. **2** 〘野球〙三塁打を放つ. — *vt.* **1** 3 倍[三重]にする: They have ~*d* their sales since 1975. 彼らは売り上げを 1975 年以降 3 倍にはね上げた. **2** 〘野球〙三塁打で〈走者を〉生還させる; 三塁打で〈打点を〉あげる.
— *n.* **1** 3 倍の数[量]. **2** 三つ組, 三つ揃(そろ)い (triad). **3** 〘野球〙三塁打 (three-base hit). **4** 〘ボウリング〙三連続ストライク, ターキー. **5** 〘競馬〙三連勝単式《賭けの一種で, 三着までをその順位通り当てた者が勝つ勝馬投票; cf. perfecta, quiniela》. **6** [*pl.*] 〘鳴鐘法〙七つの鐘を中音部とともに 3 回鳴らす方法. **7** 〘数学〙三重対, 三つ組《三つのものの順序づけられた組》.
Tríple Allíance *n.* [the ~] 三国同盟: **1** 1668 年締結のフランスに対する英国・スウェーデン・オランダ三国の同盟. **2** 1717 年締結のスペインに対する英国・フランス・オランダ三国の同盟. **3** 1788 年締結の現状維持のための英国・プロイセン・オランダの同盟. **4** 1882–1915 年にロシヤとフランスに対して締結されていたドイツ・オーストリア ハンガリー・イタリア間の軍事同盟; Triple Entente に対抗するもの; ドイツ語名 Dreibund [dráɪbʊnt] (cf. Dual Alliance).
tríple bónd *n.* 〘化学〙三重結合《分子中の 2 原子が原子価 3 で結合しているもの; cf. double bond》.
tríple cóunterpoint *n.* 〘音楽〙三重対位法 (⇨ invertible counterpoint).
tríple crówn *n.* **1** ローマ教皇の三重冠 (tiara). **2** [通例 T- C-] 〘野球〙三冠王: get a *Triple Crown* 三冠王となる《本塁打王・打撃王・打点王の三者を兼ねる》. **3** 〘競馬〙三冠馬《明け 4 歳時に三つのクラシックレースに勝った馬; 英国では Two Thousand Guineas, Derby, St. Leger, 米国では Kentucky Derby, Belmont Stakes, Preakness Stakes》.
tríple-décker *n.* =three-decker 3.
tríple drésser *n.* 三段引出し付鏡台.
tríple-éngined týpe *n.* 〘海事〙三機関型.
Tríple Enténte 〘□F ~: ⇨ triple, entente〙 — *n.* [the ~] **1** 三国協商《1891–1907 年に英国・フランス・ロシヤの三国が相互に締結した協定に基づく三国の協力関係; 1917 年まで; 露仏同盟 (Franco-Russian Alliance) (1891), 英仏協商 (Entente Cordiale) (1904), 英露協商 (Anglo-Russian Convention) (1907) より成る; Triple Alliance 4 に対抗するもの》. **2** 三国協商参加国 (the Entente).
tríple-expánsion *adj.* 〈エンジンが〉三段膨張式の: a ~ engine 三段膨張機関.
tríple fúgue *n.* 〘音楽〙三重フーガ[遁走(とんそう)曲].
tríple-héaded *adj.* 3 頭の.
tríple-héader *n.* 〘スポーツ〙三連続試合, トリプルヘッダー (cf. doubleheader 2): a basketball ~ バスケットボールのトリプルヘッダー.
tríple íntegral *n.* 〘数学〙三重積分《3 変数の関数の積分》.
tríple jùmp *n.* 〘陸上競技〙三段跳び (hop, step, and jump).
tríple méasure *n.* 〘音楽〙=triple time 1.
tríple-nérved *adj.* 〘植物〙〈葉が〉三葉脈の.
tríple pláy *n.* 〘野球〙トリプルプレー, 三重[三併]殺.
tríple póint *n.* 〘物理・化学〙三重点《物質が気体・液体・固体の 3 態の平衡状態にある点, あるいは一般に三つの相が平衡状態にある点》.
tríple rhýme *n.* 〘詩学〙三重押韻 (⇨ feminine rhyme).
tríple rhýthm *n.* 〘詩学〙三拍子韻律《3 音節詩脚による韻律形式》.
tríple scálar próduct *n.* 〘数学〙=scalar triple product.
tríple-spáce *vt., vi.* 行間を 2 行あけて[トリプルスペースで]タイプする.
tríple-stóp 〘音楽〙 *vt., vi.* (バイオリンなどの弦楽器で)同時に 3 弦を用いて三つの音を奏する. — *n.* トリプル ストップ, 三重把弦《同時に 3 弦を用いて奏する 3 音; cf. double-stop, quadruple-stop》.
trip·let [tríplɪt, -lət] 〘《(1656)》← TRIPLE+-ET: cf. doublet / F *triplet*〙 — *n.* **1** 三つ組, 三つ揃(そろ)い, 三幅対(つい). **2** **a** 三つ子の一人 (cf. trilling 1 a, twin 1 a). **b** [*pl.*] 三つ子. **3** [*pl.*] 〘トランプ〙=THREE of a kind. **4** 3 枚合成模造宝石. **5** 〘詩学〙三行連句《通例, 同一の脚韻・韻律の続いた 3 行が単位を成す詩句》. **6** 〘音楽〙三連(音)符《本来 2 拍に数えられるべき時価を 3 等分して演奏する 3 個連続した音符; cf. duplet》. **7** 〘光学〙3 枚構成のレンズ. **8** 3 人乗り自転車[自動車, ボート]. **9** 〘物理〙 **a** 三重項. **b** 三重項状態 (triplet state). **10** 〘言語〙三重語《同語源異形異義の三つの語; 例: cattle—chattels—capital; cf. doublet 3》.
tríple·tàil *n.* 〘魚類〙マツダイ科の魚類の総称《マツダイ (*Lobotes surinamensis*) (暖海産食用魚)など》.
tríple thréat *n.* **1** 3 分野に優れた人. **2** キック・パス・ランニングの三拍子そろった名選手.
tríple tìme *n.* 〘音楽〙 **1** 三拍子 (3/2, 3/4, 3/8 拍子など; triple measure, three-part time ともいう; cf. duple time 1). **2** 三拍子系の拍子 (9/8 拍子など).
tríplet lìly *n.* 〘植物〙ユリ科ハナニラ属の植物 (*Brodiaea laxa*)《米国 California 州北部原産; Ithuriel's spear ともいう》.
tri·ple·ton [trípḷtən] 〘← TRIPLE+(DOUBLE)TON〙 *n.* 〘トランプ〙(主に bridge で)三枚札《配られた手札に同じスーツ (suit) の札が 3 枚あること》.
tríple-tóngue *vi.* 〘音楽〙三重タンギングをする《管楽器で速い 3 連音の各音符にタンギングを施す》.
tríplet stàte *n.* 〘物理〙三重項状態 (triplet).
tríple twín *n.* 〘結晶〙=trilling 2.
tríple válve *n.* 〘機械〙三動弁《電車の自動空気ブレーキ装置で, 込め・ゆるめ・制動の三作用をする弁》.
trip·lex [trípleks, tráɪ- | tríp-] 〘《(1601–02)》□L ~ 'threefold' ← TRI-+-*plex* (← *plicāre* to fold)〙 — *adj.* **1** 三重[3 倍]の (threefold). **2** 三様の効果を生じる: ~ glass 三重ガラス (cf. Triplex). **3** **a** 三軒分のアパートをもつ: a ~ building. **b** 三階建の: a ~ apartment. — *n.* **1** 三つ組, 三つ揃(そろ)い, 三幅対(つい). **2** 〘音楽〙三拍子 (triple time). **3** 三階建アパート.
Trip·lex [trípleks, tráɪ- | tríp-] 〘↑〙 — *n.* 〘商標〙トリプレックス《合わせガラス・三重ガラスの商品名; 薄いフィルムを 2 枚の板ガラスの間にはさんで密着させた一種の安全ガラスで, 主として自動車用; 破片が飛散しない》.
trip·li- [trípli, -plə | -plɪ] 〘← L *triplex* 'TRIPLEX'〙 =triplo-: *tripli*costate.
trip·li·cate 〘《(c1400)》□L *triplicāt-us* (p.p.) ← *triplicāre* to triple ← *triplex*: ⇨ triplex, -ate[2,3]〙 — [tríplɪkət, -plə-, -kɪt | -plɪ-] *adj.* 三重の, 三幅対(つい)の (threefold); (特に)〈同一文書が〉3 通作成の: a ~ treaty 三国条約 / a ~ certificate 3 通作成の証明書.
— [tríplɪkət, -plə-, -kɪt | -plɪ-] *n.* **1** 三つ組中の一つ, 同文 3 通の中の 1 通 (cf. duplicate, quadruplicate): a ~ of a letter. **2** [*pl.*] 三つ組.
in triplicate (正副) 3 通に(作成された): a document drawn up *in* ~ 正副 3 通作成された文書.
— [trípləkèɪt | -plɪ-] *vt.* **1** 3 倍する, 三幅対(つい)にする (triple). **2** 〈書類などを〉(正副) 3 通作成する. **3** 〘言語〙三重化によって造る (cf. triplication 3).
tríplicate rátio *n.* 〘数学〙三乗比.
trip·li·ca·tion [trìpləkéɪʃən | -plɪ-] 〘□F ~ // L *triplicātiō(n-)*: ⇨ triplicate, -ation〙 — *n.* **1** 3 倍[三重]にすること, 3 通作成. **2** 3 倍したもの, 3 通, 3 通の一つ. **3** 〘言語〙三重化《ファンティー語 (Fanti) などにおけるように語幹を 3 度重ねて新しい語を造ること》; 三重化によって造られた語 (cf. triplicate *vt.* 3). **4** 〘法律〙原告の再答弁に対する被告の答弁.
Tri·pli·ce [tríplətʃèɪ | -plɪ-; *It.* tríːplitʃe] 〘□It. ~ 'TRIPLE'〙 *n.* [the ~] =Triple Alliance.
tri·plic·i·ty [trɪplísəṭi, traɪ- | trɪplísəti, -sɪ-] 〘《(a1398)》□LL *triplicitāt-em* ← L *triplic-*, *triplex* 'TRIPLEX': ⇨ -ity〙 — *n.* **1** 3 倍[三重]であること. **2** 三つ組, 三幅対(つい) (triad, trio). **3** 〘占星〙三宮《十二宮中互いに 120 度離れた 3 宮の一組; trigon ともいう》.
trip·lite [tríplaɪt] 〘□G *Triplit*: ⇨ triplo-, -ite[1]〙 *n.* 〘鉱物〙トリプライト ($(Fe, Mn)_2(PO_4)F$)《黒褐色・単斜晶系の塊状結晶》.
trip·lo- [tríplo(ʊ) | -plə(ʊ)] 〘← Gk *triplóos* 'TRIPLE'〙 「3 倍, 三重, 三つ組 (threefold)」の意の連結形 (cf. tripli-): *triplo*blastic, *triplo*chiton. ★ 時に tripli-, 母音の前では通例 tripl- になる.
trip·lo·blas·tic [trìplo(ʊ)blǽstɪk | -plə(ʊ)-] 〘← TRIPLO-+-BLAST+-IC[1]〙 *adj.* 〘生物〙〈脊椎動物の胚が〉三胚(はい)葉性の (cf. diploblastic).
trip·loid [tríplɔɪd] 〘← TRIPLO-+-OID〙 〘生物〙 *adj.* 〈細胞・核など〉(染色体が)三倍性の, 三倍体の. — *n.* 三倍体.
trip·loi·dy [tríplɔ̀ɪdi | -dɪ] 〘⇨↑, -y[1]〙 *n.* 〘生物〙三倍性《染色体が基本数の 3 倍あること》.
trí·ply [trípli | -plɪ] 〘《(1660)》← TRIPLE+-LY[1]〙 *adv.* 三重[3 倍]に.
tri·pod [tráɪpɑd | -pɔd] 〘《(1603)》□L *tripod-*, *tripūs* □Gk *tripod-*, *trípous* three-footed ← TRI-+*poûs* 'FOOT': cf. -pod[1]〙 — *n.* **1** 三脚台, 三脚器, 三脚床几(しょうぎ), 鼎(かなえ). **2** (カメラを支える)三脚 (cf. unipod). **3** (古代ギリシャの) Delphi 神殿の青銅の祭壇《巫女(みこ)がその上に座して神託を述べた》; その模造品《Pythian games の賞として与えた》.
tripod of life [the —] 心臓・肺および脳 (vital tripod).
— *attrib. adj.* 三脚をもつ, 三脚で支えられた: a ~ mast 三脚マスト.
trip·o·dal [trípədḷ, tráɪpədḷ | trípədḷ, tráɪpədḷ] 〘⇨↑, -al[1]〙 *adj.* 三脚台の; 三脚の.
tri·pod·ic [traɪpɑ́dɪk | -pɔ́d-] 〘⇨ -ic[1]〙 *adj.* 三本脚の (three-footed); 三本脚を使う: ~ walk (昆虫の)三本脚歩行《片側の 2 本と他方の中央の 1 本が同時に動く》.
trip·o·dy [trípədi | -dɪ] 〘□LL *tripodia* □Gk *tripodía* ← *tripod-*, *trípous*: ⇨ tripod, -y[1]〙 *n.* 〘詩学〙三歩格, 三脚律 (trimeter).
tri·po·lar [traɪpóʊlə | -pə́ʊlə(r)] *adj.* 三極の.
trip·o·li [trípəli | -lɪ] 〘□F ~ (↓): 原産地にちなむ〙 *n.* 〘地質〙トリポリ《ケイ質石灰岩が自然分解してできたもので研摩剤に用いられる; cf. rottenstone》.
Trip·o·li [trípəli | -lɪ] *n.* トリポリ: **1** アフリカ北部, リビアの一部《旧 Barbary States の一つ, 後にトルコの一州となり, また第二次大戦まではイタリア領》. **2** Libya 北西部にある海港で, 同国の二つの事実上の首都の一つ (cf. Benghazi, Beida); 人口 158,000. **3** 小アジアの Lebanon の都市, 地中海のその外港から約 3 km 余内陸にある; 人口 264,000.
Tri·pol·i·tan [trɪpɑ́lətn, trə- | trɪpɔ́lɪ-] *adj.* トリポリ (Tripoli) の. — *n.* トリポリの人.
Tri·po·li·ta·nia [trɪpɑ̀lətéɪnjə, trə-, trìpəl-, -pəl-, -niə | trìpɔlɪtéɪnjə, -pəl-, -nɪə, ―⌣―⌣―; *It.* trìpolitáːnja] *n.* =Tripoli 1.
tri·pos [tráɪpɑs | -pɔs] 〘《(1589)》: L *tripūs* 'TRIPOD' のギリシャ語もじり: B.A. が卒業式にラテン語の風刺演説をする時の三脚の腰掛から〙 — *n.* **1** 《英》(Cambridge 大学の)優等卒業試験; 優等及第者名簿 (cf. school[1] 7 b). **2** 《古》=tripod.
trip·pant [trípənt] 〘← TRIP (v.)+-ANT〙 *adj.* 〘紋章〙〈鹿など狩猟用動物が〉歩行姿勢をとった《lion の passant に当たる》.
trip·per 〘《(c1390)》← TRIP (v.)+-ER[1]〙 — *n.* **1** 軽快に歩く[踊る]人. **2** 《英口語》(一日の行楽などのための海岸・避暑地などへの)旅行者, 遠足者 (tourist, excursionist): ~*s to* the seaside for a week 一週間行楽に海岸へ行く人々. **3** つまずく者; つまずかせる人[もの]. **4** 〘機械〙はずし装置, 掛けはずし子(し) (trip).
trip·per·y [trípəri | -rɪ] 〘← TRIPPER+-Y[4]〙 *adj.* 《英》(日帰り)旅行者の多く訪れる.
trip·pet [trípɪt, -pət] 〘ME *trypet* evil scheme □OF *tripot*〙 *n.* 〘機械〙打子(だし)《一定の時間間隔をもって他

の部分を打つ突出部・カムなど).
tríp·ping 〚← TRIP (v.)＋-ING[2]〛 ― *adj.* **1** 〈足取り・動作が〉軽快で速い, 足の軽い (nimble); 軽快に動く: a ～ footstep 軽快な足音. **2** つまずく, 罪を犯す (sinning). **3** 〖紋章〗 ＝trippant.
trípping brácket *n.* 〖海事〗 倒れ止ブラケット《ビームや山形材などを斜めに支える補強用ブラケット》.
trípping cóil *n.* 〖電気〗 引きはずしコイル.
trípping líne *n.* 〖海事〗 **1** 海錨(かいびょう) (sea anchor) の引上げ綱《円錐(えんすい)形の海錨の先端に付けた細綱》. **2** 錨が海底にはさまってしまった時, これを引き上げる時使う頭部につけた細索. **3** マストやヤードを下ろす時これを垂直に持ち上げて甲板までおろすための引揚げ索.
tríp·ping·ly *adv.* 軽快に; 流暢(りゅうちょう)に: go ～ とんとん拍子に進む.
trípping rélay *n.* 〖電気〗 引きはずし継電器.
trip·tane [trípteɪn] 〚《短縮》← TRI(METHYL)＋-*ptane* (← B(U)TANE)〛 ― *n.* 〖化学〗 トリプタン, 2, 2, 3-トリメチルブタン ($(CH_3)_3CCH(CH_3)_2$)《液状の炭化水素; 内燃機関の効能を高める高アンチノック性燃料; 現在は用いられていない》.
trip·ter·al [tríptərəl] 〚← Gk *trípteros* having three wings (↓)＋-AL[1]〛 *adj.* 〈古代建築物が〉三つの翼(よく)を有する, 三列の円柱をもつ.
trip·ter·ous [tríptərəs] 〚⊏ Gk *trípteros*: ⇨ tri-, -pterous〛 *adj.* 〖植物〗〈果実・種子が〉3 枚の翼のある.
Trip·tol·e·mus [trɪptάləməs | -tɔ́l-] 〚⊏ L ～ ⊏ Gk *Triptólemos*〛 ― *n.* (*also* **Trip·tol·e·mos** [～]) 〖ギリシャ神話〗 トリプトレモス《Eleusis の王; Demeter の庇護あつい英雄; すき (plow) を発明し, 人間に穀物栽培を教えた》.
trip·tych [tríptɪk] 〚《1731》⊏ Gk *tríptukh-os* threefold ← TRI-＋*ptukhós* layer, fold: cf. diptych〛 ― *n.* **1** 三折りの書字板, トリプチカ (cf. diptych, tablet 3). **2** 〖芸術〗(三面鏡のように蝶番(ちょうつがい)などでつないだ) 3 枚続きの絵画[彫刻]; (特に, 聖壇の背部を飾る) 3 枚絵[彫刻], 三連祭壇画 (cf. diptych, polyptych). **3** (音楽・美術・文学などの)三部作.
tri·pu·di·ate [trɪpjúːdièɪt | -dɪ-] 〚← L *tripudiāt-us* (p.p.) ← *tripudiāre* ← *tripudium* dance ← TRI-＋*ped-*, *pēs* 'FOOT': ⇨ -ate[3]〛 ― *vi.* 《まれ》 **1** 躍り上がって喜ぶ. **2** 勝ち誇って[軽蔑して]踏みつける 〔*on, upon*〕.
Tri·pu·ra [trípərə] *n.* トリプラ《インド東部の州; Assam 州の南方, Bangla Desh の東方にある; 人口 1,557,000, 面積 10,451 km^2, 首都 Agartala [ʌ̀gətəlάː | ʌ̀gətə-]》.
tríp válve géar *n.* 〖機械〗 ＝trip gear.
tríp wìre *n.* 〖軍事〗 わな; (屋根型鉄条網または低鉄条網の)外線; (仕掛け地雷の)仕掛け線.
tri·que·tra [traɪkwíːtrə, -kwét-] 〚⊏ L ～ (fem.) ↓〛 *n.* (*pl.* ～**s**, **-que·trae** [-triː]) **1** 三つの弧が組み合った飾り(模様). **2** 《まれ》 ＝triskelion.
tri·que·trous [traɪkwíːtrəs, -kwét-] 〚《1658》⊏ L *triquetrus* ← TRI-＋*-quetrus* -pointed, -cornered: ⇨ tri-, whet〛 ― *adj.* **1** 三辺の (three-sided), 三角の (three-cornered); (特に)三つの鋭角をもつ. **2** 〖植物〗 (カヤツリグサの類の茎のように)切断面が三角形の. ～**·ly** *adv.*
tri·ra·di·al [traɪréɪdiəl | -djəl, -dɪəl] *adj.* ＝triradiate. 「～**·ly** *adv.*
tri·ra·di·ate [traɪréɪdiət, -dìɪt, -dièɪt | -dɪət, -dɪɪt, -dɪèɪt] 〚← TRI-＋RADIATE〛 *adj.* 三放射線の, 三射出形の, 三射状の. ～**·ly** *adv.* 「*adj.* ＝triradiate.
tri·ra·di·at·ed [traɪréɪdièɪtɪd, -təd | -dɪèɪtɪd, -təd]
tri·ra·di·us [traɪréɪdiəs | -djəs, -dɪəs] 〚← TRI-＋RADIUS〛 ― *n.* (*pl.* **-di·i** [-diàɪ | -dɪ-], ～**es**) 〖人類学〗 指・手掌面または足底面において皮膚隆線が Y 字状に交叉する点, 三叉(さんさ).
Tri·rat·na [triːrάtnə] 〚⊏ Skt ～ 'three jewels' ← *tri* 'THREE'＋*ratna* jewel〛 ― *n.* [複数扱い] **1** 〖仏教〗 三宝, 三尊《仏教を構成する三つの要素で, 仏 (Buddha 覚者), 法 (dharma 真理), 僧 (sangha 僧団) の三つをいう》. **2** 〖ジャイナ教〗 三宝《涅槃(ねはん)に達する三つの必要条件: 正しい知識・正しい信仰・正しい行為》.
tri·reme [tráɪriːm | trάɪ(ə)r-] 〚《1601》⊏ L *trirēm-is* having three banks of oars ← TRI-＋*rēmus* oar: cf. row[2]〛 ― *n.* (古代ギリシャ・ローマの)三段オールのガレー船 (galley) (cf. bireme).
Tris [trís] 〚⇨ Tristram〛 *n.* 男性名.
tris- [trɪs] 〚⊏ Gk ～ ← *trís* thrice ← *treîs* 'THREE'〛 ― *pref.* **1** 「3 倍, 三重 (thrice, tripled)」の意: *Tris*agion, *tris*octahedron. **2** 〖化学〗「トリス…(thrice)」《配位化合物中で, 数詞で始まる原子団[グループ]の数 (3) を示す》.
Tri·sa [tríːsə] 〚(fem.) ↑〛 *n.* 女性名.
tri·sac·cha·ride [traɪsǽkəràɪd, -rɪd, -rəd | -ràɪd, -rɪd] 〚← TRI-＋SACCHARIDE〛 *n.* 〖化学〗 三糖類.
Tris·ag·i·on [trɪsǽgiὰn, -giən | -giɔ̀n, -giən] 〚《1635》⊏ Gk *triságion* (neut.) ← *triságios* ← *trís* thrice＋*hágios* holy: cf. ME *trisagium* ⊏ L〛 ― *n.* (*pl.* **-i·a** [-giə | -gɪə]) 〖東方正教会〗 トリサギオン, 三聖唱[頌]《「聖なる神よ, 聖にして強き者よ, 聖にして不死なる者よ…」と歌われる聖書朗読の際の聖歌; Sanctus とは異なる》.
tri·sect [traɪsékt, ⌐⌐ | ⌐⌐] 〚《1695》← TRI-＋-SECT〛 *vt.* 〖数学〗〈線・角などを〉三分する, (特に)三等分する.
tri·sec·tion [traɪsékʃən, ⌐⌐⌐ | ⌐⌐⌐] 〚⇨ ↑, -tion〛 *n.* 三分, 三等分.
trisection of the angle 〖数学〗 角の三等分《任意の角を定規とコンパスだけで三等分する作図; 不可能であることが知られている》. 「三等分器.
tri·sec·tor [tráɪsektə, ⌐⌐⌐ | -tə(r] *n.* 三分するもの,
tri·sec·trix [traɪséktrɪks] 〚← TRISEC(TOR)＋-TRIX〛 ― *n.* (*pl.* **-sec·tri·ces** [tràɪsektráɪsiːz]) 〖数学〗 蝸牛形, 三等分曲線《角を三等分するのに用いる曲線を三等分曲線と総称するが, 蝸牛形はその一つ》.
tri·sep·al·ous [tràɪsépələs] 〚← TRI-＋-SEPALOUS〛 *adj.* 〖植物〗 三萼(がく)片の. 「膜の.
tri·sep·tate [tràɪsépteɪt] *adj.* 〖生物〗 三隔壁の, 三隔
tri·se·ri·al [traɪsí(ə)riəl | -síəri-] *adj.* **1** 三列の. **2** 〖植物〗 三つの輪生体を有する, 三輪生の.
tri·se·ri·ate [tràɪsí(ə)rièɪt, -riət, -riɪt | -síərɪèɪt, -rɪət, -rɪɪt] *adj.* ＝triserial. 「cab.
tri·shaw [tráɪʃɔː] 〚← TRI-＋(RICK)SHAW〛 *n.* ＝pedi-
tri·sil·i·cate [traɪsílɪkɪt, -lə-, -kət | -lɪ-] 〚← TRI-＋SILICATE〛 *n.* 〖化学〗 三ケイ酸塩.
tris·kai·dek·a·pho·bi·a [trìskaɪdèkəfóubiə | -fə́u-bjə, -bɪə] 〚← NL ～ ← Gk *triskaídeka* thirteen (← *treîs* 'THREE'＋*kaí* and＋*déka* 'TEN')＋-PHOBIA〛 ― *n.* 〖精神医学〗 13 恐怖症《異常に 13 という数を恐れる状態》.
tris·kele [trískiːl, tráɪ-] *n.* ＝triskelion.
tris·kel·i·on [traɪskéliən, trɪ-, trə-, -liὰn | traɪskélɪən, trɪ-, -lɪɔ̀n] 〚← TRI-＋Gk *skélos* leg＋*-ion* (dim. suff.)〛 ― *n.* (*pl.* ～**s**, **-i·a** [-liə | -lɪə]) 又でつながっている三脚の図, 三脚ともえ紋《古代 Sicily で貨幣面に用いられた; また Isle of Man の紋章》.

triskelion

Trismegistus *n.* ⇨ Hermes Trismegistus.
tris·mus [trízməs] 〚← NL ～ ← Gk *trismós* a grinding ← *trízein* to squeak: ⇨ -ic[1]〛 ― *n.* 〖病理〗 **1** 開口障害, 牙(が)関緊急《あごの筋肉の痙攣(けいれん)で口が開けられなくなること; 俗に lockjaw ともいう》. **2** 破傷風, 破傷風による開口障害. **tris·mic** [trízmɪk] *adj.*
tris·oc·ta·he·dron [trɪsὰktəhíːdrən | -ɔ̀ktəhéd-, -híːd-] 〚← TRIS-＋OCTAHEDRON〛 ― *n.* (*pl.* ～**s**, **-he·dra** [-drə]) 〖数学・結晶〗 二十四面体: a trigonal ～ 三角面二十四面体 / a tetragonal ～ 四辺形面二十四面体. **tris·òc·ta·hé·dral** [-drəl] *adj.*
tri·so·di·um [traɪsóudiəm | -sə́udjəm, -dɪəm] 〚← TRI-＋SODIUM〛 *adj.* 〖化学〗 3 個のナトリウム原子を有する, 三ナトリウムの. 「phate c.
trisódium phósphate *n.* 〖化学〗 ＝sodium phos-
tri·some [tráɪsoum | -səum] 〚← TRI-＋-SOME[3]〛 *n.* 〖生物〗 ＝trisomic.
tri·som·ic [traɪsóumɪk | -sə́u-] 〚⇨ ↑, -ic[1]〛 〖生物〗 *adj.* 三染色体の. ― *n.* 三染色体の個体.
tri·so·my [tráɪsoumi | -səumɪ] 〚⇨ ↑, -y[1]〛 *n.* 〖生物〗 三染色体性《二倍体の体細胞の染色体数が $2n+1$ となる現象》.
tri·sper·mous [traɪspə́ːməs | -spə́ː-] 〚← TRI-＋SPERMOUS〛 *adj.* 〖植物〗 三種子の.
tri·spor·ic [traɪspɔ́ːrɪk, -spóːr-, -spάr- | -spɔ́r-] 〚← TRI-＋Gk *sporá* 'SPORE'＋-IC[1]〛 *adj.* 〖植物〗 三芽胞(が)の, 三胞子の. 「＝trisporic.
tri·spo·rous [traɪspɔ́ːrəs, -spóːr- | -spɔ́ːr-] *adj.* 〖植物〗
Tris·tam [trístəm] 〚《変形》← TRISTRAM〛 *n.* 男性名.
Tris·tan [trístən | -tən, -tæn] 〚《変形》← TRISTRAM〛 *n.* **1** 男性名. **2** Tristram 2.
Trís·tan da Cú·nha Íslands [trístəndəkúːnə-, -njə-] *n. pl.* [the ～] トリスタンダクーナ諸島《Cape of Good Hope と南米との間の南大西洋にある英領の 3 個の火山島; 面積 98 km^2》.
tri-state [tráɪstèɪt] *adj.* **1** 隣接する 3 国から成る, 3 国の: a ～ league 三国同盟. **2** 三つの州の.
triste [tríːst; *F.* trist] 〚《18C》⊏ F ～ ∽ 《15C》 *trist* ⊏ OF *triste* ⊏ L *tristis* ← ?〛 *F. adj.* 悲しい, 悲しそうな (sorrowful); わびしい (dreary).
tri·ste·a·rin [traɪstíːərɪn, -stíə)rɪn, -rən | -stíər-] 〚← TRI-＋STEARIN〛 *n.* 〖化学〗 トリステアリン ($C_3H_5(OOCC_{17}H_{35})_3$)《グリセリンのトリステアリン酸エステル》.
tris·tesse [triːstés; *F.* tristɛs] 〚⊏ F ～ ∽ ME *tristesce* ⊏ OF ＜ L *tristitiam* ← *tristis* 'TRISTE'〛 *F. n.* 悲しみ, 悲哀, 憂鬱(ゆううつ) (sorrow, gloom).
tris·te·za [trɪstéɪzə, trəs-, -tíːzə | trɪs-] 〚⊏ Am.-Sp. & Port. ～ 《原義》 sadness ⊏ L *tristitia* (↑)〛 ― *n.* **1** 〖植物病理〗 柑橘類のウイルス病の一種. **2** 〖獣医〗 ＝Texas fever.
trist·ful [trístfəl] 〚《1491》← 《廃》 *trist* (⇨ triste)＋-FUL〛 *adj.* 《古》 悲しい, 悲しそうな (sad, sorrowful). ～**·ly** *adv.* ～**·ness** *n.*
tris·tich [trístɪk] 〚← TRI-＋(DI)STICH〛 *n.* 〖詩学〗 三行連(句) (triplet). **tris·tich·ic** [trɪstíkɪk, traɪ-] *adj.*
tris·ti·chous [trístɪkəs, -tə- | -tɪ-] 〚⊏ Gk *trístikh-os* of three rows: cf. tri-, -stichous〛 *adj.* **1** 3 列の, 3 段の. **2** 〖植物〗〈葉が〉三列生の. 「柱頭の.
tri·stig·mat·ic [tràɪstɪgmǽtɪk | -tɪk] *adj.* 〖植物〗 三
tri·stim·u·lus [tràɪstímjələs] *adj.* 〖心理〗 三刺激値の.
tristímulus válues *n. pl.* 〖心理〗 三刺激値《任意の色光は原刺激(赤, 青, 緑の三色光)の混合量によってつくられるが, その原刺激の量をいう》.
Tris·tram [trístrəm | -trəm, -træm] 〚ME ⊏ OF *Trist(r)an* 《変形》← Celt. *Drystan* ← *drest* tumult: L *tristis* sad との連想による変形〛 ― *n.* **1** 男性名. **2** 〖アーサー王伝説〗 トリストラム《Arthur 王の円卓騎士の中で最も有名な騎士の一人; Mark 王の妻 Iseult との恋愛は Wagner の楽劇 *Tristan und Isolde* その他多くの物語の主題となった; Tristan ともいう》.
Trístram Shán·dy [-ʃǽndi | -dɪ] *n.* 「トリストラムシャンディ」《Laurence Sterne 作の小説 (1759–67)》.
tri·sty·lous [traɪstáɪləs] 〚← TRI-＋-STYLOUS〛 *adj.* 〖植物〗 三花柱の. **tri·sty·ly** [tráɪstàɪli | -lɪ] *n.*
tri·sub·sti·tut·ed [traɪsʌ́bstət(j)ùːtɪd, -təd | -stɪtjùːt-] *adj.* 〖化学〗 三つの基[原子]を置換された.
tri·sul·cate [traɪsʌ́lkeɪt] 〚← TRI-＋SULCATE〛 *adj.* **1** 〖植物〗 三つの溝のある. **2** 〖動物〗 三つの足指[ひづめ]に分かれた. 「三硫化物.
tri·sul·fide [traɪsʌ́lfaɪd, -fɪd, -fəd | -faɪd] *n.* 〖化学〗
tri·syl·lab·ic [traɪsɪlǽbɪk, trɪs-, -sə- | -sɪ-] *adj.* 〈語が〉3 音節の[から成る]: a ～ word. **trì·syl·láb·i·cal** *adj.* **trì·syl·láb·i·cal·ly** *adv.*
tri·syl·la·ble [tráɪsɪləbl̩, trís-, ⌐⌐⌐⌐ | ⌐⌐⌐⌐, ⌐⌐⌐⌐] 〚《1589》← TRI-＋SYLLABLE 《なぞり》← (O)F *trisyllabe* ⊏ LL *trisyllaba* (pl.) ⊏ Gk *trisúllabos*〛 ― *n.* 3 音節語[詩脚] (cf. monosyllable, disyllable).
trit. 《略》 triturate.
trit- [traɪt] (母音の前に来る時の) trito- の異形.
tri·tag·o·nist [traɪtǽgənɪst, -nəst | -nɪst] 〚《1890》⊏ Gk *tritagōnist-ēs* ← TRITO-＋*agōnistēs* actor ← *agōnízesthai* 'to AGONIZE': cf. protagonist〛 ― *n.* 〖ギリシャ劇〗 第三俳優《第三に重要な役をする役者; cf. deuteragonist, protagonist 1》.
trit·an·o·pi·a [traɪtənóupiə, trɪt-, -tn̩- | -tənə́upjə, -pɪə] 〚← NL ～ ← TRITO-＋A-[7]＋-OPIA: 色彩のうち 3 分の 1 しか識別できないことから〛 ― *n.* 〖医学〗 第三色盲《青黄色盲; ごくまれな状態》.
trite [tráɪt] 〚《a1548》⊏ L *trīt-us* worn, common (p.p.) ← *terere* to rub, wear away: cf. throw〛 *adj.* (**trit·er**; **-est**) **1** 〈言辞・引用など〉ありふれた, 陳腐な, 平凡な, 古臭い, 使い古された (hackneyed, stale): a ～ idea [expression] 陳腐な考え[表現]. **2** 《古》 すり減った, 摩耗した (worn-out); 〈道など〉人がよく通る: a ～ path. ～**·ly** *adv.* ～**·ness** *n.*
tri·ter·nate [traɪtə́ːneɪt, -nɪt, -nət | -tə́ː-] 〚← TRI-＋TERNATE〛 *adj.* 〖植物〗 三回三出の (thrice ternate)《9 枚の小葉のある》. ～**·ly** *adv.*
tri·the·ism [tráɪθiìzm, traɪθíːɪzm] 〚← TRI-＋THEISM[1]〛 *n.* 〖神学〗 三神論, 三位異体論《Trinity の三位が別々の神であるという説》.
tri·the·ist [tráɪθiːɪst, traɪθíː-, -əst | -ɪst] *n.* 三神論者, 三位異体論者. **tri·the·is·tic** [tràɪθiístɪk] *adj.* **tri·the·is·ti·cal** *adj.*
tri·thing [tráɪθɪŋ] 〚ME *triting* ⊏ ON *þriðjung-r* third part: ⇨ riding[2]〛 *n.* 《古》 ＝riding[2].
trit·i·ate [trítièɪt, tríʃ- | -tɪ-] 〚← TRITIUM＋-ATE[3]〛 *vt.* 〖化学〗 トリチウム化する.
trít·i·at·ed [-tɪd, -təd | -tɪd, -təd] 〚↑〛 *adj.* 〖化学〗 トリチウムを含む, トリチウム化した.
trit·i·ca·le [trɪtɪkéɪli, -tə- | -tɪkéɪlɪ] 〚← NL ～ 《混成》 ← *Triticum* (属名: ← L *triticum* wheat)＋*Secale* (← L *secāle* rye)〛 *n.* 〖農業〗 ライ小麦.
trit·i·um [trítiəm, -ʃi- | -tɪəm, -tjəm] 〚← NL ～: ⇨ ↓, -ium〛 *n.* 〖化学〗 トリチウム, 三重水素《水素の同位体の一つ; 化学記号 ^3H または T》.
tri·to- [tráɪṭou | -tə(u)] 〚← Gk *trítos* third〛「三番目の, 第三の」の意の連結形. ★ 母音の前では通例 trit- になる.
trìto·cerébrum *n.* 〖動物〗 後大脳《節足動物の脳で, 前大脳・中大脳に続く第 3 部》.
trit·o·ma [trítəmə | -tə-] 〚← NL ～ ← Gk *trítomos* thrice cut: ⇨ tri-, -tome〛 *n.* 〖植物〗 トリトマ (⇨ kniphofia).
tri·ton[1] [tráɪtn̩] 〚← TRITON〛 ― *n.* **1** 〖貝類〗 **a** ホラガイ《フジツガイ科 *Charonia* 属の海産巻貝; ホラガイ (*C. tritonis*) など》. **b** ホラガイの貝殻《らっぱとして使用された》. **2** 〖動物〗 (ヨーロッパ産の)イモリ (newt).
tri·ton[2] [tráɪtɑn | -tɔn] 〚⊏ Gk *tríton* (neut.) ← *trítos* third〛 *n.* 〖化学・物理〗 トリトン, 三重陽子, 超重陽子《三重水素 (tritium) の原子核》.
Tri·ton [tráɪtn̩] 〚《1584》⊏ L *Trītōn* ⊏ Gk *Trítōn*: cf. OIr. *traith* sea〛 ― *n.* **1** 〖ギリシャ神話〗 トリトン《Poseidon の子でほら貝を吹いて波を静めまたは波を立てる半人半魚の神; 後には海神たちに仕える半人半魚の小神を指して言った》. **2** 〖天文〗 トリトン《海王星 (Neptune) の第 1 衛星; cf. Nereid》.
a Triton among [of] (the) minnows 「鶏群の一鶴」 (cf. Shak., *Corio* 3.1.89).
tri·tone [tráɪtòun | -tə̀un] 〚⊏ Gk *trítonos* having three tones: ⇨ tri-, tone〛 *n.* 〖音楽〗 三全音《増四度または減五度》.
tri·to·ni·a [traɪtóuniə | -tə́unɪə, -njə] 〚← NL ～ ← L *Trītōn* 'TRITON'＋-IA[1]〛 *n.* 〖植物〗 アヤメ科ヒメトウショウブ属 (*Tritonia*) の植物の総称《ヒメヒオウギズイセン, モントブレチアなど; montbretia ともいう》.
tríton shèll *n.* 〖貝類〗 ホラガイ (trumpet shell).
trit·u·ra·ble [trítʃʊrəbl̩ | -tju-] 〚⊏ F ～ ← LL *trītūrāre* (↓): ⇨ -able〛 *adj.* 粉にすることのできる.
trit·u·rate 〚《1755》← LL *trītūrāt-us* (p.p.) ← *trītūrāre* to grind ← L *trītūra* a threshing ← *trītus* (p.p.) ← *terere* to rub: cf. trite, -ure, -ate[3]〛 ― [trítʃʊrèɪt | -tju-] *vt.* 粉にする, つき砕く, すり砕く (pulverize).

— [-rɪt, -rət] *n.* 粉砕したもの, 粉薬; 粉砕.

trit·u·ra·tion [trìtʃuréɪʃən | -tju-] 〘□ LL *trītūrātiō(n-)*: ⇨ ↑, -ation〙 — *n.* **1** 粉末にすること, 粉砕, すりつぶし, つき砕き. **2** 〘薬学〙 (90% の乳糖を混ぜた)摩砕剤, 粉薬.

trít·u·rà·tor [-ṭə | -tə(r)] 〘□ LL *trītūrātor*: ⇨ -or[2]〙 *n.* 粉摩者; (薬品)粉摩器.

tri·tyl [tráɪṭḷ | -tɪl] 〘← *tri(phenyl)* (← TRI-+PHENYL)+(ME)T(H)YL〙 *n.* 〘化学〙 =triphenylmethyl.

Tri·tyl·o·don·ti·dae [traɪtìlədɑ́nṭədìː | -dɔ́ntɪ-] 〘← NL ~ ← *Tritylodon* (属名: ⇨ tri-, tylo-, -odon)+-IDAE〙 — *n. pl.* 〘動物〙 トリチロドン科 (脊椎動物哺乳綱, 異獣亜綱の一科; 絶滅科).

tri·umph [tráɪəmf, -ʌmf] 〘n.: (*c*1375) □ OF *triumphe* (F *triomphe*) □ L *triumphus*, 〘古〙 *triumpus* □ ? Gk *thríambos* hymn to Bacchus. — v.: (1483) □ L *triumphāre* ← *triumphus*〙 — *n.* **1** 勝利, 征服 (victory, conquest) 〔*over*〕; 大成功 (signal success), 功業, 功績 (achievement): the ~ of good *over* evil 悪に対する善の勝利 / the ~ of right *over* might 権力に対する正義の勝利 / the ~*s* of modern science 近代科学の功業 / achieve great ~*s* 大成功を収める. **2** 勝利感, 成功感, 勝利[成功]の喜び; 成功の表情, 得意の色 (elation): He could hardly conceal his ~ at the result. 彼はその結果を見て喜びを隠し得なかった / with a note of ~ in one's voice 喜びを声に表わして / with ill-dissembled ~ さすがに隠し切れない得意の色で / in ~ 大勝利を得て; 勝ち誇って, 意気揚々と / His ~ was short-lived. 彼の勝利の喜びははかないものであった. **3** 大成功[最上]の例, 極致 (supreme example): His life was a ~ *over* weakness and ill health. 彼の一生は虚弱と疾患征服のすばらしい例であった / This is a ~ of construction [tactics, ugliness]. これは建築術[戦術, 醜さ]の極致である. **4** (古代ローマの)凱旋(がいせん)式 (大勝利を得た将軍が元老院の許可を得て, 部下の軍隊と戦利品を携え, 荘厳な行列を作ってローマ市の Jupiter 神殿まで行進すること; cf. ovation 2). **5** 〘廃〙 野外劇, 見世物 (pageant, spectacle).
— *vi.* **1** 勝利を得る, 成功する; 打ち負かす (defeat) 〔*over*〕: ~ *over* an enemy [opposition] 敵[反対]に打ち勝つ / The sun ~*ed over* the mist. 太陽が昇って霧を消散させた / Every new hardship can be ~*ed over*. 新しい苦難はすべて克服することができる. **2** 勝ち誇る, 凱歌(がいか)を奏する, 喜び勇む (exult) 〔*in, over*〕: ~ *in* one's success 成功に喜び勇む / ~ *over* the fallen enemy 敗れた敵に勝ち誇る. **3** (古代ローマの)凱旋式を行なう. — *vt.* 〘廃〙 征服する, …に勝つ.

tri·um·phal [traɪʌ́mfəl, tráɪəm- | traɪʌ́m-] 〘(1430–40) □ L *triumphālis*: ⇨ ↑, -al[1]〙 — *adj.* 凱旋(がいせん)式の, 凱旋の, 勝利の, 祝勝の: a ~ car [chariot] 凱旋車[戦車] / a ~ crown 凱旋冠 (古代ローマで凱旋将軍に与えたもの; 初めは月桂(げっけい)樹で後には黄金で作った) / a ~ entry 凱旋入京式 / a ~ procession 凱旋行列 / a ~ return 凱旋 / the ~ hymn 凱旋賛美歌 ('Holy, Holy, Holy, Lord God of Hosts' で始まる).

triúmphal árch *n.* 凱旋門.

tri·úm·phal·ism [-lìzm] *n.* 〘宗教〙 勝利主義 (ある特定の宗教の教義が永遠不滅であるという信念・主張). **tri·úm·phal·ist** [-lɪst, -ləst | -lɪst] *n., adj.*

tri·um·phant [traɪʌ́mfənt] 〘(1494) □ OF ~ (F *triomphant*) // L *triumphant-em* (pres.p.) ← *triumphāre* 'to TRIUMPH': ⇨ -ant〙 — *adj.* **1** 勝利を得た (victorious) 〔*over*〕; 成功した, 好首尾の: ~ *over* one's enemies, difficulties, obstacles, etc. / ~ generals 勝利将軍 / the ~ progress of knowledge すばらしい知識の進歩. **2** 勝ち誇る, 得意の, 意気揚々とした (exultant): the ~ cries of the crowd 群衆の勝ち誇った叫び声 / with a ~ smile 勝ち誇ったような微笑を浮かべて. **3** 〘廃〙 すばらしく美しい, 壮麗な (glorious, magnificent). **4** 〘古〙 =triumphal. **~·ly** *adv.*

tri·um·vir [traɪʌ́mvə(r) | trɪúm-, traɪʌ́m-, tráɪəmvə(r), -vɜ̀ː(r)] 〘(1579–80) □ L ~, *triumvirī* (pl.) (逆成) ← *trium virōrum* (gen.) ← *trēs virī* three men〙 — *n.* (*pl.* **~s, -um·vi·ri** [traɪʌ́mvəràɪ, -rìː | trɪúmvɪrìː, traɪʌ́mvɪràɪ, -və-]) **1** 〘ローマ史〙 (三頭政治を行なう)三執政の一人. **2** 三人から成る公職員の一人.

tri·um·vir·al [traɪʌ́mvərəl | -vɪ-, -və-] 〘□ L *triumvirālis*: ⇨ ↑, -al[1]〙 *adj.* **1** 三頭政治家の, 三執政官の. **2** 三人から成る公職員の.

tri·um·vi·rate [traɪʌ́mvərət, -rɪt, -rèɪt | -vɪrət, -və-, -rɪt] 〘(1584) □ L *triumvirātus*: ⇨ triumvir, -ate[1]〙 — *n.* **1** 三人の連合政治; 三人から成る公職員. **2** 三つ組; 三人組, 三羽烏: a ~ of friends. **3** 〘ローマ史〙 三頭政治, 三人執政: the first ~ 第1回三頭政治 (紀元前 60 年, Caesar, Pompey, Crassus の連合政治) / the second ~ 第2回三頭政治 (紀元前 43 年, Antony, Octavian, Lepidus の連合政治).

triumviri *n.* triumvir の複数形.

tri·une [tráɪjuːn, tráɪuːn | tráɪjuːn] 〘(1605) ← TRI-+L *ūnus* 'ONE'〙 — *adj.* 〘キリスト教〙 三位一体の, 三者一体の (three in one): the ~ Godhead 三位一体の神. — *n.* [the T-] 三位一体 (the Trinity).

tri·un·gu·lin [traɪʌ́ŋgjulɪn, -lən | -lɪn] 〘← TRI-+UNGULA+-IN[2]〙 — *n.* 〘昆虫〙 三爪(そう)幼虫 (ツチハンミョウ (meloid) など, 幼虫期に過変態をする昆虫の初令幼虫).

tri·u·ni·tar·i·an [tràɪjùːnətέ(ə)riən | -nɪtέəri-] *n.* =Trinitarian.

tri·un·i·ty [traɪjúːnəṭi | -nətɪ, -nɪ-] 〘(1621) ← TRI-+UNITY // TRIUNE+-ITY〙 *n.* 三位[三者]一体 (trinity).

Tri·u·ri·da·ce·ae [traɪjù(ə)rədéɪsiìː | -jùərɪ-] 〘← NL ~ ← *Triurid-, Triuris* (属名: ← TRI-+*-uris* (← Gk *ourá* tail))+-ACEAE〙 *n. pl.* 〘植物〙 ホンゴウソウ科.

Tri·u·ri·da·les [traɪjù(ə)rədéɪliːz | -jùərɪ-] 〘← NL ~ ← *Triurid-* (↑)+-ALES〙 *n. pl.* 〘植物〙 ホンゴウソウ目.

tri·va·lence [tràɪvéɪləns] *n.* **1** 〘化学〙 (原子価の)三価. **2** 〘生物〙 (染色体の)三価.

tri·va·len·cy [tràɪvéɪlənsi | -sɪ] *n.* =trivalence.

tri·va·lent [tràɪvéɪlənt] 〘(なぞり) ← G *dreiwertig*: ⇨ tri-, -valent〙 *adj.* **1** 〘化学〙 〈原子価が〉三価の. **2** 〘生物〙 〈染色体が〉三価の. — *n.* 〘生物〙 三価染色体.

triválent cárbon *n.* 〘化学〙 三価炭素.

tri·valve [tráɪvæ̀lv] 〘貝類〙 *adj.* 〈貝が〉三弁の, 三鰓弁(さいべん)の. — *n.* 三弁貝.

Tri·van·drum [trɪvǽndrəm, trə- | trɪ-] *n.* トリバンドラム (インド南端に近い都市; Kerala 州の首都; 人口 410,000).

tri·vár·i·ant sýstem [tràɪvέ(ə)riənt- | -vέəriənt-] *n.* 〘物理化学〙 三変系, 三成分系.

triv·et[1] [trívɪt, -vət] 〘OE *trefet* (混成) ← LL *tripēd-, tripēs* (← TRI-+*pēs* 'FOOT')+OE *þrifēte* three-footed: ⇨ three, foot〙 — *n.* **1** (食卓用の)三脚台 (熱い皿やなべなどを載せる). **2** (鉄製三脚の)五徳(ごとく).
(as) right as a trivet 健全で; 大丈夫な.

triv·et[2] [trívɪt, -vət] 〘← ?〙 *n.* (じゅうたんなどの)けば切りナイフ.

trívet tàble *n.* 三脚卓[机].

trivet[1] 2

triv·i·a[1] [tríviə | -vɪə] 〘← NL ~ (pl.) ← L *trivium* crossroads: 語義は L *triviālis* (⇨ trivial) の影響から〙 — *n. pl.* [時に単数扱い] 些細な[つまらない]こと, 小事 (trifles, trivialities).

trivia[2] *n.* trivium の複数形.

triv·i·al [tríviəl | -vɪəl, -vjəl] 〘(*c*1400) □ L *triviālis* belonging to the crossroads, common ← *trivium* crossroads: ⇨ trivium, -al[1]〙 — *adj.* **1 a** つまらない, 区区たる, 些細な (insignificant); 取るに足りない, 軽微な (slight): ~ matters つまらない事柄 / ~ mistakes 些細な誤り / a ~ loss [objection] 取るに足りない損失[反対] / ~ expenses わずかな出費. **b** 軽薄な, 不真面目な, ふざけた (trifling). **2** 〘まれ〙 普通の, 平凡な (common, ordinary): the ~ round of daily life 平凡な日々の生活. **3** 〘教育〙 (中世の大学の)三学(trivium)の: Grammar was a ~ art. 文法は三学の一つであった. **4** 〘数学〙 (証明するまでもなく)自明な. **5** 〘生物〙 (学名において)種を表わす, 種に関する (specific): ⇨ trivial name. — *n.* [通例 *pl.*] つまらない事柄, 瑣事(さじ). **~·ly** *adv.* **~·ness** *n.*

trív·i·al·ism [-lìzm] 〘(1830): ⇨ ↑, -ism〙 *n.* **1** つまらないこと, 平凡. **2** 平凡な事物, つまらないもの (trivial thing) (思い付き・作品など).

triv·i·al·i·ty [trìviǽləṭi | -vɪǽlətɪ, -lɪ-] 〘(1598): ⇨ -ity〙 *n.* **1** つまらないこと, 区々たること, 平凡. **2** [通例 *pl.*] つまらない事柄[事件, 言葉, 作品など].

triv·i·al·ize [tríviəlàɪz | -vɪə-, -vjə-] *vt.* 平凡化[つまらなく]する. **triv·i·al·i·za·tion** [trìviələzéɪʃən, -lə- | -vɪəlaɪ-, -vjə-, -lɪ-] *n.*

trívial náme *n.* **1** 〘生物〙 種小名 (⇨ specific epithet). **2** 〘生物〙 通称, 俗名. **3** (化学物質の)通俗名.

triv·i·um [tríviəm | -vɪəm] 〘(1804) □ ML ~, 'trivium' (L) public place, 〘原義〙 place where three roads meet ← TRI-+*via* way: ⇨ via[1]〙 — *n.* (*pl.* **-i·a** [-viə | -vɪə]) 〘教育〙 (中世の大学の)三科, 三学 (自由七科 (liberal arts) 中, 最初に与えられる文法・論理・修辞の三科).

tri·week·ly [tràɪwíːkli | -lɪ] *adj.* **1** 3 週間に 1 回の, 3 週間ごとの. **2** 週 3 回の. — *adv.* **1** 3 週間ごとに. **2** 週 3 回. — *n.* 3 週間に 1 回[週 3 回]の刊行物.

-trix [trɪks] 〘(15C) □ L ~ (fem.) ← -TOR〙 — *suf.* (*pl.* **-tri·ces** [trəsìːz, tráɪsiːz | trɪsìːz]) **1** 「…する[に関係のある]婦人」の意 (法律語に多い): avia*trix*, execu*trix*, testa*trix*. **2** 「線・点・面」の意: genera*trix*.

Trix·ie [tríksi | -sɪ] 〘(dim.) ← BEATRIX〙 *n.* 女性名.

Trl 〘略〙 〘米郵便〙 Trail.

tRNA 〘略〙 〘生化学・生物〙 transfer RNA.

Tro·ad [tróuæd | tróu-] *n.* [the ~] =Troas.

Tro·as [tróuæs | tróu-] *n.* トロアス (小アジア北西部エーゲ海に臨む, Troy を中心にした古代の一地方).

troat [tróut | tróut] 〘擬音語〙 *vi.* 〈雄鹿などが〉さかり鳴きをする. — *n.* さかりのついた雄鹿の鳴声.

tro·bar clus [troubáə-klúːs | trəubáː-] 〘□ Prov. ~ 'closed composition'〙 *n.* 〘詩学〙 隠微な詩 (12 世紀 Provence の詩人が用いた複雑で難解な作詩法).

Tró·bri·and Íslands [tróubriæ̀nd-, -ənd- | tróu-brɪ-] *n. pl.* [the ~] トロブリアンド諸島 (New Guinea の東方 Solomon 海にある一群のさんご島; Papua New Guinea の一部).

tro·car [tróukɑə, -kə | tróukɑː(r), -kə(r)] 〘□ F ~ ← *trois* three+*cart* ((変形)) ← *carre* side): cf. quadrate〙 — *n.* 〘外科〙 トロカール, 套(とう)管針 (体腔・水腫(すいしゅ)などからの排液に使う).

troch. 〘略〙 〘処方〙 troche.

troch- [trɑk | trɔk] (母音の前に来る時の) trocho- の異形.

tro·cha·ic [tro(u)kéɪɪk | trə(u)-, trɔ-] 〘(1589) □ L *trochaicus* □ Gk *trokhaikós*: ⇨ trochee, -ic[1]〙 — 〘詩学〙 *adj.* 強弱[長短]格 (trochee) の; 強弱[長短]格から成る[を用いた]: ~ verse. — *n.* **1** 強弱[長短]格. **2** [通例 *pl.*] 強弱[長短]格から成る詩(句). **tro·chá·i·cal·ly** *adv.*

tro·chal [tróukəl | tróu-] 〘← Gk *trokhós* wheel+-AL[1]〙 *adj.* 〘動物〙 輪状の.

tróchal dísc *n.* 〘動物〙 輪盤, 繊毛盤, 繊毛環 (輪虫類の頭部にある繊毛が生えた環状の運動器官).

tro·chan·ter [troukǽnṭə | trəukǽntə(r)] 〘← NL ~ ← Gk *trokhantḗr* ball of hipbone ← *trékhein* to run〙 — *n.* **1** 〘解剖・動物〙 転子 (大腿(だいたい)骨頸部および下部の大きな隆起; それぞれ greater trochanter (大転子), lesser trochanter (小転子)という). **2** 〘昆虫〙 転節 (足の基部から第 2 の関節; ⇨ insect 挿絵). **tro·chán·ter·al** [-ṭərəl | -tə-] *adj.* **tro·chan·ter·ic** [tròukəntérɪk, -kæn- | trə̀u-] *adj.*

tro·char [tróukɑə, -kə | tróukɑː(r), -kə(r)] *n.* 〘外科〙 =trocar.

tro·che [tróuki | tróuʃ] 〘(1597) (逆成) ← *trochies* (pl.) (変形) ← 〘廃〙 *trochisk* troche □ L *trochiscus* □ Gk *trokhískos* (dim.) ← *trokhós* wheel ← *trékhein* (↓)〙 — *n.* 〘薬学〙 トローチ, 口内錠 (通例円形; のどの痛みなどに用いる).

tro·chee [tróukiː | tróukiː, -kɪ] 〘(1589) □ L *trochaeus* □ Gk *trokhaîos (poús)* running (foot) ← *trékhein* to run ← IE **dhregh-* to run (OIr. *droch* wheel)〙 — *n.* 〘詩学〙 (古典詩の)長短格 (—◡); (英詩の)強弱[揚抑]格 (×́×) (例: Life is | bút an | émpty | dréam — Longfellow; cf. foot 10).

troch·el·minth [trɑ́kəlmɪ̀nθ | trɔ́k-] 〘(逆成) ↓〙 *n.* 〘動物〙 輪形動物門の動物 (輪虫類・腹毛類・動吻類等を含む).

Troch·el·min·thes [trɑ̀kəlmínθiːz | trɔ̀k-] 〘← NL ~ ← Gk *trokhós* wheel (⇨ troche)+HELMINTH〙 *n. pl.* 〘動物〙 輪形動物門 (現在は用いられない).

tro·chid [tróukɪd, -kəd | tróukɪd] 〘↓〙 *adj., n.* 〘貝類〙 ニシキウズガイ科の(貝).

Troch·i·dae [trɑ́kədìː | trɔ́kɪ-] 〘← NL ~ ← *Trochus* (属名: ← Gk *trokhós* (⇨ troche))+-IDAE〙 *n. pl.* 〘貝類〙 (軟体動物門) ニシキウズガイ科.

trochili *n.* trochilus の複数形.

Tro·chil·i·dae [tro(u)kílədìː | trə(u)kílɪ-] 〘← NL ~: ⇨ trochilus, -idae〙 *n. pl.* 〘鳥類〙 ハチドリ科.

troch·i·line [trɑ́kəlàɪn, -lɪn, -lən | trɔ́kɪlàɪn, -lɪn] 〘⇨ ↓, -ine[1]〙 *adj.* 〘鳥類〙 ハチドリの.

troch·i·lus [trɑ́kələs | -kɪ-] 〘(1579) ← NL ~ ← Gk *trokhílos* crocodile bird, wren, runner ← *trékhein* to run〙 — *n.* (*pl.* **-i·li** [-làɪ]) 〘鳥類〙 **1** ナイルチドリ (crocodile bird). **2** 旧世界産の数種の鳴鳥の総称 (キクイタダキ (goldcrest), キタヤナギムシクイ (willow warbler) など). **3** ハチドリ (hummingbird).

troch·le·a [trɑ́kliə | trɔ́klɪə] 〘← NL ~ ← L ~ 'block of pulleys' ← Gk *trokhilía*: ⇨ trocho-, cf. truckle[2]〙 *n.* (*pl.* **~s, -le·ae** [-lìː]) 〘解剖〙 (関節・筋の)滑車.

troch·le·ar [trɑ́kliə | trɔ́klɪə(r)] 〘← NL *trochleāris*: ⇨ ↑, -ar[1]〙 *adj.* **1** 〘解剖〙 滑車(状)の; 滑車神経の. **2** 〘植物〙 滑車形の. — *n.* 〘解剖〙 =trochlear nerve.

troch·le·ar·i·form [trɑ̀kliǽrəfɔ̀əm | trɔ̀klɪǽrɪfɔ̀ːm] *adj.* 〘植物〙 =trochlear 2.

tróchlear nèrve *n.* 〘解剖〙 滑車神経 (第四脳神経).

troch·o- [trɑ́ko(u) | trɔ́kə(u)] 〘(19C) ← NL ~ ← Gk *trokho-* ← *trokhós* wheel ← *trékhein* to run〙 —「輪 (wheel)」の意の連結形. ★ 母音の前では通例 troch- になる.

Troch·o·den·dra·ce·ae [trɑ̀ko(u)dendréɪsiìː | trɔ̀kə(u)-] 〘← NL ~ ← *Trochodendron* (属名: ⇨ ↑, -dendron)+-ACEAE〙 — *n. pl.* 〘植物〙 ヤマグルマ科. **tròch·o·den·drá·ceous** [-ʃəs] *adj.*

tro·choid [tróukɔɪd, trɑ́k- | tróu-, trɔ́k-] 〘□ Gk *trokhoeidḗs* round like a wheel: ⇨ trocho-, -oid〙 — *n.* **1** 〘数学〙 トロコイド, 余擺(よはい)線 (円が一つの曲線上をすべらずにころがる時, その円の半径もしくはその延長上の一点が描く曲線; cf. cycloid 1). **2** 〘貝類〙 = top shell 1. **3** 〘解剖〙 滑車関節 (trochoid joint). — *adj.* **1** 輪のように動く, 軸で回転する. **2** 車輪状の. **3** 〘数学〙 トロコイドの, 余擺線の. **4** 〈貝が〉独楽(こま)形の, 円錐(えんすい)形の.

tro·choi·dal [troukɔ́ɪdḷ | trəu-] *adj.* =trochoid: ~ wave トロコイド波. **~·ly** *adv.*

tro·chom·e·ter [tro(u)kɑ́məṭə | trə(u)kɔ́mɪtə(r), -mə-] *n.* 〘自動車〙 走行距離計.

tro·choph·o·ra [tro(u)kɑ́f(ə)rə | trə(u)kɔ́f-] 〘← NL ~: ⇨ trocho-, -phora〙 *n.* 〘動物〙 =trochophore.

troch·o·phore [trɑ́kəfɔ̀ə, -fòə | trɔ́kəfɔ̀ː(r)] 〘← NL *trochophora* (↑)〙 — *n.* 〘動物〙 トロコフォア, 担輪子 (環形動物および頭足類を除く軟体動物の原腸期に続く浮遊性の幼生形).

tro·chus [tróukəs | tróu-] 〘← NL ~ ← L ~ 'wheel': cf. trocho-〙 *n.* 〘貝類〙 =top shell 1.

trod 〘(16C) (変形) ← (古形) *trad* < OE *træd* (pret. sing.): 過去分詞の影響による〙 *v.* tread の過去形・過去分詞.

trodden 〘(14C) *troden* (変形) ← OE *trēdon* (pret. pl.), *treden* (p.p.): ON や BROKE(N) の影響による〙

v. tread の過去分詞.
trode 〖⇨ trod〗 v. 《古》 tread の過去形.
trof·fer [tráfə, trɔ́(ː)fə | trɔ́fə(r)] 〖← troff (《変形》← TROUGH)＋-ER¹〗 n. 《米》(蛍光灯の)かまぼこ形反射笠.
trog·lo- [trágləʊ | trɔ́glə(ʊ)] 〖← NL ～ ← Gk *trōglo-* ← *trṓglē* cave〗「洞窟」の意の連結形: *troglo*biont, *troglo*philous 好洞窟性の.
trò̀glo·bíont 〖← TROGLO-＋-BIONT〗 n. 真洞窟性動物《洞窟の中にのみ生存する動物; 眼や体の色素を失い, 感覚器が発達する》.
trò̀glo·bióntic adj. 真洞窟性の.
trog·lo·bite [trágləbàɪt | trɔ́g-] 〖《混成》← TROGLO-B(IONT)＋(TROGLOD)YTE〗 n. ＝troglobiont. **trog·lo·bit·ic** [trɑ̀gləbítɪk | trɔ̀glə(ʊ)bít-] adj.
trog·lo·dyte [trágləd àɪt | trɔ́glə(ʊ)-] 〖《1555》□ L *trōglodyta* □ Gk *trōglodútēs* one who creeps into holes ← *trṓglē* cave＋*dúein* to enter〗 ― n. **1** 〖文化人類学〗(石器時代の)穴居人 (caveman). **2** 隠者, 世捨人 (hermit); 世事にうとい人. **3** 類人猿《チンパンジーなど》. **4** 〖鳥類〗ミソサザイ (wren). **5** 性格の野卑な男, 残酷な人間.
Trog·lo·dyt·i·dae [trɑ̀glədítədìː | trɔ̀glədítɪ-] 〖← NL ～ ← *Troglodytes* (属名: ← Gk *trōglodútēs* (↑))＋-IDAE〗 n. pl. 〖鳥類〗ミソサザイ科.
trog·lo·dyt·ic [trɑ̀glədítɪk | trɔ̀glə(ʊ)-] adj. 穴居人の, 穴居人的な. **tròg·lo·dýt·i·cal** adj.
trόg·lo·dỳt·ism [-tɪzm] n. 穴居, 穴居生活.
tro·gon [tróʊgɑn | tráʊgɔn] 〖← NL ～ ← Gk *trṓgōn* (pres.p.) ← *trṓgein* to gnaw〗 ― n. 〖鳥類〗キヌバネドリ《熱帯および亜熱帯産のキヌバネドリ科キヌバネドリ属 (*Trogon*) の鳥類の総称; 羽毛は美しい》.
Tro·gon·i·dae [troʊgánədìː | trəʊgɔ́nɪ-] 〖← NL ～ ← *Trogon* (属名: ↑)＋-IDAE〗 n. pl. 〖鳥類〗キヌバネドリ科.
troi·ka [trɔ́ɪkə] 〖《1842》□ Russ. ～ ← *troe* 'THREE'＋*-ka* (n. suf.)〗 ― n. **1** トロイカ《横に並べた 3 頭の馬に引かせる馬車またはそり》. **2** 横に並べた 3 頭の馬. **3** トロイカ体制, 三頭政治: a ～ system. **4** 三つからなる一群, 三つ一組, 三幅対(さんぷくつい).
tro·i·lite [tróʊəlàɪt, trɔ́ɪlaɪt | tráʊɪlàɪt, trɔ́ɪlaɪt] 〖□ G *Troilit* ← *Dominico Troili* (隕石中にそれが含まれていることを記述した 18 世紀のイタリアの科学者): ⇨ -ite¹〗 ― n. 〖鉱物〗トロイ石, トロイライト, 単硫鉄鉱 (FeS)《主に隕石や月の岩石中に産する》.
Troi·lus [trɔ́ɪləs, tróʊələs | tráʊɪləs, trɔ́ɪləs] 〖□ L *Trōilus* □ Gk *Trṓilos* (《原義》descendant of *Trṓs* (TROY¹ の伝説上の建設者))〗 ― n. 〖ギリシャ伝説〗トロイロス《Troy の王 Priam の子でトロイ戦争で Achilles に殺される; Cressida との恋物語は, 特に Chaucer と Shakespeare によって有名になった》.
Tróilus and Créssida n.「トロイラスとクレシダ」《Shakespeare 作の悲劇 (1601–02)》.
trois [trwɑ́ː; F. trwa] 〖□ F ～ ＜ L *trēs* 'THREE'〗 F. n. (数の) 3.
Trois-Ri·vières [F. trwarivjɛːr] n. トロワリヴィエール《Three Rivers のフランス語名》.
trois-temps [trwɑ́ːtɑ́ː(ŋ), -tɔ̃ː(ŋ), -tɑ́ː(ŋ), -tɔ́(ː)ŋ; F. trwatɑ̃] 〖□ F ～ ← *trois* three＋*temps* time〗 F. n. **1** 三拍子. **2** 三拍子[普通の調子]のワルツ.
Tro·jan [tróʊdʒən | tráʊ-] 〖《*c*1330》 *Troian* □ L *Trōiān-us* ← *Trōia* 'TROY¹': ⇨ -an¹: cf. OE *Troiānisc*〗 ― adj. **1** トロイ (Troy) の; トロイ人の《Dardanian ともいう》. **2** トロイの木馬の. ― n. **1** トロイ人. **2 a** 勤勉家, 奮闘家, 勇気のある人: work like a ～ 精力的に働く. **b** 好漢: a true [trusty] ～.
Trójan gróup 〖その星がトロイの英雄の名を持つことから〗 ― n. 〖天文〗トロイ小惑星群《木星軌道上で木星が前後各 60° 離れた 2 地点を中心として分布する二つの小惑星群》.
Trójan Hórse, T- h- n. **1** [the ～] 〖ギリシャ伝説〗トロイの木馬 (⇨ Wooden Horse). **2** (相手方に潜入して内部から行なう)破壊活動工作(員・団). **3** 反体制分子[グループ].
Trójan Wár n. [the ～] 〖ギリシャ伝説〗トロイ戦争《トロイの王 Priam の子 Paris のためにギリシャ王 Menelaus の妻 Helen がかどわかされた復讐(ふくしゅう)として起こった 10 年にわたる大戦争; その詳細は Homer の叙事詩 *Iliad* に述べられている; cf. APPLE of discord》.
troke [tróʊk | tráʊk] 〖《変形》← TRUCK²〗 vt. 《スコット》＝truck².
troll¹ [tróʊl | tráʊl] 〖《*c*1378》 *trolle(n)* to ramble, roll, stroll □ OF *troll-er* (F *trôler*) ← Gmc: cf. MHG *trollen*〗 ― vt. **1** 〈歌〉の一部を次々に受けて歌う, 歌い次ぐ, 輪唱する. **2 a** 流麗な声で[朗々と]歌う[吟唱する]. **b** 朗々とした声で言う. **c** 歌で讃える. **3 a** 〈水面・場所を〉引き釣りする. **b** 〈魚を〉引き釣りする. **4** ぐるぐる回す, 転がす (roll, trundle). **5** 《廃》〈大杯などを〉順々に回す. **6** 《廃》〈舌などを〉速く動かす. ― vi. **1** 朗々と歌を歌う; いい声で陽気に歌う. **2** ぐるぐる回す; 〈歌が〉陽気に歌われる; 〈鐘が〉重々しいうなりを出す. **3** 引き釣りをする: ～ *for* pike カワカマスの引き釣りをする. **4** 転がる, 回る, 回転する (roll, spin). **5** 《古》〈舌などが〉よく動く. ― [《英》ではまた trɔ́l] n. **1** 次々と後を受けて歌う歌, 輪唱歌 (round). **2** トローリング, 引き釣り; 引き釣りの擬似えさ (lure), 擬似えさの付いた糸. **3** 回転. **4** 自堕落な女 (trollop).
troll² [tróʊl | tráʊl, trɔ́l] 〖《1616》□ Norw. ～ □ ON ～ 'giant': cf. MHG *trolle* monster / OE *treppan* to tread〗 ― n. 〖北欧伝説〗トロール《自然界(山あるいは地中)に住み, 人間に敵対する超自然的な怪物; 後世ではいたずら好きな小人として描かれる》.
tróll·er [-lə | -lə(r)] n. 引なわ漁船; 引なわ漁業者.
trol·ley [tráli | trɔ́lɪ] 〖《1823》← 《方言》～ 'that which rolls' ← TROLL¹ (vi.) 4＋-EY〗 ― n. **1** 高架移動滑車《貨物輸送用》. **2** 〖鉄道〗触輪《電車のポールの頂点にある車輪で架空線に接する》. **3** ＝trolley car. **4** 《英》**a** 手押車, 手車. **b** (料理・本などを乗せて運ぶ)手押し車, ワゴン. **5** 《英》トロッコ (《米》handcar). ***off one's trolley*** 《俗》(1) 精神状態が混乱した, 取り乱した. (2) 狂気の, 頭の変な (crazy, insane).
― vt. trolley で運ぶ. ― vi. 電車で行く.
trólley·bùs n. 《英》トロリーバス, 無軌道電車.
trólley càr n. 《米》(トロリー式の)電車, (特に) 市街電車 (cf. streetcar).
trólley còach n. ＝trolleybus.
trólley hàrp n. 〖電気〗トロリー受け (⇨ harp 2 b).
trólley làce 〖⇨ trolly²〗 n. トロリーレース《太糸で模様の輪郭をとった英国製のボビンレース》.
trólley lìne n. 《米》市街電車[トロリーバス]運転系統[路線].
trólley·man [-mən] n. (*pl.* **-men** [-mən, -mèn]) 《米》(市街)電車乗務員《運転手・車掌》.
trólley pòle n. (電車の屋根の上に立っている)触輪棒, (トロリー)ポール.
trólley retriever n. 〖電気〗(トロリーポールの)自動引下器.
trólley ròad n. ＝trolley line.
trólley whèel n. 〖鉄道〗触輪《電車などの架空線に接して電気を伝える》.
trólley wìre n. (電車の)架空線, 電車線, 触輪線, トロリー線.
trólling spòon n. 〖釣〗引き釣り用スプーン.
trol·lop [trálәp | trɔ́l-] 〖《1615》← TROLL¹ (v.) // □ G 《方言》*Trolle* prostitute ＜ MHG *trulle* 'TRULL'〗 ― n. **1** 自堕落な女 (slattern). **2** 売春婦 (prostitute). ― vi. だらしなく歩く.
Trol·lope [tráləp | trɔ́l-], **Anthony** n. (1815–82) 英国の小説家; *Barchester Towers* (1857). **Trol·lo·pi·an** [trɑlóʊpiən | trɔlə́ʊpɪ-] adj. **Trol·lo·pe·an** [trɑlóʊpiən | trɔlə́ʊpɪ-] adj.
tról·lop·ish [-pɪʃ] adj. ＝trollopy.
trol·lop·y [tráləpi | trɔ́ləpɪ] adj. 自堕落な, だらしない; 売春婦のような.
trol·ly¹ [tráli | trɔ́lɪ] n., v. ＝trolley.
trol·ly² [tráli | trɔ́lɪ] 〖□ ? Flem. *tra(a)lje* trellis, lattice〗 n. ＝trolley lace.
trom·ba [trámbə, tróʊm- | trɔ́m-; It. trómba] 〖□ It. ～: cf. trombone〗 n. (*pl.* **trom·be** [-beɪ; It. -be]) ＝trumpet 1.
trom·bic·u·lid [trɑmbíkjʊlɪd, -ləd | trɔmbíkjʊlɪd] 〖↓〗 adj., n. 〖動物〗ツツガムシ科の(ダニ).
Trom·bi·cu·li·dae [trɑ̀mbəkjúːlədìː | trɔ̀mbɪkjúːlɪ-] 〖← NL ～ ← *Trombicula* (属名: ← *trombidium* (↓)＋*-cula* '-CLE')＋-IDAE〗 n. pl. 〖動物〗ツツガムシ科.
trom·bi·di·a·sis [trɑ̀mbədáɪəsɪs, -səs | trɔ̀mbɪdáɪəsɪs] 〖← NL ～ ← *trombidium* red mite＋-IASIS〗 ― n. (*pl.* **-a·ses** [-sìːz]) 〖獣医〗ツツガムシ病《ダニの一種であるツツガムシ (chigger) がたかって起こる病気》.
trom·bid·i·id [trɑmbídiɪd, -əd | trɔmbídɪɪd] 〖↓〗 adj., n. 〖動物〗ケダニ科の(ダニ).
Trom·bi·di·i·dae [trɑ̀mbədáɪədìː | trɔ̀mbɪdáɪɪ-] 〖← NL ～ ← *Trombidium*＋-IDAE: ⇨ trombidiasis〗 n. pl. 〖動物〗ケダニ科.
trom·bone [trɑmbóʊn, trəm-, trámboʊn | trɔmbə́ʊn] 〖《1724》□ It. ～ (aug.) ← *tromba* trumpet □ OHG *trumba* 'TRUMP²': ⇨ -oon〗 ― n. **1** トロンボーン《二重になっている管の一部を伸縮して(または活栓(かっせん)によって)各高度の音を奏する金管楽器; トレブル・アルト・テナー・バスなどがある》. **2** トロンボーン奏者.
trom·bón·ist [-nɪst, -nəst | -nɪst] n. トロンボーン奏者.
trom·mel [tráməl | trɔ́m-] 〖□ G *Trommel* 'drum'〗 n. 〖鉱山〗トロンメル, 鉱石ふるい《鉱石をえり分ける回転式円筒ふるい》.
tro·mom·e·ter [tro(ʊ)mámət̬ə | trə(ʊ)mɔ́mɪtə(r), -mə-] 〖《1878》← Gk *trómos* trembling (← *trémein* to tremble)＋-METER¹: cf. tremor〗 n. 微震計, 微動計.
tromp [trámp, trɔ́(ː)mp | trɔ́mp] 〖《変形》← TRAMP〗 vi. **1** ＝tramp 2. **2** 〔…を〕踏みつける (stamp) 〔*on*〕: I ～*ed* quickly *on* the brake. 急いでブレーキを踏んだ. ― vt. **1** ＝tramp 1, 2. **2** 打つ; 完全に打ち負かす.
Tromp [trɔ́(ː)mp, trámp | trɔ́mp; Du. trɔ́mp], **Cor·ne·lis** [kɔrnéːlɪs] n. トロンプ《1629–91; オランダの提督》.
Tromp, Maar·ten Har·pert·szoon [máːrtən hárpərtsòːn] n. トロンプ《1597–1653; オランダの提督; 英国艦隊を破った (1652 年); Cornelis Tromp の父》.
trompe [trámp | trɔ́mp] 〖□ F ～ 'TRUMP²'〗 ― n. **1** 〖冶金〗落水送風器《以前使用した炉に風を供給するための器械; water bellows ともいう》. **2** 〖石工〗トロンプ《長方形の平面にドームを架ける際, 隅部に凹曲した迫持(せりもち)を設ける架構》.
trompe l'oeil [trɔ̃́(m)p-léːi, trɔ́(ː)mp- | -lɔ́ːi; F. trɔ̃plœj] 〖□ F ～ (《原義》deceive the eye)〗 ― F. n. (*pl.* ～**s** [～z; F. ～]) 〖美術〗**1** だまし絵《実物と見まごうほどの精密で迫真的な描写; 静物画に多い》. **2** (壁画・天井画などに見られる)立体画法.
-tron [trɑn | trɔn] 〖□ Gk ～ (「道具」を表わす接尾辞): cf. L *-trum*〗 ― 〖物理・化学〗次のような器具・装置を表わす名詞連結形: **1**「電子管」: dyna*tron*, thyra*tron*. **2**「電子工学・原子物理学関係の実験装置」: calu*tron*, cyclo*tron*, iso*tron*. **3** 〖ELECTRON からの類推〗「素粒子」: posi*tron*, neu*tron*.
tro·na [tróʊnə | tráʊ-] 〖□ Swed. ～ □ Arab. *ṭrōn* ← *naṭrūn* 'NATRON'〗 n. 〖鉱物〗トロナ (Na_2CO_3・$NaHCO_3$・$2H_2O$)《天然ソーダの重要な一種》.
trónc sỳstem [trɔ̃ː(n)-, trɔ́(ː)n-; F. trɔ̃-] 〖*tronc*: □ F ～ 'alms box': ⇨ trunk〗 ― n. チップのプール制《ホテルなどのボーイが各自のチップをいったん集めて皆で分配する方式》.
Trond·heim [trɑ́ːnheɪm | trɔ́n-; Norw. trɔ́nhɛim] n. トロンヘイム《ノルウェー中部の海港; 人口 136,000》.
trondh·jem·ite [trɑ́njemàɪt | trɔ́n-] 〖← *Trondhjem* (Trondheim (↑) の古形)＋-ITE¹〗 ― n. 〖岩石〗トロンイェマイト《主に石英・斜長石および少量の黒雲母から成る花崗岩の一種》.
trone [tróʊn | tráʊn] 〖《15C》□ AF＝OF ～ ＜ L *trutina* □ Gk *trutánē* balance〗 n. 《スコット》大型計量器.
troop [trúːp] 〖《1545》□ F *troupe* (《逆成》← *troupeau* herd, crowd (dim.) ← ML *troppus* ← Gmc: cf. OE *þrop*, *þorp* 'THORP, village')〗 ― n. **1** 群, 隊, 組 (assembly, band); 多数 (a great number): a ～ *of* schoolchildren 学童の一団 / There were ～*s of* friends to see him off. 大勢の友人が彼の見送りに来ていた. **2** (鳥獣の)群れ (herd, flock, swarm): a ～ *of* deer. **3** [*pl.*] **a** 軍隊, 軍勢, (警官などの)隊: regular ～*s* 常備軍. **b** [the ～s] 《俗》〖英軍〗I またはme の代用語. **4 a** (ボーイスカウトの)隊《2–4 の班 (patrol) から成る》. **b** (ガールスカウトの 8–32 人から成る)団. **5** 《古》(芸人の)一座 (troupe). **6** 〖軍事〗**a** 騎兵中隊《二つ以上の小隊と本部から成る, 大尉が指揮する; cf. company 5, battery 5 a》. **b** 騎兵中隊の指揮権 (command of a troop): get one's ～ 騎兵中隊長に昇進する.
― vi. **1** 群がる, ぞろぞろ集まる, 群集する (throng) 〈*up, together*〉: The boys ～*ed* round the teacher. 学童たちは先生のまわりに集まった. **2** 群れをなして進む, ぞろぞろ来る[行く], 繰り出す 〈*along, past, in, out*〉: People came ～*ing out of* the theater. 人々は劇場からぞろぞろと出て来た / They ～*ed home*. みんな一緒に家路についた / We all ～*ed into* the dining-room. 皆ぞろぞろと食堂へ入って行った. **3** 列を作って行進する. **4** 《口語》行く, 去る (go away) 〈*off, away*〉. **5** 《古》交わる, 付き合う (associate, consort) 〔*with*〕. **6** 《廃》隊列を整える, 隊伍を組む.
― vt. **1** 《廃》〈騎兵隊を〉中隊に編成する. **2** 〖英軍〗(君主の誕生日などに)〈軍旗を〉先頭に立てて分列行進する: ～ the colour(s) 軍旗分列行進をする. **3** 〈部隊を〉輸送する.
trooping (of) the colour(s) 〖英軍〗(衛兵交替の時などに行なわれる)軍旗分列行進式《今は主に国王誕生の公式記念日に London の近衛騎兵練兵場において王[女王]の面前で近衛歩兵隊が行なう華やかな行事》.
tróop càrrier n. **1** (戦闘地域で兵員と補給品を空輸する)部隊輸送機. **2** (しばしば軽火器装備・水陸両用の)歩兵輸送装甲車.
tróop·er 〖《1640》← TROOP＋ER¹: cf. F *troupier*〗 ― n. **1** 騎兵 (cavalry soldier). **2** 騎兵馬 (cavalry horse). **3** 騎馬警官 (mounted policeman). **4** 《英》＝troopship. **5** 〖軍事〗**a** ＝paratrooper. **b** 兵士 (soldier). **6** ＝state trooper.
swear like a trooper 《口語》盛んに毒づく.
tróop·shìp n. 兵員輸送船[艦] (transport).
troost·ite¹ [trúːstaɪt] 〖← G. *Troost* (1776–1850: 米国の冶金学者)＋-ITE¹〗 n. 〖鉱物〗トルースタイト, マンガンケイ酸亜鉛鉱 ((Mn, Zn)$_2$SiO$_4$).
troost·ite² [trúːstaɪt] 〖□ F ～ ← *L. J. Troost* (1835–1911: フランスの化学者): ⇨ -ite¹〗 ― n. 〖冶金〗トルースタイト《焼きを入れた鋼鉄の組織で, フェライトとセメンタイトの極微な集合体から成る》.
trop [tróʊ | tráʊ; F. tro] 〖□ F ～: cf. troppo〗 F. adv. あまりに, あまりに多く (too, too many, too much).
trop. 《略》tropic; tropical.
trop-¹ [trɑp | trɔp] (母音の前に来る時の) tropo- の異形.
trop-² [troʊp | trəʊp] (母音の前に来る時の) tropa- の異形: *trop*ane, *trop*oyl.
tro·pa- [tróʊpə | tráʊ-] 〖← TROPINE〗〖化学〗「トロピン (tropine), アトロピン (atropine)」の意の連結形: *tropa*cocaine. ★ 母音の前では通例 trop- になる.
tròpa·cocáine 〖《商標名》← TROPA-＋COCAINE〗 n. 〖薬学〗トロパコカイン ($C_8H_{14}NO$・C_7H_5O)《コカ葉より得られるアルカロイド; 局所麻酔剤として使用する》.
tropaea n. tropaeum の複数形.
tropaeola n. tropaeolum の複数形.
Tro·pae·o·la·ce·ae [tròʊpiːoʊléɪsiìː | trə̀ʊpɪə(ʊ)-] 〖← NL ～: ⇨ tropaeolum, -aceae〗 n. pl. 〖植物〗ノウゼンハレン科. **trò·pae·o·lá·ceous** [-ʃəs] adj.
tro·pae·o·lin, T- [tro(ʊ)píːəlɪn, -lən | trə(ʊ)píːəlɪn] 〖⇨ ↓, -in¹〗 n. 〖化学〗トロペオリン《黄色のアゾ染料; トロペオリン D, トロペオリン O などがある》.
tro·pae·o·lum [tro(ʊ)píːələm | trə(ʊ)-] 〖← NL ～ (dim.) ← L *tropaeum* 'TROPHY'〗 ― n. (*pl.* ～**s**, **-o·la** [-lə]) 〖植物〗キンレンカ, ノウゼンハレン《ノウゼンハレン科キンレンカ属 (*Tropaeolum*) の植物の総称》.
tro·pae·um [troʊpíːəm | trəʊ-] 〖□ L ～ 'TROPHY'〗 n. (*pl.* **-pae·a** [-píːə]) ＝trophy 5.
tro·pai·on [tro(ʊ)páɪɑn | trə(ʊ)páɪɔn] 〖□ Gk *trópaion*

'TROPHY'〗 *n.* (*pl.* **-pai·a** [-páɪə]) (古代ギリシャの)戦勝記念碑 (tropaeum).

-trop·al [tróupəl | tráu-] 〖← -TROPE＋-AL¹〗 -tropic と同義の形容詞連結形.

trope [tróup | tráup] 〖(1533) ▭ L *trop-us* figure of speech ▭ Gk *trópos* turn, way, manner, style ← *trépein* to turn: cf. F *trope*〗 ― *n.* **1** 〖修辞〗文彩, 言葉のあや (figure of speech) ((metaphor, metonymy, periphrasis, hyperbole など; cf. tropical²)). **2** 〖教会〗進句(聖歌) ((昔, 礼拝式文の所々に入れられた聖歌)). **3** 項目の題名 (topical head).

-trope [tròup | tràup] 〖← Gk *trópos* (↑)〗 ― **1** 「向くもの, 転回する機械」の意の名詞連結形: helio*trope*, rheo*trope*. **2** 「…を向く, 向いている」の意の形容詞連結形: hemi*trope*.

tro·pe·o·lin, T- [tro(ʊ)píːəlɪn, -lən | trə(ʊ)píːəlɪn] *n.* 〖化学〗＝tropaeolin.

tropéolin D *n.* 〖化学〗トロペオリン D (⇨ methyl orange).

troph- [trɑf | trɔf] (母音の前に来る時の) tropho- の異形.

tro·phae·um [tro(ʊ)fíːəm | trə(ʊ)-] 〖▭ L ～ 'TROPHY'〗 *n.* (*pl.* **-phae·a** [-fíːə]) ＝trophy 5.

troph·al·lax·is [trɑ̀fəlǽksɪs, -səs | trɔ̀fəlǽksɪs] 〖← NL ～ ← TROPHO-＋*allaxis* (← Gk *állaxis* exchange)〗 ― *n.* (*pl.* **-lax·es** [-siːz]) 〖生物〗栄養交換 ((昆虫社会において, 幼虫や成虫の分泌物を他の個体が摂取すること)).

tro·phi [tróufaɪ | tráu-] 〖← NL ～ (pl.) ← *trophus* ▭ Gk *trophós* feeder ← *tréphein* (↓)〗 ― *n. pl.* 〖動物〗口器 ((節足動物の口の周辺にあって, 食物の摂取に役立つ器官の総称; mouthparts ともいう)).

tro·phic [tróufɪk, tráf- | trɔ́f-] 〖(1873) ▭ F *trophique* // Gk *trophik-ós* of food ← *trophḗ* nourishment ← *tréphein* to nourish: ⇨ -ic¹〗 ― *adj.* **1** 〖生理〗栄養の[に関する]. **2** ＝tropic².

-tro·phic [tróufɪk, tráf- | trɔ́f-] 〖↑〗 ― 次の意味を表わす形容詞連結形: **1 a** 「栄養が…の」: hyper*trophic*. **b** 「…の栄養上の必要条件を備えた」: mono*trophic*. **2** ＝-tropic.

tró·phi·cal·ly [-fɪkəli, -fə- | -fɪkəlɪ] *adv.* 栄養上, 栄養の点から.

tróphic lével *n.* 〖生態〗栄養段階 ((生態系を構成する生物をエネルギーや物質の動きの面から生産者・消費者・分解者などに分けたもの)).

tró·phied *adj.* 戦利品で飾った, 記念品で飾られた.

tro·pho- [tróufo(ʊ), tráf- | trɔ́fə(ʊ)] 〖(19C) ▭ Gk ～ ← *trophḗ* nourishment ← *tréphein* to nourish〗 ―「栄養」の意の連結形: *tropho*pathy. ★ 母音の前では通例 troph- になる.

tro·pho·blast [tróufəblæ̀st, tráf- | trɔ́f-] 〖⇨ ↑, -blast〗 *n.* 〖生物〗栄養芽層. **tro·pho·blas·tic** [tròufəblǽstɪk, tràf- | tràu-] *adj.*

tro·pho·cyte [tróufəsàɪt, tráf- | trɔ́f-] 〖← TROPHO-＋-CYTE〗 *n.* 〖動物〗栄養細胞.

tròpho·neurósis 〖← NL ～: ⇨ tropho-, neurosis〗 *n.* 〖病理〗栄養神経症.

tro·pho·plasm [tróufəplæ̀zm, tráf- | trɔ́f-] 〖⇨ -plasm〗 ― *n.* 〖生物〗(細胞の)栄養原形質 (cf. germ plasm, kinoplasm). **tròpho·plasmátic** *adj.* **tròpho·plásmic** *adj.*

-tro·phous [-trəfəs] 〖⇨ trophic, -ous〗 ＝-trophic 1 a.

tro·pho·zo·ite [tròufəzóuaɪt, tràf- | trɔ̀fəzáu-] 〖← TROPHO-＋ZOO-＋-ITE¹〗 *n.* 〖動物〗栄養体 ((原生動物(原虫)の栄養期(生殖期でない時期)にある個虫)).

tro·phy [tróufi | tráufɪ] 〖(1513) ▭ F *trophée* ▭ L *trop(h)aeum* ▭ Gk *trópaion* trophy, ((原義)) a monument of the enemy's defeat ← *tropḗ* putting to flight, defeat ← *trépein* to turn: cf. trope〗 ― *n.* **1** 戦利品, 分捕品 (spoil, prize). **2** 戦勝[成功]記念品 ((例えば敵の連隊旗など)). **3** 賞品, 優勝標, トロフィ ((旗・杯・盾(たて)など)): a golf ～. **4** 記念品, 記念物 (memento, memorial): a ～ of the hunt [chase] 狩猟の記念物 ((装飾として用いる獲物の毛皮・鹿の角など)). **5** (古代ギリシャ・ローマの)戦勝記念碑 ((初めは戦利品の武器などで戦場に一時的に飾ったもの)). ― *vt.* トロフィーで飾る, …にトロフィーを与える.

-tro·phy [-trəfi | -fɪ] 〖← NL ～ ← Gk *trophía* nutrition: ⇨ tropho-, -y¹〗「栄養」の意の名詞連結形: hyper*trophy*.

tróphy ròom (テニス・ゴルフなどの)トロフィー保管展示室.

trop·ic¹ [trápɪk | trɔ́p-] 〖(1391) ▭ LL *tropic-us* ▭ Gk *tropikós* pertaining to the turning of the sun at solstice ← *tropḗ* turning: ⇨ trope, -ic¹〗 ― *n.* **1** [しばしば T-] 〖地理〗回帰線. **2** [the ～s] 熱帯地方: in the ～s. **3** 〖天文〗**a** (天の)回帰線. **b** ((廃)) 天の至点.

tropic of Cancer, T- of C- [the ―] 〖地理〗北回帰線, 夏至(げし)線 ((北緯 23°27′; ⇨ zone 挿絵)).

tropic of Capricorn, T- of C- [the ―] 〖地理〗南回帰線, 冬至(とうじ)線 ((南緯 23°27′; ⇨ zone 挿絵)).

― *adj.* 熱帯の, 熱帯地方の (tropical).

tro·pic² [tróupɪk, tráp- | trɔ́p-] 〖← TROPO-＋-IC¹〗 ― *adj.* **1** 〖生物〗(…)属性の. **2** 〖生化学〗〈ホルモンが〉特定の腺の活動を刺激する: a ～ hormone 刺激ホルモン.

-tro·pic [tróupɪk, tráp- | trɔ́p-] 〖▭ F *-tropique* ← Gk *trópos* 'turning, TROPE': ⇨ -ic¹〗 次の意味を表わす形容詞連結形: **1** …に向性をもつ: helio*tropic*. **2** …の組織・臓器などに引きつけられる.

trop·i·cal¹ [trápɪkəl, -pə- | trɔ́pɪ-] 〖(1527) ← TROPIC¹＋-AL¹〗 ― *adj.* **1** 熱帯の, 熱帯地方の, 熱帯性の, 熱帯産の: ～ heat 熱帯的暑熱 / ～ fruits [plants, flowers] 熱帯産の果物[植物, 花] / ～ birds 熱帯産の鳥 / a ～ ailment 熱帯病. **2** 回帰線の, 南[北]回帰線の. **3** 熱帯的な, 酷暑の. **4** 情熱的な, 激しい (fervid, passionate). ― *n.* **1** ＝tropical fish. **2** トロピカル ((主として夏服用の薄地毛織物)); トロピカルの衣服. **～·ly** *adv.*

tro·pi·cal² [tróupɪkəl, tráp-, -pə- | tráupɪ-] 〖⇨ trope〗 *adj.* 比喩的な (figurative); (中世聖書釈義学で)転義的な. **～·ly** *adv.*

trópical aquárium [trápɪkəl-, -pə- | trɔ́pɪ-] *n.* (熱帯魚などを飼育するための)恒温水槽.

trópical cýclone *n.* 〖気象〗熱帯性低気圧 (⇨ cyclone 1 a).

trópical diséase *n.* 熱帯病.

trópical físh *n.* 熱帯魚.

trop·i·cal·ize [trápɪkəlàɪz, -pə- | trɔ́pɪ-] 〖← TROPICAL¹＋-IZE〗 ― *vt.* **1** (…の性質・外観などを)熱帯地方風にする. **2** (殺菌・防湿剤を施す外に, 部品を水分や菌に強い器材に取り替えるなどして)〈衣類・装具・船など〉に熱帯向け処理をする. **trop·i·cal·i·za·tion** [trɑ̀pɪkəlɪzéɪʃən, -pə-, -lə- | trɔ̀pɪkəlaɪ-, -lɪ-] *n.*

trópical médicine *n.* 熱帯医学.

trópical mónth *n.* 〖天文〗分点月 ((月が春分点を通過してから次に通過するまでの平均周期)).

trópical rát mìte *n.* 〖動物〗イエダニ (*Ornithonyssus* [*Bdellonyssus*] *bacoti*) ((ネズミに寄生し, 時には人体に移行してかゆい皮疹を起こす; 伝染病を媒介することがある; 単に rat mite ともいう)).

trópical sprúe *n.* 〖病理〗⇨ sprue.

trópical stórm *n.* 〖気象〗熱帯暴風雨.

trópical yéar *n.* 〖天文〗回帰年, 太陽年 ((365 日 5 時間 48 分 45.5 秒; astronomical year, equinoctial year, solar year ともいう)).

Trópical Zóne *n.* [the ～] 〖地理〗熱帯 (Torrid Zone).

trópic bìrd *n.* 〖鳥類〗ネッタイチョウ(熱帯鳥) ((アジサシに似た熱帯産のネッタイチョウ科ネッタイチョウ属 (*Phaethon*) の海鳥の総称; アカハシネッタイチョウ (*P. aethereus*) など)).

trop·i·co·pol·i·tan [trɑ̀pəko(ʊ)pálətṇ | trɔ̀pɪkə(ʊ)pɔ́lɪtən, -tṇ] 〖(1878) ← TROPIC¹＋(COSM)OPOLITAN〗 *adj., n.* 熱帯地方に普通な(動物・植物).

tro·pine [tróupiːn, -pɪn, -pən | tráupiːn] 〖((頭音消失)) ← ATROPINE〗 *n.* 〖化学〗トロピン ($C_8H_{15}NO$) ((ナス科植物中に見られるアルカロイド)).

tro·pism [tróupɪzm | tráu-] 〖↓〗 ― *n.* 〖生物〗 **1** 屈性, 向性 ((動植物が刺激に対してその方向または反対の方向に成長する性質; cf. chemotropism, nastic movement)). **2** (刺激に対する)反射的動作[行動, 運動]. **tro·pis·tic** [troupístɪk | trəu-] *adj.*

-tro·pism [-trəpɪzm] 〖← -TROPE＋-ISM〗 tropism の意の名詞連結形: helio*tropism*.

trop·o- [trápo(ʊ) | trɔ́pə(ʊ)] 〖← Gk *trópos* turn〗「変化 (turning); 屈性 (tropism)」の意の連結形: *trop*ometer. ★ 母音の前では通例 trop- になる.

tròpo·cóllagen 〖⇨ ↑, collagen〗 *n.* 〖生化学〗トロポコラーゲン ((コラーゲン構成分子のポリペプチド)).

tròpo·elástin 〖← TROPO-＋ELASTIN〗 *n.* 〖生化学〗トロポエラスティン ((弾性素 (elastin) を構成する物質)).

trop·o·log·ic [trɑ̀pəládʒɪk | trɔ̀pəlɔ́dʒ-] 〖(c1390) *tropologik* ▭ LL *tropologic-us* ▭ Gk *tropologikós* ← *trópos* 'TROPE': ⇨ -logic〗 *adj.* ＝tropological.

trop·o·log·i·cal [trɑ̀pəládʒɪkəl, -dʒə- | trɔ̀pəlɔ́dʒɪ-] *adj.* **1** 比喩的な (tropical). **2** (聖書の)比喩的解釈にかかわる; 道徳的な (moral). **～·ly** *adv.*

tro·pol·o·gy [tro(ʊ)pálədʒi | trə(ʊ)pɔ́lədʒɪ] 〖▭ LL *tropologia* ▭ Gk *tropología*: ⇨ trope, -logy〗 ― *n.* **1** 比喩を用いること. **2** (聖書の)比喩的解釈 ((特に, 道徳的意味を強調する)); (聖書の文句の)比喩的引用. **3** 比喩語法に関する研究論文.

trop·o·lone [trápəlòun | trɔ́pələun] 〖← TROP(INE)＋-OL²＋-ONE〗 *n.* 〖化学〗トロポロン ($C_7H_6O_2$) ((七員環のヒドロキシケトン; フェノール的性質がある)).

tròpo·myósin 〖← TROPO-＋MYOSIN〗 *n.* 〖生化学〗トロポミオシン ((筋蛋白質の一成分)).

tro·po·pause [tróupəpɔ̀ːz, tráp- | tráup-, trɔ́p-] 〖← TROPO(SPHERE)＋PAUSE〗 *n.* 〖気象〗圏界面 ((大気の対流圏 (troposphere) と成層圏 (stratosphere) との界面)).

tro·poph·i·lous [tro(ʊ)páfələs | trəupɔ́fɪ-] 〖← TROPO-＋-PHILOUS〗 *adj.* 〖生態〗〈植物が〉季節の変化に順応する.

trop·o·phyte [trápəfàɪt | trɔ́p-] *n.* 〖生態〗季節的落葉植物, 季節順応植物.

trop·o·phyt·ic [trɑ̀pəfítɪk | trɔ̀pəfít-] *adj.* 〖生態〗季節に順応する.

trop·o·scat·ter [trápəskæ̀tə, tróup- | trɔ́pəskæ̀tə(r), tráup-] 〖← *tropo(spheric) scatter*〗 *n.* 〖通信〗＝tropospheric scatter.

tro·po·sphere [tróupəsfìə, tráp- | trɔ́pəsfìə(r)] 〖← TROPO-＋-SPHERE〗 *n.* 〖気象〗対流圏 ((大気の低層をなす部分; 地表から約 10–20 km の間; cf. stratosphere)).

tro·po·spher·ic [tròupəsférɪk, trɑ̀p-, -sfí(ə)r- | trɔ̀pəsfér-] *adj.* 〖気象〗対流圏の, 高層気象の.

tropospéric scátter *n.* 〖通信〗(電磁波の)対流圏散乱.

-tro·pous [-trəpəs] 〖Gk *-tropos* pertaining to a turn: ⇨ trope, -ous〗 ―「…に向く, 転回する; …に対する屈性・向性のある」の意の形容詞連結形 (cf. -tropic): ana*tropous*.

trop·po [trápou | trɔ́pəu; *It.* trɔ́ppo] 〖▭ It. ～ 'too much': cf. trop〗 ― *It. adv.* 〖音楽〗余りに, 非常に (too, too much): allegro ma non ～ 急速にしかし余り激しくなく.

-tro·py [-trəpi | -pɪ] 〖▭ F *-tropie* ▭ Gk *-tropía*: ⇨ -trope, -y¹〗「…に対する屈性・向性をもつ状態」の意の名詞連結形: photo*tropy*.

Tros·sachs [trásəks, -sæks, -səxs | trɔ́s-] 〖← Gael. ((原義)) bristled territory: ⇨ -s¹〗 ― *n.* [the ～] スコットランド中部, Perth 州の Loch Katrine 近くにある景勝の渓谷.

trot¹ [trát | trɔ́t] 〖n.: (a1325) ▭ (O)F ～ ← *troter*. ―v.: (a1376) *trotte(n)* ▭ OF *trot-er* (F *trotter*) ← Gmc: cf. OHG *trottōn* (G *trotten*) to tread / OE *tredan* 'to TREAD'〗 ― *n.* **1** (馬などの)トロット, 速歩(はやあし), だく足 ((歩みと走りの中間の歩調; 右前脚[左前脚]と左後脚[右後脚]とを交互に上げて斜対歩で走る 2 拍子の歩法; cf. gait¹ 3)); トロットの音; トロットでの乗馬.

trot¹ 1

2 (人の)急ぎ足, 早足: proceed *at* a ～ 早足で進む / She arrived *at* a brisk ～. てきぱきと急ぎ足でやって来た. **3 a** 動き回ること. **b** 騎馬旅行; 馬の一乗り: go for a ～. **c** 忙しい仕事 (busy business). **4** 〖ダンス〗トロット ((弾力的な小走りのダンスステップ; そのステップで踊るダンス)). **5** ＝trotting race. **6** ＝pony 4. **7** ((まれ)) よちよち歩きの子供 (toddling child). **8** 〖(a1375) *trat(t)e* ← ?: cf. AF *trote*〗 [通例軽蔑的に] 老婆 (old woman). **9** [the ～s; 単数または複数扱い] ((俗)) 下痢 (diarrhea).

on the trot ((口語)) (1) 絶えずかけずり回って: She kept me *on the* ～. 私を絶えずかけずり回らせた. (2) ぶっ続けに: It rained for two weeks *on the* ～.

― *v.* (**trot·ted**; **trot·ting**) ― *vi.* **1** 〈馬などが〉速歩で駆ける, だくを踏む; 馬にだくを踏ませて行く. **2** 〈人が〉小またに速く歩く[行く], 小走りする (cf. stride 1); せかせか[急いで]歩く; ((口語)) (普通に)歩く[行く]: ～ *about* 急いで歩き回る / ～ *along* the road 道を足早に行く / The child ～*ted along* after his mother. 子供は母親のあとを追ってちょこちょこ走って行った / You had better ～ *along* and feed the dogs. さっさと行って犬に食べ物をやりなさい.

― *vt.* **1** 〈馬などを〉速歩で駆けさせる, …にだくを踏ませる: ～ a horse. **2** 〈人を〉せかせかと歩かせる; 〈人を〉歩き回らせて…に至らせる: ～ a person *round* 人を(買い物などに)連れて[案内して]回る / ～ a person *off* his legs [*to* death] 歩き回らせて足を擂粉木(すりこぎ)のようにさせる[へとへとに疲れさせる]. **3** 〈ある距離・道などを〉早足で行く: He ～*ted* a knotty path. でこぼこの小道を早足で進んだ. **4** 〈子供などを〉(膝に載せて)揺り動かす: ～ a child *on* one's knee 子供を膝に載せてぴょんぴょん飛び上がらせる.

trot along ((口語)) (1) ⇨ *vi.* 2. (2) 去る, 出かける (take one's departure): I'd better ～ *along* now. もうおいとましたほうがよさそうだ. ***trot in double harness*** ⇨ *in* DOUBLE HARNESS. ***trot out*** (1) 〈馬を〉引き出して足なみを見せる, 自慢げに歩かせて見せる: ～ *out* a horse. (2) ((口語)) 〈品物などを〉出して見せる, 披露(ひろう)する; 〈意見などを〉出す; 〈知識などを〉見せびらかす; 〈古臭い話・しゃれなどを〉口にする: ～ *out* one's treasured books 秘蔵書を出して得意になる / ～ *out* one's knowledge 知識をひけらかす / ～ *out* the same old story いつもの古臭い話をもち出す.

trot² [trát | trɔ́t] 〖((略)) ← TROTLINE〗 *n.* 〖釣〗 **1** フセ釣糸 (trotline). **2** (フセ釣糸に付けた)釣鉤付きの枝糸, はえなわ.

troth [trɑ́(ː)θ, trɔ́(ː)θ, tróuθ | tráuθ, trɔ́θ] 〖ME *trouth(e)*, *trowth(e)* < lateOE *trēowþ* ← OE *trēowth* 'TRUTH': cf. betroth〗 ― *n.* (*pl.* **～s** [～s, trɔ́ːðz, tróuðz, trɑ́ðz | ～s]) ((古)) **1** 忠実, 誠実 (faithfulness, fidelity, loyalty): by [upon] my ～ 誓って, 断じて. **2** 真実, まこと, 本当 (truth, verity): (in) ～ 本当に, 実に (truly). **3** 約束 (promise); (特に)婚約: plight one's ～ 言いかわす, 契る, 夫婦約束をする. ― *vt.* ((古)) 〈人〉と約束する; 婚約する.

Troth [trɑ́(ː)θ, trɔ́(ː)θ, tróuθ | tráuθ, trɔ́θ] 〖↑〗 *n.* 女性名.

tróth·plìght 〖(c1330): ⇨ troth, plight¹ (n.)〗 ((古)) *n.* 婚約 (betrothal). ― *adj.* 婚約した (betrothed). ― *vt.* …と婚約する (betroth).

trót·lìne 〖← ? TROT¹ (v.)＋LINE²〗 *n.* 〖釣〗(枝糸の付いた)フセ釣の釣糸.

Trots [tráts | trɔ́ts] 〖((略))〗 *n. pl.* [単数または複数扱い] トロツキスト (Trotskyite(s)).

Trot·sky [trátski, trɔ́(ː)t- | trɔ́tski; *Russ.* trótskʲij], **Leon** *n.* トロツキー ((1879–1940; ロシヤの革命家, 共産党の指導者; 永久革命論を唱えて, 国外に追放され, メキシコに亡命中暗殺された; 本名 Lev Davidovich Bronstein [davʲídəvʲitʲ branʃtʲéjn])).

Trót·sky·ism [-skiìzm] *n.* トロツキズム ((Trotsky が唱えたプロレタリアによる永久革命論)).

Trót·sky·ist [-ɪst, -əst | -ɪst] *n., adj.* ＝Trotskyite.

Trot·sky·ite [trátskiàɪt, trɔ́(ː)t- | trɔ́tskɪ-] 〖← TROTSKY＋-ITE¹〗 ((口語)) ― *n.* トロツキスト, トロツキーの支持者. ― *adj.* トロツキー派の: a tiny ～ group

トロツキー派の小グループ.

trót·ter [-ṭə | -tə(r)] 〘《c1380》: ⇨ trot¹, -er¹〙 ― *n.* **1** トロット[速歩, だく足]で駆ける馬, だくを踏む馬; (特に)繋駕(けいが)速歩レース用の馬; (サラブレッドに対して)速歩馬(そくほば), (側対速歩馬 (pacer) に対して)斜対速歩馬. **2** 早足で行く人, よく立ち働く人, 活動家. **3** (特に, 食用の羊・豚などの)足. **4** 《口語・戯言》(主に子供や若い女の)足. **5** 《英》走り使い (errand boy).

trót·ting ràce [-ṭɪŋ- | -tɪŋ-] *n.* 繋駕(けいが)速歩(そくほ)レース《二輪馬車などを引いて走る》.

trot·toir [trɑtwáə | trɔ́twɑː(r; *F.* trɔtwaːr] 〘□F ~ ← *trotter* 'to TROT¹' + *-oir* (cf. -orium)〙 *F. n.* (*pl.* ~**s** [~z; *F.* ~]) 人道, 歩道 (pavement, sidewalk).

trot·ty [trɑ́ṭi | trɔ́ti] 〘← TROT¹ (n.) + -Y⁴〙 *adj.* 速歩で駆ける, 早足で歩く; 活発な, 生き生きとした.

tro·tyl [tróuṭḷ | tráutɪl] 〘← TR(INITR)OT(OLUENE) ∥ (TRINI)TROT(OLUENE) + -YL〙 *n.* =trinitrotoluene.

trou·ba·dour [trúːbədɔ̀ə, -dɔ̀ə, -dùə | trúːbədùə(r, -dɔ̀ː(r] 〘《1727-41》□F ~ □Prov. *trobador* (=OF *trovere* trouvère) ← *trobar* (F *trouver*) to find, compose < ? LL *tropāre* ← *tropus* song, 《原義》figure of speech: ⇨ trope〙 ― *n.* (*also* **trou·ba·dor** [-dɔ̀ə | -dɔ̀ː(r]) **1** トルバドゥール《11-14 世紀頃フランス南部・スペイン東部・イタリア北部地方で活躍した叙情詩人; 騎士道と宮廷恋愛をプロヴァンス語でつづり, 時に自らそれを吟誦した; cf. trouvère, minnesinger》. **2** 吟遊詩人.

Trou·betz·koy [trùːbɪtskɔ́ɪ, -bəts- | -bɪts-; *Russ.* trubjitskɔ́j] *n.* =Trubetzkoy.

trou·ble [trʌ́bḷ] 〘*v.*: 《?a1200》 *tro(u)ble(n)* □OF *trubl-er, tourbler* (F *troubler*) < VL **turbulāre* (L *turbulentus* 'TURBULENT' の影響による変形) ← L *turbidāre* to disturb, make turbid ← *turbidus* 'TURBID'. ― *n.*: 《?c1200》□OF *truble, t(o)urble* (F *trouble*) ← *troubler, tourbler* (v.)〙 ― *vt.* **1 a** 〈人〉の心を苦しめる, 悩ます, 困らせる, 心配させる (worry, annoy): be ~*d about* [*with*] money matters 金銭のことで心配する / ~ oneself *about* bad news 悪い知らせに心を悩ます / What ~*s* me is that.... 私が心配なのは…です / Don't let it ~ you. そのことで心配しないで下さい. **b** 〈病気などが〉悩ます, 苦しめる: be ~*d by* [*with*] neuralgia 神経痛で悩む / His eyes ~*d* him. 目(の具合)が悪かった. **2** 〈人を〉わずらわす, …に手数[迷惑, やっかい]をかける (inconvenience); (迷惑を顧みずに)…に頼む: I'm sorry you've been ~*d*. ご面倒をかけてすみません / Don't ~ me *about* such matters. そんな事で面倒をかけるな / Let me ~ you *with* one more question. もう一つお尋ねしたいことがあります / Can I ~ you *for* a light [the time]? すみませんが火を貸して[時間を教えて]いただけませんか / He seldom ~*s* himself *to* write. めったに自分から進んで手紙を書かない (cf. *vi.* 2) / May I ~ you *to* pass the butter? 恐れ入りますがバターをとって下さいませんか / I will ~ you *to* mind your own business [*to* hold your tongue]. 《皮肉》人の事に干渉は[おしゃべりは]無用に願いたい. **3** 乱す, 波立たせる, 騒がす: A strong wind ~*d* the sea. 強い風が出て海が荒れた.

― *vi.* **1** 心配する, 心を労する (worry): ~ *about* [*over*] trifles つまらない事で心配する. **2** [特に否定構文で] 骨を折る, 努力する (take pains); [*to* do を伴って] わざわざ…する (trouble oneself): Please don't ~. どうぞお構いなく / Don't ~ *to* return it. わざわざ返していただくには及びません / Except for taking off his shoes, he had *not* ~*d to* undress. 靴を脱いだほかは着替えもしていなかった.

― *n.* **1 a** 心配(事), 悩み (vexation, affliction); 苦悩, 苦難 (annoyance); 災難, 不幸 (misfortune): family [domestic] ~(*s*) 家庭の心配事 / be in financial ~ 財政難に陥っている / a heart full of ~ 苦悩に満ちた心 / unfold one's ~*s* 悩みを打ち明ける / have been through much ~ [many ~*s*] いろいろな苦難を味わっている / meet ~ halfway = 《米》borrow ~ 取り越し苦労をする / ⇨ *in* TROUBLE (1) / get into ~ 困ったことになる, 罰を受ける (cf. *n.* 1 b, 5 a) / get a person into ~ 人を苦しめる[困らせる], 人に迷惑をかける / get out of ~ 苦難[罰]を免れる, 助かる / get a person out of ~ 人が困っているのを助ける / ask [look] for ~ 自分で災難を招く, 軽率なことをする, 余計な手出しをする / His ~*s* are over. 彼の悩みも終った《しばしば死んだ人にいう》. **b** 《口語》未婚の状態での妊娠: ⇨ *in* TROUBLE (4) / get *into* ~ 〈未婚の女性が〉妊娠する / get a girl *into* [*in*] ~ 女の子を妊娠させる.

2 a 悩み(の種), 頭痛の種; やっかい者; 面倒な事: Life is full of ~*s*. 人生にはままにならない事が多い / His son is a (great) ~ *to* him. 息子は彼にとって(まったくもって)頭痛の種だ / I find it a great ~ to get up early. 早起きは実につらい / The dish is no ~ to prepare. その料理を作るのは別に面倒な事ではない. **b** 困った事, 具合の悪い点; 困った性分, 損な性癖: the ~ *with* the project その計画の問題点 / What is the ~ *with* you? どうしたのだ, 何が心配なのか, どこが悪いのか. ★《口語》でしばしば次の構文で用いられる: *The* ~ *is that* he is ill. 困ったことには彼は病気なのだ《一層口語調の文体では *The* ~ *is*, he is ill.》/ *The* ~ *with* him *is that* he doesn't try. 彼の困ることはやってみようとしないことだ.

3 a 病気, 障害, わずらい, …病 (disease): a children's ~ 子供の病気 / heart [cardiac] ~ 心臓病 / mental ~ 精神病 / ear ~ 耳の故障 / gastric ~ 胃の障害, 胃病 / suffer from kidney ~ 腎臓をわずらっている. **b** (機械などの)故障: engine ~ / ~ *with* the plumbing (水道・ガスなどの)配管の故障. **c** 《英方言》出産の苦しみ, 陣痛 (labor).

4 a 不便, 手数 (inconvenience); 迷惑, やっかい (annoyance): give a person ~ 人に世話を焼かす[面倒をかける], 人をわずらわせる / put a person to ~ 人に面倒[やっかい]をかける / spare [save] a person ~ 人に手数をかけない, 人の労を省く / If it is not too much ~, ... 余りご迷惑でなければ…, 恐れ入りますが… / No ~ (at all). どう致しまして / It is no ~ [too much ~]. おやすい御用です[ありがた迷惑だ] / Thank you for your ~. ご苦労さまでした / I hope you won't have any ~ *with* it. ご面倒でなければよろしいのですが / It was kind of you to go to all that ~. わざわざそんなことまでしていただいて済みませんでした / He took (the) ~ *to* come and see me. 彼はわざわざ私に会いに来てくれた. **b** 苦心, 骨折り, 苦労 (exertion, pains); 困難, 苦労 (difficulty): take ~ *with* one's work 骨を惜しまず仕事をする / give oneself (the) ~ 骨折る, 尽力する / have much ~ *to* keep out of debt 借金をしまいと大いに苦心する / have ~ *with* one's stomach 胃(の調子)が悪い / She had ~ (*in*) *getting* a taxi. タクシーを拾うのに苦労した / He has ~ (*in*) pronoun*cing* some English sounds. 彼はある英語の音をよく発音できない / Is it worth all the ~? そんなに骨折りがいがあるのか.

5 a もめ事, 悶着(もんちゃく), ごたごた (disturbance); 警察ざた: make ~ (*for*...) (…と)いざこざを起こす; (…に)迷惑をかける / ⇨ *in* TROUBLE (3) / get into ~ (*with*...) (…と)悶着を起こす, 事面倒となる / He was having girl ~. 女の子とのごたごたを引き起こしていた / We have never had any ~ *with* the police. 私たちは今までに一度も警察を相手に面倒な事を起こしたことがない. **b** [しばしば *pl.*] (政治的・社会的)紛争, 騒乱 (public unrest): political [labor] ~(*s*) 政争[労働争議]. **c** [the Trouble(s)] 《アイル》[婉曲的に] 紛争, ごたごた《第一次大戦前後から 1920 年代にかけてのアイルランド南部の対英抗争; cf. Sinn Feinn, I.R.A.》.

in trouble (1) (肉体的・精神的・経済的に)困って, 難渋して: Many parents are *in* ~ *over* their daughters. 娘の問題で頭を悩ましている親が大勢いる. (2) かかり合いになって, 検挙[処罰など]され(そうになっ)て: He has been *in* ~ once or twice *with* the police for petty thieving. ちょっとした盗みのかどで警察の世話になったことが一, 二度ある. (3) もめて, 悶着を起こして〔*with*〕. (4) 《口語》〈未婚の女性が〉妊娠して (cf. *n.* 1 b). ***run to meet one's troubles*** 取越し苦労する.

troú·bler [-blə, -bḷə | -blə(r, -bḷə(r] *n.*

tróu·bled 〘ME〙 ― *adj.* **1** 騒然とした, 荒れる: ~ times 物騒な世の中, 乱世 / the ~ economy of a country 国の混乱した経済. **2** 心配そうな, 不安な, 困った: a ~ countenance [look] 心配そうな顔 / look ~ 不安そうな様子をしている. **~·ness** *n.*

tróubled wáters *n. pl.* **1** 荒れる海[波浪]. **2** 混乱状態.

fish in troubled waters ⇨ water *n.* 成句.

tróuble·màker *n.* いざこざ[悶着(もんちゃく)]を起こす人; 迷惑[面倒]をかける人.

tróuble màn *n.* =troubleshooter 1.

tróuble·próof 〘⇨ -proof〙 *adj.* 面倒をかけない; 故障が起こらない.

tróuble·shòot 〘《逆成》↓〙 *vi.* 故障検査員[調停人]を勤める. ― *vt.* 故障検査員[調停人]として処理する.

tróuble·shòoter 〘← TROUBLE (n.) + SHOOTER〙 ― *n.* **1** (機械などの)故障を発見して修理する人. **2** 紛争調停人, 火消し役《紛争の原因を見出して解決する特別の手腕をもった人》.

trou·ble·some [trʌ́bḷsəm] 〘《a1548》← TROUBLE (n.) + -SOME¹〙 ― *adj.* **1** 困難な, 面倒な, 骨の折れる (difficult): a ~ job. **2 a** やっかいな, うるさい: a ~ cough. **b** 手に負えない, 手の焼ける (unruly): a ~ child. **3** 《古》**a** 騒然とした. **b** 苦難に満ちた. **~·ly** *adv.* **~·ness** *n.*

tróuble spòt *n.* **1** 紛争地; 紛争が起こりそうな地域. **2** (機械などの)故障(が起こりそうな)個所. **3** 問題点.

trou·blous [trʌ́bləs] 〘《c1449》□OF *troubleus*: ⇨ trouble (n.), -ous〙 ― *adj.* 《古》**1 a** 乱れた, 騒然とした: ~ times 乱世, 騒然たる時代. **b** 風(かぜ)の, 時化(しけ)の (stormy). **2** やっかいな, 面倒な, うるさい (troublesome). **~·ly** *adv.* **~·ness** *n.*

trou-de-loup [trùːdəlúː; *F.* trudlu] 〘□F ~ 'hole of wolf'〙 ― *n.* (*pl.* **trous-** [~; *F.* ~]) 〘軍事〙狼穽(ろうせい), 落し穴《地面に幾条にも溝を掘ってその中にとがったくいを並べたもので, 昔, 敵騎兵の進攻を防いだ》.

trough [trɔ́(ː)f | trɔ́f] 〘OE *troh, trog* wooden vessel < Gmc **turʒaz* (Du. *trog* / G *Trog* / ON *trog*) < IE **drukós* ← **deru-* 'wood, TREE'〙 ― *n.* (*pl.* ~**s** [trɔ́(ː)fs, trɔ́(ː)vz | trɔ́fs]) **1** 木製の細長い(ふたのない)箱, ふね, かいばおけ. **2** (パン屋の)こねばち (kneading trough). ★米国のパン屋では [tróu], 英国のパン屋では [tráu] とも発音される. **3 a** (屋根の)雨樋(あまどい) (gutter, eaves trough). **b** 《方言》(水車の水を引く)樋(とい) (conduit). **4** (二つのうねや波の間などの)細長いくぼみ (cf. crest 4 c): the ~ of the sea 波くぼ. **5** 〘地理〙谷; 大きな溝状の地形, 地溝(ちこう) (graben); 海溝 (trench); 氷食の U 字谷 (glacial trough). **6** 〘気象〙気圧の谷. **7** (変動する量の)谷, 最低値 (cf. peak); 景気の谷. **8** (調剤・現像用などの)水槽; 水盤. **9** 〘印刷〙電槽, メッキ槽《電鋳で用いる電解液を入れた槽》. **10** 《米》〘劇場〙脚光器.

trough 1

trounce [tráuns] 〘《1551》'to trouble, 《原義》to terrify' ← ? ME *traunce* 'fear of death, TRANCE'〙 ― *vt.* **1** ひどくなぐる[打つ] (beat, thrash). **2** 罰する, 懲らす (punish); こきおろす, しかりつける (scold). **3** 《口語》負かす, 打ち破る (defeat). **tróunc·er** *n.*

troupe [trúːp] 〘□F ~ 'TROOP'〙〘演劇〙 *n.* (俳優・歌手・軽業師などの)一座, 一団 (company, band). ― *vi.* 座員として巡業する (barnstorm).

tróup·er [⇨ ↑, -er¹] *n.* **1** 劇団[曲芸団など]の一員, 座員. **2** 老練俳優, 幹部俳優 (veteran actor).

troup·i·al [trúːpiəl | -pɪəl, -pjəl] 〘□F *troupiale* ← *troupe* 'TROOP': 群れをなす習性から〙 ― *n.* 〘鳥類〙 **1** オレンジムクドリモドキ (*Icterus icterus*) 《南米産ムクドリモドキ科の羽毛の美しい鳥》. **2** ムクドリモドキ科の鳥類の総称.

trous-de-loup *n.* trou-de-loup の複数形.

trou·ser [tráuzə | -zə(r] 〘《逆成》← TROUSERS〙 ― *n.* ズボンの片足[片方]. ― *attrib. adj.* ズボンの: a ~ leg ズボンの片足 / ~ cuffs ズボンの折り返し / ~ pockets ズボンのポケット (cf. trousers 1 ★).

tróu·sered *adj.* **1** ズボンをはいた. **2** 男性の, 男子の (masculine).

tróu·ser·ing [-z(ə)rɪŋ] 〘⇨ -ing¹ 2〙 *n.* ズボン地.

tróuser prèss *n.* ズボンプレッサー.

trou·sers [tráuzəz | -zəz] 〘《1613》(*drawers* からの類推による) ← 《廃》*trouse* □Ir. *triubhas*: ⇨ trews, tweezers〙 ― *n. pl.* **1** ズボン: a pair [three pairs] of ~ ズボン 1 着[3 着]. ★形容詞的に次のように用いられることもあるが, 単数形の方が普通: ~ pockets ズボンのポケット. **2** =pantalets. **3** 近東の男女がはくだぶだぶのズボン.

wear the trousers ⇨ wear¹ 成句.

tróuser-strètcher *n.* ズボンプレッサー.

tróuser sùit *n.* 《英》=pantsuit.

trousse [trúːs; *F.* trus] 〘□F ~ 'bundle': cf. truss〙 ― *F. n.* (*pl.* **trouss·es** [~ɪz, ~əz; *F.* ~]) **1** (こまごました道具類を入れる)道具箱: a surgeon's ~ 外科用器具箱. **2** 箱に入れた一組の小道具類.

trous·seau [trúːsou, ─ ́ | trúːsəu; *F.* truso] 〘《1833》□F ~ (dim.): ↑〙 *n.* (*pl.* **trous·seaux** [~(z); *F.* ~], ~**s**) 嫁入支度《花嫁の衣装・装身具など》.

trout [tráut] 〘OE *trūht* □LL *truct-a* □Gk *trṓktēs* gnawer, sea fish with sharp teeth ← *trṓgein* to gnaw〙 ― *n.* (*pl.* ~, ~**s**) **1** 〘魚類〙 **a** サケ科ニジマス属 (*Salmo*) の主に淡水産の魚類の総称《食用・釣の対象魚として珍重される; rainbow trout, brown trout など; cf. salmon 1, char³》. **b** それに似たサケ科の魚類の総称. **2** マスの身. ― *vi.* マスを釣る[捕える].

tróut-còlored *adj.* 〈馬が〉連銭芦毛の, 小斑芦毛の.

tróut·less *n.* trout のいない: ~ waters.

trout·let [tráutlɪt, -lət] *n.* 〘魚類〙 =troutling.

tróut lily *n.* 〘植物〙 =dogtooth violet.

trout·ling [tráutlɪŋ] 〘← TROUT + -LING¹〙 *n.* 〘魚類〙ブラウントラウトの幼魚 (troutlet).

tróut-pèrch *n.* 〘魚類〙北米産サケスズキ科の淡水魚の一種 (*Percopsis omiscomaycus*).

trout·y [tráuṭi | -tɪ] 〘← TROUT + -Y⁴〙 *adj.* (**trout·i·er**; **-i·est**) **1** 〈川など〉マスの多い, マスのすむ; マスのいそうな. **2** 〈色が〉ニジマスのような.

trou·vaille [truːvái; *F.* truvɑːj] 〘□F ~ ← *trouver* (↓)〙 *F. n.* 意外な獲物, 掘出し物 (windfall).

trou·vère [truːvέə | -vέə(r; *F.* truvɛːr] 〘《1795》□F ~ < OF *trovere* ← *trover* to find: ⇨ troubadour〙 ― *n.* トルヴェール《11-14 世紀頃フランスの北部地方で宮廷風恋愛詩や騎士道物語詩を書いた吟遊詩人; cf. troubadour 1》.

trou·veur [truːvə́ː | -vɔ́ː(r; *F.* truvœːr] *n.* =trouvère.

Trou·ville-sur-Mer [truːvíːlsuəmέə, -víl- | -s(j)uəmέə(r; *F.* truvilsyrmɛːr] *n.* トゥルビルシュルメール《フランス北西部, イギリス海峡に臨む海港; 海水浴場がある; 人口 7,000》.

trove [tróuv | tráuv] 〘《略》← *treasure trove*〙 *n.* **1** 発見された物 (cf. trover): ⇨ treasure trove. **2** 貴重な収集品.

tro·ver [tróuvə | tráuvə(r] 〘《1594》□AF ~ 《名詞用法》← OF (F *trouver*) to find < LL *tropāre*: ⇨ troubadour〙 ― *n.* 〘法律〙 **1** (購入によらず発見などによる)動産取得(横領). **2** 横領訴訟《物自体を回復することはできず, 賠償を請求することしかできない; action of trover ともいう》.

trow [tróu | tráu, tráu] 〘OE *trūwian* (← *trūwa* faith: cf. G *trauen*) & *trēow(i)an* to believe, trust (← *trēowe* faith): ⇨ truce, true〙 ― *vi.* 《古》思う, 信じる (think, believe): What ails him, (I) ~? 一体彼はどこが悪いのかしら.

Trow·bridge [tróubrɪdʒ | tráu-] 〘《1184》*Trobrigge*: ⇨ tree, bridge〙 *n.* イングランド南部 Wiltshire 州の都市で同州の行政上の中心地; 人口 20,000.

trow·el [tráu(ə)ɫ | tráu(ə)ɫ, tráuɛɫ] 〘⦅1344⦆ *truel* ▭(O)F *truelle* ▭LL *truella* = L *trulla* (dim.) ← *trua* ladle, spoon〙 ── *n.* **1** (左官などの用いる)こて. **2** 園芸用の)移植ごて, スコップ (garden trowel).

1 2 3 4 5
trowels
1 gardener's; 2 molder's; 3 bricklayer's; 4 plasterer's; 5 corner

lay it on with a trowel やたらにお世辞を言う, むやみにほめる, へつらう (cf. Shak., *As Y L* 1. 2. 112).
── *vt.* (**trow·eled, -elled; -el·ing, -el·ling**) こてで塗る[なでる].
∼·er [-lə | -lə(r] *n.*

troy [trɔ́ɪ] 〘⦅1390-91⦆ ← *Troyes*: この量り方が初めて用いられた所〙 *n.* =troy weight. ── *adj.* 金衡の.

Troy¹ [trɔ́ɪ] 〘⦅*a*1520⦆ ▭L *Trōja, Trōia* ▭Gk *Trōia* ⦅原義⦆ the city of *Tros*: cf. Troilus〙 ── *n.* **1** トロイ, トロイア⦅小アジア北西部の古都; Homer の *Iliad* によればトロイ戦争で 10 年間ギリシャ軍に包囲された; Schliemann の発掘でも有名; ギリシャ語名 Ilion [íliɑn, -ən | íliɔ̀n, íljən], ラテン語名 Ilium [íliəm | áɪlɪ-əm, íl-, -ljəm]⦆. ★ 形容詞は Trojan. **2** 米国 New York 州東部 Hudson 河畔の工業都市; 人口 63,000.

Troy² [trɔ́ɪ] 〘↑〙 *n.* 男性名.

Troyes [trwɑ́:; *F.* trwa] *n.* トルワ⦅フランス北東部の Seine 河畔の都市, Aube 県の首都; 人口 76,000⦆.

Troyes, Chrétien de *n.* ⇨ Chréstien de Troyes.

Tro·yon [trwɑjɔ́:(ŋ), -jɔ́(:)ŋ; *F.* trwajɔ̃], **Con·stant** [kɔ̃stɑ̃] *n.* トルワイヨン⦅1813–65; フランスの動物・風景画家⦆.

tróy póund *n.* トロイポンド (⇨ pound¹ 1 b).

tróy wèight *n.* 金衡⦅金銀・宝石などを量るのに用いる衡量; 以前はパンの目方を量るのにも用いた; 12 ounces (=240 pennyweights), 5,760 grains をもって 1 pound とする; 英国では今は ounce とその分数単位だけが troy weight で法的に認められている⦆.

trp ⦅略⦆〘軍事〙troop.

trs. ⦅略⦆transfer; 〘印刷〙transpose; trustees.

tru·an·cy [trú:ənsi | trú:ənsi, trúən-] 〘⇨↓, -ancy〙 *n.* **1** (学生等の)無断欠席, ずる休み. **2** ずるけ, 怠け.

tru·ant [trú:ənt | trú:ənt, trúənt] 〘⦅*c*1290⦆ ⦅廃⦆ 'vagabond' ▭OF ∼ (F *truand*) beggar, vagabond ← Celt.: cf. Welsh *truan* wretch(ed)〙 ── *n.* **1** (主に学校の)無断欠席者, ずる休みする生徒[者]: play ∼ 無断で学校を休む, ずる休みする. **2** 怠け者, ずるけ者.
── *adj.* **1 a** 無断で欠席する, ずる休みする: a ∼ boy. **b** 怠け者の. **2** 怠ける, ずるける (idling): a ∼ mood ずるけ気分. ── *vi.* 無断欠席する, ずる休みする; ずるける, 怠ける. **∼·ly** *adv.*

trúant òfficer *n.* ⦅米⦆〘教育〙=attendance officer.

tru·ant·ry [trú:əntri | trú:ənt-, trúənt-] 〘⦅1426⦆: ⇨ truant, -ry〙 *n.* =truancy.

trúant schòol *n.* 補導学校.

Tru·bets·koy [trù:bɪtskɔ́ɪ, -bəts- | -bɪts-; *Russ.* trubjitskɔ́j], **Nikolai Sergeevich** *n.* トルベツコイ⦅1890–1938; ロシヤの言語学者; 構造主義言語学の提唱者, Prague 学派の中心人物の一人, ウィーン大学教授; *Grundzüge der Phonologie*「音韻論概要」(1939)⦆.

truce [trú:s] 〘⦅*c*1330⦆ *trues, trew(e)s* (pl.) ← *true, trewe* agreement, treaty, truce < OE *trēow* fidelity, good faith: ⇨ true, trow, trust〙 ── *n.* **1** 戦闘停止, 休戦; 休戦協定: a flag of ∼ 休戦旗, 白旗 / a general [special] ∼ 全面[限地]休戦 / make a ∼ 休戦する / an industrial ∼ 労使休戦. **2** (苦難・苦痛などの)休止, 中断 (respite): A ∼ to nonsense [jesting]! くだらない事[冗談]を言うのはよせ.
Truce of God 〘⦅なぞり⦆ ← ML *Treuga Deī*〙 [the ─] (中世の教会が特定の曜日および祝日に戦闘・私闘の中止を命じた)神の休戦 (cf. PEACE of God (2)).
── *vi.* 休戦する〔*with*〕. ── *vt.* (休戦によって)やめる, 中止する.

trúce·less *adj.* 〈戦いなど〉休戦の(見込みの)ない.

tru·cial, T- [trú:ʃəɫ, -siəɫ | -sjəɫ, -sɪəɫ] 〘⦅1876⦆ ← TRUCE + -IAL〙 ── *adj.* 休戦の, 休戦条約で縛られた⦅特に, 1835 年の英国政府とアラビア Oman 半島の Persian Gulf 沿いの Sheikhs 諸国との間の休戦条約についていう⦆.

Trúcial Cóast *n.* [the ∼] **1** トルーシャルコースト⦅United Arab Emirates の旧名⦆. **2** トルーシャル海岸⦅アラビア半島東岸の現在の United Arab Emirates がある海岸⦆.

Trúcial Omán *n.* トルーシャル オマン⦅United Arab Emirates の旧名⦆.

Trúcial Státes *n. pl.* [the ∼] United Arab Emirates を構成する 7 首国 (Sheikhdom) の旧名.

truck¹ [trʌ́k] 〘⦅1611⦆ ▭L *troch-us* iron hoop ▭Gk *trokhós* wheel, disk ← *trékhein* to run: ⇨ trocho-〙 ── *n.* **1** (手荷物を運ぶ二輪の)手押し車, トロッコ. **2** (駅・店内などで用いる手押しまたは電力で動かす三輪または四輪の)運搬車. **3** ⦅英⦆ 無蓋(ぶ)貨車. **4** ⦅米⦆ 貨物自動車, トラック (⦅英⦆ lorry). **5** (鉄道車両など swivel で自由に転向できる)転向台車, ボギー車 (⦅英⦆ bogie). **6** 旗ざお[帆柱]上端の円形木冠. **7** (脚輪を備え, 棚がついている)小スタンド, ワゴン. **8** (旧式の大砲の)砲架の車輪⦅木または金属製⦆.
── *attrib. adj.* トラック(用)の: a ∼ tire.
── *vt.* **1** truck に載せる[積む, で運ぶ]. **2** 〘映画・テレビ〙(移動カメラ台で)〈カメラを〉移動させる (dolly).
── *vi.* **1** ⦅米⦆ トラックを運転する. **2** トラックで運ぶ. **3** 〘映画・テレビ〙カメラを移動させる, カメラ移動を行なう (dolly): ∼ up 被写体に近づける / ∼ back 被写体から遠ざける (cf. trucking shot).

truck² [trʌ́k] 〘⦅?*a*1200⦆ *trukie(n), trukke(n)* ▭(O)F *troqu-er* ← ?〙 ── *vi.* **1** 交換する, 交易する; (神聖な物などをつまらないものと)物々交換する (exchange, barter): ∼ *for* a thing *with* a person 人と物を交易する. **2** 取引する (bargain); 取引がある〔*with*〕. **3** ⦅スコット⦆ つまらない用事で歩き回る, ぶらぶらする (potter). ── *vt.* **1** 交換する, 交易する: ∼ knives *for* gold dust ナイフを砂金と交換する / ∼ a thing *with* a person 人と物を交換する. **2** ⦅廃⦆ 呼売りする.
truck away 物々交換で手放す.
── *n.* **1** 物々交換, 交易 (barter, exchange); 売買 (bargain, deal). **2** 小さい品物 (small wares); がらくた (odds and ends). **3** ⦅口語⦆ くだらない事, たわごと (nonsense): I shall stand no ∼. つまらぬことを聞いておれない, 妥協なんか聞く耳もたぬ. **4** ⦅米⦆ 市場向けの野菜 (cf. truck farm). **5** ⦅英⦆ 物品支給⦅賃金の代わりに物品を支給したかつての制度⦆. **6** ⦅口語⦆ 関係, 交際, 交渉 (dealings): I won't have any ∼ *with* him. 彼と関係[交際, 取引]したくない.

truck³ [trʌ́k] 〘← TRUCK¹〙〘ダンス〙 *n.* =trucking³.
── *vi.* トラッキングを踊る.

Trúck Àcts *n. pl.* [the ∼] ⦅英⦆ (1831 年に制定され, 数次の改正を経た)現物給与禁止法.

truck·age¹ [trʌ́kɪdʒ] 〘← TRUCK¹ + -AGE〙 *n.* **1** (手車・貨車・荷車などでする)運搬, 運送. **2** 運搬賃, 運賃; 貨車使用料.

truck·age² [trʌ́kɪdʒ] 〘← TRUCK² + -AGE〙 *n.* ⦅まれ⦆「交換, 交易 (exchange).

trúck cròp *n.* ⦅米⦆ (truck farm で生産された)市場向けの野菜.

trúck drìver *n.* トラック運転手.

trúck·er¹ *n.* **1** ⦅米⦆ トラック運転手. **2** トラック運送業者.

trúck·er² 〘← TRUCK² + -ER¹〙 *n.* **1 a** 交易者. **b** ⦅スコット⦆ 行商人. **2** ⦅米⦆ =truck farmer.

trúck fàrm 〘⇨ truck² (n.) 4〙 *n.* ⦅米⦆ 市場向け野菜農場 (⦅英⦆ market garden).

trúck fàrmer *n.* ⦅米⦆ 市場向け野菜栽培業者 (⦅英⦆「market gardener).

truck·ful [trʌ́kfùɫ] *n.* トラック一台分: a ∼ *of* flowers トラック一台分の花.

trúck gàrden *n.* ⦅米⦆ 市場向け野菜園.

trúck·ing¹ *n.* トラック運送(業).

trúck·ing² *n.* **1** ⦅米⦆ 市場向け野菜栽培(業). **2** 交易, 物々交換, バーター取引.

trúck·ing³ 〘← TRUCK¹ + -ING¹〙 *n.* 〘ダンス〙 トラッキング⦅片手を挙げて拍子をとりながら足先を内にしたり外にしたりして前進する⦆.

trúcking shòt *n.* 〘映画・テレビ〙 移動するドリー (dolly) で撮ったシーン⦅主としてカメラを被写体に平行に移動させながら撮ったものをいう⦆.

trúck jòbber *n.* (トラックを使用する)移動[巡回]卸「売業者.

truck·le¹ [trʌ́kɫ] 〘⦅1613⦆ ⦅略⦆ ← TRUCKLE BED: 他の大きな寝台の下に押し込まれることから〙 ── *vi.* 屈従する, (こびて)ぺこぺこする (cringe)〔*to*〕. **trúck·ler** [-klə, -kɫə | -klə(r] *n.*

truck·le² [trʌ́kɫ] 〘⦅1417⦆ *trocle* ▭AF ▭L *trochlea* ▭Gk *trokhilia* pulley: ⇨ trochlea〙 ── *n.* **1** ⦅廃⦆ (滑車などの)小車輪 (small wheel); 滑車 (pulley). **2** = truckle bed. **3** ⦅英方言⦆ 円筒形の小型チーズ.

trúckle bèd 〘⦅1459⦆: ⇨↑, bed〙 *n.* 車付き寝台⦅脚輪 (casters) が付いている低い寝台; 不用時には他の寝台の下に押し込むことができる⦆.

trúck lìne *n.* トラックなどによる輸送路線.

trúck·ling [-klɪŋ, -kɫ-] *adj.* ぺこぺこする (cringing).
∼·ly *adv.*

trúck·lòad *n.* **1** トラック一台分の荷物: a ∼ of apples トラック一台分のりんご. **2** トラック一台分の積荷料金で荷積みするのに必要な最低重量.

trúck·man [-mən] *n.* (*pl.* **-men** [-mən, -mèn]) **1 a** トラック運転手 (truck driver). **b** トラック運送業者. **2** (消防署の)はしご車隊員.

trúck·màster *n.* ⦅古⦆ インディアンとの交易担当官.

trúck mìxer *n.* トラックミキサー⦅コンクリートミキサーを装備したトラック⦆.

trúck shòp *n.* =tommy-shop.

trúck shòt *n.* 〘映画・テレビ〙=trucking shot.

trúck sỳstem *n.* 物品支給制⦅通貨による賃金支払いの代わりに生産物その他の現物を支給する制度; 今は違法行為; cf. tommy 3⦆.

trúck tràctor *n.* =tractor 4.

trúck tràiler *n.* 〘自動車〙 トラックトレーラー, 貨物トレーラー, 被牽引車⦅truck tractor に牽引される, エンジンを備えない貨車⦆.

truc·u·lence [trʌ́kjʊləns, trú:k- | trʌ́k-] 〘▭L *truculentia*: ⇨ truculent, -ence〙 *n.* 野蛮, 獰猛(どう), 残忍.

trúc·u·len·cy [-lənsi | -sɪ] *n.* =truculence.

truc·u·lent [trʌ́kjʊlənt, trú:k- | trʌ́k-] 〘⦅*c*1540⦆ ▭L *truculent-us* ← *truc-, trux* fierce: ⇨ -ulent〙 ── *adj.* 野蛮な (savage), 獰猛(どう)な, 凶猛な (ferocious); 残忍な, 残酷な (ruthless): a big, ∼ looking man 残忍な顔付きをした大男 / He replied in a ∼ tone. 凶暴な調子で答えた. **∼·ly** *adv.*

Tru·deau [tru:dóu | -dáu; *F.* trydo], **Pierre El·li·ott** [éliət, éljət | éljət, éliət] *n.* トルドー⦅1919– ; カナダの政治家; 首相 (1968–79, '80–)⦆.

trudge [trʌ́dʒ] 〘⦅1547⦆ ← ?〙 ── *vi.* 歩く (walk); (特に)てくてく[とぼとぼ]歩く, 重そうに歩く, 骨折って歩く (plod)〈*along, away, up*〉. ── *vt.* **1 a** 〈道などを〉てくてく[とぼとぼ]歩く. **b** [∼ it として] てくてく歩く. **2** ⦅古・詩⦆〈重い荷などを〉持って重そうに[苦しそうに]歩く〈*about*〉. ── *n.* **1** 徒歩; 重い足取り, てくてく[とぼとぼ]歩き: It was a hard ∼ up the hill. その山を登って行くのはつらかった. **2** とぼとぼ歩く人 (tramp). **trúdg·er** *n.*

trudg·en [trʌ́dʒən] 〘← *John Trudgen* (1852–1902: この泳方を用いた英国の水泳家)〙 *n.* 〘水泳〙 頭を伏せた一種の両抜き手⦅trudgen stroke ともいう⦆.

Tru·dy [trú:di | -dɪ] 〘(dim.) ← GERTRUDE〙 *n.* 女性名⦅異形 Truda, Trude⦆.

true [trú:] 〘OE *trēowe* < Gmc **triuwaz* (Du. *(ge)trouw* / G *treu* / ON *tryggr*) ← IE **deru-* to be firm, ⦅原義⦆ as firm as a tree (Gk *droós* strong / Skt *dāruṇa* hard, *dāru* wood): cf. tree: 今の形は 15C から〙 ── *adj.* (**tru·er, -est; more ∼, most ∼**) **1** 真実の, 本当の, 事実通りの (veracious, correct) (↔ false, erroneous): a ∼ story 実話 / a ∼ history 真史 / ∼ as gospel 絶対に真実[真理]で / ∼ as I'm alive 本当に, 間違いなく / come ∼ 〈希望・夢などが〉本当になる; 〈予言が〉適中する / prove ∼ 〈報告などが〉本当だと判明する, 当たる / That is only too ∼. 悲しいかな全くその通りだ / His story is too good to be ∼. 彼の話はうますぎて信用できかねる. ★ (1) この意味の true が反対の意味の陳述を言い出す前の譲歩的表現形式に用いられる: *It is* ∼ [*True*] *that* English is a difficult language to learn, *but* the grammar is quite easy. いかにも英語は学習するにはむずかしい言語ではあるが, 文法は実にやさしい. (2) It is ∼ that ...における true が構造上遊離して間投詞的となり, あとに続く陳述の真実性を強調するのに用いられることがある: *True* you are in the right. いかにも君の言うことは正しい. **2 a** 正真正銘の, 本物の, 本当の (real, genuine): ∼ gold 純金 / a ∼ sign 確実な兆候 / ∼ friendship [love] 真の友情[愛情] / a ∼ scholar [Londoner] 生粋の学者[ロンドン子]. **b** 法律的に正しい, 適法の (legitimate): the ∼ heir [owner] 正当の跡継ぎ[所有主]. **c** 本来そうあるべき, 正しい, 適正な (proper): arranged in their ∼ order 適当な順序に並べられた. **3 a** 正確な (accurate); 正しい, 間違いのない (correct, right); 正確に一致する, 寸分違(たが)わない (accurately conforming): a ∼ balance [copy] 正確な天秤(びん)[写し] / a ∼ estimate [judgment] 正確な見積もり[判断] / ∼ *to* life 現実[実物]そのままに / ∼ *to* nature 真に迫る / ∼ *to* time [expectations] 時間[期待]通り / ∼ *to* type 典型的な, 型通りの, 作法通りの (cf. 7 a) / ∼ *to* one's name 名にそむかない / a translation ∼ *to* the original 原文に忠実な翻訳 / run ∼ *to* form 作法通りに振舞う. **b** 厳密な, 精密な (strict): in the ∼*est* sense 最も厳密な意味で. **4 a** 〔...に〕忠実な, 誠実な, 実(じつ)のある (sincere, faithful); 当てになる (reliable); 変わらない (constant) (↔ perfidious, false, fickle) 〔*to*〕: a ∼ friend 誠実な友 / a ∼ patriot 忠実な愛国者 / (as) ∼ as steel [flint] 非常に忠実な, 頼みがいのある, 信用できる / ∼ *to* one's cause [friend] 主義[友人]に忠実で / ∼ *to* one's colors 信念[主義, 目的など]に忠実で / ∼ *to* oneself 自己に忠実で, 柄にない事をしない / He was ∼ *to* his word [promise]. 約束を守った. **b** ⦅古⦆ うそをつかない (truthful), 正直な (honest), 高潔な (honorable): ⇨ GOOD *men and true*. **5** 当てはまる (applicable): hold ∼ 〈規則・言葉などが〉当てはまる, 有効である / The same is ∼ *of* business. 同じことは事業についても言える. **6 a** 〈声など〉正しく調子に合った (in perfect tune): on ∼ pitch 正しい調子で / His voice is ∼. 彼の声は調子に合っている. **b** 〈器具・機械など〉正しい位置にある, 狂っていない, まっすぐな, 水平な: This wheel is not ∼. この車輪は正しく着装されていない. **7 a** 〘生物〙 (属について)模式的な, 典型的な (typical): ∼ *to* type 〈動植物が〉純種の. **b** 〘畜産〙 純種の (purebred): a ∼ collie dog 純種のコリー犬. **8** 〘航空・海事〙〈針路・方位が〉真北を基準にして定められた: ⇨ true bearing, true course, true heading, true north.
── *n.* **1** [通例 the ∼] 真実であること, 真理 (truth), 実在 (reality). **2** 正確であること[状態]. ★ 次の句で: *in* [*out of*] ∼ 〈位置・調子など〉きちんと調整され[されないで], 正確で[狂って], 合って[はずれて].
── *adv.* (**tru·er, -est; more ∼, most ∼**) **1** 真実に (truly): Tell me ∼. 正直に言って下さい / His words ring ∼. 彼の言葉には真実の響きがある. **2** 正確に, 狂わずに (accurately): aim ∼ 狙いを過(あやま)たない / This door hangs ∼. このドアは狂いが来てない. **3** 〘生物〙 純粋に: breed ∼ 〈雑種が〉(何代でも常に)同一形質の子を産む / come ∼ 〈植物が〉(種々な変種にならずに)純粋種の子孫をつくる / throw ∼ 〈家畜が〉親の型に違わぬ子を産む.
── *vt.* 〈道具・車輪・機械などを〉正しく調整する[合わせる, そろえる]〈*up*〉: ∼ *up* a machine / ∼ *up* the edges of the boards 2 枚の板の端をそろえる.
∼·ness *n.*

trúe áirspeed *n.* 〘航空〙 真対気速度⦅周囲の空気に対する真の相対速度で, 指示対気速度に空気密度の補正などを施して得られる; 略 TAS; cf. indicated airspeed》.

trúe áltitude *n.* 〖航空〗真高度 (corrected altitude).

trúe béaring *n.* 〖海事・航空〗真(正)方位.

trúe bíll *n.* **1** 〖法律〗原案適正《大陪審が起訴状案 (bill of indictment) を適正と認めた時にその裏面に記す決まり文句》: find a ～ *against* a person 人に対する起訴状を是認する《証拠不十分と認めて公判に付す》. **2** 真実な陳述[非難].

trúe-blúe *adj.* (自己の主義・党派などに)忠実な, 信念を曲げない, 誠実な (unchanging, staunch).

trúe blúe *n.* **1** (中々あせない)藍(あい)染料. **2 a** 17 世紀にスコットランドの Covenanters (＝Scottish Presbyterians) が王党派の赤色に対抗して採用した紺(こん)色. **b** ＝Presbyterianism. **3 a** 自己の主義・党派などに忠実なこと, 妥協のない忠誠. **b** 自己の信念を固守する人, あくまで忠実な人, 志操堅固な人.

trúe·bórn 〖《1594–95》〗 *adj.* 嫡出の, 生れの正しい, 生粋(きっすい)の: a ～ Japanese 生粋の日本人.

trúe·bréd 〖《1596–97》〗 *adj.* **1** 純血種の, 純種の, 血統の正しい. **2** 育ち[しつけ]のよい.

trúe cóurse *n.* 〖航空・海事〗(船・航空機の)真針路.

trúe-fálse tèst *n.* 真偽法テスト.

trúe frésco *n.* 〖絵画〗フレスコ画法 (fresco)《生乾きの漆喰の上に描く正統的なフレスコ画法》.

trúe frúit *n.* 〖植物〗真正果実, 真果 (cf. accessory fruit).

trúe héading *n.* 〖航空〗機首真方位《真北から時計回りに計った機首の方向; 角度で表わす; cf. magnetic heading》.

trúe·héarted 〖《1471》: -hearted〗 *adj.* 忠実な, 誠実な, 実(じつ)のある, まじめな, 正直な (faithful, sincere, honest). **～·ness** *n.*

trúe jáde *n.* 〖鉱物〗硬玉 (jadeite); 軟玉 (nephrite).

trúe lével *n.* 真正水準線《下げ振り糸に直交する仮想平面》.

trúe-lífe *adj.* 実生活さながらの; 現実味を帯びた, 真に迫った: a ～ story.

trúe·lòve 〖《c1386》〗 *n.* **1** 意中の人, 恋人 (sweetheart). **2** 〖植物〗ユリ科ツクバネソウ属の多年生植物 (*Paris quadrifolia*).

trúelove knòt 〖《1495》〗 *n.* ＝love knot.

trúe lóver's knòt *n.* ＝love knot.

trúe nórth *n.* 〖航空・海事〗真北《一地点からみて地軸の北極の方向》.

trúe·pènny *n.* 《古》正直者, 律義者.

trúe ríb *n.* 〖解剖〗真肋骨(しんろっこつ)《胸骨に連結しているもの》.

trúe séal *n.* 〖動物〗アザラシ《耳殻のないアザラシ科の動物の総称; 耳殻のあるアシカ科と区別される》.

trúe skín *n.* 〖解剖〗真皮 (dermis).

trúe sóil *n.* 〖地質〗＝solum 1.

trúe tíme *n.* 〖天文〗真太陽時《apparent time の別称》.

trúe tópaz *n.* 〖鉱物〗黄玉 (⇨ topaz 1).

trúe vócal córds *n. pl.* 〖解剖〗真声帯 (cf. vocal cords, false vocal cords).

trúe wínd *n.* 〖海事・航空〗真風《静止した観測者から見た風; cf. apparent wind》.

truf·fle [trʌ́fl, trú:fl, trúfl | trʌ́fl] 〖《1591》□ Du. *truffel* ∥ MF *truffle* (F *truffe*) □ OProv. *trufa*《音位転換》← VL **tūfera*＝L *tūbera* (pl.) ← *tūber* 'TUBER¹'〗 **—** *n.* **1** 〖植物〗フランスショウロ《*Tuber* 属の嚢子(のうし)菌類; 特殊な香気があり, 美味として賞美される》. **2** トリュッフル, トリュッフ《ココアをまぶしたボール状のチョコレート菓子》.

trúf·fled *adj.* フランスショウロを用いて調理した.

trug [trʌ́g, trúg | trʌ́g] 〖《転訛》? ← TROUGH〗 *n.* 《英》 **1** 木製牛乳なべ. **2** 木製かご《庭園用》. **3** 木製モルタル受け.

tru·ism [trú:ɪzm | trú:ɪzm, trúɪzm] 〖《1708》← TRUE＋-ISM〗 *n.* 自明の理, 公理; 陳腐な文句: repeat a familiar ～ わかりきったことを繰り返して言う.

tru·is·tic [tru:ístɪk | tru:-, tru-] *adj.* 自明の, わかりきった.

trui·té [trùːɪtéɪ; *F.* trɥite] 〖□ F ～ ← *truite* trout〗 *F. adj.* 〖窯業〗斑点のある, ひび焼きの.

Trúk Íslands [trʌ́k-, trúk- | trʌ́k-] *n. pl.* [the ～] トラック諸島《西太平洋 Caroline 諸島中の諸島; 第一次大戦後日本の委任統治領; 現在は米国の信託統治領; 人口 32,000, 面積 129 km²》.

trull [trʌ́l] 〖《1519》□ G *Trulle* loose woman: cf. troll¹ (n.) 4: もと盗賊の隠語〗 *n.* 《古》売春婦 (prostitute).

trul·li·sa·tio [trù:lɪsá:ʃoʊ | -ʃəʊ] 〖□ It. ～ □ L *trullissātiō(n-)* ← *trullissāre* to plaster ← *trūlla* trowel: cf. -tion〗 **—** *n.* (*pl.* **～s**) (フレスコ画の)荒塗り, 下塗り (cf. arriccio, intonaco).

tru·ly [trú:li | -lɪ] 〖OE *trēowlīċe*: ⇨ true, -ly¹〗 **—** *adv.* **1** 偽りなく, 事実の通りに (truthfully): report ～ 事実を報道する / Tell me ～ what you think. 考えていることをありのままに話しなさい / It is ～ said that time is money. 時は金なりとは至言である. **2 a** 正確に, 精密に (accurately); 写実的に (realistically): be ～ depicted 寸分違(たが)わずに描いてある. **b** 正しく, 適切に, 正当に (rightly): ⇨ WELL² *and truly*. **3** [強意的]本当に, 実際に, 全く (really): a ～ good man 全くいい人 / I am ～ grateful [happy]. 心から感謝してます[本当に幸せです] / I ～ believe it. それは信じて疑いません / really and ～ ⇨ really 1 a. **4** [通例, 挿入的に用いて] 実を言えば, 正直なところ (to tell the truth); 本当に, 全く (indeed): Why, ～, I cannot say. いや実を言うと申し上げられないのです / *Truly*, that was a disaster! 実際大変な災害だった. **5 a** 《古》忠実に, 誠実に (faithfully): serve one's master ～ 主人に忠実に仕える. **b** 心から (sincerely): Yours ～ 敬具《手紙の結辞; cf. yours 3》. **6** 《廃》合法的に, 適法に (legitimately).

Tru·man [trú:mən], **Harry S.** *n.* (1884–1972) 米国第 33 代大統領 (1945–53).

Trúman Dòctrine *n.* [the ～] トルーマン ドクトリン《ソ連の進出を阻止するために「自由と独立を守り抜くために戦っている」諸国に対しては経済的・技術的・物質的援助を与えるべきであるとした 1947 年 3 月 12 日の Truman 大統領の演説に示された米国の外交方針》.

Trum·bull [trʌ́mbəl], **John** *n.* **1** (1750–1831) 米国の詩人. **2** (1756–1843) 米国の画家; Jonathan Trumbull の子.

Trumbull, Jonathan *n.* (1710–85) 米国の政治家.

tru·meau [tru:móu | -máu; *F.* trymo] 〖□ F ～ 《転用》← OF ～ 'fat part of the leg' □ ? Frank. **thrum* piece: cf. thrum²〗 **—** *n.* (*pl.* **～x** [～z; *F.* ～]) **1** (18 世紀フランスの炉棚上に絵画や鏡板で組み込んだ)装飾壁. **2** 〖建築〗(二つの窓または戸の間の)方立て, 窓間壁 (pier).

trumeau 2

trump¹ [trʌ́mp] 〖《1529》《変形》← TRIUMPH: cf. F *triomphe* triumph, trump〗 **—** *n.* **1** 〖トランプ〗 **a** 切札 (trump card): play a ～ 切札を出す, 切る. **b** [しばしば *pl.*; 単数扱い] 切札のスーツ (trump suit)《札めくり・せり (bidding)・配り手の宣言などによって決定する》: Hearts are ～*s*. ハートが切札です / All his cards are ～*s*.＝Everything turns up ～*s* with him. ⇨ *turn up* TRUMPS / no ～(*s*) ⇨ no-trump. **2** 奥の手, 最後の手段 (valuable resource): hold some ～*s* まだ切札をもっている; 奥の手がある / play a ～ 奥の手を出(して相手を驚か)す / put a person to his ～*s* 人に切札を出させる, 人を一生懸命にならせる, 人を策に窮させる. **3** 《口語》頼もしい人, いい男, 好漢.

turn up trumps 《口語》運よく行く: Everything *turns up* ～*s* with him. 彼は何をやってもとんとん拍子に行く.

— *vt.* **1** 〖トランプ〗〈他のスーツの札を〉切る; 〈他のスーツのトリックを〉切札で取る: ～ a trick 切札で切って一回勝つ / He ～*ed* the third round of spades. 3 回目にスペードがまわされたとき切札で取った. **2** (奥の手を出して)負かす, 出し抜く (outdo, top). **—** *vi.* **1** 〖トランプ〗切札を出す, 切る. **2** 切札で勝つ.

trump up 〖《廃》*trump* to deceive (⇨ trumpery) と連想〗〈うそなどを〉でっちあげる, 捏造(ねつぞう)する (fabricate): ～ *up* an excuse 口実をでっちあげる / ～ *up* charges against a person 人に濡衣(ぬれぎぬ)を着せる.

trump² [trʌ́mp] 〖《c1300》*trompe* □ (O)F ← Gmc (cf. ON *trumba* tube / OHG *trumpa*, *trumba* trumpet): 擬音語〗 **—** *n.* **1** 《古・詩》らっぱ (trumpet); らっぱの音; らっぱのような音: the last ～＝the ～ of doom (世界の終りに鳴り渡る)最後の審判のらっぱ (cf. *1 Cor.* 15: 52). **2** 《スコット》＝Jew's harp 1.

trump card *n.* **1** [ˊ-ˋ] 〖トランプ〗 **a** (whist で)切札スーツ決定札《配り手が最後に表に向けて自分に配った札で, それと同じマークのスーツが切札となる》. **b** 切札の一枚. **2** [ˊ-ˋ] 《口語》(比喩的に)切札; 奥の手: play one's ～ 切札[奥の手]を出す.

trúmped-úp *adj.* でっち上げた, 捏造(ねつぞう)した, にせの (made-up): a ～ charge でっち上げの容疑.

trum·per·y [trʌ́mp(ə)ri | -pərɪ] 〖《1456》*trompery* □ (O)F *tromperie* ← *tromper* to deceive ← ?: ⇨ -ery〗 **—** *n.* **1** 《古》見掛け倒しの物, 安ぴか物 (worthless finery). **2** つまらない物, やくざ物 (rubbish, trash). **3** たわごと (nonsense). **—** *adj.* **1** 安ぴかの, 見掛け倒しの (showy): ～ furniture / a ～ pendant 安物のペンダント. **2** つまらない, くだらない (trifling): ～ arguments 浅薄な議論.

trum·pet [trʌ́mpɪt, -pət] 〖《?a1300》*trumpete*, *trompette* □ (O)F *trompette* (dim.) ← *trompe* 'TRUMP²': ⇨ -et〗 **—** *n.* **1 a** トランペット. **b** トランペットに似た管楽器の総称, らっぱ: blow a ～. **2** 〖音楽〗(オルガンの)トランペット音栓(おんせん). **3 a** トランペット奏者, らっぱ手 (trumpeter). **b** 《廃》吹聴する人, 自画自賛する人. **4** トランペットの(ような)音; 動物(例えば, 象などの)のトランペットのような鳴き声. **5 a** トランペット状のもの. **b** (蓄音機・ラジオなどの)らっぱ型拡声器. **c** らっぱ形補聴器 (ear trumpet). **d** 伝声器 (speaking trumpet). **6** [*pl.*] 《米南部》〖植物〗袋葉植物 (pitcher plant). **7** 〖解剖〗卵管, らっぱ管 (Fallopian tube). **8** 〖機械〗漏斗(じょうご) (funnel). **9** 〖貝類〗ホラガイ (trumpet shell). **10** (昔の)らっぱを携えた伝令.

blow one's own trumpet ⇨ blow¹ 成句.

— *vi.* **1** トランペット[らっぱ]を吹く. **2 a** 〈象が〉(トランペットのような声で)鳴く. **b** 声高に布告する. **—** *vt.* **1** トランペットで知らせる[布告する]. **2** 吹聴する, ほめちぎる, …の「ちょうちん持ち」をする: ～ (*forth*) a person's fame 人の評判を吹聴する.

trúmpet càll *n.* **1** トランペット吹奏; 集合らっぱ, 召集の号音; ファンファーレ. **2** 急迫した要求[命令], 緊急[非常]行動の要請 (urgent call).

trúmpet-cònch *n.* 〖貝類〗＝trumpet shell.

trúmpet crèeper *n.* 〖植物〗 **1** アメリカノウゼンカズラ (*Campsis radicans*)《米国南部産ノウゼンカズラ科のつる植物; 赤色のらっぱ状の花を開く; trumpet vine ともいう》. **2** ノウゼンカズラ (*Campsis chinensis*).

trúm·pet·er [-ṭə | -tə(r)] 〖《1497》: cf. F *trompeteur*〗 **—** *n.* **1** トランペット奏者, らっぱ手; らっぱでふれ歩く人. **2** 自慢屋; 吹聴者, ちょうちん持ち: be one's own ～＝BLOW¹ *one's own trumpet* / Your ～'s dead. 《俗》怪しいもんだ; どうだかね《ほらを吹く人に言い返す言葉》. **3** 〖鳥類〗 **a** ラッパチョウ (*Psophia crepitans*)《らっぱのような声で鳴く南米産のツルの類の鳥》. **b** ＝trumpeter swan. **c** (アジア産の)ハトの一種. **4** 〖魚類〗オーストラリア・ニュージーランド産銀色の 27–36 kg に達する食用海産魚 (*Latris lineata*).

trúmpeter swàn *n.* 〖鳥類〗ナキハクチョウ (*Cygnus buccinator*)《北米産のらっぱに似た鳴き声を出すハクチョウの一種》.

trúmpet físh *n.* 〖魚類〗 **1** ＝bellows fish. **2** ＝cornetfish.

trúmpet flòwer *n.* 〖植物〗たれ下がったらっぱ状の花の咲く植物の総称《trumpet creeper, trumpet honeysuckle など》.

trúmpet hóneysuckle *n.* 〖植物〗ツキヌキニンドウ (*Lonicera sempervirens*).

trúmpet lèaf *n.* 〖植物〗食虫植物サラセニアのような長いトランペット状をした葉.

trúmpet lèg *n.* (上部が大きくふくれ, 下部に向って先細りの)らっぱ型の家具の脚.

trúmpet·like *adj.* 〈形・音が〉トランペットに似た.

trúmpet líly *n.* 〖植物〗テッポウユリ (*Lilium longiflorum*)《台湾・沖縄原産で欧米で改良; 白花; white trumpet lily ともいう; cf. Bermuda lily》.

trumpet leg

trúmpet májor *n.* 〖軍事〗(連隊の)らっぱ長.

trúmpet maríne *n.* トロンバ マリーナ《三角形の共鳴胴をもち, 全長 1.5–2m で, 旋律弦 1 弦, 伴奏弦 1–3 弦の中世の擦(さつ)弦楽器》.

trúmpet narcíssus *n.* 〖植物〗ラッパズイセン (⇨ daffodil 1).

trum·pet·ry [trʌ́mpɪtri, -pət- | -rɪ] 〖⇨ trumpet, -ery〗 *n.* **1** トランペット奏法. **2** トランペットの(賑(にぎ)やかな)音. **3** [集合的] トランペット.

trúmpet shèll *n.* 〖貝類〗ホラガイ (*Charonia tritonis*).

trúmpet trèe *n.* 〖植物〗＝trumpetwood.

trúmpet tùrning *n.* (家具の脚などをろくろを用いて)らっぱ状に仕上げること.

trúmpet vìne *n.* 〖植物〗＝trumpet creeper 1.

trúmpet·wèed *n.* 〖植物〗キク科ヒヨドリバナ属 (*Eupatorium*) の植物の総称《フジバカマ(boneset) 等》.

trúmpet·wòod *n.* 〖植物〗ヤツデグワ (*Cecropia peltata*)《熱帯アメリカ産クワ科の植物; その枝茎は中空》.

trúmp sùit *n.* 〖トランプ〗＝trump¹ 1 b.

trun·cal [trʌ́ŋkəl] 〖← L *truncus* 'TRUNK'＋-AL¹〗 *adj.* 幹の; 胴の.

trun·cate [trʌ́ŋkeɪt, trʌ́n- | trʌŋkéɪt, ˊ-ˋ] 〖□ L *truncāt-us* (p.p.) ← *truncāre* to cut off: ⇨ trunk, -ate²,³〗 **—** *vt.* **1** 〈木・円錐(えんすい)などの〉頭を切る, …の先[端]を切る (cut short, mutilate). **2** 〖結晶〗〈稜(りょう)や頂点の部分を〉平面で切りとる. **3** 〈引用句などの〉一部を省略する, はしょる. **—** *adj.* **1** 先[端]を切った (truncated). **2** 〖生物〗截形(せっけい)の, 先端を切ったような形の: the ～ leaf 截形葉. **3** 〖動物〗〈カタツムリの殻(から)など〉尖頂のない.

trún·cat·ed [-ṭɪd, -ṭəd | -tɪd, -təd] 〖《1486》← L *truncātus* (↑)＋-ED〗 **—** *adj.* **1** 先[端]を切った, 断ち切った. **2** 〖数学〗〈幾何図形が〉頭を切り取った, 切頭の. **3** 〈文章・演説など〉ひどく省略された, 不完全な (abbreviated, mutilated). **4** 〖結晶〗欠稜(けつりょう)の, 截頭(せっとう)の. **5** 〖生物〗＝truncate 2.

trúncated cóne *n.* 〖数学〗円錐台, 切頭円錐.

trúncated pýramid *n.* 〖数学〗角錐台, 切頭角錐.

trúncated táble *n.* 〖保険〗截断(せつだん)表《生命保険会社が診察その他によって選択して加入させた被保険者の内, 一定の年数(3年・5年・7年など)以上経過した者の集団を対象として作られた生命表》.

trun·ca·tion [trʌŋkéɪʃən, trʌn- | trʌŋ-] 〖□ LL *truncātiō(n-)*: ⇨ truncate, -ation〗 **—** *n.* **1** 先[端]を切ること, 截頭(せっとう), 截断; (説明などの一部を)省略すること, はしょること. **2** 〖詩学〗行首・行末欠節《行首または行末の弱音節を省くこと》.

trun·ca·ture [trʌ́ŋkətʃùə | -tjùə(r, -tʃùə(r, -tʃə(r] 〖← TRUNCATE (v.)＋-URE〗 *n.* ＝truncation.

trun·cheon [trʌ́ntʃən] 〖《?a1300》*trunchon* □ OF *tronchon* (F *tronçon*) piece cut off ＜ VL **truncīō(n-)* ← L *truncus* 'TRUNK': ⇨ -ion〗 **—** *n.* **1** 《英》(巡査などのもつ)警棒 (club): a policeman's ～. **2** 職杖(しょくじょう)《権威の標章となるもの; 特に, 英国紋章院総裁 (Earl Marshal) のもつもの》. **3** 《廃》棍棒, 棒 (club, cudgel); やりの柄. **—** *vt.* 《古》棍棒で打つ.

trun·dle [trʌ́ndl] 〖《1564》《異形》← 《廃》*trendle* wheel ＜ OE *trendel* ← Gmc **trend-*, **trand-* (MHG *trendel* ball, circle / MLG *trendel* round disc): ⇨ -le¹: cf. trend〗 **—** *n.* **1** (寝台などの)脚車 (castor),

(手押し車の)小車輪. **2** 〖機械〗=lantern wheel. **3** =truckle bed. **4** 小車輪で転がること, 回転すること[音]. **5** 《廃》手押し車 (truck).
— *vt.* **1** 〈輪・球などを〉回す, 転がす (roll); 〈手押し車・トロッコなどを〉(ごろごろ)転がして行く: ~ a cask [hoop] (*along*) たるを転がす[(輪回しの)輪を回す] / ~ a wheelbarrow (*along*) 手押し車をごろごろ押して行く / A tank was ~*d out.* 戦車がごろごろと現われた. **2** 《古》回転させる, 旋回させる (twirl, whirl). **3** 〈車が〉〈人などを〉乗せて行く, 車で運ぶ. **4** 《口語》〖クリケット〗〈球を〉投げる. **5** 追い払う 〈*out*〉.
— *vi.* **1** 〈輪・車・球などが〉回る, 転がる (roll along). **2** 〈物が〉小車輪で動く[動いて行く]. **3 a** 〈バスなどが〉ごとごと[よたよた]と進む. **b** 〈人が〉車で行く. **4 a** (足早に)立ち去る. **b** よろよろと歩く.

trúndle bèd *n.* =truckle bed.

trún·dler [-dlə, -dl̩ə | -dlə(r, -dl̩ə(r] *n.* **1** 転がす人; 転がる物. **2** 〖クリケット〗=bowler[1] 2.

trúndle-tàil 〖《15C》〗 *n.* 《古》巻尾の犬; 雑犬 (mongrel).

trunk [trʌ́ŋk] 〖《1440》 *trunke, tron(c)ke* ⊂ (O)F *tronc* ＜L *truncum* 《原義》 stem deprived of branches ← (adj.) lopped off, maimed ← IE *ter- to pass through, overcome〗 — *n.* **1** (木の)幹, 樹幹 (stem, stock) (cf. branch). **2 a** (体の)胴, 軀幹(くかん) (cf. head 1, limb[1] 1 a, tail[1] 1). **b** 〖魚類〗胴部《えらぶたから肛門までの部分をいう》. **c** 〖昆虫〗胸部 (thorax). **3** 主要部, 本体. **4 a** (血管・神経などの)幹. **b** =trunk line. **c** (川などの)本流. **5** (人が入れるくらいの)旅行用大かばん, トランク (《英》box) (cf. suitcase): ⇨ LIVE[1] *out of a trunk*. **6** 《米》(自動車後部の)トランク (《英》boot). **7 a** 象の鼻 (proboscis). **b** 《俗》(人の)鼻. **8** [*pl.*] **a** トランクス《男子が水泳やスポーツ競技に着用するパンツ》; 《英》(男子用の)パンツ. **b** 《廃》=trunk hose. **9** 通風筒 (shaft), 導管, 人工水路. **10** 〖建築〗柱身, 柱幹 (shaft); 台座の胴部 (dado). **11** 〖海事〗 **a** (積荷・通風などに使う甲板を貫いた)たて坑. **b** 導索箱. **c** トランク《ハッチの囲壁・上甲板に突き出たキャビンの部分など》. **12** 〖機械〗 **a** =trunk piston. **b** ダッシュポット (dashpot) の働きをするシリンダー. **13** 《廃》(伝声管・吹管・望遠鏡などの)管 (pipe, tube).
— *attrib. adj.* **1** 主要な, 幹線の: a ~ road 幹線道路 / a ~ stream 本流. **2** 箱の, トランクの(ような): a ~ lid 《米》(車の)トランクのふた / ⇨ trunk buoy. **3** 荷物収容用の: a ~ compartment 《米》(車の)トランク. **4 a** 軀幹の, 胴体の: ~ height 胴体の長さ. **b** 樹幹の: a ~ borer 木食い虫. **5** 筒形の, 筒のある: ⇨ trunk piston. **6** 水路[通路]の流れを利用[調節]する.
— *vt.* 〖鉱山〗〈鉱石を〉選別槽(そう)でえり分ける.

trúnk·bàck *n.* 〖動物〗オサガメ (leatherback).

trúnk brèeches *n. pl.* =trunk hose.

trúnk bùoy *n.* 〖海事〗(密閉された内部をもつ円筒状鋼製の)係留ブイ.

trúnk cábin *n.* (ヨットの)低く前後に長いキャビン[船室].

trúnk càll *n.* 《英》長距離電話(呼出し[通話]) (long-distance call).

trúnk cìrcuit *n.* 〖通信〗局間中継線《二つの電話または電信の交換局間を結ぶ回線をいう》.

trúnk déck *n.* 〖海事〗トランク甲板《凸の字形の甲板の最上位の部分; 液体やバラ積み輸送用》.

trúnk-dècked véssel *n.* 〖海事〗トランク甲板船《バラ積み貨物などが横ずれしないため, 船幅一杯の平面甲板とせず, 甲板の中央を凸形に隆起させた船》.

trúnk dìal *n.* 〖時計〗トランクダイアル《振り子を納めるためダイアル時計の下部に短い箱[トランク]をもった時計; drop dial ともいう》.

trúnk èngine *n.* 〖機械〗筒管ピストンエンジン《普通の内燃機関》.

trúnk·fish *n.* 〖魚類〗=boxfish.

trunk·ful [trʌ́ŋkfùl] *n.* (*pl.* ~**s**, **trunks·ful**) **1** トランク一杯(のもの): a ~ *of* dresses. **2** 《口語》豊富, どっさり, 一杯: a ~ *of* jokes たくさんの冗談.

trúnk hòse *n.* (太ももまでの長さで, 詰め物をしてふくらませた)半ズボン《16 世紀後半から 17 世紀初期に男子が着用した; trunk breeches ともいう》.

trúnk·less *adj.* 胴体[幹]のない: a ~ head.

trúnk lìne *n.* **1** (鉄道・運河などの)幹線, 主要路線. **2** (電話・電信の)中継線[回線]; 市外線.

trúnk pìston *n.* 〖機械〗(自動車などの)筒形ピストン《筒形の一方だけに底をもつピストン》.

trunk hose
1 trunk hose
2 canions

trun·nel [trʌ́nl̩] *n.* =treenail.

trun·nion [trʌ́njən | -njən, -nɪən] 〖《a1625》⊂ F *trognon* trunk, stump ← ? *tronc* 'TRUNK'〗 — *n.* **1** (大砲の)砲耳(ほうじ)《砲身を砲架に掛ける軸; ⇨ cannon 挿絵》. **2** 〖機械〗トラニオン, 筒耳.

Tru·ro [trú(ə)rou | trúərəu] 〖ME *Trivueru* 《原義》? estate of three hides [lands]〗 *n.* イングランド南西部 Cornwall 州の首都・海港; 大聖堂がある; 人口 16,000.

Truron. 《略》 ML. Truronēnsis (=of Truro) 《Bishop of Truro が署名に用いる; ⇨ Cantuar. 2》.

truss [trʌ́s] 〖《?a1200》⊂ OF *trusse* (F *trousse*) (n.) & OF *truss-er* (F *trousser*) (v.) ＜? VL **torciāre* to twist ← **torca* 'bundle, TORCH[1]'〗 — *n.* **1 a** (乾草・わらなどの)束 (bundle, pack). **b** 《英》一束の乾草[わら]《古乾草は通例 56 ポンド, 新乾草は 60 ポンド, わらは 36 ポンドの 1 束をいう》. **2** 〖医学〗脱腸帯, ヘルニア帯[バンド]. **3** 〖建築〗トラス, 結構, 桁(けた)構え, 桁組, 小屋組; 大持出(だし), 軒持送り: a bridge ~ 橋構え / a roof ~ 小屋組. **4** 〖海事〗トラス《下桁(げた)の中央部を帆柱に取り付けている Y 字形の金具》. **5** 〖園芸〗(ライラック・トマトなどの花・果実の)房 (cf. cluster 1): a flower ~ 花房. — *vt.* **1** (ひもなどで)しっかりとくくる[縛り上げる] (bind) 〈*up*〉: ~ a person *up*. **2** (料理の時)〈鳥〉の翼[足]をくしに刺す[胴にくくりつける]. **3** 〖建築〗〈屋根・橋などを〉トラスで支える. **4** 〈鷹などが〉〈鳥を〉つかむ. **5** 《古》束にする, 束ねる. **6** 《古》〈罪人を〉絞首刑にする (hang) 〈*up*〉.
~·**er** *n.*

trúss béam *n.* 〖建築〗トラス桁(けた)《補強材で強化したトラス構造の梁(はり)》.

trúss bridge *n.* 〖土木〗トラス橋, 構橋, 結構橋.

trússed béam *n.* 〖建築〗=truss beam.

trúss hòop *n.* **1** (樽の)たが. **2** 〖海事〗(補強トラスを固定する)帯金具 (cf. truss 4).

trúss·ing 〖ME: ⇨ truss, -ing[1]〗 *n.* 〖建築〗 **1** トラス部. **2** トラス構造.

trúss ròd *n.* 〖建築〗 **1** (トラス構造の中の斜めに取り付けた)引張材. **2** (斜めに取り付けた)梁(はり)の補強用の棒材.

trust [trʌ́st] 〖n.: 《?a1200》 *trust(e), trost(e)* ⊂ ON *traust* help, confidence, 《原義》 firmness ＜ Gmc **traustyō* (Du. *troost* / G *Trost* comfort): cf. true, trow, truth. — v.: 《?c1200》 *truste(n), troste(n)* ⊂ ON *treyst-a* to trust, make firm〗 — *n.* **1 a** 信頼, 信任, 信用 (reliance): ~ *in* God 神への信仰 / have [put, repose] ~ *in* a person 人を信用[信任]する / take everything *on* ~ 証拠を見ずに何でも人の言うがままに信じる. **b** 信用[信頼]の人[物]: He is our sole ~. 彼は我々の信頼できる唯一の人です. **2 a** 信頼されること, (頼まれて)引き受けること, 委託, 信託 (charge): hold [have] property *in* ~ for a person 人の財産を預かって[保管して, 委託されて]いる / leave [give] a thing *in* ~ *with* a person 物を人に預ける[信託する]. **b** 保管, 保護 (custody, care): commit a child to a person's ~ 子供を人に預ける. **c** 信託品, 委託物, 預りもの: These valuables are ~*s*. これらの貴重品は預りものです. **3** (信頼・委託に対する)責任, 義務 (responsibility, obligation): in a position of ~ 責任ある地位にあって[ある] / fulfill [desert] one's ~ 責任を果たす[放棄する]. **4** 〖法律〗信託; 信託財産, 信託物件; (信託財産・物件による利益に対する)信託人の権利; 被託人の権利: ⇨ investment trust / a breach of ~ 信託違反, 背任 / an estate *in* ~ 信託財産 / create ~*s* 財産[物件]を信託にする. **5** 〖商業〗信用(貸), 掛売り, クレジット (credit): buy [sell] things (*up*)*on* ~ 掛けで物を買う[売る] / supply goods *on* ~ 品物を信用貸で供給する. **6** 希望 (hope); 期待, 確信: wait in joyful ~ 期待に胸を膨らませて待つ / I have a ~ *that* he will not desert me. 彼は私を見棄てないであろうと信じている. **7** 〖経済〗トラスト, 企業合同 (cf. cartel 4, syndicate, consortium 1). **8** 《古》信頼性.
— *attrib. adj.* 信託の (cf. fiduciary): ~ property 信託財産.
— *vt.* **1** 〈人・言説を〉信頼[信任, 信用]する (believe); 当てにする (rely on): He [His account] is not to be ~*ed*. 彼[彼の話]は信頼できない. **2 a** 〔物(事)を〕...に信託する, 委託する (entrust); 〈人を〉信頼して〔物を〕使わせる 〔*with*〕; 〔人に〕預ける, ゆだねる (consign) 〔*to*〕: I have ~*ed* him *with* my property. = I have ~*ed* my property *to* him. 財産はいっさい彼に任せてある / I would not like to ~ my car *to* him. 彼には車を預けたくない / A cat cannot be ~*ed with* milk. 牛乳は安心して猫に預けて置けない《油断をすればなめられる》. **b** 〔秘密などを〕...に打ち明ける (confide) 〔*with*〕: He looks like a man who can be ~*ed with* a secret. 信頼して秘密を打ち明けられそうな男だ. **3 a** [目的語+前置詞付きの句を伴って] 安心して〈ある場所・状態に〉置いておく[行かせる]: Can you ~ your children *out of* doors? 子供たちを外へ出しておいて大丈夫[あぶなくない]ですか / I wouldn't ~ him *round* the corner [*out of* my sight]. 彼は目を離したら何をするかわからない. **b** [目的語+*to* do を伴って] 〈...が〉大丈夫〈...すると〉当てにする; 〈人を〉信頼して...させる: He can be ~*ed to* do the work well. 彼はきっとその仕事を立派にやります / She could not ~ herself *to* meet her mother's eyes. 母と視線を合わすのが耐えられなかった. **c** [命令文で] 《口語・皮肉》(よくない事などについて)大丈夫(...すると)当てにできる《請合いの表現》: *Trust* him *for* that. 《口語・皮肉》大丈夫彼ならその位のことはやるよ / *Trust* him *to* get it wrong. まかしとけ, あの男なら何とかうまくやるさ. **4** 〔商品を〕〈人に〉信用貸しする, 掛売りする 〔*for*〕: Few merchants ~ their customers (*for* goods) nowadays. この頃はお客に(商品の)掛売りをする商人は少ない. **5** [*that*-clause または *to* do を伴って] 期待する, 確信する; (確信して)希望する (hope confidently): I ~ (*that*) he is not hurt. = He is not hurt, I ~. きっとけがはしなかったと思うが / I ~ *to* be able to join you. きっと参加できると思う.
— *vi.* **1** 〔人・神・判断などを〕信用する, 信じる 〔*in*〕; 〔天・運・本能などに〕頼る, 任せる 〔*to*〕: ~ *in* God [our leader, his integrity] 神[指導者, 彼の誠実さ]を信じる / ~ *to* chance [luck] 運に任せる / ~ *to* one's memory 記憶に頼る / I will ~ *to* you *to* perform [the performance of] the task. 君を信頼してその仕事を任せよう. **2** 希望を抱く, 期待する (hope). **3** 信用貸しをする, 掛売りする.

trust·a·ble [trʌ́stəbl̩] *adj.* 信頼[信用]できる. **trùst·a·bíl·i·ty** [-təbíləṭi | -lətɪ, -lɪ-] *n.*

trúst accòunt *n.* 信託勘定.

trúst·bùster 〖← TRUST+BUSTER〗 *n.* 《米》独占禁止法によりトラストを解消することが任務の連邦官吏.

trúst-bùsting *n.* 《米》トラスト解消; トラスト解消法制定(の提唱).

trúst còmpany *n.* 《米》信託会社; 信託銀行.

trúst dèed *n.* 〖法律〗(担保のための)信託証書.

trúst·ed *adj.* 信頼されている: ~ friends.

trust·ee [trʌstíː, ←— | —←] 〖《1647》← TRUST (v.)+-EE[1]〗 — 〖法律〗 *n.* **1** 受託者, 被信託人, 保管人: the Public *Trustee* 《英》公認受託者. **2** 管財人, 保管委員; (大学などの)評議員, 理事. **3** (New England で) =garnishee. **4** 被託国, 信託統治を委任された国.
trustee in bankruptcy (裁判所の指定した)破産管財人.
— *vt.* **1** 受託者[管財人]の手に移す[委託する]. **2** (New England で) =garnish 4. — *vi.* trustee を務める.

trustée pròcess *n.* 〖法律〗(New England で) = garnishment 2.

trustée·shìp *n.* **1** 〖法律〗受託者の職務[権能]. **2** (国連によってある国に委任された領土の)信託統治; 信託統治地域.

Trustéeship Còuncil *n.* [the ~] (国際連合の)信託統治理事会.

trúst·er *n.* **1** 信頼[信用]する人. **2** 〖スコット法〗信託設定者 (trustor, settlor).

trust·ful [trʌ́stfəl] 〖《1580》← TRUST+-FUL〗 *adj.* 信じて疑わない, 堅く信頼[信用]する. ~·**ly** *adv.* ~·**ness** *n.*

trúst fùnd *n.* 信託基金, 信託資金.

trust·i·fy [trʌ́stəfàɪ | -tɪ-] 〖← TRUST+-IFY〗 *vt.* 〖経営〗企業合同[トラスト]にする. **trust·i·fi·ca·tion** [trʌ̀stəfɪkéɪʃən, -fə- | -tɪfɪ-] *n.*

trúst·ing 〖《15C》: ⇨ -ing[2]〗 — *adj.* 信じる, 信頼する, 信用する (confiding, trustful): He is of a simple, ~ disposition. 単純な, 人をすぐ信用するたちだ. ~·**ly** *adv.* ~·**ness** *n.*

trúst·less 〖⇨ -less〗 *adj.* 《まれ》 **1** 当てにならない, 信頼[信用]のできない, 信じられない. **2** 不信の (distrustful). ~·**ly** *adv.*

trúst-mòney *n.* 委託金.

trús·tor *n.* 《まれ》〖法律〗信託設定者, 委託者 (settlor).

trúst tèrritory *n.* (国連による)信託統治地域.

trust·wor·thy [trʌ́stwə̀ːði | -wə̀ːði] 〖《1808》← TRUST (n.)+WORTHY〗 — *adj.* 信頼[信用]できる, 当てになる, 頼みになる (reliable): a ~ young man 信頼できる青年. **trúst·wòr·thi·ly** [-ðɪli, -ðə- | -lɪ] *adv.* **trúst·wòr·thi·ness** *n.*

trust·y [trʌ́sti | -tɪ] 〖《?a1200》〗 — *adj.* (**trust·i·er**; **-i·est**) 《古》 **1** 信用[信頼]のできる; 当てになる (trustworthy): a ~ servant 信用できる召使. **2** 信用する (trustful). — *n.* **1** 当てになる人[物], 信用[信頼]できる人[物]. **2** 模範囚. **trúst·i·ly** [-tɪli, -tə- | -lɪ] *adv.* **trúst·i·ness** *n.*

truth [trúːθ] 〖OE *trēowþ, trīewþ* faith, loyalty, truth: ＜ Gmc **triuwiþō* (OHG *triuwida* fidelity / ON *tryggð* faith): ⇨ true, -th[2]: cf. troth〗 — *n.* (*pl.* ~**s** [trúːðz, trúːθs]) **1 a** 真理, 真: ⇨ God's truth / a lover of ~ 真理の愛好者 / the great ocean of ~ 真理という大海《Newton の言葉》/ seek (after) ~ 真理を探求する / Beauty is ~, ~ beauty. 美は真にして真は美なり (Keats, *Ode on a Grecian Urn*) / *Truth* lies at the bottom of a well. 《諺》真理を窮めることはなかなか難しい. **b** 明白な[周知の]事実, 自明の理 (truism). **2** 真実, 真相, 事実 (actual fact) (↔ lie; cf. fact 1 a): the grim [unvarnished] ~ 厳然たる[ありのままの]事実 / ⇨ home truth / the ~, the whole ~, and nothing but the ~ 真実, 真実の一切, そして真実のみ《法廷での宣誓中の決まり文句》/ get at the ~ of the matter 事件の真相をつかむ / tell [speak] the ~ 真実を話す / That's the ~ of it! それが事の真相だ / The ~ is that I have not read it. 実を言うとそれは読んでない《★《口語》ではしばしば接続詞を省いて The ~ is, ...のようにもいう》/ *Truth* is stranger than fiction. ⇨ fiction 2 a / ⇨ MOMENT of truth. **3** 真実性, (事の)真偽 (verity): I doubt the ~ of it. どうも真偽がはっきりしない / There is some ~ in what he says. 彼の言うことにも多少の真実性がある. **4 a** 誠実, 実直, 正直 (honesty, integrity): You may depend upon his ~. 彼の誠実は当てにしてよい. **b** 《古》貞節, 忠節 (constancy). **5 a** (描写などの)迫真性 (fidelity): ~ *to* nature [life] 迫真, 写実. **b** 《英》(機械などの)正確さ (accuracy): This door is *out of* ~. このドアは狂っている[調子が悪い]. **6** [T-] 〖クリスチャンサイエンス〗=God 3 b.
in truth 本当に, 実際, 実のところ (actually, in fact). ***of a truth*** 《古》=*in* TRUTH. ***tell* [*speak, say*] (*the*) *truth and shame the devil*** 思い切って真実を話す. ***to say* [*speak, tell*] *truth*** 《文語》=*to tell the* TRUTH. ***to tell the truth*** 実を言うと, 実は. ***truth to tell*** 《文語》=*to tell the* TRUTH.
truth or consequences 参加者各人が質問を受け, 正しく答えられない場合はリーダーの定める罰を受ける遊び.

Truth [trúːθ], **So·journ·er** [sóudʒəːnə, -dʒə-, sou-

dʒə́ː- | sɔ́dʒə(ː)nə(r, sʌ́dʒ-] *n.* (1797?–1883) 米国の奴隷解放運動家；もと Isabella という名の奴隷であった.
trúth clàim *n.* 〖哲学〗(プラグマティズムで)経験による検証がなされていない仮説.
trúth drùg *n.* 〖薬学〗自白薬, 真実吐露薬《押えていた考え・感情などを表わさせる薬；診断・治療の目的で用いられる；truth serum ともいう》.
truth·ful [trúːθfəl] 〖《1596》: ⇨ -ful〗 ― *adj.* **1** 〈人が〉いつも本当の事を言う, 正直な (veracious): to be quite ~ ありていに言えば. **2** 〈陳述など〉本当の, 真実の, 事実の (true): a ~ answer. **3** 〈思想・表現など〉正確な (accurate). **~·ly** *adv.* **~·ness** *n.*
trúth-fùnction 〖《なぞり》← G *Wahrheitsfunktion*〗 *n.* 〖論理〗真理関数《命題変項を独立変数として真理値を値域とする関数》.
trúth-fùnctional *adj.* 〖論理〗真理関数的な.
trúth·less 〖ME: ⇨ -less〗 *adj.* **1** 本当でない, うその (untrue). **2** 正直でない, うそを言う (untruthful). **~·ness** *n.*
trúth sèrum *n.* 〖薬学〗= truth drug.
trúth sèt *n.* 〖数学・論理〗真理集合《ある命題を真にするものの全体から成る集合；その命題が方程式や不等式の形で与えられていれば解の集合 (solution set) と一致する》.
trúth tàble *n.* 〖論理〗真理値表.
trúth-vàlue 〖《なぞり》← G *Wahrheitswert*〗 *n.* 〖論理〗真理値.
try [tráɪ] 〖《*a*1325》□ (O)F *tri-er* to pick out, sift ←?: cf. L *terere* to rub〗 ― *vt.* **1** 試みる, 〈…しようと〉努める (attempt) 〈*to do*〉: ~ a jump 跳んでみる / ~ an impossible feat 不可能な離れ業をやろうとする / ~ one's best [hardest] 全力を尽くす, 精一杯やってみる / Do ~ *to* be punctual. 時間を守るように努めなさい / He *tried to* make a secret of it. それを秘密にしようとした / ⇨ TRY *and*…. **2 a** [しばしば *wh*-clause, *doing* などを伴って] 試験する, ためす, ためしにやってみる (test) 〈*out*〉: ~ one's skill [strength] 自分の腕[力]をためす / ~ one's luck 運だめしにやってみる / We will ~ a different crop next year. 来年は別な作物をやってみよう / I *tried* the door to be sure it was locked. 確かに鍵がかかっているか戸をためしてみた / ~ *out* several occupations いろいろな職業に携わってみる / You can't tell what the thing is like until you ~ it *out* yourself. 自分でやってみるまではそれがどんなものかわかるものではない / *Try how* fast you can run. どのくらい早く走れるかやってみなさい / Let's ~ *whether* we can move it. 動かせるかどうかためしにやってみよう / He *tried* walk*ing* without a crutch. 松葉づえを使わずに試みに歩いてみた《★ cf. The baby is ~*ing to* walk. 赤ん坊が歩こうとしている; ⇨ *vt.* 1》. **b** 試用する, ためしに使って[食べて, 飲んで]みる 〈*out*〉: Do ~ more. もっとお上がり下さい《菓子・酒などを進める時》/ *Try* our fried chicken. 当店のフライドチキンを御試食下さい / He had a serious accident while ~*ing* a young horse. 子馬に乗ってみているうちにひどい事故に会った / You'd better ~ *out* a new car before deciding to buy it. 新車を買う時にはその前に試乗してみたほうがよい. **c** 《まれ》ためして確かめる[実証する]; 試みて解決する. **3 a** 試練に遭わせる, 酷使する, …に過重な負担をかける (strain): Loss of sleep *tries* a man's nerves more than work. 寝不足は仕事よりも神経にこたえる / Don't ~ your eyes *with* that fine print. そんな細かい活字を見て目を酷使しないようにしなさい / That fellow sorely *tries* my patience. あの男はひどくしゃくにさわる / His courage was severely *tried*. 彼は勇気をふり絞らなければならなかった. **b** [しばしば Passive で] 〈人を〉(ひどく)苦しめる, 悩ます. **4** 〖法律〗〈事件を〉審理する; 〈人を〉裁判する; 《米》〈弁護士が〉(法廷で)〈事件を〉調べる《証人に対する尋問など》: ~ a case [an issue] 事件[問題]を裁く / ~ a person *for* theft [murder] 人を窃盗(せっ)[殺人]罪で審理する / ~ the accused *for* his life 被告人を死罪に問う. **5** [通例 ~ *up* として] (…の表面を)正確に合わせる[仕上げる]; 〖木工〗…に長かんな (trying plane) をかけ(て仕上げ)る. **6** 〈脂肪〉から抽油する, 〈鯨の脂肉などを〉溶かして精製する 〈*out*〉. **7** 《廃》経験で知る.
― *vi.* **1** やってみる, 試みる (attempt), 骨折る, 努力する (endeavor): He *tried* but didn't succeed. やってみたがうまくいかなかった / ~ *for* a prize [scholarship, job] 賞[奨学金, 仕事]を得ようと努める / ~ *for* a prison break 脱獄を企てる. **2** 〖海事〗(荒天の時に, 船首を風上に向け必要以外の帆を下ろして)ほとんど停船状態になる.
try and… 《口語》…しようとする: *Try and* be in time on Monday. 月曜日には遅れないようにしなさい / I'll ~ *and* come tomorrow. あした来るようにします / Did you ~ *and* do it? やってみましたか. ★ try *to* do (⇨ *vt.* 1) よりもくだけた口語表現で, try も and のあとの動詞もともに原形不定詞または命令法で用いられる. ***try back*** 後戻りする; (後へ戻って)もう一度やってみる, 出直す. ***try on*** (1) (体に合うかどうか)試しに着て[かぶって, はいて]みる: Try these shoes *on* to see if they fit you. お合いになるかどうかこの靴をはいてみて下さい. (2) 《英》〈悪い事を〉ためしに[人に]やってみる 〔*with*〕 (cf. try-on): It's no use ~*ing* it [your games] *on with* me. そんな事で私をだまそうとしたってだめさ《その手はくわないぞ》. ***try out*** (1) 〈着想・計画などを〉(徹底的に)ためしてみる (cf. *vt.* 2 a); 〈機械・志願者などを〉(厳密に)試験する (cf. *vt.* 2 b). (2) 〔少数の人を相手に〕〈(新しい)歌曲・製品など〉の効果をためしてみる, 試用させる 〔*on*〕: ~ *out* a song *on* one's family 歌をためしに家族の者に歌ってみせる / The new appliance was *tried out on* some employees. その新しい(電気)器具は幾人かの従業員に試用された. (3) 《米》〔チーム(の選抜)に〕出(し)てみる; 〔劇などの役柄の〕オーディションを受け(させ)てみる 〔*for*〕: ~ *out for* a team チームの選抜テストを受ける / ~ *out for* a title role 主役決定のオーディションを受ける. (4) ⇨ *vt.* 6.
― *n.* **1** ためし, 試み (attempt): He had a desultory ~ *at* being an artist. 何となく芸術家になろうと試みた / She had a ~ *to* keep back her tears. 涙をこらえようとした / He made a ~ *for* the Republican nomination. 共和党候補の推薦権を獲得しようと努めた / I failed at the first ~. 最初の一度は失敗した / It's worth a ~. 一度ためしてみるだけの値打ちがある. **2** 〖ラグビー〗トライ《攻撃側の選手が敵方のインゴール地にボールを付けること; 4 点となる; コンバート (conversion) の権利が与えられる》. **3** 〖アメリカンフットボール〗= TRY for point.
try for point 〖アメリカンフットボール〗トライフォーポイント《タッチダウン後に与えられる追加得点の機会; キックによってクロスバーを越えれば 1 点, エンドゾーン内にボールを持ち込めば 2 点》.
trý hòle *n.* 〖冶金〗(溶鉱炉頂部の)ゲージ挿入(そうにゅう)口《ここから棒状のゲージを入れ炉の内容量を調べる》.
trý·ing *adj.* **1** 苦しい, つらい: a ~ journey [experience] つらい旅[経験] / the work that is ~ *to* the eyes 目にこたえる仕事 / This heat is ~ *for* old people. この暑さは老人にはこたえる. **2** 腹立たしい, しゃくにさわる (provoking): ~ customers しゃくにさわる客 / have a ~ day むしゃくしゃした気分で一日を過ごす / She is a little ~. ちょっとばかりしゃくにさわる女だ. **~·ly** *adv.* **~·ness** *n.*
trýing plàne *n.* 〖木工〗長かんな, 長台 (jointer).
trýing squàre *n.* = try square.
try·ma [tráɪmə] 〖← NL ~ ← Gk *trûma* hole ← *trúein* to wear out〗 *n.* (*pl.* **~·ta** [~ṭə | ~tə], **~s**) 〖植物〗裂開性の外果皮のある核果《クルミなど》.
trý-òn 〖← *try on* (⇨ try (v.) 成句)〗 *n.* **1** 《口語》(試みに)やってみること. **2** 《英口語》だまそうとする試み. **3** 《口語》(仮縫いの服を)着てみること, 試着.
trý·òut 〖← *try out* (⇨ try (v.) 成句)〗 ― *n.* **1** 《米》予選競技, 予選 (elimination contest); (スポーツの)実力試験. **2** 〖演劇〗試験興行, 人気さぐり, トライアウト《本公演前の試験的な小公演》. **3** 適格試験, テスト; 腕だめし(の機会).
tryp·a·fla·vine [trɪ̀pəfléɪvɪn, tràɪp-, -vən | -vɪn] 〖← Gk *trûpa* hole + FLAVINE〗 *n.* 〖化学〗トリパフラビン (acriflavine).
trypaflávine néutral *n.* 〖化学〗= acriflavine.
try·pa·no·so·ma [trɪpæ̀nəsóumə, trə- | trɪ̀pənə(ʊ)-] 〖《1880》← NL ~ ← Gk *trúpanon* auger + *sôma* '-SOME[3]'〗 ― *n.* (*pl.* **~·ta** [~ṭə | ~tə], **~s**) 〖動物〗トリパノソーマ《*Trypanosoma* 属の鞭毛(べんもう)虫の総称; 人の眠り病や各種の家畜病の病原体であるほか, 脊椎動物全般の血液中に寄生する; cf. tsetse》.
try·pa·no·some [trɪpǽnəsòum, trə- | trípənəsə̀um] *n.* 〖動物〗= trypanosoma.
try·pa·no·so·mi·a·sis [trɪpæ̀nəso(ʊ)máɪəsɪs, trə-, -səs | trɪpənə(ʊ)sə(ʊ)máɪəsɪs] 〖← NL: ⇨ trypanosoma, -iasis〗 ― *n.* (*pl.* **-a·sis** [-siːz]) 〖病理〗トリパノソーマ症《trypanosoma によって起こる人間の眠り病; 家畜のナガナ病 (nagana) など》.
tryp·ar·sa·mide [trɪpáəsəmàɪd, trə-, -mɪd, -məd | trɪpáːsəmàɪd, -mɪd] 〖《商標》← TRYP(ANOSOMIASIS) + ARS(ENIC) + AMIDE〗 ― *n.* 〖薬学〗トリパルサミド ($C_8H_{10}O_4N_2AsNa \cdot {}^1/_2 H_2O$)《梅毒・アフリカ嗜眠病などの治療薬》.
try·pet·id [trɪpétɪd, trə-, -píːṭ-, -ṭəd | trɪpétɪd, -píːt-, -təd-] 〖↓〗 〖昆虫〗 *n.* ミバエ《ミバエ科に属するハエの総称》. ― *adj.* ミバエ(科)の.
Try·pet·i·dae [trɪpéṭədìː, trə-, -píːṭ- | trɪpétɪ-, -píːt-] 〖← NL ~ ← *Trypeta* (属名: ← Gk *trūpētḗs* borer ← *trūpân* to bore) + -IDAE〗 ― *n. pl.* 〖昆虫〗(双翅目)ミバエ科.
Try·phe·na [traɪfíːnə] 〖□ L *Tryphena* □ Gk *Trúphaina* 《原義》 delicate one (cf. Gk *truphḗ* delicacy): cf. *Rom.* 16 : 12〗 *n.* 女性名《愛称形 Triffe》.
trý-pòt *n.* 鯨油精製器.
tryp·sin [trípsɪn, -sən | -sɪn] 〖□ G ~ (i) ← Gk *trúein* to rub down, wear out (i.e., digest) + (PE)PSIN // (ii) ← Gk *trîpsis* rubbing + -IN[1]〗 ― *n.* 〖生化学〗トリプシン《蛋白質を加水分解する膵臓(すいぞう)酵素の一つ》.
tryp·sin·o·gen [trɪpsínədʒɪn, -dʒən, -dʒèn] 〖← TRYPSIN + -GEN〗 *n.* 〖生化学〗トリプシノゲン《膵臓(すいぞう)から分泌されトリプシンに変化する物質》.
tryp·ta·mine [tríptəmìːn, trɪptǽmɪn, -mɪn, -mən | -miːn, -mɪn] 〖← TRYPT(OPHAN) + AMINE〗 ― *n.* 〖化学〗トリプタミン ($C_8H_6NCH_2CH_2NH_2$)《トリプトファンの分解で得られる塩基の一種およびその誘導体; あるものは幻覚剤》.
tryp·to·phan [tríptəfæ̀n] 〖← *trypt(ic)* ← (TRYP(SIN) + (PEP)TIC) + -O- + -PHANE〗 *n.* 〖生化学〗トリプトファン ($C_{11}H_{12}N_2O_2$)《動物の生存に必要な無色のアミノ酸》.
tryp·to·phane [tríptəfèɪn] *n.* 〖生化学〗= tryptophan.
try·sail [tráɪsèɪl, (海) tráɪsəl, -sl] 〖← TRY (n.) + SAIL〗 *n.* 〖海事〗トライスル《帆船のマストの後ろ側に付ける荒天時用の補助的な小縦帆》.
trýsail gàff *n.* 〖海事〗トライスル斜桁(しゃこう)《トライスルを張るためのマストの途中から斜上部に突き出した円材》.
trýsail màst *n.* 〖海事〗トライスルマスト《前檣(ぜんしょう)または大檣の後ろ側につけた補助的な檣; snowmast, spencer mast ともいう》.
trý squàre *n.* 直角定規, スコヤ (right-angle square).

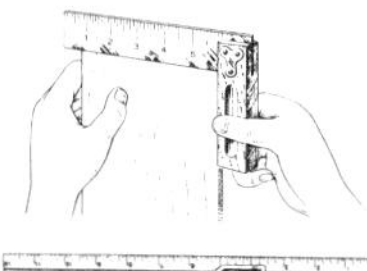
try squares

tryst [tríst, tráɪst] 〖《*c*1375》 *triste* □ OF 'appointed station in hunting' ← ? ON *treysta* to make strong and safe: cf. trust〗 ― *n.* 《文語》 **1** 会合の約束: a lovers' ~ 愛人の密会 / keep [hold] ~ (with…) (…と)会合の約束を守る / break ~ 会合の約束を破る. **2** (約束の)会合; 会合の場所, 密会所 (rendezvous). ― 《スコット》 *vt.* 〈人〉と会合の約束をする; 〈会合の時・所を〉指定する: at the ~*ed* hour 会合の約束の時間に. ― *vi.* 会合の約束をする. **~·er** *n.*
trýst·ing plàce *n.* (恋人などの)会合の約束場所: a 〜 for lovers.
trý·wòrks *n. pl.* 鯨油精製所[精製炉].
T$ 《記号》〖貨幣〗pa'anga.
t.s. 《略》〖物理〗tensile strength.
tsa·de [(t)sɑ́ːdə, -di | -də, -d] 〖□ Heb. *tzādé* 《原義》 fishing hook〗 *n.* = sadhe.
Tsa·na [tsɑ́ːnə], **Lake** *n.* ⇨ Lake TANA.
Tsang·po [(t)sɑ́ːŋpóː | tsɑ́ː-] *n.* [the ~] ツァンポ(川)《Brahmaputra 川の上流のチベットを流れる部分の名》.
tsar [zɑ́ə, (t)sɑ́ə | zɑ́ː(r, tsɑ́ː(r; *Russ.* tsár] *n.* = czar.
tsár·dom [-dəm] *n.* = czardom.
tsar·e·vitch [zɑ́ːrɪvɪtʃ, (t)sɑ́ːr-, -rə- | zɑ́ː-, tsɑ́ː-; *Russ.* tsarʲévʲitʃ] *n.* = czarevitch.
tsa·rev·na [zɑːrévnə, (t)sɑː- | zɑː-, tsɑː-; *Russ.* tsarʲévnə] *n.* = czarevna.
tsa·ri·na [zɑːríːnə, (t)sɑː- | zɑː-, tsɑː-; *Russ.* tsarʲínə] *n.* = czarina.
tsár·ism [-ɪzm] *n.* = czarism.
tsár·ist [-ɪst, -rəst | -rɪst] *adj.*, *n.* = czarist.
tsa·ris·tic [zɑːrístɪk, (t)sɑː- | zɑː-, tsɑː-] *adj.* = czaristic.
Tsa·ri·tsyn [(t)sɑríːtsɪn, -tsən | tsɑríːtsɪn; *Russ.* tsarʲítsɨn] *n.* ツァリーツィン《Volgograd の旧名》.
tsa·rit·za [zɑːrítsə, (t)sɑː- | zɑː-, tsɑː-; *Russ.* tsarʲítsə] *n.* = czaritza.
Tsar·sko·ye Se·lo [(t)sɑ́ːskəjə-səlóu | tsɑ́ːskəjə-sələ́u; *Russ.* tsárskəji-sjiló] 〖□ Russ. 《原義》 Tsar's Village〗 *n.* ツァールスコエセロ《Pushkin の旧名》.
Tschai·kov·sky [tʃaɪkɔ́(ː)fski, tʃə-, -kɔ́(ː)v- | -kɔ́vskɪ, -kɔ́f-; *Russ.* tʃijkófskjij] (*also* **Tschai·kow·sky** [~]), **Pëtr Ilich** *n.* ⇨ Tchaikovsky.
tse·da·kah [tsɪdɔ́ːkɔː, tsə- | tsɪ-] *n.* = tzedakah.
tset·se [(t)sétsi, tét-, (t)síːt-, tíːt- | tsétsɪ, tét-] 〖□ Afrik. ~ □ Tswana *tsêtsê*〗 ― *n.* (*pl.* **~, ~s**) 〖昆虫〗ツェツェバエ (*Glossina morsitans*)《アフリカ産のイエバエ科の一種で, trypanosoma の中間宿主となり人畜を刺して家畜にナガナ病 (nagana) を, 人間に眠り病を伝染させる; tsetse[tzetze] fly ともいう》.
tsétse disèase *n.* 〖獣医〗ツェツェ病 (⇨ nagana).
tsétse flỳ *n.* 〖昆虫〗= tsetse.
T/Sgt, T.Sgt. 《略》〖米空軍〗Technical Sergeant.
TSH 《略》〖生化学〗thyroid-stimulating hormone 甲状腺刺激ホルモン.
T.S.H. 《略》Their Serene Highnesses.
Tshi [tʃwíː, twíː, tʃíː | tʃíː] *n.* = Twi.
Tshi·lu·ba [tʃɪlúːbə] *n.* 〖言語〗チルバ語《コンゴ, 特にその南部で用いられる主要通商語の一つ》.
T-shìrt 〖その T 字形から〗 *n.* ティーシャツ: **a** 丸首半袖(または袖なし)のメリヤスシャツ[下着]. **b** (それに似た形の)コットンやウールのニットのスポーツ用シャツ.
tsi 《略》tons per square inch.
tsim·mes [(t)símɪs, -məs | tsím-] 〖□ Yid. ~ 'a kind of carrot stew' ← G *zum Essen* to the meal〗 *n.* 混乱, 騒動 (commotion, fuss).
Tsim·shi·an [tʃímsiən, (t)sím- | tʃímsɪ-, tsím-] *n.* (*pl.* **~, ~s**) **1 a** [the ~(s)] チムシアン族《カナダ British Columbia 州の海岸地域に住むアメリカインディアン》. **b** チムシアン族の人. **2** チムシュ語《ペヌティ大語族の一言語》.
Tsi·nan [tʃíːnáːn; *Chin.* tʃínán] *n.* 済南《中国北部の都市, 山東省 (Shantung) の首都》.
Tsing·hai [tʃíŋhái; *Chin.* tʃʻíŋxǎɪ] *n.* **1** 青海省《中国西部の省; 面積 720,000 km², 首都 Sining (西寧)》. **2** (*also* **Tsing Hai** [~]) 青海湖《中国西部, 青海省北東部にある半塩湖; 面積 4,426 km²; Koko Nor ともいう》.
Tsing·tao [tʃíŋtáu, (t)síŋ- | tʃín-, tsín-; *Chin.* tʃʻíŋtǎu] *n.* 青島《中国東部の山東省 (Shantung) 膠州(こうしゅう)湾に臨む海港》.
Tsing·yu·an [tʃíːŋjùːɑːn; *Chin.* tʃʻíŋyán] *n.* 清苑《Paoting の旧名》.
Tsin·ling Shan [tʃínlíŋ-ʃáːn; *Chin.* tʃʻínlíŋʂān] *n.* [the ~] 秦嶺山脈《中国中部, 甘粛 (Kansu), 陝西 (Shensi), 河南 (Honan) の各省にまたがるの山脈; 最高峰 3,965 m; Tsinling Mountains ともいう》.

Tsiol·kov·ski [tsjɔ(ː)łkɔ́(ː)fski | tsjɔłkɔ́fskɪ ; *Russ.* tsiarkɔ́fskjij], **Konstantin E·du·ar·do·vich** [jiduárdəvjitʃ] *n.* ツィオルコフスキー《1857–1935；ソ連の宇宙学者；ロケットおよび宇宙航行の開発に貢献した》.

Tsi·tsi·har [(t)sí:tsɪhɑ̀ə, tʃí:tʃɪ- | tsí:tsɪhɑ̀:(r, tʃí:tʃɪ-] *n.* ⌊=Chichihaerh.

tsk [ɪ] *int., n., vi.* =tut¹.

T́-slòt cútter〘その形から〙*n.*〘機械〙みぞフライス.

TSO《略》〘航空〙time since overhaul オーバーホール「後使用時間.

tsor·is [(t)sɔ́(ː)rɪs, (t)sʊ́(ə)r-, -rəs | tsɔ́rɪs, tsʊ́(ə)r-]〘▭ Yid. ~ (pl.) ← *tsore* calamity ▭ Heb. *ṣārāʰ*〙 — *n.* (*also* **tsor·es** [~], **tsor·riss** [~], **tsoor·is** [~]) 苦労, 面倒, 苦悩, 悲哀, 不幸 (trouble, misery).

tsp.《略》teaspoon ; teaspoonful.

T́ squàre〘その形から〙*n.* T 定規.

T́-stòp sỳstem〘*T*: ← *t*(*otal light transmission*)〙*n.*〘写真〙T 絞りシステム《カメラのレンズ口径を T ナンバーにより定めるシステム；cf. f-stop system》.

T́-stràp *n.* **1** T ストラップ《靴の甲の部分の T 字状革ひも》. **2** T 字ひものついた靴《特に, 婦人靴・子供靴に多い》.

tsu·na·mi [(t)sʊnɑ́:mi, (t)su:- | tsʊnɑ́:mɪ]〘(1904) ▭ Jap.〙*n.* (*pl.* ~**s**, ~) 津波. **tsu·ná·mic** [-mɪk] *adj.*

Tsun·i [tsù:ní: ; *Chin.* tsūnì] *n.* 遵義《中国南部, 貴州省 (Kweichow) の都市；人口 200,000》.

tsu·tsu·ga·mú·shi disèase [(t)sù:tsʊgəmú:ʃi-, tù:t-, -gɑ́:mʊ- | tsù:tsʊgəmú:ʃɪ-, -gɑ́:mʊ-]〘▭ Jap.〙 — *n.*〘病理〙つつが虫病《scrub typhus, Japanese flood fever, Japanese river fever ともいう》.

Tswa·na [(t)swɑ́:nə, tʃwɑ́:- | tswɑ́:-, tʃwɑ́:-] *n.* (*pl.* ~, ~**s**) **1 a** [the ~(s)] ツワナ族《アフリカ南部ボツワナ (Botswana) およびその近隣地帯のバンツー語を話す Negro 民族》. **b** ツワナ族の人. **2** ツワナ語《バンツー語族の一つ》.

Tswétt còlumn [swét-]〘← (*Mikhail*) *Tswett* (1872–1920：ロシアの植物学者)〙 — *n.* ツベート筒《特に, 植物色素の吸着分離に使用する底部に活栓(かっせん)の付いたガラス筒》.

T.T.《略》teetotal ; teetotaler ; telegraphic transfer ; teletypewriter ; Tourist Trophy.

T́-tàil *n.*〘航空〙T 尾翼《水平尾翼が垂直尾翼の上部に位置している尾翼》.

T́-tìme〘*T*: ← ? TIME : cf. D-day〙*n.* T タイム《ロケットやミサイルの点火[発射]時刻》.

TTL, T.T.L.《略》to take leave.

TTS, T.T.S.《略》teletypesetter ; teletypesetting.

TT$《記号》〘貨幣〙Trinidad and Tobago dollar(s).

TTY, tty《略》teletypewriter.

Tu, Tu.《略》Tuesday.

Tu《記号》〘化学〙thulium.

T.U.《略》*F.* temps universel (=Universal Time) ; toxic unit ; Trade(s) Union ; Training Unit ; transmission unit.

Tu·a·mo·tu [tù:əmóutu: | -mə́ʊ- ; *F.* twamɔtu] *n.* ツアモツ語《南太平洋の Tuamotu 諸島で話されるポリネシア語》.

Tuamótu Archipélago *n.* [the ~] ツアモツ諸島《太平洋南部のフランス領 Polynesia の諸島；人口 8,000, 面積 880 km²；Low Archipelago ともいう》.

tu·an [tuɑ́:n | tʊ-]〘▭ Malay ~〙*n.* 旦那(だんな)(さま) (sir, master)《マラヤ人が男子に対して用いる尊称》.

Tua·reg [twɑ́:reg]〘▭ Berber *Twāreg* (pl.) ← *Targwi*〙 — *n.* (*pl.* ~, ~**s**) **1** トワレグ《北アフリカ Sahara 地方のハム語を話すイスラム遊牧民》. **2** トワレグ語《ベルベル語(群)の一方言》.

tu·a·ta·ra [tù:ətɑ́:rə]〘(1890) ▭ Maori *tuatàra* ← *tua* on the back + *tara* spine〙*n.*〘動物〙=sphenodon.

Tu·a·tha De Da·nann [θú:əhə-deɪ-dɑ́:nən]〘▭ Ir. ~〙*n.*〘アイル伝説〙ツアーハ デ ダーナン《巨人族フォモーレ (Fomorians) を倒し, アイルランドの黄金時代を統治したといわれる神々；女神 Danu の種族》.

tub [tʌ́b]〘(c1390) *tubbe* ▭ ? MDu. (Du. *tobbe*) : cf. LG *tubbe* / OHG *zubar* vessel with two handles (G *Zuber* tub)〙 — *n.* **1** おけ, たらい (cf. barrel) : a rain-water ~ 天水おけ / a wash ~ 洗濯(せんたく)だらい / a bath ~ ふろおけ / a ~ for butter バターおけ / Every ~ must stand on its own bottom.《諺》だれも自己をたのまなければならない《独立独行が必要》. **2 a** ふろおけ, 湯ぶね, 浴槽(よくそう) (bathtub). **b**《英口語》入浴 (bath) : a morning ~ 朝ぶろ / take a cold ~ every morning 毎朝冷水浴をする / He seldom has a ~. めったに湯へ入らない. **3** おけ一杯《バター・穀物・茶などの分量》: a ~ *of* water 水ひとおけ. **4**《口語》のろくて不格好なボート[船]；ぼろ船. **5**〘海事〙**a** (オールで漕ぐ練習をするための丈夫で横幅のある)練習用ボート, たらい船. **b** 帆桁(ほげた)の昇降を可能にするためその中央に取り付けてマストを抱えている環. **6**《俗》(寸づまりの)でぶ, ビヤダル. **7**〘鉱山〙鉱車；(鉱石を運び上げる)立てけ, つりおけ；(たて坑などの)おけわく. **8**《軽蔑》(非国教徒の牧師の)説教壇 (pulpit). **9** タブ《シンクロナイズドスイミングの演技の一つ；背面の姿勢から両膝を胸につけながら体は少なくとも一回転して平行の姿勢となる》.

a tale of a tub ⇨ tale¹ 成句. ***throw out a tub to the whale***〘昔小船が鯨に出会った時, 鯨が船を転覆させるのを防ぐため, 目移りするようにおけを海上に投げたことから〙(差し迫った危険を免れるため)人の目をくらます.

— *v.* (**tubbed** ; **tub·bing**) — *vt.* **1** おけに入れる. **2**《英口語》おけに入れて洗う；湯に入って〈体を〉洗う. **3** 練習用ボートで練習させる. — *vi.* **1**《英口語》(朝起きた時)入浴する. **2**《口語》〈織物が〉洗いがきく. **3** 練習用ボートで練習する.

tu·ba [t(j)ú:bə | tjú:-]〘(1876) ▭ It. ~ ▭ L ~ 'trumpet' : ⇨ tube〙 — *n.* **1** テューバ《低音・最低音を吹奏する saxhorn の類の大型らっぱの総称》. **2** (オルガンの)テューバ音栓(おんせん). **3** (*pl.* **tu·bae** [-bi:]) (古代ローマの)らっぱ (trumpet). **4**〘気象〙竜巻雲《特に, 積乱雲や積雲の下部に現われるうずまき状の雲；funnel cloud, pendant cloud, tornado cloud などともいう；cf. tornado 1, waterspout 3》. **5** チューバ《敵のレーダーを妨害するための強力なレーダー送信機》.

tub·al [t(j)ú:bəl | tjú:-]〘⇨ ↑, -al¹〙*adj.* **1** 管の (tubular). **2**〘解剖〙**a** 管(状)の. **b** 耳管の. **c** 卵管の.

Tu·bal·cain [t(j)ú:bəlkèɪn | tjú:-]〘▭ Heb. *Tūbhal-Qáin*〙*n.*〘聖書〙トバルカイン《青銅・鉄器具の製作者；cf. *Gen.* 4 : 22》.

tu·bate [t(j)ú:beɪt | tjú:-]〘← NL *tubāt-us* : ⇨ tube, -ate²〙*adj.* 管の, 管状の；管のある.

tub·ba·ble [tʌ́bəbl] *adj.* おけに入れて洗える；〈織物が〉洗いがきく.

túb·ber *n.* おけ屋, おけを用いて仕事をする人.

túb·bing *n.* **1** 入浴 (bathing). **2** ボート練習. **3** おけ作り；おけ用材.

túb·bish [-bɪʃ] *adj.* おけのような；(たるのように)丸「丸と太った.

túb bòat *n.* (運河で荷を運ぶ)長方形のボート.

tub·by [tʌ́bi | -bɪ]〘⇨ tub, -y⁴〙 — *adj.* (**tub·bi·er** ; **-bi·est**) **1** たるのような, 丸々と太った, ずんぐりした (short and fat). **2** おけを打つような(鈍い)音のする. **túb·bi·ness** *n.*

túb chàir *n.* (英国製の)背が半円型で広い袖のついた「安楽椅子.

tube [t(j)ú:b | tjú:b]〘(1651) ▭ F ~ // L *tub-us* pipe, tube ← ? : cf. tuba〙 — *n.* **1** 管, 筒 (pipe, cylinder) : a glass ~ ガラス管 / a metal ~ 金属管 / a flexible ~ 可撓(かとう)管, 曲げられる管 / a tin ~ すず管, (すず製の)チューブ容器 / ⇨ inner tube, pneumatic tube, test tube, vacuum tube. **2** (絵の具・ねり歯みがきなどを入れる)チューブ : a toothpaste ~ = a ~ of toothpaste. **3**〘植物〙管, 管状部；(合弁花または合生萼(がく)葉の基部の)筒状部. **4**〘解剖・動物〙**a** 管, 管状器官. **b** 耳管 (auditory tube). **c** 卵管 (Fallopian tube). **5** (管状の)地下道, (地下鉄の)トンネル. **6**《英口語》(London などの)地下鉄 : a ~ train 地下鉄の電車 / go by ~ 地下鉄で行く / I took a ~ to Paddington. パディントンまで地下鉄に乗った. **7**〘電子工学〙**a**《米》電子管 (electron tube,《英》valve) : the ~*s* of a radio set. **b** 陰極線管 (cathode-ray tube). **8 a** (管楽器の)管. **b** 管楽器. **9**《古》望遠鏡 (telescope) : an optic ~ 望遠鏡. **10** (自転車・自動車タイヤなどの)チューブ (inner tube). **11**《米俗》テレビ受像機 (television set) (cf. box² 4 h) ; [the ~] テレビ. **12**〘サーフィン〙=curl 7.

***go down the tube*(*s*)**《米俗》失われる, だめになる.

tube of force〘電気・磁気〙力線管.

— *vt.* **1** …に管を備える, 管を付ける[挿入する]. **2** 管の中に入れる[収める], 管に入れて運ぶ. **3** 管状にする. **4** [~ it として]《英口語》地下鉄に乗る[で行く]. — *vi.*《英》地下鉄に乗る[で行く].

túbe còlors *n. pl.* チューブ入り[絞り出し]絵の具.

tu·bec·to·my [t(j)u:béktəmi | tju:béktəmɪ]〘← TUBE + -ECTOMY〙*n.*〘外科〙卵管除去(術).

tubed *adj.*〈馬が〉(気管切開して)金属製呼吸管をあて「がわれた.

túbe fèeding *n.*〘医学〙ゾンデ栄養《鼻などから胃に管を入れて栄養物を注入する方法》.

túbe flòwer *n.*〘植物〙東インド諸島産クサギ属の花冠の長い白い花をつける低木 (*Clerodendron siphonanthus*).

túbe fòot *n.*〘動物〙(棘皮(きょくひ)動物の)管足.

túbe·less *adj.*〈自動車などのタイヤが〉チューブレスの《気密を保つのにチューブを必要としないものにいう》: a ~ tire チューブレスタイヤ.

túbe·like *adj.* 管[筒, チューブ]の形をした.

túbe·man [-mən] *n.* (*pl.* **-men** [-mən, -mèn])《英》地下鉄従業員.

túbe mill *n.*〘機械〙チューブミル《長い筒状の粉砕機；長い中空の筒に軟らかい原料と硬い鋼球を入れ, 筒を回転させると両者の衝突により原料が粉「砕される》.

túbe nòise *n.*〘電気〙真空管雑音.

túbe plàte *n.*〘機械〙管板《ボイラーなどで管を取り付ける鏡板》.

tu·ber¹ [t(j)ú:bə | tjú:bə(r]〘(1668) ▭ L *tūber* lump, swelling ← IE **tēu-* to swell (L *tumēre*) : cf. thigh, thumb〙 — *n.* **1**〘植物〙(ジャガイモなどの)塊茎 (cf. bulb 1 a). **2**〘解剖〙隆起, 結節.

túb·er²〘← TUBE + -ER¹〙*n.* 管を付ける人；管を操作「する人[物].

túbe ràilway *n.*《英》地下鉄.

tu·ber·cle [t(j)ú:bəkl | tjú:bə(ː)kl]〘(1578) ▭ L *tūbercul-um* small swelling (dim.) ← *tūber* : ⇨ tuber¹, -cle〙 — *n.* **1**〘解剖・動物〙(小)結節, 隆起, 小瘤(しょうりゅう), 円形小突起. **2**〘病理〙結節；結核結節. **3**〘植物〙小塊茎, 塊根.

túbercle bacíllus *n.*〘細菌〙結核菌 (*Mycobacterium tuberculosis*).

tu·ber·cled [t(j)ú:bəkld | tjú:bə(ː)kld] *adj.* 結節を生じた, 結節のある (tuberculate).

tu·ber·cul- [t(j)ʊbə́:kjʊl | tju:bə́:-, tjʊ-] (母音の前に来る時の) tuberculo- の異形.

tubercula *n.* tuberculum の複数形.

tu·ber·cu·lar [t(j)ʊbə́:kjʊlə | tju:bə́:kjʊlə(r, tjʊ-]〘(1799) ← NL *tūberculāris* : ⇨ tuberculo-, -ar¹〙*adj.* **1** 結節の(ある), 結節状の. **2** 結核(性)の, 結核に冒された (tuberculous). — *n.* 結核患者. **~·ly** *adv.*

Tu·ber·cu·lar·i·a·ce·ae [t(j)ʊbə̀:kjʊlɛ̀(ə)riéɪsiì: | tju:bə̀:kjʊlɛ̀ərɪ-, tjʊ-]〘← NL ~ ← *Tubercularia* (属名 : ← *tūberculāris* (↑) + -IA¹) + -ACEAE〙 — *n. pl.*〘植物〙(菌類)ツベルクラリア科. **tu·bèr·cu·làr·i·á·ceous** *adj.*

tu·ber·cu·late [t(j)ʊbə́:kjʊlət, -lɪt, -lèɪt | tju:bə́:-, tjʊ-]〘← NL *tūberculāt-us* : ⇨ tubercle, -ate²〙*adj.* **1** =tubercular. **2** =tubercled. **~·ly** *adv.*

tu·ber·cu·lat·ed [t(j)ʊbə́:kjʊlèɪtɪd | tju:bə́:kjʊleɪt-, tjʊ-] *adj.* **1** =tubercled. **2** =tubercular.

tu·ber·cu·la·tion [t(j)ʊbə̀:kjʊléɪʃən | tju:bə̀:-, tjʊ-] *n.* 結節形成.

tu·ber·cule [t(j)ú:bəkjù:l | tjú:bə(ː)-]〘▭ F ~ ▭ L *tūberculum* 'TUBERCLE'〙*n.*〘植物〙小結節, 小瘤(しょうりゅう) (nodule).

tu·ber·cu·lin [t(j)ʊbə́:kjʊlɪn, -lən | tju:bə́:kjʊlɪn, tjʊ-]〘(1891) ← L *tūbercul*(*um*) 'TUBERCLE' + -IN¹〙*n.*〘医学〙ツベルクリン(注射液)《1890 年 R. Koch が本来結核治療の目的で開発したが, 現在は診断・検査用》.

tubérculin reàction *n.*〘医学〙ツベルクリン反応.

tubérculin tèst *n.*〘医学〙ツベルクリン検査.

tubérculin-tèsted *adj.* ツベルクリン検査をした, ツベルクリン反応陰性の.

tu·ber·cu·lo- [t(j)ʊbə́:kjʊloʊ | tju:bə́:kjʊlə(ʊ), tjʊ-]〘← NL ~ ← L *tūberculum* 'TUBERCLE'〙「結核；結核菌の」の意の連結形. ★ 母音の前では通例 tubercul- になる.

tu·ber·cu·loid [t(j)ʊbə́:kjʊlɔ̀ɪd | tju:bə́:-, tjʊ-]〘← TUBERCULO- + -OID〙*adj.* **1** 類結核の. **2** 小結節[小瘤(しょうりゅう)]類似の. — *n.* 類結核.

tu·ber·cu·lo·ma [t(j)ʊbə̀:kjʊlóʊmə | tju:bə̀:kjʊlə́ʊ-, tjʊ-]〘← TUBERCULO- + -OMA〙*n.* (*pl.* ~**s**, ~·**ta** [~tə | ~tə])〘病理〙結核腫.

tu·ber·cu·lose [t(j)ʊbə́:kjʊlòʊs | tju:bə́:kjʊlə̀ʊs, tjʊ-]〘← NL *tuberculosus* 'TUBERCULOUS'〙*adj.* **1** =tubercled. **2** =tubercular.

tu·ber·cu·lo·sis [t(j)ʊbə̀:kjʊlóʊsɪs, -səs | tju:bə̀:kjʊlə́ʊsɪs, tjʊ-]〘(1860) ← NL ~ : ⇨ tuberculo-, -osis〙 — *n.*〘病理〙**1** 結核(症) (略 TB) : pulmonary ~ 肺結核. **2** 肺結核 (phthisis, consumption).

tu·ber·cu·lous [t(j)ʊbə́:kjʊləs | tju:bə́:-, tjʊ-]〘(1747) ← NL *tūberculōsus* : ⇨ tuberculo-, -ous〙 — *adj.* **1** 結節のある, 結節状の. **2** 結核(性)の；結核にかかった[に冒された] : ~ patients 結核患者. **~·ly** *adv.*

tu·ber·cu·lum [t(j)ʊbə́:kjʊləm | tju:bə́:-, tjʊ-]〘← NL ~〙*n.* (*pl.* **-cu·la** [-lə]) =tubercle.

túber fèrn *n.*〘植物〙タマシダ (*Nephrolepis cordifolia*)《暖地産のウラボシ科の常緑多年生シダ》.

túber ìndexing *n.*〘農業〙(ジャガイモの)一芽検定 (eye indexing ともいう).

tu·ber·ose¹ [t(j)ú:broʊz, -bəròʊz | tjú:bərə̀ʊz]〘(1664) ← NL (*Polianthes*) *tūberōsa* tuberous (Polianthes) (fem.) ← L *tūberōsus* 'TUBEROUS' : 通俗語源では TUBE + ROSE〙 — *n.*〘植物〙チュベローズ, ゲッカコウ(月下香), オランダスイセン (*Polianthes tuberosa*)《ヒガンバナ科の芳香性の球根植物》.

tu·ber·ose² [t(j)ú:bəròʊs | tjú:bərə̀ʊs]〘(1704) ▭ L *tūberōsus* : ⇨ tuber¹, -ose¹〙*adj.* =tuberous.

tu·ber·os·i·ty [t(j)ù:bərɑ́səti | tjù:bərɔ́sətɪ, -sɪ-]〘▭ F *tuberosité* : ⇨ ↑, -ity〙*n.* **1**《古》結節性, 結節[塊茎]を生じる性質；結節状, 塊茎状. **2**〘解剖〙粗面.

tu·ber·ous [t(j)ú:bərəs | tjú:-]〘(1650) ▭ L *tūberōsus* : ⇨ tuber¹, -ous〙*adj.* **1** 結節性[状]の, 塊茎状の. **2**〘植物〙塊茎状の[を有する]. **~·ly** *adv.*

túberous róot *n.*〘植物〙塊根 (cf. fibrous root, tap-「root).

túberous-róoted *adj.*〘植物〙塊根を有する.

túbe shèll *n.*〘貝類〙=blind shell 2.

túbe sìnking *n.*〘金属加工〙=sinking 4.

túbe snòut *n.*〘魚類〙北米太平洋岸にすむクダヤガラ科の魚 (*Aulorhynchus flavidus*).

túbe wèll *n.* =driven well.

tub·ful [tʌ́bfʊ̀l] *n.* 一おけ分(の量), おけ一杯〔*of*〕.

tu·bi- [t(j)ú:bə | tjú:bɪ]〘← NL ~ ← L *tubus* 'TUBE' + -I-〙「管 (tube)」の意の連結形.

tu·bic·o·lous [t(j)u:bíkələs | tju:-]〘← TUBI- + -COLOUS〙*adj.*〘動物〙〈虫・クモなど〉管生の《管状の巣の中で生活するもの》.

tu·bi·corn [t(j)ú:bəkɔ̀ən | tjú:bɪkɔ̀:n]〘← TUBI- + L *cornu* 'HORN'〙〘動物〙*adj.* 中空の角(つの)のある (hollow-horned). — *n.* 空角動物.

tu·bi·fex [t(j)ú:bəfèks | tjú:bɪ-]〘← NL ~ ← TUBI- + L -*fex* (← *facere* 'to make, DO¹')〙 — *n.* (*pl.* ~, ~·**es**)〘動物〙イトミミズ《イトミミズ科ツビフェクス属 (*Tubifex*) のイトミミズの総称；イトミミズ (*T. hattai*) など》.

tu·bif·i·cid [t(j)u:bífəsɪd, t(j)ù:bəfís-, -səd | tju:bífɪsɪd, tjù:bɪfís-]〘↓〙*adj., n.*〘動物〙イトミミズ科の(環形動物).

Tu·bi·fic·i·dae [t(j)ù:bəfísədì: | tjù:bɪfísɪ-]〘← NL ~ ← *Tubific-*, *Tubifex* 'TUBIFEX' + -IDAE〙*n. pl.*〘動物〙イトミミズ科.

Tu·bi·flo·rae [t(j)ù:bəflɔ́:ri:, -flóːr- | tjù:bɪflɔ́:r-]〘←

NL ～: ⇨ tubi-, florae〗 *n. pl.* 〖植物〗ハナシノブ目 (Polemoniales).

tu·bi·form [t(j)úːbəfɔ̀ːm | tjúːbɪfɔ̀ːm] 〖← TUBI-＋-FORM〗 *adj.* 管[筒]状の.

tùbi·língual 〖← TUBI-＋LINGUAL〗 *adj.* 〖鳥類〗〈鳥が〉管状の舌をもつ.

Tu·bi·nar·es [t(j)ùːbənέ(ə)riːz | tjùːbɪnέər-] 〖← NL ～ ← TUBI-＋L *nārēs* ((pl.) ← *nāris* nostril): ⇨ naris〗 *n. pl.* 〖鳥類〗 ＝Procellariiformes.

túb·ing 〖← TUBE＋-ING[1]〗 *n.* **1** 管材料; 管組織. **2** [集合的] 管類. **3** 管の一片(部分). **4** 管の製作[取付け], 配管.

Tü·bing·en [t(j)úːbɪŋən | tjúː-; *G.* týːbɪŋən] *n.* チュービンゲン《西ドイツ Baden-Württemberg 州, Neckar 河畔の工業都市; Tübingen 大学の所在地; 人口 56,000》.

túb·man [-mən] 〖← TUB＋MAN: その法廷の tub (酒税などに関する訴訟の際に枡として用いた)のわきに席があったことから〗 ── *n.* (*pl.* **-men** [-mən, -mèn]) 〖古英法〗財務裁判所 (Court of Exchequer) のバリスター《裁定申請に関して postman に次ぐ優先順位を有した; cf. postman[2]》.

Tub·man [tʌ́bmən], **William Va·can·a·rat Shad·rach** [vəkǽnəræ̀t ʃéɪdræk, ʃǽd- | ʃǽd-] *n.* タブマン《1895–1971; リベリアの大統領 (1943–71)》.

Tub·man [tʌ́bmən], **Harriet** *n.* (1820?–1913) 米国の女性奴隷解放運動家; もと奴隷で Underground Railroad の指導者.

tu·bo·cu·ra·rine [t(j)ùːbo(ʊ)kjʊráːrɪn, -rən, -riːn | tjùːbə(ʊ)kjʊráːrɪn, -riːn] 〖← L *tub-us* 'TUBE'＋CURARE＋-INE[3]: 竹筒につめられることから〗 ── *n.* 〖化学〗ツボクラリン ($C_{38}H_{44}Cl_2N_2O_6$)《南アメリカインディアンの使用する矢毒ツボクラーレ (tubo-curare) のアルカロイド成分; 筋肉弛緩作用がある》.

tu·boid [t(j)úːbɔɪd | tjúː-] 〖← TUBE＋-OID〗 *adj.* 管状の.

túb-thùmper *n.* 卓をたたいて熱弁を振う人.

túb-thùmping *n.* 卓をたたいて熱弁を振うこと. ── *adj.* 卓をたたいて熱弁を振う.

tu·bu·lar [t(j)úːbjʊlə | tjúːbjʊlə(r)] 〖《1673》← L *tubulus* 'TUBULE'＋-AR[1]〗 ── *adj.* **1** 管の, 管状組織の; 管式の: a ～ boiler 煙管式ボイラー. **2** 管状の: ～ flowers 筒状花. **3** 〖生理・病理〗〈呼吸音が〉管性の, 筒性音の《管の中を空気が通ってくるような音を出す》: a ～ sound 気管音. **4** 〖解剖〗尿細管の. **tu·bu·lar·i·ty** [t(j)ùːbjʊlǽrəṭi | tjùːbjʊlǽrɪti, -rɪ-] *n.* **～·ly** *adv.*

túbular fúrniture *n.* (スチール)パイプ式家具《鋼鉄のパイプを折り曲げて作ったテーブル・椅子などを主調とする近代的な家具類》.

túbular rívet *n.* 〖機械〗管リベット.

túbular skáte *n.* 管状フレームのスケート《アルミニウムの管に鋼鉄のブレードが植え込まれ, 靴との連結部にも管状の部品が用いられているアイススケート; ホッケー用並びにスピード用; cf. figure skate, hockey skate, racing skate》.

tu·bu·late 〖▭L *tubulātus* ← *tubulus* (↓): ⇨ -ate[2,3]〗 ── [t(j)úːbjʊlət, -lɪt, -lèɪt | tjúː-] *adj.* **1** 管になった, 管状[筒状]の. **2** 管付きの. ── [-lèɪt] *vt.* 管状[筒状]にする; …に管を備える[付ける]. **tu·bu·la·tion** [t(j)ùːbjʊléɪʃən | tjùː-] *n.* **tú·bu·là·tor** [-tə | -tə(r)] *n.*

tu·bule [t(j)úːbjuːl | tjúː-] 〖《1677》▭L *tubul-us* small pipe: ⇨ tube, -ule〗 *n.* 〖解剖〗細管, 小管 (small tube): a renal ～ 尿細管.

tu·bu·li- [t(j)úːbjʊlɪ, -lə | tjúːbjʊlɪ] 〖← L *tubulus* (↑)〗「細管 (tubule); 管状の (tubular)」の意の連結形: *tubuli*florous.

Tu·bu·li·den·ta·ta [t(j)ùːbjʊlədentáːṭə, -téɪṭə | tjùːbjʊlɪdentáːtə, -téɪtə] 〖← NL ～ (neut. pl.) ← *tubulidentātus* having tubelike teeth ← TUBULI-＋L *-dentātus* '-DENTATE'〗 ── *n. pl.* 〖動物〗管歯目.

tubuli·florous 〖← TUBULI-＋-FLOROUS〗 *adj.* 〖植物〗筒状花を有する.

tu·bu·lo- [t(j)úːbjʊlo(ʊ) | tjúːbjʊlə(ʊ)] tubuli- の異形: *tubulo*dermoid.

tu·bu·lose [t(j)úːbjʊlòʊs | tjúːbjʊlə̀ʊs] *adj.* ＝tubulous.

tu·bu·lous [t(j)úːbjʊləs | tjúː-] 〖(← NL *tubulōsus*: ⇨ tubule, -ous〗 ── *adj.* **1** 管状の (tubular). **2** 管のある; 管から成る; 水管式の. **3** 〖植物〗筒状花を有する. **～·ly** *adv.*

tu·bu·lure [t(j)úːbjʊlùə | tjúːbjʊljùə(r)] 〖▭F ～: ⇨ tubule, -ure〗 *n.* 短開管《ガラスびん・レトルトなどの管状の口》.

T.U.C., TUC 《略》《英》Trades Union Congress.

Tu·ca·na [t(j)uːkǽnə, -kéɪ- | tjuː-] 〖← NL ～: ⇨ toucan〗 *n.* 〖天文〗きょしちょう(巨嘴鳥)座《南天の星座; the Toucan ともいう》.

tu·chun [tùːtʃúːn; *Chin.* tūtʃýn] 〖▭Chin. *tu chün* (督軍)〗 *n.* 督軍《官名; 1916–23 年間の中国の地方軍団長で地方長官を兼ねた》.

tuck[1] [tʌ́k] 〖《14C》 *tucke(n)*, *t(o)uke(n)* ▭MLG & MDu. *tucken* to tug, tuck ← Gmc **teuχ-* (G *zucken* to twitch / OE *tūcian* to ill-treat, 《原義》to tug): ⇨ tug[1]〗 ── *n.* **1** 〖服飾〗タック, 揚げ, つまみ縫い《飾り, ゆるみまたは短くするためにたたんだり, つまんだりして作る》: make a ～ in the sleeves 袖に揚げをする / let out a ～ 揚げをおろす. **2** 《英俗》 **a** ごちそう (spread). **b** 食物, (特に)菓子類《パイ・ジャム・キャンデーなど》. **3** 〖海事〗船尾突出部下方《両側の外板が出会う所》. **4** 《米口語》精力 (energy), 気力 (vital spirit), スタミナ: take the ～ out of a person 人の精力を奪う. **5 a** 〖水泳〗タック《体を丸め両くるぶしを手でつかむ型のダイビング; 空中回転数が多くなる; cf. layout 7, pike[8]》. **b** 〖スキー〗クローチング姿勢《スキーヤーが前方にかがみこみ, ストックを地面に水平になるよう, わきの下にかかえこむ姿勢》. **6** (結び目を作る際に)より糸を他の糸の上[下]に通すこと. **7** (毛布の端などを)曲げ込むこと; 曲げ込まれたもの. **8** ＝tuck-net.

── *vt.* **1** 折り重ねる, 〈すそ・袖などを〉まくり上げる 〈*up*〉: ～ *up* one's sleeves 袖をまくり上げる / ～ one's legs under a chair 足を椅子の下へ曲げ込む. **2** 具合よくくるみ[押し]込む 〈*up*〉: ～ a child *up* in bed 子供をよく夜具にくるみ込んでやる / He ～*ed* his wife's arm under his own. 妻の腕を自分の腕の下にかかえ込んだ / The bird ～*ed* its head under its wings. 鳥は翼の下に頭をさし込んだ. **3** 〈毛布・ふとんなど(の端)を〉押し込む, 詰め込む (thrust, press): ～ one's shirt *in* ワイシャツのすそをズボンの中に押し込む / ～ the sheets *in* 敷布の端をふとんの下に折り込む / ～ one's handkerchief *into* one's pocket ハンカチをポケットに突っ込む / with one's napkin ～*ed under* one's chin ナプキンをあごの下にはさみ込んで. **4** 《英俗》…をたらふく[がつがつ]食う[飲む] 〈*in, away*〉 (cf. *vi.* 3). **5** 〈衣服〉にタックを付ける, 揚げをする. **6** 〖漁業〗〈魚を〉(大網から)すくい網ですくい出す. **7** 〖水泳〗〈両脚を〉タックの姿勢で胸につける. **8** 〈より糸を〉他の糸の間[下]に通す.

── *vi.* **1** 縫い込む, つまみ縫いをする. **2** 揚げをする, ひだを縫う, よせる. **3** 《英俗》たらふく[がつがつ]食う〔*into*〕/ 〈*in, away*〉 (cf. *vt.* 4). **4** 具合よく収まる.

be tucked up (1) 〈犬・馬が〉空腹のため細くなっている. (2) (場所・金・時間が無くて)動きがとれない (be cramped). (3) 疲れ果てている, へとへとになっている (be exhausted). ***tuck away*** (1) しまい込む; (見つからない所に)隠す: The village is ～*ed away* in a quiet valley. その村は静かな谷間に隠れている / He has a lot of money ～*ed away* somewhere. どこかに大金をためている. (2) ⇨ *vt.* 4; ⇨ *vi.* 3. ***tuck on*** 《俗》〈高値〉を吹っかける. ***tuck up*** (1) はしょる, からげる, まくり上げる; くるむ (cf. *vt.* 1, 2). (2) 《古》〈罪人を〉縛り首にする.

tuck[2] [tʌ́k] 〖《1508》▭F 《方言》*étoc* thrusting sword ＝(O)F *estoc* tree trunk ← Gmc (cf. G *Stock* 'STICK[1]')〗 *n.* 《古》＝rapier.

tuck[3] [tʌ́k] 〖《?c1380》 *tukke(n)* ▭ONF *tok-er*, *toqu-er* ＝OF *toucher* 'to TOUCH': cf. tocsin, tucket〗 ── 《スコット》 *n.* 太鼓を打つ音, 鼓声; らっぱの乱奏: the ～ of drum 太鼓の音. ── *vt.* 〈太鼓を〉打つ[鳴らす]; 〈らっぱなどを〉勢いよく吹く[鳴らす].

tuck[4] [tʌ́k] 〖短縮〗 *n.* ＝tuxedo.

Tuck [tʌ́k], **Friar** *n.* タック《Robin Hood の仲間で, 強くて陽気な僧》.

tuck·a·hoe [tʌ́kəhòʊ | -hə̀ʊ] 〖《1612》▭N-Am.-Ind. (Algonquian) *tockawhoughe* it is globular〗 ── *n.* **1 a** 〖植物〗北米インディアンがその根を食用にした植物の総称 (*Peltandra virginica* など). **b** その根. **2** 〖植物〗ブクリョウ (*Pachyma hoeleu*)《サルノコシカケ科の菌核; 食用にする; Indian bread ともいう》. **3** [T-] 《米》(Blue Ridge 山脈以東の) Virginia 州人《あだ名》.

túck bòx *n.* 《英》(寄宿学校の生徒へ家庭から届く)ごちそうの入った箱《果物やお菓子などの差し入れ》.

túck·er[1] 〖《c1390》 *touker*: ⇨ tuck[1], -er[1]〗 ── *n.* **1** 揚げをする人[物]; (ミシンの)ひだ取り用の付属器. **2** (ドレスの襟ぐりが大きい時に首や肩をおおうための)飾り布やレース《17–18 世紀の婦人が用いた; 後に chemisette に発展した》. **3** 《豪》食物 (food). **4** スクエアダンス (square dance).

earn* [*make*] *one's tucker 《俗》食って着るだけやっとかせぐ. ***in one's best bib and tucker*** ⇨ bib[1] 成句.

tuck·er[2] [tʌ́kə | -kə(r)] 〖← TUCK[1]＋-ER[4]〗 *vt.* 《米口語》疲れさせる, 疲労させる (exhaust) 〈*out*〉: I'm ～*ed out*. へとへとだ.

túcker-bàg *n.* 《豪》(奥地旅行者が用いる)食糧袋.

tuck·et [tʌ́kɪt, -kət] 〖《1595》← TUCK[3]＋-ET: cf. It. *toccata* prelude (p.p.) ← *toccare* to touch〗 *n.* 《古》らっぱの華麗な吹奏, ファンファーレ (fanfare).

túck-ìn 〖← *tuck in*: ⇨ tuck[1] (vi.) 3〗 *n.* **1** 《英》ごちそう. **2** 〖服飾〗(ブラウスなどの)たくし込む部分. ── *adj.* 〖服飾〗(スカートやズボンなどの中に)たくし込むデザインの, たくし込んで着る: a ～ blouse.

túck-nèt *n.* (大網から魚をすくい出すための)すくい網.

túck-óut 〖⇨ tuck[1] (n.) 2〗 *n.* ＝tuck-in 1.

túck-pòint *vt.* 〖石工〗〈石積み・れんが積みを〉山形目地で仕上げる.

túck pòinting *n.* 〖石工〗(切石積みまたはれんが積みの)山形目地または覆輪目地の仕上げ(修理)作業.

túck-shòp 〖⇨ tuck[1] (n.) 2〗 *n.* 《英俗》(学校内または近くの)菓子店 (sweet shop).

tu·co-tu·co [túːkoʊtúːkoʊ | -kəʊtúːkəʊ] 〖▭ Am.-Sp. *tucutuco*: その鳴声の擬音から〗 ── *n.* (*pl.* **～s**) 〖動物〗ツコツコ (*Ctenomys magellanicus*)《南米産クテノミス科の齧歯(げっ)類の総称; 穴掘り用の短い頑丈な手足をもつ》.

Tuc·son [tuːsáːn, ∸ ∸ | tuːsɔ́n, ∸ ∸] 〖▭ Sp. ～ ▭ N-Am.-Ind. (Piman) *tu-uk-so-on* black base: 近くの山の黒っぽい地層から〗 ── *n.* 米国 Arizona 州南部の鉱業都市; 保養地; 人口 263,000.

tu·cum [túːkəm] 〖▭ Port. *tucumã* ▭ Tupi *tucumá*〗 ── *n.* 〖植物〗 **1 a** ブラジル産ヤシ科ホシダネヤシ属 (*Astrocaryum*) の植物の総称 (*A. tucuma* など; その繊維から綱, 種子から油をとる). **b** ブラジル産ヤシ科ステッキヤシ属 (*Bactris*) の小型植物の総称《その繊維からかごなどを作る》. **2** その繊維.

Tu·cu·mán [tùːkumáːn; *Sp.* tùkumán] *n.* ツクマン《アルゼンチン北西部の都市; 人口 322,000》.

-tude [∸ t(j)ùːd | -tjùːd] 〖▭F ～ // L *-tūdin-*, *-tūdō*〗 ── *suf.* ラテン語系形容詞・過去分詞に付いて性質・状態を表わす抽象名詞を造る; 通例 -i- を伴って -itude となる: certi*tude*, forti*tude*, magni*tude*, prompti*tude*.

Tu·dor [t(j)úːdə | tjúːdə(r)] 〖← (*Owen*) *Tudor* (Henry 五世の死後その妃 Catherine と結婚したウェールズの騎士): *Tudor*, *Tewdyr* は THEODORE のウェールズ語形〗 ── *adj.* **1** チューダー家の; チューダー朝の. **2** 〖建築〗チューダー様式の, 後期垂直式の: ⇨ Tudor architecture. ── *n.* **1** チューダー家の人[王, 女王]: the ～*s*＝the House of ～ チューダー家《Henry 五世の寡婦と結婚したウェールズ人 Sir Owen Tudor (*d.* 1461) の子孫である Henry 七世から Elizabeth 一世まで (1485–1603) 続いた英国の王家》. **2** チューダー王朝時代の人[文人, 政治家など].

Tu·dor[2] [t(j)úːdə | tjúːdə(r)] 〖↑〗 *n.* 男性名.

Túdor árch *n.* 〖建築〗チューダー様式のアーチ《Tudor architecture に用いられた四心アーチ》.

Túdor architecture *n.* 〖建築〗チューダー朝建築様式《英国ゴシック式最後期の建築様式で特に垂直様式の最末期; cf. Gothic architecture, perpendicular 3》.

Tu·dor·be·than [t(j)ùːdəbíːθən | tjùːdə-] 〖← *Tudor* (*-Eliza*)*bethan*〗 ── *adj.* 〈家具・内装など〉チューダーエリザベス時代の様式の《頑丈な作りで精巧な木彫がある》.

Túdor flówer *n.* チューダー様式の花形(三葉装飾)「繰形.

Túdor Róse *n.* チューダーローズ《Lancaster 家の red rose と York 家の white rose を組み合わせた King of England の badge; Henry 七世の時代に初めて使用された; Union Rose ともいう》.

Tudor Rose

Túdor stýle *n.* (美術・建築の)チューダー様式.

Tue. 《略》Tuesday.

tu·e·bor [tuːéɪbɔə | -bɔː(r)] 〖▭ L ～ 'I will defend' ← *tuērī* to defend: cf. tuition〗 ── *L. v.* われは防がん《米国 Michigan 州の標語》.

Tues. 《略》Tuesday.

Tues·day [t(j)úːzdi, -deɪ | tjúːzdɪ, -deɪ] 〖OE *Tīwesdæg* 'DAY of TIU' (cf. OHG *zīostag* / ON *tý(r)sagr*) 《なぞり》← L *Martis diēs* 'day of MARS' (cf. F *mardi*) 《なぞり》← Gk *hēméra Áreōs* 'day of ARES'〗 ── *n.* 火曜日 (略: Tues., Tue.). ── *adv.* 《口語》火曜日に (on Tuesday).

Tues·days [t(j)úːzdiz, -deɪz | tjùːzdɪz, -deɪz] 〖⇨ -s[2] 1〗 *adv.* 火曜日に (on any Tuesday); 火曜日ごとに (on every Tuesday).

tu·fa [t(j)úːfə | tjúː-] 〖《1770》▭ It. ～, *tufo* < L *tōfum*, *tophus* loose porous stone: cf. tophus〗 ── *n.* **1** 〖地質〗石灰華, テュファ《多孔質炭酸石灰の沈殿物; calcareous tufa ともいう; cf. sinter 1, travertine》. **2** 〖岩石〗＝tuff. **tu·fa·ceous** [t(j)uːféɪʃəs | tjuː-] *adj.*

tuff [tʌ́f] 〖《1569》▭ F *tuf* ▭ It. *tufo* (↑)〗 *n.* 〖岩石〗凝灰岩. **tuff·a·ceous** [tʌféɪʃəs] *adj.*

tuf·fet [tʌ́fɪt, -fət] 〖《1553》《変形》↓: cf. -et〗 *n.* 《廃・方言》 **1** (繁茂する草・花・葉などの)ひと塊 (tuft). **2** 小丘 (mound). **3** 低い腰掛.

tuft [tʌ́ft] 〖《c1387–95》 *toft* ▭? OF *tof(f)e* (F *touffe*) ← ? Gmc (cf. OHG *zopf* / ON *toppr* tuft: cf. top[1]): *-t* は音便上の添加: cf. draft, graft[1]〗 ── *n.* **1 a** (糸・羽毛・毛髪などの)房 (bunch, bundle, cluster): a ～ of feathers, hair, grass, etc. / little white ～*s* of cloud 白い雲の小さな塊. **b** 房状の花[葉]. **2** 小森, 木立 (clump): a ～ of elms ニレの木立. **3 a** 皇帝ひげ (imperial). **b** (鳥の)冠毛 (crest). **4** 〖解剖〗 **a** 小血管束; 房(ふさ)状分岐. **b** ＝glomerulus. **5** (ふとん・クッションなどの詰物を固定させるための)とじ糸の端の飾り房; その代わりに縫い付ける飾りボタン. **6 a** (昔, 英国の大学で有爵者の子弟がつけた)帽子の黄金色の房. **b** 《英古》黄金色の房の付いた帽子をかぶった学生, 貴族学生. **7** 小山 (mound): a ～ of land. ── *vt.* **1** …に房を付ける, 房で飾る. **2** 〈ふとんなどを〉とじる《とじてくぼんだ所には通例ボタンを飾りに付ける》. **3** (鹿狩りで)〈隠れ場を〉たたく (beat); 〈獲物を〉隠れ場からたたき出す. ── *vi.* 房をなして[群がり]生える, 房になる. **～·er** *n.*

túft·ed *adj.* **1** 房を付けた, 房で飾った. **2** 房状をなしている, 群がり生えている: ～ brows.

túfted dúck *n.* 〖鳥類〗キンクロハジロ (*Aythya fuligula*)《アジア・アフリカ・ヨーロッパ産の頭に冠毛のあるカモ》.

túfted títmouse *n.* 〖鳥類〗エボシガラ (*Parus bicolor*)《米国東部産の頭部に冠毛があるシジュウカラの一種》.

túft-hùnter 〖← TUFT (n.) 6＋HUNTER〗 ── *n.* **1** (Oxford 大学, Cambridge 大学で)貴族学生にとり入ろうとする人; 偉い人[貴族, 権門]におもねる人. **2** おべっか使い (toady, sycophant).

túft-hùnting *n.* 権門におもねること. ── *adj.* 権門

におもねる, おべっかを言う.

túft·ing *n.* **1** 房(飾り)を作ること. **2** [集合的] 房(飾り) (tufts).

tuft·y [tʌ́fti | -tɪ] 〘(1611)〙: ⇨ tuft, -y⁴〙 *adj.* (**tuft·i·er**; **-i·est**) **1** 房を成す, 房の多い. **2** 群がり生えている. **túft·i·ness** *n.*

Tu Fu [túːfúː; *Chin.* tù fǔ] *n.* 杜甫《712–70; 中国唐代の詩人》.

tug¹ [tʌ́g] 〘(?*a*1200) *togge(n)* 《強調》← OE *tēon* to draw, pull ← Gmc **teuχ-* (OHG *zio-han* (G *ziehen*) / OE *togian* 'to TOW¹' / ON *toga* to pull) ← IE **deuk-* to lead (L *dūcere* to lead): cf. duke〙 — *v.* (**tugged**; **tug·ging**) — *vt.* **1** 強く引く, 強く引っ張る (pull, drag, haul): ~ a boat *on* to shore ボートを岸に引き上げる / ~ *in* a subject 話題を無理にもちこむ / ~ *off* one's gown ガウンをぐいと脱ぐ / He ~*ged back* his hair with a comb. 髪の毛をくしでぐいと後ろへすいた / She laughed and ~*ged* my ear. 笑って私の耳を引っ張った. **2** 〈重い物を〉運ぶ. **3** 引きずる (drag). **4** 〈船を〉引き船で引く (tow).
— *vi.* **1** 引く, 引っ張る (pull hard): He ~*ged at* his moustache. 口ひげを引っ張った / Her recollections ~*ged at* his heart. 彼女の思い出がぐいぐいと彼の心を締めつけた. **2** 努める, 努力する, 奮闘する (labor, toil). **3** 争う (contend).
tug at the* [*an*] *oar ⇨ oar 成句.
— *n.* **1 a** ぐいと引くこと, 引っ張り: give a ~ *at* the bell ベルのひもをぐいと引く / He gave a prim ~ *at* his spectacles. 眼鏡をとりすましてぐいと引っ張った / We felt a great ~ at parting. 別れがつらかった / He took another ~ *at* his moustache. 口ひげをもう一度ぐいと引っぱった. **b** 強くぐいと引っぱる力. **2 a** 奮闘, 努力: I had a great ~ to persuade him. 彼を説き伏せるのに骨が折れた. **b** 激しい争い, 白熱した競争 (strain): the ~ of will between two people 二人の間の激しい意志の戦い. **3** 引き船 (tugboat). **4 a** 短い皮の紐[輪]. **b** 引き具; (馬具の)引き革 (trace) (⇨ harness 挿絵). **5** 《英俗》(Eton 校の)給費生 (colleger).
a tug of war (1) 綱引き. (2) 決戦 (decisive contest): When Greek meets Greek, then comes the ~ *of war*. ⇨ Greek *n.* 1.

tug² [tʌ́g] 〘← ?: cf. tug¹ (n.) 5〙 *adj.* 《英学生俗》普通の, 平凡な, 不断の (common); 単調な, 陳腐な (stale).

túg·bòat *n.* タグボート, 引き船《他船を曳いたり押したりする, 強力な機関を備えた小船; towboat ともいう》.

túg·ger *n.* 強く引く人; 激しく争う人.

tu·grik [túːgriːk] 〘◻ Mongol. *dughurik* 《原義》round thing, wheel〙 *n.* **1** トグリク《モンゴル人民共和国の通貨単位; =100 mongo》. **2** 1 トグリク硬貨.

tu·i [túːi | túːɪ] 〘← Maori 《土語》〙 — *n.* 〘鳥類〙 エリマキミツスイ (*Prosthemadera novaeseelandiae*) 《ニュージーランド産の羽毛の黒い物まねの巧みな鳥; 花蜜を食べる; parson bird, poe, poe bird ともいう》.

Tui·ler·ies [twíːləriz | twíːləriː, -lərɪ; *F.* tɥilʀi] *n.* [the ~] チュイルリー宮殿《Paris にあるフランス旧王宮; 1564 年創建以来数回増築; 革命時代には幾多の大事件の場面となった; 1871 年コミューンのために焼かれたが, 庭園は現存》.

tuille [twíːl] 〘(?*a*1400) ◻ (O)F *tuile* ◻ L *tēgula* 'TILE'〙 *n.* 〘甲冑〙 =tasse.

tu·i·tion [t(j)uːíʃən | tjuː-, tjʊ-] 〘(1436) ◻ (O)F ~ ◻ L *tuitiō(n-)* guardianship ← *tuitus* (p.p.) ← *tuērī* to look after, guard: ⇨ -ition: cf. tutor〙 — *n.* **1** 授業料, 月謝 (tuition fee): The ~ [*Tuition*] has gone up. 授業料が上がった. **2** 教授 (instruction): private [postal] ~ 個人[通信]教授. **3** 《古》保護, 世話, 監督 (guardianship, custody). **~·al** [-ʃənl, -ʃnəl] *adj.* **~·ar·y** [-ʃənèri | -ʃ(ə)nəri] *adj.*

tuítion fèe *n.* 授業料, 月謝.

tu·la [túːlə] 〘↓〙 *n.* =niello 1.

Tu·la [túːlə; *Russ.* túlə] *n.* トゥーラ《ソ連邦ロシヤ共和国西南部の都市; 人口 510,000》.

túla métal *n.* =niello 1.

tu·la·re·mi·a [t(j)ùːləríːmiə | tjùːləríːmɪə] 〘← *Tulare* (California の郡の名: ◻ Sp. *tulares* (pl.) tule fields) + -AEMIA〙 — *n.* 〘病理・獣医〙 野兎(ʼ)病, 大原病, ツラレミア《細菌 *Francisiella tularensis* によるウサギ・リスなどの病気; 罹患した野ウサギなどから人間に感染する; deep-fly fever, rabbit fever ともいう》. **tù·la·ré·mic** [-mɪk] *adj.*

tu·le [túːli | -lɪ] 〘◻ Sp. ~ ◻ Nahuatle *tullin* bulrush〙 *n.* 〘植物〙 米国 California 州の沼沢地に多いホタルイの類の植物 (*Scirpus lacustris, S. acutus*).

tu·lip [t(j)úːlɪp, -ləp | tjúːlɪp] 〘(1578) 《廃》*tulipa(n)* ← NL *tulipa* ∥ F 《廃》*tulipan, tulipe* ◻ Turk. *tülbend* 'TURBAN': その形と色の類似から〙 — *n.* 〘植物〙 **1** チューリップ《ユリ科チューリップ属 (*Tulipa*) の植物の総称》. **2** チューリップの花[球根].

tu·lip·o·ma·ni·a [t(j)ùːlɪpəméɪniə, -lə- | tjùːlɪpə(ʊ)méɪnjə, -nɪə] 〘← NL ~: ⇨ ↑, -mania〙 — *n.* チューリップ狂《特に, 1634 年ごろオランダに起こったチューリップの熱狂的大流行》.

túlip òrchid *n.* 〘植物〙 メキシコ原産の樹上または岩壁に着生するラン科カトレヤ属のチューリップ型の花をつける植物 (*Cattleya citrina*).

túlip pòplar *n.* 〘植物〙 ユリノキ (tulip tree).

túlip pòppy *n.* 〘植物〙 小アジア原産の真紅の花をつけるケシ科の一年草 (*Papaver glaucum*).

túlip ròot *n.* 〘植物病理〙 線虫の一種がイネ科の植物, 特にムギ類に寄生し, 茎の膨大と葉の変形を起す病気.

túlip trèe *n.* 〘植物〙 **1** ユリノキ, ハンテンボク (*Liriodendron tulipifera*) 《黄緑色のチューリップに似た花をつける北米産モクレン科の高木; 日本でも街路樹に植える; その材は家具製作用; tulip poplar, white poplar, yellow poplar ともいう》. **2** (その他の)チューリップ状の花をつける種々の木の総称.

túlip·wòod *n.* 〘植物〙 ユリノキ (tulip tree) の材.

tulle [túːl | tjúːl; *F.* tyl] 〘(1818) ◻ F ~ ← *Tulle* (フランスの原産地名)〙 *n.* チュール《ベールや婦人服などに用いる薄手網状の布地・ネット》.

Tul·li·a [tʌ́liə | -lɪə] 〘◻ L ~〙 *n.* 〘ローマ伝説〙 トゥリア《Tarquinius Superbus の妻で, 夫に加担して父 Servius Tullius を暗殺する》.

tul·li·bee [tʌ́ləbìː | -lɪ-] 〘◻ Canad.-F *toulibi* ◻ ? Cree *otonabi* 《原義》water mouth〙 *n.* 〘魚類〙 =cisco.

Tullius, Servius *n.* ⇨ Servius Tullius.

Tul·ly [tʌ́li | -lɪ] *n.* =Marcus Tullius CICERO.

Tul·sa [tʌ́lsə] 〘◻ N-Am.-Ind. (Creek) ~ (町の名) 《原義》town-old〙 *n.* 米国 Oklahoma 州北東部の Arkansas 河畔の都市; 石油生産地の中心; 人口 332,000.

tul·war [tʌ́lwɑə, ⸗⸗ | tʌ́lwɑː(r, ⸗⸗] 〘◻ Hindi *talwār*〙 *n.* (北部インドの)彎刀, サーベル.

tum¹ [tʌ́m] 〘《擬音語》: cf. tum-tum〙 *n.* ぽつん, ぽろん《弦楽器をつまびく音》. — *vi.* ぽろんと鳴らす.

tum² [tʌ́m] 〘← ?〙 *vt.* (**tummed, tum·ming**) 〈羊毛を〉梳毛(ˢ)の前にすく[ほぐす].

tum³ [tʌ́m] 〘《短縮》← STOMACH〙 *n.* 《小児語》おなか, ぽんぽん (stomach).

tu·ma·ta·ku·ru [tuːmɑːtəkúː(ə)ruː, -mæt- | -təkúər-] 〘◻ Maori ~〙 — *n.* 〘植物〙 ニュージーランド産クロウメモドキ科のとげのある低木 (*Discaria toumatou*) 《マオリ族がそのとげを入れ墨に用いる; Irishman ともいう》.

tum·ble [tʌ́mbl] 〘(?*a*1300) *tum(b)le(n)* (freq.) ← *tumben* < OE *tumbian* to dance: cf. G *tummeln*: ⇨ -le³〙 — *vi.* **1 a** 転ぶ, 転がる, 転げ落ちる 〈*down, over*〉: ~ *down* on the ice / ~ *down* the stairs 階段を転がり落ちる (cf. 3) / ~ *from* [*off*] a horse 馬から転がり落ちる / ~ *over* (a chair) (椅子につまずいて)引っくり返る / ~ *onto* the street 通りに転がり落ちる. **b** つまずく (stumble) 〔*over*〕: ~ *over* a threshold 敷居につまずく. **2 a** 宙返りする, とんぼ返りする (turn somersaults). **b** 〈鳩が〉宙返りをする (cf. tumbler 2). **3** あわてふためいて来る[行く]〔*to*〕; 転がり込む〔*into*〕; 転がるように飛び出す 〈*out*〉: ~ *down* the stairs 階段を大急ぎで[転がるように]かけ降りる (cf. 1a) / ~ *into* [*out of*] bed 寝床へ転がり込む[から転がり出る] / ~ *out of* a bus われ勝ちにバスから飛び出す / ~ *up* 転がるように[あわてて]かけ上がる / He came *tumbling along*. 転がるように走って来た. **4** 転び回る, ごろごろする, 寝返りを打つ (toss about, roll over) 〈*about*〉: ~ and toss from pain 痛くて転げ回る / The child ~*d about* on the floor. 子供は床の上を転げ回った. **5** 〈市価が〉急に下がる, 急落する, 暴落する: The stock market ~*ed*. 株価が暴落した. **6 a** 〈建物が〉崩壊する, 崩れ落ちる, 倒壊する 〈*down*〉. **b** (権力の座から)転落する, 失脚する. **7 a** 《口語》〔隠れた事実・事情などを〕(急に)悟る, 理解する〔*to*〕. **b** 《英俗》〔…に〕同意する; 〔…を〕好きになる〔*to*〕. **8** 〔…に〕(偶然)出会う, ぶつかる〔*into, upon*〕: ~ *into* war 戦争に巻き込まれる. **9** 〘宇宙〙(制御に失敗して)〈ロケットが〉くるくるとんぼ返りをする.
— *vt.* **1** 倒す, 転がす, ひっくり返す (overthrow) 〈*over*〉: ~ *over* a barrel 樽を転がす / ~ a person in wrestling レスリングで人を倒す. **2** ほうる, ほうり出す, 投げる, 投げ飛ばす, 投げ散らす (fling, pitch) 〈*about, in, out*〉: ~ passengers *out* (*of* a bus) (バスから)乗客をほうり出す. **3** 混乱させる, ごちゃごちゃにする, くしゃくしゃにする (disarrange, rumple): ~ a bed 寝床をごちゃごちゃにする / ~ one's clothes [hair] 着物[頭髪]をくしゃくしゃにする. **4** 〈建物を〉崩壊させる 〈*down*〉: ~ *down* a building 建物を崩壊させる. **5** 権力の座から追う, 失脚させる. **6** タンブラー (tumbling box) に入れて回転する.
tumble home 〘造船〙 〈舷側(ᵍᵉⁿ)の上部が〉内方に彎曲する (cf. flare *vi.* 5). ***tumble in*** (1) 〘木工〙 はめ込む, 内転(ᵍ)びにする. (2) 〘造船〙 =TUMBLE *home*. (3) 《口語》寝床にもぐり込む (turn in). ***tumble over*** (*vt.*) (1) ⇨ *vt.* 1. (2) 〈馬が〉〈乗手を〉振り落とす. (*vi.*) ⇨ *vi.* 1.
— *n.* **1** 転び, 転落, 転倒 (fall) 〔*from*〕; つまずき: have [take] a slight [nasty] ~ ちょっと[ひどく]転ぶ. **2** 宙返り, とんぼ返り (somersault). **3 a** 混乱, めちゃくちゃ (confusion): all in a ~ 全くごっちゃになって. **b** 乱雑に積まれた山: a ~ of papers on the desk 机の上に散らばっている書類の山. **4 a** (株価などの)暴落. **b** 〔権力の座からの〕転落, 失脚〔*from*〕. **5** 《口語》(社交的または異性間の)関心[好意]の表示: give [get] a ~ 関心を寄せる[寄せられる], 好意を示す[示される]. **6** 《俗》失敗, しくじり (failure).

túmble·bùg *n.* 〘昆虫〙 クソムシ (獣糞(ʲᵘᵘ)を丸めてその中へ卵を産むコガネムシ科中の一群).

túmble càrt [**càr**] *n.* (馬に引かせる車輪と車軸が一体構造の)二輪荷車.

túmble·dòwn 〘← *tumble down* (⇨ tumble (vi.) 6)〙 — *attrib. adj.* 〈家など〉(今にも倒れそうに)荒れ果てた, あばら屋の (dilapidated): an old ~ building.

túmble hòme *n.* 〘造船〙 タンブルホーム《船の舷側が上甲板近くで内側に彎曲していること》.

tum·bler [tʌ́mblə | -blə(r] 〘(*c*1340)〙: ⇨ tumble (v.), -er¹〙 — *n.* **1** 宙返りする人; (特に, とんぼ返りをする)軽業師, 曲芸師 (acrobat). **2** 宙返りバト《飛行中に宙返りするイエバトの総称; tumbler pigeon ともいう》. **3** 起上がりこぼし《おもちゃ》. **4** 〘もと底が丸いか尖っていたので, 立てると倒れたことから〙(普通の)大水のみ, 大コップ; コップ一杯: a ~ of milk コップに一杯の牛乳. **5 a** (銃尾機関の一部で, 引き金を引くと, バネの力で打ち金を前方に押し出す)はじき金, 逆鉤(ᵍ). **b** タンブラー《錠の中の回転する金具》. **6 a** =tumbling barrel. **b** =tambling box. **7** (以前うさぎ狩に用いた)グレーハウンドに似た猟犬. **8** 《方言》=tumble cart. **9** =tumbler drier. **10** 〘昆虫〙 **a** オニボウフラ (pupa of mosquito). **b** =tumblebug.

túmbler drìer *n.* (ドラム型の)回転ドライヤー.

tum·bler·ful [tʌ́mbləfùl | -blə-] *n.* 大コップ一杯の量〔*of*〕.

túmbler gèar *n.* 〘機械〙 タンブラー歯車《工作機械に用いられる速度変換機構》.

túmbler pìgeon *n.* =tumbler 2.

túmbler swìtch *n.* 〘電気〙 タンブラースイッチ《つまみの上下によって開閉を行なうスイッチ》.

túmble·wèed *n.* 《米》秋に根元から折れて球状になり野原を風に吹き散らされる植物の総称《Russian thistle, アマランサス (amaranth) など》.

túm·bling [-blɪŋ] *n.* タンブリング, とんぼ返り, 空中転回《マットの上や地上で行なう》. — *adj.* 〈牛の焼印が〉斜めに傾いた: a ~ T.

túmbling bàrrel *n.* タンブラー, 転摩器, がら箱《回転する円筒の中に小物の金属製品や鋳物を入れて回転し, 摩擦・研摩する機械; tumbler ともいう; cf. tumbling box》.

túmbling bòx *n.* タンブラー, 転摩器《特に, 小物の研摩または材料の混合に用いる円筒または箱型の回転機; tumbler, rumbler ともいう; cf. tumbling barrel》.

túmbling vérse *n.* 〘詩学〙 翻転詩 (4 強勢をもち, 詩脚形式の不定な近代初期英詩の詩型).

tum·brel [tʌ́mbrəl, -brɪl] 〘(1313–14) *tumberell* ◻ OF *tumb(e)rel* (F *tombereau*) ← *tomber, tumer* to fall ← Gmc: cf. OE *tumbian* to dance: ⇨ tumble〙 — *n.* (*also* **tum·bril** [~]) **1** (傾斜させて, 積載物を落とせるようになっている)肥料運搬車. **2** (フランス革命時代の)死刑囚運搬車. **3** 《廃》(弾薬・器具などを運ぶ軍隊用)二輪ほろ付き運搬車, 二重輜重(ʲᵒᵘ)車.

tu·me·fa·cient [t(j)ùːməféɪʃənt | tjùːmɪ-] 〘◻ L *tumefacient-em* tumefying (pres.p.) ← *tumefacere* to cause to swell: ⇨ tumefy, -facient〙 — *adj.* 腫(ʰ)れ上がらせる (swelling).

tu·me·fac·tion [t(j)ùːməfǽkʃən | tjùːmɪ-] 〘◻ F ~ ← L *tumefactus* (p.p.) ← *tumefacere* (↑): ⇨ -faction〙 — *n.* 腫(ʰ)れること, 腫脹(ʲᵘ ᶜʰᵒᵘ)形成, 腫れ上がり; 腫れもの (swelling).

tu·me·fac·tive [t(j)ùːməfǽktɪv | tjùːmɪ-] 〘← L *tumefactus* (↑) + -IVE〙 *adj.* =tumefacient.

tu·me·fy [t(j)úːməfàɪ | tjúːmɪ-] 〘◻ F *tuméfi-er* ◻ L *tumefacere* to cause to swell ← *tumēre* to swell + *facere* to make: ⇨ -fy〙 — *vt.* 腫(ʰ)れ(上が)らせる, 腫脹(ʲᵘ ᶜʰᵒᵘ)させる. — *vi.* **1** 腫れ(上が)る (swell up). **2** 得意になる, 尊大になる.

Tu·men [tùːmʌ́n] *n.* [the ~] 豆満江《北朝鮮と中国・ソ連との境を流れる川; 日本海に注ぐ (521 km); 中国語名 図們江》.

tu·mes·cence [t(j)uːmésns | tjuː-, tjʊ-] 〘⇨ ↓, -ence〙 — *n.* **1** (感情などの)湧出, 充実. **2** 性器の充血腫脹(ʲᵘ ᶜʰᵒᵘ)を伴う性交前の興奮状態. **3** (身体部分の)腫脹状態.

tu·mes·cent [t(j)uːmésnt | tjuː-, tjʊ-] 〘◻ L *tumēscent-em* beginning to swell (pres.p.) ← *tumēscere* to (begin to) swell: ⇨ ↓, -escent〙 — *adj.* **1** 腫(ʰ)れ上がる, 腫脹(ʲᵘ ᶜʰᵒᵘ)する, 腫脹性の: ~ tissue. **2** 〈思想・感情が〉あふれんばかりの, 湧き出る (teeming). **3** 〈言葉遣いが〉大げさな, 誇張した (bombastic).

tu·mid [t(j)úːmɪd, -məd | tjúːmɪd] 〘(1541) ◻ L *tumidus* swollen ← *tumēre* to swell: ⇨ -id⁴: cf. tumor〙 — *adj.* **1 a** 〈身体の一部が〉腫(ʰ)れ上がった (swollen): a ~ leg 腫れ上がった脚. **b** ふくらんだ (bulging). **2** 〈文体など〉誇張した, 大げさな, 誇大な (pompous): ~ expressions 誇張した表現. **~·ly** *adv.* **~·ness** *n.*

tu·mid·i·ty [t(j)uːmídəti | tjuːmídɪti, tjʊ-, -dɪ-] 〘◻ LL *tumiditāt-em*: ⇨ ↑, -ity〙 *n.* **1** 腫脹(ʲᵘ ᶜʰᵒᵘ)(性); 腫(ʰ)れ上がり; 肥大状態. **2** (文体などの)誇大, 誇張.

tum·me·ler [túmələ | -lə(r] 〘◻ Yid. ~ ← G *tummeln* to bustle: ⇨ tumble〙 — *n.* (*also* **tum·mu·ler** [~]) 《米口語》 **1** (男性の)芸能司会者《喜劇俳優・ショーの編成・進行の役目を一人で兼ねる》. **2** 活発で茶目な人.

tum·my [tʌ́mi | -mɪ] 〘(1868) 《転訛》← STOMACH: ⇨ -y²〙 *n.* 《小児語》おなか, ぽんぽん, 腹 (stomach): with a full ~ 満腹で.

tu·mor, 《英》**tu·mour** [t(j)úːmə | tjúːmə(r] 〘(1541) ◻ L ~ 'swollen state' ← *tumēre* to swell: ⇨ thumb〙 — *n.* **1** 腫脹(ʲᵘ ᶜʰᵒᵘ), 腫(ʰ)れ (swelling, protuberance). **2** 〘病理〙 腫瘍(ʲᵘ ʸᵒᵘ), 腫れ物: a benign [malignant] ~ 良[悪]性腫瘍. **3** 《廃》(文体などの)誇張, 誇大. **4** 《古》高慢, 不遜(ˢᵒⁿ), 尊大 (arrogance). **~·al** [-mərəl] *adj.* **~·like** *adj.*

tu·mor·gen·ic [t(j)ùːmədʒénɪk|tjùːmə-] *adj.* 〘病理〙＝tumorigenic.

tu·mor·i·gen·ic [t(j)ùːmərədʒénɪk | tjùːmərɪ-] 〘⇨ tumor, -i-, -genic〙 *adj.* 〘病理〙腫瘍形成性の; 発癌(がん)性の. **tùmori·genícity** *n.* 腫瘍形成.

tù·mor·i·génesis [t(j)ùːmərə-|tjùːmərɪ-] *n.* 〘病理〙腫瘍形成.

tu·mor·ous [t(j)úːm(ə)rəs | tjúː-] 〘▭ LL *tumōrōsus*: ⇨ tumor, -ous〙 *adj.* **1** 《廃》腫(は)れ上がった(swollen). **2** 誇張的な. **3** 腫れ物の, 腫れ物のできた.

tumour *n.* ＝tumor.

tump [tʌ́mp, túmp] 〘← ?〙 *n.* 《英方言》 **1** 小山, 小丘. **2** やぶ,(草などの)繁み.

tump·line [tʌ́mplàɪn] 〘← *tump* tumpline (← N-Am.-Ind.)＋LINE²〙 *n.* 《米》(背負った荷物の)前額[胸]に当てる負い革.

tum-tum¹ [tʌ́mtʌ̀m] 〘《1859》《擬音語》: cf. tum¹〙 *n.* ぽろんぽろん, ぽつんぽつん《弦楽器をはじく音》. — *vi.* ぽろんぽろんと(単調に)鳴る.

tum-tum² [tʌ́mtʌ̀m] 〘《変形》? ← TANDEM〙 *n.* 《インド》＝dogcart.

tum-tum³ [tʌ́mtʌ̀m] *n.* ＝tum³.

tu·mu·lar [t(j)úːmjʊlə | tjúːmjʊlə(r] 〘← L *tumulus* 'TUMULUS'＋-AR¹〙 *adj.* 塚(つか)[古墳]の, 塚のような, うずたかい.

tumuli *n.* tumulus の複数形.

tu·mu·lose [t(j)úːmjʊlòʊs|tjúːmjʊlə̀ʊs] 〘▭ L *tumulōs-us*: ⇨ tumulus, -ose¹〙 *adj.* 塚(つか)[古墳]がある, 塚の多い; 塚の, 古墳の (tumular).

tu·mu·lous [t(j)úːmjʊləs|tjúː-] 〘⇨↑, -ous〙 *adj.* ＝tumulose.

tu·mult [t(j)úːmʌlt | tjúːmʌlt, -məlt] 〘《1412–20》 ▭ (O)F *tumulte* // L *tumult-us* uproar, disturbance ← *tumēre* to swell: cf. thumb〙 — *n.* **1** (大勢寄り合っての)騒ぎ, 大騒ぎ, がやがや (uproar, din): a ~ of congratulations 騒がしい祝辞 / There was a ~ of drums in the air. あたり一面にやかましく太鼓の音がしていた. **2** 騒動, 暴動 (disturbance, riot). **3** (心の)騒ぐこと, 心の乱れ,(激情の)あらし, 激動 (ferment, turbulance): The ~ within him subsided. 彼の胸中の激動が静まった / a ~ of grief 悲しみのあらし.

tu·mul·tu·ar·y [t(j)ʊmʌ́ltʃuèri | tjuːmʌ́ltjʊərɪ, tjʊ-] 〘《1590》▭ L *tumultuāri-us*: ⇨↑, -ary〙 — *adj.* **1** 騒々しい, 騒がしい (agitated, tumultuous): a ~ period 世情騒がしい時代. **2** 混乱した, 乱雑な, 無秩序の, いいかげんな (haphazard): a ~ discourse 混乱した談話. **3** 〈軍隊など〉規律[訓練]のない (undisciplined): ~ troops 規律のない軍隊.

tu·mul·tu·ous [t(j)ʊmʌ́ltʃuəs, -tʃəs | tjuːmʌ́ltjʊəs, tjʊ-] 〘《*a*1548》▭ OF ~ (F *tumultueux*) ▭ L *tumultuōsus* turbulent, restless: ⇨ tumult, -ous〙 — *adj.* **1** 騒がしい, 騒々しい (uproarious); 荒れ狂う (turbulent): a ~ meeting [crowd] 騒がしい会合[群衆] / a roaring and ~ river ごうごうと流れる川. **2** 動揺した, 心の騒ぐ[乱れた], 激しく興奮した: ~ passions あらしのような[荒れ狂う]激情. **~·ly** *adv.* **~·ness** *n.*

tu·mu·lus [t(j)úːmjʊləs, tʌ́m- | tjúːm-] 〘《1686》▭ L ~ mound ← *tumēre* to swell: ⇨ thumb〙 — *n.* (*pl.* **tu·mu·li** [-làɪ], **~·es**) **1** 墳丘, 塚(つか), 古墳 (mound). **2** ドーム状の溶岩流の隆起.

tun [tʌ́n] 〘OE *tunne* (cf. Du. *ton* / G *Tonne*) ▭ ML *tunna* ← Celt. (cf. MIr. *tonn* hide): cf. tunnel〙 — *n.* **1 a** 大酒樽. **b** (酒造用)発酵おけ. **2** タン《酒類の容量単位; 通例 252 ワインガロン》. **3** 《廃》大きな容器[箱]. — *vt.* (**tunned**; **tun·ning**) 《古》〈酒類を〉樽詰めにする, おけに入れる 〈*up*〉.

tu·na¹ [túːnə, tjúː-] 〘▭Am.-Sp. ~ 《変形》← Sp. *atún* ▭ Arab. *tūn* ▭ L *thunnus* ▭ Gk *thúnnos* (cf. Heb. *tannīn* sea monster): cf. tunny〙 — *n.* (*pl.* ~, ~**s**) 《米》 **1** 〘魚類〙マグロ《サバ科のキハダ (yellowfin tuna), クロマグロ (bluefin), ビンナガ (albacore) などの総称》. **2** (かん詰めの)まぐろ (tuna fish).

tu·na² [túːnə, tjúː-; *Sp.* túna] 〘▭ Sp. ~ ← Haitian〙 *n.* 〘植物〙 **1** メキシコ原産サボテン科のウチワサボテンの一種 (*Opuntia tuna*). **2** その食用となる果実.

tu·na³ [túːnə] 〘▭ Maori ~〙 *n.* 〘魚類〙ニュージーランド近海産ウナギ科ウナギ属の魚の一種 (*Anguilla sucklandii*).

tun·a·ble [t(j)úːnəbl̩ | tjúːn-] 〘← TUNE＋-ABLE〙 — *adj.* **1** 調子を合わせることのできる〔*to*〕. **2** 《古》調子の合った, 調子のよい (tuneful). **tùn·a·bíl·i·ty** [-nəbílətɪ|-lətɪ, -lɪ-] *n.* **tún·a·bly** *adv.* **~·ness** *n.*

túna fish *n.* ＝tuna¹ 2.

Tún·bridge wàre [tʌ́nbrɪdʒ-, tʌ́m-] 〘↓〙 *n.* Tunbridge Wells 産の象眼木工細工《箱根細工の類》.

Túnbridge Wélls 〘← *Tonbridge* < OE *Tonebricg* 《原義》'BRIDGE of *Tuna* (人名)'〙 — *n.* イングランド南東部, Kent 州の都市; 17–18 世紀に鉱泉場として栄えた; 人口 45,000; 正式名 Royal Tunbridge Wells.

tund [tʌ́nd] 〘▭ L *tund-ere* to beat〙 *vt.* 《英学生俗》(Winchester 校で)〈生徒を〉むち打つ (thrash).

tún·dish 〘《1388–89》: ⇨ tun, dish〙 *n.* 〘冶金〙タンディッシュ《鋳型の上につける, 一つまたはそれ以上の湯口のついた耐火物製の一種のじょうご》.

tun·dra [tʌ́ndrə, tún- | tʌ́n-; *Russ.* túndrə] 〘《1841》▭ Russ. ~ 'marshy plain' ▭ Lapp *tundar*〙 — *n.* 凍土帯, ツンドラ《北極海沿岸地方の樹木のない平原地帯; 冬期は雪と氷におおわれ地表も凍る; 短い夏期にこけ類や地衣類が生える》.

tune [t(j)úːn | tjúːn] 〘《*a*1387》 *tewne*: TONE の変形〙 — *n.* **1** 曲, 歌曲, 調べ, 節 (air, melody); 美しい調べ[節回し]: a hymn ~ 賛美歌の調子 / a difficult ~ to remember 覚えにくい節 / turn a ~ 《口語》一曲歌う[奏する] / to the ~ of …の曲に合せて / put ~*s* to … に節付けする / The piece has very little ~ about it. この曲には美しいメロディーの所がない. **2** 正しい調子であること; 調子の合っていること, 協和, 諧音(かいおん), 諧調, 調和 (unison, harmony); (体・機械・自動車・飛行機などの)好調 (good condition): be *in* ~ (*with* …) (…と)調子が合っている / keep *in* ~ (*with* …) (…と)調子を合わせる / keep the body *in* ~ 体の好調を保つ / out of ~ (*with*…) (…と)調子が外れて, 調子が狂って; 和合せずに. **3** 《古》(心の)調子, 機嫌, 気分 (mood): I am not *in* ~ for talk. 話をする気がしない. **4** 〘通信〙同調, 整調. **5 a** 《廃》音調, 声音 (sound, tone). **b** 抑揚 (intonation); 調子 (modulation).

call the tune 命令[支配, 管理]する, 牛耳る, 事を決定する (manage) (cf. *pay the* PIPER¹). ***change one's tune*** ＝***sing another*** [***a different***] ***tune*** ＝***dance to another tune*** (話・態度などの)調子を変える, 論調を変える《威張った態度から急に謙遜(けんそん)になる》. ***dance to a person's tune*** ⇨ dance 成句. ***sing the same*** [***old***] ***tune*** ⇨ sing 成句. ***to the tune of*** (1) ⇨ *n.* 1. (2) 《口語》大枚… (to the amount of): *to the* ~ *of* $1 million 大枚 100 万ドル. ***the tune the*** (***old***) ***cow died of*** 嫌な音の連続,(ぬかみそが腐る程の)下手な音楽.

— *vt.* **1** 〈楽器〉の調子を合わせる, 調音する, 〈楽器を〉調律する (adjust): ~ a violin バイオリンの調弦をする. **2** 〈声・歌などを〉気分に合わせる, …に調子を出す. **3** …に一致[適合]させる, 調和させる (adapt); 〈機械など〉の調子を整える 〈*up*〉. **4** 《古》歌う, 奏する, 吟じる; 弾(ひ)く, 吹く: ~ a lyre 竪琴(たてごと)をひく / The lark ~*s* his songs. ひばりがさえずる. **5** 〘通信〙同調させる, 整調する. — *vi.* **1** 楽器の調子を合わせる. **2** 楽音を出す. **3** 〔…と〕調子が合う, 調和する (be in harmony) 〔*with*〕. **4** 〘通信〙受信機を整調する 〈*in*〉; (発信局の波長・周波数に)同調する 〈*out*〉.

tune in (*vt.*) (1) 〈ラジオ・テレビの受信機〉の波長を合わせる: ~ *in* a radio [TV]. (2) 〈受信機が〉(波長の調整によって)受信する: A shortwave radio can ~ it *in*. 短波ラジオはそれを受信できる / The game was soon ~*d in*. すぐにその試合にスイッチが入れられた. (3) 《俗》〈事情・理由などを〉知る,〈人〉に知らせる. (*vi.*) (1) 〔放送局・番組などに〕ダイヤルを回す[合わせる]〔*to*〕: ~ *in to* FEN [a local station] FEN[地方局]にダイヤルを回す. (2) 《口語》〈人が〉〔…に〕共感[共鳴]する〔*to*〕: Somehow he didn't ~ *in to* his colleagues. どういうものか同僚と波長が合わなかった. ***tune off*** (*vi.*) 調子が悪くなる. (*vt.*) 《米》〈ラジオ・テレビ〉の同調をはずす. ***tune out*** (*vt.*) (1) (ラジオ・テレビを調整して)〈雑音などを〉入らなくする. (2) 《俗》〈いやな事など〉からそっぽを向く; 無視する. (*vi.*) (1) 《俗》(いやな事などに)知らん顔をする. (2) ⇨ *vi.* 4. ***tune to*** …に一致[調和]させる; 〘通信〙…に調整する, に同調させる: The radio was ~*d to* BBC. ラジオは BBC に整調された[合わされた]. ***tune up*** (*vt.*) (1) 〈オーケストラなどが〉〈楽器〉の調子を合わせる. (2) 〈機械を〉調整する,〈機械〉の調子をよくする: The engine needs *tuning up*. このエンジンは調整する必要がある. (*vi.*) (1) 〈オーケストラなどが〉(楽器の)調子を合わせる. (2) 奏楽を始める; 声を張り上げる, 歌い出す. (3) 《戯言》〈子供が〉泣き出す; 〈猟犬が〉ほえ出す. (4) (運動競技に備えて)準備練習する.

tune·a·ble [t(j)úːnəbl̩ | tjúːn-] *adj.* ＝tunable.

túned-ín *adj.* ＝turned-on 1.

tune·ful [t(j)úːnfəl|tjúːn-] 〘⇨ -ful〙 *adj.* 調子のよい, 好音調の, 音楽的な (musical): She sang in a ~ voice. 良い声で歌った. **~·ly** *adv.* **~·ness** *n.*

túne·less 〘⇨ -less〙 — *adj.* 《古》 **1** 調子の整わない, 調子外れの, 乱調の (unmusical, unmelodious): a ~ serenade 調子外れのセレナード. **2** 楽音を出さない, 音のしない, 無音の (silent): a ~ old piano 音の出ない古ピアノ. **~·ly** *adv.*

túne-òut *n.* 《米》(特定のテレビ・ラジオ番組の)視聴拒否[ボイコット].

tún·er *n.* **1** 調律師: a piano ~. **2** 〘ラジオ・テレビ〙波長整調器, 同調器, チューナー.

túne·smith *n.* 《口語》(流行歌の)作曲家.

túne-ùp 〘← *tune up* (⇨ tune (v.) 成句)〙 *n.* **1** (機械などの)調整, 整備. **2** (試合前の)準備練習, ウォーミングアップ (warm-up).

tung [tʌ́ŋ; *Chin.* tʰúŋ] *n.* 〘植物〙＝tung tree.

túng òil [tʌ́ŋ-] 〘《部分訳》← Chin. *yut'ung* (油桐): cf. G *Tungöl*〙 — *n.* 〘化学〙 **1** 桐油(とうゆ)《シナアブラギリ (tung tree) の種子から採る乾性油, ペンキ・印刷インクなど用途が広い; China wood oil, wood oil ともいう》. **2** ＝Japanese tung oil.

tungst- [tʌŋst] (母音の前に来る時の) tungsto- の異形.

tung·state [tʌ́ŋsteɪt, -stət, -stɪt] 〘⇨↓, -ate¹ 3〙 *n.* 〘化学〙タングステン酸塩[エステル]《タングステン酸ナトリウム (Na_2WO_4) など; wolframate ともいう》.

tung·sten [tʌ́ŋstən, -stɪn|-stən, -sten, -stɪn] 〘《1770》▭ Swed. ~ ← *tung* heavy＋*sten* 'STONE'〙 — *n.* 〘化学〙タングステン《金属元素の一つ; 記号 W, 原子番号 74, 原子量 183.85; wolfram, wolframium ともいう》.

túngsten fìlament *n.* タングステン線.

tung·sten·ic [tʌŋsténɪk] *adj.* 〘化学〙＝tungstic.

túngsten làmp *n.* タングステン電球《タングステン線条を用いた白熱電球》.

túngsten stéel *n.* タングステン鋼.

túngsten trióxide *n.* 〘化学〙三酸化タングステン (WO_3)《黄色の粉末結晶》.

tung·stic [tʌ́ŋstɪk] 〘← TUNGST(EN)＋-IC¹〙 *adj.* 〘化学〙タングステンの; (特に)五価または六価のタングステン (W^V, W^{VI}) を含む: ⇨ tungstic acid.

túngstic ácid *n.* 〘化学〙タングステン酸, ウォルフラム酸 (H_2WO_4 など)《一般には WO_3 を基本単位とする重合度および含水量の異なる物質の総称; 酸化タングステンの製造原料; 触媒用》.

tung·stite [tʌ́ŋstaɪt] 〘← TUNGST(EN)＋-ITE¹〙 *n.* 〘鉱物〙酸化タングステン鉱 ($WO_3 \cdot H_2O$).

tung·sto- [tʌ́ŋsto(ʊ)|-stə(ʊ)] 〘← TUNGSTEN〙「タングステン (tungsten), タングステン酸 (tungstic acid)」の意の連結形. ★ 母音の前では通例 tungst- になる.

tùngsto·phosphóric ácid *n.* 〘化学〙＝phosphotungstic acid.

tùngsto·silícic ácid *n.* 〘化学〙＝silicotungstic acid.

tung·stous [tʌ́ŋstəs] 〘⇨ tungsto-, -ous〙 *adj.* 〘化学〙(低原子価の)タングステンの.

Tung·ting [túŋtíŋ; *Chin.* tʊ̀ŋtʰíŋ] *n.* 洞庭(どうてい)湖《中国南部, 湖南省 (Hunan) の湖; 面積 3,915 km²》.

túng trèe 〘cf. tung oil〙 *n.* 〘植物〙シナアブラギリ (*Aleurites fordii*)《トウダイグサ科の高木; その種子から桐油(とうゆ) (tung oil) を採る》.

Tun·gus [tuŋgúːz, tʌn-; *Russ.* tungús] 〘▭ Russ. ~ ← ? Turko-Tatar *toŋguz* hog: この種族の多くが豚を飼育していたことから〙 — *n.* (*pl.* ~, ~·**es**) **1 a** [the ~(es)] ツングース族《Yenisei 川から東方のシベリアおよび Amur 川流域に居住し, また以前には満州にも住んだモンゴロイド; ツングース語を話す》. **b** ツングース族の人. **2** ツングース語(群).

Tun·gu·sic [tuŋgúːzɪk, tʌn-] 〘⇨↑, -ic¹〙 — *n.* ツングース[トゥングース]語《シベリアの中部・東部および満州で話される言語; Tungus, Manchu 語を含む》. — *adj.* ツングース[トゥングース]語(系)の.

tu·nic [t(j)úːnɪk | tjúː-] 〘《1609》▭ F *tunique* // L *tunica* ＝**ctunica* ▭ Aram. *kittūnā* ▭ Heb. *kuttōneth* (cf. cotton): cf. OE *tunece* ▭ L〙 — *n.* **1** チュニック《古代ギリシャ・ローマの男女が用いた首からかぶるシンプルな衣服》. **2** 〘甲冑〙(古代・中世の)鎖帷子の下着. **3 a** (腰の下あたりまでありスカートやズボンの上に着る)婦人用上着, オーバーブラウス. **b** (スカートより丈の短い)オーバースカート《ブラウスから続いているものが多い; 真っすぐな裾のものやエプロンのように角を落としたものなど, 種々なデザインがある》. **4** 《英》(軍服その他の制服として着る)短上着, チュニック《米国では blouse という》. **5** 〘教会〙＝tunicle 1. **6** 〘生物〙＝mantle 7 b. **7** 〘解剖・動物・植物〙＝tunica.

tunic 1

tu·ni·ca [t(j)úːnɪkə, -nə- | tjúːnɪ-] 〘← NL ~: L *tunica* (↑) の特別用法〙 — *n.* (*pl.* **tu·ni·cae** [-nəkìː, -kàɪ, -sìː|-nɪ-]) **1** 〘解剖・動物〙(器官などの)膜, 被膜, 層, 被嚢(ひのう): ~ externa [interna] 外[内]膜. **2** 〘植物〙膜質外皮, 種皮, 外衣.

túnica al·bu·gí·ne·a [-æ̀lbjʊdʒíniə, -gín- | -nɪə] 〘← NL ~ 'white-spotted coat'〙 — *n.* (*pl.* **tunicae al·bu·gi·ne·ae** [-dʒíniìː, -gíniàɪ | -dʒíniìː, -gínɪàɪ]) 〘解剖〙(睾丸(こうがん)・卵巣などの)白膜.

Tu·ni·ca·ta [t(j)ùːnəkáːtə, -kéɪ- | tjùːnɪkáːtə] 〘← NL ~ (neut. pl.) ← L *tunicātus* (↓)〙 — *n. pl.* 〘動物〙(原索動物門)被嚢(ひのう)亜門《尾索亜門 (Urochorda) ともいう》.

tu·ni·cate [t(j)úːnɪkət, -nə-, -kɪt, -kèɪt | tjúːnɪ-] 〘▭ L *tunicāt-us* (p.p.) ← *tunicāre* to clothe with a tunic: ⇨ tunic, -ate²˒³〙 — *adj.* **1** 被膜[被嚢(ひのう)]のある. **2** 〘植物〙膜質外皮のある; 鱗葉(りんよう)におおわれた《タマネギなど》. **3** 〘動物〙被嚢亜門の. — *n.* 〘動物〙被嚢亜門の動物《ホヤ (sea squirt) など》.

tu·ni·cat·ed [t(j)úːnɪkèɪtɪd, -nə- | tjúːnɪkèɪt-] *adj.* ＝tunicate.

túnic flówer *n.* 〘植物〙＝saxifrage pink.

tu·ni·cle [t(j)úːnɪkl̩, -nə- | tjúːnɪ-] 〘《*c*1378》▭ L *tunicula* (dim.) ← *tunica* 'TUNIC'〙 — *n.* **1** 〘教会〙(司教が聖餐(せいさん)の時などに着る)絹の軽衣《dalmatic より小さい》. **2** 〘生物〙薄い被膜.

tún·ing 〘← TUNE＋-ING¹〙 *n.* **1** 調律, チューニング. **2** (無電機の)波長調整. **3** 〘電気〙同調: a ~ circuit 同調回路.

túning capácitor *n.* 〘電気〙同調コンデンサー.

túning còil *n.* 〘電気〙同調コイル.

túning condènser *n.* 〘電気〙＝tuning capacitor.

túning fòrk *n.* 音叉(おんさ).

túning hàmmer *n.* 調律用レンチ《ピアノ調律師が調律用鉄棒を締める時に用いる道具》.

túning pèg *n.* (弦楽器の)糸巻き.

túning pìn *n.* (ピアノの)調律用鉄棒.

túning pìpe *n.* (弦楽器の基音を定める)調子笛 (pitch pipe).

túning wrènch *n.* ＝tuning hammer.

Tu·nis [t(j)úːnɪs, -nəs | tjúːnɪs] *n.* チュニス: **1** Tunisia 北部にある海港で同国の首都; 人口 944,000. **2** Tunisia の旧名.

Tu·ni·sia [t(j)uːníːʒə, -níʒ-, -ʒiə | tjuːnízɪə, tjʊ-, -zjə, -sɪə, -sjə] *n.* チュニジア《アフリカ北部の共和国; もとフランス保護領, 1956 年独立, 1957 年共和国となる; 人口 6,070,000, 面積 164,150 km², 首都 Tunis; 公式名 the Republic of Tunisia チュニジア共和国》.

Tu·ni·sian [t(j)uːníːʒən, -níʒ-, -ʒiən | tjuːníziən, tjʊ-, -zjən, -siən, -sjən] *adj.* チュニス (Tunis) (の人)の；チュニジア (Tunisia) (人)の，チュニジアの文化の. **—** *n.* チュニスの人；チュニジア人.

tunk [tʌ́ŋk] 〘擬音語〙 *n.* ごつん[こつこつ]と打つこと. **—** *vt.* こつこつ[とんとん]と打つ；ごつんとぶつける. **—** *vi.* とんとんと打つ (tap)：～ *on* a drum.

tun·nage [tʌ́nɪdʒ] *n.* ＝tonnage.

tun·nel [tʌ́nl̩] 〘《1440》 *tonel* funnel-shaped net ▭ OF *to(n)nel* (F *tonneau*) cask (dim.) ← *tonne* ▭ ML *tunna* 'TUN'：「トンネル」の意は1782 年から〙 **—** *n.* **1** 隧道(ずい), トンネル. **2** (鉱山の)坑道, 横坑, 通洞 (adit). **3** (動物の住む)穴. **4** 《方言》煙突. **5** 《廃》(煙突の)煙道. **6** 〘サーフィン〙＝curl 7. **7** 〘海事〙船尾管.
tunnel of love 愛のトンネル《遊園地の娯楽設備の一種；暗いトンネル道の中を，通例ボートで乗客を機械仕掛けで運ぶ；男女の二人連れがよく利用する》.
— *v.* (**tun·neled, -nelled; -nel·ing, -nel·ling**) **—** *vt.* **1** …にトンネルを掘る：～ a hill 山にトンネルを掘る. **2** [～ one's way として] トンネルを掘って進む：～ one's *way through* [*into*] …を抜けて[の中へ]トンネルを掘って進む. **3** (トンネルのように)…に穴をあける. **—** *vi.* **1** トンネルを掘る 〔*through, into*〕. **2** 〘物理〙ポテンシャル障壁を突き抜ける.
～·er, ～·ler [-nlə, -nl̩ə | -nl̩ə(r, -nəl-] *n.*

túnnel díode *n.* 〘電子工学〙トンネルダイオード《トンネル効果を利用した負性抵抗特性を示すダイオード；Esaki diode ともいう》.

túnnel disèase *n.* 〘病理〙 **1** ＝caisson disease. **2** ＝hookworm disease.

túnnel effèct *n.* 〘物理〙トンネル効果《強電界による電子放出の機構》.

túnnel kìln *n.* 〘窯業〙トンネル窯(がま) (⇨ continuous kiln).

túnnel·lìke *adj.* トンネルのような.

túnnel nèt *n.* (魚や鳥などを捕える)口が広くすそが細くなった網.

túnnel vìsion *n.* 〘眼科〙(管を通して物を見るような)視野縮小.

tun·ny [tʌ́ni | -nɪ] 〘《1530》 ▭ F *thon* ▭ Prov. *ton* < L *thunnum* ▭ Gk *thúnnos*：⇨ tuna¹, -y²〙 *n.* 〘魚類〙(*pl.* **tun·nies,** ～) マグロ(tuna)；(特に) クロマグロ(bluefin).

Tun·stall [tʌ́nstəl] *n.* ⇨ Five Towns.

tun·y [t(j)úːni | tjúːni] 〘⇨ tune, -y²〙 *adj.* (**tun·i·er; -i·est**) 調子のよい, 音楽的な, 節回しのおもしろい.

tup [tʌ́p] 〘《?c1350》 *to(u)pe, tup(p)e* ← ? ON〙 **—** *n.* **1** 《英》雄羊 (ram). **2** (蒸気ハンマーの)打面, 打金(うちがね). **—** *v.* (**tupped; tup·ping**) **—** *vt.* 《英》〈雄羊が〉〈雌羊〉と番(つが)う. **—** *vi.* 《英》〈雌羊が〉さかりがつく；〈雄羊が〉番(つが)う.

tu·pai·a [t(j)uːpáɪə | tjuː-] 〘← NL ～ ← Malay *tupai* squirrel：⇨ -ia²〙 *n.* 〘動物〙ツパイ (⇨ tree shrew).

tu·pai·id [t(j)uːpáɪɪd, -əd | tjuːpáɪɪd] 〘⇨ ↑, -id〙 *adj., n.* 〘動物〙ツパイ科の(動物).

Tu·pai·i·dae [t(j)uːpáɪədìː | tjuːpáɪɪ-] 〘← NL ～ ← *Tupaia* (↑)＋-IDAE〙 *n. pl.* 〘動物〙ツパイ科.

Tu·pa·ma·ro [tùːpəmáːroʊ | -rəʊ] 〘← *Tupac Amaru* (18 世紀にペルーで反スペイン運動を指導したペルー原住民)〙 *n.* (ウルグアイの極左ゲリラ組織)ツパマロスの一員.

tu·pek [túːpɪk] *n.* ＝tupik.

tu·pe·lo [t(j)úːpəlòʊ | tjúːpɪləʊ, -pə-] 〘▭ N-Am.-Ind. (Creek) *ito opilwa* 《原義》swamp tree〙 **—** *n.* (*pl.* **～s**) 〘植物〙ニッサ《オオギリ科ニッサ属 (*Nyssa*) の植物の総称；black gum, tupelo gum など》；ニッサ材.

tupélo gùm *n.* 〘植物〙ツーペロ (*Nyssa sylvatica*) 《北米産オオギリ科ニッサ属の光沢のある葉とやわらかい材質をもつ植物》.

Tu·pi [tuːpíː, ⌣⌣] 〘《1882》 ▭ Tupi ～ 《原義》comrade〙 **—** *n.* (*pl.* ～, **～s**) **1 a** [the ～(s)] トゥピー族《南米インディアンの一族；ブラジル東部の内陸部に居住していた》. **b** トゥピー族の人. **2** トゥピー語.

Tu·pi·an [tuːpíːən | tuːpíːən, túːpɪən] *adj.* トゥピー (Tupi) 人[語]の.

Tupí-Guaraní *n.* **1 a** [the ～s] トゥピーグアラニー族《南米 Amazon 川流域, Xingú 川支流からブラジル東部, パラグアイに住むインディアンの一族》. **b** トゥピーグアラニー族の人. **2** ＝Tupi-Guaranian.

Tupí-Guaranían *n.* トゥピーグアラニー語族《南米中部の Tupi, Guarani, lingua geral などを含むインディアン語の語族》. **—** *adj.* トゥピーグアラニー(語)族の.

tu·pik [túːpɪk] 〘▭ Eskimo ～〙 *n.* (エスキモー族の)夏の住居《特に, おっとせいの毛皮で作ったテント》.

-tu·ple [-tʌ̀pl̩, -túːpl̩] 〘⇨ quintuple, sextuple〙「(特定数の)要素の集合」の意の連結形.

tup·pence [tʌ́pəns] *n.* 《英口語》＝twopence.

tup·pen·ny [tʌ́p(ə)ni | -nɪ] *adj.* 《英口語》＝twopenny.

Tu·pun·ga·to [tùːpuŋgáːtoʊ | -təʊ; *Sp.* tùpuŋgáto] *n.* トゥプンガト《チリとアルゼンチンの国境にある Andes 山脈中の山 (6,800 m)》.

tuque [t(j)úːk | tjúːk] 〘▭ Canad.-F ～ 《変形》← F *toque* cap：⇨ toque〙 **—** *n.* トーク《カナダでそりすべりなどの時にかぶる毛糸で編んだ先の尖った帽子》.

tuque

tu quo·que [t(j)úː-kwóʊkwi | tjúː-kwə́ʊkwɪ] 〘《1671》 ▭ L *tū quoque* thou too〙 **—** *L. n.* (「君だってそうじゃないか」という)しっぺ返し, さかねじ文句 (retort), お互い様じゃないか(という言い分)：a ～ reply しっぺ返し的な返事, やり返し.

Tu·ra [túː(ə)rə | tʊ́ərə; *It.* túːra], **Cosimo** *n.* トゥーラ《1430?–95；イタリア, フェラーラ派の画家》.

tu·ra·co [tʊ̀(ə)rəkóʊ | tʊ̀ərəkə́ʊ] *n.* (*pl.* **～s**) ＝touraco.

tu·ra·cou [tʊ̀(ə)rəkúː | tʊ̀ər-] *n.* 〘鳥類〙＝touraco.

Tu·ra·ni·an [t(j)ʊréɪniən, t(j)uː- | tjʊ(ə)réɪniən, -niən] 〘《1777》← Pers. *Tūrān* (Oxus 川対岸一帯の地方)＋-IAN〙 **—** *adj.* 《廃》トゥラン語族の；(特に)ウラルアルタイ語族の (Ural-Altaic). **—** *n.* **1** ツラン人, ウラルアルタイ語族の人. **2** [集合的] トゥラン語族, (特に)ウラルアルタイ語族.

tu·ran·ose [t(j)ʊ́(ə)rənòʊs | tjʊ́ərənəʊs] 〘▭ G *Turanos* ← Pres. *Tūrān* (↑)：⇨ -ose²：この地方のマナ蜜から採ることから〙 *n.* 〘生化学〙ツラノース ($C_{12}H_{22}O_{11}$) 《melezitose の分解によって得られる二糖類》.

tur·ban [tə́ːbən | tə́ː-] 〘《1561》 *tolibant, tulipan(t), turban(t), turband* ▭ MF *turbant* (F *turban*) ▭ It. *turbante* ▭ Turk. *tülbend* ▭ Pers. *dulbänd*：cf. tulip〙 **—** *n.* **1** (イスラム教徒が頭につける)ターバン《長い布を巻きつけたキャップ》. **2** イスラムのターバンに似たもの：**a** (19 世紀に流行した)ターバン風婦人帽. **b** (西インド諸島などで婦人が頭に巻く)布切れやバンダナ (bandanna). **c** (ドレープを寄せた)縁なし婦人帽. **～ed** *adj.* **～·less** *adj.* **～·lìke** *adj.*

túrban lìly *n.* 〘植物〙フランスのアルプス山脈の地中海沿いに産するユリ科ユリ属の光沢のある赤い花をつける植物 (*Lilium pomponium*).

túrban shèll *n.* 〘貝類〙リュウテンサザエ科の貝類の総称《リュウテンサザエ (*Turbo petholatus*), サザエ (*Batillus cornutus*) など》.

túrban squàsh *n.* 〘植物〙ターバンのような形をした皮の堅いセイヨウカボチャの一種 (*Cucurbita maxima* var. *turbaniformis*).

túrban-stòne *n.* (頂上がターバンの形になっている)イスラム教徒の墓石.

túrban-tòp *n.* 〘植物〙 **1** シャグマアミガサタケ (*Gyromitra esculenta*) 《頭部がターバンを巻いたように皺がある；ドイツでは煮こぼして食用とする》. **2** ノボリリュウ (*Helvella crispa*) 《頭部が鞍状》.

tur·ba·ry [tə́ːbəri | tə́ːbərɪ] 〘《1363》 *turbarye* ▭ AF *turberie* ＝OF *tourberie* ← *tourbe* ← Gmc **turb-*：⇨ turf, -ary〙 **—** *n.* **1** 泥炭採掘場, 泥炭沼 (peat bog). **2** 〘英法〙(他人の所有地での)泥炭採掘権《正式には common of turbary という》.

Tur·bel·lar·i·a [tə̀ːbəlɛ́(ə)riə | tə̀ːbəlɛ́əriə] 〘← NL ～ ← L *turbellae* bustle, stir (dim. pl.) ← *turba* tumult, crowd：⇨ -aria¹：その繊毛によって小さな渦が作られることから〙 *n. pl.* 〘動物〙(扁形動物門)渦虫綱.

tur·bel·lar·i·an [tə̀ːbəlɛ́(ə)riən | tə̀ːbəlɛ́ərɪ-] 〘⇨ ↑, -an¹〙 〘動物〙 *adj.* 渦虫綱の. **—** *n.* 渦虫綱の扁形動物《ヒラムシ・ウズムシなど》.

tur·bid [tə́ːbɪd, -bəd | tə́ːbɪd] 〘《1626》 ▭ L *turbid-us* disturbed ← *turba* disturbance, crowd ▭ ? Gk *túrbē* confusion ← ? IE **twer-, *tur-* to turn, whirl：⇨ -id¹〙 **—** *adj.* **1** 〈液体が〉濁った (muddy)：～ water. **2** 〈空気・煙・雲など〉もうもうとした, 濃密な (dense)：the ～ air. **3** 〈考えなど〉乱れた, 混乱した (confused)：～ utterances 混乱した言葉. **～·ly** *adv.* **～·ness** *n.*

tur·bi·dim·e·ter [tə̀ːbədímət̬ə | tə̀ːbɪdímɪtə(r, -mə-] *n.* **1** 濁度計. **2** 比濁計 (nephelometer).

tur·bi·dim·e·try [tə̀ːbədímətri | tə̀ːbɪdímɪtri, -mə-] 〘← TURBIDI(TY)＋-METRY〙 *n.* 〘化学〙濁り測定.

tur·bi·di·met·ric [tə̀ːbɪdəmétrɪk, -bə- | tə̀ːbɪdɪ-] *adj.* **tùr·bi·di·mét·ri·cal·ly** *adv.*

tur·bi·dite [tə́ːbədàɪt | tə́ːbɪ-] 〘← *turbid(ity current)* ＋-ITE¹〙 *n.* 〘地質〙タービダイト《混濁流によって運ばれた堆積物》.

tur·bid·i·ty [təːbídət̬i | təːbídɪtɪ, -dɪ-] 〘▭ ML *turbiditās*：⇨ turbid, -ity〙 **—** *n.* **1** 濁っていること[状態], 汚濁；混乱. **2** 〘土木〙濁り度, 混濁度《上水道の源水の濁りの度合》.

turbídity cùrrent *n.* 〘地質〙混濁流, 乱泥流《密度流 (density current) の一つで海底・湖底などを流れるかなり粗粒な物を含んだ密度の高い流れ》.

tur·bi·nal [tə́ːbənl̩ | tə́ːbɪ-] 〘《1584》← L *turbin-, turbō* top, whirl＋-AL¹〙 *adj.* 〘解剖・動物〙独楽(こま)形の, 渦巻状の. **—** *n.* 〘解剖〙鼻甲介 (turbinate bone).

tur·bi·nate [tə́ːbənət, -nɪt, -nèɪt | tə́ːbɪ-] 〘《1661》 ▭ L *turbināt-us* shaped like a top ← *turbō*：⇨ ↑, -ate²〙 **—** *adj.* **1** 〘植物〙独楽(こま)の形をした, 倒円錐(すい)形の. **2** 〘動物〙らせん状の, 渦巻形の；独楽のように回る. **3** 〘解剖〙鼻甲介の. **—** *n.* **1** 渦巻貝殻 (turbinate shell). **2** 〘解剖〙鼻甲介 (turbinate bone).

tur·bi·nat·ed [tə́ːbənèɪt̬ɪd, -t̬əd | tə́ːbɪnèɪt-] *adj.* ＝turbinate.

tur·bi·na·tion [tə̀ːbənéɪʃən | tə̀ːbɪ-] 〘▭ L *turbinātiō(n-)*：⇨ turbinate, -ation〙 *n.* **1** 倒円錐(すい)形；渦巻形. **2** 《廃》(独楽(こま)のような)回転, 旋回.

tur·bine [tə́ːbɪn, -bən, -baɪn | tə́ːbaɪn, -bɪn] 〘《1842》 ▭ F ～ ▭ L *turbinem, turbō* anything that spins, top：cf. turbid〙 **—** *n.* タービン《流水や蒸気・ガスの力で回転する原動機》：an action ～ 衝撃タービン / a pressure ～ 圧力タービン / ⇨ air turbine, gas turbine, impulse turbine, reaction turbine, steam turbine, water turbine.

túrbine bòat *n.* タービン汽艇[汽船].

turbines *n.* turbo¹ の複数形.

Tur·bin·i·dae [təːbínədìː | təːbínɪ-] 〘← NL ～ ← *Turbin-, Turbo* (属名：⇨ turbo¹)＋-IDAE〙 *n. pl.* 〘貝類〙リュウテンサザエ科.

tur·bi·noid [tə́ːbənɔ̀ɪd | tə́ːbɪ-] 〘← NL *Turbin-, Turbo* (↑)＋-OID〙 *adj.* 〘動物〙サザエ類似の.

tur·bit [tə́ːbɪt, -bət | tə́ːbɪt] 〘← ? L *turbō* top (その形から)：⇨ turbine〙 *n.* 〘鳥類〙頭部と嘴(くちばし)は短く胸と首の羽毛が巻き上がっているイエバトの一種.

tur·bo¹ [tə́ːboʊ | tə́ːbəʊ] 〘1：← NL *Turbo* (属名) ← L *turbō* top, whirl, whirlwind. 2, 3：← TURBO- (↓)〙 **—** *n.* (*pl.* **tur·bi·nes** [tə́ːbəniːz | tə́ːbɪ-], **～s**) 〘貝類〙リュウテンサザエ科 *Turbo* 属の貝類の総称《リュウテンサザエ (*T. petholatus*) など》.

tur·bo² [tə́ːboʊ | tə́ːbəʊ] *n.* (*pl.* **～s**) **1** 〘↓〙＝turbine. **2** 〘略〙＝turbosupercharger.

tur·bo- [tə́ːbo(ʊ) | tə́ːbə(ʊ)] 〘《1900》← TURBINE〙「タービンの, タービンによって運転される」の意の連結形：*turbo*copter.

túrbo·càr *n.* ガスタービン自動車, ガスタービン車.

túrbo·chàrge *vt.* 〘機械・自動車〙〈エンジンを〉ターボチャージャーで過給する.

túrbo·chàrger *n.* 〘機械・自動車〙排気タービン過給機, ターボチャージャー《内燃機関の排気で駆動されるタービンによって回転させられる遠心式空気圧縮機；これによってシリンダーに圧縮空気を送り込む》.

túrbo-còmpound èngine *n.* 〘航空〙ターボコンパウンドエンジン《レシプロエンジンの排気のエネルギーをガスタービンで回収し, それをプロペラ軸にもどす方式のエンジン》.

tur·bo·cop·ter [tə́ːbo(ʊ)kɑ̀ptə, -bə- | tə́ːbə(ʊ)kɔ̀ptə(r)] 〘← TURBO-＋-COPTER〙 *n.* ターボコプター《ガスタービンエンジンを備えたヘリコプター》.

tùrbo·eléctric *adj.* タービン発電の；タービン発電機を利用した.

túrbo·fàn *n.* **1** ターボファン《ボイラーの通風装置》. **2** 〘航空〙＝turbofan engine.

túrbofan èngine *n.* 〘航空〙ターボファンエンジン《ターボジェットエンジンの一種で, 空気取入口から吸収され低圧ファンで圧縮された空気の一部のみが高圧ファン・燃焼器・タービンを経て高温ジェットとして後方に吐出され, 残部は冷態のまま, 後方に吐出されて, 共に推力の発生に寄与する形式のエンジン；bypass-jet ともいう》.

túrbo·gènerator *n.* タービン発電機.

túrbo·jèt *n.* 〘航空〙 **1** ＝turbojet engine. **2** ターボジェット機.

túrbojet èngine *n.* 〘航空〙ターボジェットエンジン《タービン式空気圧搾機を具備した噴射推進機関》.

tur·bo·prop [tə́ːbo(ʊ)prɑ̀p | tə́ːbə(ʊ)prɔ́p] 〘略〙 **—** *n.* 〘航空〙 **1** ＝turbo-prop engine：～ planes. **2** ターボプロペラエンジンを搭載した航空機, ターボプロップ機.

túrbo-propèller èngine *n.* 〘航空〙＝turboprop engine.

túrboprop èngine *n.* 〘航空〙ターボプロップエンジン《ガスタービンエンジンの一種で, エンジンの出力を軸の回転の形で取出し, これによってプロペラを駆動するようにしたもの；propjet engine ともいう》.

túrboprop-jét èngine *n.* ＝turboprop engine.

túrbo·pùmp *n.* ターボポンプ《推進剤を供給するためのタービンによって駆動させるポンプ》.

tur·bo·rám·jet èngine [tə̀ːbo(ʊ)rǽmdʒet- | tə̀ːbə(ʊ)-] *n.* 〘航空〙ターボラムジェットエンジン《ターボジェットエンジンにラムジェットエンジンの性質を具備させて高空・高速での効率を高めたエンジン》.

túrbo·shàft *n.* 〘機械〙ターボシャフト《伝導装置を備えたガスタービンエンジン》.

tùrbo·súpercharged *adj.* ターボスーパーチャージャー[排気駆動過給器]付きの.

tùrbo·súpercharger *n.* ターボ過給器[スーパーチャージャー], 排気駆動過給器《ピストンエンジンの排気ガスでタービンを駆動し, タービンに直結された圧縮器によってエンジンの給入ガス(空気または混合気)を圧送することにより, エンジンの出力を高める装置》.

tur·bot [tə́ːbət | tə́ː-] 〘《c1300》 *turbut* ▭ OF *tourbout* (F *turbot*) ▭ OSwed. *törnbut* thorn butt ← *törn* 'THORN'＋*but* 'BUTT⁵'〙 **—** *n.* (*pl.* ～, **～s**) 〘魚類〙 **1** ヨーロッパ産カレイ目スコプタルムス科の魚の一種 (*Psetta maxima*). **2** turbot に似た各種の扁平な魚. **3** カリブ海などに生息するモンガラカワハギ科の魚類の総称.

túrbot kèttle *n.* (一尾丸のままの)ひらめのゆで煮用なべ (cf. fish kettle).

turbot kettle

túrbo·tràin *n.* タービン車《タービンエンジンで走る列車》.

tur·bu·lence [tə́ːbjʊləns | tə́ː-] 〘▭ LL *turbulentia*：⇨ turbulent, -ence〙 **—** *n.* **1** 大荒れ, 荒れ狂い；(社会上・政治上などの)騒乱, 動乱 (disturbance). **2** 〘物理〙攪乱(かくらん)運動, 攪流, 乱流状態. **3** 〘気象〙(大気の)乱動, 乱流.

túr·bu·len·cy [-lənsi | -sɪ] *n.* 《古》＝turbulence.

tur·bu·lent [tə́ːbjʊlənt | tə́ː-] 〘《1538》 ▭ L *turbulent-us* restless ← *turba* disorder, tumult：⇨ turbid, -ulent〙 **—** *adj.* **1** 〈風波・感情など〉荒れる, 騒ぐ, 騒がしい, 荒れ狂う (furious)：～ waves 怒濤(どとう) / the ～ fury of the Ninth Symphony 第九シンフォニーの轟くばかりの激越な調べ. **2** 騒々しい, 動乱する (tumultuous)：a ～ period 動乱期 / Venezuela's ～ history ベネズエラの動乱の歴史. **3** 騒動を起こす, 不穏な, 乱暴な (disorderly)：a ～ mob 暴徒. **～·ly** *adv.*

túrbulent flów n. 〖物理・航空〗乱流《管内や物体の表面の流れにおいて，レイノルズ数が高い時，流れが乱れ，流速や圧力が平均値の回りに不規則な変動を伴うようになること; cf. laminar flow, streamline flow》.

Tur·co [tə́:kou | tə́:kəu] 〖《1839》▭F, Sp., Port., & It. *turco* 'TURK'〗 n. (*pl.* ~s) (もとフランス軍勤務の) アルジェリア現地民の軽歩兵, ズアーブ兵 (Zouave).

Tur·co- [tə́:ko(u) | tə́:kə(u)] 〖← ML *Turkus* Turk〗 ── 次の意味を表わす連結形: 1「トルコ(人)の (Turkish, Turk)」: *Turcophil*. 2「トルコ(人)と…との (Turkish and…)」: *Turco*-Bulgarian.

Tur·col·o·gist [tə:kɑ́lədʒɪst, -dʒəst | tə:kɔ́lədʒɪst] n. トルコ学者《トルコ文学と言語の専門家》.

Tur·co·man [tə́:kəmən | tə́:kəmən, -mæ̀n, mɑ̀:n] n. (*pl.* ~s) =Turkoman.

Tur·co·phile [tə́:kəfàɪl | tə́:-] 〖← TURCO-＋-PHILE〗 (*also* **Tur·co·phil** [-fɪ̀l]) ── n., adj. 親トルコ主義者(の), トルコ(人)びいきの(人), トルコ文化崇拝者(の).

Tur·co·phil·ism [tə:kɑ́fɪlɪzm | tə:-] n. トルコびいき.

Tur·co·phobe [tə́:kəfòub | tə́:kəfəub] 〖⇨ -phobe〗 n., adj. (極端な)トルコぎらいの(人), 反トルコ主義者(の).

turd [tə́:d | tə́:d] 〖OE *tord* < Gmc *turdam (MDu. *tortwevel* / ON *tordýfill* dung-beetle) < IE *dr̥tom 《原義》 something discarded ← *der- to tear, split (cf. OE *teran* 'to TEAR²')〗 ── n. 《卑》 1 糞(ふん)(の塊). 2 くそ野郎.

Tur·di·dae [tə́:dədi: | tə́:dɪ-] 〖← NL ~ ← L *turdus* thrush＋-IDAE〗 n. pl. 〖鳥類〗ツグミ科.

tur·di·form [tə́:dəfɔ̀əm | tə́:dɪfɔ̀:m] 〖← L *turdus*(↑)＋-FORM〗 adj. ツグミのような形の.

tur·dine [tə́:daɪn, -dɪn, -dən | tə́:daɪn] 〖← L *turdus* (↑)＋-INE¹〗 adj. ツグミ科の.

tur·doid [tə́:dɔɪd | tə́:-] 〖← L *turdus* (↑)＋-OID〗 adj. ツグミのような.

tu·reen [tərí:n, tju- | tə-, t(j)u-] 〖《古》 *terrine* ▭F 'earthenware dish' (fem.) ← OF *terrin* earthen ← L *terra* earth: ⇨ -ine¹〗 ── n. 1 (スープ・ソースなどを入れる)ふた付きの深皿: a soup ~ スープ用深皿. 2 =casserole 1.

tureen 1

Tu·renne [turén; *F.* tyʀɛn], **Henri de la Tour d'Au·vergne de** [tu:r dovɛrɲ də] n. テュレンヌ《1611–75; 三十年戦争当時のフランスの陸軍元帥》.

turf [tə́:f | tə́:f] 〖OE ~ ← Gmc *turb- (Du. *turf* / G *Torf* / ON *torf(a)*) ← IE *derbh- to compress (Skt *darbha* tuft of grass)〗 ── n. (*pl.* ~s, 《まれ》 **turves** [tə́:vz | tə́:vz]) 1 芝生 (greensward, lawn). 2 芝土 (sod); (移植用の)芝土(1枚). 3 泥炭 (peat); (燃料用の)泥炭の塊. 4 [the ~] 競馬場 (racecourse); 競馬(業): on *the* ~ 競馬を業として / He'd run through his money on *the* ~. 競馬で金をすってしまった. 5 《米俗》(暴力団などの)縄張り. ── *vt.* 1 **a** 芝土でおおう, …に芝を植える ⟨*over*⟩. **b** 埋葬する (bury). 2 …の泥炭[芝土]を掘り起こす. 3 《英口語》⟨人・物を⟩追い出す, 投げ出す ⟨*out*⟩: The rough was ~*ed out* (*of* the pub). 与太者は(パブから)放り出された. ── *vi.* 芝土を集める. **~·dom** n.

túrf accòuntant n. 《英》〖競馬〗=bookmaker 2.

túrf-bòund adj. 芝土で固められた, 芝の生えた.

túrfing ìron n. 泥炭切取り具.

túrfing dàisy n. 〖植物〗小アジア原産のキク科カミルレ属の白い花をつける多年草 (*Matricaria tchihatchewii*).

turf·ite [tə́:faɪt | tə́:-] 〖← TURF＋-ITE¹〗 n. 《口語》=turfman.

túrf·less adj. 芝生のない, むき出しの.

túrf·man [-mən] 〖⇨ turf (n.) 4〗 n. (*pl.* **-men** [-mən, -mén]) 競馬好き, 競馬通[狂].

túrf·skì n. 〖スポーツ〗ターフスキー《芝生の生えた坂を滑り降りることができるよう底の部分にローラーを付けたスキー; 普通のスキーより短い》. **~·ing** n.

turf·y [tə́:fi | tə́:fɪ] 〖《1552》 ← TURF＋-Y⁴〗 ── adj. (**turf·i·er; -i·est**) 1 芝の多い; 芝でおおわれた. 2 芝のような, 芝土状の. 3 泥炭の多い, 泥炭質の. 4 競馬の, 競馬に関する: a ~ talk. **túrf·i·ness** n.

Tur·ge·nev [tuəgéɪnjəf, -gén- | tɜ:géɪnjev, tuə-, -njef, -njɪf, -nev, -nəv; *Russ.* turgjénjif] (*also* **Tur·ge·niev** [~]), **Ivan Sergeevich** n. ツルゲーネフ《1818–83; ロシヤの小説家; *A Sportsman's Sketches* (1852), *Fathers and Sons* (1862)》.

tur·gent [tə́:dʒənt | tə́:-] 〖《1440》▭L *turgent-em* (pres.p.) ← *turgēre* to swell: ⇨ -ent〗 ── adj. 《廃》 1 ふくれる, ふくれた, ふくれ上がった (swelling, swollen). 2 傲慢な; 大げさな言葉遣いをする. **~·ly** adv.

tur·ges·cence [tə:dʒésṇs | tə:-] 〖《1631》← L *turgēscere* (⇨ turgescent)＋-ENCE〗 n. 1 腫(は)れ, 膨張(ぼうちょう) (swelling). 2 誇張 (bombast). 3 〖植物〗緊張状態.

tur·gés·cen·cy [-sṇsi | -sɪ] 〖← L *turgēscere* (↓)＋-ENCY〗 n. 《古》=turgescence.

tur·ges·cent [tə:dʒésṇt | tə:-] 〖《1727》▭L *turgēscent-em* (pres.p.) ← *turgēscere* to begin to swell ← *turgēre* (↓): ⇨ -escent〗 ── adj. 1 ふくれる, 腫(は)れ上がる, 膨張(ぼうちょう)性の (swelling). 2 誇張的な, 大げさな.

tur·gid [tə́:dʒɪd, -dʒəd | tə́:dʒɪd] 〖《1620》▭L *turgidus* inflated ← *turgēre* to swell ← ?: ⇨ -id⁴〗 ── adj. 1 ふくれた, 腫れ上がった, 膨張した (swollen, distended). 2 ⟨言葉・文体など⟩大げさな, 誇張した (pompous). **~·ly** adv. **~·ness** n.

tur·gid·i·ty [tə:dʒídəṭi | tə:dʒídətɪ, -dɪ-] n. 1 腫れ, ふくれ, 膨張. 2 (文体などの)誇大, 誇張 (bombast).

tur·gite [tə́:dʒaɪt | tə́:-] 〖← *Turginsk* (ソ連の鉱山): ⇨ -ite¹〗 n. 〖鉱物〗水赤鉄鉱 ($2Fe_2O_3 \cdot H_2O$).

tur·gor [tə́:gə, -gɔə | tə́:gə(r, -gɔ:(r] 〖▭LL ~ 'swelling' ← *turgēre* to swell〗 n. 1 ふくれていること, 膨張 (turgescence). 2 〖植物生理〗膨満(ぼうまん), 膨圧.

túrgor mòvement n. 〖植物生理〗膨圧(ぼうあつ)運動《オジギソウの葉などにみられる細胞の膨圧変化によって起こる可逆的運動》.

túrgor prèssure n. 〖植物生理〗膨圧(ぼうあつ)《植物細胞において細胞膜に対する細胞体内部の圧力; 水を吸収して細胞がふくれた結果生じる》.

Tur·got [tuəgóu | tjuəgóu; *F.* tyʀgo], **Anne Robert Jacques** n. テュルゴー《1727–81; フランスの政治家・重農主義経済学者, Louis 十六世の財政長官; 称号 Baron de l'Aulne [o:n]》.

Tu·rin [t(j)ú(ə)rən, t(j)urín | tjú(ə)rín] n. トリノ《イタリア北西部, Po 川に沿う都市; 人口1,200,000; イタリア語名 Torino》.

Tu·ri·na [turí:nə; *Sp.* turína], **Joaquín** n. トゥリーナ《1882–1949; スペインの作曲家・ピアニスト》.

Tu·ring [t(j)ú(ə)rɪŋ | tjúər-], **Alan Mathison** n. (1912–54) 英国の数学者・論理学者; 電算機理論の先駆者.

Túring machìne 〖↑〗 n. 〖電算機・言語〗チューリング機械[マシン]《テープと有限状態機械を組合わせた仮想的論理装置》.

tu·ri·on [t(j)ú(ə)riàn | tjúərɪɔ̀n] 〖← (N)L *turiō(n-)* shoot ← ?: cf. F *turion*〗 ── n. 〖植物〗徒長枝, 走出茎《アスパラガス・ホップなどの地下茎から発する鱗芽(りんが)のある吸枝または若い茎》.

Turk [tə́:k | tə́:k] 〖《?*a*1300》▭(O)F *Turc* ▭ML *Turcus* ▭MGk *Toûrkos* ▭Turk. *Türk* 《原義》? strong (people)〗 ── n. 1 トルコ人; オスマントルコ族の人 (Osmanli): the ~*s* トルコ民族 / the Grand [Great] ~ トルコ国皇帝. 2 《口語》乱暴者, 手におえない奴: a regular ~ 全く手のつけられない乱暴者 / a young [little] ~ 腕白者, いたずら小僧. 3 トルコ馬, ターク種《アラビア馬に近い種類; ほとんど区別がつかない》. 4 イスラム教徒 (Mohammedan). 5 青年トルコ党員 (Young Turk).
turn* [*become*] *Turk (1) イスラム教徒になる. (2) 乱暴者になる.

Turk. 《略》 Turkey; Turkish.

Tur·ke·stan [tə̀:kɪstǽn, -kəs-, -stɑ́:n | tɜ̀:kɪstɑ́:n, -stǽn] 〖▭Pers. ~ ← *Turkī* of Turk＋-*stān* country (cf. Pers. *Hindūstān* India)〗 ── n. トルキスタン(地方)《ソ連邦中央アジア・中国・アフガニスタンにわたる広大な地域; Eastern [Chinese] Turkestan (中国新疆(しんきょう)ウイグル自治区南部および中部), Western [Russian] Turkestan (ソ連邦の Kazakstan, Kirghizia, Tadzhikistan, Turkmenistan, Uzbekistan の各共和国) および Afghanistan の北端地方を含む》.

tur·key [tə́:ki | tə́:kɪ] 〖《1555》《略》← *Turkey cock* // *Turkey hen*: この鳥がトルコ経由で輸入されたことから; 初めは guinea fowl を指し, 後に混同して七面鳥を指すに至った〗 ── n. (*pl.* ~s, ~) 1 **a** 〖鳥類〗シチメンチョウ (*Meleagris gallopavo*). **b** しちめんちょうの肉: eat ~. 2 〖鳥類〗ヒョウモンシチメンチョウ (ocellated turkey). 3 《古》〖鳥類〗ホロホロチョウ (guinea fowl). 4 《米俗》**a** (劇などの)失敗 (flop). **b** 下らない[無能な]者; つまらない[役に立たない]人[物]. 5 〖ボウリング〗ターキー《3 連続ストライク; triple ともいう》.
not say turkey 《米口語》ひとことも言わない, うんともすんとも言わない. ***talk* (*cold*) *turkey*** 《米口語》率直[事務的]に話す, ずけずけ言う; 仕事の話をする (cf. cold turkey). ***walk turkey*** 《米口語》⟨船が⟩前後左右に揺れる.

Tur·key [tə́:ki | tə́:kɪ] 〖《1369》 *Turkye* ▭(O)F *Turquie* ▭ML *Turchia* ← *Turcus* 'TURK': cf. -y¹〗 n. トルコ《小アジアから Balkan 半島南東部にわたる共和国; 人口 42,130,000, 面積 780,574 km², 首都 Ankara; 公式名 Turkish Republic トルコ共和国; トルコ語名 Türkiye》.

túrkey bùzzard n. 〖鳥類〗=turkey vulture.

Túrkey cárpet n. (厚地の)トルコじゅうたん.

túrkey-còck 〖《1541》〗 n. 1 七面鳥の雄: turn as red as a ~ (怒って)顔がまっ赤になる. 2 もったいぶる人 (pompous person).

túrkey còrn n. 〖植物〗=squirrel corn.

Túrkey fìg n. 〖植物〗イチジク (*Ficus carica*) 《ごく普通に栽培されるクワ科の低木》.

túrkey-gòbbler n. 七面鳥の雄 (turkey-cock).

túrkey-hèn 〖《1552》〗 n. 七面鳥の雌.

Túrkey lèather n. 《英》トルコ革《脱毛前に油なめしした革; 特に, 装丁用》.

túrkey òak n. 〖植物〗1 トルコカシ (*Quercus cerris*) 《Balkan 地方原産カシ属の植物》. 2 ユーラシア大陸産カシ属の砂地に生える植物の総称《*Q. laevis, Q. incana* (bluejack) など》.

Túrkey réd n. 1 **a** 〖染色〗トルコ赤《アカネの根[アリザリン]で木綿を媒染染めした明るい赤》. **b** トルコ赤色《紫味のやや暗い赤色》. 2 トルコ赤の木綿地. 3 (インド赤に似た)酸化鉄を原料とする顔料.

túrkey-réd òil n. 〖化学〗ロート油, 硫酸化油《ヒマシ油を濃硫酸で処理したもの; 乳化剤》.

túrkey shòot n. 1 七面鳥撃ち《祭典などの余興に行なわれる射撃競技で, 生きた七面鳥など動く標的を撃つ》. 2 類似の射撃試合.

Túrkey stòne n. 1 〖宝石〗=turquoise. 2 トルコ石《砥石(といし)の一種; 上等の oilstone》.

túrkey-tròt vi. ターキートロット (turkey trot) を踊る.

túrkey tròt n. 〖ダンス〗ターキートロット《二人ずつ組になり円陣を作って踊る舞踏の一種》.

túrkey vúlture n. 〖鳥類〗ヒメコンドル (*Cathartes aura*) 《南米・中米・米国南部産のコンドルの一種》.

Tur·ki [tə́:ki, túə- | tə́:ki:] 〖《1782》▭Pers. *Turkī* (adj.) ← *Turk* 'TURK'〗 n. チュルク語. ── adj. チュルク語族の; チュルク語を話す, チュルク語圏の.

Turk·ic [tə́:kɪk | tə́:-] 〖⇨ Turk, -ic¹〗 ── n. チュルク語派《アルタイ語族の一つで, Turkish, Azerbaijanian, Turkoman, Uzbek, Kirghiz, Yakut などを含む》. ── adj. 1 チュルク語派の; チュルク語派の言語を話す民族の. 2 =Turkish 1.

Túrk·ish [-ɪʃ] 〖《1545》← TURK＋-ISH ∞ ME *Turke(y)s* ▭OF *turqueis* (F *turquois*)〗 ── adj. 1 トルコの; トルコ風の; トルコ人の. 2 トルコ語の. 3 =Turkic 1. ── n. 1 トルコ語, オスマントルコ語 (Ottoman Turkish). 2 《俗用》=Turkic.

Túrkish báth n. トルコぶろ, 蒸しぶろ; [通例 *pl.*] その浴場設備.

Túrkish cárpet n. =Turkey carpet.

Túrkish cóffee n. トルココーヒー《専用のポットにコーヒーの粉末と砂糖・水を加えて煮立てた強いコーヒー》.

Túrkish créscent n. =crescent 8.

Túrkish delíght n. トルコのゼリー菓子《ゼラチンやコーンスターチを用い, 香料や木の実を加え, ゼリー状に固めて粉砂糖をまぶしたもの》.

Túrkish Émpire n. [the ~] トルコ帝国 (⇨ Ottoman Empire).

Túrkish músic n. トルコ音楽《通例, 打楽器の; cf. Janissary music》.

Túrkish páste n. =Turkish delight.

Túrkish póund n. トルコポンド (Turkish lira) (略 £T).

Túrkish rúg n. トルコじゅうたん.

Túrkish tobácco n. トルコたばこ.

Túrkish tówel n. トルコタオル《厚いけばが輪 (terry) になっている普通のタオル; cf. towel》.

Túrk·ism [-ɪzṃ] n. トルコ風[流]《トルコ人の文化・信仰・慣習など》.

Tur·ki·stan [tə̀:kɪstǽn, -kəs-, -stɑ́:n | tɜ̀:kɪstɑ́:n, -stǽn] n. =Turkestan.

Tür·ki·ye [*Turk.* týrkijɛ] n. Turkey のトルコ語名.

Turk·man [tə́:kmən | tə́:k-] 〖《15C》《変形》← TURKOMAN〗 n. (*pl.* **-men** [-mən, -men]) =Turkoman 1.

Turk·men [tə́:kmən, -men | tə́:k-] 〖▭Pers. *Turkmēn* Turkoman〗 n. 1 =Turkoman 2. 2 =Turkmenistan.

Turk·me·ni·an [tə:kmí:niən | tə:kmí:njən, -nɪən] adj. トルクメン人 (Turkoman) の, トルクメン共和国 (Turkmenistan) の.

Turk·men·i·stan [tə:kménəstæ̀n, -stɑ̀:n | tɜ:kménɪstɑ̀:n, -stæ̀n; *Russ.* turkmjinjistán] n. トルクメン《ソ連邦中央アジア南西部, イランおよびアフガニスタンに接するソ連邦構成共和国の一つ; 人口 2,722,000, 面積 488,100 km², 首都 Ashkhabad; 公式名 the Turkmen Soviet Socialist Republic トルクメンソビエト社会主義共和国》.

Tur·ko- [tə́:ko(u) | tə́:kə(u)] =Turco-.

Tur·ko·man [tə́:kəmən | tə́:kəmən, -mæ̀n, -mɑ̀:n] 〖《1600》▭ML *Turcoman-nus* ▭Pers. *Turkumān*, -*mēn* one resembling a Turk ← *Turk* 'TURK'＋*mān-dan* to resemble〗 ── n. (*pl.* ~s) 1 トルクメン人《ソ連邦の主に Turkmenistan, Uzbekistan, Kazakstan 各共和国と Kara-Kalpak 自治共和国に住む東トルコ人》. 2 トルクメン語《チュルク語の南部方言に属する》.

Túrkoman cárpet n. トルクメンじゅうたん《けばの長い美しい色付きじゅうたん》.

Tur·ko·men [tə́:kəmən, -mèn | tə́:-] n. =Turkmenistan.

Tùrko-Tátar n., adj. =Turkic.

Túrks and Cái·cos Íslands [tə́:ks-, -kéɪkəs- | tə́:ks-] n. pl. [the ~] 西インド諸島中 Bahama 諸島の南東部の 2 諸島; 英国領; 人口 6,000, 面積 430 km², 首都 Grand Turk.

Túrk's-càp lìly n. 〖植物〗**a** マルタゴン (*Lilium martagon*) 《花は垂下し花弁は著しく外旋するユリの一種》. **b** カノコユリ (*L. superbum*).

Túrk's hèad n. 1 (天井などを掃除する)長柄の羽ぼうき (pope's head). 2 〖海事〗指輪飾り《索や円材に細索で巻き付ける装飾ならびに実用的な結び (knot) の一つ》. 3 菓子焼なべ. 4 〖植物〗西インド諸島産メロカクタス属の球形のサボテン (*Melocactus intortus*) 《トルコ帽のような花をつける》.

Túrk's-hèad cáctus n. 〖植物〗=Turk's head 4.

Tur·ku [túəku: | tʊ́ə-; *Finn.* túrku] n. トゥルク《フィンランド南西部の海港; 人口 164,000; スウェーデン語名 Åbo》.

Turl [tə́:l | tə́:l] n. [the ~] 《英口語》(Oxford の) タール通り (Turl Street) (cf. high n. 4).

túrle knòt [tə́:l- | tə́:l-] 〖← (*Major W.G.*) *Turle* (19 世紀イギリスの釣師)〗 n. 〖釣〗タール結び《釣素(はりす)を毛鉤に結び付ける結び方の一種》.

Tur·lough [tə́:lou | tə́:ləu] 〖▭Ir. *Toirdhealbhach* 《原義》 shaped like Thor〗 n. 男性名. ★ アイルラン

ドに多い《異形 Terence, Terry, Charles》.

tur·ma·line [tə́ːməliːn | tə́ː-] *n.* 〘鉱物〙＝tourmaline.

tur·mer·ic [tə́ːmərɪk, t(j)úː- | tə́ː-] 〘《1538》 *tarmaret* ⊏ F *terre mérite* saffron ⊏ ML *terra merita* deserving earth〙 — *n.* **1 a** 〘植物〙ウコン (*Curcuma domestica*)《インド産ショウガ科ウコン属の植物; cf. curcuma》. **b** ウコンに似た植物の総称. **2** 〘植物〙ウコン根《インド産ウコンの根茎》. **3** ウコン根の粉末《黄色天然染料・健胃剤, 薬味, 特にカレー粉として使用》.

túrmeric pàper *n.* 〘化学〙クルクマ紙, 薑黄(きょう)紙, 黄色試験紙《アルカリに会えば黄色が褐色に, またホウ酸に会えば赤褐色に変わる試験紙》.

tur·mit [tə́ːmɪt, -mət | tə́ːmɪt] *n.* 《英方言》＝turnip.

tur·moil [tə́ːmɔɪl | tə́ː-] 〘《c1511》? ← TUR(BULENT)＋MOIL: cf. OF *tremouille* (F *trémie*) millhopper〙 — *n.* **1** 不安 (disquiet), 動揺, 騒ぎ, 騒動, 混乱: in a ～ of surprised emotion 驚きに思いは千々に乱れて / The government was in ～. 政局は動揺していた. **2** 《廃》つらい仕事, 苦役. — *vt.* 《古》騒がす (agitate), 悩ます. — *vi.* 《方言》あくせく働く (toil).

tur·mut [tə́ːmət | tə́ː-] 〘転訛〙 *n.* 《英方言》＝turnip. ★ 作家が田舎言葉として用いる.

turn [tə́ːn | tə́ːn] 〘v.: OE *turnian* & *tyrnan* to revolve ⊏ L *tornāre* to turn (in a lathe) ← *tornus* lathe, chisel ⊏ Gk *tórnos* ← IE *ter- to rub, turn (L *terrere* to rub): 今の形は ME で OF *torner, t(o)urner* により補強された. — n.: 《?a1200》 (i) ⊏ OF *tour(n)* lathe, circuit, turn < L *tornum* // (ii) ← (v.)〙 — *vt.* **1 a** (軸または中心の回りを)回す, 回転させる (rotate); 〈かぎ・ねじ・ドアのノブなどを〉回す: ～ a wheel [lathe] 車輪[ろくろ]を回転させる / ～ a key かぎを回す / ～ the knob of the door ドアのノブを回す / ～ a tap gently 栓(せん)を徐々に回す[ひねる] / ～ a screw tight ねじをしっかりと締める. **b** [目的語＋副詞語句を伴って]〈器具〉の調整用つまみを回して...にする: The lamp was ～*ed low*. ランプの灯が弱められた.

2 a 逆さにする, 転倒する (invert); 裏返しにする, 表に返す: ～ a hand 手の裏を返す / ～ a pancake on a griddle 鉄板の上でパンケーキを返す. **b** 〈衣服または衣服の一部を〉裏返しにして縫い直す[付け換える]: ～ a collar えりを裏返しにして付け換える / He had his suit ～*ed*. 服を裏返しにして縫い直させた. **c** 〈土を〉掘り[すき]返す. **d** 〘印刷〙〈活字・込め物を〉逆さにする, 伏せる; 〈罫(けい)を〉裏にする.

3 〈ページを〉めくる: ～ a page / ～ the leaves of a book 本のページをめくる.

4 〈はかり〉のさお[針]を上下[左右]させる, ...で重さ[目方]を測る: He ～*s* the scale *at* 130 pounds. 体重が 130 ポンドある.

5 (回転させて)...の向きを変える: He ～*ed* his chair *around* [*to* me]. 椅子の向きをぐるりと変えた[私の方に向けた].

6 a 〈視線・顔・背などを〉〔...の方へ〕向ける (direct)〔*to, on, toward*〕, 〔...から〕そらす, そむける (avert)〔*from*〕: *Turn* your head more *to* the right. 頭をもっと右の方へ向けなさい / He ～*ed* his face this way [*from* the sight]. 顔をこちらへ向けた[その光景からそらした] / She ～*ed* her eyes *in* my direction. 目を私の方へ向けた / He ～*ed* his back *to* his guests. 客に背を向けた / The two boys were outstaring each other to see which would first ～ his eyes. 二人の少年がどちらが先に目をそらすかにらめっこをしていた. **b** 〈電光・銃砲・カメラなどを〉向ける (train)〔*on, upon, round,* etc.〕: ～ a torch *on* the number plate 懐中電灯を番号札に向ける / ～ a gun *on* a man 男に銃を向ける / ～ one's camera *upon* the scene その光景にカメラを向ける / I ～*ed* my flashlight *round* the room. 懐中電灯を回して部屋中を照らした. **c** 〈考え・注意・話題などを〉〔...に〕向ける〔*to, toward*〕; 〔...から〕引き離す〔*from*〕: ～ one's attention [efforts] *to* business 仕事に注意[努力]を向ける / ～ one's thoughts *to* home [*toward* religion] 思いを郷里にはせる[宗教に向ける] / ～ one's mind *from* this world *to* the next 心を現世から来世へと走らせる / ～ one's mind [the conversation] *to* practical matters 心[話]を実際上の事に向ける / I ～*ed* the talk *away from* the subject. 話をその話題からそらした. **d** 〔目的・用途のために〕当てる, 使用する (apply)〔*to*〕: ～ misfortune *to* good account 不幸を善用する, 禍を転じて福となす / He ～*ed* his hand *to* writing historical novels. 歴史小説の執筆に手を染めた / She ～*ed* the room *to* a great many uses. その部屋は色々と利用した. **e** [～ *oneself* で]《古》〔...に〕傾倒する, 熱中する (devote oneself); 〔...に〕心[注意]を向ける〔*to*〕: He ～*ed himself to* politics. 政治に熱中した.

7 a ...の方向を変える[戻す] (divert); 逆戻りさせる, 退却させる: ～ the tide of public opinion 世論の趨勢を変える / ～ a ship *from* her course 船の方向を変える / ～ one's horse *to* the hills 馬を山の方へ向ける / ～ one's car right [*into* a stream of traffic] 車を右へ[車の流れの中へ]向ける / The gunshot ～*ed* the tiger. 発射された弾丸でトラは退却した. **b** 〈打撃・弾丸などを〉そらす, はね返す (deflect): ～ a bullet / He deftly ～*ed* the blow with his arm. 腕でたくみに打撃をはねのけた. **c** 〘クリケット〙〈投球されたボールを〉地面に接してから方向を変えさせる (break). **d** 〈人・人の心を〉他に向けさせる, 変えさせる: ～ a person *from* his purpose 人の心を目的以外へ向けさせる / Nothing will ～ him どんな事があっても彼の心を変えさせることはできまい / His speech ～*ed* the crowd *in* his favor. その講演を聞き群衆は彼を支援しようという気持ちになった. **e** 改宗[転向]させる (convert): The experience ～*ed* him *toward* radicalism. その体験で彼は急進派に転向するようになった.

8 [目的語＋方向の副詞語句を伴って] **a** (ある方向へ)向かわせる, ...に向かって進ませる (direct): ～ one's way *back* (来た道を)引き返す / He ～*ed* his steps *homeward*. 家路についた. **b** 追う, 追い込む (drive); 追い払う, 送り出す (send away): ～ cattle *to* pasture 牛を放牧する / ～ sheep *into* a pen 羊を囲いに追い入れる / ～ one's son *out* (*of* doors) 息子を家の外へ追い出す / ～ a person *away from* his position 人をその地位から追い出す / He was ～*ed from* the door. 戸口から追い返された / ～ hunters *off* one's land 土地から狩猟家たちを追い払う / The orphan was ～*ed* adrift in the world. その孤児は世の中にほうり出された. **c** 逆さにして〈中味を〉あける〈*out*〉〔*into, onto*〕: *Turn* this hot water *out into* the basin. このお湯を洗面器にあけなさい / I ～*ed* the contents of my wallet *out onto* the desk. 札入れの中味を机の上にあけた.

9 a 〈角などを〉回る, 曲がる: The car ～*ed* the corner. 車は角を回った / The ship ～*ed* the Cape. 船は希望峰を回った. **b** 〘軍事〙〈敵など(の側面)を〉回って背後を衝く: ～ (the flank [position] of) an enemy 敵軍の側面[陣地]を回って背後を襲う. **c** 〈相手〉の裏をかく (outwit): ～ a person＝～a person's flank 人を出し抜く, 虚を突く.

10 a 曲げる, 折り返す (bend, fold): ～ the sheet *back* シートを折り返す / She ～*ed back* the corner of the page to keep the place. その個所がわかるようにページの隅を折り返した / ～ one's collar *up* (服の)えりを立てる. **b** 〔...に〕からめる, 巻きつかせる〔*about, round*〕: The tendrils of the melons were ～*ed about* the hedge. メロンのつるが垣根に巻きついていた. **c** 彎曲させて作る: Those tubes are ～*ed*. これらの管は曲げて作られている. **d** くじく, ねじる, 捻挫(ねんざ)する (wrench): ～ one's ankle 足首を捻挫する. **e** 〈刃先を〉まくれさせる, 鈍らせる: ～ the edge of a blade / ～ the edge [point] of an attack 攻撃の先鋒(ほう)をくじく.

11 a (...の性質・外観を)〔...に〕変える, 転換させる, 変形させる (transform)〔*into, to*〕: Jesus ～*ed* water *into* wine. イエスは水をぶどう酒に変えた / Those houses have been ～*ed into* one-roomed flats. それらの家は一部屋の平家に改造された / He worked in a school ～*ed into* a hospital. 彼はもと学校だったある病院に勤務した / His ambitions were ～*ed to* [*into*] ridicule. 彼の野望は人々の笑いものとなった. **b** 〔金銭に〕替える, 両替する (exchange)〔*into*〕: I ～*ed* my little stock *into* cash. 少しばかりの株を現金に替えた / She used to ～ her singing talent *into* extra money. 彼女は歌の才能を生かして小遣い稼ぎをしたものだった. **c** 訳す, 翻訳する; 〔他の表現に〕言い換える (paraphrase)〔*into*〕: I tried to ～ the passages *into* Latin [verse]. その数節をラテン語に訳して[韻文に直して]みようとした / You can never ～ this text *into* good English. この原文はとても立派な英語に書き直せはしない.

12 [目的語＋補語を伴って] (影響を与えて)〈人・物を〉...にする: His behavior ～*ed* me sick. 彼の行動にはうんざりした / It ～*s* the fiber black. それで繊維が黒くなる.

13 a 〈葉などを〉変色させる: Poplars have been ～*ed* by the season. 季節のせいでポプラの葉はもう色づいている. **b** 〈牛乳などを〉変質させる, 酸敗させる (ferment): Hot weather ～*s* milk. / Thunder ～*s* the milk. 雷鳴はミルクをすっぱくする《俗信》.

14 a 〈胃を〉むかつかせる (upset): His filthy smile ～*s* my stomach. 彼のいやらしい微笑を見ると胃がむかつく. **b** 〈頭を〉変にする, 〈心を〉転倒させる, 狂わせる (derange): Success has positively ～*ed* his head. 成功に酔って全く気が変になっている / Her mind was ～*ed* by grief. 彼女の心は悲しみで転倒していた.

15 a 〈年齢・時・額などを〉越える, 越す, 過ぎる (reach and pass): It has just ～*ed* five. ちょうど 5 時を過ぎたところだ / He has not yet ～*ed* sixty. 彼はまだ 60 にはなっていない. ★ He *has* ～*ed* sixty. とほぼ同義に He *is* ～*ed* sixty. を用いることもある (cf. *vt.* 15b). **b** [p.p. 形で] (年齢が)〈...を〉越えて: My son is ～*ed* twenty. 息子ははたちを越えた. ★ 次のように turned のあとに of を用いるのは《古》: I am *turned of* seventy. 70 の坂を越えた.

16 a ろくろ[旋盤]にかけて作る: ～ a candlestick out of brass 真鍮(しんちゅう)で燭台(しょくだい)を作る. **b** ろくろ[旋盤]で丸く削る, ろくろにかけて...に丸味をつける: A pot was being ～*ed* on a potter's wheel. ろくろ台にかけられてつぼが丸く作られるところであった. **c** 〈編物〉に丸味をつける, 丸く編む: ～ the heel of a stocking 靴下のかかとを丸く編む. **d** 〈表現などを〉上手に言う, うまく書く; 〈演芸などを〉巧妙に演出する (cf. turned 3b): He knows how to ～ a sentence [a compliment, an epigram]. 文[お世辞, 警句]のうまい作り方[言い方, 使い方]を心得ている / This play is well ～*ed*. この劇はうまく演出されている.

17 〔心の中で〕考えめぐらす, 熟考する (think over, ponder)〔*in*〕(cf. TURN *over* (*vt.*) (7)): I ～*ed* it every way *in* my mind. 心の中であれこれと考えめぐらした.

18 a 〈金・商品を〉回わす, 回転させる; (回転をよくするために)〈株を〉売り払う, 処分する (dispose of): He ～*s* his capital two or three times in a year. 1 年に 2, 3 回も資金を回転させる. **b** (商売で)もうける (make): ～ a quick [fair] profit 迅速に[公正な手段で]もうけをあげる / ⇨ *turn an honest* PENNY.

19 〈とんぼ返りなどを〉体を回転させて行なう: ～ a somersault [cartwheel, pirouette] とんぼ返り[横とんぼ返り, つま先旋回]をする / ～ handsprings 手つきとんぼ返りをする.

— *vi.* **1** (軸または中心の回りを)回転する, 回る (rotate), 旋回する (whirl around): A wheel ～*s on* its axis. 輪は軸を中心として回転する / The gate ～*ed on* its hinges. 門が蝶番(ちょうつがい)を軸にして開いた[閉じた] / The tap will not ～. 栓(せん)がどうも回らない.

2 a 向きを変える, 向き変わる, 一回転する: The airplane began to ～ *around*. 飛行機は(弧を描いて)旋回し始めた《★ その場で軸を中心にして回転する場合には次のように言う: The airplane began to *rotate*.》/ He ～*ed on* his heel. くるりとくびすを返した. **b** 体の向きを変える, 寝返りを打つ; (床の中で)輾転する: I often ～ *on* my side while sleeping. 私はよく睡眠中に寝返りを打つ / He tossed and ～*ed* all night. 一晩中寝返りを打っていた / ⇨ *turn* (*over*) *in one's* GRAVE[1].

3 〈目などが〉(別な方向に)向く; 〈人が〉振り向く[返る]; 顔をそむける, 見やる〔*from, toward, to*〕: everywhere the eye ～*s* 目の向く所はどこにも / She ～*ed* to stare at me. 彼女は振り向いて私の顔をじっと見詰めた / He never ～*ed* to look behind. 振り返って後ろを見ようとは一度もしなかった / She ～*ed from* the dreadful sight. その恐しい光景から目をそむけた / I helplessly ～*ed toward* the door. どうにもならなくなってドアの方を見やった / Frightened, she ～*ed to* her husband. びっくりして彼女は夫を見やった.

4 [通例, 方向の副詞語句を伴って] **a** (ある方向へ)向かう, 向かって進む; 方向を変える[変えて進む], 曲がる: ～ *east* [*west*] 東[西]に向かう / ～ *to* the right [left] 右[左]へ向かう[曲がる] / He ～*ed down* the lane by the church. 教会のそばの小道に入って行った / We ～*ed from* the highway *into* a country road. 我々は国道から田舎道へ曲がって行った / He ～*ed into* a drugstore on the corner. 町角のドラッグストアへ入って行った / I ～*ed off on to* a bystreet. 横町へ入って行った / All ～*s to* his profit. 万事彼に有利になって行く / Economy is ～*ing upward* [*downward*]. 経済は上昇中[下降中]である / I don't know where [which way] to ～. どちらへ向いて[どうして]よいやらわからない《途方に暮れている》. **b** 〈道路・水路などが〉曲がる (bend): The lane ～*ed to* the left hand *toward* the river. 小道は左手の川の方に曲がった / The railroad ～*s* gradually *away from* the river. 線路は次第に川から遠去かって走っている. **c** 〈風が〉向きを変える (shift): The wind ～*ed from* the south *into* the west. 風向きが南から西に変わった. **d** 〘海事〙〈船が〉針路を転じる, 間切(まぎ)る (tack).

5 a 引き返す, くびすを返す: It's time to ～ now. もう引き返してもよい時刻だ. **b** 〈運・形勢などが〉一転する, 逆転する: The luck ～*ed*. つきが変わった. **c** 〈潮が〉(満潮[干潮]から干潮[満潮]へ)変わる: In the afternoon the tide ～*ed*. 午後から潮が変わった.

6 (抵抗または攻撃のために)位置[態度]を変える; (服従的・友好的態度を変えて)敵対する, 反抗する, そむく〔*against*〕: Even a worm will ～. ⇨ worm 1 a / The newspaper ～*ed against* the Ministry. その新聞は内閣に反対した.

7 a 注意[考え]を向ける, 転向する〔*to*〕; 注意[考え]をそむける]離れさせる]〈*away*〉〔*from*〕; 注意[関心]を移す〔*from, to*〕: He taught mathematics at the University but soon ～*ed to* politics. 大学で数学を教えていたが, その後間もなく政治に転向した / They are apt to ～ *to* foreign products out of snobbism. とかく見栄から舶来品に目を向け勝ちである / Many young people are ～*ing to* herbal medicines. 若い人で薬草を愛用する人が増えて来ている / I ～*ed away from* reality *to* an artificial paradise. 私の考えは現実の世界から架空の天国へとさ迷い出して行った. **b** 〈心・話題などが〉向かう; 向かって行く (move on)〔*to*〕: All my hopes ～*ed to* my younger son. 私の希望はすべて次男にかけられた / Talk ～*ed to* the French Revolution. 話はフランス革命へと移って行った / Her thoughts often ～*ed* homeward. しばしば彼女の思いは郷里へ馳(は)せた.

8 a (宗教的に)生き方を変える, 改宗する, 帰依する〔*to*〕: When young, he ～*ed to* Christianity. 若い時分にキリスト教に改宗した. **b** 変節する, 寝返る〔*to*〕: All will revolt from me, and ～ *to* him. みんなが私に反逆して彼に寝返るだろう.

9 〈頭が〉くらくら[ふらふら]する (reel): Heights always make my head ～. 高い所へ昇るといつも頭がくらくらする.

10 a 〔...のいかんに〕よる, 〔...に〕かかる (hinge)〔*on, upon*〕: Everything ～*ed upon* the result of the battle. 万事その戦いの勝負いかんにかかっていた. **b** もっぱら〔...を〕中心とする, 主として〔...に〕かかわる (relate principally)〔*about, around, on, upon*〕: The drama ～*s* entirely *on* the revolt of the angels. その劇は終始天使の反逆を中心として展開する.

11 a (性質・外観などが)〔...に〕変わる, 変化する〔*into, to*〕: Dusk was ～*ing into* night. 夕暮れが夜になろう

としていた / Shipboard acquaintances sometimes ~ *into* horrible bores on land. 船上で知り合った人が陸上では恐しくつまらない人になるということがある / The snow ~*ed to* icy rain.雪が氷雨に変わった / Love can ~ *to* hate. 愛が憎しみに変わることがある / His cold soon ~*ed to* pneumonia. 彼のかぜは間もなく肺炎となった / It'll ~ *to* rain later. あとで雨になるでしょう / The hair on his temples was ~*ing from* gray *to* white. こめかみの辺りの毛は灰色から白色に変わりかけていた / The circumstances ~*ed from* bad *to* worse. 事態は益々悪化して行った. **b** [補語を伴って] (変わって)...になる (grow, come to be): His hair ~*ed* white in a night. 彼の髪は一夜のうちに真っ白になった / At this her lively complexion ~*ed* a deep scarlet. これを聞くと彼女の生き生きした顔が真っ赤になった / He [They] ~*ed* traitor. 彼[彼ら]は反逆者となった / The girl had ~*ed* call girl. その娘はコールガールになっていた. ★(1) あとの2例におけるように Countable noun が補語に用いられる場合には, 通例, 単数形のままで不定冠詞をつけない. (2) p.p. としての turned があとに補語としての名詞を伴ったまま, 他の名詞の後位修飾語として用いられることがある: The essay was written by a politician ~*ed* critic. その随筆はもと政治家だった一評論家の手になっていた.

12 a 〈牛乳・バターなどが〉変質する, 酸敗する: The milk has ~*ed*. 牛乳が酸(す)くなった. **b** 〈通例, 葉が〉変色する (change color): Poplars began to ~. ポプラの葉が色づき始めた. **c** 《古》異なってくる.

13 a 〈胃が〉むかつく: My stomach ~*ed* at this sight. この光景を見て胃がむかついた. **b** 心が転倒する, 気が変になる: His head ~*ed* with grief. 悲しみのために気が変になった.

14 〈刃先が〉まくれる, 鈍る: The edge of this knife has ~*ed*.

15 a ろくろ[旋盤]を回す. **b** ろくろ[旋盤]で挽(ひ)ける: Copper ~*s* easily in the lathe. 銅は旋盤にかけやすい.

16 〈商品が〉回転される: This merchandise will ~ easily. この商品はさばきやすい.

17 『ジャーナリズム』〈記事が〉次のページ[同じページの次段]へ続く (cf. jump).

turn about (1) ぐるりと回る[回す], 振り返る, 転換する: ~ one's head *about* 振り向く. (2)『軍事』回れ右をする[させる] (face about): The troops ~*ed about*. 軍隊は回れ右した. (3) あちこちに向ける, こづき回す: Don't ~ me *about*. こづき回すのはよせ.

turn against (*vt.*) (1) ...に反抗させる, そむかせる; ...に対し反感を抱かせる, 〈人〉に...をきらいにさせる (prejudice): What ~*ed* the child *against* me? あの子は何で私をいやがる[私に反抗する]のだろう. (2) 〈議論などを〉...にはね返す, 反撃させる: He ~*ed* those criticisms *against* the critics. それらの批判を逆に評論家たちにはね返してやった. (*vi.*) (1) ⇨ *vi.* 6. (2)...にはね返る, 反発する (recoil on): The advantage abruptly ~*ed against* us. その利点が出し抜けに裏目に出てきた.

turn and rend (不意に反抗的な態度に出て)〈友人などを〉ののしる.

turn around (1) ぐるりと回転する[させる], 振り返る[返らせる], 逆戻りする[させる] (cf. *vt.* 5). (2) 〈市場・経済・ドルなどが〉逆転する (reverse).

turn aside (1) わきへよける[どく, それる]; わき道へはいる. (2) 顔をそむける, わきを向く. (3) 〈怒りを〉静める.

turn away (*vt.*) (1) 追っ払う, 追いのける (cf. *vt.* 8 b); ...に入場[止宿, 乗車]をことわる, 引き返させる: The salesman was ~*ed away from* the door. そのセールスマンは戸口から追い返された. (2) 〈話題などを〉そらす (cf. *vt.* 6 c); 避ける, 遠ざける (avert), 〈怒りなどを〉なだめる: He ~*ed away* the question. その質問を避けた / A soft answer ~*eth away* wrath. 柔らかなる答は憤りをとどむ (*Prov.* 15: 1). (*vi.*) (1) 顔をそむける, 見ようとしない; 注意[考え]をそむける, 遠ざかる, 顧みない (cf. *vi.* 7 a): She ~*ed away from* the spectacle. その光景から顔をそむけた. (2) それる, 遠のく (cf. *vi.* 4 b). (3) 立ち去る, 帰る (leave).

turn back (*vt.*) (1) ⇨ *vt.* 10 a. (2) 引き返させる, もとへ戻す (cf. *vt.* 8 a): You can't ~ the hands of the clock *back*. 時計の針をもとへ戻すことはできない. (3) ...の前進をくい止める, 阻止する (check); 追い返す, 退却させる. (*vi.*) (1) 前進をやめる; 引き返す, 戻る, 帰る (return): There is no ~*ing back* on the road that mankind is now traveling. 今人類が歩んでいる道を引き返すわけにはいかない. (2) 前(の時[所])を参照する: ~ *back to* the first chapter (前に戻って)第1章を参照する.

turn down (*vt.*) (1) 折りたたむ, 折り返す (fold down): ~ *down* one's collar カラー[えり]を折り返す / ~ *down* a bed ベッドの上掛けの角を折り返す / A leaf was ~*ed down* about the middle of the book. 本の半ばごろで1ページ折ってあった. (2) 〈火力・明るさ・音量などを〉小さくする, 下げる (lessen); 〈ランプ・ガスなどを〉細くする, 〈ラジオ・テレビ〉のボリュームを下げる (↔ turn up): ~ *down* the gas ガスの火を細くする / ~ the radio *down* ラジオの音を小さくする. (3) 〈願い・提案・候補者・申込者などを〉拒絶する, 却下する (reject): Congress has ~*ed down* the bill. 国会はその議案を否決した / She applied for the job but was ~*ed down*. 彼女はその職を申し込んだが断わられた / Algeria agreed to accept the refugees after Sweden and Denmark had ~*ed* them *down*. スウェーデンとデンマークがその難民を断わったあとでアルジェリアが受け入れることにした. (4) 〈トランプを〉伏せる. (*vi.*) (1) 〈口の両端・まなじりが〉下がる. (2) 折りたためる, 折り返しになる.

turn in (*vt.*) (1) 内側に向かせる (incline inward); 内側に曲げる (bend inward), 折り曲げる, たたみ込む (fold over): ~ *in* one's toes [feet, knees] 足指[両足, 両ひざ]を内に向ける / Illness ~*ed* him *in upon* himself. 病気のため彼は自分の殻にとじこもるようになった. (2)『海事』〈三つ目滑車 (deadeye)・第一斜檣(しょう)端 (bee) など〉に索を巻き着ける. (3) 〈緑肥などを〉(地中に)すき込む (turn under). (4) 提出する, 手渡す (hand in): ~ *in* an contribution 寄稿をする. (5) 〈記録・演技などを〉成就する, 挙げる (achieve). (6) 返換する, 返す (return): Don't forget to ~ *in* your uniforms before you leave. 帰る前にユニフォームを忘れずに返して下さい. (7)《口語》〈犯人・容疑者などを〉届け出る (hand over); 内報する (inform on): ~ *in* one's revolver *to* the police 拳銃を警察に届け出る / The runaway ~*ed* himself *in*. 逃亡者は自首した. (8)《口語》やめる, 放棄する (give up): You'd better ~ *in* your nightwork. 夜なべをやめたほうがよい / ⇨ TURN *it in*. (9)《英》〈車などを〉下取りしてもらう (trade in). (*vi.*) (1) 内側に向かう; (特に)〈足指・両足・両目などが〉内向きになる: My toes ~ *in*. 足が内まただ / ~ *in upon* oneself 自分の殻にとじこもる, 一人でくよくよ悩む. (2) 内側に曲がる, 巻き込む; 道を曲がる, (進路を変えて)ほかの道に入る (veer); (回って)...に入る (turn into, enter): The dog was frightened with his tail ~*ing in*. 犬は尻尾を巻き込んでおびえた / I ~*ed in* at your gate. お宅の門から中に入った. (3)《口語》床につく, 寝る (go to bed) (↔ turn out): It's time I was ~*ing in*. そろそろ寝る時間だ.

turn it in《俗》[通例命令形で] (煩わしい言動などを)やめる, だまる (turn it up): *Turn it in*! よせ, だまりなさい.

turn loose ⇨ loose *adj.* 成句.

turn off (1) (栓(せん)をひねって)〈ガス・電気・水道の水・ラジオの音などを〉止める, 消す (shut off) (↔ turn on); 〈蛇口を〉締める, 〈スイッチを〉ひねる; 〈ガス器具・電熱器・ラジオなどを〉消す: ~ *off* the water [gas] 水道[ガス]を止める / ~ *off* the light 灯りを消す / ~ *off* the TV テレビを消す. (2)《口語》〈愛敬・魅力などを〉急にかき消す: She ~*ed off* a smile. 顔から笑(え)みをかき消した. (3) (わきへ)そらす, はぐらかす (deflect), 避ける (evade): He ~*ed off* the stroke. 打撃をかわした / He pressed me but I ~*ed* him *off* in one way and another. 彼にしつこく迫られたが何とかはぐらかした. (4)《英》〈従業員などを〉解雇する (dismiss): He ~*ed* the servant *off* for misconduct. 召使が不都合をしたので暇を出した. (5) 〈商品を〉売りさばく (dispose of). (6) 作り出す, 生産する (produce); 完成する, うまくやってのける (execute): ~ *off* an epigram 警句を吐く. (7) ろくろ[旋盤]にかけて削り取る; ろくろ[旋盤]にかけて形作る. (8)《俗》飽き飽きさせる, うんざりさせる (bore); ...に興味を失わせる: His long speech ~*ed off* the audience. 彼の長い講演で聴衆はうんざりした / She just ~*s* me *off*. 彼女にはいや気がさした. (9)《英》結婚させる. (10)《俗》縛り首にする (hang). (*vi.*) (1) 〈人が〉わき道へ入る[それる]; 〈道が〉分岐する (branch off): I ~*ed off* the highway *on* the dirt road. 大通りから曲がって舗装していない道路へ車を走らせて行った / The road ~*ed off to* the right. 道路は右へ折れていた. (2)《俗》興味を失う, 聴いていなくなる; 気持が離れる, 落伍する. (3)《英》悪くなる, 変質する, 腐敗する. (4) [補語を伴って] ...になる (become): The evening was ~*ing off* cold. 夕方の気温が下がりだしていた.

turn on (*vt.*) (1) (栓(せん)をひねって)〈ガス・電気・水道の水・ラジオの音などを〉出す, つける (switch on); 〈蛇口を〉明ける, 〈スイッチを〉回す; 〈電気器具・ラジオ・蓄音機などを〉かける, 作動させる (↔ turn off): ~ *on* the radio ラジオをつける / She ~*ed on* the gas for tea. 紅茶を作るためにガスをつけた. (2)《口語》〈愛敬・魅力などを〉急に表わす: She ~*ed on* her smiles. にこにこして愛敬を振りまいた. (3)《俗》...に麻薬の味を覚えさせる, 麻薬中毒にする; ...に(麻薬で)幻覚を起こさせる. (4)《口語》(麻薬のように)〈人〉に強い快感を起こさせる, 刺激する, 興奮させる (stimulate, excite); 性的に興奮させる: The rock singer ~*ed* them *on*. ロック歌手は彼らを熱狂させた / She really ~*s* me *on*. 全く彼女には興奮する. (*vi.*)《俗》麻薬を始める, 麻薬常習者となる; (麻薬を飲んで)幻覚を起こす; 強い快感に浸る, 興奮する (get high): They ~*ed on* with jazz. ジャズに浮かれ狂った.

turn on [***upon***] (1) ...に急に敵対[反抗]する, に怒りをぶちまける, に食ってかかる; 急に...に襲いかかる: He ~*ed on* me with sarcasm. 私に皮肉を浴びせかけた / The dog ~*ed on* its owner and bit him severely. 犬は突然飼い主に襲いかかり猛烈にかみついた. (2) ⇨ *vi.* 10 a.

turn on the agony ⇨ agony 成句.

turn out (*vt.*) (1) 裏返す (turn inside out); ...の中味をあける, からにする (empty); 《英》(中の物を外へ持ち出して)〈部屋を〉掃除する (clean): ~ *out* one's pockets ポケットをひっくり返して[から全部物を取り出して]見る. (2) 〈足指などを〉外側に向かせる, 外向きにする: ~ *out* one's toes. (3)『海事』〈縮帆したものを〉広げる: ~ *out* a reef of sail 解帆する. (4) 追い出す[払う], 放逐する (cf. *vt.* 8 b); 〈馬・牛などを〉放牧する: He was ~*ed out* of Austria by the Nazis. 彼はナチスによってオーストリアから放逐された. (5) (迅速に, 規則的に)生産する, 産出する, 製造する (produce); 養成する, 輩出する: Every variety of bread is ~*ed out* by many bakeries. 各種のパンが多くのパン工場で作られている / Colleges ~ *out* men fit for professions. 大学は専門職に向いた人々を世に送り出す. (6) 仕立てる, 盛装させる (fit out) (cf. turned-out): She was well ~*ed out*. 彼女は盛装していた / He was ~*ed out in* full fig. 彼はちゃんと正装していた. (7) 〈電灯・ガス灯などを〉消す (put out): Make sure the lights are ~*ed out* before you leave the room. 部屋を出る前に明りが消えているか確かめなさい. (8)『軍事』〈衛兵を〉(衛兵室の前に)集合[整列]させる, (夜間などに)閲兵する; 『海事』〈船員を〉居室から出て部署につかせる: *Turn out* the guard! [号令] 衛兵集合. (*vi.*) (1) 〈足指・足などが〉外側に向く, 外向きになる (point outward). (2)《口語》外出する, 出かける, 繰り出す, 出勤する (sally forth); (催し物などに)集まる (assemble), 姿を見せる: The townspeople ~*ed out to* vote. 町民たちは投票に出かけた / Do we have to ~ *out* on such a nasty day? こんないやな天気の日に出かけなければならないのですか. (3)《口語》(寝床から)起き出る, 起床する (get out of bed) (↔ turn in). (4) ストライキをする (go on strike). (5)『軍事』〈衛兵が〉点呼のため整列する, 閲兵のために集合する. (6) [*to* do または補語を伴って] 結局〈...であることが〉わかる, 〈...と〉判明する(prove), (成長して)〈...に〉なる (become); [*It* ~*s out that* ...の構文で] 〈...ということが〉わかる, 〈...ということに〉なる; [副詞を伴って] 〈事態などが〉発展[進展]する (progress), 〈物語などが〉ある状態で〉終る (end up): as it [things] ~*ed out* たまたまそうなったが, あとでわかったことであるが / The collaboration ~*ed out to* be financially disastrous. その合作は財政的には惨憺(さん)たる結果に終った / It ~*ed out* false. うそだとわかった / *It* ~*ed out that* I was right. 私が正しいことがわかった / Everything has ~*ed out* all right. 万事うまく運んだ / Nobody can tell how things will ~ *out*. 今後事態がどのように進展してゆくかはだれにもわからない / The story ~*s out* happily. その物語はめでたしめでたしで終る.

turn over (*vt.*) (1) 回転させる, 転がす (roll over); くつがえす, 引っくり返す (overturn): The burst ~*ed* the car *over*. その爆発は車を転覆させた / She ~*ed* her child *over* and tucked him up. 彼女は子供を寝返りさせてよくくるんでやった. (2) 〈土地を〉掘り返す, すき返す; 〈乾草を〉ひっくり返す《下の方を風や陽に当てるため》; 〈書類・衣類などを〉(一枚ずつ)めくって下のものを調べる: ~ *over* soil / ~ *over* hay / ~ *over* documents 書類をひっくり返してみる. (3) 〈本・本のページを〉めくる; 〈本など〉のページを(ぱらぱらと)めくって見る: ~ *over* the leaves of a book 本のページをめくる / She was idly ~*ing over* a magazine. 漫然と雑誌のページをめくっていた. (4) 〈自動車のエンジンなどを〉始動させる (start). (5) 〈仕事・責任を〉〔代理者・後任などに〕引き継ぐ, 引き渡す (transfer) 〔*to*〕; 譲渡する, 返却する, 委任する, 預ける(relinquish, delegate) 〔*to*〕: ~ *over* one's business *to* one's son 業務を息子に引き継ぐ / ~ *over* the colony *to* U.N. administration その植民地を国連の管理にゆだねる. (6)『経営』〈在庫品を〉仕入れて販売する; ...の取引きをする, 回転させる; 〈ある金額だけ〉の処分[売りさばき]をする, ...の取引き[売り上げ]がある; 〈資金を〉運転[運用]する: This store ~*s over* its stock very rapidly. この店は在庫品の回転が非常に迅速である / He was ~*ing over* £3,000 a week. 毎週3,000ポンドの商売をしていた. (7) 〔心の中で〕考えめぐらす, 熟考する 〔*in*〕 (cf. *vt.* 17): I ~*ed* it *over in* my mind. 心の中でそのことを考えめぐらした. (*vi.*) (1) 転がる, 体の向きを変える (roll over); 転覆する (capsize): He ~*ed over* and went to sleep. くるりと体を反対に向けて寝入った / ⇨ *turn (over) in one's* GRAVE[1] / The aircraft struck the ground and ~*ed over*. 航空機が地上に墜落して転覆した. (2) 〈エンジンなどが〉始動する (start), 回転する (rotate): The car would not ~ *over*. 車はエンジンがどうしてもかからなかった. (3) 〈胃が〉むかつく; 〈心が〉動転する, 取り乱る. (4)『商業』〈商品が〉売りさばかれる (sell): Shoes of medium width ~ *over* quickly. 中幅の靴は回転がよい.

turn round (1) 回転する[させる], 回る, 回す; 振り向く[向かせる], 向き変わる[直す]: He ~*ed round and* said he could not pay me the money. 《口語》(いきなり)向き直ると金は払えないと言った《★ 無礼・不遜な言動などにいう》. (2) =TURN *around* (2). (3) 意見[政策]を変える, 変節する. (4)『海事』〈船が〉(寄港後, 荷[乗客]の積み降ろしをして)出港準備を済ます; 〈船〉の出港準備を済ます: These tankers are ~*ed round* quickly. これらのタンカーは寄港時間が短い.

turn to (1) 〔援助・情報などを求めて〕...に頼る 〔*for*〕; ...を頼りとする (resort to); ...を参照する, 〈辞書など〉を調べる (refer to): ~ *to* God in one's trouble 苦しい時の神頼みをする / I have no one but you to ~ *to*.

たよりになるのは君ばかりだ / He ~*ed to* me *for* help. 私に助けを求めた. (2) ⟨仕事・研究などに⟩とりかかる (set about), …に傾倒する (apply oneself to); 次に…を考える[取り上げる]; 《口語》[to は *adv.*] (精力的に)仕事にとりかかる (set to work): He ~*ed to* his work again. 再び仕事にとりかかった. ★ to が副詞の場合, しばしば次のような構文で用いられる: You must ~ *to and study* for the test. さあ, テストの勉強にとりかからなければならない / The girls ~*ed to and washed* the dishes away. 少女たちは一斉に皿洗いにとりかかった《★ The girls ~*ed to washing* the dishes away. よりも口語的》. (3) ⇨ *vi.* 11 a.

***turn, twist, and wind** a person* ⟨人を⟩思うままにする[あやつる].

turn under (1) 下に折り曲げる[曲がる], 折り込む[込まれる]: We ~*ed* the edge of the carpet *under*. カーペットの端を下に折り込んだ. (2) ⟨土を⟩(掘り返して)すき込む.

turn up (*vt.*) (1) 上に向ける, 上向きにする: ⇨ *turn up one's* NOSE *at*, *turn up one's* TOES. (2) ⟨えり・袖口などを⟩立てる (cf. *vt.* 10 a): He had his coat collar ~*ed up*. 外套のえりを立てていた. (3) ⟨袖口を⟩折り返す, ⟨へりを⟩取る, 伏せ縫いする, ⟨折り返しを⟩つける: (へりを取って, または折り返しをして)⟨衣服⟩の丈を縮める: She ~*ed up* her sleeves above the elbow. 袖の丈を肘の上のところまで縮めた. (4) ⟨トランプを⟩表を上にして出す, 返す (expose): ~ *up* a trump card 切札を上に返す. (5) ⟨土を⟩掘り返す, すき返す (grub up): He ~*ed up* the earth with a shovel. 土をシャベルで掘り返した. (6) 発掘する(disinter); 発見する, 見つける (discover, find): Archeological digging continues to ~ *up* new evidence. 考古学的発掘作業により新しい証拠が発見され続けている. (7) ⟨火力・明るさ・音量などを⟩大きくする, 上げる (increase); ⟨ランプ・ガスなどを⟩(栓(せん)をひねって)明るく[強く]する, ⟨ラジオ・テレビの⟩ボリュームを上げる (↔ turn down): ~ *up* the gas a little ガスを少し強くする / ~ the radio *up* ラジオの音を大きくする. (8) ⟨エンジンが⟩…までの速力を出す: This engine will ~ *up* 100 horsepower. このエンジンは 100 馬力出せる. (9) 《英》⟨語・事実などを⟩本で調べる; ⟨本などを⟩参照する(consult): ~ *up* a word in a dictionary 辞書である語を引いてみる / ~ *up* a text *for* a passage ある文句を捜すために本文を調べる. (10) 《海事》⟨乗組員を⟩甲板に集める. (11) 《口語》うんざりさせる, ぞっとさせる, むかつかせる: The sight ~*ed* her *up*. その光景に思わず彼女は顔をそむけた / The mere thought of flying ~*s* him *up*. 飛ぶということを考えるだけでもぞっとしてしまう. (12) 《英》[しばしば命令形で ~ *it up* として] やめる, よす (give up): *Turn it up!* よせ, おやめ. (13) 《英》放してやる, 釈放する (set free). (*vi.*) (1) 上を向く, 上向きになる (point upward): Her nose [toes] ~*ed up*. 彼女の鼻[足指]は上を向いていた. (2) 曲がって(…を)登って行く; 道を曲がって歩いて[車を走らせて]行く; ⟨道などが⟩上り坂となる: He ~*ed up* the street on the slope. 坂道になった通りに曲がって登って行った. (3) 《海事》⟨船が⟩間切(まぎ)る (tack). (4) ⟨市場・経済などが⟩上昇する, 改善する (improve): Investment is ~*ing up* sharply. 投資は急激に上昇している. (5) (思いがけなく, または紛失したあとに)出て来る, 現われる, 発見される (be found); ⟨機会などが⟩(不意に)生じる, 起こる (happen): wait for something to ~ *up* 何か事あれかしと待つ, 日和見する / The key will ~ *up* sooner or later. 鍵はいずれそのうちに見つかるよ. (6) 人目につく, 現われる (appear); (約束の時・場所などに)到着する, 姿を見せる (arrive, show up): His name has often ~*ed up* in the newspapers. 彼の名前はよく新聞に出ていた / She failed to ~ *up*. 彼女はやって来なかった. (7) [補語を伴って] ⟨…であることが⟩判明する, わかる (turn out to be): Soon he ~*ed up* dead. やがて彼は死んでいることがわかった.

— *n.* **1** (全部または一部の)回転 (rotation, revolution) 〔*of*〕; 回転運動; 《ダンス》旋回: the ~ *of* a handle [dial] ハンドル[ダイヤル]を回すこと / a ~ *of* the dice さいころのころがり / in a few ~*s of* the hands of the clock 時計の針が二, 三回まわるうちに / in the ~ *of* the hand 直ちに, 即時に.

2 a (進路・方向・姿勢の)転換, 反転, 転向; 屈曲, 曲がり (turning); 逆転, 引き返し (reversal): make a ~ to the right 右に曲がる / No left ~*s* allowed. [掲示] 左折禁止 / The path took a sharp ~. 道は急に曲がった / take a short ~ ⟨飛行機・自動車などが⟩急旋回する / the ~ of the tide 潮の変わり目; 形勢の一変 / Another ~ *of* the head, and you will see a small green island. さらに頭をめぐらせば小さな緑色の島が見える. **b** 《軍事》(教練で部隊の)方向変換, (航空機・トラックなどの)旋回; 迂回(うかい): About ~! [号令] 回れ右 / Right [Left] ~! [号令] 右[左]向け右[左]. **c** 《スキー》回転: ⇨ jump turn, kick turn, snowplow turn, stem turn, step turn. **d** 《スケート》(フィギュアで)転回[旋回]滑走. **e** 《水泳》折返し, ターン. **3** (わき道への)それ, 脱線, 屈曲 (deviation): take a wrong ~ (議論で)わき道にそれる / Too many plot ~*s* seem to occur in the last chapter of the novel. その小説の最終章に筋の展開が起こりすぎているようである.

4 a 曲がり目[角], 彎曲[屈曲]部 (bent, curve): He took the wrong ~ in the road. 道を間違えて曲がった / We saw a small boat at a ~ in the river. 川の曲がり目の所に小船が見えた / The path was full of twists and ~*s*. 小道は到る所うねうねと曲がりくねっていた. **b** 《ゴルフ》折返し《アウト 9 ホールの終りでインの始まり》.

5 a 変化, 変転 (change); (傾向・情勢・事態などの)転向, (新しい)進展, 展開: a new ~ of events 新しい事態の展開 / take a favorable ~ 好転する, 好調に向かう; ⟨病気が⟩快方に向かう / take a ~ *for* the better [worse] ⟨事態・患者などが⟩よい[悪い]方へ向かう / The conversation took a personal ~. 話が個人のことになってきた / The battle between labor and management has taken a small, hopeful ~. 労資間の闘争は僅かながら好転して来ている / There was a nasty ~ *in* the weather. 天気が険悪化した. **b** 転換期, 変わり目 (turning point): the ~ of the seasons 季節の変わり目 / the ~ of life 更年期, 閉経期 / He has come to a tight ~ in life. 人生の危機に直面している / *at* the ~ of the twentieth century 20 世紀の初めに / By the ~ of the century there will be 8 billion people on this earth. 今世紀末までにはこの地球上に 80 億の人間が住んでいることになろう.

6 a 動向, 傾向, 趨勢(すうせい) (tendency, trend): the current ~ of events 現時の動静. **b** 特殊な解釈, 変わった見方: He gave the novel a new ~. 彼はその小説に新しい解釈づけをした / Why do you give so cruel a ~ to her silence? 彼女が黙っているのをなぜそんなに意地悪く解釈するのか.

7 性向, 適性, 才 (bent, aptitude): He has a ~ *for* music [carpentry, clear thinking]. 彼には音楽の[大工の, はっきり物を考える]才がある / I am of a sociable ~. 社交好きなたちだ / He is not of a business ~. 商人向きではない. ★しばしば次のように turn of mind として用いる: He was of a humorous [a bookish, an inquisitive] ~ of mind. 滑稽な[本好きな, 好奇心の強い]たちであった.

8 a 特性, 特質 (distinctive character): His ~ of wit was gentle. 彼の機知の特質は穏かなものであった. **b** 言い回し, 文体, 言葉遣い (style); 特殊な文体, 言葉遣いなどの癖[特徴]: a happy ~ of thought and expression 適切な考え(方)と言い回し / idiomatic ~*s* of speech 慣用的な言い回し. **c** (物語の筋などの)ひねり (twist). **d** (体の一部などの)形, 型, 格好 (shape, cast): the ~ of her neck and arms 彼女の首と腕の形.

9 a 順番, 番: It is your ~ to read. 今度は君の読む番だ / wait one's ~ at bat (野球試合などで)打順の回って来るのを待つ / I was waiting my ~ in the barber's chair. 床屋で番を待っていた / My ~ has come. 私の番だ / ⇨ *in one's* TURN, *out of* TURN. **b** (交替[輪番]で行なわれる一定時間の)仕事, 勤務, 一替り (shift): 一仕事 (spell): *on* the evening ~ 夕方の勤務に就いて / a ~ *at* gardening (ひとしきりの)庭仕事 / take one's ~ *at* the helm (服務時間となって)人と交替して舵を取る / They drove into Arkansas, taking ~*s at* the wheel. 彼らは交替で運転をしながらアーカンソー州へ車を走らせて行った. **c** (レスリングなどの)一番, 一試合 (bout); (トランプなどの)一勝負: Let us have another ~ at wrestling. レスリングをもう一勝負やろう. **d** (賭(か)勝負で)賭金を決める前の一番. **e** 《トランプ》(faro で) (1) 勝負《親が一対のカードを場に出し, その結果によって子との勝負を決定すること》. (2) (特に)札箱 (dealing box) に残された最後の 3 枚札の順序》. ★ 次の句で: call the ~ 最後の 3 枚札の順序を当てこんで賭ける.

10 《英》(寄席・演芸の)短い出し物, 一番, 一席 (number); [集合的にも用いて] それに出る芸人: a comic ~ (寄席などの)滑稽な出し物; その芸人, 道化師 / a song-and-dance ~ 歌と踊りのショー.

11 a [通例, 形容詞に修飾されて] (何気なくする)行ない, 行為, 仕打ち: do a person a good [bad] ~ 人に親切を尽くす[ひどい仕打ちをする] / One good ~ deserves another. 《諺》甲の善行は乙の善行に値する (cf. 「情けは人のためならず」) / ⇨ hand's turn, ill turn. **b** 《古》術策, 策略, いたずら (trick).

12 (一回りして来る)短い散歩, 一回り; 巡視; 短時間の徒歩[自動車, 自転車]旅行 (short trip): They took a ~ in [round] the garden. 庭をちょっと散歩した / I am going to have a ~ along the seashore in my car. 車で海岸を一回りして来よう.

13 (縄・織り糸などの)巻き, ねじれ (twisted condition); 綯(な)い方, より方 (turn); (縄・針金などの)一巻き (single coil); 渦巻 (whorl); (索・針金などの他の物への)巻きつけ: a few ~*s of* wire 二巻きか三巻きの針金 / take a round ~ about a bollard ⇨ round turn 1 / The garden snail has five ~*s* at the most. かたつむりには多くて 5 本の渦巻がついている.

14 [通例 serve a person's ~ として] (特別な)目的, 必要, 急場 (exigency): This will serve *your* ~. これは君に役立つだろう.

15 a (病気・失神・めまいなどの)発作 (fit): a wild ~ of anger 激しい怒りの発作. **b** 《口語》(驚きなどのため)ぎょっとすること (nervous shock): The news gave him quite a ~. その知らせには彼もぎょっとした / To put on the uniform again gives me a ~ of disgust. あの制服をもう一度着るなど考えただけでもぞっとする. **c** [*pl.*] 月経 (menses).

16 a 旋盤, ろくろ (lathe); (特に)時計製造人用旋盤. **b** (つまみ・把手等を回わすと掛かる, 戸棚等の)掛け金.

17 《音楽》ターン, 回音《主要音と隣接する上下二度音の速い順次進行による装飾音》; 回音符 (∾): an inverted ~ 逆さ回音.

18 《証券》**a** 相場のトレンド[傾向]の転換. **b** 《英》株式仲買人の値ざや《売り値と買い値の差で, 手数料に相当する》.

19 《商業》(資本の)回転(率) (turnover): three ~*s* of one's capital in a year 1 年につき 3 回の資本の回転.

20 《印刷》逆字; 伏せ字, ゲタ; ゲタ起こし.

at every turn 至る所に[で]; いつでも, 常に: It meets one *at every* ~. それは至る所で見られる. ***by the turn of a hair*** やっとのことで, 危いところで. ***by turns*** かわるがわる, 交替に, 次々に, 周期的に (alternately); 間欠的に (at intervals): They dug *by* ~*s*. 彼らは交替で掘った / He became bored and restless *by* ~*s*. 交互に倦怠(けんたい)と焦燥に襲われた. ***call the turn*** (1) ⇨ *n.* 9 e. (2) 《米》= *call one's shots* ⇨ shot[1] 成句. ***catch a turn*** 《海事》(係船柱や車地などに)ロープをとりあえず一巻きする. ***in turn*** 引き続いて (in succession); 順繰りに (in proper sequence); (順に続いて)それがまた…: Each student *in* ~ got up and spoke. 学生は皆一人一人順々に立って話をした / keep a watch *in* ~ 順繰りして見張りをする / *in* due ~ 順番通りに / He reproached his wife, and she *in* ~ reproached her son. 彼は妻を非難し, 妻はまた息子を非難した. ***in one's*** [*its*] ***turn*** 自分の[その]番になって, (自分の[その]番として)立ち[入れ]代わって: The rooms were inspected, each *in its* ~. 各部屋が順々に視察された. ***in turns*** = *by* TURNS: She wept and laughed *in* ~*s*. 泣いたり笑ったりした. ***on the turn*** (1) ⟨潮など⟩まさに変わろうとして; ⟨時代など⟩変わり目に(ある): The tide is now *on the* ~. (2) ⟨牛乳・バターなど⟩味が変わりかけて, 酸敗しかけて. ***out of turn*** (1) 順番が狂って, 順序なしに (out of proper order): Don't speak *out of* ~. (2) 軽率に, 無謀に, 時と所をわきまえず: He was talking *out of* ~. ***take a turn*** (1) ⇨ 4 a. (2) 《海事》〔…に〕ロープを巻き付ける[一巻きする]〔*around*〕: *take a* ~ *around* a mast マストにロープを巻き付ける. ***the turn of the screw*** (1) ねじを巻くこと. (2) (目的を達成するために)圧力をかけること. ***to a turn*** 適度に, ちょうどよい具合に (precisely right), 申し分なく (perfectly): The pie is done *to a* ~. パイはちょうどよい具合に焼けている. ***turn*** (***and turn***) ***about*** 交替に, かわるがわる (by turns): *Turn* (*and* ~) *about* is fair play. 《諺》順番にやるのが公平だ. ***walk a turn*** 行き戻りする.

turn and bank indicator 《航空》旋回傾斜計《旋回計 (turn indicator) と相対傾斜計 (relative inclinometer) を結合したもので, 旋回角速度と横すべりとがわかる》.

turn of speed 走力, 速力: I have a fair ~ *of speed*. 私はかなり速く走れる.

túrn·abòut *n.* **1** 方向転換, 転向. **2** (思想などの)転向; 裏切り; 裏切者 (turncoat). **3** 《米》回転木馬 (merry-go-round). **4** (急旋回できる)小汽船の一種. **5** (人からされたように人にする)お返し, 互恵. **6** 《廃》改革者, 急進主義者 (innovator). **7** 裏表兼用服.

túrn-abòut-fàce *n.* = turnabout 2.

túrn·aròund *n.* **1** 車引返し回転場《道路上で自動車などが方向転換できるようにしたやや広い部分》. **2** (思想の)転向; (態度の)急変, 逆戻り. **3** (折返し)連続航海[飛行]所要日時; [形容詞的にも用いて] 往復(の): ⇨ turnaround time. **4** 《宇宙》次の宇宙船打上げのためにロケットやランチや設備を用意すること. **5** (乗物の)分解検査[修理].

túrnaround tìme *n.* **1** 往復(所要)時間. **2** 《航空》輸送機が着陸して乗客・貨物をおろし, 清掃・点検・給油を行ない乗客・貨物を積んで離陸するまでの時間. **3** 《電算機》ターンアラウンドタイム《仕事を電算機に与えてから, 結果が帰ってくるまでの時間》.

túrn·awày *n.* **1** 立ち去ること, 脱走. **2** 入場拒否.

túrn·bàck *n.* **1** 後ろを見せる人, 卑怯(ひきょう)者 (coward). **2** (袖や靴の)折返し. **3** あと戻り: a ~ toward recession 不況への逆戻り.

túrn bènch *n.* (時計師が仕事台の上で使える)携帯旋盤.

túrn brìdge *n.* 旋開橋 (cf. pivot bridge).

túrn·bùckle *n.* 《海事・機械》ターンバックル, 引締めねじ, 自在螺旋(らせん)《静索の下端に取り付け, 索の長さを縮めて張り合わせるのに使うねじ》.

Túrn·bull's blúe [tə́ːnbʊlz-|tə́ːn-] 《← ? *Turnbull* (人名)》 *n.* 《化学》ターンブルブルー, ターンブル青《青色顔料》.

túrn bùtton *n.* = button 4 a.

túrn·càp *n.* 回転煙突がさ.

túrn·còat 《← *turn one's coat* (⇨ coat (n.) 成句)》 *n.* 変節者, 裏切り者 (renegade, apostate).

túrn·còck *n.* **1** プラグ付きの止めコック. **2** (水道会社の)給水栓(せん)係.

túrn·dòwn *attrib. adj.* 折りえりの, 折り下げの (cf. stand-up); 折りたたみ式の: a ~ bed 折りたたみ式寝台 / He wore a ~ collar. 折りえりを付けていた. — *n.* **1** 折り曲げた物[部分]; 折りえり. **2** 拒絶 (refusal), 却下, 排斥 (rejection). **3** = downturn.

turned 《*a*1325》: ⇨ -ed》 — *adj.* **1** 逆転[転倒]した, さかさまの, あべこべの (inverted): a ~ letter (活字の)逆字. **2** ⟨刃先が⟩鈍った: a ~ edge. **3 a** 旋盤[ろくろ]で仕上げた(ような): a handle of ~ beech ブナの木を丸く削って作った柄. **b** [副詞に修飾されて] 言い回しが…の; 格好が…の: a well-*turned* sentence 巧妙な文章 / a beautifully ~ ankle [neck] 格好

のいいくるぶし[首筋].

túrned cómma *n.* 《英》〘印刷〙逆コンマ, 引用符 (‘) (inverted comma).

túrned-ón *adj.* 《俗》 **1** 〈人が〉新しいものにすぐ飛びつく, 新しもの好きの. **2 a** 麻酔剤[幻覚剤]の影響を受ける. **b** 興奮した.

túrned-óut 〘← *turn out* (⇨ turn 成句)〙 ―― *attrib. adj.* [通例, 副詞に修飾されて] 盛装した, はなやかな装いをした : a beautifully ～ lady 盛装した麗婦人 / a well ～ regiment 装いを凝らした連隊.

túrned périod *n.* 〘印刷〙逆さピリオド (˙).

túrn·er[1] 〘《?*a*1400》〙 *n.* **1 a** 物を回す人[道具]. **b** ろくろ師, 旋盤工. **2** (料理用)フライ返し : a food ～. **3** 《英》宙返りバト.

turner[1] 2

turn·er[2] [tə́ːnə, túə- | tə́ːnə(r] 〘《1860》⊂ G *Turner* gymnast ← *turnen* to exercise ⊂ F *tourner* ‘to TURN’〙 ―― *n.* 《米》体操協会員 (cf. turnverein).

Tur·ner [tə́ːnə | tə́ːnə(r], **Cyril** *n.* ⇨ Tourneur.

Turner, Frederick Jackson *n.* (1861-1932) 米国の歴史家 ; *The Frontier in American History* (1920).

Turner, J(oseph) M(allord [Mallad]) W(illiam) *n.* (1775-1851) 英国の風景画家.

Turner, Nat *n.* (1800-31) 米国の黒人奴隷 ; 1831 年に暴動を起こしたが, 失敗して絞首刑に処せられた.

Turner, Walter James Red·fern [rédfəːn | -fəːn] *n.* (1889-1946) オーストラリア生れの英国の詩人・音楽評論家.

Túrner's sýndrome 〘← *Henry Hubert Turner* (19 世紀のアメリカの医師)〙 ―― *n.* 〘病理〙ターナー症候群《外観は女性だが, 各種の異常, 特に性腺の発育障害を伴う先天異常 ; 性染色体は X 染色体が 1 本あるだけである》.

turn·er·y [tə́ːnəri | tə́ːnəri] 〘← TURN(ER[1]) + -ERY〙 *n.* **1** 旋盤細工(法). **2** 旋盤製品, ひき物, ろくろ細工 (turner's work). **3** 旋盤工場.

túrn·hàll *n.* = turnhalle.

turn·halle [túənhɑ̀ːlə | túən-; *G.* túrnhàlə] 〘⊂ G *Turnhalle* ← *turnen* to practice gymnastics (⇨ turner[2]) + *Halle* ‘HALL’〙 *n.* 体操練習[教習]所.

Tur·nic·i·dae [təːnísədìː | təːnísɪ-] 〘← NL ～ ← *Turnic-*, *Turnix* (属名 : ⇨ turnix) + -IDAE〙 *n. pl.* 〘鳥類〙ミフウズラ科.

túrn-ìn 〘← *turn in* (⇨ turn 成句)〙 *n.* 〘製本〙折り返し《表装材で表紙の板紙を包むように折込んだ部分》.

túrn indicator *n.* 〘航空〙旋回計《航空機が旋回するときの角速度を測る計器 ; cf. relative inclinometer》.

túrn·ing 〘ME ; ⇨ turn, -ing[1,2]〙 ―― *n.* **1** 旋回, 回転〔*of*〕; 転向, 変転 : the ～ *of* a key 鍵を回すこと. **2** 曲がり, 曲がりくねり ; 曲がり角, 曲がり目 : ～*s of* a river 川の曲がりくねり / take the first ～ to the right 最初の曲がり角を右へ曲る / There is a sharp ～ of the road. 道路が急に曲がっている. **3** 布の折返し幅[縫いしろ]. **4** 旋盤細工物の形 ; 旋盤細工(法) (turnery) ; 丸削り ; [*pl.*] 削り屑. **5** 形づくること, 構成, 形成 (shaping, forming)〔*of*〕: the ～ of verses 詩作.

take the wrong turning ⇨ wrong 成句.

túrning bàsin *n.* 〘海事〙船回し場, 旋回水面.

túrning èngine *n.* 〘機械〙 **1** = lathe[1] 1. **2** ターニングエンジン《点検・調整などの目的で機械を回転させるために用いる小型エンジン》.

túrning-làthe *n.* 〘機械〙旋盤.

túrning móvement *n.* 〘軍事〙迂回(う̀かい)(行動), 迂回作戦《攻撃部隊の一部が敵を牽制(けんせい)している間に攻撃部隊主力が大きく迂回して敵の後方深く存在する最重要目標を攻撃する行動》.

túrning pòint 〘《1851》〙 ―― *n.* **1** 転換点, 変わり目, 分岐点, (運命などの)転機, 峠 (critical point, crisis) : a serious ～ in our history わが国の歴史の重大な分岐点 / the ～ of an illness 病気の峠 / the ～ of [in] one's life [career] 人生の転換期[転機]. **2** 〘測量〙移器点, もりかえ点 (略 T.P.). **3** グラフの山または谷の点.

tur·nip [tə́ːnɪp, -nəp | tə́ːnɪp] 〘《1533》 *turnepe* ← ? TURN + ME *nepe* ‘NEEP’ : turn の添加はその根が球形であることからか〙 *n.* **1** 〘植物〙 **a** カブ (*Brassica rapa*) (white turnip ともいう). **b** カブハボタン (rutabaga). **2** 《俗》旧式の大型懐中時計. **3 a** 愚鈍な人物, ばか (blockhead). **b** 退屈な仕事. 「baga.

túrnip càbbage *n.* 〘植物〙 **1** = kohlrabi. **2** = ruta-

túrnip flỳ *n.* 〘昆虫〙キスジノミハムシ (*Phyllotreta striolata*) 《ダイコン等アブラナ科植物の葉を食べる》.

túrnip tòps [grèens] *n. pl.* カブの若葉《食用》.

tur·nip·y [tə́ːnɪpi, -nə- | tə́ːnɪpi] 〘← TURNIP + -Y[4]〙 *adj.* **1** 〈形状・風味など〉カブのような. **2** 元気[張り]のない.

tur·nix [tə́ːnɪks | tə́ː-] 〘← NL ～ 《略》← L *cōturnix* quail〙 ―― *n.* 〘鳥類〙ミフウズラ《ヨーロッパ・アジアの暖地に産するミフウズラ科 *Turnix* 属のウズラに似た鳥類の総称 ; ヒメフウズラ (*T. sylvatica*) など》.

túrn·kèy[1] 〘《1654》〙 *n.* 監獄の看守 (prison keeper).

túrn·key[2] 〘「(ドアの鍵を回して入居するばかりの)建物の竣工日」の意から〙 *attrib. adj.* 契約により完全な製品[サービス]を提供する : a ～ system.

túrn·òff *n.* **1 a** 枝道, わき路. **b** 《米》(有料道路の)出口ランプ (ramp). **2** 分岐点. **3** わきへそれること ; わき道へ入ること. **4** (製造過程の)最終製品, 完成品. **5** (市場に出された)家畜の総頭数[総重量].

túrn·òn *n.* 《俗》刺激, 興奮.

Tur·nour [tə́ːnə | tə́ːnə(r], **Cyril** *n.* ⇨ Tourneur.

túrn·òut 〘《1688》〙 ―― *n.* **1** 集合, 非常召集 ; 人出, (集会の)出席者 : There was quite a good ～ at the lecture [the polls]. 講演会にはかなりの出席者があった[選挙人の出足が良[悪]かった] / a large [low] voter ～ 選挙人の出足が良[悪]かったこと. **2** 《英》罷業 (strike) ; 罷業者. **3** 生産 ; 産出額, 産出高 (product). **4** 装い(の具合), 身仕度, 着こなし (getup) ; 装備 (equipment, outfit). **5** 車馬とその付属物一式 (driving equipage) : a neat ～ of sledge and dogs こじんまりしたそりと曳き犬の一式. **6 a** 〘鉄道〙待避線 (siding). **b** (道路上の車の)退避所, すれ違い所. **7** 起床(合図). **8** 分岐(点). **9** 〘バレエ〙ターナウト《両足のかかとを背中合わせにくっつけた態勢》. **10** 掃除, 片づけ, 整頓作業.

túrn·òver 〘《1611》 ← *turn over* (⇨ turn 成句)〙 ―― *n.* **1** (馬車などの)転覆, 転倒 (upsetting, overthrow). **2** (他の用途・地位・借地などへの)転換 ; 譲渡. **3** (人事)異動, 再編成 (shake-up). **4** 〘労働〙《一定の工場あるいは産業における一定期間の》新採用労働者の総数 ; 雇用者の平均数に対する新採用労働者の割合. **5** 〘商業〙(一定期間中の)資本の回転(率) ; (一期間の)営業上の取引高, 総売上高, 売買高, 出来高. **6 a** 折返し(の部分) ; 折返した物. **b** 《英》新聞の第 1 面の終わりから次ページへまたがる時事小論. **c** 円形か四角形の生地に詰めものをして半分に折り返したパイ. **7** 〘政治〙(他党への)票の移動. **8** 職人の譲り渡し. **9** 《古》(年季を終えるために他の親方 (master) に引き継がれた)徒弟 (apprentice). **10** (機械・事業所などの)材料加工率[量]. **11** 〘スポーツ〙(バスケットボールやフットボールで)ターンオーバー《エラーや反則で一方のチームがキープしていたボールが相手チームに移ること》. **12** 〘生理〙(物質)交代《体内でのある物質の入れ代わり》: ～ rate. ―― *attrib. adj.* **1** 折り返された (turned over). **2** 折り返しの (turndown) : a ～ collar.

túrnover frèquency *n.* 〘電気〙転移周波数.

túrn·pìke 〘《*c*1420》: ⇨ turn, pike[5]〙 ―― *n.* **1** (昔の)通行料取立門 (tollgate). **2** 有料道路の料金徴収所 (tollgate). **3 a** 有料道路, 高速道路. **b** (元有料の)無料道路. **c** (中央より両側に傾斜をつけた)主要舗装道路. **4** 《スコット》らせん階段.

túrnpike ròad *n.* = turnpike 3.

túrn·plàte *n.* 《英》〘鉄道〙= turntable 1.

túrn-ròund 〘← *turn round* (⇨ turn 成句)〙 *n.* **1** 折返し点. **2** 〘海事〙(目的港における船の)出港準備《目的港に着いてからの荷揚げ・再船積みおよび帰航の途につくという一連の作業》. **3** = turnabout 7.

túrn·scréw 〘《1801》〙 *n.* 《英》ねじ回し (screwdriver).

túrn·sìck 〘《15C》← TURN + SICK〙 *n.* 〘獣医〙旋回病

túrn·sìde *n.* 〘獣医〙(犬や猫の)めまい. 「(⇨ gid).

turn·sole [tə́ːnsoʊl | tə́ːnsəʊl] 〘《1375》 *turnesole* ⊂ (O)F *tournesol* ⊂ OIt. *tornasole* ← *tornare* ‘to TURN’ (< L *tornāre*) + *sole* (< L *sōl* sun : ⇨ solar) : cf. heliotrope〙 ―― *n.* **1** 〘植物〙花が太陽の動きと共に回ると想像された植物の総称《ヒマワリ (sunflower), ヘリオトロープ (heliotrope) など》. **2** 〘植物〙ヨーロッパ産のトウダイグサ科の一年草 (*Chrozophora tinctoria*). **3** リトマス (litmus) 《酸塩基指示薬》; 紫[すみれ]色素.

túrn·spìt 〘《1576》: ⇨ spit[1]〙 ―― *n.* **1** 焼きぐし (spit) を回す人. **2** ターンスピット《以前, 焼き串を回す踏み車を回すのに用いた胴長短足の小型犬》. **3 a** 回転できる焼き串. **b** 焼肉用回転器.

túrn·stìle 〘《*a*1643》: ⇨ stile[1]〙 ―― *n.* **1** 回転木戸, 回り木戸《くいの上の回転する十字形の横木のある木戸 ; 人だけが通って牛馬が通れないように, または劇場や駅の入口に一人ずつ人を通すために設ける》. **2** 〘電気〙ターンスタイル (アンテナ) 《直交する二つのダイポールアンテナを組合せて無指向性にしたアンテナで車両・船舶などで用いる》.

turnstile 1

túrnstile anténna *n.* 〘電気〙= turnstile 2.

túrn·stòne [-stòʊn | -stəʊn, -stən] 〘← TURN + STONE : 小石を返して餌(え)をあさる習性から〙 ―― *n.* 〘鳥類〙海辺に生息するシギ科キョウジョシギ属 (*Arenaria*) の鳥類の総称《キョウジョシギ (ruddy turnstone), クロキョウジョシギ (black turnstone) など》.

túrn stòry *n.* 〘新聞・雑誌〙(ページの最下部から次ページの最初へ続く)繰越し記事, 次ページに続く記事 (cf. turn *vi.* 17).

túrn·tàble 〘《1835》〙 ―― *n.* **1** 〘鉄道〙回転盤, 転車台. **2** ターンテーブル《レコードプレーヤーの回転盤》. **3** (ラジオなどの放送用)録音再生機 《transcription machine ともいう》. **4** = Lazy Susan.

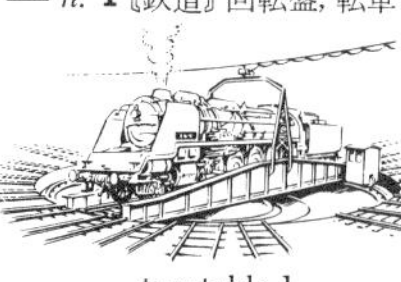

turntable 1

túrn·ùp 〘《1612》〙 ―― *n.* **1** 折り上がったもの, 折返し ; まくった部分. **2** 《英》(ズボンなどの)折返し (cuff). **3** 《英》けんか, 騒動, 騒ぎ (row) ; ボクシング試合, なぐり合い (fistfight). **4** 〘トランプ〙最初のめくり札《切札のスーツ (suit) を決める台札となる ; cf. upcard 1》.

***a turnup* (*for the book*)** 《俗》全く思いがけない出来事 ; 全くの僥幸(ぎょうこう).

―― *attrib. adj.* **1** 折り返した, 折返しの : a ～ bed 折りたたみベッド. **2** 〈鼻など〉上向きの : a ～ nose.

Tur·nus [tə́ːnəs | tə́ː-] 〘⊂ L ～〙 *n.* 〘ローマ神話〙トゥルヌス《Lavinia との結婚をめぐる Aeneas の競争相手 ; Aeneas に殺される》.

turn·ver·ein [tə́ːnvəràɪn, túən-, -fər- | tə́ːn-, túən- ; *G.* túrnfɛraɪn] 〘⊂ G ～ ← *turnen* to practise gymnastics + *Verein* union〙 *n.* 体操協会 (cf. turner[2]).

tur·pen·tine [tə́ːpəntàɪn | tə́ː-] 〘《1322》 *terbentyne*, *turbentyne* ⊂ OF *ter(e)bentine* ⊂ L *terebint(h)ina* ← *terebinthus* ‘TEREBINTH’ : ⇨ -ine[3]〙 ―― *n.* **1** テルペンチン《種々のマツ科の木の含油樹脂 ; wood turpentine ともいう》. **2** テルペンチン《テレビンノキ (terebinth) の含油樹脂 ; Chian turpentine ともいう》. **3** テレビン油《ワニス・ペンキの製造, 油絵の具・ペンキの展色剤, または医薬用として用いる ; oil of turpentine, gum turpentine ともいう》.

talk turpentine 《口語》絵画を論じる.

―― *vt.* **1** …にテレビン油をつける[塗る]. **2** 《米》〈松の木など〉からテルペンチンを採取する. ―― *vi.* テルペンチンを採取する[作る].

túrpentine òil *n.* = turpentine 3.

túrpentine trèe *n.* 〘植物〙テルペンチン (turpentine) を採る種々のマツ科の木の総称 ; (特に)テレビンノキ (terebinth).

tur·pen·tin·ic [tə̀ːpəntínɪk | tə̀ː-] 〘⇨ -ic[1]〙 *adj.* テルペンチンの[に関する] ; テルペンチンに似た.

tur·pen·tin·ous [tə̀ːpəntáɪnəs | tə̀ː-] *adj.* = turpentinic.

tur·peth [tə́ːpɪθ, -pəθ | tə́ː-] 〘《1658》← NL *turpethum* ← Arab. *túrbid* ∽ ME *turbit* ⊂ OF (F *turbith*) ∥ ML *turbit(h)-um* ⊂ Arab. *túrbid* ⊂ Pers. *tirbid* a purge〙 ―― *n.* **1** 〘植物〙 **a** インドヤラッパ (*Operculina turpethum*) 《インド産ヒルガオ科のつる植物》. **b** インドヤラッパの根《Indian jalap ともいう》. **2** 〘化学〙= mercuric subsulfate.

túrpeth míneral *n.* 〘化学〙= mercuric subsulfate.

Tur·pin [tə́ːpɪn, -pən | tə́ːpɪn], **Richard** *n.* (1706-39) 英国の追いはぎ ; 馬を盗んだかどにより York で絞首刑になった ; 通称 Dick Turpin.

tur·pi·tude [tə́ːpət(j)ùːd | tə́ːpɪtjùːd] 〘《1490》⊂ F ～ ∥ L *turpitūdō* foulness ← *turpis* foul, vile, 《原義》? twisted : ⇨ -tude〙 ―― *n.* 下劣, 卑劣 (wickedness, baseness) ; 下劣な行為, 恥ずべき行ない.

turps [tə́ːps | tə́ːps] 〘《1823》← TURP(ENTINE) : もと職人用語〙 *n. pl.* [通例単数扱い] 《口語》テレビン油 (turpentine).

tur·quoise [tə́ːk(w)ɔɪz | tə́ːkwɔɪz, -kwɑːz, -kwɔːz] 〘《*a*1398》 *turkeis* ⊂ OF (*pierre*) *turqueise* Turkish (stone) (F *turquoise*) ← *Turc* Turk〙 ―― *n.* (*also* **turquois** [～]) **1** 〘宝石〙トルコ石《Turkey stone ともいう ; ⇨ birthstone》. **2** = turquoise blue. ―― *adj.* 空色[青緑色]の ; トルコ石で飾った.

túrquoise blúe *n.* トルコ石空色, 青緑色.

túrquoise gréen *n.* 薄い青緑, 水あさぎ.

tur·ret [tə́ː(r)ɪt, -(r)ət | tʌ́rɪt] 〘《?*a*1300》 *t(o)uret* ⊂ OF *touret* (dim.) ← *tour* ‘TOWER’ : ⇨ -et〙 ―― *n.* **1** (建物に付属したまたはそのかどから張り出した)小塔, 角櫓(かどやぐら). **2** 〘機械〙= turrethead. **3** 〘軍事〙 **a** (軍艦の)砲塔 ; 囲砲塔, 回転[旋回]砲塔 (revolving turret). **b** (戦車・要塞などの)回転式砲塔 : a twin [triple, quadruple] ～ 二[三, 四]連装砲塔. **c** (軍用飛行機の)回転銃座, 突出銃座《回転式機関銃[砲]を備える》. **4** 《米》〘鉄道〙列車の越屋根. **5** (中世の攻城用の)雲梯(うんてい), 動櫓《城壁をよじ登って破壊するのに用いた移動用車輪付きのやぐら》. **6** (顕微鏡・テレビカメラなどの)数個のレンズを収める装置.

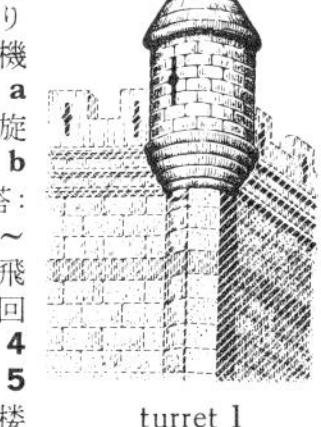

turret 1

túrret cáptain *n.* 〘米海軍〙砲塔長.

túrret clòck *n.* 塔時計 (⇨ tower clock).

túrret dèck *n.* 〘海事〙タレット甲板.

túrret-dèck vèssel *n.* 〘海事〙タレット船.

túr·ret·ed [-tɪd, -təd | -tɪd, -təd] 〘⇨ -ed 2〙 *adj.* **1** 小塔のある ; 小塔状の. **2** 砲塔を備えた. **3** 〘動物〙(ホラガイのように)塔状に渦巻いた.

túrret gùn *n.* 砲塔砲.

túrret·hèad *n.* 〘機械〙(旋盤の)タレット台《これに各種の刃物が取り付けられる》. 「盤」.

túrret làthe *n.* 〘機械〙タレット旋盤《刃物台付き旋

túrret shìp *n.* 砲塔艦. 「小塔の, 小塔のような.

tur·ri·cal [tə́ː(r)ɪkəl, -(r)ə- | tʌ́rɪ-] 〘⇨ ↓, -ical〙 *adj.*

tur·ric·u·late [tərɪ́kjʊlət, təːr-, -lɪt, -lèɪt | tə(ː)r-] 〘← L *turricula* ((dim.) ← *turris* ‘TOWER’) + -ATE[2]〙 *adj.* 小塔のある ; 小塔状の.

tur·ric·u·lat·ed [tərɪ́kjʊlèɪtɪd, təːr-, -təd | tə(ː)rɪ́kjuleɪtɪd, -təd] *adj.* = turriculate.

tur·ri·lite [tə́ː(r)əlàɪt | tʌ́rɪ-] 〘← NL *Turrilites* ← L *turris* 'TOWER¹'＋-LITE】 ── *n.* 〖古生物〗トゥリリテス《白亜紀の塔形をした *Turrilites* 属のアンモナイト，またはその化石》.

tur·ri·tid [tə́ː(r)ətɪd -təd | tʌ́rɪtɪd, -təd] 〖← NL *Turri(ti)dae* ← *Turris* (属名: ← L *turris* (↑))＋-IDAE〗 *adj., n.* 〖貝類〗クダマキガイ科の(貝).

tur·tle¹ [tə́ːtl̩ | tə́ːtl] 〖《1657》《変形》← F *tortue* 'TORTOISE': ↓ の影響による〗 ── *n.* (*pl.* ~s, ~) **1** 〖動物〗(広義の)カメ (tortoise); (特に)ウミガメ《タイマイ (hawksbill), アオウミガメ (green turtle) など》. **2** かめ肉[料理]《食用かめ (terrapin, green turtle など)の肉[料理]》. **3** 〖海事〗スピネーカーについている垂直ポケット《ヨットで追風の時ここに風を受け，ジッパーを開けばスピネーカー(帆)がぱっと開くようにしてあるもの》. **4** 〖印刷〗(組版輪転機の)彎曲締め枠; 車付まとめ台《運搬にも使う》. **5** ＝turtleneck.

turn turtle (1) ウミガメをひっくり返して捕える. (2) 〈船・自動車などが〉引っくり返る，転覆する.

── *vi.* (商売として)ウミガメを捕える: go *turtling*.

túr·tler [-tl̩ə, -tlə | -tlə(r, -tlə(r] *n.*

tur·tle² [tə́ːtl̩ | tə́ːtl] 〖OE *turtla* ▭ L *turtur* 《擬音語》: *r*→*l* の変化は異化 (cf. purple)〗 *n.* 《古》 **1** 〖鳥類〗＝turtledove 1, 2: The voice of the ~ is heard in our land. 山鳩の声われらの地に聞こゆ (*Song of Sol.* 2: 12). **2** ＝turtledove 3.

túrtle·bàck *n.* **1** かめの甲. **2** 〖海事〗亀甲(きっ)甲板 (⇨ whaleback 1). **3** 〖考古〗亀甲形石器 (cf. tortoise-core). **4** (家具の)卵形[半円形]の盛り上げ装飾.
── *adj.* ＝turtle-backed.

túrtle-bàcked *adj.* かめの甲のような背面をもつ.

túrtle dèck *n.* 〖海事〗亀甲(きっ)甲板 (⇨ whaleback 1).

túrtle·dòve 〖《*a*1325》 *turtildove*: ⇨ turtle², dove¹〗 ── *n.* **1** 〖鳥類〗コキジバト (*Streptopelia turtur*). **2** 《米方言》〖鳥類〗ナゲキバト (mourning dove). **3** 恋人 (sweetheart): a pair of ~s 恋人同士. **4** きじばと色《濃い灰色から赤みがかった灰色》.

túrtle·hèad *n.* 〖植物〗(欧亜大陸温帯産の)ゴマノハグサ科ジャコウソウモドキ属の多年草 (*Chelone glabra*) 《強壮剤・下剤として用いられる; balmony ともいう》.

túrtle·nèck *n.* **1** タートルネック《とっくりえり》. **2** タートルネックのセーター. **3** 《米》＝polo-neck.

túrtle-nèck *adj.* 〈セーターなど〉タートルネックの.

túrtle pèg *n.* 海がめを捕獲する銛(もり).

túrtle shèll *n.* 亀の甲 (cf. tortoiseshell 1).

túrtle sóup *n.* うみがめのスープ《雌のアオウミガメ (green turtle) の肉・脂肪などで作るスープ》.

tur·tling [-tlɪŋ, -tl̩- | -tl-, -tl-] *n.* 海がめ捕り.

turves *n.* 《まれ》 turf の複数形.

Tus·ca·loo·sa [tʌ̀skəlúːsə] 〖▭ N-Am.-Ind. (Choctaw) 《原義》 Black Warrior ← *taska* warrior＋*lusa* black: もと部族の酋長の名〗 ── *n.* 米国 Alabama 州中西部の都市; もと同州の首都 (1826–46); 人口 70,000.

Tus·can [tʌ́skən] 〖《adj.: 1513; n.: *a*1387》▭ L *Tuscān-us* (↓): ⇨ -an¹〗 ── *adj.* **1** (イタリアの)トスカナ (Tuscany) の，トスカナ人[語]の: ~ straw トスカナ麦わら《夏帽子等の材料》. **2** 〖建築〗トスカナ様式の: the ~ order (⇨ order 挿絵). ── *n.* **1** トスカナ人. **2 a** トスカナ語《Dante, Petrarch, Boccaccio が用いた，イタリアの文学標準語》. **b** トスカナ方言. **3** 〖建築〗トスカナ式. **4** トスカナ麦わら.

Tus·ca·ny [tʌ́skəni | -nɪ] 〖▭ L *Tuscānia* ← *Tuscānus* Etruscan ← *Tuscus* an Etruscan＝**Truscus* 《頭音消失》← *Etruscus*: ⇨ Etruscan, -y¹〗 ── *n.* トスカナ(州)《イタリア中部西海岸の一州; もと大公国; 人口 3,293,000, 面積 22,989 km², 首都 Florence; イタリア語名 Toscana》.

Tus·ca·ro·ra [tʌ̀skərɔ́ːrə, -róʊrə | -rɔ́ːrə] 〖▭ N-Am.-Ind. (Tuscarora) *Skă-rū-rĕⁿ* 《原義》Indian hemp gatherers〗 ── *n.* (*pl.* ~, ~s) **1 a** [the ~(s)] タスカローラ族《アメリカインディアンのイロクォイ族の一支族; 以前は North Carolina 州に住んでいたが，今は主に New York, Ontario の両州に住んでいる》. **b** タスカローラ族の人. **2** タスカローラ語《アメリカインディアンの Hokan-Siouan 語族に属する》.

tusch·e [tʊ́ʃə; G tʊ́ʃə] 〖▭ G ~ 《逆成》← *tuschen* to ink ▭ F *toucher* 'to TOUCH'〗 *n.* (リトグラフの)解墨(とき).

Tus·cu·lum [tʌ́skjuləm] *n.* トゥスクルム《イタリアの中部 Latium の古都; Rome の南方 24 km の所にあった保養地; Cicero の別荘もここにあった》.

tush¹ [tʌʃ] 〖《*a*1450》《擬音語》: cf. pish / 《廃》 *twish*〗 《古》 *int.* ちょっ，ちえっ《とがめ・じれったさ・軽蔑などを表わす》.

tush² [tʌʃ] 〖OE *tūsc* ← ? Gmc **tunþsk-* (OFris. *tusk*) ← **tunþus* 'TOOTH': cf. tusk〗 *n.* **1** (馬の)犬歯. **2** きば (tusk).

tushed *adj.* きばのある (tusked).

tush·er·y [tʌ́ʃəri | -rɪ] *n.* (tush¹ のような古語を用いた)気取った文体，擬古体.

tush·ie [tʊ́ʃi | -ʃɪ] 〖《変形》← TOKUS: ⇨ -ie〗 *n.* (*also* **tush·y** [~]) 《口語・小児語》おしり (the buttocks).

Tu·si [túːsi | -sɪ] *n.* (*pl.* ~, ~s) **1** [the ~(s)] トゥシ族《アフリカ東中部，Burundi 王国に住む家畜を所有する支配階級; 背が非常に高い; Watusi ともいう》. **2** トゥシ族の人.

tusk [tʌsk] 〖《音位転換による変形》← OE *tūx* 《異形》← *tūsc*: ⇨ tush²〗 ── *n.* **1** (ゾウ・イノシシ・セイウチなどの)きば. **2** 《戯言》(人間の)歯; (特に)出っ歯. **3** (鋤(すき)などの)尖頭(せんとう). **4** 〖木工〗(強化ほぞ (tusk tenon) に切込んだ)小さいほぞの一つ (cf. gain²). ── *vt.* **1** きばで突く[掘り返す]. **2** …にきばをつける，きばで飾る. ── *vi.* きばで地面を掘り起こす.

tusked 〖《*c*1395》← TUSK (n.)＋-ED 2〗 *adj.* きばのある; [複合語の第 2 構成要素として] (…の)きばを有する.

Tus·ke·gee [tʌskíːgi | -gɪ] 〖▭ N-Am.-Ind. (Muskogean) ~ (地名) ← ? Creek *taskáya* warrior〗 ── *n.* 米国 Alabama 州東部の都市; 有名な黒人学校 Tuskegee Normal and Industrial Institute (初代校長 Booker Washington) の所在地; 人口 11,000.

túsk·er *n.* きばの生えたゾウ[イノシシ].

túsk·less *adj.* きばのない.

túsk·lìke *adj.* きばのような.

túsk tènon *n.* 〖木工〗(階段状に切込みを入れた)強化ほぞ.

tus·sah [tʌ́sə, -sɔː] 〖▭ Hindi *tasar* coarse brown silk ← Skt *tasara* shuttle ← IE **tens-* to stretch: 繭(まゆ)の形にちなむ〗 ── *n.* **1** 〖昆虫〗 **a** ヤママユガ科ヤママユ (*Antheraea yamamai* (or *mylitta*)) の幼虫《東洋産; 絹がとれる》. **b** サクサン (*A. pernyi*) の幼虫. **2 a** 野蚕糸《その繭(まゆ)から採った絹糸》 **b** ＝tussah silk.

tússah sílk *n.* 繭紬(けんちゅう), サクサン糸 (pongee) の一種.

Tus·saud [tʊsóʊ, tu- | túːsəʊ; *F.* tyso], **Marie** *n.* タッソー《1760–1850; スイス出身の女性蠟(ろう)細工師; London に蠟人形館 Madame Tussaud's (Waxworks) を創立 (1833); 通称 Madame Tussaud》.

Tussaud's *n.* ＝Madam Tussaud's.

tus·ser [tʌ́sə | -sə(r] *n.* ＝tussah.

tus·sis [tʌ́sɪs, -səs | -sɪs] 〖▭ L ~ 'cough' ← ?: cf. L *tundere* to strike〗 *n.* 〖医学〗咳(せき) (cough).

tus·sive [tʌ́sɪv] 〖《1857》← L *tussis* (↑)＋-IVE〗 *adj.* 〖医学〗咳の; 咳による.

tus·sle [tʌ́sl] 〖《*c*1470》 (freq.) ← ME *-tuse(n)*, *-touse(n)* to rumple: ⇨ -le³: TOUSLE の異形〗 ── *n.* **1** 組打ち，取っ組合い，立ちまわり，乱闘 (fight, scuffle). **2** 奮闘 (strenuous effort); 苦戦，苦闘. ── *vi.* 組打ちする，取っ組み合う，戦う (wrestle, scuffle) 〔*with*〕.

tus·sock [tʌ́sək, -sɪk | -sək] 〖《1550》? ← (i) 《方言》 *tusk* tuft of hair or grass // (ii) ME *-tuse(n)*, *-touse(n)* (↑)＋-OCK: ⇨ tousle〗 ── *n.* **1** 草むら，茂み，やぶ (bunch, clump). **2** (髪などの)房 (tuft). **3** 〖植物〗＝tussock grass. **4** 〖昆虫〗＝tussock moth.

tússock càterpillar *n.* 〖昆虫〗ドクガ (tussock moth) の幼虫《落葉樹の害虫》.

tússock gràss *n.* 〖植物〗南米 Patagonia 産ヒエに似たイネ科の牧草 (*Poa flabellata*).

tússock mòth *n.* 〖昆虫〗ドクガ，マイマイガ《ドクガ科の各種のガの総称; マイマイガ (gypsy moth), brown-tail moth など; 幼虫はブランコケムシ，キンケムシなどを含み害虫が多い》.

tus·sock·y [tʌ́səki, -sɪ- | -səkɪ] 〖⇨ -y⁴〗 *adj.* 草むら[房]の多い; やぶ[房]のような.

tus·sore [tʌ́sɔə, -soə | tʌ́sə(r, -sɔː(r] *n.* ＝tussah.

tússore sílk *n.* ＝tussah silk.

tut¹ 〖《*a*1529》擬音語〗 ── [ɪ, tʌt] *int.* ちっ，ちょっ，ちぇっ《じれったさ・軽蔑・非難・困惑などを表わす》. ★ 通例二つ重ねて言う: *Tut*, ~! ── [tʌ́t] *n.* (じれったさなどを表わす)舌打ち(の音). ── [tʌ́t] *vi.* (**tut·ted**; **tut·ting**) 舌打ちする; ちぇっと言う.

tut² [tʌ́t] 〖← ?〗 ── *n.* 《英方言》(出来高払いの)賃仕事，請負仕事 (job): work by (the) ~ [upon ~] 出来高勘定の請負仕事をする. ── *vi.* (**tut·ted**; **tut·ting**) 請負[賃]仕事をする.

tu·ta·ni·a [t(j)uːtéɪniə | tjuːtéɪnɪə, tju-, -njə] 〖← *William Tutin* (18 世紀の英国の発明者)＋(*Brit*)*an(n)ia* (*metal*)〗 ── *n.* 模造銀《britannia metal の一種で，食器などを作る》.

Tut·ankh·a·men [tùːtæŋkáːmən, -tɑːŋ- | tùːtəŋkáːmèn, -tæŋ-, -mən] *n.* (*also* **Tut·ank·a·mon** [-mən], **Tut·ank·a·mun** [tùːtæŋkáːmən, -tɑːŋ- | tùːtəŋkɑːmúːn]) ツタンカーメン《紀元前 14 世紀中ごろのエジプト第18王朝の王(1347?–38 B.C.); その墳墓が Thebes の王家の谷 (Valley of the Tombs of the Kings) で 1922 年に H. Carter により発見された》.

tu·tee [t(j)uːtíː | tjuː-] 〖← TUT(OR) (v.)＋-EE¹〗 *n.* (家庭教師に教わる)生徒 (pupil).

tu·te·lage [t(j)úːtəlɪdʒ, -tl̩- | tjúːtɪl-, -təl-, -tl̩-] 〖《1605》← L *tūtēla* guardianship, watching＋-AGE: ⇨ tutor〗 ── *n.* **1 a** 後見，保護，監督 (guardianship): under the ~ of a person 人の保護の下に. **b** (外国の領土に対する)信託統治権 (trusteeship). **2** (個人)指導，教育，訓育 (instruction, tuition). **3** 保護[監督，指導]を受けること，被後見. **4** 被後見期間.

tu·te·lar [t(j)úːtələ, -lɑ̀ə, -tl̩ə | tjúːtɪlə(r, -tə-, -tl̩-] 〖《1600》▭ L *tūtēlār-ius* guardian: ⇨ ↑, -ar¹·²〗 *adj., n.* ＝tutelary.

tu·te·lar·y [t(j)úːtəlèri, -tl̩- | tjúːtɪlərɪ, -tə-, -tl̩-] 〖▭ L *tūtēlāri-us* (↑): ⇨ -ary〗 ── *adj.* **1** 守護する (protective): a ~ deity [god] 氏神，守り本尊，守護神 / a ~ saint [angel] 守護聖徒[天使]. **2** 後見(人)の，保護(者)の. ── *n.* 守護者，守護神.

tu·te·nag [t(j)úːtənæ̀g, -tn̩- | tjúːtɪn-, -tən-, -tn̩-] 〖《1622》▭ Marthi *tuttināg* ← Skt *tuttha* copper sulphate＋*nāga* tin, lead: cf. F *toutenague*〗 ── *n.* 一種の白銅《German silver など》.

tu·tor [t(j)úːtə | tjúːtə(r] 〖《*c*1378》 *tut(o)ur* ▭ AF & OF *tutour* (F *tuteur*) // L *tūtor* protector, defender ← *tūtus* (p.p.) ← *tuērī* to watch: cf. tuition〗 ── *n.* **1** 家庭教師，個人教師 (private instructor): a private ~ 家庭教師. **2** 《英》(Oxford, Cambridge および Dublin 大学の)チューター，個人指導教師《通例 fellow が当たる》; 学監. **3** 《米》大学講師《instructor の下位》. **4** 受験準備の指導教師 (coach). **5** 〖法律〗(年少者の)後見人 (guardian). ── *vt.* **1** 家庭[個人]教師として…に〔科目を〕教える〔*in*〕: ~ a boy *in* French 少年にフランス語を個人教授する. **2** 指導する (instruct). **3** 仕込む，訓練する，抑制する (train, discipline); しかる，戒める (admonish, reprove): ~ one's passions 激情を抑制する / ~ a witness 証人に教え込む / ~ girls how to behave 少女らに行儀作法を仕込む. **4** 《廃》後見する. ── *vi.* **1** 家庭[個人]教師をする. **2** 《米口語》家庭教師につく; 個人教授を受ける.

tu·tor·age [t(j)úːtərɪdʒ | tjúːtə-] 〖⇨ ↑, -age〗 *n.* **1** 家庭教師の職; 指導 (instruction). **2** (家庭教師に払う)月謝. **3** 後見人の職.

tu·tor·ess [t(j)úːtərɪs, -rəs | tjúːtə-] 〖← TUTOR＋-ESS¹〗 *n.* 女性家庭[個人]教師.

tu·to·ri·al [t(j)uːtɔ́ːriəl, -tóːr- | tjuːtɔ́ːrɪ-, tjʊ-] 〖《1742》← TUTOR＋-IAL〗 ── *adj.* **1** 家庭[個人]教師の. **2** (大学の)個人指導の. **3** 〖法律〗後見人の，保護者の. ── *n.* 個人指導時間[クラス]. **~·ly** *adv.*

tutórial sỳstem *n.* (大学の)個人指導制.

tútor·less *adj.* 家庭[個人指導]教師のいない.

tútor·shìp *n.* **1** 個人指導者[後見人]の地位[職務]. **2** 個人指導[教授].

tu·toy·er [tùːtwɑːjéɪ; *F.* tytwaje] 〖▭ F ~ 《原義》 address with thou and thee ← *tu* 'THOU'＋*toi* 'THERE'＋*-er* (inf. suf.: cf. -er³)〗 ── *vt.* …に親しげに話しかける，に親密な口のきき方をする.

tut·san [tʌ́tsən] 〖《*a*1400–50》▭ AF *tutsaine*＝F *toute-saine* ← *toute* all＋*saine* sound: ⇨ total, sane〗 ── *n.* 〖植物〗ユーラシア産オトギリソウ科オトギリソウ属の草 (*Hypericum androsaemum*)《スペインで膏薬(こうやく)の原料とする》.

tut·ti [túːti, tʊ́ti, -tiː | tʊ́tiː, -tɪ; *It.* tútti] 〖《1724》▭ It. ~ (pl.) ← *tutto*: ⇨ tutto〗 ── 〖音楽〗 *adj.* **1** (演奏の指示で)すべての，全声部・全楽器の. **2** 全部[大部分]の声・楽器のための[で演奏された] (cf. solo). ── *n.* **1** 総奏[唱]楽句[節]. **2** 総奏[唱]. **3** (独奏者以外の)全奏者.

tut·ti-frut·ti [tùːtifrúːti, tʊ̀ti- | tʊ̀tɪfrúːtɪ, tùːtɪ-, -frúː-; *It.* túttifrútti] 〖▭ It. ~ 《原義》 all fruits〗 ── *n.* トゥッティ フルッティ: **a** ブランデーなどにつけた種々の果物の砂糖づけ. **b** 刻んだ砂糖づけの果物を用いたアイスクリーム・菓子など.

tut·to [túːtoʊ, tʊ́t- | tʊ́təʊ; *It.* tútto] 〖▭ It. ~ < VL **tottum*＝L *tōtus*: ⇨ total〗 *It. adj.* 〖音楽〗すべての，全体の.

tut-tut [ɪɪ, tʌ́ttʌ́t] *int., vi.* ＝tut¹: ~ *at* the price (高い)値段にちょっちょっと舌打ちする.

tut·ty [tʌ́ti | -tɪ] 〖《*c*1400》 *tutie* ▭ (O)F ← Arab. *tūtiyā'* oxide of zinc ▭ Pers. *tūtiyā'* ▭ Skt *tuttha*〗 *n.* 不純酸化亜鉛《亜鉛蒸溜炉の煙道から得られる》.

tu·tu¹ [túːtuː; *F.* tyty] 〖▭ F ~ 《小児語》 *cucu*, *tutu* 《変形》← *cul* backside〗 ── *n.* (*pl.* ~s [~z; *F.* ~]) 〖バレエ〗チュチュ《短いバレエ用スカート; 通例，薄地のモスリン (tarlatan) や紗 (gauze) を重ねて作る》.

tu·tu² [túːtuː] 〖▭ Maori ~〗 *n.* 〖植物〗ドクウツギ (*Coriaria ruscifolia*)《ニュージーランド産ドクウツギ科ドクウツギ属の植物; 果実は猛毒》.

Tu·tu·i·la [tùːtuíːlə | -tʊ-] *n.* ツツイラ(島)《米国領 Samoa 諸島中最大の島; 良港 Pago Pago がある; 人口 25,000, 面積 135 km²》.

tút·wòrk [tʌ́t-] 〖← TUT²＋WORK〗 *n.* 《英方言》(出来高払いの)賃仕事，請負仕事 (piecework).

tu·um [t(j)úːəm | tjúː-] 〖▭ L ~ (neut. sing. of possessive pron.) ← *tū* 'THOU'〗 *L. pron.* ＝yours, thine (cf. meum et tuum).

Tú·va Autónomous Sóviet Sócialist Repúblic [túːvə-; *Russ.* tuvá-] *n.* [the ~] トゥバ自治ソビエト社会主義共和国《ソ連邦シベリア南部，ロシヤ共和国内の自治共和国; 人口 263,000, 面積 170,500 km², 首都 Kyzyl》.

Tu·va·lu [tùːvəlúː] *n.* ツバル《南西太平洋の九つの環礁群からなる英連邦内の独立国; もと英領 Gilbert and Ellice Islands の一部であったが，1975 年 Ellice 諸島が Gilbert 諸島から分離し独立; 人口 5,900, 面積 26 km², 首都 Funafuti [fúːnəfjúːtiː, fúː-, -fúː-]; 旧名 Lagoon Islands》.

tu-whit [tʊ(h)wít, tə-] 〖擬音語〗 *vi.* (**tu-whit·ted**; **-whit·ting**) 〈ふくろうが〉ほーほーと鳴く.

tu-whít tu-whóo [-tʊ(h)wúː, -tə-] 〖《1594–95》擬音語〗 *n.* ほーほー，ぽーぽー《ふくろうの鳴声》.

tu-whoo [tʊ(h)wúː, tə-] *n.* ＝tu-whit tu-whoo. ── *vi.* ＝tu-whit.

tux [tʌ́ks] 〖略〗 *n.* 《口語》＝tuxedo.

tux·e·do [tʌksíːdoʊ, -də | -dəʊ] 〖《1899》← *Tuxedo Park* (New York 州の Tuxedo Park にあった社交クラブ)〗 ── *n.* (*pl.* ~es, ~s) 《米》 **1** タキシード: **a** 絹のラペル (lapel) がついた黒またはミッドナイトブルーの上衣; tuxedo jacket ともいう; cf. dress coat. **b** 略式男子用夜会服の一揃いで，ジャケット・ズボン・チョッキ・ちょうネクタイともに色は黒かミッドナイトブルー; cf. evening dress, full dress 1. **2** タキシード(コート)《上衣の裾まである長い平らなタキシードカラーのついたゆったりした婦人用コート; tuxedo coat ともいう》.

tuxédo còat *n.* ＝tuxedo 2.

tux·é·doed *adj.* タキシード(の礼服)を着た.
tuxédo jàcket *n.* ＝tuxedo 1 a.
tu·yere [twiːjéə, tuː-, twíə | twíːɛə(r, twáɪə(r; *F.* tɥijɛːr] 〘(1781) □ F *tuyère* ← *tuyau* pipe ← Gmc.〙 *n.* 〖冶金〗(溶鉱炉・ふいごなどの)羽口(はぐち).
TV, T.V. [tíːvíː] *n.* テレビ (television).
t.v., T.V. 《略》 terminal velocity.
TVA 《略》 Tennessee Valley Authority.
TV dínner 〘料理中にテレビの視聴を中断しなくてもすむほど手軽なことから〙 ── *n.* 《米》 テレビディナー《料理した肉や野菜をアルミはくの皿にのせ, 包装・急速冷凍した食品で温めるだけで食べられる》.
Tver [tvéə | tvéə(r; *Russ.* tvjérj] *n.* トヴェリ《Kalinin の旧名》.
Tvl. 《略》 Transvaal.
TV táble *n.* ＝snack table.
TW 《記号》 ⇨ TWA.
twa [twáː] *n., adj.* 《スコット》 ＝two.
TWA 《略》 Trans World Airways トランスワールド航空 (記号 TW).
Twad·dell [twɑdél, twɔː-, twɑ́dl̩, twɔ́(ː)dl̩ | twɔ́dl̩, twɔdél] 〘← *William Twaddell* (*d.* 1840: スコットランドの発明家)〙 *n.* トワドル比重計《水より重い液体を測る浮きはかり; Twaddell hydrometer ともいう》.
twad·dle [twɑ́dl̩, twɔ́(ː)dl̩ | twɔ́dl̩] 〘(1782) 《変形》? ← TWATTLE〙 ── *n.* **1** むだ口, 駄弁 (gabble): talk mere ～ むだ口をきく. **2** むだ口をきく人(twaddler). ── *vi.* むだ口をきく, くだらないことをしゃべる (prate). ── *vt.* むだ口をきいて言う. **twád·dler** [-dlə, -dl̩ə | -dl̩ə(r, -dl-] *n.*
twád·dling [-dlɪŋ, -dl̩- | -dl̩-, -dl-] *adj.* **1** つまらない, くだらない (trivial). **2** むだ口をきく.
twad·dly [twɑ́dli, twɔ́(ː)dli, -dli | twɔ́dli] *adj.* むだ口をきく.
twae [twáː, twéɪ] *n., adj.* 《スコット》 ＝two.
twain [twéɪn] 〘OE *twēgen* two (masc.): cf. OE *twā* (fem. & neut.), *tū* (neut.): cf. G 《廃》 *zween*: ⇨ two〙 《古》 ── *n.* 2 (two); 2 個, 二人; 対: cut in ～ 二つに切る / Mark ～! 二つ目に印をつけよ《水先案内人が川の深さを測る時の叫び; Mark Twain というペンネームの起こり》. ── *adj.* 2 の, 2 個の, 二人の, 対の. ── *vt.* 二つに分かつ.
Twain, Mark *n.* ⇨ Mark Twain.
twang[1] [twǽŋ] 〘(1542) 擬音語〙 ── *n.* **1** ぶーん[びーん]と鳴る音《緊張した弦をはじく時などの音》. **2 a** 鼻声, 鼻にかかる音 (nasal twang): the American ～ アメリカ人の鼻声《center を [sɛ́nə] と聞こえるように発音する場合などにいう》. **b** (ある地域・人間集団の)特徴的口調, なまり: a faint London ～ かすかなロンドン英語のなまり. **3 a** はじくこと, 引っぱること. **b** (良心の)うずき: feel ～*s of* conscience 良心の呵責を感じる.
── *vt.* **1** 〈弦楽器・弓弦などを〉びーん[ぶーん]と鳴らす: ～ one's fiddle バイオリンの弦をぶーんと鳴らす. **2** 鼻声で言う[話す]. **3 a** 〈弓〉の弦を引く. **b** 〈矢を〉放つ. ── *vi.* **1** ぶーんと鳴る. **2** 〈声などが〉鼻にかかる. **3** 〈筋肉などが〉痛み[緊張]のためぴくぴく動く.
twang[2] [twǽŋ] 〘《変形》 ← TANG[1]〙 *n.* **1** 強いにおい[味]. **2** 傾向, 気味, 趣き (trace).
twan·gle [twǽŋgl̩] 〘⇨ twang[1], -le[3]〙 *vi., vt.* 《まれ》 びんびん[ぶんぶん]鳴る[鳴らす]; かき鳴らす, つまびく. ── *n.* びんびん[ぶんぶん]いう音.
twang·y [twǽŋi | -ŋi] 〘⇨ twang[1], -y[4]〙 *adj.* (**twang·i·er; -i·est**) **1** びーん[ぶーん]という, 〈音が〉弓弦をはじいたような. **2** 鋭い鼻声の.
Twán·kay téa [twǽŋkeɪ-, -kiː-; *Chin.* tʻúntʃʻì-] 〘*Twankay*: □ Chin. *Tʻun-chʻi* (屯渓): 中国安徽(あんき)省にある原産地名から〙 *n.* 屯渓(とんけい)茶《緑茶の一種》.
'twas [twʌz, twɑ̀z, twəz | twɔ̀z, twəz] 《詩・古》 it was の縮約形.
twat [twɑ́t | twɔ́t] 〘← ?: cf. 《方言》 *twatch* to mend a gap in a hedge〙 *n.* **1** 《卑》 ＝vulva. **2** 《俗》 おしり (buttocks). **3** 《俗》 女.
twat·tle [twɑ́tl̩ | twɔ́tl̩] 〘(1573) 《混成》? ← TATTLE + TWIDDLE[2]〙 *n., v.* 《英方言》 ＝twaddle.
tway·blade [twéɪbleɪd] 〘(1578) ← *tway* (《短縮》 ← TWAIN) + BLADE〙 *n.* 〖植物〗 ラン科フタバラン属 (*Listera*), クモキリソウ属 (*Liparis*) などの植物の総称《二枚の葉が対をなしている》.
tweak [twíːk] 〘(1601) 《変形》? ← 《方言》 *twick* < ME *twikken* < OE *twiccian* to catch hold of, pluck, gather: cf. twitch[1]〙 ── *vt.* **1** ぐいと引く (twitch). **2** 〈耳・鼻などを〉軽く[ふざけて]つまむ, つねる: *Tweaking* John Bull's nose proved costly. 英国の鼻をつまんだのは高くついた. ── *vi.* ぴくっと動く (twitch). ── *n.* ひねり, つねり, ねじり; ぐいと引くこと.
twéak·er *n.* 《英俗》 (子供の)ぱちんこ.
tweak·y [twíːki | -ki] 〘← TWEAK + -Y[4]〙 *adj.* (**tweak·i·er; -i·est**) **1** いらいらした, 神経質な (nervous). **2** 舌にぴりっとくる (biting).
twee [twíː] 〘《変形》 ← *tweet* 《小児語》 ← SWEET〙 *adj.* 《英口語》 利口ぶる, かわいらしさ[お上品]を装う, ことさらにすました.
tweed [twíːd] 〘(1847): TWILL のスコットランド語形 *tweel* の誤読から; 後にこの織物の産地を流れる Tweed 川と連想された〙 ── *n.* **1** ツイード《スコッチ織りの一種》: a ～ skirt. **2** [*pl.*] ツイードの服: He was (dressed) in ～*s.* ツイードの服を着ていた. **3** (写真プリント用の)ざらざらした紙の一種.
Tweed [twíːd] 〘OE *Twēode, Twiode* 《原義》? the strong, powerful river: cf. Skt *tavas* powerful〙 ── *n.* [the ～] スコットランド南東部 Borders 州を東流して北海に注ぐ川 (156 km); 下流はイングランドとの境をなす; サケ漁で有名.
Tweed [twíːd], **William Marcy** *n.* (1823–78) 米国の政治家; Tammany 派の一味 Tweed Ring の首領として New York の市政を独占して私腹を肥やした; 通称 Boss Tweed.
twee·dle [twíːdl̩] 〘(1684) 《擬音語》: vi. 2 は WHEEDLE の影響による〙 ── *n.* (楽器などの)きーきー[ぎーぎー]いう音. ── *vi.* **1** 〈歌手・鳥・楽器が〉甲高い調子の声[音]を出す, きーきーいう音を出す. **2** 楽器をぞんざいに演奏する. ── *vt.* 音楽で誘う (wheedle by music); 籠絡(ろうらく)する (cajole).
Twee·dle·dum and Twee·dle·dee [twìːdl̩dʌ́m-ən-twìːdl̩díː] 〘(1725) ← TWEEDLE + *dum* (低音を表わす擬音語) + *dee* (高音を表わす擬音語): 英国の詩人 John Byrom (1692–1763) の造語, その風刺詩の中で技倆伯仲する二人の音楽家 Handel と G. B. Bononcini (1670–1750?) とにつけたあだ名から〙 ── *n.* **1** 名前だけが異なる二人[二物], 区別し難いほどに似通った二人[二物]. **2** Lewis Carroll 作の *Through the Looking Glass* 中の二人の人物.
Tweeds·muir [twíːdzmjʊə | -mjʊə(r] , 1st Baron *n.* ⇨ Buchan.
tweed·y [twíːdi | -dɪ] 〘⇨ tweed, -y[4]〙 ── *adj.* (**tweed·i·er, -i·est; more ～, most ～**) **1** ツイード風の. **2** ツイード(服)好きの, いつもツイードを着る; 〈女が〉やや男性的な. **3** 気楽な[戸外の]生活を好む[に慣れた]; くつろいだ. **twéed·i·ness** *n.*
tween [twíːn] 〘(*a*1325) *twene* 《頭音消失》 ← *be twene* 'BETWEEN'〙 *prep.* 《詩》 ＝between. ── *n.* (*also* **'tween [～]**) ＝tweeny 3.
twéen-dèck *adj.* 〖海事〗 中甲板の.
'twéen-dècks 〖海事〗 *adv.* 中甲板に. ── *n.* 中甲板.
tween·y [twíːni | -nɪ] 〘(1888) ← TWEEN + -Y[2]〙 ── *n.* (*also* **tweeen·ie [～]**) **1** 《英口語》 仲働き (between-maid) 《料理人と奥女中との間に立ち, 双方の手伝いをする若い女中》. **2** 小型の葉巻. **3** 《米》 (小児とティーンエイジャーとの中間の) 10–12 歳の子供.
tweet [twíːt] 〘(1845) 擬音語〙 ── *n.* **1** (小鳥の)さえずり, ちゅーちゅー (chirp). **2** (音響再生装置から出る)高い音 (cf. woof[2] 2). ── *vi.* さえずる, ちゅーちゅー鳴く (chirp).
twéet·er [-tə | -tə(r] 〘⇨ ↑, -er[1]〙 *n.* ツィーター《高音用小スピーカー; cf. woofer, squawker 5》.
twee·tle [twíːtl̩ | -tl̩] 〘《変形》〙 *v.* ＝tweedle.
tweeze [twíːz] 〘《逆成》 ← TWEEZERS〙 *vt.* 《口語》 tweezers で抜く[つまむ, 取り扱う].
twee·zer [twíːzə | -zə(r] 〘《逆成》 ↓〙 *vt.* tweezers で抜く[もつ]. ── *vi.* tweezers を使う. ── *n.* ＝tweezers.
twee·zers [twíːzəz | -zəz] 〘(1654) ← 《廃》 *tweeze* case, receptacle (《頭音消失》 ← 《廃》 *etweese* (pl.) ← 《廃》 *etwee* □ F *étui* 'ETUI') + -ER[1] + -S[1]〙 ── *n. pl.* [時に単数扱い; しばしば a pair of ～ の形で] 毛抜き, ピンセット.
twelfth [twélfθ] 〘ME *twelfthe* (⇨ twelve, -th[1]) ∽ ME *twelfte* < OE *twelfta*: ME の *-the* 形は 14C に現われ, 16C から一般的になった〙 ── *adj.* **1** 第 12 の, 12 番目の (12th). **2** 12 分の 1 の: a ～ part 12 分の 1. ── *n.* **1** [the ～] 第 12, 12 番目, 第 12 位; (月の)(第) 12 日: *the Twelfth* (of August) 8 月 12 日《英国でライチョウ猟期の始まる日》. **2** 12 分の 1. **3** 〖音楽〗 12 度(音程); 第十二音. **4** [T-] **a** ＝Twelfth day. **b** ＝Twelfthtide.
twélfth-càke 〘← *Twelfth night* (or *tide*) *cake*〙 ── *n.* Twelfth night の祝い菓子《中に豆または貨幣を入れて置き, 豆の入った部分の当たった人が当夜の祝いの司会者となった》.
Twélfth dày, T- D- 〘OE *twelfta dæg*〙 ── *n.* 〖キリスト教〗 十二日節, 顕現日 (Epiphany) 《クリスマスから 12 日目 (1 月 6 日); この日は Epiphany の祝日で昔は Christmas の最後の日として祝われた》.
twélfth·ly *adv.* 第 12 番目に.
Twélfth nìght, T- N- 〘OE *twelfte niht*〙 ── *n.* 〖キリスト教〗 **1** 十二日節の前夜祭《もと色々な楽しみ事が行なわれ, クリスマスの飾りを取りはずすなど様々な習慣を伴った》. **2** 十二日節の晩.
Twélfth Níght *n.* 「十二夜」《Shakespeare 作の喜劇 (1601–02)》.
Twélfth·tìde *n.* Twelfth night および Twelfth day の頃.
twelve [twélv] 〘OE *twelf* ← Gmc **twalibi-* (Du. *twaalf* / G *zwölf* / ON *tōlf* / Goth. *twalif*) ← **twa-* 'TWO' + **lif-* left behind: 《原義》 「10 かぞえて残り 2」: cf. eleven〙 ── *n.* **1** 12; 12 個, 12 人; 12 歳; 12 時: a boy of ～ 12 歳の少年 / come home at ～ 12 時に帰宅する / strike ～ 12 時を打つ. **2** 12 [XII] の記号[数字]. **3** [*pl.*] 十二枚折版, 四六判 (duodecimo): in ～*s* 四六判の / long [square] ～*s* 長折[角折]四六判の紙. **4 a** 12 人[個]一組. **b** 12 番目: page [chapter] ～ 12 ページ[章]. **5** 12 番サイズの衣料品. **6** [the T-] **a** ＝Twelve Apostles. **b** (旧約聖書の 12 人の)小預言者の書. ── *adj.* 12 の, 12 個の, 12 人の; [Predicative に用いて] 12 歳で: ～ score 240 《20 の 12 倍》.
Twélve Apóstles *n. pl.* [the ～] 〖聖書〗 (キリストの)十二使徒《Peter, James the Greater, John, Andrew, Philip, Bartholomew, Matthew, Thomas, James the Less, Thaddaeus, Simon, Judas の 12 人; the Twelve ともいう; cf. *Mark* 3: 16–19, *Matt.* 10: 2–4, *Luke* 6: 14–16》.
twélve·fòld *adj.* **1** 12 部分[要素]のある. **2** 12 倍の[ある]. ── *adv.* 12 倍に.
twélve-mìle límit *n.* 〖国際法〗 海岸から 12 マイル以内の限界《治安・国防や海洋資源確保などの点から, 広い領海の幅員を提唱する社会主義国家やアジア・アフリカの発展途上国側からの主張; cf. three-mile limit》.
twelve·mo [twélvmòu | -mə̀u] 〘(1819) ← TWELVE + (DUODECI)MO〙 〖製紙〗 十二枚折(判) ── *n.* (*pl.* **～s**) 十二枚折(判) 《12 丁 (24 ページ)になるように折った紙の大きさ; この大きさの紙[ページ]》; 十二枚折本 《duodecimo ともいう》. ── *adj.* 十二枚折(判)の; 十二枚折本の.
twélve·mònth 〘OE *twelf mōnað* twelve months: OE *mōnað* の pl. は *mōnað(as)*〙 ── *n.* 《英》 12 か月, 1 年: He has been here a ～. 彼はこちらへ来て一年になる / this day ～ 来年[去年]の今日 / for a whole ～ 丸 1 年.
twélve-nòte *adj.* 《英》 ＝twelve-tone.
twélve-nóte rów *n.* 《英》 ＝twelve-tone row.
twélve-nóte sỳstem *n.* 《英》 ＝twelve-tone system.
twel·ve·pence [twélvpéns, twélvpəns] 〘ME〙 *n.* (*pl.* **～, -penc·es**) 12 ペンス(の価) 《1971 年までは ＝1 shilling》. ★ 用法その他については ⇨ penny 1.
twel·ve·pen·ny [twélvpéni, twélvp(ə)ni | -nɪ] *adj.* 12 ペンスの.
twélve-póunder *n.* 12 ポンド砲.
Twélve Tábles *n. pl.* [the ～] 〖ローマ史〗 十二表《ローマ法中日常生活に最も重要な条文を短縮して 12 枚の板(青銅または木)に刻したもの; 紀元前 451 年および 450 年に十大官 (decemvirs) によって書かれた》.
twélve-tóne 〘《なぞり》 ← G *Zwölfton(musik)*〙 ── *adj.* 〖音楽〗 12 音の, 12 音組織の (cf. twelvetone system), 12 音技法の: ～ music 12 音音楽 / ～ technique 12 音技法.
twélve-tóne rów *n.* 〖音楽〗 12 音音列《12 音音楽において 1 オクターブ内の 12 個の異なる音の配列; tone-row ともいう》.
twélve-tóne sỳstem *n.* 〖音楽〗 12 音組織《半音階に含まれる 12 の音に特定の中心音を設けず, すべて平等の重要性を付与して用いる作曲法; 1920 年頃 Arnold Schönberg が創始した; twelve-note system ともいう》; 無調主義 (atonality).
twen·ti·eth [twéntiɪθ, -tiəθ | -tiɪθ, -tiəθ] 〘OE *twentigoþa*: ⇨ ↓, -th[1]〙 ── *adj.* **1** 第 20 の, 20 番目の (20th). **2** 20 分の 1 の: a ～ part 20 分の 1. ── *n.* **1** [the ～] 第 20, 20 番目, 第 20 位; (月の)第 20 日: *the* ～ [*20th*] of April 4 月 20 日. **2** 20 分の 1.
twen·ty [twénti | -tɪ] 〘OE *twēntig* ← *twēn-* (cf. *twēgen* 'TWAIN') + *-tig* '-TY[1]': cf. G *zwanzig*〙 ── *n.* **1** 20; 20 個, 20 人; 20 歳: a man of ～ 20 歳の人. **2** 20 [XX] の記号[数字]. **3** 20 人[個]一組. **4** 20 番サイズの衣料品. **5** [*pl.*] 20 台, 20 年代[歳台]: during the *twenties* 20 年代の間 (1820–29 年, 1920–29 年の間など)に / He is still in his *twenties*. 年齢がまだ 20 代だ / be in the *twenties* 〈点数・温度などが〉 20 点台[20 度台]である. ★ 21 から 99 までは twenty-one のようにハイフンでつなぐ; 時として one and twenty の形をとるが, 後者は古雅な調子を帯びることがあり, 特に 50 代以下の年齢をいう時に用いられる. **6** 《英口語》 20 ポンド紙幣; 《米口語》 20 ドル紙幣.
like twenty 〘漠然と多数を表わす twenty の意から〙 《米口語》 ひどく, すごく (cf. *like* FORTY, *like* SIXTY): She jumped and kicked *like* ～.
── *adj.* **1** 20 の, 20 個の, 20 人の: ～ times 20 回 / I have told you ～ times. 20 回も君に話した《何度話したかわからない》 / ～ and ～ 数知れない, 多数の. **2** [Predicative に用いて] 20 歳で: She will be ～ on the 1st next month. 彼女は来月の 1 日に 20 歳になる.
twénty-fíve *n.* **1** 〖ラグビー・ホッケー〗 25 ヤードライン《ゴールラインから 25 ヤードの地点のゴールラインと平行な線》. **2** 25 番サイズの衣服. **3** 25 口径ライフル[ピストル]《通例 .25 と書く》. **4** (*also* **25**) 《俗》 ＝LSD.
twénty-fíve·pènny *adj.* 〈釘が〉 $4^1/_4$ インチ(の長さ)の.
twénty·fòld *adj.* **1** 20 倍の. **2** 20 の部分から成る. ── *adv.* 20 倍に.
twénty-fóur·mò [-mòu | -mə̀u] 〘⇨ -mo〙 〖製紙〗 ── *n.* (*pl.* **～s**) 二十四枚折(判); 二十四枚折本 《vigesimo-quarto, vicesimo-quarto ともいう》. ── *adj.* 二十四枚折(判)の; 二十四枚折本の.
twénty·mò [-mòu | -mə̀u] 〘⇨ -mo〙 〖製紙〗 *n.* (*pl.* **～s**) 二十枚折(判); 二十枚折本 《vigesimo, vicesimo ともいう》. ── *adj.* 二十枚折(判)の; 二十枚折本の.
twénty-óne *n.* **1** 〘《なぞり》 ← F *vingt-et-un*〙 〖トランプ〗 二十一《エースを 11, 絵札を 10 に数え, 配られた札の合計点数が 21 またはできるだけ 21 に近くなるよう競うゲーム; 特に, カジノなどで胴元賭博として行なわれるものをいい, 一般家庭向きのものは blackjack という; cf. natural 6 a》. **2** 21 番サイズの衣服.
twénty-pènny *adj.* 〈釘が〉 4 インチ(の長さ)の: a ～ nail.
twénty-twénty, 20/20 *adj.* 〖眼科〗 20/20 の, 視力正常の. ★ $^1/_3$ インチの大きさの字を 20 フィートの距離から読みうる視力についていう; なおこの二倍の大きさの字しか読み得ない視力は twenty-forty (＝20/40) と呼ぶ (⇨ visual acuity).
twénty-twó *n.* 22 番サイズの衣服.
.22 [twéntitúː | twénti-] *n.* (*pl.* **.22s, .22's**) 22 口径ライフル[ピストル] (cf. revolver 1).

'twere [twə; twə́:, twə́:|twə(r; twə̀:(r, twə́:(r] 〖《1606》《短縮》← *it were* (=would be)〗《詩・古》it were の縮約形.

twerp [twə́:p|twə́:p] 〖← ?: cf. Dan. *tver* perverse / thwart〗 *n.* 《俗》無作法者; くだらないやつ.

Twi [ʧwí:, twí:, ʧí:|twí:] *n.* **1** トウィ語《Akan 語族の一つ; ガーナで話される》. **2** トウィ語に基づく文語.

twi- [twáɪ] 〖OE ~, *twy-* two, double: cf. Du. *twee-* / G *zwei-* / L *bi-*=OL *dui* / Gk *di-*: cf. two, bi-¹, di-¹〗 — *pref.*「二, 二重 (two, twice)」の意: *twi*-circle, *twi*-headed.

T.W.I., TWI 《略》Training (of Supervisors) within Industry 産業内(監督者)訓練.

twi·bil [twáɪbɪl, -bəl|-bɪl] 〖OE ~: ⇨ twi-, bill²〗 *n.* (*also* **twi·bill** [~]) **1** 《英方言》豆刈鎌(ᵏᵃᵐᵃ). **2** 《古》両刃のおの《武器》.

twi·blade [twáɪblèɪd] *n.* 《植物》=twayblade.

twice [twáɪs] 〖ME *twiges* ← *twige* twice (< OE *twiga* ← TWI-)+-s²〗 — *adv.* **1** 2度, 2回 (cf. thrice): once or ~ 1, 2度 / ~ or thrice 《文語》両3度 / ~ a week 週に2回 / read a book ~ / sing each song ~ *over* どの歌も2度ずつ続けて歌う. **2** 2倍に (two times), 倍(増し)に (doubly): ~ *as* many 2倍(の数) / ~ *as* much 2倍(の量) / ~ *as* good *as* …の倍もよい / *Twice* five is ten. 2掛ける5は10 / I am ~ your age [~ as old as you]. 君の倍も年をとっている / Our goods are guaranteed ~ *over.* 当店の品物は倍増しの保証付きです. ★一般に(特に, 倍数を表わす時には), two times よりも twice が普通に用いられる. **3** [~ removed で] 二世代[親等](隔たった): a first cousin ~ removed ⇨ removed 2.

at twice 《口語》(1) 2回に, 2度に: Do it *at* ~. 2回(に分けて)しなさい. (2) 二回目に, 二度目に: He succeeded *at* ~. 二回目に成功した. ***in twice*** =*at* TWICE (1). ***think twice*** 再考する, (行動に移る前に)よく考えてみる: I advise you to *think* ~ *before* accepting his offer. 彼の申し出を受ける前によく考えたほうがよい / I shouldn't *think* ~ *about* refusing his offer. 私なら断然彼の申し出を拒絶する.

twíce-bórn *adj.* **1** 生れ変わった, 化身した (reincarnate). **2** 《神学》新生の, 再生した (regenerate). **3** 《ヒンズー教》再生族の《四姓(カースト)のうち上位3階級; 特に, バラモンをこう呼ぶ; ⇨ caste 1》.

twíce-láid *adj.* **1** 〈綱が〉撚(ᵞ)り直しの: a ~ rope 再生索. **2** 代用の, 再生の.

twíc·er 〖← TWICE+-ER¹〗 — *n.* **1** 2度する人; 日曜日の礼拝に二度出席する人. **2** 《俗》(予期したものの)2倍のもの. **3** 《英俗》[通例軽蔑的に] 植字兼印刷工. **4** 《英俗》=two-time loser. **5** 《英・豪俗》ペテン師 (cheat); 悪党 (crook).

twíce-tóld *adj.* **1** 2度話された[語られた]. **2** 〈物語など〉言い古された, 古臭い, 陳腐な (hackneyed): a ~ tale 言い古された話[事柄] (Shak., *John* 3. 4. 108).

Twick·en·ham [twíkənəm] 〖OE *Twiccanham* ← ? **twicce* river fork (cf. OE *twi(c)cen* fork of roads)+ *ham* water-meadow (cf. ham¹)〗 — *n.* Thames 川に沿う London の南西方の郊外都市で Richmond upon Thames の一部.

twid·dle¹ [twídl] 〖《*c*1540》《混成》? ← TWITCH¹ / TWIRL+FIDDLE: cf. ON *tvidla* to stir〗 — *vt.* 〈指などを〉ひねくる, ひねり回す, くるくる回す (twirl): ⇨ *twiddle one's* THUMBS. — *vi.* **1** 〔…を〕いじり回す, もてあそぶ (fiddle, trifle) 〔*with*〕: He ~*d with* his hair. 髪の毛をいじり回した. **2** くるくる回る (twirl). — *n.* **1** ひねり回し, くるくる回ること. **2** 波紋, 波状線. **twíd·dler** [-dlə, -dlə|-dlə(r, -dlə(r] *n.*

twid·dle² [twídl] 〖擬音語〗 *vi.* **1** 〈鳥が〉さえずる. **2** つまらぬおしゃべりをする. **3** 〈楽器を〉慰みに鳴らす. **twíd·dler** [-dlə, -dlə|-dlə(r, -dlə(r] *n.*

twíd·dling lìne [-dlɪŋ-, -dl-|-dl-, -dl-] *n.* 《海事》 **1** 船の舵輪を(波の衝撃で回転したりしないように)縛りつけるロープ. **2** ボートの舵を希望する角度に留めておくためのロープ.

twí·fàllow [twáɪ-] 〖⇨ twi-〗 *vt.* 《廃》《農業》〈種をまく前に休閑地などを〉2度目にすく.

twí·fòld [twáɪ-] 〖OE *twifeald*〗 *adv., adj.* 《古》=twofold.

twí·fòrmed [twáɪ-] *adj.* 二つの形をもつ.

twig¹ [twíg] 〖OE *twigge* < Gmc **twig(g)a* fork, bifurcation (Du. *twijg* / G *Zweig*) ← **twi-* ← IE **dwō(u)-* 'TWO': cf. twain, twin: 枝のまたの分かれからか〗 — *n.* **1** 小枝, 細枝 (cf. branch 1). **2** 占い棒 (divining rod): work the ~ 占い棒で占う. **3** 《解剖》小分岐, 枝脈. **4** 《電気》小配電子, 枝線.

hop the twig ⇨ hop² 成句.

twig² [twíg] 〖《1764》? (i) ⊏ Sc.-Gael. *tuig* I understand // (ii) 《変形》← 《方言》*twig* to pull (cf. 《方言》*twick* 'to twitch, TWEAK'): もと盗賊の隠語〗 — *v.* (**twigged; twig·ging**) 《英俗》 — *vt.* **1** 見る, …に注目する, 目をつける (look at). **2** 見つける, 認める (discover). **3** …がわかる, 悟る, のみ込む: I ~ it! わかった / I could not ~ what he meant. 彼が何を言おうとしているのかわからなかった. — *vi.* わかる: I don't quite ~, will you tell me again? どうもよくわからない, もう一度話してくれませんか.

twig³ [twíg] 〖← ?〗 — *n.* 《英》 **1** ぱりっとした様子[身なり], 流行 (fashion, style); やり方, 方法 (method): in (prime, good) ~ スマート[立派]なりをして; きちんとしたやり方で. **2** 状態, 調子.

twíg blìght *n.* 《植物病理》小枝の枯凋(ᶜᵒ)病《種々の針葉・広葉樹の枝が寄生菌で冒され枯死する現象》.

twíg bòrer *n.* 《昆虫》木の枝に穴をあける小型の甲虫(の幼虫)・蛾の幼虫などの総称: ⇨ peach twig borer.

twigged 〖⇨ -ed 2〗 *adj.* 小枝[細枝]のある.

twig·gy [twígi|-gɪ] 〖《1562》: ⇨ twig¹, -y⁴〗 — *adj.* (**twig·gi·er; -gi·est**) **1** 小枝の多い, 小枝の茂る. **2** 小枝から成る. **3** 小枝のような; か細い, 繊細な, やせた: ~ legs.

twíg rùsh *n.* 《植物》=saw grass.

twi·light [twáɪlàɪt] 〖《1412-20》: ⇨ twi-, light¹: cf. Du. 《廃》*tweelicht* / LG *twelecht* / G *Zwielicht*: 原義は 'the light between' か: cf. MHG *zwischenlicht* tween-light〗 — *n.* **1 a** (日出前・日没後の)薄明, 薄明り, 薄暗がり; 微光. **b** (日没後の)薄暮, たそがれ(時) (dusk): *at* ~ =*in* the ~ たそがれ時に. **2** (物事の発達前後の)薄明期, (特に)衰退期, 末期: the ~ *of* his life 彼の人生のたそがれ時 / *in* the ~ *of* Mao's rule 毛(沢東)の統治の末期に. **3** ぼんやりとした理解, 一知半解: a dim ~ of consciousness もうろうとした意識.

Twilight of the Gods [the —] 《北欧神話》=Ragnarok.

— *attrib. adj.* **1** 薄明の, たそがれの, 薄暮の: the ~ hour たそがれ時. **2** 薄暮に現われる (crepuscular): a ~ bat, moth, etc. **3** ぼんやりした, 不分明な: ~ knowledge 生半可な知識.

— *vt.* 《まれ》かすかに照らす, 薄明りにする.

twí·light·ed [-ṭɪd, -ṭəd|-tɪd, -təd] *adj.* =twilit.

twílight glòw *n.* 薄明時に出現する大気光 (airglow).

twílight·less *adj.* 薄明のない.

twílight slèep 〖《なぞり》← G *Dämmerschlaf*〗 *n.* 《医学》(無痛分娩法の際などの)半麻酔状態《morphine や scopolamine の投与によって起こる》.

twílight zòne *n.* **1** 《生態》弱光層《光が到達する海面下の最下層》. **2** 境界不分明の領域; はっきりしない境. 「明りの (dim).

twi·lit [twáɪlɪt] 〖(p.p.) ← TWILIGHT〗 *adj.* 薄暗い, 薄

twill [twíl] 〖《1329》*twyll(e)* < OE *twilic* (部分訳) ← L *bilic-, bilix* having double thread (*bi-* (⇨bi-¹) の部分を TWI- と訳した): cf. tweed〗 — *n.* あや織, あや織ラシャ《serge, gabardine など》; (あや織の)あや, 斜文(ᵇᵘⁿ). — *vt.* あやに織る.

'twill [twɪl, twíl; twəl] 《詩・古》it will の縮約形.

twilled *adj.* あや織の: ~ fabrics, weaves, etc.

twíll·ing [-lɪŋ] *n.* あや織の織物; あや織りの織物の作り方.

twíll wèave *n.* =twill.

T.W.I.M.C. 《略》to whom it may concern.

twin [twín] 〖OE *(ġe)twinn* < Gmc **twisnaz* (ON *tvinnr* double) ← IE **dwisno-* (L *bīnī* two each / Lith. *dvynù* twins) ← **dwō(u)-* 'TWO': cf. twi-, twain〗 — *n.* **1 a** 双生児[双子]の一人 (cf. triplet, quadruplet, quintuplet, sextuplet, septuplet, octuplet). **b** [*pl.*] 双生児, 双子 (cf. singleton 1): a pair of ~*s* / ⇨ fraternal twin, identical twin. **2** 似た人[物], 対の一方 (exact counterpart) 〔*of, to*〕; [*pl.*] 対 (pair): Love is the ~ *of* truth. 愛は真理の対である. **3** 《結晶》双晶 (cf. trilling 2). **4** [the Twins] **a** 《天文》ふたご(双子)座 (⇨ Gemini 1). **b** 《占星》双子宮, ふたご座 (⇨ Gemini 2). **5** 《植物》双生子.

— *adj.* **1** 双子の, 双生児の: ~ children, brothers, sisters, daughters, etc. **2** 対をなす(片方の), 対の(一方の); 非常によく似た, 酷似した, 対の: a ~ vase 対の花びん(1個) / a ~ boat [steamer] 双子型汽船, 双胴船 / the ~ demons of inflation and unemployment インフレと失業という双子[一対]の悪魔. **3** 《生物》双生の, 対の (didymous). **4** 《結晶》双晶の: a ~ crystal 双晶. **5** 《廃》二倍[二重]の (double).

— *v.* (**twinned; twin·ning**) — *vt.* **1** 対にする (pair); 〈二つのものを〉(密接に)結びつける; 〔…と〕結合させる 〔*with*〕. **2** 〈二つのものを〉釣り合わせる (match). **3** 《廃》双生児としてはらむ[産む]. **4** [しばしば p.p. 形で] 《結晶》双晶にする. — *vi.* **1** 双生児を産む. **2** 《古》双生児に生れる. **3** 《廃》〔…と〕対になる 〔*with*〕.

twín áxis *n.* 《結晶》双晶軸《双晶の両方に共通な軸》.

twín béd *n.* ツインベッド《対になった同じ型のシングルベッドの一つ》.

twín-béd ròom *n.* ツインルーム《ホテルなどのシングルベッドが二つ入った部屋; cf. double room》.

twín·bèr·ry [-bèri, -b(ə)ri|-bəri] *n.* 《植物》 **1** アカネ科ツルアリドオシ属の植物 (*Mitchella repens*)《partridgeberry ともいう》. **2** 北米産の黒い2個の実が接着するスイカズラ属の植物 (*Lonicera involucrata*).

twín bìll *n.* 《米口語》 **1** 《映画》=double feature. **2** 《スポーツ》=doubleheader 2.

twín·bórn *adj.* 双子として生れた, 双生の.

Twin Brothers [Bréthren] *n. pl.* [the ~] 《ギリシャ神話》=Castor and Pollux.

Twin Cíties *n. pl.* [the ~] Minneapolis と St. Paul 《米国 Minnesota 州の Mississippi 川の両岸に相対して位置する二都市》.

twin dóuble *n.* 《競馬》ツインダブル《2組の連続する2レース, 合計4レースの勝馬を的中させた者が払い戻し金をもらう方式の賭; 2重勝式投票を二つ組み合わせたもの; cf. daily double》.

twine¹ [twáɪn] 〖OE *twin* ← Gmc **twi-* 'TWI-' (Du. *twijn*): cf. twain, twin, two〗 — *n.* **1** (通例ふたこ・みこ・よこの)より糸; (特に)麻糸, 麻ひも《包装または網の製造などに用いる》; 縒糸; 紙糸. **2** よること, より. **3** からみ, 巻きつき; ぐるぐる巻き (coil): snaky ~s 蛇がとぐろを巻いた形. **4** もつれ, こんぐらかり. — *vt.* **1** 〈糸を〉よる, より合わせる (twist together). **2** 〈織物・花輪などを〉織る, 編む (weave); よって〔…を〕作る〔*into*〕: ~ a wreath [garland] 花輪を作る / ~ little threads *into* a rope 小さな糸をより合わせてロープを作る. **3** からませる, 巻き付かせる (entwine) 〔*about, (a)round*〕: ~ one's arms *(a)round* …に抱きつく, (両手で)…を抱く / a wreath ~*d about* his brow 彼の額に巻き付けられた花輪 / They were ~*d in* each other's arms. 二人はお互いに抱き合っていた. **4** ねじる[巻く]ようにして差し込む〈*in*〉/〔*into*〕: She ~*d* her fingers *into* her curls. 指を巻毛の中に入れてからませた. **5** 包む (enfold), 巻く〔*with*〕: walls ~*d round with* ivy キヅタのからみ付いた壁. — *vi.* **1** よれる, より合わさる. **2** 巻き付く, からまる〔*about, (a)round*〕. **3** 〈植物・茎などが〉つるになる, 巻き付く (cf. scramble 4). **4** 曲がりくねる, うねる: The river ~*d* to the sea. 川は曲がりうねって海へ注いでいた.

twine² [twáɪn] 〖《スコット》*twin* < ME *twinne(n)* to divide ← TWIN〗 《スコット》 *vt.* 奪う. — *vi.* 別れる.

twín élements *n. pl.* 《化学》双子元素《性質・原子量共に近い一対の元素; 例: ニッケルとコバルト》.

twín-éngine *adj.* 〈飛行機が〉双発型の: a ~ airplane 双発機.

twín-éngined *adj.* =twin-engine.

twín·er 〖← TWINE¹+-ER¹〗 *n.* **1** より手, 巻き手; よる物, より糸機. **2** 巻き付く物; つる草.

twín·flòwer *n.* 《植物》リンネソウ, エゾアリドウシ (*Linnaea borealis*)《北半球寒帯に産するスイカズラ科の小低木》.

twinge [twíndʒ] 〖OE *twengan* to pinch ← Gmc **twaŋg-* (G *zwingen* to constrain): cf. OE *þwang* 'THONG'〗 — *n.* **1** 刺すような痛み, ずきずき[きりきり]する痛み: a ~ of toothache ずきずきする歯痛 / ~*s* of rheumatism=rheumatic ~*s* ずきずきするリューマチの痛み. **2** (心の)苦痛 (pricking): a ~ of conscience [remorse] 良心のうずき[後悔の苦しみ] / He felt a ~ of disappointment. 彼は刺すような失望を感じた. — *vt.* **1** ずきずき痛ませる. **2** 《方言》つねる, つまんで引っ張る. — *vi.* 刺すように痛む, うずく.

twí-nìght [twáɪ-] 〖← TWI(LIGHT)+NIGHT〗 *adj.* 《野球》薄暮から夜にかけてのダブルヘッダーの.

twi-night·er [twáɪnàɪṭə|-tə(r] *n.* 《野球》薄暮ゲームに始まるダブルヘッダー.

twín·ing plánt *n.* 纏繞(ᵗᵉⁿ)植物《他のものに巻き付いて生長する植物》.

twink¹ [twíŋk] 〖《*c*1350》*twinke(n)*: cf. G *zwinken* to wink: cf. twinkle〗 *n.* 瞬間 (twinkling): *in a* ~ またたく間に. — *vi.* きらきら輝く (twinkle).

twink² [twíŋk] 〖← ?〗 — *vt.* 《英方言》懲らしめる.

twín kílling *n.* 《俗》《野球》=double play.

twin·kle [twíŋkl] 〖OE *twinclian* (freq.) ← **twincan* to twink ← Gmc **twink-*: ⇨ -le³〗 — *vi.* **1** 〈星・遠方の灯光などが〉ぴかぴか[きらきら, ちらちら]光る. **2** (光を受けて)きらめく, ひらめく (gleam): Diamonds ~. **3** 〈目が〉(喜びなどで)輝く, きらきら光る, きらめく〔*with*〕: Her eyes ~*d with* gaiety. 彼女の目が陽気にきらきらした. **4** 〈社交ダンスの足などが〉ちらちらと動く; (現われたり隠れたりして)ちらつく; 〈蝶が〉ひらひら飛ぶ. **5** 《古》まばたきする (wink). — *vt.* **1** 〈光を〉ぴかぴか[きらきら]させる, きらめかせる, ひらめかす. **2** 《古》〈目などを〉しばたたく.

— *n.* **1** ぴかぴか光ること, きらめき, ひらめき (sparkle, flash): the ~ of a star 星の光のきらめき. **2** 目のきらめき, (生き生きした)目色: a mischievous ~ in a boy's eye いたずらそうな少年の目の光. **3 a** 《古》またたき (winking). **b** またたく間, 瞬間 (twinkling). ★特に, 次の句で: *in a* ~ またたく間に, 瞬間に, あっという間に. **4** (社交ダンスの足などの)ちらちら見える速やかな運動; ちらつき. **5** 《ダンス》トウィンクル《社交ダンスステップの一つ; 前揃後, 後揃前のように3歩でクィック クィック スローのリズムで行なうステップ》.

a twinkle in one's eye ⇨ eye 成句.

twín·kler [-klə, -klə|-klə(r, -kl-] *n.*

twín·kling [-klɪŋ, -kl-] 〖ME: ⇨ ↑, -ing¹·²〗 — *adj.* ぴかぴかする, きらめく, ひらめく, きらきら光る: a ~ star, diamond, etc. / ~ eyes きらきら光る目. — *n.* **1** きらめき, ひらめき. **2 a** 《古》またたき (winking). **b** またたく間, 瞬間 (instant). ★特に, 次の句で: *in a* ~ =*in the* ~ *of an eye* [*of a bedpost, of a teacup*] またたく間に. **3** ちらちらする[見える]こと, ちらつき.

twink·ly [twíŋkli, -kl-|-klɪ, -kl-] 〖← TWINKLE+-Y⁴〗 *adj.* =twinkling.

twín·lèaf *n.* 《植物》アメリカタツタソウ (*Jeffersonia diphylla*)《米国東部産のメギ科の宿根草》.

twín-lèns cámera *n.* 《写真》二眼のカメラ《立体写真撮影カメラ・二眼レフなど》.

twín-lens réflex cámera *n.* 《写真》二眼レフ(カメラ).

twín-mótored *adj.* =twin-engine.

twinned 〖← TWIN+-ED 1, 2〗 — *adj.* **1** 双子に生れた. **2** 対になった, 対の (paired, coupled); 〈二つのものが〉(密接に)結びついた, 結合した; 釣り合った (matched). **3** 《結晶》双晶になった.

twín·ning 〖⇨ -ing¹〗 *n.* **1** 双子を産むこと. **2** 結合 (coupling, union). **3** 《結晶》双晶形成.

twín plàne *n.* 《結晶》双晶面.

twín róom *n.* =twin-bed room.

twín-scréw *adj.* 《海事》二つのスクリューを有する, 双暗車の.

twín sèt *n.* (婦人用の)プルオーバーセーターとカーディガンの組み合わせ[アンサンブル].
twín·shìp *n.* 双子[双生児]であること, 双生; 近似[類似](性).
twín-síze *adj.* 〈ベッドが〉ツインサイズの《横 39 インチ縦 75 インチの大きさのものにいう; cf. full-size 2》.
twin·y [twáɪni | -nɪ] 〖← TWIN＋-Y[1]〗 *adj.* 1 より糸の. 2 からみ合う.
twirl [twə́ːl | twə́ːl] 〖《1598》《混成》? ← 《廃》*tirl* 《音位転換》← TRILL[2])＋WHIRL // ← ? ON : cf. Norw. 《方言》 *tvirla* to twirl / Fris. *dwerlje* to whirl〗 ― *vt.* 1 くるくる回す, 振り回す (spin, whirl): ～ a cane (*a*)*round* つえを振り回す / ～ the dial of a safe 金庫のダイヤルをくるくる回す. 2 ひねくり回す, ひねる, いじり回す (twiddle): ～ one's moustache ひげをひねり回す / ～ one's (wine)glass (手もち無沙汰に)(ワイン)グラスをくるくる回す / ⇨ *twirl one's* THUMBS. 3 《野球俗》〈投手が〉〈ボールを〉投げる (pitch). ― *vi.* 1 くるくる回る (whirl). 2 のたくる, くねくねする (undulate). 3 くるりと向きを変える. 4 《俗》〖野球〗投手を務める, 投球する (pitch). ― *n.* 1 回転, ひねり回し, くるくる回り (whirl, spin): give one's moustache a ～ 口ひげをひねる. 2 ねじれ, 巻き, 渦巻き (convolution); 丸い[螺旋(らせん)形の]もの. 3 (文字の)飾り書き (flourish). **twírl·y** [-li | -lɪ] *adj.*
twírl·er [-lə | -lə(r)] 〖⇨ ↑, -er[1]〗 *n.* 1 くるくる回るおもちゃ; くるくる回す人. 2 《俗》〖野球〗投手 (pitcher). 3 ＝baton twirler.
twirp [twə́ːp | twə́ːp] *n.* 《俗》＝twerp.
twist [twɪ́st] 〖*v.*: 《1340》 *twiste(n)* to divide ← OE -*twist* rope, 《原義》 divided object ← Gmc *twis- (Du. *twist* / G *Zwist* quarrel / Goth. *twis-* asunder / ON *tvistra* to divide) ← IE *dwō(u)*- 'TWO': cf. twi-, twain, twine. ― n.: 《1350》《廃》 divided object ← (v.)〗 ― *vt.* 1 よる, より合わせる, なう (intertwine); 編む (plait), 編み合わせる, 織り込む (interweave); よって[編んで, なって]作る: ～ wool [cotton] 羊毛[綿]をよる / ～ thread 糸をよる / ～ a garland 花輪を作る / ～ *up* 〈紙などを〉くるくる巻く, よる / ～ thread *into* a string 糸をよって(より)ひもを作る / ～ one's hair *into* a queue 髪を編んでおさげにする / ～ flowers *into* a garland 花をより合わせて花輪にする. 2 巻く, 巻き付ける, からませる, まとわせる (wind): ～ wreaths (*a*)*round* a column 花輪を円柱に巻き付ける / ～ a flower *in* one's hair (茎を曲げて)髪に花をさす. 3 ねじる, ひねる, 絞る (distort); 曲げる, ゆがめる (bend); 捻挫(ねんざ)する (wrench): ～ a stick 棒切れをねじる / ～ cloth 切れを絞る / ～ *off* ねじ切る / ⇨ *twist a person's* ARM[1] / His face was ～*ed with* pain.＝Pain ～*ed* his face. 彼の顔が苦痛にゆがんだ / He ～*ed* his *lips*. 唇をゆがめた / He ～*ed it out of* my hand. 彼はそれを私の手からねじ取った / I ～*ed* my ankle badly. ひどく足首を捻挫した. 4 (野球などで)〈ボールを〉ひねる, カーブを投げる; (玉突きなどで)〈球を〉ひねる, ひねり玉を出す. 5 (ひねって)くるくる回す, 回転させる: ～ one's fingers (そわそわして両手の)指をくるくる回す. 6 (…の意味を)こじつける, 曲解する (pervert): ～ a person's words 人の言葉を曲解する / They'll ～ your words *round into* what you don't mean. 彼らは君の言葉をゆがめて言いもしない意味にこじつけてしまうだろう. 7 [～ one's way として] 縫うようにして通る, 曲がりくねって進む: He ～*ed his way through* a crowd. 群衆の間を縫うように通って行った. 8 (糸をよるように, 密接に)結び付ける, 団結[連合]させる 〔*with*〕. 9 《米》〖生命保険〗(他社との契約を解約させて自社と契約するように)〈顧客〉に勧誘する, 乗り換えを勧める. 10 《英俗》だます, 欺く. 11 《英俗》もりもり食べる 〈*down*〉.
― *vi.* 1 よる, なう, ねじる; よれる, ねじれる: Her mouth ～*ed into* a smile. 口元がゆがんで微笑になった. 2 巻き付く, からまる, からみつく (wind) 〔*about, around*〕. 3 曲がる, それる (curve). 4 もがく, のたうつ, 身もだえする (writhe) 〈*about, up*〉. 5 a 縫って行く, うねりくねって進む 〔*along, through*〕. b 〈道路・川などが〉曲がりくねる. c (野球・クリケットで)〈球が〉回転しながら進む. 6 ぐるぐる回る, ぐるりと回る. 7 ツイストを踊る. 8 《英俗》もりもり食べる.
twist and turn (1) 〈道などが〉ひどく曲がりくねる. (2) しきりに身もだえする[寝返りをする].
― *n.* 1 a より糸, なわ, 索 (thread, cord). b (ボタンホールのかがりに用いる丈夫な)絹のかがり糸. 2 a ねじりパン, ツイスト. b ねじりたばこ. c (飲物に風味を添えるためのレモンなどの皮の)細片, ツイスト《軽くひねってある》: a ～ of lemon. 3 a より, ねじり, ひねり (wrench); ない方; ねじれ, 曲がり, ゆがみ (distortion); もつれ (tangle): give a ～ to a rope [to a person's arm] なわ[人の腕]をねじる / a small ～ of wire 小さくねじった針金 / a ～ in a rope なわのねじれ / a ～ in one's tongue 舌のもつれ, 不鮮明な発音, 舌足らず / a ～ of the wrist 手首のひねり方; 手練, 呼吸, こつ. b (顔などの)引きつり, ゆがみ. 4 曲がりくねり, 曲がり, 彎曲 (curve, turn): be full of turns and ～*s* ひどく曲がりくねっている, 曲折がある / a ～ *in* a road [stream] 道路[川]の曲がりくねり. 5 (軸を中心にした)回転, 旋回 (rotary motion, spin). 6 a 螺旋(らせん)状; 螺旋. b 〖銃砲〗(旋条 (rifling) の溝の)ねじれ. 7 (野球・テニス・クリケット・玉突きなどの)切り, カーブ, ひねり: give a ～ to a ball 球をひねる. 8 癖, (特に)奇癖 (turn, cast): a ～ *in* one's nature 奇癖, ひねくれた[曲がった]性質. 9 曲がった事, 不正, 不正直. 10 (意味などの)ひねり, 曲解 (wresting). 11 a (事態などの)意外な進展. b 新しい工夫, 新機軸. c (物語などの筋の)ひねり. 12 《英》(物を入れて両端をひねった)小さな紙袋 (twist of paper) (cf. screw 6): a ～ of tobacco, salt, etc. 13 《英俗》2 種類の酒を混ぜた混合酒: a gin ～ ブランデーとジンの混合酒. 14 《英俗》旺盛な食欲: have a good ～ とても腹が減っている. 15 《俗》女; (特に)自堕落な女 (floozy). 16 《俗》マリファナたばこ (marijuana cigarette). 17 a [the ～] 〖ダンス〗ツイスト. b 〖水泳〗ツイスト《飛び込みのひねり技》. 18 〖物理〗ねじり(の率), ねじり角 (torque). 19 〖気象〗気流のねじれ.
out of twist ねじれていない. ***round the twist*** 《英俗》気が狂って (insane). ***twists and turns*** (1) 曲がりくねり (ins and outs). (2) いきさつ, 曲折: the ～*s and turns* of a soccer match サッカー試合の一部始終.
twíst·a·ble [-təbl̩] *adj.* **twìst·a·bíl·i·ty** [-təbíləṭi | -lɪti, -lɪ-] *n.*
twíst drìll *n.* 〖機械〗ねじれきり, ドリル.
twíst·ed *adj.* ねじれた, ひねった, 曲がりくねった. **～·ly** *adv.*
twísted cólumn *n.* 〖建築〗捻(ねじ)柱 (wreathed column).
twísted cúrve *n.* 〖数学〗空間曲線《同一平面上にない曲線》.
twísted-stálk *n.* 〖植物〗ユリ科タケシマラン属 (*Streptopus*) の多年草の総称《レバーベリー (liverberry) など》.
twísted stómach wòrm *n.* 〖動物〗＝stomach worm.
twíst·er 〖《15C》: ⇨ twist, -er[1]〗 ― *n.* 1 より手, ない手; より糸機; ねじる人, ひねる人. 2 《英口語》曲がった人, 不正直者, (ずるく)ごまかす人 (dodger). 3 (野球・玉突などの)カーブ, 曲球, ひねり球[玉]: He sent me a ～. 4 難しい事, 難問 (poser): It was a regular ～. 全くの難問だった. 5 ＝tongue twister. 6 《米》(Mississippi 地方の)旋風, つむじ風. 7 〖木工・建築〗＝girder. 8 ツイストを踊る人.
twíst·ing 〖⇨ -ing[1,2]〗 *adj.* 巻き付く, ねじれる, よれる, 曲がる. ― *n.* 《米》〖生命保険〗乗り換え勧誘, 解約略奪募集 (cf. twist *vt.* 9).
twíst·ing·ly 〖⇨ ↑, -ly[1]〗 *adv.* 巻き付けて, ねじって; こじつけて.
twíst sèrve *n.* 〖テニス〗ツイストサーブ《ボールにサイドスピンとトップスピンを与えたサーブでバウンドしてレシーバーの左側にはねるサーブ》.
twist·y [twísti | -tɪ] 〖⇨ -y[4]〗 *adj.* (**twist·i·er; -i·est**) 1 曲がりくねった, ねじれた, うねりくねる (winding): a ～ staircase 曲がりくねった階段. 2 不正直な.
twit[1] [twít] 〖《1530》 *twite* 《頭音消失》← 《廃》 *awite* < OE *ætwītan* ← *æt* 'from, away, AT'＋*wītan* to blame (← Gmc *wit- to know (OHG *wīzan* to punish / ON *vīta* to blame / Goth. *witan* to observe): cf. wit[1])〗 ― *vt.* (**twit·ted; twit·ting**) 1 〔過失・弱点・欠点などで〕〈人を〉なじる, あざける, やじる (gibe at, taunt) 〔*with, about, on*〕: ～ a person *with* his timidity [his humble origin] 臆病だとなじる[身分が卑しいとあざける]. 2 咎める, 叱る. ― *n.* 1 難詰, あざけり, 叱ること. 2 《英俗》ばか, くだらんやつ. 3 《俗》いらいら[びくびく]した状態 (jitters): What a ～ you are in! ひどくいらいらしているね / give a person the ～*s* 人をびくびくさせる.
twit[2] [twít] 〖← ?〗 *n.* (つむぎ方のむらにより生じた)糸の弱い部分.
twitch[1] [twítʃ] 〖《?a1300》 *twicche(n)* < OE *twiccian ＝*twiċċian* (cf. tweak) ← Gmc *twik- to pinch off (LG *twikken* to twitch / G *zwicken* to pinch)〗 ― *vt.* 1 (袖などを)ぐいと引く, 急に引く (pull at, jerk at); ぐいと取る, ひったくる (snatch): ～ a person *by* the sleeve 人の袖を引っ張る / ～ a cloth *off* a table テーブル掛けを食卓から引きはがす / She ～*ed* the cloth *away*. クロスをぐいと取った. 2 〈体の一部を〉ぴくっと動かす, ひきつらせる: ～ one's ears [tail, eyelids] 耳[尾, まぶた]をぴくぴく動かす / A pale amusement ～*ed* his face. 軽い興味から顔がぴくりと動いた. 3 つまんでひっぱる, つねる (nip): ～ a person all over 人の体中をつねる. 4 〈すりなどが〉ひったくる: ～ 3 pounds *from* a person's pocket 人のポケットから 3 ポンドひったくる / I ～*ed* the letter *out of* his hand. 彼の手から手紙をひったくった. ― *vi.* 1 〈顔・筋肉などが〉ぴくりと動く, ぴくぴくする, ひきつる: His face ～*ed* with nervousness. 彼の顔は心配でぴくぴく動いた. 2 ぐいと引っ張る (tug) 〔*at*〕: She ～*ed at* my sleeve. 私の袖を引っ張った. 3 きりきり[ぴりぴり]痛む: His tooth ～*ed*. 歯がずきずき痛んだ.
― *n.* 1 (体またはその一部が)ぴくりと動くこと, ひきつり; 痙攣(けいれん). 2 ぐいと引っ張る[取る]こと, ひったくり (jerk) 〔*at*〕: I waited for a ～ *at* the end of the line. 釣糸の端を魚が引くのを待った. 3 (体または精神の)激しい痛み (twinge): a ～ of toothache 激しい歯痛. 4 (馬の鼻ねじ具, 鼻捻, 鼻捻棒《馬の鼻口部に縛り付けておき, 蹄鉄(ていてつ)などを打つ時や治療時に暴れる馬を取り静めるために用いる》. 5 〖生理〗(筋肉の)単収縮.
at a twitch たちまち (in a moment).
～·er *n.*
twitch[2] [twítʃ] *n.* 〖植物〗＝couch grass.
twítch gràss *n.* 〖植物〗＝cough grass.
twítch·ing *adj.* ぴくぴくする, ひきつる; ぐいと引く. **～·ly** *adv.*
twitch·y [twítʃi | -tʃɪ] 〖← TWITCH[1]＋-Y[4]〗 *adj.* (**twitch·i·er; -i·est**) 《口語》いらいら[そわそわ]する, 落着きのない. **twítch·i·ly** [-tʃɪli, -tʃə- | -lɪ] *adv.*
twite [twáɪt] 〖《1562》《擬音語》: cf. twit[1]〗 *n.* 〖鳥類〗キバシヒワ (*Carduelis flavirostris*) 《英国および北欧産のヒワ属の小鳥》.
twit·ter [twíṭə | -tə(r)] 〖《c1380》 *twitere(n)* 《擬音語》: cf. G *zwitschern*〗 ― *n.* 1 (小鳥の)さえずり, さえずり声. 2 興奮, 身震い: in a ～ 興奮して, 身震いして, ぞくぞくして. 3 さえずるようなおしゃべり; くすくす笑い. ― *vi.* 1 a 〈鳥が〉さえずる. b 〈人が〉さえずるように歌う; (特に)〈女性が〉早口に小声で[震え声で]しゃべる. 2 くすくす笑う. 3 興奮して身震いする[ぞくぞくする]. ― *vt.* 1 〈鳥が〉〈喜びなどを〉さえずりながら表わす; 〈人が〉早口に小声で[震え声で]言う. 2 〈指などを〉ひねくり回す: ～ one's fingers.
twit·ter·a·tion [twìṭəréɪʃən | -tə-] 〖⇨ ↑, -ation〗 *n.* 震え, 身ぶるい, 興奮.
twít·ter·er [-ṭərə | -tərə(r)] 〖⇨ -er[1]〗 *n.* さえずる鳥; くすくす笑う人.
twít·ter·ing [-ṭərɪŋ, -tr- | -t(ə)r-] 〖⇨ -ing[2]〗 *adj.* 〈小鳥などが〉さえずる. **～·ly** *adv.*
twit·ter·y [twíṭəri | -tərɪ] 〖⇨ -y[4]〗 *adj.* 1 よくさえずる. 2 震える (tremulous, shaky).
twít·ting [-ṭɪŋ | -tɪŋ] 〖← TWIT[1]＋-ING[2]〗 *adj.* 咎める, なじる. **～·ly** *adv.*
twit-twat [twíttwàt | -twɔ̀t] 〖擬音語〗 *n.* ＝house sparrow.
twit·ty[1] [twíṭi | -tɪ] 〖← TWIT[1]＋-Y[4]〗 *adj.* 1 《英方言》不機嫌な (ill-tempered), 怒りっぽい. 2 〖← *twit* 《擬音語》〗〈鳥など〉よくさえずる: a little ～ bird.
twit·ty[2] [twíṭi | -tɪ] 〖← TWIT[2]＋-Y[4]〗 *adj.* 〈紡ぎ糸が〉太さが不揃いで (uneven).
twixt [twɪkst] 〖《a1325》 *twix*: ⇨ betwixt〗 *prep.* (*also* **'twixt** [～]) 《詩》＝betwixt.
two [túː] 〖OE *twā* (fem. & neut.) & *tū* (neut.) < Gmc *twai (Du. *twee* / G *zwei*) < IE *dwō(u) (L *duo* / Gk *dúo*): cf. twi-, twain〗 ― *n.* (*pl.* ～**s** [～z]) 1 2; 2 個, 二人; 2 歳; 2 時: at ～ 2 時に / ～ of them それら[彼ら]のうちの二つ[二人] / a child of ～ 2 歳の子供 / They walked a mile or ～. 1, 2 マイルほど歩いた / *Two* and ～ make four. 2 に 2 を足すと 4 になる(ことは自明の理) / ⇨ *a* THING *or two* / *Two* heads are better than one. 《諺》二人いれば一人より知恵が出る, 「三人寄れば文殊の知恵」(cf. *Eccles.* 4: 9) / *Two* of a trade seldom agree. ⇨ trade 4 / *Two*'s company, three's none [a crowd]. 《諺》二人ならば仲よし, 三人になると仲間割れ / That's a game that ～ can play.＝*Two* can play at that game. その手ならこちらも負けはせぬ, きっと仕返しをするぞ. 2 2 [II] の記号[数字]. 3 対, 二人連れ[組], 一組 (pair). 4 (トランプの) 2 の札; (さい (die) の) 2 の目; (ドミノの) 2 の目の牌. 5 2 番サイズの衣服: wear a ～. 6 2 ドル紙幣.
by* [*in*] *twos and threes 三々五々, ちらほら. ***in two*** 二つに, 二つの部分に (asunder): cut it *in* ～. ***in two twos*** 《英》たちまち, 直ちに. ***put two and two together*** 事実からはっきりした結論を出す, あれこれ考え合わせる. ***that makes two of us*** それは私にも当てはまる, 私も同様[同感]だ. ***two and* [*by*] *two*** 二人[二つ]ずつ. ***two* (*for*) *a penny*** ⇨ penny 成句.
― *adj.* 2 の, 2 個の, 二人の; [Predicative に用いて] 2 歳で: one or ～ days 1 日か 2 日 / a day or ～ 一両日 / ～, three days 《米口語》2, 3 日《★ three, four なども同様に用いられる》/ ⇨ *in two* MINDS / fall between ～ stools あぶはち取らずになる / live ～ lives 二重生活をする.
twó-a-càt *n.* 〖遊戯〗＝two old cat.
twó-a-dáy *adj.* 〈ショーなど〉1 日 2 回の. ― *n.* 1 日 2 回の出し物[ショー].
twó-alóng *adv.* 〖製本〗抜き綴じに (two-on).
Twó-and-a-hálf Internátional *n.* [the ～] 第二半インターナショナル (⇨ Vienna INTERNATIONAL).
twó-and-óne-half strìper *n.* 〖海軍〗＝lieutenant commander.
twó-bágger *n.* 〖野球〗＝two-base hit.
twó-bàse hít *n.* 〖野球〗二塁打《double ともいう》.
twó-bèat *adj.* 〈ジャズが〉ツービートの《4/4 拍子で第 2 拍と第 4 拍にアクセントがある》.
twó-bìt 〖cf. bit[2]〗 *attrib. adj.* 《米俗》1 25 セントの(価の). 2 安い, 安っぽい (cheap); 価値のない.
twó bíts *n. pl.* [単数または複数扱い] 1 《米俗》25 セント (cf. bit[2] 6 a). 2 価値のない物, くだらない物.
twó-by-fóur *adj.* 1 a 厚さ 2 インチ幅 4 インチの. b 〖建築〗ツーバイフォー工法[構法]の, 2×4 構法の《2×4 インチの規格材を主として釘打ち工法によって建て, 壁全体で荷重を支える建設方式にいう; 主として住宅に用いられる》. 2 《米口語》小さな, ちっぽけな, 狭い (small), 窮屈な (cramped); つまらない, 取るに足らない (unimportant). ― *n.* 公称厚さ 2 インチ幅 4 インチの木材《米国・カナダの規格材》.
twó-clèft *adj.* 〖植物〗二裂の, 両裂の.
twó-contról áirplane *n.* 〖航空〗二元操縦飛行機《通例, 三つの独立した系から成る操縦系統を, 操作装置もしくは舵面のいずれかを 2 系統にした飛行機》.
twó cúltures 〖英国の作家 C.P.Snow が 1959 年に Cambridge で行なった講演の演題 *The Two Cultures and the Specific Revolution* から〗 ― *n. pl.* [the ～] 二つの文化《人文・社会科学系と自然科学系の二つの文化領域》.
twó-cýcle *adj.* 〖機械〗〈内燃機関が〉2 サイクルの《ピストンが気筒内を 1 往復する間に 1 回の動力発生の衝程を成すことにいう; cf. four-cycle》: a ～ engine.
twó-décker *n.* 1 二重甲板の船; 二層戦艦. 2 2

階付き電車[バス] (double-decker).
twó-diménsional *adj.* **1** 二次元の, 高さと幅だけの. **2** 〈美術作品が〉二次元的な, 平面の, (構図が)垂直な線と水平な線を強調した. **3** 〈文芸作品が〉浅薄な, 説得力のない, 底の浅い. 「(⇨ uniplanar motion).
twó-diménsional mótion *n.* 〖物理〗二次元運動
twó-édged *adj.* **1** 〈剣が〉もろ刃[両刃]の. **2** 両義の, 曖昧な: a ～ compliment 曖昧なお世辞《取りようによっては人をばかにしているとも取れる》.
twó-fáced *adj.* **1** 二面[両面]のある. **2** 二心のある表裏[陰日向(ひなた)]のある (double-faced, deceitful). **twó-fác·ed·ly** [-sɪdli, -səd-, -st- | -lɪ] *adv.* **twó-fác·ed·ness** [-sɪdnɪs, -səd-, -st-, -nəs] *n.*
twó-fàmily hóuse *n.* ＝duplex house.
two·fer [túːfə | -fə(r] 〖← *two for (one)*〗 ── *n.* 《米口語》 **1** 安物; (特に, 5 セントで 2 本買える)安葉巻. **2** (劇場で)1 枚分の値段で切符が 2 枚買えるクーポン券; 割引切符.
twó-físted *adj.* **1** 両こぶし使いの. **2** 《米口語》(強くて)気力のある, 元気の盛んな, 男性的な.
twó·fòld 〖《c1175》 ～, *twafald* (⇨ two, -fold) ∽ OE *twyfeald* (⇨ twi-)〗 ── *adj.* **1** 2 部分[部門, 要素]のある, 二重の. **2** 2 倍の. ── *adv.* 二重に, 2 倍に.
twó-fòld *n.* 〖劇場〗二つ折りになる書割り.
twófold púrchase [**táckle**] *n.* 〖海事〗二重テークル《2 個の二輪滑車を組合わせた滑車装置》.
twó-fóur *adj.* 〖音楽〗4 分の 2 拍子の.
2, 4-D [túːfɔ̀ə-díː, -fɔ̀ə- | -fɔ̀ː-] *n.* 〖化学〗2, 4 デー (⇨ dichlorophenoxyacetic acid).
2, 4, 5-T [túː-fɔ̀ə-fàɪv-tíː, -fɔ̀ə- | -fɔ̀ː-] *n.* 〖化学〗2, 4, 5 ティー (⇨ trichlorophenoxyacetic acid).
Twó Géntlemen of Veróna, The *n.* 「ヴェローナの二紳士」《Shakespeare 作の喜劇 (1594)》.
twó-hánd *adj.* ＝two-handed 2.
twó-hánded 〖《c1400》: ⇨ two, handed〗 ── *adj.* **1** 両手のある. **2** 〈刀など〉両手で使う, 両手用の: a ～ sword. **3** 〈のこぎりなど〉二人で使う, 二人用の: a ～ saw. **4** 〈トランプなど〉二人で行なう, 二人がかりの: a ～ card game. **5** 両手使い[きき]の (ambidextrous). **6** 《古》頑健な, 丈夫な (stout). **～·ly** *adv.* **twó-hándled** *adj.* 二本の柄のある. ⌊**～·ness** *n.*
twó-héaded *adj.* **1** 両頭の. **2** 二人の長[首領]を有する, 二頭の.
twó-léaved *adj.* **1** 双葉の. **2** 二枚折りの: ～ door 二枚戸. 「脚[両脚]の.
twó-lég·ged [-légɪd, -gəd, -légd] *adj.* 二本脚の, 二
twó-lìne *adj.* 〖活字〗〈頭文字など〉二行取りの《文字が二行幅の大きさにいう; cf. double 7》: a ～ initial 二行取りイニシャル.
twó-line octáve *n.* 〖音楽〗2 点オクターブ《中央ハ音より 1 オクターブ高いハ音から始まるオクターブ》.
twó-màn *adj.* 二人の[で行なう]: a ～ exhibition.
twó-másted *adj.* 〖海事〗二本マストの.
twó-máster *n.* 〖海事〗二本マストの船. 「複名手形.
twó-nàme páper *n.* 〖銀行〗二名[二重署名]手形,
twó·ness *n.* **1** 二つであること, 二つに分かれていること. **2** 二重性 (doubleness, duality).
Twó Nòble Kínsmen, The *n.* 「従兄弟同士の両貴族」《Shakespeare が Fletcher と合作したと推定されるロマンス劇 (1613)》.
two o' cat [túːəkæ̀t] *n.* (*also* **two-a-cat** [～]) 《遊戯》＝two old cat.
two old cat [túːokæ̀t, -o(ʊ)ł- | -ə(ʊ)ł-] *n.* 〖遊戯〗ツーオールドキャット《打者 2 人で行なう one old cat》.
twó-ón *adv.* 〖製本〗＝two-along.
twó óver *n.* ツーオーバー《卵 2 個を両面焼きにした一種の目玉焼き; cf. single over》.
twó-páir *attrib. adj.* **1** 《古》三階の (up two pair of stairs) (cf. pair *n.* 6, one-pair 2, three-pair): a ～ room / a ～ back [front] 三階の裏[表]の部屋(の住人). **2** 〖トランプ〗ツーペアの.
twó páir *n.* **1** [*pl.*] 〖トランプ〗ツー ペア, ツーブ《ポーカーで同位札のペアが 2 組できた手; ⇨ poker[2]》. **2** 《古》三階の部屋.
twó-pàrt *attrib. adj.* 2 部から成る, 2 部の.
twó-part tìme *n.* 〖音楽〗2 拍子 (⇨ duple time).
twó-párty *adj.* 〖政治〗二大政党の: the ～ system.
two·pence [túːpéns, tʌ́pəns] 〖《c1450》 *two pens*〗 ── *n.* (*pl.* ～, **-penc·es**) **1** (英国の)2 ペンス(の価). ★ 用法その他については ⇨ penny 1. **2 a** 2 ペンス銅貨《George 三世の時発行された》. **b** 2 ペンス銀貨《1662 年以後 maundy money としてのみ発行される》. **3** わずか, つまらぬ事 (a trifle): I don't care ～ 少しもかまわない, 平気だ.
two·pen·ny [túːpéni, tʌ́p(ə)ni | túːpéni, tʌ́p(ə)nɪ] 〖《1532》← TWO＋PENNY〗 ── *adj.* **1** 2 ペンスの, 2 ペンスする: a ～ bun. **2** 安っぽい, つまらない, くだらない (trifling). **3** 〖100 本につき 2 ペンスしたことから〗〈釘が〉1 インチ(の長さ)の, 1 インチ釘の.
── *n.* **1** (英国の)2 ペンス(青銅)貨. **2** 〖もと 1 quart を 2 ペンスで売ったことから〗弱いビール (twopenny ale). **3** 《俗・戯言》頭 (head): Tuck in your ～! (うま跳びなどで)頭を引っ込めろ. **4** [a ～] わずか (a bit): not care *a* ～ ちっとも気にしない.
twópenny-hálfpenny *adj.* 《英》 **1** 2 ペンス半の. **2** 取るに足らない (petty), 安っぽい (cheap): ～ squabbles つまらないけんか.
twó-phàse *attrib. adj.* 〖電気〗二相の (diphase).
twó-píece *attrib. adj.* 二つの部分から成る; (特に)〈衣服が〉ツーピースの (cf. one-piece): a ～ bathing suit. ── *n.* ツーピース(の服).
twó-píec·er [-píːsə | -sə(r] *n.* ＝two-piece.
twó-platóon sỳstem *n.* 〖アメリカンフットボール〗ツープラトーンシステム (⇨ platoon 3 a).
twó-plý 〖← TWO＋-PLY〗 *attrib. adj.* **1** 二本よりの, ふたこの: a ～ rope / ～ yarn 双糸. **2** 二重織の; 二重の; 二枚重ねの: a ～ carpet 二重織じゅうたん.
twó-pòint lánding *n.* 〖航空〗二点着陸法《左右の主輪だけで接地する着陸; cf. three-point landing》.
twó-pòint perspéctive *n.* 〖製図〗二点透視(図) (⇨ angular perspective).
twó-rówed bárley *n.* 〖植物〗二条大麦《穂の各節につく 3 小穂のうち, 中央の一つだけが実るため, 粒が 2 列となるオオムギ; cf. four-rowed barley》.
twó-séater *n.* **1** 二人乗り自動車. **2** 前後 2 座席の自動車. **3** 複座(飛行)機《double-seater ともいう》.
twó-shòt *n.* 〖映画・テレビ〗1 台のカメラで二人の人物の上半身以上(クローズアップ)を撮ること.
Twó Sicílies, the Kingdom of the *n.* 両シチリア王国《1130 年 Sicily と Naples の合併によってできた王国; 1861 年イタリア王国に併合された》.
twó-síded *adj.* **1** 二面の (two-faced); 両面を有する. **2** 二心のある, 表裏のある. **3** 〖生物〗左右相称の. **4** 〈紙が〉表裏別々の色[手ざわり]の.
twó-sìded tést *n.* 〖統計〗＝two-tailed test.
two·some [túːsəm] 〖ME: ⇨ two, -some[1]: cf. G *zweisam*〗 ── *adj.* **1** 二の, 二重の. **2** 〈ゲーム・ダンスなど〉二人でする. ── *n.* **1** 二つ組, 二人組; 一対のもの. **2** 〖ゴルフ〗二人でするプレー, シングル.
twó-spèed *attrib. adj.* 2 段変速の: a ～ bicycle.
twó-spòt *n.* **1 a** 取るに足らぬ[重要でない]人[物]. **b** (トランプの)2 の札, (さいの)2 の目 (deuce). **2** 《米口語》2 ドル紙幣; 2 ドル.
twó-spótted spíder mìte *n.* 〖動物〗ナミハダニ (*Tetranychus urticae*)《農作物に寄生するハダニ科のダニ》.
twó-stèp *n.* 二拍子のダンスステップの一つ, ツーステップ; その舞曲. ── *vi.* ツーステップで踊る.
twó-stíck·er *n.* 《口語》二本マストの船.
twó-stròke cýcle *n.* 〖機械〗(発動機の作動型式の)二行程, 二サイクル. 「ケース.
twó-súit·er *n.* 2 着の背広の入る男性用旅行スーツ
twó-tàiled tést *n.* 〖統計〗両側検定《棄却域を, 仮定した値の両側に設定する仮説検定; two-sided test, two-tail test ともいう; cf. one-tailed test》.
twó-tàil tést *n.* 〖統計〗＝two-tailed test.
twó-thìrds rúle *n.* 《米》〖政治〗三分の二制《大統領および副大統領候補の指名に, 全国大会代議員の少なくとも 3 分の 2 の投票数を要するという民主党の規則; 1832 年から 1936 年まで実施された》.
Twó Thóusand Guíneas *n.* [the ～] 〖競馬〗二千ギニー賞《英国五大競馬の一つ; 毎年春にイングランドの Newmarket で明け 4 歳馬によって行なわれる; 距離 1 マイル; 1809 年創設; 通例 2,000 Guineas と書く; cf. classic races 1》.
twó-tìme *vt.* 《俗》裏切る, だます (double-cross); 〈恋人・夫・妻を〉裏切る.
twó-time lóser *n.* 《俗》 **1** 前科 2 犯の人. **2** (事業・結婚などに)2 度失敗した人.
twó-tímer *n.* 《俗》裏切り者; 不貞者; 同時に二人の女[男]と関係をもつ男[女].
twó-tíming *adj.* 《俗》裏切る, だます.
twó-tòed ánteater *n.* 〖動物〗＝silky anteater.
twó-toed slóth *n.* 〖動物〗フタツユビナマケモノ (⇨ unau). 「の: ～ shoes.
twó-tóne[-tóned] *adj.* 2 色調の, ツートンカラー
twó-tóngued *adj.* **1** 二枚舌の. **2** 二枚舌を使う (double-tongued); 偽りの, ごまかしの (deceitful).
twó-tòpsail schóoner *n.* 〖海事〗 **1** ＝main-topsail schooner. **2** 縦帆にの 2 本マストにガフトップスル (gaff-topsail) を備えた縦帆のみのスクーナー船.
twó-tràck 〖馬術〗 *n.* 二蹄跡運動《前駆と後駆が, それぞれ 2 本の平行線上を動く斜行運動; 馬体は進行方行に対して斜めになっている》. ── *vi.* 〈馬が〉二蹄跡運動をする. 「約形.
'twould [twəd; twʊ̀d, twʊ́d] 《詩・古》it would の縮
twó-úp *n.* ツーアップ《二人で行なう賭博ゲームで, 2 枚の貨幣を投げ上げて両方とも表か裏かを賭ける》.
twó-válued *adj.* **1** 〖数学〗〈関数が〉2 価の. **2** 〖論理〗(真偽)2 値(的)の (cf. many-valued 2): ～ orientation 2 値的な考え方 / ～ logic 2 値論理学.
twó-wáy *adj.* **1** 二路[双路]の: a ～ cock 二路開閉コック. **2** 両面[対面]交通の, 両道の; 相互的な (cf. one-way): a ～ street 両面交通路 / ～ conversation 一方的でない会話. **3** 二様の使用法のある. **4** 〖統計〗二元の, 二方の. **5** 二者間の, 2 党間の.
twó-wày CÁTV *n.* 〖テレビ〗受信者が一方的に放送局からの番組を受けるだけでなく, 自分の方からも局へ情報を送ることができるシステム (cf. community antenna television).
twó-way rádio *n.* **1** (送信・受信)二方向ラジオ[無線通信]. ★ 放送ラジオは一方向ラジオ. **2** ツーウェイラジオ《直流・交流二電源用のラジオ》.
twó-way swítch *n.* 〖電気〗二路スイッチ.
twó-way télevision *n.* 〖テレビ〗双方向テレビジョン《送像・受像を同時に行なえるテレビ方式》.
twó-whéel·er *n.* 二輪車; (特に)自転車 (bicycle).
twó-wìnged flý *n.* 〖昆虫〗双翅目の昆虫の総称《ハエ, カ, ブユなど》.
twó-yèar-òld *attrib. adj.* 二歳の. ── *n.* 二歳の小
twp. 《略》township. ⌊児[子馬など].
TWS, T.W.S. 《略》〖電信〗timed wire service.
TWX 《略》teletypewriter exchange.
twy- [twáɪ] *pref.* 《まれ》twi- の異形.
twy·er [twáɪə | twáɪə(r] *n.* 〖冶金〗＝tuyere.
TX 《略》〖米郵便〗Texas (州).
Ty. 《略》Territory; Truly.
-ty[1] [ti | tɪ] 〖OE *-tig*: cf. Du. *-tig* / G *-zig*: cf. ten〗 *suf.* 10 の倍数を示す数詞を造る: twen*ty*, thir*ty*.
-ty[2] [ti | tɪ] 〖ME *-tye, -tie -te(e)* ▭ OF *-te, -tet* < L *-tātem, -tās*〗 *suf.* 性質・状態・程度などを表わす名詞語尾: beau*ty*, uni*ty*, enmi*ty*.
Ty·burn [táɪbəːn | -bəːn] 〖OE *Tiburne* 《原義》 boundary stream ← **tēo* boundary ((cf. OFris. *tia* boundary) ← *tēon* to draw)＋*burne* 'BURN[1]'〗 ── *n.* (昔の) London の死刑執行場, 仕置き場《現在の Hyde Park の Marble Arch の近くにあった》: a ～ tippet 絞首索 / the ～ tree 《英》絞首台.
Ty·burn·i·a [taɪbə́ːniə, -njə | -bə́ːnjə, -nɪə] 〖⇨↑, -ia[1]〗 *n.* London の Hyde Park 北の一区; 昔の死刑執行場の跡, 今は上流人士, 特に弁護士が多く住む》.
Ty·che [táɪki | -kɪ] 〖▭ Gk *Túkhē* 《原義》 fortune, fate ← *tugkhánein* to chance, to happen: cf. doughty〗 ── *n.* 〖ギリシャ神話〗テュケー《運命の女神: ローマ神話の Fortuna に当たる》.
ty·chism [táɪkɪzm] 〖⇨↑, -ism〗 ── *n.* 〖哲学〗偶然主義(論)《偶然が宇宙において客観的要因であるとする説; 特に, 宇宙の進化において減じてゆくにしても偶然性は宇宙最後の日まで残るとする C.S. Peirce の説; cf. uniformitarianism 2, fortuitism, teleology》.
Ty·chon·ic [taɪkɑ́nɪk, tiː- | -kɔ́n-] 〖← *Tycho Brahe* (1546–1601: デンマークの天文学者)＋-IC[1]〗 ── *adj.* 〖天文〗タイコーの, 天体系統説の《地球の回りを太陽が回り, 太陽の回りを惑星が回るという体系》.
ty·cho·po·tam·ic [tàɪko(ʊ)pətǽmɪk | -kə(ʊ)-] 〖← Gk *túkhē* chance (⇨ Tyche)＋-O-＋POTAMIC〗 ── *adj.* 〖生態〗〈植物・動物が〉静止した淡水に成育[生息]する (cf. eupotamic).
ty·coon [taɪkúːn] 〖《1861》 ▭ Jap. 大君〗 ── *n.* **1** 大君, 将軍《徳川幕府時代, 外国人が日本の将軍を呼んだ名称》: the ～'s government 徳川幕府. **2** 《口語》(実業界・政界の)巨頭, 大立物: the mining ～ 鉱山界の巨頭 / Publishing *Tycoon* William R. Hearst 出版界の大御所ウィリアムハースト. 「将軍職 (shogunate).
ty·coon·ate [taɪkúːnət, -nɪt, -neɪt] 〖⇨↑, -ate[1]〗 *n.*
Ty·de·us [táɪdiəs, -djuːs, tídiəs | táɪdjuːs, -djəs, -dɪəs] 〖▭ L *Tȳdeus* ▭ Gk *Tudeús*〗 ── *n.* 〖ギリシャ神話〗テューデウス《Thebes 攻略に出掛けた七勇士の一人; ⇨ SEVEN against Thebes》.
tye [táɪ] 〖ME: ⇨ tie〗 ── *n.* 〖海事〗(アッパー ゲルンやアッパートップスルの)タイ《帆桁(ほげた)を引き揚げるためその中央に取付けた鎖で, 反対側はマストを貫いて滑車装置とロープで甲板へ導かれる》.
ty·ee [táɪiː] 〖▭ N-Am.-Ind. (Chinook) *ta-yi* elder brother〗 *n.* (北米インディアンの)酋長(しゅう) (chief).
tyg [tíg] 〖← ?〗 *n.* ティグ《17 世紀の普通の陶製酒杯で, 把手が一つから四つ, あるいはそれ以上ついたもの; 把手が一つで小型のものをマグ (mug) という》.
tý·ing 〖《1480》: ⇨ tie (v.), -ing[1,2]〗 ── *n.* 縛る[結ぶ, くくる]こと, 結び; 結び目. ── *adj.* 〖商業〗抱き合わせの, 条件づきの, ひもつきの: a ～ agreement 抱き合わせ[ひもつき]契約.
tyke [táɪk] 〖《?a1400》 *tike* ▭ ON *tik* bitch < Gmc **tīʒon* (MLG *tike* bitch) ← IE **digh-* she-goat〗 ── *n.* **1** やくざ犬, 野良犬 (cur). **2** 《英》 **a** 田舎者, 土百姓, 野人 (boor). **b** ヨークシャー (Yorkshire) 人《あだ名》. **3** 《米》子供, がき (imp).
tyl- [taɪl] (母音の前に来る時の) tylo- の異形.
tyle [táɪł] *vt.* ＝tile 2.
tyl·er [táɪlə | -lə(r] *n.* ＝tiler 2.
Ty·ler [táɪlə | -lə(r], **John** *n.* (1790–1862) 米国第 10 代大統領 (1841–45). 「史家・教育家.
Tyler, Moses Coit [kɔ́ɪt] *n.* (1835–1900) 米国の文学
Tyler, Roy·all [rɔ́ɪ(ə)ł, rɔ́ːjəł | rɔ́ɪ(ə)ł] *n.* (1757–1826) 米国の法律家・劇作家; *The Contrast* (1787).
Tyler, Wat [wɑ́t | wɔ́t] *or* **Walter** *n.* (?–1381) 英国の農民で Peasants' Revolt の首謀者.
Týler's Rebéllion *n.* (ワット)タイラーの乱 (⇨ Peasants' Revolt).
Tyll Eu·len·spie·gel [tíł-ɔ́ɪlənʃpìːgəł; G. tɪl-ɔ́ʏlənʃpiːgəl] *n.* ＝Till Eulenspiegel.
ty·lo- [táɪlo(ʊ) | -lə(ʊ)] 〖← Gk *túlos* knob & *túlē* callus〗「こぶ (knob)」の意の連結形: *tylo*podous. ★ 母音の前では通例 tyl- になる.
ty·lo·pod [táɪləpɑ̀d | -pɔ̀d] 〖← NL *tylopoda*: ⇨↑, -pod[1]〗 ── 〖動物〗 *adj.* たこ足(ラクダの足のように裏に厚くて柔軟な肉質部のある足)の. ── *n.* たこ足のある動物. 「pod.
ty·lop·o·dous [taɪlɑ́pədəs | -lɔ́p-] *adj.* 〖動物〗＝tylo-
ty·lose [táɪlous, tɪlóʊs, tə- | táɪləʊs, tɪlə́ʊs] *n.* ＝ty-
tyloses *n.* tylosis の複数形. ⌊losis.
ty·lo·sin [táɪləsɪn, -sən | -sɪn] 〖← ? TYLOSIS＋-IN[1]〗 *n.* 〖生化学〗チロシン《ストレプトマイシンから作った抗生物質の一種; 動物の病気の治療に用いる》.

ty·lo·sis [taɪlóusɪs, -səs | -láusɪs] 〖← NL ～ ← Gk *túlōsis* act of making callous: ⇨ tylo-, -sis〗 ── *n.* (*pl.* **-lo·ses** [-siːz]) **1** 〖病理〗胼胝(化), 胼胝(たこ)形成《たこのように厚く硬くなる》. **2** 〖植物〗(導管部にある)填充(じゅう)細胞, 填充体. **ty·lot·ic** [taɪlɑ́tɪk | -lɔ́t-] *adj.*

tym·bal [tímbəl] *n.* ＝timbal.

tym·pan [tímpən] 〖OE *tympana* drum: ⇨ tympanum〗 ── *n.* **1** 張りつめた薄膜, 張膜, 張皮. **2** 《廃》〖解剖〗＝tympanic membrane. **3** 〖印刷〗 **a** チンパン《圧盤と印刷紙との間に入れて圧力を平均化するための紙または布: tympan sheet ともいう》. **b** チンパン《tympan sheet をはる枠; tympan frame ともいう》. **4** 〖建築〗＝tympanum 3. **5** ＝drum¹.

tympana *n.* tympanum の複数形.

týmpan fràme *n.* 〖印刷〗＝tympan 3 b.

tym·pa·ni [tímpəni | -nɪ] *n. pl.* [時に単数扱い] ＝timpani.

tym·pan·ic [tɪmpǽnɪk] 〖← TYMPANUM＋-IC¹〗 *adj.* **1** 太鼓のような. **2** 〖解剖〗鼓膜の, 鼓室の; 鼓張の. **3** 〖建築〗三角面の, タンパンの.

tympánic bóne *n.* 〖解剖〗聴骨, 中耳骨.

tympánic cávity *n.* 〖解剖〗鼓室.

tympánic mémbrane *n.* 〖解剖〗鼓膜 (eardrum).

tým·pa·nìsm [-nɪzm] *n.* 〖病理〗鼓張 (tympanites).

tým·pa·nist [-nɪst, -nəst | -nɪst] *n.* ＝timpanist.

tym·pa·ni·tes [tìmpənáɪtiːz] 〖《*a*1398》▭ LL *tympanītēs* ▭ Gk *tumpanítēs* pertaining to a drum ← *túmpanon* 'TYMPANUM'〗 *n.* 〖病理〗鼓張, 腹部張満.

tym·pa·nit·ic [tìmpənítɪk | -tɪk] *adj.* **1** 〖病理〗鼓張の. **2** 打つと共鳴する, 鳴り響く.

tym·pa·ni·tis [tìmpənáɪtɪs, -təs | -tɪs] 〖← NL ～: ⇨ tympanum, -itis〗 *n.* 〖病理〗鼓室炎, 中耳炎 (otitis media).

týmpan shèet *n.* 〖印刷〗＝tympan 3 a.

tym·pa·num [tímpənəm] 〖《1619》▭ L ～ ▭ Gk *túmpanon* drum ← *túptein* to beat: TIMBRE と二重語: cf. type〗 ── *n.* (*pl.* **～s, -pa·na** [-nə]) **1** 太鼓 (drum); 太鼓の皮. **2** 〖解剖〗 **a** 鼓膜 (eardrum). **b** 中耳 (middle ear). **c** 〖昆虫〗(側腹にある聴器の)鼓膜 (⇨ insect 挿絵). **3** 〖建築〗(蛇腹(じゃばら)の間・破風(はふ)・アーチなどの下の壁面の)タンパン, 三角小間, チンパナム. **4** 〖電気〗(電話機の)振動板 (diaphragm). **5** 太鼓形水揚げ車. **6** (戸の)鏡板. **7** 〖動物〗鼓室.

tym·pa·ny [tímpəni | -nɪ] 〖▭ ML *tympani-as* ▭ Gk *tumpanías* ← *túmpanon* (↑)〗 ── *n.* **1** 〖病理〗＝tympanites. **2** 《古》 **a** (文体などの)誇張, 誇大 (bombast). **b** 自負, うぬぼれ (self-conceit); 尊大, 思い上がり.

Ty·nan [táɪnən], **Katherine** *n.* (1861–1931) アイルランドの女流小説家・詩人.

Tyn·dale [tíndl] 〖もと家族名: ⇨ Tyne, dale〗 *n.* 男性名《異形 Tyndall》.

Tyndale, William *n.* (1494?–1536) 英国の宗教改革者; 新約聖書 (1525–26)・モーセ五書 (Pentateuch) (1530) などの英訳者; ローマ教会を非難したため迫害を受け, 火刑に処せられた.

Tyn·dall [tíndl] 〖《変形》← Tyndale〗 *n.* 男性名.

Tyndall, John *n.* (1820–93) アイルランド生れの英国の物理学者.

Týndall bèam [còne] 〖↑〗 *n.* 〖物理〗ティンダル散乱光《Tyndall phenomenon によって見える光路》.

tyn·dal·lom·e·ter [tìndəlɑ́mətə, -dl- | -lɔ́mɪtə(r, -mə-] *n.* 〖物理〗ティンダル計《Tindall phenomenon の明るさを測る装置》.

tyn·dal·lom·e·try [tìndəlɑ́mətri, -dl- | -lɔ́mɪtrɪ, -mə-] *n.* 〖化学〗比濁分析.

Týndall phenòmenon *n.* 〖物理〗ティンダル現象《多数の微粒子が, 透明媒質中に浮遊している時, その中を通る光線の経路が微粒子による散乱光によって光って見える現象》.

Tyn·dar·e·us [tɪndé(ə)riəs | -déərɪ-] 〖▭ L ～ ▭ Gk *Tundáreus* 《原義》pounder ← IE *(s)teu-* to beat: cf. tund〗 ── *n.* 〖ギリシャ神話〗テュンダレオス《スパルタの王で妻 Leda との間に Castor と Pollux の双子と Helen と Clytemnestra の二人の娘があったが, Pollux と Helen とは不死であることから, Zeus と Leda の子とみなされている》.

tyne [táɪn] *n.* 《英》＝tine¹.

Tyne [táɪn] 〖OE *Tīne* 《原義》river ← Celt. **ti-* flow, dissolve: cf. OE *þīnan* to dissolve〗 ── *n.* [the ～] イングランド北東部, Northumberland 州から Tyne and Wear 州を貫流し, 北海に注ぐ川 (100 km).

Týne and Wéar [-wíə | -wíə(r)] 〖*Tyne* (↑); *Wear* (川の名) < OE *Wīor* 《原義》water, river〗 ── *n.* イングランド北東部の州; 1974 年に新設, 旧 Northumberland 州南東部と旧 Durham 州北東部より成る; 人口 1,209,000, 面積 459 km², 首都 Newcastle(-upon-Tyne).

Tyne·mouth [táɪnmauθ | -mauθ, -məθ] 〖OE *Tīne muþa* 《原義》the mouth of the Tyne〗 ── *n.* イングランド北東部 Tyne and Wear 州の Tyne 河口にある海港・海水浴場; 人口 69,000.

Tyn·wald [tínwəld] 〖《1422》▭ ON *þing-vǫllr* 《原義》place of assembly ← THING²＋*vǫllr* ground〗 *n.* マン島 (Isle of Man) の議会.

typ- [taɪp] (母音の前に来る時の) typo- の異形.

typ. 《略》type; typical; typing; typist; typographer; typographic; typographical; typography.

typ·a·ble [táɪpəbl] 〖← TYPE＋-ABLE〗 *adj.* **1** (類型的に)分類可能な. **2** タイプ可能な.

typ·al [táɪpəl] 〖⇨ -al¹〗 *adj.* **1** 型の, 模型の, ひな型の. **2** 典型の, 典型的な, 代表的な (typical).

type [táɪp] 〖《*c*1470》▭ F ～ // L *typ-us* ▭ Gk *túpos* blow, impress (of a seal) ← *túptein* to strike ← IE *(s)teu-* to strike, cut: cf. stub, stupid〗 ── *n.* **1 a** 型, 型式, タイプ, 様式, 類型: an obsolete ～ of (an) airplane 旧式の飛行機《★ type of の次に来る名詞の不定冠詞は通例省く》/ the ～*s* established by Raphael ラファエルが確立した様式 / children *of* the athletic [intellectual] ～ 運動[勉強]を好む型の子供 / ～*s of* world literature 世界文学の幾つかの類型 / Her beauty is *of* the English ～. 彼女はイギリス型の美人だ. ★ type *of* ... の of を省いて同格的構文で, または形容詞連結形として用いるのは特に口語体・商業文に多い: I like this ～ (*of*) car. この型の自動車が好きだ / better ～ plastic 改良型プラスチック / Cheddar-*type* cheese チェダー型チーズ. **b** (俗に)種類, 型, タイプ (kind): He is not the ～ *of* person yon can trust. 信用できるようなタイプの人間ではない / events *of* this ～ この種の事件 / a woman *of* a certain ～ 《婉曲》ある種の女《街(まち)の女》/ She is not my ～. 私好みのタイプじゃない / I don't like that ～ show. あの種のショーは好きでない (cf. 1 a). **c** 《口語》[修飾語を伴って] (...型の)人, やつ (fellow): a beatnik ～ 典型的なビート族. **2** 典型, 模範, 手本, 好例 (model, pattern): the perfect ～ *of* English gentleman 英国紳士の完全なる典型 / an admirable ～ *of* modern architecture 近代建築のすばらしい手本 / true to ～ 典型的な[で, に] (cf. 5). **3** 印, 象徴, 表徴, 表章 (emblem, symbol); 前兆; 〖神学〗予型, 前表, 予表 (cf. typology 1 a): a ～ *of* royal power 王権の象徴《王冠など》/ The paschal lamb is a ～ *of* Christ. 過ぎ越しの祝いの小羊はキリストの象徴[予表]である. **4** (貨幣・メダルの)模様《画像・文字・意匠など》. **5** 〖生物〗(一群の生物に共通に見られる)共通形態, 類型, 模式, 標式: the vertebrate ～ 脊椎(せきつい)動物型 / ⇨ BREED *true to type*. **6** 〖農業〗(ある用途に対する家畜・作物の)体型: dairy ～ 酪農型. **7** 〖化学〗タイプ, 基型: ⇨ type theory. **8** 〖医学〗病型, 菌型; 血液型 (blood type). **9** 〖言語〗タイプ《語のトークンを一つにまとめたもの; 同じ語なら使用度数に拘わらず 1 語と数える; type-word ともいう; cf. token 10》. **10** [集合的にも用いて] 活字; (タイプライター) 活字; (写真植字の文字盤の)文字, 活字書体 (typeface); 文字, 活字; 印刷物: wooden ～(*s*) 木活字 / a piece [font] of ～ 活字 1 個[1 そろい] / a headline in large ～ 大活字の見出し / set ～ (by hand) 植字する / pick ～*s* 活字を拾う / The book is already in ～. その本はもう組ができている. ★ 活字は大きさによって次の名称がある《今はこの名称を用いず, 通例ポイントを用いて示す, かっこ内はポイント》: excelsior [minikin] (3), brilliant (3.5), gem (4), diamond (4.5), pearl (5), agate [ruby] (5.5), nonpareil (6), minionette [emerald] (6.5), minion (7), brevier (8), bourgeois (9), long primer (10), small pica (11), pica (12), English (14), columbian (16), great primer (18), paragon (20), canon (48); 活字書体には次の 8 系統がある: Gothic, Venetian, old face, modern face, italic, script, Egyptian, sans serif. **11** 〖論理〗階型《個体に対する第一階の述語[集合], 第一階の述語[集合]に対する第二階の述語[集合], などのように, 述語[集合]間の位階上の相違を示す性格で, 同階の述語[集合]が自己自身の述語[集合]となることは禁じられる》: theory of ～(s)＝type theory 3.

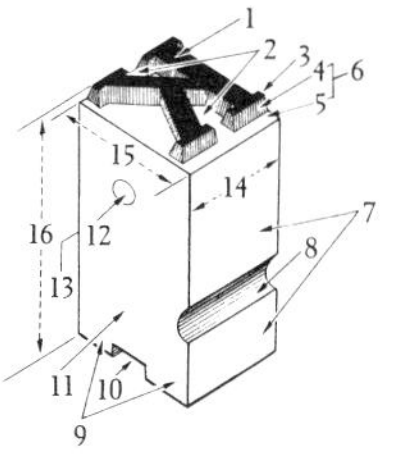

── *vt.* **1 a** ...の典型[類型]となる, 代表する (represent), 象徴する (typify). **b** あらかじめ...の象徴を示す, 予表する (prefigure). **2 a** 類型に分類する. **b** 〖医学〗〈血液・細菌など〉の型を決める. **3 a** タイプライターで打つ, タイプする (typewrite). **b** 活字にする, 活字印刷にする. **4** 〖演劇〗＝typecast¹. ── *vi.* タイプライターを打つ: ～ *from* copy 原稿を見てタイプする / She ～*s* well. 彼女はタイプがうまい.

type 10

1 face; 2 counter(s); 3 serif; 4 bevel; 5 shoulder; 6 beard *or* neck; 7 belly; 8 nick; 9 feet; 10 groove; 11 body *or* shank *or* stem; 12 pin mark; 13 back; 14 set size; 15 point size *or* body size; 16 height to paper

-type [tàɪp] type の意の名詞・形容詞連結形 (cf. type *n.* 1 a ★): ferro*type*, proto*type*.

týpe Ⅰ érror *n.* 〖統計〗第一種の過誤《統計的仮説検定で, 帰無仮説 (null hypothesis) が正しいにもかかわらず, これを棄却してしまうこと》.

týpe Ⅱ érror *n.* 〖統計〗第二種の過誤《統計的仮説検定で, 帰無仮説 (null hypothesis) が誤りであるにもかかわらず, これを採択してしまうこと》.

type·a·ble [táɪpəbl] *adj.* ＝typable.

týpe·bàr *n.* **1** (タイプライターの)タイプバー《先端に活字の付いた金属の腕》. **2** スラッグ, 行活字 (slug).

týpe bàsket *n.* ＝basket 4.

týpe·càse *n.* 〖印刷〗(活字)ケース (case).

týpe·càst¹ *vt.* (**type·cast**) 〖演劇〗 **1** 〈俳優〉に持ち味を生かせる役を割り当てる: She was ～ *as* a singer because of her charming voice. 声が美しいので歌手の役を割り当てられた. **2** (観客のイメージを壊さないように)〈俳優〉の役柄を固定する, ...に同じ型の役を割り当てる.

týpe·càst² 〖《逆成》? ↓〗 *vt., vi.* (**-cast**) 〖印刷〗(活字を)鋳造する. ── *adj.* 〈印刷原稿が〉(その印刷に用いる)活字が鋳造済みの.

týpe·càsting *n.* 〖印刷〗活字鋳造.

týpe certìficate *n.* 〖航空〗型式証明.

týpe·fàce *n.* 〖印刷〗 **1** 活字面. **2** (活字)書体, 体 (face).

týpe·fòunder *n.* 活字鋳造業者; 活字鋳造工.

týpe·fòunding *n.* 活字鋳造(業).

týpe·fòundry *n.* 活字鋳造所.

týpe gènus *n.* 〖生物〗模式属《その科の設定の基礎となった属; cf. type species》.

týpe hèight *n.* 〖印刷〗＝HEIGHT to paper.

týpe-hígh *adj.* 〖印刷〗〈鉛版など〉活字と同じ高さの.

týpe hígh gàge *n.* 〖印刷〗(活字の高さを測る)高低見, 高さゲージ.

týpe·hòlder *n.* 〖製本〗スタンプ《表紙などの文字入れに使う印字器; 2–3 行の活字を植えることができる; pallet ともいう》.

týpe locàlity *n.* 〖生物〗タイプ産地《基準標本 (type specimen) の野生していた場所》.

týpe mètal *n.* 活字合金《鉛・アンチモン・スズの合金》.

týpe pàge *n.* 版面, 版づら《ページの, 余白を除いた印刷部分》.

type·script [táɪpskrìpt] 〖cf. manuscript〗 *n.* タイプ(ライター)印書, タイプスクリプト; (特に, 印刷用の)タイプ原稿: in ～.

týpe sèries *n.* 〖生物〗模式系列.

týpe·sèt *vt.* 〈原稿を〉活字に組む. ── *adj.* 〈印刷原稿が〉活字に組み上がった.

týpe·sètter *n.* **1** 植字工 (compositor). **2** ＝typesetting machine.

týpe·sètting *n.* 植字, 活字組み.

týpesetting machìne *n.* 〖印刷〗鋳植機《活字の鋳造と植字を自動的に行なう機械》.

týpe sìte *n.* 〖考古〗タイプサイト, 標準[標式, 示準]遺跡《ある時代・時期の文化の特徴を決定するとみなされるような標準的な文物の発見された遺跡》.

týpe spècies *n.* 〖生物〗模式種《属や亜属の基準として定められた種; cf. type genus, genotype 2》.

týpe spècimen *n.* 〖生物〗模式標本, 基準標本《その所属の種の命名の基礎となった標本》.

týpe thèory *n.* **1** 〖生物〗類型説. **2** 〖化学〗基型説《元素結合の型を重視する 19 世紀の学説》. **3** 〖論理〗階型理論《階型の相違によってパラドックスを避けようとする, B. Russell の理論》.

týpe whèel *n.* 〖印刷〗活字車《円筒面上に活字を配列したもの》.

týpe-wòrd *n.* 〖言語〗タイプ語 (⇨ type *n.* 9).

type·write [táɪpràɪt] 〖《1887》《逆成》↓〗 ── *vt.* (**type·wrote** [-ròut | -rə̀ut]; **-writ·ten** [-rìtn]) タイプライターで打つ, タイプする (type): We had two copies *type*written. 同文の文書を 2 通タイプさせた. ── *vi.* タイプライターを使用する, タイプを打つ.

týpe·wrìt·er [-tə | -tə(r)] 〖《1868》← TYPE＋WRITER〗 ── *n.* **1** タイプライター: operate a ～ by the touch system タッチ方式でタイプを打つ / write a letter on a ～ タイプで手紙を書く. **2** 《まれ》＝typist. **3** 〖印刷〗タイプライターフェース[(書)体]《タイプライター印字に似た活字書体》.

týpe·wrìt·ing [-tɪŋ | -tɪŋ] *n.* **1** タイプライターを打つこと; タイプライター術. **2** タイプライター印刷物.

týpe·written *adj.* タイプライターで打った, タイプした: a ～ letter タイプした手紙 / a ～ script タイプで打った原稿 / two single-spaced ～ pages シングルスペースでタイプした 2 ページ.

typ·ey [táɪpi | -pɪ] *adj.* (**typ·i·er**; **-i·est**) ＝typy.

typh- [taɪf] (母音の前に来る時の) typho- の異形.

Ty·pha·ce·ae [taɪféɪsiìː] 〖← NL ～ ← *Typha* (属名: ← Gk *túphē* plant used for stuffing bolsters)＋-ACEAE〗 *n. pl.* 〖植物〗ガマ科. **ty·phá·ceous** [-ʃəs] *adj.*

typhl- [tɪfl] (母音の前に来る時の) typhlo- の異形.

typh·lit·ic [tɪflítɪk | -tɪk] 〖⇨ ↓, -ic¹〗 *adj.* 〖病理〗盲腸炎の.

typh·li·tis [tɪfláɪtɪs, -təs | -tɪs] 〖《1857》← NL ～: ⇨ ↓, -itis〗 *n.* 〖病理〗盲腸炎.

typh·lo- [tíflo(u) | -lə(u)] 〖← Gk *tuphlo-* ← *tuphlós* blind: cf. Gk *tûphos* smoke (⇨ typhus)〗 ── **1** 「盲の (blind); 盲目 (blindness)」の意の連結形. **2** 「盲腸 (cecum)」の意の連結形. ★ 母音の前では通例 typhl- になる.

typh·lol·o·gy [tɪflɑ́lədʒi | -lɔ́lədʒɪ] 〖⇨ ↑, -logy〗 *n.* 盲目学.

Typh·lop·i·dae [tɪflɑ́pədiː | -lɔ́pɪ-] 〖← NL ～ ← *Typhlops* (属名: ← *tuphlṓps* blind-eyed ← TYPHLO-＋-OPS)＋-IDAE〗 *n. pl.* 〖動物〗メクラヘビ科.

typh·lo·sole [tífləsòul | -sə̀ul] 〖← TYPHLO-＋Gk *sōlḗn* pipe〗 *n.* 〖動物〗腸内縦隆起《二枚貝・ミミズ・ヒルなどの腸壁が内腔に向かって突出したもの》.

ty·pho- [táɪfo(u) | -fə(u)] 〖← TYPHUS〗「発疹チフス (typhus), 腸チフス (typhoid)」の意の連結形. ★母音の前では通例 typh- になる.

Ty·phoe·an [taɪfíːən] *adj.* テュフォエウス (Typhoeus) の[に似た].

Ty·pho·eus [taɪfóujuːs, -jəs | -fə́u-] 〖▭ L *Typhōeus* ▭ Gk *Tuphōeús*〗 ── *n.* 〖ギリシャ神話〗テュフォエウス《百個のへび頭を有する巨人; Zeus は彼に落雷させて火を放ち Etna 山の下の Tartarus に埋めた; cf. Typhon》.

ty·phoid [táɪfɔɪd, ―́― | ―́―] 〖《1800》← TYPHO-＋-OID〗 〖病理〗 ── *adj.* 腸チフス性の: a ～ condition [state] (多くの急性病に起こる)チフス様状態. ── *n.*

=typhoid fever.

ty·phoi·dal [taɪfɔ́ɪdl̩] *adj.* 〘病理〙腸チフス(性)の; 腸チフス状の.

týphoid bacíllus *n.* 〘細菌〙腸チフス菌(*Salmonella typhi*).

týphoid féver *n.* 〘病理〙腸チフス (abdominal typhus). ★ 長く混同されていた発疹チフス (typhus) と区別されるようになり, typhus 様の病気として typhoid fever と呼ばれるようになったもの.

Týphoid Máry 〘(あだ名) ← *Mary Mallon* (1870?–1938: 腸チフス菌の保有者と認定されながら菌をまきちらしたアイルランド生れの米国の料理人)〙 ― *n.* **1** 腸チフス保菌者[伝播者]. **2** 病気[腐敗]の伝播者.

ty·pho·ma·ni·a [tàɪfəméɪniə | -njə, -nɪə] 〘← NL ~ ← Gk *tūphōmania*: ⇨ typhus, mania〙 *n.* 〘病理〙チフス譫妄(せんもう).

ty·phon [táɪfɑn | -fɔn] 〘← ? Typhon〙 *n.* 〘海事〙タイホン《圧搾空気または蒸気による号笛》.

Ty·phon [táɪfɑn | -fɔn] 〘◻ L *Tȳphōn* ◻ Gk *Tūphōn*: cf. typhoon〙 ― *n.* 〘ギリシャ神話〙テュフォン《Typhoeus の子である怪物; 後には Typhoeus と混同された》.

ty·phon·ic [taɪfɑ́nɪk | -fɔ́n-] 〘⇨ ↓, -ic[1]〙 *adj.* 台風の, 台風性の.

ty·phoon [taɪfúːn] 〘(1588) ◻ Chin. (広東方言) *tai fung* (大風)=Chin. *ta fêng*: Arab. *ṭūfān* deluge (*ṭāfa* to walk about, overflow) や Gk *tūphōn* whirlwind の影響を受けた〙 ― *n.* 〘気象〙台風《太平洋西部に発生する熱帯性暴風; cf. cyclone 1 a》.

ty·phous [táɪfəs] 〘⇨ ↓, -ous〙 *adj.* 〘病理〙発疹(ほっしん)チフス(性)の.

ty·phus [táɪfəs] 〘(1785) ← NL ~ ← Gk *tûphos* fever, delusion ← *túphein* to smoke ← IE **dheu-* to rise in a cloud, be dull: cf. deaf〙 ― *n.* 〘病理〙 **1** 発疹(ほっしん)チフス. **2** 発疹熱 (murine typhus). **3** つつがむし病 (tsutsugamushi disease, scrub typhus). **4** =canicola fever. ★ 以上すべてリケッチア (rickettsia) による疾患群; ただし細菌による typhoid fever (腸チフス) を abdominal typhus という場合がある.

typ·ic [típɪk] 〘(1601) ◻ F *typique* ◻ LL *typicus*: ⇨ type, -ic[1]〙 *adj.* 《古》=typical 2, 4: ~ fever 定型熱.

typica *n.* typicon の複数形.

typ·i·cal [típɪkəl, -pə- | -pɪ-] 〘(1612) ◻ ML *typicālis*: ⇨ typic, -al[1]〙 ― *adj.* **1** 典型的な, 定型的な, 模範的な, 標式的な, 代表的な: a ~ Scotchman 典型的なスコットランド人. **2** 象徴的な, 表徴する, 〔…を〕象徴[代表]する (symbolical, emblematic) 〔*of*〕: These students are ~ *of* their class. これらの学生はクラスを代表している. **3** 特徴的な (characteristic, distinctive): with ~ curtness 独特のぶっきらぼうな言い方で. **4** 〘生物〙模式的な, 典型的な: the ~ genus 模式属《ある科の典型と考えられる属》. **typ·i·cal·i·ty** [tìpəkǽləti | -pɪkǽlɪti, -lɪ-] *n.* **~·ness** *n.*

týp·i·cal·ly [-pɪk(ə)li, -pə- | -pɪk(ə)li] 〘⇨ ↑, -ly[1]〙 ― *adv.* **1** 典型として, 典型的に, 特徴的に, 代表的に. **2** 一般に, 概して: Vowels are ~ voiced. 母音は一般に有声である.

ty·pi·con [típɪkɑ̀n, tìːpɪkɔ́(ː)n | típɪkɔ̀n, tìːpɪkɔ́n] 〘◻ MGk *tupikón* prescribed, regular (neut.) ← *tupikós* typical〙 ― *n.* (*pl.* **ty·pi·ca** [típɪkə, tìːpɪkáː], **~s**) 〘東方正教会〙典礼便覧, 典礼法規(書), ティピコン, ティポコン《礼拝のための種々の指針を記した手引書》.

typ·i·fi·ca·tion [tìpəfɪkéɪʃən, -fə- | -pɪfɪ-] 〘⇨ ↓, -fication〙 *n.* 典型となること, 代表; 象徴; 予表.

typ·i·fy [típəfàɪ | -pɪ-] 〘(1634) ← L *typus* 'TYPE'+-IFY〙 ― *vt.* **1** 〈標本などが〉〈ある種類を〉代表する (represent), …の標本[典型]となる, の特色[特徴]を表わす. **2** …の象徴となる, 象徴する; 予表する. **3** …のタイプ[型]として表わす. **týp·i·fì·er** *n.*

ty·pi·kon [típɪkɑ̀n, tìːpɪkɔ́(ː)n | típɪkɔ̀n, tìːpɪkɔ́n] *n.* (*pl.* **ty·pi·ka** [típɪkə, tìːpɪkáː], **~s**) 〘東方正教会〙=typicon.

týp·ing *n.* タイプライターで打つこと; タイプライター使用法.

týping pàper *n.* タイプ(ライター)用紙.

typ·ist [táɪpɪst, -pəst | -pɪst] 〘(1843) ← TYPE+-IST〙 *n.* タイピスト: a 60-words-a-minute ~.

ty·po [táɪpou | -pəu] *n.* (*pl.* **~s**) 《口語》 **1** 〘《略》← TYPOGRAPHER〙印刷工 (printer); (特に)植字工 (compositor). **2** 〘《略》← *typographical error*〙誤植.

typo. 《略》typographer; typographic; typographical; typography.

ty·po- [táɪpo(ʊ) | -pə(ʊ)] 〘← Gk *túpos* 'TYPE'〙 type の意の連結形. ★ 母音の前では通例 typ- になる.

typog. 《略》typographer; typographic; typographical; typography.

ty·po·graph [táɪpəgræ̀f | -grɑ̀ːf, -grǽf] *vt.* 〘印刷〙〈スタンプを〉活版で作る.

ty·pog·ra·pher [taɪpɑ́grəfə | -pɔ́grəfə(r)] 〘(1643) ← ML *typographus* printer+-ER[1]〙 ― *n.* 〘印刷〙 **1** 植字工; 印刷工, 印刷技術者. **2** タイポグラファー《活字書体・組付・レイアウトなど印刷デザイン上の責任を負う人》.

ty·po·graph·ic [tàɪpəgrǽfɪk | -pə(ʊ)g-] 〘⇨ -ic[1]〙 *adj.* 活版印刷(術)の, 凸版印刷の, 印刷上の: a ~ art タイポグラフィックアート. **tỳ·po·gráph·i·cal·ly** *adv.*

tỳ·po·gráph·i·cal [-fɪkəl, -fə- | -fɪ-] *adj.* =typographic: a ~ error 誤植.

ty·pog·ra·phy [taɪpɑ́grəfi | -pɔ́grəfɪ] 〘(1641) ◻ ML *typographia*: ⇨ typo-, -graphy〙 ― *n.* 〘印刷〙 **1** 活版[凸版]印刷. **2** 活版印刷術, 活版術. **3** タイポグラフィー《活字の大きさ・書体・組付けなどにかかわる事項を包括したもの》.

ty·po·log·ic [tàɪpəlɑ́dʒɪk | -lɔ́dʒ-] *adj.* =typological.

ty·po·log·i·cal [tàɪpəlɑ́dʒɪkəl, -dʒə- | -lɔ́dʒɪ-] *adj.* 予表(論)の; 類型学の; 印刷[活字]に関する. **~·ly** *adv.*

ty·pol·o·gy [taɪpɑ́lədʒi | -pɔ́lədʒɪ] 〘← TYPO-+-LOGY〙 ― *n.* **1 a** 〘神学〙予型[予表]論《新約聖書に書かれてある出来事は旧約に予表されてあるという説》. **b** 予型, 予表, 表象. **2** 〘《なぞり》← G *Typologie*〙〘心理・哲学・言語・生物など〙類型学《差異的な現象や存在の中に共通する諸種の類型を設定して, 本質を明らかにしようとする研究》. **3** 印刷学, 活字学[論]. **ty·pól·o·gist** [-dʒɪst, -dʒəst | -dʒɪst] *n.*

ty·po·script [táɪpəskrɪ̀pt | -pə(ʊ)-] *n.* =typescript.

ty·poth·e·tae [taɪpɑ́θətiː | -pɔ́θɪ-] 〘← NL ~ (原義) typesetters ← TYPO-+*-thetae* ((pl.) ← Gk *thétēs* one who places)〙 ― *n. pl.* 印刷工 (printers); (特に)印刷職工長《米国・カナダで組合名に用いる》.

typp [típ] 〘← *t(housand) y(ards) p(er) p(ound)*〙 *n.* ティップ《米国で使われる番手(ばんて)の一つ; 長さ 1,000 ヤードの糸が 1 ポンドである時 1 typp という》.

typ·tol·o·gy [tɪptɑ́lədʒi | -tɔ́lədʒɪ] 〘← Gk *túptein* to beat, strike+-LOGY〙 *n.* 降霊術. **typ·to·log·ical** [tɪ̀ptəlɑ́dʒɪkəl, -dʒə- | -lɔ́dʒɪ-] *adj.* **typ·tól·o·gist** [-dʒɪst, -dʒəst | -dʒɪst] *n.*

typw. 《略》typewriter; typewriting; typewritten.

typ·y [táɪpi | -pɪ] *adj.* (**typ·i·er; -i·est**) 類型に忠実な.

Tyr [tíə | tíə(r)] 〘◻ ON *Týr*: cf. OE *Tīw* (cf. Tuesday)〙 ― *n.* 〘北欧神話〙ティール《もと天上を支配する神; 勇敢な犠牲的戦いの神; 一本の手は Fenrir にかみ取られたため片手のない姿で表わされる》.

Tyr. 《略》Tyrone.

tyr- [taɪr | taɪər] (母音の前に来る時の) tyro- の異形.

ty·ra·mine [táɪrəmìːn, tír-, taɪrǽmɪn, tɪ-, tə-, -mən | táɪ(ə)rəmìːn, tír-] 〘← TYR(OSINE)+AMINE〙 ― *n.* 〘生化学〙タイラミン ($C_8H_{11}NO$)《麦角・チーズ・ヤドリギなどに含まれる物質で, 血圧降下の治療に用いる》.

ty·ran·nic [tɪrǽnɪk, tə-, taɪ- | tɪ-, taɪ-] 〘(15C) ◻ L *tyrannic-us* (↓)〙 *adj.* =tyrannical.

ty·ran·nical [tɪrǽnɪkəl, tə-, taɪ-, -nə- | tɪrǽnɪ-, taɪ-] 〘(1538) ← L *tyrannicus* (◻ Gk *turannikós* ← *túrannos* 'TYRANNY')+-ICAL〙 ― *adj.* **1** 暴君の, 圧制君主の; 暴君のような, 圧制的な (despotic); 非道な, 暴虐の (cruel). **2** 《古》僭主の. **~·ly** *adv.* **~·ness** *n.*

ty·ran·ni·cide [tɪrǽnəsàɪd, tə-, taɪ- | tɪrǽnɪ-, taɪ-] 〘1: ◻ L *tyrannicīdium*. 2: ◻ L *tyrannicīda*: ⇨ tyrant, -cide〙 *n.* **1** 暴君殺し. **2** 暴君殺害者. **ty·ran·ni·ci·dal** [tɪræ̀nəsáɪdl̩, tə-, taɪ- | tɪræ̀nɪ-, taɪ-] *adj.*

ty·ran·nid [tɪrǽnɪd, tə-, taɪ-, tírənəd | tɪrǽnɪd, taɪ-, tírə-] 〘↓〙 *n.* 〘鳥類〙タイランチョウ科の鳥.

Ty·ran·ni·dae [tɪrǽnədìː, tə-, taɪ- | tɪrǽnɪ-, taɪ-] 〘← NL ~ ← *Tyrannus* (属名)+-IDAE: ⇨ tyrant〙 *n. pl.* 〘鳥類〙タイランチョウ科.

tyr·an·nize [tírənàɪz] 〘(1494) ◻ (O)F *tyrannis-er*: ⇨ tyrant, -ize〙 ― *vi.* **1** 〔人・国民などを〕圧制する, 専制君主として君臨する 〔*over*〕. **2** 暴君となる, 暴君ぶりを発揮する; 虐政を施す, 暴政を行なう 〔*over*〕. ― *vt.* 圧制する, 暴威をふるう, しいたげる. **týr·an·nìz·er** *n.* **~·ly** *adv.*

týr·an·nìz·ing 〘⇨ -ing[2]〙 *adj.* 圧制的な, 専制的な.

ty·ran·no·saur [tɪrǽnəsɔ̀ə, tə-, taɪ- | tɪrǽnəsɔ̀ː] 〘↓〙 ― *n.* 〘古生物〙ティラノサウルス《ティラノサウルス属 (*Tyrannosaurus*) の恐竜; その化石が 1902 年米国 Montana 州後期白堊(はくあ)紀の地層から発掘された: *T. rex* など; 長さ 15 m あり, 肉食恐竜の最大のもの》.

ty·ran·no·sau·rus [tɪræ̀nəsɔ́ːrəs, tər-, taɪr- | tɪ-] 〘← NL ~ ← Gk *túrannos* 'TYRANT'+-SAURUS〙 *n.* 〘古生物〙=tyrannosaur.

tyr·an·nous [tírənəs] 〘(1491) ← L *tyrannus* 'TYRANT'+-OUS〙 *adj.* =tyrannical. **~·ly** *adv.* **~·ness** *n.*

tyr·an·ny [tírəni | -nɪ] 〘(*c*1375) *tirannie* ◻ (O)F *tyrannie* ◻ ML *tyrannia* ← *tyrannus* (↓): ⇨ -y[1]〙 ― *n.* **1** 虐政, 暴政, 専制; 専制政治 (despotism). **2** 暴虐, 圧制, 虐待 (severity, harshness); 暴虐[非道]な行為. **3** 〘ギリシャ史〙僭主(せんしゅ)政治 (cf. tyrant 2).

ty·rant [táɪrənt | táɪər-] 〘(*c*1300) *tiran(t)* ◻ OF *tiran, tirant* (-*t* は -ANT との類推) ◻ L *tyrannus* ◻ Gk *túrannos* absolute prince or ruler: cf. Etruscan *Turan* mistress, lady〙 ― *n.* **1** 暴君, 専制君主; 圧制者, 虐待者 (despot, oppressor). **2** 〘ギリシャ史〙僭王(せんおう), 僭主《古代ギリシャで世襲によらず独力で政権を握った者; 初めは卓越した独裁者となり善政をしいた者もあったが, 後には暴虐な者も現われ, 遂に「暴君」の意味に転化するに至った》 **3** 〘鳥類〙=tyrant flycatcher.

týrant bìrd *n.* 〘鳥類〙=tyrant flycatcher.

týrant flýcatcher *n.* 〘鳥類〙タイランチョウ《米国産のヒタキに類するタイランチョウ科の小鳥の総称》.

tyre [táɪə | táɪə(r)] *n.*, *vt.* 《英》=tire[2].

Tyre [táɪə | táɪə(r)] 〘◻ L *Tyrus* ◻ Gk *Túros* ◻ Heb.-Phoenician *Ṣōr* (原義) flint〙 ― *n.* テュロス, チルス, 〘聖書〙ツロ《古代 Phoenicia の海港; 富裕と悪徳で聞こえ, 紀元前 10 世紀ごろ最も繁栄; 今はレバノン共和国南西部の小都市; アラビア語名 Sur》.

tyred [táɪəd | táɪəd] *adj.* =tired[2].

Tyr·i·an [tíriən | -rɪən] 〘← L *Tyrius* ← *Tyrus*: ⇨ Tyre, -an[1]〙 *adj.* **1** テュロス(人)の. **2** 〈色が〉Tyrian purple の. ― *n.* テュロスの住民.

Týrian dýe *n.* =Tyrian purple 1.

Týrian púrple, t- p- 〘Tyre がその主要産地だったことから〙 *n.* **1** ティリアンパープル《シリアツブリボラ (dye murex) の類から採ったギリシャ・ローマ時代の貴重な動物染料; Tyrian dye ともいう; cf. purple 1》. **2** 鮮やかな紫がかった深紅色.

ty·ro [táɪrou | táɪərəʊ] 〘(1611) ◻ L *tīrō* young soldier, beginner〙 *n.* (*pl.* **~s**) 初学者, 初心者 (novice).

tyro- [táɪro(ʊ) | táɪərə(ʊ)] 〘◻ Gk *tūro-* ← *tūrós* cheese〙「チーズ (cheese)」の意の連結形. ★ 母音の前では通例 tyr- になる.

ty·ro·ci·din [tàɪrəsáɪdn̩ | tàɪərəsáɪdɪn, -dn̩] *n.* 〘生化学〙=tyrocidine.

ty·ro·ci·dine [tàɪrəsáɪdn̩, -diːn | tàɪərəsáɪdiːn] 〘← TYRO(SINE)+-CIDE+-INE[3]〙 *n.* 〘生化学〙タイロシジン《土壌細菌 *Bacillus brevis* から得られる抗生物質》.

Tyr·ol [tɪróʊl, tə-, táɪroʊl, taɪróʊl, tírəl | tírəl, tɪrə́ʊl; G. tiróːl] *n.* チロル: **1** [しばしば the ~] オーストリア西部およびイタリア北部のアルプス山脈地方; もとオーストリア王国の一領地. **2** オーストリア西部の州; 1919 年にオーストリアとイタリアの間で分割された 1 のオーストリア側に残った地域; 人口 540,000, 面積 12,647 km², 首都 Innsbruck.

Ty·ro·le·an [tɪróʊliən, tə-, taɪ-, tɪ̀rəlíːən, tàɪr- | tɪrə́ʊliən, tɪ̀rəlíːən, -líən] *adj.*, *n.* =Tyrolese: a ~ hat チロル帽.

Tyr·o·lese [tɪ̀rəlíːz, tàɪr-, -líːs | tɪ̀rə(ʊ)líːz] *adj.* チロル(人)の. ― *n.* (*pl.* ~) チロル人.

Tyrolése gréen, t- g- *n.* =malachite green 2.

Ty·ro·li·enne [tɪròʊlién, tə-, tàɪroʊl-, taɪròʊl- | tɪrə̀ʊlién, tɪ̀rə(ʊ)-; *F.* tirɔljɛn] 〘◻ F ~ (fem.) ← *tyrolien* of Tyrol〙 ― *n.* (*pl.* **~s** [~z; F. ~]) ティロリエンヌ: **a** チロルの農夫舞踏. **b** (yodel で歌う)その歌曲.

Ty·rone[1] [tɪróʊn, tə- | tɪrə́ʊn] *n.* 北アイルランド西部の州; 人口 138,000, 面積 3,266 km², 首都 Omagh.

Ty·rone[2] [táɪroʊn | táɪərəʊn] 〘← Gk *túrannos*: ⇨ tyrant〙 *n.* 男性名.

ty·ros·i·nase [tɪrɑ́sənèɪs, tə-, -nèɪz | tɪrɔ́sɪ-] 〘⇨ ↓, -ase〙 *n.* 〘生化学〙チロシナーゼ《動植物体内に見出されるチロシン酸化酵素》.

ty·ro·sine [táɪrəsìːn, tír-, -sɪn, -sən | táɪərəsìːn, tír-] 〘← Gk *tūrós* cheese+-INE[3]〙 ― *n.* 〘生化学〙チロシン, チロジン ($HOC_6H_4CH_2\ CH(NH_2)COOH$)《一種のアミノ酸》.

ty·ro·sin·o·sis [tàɪrəsɪnóʊsɪs, tɪ̀r-, -sə-, -səs | -sɪnə́ʊsɪs] 〘← NL ~: ⇨ ↑, -osis〙 *n.* 〘病理〙チロシン症.

ty·ro·thric·in [tàɪrəθráɪsn̩ | tàɪərə(ʊ)θráɪsɪn] 〘← NL *Tyrothric-*, *Tyrothrix* (⇨ tyro-, -thrix)+-IN[1]〙 ― *n.* 〘生化学〙チロトリシン《土壌菌の一種 *Bacillus brevis* から抽出される抗生物質》.

tyr·o·tox·i·con [tàɪrətɑ́ksɪkɑ̀n, -sə- | tàɪərə(ʊ)tɔ́ksɪkɔ̀n] 〘← NL ~ ← TYRO-+Gk *toxikón* poison〙 ― *n.* 〘生化学〙チロトキシコン《腐敗したチーズ・牛乳・アイスクリームなどに含まれる毒素》.

Tyr·rhene [tíriːn, tɪríːn, tə- | tíriːn, ─ ┘] *adj.* =Tyrrhenian.

Tyr·rhe·ni [tɪríːnaɪ, tə- | tɪ-] 〘◻ L *Tyrrhēnī* (↓)〙 *n. pl.* [the ~] ティレニア族《Etruscans の先祖》.

Tyr·rhe·ni·an [tɪríːniən, tə- | tɪríːnjən, -nɪən] 〘← L *Tyrrhēnus* Etruscan (← *Tyrrhēnī* Etruscans ∥ *Tyrrhēnia* Etruria)+-IAN〙 ― *adj.* エトルリア(風)の (Etruscan).

Tyrrhénian Séa *n.* [the ~] ティレニア海《イタリア西部, Corsica, Sardinia および Sicily に囲まれた地中海の一部》.

tythe [táɪð] *n.*, *v.* 《英》=tithe.

Ty·ton·i·dae [taɪtɑ́nədìː | -tɔ́nɪ-] 〘← NL ~ ← *Tyto(n-)* (属名: ← Gk *tutṓ* owl (擬音語))+-IDAE〙 *n. pl.* 〘鳥類〙メンフクロウ科.

Tyu·men [tjuːmén; *Russ.* tjumjénj] *n.* チュメニ《ソ連邦ロシヤ共和国, ウラル山脈東側の都市; 付近に油田がある; 人口 335,000》.

tzad·dik [tsɑ́ːdɪk] *n.* (*pl.* **tzad·di·kim** [tsɑ́ːdɪkɪm, tsɑdíː-, -kəm | -kɪm]) =zaddik.

tzar [zɑ́ə, (t)sɑ́ə | zɑ́ː(r, tsɑ́ː(r] *n.* =czar.

Tza·ra [tsɑːrɑ́ː; *Ruman.* tsará], **Tris·tan** [tristán] *n.* ツァラ《1896-1963; ルーマニア生れの詩人・評論家; 1920 年より Paris 在住; Dadaism 主唱者の一人》.

tzár·dom [-dəm, tsɑ́ː-] *n.* =czardom.

tzar·e·vich [zɑ́ːrɪvɪ̀tʃ, (t)sɑ́ː- | zɑ́ː-, tsɑ́ː-] *n.* =czarevitch.

tza·rev·na [zɑːrévnə, (t)sɑː- | zɑːr-, tsɑː-] *n.* =czarevna.

tza·ri·na [zɑːríːnə, (t)sɑː- | zɑː-, tsɑː-] *n.* =czarina.

tzar·ism [zɑ́ːrɪzm, (t)sɑ́ːr- | zɑ́ː-, tsɑ́ː-] *n.* =czarism.

tzár·ist [-rɪst, -rəst | -rɪst] *adj.*, *n.* =czarist.

tza·rit·za [zɑːrítsə, (t)sɑː- | zɑː-, tsɑː-] *n.* =czaritza.

tze·da·kah [tsɪdɔ́ːkɔː, tsə- | tsɪ-] 〘◻ Heb. *ṣᵉdhāqāʰ* righteousness〙 *n.* 慈悲, 慈善 (charity).

tzét·ze flỳ [(t)sétsi-, tét-, (t)síːt-, tíːt- | tsétsɪ-, tét-] *n.* 〘昆虫〙=tsetse fly.

Tzi·gane, t- [tsɪgɑ́ːn; *F.* tsigan] 〘(1885) ◻ F ~, *tsigane* ◻ Hung. *c(z)igány*: cf. G *Zigeuner*〙 ― *n.* (*pl.* **~s** [~z; *F.* ~]) ハンガリーのジプシー (Hungarian Gipsy). ― *adj.* ハンガリーのジプシーの.

Tzi·ga·ny [tsígɑːni | -nɪ] *adj.*, *n.* =Tzigane.

tzim·mes [tsímɪs, -məs] 〘◻ Yid. *tsimes*〙 *n.* **1** チメス《肉・野菜・果物を取り合わせ, 甘味をつけて煮込んだユダヤ料理のシチュー》. **2** 大さわぎ, 騒動 (fuss).

tzi·tzith [tsítsɪs, -tsəs | -tsɪs] 〘◻ Heb. *ṣîṣith* tassel, lock〙 *n. pl.* 〘ユダヤ教〙=zizith.

Tzu·kung [tsʌ̀kʊ́ŋ; *Chin.* tsɨkùŋ] *n.* 自貢(じこう)《中国中南部, 四川省 (Szechwan) の都市》.

Tzu·po [tsʌ̀póʊ | -pə́ʊ; *Chin.* tsɨpó] *n.* 淄博(しはく)《中国東北部, 山東省 (Shantung) の都市》.

U

U¹, u [júː] 〖OE *U, u* ▭ ML: ⇨ V〗 ━ *n.* (*pl.* **U's, Us, u's, us** [~z]) **1** 英語アルファベットの第21字. **2** (活字・スタンプなどの) U または u 字. **3** [U] U 字形(のもの): a *U*-tube U 字管 / ⇨ U-turn. **4** 文字 u が表わす音: a short *u* 短音の u 《cut, sum などの [ʌ]; ⇨ short *adj.* 10 a》/ a long *u* 長音の u 《cube, mute などの [juː]; ⇨ long *adj.* 11》. **5** (連続したものの)第21番目(のもの); (J を数に入れない時は)第20番目(のもの). ★ u はもと v の異形で, 1700年頃まで区別なく用いられた (cf. W, J).

u 《記号》〖物理〗unified atomic mass 統一原子質量《原子核の質量の単位; ^{12}C の質量を12と定めてある》.

U² [júː] 〖← *u*(*pper class*)〗 *adj.* 《口語》〈言葉遣いなど〉(特に, 英国の)上流階級特有の (cf. non-U).

U³ [úː] 〖▭ Burmese ~〗 *n.* ウー《ビルマで男子の姓に冠する尊称》: *U* Thant.

U⁴ [júː] *pron.* 《口語》=you: I. O. *U.* (=I owe you.) / *U.*B.Dd. [júːbìːdíːd] (=You be d—d!) こん畜生, くたばっちまえ (cf. damned).

U⁵ [júː] 〖《略》← UNIVERSAL〗 *n., adj.* 《英》〖映画〗万人向き(の映画) (cf. A², AA, X²).

U 《記号》〖物理化学〗internal energy; [イタリック体で]〖物理〗intrinsic energy; 〖数学〗union; 〖化学〗uranium; 〖米軍事〗utility plane 多用機, 雑用機: *U*-2.

U, U. 《略》union; united; university.

u. 《略》ugly; G. und (=and); uniform; G. unter (=lower); up; utility.

u., U. 《略》unsymmetrical; upper.

u., U., u, U 《略》uncle; unit(s).

U. 《略》G. Uhr (=clock, o'clock); Unionist; urinal; Utah.

U-235, U235 *n.* 〖化学〗=uranium 235.

U-238, U238 *n.* 〖化学〗=uranium 238.

U-239, U239 *n.* 〖化学〗=uranium 239.

UA 《略》United Air Lines Inc. ユナイテッド航空.

u.a. 《略》under age.

UAAC 《略》Un-American Activities Committee.

U.A.E. 《略》United Arab Emirates.

ua·ka·ri [wɑkáːri | wəkáːri] *n.* 〖動物〗=ouakari.

UAM 《略》〖軍事〗underwater-to-air missile 水中対空ミサイル.

u. & l.c. 《略》〖印刷〗upper and lower case.

UAR, U.A.R. 《略》United Arab Republic.

UAW, U.A.W. 《略》United Automobile, Aerospace and Agricultural Implement Workers of America; United Automobile Workers 全米自動車労働組合.

U.B. 《略》United Brethren (in Christ); Upper Bench.

U·baid [uːbéɪd, -báɪd] 〖▭ Arab. *al 'Ubaid*: 遺跡のある地名〗 ━ *adj.* (メソポタミアの初期青銅器文化の一つ)ウバイド文化の, ウバイド期の《南イラクの Ubaid 遺跡を標準とする, 彩色土器を特色とする農耕文化にいう》.

U·ban·gi¹ [(j)uːbǽŋ(g)i | -gɪ] *n.* [the ~] ウバンギ(川)《Central African Empire と Zaire との間を流れ Congo 川となる川 (2,250 km)》.

U·ban·gi² [(j)uːbǽŋ(g)i | -gɪ] 〖↑〗 *n.* ウバンギ《Ubangi 川近くに住む Sara 族の女のあだ名; 木製の円盤状のものを入れて唇を拡げている風習がある》.

Ubángi-Shá·ri [-ʃáːri | -rɪ] *n.* ウバンギシャリ《Central African Republic の旧名》.

Ü·ber·mensch [júːbəmènʃ; G. ýːbɐmɛnʃ] 〖▭ G ~ 'overman'〗 G. *n.* (*pl.* **Ü·ber·men·schen** [~ən; G. ~ən]) 超人 (superman). ★ Nietzche の用いた語.

u·ber·ri·ma fi·des [juːbérəmə-fáɪdiːz | -rɪ-] 〖▭ L ~ 'most abundant faith' ← *überrima* ((superl.) ← *über* fruitful)+*fidēs* 'FAITH'〗 ━ *L. n.* 〖法律〗最も完全なる信義《受約者 (promisee) が約束者 (promisor) に対して, 契約すべきか否かを決定するのに影響を及ぼすようなすべての事情を告知する義務を負うことをいう; 保険者と被保険者, solicitor と依頼人, 後見人と被後見人との契約にはこのことが要求される》.

u·bi·e·ty [juːbáɪəṭi | -báɪətɪ, -báɪɪ-] 〖《1674》← NL *ubietāt-em* ← L *ubi*: ⇨ ↓, -ty²〗 *n.* 《古》一定の場所に在ること, 所在, 位置 (position).

u·bi·que [júːbəkwìː, úːbəkèɪ | -bɪ-] 〖▭ L *ubique* ← *ubi* where〗 *L. adv.* 処々(に), 至るところ.

u·bi·qui·none [jùːbɪkwɪnóun, -bə-, -kwínoun | jùːbɪkwɪnəun, -kwɪnəun] 〖《混成》← L *ubique* (↑)+QUINONE〗 *n.* 〖生化学〗ユビキノン (⇨ coenzyme Q).

U·biq·ui·tar·i·an [juːbɪkwəté(ə)riən | juːbɪkwɪtéəriən, jʊ-] 〖《1640》: ⇨ ubiquity, -an¹〗〖神学〗*adj.* キリスト遍在論の. ━ *n.* キリスト遍在論者.

U·biq·ui·tár·i·an·ism [-nìzm] *n.* 〖神学〗キリスト遍在論.

u·biq·ui·tous [juːbíkwəṭəs | juːbíkwɪt-, jʊ-, -kwə-] 〖《1837》: ⇨ ↓, -ous〗 ━ *adj.* **1** (同時に)至る所にある, 遍在する (omnipresent). **2** 《戯言》〈人が〉至る所に姿を表わす. **~·ly** *adv.* **~·ness** *n.*

u·biq·ui·ty [juːbíkwəṭi | juːbíkwətɪ, jʊ-, -kwɪ-] 〖《1579》← NL *ubīquitāt-em*: ⇨ ubique, -ity〗 ━ *n.* **1 a** (同時に)至る所にあること, 遍在 (omnipresence): the ~ of the king 〖英法〗国王の遍在《国王が裁判官を代理としてどの裁判所にも存在すること》. **b** 《戯言》よく出会うこと. **2** [U-] 〖神学〗(キリストの)遍在《特にキリストの栄光の身体は時間・空間的制約を超えて遍在するという Luther の説教》.

Ú-bòat 〖《1916》《部分訳》← G *U-boot* 《短縮》← *Unterseeboot* undersea boat〗 *n.* U ボート《第一次および第二次大戦中のドイツの潜水艦》.

Ú-bòlt *n.* U (字型)ボルト.

u.c. 《略》〖音楽〗una corda; 〖印刷〗uppercase (cf. l.c.).

U.C. 《略》under charge; under construction; University College; Upper Canada; urban council.

U·ca·ya·li [ùːkəjáːliː | -lɪ; *Sp.* ùkajáli] *n.* [the ~] ウカヤリ(川)《ペルー東部を北流して, Marañón 川と合して Amazon 川を形成する支流 (1,600 km)》.

U.C.C.A. 《略》《英》Universities Central Council on Admissions.

Uc·cel·lo [uːtʃélou | -ləu; *It.* uttʃɛ́llo], **Paolo** *n.* ウッチェロ《1397–1475; イタリアのフィレンツェ派の画家; 本名 Paolo di Dono [dóːno]》.

U.C.L.A. 《略》University of California at Los Angeles.

u·dal [júːdḷ, -dəl] 〖《*c*1500》《変形》← ON *ōðal* (cog. OHG *uodil* farm)〗〖法律〗━ *n.* (土地の)自由保有権《封建制前に北欧で広く行なわれ, 今でも英国の Orkney と Shetland に行なわれる継続占有に基づく世襲保有権; udal tenure ともいう; cf. udaller》. ━ *adj.* 自由保有権の[に関する]: a ~ man [woman] 男子[女子]土地自由保有権者.

U·dall [júːdɔːl, -dḷ, -dəl | -dḷ, -dəl], **Nicholas** *n.* (1505–56) 英国の教育者・喜劇作家; *Ralph Roister Doister* (1553年執筆) は現存の英国最初の喜劇.

U·dall [júːdɔːl | -dḷ, -dəl], **Stewart Lee** *n.* (1920–) 米国の政治家; 内務長官 (1961–69).

u·dal·ler [júːdələ, -dḷə | -dələ(r, -dḷ-] *n.* (土地の)自由保有権者 (⇨ udal).

U.D.C. 《略》〖図書館〗Universal Decimal Classification.

ud·der [ʌ́də | ʌ́də(r] 〖OE *ūder* < (WGmc) **ūðr*- (G *Euter*) ← IE **ēudh*- (L *über* mamma)〗 ━ *n.* **1** (牛・羊・山羊などの, 多くの乳首を持ち下に垂れた)乳房. **2** 乳腺 (mammary gland). **3** 《廃》乳首 (teat).

údder·less *adj.* 乳房のない.

UDI 《略》Unilateral Declaration of Independence.

U·di·ne [úːdɪnèɪ; *It.* úːdine] *n.* ウーディネ《イタリア北東部の都市; 人口 104,000》.

Ud·murt [údmuət | -muət] *n.* **1** ウドムルト《ソ連邦ロシヤ共和国中部, Kama 川と Vyatka 川との間の自治共和国; 人口 1,486,000, 面積 42,100 km², 首都 Izhevsk; 公式名 the Udmurt Autonomous Soviet Socialist Republic ウドムルト自治社会主義共和国》. **2** ウドムルト人. **3** ウドムルト語《Finno-Ugric 語族の Permian 語派に属する》. ★ 旧称は Votyak.

u·do [úːdou | -dəu] 〖▭ Jap. 独活(うど)〗 *Jap. n.* (*pl.* **~s**) 〖植物〗ウド (*Aralia cordata*)《日本や中国に産するウコギ科の多年草; 軟白した若い茎は食用》.

u·dom·e·ter [juːdɑ́məṭə | juːdɔ́mɪtə(r, jʊ-, -mə-] 〖《1825》▭ F *udomètre* ← L *ūdus* wet, damp: ⇨ -meter¹〗 *n.* 雨量計 (rain gage).

u·dom·e·try [juːdɑ́mətri | juːdɔ́mɪtrɪ, jʊ-, -mə-] *n.* 雨量測定. **u·do·met·ric** [jùːdəmétrɪk] *adj.*

u·dom·o·graph [juːdɑ́məgræ̀f | juːdɔ́məgrɑ̀ːf, jʊ-, -græ̀f] *n.* 自記雨量計.

Ue·le [wéliː | -lə] *n.* [the ~] ウェレ(川)《Zaire 北東部に発し西流して Ubangi 川に注ぐ川 (1,130 km)》.

U.F. 《略》United Free Church (of Scotland) スコットランド合同自由教会《合同長老教会 (United Presbyterian Church) とスコットランド自由教会 (Free Church of Scotland) との合同により 1900 年に結成され, 1929 年には Church of Scotland に合流した》.

U·fa [uːfáː; *Russ.* ufá] *n.* ウファ《ソ連邦ロシヤ共和国中部, Bashkir 自治共和国の首都; 人口 962,000》.

UFO [júːèfóu, júːfou | júːèfəu, júːfəu] 〖《頭字語》← *u*(*nidentified*) *f*(*lying*) *o*(*bject*)〗 *n.* (*pl.* **~'s, ~s**) 未確認飛行物体, (特に)空飛ぶ円盤 (cf. flying saucer).

u·fo·log·i·cal [jùːfəlɑ́dʒɪkəl, -dʒə- | -lɔ́dʒɪ-] *adj.* 未確認飛行物体[空飛ぶ円盤]を追跡研究する.

u·fól·o·gist [-dʒɪst, -dʒəst | -dʒɪst] *n.* 未確認飛行物体研究家, (特に)空飛ぶ円盤(の追跡)研究家.

u·fol·o·gy [juːfɑ́lədʒ | -fɔ́lədʒɪ] 〖← UFO+-o-+-LOGY〗 *n.* 未確認飛行物体学《空飛ぶ円盤などの真相の調査》.

UFT, U.F.T. 《略》United Federation of Teachers アメリカ教員連盟《1961年にアメリカ教員総同盟 AFT から分離》.

u/g. 《略》underground.

U·gan·da [(j)uːgǽndə, uːgɑ́ːn- | juːgǽndə, jʊ-] *n.* ウガンダ《アフリカ中東部にある英連邦内の共和国; もと英国の保護領, 1962年独立; 人口 12,350,000, 面積 236,036 km², 首都 Kampala; 公式名 the Republic of Uganda ウガンダ共和国》. **U·gán·dan** [-dən] *adj., n.*

U·ga·rit [ùːgəríːt] *n.* ウガリト《シリアの Latakia の北, Ras Shamra にあった古代都市; 紀元前2000年紀のカナン人の都市国家の中心の一つ; 紀元前1200年直後の地震で破壊された》.

U·ga·rit·ic [jùːgərɪ́ṭɪk | -tɪk] 〖⇨ ↑, -ic¹〗 ━ *adj.* ウガリト(人, 語)の[に関する]. ━ *n.* ウガリト語《古代ヘブライ語と関係のあるセム語系の死語で, 楔状文字で知られている》.

ugh [úːx, úh, ʌ́ɸ, ʌ́h, əːh] 〖《1765》《擬音語》〗 *int.* うふ, うっ, めっ《嫌悪(けんお)・恐怖・咳・不平などを表わす》. ★ しばしば [ʌ́g, ʌ́x] と読む.

ug·li [ʌ́gli | -lɪ] 〖《変形》? ← UGLY〗 *n.* 〖植物〗ウグリー, タンジェロー (⇨ tangelo).

ug·li·fy [ʌ́glɪfàɪ, -lə- | -lɪ-] *vt.* 醜く[見苦しく]する. **ug·li·fi·ca·tion** [ʌ̀glɪfɪkéɪʃən, -lə-, -fə- | -lɪfɪ-] *n.*

ug·ly [ʌ́gli | -lɪ] 〖《*c*1250》▭ ON *ugglig-r* fearful, horrible ← *uggr* fear (cf. ugsome)+-*ligr* '-LY²'〗 ━ *adj.* (**ug·li·er; ug·li·est**) **1 a** 醜い, ふた目と見られない, 見苦しい, 不格好な, 無器量な: ~ faces, buildings, clothes, etc. **b** (感覚にとって)いやな, 不快な(思いをさせる), 不愉快な, おもしろくない: an ~ book, task, trick, word, etc. / an ~ rumor 悪評 / an ~ tongue 毒舌 / an ~ sound 耳ざわりな音 / an ~ smell いやなにおい. **2** (道徳的に)いとわしい, 醜悪な, 邪悪な (vile): an ~ habit, crime, etc. **3 a** 〈天候など〉荒れ模様の, 険悪な; 〈海など〉激しい, 荒れた: ~ weather 荒れ模様の天候 / an ~ sea 荒海 / The sky has an ~ look. 空模様が険悪だ. **b** 危険な, 物騒な, 不吉な, たちの悪い, 厄介な: an ~ wound, gash, etc. / The situation becomes *uglier* every day. 形勢は日に日に険悪になる. **4** 《口語》気難しい, 怒りっぽい, けんかっぱやい, 意地の悪い: an ~ temper 怒りっぽい気性 / be in an ~ mood 機嫌が悪い. **5** 《廃》恐ろしい, ものすごい. ━ *n.* **1** 醜い人[動物, 物], 醜(ぶ)男, 醜婦. **2** 《英》(19世紀中頃流行した)婦人帽の日よけ. **úg·li·ly** [-lɪli, -lə- | -lɪ] *adv.* **úg·li·ness** *n.*

úgly Américan *n.* 醜いアメリカ人《特に, 現地人やその文化に対して無神経なため アメリカ人の醜い姿をさらけ出す在外アメリカ人》.

úgly cústomer *n.* 始末に負えぬ[手に余る]人, 厄介者, 危険人物.

úgly dúckling 〖H. C. Andersen の童話から〗 *n.* 「醜いあひるの子」《家の者からばか[醜い]と思われたのが後に偉く[美しく]なる人》.

UGPA 《略》〖教育〗undergraduate grade-point average 大学在学中の成績を点数化して表わした一単位当たりの平均点《A-4, B-3, C-2, D-1, F-0 の割合で取得単位数に乗じ, その総和を総取得単位数で除した数》.

U·gri·an [(j)úːgriən | -grɪ-] 〖《1841》← *Ugra* (Ural 山脈の両側にある地方の名)+-IAN〗 ━ *adj.* ウゴール族の. ━ *n.* **1 a** [the ~s] ウゴール族《Magyars, Voguls, Ostyaks を含むフィンウゴール族 (Finno-Ugrian) の東部居住の民族》. **b** ウゴール族の人. **2** ウゴール語 (Ugric).

U·gric [(j)úːgrɪk] 〖← *Ugra* (↑)+-IC¹〗 ━ *n.* ウゴール語派《ウラル語族の一分派で, ハンガリー語と西シベリアで話される Ostyak と Vogul とを含む; cf. Finno-Ugric languages》. ━ *adj.* **1** ウゴール語の. **2** =Ugrian.

U·gro- [(j)úːgro(ʊ) | -grə(ʊ)] 〖← UGRIAN〗「ウゴール族と…との」の意の連結形: *Ugro*-Finnic.

Ùgro-Altáic *adj., n.* =Ural-Altaic.

Ùgro-Fínn *n.* ウゴール族 (Ugrian) 系のフィンランド人.

Ùgro-Fínnic *adj., n.* =Finno-Ugric.

ug·some [ʌ́gsəm] 〖《?*a*1400》← ME *ugge*(*n*) to cause loathing ▭ ON *ugg-a* to fear: ⇨ -some¹〗 *adj.* 《古》恐ろしい, 胸をむかつかせるような.

ugt., UGT 《略》urgent.

uh *int.* **1** [hm, hʌ, hʌ́] =huh. **2** [ə(ː)] あー, えー《話している間に, 次の語が出るつなぎや考えをまとめているうちなどに自然と出る音》.

U.H. 《略》upper half.

U.H.F., UHF 《略》〖電気〗ultrahigh frequency.

uh-huh *int.* **1** [ʌ̃hʌ̃, m̀hm̀] うん (yes)《肯定・満足・同意を表わす》. **2** [hʌ̃ʔʌ̃] =uh-uh.

uh·lan [úːlɑːn, ─́─, (j)úːlən | ʊ́lɑːn] 〖《1753》▭ G 《廃》

Uhlan (=*Ulan*) ⊏ Pol. *ułan* lancer ⊏ Turk. *oghlān* son, child〗 ── *n.* **1** (トルコから16世紀にポーランド, 18世紀にプロイセンなどに伝えられた)槍(ﾔﾘ)騎兵. **2** (第一次大戦前のプロイセン, ドイツの)重騎兵.

Uh·land [úːlɑːnt | -lənd, -lænd, -lɑːnt; *G.* úːlant], **(Johann) Ludwig** *n.* ウーラント《1787–1862; ドイツの詩人・文学史家》.

uh-uh [hʌ̃ˀʌ̃] *int.* ううん《否定・不同意を表わす》.

u·hu·ru [uːhúːruː] 〖⊏ Swahili ~〗 *n.*, *int.* 自由 (freedom)《アフリカ国民党のスローガン》.

u.i. 《略》 ut infra.

Ui·ghur [wíːguə, -gə | -guə(r, -gə(r] 〖⊏ Uighur ~ ← *ui* to follow+*-gur* (adj. suf.)〗 ── *n.* (*pl.* ~, ~**s**) **1 a** [the ~(s)] ウイグル族《8–12世紀にモンゴル (Mongolia)・トルキスタン (Turkestan) 東部などに勢力があったトルコ系民族で, 現在中国北西部に住む》. **b** ウイグル族の人. **2 a** ウイグル語《中国北西部で使われるトルコ語》. **b** ウイグル文字《ソグド語 (Sogdian) に基づくアルファベットで, 6–12世紀にトルコ語に使用された》. ── *adj.* **1** ウイグル族の. **2 a** ウイグル語の. **b** ウイグル文字の.

Ui·ghu·ri·an [wiːgú(ə)riən | -gúərɪ-] *n.*, *adj.* =Uighur.

Ui·ghu·ric [wiːgú(ə)rɪk | -gúər-] *adj.* =Uighur.

Ui·gur [wíːguə, -gə | -guə(r, -gə(r] *n.*, *adj.* =Uighur.

u·in·ta·ite [juːíntəàɪt | -tə-] 〖⇨↓, -ite¹〗 ── *n.* (*also* **u·in·tah·ite** [~]) 〖鉱物〗 ユインター石《米国 Utah 州を主産地とする純粋天然アスファルト; 顔料・ニスの材料》.

U·in·ta Mountains [juːíntə- | -tə-] 〖← *Uinta Indians* (Shoshone 系の部族) ← ?〗 *n. pl.* [the ~] ユーインタ山脈《米国 Utah 州北東部, Rocky 山脈の支脈》.

u·in·ta·the·ri·um [juːìntəθí(ə)riəm | -təθíərɪ-] 〖← NL ~ ← *Uinta* (Wyoming の地名)+-THERIUM〗 ── *n.* (*pl.* **-ri·a** [-riə | -rɪə]) 〖古生物〗 ウインタテリウム, 恐角獣《第三紀始新世に北米にすんでいたウインタテリウム属 (*Uintatherium*) の巨大な草食哺乳動物の総称; 頭に3対の角をもっていた》.

uit·land·er, U- [éɪtlændə | -də(r; *Du.* œ́ytlandər] 〖《1892》 ⊏ Afrik. ~ ← *uit* 'OUT'+*land* 'LAND¹': cf. outlandish〗 ── *n.* (南アフリカで)外国人 (foreigner); (特に, 南アフリカ共和国成立以前の Transvaal や Orange Free State で)英国人居住者.

U·ji·ji [uːdʒíːdʒi | -dʒɪ] *n.* ウジジ《アフリカ東部 Tanzania 西部, Tanganyika 湖畔の都市; 1871年 H. M. Stanley が Livingstone を発見した地; 人口22,000》.

U.K. 《略》 United Kingdom (of Great Britain and Northern Ireland).

U.K.A.E.A. 《略》 United Kingdom Atomic Energy Authority.

u·kase [juːkéɪs, -kéɪz, ← | juːkéɪz, -kéɪs] 〖《1729》 ⊏ F ~ ⊏ Russ. *ukaz* edict, order ← *ukazat'* to order〗 ── *n.* **1** (*also* **u·kaz** [uːkáːz; *Russ.* ukás]) (帝政ロシヤの)勅令 (official decree). **2** (独裁的な)勅令, 布告 (edict).

uke [júːk] 〖《短縮》 ← UKULELE〗 *n.* 《口語》 =ukulele.

u·ke·le·le [jùːkəléɪli | -lɪ] *n.* =ukulele.

u·ki·yo-e [uːkìːjo(ʊ)jéɪ | -jə(ʊ)-] 〖《1879》 ⊏ Jap.〗 *n.* (*also* **u·ki·yo-ye** [~]) 浮世絵.

Ukr. 《略》 Ukraine; Ukrainian.

U·krai·na [*Russ.* ukrájnə] *n.* Ukraine のロシヤ語名.

U·kraine [juːkréɪn, -kráɪn, ←← | juːkréɪn, juː-, -kráɪn] 〖⊏ Russ. *Ukraina* 《原義》 border ← *u-* at+*kraĭ* edge〗 ── *n.* [しばしば the ~] ウクライナ《ソ連邦南西部の共和国, ソ連邦構成共和国の一つ; 人口49,500,000, 面積603,700 km², 首都 Kiev; 公式名 the Ukrainian Soviet Socialist Republic ウクライナソビエト社会主義共和国; ロシヤ語名 Ukraina》.

U·krain·i·an [juːkréɪniən, -kráɪn-, -njən | juːkréɪnjən, juː-, -nɪən] 〖《1816》: ⇨↑, -ian〗 ── *adj.* **1** ウクライナの. **2** ウクライナ人[語]の. ── *n.* **1** ウクライナ人. **2** ウクライナ語《スラヴ語族に属し, ロシヤ語にきわめて近い》.

u·ku·le·le [jùːkəléɪli, ùː- | jùːkəléɪlɪ] 〖《1900》 ⊏ Hawaiian ~ ← *'uku* flea+*lele* to jump〗 *n.* ウクレレ《ハワイの小型の四弦楽器》.

-u·la¹ [←(j)ʊlə] 〖⊏ L ~: ⇨ -ule〗 *suf.* (*pl.* ~**s**, **-u·lae** [-lìː]) ラテン語系指小辞: cop*ula*.

-ula² *suf.* -ulum の複数形.

-ulae *suf.* -ula¹ の複数形.

u·la·ma [ùːləmáː, ←←← | úːləmə] 〖《1688》 ⊏ Turk. *'ulema* ⊏ Arab. *'ulamā'* learned (men) (pl.) ← *'ālim* wise, learned ← *'ālima* to know, be wise〗 ── *n.* (*pl.* ~, ~**s**) ウーラーマー《イスラム法学ないしは神学に造詣の深い学者で, 公の官職につく人々と, 独立した個人として活動する場合とがあった》.

u·lan [úːlɑːn, (j)úːlən | ʊláːn] *n.* =uhlan.

U·lan Ba·tor [úːlɑːn-báːtɔə | -tɔː(r] *n.* ウランバートル《モンゴル人民共和国北中部にある同国の首都; 旧中国語名 Kulun (庫倫), 旧名 Urga; 人口350,000》.

U·la·no·va [uːláːno(ʊ)vɑː | -nə(ʊ)-; *Russ.* ulánəvə], **Ga·li·na** (**Ser·ge·yev·na**) [gəlíːnə sjirgjéjivnə] *n.* ウラノヴァ《1910– ; ソ連のバレリーナ》.

U·lan-U·de [uːláːnuːdéɪ; *Russ.* ulánudé] *n.* ウランウデ《ソ連邦ロシヤ共和国南東部, Baikal 湖付近の都市; Buryat 自治共和国の首都; 人口314,000, 面積170 km²》.

-u·lar [←(j)ʊlə | -lə(r] 〖⊏ L *-ulār-is*: ⇨ -ule, -ar¹〗 ── *suf.* 「…の, …に似た, …に関係のある」の意の形容詞を造る: cell*ular*, molec*ular*, reg*ular*. ★ 通例 -ulus, -ula, -ulum の指小辞をもつラテン語に付けられる.

Ul·bricht [ʊ́lbrɪkt, -brɪçt; *G.* ʊ́lbrɪçt], **Walter** *n.* ウルブリヒト《1893–1973; 東ドイツ国家評議会議長(元首) (1960–73)》.

Úlbricht sphére *n.* 〖光学〗 ウルブリヒト球 (⇨ integrating sphere).

ul·cer [ʌ́lsə | -sə(r] 〖《*a*1400》 ⊏ L *ulcer-*, *ulcus* sore: cf. Gk *hélkos*〗 ── *n.* **1** 〖病理〗 潰瘍(かいよう): ⇨ duodenal ulcer, gastric ulcer, peptic ulcer. **2** 病弊, 弊害, 弊風 (corruption): the ~ of discontent, envy, etc. ── *vt.*, *vi.* =ulcerate.

ul·cer·ate [ʌ́lsərèɪt] 〖《*a*1425》 ← L *ulcerāt-us* (p.p.) ← *ulcerāre* to make sore: ⇨↑, -ate³〗 ── *vt.* **1** [通例 p.p. 形で] …に潰瘍(かいよう)を生ぜしめる, 潰瘍化させる: an ~*d* sore throat, stomach, leg, etc. **2** (道徳的に)腐敗させる. ── *vi.* **1** 潰瘍になる, 潰瘍化する. **2** (道徳的に)腐敗する.

ul·cer·a·tion [ʌ̀lsəréɪʃən] 〖《*a*1400》 ⊏ L *ulcerātiō(n-)*: ⇨↑, -ation〗 *n.* 〖病理〗 潰瘍(かいよう)化, 潰瘍形成.

ul·cer·a·tive [ʌ́lsərèɪtɪv, -s(ə)rət- | -tɪv] *adj.* 〖病理〗 潰瘍(かいよう)を生じる, 潰瘍性の; 潰瘍にかかった[を生じた] (ulcerous).

ul·cer·o·gen·ic [ʌ̀lsəro(ʊ)dʒénɪk | -rə(ʊ)-] *adj.* 〖病理〗 潰瘍(かいよう)誘発(性)の.

ul·cer·ous [ʌ́ls(ə)rəs] 〖《1577》 ⊏ L *ulcerōs-us*: ⇨ ulcer, -ous〗 *adj.* 〖病理〗 潰瘍(かいよう)状態の; 潰瘍にかかった: an ~ wound / ~ gums. **~·ly** *adv.* **~·ness** *n.*

-ule [juːl] 〖⊏ F ~ // L *-ulus* (masc.), *-ulum* (neut.), *-ula* (fem.)〗 *suf.* 指小辞: glob*ule*, gran*ule*.

u·le·ma [ùːləmáː, ←←← | úːlɪmə] *n.* (*pl.* ~, ~**s**) = ulama.

-u·lence [jʊləns] 〖⇨↓, -ence〗 *suf.* -ulent に対応する名詞を造る: fraud*ulence*.

-u·lent [jʊlənt] 〖⊏ F ~ // L *-ulentus*: ⇨ -lent〗 *suf.* 「…に富む」の意の形容詞を造る: fraud*ulent*, truc*ulent*, turb*ulent*.

u·lex·ite [(j)úːleksàɪt] 〖← *George L. Ulex* (*d.*1883: ドイツの化学者): ⇨ -ite¹〗 *n.* 〖鉱物〗 曹灰硼鉱 ($NaCaB_5O_9 \cdot 8H_2O$).

Ul·fi·las [ʊ́lfɪlàːs, ʌ́l-, -fə-, -ləs, -læs | ʊ́lfɪlæs] *n.* (*also* **Ul·fi·la** [-lə]) ウルフィラス《311?–83; ゴート族のキリスト教司祭・司教, ゴート人の使徒; ギリシャ語聖書をゴート語 (Gothic) に翻訳した》.

-uli *suf.* -ulus の複数形.

U·lick [júːlɪk] 〖⊏ Ir. ~ ⊏ Norw. *Hugleik* 《原義》 mind reward // (dim.) ← Ir. *Uilliam* 'William'〗 *n.* (アイルランドの)男性名.

u·lig·i·nose [juːlídʒənòʊs | -dʒɪnəʊs] *adj.* =uliginous.

u·lig·i·nous [juːlídʒənəs | -dʒɪ-] 〖⊏ L *ūlīginōs-us* ← *ūlīgin-*, *ūlīgō* moisture: ⇨ -ous〗 *adj.* 〖植物〗 泥地[沼地]に生じる.

ul·lage [ʌ́lɪdʒ] 〖《1444》 ⊏ AF *ulliage* filling up (of a cask)=OF *ouillage* ← *ouiller* to fill up (a cask) ← L *oculus* 'EYE': ⇨ -age〗 ── *n.* **1** アレージ《タンク・樽・びんなどの空槽部の容積》. **2** 〖商業〗 (樽またはびん内の液体の蒸発・漏出などから生じた)漏損量; (種子・穀粒など袋から漏れる)損量: estimate 2% for ~. **3** 〖宇宙〗 燃料タンクの容器内で燃料(推薬)が満たされてない空間.

on ullage (樽などに)一杯に詰めないで.

Ull·man [ʊ́lmən], **Stephen** *n.* ウルマン《1914–76; 英国で活動したハンガリー生れの言語学者; *The Principles of Semantics* (1951), *An Introduction to the Science of Meaning* (1962)》.

Ulls·wa·ter [ʌ́lzwɔ̀ːtə, -wɑ̀tə | -wɔ̀ːtə(r] 〖ME *Ulneswater* 《原義》 wolf's lake〗 *n.* イングランド Cumbria 州の湖水地方にある湖; 長さ12 km.

Ulm [ʊ́lm; *G.* ʊ́lm] *n.* ウルム《西ドイツ南部 Baden-Württemberg 州の Danube 河畔にある港市; 人口93,000》.

Ul·ma·ce·ae [ʌlméɪsiìː] 〖← NL ~ ← *Ulmus* (⇨ ulmin)+-ACEAE〗 *n. pl.* 〖植物〗 (イラクサ目)ニレ科.

ul·má·ceous [-ʃəs] *adj.*

ul·mic [ʌ́lmɪk] 〖《1831》 ⊏ F *ulmique*: ⇨↓, -ic¹〗 *adj.* 〖化学〗 ウルミン (ulmin) の.

ul·min [ʌ́lmɪn, -mən | -mɪn] 〖← NL ~ ← *Ulmus* (属名) 'ELM'+-IN²〗 *n.* 〖化学〗 ウルミン《ニレ (elm) などの樹木および腐食土中にある褐色無定形物質》.

ul·na [ʌ́lnə] 〖《1541》 ⊏ L ~ 'elbow': ⇨ ell²〗 *n.* (*pl.* **ul·nae** [-niː, -naɪ | -niː], ~**s**) 〖解剖〗 尺骨 (cf. radius 4).

ul·nad [ʌ́lnæd] 〖⇨↑, -ad³〗 *adv.* 〖解剖〗 尺骨の方に.

ulnae *n.* ulna の複数形.

ul·nar [ʌ́lnə, -nɑə | -nə(r] 〖← NL *ulnar-is*: ⇨ ulna, -ar¹〗 *adj.* 〖解剖〗 尺骨(側)の.

úlnar ártery *n.* 〖解剖〗 尺骨動脈.

úlnar nérve *n.* 〖解剖〗 尺骨神経.

u·lob·o·rid [juːlábərɪd, -rəd | -lɔ́bərɪd] 〖↓〗 *adj.*, *n.* 〖動物〗 ウズグモ科の(クモ).

U·lo·bor·i·dae [jùːləbɔ́(ː)rədìː, -bár- | -bɔ́rɪ-] 〖← NL ~ ← *Uloborus* (属名: ← Gk *oulobóros* having a deadly bite ← *oûlos* deadly)+-IDAE〗 ── *n. pl.* 〖動物〗 ウズグモ科.

-u·lose [←jʊlòʊs, -lòʊz | -ləʊs] 〖1: ⊏ L *-ulōsus*: ⇨ -ulous. 2: ← (LEV)ULOSE〗 ── *suf.* **1** =-ulous. ★ 主に学術用語: lev*ulose*. **2** 〖化学〗 「ケト糖 (ketose sugar)」の意を表わす名詞を造る.

U·lot·ri·cha·ce·ae [juːlɑ̀trəkéɪsiìː | -lɔ̀trɪ-] 〖← NL ~ ← *Ulotrich-*, *Ulotrix* (属名: ⊏ Gk *oulótrikhos* (⇨ Ulotrichi))+-ACEAE〗 ── *n. pl.* 〖植物〗 (緑藻類) ヒビミドロ科. **u·lòt·ri·chá·ceous** [-ʃəs] *adj.*

U·lot·ri·cha·les [juːlɑ̀trəkéɪliːz | -lɔ̀trɪ-] 〖← NL ~ ← *Ulotrich-* (⇨ Ulotrichaceae)+-ALES〗 *n. pl.* 〖植物〗 ヒビミドロ目.

u·lot·ri·chan [juːlátrɪkən, -rə- | -lɔ́trɪ-] 〖《1888》: ⇨↓, -an¹〗 *n.* 羊状毛人種の人. ── *adj.* =ulotrichous.

U·lot·ri·chi [juːlátrɪkàɪ, -rə- | -lɔ́trɪ-] 〖← NL ~ ← Gk *oulótrikhos* woolly-haired ← *oûlos* curly, woolly+*trikh-*, *thrix* hair〗 *n. pl.* 〖人類学〗 羊状毛人種《ニグロ・ニグロイドなどを指す; T. H. Huxley の分類用語》.

u·lot·ri·chous [juːlátrɪkəs, -rə- | -lɔ́trɪ-] 〖《1857》: ⇨↑, -ous〗 *adj.* 羊状毛の毛を持つ.

u·lot·ri·chy [juːlátrɪki, -rə- | -lɔ́trɪkɪ] 〖← ULOTRICHI+-Y¹〗 *n.* 〖人類学〗 体毛が羊状毛であること.

-u·lous [←(j)ʊləs] 〖⊏ L *-ulōsus*: ⇨ -ule, -ose¹: cf. -ulose〗 *suf.* 「…の傾向のある, …に満ちた, …の特徴をもった」の意の形容詞を造る: cred*ulous*, trem*ulous*.

Ul·pi·an [ʌ́lpiən | -pɪən, -pjən] *n.* ウルピアヌス《170?–228; ローマの法律家; ラテン語名 Domitius Ulpianus》.

Ul·ric [ʌ́lrɪk] 〖← OE *wulfric* ← *wulf* 'WOLF'+*ric* ruler〗 *n.* 男性名.

Ul·ri·ca [ʌ́lrəkə | -rɪ-] 〖(fem.)〗 *n.* 女性名.

ul·ster [ʌ́lstə | -stə(r] 〖《1878》↓: 原産地名から〗 ── *n.* アルスターコート[外套]《しばしばベルトの付いた長くてゆるやかな厚地オーバーコート; もと Ulster 産の粗ラシャで作った》.

ulster

Ul·ster [ʌ́lstə | -stə(r] 〖ME *Ullister*, *Ulvester* ⊏ ON *Ulfastir*, *Ulaðstir* ← OIr. *Ulaidh* Ulstermen+ON *staðr* 'place, STEAD'〗 ── *n.* **1** アイルランド島北東部の旧地方; 今は北アイルランドとアイルランド共和国の一部 (Cavan, Donegal, Monaghan の3州)に分離. **2** 上記アイルランド共和国北部3州から成る地方. **3** 《口語》 北アイルランド (Northern Ireland).

Ulster King of Arms [the ─] (英国の紋章院 (College of Arms) のもと) アルスター紋章官《アイルランドを管轄した上級紋章官; 単に Ulster ともいう; cf. NORROY and Ulster King of Arms》.

úl·stered *adj.* アルスターコート[外套]を着た.

Úl·ster·man [-mən] *n.* (*pl.* **-men** [-mən, -mèn]) Ulster の住民[生れの人].

ult. [ʌlt] 《略》 ultimate; ultimately; ultimo.

ul·te·ri·or [ʌltí(ə)riə | -tíərɪə(r] 〖《1646》 ⊏ L ~ (compar.) ← **ulter* that is beyond: cf. ultra〗 ── *attrib. adj.* **1** 向こう[あちら]の, かなたの (thither): ~ regions 奥地 / on the ~ side of the river 川の向こう側に. **2** ずっと離れた, かけ離れた (remoter): an ~ cause 遠因. **3** 後の, 先々の, 将来の, 後に来る (future, prospective): the ~ consequences of one's act 人の行為の将来の結果 / Some ~ steps will be taken to secure this object. この目的を達するためゆくゆくは何らかの手段がとられるだろう. **4** 〈動機・目的・意向など〉口に出さない, 隠された, 秘めた, 奥の, 裏面の (latent): an ~ motive, object, plan, etc. / for the sake of ~ ends 思惑があって / He has an ~ object in view. 何か腹にもくろみがある. **~·ly** *adv.*

ul·ti·ma [ʌ́ltəmə | -tɪ-] 〖⊏ L ~ (fem.) ← *ultimus* (superl.) ← **ulter* (↑)〗 *n.* 〖音声・詩学〗 語末音節, 末尾第一音節 (cf. penult, antepenult).

Ul·ti·ma [ʌ́ltəmə | -tɪ-] 〖↑〗 *n.* 女性名. ★ 大家族で末の女の子につけることが多い.

ul·ti·ma·cy [ʌ́ltəməsi | -tɪməsɪ] *n.* **1** 終局, 究極性. **2** 根本原理 (fundamental).

ul·ti·ma ra·ti·o [ʊ́ltəmə-ráːtiòʊ, ʌ́ltəmə-réɪʃiòʊ, -ʃoʊ | ʌ́ltɪmə-réɪʃiəʊ] 〖⊏ L *ultima ratiō* last argument〗 ── *L. n.* 最後の理詰め[議論, 制裁, 腕力], 手詰めの談判, 奥の手 (last resort).

última rátio ré·gum [-ríːgəm] 〖⊏ L *ultima ratiō rēgum* last argument of kings〗 ── *L. n.* 王者の最後の議論, (最後の手段としての)武力, 戦争《Louis 十四世がその大砲に刻んだ句》.

ultimata *n.* ultimatum の複数形.

ul·ti·mate [ʌ́ltəmət, -mɪt | -tɪ-] 〖《1654》 ⊏ L *ultimāt-us* (p.p.) ← *ultimāre* to be at the last, come to an end ← *ultimus*: ⇨ ultima〗 ── *attrib. adj.* **1** (時間・空間が)最も遠い, 最も隔たった (farthest, earliest): the ~ origin 最古の起源 / to the ~ ends of the earth 世界の果てまで. **2** (順序が)最後の, 最終の, 終局の, 究極の (last, final): man's ~ end 人間の究極の目的 / the ~ destination 最終目的地 / look forward to an ~ peace 究極の平和を待望する. **3** 根本の, 基本的な (fundamental); それ以上分析[分離]できない, 究極的な, 本源的な (primary): an ~ cause, principle, etc. / the ~ cause 〖哲学〗 第一原因 / the ~ facts of nature 自然界の究極的事実《分析できない事実》 / the ~ sources of belief 信念の本源. **4** 最終的に集計された, 総計の (total): the ~ damage of the earthquake 地震の最終総計被害額. **5** 最高の (highest); 最大の, 極限の (maximum): the ~ speed 最高速度.

── *n.* **1** [the ~] 終局点 (final point), 最後のもの[手段] (end); 最高点, 絶頂 (acme): in *the* ~ 最後に, 遂

に．**2** 基本的な事実，根本原理．**~·ness** *n.*
últimate análysis *n.* 〘化学〙元素分析．
últimate constítuent *n.* 〘言語〙究極構成(要)素《構造上，語または文の究極的単位である各形態素または各語；cf. immediate constituent》．
úl·ti·mate·ly *adv.* 最後に，遂に，結局 (finally).
últimate stréngth *n.* 〘工学〙極限強度，極限強さ．
última Thú·le, U- T- [-θ(j)ú:li | -θjú:li:, -lɪ] 〘□ L ～ 'remotest Thule'：古代の航海家が大ブリテン島の北方にあると想像した島〙 *n.* ＝Thule[1] 2.
ul·ti·ma·tism [ʌ́ltəmətɪzm | ʌ́ltɪ-] *n.* 非妥協的態度[傾向]；極端[過激]主義 (extremism).
ul·ti·ma·tis·tic [ʌ̀ltəmətístɪk | ʌ́ltɪ-] *adj.* 極端主義の；極端論の (extremist).
ul·ti·ma·tum [ʌ̀ltəméɪtəm, -mɑ́:- | -tɪméɪt-] 〘(1731) ← NL *ultimātum* (neut. p.p.) ← *ultimāre*：⇨ ultimate〙 **—** *n.* (*pl.* **~s, -ma·ta** [-tə | -tə]) **1** 最後の言葉 (last word)，最後の申し出，最後の条件，(特に)最後通告 (final terms). **2** 究極の目的 (ultimate).
ul·ti·mo [ʌ́ltəmòʊ | -tɪməʊ] 〘(1582) □ L *ultimō* (*mense*) in the last (month) (abl.) ← *ultimus* last：⇨ ultima〙 **—** *adj.* [主に商業文に用いて] 先月の《通例 ult. と略す；cf. proximo, instant 4 a》：your letter of the 15th *ult.* 先月 15 日付けの貴簡．
ul·ti·mo·gen·i·ture [ʌ̀ltəmo(ʊ)dʒénətʃʊ̀ə, -nɪtʃə, -nə-, -t(j)ʊə | -tɪmə(ʊ)dʒénɪtʃə(r)] 〘← L *ultim*(*us*) (⇨ ultima)＋(PRIM)OGENITURE〙 **—** *n.* 〘法律〙末男子[女子]相続制 (cf. primogeniture, borough-English).
ul·tra [ʌ́ltrə] 〘(1817) □ L *ultrā* (adv. & prep.) beyond, on the other side of ← **ulter* (adj.)：cf. ulterior〙 **—** *adj.* 〈意見・主義・思想など〉極端な (extreme)；極端な主義を奉じる，過激な：an ～ conservative, Protestant, etc. **—** *n.* (政治・宗教などの)極端論者，極端家，過激論者，急進家 (extremist, radical)；(流行など)尖(㌻)端的な人：a thorough-paced ～ 徹底的な急進家．
ul·tra- [ʌ́ltrə] 〘↑〙 **—** *pref.* **1**「極端に，超…」の意 (cf. super-)：*ultra*confident, *ultra*conservative, *ultra*miniature, *ultra*modern. **2**「(空間・時間を)越えて」の意 (cf. trans-, cis-)：*ultra*montane, *ultra*violet.
ùltra·básic *adj.* 〘岩石〙超塩基性の《岩石が 40% 程度のシリカと 50% 程度の鉄・マグネシウムを含んだ》：～ rock 超塩基性岩．
ùltra·céntrifuge 〘物理・化学〙 *n.* 超遠心(分離)機，限界遠心機．**—** *vt.* 超遠心機にかけて分離する．**ùltra·centrífugal** *adj.* **ùltra·centrifugátion** *n.*
ùltra·cléan *adj.* きわめて清潔な，(特に)無菌状態の．
ùltra·consérvative *adj.* 超保守的な．**—** *n.* 超保守的な人．**ùltra·consérvatism** *n.*
ùltra·crítical *adj.* 酷評の (hypercritical). 「端的な．
ùltra·fáshionable *adj.* 極端に流行を追う，超尖(㌻)
Ul·tra·fax [ʌ́ltrəfæ̀ks] *n.* 〘商標〙ウルトラファクス《米国 RCA 社で発明された高速度模写電送方式》．
ul·tra·fiche [ʌ́ltrəfì:ʃ] *n.* 〘写真〙＝ultramicrofiche.
ùltra·fílter *n.* **1** 〘物理化学〙(コロイド溶液濾過(㌘)用の)限外濾過膜．**2** 〘数学〙極大フィルター．**—** *vt.* 〘物理化学〙…に限外濾過をする．
ùltra·filtrátion *n.* 〘物理化学〙限外濾過(㌘)．
ùltra·hígh *adj.* きわめて高い，超高度の：under ～ pressure 超高圧下で / at ～ temperatures 超高温度で．
últrahigh-fréquency *adj.* 〘電気〙極超短波の．
últrahigh fréquency *n.* 〘電気〙極超短波《300 メガヘルツ—3 ギガヘルツの範囲内の周波数；略 U.H.F., UHF》．
úl·tra·ìsm [-trəìzm] 〘(1821) ← ULTRA-＋-ISM〙 *n.* **1** (政治的)極端論[主義]，過激論[主義]. **2** 過激な意見[行為].
úl·tra·ist [-ɪst, -əst | -ɪst] *n., adj.* 極端[過激]論者(の).
ul·tra·is·tic [ʌ̀ltrəístɪk] *adj.*
ùltra·léft *adj.* **1** 超急進的な，極左の．**2** [the ～；名詞的に；複数扱い] 超急進分子たち，極左連中[集団].
ùltra·léftist *n.* 超急進分子，極左主義者．
ùltra·líberal *adj., n.* 極端に自由な(人). 「質岩．
ùltra·máfic *adj.* 〘岩石〙超苦鉄質の：～ rock 超苦鉄
ul·tra·ma·rine[1] [ʌ̀ltrəmərí:n] 〘(1652) □ ML *ultrāmarīn-us*：⇨ ultra-, marine〙 *adj.* 海を隔てた，海外の (overseas)：the ～ dominions, trade, etc.
ul·tra·ma·rine[2] [ʌ̀ltrəmərí:n] 〘(1598) □ It. *oltramarin-o* beyond the seas：もと海外からの輸入品 'lapis lazuli' につけた名称〙 **—** *n.* **1** 〘化学〙ウルトラマリン，群青(㌘㌘)《青金石 (lapis lazuli) の粉末を原料とする青色の顔料；今は人工的に製造する》. **2** ＝ultramarine blue 1. **—** *adj.* 群青色の．
ultramaríne blúe *n.* **1** 群青(㌘㌘)色，濃青色．**2** 〘化学〙＝ultramarine[2] 1.
ultramaríne yéllow *n.* ＝light chrome yellow.
ùltra·metamórphism *n.* 〘地質〙(岩石の)超変成(作用) (cf. metamorphism 2). 「う．
ùltra·mícro *adj.* 超微小の，極微小の；超微小物を扱
ùltra·microbálance *n.* 〘化学〙超微量天秤《ミクログラムの $^1/_{100}$ 以下までの重量を測定できる》．
ùltra·microchémistry *n.* 〘化学〙極微量化学．**ùltra·microchémical** *adj.* **ùltra·microchémist** *n.*
ùltra·mícrofiche *n.* 〘写真〙超マイクロフィッシュ《$^1/_{100}$ 以上に縮小記録したマイクロフィッシュ；本の数千ページが 1 枚に記録される》．
ùltra·micrómeter *n.* 超測微計．
ùltra·mícroscope *n.* 〘光学〙超顕微鏡，限外顕微鏡《暗視野照明 (dark-field illumination) を用いた顕微鏡で，微小粒子の存在や運動の観察に適する；dark-field microscope ともいう》．
ùltra·microscópic *adj.* **1** (普通の顕微鏡では見えないほど)極微の．**2** 超顕微鏡の．
ùltra·microscópical *adj.* ＝ultramicroscopic.
ùltra·micróscopy *n.* 超顕微法．
ul·tra·mi·cro·tome [ʌ̀ltrəmáɪkrətòʊm | -tə̀ʊm] *n.* 超ミクロトーム《電子顕微鏡で調べるため組織のごく薄い切片を切り取るための切断器》. 「好戦的な人．
ùltra·mílitant *adj.* 極端に好戦的な．**—** *n.* 極端に
ùltra·míniature *adj.* 超小型の，ごく小さい．
ùltra·miniaturizátion *n.* 超小型化．
ùltra·míniaturized *adj.* 超小型化された．
ùltra·módern *adj.* 〈思想・流行など〉超現代的な，尖(㌻)端的な；〈技術など〉非常に進んだ：an ～ idea, artist, etc.
ùltra·módernism *n.* 超現代主義．
ùltra·módernist *n.* 超現代主義者．
ul·tra·mon·tane [ʌ̀ltrəmɑ́nteɪn, ⸗⸗⸗⸗ | ʌ̀ltrəmɔ́nteɪn, ⸗⸗⸗⸗] 〘(1592) □ ML *ultrāmontān-us*：⇨ ultra-, montane：cf. F *ultramontain* / It. *oltramontano*：もとは反対に「アルプスの北の」(cismontane) の意〙 **—** *adj.* **1 a** 山の向こうの；山の向こうの国[住民]の (cf. cismontane, tramontane). **b** アルプス南方の；イタリアの (Italian). **c** 《古》アルプス北方の．**2** 〘教皇庁がフランスからみてアルプスの反対側にあるのにちなむ〙[時に U-]〘カトリック〙教皇至上権論の．**3** 絶対至上権を主張する **—** *n.* **1 a** アルプス南方の人．**b** 《古》アルプス北方の人．**2** [時に U-]〘カトリック〙教皇至上権論者 (↔ Gallican).
ul·tra·mon·ta·nism [ʌ̀ltrəmɑ́ntənìzm, -tṇ- | -mɔ́ntɪnìzm, -tən-, -teɪn-] *n.* [時に U-]〘カトリック〙教皇至上権主義，教皇全権論 (curialism, Vaticanism) (↔ Gallicanism). **ùl·tra·món·ta·nist** [-nɪst, -nəst | -nɪst] *n.*
ul·tra·mun·dane [ʌ̀ltrəmʌndéɪn, ⸗⸗⸗⸗] 〘(1549) □ LL *ultrāmundān-us*：⇨ ultra-, mundane〙 *adj.* **1** この世界外の；太陽系外の．**2** あの世の．
ùltra·nátionalism *n.* 超国家主義，国粋主義．
ùltra·nátionalist *n.* 超国家主義者，国粋主義者．**—** *adj.* 超国家主義(者)の，国粋主義(者)の．**ùltra·nationalístic** *adj.*
últra·nèt *n.* 〘数学〙極大な網《位相空間の網 N で，空間のどの部分集合 A についても，A もしくは A の補集合と N との差が第一類集合になるようなもの》．
ùltra·púre *adj.* 純度の極めて高い：an ～ metal. **~·ly** *adv.*
ùltra·rádical *adj.* 超急進的な，超過激派の．
ùltra·réd *adj.* 《俗用》＝infrared.
ùltra·sécret *adj.* 極秘の．
ùltra·shórt *adj.* **1** 極めて短い．**2** 〘電気〙極超短波の《波長 10 メートル以下の電波で 30 メガヘルツ以上の周波数をもつもの；日本では通例慣用で 1 メートル以下とされている》：～ waves 極超短波．
ùltra·sónic 〘← ULTRA-＋SONIC〙 *adj.* 超音波の (supersonic). **—** *n.* 超音波．**ùltra·sónically** *adv.*
ultrasónic génerator *n.* 〘電気〙超音波発生機．
ul·tra·son·ics [ʌ̀ltrəsɑ́nɪks | -sɔ́n-] 〘⇨ ultrasonic, -ics〙 *n.* 超音波学． 「graph による記録》．
ùltra·sónogram *n.* 〘医学〙超音波記録《ultrasono-
ùltra·sónograph *n.* 〘医学〙超音波装置．
ùltra·sonógraphy *n.* 〘医学〙超音波検査．
ùltra·sophísticated *adj.* 極めて複雑な，超精巧な：a ～ machine.
últra·sòund *n.* 〘物理〙**1** 超音，超可聴音《supersound ともいう》. **2** [集合的] 超音波 (ultrasonic waves).
últra·strùcture *n.* 〘生物〙(超)微細構造《光学顕微鏡で見えず電子顕微鏡で見える原形質の構造》．**ùltra·strúctural** *adj.*
ùltra·thín *adj.* 極めて薄い． 「度よりも暑い．
ùltra·trópical *adj.* **1** 熱帯圏外の．**2** 熱帯の平均温
ùltra·víolet *adj.* **1** 紫外(線)の，菫(㌻)外(線)の (cf. infrared)：～ rays 紫外線，菫外線．**2** 紫外線を出す[を用いる]：an ～ lamp, filter. **—** *n.* 紫外線．
ultravíolet líght *n.* 〘光学〙紫外線．
ultravíolet mícroscope *n.* 紫外線を用いる顕微鏡 (cf. fluorescence microscope).
ul·tra vi·res [ʌ́ltrə-váɪri:z | ʌ́ltrə-váɪəri:z, últrɑ:víəreɪz] 〘□ L *ultrā vīrēs* beyond powers〙 **—** *L. adv., adj.* 〘法律〙(議会または行政職の憲法上の)権限を越えて[た].
u·lu [ú:lu:] 〘□ Eskimo ～ 'woman's knife'〙 *n.* ウールー《エスキモーの婦人が使用する三日月形の刃をした一種のナイフ》．
ul·u·lant [ʌ́ljʊlənt, jú:l- | jú:l-] 〘(1868) □ L *ululant-em* (pres.p.) ← *ululāre* (↓)〙 *adj.* 〈狼・犬など〉ほえる (howling)，〈フクロウなど〉ほーほー鳴く (hooting)，悲しげに泣く (wailing).
ul·u·late [ʌ́ljʊlèɪt, jú:l- | jú:l-] 〘(1623) ← L *ululāt-us* (p.p.) ← *ululāre* to howl《擬音語》：⇨ -ate[3]〙 **—** *vi.* **1** 〈狼・犬などが〉ほえる (howl)，〈フクロウなどが〉ほーほー鳴く (hoot). **2** 泣きわめく，号泣する；大声で嘆き悲しむ (wail).
ul·u·la·tion [ʌ̀ljʊléɪʃən, jù:l- | jù:l-] 〘(1599) □ L *ululātiō*(*n*-)：⇨ ↑, -ation〙 **—** *n.* **1** ほえ声 (howling)，(悲しげな)泣き声 (wailing). **2** (狼・犬などが)ほえること，(フクロウが)ほーほー鳴くこと，(人の)号泣．
-u·lum [⸗(j)ʊləm] 〘□ L ～：⇨ -ule〙 *suf.* (*pl.* **~s, -u·la** [-lə]) ラテン語系指小辞：frenulum.
-u·lus [⸗(j)ʊləs] 〘□ L ～：⇨ -ule〙 *suf.* (*pl.* **~·es, -u·li** [-làɪ, -lì:]) ラテン語系指小辞：calculus (← calx).
ul·va [ʌ́lvə] 〘← NL ～ ← L 'sedge'〙 *n.* 〘植物〙アオサ《浅海底から潮間帯にかけて生じるアオサ属 (*Ulva*) の緑藻の総称；sea lettuce など》．
Ul·va·ce·ae [ʌlvéɪsiì:] 〘← NL ～：⇨ ↑, -aceae〙 *n. pl.* 〘植物〙(緑藻類)アオサ科．**ul·vá·ceous** [-ʃəs] *adj.*
Ul·ya·novsk [u:ljɑ́:nəfsk, -nəvsk; *Russ.* uljánəfsk] 〘← *V. I. Ulyanov*：Lenin の本名から〙 **—** *n.* ウリヤノフスク《ソ連邦ロシヤ共和国西部，Volga 河畔の都市；Lenin の生地；人口 436,000；旧名 Simbirsk》．
U·lys·ses [julísi:z, ju:- | ju:lísi:z, ju-, jú:lɪsì:z] 〘□ L *Ulyssēs* □ Gk *Odusseús* ("Odyssey" の主人公)：cf. Etruscan *Uluxe*〙 **—** *n.* **1** 男性名．★ アイルランドの男性名 Ulick の代わりにも用いられる．**2** 〘ギリシャ伝説〙ウリッセース，ウリクセース《Odysseus のラテン語名》．
'um [əm；(p, b の後ではまた) m̩] *pron.* ＝them (cf. 'em[2]).
U·may·yad [u:máɪ(j)əd, ʊm-] 〘← *Ummayah* (Muawiya の先祖)＋-AD[1]〙 **—** *n.* ウマイヤ朝の元首《カリフ (caliph) と称した》：the ～ dynasty ウマイヤ朝《ウマイヤ家のムアーウィヤ (Muawiya [muá:wɪjə | mʊ-]) が Damascus に拠(㌻)って築いたアラブのイスラム王朝 (661–750)；中央アジアからイベリア半島に及ぶ広大な帝国を築いた；その滅亡後，逃れた一族がスペインの Córdoba を都として建てた王朝が後(㌻)ウマイヤ朝 (756–1031)》．
um·bel [ʌ́mbəl | -bəl, -bel] 〘(1597) □ L *umbella* little shade (dim.) ← *umbra* shade〙 **—** *n.* 〘植物〙**1** 繖(㌻)形花序《花軸の先端に多数の花がつき，全部中心の花とほぼ同じ高さとなり，全体として傘状を呈する花序；cf. cyme, raceme》. **2** 繖形花．**úm·beled** *adj.* **úm·belled** *adj.*
Um·bel·la·les [ʌ̀mbəléɪli:z] 〘← NL ～ ← L *umbella* (↑)＋-ALES〙 *n. pl.* 〘植物〙(双子葉植物)セリ目．
um·bel·lar [ʌ́mbələ, ʌmbélə | ʌ́mbələ(r, -bə-, ʌmbél-] 〘⇨ umbel, -ar[1]〙 *adj.* 〘植物〙繖(㌻)形花を有する，繖形花序の．
um·bel·late [ʌ́mbəlèɪt, ʌmbélət, -lɪt | ʌ́mbelèɪt, -bə-, ʌmbélət, -lɪt] *adj.* 〘植物〙＝umbellar. **~·ly** *adv.*
um·bel·lat·ed [ʌ́mbəlèɪtɪd, -təd | -tɪd, -təd] *adj.* 〘植物〙＝umbellate.
um·bel·let [ʌ́mbəlɪt, -lət | -be-, -bə-] 〘(1793) ← UMBEL＋-ET〙 *n.* 〘植物〙＝umbellule.
um·bel·li·fer [ʌmbéləfə | -lɪfə(r)] 〘↓〙 *n.* 〘植物〙セリ科の植物の総称《繖(㌻)形花序 (umbel) を有する》．
Um·bel·lif·er·ae [ʌ̀mbəlífəri: | -be-, -bə-] 〘← NL ～ (fem. pl.) ← *umbellifer* umbelliferous (plant)：⇨ umbel, -ferous〙 *n. pl.* 〘植物〙(双子葉植物)セリ科．
um·bel·lif·er·ous [ʌ̀mbəlíf(ə)rəs | -be-, -bə-] 〘(1662)：⇨ ↑, -fer〙 *adj.* 〘植物〙**1** 繖(㌻)形花を生じる．**2** セリ科の．
Um·bel·li·flo·rae [ʌmbèləflɔ́:ri:, -fló:r- | -lɪflɔ́:r-] 〘← NL ～：⇨ umbel, flora〙 *n. pl.* ＝Umbellales.
um·bel·li·form [ʌmbéləfɔ̀əm | -lɪfɔ̀:m] 〘← UMBEL＋-IFORM〙 *adj.* 〘植物〙繖(㌻)形花序の．
um·bel·lu·late [ʌmbéljʊlət, -lɪt, -lèɪt] 〘⇨ ↓, -ate[2]〙 *adj.* 〘植物〙小繖(㌻)形花序の．
um·bel·lule [ʌ́mbəl(j)ù:l, ʌmbélju:l | ʌ́mbel(j)ù:l, -bə-, ʌmbélju:l] 〘(1792) ← UMBEL＋-ULE〙 *n.* 〘植物〙小繖(㌻)形花．
um·ber[1] [ʌ́mbə | -bə(r)] 〘(1568) □ F *ombre* ← *terre d'ombre* earth for giving shadow (to pictures) ← L *umbra* shade // □ L *Umbra* Umbrian (earth) (原産地 Umbria から)〙 **—** *n.* **1** アンバー《主成分が鉄の水酸化物で，少量のマンガン酸化物を含む黄褐色の土；焼けば焦茶色となる》：⇨ burnt umber, raw umber. **2** アンバー色，焦茶色，暗褐色．**—** *adj.* アンバーの；焦茶色の，暗褐色の．**—** *vt.* アンバーで塗る，焦茶色に塗る；暗褐色にする．
um·ber[2] [ʌ́mbə | -bə(r)] 〘(*a*1325) □ OF *umbre* (F *ombre*) < L *umbram* 'UMBRA'〙 **—** *n.* **1** 〘魚類〙カワヒメマス (*Thymallus thymallus*)《ヨーロッパ産サケ科カワヒメマス属の魚；grayling ともいう》. **2** 〘鳥類〙＝hammerhead 3. **3** 《方言》影，陰．
Um·ber·to I [*It.* umbérto] *n.* ウンベルト一世《Humbert 一世のイタリア語名》． 「色の，暗褐色の．
um·ber·y [ʌ́mbəri | -rɪ] 〘⇨ umber[1], -y[4]〙 *adj.* 焦茶
um·bil·ic [ʌmbílɪk] 〘□ L *umbilic-us* 'UMBILICUS'〙 *n.* 〘数学〙臍点(㌻) (umbilicus).
um·bil·i·cal [ʌmbílɪkəl, -lə- | ʌmbɪláɪ-, -bə-, ʌmbílɪ-, -lə-] 〘(1541) ← UMBILICUS＋-AL[1]〙 **—** *adj.* **1 a** へその[に関する]. **b** へその位置にある；腹の中心部の．**2** へその緒でつながった(ような)，関係の密接な，緊密な．**3** 電力線[燃料管]を含んだ．**4** 中央の[にある] (central)：an ～ pillar (円屋根の)へそ柱．**5** 《まれ》母系の，女系の：one's ～ ancestor. **—** *n.* **1** 〘宇宙〙＝umbilical cord 2. **2** つなぐもの (link)：an ～ *to* the outer world 外界とつなぐもの．
umbílical càble *n.* 〘宇宙〙＝umbilical cord 2.
umbílical còrd *n.* **1** 〘解剖〙臍(㌻)帯，臍(㌻)の緒．**2** 〘宇宙〙**a** 臍の緒《発射前のロケットへ整備塔などから燃料や電気を供給するためのケーブル》．**b** 救命索《大気圏外に出た宇宙船の外で作業をする宇宙飛行士を宇宙船と連繫した空気補給線；通信索ともなる》．**3** (潜水夫の)命綱，連絡綱．
umbílical hérnia *n.* 〘病理〙臍(㌻)ヘルニア．

um·bíl·i·cal póint [ʌmbílɪkəl-, -lə-] *n.* 〘数学〙臍点(せいてん) (umbilicus).

Um·bil·i·ca·ri·a·ce·ae [ʌmbìləkɛ̀(ə)riéɪsiìː | -lɪkɛ̀ə-rɪ-] 〘← NL ～ ← *Umbilicaria* (属名: ← LL *umbilicaris* ← UMBILICUS) + -ACEAE〙 — *n. pl.* 〘植物〙(地衣類レカノラ目)イワタケ科. **um·bil·i·ca·ri·á·ceous** [-ʃəs] *adj.*

um·bil·i·cate [ʌmbílɪkət, -lə-, -kɪt, -ləkèɪt | -lɪ-] 〘← UMBILICUS + -ATE²〙 *adj.* **1** へそ状の, 中央にへそ状のくぼみのある, 中凹(ちゅうおう)の. **2** へそのある.

um·bil·i·cat·ed [ʌmbíləkèɪtɪ̀d, -təd | -lɪkèɪt-] *adj.* ＝umbilicate.

um·bil·i·ca·tion [ʌmbìləkéɪʃən | -lɪ-] *n.* **1** へそ形のくぼみ. **2** へそ状(になること).

um·bi·li·cus [ʌ̀mbəláɪkəs, ʌmbílɪ-, -lə- | ʌmbílɪ-, -lə-, ʌ̀mbɪláɪ-, -bə-] 〘(1688) □ L *umbilicus* ← UMBO: cf. Gk *omphalós*〙 — *n.* (*pl.* ～**es, -li·ci** [ʌ̀mbəláɪkaɪ, -saɪ, ʌmbílɪkàɪ, -lə-, -sàɪ, -kìː | ʌ̀mbɪláɪkaɪ, -saɪ, ʌmbílɪkàɪ, -sàɪ]) **1** 〘解剖〙臍(へそ) (navel). **2** (問題などの)中心点, 核心 (core, heart). **3** 〘動物〙(巻貝の)へそ穴. **4** 〘植物〙臍(へそ)《種子の胎座に付着する部分; hilum ともいう》. **5** 〘数学〙臍点(せいてん) (umbilic, umbilical point). **6** 〘考古〙(巻物の)軸玉《軸の両端につけられた飾り》.

um·bil·i·form [ʌmbíləfɔ̀əm | -lɪfɔ̀ːm] 〘← UMBILI(CUS) + -FORM〙 *adj.* へそ状の.

úm·ble píe [ʌ́mbl̩-] 〘↓〙 *n.* 《古》＝humble pie.

um·bles [ʌ́mblz] 〘(15 C) (頭音消失) ← NUMBLES〙 *n. pl.* ＝numbles.

um·bo [ʌ́mbou | -bəu] 〘(1721) □ L *umbō* convex elevation, boss of shield: ⇨ navel〙 — *n.* (*pl.* ～**s, um·bo·nes** [ʌmbóuniːz | -bə́u-]) **1** (古代の盾の)心(しん), 盾心. **2** (盾心状の)突起物. **3** 〘解剖〙鼓膜臍(さい)部. **4** 〘植物〙菌蓋(さい)の中心突起; マツの毬(きゅう)果の果鱗(りん)の先端にある突起部. **5** 〘動物〙(二枚貝類の)殻頂.

um·bo·nal [ʌ́mbənl̩, ʌmbóu- | ʌ́mbə-, ʌmbə́u-] 〘← L *umbōn-*, *umbō* (↑) + -AL¹〙 *adj.* 盾心状の, 突起状の (bosslike); 突起(の近く)の.

um·bo·nate [ʌ́mbənèɪt, ʌmbóunət, -nɪt | ʌ́mbənèɪt, ʌmbə́unət, -nɪt] 〘← L *umbōn-* (↑) + -ATE²〙 *adj.* **1** 突起のある. **2** 突起状をした.

umbones *n.* umbo の複数形.

um·bon·ic [ʌmbánɪk | -bɔ́n-] *adj.* ＝umbonal.

um·bra [ʌ́mbrə] 〘(1599) □ L ～ 'shade, shadow'〙 — *n.* (*pl.* **um·brae** [-briː, -braɪ], ～**s**) **1** 影. **2** 影のように添う物[人]; (招待客が連れて来た)招かなかった客. **3** 亡霊, 幽霊. **4** 〘天文〙**a** 本影《その中に月や太陽が全く隠れる地球または月の影の部分; cf. penumbra 1 a》. **b** 本影《太陽黒点の中央暗黒部; cf. penumbra 1 b》. **5** 〘植物〙南 California 産ヤマゴボウ属の日よけ用の低木または小高木の一種 (*Phytolacca dioica*).

Um·bra·cu·li·dae [ʌ̀mbrəkjúːlədìː | -lɪ-] 〘← NL ～ ← *Umbracula* (属名: ← UMBRACULUM) + -IDAE〙 *n. pl.* 〘貝類〙ヒトエガイ科.

um·brac·u·lif·er·ous [ʌmbræ̀kjulíf(ə)rəs] 〘← UMBRACULUM + -IFEROUS〙 *adj.* 〘植物〙傘(かさ)形器官 (umbraculum) を生じる.

um·brac·u·li·form [ʌmbrǽkjuləfɔ̀əm | -lɪfɔ̀ːm] 〘← UMBRACULUM + -IFORM〙 *adj.* 〘植物〙傘(かさ)形の.

um·brac·u·lum [ʌmbrǽkjuləm] 〘□ L *umbrāculum* umbrella (dim.) ← UMBRA〙 *n.* 〘植物〙(ゼニゴケの雌性器托のような)傘(かさ)形器官.

umbrae *n.* umbra の複数形.

um·brage [ʌ́mbrɪdʒ] 〘(1426) □ (O)F *ombrage* < L *umbrāticum* of shade ← UMBRA: ⇨ -age〙 — *n.* **1** 不快, 立腹, 忿懣(ふんまん) (offense, resentment): give ～ to a person 人に不快を感じさせる, 人を怒らせる / take ～ *at* a person's rudeness 人の無礼を怒る[不快に思う]. **2 a** (疑惑・敵意などの)影ほどのこと, ほんの少し, 跡形 (trace): His opinion carries no ～ of reason. 彼の言っていることは全然理屈に合わない. **b** 疑惑(の理由). **3** (陰を成す)群葉 (foliage). **4** 《古》影のようなもの, 似かよったもの (semblance). **5** 《詩・古》影; 日陰 (shade). — *vt.* **1** 不快を感じさせる, 立腹させる. **2** 陰[日陰]にする.

um·bra·geous [ʌmbréɪdʒəs] 〘(1587) □ F *ombrageux*: ⇨ ↑, -ous〙 — *adj.* **1** 陰を成す; 陰のある, 日陰の (shady, shaded): ～ foliage, retreats, trees, etc. **2** 立腹しやすい (resentful), ひがみやすい, 疑いやすい (suspicious). **～·ly** *adv.* **～·ness** *n.*

um·bral [ʌ́mbrəl] 〘⇨ umbra, -al¹〙 *adj.* 〘天文〙本影の (cf. umbra 4).

um·brel·la [ʌmbrélə] 〘(1609) □ It. *ombrella* (dim.) ← *ombra* shade < L *umbram* 'UMBRA'〙 — *n.* **1 a** 傘, こうもり傘, 雨傘: under an ～ 傘をさして. **b** 日傘 (sunshade) (cf. beach umbrella). **2 a** 傘状のもの. **b** パラシュート. **c** 木の葉の茂り. **d** (クラゲの)かさ (bell). **3** 保護するもの, 庇護, 「かさ」(patronage): under the Conservative ～ 保守党の傘下(さんか)に / under the ～ of communism 共産主義の傘下に. **4** 〘軍事〙**a** 上空掩護(えんご)《地上・水上または空中の部隊, 作戦行動などを掩護するため, その上空に航空機(主として戦闘機)が待機すること》; 上空掩護飛行隊 (air cover). **b** 弾幕(射撃), 弾幕砲火. — *attrib. adj.* **1** こうもり傘の(形をした). **2** すべてを包含する, 総括的な (all-embracing): an ～ patent 包括的特許 / an ～ organization 包括的な組織. — *vt.* **1** 傘でおおう[守る]. **2** 〘軍事〙上空掩護をする.

umbrélla ànt *n.* 〘昆虫〙＝leaf-cutting.

umbrélla bìrd *n.* 〘鳥類〙カサドリ (*Cephalopterus ornatus*)《中南米産カザリドリ科の傘形のとさかのある鳥》.

umbrélla lèaf *n.* 〘植物〙サンカヨウ (*Diphylleia cymosa*)《日本と北米産のメギ科の傘形の葉の植物》.

umbrélla magnòlia *n.* 〘植物〙＝umbrella tree 1.

umbrélla pàlm *n.* 〘植物〙**1** ＝umbrella plant 1. **2** カンタベリーヤシ (*Hedyscepe canterburyana*)《南太平洋 Lord Howe 島特産の大型ヤシ》.

umbrélla pìne *n.* 〘植物〙**1** コウヤマキ (*Sciadopytis verticillata*)《日本原産スギ科の高木; parasol pine [fir] ともいう》. **2** ＝stone pine.

umbrélla plànt *n.* 〘植物〙**1** シュロガヤツリ (*Cyperus alternifolius*)《アフリカ原産のカヤツリグサ科の多年草; 葉状の苞がシュロの葉に似る; 小笠原, 沖縄に帰化; umbrella palm ともいう》. **2** 北米産タデ科 *Eriogonum* 属の植物の総称》.

umbrélla shèll *n.* 〘貝類〙ヒトエガイ《ヒトエガイ属 (*Umbraculum*) の貝の総称; 足は大きく背上に笠貝 (limpet) に似た貝殻がある》.

umbrélla-stànd *n.* 傘立て.

umbrélla stèp *n.* (giant steps で)一方の足を前進させて, かかとでぐるっと回転するステップ (cf. giant step).

umbrélla tènt *n.* アンブレラテント《こうもり傘状のテント》.

umbrélla trèe *n.* **1** 〘植物〙北米産のモクレン属の高木 (*Magnolia tripetala*)《umbrella magnolia ともいう》. **2** 傘状の木, 傘状に仕立てた木.

umbrélla tỳpe génerator *n.* 傘形発電機《軸受が下部にある立形水車発電機》.

um·brette [ʌmbrét] 〘(1884) □ L *umbretta* // F *ombrette* (dim.) ← *ombre* 'UMBER¹'〙 *n.* 〘鳥類〙＝hammerhead 3.

Um·bri·a [ʌ́mbriə | -brɪə; *It.* úmbria] 〘← L *Umbri* (中部イタリアに住んだ古代民族): ⇨ -ia¹〙 — *n.* ウンブリア: **1** 古代イタリアの中部および北部地方. **2** イタリア中部の州; 人口 780,000, 面積 8,456 km².

Um·bri·an [ʌ́mbriən | -brɪ-] *adj.* **1** ウンブリアの; ウンブリア人の. **2** ウンブリア語の. — *n.* **1** ウンブリア人. **2** (古代)ウンブリア語《イタリック語派に属し, ラテン語に吸収された; 現在は死語》.

Úmbrian schóol *n.* [the ～] ウンブリア画派《イタリア ルネサンス絵画の主要流派の一つ; Perugino とその門下 Raphael を主に 15 世紀に Umbria に興った》.

Um·bri·el [ʌ́mbriəl | -brɪ-] *n.* 〘天文〙ウンブリエル《天王星 (Uranus) の第 2 衛星; 内側から 3 番目》.

um·brif·er·ous [ʌmbríf(ə)rəs | -fər-] 〘← UMBRA + -IFEROUS〙 *adj.* 《古》＝umbrageous 1.

Um·bun·du [ʌmbúndu:] *n.* アンブンドゥ語《中部アンゴラ (Angola) で話されるコンゴ語群の一言語》.

u·mi·ak [úːmiæ̀k | -mɪ-] 〘← Eskimo〙 — *n.* (*also* **u·mi·ac** [～]) ウミヤック《エスキモーの漁用または運搬用のあざらしの皮を張った木骨の舟で, カヤック (kayak) より大型》.

um·laut [úmlàut, úːm- | úm-; *G.* úmlàut] 〘(1852) □ G *Umlaut* ← *um* round, about + *Laut* sound (⇨ loud): 18 世紀のドイツの詩人 F. G. Klopstock の造語〙〘言語〙 — *n.* **1** ウムラウト, 曲音 (mutation)《ドイツ語などにおける母音変異; 後続音節の主として i (または j) または u (ただし今は通例綴りの中に現われない)の影響により, a, o, u をそれぞれ ä (＝ae), ö (＝oe), ü (＝ue) に変えるもの; 例: ドイツ語の Mann > Männer, Fuss > Füsse; 英語の man > men; cf. ablaut》. **2** (a, o, u の上部につける)ウムラウトの符号 (¨). — *vt.* **1** 〈語形・発音を〉ウムラウトで変化する, 〈母音を〉ウムラウトにする. **2** …にウムラウト符号をつける.

Umm al-Qai·wain [úːm-ælkaɪwáɪn] *n.* ウンム ル カイワイン《ペルシャ湾南岸の首長国で, United Arab Emirates の一つ; 人口 4,000, 面積 780 km²》.

ump [ʌmp] 《俗》 *n.* ＝umpire 1. — *v.* ＝umpire.

umph [m̩m̩m̩, ʌ́m, ʌ́mf, m̩h] 〘(*a*1568) (擬音語)〙 *int.* ＝humph.

um·pir·age [ʌ́mpaɪ(ə)rɪdʒ] *n.* **1** 仲裁人[アンパイア]の地位[職, 権威]; 仲裁権. **2** 仲裁人の裁決, アンパイアの審判.

um·pire [ʌ́mpaɪə | -paɪə(r)] 〘(?*c*1400) *ompere* ← ME *n(o)umpere* □ OF *nonper* one who is not even, a third person ← *non* NON-¹ + *per* 'PEER², even': *a numpire* が異分析によって *an umpire* となった (cf. apron, adder²)〙 — *n.* **1** (競技の)アンパイア, 審判者[員]: a ball [field] ～ (野球の)アンパイア, 球[塁(るい)]審. **2** (労働争議などの論争の)裁定者, 仲裁者. **3** 〘法律〙裁定人《仲裁者の意見が一致しない場合, その裁定に選ばれる第三者》. **4** 〘軍事〙審判官, 評定官《戦闘訓練を観察評価し, 判定を下す将校》. — *vi.* 審判[仲裁]者となる: He ～*d* in the last match. 彼が最後の試合の審判をした / Will you ～ for our side? 我々の側の仲裁役を勤めて下さいませんか. — *vt.* 〈論争などを〉審判[裁決, 仲裁]する.

úmpire·shìp *n.* ＝umpirage.

ump·teen [ʌ̀m(p)tíːn, ⌐⌐] 〘(1918) ← UMP(TY) + -TEEN〙 *adj.* 《俗》数え切れないほどの, 多数の, たくさんの: ～ reasons, guests, etc.

ump·teenth [ʌ̀m(p)tíːnθ, ⌐⌐] 〘⇨ ↑, -th¹〙 *adj.* 《俗》何度目かわからないほど(あと)の: I'm telling you this ～ time. 何度言ったらわかるの.

ump·ty [ʌ́m(p)ti | -tɪ] 〘(1917) ← *ump*- (信号手がモールス符号の — (dash) を俗にこう読んだもの) + -TY¹〙 — *adj.* [しばしば複合語の第 1 構成素として]《俗》しかじかの, これこれの (such and such): the *umpty*-fifth regiment 第何十五連隊.

UMT 《略》〘米軍事〙Universal Military Training.

um·teen [ʌmtíːn, ⌐⌐] *adj.* ＝umpteen.

UMW, U.M.W. 《略》United Mine Workers of America 全米炭鉱労働組合.

un [ən, n̩] 〘ONE の古い発音を示す変形〙 — *pron.* (*also* **'un** [～]) 《方言・口語》＝one: a little [young] *'un* 小さい者, 子供 (cf. young'un) / a stiff *'uns'* race 剛の者達の競走 / He's a tough *'un.* 手ごわいやつだ / That's a good *'un.* うまく(うそを)言ってやがる / you [we] *'uns*《米南部》君[ぼく]ら.

UN, U.N. [júːén] 《略》United Nations (cf. UNO).

un-¹ [ʌ̀n, ʌ́n] 〘OE *un-*, *on-*, *and-*, *ond-* back: cog. Du. *ont-* / G *ant-*, *ent-*: cf. L *ante* before / Gk *antí* opposed to, before: ⇨ anti-, ante-〙 — *pref.* **1** 動詞に付いてその表わす行為と反対の行為, またはその行為をもとに戻すことを示す: *un*bend, *un*do, *un*fold. ★ まれにもともと否定的な意味の動詞にその否定の意を強調するために付けられることがある: *un*loose, *un*solve. **2** 名詞または名詞と同形の動詞に付いて「分離する, 取り去る, 脱ぐ」の意: *un*bonnet, *un*glove, *un*sex. **3** 名詞に付いて「…から取り出す, …から離れる」の意: *un*earth, *un*horse, *un*spell. **4** 人を表わす名詞に付いて「(その地位・資格などを)奪う」の意: *un*bishop, *un*man, *un*sister. ★ 発音・語義については ⇨ un-² ★ (1), (2).

un-² [ʌ̀n, ʌ́n] 〘OE *un-* < Gmc **un-* (Du. *on-* / G *un-*) ← IE **ne* (L *in-* 'IN-²' / Gk *a(n)-* 'A-⁷' / Skt *a(n)-*)〙 — *pref.* 一般に否定の意; 形容詞・副詞に付いて通例 not の意, 名詞に付いて「…の欠除, …の逆」の意を表わす: **1** 形容詞に付ける: *un*happy; *un*becoming, *un*willing; *un*done, *un*forgotten. **2** 副詞に付ける: *un*happily, *un*chastely. **3** 形容詞から派生した抽象名詞に付ける: *un*happiness, *un*importance, *un*suitability. **4** ある種の名詞に付ける: *un*faith, *un*rest.

★ (1) [un-¹, un-² の発音] un- を付けた合成語のアクセント法は大体次の原則による. (i) un- を付けても語幹のアクセントに変わりはない: háppy, ùnháppy; abáshed, ùnabáshed; reliabílity, ùnreliabílity. (ii) 多くの語では [ʌ̀n] または [ʌ́n] が普通で, 文中においてある語の肯定と否定の形が対照的に並べられる場合などでは un- に第一アクセントが移り, 語幹の第一アクセントはしばしば第二アクセントとなる: Some men are háppy, some are únhàppy. / lóad and únlòad. (iii) 過去分詞または -ed に終わる「un- 形容詞」はリズムによって名詞の前に来る場合と後に来る場合とでアクセントが変わることが多い: an únmàsked víllain; a víllain ùnmásked / quíte ùnknówn; únknòwn áuthors. (iv) 本辞典では, 主として最も普通な [ʌ̀n] のアクセントのみを記したが, 上に述べたような他のアクセントもあることを理解されたい.

(2) [un-¹, un-² の語義・用法] -able, -ed および -ing の語尾で終わる形容詞は un-¹ の場合と un-² の場合と全く同形になり, 両者の意味も実際上差異のないこともあるが, また非常に異なることもある. 例えば *un*doable, *un*strappable はそれぞれ 'that can be undone'「もと通りになしうる」, 'that can be unstrapped'「ひもを解きうる」の意 (un-¹) ともなり, また 'that cannot be done'「なされ得ない」, 'that cannot be strapped'「ひもでくくることができない」の意 (un-²) ともなる; *un*bracing は 'that unbraces'「ゆるめる」(un-¹) ともなり, 'that does not brace'「締めない」(un-²) ともなる; an *un*bending person は「くつろぐ人」の意 (un-¹) ともなり, 「がんこな人」の意 (un-²) ともなる; *un*coiled rope は「巻かれないなわ」(un-²) であるが, *un*coil a rope は「なわをほどく」の意 (un-¹) である; *un*bridled horse (馬勒(ばろく)のない馬) は付けられていた bridle (馬勒)をはずされた場合 (un-¹) と, 初めから bridle をつけていなかった場合 (un-²) とのどちらでもありうる; ただし今では概して un-² の用法の方が広く行なわれている.

(3) [un-², in-, non- の相異] 肯定の形容詞を打ち消すには un- を接頭するのが通例であるが (例: *un*able, *un*healthy), すでに外来語で in- 形の形容詞のある場合には un- よりも in- の方を選ぶのが一般の傾向である (例: *in*capable, *in*direct). ただし in- [il-, im-, ir-] 形の形容詞が単なる否定以上の何らかの特別な意味に用いられるようになった場合には, 曖昧を避けるために un- 形が単なる否定の意を表わすために用いられる; 例えば *im*moral が「道徳にもとる, 背徳の, 不行跡の」の意に用いられるようになったので, 「道徳の範囲外の, 非道徳的な」の意には *un*moral を用いる (cf. *ir*religious, *un*religious; *in*human, *un*human; *in*artistic, *un*artistic; *im*material, *un*material). なお in-, un- がともに「譴責(けんせき); 非難」の意を表わす場合には, 純中立的な打消しに non- を用いる: *non*moral (cf. *im*moral, *un*moral).

(4) 以下の見出し語にない語の発音・語義および語源は以上の説明により判断されたい.

U·na [úːnə, júː- | júː-] 〘□ L *ūna* one (cf. Spenser, *Faerie Queene* Bk. I) // Ir. *Oonagh*〙 *n.* 女性名.

UNA, U.N.A. 《略》United Nations Association.

un·a·bashed [ʌ̀nəbǽʃt] *adj.* 恥じない; 赤面しない, きまり悪がらない (unashamed, shameless); 臆しない, 平気な, 落着きはらった. **ùn·a·básh·ed·ly** [-ʃɪdli, -ʃəd-, -ʃt- | -lɪ] *adv.*

ùn·a·bát·ed *adj.* 〈力・勢力など〉減じない, 減退しない, 弱らない (undiminished); 変わらない. **~·ly** *adv.*
ùn·a·bát·ing *adj.* 弱らない, ゆるまない, 減じない.
ùn·ab·bré·vi·àt·ed *adj.* 省略し(てい)ない, 縮め(てい)ない (unshortened).
ùn·a·bét·ted *adj.* 扇動され(てい)ない, そそのかされ(てい)ない.
ùn·a·bíd·ing *adj.* 続かない, 継続しない, 永続しない; 暫時の, 一時の (transient).
ùn·á·ble 〖(*c*1390)《なぞり》← (O)F *inhabile* // L *inhabiles*: ⇨ un-², able〗 ── *adj.* **1** [Predicative に用い, *to* do を伴って]〈…することが〉できない, …しえない (not able): He was ~ *to* say anything about it. 彼はそのことについては何も言えなかった. **2** 力のない, 無能の (impotent); 無資格の, 権限のない (incompetent).
ùn·a·ból·ished *adv.* 廃止され(てい)ない, 現在も存在する.
ùn·a·brídged *adj.* **1** 省略していない (unshortened), (略さずに)全部挙げてある, 完備した (complete): an ~ version 無削除版 / You had better read an ~ text. 省略のないテキストを読んだ方がよい. **2** 〈辞書が〉(同系列の辞書の中で見出し語や語義など)簡略化されていない, 一番完全な: an ~ dictionary. ── *n.* 《米》簡略化されていない辞典, 大辞典.
ùn·ab·sólved *adj.* 罪の許され(てい)ない, 赦免され(てい)ない.
ùn·ab·sórb·a·ble *adj.* 吸収し得ない; 吸収力のない.
ùn·ab·sórbed *adj.* **1** 吸収され(てい)ない. **2** 心を奪われ(てい)ない.
ùn·ab·sór·bent *adj.* 吸収しない, 吸収性のない, 非吸収性の.
ùn·àc·a·dém·ic *adj.* アカデミック[学究的]でない, 理論に走らない, 空論的でない; 実利的な, 実際的な.
un·ac·cent·ed [ʌ̀nǽksenṭɪd, ʌ̀nəksénṭ-, -ṭəd | -æksént-, -ək-] *adj.* アクセントを受けない, アクセント[強調]のない; (特に)〈音節が〉強勢のない (cf. short *adj.* 10).
ùn·ac·cén·tu·àt·ed *adj.* =unaccented.
ùn·ac·cépt·a·ble 〖(15C)〗 ── *adj.* **1** 受納できない, 受け入れることができない; 容認できない. **2** 歓迎しがたい, 気に入らない. **ùn·ac·cept·a·bíl·i·ty** *n.* **~·ness** *n.* **ùn·ac·cépt·a·bly** *adv.*
ùn·ac·cóm·mo·dàt·ed *adj.* **1** 適応し(てい)ない, 適合し(てい)ない. **2** 施設[設備, 便宜]のない. **3** 望みの物が供給され(てい)ない, 満足を与えられ(てい)ない: leave one's customer ~ 客に満足してもらえない.
ùn·ac·cóm·mo·dàt·ing *adj.* 人の言う通りにならない, 不従順な (disobedient); 頼んだことをしてくれない, よく世話をしてくれない, 不親切な. **~·ly** *adv.*
ùn·ac·cóm·pa·nied *adj.* **1** 連れのない, 同伴者のない, 一人の (alone); 〔…に〕伴われない〔*by, with*〕: ~ luggage [baggage] 別送手荷物 / He traveled ~ *by* his parents. 両親に付き添われないで旅行をした. **2** 〖音楽〗無伴奏の: Bach's ~ sonatas バッハの無伴奏ソナタ / sing ~ 無伴奏で歌う.
ùn·ac·cóm·plished *adj.* **1** 完成し(てい)ない, 未完成の, 成就し(てい)ない (unfinished, incomplete). **2 a** 無芸の, たしなみのない, 無能の. **b** 未熟な, 下手な.
ùn·ac·cóunt·a·ble *adj.* **1** 説明のできない; わけのわからない (inexplicable); 不思議な, 不可解な, 奇妙な (strange): an ~ thrill. **2** 〔誤りに対して〕(弁明などの)責任がない, 責を負わない〔*for*〕: He is ~ *for* the mistakes. そのまちがいに彼は責任はない. **ùn·ac·count·a·bíl·i·ty** *n.* **~·ness** *n.*
ùn·ac·cóunt·a·bly *adv.* 説明ができないほど; わけのわからないほど (inexplicably); 不思議に, 奇妙に.
ùn·ac·cóunt·ed *adj.* [しばしば ~ *for* として] 説明され(てい)ない, 不明の: The data remained ~ *for*. そのデータは不明のままだった.
ùn·ac·cóunt·ed-fòr *attrib. adj.* 説明され(てい)ない, 未釈明の (unexplained): an ~ accident 原因不明の事故.
ùn·ac·créd·it·ed *adj.* 信任され(てい)ない; 信任状を受けない.
ùn·ac·cús·tomed *adj.* **1** [Predicative または後位修飾語に用いて]〔…に〕慣れ(てい)ない, 不慣れの, …しつけない (unfamiliar)〔*to*〕: He is ~ *to* hot climates [public speaking]. 暑い気候[人前で話をすること]に慣れていない. **2** 慣例でない; 尋常でない, 普通でない (uncommon, unusual); 珍しい, 奇妙な: his ~ silence 彼のいつにない沈黙. **~·ly** *adv.* **~·ness** *n.*
ùn·a·chíev·a·ble *adj.* 仕遂げることができない.
ùn·a·chíeved *adj.* 仕遂げない, 成就し(てい)ない.
ùn·ac·knówl·edged *adj.* **1** 認められ(てい)ない, 不承認の. **2** 返され(てい)ない, 応答され(てい)ない; 〈手紙など〉返事のない: an ~ greeting. **3** 自白[白状]しない: an ~ crime, fault, etc.
u·na cor·da [ùːnəkɔ́ədə, -dɑː | -kɔ́ː-; *It.* ùnakɔ́rda] 〖□ It. ~ 'one string'〗 ── *adv.* 〖音楽〗ウナ コルダ《ピアノ演奏上の指示で, 「ソフトペダルを踏んで」の意; cf. tre corde》.
úna córda pèdal *n.* (ピアノの)弱音ペダル, ソフトペダル (soft pedal).
ùn·ac·quáint·ed *adj.* **1** 見知らぬ, 見慣れない, 面識のない, 不案内な. **2** [Predicative または後位修飾語に用いて]〔…を〕知らない (ignorant)〔*with*〕: He is ~ *with* music. 音楽を知らない. **~·ness** *n.*
ùn·ac·quír·a·ble *adj.* 獲得できない, 手に入れ難い.
ùn·ac·quíred *adj.* **1** 手に入れ(てい)ない, 獲得し(てい)ない. **2** 生得の (innate).
ùn·áct·a·ble *adj.* 上演に適さない, 演じるのに不適当な: an ~ play.
ùn·áct·ed *adj.* **1** 履行し(てい)ない, 行なわれ(てい)ない, 仕遂げ(てい)ない, 実施[実行]され(てい)ない; 作用[影響]を受けない: an ~ thought / It is ~ *upon* by acids. 酸の作用[影響]を受けない. **2** (舞台に)上演しない, 上演され(てい)ない: an ~ play.
ùn·a·dápt·a·ble *adj.* 適応[適合]し得ない, 合わない.
ùn·a·dápt·ed *adj.* 適合し(てい)ない, 合わない; 〔目的などに〕適しない〔*to*〕.
ùn·ad·díct·ed *adj.* 〔…に〕耽らない, 耽溺しない〔*to*〕.
ùn·ad·dréssed *adj.* **1** 話しかけられ(てい)ない. **2** 〈手紙など〉宛名のない: an ~ envelope.
ùn·a·dépt *adj.* 精通していない, 熟達していない. ── *n.* 未精通者, 素人 (layman).
ùn·ad·júst·ed *adj.* 決定し(てい)ない, 落着し(てい)ない; 調整し(て)ない (unregulated); まだ順応し(て)ない.
ùn·ad·mín·is·tered *adj.* **1** 管理され(てい)ない, 支配され(てい)ない. **2** 施され(てい)ない, 〈薬など〉服用されない.
ùn·ad·míred *adj.* ほめられ(てい)ない, 賞賛され(てい)ない, 感心する者のない.
ùn·ad·mít·ted *adj.* 入れられ(てい)ない; 許され(てい)ない, 認められ(てい)ない; 入場を拒否された. **~·ly** *adv.*
ùn·ad·món·ished *adj.* 訓戒され(てい)ない, 戒められ(てい)ない, 忠告を受けない.
ùn·a·dópt·ed *adj.* **1** 採用され(てい)ない. **2** 《英》〈新設道路が〉地方当局に維持を引き継がれていない.
ùn·a·dórned *adj.* 飾りのない, 装飾のない; ありのままの, 簡素な (simple, plain).
ùn·a·dórn·ment *n.* 飾りのないこと[状態]; 簡素.
ùn·a·dúl·ter·àt·ed *adj.* **1** 混ぜ物のない, 生一本の. **2** こじつけやごまかしのない, 純粋な, 本物の, 正真正銘の: ~ praise, friendship, horror, etc. **~·ly** *adv.*
ùn·ad·vén·tur·ous *adj.* **1** 冒険心のない, 冒険をやらない, 冒険的[投機的]でない, 大胆でない. **2** 冒険を伴わない, 安全な, 無事な: an ~ journey, life, etc. **~·ly** *adv.*
ùn·ád·ver·tìsed 〖(15C)〗 *adj.* 広告され(てい)ない, 知らされ(てい)ない.
ùn·ad·vís·a·ble *adj.* 勧められない, 不得策な. **ùn·ad·vis·a·bíl·i·ty** *n.*
un·ad·vised [ʌ̀nədváɪzd, -æd- | -əd-] 〖ME〗 ── *adj.* **1** 無分別な, 軽率な, 思慮のない (imprudent, indiscreet): an ~ act. **2** 忠告[助言]を受け(てい)ない. **ùn·ad·vís·ed·ly** [-zɪdli, -zəd- | -lɪ] *adv.* **~·ness** *n.*
ùn·aes·thét·ic *adj.* 美(学)的でない, 品がない; 〈人が〉美的センスに欠ける, 悪趣味な.
ùn·áf·fa·ble *adj.* 無愛想な, 人好きのしない, 丁寧でない.
ùn·af·féct·ed¹ *adj.* **1** 動かない, 変わらない, 変化[変質]しない: The ground was ~ by the long wet weather. 地面は長雨にも変わらなかった. **2** (心を)動かされない, 影響を受け(てい)ない, 感化されない (uninfluenced): He was quite ~ by the appeal. 懇請されても心を動かすことがなかった. **~·ly** *adv.*
ùn·af·féct·ed² *adj.* **1** 気取らない, 取り繕わない, ありのままの; 癖のない, 自然な, 平明な, 素朴な (natural, simple): ~ manners / an ~ and direct style. **2** 装わない, 見せかけでない, 飾りのない, 偽善的でない, 心からの, 真実の (genuine, sincere): ~ grief, delight, kindness of heart, etc. **~·ly** *adv.* **~·ness** *n.*
ùn·af·féc·tion·ate *adj.* 愛情のない. **~·ly** *adv.*
ùn·af·fíl·i·àted *adj.* 仲間入りを許され(てい)ない; 〔…の〕養子にされ(てい)ない〔*to*〕.
ùn·af·flíct·ed *adj.* 苦しまない, 悩みのない.
ùn·a·fráid 〖(15C)〗 *adj.* [Predicative に用いて]〔…を〕恐れない, 〔…に〕驚かない, びっくりしない〔*of*〕.
ùn·áge·ing *adj.* =unaging.
ùn·ag·grés·sive *adj.* 侵略的でない, 非攻撃的な; 平和な (pacific). **~·ly** *adv.* **~·ness** *n.*
ùn·ág·ing *adj.* 年をとらない, 不老の (ageless).
ùn·ág·i·tàt·ed *adj.* かき乱され(てい)ない, 興奮しない, 落着きはらった. **~·ly** *adv.*
ùn·áid·ed *adj.* 助けのない, 救助[助力, 補い]を受けない (unassisted): He did it ~. 自力でやった / by his ~ efforts だれの助けも受けずにがんばって / with the ~ eye 肉眼で. **~·ly** *adv.*
ùn·áimed *adj.* 目的のない, 漫然とした, 行き当たりばったりの.
ùn·áired *adj.* **1** 換気[空気の流通]をよくしてない, 空気の通らない: an ~ room. **2** (風に当てて)乾かしてない, 湿った: an ~ bed, sheet, etc.
ùn·a·lármed *adj.* 驚かない, あわてない (undismayed).
Un·a·las·ka [ʌ̀nəlǽskə] 〖□ Russ. *Unalashka* □ Aleut *d'u-an alaska*《原義》this Alaska〗 ── *n.* 米国 Alaska 州南西部沖の Aleutian 列島中の島; 米海軍基地 Dutch Harbor がある.
ùn·á·lien·a·ble *adj.* 譲渡できない (inalienable): ~ rights 譲渡できない権利, 天賦の権利. **ùn·á·lien·a·bly** *adv.*
ùn·a·lígned *adj.* =nonaligned.
ùn·a·like 〖(1616)〗 *adj.* 似ていない (dissimilar).
ùn·al·lé·vi·àt·ed *adj.* 軽減されない, 減じられない, 静まらない, 緩和しない, なだめられない: ~ pain.
ùn·al·líed *adj.* **1** 同盟し(てい)ない: ~ nations. **2** 関係のない, 類属しない: ~ species, genera, etc.
ùn·al·lót·ted *adj.* 割り当てられ(てい)ない, 分配され(てい)ない.
ùn·al·lów·a·ble *adj.* 許し難い, 承認できない.
ùn·al·lówed *adj.* 許され(てい)ない, 不許可の; 禁じられた (forbidden).
ùn·al·lóyed *adj.* **1** 〈金属が〉合金でない, 混ざり物のない, 純粋な (pure). **2** 〈感情など〉本当の, 真実の (unmixed, genuine): ~ happiness, satisfaction, misery.
ùn·ál·ter·a·ble *adj.* 変じ難い, 変更し得ない, 改め得ない, 不変の (fixed, unchangeable): an ~ resolve 断固たる決意. **ùn·àl·ter·a·bíl·i·ty** *n.* **~·ness** *n.* **ùn·ál·ter·a·bly** *adv.*
ùn·ál·tered *adj.* 変わらない, 変更のない, 不変の, 前と同じの (unchanged): remain ~ 現状のままである.
ùn·ál·ter·ing *adj.* 変わらない (unchanging), 一定不変の.
ùn·a·mázed *adj.* 驚かない, 平気な.
ùn·am·bíg·u·ous *adj.* 疑わしい意味のない, 一つの意味だけを持つ, 疑いの余地のない, 曖昧でない, 明瞭な, はっきりした (clear, precise): ~ evidence. **ùn·àm·bi·gú·i·ty** *n.* **~·ly** *adv.* **~·ness** *n.*
ùn·am·bí·tion *n.* 大望[野心]のないこと; 控え目なこと.
ùn·am·bí·tious *adj.* 功名心[大望, 野心]のない; 慎しみ深い, 目立たない, 地味な (modest, unpretentious). **~·ly** *adv.* **~·ness** *n.*
ùn·am·bív·a·lent *adj.* 反対感情が両立しない; はっきりした (definite). **~·ly** *adv.*
ùn·a·mé·na·ble *adj.* 服従できにくい; 御しにくい, 容易に従わない: be ~ *to* persuasion 説得しても聞き入れない. **ùn·a·mé·na·bly** *adv.*
ùn·a·ménd·a·ble *adj.* 繕いのできない, 直しができない; 改正[修正]のきかない.
ùn·a·ménd·ed 〖(15C)〗 *adj.* 改め(てい)ない, 直さない, 改正[修正]し(てい)ない.
ùn-A·mér·i·can *adj.* アメリカ風(の風俗・習慣・主義など)に合わない, アメリカ式でない, 非アメリカ的な; 反米的な: ~ activities 非米活動《米国に対する反国家的な活動》/ the *Un-American* Activities Committee 非米活動(調査)委員会. **ùn-A·mér·i·can·ìsm** *n.*
ùn·á·mi·a·ble 〖(15C)〗 ── *adj.* 人好きのしない, 取っつきにくい, 無愛敬な (disagreeable); つっけんどんな, 無愛想な (surly), 不親切な (disobliging). **ùn·à·mi·a·bíl·i·ty** *n.* **~·ness** *n.* **ùn·á·mi·a·bly** *adv.*
U·na·mu·no y Ju·go [ùːnəmúːnou-iː-húːgou | -nəu-iː-húːgəu; *Sp.* ùnamúnoixúɣo], **Miguel de** *n.* ウナムーノ (イ フーゴ)《1864–1936; スペインの哲学者・小説家; *Del sentimiento trágico de la vida*「生の悲劇的意味について」(1913)》.
ùn·a·mús·ing *adj.* 面白くない, 楽しくない. **~·ly** *adv.*
ùn·án·a·lỳz·a·ble *adj.* 分析[解剖]できない.
ùn·án·a·lỳzed *adj.* 分析[解剖]し(てい)ない: an ~ compound.
ùn·án·chor *vt.* 〈船を〉抜錨(びょう)する. ── *vi.* 〈船が〉抜錨する.
ùn·a·nél·ed 〖(1600): ⇨ un-², anele, -ed〗 *adj.* 《古》〖キリスト教〗終油の秘跡[終油礼] (extreme unction) を受け(てい)ない.
ùn·a·nés·the·tìzed *adj.* 麻酔にかかっていない.
ùn·án·i·màt·ed *adj.* **1** 生気[活気, 元気]のない (inanimate). **2** 不活発な (dull).
u·na·nim·i·ter [jùːnənɪ́məṭə | -mɪtə(r, -mə-] 〖□ L *ūnanimiter* ← *ūnanimus* 'UNANIMOUS'〗 *adv.* 〖法律〗 =unanimously.
u·na·nim·i·ty [jùːnənɪ́məṭi | jùːnənɪ́mətɪ, juː-, -næ-, -mɪ-] 〖(1436) □ (O)F *unanimité* // L *ūnanimitāt-em*: ⇨↓, -ity〗 ── *n.* 異議のないこと, 満場一致, 合意: the ~ of the Cabinet 全閣僚の意見一致, 閣議の一致 / the ~ of the applause 満場の拍手喝采 / with ~ 満場一致で.
u·nan·i·mous [junǽnəməs, juː- | juːnǽnɪ-, ju-, -nǽnə-] 〖(1624) □ L *ūnanimus* ← *ūnus* one + *animus* mind (⇨ animal): ⇨ -ous〗 ── *adj.* **1** 同意の, 同意見の, 同説の: be ~ for reform 改革に対して同意見である[皆賛成だ] / be ~ in protesting 口をそろえて抗議する / The Cabinet was ~. 内閣は(各大臣の)意見が一致した / We are ~ *that* he is to blame. 彼が悪いのだということに意見が一致している. **2** 満場[全員]一致の, 異口同音の, 異議のない: a ~ resolution, consent, vote, etc. / greet with ~ applause 満場の拍手喝采をもって迎える. **~·ness** *n.*
u·nán·i·mous·ly *adv.* 一致して, 満場一致で, 異口同音に.
ùn·an·néaled *adj.* 〈ガラス・金属が〉焼きなましていない, 焼きにぶしをし(てい)ない.
ùn·an·nóunced *adj.* 公言[公告, 公表, 声明, 発表, 披露]され(てい)ない: enter ~ 〈訪問者などが〉取次ぎの案内も受けずに入って来る / arrive ~ 突然[だしぬけに]来る.
ùn·a·nóint·ed *adj.* 〖カトリック〗注油の儀式を受け(てい)ない, 塗油し(てい)ない, 聖別され(てい)ない, 祝福されていない.
ùn·án·swer·a·ble 〖(1611): ⇨ un-², answerable〗 ── *adj.* **1** 答えられない, 答弁のできない: an ~ question. **2** 反駁(ばく)できない (irrefutable); ぐうの音も出ない, 一言もない: an ~ argument. **ùn·àn·swer·a·bíl·i·ty** *n.* **~·ness** *n.* **ùn·án·swer·a·bly** *adv.*
ùn·án·swered 〖ME〗 ── *adj.* **1** 答えのない, 返答[返事, 応答]のない: an ~ letter, request, question, appeal, etc. **2** 反駁(ばく)され(てい)ない: The criticism remains ~. その批評に対する反駁がまだない. **3** 報いられ(てい)ない: ~ affection [love] 片思い.
ùn·an·tíc·i·pàt·ed *adj.* 予期[期待]しない, 思いがけない, 意外な, 予想外の (unexpected).
ùn·a·póc·ry·phal *adj.* 〈作者・出所が〉疑わしくない, 信じるに足る, 本物の (genuine); 正経の (canonical).
ùn·a·pòl·o·gét·ic *adj.* 弁解のない; 言い訳もなく提示する[された]. **ùn·a·pòl·o·gét·i·cal·ly** *adv.*
ùn·àp·os·tól·ic *adj.* 使徒の権威のない; 使徒の旨に反する, 非使徒的な.
ùn·ap·pálled *adj.* 恐れない, 驚かない, 平気な (unfrightened).

ùn·ap·pár·elled *adj.* 着物を着てない (unclothed).
ùn·ap·pár·ent *adj.* 明らかでない, 明白[明瞭]でない.
ùn·ap·péal·a·ble *adj.* **1** 上訴[控訴, 上告]のできない: an ~ case. **2** 終審の, 終局の (conclusive): an ~ decision, judgment, etc. **ùn·ap·péal·a·bly** *adv.*
ùn·ap·péal·ing *adj.* 人に訴えない, 魅力のない (unattractive). **~·ly** *adv.*
ùn·ap·péas·a·ble *adj.* 静められない, 和らげられない, なだめられない; 満足できない, 満たされない: ~ anger / ~ hunger. **ùn·ap·péas·a·bly** *adv.*
ùn·ap·péased *adj.* 静められ(てい)ない, 和らげられ(てい)ない, 満足しない (unsatisfied).
ùn·áp·pe·tìz·ing *adj.* **1** 食欲を促さない[そそらない]; まずそうな (repellent). **2** 面白くない, つまらない (uninteresting). **~·ly** *adv.*
ùn·ap·plíed *adj.* 適用[応用]され(てい)ない.
ùn·ap·pré·ci·àt·ed *adj.* 真価[価値]を認められ(てい)ない, 鑑賞され(てい)ない, ありがたがられ(てい)ない.
ùn·ap·prè·ci·á·tion *n.* 正しい判断[評価, 鑑賞]のできないこと.
ùn·ap·pré·ci·a·tive *adj.* 鑑賞力のない, 目のきかない.
ùn·àp·pre·hénd·ed *adj.* **1** 捕えられ(てい)ない, 逮捕され(てい)ない: The criminal remains ~. その犯人は未逮捕のままである. **2** わからない, 理解されない: the ~ theory of Einstein アインシュタインの難解な理論.
ùn·àp·pre·hén·sive *adj.* **1** 不安を感じない, 心配しない, 案じない; 〔…を〕恐れない (unafraid) 〔*of*〕. **2** わかり[のみ込み]の悪い, 悟りの鈍い (unintelligent, dull). **~·ness** *n.*
ùn·ap·prísed *adj.* 知らされ(てい)ない, 通知を受け(てい)ない.
ùn·ap·próach·a·ble *adj.* **1** 接近できない (inaccessible); 〈人・態度など〉近づき難い, よそよそしい (reserved). **2** 無比の, 無敵の. **ùn·ap·pròach·a·bíl·i·ty** *n.* **~·ness** *n.* **ùn·ap·próach·a·bly** *adv.*
ùn·ap·pró·pri·àt·ed *adj.* **1** 特定の人[会社など]の用に供され(てい)ない, 一個人[一会社]の占有に帰していない: an ~ blessing 《戯言》老嬢. **2** 〈基金・金銭など〉特殊の用途に充当され(てい)ない: ~ taxes.
ùn·ap·próved 〘《15C》〙 *adj.* 認められ(てい)ない, 承認され(てい)ない (unsanctioned).
ùn·ap·próv·ing *adj.* 是認しない, 不承認の, 不認可の (disapproving). **~·ly** *adv.*
ùn·ápt 〘ME〙 ― *adj.* **1** 適しない, 不適当な (unsuitable): an ~ quotation / be ~ *for* study 勉強に不向きである. **2** のみ込みの悪い, 鈍い, 遅鈍な (dull), 下手な (unskillful): be ~ *to* learn 覚えが悪い / be ~ *at* games 競技が下手だ. **3** …し慣れていない, 〈…する〉気がない 〈*to* do〉: I am a soldier and ~ *to* weep. 武士だから涙を流すことに慣れていない (Shak., *1 Hen VI* 5. 3. 133). **~·ly** *adv.* **~·ness** *n.*
ùn·ár·gu·a·ble *adj.* **1** 主張することのできない, 無理な. **2** 議論[論証]できない. **ùn·ár·gu·a·bly** *adv.*
ùn·ár·gued *adj.* **1** 論じられ(てい)ない, 議論[討論]されない. **2** 反駁され(てい)ない, 争われ(てい)ない.
ùn·árm 〘《?c1300》← UN-¹+ARM²: cf. (O)F *désarmer* 'to DISARM'〙 ― *vt.* **1** 〈人など〉から〔武器を〕奪う[取り上げる], …の〔武装を〕解く, 武装解除する (disarm) 〔*of*〕: ~ a person *of* his weapon 人から武器を取り上げる. **2** 《古》…のよろいを脱がす. ― *vi.* **1** 武器を捨てる[投げ出す]; 武装を解く, 武装解除をする. **2** 《古》よろいを脱ぐ.
ùn·ármed 〘《c1300》← UN-²+ARMED〙 ― *adj.* **1** 武器のない, 武器を帯びない, 武装しない, 素手の; 攻撃手段を持たない, 無防備の (defenseless). **2** 〈信管・雷管が〉不発状態になっている, 不発状態にした. **3** 〘生物〙(うろこ・とげ・刺毛・針などの)防護物をもたない.
ùn·ár·mored *adj.* よろいをつけ(てい)ない; (特に)〈巡洋艦など〉非装甲の.
ùn·ar·ránged *adj.* **1** 整頓[整理]し(てい)ない, 乱雑な, 不揃いの; 分類してない (unclassified). **2** 前もって打ち合わせてない: Our meeting was quite ~. 我我の会合は全く出たとこ勝負だった.
ùn·ar·ráyed 〘ME〙 *adj.* **1** 整理整頓し(てい)ない, 並べていない. **2** 着飾らない, 盛装し(てい)ない; 飾らない (unadorned).
ùn·ar·rést·ed 〘ME〙 *adj.* **1** 引き留められない, 邪魔のない. **2** 逮捕され(てい)ない.
ùn·árt·ful *adj.* **1** ずるくない; 小細工を弄(ろう)しない (artless), 率直な, ありのままの, 純な (genuine). **2** まずい, 下手な (unskillful). **~·ly** *adv.* **~·ness** *n.*
ùn·ar·tíc·u·làt·ed *adj.* **1** はっきり発音され(てい)ない. **2** 〈思想が〉十分論理構成され(てい)ない, 曖昧な.
ùn·àr·ti·fí·cial *adj.* 人工を加えない, 人為的でない (inartificial), 自然な (natural), 単純な (simple). **~·ly** *adv.*
ùn·ar·tís·tic *adj.* 非芸術的な. **ùn·ar·tís·ti·cal·ly** *adv.*
u·na·ry [júːnəri | -rɪ] 〘← L *unus* one+-ARY〙 *adj.* 〘物理化学〙一種類の分子として存在する; 一成分から成る.
ùn·às·cer·táin·a·ble *adj.* 確かめることのできない, 確認し難い.
ùn·às·cer·táined *adj.* 確かめてない, 不確かな.
un·a·shamed [ʌ̀nəʃéɪmd] *adj.* **1** 恥じない, 恥知らずの, 厚顔無恥の (shameless, impudent): be ~ *of* doing [*to* do] …することを恥じない / ~ individualism. **2** 隠さない, あからさまの, 平気な. **un·a·shám·ed·ly** [-mɪdli, -məd- | -mɪdlɪ, -məd-, -md-] *adv.* **~·ness** *n.*
ùn·ásked 〘ME〙 ― *adj.* **1** 頼まれ(てい)ない, 願われ(てい)ない (unsolicited); 招かれ(てい)ない (uninvited). **2** 求められ(てい)ない, 要求され(てい)ない (unsought): ~ advice 求めもしない忠告.
ùn·ás·pi·ràt·ed 〘音声〙 *n.* 非帯気音, 無気音. ― *adj.* 非帯気音の, 無気音の.
ùn·as·pír·ing *adj.* 向上心のない, 功名心のない (unambitious), 謙遜な (modest).
ùn·as·sáil·a·ble *adj.* **1** 攻めることのできない, 攻撃できない, 要害堅固の: an ~ fortress, position, etc. **2** 〈議論が〉攻撃のすきを与えない, 論破することのできない (irrefutable), 論争の余地のない (incontestable): an ~ argument. **3** 否定[否認]し得ない, 疑う余地のない; 確固たる: an ~ alibi. **ùn·as·sàil·a·bíl·i·ty** *n.* **~·ness** *n.* **ùn·as·sáil·a·bly** *adv.*
ùn·as·sáyed 〘ME〙 *adj.* **1** 試金し(てい)ない, (化学的に)試験し(てい)ない (untested). **2** ためされたことのない, 試み(られ)たことのない (unattempted).
ùn·as·sér·tive *adj.* 断定的でない; つつましい (modest), 内気な (shy).
ùn·as·síg·na·ble *adj.* **1** 譲渡することのできない. **2** [Predicative または後位修飾語に用いて] 〔…に〕帰することのできない 〔*to*〕: results ~ *to* any known cause はっきりと既知の原因に帰することの全く不可能な結果, 原因の全く不明な結果.
ùn·as·sígned 〘《15C》〙 *adj.* **1** 割り当てられ(てい)ない. **2** 選任され(てい)ない.
ùn·as·sím·i·la·ble *adj.* 同化できない.
ùn·as·sím·i·làt·ed 〘《15C》〙 *adj.* 同化し(てい)ない.
ùn·as·síst·ed *adj.* 助けられ(てい)ない, 助けのない; 人手を借りない, 独力の (unaided): the ~ eye 肉眼.
ùn·as·só·ci·àt·ed *adj.* 連合[合同]し(てい)ない.
ùn·as·suáge·a·ble *adj.* 緩和[鎮静]できない.
ùn·as·súm·ing *adj.* でしゃばらない, 気取らない (unpresuming), 謙遜な, 控えめな (modest): ~ manners. **~·ly** *adv.* **~·ness** *n.*
ùn·as·súred 〘《15C》〙 *adj.* **1** 保証され(てい)ない; 安全でない (unsafe). **2** 確信[自信]のない, 思い切りの悪い. **3** 保険の付いていない.
ùn·at·táched 〘《15C》〙 ― *adj.* **1** 結び付けられ(てい)ない, 結合し(てい)ない, 付属しない, くっついていない. **2** 婚約し(てい)ない (unengaged); 結婚し(てい)ない (unmarried): an ~ girl. **3** 特定の団体[機関]に所属し(てい)ない, 無所属の (independent), 中立の: an ~ voter. **4** 《英》(大学に籍はあるが)特定の学寮 (college) に属さない: an ~ student (cf. tosher). **5** 〘法律〙差し押えられ(てい)ない; 逮捕され(てい)ない. **6** 〘軍事〙〈将校が〉待命の, 隊付きでない, 定員外の, 無所属の: place an officer on the ~ list ある将校を待命にする.
unattáched párticiple *n.* 〘文法〙懸垂分詞 (dangling participle).
ùn·at·táin·a·ble *adj.* 得難い, 成就し難い, 到達し難い: an ~ ideal. **~·ness** *n.* **ùn·at·táin·a·bly** *adv.*
ùn·at·táint·ed *adj.* **1** 《古》汚され(てい)ない; 感染し(てい)ない. **2** 《廃》公平な (impartial): with ~ eye.
ùn·at·témpt·ed *adj.* まだ試みられ(てい)ない, 企て(られ)たことのない (untried): ~ work.
ùn·at·ténd·ed *adj.* **1** 従者のない, 供を連れない, 付添いのない (alone): an ~ woman. **2** 世話をされ(てい)ない, うっちゃらかしの (disregarded); 〈傷など〉手当てを受けていない, 包帯をしてない (undressed): ~ wounds. **3** 〔…が〕伴わない 〔*by, with*〕: a problem ~ *with* trouble 迷惑の伴わない問題. **4** (聴衆・観客など)出席者のいない[少ない]: an ~ meeting. **5** 注意され(てい)ない; 番人のいない, 管理され(てい)ない: an ~ lighthouse 無人灯台. **6** [~ *to* として]〈仕事など〉実施され(てい)ない, 専念され(てい)ない: His work remained ~ *to*. 仕事はほったらかしだった.
ùn·at·tést·ed *adj.* 確証され(てい)ない; (文献上の用例が)確認されていない: an ~ form (文証できない)推定形.
ùn·at·tíred *adj.* =unclothed.
ùn·at·trác·tive *adj.* **1** 人目を引かない, 人をひきつけない, 愛敬のない, 美しくない (plain). **2** 興味のない, つまらない. **~·ly** *adv.* **~·ness** *n.*
u·nau [júːnɔː, úːnàʊ] 〘⊏F ~ ← Tupi〙 ― *n.* 〘動物〙フタツユビナマケモノ (*Choloepus didactylus*) 《南米産の前肢 2 本, 後肢 3 本の爪を持ったナマケモノ; two-toed sloth ともいう》.
ùn·aug·mént·ed *adj.* **1** 増加[増大]し(てい)ない. **2** 〘ギリシャ文法〙接頭母音 (augment) の付いていない.
ùn·aus·pí·cious *adj.* =inauspicious.
ùn·au·thén·tic *adj.* 出所不明の, 典拠のない, 不確実な (unreliable); 本物でない. **ùn·au·then·tíc·i·ty** *n.*
ùn·au·thén·ti·càt·ed *adj.* 正当と認められ(てい)ない, 確証され(てい)ない, (本物という)証明がなされ(てい)ない.
ùn·áu·tho·rìzed *adj.* 権限のない, 認可[許可]を得ていない, 非公認の.
ùn·a·váil·a·ble *adj.* **1** 手が届かない, 得られない, 自由にならない. **2** 利用できない, 無効の; 無益の (futile). **~·ness** *n.* **ùn·a·váil·a·bly** *adv.*
unaváilable énergy *n.* 〘物理〙無効エネルギー (cf. available energy).
ùn·a·váil·ing *adj.* 有効でない, 無効の (ineffective); 無益の, かいのない, 空しい (fruitless, vain): an ~ prayer. **~·ness** *n.*
ùn·a·váil·ing·ly *adv.* 無効に; 無益に, むだに.
ùn·a·vénged 〘《15C》〙 *adj.* 復讐をとげ(てい)ない, うらみを晴らしていない, あだを討っていない.
ùn·áv·er·age *adj.* 並でない, 異常な; すぐれた.
ùn·a·vóid·a·ble *adj.* **1** 避け難い, 免れ難い; 不可避の, やむを得ない (inevitable): owing to an ~ engagement やむを得ない用事のため / an ~ accident 不可避的事故, 不可抗力 / an ~ delay, mistake, etc. **2** 〘法律〙無効にできない. **~·ness** *n.*
ùn·a·vóid·a·bly *adv.* 避け難く, のっぴきならず, やむを得ず, どうしても.
ùn·a·vówed *adj.* 承認され(てい)ない; 白状し(てい)ない (unconfessed). **~·ly** *adv.*
ùn·a·wáked *adj.* =unawakened.
ùn·a·wák·ened *adj.* **1** (眠りから)さめ(てい)ない. **2** 覚醒し(てい)ない, 眠っている, 休止している (dormant, quiescent): ~ passions, emotions, etc.
ùn·a·wáre 〘adv.: 《1592》《逆成》↓. ― adj.: 《1704》← UN-²+AWARE〙 ― *pred. adj.* **1** 〔…を〕知らない, 〔…に〕気づかない (ignorant) 〔*of*〕: be ~ *of* the danger / They were ~ *that* war was near. 戦争の近いことに気づかなかった. **2** 《まれ》不注意な, 油断のある (heedless, unwary). ― *adv.* =unawares.
at unaware =*at* UNAWARES.
~·ly *adv.* **~·ness** *n.*
un·a·wares [ʌ̀nəwέəz | -wέəz] 〘《1535》《変形》← ME *unwares* (異形) ← *unware* < OE *unwær*: ⇨ un-², ware², -s²〙 ― *adv.* **1** 思いがけなく (unexpectedly), 不意に, 突然に (suddenly); 気づかれずに, 知られずに: be taken [caught] ~ 不意打ちを食う / take [catch] a person ~ 人に不意打ちを食わす. **2** 何心なく, 知らずに, うっかり; いつの間にか: do something ~.
at unawares 《古》不意に, だしぬけに (unexpectedly).
ùn·áwed *adj.* 恐れ(てい)ない, 威に打たれ(てい)ない, 平然とした.
ùn·bácked *adj.* **1** 〈馬が〉人を乗せたことのない, 乗り馴らされていない. **2** 支持者[後援者, ひいき]のない, 無後援の (unsupported, unaided). **3** 裏書きのない (unendorsed): an ~ check. **4** 〈椅子など〉背のない: an ~ stool. **5** 〈競争馬など〉賭け手のない.
ùn·bág *vt.* (**un·bag·ged**; **-bag·ging**) 袋から出す.
ùn·báked *adj.* **1** 〈パン・タイルなど〉焼かない, 焼けていない. **2** 《廃》未熟な, 生硬な (immature, crude).
ùn·bál·ance *vt.* **1** …の平均を取れなくする, 平衡を破る. **2** 〈人・心〉の平衡を失わせる, 狂わせる: ~ a person [person's mind] 人[人の心]を取り乱させる. ― *n.* **1** 不平均, 不平衡, 不釣合い, アンバランス: an economic ~. **2** 精神的乱れ, 錯乱.
ùn·bál·anced *adj.* **1** 平均を失った, 平衡の破れた; 平均[平衡]し(てい)ない, 釣り合わない: a pair of ~ scales / an ~ rider, seat on a horse, etc. **2** 心の平衡を失った, 気の転倒した, 判断力を欠いた (upset, disordered); 気の狂った, 乱心の: an ~ mind, mentality, etc. / His reason is ~. 理性を失っている. **3** 不安定な, ぐらぐらする; 〈書風など〉釣合いの取れ(てい)ない: an ~ style of writing / an ~ type of character ぐらついて変わりやすい性格. **4** 〘アメリカンフットボール〙〈フォーメーションが〉左右非対称の.
ùn·bál·last 〘⇨ un-¹, ballast〙 *vt.* **1** …から脚荷[底荷]を去る[揚げる]: ~ a ship, balloon, etc. **2** 不安定にする, ぐらつかせる.
ùn·bál·last·ed *adj.* **1** 脚荷[底荷]を去った; 脚荷[底荷]を積まない: an ~ ship, balloon, etc. **2** しっかりしない, ぐらついた, あやふやな (unsteady): an ~ character / an ~ type of mind. **3** 〘鉄道〙道床を敷かない, バラス[砂利]を敷かない: an ~ railway track.
ùn·bán·dage *vt.* …の包帯を取る.
ùn·bánk *vt.* **1** 〈火・炉などを〉かき起こす, 灰をかいて燃え立たせる: an ~*ed* fire / an ~*ed* furnace. **2** (河水を流出させるために)〈川〉の堤防を取り払う[崩す].
ùn·bap·tízed 〘ME〙 *adj.* **1** 洗礼[浸礼]を受け(てい)ない. **2** 異教徒の (heathenish).
ùn·bár 〘ME〙 ― *vt.* (**un·barred**; **-bar·ring**) **1** …のかんぬきを抜く[はずす], 横木を取る; 〈牢獄など〉の掛け金をはずす (unbolt): ~ a gate, door, etc. / ~ the prison. **2** 開く, あけ放つ (throw open): get rid of tariffs and ~ the channels of trade 関税の障壁を除去して通商の道を打開する / The path to knowledge is now ~*red*. 学問の大道はすでに開かれている.
ùn·bárbed *adj.* あご (barb) のない, かかりのない; さかとげのついていない: an ~ fishhook.
ùn·bár·bered *adj.* ひげをそらない (unshaven), 散髪をしない.
ùn·bárk *vt.* …の樹皮をはぐ: ~ a tree.
ùn·bárred *adj.* **1** かんぬき[掛け金]のかかっていない. **2** 筋[しま]のついてない.
ùn·bát·ed *adj.* **1** =unabated. **2** 《古》〈剣など〉鈍らしてない, (剣先に)先留めのない: an ~ sword 先の尖ったままの剣 (cf. Shak., *Hamlet* 4. 7. 139).
ùn·báthed *adj.* **1** 沐浴し(てい)ない, 洗っていない (unwashed). **2** 湿っていない, 乾いた (dry).
ùn·béar *vt.* (**un·bore**; **un·borne**) 〈馬〉の止め手綱をはずす[ゆるめる].
ùn·béar·a·ble 〘《15C》〙 ― *adj.* 耐えられない, 忍び難い, 我慢のできない, 鼻持ちならない (intolerable): ~ affectation 鼻持ちならない気取り / Life became ~ *to* him. 彼には人生が耐えがたきものになった. **~·ness** *n.* **ùn·béar·a·bly** *adv.*
ùn·béard·ed *adj.* **1** あごひげのない (beardless): an ~ face, youth, etc. **2** 芒(のぎ)のない: ~ wheat, barley.

ùn·béat·a·ble *adj.* 打ち負かされない；この上ない素質を有する. **ùn·béat·a·bly** *adv.*

ùn·béat·en 〘ME〙 ── *adj.* **1** むち打たれ(てい)ない. **2** 踏みならされ(てい)ない, 人跡まれな (untrodden): ⇨ unbeaten track. **3** 打ち破られたことのない, 征服されたことのない (unconquered)；(競争・競技などに)負けたことのない, 無敵の: an ～ army / an ～ tennis player, steeplechaser, swimmer, etc. / an ～ record. 「の地；未開発の領域.

unbéaten tráck *n.* **1** 人の通らぬ道. **2** 前人未踏

ùn·béau·ti·ful 〘《15C》〙 *adj.* 美しくない (plain), 醜い (ugly). **～·ly** *adv.*

ùn·be·cóm·ing *adj.* **1** 〔…に〕不似合いの, 不釣合いの, 不相応の (unbefitting)〔*to, in, for*〕: conduct ～ *to* a gentleman 紳士にあるまじき振舞い / expenditure [a house] ～ *in* a person of his class あの階級の人にしては似つかわしくない経費[家]. **2** 礼法にかなわない, 不穏当な, 不作法な (improper, indecent), 見苦しい, 不体裁な (unseemly): ～ conduct, language, etc. **3** 〈着物・色など〉似合わない, うつらない (unsuitable): an ～ style of dress / an ～ hat. **～·ly** *adv.* **～·ness** *n.*

ùn·béd *vt.* (**un·bed·ded; -bed·ding**) 〈草木を〉抜く (lift), 苗床から移す.

ùn·béd·ded *adj.* **1** 苗床に植え(てい)ない. **2** 《古》床入りをし(てい)ない (unwedded), 処女の (virgin). **3** 〘地質〙〈岩石が〉成層していない.

ùn·be·fit·ting *adj.* 適しない, 不似合いの, 不相応の (unbecoming). **～·ly** *adv.* **～·ness** *n.*

ùn·be·fríend·ed *adj.* 友の助けがない；友がない.

ùn·be·gót·ten *adj.* **1** まだ生れ(てい)ない: one's ～ son. **2** 他のものから生れたのでない；(特に)〈神が〉自存する (self-existent), 永遠の (eternal).

un·be·known [ʌ̀nbɪnóʊn, -bə- | -nə́ʊn] 〘《1636》 ← UN-²+《廃》*beknown* ((p.p.) ← *beknow*: ⇨ be- 1, know¹)〙 ── *adj.* 《口語》〔…に〕未知の(まま), 知られない(で) (unknown)〔*to*〕: He did it ～ *to* me. 彼は私の知らないうちにそれをした.

un·be·knownst [ʌ̀nbɪnóʊnst, -bə- | -nə́ʊnst] 〘《1854》: ⇨ ↑, -st (AGAINST, AMONGST などとの類推か)〙 *adj.* ＝unbeknown.

ùn·be·líef *n.* 信じ(ようとし)ないこと；(特に, 宗教上の)不信心, 不信仰, 不信, 疑い, 疑惑 (disbelief, skepticism): He upbraided them with their ～. その信仰なきを責めたまえり (*Mark* 16:14).

ùn·be·líev·a·ble *adj.* 信じられない, 信じ難い (incredible): a woman of almost ～ beauty ほとんど信じ難いほど美しい婦人. **ùn·be·liev·a·bíl·i·ty** *n.* **ùn·be·líev·a·bly** *adv.* 「(cf. misbelieve).

ùn·belíeve *vt.* 信じない, 信用しない, 信仰しない

ùn·be·líev·er *n.* 信じない[信じようとしない]人；(特に, 宗教上の)不信心者, 不信仰者；懐疑家 (skeptic).

ùn·be·líev·ing 〘ME〙 ── *adj.* 信じようとしない, 信仰心のない, (特に)天啓を信じない；疑う, 懐疑的な (incredulous, skeptical): the ～ husband 信者ならざる夫 (*1 Cor.* 7:14). **～·ly** *adv.* **～·ness** *n.*

ùn·be·lóved [-bɪlʌ́vd, -bə-] *adj.* 愛され(てい)ない.

ùn·bélt 〘《15C》〙 *vt.* **1** …の帯を取る[解く] (ungird). **2** 〈刀剣などを〉帯を解いて取りはずす: ～ a sword.

ùn·bélt·ed *adj.* 帯[ベルト]をし(てい)ない.

ùn·bénd 〘《*c*1250》 *unbende*(*n*): ⇨ un-¹, bend²〙 ── *v.* (**un·bent, ～·ed**) ── *vt.* **1** 〈曲がった物を〉まっすぐにする, 伸ばす (straighten), たたき延ばす, 平らに延ばす (flatten out): ～ a bow (弦をはずして)弓を伸ばす / ～ a link, staple, etc. **2** 〈心身を〉(努力・過労・拘束などから)くつろがせる, 休める (relax): ～ the brow [face] (難しい顔をしていたのが)穏やかな[ほっとした]顔付きになる / ～ the mind *from* study 勉強の緊張をほぐす / ～ oneself in congenial company 気心の合った人々と交わってくつろぐ. **3** 〘海事〙 **a** 〈縛ってある綱を〉解く (untie)；〈錨(いかり)索や錨鎖を〉錨からはずす: ～ a cable, rope, etc. **b** 〈帆を〉帆げた[支索など]からはずす: ～ the sails. ── *vi.* **1** まっすぐになる, (延びて)平らになる. **2** くつろぐ, なごやかになる, 打ち解ける: He only ～*s* in the family circle. 彼はうちの者と一緒の時だけくつろぐ.

ùn·bénd·a·ble *adj.* **1** 曲げることのできない. **2** はっきりした目的をもった, (目的に)ひたむきの (single-minded), 断固たる (firm): a man of ～ perseverance 不撓不屈の精神の人.

ùn·bénd·ing¹ 〘《1552》〙 ── *adj.* 骨休めの, 気晴らしの, くつろいだ: a few ～ hours of ease 屈託のない気楽な数時間 / He was in a gay ～ mood. 陽気でくつろいだ気分になっていた.

ùn·bénd·ing² 〘《*a*1688》 ← UN-²+*bending* ((pres.p.) ← BEND²)〙 ── *adj.* **1** 曲がらない, たわまない；こわい, 堅い (stiff, rigid). **2** 〈性格など〉屈しない, 不撓不屈の (inflexible), 確固不動の, 断固たる (firm, determined)；強情な, 頑固な, 一徹な (unyielding, obstinate): ～ in one's attitude / the stern ～ Tories / an ～ will. **3** 〈態度など〉社交的でない, 打ち解けない, 超然とした (reserved). **～·ly** *adv.* **～·ness** *n.*

ùn·bén·e·ficed *adj.* 聖職者の職禄を受け(てい)ない, 聖職禄のない: an ～ clergyman.

ùn·bént 〘《15C》〙 *v.* unbend の過去形・過去分詞. ── *adj.* **1** 曲がらない (unbowed). **2** 屈服し(てい)ない, 征服されない (unsubdued). 「い.

ùn·be·séem *vt.* 《古》…に似合わない, ふさわしくな

ùn·be·séem·ing *adj.* 似合わない, ふさわしくない, 不適当な (unbefitting). **～·ly** *adv.*

ùn·be·sóught *adj.* 懇願され(てい)ない, 求められ(てい)ない. 「ない.

ùn·be·spó·ken *adj.* 前もって注文[予約]を受け(てい)

ùn·bí·ased *adj.* **1** 先入観がない, 偏見がない (unprejudiced). **2** 公平な (impartial): an ～ jury. **3** 〘統計〙不偏の, 偏りのない《ある値を推定するための変量の平均値が当該の値と一致する》. **～·ly** *adv.*

ùn·bíb·li·cal *adj.* 聖書中にない, 聖書によっていな

ùn·bíd 〘《15C》〙 *adj.* ＝unbidden. 「い.

ùn·bíd·da·ble *adj.* 《英》言うことをきかない, おとなしくない, 不従順な (disobedient).

ùn·bíd·den 〘lateOE *unbeden*〙 ── *adj.* **1** 命じられ(てい)ない, 求められ(てい)ない, 自然に発した, 自発的な (spontaneous): an ～ thought. **2** 招かれない, 招待され(てい)ない: an ～ guest 招かれざる客.

ùn·bíg·ot·ed *adj.* 凝り固まっていない, 頑固でない.

ùn·bínd 〘OE *unbindan*: ⇨ un-¹, bind〙 ── *vt.* (**unbound**) **1** 〈なわ・結び目などを〉解く, ほどく (unfasten, loose): ～ a rope, one's hair, etc. **2** …の束縛を解く, (解き)放つ, 釈放する: ～ a prisoner. **3** …のくくり[とじ]を解く；〈本〉の製本をほどく: ～ a book.

ùn·bísh·op *vt.* **1** …から主教 (bishop) の職を奪う: The Queen threatened to ～ him. 女王は彼の主教職を剥奪するとおどした. **2** …から主教管区の名称を奪う: ～ a diocese, cathedral town, etc. 「放つ.

ùn·bítt *vt.* 〘海事〙〈もやい索などを〉繋(けい)柱から解き

ùn·bítt·ed *adj.* **1** くつわ (bit) をはめられ(てい)ない. **2** 拘束され(てい)ない, 自由な (uncontrolled, free).

ùn·blám·a·ble *adj.* 責むべき[非難すべき]ところのない, 過ち[罪とが]のない (blameless), 潔白な (innocent). **ùn·blám·a·bly** *adv.*

ùn·bléached *adj.* さらさ(れてい)ない, 漂白し(てい)ない: ～ calico 無漂白キャラコ.

ùn·blém·ished 〘ME〙 *adj.* **1** きずがない, 汚点がない. **2** (道徳的に)けがれのない, 清浄な, 潔白な (spotless, pure): an ～ reputation, character, etc.

ùn·blénched *adj.* 《廃》びくともしない, 平然とした.

ùn·blénd·ed 〘ME〙 *adj.* 混合され(てい)ない, 混ぜ物のない (unmixed, pure).

ùn·bléssed [-blést] 〘ME〙 ── *adj.* (*also* **un·blest** [～]) **1** 神の恵みを受け(てい)ない, 恵まれない, 祝福され(てい)ない. **2** 清められ(てい)ない (unhallowed), 神聖でない (unconsecrated). **3** 呪われた (accursed)；不幸な, みじめな (wretched). **～·ness** *n.*

ùn·blínd·ed *adj.* 盲目にされ(てい)ない；(特に)迷わない (undeceived).

ùn·blínk·ing *adj.* **1** まばたきをしない. **2** 平然とした, 動揺のない, ひるまない. **3** 変わらない, ひたむきの: ～ love. **～·ly** *adv.*

ùn·blóck *vt.* **1** …から障害物を取り去る, 邪魔を除く. **2** 〘トランプ〙(ブリッジで, 自分の高位の札を捨てることによって)〈あるスーツを〉アンブロックする, 〈ある(高位の)札を〉わざと捨てる《後で味方 (dummy または partner) に主導権を渡すため；cf. jettison 4》. ── *vi.* 邪魔を除く.

ùn·blóod·ed *adj.* 〈馬など〉純種でない, 雑種の.

ùn·blóod·y 〘OE *unblōdig*: ⇨ un-², bloody〙 ── *adj.* **1** 血に染まない. **2** 血を流さない, 無血の (bloodless): the ～ sacrifice of the Eucharist (血を流さない)聖餐のいけにえ《パンとぶどう酒》. **3** 殺伐[残忍]でない.

ùn·blót·ted *adj.* **1** しみ[汚点]のない；汚され(てい)ない, 清純な (pure). **2** 抹(まっ)殺され(てい)ない, 消され(てい)ない.

ùn·blówn¹ *adj.* **1** 〈らっぱなど〉吹かれない. **2** 風に吹かれ(てい)ない. **3** (走って)息を切らしていない.

ùn·blówn² *adj.* まだ花の開かない, まだつぼみで(ある).

ùn·blúsh·ing *adj.* **1** 赤面しない. **2** 恥知らずの (shameless), ずうずうしい, 厚かましい, 厚顔の (barefaced). **～·ly** *adv.* **～·ness** *n.*

ùn·bód·ied *adj.* **1** 肉体から離れた (disembodied)；精神上の (spiritual): an ～ soul 肉体を離れた霊魂. **2** 肉体のない；実体のない, 無形の (formless).

ùn·bóiled *adj.* 沸騰点に達しない, 煮沸し(てい)ない.

ùn·bólt *vt.* …のかんぬきをはずす, (かんぬきをはずして)〈戸を〉開く, あける (unbar, open): ～ a door.

ùn·bólt·ed¹ 〘⇨ bolt¹〙 *adj.* かんぬきをはずした, かんぬきが掛けていない.

ùn·bólt·ed² 〘⇨ bolt²〙 *adj.* 〈麦粉など〉ふるい分け(てい)ない, ふるいにかけていない: ～ flour. 「ていない.

ùn·bóne *vt.* 〈肉など〉の骨を抜く.

ùn·bóned *adj.* **1** 骨のない (boneless). **2** 骨を抜い

ùn·bón·net *vi.* 《古》脱帽する, 帽子をとって礼をする: ～ to a person. ── *vt.* …から帽子をとる.

ùn·bón·net·ed *adj.* 帽子をかぶっていない, 無帽の.

ùn·bóok·ish *adj.* **1** 読書[書物]ぎらいな. **2** 書物の[学問的]知識だけによらない.

ùn·bórn 〘OE *unboren*〙 ── *adj.* **1** まだ生れ(てい)ない, 胎内にある, やがて生れる: an ～ child. **2** 後代[後世]の, 将来の: ～ generations. **3** 生れることなく存在する.

ùn·bór·rowed *adj.* **1** (他から)写し取ったのでない, 剽(ひょう)窃でない. **2** 独創の (original)；本来の (inherent), 自然の (natural).

ùn·bós·om 〘《1594》 ← UN-¹+BOSOM (v.)〙 ── *vt.* **1** **a** 〈心中・秘密などを〉打ち明ける, 明かす (disclose, confess): ～ one's feelings, thoughts, secrets, etc. **b** [～ oneself で] 意中を明かす, 胸襟(きょう)を開く；告白する〔*to*〕. **2** 《古》示す, 見せる (display). ── *vi.* 心中[秘密など]を打ち明ける.

ùn·bót·tomed *adj.* **1** 底なしの, 底[深さ]の知れない. **2** 〔…に〕基礎を据えない, 根底を置かない〔*on, in*〕: love ～ *on* self-love 自己愛に基づかない愛.

ùn·bóught 〘OE *unboht*〙 ── *adj.* **1** 買ったものでない, ただの. **2** 売られ(てい)ない, 売れない, 買手のない. **3** 金や賄賂(わいろ)で得たものでない, 買収したものでない.

ùn·bóund 〘1: OE *unbunden*〙 ── *v.* unbind の過去形・過去分詞. ── *adj.* **1** 足かせをはずされた, なわ目を解かれた, 自由の身となっている (free): come ～ 解ける / The prisoner was left ～. 囚人は足かせをはずされていた. **2** くくってない；〈本など〉綴じてない (loose), 未製本の, 仮綴じの, 紙表紙の；無表紙の: ～ periodicals. **3** 〘物理・化学〙他の元素[物質]と結合していない, 自由な: ～ electrons.

ùn·bóund·ed 〘《1598》〙 ── *adj.* **1** 限界[境界]のない, 果てしのない, 無限の (limitless): ～ space. **2** 限りのない, 無制限の, 際限のない, 抑え切れぬ (uncontrolled, unchecked): ～ pride, ambition, joy, enthusiasm, etc. **～·ness** *n.* 「に.

ùn·bóund·ed·ly *adv.* 果てしなく, 限りなく；無制限

ùn·bówed [-báʊd] 〘ME〙 *adj.* **1** 〈ひざ・腰など〉曲がっていない (unbent)；(頭を)下げ(てい)ない: with ～ head. **2** 征服され(てい)ない, 屈服し(てい)ない.

ùn·bóx *vt.* 箱から出す.

ùn·bráce 〘ME〙 ── *vt.* **1** …の張りをゆるめる, …の締め(金)を解く (loosen): ～ the yards of a ship. **2** 〈神経・精神など〉の緊張を解く[ゆるめる], ゆったりさせる, くつろがせる (relax): ～ the muscles, mind, etc. **3** 弱める (weaken).

ùn·bráced *adj.* **1** 張りをゆるめた, 締めを解いた；締めてない, 張ってない. **2** ゆるんで(いる), 弛緩(しかん)した (relaxed). **3** 《廃》留め金[ボタン]をはずした: with his doublet all ～ 胴着の前をすっかりはだけて.

ùn·bráid *vt.* 〈綱など〉のより[組糸]を解く, 〈組んだ髪などを〉ほどく, ほぐす (unravel).

ùn·bránched *adj.* **1** 枝のない (branchless): a straight ～ trunk. **2** 〈道・川など〉分かれ(てい)ない. **3** 〘化学〙枝分かれしていない, 直鎖の.

ùn·bránd·ed *adj.* 焼印を押され(てい)ない: ～ cattle.

ùn·bréak·a·ble 〘《15C》〙 *adj.* 破る[折る, 壊す]ことのできない, 割れない, 壊れない, 強い.

ùn·bréath·a·ble *adj.* 呼吸のできない.

ùn·bréathed [-bríːðd] *adj.* **1** 呼吸され(てい)ない. **2** 口外され(てい)ない, 秘密の (secret).

ùn·bréd *adj.* **1** 仕込まれ(てい)ない, 教えられ(てい)ない (untrained): She is ～ *to* spinning. 糸紡ぎを仕込まれていない. **2** 〈家畜が〉種つけのし(てい)ない, 種つけをしたことのない: an ～ heifer. **3** 《廃》育ちの悪い, しつけの悪い. **4** 《廃》まだ生れ(てい)ない.

ùn·bréech *vt.* **1** [-brítʃ] …のズボンをとる. **2** [-bríːtʃ] …から砲尾[銃尾]をはずす: ～ a gun.

ùn·bréeched [-brítʃt] *adj.* ズボンをはいていない；〈子供が〉まだ半ズボンをはいている. 「金で動かない.

ùn·bríb·a·ble *adj.* 賄賂(わいろ)がきかない, 買収し難い,

ùn·brí·dle 〘《?*a*1400》 ← UN-¹+BRIDLE (v.)〙 ── *vt.* **1** 〈馬〉から馬勒(ろく)[手綱]をはずす. **2** 拘束から解く, 解放する, 自由にする (free): ～ the tongue (口を慎しむことをやめて)しゃべり出す.

ùn·brí·dled 〘《*c*1385》 ← UN-²+*bridled* (p.p.): ↑〙 ── *adj.* **1** 馬勒(ろく)をつけ(てい)ない；馬勒をおろした: an ～ horse. **2** 拘束のない, 抑制のない；放逸な, 激しい, 乱暴な (licentious): ～ passions, language.

ùn·bróke 〘ME〙 *adj.* 《廃》＝unbroken.

ùn·bró·ken 〘《*a*1325》 ← UN-²+BROKEN〙 ── *adj.* **1** 壊れ(てい)ない, 破損し(てい)ない, 完全な (whole, intact): an ～ window, mast, etc. **2** 減じない, くじけない, 弱らない: ～ spirit, morale, etc. **3** 邪魔され(てい)ない, 途切れない, 引き続いた, 連続した (continuous): ～ fine weather, peace, etc. / a life of ～ monotony 連綿と続く単調な生活. **4** 〈馬など〉乗りならされ(てい)ない, 訓練を受け(てい)ない: an ～ colt / an ～ range horse 乗りならされていない放牧馬. **5** 鋤を入れ(てい)ない, 開墾してない (untilled, unplowed): ～ soil, land, etc. **6** 破られ(てい)ない, 違反され(てい)ない, 守られた (kept): an ～ promise, word, faith, etc. **7** 〈記録など〉負かされ(てい)ない, 破られ(てい)ない: an ～ record. **～·ly** *adv.* **～·ness** *n.* 「い.

ùn·bróth·er·ly *adj.* 兄弟らしくない；友愛の情の薄

ùn·brúised *adj.* 傷を受け(てい)ない, 無傷の. 「hair.

ùn·brúshed *adj.* ブラシをかけ(てい)ない: one's ～

ùn·búck·le 〘ME〙 ── *vt.* **1** …の締め金[尾錠(びじょう)]をはずす: ～ a strap, shoe, etc. **2** 締め金からはずす: ～ a sword *from* its belt 剣を帯からはずす. ── *vi.* **1** 締め金をはずす. **2** くつろぐ (relax).

ùn·búdge·a·ble *adj.* 動かない, 不動の (inflexible). **ùn·búdge·a·bly** *adv.* 「*adv.*

ùn·búdg·ing *adj.* 身動きしない, 屈しない. **～·ly**

ùn·búild *vt.* (**un·built**) 〈建造物を〉破壊する (demolish, destroy). ── *vi.* 破壊する, 壊す.

ùn·búilt 〘《15C》〙 ── *adj.* **1** 建てられ(てい)ない, 未建築の. **2** 〈敷地が〉まだ建築物の建たない〈*on*〉: an ～ plot 未建築地 / the site as yet ～ *on* まだ建築物の建っていない敷地.

ùn·bún·dle *vt.* 〈さまざまの製品・サービスなど〉に個々に価格を付ける. — *vi.* 個々に価格を付ける.
ùn·bún·dling *n.* (製品・サービスなどの)個々の価格付け.
ùn·búr·den 〘(*a*1538) ← UN-[1] + BURDEN[1] (v.)〙 — *vt.* **1** …の荷を下ろす. **2** (告白してまたは打ち明けて)〈心〉の重荷を下ろす, 〈心を〉軽くする, 楽にする: ~ one's heart, mind, conscience, etc. / ~ oneself *to* another 他の人に心の中を打ち明ける.
ùn·búr·dened *adj.* **1** 荷を負っていない. **2** (心配・罪・秘密などの)重荷を背負っていない, (打ち明けて)晴れ晴れとなった. 「れた, 発掘された.
ùn·búr·ied[1] 〘(p.p.) ← UNBURY〙 *adj.* 墓から掘り出さ
ùn·búr·ied[2] 〘OE *unbyrged*: ⇨ un-[2]〙 *adj.* 葬られ(て)ない, まだ埋葬され(てい)ない, 埋葬未済の.
ùn·búrn·a·ble *adj.* 燃えない, 燃えにくい. — *n.* 不燃物《燃えないごみなど》.
ùn·búrned 〘ME〙 *adj.* 〈れんが・粘土・石灰など〉焼いていない; 焼き尽くされ(てい)ない.
ùn·búrnt 〘ME〙 *adj.* = unburned.
ùn·búr·y 〘(15C) ← UN-[1] + BURY〙 *vt.* …の墓をあばく, 発掘する, 掘り出す (disinter, exhume).
ùn·búsi·ness·lìke *adj.* 事務的でない, 非実地[非能率, 非組織]的な.
ùn·bút·tered *adj.* バターの塗ってない: ~ bread.
ùn·bút·ton 〘ME〙 — *vt.* **1 a** …のボタンをはずす: ~ a garment 服のボタンをはずす / ~ a person 人の服のボタンをはずしてやる. **b** 〈ボタンを〉はずす: ~ the buttons of the shoes. **2** 〈装甲車など〉のハッチをあける. **3** 〈胸のうちを〉打ち明ける: ~ one's secret thoughts. — *vi.* ボタンをはずす.
ùn·bút·toned *adj.* **1** ボタンをつけ(てい)ない; ボタンをはずした: an ~ shirt. **2** 束縛[抑制]され(てい)ない, 自由な (unrestricted). **3** 力[安定]のない.
ùn·cáge *vt.* **1** かご[おり]から出す. **2** 開放する.
ùn·cál·cu·làt·ed *adj.* 計算され(てい)ない; 前もって計画され(てい)ない, 即席の, 即興の (improvised); 自然の (spontaneous): an ~ style. 「~**·ly** *adv.*
ùn·cál·cu·làt·ing *adj.* 計算高くない, 打算的でない.
ùn·cálled *adj.* 呼ばれ(てい)ない, 招かれ(てい)ない: come ~ 招かれもせずに来る / ~ capital 未払込資本金, 未払込株金.
uncalled for [Predicative に用いて (cf. uncalled-for)] (1) 不必要で: These things are quite ~ *for*. これらのものは全く余計なものだ. (2) 差し出がましい: His remark was ~ *for*. 彼の意見は出過ぎていた. (3) いわれ[根拠]のない: His exhibition of temper was quite ~ *for*. 彼の癇癪(かんしゃく)は全くいわれのないことであった.
ùn·cálled-fòr 〘← *uncalled for* (⇨ uncalled 成句)〙 — *adj.* [主に Attributive に用いて] **1** 不必要な, 無用の, 余計な. **2** 差し出がましい, でしゃばった (impertinent), 押し付けがましい: an ~ rebuke, remark, comment, etc. **3** いわれ[理由, 根拠]のない.
ùn·cán·celed *adj.* (*also* **ùn·cán·celled**) 取り消され(てい)ない.
ùn·cán·did *adj.* 率直でない, 不正直な, 不誠実な. ~**·ly** *adv.* ~**·ness** *n.*
un·can·ni·ly [ʌnkǽnɪli, -nə-, -nḷi | -nɪlɪ, -nə-] *adv.* **1** 怪しく, 不思議に, 薄気味悪く, 物凄(すご)く (weirdly, mysteriously). **2** 超人的に, 異常に.
un·can·ny [ʌnkǽni | -nɪ] 〘(1596) ← UN-[2] + CANNY〙 — *adj.* (**un·can·ni·er**; **-can·ni·est**) **1** 不思議な, 薄気味悪い, 物凄い, 奇怪な (weird), 神秘的な: an ~ laugh. **2** 超人的な, 超自然的な, 異常な (extraordinary): an ~ ability to read a person's mind 人の心を読み取る異常な能力. **3** 《スコット・北英》 **a** 危険な. **b** 激しい: an ~ blow. **ùn·cán·ni·ness** *n.*
ùn·ca·nón·i·cal *adj.* **1** 教会法によらない: an ~ marriage / ~ hours 禁婚期間《結婚式を挙げることを許されない期間》. **2** 正経に属さない: the ~ books 偽経, 外典. **3** 正統派でない, 認められていない (unorthodox): an ~ political idea. ~**·ly** *adv.*
ùn·cán·on·ìzed *adj.* 列聖され(てい)ない.
ùn·cáp *v.* (**un·capped**; **-cap·ping**) *vt.* **1** …の帽子を取る. **2 a** …のふたを取る: ~ a fountain pen 万年筆のキャップを取る. **b** (蜜を取るため)〈蜜蜂の巣〉からふたを取る. **3** 明らかにする, 暴露する (reveal). — *vi.* (敬意を表して)脱帽する.
ùn·cá·pa·ble *adj.* 《廃》 = incapable.
ùn·cáred-fòr 〘← UN[2]- + *cared for* ((p.p.) ← *care for* (⇨ care (v.) 成句))〙 — *adj.* **1** 世話する者のない, 顧みられない, ほったらかしの (disregarded, neglected). **2** 荒れ果てた, 荒廃した (run-down).
ùn·cáre·ful *adj.* **1** 不注意な (careless). **2** 無思慮な, 軽率な (inconsiderate). **3** 気苦労のない, のんきな (carefree). ~**·ly** *adv.* ~**·ness** *n.*
ùn·cár·ing *adj.* 不注意な; ぼんやりした (oblivious).
ùn·cár·pet·ed *adj.* 敷物[じゅうたん]が敷いてない: 「an ~ room.
ùn·cárt *vt.* 荷車から〈荷を〉おろす.
ùn·cáse *vt.* **1** 入れ物から出す, 箱から取り出す. **2** 見せる, 表わす, 広げる (display): ~ the colors 軍旗を翻す. **3** 知らせる, 明らかにする. **4** 《古》 …の衣服を脱ぐ. — *vi.* 《古》 衣服を脱ぐ (undress).
ùn·cásked *adj.* 樽(たる)に入っていない, 樽詰めでない.
ùn·cás·trat·ed *adj.* **1** 去勢され(てい)ない; 完全な. **2** 削除され(てい)ない, 無削除の: an ~ text.
ùn·cát·a·lòged *adj.* 目録に載っていない.

ùn·cátch·a·ble *adj.* つかまえることのできない.
ùn·cáught 〘ME〙 *adj.* つかまえ[捕え]られ(てい)ない; 逃亡中の, 自由の (free).
ùn·cáused *adj.* 原因のない, 原因で生じたのではない, 自存の (self-existent), 永遠の (eternal).
ùn·céas·ing 〘ME〙 *adj.* 絶えない, 絶え間がない, 引っきりなしの (continual). ~**·ly** *adv.* ~**·ness** *n.*
ùn·cél·e·bràt·ed *adj.* **1** 名の知れていない, 有名でない. **2** 儀式[祝典]を挙げ(てい)ない, 祝わない.
ùn·cén·sored *adj.* **1** 〈出版物など〉無検閲の. **2** 批判[非難]され(てい)ない.
ùn·cén·sured *adj.* とがめられ(てい)ない.
ùn·cèr·e·mó·ni·ous *adj.* **1** 儀式[形式]張らない, 四角張らない (informal), 打ち解けた, 気安い(easy, familiar): an ~ gathering, entertainment, farewell, etc. **2** 失礼な, 無礼な, 不作法な, 無遠慮な, ぶしつけな (curt, abrupt): ~ treatment 無作法な扱い / He is rather too ~ for my taste. 彼は無作法過ぎて私の好みに合わない. ~**·ly** *adv.* ~**·ness** *n.*
ùn·cér·tain 〘(*c*1303) ← UN-[2] + CERTAIN: cf. F *incertain*〙 — *adj.* **1 a** 〈時間・数量など〉不確かな, 不確定な, 未定の (indeterminate); 〈起源・成行きなど〉はっきり確認されない, あやふやな, 疑わしい, 不確実な (questionable, dubious): The date of their arrival is ~. 到着の日取りがはっきりしていない / She is of ~ age. 彼女ははっきりしない年配だ《中年婦人にいう》/ The fire was of ~ origin. その火災の原因はあいまいだった / Everything was ~ *about* the war. 戦争については何もかも不明だった. **b** 〈言葉など〉あいまいな (ambiguous): in no ~ terms 歯に衣を着せないで, はっきりと. **2 a** 〈行動・目的・進路など〉不安定な (undecided, vacillating), しっかりしない, ぐらぐらした (unsteady): walk with ~ steps よろよろ歩く / His aim is somewhat ~. 彼の目標は幾分ふらふらしている. **b** 〈性格・態度・天気など〉変わりやすい, 移り気の, 気まぐれな (variable, capricious); 当て[頼み]にならない (unreliable): a man of ~ temper お天気屋 / a person of ~ character [opinions] 性格の不安定な[意見がよく変わる]人 / an ~ trade 先のわからぬ商売 / April's weather is ~. 4月の空は当てにならない. **3 a** [Predicative に用いて]〈人が〉はっきり[確実には]知らない, 確信がない, 疑っていて (doubtful) 〔*of*, *about*, *as to*〕〈*how*, *what*, *whether*, *etc*.〉: He is ~ *of* the truth [success] 彼には真偽のほどがはっきりしていない[成功はおぼつかない] / I am ~ *as to* my movements. 今後の行動については何とも言えない / I was ~ *how* to act. どう行動していいか迷った / They always seemed ~ *about what* education should be. 彼らは教育がどうあるべきかということについて常に迷っているようだった. **b** (動作・態度など)自信のなさそうな, もじもじした (hesitant): An ~ smile passed over her face. かすかなほほえみがちらっと彼女の顔をよぎった. **4** 〈光など〉明滅する, ちらちらする, ゆらめく (fitful, flickering): an ~ light, candle, etc. ~**·ly** *adv.* ~**·ness** *n.*
ùn·cér·tain·ty 〘(*a*1387)〙 — *n.* **1** (はっきりわからずまた予知もできない)不確定(の状態), 不確定, 不確実性, あいまいさ; 不確かさ, 当てにならないこと, 頼りなさ, (特に)変わりやすいこと; 不確実なもの, 当てにならないもの: ~ of temper 気まぐれ / the ~ of life 人生の無常. **2** はっきりした知識のないこと, 確信の持てないこと, 不安, 半信半疑: without any ~ *as to* his fate 運命についての不安の影を少しも見せず / ~ *about* the business outlook 事業の見通しについての不安 / above all ~ 不安の全くない / void for ~ 〘法律〙〈遺言書・証書など〉言辞あいまいのため無効で.
uncértainty prìnciple *n.* [the ~] 〘物理〙 不確定性原理《「例えば電子や原子の位置と運動量とは両方を同時に非常に正確には定め得ない」という量子力学上の原理で, ドイツの物理学者 Heisenberg が確立した; Heisenberg's principle または indeterminacy principle ともいう; この原理を数式的に表わしたものを不確定性関係 (uncertainty relation) という》.
uncértainty relàtion *n.* 〘物理〙 不確定性関係 (⇨ uncertainty principle). 「明のない.
ùn·cer·tíf·i·càt·ed *adj.* 証明書[免許状]がない, 証
ùn·cér·ti·fied *adj.* 保証され(てい)ない.
ùn·cháin *vt.* **1** 鎖から放つ, …の鎖を解く. **2** …の束縛を解く, 解放する (set free).
ùn·chál·lenge·a·ble *adj.* 挑戦ができない; 責任が問えない. **ùn·chál·lenge·a·bly** *adv.*
ùn·chál·lenged *adj.* **1** 問題にされ(てい)ない, 論争され(てい)ない: go ~ 〈陳述などが〉問題にならないで通る. **2** 挑戦され(てい)ない. **3** 〈地位など〉万人に認められ(てい)る, 揺るぎのない: an ~ post / an ~ superstar 押しも押されもせぬ大スター.
ùn·chánc·y 〘(1533) ← UN-[2] + CHANCY (Sc.) fortunate, safe〙 *adj.* 《スコット》 **1** 不運な (unlucky). **2** 危険な (dangerous).
ùn·chánge·a·ble 〘(*c*1340)〙 — *adj.* 変わらない, 不変の, 不易の (immutable): be [remain] ~ of purpose 目的が変わらない[変わらないままでいる]. **ùn·chàng·e·a·bíl·i·ty** *n.* ~**·ness** *n.* **ùn·chánge·a·bly** *adv.* 「のままの.
ùn·chánged 〘ME〙 *adj.* 変化しない, 不変の, もと
ùn·cháng·ing *adj.* 変わらない, 不変の, 常に一定の. ~**·ly** *adv.* ~**·ness** *n.* 「添いのない.
ùn·cháp·er·oned *adj.* 付き添われ(てい)ない, 付き

ùn·chàr·ac·ter·ís·tic *adj.* 特徴のない; 〔…の〕特色を示していない 〔*of*〕: a thesis ~ *of* him 彼らしくない論文. **ùn·chàr·ac·ter·ís·ti·cal·ly** *adv.*
ùn·chárge 〘ME〙 *vt.* 《廃》 **1** …の荷を下ろす (unload). **2** 無罪とする (acquit): ~ the practice そのたくらみを非難しない (Shak., *Hamlet* 4. 7. 68).
ùn·chárged 〘(15C)〙 — *adj.* **1** 荷を積んでいない. **2** 弾丸を込め(てい)ない, 装塡(そうてん)し(てい)ない. **3** 罪を負わされ(てい)ない, 告訴され(てい)ない. **4** 〘電気〙 電荷のない, 充電されていない.
ùn·chár·i·ta·ble 〘(15C)〙 *adj.* **1** 無慈悲な, 情け容赦のない, 厳しい, 過酷な. **2** 慈悲を施さない, けちな. ~**·ness** *n.* **ùn·chár·i·ta·bly** *adv.*
ùn·chárt·ed *adj.* 海図[地図]に印がついていない: 海図[地図]に載ってない[描いてない]; 未知の (unknown): an ~ island 海図にない島, 未知の島.
ùn·chár·tered *adj.* **1** 特許を得(てい)ない, 免許状[認可証]のない (unlicensed). **2** 公認され(てい)ない, 不法な (lawless, irregular).
ùn·chár·y *adj.* **1** 不用心な, 不注意な. **2** 惜しまない, けちけちしない.
ùn·cháste 〘ME〙 — *adj.* **1** 不貞な, 身持ちのよくない, 淫(いん)奔な (incontinent): an ~ woman. **2** 〈趣味・態度など〉みだらな, わいせつな (bawdy): an ~ exhibition. ~**·ly** *adv.* ~**·ness** *n.*
ùn·chás·tened *adj.* 試練を受け(てい)ない.
ùn·chas·tísed 〘ME〙 *adj.* 折檻(せっかん)され(てい)ない, 懲らされ(てい)ない (unpunished). 「continence).
ùn·chás·ti·ty 〘(*c*1395)〙 *n.* 不貞, 不身持, 淫奔 (in-
ùn·chécked 〘(15C)〙 — *adj.* **1** 抑えられ(てい)ない, 抑制され(てい)ない; 〈運動が〉止まらない, 弱らない. **2** 検査[引き合わせ]し(てい)ない, ためされ(てい)ない. **3** 《廃》 否認され(てい)ない.
ùn·chíld *vt.* **1** …から子供らしさを奪う. **2** 《古》 …から子供を奪う.
ùn·chív·al·rous *adj.* 非武士(道)的な, 武士らしくない, 義俠心に欠けている. ~**·ly** *adv.*
ùn·chóke *vt.* …の息詰まり[障害]をなくす.
ùn·chrís·tened 〘ME〙 *adj.* **1** 洗礼を受けていない; キリスト教徒になっていない. **2** 命名され(てい)ない.
ùn·chrís·tian *adj.* **1** キリスト教的精神に反する, 非キリスト教的な; 慈善心のない (uncharitable), 品の悪い (improper, rude), 野蛮な, 未開の (barbarous): an ~ doctrine, feeling, act, etc. **2** キリスト教徒らしくない. **3** 《まれ》 キリスト教に属さない, 異端の, 異教の (heathen). **4** 《口語》 途方もない, 無茶な (outrageous): an ~ price.
ùn·chrís·tian·ìze *vt.* 〈人〉にキリスト教を捨てさせる; 非キリスト教的にする.
ùn·chrís·tian·ly *adj.* = unchristian. — *adv.* キリスト教徒らしくなく.
ùn·chúrch 〘(1620) ← UN-[1] + CHURCH (n.)〙 *vt.* **1** …から教会の地位を奪う. **2** 破門する (excommunicate).
ùn·chúrched 〘← UN-[2] + CHURCH (n.) + -ED〙 *adj.* どの教会にも所属していない: ~ people 教会に属さない人々.
unci *n.* uncus の複数形.
un·ci·a [ʌ́nʃiə | -ʃɪə] 〘□ L ~ 'a twelfth part (of a pound or foot)': cf. inch[1], ounce[1]〙 — *n.* (*pl.* **un·ci·ae** [-ʃiː:]) **1** (古代ローマで)十二分の一; (特に)アンシア (アス (as) の十二分の一に当たる青銅貨). **2** (libra (= pound) の 1/12 である) 1 オンス (ounce); (pes (= foot) の 1/12 である) 1 インチ (inch).
un·cial [ʌ́nʃəl, -siəl | -sɪəl, -sjəl, -ʃɪəl, -ʃəl] 〘(1650) □ L *unciāl-is* of an inch ← *uncia* (↑): ⇨ -al[1]〙 — *adj.* アンシャル(書)体の (cf. cursive). — *n.* **1** アンシャル(書)体《特に, 紀元 4-8 世紀のギリシャ語・ラテン語の写本に用いられた大文字の写字生書体で, 少し円味を帯び, 続け書きになっていないが, 草書体的な部分も見られる》. **2** アンシャル(書)体写本[稿本]. **3** アンシャル(書)体文字. ~**·ly** *adv.*
un·cif·er·ous [ʌnsíf(ə)rəs] 〘← UNC(US) + -IFEROUS〙 *adj.* 〘動物〙 鉤(かぎ)(hook)のある, 有鉤(こう)の, 鉤状構造の.
un·ci·form [ʌ́nsəfɔ̀ːəm | -sɪfɔ̀ːm] 〘(1733) ← NL *unciform-is*: ⇨ uncus, -iform〙 *adj.* 〘解剖〙 鉤(かぎ)形の (hook-shaped). — *n.* 〘解剖〙 (手の)有鉤(こう)骨.
únciform pròcess *n.* 〘解剖〙 **1** (有鉤(こう)骨の)鉤状突起. **2** (篩骨(しこつ)の)鉤状突起.
un·ci·nal [ʌ́nsənḷ | ʌnsáɪ-] *adj.* = uncinate.
un·ci·nar·i·a [ʌ̀nsənέ(ə)riə | -sɪnέərɪə] 〘← NL ~ ← L *uncinus* (↓) + -ARIA[1]〙 — *n.* 〘生物〙 鉤虫(こうちゅう) (hookworm); (特に)アメリカ十二指腸虫 (*Uncinaria* [*Necator*] *americana*).
un·ci·na·ri·a·sis [ʌnsìnəráɪəsɪs, -səs | -sɪs] 〘← NL ~ ← *Uncinaria* hookworms (属名: ← L *uncinus* hook: ⇨ uncinus) + -IASIS〙 *n.* 〘病理〙 鉤(こう)虫症.
un·ci·nate [ʌ́nsənèɪt, -nət, -nɪt | -sɪnət, -nɪt, -nèɪt] 〘(1760) □ L *uncināt-us* ← *uncinus* (↑)〙 — *adj.* **1** 鉤(かぎ)のある (hooked), 先の曲がった. **2** 〘解剖・生物〙 鉤形の (hook-shaped, unciform).
úncinate bóne *n.* 〘解剖〙 = unciform. 「cinate.
un·ci·nat·ed [ʌ́nsənèɪtɪd, -ṭəd | -sɪnèɪt-] *adj.* = un-
úncinate pròcess *n.* **1** 〘動物〙 鉤状(こうじょう)突起. **2** 〘解剖〙 (篩骨(しこつ)の)鉤状突起.
un·ci·nus [ʌnsáɪnəs] 〘← NL ~ ← L *uncīnus* hook ← UNCUS: cog. Gk *ónkinos* hook (← *ónkos* barb (of an arrow))〙 〘気象〙 — *n.* (*pl.* **un·ci·ni** [-naɪ]) 鉤(かぎ)状巻雲. — *adj.* 〈雲が〉鉤状をした.
UNCIO 《略》 United Nations Conference on Inter-

national Organization 国連国際機関会議《国際連合正式成立までの準備会議》.

ùn·cír·cum·cìsed 〘ME〙 ── *adj.* **1** 割礼を受けて(い)ない; ユダヤ人でない, 異邦人の (Gentile). **2 a** 心霊の開かれ(て)い)ない, (精神的)新生にいっていない (unregenerate). **b** 異教の; 異端の (heathen).

ùn·cir·cum·cí·sion *n.* **1** 割礼を受けていないこと, 無割礼. **2** [the ～; 集合的]〘聖書〙異邦人 (Gentiles).

ùn·cir·cum·stán·tial *adj.* 詳細にわたらない, 小事にこだわらない.

ùn·cív·il *adj.* **1** 礼儀をわきまえない, 無礼な, 無作法な, ぞんざいな (rude, impolite): ～ language, manners, etc. **2** 未開の, 野蛮な (savage, barbarian): the ～ state of society. **3** 市民の協調[福祉]に貢献しない. **～·ly** *adv.* **～·ness** *n.*

ùn·cív·i·lìzed *adj.* **1** 未開な, 野蛮な (barbarous, savage): an ～ tribe 未開人種 / ～ manners 野蛮な風習. **2** 〈土地が〉文明から離れた, 人間の手が入っていない, 自然のままの (wild).

ùn·clád 〘(15C)〙 *v.* 《古》unclothe の過去形・過去分詞. ── *adj.* 衣服を着(て)い)ない (unclothed), 裸の.

ùn·cláimed *adj.* (所有者・荷受人から)要求され(てい)ない, 請求者がない: ～ goods.

ùn·clámp *vt.* …の締め具をゆるめる, …のかすがい[留め金]をはずす; 留め金からはずす.

ùn·clár·i·ty *n.* 不透明, 不明確 (obscurity).

ùn·clásp *vt.* **1 a** …の留め金をはずす; 〈留め金などで締めた物を〉はずす: ～ a brooch, box, etc. **b** 〈握り合わせた手などを〉開く: ～ one's hands. **2** 《廃》示す, 見せる (reveal). ── *vi.* 〈握り合わせた手が〉開く; 〈留めた物が〉はずれる, ゆるむ.

ùn·clás·si·cal *adj.* **1** 古典(的)でない, 古典の教えに反する. **2** 〘物理〙ニュートン[古典]物理学では解しえない法則[理論]の, 非古典的な.

ùn·clás·si·fì·a·ble *adj.* 分類できない.

ùn·clás·si·fied *adj.* **1** 分類[区分]していない. **2** 〈データ・書類など〉機密[極秘]扱いでない.

un·cle [ʌ́ŋkl̩] 〘(*c*1300) ☐ AF ～ ＝(O)F *oncle* < L *avunculum* mother's brother, 《原義》little grandfather ← *avus* grandfather＋*-unculus* (dim. suf.) ∞ ME *em(e)* < OE *ēam* mother's brother < Gmc **awunχaimaz* 《原義》he who dwells with the grandfather (G *Oheim*)〙 ── *n.* **1 a** おじ, 伯父, 叔父 (⇨ father 1 a ★). **b** おばの夫, 義理のおじ (cf. uncle-in-law). ★ ラテン語系形容詞: avuncular. **2** 《口語》おじさん《年配の男の人に対する敬意, 親愛を示す; アナウンサー, 米国では黒人の老僕など》: *Uncle* Tom トムじいや / ⇨ Uncle Remus, Uncle Sam / your ～ 《戯言》このおじさん, 私 (cf. YOURS truly). **3** 《俗》質屋 (pawnbroker): go to (my) ～*'s* 質入れする / He has left his watch with his ～. 時計を質に入れた / *Uncle* Three-balls 質屋《玉を三つ並べたものを看板にしていることから》. **4** [U-] ＝Uncle Sam.
Bob's your uncle ⇨ Bob 成句. ***cry* [*say*] *uncle*** 《米》(子供のけんかなどで)降参する, 参ったという (give up) (cf. cry CRAVEN). ***talk to a person like a Dutch uncle*** ⇨ Dutch uncle.
── *vt.* おじさんと呼ぶ[呼び掛ける].

-uncle [ʌ̀ŋkl̩] 〘☐ OF ～ // L *-unclus, -unculum, -uncula*: cf. -ule〙 *suf.* 指小辞: carbuncle.

ùn·cléan 〘OE *unclǣne*: ⇨ un-², clean〙 ── *adj.* **1** よごれた, きたない, 不潔な (dirty, filthy): an ～ shirt. **2** (道徳上)純潔でない, けがらわしい (impure, foul), 不貞な (unchaste), 猥褻(わいせつ)な (obscene). **3** (宗教的儀式上)清くない, 不浄の, けがれた (wicked): ～ meat (宗教的に食べるのを禁じられた)不浄の肉 / ⇨ unclean spirit. **4** 明確さを欠いた, 不明瞭な.
～·ness *n.*

ùn·cléan·ly[1] [-klíːnli | -lɪ] 〘OE *unclǣnlīce*: ⇨ ↑, -ly¹〙 *adv.* 不潔に, きたない仕方で; 猥褻(わいせつ)に.

ùn·cléan·ly[2] [-klénli | -lɪ] 〘OE *unclǣnlić*: ⇨ unclean, -ly²〙 *adj.* **1** 不潔な, きたない. **2** (道徳的に)汚れた, 不貞な (unchaste). **ùn·cléan·li·ness** *n.*

uncléan spírit *n.* 〘聖書〙悪霊 (wicked spirit), 悪魔 (devil) (cf. *Mark* 1: 27).

ùn·cléar 〘ME〙 *adj.* **1** 理解しにくい, 明白でない, 不明瞭な (indistinct), あいまいな (obscure). **2** 不確かな (uncertain), 混乱した. **～·ly** *adv.* **～·ness** *n.*

ùn·cléared *adj.* 〈障害など〉取り除かれ(てい)ない; (特に)木[やぶ]が切り払っていない: ～ land.

úncle-in-làw *n.* (*pl.* **uncles-**) 義理のおじ: **a** おばの夫. **b** 配偶者のおじ.

ùn·clénch 〘ME〙 ── *vt.* 〈固く締められたものを〉押しあける, 押し開く (force open): ～ one's fist, teeth, etc. ── *vi.* 〈固く締まったものが〉ゆるむ, 開く: His fist ～*ed.* 握っていたこぶしが開いた.

Úncle Ré·mus [-ríːməs] *n.* アンクル リーマス《Joel Chandler Harris 作の物語や歌に出てくる米国南部の年老いた黒人の物語り手; 白人の一少年に Brer Rabbit, Brer Fox などの物語を話して聞かせる》.

ùn·clér·i·cal *adj.* **1** 牧師[聖職者]特有のものでない, 俗人の (lay): ～ dress. **2** 牧師らしくない, 聖職者に似合わない: very ～ language まことに聖職者らしからぬ言葉遣い.

Úncle Sám 〘(1813): 《戯言化》← *U.S.* (＝United States)〙 ── *n.* 《米口語》**1** 米国政府. **2** 典型的米国人[民]《政治漫画などでは, 星を並べた模様のシルクハットをかぶり赤と白の縞ズボンをはいたあごひげのある長身の男の姿で表わされる; cf. John Bull》.

úncle·shìp *n.* おじであること, おじの身分.

Úncle Tóm 〘← *Uncle Tom*: 奴隷解放の原動力の一つとなった H. B. Stowe 作の小説 *Uncle Tom's Cabin* (1852) に出てくる黒人奴隷の主人公〙《米口語》── *n.* 白人に屈従的な黒人. ── *vi.* アンクル トム (Uncle Tom) のように振舞う[な行動をする].

Úncle Tóm·ish [-tɑ́mɪʃ | -tɔ́m-] *adj.* アンクル トムのような; 奴隷根性の, 卑劣な (servile, slavish).

Úncle Tóm·ism [-mɪzm̩] 〘⇨ Uncle Tom, -ism〙 ── *n.* アンクルトム主義, アンクルトム的態度《市民権運動において暴力的行動を非難し, 白人に屈辱的に協調する黒人の態度》.

ùn·clímb·a·ble *adj.* 登ることのできない, 登攀(とうはん)不可能な. **～·ness** *n.*

ùn·clínch *v.* ＝unclench.

ùn·clípped 〘ME〙 *adj.* (*also* **ùn·clípt**) 〈毛・髪・枝など〉切られ(てい)ない, つまれ(てい)ない; 〈切符の一端など〉切り取られ(てい)ない.

ùn·clóak *vt.* **1** …の外套を取る. **2** 表わす, 暴く, 暴露する (reveal). ── *vi.* 外套を脱ぐ.

ùn·clóg *vt.* (**un·clogged; -clog·ging**) …から邪魔[障害]を除く, …の煩累(はんるい)を除く: ～ a traffic thoroughfare.

ùn·clóse [-klóuz | -klə́uz] 〘(?*c*1380): ⇨ un-¹, close¹〙 *vt.* **1** 開く, あける (open): ～ a window. **2** 表わす (disclose). ── *vi.* 開く, あく (open).

ùn·clósed 〘(*c*1380): ⇨ un-², closed〙 ── *adj.* **1** 閉ざ(され)ない, あいている, 開いたままの (open): an ～ door. **2** 囲っていない, 閉じ込められていない, 広々とした: an ～ view. **3** 終わらない, 完結し(てい)ない: an ～ argument.

ùn·cló·sured *adj.* 〘英議会〙討論終結を告げ(てい)ない.

ùn·clóthe 〘(*c*1300): ⇨ un-¹, clothe〙 ── *vt.* (**～d,** 《古》**un·clad**) **1 a** 〈人〉から〔衣服を〕脱がせる, 〈人〉の着物を奪う[はぐ], 裸にする (undress)〔*of*〕: ～ a person *of* his dress 人の着物をはぎ取る. **b** …から〔…を〕取り除く (divest)〔*of*〕: ～ one's mind of fear 恐怖心を除く. **2** あらわにする, 打ち明ける (uncover): ～ one's secret thoughts 秘めた思いを打ち明ける.

ùn·clóthed 〘(15C)〙 *adj.* 衣服を着け(てい)ない, 裸の.

ùn·clóud·ed *adj.* **1** 雲のない, 霧のかからない, 晴れた, 澄んだ (clear, bright): the ～ skies. **2** 明るい, 晴れやかな, 明朗な (serene): a life of ～ happiness.

ùn·clúb·ba·ble *adj.* (*also* **ùn·clúb·a·ble**) クラブ員に適さない; 非社交的な (unsociable): an ～ man.

ùn·clútch *vt.* …のかみ合わせを離す, かみ合わせからはずす; (押し)開く (open): ～ one's fist.

ùn·clút·ter *vt.* …の混乱[混雑]をなくす; きれいにする, 整理する.

un·co [ʌ́ŋkou, -kə | -kəu] 〘(*c*1400) 《略》← UNCOUTH〙《スコット》── *adj.* **1** 見慣れない (strange), 不思議な (wonderful); 薄気味悪い (weird): an ～ sight. **2** 注目すべき, 目立つ, 著しい (remarkable). ── *n.* (*pl.* **～s**) **1** 並はずれて珍しい人[もの]. **2** [*pl.*] 珍しい報道, ニュース (news). **3** 見知らぬ人 (stranger). ── *adv.* 非常に, 大いに.

ùn·cóat·ed *adj.* 〈紙など〉コーティング (coating) をし(てい)ない: ～ paper.

ùn·cóck *vt.* **1** (発火しないように)〈銃〉の打金(うちがね)[撃鉄]をそっと下ろす. **2** 〈へりを上に曲げた帽子 (cocked hat)〉のへりを下に下ろす.

ùn·cóf·fin *vt.* 棺から取り出す; 死蔵したものから取り出す.

ùn·cóf·fined *adj.* 棺に入れ(てい)ない, 納棺し(てい)ない.

únco guíd [-gýd, -gíd] 〘《スコット》: ⇨ unco, guid〙 *n.* [the ～; 複数扱い; 通例反語的に] 飛切り上等の人間, 「聖人君子」; (非難の気持で) 厳格な信心家.

ùn·cóil 〘⇨ un-¹, coil¹〙 ── *vt.* 〈巻いた物を〉ほどく, 〈綱・なわなど〉の巻きを解く (unwind): ～ a rope. ── *vi.* 〈巻いた物が〉解ける, 〈巻きが〉ほぐれる, 〈蛇が〉とぐろを解く.

ùn·cóined 〘(15C)〙 ── *adj.* **1** 貨幣に鋳造され(てい)ない: ～ silver. **2** 真正の, ほんものの (genuine, unfeigned): a fellow of ～ constancy 本当に誠実な人 (cf. Shak., *Henry V* 5. 2. 161).

ùn·col·léct·a·ble *adj.* ＝uncollectible.

ùn·col·léct·ed *adj.* **1** 集め(てい)ない, 集中し(てい)ない; 散った (scattered): ～ rays of light 散光. **2** 徴収していない, 未徴収の, 取り立てていない: ～ taxes. **3** 自制を失った, 混乱した (disordered): ～ wits.

ùn·col·léct·i·ble *adj.* **1** 集められない, 収集不可能の: an ～ debt. **2** 収拾のつかない. ── *n.* 収集不可能なもの; こげつき借金.

ùn·cól·ored *adj.* **1** 色をつけ(てい)ない, 彩色[着色]しない, 地色のままの: ～ cloth, paper, etc. **2** 〈話など〉誇張し(てい)ない, ありのままの, 飾らない (plain, unvarnished): an ～ account.

ùn·cómbed *adj.* 櫛(くし)を当て(てい)ない, くしけずらない, もつれた (unkempt, tangled).

ùn·com·bíned *adj.* 結び合わされ(てい)ない, 結合[化合]し(てい)ない, 分離している, 別々になっている.

un·come-at-a·ble [ʌ̀nkʌmǽtəbl̩, -kə-|-tə-] 〘(1694) ← UN-²＋COME-AT-ABLE〙 ── *adj.* 《口語》**1** 近づき難い, 接近しにくい, 寄りつきにくい (inaccessible). **2** 手に入れにくい, 得難い (unattainable).

ùn·cóme·li·ness *n.* 不器量, 醜さ (plainness, ugliness); 不似合い, 不体裁 (unseemliness).

ùn·cóme·ly 〘ME〙 ── *adj.* **1** 美しくない, きれいでない, 不器量な, 醜い (plain, ugly). **2** 不似合いな, 不体裁な (unbecoming); 無作法な (indecent). ── *adv.* 《廃》不適切に, 無作法に (improperly): behave oneself ～ 無作法にふるまう.

ùn·cóm·fort·a·ble *adj.* **1** 心地のよくない, 気持の悪い, 気詰まりな, 不愉快な (unpleasant, uneasy); 着[かぶり, はき, すわり]心地の悪い: an ～ hat, seat, chair, etc. / be ～ in tight boots 窮屈な靴ではき心地が悪い / feel ～ with strangers 見知らぬ人とでは落ち着かない. **2** 困った, やっかいな (awkward): an ～ prospect of increased taxation 増税の苦しい見通し / be in an ～ position 苦しい立場にある. **～·ness** *n.* **ùn·cóm·fort·a·bly** *adv.*

ùn·cóm·fort·ed *adj.* 慰められ(てい)ない.

ùn·cóm·fort·ing *adj.* **1** 慰めを与えない, 慰めにならない: an ～ book, friend, letter, voyage, etc. **2** 不快をもたらす.

ùn·com·mánd·ed 〘(15C)〙 *adj.* 命令[指揮]され(てい)ない; 支配され(てい)ない.

ùn·com·ménd·a·ble *adj.* ほめ難い, 推薦の価値がない.

ùn·com·mér·cial *adj.* **1** 商業に従事しない, 商売に関係[縁]がない, 非商業的な: an ～ nation, broadcasting, undertaking, etc. **2** 商業道徳[精神]に反する. **3** 商業的でない, 非営利的な; 商売にならない, もうけにならない: He is very ～ in his aims. 全然営利を目的としていない.

ùn·com·mís·sioned *adj.* 委任され(てい)ない, 委託され(てい)ない.

ùn·com·mít·ted 〘ME〙 ── *adj.* **1** 行なわ(れてい)ない, 仕遂げない, 未遂の: an ～ crime 未遂罪. **2** 言質[誓言]に縛られ(てい)ない, 義務を負わない〔*to*〕: He is still ～ *to* any definite course of action. まだこれといって決まった行動をする義務に縛られていない. **3** 地位についていない, 中立的な (neutral). **4** 〈法案など〉まだ委員会に付託され(てい)ない: The bill remains ～. 議案はまだ委員付託になってない.

ùn·cóm·mon 〘(1548) ← UN-²＋COMMON〙 ── *adj.* **1** 普通見られない, 滅多にない (unfrequent), 珍しい, まれな (rare): a practice ～ *to* banks 通常銀行では行なわれない慣行. **2** 異常な, 非常な, 非凡な, 途方もない (extraordinary, remarkable): an ～ act of courage, charity, etc. **3** 〈量・程度など〉普通以上の, 異常な: an ～ amount of business. ── *adv.* 《古・方言》珍しく, 異常に, 非常に (uncommonly): ～ good beer / I feel ～ queer. ひどく気分が悪い. **～·ness** *n.*

ùn·cóm·mon·ly *adv.* **1** まれに (rarely): a bird ～ found in England イングランドではまれにしか見られない鳥 / not ～ しばしば. **2** 途方もなく, 非常に, とても (remarkably, very): an ～ cold man 非常に冷淡な人.

ùn·com·mú·ni·ca·ble 〘ME〙 *adj.* ＝incommunicable.

ùn·com·mú·ni·càt·ed *adj.* **1** 知らされ(てい)ない, 伝えられ(てい)ない, 通じられない; 分かち得ない, 共にし得ない. **2** 聖体を授けられ(てい)ない, 聖餐 (Communion) を受け(てい)ない.

ùn·com·mú·ni·cà·tive *adj.* 打ち解けない, 気心の知れない, 話したがらない; 遠慮がちな (reserved), 無口な (taciturn). **～·ly** *adv.* **～·ness** *n.*

ùn·com·pán·ion·a·ble *adj.* 付き合いにくい, 交際しにくい, 愛想のよくない, 親しみにくい (unsociable).

ùn·com·pás·sion·ate *adj.* 同情心のない, 冷酷な, 無慈悲な (hardhearted).

ùn·com·pét·i·tive *adj.* 競争しない, 競争できない.

ùn·com·pláin·ing *adj.* 不平を鳴らさない, 苦情[泣き言]を言わない, 我慢強い (patient). **～·ness** *n.*

ùn·com·pláin·ing·ly *adv.* 不平を鳴らさずに, 苦情を言わずに; 諦めて (resignedly).

ùn·com·plái·sant *adj.* 丁寧でない, 親切でない; 無作法な, 失礼な. **～·ly** *adv.*

ùn·com·plét·ed *adj.* 終わらない, 未完成の, 未完結の.

ùn·com·plí·a·ble *adj.* 従順でない, 素直でない.

ùn·com·plí·ant *adj.* ＝uncompliable.

ùn·cóm·pli·càt·ed *adj.* **1** 他のものが絡んでいない, 込み入っていない; 余病[合併症]のない. **2** 複雑でない; 簡単な (simple): an ～ machine.

ùn·còm·pli·mén·ta·ry *adj.* 礼を欠く, 失礼な, 無作法な (rude, discourteous): an ～ remark.

ùn·com·plý·ing *adj.* (命令などに)応じない, 厳しい, 頑固な, 強硬な (rigid, stiff): an ～ attitude.

ùn·com·póund·ed *adj.* **1** 合成[複合, 化合, 混合]でない (unmixed). **2** 複雑でない, 単純な (simple): an ～ idea.

ùn·còm·pre·hénd·ed *adj.* 理解され(てい)ない: an ～ mystery.

ùn·còm·pre·hénd·ing *adj.* 理解しない. **～·ly** *adv.*

ùn·còm·pre·hén·si·ble 〘ME〙 *adj.* 理解できない, わからない (incomprehensible).

ùn·com·préssed *adj.* 圧縮[短縮]され(てい)ない.

ùn·cóm·pro·mìs·a·ble *adj.* 妥協できない.

ùn·cóm·pro·mìs·ing *adj.* **1** 妥協しない, 折り合わない: an ～ attitude. **2** 一歩も譲らない, 断固たる, 強硬な, 頑固な (inflexible, determined); 厳しい, 厳格な (strict): an ～ revolutionist. **～·ly** *adv.* **～·ness** *n.*

ùn·con·céaled *adj.* 隠さ(れてい)ない; 表立った, あからさまの, 公然の (displayed, open): with ～ curiosity 好奇心をむき出しにして.

ùn·con·céiv·a·ble *adj.* ＝inconceivable.

ùn·con·cérn *n.* 心配しないこと, 無関心, 無頓着 (indifference), 平気, 平然としていること (apathy): with

〜 平然と, 平気で / with an air of 〜 平気を装って.

un·con·cerned [ʌ̀nkənsə́ːnd | -sə́ːnd] *adj.* **1** 心配しない, 気をもまない, 平気な, 落ち着き払っている, のんきな (unworried)〔*about*〕: be 〜 *about* the future 先のことは気にしない. **2** 関係し(てい)ない, 掛かり合いがない, 加担し(てい)ない〔*in, with*〕: be 〜 *in* the conspiracy その謀議に関係がない / 〜 *with* the merits or demerits of the case その場合の長所短所とは関係なく. **3** 関心[興味]を持たない, 無頓着な, 心を煩わされない (indifferent)〔*with, at*〕: be 〜 *with* [*at*] politics 政治に無関心である. **ùn·con·cérn·ed·ness** [-nɪdnɪs, -nəd-, -nd-, -nəs] *n.*

ùn·con·cérn·ed·ly [-nɪdli, -nəd-, -nd-|-lɪ] *adv.* 気をもまずに, くよくよせずに, 平気で; かかわらないで; 無関心で (indifferently).

ùn·con·dí·tion·al *adj.* **1** 無条件の, 無制限の, 絶対的な (absolute): an 〜 surrender [refusal] 無条件降伏[拒絶]. **2** 〘数学〙絶対の. **ùn·con·dì·tion·ál·i·ty** *n.* **〜·ness** *n.*

unconditional convérgence *n.* 〘数学〙無条件収束《級数の項をどのような順序で加えても収束すること; absolute convergence と同じこと》.

ùn·con·dí·tion·al·ly *adv.* 無条件で, 絶対的に (absolutely): surrender 〜 無条件降伏する.

ùn·con·dí·tioned *adj.* **1** 無条件の, 無制限の (unconditional); 絶対の (absolute); 無限の (infinite). **2** 〘哲学〙無制約の; 無条件の. **3** 〘心理〙無条件の, 本能的な, 自然の (natural, innate). **〜·ness** *n.*

unconditioned réflex *n.* 〘生理・心理〙(条件反射に対して)無条件反射《刺激に対する本来的な反射作用; 例えば酸に対する唾液反射; cf. conditioned reflex》.

ùn·cón·fer·ence lìnes *n. pl.* 〘海運〙非海運同盟航路 (cf. conference lines).

ùn·con·féssed *adj.* **1** 白状し(てい)ない, 告白し(てい)ない, (罪に)服さない: an 〜 crime. **2** 〘キリスト教〙懺悔(ざんげ)し(て赦罪を受け)(てい)ない, 告解し(てい)ない: die 〜.

ùn·con·fíned *adj.* **1** 縛られ(てい)ない, ゆるい, 結んでない, 〈髪など〉解かしたままの (loose, free): with one's tresses 〜 ふさふさした髪をだらりと垂れたままで. **2** 制限[拘束]を受け(てい)ない (unrestricted), 自由な (free), 妨げられ(てい)ない (unchecked).

ùn·con·fírmed *adj.* **1** 確かめられ(てい)ない, 証明され(てい)ない, 確証のない: an 〜 rumor. **2** 確認され(てい)ない, 決定していない, 仮の (tentative): an 〜 (letter of) credit 無確認信用状. **3** 〘キリスト教〙按手(あんしゅ)式 (confirmation) を受け(てい)ない, 堅信[堅振]礼を受け(てい)ない. **4** 《廃》知らない, 未経験の (inexperienced).

ùn·con·fórm·a·ble *adj.* **1** 適合しない, 一致しない. **2 a** 順応しない, 従わない. **b** 《古》英国国教会に従わない. **3** 〘地質〙不整合の: 〜 strata 不整合層 (⇨ stratum 挿絵). **ùn·con·fòrm·a·bíl·i·ty** *n.* **ùn·con·fórm·a·bly** *adv.*

ùn·con·fór·mi·ty *n.* **1** 《古》不一致, 不適合 (incongruity). **2** 〘地質〙(地層の)不整合; 不整合面.

un·con·fused [ʌ̀nkənfjúːzd] *adj.* **1** 混雑[混乱]し(てい)ない. **2** 当惑し(てい)ない. **ùn·con·fús·ed·ly** [-zɪdli, -zəd-, -zd-|-lɪ] *adv.*

ùn·con·gé·ni·al *adj.* **1** 気(性)が合わない, 意気が投合し(てい)ない: 〜 friends [host] / in 〜 company 気心の知れない人たちと交わって. **2** 性に合わない, 趣味に適さない, 気に入らない, 嫌いな (distasteful); 〔…に〕合わない, 適さない (unsuitable)〔*to*〕: an 〜 task / Solitude was 〜 *to* her (tastes). 孤独は彼女(の好み)に合わなかった / a climate 〜 *to* health 健康に良くない気候. **ùn·con·gè·ni·ál·i·ty** *n.* **〜·ly** *adv.*

ùn·con·néct·ed *adj.* **1** 連続し(てい)ない, 離れた, 別々の (separate): 〜 lines of railway. **2** 因果関係のない, 脈絡のない, 無関係の: seemingly 〜 events 互いに無関係にみえる出来事. **3** 親類関係のない, 縁故のない, 身寄りのない: a lonely 〜 person 天涯孤独の人. **4** (論理的に)筋の通らない, つじつまの合わない (incoherent); 支離滅裂な, 散漫な (disconnected): an 〜 argument 支離滅裂な議論. **〜·ly** *adv.*

ùn·cón·quer·a·ble *adj.* 征服し難い, 打ち勝ち難い, 克服できない, 制御し難い (indomitable, invincible): an 〜 enemy, will, temper, etc. **〜·ness** *n.* **ùn·cón·quer·a·bly** *adv.*

ùn·cón·quered *adj.* 征服され(てい)ない, 打ち破られ(てい)ない.

ùn·còn·sci·én·tious *adj.* 非良心的な, ふまじめな, 節操のない, 不埒(ふらち)な. **〜·ly** *adv.* **〜·ness** *n.*

ùn·cón·scio·na·ble 〘《1565》← UN-[2] + CONSCIONABLE〙 — *adj.* **1** 良心がない, 非良心的な, 非道な (unscrupulous): an 〜 usurer, subterfuge, etc. **2** 理性に反する, 不条理な, 道理に合わない. **3** 法外な, 途方もない (excessive), とても不当[不正]な, ひどい (outrageous): an 〜 demand 法外[不当]な要求 / an 〜 time 非常に長い時間 / the 〜 height of the building 建物が途方もなく高いこと / 〜 sales practices あくどい商法. **4** 〘法律〙不当な (unfair): an 〜 bargain 不当契約 (cf. catching bargain). **ùn·còn·scio·na·bíl·i·ty** *n.* **〜·ness** *n.* **ùn·cón·scio·na·bly** *adv.*

ùn·cón·scious 〘《1712》← UN-[2] + CONSCIOUS〙 — *adj.* **1** 〔…を〕知らない, 気付かない, 悟らない (unaware)〔*of*〕: be 〜 *of* any danger, one's mistake, one's absurd appearance, etc. **2** 意識[正気]を失った, 意識不明の, 気絶した: After that he was 〜 for several minutes. その後数分間人事不省だった / He still remains in an 〜 condition. まだ意識が戻っていない. **3** 思わず知らず出た, 何気なく(口に)した, うっかり出た; 知らず知らずの, 自覚しない, 無意識の (involuntary): 〜 movements 無意識の運動 / 〜 humor 思わず出たユーモア. **4** 知覚[自覚, 意識]を持たない (nonconscious), 精神[心]のない: 〜 matter. **5** 〘精神分析〙無意識の. — *n.* [the 〜]〘精神分析〙無意識《本人の意識にはのぼらないでしかもその人の意識的行動に影響を与える心理過程》. 「うっかり; 無意識に.

ùn·cón·scious·ly *adv.* 気付かずに; 思わず知らず,

ùn·cón·scious·ness *n.* 無意識(状態); 人事不省.

ùn·cón·se·cràt·ed *adj.* 神に捧げられ(てい)ない, 奉納され(てい)ない; 聖別され(てい)ない.

ùn·con·sént·ing *adj.* 承諾[同意]しない, 同意を保留する, 黙諾を与えない.

ùn·con·síd·ered *adj.* **1** 考慮され(てい)ない, 重んじられ(てい)ない (disregarded); 考慮の価値のない, 無視してよい (negligible), 取るに足らない (inconsiderable). **2** 注意深い反省に基づいていない, 思慮の足りない: a hasty 〜 remark. 「い: 〜 soil.

ùn·con·sól·i·dàt·ed *adj.* 〈土壌が〉層を成していな

ùn·cón·so·nant *adj.* = inconsonant.

ùn·cón·stant 〘《15C》〙 *adj.* 《古》= inconstant.

ùn·con·sti·tú·tion·al *adj.* 憲法に違反する, 憲法違反の, 違憲の: an 〜 law. **〜·ly** *adv.*

ùn·con·sti·tù·tion·ál·i·ty *n.* 憲法違反, 違憲(性).

ùn·con·stráined [ʌ̀nkənstréɪnd] 〘ME〙 — *adj.* **1** 拘束を受け(てい)ない, 強いられ(てい)ない, 自由な. **2** 強制によらない, 随意に行なった, 自由意志による, 自発的な. **3** 〈態度が〉窮屈さのない, まごつかない, 落ち着いた; 自然な (natural), 楽な (easy).

ùn·con·stráin·ed·ly [-nɪdli, -nəd-, -nd-|-lɪ] *adv.* 自由に; 随意に, 自発的に; 落ち着いて. 「意, 自由.

ùn·con·stráint *n.* 束縛を受けないこと, 無拘束; 随

ùn·con·súmed *adj.* 消費され(てい)ない, 消耗され(てい)ない. 「ない.

ùn·cón·sum·màt·ed *adj.* (新婚後)まだ性的交渉の

ùn·con·táin·a·ble *adj.* 包含[包容]できない, 包み切れない; 抑え切れない (irrepressible): 〜 indignation.

ùn·con·tám·i·nàt·ed *adj.* 汚され(てい)ない, 汚点のない, 清らかな (unsullied, pure).

ùn·cón·tem·plàt·ed *adj.* 予想[予期]し(てい)ない.

ùn·con·tést·ed *adj.* **1** 争う者のない, 無競争の (unchallenged): an 〜 election. **2** 議論の余地のない, 明白な (indisputable, evident).

ùn·còn·tra·díct·ed *adj.* 否認され(てい)ない, 反対[反駁]され(てい)ない (undisputed).

ùn·con·tról·la·ble *adj.* 制御できない, 抑制し難い, 手に負えない (ungovernable): 〜 inflation, anger, children, etc. / in 〜 excitement 興奮を抑えきれずに. **〜·ness** *n.* **ùn·con·tról·la·bly** *adv.*

un·con·trolled [ʌ̀nkəntróʊld | -trə́ʊld] *adj.* 抑制され(てい)ない, 自由な (unrestrained). **ùn·con·tról·led·ly** [-lɪdli, -ləd-, -ld-|-lɪ] *adv.*

ùn·còn·tro·vér·sial *adj.* 議論[論争]にならない.

ùn·cón·tro·vèrt·ed *adj.* 反駁[反対]され(てい)ない (undisputed); 議論の余地のない (indisputable).

ùn·cón·tro·vèr·ti·ble *adj.* = incontrovertible. **ùn·cón·tro·vèr·ti·bly** *adv.*

ùn·con·vén·tion·al *adj.* **1** 慣例[慣習]に従わない, 因襲にとらわれない, 非因襲的な: an 〜 artist. **2** 〈態度・服装など〉型にはまらない, 自由な. **〜·ly** *adv.*

ùn·con·vèn·tion·ál·i·ty *n.* **1** 慣例に従わないこと, 因襲的でないこと; (古臭さを脱した)自由さ. **2** 因襲にとらわれない言動.

ùn·con·vérs·a·ble *adj.* 《古》話嫌いの, 不愛想な, 付き合いにくい, 人付きの悪い (unsociable).

ùn·con·vér·sant *adj.* 〔…に〕明るくない, 不案内な〔*with*〕.

ùn·con·vért·ed *adj.* **1** (質・形が)変わらない, 変化し(てい)ない. **2** (正しい教えに)改宗し(てい)ない, まだ異教の徒である; 悔い改め(てい)ない (unregenerate). **3** (説得されて)転向し(てい)ない, 改党し(てい)ない. 「**vért·i·bly** *adv.*

ùn·con·vért·i·ble *adj.* = inconvertible. **ùn·con-**

ùn·con·vínced *adj.* 説得され(てい)ない, 納得しない (unpersuaded); 疑わしい (dubious): She looked 〜. 納得していないふうであった.

ùn·con·vínc·ing *adj.* 納得させない, 信服させない; 疑問のある (implausible). **〜·ly** *adv.* **〜·ness** *n.*

ùn·cóoked *adj.* (火を用いて)料理し(てい)ない, 生の (raw): 〜 food eating 生食.

ùn·cóol *adj.* **1** 冷静でない, 自信のない; 感情的な, やかましい, 激しい. **2** 特定の集団の慣習と合わない. **3** 《俗》不愉快な, 心を乱す (unpleasant, disturbing); 下品な, 無礼な (uncouth, rude). **4** 《俗》〘ジャズ〙クールでない.

ùn·cóoled *adj.* 冷やしていない, 冷房し(てい)ない.

ùn·co·óp·er·a·tive *adj.* 非協力的な. **〜·ly** *adv.*

ùn·co·ór·di·nàt·ed *adj.* 同等[同格]でない; 調整され(てい)ない.

ùn·córd 〘《15C》〙 *vt.* 〈箱など〉のひも[なわ]を解く[ほどく] (unfasten): 〜 a box, trunk, etc.

ùn·cór·dial 〘《15C》〙 *adj.* 心からでない, 不親切な. **〜·ly** *adv.*

ùn·córk *vt.* **1** 〈びんなど〉のコルク[栓]を抜く: 〜 a bottle of wine. **2** 《口語》〈感情など〉にはけ口を与える, 吐露する, 漏らす: 〜 one's feelings.

ùn·córked *adj.* コルク[栓]のしてない.

ùn·cor·réct *vt.* **1** 〘航空・海事〙〈真針路を〉磁針路へ逆修正する. **2** 〈磁針路を〉羅針路へ逆修正する.

ùn·cor·réct·a·ble *adj.* 矯正[修正]不可能の; 回復不可能の, 不治の (irremediable): an 〜 disease 不治の病. **ùn·cor·réct·a·bly** *adv.*

ùn·cor·réct·ed 〘《a1387》〙 — *adj.* **1** 訂正され(てい)ない, 校正され(てい)ない: an 〜 error. **2** 戒められ(てい)ない, 罰され(てい)ない. **3** 矯正され(てい)ない; 調整され(てい)ない: 〜 astigmatism 無矯正乱視 / an 〜 score 未調整の得点.

ùn·cor·rób·o·ràt·ed *adj.* 強められ(てい)ない, 確実にされ(てい)ない, 確定[確証]され(てい)ない (unconfirmed): an 〜 belief, fact, etc. 「ない.

ùn·cor·ród·ed *adj.* 腐食され(てい)ない, さび(てい)

ùn·cor·rúpt·ed 〘ME〙 *adj.* **1** 腐敗し(てい)ない. **2** 堕落し(てい)ない, 買収され(てい)ない, 廉潔な.

ùn·cor·rúpt·i·ble 〘ME〙 *adj.* 《古》腐敗しない; 買収されない (incorruptible): the glory of the 〜 God 朽(く)つることなき神の栄光 (*Rom.* 1:23).

ùn·cór·set·ed *adj.* **1** コルセットをつけ(てい)ない. **2** 制限[制約]され(てい)ない.

ùn·cóunt·a·ble 〘《15C》〙 — *adj.* **1** 数え切れない, 無数の (innumerable, countless). **2** 計り知れない (inestimable). — *n.* 〘文法〙不可算名詞《不定冠詞を付けたり複数形にして用いることのできない名詞; 物質名詞と抽象名詞; Jespersen の用法; cf. countable》.

ùn·cóunt·ed *adj.* **1** 数えられ(てい)ない. **2** 無数の (innumerable): 〜 millions of people.

ùn·cóun·te·nanced *adj.* 他(人)の支持を受け(てい)ない (unsupported), 是認され(てい)ない.

ùn·cóu·ple 〘《?c1300》← UN-[1] + COUPLE (v.): cf. (O)F *découpler*〙 *vt.* **1** 〈犬〉のつないだ革ひもを解く (unleash): 〜 greyhounds. **2** …の連結を解く: 〜 railway trucks. — *vi.* **1** (つないであった革ひもから)犬を放つ. **2** 〈つないであったものが〉離れる.

ùn·cóu·pled 〘ME: ⇨ un-[2], couple〙 *adj.* つないでいない, 連結していない; 離れた (disconnected).

ùn·cóur·te·ous 〘ME〙 *adj.* 礼儀を知らない, 無作法な (discourteous, rude). **〜·ly** *adv.* **〜·ness** *n.*

ùn·cóurt·ly *adj.* **1** 宮廷風に慣れない, 宮廷風でない; 粗野な, 野卑な, 優雅でない, 下品な (unpolished, unrefined). **2** 反宮廷的な: an 〜 faction 反宮廷派.

un·couth [ʌnkúːθ] 〘OE *uncūþ* unknown, strange ← UN-[2] + *cūþ* known ((p.p.) ← *cunnan* to know: ⇨ can[2])〙 — *adj.* **1** 〈人・姿・振舞い・言葉など〉無骨な, ぶざまな, やぼな, 気のきかない, 不器用な, 粗野な, 下品な (awkward, boorish): 〜 rustics, manners, appearance, etc. **2** 《古》**a** 常と異なる, 奇怪な, 異様な (unusual, strange). **b** あまり訪れることのない, 荒れ果てた, 寂しい (wild, desolate): an 〜 forest, mountain, desert, etc. **c** 未知の (unknown), 慣れない, 見慣れない (unfamiliar): an 〜 path, place, etc. **3** 《廃》不思議な (mysterious). **〜·ly** *adv.* **〜·ness** *n.*

ùn·cóv·e·nant·ed *adj.* **1** 契約[誓約]に基づかない[よらない]; 契約に束縛され(てい)ない. **2** 〘神学〙神の約束によらない: the 〜 mercies of God 神約によらない神の恩恵《キリストを知らない者に及ぶ神の救い》.

ùn·cóv·er 〘《a1325》: ⇨ un-[1], cover〙 — *vt.* **1** …のふた[おおい]をとる: 〜 a box, dish of food, etc. **2** …の(体に付けた)おおいを取る, むき出しにする, 裸にする; (敬意を表して)…から帽子[被り物]を脱ぐ, 取る: 〜 the face, feet, head, etc. / 〜 oneself 身に付けた物を脱ぐ; 脱帽する. **3** (隠しているものを取って)見えるようにする, 表わす, 暴露する, 明かす, 打ち明ける (disclose, lay bare): a smile that 〜*ed* one gold tooth 金歯を1本のぞかせた笑い / 〜 one's position [heart] *to* a person 人に自分の立場[心のうち]を明かす / 〜 enough evidence to charge him with tax evasion 彼の脱税を告発できる十分な証拠を暴露する. **4** 〈後方の部隊を〉(展開によって戦線に)露出する; …から援護を取り去る, 無防備のままにしておく. **5** 〈狐などを〉狩り出す (rouse): 〜 a fox. — *vi.* **1** おおいを取る. **2** (敬意を表して)帽子[被り物]を取る, 脱帽する: Everyone 〜*ed* when the Queen appeared.

ùn·cóv·ered 〘《?a1400》: ⇨ un-[2], covered〙 — *adj.* **1** おおわ(れてい)ない, 裸の, 暴露した (bare). **2** 帽子をかぶらない (bareheaded): stand 〜. **3** 遮蔽(しゃへい)のない, 屋根のない; 援護のない (unprotected): The position lies quite 〜. その陣地は全く無防備である. **4** 〈手形など〉担保を入れ(てい)ない: an 〜 note. **5** (社会)保険をつけ(てい)ない; 社会福祉計画に入っていない. 「され(てい)ない.

ùn·cóv·et·ed *adj.* 欲しがられ(てい)ない, 切望[渇望]

ùn·cówl *vt.* **1** …から僧帽を脱ぐ: 〜 one's face, head, etc. **2** …の僧帽[聖職の資格]を奪う: 〜 a monk.

ùn·cre·áte[1] *vt.* …の存在を抹殺する, 絶やす, 絶滅させる (annihilate).

ùn·cre·áte[2] *adj.* 《古》= uncreated.

ùn·cre·át·ed *adj.* **1** まだ創造され(てい)ない, 存在[実在]し(てい)ない. **2** 創造されて存在するのではない, 自存の (self-existent). **〜·ness** *n.* 「い)ない.

ùn·créd·it·ed *adj.* 信用され(てい)ない, 信じられ(て

ùn·críp·pled *adj.* **1** びっこでない, 〈手足が〉不具で

ない． 2 損害[損傷]を受けない；運動[活動]を阻害され(てい)ない：The ships remained ～ by the heavy fire. 船隊は猛火を浴びたが損害はなかった / The business is ～ in spite of the heavy loss incurred. 大損害を被ったが事業には支障がない．

ùn·crít·i·cal *adj.* 1 批評を好まない；批評的でない，無批判的な：an ～ audience / an ～ appreciation, estimate, review, etc. 2 批判力[批評眼]のない：the ～ applause of the uneducated. **～·ly** *adv.*

ùn·crít·i·cìzed *adj.* 批評[批判]を受け(てい)ない．

ùn·crópped *adj.* 1 〈土地が〉作物を作っていない，無収穫の：～ soil. 2 〈作物が〉刈り取られ(てい)ない，取り入れて[収穫して]いない：～ rice. 3 〈髪など〉はさみを入れていない：～ hair.

ùn·cróss *vt.* …の交差を解く：～ one's arms [legs] 腕組[組んだ脚]を解く．

ùn·cróssed *adj.* 1 交差し(てい)ない，(十字に)組み合わさ(れてい)ない． 2 《英》〈小切手が〉線引きでない，横線なしの． 3 妨げられ(てい)ない，邪魔され(てい)ない，反対され(てい)ない． 4 十字架をつけていない．

ùn·crówd·ed *adj.* 込まない，混雑し(てい)ない：an ～ train すいた列車．

ùn·crówn 〖ME〗 *vt.* …の王冠[王位]を奪う，王位から退ける (dethrone)；(競技・コンクールなどで)…の王座を奪う．

ùn·crówned 〖ME〗 ── *adj.* 1 (まだ)王冠をいただかない，まだ戴(たい)冠式をあげ(てい)ない． 2 a 王さながらの権力[地位]を有する：an ～ ruler. b 無冠の：the ～ king of golf ゴルフ界の無冠の帝王．

ùn·crúm·ple *vt.* …のしわを伸ばす．

ùn·crúsh·a·ble *adj.* (押し)つぶされない；しわにならない．

ùn·crýs·tal·lìzed *adj.* 結晶化し(てい)ない；(最終的に)具体化し(てい)ない：an ～ idea.

UNCTAD [ʌ́ŋ(k)tæd] 《略》 United Nations Conference on Trade and Development 国連貿易開発会議．

unc·tion [ʌ́ŋ(k)ʃən] 〖《*a*1387》 *unccioun* ▭ L *unctiō(n-)* an anointing ← *unctus* (p.p.) ← *unguere* to anoint：⇨ unguent, -tion〗 ── *n.* 1 a (聖別のしるしとして)油を注ぐ[塗る]こと，塗油 (cf. anointing, inunction 1). b (医療の目的で)油薬・軟膏(こう)類を塗布[塗擦]すること，油薬[軟膏]塗布，軟膏塗擦法． 2 a 〖カトリック・東方正教会・英国国教会〗塗油(式)；(特に，重病人に聖油を塗る)終油の秘跡(せき)，抹油(まつゆ)(式)：⇨ extreme unction. b (戴(たい)冠式の)塗油式． 3 塗り油，膏薬，軟膏 (ointment, unguent). 4 なだめる物，和らげる物，静める物，嬉しがらせるもの，甘言：Lay not that flattering ～ to your soul. あの嬉しがらせの膏薬をあなたの魂につけてはなりません (Shak., *Hamlet* 3. 4. 145). 5 a 人を感動[感激]させる語調[態度]；(特に)宗教的熱情 (religious fervor)：*Unction* is no longer admired in a preacher. 説教家の熱情的語調はもう受けない / The sermons of today lack ～. 今日の説教は熱がない． b 大げさな熱情ぶり，うわべばかりの熱情，偽りの感動[感激，同情，慇懃(いんぎん)さ(など)]：speak with ～. c (話などの)興味 (relish)；熱中，夢中：an amusing story told with ～ 夢中に語った面白い話．

unc·tu·ous [ʌ́ŋ(k)tʃuəs, -tʃəs | -tjuəs, -tʃu-] 〖《*a*1387》 ▭ ML *unctuōs-us* ← L *unctus* (↑)：⇨ -ous〗 ── *adj.* 1 a 油のような，油質の (greasy, oily). b 油の多い． c (滑石などのように)脂感のある，なめらかな，すべすべした：～ feel なめらかな感触． 2 (誇張した)熱情[感動]を表わした，感動を装った，お世辞たらたらの：an ～ person / in an ～ voice ねこなで声で． 3 a 〈土壌が〉有機物を多く含んだ． b 〈粘土が〉可塑性のある． **unc·tu·os·i·ty** [ʌ̀ŋ(k)tʃuɑ́səti | -tjuɔ́sɪtɪ, -tʃu-, -sɪ-] *n.* **～·ly** *adv.* **～·ness** *n.*

ùn·cúl·ti·va·ble *adj.* 耕作できない；教化できない．

ùn·cúl·ti·vàt·ed *adj.* 1 a 未耕作の，未墾の：～ land. b 〈植物が〉栽培され(てい)ない：an ～ plant. 2 練磨され(てい)ない，(打ち捨てて)顧みられない (neglected)；つちかわれ(てい)ない，はぐくまれ(てい)ない：an ～ art, genius, talent, etc. 3 未開の，教養のない，原始的状態にある (barbarous)：～ races 未開人種．

ùn·cúl·ture *n.* 無教養，無教育．

ùn·cúl·tured *adj.* 1 教養のない，無教育な，粗野な． 2 耕作され(てい)ない，未墾の．

ùn·cúm·bered *adj.* ＝unencumbered.

ùn·cúr·a·ble 〖ME〗 *adj.* ＝incurable.

ùn·cúrb *vt.* 1 〈馬〉から大勒銜(だいろくぐつわ)をはずす：～ a horse. 2 自由にさせる (unloose)：～ one's passions 情熱をほしいままにさらけ出す．

ùn·cúrbed *adj.* 1 〈馬が〉大勒銜(だいろくぐつわ)を付け(てい)ない：an ～ bridle. 2 拘束し(てい)ない，制御し(てい)ない，抑制し(てい)ない (unrestrained)：an ～ passion, ambition, etc.

ùn·cúred *adj.* 1 治療され(てい)ない，救済され(てい)ない，まだ直らない：an ～ wound, patient, etc. 2 〈魚・肉など〉(塩づけ・乾物などにして)保存され(てい)ない：～ meat.

ùn·cú·ri·ous *adj.* ＝incurious.

ùn·cúrl *vt.* 〈巻き毛などを〉伸ばす，〈巻いてあるものを〉まっすぐにする (unroll). ── *vi.* 〈巻き毛などが〉伸びる，まっすぐになる，〈巻き上がった物が〉解ける，ほどける．

ùn·cúrled *adj.* 巻き毛になっていない，伸びている：～ hair.

ùn·cúr·rent *adj.* 1 通用し(てい)ない，流行していない． 2 現在の(もの)ではない．

ùn·cúrsed *adj.* 呪われ(てい)ない．

ùn·cur·táiled *adj.* 切り詰め(てい)ない，省略[短縮]し(てい)ない．

ùn·cúr·tain *vt.* 1 …からカーテンを取り去る，…のとばりを明ける． 2 表わす，暴露する (reveal).

ùn·cúr·tained *adj.* 幕のない，幕を下ろしていない，カーテンのない，さえぎるもののない：an ～ window.

un·cus [ʌ́ŋkəs] 〖← NL ～ ← L 'hook' ← IE *ank-, *ang- to bend：cf. angle²〗 *n.* (*pl.* **un·ci** [ʌ́ŋkaɪ, -kiː, ʌ́nsaɪ]) 〖解剖〗鉤(こう) (hook, claw)；鉤状回．

ùn·cúsh·ioned *adj.* しとねのない，クッションを敷かない，詰物をし(てい)ない．

ùn·cús·tom·àr·y *adj.* 慣習[慣例]によらない，慣習的でない，異例の，珍しい (uncommon).

ùn·cús·tomed 〖ME〗 *adj.* 1 関税のかからない；関税を払っていない，税関を通っていない：～ goods. 2 《古》＝unaccustomed. 3 《古》＝unusual.

ùn·cút 〖《15C》〗 ── *adj.* 1 切ら(れてい)ない，まだ切っていない：～ trees. 2 〈ダイヤモンドなど〉カットし(てい)ない，みがか(れてい)ない：an ～ diamond. 3 短縮され(てい)ない，無削除の (unabridged)：an ～ text. 4 《俗》〈麻薬・酒など〉薄め(てい)ない，純粋の (pure). 5 〖製本〗〈本・雑誌の小口が〉アンカットの：a 未開の《製本師によって本・雑誌の小口が截断されていないため折丁の折目が未開の状態；cf. unopened 2》. b 未截(さい)の《再製本師によって余白が截断されていない状態》.

ùn·cýn·i·cal *adj.* 皮肉でない，冷笑的でない． **～·ly** *adv.*

ùn·dám *vt.* (**un·dammed**；**-dam·ming**) 1 …の堰(せき)を切る：～ a river, reservoir. 2 …の障害を除く．

ùn·dám·aged *adj.* 損害[損傷]を受け(てい)ない，いためられ(てい)ない (uninjured, unspoilt)；無傷の，完全な (sound, whole).

un·da ma·ris [ʌ́ndə-mέ(ə)rɪs, -rəs | -méərɪs] 〖← NL ～ 'wave of the sea'〗 ── *n.* 〖音楽〗ウンダマリス《オルガンの音栓 (stop) の一つで，特殊なうなりの効果をもつ；cf. voix céleste》.

ùn·dámped *adj.* 1 湿っていない． 2 意気沮喪(そう)[消沈]し(てい)ない：with ～ ardor 衰えない熱情で． 3 〖音楽〗〈弦・太鼓などが〉弱音器を用いていない． 4 〖電気〗減衰しない，不減衰の．

undámped wáve *n.* 〖通信〗不減衰波．

ùn·dát·ed *adj.* 1 日付けのない：an ～ letter, check, etc. 2 期日[期限]を定め(てい)ない：～ securities.

ùn·dáugh·ter·ly *adj.* 娘らしくない，娘にふさわしくない． **ùn·dáugh·ter·li·ness** *n.*

ùn·dáunt·a·ble *adj.* ひるまない，恐れない (fearless).

ùn·dáunt·ed 〖《15C》〗 ── *adj.* 1 おどかされ(てい)ない；ひるまない：～ by repeated failure 度重なる失敗にくじけないで． 2 恐れない，臆(おく)しない，勇気のある，剛胆な (fearless)：～ courage 剛毅． **～·ly** *adv.* **～·ness** *n.*

ùn·dáz·zled *adj.* 眩惑(げんわく)され(てい)ない，目をくらまされ(てい)ない．

un·dé [ʌ́ndeɪ] 〖《1513》▭ OF ～ (F *ondé*) wave < L *undam*：⇨ water〗 *adj.* 〖紋章〗〈分割線が〉波形の (wavy).

ùn·de·bát·a·ble *adj.* 論じ得ない，議論無用の，議論の余地のない (indisputable)：an ～ fact.

ùn·de·bát·ed *adj.* 論争[討論]され(てい)ない，論議され(てい)ない (undiscussed).

ùn·de·báuched *adj.* 堕落し(てい)ない；放蕩し(てい)ない，純潔な (innocent).

un·dec- [ʌndék, -dés] 〖← L *undec-im* ← ? *unus* 'ONE' + *decem* 'TEN'〗「11 (eleven)」の意の連結形．

un·dec·a·gon [ʌndékəgɑ̀n | -gən] 〖《1728》← UNDEC- + (DEC)AGON〗 *n.* 〖数学〗十一角形，十一辺形．

ùn·de·céiv·a·ble *adj.* だまされることのない：～ common sense.

ùn·de·céive 〖《1598》← UN-¹ + DECEIVE〗 ── *vt.* …の迷夢をさます，(誤りを指摘して)…に真実を悟らせる (disillusion)：～ a person *of* his error 人の誤りを教えてやる / He is certain of success, and I have not the heart to ～ him. 彼はうまくいくと思い込んでいるので彼の夢を破る勇気がない．

ùn·de·céived 〖ME：⇨ un-², deceive〗 *adj.* だまされ(てい)ない，迷わない：～ by false hopes 偽りの希望に迷わず．

un·de·cen·nial [ʌ̀ndɪsénjəl, -niəl | -dɪsénjəl] 〖《1864》← L *undecim* eleven (⇨ undec-)：cf. decennial〗 *adj.* 11 年目ごとに起こる[見られる].

ùn·de·cíd·ed *adj.* 1 まだ決まらない，未決定の：an ～ question 未決問題 / The point is still ～. その点はまだ決まっていない． 2 〈天候が〉定まらない (unsettled). 3 心が定まらない，決心がつかない；決断のない，優柔不断の (irresolute)：He stood ～. 彼は決心がつかなかった / I am ～ *whether to* go or stay. 行こうか行くまいか迷っている / an ～ character 優柔不断な人物． 4 〈形・輪郭が〉はっきりしない，ぼんやりした (vague)：a person of ～ features 人相のはっきりしない人． **～·ness** *n.*

ùn·de·cíd·ed·ly *adv.* 決断がつかずに，優柔不断に (irresolutely).

ùn·de·cil·lion [ʌ̀ndɪsíljən, -də- | -dɪ-] 〖← UNDEC- + (M)ILLION〗 *n.* 《米》10^{36}；《英》10^{66} (⇨ million 表). ── *adj.* undecillion の．

ùn·de·cí·pher·a·ble *adj.* 判読できない，判じ難い (illegible). **ùn·de·cí·pher·a·bly** *adv.*

ùn·de·cí·phered *adj.* 判読され(てい)ない，解けないままの．

ùn·déck *vt.* 《詩》…の飾りを奪う[はぐ].

ùn·décked *adj.* 1 飾りがしていない，装飾がない (unadorned). 2 甲板がない：an ～ rowboat.

ùn·de·cláred *adj.* 1 公言し(てい)ない；〈戦争が〉宣戦布告なしの． 2 〈関税課税品が〉申告し(てい)ない．

ùn·de·clín·a·ble *adj.* 1 拒絶できない：an ～ offer. 2 〖文法〗＝indeclinable. **～·ness** *n.* **ùn·de·clín·a·bly** *adv.*

ùn·de·clíned *adj.* 〖文法〗格変化しない：an ～ noun.

ùn·dè·com·pós·a·ble *adj.* 1 腐らせることのできない． 2 分解[分析]できない．

ùn·dè·com·pósed *adj.* 1 腐らない． 2 分解[分析]し(てい)ない．

ùn·déc·o·ràt·ed *adj.* 装飾し(てい)ない，飾りのない (plain).

un·dec·y·lén·ic ácid [ʌndèsəlénɪk-, -líːn- | -sɪl-] 〖← UNDEC- + -YL + -EN(E) + -IC¹〗 *n.* 〖薬学〗ウンデシレン酸 ($C_{12}H_{20}O_2$)《白癬菌・糸状菌の治療薬》.

ùn·déd·i·càt·ed *adj.* 1 〈教会が〉(守護聖人に)奉献し(てい)ない． 2 〈著書など〉献呈し(てい)ない．

un·dée [ʌ́ndeɪ] *adj.* 〖紋章〗＝undé.

ùn·de·fáced 〖《?*a*1400》〗 *adj.* 〈表面が〉摩滅し(てい)ない．

ùn·de·féat·a·ble *adj.* 打ち破り得ない，難攻不落の (invincible).

ùn·de·féat·ed *adj.* 打ち破られ(てい)ない，負けたことのない，不敗の．

ùn·de·fénd·ed 〖ME〗 ── *adj.* 1 防備のない (defenseless)：an ～ town 無防備都市． 2 (弁論・弁解などによって)守られ(てい)ない，擁護[弁護]され(てい)ない：an ～ act, measure, etc. 3 弁護人のない：an ～ prisoner. 4 抗弁のない：an ～ charge, action at law, etc.

ùn·de·fíled 〖ME〗 *adj.* 汚され(てい)ない；汚れのない，清い，純潔な，純粋な (unpolluted, pure).

ùn·de·fín·a·ble *adj.* ＝indefinable.

ùn·de·fíned *adj.* 1 不確定の，はっきりし(てい)ない，漠然とした (indefinite, vague). 2 定義を下され(てい)ない：an ～ term, concept, etc.

ùn·de·fórmed *adj.* 不具[奇形]でない．

ùn·dé·i·fỳ *vt.* 神でなくする，神として祭る[あがめる]ことをやめる．

ùn·de·láyed 〖《15C》〗 *adj.* 遅れ(てい)ない，即座の (immediate).

ùn·dél·e·gàt·ed *adj.* 代表に任命され(てい)ない，代表派遣でない；委託[委任]され(てい)ない．

ùn·de·lív·er·a·ble *adj.* 〈手紙など〉配達できない．

ùn·de·lív·ered 〖《15C》〗 ── *adj.* 1 釈放[放免]され(てい)ない：an ～ prisoner. 2 引き渡され(てい)ない，配達され(てい)ない，未配達の：～ messages, letters, parcels, etc. 3 口に出さない，述べ(てい)ない：an ～ speech.

ùn·de·mánd·ing *adj.* 1 要求しない，求めない：～ advice. 2 〈仕事など〉厳しくない．

ùn·dèm·o·crát·ic *adj.* 非民主的な，民主的でない． **ùn·dèm·o·crát·i·cal·ly** *adv.*

ùn·de·món·stra·ble *adj.* 論証[証明]できない． **ùn·de·món·stra·bly** *adv.*

ùn·dém·on·stràt·ed *adj.* 論証[証明]され(てい)ない：～ faith.

ùn·de·món·stra·tive *adj.* 感情[意見など]を外部に表わさない，慎しみ深い，内気な (reserved). **～·ly** *adv.* **～·ness** *n.*

ùn·de·ní·a·ble *adj.* 1 否定できない，打ち消し難い，争われない (undisputable)：～ evidence 動かぬ証拠． 2 申し分のない，文句のつけようのない，すばらしい：an ～ masterpiece 非の打ちどころのない傑作． 3 間違いのない，まぎれもない (unmistakable)：an ～ Korean. **～·ness** *n.*

ùn·de·ní·a·bly *adv.* 明白に；間違いなく，まぎれもなく．

ùn·de·níed *adj.* 否定され(てい)ない，打ち消され(てい)ない；反論され(てい)ない．

ùn·de·nòm·i·ná·tion·al *adj.* 特定の宗派の教義に拘束され[属さ]ない，宗派を越えた，非宗派的な：an ～ school, service, etc. **～·ly** *adv.*

ùn·de·nóunced *adj.* 1 非難を受けない，論難され(てい)ない；告発され(てい)ない． 2 〈条約など〉正式に廃棄され(てい)ない．

ùn·de·pénd·a·ble *adj.* 頼りにならない，頼み難い，信頼できない (untrustworthy). **～·ness** *n.* **ùn·de·pénd·a·bly** *adv.*

ùn·de·plóred *adj.* 悲しまれ(てい)ない，嘆かれ(てい)ない，哀悼され(てい)ない．

ùn·de·pósed *adj.* 廃され(てい)ない，退けられ(てい)ない．

ùn·de·práved *adj.* 堕落し(てい)ない，(道徳的に)腐敗し(てい)ない．

ùn·de·pré·ci·àt·ed *adj.* 1 価値を減じない：～ currency. 2 けなされ(てい)ない，〈名声など〉落ちない：an ～ reputation.

ùn·de·préssed *adj.* 1 低下し(てい)ない． 2 力を落とさない，意気消沈し(てい)ない：be ～ by one's losses 損害にもめげない．

ùn·de·príved *adj.* 奪われ(てい)ない，剝(は)奪され(てい)ない．

un·der 〖prep. & adv.：OE ～ 'under, among' < Gmc *unðer (Du. *onder* / G *unter*) < IE *ndhos under (L *inferus* lower & *infrā* below). ── adj.：《*a*1325》 ← (adv.)〗 ── [ʌ́ndə, ˌ ─ | ʌ́ndə(r, ˌ ─] *prep.* 1 a [位置] …の下に (below)，のふもとに (↔ over)：～ a hot sun 熱い太陽の下に / ⇨ *under the* SUN¹ / lie down ～ a tree 木の下に横たわる / strike a person ～ the left eye 人の左の目の下を打つ / a village nestling ～ a hill 丘のふもとにあるこじんまりとした村 / a round merry face ～ a frizzy black hair 縮れた黒髪におおわれた丸い陽気な顔 / a vessel ～ Spanish colors スペインの旗を掲げた船 / a ship ～ all sail すべての帆

を張った船 / He was the greatest rascal ~ the canopy of heaven. 彼はこの世で一番の悪党だった / They live ~ the equator. 赤道直下に住んでいる / He was born ~ a lucky [an ill] star. 幸運[不運]な星の下に生れた / It was wet ~ foot. 足下は湿っていた / The ship sunk ~ him. 彼の乗っていた船が沈んだ / He had his horse shot ~ him. 乗っていた馬を撃たれた / He carried a box ~ his arm. 箱を小脇にかかえていた. **b** …におおわれて, …の下に, 〈島など〉の陰に: ~ the bridge 橋の下に (cf. below the bridge) / ~ the ground 地下に / a green level ~ trees 木陰におおわれた草原 / ~ a wall 塀の下に, 塀の陰に身を避けて / ~ water 水に没して, 浸水して / ~ the waves 波をかぶって / ~ the sod 草葉の陰で / They were living ~ the same roof. 彼らは一つ屋根の下に住んでいた / The ship anchored ~ a small island. 船は小島の陰に停泊した. **c** [運動の動詞と共に] …の下へ: Chance led him ~ an apple tree. たまたま彼はりんごの木の下へ行った / The sailors went ~ the hatches. 水夫たちは甲板の下へ降りて行った. **d** 〈作物〉を植えつけてある: He has a few acres ~ corn [clover]. 数エーカーの土地に小麦[クローバー]を植えている.
2 …の中に, の内側に (within): ~ the bark 樹皮の内側に / ~ the skin 皮下に / She hid her face ~ the bedclothes. ふとんの中に顔を隠した.
3 〈重荷など〉を負って; 〈印象など〉を受けて: We cannot march ~ such a load. そんな重荷を負って前進することはできない / ~ the pressure of …の圧力を受けて / ~ the burden of sorrow [care, debts] 悲しみ[心配, 負債]の重荷を負って / I am ~ the impression *that* he is still in his fifties. 彼はまだ 50 代だと思う / ~ a delusion 思い違いをして / I was ~ a mistake. 私は間違っていた.
4 a 〈手術・試練・拷問・刑罰など〉を受けて, …にゆだねられて (subjected to): ~ an operation, the surgeon's knife, torture, the rack, etc. / ~ the sentence of death, ten years' penal servitude, etc. / ~ chloroform クロロホルム麻酔で / groan ~ tyranny 圧制下に呻(しん)吟する / It is forbidden ~ pain of death. その禁を犯す者は死刑に処せられる. **b** 〈考慮・審査・注目など〉を受けて, …中(ちゅう)で[の]: the road ~ repair 修理中の道路 / the bill now ~ discussion 審議中の法案 / land ~ cultivation [tillage, the plow] 耕地 / His house is ~ construction. 彼の家は建築中だ / The question is ~ examination. その問題は調査中だ / The matter is ~ review. その件は検討中だ / It fell ~ my observation.＝It came ~ my notice. それが私の目にとまった.
5 〈…の支配・監督・影響・保護など〉のもとに, …下に, …を受けて: ~ the authority of the law, foreign influence, etc. / ~ a person's guidance [editorship] 人の指導[監修]の下に / ~ the auspices of …の援助[主催]によって / ~ the paternal roof 親の家に / ~ the reign of Louis XIV ルイ十四世の治世中に / England ~ the Stuarts スチュアート王家治下の英国 / study ~ Dr. Brown ブラウン博士に師事する / the class ~ us 我々の支配する階級 (cf. the class below us 我々より下の階級) / He has six men ~ him. 彼には部下が 6 人いる / I have been ~ the doctor for a week. 1 週間前から医者にかかっている.
6 a 〈法令・規則など〉に従って, によって: I raise the objection ~ Article 5 of the Constitution. 私は憲法第 5 条によってこの異議を申し立てる. **b** 〈署名・捺印(なついん)など〉の保証の下に: a bond ~ one's hand and seal 自分で署名捺印した証書.
7 〈制約・監禁・義務〉の下(もと)に, …に制せられて (bound by): the terms ~ a contract 契約の条件 / ~ a vow of secrecy 秘密厳守を誓って / give evidence ~ oath 宣誓して証言を行なう / The lunatic was put ~ restraint. その精神異常者は監禁された / He was ~ engagement to go. 彼は行く約束をしていた.
8 〈種類・分類など〉に属する (included in), …の項目下で: Spiders, scorpions, and harvestmen are dealt with ~ (the head of) Arachnida. クモ・サソリ・メクラグモなどはクモガタ綱(の項)で取り扱われる / The rest come ~ this class. 残りはこの部類に入る / It is explained ~ 'House.' それは「家」の項目で説明されている / The item can be classified ~ 'music.' その項目は「音楽」の項に分類できる.
9 …の形をとって; 〈偽名など〉に隠れて: ~ the form of a larva 幼虫の形で / ~ a false name 偽名を用いて / ~ the pretense of collecting for charity 慈善募金の美名のもとに / ~ the mask of friendship 友情の仮面をかぶって / ~ an incognito 微行で, お忍びで / He was known ~ the name of Lord Haw-haw. 彼はホーホー卿という名で知られていた.
10 〈事情・条件・状態〉の下(もと)に: ~ such conditions こういう状態の下に / ~ these circumstances こういう事情なので / ~ this reading この読みでは / He died ~ a state of celibacy. 独身で死んだ.
11 (地位が)…に劣る, …より下級の (inferior to): officers ~ a colonel 大佐以下の将校 / She'll never marry ~ a baronet. 従男爵以下の人とは結婚しない.
12 (年齢・時間・価格・標準・数量などが)…以下の, …未満の (less than): all children ~ 10 years old 10 歳未満のすべての子供 / You cannot reach the place ~ two hours. 2 時間以内にはそこへ着けない / every ship ~ 100 tons 100 トン未満のすべての船 / 20 degrees ~ the freezing point 氷点下 20 度 / sell ~ $100 100 ドル以下で売る / *Under* 50 people were there. そこには 50 人足らずの人がいた / ~ 100 acres in area 面積 100 エーカー以内で / ~ age 丁年未満[未成年]で.
13 〘トランプ〙 …の下手(しもて)に, …の次に.
── [ʌ́ndə | -də(r] *adv.* **1** 下に: A cloth should be spread ~. 下に布切れを敷かなければならない / The number is made up as ~. その数の内訳は次の通り. **2 a** 表面下に, 沈んで: The sun went ~ soon. 太陽は間もなく沈んだ. **b** 水面下に, 水中に: He stayed ~ for two minutes. 2 分間水に潜っていた. **3** (ある数量・大きさなどに対して)それ以下で: All the children were ten years old and ~. すべての子供たちは 10 歳およびそれ以下だった / five dollars or ~ 5 ドルまたはそれ以下. **4** 服従して, 支配されて: bring [get] the fire ~ 火事を消す / keep the body ~ 肉体を抑制する. **5** 圧倒されて, 敗北して; 意識を失って: The party was snowed ~ in the election. その党はその選挙で圧倒的な敗北を喫した / Ether put him ~. 彼はエーテルを嗅いで意識を失った. **6** [前置詞の目的語として名詞的に]: from ~ 下から.
down under ⇨ down under.
── [ʌ́ndə | -də(r] *attrib. adj.* **1** 下の, 下部の (lower) (cf. upper): the ~ jaw [lip] 下あご[唇] / ~ layers 下層. **2** 従属の, 次位の (subordinate): an ~ cook 料理人の助手. **3** 劣っている (inferior), (…より)以下の: It is better to begin with an ~ dose than an over one. 薬は定量以上より定量以下から飲み始める方がよい.

un·der- [ʌ̀ndə, ⌐ ─ | ʌ̀ndə(r, ⌐ ─] 〘↑〙 ── under の意味を表わす連結形 (↔ over-): **1** 動詞および名詞に付いて「下の[に], 下方の[に]」の意: *under*lay, *under*line, *under*shirt. **2** 動詞に付いて「下から」の意: *under*mine, *under*prop. **3** 動詞およびその派生語に付いて「(程度・量・形などが)標準以下の, 不完全に, 不十分に」の意: *under*developed, *under*sized, *under*state(ment), *under*feed. **4** 名詞に付いて「劣る, 下位の, 従属の」の意: *under*graduate, *under*agent.

ùnder·achíeve *vi.* 知能テストの成績から期待される水準よりも低い学業成績を収める. **~·ment** *n.*

ùnder·achíever *n.* 知能テストの成績から期待される水準以下の成績の学生, 成績不良生.

ùnder·áct *vt.* **1** 十分な熱をもって演じない, …の演じ方が足らない; 役負けして演じる (underplay). **2** (ことさらに)控え目に演じる. ── *vi.* 控え目な演じ方をする.

ùnder·áction *n.* **1** 劇の本筋に付随した脇筋; エピソード (episode). **2** 普通以下の[不十分な]働き.

ùnder·actívity *n.* 低水準の活動.

ùnder·áge[1] 〘← UNDER (prep.)＋AGE (n.)〙 *adj.* 必要な年齢に達しない, 未成熟の (immature); (特に)法定の年齢に達しない, 未成年の. 「不足 (shortage).

un·der·age[2] [ʌ́ndərɪdʒ] 〘← UNDER (adv.)＋-AGE〙 *n.*

únder·àgent *n.* 下代理人, 副代理人.

ùnder·appréciated *adj.* 正しく評価[判断]され(てい)ない, 低く評価された.

under·arm [⌐ ─ ⌐] *adj.* **1** 腕[腋(わき)]の下の: an ~ handbag. **2** 下手(しもて)の, 下手投げの (underhand): an ~ pass in basketball. ── [⌐ ─ ⌐] *adv.* 下手で, 下手投げで (underhand). ── [⌐ ─ ⌐] *n.* **1** 腋の下, 腋窩(えきか) (armpit). **2** (衣服の)腕の下(からウエストラインまで)の部分.

ùnder·ármed *adj.* 十分な武装をし(てい)ない, 武器が不足している, 武装不十分な.

ùnder·báke *vt.* 〈パンなどを〉生焼きにする; (太陽で)〈皮膚を〉小麦色に焼く.

únder·bèlly *n.* **1** (動物の)下腹部. **2** 防御手薄な重要地点, 無防備の要地; 一番の弱点: the soft ~ of Europe.

ùnder·bíd *vt.* (**under·bid**; **-bid·ding**) **1** 〈競争入札者〉より安値をつける, より安く入札する. **2** 〘トランプ〙 (ブリッジで, 自分の手に対し)控え目に(実際取れる組 (trick) 数より少な目に)ビッド (bid) する (↔ overbid). ── *n.* **1** より安い入札. **2** 〘トランプ〙 (ブリッジで)控え目なビッド, 内輪な組数の宣言.

ùnder·bídder *n.* **1** 安価入札人, (商品の)安価提供者. **2** (せり売りで)入札に敗れた人, 次位入札者.

únder·bòdice *n.* (ブラウスなどの下に着る婦人用の)胴衣, 胴着.

únder·bòdy *n.* **1** (動物の)下半身 (underparts). **2** 船体の水面下の部分. **3** (車・飛行機の)下部, 下面.

ùnder·bráced *adj.* **1** (仲張具などで)下から補強した: ~ table legs. **2** 十分支え[しんばり]を入れていない: an ~ truss.

ùnder·bréd *adj.* **1** 礼儀作法をわきまえない, しつけのない, 育ちの悪い, 下品な (ill-bred, vulgar). **2** 〈馬・犬など〉純種でない: an ~ dog.

únder·brùsh 《米》 *n.* **1** 下生え, やぶ (undergrowth). **2** 邪魔なかたまり. ── *vt.* …の下生えを刈る. ── *vi.* 下生えを刈る. 「ない.

ùnder·búdgeted *adj.* 十分な予算を提供され(てい)

ùnder·búy *v.* (**under·bought**) ── *vt.* **1** 定価[言い値]より安く買う. **2** 〈競争相手〉より安く買う. **3** 必要量より少なく買う. ── *vi.* 必要量以下の買物をする, 十分に買わない.

ùnder·cápitalize *vt.* 〈企業〉に不十分な資本を供給する, 資本を十分に供給しない. 「の.

ùnder·cápitalized *adj.* (有効な操業には)資本不足

únder·càrriage *n.* **1** (馬車・車両などの)下部構造. **2** (飛行機の)降着装置 (landing gear).

únder·càrt *n.* 《英口語》＝undercarriage 2.

únder·càst *n.* **1** 飛行機の下に広がる雲. **2** 〘鉱山〙 (鉱道・鉱床の下を通る)通風道.

ùnder·cháracterize *vt.* 〈小説・劇など〉の登場人物の肉付けが不足している; 〈音楽〉の主題を十分展開させない: The novel is ~*d*. その小説は登場人物が十分肉付けができていない. **ùnder·characteri·zátion** *n.*

under·charge [⌐ ─ ⌐] *vt.* **1** 〈人など〉に相当代価以下の金額を請求する; 〈ある金額を〉相当代価以下に請求する: an ~*d* account 実際以下に書き上げた計算書 / ~ a person *for* the books sent 発送した書籍に対して(誤って)実際以下の金を請求する. **2 a** 〈銃砲〉に十分に装薬しない: ~ a gun. **b** 〈蓄電池〉に十分充電しない. ── [⌐ ─ ⌐ | ⌐ ─ ⌐, ⌐ ─ ⌐] *n.* 相当以下の請求; 不十分な装薬[充電]. 「級生の.

únder·clàss[1] 〘《逆成》← UNDERCLASSMAN〙 *adj.* 下

únder·clàss[2] 〘《なぞり》? ← Swed. *underklass*〙 *n.* 下層階級, 低所得者階級 (lower class).

ùnder·cláss·man [-mən] 〘(1871) ← UNDER-＋CLASS＋MAN[1]〙 ── *n.* (*pl.* **-men** [-mən, -mèn]) 《米》(大学・高等学校の)下級生 (1 年生 (freshman) または 2 年生 (sophomore); cf. upperclassman).

únder·clày *n.* 〘鉱山〙 炭層下の粘土床. 「員].

únder·clèrk 〘(1393)〙 *n.* 事務官補; 見習い店員[社

ùnderclérk·shìp *n.* underclerk の職[資格, 任期].

únder·clìff *n.* 〘地質〙 副崖(がい) (地すべりまたは墜落した岩石などから生じた二次的な崖(がけ)または段差).

ùnder·clóthed *adj.* 薄着の.

únder·clòthes *n. pl.* 下着, 肌着 (underwear).

únder·clòthing *n.* ＝underwear.

únder·còat *n.* **1** アンダーコート, 下外套. **2** (鳥獣の)下毛: a dog's ~. **3** (自動車などに用いる)タール状のさび止め下塗り; その塗料. **4** 《方言》＝petticoat. ── *vt.* 〈自動車など〉にさび止め下塗りをする.

únder·còating *n.* ＝undercoat 3.

ùnder·cólored *adj.* 着色不足の; 色のよくない.

ùnder·consúmption *n.* 〘経済〙 過少消費.

ùnder·cóol *vt.* **1** 〘化学〙 **a** 十分に冷却しない. **b** 過冷却する (supercool). **2** 〘冶金〙 …に過冷を起こさせる.

ùnder·cóver *adj.* 秘密で行なわれている, こっそりなされた, 秘密の (secret); (特に)諜報[スパイ]活動に従事している: an ~ agent スパイ / an ~ scheme 秘密の計画.

undercover mán *n.* (容疑者と行動を共にして不法事実をつかむ)諜報員, おとり捜査員; 産業スパイ.

únder·cròft [-krɔ̀(ː)ft, -krɑ̀ft | -krɔ̀ft] 〘(1395) ← UNDER-＋(廃) *croft* vault (⊏ L *crupta, crypta*: ⇨crypt)〙 ── *n.* 地下室; (特に, 教会などの)アーチ型天井 (vault) をもつ地下室 (crypt).

únder·cròssing 〘← UNDER-＋CROSSING〙 *n.* ＝underpass 2.

únder·cùrrent 〘(1683)〙 ── *n.* **1** (上層の水流・気流の下を流れる)暗流, 底流, 暗潮, 下層流, 潜流. **2** (表面に現われない感情・意見などの)底流, 暗流: There was a vague ~ of constraint between them. 二人の間には漠然とした気兼ねがあった. **3** 〘電気〙 不足電流. **4** [*pl.*] 〘鉱山〙 (細かい金の粒子を含む水を流して金を沈澱させるのに用いる)幅の広い樋(とい)[ふるい]. ── *adj.* 底を流れる, 底流の; 隠れた, 秘密の.

ùnder·cút *v.* (~; **-cut·ting**) ── *vt.* **1** …の下を[を下から]切り取る[切り落とす]; 〈彫刻など〉の下をくり抜く: ~ a stratum of rock 岩石層の下をえぐる / a molding deeply ~ 深くくり抜いた塑造物. **2** 〈価格を〉(競争者より)下げる; 〈競争者〉よりも低賃金で働く[安く売る]: ~ prices 値段を(競争者より)下げる / ~ a rival 商売相手より安売りする. **3** …の地位[効力, 衝撃など]を弱める[なくす]: ~ an argument with wit 議論を機知で和らげる. **4** 《米》 (伐採木)の根元に斜めに切り込みを入れる, 受口を入れる (cf. *n.* 3). **5** 〘ゴルフ〙 (遠くへ飛ばないように)〈ボールを〉上向きに打ち上げる. **6** 〘テニス〙 アンダーハンドで〈ボールを〉カットする. ── *vi.* **1** 下をくり抜く. **2** 価格を競争者より下げる. **3** 〘ゴルフ〙 ボールを上向きに打ち上げる. **4** 〘テニス〙 ボールをアンダーハンドでカットする. ── *adj.* 下を切った, 下をくり抜いた. ── [⌐ ─ ⌐] *n.* **1** 下を切り取る[くり抜く]こと; 下から切り取った[くり抜いた]部分. **2** 《英》＝tenderloin 1. **3** 《米》 (伐採される木の倒れる方向を定めまたはそれが裂けるのを防ぐために)木に切り付ける刻み目, 切込み, 受口. **4** 〘ゴルフ〙 アンダーカット (backspin). **5** 〘ボクシング〙 アンダーカット (下手(したて)からの打上げ打撃). **6** 〘テニス〙 アンダーカット. **7** 〘歯科〙 アンダーカット, 添窩(てんか).

únder·cùtting *n.* 〘鉱山〙 下すかし (鉱体の下部に切り溝を入れて, 鉱石の自重で崩落させたり, 発破を効きやすくするために行なわれる).

únder·dèck tónnage *n.* 〘海事〙 (上)甲板下トン数 (何層も甲板がある時は上甲板を測度甲板というが, この甲板下の船内容積を表わしたトン数; これと上甲板上の所定構造物の積量を加えると総トン数になる).

ùnder·devélop *vt.* **1** 十分に発達[発展]させない. **2** 〈フィルム・乾板を〉現像不足にする: ~ film.

ùnder·devéloped *adj.* **1** 発育不全の, 発達不十分の: an ~ child, mind, etc. **2** 〈国・地域など〉十分に

開発されていない, 低開発の：～ areas / an ～ country [nation] 低開発国 (cf. DEVELOPING country). 3 〘写真〙 現像不足の：an ～ negative.

ùnder·devélopment n. 1 発育不全, 未発達. 2 低開発. 3 〘写真〙 現像不足.

ùnder·dó v. (**under·did**; **-done**) ― vt. 1 普通[必要, 能力]以下にする, 十分にしない. 2 《英》〈肉などを〉なま焼けに焼く, なま煮えに煮る (cf. overdo 3). ― vi. 《廃》普通以下にする, 十分にしない.

únder·dòg 〘《1887》〙 n. 1 (競争などに)負けた[負けそうな]方, 敗者 (↔ top dog). 2 生存競争の劣敗者, 敗残者. 3 社会不正[迫害など]の犠牲者.

ùnder·dóne adj. 1 〈食物が〉なま煮えの. 2 〈ビフテキなど〉なま焼けの, 半焼けの (rare) (cf. well-done).

ùnder·dose [ˋーˊ] vt. …に十分な量を服薬させない：～ a patient / ～ oneself 十分服薬しない. ― [ˋーˊ] n. 不十分な服薬量.

únder·dràft n. 〘金属加工〙 下ぞり《上ロールの回転が下ロールよりも早いため, 圧延されたものが下向きに彎曲する現象; cf. overdraft 4》.

under·drain [ˋーˊ] vt. …に暗渠(きょ)で排水する：～ a meadow. ― [ˊーˋ] n. 暗渠.

únder·dràinage n. (農地の)暗渠(きょ)排水.

ùnder·dráw vt. (**under·drew**; **-drawn**) 1 ＝underline 1. 2 不十分に描く[描写する]. 3 〘建築〙〈屋根・天井〉に下張りをする.

únder·dràwers n. pl. ズボン下, パンツ (underpants).

ùnder·dráwing n. (色を塗る前の)下絵.

ùnder·dréss[1] vi. (場所柄に対して)簡単過ぎる[略式過ぎる]服装をする.

únder·drèss[2] n. アンダードレス《ドレスやスカートの下に着るように組み合わせて作られたもの; 特に, オーバースカートの下に見える飾りのついたペチコート》.

ùnder·éducated adj. 教育の不十分な, 教育不足の.

ùnder·educátion n. 教育の不十分な状態, 教育不足.

ùnder·émphasis n. 強調不足.

ùnder·émphasize vt. …の強調が足りない; 〈色・音・形など〉の調子を十分に強めない.

ùnder·emplóyed adj. 1 不完全就業の. 2 (熟練作業能力があるのに)熟練度や賃金の低い仕事に従事している.

ùnder·emplóyment n. 1 熟練労働者が熟練度や賃金の低い仕事に従事すること. 2 〘労働〙 不完全就業《就業していても仕事の量が操業短縮などのため不十分で, 賃金が生計を支えるには不十分な場合をいう; cf. full employment, unemployment》.

ùnder·és·ti·mate 〘《1812》〙 ― [-mèɪt] vt. 1 安く見積る[値踏みする], 低く評価する, 過小評価する (undervalue, underrate)：～ the cost. 2 軽く見過ぎる, 見くびる：～ the unemployment problem 失業問題を軽視する. ― [-mət, -mɪt | -mət, -mɪt, -mèɪt] n. 安い見積り, 低い評価; 見くびり.

ùnder·estimátion n. ＝underestimate.

ùnder·expóse vt. 1 十分にさらさない. 2 〘写真〙〈乾板・フィルムを〉露光不足にする.

ùnder·expósure n. 〘写真〙 露光不足; 露光不足のフィルム[乾板].

ùnder·féd adj. 食物不十分の, 栄養不良の.

ùnder·féed[1] 〘⇨ under- 3〙 vt. (**under·fed**) 十分に食物を与えない.

únder·fèed[2] 〘⇨ under- 2〙 vt. (**under·fed**) 〈炉など〉に下部から燃料を供給する.

ùnder·fínanced adj. 融資の不十分な, 十分資金の供給を受け(てい)ない.

ùnder·fíred adj. 1 〈陶器など〉焼きが足りない. 2 下から燃される.

únder·flòor adj. 〈暖房が〉床下から来る.

únder·flòw n. ＝undercurrent.

ùnder·fóot 〘《?a1200》: cf. MDu. *ondervoet(e)*〙 ― adv. 1 足の下に[は], 足もとに, 地面に (underneath); 地下に[で] (underground)：It is very damp ～. 足の下はじめじめしている / weeds growing ～ 足もとの雑草 / A mole burrows its way ～. もぐらは地下に穴を掘って進む. 2 踏みつけて, 足下にはいつくばらせて, (奴隷のように)卑しめて：He kept his subjects ～. 臣民たちを足下にはいつくばらせた. 3 邪魔になって：get ～ 足手まといになる. ― *attrib. adj.* 1 足の下にある; 地上の. 2 踏みにじられた, 軽蔑された, 卑屈な (abject, despised). 3 (歩くのに)邪魔になる：clear a path of ～ loose rocks 歩くのに邪魔になる石ころを小道から除く.

únder·fràme n. (車体の)台枠 (chassis).

únder·fùr n. (アザラシ・ビーバーなど毛皮獣の長粗毛 (guard hair) の下にある柔らかな)下毛.

únder·gàrment n. 下着, 肌着.

ùnder·gírd vt. 1 …の下を巻く, …の下で縛る; 下でしっかり安定させる：～ a load 荷の下でロープを縛る. 2 支える (support), 補強する (strengthen)：～ moral principles.

únder·glàze 〘窯業〙 adj. 1 〈下絵付けなど〉釉(ゆう)をかける前に施された, 下絵付けの. 2 下絵付けに向く[用の]：～ colors, pigments, etc. ― n. 下絵具[図柄など] (cf. overglaze).

ùnder·gó 〘OE *undergān*: ⇨ under (adv.), go[1]: cf. G *untergehen*〙 ― vt. (**under·went**; **-gone**) 1 受ける, 経験する, 経る (experience)：～ a rapid change 急激な変化を経る, 急激に変化する / ～ an examination [operation] 試験[手術]を受ける / ～ medical treatment 治療を受ける. 2 …に会う, こうむる (suffer); 耐える, 忍ぶ (endure)：～ trials, pain, danger, etc. 3 《廃》企てる (undertake). **～·er** n.

under·grad [ʌ́ndəgræ̀d | -də-] 〘《1827》《略》↓〙 n. 《口語》＝undergraduate.

ùnder·gráduate 〘《1630》〙 ― n. 1 (まだ学位を取っていない)大学生, (大学院生に対し)学部(在)学生 (cf. postgraduate). 2 訓練のまだ終わっていない人, 見習い者 (novice). ― *attrib. adj.* 1 学部(学生)の：an ～ student / an ～ course. 2 大学生[学部学生]らしい.

undergráduate·shìp n. undergraduate の身分[地位].

un·der·grad·u·ette [ʌ̀ndəgræ̀dʒuét, ˋーーーˊ | -dəgræ̀djuét, -dʒu-] 〘← UNDERGRADUATE＋-ETTE〙 n. 《英》(男女共学の大学の)女子学生 (coed).

under·ground 〘《1571》〙 ― [ˋーˊ] adj. 1 地下の (↔ overground); 地下用の：an ～ cellar 穴蔵, 地下室 / an ～ passage 地下通路 / an ～ nuclear test 地下核実験 / an ～ worker 地下で働く人. 2 潜行的な, 地下の, 秘密の, 隠れた (secret, obscure)：～ traffic in cocaine コカインの秘密取引 / an ～ intrigue 陰謀 / an ～ influence 地下の勢力 / an ～ movement 地下運動. 3 アングラの《地下や, 公けでないところで作られ発表される反体制的・前衛的芸術や出版物にいう; cf. aboveground 3》：the ～ press [newspapers] アングラ新聞 / an ～ church 反体制派教会 / ～ movies アングラ映画. 4 地界に住む. ― [ˋーˊ] adv. 1 地下に[で]：flow ～ 地下に流れる. 2 秘密に, 陰で, 隠れて, こっそり：go ～ 地下に潜る[潜入する]. ― [ˊーˋ] n. 1 地下の空間[通路], 地下道; (天に対して)地界. 2 《英》地下鉄 (《米》subway)：take the ～ to Wimbledon 地下鉄に乗ってウィンブルドンへ行く / travel by ～ 地下鉄で行く. 3 [通例 the ～] 地下組織《潜伏して政府または占領軍に反抗する弾圧された政党または徒党から成る秘密機関》; 地下運動：*the* ～ of France in World War II. 4 アングラ集団[運動].

únder·gròund·er n. 1 地下で働く人; 地下鉄に乗る人. 2 地下組織の党員, 地下運動者.

únderground líne n. 〘電気〙 地下線路, 地中線路《地下ケーブルによる電力または通信線路》.

únderground ráilroad n. 1 ＝underground railway 1. 2 [the ～; しばしば U- R-] 《米》南北戦争以前奴隷を援助して北部地方およびカナダへ逃亡させることを目的とした反奴隷制協同地下組織《Underground Railway ともいう》.

únderground ráilway n. 1 地下鉄. ★《米》では主に subway という. 2 [the U- R-] ＝underground railroad 2.

ùnder·grówn[1] 〘《c1387-95》〙 adj. 発育[成長]不十分な, 伸び足りない (underdeveloped).

ùnder·grówn[2] adj. 下生えの生えた.

únder·gròwth n. 1 下生え, 下草, やぶ (underbrush). 2 (毛皮の)下毛. 3 発育[成長]不十分.

under·hand 〘《1592》← UNDER-＋HAND: cf. OE & ME *underhand* in subjection, in one's possession〙 ― [ˋーˊ] adj. 1 (クリケット・テニスなどで)下手(した)の, 下手投げの, アンダーハンドの (cf. overarm 1, overhand 2, round-arm)：an ～ bowling, service, etc. / an ～ throw [delivery, pitching] 〘野球〙 下手投げ (cf. OVERHAND throw). 2 a 公明正大でない, 陰険な, こそこそした (sly)：an ～ intrigue 陰謀. b 人目を避けてなされた, 秘密の, 内密の (secret, clandestine). ― [ˋーˊ, ˊーˋ] adv. 1 下手(投げ, 打ち)で：bowl ～ / serve ～. 2 秘密に, 内密で (secretly); 不公正に, 陰険に (slyly) (cf. aboveboard). 3 《古》静かに, 目立たずに (quietly).

ùnder·hánded adj. 1 秘密の, 不公正な (underhand, clandestine)：do an ～ thing. 2 人手の足りない, 手不足の (shorthanded). 3 ＝underhand 1. ― adv. ＝underhand. **～·ly** adv. **～·ness** n.

ùnder·húng 〘《1683》〙 ― adj. 1 a 〈下あごが〉上あごよりも突き出た (undershot). b 下あごの突き出た：an ～ face. 2 〈引き戸など〉下受けの, 戸車で動く. 3 ＝underslung.

ùnder·insúrance n. 〘保険〙 一部保険《保険金額が保険価額より少ない保険》.

ùnder·insúred adj. 〘保険〙 保険の付け高が足らない.

ùn·derived adj. 1 他から由来したのでない, 独創の, 独自の (original), 根本的な：～ power, authority, etc. 2 根源までさかのぼらない, 起源[出所]のない.

únder·kill n. 敵を打ち破る戦力[能力]の欠乏.

únder·king 〘OE *undercyning*: cf. G *Unterkönig*〙 n. 副王.

ùnder·láid v. underlay の過去形・過去分詞. ― adj. 1 下に置かれた[横たわる]〔*with*〕：sand ～ *with* clay 粘土(層)の上にある砂(の層). 2 (補強などのために)〔…を〕下地[基盤]にしている〔*with*〕(cf. underlay *vt.* 1).

ùnder·láp v. (**under·lapped**; **-lap·ping**) ― vt. …の下にはみ出して重なる (cf. overlay[1])：One plank slightly ～s the other. 一枚の板が別の板の下に少々はみ出している. ― vi. 下にはみ出して重なる：an ～*ping* plank.

under·lay 〘OE *underlecgan* (cf. Du. *onderleggen* / G *unterlegen*): ⇨ under-, lay[1]〙 ― [ˋーˊ] v. (**under·laid**) ― vt. 1 …の下に〔…を〕敷く; (補強などのために)〔…の〕下地[基盤]にする〔*with*〕：～ the Pacific Ocean *with* a cable 太平洋にケーブルを敷設する / His theory is *underlaid with* patriotism. 彼の理論は愛国心を基盤にしている. 2 〘印刷〙〈活字など〉に裏張りする, 下むらとりする：～ a plate, block, etc. ― vi. 〘鉱山〙〈鉱脈が〉(鉛直線から)傾斜する (hade). ― [ˊーˋ] n. 1 a 下に敷く物. b じゅうたんなどの下敷き《フェルトなど》. c ＝underlayment. 2 底流, 暗流 (undercurrent). 3 〘印刷〙 下張り紙, 裏張り紙《組版などの高低をならすのに用いる紙片・ボール紙など; cf. overlay 5》. 4 〘鉱山〙 垂直傾斜《鉱脈の傾き; 鉛直線からの角度で表わす》.

únder·làyer n. 下層 (substratum).

ùnder·láyment n. (床と粧装タイルなどの間に敷く)中間層用材.

únder·lèad [-lìːd] n. 〘トランプ〙(ブリッジで)下打ち《高位の札を含むスーツ (suit) の中から低い札を出すこと》：opening ～s of aces エースの下からの打出し.

únder·lèase n., vt. 〘法律〙 ＝sublease.

ùnder·lét vt. (～; **-let·ting**) 1 下値で貸す, 安く貸す. 2 又貸しする (sublet).

ùnder·létting n. 1 (家屋・土地などの)廉価賃貸. 2 又貸し.

ùnder·líe 〘OE *underlicgan* (cf. Du. *onderliggen* / G *unterliegen*): ⇨ under-, lie[2]〙 ― vt. (**under·lay**; **-lain**; **-ly·ing**) 1 …の下にある, 下に横たわる：A rock which ～s another is, ordinarily, the older of the two. 重なっている岩床の下の方が通例古い方の岩床である / gravel *underlain* by clay 粘土の上になっている砂利 / A faint note of bitterness *underlay* her words. 彼女の言葉の裏にはかすかなとげがあった. 2 〈主義などが〉〈政策・法規・行為など〉の土台を成す, 基礎となる (support)：the principles which ～ our foreign policy 外交政策の底流をなす根本方針. 3 〘商業〙〈権利・担保などが〉…に優先する (cf. overlie 3)：A first mortgage ～s a second. 第一抵当は第二抵当に優先する. 4 〘言語〙〈派生語〉の語基[語根]となる：The form 'rock' ～s 'rocky.' 'rock' という形が 'rocky' の語根となっている. ― n. 〘鉱山〙 斜坑などに立てられる支柱の中心線と天盤面の法線とのなす角度《underset ともいう》.

under·line 〘《1721》〙 ― [ˋーーˊ, ˋーーˊ | ˋーーˊ] vt. 1 〈語など〉の下に線を引く, アンダーラインを引く, …に下線を施す. 2 強める, 強調する (emphasize); …の重要性を明確にする：～ the importance of cooperation 協力の重要性を強調する. 3 〈劇・出版物など〉を(本広告の下部で)予告する (cf. n. 3)：'Carmen' is ～*d* for next month. カルメンが来月上演と予告されている. ― [ˊーーˋ | ˊーーˋ, ˋーーˊ] n. 1 下線, アンダーライン：Words to be set in italics are indicated by a single ～. イタリックで組む語は一本下線で示してある. 2 ＝caption 2. 3 芝居番付の下部に記した次の出しものの予告. 4 (動物の)下半身の外形.

únder·lìnen n. (リンネルの)肌着, シャツなど.

un·der·ling [ʌ́ndəlɪŋ | -də-] 〘lateOE ～: ⇨ under-, -ling[1]〙 n. 1 [通例軽蔑的に] 下役, 小役, 下回り, 手下 (subordinate). 2 《方言》発育不全の子孫.

únder·lìning n. 衣服に合わせて切った裏地.

únder·líp n. 下唇 (lower lip).

ùnder·lít adj. 照度不足の, 薄暗い：an ～ room.

under·lying [ˋーˊー, ˋーーˊ | ˋーーˊ] adj. 1 下に横たわる, 下層にある：the ～ strata 下層. 2 基礎をなす, 根元的な (basic, fundamental)：an ～ principle 基本的原則. 3 暗黙の, 含蓄的な (implicit)：an ～ meaning. 4 〘商業〙〈担保・権利など〉第一の (cf. overlying)：the ～ mortgage 第一担保, 先位抵当.

únderlying fórm n. 〘言語〙 基本形《接辞 (-ic, -ish, -ly, -y など)が付加されて派生語を造る基幹部; 例えば *girl*ish, *wind*y の girl, wind など; cf. underlying structure》.

únderlying strúcture n. 〘言語〙 基底構造《変形生成文法の用語で深層構造 (deep structure) と同義》.

ùnder·mán vt. (**under·manned**; **-man·ning**) [通例 p.p. 形で]〈船など〉に十分な人員を供給しない[乗り組ませない]：They set sail much ～*ned*. 大変な人員不足の状態で出帆した.

ùnder·mánned adj. 人手[人員, 乗組員]不足の (understaffed, shorthanded).

ùnder·másted adj. 〘海事〙(帆の大きさに比して)マストが不足の[短か過ぎる].

ùnder·méntioned adj. 《英》(本などで)下記の, 後掲の, あとで言う (following) (cf. above-mentioned).

un·der·mine [ʌ̀ndəmáɪn | -də-] 〘《?a1300》《なぞり》? ← MDu. *ondermineren*: ⇨ under-, mine[2]〙 ― vt. 1 …の下を掘る, (特に, 転覆などの目的で)…の下に坑道を掘る：～ a fortress, line of trenches, wall, etc. 2 (浸食作用によって)…の土台を削り去る：The waves are *undermining* the cliffs of the coast. 海岸の絶壁の下部を波が削り取っている / ～ the foundation of …の基礎を危うくする. 3 〈人格・評判などを〉ひそかに害する, 陰険な手段で傷つける. 4 〈健康・勢力など〉を徐々に衰えさせる, 害する (wear away, impair)：Dissipation has ～*d* his health. 遊蕩に耽り彼は健康を害した. **ùn·der·mín·er** n.

únder·mòst 〘← UNDER (adv.)＋-MOST〙 ― *attrib. adj.* 最下の, 最下級[位]の (lowest)：the ～ layer. ― adv. 最下に, 最下級[位]に：put the sheet ～ 一番下にシートを入れる.

un·der·neath [ʌ̀ndəníːθ | -də-] 〘OE *underneoþan*: ⇨ under-, beneath〙 ― prep. 1 …の(真)下に[を,

の]. ★ この意味では beneath よりもはるかに普通に用いられる: sit ~ a tree / the river flowing ~ the bridge 橋の下を流れる川 / He got ~ the skin of his audience. 彼は聴衆の心をつかんだ. **2** …の支配下に, …に隷属して: a man ~ many passions, but above fear 多くの激情には支配されるが恐怖を知らない男. **3** …の形のもとに, …の様子をして: *Underneath* his politeness there is spite. 彼の慇懃(いんぎん)さの下には悪意が隠されている. — *adv.* **1** 下に, 下部に (beneath, below): the river flowing ~. **2** 下面に, 底面に: a house rotten ~ 土台の腐った家. **3** 紙面の下[先]の方に. — *attrib. adj.* **1** 表面下の, 表面に見えない: an ~ meaning. **2** 低いところにある, 下位の, 下側になっている: an ~ room 下の部屋 / the ~ boy of the wrestlers 取っ組み合いをして下になっている方の男の子. **3** 《方言》 秘密の (secret). — *n.* 下部, 下面; 底 (bottom): the ~ of the dish.

ùnder·nóurish *vt.* …に栄養を十分与えない.

ùnder·nóurished *adj.* 栄養不良の.

ùnder·nóurishment *n.* 栄養不良.

ùnder·nutrítion *n.* 栄養不良.

ùnder·óccupied *adj.* **1** 〈部屋・家など〉居住者が十分入っていない, 空き部屋のある. **2** 〈人が〉仕事が十分にない: ~ people.

ùn·de·róg·a·tò·ry *adj.* **1** 品位を傷つけない, 価値を下げない. **2** けなさない, 軽蔑的でない: an ~ comment.

ùnder·páid *adj.* 十分な給料を受け取っていない: ~ workmen 賃金を十分もらっていない労働者.

únder·pàinting *n.* 《絵画》 制作の初期の段階であたりをつけるために描く粗描き.

únder·pànts *n. pl.* 《米》 ズボン下, パンツ (drawers).

únder·pàrt *n.* **1** (物の)下部, (特に, 鳥・獣の)腹側部. **2** 脇役, 副次的役割.

únder·pàss *n.* **1** 低路交差 (cf. overpass). **2** (鉄道または他の道路の下を通る)地下道 《undercrossing ともいう》. — *vt.* 〈交差点〉に低路交差をつける.

ùnder·páy *vt.* (**under·paid**) 〈雇い人など〉に給料を十分に払わない, 十分な賃金を与えない. **ùnder·páyment** *n.*

ùnder·pín *vt.* (**under·pinned**; **-pin·ning**) **1** 〈構造物を〉根継ぎする 《石材・れんが・材木などを土台に加えて支持する》. **2** …の下につっかいをする. **3 a** 応援する, 支持する (support). **b** 実証する, 確証を与える (corroborate, substantiate).

únder·pìnning 〖《15C》 ← UNDER (adj.) + *pinning* ((ger.) ← PIN (v.))〗 — *n.* **1** 根継ぎ; (特に, 壁の下の)土台. **2** [しばしば *pl.*] 応援, 支持 (support). **3** [通例 *pl.*] 《米口語》 足 (legs). **4** [通例 *pl.*] (婦人用の)下着.

únder·pìtch vàult *n.* 《建築》 子持ヴォールト 《径の異なるヴォールトが相貫した構造物; Welsh vault ともいう; ⇨ vault[1] 挿絵》.

under·play [⌐⌐⌐] *v.* — *vi.* **1** 控え目な演技をする; 演技が不足する, 役負けする (underact). **2** 《トランプ》 高い札を持っていながら低い札を出す. — *vt.* **1** 控え目に[あっさりと]演じる; …に役負けする: ~ Hamlet's scene with Gertrude ハムレットのガートルードとの場面を控え目に演じる. **2** 控え目に行なう[扱う]: ~ the makeup 化粧を控え目にする. **3** 《トランプ》 …より低い札を出す (cf. duck[2] 4): ~ his ace. — [⌐⌐⌐] *n.* **1** 控え目な演技. **2** 人目につかない[隠れた]行為[作用].

únder·plòt *n.* **1** (小説・劇などの)脇筋, 挿(そう)話. **2** 秘密の計画, 密計.

ùnder·pópulated *adj.* 人口不足の, 人口過疎の, 人口密度の稀薄な: ~ areas 過疎地帯.

ùnder·populátion *n.* 人口不足, 人口過疎, 人口稀薄 (↔ overpopulation).

ùnder·pówered *adj.* 動力不足の: an ~ truck.

ùnder·pòwer rélay *n.* 《電気》 不足電力継電器.

ùnder·práise *vt.* 十分にほめない, ほめ足りない.

ùnder·príce *vt.* **1** 〈商品〉に標準または公正価格よりも安く価をつける. **2** 〈競争者〉より安く物を売る: ~ a competitor.

ùnder·prívileged *adj.* **1 a** (経済的・社会的地位が低いため)基本的人権を十分に認められていない (cf. unprivileged); (社会的・経済的に恵まれない, 貧しい (poor). **b** [the ~; 名詞的に; 複数扱い] 基本的人権を十分に認められていない人々; 《婉曲》 貧困者. **2** 恵まれない人々[貧困者]の[に関する]: ~ areas.

ùnder·prodúction *n.* 需要以下の生産, 生産不足 (↔ overproduction).

ùnder·prodúctive *adj.* 生産能力の低い: an ~ worker.

ùnder·promótion *n.* 《チェス》 ポーンがクイーン以外に昇格すること.

ùnder·próof *adj.* 〈酒など〉アンダープルーフの 《標準強度のアルコール飲料 (proof spirit) よりアルコール分の少ない; 略 u.p.; cf. proof *n.* 6; ↔ overproof》.

ùnder·próp *vt.* (**under·propped**; **-prop·ping**) **1** …に支柱をかう, 下から支える; …の支柱となる. **2** 支持する, 支える (support): ~ a reputation.

ùnder·quóte *vt.* 〈商品を〉他[市価]より安く売る; 〈競争者〉より安値をつける, より下値を出す.

ùnder·ráte *vt.* 安く[低く]見積もり過ぎる; 過小評価する, 見くびる (underestimate): Don't ~ the abilities of your enemies. 敵の力を見くびるな.

ùnder·reáct *vi.* 反応が鈍い; 対処が十分でない.

ùnder·reáction *n.*

ùnder·réckon *vt.* 少なく勘定し過ぎる, 内輪に数える; 見くびる (underestimate).

ùnder·repórt *vt.* 〈収入などを〉実際より低く申告する.

ùnder·represénted *adj.* 十分に表わ[代表]されていない.

ùnder·rípe *adj.* 未熟の: ~ berries.

ùnder·rúff 《トランプ》 *vt.* (ブリッジで)下切りする 《すでに切られた一巡の場札 (trick) を, さらに低い切札を出して切る; わざと味方の切札をなくす高等戦術の一つで, あまり使われない; cf. overruff, uppercut *n.* 2》. — *n.* (ブリッジの)下切り.

under·run [⌐⌐⌐] *v.* (**under·ran**; **-run**; **-run·ning**) — *vt.* **1** …の下を走る[通る, くぐる]: The ship *underran* the bridge. 船が橋の下を通った. **2** 《海事》 (ボートに乗りロープの下をくぐりながら)〈船外に出ている綱や錨鎖などを〉調べる; 〈綱を〉調べるために綱の下を通る. — *vi.* 底流として流れる. — [⌐⌐⌐] *n.* **1** 下を通る[走る]もの 《潮流・流れなど》. **2** (伐採量など)見積り以下の生産量.

under·score [⌐⌐⌐, ⌐⌐⌐ | ⌐⌐⌐] *vt.* **1** …の下にアンダーラインを引く, 下線を施す (underline). **2** 強める, 強調する. **3** 《映画・演劇》 〈アクション〉に伴奏音楽をつける. — [⌐⌐⌐] *n.* **1** アンダーライン, 下線. **2** 《映画・演劇》 アクション用の伴奏音楽.

under·sea [⌐⌐⌐, ⌐⌐⌐] *adj.* **1** 海中の; 海底の (submarine). **2** 海中[底]用の. — [⌐⌐⌐] *adv.* 海中に[で]; 海底に[で]: photographs taken ~ 海中写真.

ùnder·séas *adv.* = undersea.

ùnder·secretáriat *n.* 次官管轄の部局.

ùnder·sécretary *n.* (省の)次官: a parliamentary ~ 《英》 政務次官 / a permanent ~ 《英》 事務次官. ★ 公式の官名としては 《米》 Under Secretary, 《英》 Under(-)Secretary (of State).

undersécretary·shìp *n.* 次官の職[地位].

ùnder·séll *vt.* (**under·sold**) **1** 〈競争者〉より安値で売る; …より安く売る: ~ one's rivals in trade. **2** 〈実際の価値〉より安く売る. **3** 控え目に宣伝する[訴える]. **~·er** *n.*

únder·sènse *n.* **1** 潜在意識 (subconsciousness). **2** 下に隠れた意味, 底流にある意味.

únder·sèrvant *n.* 下働き, 下回りの女中[召使い].

ùnder·sét[1] 〖《ME》〗 *vt.* (~; **-set·ting**) **1** 〈壁・屋根などを〉石積み[れんが積みなど]で支える. **2** (支えるために)…を下に置く.

únder·sèt[2] 〖⇨ under-, set (*n.* 7 a)〗 *n.* **1** 《海事》 (風または水面の流れと反対に走る)暗流, 下層流 (undercurrent) (cf. undertow 2). **2** 《鉱山》 = underlie.

ùnder·séxed *adj.* 性的欲求[関心]の低い.

únder·shèriff *n.* 《英》 州長官代理; 《米》 郡保安官代理.

únder·shìrt 〖《1648》〗 *n.* 《米》 (アンダー)シャツ.

ùnder·shóot *v.* (**under·shot**) — *vt.* **1** 〈飛行機が〉〈滑走路〉まで到達できない, 〈滑走路〉の手前で着陸する: ~ the runway. **2** 〈的〉の下方[手前]を撃つ; 〈的〉まで達しない. — *vi.* (弾丸・ロケットなどを)的の下方に[的に達しないように]撃つ.

únder·shòrts *n. pl.* 《米》 (男子用)下着のパンツ.

under·shot [⌐⌐⌐] *v.* undershoot の過去形・過去分詞. — [⌐⌐⌐] *adj.* **1** 〈水車が〉下射式の (↔ overshot): ⇨ undershot wheel. **2 a** 上より下が突き出た: an ~ jaw. **b** 〈犬など〉下の門歯[下あご]が上の門歯[上あご]より突き出ている (underhung): an ~ bulldog.

ùndershot whéel *n.* 下掛け水車.

únder·shrùb *n.* 小低木, 亜低木.

únder·sìde *n.* **1** 下側, 裏側, 裏. **2** (通例)見えない面, 裏面; 悪い方の面.

ùnder·sígn *vt.* …の下に署名する, 〈文書・手紙など〉の終わりに記名する.

under·signed [⌐⌐⌐] *adj.* 手紙[文書]の終わりに署名した, 下名の: the ~ members 署名者. — [⌐⌐⌐] *n.* [the ~; 単数または複数扱い] 手紙[文書]の末尾の署名者(たち) (cf. oversigned): I, *the* ~ 署名者(は), 下名, 私儀, 小生.

ùnder·síze *adj.* = undersized.

ùnder·sízed *adj.* 並より小さい, 小形の (dwarfish, stunted).

únder·skìrt *n.* (スカートの下にはく)下スカート; (特に)ペチコート (petticoat).

únder·slèeve *n.* 下そで 《上そでのスリットから見える装飾的な別袖》.

ùnder·slúng *adj.* **1** (自動車のシャシーやスプリングなどのように)下方から取り付けた, 吊り下げ式の (cf. overslung): an ~ frame 車軸下フレーム / an ~ spring 下吊式ばね / ~ suspension 下吊懸架法. **2** 重心が低い, 上より下の方が重い; ずんぐりした (squat). **3** 〈下あごが〉突き出た: an ~ jaw.

únder·sòil *n.* 《土壌》 = subsoil.

únder·sòng *n.* **1** (主旋律に対し)伴奏, リフレインとして歌われる歌, (本歌の)つれ歌. **2** 下に隠れた意味, 底意 (underlying meaning). **3** 《古》 (歌の)折返し, リフレイン (burden, refrain).

ùnder·spárred *adj.* 《海事》 (船の)円材が帆を張るのに不十分な, 円材の小さ過ぎる.

únder·spìn *n.* = backspin.

ùnder·stáffed *adj.* 要員[人員]が足りない (undermanned).

un·der·stand [ʌ̀ndəstǽnd | -də-] 〖OE *understandan*: ⇨ under (adv.), stand (cf. Du. *onderstaan* / G *unterstehen*): cf. G *verstehen* 《原義》 to stand before = OE *forstandan*〗 — *v.* (**un·der·stood** [-stúd], 《古》 **~·ed**) — *vt.* **1** 理解する, 了解する, …がわかる (comprehend); 〈人〉の言うことを理解する: Can you ~ German? ドイツ語がおわかりになりますか / Do you ~ me? 私の言うことがわかりますか / Please ~ me, I absolutely refuse. いいですか, 絶対にお断りです / Now ~ me! おいよく聞きたまえ 《しばしば驚き・警告などを表わす》 / a democratic regime as we ~ it われわれの考える[われわれのいわゆる]民主主義体制 / a tongue not ~*ed of* the people ⇨ tongue 4 a / *Understandest* thou what thou readest? なんじその読むところを悟るか (*Acts* 8:30). **2 a** 〈真意・理由などを〉のみ込む, 会得する; 〈学問・技術など〉に通じている, …に明るい; …のこつ[扱い方]を心得ている: ~ machinery 機械に明るい / ~ children [horses] 子供[馬]の扱い方を心得ている / I do not ~ *why* he came. 彼がなぜ来たのかわからない / I can't ~ his [him] leaving so early. 彼がこんなに早く立つわけがわからない 《★ *doing* の前に him を用いるほうが口語的》 / Did you ~ the point of his remark? 彼の言うことの要点が理解できましたか / Her conduct is hard to ~. 彼女がなぜあんなことをするのか理解に苦しむ. **b** 〈人・人の意向など〉を同情的に理解する, 察知する: Try and ~ my difficulties. 私の困難を察して下さい / ⇨ UNDERSTAND *each other*. **3** [*that*-clause を伴って] 聞いて知っている, 聞き及ぶ (learn): We ~ (*from* an authoritative source) *that* the measure is to be dropped. (確実な筋からの報道によれば)その方策は中止されるとのことである. ★ この構文の主節に相当する部分が挿入的に表わされることがある: He is, I ~, no longer here. 彼はもう当地にいないと聞いている. **4** [*that*-clause, 目的語 + *to do*, 目的語 + *as* 補語などを伴って] (推定して)思う, 推察する, 推測する (assume, infer); (…の意に)解釈する (interpret); 勿論[当然]のことと思う (take for granted): I quite *understood that* expenses were to be paid. 費用は勿論払ってくれるものと思った / Am I to ~ *that* you refuse? いやだと言われるのですか / What do you ~ will happen? どういうことになるとお考えですか / It is *understood* that no one is to leave before five. 5 時前にはだれも帰ってはならぬことになっている / He *understood* the message *to* mean that she was not coming. 彼はそのことづてで彼女は来ないのだろうと解した / She was *understood to* be in favor of the proposal. 彼女はその提案に賛成してくれるものと思われていた / She *understood* my silence *as* refusal. 彼女は私の沈黙を拒絶だとくみ取った / What are we to ~ *from* such contradictory statements? そんな矛盾した陳述からどんな意味をくみ取れというのか / You must ~ the sentence figuratively. その文は比喩的に解釈しなければならない. **5** [しばしば Passive に用いて] 《文法》 心の中で補う (supply mentally), 〈語などを〉補って解釈する, 含める, 省略する: The verb may *be* expressed or *understood*. その動詞は表現しても省略しても(どちらでも)よい / "You" is commonly *understood* before an imperative. 命令法の前では通例 you が省かれる. **6** [~ one*self* で] 《廃》 適切な振舞い方を心得ている. **7** 《廃》 下から支える, 支持する. — *vi.* **1** 理解する, 会得する: You don't ~. 君は(事情が)わかっていないんだ 《★ 後に 'the situation' などが略された *vt.* の独立用法による》 / Does he really ~ *about* women? 彼に本当に女性のことがわかるのだろうか. **2** 物事がわかる, 理解力がある, 知力がある: Do animals ~? 動物にものがわかるか. **3** 同情的に理解する; ものわかりのよい態度を示す: The people listen but will not ~. あの人たちは聞いてはくれるが, わかってくれようとはしない.

give a person to understand that… 〈人〉に…であると知らせる[悟らせる], …と(それとなく[はっきり])告げる (cf. give *vt.* 20 a): I was *given to* ~ *that* I could expect no help from them. 彼らからは援助が望めないということを知らされた. ***make oneself understood*** 自分の言葉[気持]を人にわからせる: Can you *make yourself understood* in English? あなたは英語で用が足せますか. ***understand each other*** 互いに了解し合う, 意志が疎通する; (特に)なれ合う (be in collusion) (cf. *vt.* 2 b).

un·der·stand·a·ble [ʌ̀ndəstǽndəbl | ʌ̀ndə-] 〖《ME》〗 — *adj.* 理解できる, わかる (intelligible): for ~ reasons. **ùn·der·stànd·a·bíl·i·ty** [-dəbíləṭi | -lətɪ, -lɪ-] *n.* **ùn·der·stánd·a·bly** *adv.*

understanded *v.* 《古》 understand の過去形・過去分詞.

ùn·der·stánd·ing 〖lateOE ~ 《なぞり》 ← L *intelligentia* 'INTELLIGENCE': ⇨ understand, -ing[1]〗 — *n.* **1 a** 理解, 了解, 会得 (comprehension), 知識 (knowledge), 識別 (discernment) 〔*of*〕: a clear ~ *of* the issue 問題についてのはっきりした理解. **b** (個人的な)見解 (opinion), 解釈 (interpretation), 推測 (inference) 〔*of*〕: his ~ *of* the event 事件に関する彼の見解[解釈]. **2 a** 理解力, 総合的把握力; 知力, 英知 (intelligence), 判断力 (judgment): an excellent ~ / a phenomenon beyond human ~ 人知をもってしては理解しえない現象 / pass one's ~ 理解を越える. **b** 同情的理解心 (sympathy), 思慮, 分別 (sense): a man of [without] ~ 物わかりのよい[物のわからない]人. **3 a** (相互間の)折り合い, 協調, 和合 (harmony): There isn't much ~ *between* the sisters. その姉妹の間はあまりよく折り合いがついていない. **b** (意見・感情などの)一致 (agreement), 意思疎通, 了解, 黙契; (非公式な)協定, 取決め, 申し合わせ; 非公式な婚約: a tacit ~ 黙契, 黙諾 / We had a good ~ *about* who would do it. だれがそれをするかということについては十分了解をつけていた / He reached an ~ *with* his wife about their divorce. 離婚について妻との折り合いが成り立った. **c** 約定, 条件 (understood condition): *on the ~ that* …という条件で. **4** [*pl.*]《英俗・戯言》 **a** 足 (feet), 脚 (legs): He has a sound pair of ~*s*. 健脚家だ. **b** 靴 (shoes). **5** 〖哲学〗悟性; 知性; (特に, カント哲学で感性・理性と区別される判断能力としての)悟性 (cf. reason *n.* 5 a).

pass all understanding すべての人の思いに過ぐる, 人知ではとうてい計り知ることができない (cf. *Philip.* 4: 7).

— *adj.* **1** 理解力のある, 眼識[良識]のある, 分別のある (discerning, sensible): an ~ man. **2** わかりのよい, 察しのよい, 同情的な (sympathetic): a kindly, ~ woman 心の優しい察しのよい女 / with an ~ smile のみこみのよさそうな笑いを浮かべて. **3** 《古》物知りの (knowing), 利口な (intelligent).
~·ly *adv.* **~·ness** *n.*

ùnder·státe *vt.* (↔ exaggerate) **1** 〈実際の数・量・大きさなど〉より少なく言う: ~ one's income. **2** 控え目に述べる, 内輪に言う.

ùnder·státed *adj.* 控え目に述べられた, 飾りを避けた.

ùnder·státement *n.* 控え目に言うこと, 控え目な言葉[表現] (cf. litotes).

under·steer [ˌ–ˈ–] 〖自動車〗 *n.* アンダステヤ, アンダステヤリング《自動車が旋回運動する時, 前輪の横すべりが後輪のそれより大きく, そのためハンドル角を一定にして加速すると旋回半径が速度と共に増大し, 自動車がカーブの外側にはみ出す現象; cf. oversteer》. — [ˌ–ˈ–] *vi.* アンダステヤである.

under·stock [ˌ–ˈ–] *vt.* 〈農場など〉に十分仕込まない; 〈商店など〉に十分仕入れない. — [ˈ–ˌ–] *n.* **1** 不十分な仕込み[仕入れ], 供給不足. **2** (つぎ木の)つぎ台, 台木.

un·der·stood [ʌ̀ndəstʊ́d|-də-] 〖《1576》〗 — *v.* understand の過去形・過去分詞. — *adj.* 了解ずみの; 暗黙の, 言外に含まれた: an ~ policy 了解ずみの政策 / the ~ meaning of a signal 信号の了解ずみの意味.

únder·stòry *n.* 〖林業〗下層木, 下木; 下層植生.

únder·stràpper 〖《*a*1704》〗 *n.* 下役, 下回り, 手下 (subordinate); 下っぱ(の代理人・役人・雇人など).

únder·stràtum *n.* (*pl.* **~s, -strata**) =substratum.

ùnder·stréngth *adj.* 力不足の; (特に)兵力不足の, 定員に足らない.

únder·strùcture *n.* **1** 基礎(工事), 土台 (base). **2** 《比喩》基礎 (basis), 根底.

únder·stùdy *n.* 代役俳優; 代役. — *vt.* **1** 代役のためにけいこする: ~ Hamlet 代役としてハムレットのけいこをする. **2** …の代役をする: ~ Gilgud in '*Hamlet*'「ハムレット」でギルグッドの代役をする. **3** 〈仕事などを〉見習いで学ぶ, 実習する. — *vi.* 代役のけいこをする.

ùnder·supplý *n.* 供給不足.

únder·sùrface *n.* 下面, 内面 (underside). — *adj.* 表面下の; 水面下の, 地下の, 下に沈んだ (submerged).

un·der·take [ʌ̀ndətéɪk|-də-] 〖《?*c*1200》 *undertake(n)* (⇨ under-, take) ∞ OE *underfōn* (⇨ fang) & *underniman* (⇨ nimble)〗 — *v.* (**un·der·took** [-tʊ́k]; **-tak·en** [-téɪkən]) — *vt.* **1** 引き受ける, …への責任を負う, …の世話役を引き受ける: ~ a responsible post 責任のある職を引き受ける / Who ~*s* you? 君の世話はだれがするのか / The lawyer has ~*n* this case. 弁護士はこの事件を引き受けてくれた. **2** 〈…する〉義務を負う, 約束する (promise), 保証する, 請け合って言う (guarantee) 〈*to do*〉/〈*that*〉: He *undertook to* guide us up and down the hill. 彼は我々を案内してその丘の登り降りをすると約束してくれた / He *undertook that* the candidate should meet all the requirements. 彼はその立候補者がすべての要件をかなえるということを請け合った. **3** …に着手する, 乗り出す, 企てる, 試みる (attempt): ~ a journey 旅行に出かける / Such experiments should be ~*n* with caution. このような実験には慎重に着手しなければならない / He *undertook to* campaign for the presidency. 大統領選挙戦に乗り出した. **4** 《古》(決闘・議論などで)…に挑戦する, 相手として戦う (take on). — *vi.* **1** 《古》〔…の〕証人となる, 保証する〔*for*〕: ~ *for* another, a fact, etc. **2** 《古》〔…を〕引き受ける, 請け合う (pledge)〔*for*〕. **3** 《口語》葬儀を引き受ける, 葬儀屋を営む (cf. undertaker 2).

un·der·tak·er 〖《*c*1395》: ⇨ ↑, -er¹〗 — *n.* **1** [ˈ–ˌ–ˌ–] 引受人, 請負人 (contractor); 企業家 (entrepreneur). **2** [ˈ–ˌ–ˌ–] 葬儀屋 (《米》 mortician). **3** [ˌ–ˈ–ˌ–|ˈ–ˌ–ˌ–] [the Undertakers]《英》 **a** (16 世紀末アイルランドにおける) Desmond 伯爵の没収(1586)地への移住民. **b** (James 一世, Charles 一世, Charles 二世のために)王党議員の当選と議案の通過とを請け合った議員団. **c** (16 世紀末 Lewis with Harris 島への入植を試みた)スコットランド低地地方出身の植民者.

un·der·tak·ing 〖《1375》: ⇨ -ing¹〗 — *n.* **1** [ˈ–ˌ–ˌ–|ˌ–ˈ–ˌ–, ˌ–ˈ–ˌ–] **a** (仕事・責任などを)引き受けること. **b** 引き受けた事, 請け負った仕事; 企業, 事業, 仕事 (enterprise, task): a difficult ~ / a dangerous ~. **2** [ˌ–ˈ–ˌ–] (特に, 法的に要請される)約束, 保証, 請け合い (promise, guarantee): an ~ *to* pay the debt within six months 6 か月以内に負債を支払うという保証 / on the ~ *that* …という約束[条件]で. **3** [ˈ–ˌ–ˌ–] 葬儀取扱い, 葬儀屋業.

ùnder·táx *vt.* …に過少に課税する, 十分に課税しない. — *vi.* 過少課税する. **ùnder·taxátion** *n.*

únder·tènancy *n.* 又借り, 転借 (subtenancy).

únder·tènant *n.* 又借り人, 転借人 (subtenant).

ùnder-the-cóunter *attrib. adj.* 《口語》 **1** 〈品数の少ない商品など〉内証で売られる. **2** 〈取引が〉違法[不法]の (illegal). (cf. *under the* COUNTER¹)

ùnder-the-táble *attrib. adj.* 〈取引が〉内密の, やみの (unlawful).

únder·thìngs *n. pl.* (婦人用の)下着類 (underwear).

únder·thrùst *n.* 〖地質〗逆押しかぶせ断層《下盤が移動した低角の断層; cf. overthrust》.

ùnder·tímed *adj.* 〈写真が〉露出不足の (underexposed).

únder·tìnt *n.* 薄色 (subdued tint).

únder·tòne 〖《1806》〗 — *n.* **1** 低音, 低調, 小声: speak in ~*s* 小声で話す. **2** 背景音響 (background sound); 伴奏音. **3** 潜在的要素[性質], 底流 (undercurrent). **4** 薄色 (undertint); 下地の色で変化した色. **5** 〖証券〗市場の基調. **6** 〖音楽〗下方倍音《基音の下方に存在する倍音; cf. overtone 1》.

undertook *v.* undertake の過去形.

únder·tòw *n.* **1** 引き波《波が岸に向かって打ち寄せるのにその下で沖へ返して流れまたは岸に沿って流れる流れ》. **2** (表面の流れと逆方向に流れる)暗流, 下層流. ★ 海事用語として underset² と同義であるが, 今日大西洋沿岸ではこの語の方が普通に用いられる.

únder·trìck *n.* 〖トランプ〗(コントラクトブリッジで)マイナス組数, ダウン数《宣言者 (declarer) が契約 (contract) しただけの組 (trick) 数を獲得できなかった時, その不足分の組数をいう; cf. overtrick》.

ùnder·trúmp *vt.* 〖トランプ〗=underruff.

ùnder·úsed *adj.* 十分使用され(てい)ない.

ùnder·útilize *vt.* 十分に利用しない. **ùnder·utilizátion** *n.*

ùnder·válue *vt.* **1** 安く…の値を踏む[見積もる], 実価以下に評価する (underestimate); …の価値を低める, 安くする. **2** 見くびる, 軽視する (esteem lightly). **ùnder·valuátion** *n.*

únder·vèst *n.* 《英》=undershirt.

únder·wàist *n.* (ウエスト丈のブラウス等の下に着る)短い下着; (特に, 小児用の他の下着がボタン等で取りつけられるようになった)短い下着.

ùnder·wáter *adj.* **1** 水面下の; 水中用の: an ~ boat 潜水艦 / an ~ gun 水中銃. **2** (船の)喫水線下の: the ~ body. — *adv.* 水面下に, 水中で[に]: stay ~ for two days. — *n.* **1** 水面下の水, 水中. **2** [*pl.*] (海・湖などの)深み, 深淵, 深海.

ùnder·wáy *adj.* 〖海事〗航行中の, 航行状態にある《船舶または水上機が水上にある場合で, 停泊し, 陸岸に係留し, または乗り揚げていない時をいう》.

únder·wèar *n.* [集合的] 肌着, 下着類 (underclothes).

ùnder·wéight *n.* **1** 標準以下の重量, 重量不足. **2** 標準以下の重量の人[物]. — *adj.* 標準[必要]の重量に達しない, 重量不足の.

un·der·whelm [ʌ̀ndə(h)wélm|-də-] 〖← UNDER-+(OVER)WHELM〗 — *vt.* 《戯言》…に興味を起こさせない, 熱狂させない, 白けさせる (cf. overwhelm): ~ one's audiences.

únder·wìng *n.* 〖昆虫〗 **1** (ガなどの)後翅(し) (hindwing). **2 a** シタバガ《ヤガ科 *Catocala* 属のガの総称》. **b** ベニシタバ (*Catocala electa*)《後翅に目立つ縞模様のある種類のガ》. — *adj.* 翼の下にある[生えた]: ~ coverts.

únder·wòod 〖ME〗 *n.* **1** =undergrowth 1. **2** 下生えの群生しているやぶ[茂み].

únder·wòol *n.* (兎などの)短い羊毛状の下毛.

ùnder·wórk¹ *vt.* **1** 〈機械・牛馬などを〉十分に働かせない. **2** …より低賃金で働く: They tried to ~ one another. 互いに(競争的に)他より安い賃金で働こうとした. — *vi.* **1** 十分働かない, 働き足りない, 骨惜しみする (cf. overwork 1): a modern tendency to ~. **2** 低賃金で働く.

únder·wòrk² *n.* **1** 従属的な仕事, 下仕事, 雑務; だれた[いい加減な]仕事. **2** 土台, 基礎工事. **3** 秘密行為, 裏面工作 (underhand work).

únder·wòrld 〖《1608》〗 — *n.* [the ~] **1** 地下, 下界, あの世 (nether world, infernal regions): spirits from *the* ~. **2** 地獄 (hell). **3** 対蹠(せき)地 (antipodes). **4** 社会の最下層, 下層社会, どん底社会; 悪の世界, 暗黒社会: the kings of *the* ~ 暗黒街の王, ギャングの頭目 / an ~ figure 暗黒街の人物. **5** 《古》(天界に対して)この世; 地球 (earth).

un·der·write [ʌ́ndəràɪt, ˌ–ˈ–|-də-] 〖《*c*1430》(なぞり) ← L *subscribere* 'to write under, SUBSCRIBE': cf. OE《まれ》*underwrītan*〗 — *v.* (**un·der·wrote** [ʌ́ndəròut, ˌ–ˈ–|ʌ̀ndərə́ʊt, ˌ–ˈ–]; **-writ·ten** [ʌ́ndərɪtn, ˌ–ˈ–|-də-]) — *vt.* **1** [p.p. 形で用いる以外は《まれ》(cf. underwritten *adj.*)] 下に書く (write below), 下に記名する, 署名する (subscribe). **2** 〈寄付・支払いなどを〉承諾する, 承諾して署名する. **3** …の出費の負担を引き受ける. **4** 〖保険〗〈保険証券 (policy)〉に署名する, (署名して)…の(海上)保険を引き受ける: ~ a ship, cargo, etc. **5** 〖保険〗〈生命・財産を〉保険する (insure), (保険により)〈ある金額まで〉の責任を負う; (保険をかけるため)〈危険〉の選定をする: ~ any kind of risk. **6** 〖証券〗〈証券の募集・売出しを〉引き受ける. — *vi.* **1** (海上)保険業を営む. **2** 下に書く, 署名する.

ún·der·writ·er [-tə|-tə(r)] 〖《1616》〗 — *n.* **1** 保険業者 (insurer); (特に)海上保険業者: an ~ at Lloyd's ロイズ保険業者. **2** 保証人 (guarantor), 支持者 (supporter). **3** 〖証券〗(証券の募集・売出しの)引受人, 証券引受業者.

ún·der·writ·ing [-tɪŋ|-tɪŋ] *n.* **1** 保険業, 海上保険業; 証券引受業. **2** 〖保険医学〗査定.

un·der·writ·ten [ʌ́ndərɪtn, ˌ–ˈ–|-də-] *v.* underwrite の過去分詞. — *adj.* 下に書いた, 署名した: the ~ signature [name] 署名者, 下名.

underwrote *v.* underwrite の過去形.

ùn·de·scénd·ed *adj.* **1** 下がって(い)ない. **2** 〖医学〗〈睾(こう)丸が〉停留[潜在]している《陰嚢(のう)に下がっていないことにいう》: an ~ testis.

ùn·de·scríb·a·ble *adj.* 書き表わせない, 説明[表現]できない, 筆舌に尽くし難い.

ùn·de·scríbed *adj.* 記され(てい)ない, 述べられ(てい)ない, 描写され(てい)ない.

ùn·de·scríed *adj.* 見出だされ(てい)ない, 未発見の.

un·de·served [ʌ̀ndɪzə́ːvd, -də-|-dɪzə́ːvd] 〖《*c*1385》〗 — *adj.* 受けるに値しない, 不相当の, 分外の, 過当の (unmerited): an ~ honor 身に余る光栄 / ~ praise, punishment, etc. **ùn·de·sérv·ed·ly** [-vɪdli, -vəd-, -vd-|-vɪdlɪ, -vəd-] *adv.* **ùn·de·sérv·ed·ness** *n.*

ùn·de·sérv·ing *adj.* **1** (救助などを)受ける価値のない: the ~ rogue. **2** 〔…に〕値しない (unworthy)〔*of*〕: ~ *of* attention, pity, etc.

ùn·de·sérv·ing·ly *adv.* **1** (その)価値がなく, 不相応に (unworthily): ~ honored. **2** 不当に (unjustly): ~ punished.

ùn·dés·ig·nàt·ed *adj.* 指定され(てい)ない, 指名され(てい)ない (unappointed).

un·de·signed [ʌ̀ndɪzáɪnd, -də-|-dɪ-] *adj.* 故意でない, 思わずした, 心にもない, 何気ない, ふとした (unintentional). **ùn·de·sígn·ed·ly** [-nɪdli, -nəd-|-lɪ] *adv.*

ùn·de·síg·ning *adj.* 利己的な気持のない, 何のたくらみ[野心]もない; 誠実な (sincere), 正直な (honest). **~·ly** *adv.* **~·ness** *n.*

ùn·de·sìr·a·bíl·i·ty *n.* 望ましくないこと, 好ましくないこと, 願わしくないこと.

ùn·de·sír·a·ble *adj.* 望ましくない, 好ましくない, いやな, 不快な (unpleasant), 不便な (inconvenient): an ~ person 好ましくない人物 / call at a most ~ moment きわめて都合の悪い時間に訪れる / make an ~ marriage 望みもしない結婚をする. — *n.* 好ましく[望ましく]ない人[物]. **~·ness** *n.*

undesírable díscharge *n.* 〖米軍〗分限免職《不品行・性格上の欠陥などによる除隊》.

ùn·de·sír·a·bly *adv.* 好ましく[望ましく]なく, あいにく.

ùn·de·síred 〖《15C》〗 *adj.* 望まれ(てい)ない, 願われ(てい)ない, 好まれ(てい)ない (unwanted); 求めない, 頼まない (unsolicited): an ~ result.

ùn·de·sír·ous *adj.* 〔…を〕望まない, 好まない, 願わない〔*of*〕.

ùn·de·spáir·ing *adj.* 失望[落胆]しない (undaunted).

ùn·de·stróy·a·ble 〖《15C》〗 *adj.* 破壊することのできない, 不滅の (indestructible).

ùn·de·stróyed 〖《15C》〗 *adj.* 滅ぼされ(てい)ない, 滅んでいない.

ùn·de·tách·a·ble *adj.* 引き離すことのできない, 分離不能の, 不可分の.

ùn·de·táched *adj.* 離れ(てい)ない, 分離し(てい)ない.

ùn·de·téct·ed *adj.* 見付けられ(てい)ない, 看破され(てい)ない.

ùn·de·tér·min·a·ble *adj.* =indeterminable.

ùn·de·tér·mined 〖《15C》〗 — *adj.* **1** 定まらない, 決しない, 決定[確定]し(てい)ない, 未決[未定]の (unsettled): The question still remains ~. その問題はまだ決定を見ていない / The fire was of ~ origin. その火事は火元がはっきりしていなかった. **2** 不決断な, 心の定まらない, 決心のつかない, 優柔不断の (irresolute, vacillating): an ~ character. **3** はっきりしない, ぼんやりした (vague); 目的の決まっていない. **~·ness** *n.*

ùn·de·térred *adj.* 引き止められ(てい)ない, 思い止まらされ(てい)ない, 阻止され(てい)ない.

ùn·de·vél·oped *adj.* **1** 〈心身が〉十分に発達し(てい)ない, 未発達の (immature): an ~ child, muscle, body, mind, character, etc. **2** 〈土地が〉未開発の, 未発展の: an ~ area 未開発地域.

ùn·dé·vi·àt·ing *adj.* 道をはずれない, 本道を離れない; 〈行動・目的・主義など〉わき道にそれない, 迷わない (unswerving). **~·ly** *adv.*

ùn·de·vóut 〖ME〗 *adj.* 不信心な, 敬神の念がない.

ùn·dí·ag·nòsed *adj.* 〖医学〗診断未確定の.

undid *v.* undo の過去形.

un·dies [ʌ́ndiz|-dɪz] 〖《1918》 ← *und-* (《婉曲的略》 ← UNDERWEAR)+-Y²〗 *n. pl.* 《口語》(婦人・子供用)下着類 (underwear).

ùn·dif·fer·én·ti·àt·ed *adj.* **1** 差別を立てられ(てい)ない, 分化し(てい)ない; 等質の (homogeneous), 画一的な (uniform). **2** 〖病理〗未分化の.

ùn·dif·fúsed *adj.* 散乱し(てい)ない, 広がらない, 流布し(てい)ない.

ùn·di·gést·ed *adj.* **1** 消化され(てい)ない, 未消化の. **2** 十分理解され(てい)ない.

ùn·díg·ni·fied *adj.* 威厳をつけられ(てい)ない; 威厳[重み]のない, 品位のない, 威厳にかかわる: in an ~ manner みっともない態度で.

ùn·di·lút·ed *adj.* 薄められ(てい)ない, 希薄にしない,

水を割らない, 生(ᵏ)のままの；純粋な (pure).

ùn·di·mín·ish·a·ble *adj.* 減少できない, 減退し得ない：～ greatness.

ùn·di·mín·ished *adj.* 〈力・質など〉減じ(てい)ない, 衰え(てい)ない, 低下し(てい)ない：～ zeal 益々の情熱.

ùn·dímmed *adj.* 薄暗くされ(てい)ない, ぼんやりしていない, はっきりした (clear), 明るい (bright).

un·dine [ʌndíːn, ←— | ʌ́ndiːn, —⌐, undíːn; G. undíːnə] 〖《1657》□ G *Undine* □ F *ondine* ← NL *undina* ← L *unda* 'wave, WATER'〗 —— *n.* 水の精 (water sprite, nix)《人間と結婚して子を生めば魂を与えられるという女の精; cf. gnome[2] 1, salamander 2 b, sylph 1》.

Un·dine [ʌndíːn, ←— | ʌ́ndiːn, —⌐, undíːn] 〖↑〗 *n.* 女性名.

ùn·dip·lo·mát·ic *adj.* 非外交的な, 外交的手腕のない, 交渉のへたな, 外交辞令のへたな (tactless). **ùn·dìp·lo·mát·i·cal·ly** *adv.*

ùn·di·réct·ed *adj.* **1** 指図のない, 指導者のない：～ zeal, efforts. **2** 宛名のない：an ～ letter.

un·dis·cerned [ʌ̀ndɪsə́ːnd, -dɪz-, -zə́ːnd | -dɪsə́ːnd, -zə́ːnd] *adj.* 見分けられ(てい)ない, 識別[弁別]され(てい)ない, 認知[認識]され(てい)ない (unperceived). **ùn·dis·cérn·ed·ly** [-nɪdli, -nəd- | -lɪ] *adv.*

ùn·dis·cérn·i·ble *adj.* 識別できない, 見分けられない. **ùn·dis·cérn·i·bly** *adv.* **～·ness** *n.*

ùn·dis·cérn·ing *adj.* わきまえのない, 分別のない, わかり[悟り]の悪い, 知覚の鈍い, 感じの鈍い (obtuse). **～·ly** *adv.*

ùn·dis·chárged *adj.* **1** 果たされ(てい)ない, 履行され(てい)ない：an ～ duty. **2** 発射され(てい)ない：an ～ gun. **3** 解除され(てい)ない, 解雇され(てい)ない. **4** 〖法律〗免責[弁済]され(てい)ない：an ～ bankrupt 免責未決済破産者.

ùn·dís·ci·plined 〖ME〗 —— *adj.* **1** 訓練を受け(てい)ない, 修練[仕込み]の足りない, 修養を積んでいない, 未熟な：an ～ mind, character, etc. **2** (軍事)訓練を受け(てい)ない, 軍紀のない：an ～ mob.

ùn·dis·clósed *adj.* 表わされ(てい)ない, 暴かれ(てい)ない, 秘密にされた (undivulged)：an ～ place 某地 / an ～ sum (明らかにされていない)ある金額.

ùn·dis·cóm·fit·ed 〖ME〗 *adj.* 打ち破られ(てい)ない, 打ち負かされ(てい)ない (undefeated).

ùn·dis·con·cért·ed *adj.* 混乱し(てい)ない, 狼狽(ろうばい)させられ(てい)ない；面くらわない, 平然とした.

ùn·dis·cóur·aged *adj.* 力を落としていない, 落胆し(てい)ない, 勇気をくじかれ(てい)ない；平気な.

ùn·dis·cóv·er·a·ble *adj.* 見出し得ない, 発見することができない. **ùn·dis·cóv·er·a·bly** *adv.*

ùn·dis·cóv·ered *adj.* 発見され(てい)ない, 見出され(てい)ない；未知の (unknown).

ùn·dis·crím·i·nàt·ing *adj.* 識別力のない, 見分けのつかない；批評眼[力]のない, 大ざっぱな (uncritical)：an ～ generalization. **～·ly** *adv.*

ùn·dis·cússed 〖ME〗 *adj.* 論じられ(てい)ない, 論証され(てい)ない, 討議され(てい)ない.

un·dis·guised [ʌ̀ndɪsgáɪzd, -dəs- | -dɪs-, -dɪz-] *adj.* **1** 変装[仮装]し(てい)ない, 仮面をかぶらない. **2** あからさまの, むきだしの, 隠さない (open, plain)：with ～ pleasure [reluctance, hatred] いかにも楽しそうに[いやいやながら, 憎々しげに] / He made an ～ attack. 公然と攻撃した.

ùn·dis·guís·ed·ly [-zɪdli, -zəd- | -lɪ] *adv.* **1** 変装せずに, 仮面をかぶらずに. **2** あからさまに, 率直に.

ùn·dis·máyed *adj.* 恐れない, 平気な；意気阻喪(そそう)し(てい)ない, 落胆し(てい)ない.

ùn·dis·pátched *adj.* **1** 発送[派遣]され(てい)ない. **2** 敏速に処理され(てい)ない, さっさと片付けられ(てい)ない.

ùn·dis·pélled *adj.* 追い払われ(てい)ない, 払いのけられ(てい)ない.

ùn·dis·pénsed 〖ME〗 *adj.* **1** 分配され(てい)ない, 調剤され(てい)ない. **2** 実施[施行]され(てい)ない. **3** 免除され(てい)ない.

ùn·dis·pérsed *adj.* 散らされ(てい)ない, 散乱[分散, 解散]され(てい)ない.

ùn·dis·pláyed *adj.* 表明され(てい)ない, 表わされ(てい)ない, 見せびらかされ(てい)ない.

ùn·dis·pósed 〖ME〗 —— *adj.* **1** [Predicative に用いて]好まない, 気が向かない (unwilling) 〈*to* do〉：He is ～ *to* join us. 我々に加わる気がない. **2** [通例 ～ *of* として]処置してない, 片付け[取り分け]てない, 配分し(てい)ない：the property ～ *of* 未処分の財産.

ùn·dis·pút·a·ble *adj.* 争われない, 異議のない, 疑う余地のない. **～·ness** *n.* **ùn·dis·pút·a·bly** *adv.*

ùn·dis·pút·ed *adj.* 争う者のない, 疑いのない, 異議がない, 確実な, 明白な (unquestioned). **～·ly** *adv.*

ùn·dis·séct·ed *adj.* **1** 解剖され(てい)ない, 切開され(てい)ない. **2** 精細に調べられ(てい)ない, 詳しく批評され(てい)ない.

ùn·dis·sém·bled *adj.* **1** 仮面をかぶっていない, 変装し(てい)ない (undisguised). **2** ありのままの, 偽らない (open)：～ admiration.

ùn·dis·sém·bling *adj.* しらばくれない, 空とぼけない；ありのままの, 率直な, 正直な (frank, honest)：～ friendliness.

ùn·dis·só·ci·àt·ed *adj.* 〖化学〗解離し(てい)ない, 電離し(てい)ない.

ùn·dis·sólved *adj.* 溶解し(てい)ない, 融解[分解]し(てい)ない；解散[解消]し(てい)ない.

ùn·dis·tín·guish·a·ble *adj.* 区別のできない, 弁別し難い, 見分けのつかない, 紛らわしい (indistinguishable). **～·ness** *n.* **ùn·dis·tín·guish·a·bly** *adv.*

ùn·dis·tín·guished *adj.* **1** 特別のものとみなされない, 他と異なるところのない, 見分けのつかない；著しくない, 目立たない. **2** 他のものと混じった. **3** 平凡な, 普通の, 並みの (commonplace, ordinary). **4** 看破されない, 発見できない, 気づかれない, はっきり聞こえない. **5** 分離されない, 類別できない.

ùn·dis·tín·guish·ing *adj.* 区別[弁別]しない, 無差別の (indiscriminate). **～·ly** *adv.*

ùn·dis·tórt·ed *adj.* **1** ゆがんでいない, 正確な (faithful)：an ～ image. **2** 極端でない, 正常な (normal)：an ～ viewpoint.

ùn·dis·tráct·ed *adj.* 紛らわされ(てい)ない, そらされ(てい)ない；迷わされ(てい)ない, 狂っていない.

ùn·dis·tréssed *adj.* **1** 苦しめられ(てい)ない, 悩まされ(てい)ない. **2** 〖法律〗差し押えられ(てい)ない, 留置され(てい)ない.

ùn·dis·tríb·ut·ed 〖《15C》〗 *adj.* **1** 分配[配布]され(てい)ない, 配当され(てい)ない. **2** 〖論理〗〈概念が〉不周延[不拡充]の.

undistríbuted prófits *n. pl.* 留保利益.

ùn·dis·túrbed *adj.* 乱され(てい)ない；(心を)悩まされ(てい)ない, 苦しめられ(てい)ない, 邪魔の入らない. **～·ly** *adv.* **～·ness** *n.*

ùn·di·vér·si·fied *adj.* 変化のない, 一様な (uniform).

ùn·di·vért·ed *adj.* **1** (わきへ)そらされ(てい)ない, 避けられ(てい)ない. **2** 気が晴れない, 慰められ(てい)ない.

ùn·di·víd·ed 〖《15C》〗 —— *adj.* **1** 分かたれ(てい)ない, 分割され(てい)ない；完全な, 連続した (whole, continuous)：～ lines, property, etc. **2** 配分[配当]され(てい)ない, 未配当の. **3** 専心の, 専念の, わき目もふらない, 集中した：～ attention 専心 / ～ affection ひたむきな愛情.

ùn·di·vúlged *adj.* 漏らされ(てい)ない, 暴露され(てい)ない, 公にされ(てい)ない, 秘密の.

un·do [ʌndúː] 〖OE *undōn*: cog. Du. *ontdoen* / OHG *intuon*: ⇨ un-[1], do[1]〗 —— *v.* (**un·did** [-díd]; **-done** [-dʌ́n]; **-does** [-dʌ́z]) —— *vt.* **1** 〈一旦したことを〉もと通りにする, もとに返す (reverse)；取り消す, 無効にする (annul)：～ the past 過去をもとに返す / ～ an injury to others 他人に与えた損害をもと通りにする / ～ a match 婚約を解消する / What is done cannot be *undone*. 一旦したことはもとに返らない,「覆水盆に返らず」. **2 a** 〈かんぬきを〉はずす, 〈縛ったものを〉開く (open), 〈服などを〉脱ぐ (unfasten, untie), 〈包み・結び目などを〉ほどいて開く, ほどく：～ a button [collar] ボタン[カラー]をはずす / ～ the door 戸を開ける / ～ one's clothes 着物を脱ぐ / ～ a parcel 小包をほどく / ～ a sealed letter 封書を開く. **b** 〈人〉の衣服を脱がしてやる, ボタンなどをはずしてやる：He is choking：～ him. 息が苦しいのだ, ボタンをはずしてやりなさい. **3** 零落させる, 困窮させる；〈人〉の名声[希望, 財産, 地位]を損なう, 台無しにする (ruin)：His extravagance will ～ him some day. ああいう贅沢(ぜいたく)をしているといつかだめになるだろう. **4** 〈人〉の落着きを失わせる, 狼狽(ろうばい)させる (perturb), …の心を動揺させる (upset)：She is utterly *undone*. 彼女はすっかり取り乱している. **5** 誘惑して[裏切って]〈女〉の貞操を奪う；誘惑する (seduce)：～ a girl. **6** 《廃》〈謎などを〉解く (solve), 解説する (explain)：～ a riddle. —— *vi.* 開く, はずれる (come open).

un·do·a·ble [ʌndúːəbḷ] 〖《1865》← UN-[2]+DO[1]+-ABLE〗 *adj.* なされ得ない, 実行できない.

ùn·dóck *vt.* **1** 〈船を〉ドックから出す. **2** 〖宇宙〗(宇宙空間で)〈宇宙船を〉切り離す：～ the lunar module *from* the command module 月着陸船を司令船から切り離す. —— *vi.* ドックから出る.

ùn·dó·er [-dúːə | -dúːə(r, -dúːə(r] 〖ME〗 —— *n.* **1** 取り消す人. **2** 解く[ほどく]人. **3** (他人を)破滅に導く人, 誘惑者：This faithless friend was his ～. この信義に欠けた友人が彼を破滅させたのだ.

ùn·dog·mát·ic *adj.* 独断的でない. **ùn·dog·mát·i·cal·ly** *adv.*

ùn·dó·ing [-dúːɪŋ | -dúːɪŋ, -dúɪŋ] 〖《?1350》: ⇨ undo, -ing[1]〗 —— *n.* **1** もと通りにすること, 取消し (annulment), 挽回(ばんかい) (reversal)：There can be no ～ *of* the injury done to him. 彼に与えた害をもと通りになくすることはできない. **2** 解く[ほどく]こと (unfastening)：the ～ *of* a parcel 小包をほどくこと. **3 a** 零落(させること), 破滅(させること)：work one's own ～ 自分で自分を破滅させる, みずから墓穴を掘る / It is melancholy to see the gradual ～ *of* a great man. 立派な人物が次第に零落してゆくのは見るに忍びないことである. **b** 零落[破滅, 不運]の原因：His overweening self-confidence proved his ～ in the end. 彼の強いうぬぼれがつまる所その破滅のもととなった.

ùn·do·més·tic *adj.* **1 a** 家事と関係のない；家事に不熱心な. **b** 家庭的でない, 外出好きな. **2** 国内のものでない；手製でない；国産でない.

ùn·do·més·ti·càt·ed *adj.* **1** 〈動物が〉飼い慣らされ(てい)ない, 人に慣れ(てい)ない. **2** 〈人が〉家に慣れ(てい)ない, 家庭生活に適しない, 家庭的でない.

un·done[1] [ʌndʌ́n] 〖ME *undo(o)n*〗 —— *v.* undo の過去分詞. —— *adj.* **1** 解いた, ほどけた (unfastened)：The parcel came ～. 小包がほどけた. **2** 零落した, 落ちぶれた, 破滅した (ruined)：I am ～! もうだめだ, おしまいだ, やられた.

un·done[2] [ʌndʌ́n] 〖《*a*1325》: ⇨ un-[2], done〗 —— *adj.* なされ(てい)ない, 実行され(てい)ない；でき上がらない, 完結しない, 未完成の (uncompleted)：leave a thing ～ 事をしないで置く[放って置く] / remain ～ 完成されずにある / Half his work is ～. 彼の仕事は半分残っている.

ùn·dóu·ble *vt.* 開く, 広げる (unfold).

ùn·dóu·bled *adj.* 二倍[二重]になっていない.

ùn·dóubt·ed 〖《15C》〗 —— *adj.* **1** 疑われ(てい)ない, 疑い[疑問]の余地のない；議論を要しない (indisputable)：～ evidence [proof] / an ～ masterpiece. **2** 本物の, 確実な (genuine, indubitable)：an ～ Degas 正真正銘のドガ(の絵).

ùn·dóubt·ed·ly 〖15C〗 *adv.* 疑いなく, 問題なく；確かに, 確実に (certainly) (cf. doubtless).

ùn·dóubt·ing 〖ME〗 *adj.* 疑わない, 怪しまない, 自信のある (confident). **～·ly** *adv.*

UNDP, U.N.D.P. 《略》United Nations Development Program 国連開発計画.

ùn·dráined *adj.* 排水され(てい)ない；〈水が〉涸(か)らされ(てい)ない；飲み干され(てい)ない；使い果たされ(てい)ない.

ùn·dra·mát·ic *adj.* 戯曲的[劇的]でない；芝居がかりでない, 目ざましくない, 印象的でない.

ùn·dra·mát·i·cal *adj.* =undramatic. **～·ly** *adv.*

ùn·drápe *vt.* …の衣類を脱がす, おおいを取り去る (unclothe, uncover).

ùn·dráped *adj.* 布でおおわれ(てい)ない, 衣服を着ていない, 衣類を脱いだ (unclothed)；裸体の (naked).

ùn·dráw 〖《15C》〗 —— *v.* (**un·drew**; **-drawn**) —— *vt.* 〈カーテン・幕などを〉(引いて)開く (open), 引き戻す (draw back), 引き去る (draw away). —— *vi.* 〈幕が〉開かれる, 引かれる.

ùn·dréamed *adj.* [通例 ～ *of* として] 夢にも見ない, 思いもよらない, 全く予想もしない：at a speed ～ *of* in the early days of this century 今世紀の初期には思いもよらないスピードで.

ùn·dréamed-òf *attrib. adj.* 夢にも思わない, 思いもよらない, 全く思いがけない：an ～ success.

ùn·dréamt *adj.* =undreamed.

ún·drèss[1] 〖《1683》← UN-[2]+DRESS (n.)〗 —— *n.* **1 a** (正式の服に対して)平服, 略服, 通常服 (informal dress) (cf. full dress). **b** 部屋着, ふだん着 (dishabille). **2** 裸. **3** 〖軍事〗通常軍服. —— *adj.* **1** ふだん着の；略服の；通常服の：⇨ undress uniform. **2** くつろいだ.

ùn·dréss[2] 〖《1596》← UN-[1]+DRESS (v.)〗 —— *vt.* **1** …の衣服を脱がせる (disrobe)：～ oneself 衣服を脱ぐ. **2** 〈傷〉の包帯を取る. **3** 〈秘密・身の上などを〉打ち明ける, さらけ出す：～ one's past. —— *vi.* 衣服を脱ぐ.

ùn·dréssed 〖《15C》← UN-[2]+DRESSED〗 —— *adj.* **1** 衣服を脱いだ, 裸の (naked)；裸同然の. **2** ふだん着[通常服]を着た, 正式の服を着(てい)ない. **3 a** 〈傷が〉包帯し(てい)ない. **b** 〈食物が〉料理され(てい)ない；〈料理が〉ソース・つけ合わせを添えられ(てい)ない. **c** 〈飾り窓・馬・土地など〉手入れし(てい)ない. **d** 〈革または毛皮が〉未仕上げの. **e** 〈髪が〉整えられ(てい)ない.

úndress úniform *n.* 通常軍服, 平常服, 軍装, 略装《公式の時以外に用いる；cf. dress uniform, service uniform》.

ùn·dríed 〖《15C》〗 *adj.* 乾燥し(てい)ない, 乾かしていない；(タオル・ふきんなどで)ふき取っていない；〈沼など〉涸(か)らしていない.

ùn·dríl·led *adj.* 訓練のない, 練習を積んでいない.

ùn·drínk·a·ble *adj.* 飲めない, 飲用に適さない.

ùn·drúnk *adj.* **1** 飲んでいない. **2** 酔っていない.

Und·set [únset; *Norw.* únsɛt], **Sig·rid** [sígri] *n.* ウンセット《1882–1949；ノルウェーの女流小説家；Nobel 文学賞 (1928)；*Kristin Lavransdatter*「クリスティンラヴランスダッテル」(1920–22)》.

und so wei·ter [G. ʊnt-zóː-vàɪtɐ] 〖□ G ～ 'and so forth'〗 G. …など (略 usw, u.s.w.).

ùn·dúe 〖《*a*1387》《なぞり》← (O)F *indû* // L *indēbitus*: ⇨ un-[2], due〗 —— *adj.* **1** 正当[適当]でない；過度の, はなはだしい (excessive, immoderate)：Don't treat the matter with ～ haste. その問題を余りあわてて処理するな / have an ～ fondness for …が度はずれに好きだ / speak with ～ warmth ひどく熱っぽく話す. **2** (時・場所・場合に)不似合いな, 不適当な, 不相応な, ふさわしくない (unbecoming, unsuitable)：～ levity, behavior, etc. **3** 《古》不当な, 不都合な (improper)；非合法的な, 不法な. **4** 〖証券〗〈手形その他の債権[債務]が〉支払期限の来ない, まだ支払い義務がない.

úndue ínfluence *n.* 〖法律〗不当威圧《医師と患者, 弁護士と依頼人, 親と子等の間の契約は不当威圧の推定を受け, 取消し原因となる》.

un·du·lant [ʌ́ndʒʊlənt, -d(j)ʊ- | -djʊ-] 〖← UNDU-L(ATE)+-ANT〗 *adj.* 波打つ, 波のように動く；波状の.

úndulant féver *n.* 〖病理〗波状熱 (⇨ brucellosis 1).

un·du·late [ʌ́ndʒʊlèɪt, -d(j)ʊ- | -djʊ-] 〖adj.: 《1658》□ L *undulāt-us* undulated ← **undula* (dim.) ← *unda* wave: ⇨ water, -ate[2,3]〗 —— *vi.* **1** 〈海面・湖面・風に吹かれる麦畑などが〉波動する, うねる, 波立つ, 波のように動く. **2** 〈地表など堅い表面が〉ゆるやかに起伏する, うねる：The land ～*s* as far as the eye can see. 土地は見渡す限り起伏し続けている. **3** 〈ふちが〉波形になっている, 波形に切ってある. **— vt.** **1** 波立たす, うねらす, 震動させる. **2** 波状にする. **—** [-lət, -lɪt, -lèɪt] *adj.* **1** 波状の, 波形の (wavy): leaves with ～ margins. **2** 起伏する (undulating). **3** 波動する.

ún·du·làt·ed [-ṭɪd, -ṭəd | -tɪd, -təd] *adj.* ＝undulating.

ún·du·làt·ing [-ṭɪŋ | -tɪŋ] *adj.* **1** 波状の. **2** 〈地表など〉起伏する, うねる: ～ hills. **～·ly** *adv.*

úndulating cádence *n.* 〘詩学〙＝rocking rhythm.

úndulating mémbrane *n.* 〘動物〙波動膜, 波状膜: **a** 鞭毛虫類の本体と鞭毛との間にあって波状になっている薄膜. **b** イモリやカマスなどの精子の尾部の軸にそって波状にうねっている膜.

un·du·la·tion [ʌ̀ndʒʊléɪʃən, -d(j)ʊ- | -djʊ-] 〘(1646)〙 **— n.** **1** (海面・風になびく麦畑などの)波動, うねり; (地表の)起伏: Worms move by ～. 虫は体をうねらせて進む / The downs are raised in ～*s*. 丘陵地がうねうねと起伏している. **2** 波(状)形 (waviness). **3** 〘物理〙(光・音響の)波動, 振動 (wave, vibration). **4** 〘医学〙拍動. **5** 〘音楽〙(擦弦楽器で, 弦を押える指を揺り動かすことによって生じる)音の微妙な揺れ, ビブラート (vibrato).

un·du·la·tive [ʌ́ndʒʊlèɪṭɪv, -d(j)ʊ- | -djʊlèɪt-] *adj.* ＝undulatory.

un·du·la·to·ry [ʌ́ndʒʊlətɔ̀ːri, -d(j)ʊ-, -tòːri | ʌ́ndjʊlətəri, -lèɪt-, ʌ̀ndjʊléɪt(ə)ri] 〘(1728)〙 **— adj.** **1** 〈水面・地表など〉波動[うねり, 起伏]の; 波動する (undulating). **2** 波状の, 波形の.

úndulatory thèory *n.* 〘光学〙＝wave theory 1.

un·du·la·tus [ʌ̀ndʒʊléɪṭəs, -d(j)ʊ- | -djʊléɪt-] 〘← NL ～ ← L *undulātus* waving, bending: ⇨ undulate〙 *adj.* 〘気象〙〈雲が〉波状をなした.

ùn·dú·ly 〘(1399)《なぞり》← (O)F *indûment*: ⇨ undue, -ly¹〙 **— adv.** **1** 過度に, はなはだしく (excessively): be ～ heated by the arguments 議論で熱し過ぎる. **2** 不当に, 不正に (wrongly), 正当な権利もなしに, 不法に (improperly): be ～ influenced by another 他から不当に威圧を受ける (cf. undue influence).

ùn·dú·ra·ble *adj.* 持ちの悪い, 永持ちのしない, 耐久力のない, 永続的でない.

ùn·dú·ti·ful *adj.* 義務を尽くさない; 不忠実な, 不従順な, 不孝な, 反抗する (rebellious): an ～ son. **～·ly** *adv.* **～·ness** *n.*

un·dy [ʌ́ndi | -dɪ] 〘(変形) ← UNDÉ〙 *adj.* 〘紋章〙＝undé.

ùn·dýed *adj.* 染め(てい)ない, 色染めし(てい)ない.

ùn·dý·ing 〘ME〙 **— adj.** 不死の, 不滅の, 不朽の, 永遠の (immortal, eternal); 絶えない, やむ[尽きる]ことのない (unceasing): ～ glory [fame] 不滅の栄光[名声] / ～ love [affection] 永遠の愛 **～·ly** *adv.* **～·ness** *n.*

ùn·éarned 〘(?a1200)〙 **— adj.** **1** 労力によって得たのではない, 労力によらず得た, 不労の: ⇨ unearned income. **2** 功なくして得た, その価値のない, 分不相応の (unmerited): ～ luck. **3** 〘野球〙相手のエラーによって得点した.

únearned íncome *n.* 不労所得 (cf. earned income).

únearned íncrement *n.* 〘経済〙(土地・資産の)自然増価.

únearned prémium *n.* 〘保険〙未経過保険料.

ùn·éarth 〘(a1500)《なぞり》← (O)F *déterrer*: ⇨ un-¹, earth〙 **— vt.** **1** 発掘する, 掘り出す (dig up, exhume): ～ a buried treasure 埋まっていた宝物を掘り出す. **2** (猟犬を駆り立てて)〈狐などを〉穴から追い出す[狩り出す]. **3** (調査・探究によって)発見する, 明らかにする, 摘発する, 世に紹介する (discover): ～ hitherto unknown documents まだ世に知られていなかった文書を発見する / ～ a secret 秘密を明らかにする.

ùn·éarth·ly 〘(1610)〙 **— adj.** **1** この世のものでない, この世の物とは思われない, 非現世的な, 崇高な (sublime): ～ light, beauty, etc. **2** 超自然的な (supernatural), 神秘的な, 不思議な (mysterious); 不気味な, ものすごい (weird), 恐ろしい, ぞっとするような (ghastly): an ～ scream 不気味な悲鳴 / ～ pallor 幽霊のような青白さ. **3** 〘口語〙途方もない(早い, 不都合な) (preposterous): get up at an ～ hour 途方もない(早い)時間に起きる. **ùn·éarth·li·ness** *n.*

ùn·éase 〘(a1325)〙 **— n.** **1** 精神的不快, 不安 (misgiving), 心配 (anxiety); (感情的な)緊張 (tension); 困惑 (embarrassment). **2** 楽でないこと, 窮屈 (uncomfortableness). **3** 〘廃〙身体的不快.

un·eas·i·ly [ʌ̀níːz(ə)li, -zɪli | -zɪlɪ, -zə-] 〘(c1300)〙 **— adv.** **1** 不安のうちに, 心配[懸念]して (apprehensively). **2** 困惑して, 不愉快に (uncomfortably). **3** 窮屈そうに (awkwardly). **4** 落ち着かずに, そわそわと (restlessly). **5** 不安定に, 危なかしげに.

ùn·éas·i·ness 〘(a1387)〙 **— n.** **1** 不安, 心配, 気づかい; 不愉快: be under some ～ at ...にやや不快を感じて[心配して]いる / cause [give] a person ～ 人を不快にさせる[心配をかける]. **2** 落ち着かぬこと, 不安定(instability). **3** 窮屈. **4** 困惑 (embarrassment).

un·eas·y [ʌ̀níːzi | -zɪ] 〘(c1300) ← UN-² + EASY〙 **— adj.** (**un·eas·i·er**; **-i·est**) **1** 不安な; 不穏な, 動揺した, 落ち着かない (unquiet): pass an ～ night / fall into an ～ sleep / An ～ atmosphere prevails in the city. **2** 気にかかる, 心が落ち着かない, 心配な (anxious): feel ～ *about* the future 将来のことが気にかかる / He is ～ *at* the threat of dismissal. 免職の脅しで心が動揺している / *Uneasy* lies the head that wears a crown. 王冠を戴く頭は不安だ (Shak., *2 Hen IV* 3. 1. 31). **3** (体が)休まらない, 楽でない, 不快な, 窮屈な (uncomfortable); 〈態度など〉堅苦しい, ぎこちない, もじもじした, きまり悪そうな (constrained, awkward): an ～ bearing ぎこちない態度 / feel ～ in tight clothes 体にぴったりの服を着て窮屈だ. **4** 不安定な, 落着きが悪い (unstable): an ～ truce 不安定な休戦 / be [feel] ～ in the saddle 馬に乗ってはらはらする / The young king was ～ on the throne. 若い国王は王位について不安だった. **5** 〘古〙(肉体的・精神的)不快を起こす (distressing): a great and ～ disappointment. **6** 〘古〙容易でない, 難しい (difficult): It will be ～ to find the house. その家はなかなか見つけにくかろう.

ùn·éat·a·ble *adj.* 食べられない, 食用に適さない.

ùn·éat·en 〘ME〙 *adj.* 食べられ(てい)ない, 食べていない, 食べ残しの.

ùn·èc·o·nóm·ic *adj.* 経済(の原理)に合わない, 経済的でない, 不経済な; むだな, 贅沢(ぜいたく)な (wasteful): ～ expenditure, prices, wages, etc.

ùn·èc·o·nóm·i·cal *adj.* ＝uneconomic. **～·ly** *adv.*

ùn·éd·i·fied *adj.* 啓発され(てい)ない, 教化され(てい)ない.

ùn·éd·i·fỳ·ing *adj.* 啓発しない, 教訓にならない, 非啓発的な; 不道徳な, よくない (immoral, degrading): an ～ book, comic strip, film, etc.

ùn·éd·it·ed *adj.* **1 a** 〈原稿・出版物・映画・録音など〉未編集の, 未校閲[未改訂]の: ～ essays of students 添削して[手を入れて]ない学生の作文[小論文]. **b** 〈映画など〉未検閲の, カットされていない: an ～ film. **2** 〈文学書など〉未刊行の.

ùn·éd·u·ca·ble *adj.* 教育し得ない, 教化不可能の.

ùn·éd·u·càt·ed *adj.* 無教育の (untaught); 無学の (illiterate), 無知の (ignorant).

ùn·e·léc·tri·fied *adj.* **1** 電化され(てい)ない. **2** 電力を供給され(てい)ない.

ùn·e·mán·ci·pàt·ed *adj.* **1** 解放され(てい)ない; 奴隷の身の. **2** 親の保護下にある; 〈女が〉ひもつきの.

un·em·bar·rassed [ʌ̀nɪmbǽrəst, -əm-, -em-, -bér- | -ɪmbǽr-, -em-] *adj.* **1** まごつかない, ゆったりとした, 平気な, 楽な (easy). **2** 邪魔されない; 自然な. **3** 〈財産・債務など〉負債のない (unencumbered). **ùn·em·bár·rass·ed·ly** [-stli, -sɪd-, -səd- | -lɪ] *adv.*

ùn·em·bél·lished *adj.* 飾られ(てい)ない, 何の飾りもない (plain): an ～ wall.

ùn·e·mó·tion·al *adj.* **1** 感情[情緒]的でない, 感情によって動かない, 容易に感動を表わさない (impassive, cold). **2** 冷静な, 非情な (hard-boiled): in an ～ way 冷徹に. **3** 無感動の. **4** 理知的な (intellectual). **ùn·e·mò·tion·ál·i·ty** *n.* **～·ly** *adv.*

ùn·em·phát·ic *adj.* **1** 力をこめない, 語勢の強くない, 語気を強めない: an ～ syllable. **2** 力のない, はっきりしない, 目立たない (inconspicuous). **ùn·em·phát·i·cal·ly** *adv.*

ùn·em·plóy·a·ble *adj.* (能力・年齢などの点から労働に不適当で)雇用し得ない; 使用できない, 使い道のない: an ～ person. **— n.** 雇用できない人, 雇用不適任者.

ùn·em·plóyed *adj.* **1** 仕事のない, 失業[失職]した: an ～ laborer 失業労働者. **2** 用い(てい)ない, 使用[利用, 活用]し(てい)ない, 遊ばせてある; 投資し(てい)ない: ～ talents [energies] 無為に遊ばせてある才能[精力] / ～ capital 遊休資本. **3** 手のすいた, 暇な: have a few hours ～ 二, 三時間暇な時間がある. **4** [the ～; 名詞的に; 集合的] 失業者 (cf. workless 2).

ùn·em·plóy·ment 〘(1888) ← UN-² + EMPLOYMENT〙 **— n.** 〘労働〙失業(率), 失業者数; (ある特定の期間・地方における)失業状態 (cf. full employment, underemployment 2): statistics of ～ 失業統計 / What is the ～ of this area? この地区の失業状態はどうですか / an ～ problem 失業問題.

unemplóyment bènefit *n.* (失業保険による)失業給付[手当].

unemplóyment compensàtion *n.* 〘米〙失業補償.

unemplóyment insùrance *n.* 失業保険.

ùn·en·clósed *adj.* **1** 〈土地が〉囲まれ(てい)ない: ～ land. **2** 〈尼僧など〉僧院[修道院]に入っていない: an ～ nun.

ùn·en·cúm·bered *adj.* **1** 妨げのない, 邪魔のない; (特に)〈不動産が〉(抵当・負債などの)負担のない. **2** 扶養家族のない: a free ～ creature 自由な独身者.

ùn·énd·ed 〘ME〙 *adj.* 終わらない, 終了[完結]し(てい)ない.

ùn·énd·ing 〘(1661)〙 **— adj.** **1** 終わりのない, 永遠の, 永久の (eternal, everlasting): ～ bliss 永遠の幸福. **2** 絶えない, 絶え間ない, 不断の, 果てしない (ceaseless, continuous): ～ effort, toil, chatter, etc. **3** 途方もない, 法外な (extravagant). **～·ly** *adv.* **～·ness** *n.*

ùn·en·dórsed *adj.* **1** 裏書きされ(てい)ない: an ～ check. **2** 認可され(てい)ない (unapproved).

ùn·en·dówed *adj.* **1** 〔...を〕付与され(てい)ない, 天賦の才能のない〔*with*〕: be ～ *with* genius 天分に恵まれていない. **2** 〘古〙持参金のない (dowerless).

ùn·en·dúr·a·ble *adj.* 耐えられない; 辛抱[我慢]できない (intolerable): an ～ insult. **～·ness** *n.* **ùn·en·dúr·a·bly** *adv.*

ùn·en·dúr·ing *adj.* 長続きしない (short-lived); 忍耐心のない.

ùn·en·fórce·a·ble *adj.* 実施し[され]得ない: an ～ law, reform, etc.

ùn·en·fórced *adj.* 実施され(てい)ない, 励行[強行]され(てい)ない; (特に)法的に発効し(てい)ない, 未発動の (dormant): an ～ speed limit.

ùn·en·frán·chised *adj.* 選挙権[参政権]を与えられ(てい)ない.

ùn·en·gáged *adj.* **1** 先約のない; (特に)婚約し(てい)ない. **2** 用事のない, ひまな (free).

ùn-Éng·lish 〘(1633)〙 *adj.* **1** 英国人らしくない, 英国風でない, 非英国的な. **2** 英語らしくない: ～ pronunciation.

ùn·en·jóy·a·ble *adj.* 楽しくない, 面白くない (joyless): an ～ excursion つまらない遠足.

ùn·en·jóyed *adj.* **1** 楽しみを与えられ(てい)ない, わびしい (dreary). **2** 享有され(てい)ない.

ùn·en·líght·en·ed *adj.* **1** 啓発され(てい)ない, 悟りに達し(てい)ない, もののわからない; 未開の, 暗愚な (benighted). **2** 〘古〙照らされ(てい)ない.

ùn·en·lív·ened *adj.* [しばしば名詞の後に置かれて] 活気[元気]づけられない: a life ～ by romance.

ùn·en·ríched *adj.* **1** (ビタミンなどの添加物によって)栄養価を高められていない: ～ bread. **2** [しばしば名詞の後に置かれて] 富裕にされない: a clerk ～ by graft.

ùn·en·rólled *adj.* **1** 名簿に記入され(てい)ない, 登録され(てい)ない, 会員にされ(てい)ない. **2** 兵役について[兵籍に入って]いない.

ùn·en·sláved *adj.* **1** 奴隷にされ(てい)ない, 自由な (free). **2** (心の)卑屈でない: an ～ spirit.

ùn·en·tán·gled *adj.* **1** もつれさせられ(てい)ない, 絡(から)ませられ(てい)ない. **2** 巻添えにされ(てい)ない.

ùn·én·tered 〘(15C)〙 *adj.* **1** 記入[登記]され(てい)ない. **2** まだ中に入ったことのない: an ～ cave.

ùn·én·ter·pris·ing *adj.* 企業心に乏しい; 進取的[冒険的]でない (unadventurous).

ùn·èn·ter·táin·ing *adj.* 楽しませない, 心を慰めない, 面白くない (unamusing): an ～ play **～·ly** *adv.*

ùn·en·thrálled *adj.* とりこ[奴隷]にされ(てい)ない.

ùn·en·thù·si·ás·tic *adj.* **1** 熱心でない, 熱狂的でない (spiritless). **2** 冷ややかな, 微温的な (lukewarm): an ～ review. **3** 浮き浮きしていない, 楽観的でない: He is ～ *about* his prospects. 前途について楽観していない. **ùn·en·thù·si·ás·ti·cal·ly** *adv.*

ùn·en·títled *adj.* **1** 名[称号]を与えられ(てい)ない, 〈本が〉題名を付けられ(てい)ない. **2** 〔...の〕権利[資格]を与えられ(てい)ない, 〔...を〕受ける権利がない〔*to*〕: He is ～ *to* the honor. その名誉を受ける資格がない.

ùn·én·vi·a·ble *adj.* **1** ねたましくない, 羨(うらや)むに足らない: an ～ standard of living 羨むに足らない生活水準. **2** 困った (awkward): in an ～ position.

ùn·én·vied 〘ME〙 *adj.* ねたまれ(てい)ない, 羨(うらや)ましがられない.

ùn·én·vi·ous *adj.* ねたまない, 羨ましがらない: an ～ person. **～·ly** *adv.*

ùn·én·vy·ing *adj.* ねたまない, 羨まない.

ùn·éq·ua·ble *adj.* **1** 平らでない, むらがある, 一様[均一]でない; 変わりやすい (changeable): an ～ climate. **2** 変調を来たしやすい, 調子の狂いやすい, 機嫌が変わりやすい, お天気屋の (unstable): a man of ～ temper お天気屋さん.

ùn·é·qual 〘(1535)〙 **— adj.** **1 a** (大きさ・重さ・長さなど)等しくない, 同等でない, 不等の. **b** (価値・質・身分・能力など)不同である, 一様でない, むらがある. **2** 不同の, 不揃いの, 不整の (irregular): an ～ pulse 不整脈. **3** 均衡[バランス]の悪い, 不平均な, 不平等な (uneven); 不釣合いの人と結ばれた (ill-matched): an ～ contest (相手が釣り合っていない)不公平な試合 / an ～ marriage 不似合いな結婚. **4** 〔...に〕不十分な, 適当でない, 耐えない (inadequate)〔*to*〕: He will be ～ *to* the task. その仕事に耐えられないだろう / I am ～ *to* his pace. 彼の歩調についていけない / He felt ～ *to* the fight. その戦いはとても無理だと思った. **5** 平らでない, ごつごつした (rugged): an ～ surface. **6** 〘古〙〈数が〉奇数の (odd). **7** 〘古〙不公平な, 不正な (unjust, unfair).
— n. **1** [通例 *pl.*] 不等[不揃い, 不適当, 不釣合い]な人[物]. **2** 〘数学〙等しくない数[量]. (cf. inequality).
～·ly *adv.*

ùn·é·qualed *adj.* 匹敵するものがない, 無敵の, 無比の (unparalleled); 先例のない (unprecedented): ～ success 空前絶後の成功 / a place ～ for scenic beauty 景観という点では他に類を見ない場所.

ùn·e·quípped *adj.* 用意され(てい)ない, 装備され(てい)ない.

ùn·e·quív·o·cal *adj.* **1** 〈語句など〉あいまいでない, 紛らわしくない, 一つの意味だけを表わす; 明白な (clear, plain): ～ evidence 明白な証拠. **2** はっきり(した言葉で)表わされた, 確実な (explicit, certain): the ～ language of the laws. **3** 疑いのない (unmistakable); 絶対的な (absolute); 決定的な, 争う余地のない, 最終的な (conclusive): an ～ refusal, promise, diagnosis, etc. **～·ly** *adv.* **～·ness** *n.*

ùn·e·rásed *adj.* 消され(てい)ない, 削除され(てい)ない.

ùn·érr·ing *adj.* **1** 誤らない, あやまたない, 失策のない (faultless, unfailing); 確実な, 確かな, 的確な (sure, certain): an ~ aim 確かな狙い / ~ judgment [insight] 誤りのない[的確な]判断[洞察]. **2** 道をはずれない, 的をはずれない (undeviating). **~·ly** *adv.*

ùn·es·cáp·a·ble *adj.* **1** のがれ[避け]られない, 免れ難い (unavoidable). **2** 論理的に出て来る, 必然の (inevitable): an ~ conclusion.

U·NES·CO, U·nes·co [juːnéskou, juː- | juːnéskəu, jʊ-] 〖《頭字語》← *U*(*nited*) *N*(*ations*) *E*(*ducational*), *S*(*cientific, and*) *C*(*ultural*) *O*(*rganization*)〗 ── *n.* ユネスコ, 国連教育科学文化機関《国連の専門機関の一つ》.

ùn·es·sáyed *adj.* 試みられ(てい)ない.

ùn·es·sén·tial *adj.* **1** =unimportant. **2** 《古》本質[実体]のない. ── *n.* 本質的でない物.

ùn·es·táb·lished *adj.* **1** 設立[設定, 制定]され(てい)ない. **2** まだ名声の確立されていない, 無名の. **3** 〈教会が〉国教にされ(てい)ない, 非国教会の. **4** 《英》〈働き手・仕事など〉臨時の, パートタイムの.

ùn·es·thétic *adj.* 美的でない, 風雅でない.

ùn·éth·i·cal *adj.* 非倫理的な: ~ people. **~·ly** *adv.*

ùn·Èu·ro·pé·an *adj.* 非ヨーロッパ的な.

ùn·é·ven 〖OE *unefen* ← Gmc (Du. *oneven*, *-effen* / G *uneben* / ON *ū-*, *ōjafn*): ⇨ un-², even²〗 ── *adj.* **1** 平らでない, 高低のある, でこぼこした (rugged, rough); 不揃いの, ごつごつした (ragged): an ~ surface, road, ground, etc. / ~ teeth 不揃いの歯 / ~ handwriting 高低のある筆跡. **2** 一様でない, 平均していない, むらのある, 変わりやすい, 不揃いな (irregular, inconsistent): a man of ~ temper むら気な人 / ~ earnings むらのある所得. **3** 等質でない, 品質にむらがある: an ~ performance むらのある演技[演奏]. **4** 釣合いがとれていない (unequal): an ~ contest 段違いの競争. **5** 《廃》公正でない (unfair). **6** 〖数学〗2 で割りきれない, 奇数の (odd): ~ numbers. **~·ly** *adv.* **~·ness** *n.*

unéven bárs *n. pl.* [(the) ~]〖体操〗段違い平行棒 《uneven parallel bars ともいう》.

ùn·e·vént·ful *adj.* **1** 事件のない, 多事でない, 波乱のない, 平穏無事な (placid); 平凡な (commonplace, ordinary): an ~ life これといった事件もない無事な一生. **2** 不都合な出来事もなくいく, 順調な: ~ development 円滑[順調]な発展. **~·ly** *adv.* **~·ness** *n.*

ùn·ex·áct·ing *adj.* 強要的でない, 厳しくない, つらくない; 楽な, うるさくない (easy).

ùn·ex·ág·ger·àt·ed *adj.* 誇張され(てい)ない, 大げさでない; 潤色し(てい)ない, ありのままの, 率直な (plain): an ~ report.

ùn·ex·ált·ed *adj.* **1** 〈名誉など〉高められ(てい)ない; 〈身分・官位など〉上げられ(てい)ない, 昇級しない. **2** 得意にならない, 称揚され(てい)ない; 霊感を与えられ(てい)ない (uninspired).

ùn·ex·ám·ined 〖《15C》〗 *adj.* 試験を受け(てい)ない, 無調査[検査, 審査]の, 審問され(てい)ない.

ùn·ex·ám·pled *adj.* [しばしば名詞の後に置かれて] 例のない, 前例のない (unprecedented); 無比の (unparalleled); 例外的な (exceptional): ~ kindness 無類の親切 / prosperity ~ in history 史上空前の繁栄 / ~ to my knowledge 私の知るところでは初めての.

ùn·ex·célled *adj.* 他にまさるものがない, 最高の (superb): an ~ academic record 最高の学業成績.

ùn·ex·cép·tion·a·ble *adj.* 反対しようがない, 非の打ち所がない, 申し分がない (unobjectionable, irreproachable); 完全な (perfect), 立派な, すぐれた (excellent). **~·ness** *n.* **ùn·ex·cép·tion·a·bly** *adv.*

ùn·ex·cép·tion·al *adj.* **1** 例外[異例]でない, 通例の, 普通の (ordinary). **2** 例外を認めない, 例外のあり得ない: ~ orders. **3** =unexceptionable.

ùn·ex·cép·tion·al·ly *adv.* 例外なく, いずれの場合でも, あまねく (universally).

ùn·ex·chánge·a·ble *adj.* 交換できない, 兌(だ)換し得ない (incommutable).

ùn·ex·cít·a·ble *adj.* 興奮しない, 刺激に反応のない: an ~ temperament.

ùn·ex·cít·ed *adj.* **1** 興奮し(てい)ない, 平然とした (calm). **2** (外的)刺激に影響され(てい)ない.

ùn·ex·cít·ing *adj.* 興奮させない, 刺激的でない; 散文的な, 平凡な (commonplace): an ~ life, novel, etc.

ùn·ex·cúsed *adj.* (正式に)許され(てい)ない, 免ぜられ(てい)ない: an ~ absence.

ùn·éx·e·cùt·ed *adj.* **1** 履行され(てい)ない, 仕遂げられ(てい)ない, 執行され(てい)ない. **2** (特に, 法的に)執行手続きを完了し(てい)ない: an ~ agreement.

ùn·ex·ém·pli·fìed *adj.* 例証がない, 例示され(てい)ない.

ùn·éx·er·cìsed 〖ME〗 ── *adj.* **1** 運用され(てい)ない, 実行され(てい)ない. **2** 運動に慣れ(てい)ない. **3** 〈権力・権威など〉行使し(て)ない: an ~ right, privilege, etc. **4** 《古》運動の準備をし(てい)ない, 訓練ができていない.

ùn·ex·háust·ed *adj.* まだ尽きない; 使い尽くされ(てい)ない, まだ産出力のある: an ~ well 水涸(か)れしてない井戸 / an ~ fund まだ使い尽くされていない資金.

ùn·ex·pánd·ed *adj.* **1** 拡張され(てい)ない. **2** 詳述され(てい)ない. **3** 〈花・葉など〉まだ開いていない.

ùn·ex·péct·ed *adj.* **1** 予期しない, 思いも寄らない, 不意の, 不慮の (unforeseen), 突然の, 突発的な (sudden): ~ news 予期せぬ知らせ / an ~ guest [visitor] 不意の客. **2** [the ~; 名詞的]思いがけない[意外な]事柄: It is *the* ~ that always happens.=Nothing is so certain as *the* ~.《諺》思いがけない事はいつも起こるもの. **~·ness** *n.*

ùn·ex·péct·ed·ly *adv.* 思いがけなく, 不意に, 突然 (suddenly).

ùn·ex·pénd·a·ble *adj.* **1** 使えない, 消費できない[していけない]. **2** 消費しきれない, 無尽蔵の (inexhaustible). **3** なくてはならぬ (essential), 絶対必要な.

ùn·ex·pénd·ed *adj.* 使われ(てい)ない, 消費され(てい)ない: ~ provisions.

ùn·ex·pén·sive *adj.* =inexpensive. **~·ly** *adv.* **~·ness** *n.*

ùn·ex·pé·ri·enced *adj.* 経験がない, 未経験な, まだ経験し(てい)ない; 試みたことがない (untried).

ùn·éx·pi·àt·ed *adj.* 贖(あがな)われ(てい)ない, 償われ(てい)ない: an ~ crime.

ùn·ex·píred *adj.* **1** 消えない; 尽きない. **2** 〈借地権など〉満期にならない, 期限内の: an ~ lease.

ùn·ex·pláin·a·ble *adj.* 説明[弁明]できない; 解釈できない (unaccountable): an ~ fear. **ùn·ex·pláin·a·bly** *adv.*

ùn·ex·pláined *adj.* 説明[解明]され(てい)ない, 弁明され(てい)ない: an ~ mistake.

ùn·ex·plíc·it *adj.* 明白でない, 不明瞭な (vague). **~·ly** *adv.*

ùn·ex·plód·ed *adj.* 爆発させられ(てい)ない, 爆薬をこめたままの, 未発の: an ~ shell 未発弾.

ùn·ex·plóit·ed *adj.* **1** 利用[搾取]され(てい)ない, 食い物にされ(てい)ない. **2** 経済的に利用され(てい)ない, 未開発の (undeveloped): ~ natural resources 未開発天然資源.

ùn·ex·plóred *adj.* 探検され(てい)ない, 未踏査の, 未調査の; 探究され(てい)ない.

ùn·ex·pósed *adj.* **1** 曝(さら)され(てい)ない, 暴露され(てい)ない; 公然と示され(てい)ない. **2** 露出され(ていない: an ~ film [plate] 未露出フィルム[乾板].

ùn·ex·préssed *adj.* **1** 表わされ(てい)ない, 表現され(てい)ない, 言い表わされ(てい)ない: ~ emotion. **2** 暗黙に了解された, 暗々裏の (tacit): an ~ understanding 暗黙の了解.

ùn·ex·préss·i·ble *adj.* =inexpressible.

ùn·ex·prés·sive *adj.* **1** 表情[表現力]の乏しい; 十分に意を伝えていない (inexpressive). **2** 《廃》言い表わせない, えも言われぬ (ineffable).

ùn·éx·pur·gàt·ed *adj.* 〈書物などの文句のいかがわしい部分が〉削除され(てい)ない, 無削除の.

ùn·ex·ténd·ed *adj.* **1** 広げられ(てい)ない, 伸ばされ(てい)ない: ~ arms. **2** 〈物質が〉伸張性のない: an ~ substance.

ùn·ex·tín·guish·a·ble *adj.* **1** 〈火・光など〉消し得ない. **2** 〈争い・笑いなど〉静め[抑え]得ない: ~ laughter.

ùn·ex·tín·guished *adj.* **1** 消え(てい)ない: an ~ fire. **2** 絶滅し(てい)ない, まだ生きている.

ùn·fáced *adj.* **1** 仕上げ面[化粧表]をつけ(てい)ない: an ~ surface. **2** 〖結晶〗結晶面の出ていない.

ùn·fád·a·ble *adj.* **1** 〈色が〉あせることのない (fast). **2** 忘れることのできない (memorable): an ~ act.

ùn·fád·ed *adj.* 〈色が〉あせない; しぼまない; 衰えない, 新鮮な (fresh).

ùn·fád·ing *adj.* **1** 色のあせない, さめにくい, しおれにくい, しぼまない: an ~ flower 色あせない花. **2** 衰えない, 不滅の (imperishable): ~ glory 不朽の栄誉. **~·ly** *adv.*

ùn·fáil·ing 〖ME〗 ── *adj.* **1** 尽きない, 絶えない, 無尽蔵の (inexhaustible): an ~ supply of water 尽きることのない水の供給 / a novel of ~ interest 興味の尽きることのない小説 / an ~ source of amusement 尽きることのない娯楽の源泉. **2** 屈することのない, 衰えない (unflagging): an ~ fighting spirit ますます盛んな戦意. **3** 期待を裏切らない, 間違いのない, 確かな, 信頼のできる (sure): an ~ champion, friend, hope, supporter, etc. / be ~ *in* one's duty 義務を手落ちなく遂行する. **~·ly** *adv.* **~·ness** *n.*

ùn·fáir 〖OE *unfæger*: cog. ON *ūfagr* / Goth. *unfagrs*: ⇨ un-², fair²〗 ── *adj.* **1** (術策や卑劣な手段に頼って)公明正大でない, 不正直な, ずるい, 不正な; 不当な, 不公平な (unjust): an ~ judge, judgment, etc. / an ~ player, opponent, etc. / take an ~ advantage of a person 卑劣な手で人に一杯食わせる / ~ means 不正手段. **2** 不釣合いな, 不当な, 過度の (excessive): an ~ share. **3** 〈風が〉反対の, 逆の (unfavorable): an ~ wind 逆風. **~·ly** *adv.* **~·ness** *n.*

únfair competítion *n.* **1** 不正競争(行為). **2** 不正競争手段の行使《passing off ともいう》.

únfair práctice *n.* **1** =unfair competition. **2** 不公正な取引方法.

ùn·fáith 〖《15C》〗 *n.* **1** 不信仰; 不信 (disbelief). **2** 反宗教的信念.

ùn·fáith·ful 〖ME〗 ── *adj.* **1** 義務[忠誠, 約束など]を守らない, 不実な, 不忠の (disloyal): an ~ servant, friend, subject, etc. / ~ *to* one's friend. **2** 不貞の: an ~ wife, husband, etc. **3** 不正確な (inaccurate): an ~ transcript 不正確な写本. **4** 誠意のない, 不誠実な, 不正直な. **5** 《廃》不信心な, 無信仰の (unbelieving, infidel). **~·ly** *adv.* **~·ness** *n.*

ùn·fáll·en *adj.* (道徳的に)堕落し(てい)ない: an ~ man.

ùn·fál·ter·ing *adj.* **1** 〈足取りなど〉よろよろしない, しっかりした (steady): with ~ steps しっかりした足取りで. **2** (しっかりしていて)震えない: an ~ voice. **3** 余念のない, 一心になった, 熱心な (intent): an ~ gaze. **4** ためらわない, 躊躇(ちゅうちょ)しない (unhesitating), 断固とした (resolute): ~ courage, determination, etc. **~·ly** *adv.*

ùn·fa·míl·iar 〖《1594》〗 ── *adj.* **1** よく知らない, 熟知していない; 見慣れない, 珍らしい (strange): an ~ face, landscape, etc. **2 a** 不慣れの, 不案内の, 未知の (unaccustomed, unknown): an ~ language / The subject is ~ *to* me. その問題は私はよく知らない. **b** 〔...に〕親しんでいない, 通じていない, 慣れていない, 〔...の〕経験がない (unacquainted)〔*with*〕: They are ~ *with* the habits of refined society. 上流社会の慣習に慣れていない / I am ~ *with* the subject. 私はその問題はよく知らない. **~·ly** *adv.*

ùn·fa·mil·i·ár·i·ty *n.* よく知らないこと, 不案内, 慣れていないこと; 珍しいこと.

ùn·fáncy *adj.* 装飾的でない, 単純な, 素朴な (simple).

ùn·fásh·ion·a·ble *adj.* **1** 当世風でない, 流行遅れの, はやらない, すたれた: ~ clothes. **2** 上流でない: ~ neighborhoods. **~·ness** *n.* **ùn·fásh·ion·a·bly** *adv.*

ùn·fásh·ioned *adj.* **1** 形作られ(てい)ない; 加工され(てい)ない (unwrought): an ~ jewel. **2** 《古》洗練され(てい)ない, 上品でない (inelegant).

ùn·fást·en 〖ME〗 ── *vt.* 解く, ほどく, はずす, ゆるめる (unfix, undo); 離す (detach): ~ a button ボタンをはずす / ~ a boat *from* its moorings 船を係留所から引き離す. ── *vi.* 解ける, はずれる, ゆるむ.

ùn·fást·ened *adj.* 縛っていない, 結び付けていない, 締めていない; 解かれた, ゆるめられた, はずれた (loose, unlocked): ~ hair ほつれ髪 / an ~ door.

ùn·fá·thered *adj.* **1** 父のない (fatherless). **2** 父に認知され(てい)ない, 私生児の (bastard). **3** 著者[身元, 出所など]の知られ(てい)ない: an ~ theory だれのともも知られていない学説.

ùn·fá·ther·ly *adj.* 父らしくない.

ùn·fáth·om·a·ble *adj.* **1** 計り難い, 計り知れない, 深さ[底]の知れない (immeasurable): an ~ sea, lake, etc. / (as) ~ as the sea とても深い. **2** 深遠な, 不可解な, 解決のできない (inexplicable): an ~ mystery, secret, etc. **~·ness** *n.* **ùn·fáth·om·a·bly** *adv.*

ùn·fáth·omed *adj.* **1** 〈深さなど〉計り知られ(てい)ない. **2** 無量の, 広大な (immense): the ~ might of man 人間の無限の力.

ùn·fa·tígued *adj.* 疲れ(てい)ない (unwearied).

ùn·fá·vor·a·ble *adj.* **1** 都合の悪い, 不運[不利]の, 逆の, 反対の (adverse): ~ weather for outdoor sports 戸外スポーツには不向きな天気 / an ~ wind 逆風 / ~ exchange 逆為替. **2** 不承知を表わす; 否定の (negative): an ~ reply 不承知の返事. **3** 好ましくない, 気に入らない, いやな (undesirable). **4** 〈貿易が〉輸入超過の: the ~ balance of trade 貿易逆調, 輸入超過. **5** 《古》〈顔だちが〉醜い, みっともない (ill-favored). **~·ness** *n.* **ùn·fá·vor·a·bly** *adv.*

ùn·féared 〖《15C》〗 *adj.* **1** 恐れられ(てい)ない. **2** 《廃》恐れない.

ùn·féar·ing *adj.* 恐れない, ひるむことのない, 豪胆な.

ùn·féa·si·ble *adj.* 実行できない, 実施し難い.

ùn·féath·ered *adj.* **1 a** 羽毛がない, まだ羽毛が生え(てい)ない (unfledged). **b** 羽[毛]をむしられた (plucked): an ~ goose. **2** 未発達の, 青二才の (callow). **3** 〈矢が〉羽のついていない.

ùn·féd 〖ME〗 *adj.* **1** 食物を与えられ(てい)ない, 給養され(てい)ない. **2** 〈ストーブ・火など〉燃料を与えられ(てい)ない. **3** 支持を与えられ(てい)ない.

ùn·féed 〖← UN-²+FEED²〗 *adj.* 給料をもらっていない, 無報酬の (unpaid): an ~ lawyer.

ùn·féel·ing 〖OE *unfēlende*: ⇨ un-², feeling〗 ── *adj.* **1** 感覚[感情]を持たない (insensate): an ~ tree. **2** 無情な, 不人情な (hardhearted), 冷酷な, 残酷な (harsh, cruel): an ~ man. **~·ly** *adv.* **~·ness** *n.*

un·feigned [ʌ̀nféɪnd] 〖ME〗 ── *adj.* 偽らない, 真実の, 誠実な, ありのままの (sincere, genuine). **ùn·féign·ed·ly** [-nɪdli, -nəd-, -nd- | -lɪ] *adv.* **ùn·féign·ed·ness** [-nɪdnɪs, -nəd-, -nd-, -nəs] *n.*

ùn·fém·i·nine *adj.* 女らしくない, 女性的でない, 女々しくない, 柔和でない (unwomanly).

ùn·fénced *adj.* **1** 垣[柵, 塀]がない, 囲いがない: an ~ field. **2** 守りのない, 無防備の.

ùn·fer·mént·ed *adj.* **1** 発酵し(てい)ない, パン種を入れ(てい)ない. **2** (熱情などを)たぎらせ(てい)ない, 沸き返らされ(てい)ない, 沸き立たない.

ùn·fér·tile *adj.* 〈土地が〉肥えていない, 豊富でない, 実を結ばない (infertile).

ùn·fér·ti·lized *adj.* **1** 〈土地が〉豊かでない, 肥沃でない. **2** 〖生物〗受精し(てい)ない, 未受精の.

ùn·fét·ter 〖《a1376》〗 *vt.* **1** ...の足かせを取り去る (unshackle). **2** ...の束縛を解く, 自由にする, 釈放[放免]する (emancipate).

ùn·fét·tered *adj.* **1** 足かせを取り去られた, 束縛を解かれた, 自由にされた. **2** 〈思想・行動が〉拘束を受け(てい)ない, 独立の, 自由な (independent, free).

ùn·fíg·ured *adj.* **1** 模様のない, 無地の; 人物像が入ってない: an ～ painting. **2** 〈文体が〉修辞法を用いない, 文彩[文飾]を欠いた: an ～ style.

ùn·fíl·i·al *adj.* 子らしくない, 親不孝な (undutiful): an ～ son. **～·ly** *adv.*

ùn·fílled 〖ME〗 *adj.* **1** 満たされ(てい)ない; 空(から)の (empty): an ～ bottle. **2** 詰め物の入ってない.

ùn·fílmed *adj.* 〈小説など〉映画化され(てい)ない.

ùn·fíl·ter·a·ble *adj.* 〖細菌〗 非濾過(ろか)性の (↔ filterable).

ùn·fíl·tered *adj.* 濾(こ)され(てい)ない, 濾過(ろか)され(てい)ない.

ùn·fínd·a·ble *adj.* 〈官憲当局が捜査している人物が〉発見できない.

ùn·fín·ished 〖《1553》〗 ― *adj.* **1** でき上がらない, 完成[完了]しない, 未完結の: an ～ house, story, etc. / leave the letter ～ 手紙を書きさしにしておく. **2** 立派に仕上げてない, 荒削りの, 洗練されない, 未完成の (rough, unpolished). **3** 〈織物が〉(織ったままで)仕上げをし(てい)ない. **4** 〈食肉獣が〉十分肥育し(てい)ない. **～·ness** *n.*

unfinished búsiness *n.* 〖議会〗 審議未了事項, 持越し事項.

unfinished wórsted *n.* (表面に少し毛羽があって織目が隠された)紳士用毛織りウーステッド服地.

ùn·fíred *adj.* **1** 火をつけられ(てい)ない, 〈かまどが〉たかれ(てい)ない. **2** 火で処理され(てい)ない, まだ窯(かま) (kiln) で焼いていない: ～ clay. **3** まだ爆発し(てい)ない; 発射され(てい)ない. **4** 興奮し(てい)ない; 生気のない.

ùn·fírm *adj.* 〈構造物など〉ぐらぐらする, 不安定な (shaky, unsteady) (cf. infirm).

ùn·fít 〖adj.: 《1545》 ← UN-² + FIT¹ (adj.). ― v.: 《1611》 ← UN-¹ + FIT¹ (v.)〗 ― *adj.* **1** 〔…に〕不適当な, 不適任の, 不向きな, 不似合いな (unsuitable); 無資格の, 無能な (incompetent) 〔*for*〕; 〈…するには〉適さない 〈*to* do〉: be ～ *for* such a profession そういう職業に向いていない / a mind ～ *for* a philosopher 哲学者には不適当な頭 / a house ～ *for* human habitation 人が住むに適さない家 / He is ～ *to* conduct such delicate inquiries. そんな繊細な研究をするには不適当である. **2** 肉体[精神]的に不適当な, 不健康な, 欠陥のある. ― *n.* 不適当な人, 不適任者. ― *vt.* (**un·fit·ted**; **-fit·ting**) 〈人を〉〔…に〕不向きにする, 不似合いにする, 無資格にする (disqualify) 〔*for*〕: Drink ～*s* a man *for* work. 酒を飲むと人は仕事ができなくなる / His age ～*s* him *for* such a position. 彼の年齢ではそういう地位には適さない. **～·ly** *adv.* **～·ness** *n.*

ùn·fít·ted *adj.* **1** 不適当にされた, 不似合いだとされた; 〔…に〕適任[適当]でない 〔*for*〕: He was ～ *for* the post. その地位に向いていなかった. **2** 〔…の〕設備[造作]がない, 〔…が〕取り付けてない 〔*with*〕: a house ～ *with* a bath バスなしの家.

ùn·fít·ting 〖《1590》 ← UN-² + FITTING ∽ ME *unsitting* ← UN-² + *sitting* 《廃》 becoming (← SIT (vi. 10))〗 ― *adj.* 適さない, 不適当な, 不似合いな (unsuitable, improper). **～·ly** *adv.*

ùn·fíx 〖《1598》〗 ― *vt.* **1** はずす, 取りはずす, 解く, 離す, ゆるめる (unfasten, detach): *Unfix* bayonets! [号令]取れ剣. **2** 不安定にする, ぐらつかせる (unsettle): ～ the mind 心の平静を失わせる / ～ the established idea 既成概念を揺さぶる. **3** 〖化学〗 〈化合物を〉溶け易くする (dissolve).

ùn·fíx·a·ble *adj.* 固定することのできない; 不安定な (unstable).

un·fixed [ʌ̀nfíkst] *adj.* **1** はずされた, 取りはずされた, 離された, ゆるめられた (detached, free). **2** 〈日取りなど〉確定し(てい)ない, 未確定の (undetermined): a date as yet ～ まだ決まっていない日取り. **3** 不安定な, あいまいな (unstable, vague). **ùn·fíx·ed·ness** [-sɪdnɪs, -səd-, -st-, -nəs | -sɪd-, -səd-] *n.*

ùn·flág·ging *adj.* だれない, 衰えない, 疲れない, 弱らない, たゆまない (unremitting): ～ spirits, zeal, energy, etc. **～·ly** *adv.*

un·flap·pa·ble [ʌ̀nflǽpəbl] 〖← UN-² + FLAP + -ABLE〗 ― *adj.* 《口語》 すぐ興奮したりしない, (危機に臨んでも)冷静な (calm). **ùn·flàp·pa·bíl·i·ty** [-pəbíləṭi | -lɪ̀ti, -lɪ-] *n.* **～·ness** *n.*

ùn·fláp·pa·bly [-pəbli | -blɪ] *adv.* 冷静に, 落ち着いて (calmly).

ùn·flát·ter·ing *adj.* **1** こびない, へつらわない, 追従しない. **2** ありのままを示す, 正確な (accurate): an ～ mirror, portrait, etc. **3** 不都合な, 不利になる: an ～ remark. **～·ly** *adv.*

ùn·flá·vored *adj.* 味をつけられ(てい)ない, 風味を添えられ(てい)ない, 風趣のない.

ùn·flédged *adj.* **1** 〈鳥など〉まだ羽毛の生え(そろっ)てい)ない, まだ飛べない. **2** 十分に発達しない, 若い, 未熟な, 乳臭い, 青二才の (immature, callow). **3** 〈矢が〉羽のついてない.

ùn·fléshed¹ 〖← UN-² + *fleshed* ((p.p.) ← FLESH)〗 ― *adj.* **1** まだ血に染まったことがない, 血を見ない: an ～ sword 新刀(あらみ). **2** 〈猟犬が〉肉を味わわせて狩猟の刺激を与えられ(てい)ない. **3** 経験のない, 未熟な.

un·fléshed² 〖← UN-¹ + FLESH (n.) + -ED〗 *adj.* 肉を取り除かれた: an ～ skull.

ùn·flésh·ly *adj.* 肉的[現世的]でない; 精神的な, 霊的な (spiritual).

ùn·flíck·er·ing *adj.* 〈光が〉ちらつかない, 明滅しない; 〈旗など〉翻らない, 〈木の葉など〉そよがない. **～·ly** *adv.*

ùn·flínch·ing *adj.* ひるまない; 屈しない, 断固たる (steadfast, resolute): ～ courage 剛毅. **～·ly** *adv.*

ùn·fó·cused *adj.* (*also* **ùn·fó·cussed**) **1** 焦点の合っていない. **2** 一点[一目的]に集中し(てい)ない.

un·fold¹ [ʌnfóʊld | -fə́ʊld] 〖OE *unfealdan* (cf. Du. *outvouden* / G *entfalten*): ⇨ un-¹, fold¹〗 ― *vt.* **1 a** 〈折り畳んだ物を〉開く, 広げる (expand, spread out): ～ a newspaper, tablecloth, fan, etc. **b** 〈包みを〉あける (unwrap): ～ a parcel. **2** [←ー, ⇀ー] **a** 表わす, 表明する, 説明する (reveal, disclose); (徐々に, または説明することによって)明らかにする, はっきりさせる (make clear): ～ one's plans [thoughts] 計画[考え]を開陳する. **b** [～ *oneself* として] 姿を現わす; 〈物が〉現われる, 〈物語などが〉展開する. ― *vi.* **1 a** 〈葉・つぼみなどが〉開く (bloom). **b** 広がる (expand). **2** [←ー] 発展[発達]する (develop): as the story ～*s* 物語が進むにつれて. **3** [←ー] 明らかになる, 見えてくる, 知られ[見え]るようになる: A panorama ～*ed* before my eyes. 全景が眼前に開けてきた. **～·er** *n.*

ùn·fóld² 〖← UN-¹ + FOLD²〗 *vt.* 〈羊などを〉囲いから放す, おりから出す.

un·fóld·ment *n.* 発展(過程), 発達 (development).

un·forced [ʌ̀nfɔ́ɚst, -fóɚst | -fɔ́:st] *adj.* **1** 強いられたのでない, 強制的でない; 自発的な (voluntary). **2** 無理をしない, 力まない, こじつけでない, 自然な: an ～ smile いかにも自然なほほえみ. **ùn·fórc·ed·ly** [-sɪdli, -səd-, -st- | -sɪdlɪ, -səd-] *adv.*

ùn·fórd·a·ble *adj.* 歩いて渡ることのできない, 徒渉不可能の: an ～ river.

ùn·fore·sée·a·ble *adj.* 予見[予知]できない, 予測不可能の (unpredictable): the ～ future.

ùn·fore·séen *adj.* 不慮の, 意外の, 偶然の, 案外の (unexpected): an ～ accident 不慮の事故.

ùn·fór·est·ed *adj.* 植林され(てい)ない, 樹木でおおわれ(てい)ない: ～ land.

ùn·for·gét·ta·ble 〖《1806》〗 ― *adj.* 忘れられ(てい)ない, いつまでも記憶に残る (memorable): an ～ scene, face, etc. / a girl of ～ beauty. **ùn·for·gèt·ta·bíl·i·ty** *n.* **～·ness** *n.* **ùn·for·gét·ta·bly** *adv.*

ùn·for·gív·a·ble *adj.* 許せない, 容赦[勘弁]できない (unpardonable): an ～ crime, error, etc. **ún·for·gív·a·bly** *adv.*

ùn·for·gív·en 〖《15C》〗 *adj.* 許され(てい)ない, 容赦[勘弁]され(てい)ない.

ùn·for·gív·ing *adj.* 許さない, 容赦[勘弁]しない, 執念深い (relentless). **～·ness** *n.*

ùn·for·gót·ten *adj.* 忘れ(られてい)ない, 覚えている (remembered).

ùn·fórmed 〖ME〗 ― *adj.* **1** まだ形を成さない; 定形のない (shapeless): an ～ government まだ形を成していない政府. **2** 十分に発達していない (undeveloped), 未熟の (immature): an ～ schoolgirl, character, etc. **3** 仕上げのできていない (unpolished). **4** 作られ(てい)ない, 創造され(てい)ない.

ùn·fór·mu·làt·ed *adj.* 式で示され(てい)ない, 公式[形式]で表わされ(てい)ない.

ùn·fór·ti·fied *adj.* **1** 防御工事の施され(てい)ない, 無防備の: an ～ frontier. **2** 道義心の堅くない, 弱い (weak): an ～ heart 道義心の弱い心 (cf. Shak., *Hamlet* 1. 2. 96). **3 a** 支持[補強]のない (unsupported). **b** 栄養素で強化され(てい)ない: ～ margarine.

ùn·fór·tu·nate 〖《1530》〗 ― *adj.* **1** 不運な, 不幸な, 不幸せな (unlucky, unhappy): an ～ person, day, marriage, etc. / an ～ woman [female] 《婉曲・古》 売春婦. **2** 都合の悪い, 幸先のよくない, 不吉な (untoward, inauspicious): make an ～ decision 不運な決断をする / an ～ change in the weather 不吉な天候の変化. **3** 不適当な (unsuitable, inept); 〈表現など〉不適切な, まずい (infelicitous): an ～ term [phrasing] 不適当な用語[言い回し] / He was rather ～ *in* his choice of the job. 職業の選択がちょっとまずかった. **4** 憂うべき, 遺憾な, 残念な (regrettable): her ～ lack of good manners 彼女の礼儀作法を知らない遺憾なこと. ― *n.* **1** 不運[不幸]な人. **2** 《婉曲》 売春婦; 罪人 (prisoner). **～·ness** *n.*

ùn·fór·tu·nate·ly 〖《1548》〗 *adv.* 不運[不幸]にも, 運悪く, あいにく: *Unfortunately*, he rejected the offer. あいにくその申し出は断わった.

ùn·fóught *adj.* 戦われ(てい)ない: an ～ field.

ùn·fóund *adj.* 見出され(てい)ない, 見付けられ(てい)ない, 未発見の (undiscovered).

ùn·fóund·ed *adj.* **1** 事実に基づかない, 根拠[いわれ]のない, 無根の, 理由のない (baseless): an ～ accusation, report, rumor, etc. / ～ hopes 空頼み / The fear proved ～. その不安は根も葉もないことがわかった. **2** 確立され(てい)ない (unestablished). **～·ly** *adv.* **～·ness** *n.*

ùn·frámed *adj.* 枠のない, 額ぶちにはめてない: an ～ picture.

ùn·fra·tér·nal *adj.* 兄弟らしくない, 友愛的でない.

ùn·fráught *adj.* 〔荷などを〕積んでいない (unloaded); 〔…に〕満ちていない 〔*with*〕.

ùn·frée 〖ME〗 ― *adj.* **1** 自由のない, 政治的[個人的]自由のない, 奴隷[隷属]の状態にある: ～ men. **2** 〖古英法〗 (土地に対する)自由保有権のない, 土地に拘束された.

ùn·fréeze 〖⇨ un-¹, freeze〗 ― *v.* (**un·froze**, **-frozen**) ― *vt.* **1** 溶かす, 解凍する (melt): ～ frozen foods 冷凍食品を解凍する. **2** …の経済上の統制を解く, 自由化する. **3** …の資金の凍結を解除する. ― *vi.* 溶ける (thaw).

ùn·fré·quent *adj.* =infrequent. **～·ly** *adv.*

ùn·fre·quént·ed 〖《1593》〗 *adj.* (めったに)人の行かない[通らない], 人通りの少ない, 人跡まれな.

ùn·fríend·ed *adj.* 友[味方]のない, 助けてくれる者のない, 寄るべのない (friendless).

ùn·fríend·ly 〖《15C》〗 ― *adj.* (**un·friend·li·er**; **-li·est**) **1** 友情のない; よそよそしい, 不親切な, 薄情な (unkind); 悪意を持った, 敵意のある (hostile): an ～ nation, act, letter, reception, etc. **2** 都合の悪い, 不利な (unfavorable): ～ weather. ― *adv.* 《古》 友情に欠けた態度で, 悪意を持って. **ùn·fríend·li·ness** *n.*

ùn·fróck 〖《1644》〗 *vt.* **1** …の衣[法衣]をはぐ; (特に)…から聖職を剝奪する (cf. frock 2): ～ a priest. **2** 〈人を〉名誉[特権]ある地位からはずす.

ùn·fróck·ed *adj.* 聖職を剝奪された; 名誉[特権]ある地位を追われた.

ùn·fró·zen *v.* unfreeze の過去分詞. ― *adj.* 凍っていない; 凍えない.

ùn·frúit·ful 〖ME〗 ― *adj.* **1** 実を結ばない, 実らない; 子を産まない (barren, sterile): an ～ tree, marriage, etc. **2** 〈土地が〉不毛の, 生産力のない (infertile): ～ land. **3** 効果がない, 無効の, 空しい (vain): an ～ effort, research, etc. **～·ly** *adv.* **～·ness** *n.*

ùn·ful·fílled 〖ME〗 ― *adj.* 果たされ(てい)ない, 履行し(てい)ない; 実現し(てい)ない, 遂行され(てい)ない, 成就しない (unrealized, unaccomplished): a still ～ desire まだ実現されていない願望 / His prediction remains ～. 彼の予言はまだ実現し(てい)ない / inheritors of ～ renown いまだ成らざる名を継ぐ者 (Shelley, *Adonais* 45).

ùn·fúnd·ed *adj.* **1** 資金の用意のない. **2** 〖金融〗 一時借入れの, 〈公債が〉短期の (floating): an ～ debt 一時借入金.

ùn·fún·ny *adj.* 面白くない, おかしくない: an ～ joke.

ùn·fúrl *vt.* **1** 〈帆・傘などを〉広げる, 〈旗などを〉揚げる, 翻す (spread out) (cf. furl 1): ～ a sail, flag, fan, etc. / ～ an umbrella. **2** 〈光景を〉眼前に繰り広げる, 見せる (unfold). ― *vi.* 広がる, 開く, 揚がる.

ùn·fúr·nish *vt.* **1** 〈家・部屋〉の家具を取り払う, の備品を取り去る: ～ a room. **2** 《廃》 〈人〉から〔…を〕奪う (deprive) 〔*of*〕: that which may ～ me *of* reason 私の理性を奪うようなもの (Shak., *Winter's* 5. 1. 122–3).

ùn·fúr·nished *adj.* **1** 〔…を〕備えていない 〔*with*〕: a young man ～ *with* skill 技術の身についていない若者. **2** (特に, 家主によって)家具が備えられていない, 家具付きでない: an ～ room, apartment, etc.

ùn·fúr·rowed *adj.* **1** 耕され(てい)ない; うねを立てられ(てい)ない, 溝を付けられ(てい)ない. **2** しわのない.

ùn·fúss·y *adj.* **1** 気難しくない, 頓着しない (unconcerned). **2** 飾りのない, 込み入っていない (uncomplicated).

UNGA 《略》 United Nations General Assembly 国連総会.

un·gain·ly [ʌngéɪnli | -lɪ] 〖adj.: 《17C》; adv.: 《? *c*1200》: ⇨ un-², gainly〗 ― *adj.* **1** 動きが鈍い, 不恰好な, 見苦しい, ぶざまな (awkward, clumsy). **2** 扱いにくい (unwieldy): an ～ instrument. **3** 粗末で醜い, 上品さのない. ― *adv.* 《古》 不恰好に, 見苦しく. **un·gáin·li·ness** *n.*

un·gal·lant *adj.* **1** [ʌ̀ngǽlənt] 勇敢でない, 雄々しくない. **2** [ʌ̀ngəlǽnt, -gæ-, -lá:nt, -gǽlənt | -gǽlənt, -gəlǽnt] 婦人に丁寧[慇懃(いんぎん)]でない (discourteous).

ùn·gár·bled *adj.* (誤解を導くために)故意に曲げたりし(てい)ない; 正確な (accurate), ありのままの, 率直な (plain, straightforward): an ～ report, statement, version, etc.

ùn·gár·nished 〖ME〗 *adj.* 飾られ(てい)ない, 装飾のない; 簡素な (plain, simple): ～ words.

ùn·gár·tered *adj.* 《古》 靴下留めを用い(てい)ない.

ùn·gáth·ered 〖《15C》〗 *adj.* **1** 集められ(てい)ない; 〈花など摘まれ(てい)ない; 〈穀物など〉収穫されていない. **2** 〖製本〗 〈折丁が〉丁合いされ(てい)ない.

Un·gav·a [ʌŋgéɪvə, ʌŋgévə, -gá:və] *n.* カナダ北東部, Labrador 半島の大部分を占める地域; 1912 年 Quebec 州に編入.

ùn·géar *vt.* …のギヤをはずす; ギヤからはずす.

ùn·gèn·er·ós·i·ty *n.* **1** けち. **2** 狭量, 卑劣.

ùn·gén·er·ous *adj.* **1** 金離れがよくない, 出し惜しみをする (stingy), けちな. **2** 度量が狭い, 卑劣な, 公明正大でない (mean, unfair). **～·ly** *adv.*

ùn·gé·nial *adj.* 不親切な, 無愛想な (unsociable); 気に食わない, 共感を呼ばない, 不愉快な (disagreeable).

ùn·gen·téel *adj.* 人柄の悪い, 下品な (inelegant); 礼儀をわきまえない (impolite). **～·ly** *adv.*

ùn·gén·tle 〖ME〗 *adj.* **1** 家柄のよくない. **2** 無作法な, 粗野な, 粗暴な (rude, rough). **～·ness** *n.*

ùn·gén·tle·man·like *adj.* 《古》 =ungentlemanly.

ùn·gén·tle·man·ly *adj.* 紳士らしくない, 紳士にあるまじき, 無作法な, 粗野な, 下品な (ill-bred, vulgar). **ùn·gén·tle·man·li·ness** *n.*

ùn·gén·tly *adv.* 無作法に, 粗野に, 粗暴に.

un·get·at·a·ble [ʌ̀ngetǽtəbl̩ | -tǽt-] 〘《1862》〙 ── *adj.* 《口語》容易に達し得ない, 近づき難い (inaccessible): He lives in a remote ～ village. おいそれとは行けないような遠い村に住んでいる.

ùn·gíft·ed *adj.* **1** 才能のない. **2** 《古》＝empty-handed.

ùn·gíld *vt.* …のめっきをはがす.

ùn·gírd 〘OE *ongyrdan*: ⇨ un-¹, gird¹〙 *vt.* (～·**ed**, **un·girt**) **1** …の帯を解く, 帯を解いてゆるめる[離す]. **2** 《古》ゆるめる (loosen).

ùn·gírt 〘《c1300》: ⇨ un-², girt¹〙 ── *vt.* ungird の過去形・過去分詞. ── *adj.* **1** 帯をゆるめた[解いた]; 帯を締め(てい)ない. **2** 規律のない, 締まりのない, ゆるんだ (loose).

ùn·glám·or·ous *adj.* 魅力のない, 平凡な, 単調な. ～·**ly** *adv.*

ùn·glázed *adj.* **1** 〈陶磁器が〉釉(ゆう)薬をかけ(てい)ない, 無釉(ゆう)の. **2** 〈紙が〉低光沢の. **3** ガラスをはめ(てい)ない, 窓ガラスのない.

ùn·glóve 〘《15C》〙 *vt.* …の手袋を取る; …のおおいを取る.

ùn·glóved *adj.* 手袋をはめてない.

ùn·glúe *vt.* **1** …のにかわを取り除く, (接着剤を溶かして)はがす: ～ a label *from* a bottle (by steaming) (蒸気に当てて)瓶からレッテルをはがす. **2** 〔愛・欲などから〕〈人を〉離す (separate) 〔*from*〕: ～ oneself *from* the vanities of the world 浮世の俗念を捨てる.

ùn·glúed *adj.* 〈にかわでくっついていた物が〉はがれた, ばらばらになった (separated).
come unglued 《米俗》大いに狼狽(ろうばい)する.

ùn·gód·ly 〘《1526》: cf. G *ungöttlich*〙 ── *adj.* (**un·god·li·er**; **-li·est**) **1** 神をおろそかにする, 神を恐れない[敬わない]. **2** 不信心の (impious); 罪深い (sinful). **3** 《口語》激しい, ひどい, とんでもない (atrocious, outrageous): an ～ noise, scandal, etc. ── *adv.* **1** 《口語》激しく, ひどく (extremely). **2** 《古》不敬な態度で, 不信心に. **ùn·gód·li·ness** *n.*

ùn·gót *adj.* ＝ungotten.

ùn·gót·ten 〘《15C》〙 *adj.* **1** 得られ(てい)ない, 獲得され(てい)ない. **2** 《廃》〈子が〉できない, 生れ(てい)ない.

ùn·góv·ern·a·ble *adj.* 制御[抑制]できない, 抑えきれない, 御し難い, 手にあまる, 始末に負えない (uncontrollable); 乱暴な, 激しい (unruly, wild): an ～ temper. ～·**ness** *n.* **ùn·góv·ern·a·bly** *adv.*

ùn·góv·erned *adj.* 制御[抑制]されていない; 荒々しい, 野放しの.

ùn·gówned *adj.* ＝unfrocked.

ùn·gráce·ful *adj.* 優美でない, 不作法な, 無骨な, 不恰好な (inelegant); ぶざまな, 見苦しい (awkward, clumsy). ～·**ly** *adv.* ～·**ness** *n.*

ùn·grá·cious 〘ME〙 ── *adj.* **1** 丁寧でない, 慇懃(いんぎん)でない; 無作法な, ぶしつけな, 無礼な, 野卑な (rude): an ～ reply, reception, etc. **2** 不愉快な, いやな (disagreeable). **3** 感謝されない, 割の合わない, ありがたくない (thankless, unwelcome): an ～ task. **4** 《古》恩寵を欠いた, 不敬な, 邪悪な (wicked): some ～ pastors 悪い牧師 (cf. Shak., *Hamlet* 1. 3. 47). **5** 《廃》不快な, 醜い. ～·**ly** *adv.* ～·**ness** *n.*

ùn·grád·ed *adj.* **1** 〈道路が〉勾配[傾斜]をつけられ(てい)ない. **2** 等級をつけられ(てい)ない, 格付けされ(てい)ない; 〈教材が〉難易の順に配置され(てい)ない. **3** 無学年制の; 特定の学年に割り当てられ(てい)ない: an ～ teacher.

úngraded schóol *n.* 《米》(僻村などの)無学年制学校《教員一人・教室一つの小学校; cf. nongraded school》.

ùn·grád·u·àt·ed *adj.* **1** 目盛りがない, 等級がない, 段々に移り変わらない. **2** 卒業し(てい)ない.

ùn·gráft·ed *adj.* **1** 接ぎ木され(てい)ない. **2** 〈人・心など〉結合[融合]され(てい)ない.

ùn·gram·mát·i·cal *adj.* **1** 非文法的な, 文法に合わない, 文法を無視した; 破格の **2** 文法に合わない言葉を使う, 非標準的な (substandard); 不正確な (incorrect). **3** 慣用的でない, 非慣用的な. ～·**ly** *adv.*

ùn·gram·màt·i·cál·i·ty *n.* 〘文法〙非文法性《文法の規則に合っていないこと; 変形文法の用語》.

ùn·gram·mát·i·cal·ness *n.* ＝ungrammaticality.

ùn·gráte·ful 〘《1553》〙 ── *adj.* **1** ありがたく思わない, 感謝を表わさない, 恩を感じない (thankless): pupils ～ *to* their teachers 先生をありがたいと思う心のない生徒たち. **2** 労に報いない, 骨折り損の (unrewarding): an ～ task (苦労ばかり多くて報いるところのない)いやな仕事. **3** 退屈な, つまらない (irksome); 不快な, 好ましくない (disagreeable): an ～ stench 鼻につく悪臭. ～·**ly** *adv.* ～·**ness** *n.*

ùn·grát·i·fied *adj.* 満足し(てい)ない, 満たされ(てい)ない, 不満な (discontented).

ùn·gréased *adj.* グリースの塗っていない.

ùn·gróund·ed 〘ME〙 ── *adj.* **1** 根拠がない, 拠(よ)り所がない, 理由がない, 事実に立脚しない, 無根の (unfounded); 基礎知識のない (uninstructed). **2** 〘電気〙接地され(てい)ない, アースのない.

ùn·grúdg·ing *adj.* **1** 惜しまない, 惜し気のない, 気前のよい (unstinted, generous): give a person ～ praise 言葉をきわめて人をほめる. **2** 進んでする, 快くする, 心からの (willing, hearty). ～·**ly** *adv.*

un·gual [ʌ́ŋgwəl, ʌ́n- | ʌ́ŋ-] 〘← L *unguis* 'UNGUIS'＋-AL¹〙 *adj.* 爪[鉤爪(かぎづめ), 蹄(ひづめ)]の(ある). ── *n.* 爪, 鉤爪, 蹄.

ùn·guárd *vt.* 無防備にする, 攻撃にさらす.

ùn·guárd·ed *adj.* **1** 不注意な (careless); 軽率な, 油断している, うっかりした (thoughtless, incautious): an ～ remark 不用意な言葉 / in an ～ moment うっかりしていた時[瞬間]に. **2** 率直な, 正直な, 腹蔵のない, あけすけの (revealing). **3** 守護[保護]され(てい)ない, 無防備の, 警備員のいない; 攻撃を受けやすい: an ～ crossing 無人踏切り / an ～ gate 守衛のいない門. **4** (カバー・防壁など)危険防止装置のない. **5** 〘競技〙無防備な, ガードしていない. ·**ly** *adv.*

un·guent [ʌ́ŋgwənt, ʌ́n- | ʌ́ŋgwənt, -gjuənt] 〘《?1440》 *ungwent* ▭ L *unguent-um* ← *unguere* to anoint ← IE **ongw-* to salve (Skt *anákti* (he) anoints): cf. anoint〙 ── *n.* 軟膏 (ointment).

unguenta *n.* unguentum の複数形.

un·guen·tar·y [ʌ́ŋgwəntèri, ʌ́n- | ʌ́ŋgwəntəri, -gjuən-] 〘《1657》 ▭ L *unguentāri-us*: ⇨ unguent, -ary〙 *adj.* 軟膏(用)の[に適する].

un·guen·tum [ʌŋgwéntəm | -təm] 〘▭ L ～: ⇨ unguent〙 *n.* (*pl.* **un·guen·ta** [-tə | -tə]) 〘薬学〙軟膏 (ointment).

ungues *n.* unguis の複数形.

ùn·guéss·a·ble *adj.* 推測[臆測]できない.

un·guic·u·late [ʌŋgwíkjulət, ʌn-, -lɪt, -lèɪt | ʌŋ-] 〘《1802》 ← NL *unguiculāt-us* ← L *unguiculus* (dim.) ← UNGUIS〙 ── *adj.* **1** 〘動物〙爪のある; 有爪(そう)類の. **2** 〘植物〙〈花冠が〉爪のある. ── *n.* 〘動物〙有爪類の哺乳動物.

un·guic·u·lat·ed [ʌŋgwíkjulèɪtɪd, ʌn-, -təd | ʌŋgwíkjulèɪtɪd, -təd] *adj.* ＝unguiculate.

ùn·guíd·ed *adj.* **1** 導かれ(てい)ない; 導き[案内, 指導]のない: an ～ tour ガイド[案内役]のつかない遊覧旅行[ツアー]. **2** 無誘導の: an ～ missile.

un·guif·er·ous [ʌŋgwíf(ə)rəs, ʌn- | ʌŋ-] 〘← L *ungui(s)* 'UNGUIS'＋-FEROUS〙 *adj.* 爪を生じる.

un·gui·nal [ʌ́ŋgwənl̩, ʌ́n- | ʌ́ŋgwɪ-] *adj.* ＝ungual.

un·gui·nous [ʌ́ŋgwənəs, ʌ́n- | ʌ́ŋgwɪ-] 〘▭ L *unguinōs-us* oily, fatty: ⇨ unguent, -ous〙 *adj.* 油[脂肪]に似た; 油[脂肪]のある (oily).

un·guis [ʌ́ŋgwɪs, -gwəs | ʌ́ŋgwɪs] 〘《1710》 ▭ L ～ 'nail': cog. Gk *ónux*〙 *n.* (*pl.* **un·gues** [-gwiːz]) **1** 〘動物〙爪, 蹄(ひづめ). **2** 〘植物〙(花冠の)爪.

un·gu·la [ʌ́ŋgjulə, ʌ́n- | ʌ́ŋ-] 〘ME ▭ L ～ (dim.) ← *unguis* (↑)〙 ── *n.* (*pl.* **un·gu·lae** [-lìː]) **1** 〘動物〙蹄(ひづめ) (hoof). **2** 〘植物〙＝unguis 2. **3** 〘数学〙蹄(てい)状体《円錐の頭部を斜めに切りとって得られる立体》.

ungula 3

un·gu·lar [ʌ́ŋgjulə, ʌ́n- | ʌ́ŋgjulə(r)] *adj.* ＝ungual.

un·gu·late [ʌ́ŋgjulət, ʌ́n-, -lɪt, -lèɪt | ʌ́ŋgjulèɪt, -lət, -lɪt] 〘《1802》 ▭ L *ungulāt-us* having hoofs: ⇨ ungula, -ate²〙 ── *adj.* **1** 〘動物〙蹄(ひづめ) (hoof) のある, 有蹄(てい)の; 有蹄類の. **2** 蹄形の (hoof-shaped). ── *n.* 〘動物〙有蹄類の動物.

un·guled [ʌ́ŋgjuːld] 〘← L *ungula* 'UNGULA'＋-ED〙 *adj.* 〘紋章〙〈馬・牛・鹿・山羊など〉蹄が体の色と異なる: a horse sable ～ or 金の蹄の黒い馬.

un·gu·li·grade [ʌ́ŋgjuləgrèɪd, ʌ́n- | ʌ́ŋgjulɪ-] 〘← UNGULA＋-I-＋-GRADE〙 *adj.* 〘動物〙蹄歩きの《蹄を地につけて歩く陸生動物についていう》.

ùn·gúm *vt.* (**un·gummed**; **-gum·ming**) **1** ＝unglue 1. **2** …のゴムを取り去る (degum).

ùn·háck·neyed *adj.* **1** 古臭くない, 陳腐でない, 使い古され(てい)ない; 新しい, 斬新な (fresh, original). **2** 《古》経験のない, 青二才の.

ùn·háiled *adj.* 高い声で呼ばれ(てい)ない, 挨拶され(てい)ない.

ùn·háir 〘ME〙 *vt.* **1** (製革工程で)脱毛する. **2** 《古》〈頭・毛皮など〉の毛を抜く. ── *vi.* 〈毛皮などが〉毛が抜ける.

ùn·hál·low *vt.* 《古》…の神聖をけがす, 冒瀆(ぼうとく)する (profane, desecrate).

ùn·hál·lowed 〘OE *unhālgod*: ⇨ un-², hallowed〙 ── *adj.* **1** 聖別され(てい)ない, 神に捧げられ(てい)ない: ～ ground. **2** 神聖でない, 不浄の, 罪深い, 邪悪な (unholy, profane). **3** 悪魔の住む, 悪魔にふさわしい (fiendish). **4** 法[社会規範]に違反した, 違法な; 不道徳な, いかがわしい, みだらな.

ùn·hám·mered *adj.* ハンマーで打たれ(てい)ない, 槌(つち)で鍛えられ(てい)ない.

ùn·hám·pered *adj.* **1** 足かせを掛けられ(てい)ない, 妨げられ(てい)ない, 邪魔[束縛]され(てい)ない, 自由な (free). **2** (政府の)統制を受け(てい)ない (unrestricted). **3** 〈眺めなど〉妨げるもののない, 見渡せる (clear): an ～ view.

ùn·hánd 〘《1600》〙 *vt.* …の手を離す, つかんでいる手を…から放す, 手放す (let go).

ùn·hán·dled *adj.* **1** 手を触れられ(てい)ない, さわられ(てい)ない; 論じられ(てい)ない. **2** 〈動物が〉馴らされ(てい)ない, 調教され(てい)ない, 仕込んでいない. **3** 〈商品など〉(取り)扱われ(てい)ない.

ùn·hánd·some *adj.* **1** 美しくない, 不器量な; 立派でない, 醜い (ugly, homely). **2** 金離れの悪い, けちな (ungenerous, mean). **3** 無礼な, 無作法な (impolite, rude); 不体裁な, ぶしつけな, 野卑な (unseemly, ungracious). ～·**ly** *adv.* ～·**ness** *n.*

ùn·hánd·y 〘《1664》〙 ── *adj.* **1** 手頃でない, 扱いにくい, 調法でない, 不便な (unwieldy). **2** 不器用な, 不手際な, へたな (awkward, clumsy). **ùn·hánd·i·ly** *adv.* **ùn·hánd·i·ness** *n.*

ùn·háng 〘ME〙 *vt.* (**un·hung**) 〈掛けたものを〉取り下ろす, 〔壁などから〕取りはずす〔*from*〕: ～ a picture *from* the wall.

ùn·hánged 〘《15C》〙 *adj.* 絞首刑に処せられ(てい)ない, 縛り首を免れた.

ùn·háp·pi·ly 〘《c1375》〙 ── *adv.* **1** 不幸にして, 運悪く, 残念にも, あいにく (unfortunately): *Unhappily* we offended him. 彼を怒らせてしまったのはまずかった. **2** 不幸に, 不運に, みじめに (miserably): They lived ～ together. 共に幸せには暮らさなかった. **3** 不適切に, へたに, まずく.

ùn·háp·py 〘《a1325》 ← ME *unhap* misfortune (ON *ūhapp* (← ū- 'UN-²'＋*happ* 'HAP¹'))＋-Y⁴〙 ── *adj.* (**unhap·pi·er**; **-pi·est**) **1** 不幸[不運]な, 不幸せな, 悲惨な, みじめな (miserable, wretched); 悲しい, 憂鬱な (sad): an ～ life / this ～ world / She was ～ to see the misery of his family. 彼の家族のみじめな境遇を見て悲しかった. **2** 折悪い, あいにくの (unlucky): an ～ meeting, coincidence, etc. **3** 都合の悪い, 不利な (unfavorable); 縁起の悪い, 不吉な (inauspicious): an ～ omen. **4** 不適当な, 適切でない, 不手際な, へたな (unsuitable, inappropriate): an ～ remark まずい言葉 / He is ～ *in* his choice of words. 言葉の選択がへただ. **5** 《廃》問題を起こす, 困った, やっかいな (troublesome). **ùn·háp·pi·ness** *n.*

ùn·hár·bor *vt.* 《英》〈鹿を〉隠れ場から追い出す.

ùn·hár·dened *adj.* **1** 固くされ(てい)ない; 固くならない. **2** 強くされ(てい)ない, 鍛練され(てい)ない. **3** 無情[無感覚]にされ(てい)ない; 頑固でない.

ùn·hármed 〘ME〙 *adj.* 損なわれ(てい)ない, 害を受けない; 無事な, つつがない (safe): They were released ～. 無事釈放された.

ùn·hárm·ful *adj.* 無害の (harmless). ～·**ly** *adv.*

ùn·hárm·ing *adj.* 害を与えない, 無害の.

ùn·har·mó·ni·ous *adj.* 調子の悪い, 不協和の; むつまじくない, 和合しない (inharmonious). ～·**ly** *adv.*

ùn·hár·ness 〘《15C》〙 *vt.* **1** 〈馬など〉の装具を取りはずす, 馬具を解く: ～ a horse. **2** …のよろいを取る, …に武装を解かせる.

ùn·hár·nessed 〘《15C》〙 *adj.* **1** 馬具を解かれた, 馬具を着けていない. **2** 〈滝・風など〉動力に利用され(てい)ない.

ùn·hár·rowed *adj.* **1** まぐわで均(なら)され(てい)ない. **2** 悩まされ(てい)ない.

ùn·hár·vest·ed *adj.* 収穫され(てい)ない.

ùn·hásp 〘ME〙 *vt.* 《古》…の掛金をはずす.

ùn·hást·y *adj.* 急でない, 性急でない; ゆっくりした, 悠長な (leisurely, slow).

ùn·hát *v.* (**un·hat·ted**; **-hat·ting**) 《古》 ── *vt.* …の帽子を脱がす. ── *vi.* 脱帽する.

ùn·hátched *adj.* **1** 〈卵が〉十分抱かれ(てい)ない; 〈ひよこが〉卵からかえっていない. **2** 〈陰謀など〉たくらまれ(てい)ない, 企てられ(てい)ない: an ～ plot.

ùn·héaled 〘ME〙 *adj.* 〈病気が〉治癒(ちゆ)し(てい)ない, 直らない.

ùn·héalth·ful *adj.* **1** 健康に害がある, 体に有害な, 不健康な, 非衛生的な (unwholesome). **2** 《廃》健康でない (unhealthy); 非健康的な. ～·**ness** *n.*

ùn·héalth·i·ly *adv.* 不健康に, 病弱で, 不健全に.

ùn·héalth·y 〘《1595》〙 ── *adj.* (**un·health·i·er**; **-i·est**) **1** **a** 不健康な. **b** 病身の, 病弱の (unwell, sickly). **c** 〈精神が〉不健全な (unsound). **2** 健康に害がある, 不健全な (unwholesome): an ～ occupation, climate, district, etc. **3** 不健康そうな: an ～ complexion. **4** **a** 危険な, 有害になりかねない (dangerous, risky): an ～ situation. **b** 有害な, 悪い (bad, injurious): an ～ habit. **c** (道徳的に)堕落した (corrupt): ～ crime comics いかがわしい犯罪漫画. **ùn·héalth·i·ness** *n.*

ùn·héard 〘ME〙 ── *adj.* **1** 聞こえない: cries that went ～ 人に聞こえなかった叫び声. **2** 聞く者がない, 傾聴されない, 弁明を許されない: He was condemned ～. 弁明を許されないで断罪された. **3** 《古》今まで聞いたことのない, 知れ渡っていない (unknown).

ùn·héard-òf *adj.* 今まで聞いたことがない, 前例がない, 前代未聞(みもん)の, 未曾有(みぞう)の (unprecedented): an ～ calamity 前例のない大災難.

ùn·héed·ed *adj.* 顧みられ(てい)ない, 気をつける者がない, 注意され(てい)ない (disregarded, ignored). ～·**ly** *adv.*

ùn·héed·ful *adj.* 《古》気をつけない, 気にとめない, 不注意な (negligent, careless).

ùn·héed·ing *adj.* 気をつけない, 不注意な, ぼんやりした (inattentive, careless). ～·**ly** *adv.*

ùn·hélm 〘ME〙《古》*vt.* …のかぶとを取る. ── *vi.* かぶとを取る.

ùn·hélped 〘ME〙 *adj.* 助けられ(てい)ない, 援助のない (unaided).

ùn·hélp·ful *adj.* 援助しない, 助けにならない, 無用の (useless). ～·**ly** *adv.*

ùn·hémmed *adj.* ふちを取らない, ふちなしの.

ùn·hér·ald·ed *adj.* **1** 予告され(てい)ない, 不意の,

だしぬけの (unexpected). **2** 認められ(ていない, 無名の (anonymous).

ùn·he·ró·ic *adj.* 非英雄的な; 臆病な (timid), 堂々としていない.

ùn·he·ró·i·cal *adj.* =unheroic. **～·ly** *adv.*

ùn·hés·i·tàt·ing *adj.* **1** (物事をするに)ぐずぐずしない, 躊躇(ちゅうちょ)しない; 敏活な, 手早い (prompt, ready): He is ～ *in* his obedience. はいはいと(二つ返事で)言うことをきく. **2** てきぱきした, はきはきした: an ～ reply. **3** 動揺しない, 確固たる (steady). **～·ly** *adv.*

ùn·héwn 〘ME〙 *adj.* **1** 切られ(てい)ない; 切って[刻んで]作られ(てい)ない. **2** 〈仕事・計画・言葉など〉粗野な, 粗雑な (rough).

ùn·híd·den *adj.* 隠され(てい)ない, あからさまの, 公然の.

ùn·hín·dered *adj.* 妨げられ(てい)ない, 邪魔され(ていない).

ùn·hínge 〘(1612)〙 **—** *vt.* **1** …の蝶番(ちょうつがい)を取り除く[外す]: ～ a door. **2** (蝶番を取ったように)大きく開ける. **3** (無理に)取り外す, 引き離す (detach); 解体する, 壊す (dismember). **4** ぐらつかせる, 不安定にさせる, 混乱させる; 〈精神を〉乱す (unsettle), 〈人を〉狂わす, 発狂させる: ～ the mind / ～ a person / He was mentally ～*d*. 気が狂った. **～·ment** *n.*

ùn·híred *adj.* 賃借され(てい)ない; 雇われ(てい)ない.

ùn·his·tór·ic *adj.* =unhistorical.

ùn·his·tór·i·cal *adj.* 歴史[史実]に合わない, 歴史(的記録)にない, 非歴史的な. **～·ly** *adv.*

ùn·hítch *vt.* 〈繋(つな)いである馬などを〉解く, 解き放す, 放す (unfasten).

ùn·hó·ly 〘OE *unhāliġ*: ⇨ un-², holy: cf. Du. *onheilig*〙 **—** *adj.* (**un·ho·li·er; -li·est**) **1** 神聖でない, 不浄な, 汚れた (profane). **2** 不信心な (impious), 邪悪な (wicked). **3** 堕落した, 不道徳な (immoral); 非難に値する, 非難すべき (reprehensible). **4** 悪魔的な, 悪意に満ちた (malicious). **5** 《口語》ひどい, 恐ろしい, 途方もない (awful, shocking): an ～ row すさまじい騒ぎ / at an ～ hour とんでもない時間に. **ùn·hó·li·ly** *adv.* **ùn·hó·li·ness** *n.*

ùn·hòm·o·gé·ne·ous *adj.* 異種の, 異質の; 純一でない.

ùn·hón·ored *adj.* **1** 名誉[栄誉]を与えられ(てい)ない, 尊敬され(てい)ない. **2** 〘金融〙〈手形が〉引き受けられ(てい)ない, 拒絶された.

ùn·hóod *vt.* **1** …の頭巾(ずきん)(hood)を脱ぐ[取る]. **2** 〘鷹狩〙〈鷹〉の目隠しを外す.

ùn·hóok *vt.* **1** かぎから外す, かぎを外して〔…から〕取り離す〔*from*〕. **2** 〈衣服など〉のホックを外す: ～ a dress. **—** *vi.* かぎから外れる; ホックが外れる.

ùn·hóped *adj.* 《古》=unhoped-for.

ùn·hóped-fòr *adj.* 望外の, 意外な, 思いがけない, 予期しない (unexpected): ～ success.

ùn·hópe·ful *adj.* 有望でない, 望みがない. **～·ly** *adv.*

ùn·hórse 〘ME〙 **—** *vt.* **1** 馬から投げ出す, 〈馬が〉〈乗手を〉振り落とす, 落馬させる. **2** 〈人・物を〉転倒させる (overthrow); (地位・役職などから)追い出す, 失脚させる (unseat). **3** 《古》…から馬を奪う[離す]: ～ a carriage.

ùn·hós·tile *adj.* 敵意[敵愾(がい)心]のない; 友好的な (amicable).

ùn·hóuse [-háuz] 〘ME〙 *vt.* …の家を奪う, 家から追い出す; 宿なしにする.

ùn·hóused [-háuzd] *adj.* 家を奪われた, 家から追い出された; 宿なしの.

ùn·hóu·seled *adj.* 《古》(死の直前の)聖体を拝領し(てい)ない.

ùn·húlled *adj.* 殻を除いていない; 殻つきの: ～ rice 籾(もみ).

ùn·hú·man *adj.* =inhuman. **～·ly** *adv.*

ùn·hú·man·ìze *vt.* …から人間性を除く, 非人間的にする (dehumanize).

ùn·húng *v.* unhang の過去形・過去分詞. **—** *adj.* 吊るされ(てい)ない; (特に)絞首刑にされ(てい)ない.

ùn·húr·ried *adj.* 急がない, あせらない, 気長な (leisurely); よく注意を払った, 慎重な (deliberate): an ～ manner 悠揚迫らぬ態度. **～·ly** *adv.* **～·ness** *n.*

ùn·húrt 〘ME〙 *adj.* 損なわれ(てい)ない, 害を受け(てい)ない, 怪我のない, 無傷の (intact, uninjured).

ùn·húrt·ful *adj.* 《古》無害の, 傷をつけない.

ùn·húsk *vt.* …から殻[皮, さや]をとる; むき出しにする.

ùn·hỳ·gi·én·ic *adj.* 非衛生的な; 非健康的な. **ùn·hỳ·gi·én·i·cal·ly** *adv.*

ùn·hý·phen·àt·ed *adj.* **1** ハイフンの付いていない. **2** 〈人種など〉混血でない, 純粋の: an ～ American 生粋のアメリカ人.

ùn·hys·tér·i·cal *adj.* ヒステリーにかかっていない; 病的興奮をしない, 冷静な. **～·ly** *adv.*

u·ni- [júːnɪ, -nə | -nɪ] 〘← L *ūnus* 'ONE'〙「一 (one), 単一 (single)」の意の連結形 (cf. multi-): *unicellular*.

U·ni·ate [júːniæ̀t | -nɪ-] 〘(1833) □ Russ. *uniat* ← *uniya* union (with the Roman Church) □ L *ūniō(n-)* 'UNION'〙 **—** *n.* (*also* **U·ni·at** [～]) 〘キリスト教〙ユニアト信徒, 東方[ギリシャ]帰一教会信徒, 帰一教会信徒, 合同東方カトリック教徒《ローマ教皇の首位権を認めながら固有の東方[ギリシャ]正教会の典礼・慣習などを保持する; cf. Greek Catholic》. **—** *adj.* ユニアト信徒の, 合同東方カトリック教徒の: the ～ churches 東方[ギリシャ]帰一教会, 帰一教会.

ùni·áxial *adj.* **1** 〘結晶〙(正方晶系・六方晶系などのような)単軸の, 一軸性の. **2** 〘生物〙単軸の, 単茎の. **～·ly** *adv.*

u·ni·cam·er·al [jùːnɪkǽm(ə)rəl, -nə- | -nɪ-] 〘(1853) ← UNI-+L *camer(a)* chamber (⇨ camera)+-AL¹〙 **—** *adj.* **1** 〈議会が〉一院制の: the ～ legislature 一院制度. **2** 〘生物〙=unilocular. **～·ly** [-rəli | -lɪ] *adv.*

ùni·cápsular 〘(1720) ← UNI-+CAPSULE+-AR¹〙 *adj.* 〘植物〙単蒴(さく)の.

UNICEF [júːnəsèf | -nɪ-] 〘《頭字語》← *U(nited) N(ations) I(nternational) C(hildren's) E(mergency) F(und)*〙 **—** *n.* ユニセフ, 国連児童基金《第二次大戦の犠牲となった諸国の児童と後進国の児童の援助を目的として 1946 年設置され, 当時は United Nations International Children's Emergency Fund (国連国際児童緊急基金)と呼ばれていたが, 1953 年 United Nations Children's Fund と改称; 略称は変わらず UNICEF という》.

ùni·céllular *adj.* 単細胞の. **ùni·cellulárity** *n.*

unicéllular ánimal *n.* 単細胞動物, 原生動物(protozoal).

ùni·cólor *adj.* 一色の, 単色の.

ùni·cólored *adj.* =unicolor.

u·ni·corn [júːnəkɔ̀ən | -nɪkɔ̀ːn] 〘(?a1200) □ (O)F *unicorne* □ L *ūnicornis* one-horned ← UNI-+*cornū* 'HORN'〙 **—** *n.* **1** 〘伝説〙一角獣《額に一本のねじれた長い角があり, 山羊のあごひげ・ライオンの尾・雄鹿の足を持つ馬に似た伝説的動物; 処女でなければこれを捕えることができないとされた; 純潔・清純の象徴とされた; cf. tricorn 2》. **2** 〘動物〙イッカク (*Monodon monoceros*)《寒帯の海にすむイッカク科の動物; 雄には長くまっすぐな螺(ら)旋形の牙(きば)がある; unicorn whale, narwhal ともいう》. **3 a** 〘紋章〙一角獣《スコットランド王の紋章の盾の両側, また連合王国ならびに王室の紋章ではライオンと相対して盾の向かって右側にある supporter》. **b** ユニコーン《スコットランドの昔の金貨; 1486 年 James 三世のとき初めて作られ, 重さは 59 グレイン, 表に一角獣の像があった》. **4** 〘聖書〙野牛《ヘブライ語の e'ēm「二角獣」の誤訳として A.V. に用いられたもの; 後 R.V. で wild ox「野牛」と改められた; cf. *Deut.* 33: 17》. **5** [the U-] 〘天文〙いっかくじゅう(一角獣)座 (⇨ Monoceros). **6** (並列された二頭の先頭に一頭を仕立てて駆る)三頭一組の馬.

unicorn 1

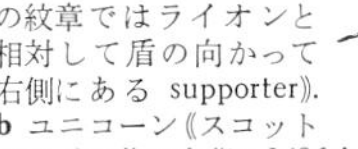

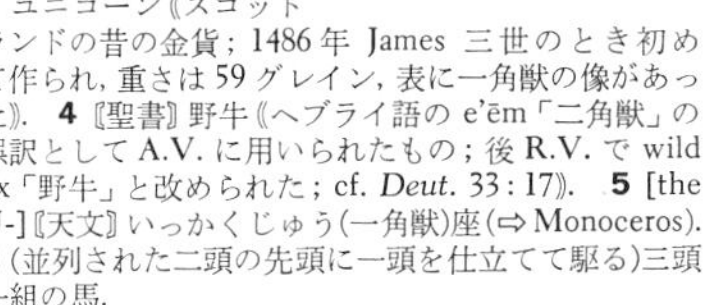

unicorn 2

únicorn plànt *n.* 〘植物〙ツノゴマ (*Proboscidea jussieui*)《メキシコ原産のツノゴマ科の一年草; 観賞用》.

únicorn whàle *n.* 〘動物〙=unicorn 2.

ùni·cóstate *adj.* 〘植物〙単肋(ろく)の《植物の葉などについていう》.

ùni·crácking prὸcess *n.* 〘化学〙ユニクラッキング法《石油留分の水素添加による分解法の一つ》.

u·ni·cur·sal [jùːnɪkə́ːsəl, -nə-, -sl̩ | -nɪkə́ː-] 〘← UNI-+L *curs(us)* 'COURSE¹'+-AL¹〙 **—** *adj.* 〘数学〙**1** 〈曲線が〉(双曲線のようにではなく, 放物線のように)一つの枝から成る (cf. bicursal). **2** 一筆書きが可能な. **3** 〈曲線が〉一つのパラメーターの有理関数として表わせる.

ùni·cúspid 〘← UNI-+CUSPID (adj.)〙 *adj.* 尖端がただ一つの.

ùni·cúspidate *adj.* =unicuspid.

úni·cỳcle 〘← UNI-+(BI)CYCLE〙 *n.* 一輪車. **úni·cỳclist** *n.*

ùn·i·dé·aed *adj.* **1** 思想がない; 思考の独創性に欠ける. **2** 想像力がない, 愚鈍な (stupid, dull).

ùn·i·dé·al *adj.* **1** 観念的でない; 唯物的な (materialistic). **2** 理想的でない; 実証的な, 写実的な, 現実的な (realistic). **3** 興味のない, 退屈な (dull), 散文的な (prosaic), 平凡な (ordinary).

ùn·i·dén·ti·fied *adj.* 当の人物[品物]であると証明され(てい)ない, 同一(物)と認められ(てい)ない; 身元不詳の; 未確認の: an ～ flying object =UFO.

unicycle

ùni·diménsional *adj.* 一次元の. **ùni·dimensionálity** *n.*

ùn·id·i·o·mát·ic *adj.* 慣用語法に反する[合わない]. **ùn·id·i·o·mát·i·cal·ly** *adv.*

ùni·diréctional *adj.* **1** 一方向だけの[を有する]. **2** 〘電気〙定方向の, 一方向性の. **～·ly** *adv.*

unidiréctional anténna *n.* 〘通信〙単指向性アンテナ《特定の一方向にだけ高い感度をもつアンテナ》.

unidiréctional cúrrent *n.* 〘電気〙単向電流.

UNIDO [júːnədòu | -nɪdəu] 《略》United Nations Industrial Development Organization 国連工業開発機関, ユニド.

úni·fàce *adj.* 〈貨幣・紙幣・メダルなど〉片面刻印の, 裏面空白の.

úni·fàced *adj.* =uniface.

ùni·factórial *adj.* 単一因子[遺伝子]の[に支配された].

u·ni·fi·a·ble [júːnəfàɪəbl̩ | -nɪ-] *adj.* 統一[合一]することのできる, 単一化できる.

u·nif·ic [juːnífɪk | juː-, jʊ-] 〘← UNI-+-FIC〙 *adj.* 一つにする, 統一を生む, 統合的な (unifying).

u·ni·fi·ca·tion [jùːnəfɪkéɪʃən, -fə- | jùːnɪfɪ-, jʊn-] 〘(1851): ⇨ unify, -ation〙 *n.* 統一(状態), 単一化, 合一.

ú·ni·fi·er *n.* 統一する人[物], 統一者.

ùni·fílar *adj.* 単糸の, 単線の.

ùni·fíning prὸcess *n.* 〘化学〙ユニファイニング法《石油の脱留法の一つ》.

ùni·flágellate *adj.* 〈細菌など〉一本の鞭(べん)毛をもつ.

ùni·flórous *adj.* 〘植物〙単花の[を有する].

úni·flòw èngine *n.* 〘機械〙ユニフロー機関《単流掃気方式による内燃機関》.

ùni·fóliate *adj.* 〘植物〙**1** 単葉の[を有する]. **2** =unifoliolate.

ùni·fóliolate *adj.* 〘植物〙(ミカンなどの複葉のように)単小葉を有する, (単身複葉を成す)単小葉をつける.

u·ni·form [júːnəfɔ̀əm | -nɪfɔ̀ːm] 〘(1540) □ (O)F *uniforme* // L *ūniform-is* having one form: ⇨ uni-, form〙 **—** *adj.* **1** 同じ形式[形状, 型, 色]の, 揃いの; 〔…と〕同じの, 同様の〔*with*〕: vases of ～ size and shape 同一の大きさと形の花びん / wear a dress of ～ pattern 揃いの模様の着物を着る / books ～ *with* this volume この本と同じ装丁の書物. **2** 同様な; 同一標準の, 画一的な, 等しい (regular, even): articles of ～ weight 画一的重さの[重さの等しい]物品 / ～ acceleration 等加速度 / ～ motion 等速運動. **3** 〈行動・意見など〉いつも[どこでも]変わりのない, いつも一様な, 一定不変の, 均一の: keep a room at a ～ temperature 部屋をいつも一定の温度に保つ / behave with ～ moderation いつも変わりなく穏健に振舞う / a ～ minimum wage 均一最低賃金 / a ～ policy 一定不変の政策. **4** 均等の, 均質の, むらのない (homogeneous): flour ～ *in* quality 均質の麦粉 / a ～ price 均一値段. **5** 〘数学〙一様な《ある変数・パラメーター・関数などと関係なく独立に生じることをいう》.
— *n.* (兵士・水兵・巡査などの)制服, 軍服, 官服, (選手の)ユニフォーム (cf. mufti, plain clothes): wear a ～ / be in ～ / a school ～ 学校の制服 / a nurse's ～ / ⇨ dress uniform, full-dress uniform.
out of uniform 略装で; 規定とは違った軍服を着た.
— *vt.* **1** 均一[同型]にする. **2** …に制服を着用させる: ～ students in black 学生に黒の制服を着させる.

u·ni·form·ly [⌐⌐⌐, ⌐⌐⌐ | ⌐⌐⌐⌐] *adv.* **～·ness** *n.*

Úniform Códe of Mílitary Jústice *n.* [the ～] 〘米軍〙統一軍事裁判法《合衆国軍に属する全員の行動を規定する法典; 1951 年 5 月, 陸(海・空)軍軍法会議法 (Articles of War), 海軍軍法会議法 (Articles for the Government of the Navy) などに代わって制定された》.

úniform convérgence *n.* 〘数学〙一様収束《収束の速さが変数の値に対して一様であること》.

ú·ni·fòrmed *adj.* 制服常用の; 制服を着た, 制服の: a ～ cop 制服警官.

úniform flów *n.* 〘土木〙等流《液の流動の状態が時間的にも場所的にも変わらないもの》.

u·ni·form·i·tar·i·an [jùːnəfɔ̀əmətέ(ə)riən | -nɪfɔ̀ːmɪtέəriən] 〘(1840) ← UNIFORMIT(Y)+-ARIAN〙 〘地質〙 *adj.* 斉一説の. **—** *n.* 斉一論者.

ù·ni·fòrm·i·tár·i·an·ism [-nìzm] *n.* **1** 〘地質〙斉一説《地質の変化は絶えず均一的・持続的に働く力の作用によるものであると説く説; cf. catastrophism》. **2** 〘哲学〙整一[斉一]説《世界の運行は自然の整一[斉一]性に従い非偶然的であるとする説; cf. tychism》.

u·ni·form·i·ty [jùːnəfɔ́əməṭi | jùːnɪfɔ́ːmətɪ, jʊn-, -mɪ-] 〘(?a1425) □ (O)F *uniformité* // LL *ūniformitāt-em*: ⇨ uniform (adj.), -ity〙 **—** *n.* **1** 一様, 同様 (sameness). **2** 一定不変(性), 一貫性 (consistency) (↔ multiformity). **3** 均等性, 等質(性) (homogeneity). **4** 均一(性), 一律, 画一(性) (cf. variety). **5** 単調 (monotony).

u·ni·form·ize [júːnəfɔ̀əmaɪz | -nɪfɔ̀ːm-] 〘□ F *uniformis-er*: ⇨ uniform, -ize〙 *vt.* 均一化する.

úniformly contínuous fúnction *n.* 〘数学〙一様連続関数《与えられた任意の正の数 ε に対して正数 δ があって, $|x-x'|<d$ ならば必らず $|f(x)-f(x')|<e$ となるような関数 $f(x)$》.

u·ni·fy [júːnəfàɪ | -nɪ-] 〘(1502) □ (O)F *unifi-er* // ML *ūnific-āre* to unify: ⇨ uni-, -fy〙 **—** *vt.* 一つにする, 一体[一様]にする, 統一[合一]する. **—** *vi.* 一つになる, 一体[一様]になる.

U·ni·gen·i·tus [jùːnɪdʒénəṭəs | -nɪdʒénɪt-] 〘□ ML *ūnigenitus* only-begotten〙 **—** *n.* 〘神学〙ウニジェニトゥス勅書《1713 年に教皇 Clement 十一世がヤンセン主義 (Jansenism) を排斥したもの; 同書の最初の語をとって書名とした》.

u·ni·ju·gate [juːnídʒʊgèɪt, jùːnɪdʒúːgət, -gɪt, -geɪt] 〘← L *ūnijugus* single-paired (← UNI-+*jugum* 'YOKE¹')+-ATE²〙 **—** *adj.* 〘植物〙〈羽状葉が〉一対だけの小葉をもっている.

ùni·júnction *n.* 〘電子工学〙単接合《接合を一つだけもった半導体素子の構造; cf. heterostructure》.

ùni·láteral 〘《1802》← UNI-+LATERAL: Jeremy Bentham の造語〙 ― *adj.* **1** 一方(的)の, 一面(的)の, 片側だけの (one-sided). **2** 〘政治〙一方[一党, 一派]だけでなされた, 相互的でない: a ~ decision. **3** 〘法律〙片務の, 一方的の, 単独の (cf. bilateral): a ~ contract 片務契約. **4** 〘生物〙片側だけに生じる[配列する], 片側だけの. **5** 〘人類学・社会学〙(父系または母系だけの)単性系譜の, 単系の (cf. bilateral). **6** 〘病理〙体の片側だけ冒(おか)す, 片[一]側(性)の.

Unilateral Declaration of Independence (他国の支配下にある国の)一方的独立宣言《1965 年英国からの独立を宣言した Rhodesia 政府が最初》.

~·ly [-rəli | -lɪ] *adv.*

uniláteral anténna *n.* 〘通信〙 =unidirectional antenna.

uniláteral sýstem *n.* 〘機械〙片側式《機械部品の寸法許容範囲の与え方の一方式》.

ùni·línear *adj.* 一本の成長[発展, 向上]線をたどった; 一本の道をまっしぐらに進む: ~ evolution.

ùni·língual *adj.* 一つの言語しか用いない, 1 か国語だけの[から成る].

ùni·líteral *adj.* 単一文字の, 一字から成る.

ùn·il·lú·mi·nàt·ed *adj.* **1** 照らされ(てい)ない, 照明がない; 暗い (dark). **2** 教化され(てい)ない; 無知の, 蒙昧(もうまい)な (ignorant).

ùn·il·lú·sioned *adj.* 幻覚[幻想, 錯覚]のない.

ùn·íl·lus·tràt·ed *adj.* **1** 例証され(てい)ない. **2** 挿絵[図解]のない.

úni·lòbed *adj.* 〘昆虫〙単葉の.

ùni·lócular *adj.* 〘生物〙単室の, 単房の.

ùn·i·mág·in·a·ble *adj.* 想像のできない; 考えられない, 思いもつかない. **ùn·i·mág·in·a·bly** *adv.*

ùn·i·mág·i·na·tive *adj.* 想像力のない; (詩的な)創造力に乏しい, 散文的な (prosaic), 現実的な, 実際的な (practical): an ~ work of art. **~·ly** *adv.* **~·ness** *n.*

ùn·i·mág·ined *adj.* 想像された(ことの)ない.

ùni·módal *adj.* 〘統計〙〈頻度などを示す曲線が〉単峰形の: a ~ statistical distribution. **ùni·modálity** *n.*

ùni·módular *adj.* 〘数学〙〈マトリックスが〉ユニモジュラの, 行列式が 1 の.

ùn·im·páired *adj.* 損なわれ(てい)ない; 〈量・価値など〉減じ(てい)ない, 弱められ(てい)ない.

ùn·im·pás·sioned *adj.* 情に動かされない, 熱しない, 激しない, 冷静な, 落ち着いた.

ùn·im·péach·a·ble *adj.* 弾劾[非難]できない, とがめることのできない, 罪科のない (blameless), 申し分のない, 非の打ちどころのない (impeccable): ~ evidence 歴然たる証拠 / an ~ reputation 非の打ちどころのない名声. **ùn·im·pèach·a·bíl·i·ty** *n.* **~·ness** *n.* **ùn·im·péach·a·bly** *adv.*

ùn·im·péded *adj.* 妨げられ(てい)ない, 妨害を受け(てい)ない, 何一つ邪魔のない (unhindered).

ùn·ím·ple·mènt·ed *adj.* まだ効力を発していない, まだ効力のない: an ~ agreement.

ùn·im·pór·tance *n.* 重要でないこと, 取るに足らないこと, ささい(なこと) (insignificance, triviality): a matter of ~ 重要でない[つまらない]こと.

ùn·im·pór·tant *adj.* 重要でない, 取るに足らない, ささいな, つまらない (insignificant, trivial). **~·ly** *adv.*

ùn·im·pós·ing *adj.* 目立たない, 人目を引かない, 堂堂としていない: ~ kindness 目立たない[小さな]親切.

ùn·im·prég·nat·ed *adj.* 受胎し(てい)ない, (特に)受精し(てい)ない.

ùn·im·préssed *adj.* **1** 押され(てい)ない, 印刻され(てい)ない. **2** 印象づけられ(てい)ない; 感動しない.

ùn·im·préss·i·ble *adj.* 感じない; 感受性に欠ける.

ùn·im·prés·sion·a·ble *adj.* 印象を受け難い, 感じの鈍い, 感動しない: an ~ mind.

ùn·im·prés·sive *adj.* 印象を与えない, 印象的でない, 感動させない; 風采の上がらない. **~·ly** *adv.* **~·ness** *n.*

ùn·im·próved *adj.* **1** 改善され(てい)ない. **2** 〈健康など〉よくならない. **3** 〈土地が〉耕作され(てい)ない: ~ land. **4** (建築敷地などとして)まだ使用され(ていない), (荒れたままで)手入れし(てい)ない. **5** 〈資質・有用性・価値など〉十分に開発[発揮]され(てい)ない; 〈価値・価格・魅力・権力・学殖など〉高められ(てい)ない, みがか[洗練さ]れ(てい)ない. **6** 〈機会など〉まだ利用され(てい)ない: an ~ opportunity なおざりにされている機会. **7** 〈道路が〉表面が柔らかく年間の使用ができない, 改修され(てい)ない. **8** 〈動植物が〉品種改良され(てい)ない.

ùn·in·cór·po·ràt·ed *adj.* **1** 合体[合併]し(てい)ない. **2** 法人組織になっていない. **3** 〈市・町・村が〉自治体組織になっ(てい)ない: an ~ village.

ùn·in·dórsed *adj.* =unendorsed.

ùn·in·dús·tri·ous *adj.* 勤勉でない, 不熱心な; 怠惰な (lazy). **~·ly** *adv.*

ùn·in·féct·ed *adj.* **1** 感染し(てい)ない. **2** (思想・風習などに)かぶれ(てい)ない.

ùn·in·flám·ma·ble *adj.* 発火し難い, 燃えない, 不燃性の.

ùn·in·flát·ed *adj.* 膨脹していない, ふくれていない.

ùn·in·fléct·ed *adj.* **1** 屈曲のない. **2** (言葉に)抑揚のない: an ~ voice. **3** 〘文法〙語尾変化のない.

ùn·ín·flu·enced *adj.* 影響を受け(てい)ない, 感化され(てい)ない; 偏見のない (impartial).

ùn·in·flu·én·tial *adj.* 影響を与えない, 無勢力の, 無力の.

ùn·in·fór·ma·tive *adj.* 知識[情報]を与えない; 非教育的な. **~·ly** *adv.*

ùn·in·fórmed *adj.* **1** 情報を受け(てい)ない, 知らされ(てい)ない. **2** 知識[学問, 教育]のない, 無学の, 無知な (untaught, ignorant). 「適しない.

ùn·in·háb·i·ta·ble 〘《15C》〙 *adj.* 住めない, 住居に

ùn·in·háb·i·ted *adj.* 人の住んでいない, 住民のない, 無人の: an ~ island, area, house, etc. **~·ness** *n.*

ùn·in·híb·i·ted *adj.* **1** 禁じられ(てい)ない, 抑制され(てい)ない. **2** (社会の因習・慣例に)拘束されない, ごく気楽な, 非常に自由な: a thoroughly ~ party.

ùn·i·ní·ti·ate *adj.* =uninitiated. ⌊**~·ly** *adv.*

ùn·i·ní·ti·àt·ed *adj.* 手ほどきを受け(てい)ない; 十分経験のない, 未経験の, 初心の (inexperienced).

ùn·ín·jured *adj.* 損なわれ(てい)ない, 傷害を受けない.

ùni·nóminal 〘□F ~: ⇨ uni-, nominal〙 *adj.* **1** 一選挙区から一名選出する, 一区一人制の: a ~ electoral system 小選挙区制. **2** 〘生物〙一名式の.

ùn·in·spíred *adj.* 霊感を受け(てい)ない, 霊感がない; 感激がない, 平凡な (commonplace).

ùn·in·spír·ing *adj.* (思想・感情などを)吹き込まない, 鼓吹しない; つまらなくて気を滅入らせるような.

ùn·in·strúct·ed *adj.* **1** 教えられ(てい)ない, 教育がない, 無知な. **2** 訓令[指令]を受け(てい)ない.

ùn·in·strúc·tive *adj.* 教育にならない, 非教訓的な: ~ books [comics] ためにならない本[漫画].

ùn·in·súr·a·ble *adj.* 保険をかけられない, 保険のつけられない.

ùn·in·súred *adj.* 保険をかけ(てい)ない.

ùn·ín·te·gràt·ed *adj.* 全体を完成されていない, 不完全な; (特に)人格の統合に欠陥のある.

ùn·in·tél·li·gence *n.* 知力のないこと, 無知.

ùn·in·tél·li·gent *adj.* 知力がない, 無知な (ignorant); 愚鈍な. **~·ly** *adv.*

ùn·in·tèl·li·gi·bíl·i·ty *n.* 理解しにくいこと[もの], 難解なこと[もの].

ùn·in·tél·li·gi·ble *adj.* 理解ができない, わかりにくい, 難解な. **~·ness** *n.* **ùn·in·tél·li·gi·bly** *adv.*

ùn·in·ténd·ed *adj.* 故意でない, そのつもりで(したので)ない, もくろんだのでない.

ùn·in·tén·tion·al *adj.* 故意でない, 何気なくやった, 心にもない, 無意識のうちにやった.

ùn·in·tén·tion·al·ly *adv.* 故意でなく, うっかり, 何気なく.

ùn·ín·ter·est·ed *adj.* **1** 関係がない, 利害関係のない. **2** 興味を感じない, 無関心な (unconcerned, indifferent). **~·ly** *adv.* **~·ness** *n.*

ùn·ín·ter·est·ing *adj.* 興味を湧かせない, 面白くない, つまらない, 退屈な (dull): an ~ story. **~·ly** *adv.* **~·ness** *n.*

ùn·ìn·ter·mít·ted *adj.* 途切れない, 中断され(てい)ない, 絶え間がない (uninterrupted). **~·ly** *adv.*

ùn·ìn·ter·mít·tent *adj.* 間断のない, 継続的な.

ùn·ìn·ter·mít·ting *adj.* 間断のない, 絶え間のない, 引き続く, 引っきりなしの (ceaseless, continuous). **~·ly** *adv.* 「ない.

ùn·in·tér·pret·ed *adj.* 解釈[説明, 通訳]され(てい)

ùn·ìn·ter·rúpt·ed *adj.* 途切れない, 中絶しない, 連続する: a height commanding an ~ view of the sea 海を広々と見渡せる高台. **~·ly** *adv.* **~·ness** *n.*

ùni·núclear *adj.* 〘生物〙=uninucleate. 「cell.

ùni·núcleate *adj.* 〘生物〙単一核の[を持つ]: a ~

ùn·in·vén·tive *adj.* 発明の才のない, 創意のない, 工夫に富んでいない. **~·ly** *adv.* **~·ness** *n.*

ùn·in·vést·ed *adj.* 投資され(てい)ない: ~ funds.

ùn·in·vít·ed *adj.* 招かれ(てい)ない; 差し出がましい, 余計な.

ùn·in·vít·ing *adj.* 人の心を引かない, 魅力がない (unattractive); 気が進まない; まずそうな, いやな (repellent). **~·ly** *adv.* **~·ness** *n.*

ùn·in·vólved *adj.* **1** 巻き添えにされ(てい)ない. **2** 複雑でない, 簡単な (simple), 直接の (direct).

ùni·ócular *adj.* =monocular.

u·nion [júːnjən | -njən, -nɪən] 〘《?*a*1425》□(O)F ~ // L *ūniō(n-)* unity, union ← *ūnus* 'ONE'〙 ― *n.* **1** (二つ以上のものを一つに)結びつけること, 結合, 連合, 合同; 一つに結合した状態 (combination): effect the ~ between two countries 2 国間の連合を達成する / the ~ of soul and body 霊肉の合一 / in ~ 共同で / *Union* gives [is] strength. 《諺》団結は力なり (Aesop, *The Bundle of Strength*). **2 a** 融合, 和合, 一致 (agreement, concord): *in* ~ 和合して, 一緒に / live together *in* perfect ~ 完全に和合して暮らす. **b** 結婚 (marriage); 性交 (copulation): a happy ~ 幸福な結婚 / an illicit ~ 不倫な関係 / the children of the ~ その結婚で生れた子供たち. **3 a** 二つ以上のものが共通の目的で合体してできたもの. **b** 同盟, 連合 (league); 労働組合, 労組 (trade union): a craft ~ 職能別組合, 職能組合 / a trade ~ 労働組合 / a ~ leader 労組の指導者 / ⇨ Universal Postal Union. **c** 連邦: ⇨ UNION of India, UNION of Soviet Socialist Republics. **d** [通例 U-] (初めは Oxford, Cambridge 両大学の, 今は種々の大学の)学生クラブ; 学生会館 (cf. student union). **4** [the U-] **a** (アメリカ)合衆国 (the United States of America). **b** (イギリス)連合王国 (the United Kingdom). **c** (1707 年の)イングランドとスコットランドの連合[合同]; (1801 年の)大ブリテンとアイルランドの連合[合同]. **5** 《英》 **a** 救貧区連合 (poor-law union)《貧民救済法 (poor laws) を施行するための数教区の連合体》. **b** (そういう連合体で共同経営する)救貧院 (workhouse). **6 a** (旗の)連合表象《数国家の連合を象徴したもの; 米国国旗では連合州数を青地に白の星で表わした, 旗竿につける側の上部内側の部分; 英国国旗では b の三つの十字の部分》. **b** 英国国旗《St. George's cross (England), St. Andrew's cross (Scotland), および St. Patrick's cross (Ireland) を重ねてできたもの; Union Jack, Union flag ともいう》. **7** (接ぎ木の)接合(点), 接合個所. **8** 交ぜ織り; 混紡糸. **9** 〘外科〙(傷口や骨折個所の)癒(ゆ)着, 癒合. **10** 〘数学〙 **a** 結び, 和集合《join ともいう; 記号 ∪》. **b** 束の二元の上限《記号 ∪》. **11** 〘機械〙ユニオン継手.

union down [***downwards***] 〘海事〙(遭難信号として)倒旗にして: fly a flag ~ *down* 倒旗を掲げる (cf. 6 a).

Union of India [the ―] インド連邦 (⇨ India).

Union of South Africa [the ―] 南アフリカ連邦《South Africa の旧名》.

Union of Soviet Socialist Republics [the ―] ソビエト社会主義共和国連邦《Soviet Union の公式名; 略 USSR, U.S.S.R.》.

Union of Utrecht [the ―] ユトレヒト同盟《1579 年オランダの北部 7 州が結んだ同盟で, スペインからの独立戦争を起こした; cf. United Provinces》.

― *attrib. adj.* **1** (労働)組合の[に関する]: ~ affairs. **2** さまざまな要素の結合でできた. **3** [U-] (米国南北戦争当時の)連邦軍の, 北軍の. **4** 交ぜ織りの. **5** 〘言語〙数種の言語から共通に用いられるように人工的に作った, 結合言語の: ⇨ union language.

únion càrd *n.* (労働組合などの)組合員証.

únion càtalog *n.* 〘図書館〙総合目録, ユニオンカタログ《repertory catalog ともいう》.

únion chúrch *n.* 〘キリスト教〙ユニオンチャーチ, 連合教会《異なる教派が主として経済的理由から共に使用している教会》.

Únion Cíty *n.* 米国 New Jersey 州北東部の都市; 人口 58,000.

únion dìstrict *n.* 《米》合同学区《小[中]学校のための二つ以上の学区を統合して作られた学区》.

Únion flàg *n.* [the ~] (1801 年以来の英国の)連合国旗《イングランドの St. George's cross, スコットランドの St. Andrew's cross, アイルランドの St. Patrick's cross の三つの十字を結合して 3 国の連合を表わす; 通例 Union Jack と呼ぶ》.

Union flag
1 flag of St. George; 2 flag of St. Andrew; 3 flag of St. Patrick; 4 Union flag

u·ni·o·nid [júːniənɪd | -nɪə-] 〘↓〙 *adj.*, *n.* 〘貝類〙イシガイ科の(貝).

U·ni·on·i·dae [jùːniɑ́nədìː | -nɪ́ɔnɪ-] 〘← NL ~ ← *Union-*, *Unio* large pearl (← L *ūnus* 'ONE') + -IDAE〙 *n. pl.* 〘貝類〙イシガイ科.

ú·nion·ism [-nɪzm] 〘《1845》← UNION+-ISM〙 ― *n.* **1** 労働組合主義. **2** 合同[統一]主義. **3** [the U-] **a** 《米》連邦主義, 統一国家主義《南北戦争当時の南北分離反対説》. **b** 〘英政治〙連合主義, 統一主義《19 世紀末アイルランド自治法案に反対してアイルランドを英国の統一支配下にとどめるべきだとした考え; 自由党の J. Chamberlain らはこれを唱えて脱党し, 保守党員を加えて統一党 (Unionist Party) が結成されたが, 1920 年以降は北アイルランドの保守政党として, 北アイルランドを大英帝国の一部とする政策を堅持した》.

ú·nion·ist [-nɪst, -nəst | -nɪst] 〘《1799》〙 ― *n.* **1** 統一論者, 連合論者. **2** 労働組合主義者; 労働組合員. **3** [U-] **a** 《米》連邦主義者, 統一国家主義者 (⇨ unionism 3 a). **b** 〘英政治〙統一党員 (⇨ unionism 3 b). **4** 統一教会主義者, 教会合同主義者《プロテスタント各派の統一を主張》. **u·nion·ís·tic** [jùːnjənístɪk | -njən-, -nɪən-] *adj.*

u·nion·ize [júːnjənàɪz | -njən-, -nɪən-] *vt.* **1** 連合[合同]する. **2** 労働組合化する; 労働組合に加入させる. **3** 労働組合の規約に従わせる. ― *vi.* **1** 連合する, 組合化する. **2** 労働組合に加入する. **u·nion·i·za·tion** [jùːnjənɪzéɪʃən, -nə- | -njənàɪ-, -nɪən-] *n.*

un·i·on·ized [ʌ̀náɪənàɪzd] 〘← UN-²+IONIZE+-ED〙 *adj.* 〘化学〙イオン化していない, 電離していない.

únion jáck 〘《1674》: いくつかの国籍を示す小旗 (jacks) をまとめて作ったことから〙 ― *n.* **1** 《米》連合国旗 (union). **2** [通例 the U- J-] 英国国旗, ユニオンジャック (⇨ Union flag).

únion jòint *n.* 〘機械〙ユニオン継ぎ手《ねじを利用したパイプ接合用の金具》.

únion lànguage *n.* 〘言語〙連合語《1 グループの諸方言から語彙・文法などの諸特徴を選択し組み合わせて造り, それを共通語として教育や出版物などに用いい

る一種の人工語; 例: 連合ショナ語 (Union Shona)》.

Únion Lèague *n.* [the ~] ユニオンリーグ《米国で 1862 年に設立された秘密政治組織で, 南北戦争中北部諸州における南部同調者の活動に対抗した》.

únion list *n.* 〘図書館〙 ユニオンリスト, 逐次刊行物総合目録.

únion-máde *adj.* 労働組合員が作った.

Únion Mòvement *n.* [the ~] 連盟運動《英国で 1948 年 Mosley により創設されたファッショ的小政党》.

Únion pàrty *n.* [the ~] (米国の)ユニオン党: **a** 南北戦争の初期, 共和党員と戦時民主党員の連合によって Ohio 渓谷諸州に作られた政党. **b** 1936 年の大統領選挙で Townsend Recovery Plan や富の配分の主唱者と他の運動家によって組織された小党.

Únion Róse *n.* =Tudor Rose.

únion schòol *n.* 《米》 ユニオンスクール《合同学区 (union district) に設置された小[中, 小中一貫]学校》.

Únion Shóna *n.* 〘言語〙 連合ショナ語《Bantu 語族に属するショナ語群に共通して用いられる文語; 単に Shona ともいう》.

únion shòp *n.* ユニオンショップ《全従業員の雇用条件が雇用主と労働組合との協定によって定められる事業所; 雇用主は非組合員を採用することは自由であるが, それらの人は一定期間(通例 30 日)後必ず組合に加入することを条件とする事業所; cf. closed shop, nonunion shop, open shop》.

únion stàtion *n.* 《米・カナダ》 合同駅, 共同使用駅《二つ以上の鉄道会社・バス会社などが共通に使用している駅》.

únion sùit *n.* 《米》 コンビネーション (combinations) 《シャツとズボン下とが一つになっている下着》.

ùni·paréntal *adj.* **1** 片親の. **2** 〘生物〙 単性生殖の (parthenogenetic). **~·ly** *adv.*

u·nip·a·rous [juːnípərəs] 〘《1646》← NL *ūniparus*: ⇨ uni-, -parous〙 *adj.* **1** 〘動物〙 一度に一子[一卵]だけ産む (↔ multiparous). **2** 〘植物〙 単花梗(こう)の.

u·ni·par·tite [jùːnɪpɑ́ːtaɪt, -nə- | jùːnɪpɑ́ːtaɪt, ⌐⌐⌐] 〘← UNI-+PART+-ITE²〙 *adj.* 部分に分かれ(てい)ない, 分離し(てい)ない.

u·ni·ped [júːnəpèd | -nɪ-] *adj.* 1 脚の, 1 本足の.

ùni·pérsonal *adj.* **1** ただ一人から成る[として存在する]: a ~ god 単一神. **2** 〘文法〙 単一人称の《methinks のように三人称単数にのみ用いる動詞などについていう》.

ùni·pétalous *adj.* 〘植物〙 単花弁の.

ùni·plánar *adj.* 一平面上の[にある].

uniplánar mótion *n.* 〘物理〙 一平面運動《two-dimensional motion ともいう》.

u·ni·pod [júːnəpɑ̀d | -nɪpɔ̀d] 〘← UNI-+-POD¹: cf. tripod〙 *n.* 一脚《カメラの杖形支持架; cf. tripod 2》.

ùni·pólar *adj.* **1** 〘生物〙 〈神経細胞が〉一[単]極性の. **2** 〘電気〙 単極の, 単軸の, 一極性の. **3** 〘政治〙 単一の強力な要因に基づく[支配された]: a ~ coalition in politics. **ùni·polárity** *n.*

unipólar dýnamo *n.* 〘電気〙 単極発電機《放射状の磁界中にカップ状の導体を回転させて, 整流子を使わずに直流を得る低電圧大電流用の直流発電機; homopolar dynamo, homopolar generator ともいう; cf. unipolar induction》.

unipólar indúction *n.* 〘電気〙 単極誘導《導体中の誘導起電力が交互に変化しない一定の向きの電磁誘導; これを用いると整流子を用いないで直流発電機ができる; cf. unipolor dynamo》.

u·nip·o·tent [juːnípətənt | -tənt] 〘← UNI-+POTENT¹〙 *adj.* 〘生物〙 〈胚域が〉分化単能の《ただ一つの分化能力をもつ; cf. totipotent》.

ùni·poténtial *adj.* **1** 〘電気・電子工学〙 同一電位の. **2** 〘生物〙 =unipotent.

u·nique [juníːk, juː-, júːniːk | juːníːk, jʊ-] 〘《1602》□ F ~ □ L *ūnicus* one and no more, single ← *ūnus* 'ONE': ⇨ -ic¹〙 ── *adj.* **1 a** 唯一の (single, sole): a ~ event / His ~ wish was to work. 彼はただ仕事をしたいと思うだけだった. **b** 唯一の結果だけを生じる. **2** 唯一無二の, 二つとない, 二人といない; 独特の, 独自の, ユニークな; 無比の, 無類の (peerless, unequalled): a ~ writer / These features are by no means ~ *to* Japan. こういう特徴は日本だけのものでは決してない. **3** 《口語》 すばらしい (wonderful); 珍しい, めったにない (very rare): a ~ experience 珍しい経験 / She dresses in a most ~ fashion. 彼女の着物はひどく奇抜だ. ★ (1) 論理的には比較を許さない語であるが, 口語ではよく more, most; very; rather などで修飾される: the most ~ symptom of the U.S. in the 1890's 1890 年代における合衆国の最もユニークな徴候. (2) 3 の用法を好ましくないとする人もいるが, 一般用法である. ── *n.* 唯一[無類]の人[物, 事実]. **~·ly** *adv.* **~·ness** *n.*

uníque factorizàtion domàin *n.* 〘数学〙 素元分解整域[環]《0 でないすべての要素が素元の積としてただ一通りに表わされる, 単位元をもつ整域》.

uníqueness thèorem *n.* 〘数学〙 一意性定理《一般に, ある条件に従うものがただ一つであることを主張する定理をいう》.

ùni·rádiate *adj.* 単一放射形[線]の.

ùni·rámous *adj.* 単枝の.

ùn·ír·ri·gàt·ed *adj.* 引水し(てい)ない, 灌漑(かんがい)し(ていない.

ùni·sérial *adj.* 1 列[単列]の (one-ranked).

úni·sèx 〘← UNI-+SEX〙 ── *adj.* 〈服装・髪型など〉男女どちらにも似合う; 男女両様(向き)の, 男女の区別のない: ~ clothes / a ~ toilet 男女両用の便所. ── *n.* **1** (服装・髪型などで)男女の区別のつかない状態, ユニセックス. **2** (仕事・スポーツなどで)男女平等化, 性的無差別.

úni·sèxed *adj.* (男女の)性別がわからない, 性の区別のない.

ùni·séxual 〘← NL *unisexual-is*: ⇨ uni-, sexual〙 ── *adj.* **1** 男女の区別のつかない, ユニセックスの; 性的無差別の. **2** 〘生物〙 単性の (cf. bisexual): a ~ flower 単性花. **~·ly** *adv.*

ùni·sexuálity *n.* **1** 男性女性の区別のつかない様相[外見]. **2** 〘生物〙 単性.

ùn·í·so·làt·ed *adj.* 離れ(てい)ない, 孤立し(てい)ない.

u·ni·son [júːnəsn̩, -zn̩ | -nɪzn̩, -sn̩] 〘《1574》□ OF ~ (F *unisson*) ∥ LL *ūnison-us* (adj.) having one sound ← UNI-+L *sonus* 'SOUND¹'〙 ── *n.* **1** (二つ以上の音の)調和, 一致. **2** 〔…との〕一致, 和合; 同意 (agreement, assent) 〔*with*〕: *in* perfect ~ 完全に一致して / be *in* ~ *with* the music その音楽と調和している. **3** 異口同音: speak *in* ~ 異口同音にしゃべる. **4** 〘音楽〙 **a** ユニゾン, 同音, 同度 (identity in pitch) 《二つ以上の音が同じ音高であること》. **b** 斉奏, 斉唱《二つ以上の声部が同じ旋律を同音またはオクターブの音程で奏する[歌う]こと》: *in* ~ 斉奏で, 斉唱で. ── *adj.* 〘音楽〙 同音の, 同度の: a ~ string.

u·nis·o·nant [juːnísənənt, -sn̩-] *adj.* 〘音楽〙 =unisonous 1. **u·nís·o·nance** [-ənəns, -sn̩-] *n.*

u·nis·o·nous [juːnísənəs, -sn̩-] 〘《1781》□ LL *ūnisonus*: ⇨ unison, -ous〙 ── *adj.* **1** 〘音楽〙 ユニゾンの, 同音の, 斉奏[唱]の. **2** 一致する, 和合する (concordant).

ùn·ís·sued *adj.* 〘証券〙 〈株式が〉未発行の.

u·nit [júːnɪt, -nət | -nɪt] 〘《1570》《略》← UNITY ∥ ← L *ūn(us)* 'ONE'+(DIG)IT〙 ── *n.* **1** (それ自身で完全な)単一体; 1 個, 一人, 一団: a cohesive ~ 団結力のある一団. **2** (全体の一構成分子を成す)構成単位, 編制単位, 単位: The family is the ~ of society. 家族は社会の単位. **3** (長さ・時間・熱量などを数値で表わす尺度基準としての)単位: ~*s* of mass, energy, etc. / international electrical ~*s* 国際電気単位《volt, ohm など》/ the cgs system of ~*s* シージーエス単位(系)《センチ・グラム・秒単位法》/ The centimeter is a ~ of length. センチメートルは長さの単位である. **4 a** 設備[器具, 装置]一式, (特定の一機能を果たす)機械(一式): an air-conditioning ~ 空気調節装置 / an input [output] ~ 入力[出力]装置. **b** (ユニット式家具などの)一点. **5** 〘軍事〙 (より大きな編成の構成分子としての)部隊, 隊; 〘海軍〙 任務隊: a tactical ~ / a mechanized ~ 機械化部隊. **6** 〘数学〙 **a** 単位, 数 1. **b** (小数の) 1 の位 (unit's place ともいう). **c** 単位元. **d** 単元《逆元をもつ元》. **7** 《米》〘教育〙 (学課目の)単位; 単元《学習の過程または学習内容の一区画》: 15 ~*s* of high school work. **8** 〘医学〙 単位《生体に一定の効果を与えるのに必要な薬物・血清・抗体などの量》. **9** 〘経済〙 ユニット型投資信託の最小単位シェア. ── *attrib. adj.* **1 a** 単位の, 単位を構成する: ~ area 単位面積 / ~ mass 単位質量 / ⇨ unit cost. **b** 〈家具など〉ユニット式の《他の同型のものと組み合わせて使うように設計されたものにいう》: ~ furniture. **2** 個々の (individual).

Unit. 《略》 Unitarian.

u·nit·a·ble [juːnáɪtəbl̩, jʊ- | -tə-] *adj.* 結合できる, 連合[合同]しうる.

u·nit·age [júːnɪtɪdʒ, -nə- | -nɪt-] *n.* **1** (いろいろな量の)単位の規定. **2** 単位量[数].

u·ni·tar·i·an [jùːnətέ(ə)riən | jùːnɪtέəri-, jʊ-] 〘《1687》← NL *ūnitāri(us)* (← L *ūnitās* 'UNITY')+-AN¹: cf. Trinitarian〙 ── *n.* **1** [U-] 〘キリスト教〙 ユニテリアン, ユニテリアン説の信奉者; [the Unitarians] ユニテリアン派《プロテスタントの一派; 三位一体 (Trinity) 説に反対し, 神の単一性 (unity) を主張し, イエスの神性を否定する一派》. **2 a** 一神論者; 一元論者, 単一制論者. **b** 単一政府[中央集権]主義者. ── *adj.* **1** [U-] ユニテリアン派の: the *Unitarian* Church. **2** =unitary.

Ù·ni·tár·i·an·ism [-nìzm̩] *n.* **1** ユニテリアン説, ユニテリアン派の教義. **2** [時に u-] (政治の)中央集権制, 単一政府制.

u·ni·tar·i·ty [jùːnətǽrəṭi, -tér- | jùːnɪtǽrɪti, jʊ-, -rɪ-] *n.* 〘数学〙 ユニタリ性《行列やベクトル空間や一次変換がユニタリであること》.

u·ni·tar·y [júːnətèri | -nɪt(ə)ri] 〘《1816》← UNIT, UNITY+-ARY〙 ── *adj.* **1** 1 個の, 単一の (single); 単位の, 単位として用いる: a ~ state 単一国家. **2** 〘数学〙 **a** (行列やベクトル空間や一次変換が)ユニタリの. **b** 一元の, 帰一の: the ~ method 帰一法. **3** 〘哲学〙 一元的な; 一元(論)の. **4** 〘政治〙 単一政府[中央集権]制の (cf. federal): a ~ government 単一政府[政治].

u·ni·tar·i·ly [jùːnətérəli, ⌐⌐⌐⌐⌐ | júːnɪt(ə)rəlɪ, -rɪlɪ] *adv.* **ú·ni·tàr·i·ness** *n.*

únitary mátrix *n.* 〘数学〙 ユニタリ行列《複素行列で, その随伴エルミート行列 (Hermitian conjugate) が逆行列になるようなもの》.

únitary spáce *n.* 〘数学〙 ユニタリ空間《内積の定義された複素ベクトル空間》.

únitary thèory *n.* 〘化学〙 一元説《分子を一つの単位とみなし諸現象を考察する説; cf. binary theory》.

únitary transformátion *n.* 〘数学〙 ユニタリ変数《ユニタリ空間上の一次変換で, ノルムを変えないもの》.

únit càrd *n.* 〘図書館〙 ユニットカード, 単位カード.

únit cèll *n.* 〘結晶〙 単位胞, 単位格子《空間格子の格子点がつくる平行六面体の中で, 単位としてとったもの》.

únit cháracter *n.* 〘生物〙 単位形質《Mendel の法則によって遺伝される形質》.

únit cìrcle *n.* 〘数学〙 単位円《半径が 1 であるような円》.

únit còst *n.* 〘商業〙 単位原価《製品一単位当たりの原価》; 単価.

únit depreciàtion *n.* 〘会計〙 個別償却《個々の固定資産ごとに減価償却を行なう方法; cf. composite depreciation》.

u·nite¹ [juːnáɪt, jʊ-] 〘《?a1425》← L *ūnīt-us* (p.p.) ← *ūnīre* to make one ← *ūnus* 'ONE'〙 ── *vt.* **1 a** (合して)一体にする, 合体させる, 結合する (combine): ~ two neighboring portions of land 隣接する 2 部分の土地を一つにまとめる / The place ~*s* the country road *with* the main highway. その地点で田舎道が大通りに結びついている. **b** 接合する, 粘着させる: ~ bricks and stones *with* cement セメントでれんがと石を接合する. **c** 〈人々・感情・思想などを〉融合[統合]させる, 団結させる, 結束させる: ~ two ideas 二つの思想を融合させる / bodies of men ~*d* by a common spirit 共通の精神によって結ばれた人々の集団 / *United* we stand, divided we fall. 《諺》団結すれば立ち, 離れれば倒れる (G. P. Morris, *The Flag of Our Union*; cf. Aesop, *The Bundle of Sticks*). **2** 婚姻関係に結ぶ, 結婚させる: ~ one's son *to* a suitable wife 息子を適当な女性にめあわす / The two families were ~*d* by marriage. 両家は結婚によって結ばれた. **3** 〈いくつかの性質・才能などを〉合わせ持つ[示す], 兼ね備える: He ~*s* the best qualities of the gentleman and the Christian. 彼は紳士とクリスチャンの最も優れた特性を兼ね備えている / She ~*d* intellect *with* sensibility. 彼女は知性と感受性を合わせ持っていた. ── *vi.* **1** 合する, 合して一つになる, 合体する〔*with*〕; 接合する, 融合する: Smoke ~*s with* fog to form smog. 煙が霧と溶け合ってスモッグを生じる. **2** 〔意見・主義・行動などにおいて〕結び付く, 提携する, 結束する, 協力する (cooperate) 〔*in*〕: All parties can ~ *in* patriotic sentiment in a national crisis. 国家危急の際にはすべての党派が愛国的感情の下に結束することができる / She ~*d with* her sister *in* evading the event. 彼女は妹と協力してそういう事態を避けようとした.

u·nite² [júːnaɪt, juːnáɪt, jʊ-] 〘《1604》↑: James 一世がイングランドとスコットランドの王家を合同したことにちなむ〙 ── *n.* 《英》 (昔の)ユーナイト(金貨)《James 一世の治世 (1604) に発行された 20 シリング金貨; Jacobus とも呼ばれる》.

u·nite·a·ble [juːnáɪtəbl̩, jʊ- | -tə-] *adj.* =unitable.

u·nít·ed [-tɪd, -ṭəd | -tɪd, -təd] 〘《1552》(p.p.) ← UNITE¹〙 ── *adj.* **1** 結ばれた, 結合した. **2** (政治的に)合併した, 連合した; (精神的に)結合した, 和合した, 一致した (harmonious): a ~ family [couple] 和合した[仲のいい]家庭[夫婦] / break into a ~ laugh 一同でどっと笑い出す. **3** (行動などで)共同した, 提携した, 団結した, 結束した: the ~ forces of the free nations 自由国家の連合軍 / a ~ action 共同行動 / in one ~ body 一体[一団]となって / with a ~ effort 力を合わせて / ⇨ united front.

United Brethren in Christ [the ―] キリスト同胞団《1800 年に米国 Maryland 州に興ったプロテスタントの一派; 教理・政策は Methodism に類似》.

United Church of Canada [the ―] カナダ合同教会《1925 年メソジスト教会・会衆派教会および大多数の長老教会が合同結成した》.

~·ly *adv.* **~·ness** *n.*

Uníted Árab Emírates *n. pl.* [the ~; 単数または複数扱い] アラブ首長国連邦《アラビア半島東部にあるもと英国の保護下にあった 7 首長国から成る連邦; 1971 年 6 国で結成され, 72 年にさらに 1 国が加盟; 構成国は Abu-Dhabi, Ajman, Dubai, Fujairah, Ras al-Khaimah, Sharjah, Umm al-Qaiwain; 人口 240,000, 面積 77,700 km²; 旧名 the Trucial States, Trucial Oman, the Trucial Coast》.

Uníted Árab Repúblic *n.* [the ~] アラブ連合共和国《1958 年エジプトとシリアとの合邦により成立したが, 1961 年シリアが分離し解消した; エジプトはその後もこの国名を保持したが 1971 年 9 月より Arab Republic of Egypt と改称; 略 UAR; ⇨ Egypt》.

Uníted Árab Státes *n.* [the ~] アラブ諸国連合《エジプトとシリアのアラブ連合共和国とイエメンによって結成された旧連邦 (1958–61); cf. United Arab Republic》.

uníted frónt *n.* **1** 連合[共同]戦線: present a ~ 連合戦線を張る, 一致団結して当たる. **2** =popular front.

Uníted Kíngdom 〘《1737》〙 ── *n.* [the ~] 連合王国, イギリス, 英国: **1** Great Britain (England, Scotland, Wales) と Northern Ireland (Man 島, Channel 諸島を除く) 付近の島々より成る王国で, 英連邦の

中核をなす；人口55,347,000, 面積244,785 km², 首都 London；略 U.K.；公式名 the United Kingdom of Great Britain and Northern Ireland グレートブリテン及び北部アイルランド連合王国. **2** (1801-1921年の) Great Britain とアイルランド島全域を含む英国；公式名 the United Kingdom of Great Britain and Ireland グレートブリテン及びアイルランド連合王国.

Uníted Nátions *n. pl.* [the ~] **1 a** [単数扱い]国際連合, 国連《反枢軸の連合国を基礎として1945年 San Francisco において世界50か国の共同署名により発足した世界平和・安全保障・文化交流などを目的とする国際機関；日本は1956年12月加盟；1946年以来本部は米国の New York 市にあり, 1980年現在の加盟国は152か国；略 UN, U.N.》. **b** [形容詞的に] 国際連合[国連]の[に関する]: the ~ forces 国連軍 / the ~ Charter＝the CHARTER of the United Nations. **2** 反枢軸連合国《1942年1月1日枢軸国に対する協力戦の遂行, 単独講和の禁止などを含む Washington 宣言 (1942) に署名した26か国》.

United Nations Educational, Scientific, and Cultural Organization [the —] ⇨ UNESCO.

United Nations Relief and Rehabilitation Administration [the —] ⇨ UNRRA.

Uníted Nátions Chíldren's Fúnd *n.* [the ~] ⇨ UNICEF.

Uníted Nátions Dày *n.* 国連の日《国連憲章調印(1945年)を記念する日；10月24日》.

Uníted Préss *n.* ⇨ UP.

Uníted Préss Internátional *n.* ⇨ UPI.

Uníted Próvinces *n. pl.* [the ~] **1** 同盟諸州《1579年ユトレヒト同盟 (Union of Utrecht) により連合して, ネーデルランド[オランダ]連邦共和国として独立を宣言 (1581) した Holland, Zealand などオランダ北部の7州》. **2** [単数扱い] 連合州《Uttar Pradesh の旧名》.

Uníted Státes 〚《1781》〛 **—** *n.* **1 a** [the ~] = UNITED STATES of America (略 U.S., US). **b** [形容詞的に] アメリカ合衆国[米国]の[に関する]: ~ history 合衆国[米国]史 / a ~ ship 米国船. **2** [単数または複数扱い]連邦(国家).

United States of America [the —] アメリカ合衆国, 米国《50州, District of Columbia, その他の領土(Puerto Rico, Guam 島, 米領 Samoa, Virgin 諸島, Panama Canal Zone など)から成る共和国；人口221,895,000, 面積 9,363,400 km², 首都 Washington, D.C.；略 U.S.A., USA》. ★ 独立当時の米国を指すときにはまれに複数扱いもある.

United States of Brazil [the —] ブラジル合衆国《Brazil の旧公式名》.

Uníted Státes Áir Fòrce *n.* [the ~] 米国空軍《もと米国陸軍の一部で陸軍航空隊 (Army Air Forces) と呼ばれたが, 1947年独立；略 USAF》.

Uníted Státes Ármy *n.* [the ~] 米国陸軍《主に正規軍 (Regular Army) から成るが, ほかに米国州兵 (National Guard) および陸軍予備(役)軍 (Army Reserve) を含む；略 U.S.A., USA；旧称 Army of the United States》.

UNITED STATES OF AMERICA

州名	略語	面積 (km²)	人口 (千人)	首都	成立・昇格年	(順)	俗称	州花	州鳥
Alabama	Ala., AL	133,667	3,742	Montgomery	1819	(22)	Heart of Dixie, Cotton State	camellia	yellowhammer
Alaska	Alas., AK	1,527,470	403	Juneau	1959	(49)	Last Frontier	forget-me-not	willow ptarmigan
Arizona	Ariz., AZ	295,024	2,354	Phoenix	1912	(48)	Grand Canyon State, Apache State	saguaro	cactus wren
Arkansas	Ark., AR	137,539	2,186	Little Rock	1836	(25)	Land of Opportunity, Bear State	apple blossom	mockingbird
California	Calif., Cal., CA	411,015	22,294	Sacramento	1850	(31)	Golden State	California poppy	California quail
Colorado	Colo., CO	270,000	2,670	Denver	1876	(38)	Centennial State	columbine	lark bunting
*Connecticut	Conn., CT	12,973	3,099	Hartford	1788	(5)	Constitution State, Nutmeg State	mountain laurel	American robin
*Delaware	Del., DE	5,328	583	Dover	1787	(1)	First State, Diamond State, Blue Hen State	peach blossom	blue hen chicken
District of Columbia	D.C., DC	174	674	(Washington)	1791			American Beauty	wood thrush
Florida	Fla., FL	151,670	8,594	Tallahassee	1845	(27)	Sunshine State, Peninsula State	orange blossom	mockingbird
*Georgia	Ga., GA	152,489	5,084	Atlanta	1788	(4)	Empire State of the South, Cracker State	Cherokee rose	brown thrasher
Hawaii	HI	16,706	897	Honolulu	1959	(50)	Aloha State, Paradise of the Pacific	hibiscus	nene
Idaho	Ida., Id., ID	216,413	878	Boise	1890	(43)	Gem State, Gem of the Mountains	syringa	mountain bluebird
Illinois	Ill., IL	146,076	11,243	Springfield	1818	(21)	Prairie State	violet	cardinal
Indiana	Ind., IN	93,994	5,374	Indianapolis	1816	(19)	Hoosier State	peony	cardinal
Iowa	Ia., IA	145,791	2,896	Des Moines	1846	(29)	Hawkeye State	wild rose	goldfinch
Kansas	Kans., Kan., KS	213,064	2,348	Topeka	1861	(34)	Sunflower State, Jayhawker State	sunflower	western meadowlark
Kentucky	Ky., Ken., KY	104,623	3,498	Frankfort	1792	(15)	Bluegrass State	golden rod	cardinal
Louisiana	La., LA	125,675	3,966	Baton Rouge	1812	(18)	Pelican State	magnolia	brown pelican
Maine	Me., ME	86,027	1,091	Augusta	1820	(23)	Pine Tree State	pine cone and tassel	chickadee
*Maryland	Md., MD	27,394	4,143	Annapolis	1788	(7)	Old Line State, Free State	black-eyed Susan	Baltimore oriole
*Massachusetts	Mass., MA	21,386	5,774	Boston	1788	(6)	Bay State	trailing arbutus	chickadee
Michigan	Mich., MI	150,779	9,189	Lansing	1837	(26)	Lake State, Wolverine State	apple blossom	American robin
Minnesota	Minn., MN	217,736	4,008	St. Paul	1858	(32)	North Star State, Gopher State	moccasin flower	common loon
Mississippi	Miss., MS	123,584	2,404	Jackson	1817	(20)	Magnolia State, Bayou State	magnolia	mockingbird
Missouri	Mo., MO	180,487	4,860	Jefferson City	1821	(24)	Show Me State	hawthorn	bluebird
Montana	Mont., MT	381,087	785	Helena	1889	(41)	Treasure State, Mountain State	bitterroot	western meadowlark
Nebraska	Nebr., Neb., NE	200,018	1,565	Lincoln	1867	(37)	Cornhusker State, Beef State	golden rod	western meadowlark
Nevada	Nev., NV	286,299	660	Carson City	1864	(36)	Sagebrush State, Silver State	sagebrush	mountain bluebird
*New Hampshire	N.H., NH	24,097	871	Concord	1788	(9)	Granite State	purple lilac	purple finch
*New Jersey	N.J., NJ	20,295	7,327	Trenton	1787	(3)	Garden State	purple violet	goldfinch
New Mexico	N.Mex., N.M., NM	315,115	1,212	Santa Fe	1912	(47)	Land of Enchantment	yucca	roadrunner
*New York	N.Y., NY	128,402	17,748	Albany	1788	(11)	Empire State	wild rose	bluebird
*North Carolina	N.C., NC	136,198	5,577	Raleigh	1789	(12)	Tarheel State	flowering dogwood	cardinal
North Dakota	N.Dak., N.D., ND	183,022	652	Bismarck	1889	(39)	Sioux State, Flickertail State	wild rose	western meadowlark
Ohio	OH	106,765	10,749	Columbus	1803	(17)	Buckeye State	scarlet carnation	cardinal
Oklahoma	Okla., OK	181,090	2,880	Oklahoma city	1907	(46)	Sooner State	misletoe	scissor-tailed flycatcher
Oregon	Oreg., Ore., OR	251,181	2,444	Salem	1859	(33)	Beaver State, Webfoot State	Oregon grape	western meadowlark
*Pennsylvania	Pa., Penn., PA	117,412	11,750	Harrisburg	1787	(2)	Keystone State	mountain laurel	ruffed grouse
*Rhode Island	R.I., RI	3,144	935	Providence	1790	(13)	Little Rhody	violet	Rhode Island Red
*South Carolina	S.C., SC	80,432	2,918	Columbia	1788	(8)	Palmetto State	yellow jessamine	Carolina wren
South Dakota	S.Dak., S.D., SD	199,552	690	Pierre	1889	(40)	Coyote State, Sunshine State	pasqueflower	ring-necked pheasant
Tennessee	Tenn., TN	109,412	4,357	Nashville	1796	(16)	Volunteer State	iris	mockingbird
Texas	Tex., TX	692,405	13,014	Austin	1845	(28)	Lone Star State	bluebonnet	mockingbird
Utah	Ut., UT	219,932	1,307	Salt Lake City	1896	(45)	Beehive State	sego lily	sea gull
Vermont	Vt., VT	24,887	487	Montpelier	1791	(14)	Green mountain State	red clover	hermit thrush
*Virginia	Va., VA	105,716	5,148	Richmond	1788	(10)	Old Dominion	flowering dogwood	cardinal
Washington	Wash., WA	176,617	3,774	Olympia	1889	(42)	Evergreen State	coast rhododendron	willow goldfinch
West Virginia	W.Va., WV	62,629	1,860	Charleston	1863	(35)	Mountain State, Panhandle State	big laurel	cardinal
Wisconsin	Wis., Wisc., WI	145,439	4,679	Madison	1848	(30)	Badger State	violet	American robin
Wyoming	Wyo., Wy., WY	253,597	424	Cheyenne	1890	(44)	Equality State	Indian paintbrush	meadowlark

* 印は合衆国独立当時の13州.　大文字2字の州の略語(ピリオドのないもの)は米国郵政省公認.　(人口は1978年推定値)

Uníted Státes Cóast Guàrd *n.* [the ~] 米国沿岸警備隊 (略 USCG).
Uníted Státes Maríne Còrps *n.* [the ~] 米国海兵隊 (略 USMC).
Uníted Státes Návy *n.* [the ~] 米国海軍《海軍・海兵隊そして海軍指揮下に入るときの沿岸警備隊 (U.S. Coast Guard) を含む；略 USN》.
úni·tèrm 〖← UNI- + TERM〗 *n.* 〖図書館〗(文書索引上の)単一項.
únit·hòlder *n.* 《英》〖証券〗ユニット トラスト (unit trust) の受益者.
únit ímpulse *n.* 〖電気〗単位インパルス《幅が 0・高さが無限大で面積が 1 の理想的なインパルス》.
únit invéstment trùst *n.* 〖経済〗＝unit trust.
u·ni·tive [júːnəṭɪv, juːnáɪṭ-, jʊ- | júːnɪt-] 〖《1526》□ LL *ūnitīv-us* ← L *ūnītus*: ⇨ unite¹, -ive〗 — *adj.* 結合[団結]力のある，合一[調和]させる. **~·ly** *adv.* **~·ness** *n.*
u·nit·ize [júːnətàɪz | -nɪ-] 〖← UNIT + -IZE〗 — *vt.* **1** (個々を集めて)統一のあるものに仕上げる，一つにまとめ上げる. **2** 個々の単位に分ける. **u·nit·i·za·tion** [jùːnəṭɪzéɪʃən, -ṭə- | -nɪtaɪ-, -tɪ-] *n.*
únit lòck *n.* モノロック《握り玉にシリンダー錠を組み込んだ錠前》.
únit magnétic póle *n.* 〖磁気〗単位磁極.
únit mémbrane *n.* 〖生物〗単位膜.
únit operàtion *n.* 〖化学〗単位操作《化学工業の工程のうち，各個の物理的操作をいう》.
únit prícing *n.* 〖商業〗単位価格表示《商品の全体としての値段のほかにポンド，オンス，100 グラム当たりなどの単位重量当たりの値段をつけること》.
únit prócess *n.* 〖化学〗単位工程，単位過程，ユニットプロセス.
únit rúle *n.* 《米》単位(選出)制《米国民主党の全国大会でしばしば用いられる方法で，ある州の代議員の投票はその代議員の過半数の支持する候補者に全数投票したものとみなす規定》.
únit's plàce *n.* 〖数学〗＝unit 6 b.
únit stàff *n.* 〖軍事〗部隊幕僚《師団より下位の部隊の幕僚で，師団以上の部隊の一般幕僚に相当する；cf. general staff》.
únit strèss *n.* 〖工学〗単位(となる)応力《例えば 1 ニュートン毎平方メートルのように，応力の 1 単位に等しい大きさの応力》.
únit swìtch *n.* 〖電気〗ユニットスイッチ，単位スイッチ《複雑な一連の開閉動作をする組合せスイッチに対する語》.
únit tràin *n.* 〖鉄道〗単一貨物車《一種類の物品を運ぶ貨物列車》.
únit trúst *n.* 《英》〖経済〗契約型投資信託《資金の寄託を受け，これを幾つかの特定の有価証券に投資しその利益を分配する投資信託；unit investment trust ともいう；cf. fixed investment trust, fixed trust》.
únit vèctor *n.* 〖数学〗単位ベクトル《長さが 1 のベクトル》.
u·ni·ty [júːnəṭi | -nətɪ, -nɪ-] 〖《*a*1325》 *unite* □ (O)F *unité* // L *ūnitāt-em* ← *ūnus* 'ONE': ⇨ -ity〗 — *n.* **1** 一[唯一]であること，単一(性) (singleness, oneness): ~ and multiplicity 一と多. **2** (それ自体で完全な，または完全と見なされる)個体，単一体，統一体 (complete being): a nation as a ~ 統一体としての国家. **3** (感情・気分などの)一致，調和，和合 (concord, harmony): a ~ of sentiment / the family ~ / national ~ 挙国一致 / They live together *in* [*at*] ~. 和合して生活している / work *in* ~ *with* others 他人と協力して働く / Give to all nations ~, peace, and concord. 万国に和睦と太平とを与えたまわんことを (*Prayer Book*). **4** (目的・行動などの)不変性，一貫性: ~ in purpose and action 目的と行動における一貫性. **5** (思想・行動などの)統一(性)，まとまり (uniformity); 統合 (unification): find ~ in diversity 多様性の中に統一を見出す / disturb the ~ of the idea 観念の統一を乱す / the ~ of the people 国民の統合. **6** (文学・芸術などで全体的効果・調和・均斉を出すための部分・要素などの)調和，まとまり；効果の一貫性: His writings lack ~. 彼の書いたものには統一[まとまり]がない. **7** 〖数学〗**a** (数量の単位としての) 1 (one). **b** 単位元. **8** 〖物理〗構成単位，要素，素子. **9** [the unities] 〖演劇〗三統一[三一致](の法則)《Aristotle が *Poetica* の中で述べたものを基礎として 16–17 世紀のイタリア・フランスの文人たちが規定し，それを劇構成の必要三条件としたもの；the three [dramatic] unities ともいう；⇨ UNITY of action, UNITY of place, UNITY of time》: Shakespeare observed *the unities* in *The Tempest*, though he did not in any other play. シェークスピアは「あらし」だけには三統一を守ったが他の劇では守らなかった. **10** 〖法律〗(不動産の)占有合同，合有 (joint tenancy); (同一人による)権利の保有. **11** [U-] 一体派，ユニティ派《健康と繁栄を求める 20 世紀米国の宗教運動で，以前は新思想 (New Thought) と密接な関係にあったが，その後正統的キリスト教に接近》.
unity of action [the —] 〖演劇〗筋の統一《事件は必ず唯一の主題によって進行し，わき道にそれないこと》.
Unity of Brethren [the —] ＝Moravian Brethren.
unity of place [the —] 〖演劇〗場所の統一《劇中の行為は終始同一の場所を舞台とすること》.
unity of time [the —] 〖演劇〗時の統一《事件は必ず 1 日のうちに解決し 2 日以上にわたらないこと》.
únity strèss *n.* 〖音声〗統合強勢《主に語の最後の音節または語群の最後の語に置かれる強勢；例：neverthelèss / each óther》.
univ. 《略》universal; universally; university.
Univ. 《略》Universalist; University.
UNIVAC, u·ni·vac [júːnəvæ̀k | -nɪ-] 〖《頭字語》 ← *Univ*(*ersal*) *A*(*utomatic*) *C*(*omputer*)〗 *n.* 〖商標〗ユニバック《電子計算機の一種の商品名》.
u·ni·va·lence [jùːnɪvéɪləns, -nə-, juːnívə- | jùːnɪvéɪləns, juːnívə-] *n.* 〖化学〗一価.
u·ni·va·len·cy [jùːnɪvéɪlənsi, -nə-, juːnívə- | jùːnɪvéɪlənsɪ, juːnívə-] *n.* 〖化学〗＝univalence.
u·ni·va·lent [jùːnɪvéɪlənt, -nə-, juːnívə- | jùːnɪvéɪ-, juːnívə-] *adj.* **1** 〖化学〗一価の. **2** 〖生物〗〈染色体が〉一価の，単価の. — *n.* 〖生物〗一価染色体.
úni·vàlve *adj.* **1** 〖貝類〗単弁の，単殻の (cf. bivalve). **2** 〖植物〗〈珪藻類など〉単弁の. — *n.* **1** 単殻軟体動物. **2** 単殻軟体動物の殻.
ùni·válvular *adj.* ＝univalve.
ùni·váriate *adj.* 〖統計〗〈分布が〉一変量の.
u·ni·ver·sal [jùːnəvə́ːsəl, -sl̩ | jùːnɪvə́ː-, jʊ-] 〖《*c*1380》 □ OF ~ (F *universel*) // L *ūniversāl-is*: ⇨ universe, -al¹〗 — *adj.* **1** 一般に行なわれている，すべての人が用い[行なっ]ている，ほぼ例外なく当てはまる，一般的な (generic)，普遍的な；一般に従っている[認められた]，すべてのものに共通した，だれでもの (general) (↔ particular): ~ rules 一般的法則 / ~ validity 普遍妥当性 / ~ human weakness 人間だれでもある欠点 / meet with ~ applause 世間の喝采を博する / There was ~ laughter (a)round the table. テーブルを囲んだ人々がみんな笑った / Superstition is ~ among savages. 迷信は未開人の間で広く行なわれている. **2** あらゆる所に存在する，遍在する: (as) ~ as the air 空気のようにどこにでも存在する. **3** 万人(共通)の；全人類の(ための)，全世界に通じる[及ぶ] (cf. catholic): a ~ peace 世界平和 / Shakespeare has a ~ mind. シェークスピアは万人の心を持っている / a ~ postcard 万国郵便葉書 / ~ brotherhood 四海同胞. **4** 万能の，諸芸に通じた: Leonardo da Vinci was a ~ genius. レオナルド ダ ビンチは万能の天才だった. **5** すべての目的[用途]にかなう，雑用の，万能の: a ~ maid 雑働きの女中，雑役婦 / a ~ agent 総代理人. **6** 宇宙の；全自然界の，万物の[に関する]，万有の；全世界の: the ~ cause 宇宙原因，造物主 / ~ gravitation 万有引力 / ~ ruin 全世界の破滅 (Milton, *Paradise Lost*). **7** 〖法律〗(特定の地位・能力・関係から生じる)個人の権利・利益・義務の全体に関する[応じる，を含む]，包括の，一般の: a ~ successor 包括相続人，全財産相続人. **8** 〖論理〗全称の (generic) (↔ particular): ~ proposition 全称命題 / 'All men are mortal' is a ~ positive. 「すべての人は死ぬ」は全称肯定である / 'No man is omniscient' is a ~ negative.「いかなる人も全知ではない」は全称否定である. **9** 〖金属加工〗〈金属板・形材が〉ユニバーサル圧延機で圧延された. **10** 〖機械〗すべての形や大きさの物に用いうる，あらゆる方向に動く，自在の: a ~ bevel [spanner] 自在角度定規[スパナ] / ⇨ universal compass, universal joint.
Universal Declaration of Human Rights [the —] ＝DECLARATION of Human Rights.
— *n.* **1** [the ~] (特定のものの)全体，全般. **2** 普遍的なもの，普遍的特性《個々のすべてが共有する特質；死の不可避性など》；普遍的傾向[行動様式]: linguistic [language] ~*s* 言語の普遍性. **3** 〖論理〗**a** 全称命題 (↔ particular). **b** Aristotle の五個の賓位[客位]語(概念) (predicables)《すなわち genus, species, difference, property, accident》. **4** 〖哲学〗**a** 一般概念 (general concept)，普遍《例えば類 (genus) や種 (species) など》; 抽象的なもの (abstraction). **b** 形而(ㇾ)上的実体《時間的空間的変化があってもその本質が変わらない存在》. **c** (Hegel の用語で)具体的普遍 (concrete universal). **5** 〖機械〗＝universal joint.
~·ness *n.*
univérsal affírmative *n.* 〖論理〗全称肯定(命題).
univérsal chúck *n.* 〖機械〗自在[連動]チャック.
univérsal cláss *n.* 〖論理〗全クラス[集合]《論議領界 (universe of discourse) 中のすべての対象を含むクラス[集合]; cf. null set 2》.
univérsal cómpass *n.* 〖機械〗自在コンパス.
univérsal cónstant *n.* 〖数学〗普遍定数.
univérsal cóupling *n.* 〖機械〗＝universal joint.
Univérsal Décimal Classificátion *n.* 〖図書館〗国際十進分類法《1895 年 Brussels の国際書誌会議において提唱された分類法で，M. Dewey の decimal classification を展開して作られた；Brussels classification ともいう》.
univérsal dónor *n.* 万能給血者《O 型血液の人》.
univérsal gás cònstant *n.* 〖物理・化学〗普遍気体定数.
univérsal grámmar *n.* 〖言語〗普遍文法《すべての言語は共通の言語構造をもっているという考え方に立ち，言語一般に関する問題を扱う；この考え方はギリシャの昔からあり，今日の変形生成文法の基本的考え方の一つとなっている；general grammar, philosophical grammar ともいう》.
univérsal gravitátion cònstant *n.* 〖物理〗万有引力定数 (⇨ CONSTANT of gravitation).
ù·ni·vér·sal·ìsm [-səlìzm̩, -sl̩-] 〖《1805》← UNIVERSAL + -ISM: cf. F *universalisme*〗 — *n.* **1** 一般性，普遍性 (universality). **2** 知識[関心，活動]の広範なこと，博識. **3** [U-] **a** 〖神学〗普遍救済説《人類は結局全部救われるという神学説》. **b** (18 世紀に起こった万人救済を説く)ユニバーサリストの主義と実践.
ù·ni·vér·sal·ist [-s(ə)lɪst, -ləst, -sl̩- | -səlɪst, -sl̩-] 〖《1626》〗 — *n.* **1** 知識[関心，活動]の広範な人. **2** [U-] 普遍救済論者，ユニバーサリスト，同仁教会信徒 (cf. limitarian 2). — *adj.* ＝universalistic.
u·ni·ver·sal·is·tic [jùːnəvə̀ːsəlístɪk, -sl̩- | jùːnɪvə̀ː-, jʊ-] *adj.* **1** 知識[関心，活動]の広範な. **2** [U-] 普遍救済説の；普遍救済論者の.
u·ni·ver·sal·i·ty [jùːnəvəːsǽləṭi | jùːnɪvəːsǽlətɪ, jʊ̀-, -lɪ-] 〖《*c*1380》 □ (O)F *universalité* // LL *ūniversālitāt-em*: ⇨ universal, -ity〗 — *n.* **1** 一般性，普遍性. **2** (知識・学識・興味などの)広範なこと，多方面性. **3** 適用[応用]がすべてにわたること，包括的なこと.
u·ni·ver·sal·ize [jùːnəvə́ːsəlàɪz, -sl̩- | jùːnɪvə́ː-, jʊ-] *vt.* 一般化する，普遍化する，普及させる (generalize). **u·ni·ver·sal·i·za·tion** [jùːnəvə̀ːsəlɪzéɪʃən, -lə-, -sl̩- | jùːnɪvə̀ːsəlaɪ-, jʊ-, -lɪ-] *n.*
univérsal jóint *n.* 〖機械〗自在継ぎ手.
univérsal lánguage *n.* **1** 世界共通語，国際補助言語《エスペラントなど》. **2** 世界中どこでも用いられ理解される表現.
univérsal légacy *n.* 〖法律〗包括遺贈，全財産遺贈.
ù·ni·vér·sal·ly [-səli, -sl̩i | -səlɪ, -sl̩ɪ] 〖《*a*1398》〗 — *adv.* **1** 一般に，全般に，あまねく，例外なく，普遍的に (generally). **2** 〖論理〗全称的に (cf. universal *adj.* 8).

universal joints

univérsal mílitary sérvice *n.* 国民皆兵(制).
univérsal mílitary tráining *n.* 〖米軍事〗国民軍事訓練(制)《肉体的・精神的に適格な，ある一定の年齢層の男子全員を，ある一定の期間軍隊に服務させる制度》.
univérsal míll *n.* 〖金属加工〗ユニバーサル圧延機《それぞれ水平および鉛直に配置した一対のロールで材料を圧延する圧延機；H 形鋼などの圧延に用いられる》.
univérsal mílling machìne *n.* 〖機械〗万能フライス盤.
univérsal mótor *n.* 〖電気〗ユニバーサルモーター《交直両用の整流子電動機の一種》.
univérsal négative *n.* 〖論理〗全称否定 (⇨ universal *adj.* 8).
univérsal pártnership *n.* 〖法律〗共同組合《組合員全員が現に有する財産の全部，および将来取得する全財産をもその組合の資金として拠出して，その利益は共通とするもの》.
univérsal pláne *n.* 〖木工〗自動多面かんな盤，万能かんな盤《2 面以上を一度に削り，材木を加工する木工機械》.
Univérsal Póstal Ùnion *n.* [the ~] 万国郵便連合《1874 年結成；1947 年国連の専門機関となった；本部は Bern；略 UPU；単に Postal Union ともいう》.
univérsal quántifier *n.* 〖論理〗全称量化[限量]詞[記号]《「すべての対象がしかじかである」ことを表わす量化記号 (A または ∀)；cf. existential quantifier》.
univérsal sét *n.* 〖論理〗全集合《話題の対象のすべてを元とした集合で，論議領界 (universe of discourse) と同じ》.
univérsal shúnt *n.* 〖電気〗万能分流器 (⇨ Ayrton shunt).
univérsal stáge *n.* 〖鉱物〗ユニバーサルステージ，万能回転台《顕微鏡に固定して鉱物の薄片を任意の方向に回転させ，その薄片の光学的性質を調べる装置》.
univérsal súffrage *n.* 普通選挙権 (cf. manhood suffrage, woman suffrage).
univérsal tíme, U- t- *n.* 世界時 (Greenwich time).
Univérsal Tíme Coórdinated *n.* 協定世界時《地球の自転による太陽時を基準にした グリニッジ標準時 (GMT) に代えて，1972 年 1 月 1 日から採用されている世界時；1967 年の国際度量衡会議で決まったセシウム原子の振動数に基づく秒の長さを基準としている；略 UTC》.
univérsal víse *n.* 〖機械〗万能万力 (cf. swivel vise).
u·ni·verse [júːnəvə̀ːs | -nɪvə̀ːs] 〖《*c*1385》 □ (O)F *univers* // L *ūnivers-um* (neut.) ← *ūniversus* (adj.) combined into one; whole, universal ← UNI- + *versus* ((p.p.) ← *vertere* to turn: ⇨ verse¹)〗 — *n.* **1** [the ~] 宇宙 (cosmos); 万有，天地万物，森羅(ㇱ)万象. **2** [the ~] (人間の住む)世界 (world); [集合的] 全人類 (all mankind): He behaves as though he owned *the* ~. 彼は全世界が自分の物であるかのように振舞う. **3** **a** [the ~] 天界，天空. **b** 銀河，天の川 (galaxy): discover new ~*s*. **4** (概念上・現実上で一定の有機的組織を成すとみなされる)分野，領域 (sphere, province). **5** 多数，多量. **6** 〖論理〗＝UNIVERSE of discourse. **7** 〖統計〗＝population 3.
universe of discourse [the —] 〖論理〗論議領界《議論をしている対象の範囲；frame of reference ともいう》.
u·ni·ver·si·ty [jùːnəvə́ːsəṭi, -sti | jùːnɪvə́ːs(ə)tɪ, jʊ-, -sɪtɪ] 〖《*c*1300》 □ (O)F *université* □ ML *ūniversitās* (*magistrorum et scholarium*) the society (of teachers and students) ← L *ūniversitās* the whole, (LL) society,

guild ← *ūniversus* whole: ⇨↑, -ity】 ── *n.* **1** (単科大学と区別して)総合大学, 大学 (cf. college): My son is at (the) ～. 息子は大学に行っている《★《英》ではしばしば無冠詞; cf. He is at [《米》in] college》/ at Columbia *University* / Where do you go to ～? どこの大学生ですか. **2** [集合的] **a** 大学生. **b** 大学当局: The ～ has elected him their Chancellor. 大学当局は彼を総長に選挙した. **3** 大学選手組, 大学チーム: The ～ carried the day. その大学チームが優勝した. ── *attrib. adj.* 大学の[に関係ある]: a ～ man 大学生; 大学教育を受けた人, 大学出身者 / a ～ course 大学の課程 / a ～ professor 大学教授 / a ～ settlement 大学セツルメント.

univérsity cóllege *n.* **1** 大学付属のカレッジ. **2** 《英》学位授与の資格のない大学.

univérsity exténsion *n.* (公開講座などによる)大学教育普及運動; 大学の公開講座.

Univérsity Tést Àct *n.* [the ～]《英》大学試験宣誓条令《1871 年, 従来学位を受けるのに必要とした宗教上の誓約を廃した条令》.

Univérsity Wíts *n. pl.* [the ～] 大学才人派, 学歴派《英国 Elizabeth 一世時代の Lyly, Marlowe, T. Lodge, Greene, Nashe, Peele など Oxford または Cambridge 大学出身の劇作家の一群》.

u·ni·ver·sol·o·gy [jùːnəvəːsáləd͡ʒi | -nɪvəːsɔ́ləd͡ʒɪ] 【← UNIVERSE＋-O-＋-LOGY】 *n.* 宇宙(科)学, 宇宙論.

u·niv·o·cal [juːnívəkəl | jùːnɪvóu-] 【← L *ūnivoc(us)* having one meaning (⇨ uni-, voice)＋-AL¹】 ── *adj.* **1** 一つの意味しかない, 一義の (cf. equivocal 1). **2** 【音楽】＝unisonous 1. ── *n.* 単位語, 一義語. **～·ly** *adv.*

ùn·jád·ed *adj.* 疲れ(てい)ない; 生き生きした, 新鮮な (fresh).

ùn·jáun·diced *adj.* 恨みや嫉妬(しっと)のない; 偏見のない, ひがみのない (unprejudiced): an ～ mind.

ùn·jóin 【ME】 *vt.* 〈結合したものを〉分離する, 離す (disjoin).

ùn·jóined *adj.* **1** 結合[合併]していない, 加入していない. **2** 分離した (disjoined).

ùn·jóint 【ME】 *vt.* **1** 〈漁網など〉の結び目を解く; 〈釣ざおなど〉の継ぎ目をはずす. **2** (肉を切る際に)…の関節をはずす.

ùn·jóint·ed *adj.* **1** 結合していない. **2** 分離した; 継ぎ目の外れた.

ùn·júst 【ME: ⇨ un-², just²】 ── *adj.* **1** 〈人・行動など〉正義にもとる, 不公平な, 不正な; 不当な, 不法な, 不条理な: an ～ judge 不公平な判事 / an ～ sentence 不当な判決. **2** [the ～; 名詞的に; 集合的] 不正な人人: on the just and *the* ～ [ʌ́nd͡ʒʌst] (正しき者正しからざる者)あらゆる者の上に (cf. *Matt.* 5:45). **3** 《廃》不誠実な (faithless); 不正直な (dishonest). **～·ly** *adv.* **～·ness** *n.*

unjúst enríchment *n.* 不当利得.

ùn·jús·ti·fì·a·ble *adj.* 条理の立たない, 理に合わない, 言訳が立たない, 弁解のできない. **～·ness** *n.* **ùn·jús·ti·fì·a·bly** *adv.*

un·kempt [ʌnkém(p)t] 【《1579》← UN-²＋ME *kempt, kembed* ((p.p.) ← *kemben* < OE *cemban* to comb < Gmc **kambjan* ← **kambaz* 'COMB¹')】 ── *adj.* **1** 〈髪が〉櫛(くし)を入れない, もじゃもじゃの (uncombed, disheveled): ～ hair 乱れ髪. **2** 〈服装・外見など〉手入れのしてない, だらしがない, 乱雑な (untidy, neglected): an ～ appearance, garden, etc. **3** 〈言葉など〉洗練されない, 粗野な (unrefined, rough). **～·ly** *adv.* **～·ness** *n.*

un·kenned [ʌnkénd] 【《a1325》← UN-²＋*kenned* ((p.p.) ← KEN¹)】 *adj.* 《スコット・英方言》珍しい, 知られていない (strange, unknown).

ùn·kén·nel *v.* (～ed, -nelled; ～·ing, -nel·ling) ── *vt.* **1** 〈犬を〉小屋から出す. **2** 〈狐などを〉隠れ場[穴]から追い出す. **3** 〈隠れているものを〉現わす, 暴く (disclose). ── *vi.* 犬小屋[隠れ場, 穴]から出る.

ùn·képt 【ME】 *adj.* 保存され(てい)ない; 維持され(てい)ない; (規則など)守られ(てい)ない.

ùn·kínd 【《c1250》】 ── *adj.* (～·er; ～·est) **1** 不親切な, 不人情な, 思いやりのない, 薄情[無情, 冷酷]な (severe, cruel): That's very ～ *of* you. あんたも随分薄情な人だ / the most ～*est* cut of all 世にも最も無情を極めた一撃 (Shak., *Caesar* 3.2.187). **2** 〈天候など〉温和でない, 厳しい (harsh).

ùn·kínd·ly¹ 【OE *ungecyndelic*: ⇨ un-², kindly¹】 ── *adj.* **1** 不親切な, 丁寧でない (ungracious), 不人情な, 友情のない (unfriendly), 無情な, つれない (harsh). **2** 〈天候など〉荒れた, 寒々とした (inclement, bleak). **3** 〈土地など〉作物に適さない (unfavorable). **ùn·kínd·li·ness** *n.*

ùn·kínd·ly² 【《?a1200》← UN-²＋KINDLY²】 *adv.* 不親切に, 不人情に.

ùn·kínd·ness 【《a1325》】 *n.* 不親切, 不人情(な行為), 無情(な仕打ち).

ùn·kíng 【← UN-¹＋KING: cf. G. *entkönigen*】 *vt.* **1** …から王位[王]を奪う. **2** 〈王を〉廃する (depose).

ùn·kíng·ly *adj.* 王らしくない, 王者にふさわしくない.

ùn·kínk *vt.* …のよじれをなくす; まっすぐにする (straighten).

ùn·knígh·tly 【《15C》】 *adj.* 騎士らしくない, 騎士に似合わない. ── *adv.* 騎士にふさわしからぬ態度で. **ùn·knígh·tli·ness** *n.*

ùn·knít 【OE *uncnyttan*: ⇨ un¹-, knit (v.)】 ── *v.* (**un·knit·ted, ～; -knit·ting**) ── *vt.* **1** 〈編み物などを〉解く (ravel out); 〈結び目などを〉解く (untie). **2** 〈寄せたまゆを〉開く: ～ one's forehead. **3** 〈しわの寄ったものを〉のす, まっすぐに伸ばす. **4** 弱める, 損なう, 台無しにする. ── *vi.* ほどける, ほぐれる.

ùn·knót *vt.* (**un·knot·ted; -knot·ting**) **1** …の結び目を解く, ほどく. **2** …のもつれ[からまり]を解く.

ùn·knów·a·ble 【ME】 ── *adj.* **1** 知ることができない. **2** 【哲学】不可知の. ── *n.* **1** 知り得ないもの. **2** [the U-] 【哲学】不可知のもの[こと], 絶対, 第一原因. **～·ness** *n.* **un·knów·a·bly** *adv.*

ùn·knów·ing 【ME】 *adj.* 無知の; 〔…を〕知らない, 〔…に〕気付かない (ignorant) 〔*of*〕: be ～ *of* politics 政治を知らない. **～·ly** *adv.*

ùn·knówn 【《a1325》】 ── *adj.* **1 a** 未知の, 不明の, 無名の, 未詳の; 〔…に〕知られていない 〔*to*〕: an ～ island [author] 無名の島[作者] / a thing of ～ origin 起源の不明なこと / His purpose was ～ *to* me. 彼の目的は私にはわからなかった / a man ～ *to* fame 名の知れていない人 / He did it ～ *to* me. 私には知れずに彼はそれをした / ～ *of* any だれにも知られず, こっそりと. **b** [the ～; 名詞的に] 未知の物事[世界]: the fear of *the* ～ 未知の世界[もの]に対する恐怖[不安] / venture into *the* ～ 未知の世界に踏み込む / *The* ～ is always mysterious and attractive. 未知のものは常に神秘的で魅力のあるものだ. **2** 未確認の. **3** 計り知れない, 数え切れない (incalculable): ～ wealth, delights, etc. **4** 【数学】未知の: ⇨ unknown quantity 1. **5** 《廃》無知の (ignorant). ── *n.* **1** 世に知られない人[もの], 無名の人: an actor who was an ～ until recently 最近まで無名であった俳優 / unfortunate ～*s* / ⇨ Great Unknown. **2** 【数学】未知数; 未知数を表わす符号.

únknown quántity *n.* **1** 【数学】未知数[量] (cf. known quantity). **2** 【比喩】その真価が未知のもの, 「未知数」; 未知数的な[予断を許さない]人[もの].

Únknown Sóldier *n.* 無名戦士《第一次大戦で戦死した多くの身元不明の兵士の代表者として選ばれた無名の一兵士; 英国では Westminster Abbey に, 米国では Virginia 州の Arlington National Cemetery にそれぞれその墓がある; 英国では Unknown Warrior ともいう》.

Únknown Wárrior *n.* [the ～]《英》＝Unknown Soldier.

ùn·lá·beled *adj.* **1** 貼札[レッテル]を付け(てい)ない. **2** 標号を付け(てい)ない, 分類し(てい)ない.

ùn·lá·bored 【《15C》】 *adj.* **1** 労力を用いない, 労力を費さない, 労せずに得た. **2** 〈文体など〉楽な, 自然な, すらすらした. **3** 《古》〈土地が〉耕され(てい)ない.

ùn·láce 【ME】 ── *vt.* **1** 〈靴・コルセットなど〉のひもを解く[ゆるめる]: ～ one's boots, corset, etc. **2** …の衣服をゆるめる, ひもを解いて楽にする. **3** 《廃》恥にさらす: What's the matter that you ～ your reputation thus? こんなにして名声を恥にさらしてどういうことなのか (Shak., *Othello* 2.3.194). **4** 【狩猟】〈射止めたうさぎなど〉の肉を切り裂く: ～ a rabbit.

ùn·láde 【《a1398》: cf. OE *onhladan*】 ── *vt.* **1 a** …の荷を下ろす, …の荷揚げをする (unload): ～ a ship. **b** 〔…から〕〈荷を〉下ろす (take out, remove) 〔*from*〕: ～ the cargo *from* a ship 船荷を下ろす / ～ hay *from* a cart 荷車から乾し草を下ろす. **2** 〈船などが〉〈積荷を〉陸揚げする (discharge): The ship will ～ her cargo today. あの船は今日陸揚げだ. ── *vi.* 荷を下ろす, 荷揚げする.

ùn·lá·dy·lìke *adj.* 貴婦人に似合わない, 淑女らしくない; 貴婦人にあるまじき, 下品な (vulgar).

ùn·láid 【《15C》】 ── *adj.* **1** 置かれ(てい)ない, 据(す)えてない, 並べてない, 配備してない, 敷設してない: The table is still ～. 食卓の用意はまだできていない. **2** 静められ(てい)ない, 迷える, 安まらない: an ～ ghost 迷える魂[亡霊]. **3** 〈死体が〉埋葬され(てい)ない. **4** 〈紙が〉すき込み模様がない: ～ paper. **5** 〈縄が〉撚(よ)り合わせてない (untwisted): an ～ rope.

ùn·la·mént·ed *adj.* 悲しまれ(てい)ない, 嘆かれ(てい)ない, 悲しむ[嘆く]者がない.

ùn·lásh *vt.* **1** …の縛り縄をほどく[解く]. **2** ほどく, ゆるめる (undo).

ùn·látch *vt.* 〈戸など〉の掛け金をはずす, 〈靴など〉の締め金をはずす: ～ the gate. ── *vi.* 掛け金[締め金]がはずれる.

ùn·láw·ful 【《a1325》】 ── *adj.* **1** 不法の, 違法の, 非合法的な (illegal): an ～ act 不法行為 / ～ money 不正な金. **2** 私生の, 庶出の (illegitimate). **3** 不道徳的な, 背徳の (immoral): ～ love 道ならぬ恋. **～·ly** *adv.* **～·ness** *n.*

unláwful assémbly *n.* 【法律】(3 人以上の人の)不法集会.

ùn·láy *v.* (**un·laid**) 【海事】 ── *vt.* 〈綱など〉の撚(よ)りをもどす[解く] (untwist). ── *vi.* 撚りが解ける.

ùn·léad [-léd] 【← UN-¹＋LEAD¹】 *vt.* 【印刷】〈行間など〉からインテルを抜く[取る].

ùn·léad·ed [-lédɪd, -dəd] *adj.* **1** 鉛(分)を除いた; 鉛(化合物)を含んでいない: ～ fuels 無鉛燃料 / ～ gasoline 無鉛ガソリン. **2** 【印刷】インテルを用い(てい)ない, 行間の詰まった, ベタ組みの.

ùn·léarn 【《15C》: ⇨ un-¹, learn】 ── *v.* (～**ed, un·learnt**) ── *vt.* **1 a** 〈学んだ事を〉忘れる; 学び直す. **b** 〈習癖・誤りなどを〉捨てて頭を入れ変える: ～ a habit. **2** ＝unteach. ── *vi.* **1** 知っていたことを忘れる. **2** 〈習慣・癖が〉抜ける; 習慣を捨てる.

un·learn·ed¹ [ʌnlə́ːnɪd, -nəd | -lə́ːn-] 【《c1400》: ⇨ learned】 ── *adj.* **1** 学問のない, 無教育の, 無学の (ignorant, illiterate). **2** 〔…に〕精通[熟達]していない (unversed) 〔*in*〕: be ～ *in* politics 政治に通じていない. **3** 無学な人々の. **4** [the ～; 名詞的に; 複数扱い] 無学者, 無学な人々 (ignorant people).

un·learned² [ʌnlə́ːnd, -lə́ːnt | -lə́ːnt, -lə́ːnd] 【⇨ unlearn】 *adj.* **1** 学んで得たのでない. **2** 学ばないで知っている, 習わないで得た, 生得の (natural).

ùn·léarn·ed·ly [-nɪdli, -nəd- | -lɪ] *adv.* 無学[無知]で[のように].

ùn·léarnt *adj.* ＝unlearned².

ùn·léased *adj.* 賃借りされ(てい)ない, 借され(てい)ない.

ùn·léash *vt.* **1** …の革ひもをはずす[解く]: ～ a hound 猟犬を放つ. **2** …の束縛を解く, 解放する, 自由にする (let loose): ～ one's desire 欲情をあらわにする / ～ the dogs of war ＝*let slip the* DOGS *of war*.

ùn·léav·ened *adj.* **1** パン種を入れ(てい)ない: ～ bread / Feast of *Unleavened* Bread ⇨ feast. **2** 影響を受け(てい)ない, 変化され(てい)ない.

ùn·léd *adj.* 導かれ(てい)ない, 案内され(てい)ない, 指導され(てい)ない (unguided).

ùn·léi·sured *adj.* 暇がない; 忙しい (busy).

ùn·léi·sure·ly *adj.* ゆっくりしない; 急いだ, 急ぎの, せき立てられた (hurried).

un·less [ənlés, ʌn-, n̩lés] 【《c1400》 *onlesse, on lesse* (*than*)《原義》on a less or lower condition (than)《なぞり》← (O)F *à moins que* unless: ⇨ on, less】 ── *conj.* **1** もし…でなければ, …でない限り, …を除いては (if not, except that). ★ 通例, unless に導かれる節には仮定法は用いられない: I will go ～ it rains. 雨が降らない限り行きます / *Unless* on business [obliged to], he seldom went out. 用事がある時[やむを得ない時]以外は彼はめったに外出しなかった. **2** [否定語のあとに用いて] …ということにならない限り, …というとなしには (but, but that): *Never* a day passes ～ some traffic accidents occur. 交通事故が何件か起きない日は一日もない.

unless and until ＝until; unless《'unless and' または 'and until' は強意的冗語》: The patient must not be given solid food ～ *and until* the fever subsides. 患者には熱が下がってからでないと固形食を与えてはならない.

── *prep.* 《まれ》…を除けば, …の外は (except, save): Nothing, ～ an echo, was heard. 木霊の外は何も聞こえなかった.

ùn·lés·sened *adj.* 小さく[少なく]され(てい)ない, 減らされ(てい)ない; 変わらない.

ùn·lés·soned *adj.* 教えられ(てい)ない, 教育のない, 仕込まれていない: an ～ girl.

ùn·lét·tered 【ME】 ── *adj.* **1** 文字で書かれ(てい)ない, 文字の入っていない: an ～ tombstone 文字の記されていない墓石. **2** 無学の (illiterate); 無教育の (uneducated). **3** 文学を知らない[愛好しない].

ùn·lév·el *adj.* 平らでない, でこぼこのある (uneven). ── *vt.* (～**ed, -elled**; ～**·ing, -el·ling**) 平らでなくする, でこぼこにする.

ùn·lí·a·ble *adj.* 〔…に対して〕責任のない 〔*to*〕.

ùn·lí·censed *adj.* **1** 無免許の, 無鑑札の, もぐりの; 認可を得ていない: an ～ pilot. **2** 慎みのない, 気ままな, 自由な, 放逸な (lawless). **3** 《古》許可を与えられ(てい)ない.

ùn·lícked *adj.* **1** (熊が子をなめて形を整えると言われるように)形が整えられ(てい)ない, きちんとしていない (cf. LICK…*into shape*). **2** (無知で)無作法な: an ～ cub 無作法な子供[若者]. **3** 〈物事が〉洗練されていない, 生硬な.

ùn·líght·ed *adj.* 明りをつけ(てい)ない; 点火し(てい)ない: an ～ cigarette.

ùn·lík·a·ble *adj.* 好かれない, 好ましくない.

ùn·líke 【《?c1200》 *unliche*: ⇨ un-², like¹】 ── *adj.* **1** 同じでない, 等しくない, 不同の (dissimilar, unequal), 異なった, 違った, 似ない (different): The two cases are quite ～. その二つの場合は全く似ていない / ～ signs 相異なる符号《＋と－など》. **2** [目的語を伴って前置詞的に (cf. like¹ *adj.* ★, *prep.*)] **a** …と似ない(で), …と異なって: The picture is quite ～ him. 写真は彼に少しも似ていない / *Unlike* his predecessor, he was more concerned with his own future than his duty. 彼は前任者と違って職務よりも自分の将来のことを余計気に掛けていた. **b** …に似合わず, …らしくない[なく]: How ～ you to read such a book! こんな本を読むなんて君らしくない. ★ 次のような構造では接続詞的 (cf. like¹ *conj.*): We felt rather chilly ～ in August. 8 月みたいではなくむしろ冷え冷えした感じだった. **3** 《古》＝unlikely. ── *n.* 他と違う物[人].

ùn·líke·a·ble *adj.* ＝unlikable.

ùn·líke·ly 【《1375》: cf. ON *ūlīkligr* improbable: ⇨ un-², likely】 ── *adj.* **1** ありそうもない, 本当らしくない, なさそうな, 見込みのない (improbable, unbelievable): A victory is ～ but not impossible. 勝つ見込みはありそうもないが全くないとは限らない / in the ～ event of… ありそうもないことだが万一…の場合には / He is the most ～ man *to* do such a thing. 彼がそんなことをするなどとは到底考えられない / He is ～ *to* come.＝It is ～ *that* he will come. 彼は来そ

うもない. **2** 成功しそうもない, 成算がおぼつかない (unpromising): be engaged in an ~ adventure とても見込みのなさそうな冒険をする. **3** いやな (disagreeable), 気にくわない (objectionable), 魅力のない (unattractive): an ~ companion. — *adv.* ありそうもなく (improbably): not ~ たぶん, おそらく.
ùn·líke·li·hòod *n.* **ùn·líke·li·ness** *n.*

ùn·líke·ness 〘ME〙 *n.* 相違(したもの); 似てないもの.

ùn·lím·ber *vt.* **1** (発砲準備のため)〈砲〉の前車を取りはずす: ~ a gun for action. **2** …の使用[行動]の準備をする: ~ one's cameras. — *vi.* 発砲[使用]の準備をする. — *n.* 砲を発射の位置に変えること.

ùn·lím·it·ed 〘(*c*1445)〙 — *adj.* **1** (空間的に)限りない, 無限の, 際限のない (boundless): an ~ expanse of the sky 広大無辺の空. **2** 〈活動範囲など〉制限のない, 無制限の, (狭く)限られ(てい)ない (unrestricted): an ~ field for talents, enterprise, etc. **3** (分量・程度など)無限の, 限度のない, 限定され(てい)ない; 無条件の (unconditional): ~ discretion, authority, etc. / ~ liability 無限責任 / the ~ surrender of the enemy 敵の無条件降服. **4** 際限がない, 自由な (unbounded); 絶大の, 過度の, 非常な (very great, excessive): ~ impudence 法外な厚かましさ / drink ~ coffee コーヒーをふんだんに飲む. **~·ly** *adv.* **~·ness** *n.*

únlimited pólicy *n.* 〘保険〙 無制限保険証書 (cf. limited policy).

ùn·líne *vt.* …の裏を取り去る.

ùn·líned[1] 〘← UN-[2]+*lined* ((p.p.) ← LINE[3])〙 *adj.* 裏のない, 裏地のついていない: an ~ coat.

ùn·líned[2] 〘← UN-[2]+*lined* ((p.p.) ← LINE[2])〙 *adj.* 線のついていない; 〈額など〉しわのない: an ~ forehead.

ùn·línk *vt.* **1** 〈鎖など〉の環(わ)をはずす. **2** はずす, 離す, 解く: The snake ~*s* itself. へびがとぐろを解く. — *vi.* 離れる, 解ける.

ùn·línked *adj.* **1** 環(わ)でつないでいない, 連結していない: an ~ sausage. **2** 〘生物〙〈遺伝子が〉連鎖していない: ~ genes.

ùn·líq·ui·dàt·ed *adj.* 清算[決済, 決算]され(てい)ない, 未清[決]算の: ~ damages 〘法律〙 不確定損害賠償(額).

ùn·líst·ed *adj.* **1** 目録[名簿]に載っていない; 公的に記載され(てい)ない: an ~ telephone number 電話帳非掲載電話番号. **2** 〘証券〙〈株式が〉取引所に上場され(てい)ない, 非上場の.

ùn·lít *adj.* 点火され(てい)ない; 点灯し(てい)ない (unlighted), 暗い (dark): along the dark ~ street 街灯のついていない暗い道に沿って.

ùn·líve *vt.* **1** 〈過去の生活を〉一新する[立て直す], 〈過去を〉清算する (annul): ~ the past. **2** …の結果を償うように生きる: ~ one's crimes.

ùn·líve·ly *adj.* 生気[元気]のない; 沈滞した (dull).

ùn·lóad 〘(1523) ← UN-[1]+LOAD: cf. unlade〙 — *vt.* **1 a** 〈車・船など〉の荷を下ろす, 積荷を揚げる (disburden): ~ a ship, truck, cart, etc. **b** 〔車・船などから〕〈荷・積荷を〉下ろす (discharge) 〔*from*〕: ~ the cargo *from* a ship 船荷を下ろす / ~ goods *from* a truck トラックから荷を下ろす. **2** (言ってしまって)〈心など〉の重荷を下ろす (relieve): ~ one's mind 心のつかえをなくする, ほっとする. **3** 〈悲しみ・悩みなどを〉ぶちまける; 遠慮なく言う: ~ one's troubles. **4** 〈ホームランなどを〉かっ飛ばす. **5** 〈銃・大砲〉から弾丸[装薬]を抜き取る: ~ a gun. **6** 〘証券〙〈持株などを〉処分する, (大量に)売る, 売り抜ける (sell out). — *vi.* 荷を下ろす, 荷揚げする: The ships will ~ tomorrow. その船は明日荷揚げだ.

ùn·lóad·er *n.* 荷揚げする人[物]; (干草・石炭などの)積み下ろし装置, 荷下ろし機, 荷揚げ機.

ùn·ló·cat·ed *adj.* **1** 場所を定め(てい)ない, 置かれ(てい)ない. **2** 〈場所・出所・原因など〉突き止められ(てい)ない, 不明の. **3** 《米》〈土地が〉測量され(てい)ない, 境界の未確定な.

ùn·lóck 〘ME〙 — *vt.* **1** 〈戸・箱など〉の錠をあける, 錠をあけて開く: ~ a trunk. **2** 〈締まったものを〉開く (open): ~ the jaws. **3** 〈胸中・秘密などを〉打ち明ける, 現わす, 漏らす (disclose); …に解明の手がかりを与える: ~ one's heart, secrets, tears, etc. — *vi.* 錠が開く.

ùn·lócked *adj.* 〈戸など〉錠の下り(てい)ない.

ùn·lóoked-fòr *adj.* 予期[予想]しない, 思いがけない, 意外な (unexpected): an ~ guest.

ùn·lóose 〘ME: cf. OE *onlīesan*〙 — *vt.* **1** 〈握り締めたものなどを〉緩める (loose), 解く (unfasten): ~ one's grip. **2** 放つ, 解放する (set free); …の束縛を緩める: ~ traditional bonds.

ùn·lóos·en *vt.* =unloose.

ùn·lóv·a·ble *adj.* 可愛らしくない, 愛嬌がない, 不愉快な, 気にくわない, いやな (disagreeable, repellent).

ùn·lóved 〘ME〙 *adj.* 愛され(てい)ない, 可愛がられ(てい)ない: a pupil ~ by his teacher.

ùn·lóve·ly 〘ME〙 — *adj.* **1** 愛らしくない, 不器量な, 醜い (unsightly, ugly). **2** 好ましくない, いやな, 不快な; 人好きのしない (unpleasing, unattractive). **ùn·lóve·li·ness** *n.*

ùn·lóv·ing *adj.* 愛情がない, 優しくない; 冷たい, 冷ややかな, 無情な (cold, harsh). **~·ly** *adv.*

ùn·lúck·i·ly 〘(1530)〙 *adv.* 不運にも, 折あしく, 不幸にも, あいにく (unfortunately).

ùn·lúck·y 〘(1530)〙 — *adj.* (**un·luck·i·er**; **-i·est**) **1** 不運な, 運の悪い, 不仕合わせな (hapless, unfortunate): an ~ writer, day, etc. **2** 不成功の, 不首尾の, うまく行かない (unsuccessful); がっかりさせる, 残念な (regrettable): be ~ at cards トランプに負ける / be ~ in love 恋に破れる / The ~ fact is that it is not a formal document. 残念なことにそれは正式文書ではない. **3** 不吉な, 縁起の悪い (ill-omened): Friday is regarded as an ~ day. 金曜日は不吉な日だとされている. **4** あいにくの, 時機の悪い, 時を得ない (ill-timed, inopportune): It was an ~ moment for their meeting. 彼らは悪い時に会った / in an ~ hour あいにく(の折に), 折あしく. **ùn·lúck·i·ness** *n.*

ùn·máde 〘ME〙 *adj.* **1** (まだ)造られ(てい)ない, でき上がらない, 未完成の (unfinished); 整えられ(てい)ない: an ~ bed. **2** 〘鷹狩〙 =unmanned 4.

ùn·mág·ni·fì·ed *adj.* **1** 拡大され(てい)ない. **2** 誇張され(てい)ない.

ùn·mái·den·ly *adj.* 処女[娘]らしくない, 娘に似合わない, つつましくない, しとやかでない, はしたない (immodest).

ùn·máil·a·ble *adj.* 郵送できない, 郵送不能[禁止]の.

ùn·máimed 〘(15C)〙 *adj.* 《古》 不具でない, 手足を具備した; 完全な.

ùn·main·táin·a·ble *adj.* 維持することができない, 支持できない.

ùn·máke 〘ME〙 — *vt.* (**un·made**) **1** 元の形[要素, 状態]に戻す, 元通りにする. **2** 壊す, 破壊する, 破る (destroy); 変形する, 変質する. **3** 廃す, 廃止する, 廃位する (annul, depose): ~ a king. **4** 〈心の態度を変える, 〈心を〉変える.

ùn·ma·lí·cious *adj.* 悪意のない. **~·ly** *adv.*

ùn·mál·le·a·ble *adj.* 鍛えられ(てい)ない, 打ち延ばし難い, 不可展性の.

ùn·mán 〘(1598): cf. G *entmannen*〙 — *vt.* (**un·man·ned**; **-man·ning**) **1** 〈男を〉去勢する (castrate). **2** …の男らしさを失わせる, 女々しくする, 意気地なくする (unnerve): be quite ~*ned* by the news [sight] そのニュースを聞いて[有様を見て]腰を抜かす. **3** [通例 p.p. 形で] 〈船・砦など〉から乗組員[兵士]をなくする. **4** 《古》 人間らしくなくする.

ùn·mán·age·a·ble *adj.* **1** 取り扱いにくい, 始末に困る, 治めにくい, 収拾不可能の: ~ material 始末に負えない材料 / the ~ situation 手のつけようのない情勢. **2** 制御できない, 御し難い, 手に余る, 操縦し難い: an ~ child だだっ子 / an ~ horse 悍馬(かんば). **~·ness** *n.* **ùn·mán·age·a·bly** *adv.*

ùn·mán·like *adj.* **1** 人間らしくない; 人間味がない, 人情がない. **2** 男らしくない (unmanly).

ùn·mán·ly 〘(15C)〙 — *adj.* (**un·man·li·er**; **-li·est**) 男らしくない; 卑怯な, 臆病な (cowardly); 柔弱な (effeminate); 女々しい (womanly). — *adv.* 《古》 男らしくない態度で. **ùn·mán·li·ness** *n.*

ùn·mánned *adj.* **1** 〈船など〉乗組員のいない; 〈自動操縦・リモコン装置の航空機・宇宙船など〉無人の: an ~ aircraft 無人機 (↔ manned aircraft) / an ~ ship / an ~ spaceship. **2** 人口[住民]のない, 人の住まない (uninhabited), 荒廃した (desolate). **3** 去勢された; 男らしさを失った, 女々しくなった. **4** 《廃》〘鷹狩〙〈鷹が〉訓練され(てい)ない.

ùn·mán·nered 〘(15C)〙 *adj.* **1** =unmannerly. **2** 気取らない, 率直な (ingenuous). **~·ly** *adv.*

ùn·mán·ner·ly 〘ME〙 — *adj.* 無作法な, ぶしつけな, 無礼な, 粗野な (rude, ill-mannered). — *adv.* 《廃》 無作法に, ぶしつけに (uncivilly). **ùn·mán·ner·li·ness** *n.*

ùn·mán·tle *vt.* …の外套を脱がす; …のおおいを取る (uncover).

ùn·màn·u·fác·tured *adj.* 製造され(てい)ない; 〈原料が〉製品にされ(てい)ない.

ùn·márked 〘ME〙 — *adj.* **1 a** 印[記号]をつけ(てい)ない, 印のない: an ~ squad car 覆面パトカー. **b** 〈道路が〉道路標識のない. **c** 〈答案など〉採点していない. **2** 注意され(てい)ない, 人目を引かない: go ~ 気付かれずに済む / The mistake passed ~. その誤りは気付かれずに済んだ. **3** […に] 特色づけられ(てい)ない 〔*by*〕: a thesis ~ *by* an exact observation 正確な観察に特色づけられていない論文. **4** 〘言語〙 **a** 無標の《ある言語上の特徴を示す標識のない; cf. marked 4》. **b** 言語形式表示態をもたない.

ùn·már·ket·a·ble *adj.* 市場に向かない, 売れない, 売行きが悪い, はけない (unsalable).

ùn·márred 〘ME〙 *adj.* 傷つけられ(てい)ない, 無傷の.

ùn·már·riage·a·ble *adj.* 結婚に適さない, まだ結婚ができない, 婚期に達しない, まだ年頃になっていない.

ùn·már·ried 〘(*c*1300)〙 *adj.* **1** 未婚の, 独身の (single): an ~ mother 未婚の母. **2** 離婚した (divorced); 夫と死別した (widowed).

ùn·másk 〘(*a*1586): cf. G *entmasken* / F *dimasquer*〙 — *vt.* **1** …の仮面を脱ぐ[取る]. **2** …の正体を現わす, 化けの皮をはぐ, 暴露する: ~ a traitor 裏切り者の仮面をはぐ. **3** 〘軍事〙 (発砲によって)〈大砲〉の位置を表わす. — *vi.* **1** 仮面を脱ぐ[取る], 正体を現わす[暴露する]. **2** 〘軍事〙 射界を開放する《味方の射撃の妨げにならないよう射界外に移動する》.

ùn·másked *adj.* **1** 仮面をかぶらない. **2** 仮面を脱いだ, 正体を現わした (revealed, exposed).

ùn·más·tered *adj.* **1** 征服[支配]され(てい)ない, 抑えられ(てい)ない. **2** 〈技術・学科など〉熟達し(てい)ない, 修得され(てい)ない.

ùn·mátch·a·ble *adj.* **1** 匹敵し難い, 敵し難い, 対抗できない. **2** 無類の, 比類のない, 上等の (unequaled). **ùn·mátch·a·bly** *adv.*

ùn·mátched *adj.* **1** 相手がない, 無敵の, 無比の, 無類の (matchless). **2** 釣り合わない, 不調和の.

ùn·mát·ed *adj.* 伴侶がない, 配偶のない; 〈動物など〉つがいでない.

ùn·ma·té·ri·al 〘ME〙 *adj.* 非物質的な, 無形の (immaterial).

ùn·ma·té·ri·al·ìzed *adj.* 有形でない, 十分具体化し(てい)ない.

ùn·ma·túred *adj.* 熟していない; (特に)〈ぶどう酒が〉熟成し(てい)ない (immature).

ùn·méan·ing *adj.* **1** 意味のない, 無意義な, くだらない, ばかばかしい (meaningless, senseless): an ~ speech. **2** 〈顔など〉無表情な, ぼんやりした, 賢そうでない (expressionless, unintelligent). **~·ly** *adv.* **~·ness** *n.*

ùn·méant *adj.* 本気でない, 故意[わざと]でない (unintentional).

ùn·méa·sur·a·ble 〘ME〙 *adj.* 計り知れない(ほどの), 測定できない (immeasurable); 極度の, 過度の.

ùn·méa·sured 〘ME〙 — *adj.* **1** 計られ(てい)ない, 測定され(てい)ない. **2** 限界のない, 限りのない, 際限のない (boundless, limitless); 無量の (abundant): ~ liberality 物惜しみしない寛大さ / ~ tracts of desert 果てしのない砂漠地帯. **3** 節度のない, 度を越えた, 過度の, 法外の (immoderate, excessive): ~ abuse ひどい濫用 / ~ enthusiasm 激しい熱狂 / in ~ terms 自制を欠いた言葉で. **4** 〘詩学〙 韻律の整っていない, 韻律的でない: ~ verse. **~·ly** *adv.* **~·ness** *n.*

ùn·me·chán·i·cal *adj.* 機械的でない; (特に)機械[力学]に無知[無関心]な. **~·ly** *adv.*

ùn·méd·i·tàt·ed *adj.* **1** 熟考され(てい)ない. **2** 計画的でない, もくろまれ(てい)ない, 自然な.

ùn·méet 〘OE *unmǣte*: ⇨ un-[2], meet[2]〙 *adj.* 《古》 不適当な, 似合わない (unsuitable). **~·ly** *adv.* **~·ness** *n.*

ùn·me·ló·di·ous *adj.* 調子がよくない, 調子はずれの, 耳ざわりな, 非音楽的な (discordant). **~·ly** *adv.*

ùn·mélt·ed *adj.* 溶かされ(てい)ない, 溶解しない.

ùn·mém·o·ra·ble *adj.* 覚えることのできない, 記憶するに値しない. **ùn·mém·o·ra·bly** *adv.*

ùn·ménd·a·ble *adj.* 繕えない, 修繕がきかない.

ùn·mén·tion·a·ble 〘(1830)〙 — *adj.* 口にすべきでない, 口にする価値のない, 口に出せない (unspeakable). — *n.* [*pl.*] **1** 口にすべきでない物事. **2** 《古・戯言》 **a** ズボン (trousers) (cf. indescribable 2). **b** 肌着, 下着 (underwear).

ùn·mén·tioned *adj.* 言われ(てい)ない, 言及され(てい)ない, 名指され(てい)ない.

ùn·mér·ce·nàr·y *adj.* 金目当てではない; 雇われたのではない.

ùn·mér·chant·a·ble *n.* 売るに適さない, 商品にならない, 売れない (unsalable, unmarketable).

ùn·mér·ci·ful 〘(1481)〙 — *adj.* **1** 無慈悲な, 憐(あわ)れみを知らない, 無情な, 残酷な (cruel). **2** 〈数・量・時間の長さなど〉やたらに大きな (excessive, jumbo), 途方もない (exorbitant). **~·ly** *adv.* **~·ness** *n.*

ùn·mér·it·ed *adj.* 功なくして得た, 分に過ぎた (undeserved); 不当な: an ~ punishment. **~·ly** *adv.*

ùn·mér·it·ing *adj.* 受けるに値しない (undeserving); 労せずして得た (unearned).

ùn·me·thód·i·cal *adj.* **1** 方式によらない, 順序立たない, 組織的でない. **2** 不規則な, 混乱した, 散慢な, 乱脈な (confused). **~·ly** *adv.*

ùn·mét·ri·cal *adj.* 〘詩学〙 韻律の整わない, 韻律を無視した (cf. unmeasured 4). **~·ly** *adv.*

ùn·míl·i·tàr·y *adj.* **1** 軍の訓練[規準]に反する, 非軍事的な. **2** 軍人らしくない (unsoldierly). **3** 軍と無関係な, 軍に所属しない.

ùn·mílled *adj.* **1** 臼でひかれ(てい)ない, 粉にされ(てい)ない; 粉砕され(てい)ない; 〈材木が〉ひかれ(てい)ない. **2** 〈貨幣が〉ぎざぎざが付いていない.

ùn·mínd·ful 〘ME〙 — *adj.* **1** […を] 心に留めない, 念頭に置かない, 忘れやすい (forgetful) 〔*of*〕: be ~ *of* the time 時間を忘れる. **2** […に] 不注意な, 無頓着な, 構わない (regardless) 〔*of*〕: He is ~ *of* his duty. 自分の義務に無頓着である. **~·ly** *adv.* **~·ness** *n.*

ùn·mín·gled *adj.* 混ざり物のない (unmixed, unalloyed); 純粋の (pure), 真底からの: ~ dread, love, hatred, etc.

ùn·mínt·ed *adj.* 〈貨幣が〉鋳造され(てい)ない; 創造され(てい)ない.

ùn·mírth·ful *adj.* 楽しくない; 面白くない (humorless), まじめな (serious).

ùn·mis·ták·a·ble *adj.* 間違えようのない, 誤解の余地がない; 紛れもない, 明白な (clear, evident): an ~ symptom of desease 病気の紛れもない症候. **~·ness** *n.* **ùn·mis·ták·a·bly** *adv.*

ùn·mí·ter *vt.* 〈司教[主教]〉から司教[主教]冠 (miter) を取り上げる; …の司教[主教]の職を解く.

ùn·mít·i·ga·ble *adj.* 和らげ得ない; 軽減し得ない.

ùn·mít·i·gàt·ed *adj.* **1** 和らげられ(てい)ない; 軽減され(てい)ない: ~ suffering. **2** 純然たる, 真の, 全くの, 絶対の (unqualified, absolute): an ~ liar [blackguard] 紛れもない大うそつき[悪漢]. **~·ly** *adv.*

ùn·míxed 〘(1526)〙 *adj.* 混ぜ物のない, 混じりけのない, 純粋の (pure): an ~ blessing 純粋な幸福.

ùn·mód·ern *adj.* 近代的でない, 非現代的な, 旧式の.
ùn·mód·ern·ìzed *adj.* 現代化し(てい)ない, 現代離れした, 昔風の (old-fashioned).
ùn·mód·i·fìed *adj.* **1** 変更され(てい)ない, 改められ(てい)ない. **2** 〘文法〙 修飾されない, 非限定の.
ùn·mód·ish *adj.* =unfashionable. **~·ly** *adv.*
ùn·mód·u·làt·ed *adj.* 〈声・音など〉調節[調整]され(てい)ない; 調音され(てい)ない.
ùn·móist·ened *adj.* 湿され(てい)ない, 濡らされ(ていない.
ùn·móld *vt.* **1** …の形[型]を壊す; 変形させる. **2** (鋳)型より取り出す.
ùn·mo·lést·ed *adj.* 困らされ(てい)ない, 苦しめられ(てい)ない, 悩まされ(てい)ない, 邪魔され(てい)ない, 煩わされ(てい)ない. **~·ly** *adv.*
ùn·móor 〘(15C)〙 〘海事〙 — *vt.* **1** 〈船など〉の纜(ともづな)を解く: ~ a ship. **2** (双錨泊の際, 一錨を揚げて)〈船を〉単錨泊にする. — *vi.* **1** 〈船が〉抜錨する, 纜を解く. **2** 単錨泊となる.
ùn·mór·al *adj.* **1** 道徳に関係がない; 道徳感のない. **2** (道徳的でも不道徳的でもなく)超道徳的な (nonmoral) (cf. immoral 1). **ùn·mo·rál·i·ty** *n.*
ùn·mórt·gaged *adj.* 抵当にされ(てい)ない, 入質され(てい)ない: an ~ estate.
ùn·mór·tise *vt.* **1** 枘(ほぞ)からはずす. **2** 〈接合したものを〉はずす, 離す (separate).
ùn·móth·er·ly 〘(15C)〙 *adj.* 母らしくない; 母性愛のない: an ~ mother 母親らしくない母親.
ùn·mó·ti·vàt·ed *adj.* 〈行為など〉もっともと思える動機のない, 理由[いわれ]のない: an ~ crime 動機のない犯罪.
ùn·móunt·ed *adj.* **1** 馬に乗らない, 騎馬でない, 徒歩の: an ~ policeman. **2** 枠を付けてない, 表装してない, 台紙に張ってない: an ~ photo, picture, etc. **3** はめてない, ちりばめてない: an ~ jewel.
ùn·móurned *adj.* 悲しむ者のない, 哀悼する者のない, 弔われ(てい)ない (unregretted).
ùn·móv·a·ble 〘(c1375)〙 *adj.* 動かせない, 移動できない (immovable). **~·ness** *n.* **ùn·móv·a·bly** *adv.*
ùn·móved 〘(c1375)〙 — *adj.* **1** 〈目的・決心など〉動かない, 不動の, 確固[断固]とした (firm). **2** 感情に動かされない, 心を動かさない, 冷静な, 平気な (calm). **~·ly** *adv.*
ùn·móv·ing 〘(15C)〙 *adj.* **1** 動かない, 不動の, 静止の (fixed). **2** 感動させない, 人の心を動かさない.
ùn·mówn *adj.* 刈られ(てい)ない: ~ hay.
ùn·múf·fle *vt.* **1** 〈首・顔など〉から首巻き[被り物]を取る. **2** 〈太鼓・鐘など〉から消音おおいを取り去る. — *vi.* 首巻き[被り物, 消音おおい]を取り去る.
ùn·múr·mur·ing *adj.* **1** つぶやかない. **2** 不平を鳴らさない, 苦情を言わない (uncomplaining). **~·ly** *adv.*
ùn·mú·si·cal *adj.* **1** 音楽的でない, 非音楽的な, 耳ざわりな, 調子はずれの (discordant): an ~ sound, voice, etc. **2** 音楽の素養のない, 音楽を解しない, 音楽趣味のない, 音楽嫌いな. **~·ly** *adv.*
ùn·mu·tá·tion *n.* 〘言語〙 =rückumlaut.
ùn·mú·ti·làt·ed *adj.* 手足を切断し(てい)ない, 不具[かたわ]にされ(てい)ない.
ùn·múz·zle *vt.* **1** 〈犬など〉の口輪をはずす. **2** …に自由にしゃべらせる, 言論の自由を与える, …の緘(かん)口令を解く: The press is ~*d* at last. 新聞はついに報道の自由を得た.
ùn·mý·e·li·nàt·ed *adj.* 〘解剖〙 〈神経線維が〉無髄の.
ùn·náil 〘(15C)〙 *vt.* …の釘を抜く, 釘を抜いて〈箱などを〉あける.
ùn·náme·a·ble *adj.* 名づけられない, 名指しのできない; 名状し難い (unspeakable).
ùn·námed *adj.* **1** 名がない, 無名の (nameless): an ~ soldier. **2** 名指しされ(てい)ない: go ~ 名は言わないでおく, 名を伏せておく.
ùn·ná·tion·al *adj.* 特定の国に所属していない, 特定の国の特徴を持たない.
ùn·nát·u·ral 〘(a1425)〙 — *adj.* **1** 自然の法則に反する, 不自然な, 不思議な (strange) (cf. nonnatural): ~ phenomena. **2 a** (人間の)本性に反する; 自然の感情[行為]と反する; 普通でない, 世間一般のやり方と違う, 異常な (unusual): an ~ child 親を慕わない子 / an ~ mother (子に対して)不人情な母 / die an ~ death 変死する, 横死を遂げる / It is ~ not to love one's children. 我が子を愛さないのは自然の人情に反する. **b** 反自然的な, 変態的な (abnormal): an ~ act 男色. **3** 人道にもとる; 残酷きわまる, 無残な; 邪悪な, 極悪非道な, 非人間的な (wicked, evil): an ~ crime 極悪非道の犯罪. **4** 強いて[無理に]作った (forced), わざとらしい, 人為的な (artificial); 気取った (affected): an ~ smile 作り笑い / an ~ gesture わざとらしい身振り. **5** 正常でない, 異常な; 異様な, 奇怪な (uncanny). **6** 《廃》違法な, 非嫡出の, 私生の (illegitimate). **~·ness** *n.*
ùn·nát·u·ral·ìze *vt.* **1** …から市民権を奪う. **2** 《古》不自然にする, …の自然性を奪う, 天理にもとらせる.
ùn·nát·u·ral·ìzed *adj.* **1** 市民権を持たない, 帰化しない. **2** 〈動植物が〉(新しい土地に)土着し(てい)ない, 帰化し(てい)ない.
ùn·nát·u·ral·ly 〘(15C)〙 *adv.* **1** 不自然に, 自然の法則に反して, 異常に, 奇怪なほど; 常態でなく: not ~ 無理もないことで. **2** 自然の人情にそむいて.
ùn·náv·i·ga·ble *adj.* 航行できない, 船の通えない: an ~ river.
ùn·néc·es·sàr·y 〘(1548)〙 — *adj.* 不必要な, 余計な (superfluous), 無用な, 無益な, むだな (needless, useless): ~ expenses 冗費 / with ~ care 無用な心配をして / I will not cause you any ~ trouble. 余計な御迷惑をお掛けしたくありません. — *n.* [*pl.*] 不必要な物, 余計な物. **ùn·nèc·es·sár·i·ly** *adv.*
ùn·néed·ed *adj.* 必要としない, 入用でない (needless), 要らない, 欲しない (unwanted): things ~ by us 我々には要らない物.
ùn·néed·ful 〘ME〙 *adj.* ぜひ入用ではない, 必要でない, 無くても済む, 緊要でない (needless). **~·ly** *adv.*
ùn·ne·gó·ti·a·ble *adj.* 商議ができない; 譲渡できない, 融通できない, 〈手形など〉流通しない.
ùn·néigh·bor·ly *adj.* 隣り近所の人らしくない, 近所付き合いをしない, 近所のよしみのない, 人好きの悪い (unfriendly, unsociable). **ùn·néigh·bor·li·ness** *n.*
ùn·nérve *vt.* **1** …の気力を奪う[失わせる], 力を落とさせる, 無気力にする, 意気地なくする (unman). **2** いらいらさせる; びっくりさせる, 狼狽(ろうばい)させる (upset).
ùn·nérved 〘(1600): ⇨ un-², nerved〙 *adj.* 気力を奪われた, 無気力になった; 勇気を失った, 意気地がなくなった.
ùn·nést 〘ME〙 *vt.* 巣から追い出す; 〈人を〉家から追い出す.
ùn·nót·ed *adj.* 注意され(てい)ない, 人目を引かない.
ùn·nó·tice·a·ble *adj.* 人目につかない, 人目を引かない; 重要でない (insignificant).
ùn·nó·ticed *adj.* 人目を引かない, 人目につかない, 注目[留意]され(てい)ない, 顧みられ(てい)ない (unobserved): pass ~ 看過される, 見落とされる.
ùn·nóur·ished *adj.* 栄養を与えられ(てい)ない, 給養[養育]され(てい)ない.
ùn·núm·bered 〘ME〙 *adj.* **1** 数え(られてい)ない (uncounted). **2** 数えられない, 無数の (countless). **3** 数字[番号]のついてない: an ~ road, page, etc.
ùn·núr·tured *adj.* 養育され(てい)ない.
UNO, U.N.O. [júːènou, júːnou | júːnəu, júːènəu] 〘《頭字語》← *U*(*nited*) *N*(*ations*) *O*(*rganization*)〙 *n.* 国際連合(機構). ★ 今は単に UN ということが多い.
ùn·ob·jéc·tion·a·ble *adj.* **1** 反対できない, 異議のない. **2** 気にさわらない, 当たりさわりのない. **~·ness** *n.* **ùn·ob·jéc·tion·a·bly** *adv.*
ùn·o·blíg·ing *adj.* 不親切な, 無愛想な (disobliging).
ùn·ob·lít·er·àt·ed *adj.* 消され(てい)ない, 削除[抹殺]され(てい)ない: an ~ stain.
ùn·ob·scúred *adj.* 暗くされ(てい)ない; 隠蔽(いんぺい)され(てい)ない (unhidden); 明白な, 顕著な (clear).
ùn·ob·sér·vant *adj.* **1** […に] 気を付けない, 不注意な 〔*of*〕; 観察力のない. **2** 〔規則などを〕守らない, 遵守しない 〔*of*〕. **~·ly** *adv.*
ùn·ob·sérved *adj.* **1** 守られ(てい)ない, 遵守され(てい)ない. **2** 観察され(てい)ない, 注意され(てい)ない, 気付かれ(てい)ない.
ùn·ob·sérv·ing *adj.* **1** 守らない, 遵守しない. **2** 観察しない, 注意しない.
ùn·ob·strúct·ed *adj.* 妨げられ(てい)ない, 邪魔[障害]のない, 妨害され(てい)ない, さえぎるもののない (clear): an ~ view.
ùn·ob·táin·a·ble *adj.* 得難い, 求め得られない, 手に入れにくい, 手の届かない.
ùn·ob·trú·sive *adj.* でしゃばらない, 差し出がましくない; 慎み深い, 謙遜な, 控え目の, 引っ込み[遠慮]がちな (modest, retiring). **~·ly** *adv.* **~·ness** *n.*
ùn·óc·cu·pìed 〘ME〙 — *adj.* **1** 〈家・敷地・土地など〉占有され(てい)ない, 所有者のない, 人の住んでいない, あいている (untenanted): an ~ house 空家. ★ 不動産法では, unoccupied は vacant と区別して, 同じ空家でも人は住んでいないが家具は備えつけてある場合に用いる. **2** 〈人が〉仕事をしていない, 用事がない, 暇な, ぶらぶらしている (disengaged, idle). **3** 占領[占拠]され(てい)ない.
ùn·of·fénd·ed 〘(15C)〙 *adj.* **1** 感情を害され(てい)ない. **2** 攻撃[侮辱]を受け(てい)ない. **~·ly** *adv.*
ùn·of·fénd·ing *adj.* **1** 害[罪]のない (harmless). **2** 人の気にさわらない, 人を怒らせない (inoffensive).
ùn·of·fén·sive *adj.* =inoffensive.
ùn·óf·fered *adj.* 捧げられ(てい)ない, 提供され(てい)ない, 申し込まれ(てい)ない.
ùn·of·fí·cial *adj.* **1** 非公式の, 非公認の; (特に)〈報道が〉公報でない: an ~ candidate 非公認候補 / an ~ statement [visit] 非公式声明書[訪問] / an ~ strike 山猫スト[争議]. **2** 〘スポーツ〙 〈記録など〉未公認の. **~·ly** *adv.*
ùn·óiled *adj.* 油を注(さ)して[塗って]いない.
ùn·ó·pen *adj.* 開いていない, 閉じた.
ùn·ó·pen·a·ble *adj.* 開くことのできない, 開封できない.
ùn·ó·pened *adj.* **1** 開かれ(てい)ない; (一般の使用に)開放され(てい)ない; (特に)開封し(てい)ない; 閉じたままの, 封のままの (closed, shut): an ~ port 不開港 / send back a letter ~ 手紙を開封しないで返送する. **2** 〘製本〙 (読者[ペーパーナイフ]が)折丁の折目を)切り開いてない, 未開の (cf. uncut 5 a).
ùn·óp·er·àt·ed *adj.* 動かされ(てい)ない, 運転[運用]され(てい)ない.
ùn·op·pósed *adj.* 反対のない, 抵抗する者のない, 無競争の: be elected ~ 無競争で当選する.
ùn·or·dáined 〘ME〙 *adj.* **1** 制定され(てい)ない. **2** 聖職を授けられ(てい)ない: an ~ priest.
ùn·ór·dered 〘ME〙 *adj.* **1** 命じられ(てい)ない, 指図され(てい)ない. **2** 無秩序の, 乱れた (disordered).
ùn·órg·a·nized *adj.* **1** 組織され(てい)ない, 組織のない, 未組織の, 未編成の. **2** 労働組合に加入していない. **3** 〈大学生など〉クラブに加入していない. **4** 〈行動・思考など〉筋道[秩序]のない.
unórganized férment *n.* 〘生化学〙 溶解性酵素 《細胞から抽出できる酵素; ↔ organized ferment》.
ùn·o·ríg·i·nal *adj.* 独創的でない, 創意のない; 他から導かれた[由来した], 派生の, 借物の, 模倣の (derivative, imitative).
ùn·òr·na·mén·tal *adj.* 装飾的でない, 簡素な (plain); 見苦しい, 醜い. **~·ly** *adv.*
ùn·ór·na·mènt·ed *adj.* 飾られ(てい)ない, 装飾を施していない.
ùn·ór·tho·dòx *adj.* 正統でない, 非正統的な; 異教の, 異端の. **~·ly** *adv.*
ùn·ór·tho·dòx·y *n.* **1** 正統でないこと; 異教. **2** 異端の意見[学説, 理論(など)]. **3** 異端説を信奉する人たち.
ùn·òs·ten·tá·tious *adj.* 見栄を張らない, 虚飾のない, 気取らない, もったいぶらない (unassuming); たかぶらない; 質素な, 地味な. **~·ly** *adv.* **~·ness** *n.*
ùn·ówed *adj.* (支払いなどの)義務のない, (義務・借金などを)負っていない.
ùn·ówned *adj.* **1** 所有され(てい)ない, 所有者のない, 持主のない (ownerless). **2** 認められ(てい)ない, 承認[認知]され(てい)ない (unacknowledged): an ~ fault (本人の)自認しない過失.
ùn·pác·i·fìed *adj.* 平定され(てい)ない, 慰められ(てい)ない; なだめられ(てい)ない, 平穏でない.
ùn·páck 〘(15C): ⇨ un-¹, pack¹〙 — *vt.* **1** 〈包み・荷・箱などを〉あけて中味を取り出す: ~ a trunk, box, package, etc. **2** 〈中身を〉包み[荷など]から取り出す: ~ one's clothes. **3** 〈心の苦しみ・不平不満などを〉打ち明ける (unburden): ~ my heart with words 心の中をしゃべりたてる (cf. Shak., *Hamlet* 2. 2. 614). **4** 〈思想・意味を〉解明する. — *vi.* 包み[荷]を解く: I will ~ tomorrow morning. 明朝荷を解きます. **~·er** *n.*
ùn·pácked *adj.* パック[包み]にし(てい)ない.
ùn·páged *adj.* ページ数を記していない, 丁(ちょう)付けのない: an ~ pamphlet.
ùn·páid 〘(1375)〙 — *adj.* **1** [通例 ~ *for* として]〈借金・手形など〉払われ(てい)ない, 未払いの, 未納の: an ~ bill / letters posted ~ 切手を貼らずに出した手紙 / a car partially ~ *for* 一部未払いの車. **2** 給与を受けない, 無給の; 名誉職の (honorary): an ~ secretary, consul, job, etc. **3** 無報酬の, ただでした, ただ働きの: ~ work. **4** [the ~; 名詞的に; 複数扱い] 無給の人たち: *the* great ~ 《英》名誉判事[治安判事].
ùn·páid-fòr *attrib. adj.* 代金が支払われ(てい)ない, 未払いの.
ùn·páin·ful 〘(15C)〙 *adj.* 苦痛のない; 苦労のない, 楽な.
ùn·páint·ed *adj.* **1** ペンキの塗っていない. **2** 新たにペンキを塗る必要のある.
ùn·páired *adj.* **1** つがいでない, 対でない, 相手がない: an ~ shoe. **2** 〘議会〙 投票の棄権を申し合わせるべき相手がない (cf. pair *n.* 7). **3** 〘生物〙 無対の: an ~ fin.
ùn·pál·at·a·ble *adj.* **1** 口当たりが悪い, 口に合わない, まずい (distasteful): ~ medicine. **2** いやな, 不愉快な (disagreeable): You must tell the truth, however ~ it may be. どんなにいやでも真実を話さなければならない. **ùn·pàl·at·a·bíl·i·ty** *n.* **~·ness** *n.* **ùn·pál·at·a·bly** *adv.*
ùn·pár·al·lèled 〘(1594)〙 — *adj.* 並ぶものがない, 比類ない, 無類の, 無比の (incomparable); 未曾有(みぞう)の, 前代未聞の (unprecedented): an ~ victory 空前の大勝.
ùn·pár·don·a·ble *adj.* 〈行動が〉許し難い, 容赦[勘弁]できない (inexcusable): the ~ sin ⇨ SIN¹ *against the Holy Ghost*. **~·ness** *n.* **ùn·pár·don·a·bly** *adv.*
ùn·pár·doned *adj.* 許され(てい)ない; 赦免され(てい)ない.
ùn·pa·rén·tal *adj.* 親らしくない.
ùn·pár·ent·ed *adj.* 親がない, 両親がない, 孤児の (orphan); 親に捨てられた.
ùn·pàr·lia·mén·ta·ry *adj.* 議院内で許されない, 議院の慣例[議院法]などに反する: ~ language 不謹慎な言葉, 悪口, ののしりの言葉. **ùn·pàr·lia·mén·ta·ri·ly** *adv.*
ùn·pár·ti·san *adj.* =nonpartisan.
ùn·pát·ent·ed *adj.* 専売特許を受け(てい)ない, 特許権の保護を受け(てい)ない: ~ inventions.
ùn·pa·tri·ót·ic *adj.* 愛国心のない, 非愛国的な; (特に)破壊的な, 国家を転覆する (subversive). **ùn·pa·tri·ót·i·cal·ly** *adv.*
ùn·pá·tron·ized *adj.* 保護者がない, 愛顧され(てい)ない, 引き立てられ(てい)ない; 顧客のつかない, ひいき客のない.
ùn·páved *adj.* 石を敷いてない, 敷石のない, 舗装していない.
ùn·péace·a·ble *adj.* **1** 平和を乱す, 反対する (dissentient). **2** 平和のない, 乱れた, 不穏な.
ùn·péace·ful *adj.* 平和的でない, 平穏でない, 不穏な (restless, unquiet). **~·ly** *adv.*
ùn·pe·dán·tic *adj.* 学者ぶらない, 衒(げん)学的でない.
ùn·pe·dán·ti·cal·ly *adv.*

ùn·péd·i·grèed *adj.* **1** 系図[系譜]のない；由緒のある家柄でない. **2** 〈馬・犬など〉血統書のない, 純血種でない.
ùn·pég *vt.* (**un·pegged; -peg·ging**) **1** …から木釘[くいなど]を抜く；木釘を抜いてあける. **2** 〈物価・通貨など〉の安定政策[コントロール]をやめる.
ùn·pén *vt.* (**un·penned; -pen·ning**) 〈羊などを〉檻(おり)[囲い]から出す.
ùn·pén·sioned *adj.* 恩給のつかない, 年金を受け(てい)ない.
ùn·péo·ple *vt.* …から住民をなくする[除く, 絶やす], 無人の地にする (depopulate).
ùn·péo·pled *adj.* 住民のない, 人の住まない.
ùn·per·céiv·a·ble 〘ME〙 *adj.* 知覚[感知]できない；(論理的に)認め得ない.
ùn·per·céived 〘ME〙 *adj.* 気付かれ(てい)ない, 見付けられ(てい)ない, 人目につかない (unnoticed).
ùn·per·céiv·ing *adj.* 感知しない；感のよくない, 不注意な.
ùn·per·cép·tive *adj.* ＝unperceiving.
ùn·pérch *vt.* 止まり木から降ろす[追う].
ùn·pér·fect 〘ME〙 *adj.* **1** ＝imperfect. **2** 《廃》未熟な (unskilled). **～·ness** *n.*
ùn·pér·fo·ràt·ed *adj.* **1** 穴のあけられ(てい)ない. **2** 〘郵趣〙＝imperforate 2.
ùn·per·fórmed 〘《15C》〙 *adj.* 行なわれ(てい)ない, 実行[履行, 上演]され(てい)ない：an ～ play.
ùn·pér·jured *adj.* 偽証[偽誓]し(てい)ない.
ùn·per·pléxed *adj.* **1** 当惑し(てい)ない. **2** 簡単な, 明瞭な (clear).
ún·pér·son 〘《1949》← UN-²＋PERSON：G. Orwell の造語〙 *n.* (政治的・思想的に失脚して)完全に(存在を)無視された人, 過去の人. ── *vt.* 過去の人にならせる.
ùn·per·suád·a·ble *adj.* 説きつけることのできない, 説得できない；意志強固な (adamant). **～·ness** *n.*
ùn·per·suád·ed *adj.* 説きつけられ(てい)ない, 説得され(てい)ない, 得心し(てい)ない.
ùn·per·suá·sive *adj.* 説き伏せる力がない, 説得力のない, 口説きのへたな. **～·ly** *adv.* **～·ness** *n.*
ùn·per·túrbed 〘《15C》〙 ── *adj.* かき乱されない, 平静な, 落ち着いた, 自若とした；驚かない, びっくりしない (calm, unruffled). **～·ly** *adv.* **ùn·per·túrb·ed·ness** [-bɪdnɪs, -bəd-, -bd-, -nəs] *n.*
ùn·pe·rúsed *adj.* 熟読され(てい)ない, 読まれ(てい)ない (unread)；通読[読破]され(てい)ない.
ùn·per·vért·ed *adj.* **1** 曲解され(てい)ない. **2** 正道をはずれていない, 邪道に入らない.
ùn·phil·o·sóph·ic *adj.* 哲学を欠く, 非哲学的な；哲理に反する.
ùn·phil·o·sóph·i·cal *adj.* ＝unphilosophic. **～·ly** *adv.*
ùn·pho·nét·ic *adj.* 非音声(学)的な；つづりと音と一致しない. **～·ness** *n.*
ùn·píck 〘ME〙 *vt.* 〈縫目などを〉ほじりあける, ほどく；〈着物・刺繍・編目など〉の糸をほどく.
ùn·pícked *adj.* **1** 選(え)り出され(てい)ない, 選ばれ(てい)ない. **2** 〈花など〉摘まれ(てい)ない.
ùn·pìc·tur·ésque *adj.* 絵のようでない, 非絵画的な, 美景でない. **～·ly** *adv.* **～·ness** *n.*
ùn·píerced *adj.* 貫通され(てい)ない, 突き通され(てい)ない.
ùn·píle *vt.* (積んだ物の山から)引き去る, 抜き取る. ── *vi.* (積んだ物の山から)抜け出る, 離れる.
ùn·pí·lot·ed *adj.* 水先案内のない；(研究・事業などに)案内者がない, 指導者がない；操縦[誘導]者のいない：an ～ missile 無誘導ミサイル弾.
ùn·pín 〘《?a1300》〙 ── *vt.* (**un·pinned; -pin·ning**) **1** …からピンを抜く, 留め釘を取る. **2** ピン[留め針]を抜いてゆるめる[はずす, 開く], 〈戸〉のかんぬきをはずす (unfasten)；ピンを抜いて…の服を脱がせる. **3** 〘チェス〙ピンから外す (cf. pin *vt.* 7).
ùn·pít·ied *adj.* **1** 哀れまれ(てい)ない, 同情を受け(てい)ない. **2** 《廃》無情な, 冷酷な (merciless).
ùn·pít·y·ing *adj.* 哀れみの心がない, 同情心がない, 無慈悲な, 無情な (merciless). **～·ly** *adv.*
ùn·pláced *adj.* **1** 定置され(てい)ない；一定の地位[職場, 職務]をもっていない. **2** 〘競馬〙着外の, 三着以内に入らない.
ùn·plágued *adj.* (悪疫などに)悩まされ(てい)ない；苦しめられ(てい)ない.
ùn·pláit 〘ME〙 *vt.* **1** …のひだを伸ばす. **2** 〈編んだ髪などを〉解く.
ùn·pláned *adj.* かんなをかけ(てい)ない；平らでない：an ～ plank.
ùn·plánned *adj.* **1** 設計してない；計画が立っていない, 無方針の：an ～ economy. **2** 予想外の, 意外な.
ùn·plánt·ed 〘ME〙 *adj.* **1** 〈植物が〉植えら[栽培さ]れたのでない；自生の. **2** 据え[備え]付けられ(てい)ない. **3** 植民され(てい)ない (unsettled).
ùn·pláu·si·ble *adj.* もっともだとは受け取れない, 真実らしくない (implausible). **ùn·pláu·si·bly** *adv.*
ùn·pláy·a·ble *adj.* **1** (クリケット・テニスなどで)(ボール・サーブなどが)受けられない；ボールが打てない位置にある. **2** 〈グラウンドが〉遊ぶに適さない, 競技を行なうに適さない；(楽器などで)演奏できない.
ùn·pléas·ant 〘《1535》〙 ── *adj.* (感覚的・道徳的に)不(愉)快な, 面白くない, いやな, 気持の悪い, 気に入らない (disagreeable, offensive)：an ～ sight, smell, voice, etc. / ～ persons, manners, etc. **～·ly** *adv.*
ùn·pléas·ant·ness *n.* **1** 不愉快, 不快, 感じの悪さ；気にさわること；不快感：the ～ of a person's manners / the ～ of a smell, sight, sound, etc. **2** 殺風景：the ～ of a neighborhood, landscape, etc. **3** 不快な事件[経験, 状況]；(人と人との間の)誤解 (misunderstanding), 気まずさ, 不和, けんか (friction, quarrel)：have a slight ～ with …との仲が少し面白くない / the late [recent] ～ 最近のいやな[重大な]出来事；最近の戦争.
ùn·pléas·ant·ry *n.* **1** 不愉快な事件. **2** 不愉快な言葉；侮辱 (insult).
ùn·pléased 〘《15C》〙 *adj.* 喜んでいない；不愉快な (unpleasant)；不満な (unsatisfied).
ùn·pléas·ing 〘《15C》〙 *adj.* 不愉快な, 不快な, いやな, 気に食わない, 面白くない, つまらない (disagreeable, unattractive). **～·ly** *adv.*
ùn·plédged *adj.* **1** 誓約で縛られ(てい)ない, 約束に縛られ(てい)ない；(特に)特定候補者に投票する約束をし(てい)ない. **2** 質に入れ(てい)ない.
ùn·plí·a·ble 〘ME〙 *adj.* **1** しなやかでない, 容易に曲がらない, 撓(た)めにくい. **2** 従順でない, 素直でない, 強情な (obstinate). **～·ness** *n.*
ùn·plí·ant *adj.* **1** 容易に曲がらない, しなやかでない, 撓(た)めにくい. **2** 強情な, 頑固な (stiff, stubborn). **3** 使用し[取り扱い]にくい.
ùn·plówed *adj.* (すきで)すかれ(てい)ない, 耕してない, 開墾してない.
ùn·plúcked *adj.* 引き抜かれ(てい)ない；〈羽など〉むしられ(てい)ない.
ùn·plúg *vt.* (**un·plugged; -plug·ging**) **1** …の栓(せん)を抜く. **2 a** 〔ソケットなどから〕〈プラグ[差込み]を〉抜く〔*from*〕. **b** プラグ[差込み]を抜いて〈電気器具〉の電流を切る：～ a toaster. **3** …から障害を取り除く.
ùn·plúmbed *adj.* **1** 測鉛で計られ(てい)ない. **2** 深さの知れない, 計り知れない (unfathomed)：the ～ sea / ～ depths of ignorance 底知れぬ無知. **3** 〈家が〉水道・ガス・下水管などの設備のない：an ～ house.
ùn·plúme *vt.* **1** …の羽毛をむしる. **2** 《廃》けなす, 辱しめる (humiliate).
ùn·po·ét·ic *adj.* 詩的でない；凡俗な (prosaic).
ùn·po·ét·i·cal *adj.* ＝unpoetic. **～·ly** *adv.*
ùn·póint·ed *adj.* **1** 先の尖っていない, 尖(せん)端がない, 先の鈍った (blunt). **2** (壁などの)継ぎ目に漆喰(しっくい)・セメントなどを塗らない, 目地(めじ)仕上げをし(てい)ない. **3** 〘言語〙(ヘブライ語などで)母音点[母音符]がない.
ùn·póised *adj.* 釣合い[平均]の取れ(てい)ない.
ùn·pó·lar·ized *adj.* 〘物理〙分極されていない, 極性を与えられ(てい)ない, 偏向され(てい)ない：～ light.
ùn·pól·ished 〘ME〙 ── *adj.* **1** みがきをかけ(てい)ない, みがかれ(てい)ない, つや出しし(てい)ない：an ～ gem. **2** 洗練され(てい)ない, あか抜けのしない, 粗野な, 無作法な；推敲され(てい)ない：～ manners.
únpolished ríce *n.* 玄米.
ùn·po·líte *adj.* ＝impolite. **～·ly** *adv.* **～·ness** *n.*
ùn·pól·i·tic *adj.* 不得策な, 不利な (impolitic).
ùn·po·lít·i·cal *adj.* **1** 健全な政治理念にかなっていない. **2** 政治に関係のない, 非政治的な；政治に関心のない, ノンポリの (nonpolitical). **3** 政治的意義のない (apolitical).
ùn·pólled *adj.* **1** 〈投票が〉投じられ(てい)ない, 記録未済の, (投票所で)投票未済の；選挙人として登録され(てい)ない. **2** (世論調査で)意見未聴取の.
ùn·pol·lút·ed *adj.* 汚され(てい)ない, 汚染され(てい)ない；清浄な, 清い (clean, pure).
ùn·pópe *vt.* 《古》…から教皇の位[権力]を奪う[剝(は)ぐ].
ùn·póp·u·lar *adj.* 人望[人気]がない, 不評判の, はやらない：be [make oneself] ～ *with* friends 友人間に評判がよくない. **～·ly** *adv.*
ùn·pòp·u·lár·i·ty *n.* 一般の気受けが悪いこと, 不人望, 不人気, 不評判.
ùn·pósed *adj.* 気取りのない, 率直な (candid).
ùn·pos·séssed *adj.* **1** 所有され(てい)ない, 所有者のない. **2** 所有[占有]し(てい)ない. **～·ness** *n.*
ùn·póst·ed *adj.* **1** 《英》〈手紙など〉投函(かん)され(てい)ない. **2** 通知を受け(てい)ない (uninformed).
ùn·prác·ti·ca·ble *adj.* ＝impracticable. **～·ness** *n.*
ùn·prác·ti·cal *adj.* 実用にならない, 実用[実際]的でない, 非実用[実際]的な. **～·ly** *adv.* **～·ness** *n.*
ùn·pràc·ti·cál·i·ty *n.* 実用に適さないこと, 実際的でないこと.
ùn·prác·ticed *adj.* **1** 実用に供され(てい)ない, 実行[実施]され(てい)ない. **2** 練習を積んでいない, 習熟し(てい)ない, 未熟な, 未経験の (unskilled).
ùn·práised 〘ME〙 *adj.* ほめられ(てい)ない, 賞賛[称揚]され(てい)ない, 賛美され(てい)ない.
ùn·préc·e·dent·ed *adj.* 先例[前例, 類例]のない, 空前の, 無類の, 無比の (unparalleled)；新しい, 新奇な, 珍しい (novel)：an ～ expansion in industry 産業の空前絶後の拡大 / an ～ open press conference 前例のない公開記者会見. **～·ness** *n.*
ùn·préc·e·dent·ed·ly *adv.* 前例なく, 空前に, 未曾有(みぞう)に.
ùn·pre·díct·a·ble *adj.* 予言できない. ── *n.* 予言できないもの：The future is an ～. 未来は予言しえないものだ. **ùn·pre·dìct·a·bíl·i·ty** *n.* **～·ness** *n.* **ùn·pre·díct·a·bly** *adv.*
ùn·préf·aced *adj.* **1** 序文のない. **2** 予告[前置き]がない.
ùn·préj·u·diced *adj.* **1** 偏見のない, 先入主[先入観]がない, とらわれない；公平な (impartial, fair)：an ～ mind. **2** 《廃》〈権利など〉毀(き)損され(てい)ない. **～·ly** *adv.* **～·ness** *n.*
ùn·pre·méd·i·tàt·ed *adj.* 前もって考え巡らしていない, あらかじめ謀(はか)っていない；故意でない, ふとした (unintentional)；準備のない (unprepared)：～ homicide 〘法律〙過失致死(罪). **～·ly** *adv.* **～·ness** *n.*
ùn·pre·óc·cu·pìed *adj.* 気を取られ(てい)ない, 心を奪われ(てい)ない.
ùn·pre·pared [ʌ̀nprɪpέəd, -prə- | -pέəd] *adj.* **1** 〔…の〕用意[覚悟]ができていない〔*for*〕, 〈…する〉準備ができて[整って]いない (unready) 〈*to* do〉：You caught me ～. 君に不意を打たれた / I found everything ～. 何一つ準備されていなかった / He was ～ *for* defense [reply]. 防備[返事]をする用意ができていなかった / I am ～ *to* meet you. お会いするとは意外でした. **2** 用意[支度]のない, 即席の (prompt)：an ～ retort, reception, etc. **3** 不意の, 予告なしに生じる：The shock was ～. その衝撃には不意を突かれた. **ùn·pre·pár·ed·ly** [-prɪpέ(ə)rɪdli, -rəd-, -pέəd-|-pέədlɪ, -pέərɪd-, -rəd-] *adv.* **ùn·pre·pár·ed·ness** [-prɪpέ(ə)rɪdnɪs, -prə-, -pέəd-, -nəs | -pέəd-, -pέərɪd-, -rəd-] *n.*
ùn·prè·pos·séss·ing *adj.* 人を引きつけない, 人好きのしない, 愛嬌(あいきょう)のない, 無愛想な, 感じの悪い (unattractive, unpleasing).
ùn·pre·scríbed *adj.* 規定され(てい)ない；自由な, 任意の (free).
ùn·pre·sént·a·ble *adj.* **1** 人前に出せない, 体裁が悪い, 見苦しい, みっともない；無作法な, ぶしつけな (ill-mannered). **2** 人前に出せる顔つきでない, 顔の醜い (plain, ill-favored). **～·ness** *n.*
ùn·préssed *adj.* **1** 押され(てい)ない. **2** 押し付けられ(てい)ない, 強要され(てい)ない.
ùn·pre·súm·ing *adj.* 僭(せん)越でない, でしゃばらない, たかぶらない, 威張らない (unassuming)；慎み深い, 謙遜な (modest). **～·ness** *n.*
ùn·pre·súmp·tu·ous *adj.* でしゃばらない, 高慢でない, 謙遜な. **～·ly** *adv.*
ùn·pre·ténd·ing *adj.* 見栄を張らない, もったいぶらない, 威張らない (unassuming)；慎み深い, 控え目な, 謙遜な (modest). **～·ly** *adv.* **～·ness** *n.*
ùn·pre·tén·tious *adj.* 外観を装わない, 見栄を張らない, 威張らない；控え目な, 慎み深い (modest)：an ～ little house. **～·ly** *adv.* **～·ness** *n.*
ùn·pre·váil·ing *adj.* **1** 広く行なわれ(てい)ない, 流行し(てい)ない. **2** 優勢[顕著]でない, 最高でない. **3** 効果的でない.
ùn·pre·vént·a·ble *adj.* 妨げることのできない, さえぎりえない (unavoidable)；防止し得ない, 避け難い, 免れ難い (inevitable). **～·ness** *n.* **ùn·pre·vént·a·bly** *adv.*
ùn·pre·vént·ed *adj.* 防止[予防]され(てい)ない.
ùn·príced *adj.* **1** 一定の価がない, 価が定まらない；値が付いていない, 値段付けがない：～ goods, catalogues, etc. **2** 値踏みができないほどの貴重な.
ùn·príest·ly *adj.* 僧[牧師, 司祭]らしくない；聖職者にふさわしくない.
ùn·prínce·ly *adj.* 王子[王侯]らしくない, 王子[王侯]に似合わない.
ùn·prín·ci·pled *adj.* **1** 道徳律を持たない, 無節操な, 非道の, 破廉恥な, 不正直な, 放埒(らつ)な (unscrupulous, dishonest)：an ～ rogue / ～ conduct. **2** 〔…の〕原理を教わっていない〔*in*〕：a man ～ *in* Christianity キリスト教の原理を知らない人. **～·ness** *n.*
ùn·prínt·a·ble *adj.* (不敬・卑猥で)印刷するのに適さない, 印刷をはばかる.
ùn·prínt·ed *adj.* 印刷され(てい)ない；版になっていない：an ～ manuscript.
ùn·prís·on 〘ME〙 *vt.* 出所[出獄]させる.
ùn·prív·i·leged *adj.* (経済的・社会的な条件が劣るために)基本的人権を与えられ(てい)ない, 特権[特典]のない (cf. underprivileged 1 a).
ùn·príz·a·ble *adj.* 評価に値しない, 価値のない：an ～ book.
ùn·prízed 〘《15C》〙 *adj.* 《古》尊ばれ(てい)ない, 大切にされ(てい)ない, 重んじられ(てい)ない.
ùn·próbed *adj.* **1** 探り(針)を入れ(てい)ない. **2** 十分調べ(てい)ない.
ùn·próc·essed *adj.* 加工[処理]され(てい)ない.
ùn·pro·cúr·a·ble *adj.* 得られない, 手に入れ難い.
ùn·pro·dúc·tive *adj.* 収穫のない, 不毛の (barren)；非生産的な, 利益がない (unprofitable)；効果をもたらさない, 無効な (ineffective). **～·ly** *adv.* **～·ness** *n.*
ùn·pro·fáned *adj.* (神聖を)汚され(てい)ない, 冒瀆(とく)され(てい)ない；純潔の (pure).
ùn·pro·féssed 〘《15C》〙 *adj.* **1** 公言[明言]され(てい)ない. **2** 誓約して宗門に入っていない：an ～ sister.
ùn·pro·fés·sion·al *adj.* **1** 職業としてでない, 専門外の (cf. nonprofessional)；本業でない, 専門家でない, 素人の (amateur)：He knows nothing of ～ matters. 専門外のことは何一つ知らない / ～ people 素人 / an ～ opinion 素人の意見. **2** 職業に不似合いの；その道[職業]の慣習[道義]にはずれた：～ conduct. **～·ly** *adv.*
ùn·próf·it·a·ble 〘ME〙 ── *adj.* **1** 利益がない, 割の悪い, もうからない. **2** 結果がよくない, 無益[無効]の, 不利な, 役に立たない, むだな：～ servants 義理一遍の人, 役目以外には何一つ進んでしない人 (*Luke* 17:10). **～·ness** *n.* **ùn·próf·it·a·bly** *adv.*
ùn·pro·grés·sive *adj.* 進歩的でない, 保守的な (conservative), 反動的な (reactionary), 後退的な (backward). **～·ly** *adv.* **～·ness** *n.*
ùn·pro·híb·it·ed *adj.* 禁止され(てい)ない, 禁制でない.
ùn·pro·líf·ic *adj.* 子を産まない, 実を結ばない, 生産

力がない, 不毛の (infertile).
ùn·próm·is·ing adj. 見込みがない, 望みがない, 頼もしくない, 前途有望でない. ~·ly adv.
ùn·prómpt·ed adj. 他の力を借りない, 他から命じられ(てい)ない; 自発的な, 自ら率先してなした.
ùn·próm·ul·gàt·ed adj. 発布[公布]され(てい)ない.
ùn·pro·nóunce·a·ble adj. 発音できない[しにくい]: an ~ name.
ùn·pro·nóunced adj. 発音されない; 無音の (mute).
ùn·próp vt. (**un·propped; -prop·ping**) …から支柱を取り除く.
ùn·pro·phét·ic adj. 予言的でない; 正しく予言しない. **ùn·pro·phét·i·cal·ly** adv.
ùn·pro·pí·tious adj. 都合の悪い, 不吉[不祥]の, 縁起の悪い (ill-omened), 不運な (unlucky). ~·ly adv. ~·ness n.
ùn·pro·pór·tion·al adj. 比例しない, 釣り合わない. ~·ly adv.
ùn·pro·pór·tion·ate adj. 釣り合いの取れない, 比例しない; 不適当な (disproportionate). ~·ly adv.
ùn·pro·pór·tioned adj. 釣り合いの取れ(てい)ない.
ùn·prós·per·ous adj. **1** 繁栄しない, 不振の, 不景気の. **2** 不健康な. **3** 不幸せな, 不運な. **4** 好ましい結果にならない[を表わさない]. ~·ly adv. ~·ness n.
ùn·pro·téct·ed adj. **1** 保護(者)のない: an ~ girl. **2** 無防備の (defenseless), 無装甲の: an ~ town 無防備都市 / an ~ cruiser 無装甲巡洋艦. **3** (関税などの)保護を受け(てい)ない: an ~ industry. ~·ly adv. ~·ness n.
ùn·pro·tést·ed adj. 主張[抗議]され(てい)ない; (特に)〈手形が〉支払い拒絶を受け(てい)ない.
ùn·próv·a·ble 〘(15C)〙 adj. 証明できない, 立証し難い. ~·ness n.
ùn·próved 〘(15C)〙 adj. 立証[証明]され(てい)ない: an ~ assumption.
ùn·próv·en adj. =unproved.
ùn·pro·víd·ed adj. **1** 〔…を〕供給[支給]され(てい)ない, 備え付け(てい)ない 〔with〕: be ~ with money 金を持っていない. **2** [しばしば ~ for として] 準備がない, 用意がない, (特に)生活必需品がない (unprepared): They were ~ for. 彼らの生活は不自由だった. **3** 不意の (unexpected). ~·ness n.
ùn·pro·vóked adj. **1** 刺激[挑発]され(てい)ない. **2** 正当な理由のない, いわれのない: an ~ assault. ~·ly adv. ~·ness n.
ùn·pro·vók·ing adj. (人を)怒らせない, 刺激しない.
ùn·prúned adj. 刈り込まれ(てい)ない, 手入れし(てい)ない; 自然に伸びるにまかせた: an ~ tree.
ùn·púb·lished adj. **1** 公にされ(てい)ない, 公然でない, 隠れた, 秘密の. **2** 未刊の, 出版され(てい)ない, 出版物の形では知られていない[見られない]: ⇨ unpublished work.
unpúblished wórk n. 〘法律〙 未刊行図書《登録時点ではまだ販売・一般配布の目的で印刷を行なっていない図書》.
ùn·púnc·tu·al adj. 時間[約束期日]を守らない, 日限を違える; 几帳面でない. ~·ly adv.
ùn·punc·tu·ál·i·ty n. 時間を守らないこと; 几帳面でないこと.
ùn·púnc·tu·àt·ed adj. 句読点をつけてない.
ùn·pún·ish·a·ble adj. 処罰できない, 罰すべきでない: a sin ~ by law 法によって罰し得ない罪. **ùn·pún·ish·a·bly** adv.
ùn·pún·ished 〘ME〙 adj. 処罰を受けない, 罰せられない, 処分を免れた: go ~ 無罪放免となる.
ùn·púr·chas·a·ble adj. **1** 買えない, 金銭で得られない(ほど高価な, 珍しい): the ~ beauty of the landscape. **2** 買収できない.
ùn·púre 〘ME〙 adj. =impure.
ùn·púrged adj. **1** 清められ(てい)ない, (特に)告白[服罪]によって清められ(てい)ない[あがなわれ(てい)ない]. **2** 追放[パージ]され(てい)ない.
ùn·pú·ri·fied adj. 清められ(てい)ない, 清浄でない, 浄化され(てい)ない.
ùn·púr·posed adj. **1** 意図されたものでない, 故意ではない. **2** 目的のない, 無目的の (purposeless).
ùn·put·dówn·a·ble [-nəbl] adj. 《口語》〈本が〉(下に下ろせないほど)面白い, 夢中にさせる.
ùn·púz·zle vt. 〈謎・問題などを〉解く, 解決する.
ùn·quáil·ing adj. 恐れない, ひるまない (fearless). ~·ly adv.
ùn·quál·i·fied adj. **1** 資格のない, 無資格の: an ~ nurse, medical practitioner, etc. **2** 〔…に〕適さない, 不適当な (unfit) 〔for〕; 〈…するのに〉向かない 〈to do〉: He is ~ for the position. その地位に不適任だ / He is ~ to teach others. 人を教えるのに適さない人だ. **3** 制限され(てい)ない, 無条件の, 絶対的な (absolute): an ~ assertion, denial, statement, etc. **4** 全くの, 純然たる, 徹底的な (downright): an ~ liar [fool] 大うそつき[大ばか者]. ~·ly adv.
ùn·quál·i·fỳ vt. =disqualify.
ùn·quán·ti·fì·a·ble adj. 〈性質・品質など〉(容易に)計算できない, 数字で表わせない.
ùn·quár·ried adj. 石切場から切り出され(てい)ない.
ùn·quéen vt. …から女王[王妃]の位を奪う.
ùn·quélled 〘ME〙 adj. 鎮定[平定]され(てい)ない.
ùn·quénch·a·ble 〘ME〙 — adj. **1** 〈火が〉消すことができない: an ~ fire. **2** 満たされ(てい)ない, 止められない, 鎮められ(てい)ない, 抑えられ(てい)ない: ~ thirst, desire, enthusiasm, passion, etc. **ùn·quénch·a·bly** adv.
ùn·quénched 〘(?c1200)〙 adj. 消され(てい)ない, 抑えられ(てい)ない: ~ desire.
ùn·qués·tion·a·ble adj. **1** 疑いのない, 議論の余地がない, 確かな, 明白な (indisputable): an ~ fact / ~ evidence. **2** 非の打ち所のない, 申し分のない (unexceptionable). **3** 《廃》質問[会話]の嫌いな: an ~ spirit 物を言うのもいやという気持ち (cf. Shak., *As Y L* 3. 2. 393). ~·ness n. **ùn·qués·tion·a·bly** adv.
ùn·qués·tioned adj. **1** 問題にされない, 疑われない; 明白な, 疑問の余地のない (undoubted): the ~ masterpieces of our epoch 紛れもない現代の傑作. **2** 調べられ(てい)ない, 審問され(てい)ない, 反対ができない, 争われ(てい)ない.
ùn·qués·tion·ing adj. 質問を発しない, 疑問を抱かない, 疑わない, 絶対的な; 躊躇(ちゅうちょ)しない (unhesitating): one's ~ supporters / ~ loyalty, obedience, etc. ~·ly adv. ~·ness n.
ùn·quí·et 〘(1523)〙 — adj. **1** 落着きがない, そわそわした, 不安な (restless, uneasy): an ~ mind. **2** 動揺した, 不穏な (agitated): an ~ age. — n. 不安, 動揺, 不穏な空気 (disquiet) ~·ly adv. ~·ness n.
ùn·quót·a·ble adj. 引用し得ない; 引用する価値のない, 引用に適さない.
ùn·quóte vi. 引用を終える (⇨ quote 1 b).
ùn·ráised adj. 高められ(てい)ない; 〈精神など〉高揚され(てい)ない.
ùn·rán·somed adj. 贖(あがな)われ(てい)ない, (身代(しろ)金を払って)請け出され(てい)ない.
ùn·rát·ed adj. **1** 等級を定められ(てい)ない, 規格を定められ(てい)ない. **2** 地方税などを課せられ(てい)ない.
ùn·rát·i·fied adj. 批准[裁可]され(てい)ない.
ùn·ráv·el v. (~ed, -elled; ~·ing, -el·ling) — vt. **1** 〈もつれた糸・編み物・なわなどを〉解く, ほどく, ほぐす (disentangle, undo): ~ a skein of wool, the threads of a tangled skein, etc. **2** 解明する, 解く (solve); 〈物語などの〉葛藤(かっとう)を解く, 筋を解決させる, …に大団円を告げさせる: ~ a mystery, the plot of a story, etc. — vi. **1** ほどける. **2** 解ける, 解明する.
ùn·rá·zored adj. 〈顔・ひげなど〉そられ(てい)ない, そってない, かみそりを当ててない (unshaven).
ùn·réach·a·ble adj. 達し得ない, 手の届かない.
ùn·réached adj. 到達し(てい)ない, まだ届かない.
ùn·réad [-réd] 〘(15C): ⇨ un-², read²〙 — adj. **1** 〈書籍が〉読まれ(てい)ない, 閲読し(てい)ない, 目を通さない, 未読の. **2 a** 〈人が〉多く読んでいない, 読書し(てい)ない; 学識がない, 無教育の, 無学の (unlearned, illiterate). **b** 〔特定の分野に〕通じていない, 暗い 〔in〕: He is ~ in political science. 政治学に暗い.
ùn·réad·a·ble adj. **1** 読みにくい, 読めない, 判読しにくい (illegible): ~ handwriting. **2** わかりにくい (obscure), 不可解な (incomprehensible). **3** 〈本・文体など〉読んで面白くない, 退屈な (dull, uninteresting); 読むのに適さない, 読む価値がない. ~·ness n. **ùn·réad·a·bly** adv.
ùn·réad·i·ly adv. 準備なく, 用意なく; ぐずぐずと, のろく.
ùn·réad·y 〘ME〙 — adj. **1** [Predicative に用いて] 〔…の〕準備がない, 用意ができていない (unprepared) 〔for〕; 〈…する〉準備[用意]ができていない 〈to do〉: This machine is ~ for use. この機械はまだ使用準備ができていない / We are ~ to start. 出発の準備ができていない. **2** 即座の機知[応答, 気転]がきかない; 機敏でない, てきぱきしていない, ぐずぐずしている. **3** 《英方言》身支度をし(終え)ていない. **ùn·réad·i·ness** n.
ùn·ré·al 〘(1606)〙 — adj. **1** 実在に基づかない, 非実在の; 想像上の, 空想[架空]の, 実体のない, 非現実的な (imaginary, illusory): *Unreal* City (cf. T. S. Eliot, *The Waste Land* 60). **2** 真実性のない, 偽りの (false); 不自然な, わざとらしい (artificial). **3** 《口語》信じ難い (incredible). ~·ly adv.
ùn·rè·al·ís·tic adj. **1** 非現実的な, 非実際的な, 妄想的な (delusive). **2** 非写実的な. **ùn·rè·al·ís·ti·cal·ly** adv.
ùn·re·ál·i·ty 〘(1751)〙 n. **1** 非実在, 空想的なこと, 非現実性; 非現実[架空]的なもの. **2** (特に, 日常のことに関しての)無能力, 非実際的な性分.
ùn·ré·al·ìz·a·ble adj. **1** 実現し得ない; 錯覚的な (illusory). **2** とても考えられない (unthinkable).
ùn·ré·al·ized adj. **1** 実現され(てい)ない, 遂げられ(てい)ない (unfulfilled): an ~ ambition. **2** 認められ(てい)ない (unrecognized), 知られ(てい)ない. **3** 現金に換えられない: an ~ profit.
ùn·réaped adj. 刈り取られ(てい)ない.
ùn·réa·son 〘ME〙 — n. **1** 不合理, 不条理, 不道理; 愚, 愚鈍, 愚劣, ばかばかしさ (stupidity, folly). **2 a** 精神的混乱, 狂気 (madness). **b** 混乱, 無秩序 (chaos). — vt. …の理性を惑わす, 混乱させる.
ùn·réa·son·a·ble 〘(c1340)〙 — adj. **1** 理性を欠いた, 理性をもたない: the ~ beasts. **2** 理性に従わない, 非理性的な (irrational); 衝動のままに動く; 気まぐれな (capricious): an ~ person. **3** 理不尽な; 道理をわきまえない, 無分別な, 常軌を逸した, 不穏当な (absurd): an ~ attitude 聞き分けのない態度. **4** 理に合わない, 無理な, 過度な (immoderate); 〈値段・料金など〉不当な, 法外な, 途方もない (exorbitant): an ~ claim, demand, price, etc. ~·ness n. **ùn·réa·son·a·bly** adv.
ùn·réa·soned adj. 道理に基づかない, 不合理な.
ùn·réa·son·ing adj. **1** 推理[推考]しない, 考えない; 理性のない, 道理のわからない, 理屈に合わない (irrational, unreasonable): the ~ multitude 道理をわきまえない一般大衆 / an ~ hatred 理不尽な憎しみ / She took an ~ dislike to me. 彼女は私をわけもわからず嫌った. **2** 途方もない, 法外な (extravagant): ~ terror, prejudice, etc. ~·ly adv.
ùn·re·búked 〘(15C)〙 adj. 非難[譴責(けんせき)]され(てい)ない, 叱(しっ)責を受けない.
ùn·re·cáll·a·ble adj. 呼び戻すことができない; 取消し不可能な.
ùn·re·cálled adj. 呼び戻され(てい)ない; 取り消され(てい)ない.
ùn·re·céipt·ed adj. 受取証がない.
ùn·re·céiv·a·ble adj. 受け取ることができない.
ùn·re·céived adj. 受け取られ(てい)ない, 受領し(てい)ない; 承認され(てい)ない.
ùn·re·cép·tive adj. 感受性[感応性]の強くない; 受容的でない.
ùn·re·cíp·ro·càt·ed adj. 交換され(てい)ない; (恩愛などに)報いられ(てい)ない, 片思いの.
ùn·réck·oned 〘ME〙 adj. 数えられ(てい)ない, 計算され(てい)ない, 勘定され(てい)ない.
ùn·re·cláimed 〘(15C)〙 adj. **1** 取り戻され(てい)ない, 回収され(てい)ない. **2** 矯正され(てい)ない, 改心し(てい)ない (unregenerate). **3** 〈土地が〉開墾され(てい)ない. **4** 《廃》〈動物など〉馴(な)らされ(てい)ない.
ùn·réc·og·nìz·a·ble adj. 認知[承認]できない; 識別[判別]できない. ~·ness n. **ùn·réc·og·nìz·a·bly** adv.
ùn·réc·og·nìzed adj. 認識され(てい)ない, 認められ(てい)ない, 承認され(てい)ない: ~ merit.
ùn·réc·om·pènsed 〘(15C)〙 adj. 報いられ(てい)ない, 償われ(てい)ない.
ùn·réc·on·cìled adj. 和解し(てい)ない.
ùn·rè·con·strúct·ed adj. **1** (政治・経済に関して)旧思想を墨守する, 旧体制型の: an ~ statesman. **2** 〘米史〙〈南北戦争後の南部諸州が〉再編入を受け(てい)ない (cf. reconstruction 1 c).
ùn·rè·con·strúct·i·ble adj. 再建不可能な.
ùn·re·córd·ed adj. **1** 登録され(てい)ない, 記録に載っていない. **2** 史料に書かれ(てい)ない: an ~ tradition.
ùn·re·cóv·er·a·ble 〘(15C)〙 adj. **1** 取り戻せない, 回復不可能な. **2** 治療[救済]できない.
ùn·réc·ti·fied adj. **1** 訂正され(てい)ない, 改正され(てい)ない. **2** 〘化学〙 精溜(りゅう)していない.
ùn·re·déem·a·ble adj. 買い戻すことができない, 購(あがな)われない (irredeemable).
ùn·re·déemed adj. **1** 実行[履行]され(てい)ない, 果たされ(てい)ない: an ~ promise. **2** 質受けされ(てい)ない, 請け出され(てい)ない: ~ goods. **3** 〈過ちなど〉和らげられ(てい)ない, 軽減され(てい)ない, 救われ(てい)ない, 償われ(てい)ない: be ~ by merits 長所があっても償われない / ~ ugliness 醜悪そのもの. **4** 〈失地などが〉回復され(てい)ない, 回収され(てい)ない. **5** 買い戻され(てい)ない, 支払われ(てい)ない, 償還され(てい)ない: an ~ bill of exchange. ~·ly adv.
ùn·re·dréssed adj. **1** 償われ(てい)ない. **2** 直され(てい)ない, 矯正され(てい)ない.
ùn·réel vt. **1** (糸わくから)繰り出す: ~ a tangled skein もつれた糸束を繰り出す. **2** (繰り出すように)繰り広げる; 行なう (carry out): ~ a 66-yard pass play. — vi. **1** 繰り出る, 巻きがほぐれる. **2** 繰り広げられる, 展開される; 行なわれる.
ùn·réel·a·ble adj. 繰り出すことのできない.
ùn·réeve v. (**un·rove, ~d**) 〘海事〙 — vt. 〈綱などを〉滑車[心環など]から引き抜く. — vi. 綱が滑車[心環など]から引き抜けてしまう; 〈綱などが〉滑車から引き抜かれる.
ùn·re·fíned adj. **1** 精製され(てい)ない: ~ sugar, ore, etc. **2** 洗練され(てい)ない, みがかれ(てい)ない, 垢(あか)抜けのしない, 粗野な, 下品な, 卑しい (coarse, vulgar): ~ manners.
ùn·re·fléct·ed adj. **1** 反省のない, 思慮不足の (unconsidered). **2** 〈光・熱など〉反射され(てい)ない; 〈映像など〉反映され(てい)ない.
ùn·re·fléct·ing adj. 反省しない, 後先を考えない, 無分別な, 浅はかな, 思慮のない (unthinking, thoughtless). ~·ly adv.
ùn·re·fléc·tive adj. 無反省の, 無分別の, 後先を見ない (heedless). ~·ly adv.
ùn·re·fórm·a·ble adj. **1** 改革[革新, 改正]できない. **2** 矯正できない (incorrigible).
ùn·re·fórmed adj. **1 a** 改革[革新, 改正]され(てい)ない. **b** 宗教改革で生じたのではない, 宗教改革によって作られたのではない: an ~ church. **2** 矯正され(てい)ない, 改心し(てい)ない.
ùn·re·fréshed adj. 元気を回復し(てい)ない, 清々した気分にならない. ~·ly adv.
ùn·re·frésh·ing adj. 爽快でない; 元気づけない.
ùn·re·fút·ed adj. 反駁[論駁]され(てい)ない.
ùn·ré·gal adj. 帝王に不似合いな, 帝王らしくない.
ùn·re·gárd·ed adj. 注意[留意]され(てい)ない, 顧みられ(てい)ない, 無視[閑却]された (neglected).
ùn·re·gén·er·a·cy n. 再生しないこと, 生れ変わらないこと; 改心しないこと; 罪深いこと, 邪悪.
ùn·re·gén·er·ate adj. **1** 再生しない; (精神的に)生

れ変わらない, 更生しない (unrepentant); 依然として神にそむく, 罪深い, 邪悪な (wicked). **2 a** 一宗教・宗派・主義などを受け入れない[に折伏(しゃくぶく)されない]; 旧思想[体制]固執の (unreconstructed). **b** 反動的立場を固執する, がんこな, 強情な (obstinate, stubborn). ── *n.* **1** (精神的に)生れ変わらない人, 更生しない者; 罪深い人. **2** 旧思想[体制]に固執する人. **～·ly** *adv.*

ùn·re·gén·er·àt·ed *adj.* ＝unregenerate.

ùn·rég·is·tered *adj.* **1** 登記[登録]され(ていない: an ～ citizen. **2** 書留にされ(ていない: an ～ letter. **3** 〈家畜など〉血統証明のついていない.

ùn·re·grét·ted *adj.* 悲しまれ(ていない, 嘆かれ(ていない, 後悔され(ていない.

ùn·rég·u·làt·ed *adj.* **1** 調節[調整, 整頓]していない; 雑然とした, 混乱した (chaotic). **2** 統制[訓練]され(ていない; 規律のない (undisciplined).

ùn·re·héarsed 〘《15C》〙 ── *adj.* **1** 下稽古のない, 演習していない; (予定されたのでなく)自然に起こる[生じた] (spontaneous): an ～ effect 予想しなかった(作者自身を驚かすような)作品の効果. **2** 物語られ(ていない.

ùn·réin *vt.* **1** …の手綱を放す[弛(ゆる)める]. **2** …の拘束を解く, 自由にする, 解放する (release).

ùn·réined *adj.* 手綱を放された[弛(ゆる)められた]; 拘束を解かれた, 放たれた, 自由になった (unrestrained): ～ passions.

ùn·re·lát·ed *adj.* **1** 話され(ていない: an ～ story. **2** 無関係な; 〔…と〕関係がない (discrete) 〔*to*〕: a rule ～ *to* the realities of life 実人生と無関係な法則. **3** 血縁でない, 縁故がない. **～·ness** *n.*

ùn·re·láxed *adj.* 弛(ゆる)められ(ていない; 緊張した.

ùn·re·láx·ing *adj.* 弛(ゆる)まない, 弛めない, 緊張を維持する.

ùn·re·léased *adj.* 〘音声〙〈閉鎖音が〉無解放の: an ～ stop 無解放の閉鎖音《act の [k], begged の [g] など》.

ùn·re·lént·ing *adj.* **1** 仮借[容赦]しない, 厳しい, がんとして聞き入れない, 無慈悲な, 因業な (relentless, merciless): an ～ fate. **2** 〈決意など〉固い. **3** 速度が落ちない, どんどん進行する; たゆまない: an ～ effort, speed, etc. **～·ly** *adv.* **～·ness** *n.*

ùn·re·lì·a·bíl·i·ty *n.* 当て[頼み]にならないこと, 信じられないこと, 信頼できないこと.

ùn·re·lí·a·ble 〘《1840》〙 *adj.* 当てにならない, 信じられない, 信頼できない, いい加減な (untrustworthy). **～·ness** *n.* **ùn·re·lí·a·bly** *adv.*

ùn·re·liév·a·ble *adj.* 救済[救助]できない.

ùn·re·liéved *adj.* **1** 救済され(ていない; 和らげられ(ていない, 緩和され(ていない. **2** (凹凸・明暗・変化などによって)目立たされ(ていない, 単調な, 変化のない (monotonous). **～·ly** *adv.*

ùn·re·lí·gious 〘ME〙 *adj.* **1** 宗教と関係がない, 非宗教的な. **2** 無宗教の, 不信心な. **～·ly** *adv.*

ùn·re·márk·a·ble *adj.* 人の注意を引かない, 目立たない; 平凡な (ordinary).

ùn·re·márked *adj.* 注目され(ていない, 気づかれ(ていない.

ùn·rém·e·died *adj.* 治療[補修]され(ていない.

ùn·re·mém·bered 〘ME〙 *adj.* 記憶され(ていない, 思い出せない, 忘れられた (forgotten).

ùn·re·mít·ted *adj.* **1** 〈刑罰・罰金・料金・借金など〉免除され(ていない (unpardoned): an ～ debt. **2** 途切れない, 不断の, 連続的な (unbroken): ～ attention.

ùn·re·mít·ted·ly *adv.* 途切れずに, 連続して (steadily).

ùn·re·mít·tent *adj.* 〈熱(病)が〉絶え間のない, 下がることのない (unremitting).

ùn·re·mít·ting *adj.* 休む暇のない, 絶え間がない (incessant); 努めてやまない, 根気[辛抱]強い (persistent): ～ efforts 不断の努力 / ～ work 休む暇のない仕事. **～·ly** *adv.*

ùn·re·móved 〘《15C》〙 *adj.* **1** 移動[移転]され(ていない. **2** 除去され(ていない. **3** 固く据えつけられた, 不動の (fixed).

ùn·re·mú·ner·a·tive *adj.* 報酬[利益]がない, もうからない, 引き合わない (unprofitable).

ùn·re·néwed *adj.* 新たにされ(ていない, 一新され(ていない; (特に, 精神的に)再生させられ(ていない.

ùn·re·nóunced *adj.* 否認[放棄]され(ていない; 承認[是認]された.

ùn·re·nówned *adj.* 世に聞こえ(ていない, 名声を得(ていない, 無名の (obscure).

ùn·rént *adj.* 〈衣服など〉引き裂かれ(ていない, 破れていない; 〈静かさ・感情など〉乱され(ていない.

ùn·rént·a·ble *adj.* 賃貸[賃借]できない.

ùn·re·páid *adj.* 返済[返報]され(ていない.

ùn·re·páir *n.* 無修繕状態, 荒廃, 崩壊, 破損 (dilapidation).

ùn·re·páired *adj.* 修繕され(ていない, 荒廃[破損]した.

ùn·re·péaled 〘《15C》〙 *adj.* 〈法律など〉廃止され(ていない, 取消され(ていない; まだ有効な.

ùn·re·pén·tance 〘《15C》〙 *n.* 改悔[悔悟]しないこと, 悔悛の情を表わさないこと (impenitence).

ùn·re·pén·tant 〘ME〙 *adj.* **1** 後悔[悔悟]しない, 悔い改めない (impenitent). **2** 前の信念[態度]に固執する, がんこな, 強情な (obstinate). **～·ly** *adv.*

ùn·re·pént·ed *adj.* 後悔[悔悟]され(ていない: ～ sin.

ùn·re·pént·ing *adj.* 後悔[悔悟]しない.

ùn·re·pín·ing *adj.* 不平を鳴らさない, 愚痴をこぼさない (uncomplaining). **～·ly** *adv.*

ùn·re·plén·ished *adj.* 補給[補充]され(ていない.

ùn·re·pórt·ed *adj.* 報告され(ていない; 議事録[判決録]に記載され(ていない.

ùn·rèp·re·sén·ta·tive *adj.* **1** 選挙民を代表していない; 〔…を〕代表していない 〔*of*〕. **2** 典型的でない; 〔…を〕表わしていない 〔*of*〕.

ùn·rèp·re·sént·ed *adj.* **1** 代表され(ていない; 立法府に代表を出していない: an ～ minority. **2** 例証[例示]され(ていない.

ùn·re·préssed *adj.* 抑えられ(ていない, 抑制され(ていない; 鎮圧され(ていない.

ùn·re·príeved *adj.* 執行を猶予され(ていない.

ùn·re·próach·ful *adj.* 非難しない, 咎(とが)めるように見えない, 恨めしそうでない.

ùn·re·próv·a·ble 〘ME〙 *adj.* 非難できない; 非難に値しない (blameless).

ùn·re·próved 〘ME〙 *adj.* 非難され(ていない, (非難の)横槍(やり)の入らない.

ùn·réq·ui·site *adj.* 必要でない, 不必要な (unnecessary).

ùn·re·quít·ed *adj.* **1** 報いられ(ていない: ～ affection [love] 片思い; 失恋. **2** 報酬を受け(ていない: an ～ labor 無料奉仕. **3** 仕返しされ(ていない (unavenged): Wickedness does not go altogether ～. 悪事には何か報いなしでは済まない.

unrequíted éxports [ímports] *n. pl.* 〘貿易〙(金銭または品物による)代価未払いの輸出[輸入]品.

ùn·re·sént·ed *adj.* 憤慨され(ていない, 恨まれ(ていない.

ùn·re·sént·ing *adj.* 憤慨しない, 恨まない.

ùn·re·sérve *n.* (言動に)遠慮[隔て, 心置き, 腹蔵, 忌憚(きたん)]のないこと, 無遠慮, 率直, 淡白 (frankness).

un·re·served [ʌ̀nrɪzə́ːvd, -rə- | -zə́ːvd] *adj.* **1** 遠慮のない, 腹蔵のない, 率直な, 隠し立てしない, 打ち明けた (frank, candid): an ～ manner. **2** 制限のない, 無条件の, 十分の (unrestricted, unqualified): ～ compliance, agreement, approval, etc. **3** 保留してない; 予約してない, 買切りでない: an ～ seat. **ùn·re·sérv·ed·ness** [-vɪdnɪs, -vəd-, -vd-, -nəs | -vɪd-, -vəd-] *n.*

ùn·re·sérv·ed·ly [-vɪdli, -vəd- | -lɪ] *adv.* **1** 遠慮なく, 腹蔵なく, 率直に (frankly). **2** 留保[制限]なく, 全然 (absolutely).

ùn·re·sís·tant *adj.* 抵抗[反対]しない.

ùn·re·síst·ed *adj.* 抵抗を受け(ていない, 反対され(ていない, 逆らわれ(ていない (unopposed). **～·ly** *adv.*

ùn·re·síst·ing *adj.* 抵抗[反対]しない, 逆らわない, 無抵抗の; 従順な (yielding). **～·ly** *adv.*

ùn·re·sólved *adj.* **1** 決心がつかない, 心が決まらない, 決断がない, 不決断の (irresolute). **2** 決定しない, 未決定[未定]の (uncertain). **3** 解決され(ていない, 未解決の, 明らかにされ(ていない (unsolved): an ～ problem, mystery, etc. / My doubts are still ～. 私の疑問はまだ解けない. **4** 組成分に分かれ(ていない, 分解され(ていない. **～·ness** *n.*

ùn·re·spéct·ed *adj.* 尊敬され(ていない, 重んじられ(ていない; 軽蔑され(ている, 侮(あなど)られ(ている (despised): ～ old age.

ùn·re·spón·sive *adj.* 感応の遅い, 感受性が鈍い, 手答えがない; かたくなな, 無理解な, 同情を示さない, 冷淡な. **～·ly** *adv.* **～·ness** *n.*

ùn·rést 〘ME〙 ── *n.* **1** (政治的・経済的な)不安, 不安動揺(の状態), 不穏(状態) (turmoil): social [political, labor] ～ 社会[政治, 労働]不安. **2** (心の)不安(状態), 心配, 落ち着かないこと (restlessness).

ùn·rést·ful 〘ME〙 ── *adj.* **1** 心に休息を与えない, 心を安めない, 心を乱す, 落ち着かせない, 不安にする. **2** 不安な, 落ち着かない, そわそわした (nervous, fidgety). **～·ly** *adv.* **～·ness** *n.*

ùn·rést·ing *adj.* 休まない, 休止しない, 間断ない; 倦(う)むことを知らない, 根気強い. **～·ly** *adv.*

ùn·re·stóred 〘《15C》〙 *adj.* 回復され(ていない, 復旧し(ていない; 返還され(ていない.

ùn·re·stráin·a·ble 〘《15C》〙 *adj.* 抑制[制限]できない, 抑えられ(ていない, 制御しにくい (uncontrollable). **ùn·re·stráin·a·bly** *adv.*

un·re·strained [ʌ̀nrɪstréɪnd, -rə-] *adj.* **1** 抑制され(ていない, 制御され(ていない (uncontrolled); 遠慮のない, 自制のない, 慎みのない, 勝手気ままな (unreserved): ～ praise べたぼめ. **2** 窮屈さのない, 屈託のない, 自然な (spontaneous): an ～ atmosphere / feel happy and ～. **ùn·re·stráin·ed·ly** [-nɪdli, -nəd-, -nd- | -nɪdlɪ, -nəd-] *adv.* **ùn·re·stráin·ed·ness** [-nɪdnɪs, -nəd-, -n(d)-, -nəs | -nɪd-, -nəd-] *n.*

ùn·re·stráint *n.* 無制限, 無拘束; 無制御; 自制のないこと.

ùn·re·stríct·ed *adj.* 制限され(ていない, 拘束のない; 自由な. **～·ly** *adv.*

unrestrícted propéllant *n.* 〘宇宙〙 非抑制推進剤《燃焼抑制剤を施した面をもたない固体推薬; cf. restricted propellant》.

ùn·re·tárd·ed *adj.* 遅れ(ていない (undelayed).

ùn·re·tén·tive *adj.* **1** 保持しない, 保持力がない. **2** 物覚え[記憶]が悪い: an ～ memory 貧弱な記憶力 / an ～ person 物覚えのよくない人.

ùn·re·tráct·ed *adj.* **1** 引っ込められ(ていない, 収縮させられ(ていない. **2** 取消され(ていない, 撤回され(ていない.

ùn·re·túrned *adj.* 送り返され(ていない; 帰って来ていない.

ùn·re·véaled *adj.* 明かされ(ていない, 漏らされ(ていない, 口外され(ていない; 隠された, 秘密の (hidden, secret).

ùn·re·vénged *adj.* 復讐され(ていない, 恨みを晴らしていない.

ùn·re·vérsed *adj.* **1** 逆にされ(ていない. **2** 〘法律〙(下級審の判決が上級審によって)破棄され(ていない, 取り消され(ていない.

ùn·re·vísed *adj.* 訂正され(ていない, 未校訂の.

ùn·re·vóked 〘《15C》〙 *adj.* 取り消され(ていない, 廃止され(ていない.

ùn·re·wárd·ed 〘《15C》〙 *adj.* 報いられ(ていない, 賞[罰]を受け(ていない, 無報酬の.

ùn·re·wárd·ing *adj.* 報いのない; (努力[注目]するだけの)価値のない.

ùn·rhe·tór·i·cal *adj.* 非修辞的な; 〈文体・言葉など〉飾りがない, 平明な (simple, plain).

ùn·rhýmed *adj.* 韻を踏んでいない, 無韻の.

ùn·rhýth·mic *adj.* 韻律的でない, 調子の悪い, 非律動的な.

ùn·rhýth·mi·cal *adj.* ＝unrhythmic. **～·ly** *adv.*

ùn·ríd·dle *vt.* …の謎を解く; 〈謎・神秘などを〉判じる, 解く, 解明する (solve).

ùn·ríd·dled *adj.* 〈謎・神秘など〉解かれ(ていない, わからない.

ùn·rí·fled[1] *adj.* 略奪され(ていない, 奪われ(ていない.

ùn·rí·fled[2] *adj.* 〈銃腔が〉旋条のついていない.

ùn·ríg *vt.* (**un·rigged; -rig·ging**) **1** 〘海事〙〈船〉の索具類を取りはずす: ～ a ship 船の艤装を解く. **2** …から装備を取り除く. **3** …の衣服を脱がせる, 裸にする (undress).

ùn·rígged *adj.* 〘海事〙〈船が〉索具のない, 索具を解いた, 艤装を解いた.

ùn·rígh·teous 〘OE *unrihtwīs*: ⇨ un-[2], righteous〙 ── *adj.* **1** 公正でない, 不公平な, 不当な (unjust): an ～ judgment, law, etc. **2** 邪悪な, 罪深い, 不義の (wicked, sinful): an ～ man. **～·ly** *adv.* **～·ness** *n.*

ùn·ríght·ful 〘ME〙 *adj.* 不正な, 不当な; 非合法の, 正統でない. **～·ly** *adv.* **～·ness** *n.*

ùn·ríp *vt.* (**un·ripped; -rip·ping**) **1** 切り開く[離す]: ～ a seam. **2** 《まれ》知らせる, 暴露する (reveal).

ùn·rípe 〘OE *unrīpe*: ⇨ un-[2], ripe[1]〙 ── *adj.* **1** 熟さない, 未熟な, 生(なま)の (immature): ～ fruit / an ～ mind, girl, etc. **2** 機の熟さない, 時の至らない, まだ完成していない: an ～ scheme, plan, etc. / The time is ～ *for* taking on such an enterprise. このような企業を引き受けるのにはまだ機が熟していない. **3** 《廃》〈死が〉早過ぎた (premature): an ～ death. **～·ly** *adv.* **～·ness** *n.*

ùn·ríp·ened *adj.* **1** 熟さない, 未熟な. **2** 〈チーズが〉熟成し(ていない; 生じない.

ùn·rís·en *adj.* 上がら[昇ら]ない; 起きない; 現われない.

ùn·rí·valed *adj.* (*also* **ùn·rí·valled**) 競争者[相手]がない, 無敵[無比]の, 無類[無双]の, 最上の (supreme, unequaled).

ùn·rív·et *vt.* **1** …の鋲(びょう)を取り去る. **2** 〈鋲締めした(ような)物を〉はずす (detach): The sound ～*ed* my gaze. その物音を聞いてじっと向けていた視線をそらした.

ùn·róast·ed 〘ME〙 *adj.* **1** 〈肉が〉焼かれ(ていない, 蒸焼きにされ(ていない; 焙(ほう)じられ(ていない. **2** 〘冶金〙〈鉱石が〉焙焼(ばいしょう)され(ていない.

ùn·róbe *vt.* …の衣服[(特に)官服]を脱がせる (disrobe). ── *vi.* 衣服[官服]を脱ぐ.

ùn·róll 〘《15C》〙 ── *vt.* **1** 〈巻いた物を〉解く, 開く, 広げる (extend, open): ～ a blanket. **2** (巻き物を広げるように)繰り広げる, 展開する; 明らかにする (disclose). **3** 《廃》巻物[記録簿]から取り除く. ── *vi.* **1** 〈巻いた物が〉解ける, 広がる, 開く (unfold). **2** 〈視野・景色などが〉広がる, 一面に見えてくる.

ùn·ro·mán·tic *adj.* 非浪漫的な; 小説的でない; ロマンチックでない, 空想的でない; 平凡な, 実際的な, 地味な (commonplace).

ùn·ro·mán·ti·cal *adj.* ＝unromantic. **～·ly** *adv.*

ùn·róof *vt.* …の屋根を取り去る[剝(は)がす].

ùn·róofed *adj.* 屋根のない, 無蓋(がい)の; 屋根をなくした.

ùn·róot 〘《15C》〙 *vt.* …の根を抜く, 根こぎにする (uproot); 根絶する (eradicate). ── *vi.* 根こぎにされる.

ùn·róot·ed *adj.* **1** [～ *out* として] 根こぎにされ(ていない. **2** 根なし草のような, 定着性のない (rootless): an ～ life.

ùn·róugh 〘《15C》〙 *adj.* **1** ざらざら[でこぼこ]していない. **2** ひげのない (beardless).

ùn·róund *vt.* 〘音声〙〈母音または子音を〉唇を丸めないで発音する: The vowel [u] when ～*ed* becomes [ɯ]. 唇を丸めずに発音した場合の [u] の母音は [ɯ] となる.

ùn·róund·ed *adj.* 〘音声〙 唇を丸めないで発音される, 非円唇(しん)の (↔ rounded): an ～ vowel 非円唇母音《[i], [e], [a] など》.

ùn·róy·al *adj.* 王(者)のようでない; 王らしくない, 王にも似合わない. **～·ly** *adv.*

UN·RRA, Un·rra [ʌ́nrə] 〘《頭字語》← *U*(*nited*) *N*(*ations*) *R*(*elief and*) *R*(*ehabilitation*) *A*(*dministration*)〙 ── *n.* アンラ, 国連救済復興機関《ヨーロッパ諸国に対しては1947年, 中国に対しては1949年廃止》.

ùn·rúf·fle *vt.* **1** 〈人を〉静める, 落ち着かせる (calm, quiet). **2** 〈物〉のしわなどを伸ばす, 平らにする (smooth out). ── *vi.* **1** 静かになる. **2** 〈しわが〉平らになる.

ùn·rúf·fled *adj.* **1** ごたつかない, 混乱しない; 静かな, 穏やかな, 平穏な, 落ち着いた, 冷静な (calm, serene): ~ self-confidence 落ち着いた自信 / ~ waters 静かな海. **2** 〈衣服など〉しわのない (smooth).

ùn·rúled 〘(c1375)〙 *adj.* **1** 支配を受け(てい)ない, 統治され(てい)ない. **2** 罫(けい)を引いてない: ~ paper.

un·ruly [ʌnrúːli | -lɪ] 〘(1400) ← UN-^{2}+《廃》*ruly* orderly, obedient (⇨ rule, -y^{4})〙 — *adj.* (**more** ~, **most** ~; **un·ru·li·er, -li·est**) **1** 統御[制御]できない, 御しにくい, 気ままな, 言うことをきかない, 手に余る, 始末に負えない (ungovernable, disobedient): an ~ mob/ the ~ member ⇨ member 1 a. **2** 〈天候など〉荒れ狂う (stormy). **un·rú·li·ness** *n.*

ùn·rúst·ed *adj.* さびて(い)ない.

UNRWA [ʌ́nwə] 《略》 United Nations Relief and Works Agency 国連救済事業機関《アラブ難民救済のため 1950 年設置された》.

uns- [ʌns] 〘《略》← UNSYMMETRICAL〙 — [通例イタリック体で; 有機化合物の名称に用いて]「非対称の (unsymmetrical)」の意の連結形: *uns*-dichloro-ethane. ★ 時に unsym- ともなる.

ùn·sád·dle 〘ME〙 *vt.* **1** 〈馬など〉から鞍をはずす. **2** 〈人を〉馬から落とす, 落馬させる (unhorse). — *vi.* 馬から鞍を降ろす.

ùn·sáfe *adj.* 安全でない, 危険な, 物騒な (dangerous): an ~ method. **~·ly** *adv.* **~·ness** *n.* 「ty).

ùn·sáfe·ty *n.* 安全(性)の欠如, 危険; 不安定 (insecuri-

ùn·sáid 〘OE *unsǣd*: cf. G *ungesagt*〙 — *adj.* (声に出して)言わない, 話さない, (特に)思っても口に出さない: leave something ~ あることを言わないでおく / Better leave it ~. 言わずにおいたほうがよい, 言わぬが花. 「ない].

ùn·sáint·ly *adj.* 聖人[聖者]らしくない[にふさわしく

ùn·sál·a·ble *adj.* 売るに適していない; 売れない, 売行きが悪い, 需要のない (unmarketable). **ùn·sàl·a·bíl·i·ty** *n.*

ùn·sál·a·ried *adj.* 給料をもらわない, 無給の (unpaid): an ~ officer.

ùn·sále·a·ble *adj.* =unsalable.

ùn·sált·ed 〘(15C)〙 *adj.* **1** 塩につけない; 塩を入れない, 塩気がない: ~ meat. **2** 淡水の: an ~ stream.

ùn·sánc·ti·fied *adj.* 清められ(てい)ない, 聖化され(てい)ない, 神聖でない, 汚れた, 不浄の (unholy); 聖別され(てい)ない. **~·ly** *adv.*

ùn·sánc·tioned *adj.* 裁可され(てい)ない; 批准され(てい)ない, 正式に承認され(てい)ない (unauthorized).

ùn·sánitary *adj.* **1** =insanitary. **2** 衛生設備のない, 衛生に無関心の. 「satisfied).

ùn·sát·ed *adj.* 飽き足らない, 満足し(てい)ない (un-

ùn·sá·tia·ble 〘ME〙 *adj.* =insatiable. **~·ness** *n.* **ùn·sá·tia·bly** *adv.* 「な; 食い足りない.

ùn·sá·ti·àt·ed *adj.* 十分に満足し(てい)ない, 不満足

ùn·sàt·is·fác·tion *n.* 不満足, 不満.

ùn·sàt·is·fác·to·ry *adj.* 不満足な, 意に満たない, 不十分な (inadequate). **ùn·sàt·is·fác·to·ri·ly** *adv.* **ùn·sàt·is·fác·to·ri·ness** *n.*

ùn·sát·is·fied 〘(15C)〙 — *adj.* 満たされ(てい)ない, 満足し(てい)ない, 飽き足らない, 不満足な: That left his appetite ~. それだけでは彼の食欲は満たされなかった. ★ dissatisfied のほうが強意的; 人を主語として Predicative に用いる場合には dissatisfied のほうが普通. **~·ly** *adv.* **~·ness** *n.*

ùn·sát·is·fỳ·ing *adj.* 満足させない, 満足[充足]感を与えない: an ~ meal.

ùn·sát·u·rate *n.* 〘化学〙 不飽和化合物.

ùn·sát·u·ràt·ed *adj.* **1** 飽和に達していない: an ~ solution. **2** 〘化学〙 飽和されない, 不飽和結合の: an ~ compound 不飽和化合物 / an ~ radical 不飽和基.

ùn·sáved *adj.* (宗教的に)救われ(てい)ない, 救済[済度]され(てい)ない.

ùn·sá·vor·y 〘ME: ⇨ un-^{2}, savory^{2}〙 — *adj.* **1** いやなにおい[味]がする, まずい, うまくない: an ~ dish. **2** 不快な, いやな (unpleasant, disgusting); 魅力のない, つまらない (unattractive): an ~ subject, assignment, etc. **3** (道徳的に)芳しくない, よろしくない: an ~ character, reputation, etc. **4** 《廃》 味のない, 無味の (insipid, tasteless). **ùn·sá·vor·i·ly** *adv.* **ùn·sá·vor·i·ness** *n.*

ùn·sáy 〘(c1460) ← UN-^{1}+SAY^{2}: cf. OE *ontsecgan*〙 *vt.* (**un·said**) 〈前言を〉取り消す, 撤回する (recall, retract). 「言い尽くせない.

ùn·sáy·a·ble *adj.* 言葉で言い表わし得ない, 容易に

UNSC 《略》 United Nations Security Council 国連安全保障理事会.

ùn·scál·a·ble *adj.* よじ登れない: an ~ fence / the ~ side of a mountain 登攀(とうはん)不可能な山側.

ùn·scále *vt.* …のうろこ[湯あか]を落とす: ~ a boiler ボイラーの湯あかを落とす.

ùn·scáled *adj.* 〈山など〉登られたことのない, 未踏峰の, 処女峰の. 「ない: ~ verses.

ùn·scán·na·ble *adj.* 〘詩学〙〈詩行が〉韻律分析でき

ùn·scáred *adj.* 脅され(てい)ない, 脅迫され(てい)ない, おびえない, 驚かない.

ùn·scárred *adj.* 傷つけられ(てい)ない, 傷跡が残っていない, 傷がない.

ùn·scáthed 〘(c1375)〙 *adj.* (肉体的・道徳的に)傷[害]を受け(てい)ない, 無傷の (unharmed).

ùn·scént·ed *adj.* 香りのない[しない]: an ~ rose.

ùn·schéd·uled *adj.* **1** 目録を作られ(てい)ない. **2** 表[時刻表, 日程表]に載っていない; 不定期の, 臨時の: an ~ airplane flight 不定期(の飛行)便.

ùn·schól·ar·ly *adj.* **1** 学問[学識]がない. **2** 学者的態度でない, 学者らしくない, 学者に似合わない.

ùn·schóoled *adj.* **1** 学校教育を受け(てい)ない, 無教育の; 訓練を受け(てい)ない: an ~ woodsman. **2** 自然な, 生れつきの (natural): one's ~ talents.

ùn·sci·en·tíf·ic *adj.* **1** 科学的でない, 非科学的な; 非学理的な. **2** 科学的事実[原理]に反する: an ~ method. **3** 科学的知識のない. **ùn·sci·en·tíf·i·cal·ly** *adv.*

ùn·scórched *adj.* 焦がされ(てい)ない, あぶられ(てい)ない, (日照りで)枯らされ(てい)ない; 〈国土が〉焦土化され(てい)ない.

ùn·scóured *adj.* すりみがかれ(てい)ない, さびを落とされ(てい)ない; 洗い流され(てい)ない, 洗浄され(てい)ない: an ~ armor.

ùn·scrám·ble 〘J. P. Morgan が 'You can't unscramble eggs.' (いり卵をもとの卵に戻すわけにはゆかない)と言った故事から〙 — *vt.* **1** 〈乱れたものを〉もとに戻す. **2** 〈暗号電報などを〉解読する (interpret): ~ a coded message 暗号文を解読する. **3** 〈混信・混線した電話・ラジオ・テレビを〉調整して分かるようにする, はっきりさせる.

ùn·scrám·bler *n.* **1** 〈乱れたもの・混乱したものを〉調整するもの[人]. **2** 〘通信〙 (秘密通信解読用の)整序装置 (cf. scrambler 2).

ùn·scréened *adj.* **1** 仕切りで隠され(てい)ない, 遮蔽(しゃへい)され(てい)ない. **2** ふるいにかけられ(てい)ない (unsifted): ~ coal.

ùn·scréw *vt.* **1** …のねじを抜く; 〈機械の部分などを〉ねじを弛(ゆる)めてはずす: ~ the lid of a coffin. **2** ねじのように回して抜く; 〈びんなど〉のふたを回して取る. — *vi.* ねじが抜ける[弛む]: The nut won't ~. ねじが抜けない.

ùn·scrípt·ed *adj.* 〘ラジオ・テレビ〙 スクリプト[台本]なしの[に従わない]; 即席の (extempore).

ùn·scríp·tur·al *adj.* 聖書に合わない, 聖書によらない, 経典に反する. **~·ly** *adv.* **~·ness** *n.*

ùn·scrú·pu·lous *adj.* 無遠慮な, 不謹慎な; 不道徳な, 無節操な, 破廉恥な, 無法な (unprincipled). **~·ly** *adv.* **~·ness** *n.*

ùn·scúlp·tured *adj.* 彫刻してない.

ùn·séal 〘(15C)〙 *vt.* **1** …の封を切る; 〈封印したものを〉開く, 〈手紙を〉開封する: ~ a tomb, letter, etc. **2** 〈固く閉ざした口などを〉開く, 割らせる (release); 〈思想・言葉・行動などを〉(束縛・抑制された状態から)自由にする: ~ one's lips 口を開く / ~ one's heart 胸の中を打ち明ける.

ùn·séaled 〘(c1378): ⇨ un-^{2}, sealed〙 *adj.* **1** 封印[封緘(かん)]され(てい)ない; 開封の. **2** 実証[確認]され(てい)ない (unverified). 「く (rip up).

ùn·séam *vt.* …の縫目をほどく[解く], 裂く; 引き裂

ùn·séarch·a·ble 〘ME〙 *adj.* 捜し[探り]出せない, 探究できない; 神秘の, 不可思議な (mysterious); 計り知れない (inscrutable). **~·ness** *n.* **ùn·séarch·a·bly** *adv.* 「(てい)ない.

ùn·séarched *adj.* 捜し出され(てい)ない; 探究され

ùn·séa·son·a·ble 〘(15C)〙 — *adj.* **1** 時候[季節]はずれの, 不順な; 旬(しゅん)をはずれた: an ~ April blizzard 季節はずれの 4 月の雪あらし / ~ weather 季節はずれの天候. **2** 時ならぬ, 時を得ない, 時機を誤った (ill-timed, untimely): ~ advice. **3** その場にふさわしくない, 場所柄を考えない (inopportune): ~ humor. **~·ness** *n.* **ùn·séa·son·a·bly** *adv.*

ùn·séa·son·al *adj.* 季節はずれの. **~·ly** *adv.*

ùn·séa·soned *adj.* **1** 〈食物が〉調味し(てい)ない, 薬味を入れ(てい)ない, 味付けし(てい)ない: ~ food. **2** 〈木材など〉枯れ(てい)ない, 乾燥し(てい)ない: ~ wood なま木, 乾燥していない木. **3** 〈人が〉未熟の, 無経験の (inexperienced); 〔気候・仕事などに〕慣れ(てい)ない 〔*to*〕. **4** 《廃》 時ならぬ (unseasonable).

ùn·séat 〘(1596)〙 — *vt.* **1** …の席を奪う, 席から除く; 馬の背から振り落とす, 落馬させる (unhorse). **2** (落選させたり当選無効を訴えたりして)〈議員など〉の議席を奪う (depose): ~ a Supreme Court Justice 最高裁判所の判事を罷免する.

ùn·séat·ed *adj.* **1** 席がない, 座席(の設備)がない, 議席のない. **2** 落馬した. **3** 〈土地・領土など〉人の住んでいない.

ùn·séa·wor·thy *adj.* 〈船が〉航海に適さない[耐えない], 耐航力がない. **ùn·séa·wor·thi·ness** *n.*

ùn·séc·ond·ed *adj.* **1** 助けられ(てい)ない, 援助され(てい)ない. **2** 〈動議が〉賛成者が続かない, 後援が続かない, 支持がない. **3** (決闘で)介添人がない.

ùn·sec·tár·i·an *adj.* **1** 宗派[党派]がない, 宗派[党派]的でない, 非宗派[党派]的な. **2** 特定宗派の教義に拘泥(こうでい)しない, 特定宗派[党派]の束縛を受けない. **ùn·sec·tár·i·an·ism** *n.*

ùn·se·cúred *adj.* **1** 安全にされ(てい)ない; (特に)保証[抵当]のない, 無担保の (unpledged): an ~ debt, creditor, etc. **2** 〈戸が〉しっかり締められ(てい)ない; 〈髪の束が〉しっかり結ばれ(てい)ない.

ùn·se·dúced *adj.* 誘惑され(てい)ない, そそのかされ(てい)ない.

ùn·se·dúc·tive *adj.* 誘惑的でない, そそのかさない.

ùn·séed·ed *adj.* **1** 種のまかれ(てい)ない. **2** 〘スポーツ〙 (トーナメントで)シードされ(てい)ない, ノーシードの.

ùn·sée·ing 〘ME〙 *adj.* 気をつけて見ない, (特に)意識的に見[観察し]ようとしない: with ~ eyes ぽかんとしたまなざしで. **~·ly** *adv.* **~·ness** *n.*

ùn·séem·ly 〘ME〙 — *adj.* **1** 上品さの基準と合わない, みっともない, 見苦しい, 不体裁な, 不相応な, 不適当な (indecent, improper): an ~ outbreak of temper 人前ではみっともない激怒 / ~ behavior 見苦しいふるまい. **2** 時宜をわきまえない, 時ならぬ (unseasonable): at the most ~ hours 最も不都合な時刻に. **3** 魅力のない (unattractive): a man of ~ aspect 風采のあがらない人. — *adv.* 見苦しく, 不体裁に: Charity does not behave itself ~. 愛は非礼を行なわず (*1 Cor.* 13: 5). **ùn·séem·li·ness** *n.*

ùn·séen 〘ME: ⇨ un-^{2}, seen: cf. OE *ungesewen*〙 — *adj.* **1** 目に見えない, 知覚されない (invisible): an ~ danger. **2** 〈課題・楽譜など〉即席の, 初見の (cf. sight *adj.* 1): an ~ translation 即席翻訳(課題). **3** 《廃》 未見の, 未知の (unfamiliar): ~ countries.
unsight, unseen ⇨ unsight^{2} 成句.
— *n.* **1** [the ~] 見えないもの, 見えない世界, 霊の世界. **2** 《英》 即席翻訳(課題).

ùn·ség·re·gàt·ed *adj.* 分離され(てい)ない; 人種差別のない: an ~ audience.

ùn·séiz·a·ble *adj.* **1** 捕えることのできない, 捕捉(ほそく)できない; 理解しにくい. **2** 〘法律〙 差し押えることができない.

ùn·sél·dom *adv.* まれでなく, しばしば (frequently). ***not unseldom*** 《俗用》 まれでなく, しばしば (often).

ùn·se·léct·ed *adj.* 選ばれ(てい)ない, 選択[精選]され(てい)ない. 「(random).

ùn·se·léc·tive *adj.* 選択しない, 任意の, 無差別の

ùn·sélf *vt.* [~ *oneself* で] 利己的でなくする, …の利己心を去る, …の我を断つ.

ùn·self·cón·scious *adj.* **1** 自己意識のない. **2** てらいのない, 気取りのない. **~·ly** *adv.* **~·ness** *n.*

ùn·sélf·ish *adj.* 利己的でない, 没我的な; 利他的な (generous). **~·ly** *adv.* **~·ness** *n.*

ùn·séll *vt.* (**un·sold**) 《米》〔ある事柄を〕信じ込まないように〈人を〉説得する 〔*on*〕: I *unsold* him *on* the idea of rearmament. 再軍備の考えを信じないように彼を説得した.

ùn·sen·sá·tion·al *adj.* 扇情的でない; (特に)強烈な興味[好奇心, 情緒的反応]を引き起こすものでない. **~·ly** *adv.*

ùn·sént *adj.* 送付され(てい)ない, 送られ(てい)ない.

ùn·sén·tenced *adj.* 刑の宣告を受け(てい)ない.

ùn·sèn·ti·mén·tal *adj.* センチメンタルでない, 感情[感傷]的でない. **ùn·sèn·ti·men·tál·i·ty** *n.* **~·ly** *adv.*

ùn·sép·a·ràt·ed *adj.* 分離され(てい)ない.

ùn·sérved 〘ME〙 *adj.* **1** 給仕[応待]され(てい)ない. **2** 〈教会・教会区が〉司祭[聖職者]のいない. **3** 〈令状など〉送達[執行]され(てい)ない.

ùn·sér·vice·a·ble *adj.* **1** (破損・使い古したりして)使用できない: an ~ car. **2** 役に立たない, 実用にならない, 無用の. **3** 《英》 軍務[兵役]につくことのできない. **~·ness** *n.* **ùn·sér·vice·a·bly** *adv.*

ùn·sét^{1} 〘← UN-^{1}+SET〙 *vt.* (**un·set**) **1** 〈宝石などを〉台からはずす. **2** 揺るがす, 乱す.

ùn·sét^{2} 〘(c1385): ⇨ un-^{2}, set (p.p.)〙 — *adj.* **1** 据えていない, 置いていない. **2** 植えていない (unplanted). **3** 〈宝石など〉台にはめていない (unmounted): an ~ jewel. **4** 〈骨など〉継いでいない: an ~ limb. **5** 舞台装置をしていない: an ~ stage. **6** 〈太陽が〉没し(てい)ない. **7** 〈セメントなど〉まだ固まっていない. **8** 《古》 割り当てられ(てい)ない.

ùn·sét·tle 〘(1598)〙 — *vt.* **1** …の(固定した)位置[状態]を乱す; 〈信念などを〉ぐらつかせる, 動揺させる. **2** …の心を乱す, 不安にする (discompose), …の落ち着き[平静]を失わせる (upset): ~ a person's mind, opinion, affection, etc. / Holidays ~ me. 休日には心が浮き浮きして落ち着かない. — *vi.* 不安定になる, 動揺する; 落着き[平静]を失う. **~·ment** *n.*

ùn·sét·tled *adj.* **1 a** 〈天候など〉(近い将来に)変化しそうな, 変わりやすい, 定まらない (changeable, unstable): ~ weather. **b** 〈状態など〉不安定な, 落ち着かない; 不穏な, 動乱の (disturbed): ~ political conditions 不穏な政治情勢 / ~ dust 舞い上がっているほこり. **2 a** 〈心・決心・意見など〉動揺している, ぐらぐらしている, 決まらない (uncertain): in an ~ state of mind 心がぐらついて. **b** 〈問題など〉決定し(てい)ない, 決着がついていない, 未解決の (undetermined): an ~ question 未解決の問題. **3 a** 〈住居が〉不定の, (一個所に落ち着かない): the ~ nomads of the desert 砂漠の住いを定めぬ遊牧民. **b** 〈ある地域が〉定住者のいない: ~ land. **4 a** 風変わりな, とっぴな; 移り気の (erratic): an ~ life. **b** 精神的に不安定な. **5** 支払われ(てい)ない, 未済の (unpaid); 未決の: an ~ bill, debt, case, etc. **~·ness** *n.*

ùn·sét·tling *adj.* 乱す, かき乱す, 人騒がせな (disturbing): ~ news. **~·ly** *adv.*

ùn·sév·ered 〘(15C)〙 *adj.* 切断され(てい)ない, 切り離され(てい)ない: an ~ friend 親友.

ùn·séw 〘ME〙 *vt.* (~**ed**; **-sewn**, ~**ed**) …の縫目をほどく, 解く (undo); 裂く (rip).

ùn·séx 〘(1606)〙 — *vt.* **1** …から性(的能力)を奪う,

性的不能にする. **2** 〈男・女〉の性の特質をなくする; (特に)…の女らしさをなくする, 男性化する: *Unsex* me. 私を女でなくしておくれ (Shak., *Macbeth* 1. 5. 42) / She has ~*ed* herself. 彼女は女らしさがなくなった.

ùn·séx·u·al *adj.* 性的でない, 無性の.

ùn·sháck·le *vt.* **1** …から枷(かせ)をはずす; 釈放[解放]する, 自由の身にする (unfetter). **2** …の抑制[遠慮]を解く, 〈会話など〉の窮屈さをなくする.

un·sháck·led *adj.* 束縛を受けない (unrestrained): the minds ~ *from* conventions [conscientious scruples] 因襲に捕われない[良心のとがめを感じることのない]心.

ùn·shád·ed *adj.* **1** 日陰のない: an ~ meadow. **2** 〈色彩・音調が〉明暗の変化のない, (特に, 絵画で)陰影のない: an ~ color / a clear ~ voice. **3** おおい[シェード]のない: an ~ lamp.

ùn·shád·owed *adj.* 影におおわれ(てい)ない, 陰影のない; (特に)暗くされ(てい)ない, 暗影のない: a life ~ *by* any calamity どんな災難にもかげりの見えない生活.

ùn·shák·a·ble *adj.* 揺るがすことができない, 揺るぎのない: an ~ alibi / ~ loyalty, friendship, love, etc. **~·ness** *n.* **ùn·shák·a·bly** *adv.*

ùn·shák·en 〘(15C)〙 — *adj.* 震えない, 揺るがない; 〈心など〉動揺しない, しっかりした, 確固[断固]とした (firm, steady): ~ courage, resolution, etc. **~·ly** *adv.* **~·ness** *n.*

ùn·sháped *adj.* **1** 最終的な形にでき上がっていない, はっきりした形のない (indefinite): an ~ timber. **2** 形[形式]の不完全な: an ~ idea. **3** 奇形の (misshapen).

ùn·shápe·ly 〘ME〙 *adj.* 不格好な (ill-formed); できそこないの (misshapen). **ùn·shápe·li·ness** *n.*

ùn·sháp·en 〘OE *un(ġe)sċeapen*〙 *adj.* ＝unshaped.

ùn·shàred *adj.* 分配[分担]され(てい)ない, 分かたれ(てい)ない.

ùn·sháv·en 〘ME〙 *adj.* 顔をそってない; ひげを生やした: an ~ face.

ùn·shéathe 〘ME〙 *vt.* **1** 〈剣などを〉さやから抜く, …のさやを払う. **2** …のおおいを取り払う, 露出する, おおいから取り出す (uncover).

unsheathe the sword (1) 刀のさやを払う. (2) 宣戦する, 戦争を始める.

ùn·shéd 〘(15C)〙 *adj.* 流され(てい)ない: ~ tears.

ùn·shéll *vt.* …の殻を剝(は)ぐ[取り去る].

ùn·shélled *adj.* 殻を取っていない: ~ peanuts.

ùn·shél·tered *adj.* おおわれ(てい)ない, 露出している (exposed); 掩(えん)護[庇(ひ)護]され(てい)ない (unprotected): an ~ industry (外国との競争にさらされている)無保護産業.

ùn·shíeld·ed *adj.* 保護[守護]され(てい)ない.

ùn·shíft *vi.* タイプライターのシフトキー (shift key) をはずす.

ùn·shíp 〘(15C)〙 — *v.* (**un·shipped; -ship·ping**) — *vt.* **1** 〈船荷などを〉下ろす, 陸揚げする (unload); 〈船客を〉船から降ろす (disembark). **2** 〘海事〙 〈舵柄(だへい)・櫂(かい)などを〉はずす. — *vi.* **1** 荷下ろしされる; 下船する. **2** 〘海事〙 取りはずされる.

ùn·shócked *adj.* 衝撃[ショック]を受け(てい)ない.

ùn·shód 〘OE *unscōd*: ⇨ un-², shod〙 — *adj.* **1** 靴をはかない, はだしの (barefoot). **2** 〈馬が〉蹄(てい)鉄を打っていない. **3** 〈車が〉タイヤ[たが]のない; 〈ステッキなど〉鉄の石突きのついていない.

ùn·shóe 〘(15C): cf. OE *unscōg(i)an*〙 *vt.* …の靴を脱がせる; 〈馬〉の蹄鉄を取る.

ùn·shórn 〘(15C)〙 — *adj.* **1** 〈髪・ひげなど〉はさみを入れていない, 刈っていない, そっていない: ~ locks, beards. **2** 〈田畑が〉取入れしていない, 収穫していない. **3** 剝(は)ぎ取られ(てい)ない; 減らされ(てい)ない.

ùn·shórt·ened *adj.* 短縮され(てい)ない, 省かれ(てい)ない.

ùn·shót¹ *vt.* (**un·shot·ted; -shot·ting**) 〈銃〉から弾丸を抜く: ~ a gun.

ùn·shót² *adj.* **1** 発射[発砲]され(てい)ない. **2** 命中し(てい)ない. **3** 〔…と〕交じっていない, 織り込まれていない (*with*).

ùn·shówn *adj.* 示され(てい)ない.

ùn·shrínk·a·ble *adj.* 縮まない, 縮少しない: ~ cloth.

ùn·shrínk·ing *adj.* 縮こまらない, 畏(い)縮しない, 尻込みしない, びくともしない, 断固とした (undaunted). **~·ly** *adv.*

ùn·shrív·en 〘ME〙 *adj.* 〘キリスト教〙 告解をしていない, 懺悔(ざんげ)をして赦罪を求めていない.

ùn·shróud *vt.* …から経帷子(きょうかたびら)を取る; …のおおいを取る (unveil).

ùn·shút¹ 〘(?a1300) ← UN-¹ + SHUT〙 *vt., vi.* 開く (open).

ùn·shút² 〘ME: ⇨ un-², shut (p.p.)〙 *adj.* 閉じ(てい)ない; 開いた (open).

ùn·shút·ter *vt.* …のよろい戸をあける[取りはずす].

un·sick·er [ʌnsíkə | -kə(r)] 〘(?a1200) *unsiker* ← UN-² + *siker* safe, secure (< OE *sicor* ← (WGmc) ◻ L *sēcūrus* 'SECURE')〙 *adj.* 《スコット》 安全でない; 信頼できない (untrustworthy).

ùn·síft·ed *adj.* ふるいを掛け(てい)ない; 精選され(てい)ない; 試験をしていない (unexamined).

ùn·síght¹ 〘← UN-¹ + SIGHT (v.)〙 *vt.* 見えないようにする, 見させない.

ùn·síght² 〘(?1622) 《変形》 ↓〙 *adj.* 調べない(で), 見ない(で). ★ 次の成句にのみ用いる: ***unsight, unseen*** (交換・売買などで)現物を見ずに[調べずに]: buy a car ~, *unseen* 車を見ずに[調べずに]買う (cf. *a* PIG¹ *in a bag*).

ùn·síght·ed 〘(1584)〙 — *adj.* **1** 見えない: an ~ ship. **2 a** 〈銃が〉照尺がない: an ~ gun. **b** 照尺を用いないで狙った: an ~ shot. **3** 〘野球〙 〈審判員が〉見えない位置にいる: The umpire was ~ when the runner was caught. 走者が刺されたとき審判は見えない位置にいた. **~·ly** *adv.*

ùn·síght·ly 〘(15C)〙 *adj.* 見苦しい, 不体裁な, 醜い, 目ざわりな (ugly). **ùn·síght·li·ness** *n.*

ùn·sígned *adj.* 署名され(てい)ない, 署名のない.

ùn·síng·a·ble *adj.* 〈曲が〉歌うに適さない, 歌うことができない.

ùn·sís·ter·ly *adj.* 姉妹らしくない, 姉妹としての情愛のない.

ùn·sízed¹ *adj.* 寸法に合っていない.

ùn·sízed² *adj.* 陶砂(どうさ)[のり] (size) を塗っていない: ~ paper.

ùn·skílled 〘(1581)〙 — *adj.* **1** 熟達し(てい)ない, 未熟な; 技術訓練を受け(てい)ない (cf. skilled): an ~ laborer, accountant, midwife, dentist, etc. **2** 熟練を要しない: an ~ job. **3** 巧妙さ[腕の冴え]の見られない: an ~ poem.

únskilled lábor *n.* **1** 不熟練労働《特殊な熟練を要しない労働》. **2** [集合的] 不熟練労働者, 人夫, 雑役夫.

ùn·skíll·ful 〘ME〙 *adj.* 熟練しない, へたな; 不器用な, 不細工な (clumsy, awkward). **~·ly** *adv.* **~·ness** *n.*

ùn·slácked *adj.* **1** 弛(たる)んでいない; 弱まっていない. **2** ＝unslaked 2.

ùn·sláked *adj.* **1** 〈渇などが〉いやされ(てい)ない. **2** 〈石灰が〉消和していない: ~ lime 生石灰.

ùn·sléep·ing *adj.* 眠らない, 寝ずの, 不眠不休の (watchful, active).

ùn·slíng *vt.* (**un·slung**) **1** 〈猟銃・カメラなどを〉吊った所からはずす: ~ a camera. **2** 〈帆げた・積荷などを〉吊り綱から降ろす.

ùn·smíl·ing *adj.* 笑わない, にこりともしない: an ~ face. **~·ly** *adv.*

ùn·smóked *adj.* **1** 喫煙され(てい)ない: leave one's cigarette ~ たばこを吸わないでおく. **2** いぶさない, 燻製でない: ~ bacon.

ùn·snáp *vt.* (**un·snapped; -snap·ping**) **1** …のスナップをはずす. **2** (スナップをはずすようにして)はずす, 離す.

ùn·snárl *vt.* …のもつれを解く, ほどく (disentangle): ~ the yarn.

ùn·só·ber 〘ME〙 *adj.* **1** まじめでない, 冷静でない; 修養[慎み]の足りない. **2** 酔った (intoxicated). **~·ly** *adv.*

ùn·sò·cia·bíl·i·ty *n.* 交際嫌い, 交際べた; 不愛想.

ùn·só·cia·ble *adj.* **1** 交際嫌いの, 交際べたな, 非社交的な; 無愛想な; 内気な (reserved): ~ behavior. **2** 親睦[懇親]的でない. **3** 《古》 不一致の (discordant). **~·ness** *n.* **ùn·só·cia·bly** *adv.*

ùn·só·cial *adj.* **1** 社交的でない; 社交嫌いの: an ~ disposition. **2** 反社会的な (antisocial). **~·ly** *adv.*

ùn·só·cial·ìzed *adj.* 社会化され(てい)ない; (特に, 社会規範に合うように)社会訓練のできていない: an ~ juvenile delinquent.

ùn·sóiled *adj.* 汚され(てい)ない, よごれ(てい)ない; 清潔な (clean): an ~ sheet / one's ~ reputation.

ùn·sól·aced *adj.* 慰められ(てい)ない, 慰めのない.

ùn·sóld 〘(a1376)〙 *adj.* 売れない, はけない, さばけない, (特に)売れ残りの: ~ goods, stock, etc.

ùn·sól·der *vt.* **1** …のはんだを剝(は)がす; 〈はんだづけした物を〉離す. **2** 分かつ, 分離する, …の間を離す (disunite).

ùn·sól·dier·ly *adj.* 軍人らしくない, 軍人に似合わない: ~ conduct.

ùn·so·líc·i·ted *adj.* **1** 嘆願[懇願]され(てい)ない; まだ求められていない: We are ~ *for* contributions. 我我の所にはまだ寄付を求めて来ていない. **2** 頼まれもしないのに与えた, 余計な, 要りもしない (superfluous): ~ interference 余計なおせっかい, 要らぬお世話 / an ~ testimonial (顧客などが店などに送る)自発的な感謝状[礼状].

ùn·so·líc·i·tous *adj.* 懸念しない, 心配しない, 頓着しない, 無関心な (unconcerned).

ùn·sól·id *adj.* **1** 固くない, 固形でない; 中空の (hollow). **2** 堅実でない: ~ thinking.

ùn·so·líd·i·fied *adj.* 凝固していない; 結晶していない.

ùn·sól·u·ble *adj.* ＝insoluble.

ùn·sólv·a·ble *adj.* 解き得ない, 解決不能の.

ùn·sólved *adj.* 解かれ(てい)ない, 未解決の: an ~ mystery / remain ~ 未解決である.

ùn·són·sy 〘(1560) ← UN-² + SONSY〙 *adj.* 《英方言・スコット》 **1** 不吉な (ominous); 凶運の, 致命的な (fatal). **2** いやな, 不快な (disagreeable).

ùn·so·phís·ti·càt·ed 〘(1630)〙 — *adj.* **1** 人[世間]ずれし(てい)ない, 単純な, 素朴な; 無邪気な (ingenuous, innocent). **2** 混ぜ物がない; 純粋の, 本物の, 正真正銘の (pure, genuine). **3** 〈構造・成り立ちが〉複雑でない, 単純な, 簡単な. **~·ly** *adv.* **~·ness** *n.*

ùn·so·phis·ti·cá·tion *n.* 単純, 素朴, 無邪気.

ùn·sórt·ed *adj.* **1** 選り分けられ(てい)ない, 分類[類別]してない. **2** 《廃》 うまく選ばれ(てい)ない, 不適当な (unsuitable).

ùn·sóught 〘(?a1200): cf. G *ungesucht*〙 *adj.* **1** 捜し求められ(てい)ない. **2** 求め(てい)ない, 願われ(てい)ない (unsolicited). **3** 求めて得られたのではない.

ùn·sóund 〘(?a1300)〙 — *adj.* **1** (肉体的・精神的に)健やかでない, 健全[健康]でない (unhealthy); (特に)〈馬が〉病気にかかった (diseased): an ~ horse, lung, heart, etc. / a person of ~ mind 精神に異常のある人. **2** (道徳的に)堕落した (corrupt, evil): an ~ person. **3** 腐敗した, 腐った, 朽ちた (decayed, rotten); 〈商品が〉傷のある, 傷物の, 不良の (impaired, defective): ~ fruit, fish, timber, etc. **4** 根拠の薄弱な, 論理に基づかない, 不合理な; 当てにならない, ごまかしの (ill-founded, false): an ~ argument, scheme, etc. **5** しっかりできていない, ぐらぐらの. **6** 〈眠りが〉浅い (light): an ~ slumber. **7** 〈会社・商店など〉(経済的に)しっかりしていない, 不安定な; 信用できない (unreliable): an ~ investment. **~·ly** *adv.* **~·ness** *n.*

ùn·sóund·ed¹ *adj.* 発音され(てい)ない, 音にされ(てい)ない.

ùn·sóund·ed² *adj.* 測量してない, 底の知れない (unfathomed): an ~ pit.

ùn·sóured *adj.* **1** 酸敗し(てい)ない. **2** 不機嫌になっていない.

ùn·sówed *adj.* ＝unsown.

ùn·sówn 〘ME〙 *adj.* 〈種子が〉まかれ(てい)ない; 〈畑が〉種まきのしていない: ~ seeds.

ùn·spár·ing *adj.* **1** けちけちしない; 物惜しみしない, 惜しげのない, 大まかな (liberal, profuse): ~ praise, kindness, generosity, etc. / be ~ *of* [*in*] praise 言葉をきわめて賞賛する / be ~ *in* one's efforts 努力を惜しまない / with ~ hand 惜しげもなく (Milton, *Paradise Lost* 5. 344). **2** 容赦のない, 遠慮会釈のない, 無慈悲な, 厳しい (hard, severe): an ~ taskmaster, critic, etc. **~·ly** *adv.*

ùn·spéak *vt.* (**un·spoke; -spo·ken**) 《廃》 〈前言を〉取り消す, 撤回する, 打ち消す (retract, unsay).

ùn·spéak·a·ble 〘(a1400)〙 — *adj.* **1** 口で言えない, 口に出せない: ~ bawdy words 口に出せないみだらな言葉. **2** 言いようのない, 言語に絶する (indescribable): ~ delight, joy, etc. **3** 言うさえいやな[恐ろしい]; ひどく悪い, (お)話にならない: ~ torments [misery] 言語に絶した[恐ろしい]責め苦[不幸] / an ~ kind of person 実にひどい男 / His manners are ~. 彼はひどく無作法な男だ. **~·ness** *n.* **ùn·spéak·a·bly** *adv.*

ùn·spé·cial·ìzed *adj.* **1** 専門化され(てい)ない; 一般的な. **2** 〘生物〙 〈器官など〉(特殊な機能に)分化しない.

ùn·spéc·i·fìed *adj.* 特に指示し(てい)ない; 特記[明記]し(てい)ない.

ùn·spéc·u·la·tive *adj.* **1** 思索的でない, 黙想的でない, 空論的でない. **2** 投機的でない, 健全な (sound).

ùn·spéll *vt.* …の呪文を解く, …の魔力を破る (disenchant).

ùn·spént 〘(15C)〙 *adj.* **1** 費や[消費]され(てい)ない, 消耗され(てい)ない. **2** 疲れ切っていない, 衰えない.

ùn·sphére *vt.* **1** 〈惑星などを〉軌道からはずす. **2** 〈精霊などを〉その座[天界]から降ろす (remove).

ùn·spír·i·tu·al *adj.* 霊的[精神的]でない; 現世的な, 物質的な (worldly, material). **~·ly** *adv.* **~·ness** *n.*

ùn·splít *adj.* 裂け(てい)ない; 分割され(てい)ない.

ùn·spóiled *adj.* **1** 〈価値・自然・美など〉損なわれ(てい)ない, 害され(てい)ない, 台無しにされ(てい)ない (undamaged). **2** 《古》 略奪され(てい)ない.

ùn·spóilt *adj.* ＝unspoiled.

ùn·spó·ken 〘ME〙 — *adj.* **1** 口に出さない, 言わない (unuttered): ~ agreement 無言のうちの同意. **2** [しばしば ~ *to* として] 話しかけられない: I kept waiting for hours ~ *to*. 数時間も誰にも話しかけられることもなく待ち続けた. **3** 《まれ》 無言の, 黙った.

ùn·spon·tá·ne·ous *adj.* 自然でない, 自発的でない, 任意でない; 無理に作った, 故意の: ~ laughter 作り笑い.

ùn·spórt·ing *adj.* ＝unsportsmanlike.

ùn·spórts·man·lìke *adj.* 競技家[遊猟家]らしくない, スポーツマンらしくない, 運動精神に反した.

ùn·spót·ted 〘ME〙 — *adj.* **1** 斑(はん)点がない. **2** (道徳的に)汚点のない, 罪に汚れない, 清浄な, 潔白な, 純潔な (uncontaminated): ~ honor / ~ *from* the world 世に汚れず, 世の悪風に染まない(で) (*James* 1:27). **~·ness** *n.*

ùn·sprúng *adj.* 〈乗物・家具など〉スプリング付きでない.

ùn·stá·ble 〘ME〙 — *adj.* **1** 一定の場所に固定し(てい)ない, 動きやすい, 移動しやすい (movable): the ~ sands of the desert 砂漠の移動しやすい砂原. **2** 不安定な, すわりの悪い; 倒れ[揺れ]やすい (unsteady): an ~ tower. **3** 〈天候・情勢など〉変わりやすい, 定まらない (changeable): an ~ world economy 不安定な世界経済. **4** 〈動きが〉不規則な (irregular): an ~ pulse. **5** 気が変わりやすい, 落着きのない, 情緒不安定な, 堅固でない, 頼りない (unreliable, inconstant): a mentally ~ person 精神的に不安定な人 / ~ as water ⇨ water *n.* 成句. **6 a** 〘化学〙 〈化合物が〉分解しやすい, 他の化合物に変わりやすい, 不安定な. **b** 〘物理〙 不安定な: ⇨ unstable equilibrium. **~·ness** *n.* **ùn·stá·bly** *adv.*

unstáble élement *n.* 〘物理〙 不安定元素.

unstáble equilíbrium *n.* 〘物理〙 不安定釣合い (cf. stable equilibrium).

ùn·stáin·a·ble *adj.* **1** 〈衣服など〉汚すことができない. **2** 道徳的に非難することのできない, 立派な: an ~ man.

ùn·stáined *adj.* **1** 〈衣服など〉汚れていない, きれいな. **2** 〈性格・名声など〉(道徳的に)汚れのない, 汚点のない (unblemished): ~ friendship, character, etc.

ùn·stálked *adj.* 茎[柄, 軸]のない.

ùn·stámped *adj.* 〈手紙・文書など〉判[印, スタンプ]を押してない, 切手[印紙]を貼ってない.

ùn·stárched *adj.* **1** 糊をつけ(てい)ない, 糊で固め(てい)ない; 柔軟な (limp). **2** 〈態度・動作など〉固苦しくない, 四角張らない, くつろいだ, 楽な, 自然な.

ùn·státe *vt.* **1** 《古》〈人〉から役職[位階]を奪う. **2** 《廃》〈国・政府〉の威厳を失わせる.

ùn·stát·ed *adj.* 述べられ(てい)ない, はっきり表現され(てい)ない.

ùn·státes·man·lìke *adj.* 政治家らしくない[に似合わない].

ùn·stát·ut·a·ble *adj.* 条例で許され(てい)ない, 法規に明文のない, 違法の.

ùn·stéad·fast 〖ME〗 — *adj.* **1** 〈人・決断・勇気など〉確固としていない, 強固でない, 変わりやすい, ぐらつく (irresolute): a man of ~ heart. **2** 移動しやすい, 流動する. **~·ly** *adv.*

ùn·stéad·y 〖(1598): cf. G *unstätig*〗 — *adj.* (**un·stead·i·er; -i·est**) **1** 固定してない, 不安定な, 落ち着かない, ぐらぐら[ひょろひょろ, よろよろ]する: an ~ post ぐらつく柱 / ~ steps ぐらつく階段 / be ~ *on* one's feet 足がふらふらしている. **2** 〈目的・性質が〉変わりやすい, 動揺する, ふらふらの, 頼りない (variable, changeable): be ~ *of* purpose 目的が確固としていない. **3** 身持ちのしっかりしない, 素行[身持ち]の悪い (dissipated, profligate). **4** 変動する; ゆらめく (fluctuating, wavering): ~ business conditions 変動する商況 / an ~ flame ゆらゆらする炎. **5** 均一でない, むらのある, 不揃いの (uneven, irregular). — *vt.* 不安定にする, 変わりやすくする. **ùn·stéad·i·ly** *adv.* **ùn·stéad·i·ness** *n.*

ùn·stéel *vt.* …の力を抜く, 弱める, 柔らげる (soften).

ùn·stép *vt.* (**un·stepped; -step·ping**) 〖海事〗〈マストなどを〉檣根(しょうこん)座 (step) などからはずす.

ùn·stér·i·lìzed *adj.* 殺菌され(てい)ない: ~ milk.

ùn·stíck *vt.* (**un·stuck**) 〈くっついている物を〉引き離す.

ùn·stím·u·làt·ed *adj.* 刺激され(てい)ない, 鼓舞され(てい)ない.

ùn·stínt·ed *adj.* 制限されない, おおまかな; 惜しげなく与える, 物惜しみしない: ~ praise. **~·ly** *adv.*

ùn·stínt·ing *adj.* 物惜しみをしない, 自由に与える[配る]: be ~ *in* one's praise 惜しげなく人をほめる. **~·ly** *adv.*

ùn·stírred 〖ME〗 *adj.* 動かされ(てい)ない, かき回され(てい)ない.

ùn·stítch *vt.* 〈縫い付けた物を〉ほどく, 〈衣服など〉の縫い目を解く (rip).

ùn·stóck *vt.* **1** …の在庫を奪う[一掃する]. **2** …の家畜を奪う. **3** …の資本を奪う. **4** 〈銃〉から銃床を取り去る. **5** 〈船を〉造船台から下ろす.

ùn·stócked 〖ME: ⇨un-², stock² (v.), -ed〗 — *adj.* **1** 仕入れていない, 仕込んでいない, (仕入品の)貯えがない: an ~ larder. **2** 〈銃が〉銃床のない. **3** 〈森・池など〉動物や魚などが放たれ(てい)ない.

ùn·stóp 〖ME〗 *vt.* (**un·stopped; -stop·ping**) **1** …の栓(せん)を抜く, 口をあける; 〈オルガン〉の音栓 (stop) を開く. **2** …から邪魔物[障害]を除く.

ùn·stóp·pa·ble *adj.* 止められない, 防止できない. **ùn·stóp·pa·bly** *adv.*

ùn·stópped 〖ME〗 — *adj.* **1** ふさいでいない, 栓がされ(てい)ない. **2** 妨げられ(てい)ない, 邪魔され(てい)ない. **3** 〖音声〗〈子音が〉閉鎖音でない, 継続的の (continuant). **4** 〖詩学〗=run-on 1.

ùn·stóp·per *vt.* …の栓(せん)を抜く, 口を開ける.

ùn·stó·ried *adj.* 歴史のない; 物語に出て来ない.

ùn·stráined 〖ME〗 — *adj.* **1** 張りつめない, 緊張しない; 無理でない, 楽な, 自然な (unforced, natural): an ~ deduction 無理のない推論. **2** 漉(こ)され(てい)ない, 漉して取り除いていない: ~ oil, milk, etc.

ùn·stráp *vt.* (**un·strapped; -strap·ping**) …の革ひもをはずす[解く, 弛(ゆる)める].

ùn·strát·i·fìed *adj.* 〖地質〗層をなしていない, 無成層の: ~ rocks 無成層岩.

ùn·stréss *n.* 〖音声〗強勢の弱い[ない]音節.

ùn·stréssed *adj.* **1** 強調しない. **2** 〖音声〗強勢を受けない, アクセントのない (unaccented): an ~ syllable / an ~ vowel 無強勢母音, 弱母音.

ùn·strík·a·ble *adj.* 法律上ストライキをできない.

ùn·stríng *vt.* (**un·strung**) **1** 〈弦楽器・弓など〉の弦をはずす[弛(ゆる)める]. **2** 〈ビーズなどを〉糸から抜き取る (unthread); 〈財布〉のひもを弛める: ~ beads, a necklace of pearls, etc. **3** …の緊張を解く, 弛める (loosen). **4** 〈神経を〉弱める, 混乱させる (disorder).

ùn·stríped *adj.* **1** 縞[筋]のない. **2** 〖解剖〗〈筋肉が〉横紋のない: an ~ muscle 平滑筋.

ùn·strúc·tured *adj.* **1** 組織立てられていない, 体系をもたない; 自由な: an ~ college course. **2** 決まった社会体系[組織]をもたない, 統一され(てい)ない.

ùn·strúng 〖(1598): ⇨ un-², strung〗 — *adj.* **1** 〈弦楽器・弓などが〉弦をはずした[弛(ゆる)めた]. **2** 〈神経が〉弱った, 弛んだ, 抑制しきれない, 自制力を失った: His nerves are all ~. 彼はすっかり取り乱している.

ùn·stúck *adj.* **1** 弛(ゆる)んだ, ほどけた, 離れた (free). **2** 混乱した, くずれた, 筋の通らない, 支離滅裂な. ***come unstuck*** 《口語》失敗する, だめになる: My plan has *come* ~. 計画は失敗した.

ùn·stúd·ied 〖ME〗 — *adj.* **1** 学ばないで得た, 自然のうちに会得した: ~ knowledge. **2** 前もって考えておいたのではない, 即席の, 即座の (casual): ~ words. **3** わざとらしくない, 巧まない, 自然に発した, 楽な, 無理のない: ~ ease, eloquence, grace, wit, etc. **4** 学んでいない (unlearned); 〔…に〕明るくない (unversed) 〔*in*〕: He is ~ *in* Greek. ギリシャ語には暗い.

ùn·stúff·y *adj.* **1** 〈部屋など〉むっとし(てい)ない, 〈天候など〉うっとうしくない. **2** 堅苦しくない, ふだんの, 略式の (casual).

ùn·stýl·ish *adj.* 流行遅れの. **~·ly** *adv.* **~·ness** *n.*

ùn·sub·dúed *adj.* 鎮圧[征服]され(てい)ない (unconquered); 抑えられ(てい)ない, 制され(てい)ない (unrepressed). **~·ness** *n.*

ùn·sub·mís·sive *adj.* 従順でない, 不従順な. **~·ly** *adv.*

ùn·súb·si·dìzed *adj.* 助成金を受け(てい)ない.

ùn·sub·stán·tial *adj.* **1** 実体[実質]がない, 中身がない, 見かけばかりの; 軽い, もろい (light, flimsy): ~ air 空(くう)の風 (Shak., *Lear* 4.1.7) / an ~ building もろい建物 / an ~ meal こくのない[軽い]食事. **2** 現実でない, 非現実的な, 空(くう)な, 夢のような, 夢幻の (unreal, visionary): an ~ hope, dream, argument, etc. **~·ly** *adj.*

ùn·sub·stàn·ti·ál·i·ty *n.* 実体[実質]がないこと, 堅固でないこと, もろさ; 非現実, 空なこと, 夢幻.

ùn·sub·stán·ti·àt·ed *adj.* 証拠立てられ(てい)ない, 確証[根拠]のない: an ~ report, rumor, etc.

ùn·suc·céss *n.* 不成功, 不首尾, 失敗 (failure).

ùn·suc·céss·ful *adj.* 不成功の, 失敗の, 不出来の, 不運な (unfortunate): an ~ man, business, effort, etc. **~·ness** *n.*

ùn·suc·céss·ful·ly *adv.* 失敗して, 不運にも, 武運拙(つたな)く.

ùn·súf·fer·a·ble *adj.* (肉体的・精神的に)我慢できない, 許容できない. **ùn·súf·fer·a·bly** *adv.*

ùn·sug·gés·tive *adj.* 暗示的でない, 示唆的でない.

ùn·sùit·a·bíl·i·ty *n.* 不適当, 不相応, 不似合い, 不適任.

ùn·súit·a·ble *adj.* 不適当な, 不相応な, 不適任な, 不似合いの, 要求に合わない; 〔…に〕適応[適合]しない (unfitting) 〔*for, to*〕: make an ~ marriage 不似合いの結婚をする / an article ~ *for* import 輸入に不向きな品 / She is ~ *for* the role. その役には不向きだ. **~·ness** *n.* **ùn·súit·a·bly** *adv.*

ùn·súit·ed *adj.* **1** 〔…に〕適さない, 不適当な, 合わない, 適応しない 〔*for, to*〕: be ~ *for* the purpose 目的に適さない. **2** 釣り合わない, 両立しない, 相いれない (ill-matched, incompatible).

ùn·súl·lied *adj.* 汚れていない, 汚点のない: an ~ reputation, honor, etc. / a garment ~ *with* mud 泥で汚れていない衣服.

ùn·súmmed 〖ME〗 *adj.* 合計[計算]され(てい)ない.

ùn·súm·moned 〖(15C)〗 *adj.* 呼び出[召喚]され(てい)ない, 招かれ(てい)ない (uninvited).

ùn·súng 〖(15C)〗 — *adj.* **1** 歌われ(てい)ない. **2** 韻文で述べられ(てい)ない; 詩歌に歌われ(てい)ない, 讃歌を捧げられない: fallen soldiers, unknown and ~ 世に知られず歌にも詠(よ)まれ(てい)ない戦没兵士たち.

ùn·súnned *adj.* **1** 太陽の熱[光線]を受け(てい)ない; 日に照ら[晒(さら)]され(てい)ない; 日焼けし(てい)ない. **2** 一般大衆[民衆]に公開され(てい)ない.

ùn·sún·ny *adj.* 日当たりがよくない; 暗い, 陰鬱な.

ùn·sup·plíed *adj.* **1** 満たされ(てい)ない, 補充され(てい)ない. **2** 《古》〔…を〕供給され(てい)ない, 調達され(てい)ない 〔*with*〕.

ùn·sup·pórt·a·ble *adj.* **1** 支えられない, 維持[支持]できない; 我慢できない (intolerable): an ~ opinion. **2** 《古》いらだたしい, 腹の立つ (vexatious).

ùn·sup·pórt·ed 〖(15C)〗 *adj.* **1** 支えられ(てい)ない, 維持[支持]され(てい)ない. **2** 立証され(てい)ない: an ~ hypothesis. **~·ly** *adv.* **~·ness** *n.*

ùn·sup·préssed *adj.* 鎮圧[抑圧]され(てい)ない, 静められ(てい)ない: an ~ feeling.

ùn·súre 〖ME〗 — *adj.* **1** 確かでない, 不確実な (uncertain); 〔…に〕確信がない, 自信がない 〔*of*〕: ~ hopes 不確かな希望 / What's to come is still ~. これから先どうなるかまだわからない / be ~ *of* the result 結果に自信がない / We are still ~ *whether* he is alive or not. 彼が生きているかどうか確信がない. **2** 自信のない, 危なっかしい: with ~ steps 危なっかしい足取りで. **3** 当てにならない, 信頼できない (unreliable): an ~ person. **4** 事情次第で変わる, 不安定な (precarious): the ~ state of our existence. **5** 《廃》安全でない, 危険な (dangerous).

ùn·sur·móunt·a·ble *adj.* 打ち勝ち難い (insuperable): an ~ obstacle.

ùn·sur·móunt·ed *adj.* 打ち勝たれ(てい)ない.

ùn·sur·páss·a·ble *adj.* まさる[凌(しの)ぐ]ことができない, この上ない, 最高の: ~ skill. **ùn·sur·páss·a·bly** *adv.*

ùn·sur·pássed *adj.* 打ち勝つものがない, 上に出るものがない, 凌駕(りょうが)されない, 卓絶した, 無比の, 無類の: be ~ in valor 勇気にかけては並ぶものがない.

ùn·sus·cép·ti·ble *adj.* 〔…に〕感じやすくない, 印象を受けにくい, 染まらない 〔*to*〕: be ~ *to* disease 病気に感染しない.

ùn·sus·péct·ed *adj.* **1** 疑われ(てい)ない, 怪しまれ(てい)ない, 怪しいと思われ(てい)ない, 嫌疑を受け(てい)ない. **2** あると思われ(てい)ない, 思いも寄らない: an ~ danger. **~·ly** *adv.* **~·ness** *n.*

ùn·sus·péct·ing *adj.* 疑わない, 怪しまない, 信用する. **~·ly** *adv.*

ùn·sus·pí·cious *adj.* **1** 疑わしくない, 怪しくない. **2** 疑わない, 怪しまない, 不審に思わない. **~·ly** *adv.* **~·ness** *n.*

ùn·sus·táin·a·ble *adj.* 支えることができない, 支持[擁護]できない; 確証できない: an ~ position, opinion, etc.

ùn·sus·táined *adj.* **1** 支えられ(てい)ない, 支える者[物]のない, 支持[擁護]され(てい)ない; 確証され(てい)ない. **2** 高水準に持続[維持]され(てい)ない.

ùn·swád·dle *vt.* …の襁褓(むつき)を取り去る: ~ a baby.

ùn·swál·lowed 〖ME〗 *adj.* 飲まれ(てい)ない, 飲み込まれ(てい)ない.

ùn·swáthe 〖ME〗 *vt.* …の巻布[包布, 包帯]を解く.

ùn·swáyed *adj.* **1** 〔…に〕支配され(てい)ない, 動かされ(てい)ない, 左右[影響]され(てい)ない 〔*by*〕: be ~ *by* public opinions 世論に動かされない. **2** 片寄らない, 偏見のない (unbiased).

ùn·swéar *v.* (**un·swore; -sworn**) 《古》 — *vt.* (宣誓をし直して)〈前の宣誓を〉破る, 捨てる (recant, abjure): He will ~ tomorrow what he swore today. 今日宣誓したことを明日になれば破ってしまうだろう. — *vi.* 宣誓したことを破る.

ùn·swéet·ened *adj.* **1** 甘味を加え(てい)ない, 甘くしてない. **2** 〈調子など〉美しくされ(てい)ない, 美しくない.

ùn·swépt *adj.* 払われ(てい)ない, 掃いてない; 一掃され(てい)ない.

ùn·swérv·ing *adj.* **1** それない, はずれない; 踏み迷わない. **2** 固い, 確固たる, 変わらない, 不動の (firm, steady): ~ loyalty, constancy, etc. **~·ly** *adv.* **~·ness** *n.*

ùn·swól·len *adj.* **1** ふくれていない, 膨脹してない. **2** 誇張のない.

ùn·swórn *adj.* **1** 宣誓し(てい)ない. **2** 宣誓させられ(てい)ない, 宣誓で縛られ(てい)ない: an ~ witness.

ùn·syl·láb·ic *adj.* 〖音声〗=nonsyllabic.

un·sym- [ʌ́nsɪm] =uns-.

ùn·sym·ból·ic *adj.* =unsymbolical.

ùn·sym·ból·i·cal *adj.* 非象徴的な. **~·ly** *adv.*

ùn·sym·mét·ric *adj.* =unsymmetrical.

ùn·sym·mét·ri·cal 〖(1755)〗 *adj.* **1** 不相称の, 非対称的な, 非均斉的な. **2** 〖数学・論理〗非対称の, 非対称的な. **~·ly** *adv.*

ùn·sỳm·pa·thét·ic *adj.* **1** 同情がない, 思いやりがない, 冷淡な, 無情な (hard, callous). **2** 共鳴しない, 性(しょう)が合わない (antipathetic). **ùn·sỳm·pa·thét·i·cal·ly** *adv.*

ùn·sým·pa·thìz·ing *adj.* **1** 同情しない, 思いやりのない. **2** 共鳴しない. **~·ly** *adv.*

ùn·sỳs·te·mát·ic 〖(1770)〗 *adj.* 組織的でない, 非組織的な, 非系統的な.

ùn·sỳs·te·mát·i·cal *adj.* =unsystematic. **~·ly** *adv.*

ùn·sýs·tem·a·tìzed *adj.* 組織[秩序]立てられ(てい)ない, 無体系の: an ~ procedure.

ùn·táck *vt.* …の鋲(びょう)(など)を取る[はずす]; 〈鋲などで止めたものを〉離す, はずす.

ùn·táct·ful *adj.* 才[機知, 臨機応変の才, 手腕, 腕]がない, 気転がきかない (tactless). **~·ness** *n.*

ùn·táct·ful·ly *adv.* 気がきかないで, ぼんやりして, まずく, へたに.

ùn·táint·ed *adj.* 汚れていない, (罪悪・恥辱などの)汚点のない, きずがない. **~·ly** *adv.* **~·ness** *n.*

ùn·ták·en 〖ME〗 *adj.* 取得[獲得, 占領, 奪取]され(てい)ない.

ùn·tál·ent·ed *adj.* 才[才能, 才幹, 技量]がない, 無能の.

ùn·tálked-òf *adj.* 言及され(てい)ない, 述べられ(てい)ない.

ùn·tám·a·ble *adj.* 馴らしにくい. **~·ness** *n.* **ùn·tám·a·bly** *adv.*

ùn·támed 〖ME〗 — *adj.* **1** 馴らされ(てい)ない, 飼い馴らしていない, 野性の (wild). **2** 抑え[静め]られ(てい)ない, 制御[抑制]され(てい)ない, 訓練され(てい)ない: an ~ passion. **~·ly** *adv.* **~·ness** *n.*

ùn·tán·gle *vt.* **1** 〈もつれたものを〉解く[ほどく]. **2** 〈いざこざなどを〉解く, 解決する (disentangle).

ùn·tánned *adj.* **1** 〈獣皮が〉なめされてない: ~ leather. **2** 〈人の皮膚が〉日に焼け(てい)ない.

ùn·tápped *adj.* **1 a** 〈樽が〉栓[飲み口]のついていない: an ~ cask. **b** 〈木が〉(樹液を採るための)刻み目をつけていない: an ~ rubber tree. **2** まだ利用され(てい)ない: ~ new sources of energy 未開発の新エネルギー源.

ùn·tár·nished *adj.* 曇りがない, 汚れていない, さびていない, 汚点のない (unstained): an ~ reputation.

ùn·tást·ed *adj.* **1** 味わわれ(てい)ない 味を見(てい)ない: leave food ~ 食物に手をつけない. **2** 味わったことがない, まだやってみない, まだ経験していない, 楽しんだことがない.

ùn·táught 〖ME〗 — *adj.* **1** 教えられ(てい)ない; 無教育の, 無学の, 無知の (uninstructed, ignorant): Better ~ than ill taught. へたに教えられるより教えられぬがまし. **2** 教わらないで(自然に)会得した; 素朴な, うぶな (naïve), 自然な (natural): the ~ graces of style 学ばずして得た優雅な文体. **~·ness** *n.*

ùn·táxed *adj.* 課税され(てい)ない.

UNTC 《略》United Nations Trusteeship Council 国連信託統治理事会.

ùn·téach *vt.* (**un·taught**) **1** 〈教えられたことを〉忘

れさせる, 信じないようにさせる: ~ an idea. **2 a** 〈人〉に(すでに教えられたことの)反対を教える: ~ students. **b** …の誤りを示す: It will take long years to ~ this lie. この虚偽が誤りであることを示すのにはかなりの年月を要するだろう.

ùn·téach·a·ble *adj.* **1** 教えにくい, 教え[言うこと]を聞かない, 頑固な (indocile). **2** 〈技術など〉教育によって伝受する[発達させる]ことのできない: an ~ skill 伝受不能の技術. **~·ness** *n.*

ùn·téar·a·ble [-téərəbḷ | -téər-] *adj.* 破る[引き裂く]ことができない. **~·ly** *adv.*

ùn·téch·ni·cal *adj.* 専門的でない, 学術[技術]的でない.

ùn·tém·pered 〖ME〗 **—** *adj.* **1** 〈鋼鉄など〉鍛えてない, 焼きもどしをしていない: ~ steel. **2** 〈漆喰(しっくい)など〉調合してない, 練ってない: ~ mortar, lime, etc. **3** 手加減していない, 調節[緩和]しない, 和らげられ(てい)ない: ~ abuse, harshness, justice, etc. **4** 〖音楽〗平均律で整律されていない; 純正調[律]の (cf. pure 11 b).

ùn·témpt·ing *adj.* 人の心を引かない, 魅力的でない (unattractive). **~·ly** *adv.*

ùn·tèn·a·bíl·i·ty *n.* 守ることができないこと, 維持できないこと, 擁護[支持]し難いこと.

ùn·tén·a·ble *adj.* **1** 守る[獲得する]ことができない, 維持[支持]し得ない (indefensible): an ~ theory, position, etc. **2** 〈家・アパートなど〉住むことができない, 住むのに適さない. **~·ness** *n.*

ùn·tén·ant·a·ble *adj.* 〈土地・家屋が〉賃貸[賃借]することのできない[に適さない]; 住居に適さない, 住めない.

ùn·tén·ant·ed *adj.* 〈土地・家屋が〉賃貸[賃借]され(てい)ない, 住み手のない, 空いている (vacant).

ùn·ténd·ed *adj.* 世話[看護, 介抱]され(てい)ない, 世話する者がない, 顧みられない, ほって置かれた, ほったらかしの, 構われない (neglected).

ùn·tén·der *adj.* **1** やさしくない, 不親切な, 冷たい. **2** 弱くない, 脆(もろ)くない, 丈夫な (tough). **~·ly** *adv.* **~·ness** *n.*

ùn·tént·ed *adj.* 〈傷口が〉手当てをされ(てい)ない; 不治の (incurable).

Un·ter·mey·er [ʌ́nṭəmàɪə | -təmàɪə(r)], **Louis** *n.* (1885–　) 米国の詩人・批評家, 詞華集編者; *Burning Bush* (1928).

ùn·tér·ri·fìed *adj.* 恐れない, びっくりしない, 驚かない.

Un·ter·wal·den [ʊ́nṭəvɑ̀ːldən | -tə-; *G.* ʊ́ntɐvàldn̩] *n.* ウンターワルデン《スイス中部の州; 人口 26,000, 面積 766 km²》.

ùn·tést·ed *adj.* 試みられ(てい)ない, ためされ(てい)ない, 試験され(てい)ない (untried): an ~ theory.

ùn·téth·er *vt.* …のつなぎ綱を解く,〈つないであるものを〉放す (set free).

ùn·thánked *adj.* 感謝され(てい)ない, ありがたがられ(てい)ない.

ùn·thánk·ful 〖《*c*1400》〗 **—** *adj.* **1** 感謝しない, 恩知らずの, ありがたがらない (ungrateful): an ~ child 恩知らずの子 / be ~ *to* a person *for* a thing 物をもらって人に感謝しない. **2** ありがたがられない, ありがたくない, 感謝されない (thankless), いやな (disagreeable): an ~ task いやな仕事. **~·ly** *adv.* **~·ness** *n.*

ùn·thátch *vt.* 〈かやぶき屋根〉からかやを取り去る.

ùn·thátched *adj.* (かやで)ふいてない, かやぶきでない: an ~ cottage.

ùn·tháwed *adj.* 〈雪・霜・氷など〉まだ溶け(てい)ない, 凍結している (frozen).

ùn·the·át·ri·cal *adj.* **1** 〈劇が〉舞台[演劇]に向いていない. **2** 〈人・性格など〉芝居がかっていない.

ùn·thínk *v.* (**un·thought**) **—** *vt.* …の考えを引っ込める, 念頭から除く, もう考えない, 考え直す: ~ one's opinion 考え直す. **—** *vi.* 考え直す, 考えを変える; 考えない.

ùn·thínk·a·ble 〖《15C》〗 **—** *adj.* **1** 考えることができない: the ~ infinitude of time 思考を絶した時間の無限. **2** 《口語》全く考えられない, とてもありそうもない (incredible). **3** 想像もつかない, 異常な (extraordinary): ~ joy. **4** 考慮される価値のない, 問題外の. **—** *n.* [時に the ~] 全く考えられない[とてもありそうにない]事(柄). **ùn·thìnk·a·bíl·i·ty** *n.* **~·ness** *n.* **ùn·thínk·a·bly** *adv.*

ùn·thínk·ing *adj.* **1** 考えない, 思慮のない, 無分別な, 不注意な, 軽率な (thoughtless). **2** 何も考えていないような, ぼかんとした (vacant): an ~ expression. **3** 思考力のない; 頭[思考力]を働かせない: an ~ animal / an ~ person. **~·ly** *adv.* **~·ness** *n.*

ùn·thóught *adj.* **1** 考えて見たことがない, 思い浮かべたことがない. **2** [しばしば ~ *of* [*on*] として] 思いも寄らない, 案外の. **—** *n.* 思考(力)欠如.

ùn·thóught·ful 〖《15C》〗 *adj.* **1** 考えのない, 思考の欠けた. **2** 考え[思慮]が深くない, 注意深くない (inconsiderate). **~·ly** *adv.* **~·ness** *n.*

ùn·thóught-òf *adj.* 思いも寄らない, 意外な, 案外の.

ùn·thréad *vt.* **1** 〈針など〉の糸を取る[抜く]. **2** 〈迷路などを〉抜け出す, 脱する: ~ the maze. **3** 解決する, 解く (disentangle): ~ a mystery.

ùn·thrift 〖ME〗 *n.* 《古》 **1** 不経済, 不節約, 浪費 (thriftlessness). **2** 浪費家, 道楽者 (prodigal).

ùn·thrift·y 〖ME〗 **—** *adj.* (**un·thrift·i·er**; **-i·est**) **1** 不経済な, むだ使いする, 浪費[濫費]する (wasteful); 贅沢(ぜいたく)な (extravagant). **2** 〈家畜が〉元気のない; 〈樹木が〉茂っていない. **3** 《廃》放蕩な, ろくでなしの. **ùn·thríft·i·ly** *adv.* **ùn·thríft·i·ness** *n.*

ùn·thróne *vt.* 王位から退ける, 廃位する (dethrone): ~ a king.

ùn·thwárt·ed *adj.* 〈目的・計画など〉妨げられ(てい)ない, 邪魔[妨害]され(てい)ない, 挫(ざ)折し(てい)ない.

ùn·tí·dy 〖《?*c*1200》: cf. G *unzeitig*〗 **—** *adj.* (**un·ti·di·er**; **-di·est**) **1** きちんとしない, だらしがない, 不精(ぶしょう)な (slovenly): a long ~ moustache. **2** 取り散らかした, 乱雑な (disarranged). **3** 〈仕事・計画など〉大まかな, ずさんな, きちんと仕上がってない. **—** *vt.* 乱す, 混乱させる, 乱雑にする (disorder). **ùn·tí·di·ly** *adv.* **ùn·tí·di·ness** *n.*

ùn·tíe 〖ME *unteie*(*n*) < OE *untīgan*: ⇨ un-¹, tie〗 **—** *vt.* **1** 〈くくった物・結んだ物などを〉解く, ほどく (undo, unfasten): ~ a package, bundle, knot, etc. **2** 〈糸・綱など〉の結びこぶを解く (unknot): ~ a cord. **3** …の束縛を解く, 解放する, 自由にする; 〈困難などを〉解決する (solve): ~ a difficulty / ~ the spell 呪文を解く. **—** *vi.* 解ける, ほどける.

ùn·tíed 〖ME〗 *adj.* **1** くくっていない, 縛っていない, 結んでいない; 解かれた, ほどかれた (unfastened). **2** 制限され(てい)ない, 自由な: an ~ loan.

un·til [əntɪ́l, əntḷ, ṇtḷ, əntɪ́l, ʌn- | əntɪ́l, ṇtɪl, əntɪ́l, ʌn-] 〖《?*c*1200》 *untill* ← *un-* (□ ON **und* up to < **und es* till that: cf. ante-) + TILL¹: cf. unto〗 ★ until と till との相違: (1) 両語は同義であるがそれに導かれる Clause または Phrase が主文の前に来る時は until の方を多く用いる: *Until* you told me, I had no idea of it. 君が話すまでは少しも知らなかった. (2) ただ期間の終わりというよりも時間の持続を強調する場合 until の方が多く用いられる. その他の場合はリズムと好音調が決定要因となる.

— *prep.* **1** (時間が)…まで, …になるまで, …に至るまで: ~ his death / wait ~ four o'clock / ~ four years ago 4 年前まで / Good-by ~ tomorrow! ではまた明日. **2** [否定語に伴って] …まで(…しない), …になって初めて(…する) (before): He did *not* come ~ late in the evening. 夜遅くまで帰らなかった / It was *not* ~ yesterday that I noticed it. きのう初めてそれに気がついた. **3** 《スコット》=to, toward.

— *conj.* **1** …の時まで, …まで: I will wait here ~ the concert is over. 音楽会が済むまでここに待っています. ★ 古くは *that* を伴って用いられた: ~ *that* the day began to dawn 夜が明け始めるまで. **2** [否定語に伴って] …まで(…しない), …になって初めて(…する) (before): *Until* he returns, *nothing* can be done. 彼が戻るまでは何もできない / She did *not* say anything ~ he spoke. 彼が言い出すまでは彼女は何も言わなかった. **3** …するほどまで, …してついには…: I ran on and on ~ I was utterly out of breath. どんどん走り続けておしまいにはすっかり息が切れてしまった.

unless and until ⇨ unless 成句.

ùn·tíle 〖ME〗 *vt.* …から瓦(かわら)[タイル]を取り去る.

ùn·tíled 〖ME〗 *adj.* 〈屋根が〉瓦(かわら)ぶきでない; タイルを使ってい)ない.

ùn·tíll·a·ble *adj.* 耕すことができない, 耕作不能の.

ùn·tílled 〖ME〗 *adj.* 耕され(てい)ない, 未耕作の.

ùn·tím·bered *adj.* **1** 樹木が茂っていない: an ~ mountain. **2** 材木の使われていない: an ~ boat.

ùn·tíme·ly 〖adv.: 《*c*1200》 *untimliche*: ⇨un-², timely (adv.). — adj.: 《1535》 ← UN-² + TIMELY (adj.)〗 **—** *adj.* **1** 時ならぬ, 時節はずれの, 不時の, 不順な (unseasonable): an ~ frost. **2** 時が早い, 早過ぎた, 未熟の (premature): an ~ death 早死 / an ~ birth 早産 / come to an ~ end 早死する. **3** 折悪い, 時宜を得ない (inopportune): an ~ remark, joke, etc. **—** *adv.* **1** 時ならぬ時に, 不時に, 時節はずれに. **2** 折あしく, あいにく. **ùn·tíme·li·ness** *n.*

ùn·tíme·ous 〖《*a*1500》〗 *adj.* 《スコット》=untimely.

ùn·tínc·tured *adj.* **1** 色をつけ(てい)ない. **2** 〔ある性質で〕色づけ(てい)ない, 〔…に〕混ぜない, 加味[影響]されない, 〔…の〕色[風]がない 〔*with*, *by*〕: a school absolutely ~ *with* militarism 軍国主義的な色彩のみじんもない学校.

ùn·tínged *adj.* **1** 染めていない, 色をつけていない. **2** 〔ある性質で〕色づけされ(てい)ない, 〔…に〕染まっていない, 〔…の〕影響のない, 偏向のない 〔*with*, *by*〕: a story ~ *by* sentimentality 感傷に染まっていない話 / He is ~ *with* communism. 共産主義に染まっていない. **~·ly** *adv.*

ùn·tíred *adj.* 疲れ(てい)ない; 飽き(てい)ない. **~·ly** *adv.*

ùn·tír·ing 〖《1822》〗 *adj.* 疲れない, 飽きない, たゆまない, 不屈の (unwearing): with ~ energy [patience] 不撓不屈の精力[忍耐]で. **~·ly** *adv.*

ùn·títhed *adj.* 十分の一税 (tithe) を課せられ(てい)ない.

ùn·tí·tled *adj.* **1** 称号[爵位, 肩書]がない; 称号で呼ばれない: an ~ nobleman. **2** 権利がない. **3** 表題がない: an ~ book.

un·to [(母音の前) ʌ̀ntu, ʌ́n- | -tʊ; (子音の前) ʌ̀nṭə | -tə; (文尾) ʌ́ntuː] 〖《*c*1300》 *unto*(*o*) ← UN(TIL) + TO〗 **—** *prep.* 《古》=to: ~ this last この後(あと)の者に (*Matt.* 20: 14) / Come ~ me, all ye that labor. すべて労する者われに来たれ (*Matt.* 11: 28) / Let us ~ our ship. 船の方へ行こう / ~ this day 今日まで. ★ to と異なり unto は不定詞の前には用いられない.

ùn·tóld 〖OE *unteald* (cf. Du. *ongeteld*): ⇨ un-², told〗 **—** *adj.* **1** 話され(てい)ない, 物語られ(てい)ない; 明らかにされ(てい)ない, 伝えられ(てい)ない, 秘密にされ(てい)る: leave the story [secret] ~ 話をしないで[秘密を明かさないで]おく. **2** 計算[勘定]ができないほどの, 数えきれない, 無数の (vast); 口で言い表わせない, 言うに言えない, 莫大な, 大変な (immeasurable): ~ numbers 無数 / ~ wealth [riches] 無限の富 / ~ suffering [trouble] 言うに言えない苦痛[困難]. **3** 《廃》数えられ(てい)ない.

ùn·tómb *vt.* 墓から掘り出す, 発掘する, 暴く (disinter).

ùn·tómbed *adj.* 墓のない; 埋葬され(てい)ない.

ùn·tor·mént·ed 〖ME〗 *adj.* 悩まされ(てい)ない, 苦しめられ(てい)ない.

ùn·tórn *adj.* (引き)裂かれ(てい)ない; 完全な (whole).

ùn·tòuch·a·bíl·i·ty *n.* **1** 手がつけられていないこと; 手をつけてはいけないこと, 触れてはいけないこと. **2** (インドの)不可触賤(せん)民 (untouchable) であること[の身分].

ùn·tóuch·a·ble 〖《1567》〗 **—** *adj.* **1** 触れることができない; 手をつけてはいけない (intangible), 禁制の. **2** 批判[疑問]の余地のない, 批判できない. **3** 遠くて手が届かない. **4** さわるのもいやな, けがらわしい. **—** *n.* **1** 触れることのできないもの; のけ者 (outcast). **2** (インドの)不可触賤(せん)民《四姓の最下級 Sudra (奴隷) のさらに下位にあり四姓に属さない Pariah を, 上階級のヒンズー族が手を触れてもけがれると言って卑しんで呼んだ名称》. **3** 清廉潔白の人.

ùn·tóuched 〖ME〗 **—** *adj.* **1** 触れられ(てい)ない, 手つかずにある, そっくりそのままの (intact): leave it ~. **2** 人がまだ行っていない, 未踏破の: an ~ territory. **3** 試食[試飲]していない, 味わっていない: leave food ~ 食物に手をつけないでおく. **4** 損なわれ(てい)ない, 傷つかない (undamaged): Paris was as yet ~ by war. パリはまだ戦禍を受けていなかった. **5** もと[昔]のままの, 変形されていない; 原始的な, 元来の (primeval): an ~ world. **6** 論及[言及]され(てい)ない: leave the problem ~ その問題に触れずにおく. **7** 〔…に〕感動を受けない, 心を動かされ(てい)ない (unmoved) 〔*by*〕; 無関心の, 感動しない, 冷静な (indifferent): She was ~ *by* his eloquence. 彼女は彼の能弁にも心を動かされることがなかった. **8** 匹敵するものがない (unequaled): an ~ perfection 比類のない完璧(ぺき).

un·to·ward [ʌ̀ntɔ́əd, -tóəd, -twɔ́əd, -twóəd, -tuwɔ́əd | ʌ̀ntʊwɔ́ːd, -táʊəd] 〖《1526》〗 **—** *adj.* **1** 運が悪い, 不幸な (unfortunate); 都合が悪い, 困った, 面倒な, やっかいな (inconvenient): an ~ event, incident, etc. / ~ circumstances 逆境. **2** 不適当な, ふさわしからぬ, 無作法な (improper). **3** 扱いにくい; 片意地な, つむじ曲りの (perverse): an ~ wife 御しがたい女房 / this ~ generation この曲がれる世 (cf. *Acts* 2: 40). **4** 《廃》変な, 不格好な (awkward, clumsy). **~·ly** *adv.* **~·ness** *n.*

ùn·tráce·a·ble *adj.* **1** 追跡できない, 跡をたどることができない; 尋ね出すことができない. **2** 透写すること[トレース]ができない. **~·ness** *n.* **ùn·tráce·a·bly** *adv.*

ùn·trácked *adj.* **1** 追跡され(てい)ない. **2** 足跡のない, 路のない (trackless).

ùn·tráined *adj.* **1** 訓練を受け(てい)ない, 仕込んでいない; 未熟な, 素人の. **2** (運動競技などで)練習を積んでいない; (軍隊式の)教練を受け(てい)ない.

ùn·trám·meled *adj.* **1** 枷(かせ)を掛けられ(てい)ない, 妨害され(てい)ない, 拘束され(てい)ない. **2** 自由な, 気楽な (free). **~·ness** *n.*

ùn·trans·fér·a·ble *adj.* 移動[譲渡]することができない.

ùn·trans·lát·a·ble *adj.* 翻訳できない, 翻訳不可能な: an ~ idiom. **ùn·trans·làt·a·bíl·i·ty** *n.* **~·ness** *n.* **ùn·trans·lát·a·bly** *adv.*

ùn·trans·lát·ed *adj.* **1** 翻訳され(てい)ない. **2** 別の場所[状態]に移され(てい)ない.

ùn·tráv·eled *adj.* **1** 旅行したことがない; 外国旅行の経験がない; (他国・他地方に関しての)見聞の狭い: ~ people. **2** 旅行する人がない, 人の訪れない: an ~ desert.

ùn·tráv·ersed *adj.* 横切られ(てい)ない, 横断され(てい)ない; (特に)旅行者の行っていない, 人跡未踏の: an ~ region.

ùn·tréad *vt.* (**un·trod**; **-trod·den**, **-trod**) 〈もとの道を〉戻る (retrace): ~ a path, one's steps, etc.

ùn·tríed *adj.* **1** 試みられ(てい)ない, 試験の済まない; まだやってみた[経験した]ことがない: leave nothing ~ あらゆることをやってみる / leave no means ~ あらゆる手段を尽くす. **2** 《廃》気が付かれ(てい)ない; まだ意見を述べられ(てい)ない. **3** 〖法律〗未審理の: an ~ case.

ùn·trímmed *adj.* **1** 飾りのついていない. **2** 手入れをしていない, 刈り込んでいない. **3** 〖製本〗(不揃いな小口を)裁ち揃えていない; 化粧裁ちしていない, アンカットの (uncut). **~·ness** *n.*

ùn·tród *adj.* =untrodden.

ùn·tród·den 〖ME〗 *adj.* 踏まれ(てい)ない; 人が足を踏み入れたことのない, 人跡未踏の: ~ wilderness.

ùn·tróu·bled *adj.* **1** 心を乱され(てい)ない, 悩まされ(てい)ない, 煩わされ(てい)ない, 困らされ(てい)ない (unperplexed). **2** 落ち着いた, 静かな (calm): the ~ surface of a lake 波立たない湖面. **~·ness** *n.*

ùn·trúe 〖OE *un*(*ge*)*trēowe* (cf. Du. *ontrouw* / G *un*(*ge*)*treu*): ⇨ un-², true〗 **—** *adj.* **1** 真実でない, 本当でない, 虚偽の (false): an ~ statement, answer, etc. **2** 〔…に〕忠実[誠実]でない, 不(誠)実な, 不貞[不忠]な (unfaithful, disloyal) 〔*to*〕: be ~ *to* a person, principle, etc. **3** 標準[型, 寸法]に合わない, 不正確な (inaccurate): be ~ *to* type 型に合わない / The angles are ~ and out of the square. 角度が狂っていて真四角になっていない. **4** 正直でない, 不正な (wrong): an ~ method. **~·ness** *n.* **ùn·trú·ly** *adv.*

ùn·trúss 〖ME〗《古》 — *vt.* **1** 〈束などを〉ほどく (unfasten): ~ one's points 手編みレースをほどく. **2** 〈人〉に衣服を脱がせる (undress). — *vi.* 衣服[ズボン]を脱ぐ.

ùn·trúst·wor·thy *adj.* 当てにならない, 信用できない (unreliable). **ùn·trúst·wor·thi·ness** *n.*

ùn·trúth 〖OE *untrēowþ* (cf. ON *ūtrygð*): ⇨ un-², truth〗 — *n.* **1** 不真実, 虚偽 (falsity). **2** 虚言, 偽り, うそ (falsehood, lie): She has never told an ~ in her life. 彼女は生涯うそを言ったことがない. **3** 《古》不誠実, 不忠, 不貞 (disloyalty).

ùn·trúth·ful 〖ME〗 — *adj.* **1** 偽りを言う, 言葉に忠実でない, うそをつく, うそが多い, 不正直な. **2** 事実に反した, 本当でない, 虚偽の (false): an ~ account, description, etc.

ùn·trúth·ful·ly *adv.* うそを言って, 不正直に; 本当でなく.

ùn·trúth·ful·ness *n.* **1** うそを言う癖; うそをつくこと. **2** 真実さのないこと, 偽り, うそ (falsehood): ~ in a statement.

ùn·túck *vt.* 〈ひだ・縫揚げなどを〉解く, 下ろす, …のひだ[縫揚げ]を解く[下ろす]; 〈まくり上げたもの・曲げ込んだものを〉もとに戻す, 伸ばす: ~ one's legs.

ùn·túft·ed *adj.* 房をつけない, 房で飾られない; 房にならない: ~ ears.

ùn·tún·a·ble *adj.* =untuneful.

ùn·túne *vt.* **1** …の調子を乱す[狂わす], 調子はずれにする. **2** 〈心を〉乱す, 混乱させる: ~ one's mind.

ùn·túned *adj.* **1** 調子を合わせていない, 調律され(てい)ない: an ~ violin. **2** 調子が合っていない.

ùn·túne·ful *adj.* 調子はずれの, 聞き苦しい (discordant). **~·ly** *adv.* **~·ness** *n.*

ùn·túrf *vt.* …の芝を取り去る.

ùn·túrned *adj.* 回され(てい)ない; 引っくり返され(てい)ない. ***leave no stone unturned*** ⇨ stone 成句.

ùn·tú·tored 〖《1590》〗 — *adj.* **1** 教師につかない, 教わらない, 教育を受け(てい)ない. **2** 素朴な, 純朴な (simple, naïve). **3** 教育によって生れたのでない, 教育のおかげでない.

ùn·twíne 〖ME〗 *vt.* …の縒(よ)を戻す[ほどく], 解く (untwist). — *vi.* 縒が戻る[ほどける], 解ける.

ùn·twíst *vt.* **1** …の縒(よ)などを戻す[解く], 〈もつれを〉ほどく (disentangle): ~ a knot. **2** 〈悪事などを〉失敗させる, 挫折させる (frustrate): ~ wrong purposes. **3** 《古》解放する, 自由にする. — *vi.* 縒などが戻る[解ける], ほどける.

ùn·twíst·ed *adj.* **1** ねじられ(てい)ない, 縒(よ)られ(てい)ない; 編まれ(てい)ない. **2** 巻かれ(てい)ない. **3** 曲解され(てい)ない. **4** 〖球戯〗〈球が〉ひねられ(てい)ない.

ùn·týp·i·cal *adj.* 代表的でない, 典型的でない. **~·ly** *adv.*

UNU 《略》 United Nations University 国連大学.

ùn·úrged *adj.* 促され(てい)ない, せき立てられ(てい)ない, 勧められ(てい)ない; 自発的な (voluntary). — *adv.* 自発的に, 自ら進んで.

ùn·ús·a·ble *adj.* 使用できない, 役に立たない. **ùn·ús·a·bly** *adv.*

un·used[1] [ʌ̀njúːzd] 〖《*a*1398》〗 — *adj.* **1** 使われ(てい)ない, 用いていない, 使用され(てい)ない; 空いている: an ~ room 空き部屋 / ~ land 空き地. **2** 以前に使われたことのない, 未使用の; 新しい: an ~ stamp.

un·used[2] [ʌ̀njúːst] 〖《*c*1300》: ⇨ un-², used²〗 — *adj.* **1** 〔…に〕慣れていない, しつけていない, 親しんでいない (unaccustomed) 〔*to*〕: be ~ *to* labor, society, foreign travel, etc. **2** 経験がない, 行きつけていない. **3** 《古》見慣れていない, 珍しい (strange).

ùn·úse·ful *adj.* 実用価値のない, 役に立たない (useless). **~·ly** *adv.* **~·ness** *n.*

ùn·ú·su·al 〖《1582》〗 — *adj.* **1** 普通でない, 異常な, まれな (uncommon, rare); 例外的な, 異例の (exceptional): one's ~ gifts 非凡な才能. **2** 見[聞き]慣れない, 珍しい (unfamiliar, strange). **3** 他と異なった, 独特の (unique). **~·ness** *n.*

ùn·ú·su·al·ly *adv.* **1** 異常に, めったにないほど, 著しく, 一風変わって. **2** 《口語》非常に, 大変, ひどく (extremely): It is ~ cold this morning. 今朝はいやに寒い.

ùn·ú·ti·lized *adj.* 利用され(てい)ない.

ùn·út·ter·a·ble 〖《*a*1586》: cf. unmentionable / F *indicible*〗 — *adj.* **1** 言葉に言い表わせない, 言いようのない (unspeakable): ~ despair, torment, joy, etc. **2** 言語に絶した; 全くの, 徹底的な (thoroughgoing): an ~ scoundrel, fool, etc. **3** 発言することができない, 発音し得ない (unpronounceable). — *n.* [*pl.*] 《古·戯言》ズボン (trousers) (cf. unmentionable 2 a). **ùn·út·ter·a·bly** *adv.*

ùn·út·tered 〖《15C》〗 *adj.* 発言され(てい)ない, 口に出さない, 心のうちで(の): an ~ prayer.

ùn·vác·ci·nàt·ed *adj.* ワクチン[予防]接種をし(てい)ない.

ùn·vál·ued *adj.* **1** 重んじられ(てい)ない, 尊ばれ(てい)ない; 重要でない, つまらない (insignificant): an ~ person. **2** 評価[査定]され(てい)ない: an ~ estate 未評価の地所. **3** 《廃》評価できないほどの, 高価な (invaluable): an ~ jewel.

ùn·ván·quished 〖ME〗 *adj.* 打ち破られ(てい)ない, 打ち負かされ(てい)ない, 征服され(てい)ない.

ùn·vár·ied *adj.* **1** 変わらない, 相変わらずの, いつも同じの; 不変の (constant): ~ hostility, kindness, etc. **2** 変化がない, 単調な, 退屈な (monotonous, tedious): the ~ routine of daily duties.

ùn·vár·nished *adj.* **1 a** ワニスを塗ってない: an ~ table. **b** 荒削りの, 粗製の; 露骨な. **2** 飾りのない, ありのままの, 率直な (plain, simple); 気取りのない, 巧まない, 素直な (frank): an ~ tale / the ~ truth.

ùn·vár·y·ing *adj.* 変化しない, 一定の, 不変の (constant, invariable). **~·ly** *adv.*

ùn·véil *vt.* **1** …のベールを取る, おおいを除く; …のベールを取ってあらわにする: ~ one's face / ~ oneself 正体を表わす. **2 a** …の除幕式を行なう: ~ a statue. **b** 〈劇などを〉初めて上演[公演]する. **c** 〖商業〗〈新商品・新型品などを〉初公開する. **3** 〈秘密などを〉明かす, 打ち明ける, 明らかにする (disclose, reveal); 示す, 発表する (show): ~ a secret plan, one's purpose, etc. — *vi.* **1** ベールを脱ぐ, おおいを取る. **2** 仮面を脱ぐ, 正体[本性]を表わす.

ùn·véiled *adj.* ベール[仮面]を脱いだ, ベールをし(てい)ない; あらわな (open, revealed): with ~ curiosity 好奇心をあらわにして.

ùn·véil·ing *n.* 〔劇などの〕初めての上演, 初演; 〔銅像・石碑などの〕除幕(式), 〔新作などの〕発表 〔*of*〕.

ùn·vén·er·a·ble *adj.* 尊敬する価値がない, 尊敬の念を起こさせない, 尊くない; 軽蔑すべき (contemptible).

ùn·vén·ti·làt·ed *adj.* **1** 〈部屋など〉換気の悪い, 風通しの悪い; 空気のこもった, 息苦しい (stuffy, airless). **2** 論議され(てい)ない, 世に問われ(てい)ない: ~ grievances.

ùn·ve·rá·cious *adj.* 〈陳述など〉真実でない, 虚偽の, 偽りの (false).

ùn·vér·bal·ized *adj.* 言葉に表わされ(てい)ない.

ùn·vér·i·fì·a·ble *adj.* 証明[立証]のできない, 確かめることができない: an ~ report. **ùn·vér·i·fì·a·bly** *adv.*

ùn·vér·i·fìed *adj.* 〈真実さが〉証明[確証]され(てい)ない.

ùn·vérsed *adj.* 熟達[通暁]していない, 通じていない; 〔…に〕明るくない, 暗い 〔*in*〕: be ~ *in* English affairs 英国事情に暗い.

ùn·ve·síc·u·làt·ed *adj.* 〖地質〗(火山岩中に)気孔がない.

ùn·véxed 〖《15C》〗 *adj.* 怒らされていない, じらされていない; 冷静な (calm).

ùn·vín·di·càt·ed *adj.* (証拠・論議で)正当化され(てい)ない.

ùn·ví·o·làt·ed *adj.* 〈法律・規則・約束など〉犯され(てい)ない, 侵害され(てい)ない.

ùn·vís·it·ed *adj.* **1** 〔…の〕訪問を受けない, 見舞われ(てい)ない 〔*by*〕; 訪れる人もない, 人の行かない, 人跡の絶えた (unfrequented). **2** 〔…の〕伴わない (unaccompanied) 〔*by*〕: He passed many a night ~ *by* sleep. 眠れぬ夜を幾晩も過ごした.

ùn·ví·ti·àt·ed *adj.* 《古》〈価値など〉損なわれ(てい)ない, 悪くされ(てい)ない; 堕落し(てい)ない, 純潔な.

ùn·vít·ri·fìed *adj.* ガラス(状)になっていない.

ùn·vó·cal *adj.* **1** はっきり言わない, 雄弁でない. **2** 音楽的でない; 甘美でない.

ùn·vó·cal·ìzed *adj.* 声に出して言わない.

ùn·vóice *vt.* 〖音声〗=devoice.

ùn·vóiced *adj.* **1** 声[口]に出さない, 無言の (silent): an ~ objection. **2** 〖音声〗無声(音)の (voiceless).

ùn·vóic·ing *n.* 〖音声〗非有声(音)化, 無声(音)化.

ùn·vóuched *adj.* 証明[保証]され(てい)ない.

ùn·wáked *adj.* 目を覚まされ(てい)ない, 目覚め(てい)ない.

ùn·wák·ened *adj.* =unwaked.

ùn·wálled 〖《15C》〗 *adj.* 壁[城壁]がない; あけっぴろげの (open): an ~ garden.

ùn·wán·ing *adj.* 〈光・力・人気など〉衰えない; 永続的な (perpetual).

ùn·wánt·ed *adj.* **1** 要求されない, 望まれ(てい)ない. **2** 要らない, 不必要な (unnecessary): ~ advice / an ~ favor 有難迷惑. **3** (性格上)望ましくない, 欠点の (faulty): ~ qualities.

ùn·wár·i·ly *adv.* **1** 不注意に, 軽率に (carelessly). **2** 《廃》意外に (unexpectedly).

ùn·wár·lìke *adj.* 戦争好きでない, 非好戦的な (unmilitary); 平和的な (pacific).

ùn·wármed *adj.* 暖められ(てい)ない; 熱心でない, 冷淡な.

ùn·wárned 〖OE *unwarnod*: ⇨ un-², warn: cf. G *ungewarnt*〗 *adj.* 警告され(てい)ない.

ùn·wárp *vt.* …のそり[ひずみ]を直す.

ùn·wárped *adj.* **1** そっていない, ひずみのない. **2** 〈物の見方など〉偏しない, 片寄らない, 公平な.

ùn·wár·rant·a·ble *adj.* 正当と認め難い, 是認し得ない, 弁護[擁護]できない (unjustifiable); 不当な, 無法な, 不都合な (improper). **~·ness** *n.* **ùn·wár·rant·a·bly** *adv.*

ùn·wár·rant·ed *adj.* **1** 保証され(てい)ない, 請け合われ(てい)ない, 保証のない. **2** 是認され(てい)ない, 許せない, 不当な (unauthorized): ~ interference 不当干渉. **~·ly** *adv.*

ùn·wár·y *adj.* **1** 用心深くない, 用心しない, 慎重でない, 不注意な (incautious, unguarded); 軽率な (rash). **2** 《廃》意外な (unexpected). **ùn·wár·i·ness** *n.*

ùn·wáshed 〖《?*a*1390》 ∽ 《廃》 *unwashen* < OE *unwæscen*〗 — *adj.* **1** 洗っていない; 不潔な, きたない (dirty). **2** 波に洗われない, 海沿い[川沿い]でない. **3** 下層民の, 庶民の; 無知な (ignorant). — *n.* [the ~; 集合的] 下層民: *the great* ~ 下層民.

ùn·wást·ed 〖ME〗 *adj.* **1** 費やされ(てい)ない, 浪費され(てい)ない. **2** 《古》消耗[侵食]によって減損し(てい)ない. **3** 《古》略奪され(てい)ない.

ùn·wátched 〖《15C》〗 *adj.* 注意され(てい)ない; 見張ら[監視さ]れ(てい)ない, 監視人のいない (unguarded).

ùn·wátch·ful *adj.* 気をつけない, 不注意な, 用心深くない, 油断している (careless). **~·ly** *adv.* **~·ness** *n.*

ùn·wá·tered 〖《15C》〗 — *adj.* **1** 水で割っていない, 水で薄め(てい)ない: ~ whisky. **2** (天然・人為的に)水を与えられ(てい)ない; 水気のない, 乾燥した (arid): an ~ horse, city, desert, etc. **3** 湿気を除いた: an ~ mine.

ùn·wá·ver·ing *adj.* 動揺しない, ぐらつかない; しっかりした, 確固たる (steadfast, firm): an ~ gaze 凝視 / ~ concentration. **~·ly** *adv.*

ùn·wéak·ened *adj.* 弱められ(てい)ない.

ùn·wéaned *adj.* 乳離れし(てい)ない, 離乳し(てい)ない; 〈動物が〉母親から離れていない.

ùn·wéar·a·ble *adj.* 身に着けるのに適さない, 着られ(てい)ない, ぼろぼろの (worn-out); 不似合いの.

ùn·wéa·ried 〖ME〗 *adj.* **1** 疲れていない, 疲労しない; 生き生きした, 新鮮な (fresh). **2** 飽きない, 根(こん)のよい, 不屈の. **~·ly** *adv.* **~·ness** *n.*

ùn·wéa·ry 〖OE *unwērig*: ⇨ un-², weary〗 *adj.* =unwearied.

ùn·wéa·ry·ing *adj.* **1** 疲れない, 疲労の色を見せない (untiring). **2** 飽きさせない. **~·ly** *adv.*

ùn·wéath·ered *adj.* 風雨にさらされた跡の見えない, 風化の跡がない: ~ stone.

ùn·wéave *vt.* (**un·wove; -wo·ven**) 〈織ったものを〉解く, ほぐす (ravel); …の糸をほぐす: ~ a knot.

ùn·wéd *adj.* 結婚し(てい)ない (unmarried); 独身の (single): an ~ mother 未婚の母.

ùn·wéd·ded *adj.* =unwed.

ùn·wéed·ed *adj.* 草を取ってない, 除草してない.

ùn·weet·ing [ʌnwíːtɪŋ | -tɪŋ] *adj.* 《古》=unwitting. **~·ly** *adv.*

ùn·wéighed 〖《15C》〗 *adj.* **1** 目方を計っていない. **2** 十分考量していない, 思慮の足りない (injudicious).

ùn·wéight *vt.* …の目方[重量]を減らす: ~ a cart. — *vi.* 目方が減る.

ùn·wéight·ed *adj.* **1** 重荷を負わされ(てい)ない (unburdened). **2** 〈意見・資料など〉重要だと考えられ(てい)ない, 重要視され(てい)ない.

ùn·wél·come 〖《*c*1325》〗 *adj.* **1** 歓迎されない: an ~ guest. **2** うれしくない, ありがたくない, いやな: ~ news. **~·ly** *adv.*

ùn·wéll 〖《?*c*1450》〗 *adj.* **1** (体の)具合が悪い, 不快である, 気分がすぐれない (sick): feel ~. **2** 《口語》月経[生理]中の.

ùn·wépt 〖《1592》〗 — *adj.* **1** 嘆き悲しまれ(てい)ない, 悼(いた)まれ(てい)ない (unmourned): die ~, unhonour'd, and unsung 悲しんでくれる人も, 栄誉を与えてくれる人も, 歌に歌ってくれる人もなく(寂しく)死んでゆく (cf. W. Scott, *The Lay of the Last Minstrel* 6. 1). **2** 〈涙が〉流され(てい)ない: ~ tears.

ùn·wét 〖《15C》〗 *adj.* **1** 濡れていない. **2** 〈眼が〉涙を浮かべていない.

ùn·wét·ted *adj.* =unwet.

ùn·whípped *adj.* むちを免れた, むち打たれ(てい)ない; (むちで)罰せられ(てい)ない.

ùn·whíte·wàshed *adj.* 水漆喰(しっくい)[白塗料]を塗っていない.

ùn·whóle·some 〖ME〗 — *adj.* **1** (肉体的・精神的に)健康によくない, 健康に害がある. **2** 健康を害している (unhealthy); (特に)〈外観が〉不健康そうな: an ~ look 体の具合の悪そうなようす. **3** (道徳的に)不健全な, 有害な. **4** 胸の悪くなる, 嫌悪感を起こさせる (loathsome). **~·ly** *adv.* **~·ness** *n.*

un·wield·y [ʌnwíːldi | -dɪ] 〖《*c*1390》 *unweldy* 《廃》 impotent〗 — *adj.* **1** 扱いにくい, 動かしにくい, かさばった (unmanageable); 役に立たない, 実用的でない (impractical). **2** 太り過ぎの, ぶざまな, 不格好な; 大きい, 巨大な (huge): an ~ body. **un·wíeld·i·ly** [-dɪli, -də- | -lɪ] *adv.* **un·wíeld·i·ness** *n.*

ùn·wífe·ly *adj.* 妻らしくない.

ùn·wíll *vt.* …に関して意志を翻えす, 翻意する (contradict).

ùn·wílled *adj.* 意図しない, 故意でない (unintentional, involuntary): an ~ murder.

ùn·wíll·ing 〖《1533》← UN-² + WILLING: cf. OE *unwillende* (cf. ON *ūviljandi*)〗 *adj.* **1 a** 進んで…するのを欲しない, 好まない (reluctant, disinclined) 〈*to* do〉: They are ~ *to* confess the fact. 彼らは事実を告白したくないのだ / He was ~ *for* the question *to* be settled in that way. 彼は問題がそのように解決されるのを望まなかった. **b** 不本意の, いやいやながらの: ~ admiration 不本意ながらの賞賛 / ~ service いやいやながらの奉仕 / willing or ~ いや応なしに. **2** 反抗的な, 敵対する (opposed); 強情な (refractory): an ~ man. **3** 《古》=unwilled. **~·ness** *n.*

ùn·wíll·ing·ly *adv.* 不本意に, いやいやながら.

ùn·wínc·ing *adj.* ひるまない, びくともしない (fearless).

ùn·wínd [-wáɪnd] 〖OE *unwindan*〗 — *v.* (**un·wound** [-wáund]) — *vt.* **1** 〈巻いたものを〉ほどく (undo), 繰り出す, ほどく, 伸ばす (uncoil). **2** 《口語》…の緊張をほぐす (relax). **3** 《古》反対の方向に辿る (retrace). — *vi.* **1** 〈巻いたものが〉解ける, ほどけ

る．**2** 緊張がほぐれる，くつろぐ: She *unwound from* her previous tension. 彼女は前の緊張が解けた．

ùn·wínged *adj.* 翼がない (wingless).

ùn·wínk·ing *adj.* **1** またたきもしないで見詰め(てい)る; 目を見開いている，すっかり目を覚ましている. **2** 油断がない，用心している (vigilant).

ùn·wín·na·ble *adj.* 勝つことのできない.

ùn·wís·dom 〘OE *unwīsdōm*: cf. OHG *unwīstuom*〙 *n.* 無知，愚; ばかな行動，愚行.

ùn·wíse 〘OE *unwīs*: cf. Du. *onwijs* / G *unweise*〙 ― *adj.* 知恵が(足り)ない，利口でない (ill-advised); ばかな，無分別な，浅はかな (imprudent): It was ~ *of* her to trust such a man. あんな男を信用するとは彼女も浅はかな女だった. **~·ly** *adv.* **~·ness** *n.*

ùn·wísh *vt.* **1** …への願いをやめる. **2** 《廃》呪い殺す: ~ one's rival.

ùn·wíshed *adj.* 願われ(てい)ない，求められ(てい)ない (undesired); 望ましくない (unwelcome).

ùn·wíshed-fòr *adj.* ＝unwished.

ùn·wít *vt.* 《廃》正気を失わせる，発狂させる (derange).

ùn·wíth·ered *adj.* しぼんでいない，しおれ(てい)ない; 生き生きした，元気な (fresh).

ùn·wíth·er·ing *adj.* しぼまない，しおれない.

ùn·wít·nessed 〘《15C》〙 ― *adj.* **1** 五感で知覚され(てい)ない; 見られ(てい)ない，目撃され(てい)ない. **2** 確証[証明]され(てい)ない，証拠がない. **3** 証人の署名がない: an ~ legal document.

ùn·wít·ting 〘OE *unwitende*〙 ― *adj.* **1** 知らない，意識しない，知らず知らずの，無意識の，覚えのない (unknowing, unconscious): an ~ accomplice. **2** 不注意による，うっかりして行なった，故意でない (inadvertent, accidental). **~·ness** *n.*

ùn·wít·ting·ly 〘ME〙 *adv.* 無意識に，知らず知らずに.

ùn·wít·ty 〘OE *un(ġe)wittig*: ⇨un-², witty〙 *adj.* 利口でない，知恵の足りない，愚かな (senseless, silly).

ùn·wóm·an·ly 〘《15C》〙 *adj.* 女らしくない，婦人にふさわしくない. ― *adv.* 女らしくなく.

ùn·wón *adj.* **1** 手に入れられ(てい)ない. **2** 〈女が〉求婚にうまく応じてくれない.

ùn·wónt·ed *adj.* **1** 普通でない，いつにない (unusual); めったにない，時たまの，まれな (rare): an ~ task. **2** 《古》〔…に〕不慣れな (unaccustomed) 〔*to*〕: a boy ~ *to* hard labor 重労働に不慣れな少年. **~·ly** *adv.* **~·ness** *n.*

ùn·wóod·ed *adj.* 森のない，樹木でおおわれ(てい)ない (treeless).

ùn·wóoed *adj.* 求婚され(てい)ない.

ùn·wórk *vt.* 〈一旦したことを〉元通りにする，〈でき上がったものを〉ぶち壊しにする，めちゃくちゃにする.

ùn·wórk·a·ble *adj.* 運転[取扱い，細工，採掘など]が困難な; 実行不能な (impractical): an ~ machine / an ~ plan.

ùn·wórked *adj.* **1** 加工[細工]してない; 〈人・家畜が〉働かされ(てい)ない. **2** 〈道具など〉使用され(てい)ない; 〈土地など〉耕され(てい)ない; 利用され(てい)ない，開発され(てい)ない.

ùn·wórk·man·lìke *adj.* 職人の手際らしくない，不手際な，不細工な，へたな，まずい; 職人の用いるのに不適当な (incompetent): an ~ tool.

ùn·wórld·li·ness *n.* 脱俗，浮世離れ(していること); 名利を離れた行為.

ùn·wórld·ly 〘《1707》〙 ― *adj.* **1** この世のものでない; (特に)精神[心霊]界の，天上の (spiritual, celestial). **2 a** 世俗的でない，俗離れした，俗事に超然たる，名利を離れた: an ~ person 俗念[名利心]のない人. **b** 純朴な，世間ずれのしていない (naïve, unsophisticated).

ùn·wórn *adj.* **1** (使用・風雨などのために)すり減っていない，すり切れていない，いたんでいない，使い[着]古していない. **2** 〈精神・感覚など〉痛め[弱め]られ(てい)ない，清新な (fresh). **3** 〈衣服など〉身につけたことがない，手を通したことがない，新しい (new); 余り着られ(てい)ない.

ùn·wór·shiped 〘ME〙 *adj.* 崇拝され(てい)ない，拝まれ(てい)ない.

ùn·wór·thi·ly 〘ME〙 *adv.* **1** 道徳的に価値がなく，人間としての値打ちがなく. **2** (それだけの)価値[値打ち]がなく，不相応に.

ùn·wór·thi·ness 〘ME〙 *n.* 道徳的に無価値なこと，尊敬に値しないこと，下劣; 地位[受賞など]に値しないこと.

ùn·wór·thy 〘《c1225》〙 ― *adj.* **1** 道徳的に価値のない，尊敬に値しない (worthless)，人間としての値打ちのない，取るに足らない，くだらない，下劣な (despicable): an ~ motive 下劣な動機 / an ~ son 不肖の息子. **2** 〔…だけの〕値打ちがない，〔…に〕あるまじき，ふさわしくない (undeserving) 〔*of*〕; 〈…するに〉値しない 〈*to do*〉: a deed ~ *of* praise 賞賛を受けるに値しない行為 / a rumor ~ *of* credence 信用するに値しないうわさ / an ~ pupil *of* a great teacher 良師の名をはずかしめる弟子 / a man ~ *to* do the work その仕事をするに値しない男. **3** 功績に値しない，不相応な; 正当でない，不当な: an ~ promotion 不相応な昇進 / an ~ treatment 不当な扱い.
― *n.* くだらない人，何の取り柄もない人.

ùn·wóund [-wáund] *adj.* **1** 〈巻きが〉解けた，巻きのほぐれた. **2** 巻いていない: an ~ clock.

ùn·wóund·ed [-wúːndɪd, -dəd] 〘OE *unwundod*: cf. Du. *ongewond*〙 *adj.* 傷つけられ(てい)ない，傷を受け(てい)ない，無傷の (intact).

ùn·wó·ven 〘《15C》〙 *adj.* 織っていない.

ùn·wráp 〘ME〙 ― *v.* (**un·wrapped; -wrap·ping**) ― *vt.* **1** 〈包んだものを〉あける，開く，解く，広げる; 〈小包など〉の包装を解く (open): ~ a package. **2** 暴露する (disclose). ― *vi.* 〈包装が〉解かれる，開かれる.

ùn·wrápped *adj.* **1** 解かれた，広げられた，包装を解いた (unfolded). **2** 包んでいない 〈*up*〉.

ùn·wréaked *adj.* 〈恨みなど〉晴らされ(てい)ない，復讐され(てい)ない (unavenged).

ùn·wréathe *vt.* …のもつれ[ねじれ]を解く，解きほぐす (untwist).

ùn·wrín·kle *vt.* …のしわを延ばす; なめらかにする (smooth).

ùn·wrín·kled *adj.* しわが寄っていない; なめらかな (smooth).

ùn·wrít·a·ble *adj.* 書く[書き表わす]ことができない: an ~ sound.

ùn·wrít·ten 〘OE *un(ġe)writen*〙 ― *adj.* **1** 文字に表わしていない，書いていない，記録していない，成文にしていない; 口碑の，口伝(くでん)の (oral): ~ language. **2** (紙などに)字を書いていない，白紙のままの (blank): an ~ page.

unwrítten constitútion *n.* 〘法律〙 不文憲法 (customary constitution ともいう).

unwrítten láw *n.* 〘法律〙 **1** 慣習法，不文法 (common law) (cf. written law, statute 2). **2** [the ~] 不文律《個人の名誉の擁護，特に貞操蹂躙(じゅうりん)などに対する復讐のための殺人は(ある程度)正当であるとする仮想の法規範》.

ùn·wróught 〘ME〙 ― *adj.* **1** 作られ(てい)ない，仕上げられ(てい)ない，製作[製造]され(てい)ない; 〈金属など〉加工[細工]してない: ~ materials 未加工原料品. **2** まだ自然のままの; 〈鉱山など〉開発[採掘]され(てい)ない: ~ land 処女地 / an ~ mine.

ùn·wrúng *adj.* 〈心など〉痛んでいない，平気な (unmoved): My withers are ~. その非難は一向当たらない《こっちは痛くもかゆくもない》; cf. Shak., *Hamlet* 3. 2. 252–3; ⇨ *wring a person's* WITHERS).

ùn·yíeld·ing *adj.* **1** 曲がらない，動かない，堅い (stiff). **2** 〈決心・意見など〉曲げようとしない，譲らない，頑固な，断固とした (obstinate, determined): He is ~ in his opinions. 自分の意見を固執して譲らない. **~·ly** *adv.* **~·ness** *n.*

ùn·yóke 〘OE *unġeocian*: ⇨ un-¹, yoke¹: cf Du. *ontjukken* / G *entjochen*〙 ― *vt.* **1 a** 〈牛など〉の軛(くびき)を取りはずす. **b** 《廃》解放する. **2** 分離させる，離す，分かつ (disconnect). ― *vi.* 《古》 **1** 軛を取り除く. **2** 仕事をやめる.

ùn·yóked *adj.* **1** 軛(くびき)をはずされた; 解放された. **2** 軛をかけられ(てい)ない; 束縛され(てい)ない.

ùn·zéal·ous *adj.* 不熱心な，熱のこもらない. **~·ly** *adv.*

ùn·zíp *v.* (**un·zipped; -zip·ping**) ― *vt.* **1 a** …のチャックをはずす; チャックを引いてあける. **b** 〈チャックを〉はずす. **2** 《口語》 **a** 〈人〉の抵抗をつぶす. **b** 〈物事を〉解決する，こなす. ― *vi.* チャックで開く.

ùn·zíp·per *vt., vi.* ＝unzip.

ùn·zóned *adj.* **1** 地帯[地区]に分けてない; 制限のない. **2** 《古》帯で巻かれ(てい)ない.

up 〘OE *ūp* up & *uppe* on high, up (cf. *uppian* to rise) ← Gmc **upp-* (Du. *op-* / OHG *ūf* (G *auf*) / ON *upp-*) < IE **upo* up from below, over, under (L *sub* 'SUB-' / Gk *hupo-* 'HYPO-')〙 ― [ʌ́p] *adv.* **1 a** (低い位置から)上の方へ[に]，上へ[に]，上がって (↔ down): fly *up* 飛び上がる / go *up* in an elevator エレベーターで上がって行く / Come *up* here. ここへ上がって来なさい (cf. 6) / pull *up* one's stockings 靴下を引っぱり上げる / put *up* one's hands 両手を上げる / The flag is *up*. 旗は上がっている / All the blinds are *up*. ブラインドは全部上げてある / *up* in the hills 山の中に / high *up* in the air 空高く / be *up* in a tree 木に登っている / *Up* goes the black flag. 黒旗がするすると上がる. **b** 二階へ[に]: Show her *up*. 彼女を二階にご案内しなさい. **c** (岸・浜に)高く: The river is *up*. 川は増水している / The tide was *up*. 潮が満ちていた. **d** 〈劇場の幕が〉上がって: The stage is empty when the curtain is *up*. 幕が上がったとき舞台には誰もいない. **e** 〘ゴルフ〙グリーンの方へ: He hit the ball well *up*. ボールを十分グリーンに寄せて打った.

2 a 体を起こして; (寝床から)起きて; 床につかないで: get *up* 立ち上がる，立つ; 起床する，起きる / stand *up* 立ち上がる，立つ / sit *up* 起き上がる; まっすぐに腰を掛ける / *Up!* 起きよ，立て / *Up* from your bed. 起きなさい / *Up* (with the) helm ⇨ helm¹ 1 b / He raised me *up*. 私を起き上がらせた / She was *up* with the lark. ひばりと共に起きた / I was [stayed] *up* all night. 夜通し寝ないでいた，徹夜した. **b** 建てられて: Part of the building was already *up*. その建物の一部はすでに建てられていた.

3 a 〈天体が〉水平線上に，空に昇って: The sun is *up*. 太陽が昇った / The moon was going *up* softly. 月は静かに上がって来るところだった. **b** 地上へ，水面に: take *up* turnips かぶらを引き抜く / He came *up* from the underground. 地下から上がって来た.

4 《口語》〈騎手が〉馬に乗って: A new jockey was *up* in the race. レースには新米の騎手が出場していた.

5 a (南から)北方へ: run *up* North [to Scotland] 北部[スコットランド]へ急行する / as far *up* as Alaska [Aberdeen] 北はアラスカ[アバディーン]までも / He lives *up* in the North. 北部に住んでいる / He went *up* to Scotland from London. ロンドンからスコットランドへ行った. **b** 高地に，内陸に; (川の)上流へ: His cottage lies a mile further *up* in the country. 彼の田舎家はもう一マイル内陸へ入った所にある / The explorers followed a river *up* to its source. 探検家たちは川をその源までさかのぼって行った. **c** 〘海事〙風上へ (to windward): put the helm *up* 舵柄(だへい)を風上に取る《船首を風下に向ける》/ Bring the ship *up* in the wind. 船を風上に向けよ.

6 (問題の場所・時)まで，(話者などのいる)方へ: She went straight *up* to the door. まっすぐにドアの方へ行った / He came *up* to me. 私の方へやって来た (cf. 1 a) / *up* till now 現在まで.

7 《英》(ロンドン・大学・都市などに)向かって，いて; go *up* (to London) ロンドンへ行く，上京する / be *up* in London ロンドンに来て[行って]いる / go *up* to town from the country 田舎からロンドンへ出て行く / go *up* to Oxford [the university] (学生が)オックスフォード[大学]に進む[帰って行く] / My son is still *up*. 息子はまだ在学中だ / What are you *up* for? 何のために(田舎から)上京したのか.

8 a (低い地位・年齢などから)上の方へ: be *up* on the social scale 社会的地位が高い / come *up* from obscurity to fame 名もない地位から名声を得るに至る / come [get, move] *up* in the world 立身出世する / She is *up* at the head of her class. 彼女はクラスの首席である / He is high *up* in the company. 会社で高い地位についている / He went *up* two places in class. 席次が2番上がった / He is rather *up* in years. かなり年を取っている. **b** 成熟の状態へ: bring [train] *up* a child 子供を育て上げる[しつける] / A plant grows *up* from a seed. 草木は種から生長する / The corn is *up*. とうもろこしが伸びている. **c** (…から)…まで: from a beggar *up* to a millionaire こじきから百万長者に至るまで / sums *up* to 1,000 yen 千円までの金額 / from my boyhood *up* 私の少年時代からずっと / from five dollars *up* 5ドル以上.

9 (声・温度・評価・値段など)高く，高めて: raise *up* one's voice 声を高める / The temperature has gone *up*. 温度が上がった / Prices have gone *up*. 物価が上がった / Meat is *up*. 肉の値段が上がった / He has gone *up* in my opinion. 私の彼に対する評価が高くなった《見直した》/ The piano is *up* a tone. ピアノは一音程調子が上がっている.

10 a 活動[精神，興奮，動揺，速度，度合いなど]を高めて: play *up* 奮闘する / pluck *up* (one's) courage 勇気を出す / blow the fire *up* 火を吹き起こす / flare *up* ぱっと燃え上がる; かっと怒る / fire *up* 燃え上がる; かっとなる / His temper is *up*. 癇癪(かんしゃく)を起こしている / You'd better hurry *up*. 急いだ方がいい / The wind is *up*. 風が吹き荒れている / All the town is *up*. 町中が活気を呈して[沸き立って]いる / He worked *up* the mob. 暴徒を扇動した. **b** 反乱を起こして，謀叛して: *up* in arms 兵を挙げて，反乱を起こして / *up* in mutiny 反乱を起こして / The eastern counties were *up*. 東部の諸州が蜂起(ほうき)していた. **c** 《古》言いはやされて: Your name's *up* in the town. 君は町中の評判になっている.

11 《口語》〔学科・技術などに〕長じて，得意で，よくできて〔*in, on*〕: He is (well) *up in* chemistry. 彼は化学が(大いに)得意だ / I am not *up on* fencing. フェンシングのことはあまり知らない.

12 a 〔議題・注目などに〕上って〔*for*〕: The question came *up for* discussion. その問題が議題に上った / The case is *up* before the High Court. 事件は高等裁判所に回っている. **b** 判事などの前に: He is *up* for fraud. 詐欺罪で呼び出されている / I was had [brought] *up* for speeding. スピード違反で呼び出された.

13 a 〈物事が〉出現して，起こって，目立って: The lost book has turned *up*. なくした本が出てきた / It came *up* in conversation. そのことが話題になった / Some difficulties cropped *up*. 幾つかの困難が持ち上がった / Is anything *up*? 何が持ち上がったのか / What's *up*? どうしたのだ，何だ / Something is *up*. 何事か起こっている / What's *up with* him? 彼はどうしたのか. **b** 聞こえるように: speak *up* 声を高める / sing *up* 声を大きくして歌う / The bell struck *up*. 鐘が鳴り響いた.

14 [種々の動詞に伴い，完成・終結・結合・総計・強意などの意を表わして] 全く，残らず，しっかり，ちゃんと，…してしまう，し終わる[尽くす，上がる]: drink *up* / eat *up* / dry *up* 干上が(らせ)る / clean *up* a room 部屋をきれいに掃除する / fold *up* a letter 手紙を(ちゃんと)折りたたむ / shut *up* an umbrella かさを閉じる / add *up* figures (数の)合計を出す.

15 他人の手へ; 放棄して: They gave *up* the fortress to the enemy. 彼らは敵に要塞を明け渡した / He threw *up* his work. 仕事をきっぱりとやめた.

16 a 無活動[停止]の状態に[で]: lie *up* (病気で)伏せっている / pull *up* a car 車を止める. **b** 貯蔵[保管，取り片付けなど]の状態に: lay *up* riches [treasures] 富[宝物]を貯える / store *up* fuel for winter 冬に備えて燃料を貯える / Our hay has all been *up*. 乾草は全部取り込んである.

17 開いた[ばらばらの]状態に[で]: tear *up* a letter 手紙を引き裂く / take *up* a street 通りを掘り起こす / The street was *up*. 通りは掘り起こされていた.

18 a 〈時間が〉尽きて，終わって; (もう)だめで (cf.

U.P.): It's all *up.* もうだめだ, 万事休す / It's all *up with* him. 彼はもうだめだ / The game is *up.* 万事休す, これでおしまいだ / The time is [Time's] *up.* 時間が切れた / Your chance is *up.* 君はもう見込みがない. **b** 《英》閉会になって: Parliament [The House] is *up.* 議会は閉会になった.

19 ぎっしり詰めて: pack *up* 荷造りする / bind *up* 包帯する.

20 しっかり固定して (securely): chain *up* 鎖でつなぐ / fasten *up* しっかり縛る / lock *up* しっかり錠を下ろす / nail *up* 釘付けにする / tie *up* 固く縛る.

21 〔…へ〕向かって (bound)〔*for*〕: This ship is *up for* Bristol. この船はブリストル行きだ.

22 もうけて: He was £6 *up* on the transaction. その取引で6ポンドもうけた.

23 《米》〈金が〉賭けられて (wagered): Ten thousand dollars were *up on* the match. その試合に1万ドルが賭けられていた.

24 刑務所に: He went *up* for ten years. 10年間刑務所に入った.

25 〘野球〙打席に着いて (at bat): two hits three times *up* 3打席2安打 / He came *up* twice in the same inning. 彼は同じ回に2回打席に着いた.

26 (ゴルフ・テニスなどで得点などが)…リードしている, …アップ (↔ down): He is one [two, three] *up.* 彼は1 [2, 3] 点勝ち越している.

27 《米》(テニス・ハンドボールなどで)各, それぞれ (each): The score is 10 *up.* 得点は各10点だ.

28 〘印刷〙大文字で: Put these words *up.* これらの単語を大文字で組め / All the names are *up.* すべての名前は大文字で組まれている.

29 《古》〈刀が〉さやに納まって.

up against 《口語》〈困難・障害など〉に直面して, ぶつかって: be *up against* difficulty, obstacles, etc. / You don't know what you're *up against.* どんな障害が待っているか君は知らないのだ / He is a bad man to be *up against.* 相手が悪い. ***up against it*** 《口語》困窮して, 困って: I am *up against it* because I failed math(s). 数学を落としたので困っている. ***up and about*** [《米》***around***] 〈病後の人・目覚めた人など〉起きて動き回って: He has been *up and around* for two days. 2日前から起きて働いている. ***up and coming*** ⇨ up-and-coming. ***up and doing*** 《口語》ぼやぼやしていない, てきぱきやる: We must be *up and doing.* ***up and down*** (cf. up-and-down) (1) 上がったり下がったり, 上下に: bob *up and down* ひょいひょい上下する. (2) 行きつ戻りつ (to and fro): I saw him pacing moodily *up and down.* 彼が不機嫌そうに行きつ戻りつしているのを見た. (3) 〈健康・景気など〉良かったり悪かったりで, 変わりがちで. (4) あちこちと (in every direction); くまなく, 徹底的に (thoroughly): I have looked for it *up and down.* あちこちそれを捜した / He knew his hometown *up and down.* 彼は故郷の町のことはくまなく知っていた / ⇨ LOOK *a person up and down.* (5) 《米口語》包み隠さず, あからさまに (bluntly): I told him *up and down* he was a liar. お前はうそつきだと彼にあからさまに言ってやった. ***up for*** (1) 〈売却・討議など〉に予定されて: This house is *up for* sale. この家は売りに出されている. (2) 〈選挙〉に出馬して; 〈試験〉を受けて: He is *up for* examination. 試験を受けている. ***up to*** (1) …に匹敵[近似]して; …に接近して: He is not *up to* his father as a scholar. 学者として彼は父に及ばない / I could not get [catch] *up to* him. 彼に追い付くことができなかった. (2) 《口語》…に耐えて (equal to), …をすることができて (capable of doing): He is no longer *up to* his work. 彼はもう仕事ができない / He is now *up to* taking the journey. もうその旅行をすることができる. (3) …を心得て, …に精通して: I am *up to* his tricks. 彼の奸計はよく知っている / He was thoroughly *up to* its history. その歴史については精通していた. (4) 《口語》〈(通例)よからぬ事〉に従事して, …をして, …をしようとして, たくらんで: What have you been *up to?* 何をしていたのか / He's *up to* mischief [no good]. 彼は何かいたずら[悪い事]をやっている / He's been *up to* his old game again. また例の手をやった. (5) 《口語》…の義務[責務]で, …次第で: It's entirely *up to* you. それは全く君次第だ / It is *up to* you to finish the task [make the next move]. その仕事を終える[次の手を打つ]のは君の義務[責任]だ. (6) …の時[所]まで, …に至るまで: *up to* this time この時まで, 今までのところ / You have to pay *up to* ten pounds for that book. その本を買うには10ポンドを払わなければならない / They stood *up to* their knees in the water. 彼らはひざまで水につかった / In English the vowel of the syllable may be preceded by *up to* three consonants and followed by *up to* four. 英語では音節の母音の前には子音が三つまで先行でき, 後には四つまで続けられる. (7) 《英》(Eton 校などで) 〈生徒が〉…先生のクラスに入っていて, …の担任で: He is *up to* Mr. Smith. スミス先生のクラスにいる. ***up with*** (1) ⇨ 13 a, 18 a. (2) …に追い付いて (up to): Slow down a bit and let me come *up with* you. 少し足をゆるめて追い付かせてくれ. (3) [命令文で] …を起こせ, 立てよ, …を引っ張り上げよ; …よ立て[振るえ]; …を大いにやれ (cf. 2 a; UP *with* (⇨ *v.*); ↔ down with): *Up with* you! 起き[立ち]なさい / *Up with* the tent. テントを張れ / *Up with* the Opposition! 野党よ立て[しっかりやれ].

— [ʌp, ʌ̀p, ʌp] *prep.* **1** (低い位置・地点・地位から)…の上へ[に]; …を上がった所に (↔ down): live *up* a hill 丘の上に住んでいる / *up* the pole ⇨ pole[1] 成句 / go *up* a ladder はしごを登る / climb *up* a tree 木に登る / There was a cat *up* the tree. 木の上に猫がいた / He'll sleep *up* two pairs of stairs. 彼は三階に寝る / work one's way *up* a form [school] 上の級[学校]へ進んで行く / He went steadily *up* the social scale. 彼は着々と社会的地位を昇って行った. **2** 〈川など〉の上流へ[に], …の上手に: row *up* the stream こぎのぼる / walk *up* the river bank 川岸を上流の方へ歩いて行く / live [camp] further *up* the stream もっと上流に住む[キャンプする] / go *up* the stream 川をさかのぼる. **3 a** [運動の動詞と共に] 〈道など〉に沿って, …伝いに (along): walk [ride] *up* the road 道を歩いて[馬で]進んで行く / We approached it *up* an avenue. 並木道伝いにそこに近づいた / He walked *up* and down the platform. 彼はプラットホームを行きつ戻りつした. ★ come *up* the street は通例話者に近づくことを示し, go *up* the street は話者から遠ざかることを示す. **b** [状態の動詞と共に] 〈通り〉の向こうの方に: He lives *up* the street [road]. 彼は通り[道]の向こうの方に住んでいる. **4 a** …の内部[内地, 奥地]へ: He went *up* the hall. ホールの奥へ入って行った / travel *up* (the) country 内[奥]地へ旅行する[入って行く]. **b** …の北(方)に: He lives a few miles *up* the coast. 海岸の2, 3マイル北に住んでいる / ⇨ up-country, upstate. **5** 〈舞台〉の後方[奥]に[で]: *up* stage 舞台の奥に. **6** 〈風など〉に逆らって (against): The fox ran *up* the wind. 狐は風上に走った / Deer usually go *up* the wind. 鹿は通例風上へ行く. **7** [無冠詞で] 《米》…へ上がって (up into *or* in the): *up* garret (上の)屋根裏へ[で] / He went *up* garret. 屋根裏部屋へ上がって行った. **8** 《英》〈ある場所〉へ, まで (to) 《非標準的な用法》: He went *up* Derby. ダービーへ出かけた.

up hill and down dale ⇨ hill 成句. ***up you(rs)*** [間投詞的に] 《英卑》馬鹿をこけ, くそ食らえ, くそったれめ《拒絶や軽蔑を表わす》.

— [ʌp] *adj.* **1** 上へ向かう, 上の方へ動く[傾く], 上方への: on the *up* grade 上り勾配に / the *up* side 上側 (cf. upside). **2** 上りの; 上り線の: an *up* train 上り列車 / an *up* line (鉄道の)上り線 / an *up* platform 上り線ホーム. **3 a** 〈ビールなど〉泡立った: Beer's nothing if not *up.* ビールは泡が立たなければビールじゃない. **b** 浮き浮きして (vivacious): He was too much *up.* 少し浮き浮きし過ぎていた / In his *up* periods he joked. ご機嫌な時には冗談を言った. **4** 〈髪型が〉アップの: a new *up* hairdo 新しいアップスタイル. **5** 《口語》(ジャズ・舞踏曲で)速いテンポの. **6** 〘印刷〙 **a** (頭文字やすべての文字を)大文字で組んだ, 大文字組みの. **b** 大文字の多い, 大文字を多く使った.

— [ʌp] *n.* **1** 上昇, 上り; 値上がり, 高騰. **2** 上り坂, 上り道 (upward slope). **3** [通例 *pl.* で downs と対照的に] 成功, 繁栄 (cf. UPS *and downs*): I've had *ups* in my life, and I've had *downs.* 私はこれまで成功もしたし失敗もしてきた. **4** 上り坂の人[物]: They are *ups* in the business world. 彼らは実業界で上り坂の人たちだ. **5** 上り列車[電車, バス]. **6** ＝upper 6. ***in two ups*** 《豪》すぐ, あっという間に (in a jiffy). ***on the up*** 上り坂で: The street is steadily *on the up.* 通りはずっと上り坂だ. ***on the up and up*** ＝*on the* UP-AND-UP. ***the up and down*** 探るような一瞥(いちべつ): He gave me *the up and down.* 彼は(探るように)私をちらりと見た. ***ups and downs*** (cf. up-and-down) (1) (道などの)上り下り, 起伏 (rise and fall): a house full of *ups and downs* 階段の多い家. (2) 変動, 栄枯盛衰, 浮き沈み: the *ups and downs* of life [fate] 人生の栄枯盛衰[運命の浮沈] / He has had his *ups and downs* in life. 人の世の有為転変を味わってきた.

— [ʌp] *v.* (**upped**; **up·ping**; cf. *vi.* 2 ★) — *vt.* **1** 〈武器などを〉振り上げる, 取り上げる (lift up): She *upped* her stick and began to belabor him. 彼女はステッキを振り上げて彼を打ち始めた. **2 a** 増やす, 引き上げる: *up* prices, production, wages, etc. **b** 〈賭け金を〉前よりも増やす: ⇨ *up the* ANTE. **3** 昇進させる (promote): He has been *upped* to assistant professor. 彼は助教授に昇進した. **4** 《英》(くちばしに国有または公有の印を付けるために) 〈白鳥を〉駆り集める (cf. swan-upping). — *vi.* **1** 起き[立ち]上がる (get up): The army *ups* and marches to the town. 軍隊は立ち上がりその町に進軍する. **2** [通例 up and... として] 《口語》突然[不意に]…し始める: He *ups and* says... / He *upped and* flew at me. やにわに立って私に飛びかかって来た. ★ この up はしばしば無変化のまま過去形としても用いられる: He *up and* struck me. 出し抜けに立ち上がって私を打った. **3** 上る, 昇る (ascend): A chimney sweeper *ups* and downs in a chimney. 煙突掃除夫は煙突の中を上り下りする.

up with 《口語》〈腕・武器など〉を振り上げる (raise) (cf. UP *with* (3) (⇨ *adv.*)): He *upped with* his fist [stick]. 彼はこぶし[ステッキ]を振り上げた.

UP 《略》United Press ユーピー《米国の通信社; ⇨ UPI》.

up. 《略》upper.

u.p. 《略》underproof.

U.P. 《略》〘キリスト教〙United Presbyterian 合同長老教会派; Uttar Pradesh.

U.P. [júːpíː] 〘up の綴り字発音から; cf. up *adv.* 18 a〙 *adv.* [通例 all ~ として] 《俗》(もう)おしまいで, だめで: It's *all U.P.* (*with* me.) (私は)もうだめだ, 万事休す.

up- [ʌp] 〘OE ~: ⇨ up〙 — up の意の連結形: **1** 副詞的意味で動詞(主に過去分詞)・動詞的抽象名詞またはGerund に付く: *up*bringing, *up*cast, *up*growth. **2** 前置詞的意味で副詞・形容詞・名詞を造る: *up*-country, *up*hill, *up*ward(s). **3** 形容詞的意味で名詞を造る: *up*land, *up*stroke.

ùp·ánchor *vi.* 錨を上げる, 出港する.

úp-and-cóme *n.* ＝comer 2.

úp-and-cóming *adj.* 《口語》 **1** 意欲的な, 活動的な; 抜け目のない; 将来性のある, 前途有望な. **2** 世間の注目を集めつつある, 伸(の)してきている.

úp-and-dówn 〘《?*a*1200》〙 — *adj.* (cf. UP *and down*, UPS *and downs*) **1** 上がったり下がったりの, 高低のある, 起伏のある: an ~ motion, road, country, voice, etc. **2** 垂直の, まっすぐに切り立った (perpendicular): a straight ~ bank 垂直の切り立った土手. **3** 変動する (varying); 盛衰のある, 浮沈のある: an ~ life 波瀾(はらん)に富んだ一生. **4** 《米》はっきりした, 純然たる (downright): an ~ answer 率直な返事 / an ~ lie 真っ赤なうそ / an ~ cheerful girl はきはきして快活な娘. **5** 《英》乱暴な (rough-and-tumble): savage ~ fighting 野蛮でむちゃくちゃなけんか.

úp-and-úp *n.* 《口語》進歩, 成功; 正直な生活. ★ 主に次の成句で: ***on the up-and-up*** (1) うまく行って, 成功して, 上向いて. (2) 正直な[に], 公明正大な[に].

U·pa·ni·shad [uːpɑ́ːnɪʃɑ̀ːd, juːpǽnɪʃæ̀d, -nə- | upʌ́nɪʃəd, -pǽn-] 〘《1805》□ Skt *upaniṣad* a sitting down (at another's feet to be taught by him) ← *upa* near to ＋*ni* down＋*sad-* to sit: ⇨ up, nether, sit〙 — *n.* 〘バラモン教〙「ウパニシャッド」(⇨ Veda).

U·pa·ni·shad·ic [uːpɑ̀ːnɪʃɑ́ːdɪk, juːpæ̀nɪʃǽd-, -nə- | upʌ̀nɪʃʌ́d-, upæ̀nɪʃǽd-] *adj.* ウパニシャッド (Upanishad) の.

u·pas [júːpəs] 〘《1783》□ Malay (Java) (*pohun*) *upas* poison (tree)〙 — *n.* **1** 〘植物〙ウパスノキ, イポー (*Antiaris toxicaria*) 《南インド・ビルマ・マレーシア産イラクサ科の大高木で有毒; 昔この周囲数マイル間の生物はみな死滅して荒地と化すと信じられた; upas tree ともいう》. **2** ウパス毒 (antiar) 《ウパスの樹皮に含まれるアルカロイド (アンチアリン) で激烈な心臓毒; マレーシア原住民は毒矢に塗る》. **3** 害毒, 悪影響.

u·pa·ya [upɑ́ːjə] 〘□ Skt *upāya* 《原義》 a nearing〙 *n.* 〘仏教〙方便, 方法, 手段.

ùp·béar 〘ME〙 *vt.* (**up·bore**; **-borne**) 《古》 **1** 持ち上げる, 挙げる (hold up). **2** 支える, 支持する (support). **~·er** *n.*

úp·bèat 〘← UP-＋BEAT[1]〙 — *n.* **1** 上昇傾向; 上向きの動き, 向上, 進歩 (upswing): on the ~ 向上して. **2** 〘《なぞり》← G. *Auftakt*〙〘音楽〙 **a** (指揮者が上拍を指示する)指揮棒[腕]の上向きの一振り. **b** 上拍 (arsis), 弱拍《アクセントのない拍》; アウフタクト《曲のはじめなどで強拍の前におかれた弱拍; cf. downbeat 1》. **3** 〘詩学〙＝anacrusis 1. — *adj.* 楽観的な (optimistic), 陽気な, 明るい, 幸福な (cheerful).

úp·bóund *adj.* 北行きの, 北へ通じる, 上り方面の; 上りへ通じる: an ~ train.

úp·bòw [-bòu | -bàu] *n.* 〘音楽〙上げ弓, アップボウ《弦楽器で弓を先端から手元へ使う奏法; 記号 ∨; cf. down-bow》.

up·braid [ʌpbréɪd] 〘OE *upbreġdan*: ⇨ up-, braid (v.)〙 — *vt.* **1** 咎(とが)める, 叱る, …に小言を言う (reproach): ~ a person *with* [*for*] a fault 落度に対して人を責める / ~ a person *for* being rude 失礼であることで人を咎める. **2** 厳しく批判する, …のあら捜しをする. **3** 《古》〈人〉に吐き気を起こさせる (nauseate). **~·er** *n.*

up·bráid·ing 〘ME〙 *n.* 非難, 咎(とが)め, 責め (reproof). — *adj.* 責める[咎める]ような: ~ looks. **~·ly** *adv.*

úp·brìnging 〘《15C》〙 *n.* (幼児期の)教育, 育て上げること, 薫陶, しつけ, 養育 (education, nurture).

ùp·búild *vt.* (**up·built**) 作り上げる; 設立する (establish). **~·er** *n.*

úp·càrd *n.* 〘トランプ〙アップカード《表を向けて出される札》: **1** 初札, 開始札《山札の一番上にあり, それをめくることからゲームが始まる札; cf. starter 10》. **2** 捨て山 (talon) の一番上にある札. **3** (stud poker で)表向きに配られる最初の札 (cf. hole card).

úp·càst *adj.* 投げ上げた, 上に向けた: ~ looks, eyes, etc. — *n.* **1** 投げ上げた物. **2** 投げ上げ(られ)ること. **3** 〘鉱山〙排気(立坑) (↔ downcast). — *vt.* 投げ上げる.

úpcast sháft *n.* 〘鉱山〙排気立坑.

úp·chèck *n.* (特に, 試験飛行における成績の)優. — *vt.* …に優をつける.

úp·chùck 〘← UP-＋CHUCK[2]〙 *vt., vi.* 《俗》吐く, もどす.

úp·còming *adj.* 近づいている, 起ころうとしている; 現われようとしている (approaching): an ~ meeting.

úp·convért *vt.* 〘物理〙upconverter により信号変換する.

úp·convérter *n.* 〘物理〙アップコンバーター《パラメトリック増幅などを用いて, 入力信号のパワーをより高い周波数をもった信号のパワーに変換する装置》.

up-country [ˊ-ˋ-] *n.* (海岸から離れたまたは川の上流の)内地, 奥地. — [ˊ-ˋ-] *attrib. adj.* 海岸から遠い, 内地の (interior). — [ˋ-ˊ-] *adv.* (海岸から遠く)内地の方へ, 内地に, 奥地に: travel ~.

úp·cròpping *n.* (突然の)出現; (鉱脈などの)露出; (作物などの)発芽.

up·date [ˊ-ˋ] *vt.* **1** 〈記事などを〉ごく新しくする，最近の事まで取り入れる．**2** 『電算機』更新する《計算機中のデータを消して新しいデータを記入する》．── [ˊ-ˋ] *n.* **1** 最新にすること；最新のもの．**2** 最新情報；最新版．**3** 『電算機』更新．**ùp·dáter** *n.*

Up·dike [ʌ́pdaɪk], **John** (**Hoyer**) *n.* (1932–) 米国の小説家；*Rabbit, Run* (1960), *Couples* (1968).

up·do [ʌ́pdùː] 〘← UP(SWEPT)+(*hair*)*do*〙 *n.* (*pl.* ~**s**) なで上げ型の髪型，アップの髪型 (upsweep).

úp·dràft *n.* (気体の)上昇運動；上昇気流.

úpdraft kíln *n.* 『窯業』昇炎式かま.

ùp·énd *vt.* **1** 〈樽などを〉さかさまにする[置く]；ひっくり返す，倒す．**2** 〈意見・評判・趣味・制度など〉に強烈な影響を及ぼす．**3** (ボクシング・商売などで)〈相手を〉負かす (defeat).　── *vi.* さか立ちする[になる].

ùp·fóld *vt.* きちんと(幾重にも)畳む (fold up).　── *n.* 『地質』=anticline 1.

ùp·gáther *vt.* 〈情報などを〉収集する.

up·grade [ˊ-ˋ] *n.* **1** 《米》(道路などの)上り坂，上り勾配．**2** 増加，上昇 (increase)；向上.
on the upgrade 増加[上昇]して；向上して (improving).
── [ˋ-ˊ] *adj.* 上り勾配の，上り坂の (uphill).
── [ˋ-ˊ] *adv.* 《米》坂の上の方に，上り坂になって.
── [ˋ-ˊ] *vt.* **1** 〈工員・職員などを〉格上げする，昇給させる．**2** 〈製品など〉の品質を良くする，等級を上げる．**3** 〈格の低い商品を〉高級品扱いする；上等品として(実際の値より)高く売る．**4** 〈家畜を〉品質改良する.

úp·gròwth *n.* **1** 育ち，成長，生長，発育，発達 (development)．**2** 育つ物，成長物，発達物.

up·heav·al [ʌphíːvəl] 〘(1838)：⇨↓, -al¹〙 ── *n.* **1 a** 押上げ，持ち上げる[られる]こと．**b** 『地質』(地殻の)隆起 (elevation)．**2** (思想・社会状態・境遇などの)大変動，激変，動乱 (convulsion)：the ~ of the French Revolution フランス革命という大変動.

up·heave [ʌphíːv] 〘(*c*1300)：⇨ up-, heave：cf. OE *uphebban*〙 ── *v.* (**up·heaved, -hove** [-hóuv｜-hə́uv]) ── *vt.* **1 a** 持ち上げる，押し上げる (lift up, raise)．**b** 〈火山活動・地震などが〉〈土地を〉隆起させる．**2** …に動乱を起こす，ひどく混乱させる．── *vi.* 持ち[押し]上げられる，隆起する (rise). **ùp·héav·er** *n.*

upheld *v.* uphold の過去形・過去分詞.

up·hill 〘(1548)〙 ── [ˊ-ˋ] *n.* 上り坂 (ascent)；上がり斜面．── [ˋ-ˊ] *adj.* **1** 登る，登りの，坂を登る，登り坂の：an ~ climb, road, etc. / The road is ~ all the way. 道はずっと登り坂だ．**2** 高い所にある，丘の上の：an ~ city．**3** 骨の折れる，困難な (difficult, laborious)：an ~ task.　── [ˋ-ˊ] *adv.* **1** 丘[坂]の上へ：go ~．**2** 骨折って，やっとのことで.

up·hold [ʌphóuld, ʌpóuld, əp-｜ʌphə́uld] 〘(?*a*1200)〙 ── *vt.* (**up·held** [-héld]) **1 a** 持ち上げる，上げる (raise)：~ one's fist こぶしを上げる．**b** (落ちたり倒れたりしないように)支える，挙げる (support)：Slender columns ~ the great dome. 細い柱があの大きな丸天井を支えている．**2 a** (援助などをして)支持する，精神的支えとなる；(反対・批判に対して)守る，弁護する (defend)：~ one's honor 名誉を守る．**b** 鼓舞する，奨励する (encourage)：Your praise and sympathy have *upheld* me greatly. 君の賞賛と同情が私を大いに激励してくれた．**c** 是認する，賛成する (approve)：~ a person．**d** 〈決定・判決などを〉確認する，確定する，支持する (confirm, maintain)：~ a verdict．**3** 十分手入れをしておく，管理する．~**·er** *n.*

up·hol·ster [ʌphóulstə, əpóul-｜ʌphə́ulstə(r, əphə́ul-] 〘(1861)《逆成》↓〙 ── *vt.* **1** 〈室内などを〉じゅうたん・カーテン・家具などで装飾する，…に家具を取り付ける：a room ~*ed with* [*in*] tapestry つづれ織で装飾した部屋．**2** 〈椅子・ソファーなど〉に詰め物[スプリング，おおいなど]を取り付ける；…に布張りする，おおいを付ける (cover)：an ~*ed* chair 布[革]張りの椅子.

up·hól·ster·er [-st(ə)rə｜-rə(r] 〘(1613) ← 《廃》*upholster* auctioneer, tradesman (⇨uphold, -ster)+-ER¹：cf. fruiterer, poulterer〙 *n.* 室内装飾師，家具商[職].

uphólsterer bèe *n.* 『昆虫』=leaf-cutting bee.

up·hol·ster·y [ʌphóulst(ə)ri, əpóul-｜ʌphə́ulst(ə)ri, əphə́ul-] 〘⇨ upholster, -y³〙 ── *n.* **1** 家具製造販売業，家具業，室内装飾業．**2** [集合的] 室内装飾材料；(特に，椅子・ソファーなどの)布張り地.

uphove *v.* upheave の過去形・過去分詞.

u·phroe [júːfrou｜-frəu] *n.* 『海事』=euphroe.

UPI 《略》United Press International ユーピーアイ《米国の二大通信社の一つ；1958 年に UP と INS とが合併してできたもの；cf. AP》.

up Jen·kins [ʌ́p-dʒéŋkɪnz, -kənz｜-kɪnz] 〘*Jenkins* (人名)〙 ── *n.* 『遊戯』銭回し(遊戯)《机をはさんで二組に分かれ，一方が机の下で硬貨を相互に手渡し，相手側の "Up, Jenkins" の声で，全員手を握ったまま机の上に出し，"Down, Jenkins" の声で，手のひらを開いて机に密着させ，相手側が硬貨のありかを当てる》.

úp·kèep 〘(1884)〙 *n.* **1** (土地・家屋・機械などの)維持，保存 (maintenance)．**2** 維持費，保存費.

up·land [ʌ́plənd, -lænd｜-lənd] 〘lateOE *uppeland*〙 ── *n.* **1 a** 高地，台地．**b** 高地地方 (upland country)．**2** 氾濫水位より高い地域．**3** [通例 *pl.*；単数または複数扱い]『植物』=upland cotton.　── *adj.* **1** 高地の[にある]，高台の：an ~ road, farm, country, etc．**2** 高地に育つ[発達する]：~ floras 高山植物群.

úpland cótton, U- c- *n.* 『植物』新世界綿《リクチワタ (*Gossypium hirsutum*) などの短繊維綿花；古くメキシコやペルーで，現在は米国南部諸州で栽培される；cf. sea island cotton》.

úp·land·er *n.* 高地(地方)の住民.

úpland plóver [**sándpiper**] *n.* 『鳥類』マキバシギ (*Bartramia longicauda*)《北米東部の野原にすむシギ (sandpiper) の一種で，plover に似る》.

up·lift 〘ME〙 ── [ˋ-ˊ] *v.* ── *vt.* **1 a** 挙げる，持ち上げる (raise, elevate)：with ~*ed* hands [eyes] 手[目]をもたげて．**b** 〈土地を〉隆起させる．**2** (社会的・精神的・知的・教養的に)…の地位を高める；(…の徳性・精神などを)高揚する，〈意気を〉盛んにする：with their spirits ~*ed* by the news そのニュースに意気高揚して / His victory ~*ed* him. 勝利で彼は大得意だった．**3** 〈声を〉張り上げる，叫ぶ：~ one's voice, cries, praise, etc．**4** 《スコット》〈借金を〉徴収する．── *vi.* 持ち上がる；(特に)〈土地が〉隆起する．── [ˊ-ˋ] *n.* **1** 持ち上げること，高揚．**2** 社会的地位の向上，道徳的向上，精神的高揚，感情の高調；改善，向上 (improvement)：their zeal for the ~ *of* the Japanese people 日本人の向上を願う彼らの熱意 / a moral ~ 道徳的向上 / an ~ worker 社会事業家．**3** アップリフト型ブラジャー《uplift brassiere ともいう》．**4** 『地質』隆起 (upheaval)；隆起した土地：an ~ of strata．**5** 『土木』揚圧力．~**·ment** *n.*

ùp·líft·ed 〘ME〙 *adj.* **1** 揚げられた，高められた (raised)；向上した (improved)．**2** 《古》意気盛んな，誇らしげな (proud)．~**·ness** *n.*

ùp·líft·er *n.* **1** 持ち上げる人[物]．**2** 社会の向上[徳性の高揚]に献身する人.

up·man·ship [ʌ́pmənʃɪp] 〘← ONE-UPMANSHIP〙 *n.* =one-upmanship.

up·most [ʌ́pmòust｜-məust, -məst] 〘(1560)〙 *adj.*, *adv.* 《英》=uppermost.

U·po·lu [ùːpóuluː｜-pə́u-] *n.* ウポル(島)《南太平洋の Western Samoa の一島；R. L. Stevenson がその生涯の最後の 5 年間を過ごした地；人口 109,000，面積 1,114 km²，首都 Apia》.

up·on [əpɔ̀(ː)n, əpɑ̀n, əpʌ̀n, əpən, əpɑ́n, əpɔ́(ː)n, əpʌ́n｜əpɔ̀n, əpən, əpɔ́n] 〘(?*c*1200) *up on* (ON *upp ā* の影響?)：⇨up (adv.), on (prep.)〙 ── *prep.* =on.
★ (1) 慣用上 on と upon とはほとんど区別はないが，話し言葉やくだけた書き言葉では on が好まれる．(2) upon は on よりも語調が強いので，文末にきた場合に好んで用いられる：There was not a chair to sit *upon*．(3) upon はまた種々の成句に用いられる：*upon* my word 誓って / depend *upon* it きっと / *upon* the whole 全体的に見て / once *upon* a time 昔，ある時 / come *upon* …を不意に見つける / look *upon* A as B A を B とみなす．(4) 累積の意味を表わす時は upon が好まれる：for mile *upon* mile 何マイルも何マイルも / He piled book *upon* book. 彼は幾冊も本を積み重ねた.

up·per [ʌ́pə｜-pə(r] 〘(?*a*1300)：⇨up, -er²〙 ── *attrib. adj.* (cf. lower²) **1 a** (場所・位置など)比較的上にある，上部の，高い方の：the ~ side 上側，上部 / the ~ seats =upper circle / in the ~ air 天高く，上空に．**b** (対または組になっているものの中で)上の方の：the ~ lip 上唇．**c** (地下界に対して)地上の：the ~ world (地下界に対して)地上世界．**d** 〈衣類など〉ウエストより上に着る：one's ~ clothes．**e** 《古》〈衣類など〉上に着用する (outer)．**2 a** 上手の，上流の，高地地方の，奥地の：the ~ course of a river 川の上流 / the ~ end of the table 食卓の上手の端《主人席》/ the ~ keyboard 鍵(けん)盤の右側．**b** 戸口から遠くにある (innermost)：the ~ end of the hall 廊下の奥．**c** 《米》北部の：~ Manhattan．**3 a** (官位・地位・身分など)上位の，上級の (cf. low¹ *adj.* 9)：an ~ servant 頭株の雇い人《執事・女中頭など》，上働き．**b** (教育制度で)高等の：the ~ school 上級学校．**c** (二院制の)上院の：⇨upper house．**d** 上等の：the ~ grades of lumber 極上の木材．**4** [通例 U-]『地質』後期の (↔ Lower)：the *Upper* Cambrian 後期カンブリア紀．**5** 『歯科』上方の，上顎(がく)の.
── *n.* **1** [通例 *pl.*] (靴の)甲革《底革以上のもので toe cap, vamp, quarter, top などの総称》．**2** [*pl.*] 布ゲートル (cloth gaiters)．**3** ウエストより上に着る衣類．**4** 《口語》(船室・寝台車の)上段の寝台 (upper berth)．**5** [*pl.*；しばしば単数扱い] 極上材．**6** 《米俗》覚醒剤；(特に)アンフェタミン (amphetamine) (cf. downer 1)．**7** 『歯科』上顎歯；上顎義歯.
on one's uppers 《口語》(1) 靴の底を擦り減らしてしまって．(2) ひどく貧乏して (poor).

úpper áir *n.* 『気象』高層大気《下部対流圏より上方の大気を指し，高度 1 km 以上をいう；cf. upper atmosphere》.

úpper árm *n.* 上膊(はく)，二の腕《肩から肘(ひじ)までの部分；cf. forearm¹ 1》.

úpper átmosphere *n.* 『気象』高層大気《対流圏より上方の大気をいい，高度約 12–1,000 km 位までの大気層；cf. upper air》.

Úpper Áustria *n.* オーバーエーステライヒ《オーストリア北部の州；人口 1,225,000，面積 11,979 km²，首都 Linz；ドイツ語名 Oberösterreich [óːbɐøːstəraɪç]》.

Úpper Bénch *n.* 『古英法』(共和国時代 (1649–60) の)王座裁判所 (Court of King's Bench).

úpper bóund *n.* 『数学』(順序集合の)上界 (cf. lower bound, bound¹ 4).

úpper-brácket *adj.* (リスト中)上位に位する (cf. middle-bracket)：an ~ taxpayer 多額納税者.

úpper brídge *n.* 『海事』上層船橋《船橋が 2 層以上ある時の上の方；cf. lower bridge》.

Úpper Califórnia *n.* ⇨ Alta California.

Úpper Cánada *n.* もと英領カナダの一州 (1791–1841)；今の Ontario 州の南部.

úpper·cáse 『印刷』*adj.* **1** アッパーケースの，大文字の (略 u.c.) (cf. capital¹ 3)．**2** アッパーケース組み[印刷，書き]の．── *n.* アッパーケース；大文字 (cf. lowercase)．── *vt.* アッパーケース[大文字]で印刷する[組む]；アッパーケース[大文字]に直す.

úpper cáse *n.* 『印刷』アッパーケース《大文字などを入れてある上段のケース；cf. lower case》.

úpper chámber *n.* (二院制議会の)上院 (upper house).

úpper círcle *n.* (劇場の)三階さじき《dress circle と gallery の中間で料金の安い席》.

úpper-cláss *adj.* **1** 上流階級の，上流階級独特の．**2** 《米》(大学・高等学校の)上級生の.

úpper cláss *n.* [the ~(es)] **1** 上流階級 (cf. lower class, middle class, commonalty 1)．**2** 上流階級(の人々).

ùpper·cláss·man [-mən] *n.* (*pl.* **-men** [-mən]) 《米》(大学・高等学校の)上級生《4 年生 (senior) または 3 年生 (junior)；cf. underclassman》.

úpper-crúst *adj.* 《口語》上流社会の，上流階級の.

úpper crúst *n.* **1** (パイ・パンなどの)上皮．**2** [the ~]《口語》(社会階層・集団の)最上層部，(特に)上流社会(のトップ)，貴族階級 (cf. upper ten thousand).

úpper-crúster *n.* 《口語》上流社会の人.

úpper·cùt *n.* **1** 『ボクシング』アッパーカット：an ~ *on* the jaw．**2** 『トランプ』(ブリッジで)アッパーカット，犠打《防衛側の一人が負けると承知で自分の切札を出し，相手に上切(うわぎ)り (overruff) させて敵側の切札を使わせ，それによって味方 (partner) の切札を活かす(勝たせる)戦術》．── *v.* (~；**-cut·ting**) ── *vt.* **1** 『ボクシング』…にアッパーカットを食らわす．**2** 『トランプ』(ブリッジで)〈あるスーツを〉切って敵に上切りさせる．── *vi.* 『ボクシング』アッパーカットを食らわす.

úpper déck *n.* 『海事』**1** 上甲板．**2** 『米海軍』(艦中央部の)主甲板上方の部分甲板；(艦中央部から艦首または艦尾へ伸びる)甲板室上部の甲板．**3** 乾舷甲板 (freeboard deck).

úpper·dóg *n.* =top dog.

Úpper Égypt *n.* 上(かみ)エジプト《エジプトの Cairo 以南 Sudan に達する地域；cf. Lower Egypt》.

úpper hánd *n.* [the ~] **1** 優越，優勢 (supremacy) (cf. whip hand)：get [gain, have] *the* ~ of …より優勢である，…に優越する，…に勝つ．**2** 《古》名誉[権威]ある地位.

úpper hóuse *n.* [the ~；通例 U- H-] (二院制議会の)上院《米上院のように下院 (lower house) と同じかより大きい権限をもつ》.

úpper léather *n.* (靴の)甲革用の革；甲革 (uppers).

úpper mízzen tópsail *n.* 『海事』後檣(こうしょう)の上段トップスル.

úpper mórdent *n.* 『音楽』=pralltriller.

úpper·mòst [-mòust｜-məust, -məst] 〘(1481)：⇨ upper, -most〙 ── *adj.* **1 a** (場所・位置・階級・勢力など)最上の，一番高い，最優位の (predominant)．**b** 最も外部の (outermost)．**2** まっ先に心に浮かんだ，第一に心に浮かぶ；(重要性など)最高の，最重要の：the ~ thought in one's mind まず第一に心に浮かぶ(大切な)考え．── *adv.* **1** 一番上に[高く]，最高位に．**2** まっ先に(心に浮かんで)，最初に：He said whatever came ~. 彼は何でもとっさに思いつくままのことを言った.

úpper·pàrt *n.* 『動物』鳥類の上面[背面]《下面または腹面に対して用いる》.

úpper pártial *n.* 『音楽・音響・通信』=overtone 1.

Úpper Península *n.* [the ~] アパー半島《米国 Michigan 州北部の Superior 湖と Michigan 湖との間の地域》.

úpper schòol *n.* 《英》『教育』(レスターシャー方式による)上級中学《11 歳で自動的にハイスクールに進学した後，14 歳時にそのままハイスクールにとどまる者と上級中学(16 歳以上まで学業を続ける)に進む者とに別れる》.

úpper semicontínuous fúnction *n.* 『数学』上半連続関数 (cf. lower semicontinuous function).

úpper síde bànd *n.* 『通信』上側波帯 (cf. side band).

úpper stóry *n.* **1** 二階，上階．**2** 《俗》頭脳，頭 (brain) (cf. attic 2)：be touched in one's ~ 気が触れている / He is a little wrong [off] in the ~. =Something is wrong in his ~. 彼は頭が少々変だ.

úpper tén *n.* [the ~] =upper ten thousand.

úpper·tén·dom *n.* 最上流階級.

úpper tén thóusand 〘上層の一万人の意から〙 *n.* [the ~] 上流社会，貴族社会 (cf. submerged tenth).

Úpper Vólta *n.* オートボルタ《アフリカ西部の共和国；もとフランス領西アフリカ (French West Africa) の一部であったが，フランス共同体 (French Community) 内の共和国を経て 1960 年独立；人口 6,320,000，面積 274,200 km²，首都 Ouagadougou；公式名 the Republic of Upper Volta オートボルタ共和国；フランス語名 Haute-Volta》.

úpper wíng cóverts *n. pl.* 『鳥類』上羽覆，上部羽覆.

úpper·wórks *n. pl.* **1** 『海事』乾舷(げん)《貨物・船客を乗せて後水面上に出ている船体の部分》．**2** 上部構造 (superstructure)．**3** 《俗》頭脳，知力 (brains).

up·pish [ʌ́pɪʃ] 〘(1678) ← UP (adj.)+-ISH¹〙 ── *adj.*

1 (位置など)やや上にある. **2** 我の強い; もったいぶる, 気取った. **3**《古》(精神が)高揚した. **～·ly** *adv.* **～·ness** *n.*

up·pi·ty [ʌ́pəṭi | ʌ́pəti, ʌ́pɪ-]〖← UP＋-ITY〗 **—** *adj.* **1**《口語》高ぶった, 高慢な, 生意気な, でしゃばった (arrogant, impudent). **2**《俗》不愉快な, 付き合いにくい. **～·ness** *n.*

Upp·sa·la [ʌ́psəlɑ̀ː, -sɑːlə, ʌpsɑ́ːlə | ʌ́psɑːlə, úp-, –̀–́–; *Swed.* úpsɑːla] *n.* ウプサラ《スウェーデン南東部, Stockholm 北方の都市; 大学所在地; 人口 142,000》.

ùp·ráise〖ME〗 **—** *vt.* **1** 揚げる, 持ち上げる (raise, lift up): with hands [voice] ～*d* 手を上げて[声を張り上げて] / with ～*d* eyebrows まゆを逆立てて. **2** 元気づける, 慰め励ます (cheer). **3**〖地質〗〈地層を〉隆起させる.

ùp·ráte *vt.* …の品質を上げる, 改良する (improve).

ùp·réar〖ME〗 *vt.* **1** 起こす, 挙げる. **2** 建立する (erect). **3** 育て上げる (bring up). **4**〈名誉·地位·権力などを〉高める (exalt).

up·right〖OE *up(p)riht* (cf. Du. *oprecht* / G *aufrecht* / ON *upréttr*): ⇨ up, right (adj.)〗 **—** [ʌ́pràɪt, –̀–́ | ʌpráɪt, –́–̀] *adj.* **1** まっすぐに立った; まっすぐな (erect); 直立した (perpendicular); 姿勢のよい: an ～ tree, pillar, etc. / take an ～ position 直立する / an ～ athletic figure 姿勢のよい運動家らしい姿 / set something ～ 物をまっすぐに立てる. **2**〖《英》–́–̀, –̀–́〗(道徳的に)まっすぐな, 正直な, 正しい, 高潔な (honorable, righteous): an ～ man, judge, etc. / lead an ～ life 正しい生活をする. **3** (幅より縦が長い)竪(たて)型の: an ～ mirror / ⇨ upright piano. **—** [–́–̀] *n.* **1** まっすぐ(の状態): be out of ～ 傾いている. **2 a** まっすぐなもの, 直立しているもの. **b** (建築の)垂直材. **c** 直立石; 直立柱. **d** [通例 *pl.*] (椅子などの)直立物. **3** ＝upright piano. **4** [通例 *pl.*]〖アメリカンフットボール·ラグビー〗＝goalposts. **—** [–́–̀] *adv.* まっすぐに, 直立して: stand ～ 直立する / bolt ～ ⇨ bolt[1] *adv.* **—** [–́–̀] *vt.* 直立させる, 垂直にする. **up·right·ly** [–́–̀– | –̀–́–, –́–̀–] *adv.* **up·right·ness** [–́–̀– | –̀–́–, –́–̀–] *n.*

úpright pánel *n.*〖建築〗縦張りの羽目, 縦羽目.

úpright piáno *n.* アップライトピアノ, 竪(たて)型ピアノ (cf. grand piano).

up·rise〖《*a*1325》〗 **—** [ʌpráɪz] *vi.* (**up·rose** [-róʊz | -rə́ʊz], 《古》**up·rist** [-ríst]; **-ris·en** [-rízn], 《古》**up·rist**) **1 a** まっすぐに立つ. **b** 立ち上がる (stand up). **c** 起床する, 起きる (get up). **d**〈太陽が〉昇る, 出る (rise): The glorious sun *uprist*. 輝く太陽昇りぬ. **2** 登り(坂)になる. **3** 高さを増す, 上に伸びる. **4**〈音が〉増す, 高まる. **5** 反旗を翻す, 暴動[反乱]を起こす. **6** 出現する, 見えて来る: since earth *uprose* 地球が現れて以来. **—** [–́–̀] *n.* **1** (天体の)上昇; 日の出 (sunrise), 暁 (dawn). **2** (水かさなどの)高まり, 増大. **3** 発生, 出現, 台頭 (rise). **4** (土地の)隆起 (ascent), 上り坂 (upward slope). **5**〖体操〗(後方[前方]旋回からの)振り上り.

up·rising [–́–̀–, –̀–́–]〖《*c*1250》〗 *n.* **1**《古》起き(上が)ること, 起床. **2** 反乱, 暴動 (revolt): a peasants' ～ 百姓一揆(き). **3** 上り傾斜 (ascent).

uprist *v.*《古》uprise の過去形·過去分詞.

úp·ríver *adv.* (川の)上流へ[に], 水源へ向かって, 川上へ (↔ downriver). **—** *attrib. adj.* 水源に向かう, 川上への: an ～ voyage.

up·roar [ʌ́prɔ̀ːə, -rɔ̀ə | -rɔ̀ː(r)]〖《1526》《古形》*uprore* ▭ G *Aufruhr* tumult ∥ Du. *oproer* commotion ← *op* up＋*roeren* to stir, move: 現在の語形は ROAR の影響〗 **—** *n.* **1** 騒ぎ, 大騒ぎ, 騒動; (騒々しい)叫び声, 騒音 (clamor): The meeting was in (an) ～. 集会は大騒ぎだった. **2**《古》反乱, 暴動.

up·roar·i·ous [ʌprɔ́ːriəs, -rɔ́ːr- | -rɔ́ːrɪəs]〖《1819》: ⇨↑, -ious〗 **—** *adj.* **1** 騒々しい, 大騒ぎする; やかましい, 騒然たる (boisterous, noisy): ～ applause 大喝采(かっさい) / ～ laughter 大笑い / an ～ assembly 騒々しい集会. **2** 大笑いさせるような, 大変おかしな: an ～ comedy. **～·ly** *adv.* **～·ness** *n.*

ùp·róot *vt.* **1** 根こぎにする, 引っこ抜く (root up): ～ a tree. **2** 根絶やしにする (eradicate): Long-established customs and habits are hard to ～. 長い間行なわれてきた風俗習慣はなかなか根絶できない. **3**〔住み慣れた住居·土地などから〕追い立てる〔*from*〕. **—** *vi.* **1** 根こぎになる; 根絶する. **2** 今までの住所[生活様式]を変える.

uprose *v.* uprise の過去形.

ùp·róuse *vt.* 起こす, …の目を覚まさせる, 覚醒(かくせい)させる (rouse up).

úp·rùsh *n.* **1** (ガス·液体などの)急激な上昇. **2** (潜在意識·無意識からの思考·感情などの)奔出, 高まり: an ～ of fear. **3** 急増: an ～ in debt.

UPS《略》Underground Press Syndicate 地下出版グループ[連合]; United Parcel Service.

ups-a-dai·sy [ʌ́psədèɪzi | -zɪ]〖《異形》← UPSY-DAISY〗 *int.* ＝upsy-daisy.

Up·sa·la [ʌ́psəlɑ̀ː, -sɑːlə, ʌpsɑ́ːlə | ʌ́psɑːlə, úp-, –̀–́–; *Swed.* úpsɑːla] *n.* ＝Uppsala.

ùp·sét〖《15C》〗 **—** *v.* (～; **-set·ting**) **—** *vt.* **1** くつがえす, ひっくり返す, 転覆させる (overturn): ～ a boat, jeep, bus, etc. / I ～ my coffee over the table cloth. テーブルクロスにコーヒーをひっくり返した. **2 a**〈組織·均衡状態などを〉くつがえす, 転覆させる (overthrow): ～ a government 政府を倒す / That ～ the balance. そのため均衡が崩れた. **b**〈計画などを〉混乱させる, かき乱す, 狂わす (disturb, frustrate): You have ～ all my plans. 君のために計画が全部だめになった. **c** (手を加えて)無効にする (invalidate). **3 a** …の気を転倒させる, 心を乱させる, 狼狽(ろうばい)させる (discompose): The bad news completely ～ him. その悪い知らせで彼は全く当惑した / He was terribly ～. ひどくうろたえた. **b** …のからだをこわす, (…の胃腸を)こわす: The lobster last night ～ me. 昨夜のえびでおなかをこわした. **4**〈競技相手·政敵などを〉番狂わせ[逆転]で負かす, 倒す. **5**〖機械〗**a**〈熱した鉄棒など〉の端を膨径する (swage)《槌で打ったり圧力を加えて太く短くする》. **b**〈金属性タイヤ〉の内径を押し縮める, 短くしてはめ直す. **—** *vi.* くつがえる, ひっくり返る, 転覆する (capsize): Sit still, or the boat will ～. じっとしていないとボートがひっくり返るよ. **—** [–́–̀ | –̀–́, –́–̀] *n.* **1** ひっくり返り, 転倒, 転落 (overturning, tumble): He had a bad ～ from the bus. バスからひどく振り落とされた. **2 a** 混乱(状態), ごったがえし (confusion): the ～ of price levels 物価の狂乱. **b** (気の)転倒, (心の)乱れ (disturbance): The news gave me quite an ～. その知らせを聞いて全くどぎまぎしてしまった / She went through a big ～ after her husband's death. 彼女は夫の死後一時ひどく取り乱した. **c** (体の)不調, 軽い病気: He had a stomach ～. ちょっと胃を悪くした. **d** 意見の相違, 不和, けんか (disagreement): I had a bit of an ～ with him. 彼とちょっとしたことで仲たがいをした. **3** (競技·政争などで)番狂わせ(の勝利[敗北]), 逆転: score [suffer] an ～ 番狂わせで勝つ[負ける]. **4**〖機械〗**a** すえ込み, 膨径スエージ (swage). **b** 端を鍛圧して太く短くした金属棒. **c** (鍛圧後の弾丸の)膨張. **—** [–̀–́, –́–̀]〖(p.p.) ← UPSET (vt.)〗 *adj.* **1** ひっくり返った (overturned): an ～ inkbottle. **2** 混乱した, めちゃくちゃの (disordered); 取り乱した, 狼狽した, 心配した (distraught, worried); 加減を悪くした: He had an ～ stomach. 彼は胃の具合を悪くした. **3**〈勝利など〉番狂わせの, 逆転の: We scored an ～ victory. 逆転勝ちした. **4**〖(p.p.) ← *upset*《古》to erect〗《古》立[建]てられた.

úpset bútt wèlding *n.*〖機械〗アプセット突合せ溶接.

úpset príce *n.*《米》〖商業〗(競売などの)売唱え値, 競売開始値段 (reserve price).

ùp·sét·ter *n.* **1** 転覆[転倒]者, 波乱を投じる人. **2**〖機械〗すえ込み加工機械《型のうちにプレスで金属棒を押し込んで高さを減少させ径を増大させて成形する鍛造機械》.

ùp·sét·ting *adj.* 心を混乱[動揺]させるような (disturbing): The reversal was ～ *to* us. その逆転は我々に大きな衝撃を与えた.

upsétting lèver *n.*〖造船〗転覆てこ《船の重心を通る鉛直線に沿って下に働く下向きの力と, 浮心を通る鉛直線に沿って働く上向きの力によって作られる偶力のてこで, 両線間の水平距離と位置関係からして船を転覆させる場合のもの》.

upsétting mòment *n.*〖造船〗転覆モーメント, 負の復原モーメント《capsizing moment ともいう; cf. upsetting lever》.

úp·shìft *vi.*, *n.* (自動車の)ギヤを1段上げる(こと), ギヤを高速に入れ替える(こと).

úp·shòt〖《1531》'final shot' ← UP-＋SHOT[1] (n.): もと弓術の用語〗 **—** *n.* [the ～] **1** (最後の)結果, 結局, 結論, 終局; つまるところ (outcome): *The* ～ of the matter was that …という結末になった / in *the* ～ ついに, とどのつまり / bring…to *the* ～ …を終結させる / come to *the* ～ 終結する. **2** (議論などの)要点, 要旨 (gist): the ～ of the argument.

úp·sìde *n.* **1 a** 上側, 上方, 上部. **b** (鉄道の)上り列車線, 上り線ホーム. **2** (価格などの)上昇傾向: on the ～.
upside down〖《15C》← 《*c*1330》*up so down* up as though down: 現在の語形は UPSIDE との連想による変形〗(1) 逆さに, 転倒して, ひっくり返って: turn the table ～ *down* 食卓をひっくり返す. (2) 混乱して, 乱雑に, 取り散らかして, ごたごたと: He turned the room ～ *down* to hunt for the lost key. なくした鍵を捜すのに部屋をめちゃくちゃに散らかした.

upside-dówn〖《1866》← *upside down* (⇨ upside 成句)〗 **—** *attrib. adj.* **1** 逆さまの, 転倒した (inverted): ～ letters. **2** 混乱した, めちゃくちゃの: an ～ arrangement. **～·ness** *n.*

úpside-dòwn càke *n.* アップサイドダウンケーキ《薄切りの果物の上に生地 (batter) を流して焼いたケーキ; 果物が上になるよう上下を逆にして食卓に出す》.

úp·sìdes〖《1746》← UPSIDE＋-S[2]〗 **—** *adv.*《英口語》〔…と〕五分五分で, 互角で (quits)〔*with*〕: I am ～ *with* him. 彼とは五分五分だ[恨みっこなしだ].
get upsides with …に逆ねじを食わす; …に復讐する, 恨みを晴らす.

up·si·lon [júːpsəlɑ̀n, ʌ́p-, -lən | juːpsáɪlən, ʌp-, júːpsɪlən]〖《1642》▭ Gk *û psilón* simple 'u': υ と同音を表わすようになった οι と区別したもの: cf. V〗 **—** *n.* ユプシロン《ギリシャ語アルファベット24字中の第20字: Υ, υ (ローマ字の U, u に当たる; ただしラテン人は通例 y で転写している); ⇨ alphabet 表》.

úpsilon párticle *n.*〖物理〗ウプシロン (Υ) 粒子《質量 9.5 GeV/c^2 で, 不安定な中性ベクトル中間子; ビー (b) フォークとその反粒子よりなるものと考えられる; 記号 Υ》.

up·slope [–́–̀] *n.*, *adj.* 上り坂(の), 上り勾配(こうばい)(の). **—** [–̀–́] *adv.* 上り坂で.

up·spring〖OE *upspringan*: cf. Du. *opspringen* / G *aufspringen*〗 **—** [–̀–́] *vi.* (**up·sprang, -sprung; -sprung**) **1**〈植物が〉生じる, 生える. **2** 現われる, 発生する (arise). **3** 立ち上がる. **—** [–́–̀] *n.*《古》**1** 飛び上り. **2** 起源 (origin); 発生 (development).

up·stage〖← UP-＋STAGE〗 **—** [–̀–́] *adv.*〖劇場〗舞台の奥(の方)へ[で] (↔ downstage). ★ 昔の舞台は後方が高くなっていた. **—** [–́–̀] *adj.* **1**〖劇場〗舞台の後方[奥]の. **2 a** (他の俳優が観客に背を向けるように)舞台後方に(立っ)ている. **b**《口語》お高くとまった, 高慢な, 横柄な (haughty). **—** [–̀–́] *vt.* **1** (舞台の奥へ行き)〈他の俳優〉に観客に背を向けさせ(注意が自分に集まるようにす)る. **2**〈人を〉出し抜く, 顔色なからしめる; (地位などで)…にまさる: The star was ～*d* by the child actor. スターは子役に食われてしまった. **3** 鼻先であしらう, …に慇懃(いんぎん)無礼な態度をとる. **—** [–́–̀] *n.*〖劇場〗舞台の後方, 奥舞台.

úp·stáir *attrib. adj.* ＝upstairs 1.

úp·stáirs〖《1597》← UP＋*stairs* ((pl.) ← STAIR)〗 **—** *adv.* **1** 階上へ[に, で], 二階へ[に, で]: go [come] ～ / be ～ in bed 上[二階]の寝室に寝ている / My room is ～ again after the third flight. 私の部屋は階段を三つ上がってもう一つ上です. **2** 一層高い[権威のある]地位に. **3**《口語》頭(の中)が: be empty ～ 頭の中が空っぽだ. **4**《口語》〖空軍〗高度に, 高空で[に].
kick upstairs ⇨ kick[1] *v.* 成句.
— *attrib. adj.* **1** 二階の, 階上の (upstair): an ～ room / an ～ maid 二階[階上]係の女中. **2** 上部[上層]に位する. 「の部分).
— *n. pl.* [単数または複数扱い] 階上, 上階《二階以上

ùp·stánding〖《*c*1380》∽ OE *upstandende*: ⇨ up, standing〗 **—** *adj.* **1** 直立した (erect); まっすぐな姿勢の, すらっとした (upright). **2** 廉直な, まっすぐな性格の (straightforward). **～·ness** *n.*

up·start〖《n.: 1555; v.: 1303》〗 **—** [–́–̀] *n.* **1** 成り上がり者, 成金 (parvenu). **2** 横柄な人, 傲慢無礼なやつ. **—** [–́–̀] *adj.* **1** 成り上がりの; 成り上がり者らしい, でしゃばりの (forward): ～ pushers into society 社交界へ進出する(でしゃばりの成り上がり)連中. **2** 最近現われた, 新しい (new). **—** [–̀–́] *v.* **—** *vi.* **1** 急に立ち上がる. **2** 現われる, 出現する. **—** *vt.* 急に立ち上がらせる. **～·ness** *n.*

up·state [–́–̀] *n.* (州の中で大都市から離れた)州の北部[内陸]地方, 州北; (特に) New York 州の北部 (cf. downstate). **—** [–́–̀] *adj.* 州北(から)の; (特に, 東部州では)海岸から遠い: ～ New York ニューヨーク州北部 / an ～ college 田舎の大学. **—** [–̀–́] *adv.* 州北へ[に], 田舎へ[に].

úp·stát·er *n.*《米》(州内で)北部地方[田舎]の人; (New York 州で)北部出身者.

úp·stréam *adv.* 上流に[へ, で], 流れをさかのぼって, 流れに逆らって: row ～. **—** *attrib. adj.* **1** 上流に向かう, 流れをさかのぼる, 流れに逆らう: an ～ wind. **2** 上流にある[で起こる]: the ～ countries.

ùp·strétched *adj.*〈腕など〉上に伸ばした.

úp·stròke *n.* **1** (ピストンなどの)上向きの行程. **2** (筆跡の)上向きの一筆[一画], (運筆の)はね.

up·surge [–̀–́] *vi.* 怒濤(どとう)のように盛り上がってくる, 渦巻き上がる; 急増する. **—** [–́–̀] *n.* (怒濤のような)盛り上がり; 急増, 大攻勢: a big ～ of wage claims 賃金要求の大きな盛り上がり. **ùp·súr·gence** [-sə́ːdʒəns | -sɜ́ːdʒ-] *n.*

up·sweep [–̀–́, –́–̀] *v.* (**up·swept**) **—** *vt.* 上方に(向かって)掃く, さっとなで上げる, …に上方にブラシをかける. **—** *vi.* 上方に傾斜する. **—** [–́–̀] *n.* **1** 上方へ(向かって)掃く[なでる, ブラシをかける]こと; 上方への曲線(など). **2** (ブルドッグなどの)下あごの上方への曲がり. **3** なで上げ型《頭の上の方へ髪をなで上げる髪型; cf. updo》: with one's hair in an ～ 髪をアップにして. **4** 活動の著しい増大[増進], 盛況.

ùp·swéll *vi.* ふくれ上がる. **—** *vt.* ふくらます.

úp·swèpt *adj.* **1** 上に曲がった[傾斜した]. **2**〈髪が〉アップの, なで上げ型の: an ～ hairdo / a girl in ～ hair 髪をアップにした少女.

up·swing [–́–̀] *vi.* (**up·swung**) **1** 上に振る[揺れる]. **2** 向上する, 上向く, よくなる (improve). **—** [–́–̀] *n.* **1** 上に振ること, 上揺れ. **2** 向上, 発展; 上向き: an ～ in the stock market 上げ相場 / be *on the* ～ 上昇[向上]している.

up·sy-dai·sy [ʌ́psidèɪzi | -sɪdèɪzɪ]〖← UP: 幼児語〗 *int.* どっこいしょ《子供を抱き上げたり, 転んだ子供が起き上がろうとする時などに大人が掛ける言葉》.

úp·tàke〖《1816》〗 **—** *n.* **1** 取り[持ち]上げること. **2**《口語》理解(力) (understanding). ★ 通例次の句で用いる: be quick [slow] on [in, at] *the* ～ ものわかり[のみ込み, 頭の回転]が早い[遅い]. **3**〖生化学〗(有機体への)取込み, 吸収. **4**〖機械〗(空気·ガス·煙などを吸い上げる)吸上げパイプ, (吸上げ)煙路, 煙道, 通風管; 揚水管; 上り道. **5**〖生理〗摂取, 取込み.

ùp·téar [-tɛ́ə | -tɛ́ə(r)] *vt.* (**up·tore; -torn**) (根こそぎ)引き抜く; 徹底的に破壊する, 粉砕する (destroy).

úp-tèmpo〖音楽〗*n.* (ジャズやポピュラー音楽で)速い速度, アップテンポ. **—** *attrib. adj.* 速い速度の, アップテンポの.

úp·thròw *vt.* (**up·threw; -thrown**) 投げ上げる. **—** *n.* **1** 投上げ, 持上げ (upheaval). **2**〖地質〗(断層

による地盤の)ずれ上がり, 隆起 (↔ downthrow).
úp·thrùst *vt.* 押し上げる. ― *vi.* 押し上がる, 隆起する. ― *n.* **1** 押上げ, 突上げ. **2** 〘地質〙隆起 (upheaval).
úp·tìck *n.* (商売)繁盛, 高景気 (upbeat): be on the ~ 「高景気だ.
ùp·tíght *adj.* (*also* **ùp tíght**) 《口語》 **1 a** ひどく緊張した, 神経質な, 不安な (nervous) 〔*about*〕. **b** 怒った, 立腹した (angry). **2** (態度など)ひどく厳格な, 形式的な; 堅苦しい. **3** (財政的に)悪い状態で. **~·ness**
ùp·tílt *vt.* 上方に傾ける, かしげる (tilt up). ⌊*n.*
úp·tìme *n.* アップタイム《電算機などの装置が機能している期間; cf. downtime》.
úp-to-dáte 〘《1888》← *up to date* (⇨ date² 成句)〙 ― *adj.* **1** 現在にまで及んでいる, 最新の情報[事実]の入っている; 最新の, 最新式の. **2** 現代的な, 当世風の (modern) (cf. up-to-the-minute, out-of-date). **~·ly** *adv.* **~·ness** *n.*
úp-to-the-mínute *adj.* **1** ごく最近の事実[情報]を取り入れた, 最新の: ~ financial news. **2** 最新式の, 尖端的な (cf. up-to-date).
up·town [⌐⌐] *adv.* **1** 山の手へ[に], 商業地区から遠く離れて (cf. downtown). **2** 《米》住宅地区に. ― [⌐⌐] *attrib. adj.* **1** 山の手の[にある, に住む]. **2** 《米》住宅地区の. ― [⌐⌐] *n.* **1** 山の手. **2** 《米》(都市の)住宅地区.
úp·tówner *n.* 《米》山の手[住宅地区]居住者.
úp·trènd *n.* (経済の)上昇傾向, 上向き.
up·turn 〘ME〙 ― [⌐⌐, ⌐⌐|⌐⌐] *v.* ― *vt.* **1** 上に向ける (point up): ~ one's face. **2** ひっくり返す, 掘り返す (turn over): ~ the ground. **3** 混乱させる, めちゃくちゃにする (upheave). ― *vi.* 上向きになる. ― [⌐⌐] *n.* **1** 上に向くこと; 上昇; (待遇・地位・給料などの)向上, 好転, 改善 (improvement): an ~ *in* the economy. **2** 上向きになった部分. **3** (社会の)騒乱, 混乱 (upheaval).
ùp·túrned *adj.* **1 a** 上に向いた: ~ eyes 上目. **b** 先が上方に曲がった: an ~ nose 天井を向いた鼻. **2** ひっくり返された, 掘り返された.
UPU 《略》Universal Postal Union.
ùp·válue *vt.* …により高い価値を与える; 〈平価を〉切り上げる. **ùp·val·u·á·tion** *n.*
up·ward [ʌ́pwəd | -wəd] 〘OE *upweard* (Du. *opwaart*): ⇨ up-, -ward〙 ― *adv.* (↔ downward) ★ upwards も同様に用いられるが, 一般に upward のほうが普通; ただし, 5 では upwards のほうが慣用的. **1** 上の方へ, 上へ向かって; 上向きに: look ~ 見上げる / write a stroke ~ 線を下から上へ引く / with the face ~ あお向けに / He held out his hand, palm ~. 手のひらを上にして手を差し出した. **2** 源[水源, 震源地]の方へ; 奥地へ, 内地へ; 大都会の方へ: The explorers traced the stream ~. 探検家は奥地の方へ流れをたどって行った. **3** (特に, 体の)上方で, 上半部で (above): *from* the waist ~ 腰から上は. **4** (地位・水準など)上の方へ, 高い方へ: Ever since he has been forcing his way ~. それ以来彼は出世街道を突き進んで来ている. **5 a** (数・年齢・値段・程度など)多い[高い]方へ: Prices are soaring ~*s.* 物価がどんどん上昇している. **b** (数・年齢・値段・程度など)(…より)以上 (more): *from* ten dollars ~ 10 ドルから上 / girls of ten years *and* ~(*s*) 10 歳以上の少女たち. **6** (…から)後年に及んで: *from* one's school days ~ 学校時代からずっと後年まで / I have known him *from* a little boy ~. 彼のことは小さな子供だったころから知っている. **7** 《古》過去[上代]にさかのぼって.
upward of… ★ upwards of も同様に用いられる. (1) …より以上 (more than): It cost her ~(*s*) *of* a million dollars. そのため彼女は百万ドル以上を費した / He lived to be ~(*s*) *of* ninety. 彼は 90 過ぎまで生きた. (2) 精々…, ほとんど… (almost), ほぼ…, 約… (about). ★ (2) の用法は避けるべきとされる.
― *attrib. adj.* **1 a** 上の方へ向いた, 上へ向かう; 上向きの, 上昇の (ascending): cast an ~ glance 上目を使う / the ~ move of prices [taxation] 物価[課税]の上昇 / an ~ tendency (相場などの)上向き, 上げ足 / an ~ stroke (運筆の)上向きの線. **b** (地位・水準など)向上の, 上向きの: ~ development 上向きの発展 / an ~ trend in social customs and manners 社会風習向上の趨勢(すうせい). **2** 上方[高方]にある: the ~ sky 上天. **3** 上流への[へ向かう] (upstream): an ~ journey 上流への旅. **4** 〈音調が〉上昇の, 尻上がりの: an ~ inflection 上昇調, 尻上がり調. **~·ness** *n.*
úp·ward·ly *adv.* 上へ向いて, 上の方へ, 上向きに.
úpwardly móbile *adj.* 〈社会移動が〉上向きの.
úpward mobílity *n.* 上向きの社会移動.
up·wards [-wədz | -wədz] 〘OE *upweardes*: ⇨ upward, -s²〙 *adv.* =upward (cf. upward *adv.* ★).
upwards of =UPWARD *of*.
úp·wàrp *n.* 〘地質〙曲隆《地殻のゆるやかな上方への曲がり; cf. downwarp》.
ùp·wéll *vi.* 湧き出る.
ùp·wélling *n.* 湧昇(流)《栄養塩に富んだ水が深海から上へ湧き出ること》. 「する.
ùp·whírl *vt.* 上方へ旋回させる. ― *vi.* 上方へ旋回
úp·wínd [-wínd] *adv.* 風上へ, 風上へ向かって. ― *adj.* 風上に向かう[の方向の]. ― [⌐⌐] *n.* **1** 向かい風, 逆風; 上昇気流. **2** (斜面を)吹き上げる風.
ur [ʌː, əː] *int.* えー, そのう《ためらいなどを示す》: *Ur—ur—*let me think. えーっと, そうね.
Ur [ə́ː, úə | ə́ː(r, úə(r] *n.* ウル《バビロニア南部, Sumer にあった古代都市(現在のイラク南部); 聖書では「カルデアのウル (Ur of the Chaldees)」と呼ばれ, アブラハム (Abraham) の生地 (*Gen.* 11: 27-31)》.
ur-¹ [jʊ(ə)r | jʊər] (母音の前に来る時の) uro-¹ の異形.
ur-² [jʊ(ə)r | jʊər] (母音の前に来る時の) uro-² の異形.
Ur- [ʊ́ə | ʊ́ə(r; G. úːɐ] 〘《1864》□ G ~ 'primitive, original': cog. OE *or-* / Goth. *uz-* ur- & *us* out (of)〙 ― *pref.* 「原初の, 原形の」の意: *Ur*-Faust 原ファウスト / *Ur*-Hamlet 原ハムレット / *Ur*-Mensch 原人.
-u·ra [(j)ʊ(ə)rə | (j)ʊərə] 〘← NL ~ (fem. sing. & neut. pl.) ← *-urus* '-UROUS'〙 (*pl.* ~) 〘動物〙分類学上の名称で「…の(ような)尾を持つもの」の意の名詞連結形.
u·ra·chus [jʊ́(ə)rəkəs | jʊ́ər-] 〘← NL ~ ← Gk *ourakhós* ← URO-¹+*khéein* to pour〙 *n.* 〘解剖〙尿膜管.
u·ra·cil [jʊ́(ə)rəsɪl, -səl, -sḷ | jʊ́ərəsɪl] 〘← URO-¹+AC(ETIC)+-IL〙 *n.* 〘生化学〙ウラシル ($C_4H_4N_2O_2$)《リボ核酸に含まれるピリミジン塩基; 針状結晶》.
uraei *n.* uraeus の複数形. 「=uremia.
u·rae·mia [jʊríːmiə | jʊ(ə)ríːmjə, -mɪə] *n.* 〘病理〙
u·rae·mic [jʊríːmɪk | jʊ(ə)r-] *adj.* 〘病理〙=uremic.
u·rae·us [jʊríːəs | jʊ(ə)r-] 〘《1832》← NL ~ ← Gk *ouraîos* tailed ← URO-²〙 ― *n.* (*pl.* **u·rae·i** [-ríːaɪ]) (古代エジプトの諸王が王者の表象として王冠に付けた)蛇形記章.

uraeus

U·ral [jʊ́(ə)rəl | jʊ́ər-; *Russ.* urál] *n.* **1** [the ~] ウラル(川) 《ウラル山脈に発してカスピ海に流れる川 (2,428 km)》. **2** [the ~s] =Ural Mountains. ― *adj.* ウラル川[山脈]の.
Úral-Altáic 〘《1855》〙 ― *adj.* **1** ウラルとアルタイ(地方)の: the ~ customs. **2** 〘言語〙ウラルアルタイ語族の: the ~ languages ウラルアルタイ語族《フィン語・マジャール語・トルコ語・モンゴル語などを含む東欧および中央アジアにわたる大膠着語族; ただし一つの語族として認めることには異論がある》. ― *n.* 〘言語〙ウラルアルタイ語族.
U·ra·li·an [jʊréɪliən, -rǽl- | jʊ(ə)réɪliən, -ljən] 〘《1801》〙 ― *adj.* ウラル山脈の, ウラル地方(住民)の. ― *n.* 〘言語〙ウラル語族《フィン ウ ゴール語族 (Finno-Ugric) およびサモイェード語 (Samoyed) の諸語を含む語族》.
U·ral·ic [jʊrǽlɪk | jʊ(ə)r-] *adj.* ウラル語族の. ― *n.* ウラル語族.
u·ral·ite [jʊ́(ə)rəlàɪt | jʊ́ər-] 〘← *Ural Mountains* (その発見地)+-ITE¹〙 *n.* 〘鉱物〙ウラル石. **u·ral·it·ic** [jʊ̀(ə)rəlítɪk | jʊ̀ərəlít-] *adj.*
Úral Móuntains *n. pl.* [the ~] ウラル山脈《ソ連邦を南北に縦断する, カラ海沿岸からカスピ海近くまで伸びる山系 (延長 2,000 km 以上); ヨーロッパとアジアとの境界を成す; the Urals ともいう》.
u·ran-¹ [jʊ́(ə)rən, jʊréɪn | jʊ́ərən, jʊ(ə)réɪn] (母音の前に来る時の) urano-¹ の異形.
u·ran-² [jʊ́(ə)rən, jʊréɪn | jʊ́ərən, jʊ(ə)réɪn] (母音の前に来る時の) urano-² の異形.
u·ra·nal·y·sis [jʊ̀(ə)rənǽləsɪs, -səs | jʊ̀ərənǽləsɪs, -lɪ-] 〘← URO-¹+ANALYSIS〙 *n.* (*pl.* **-y·ses** [-sìːz]) =urinalysis. 「〘化学〙ウラン酸塩.
u·ra·nate [jʊ́(ə)rənèɪt | jʊ́ər-] 〘← URANO-²+-ATE¹〙 *n.*
u·ra·ni·a [jʊréɪniə, -njə | jʊ(ə)réɪnjə, -nɪə] 〘← URANI(UM)+-A³〙 *n.* 〘化学〙=uranium oxide a.
U·ra·ni·a [jʊréɪniə, -njə | jʊ(ə)réɪnjə, -nɪə] 〘□ L ~ □ Gk *Ouranía* (fem.) ← *ouránios* heavenly ← *ouranós* heaven〙 ― *n.* **1** 女性名. **2** 〘ギリシャ神話〙ウラニア《天文を司る; cf. Muse 1》. **3** ウラニア《精神的愛の象徴としての Aphrodite (=Venus) の別名》.
U·ra·ni·an¹ [jʊréɪniən, -njən | jʊ(ə)réɪnjən, jər-, -nɪən] 〘← URANIA+-AN¹〙 ― *adj.* **1** 《まれ》天の, 天体の (heavenly). **2 a** (天文を司る Muse の)ウラニア (Urania) の. **b** 《まれ》天文学の (astronomical). **3** [u-] (男性の)同性愛の (homosexual).
U·ra·ni·an² [jʊréɪniən, -njən | jʊ(ə)réɪnjən, -nɪən] 〘← URANUS+-IAN〙 *adj.* 〘天文〙天王星 (Uranus) の.

Urania 2

u·ran·ic¹ [jʊrǽnɪk | jʊ(ə)r-] 〘← URANO-²+-IC¹〙 ― *adj.* 〘化学〙 **1** 4 価のウラニウムの[を含む], 第二ウランの. **2** 3 価より大きい価数のウラニウムを含む (cf. uranous): ~ acid ウラン酸 (H_2UO_4).
u·ran·ic² [jʊrǽnɪk | jʊ(ə)r-] 〘← URANO-¹+-IC¹〙 *adj.* **1** 天の, 天界の (celestial). **2** 《まれ》天文上の (astronomical).
u·ra·nide [jʊ́(ə)rənàɪd | jʊ́ər-] 〘← URANO-²+-IDE²〙 *n.* 〘化学〙ウラニド《92 番元素ウランから始まる元素が系列をなすと考えられていたため, その系列に付けられた名称; 現在はこの系列は 89 番元素アクチニウムから始まると考えられているので用いられない》.
u·ra·ni·nite [jʊréɪnənàɪt | jʊ(ə)réɪnɪ-] 〘← URANO-²+-IN¹+-ITE¹〙 *n.* 〘鉱物〙閃(せん)ウラン鉱.
u·ra·nis·cus [jʊ̀(ə)rənískəs | jʊ̀ər-] 〘□ Gk *ouranískos* ← *ouranós* heaven+*-iskos* (adj. suf.)〙 ― *n.* (*pl.* **-nis·ci** [-nísaɪ]) 〘建築〙(ギリシャ建築の天井の格間(ごうま)に見られるような)星状装飾パターン.
u·ra·nism [jʊ́(ə)rənìzm | jʊ́ər-] 〘□ G *Uranism-us*: ⇨ Urania, -ism〙 *n.* (男性の)同性愛.
u·ra·nite [jʊ́(ə)rənàɪt | jʊ́ər-] 〘□ G *Uranit*: ⇨ uranium, -ite¹〙 ― *n.* 〘鉱物〙ウラナイト, ウラン雲母《リン酸ウラニウムから成るウラニウム鉱物の総称》. **u·ra·nit·ic** [jʊ̀(ə)rənítɪk | jʊ̀ərənít-] *adj.*
úranite gròup *n.* 〘鉱物〙ウラナイト群鉱物.
u·ra·ni·um [jʊréɪniəm, -njəm | jʊ(ə)réɪnjəm, -nɪəm] 〘《1797》← URAN(US)+-IUM: フランスの化学者 Péligot の命名 (1841)〙 ― *n.* 〘化学〙ウラン, ウラニウム《放射性元素の一つ; 記号 U, 原子番号 92, 原子量 238.029》: enriched ~ 濃縮ウラン / ~ fission ウラン核分裂.
uranium 235 *n.* 〘化学〙ウラン 235《ウランの放射性同位体の一つ; 質量数 235, 天然のウラン中に 0.715% 含まれている; 半減期 7.13×10^8 年; 核分裂を行ない, 核エネルギーの発生に利用される; 記号 U^{235}, ^{235}U; U-235, U235, actinouranium ともいう》.
uranium 238 *n.* 〘化学〙ウラン 238《ウランの放射性同位体の一つ; 質量数 238, 天然のウラン中に 99.28% 含まれている; 半減期 4.51×10^9 年; 記号 U^{238}, ^{238}U; U-238, U238 ともいう》.
uranium 239 *n.* 〘化学〙ウラン 239《ウランの同位体; 質量数 239, U-238 の中性子衝撃によって人工的に得られる; 半減期 23.5 分; 記号 U^{239}, ^{239}U; U-239, U239 ともいう》.
uránium dióxide *n.* 〘化学〙=uranium oxide a.
uránium hexaflúoride *n.* 〘化学〙六フッ化ウラン (UF_6)《揮発性があるので, この形にして気体拡散法などで天然ウランからウラン 235 を分離する》.
uránium métal *n.* 〘化学〙金属ウラン.
uránium-ócher *n.* 〘鉱物〙=gummite.
uránium óxide *n.* 〘化学〙酸化ウラン《ウランと酸素の化合物で次のようなものがある》: **a** 二酸化ウラン (UO_2)《褐色ないし黒色の結晶性粉末》. **b** 八酸化三ウラン, 八三酸化ウラン (U_3O_8)《暗緑色ないし黒色の結晶》. **c** 三酸化ウラン (UO_3)《淡黄色ないしオレンジ色または赤れんが色の非晶質または結晶》.
uránium sèries *n.* 〘化学〙ウラン系列《U238 からはじまる放射性核種の崩壊系列; $4n+2$ 系列ともいう》.
uránium trióxide *n.* 〘化学〙=uranium oxide c.
u·ra·no-¹ [jʊ́(ə)rənoʊ, jʊréɪ- | jʊ́ərənə(ʊ), jʊ(ə)réɪ-] 〘← Gk *ouranós* heaven〙 ― 次の意味を表わす連結形: **1** 「空 (sky), 天 (heaven)」. **2** 「口蓋 (palate)」. ★ 母音の前では通例 uran- になる.
u·ra·no-² [jʊ́(ə)rənoʊ, jʊréɪ- | jʊ́ərənə(ʊ), jʊ(ə)réɪ-] 〘□ F ~: ⇨ uranium〙「ウラン (uranium)」の意の連結形. ★ 母音の前では通例 uran- になる.
u·ra·nog·raph·er [jʊ̀(ə)rənɑ́grəfə | jʊ̀ərənɔ́grəfə(r] *n.* 天体[天文]学者. 「rapher.
ù·ra·nóg·raph·ist [-fɪst, -fəst | -fɪst] *n.* =uranog-
u·ra·nog·ra·phy [jʊ̀(ə)rənɑ́grəfi | jʊ̀ərənɔ́grəfɪ] 〘《1650》□ Gk *ouranographía*: ⇨ urano-¹, -graphy〙 ― *n.* 天体学, 天文学. **u·ra·no·graph·ic** [jʊ̀(ə)rənəgrǽfɪk | jʊ̀ər-] *adj.* **ù·ra·no·gráph·i·cal** *adj.*
u·ra·nol·o·gy [jʊ̀(ə)rənɑ́lədʒi | jʊ̀ərənɔ́lədʒɪ] 〘← URANO-¹+-LOGY〙 ― *n.* **1** 《まれ》天体誌. **2** 《まれ》天体学, 天文学 (uranography). **u·ra·no·log·i·cal** [jʊ̀(ə)rənəlɑ́dʒɪkəl, -kḷ, -dʒə- | jʊ̀ərənəlɔ́dʒɪ-] *adj.*
u·ra·nom·e·try [jʊ̀(ə)rənɑ́mətri | jʊ̀ərənɔ́mɪtrɪ, -mə-] 〘《1715》: ⇨ urano-¹, -metry〙 *n.* **1** 《まれ》天体測量. **2** 《まれ》天体図, 天体位置誌.
u·ra·nos·co·pid [jʊ̀(ə)rənɑ́skəpɪd, -pəd | jʊ̀ərənɔ́skəpɪd] 〘↓〙 *adj.* 〘魚類〙ミシマオコゼ科の.
U·ra·no·scop·i·dae [jʊ̀(ə)rəno(ʊ)skɑ́pədìː | jʊ̀ərənə(ʊ)skɔ́pɪ-] 〘← NL ~ ← *Uranoscopus* (属名: ← URANO-¹+Gk *skopein* to observe)+-IDAE〙 ― *n. pl.* 〘魚類〙(スズキ目)ミシマオコゼ科.
u·ra·nous [jʊ(ə)réɪnəs, jʊ́(ə)rə- | jʊ(ə)réɪ-, jʊ́ərə-] 〘《1842》← NL *uranosus*: ⇨ urano-², -ous〙 *adj.* 〘化学〙三価のウラニウム (U^{III}) を含む, 第一ウランの.
U·ra·nus [jʊ́(ə)rənəs, jʊréɪ- | jʊ́ərə-, jʊ(ə)réɪ-] 〘《1802》□ L *ūranus* □ Gk *Ouranós* heaven〙 ― *n.* **1** 〘ギリシャ神話〙ウラノス《Gaea の夫で, 天の人格化; Cyclopes や Titans の父; cf. Cronus》. **2** 〘天文〙天王星《太陽系中の惑星; 衛星 Ariel, Umbriel, Titania, Oberon, Miranda と環をもつ》.
u·ra·nyl [jʊ́(ə)rənɪl, jʊréɪnḷ | jʊ́ərənɪl] 〘← URANO-²+-YL〙 *n.* 〘化学〙ウラニル《UO_2 基; 塩類を作る》. **u·ra·nyl·ic** [jʊ̀(ə)rənílɪk | jʊ̀ər-] *adj.*
úranyl nítrate *n.* 〘化学〙硝酸ウラニル ($UO_2(NO_3)_2$)《酸化ウランを硝酸に溶解して得られる淡黄色結晶》.
U·rar·ti·an [ʊrɑ́ətiən | ʊrɑ́ːtɪən] *adj.* **1** ウラルトゥ (Urartu) の, ウラルトゥ人の. **2** ウラルトゥ語の. ― *n.* **1** ウラルトゥ人. **2** 〘言語〙ウラルトゥ語.
U·rar·tu [ʊrɑ́ətu: | ʊrɑ́ː-] *n.* ウラルトゥ《Assyria 北部(現在のアルメニア)にあったソ連邦最古の古代王国 (1270?-585 B.C.)》.
u·rase [jʊ́(ə)reɪs, -reɪz | jʊ́əreɪs] *n.* 〘生化学〙=urease.
u·rate [jʊ́(ə)reɪt | jʊ́əreɪt, -rət, -rɪt] 〘← URO-¹+-ATE¹〙 *n.* 〘化学〙尿酸塩. **u·rat·ic** [jʊrǽtɪk | -tɪk] *adj.*
ur·ban [ə́ːbən | ə́ː-] 〘《1619》□ L *urbān-us* of the city, refined ← *urb-, urbs* city〙 ― *adj.* **1** 都市の, 都市にある; 都市に住む (cf. rural, rustic, urbane): the ~ population 都市人口 / ⇨ urban renewal. **2** 都市特有の, 都市化した. **3** 《米》人口最低 2,500 人の(非)自治体地区の《米国国勢調査の用語》.
Ur·ban [ə́ːbən | ə́ː-] 〘□ L *Urban-us* (↑)〙 *n.* 男性名.

Urban II *n.* ウルバヌス[ウルバノ]二世《1042?-99; フランスの聖職者, 第一回十字軍の主唱者; 教皇 (1088-99); 本名 Odo [*It.* ó:do]》.

úrban dístrict *n.* 《英》(議会をもつ自治体としての昔の)町《borough (自治都市)よりも権限が狭い; 1974年の地方行政制度改革により廃止; cf. rural district》.

ur·bane [ə:béɪn | ə:-] 〖《1533》▭ F *urbain(e)* ∥ L *urbān-us* polished, well-bred : ⇨ urban, -ane¹〗 ── *adj.* **1** 都会風の, 優雅な, 上品な, 洗練された, 礼儀正しい (polished, refined) (cf. rustic, urban 1). **2** 《古》=urban 1, 2. **~·ly** *adv.* **~·ness** *n.* 「市ゲリラ隊.

úrban guerrílla *n.* **1** 都市ゲリラ(革命家). **2** 都

ur·ban·ism [ɔ́:bənɪzm | ɔ́:-] *n.* **1** 都市生活, 都会風. **2** 都市化 (urbanization). **3** 都市計画, 都市研究.

úr·ban·ist [-nɪst, -nəst | -nɪst] *n.* 都市計画専門家.

ur·ban·is·tic [ə̀:bənístɪk | ə̀:-] *adj.* 都市生活の, 都市化の. **ùr·ban·ís·ti·cal·ly** *adv.*

ur·ban·ite [ɔ́:bənàɪt | ɔ́:-] *n.* 都市居住者, 都会人.

ur·ban·i·ty [ə:bǽnəṭi | ə:bǽnəti, -nɪ-] 〖《1535》▭ F *urbanité* ∥ L *urbānitāt-em* : ⇨ urbane, -ity〗 ── *n.* **1** 都会風, 上品, 優雅. **2** [*pl.*] 礼儀, 丁重さ, 慇懃(いんぎん) (civilities, courtesies). **3** 都会生活. **4** [*pl.*] 垢(あか)抜けのした話し振り, 気のきいた言葉, 上品な機知.

ur·ban·ize [ɔ́:bənàɪz | ɔ́:-] *vt.* **1** 都会化する, 都会風にする. **2** 《まれ》都雅[上品]にする, 垢(あか)抜けさせる. **ur·ban·i·za·tion** [ə̀:bənɪzéɪʃən, -nə- | ə̀:bənaɪ-, -nɪ-] *n.*

úr·ban·ìzed *adj.* **1** 都会化した. **2** 《米》人口 50,000 人以上の(非)自治体地区の《米国国勢調査の用語》.

ùr·ban·ól·o·gist [-dʒɪst, -dʒəst | -dʒɪst] *n.* 都市学者, 都市問題研究者.

ur·ban·ol·o·gy [ə̀:bənɑ́lədʒi | ə̀:bənɔ́lədʒɪ] 〖← URBAN +-O-+-LOGY〗 *n.* 都市学, 都市問題研究.

úrban renéwal [redevélopment] *n.* 《米》都市再開発《スラム街一掃, 街路・大衆輸送機関の整備, 住宅建設など総合計画に基づき, 都市機能を近代化すること》.

úrban socíety *n.* 〖社会学〗都市社会《人口の量と密度が大きく, 機能的に分化した社会構造と合理主義的文化をもつ地域社会; cf. folk society》.

úrban sociólogy *n.* 都市社会学.

úrban spráwl *n.* 都市スプロール現象《都市が郊外へ無秩序に拡大すること》.

úrban tówn [tównship] *n.* 《米》最低人口 25,000 人の非自治体の New England の town [New Jersey または Pennsylvania の township]《米国国勢調査の用語》.

ur·bi·a [ɔ́:biə | ɔ́:bɪə, -bjə] 〖← URBAN+-IA¹〗 *n.* [集合的] (郊外 (suburbia) および郊外周辺の高級住宅地 (exurbia) と区別して)都市.

ur·bi·cul·ture [ɔ́:bəkʌ̀ltʃə | ɔ́:bɪkʌ̀ltʃə(r] 〖← L *urbi-*, *urbs* city+CULTURE〗 *n.* 都会または都市生活特有の諸問題; 都市生活の慣習.

ur·bi et or·bi [úəbi-et-ɔ́əbi | úəbɪ-et-ɔ́:bɪ] 〖▭ L *urbī et orbī* to the city and the world〗 ── *L.* 都[ローマ]と世界に, 万人に (to everyone)《ローマ教皇が教書 (bull) を公布する時に用いる句》.

ur·ce·o·late [ə:síːələt, -lɪt, ɔ́:siəlèɪt | ə:síələt, -síə-, -lɪt, ɔ́:sɪəlèɪt] 〖《1760》← NL *urceolāt-us* ← L *urceolus* (dim.) ← *urceus* urn, pitcher : ⇨ -ate²〗 ── *adj.* 〖植物〗〈花冠が〉壺形の, 水差し形の.

ur·chin [ɔ́:tʃɪn, -tʃən | ɔ́:tʃɪn] 〖《c1340》*urchon* ▭ ONF *herichon*=OF *heriçon* (F *hérisson*) ← L *ēricius* ← (*h*)*ēr* hedgehog, 《原義》 pricky creature ← IE **ĝhers-* to bristle (L *porrere* to bristle)〗 ── *n.* **1** 少年; (特に)いたずら[わんぱく]小僧. **2** ウニ (sea urchin). **3** 《古》ハリネズミ (hedgehog). **4** 《廃》(ハリネズミに化けるという)小鬼 (goblin). **5** 〖紡織〗アーチン《梳毛(綿)機の大ドラムの周りにある二つの小針布(しん)の一つ》. ── *adj.* 〈女性の髪形が〉ショートスタイルの.

urd [úəd, ɔ́:d | úəd, ɔ́:d] 〖▭ Hindi ~, *uṛad*〗 ── *n.* 〖植物〗ケツルアズキ (*Phaseolus mungo*)《インド原産マメ科の植物で, 茎の上半はつるになり, やや長目のさやをつける; urd bean ともいう》.

Urd [úəd, ɔ́:d | úəd, ɔ́:d] 〖▭ ON *Urdh-r* : cf. weird〗 *n.* 〖北欧神話〗ウルド《運命の三女神の一人で, 過去を司る; ⇨ Norn》. 「[~]) 〖紋章〗=urdy.

ur·dé [ɔ́:di, ə:déɪ | ɔ́:dɪ, ə:déɪ] 〖← ?〗 *adj.* (*also* **ur·dée**

Ur·du [úədu:, ɔ́:- | úədu:, ɔ́:-, ─ ´] 〖《1790》▭ Hindi (*zabān-i-*) *urdū* (language of the) camp ▭ Turk. *ordu* camp : cf. horde〗 ── *n.* 〖言語〗ウルドゥー語《パキスタンの主要公用語; インドでもイスラム教徒間に用いられるほか公用語の一つとされている; 本来 Hindi 語の一方言であったが, イラン語・アラビア語などの影響を強く受けた; cf. Hindustani》.

ur·dy [ɔ́:di | ɔ́:dɪ] 〖⇨ urdée〗 *adj.* 〖紋章〗剣先の形をした, 剣先を交互に並べた形の.

-ure [(j)ùə, ə | jùə(r, ə(r] 〖▭ F *-ure* < L *-ūra*〗 ── *suf.* 次の意味を表わすラテン語系の名詞語尾: **1** 動作, 過程, 存在: cens*ure*, eras*ure*, proced*ure*. **2** 動作の結果: creat*ure*, pict*ure*. **3** 官公庁関係者の集合体, 政治[行政]組織: judicat*ure*, legislat*ure*, prefect*ure*.

u·re·a [ju(ə)rí:ə, jú(ə)riə | júərɪə, ju(ə)ríə] 〖《1806》← NL ~ ← F *urée* ← *urine* : ⇨ urine〗 *n.* 〖化学〗尿素 ($CO(NH_2)_2$)《carbamide ともいう》.

uréa-formáldehyde résin *n.* 〖化学〗尿素ホルムアルデヒド樹脂《尿素とホルムアルデヒドとの作用によって作られる尿素樹脂》.

u·re·al [jurí:əl, jú(ə)riəl | júəriəl, ju(ə)ríəl] 〖← UREA+-AL¹〗 *adj.* 尿素の, 尿素を含む[から成る].

uréa résin *n.* 〖化学〗尿素樹脂, ユリア樹脂; (特に) =urea-formaldehyde resin.

u·re·ase [jú(ə)rièɪs, -èɪz | júərièɪs] 〖← UREA+-ASE〗 *n.* 〖生化学〗ウレアーゼ《尿素をアンモニアと炭酸に加水分解する酵素》.

uredia *n.* uredium の複数形.

u·re·din·i·um [jù(ə)rədíniəm | jùərɪdínɪ-] 〖← NL ~ ← L *ūrēdin-*, *ūrēdō* (⇨ uredium)+-IUM〗 *n.* (*pl.* **-i·a** [-niə | -nɪə]) 〖植物〗(さび菌類を発生する)夏(か)胞子堆(たい), 夏胞子層. **ù·re·dín·i·al** [-niəl | -nɪ-] *adj.*

u·re·di·o·spore [ju(ə)rí:diəspɔ̀ə, -spɔ̀ə | -dɪəspɔ̀:(r] 〖《変形》← UREDOSPORE〗 *n.* 〖植物〗夏(か)胞子《さび菌類の胞子の一種》.

u·re·di·um [jurí:diəm | ju(ə)rí:djəm, -dɪəm] 〖← L *ūrēdinēs* (pl.) ← *ūrēdō* a burning, blight ← *ūrere* to burn, scorch : ⇨ -ium〗 ── *n.* (*pl.* **-di·a** [-diə | -djə, -dɪə]) 〖植物〗=uredinium.

u·re·do·so·rus [jurì:dəsɔ́:rəs, -sɔ́:r- | ju(ə)rì:də(ʊ)-sɔ́:r-] 〖← NL ~ : ⇨ ↑, sorus〗 *n.* (*pl.* **-so·ri** [-raɪ]) 〖植物〗=uredinium.

u·re·do·spore [jurí:dəspɔ̀ə, -spɔ̀ə | ju(ə)rí:də(ʊ)spɔ̀:(r] 〖← NL *Uredin-*, *Uredo* (⇨ uredium)+-SPORE〗 *n.* 〖植物〗=urediospore.

u·re·do·stage [jurí:do(ʊ)stèɪdʒ | ju(ə)rí:də(ʊ)-] 〖← NL *uredo* (⇨ uredium)+STAGE〗 *n.* 〖植物〗夏(か)胞子期《さび菌類に夏胞子のできる時期》.

u·re·ide [jú(ə)riàɪd, -riɪd, -riəd | júərɪàɪd, -rɪɪd] 〖← UREA+-IDE²〗 *n.* 〖化学〗ウレイド《尿素の水素をアシル基で置換した化合物》.

u·re·i·do [jurí:ədòʊ | ju(ə)rí:ɪdəʊ] 〖⇨ ↑, -o-〗 *adj.* 〖化学〗ウレイド基を含んだ.

uréido gròup [ràdical] *n.* 〖化学〗ウレイド基 (《$H_2NCONH-$ という一般式を有する 1 価の基》).

u·re·mi·a [jurí:miə | ju(ə)rí:mjə, -mɪə] 〖《1857》← NL ~ ← Gk *oûron* urine+*haîma* blood : ⇨ -emia〗 *n.* 〖病理〗尿毒症.

u·re·mic [jurí:mɪk | ju(ə)rí:-] 〖← NL ~ : ⇨ ↑, -ic¹〗 *adj.* 〖病理〗尿毒症の, 尿毒(症)性の; 尿毒症にかかった.

u·re·na [jurí:nə | ju(ə)r-] 〖← NL ~ ← Malayalam *uren* urena〗 ── *n.* 〖植物〗ボンテンカ《熱帯アジア産アオイ科ボンテンカ属 (*Urena*) の草本または低木の総称; 黄色い花をつけジュートに匹敵する繊維が採れる; 特に, オオボンテンカ (*U. lobata*)》.

u·re·o·tel·ic [jurì:ətélɪk- | ju(ə)rì:ə(ʊ)-] 〖← UREA+TELEO-+-IC¹〗 ── *adj.* 〖動物〗尿素排出の《哺乳類のように窒素代謝の過程で尿素を作って排出するものにいう; cf. uricotelic》. **u·rè·o·tél·ism** [-lɪzm] *n.*

-u·ret [jurèt] 〖← NL *-urētum* ← F *-ure* ← L (*sulf*)*ur* 'SULFUR'〗 ── *suf.* 〖化学〗 **1** 「…化物」の意の名詞を造る (cf. -ide²): bi*uret*, carb*uret*. **2** (元素などに付いて)「…と化合させる, …化する」の意の動詞を造る: carb*uret*, sulf*uret*.

u·re·ter [jú(ə)rəṭə, jurí:- | ju(ə)rí:tə(r, júərɪ-] 〖《1578》← NL *ūrētēr* ← Gk *ourētḗr* ← *oureîn* to urinate : ⇨ urine〗 ── *n.* 〖解剖・動物〗尿管. **u·re·ter·al** [jurí:ṭərəl | ju(ə)rí:tə-] *adj.* **u·re·ter·ic** [jùrətérɪk, ju(ə)rí:tər- | jùərɪtér-, ju(ə)rì:tər-] *adj.*

u·re·ter·i·tis [jurì:ṭəráɪṭɪs, -ṭəs | ju(ə)rì:təráɪtɪs] 〖← NL ~ : ⇨ ↑, -itis〗 *n.* 〖病理〗尿管炎.

u·re·ter·o- [jurí:ṭəro(ʊ) | ju(ə)rí:tərə(ʊ)] 〖← URETER+-O-〗〖解剖・動物〗「尿管 (ureter)」の意の連結形.

u·re·ter·os·to·my [jurì:ṭərɑ́stəmi | ju(ə)rì:tərɔ́stəmɪ] 〖⇨ ↑, -stomy¹〗 *n.* 〖外科〗フィステル形成術, 尿管造瘻(ろう)術.

u·re·than [jú(ə)rəθæ̀n | júərɪ-] *n.* 〖化学〗=urethane.

u·re·thane [jú(ə)rəθèɪn, juréθeɪn | júərɪθèɪn, ju(ə)réθeɪn] 〖▭ F *uréthane* : ⇨ uro-¹, ethane〗 ── *n.* 〖化学〗 **1** ウレタン ($NH_2COOC_2H_5$)《無色結晶体の化合物; ethyl carbamate ともいう》. **2** カルバミン酸のエステル (NH_2COOR). **3** =polyurethane.

u·re·thr- [jurí:θr | ju(ə)r-] (母音の前に来る時の) urethro- の異形.

u·re·thra [jurí:θrə | ju(ə)r-] 〖《1634》▭ LL *ūrēthra* ▭ Gk *ourḗthra* ureter ← *oureîn* to urinate : ⇨ urine〗 *n.* (*pl.* **~s, u·re·thrae** [-θri:]) 〖解剖〗尿道. **u·ré·thral** [-θrəl] *adj.*

u·re·thri·tis [jù(ə)rɪθráɪṭɪs, -rə-, -ṭəs | jùərɪθráɪtɪs] 〖← NL ~ : ⇨ ↓, -itis〗 *n.* 〖病理〗尿道炎. **u·re·thrit·ic** [jù(ə)rɪθríṭɪk, -rə- | jùərɪθrít-] *adj.*

u·re·thro- [jurí:θro(ʊ) | ju(ə)rí:θrə(ʊ)] 〖← URETHRA〗「尿道 (urethra)」の意の連結形. ★ 母音の前では通例 urethr- になる.

u·re·thro·scope [jurí:θrəskòʊp | ju(ə)rí:θrəskə̀ʊp] 〖⇨ ↑, -scope〗 *n.* 〖医学〗尿道鏡. **u·re·thro·scop·ic** [jurì:θrəskɑ́pɪk | ju(ə)rì:θrəskɔ́p-] *adj.*

u·re·thros·co·py [jù(ə)rəθrɑ́skəpi | jùərɪθrɔ́skəpɪ] 〖← URETHRO-+-SCOPY〗 *n.* 〖医学〗尿道鏡検査.

u·re·thros·to·my [jù(ə)rəθrɑ́stəmi | jùərɪθrɔ́stəmɪ] 〖← URETHRO-+-STOMY¹〗 *n.* 〖外科〗尿道フィステル形成術, 尿道造瘻(ろう)術.

u·re·throt·o·my [jù(ə)rəθrɑ́ṭəmi | jùərɪθrɔ́təmɪ] 〖← URETHRO-+-TOMY〗 *n.* 〖外科〗(尿道狭窄(きょうさく)治療のための)尿道切開(術).

U·rey [jú(ə)ri | júərɪ], **Harold Clayton** *n.* (1893-1981) 米国の化学者; Nobel 化学賞 (1934).

u·re·yl·ene [jurí:əlìn, -lən | ju(ə)rí:ɪlìn] 〖← UREA+-YLENE〗 *n.* 〖化学〗ウレイレン《尿素から生じる 2 価の原子団; $-NHCONH-$ という一般式をもつ》. 「基.

uréylene gròup [ràdical] *n.* 〖化学〗ウレイレン

Ur·ga [úəgə | úə-] *n.* ウルガ (Ulan Bator の旧名).

urge [ɔ́:dʒ | ɔ́:dʒ] 〖《1560》▭ L *urgē-re* to drive, press : cf. wreak〗 ── *vt.* **1** (ある方向・場所へ)駆り立てる, 追い立てる, 急がす (drive, press): ~ one's horse *on* [*onward*] 馬をせき立てる / I ~*d* the people *into* another room. 人々をせき立てて別の部屋に入らせた / He ~*d* his flight headlong. 彼はまっしぐらに飛んで行った. **2 a** 強力に遂行[敢行]する, どしどし押し進める: ~ the attack 攻撃を強行する. **b** せっせと[力強く]動かす[使う]: ~ one's oars せっせとオールをこぐ. **3 a** [しばしば目的語+*to* do を伴って]〈人を〉せき立てる, しきりに促す, 勧説する, 激励する: ~ (*on*) the crew *to* greater action 船員を激励してもっと活動させる / She ~*d* him *to* accept the offer. 彼女は彼に強く奨めてその申し出を引き受けさせた. **b** 〈動機が〉強制する, …にせざるを得ないようにさせる: I did it, ~*d* by necessity. 必要に迫られてそうした / This purpose ~*d* them *to* the task. この目的のために彼らはその仕事にとりかかった. **4** 主張する, 力説する, 強要する (insist upon); 〔人に〕…への注意を促す〔*on*, *upon*〕〈*that*〉: ~ an argument 強調して論じる / ~ a petition 執拗(しつよう)に嘆願する / ~ the difficulty of the situation [the necessity for immediate action] 時局の困難[即座の行動の必要]を力説する / He ~*d upon* us the importance of the measure. 彼は我々にその方策の重要性を力説した / He has long ~*d that* the U.S. give up absolute control of the Panama Canal. 彼は長いこと合衆国がパナマ運河の絶対管轄権を放棄すべきであると主張してきた. **5** 《まれ》刺激する, 挑発する (stimulate, provoke): ~ a person's anger 人の怒りをかき立てる. ── *vi.* **1** 主張する, 強く勧告[懇請]する: ~ *against* the adoption of an amendment 修正案の採択に強硬に反対する. **2** 刺激を与える, 強い衝動を与える: Hunger ~*d*. 空腹が心を駆り立てた.
── *n.* **1** 駆り立て, せき立て. **2** (特に, 持続的で本能的な)強い衝動(力), 駆り立てられるような感じ: He had the ~ *to* save the oppressed. 被圧迫者を救ってやりたいという衝動を感じた / Pyromania is the irresistible ~ *to* set fire. 放火狂とは火つけをしたいという抑え難い衝動のことをいう / the sex ~ 性的衝動.
úrg·er *n.*

ur·gen·cy [ɔ́:dʒənsi | ɔ́:dʒənsɪ] 〖《1540》▭ LL *urgentia* pressure : ⇨ ↓, -ency〗 ── *n.* **1** さし迫ったこと, 切迫, 急迫, 危急, 危機 (stress, exigency): the ~ of poverty, necessity, etc. **2** 緊急, 火急: a matter of great ~ / ~ of reform 改革の急務. **3** [*pl.*] 緊急の要求[必要]. **4** しきりにする催促, 熱心な主張, 強要, 力説 (insistence, importunity).

ur·gent [ɔ́:dʒənt | ɔ́:-] 〖《1496》▭ L *urgent-em* (pres.p.) ← *urgēre* 'to URGE' : ⇨ -ent〗 ── *adj.* **1** 〈事情・事態など〉急を要する, 緊急の, 切迫した, 焦眉(しょうび)の: an ~ question 緊急問題 / an ~ telegram 至急電報 / an ~ motion 緊急動議 / ~ necessity さし迫った必要 / on ~ business 急用で / be in ~ need of help 援助の必要に迫られている. **2** 〈人が〉〔…を〕しつこく迫る, しきりに催促する, うるさくせがむ (importunate) 〔*for*〕; 〈…するように〉強要して, 力説して〈*to* do〉: an ~ pleader 執拗(しつよう)な嘆願者 / He was ~ *with* me *for* [*to* disclose] further particulars. 彼はぜひもっと詳しく話せと私にせがんだ. **3** 〈嘆願・請求など〉しつこく求められて[せがまれて]いる, しきりに催促を受けている, しつこい, うるさい. **~·ly** *adv.*

-ur·gy [ˌ-ə:dʒi, ˌ-ˌ-ə:dʒi | ˌ-ədʒɪ, ˌ-ˌ-ə:dʒɪ] 〖← NL *-urgia* ← Gk *-ourgia* ← *-ourgos* working〗 ──「生産技術, 操作技術」の意の名詞連結形: chem*urgy*, metal*lurgy*, zym*urgy*.

U·ri [ú(ə)ri | úərɪ; *G.* ú:ri] *n.* ウーリィ《スイス中部の州; 人口 34,000, 面積 1,075 km², 首都 Altdorf》.

-u·ri·a [(j)ú(ə)riə | (j)úərɪə] 〖← NL ~ ← Gk *-ouria* ← *oûron* 'URINE'〗〖病理〗「尿」の意の名詞連結形: alb*uminuria*, glycos*uria*.

U·ri·ah [juráɪə | ju(ə)r-] 〖▭ Heb. *Ūriyyā́h* 《原義》? Yahveh is my light〗 ── *n.* **1** 男性名. **2** 〖聖書〗ウリヤ《ヘテ人 (Hittite) の軍人; Bathsheba の夫で David の部下; David の術策によって戦死を遂げ, Bathsheba は David の妻となり Solomon を生んだ; cf. *2 Sam.* 11》.

ur·i·al [ú(ə)riəl | úərɪ-] 〖▭ Panjabi *huṛeāl*〗 *n.* 〖動物〗ウリアル (*Ovis vignei*)《南アジアと中央アジアに生息する野生の羊》.

u·ric [jú(ə)rɪk | júər-] 〖《1797》← URO-¹+-IC¹〗 *adj.* 〖医学〗尿の; 尿から得た. 「urico- の異形.

u·ric- [jú(ə)rɪk, -rək | júərɪk] (母音の前に来る時の)

úric ácid *n.* 〖生化学〗尿酸 ($C_5H_4N_4O_3$)《尿中に微量に存在するプリン塩基分解産物》; 尿酸の結晶.

u·ric·ac·i·de·mi·a [jù(ə)rɪkæ̀sədí:miə, -rə- | jùərɪkæ̀sɪdí:mɪə, -mjə] 〖⇨ ↑, -emia〗 *n.* 〖病理〗尿酸血症《血中尿酸の過剰状態》.

u·ri·case [jú(ə)rəkèɪs, -kèɪz | júərɪkèɪs] 〖← URICO-+-ASE〗 *n.* 〖生化学〗ウリカーゼ《尿酸分解酵素》.

u·ri·co- [jú(ə)rɪko(ʊ), -rə- | júərɪkə(ʊ)] 〖← URIC (ACID) +-O-〗「尿酸 (uric acid)」の意の連結形. ★ 母音の前では通例 uric- になる.

u·ri·col·y·sis [jʊ̀(ə)rəkɑ́ləsɪs, -səs | jʊ̀ərɪkɔ́lɪsɪs, -lə-]〘← NL ～: ⇨↑, -lysis〙 ── *n.*〘生化学〙プリン核分解《プリン塩基を尿酸・尿素・アンモニアなどに分解すること》.

u·ri·co·su·ri·a [jʊ̀(ə)rɪko(ʊ)sú(ə)rɪə, -rə-, -ʃú(ə)r- | jʊ̀ərɪkə(ʊ)s(j)ʊ́ər-]〘← URICO-＋-s-(無意味な連結辞)＋-URIA〙 *n.*〘生理〙尿酸尿.

u·ri·co·tel·ic [jʊ̀(ə)rɪko(ʊ)télɪk, -rə- | jʊ̀ərɪkə(ʊ)-]〘← URICO-＋TELEO-＋-IC[1]〙 ── *adj.*〘動物〙尿酸排出の《鳥類のように窒素代謝の過程で尿酸を作って排出するものにいう; cf. ureotelic》. **ù·ri·co·tél·ism** [-lɪzm] *n.*

u·ri·dine [jʊ́(ə)rədɪ̀ːn, -dɪn, -dən | jʊ́ərɪdɪ̀ːn, -dɪn]〘← URO-[1]＋-IDINE〙 ── *n.*〘生化学〙ウリジン ($C_9H_{12}N_2O_6$)《リボ核酸の構成成分の一つである結晶性のヌクレオシド (nucleoside)》.

u·ri·dýl·ic ácid [jʊ̀(ə)rədɪ́lɪk- | jʊ̀ərɪ-]〘← URID(INE)＋-YL＋-IC[1]〙 ── *n.*〘生化学〙ウリジル酸 ($C_9H_{13}N_2O_9P$)《ウリジンのリン酸エステル; リボ核酸を構成するピリミジンヌクレオチド》.

U·ri·el [jʊ́(ə)riəl | jʊ́ərɪ-]〘⊂ Heb. *Urī'ēl*《原義》God is my light〙 *n.* **1** 男性名. **2** ウリエル《七または四大天使の一人》.

U·rim and Thum·mim [(j)ʊ́(ə)rɪm-ən-θʌ́mɪm, -rəm-, -məm, ʊ́(ə)riːm-ən-túmiːm | jʊ́ərɪm-ən-θʌ́mɪm, ʊ́ər-, -θʌ́m-, -túm-]〘(1537) ⊂ Heb. *ūrīm* (← ?: cf. *ūr* fire, *ōr* light); *tummīm* (← ?: cf. *tōm* perfection)〙 ── *n. pl.*〘ユダヤ教〙ウリムとトンミム《ユダヤの大祭司が神意を問う際, 胸当て (breastplate) に入れて用いたもので, 金属または宝石製と思われる実体不明の品; 是か非を決める時の神意を知るための籤(くじ)のようなものと思われる; cf. *Exod.* 28:30》.

u·rin- [jʊ́(ə)rən | jʊ́ərɪn] (母音の前に来る時の) urino- 「の異形.

u·ri·nal [jʊ́(ə)rənḷ | jʊ́ərɪnḷ, jʊ(ə)ráɪ-]〘(c1300) ⊂ (O)F ～ ⊂ LL *ūrīnāl* (neut.) ← *ūrīnālis* (adj.): ⇨ urine, -al[1]〙 ── *n.* **1 a** 尿器, 溲瓶(しびん), 「おまる」. **b**〘医学〙蓄尿器[瓶]. **2** (公園などの)小便所 (lavatory); (特に) 男性用小便器.

u·ri·nal·y·sis [jʊ̀(ə)rənǽləsɪs, -səs | jʊ̀ərɪnǽlɪsɪs, -lɪ-]〘← NL ～ ← URINO-＋(AN)ALYSIS〙 *n.* (*pl.* **-y·ses** [-sìːz]) 尿検査, 検尿.

u·ri·nant [jʊ́(ə)rənənt | jʊ́ərɪ-]〘⊂ L *ūrīnant-* (pres.p.) ← *ūrīnārī* to plunge under water〙 ── *adj.*〘紋章〙〈魚・水生動物が〉頭を下 (base) に向けた (cf. hauriant, naiant).

u·ri·nar·y [jʊ́(ə)rənèri | jʊ́ərɪn(ə)ri]〘(1578) ← NL *urinari-us*: ⇨ urine, -ary〙 ── *adj.* **1** 尿の; 尿で排泄される. **2** 泌尿器の: ～ diseases 泌尿器病 / ～ organs 泌尿器. ── *n.*《古》**1** 小便所 (urinal). **2** (肥料用の)動物の肥溜.

úrinary bládder *n.*〘解剖〙膀胱(ぼうこう).

úrinary cálculus *n.*〘病理〙尿(結)石 (urolith).

úrinary tràct *n.*〘解剖〙尿路.

u·ri·nate [jʊ́(ə)rənèɪt | jʊ́ərɪ-, -rə-]〘(1599) ← ML *ūrīnāt-us* (p.p.) ← *ūrīnāre*: ⇨ urine, -ate[3]〙 ── *vi.* 放尿する, 排尿する, 小便をする. ── *vt.* **1** 尿で濡らす. **2** 〈血液などを〉尿と共に排泄する. **ú·ri·nà·tive** [-nèɪṭɪv | -tɪv] *adj.*

u·ri·na·tion [jʊ̀(ə)rənéɪʃən | jʊ̀ərɪ-, -rə-]〘⇨↑, -ation〙 *n.* 放尿, 排尿, 小便をすること (micturition).

u·rine [jʊ́(ə)rɪn, -rən | jʊ́ərɪn]〘(c1325) ⊂ (O)F ～ ⊂ L *ūrīna* ← IE **wer-* water, wet (Gk *oûron* urine)〙 ── *n.* 尿, 小便: pass [discharge] (one's) ～ 小便をする, 放尿する.

u·ri·nif·er·ous [jʊ̀(ə)rənɪ́f(ə)rəs | jʊ̀ərɪ-]〘⇨ urino-, -iferous〙 *adj.* 輸尿の.

uriníferous túbule *n.*〘解剖・動物〙尿細管, 細尿管, 腎細管《脊椎動物の腎臓内部にある小管》.

u·ri·no- [jʊ́(ə)rəno(ʊ) | jʊ́ərɪnə(ʊ)]〘← L *ūrīna* 'URINE'〙「尿 (urine)」の意の連結形. ★ 母音の前では通例 urin- になる.

u·ri·nom·e·ter [jʊ̀(ə)rənɑ́məṭə | jʊ̀ərɪnɔ́mɪtə(r, -mə-]〘← URINO-＋-METER[1]〙 *n.* 尿比重計. **u·ri·no·met·ric** [jʊ̀(ə)rəno(ʊ)métrɪk | jʊ̀ərɪnə(ʊ)mét-] *adj.* **u·ri·nom·e·try** [jʊ̀(ə)rənɑ́mətri | jʊ̀ərɪnɔ́mɪtrɪ, -mə-] *n.*

u·ri·nose [jʊ́(ə)rənòʊs | jʊ́ərɪnəʊs] *adj.* ＝urinous.

u·ri·nous [jʊ́(ə)rənəs | jʊ́ərɪ-]〘(1644) ← NL *urinosus*: ⇨ urino-, -ous〙 *adj.* 尿の(ような), 尿を含む; 尿のにおいのする.

U·ris [jʊ́(ə)rɪs, -rəs | jʊ́ərɪs], **Leon** *n.* (1924–) 米国の小説家; *Exodus* (1958).

Ur·mi·a [ʊ́əmiə | ɜ́ːmiə, ʊ́ə-, -mjə] *n.* ウルミア《Rizaiyeh の旧名》.

Urmia, Lake *n.* ウルミア湖 (⇨ Rizaiyeh).

urn [ɜ́ːn | ɜ́ːn]〘(c1385) ⊂ L *urna* ← ? *ūrere* to burn: cf. L *urceus* jug〙 ── *n.* **1 a** (通例, 卵形で下が細くなって広がった台座に続く)壺《酒入れ・くじ引きのくじ入れなどいろいろな目的に用いられた》: a cinerary [funeral] ～ 骨壺. **b** 骨壺. **2** (墓石などに彫刻した) 壺形装飾 (⇨ balustrade 挿絵): a storied ～ 履歴を記した墓碑の壺形装飾. **3** (そのまま食卓に出す, コック付きの)コーヒーや紅茶を温める器具. **4**《古》泉, 源泉. **5**〘植物〙(蘚類の)蒴(さく) (theca).

u·ro-[1] [jʊ́(ə)ro(ʊ) | jʊ́ərə(ʊ)]〘(19C) ← Gk *oûron* 'URINE'〙 ── 次の意味を表わす連結形: **1**「尿 (urine)」: *uro*chrome. **2**「尿路」: *uro*gram 尿路造影写真. **3**「排尿 (urination)」: *uro*lagnia 排尿性愛. **4**「尿器と…と」: *uro*genital. **5**「尿素 (urea)」: *ur*ethane. **6**「尿酸 (uric acid)」: *ur*oxanic ウロキサン酸の. ★ 母音の前では通例 ur- になる.

u·ro-[2] [jʊ́(ə)ro(ʊ) | jʊ́ərə(ʊ)]〘(19C) ← Gk *ourá* tail〙「尾 (tail), 尾部」の意の連結形: *uro*pod. ★ 母音の前では通例 ur- になる.

u·ro·bi·lin [jʊ̀(ə)rəbáɪlɪn, -lən | jʊ̀ərəbáɪlɪn]〘← URO-[1]＋L *bīl(is)* 'BILE'＋-IN[1]〙 *n.*〘生化学〙ウロビリン《胆汁色素の一つ; ウロビリノゲンの酸化で生じる》.

u·ro·cá·nic ácid [jʊ̀(ə)rəkéɪnɪk-, -kǽn- | jʊ̀ər-]〘← URO-[1]＋CAN(INE)＋-IC[1]〙 ── *n.*〘化学〙ウロカニン酸, イミダゾールアクリル酸 ($C_6H_6N_2O_2$)《結晶; 人の皮膚中に存在し紫外線遮蔽(しゃへい)作用をすると考えられている》.

u·ro·chord [jʊ́(ə)rəkɔ̀əd | jʊ́ərəkɔ̀ːd]〘↓〙 ── *n.*〘動物〙**1** 尾索《ホヤ類などの幼虫の尾部に見られる》. **2** 尾索類に属する動物. **u·ro·chor·dal** [jʊ̀(ə)rəkɔ́ədḷ | jʊ̀ərəkɔ́ː-] *adj.*

U·ro·chor·da [jʊ̀(ə)rəkɔ́ədə | jʊ̀ərəkɔ́ː-]〘← NL ～: ⇨ uro-[2], chord[2], -a[2]〙 *n. pl.*〘動物〙(原索動物門)尾索亜門《Tunicata ともいう》.

u·ro·chor·date [jʊ̀(ə)rəkɔ́ədət, -dɪt, -deɪt | jʊ̀ərəkɔ́ː-]〘← UROCHORD＋-ATE[1,2]〙〘動物〙 *n.* 尾索類, 被嚢類. ── *adj.* 尾索[被嚢]をもつ.

u·ro·chrome [jʊ́(ə)rəkròʊm | jʊ́ərəkrəʊm]〘← URO-[1]＋-CHROME〙 *n.*〘化学〙尿色素《健康体の尿に淡黄色を付ける色素の一種》.

U·ro·de·la [jʊ̀(ə)rədíːlə | jʊ̀ər-]〘← NL ～ ← URO-[2]＋Gk *dēlos* visible: ⇨ -a[2]〙 *n. pl.*〘動物〙サンショウウオ目 (Caudata).

u·ro·dele [jʊ́(ə)rədìːl | jʊ́ər-]〘⊂ F *urodèle* ← NL *Urodela* (↑)〙 *n.* サンショウウオ目の両生動物. ── *adj.* サンショウウオ目の.

ùro·génital〘← URO-[1]＋GENITAL〙 *adj.* 尿生殖(器)の, 「尿性器の.

u·rog·e·nous [jʊ(ə)rɑ́dʒənəs | -rɔ́dʒɪ-]〘← URO-[1]＋-GENOUS〙 *adj.*〘生理〙**1** 尿を分泌する. **2** 尿に含まれる; 尿に発生する. **3** 尿から生ずる.

ùro·kínase〘← URO-[1]＋KINASE〙 *n.*〘生化学〙ウロキナーゼ《尿中に見出されるプラスミノーゲン (plasminogen) をプラスミン (plasmin) に交換する酵素》.

urol. 《略》urology.

u·ro·lith [jʊ́(ə)rəlɪ̀θ | jʊ́ər-]〘← URO-[1]＋-LITH〙 *n.* 尿(結)石 (urinary calculus). **u·ro·lith·ic** [jʊ̀(ə)rəlɪ́θɪk | jʊ̀ər-] *adj.*

ùro·lithiásis〘← NL ～: ⇨ uro-[1], lithiasis〙 *n.*〘病理〙尿石症.

u·ról·o·gist [-dʒɪst, -dʒəst | -dʒɪst] *n.* 泌尿器科専門医.

u·rol·o·gy [jʊrɑ́lədʒi | jʊ(ə)rɔ́lədʒi]〘← URO-[1]＋-LOGY〙 *n.* 泌尿器科(学). **u·ro·log·ic** [jʊ̀(ə)rəlɑ́dʒɪk | jʊ̀ərəlɔ́dʒ-] *adj.* **ù·ro·lóg·i·cal** *adj.*

-u·ron·ic [jʊrɑ́nɪk | jʊ(ə)rɔ́n-]〘← Gk *oûron* 'URINE'＋-IC[1]〙「尿 (urine)」の意の形容詞連結形: hyal*uronic*.

u·rón·ic ácid [jʊrɑ́nɪk- | jʊ(ə)rɔ́n-] *n.*〘生化学〙ウロン酸 ($HOOC(CHOH)_nCHO$)《還元性カルボニル基とカルボキシル基とをもつ糖の誘導体の総称》.

u·ro·pod [jʊ́(ə)rəpɑ̀d | jʊ́ərəpɔ̀d]〘← URO-[2]＋-POD[1]〙 ── *n.*〘動物〙(甲殻類, その他の節足動物の)尾脚. **u·rop·o·dal** [jʊrɑ́pədḷ | jʊ(ə)rɔ́p-] *adj.* **u·rop·o·dous** [jʊrɑ́pədəs | jʊ(ə)rɔ́p-] *adj.*

u·ro·py·gi·al [jʊ̀(ə)rəpáɪdʒiəl, -pídʒ- | jʊ̀ərəpáɪdʒɪəl, -pídʒ-]〘← NL UROPYG(IUM)＋-IAL〙〘鳥類〙 ── *adj.* (鳥の)尾隆起 (uropygium) の[に関する]. ── *n.* (鳥の)尾羽.

uropýgial glànd *n.*〘鳥類〙尾腺《鳥類の尾端にあり, 鳥はここから出る脂をくちばしで羽根に塗る; preen gland ともいう》.

u·ro·py·gi·um [jʊ̀(ə)rəpáɪdʒiəm, -pídʒ- | jʊ̀ərəpáɪdʒɪ-, -pídʒ-]〘← NL ～ ← Gk *ouropúgion* ← URO-[2]＋*pugḗ* rump〙 ── *n.*〘鳥類〙(鳥の)尾隆起《尾羽根の生えている部分》.

u·rós·co·pist [-pɪst, -pəst | -pɪst] *n.* 尿検査診断者.

u·ros·co·py [jʊrɑ́skəpi | jʊ(ə)rɔ́skəpɪ]〘← NL *uroscopia*: ⇨ uro-[1], -scopy〙 *n.*〘医学〙尿検査. **u·ro·scop·ic** [jʊ̀(ə)rəskɑ́pɪk | jʊ̀ərəskɔ́p-] *adj.*

u·ro·some [jʊ́(ə)rəsòʊm | jʊ́ərəsəʊm]〘← URO-[2]＋-SOME[3]〙 *n.*〘動物〙**1** (魚の)尾部. **2** (節足動物の)腹部. 「*n.*〘動物〙尾端骨.

u·ro·style [jʊ́(ə)rəstàɪl | jʊ́ər-]〘← URO-[2]＋-STYLE[1]〙

u·rot·ro·pine [jʊrɑ́trəpìːn, -pɪn, -pən | jʊ(ə)rɔ́trəpìːn, -pɪn]〘← URO-[1]＋-TROPINE〙 *n.*〘化学〙ウロトロピン (⇨ hexamethylenetetramine).

-u·rous [(j)ʊ́(ə)rəs | (j)ʊ́ər-]〘← NL ～ ← Gk *-ouros* ← *ourá* tail〙「尾のある (tailed)」の意の形容詞連結形: an*urous*.

ùro·xánthin〘⊂ G *Uroxanthin*: ⇨ uro-[1], xanthine〙 *n.*〘生化学〙＝indican 2.

Ur·quhart [ɜ́ːkət, -kɑət | ɜ́ːkət], **Sir Thomas** *n.* (1611–60) スコットランドの著述家; Rabelais の翻訳者 (Bks. I & II, 1653, Bk. III, 1693).

Ur·sa [ɜ́ːsə | ɜ́ː-]〘OE ～ ⊂ L ～ (fem.) ← *ursus* bear〙 *n.*〘天文〙**1** ＝Ursa Major. **2** ＝Ursa Minor.

Úrsa Májor〘⊂ L ～《原義》Great Bear〙 *n.*〘天文〙おおぐま(大熊)座《the Great Bear ともいう》.

Úrsa Mínor〘⊂ L ～《原義》Little Bear〙 *n.*〘天文〙こぐま(小熊)座《the Little Bear, the Lesser Bear ともいう》.

ur·sid [ɜ́ːsɪd, -səd | ɜ́ːsɪd]〘↓〙 *adj., n.* クマ科の(動物).

Ur·si·dae [ɜ́ːsədìː | ɜ́ːsɪ-]〘← NL ～ ← *Ursus* (属名: ⇨ Ursa)＋-IDAE〙 *n. pl.*〘動物〙(食肉目)クマ科.

ur·si·form [ɜ́ːsəfɔ̀əm | ɜ́ːsɪfɔ̀ːm]〘← *ursi-* (L *ursus* bear の連結形)＋-FORM〙 *adj.* 熊の形の, 熊に似た (bearlike).

ur·sine [ɜ́ːsaɪn, -siːn, -sn̩, -sɪn | ɜ́ːsaɪn]〘(c1550) ⊂ L *ursīn-us* ← *ursus* (↑): ⇨ -ine[1]〙 *adj.* **1** 熊の[に関する]. **2** 熊に似た (bearlike).

úrsine dásyure *n.*〘動物〙＝Tasmanian devil.

úrsine hówler *n.*〘動物〙＝howler monkey.

Ur·spra·che [ʊ́əʃprɑ̀ːxə | ʊ́ə-; *G.* úːɐʃprɑ̀ːxə]〘⊂ G ～ ← UR-＋*Sprache* language: cf. speech〙 ── *n.*〘言語〙祖語 (parent language); (特に, 言語学者が理論に基づいて仮想的に組み立てた)印欧祖語, 共通基語 (Proto-Indo-European).

Ur·su·la [ɜ́ːsələ | ɜ́ːsjʊ-]〘⊂ L ～ (dim.) ← *ursa* she-bear: ⇨ Ursa〙 *n.* 女性名《愛称形 Urse, Ursie, Ursulina》.

Ursula, Saint *n.* ウルスラ《300 年頃 Cologne でフン族 (Huns) のため 11,000 人の処女と共に殉教したという英国の伝説的王女; Cologne の保護聖女》.

Ur·su·line [ɜ́ːsəlɪn, -lən, -làɪn, -lìːn | ɜ́ːsjʊlàɪn, -lɪn]〘← NL *ursulinus* ← *St. Ursula* (↑): ⇨ -ine[1]〙〘カトリック〙 ── *adj.* ウルスラ会の. ── *n.* (1535 年イタリアの Brescia で St. Angela Merici によって病人の看護と少女の教育などを目的として創設されたカトリック女子修道会)ウルスラ会の修道女《ウルスラ会の正式名は Ordo Sancti Ursulae; 略 OSU》.

Ur·ti·ca·ce·ae [ɜ̀ːṭəkéɪsiìː | ɜ̀ːtɪ-]〘← NL ～ ← *Urtica* (属名: ← L *urtica* nettle)＋-ACEAE〙 *n. pl.*〘植物〙イラクサ科. **ùr·ti·cá·ceous** [-ʃəs] *adj.*

Ur·ti·ca·les [ɜ̀ːṭəkéɪliːz | ɜ̀ːtɪ-]〘← NL ～ ← *Urtica* (↑)＋-ALES〙 *n. pl.*〘植物〙イラクサ目.

ur·ti·cant [ɜ́ːṭɪkənt, -ṭə- | ɜ́ːtɪ-]〘⊂ F ～ ⊂ ML *urticantem*: ⇨ urticate, -ant〙 *adj.* ちくちくする, むずがゆい; (特に)はれてかゆみを生じる.

ur·ti·car·i·a [ɜ̀ːṭəkɛ́(ə)riə | ɜ̀ːtɪkɛ́əriə]〘← NL ～ ← L *urtica* nettle: ⇨ -aria[1]〙 *n.*〘病理〙蕁麻疹(じんましん) (hives). **ùr·ti·cár·i·al** [-riəl | -rɪ-] *adj.*

ur·ti·car·i·o·gen·ic [ɜ̀ːṭɪkɛ̀(ə)rio(ʊ)dʒénɪk, -ṭə- | ɜ̀ːtɪkɛ̀ərɪə(ʊ)-]〘⇨↑, -o-, -genic〙 *adj.*〘病理〙蕁麻疹(じんましん)の原因になる.

ur·ti·cate [ɜ́ːṭəkèɪt | ɜ́ːtɪ-]〘(1843) ← ML *urticāt-us* (p.p.) ← *urticāre* ← L *urtica* nettle〙 ── *vi.* (イラクサで刺したように)ちくちくする; 蕁麻疹(じんましん)が出る. ── *vt.* 〈しびれた手足などを〉イラクサで打つ; …に蕁麻疹を起こさせる. ── *adj.*〘病理〙蕁麻疹の.

ur·ti·ca·tion [ɜ̀ːṭəkéɪʃən | ɜ̀ːtɪ-]〘(1655) ⊂ ML *ūrticātiō(n-)*: ⇨↑, -ation〙 ── *n.* **1**〘病理〙蕁麻疹(じんましん)の発生[形成]. **2** (イラクサに刺された時のような)ちくちくする感じ. **3** (昔の治療で)麻痺した個所をイラクサで打つこと.

Uru. 《略》Uruguay.

u·ru·bu [ʊ̀(ə)rəbúː | ʊ̀ər-]〘(a1672) ⊂ Sp. & Port. ～ ← S-Am.-Ind. (Tupi) *urubú*《原義》voracious bird ← *urú* bird＋*vú* to eat〙 *n.*〘鳥類〙＝black vulture 1.

U·ru·guay [(j)ʊ́rəgwàɪ, jʊ́(ə)rəgwèɪ | jʊ́(ə)rʊgwàɪ, ʊ́r-, -rə-, ⏑⏑⏑́] *n.* **1** ウルグアイ《南米南東部の共和国; 人口 2,810,000, 面積 177,508 km², 首都 Montevideo; 公式名 the Oriental Republic of Uruguay ウルグアイ東方共和国》. **2** [the ～] ウルグアイ(川)《ブラジル南部に発しアルゼンチンの東境に沿い Río de la Plata 川に注ぐ川 (1,579 km)》.

U·ru·guay·an [(j)ʊ̀rəgwáɪən, jʊ̀(ə)rəgwéɪ- | jʊ̀(ə)rʊgwáɪən, ʊ̀r-, -rə-]〘⊂ Sp. *uruguayano*: ⇨↑, -an[1]〙 ── *adj.* ウルグアイの, ウルグアイ人の. ── *n.* ウルグアイ人.

U·rum·chi [ʊrúmtʃi, ʊ̀rəmtʃíː | ʊrúmtʃɪ, ʊ̀rʊmtʃíː] *n.* (*also* **U·rum·tsi** [～]) ウルムチ(烏魯木斉)《中国, 新疆ウイグル自治区の首都; 旧名迪化(てきか) (Tihwa)》.

u·rus [jʊ́(ə)rəs | jʊ́ər-]〘(1601) ⊂ L *ūrus* bear (Julius Caesar の命名) ← Gmc: ⇨ aurochs: cf. OE & OHG *ūr*〙 *n.*〘動物〙＝aurochs 1.

-u·rus [(j)ʊ́(ə)rəs | (j)ʊ́ər-]〘← NL ～ ← Gk *ourá* tail〙「尾 (tail)」の意の名詞連結形. ★ 動物の属名を表わすのに用いる.

u·ru·shi·ol [(j)ʊ(ə)rúːʃiɔ̀(ː)l, -òʊl | -ʃɪɔ̀l]〘← Jap. 漆: ⇨ -ol[1]〙 *n.*〘化学〙ウルシオール ($C_{15}H_{25-31}C_6H_3(OH)_2$)《漆の成分; 4 種ある》.

us [əs, ʌ̀s, ʌ́s]〘OE *ūs* < Gmc **uns* (Du. *ons* / G *uns* / ON *oss* / Goth. *uns*) < IE **n̥s* ← **ne-* (Skt *nas*)〙 ── *pron.* [we の目的格] **1** 我々を[に, へ], 私たちを[に, へ]: Come and see *us* again. また訪ねて来てください / Give *us* this day our daily bread. 我らの日用の糧を今日も与えたまえ (*Matt.* 6:11) / All of *us* know it. 私たちは皆それを知っている / She insisted on *us* coming to the party. 我々が会に出席することを主張した《★ She insisted on *our* coming … よりも口語的》. **2** [Royal "we" および Editorial "we" の目的格 (cf. we 2)]: Which of you shall we say doth love *us* most? お前たちのうちでだれが一番余を愛してくれていると思ってよいのか (Shak., *Lear* 1. 1. 52) / Let *us* now turn to another topic. さて今一つ別な話題に注意を向けることにしたい. **3** [ʌ́s]《口語》＝we: **a** [補語に用いて]: It's *us*. 私たちです. **b** [than, as の後に用いて]: They are all younger than *us*. 彼らは皆私たちよりも若い / None of them were so old as *us*. 彼らのうちに我々ほど年を取っているものはだれもいなかった. **4**《英俗》[特に間接目的語として] ＝me: Give *us* a kiss, darling. **5**《古・詩》＝ourselves: We laid *us* down. 我々は横になった.

u.s. 《略》ubi supra; ut supra.

U.S. 《略》Uncle Sam; Under(-)Secretary.

U.S., US 《略》United States (of America).

U.S.A., USA 《略》Union of South Africa; United States Army; United States of America.

us·a·bil·i·ty [jùːzəbíləti | -lətɪ, -lɪ-] *n.* 使う[用いる]ことができること; 有用性, 便利なこと.

us·a·ble [júːzəbl] 〚ME ▭ (O)F ～: ⇨ use¹, -able〛 *adj.* **1** 用いることができる, 使える. **2** (使用に)便利な, 有用な. **～·ness** *n.* **ús·a·bly** *adv.*

USAEC 《略》United States Atomic Energy Commission 米国原子力委員会.

USAF 《略》United States Air Force.

USAFI 《略》United States Armed Forces Institute 合衆国軍協会, 米国軍隊協会《国防省の機関で, 陸・海・空軍, 海兵隊, 沿岸警備隊の全隊員を対象として, 勤務時間外の教育の便宜および諸種のサービスを提供する》.

us·age [júːsɪdʒ, -zɪdʒ | -zɪdʒ, -sɪdʒ] 〚《?a1300》▭ (O)F ～ ▭ ML *ūsagium, ūsaticum* ← L *ūsus*: ⇨ use², -age〛 ― *n.* **1 a** 用法, 使用法; 使用 (use): annual ～ 年間使用量 / Such delicate instruments will not stand rough ～. こういう微妙な器械は乱暴に扱うとこわれてしまう. **b** あしらい(方), 待遇 (treatment): suffer ill ～ 虐待を受ける (cf. ill-usage). **2 a** 慣習, 慣例, ならわし, しきたり (habitual practice); 習慣 (habit): social ～ 社交上の慣例 / according to ～ 慣例によって / by ～ 慣例で, しきたりとして / keep an old ～ alive 古い慣習を守っている / the ～*s* of the last twenty years 過去 20 年間にわたる慣習. **b** (言語の)慣用法, 語法: modern English ～ 現代英語慣用法. **3** 有用, 有効 (utility).

us·ance [júːzns] 〚《c1380》▭ OF ～: ⇨ use¹ -ance〛 ― *n.* **1** 〘金融〙ユーザンス, 手形(慣習)期間《為替手形の満期日までの期間》: bills drawn at ～ 慣習期間付きの手形 / The ～ on Indian bills is 4 months. インドあて為替手形支払い期間は 4 か月. **2** 〘経済〙(形態のいかんを問わず)富の使用から生じるあらゆる種類の利益. **3** 《廃》**a** 使用 (use). **b** 慣習 (custom). **4** 《廃》(借金に対して支払う)利息 (interest, usury).

Us·beg [ʊ́sbɛg, ʌ́s-, ʊsbɛ́g] *n.* (*pl.* **～, ～s**) =Uzbek.

Us·bek [ʊ́sbɛk, ʌ́s-, ʊsbɛ́k] *n.* (*pl.* **～, ～s**) =Uzbek.

U.S.C. 《略》United States Code 合衆国連邦法規集; United States of Colombia.

U.S.C.A., USCA 《略》United States Code Annotated 注解合衆国連邦法規集.

USCG, U.S.C.G. 《略》United States Coast Guard.

USDA 《略》United States Department of Agriculture 米国農務省.

use¹ [júːz] 〚《a1240》*use(n)* ▭ (O)F *us-er* < VL **ūsāre* to use ← L *ūsus* (p.p.) ← *ūti* to use < OL *oitier* ← ?〛 ― *vt.* **1 a** 用いる, 使う, 使用する (employ); 役立てる, 利用する: ～ a book, stick, word, etc. / They don't know how to ～ dictionaries properly. 彼らは辞書の正しい利用法を知らない / Only four percent of them ～ the Welsh language. 彼らのうち 4 パーセントだけがウェールズ語を用いているに過ぎない / She ～*d* her maiden name professionally. 彼女は仕事の上では旧姓を使っていた / They ～ bulldozers to clear the forests. 森林を切り開くのにブルドーザーを使用する. **b** 《口語》〈人を〉(利己的な目的に)利用する, 食い物にする (exploit): I was being merely ～*d*. 私はただうまく利用されていたに過ぎなかった. **c** [could ～ として] 《口語》…を得られたらよい[ありがたい]: I *could* ～ something short. きゅっと一杯やれたらありがたいんだが / His pants *could* ～ a pressing. 彼のズボンはプレスしたらいいのに《プレスが必要だ》. **2** 〈能力・知恵・判断力などを〉行使する, 働かす (exercise): ～ care [diligence, economy] 用心[勉強, 倹約]する / ～ force 暴力に訴える / ～ one's utmost endeavors 最善の努力をする / ～ one's brains [wits] 頭[知恵]を働かせる, よく考える / ～ one's ears 聞く / ～ one's eyes 見る / *Use* your pleasure. ご自由に, ご随意に. **3** 費やす, 浪費する (consume, exhaust) 〈*up*〉; 〈時間を〉過ごす (pass): They ～ a ton of coal in a month. 彼らは月に 1 トンの石炭を使う / I stopped there just to ～ time. ちょっと時間しのぎにそこに立ち寄った. **4 a** 〈たばこなどを〉吸う (smoke); 〈かみたばこを〉かむ (chew): ～ tobacco all one's life 一生喫煙を続ける. **b** 〈麻薬などを〉常用する. **5 a** 遇する, 取り扱う, あしらう (treat): ～ a person ill [badly] 人を虐待する / ～ a person with due consideration 人の扱いに十分気を遣う / I considered myself unfairly ～*d*. 不当なあしらいを受けているように思った / How is the world *using* you? 近頃はどうですか / Yours as you shall ～ me. 《古》敬具《手紙の結句》. **b** [～ one*self* で] 《古》振舞う, 身を処する. **6 a** 《古》習慣にする, 常に行なう; 《方言・古》常習的に…へ行く (frequent). **b** 《スコット》〈…するのに〉慣らす (accustom) 〈*to* do〉: ～ oneself *to* speak loudly 大きな声で話すのに慣れる. ― *vi.* **1** 常に…する, 〈…する〉のが常[習慣, 習わし]である (be wont) 〈*to* do〉. ★ 今では過去に用いる以外は《古》(⇨ used²). **2** 《方言・古》**a** 習慣的に行く, 通う. **b** 〈動物が〉(いつもの場所に)すむ, 生息する (live).

use up (1) 使い切る[果たす, 尽くす]: ～ *up* fuel, paper, etc. / ～ *up* the reserves 予備費を使い尽くす / ～ *up* one's energy in fruitless efforts むだな努力に精力を使い果たす. (2) [通例 p.p. 形で] 疲れ果てさす, 消耗させる: I feel ～*d up*. 精魂尽き果てたような気持ちだ / At forty he was completely ～*d* up. 40 歳ですっかり消耗し切っていた / The land seems to have been ～*d up*. その土地はすっかりやせてしまったようだ. (3) 《口語》たたきのめす; 散々ののしる.

use² [júːs] 〚《?a1200》*us* ▭ (O)F < L *ūsum* (p.p.) ← *ūti* (↑)〛 ― *n.* **1 a** 使う[用いる]こと; 使用[利用](すること); 使用[利用]されていること[状態]: a sudden increase in the ～ of water 水の使用量の急激な増大 / for the ～ of students 学生のために, 学生用として / maps for ～ in school 学校用掛地図 / be *in* ～ 用いられている, 使用中 / things in daily ～ 日用品 / come [be brought] *into* ～ 用いられるようになる / be [get, go, fall, pass] *out of* ～ 用いられない[なくなる], 廃れている[廃れる] / give a book rough ～ 本を手荒に扱う / The machine will soon be easier to handle with ～. その機械は慣れるとじきに使いやすくなる / ⇨ *put to* USE (1). **b** 使い方, 使用法, 用法: There he was trained in the ～ of a rifle. そこで彼はライフル銃使用法の訓練を受けた / You must learn the proper ～ of your faculties. 才能の正しい使い方を覚えなければならない. **2 a** 〔手足・器官などの〕使用能力〔*of*〕: lose the ～ *of* one's eyes 視力を失う / regain the ～ *of* one's injured arm 怪我した腕の力を回復する / have the ～ *of* one's speech ものを言うことができる. **b** 使用の自由[権利], 使用権〔*of*〕: He gave [granted] us the ～ *of* the tennis court for three months. 彼は我々に 3 か月間テニスコートを自由に使用させてくれた / He was denied the ～ *of* the library card. 彼は閲覧カードの使用を禁止された. **c** 〘法律〙〔財産の〕使用[居住, 行使]権〔*of*〕: He has got the ～ *of* the estate for life. 彼にはその土地での終生居住権がある. **3 a** 〔…の〕使用の必要[機会]〔*for*〕: Will there be any further ～ *for* streetcars? 市街電車などを使う必要がまだあるだろうか / I took only what I had ～ *for*. 必要になりそうなものだけを持って行った / The Americans have [find] little ～ *for* hats. 米国人はほとんど帽子をかぶらない / ⇨ *have no* USE *for* (1). **b** 用途, 利用法 (purpose, function): a tool with many ～*s* 用途の多い道具 / The industrial ～*s* of nuclear power have been developed. 原子力の工業上の利用法が開発されて来ている / turn [put] ... to good ～ …をうまく利用する / ⇨ *put to* USE (2). **4** [主に否定的構文で] 役, 効用, 有益性 (usefulness); 利益, 効果 (advantage, good): What [Where] is the ～ *of* so many officials? こう沢山の役人がいたところで(一体)何の役に立つのだ / What [Where] is the ～ of talking?=What ～ is there *in* talking? 言ったところで何になるか(むだだ) / be *of* great [little] ～ 大いに役に立つ[ほとんど役に立たない], 非常に有益[ほとんど無益]だ / It is *of* no ～ to look for that missing fountain pen. あのなくした万年筆を捜してみてもむだだ / There is no ～ *in* reading such a book.=It is no ～ reading such a book. そんな本を読んでもだめだ / It is no ～ crying over spilt milk. 《諺》「覆水盆に返らず」. ★ 特に It is no ～ do*ing*... の形式の構文では no use が慣用的に「of no use (=useless)」の意味で用いられる. **5 a** 慣習, 習慣, ならわし, しきたり (custom, usage): ～ and wont 慣習, 慣例 / according to an ancient ～ 古い慣例に従って / as (the) ～ is 《スコット》慣習の通りに / It was his ～ to take a walk every evening. 毎日夕方散歩するのが彼の習慣だった / Long ～ has reconciled me to it. 長い間の習慣でそれが苦にならなくなった / *Use* is (a) second nature. 《諺》習慣は第二の天性 / *Use* makes perfect. 《諺》習うより慣れよ / Once a ～, forever a custom. 《諺》習い性となる. **b** (特に, 各教会・主教管区に特有の)儀式, 礼式, 礼拝式: the Roman [Orthodox, Anglican] ～ カトリック教会[正教会, 英国国教会]系の儀式 / the ～ of Bangor バンゴール大聖堂の慣行礼式 / ⇨ Sarum use. **6** 《廃》普通の経験, 日常の出来事 (ordinary experience): These things are beyond all ～. これは全くただごとではない (Shak., *Caesar* 2. 2. 25). **7** 《方言・古》(借金の)利子, 利息 (interest). **8** 〚OF *oes, ues* profit, benefit (< L *opus* work) が OF *us* use の発音に融合して生じたもの〛〘法律〙**a** (信託された土地などの)収益権. **b** 《古》「ユース」, 信託 (trust). **9** 〘金属加工〙大型鍛造品の接合に用いる粗い鋼片.

have no use for (1) …の必要がない, …は無用だ (cf. 3 a): I *had no* ～ *for* the city. 私には都会など用のないものだった. (2) …の価値を認めない, …を相手にしない, …に耐えられない; …はまっぴらだ, 大嫌いだ: I *have no* ～ *for* flatterers. ごますりはまっぴらだ / He *had no* ～ *for* card games, golf, or anything like that. 彼はトランプとかゴルフとかそういったものには見向きもしなかった. ★ no の代わりに little を用いることもある: He *had* (very) *little* ～ *for* music. 音楽などにはほとんど目もくれなかった. ***in use*** (1) 使用中で[の], 採用中で[の] (cf. 1 a). (2) 〈動物が〉さかりがついて (in heat). ***make use of*** …を利用[使用]する; 《口語》〈人を〉(利己的に)利用する, 食い物にする: *make* (good) ～ *of* one's spare time 余暇を(十分に)利用する / *make* the best ～ *of* one's talent 才能を十分に活用する / No ～ has ever been *made of* this institute. この施設はまだ利用されたことがない. ***put to use*** (1) 用いる, 利用する (employ) (cf. 1 a): *put* a new tool *to* ～ 新器具を使用する. (2) [use に形容詞を添えて] (特定の用途に)利用する (cf. 3 b): You'd better *put* your learning *to* practical ～. 学問を実際面に活用したほうがよい / He *put* it *to* an unaccustomed ～. それを変わった使い方をした.

use and disuse theory [the ―] 〘生物〙用不用説 (⇨ Lamarckism). ⌈interruption insurance.

use and occupancy insurance 〘保険〙=business

use·a·ble [júːzəbl] *adj.* =usable.

used¹ [júːst, (to の前では) júːs(t)] 〚《c1380》(p.p.) ← ME *use(n)* 'to USE¹ (vt.)'〛 ― *adj.* [～ *to* の形で] …に慣れて (accustomed): be ～ *to* hardship, hard work, every luxury, good society, one's surroundings, etc. / You'll soon get ～ *to* that. じきにそれに慣れるでしょう / I am not ～ *to* being spoken to like that. 私はそんな風に話しかけられることには慣れていない. ★ He was ～ *to* sit up late. のような不定詞構文は《まれ》.

used² [júːst, (to の前では) júːs(t)] 〚《c1400》(pret.) ← ME *use(n)* 'to USE¹ (vi.)'〛 ― *vi.* [*to* do を伴って] 常に…した, 〈…するのが〉常であった, 〈…する〉習わし[例, 習慣]であった, 元は…したものだ (cf. use¹ *vi.* 1, would¹ 3): I ～ *to* see him often. 以前はよく彼に会ったものだ / She ～ *to* play a piece or two on the piano before turning in. 就寝前に一二曲ピアノを弾く習慣だった / He came earlier than he ～ *to*. 彼はいつもより早めに来た. ★ (1) 否定形 used not, 《口語》didn't use [júːs], 《英》use(d)n't [júːsnt, (to の前では) júːsn(t)]; 形式ばった文体では疑問文にも did を用いない: What ～ he *to* say? / He ～*n't to* drink. (2) 否定文および疑問文で did を用いるのは主に《米》であるが, 《英》でも《口語》では次のように did を用いる傾向がある: What *did* he *use to* say? / *Didn't* you *use to* live in London? / I *didn't use to* think so. / He *didn't use to* drink. (3) did は付加疑問文または相手の言葉をおうむ返しに繰り返す時にも普通に用いられる: You ～ *to* live in Paris, *didn't* you [～*n't* you, *usen't* you]? / There ～ *to* be a church here, *didn't* there [～*n't* there, *usen't* there]? / Brown ～ *to* live in Paris. —Oh, *did* he [～ he]? (4) [used to と would との相違] would の「習慣」用法は主語の「意志」に由来するものである. 従って would は (a) used to のように無生物主語をとることができない: It ～ *to* be said that ...といつも言われたものだ / There ～ *to* be a house here. 元ここには家があった. また, (b) used to のように「状態」の継続に用いることはできない: She ～ *to* know me. / I ～ *to* think so. (c) used to は客観的な陳述に用いられ, would は主語の意志や関心を示す: We eat more meat than we ～ *to*. このような場合 would は用いられない. (d) used to は相当長期の漠然たる過去を表わす語句と共に用いられるのに対して, would は比較的限られた時を表わす語句と共に用いられる: I ～ *to* read Dickens in *those days*. このような場合 would は用いられない. なお used to は過去の期間が明示されている文では用いられない: He ～ *to* live here for ten years. は誤り.

used³ [júːzd] 〚《1594》(p.p.) ← USE¹ (vt.)〛 ― *adj.* **1** 用いられる: a seldom ～ room めったに使わない部屋 / a much ～ excuse しばしば使われる言い訳. **2** 使い古した, 古… (secondhand): ～ books, furniture, stamps, cars, etc. ***used up*** ⇨ USE¹ *up* (2).

úse dìstrict *n.* 用途地域《都市の中で行政上の目的のため指定される地域》.

usedn't *v.* ⇨ used² ★ (1).

use·ful [júːsfəl] 〚《1483》← USE²+-FUL〛 ― *adj.* **1** 役に立つ, 有用[有益, 有効]な, 助けになる (serviceable, helpful): ～ books for young students / His advice was ～ *to* us. 彼の忠告は我々に役立った / make oneself generally ～ 何かと役に立つ[手伝う]. **2** 〈仕事など〉実用的な, 具体的な結果を生むような. **～·ly** *adv.* **～·ness** *n.*

use·less [júːslɪs, -ləs] 〚《1593》← USE²+-LESS〛 ― *adj.* 役に立たない, 無益な, 無用な, むだな (ineffectual): a ～ piece of advice 無用な忠告 / ～ efforts むだ骨を折ること, 徒労 / a mass of ～ erudition 無益な博識 / ～ fellow 役に立たない男 / The contents were rendered ～ by damp. 中味は湿気のためだめになった. **～·ly** *adv.* **～·ness** *n.*

usen't *v.* ⇨ used² ★ (1).

us·er¹ [júːzə | -zə(r)] 〚《c1400》: ⇨ use¹, -er¹〛 *n.* 使う人[物], 使用者; (特に)酒[麻薬]愛用者.

us·er² [júːzə | -zə(r)] 〚▭ F ～ (もと inf.: ⇨ use¹) ∥ (逆成) ← NON-USER 2: ⇨ use² 8〛 *n.* 〘法律〙(権利の)使用, 行使, 享受; 使用権.

úser còst *n.* 〘経済〙使用者費用《購入原料費と減価償却費との合計》. ⌈職業安定所.

USES 《略》United States Employment Service 米国

USG, U.S.G. 《略》United States Gallon; United States Government; 〘鉄道〙United States Standard Gage.

ush [ʌʃ] 〚《逆成》← USHER〛 *vi.* 《俗》=usher.

u·shab·ti [(j)uːʃǽbti | -tɪ] 〚▭ Egypt. *wšbty* (原義) answerer〛 ― *n.* (*pl.* **～, ～s, -ti·u** [-tiù | -tɪ-]) ウシャブティ《エジプトの墳墓で発見される石・土・木製のミイラ形の人形; shawabti ともいう》.

Ush·ant [ʌ́ʃənt] *n.* ウエサン(島)《フランス北西岸 Brittany 沖の島; 海戦跡 (1778, 1794); 人口 1,800; フランス語名 Île d'Ouessant [ildwesɑ̃, -wɛ-]》.

Ú-shàped *adj.* U 字型の.

U·shas [ʊ́ʃəs, ʊʃɑ́ːs] 〚▭ Skt *Uṣas* (原義) dawn: cf. east〛 *n.* 〘ヒンズー神話〙ウシャス《Veda 中に歌われている暁の女神》.

ush·er [ʌ́ʃə | ʌ́ʃə(r)] 〚《c1380》*ussher* ▭ AF *usser*=OF *ussier* (F *huissier*) < ML *ūstiārium*=L *ōstiārius* doorkeeper ← L *ōstium* door ← *ōs* mouth: ⇨ oral, -er¹〛 ― *n.* **1 a** (会館・会議所などの)門衛 (doorkeeper);

受付, 取次. **b** (法廷の)廷吏. **2 a** (教会・劇場などの)案内人[係]. **b** 《英》(高位の人の先に立って歩く)先導役. **c** 《米》(教会結婚式場の)参列者の案内者《花婿または花嫁の男の友人》. **3** (英国王室の)式部官 (cf. gentleman usher). **4** 《英古・戯言》(私学の)助教師 (assistant teacher).

— vt. **1** …の案内役を勤める. **2** 〔…に〕案内する, 取り次ぐ (introduce) 〔*into, to*〕: A footman ~*ed* me *to* the drawing room. 家僕が私の名を呼んで客間に案内した / I was at length ~*ed to* [*into*] his presence. ようやく彼の面前に案内された / ~ a person *into* the rudiments of Greek 人にギリシャ語の手ほどきをしてやる / ~ a person *out* [*forth*] 人を送り出す. **— vi.** 案内役を勤める.

usher in (*vt.*) (1) 案内して通す, 招じ入れる, 迎え入れる: ~ *in* a guest. (2) 《詩》…に先導する, …の先触れとなる, …の到来を告げる (precede, herald): the song of birds that ~*s in* the dawn 暁を告げる鳥の歌声 / The passing of the first Reform Bill ~*ed in* a new era in English politics. 最初の選挙法改正法案が通過して英国の政治に新紀元が開かれた.

Ush·er [ʌ́ʃə | ʌ́ʃə(r], **James** *n.* =James USSHER.

ush·er·ette [ʌ̀ʃərét] 〖⇨↑, -ette〗 *n.* (劇場などの)案内嬢.

úsher·shìp *n.* usher の役[職, 地位].

USIA, U.S.I.A. 《略》 United States Information Agency 米国海外情報局.

USIS, U.S.I.S. 《略》 United States Information Service 米国広報文化局.

Üs·kü·dar [ùskədɑ́ə, -ku- | -dɑ́:(r; *Turk.* ýskydɑr] *n.* ユスキュダル《トルコの Istanbul の Bosporus 海峡をはさんだアジア側の地区; 旧名 Scutari》.

U.S.L.T.A., USLTA 《略》 United States Lawn Tennis Association《今は U.S.T.A.》.

USM 《略》 underwater-to-surface missile 水中対地ミサイル《潜水艦から発射する》.

USM, U.S.M. 《略》 United States Mail 米国郵政; United States Marines 米国海兵隊; United States Mint 米国造幣局.

USMA, U.S.M.A. 《略》 United States Military Academy 米国陸軍士官学校.

USMC, U.S.M.C. 《略》 United States Marine Corps; United States Maritime Commission 米国海事委員会.

USN, U.S.N. 《略》 United States Navy.

USNA, U.S.N.A. 《略》 United States Naval Academy 米国海軍兵学校.

Us·nach [úʃnəx, -nə] 〖⇨ MIr. *Usnech*〗 *n.* 〖アイルランド伝説〗ウシュナッハ《Deirdre の恋人である Naoise [ní:si, néɪ- | -sɪ] の父》.

us·ne·a [ʌ́sniə, ɑ́z- | -nɪə] 〖← NL ~ (↓)〗 *n.* 〖植物〗サルオガセ属 (*Usnea*) の地衣類の総称.

Us·ne·a·ce·ae [ʌ̀sniéɪsiì:, ɑ̀z- | -nɪ-] 〖← NL ~ ← *Usnea* (属名: ⇨ Arab. *ušnah* moss)+-ACEAE〗 **— n.** 〖植物〗(地衣類レカノラ目)サルオガセ科. **ùs·ne·á·ceous** [-ʃəs] *adj.*

USNG, U.S.N.G. 《略》 United States National Guard 合衆国州兵.

USNR, U.S.N.R. 《略》 United States Naval Reserve 合衆国海軍予備(役)軍.

USO 《略》 United Service Organization (米軍)慰問協会.

U.S.P. 《略》〖製紙〗unbleached sulphite pulp 未晒(さらし)亜硫酸パルプ; United States Patent; United States Pharmacopoeia 米国薬局方.

Us·pa·llá·ta Páss [ù:spəjɑ́:tə-, -ʒɑ́:- | -jɑ́:tə-; *Am. Sp.* ùspaʒáta-] *n.* [the ~] ウスパヤタ峠《Andes 山脈中の山道で, アルゼンチンの Mendoza とチリの Santiago とを結ぶ; 付近に有名な彫像「アンデス山中のキリスト」(Christ of the Andes) がある; 高さ 3,810m》.

U.S.Pat. 《略》 United States Patent.

U.S.P.G. 《略》 United Society for the Propagation of the Gospel (⇨ S.P.G.).

U.S.Phar. 《略》 United States Pharmacopoeia.

U.S.P.S. 《略》 United States Postal Service.

us·que·baugh [ʌ́skwɪbɔ̀:, -kwə-, -bɑ̀: | -kwɪbɔ̀:] 〖《1581》⇨ Ir. *uisge beatha* 《原義》 water of life ← OIr. *uisce* water + *bethu* life: cf. *aqua vitae* whiskey〗 **— n.** **1** 《スコット・アイル》ウイスキー (whiskey). **2** アスキボー《シナモン・ちょうじなどの香料入りのアイルランド産の強いコーディアル (cordial)》.

USS, U.S.S. 《略》 United States Senate; United States Ship [Steamer]; United States Standard.

U.S.S.Ct. 《略》 United States Supreme Court 米国最高裁判所.

Ussh·er [ʌ́ʃə | ʌ́ʃə(r], **James** *n.* (1581–1656) アイルランドの Armagh の大主教・神学者; 国教会派と非国教会派の和解に努めた.

USSR, U.S.S.R. 《略》 Union of Soviet Socialist Republics.

Us·su·ri [usú(ə)ri | usúəri; *Russ.* ussurjí, ⌐⌐⌐] *n.* [the ~] ウスリー(川)《中ソ東部国境を北流して黒竜江 (Amur) に注ぐ川; 890 km; 中国語名は烏蘇里江》.

U.S.T.A., USTA 《略》 United States Tennis Association.

Us·ti·lag·i·na·ce·ae [ʌ̀stəlæ̀dʒənéɪsiì: | -tɪlæ̀dʒɪ-] 〖← NL ~ ← *Ustilagin-, Ustilago* (属名: ← L *ustilāgō* thistle ← *ūrere* to burn) + -ACEAE〗 **— n. pl.** 〖植物〗(担子菌類)クロボキン(黒穂菌)科. **ùs·ti·làg·i·ná·ceous** [-ʃəs] *adj.*

us·tu·late [ʌ́stʃulət, -lɪt, -lèɪt | -tju-] 〖⇨ L *ūstulāt-us* (p.p.) ← *ūstulāre* to scorch (dim.) ← *ūrere* (↑)〗 *adj.* 焼け焦げ色の; 焦げて黒くなった.

us·tu·la·tion [ʌ̀stʃuléɪʃən | -tju-] 〖⇨ ML *ūstulātiō(n-)*: ⇨↑, -ation〗 **— n.** **1** 焼け焦がすこと, 燃やすこと (scorching). **2** ぶどう酒の火入れ. **3** 〖薬学〗(粉末にする前の)加熱乾燥.

usu. 《略》 usual; usually.

u·su·al [jú:ʒuəl, -ʒuɫ, -ʒəɫ | -ʒuəl, -ʒuɫ, -ʒəɫ] 〖《1396》⇨ OF ~ (F *usuel*) // LL *ūsuāl-is* ← L *ūsus* use: ⇨ use[1,2], -al[1]〗 **— adj.** **1** 習慣[慣用]と合った, 慣例的な, 常の, 平素の, いつもの (customary, habitual): The wedding was celebrated with the ~ rites. 結婚式は慣例的な儀式で行なわれた / the ~ tale which people tell よく世間の人のするうわさ / ~ jokes 例の冗談 / It is ~ *with* him to be late. 彼は遅れるのが常だ / He came earlier than ~. いつもより早く来た / It is ~ for the king to open Parliament in person. 国王自ら議会の開会を宣するのが例である / It is not ~ for shops to open on Sundays. 商店が日曜日にも店を開くのは珍しいことだ. **2** 通常用い[守]られている: follow the ~ route いつも通る道筋をたどる. **3** 日常起こる[見られる], 普通に経験する, 通常の, 普通の (ordinary, familiar): the ~ April weather 普通の 4 月の陽気 / Heavy traffic is ~ at this hour. この時刻になるといつも交通が激しくなる. **4** 平凡な, ありふれた (commonplace): He said all the ~ things. すべて紋切り形のことを言った.

as per usual 《戯言》 =*as* USUAL. ***as usual*** いつもの通りに, 例の通り: I have forgotten something *as* ~. 例によって忘れ物をした / He is drunk *as* ~. 例によって例のごとく彼は酔っている.

— n. [the ~, one's ~] いつもの事, お決まり: do only *the* ~ 決まりきったことだけやる. **~·ness** *n.*

ú·su·al·ly [-ʒuəli, -ʒuli, -ʒ(ə)li | -ʒuəli, -ʒulɪ, -ʒəlɪ] 〖《1477》: ⇨↑, -ly[1]〗 **— adv.** 通例, 平常は, いつもは (customarily); 一般に, 普通の場合, ふだん (ordinarily): He ~ visits us on Sunday afternoons. 彼はいつもは日曜の午後訪ねて来る / This word is ~ used in negative constructions. この語は通例否定構文に用いられる.

u·su·ca·pi·on [jù:zəkéɪpiàn, -sə- | -zjukéɪpɪɔ̀n] 〖《1656》⇨ F ~ // L *ūsūcapiō(n-)* prescription ← *ūsūcapere* to obtain by long use ← *ūsus* 'USE[1,2]'〗 **— n.** 〖ローマ法〗(法が定める期間引続き所有していたことによって生じる)所有権取得. ★ 時効(prescription)とほとんど同じであるが, 時効は悪意で所有していた場合も有効であるが, usucapion は善意の場合に限る.

u·su·fruct [jú:zufrʌ̀kt, -su- | -sju:-, -sjʊ-, -zju:-, -zjʊ-] 〖《c1630》⇨ LL *ūsūfruct-us* ← L *ūsus* (↑) + *fructus* 'FRUIT'〗〖ローマ法〗 **— n.** 使用権, 用益権《他人の土地その他を利用し, それから生じる果実・利益を享受しうる権利》. **— vt.** 〈土地などの〉使用[用益]権を享受する.

u·su·fruc·tu·ar·y [jù:zufrʌ́ktʃuèri, -su- | -sju frʌ́ktjuəri, -sjʊ-, -zju:-, -zjʊ-] 〖⇨ LL *ūsūfructuārius*: ⇨↑, -ary〗〖ローマ法〗 **— n.** 使用権者, 用益権者. **— adj.** 使用権(的)の, 用益権(的)の.

U·sum·bu·ra [ù:səmbú(ə)rə | -zəmbúərə] *n.* ウシュンブラ《Bujumbura の旧名》.

u·su·rer [jú:ʒ(ə)rə | -rə(r] 〖《c1300》⇨ OF *usureor, usurier* ← *usure*: ⇨ usury, -er[1]〗 *n.* **1** (法外な利子をむさぼる)高利貸し. **2** 《廃》金貸し (moneylender).

u·su·ri·ous [juʒú(ə)riəs, ju:-, -zú(ə)r- | ju:zjúərɪəs, jʊ-, -ʒúər-] 〖《1610》← USURY + -OUS〗 **— adj.** **1** 高利貸しの; 高利貸し的な, 高利の: a ~ rate of interest 非常な高利. **2** 高利で金を貸す, 高利を取る[むさぼる]: a ~ pawnbroker. **~·ly** *adv.* **~·ness** *n.*

u·surp [jusə́:p, ju:-, -zə́:p | ju:zə́:p, jʊ-, -sə́:p] 〖《*a*1325》 *usurpe(n)* ⇨ (O)F *usurp-er* // L *ūsūrp-āre* ← *ūsū* ((abl.) ← *ūsus* 'USE[1,2]') + *rapere* to seize〗 **— vt.** **1** (強圧・暴力によって)奪う, 横領する, (法的権利なしに)強奪する: ~ the throne 王位を奪う / ~ the place of a person 人にとって代わる, 人を追い出す. **2** 〈著作権などを〉不法に用いる, 盗用する. **— vi.** (不法に)侵す, 侵害する (encroach) 〔*on, upon*〕: ~ *on* a person's right [copyright] 人の権利[著作権]を侵害する.

u·sur·pa·tion [jù:səpéɪʃən, -zə- | jù:zə:-, -sə:-] 〖《c1385》 *usurpacion* ⇨ (O)F *usurpation* // L *ūsurpātiō(n-)*: ⇨↑, -ation〗 **— n.** **1** 〔主権などの〕簒奪(さんだつ), 横領, 強奪; 〔権利などの〕侵害 〔*of, on, upon*〕: the ~ *of* a throne 王位簒奪 / a ~ *on* the prerogatives of others 他人の特権侵害. **2** 〖ローマ法〗使用[占有]の中断[妨害].

u·sur·pa·tive [jusə́:pətɪv, ju-, -zə́:- | ju:zə́:pət-, jʊ-, -sə́:-] 〖⇨ LL *ūsurpātīv-us* ← L *ūsurpāre* 'to USURP': ⇨ -ative〗 *adj.* 横領[強奪]の; 権利侵害の.

u·sur·pa·to·ry [jusə́:pətɔ̀:ri, ju:-, -zə́:-, -tɔ̀:ri | ju:zə́:pət(ə)ri, jʊ-, -sə́:-] 〖⇨ LL *ūsurpātōri-us*: ⇨ usurp, -atory〗 *adj.* =usurpative.

u·súrp·er 〖《15C》⇨ OF *usurpeur* // ← USURP + -ER[1]〗 *n.* 横領者; (権利などの)侵害者.

u·súrp·ing·ly *adv.* 横領によって, 強奪的に.

u·su·ry [jú:ʒ(ə)ri | -ʒʊri, -ʒ(ə)ri, -ʒuəri] 〖《c1303》 *usurie* ⇨ AF *usurie =(O)F *usure* ⇨ ML *ūsūria* ← L *ūsus* 'USE[1,2]'〗 **— n.** **1** (貸金に対する法定率以上の)高利; (特に)法外な高利. **2** 高利で金を貸すこと, 高利貸. **3** 《古》利息, 利子 (interest): Thou shalt not lend upon ~ to thy brother. 汝の兄弟より利息を取るべからず (*Deut.* 23:19).

u·sus [jú:səs] 〖⇨ L *ūsus* (↑)〗 *n.* 〖ローマ法〗使用権《動産・不動産の排他的な使用権で, 果実を取得する権利を含まないもの; cf. manus 2》.

u.s.w. 《略》〖電気〗ultrashort wave; undersea warfare; und so weiter.

us·ward [ʌ́swəd | -wəd] 〖《1391》 (*to*) *usward*: ⇨ us, -ward〗 *adv.* 《古》我々に向かって.

ut[1] [ʌt, ú:t, ʊt] 〖《c1325》⇨ L ~: ⇨ gamut〗 **— n.** 〖音楽〗 **1** ウト《中世の音階 hexachord の第一音; ただし現在ではほとんど用いず, 代わりに do (「ド」)を用いる; cf. hexachord》. **2** ユト (yt)《フランスの固定ド唱法の第一音; do に当たる》.

ut[2] [ʌt ʊt] 〖⇨ L ~〗 *L. conj.* …のように (as): ⇨ ut infra, ut supra.

UT 《略》〖米郵便〗Utah (州).

UT 《記号》⇨ UTA.

Ut. 《略》 Utah (州).

U.T., u.t. 《略》〖天文〗universal time.

u·ta [jú:tə | -tə] 〖← NL ~: UTE にちなむ〗 *n.* 〖動物〗ユータ《米国西部から北メキシコに生息するタテガミトカゲ科ウタ属 (*Uta*) のトカゲの総称》.

UTA 《略》 Union de Transports Aeriens フランス航空 (記号 UT).

U·tah [jú:tɔ:, -tɑ: | -tɑ:, -tɔ:] 〖⇨ Sp. *Yutta* 《変形》← UTE〗 *n.* 米国西部の州 (⇨ United States of America 表).

U·tah·an [jú:tɔ:ən, -tɑ:ən | -tɑ:ən, -tɔ:ən] *adj.* 米国 Utah 州(人)の. **— n.** Utah 州人.

u·tah·lite [jú:tɔ:làɪt, -tɑ:- | -tɑ:-, -tɔ:-] 〖← UTAH + -LITE〗 *n.* 〖鉱物〗=variscite.

UTC 《略》 Coordinated Universal Time 協定世界時.

ut dict. 《略》〖処方〗*L.* ut dictum 指示に従って (as directed).

Ute [jú:t, jú:ṭi | jú:t, jú:tɪ] 〖← N-Am.-Ind. 《原義》 people of the mountains: cf. Utah〗 **— n.** (*pl.* ~, ~s) **1 a** [the ~(s)] ユート族《米国 Colorado, Utah, New Mexico などの各州に居住した Shoshoni 語系のインディアン》. **b** ユート族の人. **2** ユート語《Uto-Aztecan 語族に属する》.

u·ten·sil [juténsɨɫ, ju:-, jú:ten-, -səɫ, -sḷ | ju:ténsḷ, jʊ-, -sɪɫ] 〖《c1375》⇨ OF *utensile* (F *ustensile*) ⇨ ML *ūtensīle* (neut.) ← L *ūtensilis* fit for use ← *ūti* 'to USE[1]'〗 **— n.** **1** 家庭用品; (特に, 台所用の)道具, 勝手道具: kitchen [cooking] ~*s* 台所[料理]用具. **2** 用具 (implement); 教会用器具: farming ~*s* 農具 / sacred ~*s* 教会用器具, 聖器 / ~*s* of war 武器, 武具 / writing ~*s* 書き物用具, 筆墨. **3** 役立つ人, 有用な人.

u·ter- [jú:ṭər | -tər] (母音の前に来る時の)utero- の異形.

u·ter·al·gia [jù:ṭərǽɫdʒə | -tərǽɫdʒɪə, -dʒə] 〖← UTERO- + -ALGIA〗 *n.* 〖病理〗子宮痛.

uteri *n.* uterus の複数形.

u·ter·ine [jú:ṭəràɪn, -rɪn, -rən | -təràɪn] 〖《? *a*1425》⇨ (O)F *utérine* // LL *uterīn-us*: ⇨ uterus, -ine[1]〗 **— adj.** **1** 子宮の; 子宮に生じる: a ~ disease 子宮病. **2** 同母異父の (cf. consanguinean): ~ brothers 胤(たね)違いの兄弟 / ~ descent 同母異父系.

u·ter·o- [jú:ṭəro(ʊ) | -tərə(ʊ)] 〖← L *uterus* (↓)〗〖解剖・動物〗「子宮 (uterus); 子宮と…との」の意の連結形. ★ 母音の前では通例 uter- になる.

u·ter·us [jú:ṭərəs, -trəs | -tər-] 〖《1615》⇨ L ~ 'womb' (cf. Gk *hústros*): ⇨ hysteria〗 *n.* (*pl.* **u·te·ri** [jú:ṭəràɪ | -tə-]) 〖解剖・動物〗子宮 (womb).

Ut·gard [ú:tgɑəd | -gɑ:d] 〖⇨ ON *Utgarð-r*〗 **— n.** 〖北欧神話〗ウトガルド《Midgard の外の地; 巨人 (Jotun)・怪物・怪獣・悪魔などが住む; 時に Jotunheim の別名とされる》.

Útgard-Ló·ki [-lóʊki | -lə́ʊkɪ] *n.* 〖北欧神話〗ウトガルドロキ《Utgard の王で, Skrymir に化けて Thor や Loki たちを Utgard に連れて行く》.

U Thant [ú:-θǽnt, -θɑ́:nt | jú:-θǽnt, -θʌ́nt] *n.* ウタント《1909–74; ビルマの政治家; 国連事務総長 (1962–71)》.

U·ther [jú:θə | -θə(r] *n.* 〖アーサー王伝説〗ユーサ, ウーゼル《Briton 人の王で Arthur 王の父; Uther Pendragon ともいう; cf. pendragon》.

U·ti·ca [jú:ṭɪkə, -ṭə- | -tɪ-] 〖⇨ L ~ ⇨ Gk *Outikḗ*〗 **— n.** **1** 米国 New York 州中部の都市; 人口 83,000. **2** ウティカ《アフリカ北岸, Carthage の北西方, 現在の Tunis の北方にあった古都》.

u·tile [jú:tḷ, -tɪɫ, -taɪɫ | -taɪɫ, -tɪɫ] 〖《1484》⇨ (O)F ~ ⇨ L *ūtilis* ← *ūtī* 'to USE'〗 *adj.* 《廃》実用的な, 役に立つ (practical, useful).

u·ti·le dul·ci [ú:ṭəlèɪ-dúɫki:, jú:ṭəli-dʌ́ɫsaɪ, -ṭḷ- | jú:tɪlɪ-dʌ́ɫsaɪ, ú:tɪlèɪ-dúɫki:] 〖⇨ L *ūtile dulcī* the profitable with the pleasant〗 **— L. n.** 楽しめて為になる物, 実用と娯楽を兼ねた物.

u·til·i·tar·i·an [ju:tɪ̀lət ɛ́(ə)riən | jù:tɪlɪtɛ́ərɪən, ju:tɪ̀l-, jʊ-, -lə-] 〖《1781》← UTILITY + -ARIAN: Jeremy Bentham の造語〗 **— adj.** **1** 効用を目的とする, 功利的な. **2** (美・装飾などから離れて)実利の, 実用の, 実利[実用]主義の: from the merely ~ point of view 単に実用主義的見地から. **3** 功利主義者の; 功利主義の, 功利説の. **— n.** 功利論[主義]者.

u·tìl·i·tár·i·an·ìsm [-nìzṃ] 〖《1827》: ⇨↑, -ism〗 **— n.** **1** 〖哲学〗功利説[主義]《いわゆる「最大多数の最大幸福」(the greatest happiness of the greatest number) を倫理的・政治的・経済的行為の規範とする J. Bentham および J. S. Mill の倫理学説》. **2** 功利(的)特性, 実用尊重精神.

u·til·i·ty [ju:tɪ́ləṭi | ju:tɪ́lətɪ, jʊ-, -lɪ-] 〖《1391》 *utilitee*

▭(O)F *utilité* ∥ L *ūtilitāt-em* ← *ūtilis*: ⇨ utile, -ity〛 ― *n.* **1** 役に立つこと, 有用, 効用, 実益(usefulness): of no ～ 役に立たない, 無益な / from the point of view of practical ～ 実利という観点から. **2** [通例 *pl.*] 役に立つ物, 有益[有用]な物. **3 a** (電力・ガス・水道などの)公益事業 (public utility). **b** [*pl.*] (電気・ガス・水道・暖房などの)利用設備. **c** [*pl.*]《米》公益事業株. **4** (功利主義の目標とする)幸福, 福利, 安寧, 効用; 最大多数の最大幸福. **5**〚経済〛効用 (↔ disutility): ⇨ marginal utility.

― *attrib. adj.* **1** 実用的な, 実用本位の (utilitarian); 規格型の: ～ furniture [clothes] 実用本位の家具[衣服] / a ～ model 実用新案品. **2** 多用途の, いろいろと役に立つ: a ～ knife 万能ナイフ. **3**《米》万能の, どのポジションでもこなせる: a ～ actor, infielder, worker, etc. / ⇨ utility man. **4 a** 〈家畜が〉乳・肉・卵・毛などの生産を目的に飼育された: ～ livestock. **b** 〈肉・食料品が〉下級品の: ～ meat.

utílity màn *n.* **1 a** いろいろな所で役に立つ人. **b**《米》何でも屋, よろず屋, 器用な人 (Jack-of-all-trades). **2** (船の)厨房助手, 皿洗い. **3**〚演劇〛下回り, 端役. **4**〚野球〛ユーティリティープレーヤー《どのポジションでもこなす万能補欠選手》.

utílity mùsic〚《なぞり》← G *Gebrauchsmusik*: 作曲家 Paul Hindemith の造語〛 ― *n.*〚音楽〛実用音楽《アマチュアが家庭内あるいは非公式の集会などで実際に演奏する実用的な目的で書かれた音楽; 演奏が容易で単純・明快・平易なスタイルの音楽が多い; music for use ともいう》.

utílity ròom *n.*《米》ユーティリティールーム《住宅・病院などで洗濯・乾燥・アイロン・収納などの作業や用途のために設けられる部屋》.

u·ti·liz·a·ble [júːṭəlàɪzəbl, -ṭḷ-, ⌐‿⌐‿‿ | júːtɪlàɪz-, -tə-]〚⇨ utilize, -able〛 *adj.* 利用できる.

u·ti·li·za·tion [jùːṭəlɪzéɪʃən, -lə-, -ṭḷ- | -tɪlaɪ-, -tə-, -lɪ-] *n.* 利用(状態).

utilizátion fàctor *n.*〚電気〛設備使用率.

u·ti·lize [júːṭəlàɪz, -ṭḷ-, -tɪl-, -təl-]〚《1807》▭ F *utiliser* ▭ It. *utilizzare* ← *utile* < L *ūtilem*: ⇨ utile, -ize〛 ― *vt.* 利用する, 役立たせる: ～ a stream for driving machinery 機械を作動させるために水流を利用する. **ú·ti·lìz·er** *n.*

ut in·fra [ʊt-ínfrɑː, ʌt-ínfrə | ʌt-ínfrə, ʊt-ínfrɑː]〚▭ L *ut īnfrā* as below〛 *L. adv.* 下記のように (cf. ut supra).

u·ti pos·si·de·tis [úːtiː-pɑ̀sədéɪṭɪs, júːtaɪ-pɑ̀sədíːṭɪs, -ṭəs | úːtiː-pɔ̀sɪdéɪt-, júːtaɪ-pɔ̀sɪdíːt-]〚▭ L *uti possidētis* as you possess〛 ― *n.* **1**〚ローマ法〛占有保護命令. **2**〚国際法〛現有状態維持の原則, 占有物留保の原則《戦争終結の際, 交戦国が現に占有する物を留保する原則》.

ut·most [ʌ́tmòust | -məust, -məst]〚OE *ūt(e)mest* (superl.) ← *ūt(e)* 'OUT': ⇨ -most〛 ― *attrib. adj.* **1** 最も遠い[遠くにある], 一番端の[にある], 極限の (farthest, extremest): the ～ island 最遠隔の島 / to the ～ ends of the earth 地の果てまで / filled to its ～ capacity 収容限度まで一杯になった. **2** 最大の, 最高の, 極度の: the ～ limits 極限 / a matter of the ～ importance この上なく重要なこと / be in the ～ misery 不幸のどん底にいる / with the ～ pleasure この上もなく喜んで. **3** (順序・時間が)最後の: to the ～ penny of one's debt 借金の最後の一文(もん)まで. ― *n.* [the ～, one's ～] (能力・力などの)最大限度, 最高度, 極限 (uttermost): *the* ～ that one can do できうる限度 / *at the* ～ せいぜい, たかだか / *to the* ～ 極度に, この上なく, 極力 / *to the* ～ of one's power 力の及ぶ限り, 精一杯に / do [try, exert] *one's* ～ 全力を尽くす.

Úto-Áztecan [jùːṭou- | -təu-]〚← UTE+-o-+AZTECAN〛〚言語〛 ― *n.* ユートアズテク語族《北米の北は Idaho 州から南はメキシコの Tehuantepec 地峡におよび, 東西は Rocky 山脈から太平洋沿岸におよぶ広大な地域にわたって行なわれるインディアン語族で, Comanche, Hopi, Nahuatl, Papago, Pima, Ute, Shoshoni, などの支族を含む》. ― *adj.* ユートアズテク語族の.

U·to·pi·a [jʊtóupiə, juː- | juːtə́upɪə, jʊ-, -pjə]〚《1551》← NL *ūtopia* nowhere ← Gk *ou* not+*tópos* place (⇨ topic)+-IA¹: Thomas More の造語〛 ― *n.* **1** ユートピア《Sir Thomas More の物語 *Utopia* (1516) 中に説かれている理想郷》. **2** [しばしば u-] 理想郷, 理想国, ユートピア: Samuel Butler's *utopia* entitled 'Erewhon'「エレホン」と名づけられたサミュエルバトラーの夢想郷. **3** [しばしば u-] 空想的政治[社会]体制; 空想的社会改良計画. **4** [u-] ユートピア小説: a *utopia* written for boys and girls.

U·to·pi·an [jʊtóupiən, juː- | juːtə́upjən, jʊ-, -pɪən]〚《1551》← NL *Ūtopiān-us*: ⇨ ↑, -an¹〛 ― *adj.* **1** 理想郷[国]の, ユートピアに似た. **2** [しばしば u-] **a** ユートピア的な, 空想的な (visionary); 不可能な完全を夢想[追求]する: a ～ dreamer ユートピア的夢想家. **b** ユートピア的政治[社会]体制に基づいた: a *utopian* community. ― *n.* **1** ユートピアの住民. **2** [しばしば u-] 空想的社会改良家, 夢想家 (visionary).

u·tó·pi·an·ìsm [-nìzm]〚《*a*1661》: ⇨ ↑, -ism〛 ― *n.* **1** ユートピア的理想; ユートピア的政治[社会]改良案. **2** [しばしば U-; 集合的] ユートピアの思想[見解, 目的(など)].

u·tó·pi·an·ist [-nɪst, -nəst | -nɪst] *n.* ＝Utopian 2.

utópian sócialism *n.* 空想的社会主義. **utópian sócialist** *n.*

u·to·pism [júːṭəpìzm, jʊtóupɪzm, juː- | júːtəpìzm, juːtə́upɪzm, jʊ-]〚← UTOP(IA)+-ISM〛 ― *n.* ＝utopianism 2. **ú·to·pist** [-pɪst, -pəst | -pɪst] *n.* **u·to·pis·tic** [jùːṭəpístɪk, jʊtòu-, juː- | jùːtəpís-] *adj.*

U·trecht [júːtrekt, -trext | ⌐‿, ‿⌐; *Du.* ýːtrɛxt] *n.* ユトレヒト《オランダ中部の Rhine 川下流に臨む都市; スペイン継承戦争の講和条約締結地 (1713); 人口 275,000》.

Útrecht vélvet *n.* ユトレヒトベルベット《モヘア (mohair) 製有毛織物の一種; Utrecht 原産》.

u·tri·cle [júːtrɪkḷ, -trə- | -trɪ-]〚《1731》▭ F *utricule* ▭ L *ūtriculus* (dim.) ← *ūter* leather bag: ⇨ -cle〛 ― *n.* **1**〚生理〛小嚢(のう), 小胞. **2**〚植物〛**a** (タヌキモなどの)気胞. **b** 胞果《スゲの果実のような 1 個の種子を含む薄膜状の果被》. **3**〚解剖〛(内耳の)卵形嚢.

u·tric·u·lar [jʊtríkjʊlə, juː- | juːtríkjʊlə(r)]〚← L *ūtriculus* (↑)+-AR¹〛 *adj.* **1** 小嚢(のう)[小胞, 気胞]の(ある). **2** 小嚢状の, 小胞状の.

u·tric·u·lar·i·a [jʊtrìkjʊlé(ə)riə, juː- | juːtrìkjʊléərɪə]〚← NL ← L *ūtriculus* (↑): ⇨ -aria¹〛 *n.*〚植物〛タヌキモ (bladderwort).

u·tric·u·late [jʊtríkjʊlət, juː-, -lɪt, -lèɪt | juː-]〚⇨ utricular, -ate²〛 *adj.*《古》小嚢(のう)[小胞]状の; 小嚢[小胞]のある (utricular).

U·tril·lo [uːtríloʊ, -tríːljoʊ, jùːtri(j)óu | juːtríləu, jʊ-; *F.* ytrijo], **Maurice** *n.* ユトリロ《1883–1955; フランスの画家》.

ut sup.《略》ut supra.

ut su·pra [ʊt-súːprɑː, ʌt-súːprə | ʌt-s(j)úː-, ʊt-súːprɑː]〚▭ L *ut suprā* as above〛 *L. adv.* 上記のように (cf. ut infra).

Ut·tar Pra·desh [úṭə-prədéʃ, -déɪʃ | -tə-prɑ́ːdeʃ] *n.* ウッタルプラデッシュ(州)《インド北部の州; 人口 88,365,000, 面積 294,366 km², 首都 Lucknow; 旧名 United Provinces (of Agra and Oudh)》.

ut·ter¹ [ʌ́ṭə | ʌ́tə(r)]〚OE *ūtera, ūtt(e)ra* outer (compar.) ← *ūt* 'OUT': cf. G *äusser*〛 ― *attrib. adj.* **1** 全くの, 完全な, 徹底的な (complete, total); 本当の, よくよくの (unqualified): ～ misery, ruin, etc. / in ～ darkness 真っ暗闇の中で / an ～ stranger 全く知らない人 / an ～ scoundrel よくよくの悪党 / I was at an ～ loss what to do. どうしてよいか全く途方に暮れた. **2** 無条件の, 絶対的な, 断固たる, きっぱりとした (unconditional, final): an ～ denial, refusal, etc. **3**《廃》外の (outer): ⇨ utter bar, utter barrister.

ut·ter² [ʌ́ṭə | ʌ́tə(r)]〚《?*a*1400》*uttre(n), outre(n)*《原義》to put out or forth ← *uttere* (adv.) outside < OE *ūtter, ūt(t)or* (compar.) ← *ūt* (↑) ∥ ▭ MDu. *ūteren* (Du. *uiteren*) to drive away, speak, show, make known〛 ― *vt.* **1 a** 発言する, 発音する, 声に出す (pronounce). **b** 〈話音・擬話音・音節・うめき声・叫び声・ため息などを〉発する, 出す: ～ a vowel sound / ～ a groan うなる / ～ a sigh ため息を漏らす / The engine ～*ed* a shriek. 機関車はきーっという音を発した. **2 a** (言葉に発し, または文に書いて)述べる, 言い表わす, 打ち明ける (express, make known): ～ one's thoughts, feelings, mind, etc. **b** [～ *oneself* で] 言葉で述べる[表現する]: ～ *oneself* upon the theme そのテーマについて意見を言う. **3** 公布する, 流布する (publish): ～ a libel 人を中傷する文書を公にする. **4** 〈紙幣などを〉流通させる; (特に)〈にせ紙幣などを〉行使する. **5**《古》〈泉・煙などを〉発する, 出す, 漏らす (put forth, emit). **6**《廃》**a** 〈本を〉出版する (publish). **b** 〈商品を〉市場に出す, 販売する (sell).

― *vi.* **1** 発言する, 口にする. **2** 話される, 口にされる: words that will not ～ 口にされないような言葉. **～·er** *n.*

ut·ter·a·ble [ʌ́ṭərəbḷ | -tə-] *adj.* 発言[発音]しうる, 言い表わしうる.

ut·ter·ance¹ [ʌ́ṭərəns, ʌ́trəns | ʌ́t(ə)rəns]〚《1436》← UTTER²+-ANCE〛 ― *n.* **1** (言葉などに)発すること, 口から出すこと, 発話, 発声: give ～ to ...を言葉に出す. **2** 発表力, 言語能力, 物の言い方, 話しぶり, 語調, 発音 (pronunciation): a clear ～ はっきりした言葉つき / defective ～ 不完全な発音 / a man of good ～ 弁才のある人. **3 a** (話された, または書かれた)言葉, 言説, 説, 言辞 (pronouncement): a person's public ～ 人の公の言説 / the pompous ～*s* of the platform [the press] 仰々しい演説[新聞]口調の言辞. **b**〚言語〛発話《同一個人の発する, 前後が沈黙で区切られる言葉》. **4** (にせ金の)行使, 流布. **5**《廃》物品の販売.

ut·ter·ance² [ʌ́ṭərəns, ʌ́tr- | ʌ́t(ə)rəns]〚《?*a*1400》*utteraunce* ▭ OF *ou(l)trance* ← *ou(l)trer* to pass beyond ← L *ultrā* beyond: ⇨ ultra, -ance: 現在の語形は ↑ との連想による〛 ― *n.*《廃》最後 (extremity); 死 (death): to the ～ いまわの際(きわ)まで, 死ぬまで (cf. Shak., *Macbeth* 3. 1. 72).

útter bár *n.* [the ～; 集合的] ＝outer bar.

útter bárrister *n.*〚英法〛(勅選バリスター (King's Counsel) でない)普通バリスター (junior barrister).

ut·ter·ing [ʌ́ṭərɪŋ | ʌ́tər-]〚← UTTER²+-ING¹〛 *n.*〚刑法〛偽造貨幣[紙幣]使用の罪.

út·ter·ly〚《?*a*1200》: ⇨ utter¹, -ly¹〛 ― *adv.* 全く, 全然, 完全に, すっかり (completely, totally): He was ～ exhausted [ruined]. すっかり疲れ切って[身を持ちくずして]しまった.

ut·ter·most [ʌ́ṭəmòust | ʌ́təməust, -məst]〚《?*a*1300》*uttermoste*: ⇨ utter¹, -most〛 ― *attrib. adj.* **1** 最も遠く離れた: to the ～ ends of the earth 地の果てまで. **2** 最大限度の, 極度の (extreme, utmost): the ～ limit of forbearance 忍耐の最大限度. **3**《古》最後の: to the ～ farthing 最後の一文(もん)まで. ― *n.* [the ～, one's ～] 最大限度, 極度: *to the* ～ of one's power [capacity] 力のある[できうる]限り / I did *my* ～ to encourage her. 彼女の気を奮い立たせようと全力を尽くした.

út·ter·ness〚⇨ utter¹, -ness〛 *n.* 極端なこと, 徹底的なこと, この上なさ (completeness): the ～ of one's folly and wickedness 愚行と悪虐の極み.

U·tu [úːtuː]〚▭ Sum. *utu*《原義》the sun〛 *n.* ウトゥ《シュメール人 (Sumerian) の太陽神; アッカド人 (Akkadian) の Shamash と対をなす》.

Ú-tùbe *n.*〚機械〛U 字管.

Ú-tùrn *n.* **1** U ターン《自動車の道路上での U 字形の回転》: No ～*s*! [掲示] U ターン禁止. **2** (政策などの) 180 度転換.

UUM《略》〚軍事〛underwater-to-underwater missile 水中対水中ミサイル.

U.V., UV, uv《略》ultraviolet.

u·va·la [úːvələ]〚← Serbo-Croatian ～〛 *n.*〚地質〛ウバーラ《隣接する陥落孔 (sink) が侵食の進行によって連続してできた底の平らな窪地》.

u·va·rov·ite [(j)uːvɑ́ːrəvàɪt]〚▭ G *Uwarowit* ← *Count S. S. Uvarov* (1785–1855: ロシヤの政治家): ⇨ -ite¹〛 *n.*〚鉱物〛灰クロームざくろ石 ($Ca_3Cr_2Si_3O_{12}$).

u·ve·a [júːviə | -vɪə]〚《1525》▭ ML ～ ← L *ūva* grape, uvula ← IE *ōg- berry, fruit〛 *n.*〚解剖〛ぶどう膜《目の虹(こう)彩の奥の色彩層》. **ú·ve·al** [-viəl | -vɪ-] *adj.*

Uve·dale [júːvdeɪl, júːdḷ], **Nicholas** *n.* ＝Nicholas UDALL.

u·ve·i·tis [jùːviáɪṭɪs, -ṭəs | -vɪáɪtɪs]〚← NL ～: ⇨ uvea, -itis〛 *n.*〚病理〛(目の)ぶどう膜炎.

u·vu·la [júːvjʊlə]〚《*a*1400》▭ ML *ūvula* (dim.) ← L *ūva*: ⇨ uvea〛 ― *n.* (*pl.* **～s, u·vu·lae** [-liː, -làɪ])〚解剖〛**1** 垂(すい). **2** 口蓋(がい)垂, 懸壅(よう)垂《旧名》, (俗に)のどびこ.

u·vu·lar [júːvjʊlə | -lə(r)]〚← NL *ūvulār-is*: ⇨ ↑, -ar¹〛 ― *adj.* **1**〚解剖〛口蓋(がい)垂の. **2**〚音声〛口蓋垂音の: ～ r 口蓋垂音の r ([ʀ, ʁ]). ― *n.*〚音声〛口蓋垂音 (cf. burr¹ 7 a). **～·ly** *adv.*

u·vu·lec·to·my [jùːvjʊléktəmi | -mɪ]〚← UVULA+-ECTOMY〛 *n.*〚外科〛口蓋(がい)垂切除(術).

u·vu·li·tis [jùːvjʊláɪṭɪs, -ṭəs | -tɪs]〚⇨ uvula, -itis〛 *n.*〚病理〛口蓋(がい)垂炎.

U/W, U/w, UW《略》underwriter.

ux.《略》〚法律〛*L.* ūxor (＝wife).

UXB《略》〚軍事〛unexploded bomb 不発爆弾.

Ux·bridge [ʌ́ksbrɪdʒ]〚ME *Uxebregg, Wuxebrug* ← *Wixan* (部族名: cf. Goth. *weihs* village / L *vicus* village)+BRIDGE¹〛 *n.* Greater London 西部の都市.

Ux·mal [uːʃmɑ́ːɫ; *Am. Sp.* uʃmál] *n.* ウシュマル《メキシコ南東部, Yucatán 半島の古代の廃都; 後期マヤ文明の中心地》.

ux·o·ri·al [ʌksɔ́ːriəl, -sóːr-, ʌgzɔ́ːr-, -zóːr- | ʌksɔ́ːrɪ-]〚← L *uxōrius* 'UXORIOUS'+-AL¹〛 *adj.* 妻の; 妻らしい.

ux·or·i·cide [ʌksɔ́(ː)rəsàɪd, -sɑ́r-, ʌgzɔ́(ː)r-, -zɑ́r- | ʌksɔ́rɪ-]〚← L *ūxor* wife+-ICIDE〛 *n.* 妻殺し(犯人). **ux·or·i·cid·al** [ʌksɔ̀(ː)rəsáɪdḷ, -sɑ̀r-, ʌgzɔ̀(ː)r-, -zɑ̀r- | ʌksɔ̀rɪ-] *adj.*

ux·o·ri·lo·cal [ʌksɔ̀ːrəlóukəl, -sòːr-, -zɔ̀ːr-, -zòːr- | ʌksɔ̀ːrɪlə́u-]〚← L *uxori-, ūxor* (↓)+LOCAL¹〛 *adj.*〚文化人類学・社会学〛妻方居住の (⇨ matrilocal).

ux·o·ri·ous [ʌksɔ́ːriəs, -sóːr-, ʌgzɔ́ːr-, -zóːr- | ʌksɔ́ːrɪ-]〚《1598》▭ L *ūxōrius* ← *ūxor* wife ← ?: ⇨ -ous〛 ― *adj.* 妻の愛におぼれた, 女房に甘い: an ～ husband, action, etc. **～·ly** *adv.* **～·ness** *n.*

Uz·beg [úzbèg, ʌ́z-, uzbég] *n.* (*pl.* ～, **～s**) ＝Uzbek.

Uz·bek [úzbèk, ʌ́z-, uzbék]〚▭ Turk. ～ ← *Uzbek Khan* (?-1340: Golden Horde の首長)〛 ― *n.* (*pl.* ～, **～s**) **1 a** [the ～(s)] ウズベク族《中央アジアのトルコ種族》. **b** ウズベク族の人. **2** ウズベク語《Turkestan で話されるトルコ語派の言語》.

Uz·bek·i·stan [uzbèkɪstǽn, ʌz-, -stɑ́ːn | -bèkɪstɑ́ːn, -stǽn; *Russ.* uzbjikjistán] *n.* ウズベク《ソ連邦アジア南西部の共和国; ソ連邦構成共和国の一つ; 人口 14,800,000, 面積 447,400 km², 首都 Tashkent; 公式名 the Uzbek Soviet Socialist Republic ウズベク ソビエト社会主義共和国》.

V

V, v [víː] 〖ME ▭ L V, v ([u] [v]: Etruscan を経由) ▭ Gk Ϋ, υ (ū psīlón)《原義》simple 'u' (cf. upsilon) ▭ Phoenician Y: cf. Heb. ו (wāw) (このフェニキア文字から V のほか, U, W, Y, F が発達した; 英語ではフランス語から輸入され, U, u と無差別に用いられた. U, u が母音字, V, v が子音字という区別がほぼ確立したのは 17 世紀末である (cf. J, W))〗 ── *n.* (*pl.* **V's, Vs, v's, vs** [～z]) **1** 英語アルファベットの第 22 字. **2** (活字・スタンプなどの) V または v 字. **3** V 字形(のもの). **4** 文字 v が表わす音 (vine, love などの [v]). **5** (連続したものの)第 22 番目(のもの); (J を数に入れない時は)第 21 番目(のもの). **6** 〖X (=10) の上半をかたどった符号: cf. L (=50)〗(ローマ数字の) 5: IV =4 / VI=6 / XVII=17 / p. vi (書物の前付の)第 6 ページ.

V 《略》vagabond; 〖数学〗vector.

V 《記号》 **1** 《米口語》5 ドル紙幣 (five-dollar bill). **2** 戦勝 (victory)《第二次大戦中, モールス符号 (・・・—), Beethoven 作曲の第五交響曲の最初の 4 音, または人指し指と中指で作る V 字 (cf. V sign) などによって盛んに用いられた》. **3** 〖化学〗vanadium. **4** 〖米軍〗VTOL or STOL plane 垂直または短距離離着陸機. **5** 〖電気〗electric potential. **6** 〖物理〗potential energy.

V, v 《略》velocity; volt(s); volume.

v. 《略》van⁴; vein; ventral; verse; verso; 〖紋章〗vert; *It.* voce (=voice); voice; volt; voltage; volti; volume; von; vowel.

v., V. 《略》valve; vector; verb; version; versus; very; vicar; vice-; vide; violin; village; vision; 〖文法〗vocative; volunteer(s).

V. 《略》Venerable; Virgin; Viscount(ess); visual acuity.

V-1 [víːwʌ́n] 〖← G *V-eins*《略》← *Vergeltungswaffe eins* retaliation weapon (number) one〗 ── *n.* (*also* **V-one**) 報復兵器第 1 号, V-1 号《第二次大戦末期にドイツが英国に向け発射した無線操縦の無人ジェット機型爆弾》.

V-2 [víːtúː] 〖← G *V-zwei* (↑)〗 *n.* (*also* **V-two**) 報復兵器第 2 号, V-2 号《第二次大戦末期にドイツが開発したロケット弾道弾》.

V-8 [víːéɪt] *adj., n.* 〖機械〗=V-eight.

va [vɑ́ː; *It.* váː] 〖▭ It. *và* (imper. sing.) ← *andare* to go〗 *It. v.* 〖音楽〗続けよ (go on): *va* piano 続けて弱く / *va* rallentando 続けてだんだんゆるやかに.

VA 《略》value analysis 価値分析.

VA 《記号》〖米郵便〗Virginia (州).

VA, va 《略》volt-ampere(s).

VA, V.A. 《略》Veterans Administration; 〖教育〗visual aid.

Va. 《略》Viola; Virginia.

v.a. 《略》verb active; verbal adjective; vide ante; *L.* vixit annōs (=he (or she) lived…years).

V.A. 《略》Vicar Apostolic; Vice-Admiral; (Order of) Victoria and Albert (英国の)ビクトリア アルバート勲章; Voice of America; Volunteers of America.

va·ad [vɑ́ːɑːd, ─⌐] 〖▭ ModHeb. *waad* < Heb. *wa'ad* meeting〗 ── *n.* (*pl.* **va·a·dim** [vɑ̀ːɑːdíːm, ⌐⌐⌐]) ヴァード《ユダヤ人社会における諸活動に助言監督する公認代表団》.

Vaal [vɑ́ːl; *Afrik.* fɑ́ːl] *n.* [the ～] バール(川)《南アフリカ共和国南西部の川 (1,160 km)》.

Vab. 《略》〖物理〗Van Allen (radiation) belt.

vac¹ [vǽk] 〖(1709)《略》← VACATION〗 *n.* 《英口語》(学校の)学期末休暇.

vac² [vǽk] 〖略〗〖英口語〗 *n.* =vacuum cleaner.

vac. 《略》vacancy; vacant; vacation; vacuum.

va·cance [vəkǽns, væ-, -kɑ́ːns] 〖▭ (O)F ～ ▭ L *vacantia* (↓)〗 *n.* 《スコット》=vacation.

va·can·cy [véɪkənsi | -sɪ] 〖(*c*1580) ▭ LL *vacantia*: ⇨↓, -cy〗 ── *n.* **1** 空虚, 空(から) (emptiness); 空間 (void): gaze [stare] into [at, on] ～ 空間を見つめる. **2** すき間, 間隙(かんげき) (gap, blank): fill a ～ in one's knowledge 知識の空隙を満たす. **3** (地位などの)あき, 空位, 空席, 欠員 (vacant post): a ～ in the Cabinet / when a ～ occurs 欠員ができた時に / fill (up) a ～ 欠員を補う. **4** (家の建てられる)あき地; (ホテル・貸室などの)あき, 空室: There are a few *vacancies* on the fifth floor. 五階にあき部屋が二, 三ある. **5** 心のうつろ, ぼんやり[ぽかんと]していること, 放心(状態) (absent-mindedness): an expression of ～ ぼんやりした表情. **6** 〖古〗 **a** 暇, 余暇 (leisure): If he fill'd his ～ with his voluptuousness 暇つぶしに道楽すれば (Shak., *Antony* 1. 4. 26). **b** 無為(の状態), 仕事[用事]がないこと (idleness). **7** 〖結晶〗空格子(こうし)点《結晶構造中何らかの原因で原子が空になっているその位置; hole ともいう》.

va·cant [véɪkənt] 〖(*c*1300) ▭ (O)F ～ ∥ L *vacant-em* (pres.p.) ← *vacāre* to be empty: ⇨ -ant〗 ── *adj.* **1** からの, 空虚の, 空(から)の (empty): look into ～ space 空(くう)を見つめる / the vast and ～ regions of infinite space 無限の空間の広大で空虚な地域. **2 a** 〈部屋・座席など〉あいている (unoccupied); 〈土地・家屋など〉借手のない, 住み手のない, あいている (untenanted): a ～ lot あき地 / ～ seats 空席 / a ～ room in a hotel ホテルのあき部屋. **b** 人の住んでいない, 住民のいない (uninhabited): the ～ regions [prairies] of the West 西部の無人の地域[草原]. **c** 〈地位・役職など〉欠員になっている, 空席の, 空位の: a ～ situation / a situation ～ column (新聞の)求人広告欄 / fall ～ 〈地位が〉あく / His resignation leaves an important post ～. 彼の辞職によって重要な地位があく. **3** 〈時間など〉あいている, 仕事をしていない, 用のない, 暇な (leisured): ～ hours [time] 暇な時間 / lead a silly, ～ life ぼんやり空虚な生活を送る / keep a day ～ (約束などで)日をあけておく. **4** 〈心・頭が〉空虚な, からっぽな; 〈表情など〉ぼんやりした, ぽかんとした, うつろな, 〈笑いなど〉間抜けた: a ～ mind / a ～ stare [look] ぼんやりした目つき[顔つき]. **5** 〔…の〕ない (devoid) 〔*of*〕: an hour ～ *of* business 仕事のない時間 / be ～ *of* sympathy 同情心がない / His mind was ～ *of* thought. 何も考えていなかった. **6** 活気のない, ひっそりとした: in the tranquility of the ～ night 生気のない夜の静寂の中に. **7** 〖法律〗 **a** 〈土地などが〉未使用の, 未利用の (unused), 未占有の (unoccupied), 空閑の (idle): ～ land. **b** 相続人も権利主張者もない, 捨てられた (abandoned): a ～ estate / ～ succession. **c** 〈国有地が〉下付されていない. **～·ness** *n.*

vá·cant·ly *adv.* ぼんやりと, ぽかんと.

vácant posséssion *n.* 《英》〖法律〗(先住占有者のいない)家屋の所有権.

va·cate [véɪkeɪt, ─⌐ | vəkéɪt, veɪ-] 〖(1643) ← L *vacāt-us* (p.p.) ← *vacāre*: ⇨ vacant, -ate³〗 ── *vt.* **1** 〈場所・家などを〉からにする, あける; 立ち退く, 引き払う (leave): ～ a house, room, etc. / The citizens ～*d* the town at the approach of the enemy. 敵が接近して来たので市民は町を立ち退いた. **2** 〈職・位などを〉退く, 辞する, 空位[空席]にする: ～ the throne 王位を退く, (崩御などによって)王位を空位にする / a post ～*d* by death [resignation] 死亡[辞職]によって生じた空位 / A seat was ～*d* in the Diet by his death. 彼が死んだので国会に空席ができた / ～ a seat in parliament 議席をあける. **3** 〔悩みなどから〕放つ, 自由にする 〔*of*〕: ～ one's mind *of* care 心配をなくさせる. **4 a** 〖法律〗取り消す (cancel), 無効にする (annul): ～ a contract, deed, charter, etc. **b** …の占有を放棄する. ── *vi.* **1** 立ち退く; 辞職する, 空位[欠員]にする. **2** 《米俗》立ち去る (go away). **3** 〖(逆成) ← VACATION〗《米俗》休暇を取る.

va·ca·tion [veɪkéɪʃən, və- | və-, veɪ-] 〖(*c*1395) ▭ (O)F ～ ∥ L *vacātiō(n-)*: ⇨↑, -ation〗 ── *n.* **1** (会社・事業所などの)定期休暇《主に夏に取る》; (学校の)学期末休暇; (裁判所の)休廷期 (recess): the Christmas [Whitsun] ～ (学校または裁判所の)クリスマス[聖霊降臨祭]休暇 / a ～ with pay 有給休暇 / They are on ～ from school. 学校が休暇中である / ⇨ long vacation, Easter vacation. **2** 休み, 休日 (holiday): take a day's ～ 一日の休暇を取る. **3** 休息, 休憩 (rest). **4** 《米》(保養地・旅行などで過ごす)休暇 (holidays): be *on* ～ for a week 一週間休暇を取っている / have a ～ at the seaside 海岸で休暇を過ごす. **5** 《まれ》(家などの)明け渡し, 立ち退き; 辞職, 退官 (resignation); 空位(期間): one's ～ of office. **6** 〖法律〗取消し (cancellation), 無効 (annulment).
── *vi.* 《米》休暇を取る[過ごす]: go ～*ing* in Europe 休暇でヨーロッパに遊びに行く.

va·cá·tion·er [-ʃ(ə)nə | -nə(r] *n.* =vacationist.

va·cá·tion·ist [-ʃ(ə)nɪst, -nəst | -nɪst] *n.* 《米》休暇を取る人; (特に, 休暇中に遊びに行く)行楽客 (《英》holiday-maker): a summer ～.

vacátion·lànd *n.* 《米》観光地, 行楽地.

vacátion·less *adj.* 休み[休暇]のない.

vacc. 《略》vaccination; vaccine.

vac·ci·nal [vǽksənḷ, vǽksíː- | vǽksɪ-] 〖← VACCIN(E) +-AL¹〗 *adj.* **1** ワクチン (vaccine) の. **2** 種痘[ワクチン接種] (vaccination) の.

vac·ci·nate 〖← VACCIN(E)+-ATE³: 1803 年ごろ F *vacciner* の影響による造語 (以前は INOCULATE を用いた)〗〖医学〗 ── [vǽksənèɪt, -sṇ- | -sɪn-, -sən-, -sṇ-] *v.* ── *vt.* **1** …に種痘をする[施す]. **2** …にワクチン[予防]接種をする[施す] (cf. inoculate 1 a): ～ a person *against* small pox 人に天然痘の予防接種をする. ── *vi.* ワクチン接種をする[施す]. ── [-sənèɪt, -nət, -sən-, -nɪt, -sṇ- | -sɪn-, -sən-, -sṇ-] *n.* ワクチン接種を受けた人.

vac·ci·na·tion [vǽksənéɪʃən, -sṇ- | -sɪn-, -sən-, -sṇ-] 〖(1800)〗 *n.* 〖医学〗 **1** ワクチン接種[注射], 予防接種[注射]; (特に)種痘: oral ～ 経口ワクチン接種 / rabies ～ 狂犬病予防注射. **2** 種痘[ワクチン接種]の痕(あと).

vác·ci·nà·tor [-tə | -tə(r] 〖← VACCINAT(E)+-OR²〗 *n.* 〖医学〗 **1** ワクチン接種医. **2** 種痘器, 接種刀[針].

vac·cine [vǽksíːn, ⌐⌐ | vǽksiːn, -sɪn] 〖(1799) ▭ L *vaccin-us* of cows ← *vacca* cow: ⇨ -ine¹〗 ── *n.* 〖医学〗 **1** 痘苗. **2** ワクチン: combined ～ 混合ワクチン. ── *attrib. adj.* **1** 牛痘 (vaccinia) の[に関する]; ワクチン接種 (vaccination) の[に関する]. **2 a** 牛の[に関する]. **b** (天然痘にかかった)牛から採った: the ～ lymph [virus] 痘苗.

vac·cin·ee [vǽksəníː, -sṇ- | -sɪn-, -sən-, -sṇ-] *n.* 種痘[ワクチン注射]を受けた人.

vaccíne thèrapy *n.* 〖医学〗ワクチン療法.

vac·cin·i·a [vǽksíniə | -nɪə] 〖← NL ～ ← *vaccinus*: ⇨ vaccine, -ia¹〗 ── *n.* **1** 〖病理〗ワクシニア, (種)痘疹. **2** 〖獣医〗牛痘 (cowpox). **vac·cín·i·al** [-niəl | -nɪəl] *adj.*

Vac·cin·i·a·ce·ae [vǽksìniéɪsiìː | -nɪ-] 〖← NL ～ ← L *vaccinium* blueberry + -ACEAE〗 ── *n. pl.* 〖植物〗コケモモ科. ★ 日本では通例ツツジ科に含める. **vac·cin·i·á·ceous** [-ʃəs] *adj.*

vac·ci·ni·za·tion [vǽksənɪzéɪʃən, -nə- | -sɪnaɪ-, -nɪ-] 〖← VACCIN(E) + -IZATION〗 *n.* 〖医学〗完全接種法《不善感になるまで反覆して種痘をする方法》.

Va·chel [véɪtʃəl] 〖▭ OF ～《原義》old cow: cf. vaccine〗 *n.* 男性名.

vac·il·lant [vǽsələnt | -sɪ-] 〖▭ L *vacillant-em* (pres.p.) ← *vacillāre* (↓)〗 *adj.* 動揺する, ぐらつく; 考えのぐらつく (vacillating).

vac·il·late [vǽsəlèɪt, -sḷ- | -sɪl-, -səl-, -sḷ-] 〖(1597) ← L *vacillāt-us* (p.p.) ← *vacillāre* to sway, waver: ⇨ -ate³〗 ── *vi.* **1** (安定が欠けて)揺れる (sway); よろめく (stagger). **2** 変動する (fluctuate). **3** 〈人・心などが〉ぐらつく, 迷う, 躊躇(ちゅうちょ)する (hesitate): ～ *between* hope and fear. **vác·il·là·tor** [-tə | -tə(r] *n.*

vác·il·làt·ing [-tɪŋ | -tɪŋ] *adj.* **1** 動揺する, ぐらつく. **2** 心の定まらない, 考えのぐらつく, 優柔不断な. **～·ly** *adv.*

vac·il·la·tion [vǽsəléɪʃən, -sḷ- | -sɪl-, -səl-, -sḷ-] 〖(1413) ▭ (O)F ～ ∥ L *vacillātiō(n-)*: ⇨ vacillate, -ation〗 ── *n.* **1** (不安定な)動揺, ぐらつき. **2** 変動 (fluctuation). **3** (心・考えなどの)ぐらつき, 気迷い, 不決断, 優柔不断 (irresolution).

vac·il·la·to·ry [vǽsələtɔ̀ːri, -sḷ-, -tɔ̀ːri | -sɪlətəri, -səl-, -sḷ-] 〖← VACILLAT(E)+-ORY¹〗 *adj.* **1** 動揺する, ぐらつく. **2** 〈人が〉気迷いのする, 考えのぐらつく.

vacua *n.* vacuum の複数形.

va·cu·i·ty [vækjúːəti, və- | -kjúːɪti, -kjúəti, -ɪti] 〖(1541) ▭ (O)F *vacuité* ∥ L *vacuitāt-em* ← *vacuus* empty: ⇨ vacuous, -ity〗 ── *n.* **1** 空, 中空, 空虚 (emptiness). **2** 空間, 空所 (void); 真空 (vacuum). **3** 空虚[単調]な広がり: the long ～ of an arctic night 長く単調に続く北極の夜. **4** (知的・精神的な)空虚, 愚鈍 (inanity); 虚脱, 放心 (absent-mindedness): the ～ of mind 心の空虚, 愚鈍 / the ～ of expression ぽかんとした表情. **5** くだらないこと, 無意味な事柄[話]: a talk full of *vacuities* くだらない話. **6** (ものの)ないこと, 欠如: a ～ *of* taste 趣味がないこと. **7** 無, 虚無 (nihility). **8** (ガラス容器の)空寸容量《封入されたガラス容器の液面上の空間部分》.

vac·u·o·lar [vǽkjuóulə, -lɑə, vǽkjuələ, -kjulə | vǽkjuələ(r] 〖▭ F *vacuolaire*: ⇨ vacuole, -ar¹〗 *adj.* 〖生物〗空胞の, 液胞の.

vac·u·o·late [vǽkjuo(u)leɪt, -lət, -lɪt | -kjuə(u)-] 〖← VACUOL(E) + -ATE³〗 〖生物〗 *adj.* 空胞[液胞]のある. ── [-lèɪt] *vi.* 空胞[液胞]を形成する.

vác·u·o·làt·ed [-tɪd, -təd | -tɪd, -təd] *adj.* =vacuolate.

vac·u·o·la·tion [vǽkjuo(u)léɪʃən | -kjuə(u)-] *n.* 〖生物〗空胞[液胞]形成, 空胞[液胞]化.

vac·u·ole [vǽkjuòul | -kjuəul] 〖▭ F ～ ∥ ← NL *vacuol-um* (dim.) ← L *vacuum*: ⇨ vacuum, -ole²〗 ── *n.* 〖生物〗空胞, 液胞《細胞内で見られる細胞液を満たした空間》.

vac·u·ome [vǽkjuòum | -kjuəum] 〖▭ F ～: ⇨↑, -ome〗 *n.* 〖生物〗空胞[液胞]系.

vac·u·ous [vǽkjuəs | -kju-] 〖(1655) ← L *vacu(us)* empty + -ous〗 ── *adj.* **1** からの, 空虚な (empty); 真空の. **2** (知的・精神的に)空虚な, 頭がからの (empty-headed); 愚鈍な; 知的内容の乏しい, くだらない: a ~ look (ばかのように)ぽかんとした顔つき / a ~ play くだらない劇. **3** (用もなく)ぼんやり暮らす, 無為に過ごす (idle): a ~ life (何もする事のない)空虚な生活. **4** 〖数学〗零の (null); 〈集合が〉空(くう)の. **5** 〖論理〗零の, 空の. **~·ness** *n.*

vác·u·ous·ly *adv.* ぼんやりと, 何もしないで (vacantly, idly).

vac·u·um [vǽkjuəm, -kjuːm, -kjum | -kjuəm, -kjum, -kjuːm] 〘(1550) □ L ~ (neut. sing.) ← *vacuus* empty〙 — *n.* (*pl.* **~s, -u·a** [vǽkjuə | -kjuə]) **1** 真空 (cf. plenum 1): perfect [complete] ~ 完全真空 / partial ~ 不完全真空 / Nature abhors a ~. 自然は真空を嫌う 《Spinoza の言葉》. **2** 真空度[率]: a fair [good] ~ かなりの[十分の]真空. **3** 空虚, 空間, 空所, 空白 (void, gap): the ~ left in his life by his wife's death 妻の死によってできた生活上の空白 / feel a ~ in the lower regions 《戯言》空腹を感じる. **4** (外界から)隔絶した状態: live in a ~ 外界と離れて生活する. **5** 《口語》 =vacuum cleaner. — *attrib. adj.* **1** 真空の[に関する]; 真空による, 真空を利用する: ⇨ vacuum bottle, vacuum brake, etc. **2** 真空を作り出すのに用いられる, 真空を作る: ~ equipment. **3** (容器から)空気[ガス]を抜いた; 真空パックの (vacuum-packed). — *vt.* 《口語》 **1** 〈床など〉に電気掃除機をかける. **2** …に真空装置を用いる; …に真空乾燥機をかける. — *vi.* 《口語》 **1** 電気掃除機を使う. **2** 真空装置を用いる; 真空乾燥機をかける.

vácuum bòttle *n.* 魔法びん.

vácuum bràke *n.* 真空ブレーキ 《ガソリン機関の吸器管内に生じる真空と大気圧との差圧を動力源とするサーボブレーキ》.

vácuum brèaker *n.* 〖機械〗バキュームブレーカー, 真空解消器 《蒸気タービンの復水器に空気を入れて真空を破り, タービンを急停止させる非常安全装置》.

vácuum-cléan *vt., vi.* =vacuum 1.

vácuum clèaner *n.* 電気掃除機, 真空掃除機 (vacuum sweeper ともいう).

vácuum cóffee màker *n.* サイフォン式コーヒー沸し.

vácuum cóncrete *n.* 減圧[真空]コンクリート 《打込み後に減圧して過剰の水を除去したコンクリート》.

vácuum dischàrge *n.* 〖電気〗真空放電.

vácuum distillàtion *n.* 〖化学〗真空蒸留, 減圧蒸留 《減圧して沸点を下げて行なう蒸留》.

vácuum drìer *n.* 真空乾燥機.

vácuum fìlter *n.* 〖化学〗真空[減圧]濾過(ろか)器 《濾過の速度を速めるために圧力を下げられるようにした濾過器》.

vácuum flàsk *n.* 《英》 =vacuum bottle.

vácuum gàuge *n.* 真空計.

vácuum indúction fùrnace *n.* 〖冶金〗真空誘導炉.

vac·u·um·ize [vǽkjuəmàɪz, -kjum-, -kjuːm- | -kjuəm-, -kjum-, -kjuːm-] *vt.* **1** …に真空を作り出す. **2 a** (真空装置で)掃除[乾燥]する. **b** 真空パックする.

vácuum jùg *n.* =vacuum bottle.

vácuum-pácked *adj.* 真空パックした.

vácuum pàn *n.* 〖機械〗真空がま 《沸騰点を下げるために真空状態にして蒸発・濃縮を行なうもの》.

vácuum pùmp *n.* 〖機械〗真空ポンプ.

vácuum swèeper *n.* =vacuum cleaner.

vácuum swìtch *n.* 〖電気〗真空スイッチ 《接点を真空中で開閉するスイッチ; cf. air switch》.

vácuum tànk *n.* 〖機械〗真空タンク.

vácuum tùbe *n.* 〖電子工学〗真空管 (electron tube の代表的なもの; 《英》では vacuum valve ともいう).

vácuum-tùbe vóltmeter *n.* 〖電気〗真空管電圧計 《被測定回路に与える影響が少ないため, 電子回路の動作状態の試験などに重用される; valve voltmeter ともいう》.

vácuum vàlve *n.* 《英》〖電子工学〗=vacuum tube.

va·de me·cum [véɪdi-míːkəm, váːdi-méɪ- | véɪdɪ-míːkəm, -kʌm, váːdɪ-méɪkum, -kəm] 〘□ L *vāde mēcum* go with me〙 — *L. n.* (*pl.* **~s**) 常に携帯使用するもの; (特に)携帯参考書, 必携, 便覧 (manual).

va·dose [véɪdous | -dəus] 〘□ L *vadōs-us* shallow ← *vadum* ford, shallow place〙 *adj.* 〖地質〗〈水・岩層など〉地下水面より上にある.

Va·duz [vɑːdúːts; G. fadúts] *n.* ファドゥーツ 《リヒテンシュタイン (Liechtenstein) の首都; 人口 4,000》.

vae vic·tis [víː-víktɪs, váɪ-, -təs | -tɪs] 〘□ L ~ 'woe to the vanquished': Plautus, *Pseudolus* 5. 2. 19 および Livius (Livy), *Ab Urbe Condita* 5. 48. 9 に出ている句; 紀元前 4 世紀末にローマを征服したゴールの将軍 Brennus の言葉〙 — *L.* 征服せられたる者は多難なるかな 《勝利者が敗北者の屈辱を極度に強調する言葉》.

vag [vǽ(ː)g] 〘《略》 ← VAGABOND〙 《俗》 *n.* 浮浪人[者]. — *vt.* (**vagged; vag·ging**) 浮浪人[者]として逮捕する.

vag- [veɪg] (母音の前に来る時の) vago- の異形.

vag·a·bond [vǽgəbὰnd | -bɔ̀nd, -bənd] 〘(1426) □ (O)F ~ // L *vagābund-us* wandering ← *vagārī* to wander about (← *vagus* wandering: ⇨ vague) + *-bundus* (gerundive suf.)〙 — *adj.* **1** 放浪する, 流浪する, さすらいの (wandering): a ~ people 漂泊民族 / a ~ singer 放浪の歌うたい / a ~ life 放浪生活. **2 a** 放浪者のような; 生活に規律のない, 浮草のような: ~ habits 放浪癖. **b** ろくでなしの, やくざな (good-for-nothing). **3** 〈河川・天体・船など〉一定の方向[進路]をもたない: a ~ voyage. — *n.* **1** 放浪者, 漂泊者, さすらい人 (vagrant); 無宿者, 流れ者, 渡りこじき (tramp). **2** 《口語》やくざ者; ならず者, ごろつき (rascal): such a ~ of a husband あんなごろつきのような亭主. — *vi.* 放浪する, 放浪生活をする (wander).

vag·a·bond·age [vǽgəbὰndɪdʒ | -bɔ̀n-] 〘□ F ~: ⇨ ↑, -age〙 — *n.* **1** 放浪生活, 放浪性[癖]: live in [take to] ~ 放浪生活を送る[始める]. **2** [集合的] 放浪者 (vagabonds): All the ~ of the countryside were there. 近在の浮浪者は皆集まっていた.

vág·a·bònd·ish [-bὰndɪʃ | -bɔ̀n-] *adj.* 流浪者のような.

vág·a·bònd·ism [-bὰndɪzṃ | -bɔ̀n-] *n.* 放浪の習慣, 放浪癖; 放浪性.

vag·a·bond·ize [vǽgəbəndàɪz | -bɔn-] *vi.* 放浪生活を送る, 放浪する, 流浪する.

va·gal [véɪgəl] 〘← VAGO- + -AL[1]〙 *adj.* 〖解剖〗迷走神経(性)の. **~·ly** *adv.*

va·gar·i·ous [veɪgέ(ə)riəs, və- | vəgέərɪ-] 〘⇨ ↓, -ous〙 — *adj.* **1** 常軌を逸した, 突飛な, 奇抜な, 気まぐれな (capricious). **2** 放浪の, 遍歴する: a ~ poet 放浪詩人. **~·ly** *adv.*

va·ga·ry [véɪgəri, vəgέ(ə)ri, veɪ-, vǽgəri | véɪgərɪ, vəgέərɪ] 〘(1577) □ L *vagārī* to wander about: ⇨ vagabond〙 — *n.* **1** 突飛な考え, 気まぐれ, むら気 (caprice); 奇行, 酔狂, 悪ふざけ (prank): a ~ of a pampered film star わがままな映画スターの酔狂[物好き] / the *vagaries* of fashion 流行の気まぐれ / the *vagaries* of the English climate 変わりやすい英国の気候. **2** 《古》旅 (journey); あてどのない旅, 放浪.

vagi *n.* vagus の複数形.

vag·ile [vǽdʒəl, -dʒaɪl, -dʒɪl | -dʒaɪl] 〘← VAGO- + -ILE[1]〙 *adj.* 〖生物〗〈水中生物など〉移動性の, 自由運動性の (cf. sessile 2). **va·gil·i·ty** [vədʒíləti, væ- | -lətɪ, -lɪ-] *n.*

vag·in- [vǽdʒən | -dʒɪn] (母音の前に来る時の) vagini- の異形: *vagin*ectomy.

va·gi·na [vədʒáɪnə] 〘(1682) □ L *vāgīna* sheath, scabbard〙 — *n.* (*pl.* **va·gi·nae** [-niː], **~s**) **1 a** 〖解剖〗鞘(しょう) 《さや状のもの; 腱鞘・視神経鞘など》. **b** 〖解剖〗膣(ちつ). **c** 《俗》女性外陰部. **2** 〖植物〗 **a** 葉鞘(ようしょう), はかま. **b** さや状部[器官].

vag·i·nal [vǽdʒənḷ, vədʒáɪ- | vədʒáɪ-, vǽdʒɪ-] *adj.* **1** 〖解剖〗 **a** 鞘の. **b** 膣の. **2** 〖植物〗葉鞘の. — *n.* 〖解剖〗膣動脈[筋]. **~·ly** *adv.*

vag·i·na·lec·to·my [vædʒənəléktəmi, -nḷ- | -dʒɪnəléktəmɪ] 〘⇨ ↑, -ectomy〙 *n.* 〖医学〗 **1** 睾丸鞘膜切除(術). **2** 膣切除(術).

váginal sméar *n.* 〖動物〗膣(ちつ)スミア, 膣脂膏 《動物, 特に, ネズミやハツカネズミの膣の上皮からはげ落ちてくる細胞や粘液; その動物の発情状態を調べるのに用いる》.

vag·i·nate [vǽdʒənèɪt, -nət, -nɪt | -dʒɪ-] 〘← NL *vāgīnāt-us*: ⇨ vagini-, -ate[2]〙 *adj.* 〖植物〗葉鞘(ようしょう)のある, 有鞘の; さや状の.

vag·i·nat·ed [vǽdʒənèɪtɪd, -tɨd | -dʒɪnèɪt-] *adj.* 〖植物〗=vaginate.

vag·i·nec·to·my [vædʒənéktəmi | -dʒɪnéktəmɪ] 〘⇨ ↓, -ectomy〙 *n.* 〖医学〗=vaginalectomy.

vag·i·ni- [vǽdʒənɪ, -nə | -dʒɪnɪ] 〘← NL ~: ⇨ vagina〙「膣(ちつ); 鞘(しょう) (vagina)」の意の連結形: *vagini*ferous (=thecate). ★ 母音の前では通例 vagin- になる.

vag·i·nis·mus [vædʒənízməs | -dʒɪ-] 〘← NL ~: ⇨ vagini-, -ism〙 *n.* 〖医学〗膣痙(ちつけい), ワギニスムス 《膣の局所的過敏による有痛性痙攣(けいれん)》.

vag·i·ni·tis [vædʒənáɪtɪs, -təs | -dʒɪnáɪtɪs] 〘← NL ~: ⇨ vagini-, -itis〙 *n.* 〖病理〗 **1** 膣炎 (colpitis). **2** 腱鞘炎.

vag·i·no·my·co·sis [vædʒəno(ʊ)maɪkóusɪs, -səs | -dʒɪnə(ʊ)maɪkóusɪs] 〘← NL ~: ⇨ ↑, mycosis〙 *n.* 〖病理〗膣真菌病.

vag·i·not·o·my [vædʒənɑ́təmi | -dʒɪnɔ́təmɪ] 〘← VAGINI- + -TOMY〙 *n.* 〖外科〗膣切開(術).

va·go- [véɪgo(ʊ) | -gə(ʊ)] 〘← NL *vagus* (*nervus*): ⇨ vagus, nerve〙「迷走神経 (vagus nerve)」の意の連結形. ★ 母音の前では通例 vag- になる.

vàgo·depréssor 〘⇨ ↑, depress, -er[1]〙 〖薬学〗 *adj.* 迷走神経を抑制する. — *n.* 迷走神経抑制薬.

va·got·o·my [veɪgɑ́təmi | -gɔ́təmɪ] 〘← VAGO- + -TOMY〙 *n.* 〖外科〗迷走神経切断(術).

va·go·to·ni·a [vèɪgətóuniə | -tóunɪə, -njə] 〘← VAGO- + -TONIA〙 *n.* 〖病理〗迷走神経緊張(症), 迷走神経活動亢進. **va·go·tón·ic** [-tɑ́nɪk | -tɔ́n-] *adj.*

va·go·tro·pic [vèɪgətróupɪk, -trɑ́p- | -trɔ́p-] 〘← VAGO- + -TROPIC〙 *adj.* 〖生理・薬学〗向迷走神経性の, 迷走神経に選択的に作用する.

va·gran·cy [véɪgrənsi | -sɪ] 〘⇨ ↓, -cy〙 — *n.* **1** 放浪, 流浪; 放浪生活, 放浪性; 浮浪罪. **2** [集合的] 放浪者, 浮浪者, 無宿者 (vagabonds): *Vagrancy* has increased since the war. **3 a** (考え・話など)取りとめのないこと, 気まぐれ. **b** 奇行; 夢想.

va·grant [véɪgrənt] 〘(1444) □ AF *vagara(u)nt* 《変形》 ← OF *wa(u)crant* wandering (pres.p.) ← *wa(u)crer, walcrer* to roll, roam ← Gmc (cf. walk): vagabond または L *vagārī* to wander about に影響された〙 — *adj.* **1** 放浪する, 流浪する, 遍歴する (nomadic); 放浪の, 流浪の, さすらいの: ~ minstrels, beggars, tribes of the desert, etc. / a ~ life 放浪生活 / ~ habits 放浪癖. **2** 浮浪者の, 浮浪生活をしている. **3** 〈植物が〉生育の不ぞろいな. **4** 変わりやすい, 移り変わる, 取りとめのない, 気まぐれな (wayward); 方向の定まらない: ~ breezes, clouds, thoughts, fancies, etc. / indulge in ~ speculation 取りとめもない思索に耽る. — *n.* **1** 放浪の旅人, 流浪の人 (wanderer). **2** 浮浪者, 宿なし, 無頼漢 (vagabond); 浮浪罪に問われるような生活をしている人 《放浪こじき・売春婦など》: be picked up by police as a ~ 浮浪者として警察に上げられる. **~·ly** *adv.* **~·ness** *n.*

va·grom [véɪgrəm] 〘《転訛》 ← VAGRANT〙 *adj.* 《古》=vagrant.

vague [véɪg] 〘(1548) □ (O)F ~ □ L *vagus* wandering ← ?〙 — *adj.* (**vagu·er; vagu·est**) **1** 〈言葉・意味・観念・感情など〉はっきりしない, 漠然とした, 不明瞭な, あいまいな, まぎらわしい (↔ definite); 〈視覚その他の感覚が〉不明確な, もうろうとした, ぼんやりした: ~ answers, promises, hopes, ideas, knowledge, wonder, etc. / He has a ~ idea of going to Canada. 彼はカナダへ行こうかと漠然と考えている / I have not the ~*st* notion what to do [where I left my umbrella]. 私はどうしたらよいのか[どこに傘を忘れたのか]一向にはっきりしない / There is a ~ rumor to that effect. 何だかそういううわさがある / The powers of the Board are purposely left ~. 委員会の権能は故意にあいまいにしてある. **2** (願望・意見・意向など)はっきり言わない, 明示しない: He is very ~ as to what he really wants. 何が本当にほしいのかはっきり言わない. **3** 〈目・表情など〉ぼんやりしている, うわの空の (absent-minded): a ~ look. **4** 〈形・色など〉ぼやけた, おぼろな, 輪郭のはっきりしない: ~ forms seen through mist 霧の中に見えるぼんやりした物影.

— *n.* **1** [the ~] 漠然とした状態 (vagueness): The plans are still in *the* ~. 計画はまだはっきりとまとまらない. **2** 漠とした広がり: *the* dark ~ of the sea 暗黒色に漠と広がる海.

vágue·ly *adv.* 漠然と, ぼんやりと, あいまいに.

vágue·ness *n.* **1** はっきりしないこと, ぼんやりしていること, あいまい: It is still in ~. まだ漠然としている. **2** はっきりしない[ぼんやりしている]もの.

va·gus [véɪgəs] 〘↓〙 *n.* (*pl.* **va·gi** [véɪgaɪ, -dʒaɪ]) 〖解剖〗=vagus nerve.

vágus nérve 〘《なぞり》 ← NL *vagus nervus* wandering nerve: cf. vague〙 *n.* 〖解剖〗迷走神経 《第 10 脳神経》.

va·hi·ne [vɑhíːneɪ] 〘□ Tahitian ~〙 *n.* 中央ポリネシアの女, (特に)タヒチ島の女.

vail[1] [véɪl] 〘(*c*1330) 《頭音消失》 ← 《廃》 *avale* □ OF *aval-er* to descend ← *à val* down < L *ad vallem* 'to the VALLEY': cf. avalanche〙 《古》 — *vt.* **1** (尊敬・服従の印として) 〈帽子・冠などを〉脱ぐ (take off). **2** 下げる, 落とす (lower): He ~*ed* his eyes again. 彼はまた目を伏せた / Do not for ever with thy ~*ed* lids seek for thy noble father in the dust. いつまでも目を伏せてあの世の父を求めるのはよしなさい (Shak., *Hamlet* 1. 2. 70–71). — *vi.* (尊敬・服従の印として)帽子を脱ぐ; 〔…に〕頭を下げる 〔*to*〕. — *n.* (太陽の)沈むこと (setting): the ~ of the sun 落日.

vail[2] [véɪl] 〘(*a*1325) *vaile(n)* □ OF *vail-* (stem) ← *valoir* to be of worth < L *valēre* (⇨ value): cf. avail〙 《古》 — *vi., vt.* =avail. — *n.* [通例 *pl.*] 役得 (perquisite); 心付け, 祝儀 (tip); わいろ (bribe).

vain [véɪn] 〘(*c*1303) □ (O)F ~ < L *vānum* vain, empty〙 — *adj.* (**~·er; ~·est**) **1** むだな, 役に立たない, 無益な (useless, futile): ~ entreaties, regrets, boasts, etc. / All our efforts were ~. われらの努力はことごとく骨折り損だった / It is ~ to try to escape. 逃げようとしてもだめだ. **2** 真価のない, つまらない, くだらない (worthless); 中味のない, むなしい, 空(くう)な (empty): ~ pomp and glory of this world この世のむなしい華美栄光 (Shak., *Hen VIII* 3. 2. 365) / waste one's life in ~ pleasures くだらない快楽に一生を浪費する / ~ titles 空名 / in the ~ hope of success 成功の空しい望みを抱いて. **3** うぬぼれの強い, ひとりよがりの, 虚栄の (conceited); 虚栄心から来る: a very ~ man ひどく虚栄心の強い人 / Adulation is apt to make men ~. 追従(ついしょう)は人に虚栄心を起こさせやすい. **4** 〔…を〕ひどく誇る, 大いに自慢する 〔*of, about*〕: She is ~ *of* her voice. 彼女は声が大自慢だ. **5** 《古》無分別な, 愚かな (foolish).

in vain (1) むだに, 徒らに, むなしく (uselessly, fruitlessly): All our efforts were *in* ~. 我々の努力はすっかりむだになった / They have labored *in* ~. 彼らは努力はしたがむだであった / I tried *in* ~ to open it. 開けようとしたがだめだった. (2) 軽々しく, みだりに: take the name of God *in* ~ みだりに[ののしりなどに]神の名を用いる, 神の名を軽々しく扱う (LL *in vanum nomen Dei assumere* のなぞり; cf. *Exod.* 20: 7) / take a person's name *in* ~ みだりに[許可なしに]人の名を用いる, 人をあしざまに言う; 《戯言》人の名を口にする, 人のことを話す.

~·ness *n.*

Väi·nä·möi·nen [váɪnəmɔ̀ɪnən] 〘□ Finn. ~〙 *n.* 〖フィンランド伝説〗ヴァイナーモイネン 《*Kalevala* の英雄, 予言者, 吟唱詩人》.

vain·glo·ri·ous [vèɪnglɔ́ːriəs, -glóːr- | -glɔ́ːrɪ-] 〘(15C): ⇨ ↓, -ous: cf. OF *vaneglorieus* / ML *vānaglōriōsus*〙 — *adj.* **1** (自分の能力などに)うぬぼれが強い, うぬぼれたっぷりの, 虚栄心の強い (boastful); 〔…を〕大いに自慢する 〔*of*〕: a ~ man / be ~ *of* one's family 家族のことを大いに自慢する. **2** うぬぼれから来る, 虚栄心を示す: ~ pride, confidence, etc. **~·ly** *adv.* **~·ness** *n.*

vain·glo·ry [véɪnglɔ̀ːri, -glòːri, ⏑–– | vèɪnglɔ́ːrɪ] 〘(*a*1325) □ (O)F *vaine gloire* // ML *vāna glōria*: ⇨

vain, glory〗 ― *n.* **1** 非常なうぬぼれ, 強い虚栄心 (boastfulness). **2** 上べだけの花々しさ, 虚飾, 見せびらかし (vain show).

váin·ly 〖ME〗 ― *adv.* **1** 無益に, むだに, むなしく, いたずらに (uselessly, in vain): He ~ tried to speak. ものを言おうとしたがだめだった. **2** うぬぼれて, 自慢して, 得々と (conceitedly): be ~ proud of...をうぬぼれている.

vair [véə | véə(r] 〖(*a*1325) ▭ (O)F ~ < L *varium* varied, parti-colored〗 ― *n.* **1** (まだらの)リスの毛皮《13–14 世紀に王侯貴族の衣服のへりに用いた; cf. miniver》. **2** 〖紋章〗ベール《毛皮模様の一種で, 古いタイプ (vair ancient) と新しいタイプ (vair modern) などがあり, 銀と青で交互に彩色される》.

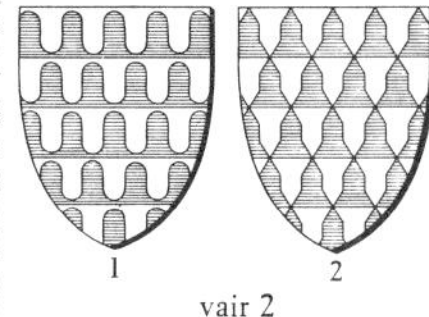

vair 2
1 vair ancient ; 2 vair modern

vair·y [vé(ə)ri | véəri] 〖(15C)〗 *adj.* 〖紋章〗(毛皮模様が vair の銀と青の組み合わせに対して)赤と金の組み合わせの.

Vaish·na·va [váɪʃnəvə, váɪs-] 〖▭ Skt *vaiṣṇava* of Vishnu ← *Viṣṇu* 'VISHNU'〗 *n., adj.* 〖ヒンズー教〗ヴィシュヌ (Vishnu) の帰依者(の).

Váish·na·vism [-vɪzm] *n.* 〖ヒンズー教〗ヴィシュヌ (Vishnu) 崇拝[信仰], ヴィシュヌ教.

Vais·ya [váɪʃə, -sjə] 〖▭ Skt *vaiśya* peasant〗 *n.* バイシャ, ベイシャ, ビシャ, 吠舎, 毘舎《インド四姓の第三階級に属する人(庶民); cf. caste 1》.

vaj·ra [vʌ́dʒrə] 〖▭ Skt ~ 'thunderbolt'〗 *n.* 〖ヒンズー教〗ヴァジュラ, 金剛杵《ヴェーダ神話で, Indra が用いて悪魔を殺す武器》.

va·keel [vəkíːl] 〖(1622) ▭ Hindi *vakēl* ▭ Arab. *wakīl* ← *wákala* to entrust〗 ― *n.* (*also* **va·kil** [~]) **1** (インドで)代理人, 代表者 (deputy); 公使 (minister), 大使 (ambassador). **2** (インドで)インド人弁護士.

Val [vǽ(ː)l] 〖(dim.) ← VALENTINA // VALENTINE // VALERIA〗 *n.* **1** 男性名. **2** 女性名.

val. 《略》 valentine ; valley ; valuation ; value(d) ; valvular.

Va·la·don [vàːlədɔ́ː(ŋ), -dɔ́(ː)ŋ; *F.* valadɔ̃], **Su·zanne** [syzan] *n.* バラドン《1865–1938; フランスの女流画家; Utrillo の母》.

Va·lais [væléɪ | ⸗⸗; *F.* valɛ] *n.* ヴァレー(州)《スイス南西部の州; 人口 207,000, 面積 5,230 km², 首都 Sion》.

val·ance [vǽləns, véɪl- | vǽl-] 〖(*a*1463)《変形》← ? ME *valence* ← ? *Valence* (フランス南東部の織物産地) // ▭ ? OF **valance* ← *valer* to descend《頭音消失》← *avaler* 'VAIL¹'〗 ― *n.* **1** (天蓋(てんがい)のへり・寝台の周囲・窓の上部などにのれん状につった短い)垂れ幕, 飾りカーテン. **2** 垂れ幕状のもの《帽子の垂れ縁など》.

valance 1

vál·anced *adj.* 垂れ幕の付いた[で飾った].

Val·da [vɑ́ːldə] 〖▭ ON *Vald* 《原義》 governor〗 *n.* 女性名.

Val·dái Hills [vɑːldáɪ-; *Russ.* valdáj-] *n. pl.* [the ~] バルダイ丘陵《ソ連邦ロシヤ共和国西部の低台地山群, Volga 川水源地方, 最高点約 350 m》.

Val·de·mar I [vɑ́ːldəmɑ̀ə-, vǽl- | -mɑ̀ː-; *Dan.* váldəmàr-] *n.* バルデマル一世 (Waldemar I のデンマーク語名).

vale¹ [véɪl] 〖(*a*1325) ▭ (O)F *val* < L *vallem* 'VALLEY'〗 ― *n.* **1** 谷, 谷間; 流域 (valley). ★ 地名に用いられる以外は《古》または《詩》(cf. isle): *Vale* Royal (in Cheshire, England) / the *Vale* of the White Horse. **2** (天国に比して苦しみ・悲しみの場所としての)現世 (earthly life): this [the] ~ of tears [woe, misery] この涙[憂い, 不幸]の谷間, 浮世 / this ~ = the earthly ~ 現世.

the vale of years 老年 (old age): I am declined into *the* ~ *of years.* 私も年が傾きかけてきた (Shak., *Othello* 3. 3. 266).

va·le² [vɑ́ːleɪ, véɪli, wɑ́ːleɪ | véɪlɪ, vǽleɪ, vɑ́ː-] 〖(1550) ▭ L *valē* (imper.) ← *valēre* : ⇨ value〗 ― *L. int.* さらば, さようなら (good-bye). ― *n.* 別れ, 別離 (farewell); 別れの挨拶[手紙など]: take one's ~ いとまごいする, 別れを告げる / say [write] one's ~ 別れの挨拶をする[書く].

val·e·dic·tion [vælədíkʃən | -lɪ-] 〖(1614) ← L *valedict(us)* ((p.p.) ← *valedīcere* to say farewell: ⇨ ↑, diction)〗 ― *n.* **1** 告別, いとまごい, 別れ (leave-taking). **2** 告別の辞, 別れの言葉.

val·e·dic·to·ri·an [vælədɪktɔ́ːriən, -tɔ́ːr- | -lɪdɪktɔ́ː-rɪ-] *n.* 《米》(告別演説をする)卒業生総代《通例学業成績が首位の卒業生; cf. salutatorian》.

val·e·dic·to·ry [vælədíkt(ə)ri | -lɪdíkt(ə)rɪ] 〖(1651) ← L *valedict(us)* (⇨ valediction) + -ORY¹〗 ― *adj.* 告別の, 別れの: a ~ speech, letter, address, etc. ― *n.* **1** 告別の辞, 別れの挨拶, 告別演説. **2** 《米》卒業生総代 (valedictorian) の告別演説 (cf. salutatory). **vàl·e·díc·to·ri·ly** [-rəli | -rəlɪ, -rɪlɪ] *adv.*

val·ence¹ [vǽləns] *n.* = valance.

va·lence² [véɪləns] 〖▭ LL *valentia* power, strength ← *valentem* (pres.p.) ← *valēre* : ⇨ value〗 ― *n.* **1** 《米》〖化学〗原子価. **2** [しばしば複合語の第 2 構成素として]〖生物〗(染色体・血清などの結合する)数価: bi*valence* 二価, 双価 / poly*valence* 多価. **3** 〖心理〗誘発性, 誘意性, バレンス《ある対象が生体を引きつけたり, 退けたりする特性; 引きつける特性を正の誘発性, 退ける特性を負の誘発性という》. **4** 〖言語〗(語の)結合価, 語価.

Va·lence [vælɑ́ː(n)s, -lɔ̃ː(n)s, -lɑ́ːns, -lɔ́(ː)ns, ; *F.* valɑ̃ːs] *n.* バランス《フランス南東部, Rhone 河畔の工業都市; Drôme 県の首都; 人口 71,000》.

vá·lence elèc·tron [véɪləns-] *n.* 〖化学〗価電子, 原子価電子《他の原子との結合に与る電子》.

Va·len·ci·a¹ [vəlénʃiə, -ʃə, -siə | -ʃɪə, -ʃə, -sɪə, -sjə ; *Sp.* balénθja] *n.* バレンシア: **1** スペイン東部, 地中海に臨む地方, 1238 年以前はムーア人の王国. **2** スペイン東部の海港, もと Valencia 王国の首都; 人口 648,000》. **3** 南米 Venezuela 北部の都市; 人口 440,000.

Va·len·ci·a² [vəlénʃiə, -ʃə, -siə | -ʃɪə, -ʃə, -sɪə, -sjə] 〖↑〗 *n.* [通例 *pl.*] バレンシア《羊毛と絹または木綿・麻の交織らしゃ; チョッキ地などに用いる》.

Va·len·ci·ennes [vəlènsiénz(z), vælən- | vælənsiénz(z), -lɑ̃ː(n)s-, -lɔ̃ː(n)s-, -lɑːns-, -lɔ(ː)ns-, -sjén(z); *F.* valɑ̃sjɛn] *n.* **1** バランシエンヌ《フランス北部の古い都市; 人口 44,000》. **2** バランシエンヌ レース《もと Valenciennes 産; 細いボビンレースでメッシュ地に単純な花などの模様がある; Valenciennes lace または Val lace ともいう》.

va·len·cy [véɪlənsi | -sɪ] *n.* 《英》= valence².

Va·lens [véɪlənz, -lenz], **Fla·vi·us** [fléɪviəs | -vjəs, -vɪəs] *n.* ヴァレンス《328–78; ローマ皇帝 (364–78)》.

-va·lent [⸗ véɪlənt, ⸗ vələnt] 〖← L *valent-*, *valēns* : ⇨ valence²〗 ― 次の意味を表わす形容詞連結形: **1** 〖化学〗「…(原子)価の」: uni*valent*. **2** 〖生物〗(一つの細胞内の染色体の構成が)「…価の」: uni*valent*, tri*valent*, multi*valent*.

Val·en·ti·na [vælənti:nə] 〖(dim.) ← VALENTINE〗 *n.* 女性名《愛称形 Val》.

val·en·tine [vǽləntàɪn] 〖(*c*1380) ▭ (O)F *valentin* // L *Valentīn-us* (Saint) Valentine : ↓〗 ― *n.* **1** ヴァレンタインカード[の贈り物]《Cupid の絵や感傷的な詩句や, 時には滑稽詩などで飾ったもので, 2 月 14 日の St. Valentine's Day にしばしば匿名で異性に送る》. **2** St. Valentine's Day に贈り物などをするのに選ばれた恋人; 恋人 (sweetheart). **3** 〔事物・人物に対して〕賛美・愛着を表わした文[記念のしるしなど]〔*to*〕: This play is a ~ *to* humanity. この劇は人間性を賛美した劇である. **4** [通例 V-] 恋歌 (love song).

Val·en·tine [vǽləntàɪn | -tàɪn, -tɪn] 〖▭ L *Valentīnus* ← *valentis* (gen.), *valēns* strong: ⇨ valence², -ine¹〗 *n.* **1** 男性名. **2** 女性名《愛称形 Val》.

Val·en·tine [vǽləntàɪn], Saint *n.* ヴァレンタイン, ヴァレンティヌス《?–?270; ローマのキリスト教殉教者; 祝日は 2 月 14 日; いわゆる聖ヴァレンタインの祝日 (St. Valentine's Day) は, ローマにおける 2 月中旬の異教の祭と結びついたもので, 本来この聖人とは関係がない; ⇨ St. Valentine's Day》.

Válentine [Válentine's] Dày *n.* = St. Valentine's Day.

Val·en·tin·i·an I [vælənttíniən-, -njən- | -nɪən-, -njən-] *n.* ウァレンティニアヌス一世《321?–75; ローマ皇帝 (364–75); ラテン語名 Valentinianus I》.

Valentinian II *n.* ウァレンティニアヌス二世《371?–92; ローマ皇帝 (375–92); ラテン語名 Valentinianus II》.

Valentinian III *n.* ウァレンティニアヌス三世《419?–55; 西ローマ皇帝 (425–55); ラテン語名 Valentinianus III》.

val·en·ti·nite [vælənti:naɪt, -ṭɪnàɪt | -tì:naɪt, -tɪnàɪt] 〖← *Basil Valentine* (アンチモニーの特性を発見したドイツの 15 世紀の錬金術師): ⇨ -ite¹〗 ― *n.* 〖鉱物〗白安鉱 (Sb_2O_3).

Val·en·ti·no [vælənti:noʊ | -nəʊ], **Rudolph** *n.* バレンチノ《1895–1926; イタリア生れの米国の俳優》.

Valera, Eamon de *n.* ⇨ de Valera.

val·er·ate [vǽlərèɪt] 〖← *valer(ic acid)* + -ATE¹〗 *n.* 〖化学〗吉草酸塩, 吉草酸エステル.

Va·le·ra y Al·ca·lá Ga·lia·no [vəlé(ə)rə-iː-æ̀lkəlɑ́ː-gæ̀liɑ́ːnoʊ, -ɑːlkə-, -gɑ̀ːli- | vəléərə-iː-æ̀lkəlɑ́ː-gælɪɑ́ːnəʊ, -ɑːlkə-, -gɑ̀ːlɪ-; *Sp.* baléra-i-àlkalá-galjáno], **Juan** *n.* バレラ イ アルカラ ガリアーノ《1824–1905; スペインの小説家・批評家・政治家・外交官; *Pepita Jiménez*「ペピータ ヒメネス」(1874)》.

Va·le·ri·a [vəlí(ə)riə | -lɪ́ərɪə] 〖▭ L ~ (fem.) ← *Valerius* ← *valēre* to be strong: ローマの家族名〗 *n.* 女性名《愛称形 Val; 異形 Valerian, Valerie》.

va·le·ri·an [vəlí(ə)riən | -lɪ́ərɪ-] 〖(*c*1395) ▭ ML *valeriāna* (fem. sing.) ← *Valeriānus* of Valeria (この植物の原産地であるローマの一地方名): cf. Valeria〗 ― *n.* **1** 〖植物〗カノコソウ《オミナエシ科カノコソウ属 (*Valeriana*) の植物の総称》; (特に)ヨウシュカノコソウ (⇨ garden heliotrope 1). **2** 〖薬学〗吉草根(きっそうこん)《ヨウシュカノコソウの根を乾燥したもの; もと駆風剤・精神鎮静剤として用いられた》.

Va·le·ri·an¹ [vəlí(ə)riən | -lɪ́ərɪ-] 〖《変形》← VALERIA〗 *n.* 女性名《愛称形 Val》.

Va·le·ri·an² [vəlí(ə)riən | -lɪ́ərɪ-] *n.* ウァレリアヌス《?–?260; ローマ皇帝 (253–60); ラテン語名 Publius Licinius Valerianus》.

Va·le·ri·a·na·ce·ae [vəlì(ə)riənéɪsiiː | -lɪərɪ-] 〖← NL ~ : ⇨ valerian, -aceae〗 *n. pl.* 〖植物〗オミナエシ科. **va·lè·ri·a·ná·ceous** [-ʃəs] *adj.*

va·le·ri·an·ic [vəlì(ə)riǽnɪk | -lɪərɪ-] *adj.* = valeric.

va·le·ric [vəlí(ə)rɪk, -lér- | -lɪ́ər-, -lér-] 〖← VALER(IAN) + -IC¹〗 *adj.* 〖化学〗吉草根から採った.

valéric ácid *n.* 〖化学〗吉草酸 ($CH_3(CH_2)_3COOH$).

Val·e·rie [vǽləri | -rɪ] 〖▭ F ~ : cf. Valeria〗 *n.* 女性名《愛称形 Val》.

va·le·ro·lac·tone [vəlì(ə)ro(ʊ)lǽktoʊn, væ̀lər- | və-lɪərə(ʊ)lǽktəʊn, væ̀lər-] 〖← *valer(ic acid)* + LACTONE〗 ― *n.* 〖化学〗バレロラクトン ($C_5H_8O_2$)《無色で芳香のある液体で, 溶剤として用いる》.

Va·lé·ry [væləríː, væléri | vǽləri ; *F.* valeri], **Paul (Ambroise)** *n.* ヴァレリー《1871–1945; フランスの詩人・文芸思想家; *Charmes*「魅惑」(1922), *Variété*「ヴァリエテ」(5 vols., 1924–44)》.

val·et [vǽlɪt, -lət, -leɪ, væléɪ | vǽlɪt, -lət, -lɪ, -leɪ ; *F.* valɛ] 〖(1567) ▭ F ~ < OF *varlet* : ⇨ varlet〗 ― *n.* **1** (身の回りを世話する男性の)従者, 召使い (manservant). **2** (ホテルなどの)ボーイ. **3** 《米》コート[帽子]かけ, 帽子だな. ― [《英》vǽlɪt] *v.* ― *vt.* 召使いとして…に仕える: The butler ~*s* me very well. 執事は非常によく私の身の回りの世話をしてくれる. ― *vi.* 召使いとして仕える.

va·let de cham·bre [væléɪ-də-ʃɑ́ː(m)br(ə), -ʃɔ́ː(m)-, -ʃɑ́ːm-, -ʃɔ́(ː)m- ; *F.* valɛdʃɑ̃ːbr] 〖▭ F ~ 'valet of chamber'〗 *n.* (*pl.* **valets de c-** [~]) = valet 1.

valet de place [-də-plɑ́ːs ; *F.* -dəplas] 〖▭ F ~ 'place valet'〗 *n.* (*pl.* **valets de p-** [~]) (特に, フランスで)旅行案内者.

val·e·tu·di·nar·i·an [væ̀lət(j)ùːdənέ(ə)riən, -dṇ- | -lɪtjùːdɪnέərɪ-] *adj.* **1 a** 病身の, 病弱の, 虚弱な (invalid). **b** 病弱[病身]らしい. **2** ひどく健康を気にする, 病を気にやむ. ― *n.* **1** 病身者, 虚弱者, 病弱者; 持病やみ. **2** 病身ぶる人, 健康を気にする人.

vàl·e·tù·di·nár·i·an·ism [-nɪzm] *n.* **1** 虚弱, 病身, 病弱. **2** ひどく健康を気にすること.

val·e·tu·di·nar·y [vǽlət(j)ùːdənèri, -dṇ- | -lɪtjùːdɪnərɪ] 〖(1581) ▭ L *valētūdināri-us* sickly, (n.) invalid ← *valētūdō* state of health, ill health ← *valēre* : ⇨ valiant〗 ― *adj., n.* = valetudinarian.

val·gus [vǽlgəs] 〖▭ L ~ 'bowlegged'〗〖病理〗 *adj.* 外反の《身体部分の角度が正中線から外側にはずれている; cf. varus》. ― *n.* 《俗用》外反足(の人).

Val·hal·la [vælhǽlə, vɑːlhɑ́ːlə | vælhǽlə] 〖(1768) ▭ ON *valhǫll* hall of the slain ← *valr* the slain + *hǫll* 'royal HALL'〗 ― *n.* (*also* **Val·hall** [vælhǽl, ⸗⸗]) **1** 〖北欧神話〗ヴァルハラ《Gladsheim にある Odin の最大の宴会場》. **2** 国家的英雄を祭る記念堂.

va·li [vɑ́ːli | -lɪ] 〖▭ Turk. *vāli* ▭ Arab. *wāli*: cf. vilayet〗 *n.* **1** (オスマン帝国の州の)総督. **2** = wali 1.

vál·iance [-ljəns] 〖(1456) ▭ AF ~ = (O)F *vaillance* : ⇨ valiant, -ance〗 *n.* = valiancy.

val·ian·cy [vǽljənsi | -sɪ] *n.* 勇敢, 勇壮, 勇気 (bravery).

val·iant [vǽljənt] 〖(*c*1303) ▭ AF *valiaunt* = (O)F *vaillant* ← *valoir* to be strong < L *valēre* : ⇨ value〗 ― *adj.* **1** 勇敢な, 勇ましい, 勇気のある, 雄々しい, 英雄的な (brave). **2** すぐれた, りっぱな: ~ works of art. **3** 《廃》〈体が〉頑丈な, がっしりした (robust, strong). ― *n.* 勇ましい人. **~·ly** *adv.* **~·ness** *n.*

val·id [vǽlɪd, -ləd | -lɪd] 〖(1571) ▭ (O)F *valide* // L *valid-us* strong ← *valēre* : ⇨ ↑, -id⁴〗 ― *adj.* **1** (根拠の)確実な, 妥当な; 効果的な, 確実な: a ~ argument, reason, objection, method, etc. **2** 〈切符など〉有効な, 通用する (good): a ticket which is ~ (*for*) one month 1 か月間有効の切符. **3** 法的に有効な, 正当な手続きを踏んだ, 法的効力を有する: a ~ contract, marriage, etc. / Your passport is ~ *for* most countries. 君の旅券はたいていの国で有効です. **4** 《古》強健な (robust); 健康な (healthy). **5** 〖論理〗前提から正しく推論される, 前提が結論を含意するような, 妥当な. **6** 〖生物〗生物分類の原理として認められた. **~·ly** *adv.* **~·ness** *n.*

val·i·date [vǽlədèɪt | -lɪ-] 〖← ML *validāt-us* (p.p.) ← *validāre* to make valid : ⇨ ↑, -ate³〗 ― *vt.* **1** 有効にする, 確認する, 確実なものとする (confirm). **2** 法的に有効にする, 合法化する (legalize); 批准する (ratify). **3** (選挙で)〈当選を〉公認する, 正当と認める; 〈候補者〉の当選を宣言する: ~ an election. **val·i·da·tion** [vælədéɪʃən | -lɪ-] *n.*

va·lid·i·ty [vəlídəṭi, væ- | -dətɪ, -dɪ-] 〖(*c*1550) ▭ (O)F *validité* // LL *validitāt-em* : ⇨ valid, -ity〗 ― *n.* **1** 妥当(性), 正当さ, 強味 (soundness): an argument [objection] of no [doubtful] ~ 妥当性のない[怪しい]議論[反対]. **2** 有効, 確実. **3** 〖法律〗法的効力, 合法性: the term of ~ 有効期間.

val·ine [vǽliːn, véɪ-, -lɪn, -lən | -liːn, -lɪn] 〖← VAL(ERIC) + -INE³〗 ― *n.* 〖生化学〗バリン ($(CH_3)_2CHCH(NH_2)COOH$)《白色の結晶で, 蛋白質の分解で生じるアミノ酸》.

val·in·o·my·cin [væ̀lɪno(ʊ)máɪsṇ, -lə- | -lɪnə(ʊ)máɪsɪn] 〖← VALIN(E) + -O- + -MYCIN〗 *n.* 〖薬学〗バリノマイシン《抗生物質の一種》.

va·lise [vəlíːs | vəlíːz, væ-, -líːs] ⟦(1633) ▭ F ～ ▭ It. *valigia* ← ?: cf. ML *valisia*⟧ ━ *n.* **1** 《米》小型の手さげ旅行かばん. **2** 〘軍事〙(特に, 騎兵·歩兵が所持品などを入れて運ぶ革製[布製]の)円筒形(軍用)かばん (kit bag).

valise 1

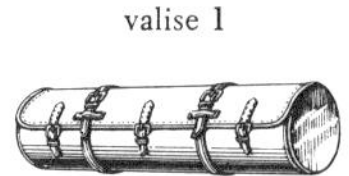

valise 2

Val·i·um, v- [vǽliəm, véɪ- | -lɪəm, -ljəm] *n.* 〘商標〙ベイリウム《diazepam の商品名》.

Val·jean [vɑːlʒɑ́ːŋ, -ʒɔ́ːŋ, -ʒɑ́ːŋ, -ʒɔ́(ː)ŋ; *F.* valʒɑ̃], **Jean** [ʒɑ̃] *n.* (ジャン)バルジャン《Victor Hugo 作の小説 *Les Misérables* (1862) の主人公》.

Val·kyr·ie [vælkí(ə)ri, -káɪri, vǽlkɪ(ə)ri, -kəri | vælkíəri, vǽlkɪri] ⟦(1768) ▭ ON *valkyrja* chooser of the slain ← *valr* (⇨ Valhalla) + -*kyrja* chooser (⇨ choose)⟧ ━ *n.* (*also* **Val·kyr** [vǽlkɚ | -kɪə(r)]) 〘北欧神話〙ヴァルキューレ《Odin の侍女で, 戦況を左右し空中を馬で駆けめぐり, 戦死すべき者を選び戦死者を Valhalla の饗宴に招じるという》. **Val·kyr·i·an** [vælkí(ə)riən, -káɪri- | -kíəri-] *adj.*

valla *n.* vallum の複数形.

Vál láce [vǽl-] ⟦(略)⟧ *n.* ＝Valenciennes 2.

Val·la·do·lid [vælədəlíd, -líː | -də(ʊ)líd, -dəʊ-; *Sp.* bàʎaðolí] *n.* バリャドリード《スペイン中北部の都市, Columbus の死亡地 (1506); 人口 237,000》.

val·late [vǽleɪt] ⟦▭ LL *vallāt-us* (p.p.) ← *vallāre* to wall ← *vallum* (↓)⟧ *adj.* 〘築城〙塁壁等で囲まれた.

val·la·tion [væléɪʃən, və-] ⟦▭ LL *vallātiō(n-)* ← L *vallum* 'VALLUM'⟧ ━ *n.* 《古》〘築城〙塁壁, 堡(ほ)塁 (earthwork); 塁壁築造(術). ★ この語の代わりに通例 circumvallation を用いる.

val·lec·u·la [vəlékjʊlə, væ-] ⟦▭ LL ～＝L *vallicula* (dim.) ← *vallis* 'VALLEY'⟧ ━ *n.* (*pl.* **-u·lae** [-lìː, -làɪ]) **1** 〘解剖〙(小脳や喉頭蓋などの)谷; 小窩(か), 小溝. **2** 〘植物〙溝, 谷, 窩, 果谷(こく). **val·léc·u·lar** [-lə | -lə(r)] *adj.*

Val·le d'A·os·ta [vɑ́ːleɪdɑɔ́(ː)stə | -ɔ́s-; *It.* vàlledaɔ́sta] *n.* バレ ダオスタ《イタリア北西部の州; 人口 102,000, 面積 3,263 km²》.

Val·let·ta [vəlétə | -tə; *It.* vallétta] *n.* バレッタ《Malta の首都; 貿易港, 海軍基地; 人口 16,000》.

val·ley [vǽli | -lɪ] ⟦(*c*1290) *valey* ▭ OF *valee* (F *vallée*) ← *val* < L *vallem* (acc.) ← *vallēs, vallis* valley: cf. vale¹⟧ ━ *n.* **1** 谷, 谷間, 渓谷 (cf. canyon, ravine). **2** (大河の)流域: the Yangtze ～ 揚子江流域. **3** 谷に似たくぼみ[構造]; (波と波との間の)波くぼ, 谷 (trough). **4** 低迷期; (恐怖に満ちた)暗黒の時: the ～ of tears ＝the VALE¹ of tears / the peaks and ～*s* of the nation's economic cycles 国の経済周期の絶頂期と低迷期. **5** 〘建築〙(屋根の)谷.
the valley of the shadow (***of death***) 死の影の谷, 死の迫る(苦難の)時; 苦難 (cf. *Ps.* 23: 4; Bunyan, *The Pilgrim's Progress* I; SHADOW *of death*).
Valley of Ten Thousand Smokes [the ─] 万煙谷《米国 Alaska 州南西部の火山地帯で, 各所に噴煙が見られる; Katmai National Monument の一部》.
Valley of the Tombs of the Kings [the ─] 王家の谷《エジプトの Thebes の西方にある細長い谷で, 第 18–20 王朝 (1567–?1085 B.C.) の代々の王の墓がある》.
～·like *adj.*

válley fèver ⟦米国 California 州の the San Joaquin valley で流行したことから⟧ *n.* 〘病理〙谿谷(けいこく)熱, コクシジオイデス症 (coccidioidmycosis).

Válley Fórge [-fɔ́ədʒ, -fɔ́ədʒ | -fɔ́ːdʒ] ⟦独立戦争の時, Valley Creek と呼ばれた谷川の河口に作られた鍛冶工場にちなむ⟧ ━ *n.* 米国 Pennsylvania 州南東部の村; 独立戦争の時 Washington とその軍が立てこもった冬営陣地 (1777–78); 今は州立公園.

válley ráfter *n.* 〘建築〙谷木《屋根の谷を支える斜材》.

válley wìnd *n.* 谷風《日中, 山の谷を吹き上げる風; cf. mountain wind》.

val·lum [vǽləm] ⟦(1610) ▭ L ～ 'WALL, 《原義》stockade'⟧ *n.* (*pl.* **val·la** [-lə], **～s**) 土塁(rampart); (特に, 古代ローマ人の作った)柵を巡らした塁壁.

Va·lois [vǽlwɑː, ─́─ | vǽlwɑː, -lwɔː; *F.* valwa] *n.* バロワ《中世フランスの Île-de-France 地方の公爵領》.

Va·lois [vǽlwɑː, ─́─ | vǽlwɑː, -lwɔː; *F.* valwa], **the House of** *n.* バロワ家《フランスの王家; Philip 六世から Henry 三世まで (1328–1589)》.

Va·lo·na [vəlóʊnə | -lə́ʊ-; *It.* valóːna] *n.* バローナ《Vlorë のイタリア語名》.

va·lo·ni·a [vəlóʊniə, -njə | -lə́ʊniə, -njə] ⟦(1722) ▭ It. *vallonia* ▭ NGk *balánia* (pl.) acorns ← *baláni* ← Gk *bálanos* acorn⟧ ━ *n.* valonia oak の乾燥した果実《タンニンを含み, 革なめし·インキ製造·染料用》.

Va·lo·ni·a·ce·ae [vəlòʊniéɪsiː | -lə̀ʊnɪ-] ⟦← NL ～: ⇨ ↑, -aceae⟧ *n. pl.* 〘植物〙(緑藻類)バロニア科.

valónia óak *n.* 〘植物〙南東ヨーロッパ·小アジアに産するカシの一種 (*Quercus aegilops*) (cf. valonia).

val·or, 《英》**val·our** [vǽlə | -lə(r)] ⟦(?*a*1300) ▭ OF *valour* (F *valeur*) < LL *valōrem* ← L *valēre*: ⇨ value⟧ ━ *n.* **1** 《詩·文語·戯言》(戦場の勇士などの)勇気, 勇猛, 武勇 (bravery): ～ in arms 武勇. **2** 《廃》価値 (value).

val·o·ri·za·tion [vælərɪzéɪʃən, -rə- | -raɪ-, -rɪ-] ⟦▭ Port. *valorização* ← *valorizare* to valorize ← *valor* value: ⇨ -ation⟧ ━ *n.* (特に, 政府の人為的な)物価安定政策, 公定価格設定.

val·o·rize [vǽləràɪz] ⟦(逆成)↑⟧ *vt.* (特に)〈政府が〉…の物価を安定させるための諸施策を行なう, …の公定価格を定める.

val·or·ous [vǽlərəs] ⟦(*c*1477) ▭ OF *valerous* (F *valeureux*) // ML *valorōs-us*: ⇨ valor, -ous⟧ *adj.* 勇ましい, 勇敢な (brave). **～·ly** *adv.* **～·ness** *n.*

valour *n.* ＝valor.

Val·pa·ra·í·so [vælpəráɪzoʊ, -réɪ- | -zəʊ] *n.* バルパライソ《チリ中部の海港; 人口 249,000; スペイン語名 Valparaíso [bàlparaíso]》.

Val·sál·va manéuver [vælsǽlvə-; *It.* valsálva-] ⟦← *Antonio Maria Valsalva* (1666–1723: イタリアの解剖学者)⟧ ━ *n.* 〘医学〙ヴァルサルヴァ法[試験], 耳管通気検査(法)《鼻と口を閉じて呼気を送り出すようにする一種の耳管通気法であり, また発作性急拍症の一治療法; 単に Valsalva ともいう》.

Valsálva's sínus *n.* 〘解剖〙大動脈洞, ヴァルサルヴァ洞.

valse [vɑ́ːls, vǽls | vɑ́ːls, vɔ́ːls, vǽls; *F.* vals] *F. n.* ＝ waltz.

val·u·a·ble [vǽljʊbḷ, -ljuə- | -ljuəbl, -ljʊbl] ⟦(1589)⟧ ━ *adj.* **1** 金銭的価値のある; 価格を有する: ～ papers 有価証券 / ⇨ valuable consideration. **2** 高価な (precious, costly): ～ furniture, jewelry, etc. **3** 有益な, 貴重な, 大切な, 大事な (important): a ～ book 貴重[重要]な本 / a book very ～ *to* [*for*] teachers 教師にとってきわめて有用な本 / I thank you for your ～ service [information]. 有益な尽力[情報]に対しお礼申し上げます. **4** 《まれ》評価できる, (金銭で)算定できる (cf. invaluable 1): rarities not ～ in (terms of) money 金銭で計れない珍品. ━ *n.* [通例 *pl.*] 貴重品《特に身の回り品·宝石類など》. **～·ness** *n.* **vál·u·a·bly** *adv.*

váluable considerátion *n.* 〘法律〙有価約因, 対価 (cf. consideration 6).

val·u·ate [vǽljuèɪt | -lju-] ⟦(逆成)↓⟧ *vt.* 評価する, 見積もる, 査定する (appraise).

val·u·a·tion [væljuéɪʃən | -lju-] ⟦(1529) ▭ OF *valuacion*: ⇨ value, -ation⟧ ━ *n.* **1** 評価, 価格査定, 値踏み (appraisal). **2** 評価[査定]した価値, 評価額, 見積り価格, 査定額: be disposed of at a low ～ 安い値で売却される / put [set] too high a ～ on…を高く評価しすぎる, 買いかぶる. **3** (人物·才能などの)評価, 品定め: take a person at [on] his own ～ 人の値打ちをその言いなりにとる / put a person's services at the highest ～ 人の働きを最も高く買う. **4** 〘保険〙生命保険証券の価値評価.

vàl·u·á·tion·al [-ʃənḷ, -ʃnəl] *adj.* 評価の, 見積もりの, 査定の. **～·ly** *adv.*

vál·u·à·tor [-tə | -tə(r)] *n.* 評価者; 価格査定官.

val·ue [vǽljuː, -ljʊ] ⟦(*c*1303) ▭ OF ～ (fem. p.p.) ← *valoir* to be worth < L *valēre* to be strong, be worth ← IE **wal-* to be strong: cf. wield⟧ ━ *n.* **1 a** (物の本質的または相対的な)価値, 値打ち, 価 (worth, merit); 有用, 有益さ (usefulness): a sense of ～ 価値観 / the ～ of good books 良書の価値 / the ～ of sunlight *for* health 健康に対する日光の重要さ / propaganda ～ 宣伝価値 / ⇨ news value, *of* VALUE. **b** (トランプの札·チェスの駒などの)重要性, 等級. **2** (交換·購買·貨幣的)価値, 価格, 値段, 代価; (小切手の)額面金額: book ～ 帳簿価格 / commercial [economic] ～ 経済価値 / ～ in use 〘経済〙使用価値 / (for) ～ received 〘商業〙対価受取り, 受取り金額, 渡し済み金代償《手形面に記載する文句》/ ⇨ exchange value, face value, market value, nominal value, par value, surplus value / The ～ of yen [this picture] has risen greatly. 円の値打ち[この絵の値]は大いに上がった. **3 a** 〔…の〕対価, 評価額〔*for, of*〕: give [pay] full ～ *for* a person's services 人の尽力に対して十分な謝礼をする / pay the ～ *of* a damaged article 破損した品物相当の額を支払う. **b** 値打ちのあるもの; 〔出費に〕相当する[見合う]もの〔*for*〕: ⇨ VALUE *for money*. **4 a** 評価 (valuation): set a high ～ on …を高く評価する, 重んじる / put little ～ on …を高く買わない, 見くびる. **b** 《まれ》〔人·物に対する〕高い評価, 好感〔*for*〕: have a ～ *for* status. **5 a** [*pl.*] 〘社会学〙価値《理想·慣習·制度など》: positive ～*s* 積極的価値《自由·清潔·教育など》/ negative ～*s* 消極的価値《犯罪·残酷·汚瀆など》. **b** 〘倫理〙価値《もの·人間の行動·動機·性格などに与えられ, 積極的な評価の対象となる性質》. **6** (語句などの)真義, 意義, 意味: the ～ of a word. **7** 〘絵画〙バリュー, バルール, 色価, 明暗(の度): out of ～ (明かる過ぎたり暗過ぎたり)明暗の釣合いがとれない. **8** 〘音楽〙(音符や休符の示す)長さ, 時間的価値, 音価, 歴時 (time value): give a note its full time ～ ある音にその十分の長さを与える / A quarter note has the ～ of two eighth notes. 四分音符は八分音符 2 個の音価をもっている. **9** 〘数学·物理〙値(あたい), 数値: the ～ of *x*. **10** 〘音声〙音価 (⇨ phonetic value). **11** 〘生物〙(分類上の)等級. **12** 〘化学〙…価《化学的性質を表わす数値; 例えば脂肪中の不飽和脂肪酸の含量を示すヨウ素価》.
at value 〘商業〙通り相場[時価]で決まる価格で《販売よりも後のある時または船積みの時に決まる値段に応じて品物を売る場合に用いる》. ***of value*** 貴重な, 重要な (valuable): news *of* ～ 重大ニュース / be *of* great [much] ～ 大いに価値がある / be *of* little [no] ～ あまり[全く]価値がない. ***to the value of*** …の価額に達する, の値打ちのある: a jewel *to the* ～ *of* 100,000 yen 10 万円の値打ちのある宝石. ***value for money*** 金を払った[払う]だけの値打ちのあるもの, 金相当のもの: give [get] (good) ～ *for money* 金[値段]に(十分)見合ったものを与える[得る].
━ *vt.* **1** 評価する, 値踏みする, …の値段を見積もる, …に値をつける (appraise): ～ the house and contents *at* £10,000 家と家財を 1 万ポンドと評価[査定]する. **2** …の価値を(重くまたは軽く)見る: ～ one's life highly 生命を重く見る / ～ honor above riches 名誉を富以上に見る / He does not ～ his life a farthing. 彼は自分の命をびた一文ほどにも思っていない. **3 a** 尊重する, 重んじる (prize): ～ a person's friendship [advice] 人の友情を貴ぶ[忠言を重んじる] / ～ her *as* a secretary 秘書として彼女を重んじる. **b** [～ *oneself* で] うぬぼれる, 誇る: ～ *oneself* for… 〈自分のしたことなど〉を相当なものとうぬぼれる / ～ *oneself* on [upon]…を誇る.

válue àdded *n.* 付加価値《生産過程で新たに付け加えられた価値》.

válue-àdded táx *n.* 付加価値税《英国およびヨーロッパの一部の国で, 商品の原料加工·生産·販売などの各過程ごとに徴収される取引高税; 略 VAT, V.A.T.》.

vál·ued *adj.* **1** 尊重される, 重んじられる, 貴重な (precious): one's ～ possession, friend, etc. **2** [通例複合語の第 2 構成要素として] (…の)値[価値]をもつ: many-*valued* 多元的価値をもつ.

válue dàte *n.* 《英》〘銀行〙手形決済日, 発効日時, 利息起算日.

válued pòlicy *n.* 〘保険〙評価済保険(契約)《損害発生時の保険価額をあらかじめ協定した保険契約》.

válue-frée *n.* 〘社会学〙価値自由, 価値判断の排除.

válue jùdgment *n.* 価値判断.

válue·less *adj.* 無価値な, つまらない (worthless): a ～ book. **～·ness** *n.*

vál·u·er [-ljuə | -ljuə(r)] *n.* **1** 評価者. **2** 《英》価格査定官 (appraiser).

válue sỳstem *n.* (社会の)価値体系.

va·lu·ta [vəlúːtə, -tɑː | -tə, -tɑː; *It.* valúːta] ⟦▭ It. ～ 'value'⟧ *n.* 貨幣価値; (特に, 外貨の)貨幣交換価値.

val·val [vǽlvəl] ⟦← VALV(E)＋-AL¹⟧ *adj.* ＝valvular.

val·var [vǽlvə | -və(r)] *adj.* ＝valvular.

val·vate [vǽlveɪt] ⟦← NL *valvat-us*: ⇨ ↓, -ate²⟧ ━ *adj.* **1** 弁 (valve) のある, 弁で開く; 弁の役目をする, 弁に似た, 弁状の. **2** 〘植物〙**a** 〈蒴(さく)·葯(やく)など〉弁で開く. **b** 向かい合わせの (reduplicate), 敷石状の《芽やつぼみの中の葉·萼(がく)片·花弁が重なり合わないで毛抜き合わせに隣り合う》.

valve [vǽlv] ⟦(*a*1387) ▭ L *valva* leaf or valve of a folding door: cf. L *volvere* to roll⟧ ━ *n.* **1** 〘機械〙バルブ, 弁: ⇨ safety valve. **2** 〘解剖〙弁, 弁膜. **3 a** 〘動物〙(貝類·フジツボ類の)殻, 貝殻の一片 (shell) (cf. bivalve). **b** 〘昆虫〙弁《ある種の昆虫の産卵管の鞘を形成する部分》. **4** 〘植物〙(莢(さや)·苞·蒴(さく)·葯(やく)の)弁. **5** 《英》〘電子工学〙**a** 電子管 (electron tube): a thermionic ～ 熱電子管 / a ～ set 真空管式受信機. **b** 熱電子管. **6** 〘音楽〙(金管楽器の)ピストン, 活栓(せん)《楽器の自然音以外の半音などをも容易に吹奏できるように音高を変化させる装置; 3 個(時に 4 個)あり, 迂回管に気流を送ったり遮断したりする》. **7** (水門などの)せき止め弁; 水門. **8** 《古》(開き戸·折戸の)とびら.
square a valve 〘機械〙(蒸気機関の)すべり弁の行程を調整する.
━ *vt.* **1** …に弁[バルブ]を付ける. **2** 弁で〈液体〉の流れを調節する. ━ *vi.* 弁[バルブ]を使う.

válve chèst [**bòx**] *n.* 〘機械〙(蒸気機関の蒸気分配弁を収める)弁室, 弁箱; (特に)蒸気室 (steam chest).

valved *adj.* **1** バルブ[弁]のある, 有弁の. **2** ＝valvate.

válve gèar *n.* 〘機械〙(往復機関の)弁装置.

válve·less *adj.* 弁のない.

valve·let [vǽlvlɪt, -lət] *n.* 小弁 (valvule).

válve mòtion *n.* 〘機械〙＝valve gear.

válve sèat *n.* 〘機械〙(内燃機関等の)弁座.

válve trombòne *n.* (スライド式 U 字管の代わりにバルブ装置をもつ)ピストン式トロンボーン (cf. slide trombone).

válve vóltmeter *n.* 〘電気〙バルボル (⇨ vacuum-tube voltmeter).

val·vu·la [vǽlvjʊlə] ⟦← NL ～ (dim.) ← *valva* 'VALVE'⟧ *n.* (*pl.* **-vu·lae** [-lìː, -làɪ]) 〘解剖〙(小)弁《現在の解剖学名では心臓以外の弁に限られる》.

val·vu·lar [vǽlvjʊlə | -lə(r)] ⟦(1797) ← NL *valvularis*: ⇨ valvule, -ar¹⟧ ━ *adj.* **1** 弁の, 弁状の; 弁を備えた, 弁によって活動する. **2** 〘植物〙弁から成る. **3** 〘医学〙(小)弁の, 心臓弁膜の: ～ disease (of the heart) 心臓弁膜症, 弁膜性心疾患 (略 V.D.H.).

válvular insuffíciency [**incómpetence**] *n.* 〘病理〙弁閉鎖不全(症)《心臓弁膜の閉鎖が不完全で, 血液がその間隙から逆流する状態》.

val·vule [vǽlvjuːl] ⟦← NL *valvula* (dim.) ← L *valva*: ⇨ valve⟧ *n.* 小弁(状部分) (valvelet).

val·vu·li·tis [vælvjʊláɪtɪs, -təs | -tɪs] ⟦← NL *valvula* (↑)＋-ITIS⟧ *n.* 〘病理〙(心)弁膜炎.

val·vu·lo·plas·ty [vǽlvjʊlo(ʊ)plæ̀sti | -lə(ʊ)plæ̀stɪ] ⟦← NL *valvula* (↑)＋-o-＋-PLASTY⟧ *n.* 〘外科〙弁形成(術).

val·vu·lot·o·my [vælvjʊlɑ́təmi | -lɔ́təmɪ] ⟦← NL *valvula* (↑)＋-o-＋TOMY⟧ *n.* 〘外科〙(心臓の)弁膜切開(術) (cf. commissurotomy).

vam·brace [vǽmbreɪs] ⟦(*c*1330) ▭ AF *vauntbras*

《頭音消失》← OF *avantbras* ← *avant* before, in front +*bras* arm〗 ── *n.* 〖甲冑〗腕甲《特に, 二の腕当をいう; ⇨ armor 挿絵》.

vám·braced *adj.* 〖紋章〗腕甲を着けた.

va·moose [vəmúːs, væ- | -múːs, -múːz] 〖《1848》□ Sp. *vamos* let us go: cf. mosey〗 (*also* **va·mose** [-móus | -máus]) 《米俗》 ── *vi.* 急いで逃げる, 出奔する, ずらかる (decamp). ── *vt.* 〈場所〉から急に逃げる, 急いで去る: ～ the ranch 農場からずらかる.

vamp[1] [vǽmp] 〖《?*a*1200》□ AF **vaumpé* 《頭音消失》← OF *avantpié* (F *avantpied*) forepart of the foot ← *avant* before+*pié* (F *pied*) (< L *pedem, pēs* 'FOOT')〗 ── *n.* **1** (靴の)つま革, わく革, バンプ《甲革 (uppers) のうち歩行のたびに屈曲する部分の革; ⇨ shoe 挿絵》. **2** つぎ, ぼろかくし (patchwork). **3** つぎ合わせもの; (特に)焼直しの文学作品. **4** 〖ジャズ〗(簡単な)即興伴奏. ── *vt.* **1** 〈靴〉に新しいつま革をつける[て繕う]: ～ worn boots. **2** …につぎを当てる, 繕う (patch up); 〈古い物を〉新しく見せる 〈*up, together*〉: ～ *up* old furniture 古家具を新しいもののように仕立てる. **3** (古い材料などで)でっち上げる 〈*up*〉: ～ *up* a farce 茶番狂言をでっち上げる / ～ *up* an excuse 言い訳を作る. **4** 〖ジャズ〗〈伴奏・導入曲などを〉即興で付ける; …に即興で伴奏を付ける (improvise). ── *vi.* 〖ジャズ〗伴奏・導入曲などを即興で作る[奏する].

vamp[2] [vǽmp] 〖《1918》《略》← VAMPIRE〗 ── *n.* 男たらし, バンプ (adventuress); 浮気女 (flirt). ── *vt.* 〈男を〉たらし込んで金品を巻き上げる, 〈男を〉食い物にする; 〈男〉といちゃつく. ── *vi.* バンプ役を演じる.

vámp·er *n.* **1** 靴直し(人); 直し屋. **2** 〖ジャズ〗(特に, ピアノの)即興伴奏者.

vámp·hòrn *n.* バンプホーン《18–19 世紀初期にかけて教会で用いられた一種のメガホン》.

vam·pire [vǽmpaɪə | -paɪə(r] 〖《1734》□ F ～ // G *Vampir* ← ? Slav. □ Turk. *uber* witch〗 ── *n.* **1** 吸血鬼《埋め方が不十分なためによみがえり, 夜間墓を出て眠っている人を訪れてその生血を吸うという》. **2** 人の膏血(こうけつ)を絞る者, 鬼のような搾取者 (extortionist). **3** 毒婦, バンプ (vamp). **4** バンプ役女優. **5** 〖動物〗 **a** チスイコウモリ《中南米産チスイコウモリ属 (*Desmodus*)・マルミミチスイコウモリ属 (*Diphylla*) のコウモリの総称; 家畜などの血を食餌とし, 狂犬病を媒介することもある; 俗に「吸血こうもり」という; vampire bat ともいう》. **b** アフリカ・東南アジア・オーストラリア産アラコウモリ科および中南米産のヘラコウモリ科チスイコウモリモドキ属 (*Vampyrum*) のコウモリの総称《誤って生血を吸うと信じられている; vampire bat ともいう; cf. false vampire bat》. **6** 〖演劇〗落し戸 (trapdoor)《悪魔などが突然現われたり消えたりするために用いる舞台の床または壁面に設けられたばね落し》.

vam·pir·ic [væmpírɪk] *adj.* 血を吸う, 寄生する (parasitic).

vám·pir·ish [-paɪ(ə)rɪʃ | -paɪər-] *adj.* 吸血鬼の(ような); バンプ[毒婦]風の.

vám·pir·ìsm [-paɪ(ə)rìzm | -paɪər-] *n.* **1** 吸血鬼の仕業(しわざ)[所業]; 人の膏血(こうけつ)を絞ること; 男を食い物にすること, 男たらし. **2** 吸血鬼の(存在を信じる)迷信. **3** 〖医学〗死姦, 死体(性)愛.

vámp·ish [-pɪʃ] *adj.* 男たらしの, 毒婦の, バンプの: an ～ woman.

vam·plate [vǽmplèɪt] 〖《?*c*1350》□ AF *vauntplate* ← *vaunt-* = OF *avant-* before+*plate* 'PLATE[1]': cf. vambrace〗 ── *n.* (騎士の長い槍につける)円形の大きい鍔(つば) (⇨ caparison 挿絵).

van[1] [vǽ(ː)n] 〖《1610》《略》← VANGUARD〗 ── *n.* **1** (部隊または艦隊の)前衛, 先陣, 先頭部隊 (cf. rear[2] 1 c). **2** 先頭, 先鋒; [集合的] 先導者, 先達たち (leaders): the ～ *of* a procession 行列の先頭 / the ～ of civilization 文明の先達 / in the ～ *of*…の先頭[陣頭]に立って, の先駆(者)として / lead the ～ 先駆を勤める, 主動者となる 〔*of*〕 (cf. *bring up the* REAR[2]).

van[2] [vǽ(ː)n] 〖《1829》《略》← CARAVAN〗 ── *n.* **1** (幌付きの)大馬車, 箱荷車; ヴァン, 箱型貨物自動車, 有蓋(がい)[幌付き]トラック《家具・見世物の野獣などを運ぶのに用いる; cf. lorry 1 b》: a furniture ～. **2** 《英》 **a** (商品などの)運搬用小型トラック. **b** ジプシーの箱馬車 (gypsy van). **3** 《英》(鉄道の)手荷物車, 有蓋貨車 (《米》 baggage car) (cf. wagon 2): a brake ～ 緩急車 / a guard's ～ 車掌車 / a goods ～ 有蓋貨車 / ⇨ luggage van. ── *vt.* (**vanned; van·ning**) ヴァン (van) に積む, ヴァン (van) で運搬する.

van[3] [vǽ(ː)n] 〖《*c*1450》《南部方言》← FAN[1]: cf. (O)F *van*〗 ── *n.* **1** 《古》 簸(ひ)分け機 (winnowing machine). **2** 選鉱用シャベル. **3** 《古・詩》翼 (wing). ── *vt.* (**vanned; van·ning**) 〈鉱石を〉ふるい分ける, 選鉱する. **～·ner** *n.*

van[4] [vǽ(ː)n] *n.* 《英口語》〖テニス〗=advantage 3.

van[5] [væn, vən | væn; *Du.* vɑn, *G.* fan] 〖□ Du. ～ 'of, from': cf. von〗 ── *prep.* =of, from. ★ 人名に用いる; 本来は出身地を示すために用いられる; 本人の好みにより Van とも書かれるが, 外国語の場合は van が普通 (cf. de[2], von).

Van [vǽ(ː)n] 〖← VAN[3] // FEN[1]〗 *n.* 男性名.

va·na·d- [vənéɪd, vǽnəd] (母音の前に来る時の) vanado- の異形.

van·a·date [vǽnədèɪt] 〖← VANADO-+-ATE[1]〗 *n.* 〖化学〗バナジウム酸塩, バナジウム酸エステル.

va·na·di·ate [vənéɪdièɪt | -dɪ-] *n.* 〖化学〗=vanadate.

va·na·dic [vənéɪdɪk, -nǽd-] *adj.* 〖化学〗第二バナジウムの, 三価のバナジウム (V^{III}) の (cf. vanadous).

vanádic ácid *n.* 〖化学〗バナジウム酸《オルトバナジウム酸 (H_3VO_4) とメタバナジウム酸 (HVO_3) とがある》.

va·na·di·nite [vənéɪdənàɪt, -nǽd-, -dn̩-, vænədíː-naɪt | vənéɪdɪnàɪt] 〖← VANADO-+-IN[1]+-ITE[1]〗 *n.* 〖鉱物〗褐鉛(かつえん)鉱.

va·na·di·ous [vənéɪdiəs | -dɪ-] *adj.* 〖化学〗=vanadous.

va·na·di·um [vənéɪdiəm | -djəm, -dɪəm] 〖《1835》← NL ～ ← ON *Vanadís* (Freya の形容辞)+-IUM: スウェーデンで発見されたことにちなむ〗 *n.* 〖化学〗バナジウム, バナジン《希元素の一つ; 記号 V, 原子番号 23, 原子量 50.9415》.

vanádium óxide *n.* 〖化学〗酸化バナジウム《VO, V_2O_3, VO_2, V_2O_5 の四種がある; V_2O_5 は酸化触媒として用いられる》.

vanádium pentóxide *n.* 〖化学〗五酸化バナジウム (V_2O_5) (⇨ vanadium oxide).

vanádium stéel *n.* バナジウム鋼《高温で硬度が保たれるバナジウムを含む合金鋼》.

va·na·do- [vənéɪdou, vǽnə- | -də(u)] 〖← VANADIUM〗「バナジウム, バナジン (vanadium)」の意の連結形. ★ 母音の前では通例 vanad- になる.

va·na·dous [vənéɪdəs, vǽnə-] 〖⇨↑, -ous〗 *adj.* 〖化学〗第一バナジウムの, 二価のバナジウム (V^{II}) の《vanadious ともいう; cf. vanadic》.

va·na·dyl [vənéɪdl̩, vǽnədɪl | vənéɪdɪl, vǽnədɪl] 〖← VANADO-+-YL〗 *n.* 〖化学〗バナジル《VO で表わされる陽性の基; 一価, 二価あるいは三価》.

Van Al·len [væn-ǽlɪn, vən-, -lən | væn-], **James Alfred** *n.* (1914–) 米国の物理学者.

Van Állen radiátion bèlt 〖↑〗 ── *n.* 〖地球物理〗ヴァンアレン帯《高エネルギー粒子を含む地軸に直交したドーナツ状の領域で, 地表からの高度は 3,600 km および 18,000 km の二種に分かれている; Van Allen belt, radiation belt ともいう》.

va·na·pras·tha [vɑ̀ːnəprɑ́stə] 〖□ Skt *vānaprastha*〗 ── *n.* 〖ヒンズー教〗林住期《アーシュラマ (ashrama) の第三期; 家住期を終えて森林に隠棲する時期》; 林住期の隠者.

va·nas·pa·ti [vənʌ́spəṭi, -nɑ́ːs- | -tɪ] 〖□ Skt ～ 'soma plant' ← *vana* forest+*pati* lord〗 *n.* ヴァナスパッティ《インドでバターの代用にする水素添加の植物油》.

Van·brugh [vǽnbrə, vænbrúː], Sir **John** *n.* (1664–1726) 英国の劇作家・建築家; *The Provok'd Wife* (1697).

Van Bu·ren [væn-bjúː(ə)rən, vən- | væn-bjúər-], **Martin** *n.* (1782–1862) 米国第 8 代大統領 (1837–41).

Vance [vǽns] 〖ME *Vannes*《原義》resident at the fan: ⇨ fan[3]〗 *n.* 男性名.

van·co·my·cin [vǽŋkəmáɪsn̩, væn- | -sɪn] 〖← *vanco-* (← ?)+-MYCIN〗 *n.* 〖薬剤〗バンコマイシン《抗生物質の一種; スピロヘータに有効》.

Van·cou·ver [vænkúːvə | vænkúːvə(r, væŋ-] 〖← *Capt. George Vancouver* (1757–98: 英国の探検家)〗 ── *n.* **1** カナダ南西部, British Columbia 州南西海岸に近い島; 人口 360,000, 面積 32,140 km². **2** Vancouver 島の南西部対岸, カナダ最南西部の工業港市; 人口 427,000.

Vancouver, Mount *n.* バンクーバー山《米国 Alaska 州とカナダの境にある山 (4,785 m)》.

van·da [vǽndə] 〖← NL ～ ← Hindi *vandā* mistletoe ← Skt *vandā* a parasitic plant〗 ── *n.* 〖植物〗インド・マレーシア地方に産するラン科のバンダ[ヒスイラン]属 (*Vanda*) の植物の総称.

V. and A., V. & A. 《略》 (Order of) Victoria and Albert (英国の)ビクトリア アルバート勲章; Victoria and Albert Museum.

Van·dal [vǽndl̩] 〖《1555》□ LL *Vandal-us* □ Gmc **Wandal-* (OE *Wendil* / ON *Vendill*) ← ? IE **wendh-* to turn, wind: ⇨ wander〗 ── *n.* **1** **a** [the ～s] バンダル族《5 世紀にゴール・スペイン・北アフリカ・ローマを侵し, 最後に北部アフリカに定住した Goths 族に近いゲルマンの一民族; 455 年にローマを略奪し, その文化を破壊した》. **b** バンダル族の人, バンダル人. **2** [v-] 芸術品・自然美などの心なき破壊者. ── *adj.* **1** バンダル族の. **2** [v-] (無知ゆえに)芸術・文化などを破壊する, 野蛮な; バンダル人的な, 芸術破壊的な: *vandal* despoilers of our churches 教会を略奪する野蛮人 / the *vandal* defacement of the countryside 田園の野蛮な汚損.

Van·dal·ic [vændǽlɪk] *adj.* **1** バンダル人の[的な]. **2** [v-] 芸術・文化破壊者の[的な], 野蛮な.

ván·dal·ism [-dəlɪzm, -dl̩-] *n.* **1** バンダル人の気質[精神, 風習, 行動]. **2** 芸術・文化に対する敵視; 芸術破壊(行為), 野蛮な行為.

van·dal·is·tic [vændəlístɪk, -dl̩-] *adj.* 芸術破壊の, 野蛮な行為をする.

van·dal·ize [vǽndəlàɪz, -dl̩-] *vt.* 〈芸術作品・公共物・風景などを〉(バンダル人のように)破壊する. **van·dal·i·za·tion** [vændəlɪzéɪʃən, -lə-, -dl̩- | -dəlaɪ-, -lɪ-, -dl̩-] *n.*

Vàn de Gráaff génerator [vǽn-də-grǽf- | -grɑ́ːf-] 〖← *Robert J. Van de Graaff* (1901–67: 米国の物理学者)〗 ── *n.* 〖物理〗ヴァンドグラーフ起電機《静電発電機, 起電機 (electrostatic generator) の一種で, 高電圧の電源となる; 原子核研究などに使用》.

Van·den·berg [vǽndənbə̀ːg | -bə̀ːg], **Arthur Hendrick** [héndrɪk] *n.* (1884–1951) 米国の政治家.

Van·der·bilt [vǽndəbɪlt | -də-], **Cornelius** *n.* (1794–1877) 米国の資本家・鉄道建設業者; 通称 Commodore Vanderbilt》.

van der Waals [vǽn-də-wɔ̀ːlz, -wɑ̀ːlz | vǽn-də-wɑ́ːlz; *Du.* vɑ̀ndərwáːls], **Johannes Di·de·rik** [dídərɪk] *n.* ファンデルワールス《1837–1923; オランダの物理学者; Nobel 物理学賞 (1910)》.

ván der Wàals absórption 〖↑〗 ── *n.* 〖物理化学〗ファンデルワールス吸着《固体表面の吸着現象のうち, その原因がファンデルワールス力によるもの; cf. chemisorption》.

vàn der Wáals equátion 〖← *van der Waals*〗 *n.* 〖熱力学〗ファンデルワールスの方程式《van der Waals が提唱した気体の状態式》.

ván der Wàals fórces 〖← *van der Waals*〗 ── *n. pl.* 〖物理化学〗ファンデルワールス力《双極子などの相互作用に起因する中性原子[分子]間の比較的弱い引力》.

Van Díe·men's Lànd [væn-díːmənz-] *n.* バンディーメンズランド《Tasmania の旧名》.

Van Dine [væn-dáɪn, vən- | væn-], **S. S.** *n.* Willard Huntington WRIGHT の筆名.

Van Do·ren [væn-dɔ́ːrən, vən-, -dóːr- | væn-dɔ́ːr-], **Carl (Clinton)** *n.* (1885–1950) 米国の大学教授・批評家, Mark Van Doren の兄; *Benjamin Franklin* (1938).

Van Doren, Mark (Albert) *n.* (1894–1972) 米国の大学教授・詩人・批評家, Carl Van Doren の弟; *Thoreau* (1916), *Hawthorne* (1949).

Van Dru·ten [væn-drúːtn̩, vən- | væn-], **John William** *n.* (1901–57) 英国生れの米国の劇作家・演出家; *Young Woodley* (1925).

Van·dyke [vændáɪk, vən- | væn-] 〖↓〗 (*also* **Van·dyck** [～]) ── *adj.* **1** Vandyke (作)の. **2** [《英》 ⌐ ─] 〈服装など〉バンダイクの肖像画にあるような, バンダイク風の; (特に) V 字形で縁が深いぎざぎざの. ── *n.* [通例 v-] **1** =Vandyke beard. **2** **a** V 字形で縁が深いぎざぎざになっているもの; その縁. **b** =Vandyke collar.

Van·dyke [vændáɪk, vən- | væn-; *Du.* vɑndéɪk] (*also* **Van Dyck** [～]), Sir **Anthony** *n.* バンダイク《1599–1641; フランドルの肖像画家; 英国王 Charles 一世に招かれ, 晩年を英国で送った》.

Van Dyke [vændáɪk], **Henry** *n.* (1852–1933) 米国の英文学者・牧師; *The Poetry of Tennyson* (1889).

Vandýke béard, v- b- [vændáɪk-, vən- | vǽndaɪk-] 〖← *Sir Anthony Vandyke*〗 *n.* バンダイクひげ《先を細く尖らしたあごひげ; ⇨ Vandyke collar 挿絵》.

Vandýke brówn *n.* **1** バンダイクブラウン《Vandyke が好んで用いた焦げ茶色》. **2** バンダイクブラウン《暗褐色顔料; 酸化鉄またはフェロシアン化銅を主成分とする 2 種がある》.

Vandýke cóllar *n.* バンダイクカラー《Vandyke の肖像画にあるようなリネンやレースの大きなカラーで, 縁がスカラップ (scallops) や深いぎざぎざになっている》.

van·dýked, V- 〖cf. Vandyke collar〗 *adj.* 〈布など〉ぎざぎざの縁どりをした.

Vandyke collar

vane [véɪn] 〖《1425》《南部・西部方言》← OE *fana* flag < Gmc **fanōn-* (G *Fahne* flag) ← IE **pan-* fabric〗 ── *n.* **1** 風見 (weather vane), 風信器, 風向計 (cf. dogvane). **2** (風車の)翼板 (sail). **3** **a** (風車・推進器・扇風機などの)翼, 羽根 (blade). **b** (弓の)矢羽(やばね) (feather). **4** 気まぐれ屋, 気の変わりやすい人. **5** 〖測量〗(平板のアリダードまたはコンパスに付属し視準線を定めるためののぞき穴のある)視準板, のぞき板 (sight vane). **6** 〖鳥類〗羽弁, 羽板, 翮 (web)《軸の両側に羽板が互いにかぎで連なり合っている羽面; ⇨ feather 挿絵》. **7** 〖宇宙〗(ミサイルやロケットの操舵のため尾翼またはノズルにつける)操舵面.

Vane [véɪn], Sir **Henry** *n.* (1613–62) 英国の清教徒・政治家・著述家; 清教徒革命に活躍し, 王政復古後処刑された; 通称 Sir Harry Vane.

vaned *adj.* 風見 (vane) のある.

Va·ner [véɪnə | -nə(r] *n.* ベーネルン(湖)《スウェーデン南西部の湖; 面積 5,584 km²》.

Vä·nern [*Swed.* véːnərn] *n.* ベーネルン(湖)《Vaner のスウェーデン語名》.

Va·nes·sa [vənésə] 〖Swift の造語: 彼の恋人 *Esther Vanhomrigh* をもじり *Van-* と *Esther* の愛称形 *Essa* を結び付けたもの〗 *n.* 女性名.

Van Eyck *n.* ⇨ Eyck.

vang [vǽŋ] 〖《1769》□ Du. ～ 'catch, curb' ← *vangen* to seize: cf. fang〗 ── *n.* 〖海事〗斜桁(しゃこう)支索《斜桁 (gaff) の先端を固定位置に保つため船の両舷から取った支え綱》.

van·gee [vǽndʒiː] 〖← ?〗 *n.* 〖海事〗(船底の汚水を汲み上げる鎖バケツを回すクランク付き)動輪.

Van·gie [vǽndʒi | -dʒɪ] 〖(dim.) ← EVANGELINE〗 *n.* 女性名.

van Gogh [vængóu, -gɑ́k, -gɑ́x, -gɔ́(ː)k, -gɔ́(ː)x | -gɔ́f, -gɔ́k, -gɔ́x; *Du.* vɑnxɔ́x], **Vincent** *n.* (ヴァン) ゴッホ《1853–90; オランダの後期印象派の画家》.

van·guard [vǽngɑːd, vǽŋ- | -gɑːd] 〖《1487》*vandgard* 《頭音消失》← (O)F *avan(t)-garde* ← *avant* before + *garde* 'GUARD'〗 ── *n.* **1** (軍隊の)前衛, 先鋒(せんぽう);

先兵 (advance guard). **2** (社会・政治運動などの)先導, 指導的地位, 前衛; [集合的] 先導者[指導者]たち, 前衛たち (leaders): in the ～ 先頭に立って, 先駆者として / They are in the ～ of fashion. 流行の先端にいる. **3** [V-] ヴァンガード(ロケット)《ヴァンガード衛星打上げ用の米国初期の三段式ロケット》.

ván·guard·ism [-dɪzm] *n.* 前衛主義[思想]. **ván·guard·ist** [-dɪst, -dəst | -dɪst] *n.*

Va·nier [vɑːnjéɪ; *F.* vanje], **Georges P(hilias)** *n.* バニエ《1888–1967; カナダの軍人・外交官; 総督 (1959–67)》.

va·nil·la [vənílə, -nélə | -nílə] 〘《1662》← NL ～ ← Sp. *vainilla* little pod (dim.) ← *vaina* sheath < L *vāginam* 'VAGINA'〙 ── *n.* **1** 〘植物〙 バニラ (*Vanilla planifolia*)《熱帯アメリカ産のラン科のつる植物; 果実から香料のバニラを採る》. **2** バニラの実. **3** バニラエッセンス《アイスクリーム・チョコレート・ケーキなどの菓子類に用いる香料》. ──〘バニラが標準的なアイスクリームの味つけであることから〙 *adj.* なんの特徴もない, 平凡な, 味気ない.

vanilla 1

vanílla bèan *n.* 〘植物〙 バニラの実.

vanílla gràss *n.* 〘植物〙 =sweet grass 2.

va·nil·lic [vənílɪk, -nél- | -níl-] *adj.* **1** バニラの, バニラから採った. **2** 〘化学〙 バニリンの.

van·il·lin [vǽnəlɪn, -lən, -nḷ-, vəníl- | vǽnɪlɪn, vəníl-] 〘← VANILL(A)+-IN[1]〙 ── *n.* 〘化学〙 バニリン ($(CH_3O)(OH)C_6H_3CHO$)《バニラの実・丁字(ちょうじ)油などに存在し, 香料として広く用いられる》.

Va·nir [vάːnɪə | -nɪə(r)] 〘◻ ON ～ (pl.) ← *Vanr*〙 ── *n. pl.* 〘北欧神話〙 ヴァナル神族, ヴァナ神族《Niord, Frey, Freya などが属した神族; 初め Aesir 神族と戦い, 和平を結ぶに及んで互いに人質を交換した際, 彼らを Odin に差し出したという》.

van·ish [vǽnɪʃ] 〘《*c*1303》《頭音消失》◻ OF *evaniss-* (pres.p. stem) ← *e(s)vanir* (F *évanouir*) < VL **ex-vānīre*=L *ēvānēscere*: ⇨ ex-[1], vain, -ish[2]〙 ── *vi.* **1** (急に)消える, 見えなくなる; 姿をかき消す, 消え失せる, 立ち去る (disappear): ～ *into* smoke 煙となって消える / ⇨ *vanish into thin* AIR[1] / ～ *from* [*out of*] sight 見えなくなる / Shadows ～ with the dawn. 幽霊どもは暁と共に消え失せる. **2** 〈光・色などが〉薄れる, 次第に見えなくなる, 消滅する (fade away). **3** 存在しなくなる; 〈希望・恐怖などが〉なくなる, 消え失せる, 尽きる: All our hopes ～*ed* at the news. その知らせで希望はすべて消えてしまった. **4** 〘数学〙 零になる. ── *vt.* 消す, 見えなくする. ── *n.* 〘音声〙 消音《二重母音の [eɪ] や [oʊ] の後半の弱い [ɪ] や [ʊ] の母音》.

ván·ish·ing *n.* 〘教育〙 =fading 3. **～·er** *n.*

vánishing crèam *n.* バニシングクリーム《化粧用無油性クリーム; cf. cold cream》.

vánishing lìne *n.* (透視画法の)消尽線.

vánishing pòint *n.* **1** (透視画法の)消尽点, 消点. **2** 物の尽きる点: Our money [strength] has reached the ～. われわれの金[力]が尽きた.

vanishing point 1

ván·ish·ment *n.* 消失, 消去, 消滅.

van·i·ty [vǽnəṭi | -nətɪ, -nɪ-] 〘《?*c*1200》◻(O)F *vanité* ◻L *vānitātem* emptiness ← *vānus*: ⇨ vain, -ity〙 ── *n.* **1 a** うぬぼれ, 虚栄(心) (conceit): for ～=for ～'s sake 虚栄[見栄(みえ)]のために / He is mad with wounded ～. 彼は虚栄心を傷つけられて激怒している / A man's ～ is his tenderest spot. うぬぼれは人の一番の急所だ. **b** 自負の対象, うぬぼれているもの, 虚栄の種: One of his *vanities* is that he comes of a noble family. 彼の自慢の一つは自分が名門の出だということだ. **2 a** 空(くう)なこと, 空虚, 空しさ, はかなさ, 無益 (emptiness): the ～ of human wishes 人間の望みの空しさ / the ～ of life 人生のはかなさ, 無常 / *Vanity* of *vanities*; all is ～. 空(くう)の空なるかな, すべて空なり (*Eccl.* 1:2). **b** 空な[つまらない]こと[もの], 無益な[くだらない]こと[もの, 行為など]; たわむれ: the pomps and ～ of this wicked world ⇨ pomp *n.* 2. **3 a** 虚飾, 誇示 (ostentation). **b** けばけばしい装飾品 (gaud); 装飾的小物, 細かい装身具. **4 a** ヴァニティーケース《婦人の携帯用化粧道具入れ; 固い箱型のケースで仕切りや鏡がついている》. **b** 化粧バッグ《化粧道具を入れる小さなバッグで, ハンドバッグの中に入れたり, セカンドバッグとして用いる》. **5** 《米》=dressing table.

vánity bàg [**càse, bòx**] *n.* =vanity 4.

Vánity Fáir *n.* **1** 虚栄の市《Bunyan 作 *The Pilgrim's Progress* 中に出る虚栄の町の市場》. **2** [しばしば v- f-] 虚栄[虚飾]の巷(ちまた), この世の中; 上流社会.

vánity plàte *n.* (自動車などの)飾りナンバープレート.

vántiy prèss [**pùblisher**] *n.* 《米》 自費出版専門の出版社.

van Loon [væn-lúːn, vən-, -lóʊn | væn-lúːn, -lə́ʊn], **Hendrik Willem** *n.* ヴァンルーン《1882–1944; オランダ生まれの米国の著述家・ジャーナリスト》.

ván·màn [-mæ̀n, -mən] *n.* (*pl.* **-men** [-mɛ̀n, -mən]) ヴァン (van) の運転手.

Va·no·ra [vənɔ́ːrə, -nóːrə | -nɔ́ːrə] 〘《スコット》 ～, *Guanor, Wander* 'GUINEVERE'〙 *n.* 女性名.

van·quish [vǽŋkwɪʃ, vǽn- | vǽŋ-] 〘《*c*1330》 *vencus, venquishe(n)* ◻ OF *venquiss-* (pret.) ← *veintre* (F *vaincre*) < L *vincere* to conquer: cf. victor, -ish[2]: *van-* の形は 16 C 以降で, OF *vainquir* の影響〙《文語》 ── *vt.* **1** 征服する (conquer); 破る, 負かす (defeat): ～ the enemy, one's opponents, etc. / the ～*ed* 被征服者, 敗北者. **2** (議論で)負かす, 論破する. **3** 〈誘惑・感情などを〉克服する, に打ち勝つ (subdue): ～ the temptation of the flesh 肉の誘惑に打ち勝つ. ── *vi.* 勝利を得る, 征服者となる. **～·ment** *n.*

van·quish·a·ble [vǽŋkwɪʃəbḷ, vǽn- | vǽŋ-] *adj.* 征服できる, 負かすことができる; 打ち勝てる, 克服できる.

ván·quish·er 〘《15 C》〙 *n.* 征服者, 勝利者.

Van Rens·se·laer [væn-rɛ̀nsəlíə, vən-, -renslíə, -réns(ə)lə | væn-rɛ̀nsəlíə(r, -réns(ə)lə(r], **Stephen** *n.* (1764–1839) 米国の軍人・政治家 (cf. rensselaerite).

Van·sit·tart [vænsíṭət, vən- | vænsítət, -tɑːt], **Sir Robert Gilbert** *n.* (1881–1957) 英国の外交官・著述家; 1st Baron Vansittart of Denham.

van·tage [vǽnṭɪdʒ | vάːnt-] 〘《*a*1325》◻ AF ～ 《頭音消失》← OF *avantage* 'ADVANTAGE'〙 ── *n.* **1 a** 有利な点, 優越の地位 (superiority): have a person *at* ～ 人よりも有位に立つ / ⇨ COIGN *of vantage*. **b** =vantage point. **2** 《古》 利益, 利得 (benefit, gain). **3** 《廃》 好機, 機会 (opportunity). **4** 〘テニス〙 =advantage 3. ***to the vantage*** 《廃》 加うるに, その上 (in addition). ── *vt.* 《古》 利する, 益する (profit).

vántage gròund *n.* (相手を攻撃しまたは相手の攻撃をかわすのに好都合な)優越[有利]の地位, 有利地点, 地の利.

vántage-ín *n.* 〘テニス〙 =ADVANTAGE in.

vántage pòint *n.* **1** 有利な地位, 形勝の地, 地の利. **2** 立場, 視点 (point of view).

vántage-óut *n.* 〘テニス〙 =ADVANTAGE out.

van't Hoff [vɑːnt-hɔ́(ː)f, vænt- | -hɔ́f; *Du.* vɑnt-hɔ́f], **Jacobus Hen·dri·cus** [hɛndríːkʏs] *n.* バントホフ《1852–1911; オランダの化学者, Nobel 化学賞 (1901)》.

Va·nu·a Le·vu [vɑnúːə-lévuː] *n.* バヌアレブ(島)《南太平洋 Fiji 諸島中の島; 人口 95,000, 面積 5,535 km²》.

Van Vech·ten [væn-véktṇ, vən- | væn-], **Carl** *n.* (1880–1964) 米国の小説家・批評家・写真家; *Nigger Heaven* (1926).

van·ward [vǽnwəd | -wəd] 〘← VAN[1]+-WARD〙 *adj.* 前衛の, 先鋒(せんぽう)の, 先頭の, 先に立つ (advanced). ── *adv.* 先頭へ, 前方へ (forward) (↔ rearward).

Van·zet·ti [vænzéṭi | -tɪ; *It.* vandzétti], **Bar·to·lo·me·o** [bàrtolomέːo] *n.* ヴァンゼッティ《1888–1927; 米国に在住したイタリアの無政府主義者; ⇨ Sacco-Vanzetti Case》.

Va·phio [vǽfiòʊ, vɑːfjóʊ | vǽfiə̀ʊ, vɑːfjə́ʊ] *n.* ヴァフィオ《ギリシャ南部の Peloponnesus 半島 Sparta の南にある遺跡; 豊富な金銀製品を伴う Mycenae 時代の tholos がある; 特に一対の黄金杯が有名》.

Váphio cúps *n. pl.* 〘考古〙 ヴァフィオ杯《Vaphio の Mycenae 時代の遺跡で出土した一対の黄金杯》.

vap·id [vǽpɪd, véɪp-, -pəd | -pɪd] 〘《1656》◻ L *vapidus* that has lost its vapor or life: cf. vapor〙 ── *adj.* **1** 〈飲物など〉味わいのない, 気の抜けた (tasteless): ～ wine [beer] 気の抜けたぶどう酒[ビール] / run ～ 気が抜ける. **2** 鋭さや痛快味のない; 生気のない (lifeless), 面白くもない, 退屈な (dull): a ～ lecture, novel, etc. **～·ly** *adv.* **～·ness** *n.*

va·pid·i·ty [væpídəṭi, veɪ-, və- | væpídətɪ, və-, -dɪ-] *n.* **1** 気が抜けている状態; 鋭さのないこと; 退屈. **2** つまらぬ考え[言葉].

va·po- [véɪpo(ʊ) | -pə(ʊ)] 〘↓〙「蒸気 (vapor)」の意の連結形.

va·por, 《英》 **va·pour** [véɪpə | -pə(r] 〘《*c*1385》◻ AF *vapour*=(O)F *vapeur* ◻ L *vapōrem* steam〙 ── *n.* **1 a** 蒸気《通俗には水蒸気・湯気・霧・霞・煙霧などをいう》; 蒸発気《いろいろな蒸気の集まり》. **b** 〘物理〙 蒸気《臨界点以下で気化した物質; 気体と同じ意味で用いられることもある》: ⇨ water vapor. **2 a** (医術用・工業用の)気化物質; 吸入薬. **b** (内燃機関での)空気と気化ガスとの混合物. **3** (湿気・有毒ガスなどからの)発気, 発散 (exhalation). **4 a** 気まぐれな考え, とりとめのない空想: His brain was clouded by ～*s* and dreams. 彼の頭は空想や夢想でもやもやしていた. **b** 《古》 とりとめのない[はかない]もの, 空虚なもの. **5** 《古》 から威張り. **6** [*pl.*] 〘古医学〙 **a** (体内, 特に胃から発散し健康を害すると想像された)発散気. **b** [the ～s] 気ふさぎ, ふさぎこみ, 憂鬱(症) (hypochondria): have a fit of *the* ～*s* 憂鬱の発作が起こる, ふさぎの虫に取りつかれる.
── *vi.* **1** 蒸気を発する (steam) 〈*up, out*〉. **2** 蒸発する, (蒸気となって)発散する (evaporate) 〈*away*〉. **3** 〔…(のこと)を〕から威張りする, ほらを吹く (boast) 〔*about, of*〕. ── *vt.* **1** 蒸気(のよう)にする[発散させる] (vaporize). **2** から威張りして言う 〈*forth, away*〉: ～ *forth* high-flown fancies 途方もない気焔を吐く. **3** 《古》 …の気をふさぐ, 滅入らせる, 憂鬱にならせる (depress). **～·like** *adj.*

va·por·a·ble [véɪpərəbḷ] *adj.* =vaporizable.

vápor bàrrier *n.* 〘建築〙 防湿層《壁や屋根から湿気が入るのを防ぐための塗装または被覆》.

vápor bàth *n.* **1** 蒸し風呂. **2** 〘化学〙 蒸気浴; 蒸気浴装置 (cf. steam bath 2).

vápor dènsity *n.* 〘物理〙 蒸気密度《気体[蒸気]の単位体積当たりの質量》.

vápor èngine *n.* 〘機械〙 蒸気エンジン《特に作動流体が水蒸気でないときに使用》.

vá·por·er [-pərə | -rə(r] *n.* から威張り屋, ほら吹き (braggart).

váporer mòth *n.* 〘昆虫〙 =tussock moth.

va·po·ret·to [vɑ̀ːpəréṭoʊ | -təʊ; *It.* vaːporétto] 〘◻ It. ～ (dim.) ← *vapore* steamboat ◻ F (*bateau à*) *vapeur*: cf. vapor〙 ── *n.* (*pl.* **～s,** *It.* **-ret·ti** [-tiː; *It.* -ti]) 小型蒸気船《Venice の運河を走る連絡船》.

va·po·ri- [véɪpərɪ, -rə | -rɪ] 〘← L *vapor* 'VAPOR'〙「蒸気 (vapor)」の意の連結形.

va·por·if·ic [vèɪpəríftk] 〘← NL *vapōrific-us*: ⇨↑, -fic〙 *adj.* 蒸気を生ずる; 蒸気性の.

va·por·im·e·ter [vèɪpərímәṭə | -mɪtə(r, -mə-] 〘⇨ vapori-, -meter[1]〙 *n.* 蒸気圧計.

vá·por·ing [-p(ə)rɪŋ | -pər-] *n.* から威張り(すること); [通例 *pl.*] 大言壮語, ほら (empty talk). ── *adj.* **1** 蒸発する, 蒸気を出す. **2** から威張りする. **～·ly** *adv.*

vá·por·ish [-p(ə)rɪʃ | -pər-] *adj.* **1** 蒸気のような. **2** 蒸気の多い. **3** 《古》 気のふさいだ (depressed); ヒステリー症の. **～·ness** *n.*

va·por·iz·a·ble [véɪpəràɪzəbḷ, ─────] *adj.* 蒸気にできる, 蒸発させ得る, 気化可能の.

va·por·i·za·tion [vèɪp(ə)rɪzéɪʃən, -rə- | -pəraɪ-, -rɪ-] *n.* **1** 蒸発(作用), 気化: ⇨ HEAT of vaporization. **2** (特に, ボイラー内の速かな)水蒸気化. **3** 〘医学〙 =vapotherapy.

va·por·ize [véɪpəràɪz] *vt.* 蒸発[気化]させる. ── *vi.* **1** 蒸発[気化]する. **2** 大言壮語する.

vá·por·iz·er *n.* **1** 蒸発させる人[物], 蒸発器. **2** 気化器; 噴霧器, 霧吹き (atomizer). **3** 〘医学〙 ネビュライザー (nebulizer).

vápor·less *adj.* 蒸気のない.

vápor lòck *n.* 〘機械〙 ベーパーロック, 蒸気閉塞《内燃機関の燃料供給系統中で, ガソリンが気化して気泡を生じ, 燃料の供給が妨げられる現象》.

va·por·ous [véɪp(ə)rəs | -pər-] 〘《1527》◻ L *vapōrōsus*: ⇨ vapor, -ous〙 ── *adj.* **1** 蒸気に満ちた[の多い], 蒸気を出す, 蒸気を含んだ: a ～ cloud. **2** 蒸気に似た, 蒸気質の, 気状の: a ～ mass. **3** 蒸気[霧]で曇った (foggy): a ～ atmosphere. **4 a** 空想的な (fanciful); はかない, 空虚な (vain): a ～ dream. **b** 大言壮語する, ほらを吹く. **5 a** 実質のない (unsubstantial). **b** 薄もやのような, 淡い (filmy, airy): ～ silks / a ～ breeze. **～·ly** *adv.* **～·ness** *n.* **va·por·os·i·ty** [vèɪpərάsəṭi | -rɔ́sətɪ, -sɪ-] *n.*

vápor prèssure *n.* 〘物理〙 蒸気圧 (vapor tension).

vápor tènsion *n.* 〘物理〙 **1** =vapor pressure. **2** 最大蒸気圧.

vápor tràil *n.* 〘航空〙 飛行機雲《過飽和またはそれに近い水蒸気を含む空気中を飛行機が飛ぶ時, 翼端渦やエンジン排気の後流に水蒸気が凝結してできる; contrail ともいう》.

va·por·y [véɪp(ə)ri | -pəri] *adj.* **1** 蒸気の多い, 蒸気性の. **2** 霧のかかった, 霧[蒸気]で曇った; 霧状の (vaporous).

va·po·ther·a·py [vèɪpəθérəpi | -pɪ] *n.* 〘医学〙 蒸気療法.

vapour *n., v.* =vapor.

va·que·ro [vɑːkέ(ə)roʊ | -kέərəʊ; *Sp.* bakéro] 〘◻ Sp. ～: ⇨ buckaroo〙 ── *Sp. n.* (*pl.* **～s** [～z; *Sp.* ～s]) 《米南西部》 牧畜者, 牧者 (herdsman), 牛飼い, カウボーイ (cowboy).

Va·quez [vɑːkéɪz, -kéz; *F.* vakɛːz], **Louis Henri** *n.* バケーズ《1860–1936; フランスの医学者; 真正多血症 (polycythemia vera) を記載》.

Var [vάə | vάː(r; *F.* vaːr] *n.* ヴァール(県)《フランス東南部の地中海に臨む県; 人口 626,000, 面積 5,992 km², 首都 Toulon》.

Var, var [vάə | vάː(r] 〘《頭字語》← *v(olt)-a(mpere) r(eactive)*〙 *n.* 〘電気〙 バール《無効電力の単位》.

VAR 《略》 visual-aural (radio) range; 〘電気〙 volt-ampere reactive.

var. 《略》 variable; variant(s); variation; variety; variometer; various.

va·ra [vάːrə; *Sp.* bára, *Port.* várɐ] 〘◻ Sp. & Port. ～ 'rod, pole' < L *vāram* forked pole ← *vārus* crooked〙 ── *n.* (*pl.* **～s** [～z; *Sp.* ～s, *Port.* ～ʃ]) **1** バラ《スペイン語国・ポルトガル語国の長さの単位; 約 32–43 インチ (81–109 cm) で地方によりまちまち》. **2** 平方バラ (square vara)《面積の単位》.

va·rac·tor [vərǽktə, vɛ(ə)r- | vέəræktə(r] 〘《混成》← *var(ying)*+(RE)ACTOR〙 *n.* 〘電子工学〙 バラクター, 可変容量ダイオード.

Va·ra·na·si [vərάːnəsi, -siː | -sɪ, -siː] *n.* バラナシ《インド北部ガンジス河畔の都市; ヒンズー教の聖地; 人口 561,000; 旧名 Benares》.

Va·rán·ger Fjórd [vɑːrάːŋgə- | -gə-; *Norw.* vɑráŋər-] *n.* ヴァラーンガフィヨールド《ノルウェー北東海岸の峡江; 年中不凍; 長さ 68 km》.

Va·ran·gi·an [vərǽndʒiən | -dʒɪ-] 〘《1788》← ML *Varāng(us)* (←ON *Væringi* confederate, ally)+-IAN〙 ── *n.* **1 a** [the ～s] バラング族《バルト海沿海を荒らし, 9 世紀にロシヤに Rurik 王朝を建設したスカンジナビアの漂泊民族》. **b** バラング族の人. **2** バラング近衛兵. ── *adj.* バラング族[人]の.

Varángian guárd *n.* (東ローマ皇帝の)バラング近衛隊 (Varangians)《11–12 世紀の東ローマ皇帝の護衛

兵で，主にロシヤ人，後にスカンジナビア人や他の北欧人から成っていた》.

var·a·nid [vǽrənɪd, -nəd | -nɪd] 〘↓〙 *adj., n.* 〘動物〙オオトカゲ科の(トカゲ).

Va·ran·i·dae [vərǽnədìː | -nɪ-] 〘← NL ～ ← *Varanus* (属名: ← Arab. *wáran* monitor lizard)+-IDAE〙 *n. pl.* 〘動物〙(有鱗目)オオトカゲ科.

Var·dar [vάːdɑə | vάːdə; *Yugoslav.* varda:r] *n.* [the ～] バルダル(川)《ユーゴスラビア南部，ギリシャ北部の川；Salonika 湾に注ぐ (320 km)》.

var·ec [vǽrek | -rek, -rɪk] 〘《(1676)》□ F *varec(h)* < OF *warec* □ ON **wrek* 'WRECK'〙 *n.* **1** 海草 (seaweed). **2** =kelp 2.

Va·rèse [vɑːréɪz, -réz; *F.* varɛːz], **Edgar(d)** *n.* バレーズ《1885–1965；フランス生れの米国の作曲家；*Ionization* (1931)》.

Var·ga [vάəgə | vάː-; *Russ.* várgə], **Evgenii Sa·mo·i·lo·vich** [samójləvjitʃ] *n.* ヴァルガ《1879–1964; ソ連の経済学者》.

Var·gas [vάəgəs | vάː-; *Braz.* vάrgas], **Ge·tu·lio Dor·nel·les** [ʒetúlju dornélis] *n.* バルガス《1883–1954; ブラジルの政治家；大統領 (1930–45, 1951–54)》.

var·gue·no [vɑəgéɪnjou | vɑːgéɪnjəu] 〘□ Sp. *bargueño* ← *Bargas* (スペインの村)〙 — *n.* (*pl.* ～s) (16–18世紀初期に流行したスペイン独特の装飾的な)書だんす《内部は引出しと棚が備えられ，扉を開くと書き物机になる》.

var·i- [vɛ́(ə)rɪ, -rə | vέərɪ] 〘← L *varius* (↓)〙 —「いろいろな，さまざまな」の意の連結形: *vari*colored, *vari*form. ★ 時に vario- になる.

var·i·a [vɛ́(ə)riə | vέərɪə] 〘□ L ～ (neut. pl.) ← *varius* 'VARIOUS'〙 *n. pl.* 文芸作品の雑集 (miscellany).

vargueno

var·i·a·bil·i·ty [vɛ̀(ə)riəbíləṭi | vὲərɪəbílɪti, -lɪ-] *n.* **1** 変わりやすいこと，可変性 (variableness). **2** 〘生物〙変異性. **3** 〘統計〙変動性.

var·i·a·ble [vɛ́(ə)riəbl̩ | vέərɪ-] 〘《(c1380)》□ (O)F ～ □ L *variābilis*: ⇨ vary, -able〙 — *adj.* **1** 変わりやすい，変化しやすい，不定の，気まぐれな (fickle): a man of ～ temper 気の変わりやすい男 / lest that thy love prove likewise ～ あなたの愛が同じように変わるといけないから (Shak., *Romeo* 2. 2. 111). **2** 変じうる，変動しうる，可変性の，調節できる (alterable): a rod of ～ length 伸縮自在の棒《窓掛棒など》; 如意棒 / a word of ～ construction 幾通りにも解釈のできる言葉 / Prices are ～ according to the exchanges. 物価は為替(かわせ)相場によって変動する. **3** 〘天文〙〈星が〉変光する. **4** 〘生物〙変異する，変異性の: ～ species 変異種. **5** 〘数学〙変数である，不定(量)の: ～ quantities 変量. **6** 〘気象〙〈風が〉方向の変わる: a ～ wind 変風. — *n.* **1** 変化するもの，変わりやすいもの. **2** 〘数学〙変数《与えられた範囲のどのような値をも取り得る量，またはそれを表わす文字; cf. constant 2》. **3** 〘天文〙=variable star. **4** 〘気象〙変風 (cf. trade wind 2). **5** [the ～s] 〘海事〙変風帯; 温帯高圧帯《貿易風帯より極側で，偏西風帯に入るまでの間; 風向が定まらない地帯で南北両半球にある》. **6** 〘物理・統計〙変量，変数《条件の変化に伴って値の変化する量; cf. constant》. **7** 〘論理〙変項[数](記号)《個体[対象]や集合や関係を一般的に不特定に表現する記号》. **～·ness** *n.* **vár·i·a·bly** *adv.*

váriable annúity *n.* 〘保険〙変額年金《掛金を株式などに投資し，その結果によって給付額が変動する年金保険》.

váriable-área *attrib. adj.* 〘映画〙可変面積型録音方式の.

váriable-área tràck *n.* 〘映画〙可変面積型録音帯《フィルムのサウンドトラックの一型式で，音が光学的に波の図形に変換された方式のトラック》.

váriable búdget *n.* 〘会計〙変動予算《弾力性予算; flexible budget ともいう》.

váriable condénser [capácitor] *n.* 〘電気〙可変コンデンサー，バリコン.

váriable cóntrast pàper *n.* 〘写真〙多階調印画紙《焼付けの光の波長によってコントラストが変化し，フィルターでコントラストの調節ができる印画紙》.

váriable cóst *n.* [通例 *pl.*] 〘会計〙変動費，変動原価 (cf. fixed cost).

váriable-dénsity *attrib. adj.* 〘映画〙可変濃淡型録音方式の.

váriable-dénsity tràck *n.* 〘映画〙可変濃淡型録音方式《フィルムのサウンドトラックの一型式で，音が光学的に濃度に変換されたもの》.

váriable érror *n.* 〘数学〙不定誤差.

váriable-geómetry *attrib. adj.* 〘航空〙可変形態の，可変後退角の《超音速機のように飛行速度範囲の広い航空機で，高速から低速までよい性能を与えるために機体の形状を飛行中に変えられるようにしたものにいう; 主翼の後退角を可変にするものが多い》.

váriable-pítch *attrib. adj.* 〘航空・海事〙〈プロペラが〉可変ピッチの.

váriable-spéed gèar *n.* 〘機械〙=change gear.

váriable stár *n.* 〘天文〙変光星《光度が時間によって変わる恒星; cf. Cepheid, eclipsing variable, pulsating star》.

váriable-swéep wìng *n.* 〘航空〙可変後退(角)翼 (⇨ swing-wing 1).

váriable tíme fùze *n.* 〘軍事〙VT 信管，可変時限信管《近接信管 (proximity fuze) の一種》.

Váriable Zòne *n.* [通例 the ～s] 〘海事〙温帯，高圧帯《北半球でいえば偏西風帯の南限と北東貿易風帯の北限の間に位置する高圧帯; 風向きが定まらない地域で，同様に南半球にもある》.

va·ri·a lec·ti·o [vɛ́(ə)riə-lékʃiòu, wéɪriὰː-léktiòu | vέərɪə-lékʃɪəu] 〘□ L *varia lēctiō* variant reading〙 — *L. n.* (*pl.* **va·ri·ae lec·ti·o·nes** [vɛ́(ə)riìː-lèkʃióuniːz, wéɪriὰː-lèktióuneɪs | vέərɪìː-lèkʃɪə́uniːz]) 異文《異本間で相違している文句》.

var·i·ance [vɛ́(ə)riəns | vέərɪ-] 〘《(c1385)》□ OF ～ □ L *variantia*: ⇨ vary, -ance〙 — *n.* **1 a** 変化，変動，移り変わり (change): ～ of temperature 気温の変動 / ～ of public taste 世間の趣味の移り変わり. **b** 変異; 変異[化]量. **2 a** 食い違い，不一致 (discrepancy); 相違. **b** (標準価格と実際原価または予算と実際価格との)差異. **3** 《米》(通常の法・規則では禁止されているものの)認可，(特に)違法建築許可. **4** 不和，衝突 (strife); 争い，けんか (quarrel). **5** 〘法律〙(当事者の主張とそれを裏付ける証拠との間の)相違，齟齬(そご). **6** 〘数学・統計〙分散，平方偏差《標準偏差の2乗; cf. standard deviation, covariance》. **7** 〘物理化学〙分散量《平均値からの変動量の2乗平均値》.

at variance (1) 〔…と〕不和で，争って〔*with*〕: They are often *at* ～ (*among* themselves). 彼らはしばしば争い合っている. (2) 〈行為・物事などが〉〔…と〕相違して，一致しないで，矛盾して〔*with*〕: His conduct is *at* ～ *with* his words. 彼の行為は言葉と矛盾している.

set at variance 〈人々・物を〉離間する，不和にする.

váriance anàlysis *n.* 〘統計〙分散分析(法).

var·i·ant [vɛ́(ə)riənt | vέərɪ-] 〘《(c1380)》□ (O)F ～ □ L *variantem* (pres.p.) ← *variāre*: ⇨ vary, -ant〙 — *adj.* **1** (同じ種類の中で，またはある正常の標準と)違った，少々異なる: a ～ spelling of a word ある語の違ったつづり方 / a ～ reading (写本の)異文 (cf. varia lectio) / forty ～ types of pigeon 40種の違った種類のハト. **2** 色々に変わる，さまざまの: obtain ～ results from what is apparently the same process 一見同じ操作と思われるものからさまざま異なった結果を得る. **3** 《まれ》変化する，変わりやすい (variable). — *n.* **1** (通例同種の中でわずかな相違を見せる)変体，変形 (variant form)，変種: ～s of a folk song 民謡の変種. **2 a** (言葉のつづりまたは形の)異形，変体: "Burthen" is an old ～ of "burden." burthen は burden の古い異形である. **b** (語・音の)転訛: "Hame" and "home" are dialectal ～s of the same word. hame と home とは同一語の方言転訛である. **c** 異文 (variant reading) (cf. *adj.* 1). **3** 〘統計〙=variate 1. **4** 〘生物〙変員，変異量，変異数《変異 (variation) によって生じた異なる系統の統計的な数》. **5** 〘細菌〙変株.

var·i·ate [vɛ́(ə)rièɪt, -riət, -riɪt | -rɪət, -rɪɪt] 〘← L *variāt-us* (↓)〙 *n.* **1** 〘統計〙変量，確率変数 (⇨ random variable). **2** =variant. **3** =variable.

var·i·a·tion [vɛ̀(ə)riéɪʃən | vὲərɪ-] 〘《(c1385)》□ (O)F ～ ∥ L *variātiō(n-)* ← *variātus* (p.p.) ← *variāre*: ⇨ vary, -ation〙 — *n.* **1** (形状・状態・程度・質などの)変化，変異，変動: repeated ～s of temperature しばしば繰り返される温度の変化 / be capable of ～ 変更が可能である / be liable to ～ 変化しやすい / These prices are subject to ～. これらの値段は(事情によって)変動することがある / The story was repeated with slight ～s. その物語は少々形を変えて繰返された. **2** 変化の量[程度，割合]，変化量，変化度. **3** 変形物，変体，異体，変種 (variant): Lawn tennis is a ～ of [on] court tennis. ローンテニスはコートテニスの変形である. **4** 〘天文〙偏差 (deviation); (月の)二均差《太陽の引力に起因する月の運動の変動の一種》. **5** 〘海事〙偏差《真北と磁北との差角，日本では偏差 5–8° 西; declination ともいう》. **6** 〘生物〙**a** 変異. **b** 変種 (variety) (cf. fluctuation 3, modification 4, mutation 2). **7** 〘数学〙**a** 変動. **b** 変分 (cf. CALCULUS of variations). **8** 〘音楽〙**a** 変奏《主題または楽句をその旋律・和声・リズムに変化を与えて変形させること》. **b** [*pl.*] 変奏曲《主題と種々の技法を用いたその変奏から構成され，全体として主題のもつ性格・内容を発展させてゆく楽曲形式》. **9** 〘バレエ〙バリアシオン: **a** パドドゥー (pas de deux) の中のソロの部分. **b** 男女が交代で踊り，それぞれ高度な得意のテクニックを豊富に踊る踊り方. **10** 〘統計〙変動.

variation of parameters [constants] 〘数学〙定数変化法，パラメーター変化法《微分方程式を解くのに，対応する同次方程式の解に含まれる定数をパラメーターと見て，もとの方程式の解を求める方法》.

variation of rates 〘時計〙日較差《連続した両日の各各の日差 (daily rate) の差》.

～·al [-ʃənl̩, -ʃnəl] *adj.* **～·al·ly** *adv.*

variátion chàrt *n.* 磁気図《磁北と真の北とのずれ角を表わした地図》.

var·i·a·tive [vɛ́(ə)rièɪṭɪv, -riəṭ- | vέərɪèɪt-, -rɪət-] *adj.* 変化の[に関する]; 変化を示す. **～·ly** *adv.*

var·ic- [vǽrək, vɛ́(ə)r- | vǽrɪk, vέər-] (母音の前に来る時の) varico- の異形.

var·i·cel·la [væ̀rəsélə | -rɪ-] 〘← NL ～ ← VARIOLA + *-cella* (dim. suf.)〙 *n.* 〘病理〙水痘，水疱瘡(ほうそう) (chicken pox). **vàr·i·cél·lar** [-lə | -lə(r)] *adj.*

var·i·cel·late [vǽrəsélèɪt, -lɪt | -rɪ-] 〘← NL *varicella* (← L *varicula* (dim.) ← *varix* varicose vein) + -ATE²〙 *adj.* 〘貝類〙〈巻貝が〉小螺層(らそう)隆起 (small varices) のある.

varices *n.* varix の複数形.

var·i·co- [vǽrəko(ʊ), vɛ́(ə)rə- | vǽrɪkə(ʊ)] 〘← L *varix* 'VARIX'〙「静脈瘤(りゅう) (varix)」の意の連結形. ★ 母音の前では通例 varic- になる.

var·i·co·cele [vǽrəko(ʊ)sìːl | -rɪkə(ʊ)-] 〘⇨ ↑, -cele¹〙 *n.* 〘病理〙精索静脈瘤(りゅう).

var·i·col·ored [vɛ́(ə)rɪkʌ̀ləd | vέərɪkʌ̀ləd] 〘← VARI- + COLORED〙 *adj.* 色とりどりの，雑色の (motley).

var·i·cose [vǽrəkòus, vɛ́(ə)rə- | vǽrɪkəus] 〘《(1730)》□ L *varicōs-us* ← *varic-*, *varix*: ⇨ varix, -ose¹〙 — *adj.* **1** 〘病理〙静脈瘤(性)の，静脈瘤にかかった: a ～ leg, vein, patient, ulcer, etc. **2** 〘貝類〙螺層(そう)隆起の.

vár·i·còsed [-kòust, -kòuzd | -kəust] *adj.* 〘病理〙=varicose 1.

var·i·cot·o·my [væ̀rəkάṭəmi, vɛ̀(ə)rə- | væ̀rɪkɔ́təmi] 〘← VARICO- + -TOMY〙 *n.* 〘外科〙静脈瘤切開(術).

vár·ied 〘《(1593)》〙 — *adj.* **1** 変化のある[に富む]，様様な，色々な (various): ～ scenes 様々の光景 / birds of the most ～ kinds 最も変種に富む鳥 / delightfully ～ scenery 変化に富んでおもしろい景色 / a ～ career 波瀾(らん)万丈の経歴 / live a ～ life 変化に富んだ生活をする. **2** 変わった，変更を加えた (altered): a ～ form of a word ある語の変形. **3** 〈動植物など〉雑色の，まだらの (variegated). **～·ly** *adv.* **～·ness** *n.*

váried thrúsh [róbin] *n.* 〘鳥類〙ムナオビツグミ (*Ixoreus naevius*)《米国中西部産の胸に黒い帯があるツグミの一種》.

var·i·e·gate [vɛ́(ə)riəgèɪt, vɛ́(ə)rɪg-, -rəg- | vέərɪg-, -rɪəg-] 〘《(1653)》← L *variegāt-us* (p.p.) ← *variegāre* to make varied in appearance ← L *varius* 'VARIOUS' + *agere* to make〙 — *vt.* **1** (異なった色で)…に変化をつける，まだらにする，斑(ふ)入りにする，雑色にする. **2** …に変化を与える (diversify): a character strangely ～*d with* good and evil 善悪不思議に混じり合った性格. **vár·i·e·gà·tor** [-ṭə | -tə(r)] *n.*

vár·i·e·gàt·ed [-ṭɪd, -ṭəd | -tɪd, -təd] *adj.* **1** 色々な色の，色とりどりの，雑色の，斑(ふ)入りの (parti-colored): a ～ tulip. **2** 変化のある，変化に富んだ (varied): a ～ career 波瀾万丈の経歴[生涯].

váriegated cútworm *n.* 〘昆虫〙広く分布するヤガの一種 (*Peridroma saucia*)《幼虫はイネ科植物を加害する夜盗虫》.

var·i·e·ga·tion [vɛ̀(ə)riəgéɪʃən, vɛ̀(ə)rɪ-, -rə- | vὲərɪg-, -rɪəg-] *n.* **1** まだら[雑色]にすること，変化を与えること; 雑色(であること). **2** (性格などの)多様(性)，変化(に富むこと) (diversity). **3** まだら，斑(ふ)入り，染分け，しぼり.

vár·i·er *n.* 変化を与える人[もの]，変化する人[もの]; 変改者.

va·ri·e·tal [vəráɪəṭl̩ | -tl] 〘⇨ ↓, -al¹〙 — *adj.* **1** 〘生物〙変種の，変種を表わす (cf. specific 3, generic 1): a ～ epithet 変種小名. **2** 〈ぶどう酒が〉(主要成分の)ぶどうの品種名で呼ばれる (cf. generic 5). **～·ly** *adv.*

va·ri·e·ty [vəráɪəṭi | -tɪ] 〘《(a1533)》□ (O)F *variété* ∥ L *varietāt-em* ← *varius*: ⇨ various, -ty²〙 — *n.* **1** 変化(に富むこと)，多様(性) (diversity): the extraordinary ～ of a person's character 人の性格の驚くべき多様さ / the great ～ of one's accomplishments 多芸 / unity in ～ 多様中の統一 / for ～'s sake 変化を与える[目先を変える]ために. **2** (同種類の物の中での)相違，不一致，食い違い (difference, discrepancy). **3** [a ～] 色々異なった物の集まり，(種々な物の)取り混ぜ (assortment): *a* ～ *of* excellent dishes 取り混ぜたさまざまなごちそう / for *a* ～ *of* reasons 色々な理由で / have a great ～ to choose from 種々取りそろえてあって自由に選べる / *A* ～ *of* techniques are in use. 様々な方式が使用されている. **4** 別種，異種; 種類 (kind, sort): a rare ～ of old china 珍種の古陶器 / a ～ *of* rock 岩の一種 / *varieties* of cloth いろんな種類の布 / distinguish the *varieties* of strata 地層の種類を見分ける / a collection of shells with many *varieties* 色々種類の多い貝の収集. **5** (生物・言語の)変種，(人工的に作り出した)変種; 亜種 (subspecies): an early flowering ～ *of* tulip チューリップの早咲種 / a climatic [geographical] ～ 風土[地方]的変種. **6** = variety show. **7** 〘郵趣〙バラエティー《同じ発行の切手でありながら細部が異なっているもの; その相違の重要性によりバラエティーの大小が問われる; 印刷途中で起こるものもあり，また版の欠点により起こるものもある; cf. error 7》.
— *attrib. adj.* 寄席(よせ)演芸の，バラエティーショーの: a ～ entertainment = variety show / a ～ artist 寄席芸人 / a ～ troupe 寄席芸人の一座.

varíety mèat *n.* 《米》=offal 1 a.

varíety shòp *n.* =variety store.

varíety shòw *n.* バラエティーショー《歌・曲芸・寸劇・ダンスなどを見世物にする寄席(よせ)演芸; 単に variety ともいう; cf. vaudeville 1 a, cine-variety》.

varíety stòre *n.* 《米》雑貨屋.

varíety thèater *n.* 寄席，演芸館 (music hall).

vàri·fócal léns *n.* 〘写真〙可変焦点レンズ《構成レンズの一部を移動させ，焦点距離を変化させるレンズ; ズームレンズと違って像面の位置は変化してもいい》.

var·i·form [vɛ́(ə)rəfɔ̀əm | vέərɪfɔ̀ːm] 〘← VARI- + -FORM〙 *adj.* 形の変わった，種々の形の.

VARIG 《略》Varig S.A. ヴァリグブラジル航空 (記号 RG).

var·in·dor [vέ(ə)rɪndə | vέərɪndə(r)] 〘《混成》← VAR(IABLE)＋IND(UCT)OR〙 ― *n.* 〘電気〙非線形インダクタンス素子《電流によりインダクタンス値が大幅に変化するインダクタンス素子》.

var·i·o- [vέ(ə)rio(ʊ) | vέərɪə(ʊ)] 〘← VARI- ＋ -O-〙 vari- の異形: *vario*coupler.

vàrio·cóupler 〘← VARIO- ＋ COUPLER〙 *n.* 〘電気〙可変誘導結合器《可動コイルを動かすことによって相互インダクタンスを可変にできる結合コイル素子》.

var·i·o·la [vὲ(ə)rióʊlə, vəráɪə- | vəráɪə-] 〘《1771》□ ML ～ ← L *varius* 'VARIOUS, spotted'〙 *n.* 〘病理〙痘瘡, 天然痘 (smallpox). **vàr·i·ó·lar** [-lə | -lə(r)] *adj.*

var·i·o·late [vέ(ə)riələt, -lɪt, -lèɪt | vέərɪ-] 〘← VARIOL(A)＋-ATE[2]〙 *adj.* 〘病理〙痘痕のある, 痘瘡様の.

var·i·o·la·tion [vὲ(ə)riəléɪʃən | vὲərɪ-] *n.* 〘医学〙人痘接種(法).

var·i·ole [vέ(ə)riòʊl | vέərɪə̀ʊl] 〘□ ML *variola* 'VARIOLA'〙 *n.* **1** (天然痘の跡などの)小窩(か), あばた (foveola). **2** 〘岩石〙球顆(きゅうか), (あばた石の)あばた.

var·i·o·lite [vέ(ə)riəlàɪt | vέərɪ-] 〘← VARIOL(A)＋-ITE[1]〙 *n.* 〘岩石〙球顆(きゅうか)玄武岩, あばた石.

var·i·o·lit·ic [vὲ(ə)riəlítɪk | vὲərɪəlít-] *adj.* **1** 斑(はん)点のある, あばたの (spotted). **2** 〘岩石〙球顆(きゅうか)玄武岩状の, あばた石の(ような).

var·i·o·loid [vὲ(ə)rióʊlɔɪd, vəráɪə- | vέərɪəlɔ̀ɪd] 〘← VARIOL(A)＋-OID〙〘病理〙 *adj.* **1** 痘瘡類似の, 天然痘に似た. **2** 仮痘の. ― *n.* 仮痘.

var·i·o·loss·er [vέ(ə)riəlɔ̀(ː)sə, -lɑ̀sə | vέərɪəlɔ̀sə(r)] 〘← VARIO-＋LOSS＋-ER[1]〙 *n.* 〘電気〙可変損失素子《起電力や電流で電力損失を制御できる素子》.

var·i·o·lous [vὲ(ə)rióʊləs, vəráɪə- | vəráɪə-] 〘← VARIOL(A)＋-OUS[1]〙 ― *adj.* **1** 〘病理〙痘瘡の, 天然痘の; 天然痘にかかった. **2** (痘痕様の)小窩のある, あばたの (foveate).

var·i·om·e·ter [vὲ(ə)riɑ́mətə | vὲərɪɔ́mɪtə(r), -mə-] 〘← VARIO-＋-METER[1]〙 ― *n.* **1** 〘電気〙バリオメーター《磁力測定用, アンテナ同調用などの可変インダクタンス装置》. **2** 〘測量〙＝declinometer.

var·i·o·rum [vὲ(ə)rió:rəm, -ó:r- | vὲərɪɔ́:r-, vὲər-] 〘《1728》□L (*ēditiō cum notīs*) *variōrum* (edition with notes) of various persons (gen. pl.) ← *varius* (↓)〙 *adj.* 原典の異文または諸家の注を付した, 集注の: a ～ edition 集注版, 集注本. ― *n.* 合注版, 集注版[本].

var·i·ous [vέ(ə)riəs | vέərɪ-] 〘《1552》□ L *varius* changing, varied: ⇨ -ous〙 ― *adj.* **1** [複数名詞に関連して] **a** 互いに異なった, 色々な, 各種の, 種々の (different, varied): ～ colors, opinions, etc. / too ～ to form a group 雑多過ぎて一部類を成しかねる / The modes of procedure are ～. 手続きの様式は様々である. **b** 個々別々の, それぞれ別々の (individual, separate): The effects of this disease are ～ in different cases. この病気の影響は症状によって様々である. **c** 幾つかの, 幾多の, 多数の (several, many): for ～ reasons 種々の理由で / in ～ parts of the world 世界各地で / Riots arose in ～ places. 各地に暴動が起こった. **2** [単数名詞に関連して] **a** 多方面の, 多才[多芸]の (many-sided, versatile): live a life made ～ by learning 博学で多方面にわたる生活を送る. **b** 《古》変化に富む, 単調でない (changeable). **3** 多彩の, 色とりどりの (varicolored): birds of ～ plumage 多色の羽毛をもつ鳥. ― *pron.* [通例 ～ of として; 複数扱い] 数人, 幾つか (several): an ～ *of* his writings 彼の著作の幾つかに / I asked ～ *of* the students. 私は数人の学生に尋ねてみた. ★ この用法を非標準的とする人もある.
～·ness *n.*

vár·i·ous·ly *adv.* **1** 色々に, 様々に (diversely): His name is ～ spelled. 彼の名前は色々なつづり方で書かれる. **2** 色々[様々]な名称[名前]で: He is known ～ as professor, dean, and head librarian. 彼は教授, 学部長, 図書館長という色々の名で知られている.

var·is·cite [vǽrəsàɪt | -rɪ-] 〘□ G *Variscit* ← ML *Variscia* (ドイツの地名 *Vogtland* のラテン語名): ⇨ -ite[1]〙 ― *n.* 〘鉱物〙バリスカイト ($AlPO_4 \cdot 2H_2O$)《緑色または青色をした斜方晶系の鉱物; utahlite ともいう》.

va·ri·sized [vέ(ə)rɪsàɪzd | vέər-] *adj.* さまざまのサイズの.

var·is·tor [vǽrɪstə | -tə(r)] 〘← VARI-＋(RES)ISTOR〙 *n.* 〘電気〙バリスター《2 端子非線形抵抗素子の総称》.

var·i·type [vέ(ə)rɪtàɪp | vέər-] 〘《逆成》↓〙〘印刷〙 *vi.* バリタイパー (VariTyper) を打つ. ― *vt.* バリタイパーで〈活字を〉組む, バリタイパーで打つ.

Var·i·Typ·er [vέ(ə)rɪtàɪpə | vέərɪtàɪpə(r)] 〘← ? VARI(ETY)＋TYP(EWRIT)ER〙 ― *n.* 〘商標〙バリタイパー《活字のさしかえおよび行末揃えのできる, タイプライターに似た電動植字機》.

var·ix [vέ(ə)rɪks | vέər-] 〘ME □ L ～ 'dilated vein'〙 ― *n.* (*pl.* **var·i·ces** [vέ(ə)rəsì:z | vǽrɪ-, vέərɪ-]) **1** 〘病理〙静脈瘤. **2** 〘貝類〙螺層(らそう)隆起《巻貝の殻の表面に縦に走っている隆起》.

var. lect. 《略》varia lectio.

var·let [vɑ́əlɪt, -lət | vɑ́:-] 〘《1456》□ OF ～《変形》← *vaslet* stripling (dim.) ← ? *vassal* 'VASSAL': cf. valet〙 ― *n.* 《古》 **1** 従者, 従僕, 下男 (manservant). **2** (騎士の)小姓, 侍童, 近習 (page). **3** 《戯言》下郎(げろう), 悪党, 悪漢 (rascal).

var·let·ry [vɑ́əlɪtri, -lət- | vɑ́:lɪtri, -lət-] 〘⇨ ↑, -ry〙 *n.* 《古》 **1** [集合的] 従者連, 従僕(階級). **2** 暴徒; やじ馬たち, 烏合(うごう)の衆 (mob, rabble).

Vár·ley lòop [vɑ́əli- | vɑ́:lɪ-] 〘← *C. F. Varley* (19 世紀の英国の電気技師)〙 *n.* 〘電気〙バーレーループ《電線路の障害位置測定装置》.

var·mint [vɑ́əmɪnt, -mənt | vɑ́:mɪnt] 〘《転訛》← VERMIN: 17-18 世紀には上流階級の間にも用いられた〙 ― *n.* (*also* **var·ment** [～]) (*pl.* **～s**, *2, 3* ではまた ～) **1** 《米口語・方言》いやなやつ, いたずら者, ならず者 (rascal); やつ (fellow): a young ～ いたずら小僧. **2** [集合的] 《方言》＝vermin. **3** (通例肉食性の)害獣, 害鳥 (coyote, bobcat, owl など); (特に)きつね (fox).

var·na [vɑ́:nə | vɑ́:-] 〘□ Skt *varṇa* class, 《原義》color〙 *n.* ヴァルナ (caste)《インドの世襲的 4 階級のいずれか一つ》.

Var·na [vɑ́ənə | vɑ́:-; *Bulgar.* várna] *n.* バルナ《ブルガリア北東部黒海に臨む海港; 人口 262,000》.

var·nish [vɑ́ənɪʃ | vɑ́:-] 〘《1341-42》□ (O)F *vernis* (n.) varnish □ ML *veronicem*, *veronix* sandarac □ MGk *bereníkē* ← Gk *Bereníkē* (Lybia の古都, 現在の Benghazi)〙 ― *n.* **1** ワニス, ニス: natural ～ 天然ワニス《各種の樹液, 特にうるし》/ ⇨ oil varnish, spirit varnish. **2** (ワニスに似た)合成ニス《弾性ゴム・ピロキシリン・アスファルトなどを主成分とする》. **3 a** ワニス塗り(の表面); ワニス塗りの光沢面. **b** (ワニス塗りに似た)光沢 (gloss)《ひいらぎ・つばきの葉のつや, または焼物の釉薬(ゆうやく)の光沢など》. **4** うわべの飾り, うわべだけの見せかけ (veneer, whitewash): a ～ of civilization 文明の虚飾 / put a ～ on…を粉飾する, 巧みに…のうわべを繕う. **5** 《英》マニキュア液 (nail polish). **6** (*pl.* ～) 《米俗》〘鉄道〙客車, 旅客列車. ― *vt.* **1** …にワニスを塗る 〈*over*〉. **2** …に光沢[つや]をつける. **3** 飾る, 装飾する. **4** 〈体裁などを〉取り繕う; 粉飾する, ごまかす 〈*up, over*〉: ～ a lie *with* an innocent look 何食わぬ顔でうそをごまかす.

vár·nished *adj.* **1** ワニスを塗った; うわべ[体裁]だけの. **2** 光沢のある.

vár·nish·er *n.* ワニスを塗る人, ニス屋.

vár·nish·ing dày 〘展覧会前日に出品画に仕上げの手入れをしたりワニスを塗ることを許されたことから〙 ― *n.* **1** 絵画展覧会開会の前日. **2** 絵画展覧会の初日.

várnish trèe *n.* 〘植物〙 **1** ワニスを採取する木 (lacquer tree, Japanese varnish tree など). **2** ＝chinaberry 2.

var·nish·y [vɑ́ənɪʃi | vɑ́:nɪʃɪ] *adj.* **1** ワニス[ニス]の[に関する, のような]: a ～ smell. **2** 表面にニスが塗ってある.

va·room [vərú:m] *n., vi.* 《米》＝vroom.

Var·ro [vǽroʊ | -rəʊ], **Marcus Te·ren·ti·us** [tərénʃiəs | -ʃɪ-] *n.* バロ《116?-?27 B.C.; ローマの学者; 著述は文法・宗教・哲学・政治など多岐にわたる》.

var·si·ty [vɑ́əsəṭi, -sti | vɑ́:sətɪ, -sɪ-] 〘《1846》《短縮》← UNIVERSITY〙 ― *n.* **1** 《英口語》大学 (university). **2** 《米》大学(その他の学校)代表チーム: He is on the ～ in baseball. 彼は野球の大学代表チーム選手だ. ― *attrib. adj.* [しばしばスポーツ関係に用いて] 大学の: the ～ boat race 大学ボートレース / a ～ team 大学チーム / a ～ nine 大学野球チーム.

var·so·via·na [-viɑ́:nə | -vɪ-; *It.* vàrsovjá:na] 〘□ It. ～ (↓)〙 *n.* ＝varsovienne.

var·so·vienne [vɑ̀əso(ʊ)vién | vɑ̀:sə(ʊ)vɪ-; *F.* varsɔvjɛn] 〘《1859》□ F ～ ← *Varsovie* Warsaw〙 ― *n.* ヴァルソヴィエンヌ《マズルカ (mazurka) に似た舞踏; 1850-70 年頃舞踏会で流行した》; その曲.

Var·u·na [vǽrunə, vɑ́:r- | vǽr-, vʌ́r-, vɑ́:r-] 〘□ Skt *Varuṇa*〙 ― *n.* 〘ヒンズー教〙ヴァルナ, 波楼那, 水天《初め律法の神であったが, 後に水界と西の方位を司る神となった》.

Varuna

var·us [vέ(ə)rəs | vέər-] 〘□ L *vār-us* bent, bandy-legged〙 ― *adj.* 〘病理〙内反の《身体部分の角度が正中線から内側に外れている; cf. valgus》. ― *n.* 《俗用》内反足(の人).

Var·us [vέ(ə)rəs | vέər-], **Pub·li·us Quin·til·i·us** [pʌ́bliəs kwɪntíliəs | -lɪəs] *n.* バルス《?-A.D. 9; ローマの将軍》.

varve [vɑ́əv | vɑ́:v] 〘□ Swed. *varv* round, turn〙 *n.* 〘地質〙バーブ, 年層《氷河堆積物などに見られる細かい縞状粘土層; 一つの縞が一年を示す》.

varved *adj.* 〘地質〙〈氷河堆積物などの粘土層が〉細かい縞状をなしている.

var·y [vέ(ə)ri | vέəri] 〘《c1350》*varie(n)* □ (O)F *vari-er* // L *variāre* ← *varius* 'VARIOUS'〙 ― *vt.* **1** (形状・内容・特性などの点で)部分的に変える, 変更する, 改める, 修正する (modify): ～ one's plans [a patient's treatment] 計画[患者の治療法]を変える. **2** 異ならせる, 様々にする; …に変化を与える, 多様にする (diversify): ～ one's diet 食事に変化を与える / ～ one's style 文体に変化を与える. **3** 〘音楽〙変奏する. ― *vi.* **1** 〈一つのものが〉変わる, 変化する (change); 変化がある, 様々である: The weather *varies* from hour to hour. 天候は刻々に変わる / He *varies* in opinion. 彼は意見が変わる / The temperature *varies* between 20 and 30 degrees. 温度は 20 度から 30 度の間を変動する / He tried with ～*ing* success. 彼はやってみてうまくいくこともありうまくいかぬこともあった / They *varied* in age from eighteen to twenty-six. 年齢は 18 歳から 26 歳まで様々だった. **2** 〈多くのものが〉互いに異なる, 様々である: Opinions ～ on this point. この点については意見がまちまちだ. **3** 〔…と〕異なる, 違う (differ) 〔*from*〕; 〔…から〕それる, はずれる (deviate, swerve) 〔*from*〕: ～ *from* the type 類型と異なる / ～ *from* the law 法からはずれる. **4** 次々に変わっていく, 他のものに入れ替わる (alternate): colors ～*ing* with every change of light 光が変わるごとに変わる色. **5** 〘数学〙変じる, 変化する: ～ directly [inversely] *as* …に正比例[反比例]して変化する / A *varies as* B and C jointly. A は B と C の両方に比例して変化する. **6** 〘生物〙変異する.

vár·y·ing háre *n.* 〘動物〙変色ウサギ《冬になると毛が白くなるウサギ; 日本のエゾウサギなど》.

vár·y·ing·ly *adv.* 様々に, 変化して.

vas [vǽ(:)s] 〘□ L *vās* vessel〙 *L. n.* (*pl.* **va·sa** [véɪzə, -sə, vǽsə | véɪsə, -zə]) 〘解剖・生物〙管 (vessel, duct), (血液・リンパ・精液などの)脈管, 導管: ⇨ vas deferens.

vas- [veɪz, veɪs, væs | veɪz, veɪs] (母音の前に来る時の) vaso- の異形.

vasa *n.* vas の複数形.

vása ef·fer·én·ti·a [-èfərénʃiə, -ʃə | -ʃɪə] 〘← NL ～ 'efferent vessels'〙 *n. pl.* 〘解剖〙輸出(リンパ)管.

va·sal [véɪzəl, -zḷ, -səl, vǽs-, -sḷ | véɪsəl, -sḷ] 〘← VAS ＋-AL[1]〙 *adj.* 〘解剖・生物〙管の, 脈管の, 導管の.

Va·sa·ri [vəzɑ́:ri, -sɑ́:ri | -rɪ; *It.* vazá:ri], **Giorgio** *n.* バザーリ《1511-74; イタリアの画家・建築家・美術史家・伝記作者; *Vite de' più eccellenti pittori, scultori e architettori*「イタリア名画家・彫刻家・建築家伝」(1550)》.

Vas·co [vǽskoʊ | -kəʊ; *Sp.* básko, *Port.* váʃku] 〘□ Sp. & Port. ～〙 *n.* 男性名.

Vásco da Gáma *n.* ⇨ Gama.

vascula *n.* vasculum の複数形.

vas·cu·lar [vǽskjʊlə | -lə(r)] 〘《1672-73》← NL *vāsculār-is*: ⇨ vasculum, -ar[1]〙 ― *adj.* **1** 〘解剖・生物〙管[導管, 脈管, 血管など]の[から成る, を含む]; 血管(など)の多い: ⇨ vascular plant, vascular system, vascular tissue. **2** 血気盛んな, 元気な (high-spirited). **～·ly** *adv.* **vas·cu·lar·i·ty** [væ̀skjʊlǽrəṭi | -rətɪ, -rɪ-] *n.*

váscular búndle *n.* **1** 〘植物〙(繊維組織などの)管束(かんそく), 維管束. **2** 〘解剖〙(神経の)束(そく)《bundle ともいう》.

váscular cýlinder *n.* 〘植物〙＝stele[1].

vas·cu·lar·i·za·tion [væ̀skjʊlərɪzéɪʃən, -rə- | -raɪ-, -rɪ-] *n.* 導管化; 血管新生.

váscular plánt *n.* 〘植物〙維管束植物, 管束植物.

váscular ráy *n.* 〘植物〙維管束内放射組織.

váscular spíder *n.* 〘病理〙くも状血管拡張, 星状血管拡張, 皮膚毛細血管拡張《主に肝疾患の時見られる》.

váscular stránd *n.* 〘植物〙＝vascular bundle 1.

váscular sýstem *n.* **1** 〘解剖〙脈管系(統)《血管とリンパ管から成る》. **2** 〘植物〙維管束系《植物の組織系の一つ, 体内物質の移動や体の機械的支持を行なう部分》.

váscular tíssue *n.* **1** 〘植物〙導管組織, 維管束組織. **2** 〘動物〙血管に富んだ組織.

vas·cu·la·ture [vǽskjʊlətʃʊ̀ə, -t(j)ʊ̀ə, -tʃə | -tjʊ̀ə(r)] 〘← VASCUL(UM)＋(MUSCUL)ATURE〙 *n.* 〘解剖〙脈管構造.

vas·cu·li·tis [væ̀skjʊláɪṭɪs, -ṭəs | -tɪs] 〘□ NL ～: ⇨ ↓, -itis〙 *n.* (*pl.* **vas·cu·li·ti·des** [væ̀skjʊlíṭədì:z | -tɪ-]) 〘病理〙脈管炎.

vas·cu·lum [vǽskjʊləm] 〘□ L *vāsculum* (dim.) ← *vās*: ⇨ vas, -cule〙 *n.* (*pl.* **-cu·la** [-lə], **～s**) **1** (植物採集用)胴乱(どうらん)《通例ブリキ製》. **2** 〘植物〙＝ascidium.

vás dé·fe·rens [-défərənz, -rènz] 〘← NL ～ ← L *vās* 'VAS'＋*dēferēns* carrying down: ⇨ deference〙 ― *L. n.* (*pl.* **vása de·fe·rén·ti·a** [-dèfərénʃiə, -ʃə | -ʃɪə]) 〘解剖〙精管《正規の解剖学名としては《廃》; 近年は ductus deferens を用いる》.

vase [véɪs, véɪz | vɑ́:z] 〘《1563》□ F ～ □ L *vās* 'VAS'〙 ― *n.* **1** (金属・ガラス・陶器製の装飾用)びん, つぼ; 花瓶 (flower vase). ★ 通例, 横幅より背が高いものをいう. **2** 〘建築〙(建築の一部や門柱上などに用いる)飾り花瓶, 花瓶式彫刻. **～·like** *adj.*

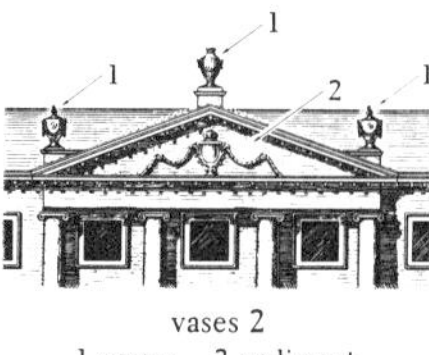

vases 2
1 vases; 2 pediment

va·sec·to·my [vəséktəmi, væs-, veɪz-, veɪs- | væséktəmɪ, və-, veɪ-] 〘← VASO-＋-ECTOMY〙 *n.* 〘外科〙精管切除(術).

Vas·e·line [vǽsəli:n, -sḷ-, ―⌣― | vǽsɪli:n, -səl-, -sḷ-, -zɪl-, -zəl-, -zḷ-, væ̀səlí:n] 〘《1874》← *vas-* (← G *Wasser* water)＋*-el-* (← Gk *élaion* oil)＋-INE[3]〙 ― *n.* 〘商標〙ワセリン《白色の petrolatum の商品名》.

váse pàinting *n.* (特に, 古代ギリシャの)花瓶画.

Vash·ti[1] [vǽʃti | -tɪ] 〘□ Heb. *Waštī* □ Pers. 《原義》star〙 *n.* 女性名《愛称形 Vassy》. ★ Cornwall に多い名.

Vash·ti[2] [vǽʃtaɪ] *n.* 〘聖書〙ワシテ《紀元前 5 世紀のペルシャ王 Ahasuerus の王妃; 客の前に出ることを拒んで追放される; cf. *Esth.* 1: 9-22》.

va·si- [véɪzɪ, -zə, véɪsɪ, vǽsɪ, -sə | véɪzɪ, -sɪ] vaso- の異形 (⇨ -i-).

va·si·form [véɪzəfɔ̀ːm, véɪs-, vǽs-｜véɪzɪfɔ̀ːm, véɪs-] 〘⇨↓, -form〙 *adj.* **1** 管状の. **2** びん[つぼ]形の：a ～ lamp.

Va·si·lie·vich [vɑsíːljəvɪtʃ; *Russ.* vasjíljivjitʃ] 〘□ Russ. ～《原義》'son of *Vasil* (＝Basil)'〙 *n.* 男性名.

va·so- [véɪzo(ʊ), véɪs-, vǽs-｜véɪzə(ʊ), véɪs-] 〘← L *vās* vessel〙 ──「血管 (blood vessel), 脈管 (duct), 精管 (vas deferens)」の意の連結形. ★ 時に vasi-, また母音の前では通例 vas- になる.

vàso·áctive *adj.* 〘生理〙(収縮・拡張など)血管に作用する. **vàso·actívity** *n.*

vàso·constríction *n.* 〘生理〙血管収縮.

vàso·constríctive *adj.* 〘生理〙血管収縮の.

vàso·constríctor 〘生理〙 *adj.* 血管を収縮させる; 血管収縮神経の. ── *n.* 血管収縮神経; 血管収縮剤.

vàso·depréssor 〘生理〙 *adj.* 血管を抑制[拡張]する; 血管抑制[拡張]神経の. ── *n.* 血管抑制神経; 血管拡張剤.

vàso·dilatátion *n.* 〘生理〙血管拡張.

vàso·dilátion *n.* 〘生理〙＝vasodilatation.

vàso·dilátor 〘生理〙 *adj.* 血管を拡張[弛緩]させる, 血管拡張(神経)の. ── *n.* 血管拡張神経; 血管拡張剤.

vàso·inhíbitor *n.* 血管運動神経抑制物質[剤].

vàso·inhíbitory *adj.*

vàso·ligátion *n.* 〘外科〙精管結紮(けっさつ)(法)《vasoligature ともいう》.

vàso·lígature *n.* 〘外科〙＝vasoligation.

vàso·mótor *adj.* 〘生理〙血管運動(神経)の[を調節する, に関連した, に由来する].

va·so·pres·sin [vèɪzo(ʊ)présn̩, -sə(ʊ)-, vӕs-｜vèɪzə(ʊ)présɪn, -sə(ʊ)-] 〘← *Vasopressin* (商標名)：⇨↓, -in¹〙 ── *n.* 〘生化学〙バソプレッシン《脳下垂体後葉ホルモンの一種で, 血管収縮剤; cf. hypophamine》.

vàso·préssor 〘← VASO-＋PRESSOR〙〘生理〙 *adj.* 血圧を上げる作用のある, 昇圧性の. ── *n.* 血管収縮剤, 昇圧薬.

váso·spàsm *n.* 血管痙攣(けいれん). **vàso·spástic** *adj.*

vàso·stímulant *adj.* 血管(運動神経)を刺激する. ── *n.* 血管(運動神経)刺激物質[薬].

va·so·to·cin [vèɪzo(ʊ)tóʊsn̩, -so(ʊ)-, -vӕs-｜vèɪzə(ʊ)táʊsɪn, -sə(ʊ)-] 〘← VASO-＋(OXY)TOCIN〙 ── *n.* 〘生化学〙バソトシン《神経性脳下垂体ホルモンの一つ; 哺乳類(胎児期を除く)以外の下等脊椎動物に見られ, 子宮収縮および乳腺の筋繊維を収縮させ乳汁分泌を促進させる作用をもつ》.

vas·ot·o·my [vəsɑ́ṭəmi, vӕs-, veɪz-, veɪs-｜vӕsɔ́təmɪ, və-, ve-] 〘← VASO-＋-TOMY〙 *n.* 〘外科〙精管切開(術).

vàso·tónic *adj.* 〘生理〙血管緊張(性)の, 血管緊張調節の[に関連した].

vas·sal [vǽsəl, -sl] 〘《?*a*1300》□ (O)F ～ < ML *vassallum* ← LL *vassus* servant, retainer ← Celt.〙 ── *n.* **1** (ヨーロッパの封建制時代の知行を受け君主に忠誠を誓う)臣下, 家臣, 領臣 (cf. vavasor 1)：⇨ rear vassal. **2** 隷属者, 従属者, 配下 (retainer). **3** しもべ, 奴僕, 召使い (servant), 奴隷 (slave). ── *adj.* **1** 領臣[封建家臣]の, 領臣[封建家臣]のような：～ homage [fealty] (君主に対する)臣下の礼[忠勤の誓い]. **2** 隷属の, 奴隷的な (servile)：a ～ state 属国.

vas·sal·age [vǽsəlɪdʒ, -sl̩-] 〘《*c*1303》□ OF ～ (F *vasselage*)：⇨↑, -age〙 ── *n.* **1** (封建制時代の)領臣であること, 領臣の身分; 領臣としての振舞い. **2** (主君に対する)臣下の誓い, 忠順, 臣従. **3** 臣下の領地, 封土 (fief). **4** [集合的] 領臣たち (vassals). **5** 隷属(的地位).

vas·sal·ic [vӕsǽlɪk] *adj.* (封建制時代の)臣下の, 領臣の, 領臣の身分に関する.

vast [vǽ(ː)st｜vɑ́ːst] 〘《1575–85》□ L *vāst-us* barren, waste, immense〙 ── *adj.* (～·er; ～·est) **1 a** 非常に広い, 広大な (very extensive)：a ～ expanse of desert [ocean] 広漠たる砂漠[大海原]. **b** 〈心など〉非常に包容力のある：a ～ mind 非常に包容力の大きい心. **2** 非常に大きな, 巨大な, 膨大な (huge, enormous)：a ～ scheme 膨大な計画 / a scheme of ～ scope 膨大な規模の企画 / a ～ improvement 多大の改善. **3** (数・量・額など)非常に大きい, おびただしい, 巨額の：a ～ sum of money / a ～ multitude [crowd of people] 大群衆. **4** [強意語として] 非常な, 多大の (very great)：a matter of ～ importance 非常に重大な事 / in ～ haste 大急ぎで / It gives me ～ pleasure [satisfaction]. それで私は非常にうれしく[満足に]思っている / It makes a ～ difference. たいへんな相違だ.
── *n.* **1** 《古・詩》広大な[果てしない]広がり：the [a] ～ of ocean [water] 大海原 / in the dead ～ and middle of the night 死んだように静まりかえった真夜中に (Shak., *Hamlet* 1. 2. 198). **2** 《口語・方言》大量, たくさん, 大勢：a ～ *of* trouble [pains] たいへんな悩み[苦労]. ── *adv.* 《方言》＝vastly.

vas·tid·i·ty [vӕstídəṭi｜vɑːstídətɪ, -dɪ-] *n.* 《古》＝vastness.

vas·ti·tude [vǽstət(j)ùːd｜vɑ́ːstɪtjùːd] 〘□ L *vāstitūd-ō*：⇨ vast, -tude〙 *n.* **1** 広大, 広大無辺 (immensity). **2** 広漠たる広がり (vast expanse).

vas·ti·ty [vǽstəṭi｜-tətɪ, -tɪ-] 〘□ L *vastitāt-em* // F *vastité*：⇨ vast, -ity〙 *n.* 《古》 **1** 広大; 巨大, 莫大 (vastness). **2** 荒寥(こうりょう).

vást·ly *adv.* **1** 広大に, 広々と：The Empire was so ～ enlarged in that century. この帝国はその世紀に膨大な膨張をなした / This book adds ～ to our knowledge. この本は我々の知識を大いに増す. **2** [強意語として] 非常に, はなはだ, すこぶる, 大いに：be ～ superior to …より遥かにすぐれている / I am ～ pleased. 満足至極です / I am ～ obliged. とても感謝しています.

vást·ness *n.* **1** 広大さ, 膨大 (immensity); 巨大 (vast size); おびただしさ. **2** 広大な広がり[地域].

vast·y [vǽsti｜vɑ́ːsti] 〘《1597–98》：⇨ vast, -y⁴〙 ── *adj.* (**vast·i·er**; **-i·est**) 《古》広大な (vast, immense)：the ～ wilds of wide Arabia 果てしれぬアラビアの荒野 (Shak., *Merch V* 2. 7. 41).

vat [vǽt] 〘《?*c*1200》《南部・西部方言》← 《廃》*fat* < OE *fæt* vessel < Gmc **fatam* (Du. *vat* / G *Fass* keg, cask) ← IE **pĕd-* container：*v-* については ⇨ van³, vane〙 ── *n.* **1 a** 大おけ《特に, 醸造・製革・染色などに用いるもの》. **b** (手漉(す)き紙の)漉きおけ. **2** バット《バット染料 (vat dye) をアルカリ還元液で水に可溶化した染液または染浴》. ── *vt.* (**vat·ted**; **vat·ting**) おけに入れる[貯蔵する], おけに入れて処理する[熟成させる].

VAT, V.A.T. [víːèɪtíː, vǽt] 《略》value-added tax.

vát còlor *n.* 〘染色〙＝vat dye.

vát-dỳe *vt.* バット染料で染める. **vát-dýed** *adj.*

vát dỳe *n.* 〘染色〙バット染料, 建染(たてぞ)め染料《水に不溶性のためアルカリ還元液で可溶化し, 繊維に吸着させた後, 酸化して元の不溶性染料に戻して染める》.

vat·ful [vǽtfʊ̀l] *n.* 大おけ一杯.

vat·ic [vǽṭɪk｜-tɪk] 〘← L *vāt(ēs)* prophet＋-IC¹〙 *adj.* 予言者の; 予言の, 予言的な (prophetic).

Vat·i·can [vǽṭɪkən, -ṭə-｜-tɪ-] 〘《1555》□ F ～ // L *Vāticān-us (collis, mōns)* Vatican (hill, mountain) ← Etruscan〙 ── *n.* [the ～] **1** バチカン宮殿《ローマ教皇の宮殿; the Vatican Palace ともいう》. **2** (イタリア政府 (the Quirinal) に対して)教皇権, 教皇政治 (the papacy)：the thunders of *the* ～ ローマ教会の破門. ── *adj.* **1** バチカン宮殿の; 教皇庁の; 教皇政治の. **2** バチカン公会議の.

Vátican Cíty *n.* [the ～] バチカン市国《教皇の支配下にある Rome 市内の世界最小の独立国家; 1929 年に設立, St. Peter's Basilica および Vatican 宮殿を含む; 人口 700, 面積 0.44 km²; 公式名 the State of the City of Vatican バチカン市国; イタリア語名 Città del Vaticano》.

Vátican Cóuncil *n.* [the ～] バチカン公会議：**a** 第一バチカン公会議《教皇無謬(むびゅう)の教義を決定した 1869–70 年の第 20 回公会議》. **b** 第二バチカン公会議《教会改革と教会一致の促進を討議した 1962–65 年の第 21 回公会議》.

Vátican Híll *n.* [the ～] バチカン丘《Tiber 川の右岸, Vatican City のある Rome 市内の高台》.

Vát·i·can·ism [-nìzm̩] *n.* 教皇至上主義, バチカン主義 (ultramontanism).

Vát·i·can·ist [-nɪst, -nəst｜-nɪst] *n.* 教皇至上主義者.

Vátican Pálace *n.* [the ～] バチカン宮殿.

vat·i·cide [vǽṭəsàɪd｜-tɪ-] 〘← L *vāti-, vātēs* seer＋-CIDE〙 *n.* **1** 予言者殺し《人》. **2** 予言者殺し《行為》.

va·tic·i·nal [vətísənl̩, vӕ-, -snəl｜-sɪnl̩] 〘← L *vāticinus* prophetic (↓)＋-AL¹〙 *adj.* 予言の, 予言的な.

va·tic·i·nate [vətísənèɪt, vӕ-, -snèɪt｜vӕtísɪn-] 〘《1623》← L *vāticināt-us* (p.p.) ← *vāticinārī* ← *vātēs* prophet ＋-*cinārī* (cf. *canere* to sing)〙 ── *vt., vi.* 予言する, 予断する (prophesy). **va·tic·i·na·tion** [vətìsənéɪʃən, vӕṭɪ-, -sn̩-｜vӕtɪsɪn-, vӕtɪs-] *n.*

va·tíc·i·nà·tor [-ṭə｜-tə(r)] *n.* 予言者 (prophet).

vát·man [-mən] 〘⇨ vat〙 ── *n.* (*pl.* **-men** [-mən, -mèn]) (手漉(す)き紙の)漉手, 漉工, バットマン《漉きおけ (vat) の中の紙料を漉き桁(網)ですくって手漉紙を作る人》.

vát pàper *n.* 手漉紙.

Vat·ter [vɛ́ṭə｜-tə(r)] *n.* ヴェッテル, ヴェッテルン(湖)《スウェーデン南部の湖; 長さ 129 km, 面積 1,900 km²》.

Vät·tern [vɛ́ṭən｜-tən; *Swed.* vɛ̀tərn] *n.* ＝Vatter.

Vau·ban [voʊbɑ́ː(ŋ), -bɑ́ː(ŋ), -bɑ́(ː)ŋ, -bɔ́(ː)ŋ｜vəʊ-; *F.* vobɑ̃], Marquis **de** *n.* ボバン(侯爵)《1633–1707; フランスの将軍・元帥, 工兵技術の大家; Sébastien le Prestre de Vauban [sebastjɛ̃ lə prɛtr]》.

Vau·che·ri·a·ce·ae [voʊʃ(ə)rièɪsiìː, voʊ-｜vəʊʃɪərɪ-, vəʊ-] 〘← NL ～ ← *Vaucheria* (属名：← *Jean P. E. Vaucher* (スイスの植物学者)＋-IA¹)＋-ACEAE〙 ── *n. pl.* 〘植物〙(黄緑色藻類)フシナシミドロ科.

Vau·cluse [voʊklúːz｜vəʊ-; *F.* vokly:z] *n.* ヴォークリューズ(県)《フランス南部の県; 人口 388,000, 面積 3,578 km², 首都 Avignon》.

Vaud [vóʊ｜vəʊ; *F.* vo] *n.* ヴォー(州)《スイス西部の州; 人口 512,000, 面積 3,211 km², 首都 Lausanne》.

vaude·ville [vɔ́ːd(ə)vɪl, vɑ́ːd-, vóʊd-, -vəl, -dəvìl｜vɔ́ʊdəvɪl, vɔ́ːd-, -vìːl; *F.* vodvil] 〘《1739》□ F ～ ← (*chanson du*) *vau de Vire* (song of) the valley of the Vire (in Normandy) (O. Basselin (⇨ 2) の居住地)〙 ── *n.* **1** 《米》**a** 寄席演芸, ボードビル (cf. variety show, music hall 2). **b** (歌や舞踊・パントマイム入りの)小喜劇, 軽喜歌劇. **2** (キャバレー・カフェーなどで)酒の席で歌われる社会諷刺的俗謡《15 世紀前半ごろフランスの詩人 Olivier Basselin が作り始め, 17 世紀にフランスで発展して時事問題を対句で書いた諷刺歌となり, 18 世紀半ば以後次第に舞踊や演技を伴う軽喜歌劇の形を整えた; cf. ballad opera》.

vaude·vil·lian [vɔːdvíljən, vɔ̀ːdəv-, vɑːdv-, vɑ̀ːdəv-, voʊdv-, vòʊdəv-｜vəʊdə-, vɔ̀ːdə-] *n.* ボードビリアン, 寄席芸人; ボードビルの台本を書く人. ── *adj.* ボードビルの[的な].

váude·vill·ist [-lɪst, -ləst｜-lɪst] *n.* ＝vaudevillian.

Vau·dois [voʊdwɑ́ː, ⌐⌐｜vəʊdwɑː, -dwɔː; *F.* vodwa] 〘《1560》□ F ～ < ML *Valdēnsis* 'WALDENSES'〙 *n. pl.* ＝Waldenses.

Vau·ge·las [voʊʒəlɑ́ː｜vəʊ-; *F.* voʒla], **Claude Favre** [faːvr] *n.* ヴォージュラ《1585–1650; フランスの文法学者; 通称 de Vaugelas; *Remarques sur la Langue Française*「フランス語覚え書」(1647)》.

Vaughan [vɔ́ːn], **Henry** *n.* (1622–95) 英国の詩人・神秘家; *Silex Scintillans*「火花散る燧石(ひうちいし)」(1650–55).

Vaughan, Herbert Alfred *n.* (1832–1903) 英国ローマカトリック教会の司祭, Westminster 大司教, 枢機卿.

Váughan Wílliams, Ralph *n.* (1872–1958) 英国の作曲家; *A London Symphony* (1914).

Vaughn [vɔ́ːn] 〘□ OWelsh *Fychan*《原義》small one〙 *n.* 男性名《異形 Vaughan》.

vault¹ [vɔ́ːlt｜vɔ́ːlt, vɔ́lt] 〘《?*a*1300》*voute, vaute* □ OF (F *voûte*) < VL **voltam*, **volvitam* (p.p. fem.) ← L *volvere* 'to roll, WALLOW'〙 ── *n.* **1** 〘建築〙 **a** ヴォールト, 円筒形[アーチ形]天井 (arched ceiling)：⇨ barrel vault, groin vault, ribbed vault / an intersecting ～ 交差穹窿(きゅうりゅう) / a domed ～ ドーム形天井 / a sexpartite ～ 六分ヴォールト《天井を六等分するヴォールトの架けかた》/ a stilted ～ 上心円筒形天井. **b** ヴォールト風の構築物. **2** 円筒形天井のある部屋[場所, 通廊]. **3 a** 円筒形天井の地下室[ほら穴]：⇨ wine vault 1. **b** 《米》(地下)貴重品保管室, (銀行などの)金庫室. **c** (教会・墓所の)地下納骨所; 地下獄屋：a family ～ 一族の地下納骨所 / a prison ～ 地下獄屋. **4** 円筒形天井に似た[を思わせる]もの：the (blue) ～ of heaven [the sky] 大空, 青天井. **5** 〘解剖〙アーチ形で腔状の部分, 蓋, 円蓋《口蓋 (palate)・頭蓋冠 (skullcap) など》.
── *vt.* **1** ヴォールト架構にする, …にヴォールトを付ける; ヴォールト天井に造る. **2** …の上にヴォールトのように広がる. ── *vi.* ヴォールト形に彎曲する.

vaults¹ 1a
1 barrel; 2 groin; 3 fan; 4 underpitch *or* Welsh

vault² [vɔ́ːlt｜vɔ́ːlt, vɔ́lt] 〘《1538》□ OF *vo(u)lt-er* < VL **voltāre* (freq.) ← L *volvere* (↑)〙 ── *vi.* (棒または手を支えにして一飛びに)飛ぶ, 跳躍する (leap); 棒高跳びをする：～ *from* [*into*] the saddle 鞍(くら)から飛び降りる[に飛び乗る] / ～ *on* (*to*) [*upon*] a horse 馬に飛び乗る / ～ *over* a gate [ditch] 門[溝]を飛び越す. ── *vt.* (棒または手を支えにして一飛びに)飛び越す：～ a fence. ── *n.* **1 a** (棒または手などを支えにして一飛びに)飛ぶこと, 飛び越えること, 飛び越し, 跳躍 (leap)：a pole ～ 棒高跳び. **b** 棒高跳び (pole vault). **2** (馬の)跳躍 (curvet).

vault·age [vɔ́ːlṭɪdʒ｜vɔ́ːlt-, vɔ́lt-] *n.* ヴォールト天井のある部屋[地下室].

váult·ed [-ṭɪd, -ṭəd｜-tɪd, -təd] 〘← VAULT¹〙 *adj.* 円筒[アーチ]形天井造りの; ヴォールト天井のある：a ～ roof, aisle, chamber, etc.

váult·er [-ṭə｜-tə(r)] 〘← VAULT²〙 *n.* 飛び越える人, 跳躍者; (特に)棒高跳び選手 (pole-vaulter).

váult·ing¹ [-ṭɪŋ｜-tɪŋ] 〘← VAULT¹〙 *n.* **1** 〘建築〙ヴォールト架構; 円筒形天井造り. **2** [集合的] ヴォールト天井 (vaults).

váult·ing² [-ṭɪŋ｜-tɪŋ] 〘← VAULT²〙 ── *n.* **1** (手などを支えにして)飛ぶこと, 跳躍. **2** [形容詞的に] 跳躍用の：a ～ pole 棒高跳び用の棒 / ⇨ vaulting horse. ── *adj.* **1** (棒または手などを支えにして)一飛びに飛ぶ. **2** 高々と飛揚する, 思い上がった, 誇大な (overweening)：～ conceit 慢心 / ～ ambition 逸(はや)り立つ野心 (Shak., *Macbeth* 1. 7. 27).

váulting hòrse 〘⇨ vault²〙 *n.* **1** (体操用の)跳馬 (long horse). **2** (体操用の)鞍馬(あんば) (side horse).

váult lìght *n.* (地下室[通路]の)採光天窓《道路面に穴をあけ, 金枠つきガラスブロックなどをはめこんだもの; pavement light ともいう》.

vault·y [vɔ́ːlṭi｜vɔ́ːltɪ, vɔ́lt-] *adj.* ヴォールト天井形の, 凹形の：the ～ heaven so high above our heads 頭上はるかの大空 (Shak., *Romeo* 3. 2. 22).

vaunt [vɔ́ːnt, vɑ́ːnt｜vɔ́ːnt] 〘《?*a*1387》□ AF *vaunt-er* ＝(O)F *vanter* to boast < LL *vānitāre* to flatter ← L *vānus* 'VAIN'〙 ── *vt.* 自慢する, 誇る, 広言する; 見せびらかす：～ one's skill 腕前を誇る / one's ～*ed* courage 自慢の勇気. ── *vi.* 〔…を〕自慢する, 誇る (boast)〔*of, over, about*〕：～ *of* one's skill 自分の腕前を自慢する / ～ *over* another's failure 他人の失敗を手をたたいて喜ぶ. ── *n.* 自慢, ほら, 広言 (boast); 見せびらかし. **～·ed** [-ṭɪd, -ṭəd｜-tɪd, -təd] *adj.* **～·er** [-ṭə｜-tə(r)] *n.*

vàunt-cóurier 〘《頭音消失》← AVANT-COURIER〙 *n.* **1** [*pl.*] 《廃》前衛隊, 斥候 (avant-couriers). **2** 先駆者 (forerunner).

vaunt·ful [vɔ́ːntfəl, vɑ́ːnt-｜vɔ́ːnt-] *adj.* 自慢する, うぬぼれの強い.

váunt·ing [-ṭɪŋ｜-tɪŋ] *adj.* 自慢する, 威張りたがる; 鼻高々の, 誇らしげな：a ～ smile. **～·ly** *adv.*

vaunt·y [vɔ́ːnṭi, vɑ́ːn-｜vɔ́ːntɪ] *adj.* 《スコット》自慢の, 威張った (proud, boastful); うぬぼれた (vain).

v. aux. 《略》〘文法〙verb auxiliary 助動詞.

vav [vɑ́ːv, vɔ́ːv] 〘□ Heb. *wāw*《原義》hook〙 *n.* ＝waw.

vav·a·sor [vǽvəsɔ̀ə, -sɔ̀ə, -sʊ̀ə | -sɔ̀ː(r] 〚《?*a*1300》▭ OF *vavas(s)our* (F *vavasseur*) ▭ ML *vavassōrem* ← ? *vassus vassōrum* 'VASSAL of vassals'〛 ── *n.* **1** (封建制時代の)陪(ばい)臣《王の直臣 (baron) に次ぐ領主; cf. vassal 1》. **2** 小地主, 中産的土地所有者.

vav·a·so·ry [vǽvəsɔ̀ːri, -sòːri | -sərɪ] *n.* (封建制時代の)陪臣 (vavasor) の領土; 陪臣の封土保有.

vav·a·sour [vǽvəsɔ̀ə, -sɔ̀ə, sʊ̀ə | -sɔ̀ə(r] *n.* =vavasor.

va·ward [váʊwɔ̀əd, váː- | -wɔ̀ːd] 〚《1375》《頭音消失》← AF *avantewarde* ← *avant* before+*warde* 'guard, WARD': cf. vanguard〛 ── *n.* 《古》 **1** 前衛 (vanguard). **2** 前部 (forepart): the ~ of the day 朝.

vb. 《略》 verb; verbal.

V́-bèlt *n.* 〘機械〙 V ベルト.

V́-blòck *n.* 〘機械〙 V ブロック《丸棒の直径・長さを測定したり, 研(けん)いたりするとき静置するための台》.

V-block

V́-bòmb 〚⇨ V-1〛 ── *n.* V 兵器, 報復兵器《第二次大戦中ドイツ軍が使用した V-1, V-2 など; V-weapon ともいう》.

VC, V.C. 《略》 Vietcong.

V.C. 《略》 Veterinary Corps; Vice-Chairman; Vice-Chamberlain; Vice-Chancellor; Vice-Consul; Victoria Cross.

V́-connèction *n.* 〘電気〙 =open-delta connection.

VD, V.D., v.d. 《略》 venereal disease.

v.d. 《略》 vapor density; various dates.

V́-Dày 〚《略》← *Victory Day*〛 *n.* 戦勝記念日 (cf. V-E Day, V-J Day).

v. dep. 《略》〘文法〙 verb deponent 異相動詞.

V.D.M. 《略》 *L.* Verbī Deī Minister (=Minister of the Word of God).

VE 《略》 value engineering 価値[経済性]工学.

've [v] *vt., auxil. v.* 《口語》 have[1,2] の縮約形: I've=I have / you've=you have. ★ 米国の俗語では would, might などの後にも付いて [əv] と発音される: might've been / would've gone.

Ve·a·dar [véɪɑːdɑ̀ə, véɪə-, ⌐⌐⌐ | víːədɑ̀ː(r, véɪə-] 〚▭ MHeb. *va* (=*wa*)-'*Adhār* 《原義》 and Adar, second Adar〛 ── *n.* (ユダヤ暦の)閏(うるう)月《閏年に Adar の次に入る 29 日の臨時の月; Adar Sheni ともいう; ⇨ Jewish calendar》.

veal [víːl] 〚《*c*1395》▭ AF *ve(e)l* = OF *veiaus* (nom.), *veel* (obl.) (F *veau*) < L *vitellum* (dim.) ← *vitulus* calf, 《原義》 ? yearling ← IE **wet*- year (Skt *vatsa* calf): cf. veteran〛 ── *n.* **1** 子牛肉 (calf flesh). **2** 子牛《生後3か月までの子牛肉用の牛》. ── *vt.* 〈子牛を〉子牛肉にする.

veal 1
A American method of cutting veal: 1 leg; 2 loin; 3 flank; 4 rib; 5 breast; 6 shoulder; 7 shank
B English method of cutting veal: 1 knuckle; 2 fillet; 3 loin; 4 breast; 5 best end of neck; 6 middle neck; 7 scrag end; 8 shoulder

véal cútlet *n.* 子牛の(主に股肉を使った)カツレツ.

veal·er [víːlə | -lə(r] *n.* 《米》 食肉用の子牛.

veal·y [víːli | -lɪ] *adj.* (**veal·i·er; -i·est**) **1** 子牛(肉)のような. **2** 未熟な (immature).

Veb·len [véblən], **Thor·stein** (**Bunde**) [θɔ́əstaɪn bʌ́nd, -stən- | θɔ́ː-] *n.* (1857–1929) 米国の経済学者・社会学者; *The Theory of the Leisure Class* (1899).

Vec·chi [véki | -kɪ; *It.* vékki], **O·ra·zio** [oráttsjo] *n.* ヴェッキ《1550–1605; イタリアの作曲家・詩人; *L'Amfiparnasso* 「ランフィパルナッソ」(1594)》.

vec·tion [vékʃən] 〚▭ L *vectiō(n-)* ← *vectus*: ⇨ vector, -tion〛 *n.* 〘医学〙 (病原体の)媒介, 伝達.

vec·to·graph [véktəgræ̀f | -grɑ̀ːf, -græ̀f] 〚⇨ ↓, -graph〛 *n.* (特殊な眼鏡で透視して見る)立体写真[映画, 絵など]. **vec·to·graph·ic** [vèktəgrǽfɪk] *adj.*

vec·tor [véktə | -tə(r, -tɔː(r] 〚《1704》▭ L ~ 'carrier' ← *vectus* (p.p.) ← *vehere* to convey: ⇨ -or[2]〛 ── *n.* **1** 〘数学〙 **a** ベクトル, 動径, 方向量 (cf. sense A 7; scalar). **b** ベクトル空間の要素. **2** 〘生物〙 保菌生物, (病毒)媒介動物. **3** 〘天文〙 =radius vector 2. **4** 〘航空〙 (飛行機・ミサイルの)進路, 方向 (course). **5** 〘心理〙 ベクトル《ある対象に引き付けられ, それに向かう力》. ── [《英》 -tə(r] *vt.* 〘航空〙 **1** 〈飛行機・ミサイルなどを〉進路に導く. **2** 〈ロケットエンジンの推力〉の方向を変える. **vec·to·ri·al** [vektɔ́ːriəl, -tóːr- | -tɔ́ːrɪ-] *adj.* **vec·tó·ri·al·ly** *adv.*

véctor addìtion *n.* 〘数学〙 ベクトルの加法.

véctor anàlysis *n.* 〘数学〙 ベクトル解析《ベクトルを対象とする解析学》.

vèctor·cárdiogram *n.* 〘医学〙 ベクトル心電図.

vèctor·cardiógraphy *n.* 〘医学〙 ベクトル心電図法. **vèctor·cardiográphic** *adj.*

véctor diagram *n.* 〘電気〙 ベクトル図.

véctor fìeld *n.* 〘数学・物理〙 ベクトル場《多様体上の領域の各点にベクトルを付随せしめたもの; cf. scalar field 1》.

véctor fùnction *n.* 〘数学〙 ベクトル値関数《値がベクトルであるような関数; vector valued function ともいう》.

vectórial ángle *n.* 〘数学〙 有向角, ベクトル角.

véctor méson *n.* 〘物理〙 ベクトル中間子《スピン1の中間子で, ロー (ρ), オメガ (ω), ファイ (φ) 中間子などがある; ベクトル場 (vector field) で記述されるのでベクトル中間子という》.

véctor pròduct *n.* 〘数学〙 ベクトル積《二つのベクトル *a*, *b* に垂直で, かつ *a*, *b* の大きさの積に *a*, *b* のなす角の正弦を掛けたものを大きさとするベクトル; cross product, outer product ともいう; cf. scalar product》.

vec·tor·scope [véktəskòʊp | -təskə̀ʊp] *n.* ベクトルスコープ《カラーテレビの色度信号など, 応用信号の状態を表示する器械》.

véctor spàce *n.* 〘数学〙 ベクトル空間, 線形空間《体を作用域とする加群 (module); linear space ともいう》.

véctor sùm *n.* 〘数学〙 ベクトルの和, 合ベクトル.

véctor válued fùnction *n.* =vector function.

Ve·da [véɪdə, víː-] 〚《1734》▭ Skt *veda* 《原義》 knowledge ← IE **w(e)di-* to see (L *vidēre*): cf. vision〛 ── *n.* [the ~(s)] 〘バラモン教〙 ヴェーダ(吠陀). ★ インド最古の宗教文学でバラモンの根本聖典; Rig-Veda「リグヴェーダ(詩篇吠陀)」, Sama-Veda「サーマヴェーダ(咏歌吠陀)」, Yajur-Veda「ヤジュルヴェーダ(祭詞吠陀)」, Atharva-Veda「アタルヴァヴェーダ(呪文吠陀)」の四部から成り, さらに各ヴェーダは次の四つの構成要素から成る: (1) 祭式に用いる賛歌・祭詞・呪詞を集録する Samhita「サンヒター(本集)」, (2) その起源・意義・用法を詳説する Brahmana「ブラーフマナ(梵書)」, (3) 特に神聖で村落を離れ森林中で伝授されるべき極秘の秘法を集録する Aranyaka「アーラニヤカ(森林書)」, (4) 個人我と宇宙我との一致を説いた当時の哲学思想の最高潮を示す Upanishad「ウパニシャッド(奥義書)」.

Ve·da·ic [vɪdéɪɪk, veɪ-] *adj.* =Vedic.

Vé·da·ism [-dəɪzm] *n.* =Vedism.

ve·da·lia [vɪdéɪljə, və-, -liə | vedéɪljə, vɪ-, -lɪə] 〚← NL ← ?〛 *n.* 〘昆虫〙 ベダリヤテントウ (*Rodolia cardinalis*) 《オーストラリア原産の小甲虫; 甘橘類のカイガラムシ駆除のため, 米国 California 州, 日本などに輸入され成功した》.

Ve·dan·ta [veɪdɑ́ːntə, vɪ-, və-, -dǽn- | vedɑ́ːntə, vɪ-, və-, -dǽn-; *Hindi* vedanta] 〚▭ Skt *vedānta* ← *veda* 'VEDA'+*anta* an end〛 ── *n.* 〘インド哲学〙 ヴェーダーンタ哲学《汎神論的観念論的一元論で, Upanishad 哲学の嫡系をもって任じ Shankara (800 年頃) 以後盛んになったインド哲学主派》. **Ve·dan·tic** [veɪdɑ́ːntɪk, vɪ-, və-, -dǽn- | vedɑ́ːnt-, vɪ-, və-, -dǽn-] *adj.*

Ve·dán·tism [-tɪzṃ] *n.* ヴェーダーンタ哲学.

Ve·dán·tist [-ṭɪst, -ṭəst | -tɪst] *n.* ヴェーダーンタ哲学(学)信奉者. ── *adj.* ヴェーダーンタ哲学(者)の.

V́-É Dày, VE D- 〚《略》← *Victory in Europe Day*〛 *n.* (第二次大戦で連合軍の)ヨーロッパ戦勝記念日《1945年5月8日; cf. V-Day, V-J Day》.

Ved·da [védə] 〚▭ Singhalese *vedda* hunter〛 ── *n.* (*pl.* ~, ~**s**) (*also* **Ved·dah** [~]) **1** [the ~(s)] ヴェッダ族《Ceylon 島の先住民である狩猟・採集民族》. **2** ヴェッダ族の人.

Ved·doid [védɔɪd] 〚⇨ ↑, -oid〛 〘人類学〙 ── *n.* ベッドイド人《波状毛・暗褐色の皮膚をもち, 体形は細い, 南アジアに住んだ古代の人種の人》. ── *adj.* ベッドイド人の.

ve·dette [vɪdét, və-] 〚《1690》▭ F ~ ▭ It. *vedetta* 《変形》← *veletta* ← ? Sp. *vela* watch ← *velar* to watch < L *vigilāre* ← *vigil* awake: cf. vigil〛 *n.* **1** 〘海軍〙 **a** 哨戒艇《敵の見張りや偵察に任ずる高速艇; vedette boat ともいう》. **b** 〖見張りや偵察に利用したことから〗 艦載水雷艇. **2** 〘陸軍〙 騎馬哨兵 (mounted sentry).

Ve·dic [véɪdɪk, víː-] 〚▭ F *védique* ∥ G *vedisch*: ⇨ Veda, -ic[1]〛 ── *adj.* **1** ヴェーダ (Veda) の, 吠陀の. **2** (1500 B.C. 頃インドに移住した)アーリア人の; ヴェーダ語の: ~ literature 吠陀文学[聖典]. ── *n.* 〘言語〙 ヴェーダ語, 古代インド語, 吠陀梵語 (Vedic Sanskrit ともいう). 「ーダ (Veda) の教え.

Ve·dism [véɪdɪzṃ, víː-] 〚← VED(A)+-ISM〛 *n.* ヴェ

vee [víː] 〚⇨ V〛 *n.* **1** V または v の字; V 字形. **2** 《米俗》 5ドル紙幣 (five-dollar bill). ── *adj.* V 字形の: a ~ neckline.

vee·na [víːnə] *n.* =vina[1].

veep [víːp] 〚《短縮》← *v(ice-)p(resident)*〛 *n.* 《米口語》 **1** =vice-president. **2** [V-] (米国の)副大統領.

veer[1] [víə | víə(r] 〚《1582》▭ (O)F *vir-er* < VL **vīrāre* 《変形》← L *gyrāre* 'to GYRATE': *v-* は L *vibrāre* (cf. vibrate) の影響〛 ── *vi.* **1** 向きが変わる, 方向[進路]を変える (turn round): The shadows slowly crept and ~*ed*. 影はゆっくり移って向きが変わった / We ~*ed away from* it. それからそれていった. **2** 〈人・思想・感情などが〉変わる (change): ~ round in opinion [conduct] 意見[行為]が変わっていく / He [His passions] ~*ed round to* the opposite party. 彼[彼の感情]は反対党の方へ移っていった / The conversation ~*ed toward* politics. 会話は政治の方に向いていった. **3** 〘気象〙〈風向きが〉順転する《東風が南風になるように時計回りに移動する; ↔ back; cf. haul 3 a》. **4** 〘海事〙 **a** 〈船が〉変針する, (特に)船首を風上から離す, 下手回しになる (wear). **b** 〈船員が〉船を風下に移す, 下手回しをする. **c** 〈風向きが〉追風に変わる (cf. haul 3 b). ── *vt.* **1** …の向きを変える; …の方針を変える: The tone of the Cabinet is ~*ed* by every incidental change of war. 内閣の調子が戦況の変化があるごとに変わる. **2** 〘海事〙〈船〉の針路を変える, (特に)下手回しにする (wear): ~ a ship.

veer and haul 〈風向きが〉変わる: The wind ~*s* aft *and hauls* forward. 風向きが刻々と変わる, こちらから吹いてくると思うとまたあちらから吹いてくる.

── *n.* 方向の変化; 転向: take a sharp ~ *to* the right 右に急旋回する.

veer[2] [víə | víə(r] 〚《*c*1460》▭ (M)D *vier-en* to slacken〛 ── *vt.* 〘海事〙〈索などを〉ほどいて伸ばす, 出す.

veer and haul 〘海事〙〈索綱などを〉弛(ゆる)めたり引いたりする. ***veer out* [*away*]** 〘海事〙 (1) 〈索などを〉出す, 伸ばす. (2) 〈浮標・ボートなどを〉索を伸ばして遠くへ流しやる.

veer·ing [víə(ə)rɪŋ | víər-] 〚← VEER[1] (v.)〛 *adj.* 方向転換する; 〈心・意見など〉浮動する, 変わりやすい (vacillating, changeful). **~·ly** *adv.*

vee·ry [ví(ə)ri | víərɪ] 〚擬音語 ?〛 *n.* 〘鳥類〙 米国東部によく見られるツグミの一種 (*Hylocichla fuscescens*) (Wilson's thrush ともいう).

veg [védʒ] 〚《略》← VEGETABLE〛 *n.* (*pl.* ~) 《英口語》 野菜; 野菜料理.

veg. 《略》 vegetable(s); vegetation.

ve·ga [véɪgə] 〚《*c*1645》▭ Sp. ~ ← ? Basque〛 *n.* **1** (チリやアルゼンチンの)低湿地帯. **2** (キューバの)たばこ畑.

Ve·ga [víːgə, véɪ- | víː-] 〚《1638》▭ ML ~ ▭ Arab. (*annasr*) *al-wāqi'* the falling (vulture)〛 ── *n.* 〘天文〙 ヴェガ, 織女星《琴座 (Lyra) の α 星で, 青白色の 0 等星; cf. Altair》.

Ve·ga [véɪgə; *Sp.* béga], **Lo·pe de** [lópe de] *n.* ベーガ《1562–1635; スペインの劇作家・詩人・小説家; 本名 Lope Félix de Vega Carpio》.

veg·an [védʒən, -dʒæn | víːgən] 〚《短縮》← VEGETARIAN〛 *n.* 極端な菜食主義者. ── *adj.* 極端な菜食主義(者)の.

vég·an·ìsm [-dʒənɪ̀zm | -gə-] 〚《短縮》← VEGETARIANISM〛 *n.* 極端な菜食主義.

veg·e·ta·ble [védʒtəbḷ, -dʒət- | -dʒ(ə)t-, -dʒɪt-] 〚adj.: 《*a*1420》▭ (O)F *végétable* ∥ LL *vegetābil-is* animating, vivifying ← L *vegetāre* to animate ← *vegetus* active ← *vegēre* to be active: ⇨ wake[1]. ── n.: 《1582》← (adj.)〛 ── *n.* **1** 野菜 《cabbage, pea, bean, asparagus, beet, carrot, turnip, tomato, potato など; 時には potato を除外することもある》: green ~*s* (根菜に対して)青物; (干しえんどう料理などに対して)新鮮な野菜料理. **2** 植物 (plant). **3 a** 単調でつまらない人, 無気力な人. **b** 植物人間《脳傷害により意識不明で植物性機能のみ残存する状態を続けている人》.

become a mere vegetable 〈人が〉(全く植物のように)不活発になる, 植物人間になる; 単調な生活をする.

── *attrib. adj.* **1** 野菜の: a ~ diet 菜食 / ~ soup 野菜スープ / a ~ dish 野菜料理 / a ~ garden 菜園. **2** 植物の; 植物性の: ~ fibers 植物繊維《綿・麻など》/ ~ life 植物の生命; [集合的] 植物 / the ~ kingdom 植物界 / ~ tissue 植物組織 / ~ matter [substance] 植物質 / ~ anatomy [physiology] 植物解剖学[生理学] / ⇨ vegetable fat, vegetable oil. **3** 単調な, 退屈な, 植物的な (dull): a ~ somnolence 無為な眠気.

végetable bùtter *n.* **1** 植物性バター《常温で固体の植物油, カカオバターなど》. **2** 〘植物〙 =avocado.

végetable fàt *n.* 植物性脂肪, 植物脂.

végetable gòld *n.* 〘植物〙 =saffron 1 a.

végetable ìvory *n.* **1** 植物象牙(ぞうげ)《南米産のゾウゲヤシ (ivory palm) の胚乳; 象牙の代用品としてボタンなどにする》. **2** ゾウゲヤシの実 (ivory nut).

végetable márrow *n.* 〘園芸〙 ペポカボチャ (*Cucurbita pepo*) に属する卵形をした summer squash の類の野菜用カボチャの総称; zucchini, cocozelle など.

végetable òil *n.* 植物油.

végetable òyster *n.* 〘植物〙 =salsify.

végetable pàrchment *n.* 硫酸紙, パーチメントペーパー《水・油に強い羊皮紙に似た紙; 食品の包装などに用いる; parchment paper ともいう》.

végetable pathólogy *n.* =plant pathology.

végetable plàte *n.* 野菜料理[コース]《数種類の野菜を料理し一皿に盛りつけた, 肉を用いないメインコース》.

végetable sìlk *n.* 植物絹《ブラジル産パンヤ科の木 (*Chorisia speciosa*) の種子に生じるパンヤに似た繊維で, クッションなどの詰め物にする》.

végetable spònge *n.* 〘植物〙 =luffa 3.

végetable tàllow *n.* 植物脂《植物から採れる脂肪様物質の総称》.

végetable wàx *n.* 木蠟(もくろう)《ハゼノキやウルシなどの果実から採る》.

végetable wòol *n.* ⇨ wool 5. 「に; 単調に.

vég·e·ta·bly [-bli | -blɪ] *adv.* 植物のように, 植物的

veg·e·tal [védʒəṭḷ | -dʒɪtḷ] 〚《*c*1400》▭ ML **vegetāl-is* ← L *vegetāre*: ⇨ vegetable〛 ── *adj.* **1** 植物の, 植物性の (vegetable). **2** (理性・意志作用がなく吸収・栄養・成長などのみの)植物的な. **3** (植物的)発育生長の, 営生機能の (vegetative). **4** 植物[野菜]から成る: a ~ diet 菜食. **5** 〘生物〙 植物極の. ── *n.* 《まれ》 植物, 野菜 (vegetable).

végetal póle *n.* 〘生物〙 植物極, 静極《後生動物の卵

において，卵黄のかたよっている側の極をいう；vegetative pole ともいう；cf. animal pole, equator 3》.

veg·e·tar·i·an [vèdʒəté(ə)riən | -dʒɪtéərɪ-, -dʒə-] 〖《1842》← VEGET(ABLE)＋-ARIAN〗 ── *n.* **1** 菜食主義者；菜食者 (cf. fruitarian). **2** 草食動物 (herbivore). ── *adj.* **1** 菜食の，菜食主義(者)(のため)の：～ principles 菜食主義. **2** 野菜ばかりの，菜食の：a ～ diet 菜食，菜食[精進]料理《時に鶏卵・牛乳・バターなども禁じられる》/ a ～ restaurant 菜食[精進]料理屋.

vèg·e·tár·i·an·ism [-nìzm] *n.* 菜食(主義).

veg·e·tate [védʒətèɪt | -dʒɪ-, -dʒə-] 〖《1605》← L *vegetāt-us* (p.p.) ← *vegetāre* to animate：⇨ vegetable〗 ── *vi.* **1** 〈植物が〉生長する；植物のように生長する[増大する]. **2** 〈土地が〉植物の生成するに任せる，植物を生長させる：fields permitted to ～ 植物[草木]の生えるに任せられている野原. **3** 植物的に生きる，草木に等しい生活をする，無為徒食する. **4** 〖病理〗〈こぶ・贅(ぜい)肉などが〉増殖する：a *vegetating* papule 増殖性丘疹(きゅう). ── *vt.* 〈ある土地〉に植物を生長させる：～ a patch of ground, a hillside, etc.

veg·e·ta·tion [vèdʒətéɪʃən | -dʒɪ-, -dʒə-] 〖《1564》□ ML *vegetātiō(n-)*：⇨ ↑, -tion〗 ── *n.* **1** [集合的] 植物，草木；(一地方に特有の)植物，植生：mountaintops bare of ～ 草木一本生えていない山頂 / the luxuriant ～ of tropical forests 熱帯林の鬱蒼(うっそう)たる草木 / The ～ is sparse. 植物はまばらだ. **2** 植物性機能，植物の生長：*Vegetation* is at its height in spring. 植物の生長は春が一番盛んだ. **3** 植物的な生活，無為の生活：live a life of ～. **4** 〖病理〗増殖(症) (morbid growth)，疣腫(ゆうしゅ)，こぶ，贅(ぜい)肉 (excrescence). **～·al** [-ʃənḷ, -ʃnəl] *adj.*

veg·e·ta·tive [védʒətèɪtɪv, -ṭəṭ- | -dʒɪtət-, -dʒə-, -tèɪt-] 〖《a1398》□ (O)F *végétatif* // ML *vegetātīv-us*：⇨ vegetate, -ive〗 ── *adj.* **1 a** 〈植物が〉生長する；(植物のような)生長能力のある (growing)：be in the ～ stage, not in the reproductive stage 生長期であって生殖期でない. **b** (植物的)生長の，(新陳代謝・栄養など)営生機能の；発育生長に関する (cf. reproductive 2). **2** 〈生殖が〉無性の (asexual). **3** 植物を生長させる力がある，〈土地が〉肥えた (fertile)：～ soil. **4** 植物界の，植物の：the ～ world. **5** 不活発な，静的な (inactive)；無為に日を送る，草木のようにただ生きている (vegetating)：a ～ sort of life 草木にも等しいような無為な生活. **6** 〖生理〗植物(性)の，自律神経の. **7** 〖細菌〗営養型[性]の. **～·ly** *adv.* **～·ness** *n.*

végetative céll *n.* 〖生物〗栄養細胞.

végetative fúnctions *n.pl.* 〖生物〗植物性機能《消化・吸収・呼吸・排泄など；cf. animal functions》.

végetative póle *n.* 〖生物〗＝vegetal pole.

ve·gete [vɪdʒíːt, və-] 〖□ L *veget-us*：⇨ vegetable〗 *adj.* 《古》生き生きした，元気のいい (lively).

veg·e·tive [védʒəṭɪv | -dʒɪt-] *adj.* **1** ＝vegetable. **2** ＝vegetative.

ve·he·mence [víːəməns | víːɪməns, víːə-, víə-, víːhɪ-, víːhə-] 〖《1529》□ (O)F *véhémence* // L *vehementia*：⇨ vehement, -ence〗 ── *n.* **1** 激しい熱意，熱情，(物事をする)熱 (violent ardor). **2** 激烈さ，猛烈さ，激しさ，強さ (violence, intensity)：the ～ of the storm あらしの猛威 / be carried away by the ～ of one's own eloquence [passion] 自らの熱弁[激情]に駆られる / cry *with* ～ 激しく叫ぶ.

vé·he·men·cy [-mənsi | -sɪ] *n.* 《古》＝vehemence.

ve·he·ment [víːəmənt | víːɪ-, víːə-, víə-, víːhɪ-, víːhə-] 〖《1485》□ (O)F *véhément* // L *vehement-em*, *vehemēns* ← ? *vehere* to carry＋*ment-*, *mēns* mind〗 ── *adj.* **1 a** 熱情的な，熱狂的な，熱烈な，猛烈な (ardent)：a ～ supporter 熱烈な支持者 / a man of ～ character 激しい性格の人，激情的な人 / a ～ speech 熱烈[激烈]な演説，熱弁 / a ～ opposition 猛烈な反対. **b** 悪意[怒り]に燃えた (rancorous)：～ hostility. **2 a** 〈思想・感情など〉激しい，強い (passionate)：a ～ desire, dislike, etc. **b** 〈議論・争いなど〉苛烈な，激烈な (heated)：a ～ debate. **3** 〈動作が〉力がはいった，元気のいい (lively)：～ applause, clapping, etc. **4** 〈色彩が〉鮮明な，はでな (vivid, showy)：a ～ red flag. **5** 《古》〈疑惑・証拠など〉明確な，断固とした：a ～ suspicion of heresy 異端の深い疑惑. **6** 《古》**a** 〈自然の力など〉激しい，猛烈な：a ～ wind, current, etc. **b** 〈苦痛・寒暑など〉強烈な，厳しい. **～·ly** *adv.*

ve·hi·cle [víːɪkḷ, víːhɪ-, víːə- | víːɪ-, víə-] 〖《1612》□ F *véhicule* // L *vehicul-um* conveyance ← *vehere* to bear, carry ← IE **wegh-* to move (⇨ weigh)＋*-culum* '-CULE'〗 ── *n.* **1** 運搬具，輸送機関；(特に，陸上の)車，車両，乗物：space ～*s* 宇宙船 / motor ～*s* 自動車類. **2 a** 媒介物，伝達物，媒質，伝達手段[方法] (medium)：Air is the ～ *of* sound. 空気は音響の媒質である / Milk is often a ～ *of* infection. 牛乳はよく伝染病を媒介する / Language is a ～ *of* human thought. 言語は人間思想の伝達手段である. **b** (天分などの)はけ口，表現手段：Poetry was a ～ *for* his genius. 詩作が彼の天分のはけ口だった. **3** 〖薬学〗ビヒクル，賦形剤，基剤《水薬における単シロップ，軟膏におけるワセリン，散薬における乳糖など》. **4** 〖絵画〗展色剤，媒材《絵の具を使う前にのばす亜麻仁油・水など》. **5** 〖修辞〗(隠喩における)媒体 (⇨ tenor[1] 4).

véhicle-áctuated *adj.* 〈交通信号が〉(路面にはめ込まれた)車両の通過を感知する装置 (⇨ pad[1] *n.* 19) により制御される：～ signals.

ve·hic·u·lar [viːhíkjulə | viːhíkjulə(r, vɪ-, və-] 〖《1616》□ LL *vehiculār-is*：⇨ vehicle, -ar[1]〗 ── *adj.* **1** 運搬具の，車の，乗物の[に関する，のための，による]：～ traffic 車類の交通. **2** 車[乗物]となる，運搬具として使われる：a ～ contrivance 運搬具，車. **3** 乗物(の衝突)から生じた：a ～ accident 乗物事故. **4** 伝達物の，媒介物の；媒介をする：a ～ language (異なる言語をもつ人たちの間で用いる)媒介言語.

Vehm·ge·richt [féɪmgərɪkt, -rɪçt；*G.* féːmgərɪçt] 〖《1829》□ G ～ 'punishment tribunal' ← 《古形》*Vehme* (G *Fe(h)me*) judgment, punishment＋*Gericht* jurisdiction, court〗 ── *G. n.* (*pl.* **-rich·te** [-rɪktə, rɪçtə；*G.* -rɪçtə]) フェーメ裁判所《国王直属の裁判所で，死刑に関連する犯罪を扱う；中世ドイツ，特に Westphalia に見られた；14 世紀以降秘密裁判，1811 年廃止》.

V-éight (*also* **V-8**) 〖機械〗 *adj.* V 型 8 気筒エンジンの. ── *n.* **1** ＝V-eight engine. **2** V 型 8 気筒エンジンをもつ自動車.

V-éight èngine *n.* 〖機械〗V 型 8 気筒エンジン《4 気筒ずつ 2 列に V 字形に配列された形式の内燃機関》.

Ve·ii [víːjaɪ] *n.* ベイイ《イタリア中部，古代 Etruria の都市；しばしばローマ人と戦い，B.C. 396 に滅ぼされた》.

veil [véɪl] 〖《?a1200》□ AF *veile* (F *voile*) < L *vēlum* sail, covering：VOILE と二重語〗 ── *n.* **1** ベール《普通は婦人が装飾的に用いる薄地のかぶり物；時には日除け・風除け，または，特に習慣的に顔を隠すために用いるかぶり物》：drop [raise] a ～ ベールを下げる[上げる]. **2 a** (修道女の用いる)ベール. **b** [the ～] 修道女の生活；修道女の立てる誓願：⇨ *take the* VEIL. **3** おおって[隠して]見えなくする物：a ～ of mist over the landscape 風景をおおう霧の帳(とばり). **4** おおい隠す物 (mask)，見せかけ，口実 (pretence)：under the ～ of charity [religion] 慈善[宗教]の名に隠れて，慈善[宗教]の美名[仮面]の下に / The facts are hidden in a ～ of mystery. 事実は謎のベールに包まれている. **5** (歌で声が)少々不明瞭になること (cf. veiled 2). **6** 〖方言〗＝caul 1 a. **7** 〖写真〗かすかな曇り. **8** 〖カトリック〗＝humeral veil. **9** 〖解剖・動物・植物〗＝velum 1, 2, 3.

beyond* [*behind*] *the veil 死後の世界に，あの世に，天国に (cf. *Heb.* 6：19). ***draw a* [*the*] *veil over*** …を隠す，…の説明を回避する. ***lift the veil*** (1) ベール[おおい]をとる. (2) 真相を明らかにする. ***pass the veil*** 幽界に入る，死ぬ. ***take the veil*** 〈女子が〉修道院に入る，尼になる (cf. *n.* 2 b). ***within the veil*** ＝*beyond* [*behind*] *the* VEIL.

── *vt.* **1** …にベールを掛ける，ベール(状の物)でおおう：～ one's face [head, oneself] ベールで顔[頭，体]を隠す / The mist ～*ed* the field. 霧が野原をベールを掛けたようにおおっていた. **2** (見えないように)おおう，隠す (conceal)：～ one's dislike, intentions, suspicion, etc. / be ～*ed* in mystery 〈真相などが〉謎に包まれて[閉ざされて]いる. ── *vi.* ベールをかぶる；ベールに包まれている.

veiled *adj.* **1** ベールを掛けた[でおおった]：a ～ nun / with ～ eyes 目をおおって. **2** 隠された，包み隠した，仮面をかぶった (hidden, disguised)；明瞭でない，明確に述べられていない (obscure)：a ～ protectorate 仮装保護国 / a ～ threat あからさまに言わない脅迫 / a ～ voice 不明瞭な声，かすれ声.

véil·ing [-lɪŋ] 〖ME〗 *n.* **1** ベールでおおうこと；包み隠し. **2** ベール生地. **3** ベール；カーテン (curtain).

véiling lúminance *n.* 〖物理〗隠蔽光《霧の中を照らす自動車のヘッドライトの光のように浮遊する微粒子による散乱光，またその現象》.

véil·less *adj.* ベールのない；ベールでおおわれていない，あからさまの (exposed).

vein [véɪn] 〖《c1300》□ (O)F *veine* < L *vēnam* ← ?〗 ── *n.* **1** 静脈 (cf. artery 1)；《俗用》血管 (blood vessel)：pulmonary ～*s* 肺静脈. **2 a** (葉の)葉脈 (nerve). **b** (昆虫の)翅(し)脈 (⇨ insect 挿絵). **c** 鉱脈 (seam, lode)《金属などの裂力充填鉱床》：a ～ of ore [coal] 鉱[石炭]脈. **d** (地層中の)水脈；その流水. **3** (木材・大理石などの)縞，木目；石目 (streak). **4** 裂け目，割れ目 (crack). **5** (性格・行為・文章などに見られる)特質，性質，気質 (strain, trait)；素質，才能 (talent)：his characteristic ～ of humor [sarcasm] 彼一流のユーモア[皮肉]味 / a man of an imaginative ～ 想像に耽るたちの人 / a poetic ～ 詩人肌 / There is a grating ～ in him. 彼には何だか不快なところがある. **6** (一時的)気分，気持 (mood)；(よい)調子：in the giving ～ 鷹揚(おうよう)な気分で / say in a humorous ～ おもしろ半分に言う / I am not in the ～ *for* work [writing, trifling]. 仕事をする[書く，ふざける]気持[気分]になっていない / I am not in (the) ～ just now. 今は気が向かない. **7** (思考・行動・感情などの)筋道，流れ，方向.

breathe a vein 《古》(静脈を切って)放血する (let blood).

── *vt.* [通例 p.p. 形で] **1** …に脈(のような筋)をつける：his black hair ～*ed with* silver 銀糸のような白いものの光る黒髪. **2** …の上を通って脈のように伸びる[走る]：The country is *veined* by railroads. その地方は鉄道網が張りめぐらされている.

veined *adj.* 筋[脈]がある，筋の入っている；静脈[葉脈，翅脈，鉱脈，水脈，木目，石目]がある：a ～ leaf.

véin·ing *n.* **1** 線条(をつけること). **2** [集合的] 筋 (veins).

véin·less *adj.* 静脈[葉脈，翅脈，鉱脈，水脈，木目，石目]のない.

vein·let [véɪnlɪt, -lət] *n.* **1** 〖植物〗細脈，小脈，支葉脈. **2** 〖動物〗(昆虫の)小翅(し)脈. **3** 〖解剖〗小静脈.

vein·ous [véɪnəs] 〖← VEIN (*n.*)＋-OUS〗 *adj.* **1** 〈手・腕など〉静脈の目立つ[浮いた]；静脈の多い (veined). **2** ＝venous 2.

véin quàrtz *n.* 脈石英《鉱脈の構成鉱物として産出する石英》.

véin·stòne *n.* 〖鉱山〗＝gangue.

vein·ule [véɪnjuːl] *n.* ＝veinlet.

vein·u·let [véɪnjulɪt, -lət] *n.* ＝veinlet.

vein·y [véɪni | -nɪ] *adj.* (**vein·i·er**；**-i·est**) 静脈[葉脈，翅(し)脈，鉱脈，水脈，木目，石目]のある[多い，目立つ] (veined)：a ～ hand.

vel. 《略》〖製本〗vellum；velocity.

vela *n.* velum の複数形.

Ve·la [víːlə] 〖□ L *vēla* (pl.) ← *vēlum* sail〗 *n.* 〖天文〗ほ(帆)座《南天の星座；旧アルゴ座 (Argo) を 4 部に分けた一つ；the Sail ともいう》.

Vél·a-Hotél [vélə-] *n.* 《米》ベラホテル《大気圏外での核爆発を探知するための衛星システム》.

ve·la·men [vɪléɪmən, və- | vɪléɪmen] 〖□ L *vēlām-en* covering ← *vēlāre* to cover：cf. velum〗 ── *n.* (*pl.* **ve·lam·i·na** [-lǽmənə | -mɪ-]) **1** 〖解剖〗被膜，卵膜. **2** 〖植物〗根被《気根の多層の表皮》.

velamenta *n.* velamentum の複数形.

vel·a·men·tous [vèləméntəs | -təs] 〖⇨ ↓, -ous〗 *adj.* **1** 〖解剖〗被膜の[に関する，に似た]. **2** 〖植物〗根被の[に関する，に似た].

vel·a·men·tum [vèləméntəm | -təm] 〖← NL ～ ← L *vēlāre* to cover〗 *n.* (*pl.* **-men·ta** [-tə | -tə]) 〖解剖〗＝velamen 1.

velamina *n.* velamen の複数形.

ve·lar [víːlə | -lə(r] 〖《1726》□ L *vēlār-is* ← *vēlum* curtain：⇨ velum, -ar[1]〗 ── *adj.* **1** 〖解剖〗帆の，膜の，口蓋帆 (velum) の. **2** 〖音声〗軟口蓋音の：～ consonants 軟口蓋子音. ── *n.* 〖音声〗軟口蓋音《軟口蓋と後舌面とで調音される音；[k], [g], [x], [ŋ] など》.

velaria *n.* velarium の複数形.

ve·lar·ic [vɪlǽrɪk, və- | viː-, vɪ-] *adj.* 〖音声〗〈閉鎖音が〉軟口蓋において内部閉鎖を伴う；軟口蓋気流による (cf. pulmonic 3, glottalic).

ve·lar·i·ty [viːlǽrəṭi | -rətɪ, -rɪ-] *n.* 〖音声〗軟口蓋(音)性.

ve·lar·i·um [vɪlɛ́(ə)riəm | -lɛ́ərɪ-] 〖□ L *vēlāri-um*：⇨ velar, -ium〗 ── *n.* (*pl.* **-i·a** [-riə | -rɪə]) **1** (古代ローマの劇場の)日除け，天幕 (awning)《座席の上に日除けまたは雨除けとして張った》. **2** 〖動物〗擬縁膜《アンドンクラゲなどのかさの口にある環状の薄い膜；cf. velum》.

ve·lar·i·za·tion [vìːlərɪzéɪʃən, -rə- | -raɪ-, -rɪ-] *n.* 〖音声〗軟口蓋(音)化《英語の暗い l (dark l) などに見られる》.

ve·lar·ize [víːləràɪz] *vt.* 〖音声〗軟口蓋(音)化する (cf. palatalize).

vé·lar·ìzed *adj.* 〖音声〗軟口蓋(音)化された.

Ve·lás·quez [vəlǽskəs, -láːs-, -keɪs | vɪlǽskwɪz, ve-, -kɪz, -kez, -kwɪθ；*Sp.* beláskeθ] *n.* ＝Velázquez.

ve·late [víːlət, -lɪt, -leɪt] 〖□ L *vēlāt-us* (p.p.) ← *vēlāre* to cover：⇨ -ate[2]〗 *adj.* **1** ベールをかぶった (veiled). **2** 〖解剖・生物〗velum のある.

ve·la·tion [viːléɪʃən] 〖□ LL *vēlātiō(n-)* ← L *vēlātus* (↑)〗 *n.* **1** ベールをかぶる[かぶっている]こと. **2** 〖解剖・生物〗velum 形成.

Ve·láz·quez [vəlǽskəs, -láːs-, -keɪs | vɪlǽskwɪz, ve-, -kɪz, -kez, -kwɪθ；*Sp.* beláθkeθ], **Diego** (**Rodriguez de Sil·va y** [sílba i]) *n.* ベラスケス《1599-1660；スペインのバロックの画家》.

Vel·cro [vélkrou | -krə(u)] 〖VEL(VET) に基づく恣意的造語〗 *n.* 〖商標〗ヴェルクロ《ナイロン製の付着テープ，マジックテープ》.

veld [vélt, félt；*Afrik.* félt] 〖《1801》□ Afrik. ～ □ Du. *veld*, 《古形》*veldt* 'FIELD'〗 *n.* (アフリカ南部・東部地方の，低木やまばらな林のある)草原.

veld·schoen [véltskùːn, félt-] 〖《変形》← Afrik. *velskoen* ← Du. *vel* 'FELL[1]'＋Du. *schoen* shoe〗 ── *n.* (*also* **veld·skoen** [～]) (*pl.* ～**s**, ～) (アフリカ南部で用いられる)生皮製の靴《釘を用いずに縫製した，しばしば中底のない靴》.

veldt [vélt, félt；*Afrik.* félt] *n.* ＝veld.

veldt·schoen [véltskùːn, félt-] *n.* ＝veldschoen.

ve·le·ta [veɪléɪṭə | -tə；*Sp.* beléta] 〖□ Sp. ～ 'weathervane' ← *vela* 'cloth, VEIL'〗 *n.* ベレタ《ワルツに似た三拍子の踊り》.

ve·lic [víːlɪk] 〖← VEL(UM)＋-IC[1]〗 *adj.* **1** 〖解剖〗口蓋帆の，軟口蓋後縁の. **2** 〖音声〗軟口蓋背面の：～ articulation 軟口蓋背面調音.

vélic póint *n.* 〖海事〗＝CENTER of effort.

ve·li·ger [víːlɪdʒə, vél-, -lə- | -lɪdʒə(r] 〖← NL ～ ← L *vēlum* 'VELUM'＋*-iger* (cf. -igerous)〗 ── *n.* 〖動物〗ベリジャー，被面子幼生《頭足類を除く軟体動物のトロコフォア (trochophore) に続く幼生形》.

Ve·li·i·dae [vɪláɪədìː, və- | veláɪɪ-] 〖← NL ～ ← *Velia* (属名)＋-IDAE〗 *n.pl.* 〖昆虫〗(半翅目)カタビロアメンボ科.

vel·i·ta·tion [vèlətéɪʃən | -lɪ-] 〖《1607》□ L *vēlitātiō(n-)* ← *vēlitārī* to skirmish ← *vēlit-*, *vēles* (↓)〗 *n.* 《古》小競り合い (skirmish)；言い争い (dispute).

ve·li·tes [víːlətìːz | -lɪ-] 〖□ L *vēlit-ēs* (pl.) ← *vēles* (cf. *vēlox* swift)：cf. velocity〗 *n.pl.* (古代ローマの)軽装歩兵隊.

vel·le·i·ty [velíːəṭi, və- | velíːətɪ, -líːɪ-] 〖《1618》□ ML *velleitāt-em* ← L *velle* to wish〗 *n.* (努力や行動の伴

わない)単なる意欲, 弱い欲望.
vel·li·cate [véləkèɪt | -lɪ-] 〖▭L *vellicāt-us* (p.p.) ← *vellicāre* (freq.) ← *vellere* to pluck : ⇨ -ate³〗《まれ》 ── *vt.* **1** ぴくぴく動かす, 痙攣(けいれん)させる (twitch). **2** つねる, つまむ (nip). **3** くすぐる (tickle). ── *vi.* ぴくぴく動く, 痙攣する.
vel·lum [véləm] 〖《1440》 *velym, velyn* ▭(O)F *vélin* ← OF *vel* 'VEAL'〗 ── *n.* **1** ベラム : **a** 子牛の皮などで作った上等の書写・製本材. **b** 上質の羊皮紙 (fine parchment). **2** ベラム文書. **3 a** ＝vellum paper. **b** ＝vegetable parchment. **c** ベラム《子牛皮に似せた製本用クロス》. **d** ベラム《トレーシングペーパーの一種》. ── *adj.* ベラムに似た, ベラム製の ; ベラム装丁の.
véllum pàper *n.* ベラムペーパー《ベラムに似た丈夫なクリーム色の紙》.
Vel·ma [vélmə] 〖(dim.) ← WILHELMINA〗 *n.* 女性名 (cf. Vilma).
ve·lo·ce [veɪlóutʃeɪ, vɪlóutʃi, və- | vɪlə́utʃɪ, ve-, və- ; *It.* veló:tʃe] 〖▭It. ~ 'quick' : cf. velocity〗 *It. adv.* 〖音楽〗速く.
vel·o·cim·e·ter [vèləsímətə | -mɪtə(r, -mə-] 〖← VELOCI(TY)＋-METER¹〗 *n.* (特に, 発射物・音などの)速度計.
ve·loc·i·pede [vɪlɑ́səpì:d, və- | -lɔ́sɪ-, -sə-] 〖《1819》 ▭F *vélocipède* ← L *vēlōci-, vēlox* swift＋*pedem, pēs* 'FOOT'〗 ── *n.* **1** 速歩機《自転車の前身, 両足で地を蹴りながら進ませた》. **2** (昔の)自転車, 三輪車 ; 《まれ》(子供用の)三輪車 (tricycle). **3** 〖鉄道〗手動車 (handcar)《velocipede car ともいう》. **ve·lóc·i·pèd·ist** [-dɪst, -dəst | -dɪst] *n.*
ve·loc·i·tize [vɪlɑ́sətàɪz, və- | -lɔ́sɪ-] *vt.* 《米》(長時間の高速度運転の結果)〈運転者〉の速度感を鈍らせる, を眠くならせる.
ve·loc·i·ty [vɪlɑ́səṭi, və-, -sti | -lɔ́sətɪ, -sɪ-] 〖《c1550》 ▭(O)F *vélocité* ∥ L *vēlōcitāt-em* swiftness ← *vēlōci-, vēlox* swift〗 ── *n.* **1** (運動・動作などの)速さ, 速力 (speed) : dart off with the ~ of a bird 鳥の飛ぶ速さで走り去る / at a ~ of 100 miles per hour 時速100マイルの速さで / be rushed into war with startling ~ 驚くべき速さで戦争に突入する. **2** 〖物理・機械〗速度《speed に対して velocity は方向をも含む場合が多い》: accelerated ~ 加速度 / final [initial, muzzle] ~ (砲弾などの)終[初]速度, 終[初]速 / uniform [variable] ~ 等[可変]速度 / The *velocities* of light [sound] in air and in water are different. 空気中と水中の光[音]の速度は違う.
velocity of circulation 〖経済〗(貨幣の)流通速度.
velocity of escape 〖物理・宇宙〗＝escape velocity.
velocity of light [the ─] 〖物理〗光速度, 光速《真空中を光や電磁波が伝わる速さ ; 1秒間に約30万km》.
velócity hèad *n.* 〖物理〗速度ヘッド, 速度水頭, 速度落差《流体のもつ運動のエネルギーを水柱の高さで表わしたもの ; cf. elevation head, pressure head》.
velócity micròphone *n.* 〖電気〗ベロシティーマイクロフォン, 速度マイクロフォン《音響振動速度に比例する電気出力を出すようなマイクロフォン》.
velócity mòdulation *n.* 〖電気〗速度変調.
velócity poténtial *n.* 〖機械〗速度ポテンシャル.
velócity ràtio *n.* 〖機械〗速度比.
ve·lo·drome [ví:lədròum, vél-, véɪl- | -drə̀um] 〖▭F *vélodrome* ← *vélo* 《略》 ← *vélocipède* 'VELOCIPEDE' : ⇨ -drome〗 *n.* 自転車競走場, 競輪場.
ve·lour [vəlúə | -lúə(r ; *F.* vəlu:r] 〖《1706》 ▭F *velours* velvet 《変形》 ← OF *velous* < L *villōsum* hairy ← *villus* : ⇨ villus〗 ── *n.* (*pl.* ~**s** [~(z) ; *F.* ~]) **1** ベロア《綿・絹・レーヨンの交織りで, ビロード状にけば立てた座席張り生地・服地・帽子用生地》. **2** ウサギ・ビーバーなどの毛皮で作ったフェルト《帽子用》. ── *adj.* ベロアの[に似た] : a ~ hat ベロア帽.
ve·lours [vəlúə | -lúə(r ; *F.* vəlu:r] 〖▭F ~ (↑)〗 *n.* (*pl.* ~) ＝velour.
ve·lou·té [vəlu:téɪ ; *F.* vəlute] 〖▭F ~ ← *velours* (↑)〗 ── *n.* ヴルーテ : **a** 鶏・子牛肉・魚などの出し汁で作った滑らかなソース《velouté sauce ともいう》. **b** ヴルーテを土台にした濃いスープ.
vel·skoen [vélskù:n, fél-] *n.* (*pl.* ~**s**, ~) ＝veldschoen.
ve·lum [ví:ləm] 〖《1753》 ▭L *vēlum* sail, covering〗 ── *n.* (*pl.* **ve·la** [-lə], 4 では ~) **1** 〖解剖〗帆, ベール状のもの, (特に)口蓋帆, 軟口蓋 (soft palate). **2** 〖植物〗(唇(しん)形花の)小唇, 菌膜. **3** 〖動物〗ベールに似た膜[構造] ; 面盤《軟体動物の幼生の繊毛が生えた膜》; (クラゲなどの)縁膜 (cf. velarium). **4** 〖気象〗(積雲の上にかかる)薄く広がった雲.
ve·lure [vel(j)úə, véljə | vel(j)úə(r] 〖《変形》 ← VELOUR〗 *n.* 《廃》ビロード (velvet), 高級ベロア ; ビロードに似た生地.
ve·lu·ti·nous [vəlú:tənəs, -tn- | -tɪn-, -tn-] 〖← NL *velutin-us* ← ML *velutum* 'VELVET'〗 *adj.* 〖生物〗ビロード状の表面をもつ, ビロード状の (velvety).
vel·ver·et [vèlvərét, ←─ | vélvərɪt, -rət] 〖《変形》 ↓〗 *n.* (しばしばプリント柄のついた)綿ビロード, 別珍.
vel·vet [vélvɪt, -vət] 〖《1327》 ▭OF *veluotte* ← *velu* velvety ▭ML *villūtus* ← L *villus* : ⇨ villus〗 ── *n.* **1** ビロード, ベルベット : cotton ~ 綿ビロード, 別珍, 唐天(とうてん) / silk ~ 絹天 / pile ~＝terry ~ わな天, わなビロード / ⇨ cut velvet. **2** ビロード状のもの[表面]《もの皮・産毛の生えたほお・こけの生えた石や樹幹など柔らかく滑らかなもの》. **3** (鹿の)袋角, 鹿茸(ろくじょう). **4** 《口語》快適な(望ましい)状況. **5** 《俗》勝ち越し金 ; 賭博[投機]で得た金銭 (winnings) ; 利益 (profit). **6** ベルベット《シャンパンとポーター (porter) を半分半分入れたカクテル ; cf. black velvet 1》. **7** 〖動物〗＝velvet sponge.
on velvet 勝ち越し金で ; (投機・賭博で)有利な地位にある, 勝っている ; 楽な[安全な, 恵まれた]地位にある : gamble [play] *on* ~ 勝ち越し金で賭ける / be [stand] *on* ~ 勝っている / We are *on* ~ financially. 我々は財政的には楽だ. ***to the velvet*** もうかって : We were £50 *to the* ~. 我々は50ポンド黒字だった.
── *adj.* **1** ビロード(製)の, ベルベットの. **2** (感触または外観が)ビロード[ベルベット]のような, 柔らかな, 手触りの滑らかな (soft, velvety) : with (a) ~ tread 足音を立てずに / ~ lawns ビロードのような芝生.
vélvet ànt *n.* 〖昆虫〗アリバチ《アリバチ科の昆虫の総称 ; 体が鮮やかな毛でおおわれてベルベット状をしているものがあるのでこの名がある ; 雌は羽がない》.
vélvet bèan *n.* 〖植物〗米国南部に栽培されるマメ科の一年生つる草 (*Stizolobium* [*Mucuna*] *deeringianum*)《Florida velvet bean ともいう》; その種《しばしば家畜の飼料にする》.
vélvet cárpet *n.* ビロードじゅうたん《毛羽の長い上等品》.
vél·vet·ed [-tɪd, -ṭəd | -tɪd, -təd] *adj.* ビロード(製)の, ベルベットの (velvet).
vel·ve·teen [vèlvətí:n | vèlvɪtí:n, -və-, ←─] 〖← VELVET＋-EEN¹ : cf. F *velvetine*〗 ── *n.* **1** ベルベティーン, 綿ビロード, 別珍, 唐天(とうてん) (cotton velvet). **2** [*pl.*] ベルベティーンの衣服 ; (特に)ベルベティーンのズボン. ── *adj.* 綿ビロード[別珍]製の : a ~ dress.
vélvet glóve *n.* **1** ビロードの手袋 : with ~*s*＝*with* KID GLOVES. **2** うわべだけの優しさ[丁重さ] : the [an] iron hand in the [a] ~ 外柔内剛 / handle with ~*s* 当たりは柔らかいが強い意志をもって扱う.
vélvet spònge *n.* 〖動物〗ビロードカイメン (*Hippiospongia equina meandriformis*)《メキシコ湾・西インド諸島付近産の目の細かい良質のもの》.
vel·vet·y [vélvɪṭi, -və- | -tɪ] *adj.* **1 a** ビロードのような, 滑らかで柔らかい : a ~ turf ビロードのような芝生. **b** 〈手触り・音など〉柔らかな : a ~ touch ビロードのような感触 / a ~ voice 柔らかな声. **2** 〈酒など〉口当たりのよい (smooth) : a ~ wine.
Ven. 《略》Venerable ; Venice.
ven- [vi:n, ven] (母音の前に来る時の) veno- の異形.
ve·na [ví:nə] 〖《*a*1400》 ▭L *vēna* : ⇨ vein〗 *n.* (*pl.* **ve·nae** [-ni:, -naɪ]) 〖解剖〗静脈 (vein).
véna cá·va [-kéɪvə, -kɑ́:və] 〖▭L *vēna cava* hollow vein : ⇨ ↑, cava¹〗 ── *n.* (*pl.* **vé·nae cá·vae** [-ni:kéɪvi:, -naɪkɑ́:vaɪ]) 〖解剖〗大静脈《superior vena cava (上大静脈)と inferior vena cava (下大静脈)がある ; ⇨ heart 挿絵》. **véna cá·val** [-vəl] *adj.*
véna con·trác·ta [-kəntrǽktə] 〖▭L *vēna contracta* contracted vein〗 ── *n.* (*pl.* **vénae con·trác·tae** [-ti:, -taɪ]) 〖水力学〗くびれ, 縮流《容器の壁の穴から流出する射出水が, 外気に接してその流線のくびれる現象》.
venae *n.* vena の複数形.
ve·nal¹ [ví:nl̩] 〖《1652》 ▭L *vēnāl-is* for sale ← *vēnum* sale : cog. Gk *ōnos* price / Skt *vasna*〗 ── *adj.* **1** 〈人が〉金で動かされる, 金で自由になる, 報酬目当ての, 買収されやすい (purchasable) ; 堕落した, 腐敗した (corrupt) : a ~ judge, politician, etc. **2** 〈行為・動機など〉利によって動く, 金銭ずくの, 打算的な ; 〈地位など〉買収しうる : a ~ agreement 金銭ずくの承諾 / a ~ office 金銭で得た役職 / ~ practices 収賄(しゅうわい)行為 / a ~ vote 買収された投票.
ve·nal² [ví:nl̩] *adj.* 《古》＝venous.
ve·nal·i·ty [vɪnǽləṭi, vi:-, və- | vi:nǽlətɪ, vɪ-, -lɪ-] 〖▭F *vénalité* : ⇨ venal¹, -ity〗 ── *n.* 金銭ずくで動くこと, 金で自由になること ; 金銭ずくの行動 ; (金銭上の)無節操, 不正.
vé·nal·ly [-nəli, -nl̩i | -nəlɪ, -nl̩ɪ] *adv.* 金銭ずくで, 金次第で.
ve·nat·ic [vɪnǽṭɪk, və-, vi:- | vi:nǽt-, vɪ-] 〖▭L *vēnātic-us* ← *vēnātus* (p.p.) ← *vēnārī* to hunt〗 *adj.* **1** 狩猟の. **2** 狩猟好きな, 狩猟で生活する. **ve·nát·i·cal** [-ṭɪkəl, -ṭə- | -tɪ-] *adj.* ＝venatic. **~·ly** *adv.*
ve·na·tion [venéɪʃən, vi:-, vɪ-, və- | vi:-, vɪ-] 〖← NL *vēnātiō(n-)* ← L *vēna* vein＋-ATION〗 ── *n.* **1 a** 〖植物〗葉脈の分布状態 ; 脈相, 脈系, 脈状. **b** [集合的] 葉脈 (veins). **2** 〖昆虫〗**a** 翅脈(しみゃく)の分布状態 ; 脈相, 脈系. **b** [集合的] 翅脈 (veins). **~·al** [-ʃənl̩, -ʃnəl] *adj.*

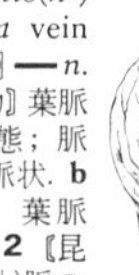

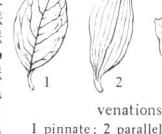

venations 1
1 pinnate ; 2 parallel ; 3 palmate

vend [vénd] 〖《1622》 ▭F *vend-re* ∥ L *vend-ere* to sell ← *vēnum dāre* to offer for sale : ⇨ venal¹〗 ── *vt.* **1** 売る (sell) ; (特に)売り歩く, 行商する (peddle) : ~ fruit. **2** 〈意見などを〉述べる, 発言する (publish) : ~ an opinion. ── *vi.* **1** 〈品物が〉売れる. **2** 販売する, 販売に従事する. ── *n.* 《英》販売 (sale).
Ven·da [véndə] *n.* (*pl.* ~, ~**s**) **1 a** [the ~(s)] ベンダ族《南アフリカ共和国の Transvaal 州北部に住む一種族》. **b** ベンダ族の人. **2** ベンダ語《Bantu 語族に属する》.
vend·a·ble [véndəbl̩] *adj.* ＝vendible.
ven·dace [véndɪs, -dəs, -deɪs] 〖《1769》 ▭OF *vendese, -doise* dace ▭Gaulish **vindēsia* ← Celt. *vend-* white〗 ── *n.* (*pl.* ~, ~**s**) 〖魚類〗イングランドおよびスコットランドの湖に産するホワイトフィッシュ (whitefish) の一種 (*Coregonus vandesius*).
Ven·de·an [vendí:ən] 〖▭F *Vendéen* ← VENDÉE〗 ── *adj.* バンデ (Vendée) の ; バンデの住民の《特にその王党派についていう》. ── *n.* バンデ王党員《1793–96年革命政府に反抗した Vendée 地方の住民》.
ven·dee [vendí:] 〖← VEND＋-EE¹〗 *n.* 買主, 買受人 (buyer) (cf. vendor).
Ven·dée [vɑ̃:(n)déɪ, vɔ̃:(n)-, vɑ:n-, vɔ(:)n- ; *F.* vɑ̃de] *n.* バンデ(県)《フランス西部のビスケー湾 (Bay of Biscay) に面する県 ; ⇨ Vendean ; 人口 451,000, 面積 6,720 km², 首都 La Roche-sur-Yon [laʀɔʃsyʀjɔ̃]》.
Ven·dé·miaire [vɑ̃:(n)deɪmiéə, vɔ̃:(n)-, vɑ̀:n-, vɔ̀(:)n- | -miéə(r ; *F.* vɑ̃demjɛ:ʀ] 〖▭F ~ 《原義》of vintage ← L *vindēmia* 'grape gathering, VINTAGE' : Fabre d'Églantine の造語 (1793)〗 ── *n.* 葡萄月《フランス革命暦の第1月 ; ⇨ Revolutionary calendar》.
vénd·er *n.* ＝vendor.
ven·det·ta [vendéṭə | -tə] 〖《1855》 ▭It. ~ < L *vindictam* vengeance : cf. vindictive〗 ── *n.* **1** (昔 Corsica 島やイタリアの諸地方で行なわれたような, 被殺害者の一族が殺害者の一族に対して何代にもわたり殺したり殺されたりを繰り返す)交互復讐, (連続的な)交互仇討ち, (孫子の代まで続く)かたき討ち (blood feud) (cf. feud¹ 1 a). **2** 長期にわたる不和, 宿恨, 怨念.
ven·dét·tist [-tɪst, -ṭəst | -tɪst] *n.* 復讐者, 報復者.
ven·deuse [vɑ̃:(n)dɜ́:z, vɔ̃:(n)-, vɑ:n-, vɔ(:)n-, -dú:z ; *F.* vɑ̃dø:z] 〖▭F ~ (fem.) ← *vendeur*〗 *F. n.* (特に, 流行服店の)女売子, 女店員 (saleswoman).
vend·i·ble [véndəbl̩ | -də-, -dɪ-] 〖《c1390》 ▭L *vendibil-is* : ⇨ vend, -ible〗 ── *adj.* **1** 売ることができる, 売れる, 捌(さば)ける. **2** 《廃》金銭で左右される, 金銭ずくの (venal). ── *n.* [通例 *pl.*] 販売可能品, 売れる物 (salable things). **vènd·i·bíl·i·ty** [-dəbíləṭi | -dɪbílətɪ, -də-, -lɪ-] *n.* **vénd·i·bly** [-bli | -blɪ] *adv.*
vénd·ing machine *n.* 自動販売機.
ven·di·tion [vendíʃən] 〖▭L *venditiō(n-)* : ⇨ vend, -tion〗 *n.* 販売すること, 販売 (sale).
Ven·dôme [vɑ̃:(n)dóum, vɔ(:)n-, vɔ̃:(n)-, vɑ:n- | -də́um ; *F.* vɑ̃do:m], **Duc de** *n.* バンドーム《1654–1712 ; フランスの将軍・元帥 ; 本名 Louis Joseph de [lwi ʒozɛf də] Bourbon》.
ven·dor 〖《1594》 ▭AF *vendo(u)r* : ⇨ vend, -or²〗 ── *n.* **1** [véndə, vendɔ́ə | véndɔ:(r, -də(r] 売る人, 売主 ; 売り歩く人, 行商人 (peddler) (cf. vendee). **2** [véndə | -də(r] ＝vending machine.
Ven·dryes [vɑ̃:(n)dríəs, vɔ̃:(n)-, vɑ̀:n-, vɔ̀(:)n- | -drɪ- ; *F.* vɑ̃dʀijɛs], **Joseph** *n.* バンドリエス《1875–1960 ; フランスの言語学者 ; *Le langage*「言語」(1921)》.
ven·due [vénd(j)u:, vɑ́:n-, ←─, fénd(j)u: | vendjú:] 〖《1680》 ▭Du. *vendu* ▭(O)F *vendue* sale ← *vendre* 'to VEND'〗 ── *n.* 《米》公売, 競売 : at (a) ~＝by ~ 公売で[によって].
ve·neer [vəníə, vɪ- | -níə(r] 〖《1702》 ▭G *Furnier* (n.) & *furnir-en* (v.) ▭F *fournir* 'to FURNISH'〗 ── *n.* **1** 張り板, 着せ板, 化粧張り, 単板, ベニヤ《合板 (plywood) (日本でいうベニヤ板)の上に張った上質の薄板》. **2** 合板を成す各層の一枚. **3** [通例 a ~] うわべの飾り, 見せかけ, 虚飾 (gloss) : *a* thin ~ *of* education [respectability] うわべだけの薄っぺらな教育[体面] / barbarians with *a* ~ *of* culture 教養の皮をかぶった野蛮人 / behind the ~ of friendship 見せかけだけの友情の背後には. ── *vt.* **1** 〈木材・家具など〉に〔優良な木・象牙・良質のべっこうなどの薄板を〕張る, 着せる, 化粧張りする, 〔…の〕合板をかぶせる 〔*with*〕: ~ furniture *with* mahogany 家具をマホガニー材で化粧張りする. **2** (外観をよくするため)高価な材料で薄くおおう. **3** (合板を造るために)〈薄板を〉張り合わせる. **4** …の見せかけをよくする, うわべを飾る ; (うわべを飾って)〈欠点などを〉隠す (conceal) 〔*with*〕. **~·er** [-ní(ə)rə | -níərə(r] *n.*
ve·néer·ing [-ní(ə)rɪŋ | -níər-] *n.* **1** ベニヤ張り(作業), 化粧張り, 張り合わせ. **2** 化粧張り[合板]材料. **3** 化粧張りされた表面. **4** うわべだけの虚飾 : a ~ of humanity うわべだけの人道主義.
ven·e·nate [vénənèɪt] 〖← L *venēnāt-us* (p.p.) ← *venēnāre* ← *venēnum* poison〗 ── *vt.* …に毒物を注入する. ── *vi.* 毒物を投与する. **ven·e·na·tion** [vènənéɪʃən] *n.*
ven·ene [véni:n] *n.* 〖生化学〗＝venin.
ven·e·nose [vénənòus | -nə̀us] 〖← L *venēn(um)* poison＋-OSE¹〗 *adj.* 《古》有毒な (poisonous).
ve·ne·punc·ture [ví:nəpʌ̀ŋ(k)tʃə, vénə- | -tʃə(r] *n.* 〖医学〗＝venipuncture.
Ve·ner [véɪnə | -nə(r] *n.* ＝Vaner.
ven·er·a·bil·i·ty [vèn(ə)rəbíləṭi | -lətɪ, -lɪ-] 〖▭ML *venerabilitāt-em* (↓) : ⇨ -ity〗 *n.* 尊敬すべき[尊い, 古くて神々しい]こと.
ven·er·a·ble [vén(ə)rəbl̩, -nəbl̩ | -n(ə)rəbl̩] 〖《*a*1387》 ▭(O)F *vénérable* ∥ L *venerābil-is* ← *venerārī* : ⇨ venerate, -able〗 ── *adj.* **1** 〈人が〉(人格高潔・高位・高齢・威厳などがあって)尊敬するに足る, 尊ぶべき ; りっぱな, 神々(こうごう)しい : a ~ old man / a ~ states-

man 老政治家. **2** 〈土地・建物など〉(宗教的・歴史的その他の高尚な連想から)尊い, 神聖な, 神々しい, 神厳な (hallowed): a ~ building 古さびた建物 / a ~ oak (神木のような)オークの老木 / ~ relics 神聖な遺物. **3** 古い (ancient); 古臭い: ~ age 高齢 / ~ antiquity 太古 / a ~ institution 古い歴史のある設立物 / a ~ automobile 時代物の自動車. **4 a** 〘英国国教会〙[大執事 (archdeacon) の敬称として] …師: the *Venerable* [*Ven.*] Archdeacon Brown. **b** 〘カトリック〙尊者《教皇庁が英雄的な徳行ある人に与える尊号で, 福者 (Blessed) に列せられる前段階; ただし the Venerable Bede (尊者ベーダ)の場合は通常の尊称》. ── *n.* 尊敬すべき人, 尊敬に値する人; (特に) Venerable の称号を持つ人. **~·ness** *n.* **vén·er·a·bly** *adv.*

Vénerable Béde *n.* [the ~] ⇨ Saint BEDE.

ven·er·ate [vénərèɪt] 〖《1623》← L *venerāt-us* (p.p.) ← *venerārī* to reverence ← *vener-, venus* love: ⇨ Venus, -ate[3]〗 ── *vt.* 尊敬する, 崇拝する (revere). **vén·er·à·tor** [-tə | -tə(r] *n.*

ven·er·a·tion [vènəréɪʃən] 〖《*a*1387》□ (O)F *vénération* // L *venerātiō(n-)*: ⇨ ↑, -tion〗 ── *n.* 尊敬, 崇敬; 尊敬[崇敬]の念 (reverence): be filled with ~ *for* …に対して尊敬の念に満たされる / have [hold]…in ~ …を尊敬[崇拝]する / in ~ *of* the dead 死者を崇敬して.

ve·ne·re·al [vəní(ə)riəl, vɪ- | vənɪ́əri-, vɪ-, viː-] 〖《*a*1387》← L *venere-us* ← *vener-, venus* sexual love: ⇨ Venus, -al[1]〗 ── *adj.* **1 a** 〈病気が〉(患者との)性交から起こる[と関連ある]: ⇨ venereal disease. **b** 性病の; 性病にかかった; 性病治療に適した: a ~ patient 性病患者 / a ~ remedy 性病治療薬. **c** 性器に起こる[を冒す]: a ~ sarcoma. **2 a** 性欲の, 性交の: ~ desire 性欲. **b** 性欲をそそる, 催淫的な.

venéreal diséase *n.* 〘病理〙性病 (略 VD, V.D.) (cf. chancroid, gonorrhea, lymphogranuloma 2, syphilis).

ve·nè·re·ól·o·gist [-dʒɪst, -dʒəst | -dʒɪst] *n.* 性病科医.

ve·ne·re·ol·o·gy [vəni(ə)riɑ́lədʒi, vɪ- | vənɪ̀əriɔ́lədʒɪ, vɪ-, viː-] 〖← VENERE(AL)+-LOGY〗 ── *n.* 性病学. **ve·ne·re·o·log·i·cal** [vəni(ə)riəlɑ́dʒɪkəl, vɪ-, -dʒə- | vənɪ̀əriəlɔ́dʒɪ-, vɪ-, viː-] *adj.*

ven·er·er [vénərə | -rə(r] 〖← VENER(Y)[2]+-ER[1]〗 *n.* 《古》猟人, 猟師 (huntsman).

veneres *n.* venus (⇨ Venus 4) の複数形.

Ve·ner·i·dae [vɪnérədiː, və- | -rɪ-] 〖← NL ~: ⇨ Venus (4), -idae〗 *n. pl.* 〘貝類〙マルスダレガイ科.

ven·er·ol·o·gy [vènərɑ́lədʒi | -rɔ́lədʒɪ] *n.* =venereology.

ven·er·y[1] [vénəri | -rɪ] 〖《1497》□ ML *veneria* ← L *vener-, venus*: ⇨ venereal, -ery〗 *n.* 《古》 **1** 性交. **2** 情欲に耽ること, 好色.

ven·er·y[2] [vénəri | -rɪ] 〖《?*a*1300》□ (O)F *vénerie* ← *vener* to hunt < L *vēnārī*: ⇨ -ery〗 *n.* 《古》 **1** 猟, 狩り, 狩猟 (hunting). **2** 猟獣.

ven·e·sect [vénəsèkt, víːn-, ˌ‐ˌ‐ˈ‐ | vènɪsékt, ˌ‐ˌ‐ˈ‐] 〖《逆成》↓〗 *vt.* 〘外科〙…の静脈を切開する, 刺胳(しらく)する.

ven·e·sec·tion [vènəsékʃən, viːn- | -nɪ-] 〖《1661》□ ML *vēnae sectio*: ⇨ vein, section〗 *n.* 〘外科〙静脈切開 (phlebotomy), 瀉(しゃ)血, 刺胳(しらく).

Ven·e·ti [vénətàɪ] 〖□ L *Veneti, Heneti*〗 ── *n. pl.* (*also* **Ven·e·tes** [-tiːz]) **1** ベネティ人《紀元前 56 年に Caesar に征服された Gaul 地方のケルト民族》. **2** ベネティ人《北東イタリアに居住した古代民族で政治的にはローマと同盟した》.

Ve·ne·ti·a[1] [vəníːʃiə, vɪ-, -ʃə | -ʃɪə, -ʃə] *n.* ベネチア: **1** イタリア北部, Po 川と Alps との中間の古代ローマの一地方. **2** =Venezia 2.

Ve·ne·ti·a[2] [vəníːʃiə, vɪ-, -ʃə | -ʃɪə, -ʃə] 〖□ L ~ □ Welsh *Gwyneth* ← *gwyn* white〗 *n.* 女性名.

Ve·ne·tian [vəníːʃən, vɪ- | -ʃən, -ʃɪən] 〖《1436》 *Venecian, Venicien* □ OF *Venecien* (F *Vénitien*) // ML *Venetiānus* ← L *Venetia* 'VENICE'〗 ── *adj.* **1** ベニスの, ベニス風の, ベニス式の. **2** 〘美術〙ベネチア派の: the ~ school ベネチア派《15–16 世紀 Venice で発展した絵画様式; 温潤の色彩と深い空間感覚表現を特徴とする; Giorgione, Titian, Veronese, Tintoretto などが属する》. ── *n.* **1 a** ベニス人. **b** (イタリア語の)ベニス方言. **2** [しばしば v-] =Venetian blind. **3** ベネチアン《Venetian cloth ともいう》: **a** 繻子(しゅす)織または綾織の光沢ある服地用の織物. **b** 光沢のある綿サテンで裏地に用いられる. **4** 〘活字〙ベネチアン《15 世紀の古典ローマン体, 手書き書体をもとに彫られた書体; 縦と横の線の太さにあまり差がない; cf. type 10 ★》.

Venétian báll *n.* ベネチアンボール《内部に紋様・物などを封じ込めた球型のガラス製の文鎮[玩具]》.

Venétian blínd, v- b- *n.* ベネチアンブラインド, 板すだれ《ひもで小札(こざね)を開閉する》.

Venétian cárpet *n.* ベニスじゅうたん《通例縞模様の実用品で階段や廊下などに用いる》.

Venétian chálk *n.* チャコ (French chalk)《柔らかいチョークで布地を裁断するための線描きに用いる》.

Venétian déntil *n.* 〘建築〙ベニス歯飾《通常の歯飾の歯が一つおきに斜に切られた形式の歯飾》.

Venétian dóor, v- d- *n.* ベネチアンドア《側戸が二つある; cf. Palladian window》.

Venétian gláss, v- g- *n.* **1** ベネチアングラス《Venice 北部の Murano 産の高級ガラス器; そのコップに毒を盛れば自然に破砕するといわれる》. **2** 装飾ガラス《各種の色ガラスを溶合させて作った精巧な装飾的ガラス》.

Venétian láce *n.* Venice 産の種々のレース.

Venétian mást *n.* 飾り柱《Venice の町に見られるだんだら模様に彩(いろど)った標柱で, 舟をつなぐための装飾的な柱》.

Venétian péarl, v- p- *n.* ベニス真珠《ガラス製の模造真珠》.

Venétian réd *n.* **1** ベニス赤《もとは天然の酸化鉄から採ったが, 今は石灰と硫酸鉄の混合物を焼いて造る赤色顔料》. **2** [しばしば v- r-] 黒みがかった橙赤色.

Venétian súmac *n.* 〘植物〙=smoke tree 1.

Venétian wíndow, v- w- *n.* =Palladian window.

Ve·net·ic [vɪnétɪk, və- | -tɪk] *n.* ヴェネト語《Este などイタリア北東部地方出土の 200 余の碑文の言語; 紀元前 6–1 世紀頃のもので, 印欧語族のイタリック語派に属する》. ── *adj.* ヴェネト語の.

Ve·ne·to [vɪnéɪtou, və-, -t̬ou | -təu; *It.* venéːto] *n.* ヴェネト(州)《イタリア北東部のアドリア海 (Adriatic Sea) に臨む州; 人口 3,734,000, 面積 18,377 km^2, 首都 Venice》.

Venez. 《略》Venezuela; Venezuelan.

Ve·ne·zia [vənétsiə, ve- | -tsɪə; *It.* venéttsja] 〖□ It. ~ < ML *Venētia*: cf. Venetian〗 ── *n.* ベネチア: **1** Venice のイタリア語名. **2** イタリア北部の旧地方; ほぼ Venetia 1 に相当; 1947 年に一部をユーゴスラビアに割譲.

Venézia Giú·lia [-dʒúːljə; *It.* -dʒúːlja] *n.* ベネチアジュリア《アドリア海 (Adriatic Sea) 北端に当たる地域; 以前はイタリア領, 1947 年その大部分をユーゴスラビアに割譲; 面積 8,847 km^2》.

Ven·e·zu·e·la [vènəzuéɪlə, -zuíː-, -zwéɪ-, -zwíː- | -nezwéɪ-, -nɪ-, -nə-; *Am. Sp.* beneswéla] *n.* ベネズエラ《南米北部の共和国; 人口 12,740,000, 面積 912,050 km^2, 首都 Caracas; 公式名 the Republic of Venezuela ベネズエラ共和国》.

Venezuela, the Gulf of *n.* ベネズエラ湾《ベネズエラ北東沿岸の湾, カリブ海 (Caribbean Sea) に面する; 幅約 240 km》.

Ven·e·zu·e·lan [vènəzuéɪlən, -zuíː-, -zwéɪ-, -zwíː- | -nezwéɪ-, -nɪ-, -nə-] *adj.* ベネズエラ(人)の. ── *n.* ベネズエラ人.

venge [véndʒ] 〖《*c*1303》□ OF *veng(i)er* < L *vindicāre* 'to VINDICATE'〗 ── *vt.* 《古》…のあだを報いる, …に復讐する (avenge): ~ my cousin's death いとこの死の恨みを晴らす (Shak., *Romeo* 3. 5. 87).

ven·geance [véndʒəns] 〖《*c*1300》□ (O)F ~ ← *venger* (↑): ⇨ -ance〗 ── *n.* **1** 復讐, あだ討ち, かたき討ち: inflict [take, wreak] ~ *on* [*upon*] a person *for*…のことで人に復讐する / take a bloody ~ *on* the murderer 殺害者を殺してかたきを取る / exact a ~ from a person *for*… 人に…の復讐をする / Heaven's ~ is slow but sure. 《諺》天罰は遅いが必ず来る (cf. 「天網恢々(かいかい)疎にして漏らさず」). **2** 《古》害, 危害 (harm). **3** 《古》畜生, くそ《荒々しいまたは冒瀆的なののしりの言葉》: a ~ *on't* くそっ食らえ.

with a vengeance 《口語》(1) 強く, 激しく: He whipped a child *with a* ~. 子供を激しくむち打った. (2) 大いに, 徹底的に: go native *with a* ~ 大いに現地人化する. (3) 文字通りに, 正しく; しかも間違いなしに (and no mistake): Is not this the same box *with a* ~? これは正に同じ立場ではありませんか / He's a coward, and *with a* ~. 臆病者であることは確かだ.

venge·ful [véndʒfəl] 〖《*a*1586》〗 ── *adj.* **1** 〈人が〉復讐心のある, 恨み深い, 執念深い (vindictive). **2** 〈行為・感情が〉復讐の, あだ討ちの: a ~ war 復讐戦. **3** 復讐を加える, あだ討ちに用いる (retributive): a ~ weapon 報復兵器. **~·ly** [-fəli | -lɪ] *adv.* **~·ness** *n.*

V-èngine *n.* 〘機械〙V 型エンジン, V 型発動機, V 型機関 (cf. V-eight engine).

ve·ni- [víːnɪ, vénɪ, -nə | -nɪ] veno- の異形 (⇨ -i-).

ve·ni·al [víːniəl, -njəl | -njəl, -nɪəl] 〖《*a*1325》□ OF ~ (F *véniel*) □ LL *veniāl-is* gracious, pardonable ← L *venia* grace, pardon (cf. venus love)〗 ── *adj.* **1** 〈罪が〉重くない, 軽い, 許される; 小罪の, 微罪の (cf. deadly 4, mortal 3): ⇨ venial sin. **2** 〈誤り・過ちなど〉許される, 許すべき (pardonable); 軽い, 些細な (trivial): a ~ slip, error, etc. **~·ly** *adv.* **~·ness** *n.*

ve·ni·al·i·ty [vìːniǽləṭi | -nɪǽlətɪ, -lɪ-] *n.* 許しうること.

vénial sín *n.* 軽い罪; 〘カトリック〙小罪, 微罪 (cf. mortal sin).

Ven·ice [vénɪs, -nəs | -nɪs] 〖□ F *Venise* < ML *Venetia* ← *Veneti* 'VENETI'〗 ── *n.* ベネチア, ベニス《イタリア北東部の港市; アドリア海 (Adriatic Sea) のベニス礁湖 (Lagoon of Venice) 中の 117 個の小島上にある; 14–15 世紀には強力な都市国家として繁栄した; 人口 365,000; イタリア語名 Venezia》.

Venice, the Gulf of *n.* ベネチア[ベニス]湾《アドリア海 (Adriatic Sea) の北部で, ベニス礁湖 (Lagoon of Venice) とは砂洲(す)によって隔てられている》.

Ve·ni Cre·a·tor [víːnaɪ-kriéɪtə, véniː-kreɪáːtɔə, wéɪniː- | vìːnaɪ-krɪéɪtə(r, vèniː-kreɪáːtɔː(r, wéɪniː-] *L.* *n.* 〘キリスト教〙ヴェニクレアトル《聖霊の賛歌; *Veni Creator Spirtus* (=Come, Creator Spirit) で始まる賛歌で, カトリック教会では聖霊降臨祭・叙階などに用いられ, 英国国教会では主教・聖職授任式または按手礼にこれの英訳を用いる》.

ven·in [vénɪn, -nən | -nɪn] 〖← VEN(OM)+-IN[1]〗 *n.* 〘生化学〙ベニン《ヘビの毒液中の毒の成分》.

ve·ni·punc·ture [víːnəpʌ̀ŋ(k)tʃə, vénə- | -nɪpʌ̀ŋ(k)tʃə(r] 〖← VENO-+PUNCTURE〗 *n.* 〘医学〙静脈穿刺(せんし), 静脈注射.

ve·ni·re [vɪnáɪri, və-, -níri | vɪnáɪəriː] 〖《略》↓〗 *n.* 《米》〘法律〙 **1** (sheriff に対して発する)陪審員呼出命令状《venire facias ともいう》. **2** 陪審員候補者名簿.

veníre fá·ci·as [-féɪʃiəs, -ǽs | -ʃɪ-] 〖《1440》□ L *venīre faciās* ← *venīre* to come+*faciās* you are to cause (← *facere* to do)〗 *n.* 〘法律〙=venire 1.

veníre·man [-mən] 〖← VENIRE + -MAN〗 *n.* (*pl.* **-men** [-mən, -mèn]) 《米》〘法律〙陪審員呼出命令状 (venire) で呼び出された人; 陪審員候補者.

ven·i·sec·tion [vènəsékʃən, vìːn- | -nɪ-] *n.* 〘外科〙=venesection.

ven·i·son [vénəsən, -sn̩, -zən, -zn̩ | -nzn̩, -nɪzn̩, -nɪsn̩] 〖《*c*1300》□ OF *veneson* (F *venaison*) < L *vēnātiō(n-)* hunting ← *vēnārī* to hunt: cf. venery[2]〗 ── *n.* **1** (狩猟でとった)獲物の肉; (特に)鹿肉. **2** 《古》猟獣; 鹿 (deer).

Ve·ni·te [vɪnáɪṭi, və-, -níːteɪ | vɪnáɪtɪ, ve-, -níːtɪ] 〖《?*a*1200》□ L *venīte* (2nd pers. pl. imper.) ← *venīre* to come〗 ── *n.* 〘キリスト教〙ベニテ, 詩篇第 95 篇《ラテン訳聖書および Douay 聖書では第 94 篇; *Venite, exultemus Domino* (=O come, let us sing unto the Lord) の句で始まる》; (時禱(じとう)の)招詞, (特に)朝の祈りに歌うその頌歌(しょうか); その楽曲.

ve·ni, vi·di, vi·ci [véɪniː-víːdiː-víːkiː, -víːtʃiː, wéɪniː-wíːdiː-wíːkiː, víːnaɪ-váɪdaɪ-váɪsaɪ] *L.* われ来たれり, 見たり, 勝てり (I came, I saw, I conquered)《Julius Caesar がローマの友人に戦勝を報告した時 (47 B.C.) の言葉》.

Ve·ni·ze·los [vènəzéɪlɔs, -zél- | -nɪ-; *Mod. Gk.* vènizélos], **E·leu·the·rios** [èljefθérjɔs] *n.* ベニゼロス《1864–1936; ギリシャの政治家; 首相 (1910–15, 1917–20, 1928–32, 1933)》.

Vénn diagram [vén-] 〖← *John Venn* (1834–1923: 英国の論理学者)〗 ── *n.* 〘数学・記号論理〙ベン[ヴェン]図(式)《集合を平面上の円や長方形などで表わし, 集合相互の関係を視覚化する図》.

ve·no- [víːnou, vén- | -nə(u)] 〖← L *vēna* 'VEIN'〗「静脈, 葉脈, 翅脈, 鉱脈」の意の連結形. ★ 時に veni-, また母音の前では通例 ven- になる.

ve·nog·ra·phy [vinɑ́grəfi, viː-, veɪ- | vɪnɔ́grəfɪ, veɪ-] *n.* 〘医学〙静脈造影[撮影](法).

ven·om [vénəm] 〖《*a*1250》 *venim* □ (O)F *venim* (F *venin*) < VL *venīmen ← L *venēnum* poison, 《原義》love potion ← *venus* love: ⇨ Venus〗 ── *n.* **1** (ヘビ・サソリ・クモ・ハチなどの分泌する)毒液, 毒: a ~ duct [fang, gland] 毒管[牙(きば), 腺(せん)]. **2** 悪意, 恨み, 憎悪 (malice); 悪意[恨み]の行為, 悪意のある言葉, 毒舌: the ~ of malignant tongues 毒々しい恨みの言葉 / a look of ~ 毒々しい憎悪の顔つき. **3** 《まれ》毒, 毒物 (poison). ── *vt.* 《古》 **1** …に毒を入れる. **2** 毒々しくする, 悪意で満たす (envenom): a ~*ed* tongue 毒のある言葉 / a ~*ed* vengeance 悪意に満ちた復讐. ★ 今は通例 envenom を用いる.

ven·om·ous [vénəməs] 〖《*c*1300》□ (O)F *venimeux* ← *venim* (↑): ⇨ -ous〗 ── *adj.* **1** 〈動物が〉毒液を分泌する: a ~ snake 毒へび. **2** 毒のある, 有毒の (poisonous): a ~ sting. **3** 人を毒する, 悪意に満ちた, 害をなす (malignant): a ~ disposition 意地の悪い性質 / a ~ attack 悪意ある攻撃 / a ~ tongue 毒舌. **~·ly** *adv.* **~·ness** *n.*

ve·nose [víːnous | -nəus] 〖《1661》□ L *vēnōs-us* ← *vēna*: ⇨ vein, -ose[1]〗 *adj.* **1** 静脈のある (veined); 葉脈[翅脈]の多い (veiny). **2** =venous 2.

ve·nos·i·ty [viːnɑ́səṭi, vɪ-, və- | viːnɔ́sətɪ, vɪ-, -sɪ-] *n.* **1** (静)脈の多い[見える]こと; 葉脈[翅脈]の多いこと. **2** 〘生理〙(器官などが)静脈血の多いこと, 静脈鬱(うっ)血; (動脈血の)静脈血混和.

ve·no·sta·sis [vìːnəstéɪsɪs, -səs | -sɪs] 〖← NL ~: ⇨ veno-, -stasis〗 *n.* 〘医学〙静脈鬱(うっ)血.

ve·nous [víːnəs] 〖《1626》□ L *vēnōs-us*: ⇨ venose, -ous〗 ── *adj.* **1** 木目[石目] (vein) のある; 葉脈[翅脈]の多い. **2** 〘生理〙静脈の (cf. arterial 1): ~ blood 静脈血 / the ~ valve 静脈弁. **~·ly** *adv.* **~·ness** *n.*

vent[1] [vént] 〖*v.*: 《*c*1390》 *vente(n)* 《頭音消失》← *avente(n)* □ OF *avent-er* 《変形》← *e(s)venter* (F *éventer*) to create wind, expose to the air < VL *exventāre ← EX-[1]+L *ventum* 'WIND[1]'. ── *n.* 《1508》□ F ~ 'wind' // F *évent* breaking forth ← *éventer*: VENT[2] と混同された〗 ── *n.* **1 a** (空気・液体などを抜いたり送り込んだりする)口, 穴, 抜け口, 漏れ口. **b** 通風[通気]孔. **c** (大砲の)火門 (touch hole). **d** (たるの鏡における)通気孔 (venthole). **e** (管楽器の)指穴 (finger hole). **f** 〘地質〙火道《噴火口のマグマ通路; cf. plug 16; ⇨ volcano 挿絵》. **g** 《スコット》(煙突の)煙道 (flue). **2** はけ口, 出口 (outlet); のがれる道[機会]; 発露, 表出 (expression): give ~ *to*…を表わす, 口に出す, 漏らす / give ~ *to* a sigh [whistle] ため息を洩らす[口笛を吹く] / find [make] a ~ *in*…に漏れ口を求める, 出る; 現われる / find (a) ~ *for*…の出口[はけ口]を見つける / He found some ~ *for* his emotion in violent exercise [bad language]. 彼はその感情のはけ口を激しい運動[悪口]に求めた / The enclosed steam must find a ~ or burst the boiler. 密閉された蒸気は出口を求めなければボイラーを破裂させる / His impatience found a ～. 彼の焦燥は爆発した. **3** (カワウソ・ビーバーなどが)呼吸するため水面に浮かび上がること. **4** 《廃》漏らすこと, 吐き出すこと (emission), (言葉などの)発言. **5** 〖動物〗(鳥類・爬(は)虫類・魚類などの)肛(こう)門 (anus). ― *vt.* **1** 〈感動・激情などを〉〔…に向けて〕口に出す, 発する, 漏らす〔*on, upon*〕: ～ opinions 意見をぶちまける / ～ one's anger *on* [*upon*] a person 人に向かって怒りを漏らす / ～ one's spite *on* [*upon*] a person 人に腹いせを言う[する] / He was glad of any excuse to ～ his pique. 彼は怒って見せるためどんな口実でも喜んだ. **2** [～ one*self* として] はけ口を見出す, 漏れる; はけ口を見つけて息抜きをする; 〔…になって〕現われる〔*in*〕: His anger ～*ed itself in* curses. 怒りはのろいとなって現われた / She frequently ～*ed herself in* convulsive sobs. 彼女はしばしばしゃくりあげては悲嘆に暮れるのだった. **3** 〈煙などを〉吐き出す, 出す (let out): ～ smoke. **4** …に口[通気孔]をつける; 〈たる〉に通気孔をあける: ～ a cask. ― *vi.* **1** (口・通気孔を通って)出ていく, 出る. **2 a** 通気する. **b** 《スコット》〈煙突などが〉煙が通る. **3** 〈カワウソ・ビーバーがなどが〉呼吸のために水面に浮かび上がる.

vent[2] [vént] 〖《1429》《変形》← ME *fente* ◻ (O)F ← *fendre* to cleave, split < L *findere* to cleave〗 ― *n.* **1** ベンツ, スリット《上衣の背[両脇], スカートなどの裾や, 袖の下の部分などに入れる開き》. **2** 《廃》(城壁の)銃眼 (crenel). ― *vt.* …にベンツ[スリット]を入れる[つくる].

vent·age [vénṭɪdʒ | -tɪdʒ] 〖《1600–01》← VENT[1] (n.)+-AGE〗 *n.* **1** (管楽器の)指穴 (finger hole), 小穴 (small hole). **2** 出口, はけ口.

ven·tail [vénteɪl] 〖《*c*1330》◻ OF *ventaille* (F *ventail*) ← *vent* wind (⇨ vent[1]): cf. ventilate〗 ― *n.* 〖甲冑〗(16 世紀のかぶとの)面頬(めんぽお)《上下に開閉する; ⇨ visor, armor 挿絵》.

ven·ter[1] [véntə | -tə(r)] 〖《1544》◻ L ～ 'belly, womb'〗 ― *n.* **1 a** 〖解剖・動物〗腹部 (belly), 筋腹; (特に, 昆虫などの)腹状腔(こう); 腹状突出. **b** 〖植物〗(シダ類の造卵器 (archegonium) の)腹部. **2** 〖◻ AF ～=(O)F *ventre* < L *ventrem*〗〖法律〗(子の母親を表わす)腹 (womb), 妻, 母: a son by [the son of] another ～ 腹違いの子, 異母子 / brothers of the same ～ 同腹の兄弟.

vént·er[2] [-tə | -tə(r)] 〖← VENT[1] (v.)+-ER[1]〗 *n.* **1** 怒り[不平, 私見など]を漏らす人, 当たり散らす人. **2** 穴[通気孔]をつける人, たるに通気孔をあける人.

vént·hòle *n.* (空気・光・煙・ガスの)出口, 通気孔, 漏れ口.

ven·ti- [véntɪ, -tə | -tɪ] vento- の異形 (⇨ -i-).

ven·ti·duct [vénṭədʌ̀kt | -tɪ-] 〖← VENTO-+DUCT〗 *n.* 〖建築〗通風管, 空気抜き.

ven·ti·fact [vénṭəfæ̀kt | -tɪ-] 〖← VENTO-+L *fact*(*us*) ((p.p.) ← *facere* to make)〗 *n.* 〖地質〗風蝕礫(ふうしょくれき), 三稜(りょう)石.

ven·til [vénṭḷ | -tɪl] 〖《1876》◻ G *Ventil* ◻ ML *ventile* ← L *ventus* (↓)〗 *n.* (金管楽器の)ピストン, 活栓.

ven·ti·late [vénṭəlèɪt, -ṭḷ- | -tɪl-, -təl-] 〖《*c*1425》← L *ventilāt-us* (p.p.) ← *ventilāre* to fan, winnow ← *ventus* 'WIND[1]': ⇨ -ate[3]〗 ― *vt.* **1** 〈部屋・建物・坑内・衣服など〉に空気を通す, …の通風[通気]をよくする; 換気する: ～ the room (風を入れて)部屋を換気する. **2** 呼吸によって〈血液〉に酸素を送る, 〈血液を〉新鮮な空気で浄化[酸化]する (aerate): The lungs ～ the blood. 肺は血液を浄化する. **3 a** 〈風・空気などが〉…によく通る, 当たる: The wind ～*s* the room. その部屋は風がよく通る. **b** …に(空気・ガスなどの)逃げ口を付ける, 換気孔を設ける. **4 a** (乾燥または保藏するために)〈物〉に空気[風]を当てる. **b** 《廃》〈穀物を〉ふるい分ける (winnow). **5** 〈問題などを〉(世人に公表して)自由に検討[論議]させる; 自由に検討[論議]する; 公表する: ～ questions of policy 政策問題を世に問う. **6** 〈意見を〉言う, 述べる; 〈感情などを〉表わす, 表現する: ～ grievances 苦情を言う.

vén·ti·lat·ed cár [-ṭɪd-, -ṭəd- | -tɪd-, -təd-] *n.* 〖鉄道〗通風口付き有蓋車.

vén·ti·lat·ing brìck [-ṭɪŋ- | -tɪŋ-] *n.* 通風用穴明きれんが.

véntilating shàft *n.* 〖鉱山〗換気[通気]立坑.

ven·ti·la·tion [vènṭəléɪʃən, -ṭḷ- | -tɪl-, -təl-] 〖《1456》◻ (O)F ～ // L *ventilātiō*(*n-*): ⇨ ventilate, -ation〗 ― *n.* **1** 風通し, 換気, 通気, 通風(状態); 換気装置: a room with good ～ 風通しのよい部屋 / a ～ tower 通風塔, 換気塔. **2** (感情などの)発露, 表出 (expression): the ～ of one's grievances 苦情のぶちまけ. **3** (問題の)自由な討議, 世に問うこと: a full ～ of the problem 問題の自由[公開]討議. **4 a** 〖生理〗(特に, 肺と外気, 肺胞と血液間の)換気. **b** 〖精神医学〗換気(作用)《恐怖・不快・欲望・衝動などを外に表出させて悩みを除去すること; cf. catharsis 2 b》.

ven·ti·la·tive [vénṭəlèɪṭɪv, -ṭḷ- | -tɪlèɪt-, -tə-, -lət-] *adj.* **1** 風通しのよい. **2** 通風の, 換気の.

vén·ti·là·tor [-ṭə | -tə(r)] 〖《1743》〗 ― *n.* **1 a** 換気する人[物]. **b** 通風設備, 換気装置. **c** 通風機, 送風機. **d** (鉱山の)通風坑, 通風管. **e** (帽子の)風通し穴. **2** 世に訴える[世論に問う]ため問題を持ち出す人.

ven·ti·la·to·ry [vénṭələtɔ̀ːri, -ṭḷ-, -tòːri | -tɪlèɪtəri, -tə-] *adj.* **1** 換気[通風]の; 換気装置のある. **2** 〖生理〗(肺)換気の.

vént·less *adj.* 漏れ口[はけ口, 通気孔]のない.

ven·to- [vénṭoʊ | -təʊ] 〖← L *ventus*「風 (wind)」の意の連結形. ★ 時に venti- になる.

ven·tose [véntoʊs, ―⌐ | véntəʊs, ―⌐] 〖◻ L *ventōs-us* (↓)〗 *adj.* 《古》ほら吹きの, から威張りの.

Ven·tôse [vɑ̃ː(n)tóʊz, vɔ̃ː(n)-, vɑːn-, vɔ(ː)n- | -tə́ʊz; *F.* vɑ̃toːz] 〖◻ F ～ 'windy' ◻ L *ventōsus* ← *ventus* wind: ⇨ -ose[1]: Fabre d'Églantine の造語〗 *n.* 風月《フランス革命暦の第 6 月; ⇨ Revolutionary calendar》.

vént-pèg 〖⇨ vent[1] (n.)〗 *n.* (たるの)通気孔の栓(せん).

vént pìpe 〖⇨ vent[1] (n.)〗 *n.* 排気管, 通気管.

vént-plùg *n.* =vent-peg.

ven·tr- [ventr] (母音の前に来る時の) ventro- の異形.

ven·trad [véntræd] 〖← VENTRO-+-AD[3]〗 *adv.* 腹の方に, 腹側に向けて.

ven·tral [véntrəl] 〖◻ L *ventrāl-is* ← *venter* belly: ⇨ venter[1], -al[1]〗 ― *adj.* **1** 腹の, 腹部の (abdominal). **2** 〖解剖・動物〗腹側の, 腹側にある (cf. dorsal[1]): a ～ scale of a snake. **3** 〖植物〗(花弁などの)下面の, 内面の, 腹側の, 腹面の. ― *n.* 腹部; (特に)腹びれ (ventral fin). **～·ly** *adv.* 「どの雌器に見られる》.

véntral canál cèll *n.* 〖植物〗腹溝細胞《シダ類な

véntral fín *n.* **1** 〖魚類〗 **a** 腹びれ《pelvic fin ともいう》. **b** 尻びれ (anal fin). **2** 〖航空〗腹びれ, ベントラルフィン《飛行機の胴体後部下面に設けられた機体の方向および横安定を調整するひれ状の張出し》.

véntral róot *n.* 〖動物〗腹根, 前根《脊椎動物の脊髄の前柱から出る脊髄神経の末端部分; cf. dorsal root》.

ven·tre à terre [vɑ́ː(n)tr(ə)ɑːtέə, vɔ̃ː(n)-, vɑ́ːn-, vɔ̀(ː)n- | -tέə(r); *F.* vɑ̃tratɛːr] 〖◻ F ～ 'belly to the ground'〗 *F. adv.* 全速力で.

ven·tri- [véntrɪ, -trə | -trɪ] ventro- の異形 (⇨ -i-).

ven·tri·cle [véntrɪkḷ, -trə- | -trɪ-] 〖《*a*1400》◻ L *ventricul-us* (dim.) ← *venter* belly: ⇨ -cule〗 ― *n.* 〖解剖〗 **1** 室 (cavity); (脳髄の)脳室: the ～ of the larynx 喉頭室 / ⇨ third ventricle. **2** (心臓の)心室: the right [left] ～ of the heart 右[左]心室 (⇨ heart 挿絵).

ven·tri·cose [véntrɪkòʊs, -trə- | -trɪkəʊs] 〖← NL *ventricōs-us*: ⇨ venter[1], -ic[1], -ose[1]〗 ― *adj.* **1** 太鼓腹の, ほてい腹の (big-bellied). **2** 〖生物〗片側に[不均衡に]ふくれた, 突き出た, 飛び出た (protuberant).

ven·tri·cos·i·ty [vèntrɪkɑ́səṭi, -trə- | -trɪkɔ́sɪti, -sɪ-] *n.*

ven·tric·u·lar [ventríkjʊlə, vən- | ventríkjʊlə(r)] 〖⇨ ventricle, -ar[1]〗 *adj.* **1 a** 腹の部下の (abdominal). **b** (昆虫の)胃の. **2** 〖解剖〗室の, 心室の, 脳室の.

ventriculi *n.* ventriculus の複数形.

ven·tric·u·lo·gram [ventríkjʊləgræ̀m] 〖← VENTRICUL(US)+-O-+-GRAM〗 *n.* 〖医学〗脳室造影[撮影]図.

ven·tric·u·log·ra·phy [ventrìkjʊlɑ́grəfi | -lɔ́grəfi] *n.* 〖医学〗脳室造影[撮影](法), 脳室写.

ven·tric·u·lus [ventríkjʊləs, vən- | ven-] 〖◻ L ～: ⇨ ventricle〗 *n.* (*pl.* **-u·li** [-làɪ]) **1** 〖解剖〗 **a** 胃 (stomach). **b** =ventricle. **2** (昆虫の)胃《食道の消化・吸収の行なわれる部分》. **3** (鳥の)砂嚢(さのう) (gizzard).

ven·tril·o·qual [ventríləkwəl] *adj.* =ventriloquial.

ven·tri·lo·qui·al [vèntrəlóʊkwiəl | -trɪləʊkwɪ-] 〖← LL *ventriloqu*(*us*) (⇨ ventriloquy)+-AL[1]〗 ― *adj.* 腹話(術)の[による]: the ～ art 腹話術. **～·ly** *adv.*

ven·tríl·o·quism [-kwɪzm] *n.* 腹話(術). 「者[師].

ven·tríl·o·quist [-kwɪst, -kwəst | -kwɪst] *n.* 腹話術

ven·tril·o·quis·tic [ventrìləkwístɪk] *adj.* **1** 腹話術(者)の, 腹話術的な. **2** 〈音が〉(実際の音源以外の)別の所から出て来るような.

ven·tril·o·quize [ventríləkwàɪz] 〖← VENTRILOQU(Y)+-IZE〗 *vi.* 腹話をする. ― *vt.* 腹話術で話す[言う]. 「tic.

ven·tril·o·quous [ventríləkwəs] *adj.* =ventriloquis-

ven·tril·o·quy [ventríləkwi | -kwɪ] 〖《1584》← LL *ventriloqu*(*us*) one who apparently speaks from the belly (← VENTRO-+L *loqui* to speak)+-Y[1]〗 ― *n.* =ventriloquism.

ven·tro- [véntroʊ | -trə(ʊ)] 〖← L *venter* belly; ventral〗「腹; 腹部の」の意の連結形. ★ 時に ventri-, また母音の前では通例 ventr- になる.

vèntro·dórsal *adj.* 腹背面の. **～·ly** *adv.*

vèntro·láteral *adj.* 腹側面の. **～·ly** *adv.* 「tomy.

ven·trot·o·my [ventrɑ́ṭəmi | -trɔ́təmi] *n.* =laparo-

ven·ture [véntʃə | -tʃə(r)] 〖《?*a*1400》《頭音消失》← ME *aventure*: ⇨ adventure〗 ― *n.* **1** 冒険(的試み)[行為], 賭(か)け: be ready for any ～ どんな危険も辞さない. **2** 投機, 思惑; 投機的事業[企業] (speculation): a business ～ 投機的事業 / a profitable ～ 有利な投機 / a lucky ～ 当ったやま / a speculative ～ 投機(的企業) / take a ～ *in* stocks 投機的に株に手を出す / A bold ～ is often successful. 大胆な思惑はしばしば当たるものだ. **3** 投機[やま]のかかっている物《船・船荷・商品・賭博の賭け金など》: The ship was his last ～. その船が彼の最後の冒険[やま]であった. **4** 《廃》運, 偶然, 危険. ★ 今は次の成句にのみ用いる: ***at a venture*** 運任せに, 向こう見ずに, でたらめに, 行き当たりばったりに (at random): draw a bow *at a* ～ 当て推量で(物を)言う (cf. *1 Kings* 22: 34).

― *vt.* **1** 危険にさらす, 賭ける (risk)〔*on, upon*〕: ～ one's life [happiness] *on* a doubtful enterprise 疑わしい事業に生命[幸福]を賭ける / ～ all one's money *on* a throw of dice 有り金をさいの一振りに賭ける. **2 a** 危険を冒して…する, 思い切ってやってみる; 〈危険なもの〉に思い切って立ち向かう, 敢行する (brave): ～ a flight in a storm 嵐の中に飛行を敢行する / ～ the stormy sea 時化の海にあえて船出する / ～ a guess 思い切って推測してみる / I won't ～ a step farther. もう一歩も進む勇気はない / Nothing ～, nothing have [win]. =Nothing ～*d*, nothing gain(ed). 《諺》「虎(こ)穴に入らずんば虎児を得ず」. **b** [～ one*self* で]《古》危険を冒す; 思い切って出かける (dare to go): He ～*d himself upon* the high seas. 危険を冒して大海に乗り出した. **3 a** (反対・非難を覚悟の上で)〈意見などを〉持ち出す, 言ってみる: ～ an opinion 思い切って意見を述べる. **b** [しばしば婉曲に] あえて…する, 勇を奮って[大胆にも]…する (dare), …さえする 〈*to do*〉: I ～ *to* differ from you. 失礼ながら君の意見には同意できない / I hardly ～ *to* say it, but… 申し上げかねますが… / May I ～ *to* ask your opinion? 御意見をお伺いできますでしょうか. **4** 《古》信頼する, 信用する (trust). ― *vi.* **1** 危険を冒して試みる, 一か八かやってみる〔*on, upon*〕: ～ *on* an ambitious project 野心的な計画に乗り出す / ～ *upon* making a remark 思い切って意見を述べてみる / Will you ～ *on* another glass of wine? もう一杯ぶどう酒をやってみませんか. **2** [場所の副詞(句)を伴って] 思い切って進む, 危険を冒して行く: ～ ashore [*out of* doors] 思い切って上陸する[戸外へ出てみる] / ～ *into* a cave 思い切ってほら穴にはいる / I would not ～ so near the edge if I were you. 私ならそんなに端の方には行かない.

vénture bùsiness *n.* ベンチャービジネス《新しい技術・デザインなどの開発能力の集約的発揮をめざす創造的な新規開業企業》.

vénture càpital *n.* 〖経済〗危険(負担)資本, 投下資本《新しいまたは膨張していく私企業への投資; 値上りと配当の期待はあるが, 株所有者の危険を伴う; risk capital ともいう》.

vén·tur·er [-tʃ(ə)rə | -tʃərə(r)] 〖《1530》〗 *n.* **1** 冒険者, やま師, 投機師(adventurer); (特に, 16–17 世紀の)貿易商人 (merchant venturer). **2** [V-] =Venture Scout.

Vénture Scòut *n.* =senior scout 2.

ven·ture·some [véntʃəsəm | -tʃə-] *adj.* **1** 冒険好きな, 大胆な, 向こう見ずの (daring). **2** 危険な, 危険を伴う (dangerous): a ～ act, performance, etc. **～·ly** *adv.* **～·ness** *n.*

Ven·tu·ri, v- [ventú(ə)ri | -túəri; *It.* ventúːri] 〖← G. *B. Venturi* (1746–1822: イタリアの物理学者)〗 ― *n.* 〖水力学・航空〗ベンチュリ管《流速を測定する管; Venturi tube ともいう》.

Ventúri tùbe, v- t- *n.* 〖水力学・航空〗=Venturi.

ven·tur·ous [véntʃ(ə)rəs] 〖《1565》《頭音消失》← ADVENTUROUS: cf. venture〗 ― *adj.* **1** 冒険好きな, 向こう見ずの, 大胆な: a ～ spirit. **2** 冒険的な, 危険な, 投機的な: a ～ enterprise. **～·ly** *adv.* **～·ness** *n.*

ven·ue [vénjuː, -nuː | -njuː] 〖《*c*1330》◻ (O)F ～ 'arrival, coming' (fem.) ← *venu* (p.p.) ← *venir* < L *venīre* 'to COME'〗 ― *n.* **1** 〖法律〗 **a** 犯行地; 訴訟原因発生地. **b** 裁判地《訴訟が提起された州, その他の地理的区域を指し, その地域の陪審員名簿から陪審員が構成される》: change the ～ (騒乱を避けたり公正を期するため他州・中央刑事裁判所などに)裁判地を変更する (cf. CHANGE of venue) / lay [fix, place] the ～ 裁判地を指定する. **c** (申し立て (pleading) における)裁判管轄区の表示. **d** 口供書 (affidavit) 宣誓地および担当官名指示, 公判地指示. **2** (行為・事件の)現場; (競技・会議などの)開催指定地. **3** (議論・討論などの)論拠, 理由 (ground). **4** 《廃》(フェンシングなどの)突き (hit); 試合, 勝負 (match).

ve·nule [víːnjuːl, vén-] 〖◻ L *vēnula* (dim.) ← *vēna* 'VEIN'〗 ― *n.* **1** 〖解剖〗小静脈, 細静脈 (small vein). **2** 〖動物〗(昆虫などの)小翅(し)脈. **ve·nu·lar** [vénjʊlə | -lə(r)] *adj.* 「[小翅(し)脈]のある.

ven·u·lose [vénjʊlòʊs | -ləʊs] 〖⇨ ↑, -ose[1]〗 *adj.* 小脈

ven·u·lous [vénjʊləs] *adj* =venulose.

Ve·nus [víːnəs] 〖OE ～ ◻ L *Venus*: *venus* physical love (← IE **wen-* to desire: ⇨ wish) の擬人化: cf. venerate, venereal, venial〗 ― *n.* (*pl.* **～·es**, *4* では **ve·nus·es, ven·er·es** [vénəriːz]) **1 a** 〖ローマ神話〗ウェヌス, ヴィーナス《春・花園・豊饒の女神; 後にギリシャ神話の愛・美の女神 Aphrodite と同一視された》. **b** 美女, 美人: a pocket ～ 小柄で人形のような美人. **2** 〖天文〗金星, 太白星《太陽系で内側から 2 番目の惑星; Hesperus [Vesper] (宵(よい)の明星)および Lucifer (明けの明星)として現われる》. **3** 〖錬金術〗銅 (copper). **4** [v-] 〖貝類〗マルスダレガイ属 (*Venus*) の貝の総称《マルスダレガイ (*V. toreuma*) など》.

Venus de Milo =VENUS of Melos [Milo].

Venus of Melos [Milo] [the ―]「ミロのビーナス」《有名な古代ギリシャの彫刻. 紀元前 2 世紀作; 1820 年 Melos [Milo] 島で発見, Louvre 博物館所蔵; Venus de Milo, Aphrodite of Melos ともいう》.

Vénus and Adónis *n.*「ヴィーナスとアドーニス」《Shakespeare 作の物語詩 (1592–93)》.

Ve·nus·berg [víːnəsbə̀ːg | -bə̀ːg; *G.* véːnusbɛ̀rk] 〖◻ G ～ 'Venus's Mountain'〗 ― *n.* [the ～] ウェーヌスベルク, ウェーヌス山《中世ドイツ伝説で語られる Schwagen や Thüringen にある山の名で, 伝説では Venus (Teuton 族の大地の女神を代表する)がこの山の洞穴に宮廷を持ち, 遊楽に耽って男を官能の快楽へ誘ったという; cf. Tannhäuser》.

Vénus cómb *n.* 〖植物・貝類〗=Venus's-comb.

Vénus flýtrap *n.* 〖植物〗=Venus's-flytrap.

Vénus·hàir *n.* 〖植物〗ホウライシダ (*Adiantum ca-*

pillus-veneris)《北半球に広く分布するクジャクシダ属の多年草; 葉が美しい》.

Ve·nu·sian [vɪn(j)ú:ʒən, və-, -siən, -ʃiən, -ʃən | -njú:-siən, -sjən, -ziən, -zjən] *adj.* 金星の. ― *n.* (空想科学小説 [SF小説] の) 金星人.

Vé·nus's-básin[-báth] [ví:nəs(ɪz)-, -səz-] *n.* 〘植物〙=fuller's teasel.

Vénus's-cómb *n.* **1** 〘植物〙=lady's-comb. **2** 〘貝類〙ホネガイ (*Murex pecten*).

Vénus's-flówer-bàsket *n.* 〘動物〙カイロウドウケツ《太平洋·インド洋の深海に生息する六放星目カイロウドウケツ属 (*Euplectella*) のガラス海綿類の総称; アスパラカイロウドウケツ (*E. aspergillum*) など美しいガラス繊維で編んだかごのような骨格をなし, 一対のドウケツエビ (*Spongicola venusta*) が胃腔内にすむ》.

Vénus's-flýtrap *n.* 〘植物〙ハエジゴク (*Dionaea muscipula*)《北米産のモウセンゴケ科の食虫植物》.

Vénus's-gírdle *n.* 〘動物〙オビクラゲ《*Cestum* 属の帯状のクラゲの総称》.

Vénus's-háir *n.* 〘植物〙=Venushair.

Vénus's-háirstone *n.* 〘鉱物〙細針状の金紅石を含んだ石英の結晶《貴石の一種》.

Vénus's lóoking-glass *n.* 〘植物〙オオミゾカクシ (*Specularia speculum*)《ヨーロッパ原産のキキョウ科の一年生草本; 花は青または白》.

Vénus's-shóe[-slípper] *n.* 〘植物〙米国産アツモリソウ属 (*Cypripedium*) のランの総称 (cf. lady's slipper).

ver. 《略》verse(s); version.

ver·a [vérə] *adj., adv.* 《スコット》=very.

Ve·ra [ví(ə)rə | víərə; *Russ.* vjérə] 〘□Russ. *Vera*《原義》faith: cf. L *vēra* (fem.) true〙 *n.* 女性名. ★ 19世紀末より用いられるようになった.

ve·ra·cious [vəréɪʃəs, vɪ- | və-, vɪ-, ve-] 〘《a1677》← L *vērāci-, vērāx* truthful (← *vērus* true)+-ous: cf. verify, very〙 ― *adj.* **1** 〈人が〉うそを言わない, 正直な (honest): a ~ historian, witness, etc. **2** 〈物語·報告など〉真実の, 正しい, 本当の; 正確な, 確実な: a ~ narrative, report, etc. **~·ly** *adv.* **~·ness** *n.*

ve·rac·i·ty [vərǽsəṭi, vɪ- | vərǽsəti, vɪ-, ve-, -sɪ-] 〘《1623》□ ML *vērācitāt-em*: ⇨↑, -ity〙 ― *n.* **1 a** 常に真実を語ること, (人の)真実性, 正直さ (truthfulness): His ~ is unquestioned. 彼の真実性[正直さ]は疑う余地がない. **b** 事実との一致, 真実性: The ~ of the statement is doubtful. その言葉の真実性は疑わしい. **2** (感覚·科学器具などの)正確さ, 正確度[率] (accuracy): with ~ 正確に. **3** 真理, 真相.

Ver·a·cruz [vèrəkrú:z, -krú:s | vìərəkrú:z, vèrə-, vɛ̀ərə-; *Am. Sp.* bèrakrús] *n.* **1** ベラクルス(州)《メキシコ東部の州; 人口 3,816,000, 面積 72,815 km^2, 首都 Jalapa》. **2** ベラクルス《Veracruz 州にあるメキシコ第一の要港; 人口 243,000; 旧名 Vera Cruz》.

ve·ran·da [vərǽndə] 〘《1711》□ Hindi *varaṇḍā* □ Port. *varanda* ← ?: cf. L *vāra* rod, forked pole on which fishing nets are spread〙 ― *n.* (*also* **ve·ran·dah** [~]) ベランダ, 縁側《家の正面または側面に屋根付きで吹放しに作られる; cf. loggia, lanai》.

ve·rán·daed *adj.* (*also* **ve·rán·dahed**) ベランダのある[付いた].

ve·rat·ric [vɪrǽtrɪk-, və-] 〘← L *vērātr(um)* hellebore +-ic¹: ⇨ veratrum〙 *adj.* 〘化学〙ベラトルム酸の.

verátric ácid *n.* 〘化学〙ベラトルム酸 ($(CH_3O)_2C_6H_3COOH$)《sabadilla の種子中に存在し, またベラトリジン (veratridine) などの分解によっても得られる》.

ve·rat·ri·dine [vɪrǽtrədì:n, və-, -dɪn, -dən | -trɪdi:n, -dɪn] 〘← VERATR(INE)+-IDINE〙 ― *n.* 〘化学〙ベラトリジン ($C_{36}H_{51}NO_{11}$)《hellebore (*Veratrum album* など) や sabadilla の種子中にベラトリンと共に存在するアルカロイドの一種》.

ver·a·trin [vérətrɪn, vərǽt-, -trən | -trɪn] *n.* 〘化学〙=veratrine.

ver·a·tri·na [vèrətráɪnə] *n.* 〘化学〙=veratrine.

ver·a·trine [vérətrì:n, vərǽtrɪn, -trən | vérətri:n, vərǽtrɪn] 〘□F *vératrine*: ⇨↓, -ine³〙 ― *n.* 〘化学〙ベラトリン《sabadilla の種子から採る有毒アルカロイドの混合体; 以前は神経痛·リューマチスなどの局部刺激剤に用いた》.

ve·ra·trum [vɪréɪtrəm, və-] 〘□L *vērātr-um* hellebore,《原義》a plant which reveals truth ← *vērus* true〙 ― *n.* **1** 〘植物〙ユリ科バイケイソウ属 (*Veratrum*) の植物《有毒》. **2** その干した根茎《昔は高血圧の薬》.

verb [və́:b | vɜ́:b] 〘《c1395》□(O)F *verbe* // L *verbum* word, verb ← IE **wer-* to speak (cf. word): L *verbum* の文法的な意味は Gk *rhêma* word, verb のなぞり; word→verb の意味変化は動詞が最重要語 (the word of words) であるところから (cf. Bible)〙 ― *n.* 〘文法〙動詞: a dative ~ 与格動詞《give, offer, lend など二重目的語を従える動詞》/ a causative [factitive] ~ 使役[作為]動詞 / an intransitive [a transitive] ~ 自[他]動詞 / an irregular [a regular] ~ 不規則[規則]動詞 / a substantive ~ 存在動詞《すなわち be》/ ⇨ auxiliary verb, copulative verb, deponent verb, finite verb, impersonal verb, REFLEXIVE verb, STRONG verb, WEAK verb.

vérb-ádverb combinàtion *n.* 〘文法〙動詞·副詞結合《例: put on, take off, give in, make up, break out, turn over, etc.》.

ver·bal [və́:bəl | vɜ́:-] 〘《1484》□(O)F ~ // LL *verbāl-is*: ⇨ verb, -al¹〙 ― *adj.* **1** 語の, 言葉の, 語に関する; 言葉の使用に関する: ~ symbols 言語記号 / ~ felicities 言葉の適切さ[うまさ] / ~ wit (言葉の)しゃれ / a ~ test 〘教育〙言語検査《適性検査中の国語に関するもの》. **2** 言葉の上の, 言葉から成る: a ~ picture of a scene ある場面の言語による描写 / ~ mistakes 言葉の誤り. **3** 話し言葉で表わした, 口頭の (oral) (↔ written): ~ tradition 言い伝え / a ~ agreement [contract] 口約束 / a ~ dispute 口論 / ~ evidence 口証, 証言 / a ~ message [communication] 口頭報告, 口上, 伝言 / ⇨ verbal note. ★ oral は "spoken," verbal は "in words" の意であるが, しばしば区別なしに用いられる. **4 a** (内容よりも)言葉の上だけの, 語句だけの, 字句上の (↔ substantial): ~ criticism 字句[語句]の批評 / a ~ pedantry 言葉だけの学者ぶり / a ~ promise 口先だけの約束, 口約束 / The difference between the two accounts is merely ~. 二つの説明の相違は単に字句の上だけである. **b** (行動よりも)言葉を使うだけの: a ~ protest, recognition, etc. **5** 文字通りの, 一語一語の, 逐語的な (literal, verbatim): a ~ copy [quotation] 言葉通りの写し[引用] / a ~ translation 逐語訳, 直訳 (cf. FREE translation) / a good ~ memory 言葉の正確な記憶. **6 a** 〈人が〉言葉を使う; 言葉の使用のうまい; (作品の内容よりも)言葉(の効果的使用)に関心のある: a ~ poet / a ~ critic. **b** 《廃》言葉数の多い, くどくどしい (verbose). **7** 〘文法〙動詞の, 動詞からきた, 動詞的な: ~ inflexion 動詞の屈折[変化] / a ~ suffix 動詞接尾辞 / a ~ adjective=participial adjective / ⇨ verbal noun.
― *n.* **1** 《口語》有罪を認める口頭陳述, 自白. **2** 《戯言》口論, けんか (quarrel). **3** 〘文法〙準動詞(形)《gerund, infinitive, または participle; cf. verbid》.

vérbal definítion *n.* 〘論理〙=nominal definition.

vérbal fállacy *n.* 〘論理〙言語的虚偽.

vérbal ímage *n.* 〘心理〙言語心像《言語によって起こされる心像》.

vérbal inspirátion *n.* 〘神学〙逐語霊感[神感](説), 聖書言語霊感説《聖書の語句は霊感によって書かれたとする説; cf. plenary inspiration》.

vér·bal·ism [-lɪzm] *n.* **1** 言語表現, 言い回し; 語, 語句. **2** (余り意味のない)形式的文句, 決まり文句, (一片の)辞令 (formal expression). **3** 字句拘泥(こうでい), 語句穿鑿(せんさく), 言語偏重. **4** 言葉の冗長多言 (wordiness).

vér·bal·ist [-lɪst, -ləst | -lɪst] *n.* **1** 言語使用の達人, 言葉の使い方のうまい人. **2** 字句拘泥(こうでい)家, 語句穿鑿(せんさく)家. **ver·bal·is·tic** [və̀:bəlístɪk | vɜ̀:-] *adj.* **vèr·bal·ís·ti·cal·ly** *adv.*

ver·bal·i·ty [və:bǽləṭi | vɜ:bǽləti, -lɪ-] *n.* **1** 多言, 冗長, 冗漫 (wordiness). **2** 言葉による表現. **3** 〘文法〙動詞の性格[性質].

ver·bal·ize [və́:bəlàɪz | vɜ́:-] *vt.* **1** 言葉で表現する. **2** 〘文法〙動詞化する, 動詞的に使う (verbify) (cf. nominalize). ― *vi.* **1** 言葉数が多過ぎる, 冗長である. **2** 言葉で表現する. **ver·bal·i·za·tion** [və̀:bəlɪzéɪʃən, -lə- | vɜ̀:bəlaɪ-, -lɪ-] *n.* **vér·bal·iz·er** *n.*

vér·bal·ly [-bəli | -li] 〘《1588》〙 ― *adv.* **1** 言語で, 言葉(の上)で. **2** 口頭で, 口で (orally) (cf. writing *n.* 3). **3** 一語一語, 逐語的に. **4** 〘文法〙動詞的に, 動詞として.

vérbal nóte 〘《なぞり》← F *note verbale*〙 *n.* 〘外交〙口頭通牒, 無署名親書[文書], 口上書.

vérbal nóun *n.* 〘文法〙動詞的名詞《指す内容はさまざまであるが, 大別すると (i) 動詞の性質をもつ名詞(動名詞と不定詞, 特に the *writing* of English における -ing 形)の場合と, (ii) 動詞から派生された名詞 (arrival, satisfaction など)の場合とに区別できる》.

ver·ba·tim [və(:)béɪṭɪm, -ṭəm | və:béɪtɪm, -bá:-] 〘《a1525》□ ML *verbāt-im* ← L *verbum* 'word, VERB': cf. literatim〙 ― *adv.* 一語一語, 逐語的に; 全く同じ語で, 言葉[文字]通りに (literally): report a speech ~ 演説を言葉通りに伝える. ― *adj.* **1** 一語一語の, 逐語的な, 言葉通りの: a ~ report [translation] 逐語的報告[翻訳]. **2** 逐語的報告の巧みな: a ~ reporter. ― *n.* 逐語的報告[翻訳].

ver·be·na [və(:)bí:nə | və(:)-] 〘《1562》← NL *verbēna* ← L ~ 'leafy branch'〙 *n.* 〘植物〙=vervain.

Ver·be·na·ce·ae [və̀:bənéɪsiì: | vɜ̀:bɪ-] 〘← NL ~: ⇨↑, -aceae〙 *n. pl.* 〘植物〙クマツヅラ科. **vèr·be·ná·ceous** [-ʃəs] *adj.*

ver·bi·age [və́:biɪdʒ, -bɪdʒ | vɜ́:biɪdʒ] 〘《a1721》□ F ~ ← MF *verbier* to gabble ← L *verbum* word: ⇨ verb, -age〙 ― *n.* **1** (文章·言葉に)無用の語の多いこと, 多言, 冗長, 冗漫, 饒(じょう)舌 (verbosity). **2** 言葉遣い, 言い回し (diction).

ver·bi·cide [və́:bəsàɪd | vɜ́:bɪ-] 〘← L *verbi-, verbum* (↑)+-CIDE〙 *n.* 《戯言》**1** 言葉の意味を故意に歪曲すること. **2** 言葉の意味を歪曲する人.

ver·bid [və́:bɪd, -bəd | vɜ́:bɪd] 〘← VERB+-ID³〙 *n.* 〘文法〙準動詞(形)《infinitive と participle; 文法家によっては gerund などをも含める; cf. verbal *n.* 3》.

verb·i·fy [və́:bəfàɪ | vɜ́:bɪ-] 〘← VERB+-IFY〙 *vt.* 〘文法〙〈名詞などを〉動詞にする, 動詞化する.

ver·big·er·a·tion [və(:)bìdʒəréɪʃən | və(:)-] 〘← L *verbigerāt-us* ((p.p.) ← *verbigerāre* to chat ← *verbum* word)+-ATION〙 ― *n.* 〘精神医学〙語唱, 音誦症, 言語反復症 (cataphasia)《無意味なあるいは同じ音·語·文を繰り返す状態》.

ver·bile [və́:baɪl | vɜ́:-] 〘← L *verb(um)* (↑)+(AU-D)ILE〙 *n.* 〘心理〙言語的心像型またはタイプの人《言語的心像が優位を占める人》.

vérb·less *adj.* 動詞をもたない, 動詞を欠いた.

ver·bose [və(:)bóus | və:bə́us] 〘《1672》□ L *verbōs-us* full of words ← *verbum* word: ⇨ verb, -ose¹〙 ― *adj.* 言葉数が多い, 口数が多過ぎる (wordy); くどくどしい, 冗長な (prolix): ~ speakers, writers, etc. / a ~ argument くどくどしい議論. **~·ly** *adv.* **~·ness** *n.*

ver·bos·i·ty [və(:)bɑ́səṭi | və:bɔ́səti, -sɪ-] 〘□(M)F *verbosité* // LL *verbōsitātem*: ⇨↑, -ity〙 *n.* 言葉数[口数]の多いこと (wordiness); 冗長, 冗漫 (prolixity).

ver·bo·ten [vəbóutn̩, fə-, fɛə- | fə-, fɛə-; G. fɛrbó:tn̩] 〘□G ~ (p.p.) ← *verbieten* to prohibit < OHG *farbiotan* 'FORBID'〙 ― G. *adj., n.* (法律·当局により)禁止された(もの).

verb. sap. [və́:b-sǽp | vɜ́:b-] 《略》*L.* verbum sapienti [sæpiéntaɪ | -pɪ-] sat est 賢者には一語にて足る (a word to the wise is sufficient).

ver·bum sap. [və́:bəm-sǽp | vɜ́:-] 《略》=verb. sap.

vérbum sát. [-sǽt] 《略》=verb. sap.

Ver·cin·get·o·rix [və̀:sɪndʒéṭərɪks, -géṭ- | vɜ̀:sɪn-dʒét-] *n.* ベルキンゲトリクス《?-?45 B.C.; Caesar に征服されたゴール (Gaul) の族長; ローマの凱旋式に引き回されたあと処刑された》.

verd- [və:d | vɜ:d] (母音の前に来る時の) verdo- の異形.

ver·dan·cy [və́:dn̩si | vɜ́:dənsɪ, -dn̩-] 〘⇨ verdant, -ancy〙 ― *n.* **1** (草木が)青々としていること[状態], 新緑, 深緑 (greenness): ~ of the fields and woods 林野の深緑. **2** 未熟さ, 若さ; うぶ, 無邪気 (innocence).

Ver·dan·di [vɛ́ədændi | vɛ́ədændɪ] 〘□ON *Verðandi*〙 *n.* 〘北欧神話〙ヴェルダンディ《運命の三女神の一人で現在を司る; ⇨ Norn》.

ver·dant [və́:dn̩t | vɜ́:dənt, -dn̩t] 〘《1581》□ ? OF *verdeant* (pres.p.) ← *verdoier* (F *verdoyer*) ← *verd* (F *vert*) green < L *viridem*: ⇨ vert¹〙 ― *adj.* **1** 緑の草木でおおわれた, 青葉の茂った: a ~ valley, landscape, etc. **2** 緑の, 青々とした, 新緑の (green): ~ grass, trees, lawns, etc. **3** 経験の浅い, 未熟な (inexperienced); うぶな, 他愛のない (innocent) (cf. green 9): in one's ~ youth うぶな青年時代に. **~·ly** *adv.*

vérdant gréen *n.* 浅緑, 若緑.

vérd antíque [və́:d- | vɜ́:d-] 〘《1745》□ OF ~ 'antique green' ← *verd* (⇨ verdant)+ANTIQUE〙 ― *n.* **1** (青銅器などの)緑青(ろくしょう) (verdigris), さび (patina). **2** 〘岩石〙蛇紋岩大理石《緑色の斑点または線条があり, 古代ローマ人が室内装飾に使用した》.

Verde [və́:d | vɜ́:d], **Cape** *n.* ヴェルデ岬 (⇨ Cape VERT).

vérde antíque [və́:d- | vɜ́:d-] *n.* =verd antique.

ver·der·er [və́:dərə | vɜ́:dərə(r)] 〘《1541-42》□ AF ~《延長》← OF *verdier* ← *verd*: ⇨ verdant〙 ― *n.* (*also* **ver·der·or** [~]) (中世イングランドの)御料林管理官 (cf. vert¹).

Ver·di [vɛ́ədi | vɛ́ədi:, vɜ́:-, -dɪ; *It.* vérdi], **Giuseppe** (**For·tu·ni·no** [fòrtuní:no] **Francesco**) *n.* ベルディ《1813-1901; イタリアの歌劇作曲家; *Rigoletto*「リゴレット」(1851), *La Traviata*「椿姫」(1853), *Aïda*「アイーダ」(1871)》.

ver·dict [və́:dɪkt | vɜ́:-] 〘《15C》□ ML *vēr(ē)dict-um* verdict,《原義》truly said ← *vērē* truly (← *vērus* true) +*dictus* ((p.p.) ← *dīcere* to say) ∽ 《c1300》*verdit* □ AF=OF *voirdit*《原義》true saying: cf. very, veracious, diction〙 ― *n.* **1** 裁断, 判断, 意見 (judgment): a popular ~ in favor of the government 政府に有利な世論の判定 / the ~ of the public 世間の審判 / pass one's ~ *upon*...に判断を下す[所見を述べる] / What is your ~ *on* the coffee? 今のコーヒー(の風味)はどうですか / My ~ differs from yours in this matter. この事に関しては私は君と意見が違う. **2** 〘法律〙(小陪審の)評決, 答申 (cf. jury¹ 1): a ~ *for* the plaintiff 原告勝訴の評決 / a special ~ 特別評決《陪審が法の適用に疑義を生じた場合は事実の審理を止めて判決を裁判官に一任するもの; 刑事事件では極めてまれ》/ ⇨ open verdict, partial verdict, privy verdict, sealed verdict / bring in [return, deliver, give] a ~ of "guilty" ["not guilty"] 有罪[無罪]の評決を下す / The ~ was in. 評決が下された.

ver·di·gris [və́:dəgrì:s, -grìs, -grɪs, -grəs, -grì: | vɜ́:dɪgrɪs, -də-, -gri:s] 〘《1300-01》*verdegres(e)* □ AF *vert de Grece* green of Greece: cf. vert¹〙 ― *n.* 〘化学〙緑青(ろくしょう)《通常は水酸化炭酸銅 ($Cu(OH)_2 \cdot CuCO_3$) のことで, 水酸化酢酸銅 ($Cu(OH)_2Cu(CH_3COO)_2$) を指すこともある》. ― *vt.* [通例 p.p. 形で] 緑青でおおう: a ~*ed* cannonball 緑青の生じた砲弾.

ver·din [və́:dn̩, və:dǽn | vɜ́:dɪn] 〘□F《廃》~ 'yellowhammer'〙 ― *n.* 〘鳥類〙米国南西部やメキシコの乾燥地方にすむツリスガラ科に属する頭の黄色い小鳥 (*Auriparus flaviceps*).

ver·di·ter [və́:dɪṭə | vɜ́:dɪtə(r)] 〘《1505-06》□ OF *verd de terre*《原義》green of earth: ⇨ vert¹, terra〙 ― *n.* 〘化学〙**1** =blue verditer 2. **2** =green verditer 1. **3** 《廃》=verdigris.

vérditer blúe *n.* 青緑色 (azurite blue).

vérditer gréen *n.* 青竹色 (malachite green).

ver·do- [və́:dou | vɜ́:dəu] 〘← OF *verd*: ⇨ verdant〙「緑色をした」の意の連結形: *verdo*hemoglobin. ★ 母音の前では通例 verd- になる.

Ver·dun [və:dʌ́n, vɛə- | və:dʌ́n, ─ ─; *F.* vɛrdœ̃] *n.* ヴェルダン《フランス北東部の要塞都市; 第一次大戦

中 (1916 年), ドイツ軍の攻撃が激戦の後ここで食い止められた; 人口 27,000).

Treaty of Verdun [the —] ⇨ treaty.

ver·dure [vɚ́:dʒɚ | vɚ́:dʒə(r, -djə(r, -djuə(r] 〖(?c1390) ▭ (O)F ~ ← *verd* green: ⇨ verdo-, -ure〗 ― *n.* **1** (草木の)緑, 新緑. **2** 緑の草木, 新鮮の若葉; 緑草, 青草. **3** (青春を思わす)新鮮さ, 生気, 活力; 隆盛. **4** 草木・木の葉・花などの模様を織ったつづれ織り.

vér·dured *adj.* 緑の草木でおおわれた; 青々とした.

vérdure·less *adj.* 緑のない, 青草のない; 不毛の; 生気のない.

ver·dur·ous [vɚ́:dʒ(ə)rəs | vɚ́:-] *adj.* 新緑の, 青々とした, 緑したたる; 新緑[緑の草木]でおおわれた; 新緑[緑の草木]から成る: ~ pastures, hills, etc. / ~ glooms 新緑の暗闇, 木(こ)の下闇. **~·ness** *n.*

Vere [víə | víə(r] 〖← *de Vere* (17 世紀に絶えた Oxford 伯爵の家族名: cf. Edward de VERE) ← *Ver* (Normandy の地名)〗 *n.* 男性名.

Vere, Aubrey Thomas de *n.* ⇨ de Vere.

Vere, Edward de *n.* (1550–1604) 英国の Elizabeth 一世時代の廷臣・詩人 (⇨ Oxford theory); 称号 17th Earl of Oxford.

ver·e·cund [vérəkʌ̀nd | -rɪ-] 〖▭ L *verēcund-us* ← *verērī* to reverence, fear: cf. revere[1]〗 *adj.* 《古》 はにかみ屋の, 内気な (bashful).

Ve·ree·ni·ging [fəréɪnəgɪŋ, -ríːn-; *Afrik.* fəríːnixiŋ] *n.* フェリーニヒング《南アフリカ共和国 Transvaal 州の都市; ブール戦争 (Boer War) の講和条約締結地 (1902); 人口 110,000》.

Ver·ein, v- [vəráɪn, fə-; *G.* feráɪn] 〖▭ G ~ ← *ver-* '-FOR-[1]' + *einen* to unite (← *ein* 'ONE')〗 *G. n.* (*pl.* **~s**) 連盟, 同盟, 組合, 協会, 結社 (union, association).

Ve·re·na [vəríːnə] 〖← *St. Verena* (3 世紀に殉教した聖女) ← OHG *Varin* 《原義》 defender〗 *n.* 女性名.

Ve·re·shcha·gin [vèrɪʃtʃáːgɪn, -rəʃ-, -rəʃáː-, -gən | -rɪʃtʃáːgɪn; *Russ.* vjirjiʃtʃágin], **Va·si·li** [vasjílʲjij] **Vasilievich** *n.* ヴィリシチャーギン《1842–1904; ロシヤの戦争画家, 旅順港で提督 Makarov と共に戦死》.

Ver·ga [vέəgɑː | véə-; *It.* vérga], **Giovanni** *n.* ヴェルガ《1840–1922; イタリアの小説家; イタリア小説における真実主義 (verismo) の創始者; *Cazalleria rusticana*「田舎騎士道」(1880)》.

verge[1] [vɚ́:dʒ | vɚ́:dʒ] 〖(a1400) ▭ (O)F ~ < L *virgam* rod: ⇨ virga〗 ― *n.* **1 a** 端, ふち, へり (edge, brink): ⇨ *on the* VERGE *of.* **b** 《英》 (道に沿った)草[芝生]の生えたふち; (花壇などの)へり取り. **2 a** 境界, 果て, きわ, 間際, 限界: to the ~ *of* extinction 絶滅に瀕するまで. **b** 境界内, 範囲: within the ~ *of* one's ability 能力内で. **3** 水平線, 地平線 (horizon): The sky was clear from ~ to ~. 空はすみずみまで晴れていた. **4 a** (権威・職権の象徴として持つ)杖(つえ), 棒 (rod, wand); (特に, 行列などの際に高位の聖職者の前に捧持してその職権を表象する)権標 (cf. verger 1). **b** 《廃》 荘園領主が土地を貸与する際, 借地人の手に持たせて忠誠を誓わせた棒: a tenant by the ~ 誓約借地人. **5** 《英》 **a** (昔の)宮内大臣 (Lord Steward of the Household) 管区およびその裁判所《王宮の周囲 12 マイル以内; この地域内に起こった犯罪に対しては宮内司法官 (knight marshal) が裁判権をもっていた》. **b** (昔の)司法権限区域: within the ~. **6** 〚建築〛 けらば《切妻屋根の破風に突き出た部分》. **7** 〚時計〛 (初期の機械時計に使われた脱進機の)テン真 (cf. verge escapement).

on the verge of…の間際に, 今にも…するばかりになって (cf. *on the* BRINK *of*): be *on the* ~ *of* collapse [destruction] 今にもくずれ[破壊し]そうになっている / *on the* ~ *of* tears 泣かんばかりになって / He is *on the* ~ *of* 70. 彼は 70 歳になろうとしている / He was *on the* ~ *of* betraying his secret. 彼はすんでのことで秘密を明かすところだった.

― *vi.* **1** 〔…の〕縁にある, きわどい所にある, 今にも〔…に〕なろうとしている, 境界に達しようとする 〔*on*, *upon*〕: be *verging on* tears 今にも泣き出しそうである / He is already *verging on* old age. 彼はすでに老齢に近づいている. **2** 〔…に〕近接する 〔*on*, *upon*〕: the streets *verging on* Fifth Avenue 五番街に隣接する街路. ― *vt.* …の境界をなす, 境となる: a hedge *verging* the lane 小道をふちどっている生垣.

verge[2] [vɚ́:dʒ | vɚ́:dʒ] 〖(1610) ▭ L *verg-ere* to turn, incline〗 ― *vi.* **1** 〈太陽が〉沈む (sink); 〔…に〕傾く, 向かう (tend, incline) 〔*to*, *toward*〕: ~ *to* a close 終わりに近づく / the sun now *verging toward* the horizon 今地平線に傾いている太陽 / ~ *toward* old age 老齢に向かう / We were gradually *verging nearer* the cliff. 段々がけの方へ向かっていった. **2** 〔ある状態に〕移ろうとしている, 変わっていく 〔*into*〕: Evening ~*s into* night. 夕暮が夜になっていく.

vérge·bòard *n.* 〚建築〛 = bargeboard.

vérge escàpement 〖⇨ verge[1]〗 *n.* 〚時計〛 (ごく初期の機械時計に使われた)冠形脱進機 (⇨ escapement 挿絵).

ver·gence [vɚ́:dʒəns | vɚ́:-] 〖← VERGE[2] + -ENCE〗 *n.* 〚眼科〛 両眼連動《他眼との関連で一眼を水平または垂直に動かすこと》.

verg·er [vɚ́:dʒɚ | vɚ́:dʒə(r] 〖(1469) ▭ AF *verger ← OF *verge* rod, wand: ⇨ verge[1], -er[1]〗 ― *n.* 《英》 **1** (教会・大学などの)権標捧持者《高位聖職者や学部長の権標を捧持してその先導を勤める; cf. verge[1] *n.* 4 a》. **2** 会堂番, 堂守, 堂務者, 聖堂番《教会堂の掃除をしたり礼拝者を座席に案内したりする役》.

vérge ràfter *n.* 〚建築〛 破風板受け《最もけらば側の垂木(たるき)》.

Ver·gil [vɚ́:dʒɪl, -dʒəl | vɚ́:dʒɪl] 〖▭ L *Vergil-ius*: ローマの家族名〗 ― *n.* (*also* **Virgil**) ウェルギリウス, バージル《70–19 B.C.; ローマの詩人; *Eclogae*「牧歌」(37 B.C.), *Georgica*「農耕歌」(37–30 B.C.), *Aeneis*「アエネーイス」(30–19 B.C.); ラテン語名 Publius Vergilius Maro》.

Ver·gil·i·an [və(ː)dʒílian, -ljən | və(ː)dʒílɪən, -ljən] *adj.* ウェルギリウス (Vergil) (風)の.

ver·glas [vɛəglɑ́ː | vɛə-; *F.* vɛrgla] 〖▭ F ~ ← *verre* glass + *glace* ice〗 *n.* (*pl.* **~es** [~(z)]) 〚登山〛 ベルグラ《岩の表面を薄くおおった氷》.

Ver·hae·ren [vɛəháːrən | vɛə-; *F.* vɛrarɛn], **Émile** *n.* ベルアーレン《1855–1916; ベルギーの象徴派詩人; *Les Flamandes*「フランドル風物詩」(1883)》.

ve·rid·i·an [vɪrídiən, və- | vɪrídɪ-] *n.* = viridian.

ve·rid·i·cal [vɪrídɪkəl, və-, -də- | vərídɪ-, vɪ-, və-] 〖← L *vēridic(us)* truth-telling (← *vērus* true + *dic-*, *dicere* to speak, say) + -AL[1]〗 ― *adj.* **1** 真実を告げる, 真実の (truthful). **2** 事実と合致する; 本物の, 真正の (genuine); 〈夢が〉正夢の. **~·ly** *adv.*

ve·rid·i·cal·i·ty [vɪrìdəkǽləṭi, və- | -dɪkǽlətɪ, -lɪ-] *n.* 真実性, 真実.

verier *adj.* ⇨ very *adj.* 4 b ★.

veriest *adj.* ⇨ very *adj.* 4 b ★.

ver·i·fi·a·ble [vérəfàɪəbl, ˌ—ˌ—— | -rɪ-] *adj.* 確かめることができる, 証明できる, 実証[検証]しうる. **vèr·i·fi·a·bíl·i·ty** [-əbíləṭi | -lətɪ, -lɪ-] *n.*

ver·i·fi·ca·tion [vèrəfɪkéɪʃən, -fə- | -rɪfɪ-] 〖(1523) ▭ (O)F *vérification*: ⇨ verify, -fication〗 ― *n.* **1** 確かめること, 照合; 立証, 証言, 証明, 検証, (器具・物品の)検査, 検定. **2** 批准 (ratification). **3** 〚法律〛 (陳述・嘆願・弁論に付けられる)陳述が真であることの確言[宣誓]. **~·al** [-ʃənḷ, -ʃnəl] *adj.*

ver·i·fi·ca·to·ry [vérəfɪkèɪṭəri, -fə-, -tri | -rɪfɪkət(ə)rɪ, -kèɪt-] *adj.* 証明を助ける, 立証となる.

vér·i·fì·er *n.* **1** 立証[証明]者, 検証者. **2** 検定器《前の記録の正確さをチェックする装置》.

ver·i·fy [vérəfàɪ | -rɪ-] 〖(1325) ▭ (O)F *vérifi-er* ▭ ML *vērificāre* ← L *vērus* true: ⇨ very (adj.), -ify〗 ― *vt.* **1** …の真であることを証明する, 立証[実証]する, 確証する (prove, confirm): Events have *verified* the prophecy. 事件は予言の真実であったことを証拠立てた / The deed *verified that* he was entitled to own the estate. その証書によって彼がその不動産を所有する権利があることが確かめられた. **2** (事実を対照・調査して)確かめる, 確実にする, 引き合わす, 校合(きょうごう)する (ascertain, check): ~ a date, spelling, quotation, etc. **3** 《古》 支持する (back up). **4** 〚法律〛 (証拠・宣誓書などによって)立証する: ~ documents, claims, pleadings, etc.

vér·i·ly [-rəli | -rəlɪ, -rɪlɪ] 〖(c1303) *verrayly*, *verali*: ⇨ very (adj.), -ly[1]〗 ― *adv.* 《古》 まことに, 本当に, 確かに (truly, really): *Verily* I say unto you. まことになんじらに告ぐ (*Matt.* 5: 18) / *Verily* this is a strange saying. 真にこれは不思議な言葉なり.

ver·i·sim·i·lar [vèrəsím(ə)lə | -rɪsímɪlə(r, -mə-] 〖(1681) ← L *vērisimil(is)* (↓) + -AR[1]〗 ― *adj.* 真実らしい, 本当らしい, もっともらしい; ありそうな (likely, probable): a ~ story. **~·ly** *adv.*

ver·i·si·mil·i·tude [vèrəsɪmílətjùːd, -sə- | -rɪsɪmílɪtjùːd] 〖(1603) ▭ L *vērisimilitūd-ō* likeness of truth ← *vērisimilis* ▭ *vērī* ((gen.) ← *vērum* truth) + *similis* 'SIMILAR': cf. very, similitude〗 ― *n.* **1** ありそうなこと, 真実らしさ, 本当らしさ (probability, likelihood): 迫真(性): His story has at least great ~. 彼の話はとにかく大分本当らしい / *Verisimilitude* is not proof. 本当らしいということは証拠にはならない. **2** 本当らしく見えるもの[事, 話]: the ~*s* of fiction.

ver·i·si·mil·i·tu·di·nous [vèrəsɪmìlət(j)úːd(ə)nəs, -dṇ- | -rɪsɪmìlɪtjúːdɪn-, -dṇ-] *adj.*

ve·rism [ví(ə)rɪzm, vér- | víər-, vér-] 〖▭ It. *verism-o* ← *vero* (< L *vērum* true) + *-ismo* '-ISM'〗 ― *n.* **1 a** 〚音楽〛 ヴェリズモ, 現実主義《1890 年代にイタリアで起こったオペラ運動; 神話や英雄物語ではなく, 日常生活の現実的出来事をオペラの題材とする》. **b** 〚美術〛 20 世紀初頭の極端な現実主義美術. **2** 〚文学〛 ヴェリズモ, 真実主義 (cf. Verga).

ve·ris·mo [veríːzmou, -rís- | -məʊ; *It.* verízmo] 〖↑〗 *n.* 〚音楽・美術・文学〛 = verism.

ve·rist [ví(ə)rɪst, vér-, -rəst | víərɪst, vér-] *n.*, *adj.* ヴェリズモ[現[真]実主義] (verism) 擁護[主張]者(の). **ve·ris·tic** [vɪ(ə)rístɪk, ver- | vɪər-, ver-] *adj.*

ver·i·ta·ble [vérəṭəbl | -rɪtə-] 〖(1474) ▭ (O)F *véritable*: ⇨ verity, -able〗 ― *adj.* **1** 本当の, 真の, 真実の, 真正の (real, genuine): a ~ triumph, hero, etc. **2** [しばしば比喩の適切さを強調して] 本当の, 全くの (true): a ~ mountain of cards 全くのカードの山. **~·ness** *n.* **vér·i·ta·bly** *adv.*

ve·ri·tas [vérətæ̀s, -rɪ- | -rɪ-] 〖▭ L *vēritās* truth: ⇨ verity〗 ― *n.* **1 a** 真理. **b** [V-] 真理《米国の Harvard および South Dakota 大学のモットー》. **2** [the V-] (フランスの)船級協会《Bureau Véritas [*F.* -veritaːs] ともいう; cf. Lloyd's Register》.

vé·ri·té sans peur [vèrɪtéɪ-sɑ̃ː(m)pə́ː, -sɔ̃ː(m)-, -sɑː(ː)m-, -sɔ(ː)m-, -pɜ́ː(r; *F.* veritesɑ̃pœːr] 〖▭ F ~ 'truth without fear'〗 *F.* 恐怖なき真理.

ver·i·ty [vérəṭi | -rətɪ, -rɪ-] 〖(c1375) ▭ (O)F *vérité* < L *vēritātem* truth ← *vērus* true: ⇨ very, -ity〗 ― *n.* **1** 真実であること, 真実さ, 真実性, 真実 (truth): a man of unquestioned ~ 真っ正直な男. **2** [通例 *pl.*] 真実の陳述, 正しい言明; 事実; 真理: the eternal *verities* 永遠の真理 / the four *verities* 〚仏教〛 (苦・集・滅・道の)四諦(したい) / the *verities* of the Christian religion キリスト教の真理 / These things, alas! are *verities*. これらのことは残念ながら事実である.

in all verity 《古》 (誓言に用いて)真実に, まことに (verily). ***in verity*** 真に, 全く, 実際 (in truth). ***of a verity*** 《古》 まことに, 真に (really).

Ver·i·ty [vérəṭi | -rətɪ, -rɪ-] 〖↑〗 *n.* 女性名.

ver·juice [vɚ́:dʒùːs | vɚ́:-] 〖(1302–03) *veri(o)us* ▭ OF *vertjus* (F *verjus*) ← *vert* green + *jus* 'JUICE'〗 ― *n.* **1** (未熟のブドウ・リンゴなどの)酸味の強い果汁《以前は酢の代用とした》. **2** (気質・表情などの)しかめっつら, 気難しさ (sourness). ― *adj.* **1** 酸味の強い果汁の; 酸っぱい (sour). **2** 〈気質・表情など〉意地悪そうな, 苦虫をかみつぶしたような, 気難しい.

vér·juiced *adj.* = verjuice.

Ver·kho·yansk [vɛ̀əkoujǽnsk | vɛ̀əkəʊ-; *Russ.* vjirxajánsk] *n.* **1** ベルホヤンスク(山脈)《ソ連邦 Yakut 自治共和国の Lena 川の東方にある山脈; the Verkhoyanski Khrebet [xrjibjét] [Mountains] ともいう》. **2** ベルホヤンスク《ソ連邦 Yakut 自治共和国の都市; 寒極 (poles of cold) の一つ; 人口 2,000》.

Ver·laine [vɛəléɪn, -lén | vɛə-; *F.* vɛrlɛn], **Paul** *n.* ベルレーヌ《1844–96; フランスの詩人; *Poèmes saturniens*「サチュルニアン詩集」(1866), *Fêtes galantes*「みやびなる宴」(1869), *Sagesse*「叡智」(1881)》.

Ver·meer [vəméə, vɛə-, -míə | vɛəmíə(r, vəː-, -méə(r; *Du.* vərmé:r], **Jan** *n.* フェルメール《1632–75; オランダの画家; 別名 Jan van der Meer van Delft》.

ver·meil [vɚ́:mɪl, -məl, -meɪl, vərméɪl | vɚ́:meɪl, -mɪl] 〖(c1380) ▭ OF *vermail* (F *vermeil*) bright red < L *vermiculum*: ⇨ vermilion〗 ― *n.* **1** 《詩》 朱色, 鮮紅色 (vermilion). **2** [《米》 vɛəméɪ; *F.* vɛrmɛj] 金めっきした銀[銅, 青銅]. **3** 赤色ワニス《光沢を添えるためにめっき面に塗る》. **4** 赤橙色のざくろ石. ― *adj.* 朱[鮮紅]色の.

vermes *n.* vermis の複数形.

ver·me·tid [vɚ́:məṭɪd, -təd | vɚ́:mɪtɪd] 〖↓〗 *adj.*, *n.* 〚貝類〛 ムカデガイ科の(貝).

Ver·met·i·dae [vəːméṭədiː | vəːmétɪ-] 〖← NL ~ ← *Vermetus* (属名: ← L *vermis* (↓)) + -IDAE〗 *n. pl.* 〚貝類〛 ムカデガイ科.

ver·mi- [vɚ́:mɪ, -mə | vɚ́:mɪ] 〖← L *vermis* worm, 《原義》 that which twists〗 「虫 (worm)」の意の連結形: *vermiform*.

ver·mi·an [vɚ́:miən | vɚ́:mɪ-] 〖⇨ ↑, -an[1]〗 *adj.* **1** 〚動物〛 蠕(ぜん)虫類の, 蠕虫のような (wormlike). **2** 〚解剖〛 (小脳)虫部 (vermis) の.

ver·mi·cel·li [vɚ̀:mətʃéli, -séli | vɚ̀:mɪsélɪ, -tʃélɪ] 〖(1669) ▭ It. ~ (pl.) ← *vermicello* (dim.) ← *verme* worm < L *vermem*: ⇨ vermi-〗 ― *n.* バーミセリ《イタリアのめん類の一種で, そうめん程度の太さのもの; cf. macaroni 1》.

ver·mi·cide [vɚ́:məsàɪd | vɚ́:mɪ-] 〖(1849) ← VERMI- + -CIDE〗 *n.* 殺虫剤; (特に)駆虫剤, 虫下し. **ver·mi·cid·al** [vɚ̀:məsáɪdḷ | vɚ̀:mɪ-] *adj.*

ver·mic·u·lar [və(ː)míkjulə | vəːmíkjulə(r] 〖(1655) ▭ ML *vermiculār-is* ← L *vermiculus* (dim.) ← *vermis* worm〗 ― *adj.* **1** 蠕(ぜん)虫状の (vermiform); 蠕動する (peristaltic): ~ motion (腸の)蠕動(作用). **2** 虫食い形の, 虫跡形の, うねうねした (sinuous). **3** 蠕虫の[に関する, による]. **~·ly** *adv.*

vermícular wórk *n.* 〚石工〛 = vermiculated work.

ver·mic·u·late 〖(1605) ▭ L *vermiculāt-us* worm-eaten (p.p.) ← *vermiculārī* to be worm-eaten: ⇨ vermicular, -ate[2,3]〗 [və(ː)míkjulèɪt | vəː-] *vt.* [通例 p.p. 形で] …に虫食い形[虫跡形]装飾を施す. ― [-lət, -lɪt, -lèɪt] *adj.* **1** 虫食い形の; 虫食い形[虫跡形]装飾の. **2** 〈考え方など〉妙に回りくどい, 当てこすりの (insinuating). **3** 虫の食った, 虫食いの (worm-eaten). **ver·mic·u·la·tion** [və(ː)mìkjuléɪʃən | vəː-] *n.*

ver·míc·u·làt·ed [-ṭɪd, -ṭəd | -tɪd, -təd] *adj.* = vermiculate.

vermículated wórk *n.* 〚石工〛 虫食い形, 虫跡形《vermicular work ともいう》.

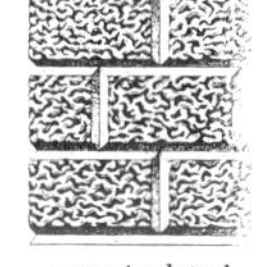
vermiculated work

ver·mi·cule [vɚ́:məkjùːl | vɚ́:mɪ-] 〖▭ L *vermicul-us*: ⇨ vermicular〗 *n.* 〚動物〛 = ookinete.

ver·mic·u·lite [və(ː)míkjulàɪt | vəː-] 〖← L *vermiculus* (↑) + -ITE[1]〗 ― *n.* 〚鉱物〛 バーミキュライト, 蛭石(ひるいし)《加熱すると蛭のように伸びる; 断熱材などに用いる》.

ver·mi·form [vɚ́:məfɔ̀əm | vɚ́:mɪfɔ̀ːm] *adj.* 蠕(ぜん)虫状の (worm-like), 虫様の, 虫状の.

vérmiform appéndix *n.* 〚解剖〛 虫垂, (古くは)虫様突起《vermiform process ともいう》.

vérmiform pròcess *n.* 〚解剖〛 = vermiform appendix.

ver·mi·fuge [vɚ́:məfjù:dʒ | vɚ́:mɪ-] 〚(1697) ← VERMI-＋-FUGE〛 ― *adj.* 虫を下す, 駆虫剤の. ― *n.* 駆虫剤, 虫下し (anthelmintic). **ver·mif·u·gal** [vɚ:mɪ́fjugəl, vɚ̀:məfjú:- | vɚ:mɪ́fju-, vɚ:mɪfjú:-] *adj.*

ver·mil·ion [vɚmɪ́ljən | və-, vɚ:-] 〚(1296) ▭ OF *vermeillon* (F *vermillon*) bright red ← *vermeil* vermeil < L *vermiculum* (dim.) ← *vermis* worm, i.e. cochineal insect〛 (*also* **ver·mil·lion** [～]) ― *n.* **1** 朱色. **2** 朱《硫化水銀(HgS); もと辰砂(cinnabar)から採ったが, 現在は水銀と硫黄から合成される赤色顔料》. ― *adj.* 朱の, 朱色の, 朱染めの, 朱塗りの. ― *vt.* 朱に染める, 朱塗りにする.

ver·min [vɚ́:mɪn, -mən | vɚ́:mɪn] 〚(?a1300) ▭ OF *vermin* (F *vermine*) < VL **vermīnum* ← L *vermis* worm〛 ― *n.* (*pl.* ～) [集合的; 通例複数扱い] **1** **a** 害獣, 害鳥《作物などに害を及ぼすネズミ・ハツカネズミ・モグラなど; 英国では猟鳥獣に害をするキツネ・イタチ・タカ・フクロウなどにもいう》. **b** 害虫, 悪虫 (noxious insects)《特に家・衣類などの害虫またはノミ・シラミ・ナンキンムシなど》. **c** 寄生虫 (parasitic worms). **2** 世の中の害虫, 世を毒する者(ども), ならず者(ども), 人間のくず: the ～ that infest racecourses 競馬場荒しのならず者ども.

ver·mi·nate [vɚ́:mənèɪt | vɚ́:mɪ-] 〚← L *vermināt-us* (p.p.) ← *vermināre* to have worms or gripping pains: ⇨ vermi-, -ate³〛 ― *vi.* 寄生虫が湧く; 害虫[寄生虫]にたかられる.

ver·mi·na·tion [vɚ̀:mənéɪʃən | vɚ̀:mɪ-] 〚▭ L *verminātiō(n-)*: ⇨ ↑, -ation〛 *n.* 《古》(ノミ・シラミ・ナンキンムシなどの)虫が湧くこと; 寄生虫発生; 寄生虫病.

ver·min·o·sis [vɚ̀:mənóusɪs, -səs | vɚ̀:mɪnə́usɪs] 〚← NL ～: ⇨ vermin, -osis〛 *n.* (*pl.* **-o·ses** [-si:z]) 《病理》寄生虫症.

ver·min·ous [vɚ́:mənəs | vɚ́:mɪ-] 〚(c1616) ▭ (O)F ～, *vermineux* // L *verminōs-us* full of worms, wormy: ⇨ vermin, -ous〛 ― *adj.* **1** (ノミ・シラミ・ナンキンムシなどの)虫の(ような). **2** (ノミ・シラミ・ナンキンムシなどの)虫によって生じた, 寄生虫による: ～ diseases. **3** 虫のたかった[湧いた]; 不潔な (filthy): ～ persons, slums, lodgings, etc. **4** [軽蔑的に]〈人が〉不愉快な, いやな (nasty). **～·ly** *adv.*

ver·mis [vɚ́:mɪs, -məs | vɚ́:mɪs] 〚▭ L ～ 'worm'〛 *n.* (*pl.* **ver·mes** [-mi:z]) 《解剖》(小脳)虫部.

ver·miv·o·rous [vɚ:mɪ́vərəs | vɚ:-] 〚← VERMI-＋-VOROUS〛 *adj.* 虫を食う, 食虫の.

Ver·mont [vɚ(:)mɑ́nt | vɚ(:)mɔ́nt] 〚▭ F ～ ← *vert* green＋*mont* mountain〛 *n.* 米国北東部 New England の州 (⇨ United States of America 表).

Ver·mónt·er [-ṭɚ | -tə(r] *adj.* (米国) Vermont 州(人)の. ― *n.* Vermont 州人.

ver·mouth [vɚmú:θ | vɚ́:məθ, -mu:θ, vɚ(:)mú:θ; *F.* vɛʀmut] 〚(1806) ▭ F *vermout* ▭ G *Wermut(h)* 'WORMWOOD'〛 ― *n.* ベルモット《ぶどう酒をベースにして薬草で味をつけた甘味果実酒で, 食前酒またはカクテル用に用いる》: ⇨ French vermouth, Italian vermouth.

vermóuth cassís *n.* ベルモットカシス《フレンチベルモット・クレームドカシス・ソーダ水を混合したカクテル》.

ver·muth [vɚmú:θ | vɚ́:məθ, -mu:θ, vɚ(:)mú:θ] *n.* ＝vermouth.

Vern [vɚ́:n | vɚ́:n] 〚(dim.) ← VERNON²〛 *n.* 男性名.

Ver·na [vɚ́:nə | vɚ́:-] 〚▭ L *Vērna*《原義》of spring ← *vēr* spring〛 *n.* 女性名.

ver·nac·u·lar [vɚnǽkjulɚ, və- | vənǽkjulə(r] 〚(1601) ← L *vernācul(us)* home-born, native (← *verna* home-born slave)＋-AR¹〛 ― *adj.* **1** **a** 〈言語が〉その土地[地方, 国]特有の, 地方語[お国言葉]の (native), 方言の, 方言を使った: ～ language [tongue] 地方語《しばしば literary [learned] language に対する》/ the ～ languages of India インド土語 / a ～ idiom 土地の慣用語 / English is our ～ tongue. (英国や米国で)英語は我々の母国語だ. **b** (文語や外国語を用いず)その土地[地方, 国]の言葉を用いる, 母国語[土地言葉]を使う: a ～ paper 母国語新聞; 邦字新聞 / the ～ poems of Burns バーンズの土地言葉(スコットランド語)の詩 / William Barnes, the ～ poet of Dorset ドーセットの方言詩人ウィリアムバーンズ. **c** 平易な言葉を使った, 日常語による: in a ～ style. **2** 〈建築・工芸など〉民衆趣味の, その土地[時代]特有の, 民芸的な. **3** 〈動植物名が〉(ラテン語の学名でない)通俗の: the ～ name 俗名 (cf. scientific name). **4** 《廃》《病理》風土的な (endemic): a ～ disease 風土病.
― *n.* **1** (特に, 口語としての)自国語, 母国語, 国語; 土地言葉: in the ～ その土地[国]の言葉で / Latin gave place to the ～. ラテン語に代わって自国語が用いられるようになった. **2** **a** (標準語に対して)方言. **b** 階級[職業]の特殊な言葉, 隠語, 仲間言葉. **c** 一地方または仲間だけに通じる卑俗な言語[言回し]. **3** (動植物の)通り名, 俗称, (通)俗名, 土俗名. **4** (建築・工芸などの)民衆趣味, 民芸風. **～·ly** *adv.*

ver·nác·u·lar·ism [-lərìzm] *n.* **1** その土地[地方, 国]の言葉使用, お国言葉風, 国なまり; 自国[母国]語使用. **2** その土地[地方, 国]特有の語.

ver·nac·u·lar·ize [vɚnǽkjulərὰɪz, və- | və-] *vt.* 自国[母国]語にする, 土地言葉に化する; (文語や標準語よりも)口語[土地言葉]で表現する. **ver·nac·u·lar·i·za·tion** [vɚnæ̀kjulərɪzéɪʃən, və-, -rə- | vənæ̀kjulərɑɪ-, -rɪ-] *n.*

ver·nal [vɚ́:nḷ | vɚ́:-] 〚(1534) ▭ L *vernāl-is* ← *vernus* of spring, vernal ← *vēr* spring〛 ― *adj.* **1** 春の: the ～ migration of birds 鳥の春の渡り. **2** **a** 春に起こる, 春に生える, 春咲きの: ～ flowers [bloom] 春の花 / ～ breezes 春風. **b** 〈渡り鳥が〉春繁殖地に来る. **3** 春のような, 春にふさわしい, 春めいた: ～ weather / the ～ aspect of the woods and fields 林野の春景色. **4** (春のような)清新さと力のある, 生々した; 青春の: ～ years 若い時, 青春時代, 妙齢 / the ～ spirits of youth 青春時の溌剌(はつらつ)たる元気. **～·ly** *adv.*

vérnal équinox *n.* 《天文》**1** 春分. **2** 春分点《春季昼夜平分点; vernal point ともいう; cf. autumnal equinox》.

vérnal gràss *n.* 《植物》ハルガヤ (⇨ sweet vernal grass).

ver·nal·i·za·tion [vɚ̀:nəlɪzéɪʃən, -lə-, -nḷ- | vɚ̀:nəlɑɪ-, -lɪ-, -nḷ-] 〚《なぞり》← Russ. *yarovizatsiya*: ⇨ vernal, -ization〛 *n.* 《農業》春化, 春化処理.

ver·nal·ize [vɚ́:nəlὰɪz, -nḷ- | vɚ́:-] 〚《逆成》↑〛 *vt.* 《農業》低温によって〈植物〉の花芽の形成を促進する, 〈植物を〉春化させる.

vérnal póint *n.* 《天文》＝vernal equinox 2.

ver·na·tion [vɚ(:)néɪʃən | vɚ:-] 〚(1793) ← NL *vernātiō(n-)* ← L *vernātus* (p.p.) ← *vernāre* to bloom ← *vēr* spring: ⇨ vernal, -ation〛 ― *n.* 《植物》芽型《芽中の幼葉の重なり方; cf. aestivation 2》.

Verne [vɚ́:n, vέən | vɚ́:n, vέən; *F.* vɛʀn] 〚(dim.) ← VERNON²〛 *n.* 男性名.

Verne [vɚ́:n, vέən | vέən, vɚ́:n; *F.* vɛʀn], **Jules** *n.* ベルヌ《1828–1905; フランスの小説家; 空想科学小説で知られる; *Le Tour du monde en quatre-vingts jours*「八十日間世界一周」(1873), *Vingt mille lieues sous les mers*「海底二万マイル」(1870)》.

Ver·ner [vέənɚ, vɚ́:- | vɚ́:nə(r, vέə-; *Dan.* vέʀ'nəʀ], **Karl Adolph** *n.* ヴェルネル《1846–96; デンマークの言語学者; Verner's law を発見 (1875)》.

Vérner's láw *n.* 《言語》ヴェルネルの法則《印欧基語の無声閉鎖音は, その直前の音節にアクセントがない場合には, ゲルマン基語で無声摩擦音とならず, 有声摩擦音になったという法則; これによって Grimm's law の例外が解決された; ⇨ 語源解説 5. 2》.

Ver·net [vɛənéɪ | vεə-; *F.* vɛʀnɛ], **Claude Joseph** *n.* ベルネ《1714–89; フランスの風景画家》.

Vernet, (Émile Jean) Horace *n.* ベルネ《1789–1863; フランスの画家; C. J. Vernet の孫》.

Ver·néuil pròcess [mèthod], v- [vɛənɚ́:-, vɚ:nə́ɪ- | vὲənə́:-, vɚ:nə́ɪ-; *F.* vɛʀnœj-] 〚← A. V. L. *Verneuil* (19 世紀のフランスの科学者)〛 ― *n.* 《宝石》ヴェルヌイ法《人造宝石を造る際, 原料粉末を溶融して滴下させ, 下の種子結晶上で成長させる方法》.

ver·ni·cle [vɚ́:nɪkḷ, -nə- | vɚ́:nɪ-] 〚(a1376) ▭ OF ～ 《変形》← *vernique* (F *véronique*) ▭ ML *veronica*: ⇨ Veronica〛 *n.* ＝veronica 1.

ver·ni·er [vɚ́:niɚ | vɚ́:njə(r, -nɪə(r] 〚(1766) ▭ F ～ (↓)〛 ― *n.* **1** (測定値を正確に読むための)副尺(ふくしゃく), 遊標, 遊尺, バーニヤ《vernier scale ともいう》. **2** (微調整のための)補助装置. **3** 《宇宙》＝vernier engine. ― *adj.* 副尺[バーニヤ]付きの: a ～ condenser バーニヤ[微細調整]蓄電器 / a ～ gage バーニヤ付きゲージ《バーニヤ付き高さ[深さ]ゲージなど》/ ⇨ vernier caliper, vernier compass.

vernier 1
1 regular scale; 2 vernier scale indicating a measurement of 11.7

vérnier cáliper 〚← *Pierre Vernier* (1580–1637: フランスの数学者)〛 *n.* ノギス《副尺付きカリパス; vernier micrometer ともいう; ⇨ caliper 挿絵》.

vérnier cómpass *n.* 副尺付きコンパス, バーニヤコンパス.

vérnier éngine *n.* 《宇宙》補助エンジン《主ロケットエンジンの推力が切られた後に, 速度の微調整, 姿勢の制御などを行なう小さいロケットエンジン》.

vérnier micrómeter *n.* ＝vernier caliper.

vérnier rócket *n.* 《宇宙》＝vernier engine.

vérnier scále *n.* ＝vernier 1.

ver·nis·sage [vɛ̀ənɪsɑ́:ʒ | vɛ̀ə-; *F.* vɛʀnisa:ʒ] 〚▭ F ～ ← *vernis* 'VARNISH': ⇨ -age: ⇨ varnishing day〛 ― *n.* (*pl.* **～s** [～]) **1** 展覧会の非公開展示, 内覧. **2** ＝varnishing day.

Ver·non [vɚ́:nən | vɚ́:-] 〚← F *Vernon* (フランスの地名)《原義》alder tree: もと家族名〛 *n.* 男性名.

Ver·non [vɚ́:nən | vɚ́:-], **Mount** *n.* ⇨ Mount Vernon.

Vernon, Edward *n.* (1684–1757) 英国の提督; grog の考案者; 愛称 Old Grog.

Ve·ro·na [vɪróunə, və- | vɪrə́unə, və-, ve-; *It.* veró:na] *n.* ヴェローナ《イタリア北部の都市; 人口 272,000》.

Ver·o·nal [vérənɔ̀(:)l, -nḷ, -næ̀l | -nḷ] 〚▭ G ～ ← *Verona*(↑): 発明者 Emil Fischer が Verona に向かう途中命名〛 *n.* 《商標》ベロナル《barbital の商品名》.

Ver·o·nese [vèrəní:z, -ní:s | -rə(u)ní:z] 〚▭ It. ～ < L *Veronensis* ← *Verona*: ⇨ -ese〛 ― *adj.* ベローナ (Verona) (風)の. ― *n.* (*pl.* ～) ベローナ人.

Ve·ro·ne·se [vɪrənéɪsi, -zi | -rə(u)néɪzi; *It.* veroné:ze], **Paolo** *n.* ベロネーゼ《1528–88; イタリアのベネチア派の画家; 本名 Paolo Cagliari》.

ve·ron·i·ca [vɪrɑ́nɪkə, və-, -nə- | vɪrɔ́nɪkə, və-, ve-] 〚← St. VERONICA: ↓〛 ― *n.* **1** [時に V-] **a** ベロニカ, 聖顔(像)《イエスが十字架を負って処刑の地 Calvary に行く途中, St. Veronica がイエスの顔の汗をぬぐったという布に印されたと伝えられるイエスの顔(の像); cf. sudarium 2》. **b** ベロニカ, 聖顔布《イエスの顔を描いた布片》. **2** 〚cf. lateGk *berenikion* ← *Berenikē* (女性名)〛《植物》ゴマノハグサ科クワガタソウ属 (*Veronica*) の植物の総称 (cf. speedwell). **3** 〚▭ Sp. *verónica*〛 ベロニカ《闘牛士が両足を同じ位置において牛の突撃からケープをゆっくりと振りかわすこと》.

Ve·ron·i·ca [vɪrɑ́nɪkə, və-, -nə- | vɪrɔ́nɪkə, və-, ve-] 〚▭ LL *Veraiconica* ← ? L *vērus* true＋*īcōnicus* belonging to an image (← *īcōn* image): cf. Gk *Berenikē* (⇨ veronica 2)〛 ― *n.* 女性名《愛称形 Nicky, Ronky》.

Veronica, Saint 〚↑〛 *n.* ベロニカ《イエスが十字架を負って処刑の丘 Calvary へ行く途中, 顔の汗をふいてやったと伝えられる女; cf. veronica 1》.

Ver·ra·za·no [vèrəzɑ́:nou, -tsɑ́:- | -nəu; *It.* vèrratsá:no], **Giovanni da** *n.* ベラツァーノ《1485?–?1528; イタリアの航海者; フランスのために北米海岸を探検》.

Verrazáno-Nárrows Brídge *n.* [the ～] ベラザーノナロウズ橋《米国 New York City の Brooklyn と Staten Island を結ぶ吊り橋; 全長 1,300 m; 径間が世界最長》.

Ver·raz·za·no [vèrəzɑ́:nou, -tsɑ́:- | -nəu; *It.* vèrrattsá:no] *n.* ＝Verrazano.

ver·ric·u·late [vɪríkjulət, və-, ve-, -lɪt, -lèɪt] *adj.* 《昆虫》長毛塊のある.

ver·ri·cule [vérəkjù:l | -rɪ-] 〚▭ L *verricul-um* net ← *verrere* to sweep: ⇨ -cule〛 *n.* 《昆虫》長毛塊《直毛の簇生(そうせい)したもの》.

ver·rière [vèriέə | -riέə(r; *F.* vɛʀjɛ:ʀ] 〚▭ F ～ ← *verre* glass〛 *n.* (*pl.* **～s** [～z; *F.* ～]) ベリエール《フランス製ポンチ用の鉢》.

Ver·roc·chio [vərɔ́(:)kiòu, -rɑ́k-, -róuk- | -rɔ́kiəu; *It.* verrɔ́kkjo], **Andrea del** [del] *n.* ベロッキョ《1435–88; イタリアの Florence の金工家・彫刻家・画家; Leonardo da Vinci の師; 本名 Andrea di Michele Cione》.

ver·ru·ca [vərú:kə, vɪ-, ve-] 〚▭ L *verrūca*〛 ― *n.* (*pl.* **-ru·cae** [-ki:, -kaɪ, -si:, -saɪ]) **1** 《病理》疣贅(ゆうぜい), いぼ (wart). **2** 《動物》(ヒキガエルの背などの)いぼ状突起. **3** 《植物》(葉などの)いぼ状突起.

verrúca vul·gá·ris [-vʌlgέ(ə)rɪs, -rəs | -gέərɪs] 〚← NL *verrūra vulgāris* common wart: ⇨ ↑, vulgar〛 *n.* 《病理》(手足にできるウイルス性の)いぼ, 疣贅(ゆうぜい) (wart).

ver·ru·cose [vɪrú:kous, və-, ve-, vérəkòus, -rju- | verú:kəus, vɪ-, və-] 〚(1686) ▭ L *verrūcōs-us*: ⇨ verruca, -ose¹〛 ― *adj.* 《生物・医学》疣贅(ゆうぜい)[いぼ]の(多い) (warty), いぼ状の(突起でおおわれた). **ver·ru·cos·i·ty** [vèrəkɑ́səṭi, -rju- | -r(j)ukɔ́sətɪ, -sɪ-] *n.*

ver·ru·cous [vɪrú:kəs, və-, ve-, vérju- | verú:kəs, vɪ-, və-] *adj.* いぼの, いぼ状の.

vers [vɚ́:s | vɚ́:s] 《記号》《数学》versed sine.

Ver·sailles [vɚ(:)sάɪ, vɛə-, -séɪlz | vɛəsάɪ, vɚ:-; *F.* vɛʀsɑj] *n.* ヴェルサイユ《フランス北中部 Paris の南西 22 km にある都市; Yvelines 県の首都; ヴェルサイユ宮殿の所在地; 第一次大戦後の講和条約 (1919) 締結地; 人口 98,000》.

ver·sal¹ [vɚ́:səl, vɑ́ə-, -sḷ | vɚ́:-] 〚《略》← UNIVERSAL〛 *adj.* 《古》全体の (entire): in the ～ world 全世界で.

vers·al² [vɚ́:səl, -sḷ | vɚ́:-] 〚← VERSE¹＋-AL¹〛 *n.* (写本の章・節などの文頭に使われる)飾り大文字.

ver·sant¹ [vɚ́:sənt, -sṇt, vɛəsɑ́:(ŋ), -sɑ́:ŋ | vɚ́:sənt, -sṇt; *F.* vɛʀsɑ̃] 〚▭ F ～ (pres.p.) ← *verser* to turn < L *versāre*: ⇨ versatile, -ant〛 ― *n.* **1** (山または山脈の一方の)斜面, 傾斜地 (slope). **2** (一地方の)全斜面; 傾斜 (inclination).

ver·sant² [vɚ́:sənt, -sṇt | vɚ́:-] 〚▭ L *versant-, versāns* (pres.p.) ← *versāre* (↓)〛 ― *adj.* **1** 気づかう, 関心をもつ (interested). **2** 経験のある, 訓練を受けた (practiced). **3** 〔…に〕精通している (conversant) 〔*with*〕.

ver·sa·tile [vɚ́:səṭḷ, -ṭɪl, -tὰɪl | vɚ́:sətὰɪl] 〚(1605) ▭ F ～ // L *versātil-is* turning about ← *versātus* (p.p.) ← *versāre* (freq.) ← *vertere* to turn〛 ― *adj.* **1** 〈人・性格・才能など〉何にでも向く, 多才の, 多芸な, 多方面な (many-sided): a ～ mind, writer, actor, etc. **2** 〈ものが〉いろいろに使える, 多目的の: a ～ material, top-coat, etc. **3** (軸などを中心として)自由に回しうる[回転する], 可転[反転]性の. **4** 変わりやすい, 移り気の, 気まぐれな, 浮薄な (changeable). **5** 《植物》丁字着の《柄が中央または中央近くで付着して自由に揺れる; cf. basifixed》: a ～ anther 丁字着葯(やく)《雄蕊の葯の中央部に花糸が付いて, 全体が T 字形をしている》. **6** 《動物》上下・左右・前後に回しうる, 可転性の, 反転性の: a ～ joint, muscle, toe of a bird, etc. **～·ly** [-ṭ(ḷ)li, -ṭɪl(l)i, -tὰɪlli | -tὰɪlli] *adv.* **～·ness** *n.*

ver·sa·til·i·ty [vɚ̀:sətɪ́ləṭi | vɚ̀:sətɪ́lətɪ, -lɪ-] 〚▭ F *versatilité*: ⇨ ↑, -ity〛 ― *n.* **1** 融通がきくこと, 多方面にわたること; 多能, 多芸: a man of ～ 多才[多芸]の人, 才人. **2** 可転性. **3** 変わりやすいこと, 気まぐれ, 浮薄.

vers de so·cié·té [vέə-də-sòusiətéɪ, -sòusjeɪ- | vέə-də-sə̀usjeɪ-, -sə̀usɪə-; *F.* vɛʀdəsɔsjete] 〚▭ F ～ 'verse of society'〛 *F. n.* ＝society verse.

vers d'oc·ca·sion [vέə-dɔ̀(:)kɑ:zjɔ́:(ŋ), -zjɔ́(:)ŋ | vέə-dɔ̀k-; *F.* vɛʀdɔkazjɔ̃] 〚▭ F ～ 'verse of the occasion'〛 *F. n.* 《文芸》(祝宴・冠婚葬祭の折などの)贈答詩.

verse¹ [vɚ́:s | vɚ́:s] 〚ME *vers* ▭ (O)F ∽ OE *fers* ▭ L *vers-us* furrow, line, row, verse (p.p.) ← *vertere* to turn ← IE **wer-* to turn (cf. worth[1,2]): ⇨ version〛 ― *n.* **1** (特定の格調を持った)詩の1行 (metrical line): quote some ~*s* of the *Iliad*「イリアッド」の数行を引用する / put [turn] one's thought into ~*s* 思いを詩に作る. **2 a** (一編の)詩, 詩編 (poem): an elegiac ~ 哀歌 / a long ~ 長詩. **b** (文学形式としての)韻文 (cf. prose 1 a): express [write] in ~ 詩の形で表現する[書く] / be good at ~ 詩才がある / His prose lapses into ~ at moments of emotion. 彼の散文は感情が高まった時には詩になる. **c** [集合的] (詩人・時代・国の)詩, 詩歌(poetry): English lyrical ~ イギリス叙情詩 / Elizabethan ~ エリザベス時代の詩. **3 a** 詩形, 詩格: elegiac [iambic, trochaic] ~ / ⇨ blank verse, free verse, heroic verse 2. **b** 詩節, 連 (stanza): a poem of five ~*s* 5連の詩. **4** (聖書の章を細分した)節(略 v.): give [quote] chapter and ~ for...の出所を明らかにする[出典を示す]. **5** 〘キリスト教〙 = versicle 2. **6** 〘音楽〙 **a** ヴェルスス《グレゴリオ聖歌で詩編・カンティクムその他聖書からとられた文章を歌詞とする独唱部; 記号 V̸》. **b** (英国国教会のアンセム (anthem) などの)独唱部, ヴァース.

cap verses 語句のしり取りをする《前の人の出した語句の最後の文字で始まる語句を引用して争う遊び》.

― *attrib. adj.* 韻文の, 韻文で書かれた: a ~ drama 詩劇.

― *vt.* 詩で表わす, 詩に作る: ~ one's emotions.

― *vi.* 詩を作る, 詩作する: be taught to ~ 詩作を教わる.

verse[2] [vɜ́ːs | vɜ́ːs] 〘《逆成》↓〙 *vt.* [~ oneself で] (...に)精通する, 熟達する (cf. versed) (*in*): He ~*s himself in* music. 音楽通である.

versed [vɜ́ːst | vɜ́ːst] 〘《*a*1610》← F *versé* ∥ L *versātus* (p.p.) ← *versārī* to move about in a place, be engaged in ← *vertere* to turn: ⇨ verse[1], -ed 2〙 ― *adj.* [Predicative に, または名詞のあとに用いて] (学問・技術などに)熟達している, 精通している, 詳しい (skilled, proficient) (*in*): He is well ~ *in* architecture. 建築学の造詣が深い / a man ~ *in* Eastern history 東洋史に精通している人.

vérsed cósine [vɜ́ːst- | vɜ́ːst-] *n.* 〘数学〙 = coversed sine.

vérsed síne 〘《なぞり》← NL *versus sinus*: ⇨ verse[1], sine[1]〙 *n.* 〘数学〙 正矢(せいし)《角の余弦を1から引いたもの; 記号 vers》.

verse·let [vɜ́ːslɪt, -lət | vɜ́ːs-] *n.* 小詩, 短詩.

vérse·màker *n.* = verseman.

vérse·màking *n.* = versemongering.

vérse·man [-mən] *n.* (*pl.* **-men** [-mən, -mèn]) 作詩家, 詩人.

vérse·mònger 〘← VERSE[1] (n.)+MONGER〙 *n.* 作詩家; (特に)へぼ詩人 (poetaster).

vérse·mòngering *n.* (へぼ)詩作り.

vérs·er *n.* = versifier.

vérse-spèaking chóir *n.* 詩のシュプレヒコール団.

vers·et [vɜ́ːsɪt, -sət, -set, vəːsét | vɜ́ːset, -sɪt, -sət] 〘《?*a*1200》▭ (O)F ~ (dim.) ← *vers*: ⇨ verse[1], -et〙 ― *n.* **1** (聖典からの)短詩, 小詩, 短句. **2** 〘音楽〙 バーセット《カトリックのミサでグレゴリオ聖歌のヴェルスス (verse) の代りに演奏されるオルガン用の小曲》. **3** 《古》 = versicle.

ver·si·cle [vɜ́ːsɪkl, -sə- | vɜ́ːsɪ-] 〘《*a*1380》▭ (O)F *versicule* ∥ L *versicul-us* (dim.) ← *versus*: ⇨ verse[1], -cle〙 ― *n.* **1** 短詩, 小詩 (little verse). **2** 〘キリスト教〙 (唱和用)短句[小詩句]《礼拝式で司祭者が唱えまたは歌う短句で, 聖歌隊または会衆がこれに答える; しばしば詩篇から引用される; 記号 V̸; cf. response 4 a》.

ver·si·col·or [vɜ́ːsɪkʌ̀lə, -sə- | vɜ́ːsɪkʌ̀lə(r)] 〘《1628》▭ L *versicolor*: ⇨ verse[1], color〙 ― *adj.* **1** 色が変わる, 光線によって色が変わって見える, 玉虫色の; にじ色の, 真珠色の (iridescent): ~ silk. **2** 種々の色の, 雑色の (parti-colored): a ~ flower.

vér·si·còl·ored *adj.* = versicolor.

ver·sic·u·lar [vəːsíkjulə | vəːsíkjulə(r)] 〘← L *versicul(us)* 'VERSICLE'+-AR[1]〙 ― *adj.* **1** 短詩の; 詩句の. **2** 〘キリスト教〙 (唱和用)短句 (versicles) の. **3** (聖書の)節 (verses) の.

ver·si·fi·ca·tion [vɜ̀ːsəfɪkéɪʃən, -fə- | vɜ̀ːsɪfɪ-] 〘《1603》▭ L *versificātiō(n-)*: ⇨ versify, -ation〙 ― *n.* **1** 作詩, 詩作. **2** 作詩法, 韻律法 (prosody). **3** 格調, 韻律(形式) (meter). **4** (散文の)韻文化.

ver·si·fi·ca·tor [vɜ́ːsəfəkèɪtə | vɜ́ːsɪfɪkèɪtə(r)] *n.* = versifier.

vér·si·fi·er 〘《*a*1400》〙 *n.* **1** (散文を)韻文にする人. **2** 詩人 (poet); (特に)へぼ詩人 (versemonger).

ver·si·fy [vɜ́ːsəfàɪ | vɜ́ːsɪ-] 〘《*c*1378》▭ (O)F *versifier* ∥ L *versific-āre* to put into verse: ⇨ verse[1], -fy〙 ― *vi.* **1** 韻文で述べる, 韻文で語る. **2** 韻文(の形)にする. **3** [しばしば軽蔑的に] 詩を作る, 詩作する.

― *vt.* **1** 〈散文を〉韻文にする, 詩にする, 韻文化する. **2** 韻文で述べる[語る].

ver·sine [vɜ́ːsaɪn | vɜ́ː-] 〘《短縮》← *versed sine*〙 *n.* (*also* **ver·sin** [~]) 〘数学〙 = versed sine.

ver·sion [vɜ́ːʒən, -ʃən | vɜ́ːʃən, -ʒən] 〘《1582》▭ (O)F ~ ∥ ML *versiō(n-)* a turning ← L *versus*: cf. verse[1], -sion〙 ― *n.* **1 a** 翻訳, 訳文 (translation): a neat ~ *of* some of Horace's *Odes* ホラチウスの「オード」の一部のうまい翻訳 / the French and English ~*s of* the document その文書のフランス語訳と英訳. **b** [しばしば V-] 聖書の翻訳: ⇨ Authorised Version, Revised Version. **2** (ある事柄について個人的または特定の立場から行なわれる)説明, 話, 異説, 異見: Let me hear your own ~ *of* it. 君の立場からその話を聞かせて下さい / There are two ~*s of* the affair. その事件は二様に伝えられている. **3 a** (文芸作品などの)改作, 脚色, ...版: the dramatic ~ *of* a novel 小説を演劇化した脚本, 小説の翻案劇 / the abridged ~ *of* a novel 小説の簡約版 / the film ~ *of the Tale of Genji* 映画版源氏物語. **b** (音楽の)編曲 (arrangement). **c** (原型に対する)異形 (variant); (特定の)型, 様式 (type, style): a Dali ~ *of* Lady Macbeth ダリ筆のマクベス夫人(の絵) / a modern ~ *of* the legend その伝説の現代版. **d** (特定の楽曲・役割などに対する独自の)解釈, 奏法, 演技(など), 型. **4 a** 〘病理〙 子宮の傾斜, 子宮斜位 (cf. anteversion, retroversion 4, anteflexion, retroflexion 2). **b** 〘産科〙 (特に, 子宮内胎位の)回転(術). **~·al** [-ʒənl, -ʒnəl, -ʃənl, -ʃnəl | -ʃənl, -ʃnəl, -ʒənl, -ʒnəl] *adj.*

vers li·bre [vɛ́əlíːbr(ə) | vɛ́ə-; *F.* vɛrlibr] 〘▭ F ~ 'free verse'〙 *F. n.* (*pl.* **~s** [~(z); *F.* ~]) = free verse.

vers-li·brist [vɛ́əlíːbrɪst, -brəst | vɛ́əlíːbrɪst] *n.* 自由詩作者.

vers-li·briste [vɛ́əlíːbrɪst, -brəst | vɛ́əlíːbrɪst; *F.* vɛrlibrist] *n.* (*pl.* **~s** [~(s); *F.* ~]) = vers-librist.

ver·so [vɜ́ːsoʊ | vɜ́ːsəʊ] 〘《1839》▭ L *versō* (*foliō*) on the turned (leaf) (abl. sing.) ← *versus* turned: ⇨ version〙 ― *n.* (*pl.* **~s**) (cf. recto) **1** 〘印刷・製本〙 **a** (原稿の)第二ページ, 裏ページ, 紙の裏面. **b** (本の)偶数ページ, 左ページ. **2 a** (本の)裏表紙 (back cover). **b** 裏カバー. **3** (貨幣・メダルなどの)裏, 裏面 (↔ obverse).

verst [vɜ́ːst | vɜ́ːst] 〘《1555》▭ F *verste* & G *Werst* ▭ Russ. *versta* 《原義》 verse, row, line: cf. verse[1]〙 ― *n.* ヴェルスタ, ロシヤマイル《ロシヤの里程; = 0.6629 miles, 1.067 km》.

ver·sus [vɜ́ːsəs, -səz | vɜ́ːsəs] 〘《1447–48》▭ ML ~ ← L ~ 'against, towards' (p.p.) ← *vertere* to turn: ⇨ verse[1]〙 ― *prep.* **1** (訴訟・競技などで)...対, ...に対して (against) (略 v., vs.): (John) Smith v. (Jack) Jones (原告)(ジョン)スミス対(被告)(ジャック)ジョーンズ事件 / Smith v. Smith (離婚訴訟などで)スミス対スミス事件 (cf. people *n.* 9) / Wales v. Scotland ウェールズ対スコットランドの(ラグビー)試合 / peace ~ war 戦争か平和か. **2** ...と対照して, 比較して: country *v.* town 都会と比較した田舎.

vert[1] [vɜ́ːt | vɜ́ːt] 〘《*a*1450》▭ (O)F ~ 'green' < L *viridem*, *viridis*: ⇨ viridity〙 ― *n.* **1** 〘英法〙 **a** (特に, 鹿の隠れ場所としての)森林中の草木. **b** その緑樹伐採権 (cf. verderer). **2** 〘紋章〙 緑色 (green)《無彩色図では盾の向かって左上から右下へかけての斜線で示す》. ― *adj.* 〘紋章〙 緑色の.

vert[2] [vɜ́ːt | vɜ́ːt] 〘《1846》《略》← CONVERT, PERVERT〙 《英口語》 ― *n.* (英国国教からカトリックへの)改宗者 (convert); 背教者; 変節者. ― *vi.* (英国国教からカトリックへ)改宗する.

vert[3] [vɜ́ːt | vɜ́ːt] 〘▭ L *vert-ere* to turn: ⇨ verse[1]〙 *vt.* 〘医学〙 回転させる.

Vert [vɜ́ːt | vɜ́ːt], **Cape** *n.* ベール岬, ベルデ岬《セネガルの Dakar にあるアフリカ大陸最西端の岬; Cape Verde ともいう》.

vert. 《略》 vertebra; vertebrate; vertical; 〘病理・獣医〙 vertigo.

ver·tebr- [vɜ́ːtəbr | vɜ́ːtɪ-] (母音の前に来る時の) vertebro- の異形.

ver·te·bra [vɜ́ːtəbrə | vɜ́ːtɪ-] 〘《1615》▭ L ~ ← *vertere* to turn: ⇨ verse[1]〙 *n.* (*pl.* **-te·brae** [-brèɪ, -brìː | -brìː, -bràɪ, -brèɪ], **~s**) 〘解剖・動物〙 **1** 椎骨, 脊椎骨, 椎. **2** [the vertebrae] 脊椎, 脊柱, 背骨 (backbone).

ver·te·bral [vəːtíːbrəl, vɜ́ːtə- | vɜ́ːtɪ-] 〘← NL *vertebrāl-is*: ⇨ ↑, -al[1]〙 ― *adj.* 〘解剖・動物〙 **1** 脊椎の[に関する]. **2** (脊)椎(骨)から成る[を有する]. **3** (脊)椎(骨)に似た. **~·ly** *adv.*

vertébral canál *n.* 〘解剖〙 脊柱管, 椎管 (spinal canal).

vertébral cólumn *n.* 〘解剖〙 脊柱 (spinal column), 背骨.

Ver·te·bra·ta [vɜ̀ːtəbráːtə, -bréɪ- | vɜ̀ːtɪbráːtə, -bréɪ-] 〘← NL ~ (neut. pl.) ← L *vertebrātus* (↓)〙 *n. pl.* 〘動物〙 脊椎動物門.

ver·te·brate [vɜ́ːtəbrət, -brɪt, -brèɪt | vɜ́ːtɪ-] 〘《1826》▭ L *vertebrāt-us* jointed: ⇨ vertebra, -ate[1,2,3]〙 ― *n.* 脊椎動物. ― *adj.* **1** 脊椎のある, 背骨のある: a ~ animal 脊椎動物. **2** 脊椎動物(特有)の. **3** 整然と構成[組織]された. ― [-brèɪt] *vt.* (脊椎を思わせるように)結びつける, 結合する.

vér·te·bràt·ed [-tɪd, -təd | -tɪd, -təd] *adj.* **1** 脊椎のある (vertebrate). **2** (脊)椎骨から成る; 背骨状構造の.

ver·te·bra·tion [vɜ̀ːtəbréɪʃən | vɜ̀ːtɪ-] *n.* **1** 椎骨[脊椎]形成. **2** 気骨 (backbone); 堅固さ (firmness).

ver·te·bro- [vɜ́ːtəbroʊ | vɜ́ːtɪbrəʊ] 〘← NL ~: ⇨ vertebra〙 「(脊)椎骨; (脊)椎骨と...との」の意の連結形. ★ 母音の前では通例 vertebr- になる.

ver·tex [vɜ́ːteks | vɜ́ː-] 〘《1570》▭ L ~ 'whirl, crown of the head (cf. vortex)' ← *vertere* to turn: ⇨ verse[1]〙 ― *n.* (*pl.* **~·es**, **ver·ti·ces** [-təsìːz | -tɪ-]) **1** 最高点, 頂点, 絶頂 (top, summit). **2** 〘解剖・動物〙 頂(ちょう), 頭頂, 顱頂(ろちょう), 頭蓋頂点. **3** 〘人類学〙 頭蓋(とうがい)頂点《頭蓋が Frankfurt horizontal にある時, 左側から見た mid-sagittal plane 上の最高点》. **4** 〘数学〙 頂点, 角頂. **5** 〘天文〙 **a** 向点. **b** 頂点. **6** 〘光学〙 (レンズの)頂点.

ver·ti·cal [vɜ́ːtɪkəl, -tə- | vɜ́ːtɪ-] 〘《1559》▭ (O)F ~ ∥ LL *verticāl-is* ← L *vertic-*: ⇨ ↑, -al[1]〙 ― *adj.* **1 a** 水平面に直角の (cf. horizontal 1); 垂直の, 鉛直の (plumb), 直立した, 縦の (upright). ★ vertical はほぼ垂直の上昇(または下降)に, perpendicular は垂直の下降または上昇に用いられることが多い: a ~ motion 上下運動, 上下動 / a ~ takeoff 〘航空〙 垂直上昇 (略 VTO) / a ~ wind tunnel 〘航空〙 垂直風胴 / a ~ turn 〘航空〙 垂直旋回 / ⇨ vertical line, vertical plane, vertical section. **b** (画面などの)上から下に向かっての, 縦の; 〈写真が〉上から(真)下に向けて撮った, 垂直の: a ~ photograph 垂直写真. **2** 頂上にある, 頂点の, 絶頂の, 天頂にある, 真上にある: the ~ point (of the heavens) 天頂, 天心. **3** さまざまの身分の人から成る, 成層社会の: the ~ arrangement of society 社会の成層配列. **4** 空から投下する: ~ warfare 空爆戦. **5** 〘植物〙 **a** 〈葉の面が〉垂直をなす《従って裏表がない》. **b** 茎軸と同方向の, 軸に沿った (lengthwise). **6** 〘経済〙 (製品の製造・販売などの各段階を)縦に連ねる, 縦に一貫した, 垂直的な: a ~ merger 垂直的合併 / ⇨ vertical integration, vertical union. **7** 〘解剖・動物〙 頂(ちょう), 頭頂の. ― *n.* **1** 垂直線[面]: out of the ~ 垂直でない. **2** 直立位置, 垂直位. **3** 垂直写真 (cf. *adj.* 1 b). **4** 〘建築〙 縦材, 垂直材《柱・束(つか)などの鉛直の材》. **5** 〘天文〙 = vertical circle. **~·ness** *n.*

vértical ángle *n.* **1** 高角, 仰角, 鉛直角. **2** 〘数学〙 対頂角 (vertically opposite angle).

vértical círcle *n.* **1** 〘天文〙 **a** 垂直圏《天頂を通り地平線に垂直な天球上の大円; cf. azimuth circle》. **b** 鉛直目盛盤. **2** 垂直環.

vértical combinátion *n.* 〘経済〙 = vertical integration.

vértical cúrve *n.* 〘鉄道〙 縦曲線《路線上の二つの勾配線を円滑に結び付けるために, その間に挿入する曲線》.

vértical éngine *n.* 〘機械〙 (ピストンが垂直に動く)縦形機関.

vértical envélopment *n.* 〘軍事〙 **1** 立体包囲, 垂直包囲《空挺部隊による包囲》. **2** 立体包囲作戦《地上機動部隊との協力による空挺部隊の攻撃》.

vértical fíle *n.* (書類を立てて整理する)バーチカルファイル; 縦型記録整理棚.

vértical fín *n.* **1** 〘動物〙 垂直ひれ《胸びれ・腹びれのように左右に広がり対(つい)をなすひれ (paired fins) に対して, 背びれ・尾びれ・尻びれのように垂直面に立ち, かつ対をなさないひれ (unpaired fins)》. **2** 〘航空〙 = vertical tail.

vértical gýro *n.* 〘航空〙 垂直ジャイロ《回転軸を鉛直にした自由ジャイロで, 航空機の前後および左右傾斜を指示するための基準を与える》.

vértical integrátion *n.* 〘経営〙 垂直的[縦断的]企業結合, 垂直統合《生産過程上, 前後に関連ある数企業の結合; vertical combination ともいう; cf. conglomerate integration, horizontal integration》.

ver·ti·cal·i·ty [vɜ̀ːtɪkǽləti, -tə- | vɜ̀ːtɪkǽlɪti, -lə-] *n.* 垂直性, 垂直(状態).

vértical kéel *n.* 〘造船〙 立てキール, 竪竜骨《汽船の flat keel に対して, 横流れを防ぐため垂直になっている帆船のキール》.

vértical líne *n.* 垂直線, 鉛直線.

vér·ti·cal·ly *adv.* 垂直に, 直立して, 縦に, 垂直の方向に; 直上[下]に.

vértically ópposite ángle *n.* 〘数学〙 対頂角 (vertical angle).

vértical mobílity *n.* 〘社会学〙 垂直移動《異なる社会的レベルへの地位・身分の移動や文化の普及; cf. horizontal mobility》.

vértical pláne *n.* 垂直面, 鉛直面, 直立面, 縦面.

vértical sáw *n.* 竪鋸(たてのこ), 竪鋸盤《上下に往復する鋸(のこ)を多数もった製材機械; 同時に多量の薄板を製材する》.

vértical scánning *n.* 〘テレビ〙 垂直走査 (cf. horizontal scanning).

vértical séction *n.* 縦断面.

vértical stábilizer *n.* 〘航空〙 垂直安定板《通例垂直尾翼の前半部》.

vértical swéep *n.* 〘電気〙 垂直掃引《ブラウン管面などの上下方向の掃引》.

vértical synchronizátion *n.* 〘電気〙 垂直同期《テレビ画面などの上下方向の同期; これがはずれると画像は上または下方へ流れてしまう》.

vértical táil *n.* 〘航空〙 垂直尾翼《垂直安定板および方向舵から成る》.

vértical únion *n.* = industrial union.

vertices *n.* vertex の複数形.

ver·ti·cil [vɜ́ːtəsɪl, -sɪl | vɜ́ːtɪ-] 〘▭ L *verticill-us* (dim.) ← *vertex*: ⇨ vertex〙 ― *n.* 〘生物〙 輪生, 環生, 輪 (whorl), 環 (circlet).

verticil

ver·ti·cil·las·ter [vɜ̀ːtəsɪlǽstə, -sə- | vɜ̀ːtɪsɪlǽstə(r)] 〘← NL ~: ⇨ ↑, -aster[2]〙 ― *n.* 〘植物〙 輪状集散花序, 輪繖(りんさん)花序.

Ver·ti·cil·la·tae [vɜ̀ːtəsɪláːtiː, -sə- | vɜ̀ːtɪsɪ-] 〘← NL ~ (fem. pl.) ← *verticillatus* (↓)〙 ― *n. pl.* 〘植物〙 = Casuarinales.

ver·tic·il·late [vɜ̀ːtəsílət, -lɪt, ⸗⸗⸗, vəː(ː)tísəlèɪt | vɜ̀ːtɪsílət, -lɪt, ⸗⸗⸗, vəː(ː)tísɪlèɪt] 〘← NL *verticillat-us*: ⇨ verticil, -ate[2]〙 ― *adj.* **1** 〘植物〙 〈葉など〉輪生の; 〈植

物が〉輪生葉または輪生花を有する (cf. alternate 3, opposite 3): ～ arrangement 輪状排列 / ～ leaves 輪生葉 / ～ phyllotaxis 輪生葉序. **2** 〘動物〙輪生の, 環生の.

ver·tic·il·lat·ed [və(ː)tísəlèɪtɪd, -ṭəd | və(ː)tísɪlèɪt-] *adj.* ＝verticillate.

ver·tic·il·la·tion [və(ː)tìsəléɪʃən | və(ː)tìsɪ-] *n.* 〘生物〙輪生, 環生.

ver·ti·cil·li·o·sis [vəːṭəsìlióusɪs, -səs | vəːtɪsìlɪóusɪs] 〘← NL ～: ⇨ verticil, -osis〙 ── *n.* 〘植物病理〙バーティシリウム属 (*Verticillium*) の土壌生不完全カビに冒されて起こる植物の萎(ちょう)れ病.

ver·ti·cil·li·um [vəːṭəsíliəm | vəːtɪsíli-] 〘← NL ～: ⇨ verticil, -ium〙 ── *n.* 〘植物〙バーティシリウム《有用植物の害菌となる不完全菌類のバーティシリウム属 (*Verticillium*) の, 菌糸の上に車軸状に並ぶ柄と単細胞の分生子を生じるカビの総称》.

verticíllium wílt *n.* 〘植物病理〙＝verticilliosis.

vertigines *n.* vertigo の複数形.

ver·tig·i·nous [və(ː)tídʒənəs | vəːtídʒɪ-] 〘(1608) ▭ L *vertīginōs-us* suffering from giddiness ← *vertigin-*, *vertigō*: ⇨↓, -ous〙 ── *adj.* **1** ぐるぐる回る, 旋回する (rotary): a ～ wind つむじ風. **2** 目まいがする, 目が回る (dizzy): feel [grow] ～ at great heights 非常な高さに目が回る. **3** 目まいを起こさせる, 目まいがするほどの, 目が回るような: a ～ height, speed, etc. **4** 目まぐるしい, 変化の激しい; 不安定な, 変わりやすい (unstable). **～·ly** *adv.* **～·ness** *n.*

ver·ti·go [vəːṭɪgòu, -ṭə- | vəːtɪgəu, vəːtáɪgəu, -tíː-] 〘(1528) ▭ L *vertigō* a whirling round, dizziness ← *vertere* to turn: ⇨ verse¹〙 ── *n.* (*pl.* **～es, ver·tig·i·nes** [vəːtídʒənìːz | vəːtídʒɪ-]) **1** 〘病理〙めまい, 眩暈(げん)(dizziness). **2** 〘獣医〙(馬・羊などの)旋回病 (cf. stagger 4 a, gid).

ver·tu [vəːtúː, vɛə-, ⌐─ | vəːtúː] *n.* ＝virtu.

Ver·tue [vəːtʃuː | vəːtjuː, -tʃuː], **George** *n.* (1684–1756) 英国の美術家・彫版画家.

Ver·tum·nus [vəːtʌ́mnəs | vəː-] 〘▭ L ～ ← *vertere* to turn: ⇨ verse¹〙 ── *n.* 〘ローマ神話〙ウェルトゥムヌス《四季・庭園・果樹園の神; Pomona の夫; Vortumnus ともいう》.

Ver·u·lam [vérʊləm], Baron *n.* Francis Bacon の称号.

Ver·u·la·mi·an [vèrʊléɪmiən | -mjən, -mɪən] *adj.* Francis Bacon の[に関する].

Ver·u·la·mi·um [vèrʊléɪmiəm | -mjəm, -mɪəm] *n.* ベルーレイミアム《イングランド St. Albans 市の古名》.

ver·vain [vəːveɪn | vəː-] 〘(*a*1393) ▭ (O)F *verveine* ▭ L *verbēna* green bough〙 ── *n.* 〘植物〙クマツヅラ科クマツヅラ属 (*Verbena*) の植物の総称; (特に)クマツヅラ (*V. officinalis*).

vérvain mállow *n.* 〘植物〙ばら色の花の咲くアオイ科ゼニアオイ属の植物 (*Malva alcea*).

verve [vəːv, vέəv | vəːv, vέəv] 〘(1697) ▭ (O)F ～ 'enthusiasm, fancy' ▭ L *verba* (pl.) ← *verbum* 'WORD'〙 ── *n.* **1** (文学作品・美術作品に見られる)生気, 熱, 活気, 力 (enthusiasm, spirit). **2** 精力, 気力, 活力 (energy, vigor). **3** 《古》才能, 特性 (talent).

ver·velle [vəːvél | vəː-] 〘▭ F (廃) ～ ← LL *vertibulum* joint ← L *vertebra*: cf. vertebra〙 *n.* 〘甲冑〙(basinet に camail を付ける)鐶, 止金.

ver·vet [vəːvɪt, -vət | vəː-] 〘▭ F ～ ← *ver(t)* green＋(*gri*)*vet* 'GRIVET'〙 ── *n.* 〘動物〙ベルベットモンキー (*Cercopithecus aethiops pygerythrus*)《アフリカ南部および東部産のオナガザル科オナガザル属のサル; vervet monkey ともいう》.

Ver·woerd [fəvúət, fɛə- | fəvúət; *Afrik.* fɛrvúrt], **Hendrik Frensch** [frénʃ] *n.* フェルウールト《1901–66; 南アフリカ共和国の政治家, 首相 (1958–66); 暗殺された》.

ver·y 〘(*c*1275)《古義》true ▭ OF *ver(r)ai* (F *vrai*) < VL **vērācum*＝L *vērāx* ← L *vērus* true ← IE **wer-* to be friendly〙 ── [véri, ⌐─ | -rɪ] *adv.* **1 a** [通例, 形容詞・副詞を修飾して] 非常に, 大変, 大そう, きわめて (extremely): a ～ good omen きわめていい前兆 / a ～ lucky chance 非常な好機 / It is ～ good of you. ほんとに御親切さま, 大変ありがとう / *Very* few [many] (people) believe in it. それをよいと信じるものはきわめて少ない[多い] / He ～ often fails. 彼はほんとによくしくじる / That is ～ easily done. それは全くわけなくできる / This road is ～ much used by motorists. この道路はドライバーがとてもよく使用する / *Very* Reverend ⇨ reverend *adj.* 2 b. ★ (1) 形容詞・副詞の原級を修飾する: ～ earnest, dangerous, etc. / ～ earnestly, dangerously, etc. (cf. much *adv.* 1; cf. 2). (2) 分詞を修飾する場合はその分詞が形容詞化している時に限る; 特に過去分詞を修飾する場合には, それが主に人の心的または肉体的状態を述べる語である時だけである; ただし《口語》では厳格には much を用いるべきところに very を用いる傾向がある: a ～ exciting story / a ～ interesting book / He wore a ～ puzzled expression. ひどく当惑したような顔つきをしていた / I was ～ pleased, delighted, tired, annoyed, surprised, etc. (cf. a *much* [*highly*] respected person). (3) 強意的に繰返すことがある: ～ ～ big / It was ～, ～ cold. とてもとても寒かった. **b** [否定語の後に用いて] 余り, さほど, 大して(…ではない); ちっとも(…でない): I can'*t* see it ～ well. 余りよく見えない / Is he a good pitcher?—No, *not* ～. 彼はいい投手かね—いーや, 大して / She wasn'*t* ～ sorry he had gone. 彼がいなくなってほっとした.
2 [強意語として the, one's, または one's own に添えて] (cf. *adj.* 1) 本当に, まさに, 全く (truly): That's *the* ～ best thing you can do. それこそ君にできる最善のことだ / He drank it to *the* ～ last drop. 最後の一滴まで飲み干した / It is *the* ～ last thing I expected. それは全く思いもよらなかったことだ / He gave me *the* ～ same account as you had. 彼は君と全く同じ話[説明]をした / in *the* ～ opposite direction まるで[ちょうど]反対の方向に / *one's* ～ *own* doll ほんとに自分の人形 / May I keep it for *my* ～ *own*? これほんとに私がもらっていいのですか.
Very fine! [しばしば反語的] けっこう; りっぱりっぱ, 見事見事. ***Very good.*** 承知しました, かしこまりました. ★ 次の Very well. よりは丁寧な言い方: Will you call a taxi for me?—*Very good*, sir. タクシーを呼んでくれないか—かしこまりました. ***Very well.*** 承知し(まし)た, いい(です)よ, よし.
── [⌐─] *attrib. adj.* (**ver·i·er; -i·est**) **1** [強意語として the, this, that または one's に伴って] ちょうど[まさに]その, まさにぴったりの; 本当の, 全くの (truly such) (cf. *adv.* 2): *the* ～ hat she wanted to get ちょうど彼女が欲しがっていた帽子 / This is *the* ～ thing *for* you. これは君にはもってこいの物だ / He is *the* ～ picture of his father. 彼は父親に生き写しだ / *to the* ～ bone 骨の髄まで / do *one's* ～ best 精一杯の努力をする / I was *the* ～ last to arrive. 一番あとに着いた / at *this* ～ minute 今の今, 今すぐ / in *that* ～ place ちょうどあの場所で / from *my* ～ childhood ほんの子供の時から / under *your* ～ eyes 君のまん前で. **2 a** …ですら (even): His ～ children despise him. 子供たちまで彼を軽蔑する. **b** 単なる…すら, …だけでも (mere): The ～ thought of it is sickening. それを考えるだけでも気持ちが悪い / The ～ fact of his presence is enough. 彼がそこにいるというだけで十分だ. **3** 《古》〈感情など〉純粋な, 心底からの, 全くの (sheer): *for* [*from*] ～ pity 心底から哀れんで. **4** 《古》**a** 真の, 真実の, 本当の (true, genuine): in ～ truth [deed] 本当に, 実に, 実際 / the ～ God of peace まことの平和の神 (*1 Thess.* 5:23) / *Very* God of ～ God まことの神よりのまことの神《*Nicene Creed* 中の句》/ This is the ～ Christ. これはまことのキリストである (*John* 7:26). **b** [強意語として] 〈好ましくない人・物事が〉その名の通りの, 真の, 徹底した, 全くの (utter): show oneself a ～ knave 悪党の本性を表わす. ★ 通例, 最上級 (veriest) または比較級 (verier) で用いて: *the veriest* cowardice この上もなく浅ましい卑怯さ / *The veriest* fool knows it. どんな大ばかでも知っている / A *verier* tyrant will never appear. これよりひどい暴君が現われることはあるまい.

Ver·y [véri, ví(ə)ri | véri, víəri], **Jones** *n.* (1813–80) 米国の詩人; *Essays and Poems* (1839).

véry hárd *adj.* 〈チーズが〉とても堅い; おろすのに適した.

véry hìgh fréquency *n.* 〘電気〙超短波《30–300 megahertz の範囲内にある周波数; 略 V.H.F., VHF》.

Vér·y lìght [véri-, ví(ə)ri- | véri-, víəri-] 〘← *Edward W. Very* (1847–1910: 1877 年にこれを発明した米国海軍士官)〙 ── *n.* ベリー式信号(光)《夜間, 特殊なベリー式ピストル (Very pistol) から打ち出す色彩閃光; その組合わせが暗号となる; Very signal, Very's night signal ともいう》.

véry lòw fréquency *n.* 〘通信〙超長波《3–30 kilohertz の範囲内にある周波数; 略 V.L.F., VLF》.

Véry pìstol *n.* ベリー式信号拳銃[ピストル] (⇨ Very light).

Véry sìgnal *n.* ＝Very light.

Véry's níght sìgnal *n.* ベリー式夜間信号 (⇨ Very light).

Ve·sa·li·us [vɪséɪliəs, və- | vɪséɪlɪ-], **Andreas** *n.* ベサリウス《1514–64; イタリアなどに在住した Flanders の医学者; 近代解剖学の祖》.

ve·si·ca [vɪsíːkə, və-, -sáɪ-, vési-, -sə- | vésɪkə, vɪsáɪ-, víːsɪ-] 〘(1683) ▭ L *vēsīca* bladder, blister: cf. Skt *vasti* bladder〙 ── *n.* (*pl.* **-si·cae** [vɪsíːkaɪ, və-, -sáɪkiː, -sáɪsiː, vésɪkàɪ, -sə-, -kìː, -sìː | vésɪsìː, vɪsáɪsiː, víːsɪkàɪ, -kìː]) **1** 〘解剖〙嚢(のう)(bladder); (特に)膀胱(ぼうこう)(urinary bladder). **2** 〘昆虫〙内鞘《昆虫の雄交尾器の内側に存在する》. **3** 〘建築〙＝vesica piscis.

ves·i·cal [vésɪkəl, -sə- | -sɪ-] 〘(1797) ▭ F *vésical*: ⇨↑, -al¹〙 *adj.* **1** 〘解剖〙嚢(のう)の; (特に)膀胱(ぼうこう)の: a ～ calculus 膀胱結石. **2** (形が)嚢状の, 楕円形の.

ves·i·cant [vésɪkənt, -sə- | -sɪ-] 〘← L *vēsīca* 'VESICA'＋-ANT〙 ── *adj.* 水疱を生じる, 発疱させる (blister-producing). ── *n.* **1** 発疱剤. **2** 〘軍事〙糜爛(びらん)ガス, 糜爛性毒ガス《lewisite など》.

ve·si·ca pis·cis [vɪsíːkə-pís-kɪs, və-, -kəs, -sáɪkə-písɪs, -səs, -páɪ-, -píː-, vésɪkə-, -sə- | vésɪkə-písɪs, vɪsáɪkə-, víːsɪkə-, -páɪ-] 〘▭ L *vēsīca piscis* fish bladder: ⇨ vesica, fish¹〙 ── *n.* 〘建築〙(中世ゴシック宗教建築における聖像の)後光《先が尖った楕円形の装飾; mandorla ともいう》.

vesica piscis

ves·i·cate [vésəkèɪt | -sɪ-] 〘(1657) ← ML *vēsīcāt-us* (p.p.) ← *vēsīcāre*: ⇨ vesica, -ate³〙 ── *vt.* 〈皮膚などを〉発疱させる, …に水疱を生じさせる. ── *vi.* 発疱する, 水疱を生じる (blister).

ves·i·ca·tion [vèsəkéɪʃən | -sɪ-] *n.* 〘医学〙発疱疹.

ves·i·ca·to·ry [vésɪkətɔ̀ːri, -sə-, vəsíkə-, -tɔ̀ːri | vésɪkətəri] *adj., n.* ＝vesicant.

ves·i·cle [vésɪkl̩, -sə- | -sɪ-] 〘(1578) ▭ L *vēsīcula* small blister, sac, etc. (dim.) ← *vēsīca* 'VESICA'〙 ── *n.* **1** 小嚢(のう), 小胞 (small sac). **2 a** 〘解剖〙小(水)疱, (特に)小液胞, (分泌)小胞: air ～*s* 肺胞 / the seminal ～*s* 精嚢. **b** 〘動物〙小胞, 小嚢. **3** 〘病理〙小疱, (小)水疱, 小疱疹. **4** 〘細菌〙(真菌の)頂嚢. **5** 〘植物〙小気嚢, 小気胞. **6** 〘岩石〙(火山岩中の)気孔, 小孔.

ves·i·co- [vésɪko(ʊ), -sə- | -sɪkə(ʊ)] 〘← L *vēsīca* (↑)〙 〘解剖〙──「膀胱(ぼうこう)の; 膀胱と…との」の意の連結形: *vesico*ureteral 膀胱尿管の.

ves·i·cot·o·my [vèsəkáṭəmi | -sɪkɔ́təmi] 〘⇨↑, -tomy〙 *n.* 〘外科〙膀胱(ぼうこう)切開(術).

ve·sic·ul- [vɪsíkjʊl, və-, ve-] (母音の前に来る時の) vesiculo- の異形.

ve·sic·u·lar [vɪsíkjʊlə, və-, ve- | -lə(r)] 〘← L *vēsīcula* (⇨ vesicle)＋-AR¹〙 ── *adj.* **1** 小嚢(のう)の, 小胞の. **2** 小嚢[小胞]状の. **3** 小胞を有する, 小嚢[小胞]から成る. **4** 〘医学〙**a** 小胞(性)の, 小嚢(性)の, 小水疱(性)の: ～ rale 水疱音. **b** 肺胞の (alveolar): ～ murmur 肺胞音. **～·ly** *adv.*

vesícular exanthéma *n.* 〘獣医〙水疱疹《鵞口瘡(がこうそう)に似た豚の伝染病》.

vesícular stomatítis *n.* 〘獣医〙水疱性口炎.

ve·sic·u·late 〘← NL *vesiculat-us* ← L *vēsīcula*: ⇨ vesicle, -ate²,³〙 ── [vɪsíkjʊlət, və-, ve-, -lɪt, -lèɪt] *adj.* **1** 小嚢(のう)の, 小胞でおおわれた. **2** 小嚢[小胞]性の. **3** 〘病理〙小(水)疱を生じた. ── [-lèɪt] *v.* ── *vt.* **1** 小嚢[小胞]状にする. **2** 〘病理〙…に小(水)疱を生じる. ── *vi.* **1** 小嚢[小胞]状になる. **2** 〘病理〙水疱を生ずる. **ve·sic·u·la·tion** [vɪsìkjʊléɪʃən, və-, ve-] *n.*

ve·sic·u·lo- [vɪsíkjʊlo(ʊ), və-, ve- | -lə(ʊ)] 〘← L *vēsīcula*: ⇨ vesicle〙 ──「小嚢(のう), 小胞 (vesicle); 小嚢と…との」の意の連結形. ★ 母音の前では通例 vesicul- になる.

Ves·pa·si·an [vespéɪʒiən, -ʒən | -ʒɪən, -ʒən, -zjən, -zɪən] *n.* ウェスパシアヌス《9–79; ローマ皇帝 (69–79); ラテン語名 Titus Flavius Sabinus Vespasianus》.

ves·per [véspə | -pə(r)] 〘(*a*1393) ▭ L ～ 'evening (star)' ← IE* *wespero-*《原義》? the setting of the sun (Gk *hésperos* / OIr. *fescor*): cf. Hesperus, west〙 ── *n.* **1** 《詩・古》夕暮, 夕べ, 晩 (evening). **2** [V-] 宵の明星 (Hesperus) (⇨ Venus 2). **3** 夕べの祈り[礼拝, 聖歌], 晩禱 (evensong). **4** 晩課[晩禱]の鐘 (vesper bell). **5** 〘(1611) ▭ OF *vespres* (F *vêpres*) ▭ eccl.L *vesperās* (acc. pl.) ← L *vespera* (*hōra*) evening (fem.) ← *vesperus* 'of VESPER': cf. Gk *hespérā*〙 [しばしば Vespers] **a** (カトリックで)晩課《時禱の第 6 時, 日没時に行なう; cf. canonical hour 1》; 晩課の時刻: ⇨ Sicilian Vespers. **b** (英国国教会で)晩禱《昔の晩課 (Vespers) と終課 (Compline) からなる》; 晩禱の時刻. **c** 晩課[晩禱]礼拝《午後おそくあるいは夕方に行なわれ, 通例音楽を伴う》. **6** 《詩》(祈りを捧げるような, 鳥の)夕暮れのさえずり.
── *attrib. adj.* 夕べの, 晩の, 夕暮れの; 晩課の, 晩禱の: a ～ prayer 夕べの祈り / ～ service 晩課[晩禱]礼拝 / a ～ bell＝*n.* 4.

ves·per·al [vésp(ə)rəl] 〘▭ F *vespéral*: ⇨↑, -al¹〙 ── *n.* 〘キリスト教〙 **1** 晩課集, 晩禱書, 晩禱対唱聖歌集. **2** 祭壇掛布 (altar cloth) のおおい《儀式以外の時, 白色の祭壇掛布を保護する掛布》. ── *adj.* 《まれ》夕べの, 夕暮れの.

vésper bìrd *n.* 〘鳥類〙＝vesper sparrow.

vésper mòuse *n.* 〘動物〙＝white-footed mouse.

vésper spàrrow 〘夕暮れに鳴くところから〙 *n.* 〘鳥類〙北米産のホオジロ科の鳥の一種 (*Pooecetes gramineus*).

vésper·tìde *n.* 晩課[晩禱]の時間; 夕暮れ, 夕べ (evening).

ves·per·til·i·an [vèspətílian, -ljən | -pətíljən, -lɪən] 〘← L *vespertiliō*: ⇨ Vespertilionidae, -an¹〙 *adj.* 〘動物〙ヒナコウモリの[に関する].

ves·per·til·i·o·nid [vèspətíliənɪ̀d | -pətílɪə-] 〘↓〙 *adj., n.* 〘動物〙ヒナコウモリ科の(コウモリ).

Ves·per·til·i·on·i·dae [vèspətìliánədìː | -pətìlɪɔ́nɪ-] 〘← NL ～ ← L *vespertiliō* bat ← *vesper* 'VESPER': ⇨ -idae〙 *n. pl.* 〘動物〙ヒナコウモリ科.

ves·per·til·i·o·nine [vèspətíliənàɪn, -nɪn, -nən | -pətílɪənàɪn, -nɪn] 〘⇨↑, -ine¹〙 *adj.* 〘動物〙＝vespertilionid.

ves·per·ti·nal [vèspətáɪnl̩ | -pə-] *adj.* ＝vespertine.

ves·per·tine [véspətàɪn, -tìːn | -pətàɪn, -pəː-] 〘▭ L *vespertīn-us* belonging to the evening: ⇨ vesper, -ine¹〙 ── *adj.* **1** 晩の, 夕べの, 夕方になされる, 夕方起こる: a ～ shadow 夕暮れの影. **2** 〘植物〙〈花が〉夕方に開く, 夕咲きの. **3** 〘動物〙夕方に現われる[飛ぶ] (crepuscular). **4** 〘天文・占星〙〈惑星が〉日没時[直後]に(太陽に続いて)地平線に没する.

ves·pi·ar·y [véspièri | -pɪəri, -pjə-] 〘← L *vespa* 'WASP'＋(AP)IARY〙 *n.* スズメバチの巣; 巣の中のスズメバチの集団.

ves·pid [véspɪd, -pəd | -pɪd] 〖↓〗 *adj.*, *n.* 〘昆虫〙 スズメバチ科の(ハチ).

Ves·pi·dae [véspədìː | -pɪ-] 〖← NL ～ ← L *vespa* 'WASP'＋-IDAE〗 *n. pl.* 〘昆虫〙(膜翅目)スズメバチ科.

ves·pine [véspaɪn, -pɪn, -pən | -paɪn, -pɪn] 〖← L *vesp(a)* (↑)＋-INE¹〗 *adj.* スズメバチ類 (wasp) の; スズメバチのような.

Ves·puc·ci [vespúːtʃi, -pjúː- | -púːtʃɪ; *It.* vespúttʃi], **A·me·ri·go** [àmeríːgo] *n.* ベスプッチ《1454–1512; イタリアの商人·冒険家·航海家; 2 度米大陸に航海した; ラテン語名 Americus Vespucius [əmérɪkəs-vespjúːʃiəs, -rə-, -ʃəs | -rɪkəs-vespjúːʃɪəs, -ʃəs]》. ★ America という名称は通例この人の名 Amerigo のラテン語名からと考えられている.

ves·sel [vésəl, -sɫ] 〖(?*a*1300) ☐ AF ～ ＝ OF *vaissel* (F *vaisseau*) < LL *vāscellum* (dim.) ← *vās*: ⇨ vase〗 ── *n.* **1** 容器, 入れ物, 器《水差し·コップ·つぼ·はち·びん·なべ·さらなど》: acoustic ～*s* (昔劇場で用いた)伝声器 / consecrated [holy, sacred] ～*s* (聖餐用のパンやぶどう酒に直接触れる)聖器. **2 a** 船《普通の rowboat より大型のもの》: a passenger ～ 客船 / a merchant ～ 商船 / ⇨ sailing vessel, war vessel. **b** 飛行船 (airship); 航空機. **3** (聖書の慣用から比喩的に, またしばしば戯言的に, ある精神的特質を入れる器と見ての)人: a ～ of grace [mercy] 恩寵(ちょう)[慈悲]を受ける人 / a chosen ～ 選ばれたる器, (神に)選ばれた人 (cf. *Acts* 9: 15) / a weak ～ 弱き器, 頼みにならぬ人 / a weaker ～《戯言》弱き器, 女性 (cf. *1 Pet.* 3: 7) / ～*s* of wrath 怒りの器, 神の怒りに会うべき人 (cf. *Rom.* 9: 22). **4** 〘解剖·動物〙導管, 脈管, 管 (duct); (特に)血管 (blood vessel): the lymphatic ～*s* リンパ管 / capillary ～ 毛細血管 (⇨ capillary 1). **5** 〘植物〙(被子植物の木部にある)道管, 導管 (trachea) (cf. tracheid).

vest [vést] 〖n.: (1613) ☐ F *veste* ☐ It. < L *vestem*, *vestis* garment ← IE *wes- to clothe (Gk *esthḗs* garment / Skt *vastra*): cf. wear¹. ── v.: (*c*1425) ☐ OF *vest-ir* (F *vêtir*) < L *vestīre* to clothe ← *vestis*〗 ── *n.* **1 a** チョッキ, ベスト; 婦人用チョッキ, ベスト: a ～ pocket チョッキのポケット. ★《英》では今は主に商店用語. **b** (救命着のような袖なしの)防護用胴着. **2** (婦人服の通例 V 字型の)胴衣前飾り (cf. dickey¹ 3 c). **3** 《英》肌着, シャツ. **4** 《古》 **a** (Charles 二世時代男子が着た) cassock に似た長衣. **b** 外衣; 長上衣; 衣服. **c** 聖職服, 僧服, 祭服.

play it close to the vest 《米口語》不必要な危険を避ける, 無用な危険を冒さない.

── *vt.* **1** [通例 ～ *oneself* または p.p. 形で]《詩》…に祭服[僧服]をまとわせる; …に衣服を着せる (clothe, dress): a priest ～*ed with* chasuble 上祭服を着けた司祭 / The celebrant ～*s himself* in the sanctuary. (ミサ執行の)司祭は内陣で祭服を着る. **2** 〈祭壇〉に布を掛ける, 布でおおう (cover, drape): ～ the altar. **3** [通例 p.p. 形で] **a** 〈権利·財産などを〉〈人の〉管理に置く, 〔…に〕帰属させる, 付与する 〔*in*〕: ～ property [rights, authority, power] *in* trustees 財産[権利, 権力, 機能]を管理人の管理に置く / become ～*ed in* …に帰属する, …のものとなる / The jurisdiction of the district is ～*ed in* him. その地方の裁判権は彼に付与されている. **b** 〈権利·財産などを〉〈人〉に与える, 授ける (endow) 〔*with*〕: ～ a person *with* rights in an estate 人に財産権を与える / He is ～*ed with* authority. 彼は権力を与えられている. **4** 〈金を〉投ずる, 投資する (invest). ── *vi.* **1** 祭服を着ける. **2** 〈権利·財産などが〉〔…に〕属する, 帰する, 帰属する 〔*in*〕: ～ *in* possession 所有物として帰属する / Upon the death of the father, the estate ～*ed in* his son. 父の死後は財産はその息子に帰属した.

～·like *adj.*

Ves·ta [véstə] 〖(*a*1393) ☐ L ～: cf. *Hestiā* goddess of the home (*heetiā* hearth, home の擬人化)〗 ── *n.* **1** 〘ローマ神話〙ウェスタ《炉と炉の火の女神; 国家を象徴するその祭壇では聖火 (vestal fire) が絶えることなく燃やされていた; ギリシャ神話の Hestia に当たる; cf. vestal virgin》. **2** [v-] 短い蠟(ろう)軸マッチ; 短い木製マッチ. **3** 〘天文〙ヴェスタ《小惑星の名》. **4** 女性名.

ves·tal [véstl] 〖(1432–50) ☐ L *Vestāl-is*: ⇨ ↑, -al¹〗 ── *adj.* **1** 女神 Vesta の[に捧げた]: the ～ fire ウェスタの神殿に絶えることなく燃え続けた聖火. **2** ウェスターリス (vestal virgin) のような; 貞潔な, 純潔な, 処女の: in pure and ～ modesty 汚れぬ乙女の慎しみで (Shak., *Romeo* 3. 3. 38). ── *n.* ＝vestal virgin.

véstal vírgin *n.* **1** ウェスターリス《女神 Vesta に身を捧げた処女; 終生の(一説に 30 年の)貞潔を誓い, ローマにおける女神の祭壇に燃える不断の聖火 (vestal fire) を守った 4 人(後には 6 人)の処女の一人》. **2** 処女 (virgin); 純潔な未婚婦人. **3** 神に身を捧げた女, 修道女, 童貞, 尼 (nun).

vést·ed *adj.* **1** 〘法律〙〈権利·財産権など〉所有の定まった; 確定の, 既得の: ⇨ vested interest, vested right. **2** 祭服を着た: a ～ choir 祭服を着た聖歌隊.

vésted estáte *n.* 〘法律〙確定的不動産権《占有しているか否かにかかわりなく, 停止条件その他の不確定な条件の付けられていない無条件に享有しうる不動産権》.

vésted ínterest *n.* **1 a** 〘法律〙既得権, 確定的権利 〔*in*〕《特に, 無条件に不動産権を享有しうる権利; vested estate, vested right ともいう; cf. contingent interest》. **b** (経済·政治·社会的な)現存体制による受益[恩恵]. **2** 既得権者. **3** [*pl.*; 集合的]現存体制の受益階層[団体], (現存体制に利害関係をもつ)支配階層[団体]. **4** 〘法律〙(被雇用者の)年金受給権 (vested right).

vésted ríght *n.* 〘法律〙既得権, 確定的権利《絶対的かつ完全な権利で, 私人の行為によって侵されず, 通常憲法上の保障が与えられる; cf. vested estate, vested interest 1 a, 4》.

vest·ee [vestíː] 〖← VEST (n.)＋-EE²〗 *n.* **1** ベスティー《婦人のジャケットまたはブラウスの開いた端から見せる装飾的前飾り》. **2** ＝dickey¹ 3.

ves·ti·ar·y [véstièri, véstʃi-, véʃtʃi- | véstɪərɪ] 〖(*c*1300) ☐ OF *vestiarie* ☐ L *vestiārium*: ⇨ vest, -ary〗 ── *adj.* 《まれ》服装の, 衣服の; (特に)祭服の. ── *n.* **1** (教会の)祭服室 (vestry); (僧院の)衣服室[箱]. **2** [集合的]衣服 (clothing); (特に)祭服.

ves·tib·u·lar [vestíbjulə | -lə(r] 〖⇨ vestibule, -ar¹〗 ── *adj.* **1** 玄関の, 入口の間の. **2** (客車の)連廊の. **3** 〘解剖〙前庭[前房, 前室]の: ～ function tests (耳の)前庭機能検査 / the ～ glands (膣の)前庭腺.

vestíbular nérve *n.* 〘解剖〙前庭神経《聴神経の一部で, 平衡感覚を司る》.

ves·ti·bule [véstəbjùːl | -tɪ-] 〖(1623) ☐ F ～ ∥ L *vestibul-um* entrance, forecourt〗 ── *n.* **1 a** 入口の間, 玄関 (entrance hall)《玄関のドアの内側のホール》. **b** (奥の部屋へ通じる)控え室, 次の間 (antechamber). **2** (教会の)ポーチ (porch). **3** 〔新しいものへ〕近づく道 〔*to*〕: a ～ *to* a new enterprise. **4** 《米》連廊《客車の前後にある出入用の小室, 前後の客車の連絡廊となる》; 手荷物置場: ⇨ vestibule car. **5** 〘解剖·動物〙(耳·鼻·口腔·喉頭·大脳·膣などの)前庭, 前房, 前室; (特に)内耳腔(こう): the ～ of the ear 内耳腔. ── *vt.* **1** …に入口の間を設ける. **2** 《米》〈客車など〉に連廊を設ける; 〈列車を〉連廊で連結する: a ～*d* train＝vestibule train. **vés·ti·bùled** *adj.*

véstibule càr *n.* 《米》連廊付きの車両.

véstibule làtch *n.* 玄関錠《外からは鍵であけ, 内からは取っ手を回すだけで開く錠》.

véstibule schòol *n.* 《米》(工場の)工員養成所, 新入工員訓練所.

véstibule tràin *n.* 《米》連廊列車, 貫通式(各車両通り抜け)列車 (《英》corridor train).

ves·tige [véstɪdʒ] 〖(1602) ☐ F ～ ☐ L *vestigium* footprint〗 ── *n.* **1** (消滅したものの)跡, 痕跡, 形跡, おもかげ, 名残り (mark, trace): the ～*s* of an old castle 古城の跡 / the last ～*s* of an ancient civilization 古代文明の最後の名残り / There is hardly left a ～ *of* his former self. 昔の彼の様子はほとんど残っていない. **2** (人·動物の)足跡 (footprint, track). **3** [通例否定語を伴って] ほんの少し(も…ない) 〔*of*〕: *without* a ～ *of* clothing 全く衣服を着ないで, 一糸まとわず / There is *not* a ～ *of* humor in the book. その本にはこれっぱかしのユーモアもない. **4** 〘生物〙(昔あった器官·構造の)痕跡, 痕跡器官 (vestigium): the ～*s* of a tail in the human body 人体における尾の痕跡.

vestigia *n.* vestigium の複数形.

ves·ti·gi·al [vestídʒiəl, -dʒəl | -dʒɪəl, -dʒəl] 〖⇨ vestige, -al¹〗 *adj.* 痕跡の, 跡に残った, 名残りの; 〘生物〙痕跡器官の: ～ organs 〘生物〙痕跡器官. **～·ly** *adv.*

vestígial síde bànd *n.* 〘通信〙残留側波帯《側波帯の一方の大部分を除去した通信方式; cf. single side band》.

ves·ti·gi·um [vestídʒiəm | -dʒɪ-] 〖☐ L *vestīgi-um*: ⇨ vestige〗 *n.* (*pl.* **-gi·a** [-dʒiə | -dʒɪə]) 〘生物〙痕跡, 痕跡器官 (vestige).

vést·ing 〖← VEST (n., v.)＋-ING¹〗 ── *n.* **1** チョッキ地《シルク·ピケ (piqué)·バーズアイ (bird's eye) など》. **2** (被雇用者による全部または一部の)年金受給権(の保有).

vésting òrder *n.* 〘法律〙権利移転命令.

ves·ti·ture [véstətʃùə, -tʃə, -t(j)ùə | -tɪtʃə(r] 〖☐ ML *vestitura* ← L *vestire* 'to VEST'〗 ── *n.* **1** (権力·爵位などの)授与 (investiture). **2** [集合的] 衣類 (clothing). **3** 〘動物〙体表をおおうもの.

vest·ment [vés(t)mənt] 〖(*a*1325) ☐ OF *vestement* (F *vêtement*) ☐ L *vestiment-um* clothing: ⇨ vest, -ment〗 ── *n.* **1 a** 着物, 衣服, 衣装; (特に)正服, 式服. **b** [*pl.*] 衣類. **2** 祭服, 法衣《一般に聖職者·聖歌隊員が礼拝の際に着る cassock, stole, surplice など》; (特に)ミサ祭服; [the ～] 上祭服 (chasuble): Eucharistic [Mass] ～*s* 聖餐式[ミサ]祭服. **3** (衣服のように)おおうもの: the verdant ～ over the land 野に広がる緑の装い. **vest·men·tal** [ves(t)méntl | -tl] *adj.*

vestment 2

1 miter; 2 pallium; 3 cope; 4 pectoral cross; 5 rochet; 6 episcopal ring; 7 maniple; 8 stole; 9 crosier

vést-pócket *attrib. adj.* 〈カメラ·書物など〉(チョッキのポケットにはいるような)小型の; 非常に小さい (very small): a ～ dictionary ポケット辞典 / a ～ edition ポケット版.

vést-pòcket cámera *n.* ベスト判[ベストポケット]カメラ《4.6 cm 巾の裏紙付きロールフィルムにベスト判 (4×6.5 cm) の撮影をするカメラ》.

vést-pocket párk *n.* (市内にある)小公園.

ves·try [véstri | -trɪ] 〖ME *vestrie* (変形)? ← OF *vestiarie*: ⇨ vestiary〗 ── *n.* **1** (教会の)祭服室, 聖具室《祭服や聖器具が保管されまた祭服の着換えや教区事務が執り行なわれる; cathedral その他大教会では通例 sacristy と呼ぶ》. **2** 教会付属室《いくつかの教会で小礼拝室·事務室·祈禱(とう)会室·日曜学校教室などに用いる》. **3 a** [集合的] (米国聖公会·英国国教会の)教会(区)委員《米国聖公会では教会員の選挙によるもので, 英国国教会では教区税負担者の団体; 教区委員 (churchwardens) を選挙して教会事務を司る; 通例 vestry 内で会合を催し, rector または vicar が座長を勤める》. **b** (もと英国国教会の)教会(区)総会 (vestry meeting). **vés·tral** [-trəl] *adj.*

véstry bòok *n.* 《英》＝parish register.

véstry-clèrk *n.* 《英》教会(区)書記 (parish clerk).

véstry·man [-mən] *n.* (*pl.* **-men** [-mən, -mèn]) 教会(区)委員 (cf. vestry 3).

ves·ture [véstʃə, véʃtə | véstʃə(r] 〖(?*c*1380) ☐ OF ～ (F *vêture*) ← *vestir*: ⇨ vest, -ure〗 ── *n.* **1** 《古·詩》 **a** [集合的] 衣服, 衣類 (garments, clothing). **b** 衣服(一枚) (garment, robe): the queen in a ～ of gold 黄金の衣を着た女王 (*Prayer Book, Ps.* 45: 10; cf. *Ps.* 45: 9). **2** 《詩·古》(衣服のように)おおうもの, おおい (covering): a ～ of mist [verdure] 霧のとばり[緑の装い]. **3** 〘法律〙(家屋·樹木·鉱山以外の穀物·牧草·下ばえなど)地上育成物に対する権利を内容とする土地占有, 土地収益. ── *vt.* 《古·詩》…に衣服を着せる, 装わせる, おおう (clothe, cover). **vés·tur·al** [-rəl] *adj.*

vés·tur·er [-tʃərə | -tʃərə(r] *n.* (cathedral または collegiate church の)祭服係, 聖具室係.

Ve·su·vi·an [vɪsúːviən, və-, -vjən | -súːvjən, -sjúː-, -vɪən] 〖(1673) ← VESUVI(US)＋-AN¹〗 ── *adj.* **1** Vesuvius 火山の(ような); 火山(性)の (volcanic). **2** 急に爆発する, 怒り狂った (furious): a ～ rage 烈火の怒り. ── *n.* [v-] **1** (もと葉巻き用に用いられた)耐風マッチ (fusee). **2** 〘鉱物〙＝vesuvianite.

ve·su·vi·an·ite [vɪsúːviənàɪt, və-, -vjə- | -súːvjə-, -sjúː-, -vɪə-] 〖⇨ ↑, -ite¹〗 *n.* 〘鉱物〙ベスブ石《Vesuvius 火山に多い褐色または緑色の石; idocrase ともいう》.

vesúvianite jáde *n.* 〘鉱物〙緑色ベスブ石《ベスブ石 (vesuvianite) の緑色のもので貴石の一種; vesuvian jade ともいう》.

vesúvian jáde *n.* 〘鉱物〙＝vesuvianite jade.

Ve·su·vi·us [vɪsúːviəs, və-, -vjəs | -súːvjəs, -sjúː-, -vɪəs], **Mount** *n.* ベスビオ[ベスビアス]山《イタリア南西部, Naples 東方の活火山 (1,281 m); イタリア語名 Vesuvio [vezúːvjo]; ⇨ Pompeii, Herculaneum》.

vet¹ [vét] 〖(1862)《略》← VETERINARIAN〗《口語》 ── *n.* 獣医(師). ── *v.* (**vet·ted**; **vet·ting**) ── *vt.* **1 a** 〈動物を〉診察する, 治療する. **b** 《戯言》〈人を〉診察する, 治療する. **2** (詳細に)検査する, 吟味する, 調査する: ～ motorcars. ── *vi.* 獣医(の仕事)をする.

vet² [vét] 〖《略》← VETERAN〗《米口語》 *n.* 老兵, 在郷軍人. ── *adj.* 老兵の, 在郷[復員]軍人の.

Vet., vet. 《略》veteran; veterinarian; veterinary.

vetch [vétʃ] 〖(*c*1385) *feche* ☐ ONF *veche* (F *vesce*) < L *viciam*〗 ── *n.* 〘植物〙 **1** マメ科ソラマメ属 (*Vicia*) の草本の総称《カラスノエンドウ (common vetch) など数種は飼料および土地改良のために栽培される》; これに類似の植物の総称. **2** vetch の種子[実].

vétch·like *adj.*

vetch·ling [vétʃlɪŋ] 〖⇨ vetch, -ling¹〗 ── *n.* 〘植物〙キバナノレンリソウ (*Lathyrus pratensis*)《マメ科レンリソウ属の黄色の花をつけるスイートピーに似た植物》.

vetch·y [vétʃi | -tʃɪ] *adj.* (**vetch·i·er**; **-i·est**) カラスノエンドウが生えた[多い].

vet·er·an [vétərən, -trən | -t(ə)r-] 〖(1509) ☐ F *vétéran* ∥ L *veterān-us* (adj., n.) ← *veter-*, *vetus* old ← IE *wet- year: ⇨ wether, -an¹〗 ── *n.* **1** (長期の兵役または戦役の経験のある)古参兵, 老練兵: Wellington's ～*s* ウェリントン公指揮下で戦った老兵 / a ～ of many battles 千軍万馬の古兵(ふるつわもの), 歴戦の勇士. **2** 経験の豊かな人, 老練家, 古兵: a ～ of the law [stage] 法曹界[劇壇]の古兵. **3** 《米》退役軍人, 在郷[復員]軍人 (《英》ex-serviceman)《戦争の経験のある退役軍人で, 服役の期間·種類·廃失の程度などにより特別の恩典を受ける資格がある; 略 Vet., vet.》. **4** 長く使ったもの. **5** 老木 (old tree); (特に, 人間の胸の高さまで)直径 2 フィート以上の木.

Veterans of Foreign Wars (of the United States) [the ―] (米国)海外従軍軍人会, 外戦従軍将兵協会 《1899 年創設; 略 VFW, V.F.W.》.

── *adj.* **1 a** (軍事に)老練な, 歴戦の, 千軍万馬の, 古参兵の; 老練な, 老巧な, 経験を積んだ: a ～ soldier, golfer, member of Parliament, etc. / a ～ sailor 老練の水夫 / ～ troops 老練兵部隊 / ～ skill 熟練. **b** 《米》退役軍人の. **2** 長期にわたる (prolonged): ～ service 長期勤続. **3** 長く使った.

véteran càr *n.* 《英》(1916 年, または 1905 年以前の)「クラシックカー」.

vet·er·an·ize [vétərənàɪz, -trə- | -t(ə)r-] *vi.* (兵士として)再応募する (reenlist). ── *vt.* (長期勤務などにより)老練兵とする.

Véterans Administràtion *n.* [the ～] (米国の)退

役軍人管理局, 在郷軍人局《1930 年設立；退役軍人援護のための独立行政機関；略 VA, V.A.》.

Véterans Dày *n.* 復員軍人の日《米国およびカナダの法定休日 (11 月 11 日)；米国では 1971–78 年まで 10 月の第 4 月曜日になっていた；cf. Armistice Day》.

véteran's préference *n.* 〖軍事〗《公務員試験の成績評定で特別に配慮するなどの》復員軍人優遇措置.

vet·er·i·nar·i·an [vètərənɛ́(ə)riən, -trə-, -tṇɛ́(ə)r- | vèt(ə)rɪnɛ́əriən, -tṇɛ́ər-] *n.* 獣医(師) (veterinary).

vet·er·i·nar·y [vétərənèri, -trə-, -tṇèri | -t(ə)rɪn(ə)ri, -tṇri] 〖《1790》◻ L *veterīnāri-us* ← *veterīnus* of cattle ← *veterīna* (*bestia*) draft animal, 《原義》one-year-old animal ← *vetus* old：⇨ veteran〗 *n.* 獣医(師)
— *adj.* 獣医(学)の[に関する]：～ medicine [science] 獣医学 / ～ surgery 獣医外科学 / a ～ hospital 獣医[動物]病院 / a ～ school [college] 獣医学校.

véterinary súrgeon *n.* 《英》＝veterinarian.

vet·i·ver [vétəvə | -tɪvə(r)] 〖◻ F *vétyver* ◻ Tamil *veṭṭivēru* dug-up root ← *vēr* root〗 *n.* 〖植物〗 カスカスソウ (⇨ khuskhus).

vétiver òil *n.* ベチベル油《vetiver の根を蒸留して採る；香水原料》.

ve·to [víːtou | -təu] 〖《1629》◻ L *vetō* I forbid ← *vetāre* to oppose, forbid〗 — *n.* (*pl.* ～**es**) **1 a** (君主・大統領・知事などが議会の法案などに対して有する)拒否権《veto power ともいう》：⇨ suspensive veto / The ～ of the Crown has not been exercised since the reign of Queen Anne. 英国元首の拒否権はアン女王の治世以来行使されたことがない. **b** (国際連合安全保障理事会常任理事国の行使する)拒否権. **2** 拒否(権の行使), 不認可 (rejection)：have a ～ *on* ...の拒否権を有する / interpose one's ～ 拒否する / ⇨ pocket veto. **3** 《米》(大統領の)拒否通告書, 拒否教書《veto message ともいう》. **4** 禁止, 禁制, 法度(はっと) (prohibition)：A public ～ *on* such performances is only to be expected. こういう興行物を世論の力で差し止めるのは至極当然だ. **5** 禁止権, 禁制権限.
***put* [*set*] *a* [*one's*] *veto on* [*upon*]**...を拒否する, 否認する：*put a* ～ *on* the proposal 提案を否決する.
— *vt.* **1** 〈提案・議案などを〉拒否する；(拒否権によって)否認する, 不認可にする (reject)：The Crown may, but never does, ～ a bill that has passed both Houses. 英国王は両院を通過した議案を拒否することはできるが事実上そうすることはない. **2** 〈行為などを〉差し止める, 禁止する (prohibit)：～ an action 行為を禁止する / In our school smoking by the boys is ～*ed*. 我我の学校では生徒の喫煙は禁止されている.

vé·to·er *n.* 拒否者, 拒否権行使者；禁止者.

véto·less *adj.* 拒否権のない.

véto mèssage *n.* 《米》＝veto 3.

véto pòwer *n.* ＝veto 1 a.

vet·tu·ra [vetú(ə)rə | -túərə; *It.* vettúːra] 〖◻ It. ～ < LL *vectūram* ← L *vectus*：⇨ vex〗 — *It. n.* (*pl.* **-tu·re** [-reɪ; *It.* -re]) ヴェットゥーラ《イタリアの四輪の辻馬車》.

vet·tu·ri·no [vètəríːnou | -təríːnəu; *It.* vètturíːno] 〖◻ It. ～ (↑)〗 — *It. n.* (*pl.* **-ri·ni** [-niː; *It.* -ni]) ヴェットゥーラ (vettura) の御者[貸主].

Ve·vey [vəvéɪ | vévei, -vɪ; *F.* vəvɛ] *n.* ブベー《スイスの Geneva 湖畔の保養地；人口 18,000》.

vex [véks] 〖《1426》◻ (O)F *vex-er* ◻ L *vexāre* to agitate ← *vexus*＝*vectus* (p.p.) ← *vehere* to carry：⇨ vehicle〗 — *vt.* **1 a** [しばしば p.p. 形で] いらいらさせる, うるさがらせる, じらす, 怒らせる (irritate, provoke)：～ oneself じれる, 怒る / This would ～ a saint. これでは仏様でも腹を立てよう / I was ～*ed with* visitors all day. 一日中訪問客に悩まされた / He was often ～*ed at* that naughtiness of his son's. 彼はしばしばそういった息子のいたずらに腹を立てた. **b** ...の心を乱す, 悩ます, 困惑させる (disturb, worry)：Those questions kept ～*ing* his mind. それらの問題が彼の心を悩まし続けた. **2** 〈問題を〉長々と論じる, 綿密に検討する (cf. vexed 2). **3** 《詩・文語》騒がす, かき立てる (stir up, agitate)：winds that ～ the sea 海に荒波を立てる風. **4** 《古》〈病気などが〉...に苦痛を与える, 苦しませる (afflict)：～*ed with* a bad headache ひどい頭痛に苦しんで.

vex·a·tion [vekséɪʃən] 〖《?c1400》◻ (O)F ～ // L *vexātiō(n-)*：⇨ vex, -ation〗 — *n.* **1** 悩ます[悩まされる]こと, 怒らす[怒る]こと, じらす[じらされる]こと. **2** (心の)苦痛, 悩み, くやしさ, 腹立たしさ, 煩わしさ (mental distress, irritation)：in ～ of spirit [mind] 心悩ませて, 心痛して / Much *to* my ～ I just missed a chance of a good profit. いまいましくてたまらないが私はいいもうけ口をまんまと取り逃した / Just conceive my ～. 私の苦境を考えてもみてください / All is vanity and ～ of spirit. もの皆空(くう)にして心痛ましむ (*Eccles.* 1:14). **3** [しばしば *pl.*] 苦しめるもの, 苦悩[苦痛, 不安]の種, 小うるさいもの[事]：He was subjected to many ～*s*. 色々な苦しい目に出会った.

vex·a·tious [vekséɪʃəs] *adj.* **1** 煩わしい, じれったい, 腹立たしい, しゃくな, いまいましい (troublesome, annoying)：lead a ～ life 煩わしい[苦労の多い]生活を送る / Moving house is a ～ business. 引越しはやっかいな仕事だ / How ～ to miss one's train! 列車に乗り遅れるのは実にいまいましいことだ. **2** 混乱した, 不安な, 乱れた (unquiet, troubled)：a ～ period in one's life 生涯の悩みの時期. **3** 〖法律〗〈訴訟など〉人いじめの, いやがらせの, 濫訴の：a ～ suit [action, proceeding] 濫訴《裁判所によって中止させられることがある》. **～·ly** *adv.* **～·ness** *n.*

vexed 〖《1440》〗 — *adj.* **1** いらいらした, 心の休まらない, 困った, 怒った (harassed, annoyed). **2** (難しくて)長々と論じられる：a ～ question 議論紛々とした[やかましい]問題, 難問題. **3** 《古》(波などの)立ち騒ぐ (agitated)：a ～ sea. **véx·ed·ness** [-sɪdnɪs, -səd-, -st-, -nəs] *n.*

véx·ed·ly [-sɪdli, -səd-, -st- | -lɪ] *adv.* いらいらして, 怒って.

véx·er *n.* 悩ますもの, じらすもの, 腹を立てさせるもの.

vexilla *n.* vexillum の複数形.

vex·il·lar·y [véksəlèri | -sɪləri] 〖◻ L *vexillāri-us* standard-bearer：⇨ vexillum, -ary〗 — *n.* **1** (古代ローマの軍隊で, ある軍旗に属した)古参兵, 老兵. **2** 旗手 (standard-bearer). — *adj.* **1** (古代ローマの)軍旗の. **2** 〖植物〗 旗弁 (vexillum) の. **3** 〖動物〗 羽弁 (vexillum) の.

vex·il·late [véksəlèɪt, -lət, -lɪt | -sɪ-] 〖⇨ vexillum, -ate²〗 *adj.* **1** 〖植物〗 旗弁のある. **2** 〖動物〗 羽弁のある.

vex·il·lol·o·gy [vèksəlɑ́lədʒi | -sɪlɔ́lədʒɪ] 〖⇨ ↓, -logy〗 — *n.* 旗学, 旗の研究. **vex·il·lo·log·ic** [veksɪləlɑ́dʒɪk | -lɔ́dʒ-] *adj.* **vèx·il·lo·lóg·i·cal** *adj.* **vèx·il·lól·o·gist** [-dʒɪst, -dʒəst | -dʒɪst] *n.*

vex·il·lum [veksɪ́ləm] 〖《1726》◻ L ～ 'military standard' (dim.) ? ← *vēlum* sail, cloth〗 — *n.* (*pl.* **-il·la** [-lə]) **1** (古代ローマの)軍旗 (military standard)；その軍旗下の部隊. **2** 〖動物〗 (鳥の羽の)羽弁, 羽板, 翮(かく) (vane). **3** 〖植物〗 (蝶形花冠の)旗弁.

véx·ing *adj.* **1** いらだたせる, うるさがらせる, いまいましい. **2** 面倒な, 厄介な. **～·ly** *adv.*

VF, V.F., v.f. 《略》〖気象〗 very fair [fine] 天気晴朗；〖カトリック〗 vicar forane；video frequency；visual field；〖通信〗 voice frequency.

VFR 《略》〖航空〗 visual flight [flying] rules.

v.g. 《略》*L.* verbī grātiā (＝for examle).

V.G. 《略》very good；Vicar-General.

VHF, V.H.F. 《略》〖電気〗 very high frequency.

Vi [váɪ] 〖(dim.) ← VIOLA¹, VIOLET〗 *n.* 女性名.

Vi 《記号》〖化学〗 virginium.

VI 《記号》〖米郵便〗 Virgin Islands.

vi., v.i. 《略》〖文法〗 verb intransitive 自動詞.

v.i. 《略》vide infra.

V.I. 《略》Vancouver Island；Virgin Islands；〖化学〗 viscosity index；volume indicator.

vi·a¹ [váɪə, víːə] 〖《1615》◻ L ～ 'way, street, passage' ← ? *vehere* to carry：⇨ vehicle〗 — *L. n.* (*pl.* ～**s**, **vi·ae** [váɪiː, víːaɪ], 2 では **viae**) **1** 道, 道路, 公道 (way, road). **2** [通例 *pl.*] 〖解剖・医学〗 管 (passage, vessel). **3** 〖ローマ法〗 (他人の土地に対する)通行権.

vi·a² [vàɪə, vìːə, ⌐⌐ | vàɪə, ⌐⌐] 〖《1779》◻ L *viā* (abl.) ← *via* (↑)〗 — *prep.* **1** ...を経て, ...を通って, ...経由で (by way of)：He travelled from Dover to Edinburgh ～ London. ドーヴァーからロンドン経由エジンバラまで旅をした / ～ Canada カナダ経由で. **2** ...の媒介で, ...を通して, ...によって (through the medium of)：～ airmail 航空便で / ～ the mass media マスメディアによって.

Vía Áp·pia [-ǽpiə | -pɪə, -pjə; *It.* víːaappja] *n.* アッピア街道《Appian Way のラテン語名》.

vi·a·bil·i·ty [vàɪəbɪ́ləti | -lɪti, -lɪ-] 〖《1843》◻ F *viabilité*：⇨ ↓, -ity〗 *n.* **1** 生存能力, (特に, 胎児・新生児の)生活力, 生育力. **2** 実行可能性.

vi·a·ble [váɪəbl] 〖《1828–32》◻ F ～ ← *vie* life < L *vitam*：⇨ vita, -able〗 — *adj.* **1** 生活力のある；(特に)〈胎児・新生児が〉(胎外で生育可能程度に)成熟した：a 7-month ～ fetus 生育可能の 7 か月の胎児. **2** 〈計画など〉ものになる, 実行できる (practicable). **3** 知性・想像力に訴える, 興奮をそそる. **4** 育ちうる, 生育しうる；〈種子が〉発芽しうる：～ seeds, eggs, etc. **5** (独立した社会・経済・政治単位として)発展能力をもつ：a new ～ country 新興国. **ví·a·bly** *adv.*

vía do·lo·ró·sa [-dòuləróusə, -dɑ̀lə- | -dɔ̀lərə́u-] 〖◻ LL *via dolorōsa*：⇨ dolorous, via¹〗 — *n.* **1** [V- D-] ウィアドロローサ《イエスが十字架を負って処刑の地 Golgotha まで歩いた道》. **2** 悲しみの道, 苦しい経験の連続.

vi·a·duct [váɪədʌ̀kt | -dʌkt, -dəkt] 〖《1816》← L *via*＋(AQUE)DUCT：⇨ via¹〗 — *n.* (谷の上などに道路・鉄道などを通すための)陸橋, 高架橋[道]《石造りまたはコンクリート造り；米国では特に鋼鉄の桁(けた)造りのものをもいう》.

viae *n.* via¹ の複数形.

Vía Fla·mín·i·a [-fləmɪ́niə | -nɪə] *n.* フラミニア街道《Flaminian Way のラテン語名》.

vi·al [váɪəl, váɪl] 〖《?c1380》 *viole* 《変形》← *fiole* 'PHIAL'〗 — *n.* ガラスびん；バイアル《注射薬などを入れる小型のびん；cf. ampul》.
***pour out the vials of* one's *wrath on* [*upon*]** (1) 《口語》...に怒りを浴びせる. (2) ...に恨みを晴らす (cf. *Rev.* 16:1).
— *vt.* (**vi·aled, -alled; -al·ing, -al·ling**) ガラスびんに入れる[入れて貯蔵する].

Vía Lác·te·a [-lǽktiə | -tɪə] 〖◻ L ～ 'Milky Way'〗 *L. n.* ウィアラクテア, 銀河, 天の川.

vía mé·di·a [váɪə-míːdiə, víːə-míːdiə, -méd- | -dɪə] 〖◻ L ～ 'middle path'〗 — *L. n.* (両極端を避けた)中道, ヴィア メディア, 中庸 (mean)《特に, カトリックとプロテスタントとの中間を行く英国国教会の立場を指すことが多い》.

vi·and [váɪənd] 〖《c1400》◻ (O)F *viande* < VL **vivanda*＝L *vīvenda* things to be lived on ← *vīvere* to live〗 — *n.* **1** 食品. **2** [*pl.*；集合的] 食物, 食料 (food)；(特に)ごちそう (choice dishes).

ví àpple [víː-] 〖*vi*：← Tahitian〗 *n.* 〖植物〗 タマゴノキ (⇨ Otaheite apple).

Via·reg·gio [vìːərédʒou | -dʒəu; *It.* vjaréddʒo] *n.* ビャレッジョ《イタリア中部 Tuscany 地方の, リグリア海 (Ligurian Sea) に臨む海港, 避暑地；詩人 Shelley の溺死体が打ち上げられた所 (1822)；人口 55,000》.

vi·at·i·cum [vaɪǽtɪkəm, vi-, -tə- | vaɪǽtɪ-, vɪ-] 〖《1562》◻ L *viāticum* (neut. sing.) ← *viāticus* of a road or journey ← *via* 'VIA¹'：VOYAGE と二重語〗 — *n.* (*pl.* **-i·ca** [-kə], ～**s**) **1** 〖キリスト教〗 臨終の聖餐, 臨終に授けられる聖体 (cf. extreme unction). **2** (古代ローマの)公務旅行用給与物, 旅費手当. **3** 旅費手当, 旅行用品.

vi·a·tor [vaɪéɪtə, viɑ́ːtɔə | vaɪéɪtə(r), viɑ́ːtɔː(r)] 〖◻ L *viātor* ← *viātus*：⇨ via¹, -or²〗 *n.* (*pl.* **-a·to·res** [vàɪətɔ́ːriːz, vìːətɔ́ːres, -tɔ́ːr- | -tɔ́ːr-], ～**s**) 旅人, 旅行者.

vibe¹ [váɪb] 〖短縮〗 *n.* [*pl.*；通例単数扱い] 《口語》＝vibraphone.

vibe² [váɪb] 〖短縮〗 *n.* [通例 *pl.*] 《口語》＝vibration 4 b.

víb·ist [-bɪst, -bəst | -bɪst] *n.* 《口語》＝vibraphonist.

vi·brac·u·lum [vaɪbrǽkjuləm] 〖← NL ～ ← L *vibrā-* (⇨ vibrate)＋*-culum* (⇨ -cule)〗 — *n.* (*pl.* **-u·la** [-lə]) 〖動物〗 (コケムシ類の)振鞭(しんべん)体. **vi·brác·u·lar** [-lə | -lə(r)] *adj.*

vi·bra·harp [váɪbrəhɑ̀əp | -hɑ̀ːp] 〖← L *vibrā-* (↑)＋HARP〗 *n.* 《米》＝vibraphone. **～·ist** [-pɪst, -pəst | -pɪst] *n.*

ví·brance [-brəns] *n.* ＝vibrancy.

vi·bran·cy [váɪbrənsi | -sɪ] 〖⇨ ↓, -cy〗 *n.* 震[振]動；鳴渡ること, 反響；脈打ち；活気充満.

vi·brant [váɪbrənt] 〖《c1550》◻ L *vibrant-em* (pres.p.)：⇨ vibrate, -ant〗 — *adj.* **1** 震える, 振動する (vibrating). **2 a** 振動して音を発する：a ～ string. **b** 〈音・声が〉震え響く, 響き渡る (resonant)：a ～ baritone voice. **3 a** 〔活力・熱意などで〕うち震える, 鼓動する, 脈打つ (pulsating) 〔*with*〕：a ～ street / cities ～ *with* life and energy 活気に満ちた都会 / a nation ～ *with* enthusiasm 熱意のみなぎる国民. **b** 活気の横溢(おういつ)する, 力強い (powerful)：a ～ youth 元気あふれる若者. **4** 固唾(かたず)を飲むような, ぞくぞくするような, スリリングな (exciting)：a ～ performance. **5** 〈色・光など〉明るく輝く, きらめく：～ colors. **6** (環境・刺激などに)すぐ反応する, 感化されやすい (sensitive). **～·ly** *adv.*

vi·bra·phone [váɪbrəfòun | -fəun] 〖← VIBRA(TE)＋-PHONE〗 — *n.* ビブラホン《marimba に似た打楽器；vibraharp, vibes ともいう》.

ví·bra·phòn·ist [-nɪst, -nəst | -nɪst] *n.* ビブラホン奏者.

vi·brate [váɪbreɪt | ⌐⌐] 〖《1616》◻ L *vibrāt-us* (p.p.) ← *vibrāre* to shake, swing ← IE **weip-* to turn：cf. waive, wipe〗 — *vi.* **1** (振子のように)揺れる, 振動する (oscillate)；(特に, 急速に小止みなく)震える (tremble). **2** 〈音響が〉震える, 反響する (resound)：His voice ～*s* in my ear. 彼の声が耳に響いている. **3** (感情的反応として)震える, 心がおののく, 胸がとどろく, 身内がぞくぞくする (thrill)：～ *with* passion 感情にうち震える / ～ *at* a person's touch 人にさわられてぞっとする. **4** 〔両端・両者の選択の間を〕揺れ動く, 動揺する (fluctuate)；迷う, ためらう (vacillate) 〔*between*〕：～ *between* art *and* religion 芸術と宗教の間を揺れ動く, 芸術か宗教か決めかねる.
— *vt.* **1** 揺り動かす；振動させる, 震わせる；おののかす：Anger ～*d* her voice. 怒りで彼女の声は震えた. **2** 〈音・光などを〉振動して出す：The star ～*s* light. 星は振動で光を放つ. **3** 〈振子などが〉振って[揺れて]示す：A pendulum ～*s* seconds. 振子は揺れて秒を刻む. **4** 振動を与えて処理する[詰めこむ]. **5** 《古》〈雷鳴・言葉などを〉投げつける (throw).

ví·brat·ed cóncrete [-tɪd-, -təd- | -tɪd-, -təd-] *n.* 振動打ちコンクリート《打込みに際し振動を与えて充填したコンクリート》.

vi·bra·tile [váɪbrətḷ, -tàɪl, -tɪl, -tɪl | -tàɪl] 〖⇨ vibrate, -ile¹〗 *adj.* 振動可能の；振動する；振動(性)の.

vi·bra·til·i·ty [vàɪbrətɪ́ləti | -lɪti, -lɪ-] *n.* 振動(性).

vi·brat·ing scréen [-tɪŋ- | -tɪŋ-] *n.* 振動ふるい《ふるいに振動を与えて能率的にふるい分けをする機械》.

vi·bra·tion [vaɪbréɪʃən] 〖《1655》◻ L *vibrātiō(n-)*：⇨ vibrate, -ation〗 — *n.* **1** 振動させる[する]こと；震え, 振動；ひと震え, ひと振れ (oscillation). **2** (心・気持・意見などの)動揺, 不安定, 迷い (vacillation). **3** 胸のときめき, 感動, おののき, 身震い (thrilling)；鼓動, 脈打ち (throbbing). **4 a** (秘儀の参加者に感じられる)霊気. **b** [通例 *pl.*] (感じやすい人が他の人・物から発散されると感じとる)精神的電波, 感情的反応作用, (第六感的)感じ：get good ～*s* いい感じ[印象]を得る. **5** 〖物理〗 振動：amplitude of ～ 振幅 / forced ～＝forced oscillation / free ～＝free oscillation / lateral [longitudinal] ～ 側[縦]振動 / the phase [period] of ～ 振動位相[周期] / transversal ～ 横振動.

vi·brá·tion·al [-ʃənḷ, -ʃnəl] *adj.* 振動の；振動運動をする.

vibrátion·less *adj.* 振動のない.

vibrátion-próof *adj.* 振動防止の, 振動に耐える.

vibrátion sýndrome *n.* 〖病理〗 振動症候群；白蝋病.

vi·bra·tive [váɪbrətɪv | vaɪbréɪt-] *adj.* ＝vibratory.

vi·bra·to [viːbrɑ́ːtoʊ, vaɪ- | vɪbrɑ́ːtəʊ; *It.* vibrá:to]〖⊏It. ～ (p.p.) ← *vibrare* < L *vibrāre*: ⇨ vibrate〗— *n.* (*pl.* ～**s**)〘音楽〙ビブラート, 振動音《声楽や弦楽器などで声や音を震わせること》.

ví·bra·tor [-tə | -tə(r] *n.* **1 a** 振動する[させる]もの. **b** 振動装置. **c** (マッサージ用の)バイブレーター. **d**〘電気〙振動器, バイブレーター《電鈴内のハンマーなど》; 振動子 (oscillator). **2**〘音楽〙振動して音を出すもの《バイオリンの弦, リードオルガンのリードなど》. **3**〘印刷〙インク練りローラー《印刷機の, インク移しローラーから送られたインクをよく練り伸ばすためのローラー》.

vi·bra·to·ry [váɪbrətɔ̀ːri, -tòːri | váɪbrət(ə)ri, vaɪbréɪt-]〖《1728》〗*adj.* **1** 振動を生じる, 振動させうる; 振動する, 震え響く. **2** 振動(性)の, 振動から成る.

vib·ri·o [víbriòʊ | -riəʊ]〖《1835》← NL *vibriō* ← L *vibrāre* 'to VIBRATE'＋-*iō* -ion〗— *n.* (*pl.* ～**s**)〘細菌〙ビブリオ《螺旋菌科ビブリオ属 (*Vibrio*) の細菌; コレラ菌・病原性好塩菌などを含む》. ⌈vibrio.

vib·ri·on [víbriɑ̀n | -riɔ̀n]〖⊏F ～ (↑)〗*n.*〘細菌〙＝

vib·ri·on·ic [vìbriɑ́nɪk | -riɔ́n-] *adj.* ビブリオ菌による, ビブリオの. ⌈性流産.

vibriónic abórtion *n.*〘獣医〙(羊や牛の)ビブリオ

vib·ri·o·sis [vìbrióʊsɪs, -səs | -riə́ʊsɪs]〖← NL ～: ⇨ vibrio, -osis〗*n.*〘獣医〙ビブリオ病; (特に) ＝vibrionic abortion.

vi·bris·sa [vaɪbrísə, vɪ-, və- | vaɪ-, vɪ-]〖⊏L *vibrissa-e* (pl.) hairs in the nostrils ← *vibrāre*: ⇨ vibrate〗— *n.* (*pl.* **vi·bris·sae** [-siː, -saɪ]) **1**〘解剖〙鼻毛. **2**〘動物〙感覚毛, 震毛《猫のひげ・鳥の嘴(㊀)の周辺のひげ状の羽毛など》. **vi·brís·sal** [-səl, -sl] *adj.*

vi·bro- [váɪbro(ʊ), -brə | -brə(ʊ)]〖← L *vibrāre* 'to VIBRATE'〗「振動」の意の連結形: *vibro*massage 振動マッサージ.

vi·bro·graph [váɪbrəgræ̀f | -brə(ʊ)grɑ̀ːf, -græ̀f]〖⇨ ↑, -graph〗*n.*〘機械〙振動(記録)計《vibrometer ともいう》. ⌈vibrograph.

vi·brom·e·ter [vaɪbrɑ́mətə | -brɔ́mɪtə(r, -mə-] *n.* ＝

vi·bron·ic [vaɪbrɑ́nɪk | -brɔ́n-]〖← VIBRO-＋(ELEC-TR)ONIC〗*adj.*〘物理〙電子振動の.

vi·bro·scope [váɪbrəskòʊp | -skəʊp]〖← VIBRO-＋-SCOPE〗*n.* 振動計. **vi·bro·scop·ic** [vàɪbrəskɑ́pɪk | -skɔ́p-] *adj.*

vi·bur·num [vaɪbə́ːnəm | -bə́ː-]〖《1731》⊏L *viburnum* wayfaring tree〗— *n.* **1**〘植物〙スイカズラ科ガマズミ属 (*Viburnum*) の高木・低木の総称《guelder rose, cranberry bush, dockmackie など》. **2** viburnum の乾燥した樹皮《薬用》.

vic [vík]〖英国の信号手のアルファベット V の呼び名: cf. ack-ack〗*n.*《英俗》飛行機の V 字形編隊(飛行).

Vic [vík]〖(dim.) ← VICTOR¹〗*n.* 男性名.

vic.《略》vicar; vicarage; vicinity.

Vic.《略》Vicar; Vicarage; Victoria; Victorian.

vic·ar [víkə | -kə(r]〖《*a*1325》*vicare, vikere* ⊏ AF ＝(O)F *vicaire* ⊏ L *vicārius* deputy, substitute ← *vicis* (gen.) change: ⇨ vice⁴, -ar²: VICARIOUS と二重語〗— *n.* **1**〘英国国教会〙教会区(代理)司祭[牧師]; 助任司祭, 副牧師《rector や parson に代わって parish の司祭を勤める聖職者; rector 同様, 聖職禄所有者 (incumbent) であるが, rector とは異なる十分の一税 (tithes) を領収した; cf. clergyman 2》. **2**〘米国聖公会〙**a** (教区教会の付属礼拝堂を受け持つ)専任牧師. **b** (教会または伝道区を受け持つ主教 (bishop) の)主教補佐. **3**〘カトリック〙**a** 教皇代理, 司教代理. **b** [the V-] ＝VICAR of (Jesus) Christ. **4** 代理(者) (deputy); 代わりとなるもの: regard the pope as being God's ～ 教皇を神の代理人と考える / There is no ～ *for* poetry on earth. この世で詩に代わるものはない.

Vicar [vicar] of Bray [bréɪ]〖← *Vicar of Bray* (Henry 八世から Elizabeth 一世までの治世に宗教界の転変に応じ, 4 回も新教あるいは旧教に改宗したという英国 Berkshire 州の Bray の教会区(代理)司祭のことを歌った 18 世紀の俗謡から)〗[the ―] 情勢によって変節する人, 日和見主義者 (timeserver).

Vicar [vicar] of (Jesus) Christ〖《なぞり》← L *Vicārius Christī*〗[the ―]〘カトリック〙キリストの代理(者), ローマ教皇 (Pope).

vic·ar·age [vík(ə)rɪdʒ]〖《1425》〗*n.* **1** vicar の住宅, 牧師館 (cf. rectory). **2** vicar の聖職禄. **3** vicar の職.

vícar apostólic *n.* (*pl.* **vicars a-**)〘カトリック〙**1** 代牧《布教地における司教の資格を有する教区長》. **2** (以前は)教皇代理(大)司教, 教皇使節.

vic·ar·ate [víkərət, -rɪt, -rèɪt] *n.* ＝vicariate.

vícar capítular *n.* (*pl.* **vicars c-**)〘カトリック〙司教座聖堂参事会代表《司教の死後参事会 (chapter) の選挙で選ばれ後任の決まるまでその管区を治める》.

vícar chóral *n.* (*pl.* **vicars c-**)〘英国国教会〙ヴィカーコラール, 大聖堂礼拝役員[委員]《大聖堂の礼拝歌詞の一部を歌う牧師または信徒役員》.

vic·ar·ess [víkərɪs, -rəs | -rɪs, -rəs, -rès] *n.* **1** 尼僧院長代理. **2** vicar の夫人.

vícar fo·ráne [-fɔːréɪn, -foː- | -fɔréɪn]〖*forane*: ⊏ ML *forāne-us* living outside: cf. foreign〗*n.* (*pl.* **vicars f-**)〘カトリック〙＝dean¹ 1 b.

vícar-géneral〖《*a*1393》《なぞり》← ML *vicārius generālis*〗— *n.* (*pl.* **vicars-g-**) **1**〘英国国教会〙主教[大主教]代理法務官《主教または大主教の司法行政事務を代行する》. **2**〘カトリック〙司教総代理《教区行政における司教の代理》. **3**〘英〙宗務代官《1535 年 Henry 八世が Thomas Cromwell に与えた称号で, 教会問題に関する王の代理者》.

vi·car·i·al [vaɪkɛ́(ə)riəl, vɪ-, və- | vɪkɛ́əri-, vaɪ-] *adj.* **1** vicar の: ～ duties. **2** vicar を勤める, vicar の職にある. **3** 代理の (vicarious): ～ power 代理権.

vi·car·i·ate [vaɪkɛ́(ə)riət, vɪ-, və-, -rɪɪt, -rièɪt | vɪkɛ́ərɪət, vaɪ-, -rɪɪt, -rɪèɪt]〖《1610》⊏ ML *vicāriāt-us*: ⇨ vicar, -ate¹·²〗— *n.* **1** vicar の職[権限, 在職期間]. **2** vicar の所管区域. **3** 代理による政府[行政]機関; 代理の所管区域. **4** 代理, 代用 (substitution). — *adj.* 代理権のある (vicarious). ⌈リック〙代牧区.

vicáriate apostólic *n.* (*pl.* **vicariates a-**)〘カト

vi·car·i·ous [vaɪkɛ́(ə)riəs, vɪ-, və- | vɪkɛ́əri-, vaɪ-]〖《1637》⊏ L *vicāri-us* substituted: ⇨ -ous: VICAR と二重語〗— *adj.* **1** 他に代わってする[受ける], 代わってなされた, 身代りの: a ～ work 代作 / ～ punishment 身代り刑罰 / the ～ sufferings [sacrifice] of Christ〘神学〙キリストが罪人の身代わりとなった受難[犠牲]. **2** (他人の経験を)想像[同感]して感じる, 他人の身になって経験する: His success gave her ～ pleasure. 彼の成功に彼女は我がことのように喜びを感じた. **3** 代理としての義務を遂行する, 代理をする (vicarial): a ～ agent 代理人. **4** 代理の, 名代の (deputed): ～ authority 代理権能 / ～ power 代理権. **5**〘医学〙代償(性)の: ～ hemorrhage [menstruation] 代償出血[月経]《通常の出血場所以外の所から出血すること》. **～·ly** *adv.* **～·ness** *n.*

vícar·ly *adj.* vicar の地位をもつ, vicar らしい[に関する, に似た].

vícar·shìp *n.* vicar の職[地位, 任期].

vice¹ [váɪs]〖《*c*1300》⊏ (O)F ～ ⊏ L *vitium* ← IE **wei-* fault, guilt: cf. vitiligo〗— *n.* **1** 不道徳, 悪徳, 邪悪 (cf. crime, sin¹; ↔ virtue): ～ and virtue 不徳と徳 / *Vice* of all kinds exists in all big cities. 大都会にはあらゆる種類の罪悪が存在する. **2** 不徳行為, 堕落行為, 悪習, 不品行, 悪癖, 非行; 性的不道徳行為, 売春: a ～ of intemperance 飲酒の悪習 / Avarice and cruelty are among the most detestable ～*s*. 貪欲と残忍は最も忌むべき罪悪に属する. **3** (人格・社会制度・文体などの)欠陥, 欠点, 不備: a ～ *of* literary style 文体上の欠陥 / the ～*s of* our social system わが社会組織の欠陥. **4** 肉体的欠陥, 病気: a constitutional ～ 体質上の欠陥. **5** (馬・犬などの)悪い癖. **6** [the V-] (英国の道徳劇 (morality play) における)悪玉《通例ある悪徳の名の付いた道化役》; 道化 (buffoon).

vice² [váɪs]〖《?*a*1300》⊏ (O)F *vis* screw, winding stair < VL **vitium*＝L *vītis* vine〗*n.* **1**《古》(石造の)らせん階段. **2**《英》＝vise. — *vt.*《英》＝vise.

vice³ [váɪs]〖《1597》← VICE-〗— *n.*《口語》vice-chancellor, vice-president などの略; 代理(者) (substitute, deputy). — *adj.* 代理の, 副… (cf. vice-).

vi·ce⁴ [váɪsi, ⌐ ⌐ | vàɪsi]〖《1770》⊏ L *vice* (abl.) ← *vicis* a change, turn ← IE **w(e)ik-* to bend, wind (Skt *vișți* changeable): ⇨ weak〗— *prep.*《文語》…の代わりに, …に代わって (in place of): be Brigade Major ～ Captain X promoted 昇進した X 大尉に代わって旅団副官となる / He was appointed as treasurer ～ Jones resigned. 彼はジョーンズ氏辞任の後任として会計官に任命された.

vice- [váɪs, vàɪs]〖《15C》⊏ OF *vis-* ⊏ L *vice* instead of (↑)〗*pref.* 官職・官等を表わす名詞に付いて「代理者, 次位の人」の意: *vice*-agent, *vice*-president, *vice*-warden.

více ádmiral *n.* 海軍中将.

více ádmiralty *n.* 海軍中将の職[地位, 任期].

více-ádmiralty cóurt *n.*〘英法〙副海事裁判所《英国の海外領土に所在する海事管轄権をもった裁判所》.

více-cháirman *n.* 副議長, 副会長, 副委員長; 議長[会長, 委員長]代理. ⌈任期].

více-cháirman·shìp *n.* vice-chairman の職[地位,

více-chámberlain *n.*《英》副官; 内大臣, 副侍従.

více-cháncellor〖15C〗*n.* **1** 副長官[大法官]; 長官代理. **2**《英》大学副総長 (cf. chancellor 4 a). **～·shìp** *n.*

více-cómmodore *n.* (ヨットクラブの)副提督.

více-cónsul *n.* 副領事.

více-cónsular *adj.* 副領事の. ⌈ship.

více-cónsulate *n.* **1** 副領事館. **2** ＝vice-consul-

více-cónsul·shìp *n.* 副領事の職[地位, 任期].

více-déan *n.*〘英国国教会〙＝subdean.

vice·ge·ral [vàɪsdʒí(ə)rəl | -dʒíər-]〖← VICEGER(ENT)＋-AL¹〗*adj.* 代官(職)の; 代理人の, 代理職の.

vice·ge·ren·cy [vàɪsdʒí(ə)rənsi | -dʒérənsɪ, -dʒíər-] *n.* 代官[代理職]の地位[職務]; 代官[代理職]の統治[管区].

vice·ge·rent [vàɪsdʒí(ə)rənt | -dʒér-, -dʒíər-]〖《1536》⊏ ML *vicegerent-em* (pres.p.) place-holding, substituting: ⇨ vice-, gerent〗— *n.* **1** 代官《最高支配者に代わってその権力を行使する権能を与えられた者》: God's ～ 教皇 (Pope). **2** 代理人, 名代 (deputy); 代理の者. — *adj.* 代理支配権をもつ, 代理権を行使する; 代理権力の, 代理を勤める.

více-góvernor *n.* 副知事, 副総督.

více-góvernor·shìp *n.* 副知事[総督]の職[地位, 任期].

více-kíng *n.* 副王, 太守 (viceroy).

více·less *adj.* 悪徳[邪悪, 欠陥]のない.

více-márshal *n.*〘英空軍〙＝air vice-marshal.

více-mínister *n.* 次官.

vic·e·nar·y [vísənèri | -nəri]〖⊏ L *vīcēnāri-us* ← *vīcēnī* twenty each ← *vīgintī* twenty: ⇨ -ary〗— *adj.* **1** 二十の[から成る]. **2**〘数学〙二十進法の《vigesimal ともいう》: ～ notation 二十進法.

vi·cen·ni·al [vaɪséniəl | -nɪ-]〖《1737》← L *vīcenni-um* period of 20 years ← *viciēs* twenty times＋*annus* year: ⇨ -al¹〗— *adj.* **1** 20 年の, 20 年間の[続く]. **2** 20 年ごとに繰返す, 20 年に 1 回の: a ～ celebration 20 周年記念祝賀.

Vi·cen·te [viːsénteɪ; *Sp.* biθénte, *Am. Sp.* bisénte, *Port.* visẽtə, *Braz.* visẽtʃi]〖⊏ Sp. ～〗*n.* 男性名.

Vi·cen·za [vɪtʃéntsə; *It.* vitʃéntsa] *n.* ビチェンツァ《イタリア北東部, Veneto 州の都市; 人口 120,000》.

Vice-Pres.《略》Vice-President.

více-présidency *n.* vice-president の職[地位, 任期].

více-président *n.* **1** 副大統領, 副総裁, 副会長, 副社長, 副総長, 副頭取: the *Vice-President* (of the United States) (アメリカ合衆国)副大統領. **2** 大統領[総裁, 会長, 社長, 総長, 頭取]の代理. **více-presidéntial** *adj.*

více-príncipal *n.* 副校長.

vice·régal〖← VICE-＋REGAL¹〗*adj.* 副王[太守] (viceroy) の: the ～ palace. **～·ly** *adv.*

více-régency *n.* 副摂政[摂政代理]の職[地位, 任期].

více-régent *n.* **1** 副摂政. **2** 摂政代理.

vice·reine [váɪsrèɪn | ⌐⌐, ⌐⌐]〖⊏ F ～ ← VICE-＋*reine* queen (⇨ regina)〗*n.* **1** 副王[太守]夫人 (viceroy's wife). **2** 女性の副王[太守] (woman viceroy).

vice·roy [váɪsrɔɪ]〖《1524》⊏ F ～ ← VICE-＋*roi* king (⇨ rex²)〗— *n.* **1** 副王, 太守: the *Viceroy* of India〘英国史〙インド副王《東インド会社の統治から本国の直轄統治になった時 (1858 年), Govenor-General of India (インド総督) が廃止されてできた》. **2**〘昆虫〙チャイロイチモンジ (*Limenitis archippus*)《北米産タテハチョウ科のチョウの一種》.

viceroy 2

více·róyal *adj.* ＝viceregal.

vice·royalty [⌐⌐(–)–, ⌐⌐(–)–] *n.* 副王[太守] (viceroy) の位[官職, 権力, 任期, 支配地域].

víceroy·shìp *n.* ＝viceroyalty.

vi·ces·i·mo [vaɪsésəmòʊ | -sɪməʊ]〖⊏ L *vicēsimō* (abl.) ← *vicēsimus* twentieth ← *vīgintī* twenty〗*n.*〘製紙〙＝twentymo.

vicésimo-quárto *n.*〘製紙〙＝twenty-fourmo.

více squàd *n.* (売春・賭博・麻薬などを取締まる, 警察の)風俗取締班.

více-tréasurer *n.* 副会計官.

vi·ce ver·sa [váɪsɪvə́ːsə, váɪsə-, váɪsvə́ː- | váɪsɪvə́ːsə, váɪsvə́ː-]〖《1601》⊏ L *vice versā* ← *vice* 'VICE⁴'＋*versā* ((fem. abl.) ← *versus* (p.p.) ← *vertere* to turn)〗— *L. adv.* 逆に, あべこべに, 逆もまた同じ (略 v.v.): call black white, and ～ 黒を白と言い白を黒と言う / The teacher blames his students, and ～. 先生は学生を学生は先生を非難する.

Vi·chy [víʃi, víː- | víːʃiː, -ʃɪ, víʃɪ; *F.* viʃi] *n.* **1** ビシー《フランス中部の都市, 鉱泉地 (cf. Vichy water); 第二次大戦中ドイツ軍支配下のフランスで成立した Pétain を国家主席とする親独政府所在地 (1940 年 7 月–'44 年 8 月); 人口 33,000》. **2** ＝Vichy water.

Vi·chy·ite [víʃiàɪt, víː- | víːʃiː-, -ʃɪ-, víʃɪ-]〖⇨ ↑, -ite¹〗— *n.* (第二次大戦中 Henri Pétain 元帥の下に成立し, ドイツの Nazis と経済協力を行なった)ビシー(政府)派の人.

vi·chys·soise [vìʃiswɑ́ːz, vìːʃiː- ; *F.* viʃiswaːz]〖⊏ F ～ (fem. adj.) ← VICHY＋-*ss*- (← ?)＋-*oise* '-ESE'〗— *F. n.* ヴィシソワーズ《じゃがいも・たまねぎ・ポロねぎ・鶏のだし汁に牛乳と生クリームを加えて作る冷たいスープ》.

Víchy wàter, v- w-〖← VICHY〗*n.* ビシー水《Vichy 産の鉱泉水; 消化器病・痛風などに有効》; (ビシー水に類似の)ミネラルウォーター.

Vi·ci [váɪsaɪ]〖← ? L *vīcī* I have conquered ← *vincere* to conquer〗*n.*〘商標〙バイサイ《靴用の子やぎ革の一種; クロムなめしで光沢がある》.

vic·i·nage [vís(ə)nɪdʒ, -sn- | -sɪn-]〖《*a*1325》⊏ OF *visenage* (F *voisinage*) ← *vesin* (F *voisin*) ← VL **vecīnus*＝L *vicīnus* near, neighboring ← *vicus* district of a city, village ← IE **weik-* clan (L *villa* 'VILLA' / Gk *oikos* house): ⇨ -age〗— *n.* **1** 近所, 近隣, 付近 (neighborhood). **2** 近所であること, 近接, 隣接 (vicinity). **3** [集合的] 近所の人たち, 隣人同士.

vic·i·nal [vís(ə)nəl, -sn- | -sɪnl]〖⊏ L *vīcīnāl-is*: ⇨ ↑, -al¹〗— *adj.* **1** 付近の, 近所の; 隣接の (neighboring, adjacent). **2** 〈道路が〉一地方だけの (local): a ～ way [road] 里道, 支道 (cf. highway 1 a). **3**〘結晶〙微斜面の: a ～ face [plane] 微斜面《指数が簡単でよく出現する面に対して僅かな傾斜で交わる面》. **4**〘化学〙隣位の: ～ position 隣位.

vic·i·nism [vísənìzm | -sɪn-]〖← L *vicīn-* (⇨ vicinage)＋-ISM〗*n.*〘生物〙ヴィシニズム, にせ先祖返り (false atavism)《異種の植物が近接して生育していることから起こる形質の変異傾向》.

vi·cin·i·ty [vɪsínəti, və- | vɪsínətɪ, və-, vaɪ-, -nɪ-]〖《1560》⊏ L *vīcīnitāt-em* ← *vīcīnus* near: ⇨ vicinage, -ity〛 ── *n.* **1** 近所, 近辺, 近隣, 付近, 近傍: in the ~ *of* London ロンドン付近に / Tokyo and its ~ 東京およびその近辺. **2** 近いこと, 近接, 接近: towns in close ~ 非常に近接している都市 / this ~ *to* the great city 大都市にこんなに近いこと / He is in the ~ *of* 50. 彼はおおよそ 50 歳だ / They were unaware of my ~. 近くに私がいるのに気がつかなかった / He is in the ~ *of* death's door. 死にかけている. **3** 《廃》(血縁などの)密接な関係; 近似.

vi·cious [víʃəs] 〚《c1380》□ OF ~ (F *vicieux*) □ L *vitiōsus* ← *vitium*: ⇨ vice¹, -ious〛 ── *adj.* **1** 悪徳の, 悪徳に耽る, 不道徳な, 堕落した, 不品行の (depraved); 悪い, 邪悪な: a ~ life, person, etc. / a ~ book 悪書 / ~ companions 悪友 / a ~ habit 悪癖, 悪習. **2** 非難すべき (blameworthy); 間違いの, 正しくない (wrong, mistaken); 欠点のある, (法的に)不備な (faulty, defective): ~ reasoning 誤った推論 / a ~ argument 通らない議論 / a ~ style 悪文 / ~ syllogism 似而非(えせ)三段論法, 詭弁 / a ~ text 誤りの多いテキスト / a ~ pronunciation 正しくない発音 / ~ union 〘外科〙(骨折の)不正癒合 / Though I perchance am ~ in my guess. 推測を誤っているかもしれませんが (Shak., *Othello* 3. 3. 145). **3 a** 悪意のある, 意地の悪い, 敵意のある: a ~ look 意地の悪い目つき / ~ criticism 悪意のある批評 / ~ remarks 毒々しい言葉. **b** すごい, ひどい (severe); 悪性の (malignant): a ~ headache ひどい頭痛 / a ~ tumor 悪性腫瘍. **c** 激しい, 鋭い; 猛烈な (strenuous): a ~ blow 強打 / a ~ hurricane 暴風. **4 a** 〈気性が〉荒い, 狂暴な (savage, ferocious). **b** 〈馬など〉癖の悪い, 御し難い (unruly, dangerous): a ~ mule, bull, etc. **5** 《廃》不純な, ひどく汚れた (impure): ~ air, water, etc. **~·ly** *adv.* **~·ness** *n.*

vícious círcle *n.* **1** 悪循環《一つの悪条件を改善しようとすれば, かえって新しい悪条件を生じたりする好ましくない原因・結果の連鎖》. **2** 〘経済〙悪循環《低成長—低所得—低成長のように, 事態が一向に改善されない状態》. **3** 〘病理〙悪循環《甲が原因で乙が起こり, その乙が原因となって元の甲をさらに悪化させるような症状》. **4** 〘論理〙循環論証[論法].

vícious intromíssion *n.* 〘スコット法〙遺産干渉《裁判所の許可なくまたは遺言の検認を受けずに, 被相続人の動産に対して行なわれる不法な干渉; 干渉者は被相続人の債務に対して責任を負う; cf. legal intromission》.

vícious spíral *n.* 〘経済〙(物価騰貴と賃金上昇との)悪循環.

vi·cis·si·tude [vɪsísət(j)ù:d, və-, vaɪ- | vɪsísɪtjù:d, vaɪ-] 〚《1565》□ (O)F ~ // L *vicissitūdō* a change ← *vicissim* by turns ← *vicis*: ⇨ vice⁴, -tude〛 ── *n.* **1** (状態・物事の)変化, 変動, 変遷 (change, mutability): the ~ of the sea 海の変化. **2** [*pl.*] (人生・運命などの)栄枯盛衰, 浮沈 (ups and downs): the ~*s* of life [fate] 人生[運命]の浮き沈み / a life marked by ~*s* 変化に富んだ生涯, 浮き沈みの多い人生. **3** 《古・詩》規則的な変化, 推移 (alternation): the ~ of night and day [of the seasons] 昼夜[四季]の推移.

vi·cis·si·tu·di·nar·y [vɪsìsət(j)ú:dənèri, və-, vaɪ-, -dṇ- | vɪsìsɪtjú:dɪn(ə)ri, vaɪ-, -d(ə)n-, -dṇəri] 〚← L *vicissitūdin-*, *vicissitūdō* (↑) + -ARY〛 ── *adj.* =vicissitudinous.

vi·cis·si·tu·di·nous [vɪsìsət(j)ú:d(ə)nəs, və-, vaɪ-, -dṇ- | vɪsìsɪtjú:dɪn-, vaɪ-] 〚⇨ ↑, -ous〛 ── *adj.* 移り変わりのある, 変化のある, 盛衰のある, 推移する, 有為転変の.

Vick [vík] 〚(dim.) ← VICTOR¹〛 *n.* 男性名.

Víck·ers hárdness tèst [víkəz- | -kəz-] 〚← *Vickers Armstrong Ltd.* (英国の鉄鋼会社)〛 ── *n.* ビッカース硬さ試験《対面角 136 度の正四角錐のダイヤ製圧子を用いる金属の硬さ試験; cf. Brinell hardness》.

Vick·ie [víki | -kɪ] 〚(dim.) ← VICTORIA²〛 *n.* 女性名.

Vicks·burg [víksbə:g | -bə:g] 〚← *Rev. Newitt Vick* (?-1819: この地の開拓者であるメソジスト派の牧師): ⇨ -burg〛 ── *n.* 米国 Mississippi 州の Mississippi 河畔の都市; 南北戦争当時の南軍の要地で, Grant 将軍によって包囲攻略された (1863 年); 人口 26,000》.

Vick·y [víki | -kɪ] 〚(dim.) ← VICTORIA²〛 *n.* 女性名.

vi·comte [vi:kɔ́:(n)t, -kɔ́(:)nt; *F.* vikɔ̃:t] 〚□ F ~ 'VISCOUNT'〛 *F. n.* (*pl.* **~s** [~]) (フランスの)子爵 (cf. viscount).

vi·com·tesse [vi:kɔ̃:(n)tés, -kɔ(:)n-; *F.* vikɔ̃tɛs] 〚□ F ~ (fem.) (↑)〛 *F. n.* (*pl.* **~s** [~]) (フランスの)子爵夫人[未亡人]; (フランスの)女子爵 (cf. viscountess).

vi·con·ti·el [vaɪkɑ́ntiəl | -kɔ́ntɪ-] 〚□ AF ~ ← OF *visconte* 'VISCOUNT'〛 *adj.* 《英古》州奉行の, 州長官 (sheriff) の, 子爵 (viscount) の[に関する].

vic·tim [víktɪm, -təm | -tɪm] 〚《1497》□ L *victima* beast for sacrifice ← IE **weik-*: cf. witch〛 ── *n.* **1 a** (他人の怒り・悪意・迫害・詐欺・いたずらなどの)被害者, 犠牲者, 食いもの, だまされた人, 餌食 (dupe, prey): a ~ *of* another's greed [oppression] 他人の貪欲[虐待]の犠牲者 / the ~ *of* one's own folly 自分自身の愚行の犠牲《自分の不始末の結果けがなどをした人》/ ~*s of* disease 罹病者 / a ~ *of* a swindler 詐欺師の食いもの / be made a ~ *of* temptation 誘惑の犠牲となる. **b** (境遇・野心・事故などの)犠牲(者), 被害者, 遭難者, 罹災者 (sufferer): ~*s of* the war = war ~*s* 戦争被害者 / a ~ *of* circumstances 境遇の犠牲者《境遇のため失敗したり罪を犯したりした人》/ fall (a) ~ *to* a woman's charms 女の色香に迷う / He fell (a) ~ *to* [became a ~ *of*] his own ambition. 彼は自らの野心の犠牲になった. **2** (宗教的儀式における)いけにえ, 犠牲, 人身御供(ひとみごくう).

vic·tim·ize [víktɪmàɪz, -təm- | -tɪm-] *vt.* **1** 犠牲にする (sacrifice); 犠牲として殺す. **2** だます, ぺてんにかける, 欺く (deceive, swindle): be ~*d* by rogues 悪漢たちのためにひどい目にあう. **3** 〈植物を〉全滅させる (destroy). **4** (労働組合などで)〈首謀者などを〉犠牲にする, 処分する. **víc·tim·ìz·a·ble** [-zəbḷ] *adj.* **vic·tim·i·za·tion** [vìktɪmɪzéɪʃən, -tə-, -mə- | -tɪmaɪ-, -mɪ-] *n.* **víc·tim·ìz·er** *n.*

víctim·less *adj.* 犠牲者のない: a ~ crime 犠牲者なき犯罪《売春・賭博など一般に被害者の同意があり, 直接的な暴力を伴わない犯罪》.

vic·tim·ol·o·gy [vìktɪmɑ́lədʒi, -tə- | -tɪmɔ́lədʒɪ] 〚← VICTIM + -O- + -LOGY〛 *n.* 〘法律〙被害者学. **vìc·tim·ól·o·gist** [-dʒɪst, -dʒəst | -dʒɪst] *n.*

vic·tor [víktɚ | -tə(r] 〚《c1340》□ AF *victo(u)r* // L ~ ← *victus* (p.p.) ← *vincere* to vanquish ← IE **weik-* to conquer (cf. wight²): ⇨ -or²〛 ── *n.* **1** 勝利者, 戦勝者, 征服者 (conqueror). **2** (闘争・競技などの)勝者, 勝利者. **3** [形容詞的に] 勝利者の; 勝利の, 勝ち誇る: a ~ sword 勝利の剣 / ~ troops 勝利軍, 戦勝隊.

Vic·tor¹ [víktɚ | -tə(r; *F.* viktɔ:r, G. víktɔr, *Dan.* víktɔr] 〚□ L ~ (↑)〛 *n.* 男性名《愛称形 Vic, Vick》.

Vic·tor² [víktɚ | -tə(r] *n.* ローマ時代に Jupiter, Mars, Hercules に付けられた勝利者という形容辞.

Victor Emmanuel I *n.* ビットリオ エマヌエレ一世《1759–1824; Sardinia 王 (1802–21); イタリア語名 Vittorio Emanuele I [emànuɛ́:le]》.

Victor Emmanuel II *n.* ビットリオ エマヌエレ二世《1820–78; Sardinia 王 (1849–61) およびイタリア初代の国王 (1861–78); イタリア語名 Vittorio Emanuele II》.

Victor Emmanuel III *n.* ビットリオ エマヌエレ三世《1869–1947; イタリア国王 (1900–46), 1944 年 6 月王権を皇太子 Humbert に譲ったが, 国王の称号とサボイ家 (House of Savoy) の家長である地位とを君主制の終わりまで保持した; イタリア語名 Vittorio Emanuele III》.

víctor·fìsh *n.* 〘魚類〙=oceanic bonito.

vic·to·ri·a [vɪktɔ́:riə, -tó:r- | -tɔ́:rɪə] 〚《1870》← *Queen Victoria*〛 ── *n.* **1** 四輪の幌付き馬車《一頭または二頭立て二人乗り》. **2** 後部座席のおおいが折りたためるオープン型の自動車. **3** 〘植物〙南米産スイレン科オオオニバス属 (*Victoria*) の植物の総称.

Vic·to·ri·a¹ [vɪktɔ́:riə, -tó:r- | -tɔ́:rɪə] *n.* **1** オーストラリア南東部の州; 人口 3,497,000, 面積 227,620 km², 首都 Melbourne. **2** 中国南東部の英国植民地 Hong Kong の首都, 海港; 人口 521,000; Hong Kong ともいう. **3** カナダ南西部の Vancouver Island 東南端にある海港, British Columbia 州の首都; 人口 208,000. **4** セイシェル (Seychelles) 共和国の首都; 人口 14,000.

Vic·to·ri·a² [vɪktɔ́:riə, -tó:r- | -tɔ́:rɪə] 〚□ L *Victōria* 'VICTORY'〛 *n.* **1** 女性名《愛称形 Vickie, Vicky, Vikki, Queenie; 異形 Victorine, Vittoria》. **2** 〘ローマ神話〙ビクトーリア《Victory の彫像》.

Victoria, Lake *n.* ビクトリア湖《アフリカ大陸中東部の Kenya, Tanzania, Uganda の国境にある湖; 世界第 2 位の大淡水湖で, Nile 川の主源流; 1858 年 J. H. Speke によって発見された; 面積 69,000 km², 湖面の高度 1,134 m; Victoria Nyanza ともいう》.

Victoria, Mount *n.* ビクトリア山《Papua New Guinea 南西部 Owen Stanley 山脈中の最高峰 (4,073 m)》.

Victoria, Queen *n.* (1819–1901) 英国女王 (1837–1901), インド女帝を兼ねた (1876–1901); Alexandrina Victoria.

Vic·to·ria [vɪktɔ́:riə, -tó:r- | -tɔ́:rɪə; *Sp.* biktórja], **Tomás Luis de** *n.* ビクトリア《1548?–1611; スペインの作曲家》.

Victória and Álbert Muséum *n.* [the ~] ビクトリア アルバート博物館《英国の London の South Kensington にある応用美術および絵画博物館; Victoria 女王によって 1857 年に開館; 略 V. & A.》.

Victória Cróss *n.* [the ~] ビクトリア十字勲章《英国の軍人で武勲のあったものに授けられるマルタ十字の英国最高の勲章; For Valour と刻まれている; 1856 年 Victoria 女王により制定; 略 V.C.》.

Victória Dày *n.* **1** =Empire Day. **2** ビクトリアデー《カナダの法定休日; 5 月 25 日直前の月曜日》.

Victória Embánkment *n.* [the ~] =Thames Embankment.

Victória Fálls *n. pl.* [通例 the ~; 複数扱い] ビクトリア滝: **1** アフリカ南部 Zambezi 川の大滝; 四つの部分から成り高さ 108 m, 幅 1.7 km 以上; Livingstone が発見 (1855 年). **2** Iguaçú Falls の旧名.

Victória Ísland *n.* ビクトリア島《カナダ Northwest Territories 北部の島》.

Victória Lànd *n.* ビクトリアランド《南極大陸の Ross 海の東の地域; 大部分が英領 Ross Dependency に含まれる, 1841 年 Sir James Ross が発見》.

Victória líly *n.* 〘植物〙=victoria 3.

Vic·to·ri·an [vɪktɔ́:riən, -tó:r- | -tɔ́:rɪ-] 〚← *Queen Victori(a)* + -AN¹〛 ── *adj.* **1** ビクトリア女王 (Queen Victoria) の, ビクトリア女王(治世)時代の, ビクトリア朝の (cf. Edwardian, Georgian): ~ statesmen, writers, habits, etc. / the ~ age ビクトリア朝 (1837–1901). **2** ビクトリア朝風の; (尊大・お上品ぶり・因襲墨守・偏狭などを特徴とした)ビクトリア(女王)時代の人風の: ~ dress / a ~ gentleman / a strict ~ upbringing 厳格なビクトリア朝的しつけ. **3** 〈建築・家具類など〉ビクトリア朝様式の《1830 年代から 1900 年頃までの英国に流行した, 堂々とし, かつ豪華な装飾を施した室内装飾・家具・調度の様式をいう》: a ~ sideboard, mansion, etc. ── *n.* ビクトリア(女王)時代の人, (特に)ビクトリア朝の文学者[名士].

Vic·to·ri·an·a [vɪktɔ̀:riǽnə, -tò:r-, -ɑ́:nə, -éɪnə | -tɔ̀:rɪɑ́:nə] 〚⇨ ↑, -ana〛 *n.* [集合的] ビクトリア朝に関する資料[文献](のコレクション).

Victórian Cháin *n.* [the Royal ~] ビクトリア鎖章《1902 年 Edward 七世により制定され, 特別のことがあった場合元首より与えられる勲章》.

Victórian Góthic *n.* 〘建築〙ビクトリアンゴシック《ビクトリア朝期に盛行したゴシック復興様式》.

Vic·tó·ri·an·ìsm [-nìzm] *n.* **1** ビクトリア朝風《偽善者的な道徳主義や堅苦しさなどが特色; cf. Victorian *adj.* 2》. **2** ビクトリア朝風のもの.

Victórian Órder *n.* [the (Royal) ~] ビクトリア勲位[勲章]《1896 年 Victoria 女王が制定; 元首に対して勲功のあった者に与えられる; 略 V.O.; Knight [Dame] Grand Cross (略 G.C.V.O.), Knight [Dame] Commander (略 K.[D.].C.V.O.), Commander (略 C.V.O.), Member (略 M.V.O.) の 4 階級がある》.

Vic·to·ri·an·ize [vɪktɔ́:riənàɪz, -tó:r- | -tɔ́:rɪ-] *vt.* ビクトリア朝風[様式]にする. **Vic·to·ri·an·i·za·tion** [vɪktɔ̀:riənɪzéɪʃən, -tò:r-, -nə- | -tɔ̀:rɪənaɪ-, -nɪ-] *n.*

Victória Ny·án·za [-naɪǽnzə, -njɑ́:nzɑ: | -njǽnzə, -nɪǽn-, -naɪ-] *n.* ビクトリアニアンザ (⇨ Lake VICTORIA).

vic·to·ri·ate [vɪktɔ́:riət, -tó:r-, -riɪt, -rièɪt | -tɔ́:rɪət, -riɪt, -rɪèɪt] 〚□ L *victōriāt-us*: ⇨ victory, -ate¹〛 ── *n.* ビクトリエイト《古代ローマ時代の銀貨; 裏面に Victoria の像がある; ³/₄ denarius に相当》.

vic·to·rine [vìktərí:n, ⌐ー⌐|⌐ー⌐, ⌐ー⌐] 〚《1849》← ? *Queen Victoria*: ⇨ -ine⁴〛 *n.* ビクトリーン《毛皮の細く長い婦人用肩掛け》.

vic·to·ri·ous [vɪktɔ́:riəs, -tó:r- | -tɔ́:rɪ-] 〚《c1390》□ AF ~ = (O)F *victorieux* □ L *victōriōsus*: ⇨ victory, -ous〛 ── *adj.* **1** 勝利を得た, 勝った, 勝ち誇る (triumphant): a ~ general 戦勝将軍 / the ~ team 優勝チーム / ~ troops 勝利軍 / a ~ smile 勝ち誇った微笑 / come out ~ 勝利を得る, 戦勝する. **2** 勝利の, 戦勝の[を示す, を象徴する]: a ~ day 勝利の日 / a ~ flag 勝利の旗. **3** 勝利をもたらす: ~ strategy. **~·ness** *n.*

vic·tó·ri·ous·ly *adv.* **1** 勝って, 勝利を得て; 勝ち誇って. **2** 勝つように, 勝利を得るほど.

vic·to·ry [víkt(ə)ri | -rɪ] 〚《?a1300》□ AF *victorie* // L *victōria* ← *victor*: ⇨ victor, -y¹〛 ── *n.* **1** 勝ち, 勝利 (↔ defeat): a decisive ~ 決定的勝利 / have [get, win] the [a] ~ *over*…に勝利を得る, 勝つ / naval *victories* 海軍の勝利. **2** 〔反対・困難などの〕征服, 克服, 制圧, 勝利〔*over*〕: a ~ *over* every difficulty あらゆる困難の克服 / a ~ *over* one's lower self [*over* oneself] 克己.

Vic·to·ry [víkt(ə)ri | -rɪ] 〚↑〛 ── *n.* **1** 〘ローマ神話〙ヴィクトリー《勝利の女神; ギリシャ神話の Nike に当たる》. **2** [the ~] ビクトリー号《英国の提督 Nelson が Trafalgar 沖の海戦を指揮した旗艦; Portsmouth 港に現存》.

víctory gàrden, V- g- *n.* 《米》(第二次大戦中, 庭園などを変えて作った)野菜畑, 勝利菜園.

víctory·less *adj.* 勝利のない.

Víctory Mèdal *n.* [the ~] 戦勝記念章: **1** 第一次大戦米軍参加記念章《青銅製円形の勲章》. **2** (第一次大戦参加記念章と似た)第二次大戦米軍参加記念章.

víctory rìbbon *n.* Victory Medal の略章《虹色のリボンで左胸につける》.

vic·tress [víktrɪs, -trəs] 〚(fem.) ← VICTOR〛 *n.* 女性の勝利者.

Vic·tro·la [vɪktróʊlə | -trə́ʊ-] 〚← *Victor* (会社名: ⇨ victor) + *-ola* (cf. viola¹)〛 *n.* 〘商標〙ビクトローラ《蓄音機の商品名》.

vict·ual [vítḷ | -tḷ] 〚n.: 《c1303》 *vitaille* □ OF (F *victuaille*) < LL *victuālia* provisions (neut. pl.) ← L *vīctus* nourishment ← *vīvere* to live. ── v.: 《?a1300》 □ OF *vitaillier*: cf. vital〛 ── *n.* **1** [*pl.*] 食糧(品) (provisions). **2 a** 《古・方言》食べ物 (food). **b** 《古》野菜作物. **c** 《スコット》穀物 (grain). ── *v.* (**vict·ualed, -ualled; -ual·ing, -ual·ling**) ── *vt.* …に食糧を供給する[貯える, 積み込む]: ~ an army, a ship, etc. ── *vi.* **1** 食糧を仕込む, 〈船が〉食糧を積み込む. **2** 《古》食物を食べる (eat); 〈動物が〉食べる.

vict·ual·age [vítḷɪdʒ | -tḷ-] *n.* 食物, 食料, 糧食.

víct·ual·er, 《英》 **vict·ual·ler** [-tḷɚ, -tlɚ | -tḷə(r)] 〚ME *vitailler* □ OF: ⇨ victual, -er¹〛 ── *n.* **1** (軍隊・船舶などへの)食糧供給者 (sutler). **2** 食糧輸送船, 糧食船[艦] (supply ship). **3** 《英》飲食店主, (特に)酒類販売免許所有の飲食店主, 酒屋の主人 (publican) 《licensed victualler ともいう》.

víct·ual·ing bìll [-tḷɪŋ-, -tl- | -tḷ-] *n.* 船用食品積込申告書.

víctualing hòuse *n.* 《英》飲食店 (eating house).

víctualing shìp *n.* =victualer 2.

victualler *n.* =victualer.

vi·cu·ña [vɪkúːnjə, və-, vaɪ- | vɪk(j)úːnə, vaɪ-, -njə; *Sp.* bikúɲa] 〚(1604) ▭ Sp. ～ ▭ Quechua *wikúña*〛 ― *n.* (*also* **vi·cu·na** [vaɪk(j)úːnə, vɪ-, və- | vɪkjúː-, vaɪ-], **vi·cu·gna** [vɪkúːnjə, və-, vaɪ- | vɪk(j)úːnə, vaɪ-, -njə]) **1** 〘動物〙ビクーナ (*Lama vicugna*) 《ペルー・ボリビア・エクアドル地方のラクダ科の哺乳類》. **2** ビクーナ織物《ビクーナの毛で織った柔らかいラシャ》.

vicuña 1

VID 《略》 Volunteers for International Development.

vid. 《略》 vide.

Vi·da [víːdə, váɪ-] 〚(dim.) ← DAVIDA〛 *n.* 女性名.

Vi·dar [víːdɑə | -dɑː(r)] *n.* 〘北欧神話〙 ヴィーダル 《Odin の息子で, 怪力無双の無言の神; cf. Fenrir》.

vi·de [váɪdi, víːdeɪ | váɪdiː, -dɪ, víder] 〚(1565) ▭ L *vidē* (imper.) ← *vidēre* to see〛 ― *L. v.* …を見よ, 参照せよ (略 v., vid.): ～ [*v.*, *vid.*] p. 30 30 ページ参照 / ～ Rev. 2. 3 「黙示録」第 2 章第 3 節を見よ / ～ the press passim 新聞各所を参照せよ / ⇨ quod vide.

vide án·te [-ǽnṭi | -tɪ] 〚▭ L *vidē ante* see before〛 *L.* 前を見よ, 前文参照 (略 v.a.).

víde ín·fra [-ínfrə] 〚▭ L *vidē infrā* see below〛 *L.* 下を見よ, 下文参照 (略 v.i.).

vi·de·li·cet [vɪdéləsèt, və-, vaɪ-, -sɪt, -sət, -déɪlɪkèt, -lə- | vɪdíːlɪsèt, vaɪ-, vɪdéɪlɪkèt] 〚(1464) ▭ L *vidēlicet* 《短縮》 ← *vidēre licet* It is permitted to see〛 ― *L. adv.* [ある語句を更に詳しく説明する場合に用いて] すなわち (that is to say, namely) 《通例, 前にコンマをつけ, viz. と略す; 改まった文に用い, 'namely' に置き換えて読むことが多い (cf. i.e.)》: The animal kingdom may be divided into three great groups, viz. the vertebrates, invertebrates, and protozoa. 動物界は三大部門, すなわち脊椎動物・無脊椎動物・原生動物に分けられる.

vid·e·o [vídiòu | -dɪəu] 〚← L *vidē(re)* to see ＋ -o (cf. audio)〛 ― *adj.* **1** テレビ映像受送(用)の (cf. audio); ビデオの: ⇨ video signal. **2** ビデオ周波数の: ⇨ video amplifier. ― *n.* **1** ビデオ《テレビの音響関係に対して映像関係[部門]》. **2** 《米》(時に, 音響のみのラジオと対照して)テレビ (television) (cf. audio).

vídeo ámplifier *n.* 〘電子工学〙 ビデオ周波数増幅

vídeo cártridge *n.* 〘テレビ〙 =videocassette. ⌊器.

vìdeo·cassétte *n.* 〘テレビ〙 ビデオカセット.

vid·e·o·cast [vídio(u)kæ̀st | -dɪə(u)kàːst] *v.*, *n.* =telecast. 「スク.

vìdeo·dísc *n.* (*also* **vìdeo dísc**) 〘テレビ〙 ビデオディ

vídeo frèquency *n.* 〘テレビ〙 映像周波数.

vid·e·o·gen·ic [vìdio(u)dʒénɪk | -dɪə(u)-] 〚⇨ -genic〛 *adj.* =telegenic. 「化する.

vid·e·o·ize [vídiouàɪz | -dɪəu-] *vt.* 〘テレビ〙 ビデオ

vídeo múltiplex bróadcast *n.* 〘テレビ〙 映像多重放送《テレビ電波の隙間を利用して画面に写真や文字を重ねて流す方式; cf. sound multiplex broadcast》.

vid·e·o·phone [vídiəfòun | -dɪə(u)fəun] *n.* ビデオフォーン, テレビ電話.

vídeo·plàyer *n.* 〘テレビ〙 ビデオプレーヤー《ビデオテープ再生テレビ装置》.

vídeo recòrder *n.* 〘テレビ〙 ビデオレコーダー, ビデオテープ録画機[装置].

vídeo recòrding *n.* 〘テレビ〙 **1** ビデオレコーディング《ブラウン管の映像をフィルムに撮影して作る映画》. **2** =video tape recording.

vídeo sìgnal *n.* 〘テレビ〙 映像信号, ビデオ信号 (picture signal).

vídeo swìtcher *n.* 〘テレビ〙 **1** ビデオスイッチャー, スイッチ卓《映像を切換えたりダブらせたり, 徐々に消したり表わしたりする装置》. **2** ビデオスイッチャーを操作する人.

vídeo·tàpe 〘テレビ〙 *n.* ビデオテープ: **1** =video tape recording 2. **2** テレビの録画・録音用磁気テープ. ― *vt.* ビデオテープに録画する, …のビデオどりをする. **vídeo·tàped** *adj.* 「コーダー.

vídeotape recòrder *n.* 〘テレビ〙 ビデオテープレ

vídeotape recòrding *n.* 〘テレビ〙 **1** ビデオテープ式録画録音《音声・映像信号を磁気テープに記録して行なうテレビ番組の収録》. **2** テープ上に収録され

vìdeo·téléphone *n.* =videophone. ⌊たもの.

vìdeo·téx *n.* =viewdata.

víde póst [-póust | -páust] 〚▭ L *vidē post* see after〛 *L.* 後を見よ (略 v.p.).

víde sú·pra [-súːprə | -s(j)úː-] 〚▭ L *vidē suprā* see above〛 *L.* 上を見よ (略 v.s.).

vi·dette [vɪdét, və- | vɪ-] *n.* =vedette. 「名.

Vi·dette [vɪdét, və- | vɪ-] 〚(dim.) ← DAVIDA〛 *n.* 女性

víde ut súpra [-ʌt-súːprə | -s(j)úː-] 〚▭ L *vidē ut suprā* see as above〛 *L.* 前掲指示の通り参照せよ.

vid·i·con [vídɪkàn, -də- | -dɪkɔ̀n] 〚《商標》 ← VID(EO) ＋ ICON(OSCOPE)〛 *n.* 〘テレビ〙 ビディコン《光伝導効果を利用した低速型撮像管の一種》.

vi·di·mus [vídəməs, váɪ- | -dɪ-] 〚(1436) ▭ L *vidimus* we have seen ← *vidēre*: ⇨ vide〛 *n.* **1** 帳簿の検査, 書類の調査. **2** 検査済書類.

vid·u·al [vídʒuəl | -dju-] 〚(1550) ▭ LL *viduāl-is* ← L *vidua* 'WIDOW': ⇨ -al¹〛 *adj.* 《廃》 寡婦の, やもめ(暮らし)の.

vi·du·i·ty [vɪd(j)úːəṭi, və- | vɪdjúːɪtɪ, -ɪtɪ] 〚▭ (O)F *viduité* // L *viduitātem*: ⇨ ↑, -ity〛 *n.* 寡婦であること; やもめ暮らし; 寡婦である期間 (widowhood).

vid·ya [vídjə] 〚▭ Skt *vidyā* knowledge: cf. Veda〛 *n.* 〘ヒンズー教・仏教〙 学問, 知識, 呪術, 明(ᵐʸᵒ̄) (cf. avidya).

vie [váɪ] 〚(1565) 《頭音消失》 ← ME *avie, envie* ▭ OF *envier* to challenge < L *invītāre* 'to INVITE'〛 ― *v.* (～**d**; **vy·ing**) ― *vi.* 〔…と〕優劣を争う, 競う, 競争する (contend) 〔*with*〕: ～ *with* another in doing something [*for* something] ある事をするのに[あるものを得ようと]他と張り合う. ― *vt.* **1** 《廃》 (トランプで)賭(ᵏ)ける. **2** 《古》 〈ある物を〉〔…と〕対抗させる, 競わせる (match) 〔*with, against*〕. **ví·er** *n.*

Vi·en·na [viénə | vɪ-] 〚← L *Vindobona* ← ? Celt. 《原義》 estuary of white river〛 ― *n.* ウィーン《Danube 川に臨むオーストリアの首都; ウィーン会議 (Congress of Vienna) (1814–15) の開催地; 人口 1,593,000; ドイツ語名 Wien》.

Viénna Círcle *n.* [the ～] 〘哲学〙 ウィーン学団[学派] 《Vienna を中心に 1924 年頃から約 10 年間国際的に影響を与えた科学重視の論理的実証主義者の団体》.

Viénna Internátional *n.* [the ～] ウィーンインターナショナル (⇨ international *n.* 2).

Viénna sáusage *n.* ウィンナソーセージ.

Viénna schnítzel *n.* =Wiener schnitzel.

Viénna stéak *n.* ウィーン風ステーキ《牛ひき肉に玉ねぎ・香味野菜・ケチャップなどを合わせて平たくまとめ, 両面を焼いたもの; 揚げた玉ねぎを添える》.

Vienne [vién | vɪ-; *F.* vjɛn] *n.* **1** ビエンヌ(県)《フランス西部の県; 人口 358,000, 面積 6,985 km², 首都 Poitiers》. **2** [the ～] ビエンヌ(川)《フランス中西部の川 (350 km); Loire 川に合流》.

Vi·en·nese [vìːəníːz, -níːs | vìəníːz] 〚← VIENN(A) ＋ -ESE〛 *adj.* ウィーン(人)の, ウィーン風の. ― *n.* (*pl.* ～) ウィーン人.

Vien·tiane [vjɛ̀ntjáːn] *n.* ビエンチャン《ラオス (Laos) 北西部にある Mekong 川に臨む同国の首都; 人口 150,000》.

Vie·reck [víː(ə)rek | víər-], **Peter** (**Robert Edwin**) *n.* (1916–　) 米国の詩人・歴史家.

Víe·ren·deel trúss [gírder] [víː(ə)rəndèɪl- | víər-; *Du.* viːrəndèːl-] 〚← *M. Vierendeel* (1896 年にこれを発明したベルギーの技師)〛 ― *n.* 〘土木〙 フィーレンデールトラス[ガーダー] 《トラスの斜材をはずした形で, 格点を剛結したもの》.

Vi·et [viét, vjét | vjét] 〚《略》 ← VIET(NAM) // VIETNAMESE)〛 《米口語》 *n.* ベトナム; ベトナム人. ― *adj.* ベトナム人の; ベトナムの.

vi et ar·mis [váɪ-eṭ-ɑ́əmɪs, -məs | -et-ɑ́ːmɪs] 〚▭ L *vī et armis* with force and arms: ⇨ vis〛 *L. adv.* 〘法律〙 武力によって, 暴力を用いて.

Vi·et·cong [vìètkɑ́ŋ, vjèt-, vìːət-, vìːt-, -kɔ́(ː)ŋ | vjètkɔ́ŋ, vìət-] 〚▭ Vietnamese ～ 《略》 ← *Viêt Nam Công San* Vietnamese Communist〛 (*also* **Vi·et Cong** [～]) ― *n.* (*pl.* ～) ベトコン《かつての南ベトナム民族解放戦線またはその一員》. ― *adj.* ベトコンの: a ～ guerrilla ベトコンゲリラ.

Vi·et·minh [vìètmín, vjèt-, vìːət-, vìːt-, -míːn | vjètmín, vìət-] 〚▭ Vietnamese ～ 《略》 ← *Viêt Nam Dôc-Lâp Dông-Minh* Vietnam Federation of Independence〛 (*also* **Vi·et Minh** [～]) ― *n.* (*pl.* ～, ～**s**) **1** ベトナム独立同盟《第二次大戦中日本軍に反抗するために起こった国民戦線諸団体の結合体で, その後共産主義的なベトナムの中核団体となった》. **2** ベトナム独立同盟員, ベトミン. ― *adj.* ベトナム独立同盟の.

Vi·et·nam [vìètnɑ́ːm, vjèt-, vìːət-, vìːt-, -nǽm | vjètnǽm, vìət-, -nɑ́ːm] *n.* (*also* **Viet-Nam** [～], **Viet Nam** [～]) ベトナム《インドシナ半島 (Indochina) の東部海岸地方 Tonkin, Annam, Cochin China を含む地域; 人口 55,000,000, 面積 337,870 km²; 1954 年以来北緯 17 度付近で North Vietnam と South Vietnam に二分されていたが, 1976 年統一; 首都 Hanoi; 公式名 the Socialist Republic of Vietnam ベトナム社会主義共和国; 漢名は越南》.

Viet·nam·ese [vìètnəmíːz, vjèt-, vìːət-, vìːt-, -næ-, -nɑː-, -míːs | vjètnəmíːz, vìət-] 〚⇨ ↑, -ese〛 *adj.* ベトナムの; ベトナム人の; ベトナム語の. ― *n.* (*pl.* ～) **1** ベトナム人. **2** ベトナム語.

Vi·et·nam·ize [viétnəmàɪz, vjét-, víːət- víːt- | vjét-, víət-] *vt.* ベトナム化する《ベトナム戦争当時の 1970 年ごろ, 米軍がベトナムから漸次撤退してあとを南ベトナム軍に肩代わりさせようとしたことをいう》. **Vi·et·nam·i·za·tion** [vìètnəmɪzéɪʃən, vjèt-, vìːət-, vìːt-, -mə- | vjètnəmaɪ-, vìət-, -mɪ-] *n.*

Vi·ë·tor [fíːəṭɔə | -tɔː(r); *G.* fíːetɔr], **Wilhelm** *n.* フィエトル (1850–1918; ドイツの言語学者・音声学者).

vieux jeu [vjúː-ʒə́ː, -ʒúː; *F.* vjøʒø] 〚▭ F ～ 《原義》 old game〛 *F. adj.*, *n.* 時代遅れの(事柄), 古臭い(話).

Vieux·temps [vjuːtɑ́ː(ŋ), -tɔ̃ː(ŋ), -tɑ́ːŋ, -tɔ́(ː)ŋ; *F.* vjøtɑ̃], **Henri** (**François Joseph**) *n.* ビュータン (1820–81; ベルギーのバイオリン奏者・作曲家).

view [vjúː] 〚(1415–16) ▭ AF *vewe*＝OF *veue* (F *vue*) (fem. p.p.) ← *veoir* (F *voir*) to see < L *vidēre*: ⇨ vision〛 ― *n.* **1 a** 見ること, 眺めること, 一覧, 一見 (seeing); 視察 (inspection): a private ～ (展覧会などの)内見 / This ruin is well worth our ～. この廃墟(ᵏʸᵒ)は我々が一見する価値が十分ある. **b** 〘法律〙 (事件の審理中または審理前に, 陪審や裁判官の行なう犯罪現場・不動産などの)点検, 検分, 実地検証 (formal inspection): The jury had a ～ of the body. 陪審員はその死体の検分をした. **2 a** 見る力, 視力 (sight, vision): be lost to ～ 見えなくなる / be exposed to public ～ さらしものになる / a field of ～ 視界, 視野. **b** 視界, 見える範囲, 目の届く所: objects *in* ～ 視界内の物 / *in* plain ～ はっきり見えて / A ship came *into* ～. 船が見えてきた / *within* one's ～ 見える所で[に] / pass *from* one's [*out of*] ～ 視界から消える, 見えなくなる. **3 a** 光景, 景色, 眺め (sight, scene); (広々とした)眺望, 展望, 見晴らし (prospect): a distant ～ 遠景 / a fine ～ *of* the surrounding country 周囲の土地のすばらしい風景[景色, 眺め] / get a good ～ *of* the procession 行列をよく見る[行列がよく見える] / command a ～ *of* …を見渡す[見晴らす], …が見える / ⇨ bird's-eye view / The mountain intercepts the ～ *of* the lake. 山にさえぎられて湖が見えない / I want a house with a ～. 見晴らしのよい家がほしい. **b** (景色の)絵, 風景画, 風景写真; …図: a postcard with ～*s of* the town 町の風景の絵葉書 / a back ～ 背面図 / an end ～ 側面図 / a front ～ 正面図 / a perspective ～ 配景図, 透視図 / do [take] some ～*s of* the lake その湖水の風景を描く[写す]. **4** 考察, 観測, 観察, 概観 (survey); 概説; 〔…に対する〕(特別な)見方 (grasp) 〔*of*〕: a ～ *of* postwar literature 戦後文学の概観 / take a general ～ *of* …を概観する / take a dark [favorable, impartial] ～ *of* …を悲観的に[好意的に, 公平に]見る / take long ～*s* 物事を長い目で見る / take a dim [poor] ～ of… 《口語》 …をよく思わない, …に賛成しない, …を悲観的に見る / give a ～ *of* the matter その問題を概説する / He presented quite a new ～ *of* the affair. 彼はその事件について全く新しい見方を示した / I have not yet formed a clear ～ *of* the situation. 私はまだ事態に対するはっきりした見定めがついていない. **5** 所見, 意見, 見解 (opinion); 知的素養, 見識: a difference of ～ 見解の相違 / ⇨ *a* POINT *of view* / in my ～ 私の考えでは / give one's ～ *of* …について意見[見解]を述べる / have a strong ～ *about* …について強硬な意見を抱く / hold extreme ～*s* 過激な意見をもつ / What are your ～*s on* the new proposal? 新提案に対する御意見はどうですか / I fall in with [meet] your ～*s*. 私は君の見解と一致する[に賛成する]. **6 a** 目的, 計画 (intention, purpose); 考慮 (consideration): a project *in* ～ 考慮中の計画 / an end *in* ～ 目的 / leave…*out of* ～ …を考慮の外に置く, 問題外とする, 考えに入れない / *with* this [that] ～ この[その]目的で, この[その]ために / We had a ～ *to* bettering our condition. 事態の改善を目指していた. **b** 期待, 見込み (expectation): They have no hope *in* ～. 彼らには今後の希望が何もない / The measure has no ～ *of* success. 法案は成立の見込みがない / He has quite other ～*s* for his son's future. 彼は息子の将来には全く違った期待をもっている. **7** 《方言》 外観, 外貌 (appearance, show).

in view (1) 見える所に, 見えて (in sight); 心に, 記憶に (in mind): keep [have] something *in* ～ 何かを目を離さずに見ている[目の届く所に置く]; あることを心[記憶]に留めている. (2) 考慮して, 考慮されている (under consideration); もくろんで, 目的として: have a plan *in* ～ ある計画をもくろんでいる / with that *in* ～ それを目的として, その目的で, それを見込んで. (3) 希望して, 期待して (in expectation): have something *in* ～ あることを目当て[当て]にしている. ***in view of*** (1) …が見える所に, …から見える所に (in sight of): come *in* ～ *of* …が視界にはいる, が見えるようになる, が見える所に来る / stand *in* full ～ *of* the crowd 群衆がすっかり見える[からすっかり見える]所に立つ. (2) …にかんがみて, …の点から見て, …を顧慮して (considering); …の故に (on account of): *In* ～ *of* these circumstances, it seems better to wait till the next opportunity. このような事情を考えると次の機会まで待つほうがよいようだ. (3) …を見込んで, …を予想して (in anticipation of). ***on view*** 展示[公開]して(いる), 展覧中で[の] (on exhibition). ***to the view*** 公然と, 公に (openly). ***with a view to*** (1) …の目的で, …をもくろんで; …を(得ようと)望んで, …を期待して: He bought the land *with a* ～ *to* building houses on it. 家を建てる目的でその土地を買った (★ この場合 *with a* ～ *to* doing の代わりに *with a* ～ *to* do を用いて *with a* ～ *to build* houses …とするのは俗語) / He said this *with a* ～ *to* the vacant secretaryship. 空いている秘書の地位がほしいのでこう言った. (2) …を見込んで, …を予想して (in view of): I saved the money *with a* ～ *to* being able to travel abroad someday. いずれ海外旅行のできるようになることを見込んでその金を貯めた. ***with the*** [《俗》 ***a***] ***view of*** =*with a* VIEW *to* (1).

― *vt.* **1** (注意して)見る, 眺める (see, look upon); 《口語》 テレビで見る, 視聴する (watch). **2** 検分する, 検査する, 調べる (inspect, examine): ～ the pictures (買おうと思う時など)絵をよく調べて見る / ～ the house and grounds (買う前に)家と地所を検分する / ～ the place of a crime 犯罪の現場を臨検する / ～ the body 〈陪審員が〉死体を検視する, 検屍する. **3**

〈問題などを〉吟味する, 考える (contemplate); (ある見方で)見る, みなす (consider): I can only ~ the future *with* misgiving. 私にはどうも将来が懸念されてならない / The proposal is ~*ed* unfavorably by the authorities. その提案は当局によく思われていない / I ~ his conduct *in* the gravest light. 私は彼の行為を最も重大視する / These cases are ~*ed as* typical. これらの例は典型的なものとみなされている. **4** 〚狐狩〛〈狐が〉隠れ場から飛び出してくるのを見つける.
— *vi.* 《英》テレビを見る.

view·a·ble [vjúːəbl | vjúːə-, vjúə-] *adj.* **1** 見ることができる, 見える, 見られる (visible). **2** 見るに値する, 見るに耐える: a ~ television program.

víew càmera *n.* 〚写真〛ビュー カメラ《レンズ板・感材取枠・蛇腹式ボディー等を棒状の台に取り付けて, あおりが自由にできるようにした, 焦点板を見てピント合わせをする大判カメラ》.

víew·dàta *n.* ビュー[映像]データ《電話回線を用いてテレビ画面に情報を伝達する方法; 日本では「キャプテンシステム」をいう》.

view·er [vjúːə | vjúːə(r, vjúə(r] 〚《15C》〛 **—** *n.* **1** 検分者, 検査官, 監督官 (inspector). **2** 眺める人, 観察者 (observer), 見物人 (spectator); テレビ視聴者 (televiewer) (cf. auditor 2). **3** (スライドなどの)ビューアー《フィルムの画面を拡大して見ながら運動効果も確認できるのぞき眼鏡式の編集機器》. **4** 《口語》接眼部, ファインダー (eyepiece). 「ファインダー.

víew·finder *n.* 〚写真〛(被写体の撮影範囲を定める)

view hallóo *n.* 〚狩猟〛狐がその隠れ場所から飛び出した時に発する猟師の掛け声.

víew·ing [vjúːɪŋ | vjúːɪŋ, vjúɪŋ] *n.* 見ること; (特に)テレビを見ること.

víew·less *adj.* **1** 《まれ・詩》見えない. **2** 意見のない, 無定見の. **3** 見晴らしのきかない. **~·ly** *adv.*

víew·pòint *n.* **1** (ある物の)見える地点. **2** 見地, 見解, 観点: from the ~ *of* history 歴史の観点から.

view·y [vjúːi | -ɪ] *adj.* (**view·i·er**; **-i·est**) 《口語》 **1** 非現実的な考えをもった; 空想的の (visionary). **2** 人目を引く, 見場(ﾐﾊﾞ)のいい (showy). **víew·i·ness** *n.*

vi·ga [víːgə] 〚□ Sp. ~ 'beam'〛 *n.* (米国南西部の古いスペイン風家屋の, 天井の)太梁(ﾊﾘ).

Vigee-Le·brun [viʒéɪləbrɜ́ː(ŋ), -brə́ːŋ; *F.* viʒeləbrœ̃], **Marie Anne Louise Élisabeth** *n.* ヴィジェルブラン《1755–1842; フランスの女流肖像画家; Marie Antoinette に仕えた》.

vi·ges·i·mal [vaɪdʒésəməl | -sɪ-] 〚《1656》← L *vīgēsim(us)* twentieth (《変形》← *vīcēsimus*) + -AL¹: cf. vingt-et-un, vicenary〛 **—** *adj.* **1** 二十の, 二十を基礎にした: the ~ system 二十進法. **2** 20 分の 1 の, 20 等分された (twentieth). **3** 〚数学〛= vicenary.

vi·ges·i·mo [vaɪdʒésəmòu | -sɪməu] 〚□ L *vigēsim-ō*: ⇨↑, -mo〛 **—** *n.* (*pl.* **~s**), *adj.* 〚製紙〛= twenty-mo.

vigésimo-quárto *n.* (*pl.* **~s**), *adj.* 〚製紙〛= twenty-fourmo.

vi·gi·a [vɪdʒíːə, və-, viːhíːə | vɪdʒíə; *Sp.* bixía] 〚□ Sp. ~ 'VIGIL, reef'〛 *n.* (*pl.* **~s** [~z; *Sp.* ~s]) (主にスペインの海図で)危険な岩礁[浅瀬]の記号.

vig·il [vídʒɪl, -dʒəl] 〚《?*a*1200》□ (O)F *vigile* < L *vigiliam* watch ← *vigil* awake, wakeful ← *vegēre* to be lively: ⇨ wake¹〛 **—** *n.* **1 a** 徹夜, 寝ずの番 (watching): keep ~ 寝ずの番をする; (看病などで)徹夜する; 通夜(ﾂﾔ)をする / keep ~ *over* a patient all night 徹夜で病人の看病をする. **b** (厳しい)見張り, 監視: keep ~. **2** 眠れないで目を覚ましていること, 不眠 (sleeplessness). **3** 〚キリスト教〛 **a** (信心からの)徹夜, 寝ずの行(ｷﾞｮｳ). **b** [通例 *pl.*] (祝祭日の前夜の)徹夜の祈り, 徹夜課. **c** (徹夜で祈る)前宵(ｾﾞﾝｼｮｳ)祭, 祝祭日の前夜; 教会祝祭日の前日[前夜].

vig·i·lance [vídʒələns | -dʒɪ-, -dʒə-] 〚□ (O)F ~ // L *vigilantia*: ⇨ vigilant, -ance〛 **—** *n.* **1** 不寝番; 用心, 警戒 (watchfulness): keep a strict ~ *over* ...に厳重な警戒を続ける. **2** 刺激に対する反応が敏感なこと. **3** 〚医学〛覚醒(状態, 活動); 不眠症 (insomnia).

vígilance committee *n.* 《米》自警団: **a** 治安維持および犯罪人処罰の目的で民衆が自発的に組織する団体. **b** 19 世紀米国の南部地方で, 黒人および奴隷廃止論者を圧迫し, 南北戦争中は連邦への忠誠を禁圧するために組織された団体.

vig·i·lant [vídʒələnt | -dʒɪ-, -dʒə-] 〚《*c*1480》□ (O)F ~ // L *vigilant-em* (pres.p.) ← *vigilāre* to watch, be wakeful: ⇨ vigil, -ant〛 **—** *adj.* **1** 油断がない, 注意深い, 用心深い, 気を配っている (keenly attentive): a ~ eye 警戒怠りない目. **2** 寝ずの番をする: a ~ sentry 不寝番兵. **~·ly** *adv.* **~·ness** *n.*

vig·i·lan·te [vìdʒəlǽnṭi, -lάːn- | -dʒɪlǽntɪ, -dʒə-] 〚□ Sp. ~ 'vigilant'〛 *n.* 《米》 **1** 自警団員. **2** [形容詞的に] 自警団員の: a ~ system 自警団員の組織 / ~ corps 自警団.

vig·i·lan·tism [vìdʒəlǽntɪzm, -lάːn-, vídʒəlæntɪzm | vìdʒɪlǽntɪzm, -dʒə-] *n.* 《米》自警; 自警主義[制度].

vigil light *n.* **1** 〚カトリック〛(教会で信者が聖者像などの前でともす)蠟燭(ﾛｳｿｸ). **2** 灯明.

vi·gin·til·lion [vàɪdʒɪntíljən] 〚← L *vīgintī* twenty + (MI)LLION〛 *n.* 《米》10^{63}; 《英》10^{120} (⇨ million 表).
— *adj.* vigintillion の.

Vi·gneaud [víːnjou | -njəu], **Vincent du** [d(j)uː | djuː] *n.* (1901–78) 米国の生化学者; Nobel 化学賞 (1955).

vi·gne·ron [vìːnjərɔ́ː(ŋ), -rɔ́(ː)ŋ | ⌐⌐⌐; *F.* viɲrɔ̃] 〚《*a*1456》□ (O)F ~ ← *vigne* 'VINE'〛 *n.* ぶどう栽培者.

vi·gnette [vɪnjét, vi(ː)- | vɪnjét, viː-, vɪ-, -nét] 〚《1751》□ F ~ (dim.) ← *vigne* 'VINE': ⇨ -ette〛 **—** *n.* **1** (書物の扉・章頭・章末などに置かれる, ぶどうの葉・巻きひげ・枝などのからみ合った)装飾模様; 小さな飾り模様[カット]. **2** ビネット《輪郭をぼかしにした絵画, または頭部(と肩)だけを示し輪郭をぼかした肖像写真》. **3** (中世手写本の飾りの付いた)冒頭の頭文字. **4 a** (人物・情景の)短い文学的描写. **b** (劇・映画の中の)挿話, 場面. **5** 〚郵趣〛ビネット《まわりが次第に消えていく図; 2 色刷りの時, 刷り合わせのずれを少なく見せるため用いる方法; 切手では主に中心図案をさす》.
— *vt.* **1** ...のビネットを作る. **2** 〈絵・写真などを〉ビネット風にぼかす (shade off). **3** (ビネット風に)品よく[簡潔に]描く[書く].

vi·gnétt·er [-ṭə | -tə(r] *n.* **1** 〚写真〛ビネット写真用焼き枠. **2** = vignettist.

vi·gnétt·ing [-ṭɪŋ | -tɪŋ] *n.* 〚写真〛 **1** レンズによる像の周辺部が暗くなること. **2** プリントの際に画像の周辺部をさえぎり, 輪郭をぼかす技術.

vi·gnétt·ist [-ṭɪst, -ṭəst | -tɪst] *n.* ビネット写真製作者; ビネット画家; 小品作者.

Vi·gno·la [viːnjóulə | -njə́u-; *It.* viɲɲɔ́ːla], **Giacomo da** *n.* ビニョーラ《1507–73; イタリアの建築家; 本名 Giacomo Barocchio [barɔ́kkjo] or Barozzi [barɔ́ttsi]》.

Vi·gnóles ráil [vɪnjóulz-, -njάlz- | vínjəulz-, víː-, -njəlz-, vɪnjάlz, -jóulz] 〚← *Charles B. Vignoles* (19 世紀の英国の技師)〛 *n.* 〚鉄道〛= T-rail.

Vi·gny [viːnjíː; *F.* viɲi], **Alfred** (**Victor**) **de** *n.* ビニー《1797–1863; フランスの詩人・小説家・劇作家・初期ロマン派の主導者; 称号 Comte de Vigny; *Stello* (1832), *Chatterton* (1835)》.

Vi·go [víːgou | -gəu; *Sp.* bíɣo] *n.* ビゴ《スペイン北西部の海港; 人口 115,000》.

vig·or, 《英》**vig·our** [vígə | -gə(r] 〚《?*a*1300》□ OF ~ (F *vigueur*) □ L *vigor* liveliness ← *vigēre* to be lively: cf. vigil〛 **—** *n.* **1** (精神的・肉体的な)力強さ, 活力, 精力, 気力, 活気, 元気 (strength, vitality): ~ of mind 精神の力 / *with* ~ 勢いよく, 元気よく / be *in* full ~ 元気いっぱいである. **2** (動植物の)成長力, 活動力 (activity); 強健な体力 (bodily strength): in the full ~ of manhood 男盛りで / His youthful ~ is still unimpaired. 彼の若い力はまだ損なわれていない. **3** (論旨・文体・性格などの)強さ, 迫力 (intensity): a picture wanting in ~ 力のない絵 / the ~ of one's argument 議論の迫力 / control one's subordinates with ~ 部下をがっちり押える. **4** 〚法律〛有効性, 拘束力 (validity): laws that are still *in* ~ まだ有効な法律.

vig·or·ish [vígərɪʃ] 〚□ ? Yid. ~ □ Russ. *vyigrysh* profit〛 *n.* 《俗》 **1** (競馬の賭屋の)手数料; 寺銭. **2** (高利貸しに払う)借金の利子.

vi·go·ro·so [vìgəróusou, vìːg-, -zou | -ráusəu, -zəu; *It.* vigoróːso] 〚□ It. ~ □ ML *vigōrōsus* (↓)〛 *adv.* 〚音楽〛力強く, 勢いよく.

vig·or·ous [víg(ə)rəs] 〚《?*a*1300》□ OF ~ (F *vigoureux*) // ML *vigōrōs-us*: ⇨ vigor, -ous〛 **—** *adj.* **1** 精力の盛んな, 元気な, 強健な (robust, strong): a ~ old man [manhood] 元気な老人[男盛り]. **2 a** 生気[活気]にあふれた, 精力的に行動する, 活発な (active, lively). **b** 〈行動など〉精力的な; (効果が)強烈な, 強硬な, 断固たる: a ~ attack 猛烈な攻撃 / ~ operations 積極的行動 / take ~ measures to stop the practice その慣行を止めさせるための強硬な手段をとる. **3** 力強い, 迫力のある (forceful, animated): a ~ thinker, writer, commander, etc. / be expressed in ~ English [style] 力強い英語[文体]で表現されている. **4** 〈植物など〉よく育つ: a ~ plant. **~·ly** *adv.* **~·ness** *n.*

vigour *n.* = vigor.

vi·gou·reux [vìːgərə́ː; *F.* vigurø] 〚← *Vigoureux* (19 世紀のフランスの織物染色業者)〛 *n.* (*pl.* ~) ビゴロ, ビグルー《ビゴロ捺染で染めた霜降りの織物》.

vigouréux prìnting *n.* 〚染色〛ビゴロ捺染《霜降り糸を作るためのトップ (top)・トウ (tow)・スライバー (sliver) などに行なう捺染》.

Vi·grid [víːgrɪd] *n.* 〚北欧神話〛ヴィーグリド《神々のたそがれ (Ragnarok) の際, 神々がムスペルヘイム (Muspelheim) の一門と戦う原》.

vi·ha·ra [vɪhάːrə, və- | vɪ-] 〚□ Skt *vihāra* 《原義》a place of recreation〛 *n.* 〚仏教〛ヴィハーラ《僧の会合所, 僧房; 僧院または寺院, 精舎(ｼｮｳｼﾞｬ)》.

Vii·pu·ri [*Finn.* víːpuri] *n.* ビープリ《Vyborg のフィンランド語名》.

Vi·king [váɪkɪŋ | váɪ-, víː-] 〚《1807》□ ON *víking-r* freebooter, pirate ← *vík* creek + *-ingr* -ing³: cog. OE *wīcing*〛 **—** *n.* **1** ヴァイキング, 北欧海賊《8–10 世紀にヨーロッパの北部および西部海岸を略奪したスカンジナビア人》. **2** [v-] 海賊 (pirate). **3** スカンジナビア人 (Scandinavian). ★ 語源的に無関係でありながら時に sea king と混同される.

Vik·ki [víki | -kɪ] 〚(dim.) ← VICTORIA²〛 *n.* 女性名.

vil. 《略》village.

vi·la·yet [vìːlαːjét, vìːləjét, -lαː- | vɪlάːjet, -jət, -láɪət, vìlαːjét] 〚《1869》□ Turk. *vilâyet* □ Arab. *wilāyaʰ* district〛 *n.* (オスマン帝国の)州 (province) (cf. sanjak).

Vil·drac [vɪldrǽk; *F.* vildrak], **Charles** *n.* ビルドラック《1882–1971; フランスの詩人・劇作家; *Le Paquebot "Tenacity"*「商船テナシティー」(1920)》.

vile [váɪl] 〚《*c*1300》 *vil* □ (O)F < L *vilem, vilis* of small value, base ← ?〛 **—** *adj.* (**vil·er**; **vil·est**) **1** 《口語》ひどく悪い, ひどい (very bad): a ~ climate 悪天候 / ~ handwriting ひどい悪筆 / the *vilest* evil この上ない悪. **2** ひどく気に食わぬ, 不快な, いかがわしい (unpleasant, objectionable); いやな, いやでたまらない (repulsive, disgusting): a ~ odor 不快なにおい / ~ food とても食べられない食物 / ~ slander 卑劣な中傷. **3** 堕落した, 下劣な, 不道徳な (depraved, base): a ~ character 劣等な人物 / a ~ thought [action] 下劣な考え[行動]. **4** 〈言葉など〉きたない, 下品な (foul): a very ~ phrase ひどくきたない文句 / use ~ language 下品な言葉を使う / a ~ provincialism 下品な田舎訛(ﾅﾏ)り. **5** 〈境遇など〉下等な, 卑しい (low, degraded): ~ servitude 卑しい奴隷の身 / the ~ trade of an informer 密告者という卑しい商売. **6** 貧弱な, ひどく悪い[劣る], ひどい, 不体裁な (poor, wretched): ~ articles ひどい品物 / a perfectly ~ hat ひどくみっともない帽子. **7** 《古》値打ちがない, 取るに足らない (worthless, mean): a poor man in ~ raiment 粗末なる衣を着たる貧しき者 (*James* 2: 2) / our ~ body われらの卑しきさまの体(ﾀｲ) (*Philip.* 3: 21). **~·ly** [~li | ~lɪ] *adv.* **~·ness** *n.*

vil·i·fi·ca·tion [vìləfɪkéɪʃən, -fə- | -lɪfɪ-] 〚□ F 《廃》~ // ML *vīlificātiō(n-)*: ⇨↓, -ation〛 *n.* 悪口, そしり, 中傷.

vil·i·fy [víləfàɪ | -lɪ-] 〚《*a*1500》□ LL *vīlific-āre*: ⇨ vile, -ify〛 **—** *vt.* **1** 悪く言う, けなす, そしる, 中傷する (defame). **2** 《廃》卑しくする, 下劣にする, 堕落させる (degrade). **víl·i·fi·er** *n.*

vil·i·pend [víləpènd | -lɪ-] 〚《*a*1471》□ (O)F ~ *vilipend-er* // L *vilipend-ere* ← *vīlis* 'VILE' + *pendere* to weigh〛 **—** *vt.* 《古》 **1** 軽蔑してあしらう, さげすむ (despise). **2** けなす, ののしる (vilify). **~·er** *n.*

vill [víl] 〚《1596》□ AF ~ = OF *ville* (F *ville* town) < L *villam* (↓)〛 **—** *n.* **1** 《英》村 (hundred)《封建制度下の行政・税政上の区画; ほぼ manor と同じで, のち parish となる》. **2** 《詩》村 (village).

vil·la [vílə] 〚《1611》□ It. ~ // L *villa* country house, seat, farm < **vīc-slā* (cf. village / L *vīcus*: ⇨ vicinage)〛 **—** *n.* **1** (地主が所領内に構える)田園風の邸宅 (cf. country house). **2** (郊外または海岸の)別邸, 別荘 (cf. cottage 2): He has a ~ on the Riviera. **3** 《英》(通例一戸建てまたは二戸続きの)郊外住宅. **4** (古代ローマの)荘園.

Vil·la [víː(j)ə; *Am. Sp.* bíja], **Francisco** *n.* ビーヤ《1887–1923; メキシコの革命家; 本名 Doroteo Arango [dòrotéo aráŋgo], 通称 Pancho Villa》.

víl·la·dom [-dəm] 〚⇨ villa, -dom〛 *n.* [集合的]《英》郊外住宅 (villas); 郊外住宅地帯, 郊外社会 (suburbia).

Vil·la·fran·chi·an [vìləfrǽŋkiən | -kɪ-] 〚← *Villafranca* (イタリア北西部の都市名)〛 *adj.* 〚地質〛(第一氷河期前の)下部[初期]更新生の.

vil·lage [vílɪdʒ] 〚《*c*1390》□ (O)F ~ ← *ville* < L *villam*: cf. L *villāticus* connected with a villa: ⇨ villa, -age〛 **—** *n.* **1** 村, 村落. ★ hamlet よりも大きく town よりも小さい; 英国では通例, 教区教会 (parish church) を有し, これが教区 (parish) の居住中核を成す; 米国では 3 名以上の評議員 (trustees) と 1 名の議長 (president) から成る委員会に治められる地方自治体. **2** [集合的] 村民 (village people). **3** (動物の)群落: a prairie dog ~. **—** *attrib. adj.* 村[村落]の; 田舎の (rustic): ~ life 農村生活 / a ~ idiot 村のばか《使い走りなどをした》/ a ~ pump 村の共同ポンプ井戸 / a ~ school 村の小学校 / ~ industry 農村工業.

víllage commúnity *n.* 〚経済〛村落共同体《農民による自給的な社会経済的集合》.

vil·lag·er [vílɪdʒə | -dʒə(r] *n.* 村の人, 村民.

vil·lage·ry [vílɪdʒ(ə)ri | -rɪ] *n.* [集合的] 村 (villages): the maidens of the ~ 村の娘たち (cf. Shak., *Mids N D* 2. 1. 35).

Vi·lla·her·mo·sa [vìːjaəmóusə | -εəmə́u-; *Am. Sp.* bìjaermósa] *n.* ビヤエルモサ《メキシコ東部 Tabasco 州の首都; 人口 153,000》.

vil·lain [vílən] 〚《*c*1303》 *vilein* □ OF (F *vilain* villain; low, ugly) < VL **villānum* farm servant: ⇨ villa, -an¹〛 **—** *n.* **1 a** 悪人, 悪漢, 悪者 (scoundrel). **b** 《英口語》犯人 (criminal). **2** [通例 the ~] (特に, 劇・小説などの定型的な)悪漢, 悪役. **3** 《口語・戯言》野郎, こいつ (wretch) (cf. rascal 1c, rogue 2): The young ~ has finished the jam. 小僧めジャムをみな平らげおった /You little ~! こいつめ. **4** 《古》下衆, 土百姓, 田舎者. **5** [《英》ではまた -lɪn, -leɪn] 《英》= villein.
play the villain 悪役を勤める; 悪事を働く. ***the villain of the piece*** 《口語》非難されるべき人[物]; 問題を起こした張本人, 元凶.
— *attrib. adj.* **1** 悪人[悪漢]の. **2 a** 下劣な, 卑しい. **b** 生れの卑しい.

vil·lain·age [vílənɪdʒ, -lɪ- | -lɪ-, -lə-] *n.* = villenage.

vil·lain·ess [vílənɪs, -nəs] *n.* 悪女, 毒婦 (she-villain).

vil·lain·ous [vílənəs] 〚《?*c*1390》□ OF *vilenueus*; ⇨ villain, -ous〛 **—** *adj.* **1** 悪人の, 悪党の; 悪者のような, 悪党[悪人]らしい: a ~ countenance. **2** 下等な, 極悪の, 下劣な (base, wicked): ~ conduct. **3** 《口語》ひどく悪い, ひどい, いやな: a ~ hotel [dinner] ひどいホテル[食事] / ~ weather いやな天気.
— *adv.* 《古》= villainously. **~·ness** *n.*

víl·lain·ous·ly *adv.* 悪党らしく, 悪人風に; ひどく.

vil·lain·y [vílǝni | -nɪ] 〘(?a1200) vileinie ▭ OF: ⇨ villain, -y¹〙 ── *n.* **1** 極悪, 凶悪, 非道, 邪悪. **2** 悪事, 悪行; 罪悪 (crime). **3** 〘廃〙 **a** 粗野, 不作法. **b** 不名誉, 恥 (disgrace). **4** 〘廃〙 = villenage.

Vil·la-Lo·bos [vìlǝlóubǝs, -bɔ(:)s | -láubɔs, -bɔs; *Braz.* vilalóbus], **Hei·tor** [eitór] *n.* ビラロボス《1887–1959; ブラジルの作曲家・指揮者》.

vil·lan [vílǝn] *n.* **1** = villein. **2** 〘廃〙 = villain.

vil·lan·age [vílǝnɪdʒ] *n.* = villenage.

vil·la·nel·la [vìlǝnélǝ; *It.* villanɛ́lla] 〘▭ It. ～ ← *villano* peasant: ⇨ villain, -ella〙 ── *n.* (*pl.* **-nel·le** [-néli | -lɪ; *It.* -nɛ́lle]) 〘音楽〙 ヴィラネラ: **a** イタリアの古い田舎風の踊り; その伴奏歌. **b** 16 世紀イタリアの Naples に起こった田舎風の無伴奏の合唱曲で, 洗練された対位法的 madrigal とは対照的に, 軽快なリズム・和声様式による通俗的性格のもの.

vil·la·nelle [vìlǝnél; *F.* villanɛl] 〘(a1586) ▭ F ～ ▭ It. *villanella* (↑)〙 ── *n.* 〘詩学〙 ヴィラネル《通例五つの三行連と一つの四行連句からなる 19 行詩で 2 種の脚韻が繰返される; 本来イタリアの民謡に由来するフランスの詩型; 英詩では 19 世紀以後用いられている》.

vil·lan·ous [vílǝnǝs] *adj.* 〘廃〙 = villainous.

vil·lan·ous·ly *adv.* 〘廃〙 = villainously.

vil·lan·y [vílǝni | -nɪ] *n.* 〘廃〙 = villainy.

Vil·lard [vɪlɑ́ǝ, vǝ-, -lɑ́ǝd | vɪlɑ́:(r, -lɑ́:d], **Oswald Garrison** *n.* ビラール《1872–1949; ドイツ生れの米国のジャーナリスト・著述家》.

Vil·lá·ri effèct [vɪlɑ́:ri-, vǝ- | vɪlɑ́:rɪ-] 〘← *E. Villari* (19 世紀のイタリアの物理学者)〙 *n.* 〘物理〙 ヴィラリー効果《磁歪(じ$_{わい}$)の逆効果》.

Vil·lars [vɪlɑ́ǝ | -lɑ́:(r; *F.* vila:r], **Claude-Louis-Hector de** *n.* ビラール《1653–1734; フランスの陸軍元帥; 称号 Duc de Villars》.

vil·lat·ic [vɪlǽtɪk | -tɪk] 〘▭ L *villāticus*: ⇨ villa, -ic¹〙 *adj.* 農村の; 農場の; 田舎の: ～ fowl 家禽.

-ville [vɪl] 〘← *-ville* (地名語尾) ▭ (O)F ～ 'farm, VILLAGE'〙 ── *suf.* 〘米口語〙「…という特徴をもった場所・状態・物」の意の名詞・形容詞を造る. ★ 通例 -sville の形をとり, またしばしば, 小ささ・時代遅れ・鈍重さなどの軽蔑的ニュアンスを含む: dull*sville*, nowheres*ville* / drags*ville* 退屈なもの / be Despair*ville*「絶望村」にいる《絶望している》.

Ville-de-Pa·ris [ví:ldǝpærí:, -pɑ:-; *F.* vildǝpari] *n.* ヴィルドパリ(県)《フランス北中部の県; 人口 2,461,000, 面積 105 km², 首都 Paris》.

vil·leg·gia·tu·ra [vɪlèdʒǝtú(ǝ)rǝ, vǝ- | -dʒɪǝtúǝrǝ, -dʒǝ-, -tjúǝrǝ; *It.* villeddʒatú:ra] 〘(1742) ▭ It. ～ ← *villeggiare* to stay at a country house ← *villa* 'VILLA'〙 ── *n.* **1** (休暇で)田舎に滞在する[引きこもる]こと; 田舎での休日: go into ～ at the farm 農場で休暇にはいる. **2** (都会から離れた)休暇に適する場所.

vil·lein [vílǝn, -lɪn, -leɪn, vɪléɪn | vílɪn, -leɪn] 〘(a1325) ▭ AF ～ (変形) ← VILLAIN〙 ── *n.* 〘英〙 農奴, 隷農《封建制度下で領主に対して賦役や貢納の義務を負っていた半自由民; その身分は漸次改善され, 後に copyholder となった; cf. serf 1》.

vil·len·age [vílǝnɪdʒ, -lɪn-, -leɪn-, vɪléɪn- | vílɪn-, -leɪn-] 〘(a1325) ▭ AF & OF *vilenage*: ⇨ ↑, -age〙 ── *n.* (*also* **vil·lein·age** [～]) **1** 農奴土地保有(条件), 農奴制, 隷農制《領主から賦役・貢納を代償に土地を与えられている保有形態》. **2** 農奴[隷農]の身分[地位].

Ville·neuve [vi:lnǝ́:v; *F.* vilnœ:v], **Pierre-Charles-Jean-Baptiste-Silvestre de** *n.* ビルヌーブ《1763–1806; フランスの提督》.

villi *n.* villus の複数形.

Vil·liers [víljǝz, -ljǝz | -lǝz, -ljǝz, -lɪǝz], **George** *n.* ⇨ 1st Duke of BUCKINGHAM, 2nd Duke of BUCKINGHAM.

Vil·liers de l'Is·le-A·dam [vi:ljéɪ-dǝ-lí:lɑ:dɑ́:(ŋ), -dɔ̃:(ŋ), -dɑ́:ŋ, -dɔ́(:)ŋ; *F.* viljedliladɑ̃], **Philippe-Auguste** *n.* ビリエドリラダン《1838–89; フランスの小説家・劇作家; 称号 Comte de Villiers de l'Isle-Adam; *Contes cruels*「残酷物語」(1883, 続編 '88)》.

vil·li·form [víləfɔ̀ǝm | -lɪfɔ̀:m] 〘← NL *villiformis*: ⇨ villus, -form〙 *adj.* 〘動物〙〈ある種の魚の歯など〉ビロードのけばのような, 絨毛(じゅうもう)状の.

Vil·lon [vijɔ́:(ŋ), -jɔ́(:)ŋ; *F.* vijɔ̃], **François** *n.* ビヨン《1431–?65; フランスの叙情詩人; 放蕩無頼の生活を送って罪を重ね, 危うく死刑を免れた; *Le petit testament*「小遺言書」(1456), *Le grand testament*「大遺言書」(1461); 本名は François de Montcorbier [mɔ̃kɔrbje] または François des Loges とされる》.

Villon, Jacques *n.* ビヨン《1875–1963; フランスの画家; 初め立体派に属したが, のち抽象的風景画家となった; M. Duchamp の兄; 本名 Gaston Duchamp-Villon》.

vil·lose [vílous | -lǝus] *adj.* = villous.

vil·los·i·ty [vɪlɑ́sǝṭi | -lɔ́sɪtɪ, -sɪ-] 〘⇨ ↓, -ity〙 ── *n.* **1** 軟毛[絨毛(じゅうもう)]の多いこと; 絨毛のある表面. **2** [集合的] 〘植物〙 絨毛 (villi); 絨毛組織. **3** 〘医学〙 絨毛性《絨毛の多い状態》.

vil·lous [vílǝs] 〘(a1400) ▭ L *villōsus* hairy: ⇨ villus, -ous〙 ── *adj.* **1** 軟毛でおおわれた; 軟毛に富む; けばのある. **2** 〘植物〙 絨毛(じゅうもう)[長軟毛]におおわれた. **3** 〘解剖〙 絨毛のある[の多い, でおおわれた]. **～·ly** *adv.*

víllous hówler mònkey *n.* 〘動物〙 ビロードホエザル (*Alouatta villosa*)《中米産の黒色のホエザル》.

vil·lus [víləs] 〘▭ L ～ 'shaggy hair, tuft of hair' (転訛) ← *vellus* fleece〙 ── *n.* (*pl.* **vil·li** [vílaɪ, -li:]) **1** 〘解剖〙 (小腸粘膜などの)絨毛. **2** 〘植物〙 (果実・花などの)絨毛, 長軟毛.

Vil·ma [vílmǝ] 〘(dim.) ← WILHELMINA〙 *n.* 女性名《異形 Velma, Welma》.

Vil·na [vílnǝ; *Russ.* víl'nǝ] *n.* ビルナ《Vilnius のロシヤ語名》.

Vil·ni·us [vílniǝs | -nɪ-; *Lith.* vílnius] *n.* ビリニュス《ソ連邦リトアニア共和国の首都; 以前はポーランド領; 人口 470,000; ロシヤ語名 Vilna, Vilno》.

Vil·no [*Russ.* víl'nǝ] *n.* = Vilna.

vim [vím] 〘(1843) ▭ L ～ (acc.) ← *vīs*: ⇨ vis〙 ── *n.* 〘口語〙 精力, 活力, 元気, 活気 (vitality, energy). ★ しばしば vim and vigor の成句で用いて: be full of ～ *and vigor* 活力に満ちている.

vi·ma·na [vɪmɑ́:nǝ, vǝ- | vɪ-] 〘▭ Skt *vimāna* ← *vimāti* he measures〙 ── *n.* ヴィマーナ, 妙宮, 天宮, 楼閣《聖所・門をも含めたインドの寺院全体の呼び名; cf. gopura, shikara》.

vi·men [váɪmen] 〘▭ L *vīmen* twig ← *viēre* to bend〙 *n.* (*pl.* **vim·i·na** [vímǝnǝ | -mɪ-]) 〘植物〙 長いしなやかな細枝. **vim·i·nal** [vímǝnl | -mɪ-] *adj.*

Vim·i·nal [vímǝnl | -mɪ-] 〘▭ L *Vīminālis*: ⇨ ↑, -al¹: 丘の上に柳の木が多かったことから〙 ── *n.* [the ～] ヴィミナリスの丘《ローマ七丘 (Seven Hills) の最北東の丘》.

vi·min·e·ous [vɪmíniǝs | -nɪ-] 〘(1657) ← L *vīmineus*: ⇨ vimen, -eous〙 *adj.* **1** 〘植物〙 細長い小枝の[を生じる]. **2** 〘まれ〙 小枝から成る[で作った].

v. imp. 〘略〙〘文法〙 verb impersonal 非人称動詞.

vim·pa [vímpǝ] 〘▭ ML ～ ← OF *guimple* 'WIMPLE'〙 *n.* 〘カトリック〙 ヴィンパ《司教・大修道院長のミサの際, 侍祭 (acolyte) が肩にかける絹のベール》.

vin [vɛ̃:(ŋ), vǽŋ, vín; *F.* vɛ̃] 〘▭ F ～ < L *vīnum* 'WINE'〙 *F. n.* (*pl.* **～s** [～]) ぶどう酒 (wine): ⇨ vin blanc, vin rouge, vin rosé.

vi·na¹ [ví:nǝ, -nɑ:] 〘▭ Hindi *bīnā* ← Skt *vīṇā*〙 ── *n.* ヴィーナ《共鳴器として匏(ひさご)のついたインドの撥弦楽器》.

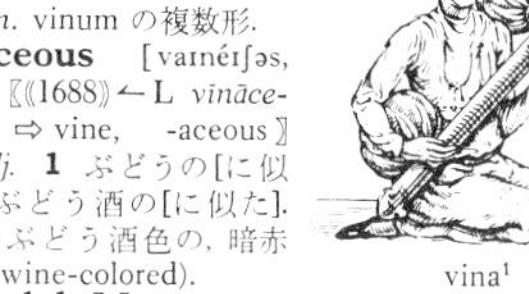
vina¹

vina² *n.* vinum の複数形.

vi·na·ceous [vaɪnéɪʃǝs, vɪn-] 〘(1688) ← L *vīnāceus*: ⇨ vine, -aceous〙 ── *adj.* **1** ぶどうの[に似た]; ぶどう酒の[に似た]. **2** (赤)ぶどう酒色の, 暗赤色の (wine-colored).

Vi·ña del Mar [ví:njǝ-del-mɑ́ǝ | -mɑ́:(r; *Sp.* bíɲadelmár] *n.* ビニャデルマール《チリ中部の都市, 海岸行楽地; 人口 251,000》.

vi·naigre [vi:négr(ǝ), -néɪg-; *F.* vinɛgr] *F. n.* = vinegar.

vin·ai·grette [vìnɪgrét, -nǝ- | -neɪ-, -nɪ-] 〘(1698) ▭ F ～ (dim.) ← *vinaigre*: ⇨ vinegar, -ette〙 ── *n.* **1** 気付け薬入れ《金銀製などの小箱で, 香料を入れた酢 (aromatic vinegar) をしみ込ませた海綿や気付け薬 (smelling salts) などを入れて携帯した》; 嗅(か)ぎびん (smelling bottle). **2** = vinaigrette sauce.

vinaigrétte sàuce *n.* ヴィネグレットソース《酢と油を混ぜ, 塩・胡椒・香辛料などで調味したもの; 主にサラダに用いる; French dressing ともいう》.

vi·nal¹ [váɪnl] 〘▭ L *vīnālis*: ⇨ vine, -al¹〙 *adj.* ぶどう酒の[に関する] (vinous).

vi·nal² [váɪnæl] 〘← (*poly*)*vin*(*yl*) *al*(*cohol*)〙 *n.* 〘化学〙 バイナル《主にビニールアルコール単位から構成される長鎖合成重合体の人造繊維》.

vi·nasse [vɪnǽs, vǝ- | vɪ-] 〘▭ F ～ ▭ Prov. *vinassa* < L *vīnāceam* grape skin: cf. vinaceous〙 ── *n.* 蒸留残渣(ざんさ), 蒸留かす《蒸留後, 蒸留器に残るかすで, カリ塩を含む; cf. slop² 5》.

vin blanc [vɛ̃:(m)blɑ́:(ŋ), -blɔ́:(ŋ), vǽmblɑ́:ŋ, -blɔ́(:)ŋ; *F.* vɛ̃blɑ̃] 〘▭ F ～ 'white wine'〙 *F. n.* (*pl.* **vins blancs** [～]) 白ぶどう酒 (white wine) (⇨ wine).

vin·blas·tine [vɪnblǽsti:n] 〘(略) ← VINCA-LEUKOBLASTINE〙 ── *n.* 〘化学〙 ビンブラスチーン ($C_{46}H_{58}N_4O_9$)《ニチニチソウ (periwinkle) から得られるアルカロイドの一種》.

vin·ca [víŋkǝ] 〘← NL ～ (略) ← L *vincapervinca* periwinkle ← *vincīre* to bind + *pervincīre* to bind〙 *n.* 〘植物〙 = periwinkle¹ 1.

vin·ca-leu·ko·blas·tine [vìŋkǝlù:kǝblǽsti:n, -tɪn, -tǝn | -lù:kǝ(ʊ)blǽsti:n, -ljù:-, -tɪn] 〘← VINCA + LEUCO- + -BLAST + -INE³〙 *n.* 〘化学〙 = vinblastine.

Vince [víns] 〘(dim.) ← VINCENT〙 *n.* 男性名.

Vin·cent [vínsǝnt, -sǝnt; *F.* vɛ̃sɑ̃] 〘▭ F ～ ▭ L *Vincentius* ← *vincēns* (pres.p.) ← *vincere* to conquer: cf. vincible〙 *n.* 男性名《愛称形 Vince, Vinnie, Vinny》.

Vin·cent [vínsǝnt, -sǝnt], Saint *n.* ビンセンチウス《?–304 A.D.; スペインの聖職者, 殉教者; ぶどう栽培者の守護聖人; 祝日 1 月 22 日; Vincent of Saragossa ともいう》.

Víncent de Pàul [-dǝ-pɔ́:l; *F.* vɛ̃sɑ̃dpɔl], Saint [*F.* sɛ̃] *n.* バンサンドポール《1580?–1660; フランスのカトリック聖職者で社会改良家》.

Vin·cen·tian [vɪnsénʃǝn | -ʃɪǝn, -ʃǝn] *n.* 〘カトリック〙 聖ビンセンシオ布教会の会員, ラザロ会の会員《1625 年 Saint Vincent de Paul がフランスに創立した布教を目的とした会の会員; Lazarist ともいう》. ── *adj.* ビンセンシオ布教会会員の.

Vín·cent's angína [**inféction**] [vínsǝnts-, -sǝnts-, vɛ̃:(n)sɑ́:(n)z-, -sɔ̃:(n)z-, vænsɑ́:nz-, -sɔ́(:)nz-; *F.* vɛ̃sɑ̃-] 〘← *Jean Hyacin the Vincent* (1862–1950: フランスの医師)〙 ── *n.* 〘病理〙 潰瘍性偽膜性アンギナ, ワンサン口峡炎《第一次大戦中 trench mouth ともいった》.

Vinci, Leonardo da *n.* ⇨ da Vinci.

vin·ci·ble [vínsǝbl | -sǝ-, -sɪ-] 〘(1548) ▭ L *vincibilis* ← *vincere* to conquer: ⇨ victor, -ible〙 ── *adj.* 打ち勝つことができる, 征服しうる. **vìn·ci·bíl·i·ty** [-sǝbílǝṭi | -sɪbílǝtɪ, -sǝ-, -lɪ-] *n.* **～·ness** *n.*

vin·cris·tine [vɪnkrísti:n, -tɪn, -tǝn | -ti:n, -tɪn] 〘← L *vinca* 'VINCA' + *crista* 'CREST' + -INE³〙 ── *n.* 〘薬〙 ニチニチソウ (*Vinca rosea*) より得られる抗腫瘍性アルカロイド, 抗白血病薬.

vin·cu·lum [víŋkjulǝm] 〘(1678) ▭ L ～ 'fetter' ← *vincīre* to bind: ⇨ -cle〙 ── *n.* (*pl.* **-cu·la** [-lǝ], **～s**) **1** つなぎ, 結束, きずな (bond, tie). **2** 〘解剖〙 ひも, 紐(ちゅう)《指趾の腱・舌・小脳舌部などに関連した固定用の結合組織》. **3** 〘数学〙 括線《括弧と同じ役割を果たす線; 例えば $\overline{a+b}\times c=ac+bc$ や $a-\overline{b+c}=a-b-c$ における ‾‾‾》.

vin·cu·lum ma·tri·mo·ni·i [víŋkjulǝm-mætrǝmóuniàɪ, vìŋkjulùm-mɑ̀:trɪmóuniì:, wíŋ- | vìŋkjulǝm-mætrɪmǝ́uniàɪ, vìŋkjulùm-mɑ̀:trɪmǝ́unii:, wíŋ-] 〘▭ L *vinculum mātrimōniī* bond of matrimony〙 ── *L. n.* 婚姻の絆(きずな).

Vínd·hya Hílls [**Móuntains**] [víndjǝ-, -dɪǝ- | -djǝ-, -dɪǝ-] *n. pl.* [the ～] ビンドヤ山脈《インド中部 Narbada 川の北方の山脈》.

vin·di·ca·ble [víndɪkǝbl, -dǝ- | -dɪ-] 〘▭ LL *vindicābilis*: ⇨ ↓, -able〙 ── *adj.* 弁護[擁護]できる, 正当化[立証]しうる (justifiable). **vìn·di·ca·bíl·i·ty** [-kǝbílǝṭi | -lǝtɪ, -lɪ-] *n.*

vin·di·cate [víndǝkèɪt | -dɪ-] 〘(1533) ← L *vindicātus* (p.p.) ← *vindicāre* to claim, set free, punish ← *vim*, *vīs* force + *dīcere* to say (⇨ diction)〙 ── *vt.* **1** **a** …に対する非難[疑い]を取り去る; 〔汚名・嫌疑などから〕免れさせる, 守る (clear, exonerate) 〔*from*〕: ～ a person *from* an imputation [a charge] 人の汚名を晴らす[人を非難から守る] / ～ one's honor 名誉を守る. **b** 〔反対・侵害・攻撃に抗して〕〈権利・主張などを〉守る, 擁護する (defend) 〔*against*〕: ～ the glory of his name *against* all competition あらゆる競争から彼の名の栄誉を守る. **2** (論証・証拠によって)…の正しいことを立証する, 〈物事が〉正当化する (justify): deeds that ～ resentment 憤慨されても無理もないような行為 / Subsequent events ～*d* their policy. 彼らの政策の正しさが後の成行きから立証された. **3** 〈権利・主義などを〉主張する, 要求する (claim): ～ one's claim [rights, innocence] 要求[権利, 無罪]を主張する / ～ oneself 自分の主張[権利]を擁護する, 弁明する / ～ (*to*) oneself a permanent place in history 史上に不朽の地位を確立する. **4** 復讐する, …のあだを討つ (avenge). **5** 〘廃〙 解き放つ, 自由にする (set free). **6** 〘廃〙 罰する (punish). **7** 〘ローマ法〙 …の所有を回復する.

vin·di·ca·tion [vìndǝkéɪʃǝn | -dɪ-] 〘(1484) ▭ L *vindicātiō*(*n*-): ⇨ ↑, -ation〙 ── *n.* **1** (非難・嫌疑・汚名などから)免れさせること, 免罪 (exoneration); 免罪の事実. **2** 〔名誉・要求などの〕擁護, 弁護 (defense) 〔*of*〕: ～ *of* one's honor 名誉の擁護 / in ～ *of* one's liberty 自由を擁護して. **3** 立証, 正当化 (justification); 弁明[立証]するもの: The success of his plan was the real ～. 計画の成功したことが(計画の良かったことの)何よりの証明となった.

vin·dic·a·tive [vɪndíkǝṭɪv, víndǝkèɪt-, -dɪkǝ-, -dǝkǝ- | víndɪkǝtɪv, -kèɪ-, vɪndíkǝ-] 〘▭ (O)F *vindicatif* // ML *vindicātīvus*: ⇨ vindicate, -ive〙 ── *adj.* **1** 擁護する, 弁明する, 弁護的な. **2** 〘古〙 懲罰の (punitive). **3** 〘廃〙 復讐の (retributive).

vín·di·cà·tor [-ṭǝ | -tǝ(r] 〘▭ LL *vindicātor*: ⇨ ↑, -or²〙 *n.* 擁護者, 弁護者 (defender); 立証者; 弁明者.

vin·di·ca·to·ry [víndɪkǝtɔ̀:ri, -dǝ-, vɪndíkǝ-, -tǝ̀:ri | víndɪkǝtǝrɪ, -kèɪ-, vɪndíkǝ-] ── *adj.* **1** 擁護する, 弁護になる; 擁護の, 弁護の (justificatory). **2** 〘法律〙 懲罰の (punitive); 制裁的な; 報復の (retributive).

vin·dic·tive [vɪndíktɪv] 〘(1616) ← L *vindicta* vengeance (⇨ vindicate) + -IVE〙 ── *adj.* **1 a** 復讐心のある, 執念深い (revengeful); 報復的な: a ～ person, spirit, action, punishment, etc. **b** 悪意のある, 意地の悪い (spiteful, vicious): a ～ comment. **2** 刑罰的な, 懲罰的な (punitive). **～·ly** *adv.* **～·ness** *n.*

vindíctive dámages *n. pl.* = punitive damages.

vin du pays [vɛ̃:(n)-dju-peɪ́, vǽn- | -dju-; *F.* vɛ̃dypei] 〘▭ F ～ 'wine of the country'〙 *F. n.* その土地のぶどう酒, 地酒.

vine [váɪn] 〘(?a1300) ▭ OF ～ (F *vigne*) < L *vīneam* vineyard ← *vīnum* 'WINE'〙 ── *n.* **1** 〘米〙 つる植物; (つる植物の)つる: a *vine*-covered doorway, house, wall, etc. **2** 〘植物〙 ブドウ (*Vitis vinifera*)《〘米〙では通例 grapevine を用いる》.

die [***wither***] ***on the vine*** 〈計画・運動などが〉実を結ばずに終わる. ***dwell under one's*** (***own***) ***vine and fig tree*** わが家で安全に暮らす (cf. *1 Kings* 4: 25).

── *vi.* つるを形成する; つる状に成長する.

vin·e·al [víniǝl, váɪn- | -nɪ-] 〘▭ L *vīneālis*: ⇨ vine, -al¹〙 *adj.* ぶどう酒の[に関する].

víne bòrer *n.* ブドウの木に穴をあける各種の害虫.

vined *adj.* つるのからんだ, つる植物におおわれた: a little ～ house つるのからんだ小さな家.

víne·drèsser *n.* ぶどう園園丁.

vin·e·gar [vínɪgə, -nə- | -gə(r] 〚《*a*1325》 *vinegre* ▭ OF *vyn egre* (F *vinaigre*) < VL **vīnum acrum* sour wine: ⇨ vine, eager¹〛 ── *n.* **1** 酢; 食用酢: ～ of lead 酢酸鉛, 鉛酢 / ⇨ aromatic vinegar, OIL *and vinegar*. **2** 不機嫌 (sourness); 気難しい顔, ひねくれた言葉[性質]. **3** 《米口語》精力, 元気, 活気 (vigor, vim). ── *vt.* …に酢を入れる[加える]; (酢のように)酸っぱくする.

Vínegar Bíble *n.* [the ～] 1717 年出版の欽定訳聖書 (Authorized Version) の俗称《*Luke* 20 の heading を vineyard とすべきところを, parable of the vinegar と誤って印刷したことから》.

vínegar èel *n.* 〚動物〛 スセンチュウ (*Turbatrix aceti*)《古い酢や酸敗した果実の中に生じる小形の線虫; vinegar worm ともいう; cf. eelworm》.

vin·e·gar·ette [vìnɪgərét, -nə-] *n.* ＝vinaigrette.

vínegar flỳ *n.* 〚昆虫〛 ショウジョウバエ《*Drosophila* 属のハエの総称》; (特に)キイロショウジョウバエ (*D. melanogaster*).

vin·e·gar·ish [-g(ə)rɪʃ] *adj.* **1** 少し酸っぱい; 酢に似た. **2** 〈性質・態度・言葉など〉意地の悪い, 皮肉な, 辛辣(しんらつ)な (tart, acidulous).

vin·e·gar·roon [vìnɪgəróun, -nə-, -rúːn | -rúːn] 〚▭ Mex.-Sp. *vinagrón* ← *vinagre* vinegar〛 ── *n.* 〚動物〛 ムチサソリの一種 (*Mastigoproctus giganteus*)《米国南部・メキシコ産のサソリモドキ科の酢のようなにおいを発散する動物》.

vínegar trèe *n.* 〚植物〛 ＝staghorn sumac.

vínegar·wèed *n.* 〚植物〛 米国西海岸産の青い花の咲くシソ科の草本 (*Trichostema lanceolatum*).

vínegar wòrm *n.* 〚動物〛 ＝vinegar eel.

vin·e·gar·y [vínɪg(ə)ri, -nə- | -rɪ] *adj.* **1** 酢の, 酢の味がする, 酢のような; 酸っぱい (sour). **2** 不機嫌な, 気難しい, 意地の悪い (crabbed); すぐ怒る, 短気な (choleric): a ～ spinster 意地の悪いオールドミス / a ～ smile 意地の悪い笑い.

víne·lànd *n.* ぶどうの発育に適した土地; ぶどう生産地.

víne màple *n.* 〚植物〛 カリフォルニアカエデ (*Acer circinatum*)《米国北西部産のつる状の幹の小高木》.

vin·er·y [váɪn(ə)ri | -nərɪ] 〚《15C》〛 *n.* **1** つる植物栽培園; (特に)ぶどう温室 (grapery); ぶどう園[畑] (vineyard). **2** [集合的]《米》つる植物, ぶどうの木.

víne snàke *n.* 〚動物〛 ツルヘビ《熱帯地方にすみ, 樹上性で体のきわめて細長いヘビ科 *Oxybelis* 属のヘビの総称; アメリカツルヘビ (*O. acuminatus*) など》.

Vi·net [viːnéɪ; *F.* vinɛ], **Alexandre Ro·dolph** [rɔdɔlf] *n.* ヴィネ《1797-1847; スイスのプロテスタント神学者・批評家》.

vine·yard [vínjəd | -jəd, -jɑːd] 〚《*c*1340》 ← VINE＋YARD² ∽ OE *wīngeard*〛 ── *n.* **1** ぶどう園[畑]. **2** 仕事場, (特に)精神的・霊的努力の場所 (cf. *Matt.* 20:1; 21:28, 40): laborers in one's ～ 仲間の労働者, 仕事の同僚 / The priest's ～ was in the slums of the city. 牧師はその都市の細民街で働いていた.

víne·yard·ist [-dɪst, -dəst | -djɪst] *n.* ぶどう園経営者.

vingt-et-un [væ̃nteɪʌ́n, vɛ̃ː(n)teɪɜ́ː(ŋ), væ̃nteɪɜ́ːŋ | væ̃nteɪɜ́ːŋ, vɛ̃ː(n)-, -ɜ́ːn, -úːn; *F.* vɛ̃teœ̃] 〚《1781》 ▭ F ～ 'twenty and one'〛 *n.* 〚トランプ〛 ＝twenty-one 1.

vin·i- [víni, váɪ-, -nə | -nɪ] 〚← L *vīnum* 'WINE'〛「ぶどう; ぶどう酒」の意の連結形. ★時に vino- になる.

vi·nic [váɪnɪk, vín-] 〚⇨ ↑, -ic¹〛 *adj.* ぶどう酒の[に関する], ぶどう酒から採る: ～ alcohol.

vin·i·cul·ture [vínəkʌ̀ltʃə, váɪn- | vínɪkʌ̀ltʃə(r, ← ─ ─ ─] *n.* ＝viticulture. **vin·i·cul·tur·al** [vìnəkʌ́ltʃ(ə)rəl, vàɪn- | vìnɪ-] *adj.*

vin·i·cul·tur·ist [vìnəkʌ́ltʃ(ə)rɪst, vàɪn-, -rəst, ─ ─ ─ (─) ─ | vìnɪkʌ́ltʃ(ə)rɪst, ─ ─ ─ (─) ─] *n.* ぶどう栽培者.

vi·nif·er·ous [vaɪníf(ə)rəs, vɪ-] 〚← VINI-＋-FEROUS〛 *adj.* ぶどう酒に適した; ぶどう酒用に栽培される.

vin·i·fi·ca·tion [vìnəfɪkéɪʃən, vàɪn-, -fə- | vìnɪfɪ-] 〚← VINI-＋-FICATION〛 *n.* 〚醸造〛 果汁[含糖液]のアルコール発酵.

vin·i·fi·ca·tor [vínəfɪkèɪṭə, váɪn-, -fə- | vínɪfɪkèɪtə(r] 〚⇨ ↑, -or²〛 *n.* 酒精凝結装置《ぶどう酒発酵の際に発散する酒精蒸気を凝結させる装置》.

vin·i·fy [vínəfàɪ, váɪn- | vínɪ-] 〚⇨ vini-, -fy〛 *vt.* 〈ぶどう〉からぶどう酒を造る.

Vin·land [vínlənd] *n.* ヴィンランド《ヴァイキング時代の 1000 年前後に発見・植民されようとした北米の北欧語名; Wineland ともいう》.

vin mous·seux [vɛ̃ː(m)muːsɜ́ː, væ̃m-; *F.* vɛ̃musø] 〚▭ F ～ 'foaming wine': ⇨ mousseux〛 ── *F. n.* (*pl.* **vins mous·seux** [～; *F.* ～]) ヴァン ムスー, 発泡性ぶどう酒 (sparkling wine).

Vin·nie [víni | -nɪ] 〚(dim.) ← VINCENT〛 *n.* 男性名.

Vin·ny [víni | -nɪ] 〚↑〛 *n.* 男性名.

vi·no [víːnou | -nəu] 〚▭ Sp. ～ 'wine'〛 *Sp., It. n.* (*pl.* ～**s**) ぶどう酒; 安ぶどう酒 (cf. plonk).

vin·o- [víno(ʊ), váɪn- | -nə(ʊ)] vini- の異形.

vi·no de pas·to [víːnou-də-páːstou | -nəu-də-páːstəu; *Sp.* bínodepásto] 〚▭ Sp. ～ 《原義》 everyday wine〛 ── *n.* ビーノ デ パスト《スペイン産の薄色の辛口シェリー酒》.

vin·om·e·ter [vɪnámətə, vaɪ- | -nɔ́mɪtə(r, -mə-] 〚← VINI-＋-METER¹〛 *n.* ぶどう酒酒精計《ぶどう酒中のアルコール含有量を測る液体比重計》.

vin or·di·naire [vɛ̃ː(ŋ)-ɔ̀ədənéə, væ̃ŋ- | -ɔ̀ːdɪnέə(r; *F.* vɛ̃ɔrdinɛːr] 〚▭ F ～ 'common wine'〛 ── *F. n.* (*pl.* **vins or·di·naires** [vɛ̃ː(n)z-ɔ̀ədənéə, væ̃nz- | -ɔ̀ːdɪnέə(r; *F.* vɛ̃zɔrdinɛːr]) ヴァン オルディネール《普通の食事用の並ぶどう酒》.

vi·nos·i·ty [vaɪnásəti | -nɔ́sətɪ, -sɪ-] 〚《1624》 ▭ L *vīnōsitāt-em*: ⇨ ↓, -ity〛 ── *n.* **1 a** (特定の)ぶどう酒の質《こく・風味・色合いなどを含める》. **b** ぶどう酒の性質をもつこと, ぶどう酒らしさ. **2** (赤)ぶどう酒色. **3** ぶどう酒好き.

vi·nous [váɪnəs] 〚《1664》 ▭ L *vīnōs-us* of wine: ⇨ vine, -ous〛 ── *adj.* **1** ぶどう酒の[に関する, で作られる]. **2** (味・香りなど)ぶどう酒のような[に似た]. **3** (赤)ぶどう酒色の, 暗赤色の (wine-colored). **4** ぶどう酒を好んで飲む; ぶどう酒による[酔った]: ～ eloquence 一杯機嫌の気炎 / in a somewhat ～ condition いくらか酔って. **～·ly** *adv.*

vin ro·sé [vɛ̃ː(ŋ)-rouzéɪ, væ̃ŋ- | -rəu-; *F.* vɛ̃roze] 〚▭ F ～ 'rosy wine'〛 *F. n.* (*pl.* **vins ro·sés** [～]) ヴァン ローゼ (rosé) (⇨ wine).

vin rouge [vɛ̃ː(ŋ)-rúːʒ, væ̃ŋ-; *F.* vɛ̃ruːʒ] 〚▭ F ～ 'red wine': ⇨ rouge¹〛 *F. n.* (*pl.* **vins rouges** [～]) 赤ぶどう酒 (red wine) (⇨ wine).

vint¹ [vínt; *Russ.* vjínt] 〚▭ Russ. ～〛 *n.* 〚トランプ〛 ロシヤホイスト《auction bridge の前身となったロシヤのトランプ遊びの一種》.

vint² [vínt] 〚《逆成》 ↓〛 *vt.* (果実から)〈ワイン[果実酒]を〉造る.

vin·tage [víntɪdʒ | -tɪdʒ] 〚《*c*1425》《変形》 ← ME *vendage* ▭ (O)F *vendange* < L *vindēmiam* grape-gathering ← *vīnum* 'WINE'＋*dēmere* to take away: 現在の形は ME *vin(e)ter* vintner の影響による〛 ── *n.* **1 a** ある一収穫[作柄]から採れるぶどう酒: wine of the ～ of 1947 1947 年仕込みのぶどう酒. **b** (上作の年に醸造した)優良ぶどう酒, 年号物のワイン, ビンテージワイン《特に, ぶどうの当たり年の年号を記して販売する; vintage wine ともいう; cf. nonvintage》: He brought out his rare old ～. 彼は貴重な年代ものの古酒を出して来た. **c** 《詩・文語》ぶどう酒 (wine); (特に)美酒 (good wine). **2 a** ぶどう収穫年産, (一期の)ぶどう収穫量, ぶどう作. ★ 特に, それから採れるぶどう酒に関連して用いる: a poor [an abundant] ～ this year 今年のぶどうの不作[豊作] / the great ～s of the seventies 70 年代のぶどうの大豊作 / The ～ is abundant. ぶどうは大豊作. **b** (ぶどう酒醸造のための)ぶどう収穫, ぶどうの取入れ; ぶどう収穫期; ぶどう酒醸造期. **3 a** ぶどう酒醸造 (wine making). **b** あるぶどう酒が造られた年[地域]. **4** 《口語》ある年[時期]の製品, (特に, 古い)製作, 型 (type, model): a car of prewar ～ 戦前の型の車 / a joke of ancient ～ 古い冗談 / words of a recent ～ 最近の造語. **5** 成熟度; 年齢 (age): a man of 60 years' ～ 60 歳の人. ── *attrib. adj.* **1** ぶどう酒の, ぶどう酒醸造の. **2** 優良ぶどう酒の: ⇨ vintage wine. **3** [しばしば固有名詞と用いて] (作者の)特徴が最もよく表われている, 上々の: They praised the play as ～ Shaw. その劇をショウ最高の劇とほめた. **4 a** 古典的な, 古くて価値のある (classic); 古風な (old-fashioned). **b** すたれた (obsolete), 時代遅れの (outdated). ── *vt.* **1** (ぶどう酒醸造用に)〈ぶどうを〉収穫する, 摘む. **2** (ぶどうから)〈ぶどう酒を〉造る: a region which ～s good wine 良質のぶどう酒のできる地方. ── *vi.* ぶどうの収穫をする.

víntage càr *n.* 《英》ヴィンテージカー《1917-30 年に造られたクラシックカー》.

vín·tag·er *n.* ぶどう収穫者.

víntage wíne *n.* ＝vintage 1 b.

víntage yéar *n.* **1** ビンテージワイン (vintage wine) の製造の年, ぶどうの当たり年. **2** 抜群の功績[成功]のあった年, 実りの年.

vint·ner [víntnə | -nə(r] 〚《*c*1430》《変形》 ← ME *vyn(e)tere* ▭ OF *vinetier* ▭ ML *vīnetārius* wine seller ← L *vīnētum* vineyard ← *vīnum* (↓)〛 ── *n.* **1** ぶどう酒卸し商, ぶどう酒商人. **2 a** ぶどう酒醸造業者. **b** ぶどう酒醸造所所有者.

vi·num [váɪnəm] 〚▭ L *vīnum* 'WINE': ⇨ vine〛 *n.* (*pl.* **vi·na** [-nə]) 〚薬学〛 薬用ぶどう酒; その製造に用いる薬剤.

vin·y [váɪni | -nɪ] *adj.* (**vin·i·er**; **-i·est**) つる植物[ぶどうの木]の(ような, の多い), つる草におおわれた.

vi·nyl [váɪnl | -nɪl] 〚《1863》 ← L *vīn(um)* 'WINE'＋-YL〛 *n., adj.* 〚化学〛 ビニル基 (CH_2=CH-) (の). **vi·nyl·ic** [vaɪnílɪk] *adj.*

vínyl ácetal *n.* 〚化学〛 ＝polyvinyl acetal.

vínyl ácetate *n.* 〚化学〛 酢酸ビニル (CH_3COOCH=CH_2)《甘いにおいのある引火性の液体》.

vìnyl·acétylene *n.* 〚化学〛 ビニルアセチレン (CH_2=CHC≡CH)《甘い香りを有する液体; 合成ゴムの原料として用いられる》.

vínyl álcohol *n.* 〚化学〛 ビニルアルコール (CH_2=CHOH)《重合体ポリビニルアルコールの単位としてのみ存在する》.

vi·nyl·ate [váɪnəlèɪt, -nḷ- | -nɪl-] *vt.* 〚化学〛 ビニル化する.

vi·nyl·a·tion [vàɪnəléɪʃən, -nḷ- | -nɪl-] *n.* 〚化学〛 ビニル化《活性水素のある化合物にアセチレンを作用させてビニル基を導入すること》.

vìnyl·bénzene *n.* 〚化学〛 ビニルベンゼン (⇨ styrene).

vínyl bútyral *n.* 〚化学〛 ビニルブチラール《ポリビニルアセタール (polyvinyl acetal) の一種》.

vínyl chlóride *n.* 〚化学〛 塩化ビニル (CH_2=CHCl)《塩化ビニル樹脂を造るのに用いる; chloroethylene ともいう》.

vínyl éther *n.* 〚薬学〛 ビニルエーテル ($(CH_2$=$CH)_2O$)《無色の液体; 短時間手術用の麻酔剤に使用》.

vìnyl·éthylene *n.* 〚化学〛 ビニルエチレン (butadiene).

vínyl fórmal *n.* 〚化学〛 ビニルホルマール (polyvinyl formal).

vínyl gròup *n.* 〚化学〛 ビニル基 (CH_2=CH-)《vinyl radical ともいう》.

vi·nyl·i·dene [vaɪníl̩ədìːn | -lɪ-] 〚← VINYL＋-ID³＋-ENE〛 *n.* 〚化学〛 ビニリデン基 (CH_2=C<).

vinýlidene chlóride *n.* 〚化学〛 塩化ビニリデン樹脂 ($(CH_2$=$CCl_2)_n$).「ン基 (CH_2=C<).

vinýlidene gròup [ràdical] *n.* 〚化学〛 ビニリデ

vinýlidene résin *n.* 〚化学〛 ビニリデン樹脂《polyvinylidene resin ともいう》.

Vi·nyl·ite [váɪnəlàɪt, vín-, -nḷ- | -nɪl-] 〚← VINYL＋-ITE¹〛 ── *n.* 〚商標〛 ビニライト《レコード材料として用いられる合成樹脂; 熱可塑性にすぐれ丈夫で音再生の忠実度が高い》.

vínyl plástic *n.* 〚化学〛 ＝vinyl resin.

vínyl pólymer *n.* 〚化学〛 ビニル重合体.

vínyl ràdical *n.* 〚化学〛 ＝vinyl group.

vínyl résin *n.* 〚化学〛 ビニル樹脂《ビニル化合物の重合で作られる合成樹脂; polyvinyl resin ともいう》.

vi·ol [váɪəl, váɪt, váɪoʊt | váɪəl, váɪt, víəl] 〚《1483》 *viole* ▭ (O)F ▭ OProv. *viola* ∽ 《15C》 *vyell* ▭ AF＝(O)F *vielle* (cf. ML *vītula* fiddle / fiddle)〛 ── *n.* ビオール, バイオル《主に 16-17 世紀に用いられた通例 6 弦の擦弦楽器(属)で, 指板にフレットをもつ; 通例 treble, alto (または tenor), bass および contrabass の四つの型がある》: a bass ～＝viola da gamba / a tenor ～＝viola da braccio.

vi·o·la¹ [vióulə, vaɪ- | vɪáulə, víə(ʊ)lə] 〚《1797》 ▭ It. ～ ▭ OProv. ～ (↑)〛 ── *n.* ビオラ: **1** violin 属の 4 弦の擦弦楽器; violin よりやや大型で 5 度低く調弦され, 弦楽四重奏やオーケストラでは中音域を受けもつ. **2** 弦楽器のような音色を出すパイプオルガンの 8 フィートまたは 4 フィートの音栓.

vi·o·la² [vaɪóulə, vióu-, váɪə- | váɪə-, víə-, váɪəu-, víəu-, vaɪóu-, vɪóu-] 〚《*c*1430》 ▭ L ～ 'VIOLET'〛 *n.* 〚植物〛 スミレ《スミレ科スミレ属 (*Viola*) の植物の総称》.

Vi·o·la [vaɪóulə, vióu-, váɪə-, víːə- | váɪə-, váɪəu-, víə(ʊ)-] 〚← L *viola* (↑)〛 *n.* **1** 女性名《愛称形 Vi, Vye》. **2** ヴァイオラ《Shakespeare 作 *The Twelfth Night* の女主人公の一人》.

vio·la bas·tar·da [vióulə-bɑːstάːdə | vɪáulə-bɑːstάː-; *It.* vjɔ́ːla-bastárda] 〚▭ It. ～ 'bastard viol'〛 ── *n.* ビオラバスタルダ《小型の bass viol; 中世の擦弦楽器リラダガンバ (lyra da gamba) にならって調弦・演奏されるので lyra viol とも呼ばれた》.

vi·o·la·ble [váɪələbl̩] 〚▭ L *violābil-is*: ⇨ violate, -able〛 ── *adj.* 犯しうる, 破りうる, 汚しうる. **vì·o·la·bíl·i·ty** [-ləbíləṭi | -lətɪ, -lɪ-] *n.* **～·ness** *n.* **ví·o·la·bly** *adv.*

Vi·o·la·ce·ae [vàɪəléɪsiìː] 〚← NL ～: ⇨ viola², -aceae〛 *n. pl.* 〚植物〛 スミレ科.

vi·o·la·ceous [vàɪəléɪʃəs] 〚▭ L *violāceus* violet-colored: ⇨ viola², -aceous〛 *adj.* **1** 〚植物〛 スミレ科の. **2** すみれ色の, 青紫色の. **～·ly** *adv.*

vióla clèf *n.* 〚音楽〛 ハ音記号, アルト記号 (⇨ C clef).

vio·la da brac·cio [vióulə-də-brάːtʃiòu, -tʃou | vɪáulə-də-brάːtʃɪəu, -tʃəu; *It.* -da-bráttʃo] 〚▭ It. ～ 《原義》 viol for the arm〛 ── *n.* (*pl.* **vio·le da braccio** [vióuleɪ- | vɪáuleɪ-; *It.* vjɔ́ːle-], ～**s**) ビオラダブラッチョ《主に 16-17 世紀に用いられたビオール属の弦楽器; 今日の violin のような姿勢で演奏される; 後に viola の出現により衰微した; tenor viol ともいう》.

vióla da gám·ba [-də-gάːmbə, -gǽm-; *It.* -dagámba] 〚▭ It. ～ 《原義》 viol for the leg〛 ── *n.* (*pl.* **viole da gamba**, ～**s**) ビオラダガンバ **1** 主に 16-18 世紀前半に用いられたビオール属の低音弦楽器 (bass viol); 腰かけた奏者の両脚の間に支えて演奏される; 後に cello の出現により衰微した. **2** 弦楽器に似た音を出すパイプオルガンの 8 フィートの音栓.

vióla d'a·mó·re [-dəmóːri, -móːrə, -reɪ | -mɔ́ːreɪ, -rɪ; *It.* -damóːre] 〚▭ It. ～ 《原義》 viol of love〛 ── *n.* (*pl.* **viole d'amore**, ～**s**) ビオラダモーレ: **1** 17-18 世紀前半に用いられたビオール属の弦楽器 (tenor viol); 形状は viola da braccio に似ており 5-7 本の演奏弦と多数の共鳴弦をもち, 非常に柔らかい優雅な音を出す. **2** 柔らかい弦楽器に似た音を出すパイプオルガンの 8 フィートまたは 4 フィートの音栓.

vi·o·lan·throne [vàɪəlǽnθroun | -θrəun] 〚← VIOLA²＋ANTHRONE〛 *n.* 〚化学〛 ビオラントロン《建染め染料の一種》.

vi·o·late [váɪəlèɪt] 〚《?*a*1425》 ← L *violāt-us* (p.p.) ← *violāre* to treat with violence ← *vīs* force, violence: ⇨ vis〛 ── *vt.* **1** 〈法律を〉犯す, 〈約束・誓い・条約・条件などを〉破る, 無視する, 〈良心〉にそむく, …に違反[違背]する (break, transgress): ～ an agreement 協定を破る. **2** …に侵入する, 侵害する, 乱す, 妨害する, 邪魔する (disturb): ～ a person's privacy [peace] 人の私生活[平和]を乱す / ～ a person's sleep 睡眠の邪魔をする. **3** 禁を犯して触れる[取る]; (暴力でまたは正当の権利なく)通過する, 通り抜ける: ～ a frontier 不法に越境する. **4** …の神聖を汚す, …に不敬を働く, 〈神聖なものを〉粗末に扱う (desecrate, profane): ~ a church [shrine] 教会[神社]の神聖を汚す / ~ a tomb 墓をあばく. **5** 〈婦女子〉に暴行を加える, 凌辱(りょうじょく)する, 強姦する (rape, ravish). **6** 〈感情などを〉傷つける, 無視する (offend): ~ a person's sense of honor 名誉感を傷つける. **7** 〘廃〙手荒く[乱暴に]扱う; 酷使する (mishandle, abuse); (暴力で)破壊する.

vi·o·la·tion [vàɪəléɪʃən] 〚《15C》□(O)F ∥ L *violātiō(n-)*: ⇨↑, -ation〛 **—** *n.* **1 a** 犯す[破る]こと; 侵害, 違反, 違背 (breach, transgression): ~ *of* a contract [an oath, law] 契約[誓言, 法律]違反 / a traffic ~ 交通違反 / in ~ *of* the law 法律に違反して. **b** (スポーツの)バイオレーション《ルール違反》. **2** 妨害, 邪魔 (interruption, disturbance): ~ *of* privacy, a sleep, etc. **3** 神聖を汚すこと, 冒瀆 (desecration): ~ *of* a church, tomb, etc. **4** (婦女子への)暴行, 凌辱(りょうじょく), 強姦 (ravishment, rape). **5** 意味[事実]の歪曲, 曲解 (distortion). **6** 〘廃〙乱暴な取扱い, 酷使. **~·al** [-ʃənḷ, -ʃnəl] *adj.*

vi·o·la·tive [váɪəlèɪtɪv, váɪələ- | -tɪv] *adj.* 犯す, 破る; 侵害する; 汚す: be ~ *of* …を犯す, 侵害する, 汚す.

vi·o·là·tor [-tə | -tə(r] 〚《15C》□ L *violātor*: ⇨ violate, -or²〛 **—** *n.* **1** 犯す[破る]人, 違反者, 違背者: an election ~ 選挙違反者. **2** 神聖を汚す人, 冒瀆者 (desecrator). **3** 暴行者, 強姦者 (ravisher). **4** 妨害者.

viole da braccio *n.* viola da braccio の複数形.

viole da gamba *n.* viola da gamba の複数形.

viole d'amore *n.* viola d'amore の複数形.

vi·o·lence [váɪələns] 〚《*c*1300》□(O)F ~ ∥ L *violentia*: ⇨↓, -ence〛 **—** *n.* **1** (自然の力・物の動き・人の感情の)激しさ, 猛烈さ (vehemence), 熱烈, 激烈 (intensity, fervor): attack an enemy *with* ~ 激しく敵を攻める / the ~ of a storm [the wind and waves] あらし[風と波]の猛威. **2 a** 暴行, 暴力, 手荒さ, 乱暴; 暴力行為: die by ~ 横死する, 非業の死を遂げる / handle a person with ~ 人を乱暴に扱う / offer ~ to … に暴力を加える, を襲う / resort to ~ 暴力に訴える / use ~ 暴力を用いる / The mob behaved with great ~. 群衆は狂暴に振舞った. **b** 害, 損傷: ⇨ *do* VIOLENCE *to*. **3** 意味[事実]の曲解, こじつけ, (言葉・文句などの)不当な変更, 改竄(かいざん) (distortion).

do violence to (1) …に暴行を加える, …を害する: *do* ~ *to* prisoners. (2) 〈感情・美観などを〉を損う: *do* ~ *to* a person's feelings 人の感情を害する. (3) 〈主義などに背く. (4) 〈真実などを〉を曲げる, 〈話などの〉内容[意図]をゆがめる: *do* ~ *to* a text 本文を勝手に改変する[解釈する].

vi·o·lent [váɪələnt] 〚《*c*1375》□(O)F ~ ∥ L *violentus* ← *vīs*: ⇨ vis, -lent〛 **—** *adj.* **1 a** 〈自然力・努力など〉激しい, 激烈な, 猛烈な (boisterous, impetuous): a ~ storm [wind, earthquake, explosion] 猛烈なあらし[風, 地震, 爆発] / a ~ attack 激しい攻撃, 猛攻撃 / ~ efforts 猛烈な努力 / ~ struggle to escape 逃げようとする奮闘 / a ~ blow 猛打. **b** 激情的な, 熱烈な, 激した, 激しい: a ~ rage, speech, dislike, controversy, temper, etc. **2 a** 乱暴な, 暴力的な: ~ measures 乱暴な処置 / a ~ assumption 乱暴な臆説 (cf. violent presumption) / a ~ deed 暴行 / lay ~ hands on a person 人に暴行を加える / resort to ~ means 暴力手段に訴える. **b** 〈死が〉不自然な (unnatural): a ~ death 非業(ひごう)の死, 横死, 変死, 事故死 (cf. natural 3 a) / die [meet] a ~ death = come to a ~ end 非業の死を遂げる, 横死[変死]する. **3** 極端な, ひどい, 猛烈な (intense, extreme): a ~ headache [cough] 猛烈な頭痛[せき] / ~ heat 猛暑 / ~ colors どぎつい色彩 / a ~ contrast of circumstances 極端な境遇の対照 / in ~ haste ひどく急いで. **4** 〈解釈など〉無理な, こじつけの: a ~ interpretation ひどい曲解.

violent fluctuátions *n. pl.* (相場の)乱高下.

ví·o·lent·ly *adv.* 激しく, 猛烈に; 乱暴に; ひどく.

víolent presúmption *n.* 〘法律〙極めて有力かつ強力な推定《必ずしも決定的で争いえない推定ではない》.

vi·o·les·cent [vàɪəlésnt] 〚← VIOLA² + -ESCENT〛 *adj.* すみれ色がかった[を帯びた].

vi·o·let [váɪəlɪt, -lət] 〚《?*a*1300》□ OF *violete* (F *violette*) (dim.) ← L *viola*: ⇨viola², -ette〛 **—** *n.* **1** 〘植物〙スミレ《スミレ属 (*Viola*) の植物の総称》; スミレの花. ★ 米国 Illinois, New Jersey, Rhode Island, Wisconsin の諸州の州花. **2** すみれ色《青紫色》. **3** 〘口語〙控え目な人, 引っ込み思案の人: a shrinking [modest] ~ 内気な人. **—** *adj.* **1** 〘植物〙スミレ科の. **2** すみれ色の.

Vi·o·let [váɪəlɪt, -lət] 〚□ OF *violete* (↑)〛 *n.* 女性名《愛称形 Vi, Violetta, Violette》.

violet íris *n.* 〘植物〙北米東部産のすみれ色の花の咲くアヤメ属の植物 (*Iris verna*).

violet ráy *n.* 〘物理〙 **1** 紫線, 紫光線《可視スペクトル中最短線》. **2** 〘俗用〙紫外線 (ultraviolet ray).

violet ságe *n.* 〘植物〙ヨーロッパおよびアジア西部産のシソ科サルビア属の多年生草本 (*Salvia nemorosa*).

Vio·let·ta [vjouléṭə | vjəuléṭə; *It.* vjolétta] 〚□ It. ~ 'VIOLET'〛 *n.* 女性名.

Vi·o·lette [vàɪəlét, váɪəlɪt, -lət] 〚□ F ~ 'VIOLET'〛 *n.* 女性名.

violet típ *n.* 〘昆虫〙ギモンフタテハ (*Polygonia interrogationis*)《米国産タテハチョウ科の赤・茶まだらの先が紫色の羽をもったチョウ》.

víolet wòod *n.* 〘植物〙 = kingwood.

víolet wóod sòrrel *n.* 〘植物〙米国東部産の薄い赤紫の花の咲くカタバミ属の草本 (*Oxalis violacea*).

vi·o·lin [vàɪəlín] 〚《1579》□ It. *violino* (dim.) ← VIOLA¹〛 **—** *n.* **1** バイオリン, 提琴 (fiddle): play the ~. **2** (オーケストラや室内楽団の中の)バイオリン奏者 (violinist): the first [second] ~ 第一[第二]バイオリン / He is second ~. 彼は第二バイオリン(奏者)だ.

play first violin 音頭を取る, 指導的役割を演じる (cf. *play first* FIDDLE).

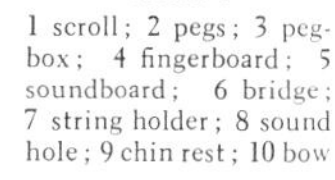

violin 1

1 scroll; 2 pegs; 3 peg-box; 4 fingerboard; 5 soundboard; 6 bridge; 7 string holder; 8 sound hole; 9 chin rest; 10 bow

violín clèf *n.* 〘音楽〙ト音記号 (G clef) (⇨ clef 挿絵).

vi·o·lin·ist [vàɪəlínɪst, -nəst | vàɪəlínɪst, ⌣–⌣–] 〚《*c*1670》□ It. *violinista*: ⇨ violin, -ist〛 **—** *n.* バイオリン奏者, 提琴家.

vi·ol·ist¹ [váɪəlɪst, -ləst | -lɪst] 〚← VIOL + -IST〛 *n.* バイオル (viol) 奏者.

vi·o·list² [vióulɪst, -ləst | viə́ulɪst] 〚← VIOLA¹ + -IST〛 *n.* ビオラ (viola) 奏者.

Viol·let-le-Duc [vi:əlélədʲ(j)ú:k, -dík; *F.* vjɔleldyk], **Eugène Emmanuel** *n.* ビオレルデュク《1814–79; フランスの建築家; ゴシック理論家, 修復工事技師として活躍》.

vì·o·lon·cél·list [-lɪst, -ləst | -lɪst] *n.* = cellist.

vi·o·lon·cel·lo [vàɪələntʃélou, vì:ə-, -lan- | vàɪələn-tʃéləu] 〚《1724》□ It. ~ (dim.) ← *violone* (↓)〛 **—** *n.* (*pl.* ~**s**) **1** = cello. **2** ビオロンチェロ《チェロに似た表情豊かな響きを出すパイプオルガンの8フィートの音栓》.

vio·lo·ne [vì:əlóuneɪ | váɪələun, víə-; *It.* vjoló:ne] 〚□ It. ~ (aug.) ← VIOLA¹; cf. -oon〛 **—** *n.* ビオローネ: **1** 16-17 世紀に用いられたビオール属の最低音の弦楽器 (double bass viol); contrabass, double bass の前身》. **2** 低音弦楽器に似た力強い音を出すパイプオルガンの 16 フィート, 8 フィートのペダル音栓.

vio·lot·ta [vì:əláṭə | -lɔ́tə; *It.* vjolɔ́tta] 〚← It. *viola* 'VIOLA¹' + *-otta* (aug.)〛 *n.* ビオロッタ《viola よりやや大きく 4 度低く調弦された擦弦楽器》.

vi·o·my·cin [vàɪəmáɪsn̩ | -sɪn] 〚← VIO(LET) + -MYCIN〛 **—** *n.* 〘薬学〙バイオマイシン ($C_{23}H_{36}N_{12}O_8$)《結核菌に対して発育阻止作用が強い抗生物質》.

vi·os·ter·ol [vaɪɑ́stərɔ̀(:)l, -ròul, -rɑ̀l | -ɔ́stərɔ̀l] 〚← (ULTRA)VI(OLET) + (ERG)OSTEROL〛 **—** *n.* 〘生化学〙ビオステロール《ergosterol を紫外線照射して製造するビタミン D》.

VIP, V.I.P. [vì:àɪpí:] 〚← *v(ery) i(mportant) p(erson)*: cf. spiv〛 *n.* (*pl.* **VIPs**) 〘口語〙要人, 大物.

vi·per [váɪpə | -pə(r] 〚《1526》□(O)F *vipère* ∥ L *vīpera* ← *vīvus* alive + *parere* to bring forth ∞ 《?*a*1300》 *wivere*, (⇨ wyvern)〛 **—** *n.* **1** 〘動物〙ヨーロッパクサリヘビ (*Vipera berus*)《ヨーロッパから Sakhalin まで周極的に広く分布する毒蛇》; (その他)同じ属や近縁属に含まれる毒蛇の総称: abominate [hate] a person like a ~ 人を蛇蝎(だかつ)のように嫌う. **2 a** 悪意のある[意地の悪い]人間. **b** (二心のある)腹黒い人, 恩知らずの人 (treacherous person). **3** = pit viper. **4** 〘米俗〙 **a** 麻薬(特にマリファナ)常用者. **b** 麻薬(特にマリファナ)売人.

cherish [***nourish***] ***a viper in*** *one's* ***bosom*** 恩をあだで返すような人間に親切を施す.

víper·fish *n.* 〘魚類〙ホウライエソ科の魚類の総称.

vi·per·id [váɪpərɪd, -rəd | -rɪd] 〚↓〛 *adj., n.* 〘動物〙クサリヘビ科の(ヘビ).

Vi·per·i·dae [vaɪpérədi: | -rɪ-] 〚← NL ~ ← L *vīpera* 'VIPER' + -IDAE〛 *n. pl.* 〘動物〙(有鱗目)クサリヘビ科.

vi·per·ine [váɪpəràɪn, -rən, -rɪn | -ràɪn, -rɪn] 〚□ L *vīperīn-us*: ⇨ viper, -ine¹〛 *adj.* **1** クサリヘビ (viper) の[に関する]. **2** 悪意のある (venomous).

ví·per·ish [-p(ə)rɪʃ | -pər-] *adj.* クサリヘビのような; 悪意のある, 意地の悪い (venomous). **~·ly** *adv.*

vi·per·ous [váɪp(ə)rəs | -pər-] 〚《1535》〛 **—** *adj.* **1** クサリヘビの[に関する, のような]. **2** 〈行動・性質など〉まむしのような; 邪悪な, 意地の悪い, 腹黒い (malignant, treacherous). **~·ly** *adv.*

víper's búgloss *n.* 〘植物〙 = blueweed 1.

Vip·i·on·i·dae [vìpiɑ́nədi: | -piɔ́nɪ-] 〚← NL ~ ← L *vipiōn-*, *vipio* small crane + -IDAE〛 *n. pl.* 〘昆虫〙(膜翅目)クビコマユバチ科.

vi·ra·go [vɪrɑ́:gou, və-, -réɪ-, vírəgòu | vɪrɑ́:gəu, -réɪ-] 〚OE ~ □ L *virāgō* manlike woman, female warrior ← *vir* man: ⇨ virile〛 **—** *n.* (*pl.* ~**es**, ~**s**) **1** 口やかましい女, がみがみ女. **2** 〘古〙女丈夫, 勇婦. **vi·rag·i·nous** [vɪrǽdʒənəs, və- | vɪrǽdʒɪ-] *adj.*

vi·ral [váɪrəl | váɪər-] 〚← VIR(US) + -AL¹〛 *adj.* 〘病理〙ウイルス(性)の. **~·ly** *adv.*

Vir·chow [fíəkou, víə- | vɜ́:tʃəu, víə-; *G.* fírço:], **Rudolf Ludwig Karl** *n.* フィルヒョー《1821–1902; ドイツの病理学者・人類学者・政治家》.

vir·e·lay [vírəlèɪ] 〚《*c*1386》□(O)F *virelai* 《変形》← *vireli* (もとは意味のないはやし言葉: cf. F *virer* to turn & *lai* 'LAY³')〛 **—** *n.* (*also* **vir·e·lai** [~]) 〘詩学〙ヴィルレー《中世フランスの定型詩の名称》: **a** 折り返し句と 2 種の押韻から成る短詩型. **b** 長短不同の行から成る連形式の詩型; 各連の韻の一つが次の連に引き継がれる. **c** 舞踏用歌謡の一種.

vi·re·mi·a [vaɪrí:miə | vàɪərí:mɪə] 〚← VIR(US) + -EMIA〛 *n.* 〘病理〙ウイルス血症. **vi·re·mic** [vaɪrí:mɪk | vàɪər-] *adj.*

vir·e·o [víriòu | -rɪəu] 〚《1830》□ L ~? 'greenfinch' ← *virēre* to be green〛 *n.* (*pl.* ~**s**) 〘鳥類〙モズモドキ《モズモドキ科の鳥の総称》.

Vir·e·on·i·dae [vìriɑ́nədi: | -riɔ́nɪ-] 〚← NL ~ ← L *vireōn-* (↑) + -IDAE〛 *n. pl.* 〘鳥類〙(スズメ目)モズモドキ科.

vires *n.* vis の複数形.

vi·res·cence [vɪrésns, və-, vaɪ- | vàɪə-] *n.* **1** 緑色化. **2** 〘植物〙異常緑変《葉緑素過多のために起こる花弁などの緑色変化》.

vi·res·cent [vɪrésnt, və-, vaɪ- | vàɪə-] 〚《1826》□ L *virescent-em* (pres.p.) ← *virescere* to grow green ← *virēre* to be green〛 *adj.* **1** 緑変する. **2** 緑色がかった.

vires inertiae *n.* vis inertiae の複数形.

vires majores *n.* vis major の複数形.

vires vivae *n.* vis viva の複数形.

Virg. 〘略〙Virgil; Virginia; *L.* virgō (= virgin).

vir·ga [vɜ́:gə | vɜ́:-] 〚□ L ~ 'rod, twig, streak (in the sky)' ← ? IE **wei-* to turn, twist (OE *wīr* 'WIRE')〛 **—** *n.* 〘気象〙尾流雲《降下中に消散する雨または雪で雲層の下に降下する様が見られる; cf. praecipitatio》.

vir·gate¹ [vɜ́:geɪt, -gət, -gɪt | vɜ́:-] 〚《1821》□ L *virgāt-us* made of twigs or osiers ← *virga* (↑)〛 *adj.* **1** 棒状の (rod-shaped). **2** 多くの小枝のある[を生じる].

vir·gate² [vɜ́:geɪt, -gət, -gɪt | vɜ́:-] 〚□ ML *virgāta* (*terrae*) 《なぞり》← OE *ġeard landes* yard of land〛 ← L *virga* rod (↑)〛 **—** *n.* ヴァーゲート《古代英国の面積の単位; = $^1/_4$ hide, 30 acres》.

Vir·gie [vɜ́:dʒi | vɜ́:dʒɪ] 〚(dim.) ← VIRGINIA²〛 *n.* 女性名.

Vir·gil [vɜ́:dʒɪl, -dʒəl | vɜ́:dʒɪl] 〚□ ML *Virgil-ius* 《誤形》← L *Vergilius*〛 *n.* **1** 男性名. **2** = Vergil.

Vir·gil·i·an [və(:)dʒíliən, -ljən | və(:)dʒílɪən, -ljən] *adj.* = Vergilian.

vir·gin [vɜ́:dʒɪn, -dʒən | vɜ́:dʒɪn] 〚《?*a*1200》□ OF *virgine* (F *vierge*) □ L *virginem* (acc.) ← *virgō* maiden ← ? (cf. *virga* slender branch: ⇨ virga)〛 **—** *n.* **1 a** 処女. **b** 童貞の男子. **2** 娘, 少女, 若い女, 未婚婦人. **3 a** 〘キリスト教〙聖処女; 敬虔で純潔な女性, 修道女. **b** [the V-] = Virgin Mary. **c** [V-] Virgin Mary の絵[像] (Madonna). **4** 交尾したことのない雌(の動物). **5** 〘動物〙単性生殖をなす雌の昆虫. **6** [the V-] **a** 〘天文〙おとめ(乙女)座 (⇨ Virgo 1). **b** 〘占星〙処女宮, 乙女座 (⇨ Virgo 2 a).

— *adj.* **1** 処女の, 処女でいる[を守る], 童貞の: a ~ life / ⇨ Virgin Mother, Virgin Queen. **2** 処女特有の, 処女にふさわしい, 処女らしい; 純潔な, 貞潔な, つつましやかな, はにかみがちな (chaste, modest): ~ modesty, blushes, purity, fancies, etc. **3 a** 汚されない, 汚点のない (unsullied); 清らかな, 純粋な: ~ snow 処女雪 / ~ whiteness 純白 / ~ gold 純金. **b** 触れられた[使われた]ことのない; 〈要塞・都市など〉陥落したことのない; 人跡未踏の (untrodden): ~ clay 火を通してない粘土 / ~ paper 白紙 / waters ~ *of* ships まだ船の通ったことのない海 / a ~ blade まだ血を見ない刀 / a ~ peak 処女峰 / a ~ fortress まだ陥落したことのない要塞 / ⇨ virgin forest, virgin soil. **c** 初めて使われる; 新鮮な (fresh), 新しい (new); 初めての (first): a ship's ~ voyage 船の処女航海 / a team ~ *to* harness 馬具[引き具]を知らない(数頭立ての)馬[牛] / the ~ homer (選手生活初めての)第 1 号ホーマー[本塁打]. **4** 〈元素が〉天然のままで産する (native): ~ sulfur 天然硫黄. **5** 〈オリーブ油など〉加熱せず第 1 回の圧搾で得られる. **6** 〘動物〙交尾のすまない, 受精しない (unfertilized): ⇨ virgin queen. **7** 〘冶金〙鉱石からじかに造られた, 第一溶錬からできる (cf. secondary 15): ~ metal 一次金属.

vir·gin·al¹ [vɜ́:dʒənḷ, -dʒnəl | vɜ́:dʒɪnḷ] 〚《*c*1400》□ (O)F ~ ∥ L *virginal-is* maidenly: ⇨↑, -al¹〛 **—** *adj.* **1 a** 処女の, 処女[乙女]らしい: ~ modesty / ~ bloom 娘盛り. **b** 処女[貞潔]を守り続ける. **2** 汚れない, 純潔な (pure); まだ手を触れられ(てい)ない (untouched); 新鮮な (fresh): ~ purity. **3** 〘動物〙まだ受精し(てい)ない. **~·ly** *adv.* **~·ness** *n.*

vir·gin·al² [vɜ́:dʒənḷ, -dʒnəl | vɜ́:dʒɪnḷ] 〚《1530》□ F ~ ∥ L *virginal-is* (↑): 主に少女が弾いたことから〛 **—** *n.* [時に the ~s または a pair of ~s として] バージナル《16-17 世紀ごろ英国で用いられたハープシコード属の小型の鍵盤楽器の一種》.

virginal²

vírginal generátion *n.* 〘生物〙単為生殖, 処女生殖 (parthenogenesis).

vír·gin·al·ist [-dʒənəlɪst, -dʒɪ-, -ləst, -nḷ- | -dʒɪnəlɪst, -nḷ-] *n.* バージナル (virginal) 奏者.

vírginal mémbrane *n.* 〘解剖〙処女膜 (hymen).

vírgin bírth *n.* **1** [しばしば the V- B-] 〘キリスト教〙(キリストが処女マリアから生れたという)処女降

誕(説) (cf. Immaculate Conception). **2** 〘動物〙単為発生, 処女生殖 (parthenogenesis).
vírgin cómb *n.* 蜜を貯えるためにただ1回使っただけで幼虫のためには使ったことのない蜂の巣(房).
vírgin fórest *n.* 処女林, 原生林.
vírgin hóney *n.* (ふたがされていない蜂の巣房から自然にたれ落ちる)新蜜, 生蜜.
vírgin·hòod *n.* ＝virginity.
Vir·gin·ia[1] [vədʒínjə, -niə | və(ː)dʒínjə, -nɪə] 〘← *Virgin Queen* (＝Elizabeth I): ⇨ -ia[1]〙 ── *n.* **1** 米国大西洋岸中部の州 (⇨ United States of America 表). **2** Virginia 産たばこ.
Vir·gin·ia[2] [vədʒínjə, -niə | və(ː)dʒínjə, -nɪə] 〘▭ L ～ (fem.) ← *Virginius, Verginius* (ローマの家族名): ⇨ -ia[1]〙 *n.* 女性名《愛称形 Ginger, Ginnie, Virgie》.
Virgínia blúebell *n.* 〘植物〙＝Virginia cowslip.
Virgínia cówslip *n.* 〘植物〙北米東部産のムラサキ科ハマベンケイソウの一種 (*Mertensia virginica*) 《Virginia bluebell ともいう》.
Virgínia créeper *n.* 〘植物〙アメリカヅタ (*Parthenocissus quinquefolia*) 《装飾用として壁などにはわせる; 秋に美しく紅葉する; American ivy [joy], ivy vine ともいう》.
Virgínia déer *n.* 〘動物〙 **1** 《米東部》オジロジカ (⇨ white-tailed deer). **2** (オジロジカに似た)尾の白いシカ.
Virgínia fènce *n.* (木製の)矢来(やらい)塀 (⇨ worm fence).
Virgínia hám *n.* ヴァージニアハム《特殊な育て方をした razorback の肉から造ったハム》.
Vir·gin·ian [vədʒínjən, -niən | və(ː)dʒínjən, -nɪən] *adj.* (米国) Virginia 州(人)の. ── *n.* Virginia 州人.
Virgínian stóck *n.* 〘植物〙ヒメアラセイトウ, ハマアラセイトウ (*Malcolmia maritima*) 《アブラナ科の植物》.
Virgínia píne *n.* 〘植物〙ヴァージニアマツ (*Pinus virginiana*) 《米国東部産の小形のマツ; Jersey pine ともいう》.
Virgínia ráil *n.* 〘鳥類〙米国産のクイナ (*Rallus limicola*).
Virgínia réel *n.* **1** ヴァージニアリール《米国のフォークダンスの一種; 英国の Sir Roger de Coverley に似た踊りで, 8-16 人位で対列を組んで踊る; リール形式で次々と相手と代わり合うところに特徴がある》. **2** ヴァージニアリールの曲.
Virgínia snákeroot *n.* 〘植物〙米国東部産のウマノスズクサ属のつる草 (*Aristolochia serpentaria*).
Virgínia stóck *n.* ＝Virginian stock.
Virgínia trúmpet flòwer *n.* ＝trumpet creeper.
vir·gin·i·bus pu·er·is·que [vədʒínɪbəs-pjùːərískwi, vɪəgínɪbùs-pùːəríːskweɪ, wɪə- | vəːgínɪbəs-puərískwɪ, -dʒínɪ-, -pjuə-] 〘▭ L *virginibus puerisque* for girls and boys〙 ── L. 少年少女のために[に適した].
Vírgin Íslands *n. pl.* [the ～] バージン諸島《West Indies 諸島中 Puerto Rico の東方に連なる小群島; 米領と英領に分かれる; ⇨ British Virgin Islands》.
Virgin Islands of the United States [the ―] 米領バージン諸島《Virgin Islands 中の西部を占める部分で米国がデンマークから買収 (1917); 人口 63,000, 面積 344 km², 首都 Charlotte Amalie》.
Vírgin Íslands Nátional Párk *n.* バージン諸島国立公園《Virgin Islands of the United States の St. John 島にあり, 有史前の遺跡がある; 1956 年指定》.
vir·gin·i·ty [və(ː)dʒínəṭi | və(ː)dʒínətɪ, -nɪ-] 〘《*a*1325》▭(O)F *virginité*: ⇨ virgin, -ity〙 ── *n.* **1** 処女[童貞]であること, 処女性, 童貞; 純潔: lose one's ～. **2** 新鮮さ. **3** 独身.
vir·gin·i·um [vədʒíniəm, -njəm | və(ː)dʒíniəm, -njəm] 〘← NL ～ ← VIRGIN(IA)[1]＋-IUM〙 *n.* 〘化学〙ヴァージニウム《1930 年発見を主張されたが, 後に否定されたので元素名としては誤りで, 正しくは francium; 記号 Vi》.
Vírgin Máry *n.* [the ～] 聖母マリア, 処女マリア《the Blessed Virgin, the Blessed (Virgin) Mary, Saint Mary, Our Lady, the Mother of God とも呼ばれる》.
Vírgin Móther *n.* [the ～] ＝Virgin Mary.
vírgin párchment *n.* バージンパーチメント《新生の羊や山羊の皮で作った上等の羊皮紙》.
vírgin quéen *n.* **1** 未受精の女王蜂. **2** [the V- Q-] 処女女王《英国の Elizabeth 一世のこと; cf. Virginia[1]》.
vírgin's bówer *n.* 〘植物〙センニンソウ・ボタンヅルの類の *Clematis* 属のつる植物.
vírgin sóil *n.* 未開墾地, 処女地.
vírgin wóol *n.* 新毛《刈られたばかりの羊毛; 特に, 紡織される以前の羊毛》.
Vir·go [və́ːgou, víə- | və́ːgəu, víə-] 〘OE ▭ L ～ 'VIRGIN'〙 ── *n.* **1** 〘天文〙おとめ(乙女)座《黄道帯に属する星座; the Virgin ともいう; cf. Astraea》. **2** 〘占星〙 **a** 乙女座, 処女宮《黄道 12 宮の第 6 宮; the Virgin ともいう; cf. zodiac》. **b** 乙女座生まれの人.
vír·go in·tác·ta [və́ːgou-ɪntǽktə, víə- | və́ːgəu-, víə-] 〘▭ L ～ 'untouched virgin'〙 *L. n.* 〘法律〙触れられざる処女, 完全な処女.
vir·gu·late [və́ːgjulət, -lɪt, -lèɪt | və́ː-] 〘← L *virgula* (↓)＋-ATE[2]〙 *adj.* 棒状の (virgate).
vir·gule [və́ːgjuːl | və́ː-] 〘《1837》▭F ～ ∥ L *virgula* little rod (dim.) ← *virga*: ⇨ virgate[1]〙 *n.* 〘印刷〙斜線 (⇨ diagonal *n.* 3).
vir·i·al [víriəl | -rɪ-] 〘▭G *Virial* ← L *vīrēs* (pl.) ← *vīs* 'VIS'〙 ── *n.* 〘物理〙ビリアル《多体系で, 各粒子の座標ベクトルとそれに働く力との内積の総和に $-{}^1/_2$ をかけたもの》.
vírial coeffìcient *n.* 〘物理〙ビリアル係数《気体の状態方程式で, 理想気体からのずれを表わす係数》.
vi·ri·cide [váɪrəsàɪd | váɪərɪ-] 〘← VIR(US)＋-I-＋-CIDE〙 *n.* 殺ウイルス剤. **vi·ri·ci·dal** [vàɪrəsáɪdl | vàɪərɪ-] *adj.*
vir·id [vírɪd, -rəd | -rɪd] 〘▭ L *virid-is*: ⇨ verdant〙 *adj.* 鮮かな緑色の, 青々とした.
vir·i·des·cent [vìrədésnt | -rɪ-] 〘▭ L *viridescent-em* (pres.p.) ← *viridescere* to grow green ← *viridis* (↓): ⇨ -escent〙 ── *adj.* 淡緑色の, 緑がかった. **vir·idés·cence** [-désns] *n.*
vi·rid·i·an [vɪrídiən, və- | vɪrídɪ-] 〘← L *virid(is)* (↓)＋-IAN〙 ── *n.* **1** ヴィリジアン《酸化クロムを主成分とする青緑色顔料》. **2** 青みがかった緑色. ── *adj.* 緑色の, 青々とした.
vi·rid·i·ty [vɪrídəṭi, və- | vɪrídətɪ, -dɪ-] 〘《*c*1430》▭(O)F *viridité* ∥ L *viriditāt-em* greenness ← *viridis* green ← *virēre* to be green ← ?: ⇨ -ity〙 ── *n.* **1** (草・若葉の)緑, 鮮緑, 若緑 (greenness). **2** (精神的・肉体的な)若々しさ, 生気 (freshness). **3** 未熟さ, 無経験.
vir·ile [vírəl, -raɪl | víraɪl] 〘《1490》▭(O)F *viril* ∥ L *viril-is* ← *vir* man ＜ IE *wiro-s《原義》the strong one (OE *wer* man / Goth. *waír* / Skt *vīra*) ← ? *wei- vital force: cf. vis, werewolf, world: ⇨ -ile[1]〙 ── *adj.* **1** 大人の, 成年男子の (cf. puerile): the ～ age 男盛りの年配. **2** 男性の, 男性的な, 男らしい (masculine, manly): ～ strength, courage, intelligence, etc. / a ～ voice 男性的な声. **3** 力強い, 雄々しい, 剛健な (strong, vigorous): a ～ government 強力な政府 / a ～ literary style 力強い文体. **4** 生殖の; 〈男性が〉生殖力のある (cf. impotent 4 a).
vírile mémber *n.* 《古》陰茎, 男根 (penis).
vir·i·les·cence [vìrəlésns | -rɪ-] 〘← VIRILE＋-ESCENCE〙 *n.* (老いた雌動物の)雄性[男性]化.
vir·i·les·cent [vìrəlésnt | -rɪ-] 〘⇨ ↑, -escent〙 *adj.* 〈老いた雌動物が〉雄性[男性]化する.
vir·il·ism [vírəlìzm, -rɪ- | -rə-] 〘← VIRILE＋-ISM〙 *n.* 〘医学〙(女性の)男性化(症).
vi·ril·i·ty [vɪríləṭi, və- | -lətɪ, -lɪ-] 〘《1586》▭(O)F *virilité* ∥ L *virīlitāt-em*: ⇨ virile, -ity〙 ── *n.* **1** (成年)男子であること, 成年. **2** (性格などの)男らしさ, 男盛り (manliness). **3** 精力, 活力, 活気, 力強さ, 雄渾(ゆうこん) (vigor, force): ～ of style 文体の力強さ. **4** (男性の)子を産ませる力, 生殖能力 (potency).
vir·i·lo·cal [vìrəlóukəl | -rɪləu-] 〘← L *viri-*, *vir* man ＋LOCAL[1]〙 *adj.* 〘文化人類学・社会学〙父方居住の, 夫居住の (⇨ patrilocal).
vi·ri·on [váɪriɑ̀n, vír- | váɪərɪɔ̀n, vír-] 〘← VIR(US)＋-ON[2]〙 *n.* 〘細菌〙ヴィリオン, ウイルス粒子.
virl [və́ːl | və́ːl] 〘《15C》▭(O)F *virole*: ⇨ ferrule〙 *n.* 《スコット》＝ferrule 1.
vi·ról·o·gist [-dʒɪst, -dʒəst | -dʒɪst] *n.* ウイルス学者.
vi·rol·o·gy [vaɪrɑ́lədʒi | vàɪərɔ́lədʒɪ] 〘← VIR(US)＋-O-＋-LOGY〙 ── *n.* ウイルス学. **vi·ro·log·i·cal** [vàɪrəlɑ́dʒɪkəl, -dʒə- | vàɪərəlɔ́dʒɪ-] *adj.* **vì·ro·lóg·i·cal·ly** *adv.*
vi·rose [váɪrous | váɪərəus] 〘▭ L *vīrōs-us* ← *vīrus* poison: ⇨ virus, -ose[1]〙 *adj.* **1** 有毒の, 毒性の (poisonous). **2** 悪臭のある (fetid).
vi·ro·sis [vaɪróusɪs, -səs | vàɪərə́usɪs] 〘← NL ～: ⇨ virus, -osis〙 *n.* (*pl.* **vi·ro·ses** [-siːz]) ウイルスによる感染[病気].
v. irr. 《略》〘文法〙verb irregular 不規則動詞.
Vir·ta·nen [víəṭənèn | víət-; *Finn.* vírtɑnɛn], **Art·tu·ri Il·ma·ri** [ártúri ílmari] *n.* ビルタネン《1895-1973; フィンランドの生化学者; Nobel 化学賞 (1945)》.
vir·tu [vəːtúː, ⌐⌐, vɪətúː | vəːtúː] 〘《1722》▭It. *virtù* excellence ＜ L *virtūtem* 'VIRTUE'〙 ── *n.* **1** (美術品・骨董品などの)良さ, 優秀性: articles [objects] of ～ 骨董品, 珍品. **2** [集合的] 優れた美術品, 骨董品: a piece of ～. **3** 美術品愛好, 骨董趣味.
vir·tu·al [və́ːtʃuəl, -tʃʊl | və́ːtʃuəl, -tʃʊl, -tjuəl, -tjʊl] 〘《*a*1398》▭ML *virtuālis*: ⇨ virtue, -al[1]〙 ── *adj.* **1** (表面上または名目上はそうではないが)事実上の, 実質上の, 実際(上)の: the ～ ruler of a country ある国の実質上の統治者 / It was a ～ promise. (約束ではないが)約束も同様だった. **2** 《まれ》実効のある, 効果的な (effective). **3** 〘光学〙虚(像)の (↔ real): ⇨ virtual focus, virtual image. **4** 〘物理・機械〙仮想の: ～ mass 仮想質量 / ～ work 仮想仕事[工程].
vírtual displácement *n.* 〘機械〙仮想変位.
vírtual fócus *n.* 〘光学〙虚焦点.
vírtual héight *n.* 〘電気〙電離層の実効高度[見掛けの高さ].
vírtual ímage *n.* 〘光学〙虚像.
vir·tu·al·i·ty [vəːtʃuǽləṭi | vəːtʃuǽlətɪ, -tju-, -lɪ-] 〘《1483》▭ML *virtualitāt-em*: ⇨ virtual, -ity〙 *n.* **1** 本質, 実質. **2** 潜在性, 潜(能)力; 潜在物.
vir·tu·al·ly [-tʃuəli, -tʃʊli | -tʃuəlɪ, -tʃʊlɪ, -tjuəlɪ, -tjʊlɪ] 〘《15C》〙 ── *adv.* **1** 大部分は, 大体は; ほとんど完全に[全く]; まずどうやら, かろうじて; 事実上: She is ～ unknown. 彼女はほとんど知られていない / He is ～ blind in one eye. 彼は片目がほとんど見えない / They are ～ the same. それらは実際上は同一物だ / He is ～ dead. 死んだも同然. **2** 《廃》本質的に.
vírtual mémory *n.* 〘電算機〙仮想記憶《計算機の外部記憶をあたかも内部記憶であるかのように使用する方式》.
vir·tue [və́ːtʃuː, -tʃʊ | və́ːtʃuː, -tjuː] 〘《?*a*1200》▭(O)F *vertu* ＜ L *virtūtem*, *virtūs* manliness, excellence, valor ← *vir* man: ⇨ virile〙 ── *n.* **1** (道徳的な)徳, 善 (goodness); 徳行, 善行 (↔ vice); 高潔, 廉直, 方正 (integrity, righteousness): a man of ～ 有徳の人 / cultivate ～ 徳を修める / ～ and vice 善徳と悪徳, 徳と悪 / *Virtue* is its own reward. 《諺》徳行は自ら報ゆ. **2** (ある特定な)徳, 道徳的美点, 美徳: the ～ of charity 慈善の美徳 / Patience is a ～. 忍耐は美徳である / Humility is a ～ difficult to attain to. 謙遜は容易に到達できない美徳である / the Christian ～*s* 〘神学〙キリスト教的徳《通例 seven principal virtues (七元徳)のこと》/ ⇨ cardinal virtues, natural virtues, theological virtues. **3** (女性の)節操, 貞操 (chastity): preserve [lose] one's ～ 操を守る[失う] / a woman of ～ 貞淑な婦人 / a woman of easy ～ 身持ちのよくない女, 浮気女. **4** 美質, 美点, 長所 (merit): Brevity is often a ～. 簡潔はしばしば美点だ / The coat has the ～ of being reversible. そのコートは表も裏も使えるという長所がある. **5 a** 効力, 実効; 効能, 効き目 (potency, efficacy): There is no ～ in such measures. そんな方法を取っても実効はない / the ～ of a remedy 治療上の効能 / a medicine without ～ 効き目のない薬 / the ～ of the magnet 磁石の力 / a medicine of sovereign ～ 霊験あらたかな薬. **b** 《古》(効果的な)能力, 力 (power): *Virtue* had gone out of him. 彼より能力(ちから)出でたり; 彼の(身心の)力が抜けてしまった, 弱り果てた (cf. *Mark* 5:30, etc.). **6** 《古》男らしさ, 雄々しさ, 元気 (spirit), 勇気 (valor): Trust to thy single ～. 汝が自前の勇気を頼りにせよ (Shak., *Lear* 5. 3. 103). **7** [*pl.*; しばしば Virtues] 〘神学〙力天使《天使の九階級中の第五階級の天使; cf. angel 1 a》.
by* [*in*] *virtue of …の力で, …によって, に基づいて: He was promoted *by* [*in*] ～ *of* his abilities. 彼は才能のおかげで出世した. ***make a virtue of necessity*** (1) やむを得ぬことを潔くする. (2) 当然しなければならぬことをして手柄顔をする.
vírtue·less 〘ME〙 *adj.* **1** 徳のない, 徳に欠ける (immoral). **2** 長所[価値]のない. **3** 効力のない.
vir·tu·o·sa [vəːtʃuóusə, -zə | vəːtjuə́uzə, -tʃu-, -sə; *It.* virtwóːza] 〘▭It. ～ (fem.) ← VIRTUOSO〙 *n.* (*pl.* **-o·se** [-seɪ, -zeɪ | -zeɪ, -seɪ; *It.* -ze], ～**s**) 女性の virtuoso.
virtuosi *n.* virtuoso の複数形.
vir·tu·o·sic [vəːtʃuóusɪk, -zɪk | vəːtjuə́uzɪk, -tʃu-, -sɪk] *adj.* 名手の, 大家の, 巨匠風の.
vir·tu·os·i·ty [vəːtʃuɑ́səṭi | vəːtjuɔ́sətɪ, -tʃu-, -sɪ-] *n.* **1** 芸術上(特に音楽)の妙技[技巧]: a pianist noted for his ～ 技巧のうまさで有名なピアニスト. **2** (特に, 素人の)美術趣味[愛好心], 骨董趣味, 骨董眼.
vir·tu·o·so [vəːtʃuóusou, -zou | vəːtjuə́uzəu, -tʃu-, -səu; *It.* virtwóːzo] 〘《1651》▭It. ～ 'learned, skilful' ＜ LL *virtuōsum*: cf. virtu, virtuous〙 ── *n.* (*pl.* ～**s**, **-o·si** [-siː, -ziː | -ziː, -siː; *It.* -zi]) **1** 名人, 妙手, 大家, 巨匠. **2** 音楽の名手, 名演奏家, 技巧家: a violin ～. **3** 美術品愛好[鑑賞]家, 美術[骨董]鑑識家, 美術[骨董]通 (connoisseur); 骨董収集家. **4** 《廃》学者. ── *adj.* 名手の, 技巧家の, 巨匠風の: a ～ performance.
virtuóso·shìp *n.* 芸術(特に音楽)の巨匠であること; 美術通[骨董通]であること, 美術[骨董]鑑識眼.
vir·tu·ous [və́ːtʃuəs | və́ːtʃuəs, -tju-] 〘《?*a*1300》▭OF ～ (F *vertueux*) ▭LL *virtuōsus* ← L *virtūs* 'VIRTUE'〙 ── *adj.* **1 a** 有徳の, 徳の高い; 高潔な (honorable); 道徳的な (moral): a ～ act. **b** 高潔ぶる, 品行方正ぶる. **2** 貞潔な, 操の正しい, 貞淑な (chaste). **3** 《古》有効な, 効力のある (potent, efficacious): by your ～ means あなたのお力で. **4** 《廃》勇気のある, 勇ましい (brave). **～·ly** *adv.* **～·ness** *n.*
Vir·tus [və́ːtəs | və́ːt-] 〘▭L *Virtūs*: *virtūs* 'VIRTUE' の擬人化〙 *n.* 〘ローマ神話〙ウィルトゥス《男性の女神》.
vi·ru·cide [váɪrəsàɪd | váɪər(j)ʊ-] *n.* ＝viricide. **vi·ru·cid·al** [vàɪrəsáɪdl | vàɪər(j)ʊ-] *adj.*
vir·u·lence [vír(j)ʊləns] 〘⇨ virulent, -ce〙 *n.* **1** 有毒, 毒性. **2** ひどい悪意, 憎悪(ぞうお); 毒々しさ, 辛辣(しんらつ)さ. **3** 〘細菌〙ビルレンス, 菌力, 毒力.
vír·u·len·cy [-lənsi | -sɪ] 〘⇨ ↓, -cy〙 *n.* ＝virulence.
vir·u·lent [vír(j)ʊlənt] 〘《*a*1400》▭L *vīrulent-us* poisonous: ⇨ ↓, -lent〙 ── *adj.* **1** 猛毒のある, 劇毒性の (poisonous): ～ serpents 毒へび / ～ plants 有毒植物 / a ～ poison 猛毒. **2** 毒気を含んだ, 敵意に満ちた, 悪意のある (malignant); 辛辣(しんらつ)な, 苛酷な (harsh): ～ abuse [invective] 毒舌 / in a ～ tone 毒気を含んだ語調で. **3** 〘病理〙有毒の, 悪性の (malignant), 伝染力の強い (highly infectious) (cf. avirulent): a ～ disease [ulcer] 悪性の病気[潰瘍] / have a ～ attack of fever 悪性の熱病にかかる. **4** 〘細菌〙毒力のある, 病毒性を有する. **～·ly** *adv.*
vi·rus [váɪrəs | váɪər-] 〘《1599》▭L *vīrus* slimy liquid, poison ＜ IE *wīso- ← *weis- to flow (Gk *iós* (＜*ϝīsos*) poison / Skt *viṣa*)〙 ── *n.* **1 a** ウイルス, (古くは)濾(ろ)過性病原体: common cold ～ かぜウイルス / smallpox ～ 痘瘡ウイルス / Yellow fever is caused by a ～. 黄熱病はウイルスが原因だ. **b** 〘病理〙＝virus disease. **2** 《古》病毒, 病原体. **3** (道徳上または精神上の)害毒 (evil influence): the ～ of war, heresy, etc. **4** 《古》(動物の)毒(液) (venom): the ～ of an asp. **5** 〘医学〙(牛痘から採取した)痘苗《種痘材料》.

vírus disèase n. 〘病理〙ウイルス(性)疾患.
vi·ru·stat·ic [vàɪrəstǽtɪk | vàɪərəstǽt-] 〘← L *virus* 'VIRUS'+STATIC〙 adj. 〘病理〙ウイルスの増殖を阻止する.
vírus wàrfare n. =biological warfare.
vírus X̀ n. 〘病理〙ウイルスエックス《下剤の作用に似た腸障害を起こす正体不明のウイルス》.
vis [vís] 〘(1601) ◻ L *vis* physical or mental strength ← IE **wei-* vital force: ⇨ virile〙 *L. n.* (*pl.* **vi·res** [váɪriːz | váɪəriːz]) 力 (force).
vis. 《略》 viscosity; visibility; visual.
Vis. 《略》 Viscount; Viscountess.
vi·sa [víːzə, -sə | -zə] 〘(1831) ◻ F ~ // L *vīsa* (neut. pl.) ← *vīsus* (↓)〙 — *n.* (旅券・書類などの)裏書, 査証, ビザ: an exit ~ 出国ビザ. — *vt.* (**~ed, vi·sa'd**) **1** 〈旅券・書類など〉に裏書する, 査証する (endorse): ~ a passport. **2** 〈人〉にビザを与える.
vis·age [vízɪdʒ] 〘(a1325) ◻ (O)F ~ ← *vis* face < L *vīsum* sight, look ← *vidēre* to see: ⇨ vision, -age〙 — *n.* 《文語》 **1** 顔, 顔つき, 容貌 (face): a smiling ~. **2** 様相, 姿 (appearance). **3** (太陽・月の)見える表面.
vís·aged 〘ME〙 *adj.* [しばしば複合語の第2構成素として]《文語》顔が...の, ...顔の: ~ like a lamb 羊のような顔をした / dark-[long-]*visaged* 黒い[長い]顔の.
vi·sa·giste [vìːzɑːʒíːst; *F.* vizaʒist] 〘◻ F ~: ⇨ visage, -ist〙 *n.* 美顔術専門家, メーキャップ師.
vís á·ni·mi [-ǽnəmàɪ, -mìː | -ǽnɪ-] 〘◻ L *vis animī* strength of life, courage〙 *L. n* 勇気.
vis·ard [vízəd | -zɑːd] *n.* =vizard.
vis-à-vis [vìːzəvíː, -sə-, -zɑː-, -sɑː-, ⌣⌣⌣ | víːzɑːvìː, víz-, -zə-, -zæ-, ⌣⌣⌣] 〘(1753) ◻ F ~ 'face to face': ⇨ visage〙 — *adv.* 向かい合って, 相対して (opposite) 〔*to, with*〕: sit ~ at the table 食事で向かい合ってすわる / talk ~ *with* him 彼と顔と顔を突き合わせて語る. — *adj.* 向かい合った: ~ seats. — *prep.* **1** ...と向かい合って, と相対して: dine ~ him 彼と向かい合って食事する. **2** ...と比較して(みた場合の), ...に対して: generative grammar ~ structural grammar 構造文法に対する生成文法. **3** ...に関して: a discussion ~ the problem その問題に関する論議. — *n.* (*pl.* ~) **1** 向かい合っている人; (向かい合っている)踊り[フェンシングなど]の相手: speak to one's ~. **2** 座席が向かい合っている馬車. **3** (二人が互いに逆方向に隣り合ってすわる) S字形ソファ (tête-à-tête). **4 a** =opposite number 1. **b** 《米》(社交・デートの)相手, 同伴者 (date).
Vi·sa·yan [vɪsáɪən, və- | vɪ-] *n.* (*pl.* ~, **~s**), *adj.* = Bisayan.
Visáyan Íslands *n. pl.* [the ~] ビサヤ諸島《フィリピン中部の群島, Panay, Negros, Cebu, Bohol, Leyte, Samar, Masbate および Romblon 小島群などを含む; Visayas ともいう; スペイン語名 Bisayas》.
Vi·sa·yas [vɪsáɪəz, və- | vɪ-] *n. pl.* =Visayan Islands.
Vis·by [vízbi | -bɪ; *Swed.* víːsbyː] *n.* ビスビ《バルト海上のスウェーデン領 Gotland 島の海港; かつてのハンザ同盟に属していた; 人口 20,000; ドイツ語名 Wisby》.
Visc. 《略》 Viscount; Viscountess.
visc- [vɪsk] (母音の前に来る時の) visco- の異形.
vis·ca·cha [vɪskɑ́ːtʃə] *n.* 〘動物〙 =vizcacha.
vis·ca·che [vɪskɑ́ːtʃi | -tʃɪ] *n.* 〘動物〙 =vizcacha.
vis·cer- [vísər] (母音の前に来る時の) viscero- の異形.
viscera *n.* viscus の複数形.
vis·cer·al [vísərəl] 〘◻ ML *viscerālis*: ⇨ viscus, -al¹〙 — *adj.* **1 a** 内臓の; 腹部の (abdominal): ~ cavity 腹腔(ふく). **b** 〈病気が〉内臓を犯す; 内臓性の. **2** 内臓[腹]で感じる(ような); (知的・理性的よりむしろ)本能的な, 感情的な: ~ delight / a ~ reaction to ... に対する本能的反応. **3** 洗練されていない, 野卑な, 俗悪な (crude): a ~ play. **~·ly** *adv.*
vísceral árch *n.* 〘動物〙内臓弓《脊椎動物の頭部両側に横走するひだ; 普通, 発生の一定時期に現われる》.
vísceral gánglion *n.* 〘動物〙内臓神経節.
vísceral leishmaníasis *n.* 〘病理〙 =kala azar.
vis·cer·ate [vísərèɪt] 〘← VISCERO-+-ATE³: cf. eviscerate〙 *vt.* 《古》...の内臓を取り出す, の臓腑を抜く.
vis·cer·i- [vísərɪ, -rə | -rɪ] viscero- の異形 (⇨ -i-).
vis·cer·o- [vísəro(ʊ) | -rə(ʊ)] 〘← L *viscera* (pl.) ← *viscus*: ⇨ viscus〙 「内臓の (visceral); 内臓と...との」の意の連結形. ★ 時に visceri-, また母音の前では通例 viscer- になる.
viscero·génic 〘⇨ ↑, -genic〙 *adj.* 〘心理〙臓器(因)的な.
viscero·mótor *adj.* 〘解剖・動物〙内臓運動性の.
vis·cer·o·to·ni·a [vìsərətóʊniə | -tə́ʊniə] 〘← VISCERO-+-TONIA〙 *n.* 〘心理〙内臓(緊張)型《W. H. Sheldon によるパーソナリティー型の一つ; 消化器が発達し, 食べることを好み, 社交的で感情の表現に富む型; cf. cerebrotonia, somatotonia》.
vis·cer·o·ton·ic [vìsərətɑ́nɪk | -tɔ́n-] *adj., n.* 〘心理〙内臓型性格[内臓緊張型気質]の(人).
vis·cer·o·trop·ic [vìsərətrɑ́pɪk, -tróʊp- | -trɔ́p-] 〘← VISCERO-+-TROPIC〙 *adj.* 〘細菌〙内臓向性の.
vis·cer·ot·ro·pism [vìsərɑ́trəpɪzm | -rɔ́t-] *n.* 〘細菌〙内臓向性《病原体などが好んで内臓を冒すこと, 内臓に親和性をもつこと》.
vis·cid [vísɪd, -səd | -sɪd] 〘(1635) ◻ LL *viscidus*: ⇨ viscum, -id⁴〙 — *adj.* **1** ねばねばする, 粘着性の (sticky): a ~ liquid. **2** 〘植物〙〈葉など〉粘着性物質でおおわれた. **~·ly** *adv.* **~·ness** *n.*
vis·cid·i·ty [vɪsídəti | -dəti, -dɪ-] *n.* **1** 粘性, 粘着性 (stickiness). **2** 粘着性物質.
vis·cin [vísn | -sɪn] 〘◻ F ~: ⇨ viscum, -in¹〙 *n.* ヤドリギ (mistletoe) の実から採れる粘質物《とりもち (birdlime) として用いる》.
vis·co- [vísko(ʊ) | -kə(ʊ)] 〘← L *viscum* mistletoe〙「粘着性(のある); 粘着性があって...の」の意の連結形: *viscoscope*. ★ 母音の前では通例 visc- になる.
visco·elástic *adj.* 〘物理・化学〙粘弾性のある; 粘弾性物質の[を構成する].
visco·elastícity *n.* 〘物理〙粘弾性《弾性変形に伴って粘性流動が現われる性質》.
vis·coid [vískɔɪd] 〘← VISCO-+-OID〙 *adj.* 少しねばねばする, やや粘性のある.
vis·coi·dal [vɪskɔ́ɪdl̩] *adj.* =viscoid.
vis·com·e·ter [vɪskɑ́mətə | -kɔ́mɪtə(r, -mə-] 〘← VISCO-+-METER¹〙 *n.* 粘度計. **vis·co·met·ric** [vìskəmétrɪk] *adj.*
Vis·con·ti [viskɑ́(ː)nti | -kɔ́nti; *It.* viskónti] *n.* [the ~] ヴィスコンティ家《1277–1447 年間にイタリアの Milan および Lombardy を支配した名家》.
Visconti, Lu·chi·no [lukíːno] *n.* ヴィスコンティ《1906–76; イタリアの映画監督》.
vis·cose [vískoʊs, -koʊz | -kəʊs] 〘◻ LL *viscōsus*: ⇨ viscous〙 — *n.* **1** 〘化学〙ビスコース《繊維素を水酸化ナトリウムと二硫化炭素で処理して製した粘質水溶液; 人造絹糸・セロハンの原料》. **2** =viscose rayon. — *adj.* **1** ビスコースの[から製した]. **2** = viscous.
víscose ráyon *n.* ビスコースレーヨン, 人絹.
vis·co·sim·e·ter [vìskəsímətə | -mɪtə(r, -mə-] 〘← L *viscōs(us)* 'VISCOUS'+-I-+-METER¹〙 *n.* =viscometer.
vis·cos·i·ty [vɪskɑ́səti | -kɔ́sɪti, -sɪ-] 〘(c1425) ◻ (O)F *viscosité* // ML *viscōsitātem*: ⇨ viscous, -ity〙 *n.* **1** ねばつき, 粘着性 (stickiness). **2** 〘物理〙粘性.
viscósity bréaking *n.* 〘化学〙ビスブレーキング《重質原料油を熱分解し低粘度の燃料軽油とすること》.
viscósity índex *n.* 〘化学〙粘度指数《潤滑油の粘度が温度によって変化する程度を示す数値》.
vis·count [váɪkaʊnt] 〘(?a1387) ◻ AF *viscounte* = OF *visconte* (F *vicomte*): ⇨ vice-, count²: cf. ML *vicecomes*〙 — *n.* **1** 子爵《英国で baron の上で earl の下の位の貴族; 伯爵嗣子の尊称としても用いる》. **2** (英国で)州長官 (sheriff). **~·ship** *n.*
vis·count·cy [váɪkaʊntsi | -si] 〘⇨ ↑, -cy〙 *n.* 子爵の地位[身分].
vis·count·ess [váɪkaʊntɪs, -təs | -tɪs, -tes, -təs] 〘(15C) (fem.) ← VISCOUNT〙 *n.* **1** 子爵夫人[未亡人]《伯爵嗣子の夫人の尊称としても用いる》. **2** 女子爵.
vis·count·y [váɪkaʊnti | -tɪ] *n.* =viscountcy.
vis·cous [vískəs] 〘(a1400) ◻ L *viscōsus* ← *viscum* 'VISCUM': ⇨ -ous: cf. viscid〙 — *adj.* **1** ねばねばする, ねばり気のある, 粘着性のある (sticky). **2** 〈文体など〉ねちねちした, 歯切れの悪い. **3** 〘物理〙粘性の: a ~ body 粘性体. **~·ly** *adv.* **~·ness** *n.*
Visct. 《略》 Viscount; Viscountess.
vis·cum [vískəm] 〘◻ L ~ 'mistletoe': cf. viscid〙 *n.* 鳥もち (birdlime).
vis·cus [vískəs] 〘◻ L *vīscus* internal organs of the body〙 — *n.* (*pl.* **vis·cer·a** [vísərə]) **1 a** 〘解剖・動物〙内臓《心臓・肝臓・腸など》. **b** [*pl.*]《俗用》臓腑, はらわた (intestines). **2** [*pl.*] 中味, 内容 (contents).
vise [váɪs] 〘ME *vis* spiral staircase ◻ (O)F *vis* screw < L *vītem*, *vītis* vine〙 — *n.* 〘機械〙万力(まん): a grip like a ~ 万力のようにしっかりしたつかみ方 / (as) firm as a ~ 万力のようにしっかりして / He grasped my hand as in a ~. 彼は万力ででもつかむようにしっかり私の手を握った. — *vt.* 万力で[のように]つかむ[締める].

vise
1 handle; 2 movable jaw; 3 jaw plate; 4 fixed jaw

vi·sé [víːzeɪ, ⌣ | ⌣] 〘◻ F ~ (p.p.) ← *viser* to inspect < VL **vīsāre* (freq.) ← L *vīs-* (p.p. stem) ← *vidēre* to see〙 — *n., v.* (**~ed, ~d, ~'d; ~·ing**) 《古》 =visa.
víse·like *adj.* 万力のような(働きをする): a ~ grip.
Vish·in·sky [vɪʃínski, və- | vɪʃínskɪ; *Russ.* viʃínskʲij] (*also* **Vysh·in·sky** [~]), **Andrei Ya·nu·ar·e·vich** [jənuárʲjivʲitʃ] *n.* ヴィシンスキー《1883–1954; ソ連の法律家・政治家; 外相 (1949–53)》.
Vish·nu [víʃnuː] 〘◻ Skt *viṣṇu* worker, all-pervader ← *viṣ-* to be active, work ← ?〙 — *n.* 〘ヒンズー教〙ヴィシュヌ(毘瑟笯)《Brahma, Siva と共にインド教の三大神格の一つ; 世界の維持を司るとされる; Krishna はその一つの化身》.
Vísh·nu·ìsm [-nuːɪzm] *n.* ヴィシュヌ崇拝[信仰], ヴィシュヌ教.
vis·i·bil·i·ty [vìzəbíləti | -zɪbílɪti, -zə-, -lɪ-] 〘(1581) ◻ F *visibilité*: ⇨ visible, -ity〙 — *n.* **1** 目に見えること[状態, 程度], 可視性. **2** [通例 *pl.*]《古》見えるもの. **3** 〘気象・航空・海事〙視程《大気の混濁の程度を表わす量で, 突出した物体が認められる最大水平距離で示す》: high [low] ~ 高[低]視程.

Vishnu

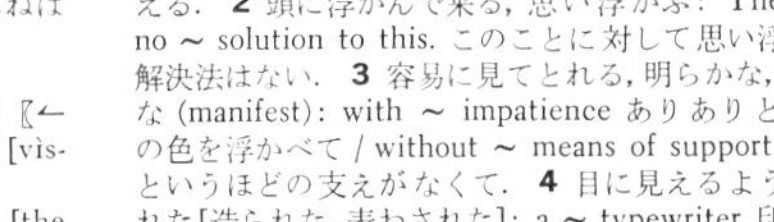

visibílity cùrve *n.* 〘光学〙鮮明度曲線, 視感度曲線《干渉縞などの明暗の対比度を表わす曲線; 波長に対する視感度の変化をさすこともある》.
visibílity mèter *n.* 〘気象・航空・海事〙視程計.
vis·i·ble [vízəbl̩ | -zə-, -zɪ-] 〘(c1340) ◻ (O)F ~ // L *vīsibilis* ← *vīsus*: ⇨ vision, -ible〙 — *adj.* **1** 目に見える, 可視的な, 視覚に感じられる: lights no longer ~ もう見えない光 / stars not ~ *to* the naked eye 肉眼では見えない星 / Airplanes are audible long before they are ~. 飛行機は姿の見えるずっと前から音が聞える. **2** 頭に浮かんで来る, 思い浮かぶ: There is no ~ solution to this. このことに対して思い浮かぶ解決法はない. **3** 容易に見てとれる, 明らかな, 明白な (manifest): with ~ impatience ありありと焦燥の色を浮かべて / without ~ means of support これというほどの支えがなくて. **4** 目に見えるようにされた[造られた, 表わされた]: a ~ typewriter 印字露出式タイプライター. **5** 目立った, 人目につく: a highly ~ necktie すごく目立つネクタイ. **6** 〈人が〉訪問者に会う気がある, 面会できる: Is he ~? 彼に面会できますか / He is ~ only to his most intimate friends. ごく親しい友人にしか会わない. **7** 地上の; 現世の: ⇨ church visible. **8** 〘商業〙現物の, 手持ちの: ⇨ visible supply. — *n.* **1** [しばしば *pl.*] 目に見えるもの. **2** [the ~] (不可視のもの, または霊界に対して)物質 (material); 物質世界, 現世 (visible world) (↔ the invisible). **~·ness** *n.*
vísible chúrch *n.* =church visible.
vísible horízon *n.* 〘天文〙視地平線 (apparent horizon).
vísible ráy *n.* 〘物理〙可視光線.
vísible sóund *n.* 〘物理〙音波のオシログラム (oscillogram).
vísible spéctrum *n.* 〘物理〙可視スペクトル《可視光線の波長範囲のスペクトル; 3800–7600 Å》.
vísible spéech *n.* 〘音声〙 **1** 視話法《A. M. Bell が 1867 年に発明し, 後に Organic Alphabet の名で呼ばれた音声記号で, これによって発音器官の実際の位置を表示する》. **2** ヴィジブルスピーチ《音声の特徴的構造を電気・機械的方法により可視表示した図》.
vísible supplý *n.* 〘商業〙(穀物その他農産物の)有形供給高, 出回り高 (cf. invisible supply).
vísible tráde *n.* 〘経済〙有形的貿易, 商品貿易 (cf. invisible trade).
vís·i·bly [-bli | -blɪ] 〘ME〙 — *adv.* 目に見えて, 目に見えるように, ありありと (clearly): He was ~ excited [moved]. 明らかに[ありありと]興奮[感動]していた / It is not ~ larger than it was an hour ago. 1時間前と比べて目につくほどは大きくなっていない.
Vis·i·goth [vízəgɑ̀θ, -gɔ̀(ː)θ | -zɪgɔ̀θ, -sɪ-] 〘(1647) ◻ LL *Visigothī* (pl.) the good Goths, (later) Western Goths ← Gmc: cf. Ostrogoth〙 — *n.* **1** [the ~s] 西ゴート族《ゲルマン民族の一支族で, 4世紀末にイタリアに侵入し, 続いてピレネー山脈 (Pyrenees) の南北にわたる王国を建設したが, 711 年アラビア人のために滅ぼされた; West Goth ともいう; cf. Ostrogoth》. **2** 西ゴート族の人. **Vis·i·goth·ic** [vìzəgɑ́θɪk, -gɔ́(ː)θ- | -zɪgɔ́θ-, -sɪ-] *adj.*
vis i·nér·ti·ae [-ɪnə́ːʃiː | -ɪnə́ː-] 〘◻ L *vis inertiae* 'force of inertia'〙 — *L. n.* (*pl.* **vires inertiae**) 惰性, 惰力 (inertia).
vi·sion [víʒən] 〘(c1300) ◻ (O)F ~ // L *vīsiō(n-)* sight ← *vīsus* (p.p.) ← *vidēre* to see ← IE **w(e)di-* to see (Gk *ideîn*: cf. wit¹): ⇨ -sion〙 — *n.* **1** 見えること, 視力, 視覚 (sight): double ~ =diplopia / beyond one's ~ 目に見えない / impair one's ~ 視力を損なう / the distance [field] of ~ 視距[視界, 視野] / the organ of ~ 視覚器官 / the axis of ~ 〘光学〙視軸 / His distant ~ is gone. 彼は遠目が利かなくなった / Tears clouded her ~. 涙で視野が曇った. **2 a** 見抜く力, 予見力; 直感力, 洞察力 (insight): a man of ~ 先見の明のある人, 識見の高い人 / lack ~ in dealing with great problems 大問題を処理するのに洞察を欠く. **b** 未来像, 理想像, ビジョン: a statesman without ~ ビジョンのない政治家. **c** (ものの)見方, 見解 (view) 〔*of*〕: one's ~ *of* the world 世界観. **3** (心に描く)幻, 幻影, 幻想, 夢想, 空想, 想像: a poet's ~ 詩人の空想 / romantic ~s of youth 青春のロマンチックな夢想 / ~s of wealth [eternal fame] 幻想に描く富[永遠の名声の幻影] / see ~s 幻を見る, 夢想する. **4** 幻を見ること; (非実在的な)幻, 幽霊; 夢[幻]に現われる人; 夢や幻にしか見えないようなもの[姿]: She was a ~ of delight. 彼女は歓喜の幻[歓喜の姿そのもの]であった. **5** 見えるもの, 目に映じる姿, 有様, 光景 (sight): a hideous ~ 二目と見られない有様 / the lovely ~ of the bride 花嫁の美しい姿. **6** 見ること; 一目, 瞥見(べっ) (look): Their ~s met. 二人の視線が会った / catch a ~ *of* ...をちらりと見る / have a momentary ~ *of* the sea 海がちらりと見える. **7** 非常に美しいもの《美人・美景など》: The bride was a ~ in her bridal costume. 花嫁衣裳を着て花嫁はとても美しかった. **8** 〘映画〙幻想の場《作中人物の想像または回想を示す二重写しなどの場面》. **9** 〘修辞〙現写法《過去・想像上の事件などを眼前にありありと見えるように描く》. **10** 〘テレビ〙映像. — *vt.* **1** 幻(のように)見る, 夢想する (imagine). **2** 心に描く (envision). **3** (目や心に)はっきり見せる.

ví·sion·al [-ʒənl̩, -ʒnəl] *adj.* **1** 幻の[に関する]; 幻影の, 幻像の. **2** 幻(のよう)に見える, 幻影的な; 幻想的な, 夢想的な. **～·ly** *adv.*

ví·sion·àr·y [-ʒənèri | -ʒ(ə)nəri] 〘(1648)〙 ― *adj.* **1** 幻の, 幻影の; 幻に見えた, 幻影に現われる: a ～ image 幻影 / the ～ world 幻影の世界, 夢幻界. **2** 幻を見る; 幻想的な, 空想的な (dreamy); 理想に走った, 観念[思弁]的な (idealistic); 非実際的な (impractical): a ～ mystic 幻を見る神秘家 / her ～ eyes 彼女の夢を見ているようなまなざし. **3** 幻にしか見えない, 架空の (unreal); 実行不可能な, ユートピア的な (impracticable): ～ evils ありもしない害悪 / ～ schemes, projects, etc. ― *n.* **1** 幻を見る人, 幻想家. **2** 空想家, 夢想家 (dreamer), 理想家. **ví·sion·àr·i·ness** *n.*

ví·sioned *adj.* **1** 幻の中に見た. **2** 幻の中で経験する; 幻によって生じる[た]: ～ fear. **3** 直観力[洞察力]のある; 未来像[ビジョン]のある.

vísion·less *adj.* **1** 視力のない, めくらの (blind). **2** 洞察力[想像力, ビジョン]のない. **3** 幻を見ない; 幻想[夢想, 空想]のない.

vísion-mìx *vi.* 〘テレビ・映画〙 ビジョンミックスする《画面を切り換えたりダブらせたりしていろいろに構成することにいう》. 「する係[操作卓].

vísion-mìxer *n.* 〘テレビ・映画〙 ビジョンミックス

vis·it [vízɪt, -zət | -zɪt] 〘(?*a*1200) ▭ (O)F *visit-er* // L *visit-āre* to go to see (freq.) ← *vīsere* to look at attentively ← *vīsus*: ⇨ vision〙 ― *vt.* **1** 訪問する (call upon); 慰問する, 見舞う: ～ a friend 友人を訪ねる / ～ a new neighbor 隣へ越して来た人を(挨拶に)訪ねる / ～ a sick person 病人を見舞う. **2** …の所に客として滞在する: He was ～*ing* his uncle in the country. 田舎のおじの所へ行っていた. **3** 見物に行く, 参観[見学]する, 参詣する; (買物・用事などで)…へ行く[来る]: ～ Rome, foreign countries, a picture gallery, a shrine, etc. / ～ a class 授業を参観する / Just ～ the bank, please. ちょっと銀行まで行って来てちょうだい. **4** (職業上・役職上)訪ねる, 視察[調査]に行く, 巡視[臨検]する; 〈医者が〉〈患者を〉往診する; 〈医者〉へ診察[治療]してもらいに行く. **5** 〈ある場所〉へ度々行く[来る], 行きつけにする: ～ public houses 飲み屋に出入りする / Many migratory birds ～ these shores at this time of the year. 毎年今ごろこの海岸地帯に渡り鳥がたくさんやって来る. **6 a** 《古》〈神が〉…に祝福をもたらす, 祝福する (bless), 慰める (comfort): ～ a person *with* salvation 人に救いをもたらす / The Lord had ～*ed* his people. 主はその民を顧み給えり (cf. *Ruth* 1:6; *Luke* 7:16). **b** 《文語》〔災難などで〕苦しめる (afflict) 〔*with*〕. **c** 〔人に〕〈苦痛・罰を〉加える, 〈災難を〉こうむらせる (inflict); 〈罪〉の報いをする (avenge) 〔*on, upon*〕: God ～*ed* everlasting punishment *on* them. 神は彼らに永遠の罰を課された / The iniquities of the fathers are ～*ed upon* the children. 《諺》親の悪事は子に報いてくる, 「親の因果が子に報ゆ」. **d** 《古》〈人の罪などを〉罰する (punish): I will ～ their sin *upon* them. われ彼らの罪を罰せん (*Exod.* 32:34). **7 a** 〈病気・災害・考えなどが〉襲う, …に降りかかる (attack): Plague and famine ～*ed* the country. 疫病と飢饉がその国を襲った / The town was ～*ed by* [*with*] the plague. その町は疫病に見舞われた. **b** 〈考え・夢などが〉…(の心)に現われる: He was ～*ed by* a strange dream. 奇妙な夢が彼に現われた.
― *vi.* **1 a** 訪問をする; 観光旅行をする. **b** 《米》客として滞在する: ～ *at* the Carlton Hotel カールトンホテルに泊る. **2 a** 行き来する, 互いに交際する 〔*with*〕: ～ *with* the gentry 上流の人々と行き来する / We don't ～. 私たちは交際していない. **b** 《米口語》話をする, 談話する 〔*with*〕: Just stay and ～ *with* me for a minute. ちょっとお立ち寄りになって少しお話ししましょうよ / Let's sit here and ～ *together*. ここにすわって話し合おう. **3** 《古》罰を加える, 罰する.
― *n.* **1** 訪問, 来訪, 見舞い: a ～ of civility [respect] 儀礼(上の)訪問, 伺候 / an Imperial [a Royal] ～ 行幸, 行啓 / make [pay] a person a ～ = make [pay] a ～ *to* a person 人を訪問する[見舞う] / receive a ～ from a person 人の訪問を受ける / return a ～ 答礼の訪問をする. **2** 参観, 観光(旅行), 遊覧(旅行), 参詣; (船の)寄港: an educational ～ *to* a glassworks ガラス工場見学 / make a ～ *to* the Tower ロンドン塔見物に行く / He is on a ～ *to* Europe. ヨーロッパ旅行中です / The ship was to make a day's ～ *to* the port. 船はそこへ一日寄港する予定だった. **3** (主に, 客としての)滞在, 逗留 (stay): He was on a ～ *to* a friend. 彼はある友人の家に泊まっていた / I paid him a long ～. 彼の家に長らく逗留した. **4** (役職上・職業上の)訪問, 巡回, 視察, 巡視; (医者の)往診; 受診のため(医者を)訪ねること: receive a ～ from a policeman 巡査の訪問を受ける / a domiciliary ～ 〘法律〙家宅捜索 / a ～ of inspection 参観, 巡視 / The doctor charged half a guinea for each (home) ～. 医師は往診1回に半ギニーの往診料を請求した / He made regular ～*s to* the hospital. 彼は規則正しく通院した. **5** 《米口語》話, 談話 (conversation): I have enjoyed this pleasant ～ (*with* you). 君と話して実に愉快だった. **6** 〘国際法〙臨検 (visitation): ⇨ the RIGHT of visit (and search).

vis·it·a·ble [vízɪṭəbl̩, -zə -ztə- | -zɪtə-] *adj.* **1** 訪問できる, 参観できる; 見物の価値のある: a gallery ～ only at certain hours ある時間にだけ参観できる美術館 / There was hardly anything ～ in the place. そこには見るに足るものはほとんど何もなかった. **2** 客の訪問を受けるに適した. **3** (社交上)訪問できるような, 行き来してもよいような: There are few ～ neighbors. 近所には訪ねて行けるような家はない. **4** 公式訪問[視察]を受ける: an institution ～ by the bishop 司教の公式訪問を受ける施設.

Vis·i·tan·dine [vìzətǽndiːn, -dɪn, -dən | -zɪtǽndiːn, -dɪn] 〘▭ F ～ ← L *visitandum* (ger.) ← *visitāre* 'to VISIT'〙 ― *n.* 〘カトリック〙聖マリア訪問童貞会の修道女 (⇨ visitant *n.* 3).

vis·i·tant [vízɪṭənt, -zə-, -tn̩t, -ztənt | -zɪtənt, -tn̩t] 〘(1599) ▭ F ～ (pres.p.) ← *visiter* // L *visitant-em* (pres.p.) ← *vīsitāre*: ⇨ visit (v.), -ant〙 ― *n.* **1** (特に, 異国からの)訪問客; (一時的な)逗留客; 観光客; 巡礼(pilgrim). **2** 霊界から訪れるもの, 亡霊: a ghostly ～ 亡霊. **3** [V-] (1610 年 St. Francis de Sales (1567-1622) と St. Jane de Chantal (1572-1641) によって瞑想と教育事業を目的として設立されたカトリック女子修道会)聖マリア訪問童貞会 (the Order of the Visitation of the Blessed Virgin Mary) の修道女. **4** (一時的に人を襲う)気分, 感情. **5** 〘鳥類〙渡り鳥, 候鳥 (migratory bird): summer [winter] ～*s*. ― *adj.* 《古・詩》訪問する, 訪問の (visiting).

vis·i·ta·tion [vìzətéɪʃən | -zɪ-] 〘(*c*1303) ▭ (O)F ～ // L *visitātiō(n-)*: ⇨ visit, -ation〙 ― *n.* **1 a** 訪問, 往訪, 来訪, 見舞い, 見物 (visit). **b** 《口語》尻の長い訪問, 長っちり. **2** (高官・高僧などの)公式訪問, 儀礼的訪問, 視察; 巡視, 巡回: The bishop holds periodical ～*s* in his diocese. 司教は定期的に自分の管区を視察する / the Visitation of the Sick 牧師の病気信者の訪問; (*Prayer Book* に記されている)その時の祈り, 「病者訪問式」. **3** (神などの慰め・助け, または苦痛・罰をもっての)訪問; 天恵, 恩寵, 祝福; 天の配剤, 天の怒り; 天罰のような事件[経験], 災厄, 禍: a blessed ～ from on high 天からのありがたい恵み / Plague was formerly regarded as a ～ of God for the people's sins. 悪疫は昔は人々の罪に対する神の怒りとみなされた / The late gale was a disastrous ～. この間の大風は天罰のような災難だった. **4** (超自然的な力・霊などの)訪れ, 一時的感化. **5** 《英》(紋章官の)出張・調査・登録 《紋章の違法な使用を取締るため 1528-1687 年まで続いた制度で, Clarencean, Norroy の両 Kings of Arms がそれぞれの担当地域に出向き, 調査ならびに登録を行なった》; その調査報告. **6** [the V-, the ～] 〘キリスト教〙聖母マリアの洗礼者ヨハネの母 Elizabeth 訪問 (cf. *Luke* 1:39-56); [the V-] (その日を記念する)聖母訪問の祝日《7月2日》. **7** 〘動物〙(鳥・動物などの)異常な時季[大群]の集合[移住]. **8** 〘国際法〙臨検 (visit): ⇨ the RIGHT of visitation (and search).
Order of the Visitation [the ―] ⇨ visitant *n.* 3.
～·al [-ʃənl̩, -ʃnəl] *adj.*

visitátion rìghts *n. pl.* 〘法律〙訪問権, 往訪権《離婚・別居の際に認められた一方の親の監護の下にある子供に会いに行く権利》.

vis·i·ta·tor [vízətèɪṭə | -zɪtèɪtə(r] 〘▭ LL *visitātor*: ⇨ visit, -or²〙 *n.* 〘カトリック〙公式視察者.

vis·i·ta·to·ri·al [vìzɪtətɔ́ːriəl, -zə-, -tɔ́ːr-, -ztə- | -zɪtətɔ́ːrɪ-] 〘← ML *visitātōri(us)* (← L *visitātus* ← *visitāre* 'to VISIT') + -AL¹〙 ― *adj.* **1** (職務的)巡回(者)の, 巡視の, 臨検(者)の: ～ power. **2** 巡視[臨検]権 (right of visit) のある.

Visitatórial Bóard *n.* (英国 Oxford 大学の)検察評議員会《大学の教職員を監督支配する恒久的機関》.

vís·it·ing [-zɪṭɪŋ, -zəṭ-, -zt- | -zɪt-, -zt-] 〘ME〙 ― *n.* **1** 訪問, 見舞い; 視察, 臨検, 巡視. **2** [形容詞的に]訪問[見舞い, 視察]の(ための): ～ hours 面会[訪問]時間. ― *adj.* **1** (職業・任務として)訪問[視察]する: a ～ housekeeper 派出婦 / a ～ committee 視察[巡視]委員会. **2** 訪問し合うほどの, 行き来し合うような: have a ～ acquaintance with = be on ～ terms with …と行き来し合うほどの親しい間柄である.

vísiting bòok *n.* 訪問帳, 訪客帳《人から受けた訪問, 自分でした訪問, これからする予定の訪問などを書き込む》. 「business card).

vísiting càrd *n.* (訪問用)名刺 (calling card) (cf.

vísiting dày *n.* 面会日, 接客日.

vísiting fíreman *n.* 《米口語》 **1** (大いにもてなす必要のある)大切な客, おえら方. **2 a** 大いに金を使う観光客[大会参加者(など)]. **b** 「おのぼりさん」.

vísiting lìst *n.* 訪友表[録], 訪問録: He is not on my ～. 彼とは懇意でない.

vísiting núrse *n.* 《米》巡回看護婦《家で病臥(ᵇ)中の人を訪ねたり公衆衛生の仕事をしたりする公認看護婦》.

vísiting proféssor *n.* (一定期間だけ講義をする他の大学からの)派遣教授, 客員教授.

vísiting téacher *n.* 《米》 **1** 往訪教員《病臥(ᵇ)中の生徒や身体不自由児を定期的に家庭訪問して授業する教員》. **2** (生徒の品行問題を扱う)社会福祉主事.

vísiting téam *n.* 〘スポーツ〙遠征軍, 遠征チーム, 来訪チーム (cf. HOME team).

vis·i·tor [vízɪṭə, -zəṭə, -ztə | -zɪtə(r] 〘(?*a*1430) ▭ AF *visitour* = (O)F *visiteur*: ⇨ visit, -or²〙 ― *n.* **1 a** 訪問者, 来訪者, 来客, 見舞者 (caller, guest) (cf. resident 1). **b** 《米》滞在客, 泊り客: ～*s at* a hotel. **2** 来遊者, 観光客, 参観者, 縦覧者: a ～ in San Francisco / ～*s to* a shrine 参詣人 / *Visitors* not admitted. 縦覧謝絶 / No ～*s* (allowed). 面会謝絶. **3** 《英》(大学などの)視察員, 巡視官, 巡察官, 監察官, 評議員. **4** [*pl.*] 〘スポーツ〙遠征軍, ビジター. 「visitor.

vis·i·to·ri·al [vìzətɔ́ːriəl, -tɔ́ːr- | -zɪtɔ́ːrɪ-] *adj.* = visitatorial.

vísitors' bòok *n.* (旅館の)宿泊者名簿, 宿帳; (私宅・博物館などの)来客[訪問者]名簿.

vis·i·tress [vízɪtrɪs, -zə-, -trəs | -zɪ-] *n.* 《古》女性の

vís májor [-méɪdʒə | -dʒə(r] 〘▭ L *vis mājor* greater force: ⇨ vis, major²〙 ― *L. n.* (*pl.* **vires ma·jo·res** [-mədʒɔ́ːriːz, -dʒóːr- | -dʒɔ́ːr-]) 〘法律〙不可抗力《当事者はその責めに帰しえない原因(たとえばストライキ・暴風雨・落雷など)から生じた損害から免責される; cf. force majeure 2, ACT of God》.

vís med·i·cá·trix na·tú·rae [-mèdɪkéɪtrɪks-nət(j)úəriː | -nətjúə-] 〘▭ L *vis medicātrix nātūrae* curative power of nature〙 *L. n.* 自然治癒力.

vís mór·tu·a [-mɔ́ətʃuə | -mɔ́ːtjuə] 〘▭ L *vis mortua* dead force〙 *L. n.* 死勢《運動を起こそうとする力》.

vís mo·tí·va [-moutáɪvə | -məu-] 〘▭ L *vis mōtīva* motive power〙 *L. n.* 原動力.

vi·sor [váɪzə | -zə(r] 〘(?*a*1300) *viser* ▭ AF ← (O)F *vis* face: ⇨ visage〙 ― *n.* **1** 〘甲冑〙(かぶとの)眉庇(まびさし), 頬(ほお)隠し《上下に開閉する》. **2** (帽子の)眉庇; バイザー《スポーツ用などのひさし帽》. **3 a** おおい隠すもの. **b** 覆面, 仮面; 仮装. **c** (熔接工の防護面の)可動のガラス面頬. **4** (自動車のフロントガラスにつける)日よけ板, サンバイザー. ― *vt.* 頬隠しでおおう; 覆面する. **～·less** *adj.*

visor 1
1 crest; 2 visor; 3 ventail; 4 beaver

ví·sored *adj.* **1** 面頬(めんぼお)をつけた; 仮装した (disguised). **2** 面頬[眉庇(まびさし)]のある: a ～ helmet.

vis·ta [vístə] 〘(1657) ▭ It. ～ (fem.) ← *visto* sight, view (p.p.) ← L *vīsus*: ⇨ vision〙 ― *n.* **1** 眺め, 展望, 眺望 (view, prospect); (特に, 両側に並木・山などのある狭く長い)見通し. **2** 見通しのきく場所《並木道・通路など》. **3** (過去・未来の)想見, (過去の)回想, (未来の)展望: the dim ～ of one's childhood 幼少時のおぼろげな回想 / look back through the ～*s* of the past 過去の追憶をたどる / The book opens splendid ～*s* to the reader. その本は読者にすばらしい展望を与える. 「ca.

VIS·TA [vístə] 《略》 Volunteers in Service to Ameri-

vísta dòme *n.* (ガラス窓を広くした)列車の展望台.

vís·taed [-təd] *adj.* (*also* **vis·ta'd** [～]) 眺望[展望]のある, 見通しのきく.

vísta·less *adj.* 眺望[展望]のない, 見通しのきかない.

Vis·ta Vi·sion [vístəvìʒən] 〘(1954): cf. vista〙 ― *n.* 〘商標〙ビスタビジョン《ワイドスクリーン方式で 35 ミリ 2 こま分の画面で水平駆動のフィルムによる映画; cf. Cinerama, CinemaScope》.

Vis·tu·la [vístʃulə | -tju-] *n.* [the ～] ビスラ(川)《ポーランドの川, Carpathian 山脈に発しバルト海に注ぐ (1,086 km); ポーランド語名 Wisła》.

vi·su·al [víʒuəl, -ʒul | -zjuəl, -zjul, -ʒuəl, -ʒul] 〘(*a*1420) ▭ LL *visuāl-is* of sight ← L *vīsus*: ⇨ vision, -al¹〙 ― *adj.* **1** 視覚の[に関する]; 視覚による, 目で得られた (cf. auditory): the ～ sense 視覚 / ～ signaling 視覚信号法 / the ～ nerve 視神経 / the ～ organ 視覚器官 / ～ knowledge 視覚によって得られた知識 / the ～ type 〘心理〙視覚型 (cf. visualizer 2) / ⇨ visual arts, visual field. **2** 目に見える (visible): The apparition was ～, not a product of the imagination. その幽霊は目に見えたのであって, 想像の所産ではなかった. **3** 〈詩など〉心象を生み出す, ありありと目に浮かぶ (vivid). **4** (レーダーなどの装置によらず)目で行なう: ⇨ visual flight. **5** 〘教育〙視覚教材[教具]の[を用いる]: ⇨ visual aid. **6** 〘光学〙視覚の, 光学上の (optical): the ～ focus of a lens レンズの視焦点 / ⇨ visual axis. ― *n.* (広告の)割付け原図, ラフスケッチ, レイアウト (cf. comprehensive *n.* 2).

vísual acúity *n.* 〘眼科〙視力《20 フィートの距離で直径 $^1/_3$ インチの文字・記号が識別できるものを twenty-twenty ($^{20}/_{20}$), この2倍の大きさの文字・記号しか識別できないものを twenty-forty ($^{20}/_{40}$) などとする》.

vísual áid *n.* 〘教育〙視覚教材[教具]《学習者の視覚を利用する図形・図表・映画・スライドなどの補助教材・教具; cf. audiovisual aid》.

vísual ángle *n.* 〘光学〙視角.

vísual área *n.* 〘生理〙(大脳の)視覚野.

vísual árts *n. pl.* [the ～] 〘美術〙視覚芸術.

vísual-áural rádio ránge *n.* 〘航空〙可視可聴式無線航路標識《VOR の前に使用された航空機用航法援助装置の一種; 操縦席に視覚および聴覚による針路表示を与える; visual-aural range ともいう; 略 VAR》.

vísual áxis *n.* (測量機械などの)視軸《眼球または望遠鏡の中心と対象点とを結ぶ直線》.

vísual bínary *n.* 〘天文〙実視[眼視]連星《望遠鏡で両星が分離して観測される連星; cf. binary star》.

vísual educátion *n.* 〘教育〙 = visual instruction.

vísual fíeld *n.* 視野, 視界 (field of vision)《眼(球)を動かさずに同時に見える範囲》.

vísual flíght *n.* 〘航空〙有視界飛行: the ～ rules 有視界飛行規則 (略 VFR).

vísual ímages *n. pl.* 〘心理〙視覚像《視覚器官への刺激がない場合, 思い浮かべる視覚的な心像》.
vísual instrúction *n.* 〘教育〙視覚教育《視覚教具 (visual aids) を利用する教授[教育]》.
vísual ínstrument *n.* 〘美術〙鍵盤によってスクリーン上に光や色の像を操作する機械.
ví·su·al·ist [-lɪst, -ləst | -lɪst] *n.* =visualizer 1, 2.
vi·su·al·i·ty [vìʒuǽləṭi | -zjuǽlətɪ, -ʒʊ-, -lɪ-] *n.* **1** 視覚性; 可視性, 有視性 (visibility). **2** 心象 (mental image).
vi·su·al·i·za·tion [vìʒuəlɪzéɪʃən, -ʒʊl-, -lə- | -zjuəlaɪ-, -zjʊl-, -ʒʊəl-, -ʒʊl-, -lɪ-] *n.* **1** 目に見えるようにすること[力], ありありと心中に浮かび上がらせること[力], 視覚化. **2** 心像, 心に浮かび上がった事物. **3** 事物をありありと心中に浮かび上がらせる芸術的能力; 視覚表象化, 芸術的具象(化). **4** 〘医学〙 **a** 外科的操作により器官を見えるようにすること. **b** 映像化, (レントゲンによる)内臓透視.
vi·su·al·ize [víʒuəlàɪz, -ʒʊl- | -zjuəl-, -zjʊl-, -ʒʊəl-, -ʒʊl-] 〘(1817)〙 — *vt.* **1** 目に見えるようにする. **2** **a** 心中にありありと浮かび上がらせる; 心に描く, 視覚化する, 思い浮かべる; 〈抽象的なものを〉具象化する: I can easily ~ the scene. 容易にその場面を思い浮かべることができる / ~ a scheme 計画を具体的に考える. **b** 予見する (foresee). **3** 〘医学〙(外科またはレントゲンによって)〈内臓を〉見えるようにする, 透視する, 可視化する. — *vi.* **1** 事物を目に見えるようにはっきりと心に浮かび上がらせる, 事物を心像化する. **2** 〈内臓が〉見えるようになる.
ví·su·al·iz·er *n.* **1** 事物を目に見るように心に思い浮かべる(ことのできる)人. **2** 〘心理〙視覚型の人《視覚像が特に鮮明な人; cf. motile, audile》.
vísual líne *n.* =visual axis.
ví·su·al·ly [-ʒuəli, -ʒuli, -ʒli | -zjuəlɪ, -zjulɪ, -ʒuəlɪ, -ʒʊlɪ] *adv.* **1** 視覚的に, 目に見えるように. **2** 視覚(教具)によって.
vísual pígment *n.* 〘生化学〙視物質, 視(覚)色素《光受容体 (photoreceptor) に存在する光覚に関係のある色素; rhodopsin, porphyropsin などがある; photopigment ともいう》.
vísual póint *n.* 〘眼科〙視点.
vísual pollútion *n.* 視覚公害《看板・ポスター・高層建築などによる自然環境の汚損》.
vísual púrple *n.* 〘生化学〙=rhodopsin.
vísual ránge *n.* 〘気象・航空・海事〙=visibility 3.
vísual télescope *n.* 眼視用望遠鏡.
vis·u·o·mo·tor [vìʒuo(ʊ)móʊṭə | -zjuə(ʊ)máʊtə(r, -ʒʊ-] 〘← VISU(AL)+-O-+MOTOR〙 *adj.* 視覚運動の.
vís ví·va [-váɪvə] 〘□ L *vīs vīva* living force〙 *L. n.* (*pl.* **vires vi·vae** [-váɪvi:]) 〘物理〙活勢, 活力《運動のエネルギー (kinetic energy) を意味する昔の用語》.
vi·ta [wí:tɑ:, váɪṭə, ví:- | ví:tə, váɪtə] 〘□ L *vīta* life: ⇨ vital〙 *n.* (*pl.* **vi·tae** [wí:taɪ, váɪti:, ví:taɪ | ví:taɪ, váɪti:]) **1** (短い)伝記, 自伝. **2** 履歴書 (curriculum vitae).
Vi·ta[1] [ví:ṭə | -tə] 〘(dim.) ← DAVIDA // ← VITA〙 *n.* 女性名. 「スの一種」.
Vi·ta[2] [váɪṭə | -tə] *n.* 〘商標〙バイタ《紫外線透過ガラ
Vi·ta·ce·ae [vaɪtéɪsii:] 〘← NL ~ ← *vitis* 'VINE'+-ACEAE〙 *n.pl.* 〘植物〙(クロウメモドキ目)ブドウ科. **vi·tá·ceous** [-ʃəs] *adj.*
vitae *n.* vita の複数形.
vi·tal [váɪṭl | -tl] 〘(*c*1385) □ (O)F ~ // L *vītālis* ← *vīta* life ← IE **gwei-* to live (L *vīvere*): cf. quick, bio-: ⇨ -al[1]〙 — *adj.* **1** **a** 命の, 生命の[に関する]: ~ energies [power] 生命のエネルギー, 生命力, 活力 / ~ phenomena 生活現象《成長・栄養・繁殖・運動・知覚など》/ ⇨ vital function. **b** 生命の源泉である, 命の宿る; 生命に必要な: the ~ organs [parts] (身体の)重要器官 (cf. *n.* 1) / ~ blood 生命を支える血液 / ~ warmth 体温 / a ~ spot [part] 急所. **2** きわめて重大な; 緊要な, 肝要な (essential) 〈*to*〉: a ~ question [error] 重大問題[失錯] / a ~ necessity 必要欠くべからざるもの / a point ~ *to* the scheme その計画の核心をなす重要点 / a ~ part of the scheme その計画の枢要部 / a matter of ~ importance [moment] きわめて重大な事柄 / Your support is ~ *to* the plan. その計画にはあなたの支援が是非必要です. **3** **a** 活気のある, 生々した (lively, animated): a ~ style 生気のある文体 / a ~ leader 元気あふれる指導者. **b** 生気[元気, 活力]を与える, 元気づける (vitalizing): ~ food. **4** 致命的な (fatal): a ~ wound 致命傷 / a ~ blow to the organization 組織に対する致命的な打撃. — *n.* [*pl.*] **1** 生命の維持に絶対必要な器官 (vital organs)《心臓・脳・肝・肺・腸など》. **2** 枢要部, 急所, 核心 (essential parts): the ~*s* of the matter 問題の核心 / tear the ~*s* out of a subject 問題の核心[急所]をつかむ. **~·ness** *n.*
vítal capácity *n.* 肺活量 (breathing capacity).
vítal fórce *n.* **1** =vital principle. **2** =élan vital.
vítal fúnction *n.* 〘生理〙生活機能《血液の循環・呼吸・消化など, 生命に直接関係する身体の機能》.
vítal índex *n.* 人口指数《出生・死亡の比率》.
ví·tal·ism [-ṭəlɪzm, -ṭl- | -təl-, -tl-] 〘(1822) □ F *vitalisme*: ⇨ vital, -ism〙 — *n.* **1** 〘生物〙生気論《生命現象は物質の機能以上の vital principle によるとする説》. **2** 〘哲学〙 **a** 生気論《有機体には無機的物質の機械的結合以上の生命原理があるとする説; cf. voluntarism 1; ↔ mechanism》. **b** 生命主義《Bergson らに代表される生の創造的進化説; cf. Bergsonism, élan vital》. **vi·tal·ís·tic** [vàɪṭəlístɪk, -ṭl- | -təl-, -tl-] *adj.*
ví·tal·ist [-ṭəlɪst, -ləst, -ṭl- | -təlɪst, -tl-] *n.* 生気論者; 生命主義者. — *adj.* 生気論の; 生命主義の.
vi·tal·i·ty [vaɪtǽləṭi | -lətɪ, -lɪ-] 〘(1592) □ L *vītālitātem*: ⇨ vital, -ity〙 — *n.* **1** **a** 生命力, 活力, 生命(の根源), 生気; (生命の条件としての)体力: *Vitality* is greatly reduced in old age. 老年には生命力が大いに減少する. **b** 生存能力, 生きる力; (植物の)発芽力. **2** 精神的活力, 活気, 元気 (spirit, vigor); (文学・美術作品の)生気, 迫力: He is full of ~. 元気いっぱいだ. **3** 持続力, 永続性 (durability): the ~ of slang スラングの寿命の長さ. **4** 生命力[活力, 生気]のあるもの.
vi·tal·ize [váɪṭəlàɪz, -ṭl- | -təl-, -tl-] 〘(1678)〙 — *vt.* **1** …に生命[活力]を与える; …に生気を与える, 生気を吹き込む, 鼓舞する (animate): ~ the patriotic spirit 愛国心を鼓吹する. **2** (文学・絵画などで)生き生きと描く. **vi·tal·i·za·tion** [vàɪṭəlɪzéɪʃən, -lə-, -ṭl- | -təlaɪ-, -lɪ-, -tl-] *n.* **ví·tal·iz·er** *n.*
Vi·tal·li·um [vaɪtǽliəm | -lɪ-] 〘← VITAL+-IUM〙 *n.* 〘商標〙バイタリウム《コバルト・クローム・モリブデンの合金でプラチナ白色; 歯科義歯床用》.
ví·tal·ly [-ṭəli, -ṭli | -təli, -tḷi] *adv.* **1** 生命的に, 生命にかかわるほどに, 致命的に; 生命上, 活力上. **2** きわめて重大に, 肝要に, 真に, 非常に: ~ important.
vítal príncipal *n.* (物理力・化学力と関係のない, 仮定的な)生命力, 活力, 生命の根源.
vítal sígns *n. pl.* 〘医学〙生命[生存]徴候《脈拍・呼吸・体温など》.
vítal stáining *n.* 生体染色.
vítal statístics *n.* [単数または複数扱い] **1** 人口(動態)統計《生死・結婚・移動などの統計》. **2** 〘口語〙女性のバスト・ウエスト・ヒップの寸法[サイズ].
vi·ta·mer [váɪṭəmə | -təmə(r] 〘← VITA(MIN)+(ISO)-MER〙 *n.* 〘生化学〙ビタマー《ビタミンとしての生理作用が同じで化学構造が異なるものの総称; ビタミン D_2, D_3 など》. **vi·ta·mer·ic** [vàɪṭəmérɪk | -tə-] *adj.*
vi·ta·min [váɪṭəmɪn, -mən | vítəmɪn, váɪt-] 〘(1912) □ G *Vitamina* ← L *vita* (⇨ vital)+*Amin* 'AMINE': ポーランド生まれの米国の生化学者 Casimir Funk による命名; 初め成分がアミンと思われたことによる〙 — *n.* 〘生化学〙ビタミン《ごく少量であっても栄養に不可欠で, 欠乏するとそれぞれ特有の症状が出てくるものの総称》. ★ 1920 年の初めまで vitamine とつづった. **vi·ta·min·ic** [vàɪṭəmínɪk | vɪtə-, vàɪt-] *adj.*
vítamin A *n.* 〘生化学〙ビタミン A《油脂・卵黄に含まれる成長因子で, 上皮細胞の角質化や夜盲症を予防するのに必要; 視覚と深く関係していて, カロチンから体内で生成される》.
vitamin A_1 ビタミン A_1 ($C_{20}H_{29}OH$)《哺乳類・鳥類・両生類および海産魚に見出されるビタミン A; 肝油・卵黄などに含まれる》.
vitamin A_2 ビタミン A_2 ($C_{20}H_{27}OH$)《淡水魚とウシガエルの幼生に見出される; A_1 と同様の働きをもつ》.
vítamin B *n.* 〘生化学〙 **1** =vitamin B complex. **2** ビタミン B《水溶性でビタミン B 複合体を構成する各種ビタミン》.
vitamin B_1 ビタミン B_1《thiamine のこと; 必須性不飽和脂肪酸, リノレン酸, リノール酸などをいうこともある》.
vitamin B_2 ビタミン B_2 (⇨ riboflavin).
vitamin B_6 ビタミン B_6 (⇨ pyridoxine).
vitamin B_{12} ビタミン B_{12} ($C_{63}H_{90}CoN_{14}O_{14}P$)《悪性貧血に有効なビタミン; 肝臓に多く含まれる; cyanocobalamin ともいう》.
vitamin B_c ビタミン B_c (⇨ folic acid).
vítamin B còmplex *n.* 〘生化学〙ビタミン B 複合体《ビタミン B_1, B_2, B_6, B_{12} に nicotinic acid (niacin), pantothenic acid, biotin, paraaminobenzoic acid, choline, folic acid, inositol やビタミン L などを含む》.
vítamin C *n.* 〘生化学〙ビタミン C《抗壊血病剤; ⇨ ascorbic acid》.
vítamin D *n.* 〘生化学〙ビタミン D《抗佝僂(くる)病要素; 牛乳や肝油などに含まれる》.
vitamin D_1 ビタミン D_1.
vitamin D_2 ビタミン D_2 ($C_{28}H_{43}OH$) 《ergosterol の紫外線照射によって得られる; calciferol ともいう》.
vitamin D_3 ビタミン D_3 ($C_{27}H_{43}OH$)《自然にあるビタミン D; 魚の肝油中に発見され, D_2 と分子の構造が多少異なる; cholecalciferol ともいう》.
vitamin D_4 ビタミン D_4 ($C_{28}H_{45}OH$)《その作用はビタミン D_2, D_3 に同じ》.
vitamin D_5 ビタミン D_5 ($C_{29}H_{47}OH$)《ビタミン D_4 と共に 22-デヒドロエルゴステロール-7-デヒドロシトステロールから生じる活性物質》.
vit·a·mine [váɪṭəmɪn, -mən, -mi:n | vítəmɪn, váɪt-, -mi:n] 〘《古形》← VITAMIN〙 *n.* 《まれ》〘生化学〙 = vitamin (⇨ vitamin ★).
vítamin E *n.* 〘生化学〙ビタミン E《流産を防ぐ; 植物の葉・麦芽油中にある; この不足は不妊や筋肉の萎縮を起こす; cf. tocopherol》.
vítamin G *n.* 〘生化学〙ビタミン G (⇨ riboflavin).
vítamin H *n.* 〘生化学〙ビタミン H (⇨ biotin).
vi·ta·min·ize [váɪṭəmɪnàɪz, -mə- | vítəmɪ-, váɪt-] *vt.* **1** 〈食品〉にビタミンを添加する, …のビタミンを強化する. **2** (ビタミンを与えたように)生き生きさせる. **vi·ta·min·i·za·tion** [vàɪṭəmɪnɪzéɪʃən, -mə-, -nə- | vɪtəmɪnaɪ-, vàɪt-, -nɪ-] *n.*
vítamin K 〘← Dan. *k*(*oagulation*) coagulation〙 *n.* 〘生化学〙ビタミン K《抗出血要素; 緑葉野菜・トマト・魚肉に発見される》.
vitamin K_1 ビタミン K_1 (($C_{20}H_{39}$)$C_{11}H_7O_2$)《野菜の葉・米ぬか・豚の肝臓などに発見され, 血液の凝固を促進する; phylloquinone, phytonadione ともいう》.
vitamin K_2 ビタミン K_2 (($C_{30}H_{49}$)$C_{11}H_7O_2$)《ビタミン K_1 によく似た化合物》.
vitamin K_3 ビタミン K_3 (⇨ menadione).
vítamin L *n.* 〘生化学〙ビタミン L《ネズミの催乳因子として知られたもの; L_1 と L_2 がある》.
vítamin M *n.* 〘生化学〙ビタミン M (⇨ folic acid).
vi·ta·min·ol·o·gy [vàɪṭəmɪnɑ́lədʒi, -mə-|vɪtəmɪnɔ́lədʒɪ, vàɪt-] 〘← VITAMIN+-O-+-LOGY〙 *n.* ビタミン学.
vi·tam·i·no·sis [vàɪṭəmɪnóʊsɪs, -mə-, -səs | vɪtəmɪnáʊsɪs, vàɪt-] 〘← VITAMIN+-OSIS〙 *n.* 〘医学〙ビタミン欠乏症.
vítamin P 〘*P*: ← P(APRIKA) // P(ERMEABILITY)〙 — *n.* 〘生化学〙ビタミン P《レモン類の汁の中に vitamin C と共に発見される; 毛細血管の出血に対する抵抗を促進すると考えられている; cf. citrin》.
vítamin PP 〘*PP*: ← *p*(*ellagra*)-*p*(*reventive*)〙 *n.* 〘生化学〙ビタミン PP, 抗ペラグラビタミン《ビタミン B 類の一つ》. 「の旧名」.
vítamin X *n.* 《廃》〘生化学〙ビタミン X《vitamin P
Vi·ta Nuo·va [ví:tɑ:-nuóʊvɑ: | -nuɔ́ʊ-; *It.* ví:tanwɔ́:va], **La** 〘□ It. ~ 'new life'〙 — *n.* 「新生」《Dante 作の詩を交えた論文 (1292?); Beatrice に対する精神的な愛と讃美がうたわれている》.
vi·ta·scope [váɪṭəskòʊp | -təskəʊp] 〘← VITA+-SCOPE〙 *n.* (現在の形式による最初の)映写機《Thomas Edison の発明》. 「に.
vite [ví:t] 〘□ F ~ < OF *viste*〙 *adv.* 〘音楽〙速く, 活発
Vi·tebsk [ví:tepsk, -tebsk, vɪtépsk, -tébsk; *Russ.* vjítjipsk] *n.* ビイテプスク《ソ連邦ベロルシア共和国北東部 Dvina 河畔の都市; 人口 231,000》.
vit·el·lar·i·um [vàɪṭəlɛ́(ə)riəm, vɪ̀ṭ-, -ṭl- | vàɪtɪlɛ́ərɪ-, vɪ̀t-] 〘← NL ~: ⇨ vitellus, -arium〙 — *n.* (*pl.* **-i·a** [-riə | -rɪə]) 〘動物〙卵黄巣《昆虫などの卵巣小管内で, 卵母細胞が成熟する部分》.
vitelli *n.* vitellus の複数形.
vi·tel·lin [vaɪtélɪn, vɪ-, və-, -lən | vaɪtélɪn, vɪ-] 〘← VITELL(US)+-IN[1]〙 *n.* 〘生化学〙ビテリン, 卵黄素《卵黄の主成分をなすリン蛋白質; ovovitellin ともいう》.
vi·tel·line [vaɪtélɪn, vɪ-, və-, -lən, -li:n, -laɪn | vaɪtélɪn, vɪ-, -li:n, -laɪn] 〘⇨ ↑, -ine[1]〙 *adj.* **1** 卵黄の; 卵黄に似た. **2** 卵黄色の, 黄色の (yellow). — *n.* 卵黄.
vitélline glánd *n.* 〘動物〙卵黄腺.
vitélline mémbrane *n.* 〘生物〙卵黄膜.
vi·tel·lo·gen·e·sis [vaɪtèlo(ʊ)dʒénəsɪs, vɪ-, və-, -səs | vaɪtèlə(ʊ)dʒénɪsɪs, vɪ-, -nə-] 〘⇨ ↓, -genesis〙 *n.* 〘生物〙卵黄形成.
vi·tel·lus [vaɪtéləs, vɪ-, və- | vaɪ-, vɪ-] 〘(1728) □ L ~ 'yolk of an egg, little calf' (dim.) ← *vitulus* calf: ⇨ veal〙 *n.* (*pl.* **~·es, -tel·li** [-laɪ]) 卵黄.
vit·i- [víṭi, -ṭə | -tɪ] 〘← L *vītis* grapevine, vine branch〙「ぶどう (vine)」の意の連結形: viticulture.
vi·ti·a·ble [víʃiəbḷ | -ʃɪ-] 〘⇨ ↓, -able〙 *adj.* 損じる[悪くする]ことができる; 汚される, 不潔にされる; 無効にされる.
vi·ti·ate [víʃièɪt | -ʃɪ-] 〘(1534) ← L *vitiāt-us* (p.p.) ← *vitiāre* to spoil ← *vitium*: ⇨ vice[1], -ate[3]〙 — *vt.* **1** …の価値を低下させる, 質を損なう, 悪くする, 害する (impair); 頽(たい)廃させる, 腐敗させる (deprave): ~ the truth [style] 真実[文体]を傷つける / ~ an argument by exaggeration 誇張のために議論の力をそぐ / the generation ~*d* by luxury 贅沢(ぜいたく)に慣れて頽廃した世代. **2** 〈空気・血などを〉汚す, よごす, 汚染する, 不潔にする (pollute). **3** 〈契約などを〉法的に無効にする, …の効力を失わせる (invalidate): ~ a will [contract] 遺言[契約]を無効にする. **vi·ti·a·tion** [vɪ̀ʃiéɪʃən | -ʃɪ-] *n.* **ví·ti·à·tor** [-ṭə | -tə(r] *n.*
vit·i·ce·tum [vɪ̀ṭəsí:ṭəm, vàɪ- | -tɪ-] 〘← NL ~: ⇨ viti-, -etum〙 *n.* (*pl.* **~s, -ce·ta** [-ṭə | -tə]) ぶどう栽培.
vit·i·cul·ture [víṭəkʌ̀ltʃə, váɪ-, ─ ─ ─ | vítɪkʌ̀ltʃə(r, váɪ-] 〘← VITI-+CULTURE〙 — *n.* **1** ぶどう栽培. **2** ぶどう栽培学[法]; ぶどう酒醸造学. **vit·i·cul·tur·al** [vɪ̀ṭəkʌ́ltʃ(ə)rəl, vàɪ- | -tɪ-] *adj.* **vit·i·cul·tur·er** [vɪ̀ṭəkʌ́ltʃ(ə)rə, vàɪ- | -tɪkʌ́ltʃ(ə)rə(r] *n.*
vit·i·cul·tur·ist [vɪ̀ṭəkʌ́ltʃ(ə)rɪst, vàɪ-, -rəst, ─ ─ ─(─) | vɪtɪkʌ́ltʃ(ə)rɪst, vàɪ-, ─ ─ ─(─)─] *n.* ぶどう栽培者.
Vi·ti Le·vu [ví:ṭi-lévu: | -tɪ-] *n.* ビティ レブ《Fiji 諸島中の最大島; Fiji の首都 Suva がある; 人口 396,000, 面積 10,400 km²》.
vit·i·li·go [vɪ̀ṭəláɪgoʊ, -lí:-, -ṭḷ- | -tɪláɪgəʊ, -lí:-] 〘□ L *vitiligō* tetter ← *vitium* 'VICE[1]'〙 *n.* 〘病理〙白斑, 白皮 (leukoderma).
vi·ti·os·i·ty [vɪ̀ʃiɑ́səṭi | -ʃɪɔ́sətɪ, -sɪ-] 〘□ L *vitiōsitātem*: ⇨ vicious, -ity〙 *n.* 《古》堕落, 邪悪 (depravity).
Vi·tó·ri·a [vɪtɔ́:riə, -tó:r- | -tɔ́:rɪə; *Braz.* vitɔ́rja] *n.* ビトリア《ブラジル東部の都市で海港; 人口 122,000》.
vitr- [vɪtr] (母音の前に来る時の) vitro- の異形.
vit·rain [vítreɪn] 〘← VITRO-+(FUS)AIN〙 *n.* 〘地質〙ビトレイン《瀝青(れきせい)炭中で輝度が高く狭い縞状を成している成分; cf. clarain, durain, fusain》.
vit·re·ous [vítriəs | -rɪ-] 〘(1646) ← VITRO-+-OUS〙 — *adj.* **1** **a** ガラスの, ガラス質[状]の, ガラスから得

た; ガラスのような, ガラスに似た: ～ luster ガラス光沢. **b** ビトレアスな《陶磁器で素地(ˢ)が高度の溶化(vitrification)の結果, 気孔率が著しく小さいものにいう》. **2** 〘解剖〙(目の)硝子体(液)の: ⇨ vitreous body, vitreous humor. **～·ly** *adv.* **～·ness** *n.*

vítreous bódy *n.* 〘解剖〙(目の)硝子体(⇨eye 挿絵).

vítreous chína *n.* 〘窯業〙ビトレアスチャイナ《工業的な目的をもたない無釉または施釉の磁器》.

vítreous electrícity *n.* 〘電気〙ガラス電気, 陽電気《ガラスを絹で摩擦して生じる陽電気》.

vítreous enámel *n.* 琺瑯(ﾎｳﾛｳ) (porcelain enamel).

vítreous húmor *n.* 〘解剖〙(目の)硝子体液. 「ス.

vítreous púre sílica *n.* 〘化学・鉱物〙シリカガラ

vítreous sílica *n.* 〘ガラス製造〙融解石英《二酸化ケイ素だけからなるガラス; 透明なものと不透明なものがあり, 耐薬品性・耐熱性にすぐれている; fused quartz, quartz glass, silica glass ともいう》.

vi·tres·cence [vɪtrésns, və- | vɪ-] 〘↓〙 *n.* ガラス質[状]; ガラス化.

vi·tres·cent [vɪtrésnt, və- | vɪ-] 〘← VITRO-＋-ESCENT〙 *adj.* **1** ガラス化する(傾向のある). **2** ガラス化できる.

vit·ri- [vítrɪ, -rə | -rɪ] vitro- の異形 (⇨ -i-).

vit·ric [vítrɪk] 〘← VITRO-＋-IC¹〙 *adj.* (陶器(ceramic)に対して)ガラスの[に関する]; ガラス質[状]の.

vit·rics [vítrɪks] 〘(pl.) ← VITRIC: ⇨ -ics〙 *n.* **1** [単数扱い] ガラス製造術, ガラス加工術; ガラス製造学. **2** [複数扱い] ガラス器具(類).

vit·ri·fac·tion [vìtrəfǽkʃən | -trɪ-] *n.* ＝vitrification.

vit·ri·fi·a·ble [vítrəfàɪəbl̩, ⌐⌐⌐⌐ | -trɪ-] *adj.* ガラス化できる, 溶化性の. **vit·ri·fi·a·bil·i·ty** [-fàɪəbíləṭi | -lɪtɪ, -lə-] *n.*

vítrifiable cólor [pígment] *n.* 琺瑯(ﾎｳﾛｳ)絵具, 七宝絵具, (上絵)ガラス絵具, 上絵具《上絵彩色に用いる顔料と融剤の混合物》.

vit·ri·fi·ca·tion [vìtrəfəkéɪʃən, -fɪ- | -rɪfɪ-] *n.* **1** ガラス状態; 溶化, ガラス化, 磁器化《粘土や陶磁器素地(ˢ)などの焼成工程における漸進的な部分的溶融》. **2** ガラス化[磁器化]した物.

vit·ri·fied *adj.* ガラス化した; 焼き締めた, 磁化した: ～ brick 溶化れんが / a ～ pipe 溶化粘土質管.

vit·ri·form [vítrəfɔ̀ːm | -rɪfɔ̀ːm] *adj.* ガラス状の (glasslike). 「る.

vit·ri·fy [vítrəfàɪ | -rɪ-] *vt., vi.* ガラス化する, 溶化す

vi·trine [vɪtríːn, və- | vɪ-] 〘□F ～ ← *vitre* pane of glass〙 *n.* 陳列用ガラスケース.

vit·ri·ol [vítriəl | -rɪ-] 〘《c1395》□(O)F ～ // ML *vitriol-um* ← L *vitrum* glass〙 ── *n.* **1** 〘化学〙硫酸塩, 礬(ﾊﾞﾝ)類の一つ: copper ～＝copper sulfate / oil of ～ (濃)硫酸 / ⇨ blue vitriol, green vitriol, red vitriol, white vitriol. **2** 〘(略) ← *oil of vitriol*〙〘化学〙硫酸 (sulfuric acid): throw ～ over [at] …(の顔)に硫酸を浴びせる. **3** 辛辣な言葉[批評], 痛烈な皮肉: put plenty of ～ in a speech 演説に多分の辛辣さを加える / dip one's pen in ～ 毒筆を振るう.
── *vt.* (**-ri·oled, -olled; -ol·ing, -ol·ling**) **1** 硫酸で傷つける, 硫酸でく人に〉やけどを負わせる. **2** 〘冶金〙希硫酸に浸(ﾂ)ける (pickle), 硫酸処理する.

vit·ri·ol·ic [vìtriɑ́lɪk | -rɪɔ́l-] *adj.* **1** 硫酸(塩)の; 硫酸(塩)に似た; 硫酸(塩)から成る[得られる]. **2** 痛烈な, 刺すような, 激しい: ～ criticism 辛辣な批評.

vit·ri·ol·ize [vítriəlàɪz | -rɪ-] *vt.* **1** 硫酸塩で処理する; 硫酸塩に化する. **2** …に硫酸を浴びせ(てやけどをさせ)る. **vit·ri·ol·i·za·tion** [vìtriəlɪzéɪʃən, -lə- | -rɪəlaɪ-, -lɪ-] *n.* 「る.

vítriol-thròwing *adj.* (復讐に)人の顔に硫酸をかけ

vit·ro- [vítro(ʊ) | -rə(ʊ)] 〘← L *vitrum* glass, woad〙「ガラス(glass); ガラスの (glassy)」の意の連結形. ★ 時に vitri-, また母音の前では通例 vitr- になる.

Vi·tru·vi·an [vɪtrúːviən, və- | vɪtrúːvjən, -vɪən] 〘← *Vitruvius Pollio*: ⇨ -an¹〙 *adj.* ウィトルウィウス (Vitruvius) の創案した: ⇨ Vitruvian scroll.

Vitrúvian scróll *n.* 〘建築〙(frieze の装飾に用いた)ウィトルウィウス式渦形 (cf. wave molding).

Vi·tru·vi·us Pol·li·o [vɪtrúːviəs-pɑ́liòʊ, və- | vɪtrúːvjəs-pɔ́lɪəʊ, -vɪəs-], **Marcus** *n.* ウィトルウィウスポリオ《紀元前 1 世紀 Augustus 時代のローマの建築家; *De Architectura*「建築十書」》.

Vitruvian scrolls

vit·ta [víṭə | -tə] 〘《1693》□L ～ 'band, fillet, ribbon'〙 ── *n.* (*pl.* **vit·tae** [-tiː, -taɪ], **～s**) **1** 〘植物〙(ある種のセリ科植物の果実中に存する)油道, (導)油管. **2** 〘生物〙(色の付いた)筋, 縞, 色帯.

vit·tate [víteɪt] 〘□L *vittāt-us*: ⇨ ↑, -ate²〙 *adj.* **1** 〘植物〙油道[油管]を有する. **2** 〘生物〙縦縞のある.

vit·tle [víṭl̩ | -tl] *n., v.* 《廃・方言》＝victual.

Vit·to·ria [vɪtɔ́ːriə, -tóːr- | -tɔ́ːrɪə; *It.* vittɔ́ːrja] 〘□It. ← 'VICTORIA²'〙 *n.* 女性名.

Vit·to·rio [vɪtɔ́ːriòʊ, -tóːr- | -tɔ́ːrɪəʊ; *It.* vittɔ́ːrjo] 〘□It. ～: ⇨ Vittoria〙 *n.* 男性名.

vit·u·line [vítʃʊlàɪn, -lɪn, -lən | -tjʊlàɪn, -lɪn] 〘《1656》□L *vitulīn-us* ← *vitulus* calf: ⇨ vitellus, -ine¹〙 ── *adj.* **1** 子牛 (calf) の[に似た]. **2** 子牛肉 (veal) の[に似た].

vi·tu·per·ate [vaɪt(j)úːpərèɪt, vɪ-, və- | vɪtjúː-, vaɪ-] 〘《1542》← L *vituperāt-us* (p.p.) ← *vituperāre* ← *vitium* 'VICE¹'＋*parāre* to prepare, provide: ⇨ -ate³〙 ── *vt.* …の悪口を言う, 非難する, ののしる. ── *vi.* 悪口を言う, ののしる. **vi·tú·per·à·tor** [-ṭə | -tə(r)] *n.*

vi·tu·per·a·tion [vaɪt(j)ùːpəréɪʃən, vɪ-, və- | vɪtjùː-, vaɪ-] 〘《1481》□(O)F ～ // L *vituperātiō(n-)*: ⇨ ↑, -ation〙 *n.* 悪口を言うこと, 非難, ののしり, 毒舌, 悪罵.

vi·tu·per·a·tive [vaɪt(j)úːp(ə)rəṭɪv, -pərèɪṭ-, vɪ-, və- | vɪtjúːp(ə)rət-, vaɪ-, -pərèɪt-] 〘□LL *vituperātīv-us*: ⇨ vituperate, -ive〙 ── *adj.* 悪口を言う, ののしる, 毒舌を振るう (abusive): a ～ speech. **～·ly** *adv.* **～·ness** *n.* 「(↓)〙 *n.* 男性名.

Vi·tus [váɪṭəs | -təs; *Dan., G.* víːtʊs] 〘G & Dan. ～

Vi·tus [váɪṭəs | -təs], Saint *n.* ウィトゥス《ローマ皇帝 Diocletian に迫害された Sicily の殉教者; 舞踏病 (chorea, St. Vitus's dance) にかかった人が祈った聖人; 十四救難聖人の一人; 祝日 6 月 15 日》.

Viv [vív] 〘1: (dim.) ← VIVIAN¹. 2: (dim.) ← VIVIEN¹〙 *n.* **1** 男性名. **2** 女性名.

viv. 《略》〘音楽〙vivace.

vi·va¹ [víːvə, -vɑː | -və; *It.* víːva] 〘□It. ～ (3rd pers. sing. pres. subj.) ← *vivere* to live: cf. vivat〙 ── *It. int.* ビバ, 万歳 (long live). ── *n.* 万歳の声; 歓声: ～*s* of the crowd.

vi·va² [váɪvə] 〘《1891》《略》← VIVA VOCE〙《英口語》 *n.* (大学で)口頭試験[試問]. ── *vt.* …に口頭試験[試問]をする.

vi·va·ce [viːvɑ́ːtʃeɪ, vɪ-, -tʃi | vɪvɑ́ːtʃɪ, -tʃeɪ; *It.* viváːtʃe] 〘□It. ～ 'vivacious(ly)' < L *vīvācem, vīvāx* (↓)〙〘音楽〙 ── *adj., adv.* 速い[く], 活発な[に], 生き生きと(した), 溌剌(ﾊﾂﾗﾂ)と(した)(略 viv.). ── *n.* ヴィヴァーチェ(の楽章[楽節]).

vi·va·cious [vɪvéɪʃəs, və-, vaɪ- | vɪ-, vaɪ-] 〘《c1645》← L *vīvāc-, vīvāx* vigorous (← *vīvere* to live)＋-IOUS〙 ── *adj.* **1** 快活な, 活発な, 元気のある, 陽気な (lively): a ～ conversation, girl, manner, style, etc. **2** 《古》長生きの, なかなか死なない (long-lived). **～·ly** *adv.* **～·ness** *n.*

vi·vac·i·ty [vɪvǽsəṭi, və-, vaɪ- | vɪvǽsɪtɪ, vaɪ-, -sɪ-] 〘《?a1425》□(O)F *vivacité* // L *vīvācitāt-em*: ⇨ ↑, -ity〙 ── *n.* **1** 快活, 元気, 活発, 陽気 (liveliness). **2** 快活[陽気]な行為[言葉]; はしゃぎ, ふざけ.

Vi·val·di [vɪvɑ́ːldi, -vɔ́ːl- | -vǽlːdɪ; *It.* vivàldi], **Antonio** *n.* ビバルディ《1678–1741; イタリアの作曲家・バイオリン奏者; *Le quattro stagioni*「四季」(1725)》.

vi·van·dière [vìːvɑ̃ː(n)djɛ́ə, -vɑːn-, ⌐⌐⌐ | vìːvɑ̃ː(n)djɛ́ə(r), -vɔ̃ː(n)-, -vɑːn-, -vɔ(ː)n-, ⌐⌐⌐; *F.* vivɑ̃djɛːr] 〘□F ～ (fem.) ← *vivandier* ← *viande* 'VIAND'＋*-ière* ((fem.) ← -IER²)〙 ── *F. n.* (*pl.* **～s** [～(z); *F.* ～]) 女の酒保商人《もとフランスその他ヨーロッパ大陸の軍隊について歩いて酒類を売った女》.

vi·var·i·um [vaɪvɛ́(ə)riəm | vaɪvɛ́ərɪəm, vɪ-] 〘《1600》□L *vīvārium* enclosure for live game (neut. sing.) ← *vīvārius* ← *vīvus* alive ← *vīvere* to live〙 ── *n.* (*pl.* **～s, -i·a** [-riə | -rɪə]) (自然の生息状態に近くした)動物[植物]育成場, 飼育箱, 生態動物[植物]園 (cf. terrarium, aquarium).

vi·vat [váɪvæt, víː-, víːvɑːt | váɪvæt, víː-] 〘□L *vīvat* (3rd pers. sing. pres. subj.) ← *vīvere* (↑)〙 ── *L. int.* 万歳 (long live): *Vivat* Rex [Regina] 国王[女王]万歳. ── *n.* 万歳の声; 歓声.

vi·va-vo·ce [váɪvə-vóʊsi, víːvə-vóʊtʃeɪ | váɪvə-vəʊsɪ, víːvə-, -vəʊtʃɪ] *vt.* …に口頭試験[試問]をする.

vi·va vo·ce [váɪvə-vóʊsi, víːvə-vóʊtʃeɪ | váɪvə-vəʊsɪ, víːvə-, -vəʊtʃɪ] 〘□ML *vīva vōce* with the living voice (abl.) ← *vīva* alive＋*vōx* 'VOICE'〙 ── *adv.* 声に出して; 口頭で (orally): an examination conducted ～ 口頭で行なわれた試験. ── *adj.* 口頭の, 口述の (oral): a ～ examination 口頭試験[試問] / ～ voting 口頭投票. ── *n.* 口頭試問《viva ともいう》.

vi·vax [váɪvæks] 〘□L *vīvāx* vigorous: cf. vivacious〙 *n.* 三日熱(マラリア)プラスモジウム (*Plasmodium vivax*)《マラリア原虫の一種》.

vívax malária *n.* 〘病理〙三日熱(マラリア)《vivax の寄生により, 42–47 時間ごとに発熱する; tertian malaria ともいう; cf. falciparum malaria》.

vive [víːv; *F.* viːv] 〘□F ～ (3rd pers. sing. pres. subj.) ← *vivre* to live < L *vīvere*: cf. vivat〙 ── *F. int.* 万歳 (long live) (cf. qui vive): *Vive* la France [*F.* -lafrɑ̃ːs]! フランス万歳 / *Vive* l'amour [*F.* -lamuːr]! 恋愛万歳 / *Vive* la république [*F.* -larepyblik]! (フランス)共和国万歳.

vi·ver·rid [vaɪvérɪd, vɪ-, və-, -rəd | vaɪvérɪd, vɪ-] 〘↓〙 *adj., n.* 〘動物〙ジャコウネコ科の(動物).

Vi·ver·ri·dae [vaɪvérədìː, vɪ-, və- | vaɪvérɪ-, vɪ-] 〘← NL ～ ← L *viverra* ferret＋-IDAE〙 *n. pl.* 〘動物〙ジャコウネコ科.

vi·ver·rine [vaɪvéraɪn, vɪ-, və-, -rɪn | vaɪvéraɪn, vɪ-] 〘← NL *viverrīn-us* ← L *viverra* (↑): ⇨ -ine¹〙 *adj.* 〘動物〙ジャコウネコ科の.

vi·vers [víːvəz, váɪ- | váɪvəz] 〘□(O)F *vivres* ← *vivre* to live < L *vīvere* to live〙 *n. pl.* 《スコット》食物, 食糧.

vives [váɪvz] 〘□F ～ 《頭音消失》← *avives* □Sp. *adibas* □Arab. *adh-dhi'ba^h* the she-wolf〙 *n. pl.* [通例単数扱い]〘獣医〙(馬の)顎下腺(ｶﾞｸｶｾﾝ)肥大.

vi·ve va·le·que [váɪvi-vəlíːkwi, víːveɪ-vɑːléɪkweɪ | -vɪ-, -kwɪ, -kweɪ] 〘□L *vīve valeque* 'live and be well': Horace, *Satires* II. 5. 110 にある句〙 *L.* 生きて健康であれ[栄えよ]《手紙の終わりに用いられる》.

viv·i- [vívɪ, -və | -vɪ] 〘← L *vīvus*〙「生きている (living, alive)」の意の連結形: vivisection.

Viv·i·an¹ [víviən | -vɪən, -vjən] 〘□L *Vīviān-us* ← *vīvus* alive: cf. F *Vivien* (masc.), *Vivienne* (fem.)〙 *n.* **1** 男性名. **2** 《まれ》女性名《愛称形 Viv; 異形 Vyvyan》.

Vivian² *n.* 〘アーサー王伝説〙＝Vivien².

Vi·via·ni [vɪvjɑ́ːni | -nɪ; *F.* vivjani], **René Raphaël** *n.* ビビアーニ《1863–1925; フランスの政治家, 首相 (1914–15)》.

viv·i·an·ite [víviənàɪt | -vɪə-] 〘← *J. G. Vivian* (19 世紀の英国の鉱物学者): ⇨ -ite¹〙 *n.* 〘鉱物〙藍(ﾗﾝ)鉄鉱 ($Fe_3(PO_4)_2 \cdot 8H_2O$).

viv·id [vívɪd, -vəd | -vɪd] 〘《1638》□L *vīvid-us* animated ← *vīvere* to live: ⇨ vital〙 ── *adj.* (**～·er; ～·est**) **1** 〈色・光など〉鮮やかな, 鮮明な, 強烈な, 目のさめるような (bright, intense); 鮮明な色の: ～ coloring 鮮やかな色彩 / the ～ green of leaves 木の葉の滴るような緑 / a ～ reflection in water はっきり水に映った影 / a ～ flash of lightning ぱっと輝く電光. **2** 生き生きした, 生気[活気]にあふれた, 元気な, 活発な (animated, lively): a ～ personality 生気にあふれた人柄 / ～ features 生き生きした顔. **3 a** 〈印象・記憶など〉はっきりした, 鮮やかな, 生々しい (clear, distinct): a ～ recollection 鮮明な記憶 / It is still ～ in my memory. それは今なお私の記憶に生々しい. **b** 〈描写・記述など〉目に見えるような, 真に迫った: a ～ description [picture] of country life 田園生活の目に見えるような描写. **～·ly** *adv.* **～·ness** *n.*

Viv·i·en¹ [víviən | -vɪən, -vjən; *F.* vivjɛ̃] 〘↓〙 *n.* **1** 女性名《愛称形 Viv》. **2** 《まれ》男性名.

Viv·i·en² [víviən | -vɪən, -vjən] 〘□F *Vivienne* // 《誤読》← NINIAN〙 ── *n.* 〘アーサー王伝説〙ビビアン《女魔法使いで Merlin の愛人; the Lady of the Lake とも呼ばれる》.

Viv·i·enne [víviən, vìvién | vívɪən, -vjən, vìvién; *F.* vivjɛn] 〘□F ～ (fem.) ← *Vivien*: ⇨ Vivian¹〙 *n.* 女性名.

vi·vif·ic [vaɪvífɪk] 〘□L *vīvific-us* ← *vīvus* alive〙 *adj.* 元気[活力]を与える.

viv·i·fi·ca·tion [vìvəfəkéɪʃən, -fɪ- | -vɪfɪ-] 〘□LL *vīvificātiō(n-)*: ⇨ ↓, -ation〙 *n.* 〘医学〙蘇生.

viv·i·fy [vívəfàɪ | -vɪ-] 〘□(O)F *vivifi-er* // L *vīvificāre*: ⇨ vivi-, -fy〙 ── *vt.* **1** …に生命[生気]を与える; 生き生きさせる, 活気づける, 勢いづける (animate); よみがえらせる, 蘇生させる (revive). **2** 鮮やかにする (brighten). **vív·i·fi·er** *n.*

vi·vip·a·ra [vaɪvíp(ə)rə | vɪ-, vaɪ-] 〘□L *vīvipara* (pl.) ← *vīviparus*: ⇨ viviparous〙 *n. pl.* 〘動物〙胎生動物 (viviparous animals) (cf. ovipara).

vi·vi·par·i·ty [vàɪvəpǽrəṭi, vìv- | vìvɪpǽrətɪ, -rɪ-] 〘⇨ ↓, -ity〙 *n.* **1** 〘動物〙胎生. **2** 〘植物〙母株上発芽, 胎生.

vi·vip·a·rous [vaɪvíp(ə)rəs, vɪ-, və- | vɪ-, vaɪ-] 〘← L *vīvipar(us)* bringing forth living young (← VIVI-＋L *parēre* to bear, bring forth (young))＋-OUS〙 ── *adj.* **1** 〘動物〙胎生の (cf. oviparous). **2** 〘植物〙 **a** 〈種子・芽など〉母株上で発芽する, 胎生の (proliferous): ～ seeds 胎生種子《ヒルギ科の植物に多い》. **b** むかごのできる. **～·ly** *adv.* **～·ness** *n.*

viv·i·sect [vívəsèkt, ⌐⌐⌐ | vìvɪsékt, ⌐⌐⌐] 〘《逆成》↓〙 *vt.* 〈動物を〉生体解剖に付する. ── *vi.* 生体解剖を行なう.

viv·i·sec·tion [vìvəsékʃən, ⌐⌐⌐⌐ | vìvɪsék-] 〘《1707》← VIVI-＋SECTION〙 ── *n.* **1** 生体解剖, 生体(解剖)実験. **2** 綿密な[厳しい]吟味, 綿密[苛酷]な批評. **～·al** [-ʃənl̩, -ʃnəl] *adj.* **～·al·ly** *adv.*

viv·i·sec·tion·ist [vìvəsékʃ(ə)nɪst, -nəst | -vɪsékʃ(ə)nɪst] *n.* **1** 生体解剖者 (vivisector). **2** 生体解剖(賛成)論者.

vív·i·sèc·tor *n.* 生体解剖者.

vi·vo [víːvoʊ | -vəʊ; *It.* víːvo] 〘□It. ～ 'lively' ← L *vīvus* alive〙 *adj., adv.* 〘音楽〙＝vivace.

vix·en [víksn] 〘《南部方言》← ME *fixen* < OE *fyxe* (fem.) ← FOX: v- の形が文献に現われるのは 16 C 末以降: cf. G *Füchsin*〙 ── *n.* **1** 雌ぎつね (she-fox) (cf. fox 1 a). **2** 口やかましい女, がみがみ女, 意地悪女.

víx·en·ish [-sənɪʃ, -sn-] *adj.* **1** 雌ぎつねの(ような). **2** 〈女が〉口やかましい, がみがみ言う, 意地の悪い (ill-tempered). **～·ly** *adv.* **～·ness** *n.*

Vi·yel·la [vijélə, və-, vaɪ- | vaɪ-] 〘恣意的造語〙 *n.* 〘商標〙ヴィエラ《細い羊毛と木綿の混紡生地の商品名》.

viz., viz [víz] 〘《a1540》□ML ～ 'namely' 《短縮》← L *vidēlicet* 'VIDELICET': 語尾 -z は ML で語尾 -et, -(b)us, -m などの省略記号, さらに一般的な省略記号として用いられた ʒ を表わす: cf. oz〙 ⇨ videlicet.

viz·ard [vízəd, -zɑəd | -zɑːd] 〘《1558》《変形》← VISOR〙 ── *n.* **1** 面, 覆面 (mask). **2** 見せかけ, ふり (guise). **3** 《廃》(かぶとの)面頬(ﾒﾝﾎﾟｵ) (visor). ── *vt.* 仮面でおおう, 覆面する.

viz·ca·cha [vɪskɑ́ːtʃə] 〘《1604》□Sp. ～□Quechuan *wiskácha*〙 ── *n.* 〘動物〙ビスカチャ (*Lagostomus maximus*)《南米産の齧歯(ｹﾞｯｼ)類の一種; chinchilla に似てそれより大きくその毛皮は珍重される》.

vizcacha

Viz·e·tel·ly [vìzətéli | -zɪté-

lı], **Frank Horace** *n.* (1864-1938) 英国生れの米国の辞書・百科事典編集者.
vi·zier [vızíə, və-, vízjə | vızíə(r, vízıə(r] 〚《1562》▭ Turk. *vezir* ▭ Arab. *wazīr* counsellor, 《原義》one who bears burdens〛 ── *n.* (イスラム教国, 特にオスマン帝国の)宰相, 大臣 (cf. grand vizier). **vi·zier·i·al** [vızí(ə)riəł, və- | vızíər-] *adj.*
vi·zier·ate [vızí(ə)rət, və-, -rıt, -reıt, vízjərət, -rıt, -rèıt | vızíərət, -rıt, -reıt, vízjərət, -rıt, -rèıt] 〚⇨↑, -ate¹〛 *n.* (イスラム教国の)宰相 (vizier) の権能[地位, 在任期間].
vizíer·shìp *n.* =vizierate.
vi·zir [vızíə, və- | vızíə(r] *n.* =vizier.
vi·zor [váızə, vízə | váızə(r] *n., vt.* =visor.
vizs·la [víʒlə:, -lə; *Hung.* víʒlɔ] 〚← *Vizsla* (Hungary の町)〛 *n.* ヴィズラ《ハンガリー産の中型の猟犬》.
V-J Day 〚*V-J*: ← *V*(*ictory over* [*in*]) *J*(*apan*)〛 *n.* (第二次大戦の連合軍の)対日戦勝記念日《正式には降伏調印日の 1945 年 9 月 2 日; 英国では日本が降伏を発表した 8 月 15 日をいうこともある; cf. V-E Day, V-Day》.
VL 《略》Vulgar Latin.
v.l. 《略》*L.* varia lectio (=variant reading).
Vlach [vlɑ́:k, vlǽk] 〚《1841》▭ Bulg. & Serb. ~ ▭ OHG *Walh* foreigner: cf. Wallachia〛 ── *n.* ブラック人《ヨーロッパ南東部, 主にルーマニアのラテン系の人; その言語は著しくスラブ語に影響されている; Wallach, Wallachian ともいう》.
Vla·di·mir [vlǽdımìə, -də-, vlədí:mıə | vlǽdımìə(r, -mə(r; *Russ.* vladjímjir] 〚▭ Russ. ~ 《原義》ruler of the world ← *vlad-* (cf. *vladet'* to rule)+-*mir* (cf. *mirnyĭ* peaceful)〛 ── *n.* 男性名.
Vladimir I *n.* ウラディミル一世 (956?-1015; ロシヤの Kiev 大公 (980-1015), キリスト教を国教とした (988 年)).
Vlad·i·vos·tok [vlæ̀dıvəstɑ́k, -də-, -vɑ́stɑk | vlæ̀dıvɔ́stɔk; *Russ.* vladjivastók] 〚▭ Russ. ~ 'to rule the east'〛 ── *n.* ウラジオストク《ソ連邦ロシヤ共和国沿海地方南東端, Peter the Great 湾に臨む海港; 人口 441,000》.
Vla·minck [vləmɛ̃́:(ŋ)k, -mǽŋk; *F.* vlamɛ̃:k], **Maurice de** *n.* ブラマンク《1876-1958; フランスの画家; Fauvism の代表者》.
vlei [fléı, vléı, flάı, vlάı; *Afrik.* fléi] 〚▭ Du. 《方言》*vlei* ← Du. *vallei* 'VALLEY'〛 *n.* **1** 《アフリカ南部》雨期には湖水になる低地. **2** 《米北部》沼地 (swamp).
VLF, V.L.F., vlf 《略》《通信》very low frequency.
Vlo·rë [vlɔ́:rə, vló:rə | vlɔ́:rə; *Alban.* vlórə] *n.* ブローレ《Albania 南西部の海港; 人口 50,000; Vlona [vlóːna] ともいう; イタリア語名 Valona》.
Vl·ta·va [vʌ́łtəvə | -tə-; *Czech* vl̩tava] *n.* [the ~] ブルタバ(川)《Prague を流れて Elbe 川に注ぐチェコスロバキアの川 (435 km); ドイツ語名 Moldau》.
vm. 《略》《電気》voltmeter.
V-màil 〚← V(ICTORY)〛 ── *n.* V 郵便《第二次大戦中, 米本国と海外の米国将兵間往復の手紙をマイクロフィルムに撮影して送り, 到達地でこれを引き伸し焼付けして配達したもの》.
VMC 《略》《航空》visual meteorological condition 有視界気象状態.
V.M.D. 《略》*L.* Veterināriae Medicīnae Doctor (=Doctor of Veterinary Medicine).
v.n. 《略》《文法》verb neuter 中性動詞, 自動詞.
V-ń diagram [ví:én-] *n.* 《航空》ヴィエヌ線図《航空機の耐空性基準の一つで, 飛行速度・荷重倍数面上の亀甲形の閉曲線で表わされ, 航空機はこの線上および曲線の内部の条件下で使用することが許される》.
V nèck *n.* (シャツなどの) V ネック《前中心が三角のポイントにカットされたネックライン》.
V-nècked *adj.* 〈シャツなど〉V 形ネックラインの.
vo. 《略》verso.
V.O. 《略》verbal order; Victorian Order.
VOA, V.O.A. 《略》Voice of America; Volunteers of America.
voc. 《略》vocational; 《文法》vocative.
vocab. [vóukæb | vóu-] 《略》vocabulary.
vo·ca·ble [vóukəbḷ | vóu-] 〚《1530》▭ F ~ // L *vocābul-um* name ← *vocāre* to call: cf. L *vōx* 'VOICE'〛 ── *n.* **1** 語, 言葉 (word, term); (特に)音語《意味に関係なく音または文字の構成として見た語》. **2** 個々の音. ── *adj.* 発声[発音]できる (utterable). **vó·ca·bly** *adv.*
vo·cab·u·lar [vo(u)kǽbjulə, və- | və(u)kǽbjulə(r] 〚← L *vocābul(um)* (↑)+-AR¹〛 *adj.* 語[語句]の[に関する] (verbal).
vo·cab·u·lar·y [vo(u)kǽbjulèri, və- | və(u)kǽbjuləri] 〚《1532》▭ (O)F *vocabulaire* // ML *vocabulārī-us* ← L *vocābulum*: ⇨↑, -ary〛 ── *n.* **1** (個人・著者・ある階級の人などの)用語数, 用語範囲, 語彙(ゴ): Shakespeare's rich ~ シェークスピアの豊富な語彙 / the ever-increasing scientific ~ 絶えず増加していく科学用語 / have a large [wide] ~ of English words 英語の語彙が豊富である, 英語の単語をよく知っている / have a limited ~ 語彙が限られている, 用語の範囲が狭い / They have a ~ of only a few hundred words. 彼らの使用する言葉の範囲はせいぜい 200-300 語ぐらいのものだ / exhaust one's ~ 知っている限りの言葉を用いる / Pity is a word that has no place in his ~. 彼は哀れみということを知らない. **2** (ある書物中の用語・特殊専門用語, または国語全体の単語をアルファベット順に並べこれに対訳あるいは定義を施した)単語表, 語彙(集), 語解, 辞書 (lexicon): the ~ at the end of the book 巻末についている単語集 / a Livy with notes and ~ 注および語解付きの Livy (のローマ史). **3** (ある国語の)全[総]語彙. **4** (芸術・建築などの)表現手段[形式], 様式. **5** (言葉によらない)象徴[記号]の体系《電子計算機言語・速記文字・手旗信号など》.
vocábulary èntry *n.* 辞書[単語表]の(アルファベット順になった)記載項目; (辞書の)見出し(語).
vocábulary tèst *n.* 《心理》語数検査《知能テストの一つとして行なわれる》.
vo·cal [vóukəł | vóu-] 〚《a1396》▭ L *vōcāl-is* ← *vōc-*, *vōx* 'VOICE': ⇨ -al¹: VOWEL と二重語〛 ── *adj.* **1** 声の, 音声の[に関する]: the ~ organs 発声[音声]器官. **2** 口上の, 口頭の (oral): a ~ communication 口頭伝達 / ~ prayer (黙禱に対して)声を出して行なう祈り. **3 a** 音を発する, 声のある; 《詩》〈樹木など〉鳴る, 響く, 〈水流など〉さざやく: a ~ being 声のあるもの. **b** 〈場所が〉〈…の音・声が〉響く (*by, with*): The field was ~ *with* the roar of lions. 野原はライオンの咆哮が響いていた / the valley made ~ *by* my song わが歌の鳴り響く谷 (cf. Milton, *Paradise Lost*). **4** (意見などを遠慮なく)言葉に表わす, 自由にしゃべる; (要求などを)やかましく[声高に]主張する: a ~ opponent うるさく反対する人 / be ~ *about* one's rights 自分の権利をうるさくいう / Public opinion has at last become ~. 世論の声が遂にやかましくなって来た. **5** 声楽(用)の (cf. instrumental 3): ~ music 声楽 / a ~ performer 歌手 / a ~ quartet 四重唱 / a ~ score ボーカルスコア《オペラ・オラトリオなどの声楽用楽譜》/ a ~ solo 独唱. **6** 《音声》有声の (voiced); 母音(性)の (vocalic). ── *n.* **1** [しばしば *pl.*] **a** ボーカル, 声楽曲《特にジャズ・ポピュラー音楽の, 通例伴奏付きで歌われる曲; cf. instrumental 2》. **b** ボーカルを歌うこと. **2** 《音声》有声音, 母音. **3** 《カトリック》(ある選挙の)選挙権者. **~·ness** *n.*
vócal còrds *n. pl.* 《解剖》声帯, 真声帯 (cf. false vocal cords).
vócal fòlds *n. pl.* 《解剖》真声帯.
vo·cal·ic [vo(u)kǽlık, və- | və(u)-] *adj.* **1** 母音の, 母音的な, 母音性の. **2** 多くの母音を含む: Italian and Japanese are highly ~. イタリア語と日本語は非常に母音が多い. **3** 母音変化の, 母音変化を引き起こす; 母音変容の. **4** 《音声》母音として働く, 音節主音的な. ── *n.* 《音声》音節主音的母音. **vo·cál·i·cal·ly** *adv.*
vocálic alliterátion *n.* 母音頭韻《同一または異なる母音による頭韻; ⇨ alliteration》.
vocálic hármony *n.* 《言語》=vowel harmony.
vo·ca·lise [vòukəlí:z, ⌐–⌐ | vàukəlí:z, ⌐–⌐; *F.* vɔkali:z] 〚▭ F ~ ← *vocaliser* to vocalize〛 ── *n.* 《音楽》**1** 母音唱法《言葉や階名を用いず, a, e, i, o, u の母音を用いる歌唱(練習)法; cf. solfège》. **2** 母音唱法のみを用いた楽曲.
vó·cal·ism [-lìzṃ] 〚《1864》← VOCAL+-ISM〛 ── *n.* **1** 《音声》(ある言語の)母音体系[組織]; 母音性 (cf. consonantism). **2** (談話・声楽などの)音声使用, 発声, 音声器官の働き. **3** 《音楽》発声法[練習]; 歌唱法.
vó·cal·ist [-lıst, -ləst | -lıst] 〚《1613》〛 *n.* 声楽家, 歌手 (singer) (cf. instrumentalist 1).
vo·cal·i·ty [vo(u)kǽləṭi | və(u)kǽlətı, -lı-] *n.* **1** 発声能力があること, 声を発すること, 発声. **2** 《音声》母音[有声音]性.
vo·cal·i·za·tion [vòukəlızéıʃən, -lə- | vàukəlaı-, -lı-] *n.* **1** 声を出すこと, 発声. **2** 《音楽》発声法, (特に)母音による歌唱(練習)法, 母音唱法. **3** 《音声》母音化; 有声音化. **4** 《言語》(ヘブライ語・アラビア語などのように通例母音符が略された言語での)母音符使用.
vo·cal·ize [vóukəlàız | vóu-] *vt.* **1 a** 発音する (utter); はっきり発音する (articulate); (特に)歌う (sing). **b** 《戯言》言う, 叫ぶ. **2** 《音声》**a** 〈子音を〉母音化する: 'R' is ~*d* in English. r は英語では母音化している. **b** 有声化する (voice): 'F' is ~*d* into 'v'. f は有声化されて v となる. **3** 《言語》(ヘブライ語・アラビア語などの)〈子音で書かれたテクスト〉に母音[母音符]を付ける. ── *vi.* **1 a** 発声する, 声を出す. **b** 《戯言》歌う (sing); しゃべる, 怒鳴る, うなる. **2** 《音声》**a** 〈子音が〉母音化する. **b** 有声化する. **3** 《音楽》声楽曲を演唱する; (特に)母音で歌唱の練習をする, 母音唱法で歌う. **vó·cal·ìz·er** *n.*
vócal ligaments *n. pl.* 《解剖》=vocal cords.
vó·cal·ly [-kəli | -lı] 〚《15C》〛 *adv.* 声で, 音声で, 言葉で, 口頭で; 声楽で.
vócal órgans *n. pl.* 《音声》=ORGANS of speech.
vócal sác *n.* 《動物》(かえるなどの)鳴き袋.
vócal tráct *n.* 《音声》声道《声門から唇および鼻孔までの通路を 1 個の管と考えた時の呼び名》.
vo·ca·tion [vo(u)kéıʃən | və(u)-] 〚《?a1430》▭ (O)F ~ // L *vocātiō(n-)* a calling ← *vocātus* (p.p.) ← *vocāre* to call ← *vōc-*, *vōx* 'VOICE'〛 ── *n.* **1** (宗教生活または職業への)神のお召し, 召命, 神命 (divine calling); (神のお召しによる)霊的[精神的]生活: I felt no ~ *for* the ministry. 私には牧師になれとの神のお召しが感じられなかった. **2** 天職, 使命 (calling): find one's ~ in life 一生の天職を見つける / He has never had the sense of ~. 彼はかつて天職というものの自覚を持ったことがない. **3 a** (生計の手段としての)職業, 業務, 商売 (profession, business): mistake [miss] one's ~ 職業の選択を誤る / change one's ~ 転業する / take up the ~ of engineering (機械)技師を職業として選ぶ. **b** [集合的] ある職業に従事している人たち. **4** (特定の職業に対する)適性, 才能, 素質: ~ for business life 実務生活の才 / He has little or no ~ to [for] literature. 彼には文学に対する適性はまずない.
vo·cá·tion·al [-ʃənł, -ʃnəł] *adj.* **1** 職業の, 職業上の; 職業として従事する: ~ aptitude 職業適性 / ~ diseases (ある職業に特有な)職業病 / ~ guidance 《教育》職業指導 / a ~ test 職業適性検査 / ⇨ vocational bureau, vocational education. **2** 《教育》職業指導の, 職業訓練の: a ~ adviser [expert] 職業指導主事[専門家].
vocátional búreau *n.* 職業(安定)相談所.
vocátional educátion *n.* (高校・大学などにおける)職業教育 (cf. CLASSICAL education, technical education).
vo·cá·tion·al·ism [-ʃ(ə)nəlìzṃ] *n.* 職業教育重視.
vo·cá·tion·al·ist [-lıst, -ləst | -lıst] *n.*
vo·cá·tion·al·ize [-ʃ(ə)nəlàız] *vt.* 職業化する.
vo·cá·tion·al·ly [-ʃ(ə)nəli | -lı] *adv.* 職業的に, 仕事として; 職業的見地から; 職業指導上.
vocátional òffice *n.* =vocational bureau.
vocátional psychólogy *n.* 職業心理学.
vocátional schóol *n.* 職業(訓練)学校.
voc·a·tive [vɑ́kəṭıv | vɔ́kət-] 〚《?a1450》▭ (O)F *vocatif* // L *vocātīv-us* ← *vocātus*: ⇨ vocation, -ive〛 ── *adj.* **1** 呼掛けの. **2** 《文法》呼格の: the ~ case 呼格. **3** おしゃべりの, 多弁の (voluble). ── *n.* 《文法》呼格; 呼格[呼掛け]の語. **~·ly** *adv.*
voces *n.* vox の複数形.
vo·cif·er·ant [vo(u)sífərənt, və- | və(u)-] 〚《1609》▭ LL *vōciferānt-em* (pres.p.) ← L *vōciferārī*: ⇨↓, -ant〛 *adj.* 大声で[やかましく]叫ぶ (clamorous). ── *n.* 大声で[やかましく]叫ぶ人. **vo·cíf·er·ance** [-rəns] *n.*
vo·cif·er·ate [vo(u)sífərèıt | və(u)-] 〚《1623》← LL *vōciferāt-us* (p.p.) ← L *vōciferārī* ← *vōc-*, *vōx* 'VOICE' +-*fer* '-FEROUS': ⇨ -ate³〛 ── *vi.* 大声で叫ぶ, やかましく怒鳴る, 怒号する, わめく (shout, bawl). ── *vt.* 怒鳴って[わめいて]言う (shout out): ~ oaths 盛んに畜生呼ばわりをする / ~ 'Sit down!' 「すわれ」と怒鳴る. **vo·cif·er·a·tion** [vo(u)sıfəréıʃən | və(u)-] *n.* **vo·cíf·er·à·tor** [-ṭə | -tə(r] *n.*
vo·cif·er·ous [vo(u)síf(ə)rəs | və(u)-] 〚《c1611》← L *vōcifer(ārī)* (↑)+-OUS〛 ── *adj.* **1** 大声で叫ぶ; 怒鳴る, やかましい, 騒々しい: a ~ mob 騒々しい野次馬 / ~ cheers 耳を聾(ロウ)する万歳の声. **2** うるさく言い立てる: ~ demands. **~·ly** *adv.* **~·ness** *n.*
vo·cod·er [voukóudə, ⌐–⌐ | vəukə́udə(r, ⌐–⌐] 〚← VO(ICE)+CODER〛 ── *n.* 《通信》ボコーダー《音声情報を電気的信号に分解して伝送し, 受信側でそれを合成してもとの音声情報を再生する装置》.
vo·coid [vóukɔıd | vóu-] 〚← VOC(AL)+-OID〛《音声》 ── *n.* ヴォーコイド, 音声学的母音《声道 (vocal tract) で何らの摩擦も生ぜずに呼気が舌の中央を通って発せられる音; cf. contoid》. ── *adj.* ヴォーコイドのような.
vod·ka [vɑ́dkə, vɔ́(:)d- | vɔ́d-; *Russ.* vótkə] 〚《1802-03》▭ Russ. ~ (dim.) ← *voda* 'WATER'〛 ── *n.* ウオツカ《大麦を主に醱酵蒸留し, 白樺の炭層で濾過精製したロシヤ産の無色無臭の酒》.
vo·dun [voudúː(ŋ), -dúːn | vəu-] 〚▭ Haitian Creole ~ ← Afr.〛 *n.* =voodooism 1.
voe [vóu | vəu] 〚《a1688》▭ ON *vāg-r*〛 *n.* (Orkney および Shetland 諸島の)入江, 小湾 (inlet).
vo·ge·site [vóugəsàıt | vəugı-, -gə-] 〚▭ G *Vogesit* ← *Vogesen* the Vosges mountains: ⇨ -ite¹〛 ── *n.* 《岩石》フォーゲサイト《角閃石または輝石に富むランプロファイアー (lamprophyre) の一種》.
vogue [vóug | vəug] 〚《1571》▭ F ~ 《原義》swaying motion, course ← *voguer* to sway, row ▭ It. *vogare* ← Gmc: cf. MHG *wogen* to sail: 意味の変化については cf. swim¹ (n.) 4〛 ── *n.* **1** [しばしば the ~] 流行, はやり; 流行品: *the* ~ *for* [*of*] miniskirts ミニスカートの流行 / a mere passing ~ ほんの一時的流行 / be (much) *in* ~ (大いに)はやっている / be *in* full ~ 流行のまっさかりだ / a style *in* ~ many years ago 何年も前にはやった型 / be *out of* ~ はやらない, すたれて[人気を失って]いる / go *out of* ~ 流行しなくなる, すたれる / come *into* ~ 流行し出す, はやり出す / give ~ *to*...=bring...*into* ~ …を流行させる, はやらせる / Long skirts were then (all) *the* ~. そのころはロングスカートが(大)流行であった / What will the next ~ be? 次は何が流行するだろうか. **2** [通例 *a* ~] 人気, (世間の)受け (popularity): have *a* short ~ 人気が短い / The song had *a* great ~ in its day. その歌ははやった当時大いに受けた.
── *attrib. adj.* 流行の, はやっている (fashionable): ~ words 流行語, はやり言葉.
vógu·ish [-gıʃ] *adj.* **1** 流行の, しゃれた, スマートな (smart). **2** 急に[一時的に]はやる. **~·ness** *n.*
Vo·gul [vóuguł | vóu-; *Russ.* vogúl] 〚▭ Russ. ~ ▭ Ostyak *Uogal'*〛 ── *n.* (*pl.* ~, ~s) **1 a** [the ~(s)] ボグール族《Ural 山脈北部に住むフィン ウグール語族 (Finno-Ugrians) の一種》. **b** ボグール族の人. **2** ボグール語《Finno-Ugric 語族中の Ugric 語派に属する》.
voice [vɔ́ıs] 〚《c1300》▭ AF *voiz, voice*=OF *vois* (F *voix*) < L *vōcem*, *vōx* voice (cf. *vocāre* to call) ← IE **wek(s)u-* to speak (Gk *épos* 'word, EPOS' / Skt *vāk* voice)〛 ── *n.* **1** (特に, 人間の)声, 音声: a good ~ いい声 / a sweet ~ 甘美な声 / in [with] a loud ~ 高

い声で, 声高く / the breaking of ~ 声変わり / recognize one's master's ~ 主人の声だとわかる / a ~ (crying) in the wilderness 荒野に呼ばわる者の声 ; 世にいれられない道徳家・改革者などの叫び (cf. *Matt.* 3:3). **2** 声の(よく出る, 出ない)状態, 声の調子 : be *in* [*out of*] ~ (歌手・演説家など)声がよく出る[出ない] / be *in* good [bad, poor] ~ 声がよく出る[出ない]. **3 a** (鳥などの)鳴き声 (cf. cry *n.* 1) : the ~ of a cuckoo かっこうの声. **b** (人の声に譬(たと)えた, または それに似た自然物の)声, 音 : the ~ of a waterfall 滝の音 / the ~ of the wind 風の声[音]. **4** (人間の言葉に譬えた天・理法などの)声 ; (主義などの)表明者[するもの], 代弁者[するもの] : the ~ of nature [the law] 自然[法律]の声《理法・要求・命令》/ the ~ of the tempter 悪魔の声《誘惑》/ the ~ of conscience 良心の声 / They took it for the ~ of God. 彼らはそれを神の声だと解した / The ~ of the people is the ~ of God. 《諺》民の声は神の声 (cf. vox populi, vox Dei) / Mr. A, now the sole ~ of old liberalism 今では旧式な自由主義の唯一の代弁者である A 氏. **5** 声を出す[物を言う, 歌う]力 ; 発言(力), (意志・感情の)表明 (speech, expression) : lose one's ~ 声が出なくなる[かれる] ; 歌えなくなる (cf. *n.* 8 a) / recover one's ~ (きけなくなった)口がきけるようになる / find ~ *in* song 歌に表わす[される] / find one's ~ = *find one's* TONGUE / Indignation gave me ~. 腹が立ってそれが言葉に出た / I count on your ~. 君の声援を頼りにしている / His protests were allowed ~. 彼の抗議は表明を許された. **6 a** (表明された)意見[選択, 希望など] : give one's ~ *for* compromise 妥協に賛成する / His ~ was *against* war [*for* peace]. 彼は戦争に反対[平和に賛成]の表明をした. **b** 意見[希望]を述べる権利, 発言権, 選択権 ; 投票権 (vote) : give a person a ~ in ...について人に発言権を与える / have a [no] ~ in ...に発言[投票]権がある[ない]. **7** 《廃》うわさ (rumor) ; 名声, 評判 (reputation). **8** 〖音楽〗 **a** (歌を歌う)声, 声楽(の声) : a male [female] ~ 男[女]声 / a mixed ~ 混声 / She has lost her ~. = She is out of ~. 彼女は(歌う)声が出なくなった (cf. *n.* 2, 5). **b** 歌手 (singer) : a chorus of 100 ~*s* 百人の合唱. **c** 音声の使用法 : study ~ 発声(法)を勉強する. **d** (歌手の)声域 (register) ; (曲の)声(音)部 (voice part) : a song for three ~*s* 3 声部の歌. **e** (ピアノ・オルガンなど)音程・音色・強度などの微妙な調整[調律]. **9** 〖音声〗(母音や子音に伴う)声, 有声《左右の声帯が接近して声を伴う状態 ; cf. breath 7》. **10** 〖文法〗(動詞の)態, 相 : the active [passive] ~ 能動[受動]態 / the middle ~ 中間態《ギリシャ語で能動態と受動態の中間に位して, Reflexive の動作または自動詞としての状態の意味を表わすもの》.

a* [*the*] *still small voice 静かなる細き声《良心(のささやき) ; cf. *1 Kings* 19:12》. ***give voice to*** ...を口に出す, 漏らす, 表明する (cf. *n.* 5) : The dog *gave* ~ *to* his joy. 犬はほえて喜んだ / He *gave* ~ *to* his indignation in a pamphlet. 彼は憤りを小冊子に漏らした. ***lift* (*up*) *one's voice*** (1) (声を出して)歌う, 話す. (2) 声を高める[張り上げる] ; 叫ぶ (cry out) (cf. *Gen.* 21:16). (3) = *raise one's* VOICE (3). ***raise one's voice*** (1) (声を出して)話す. (2) 声を上げる[荒くする] : *raise one's* ~ in anger 怒って声を荒くする. (3) 〔不法などに〕強く反対する, 抗議する 〔*against*〕. ***(speak) under* (*one's*) *voice*** 低い声[小声]で(言う). ***with one voice*** 口をそろえて, 異口同音に ; 満場一致で (unanimously) : He was chosen *with one* ~. 彼は満場一致で選出された.

Voice of America [the ―] アメリカの声《米国政府が政策宣伝の目的でする海外向け放送 ; 略 VOA, V.O.A.》.

― *vt.* **1** 声に出す, 言葉に表わす, 表明する (utter, express) ; 述べる, 告げる (declare, proclaim) : ~ one's discontent [grievance] 不平[苦情]を言う / ~ the feelings of the meeting [the sentiments of the nation] 会衆の気持[国民の感情]を言い表わす. **2** 〖音楽〗 **a** 〈オルガンのパイプなどを〉調整[調音]する (tune). **b** 〈楽譜〉に声部 (voice parts) を記入する. **3** 〖音声〗有声音で発する, 有声音にする, 有声化する (⇨voiced 3).

vóice bòx *n.* 《口語》喉頭 (larynx).

vóice còil *n.* 〖電気〗音声コイル《スピーカーのコイル ; 電流を流すとその波形に対応する音になる》.

voiced *adj.* **1** [しばしば複合語の第 2 構成素として] 声が...の, (...の)声をした : sweet-[loud-]*voiced* いい[大きな]声をした / ~ like the lark ひばりのような声をした. **2** 声に表わした, 表明した : one's ~ grievance. **3** 〖音声〗有声(音)の (↔ voiceless) : ~ sounds [consonants] 有声音[子音].

vóiced·ness [-stnɪs, -sɪd-, -səd-, -nəs] *n.* 〖音声〗有声 (↔ voicelessness).

vóiced t́ *n.* 〖音声〗有声の t《しばしば米語の発音に聞かれる ; [ṭ] で示す ; ⇨ 発音解説》.

vóice frèquency *n.* 〖通信〗音声周波数.

voice·ful [vɔ́ɪsfəl] *adj.* **1** 声のある ; 多くの声に満ちた ; 鳴り響く : a ~ stream, sea, etc. **2** 声高な, 議論の多い : ~ criticism. **~·ness** *n.*

vóice·less *adj.* **1** 声がない ; 口がきけない, おしの (dumb). **2** 無言の, 黙した (silent). **3** 口では言わない, 言い表わされない. **4** 歌の歌えない声の, 音痴の. **5** 選択権のない, 投票権のない. **6** 〖音声〗無声(音)の (↔ voiced) : ~ consonants 無声子音 / a ~ vowel 無声母音《東京方言の「北」[ki̥ta],「草」[ku̥sa] など》. **~·ly** *adv.*

vóice·less·ness *n.* 〖音声〗無声 (↔ voicedness).

vóice-òver *n.* 〖テレビ・映画〗(画面に映らない)ナレーター[解説者, アナウンサー]の声, 説明の語り.

vóice pàrt *n.* 〖音楽〗(声楽または器楽曲の)声部.

vóice pìpe *n.* = speaking tube.

vóice·print *n.* 声紋《周波数分析装置で人間の声を複雑なグラフ状に表わしたもの》.

vóic·er *n.* **1** (主にオルガンのパイプの)調整師. **2** (意見などの)表明者 ; 投票者 (voter).

vóice règister *n.* 〖音声〗声域.

vóice tùbe *n.* = speaking tube.

vóice vòte *n.* 《米》発声投票《賛成か反対かを声の大小で判断する議決法 ; cf. rising vote》.

vóic·ing *n.* **1** 〖音楽〗(正しい音程・音色・強度を得るために行なう, オルガンのパイプ・ピアノのハンマーのフェルトなどの)調整, 調音. **2** 〖音声〗有声(音)化.

void [vɔ́ɪd] 〖《*c*1300》 ▭ OF *voide* 《変形》 ← *vuit* (F *vide*) < VL **vocitum* = L *vacuus* empty : ⇨ vacant, vacuum〗 **―** *adj.* **1** 空虚な, 空な, からっぽの, 中味のない (empty, vacant) : a ~ space 空間 ; 真空. **2** 〈家・土地など〉住む人のない, 借り手のない, あいた ; 〈地位・職など〉欠員になった (unoccupied, vacant) : a ~ farm, dwelling house, etc. / The bishopric fell ~. 司教座が空いた. **3** 〔...が〕ない, 欠けた (devoid, lacking) 〔*of*〕 : a landscape ~ *of* all beauty 美しさの全然ない風景 / a proposal wholly ~ *of* sense 全く無分別な提議. **4** 無益な, 役に立たない (useless). **5** 〖法律〗法的効力のない, 無効の (invalid) : a ~ contract 無効契約 / The contract was declared ~. その契約は無効と判定された / ⇨ NULL *and void*. **6** 〖トランプ〗...が 1 枚もない : a hand ~ of hearts ハートが一枚もない手.

― *n.* **1 a** [the ~] 空所, 空間 (empty space) : *the* ~ of heaven 天空 / disappear [vanish] into *the* ~ 空に消える. **b** 真空 (vacuum). **2 a** 空白, 空位. **b** 空虚(の感じ), もの足りなさ (emptiness, vacancy) : Nothing can fill the ~ made by his death. 彼の死によって生じた空虚は何ものも満たすことができない / an aching ~ ⇨aching. **3 a** (壁などの)すきま, 割れ目 (gap, opening). **b** 〖土木〗空隙(げき), 間隙《土・砂・砂利など粒状物の粒と粒のすきま》. **4** 〖トランプ〗(ブリッジなどで)ボイド, 欠落《手札の中に特定のスーツ (suit) の札が 1 枚もないこと》: have a ~ in spades スペードが初めから 1 枚もない.

― *vt.* **1** 無効にする, 取消す (nullify) : ~ a check. **2** 出す, 排泄する (discharge, evacuate) : ~ excrements, urine, etc. **3** 《古》...から〔...を〕取り除く (clear) 〔*of*〕 ; 〈場所などを〉去る, あける (leave). **4** 《廃》避ける (avoid) ; 追払う, 追放する (dismiss).

― *vi.* 排便[排尿]する (defecate).

~·er *n.* **~·ly** *adv.* **~·ness** *n.*

void·a·ble [vɔ́ɪdəbl] 〖《15C》〗 *adj.* **1** 無益[空虚]にされうる. **2** 〖法律〗(絶対的に無効(void)ではなく)無効にできる, 取消しうる. **~·ness** *n.*

void·ance [vɔ́ɪdəns, -dn̩s] 〖《*a*1398》〗 **―** *n.* **1** 放出 ; 排泄 (evacuation). **2** 投げ捨てること, 放棄, 取除き (removal). **3** (契約などの)取消し, 無効宣告 (annulment). **4** 〖キリスト教〗聖職から放逐する[される]こと ; (聖職の)空位, 空席.

vóid·ed 〖ME〗 **―** *adj.* **1** 空虚にされた ; すきまのある, 穴のある. **2** 〖法律〗無効にされた : a ~ contract 無効契約. **3** 〖紋章〗〈紋章図形が〉輪郭を残し中抜きの図形となった (cf. fimbriated 2).

voi·là [vwɑːlɑ́ː ; *F.* vwala] 〖▭ F ~ 'see there'〗 *F. int.* 御覧, 見よ (behold), そら (there)《成功・満足などを表わす》.

voile [vɔ́ɪl ; *F.* vwal] 〖▭ F ~ : VEIL と二重語〗 *n.* ボイル《木綿・羊毛・絹・レーヨン製の比較的強いよりの糸を使用したやや粗い薄織物》.

voir dire [vwɑ́ːdíə | vwɑ́ːdíə(r ; *F.* vwardiːr] 〖▭ OF ~ ← *voir* true, truly + *dire* to say : cf. verdict〗 **―** *n.* 〖法律〗 **1** 予備尋問《裁判官が証人または陪審に対して行なう一種の予備的尋問 ; 尋問に対しては真実を述べることが要求され, その結果不適格であると認められれば, 証人または陪審となることができない》. **2** 予備尋問宣誓《予備尋問に当たって真実を述べる旨の宣誓》.

voi·ture [vwɑːtjúə, -tʃúə, vwɑ́ːtʃə | vwɑːtjúə(r ; *F.* vwatyːr] 〖▭ F ~ < L *vēctūram* transportation ← *vehere* to convey〗 **―** *n.* (*pl.* **~s** [~z ; *F.* ~]) 馬車, 車 (carriage).

voix cé·leste [vwɑ́ːseɪlést ; *F.* vwaselɛst, vwa-] 〖▭ F ~ 《原義》 heavenly voice〗 **―** *n.* 〖音楽〗ヴォワセレスト《うなりの効果をもつ神々(こうごう)しい顫音(せんおん)を出すオルガンの 8 フィートの特殊音栓》.

vol [vɑ́l | vɔ́l] 〖▭ F ~ 'flight' ← *voler* to fly < L *volāre*〗 **―** *n.* 〖紋章〗基部で連結して先端が上を向いている一対の翼.

a vol [ɑː-] 〈一対の翼が〉基部で連結して先端が上を向いている.

vol. 《略》 volatile ; volcanic ; volcano ; volume ; volunteer.

Vo·lans [vóulænz | vóu-] 〖▭ L *volāns* (pres.p.) ← *volāre* (↓)〗 *n.* 〖天文〗とびうお(飛魚)座《南天の星座 ; Piscis Volans, the Flying Fish ともいう》.

vo·lant [vóulənt | vóu-] 〖▭ F ~ // L *volant-em* (pres.p.) ← *volāre* to fly ← ? : ⇨ -ant : cf. volley〗 **―** *adj.* **1** 飛ぶ, 飛ぶ力のある. **2** 《文語》飛ぶように速い, 快速な (nimble, rapid). **3** 〖紋章〗〈鳥が〉水平に飛ぶ姿の (cf. rising 6, soaring 1 b).

vo·lan·te [voulɑ́ːnteɪ | vəu- ; *It.* volánte] 〖▭ It. ~ (pres.p.) ← L *volāre* (↑)〗 *adv.* 〖音楽〗飛ぶように, 軽快にして迅速に.

Vo·la·pük [vóuləpùk, vɑ́l- | vɔ́l-, vɔ́ul- ; *G.* vòlapýk] 〖《1885》《原義》 world's speech ← *vol* 《《変形》 ← WORLD) + *-a-* (連結辞) + *pük* (《変形》 ← SPEAK) : J. M. Schleyer による造語 (1879)〗 **―** *n.* (*also* **Vo·la·puk** [~]) ヴォラピュック《1879 年ドイツ人 Johann M. Schleyer の案出した国際補助語 (international auxiliary language) ; cf. Esperanto》.

Vol·a·pük·ist [vóuləpùkɪst, vɑ́l-, -kəst | vɔ́ləpùkɪst, vɔ́ul-] *n.* ヴォラピュック学者[使用者].

vo·lar[1] [vóulə, -lɑə | vɔ́ulə(r] 〖← L *vola* hollow of hand or foot + -AR[1]〗 **―** *adj.* 〖解剖〗手掌の, 手のひら (palm) の ; 足底の, 足の裏 (sole) の ; (特に)手のひら側の, 手のひらと同じ側にある.

vo·lar[2] [vóulə, -lɑə | vɔ́ulə(r] 〖← L *vol(āre)* to fly + -AR[1]〗 *adj.* 《まれ》飛翔(ひしょう)の, 飛翔に用いられる.

vo·la·ry [vóuləri, vɑ́l- | vɔ́uləri, vɔ́l-] 〖⇨ ↑, -ary〗 *n.* **1** 大型の鳥籠, 鳥小屋 (aviary). **2** [集合的] **a** 鳥小屋の鳥. **b** 鳥の一群.

vol·a·tile [vɑ́ləṭl, -ṭɪl | vɔ́lətàɪl] 〖《*a*1325》《廃》 wild fowl ▭ L *volātil-is* flying ← *volātus* (p.p.) ← *volāre* to fly : ⇨ volant, -atile〗 **―** *adj.* **1** 揮発する, 揮発性の : ~ liquids 揮発性液体 / a ~ matter 揮発物, 揮発性物質. **2 a** 〈人・性質など〉気の変わりやすい, 移り気の, 気まぐれな, 軽薄な (changeable). **b** 快活な, はしゃいだ (lively). **3 a** 〈物事が〉変わりやすい, 不安定な. **b** 移ろいやすい, 一時的な (transient). **4** 爆発する, 激しやすい (explosive) ; 刺戟をうけやすい : a ~ temper かっとなりやすい気性 / a highly ~ social situation 一触即発の社会情勢. **5** 《古》〈鳥・蝶など羽のある生物が〉飛べる. **6** 〖電算機〗〈記憶装置など〉揮発性の《電波を切ると失なわれる》. **―** *n.* 《まれ》 **1** 飛ぶ生物. **2** 揮発性物質. **~·ness** *n.*

vólatile òil *n.* 〖化学〗揮発性油 ; (特に)精油 (essential oil) (cf. fixed oil).

vólatile sàlt *n.* 〖化学〗揮発性塩 ; (特に) = sal volatile.

vol·a·til·i·ty [vɑ̀lətíləṭi | vɔ̀lətílətɪ, -lɪ-] *n.* **1** 揮発性 ; 揮発度. **2** 移り気, 軽薄 ; 快活.

vol·a·til·iz·a·ble [vɑ́ləṭəlàɪzəbl, -ṭl- | vəlǽtɪlàɪz-, və(u)-, vɔ́lət-, -təl-] *adj.* 揮発させることができる, 蒸発可能な.

vol·a·til·ize [vɑ́ləṭəlàɪz, -ṭl- | vəlǽtɪlàɪz, və(u)-, vɔ́lət-, -təl-] *vt.* 揮発[蒸発]させる. **―** *vi.* 揮発[蒸発]する.

vol·a·til·i·za·tion [vɑ̀ləṭəlɪzéɪʃən, -lə-, -ṭl- | vəlæ̀tɪlaɪ-, və(u)-, vɔ̀lət-, -təl-, -lɪz-] *n.* **vól·a·til·iz·er** *n.*

vol-au-vent [vɔ̀(ː)louvɑ́ː(ŋ), -vɑ́ːŋ | vɔ́lə(u)vɑ̀ː(ŋ), -vɔ̀ː(ŋ), -vɑ̀ːŋ, ―^―^― ; *F.* vɔlovɑ̃] 〖▭ F ~ 《原義》 flight in the wind〗 **―** *n.* (*pl.* **~s** [~z ; *F.* ~]) ヴォロヴァン《軽いパイのケースに, 肉や魚の煮込みなどを入れた料理》.

vol·can·ic [vɑlkǽnɪk, vɔ(ː)l-, -kéɪn- | vɔlkǽn-] 〖《1774》 ▭ F *volcanique* ← *volcan* 'VOLCANO' : ⇨ -ic[1]〗 **―** *adj.* **1** 火山の, 火山性の : ~ activity 火山活動 / a ~ eruption 噴火. **2** 火山作用による, 火成の : ~ ash(es) 火山灰 / ⇨ volcanic bomb, volcanic rock. **3** 火山のある, 火山の多い : a ~ country 火山国. **4** 火山を思わせるような, 急に爆発する ; 猛烈な, 激しい (violent) : a ~ character / ~ energy. **―** *n.* 〖岩石〗 = volcanic rock. **vol·cán·i·cal·ly** *adv.*

volcánic bómb *n.* 〖地質〗火山弾.

volcánic gláss *n.* 〖岩石〗火山玻璃(はり), 黒曜石 (obsidian).

vol·ca·nic·i·ty [vɑ̀lkənísəṭi, vɔ̀(ː)l- | vɔ̀lkənísətɪ, -sɪ-] *n.* 〖地質〗 = volcanism.

volcánic múd *n.* 〖地質〗火山泥 (cf. mud flow).

volcánic róck *n.* 〖岩石〗火山岩.

vol·can·ism [vɑ́lkənìzm, vɔ́(ː)l- | vɔ́l-] 〖▭ F *volcanisme* : ⇨ volcanic, -ism〗 *n.* 〖地質〗火山性, 火山活動 ; 火山作用[現象].

vól·can·ist [-nɪst, -nəst | -nɪst] 〖▭ F *volcaniste*〗 *n.* **1** 火山学者. **2** 岩石火成論者 (plutonist).

vol·can·ize [vɑ́lkənàɪz, vɔ́(ː)l- | vɔ́l-] 〖▭ F *volcaniser* : ⇨ -ize〗 **―** *vt.* ...に火山熱を作用させる, 火山熱で変化させる. **vol·can·i·za·tion** [vɑ̀lkənɪzéɪʃən, vɔ̀(ː)l-, -nə- | vɔ̀lkənaɪ-, -nɪ-] *n.*

vol·ca·no [vɑlkéɪnou, vɔ(ː)l- | vɔlkéɪnəu] 〖《1613》 ▭ It. ~ < L *Volcānum* Vulcan (火の神) : ⇨ Vulcan〗 **―** *n.* (*pl.* **~es**, **~s**) **1** 噴火口. **2** 火山 : an active ~ 活火山 / a dormant ~ 休火山 / a submarine ~ 海底火山 / an extinct ~ 死火山. **3** (抑圧された感情・事態など)火山を思わせるもの, 激情.

sit on a volcano 《口語》危険[問題]が突発するかもしれないところにいる.

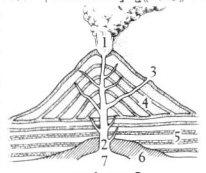

volcano 2

1 crater or volcano ; 2 conduit or vent ; 3 parasitic volcano ; 4 ashes and lava ; 5 sedimentary and metamorphic rock ; 6 igneous rock ; 7 reservoir of hot magma

vol·ca·no·gen·ic [vɑlkèɪno(u)dʒénɪk, vɔ(ː)l- | vɔlkèɪnə(ʊ)-] 〘⇨↑, -genic〙 *adj.* 火山で出来た：～ sediments.

Volcáno Íslands *n. pl.* [the ～] 硫黄(ᵢₒ̃)列島, 火山列島《硫黄島 (Iwo Jima) ほか2小島から成る》.

vòl·ca·nól·o·gist [-dʒɪst, -dʒəst | -dʒɪst] *n.* 火山学者.

vol·ca·nol·o·gy [vɑ̀ːlkənɑ́lədʒi, vɔ̀(ː)ɫ- | vɔ̀ɫkənɔ́lədʒi] 〘← VOLCANO＋-LOGY〙 ━ *n.* 火山学. **vol·ca·no·log·ic** [vɑ̀ɫkənəlɑ́dʒɪk, vɔ̀(ː)ɫ-, -nɫ- | vɔ̀ɫkənəlɔ́dʒ-] *adj.* **vòl·ca·no·lóg·i·cal** *adj.*

vole[1] [vóʊɫ | vóʊɫ] 〘《1805》《略》← *vole mouse* field mouse ← Scand. (cf. Norw. *voll* field)：cf. wold[1]〙 ━ *n.* 〘動物〙ハタネズミ亜科の小型種の総称《ハタネズミ・ヤチネズミ・カゲネズミなど》.

vole[2] [vóʊɫ | vóʊɫ] 〘《1679》□F ～ ← *voler* < L *volāre* to fly〙 ━ *n.* 〘トランプ〙総取り《écarté, quadrille, ombre などで, 出た札を全部取ること；cf. grand slam 1》. 「もみんなやってみる.

go the vole (1) 一か八かやってみる. (2) あれもこれ

vol·er·y [vóʊləri, vɑ́ɫ- | vɔ́ʊlərɪ, vɔ́ɫ-] 〘《変形》← F *volière* ← *voler* (↓)〙 *n.* ＝volary.

vol·et [voʊléɪ | vɔ́leɪ; *F.* vɔlɛ] 〘□F ～ 'shutter' ← *voler* to fly：⇨ vole[2], -et〙 *n.* (*pl.* ～**s** [～z; *F.* ～]) 三枚絵 (triptych) の両側の一枚；三連祭壇画の一翼.

Vol·ga [vɑ́ɫgə, vɔ́(ː)ɫ-, vóʊɫ- | vɔ́ɫ-; *Russ.* vólgə] *n.* [the ～] ボルガ(川)《ソ連邦西部 Valdai Hills に源を発し, 東流, 次いで南流してカスピ海 (Caspian Sea) に注ぐヨーロッパ最長の川 (3,530 km)》.

Vólga-Dón Canál *n.* [the ～] ボルガ ドン運河《ソ連邦ロシヤ共和国の Volga 川と Don 川とを結ぶ運河 (全長 101 km)》.

Vol·go·grad [vɑ́ɫgəgræ̀d, vɔ́(ː)ɫ-, vóʊɫ- | vɔ́ɫ-; *Russ.* vəlgagrát] *n.* ボルゴグラード《ソ連邦ロシヤ共和国南西部 Volga 河畔の都市；第二次大戦で独軍大敗北の地 (1942–43)；人口 931,000；旧名 Stalingrad, Tsaritsyn》.

vol·i·tant [vɑ́lətənt, -tnt | vɔ́lɪt-] 〘《1847》□L *volitant-em* (pres.p.) ← *volitāre* (freq.) ← *volāre* to fly〙 *adj.* **1** 飛ぶ, 飛べる. **2** よく動き回る, 活発な.

vol·i·ta·tion [vɑ̀lətéɪʃən | vɔ̀lɪ-] 〘□ML *volitātiō(n-)*：⇨↑, -ation〙 *n.* 飛ぶこと (flight)；飛ぶ力. **～·al** [-ʃənɫ, -ʃnəɫ] *adj.*

vo·li·tion [vo(ʊ)líʃən, və- | və(ʊ)-] 〘《1615》□F ～ // ML *volitiō(n-)* ← L *vol-*, *velle* to wish：⇨ will[1]〙 ━ *n.* **1** 意志の働き[作用], 意欲. **2** 意志力, 決断力, 選択(力)；意志 (will), 決意, 決断 (determination).

of* [*by*] *one's own volition 自分の意志で, 自由意志で.

vo·li·tion·al [-ʃənɫ, -ʃnəɫ] *adj.* 意志の[に関する], 意志的な, 意志による：～ power 意志力. **～·ly** *adv.*

vo·lí·tion·àr·y [-ʃənèri | -ʃ(ə)nərɪ] *adj.* ＝volitional.

volítion·less *adj.* 意志のない, 意志の力の欠けた.

vol·i·tive [vɑ́lətɪv | vɔ́lɪt-] 〘□ML *volitīv-us*：⇨ volition, -ive〙 ━ *adj.* **1** 意志(作用)の, 意志から発する：～ faculty 意志力. **2** 〘文法〙意志または願望を表わす：the ～ future 意志未来.

Völk·er·wan·der·ung [fœ́ɫkəvɑ̀ːndərʊ̀ŋ | -kə-; *G.* fœ́lkɐvandərʊŋ] 〘□G ～ ← *Völker* peoples＋*Wanderung* migration：L *migrātiō gentium* のなぞり〙 ━ *G. n.* (*pl.* **-ung·en** [～ən; *G.* ～ən]) 民族の大移動《2-11 世紀ごろにかけて行なわれたゲルマン諸民族の移動；特に, 5-6 世紀には絶頂に達し, ヨーロッパ西部および南部に大挙移住して西ローマ帝国の滅亡を促した》.

Volks·deut·scher [fóʊ(ɫ)ksdɔ̀ɪtʃə, fɔ́(ː)ɫks- | fɔ́ɫksdɔ̀ɪtʃə(r; *G.* fɔ́lksdɔʏtʃɐ] 〘□G ～ ← *Volks* ((gen.) ← *Volk* 'nation, FOLK')＋*Deutscher* (n.) German (⇨ Dutch)〙 ━ *G. n.* (*pl.* **-deut·sche** [-tʃə; *G.* -tʃə]) 外国に住むドイツ人《1945 年までの時期に, ドイツ (1937 年現在の版図)およびオーストリア以外の国, 特に東・東南ヨーロッパに定住していたドイツ人》.

Volks·lied [fóʊ(ɫ)kslìːt, fɔ́(ː)ɫks- | fɔ́ɫkslìːd, vɔ́ɫks-; *G.* fɔ́lksliːt] 〘□G ～ 'people's song'〙 *G. n.* (*pl.* **-lieder** [-lìːdə | -də(r; *G.* -dɐ]) 民謡 (folk song).

Volks·sturm [fóʊ(ɫ)ksʃtʊ̀əm, fɔ́(ː)ɫks- | fɔ́ɫksʃtʊ̀əm; *G.* fɔ́lksʃtʊrm] 〘□G ～《原義》folk-storm〙 ━ *G. n.* 地域防衛軍, 人民軍, 市民軍《第二次大戦後期に正規の兵役に適しない成年・少年により組織されたドイツの軍隊》.

Volks·wa·gen [fóʊ(ɫ)ksvɑ̀ːgən, fɔ́(ː)ɫks- | fɔ́ɫks-, vɔ́ɫks-; *G.* fɔ́lksvaːgən] 〘□G ～ 'people's wagon or vehicle'〙 ━ *G. n.* (*pl.* ～)〘商標〙フォルクスワーゲン《ドイツの大衆向きの小型自動車》.

vol·ley [vɑ́li | vɔ́lɪ] 〘《1573》□(O)F *volée* flight < VL **volātam* (p.p. fem.) ← L *volāre* to fly：⇨volant〙 ━ *n.* **1** (矢や弾丸などが)一斉に飛ぶこと；(矢や弾丸などを)一斉に射ること, 一斉射撃, 斉射：a ～ *of* arrows, stones, missiles, etc. **2** 〈悪口・質問などの〉連発 〈*of*〉：a ～ *of* oaths, abuse, protests, etc. / a ～ *of* questions 矢継ぎ早の質問. **3** 〘球技〙ボレー：**a** 〘テニス〙ボールが地面に触れる前に打ち返すこと. **b** 〘サッカー〙空中にあるボールを地面に触れる前にキックすること. **c** 〘クリケット〙＝full toss. **4** 〘鉱山〙一斉爆発《岩の中で数個の爆薬が一時に爆発すること》. **5** 〘生理〙斉射《人工的に起こした筋肉の連続的収縮》.

at* [*on*] *the volley (1) 手当たり次第に (at random)；ついでに. (2) 〘球技〙〈球が〉地上についていない, ボレーの (in flight).

━ *vt.* **1** 〈矢・弾丸などを〉一斉射撃する；一斉射撃のように射出する, 斉発させる. **2** 〈悪口・質問などを〉連発する, 浴びせる：～ forth [out] cries. **3** 〘球技〙〈球を〉ボレーで打ち返す[蹴り返す]；〈相手〉にボレーで打ち返す[蹴り返す]. ━ *vi.* **1** 〈銃などが〉一斉に発射する；〈弾丸などが〉一斉に飛ぶ. **2** 非常な速さで動く[進む]. **3** 一斉にまたは続けざまに高い音を出す[響く]. **4** 〘球技〙ボレーをする.

～·er *n.*

vólley·bàll *n.* **1** バレーボール, 排球. **2** バレーボール用のボール.

Vo·log·da [vɔ́(ː)ləgdə | vɔ́ʊ-; *Russ.* vólagdə] *n.* ボログダ《ソ連邦ロシヤ共和国西北部の都市；人口 224,000》.

vo·lost [vóʊlɑst | vɔ́ʊləst; *Russ.* vóləstj] 〘□Russ. *volost'*〙 ━ *n.* **1** 郷《帝政ロシヤおよび 1930 年までのソ連邦の行政区域》. **2** 〘ロシヤ史〙(古代ロシヤの)領土.

volleyball court
a attack line; b net; c side line; d end line; e service area

vol·plane [vɑ́lplèɪn, vɔ́(ː)ɫ- | vɔ́ɫ-] 〘《1910》□F *vol plané* gliding flight ← *vol* flight (← *voler* to fly) ＋ *plané* ((p.p.) ← *planer* to glide, soar：⇨ plane[2] 5)〙 ━ *vi.* **1** 〈飛行機などが〉滑空する. **2** (飛行機のように)滑空する：～ from tree to tree. ━ *n.* (飛行機などの)滑空.

vols. 《略》volumes.

Vol·sci [vɔ́(ː)lskiː, vɑ́lsaɪ | vɔ́ɫ-] 〘□L *Volsci* (pl.) ← *Volscus*〙 ━ *n. pl.* [the ～] ボルサイ族《昔イタリア南部の Latium に住んでいた民族；紀元前 4 世紀末にローマに征服された》.

Vol·scian [vɑ́ɫʃən, vɔ́(ː)ɫskiən | vɔ́ɫskɪən, -skjən, -ʃɪən, -sɪən, -sjən] 〘《1513》：⇨↑, -ian〙 ━ *adj.* ボルサイ人の；ウォルスキイ語の. ━ *n.* **1** ボルサイ族の人, ボルサイ人. **2** ウォルスキイ語《Italic 語派に属する》.

Vól·stead Àct [vɑ́lsted-, vɔ́(ː)ɫ-, vóʊɫ-, -stəd- | vɔ́ɫsted-] 〘← *Andrew Joseph Volstead* (1860–1947：米国の国会議員)〙 ━ *n.* [the ～]《米》ボルステッド法, 禁酒法《酒の製造・運搬・販売を禁止した米国憲法修正第 18 条の施行を規定した 1919 年の法律, 1933 年廃止；National Prohibition Act, Prohibition Enforcement Act ともいう》.

Vól·stead·ism [-stedɪzm] 〘⇨↑, -ism〙 *n.* 《米》(法による)酒類売買禁止主義[政策].

Vol·sung [vɑ́ɫsʊŋ | vɔ́ɫ-] 〘□ON *Vǫlsung-r*〙 ━ *n.* 〘北欧伝説〙**1** ヴォルスング《*Volsunga Saga* で Odin の孫息子, Sigmund と Signy の父》. **2** ヴォルスング一族の一人.

Vol·sun·ga Sa·ga [vɑ́ɫsʊŋgə-sɑ́ːgə | vɔ́ɫ-] 〘□ON *Vǫlsunga saga* saga of the Volsungs (↑)〙 ━ *n.* 〘北欧伝説〙「ヴォルスンガ サガ」《民族移動時代のゲルマン王族ヴォルスング一族についての伝説で, 未知の典拠による Volsung の先祖を初めに扱い, 他は古エッダの英雄詩を散文化したもの；中心人物の Sigurd は *Nibelungenlied* の Siegfried に相当する》.

volt[1] [vóʊɫt | vɔ́ʊɫt, vɔ́ɫt] 〘《1873》← *A. Volta*〙 ━ *n.* 〘電気〙**1** ボルト《電圧の単位；略 V》. **2** 国際ボルト《1908 年に London で国際的に定められた旧定義のボルトで, 新定義(絶対ボルト)で表わすと 1.000335 ボルトに相当する；international volt ともいう》.

volt[2] [vóʊɫt, vɔ́(ː)ɫt | vɔ́ɫt] 〘□F *volte* □It. *volta* turn < VL **volvitam* ← L *volvere* to turn〙 ━ *n.* **1** 〘フェンシング〙ボルト《突きを避けるための素早い体の動作》. **2 a** 〘馬術〙馬の円を描く動き, 巻き乗り. **b** 巻乗りの軌跡《馬場運動の一つで直線行進から直径 6-8 m の円を描いてもとの直進に移る；cf. demivolt》.

vol·ta [vóʊɫtə, vɑ́ɫ-, vɔ́ɫtə; *It.* vɔ́lta] 〘□It. ～ (↑)〙 ━ *n.* (*pl.* **vol·te** [-teɪ | -tɪ; *It.* -te])〘音楽〙**1** 1600 年頃流行した付点リズムの軽快な舞曲《volte, lavolte ともいう》. **2** 回, 度 (turn, time)：prima ～ 第 1 回 / seconda [sɪkɑ́ndə | -kɔ́n-; *It.* sekónda] ～ 第 2 回 / una [úːnə; *It.* úːna] ～ 1 度, 1 回 / due [dúːeɪ; *It.* dúːe] *volte* 2 度, 2 回.

Vol·ta [vɑ́ɫtə, vóʊɫ-, vɔ́(ː)ɫ-, -tɑː | vɔ́ɫtə; *F.* vɔlta] *n.* [the ～] ボルタ(川)《アフリカ西部 Ghana の川；Black Volta 川と White Volta 川との合流したもので, Bight of Benin に注ぐ；両河を合わせて約 1,600 km》.

Vol·ta [vóʊɫtə, vɑ́ɫ-, vɔ́(ː)ɫ- | vɔ́ɫtə; *It.* vɔ́lta], Conte **Alessandro** *n.* ボルタ (1745–1827；イタリアの物理学者；ボルタ電堆(ᵗᵃⁱ) (voltaic pile)・ボルタ電池 (voltaic cell) の発明者).

vol·ta- [vóʊɫtə, vɑ́ɫ- | vɔ́ɫtə] 〘← VOLTAIC〙「電流の」の意の連結形：*volta*meter, *volta*plast.

Vólta efféct *n.* 〘電気〙ボルタ効果《異種の金属と金属を接触させると, その間に接触電位差が現われる現象；contact potential ともいう》.

volt·age [vóʊɫtɪdʒ | vɔ́ʊɫt-, vɔ́ɫt-] 〘← VOLT[1]＋-AGE〙 *n.* **1** 〘電気〙電圧, 電位差, ボルト数. **2** (感情などの)強烈さ, 力(強さ).

vóltage amplificátion *n.* 〘電気〙電圧増幅.

vóltage àmplifier *n.* 〘電気〙電圧増幅器.

vóltage divìder *n.* 〘電気〙分圧器《potential divider ともいう》.

vóltage fóllower *n.* 〘電子工学〙ボルテージフォロアー《演算増幅器を用いた電力増幅回路の一種；cf. cathode follower》.

vóltage regulàtion *n.* 〘電気〙電圧変動率.

vóltage règulator *n.* 〘電気〙電圧調整器.

vóltage stànding wáve ràtio *n.* 〘電気〙電圧安定波比《分布定数線路の特性を表わす量の一つ》.

vóltage transfòrmer *n.* 〘電気〙計器用変圧器 (potential transformer).

vol·ta·ic [vɑɫtéɪɪk, voʊɫ-, vɔ(ː)ɫ- | vɔɫ-] 〘← *A. Volta* ＋-IC[1]：cf. volt[1]〙 ━ *adj.* **1** 〘電気〙(化学作用により生じた)流電気の；電流の (galvanic). **2** [V-] Alessandro Volta の.

voltáic báttery *n.* ボルタ電池《voltaic cell を数個連結したもの；galvanic battery ともいう》.

voltáic céll *n.* ボルタ電池 (galvanic cell).

voltáic cóuple *n.* 〘電気〙＝galvanic couple.

voltáic electrícity *n.* ボルタ電気, 動電気, 流電気, 電流 (dynamical electricity). 「pile[1] 6).

voltáic píle *n.* ボルタ電堆(ᵗᵃⁱ), ボルタのパイル (⇨

Vol·taire [voʊɫtɛ́ə, vɑɫ-, vɔ(ː)ɫ- | vɔ́ɫtɛə(r, ─ ╌; *F.* vɔltɛːr] *n.* ボルテール《1694–1778；フランスの作家・哲学者・啓蒙思想家；*Lettres philosophiques*「哲学書簡」(1734), *Candide*「カンディード」(1759)；本名 François Marie Arouet [arwɛ]》.

Vol·tair·e·an [voʊɫtɛ́(ə)riən, vɑɫ-, vɔ(ː)ɫ- | vɔɫtɛ́ərɪ-] 〘⇨↑, -ian〙 (*also* **Vol·tair·i·an** [～]) ━ *adj.* ボルテールの；ボルテール流の, 懐疑的な (skeptical). ━ *n.* ボルテール主義者.

Vol·táir·i·an·ìsm [-nɪzm] *n.* Voltaire の哲学・宗教的懐疑[相対]主義.

vol·ta·ism [vɑ́ɫtəɪzm, vóʊɫ- | vɔ́ɫtə-] 〘← VOLTA-＋-ISM〙 *n.* **1** 流電気学. **2** 流電気 (galvanism).

vol·tam·e·ter [voʊɫtǽmətə, vɑɫ-, vóʊɫtəmìːtə | vɔɫtǽmɪtə(r, -mə-] 〘← VOLTA(IC)＋-METER[1]〙 ━ *n.* 〘電気〙ボルタ計, 電解電量計. **vol·ta·met·ric** [vòʊɫtəmétrɪk, vɑ̀ɫ- | vɔ̀ɫtə-] *adj.*

vólt-ámmeter 〘← VOLT[1] ＋ AMMETER〙 *n.* 〘電気〙電圧電流計《一つの計器で電圧も電流も計れるもの》.

vólt-ámpere 〘← VOLT[1]＋AMPERE〙 ━ *n.* 〘電気〙ボルトアンペア, 皮相電力《volt と ampere の積；直流の場合には watt に等しい, 交流ではこれに力率(ʳⁱᵗˢᵘ)を掛けたものが watt となる；略 VA》.

Vólta's píle *n.* 〘電気〙＝voltaic pile.

vólt bòx *n.* 〘電気〙分圧箱.

vólt-cóulomb *n.* 〘電気〙ボルトクーロン《1 ボルトの電圧のところに 1 クーロンの電荷が移動した時の電気エネルギーの単位で, 1 ジュールに等しい》.

volte[1] [vɑ́ɫt, vóʊɫt | vɔ́ɫt; *F.* vɔlt] *n.* 〘馬術〙＝volt[2] 2.

vol·te[2] [vóʊɫteɪ, vɑ́ɫ- | vɔ́ɫtɪ] *n.* 〘音楽〙**1** (*pl.* ～) ＝volta 1. **2** volta の複数形.

volte-face [vɔ́(ː)ɫtfɑ́ːs, vɑ́ɫt-, vóʊɫt- | vɔ́ɫtfɑ́ːs, -fǽs; *F.* vɔltəfas] 〘《1819》□F ～ □It. *volta faccia* ← *volta* (⇨ volt[2])＋*faccia* (< VL **faciam* ＝L *faciēs* 'FACE')〙 ━ *n.* (*pl.* ～) **1** 方向逆転, 転回, 反転 (turning round). **2** (意見・主義・政策などの)改変, 豹変, 転向 (reversal).

vol·ti [vɔ́(ː)ɫti | vɔ́ɫtɪ; *It.* vɔ́lti] 〘□It. ～ (imper.) ← *voltare* to turn：cf. volta〙 *v.* [命令形で用いて]〘音楽〙ページをめくれ (turn over the leaf).

-vol·tine [vóʊɫtiːn, vɔ́(ː)ɫ-, -tn | vɔ́ʊɫtiːn, -tɪn] 〘□F ～ ← It. *volta* time：⇨ volta, -ine[1]〙〘生態〙「(…の)世代をもった」の意の形容詞連結形：multi*voltine*.

vol·tin·ism [vóʊɫtnɪzm, vɔ́(ː)ɫ-, -tn- | vɔ́ʊɫtɪn-] 〘← (BI)VOLTINE＋-ISM〙 *n.* 〘動物〙化性(ᵏᵃˢᵉⁱ)《昆虫が 1 年間に繰り返す世代数が種によって決まっていること》.

vólt·mèter 〘←VOLT[1]＋-METER[1]〙 *n.* 〘電気〙電圧計 (略 vm).

Vol·tur·nus [vɑɫtə́ːnəs | vɔɫtə́ː-] 〘□L ～〙 *n.* 〘ローマ神話〙ウォルトゥルヌス《東または南東の風の擬人化；cf. Eurus》.

vol·u·bil·i·ty [vɑ̀ljubíləti | vɔ̀ljubílətɪ, -lɪ-] 〘□F *volubilité* // L *volubilitāt-em*：⇨↓, -ity〙 ━ *n.* 多弁, 饒(ʲᵒ̄)舌, おしゃべり (talkativeness)：speak with ～ ぺらぺらとしゃべる.

vol·u·ble [vɑ́ljubɫ | vɔ́l-] 〘《1575》□F ～ // L *volūbilis* ← *volvere* (↓)〙 ━ *adj.* **1** 〈舌が〉よく回る；舌のよく回る, 流暢な (fluent)；よくしゃべる (talkative)：a ～ tongue よく回る舌 / a ～ eloquence さわやかな弁舌 / ～ excuses 口達者な弁解. **2** 《古》よく転がる[回る], 回転する (rotating)；変わりやすい (changeable). **3** 〘植物〙巻き付く[からみ付く](習性のある).

～·ness *n.* **vól·u·bly** *adv.*

vol·ume [vɑ́ljum, -ljuːm | vɔ́ljuːm, -ljum] 〘《*c*1390》□(O)F ～ □L *volūmen* roll, book ← *volvere* to turn, roll：⇨ volute：大きさ, 量などの意は「本の大きさ」から派生した〙 ━ *n.* **1** (特に, 大きな)本, 書物 (book)：a library of many thousand ～*s* 数千冊の蔵書. **2** (2 巻以上から成る著作・刊行物の)巻, 冊(略 v., vol.) (cf. copy 2, part 6)；(定期刊行物 1 年分の)巻；(全集[シリーズ]形式の組物レコードの) 1 巻[枚]：a work in six ～*s* [*vols.*] 全 6 巻の著作 / an odd ～ of "*Punch*" パンチ誌の端本 / *Volume* I has just appeared. 第 1 巻が出たところだ. **3** (パピルス・羊皮紙または古写本の)巻物 (roll, scroll). **4** [しばしば *pl.*] 大きなかたまり, 多量, 大量 (considerable mass)：a great ～ *of* water 多量の水 / ～*s of* smoke [vapor] もくもくと立ち昇る煙[水蒸気] / pour out ～*s of* abuse 盛んに悪口を言う. **5** (大きな)かさ, 大きさ (bulk)；体積, 容積, 容量 (cubic magnitude)：The ～ of the sun is 1,200,000 times greater than that of the earth. 太陽の体積は地球の 120 万倍だ / The ~ of a body is equal to its mass divided by its density. 物体の容積はその質量を密度で除したものに等しい. **6** 量, 分量 (quantity, amount) ; 出来高 : atomic [molecular] ~ 原子[分子]量 / the ~ *of* business [transaction] 取引き高 / gather ~ 量が増す, 増大する / the ~ of travel on a railroad for a given period 一定期間中における鉄道の交通量 / The river is of moderate ~. その川は中位の水量だ. **7** 音量 ; (音の)大きさ : a voice of great [little] ~ 音量の豊かな[少ない]声 / raise [lower, turn down] the ~ of the radio ラジオの音量を上げる[下げる].

speak* [*express, tell*] *volumes 多くのことを言う, 大いに意味がある ; (…を)証明して余りがある (*for*) : This *speaks* ~*s for* his bravery. このことは彼の勇猛さを十分証明している.

— *attrib. adj.* 大量の : ~ production 大量生産 / ~ sales 大量販売.

vólume contròl *n.* (ラジオなどの)音量調節(器).

vól·umed *adj.* **1** [通例複合語の第 2 構成素として] …冊[巻]から成る, …冊[巻]の : a four-*volumed* novel 4 巻物の小説 / a many-*volumed* work 数巻にわたる大作. **2** 〈煙など〉大きなかたまりとなった, もくもくした : ~ mist もうもうと立ちこめた霧. **3** かさのある, 大量の (massive).

vol·u·me·nom·e·ter [vɑ̀ljumənɑ́mətə | vɔ̀ljumɪnɔ́mɪtə(r, -mət-] 〘← L *volūmen* 'VOLUME'+-o-+-METER[1]〙 *n.* 〘物理〙容積計.

vólume-prodúce *vt.* 大量生産する (mass-produce).

vol·u·me·ter [vɑ́ljumìːtə, vəlúːmətə, -ljúː-, vɑljúː- | vɔlúːmɪtə(r, və-, -ljúː-, -mə-] 〘← VOLU(ME)+-METER[1]〙 — *n.* 〘物理〙 **1** 容積計. **2** 比重計 (hydrometer) の一種.

vol·u·met·ric [vɑ̀ljumétrɪk | vɔ̀l-] *adj.* 容積[体積]測定の (cf. gravimetric 1).

vòl·u·mét·ri·cal [-trɪkəl, -trə- | -trɪ-] *adj.* =volumetric. **~·ly** *adv.*

volumétric análysis *n.* 〘化学〙 **1** 容量分析 (cf. gravimetric analysis). **2** ガス容量分析.

vo·lu·me·try [vəlúːmətri, -ljúː-, vɑljúː- | vəlúːmɪtrɪ, və-, -ljúː-, -mə-] 〘← VOLU(ME)+-METRY〙 *n.* 容量法 ; 容量分析(法, 術).

vólume ùnit *n.* 〘電気〙ボリューム ユニット《音声信号の強さのレベルを表わす単位 ; 略 VU》.

vólume vàriance *n.* 〘会計〙操業度差異.

vólume velócity *n.* 〘物理〙体積速度《弾性波が伝播している時の媒質粒子の速度》.

vo·lu·mi·nal [vəlúːmənḷ, -ljúː- | vəlúːmɪ-, vɔ-, -ljúː-] 〘← L *volūmin-, volūmen* 'VOLUME'+-AL[1]〙 *adj.* 容積の, 体積の.

vo·lu·mi·nos·i·ty [vəlùːmənɑ́səṭi, -ljùː- | vəlùːmɪnɔ́səti, vɔ-, -ljùː-, -sɪ-] *n.* 容量[冊数, 巻数]の多いこと.

vo·lu·mi·nous [vəlúːmənəs, -ljúː- | vəlúːmɪ-, vɔ-, -ljúː-] 〘(1611) □ LL *volūminōs-us* full of rolls or folds ← L *volūmin-* : ⇨ voluminal, -ous〙 — *adj.* **1** 冊数[巻数]の多い ; 大部な : a ~ work 大(部)作. **2** 多作の, 著書の多い : a ~ writer. **3** (1 巻または数巻の本にわたる[になる]ほどの)おびただしい (abundant) : a ~ correspondence おびただしい文通. **4** (重量の割に)かさ[容量]の大きい, かさ張る, たくさんの (bulky) : a ~ bag. **5** 〈衣服など〉ゆったりした (loose, full) : ~ coats. **6** 《古》渦形の多い, くねくねした. **~·ly** *adv.* **~·ness** *n.*

Vö·lund [vɔ́ːlund] *n.* ⇨ Wayland 1.

vol·un·tar·i·ly [vɑ̀ləntérəli, ⏝⏝⏝⏝ | vɔ́lənt(ə)rəlɪ, -rɪlɪ] 〘ME〙 *adv.* 自由意志で, 任意に, 自発的に.

vól·un·tàr·i·ness *n.* 任意, 自由意志, 随意, 勝手.

vol·un·ta·rism [vɑ́ləntərɪzm | vɔ́lənt-] *n.* **1** 〘哲学〙主意説[主義]《意志をもって精神活動の根底または世界の根源とする説 ; cf. intellectualism 1, vitalism 2》. **2** (宗教・教育などの)随意制, 自由制 ; 任意[自由]参加.

vól·un·ta·rist [-rɪst, -rəst | -rɪst] *n.* 〘哲学〙主意主義者. **vol·un·ta·ris·tic** [vɑ̀ləntərístɪk | vɔ̀lənt-] *adj.*

vol·un·tar·y [vɑ́ləntèri | vɔ́lənt(ə)rɪ] 〘(*c*1385) □ L *voluntāri-us* ← *voluntās* free will ← *volō* I wish : ⇨ volition, -ary〙 — *adj.* **1** (強制されないで)自由意志でする, 自ら進んでする[なされた], 自発的な, 任意の (↔ automatic) : a ~ helper 自発的な援助者, 篤志家 / ~ work [contributions] 自発的にする仕事[寄付] / a ~ appearance 任意出頭 / a ~ confession (罪人の)任意自白, 自供 / ⇨ voluntary service. **2** 篤志家によって成った, 任意寄付によって維持[経営]される : a ~ church (国教会でなく)教団への寄付によって運営される教会 / ⇨ voluntary school, voluntary hospital. **3** 自由意志をもった, 選択力のある : Man is a ~ agent. 人間は自由行為者だ. **4** 自然の衝動から出てくる, 自然の (spontaneous) : ~ laughter. **5** 〘法律〙任意の ; 故意の ; 無償の : a ~ grantee 任意譲渡の譲り受け人 / ⇨ voluntary conveyance, voluntary manslaughter. **6** 〘生理・解剖〙随意(的)の (↔ involuntary) : ~ movements [motions] 随意運動 / ⇨ voluntary muscle. — *n.* **1 a** 自発的行為 ; 自発的な寄付[援助]. **b** (競技で)自由演技. **2** =voluntaryist. **3** 根拠の不十分な[不当な]落馬. **4** 《廃》=volunteer 1, 2. **5** 〘音楽〙(教会で礼拝中またはその前後に奏される)オルガン独奏(曲).

vóluntary ármy *n.* 義勇軍.

vóluntary associátion *n.* 〘法律〙任意団体, 自発的結社《法人格のない団体で種々の目的で設立され, 取引や直接金銭上の利益を目的としないもの》.

vóluntary cháin *n.* 任意連鎖店, ボランタリー チェーン《独立店が自分達の自発的意思で作った連鎖組織》.

vóluntary convéyance [dispositíon] *n.* 〘法律〙任意不動産譲渡, 無償不動産譲渡《約因 (consideration) なしの不動産譲渡》.

vóluntary hóspital *n.* 《英》寄付財団病院.

vól·un·tàr·y·ism [-riɪzm] *n.* **1** (宗教・教育の)任意寄付主義[制度]《教会・学校などは国家的保護や補助に頼らずに各人の自発的寄付によって維持運営されるべきだとする ; cf. voluntary *adj.* 2》. **2** 志願兵制度.

vól·un·tàr·y·ist [-rɪɪst, -riəst | -riɪst] *n.* 任意寄付主義者.

vóluntary mánslaughter *n.* 〘法律〙故殺《殺意はないが, 不法に害を与える意志のあった場合をいう ; cf. involuntary manslaughter》.

vóluntary múscle *n.* 〘解剖〙随意筋 (↔ involuntary muscle).

vóluntary schòol *n.* (英国の)任意寄付制学校《宗教団体設立の初等・中等学校 ; 地方公共団体から公費による補助を受ける点で, 公費補助を受けない independent school と異なる》.

vóluntary sérvice *n.* **1** 〘軍事〙志願兵役. **2** 自発的奉仕.

vol·un·teer [vɑ̀ləntíə | vɔ̀ləntíə(r] 〘(*c*1600) □ F *volontaire* □ L *voluntārius* : ⇨ voluntary, -eer〙 — *n.* **1** 志願者, 有志者, 篤志家, ボランティア : One ~ is worth two pressed men. 進んでやる一人は強いられてやる二人にまさる《もと英国で海兵募集に用いた言葉 ; cf. press-gang》. **2** [V-] アメリカ義勇軍 (Volunteers of America) の一員. **3** [V-] 米国 Tennessee 州の住民 (cf. Volunteer State). **4** 志願兵, 義勇兵 (cf. conscript, draftee). **5** 〘法律〙無償不動産譲り受け人 ; 無償労務提供者 ; 義務なく他人の債務を支払う者. **6** 〘植物〙自生植物 (volunteer plant).

Volunteers in Service to America 米国貧困地区奉仕活動《米国・プエルトリコなどの貧困地区に奉仕団を送りこみ生活改善を試みる平和部隊の国内版で, 1965 年に設立 ; 略 VISTA》.

Volunteers of America [the —] アメリカ義勇軍《1896 年 Ballington Booth 夫妻が救世軍を辞して組織した救世軍類似の宗教的社会事業団体》.

— *attrib. adj.* **1** 有志の, 志願の ; 自発的な ; 志願[義勇]兵の : ~ activities ボランティア活動 / a ~ corps 義勇軍 / a ~ fleet 義勇艦隊 / a ~ fireman 自警消防夫 / a ~ nurse 篤志看護婦. **2** 〘植物〙(種をまかないのに)自生した : a ~ plant 自生植物 / a ~ crop 自生作物.

— *vt.* **1** 自発的に申し出る ; 自ら進んで提供する[引き受ける, 伝える, 述べる] (offer freely) : ~ one's services 奉仕を申し出る / ~ oneself 自ら進んで出る / ~ a difficult duty 進んで困難な義務を引き受ける / ~ help [a song] (買って出て)手伝う[歌を歌う] / ~ a remark [an opinion, an explanation] 進んで話す[意見を述べる, 説明する]. **2** 〈…しようと〉自発的に申し出る 〈*to do*〉 : ~ *to* do the job その仕事を進んでしようと申し出る. — *vi.* **1** 進んで事に当たる[従事する] ; (何かを)しようと申し出る : ~ in an undertaking 進んで企画に参加する. **2** 志願する ; 志願[義勇]兵になる : ~ *for* military service 兵役を志願する / ~ *as* a nurse 看護婦を志願する. **3** 〈植物が〉自生する.

vòl·un·téer·ism [-tí(ə)rɪzm | -tíər-] *n.* =voluntarism 1.

Volunteer Státe *n.* [the ~] 米国 Tennessee 州の俗称.

Vo·lup·tas [vəlʌ́ptəs] 〘□ L *Voluptās* : *voluptās* (↓) の擬人化〙 *n.* 〘ローマ神話〙ウォルプタース《快楽の女神》.

vo·lup·tu·ar·y [vəlʌ́ptʃuèri | -tjuərɪ, -tjurɪ, -tʃuərɪ, -tʃərɪ] 〘(1605) □ L *voluptuāri-us* 《変形》← *voluptārius* ← *voluptās* : ⇨ ↓, -ary〙 — *adj.* 酒色に耽る. — *n.* 酒色に耽る人.

vo·lup·tu·ous [vəlʌ́ptʃuəs, -tʃəs | -tʃuəs, -tjuəs] 〘(*c*1385) □ (O)F *voluptueux* // L *voluptuōs-us* ← *voluptās* pleasure ← *volō* I desire〙 — *adj.* **1** 官能的な ; 官能的快楽を求める ; 肉欲に耽る, 酒色に溺れる (sensual) : a ~ person, woman, etc. / a ~ life 遊蕩生活 / ~ pleasures [desires] 官能的快楽[欲望]. **2** 情欲を起こさせる, 挑発的な, 淫(ﾐﾀﾞ)らな : a ~ book, picture, etc. **3** 肉感的な ; あだっぽい, なまめかしい, 色っぽい : a full ~ mouth / ~ beauty あだっぽい美しさ / a ~ glance あだっぽいまなざし. **4** 感覚に訴える[心地よい]. **~·ly** *adv.* **~·ness** *n.*

vo·lute [vəlúːt, -ljúːt | vəlúːt, vɔ-, vəʊ-, -ljúːt] 〘(1696) □ F ~ // L *volūta* scroll (fem. p.p.) ← *volvere* to roll, turn ← IE **wel-* to turn, roll (Gk *eileīn*) : cf. waltz, well[1]〙 — *n.* **1** 渦巻形. **2** 〘建築〙(イオニアおよびコリント式柱頭装飾の)渦形, 渦巻. **3** 〘機械〙 **a** (渦巻ポンプの羽根車の回りの)渦形室. **b** =volute pump. **4** 〘動物〙 **a** (巻貝の)渦巻. **b** ヒタチオビガイ科の巻貝の総称. — *adj.* **1** 渦巻形の, ぐるぐる巻いた (rolled up). **2** 〘機械〙渦巻形の, 螺旋(ﾗｾﾝ)状の ; (特に, 側方運動と合体した場合に)回転運動する : ⇨ volute spring.

vo·lút·ed [-ṭɪd, -ṭəd | -tɪd, -təd] *adj.* **1** 渦巻形の, 螺旋(ﾗｾﾝ)状の (scroll-shaped). **2** 〘建築〙渦形[渦巻]装飾の(ある).

volúte pùmp *n.* 〘機械〙渦巻式遠心ポンプ.

volúte sprìng *n.* 〘機械〙竹の子ばね.

Vo·lu·ti·dae [vəlúːṭədìː, -ljúː- | -tɪ-] 〘← NL ~ : ⇨ volute, -idae〙 *n. pl.* 〘貝類〙ヒタチオビガイ科.

vo·lu·tin [vɑ́ljutɪn, vəlúːṭɪn, -ṭən, -tn̩ | vɔ́ljutɪn, vəlúːtɪn, -ljúː-] 〘□ G *Volutin* ← L *volūtāntem* ← *volūtāre* to roll, wallow (freq.) ← *volvere* (↓)〙 — *n.* 〘生物〙ボルチン《ある種の微生物の中に含まれている顆粒(ｶﾘｭｳ)状の貯蔵物質》.

vo·lu·tion [vəlúːʃən, -ljúː- | və-, vɔ-, vəʊ-] 〘← L *volūt(us)* ((p.p.) ← *volvere* to turn (⇨ volute)) + -TION : REVOLUTION などからの類推による〙 — *n.* **1** 回転, 旋回 (revolving) ; 渦巻 (twist). **2** 〘動物〙(巻貝の)渦巻 (whorl). **3** 〘解剖〙=convolution 3.

vol·va [vɑ́lvə, vɔ́(ː)l- | vɔ́l-] 〘(1753) □ L ~ 'covering' 《異形》← *vulva* : ⇨ vulva〙 — *n.* 〘植物〙つぼ, 菌包《マツタケ・ハラタケなどの茎の中ほどにあるコップ状の帯 ; 初め傘を包んでいた膜が傘の成長によってはじけ残ったもの ; cf. annulus 2 c》. **vól·vate** [-vət, -vɪt, -veɪt] *adj.*

vol·velle [vɑ́lvel | vɔ́l-] 〘□ ML *volvella* : ⇨ ↓, -ella〙 *n.* 〘天文〙中世の天文機器で, 月と太陽との関係位置, 太陽・月の出没時刻等を求める装置.

vol·vent [vɑ́lvənt | vɔ́l-] 〘□ L *volvent-em* (pres.p.) ← *volvere* to roll, turn : ⇨ volute〙 — *n.* 〘動物〙捲着(ｹﾝﾁｬｸ)刺胞《刺胞の一種で, 刺糸が短く他の動物に巻きついてそれを捕える》.

Vol·vo·ca·ce·ae [vɑ̀lvəkéɪsiìː | vɔ̀l-] 〘← NL ~ : ⇨ volvox, -aceae〙 *n. pl.* 〘植物〙(緑藻類)オオヒゲマワリ科. **vòl·vo·cá·ceous** [-ʃəs] *adj.*

vol·vox [vɑ́lvɑks, vɔ́(ː)l- | vɔ́lvɔks] 〘← NL ~ ← L *volvere* to turn, roll〙 — *n.* 〘生物〙ボルボックス, オオヒゲマワリ《鞭毛をもつ多数の緑色細胞が集まって群体をなしているボルボックス属 (*Volvox*) の生物の総称 ; 原生動物にも緑藻類にも入れられている》.

vol·vu·lus [vɑ́lvjələs, vɔ́(ː)l- | vɔ́l-] 〘← NL ~ ← L *volvere* (↑)〙 *n.* 〘病理〙軸捻, 腸管軸転《腸捻転の一型》.

vo·mer [vóumə | vəúmə(r] 〘(1704) □ L *vōmer* plowshare〙 *n.* 〘解剖〙(鼻の)鋤骨(ｼﾞｮｺﾂ). **vo·mer·ine** [vóumərὰɪn, vɑ́m-, -rɪn, -rən | vəúmərὰɪn, vɔ́m-] *adj.*

vom·i·ca [vɑ́məkə | vɔ́mɪ-] 〘□ L ~ 'ulcer' ← *vomere* (↓)〙 — *n.* (*pl.* **-i·cae** [-məsìː | -mɪ-]) 〘病理〙 **1** (化膿や壊死(ｴｼ)によってできた, 特に肺の)空洞. **2** 腐敗物[膿]の喀出(ｶｸｼｭﾂ).

vom·it [vɑ́mɪt, -mət | vɔ́mɪt] 〘v. : (?*a*1425) ← L *vomit-us* (p.p.) ← *vomere* to vomit // L *vomit-āre* (freq.) ← *vomere* ← IE **wem-* to vomit (Gk *emeîn*). — n. : (*c*1385) □ OF *vomite* // L *vomit-us*〙 — *vt.* **1** (胃から)吐く, 嘔吐する, もどす (spew, puke) 〈*out, up*〉 : ~ one's dinner / ~ blood 吐血する. **2** 〈煙・言葉などを〉吐き出す, 吐く (eject, send out) 〈*forth, out*〉 : A chimney ~*s forth* smoke. 煙突が煙を吐き出す / Trains ~*ed* crowds of trippers. 列車から旅行者の群れがぞろぞろと出て来た / The volcano ~*ed* lava. 火山は溶岩を噴出した / Dragons were said to ~ fire and smoke. 竜は口から火と煙を吐くと言われていた / ~ insults [abuse, curses] 侮辱の言葉[悪口, 呪い]を吐く. **3** 《古》〈人〉に吐かせる, もどさせる ; (特に)吐剤で吐かせる : In the 17th and 18th centuries people were periodically ~*ed*, purged, and bled. 17-18 世紀には人は定期的に吐薬や通じ薬を飲まされたり血を取られた. — *vi.* **1** 嘔吐(ｵｳﾄ)する, 吐く, もどす (spew). **2** 〈火山が〉溶岩・灰などを噴出する, 噴火する ; 〈溶岩・灰などが〉激しく流出する (issue violently) 〈*out*〉. — *n.* **1** 吐くこと, 嘔吐. **2** 吐いた物, 反吐(ﾍﾄﾞ) ; 〘医学〙吐物(ﾄﾌﾞﾂ) : bilious ~ 胆汁吐き物 / ⇨ coffee-ground vomit / black ~ =vomito **3** 口汚い言葉[文章] : the foul ~ of lampoonists 風刺家のひどく汚ない言葉[作品]. **4** (反吐が出るような)いやな人[物]. **5** 《古》吐剤 (emetic). **~·er** [-ṭə | -tə(r] *n.*

vóm·it·ing [-ṭɪŋ | -tɪŋ] 〘(15C)〙 *n.* **1** 吐くこと, 嘔吐 (retching). **2** 吐いた物, 反吐(ﾍﾄﾞ).

vom·i·tive [vɑ́məṭɪv | vɔ́mɪt-] *adj.* 吐かせる, 吐き気を催させる. — *n.* 《廃》吐剤 (emetic).

vom·i·to [vɑ́mətòu, vóum- | vɔ́mɪtəʊ ; *Sp.* bómito] 〘□ Sp. *vómito* □ L *vomitus* a vomiting : ⇨ vomit〙 — *n.* 〘病理〙(黄熱病患者の)黒色吐物《black vomit, vomito negro ともいう》.

vómito négro *n.* 〘病理〙 **1** =vomito. **2** =yellow fever.

vom·i·to·ri·um [vɑ̀mətɔ́ːriəm, -tóːr- | vɔ̀mɪtɔ́ːrɪ-] 〘□ LL *vomitōri-um* (↓)〙 *n.* (*pl.* **-ri·a** [-riə | -rɪə]) = vomitory.

vom·i·to·ry [vɑ́mətɔ̀ːri, -tòri | vɔ́mɪtərɪ] 〘adj. : □ L *vomitōri-us* : ⇨ vomit, -ory[1,2]. — n. : □ L *vomitōrium* (neut.) ← *vomitōrius*〙 — *adj.* **1** 嘔吐(ｵｳﾄ)の. **2** 《古》吐き気を催させる, 吐かせる (emetic). — *n.* **1** 吐き口, 放出口. **2** 吐き出す人[もの]. **3** (古代ローマの円形劇場・劇場などの)出入口. **4** 《廃》吐剤 (emetic).

vom·i·tu·ri·tion [vɑ̀mətʃuríʃən, -tuːr- | vɔ̀mɪ-] 〘← NL *vomitūritiō(n-)* ← **vomiturīre* to desire to vomit ← L *vomitāre* (⇨ vomit) : cf. micturition〙 — *n.* 〘病理〙 **1** 空嘔(ｶﾗｴ)《激しい吐き気がありながら吐かないこと》. **2** (吐物が少量ずつしか出ない)頻回嘔吐.

vom·i·tus [vɑ́məṭəs | vɔ́mɪt-] 〘□ L ~ : ⇨ vomit〙 *n.* 〘医学〙 **1** 嘔吐(ｵｳﾄ). **2** 吐物.

von [vɑn, vən, fən | vɔn, vən, fən ; G. fɔn] 〘□ G ~〙 — *prep.* =from, of. ★ ドイツ人やオーストリア人の家名の前に用い, 特に貴族出であることを示す (cf.

de[2], van[5]): Friedrich ~ Schlegel / Fürst ~ Bismarck (=Prince Bismark) ビスマルク公.

Von Braun, Wernher *n.* =Wernher von BRAUN.

V-óne *n.* =V-1.

Von·ne·gut [vánɪgət, -nə- | vɔ́n-], **Kurt** (, **Jr.**) *n.* (1922–) 米国の小説家; *Slaughterhouse-Five* (1972).

von Neu·mann [-nɔ́ɪmən], **John** *n.* フォンノイマン《1903–57; ハンガリー生まれの米国の数学者》.

Von Sternberg, Josef *n.* ⇨ Sternberg.

Von Stroheim, Erich *n.* ⇨ Stroheim.

voo·doo [vúːduː] 〘《1880》▭ Haitian Creole *voudou* ▭ Dahomey *vodu* demon, fetish: cf. hoodoo〙 **—** *n.* (*pl.* **~s**) **1** =voodooism. **2** ヴードゥー教のまじない師. **3** ヴードゥー教のまじない; ヴードゥー教の儀式: work ~ ヴードゥー教のまじないを行なう. **4** ヴードゥー教の呪物. **5** 魔術, 魔法, 黒魔術, 邪術, 邪教 (black magic). **—** *adj.* ヴードゥー教の(まじないを行なう): a ~ doctor, priest, etc. **—** *vt.* …にヴードゥー教のまじないを施す.

vóo·doo·ìsm [-duːɪzm] *n.* **1 a** ヴードゥー教《West Indies および米国南部の黒人間に行なわれる迷信的慣行で, 魔法・まじない・蛇崇拝・人身御供(ごくう)などを含む》. **b** ヴードゥー教のまじない[信仰]. **2** 魔術.

vóo·doo·ist [-duːɪst, -əst | -ɪst] *n.* ヴードゥー教のまじない師; ヴードゥー教信者.

voo·doo·ís·tic [vùːduːístɪk] *adj.* **1** ヴードゥー教のまじない[信仰, 迷信]の, ヴードゥー教のまじない師[信者]の. **2** ヴードゥー教信仰に似た.

VOP, vop 《略》〘保険〙 valued as in original policy 協定保険価格は原証券通り.

VOR 《略》〘航空〙 VHF omnidirectional radio range ヴィーオーアール, 超短波全方向式無線標識《DME と共に航法援助方式の主力をなすもので, 有効距離内の航空機に対し地上局(VOR 局)の真北から見た当該機の方位を連続的に示す; cf. TACAN》.

-vo·ra [⌐ v(ə)rə] 〘← NL ~ (neut. pl.) ← L *-vorus* '-VOROUS'〙「…を食するものたち」の意の名詞連結形 (cf. -vore).

vo·ra·cious [vɔ(ː)réɪʃəs, və-, vo(ʊ)- | vəréɪʃəs, vɔː-, vɔ-] 〘《1635》← L *vorāc-, vorāx* greedy to devour (← *vorāre* to devour)+-IOUS〙 **—** *adj.* **1 a** むさぼり食う, がつがつ食う, 大食する, 暴食する (ravenous). **b** しきりに食物を欲しがる, がつがつしている: a ~ appetite. **2** ひどく熱心な, 飽くことを知らない: a ~ reader 非常な多読家. **~·ly** *adv.* **~·ness** *n.*

vo·rac·i·ty [vɔ(ː)rǽsəṭi, və-, vo(ʊ)- | vərǽsəti, vɔː-, və-, -sɪ-] 〘《1526》▭ (O)F *voracité* ‖ L *vorācitāt-em*: ⇨↑, -ity〙 *n.* 大食, 暴食; 猛烈な食欲; 熱心さ.

vo·rant [vɔ́ːrənt, vóːr- | vɔ́ːr-] 〘▭ L *vorant-em* (pres.p.) ← *vorāre*: ⇨ voracious, -ant〙 *adj.* 〘紋章〙〈動物が〉のみ込もうとしている (cf. engoulée).

VOR/DME *n.* 〘航空〙 ヴィーオーアール/ディーエムイー《VOR と DME とを併設し, 有効距離内の空域にある航空機に地上局からの方位と距離とを連続的に示す航法援助方式またはその地上局》.

-vore [⌐ vɔə | -vɔː(r)] 〘▭ F ~: ⇨ -vora〙「…を食するもの」の意の名詞連結形 (cf. -vora).

Vor·la·ge, v- [fɔ́əlɑ̀ːgə, fóə- | fɔ́ː-; *G.* fóːlàːgə] 〘▭ G ~ 'forward position' ← *vor-* 'FORE-'+*Lage* position (cf. lay[1], lie[2])〙 **—** *G. n.* (*pl.* **~, ~s**) 〘スキー〙 フォアラーゲ, 前傾姿勢《滑降の時, かかとをスキーにつけたままで前かがみになった状態》.

Vo·ro·nezh [vərɔ́(ː)nɪʃ, -róun- | -ráu-; *Russ.* varónjiʃ] *n.* ボロネジ《ソ連邦ロシヤ共和国西部 Don 川に近い都市; 人口 779,000》.

Vo·ro·noff [vəróunɔ(ː)f, -nɑf | -ráunɔf; *Russ.* vórənəf], **Serge** [sjéəʒ] *n.* ヴォロノフ《1886–1951; パリで活躍したソ連の医学者; 動物器官の移植による若返り法を研究》.

Vo·ro·shi·lov [vɔ̀(ː)rəʃíːlɔ(ː)f, vɑ̀r-, -lɔ(ː)v | vɔ̀rəʃíːlɔf, -lɔv; *Russ.* vərəʃíləf], **Kli·ment E·fre·mo·vich** [kljimjént jifrjéməvjitʃ] *n.* ヴォロシーロフ《1881–1969; ソ連の将軍・政治家; 第二次大戦の元帥; ソ連邦最高会議幹部会議長(元首) (1953–60)》.

Vo·ro·shi·lov·grad [vɔ̀(ː)rəʃíːləfgræ̀d, vɑ̀r-, -ləv- | vɔ̀r-; *Russ.* vərəʃiləvgrát] 〘▭ Russ. ~《原義》 Voroshilov's city: ⇨↑〙 **—** *n.* ボロシーロフグラード《ソ連邦 Ukraine 共和国東部の都市; 人口 445,000; 旧名 Lugansk》.

-vo·rous [⌐ v(ə)rəs] 〘← L *-vor(us)* devouring (← *vorāre*: cf. voracious)+-OUS〙 **—**「…を食とする (feeding on)」の意の形容詞連結形: carni*vorous* 肉食の / grami*nivorous* 草食の / herbi*vorous* 草食の / omni*vorous* 何でも食べる, 雑食の.

vor·spiel [fɔ́əʃpiːl | fɔ́ː-; *G.* fóːɐ̯ʃpìːl] 〘▭ G *Vorspiel* ← *vor-* 'FORE-'+*Spiel* performance〙 *n.* 〘音楽〙 前奏曲, 序曲, 楽曲の導入部.

VOR·TAC [vɔ́ətæk | vɔ́ː-] *n.* 〘航空〙 ボルタック《VOR と TACAN とを併設し, 有効距離内の空域にある航空機に地上局からの方位と距離とを連続的に知らせる方式またはその地上局》.

vor·tex [vɔ́əteks | vɔ́ː-] 〘《1652》▭ L ~《変形》← VERTEX〙 **—** *n.* (*pl.* **vor·ti·ces** [-ṭəsìːz | -tɪ-], **~·es**) **1** (水・空気・火・炎などの)渦(うず), 渦巻 (whirlpool, eddy); (しばしば渦巻状の)飛行雲 (contrail); 旋風 (whirlwind). **2** (人を巻き込む力を有する)社会運動や組織などの)渦巻: the ~ of revolution 革命の渦巻 / in the ~ of war 戦乱の渦中で / They were drawn into the ~ of religious controversy. 宗教的論争の渦中に巻き込まれた. **3** (Descartes などの古い学説で)宇宙物質の渦動《これによって宇宙の諸現象を説明しようとした》. **4** 〘物理〙 渦. **5** 〘解剖〙 渦《心臓の筋肉線維の渦状配列》.

vórtex gènerator *n.* 〘航空〙 渦発生片, ボルテックスジェネレーター《航空機の翼や胴体後部の表面に並べて突出させた小さい金属板で, それぞれの小片から渦を出し, 下流で起こる気流の剝離を防止する》.

vor·ti·cal [vɔ́əṭɪkəl, -ṭə- | vɔ́ːtɪ-] 〘← L *vortic-, vortex* 'VORTEX'+-AL[1]〙 *adj.* **1** 渦巻の; 渦巻に似た, 渦巻状の. **2** 渦巻く, 旋回する. **~·ly** *adv.*

vor·ti·cel·la [vɔ̀əṭəsélə | vɔ̀ːtɪ-] 〘← NL ~ (dim.) ← L *vortex* (↑)〙 **—** *n.* (*pl.* **-cel·lae** [-liː], **~s**) 〘動物〙 ツリガネムシ《淡水中にも海水中にもいるツリガネムシ属 (*Vorticella*) のベル形の単細胞繊毛動物の総称》.

vortices *n.* vortex の複数形.

vor·ti·cism [vɔ́əṭəsìzm | vɔ́ːtɪ-] 〘《1915》← L *vortic-* (⇨ vortical)+-ISM〙 **—** *n.* 〘美術〙 渦巻派《1910 年代英国に起こった未来派の一派で, 立体派が立方体を用いたのと同じく好んで渦巻を用いて現代の機械文明を象徴しようとした》.

vór·ti·cist [-sɪst, -səst | -sɪst] *n.* 渦巻派の画家.

vor·tic·i·ty [vɔətísəṭi | vɔːtísəti, -sɪ-] *n.* **1** 渦巻運動[状態]. **2** 〘物理〙 渦度(うずど)《流体の渦の強さ》.

vor·ti·cose [vɔ́əṭɪkòus, -ṭə- | vɔ́ːtɪkòus] 〘▭ L *vorticōs-us* ← *vortic-*: ⇨ vortical, -ose[1]〙 *adj.* =vortical. **~·ly** *adv.*

vor·tig·i·nous [vɔətídʒənəs | vɔːtídʒɪ-] 〘← L *vortigin-em*, *vortigō* a whirling《変形》← *vertigō*: ⇨ vertigo, -ous〙 *adj.* 《古》 =vortical.

Vor·tum·nus [vɔətʌ́mnəs | vɔː-] *n.* 〘ローマ神話〙 =Vertumnus.

Vosges [vóuʒ | váuʒ; *F.* voːʒ] *n.* **1** ヴォージュ(県)《フランス北東部の県; 人口 398,000, 面積 5,871 km[2], 首都 Epinal [epinal]》. **2** [the ~] ボージュ(山脈)《フランス北東部の山脈; 第一次大戦の戦跡》.

Vos·tok [vɔ́(ː)stɑk, vɑ́s- | vɔ́stɔk; *Russ.* vastók] 〘▭ Russ. ~《原義》 east, orient〙 *n.* ヴォストーク《ソ連の打ち上げた一連の人間衛星》.

vot·a·ble [vóuṭəbl | váut-] *adj.* 投票権を有する; 投票で決めることができる.

vo·ta·ress [vóuṭərɪs, -rəs | váutərɪs, -rəs, -rès] 〘《1589》〙 *n.* 女性の votary.

vó·ta·rist [-ṭərɪst, -rəst | -tərɪst] 〘《1604》: ⇨↓, -ist〙 *n.* =votary.

vo·ta·ry [vóuṭəri | váut(ə)rɪ] 〘《1546》← L *vōt(um)* (↓)+-ARY〙 **—** *n.* **1** 誓いを立てて神に仕える人, 神に身を捧げた人; 修道僧, 修道尼. **2 a** (宗教などの)信奉者, (熱心な)信者: a ~ of God. **b** (事業・研究などに)熱心な人, 献身者; (理想・主義などの)唱導者, 主張者, 支持者 (ardent adherent): a ~ of science 科学に献身している人 / a ~ of celibacy [total abstinence, vegetarianism] 独身主義[絶対禁酒, 菜食主義]の実行者. **c** (ある人の)崇拝者, 傾倒者, 支持者 (admirer). **d** 耽溺(たんでき)者, 愛好者, 心酔者, 凝り屋 (devotee): a ~ of pleasure, athletic sports, hunting, etc. **—** *adj.* **1** 誓いによって捧げられた. **2** 誓いの, 誓願の.

vote [vóut | vəut] 〘《*c*1460》▭ L *vōt-um* (neut. p.p.) ← *vovēre* 'to vow[1]'〙 **—** *n.* **1 a** (選挙・採決などでの)賛否表示, 投票, 票決: be elected by ~ 投票によって選ばれる / a ~ of confidence [nonconfidence, censure] 信任[不信任]投票 / come to a ~ =go to the ~ 票決に付せられる / put a question [bill] to the ~ 議題[議案]を票決に付する / take a ~ *on* a question 問題について採決する / A ~ of thanks was passed to the chair. 議長に対し感謝決議[謝意票決]がなされた. **b** 投票方法: cumulative ~ 連記累積投票 (⇨ cumulative voting) / limited ~ 制限投票 / single [majority] ~ 単式[多数]投票 / plural ~ = plural 複式投票 / open ~ 公開[記名]投票 / secret ~ 秘密[無記名]投票 / secret ~ with plural entry=ballot with plural ~ 無記名連記投票 / roll-call ~ 点呼採決 / ~ by acclamation [rising, a show of hands] 発声[起立, 挙手]採決. **2** 投票札, 投票用紙 (ballot); (個々の)票, 投票: a spoiled ~ 無効投票 / ⇨ casting vote / cast a ~ *for* [*against*] …に賛成[反対]の投票をする / give one's ~ *to* [*for*] …に一票を投じる / canvass for ~*s* 投票かき集め運動をする / The candidate polled two thousand ~*s.* その候補者は 2,000 票を得た / The motion was carried by fourteen ~*s.* その動議は 14 票で通過した. **3** 投票[票決]権; 選挙権 (suffrage): He was without a ~. 投票権がなかった. **4** [しばしば the ~; 集合的] **a** 全[総]投票, 投票総数, 得票; (特定の投票者集団のもつ)票, 票田: a large [heavy] ~ 多数の投票 / ⇨ floating vote / get out *the* ~ 《米》見込み投票をかき集める / ⇨ SPLIT *one's vote*, SPLIT *the vote* / A light ~ was polled. 少しの票しか得られなかった / He will lose *the* Labour ~. 彼は労働党の票を失うだろう / *The* Opposition ~ was given against the bill. 野党はその議案に反対投票した. **b** (特定集団から成る)投票者, 有権者 (voters). **5** 《英》 **a** (票決されるべき)議決事項; 議決された特別支出額, 議決額 (appropriation): a ~ of ₤300,000 *for* a new building 新建築に対する 30 万ポンドの議決額 / the army ~ 陸軍軍事費議決額. **b** [しばしば the Votes] (下院の)議事録. **6** 投票者, 有権者 (voter). **7** 《廃》 誓い (vow); 祈願; 熱望.

one man, one vote 一人一票(主義).

— *vi.* **1** 投票[選挙]する; 投票権を行使する: ~ *for* [*in favor of*] a measure 議案に対して賛成投票をする / ~ *against* a person 人に対して反対投票をする / ~ *on* a bill 議案について投票[採決]する / ~ straight 公明な選挙をする, 清き一票を投じる / the right to ~ 投票権. **2** 〔…への賛否を〕表明する 〔*for, against*〕.

— *vt.* **1 a** (投票によって)可決[議決]する: ~ a petition to the King 国王への請願を議決する / ~ an appropriation 特別支出を議決する / ~ ₤100,000 in aid of the expedition その遠征に対して 10 万ポンドの補助金を決議する / The measure was ~*d* by a two-thirds majority. 議案は 3 分の 2 の多数決で可決された. **b** 〈…する[という]ことを〉票で決める, 票決する 〈*to* do, *that*〉: We ~*d that* the organization (should) continue. =We ~*d to* continue the organization. その組織の存続を票決した. **2** 投票して支持する: ~ the Republican ticket 《米》共和党を支持して投票する (cf. ticket 4 a) / ~ Conservative [Labour] 《英》保守[労働]党に投票する. **3** [目的補語または *that*-clause を従えて]《口語》(世間一般の意見として)…と認める, 評判にする, 決める (declare): The public ~*d* the new play a success. 今度の劇は成功だという世評だ / He was ~*d* a bore. 彼はうるさい男だという定評だった / We ~*d* (*that*) the best man for the post was you. 一番適任なのは君だということになった. **4** 《口語》〈…しようと〉提案する (suggest) 〈*that*〉: I ~ (*that*) we go to the movie tonight. 今夜は映画に行こうじゃないか. ★ 通例 that を省略し clause 内の述語動詞には仮定法現在形を用いる. **5** 《米》投票させる: They were ~*d* at the rate of one a minute. 彼らは一人 1 分の割で投票を済ませた.

vote down (1) (投票によって)否決する: ~ *down* a measure 議案を否決する / ~ *down* slavery 奴隷制の廃止を議決する. (2) 〈人〉の動議(など)を否決する.

vote in* [*into*]** 〈人を〉…に選出[選挙]する, …に当選させる: ~ *in* the whole slate of officers 全公認候補者を当選させる / ~ *a person into* Parliament [the chair] 人を選挙によって議会に送る[議長にすえる]. ***vote out* (*of*)** 〈人を〉…から投票によって追い出す, (みんなの意見で)やめさせる[廃止する]: ~ an incumbent *out of* office 現職者を落選させる / The Assembly ~*d* the democracy *out of* existence. 民会は投票で民主制を廃止した. ***vote through 〈議案などを〉投票で通過させる: ~ a bill *through* (Congress).

vote·a·ble [vóuṭəbl | váut-] *adj.* =votable.

vóte·less *adj.* 投票[選挙]権のない.

vót·er [-ṭə | -tə(r)] *n.* **1** 投票する人. **2** (特に, 国会議員選挙での)有権者, 選挙人 (elector).

vót·ing [-ṭɪŋ | -tɪŋ] *n.* 投票, 投票権行使, 選挙: the right of ~ 投票権, 選挙権.

vóting bòoth *n.* 《米》(選挙人が一人ずつ入るように間仕切りした)投票用紙記入所 (《英》 polling booth).

vóting machìne *n.* (自動)投票計算機.

vóting pàper *n.* 《英》投票用紙 (ballot).

vóting trùst *n.* 〘経営〙 議決権信託《会社の持株支配者または金融機関その他の債権者が, 特定目的を実現するまでの一定期間受託者となって, 多数の株主から議決権を信託させ, 会社の支配権を維持または一時掌握する方法》.

vo·tive [vóuṭɪv | váut-] 〘《1593》▭ L *vōtīv-us* pertaining to a vow: ⇨ vote, -ive〙 **—** *adj.* **1** (誓いによって)捧げられた, 奉納の, 奉献の (dedicated): a ~ sacrifice / a ~ picture [tablet] 奉納絵馬[額]. **2** 祈願成就のためになされる; 祈願成就の結果なされる: ~ abstinence 物断ち / a ~ pilgrimage 祈願成就の巡礼. **3** 祈誓の[を表わす], 希願[願い]にこめた, 願(がん)をかける: a ~ song, prayer, etc. **~·ly** *adv.* **~·ness** *n.*

vótive Máss, v- m- *n.* 〘カトリック〙 随意ミサ, 特志ミサ《日課書に記載してある以外の臨時のミサで, 教皇選挙・戴冠式・平和祈願などのために行なうもの》.

vótive óffering *n.* 〘キリスト教〙 献納, 誓願の供え物 (cf. *Lev.* 7:16).

vo·tress [vóutrɪs, -trəs | váu-] *n.* 《古》 =votaress.

Vo·ty·ak [vóuṭiæ̀k | váuti-; *Russ.* vatják] 〘▭ Russ. ~ 'member of Vot (=Votyak people)': cf. Vyatka〙 **—** *n.* **1 a** [the ~(s)] ヴォチャーク族《ソ連邦内の Udmurt 共和国に住む》. **b** ヴォチャーク族の人. **2** ヴォチャーク語. ★ Udmurt の旧称.

vou. 《略》 voucher.

vouch [váutʃ] 〘《*a*1325》▭ OF *vouch-er* < ? L *vocāre* to call ← *vōc-, vōx* 'VOICE'〙 **—** *vi.* **1 a** 〔人の正直などを〕保証する, 請け合う, 〔…の〕保証人になる 〔*for*〕: ~ *for* a person's honesty 人の正直を保証する / I will ~ *for* him. 彼は私が保証する / I cannot ~ *for* the accuracy of my memory. 記憶が正しいかどうか請け合いかねる. **b** 〈ものが〉〔…の〕保証[証拠]となる 〔*for*〕: The paper will ~ *for* the payment of his debts. その書類は彼の借金支払いを証明するであろう. **2** [~ *for it that* として] 断言する (assert): I can't ~ *for it that* the house is not already sold. その家がまだ売られていないとは断言できない. **—** *vt.* 《古》 **1 a** 保証する (warrant, attest): ~ one's statement. **b** 請け合って〈…だと〉言う, 断言する, 請け合う (affirm, declare) 〈*that*〉: He ~*es that* he has seen God. 彼は神を見たと言う. **2** 例証として挙げる, 引証する (cite). **3** (裁判所へ)出頭を命じる. **4** 証人として喚問する[採用する]. **—** *n.* 《廃》保証すること, 保証 (attestation); 断言 (assertion).

vouch·ee [vàutʃíː] 〘《15C》〙 *n.* 被保証人.

vóuch·er 〘□AF ~ (n.)← OF *vo(u)cher* 'to VOUCH': ⇨ -er³〙 ── *n.* **1** 保証人, 証明者. **2** 証拠物件[書類], 証票, バウチャ; (特に, 金銭の支払いを証明する)領収証 (voucher of warranty ともいう). **3** 《英》(商品・サービスの)引換券, 購入券, クーポン(券) (cf. token 7). **4** 〘会計〙 証憑(しょうひょう): **a** 企業と企業外部者との取引上作成される原始記録. **b** voucher system で支払いの正当性を立証する内部書類. ── *vt.* **1** 証明する. **2** …の領収書を作る.

vóucher chèck *n.* 《米》〘会計〙 証憑式小切手《voucher system で振り出される特殊形式の小切手》.

vóucher règister *n.* 《米》〘会計〙 証憑(しょうひょう)記入帳.

vóucher sỳstem *n.* 《米》〘会計〙 証憑式記入帳制度《米国の大企業で採用される支払管理制度で, 小口現金払い以外のすべての支払いにつき, 証憑を作成し, 支払期限が到来した場合, 責任者がその証憑をチェックし, 承認した後にこれを小切手で支払う方法》.

vouch·safe [vautʃséɪf, ˌ-ˈ-|ˈ-ˌ-] 〘《c1303》 *vouche(n) safe* 《原義》 to guarantee as safe: ⇨ vouch, safe〙 ── *vt.* **1 a** [時に二重目的語を伴って] (好意または お情けで)与える, 賜わる, 下さる: Can you ~ me a few minutes' conversation? 2, 3 分間時間をいただくことができましょうか / He did not ~ a reply. 一言の返事もくれなかった / He did not ~ a glance at me. 私を見向きもしてくれなかった. **b** 親切にも…する, …して下さる (condescend) ⟨*to* do⟩: He ~*d to* listen to us. 親切にも我々に耳を傾けて下さった. **2** (好意で)許す (allow, permit): It was ~*d* him to speak. 彼は許されてしゃべった. **3** 《廃》(快く)受け入れる (accept): *Vouchsafe* good morrow from a feeble tongue. 病人の口から朝のご挨拶をさせていただきます(Shak., *Caesar* 2. 1. 313). **~·ment** [ˌ-ˈ-ˈ-] *n.*

Vouet [vwéɪ; *F.* vwɛ], **Simon** *n.* ブーエ《1590-1649; フランスの宮廷画家, 肖像画・歴史画・装飾画を描いた》.

vous·soir [vuːswáː, ˌ-ˈ- | vuːswáː(r; *F.* vuswaːr] 〘《18C》□F ~ ∞ 《1359-60》 *vousore* □OF *vousoir* < VL **volsōrium* ← L *volvere* to roll: ⇨ volute〙 ── *n.* 〘建築〙 迫石(せりいし), ブーソア《アーチを造るくさび形の石材; 両側の力を支える頂上中心にあるものは keystone (要石)という; ⇨ arch¹ 挿絵》.

Vou·vray [vuːvréɪ; *F.* vuvrɛ] 〘フランス中部 Loire 県の町〙 *n.* ヴーヴレ(ワイン)《フランス Touraine 地方産の発泡性または非発泡性の白ぶどう酒》.

vow¹ [váu] 〘《c1300》□AF & OF *vou* (F *vœu*) < L *vōtum* vote: VOTE と二重語〙 ── *n.* **1** (神に対しての, また神かけての)誓い, 誓約, 祈誓 (solemn promise): baptismal ~*s* 洗礼の時の誓約 / a ~ of celibacy [secrecy] 独身の[秘密を守るという]誓い / marriage ~*s* 結婚の誓言 / lovers' ~*s* 恋人同士の誓い / ⇨ MONASTIC vows / take [make] a ~ 誓いを立てる, 願(がん)をかける / I am under [bound by] a ~ to drink no wine. 禁酒の誓いを立てている. **2** 誓いの趣意[内容], 誓った行為: perform a ~ 誓いを果たす / Is this your ~? これが君の誓ったことか. **3** 願い, 祈願. **take (the) vows** (修道誓願を立てて)修道会[修道院]に「はいる. ── *vt.* **1** おごそかに誓う; ⟨…することを⟩誓約する ⟨*that*, *to* do⟩: ~ a pilgrimage 巡礼に出ると誓う / They ~*ed that* they will be loyal to the king. 国王に忠誠を尽くすと誓約した / He ~*ed* never *to* drink liquor again. 二度と酒を飲まないと誓った. **2** 必ず…すると誓う; 必ず奉納すると誓う ⟨*to*⟩: ~ vengeance against the oppressor 圧制者に必ず報復すると誓う / ~ an abbey *to* God for the victory 勝利を得たら感謝のしるしとして修道院を神に献納すると誓う / ~ oneself *to* a life of self-sacrifice 自己犠牲の生涯を送ると誓う. ── *vi.* 誓う, 誓約する.

vow² [váu] 〘《?c1300》《頭音消失》← AVOW〙 ── *vt.* 《古》語気を強めて⟨…だと⟩言う, 明言する, 断言する (assert, asseverate) ⟨*that*⟩: He ~*ed that* he would never return to such an unpleasant place. そんないやな所に二度と戻らないと断言した / I ~ you are in a pretty mess. 君はひどく困っているな.

vow·el [váuəl, váuł] 〘《c1308》□OF *vouel* (F *voyelle*) < L (*litteram*) *vōcālem* vocal (letter): VOCAL と二重語〙 ── *n.* **1** 〘音声〙 母音《口腔内において呼気が妨害されないか, または摩擦の音が生じるほどの狭めがなく発せられる音; cf. consonant 1》. **2** 母音字《英語では a, e, i, o, u の 5 字と, 時に w, y をも加える》. ── *adj.* 母音の: ~ gradation=ablaut / ~ mutation =umlaut. ── *vt.* (**vow·eled, -elled; -el·ing, -el·ling**) **1** =vowelize. **2** 《廃》(博打(ばくち)などで)⟨人⟩に「借りておく(I owe you)」と言う, ⟨人⟩に借用証(IOU)を渡す (cf. three vowels).

vówel hàrmony *n.* 〘言語〙 母音調和《Altaic, Finno-Ugric 語・古代日本語などで第二音節以下の母音が第一音節の母音に同化すること》.

vow·el·ize [váu(ə)làɪz] *vt.* **1** 〘言語〙 ⟨ヘブライ語・アラビア語などのテキスト⟩に母音符号[母音点]を付ける. **2** ⟨子音を⟩母音化する. **vow·el·i·za·tion** [vàu(ə)lɪzéɪʃən, -lə- | -laɪ-, -lɪ-] *n.* 「た.

vówel·less *adj.* 母音のない; 母音をなくして発音し

vówel·like 〘音声〙 *adj.* 母音に類似した, 母音類似音の. ── *n.* 母音類似音《[l], [m], [n], [ŋ], [r], [w], [j] などのように, きこえが大きく口腔内での呼気の妨害も少ない音》.

vówel pòint *n.* 〘言語〙 母音符号, 母音点《ヘブライ語・アラビア語などにおいて子音字の上または下, エチオピア語では後に付けて母音を示す》.

vówel redùction *n.* 〘音声〙 母音弱化 (cf. reduce *vt.* 17).

vówel rhỳme *n.* 〘詩学〙 =assonance 2 a.

vówel shìft *n.* 〘音声〙 (英語における)母音推移 (cf. sound shift): ⇨ Great Vowel Shift.

vówel sỳstem *n.* 〘音声〙 母音体系[組織] (cf. consonant system).

vówel tríangle *n.* 〘音声〙 母音三角形.

vów·er *n.* 誓う人, 誓言者, 誓約者.

vów·less *adj.* 誓い[誓約]のない.

vox [váks | vɔ́ks] 〘《a1550》□L *vōx* 'VOICE'〙 *L. n.* (*pl.* **vo·ces** [vóusiːz | vóu-]) 声, 音声 (voice).

i — u, e o, a; i — u, e o, ɛ ɔ, a

vowel triangles

vóx an·gé·li·ca [-ændʒélɪkə] 〘← NL *vōx angelica* angelic voice〙 ── *n.* 〘音楽〙 **1** =voix céleste. **2** ヴォックスアンジェリカ《音高のわずかに異なる二つの音管を同時に鳴らし, 不協和音によってたゆたうような微妙な音を出させるパイプオルガンの特殊音栓》.

vóx bár·ba·ra [-báəbərə | -bɑ́ː-] 〘□L *vōx barbara* barbarous voice〙 ── *n.* 野蛮語《特に, 動植物学名として採用されるギリシャ語ともラテン語ともつかない新造ラテン語》.

vóx cae·lés·tis [-sɪléstɪs, -təs | -tɪs] 〘□L *vōx caelestis* heavenly voice〙 *n.* 〘音楽〙 =vox angelica.

vox De·i [váks-díːaɪ, wóuks-déiː, wɔ́(ː)ks- | vɔ́ks-díːaɪ, wɔ́ks-déiː] 〘□L *vōx Deī* voice of God〙 *n.* 神の声: ⇨ vox populi, vox Dei.

vóx hu·má·na [-hjuːmáːnə, -méɪ- | -hjuːmáː-, -hju-] 〘← NL *vōx hūmāna* human voice〙 ── *n.* 〘音楽〙 ヴォックス フマーナ《人声に似た音を出すパイプオルガンの 8 フィートの音栓》.

vóx póp 〘↓〙 *n.* 《英俗》〘ラジオ・テレビ〙 街頭などで一般の声を聞くインタビュー.

vox po·pu·li [váks-pápjulàɪ, -páp(j)ulìː, wóuks-póupuliː, wɔ́(ː)ks-pɔ́(ː)p- | vɔ́ks-pɔ́pjulàɪ, -lìː, wɔ́ks-pɔ̀puliː] 〘↓〙 *n.* 人民の声, 世論 (public opinion).

vóx pópuli, vóx Déi 〘□L *vōx populī, vōx Deī* 'people's voice, God's voice': Alcuin, *Epistles* (*c.* 800) から〙 *L.* 民の声は神の声 (cf.「天声人語」).

voy·age [vɔ́ɪ(ɪ)dʒ, vɔ́ːɪdʒ | vɔ́ɪ(ɪ)dʒ] 〘《c1300》 *viage, voiage* □AF & OF *veiage, vo(i)age* (F *voyage*) < L *viāticum* provision for a journey: VIATICUM と二重語〙 ── *n.* **1 a** (特に, 遠路の)船旅, 航海: a ~ to Australia / a ~ round the world 世界一周航海, 世界周航 / a broken ~ 〘捕鯨〙 漁獲のなかった航海, 欠損航海 / a rough ~ 難航海 / a whaling ~ 捕鯨航海 / a round ~ 巡遊航海 / a brief ~ from Dover to Calais ドーバーからカレーまでの短い航海 / the ~ of life 人生の航海[旅路] / make [take, go on] a ~ 船旅に出る. **b** (飛行機・宇宙船などによる)飛行; 航空旅行, 空の旅: a ~ to the moon. **c** 《古》旅, 旅行. **2** [しばしば *pl.*] 航海記 (cf. travels). **3** 《廃》企て, 冒険的事業. ── *vi.* 航海する, 海[水路]の旅をする; 空の旅をする, 旅行する (travel): ~ around the world. ── *vt.* (船で)渡る, 航海する; (飛行機で)越える (traverse): ~ the seven seas.

voy·age·a·ble [vɔ́ɪ(ɪ)dʒəbł, vɔ́ːɪdʒ- | vɔ́ɪ(ɪ)dʒ-] *adj.* 航海ができる, 航行できる.

vóyage pòlicy *n.* 〘海上保険〙 航海保険証券.

voy·ag·er [vɔ́ɪ(ɪ)dʒə, vɔ́ːɪdʒ- | vɔ́ɪədʒə(r, vɔ́ɪɪdʒ-] 〘《1477》〙 *n.* 航海者; 旅行者 (traveler); (特に)冒険[探険]的航海者.

vo·ya·geur [vɔ̀ɪəʒə́ː, vwàːjɑː- | vwàːjɑːʒə́ː(r; *F.* vwajaʒœːr] 〘□F ~ 'traveler': ⇨ voyage, -er¹〙 ── *n.* (*pl.* **~s** [~]) 船頭《特に, 昔カナダの毛皮貿易商会の雇い人で, 湖水・河川に臨む各出張所間の運送に従事した船頭で, 多くはフランス系カナダ人またはインディアンとの混血人》.

voy·eur [vwɑːjə́ː, vɔɪə́ː | vwɑːjə́ː(r; *F.* vwajœːr] 〘□F ~ ← *voir* to see < L *vidēre*: ⇨ vision〙 *n.* (*pl.* **~s** [~z; *F.* ~]) **1** 観淫者, 窃視(せっし)者,「出歯亀」,「のぞき屋」(Peeping Tom) (cf. voyeurism). **2** (醜聞などを)やたらに穿鑿(せんさく)する人, のぞき趣味の人.

voy·éur·ism [-(r)ɪzm | -rɪzm] 〘⇨ ↑, -ism〙 ── *n.* 〘精神医学〙 窃視(せっし)症《性器・性行為に対する病的なのぞきの欲求》. **voy·eur·is·tic** [vwɑ̀ːjə(ː)rístɪk, vɔɪ- | vwɑ̀ːjəːr-] *adj.*

Voz·ne·sen·sky [vàznəsénski | vɔ̀znəsénskɪ; *Russ.* vəznjisjénskjij], **Andrei Andreevich** *n.* ヴォズネセンスキー《1933- ; ソ連の詩人》.

v.p. 《略》 vapor pressure; variable pitch; various pagings; various places; 〘文法〙 verb passive 受動態動詞. 「President.

VP, V.P. 《略》〘文法〙 verb phrase (cf. NP); Vice-

V-párticle 〘その崩壊過程で霧箱 (cloud chamber) の中に残した V 字型の飛跡にちなむ〙 ── *n.* 〘物理〙 V 粒子《1947 年発見された新粒子で, 今ではさらに分類され, K 中間子, Λ ハイペロンと呼ばれている》.

V. Pres. 《略》 Vice-President.

v.r. 《略》〘文法〙 verb reflexive 再帰動詞.

V.R. 《略》 *L.* Victōria Rēgīna (=Queen Victoria); Volunteer Reserve.

vrai·sem·blance [vrèɪsɑ̃ː(m)blɑ́ː(n)s, -sɔ̃(m)blɔ̃ː(n)s, -sɑːmblɑ́ːns, -sɔ(ː)mblɔ́(ː)ns | ˌ-ˌ-ˈ-, ˌ-ˌ-ˈ-; *F.* vrɛsɑ̃blɑ̃ːs] 〘《1831》□F ~ ← *vrai* true+*semblance* appearance〙 ── *F. n.* 真実らしく見えること, 本当らしさ, もっともらしさ (verisimilitude).

v. refl. 《略》〘文法〙 verb reflexive 再帰動詞.

V. Rev. 《略》 Very Reverend.

Vries, Hugo De *n.* ⇨ De Vries.

vrille [vríl] 〘□F ~ 《原義》 tendril〙〘航空〙 *n.* 錐もみ, ブリル. ── *vi.* 錐もみする.

vroom [vrúːm] 〘擬音語〙《米口語》 *n.* (自動車・バイクなどの)加速音. ── *vi.* 加速音を出す.

vrouw [fróu, vróu, fráu, vráu | fráu, vráu; *Afrik.* fráu] 〘《c1620》□Du. ~ & Afrik. *vrou*: cog. G *Frau*〙 ── *n.* (*also* **vrow** [~]) (オランダ人・南アフリカ共和国生れの白人の)女; …夫人 (Mrs.) (cf. Frau).

vs. 《略》 verse; versus.

v.s. 《略》 variable speed; vide supra (cf. v.i.); 〘音楽〙 *It.* volti subito (=turn over quickly).

V.S. 《略》 Veterinary Surgeon; 〘化学〙 volumetric solution 標準液.

V-shàped *adj.* V 字形の.

V sìgn 〘← v(ICTORY)〙 ── *n.* V サイン: **a** (第二次大戦中から広まった)勝利の印; 平和[賛同, OK]の印《手の甲を内に向けて中指と人指し指を V 字形に広げる》. **b** 卑俗な軽蔑・挑戦・怒りなどの印《上と同じ V 字形を作り手の甲を外に向ける》.

V.S.O. 《略》 very superior [special] old《12-17 年のブランデーの貯蔵年数の表示》; 《英》 Voluntary Service Overseas.

V.S.O.P. 《略》 very superior [special] old pale《18-25 年のブランデーの貯蔵年数の表示》.

vss. 《略》 verses; versions.

V/STOL [víːstoul, -stɔ(ː)ł, -stɑł | -stɔł] 〘《頭字語》← *v(ertical) s(hort) t(ake off and) l(anding)*〙 ── *n.* 〘航空〙 ヴィストール《垂直 / 短距離離着陸》; ヴィストール機《VTOL 機および STOL 機の総称》.

VSWR, vswr 《略》 voltage standing wave ratio.

VT 《記号》〘米郵便〙 Vermont (州).

VT, V.T., v.t. 《略》 variable time.

vt., v.t. 《略》〘文法〙 verb transitive 他動詞.

Vt. 《略》 Vermont (州).

V.T. 《略》 vacuum tube; *L.* Vetus Testāmentum (=Old Testament); voice tube.

VT fùze *n.* 〘軍事〙 variable time fuze.

VTO, V.T.O. 《略》〘航空〙 vertical takeoff 垂直上昇, 「垂直離陸.

VTOL [víːtoul, -tɔ(ː)ł, -tɑł | -tɔł] 〘《頭字語》← *v(ertical) t(ake) o(ff and) l(anding)*〙 ── *n.* 〘航空〙 ヴィトール《垂直離着陸》; ヴィトール機《垂直離着陸性能をもつ航空機; cf. STOL》.

VTOL·pòrt *n.* 〘航空〙 VTOL 空港.

VTR 《略》〘テレビ〙 videotape recorder.

V-twó *n.* =V-2. 「形発動機[エンジン].

V-týpe éngine *n.* 〘機械〙 (内燃機関の) V 形機関, V

VU 《略》〘電気〙 volume unit.

vug [vʌ́g, vúg] 〘□Corn. *vooga* cave〙 *n.* (*also* **vugg** [~], **vugh** [~]) 〘鉱山〙 がま《鉱脈中の小空洞》. **vúg·gy** [-gi | -gɪ] *adj.*

Vuil·lard [vwiːjáə | -jɑ́ː(r; *F.* vɥijaːr], **(Jean) Édouard** *n.* ビュイヤール《1868-1940; フランスの画家; ナビ派の代表者の一人》.

Vul. 《略》 Vulgate.

Vul·can [vʌ́łkən] 〘□L *Vulcān-us* ← Etruscan: cf. volcano〙 *n.* 〘ローマ神話〙 ウルカヌス《火と鍛冶(かじ)仕事の神; ギリシャ神話の Hephaestus に当たる》.

Vul·ca·ni·an [vʌłkéɪniən | -nɪən, -njən] *adj.* (*also* **Vul·ca·ne·an** [~]) **1** ウルカヌス (Vulcan) の. **2** [v-] 火山の (volcanic). **3** [v-] 鍛冶(かじ)仕事の, 金工の. **4** [v-] 〘地質〙 火成説の (plutonic): the *vulcanian* theory 火成説. 「volcanism.

vul·ca·nic·i·ty [vʌ̀łkənísəṭi | -sətɪ, -sɪ-] *n.* 〘地質〙 =

vúl·can·ism [-nìzṃ] *n.* 〘地質〙 =volcanism.

vúl·can·ist [-nɪst, -nəst | -nɪst] *n.* =volcanist.

vul·can·ite [vʌ́łkənàɪt] 〘《1836》← VULCAN+-ITE¹〙 *n.* ヴァルカナイト, 硬化ゴム (hard rubber, ebonite).

vul·ca·niz·a·ble [vʌ́łkənàɪzəbł] *adj.* 硬化[加硫, 硫化]できる.

vul·ca·ni·zate [vʌ́łkənɪzèɪt, -nə-, vʌ̀łkənáɪzeɪt | vʌ́łkənɪzèɪt, vʌ̀łkənáɪzeɪt] 〘《逆成》↓〙 *n.* 加硫ゴム製品.

vul·ca·ni·za·tion [vʌ̀łkənɪzéɪʃən, -nə- | -naɪ-, -nɪ-] *n.* **1** (ゴムの)加硫, 硫化《生ゴムに硫黄(いおう)を化合させて行なう硬化操作; ⇨ cure 4》. **2** 硬化操作.

vul·ca·nize [vʌ́łkənàɪz] *vt.* **1** ⟨ゴムを⟩加硫させる, 硫化する. **2** ⟨ゴム以外の物質を⟩(類似の方法で)硬化する. **3** (薬品と熱で処理して)⟨ゴム・タイヤなどを⟩修理する.

vúlcanized fíber 〘← *Vulcanized Fibre* (商標名)〙 ── *n.* (バルカン)ファイバー《木綿またはパルプの繊維を塩化亜鉛で角質に硬化させたもの; 電気絶縁材・事務用品などに利用する》.

vúl·ca·nìz·er *n.* 加硫装置.

vul·ca·no·log·i·cal [vʌ̀łkənəládʒɪkəl, -nḷ-, -dʒə- | -nəlɔ́dʒɪ-] *adj.* =volcanologic.

vùl·ca·nól·o·gist [-dʒɪst, -dʒəst | -dʒɪst] *n.* =volcanologist. 「canology.

vul·ca·nol·o·gy [vʌ̀łkənálədʒi | -nɔ́lədʒɪ] *n.* =vol-

vulg. 《略》 vulgar; vulgarity; vulgarly.

Vulg. 《略》 Vulgate.

vul·gar [vʌ́łgə | -gə(r] 〘《1391》□L *vulgār-is* of the common people: ⇨ vulgus¹, -ar¹〙 ── *adj.* **1** (上流階級に対して)平民の, 庶民の, 民衆の: ~ circles 平民

[庶民]社会 / the ~ herd 一般民衆, 庶民. **2** 教養のない, 下品な, 無作法な, 下卑た, 野卑な (low, coarse); 俗悪な; 猥褻(わいせつ)な (obscene): a ~ fellow 下品な男 / ~ manners 無作法 / a ~ display of wealth 野卑な富の誇示 / ~ tastes 俗悪な趣味 / ~ words 野卑な言葉 / a ~ gesture みだらな仕草. **3 a** 一般大衆の(間に行なわれる), 民間の, 俗間の: ~ errors 一般に誤り信じられている事柄 / ~ superstitions 俗間の迷信 / ⇨ vulgar purgation. **b** 一般に行なわれている, 普通の, 通俗の (popular). **4** 〈言語が〉民衆一般が話す[使用する] (cf. colloquial 2); 自国語による[に訳された, を用いた] (vernacular): the ~ tongue [speech] 自国語《以前は特にラテン語に対して言った》/ the ~ translation of the Greek text of the New Testament 新約聖書のギリシャ語原典からの自国語訳. **5** 美的価値のない, 陳腐な, 平凡な (ordinary): ~ architecture. **— *n.* 1** [the ~] 一般人民, 民衆, 庶民 (common people). **2** 《廃》自国語 (vernacular). **~·ness** *n.*

vúlgar éra *n.* [the ~] キリスト紀元 (Christian Era).

vúlgar fráction *n.* 〚数学〛=common fraction.

vul·gar·i·an [vʌlgέ(ə)riən | -gέəri-] *n.* 下卑た人, 俗物; (特に)俗悪な成り上がり者. **—** *adj.* 俗物の, 低俗な.

vúl·gar·ìsm [-gərìzm] 〚《1644》〛 *n.* **1** =vulgarity. **2 a** 野卑[卑猥(ひわい)]な言葉. **b** (主に無教養な人の使う)卑俗語句[表現], 語法違反, 非標準的な語法.

vul·gar·i·ty [vʌlgǽrəṭi, -gér- | -gǽrəti, -ri-] 〚《1579》 ▭ LL *vulgāritāt-em*: ⇨ vulgar, -ity〛 **—** *n.* 俗悪, 野卑, 卑俗, 下品 (rudeness); 卑俗な行為[言葉遣い], 無作法 (indecorum).

vul·gar·i·za·tion [vʌ̀lgərizéiʃən, -rə- | -rai-, -ri-] *n.* **1** 卑俗化, 俗悪化 (debasement). **2** (高級な学術・技術・知識を)通俗[平俗]化すること; わかりやすい解説.

vul·gar·ize [vʌ́lgəràiz] 〚《1605》〛 **—** *vt.* **1** 俗化する, 俗悪[野卑, 下品]にする: The tripper has ~*d* many of the loveliest spots in England. 旅行者によって英国の最も景色の美しい場所がたくさん俗悪化した. **2** 通俗[平俗]化する, 俗間に普及させる (popularize). **vúl·gar·ìz·er** *n.*

Vúlgar Látin *n.* (卑)俗ラテン語《文学・学術書によって伝えられている文語としての古典ラテン語に対し民衆が口語として用いていたラテン語で, 多くのロマンス諸語の起源となったもの》.

vúl·gar·ly 〚ME〛 **—** *adv.* **1** 通俗に, 世間一般に, 俗間に, 俗に (commonly, popularly): be ~ supposed to be a cure 治療になると俗に思われている. **2** 俗悪に, 野卑に, 下品に: behave [speak] ~.

vúlgar purgátion 〚← *vulgar* (教会が是認しなかったことから)〛 *n.* 俗間の無罪証明《探湯(くかたち)などによる》.

Vul·gate [vʌ́lgeit, -git, -gət] 〚《1609》 ▭ L *vulgāta* (*ēditiō*) popular (edition) (fem. p.p.) ← *vulgāre* to make general or common ← *vulgus* (↓)〛 **— *n.* 1** [the ~] (カトリック教会で用いている)ラテン語訳聖書, ウルガタ聖書《St. Jerome が 4 世紀の終わり近くに訳したもので, 印刷された最初の刊本(1455 年ごろ); cf. Gutenberg Bible》. **2** [v-] 一般に通用しているテキスト, 定本, 流布本. **3** [the ~] **a** 日常語, 口語. **b** 卑俗な[非標準的な]言葉. **—** *adj.* **1** ラテン語訳[ウルガタ]聖書の. **2** [v-] 一般に通用している, 普通認められている, 普通の (common): a ~ text, reading, etc.

vul·gus[1] [vʌ́lgəs] 〚《*a*1687》 ▭ L ~, *volgus* the common people: cf. Skt *varga* group〛 *n.* [集合的] 平民, 庶民, 民衆 (the common people).

vul·gus[2] [vʌ́lgəs] 〚← ? 《廃》 *vulgars* 'ラテン語作文のための英文課題' (*-us* は GRADUS との連想か): cf. vulgar〛 **—** *n.* (もと英国の public school で課した)ラテン語短詩の作詩.

vulned [vʌ́lnd] 〚← L *vuln*(*us*) a wound+-ED 2〛 *adj.* 〚紋章〛〈人・動物など〉傷ついて血を流している.

vul·ner·a·bil·i·ty [vʌ̀ln(ə)rəbíləṭi, -nəb- | -n(ə)rəbíləti, -li-] *n.* 傷[非難]を受けやすいこと, 弱点があること.

vul·ner·a·ble [vʌ́ln(ə)rəbl, -nəbl | -n(ə)rəbl] 〚《1606》 ▭ LL *vulnerābil-is* wounding ← L *vulner-*, *vulnus* a wound ← IE **wel-* to tear, wound (Gk *oulḗ* scar): ⇨ -able〛 **—** *adj.* **1** (武器で)傷つけることができる, 傷を受けやすい: Achilles' only ~ point was his heel. アキレスの唯一の傷つけられる所はかかとであった. **2** (精神的な)害をこうむりやすい, 〔非難・攻撃などを〕受けやすい 〔*to*〕; 弱味[弱点]のある: ~ years (精神的に)傷つきやすい年頃 / be ~ *to* criticism, calumny, temptation, etc. / a ~ point 弱味, 弱点. **3** 〈場所・要塞など〉攻撃されやすい, 攻落されそうな, 堅固でない. **4** 〚トランプ〛 (contract bridge で) バル《rubber で一ゲーム勝った後の状態; ダウンした場合のマイナス点が倍になる》. **~·ness** *n.* **vúl·ner·a·bly** *adv.*

vul·ner·ar·y [vʌ́lnərèri | -n(ə)rəri] 〚← L *vulnerārius* ← *vulnus* (↑)〛 **—** *adj.* **1** 傷を直すのに用いる, 傷につける; 傷薬になる: a ~ herb. **2** 傷を作る, 傷つける (wounding). **—** *n.* (特に, 薬用植物から採った)傷薬.

vul·ning [vʌ́lniŋ] 〚← 《廃》 *vuln* to wound ▭ L *vulnerāre* ← *vulnus* a wound〛 **—** *adj.* 〚紋章〛〈ペリカンが〉胸に傷をつけて血を流している (cf. a PELICAN in her piety).

Vul·pec·u·la [vʌlpékjulə] 〚▭ L *Vulpēcula* (dim.) ← *vulpēs* fox〛 **—** *n.* 〚天文〛こぎつね(小狐)座《はくちょう座とわし座の間にある北天の星座; the Little Fox ともいう》.

vul·pec·u·lar [vʌlpékjulə | -lə(r)] *adj.* 狐の (vulpine).

vul·pi·cide [vʌ́lpəsàid | -pi-] 〚← L *vulpi-*, *vulpēs* fox+-CIDE〛 **—** *n.* 《英》(猟犬で狩る狐狩の方法によらずに)狐を捕えて殺す人; 狐殺し. **vul·pi·cid·al** [vʌ̀lpəsáidl | -pi-] *adj.*

vul·pine [vʌ́lpain, -pin, -pən | -pain] 〚《1628》 ▭ L *vulpīn-us* ← *vulpēs* fox ← ?: ⇨ -ine[1]〛 **—** *adj.* **1** 狐の. **2** (顔つき・性格が)狐のような (foxy); ずるい, 悪賢い (sly, crafty).

vul·pi·nite [vʌ́lpənàit | -pi-] 〚▭ G *Vulpinit* ← *Vulpino* (Lombardy にある地名): ⇨ -ite[1]〛 *n.* 〚鉱物〛バルピナイト《硬石膏の一種》.

vul·ture [vʌ́ltʃə | -tʃə(r)] 〚《*c*1385》 ▭ AF *vultur*=OF *voltour* (F *vautour*) < L *vulturium* ← *vultur*, *voltur*: cf. L *vellere* to pluck〛 **— *n.* 1** 〚鳥類〛 **a** ハゲワシ《旧世界の熱帯および温帯地方にすむ大型のワシタカ科の数種の鳥の総称; クロハゲワシ (black vulture) など》. **b** コンドル《南北アメリカ産コンドル科の数種の鳥の総称; トキイロコンドル (king vulture) など》. **2** 強欲な人.

vul·tur·ine [vʌ́ltʃəràin, -rin, -rən | -tʃəràin, -tjʊr-] 〚《1647》 ▭ L *vulturīn-us*: ⇨ ↑, -ine[1]〛 *adj.* **1** ハゲワシ[コンドル]の. **2** =vulturous.

vúl·tur·ish [-tʃəriʃ] *adj.* =vulturous.

vul·tur·ous [vʌ́ltʃ(ə)rəs | -tʃə-, -tju-] *adj.* ハゲワシ[コンドル]のような; 強欲な.

vulv- [vʌlv] (母音の前に来る時の) vulvo- の異形.

vul·va [vʌ́lvə] 〚《1548–77》 ▭ L ~ 'covering womb' ← ? *volvere* to roll: ⇨ volute〛 **—** *n.* (*pl.* **vul·vae** [-vi:, -vai | -vi:], **~s**) 〚解剖〛陰門, (女性の)外陰(部), 女陰. **vúl·val** [-vəl] *adj.* **vúl·var** [-və, -vɑə | -və(r)] *adj.* **vúl·vàte** [-vèit, -vət, -vit] *adj.*

vul·vi·form [vʌ́lvəfɔ̀əm | -vifɔ̀:m] 〚⇨ vulvo-, -form〛 *adj.* **1** 〚動物〛外陰部に似た形の. **2** 〚植物〛(植物の形態が)哺乳類の腟前庭のような縁をもった.

vul·vi·tis [vʌlváiṭis, -ṭəs | -tis] 〚⇨ ↑, -itis〛 *n.* 〚病理〛陰門炎, 外陰炎.

vul·vo- [vʌ́lvo(u) | -və(u)] 〚← L *vulva* 'VULVA'〛「陰門(の)」の意の連結形. ★ 母音の前では通例 vulv- になる.

vùlvo·vaginítis *n.* 〚病理〛外陰(部)腟炎.

vum [vʌ́m] 〚《転訛》← ? vow[2]〛 *vi.* (**vummed**; **vumming**) 《米方言》誓約する, 誓う (vow, swear).

vv. 《略》 verbs; verses; violins.

v.v. 《略》 vice versa.

vv. ll. 《略》 *L.* variae lēctiōnes (=variant readings).

VVSOP 《略》 very very superior old pale《25–40 年のブランデーの貯蔵年数の表示》.

V-wèapon *n.* V 兵器, 報復兵器 (cf. V-1, V-2).

v.y. 《略》 various years.

Vyat·ka [vjá:tkə | vi-; *Russ.* vjátkə] *n.* [the ~] ビャートカ(川)《ソ連邦ロシヤ共和国西部キーロフ州と Tatar 自治共和国を流れる川 (1,314 km), Kama 川の支流》.

Vy·borg [ví:bɔəg, -bɔ(:)ri | -bɔ:g; *Russ.* víbərk] *n.* ヴィボルグ《ソ連邦ロシヤ共和国北西部, Finland 湾に臨む海港; 以前はフィンランド領 (1917–40); 人口 72,000; フィンランド語名 Viipuri》.

Vy·cor [váikɔə | -kɔ:(r)] *n.* 〚商標〛バイコール《石英ガラスに近い組成と性質をもったガラス》.

Vy·got·sky [vigɑ́tski, və-, gɔ́(:)t- | vigɔ́tski; *Russ.* vigótskjij], **Lev Semenovich** *n.* ヴィゴツキー《1896–1934; ロシヤの心理学者》.

vý·ing 〚(pres.p.) ← VIE〛 *adj.* 競争中の, 張り合っている (competing): the ~ candidates. **~·ly** *adv.*

Vyshinsky, Andrei Yanuarievich *n.* ⇨ Vishinsky.

Vyv·yan [vívjən] 〚《異形》← VIVIAN[1]〛 *n.* **1** 男性名. **2** 女性名.

W

W, w [dʌ́bljùː, -lju] 〘11 世紀ごろからノルマンフランス人の写字生によりルーン文字 ƿ (cf. wen²) の代わりに用いられ, 初めは VV, vv のような連字として書かれ, そこからこの文字の名称 'double u' (＝vv) が来ている〙 ― *n.* (*pl.* **W's, Ws, w's, ws** [～z]) **1** 英語アルファベットの第 23 字. **2** (活字・スタンプなどの) W または w 字. **3** [W] W 字形(のもの). **4** 文字 w が表わす音《way, week などの [w]》. **5** (連続したものの)第 23 番目(のもの); (J を数に入れない時は)第 22 番目(のもの).

W 《記号》 energy; gross weight; very wide; 〘化学〙 tungsten (← G. Wolfram); wolframium; 〘放送〙 米国の一部のラジオ・テレビ放送局の呼出し符号の頭字; 〘貨幣〙 won.

W, W. 《略》 Wednesday.

W, W., w, w. 《略》〘電気〙 watt(s); west; western; withdrawal; withdrawn; withdrew; withheld.

w/ 《略》〘商業〙 with.

w. 《略》 waist; wall; warm; waste; weak; weather; week(s); wet; 〘クリケット〙 wicket; 〘クリケット〙 wide; wife; win; wind; wire; with; woman; 〘海事〙 wooden; word; wrong.

w. 《記号》〘気象〙 wet dew 湿り露.

w., W. 《略》 warden; warehouse; water; weight; white; width; withdrawal; work.

W. 《略》 Wales; Washington; 〘軍事〙 Waterloo; Welch; Welsh; Wesleyan; westerly; Western ロンドンの郵便区の一つ; widow; widower; William; Women('s).

wa [wɑ́ː] 《スコット・英方言》 ＝way¹; we; woe.

WA 《略》 Western Airlines, Inc. ウェスタン航空.

WA 《記号》〘米郵便〙 Washington (州).

W.A. 《略》 West Africa; Western Approaches (to Britain); West(ern) Australia; 〘海上保険〙 With Average 単独海損担保, 分損担保.

wa' [wɔ́ː, wɑ́ː] *n.* 《スコット》 ＝wall.

Waac¹ [wǽk] 〘《頭字語》 ← *W*(*omen's*) *A*(*rmy*) *A*(*uxiliary*) *C*(*orps*)〙 *n.* (米国の)陸軍婦人補助部隊員 (cf. WAAC).

Waac² [wǽk] 〘《頭字語》 ← *W*(*omen's*) *A*(*uxiliary*) *A*(*rmy*) *C*(*orps*)〙 *n.* (英国の)陸軍婦人補助部隊員 (cf. WAAC).

WAAC, W.A.A.C. [wǽk] 《略》 Women's Army Auxiliary Corps (米国の)陸軍婦人補助部隊《第二次大戦中に創設, のちに WAC に変わった; cf. Waac¹》; Women's Auxiliary Army Corps (英国の)陸軍婦人補助部隊《第一次大戦中に創設, のち ATS に, さらに WRAC に変わった; cf. Waac², WRNS, WRAF》.

Waadt [G. vá:t] *n.* ヴァート《Vaud のドイツ語名》.

Waaf [wǽ(ː)f] 〘《頭字語》 ← *W*(*omen's*) *A*(*uxiliary*) *A*(*ir*) *F*(*orce*)〙 *n.* (英国の)空軍婦人補助部隊員 (cf. WAAF).

WAAF, W.A.A.F. [wǽ(ː)f] 《略》 Women's Auxiliary Air Force (英国の)空軍婦人補助部隊《1939 年組織; WRAF の前身; cf. Waaf》.

Waal [vɑ́ːl; *Du.* vá:l] *n.* [the ～] ワール(川)《Rhine 川下流の南方支流; オランダを西流して Meuse 川に注ぐ (84 km)》.

Waals [wɔ́ːlz, vɑ́ːls; *Du.* wá:ls], **Johannes Di·de·rik van der** [díːdərik vɑn dər] *n.* ⇨ van der Waals.

wab [wɑ́ːb] *n.* 《スコット・北英》 ＝web.

Wa·bash [wɔ́ːbæʃ] 〘□ Algonquian (Miami) ～ 《原義》 white-shining: その上流の河床が石灰岩であるところから〙 ― *n.* [the ～] 米国 Ohio 州西部に発し Indiana 州を通って Ohio 川に注ぐ川 (764 km).

wab·ble [wɑ́bl | wɔ́bl] *v.*, *n.* ＝wobble.

wab·bly [wɑ́bli, -bli | wɔ́bli, -li] *adj.* (**wab·bli·er; -bli·est**) ＝wobbly.

Wac [wǽk] 〘《頭字語》 ← *W*(*omen's*) *A*(*rmy*) *C*(*orps*)〙 *n.* (米国の)陸軍婦人部隊員 (cf. WAC).

WAC, W.A.C. [wǽk] 《略》 Women's Army Corps (米国の)陸軍婦人部隊《1943 年 7 月創設; 以前は WAAC といった; cf. Wac, Air Wac, WAVES, WAF》.

Wace [wéɪs, wɑ́ːs | wéɪs] *n.* (1124?–?74) Norman 系の英国の詩人・歴史家; *Geste des Bretons*「ブルターニュ武勲詩」(1154?); 誤って Robert Wace とも呼ばれる.

wack [wǽk] 〘《逆成》? ← WACKY〙 *n.* 《米俗》 変人, 奇人 (screwball).

wack·e [wǽkə] 〘《1803》□ G *Wacke* < OHG *wacko* gravel〙 *n.* 〘岩石〙 粘土基質に富む砂岩.

wack·y [wǽki | -ki] 〘← ? 《英方》 *whacky* fool〙 《米俗》 ― *adj.* (**wack·i·er; -i·est**) 風変わりな, 突飛な, 無茶な, 気違いじみた. ― *n.* 気違いじみた人, 奇人. **wáck·i·ly** [-kɪli, -kə- | -lɪ] *adv.* **wáck·i·ness** *n.*

Wa·co [wéɪkou | -kəu] 〘□ N-Am.-Ind. *Hueco* (種族名) ← ? Muskhogean 《原義》 heron〙 *n.* 米国 Texas 州中部の, Brazos [brǽzəs] 川に臨む都市; 人口 101,000.

wad¹ [wɑ́(ː)d, wɔ́(ː)d | wɔ́d] 〘*n.*: 《1540》 ← ?: cf. Du. *watten* / G *Watte* a wadding. ― *v.*: 《1579》 ← (n.)〙 ― *n.* **1** (綿・紙・毛などの)かたまり, 小塊: a ～ of hair, cloth, paper, cotton, etc. **2** (柔らかい物を丸めた)詰め物 (stuffing), 込め物 (packing), 当て物 (padding), 中入れ綿. **3** (先込め銃・薬包の玉・火薬を押える綿・紙・布・フェルトなどの)押え (plug), 詰め綿, おくり (⇨ shotshell 挿絵). **4** 《米口語》 (紙幣の)束 (roll): a thick ～ of paper money 厚い札束 / a ～ of 100 marks 100 マルクの束. **5** 《口語》 **a** [しばしば *pl.*] 多量: He has ～*s* of money. 大金を持っている. **b** 持ち金: He bet his ～ on the race. レースに持ち金を賭けた. **c** 多額の金: quite a ～ なかなかの大金. **6** 《英方言》 (わら・干し草などの)束 (bundle): a ～ of hay. **7** 《英俗》 パン (bun), サンドイッチ (sandwich). **8** (チューインガム・かみたばこなどの)一かたまり: a ～ of gum, tobacco, etc.

shoot one's wad 《口語》 持ち金を全部賭ける; 一か八かやってみる.

― *vt.* (**wad·ded; wad·ding**) **1** 〈綿・わらなどを〉丸める, 玉にする 〈*up*〉: ～ tow 麻くずを丸める / ～ *up* a paper into a ball 新聞紙を丸めて玉にする. **2** 《米》 〈紙などを〉くるくる巻く 〈*up*〉: He ～*ded* his notebook into the pocket. ノートをくるくると巻いてポケットにねじ込んだ. **3** 〈火薬や弾丸を〉詰め綿などで押える; 〈銃器〉におくりを入れる: ～ a bullet in a gun 弾丸を銃に入れて詰め綿で押える / ～ a gun 銃におくりを入れる. **4** 〈穴を〉〔詰め物で〕ふさぐ 〔*with*〕 …に込め物をする; 〈貴重品などを〉込め物をして荷造りする: ～ one's ears *with* cotton 耳に綿を詰める. **5** 〈衣服〉に綿を入れる: ～ a cloak, coverlet, etc. **6** 〈人を〉ぎっしり詰め込む: They were ～*ded* into a taxi. タクシーにぎっしり詰め込まれた.

wad² [wɑ́(ː)d, wɔ́(ː)d | wɔ́d] 〘《1614》《方言》 black lead ← ?〙 *n.* 〘地質〙 マンガン土.

wad³ [wəd, wɑ́ːd] 〘《変形》 ← 《古形》 *wald* < OE (Anglian) *walde* 'WOULD¹'〙 *v.* 《スコット・英方言》 ＝would.

wad⁴ [wǽ(ː)d, wɑ́(ː)d | wǽ(ː)d, wɔ́d] 〘OE *wædd* ← *wedd* 'WED²'〙 *n.* 〘スコット法〙 担保, 抵当 (pledge).

in wad 入質して, 抵当になって.

wad·a·ble [wéɪdəbl] *adj.* 〈川など〉歩いて渡れる: a ～ stream.

Wad·den·zee [vɑ̀dnzéɪ; *Du.* wɑ́dənzèː] *n.* (*also* **Wad·den Zee** [～]) [the ～] ワッデン海《オランダ本土と西部 Frisian Islands との間の北海の浅いところ》.

wád·ding 〘《1627》 ← WAD¹ (v.)＋-ING¹〙 ― *n.* **1** 詰め物, 込め物 (wad) 《綿・羊毛・わらなど》; (着物などの)入れ綿. **2** (鉄砲や薬包の)押え, 詰め綿, おくり材料《綿・フェルトなど》.

wad·dle [wɑ́dl, wɔ́(ː)dl | wɔ́dl] 〘《?c1400》 'to fall heavily' (freq.) ← WADE: ⇨ -le³〙 ― *vi.* **1** 〈カモ・アヒルなどが〉よたよた歩く; 〈幼児・足の短い肥えた人などが〉(アヒルのように)よたよた[よちよち]歩く[進む] (toddle): The ducks ～*d about* in the yard. アヒルは中庭をよたよた歩き回った. **2** ゆらゆら[ぐらぐら]しながら進む: The steamer ～*d out* into the river. 汽船はゆらゆら揺れながら川へ出て行った. ― *n.* よたよた歩き, よちよち歩き.

wád·dler [-dlə, -dlə | -dlə(r, -lə(r] *n.* よたよた[よろよろ]歩く人.

wád·dling [-dlɪŋ, -dl- | -dl-, -dl-] *adj.* よたよた歩きの, よろよろ歩きの. **～·ly** *adv.*

wád·dly [-dli, -dli | -dli, -dli] *adj.* よたよた歩く, よたよた歩きの: a ～ walk [person].

wad·dy¹ [wɑ́di, wɔ́(ː)di | wɔ́di] 〘《1814》□ Austral. 《土語》 ＜《変形》? ← WOOD¹〙 《豪》 ― *n.* **1** (オーストラリア現住民の)戦闘用棍棒(こんぼう) (war club). **2** 木の棒; 木くぎ, ステッキ. ― *vt.* 戦闘用棍棒で打つ[攻撃する].

wad·dy² [wɑ́di, wɔ́(ː)di | wɔ́di] 〘← ?〙 《米西部》 ＝cowboy 2.

Wad·dy [wɑ́di, wɔ́(ː)di | wɔ́di] 〘(dim.) ← WADSWORTH〙 *n.* 男性名.

wade [wéɪd] 〘OE *wadan* to go < Gmc **waðan* (G *waten*) ← IE **wādh-* to go (L *vādere* to go & *vadāre* to wade)〙 ― *vi.* **1** (川・雪・泥・砂などの中を)歩いて渡る, 踏み渡る, 歩いて行く: ～ *across* a stream / ～ *in* the snow / ～ *through* the mud, tall grass, etc. / ～ *through* slaughter to a throne 戦場の血潮を踏み渡って王位につく (Gray, *Elegy Written in a Country Churchyard*). **2** 毛鉤釣りをしながら川の中を歩く. **3** 骨を折って進む, (やっと)切り抜ける 〔*through*〕: ～ *through* a book (退屈な, または厚い)本を骨折って読んでいく / ～ *through* difficulties やっと困難を切り抜ける. **4** (浅い)水の中で遊ぶ: ～ in the river 川の中で遊ぶ. **5** 《廃》 行く (go), 進む, 通る. ― *vt.* 〈川などを〉歩いて渡る[通る] (ford): ～ mud [a stream].

wade in (1) 浅瀬に入る. (2) 《口語》 猛烈に敵[相手]を攻撃する: The two men ～*d in*, exchanging blows. 二人の男は猛烈に相手を攻撃してなぐり合った. (3) 《口語》 元気よく仕事に取りかかる, 威勢よく始める: I ～*d* straight *in*. すぐ元気よく仕事に取りかかった.

wade into 《口語》 (1) 〈敵・相手〉を猛烈に攻撃する: He ～*d into* his opponent with his fists flying. こぶしを振りかざして相手を猛烈に攻撃した. (2) 元気よく〈仕事など〉に取りかかる, 威勢よく…を始める: ～ *into* one's work, discussion, etc.

― *n.* 歩き渡り, 徒(かち)渡り.

Wade [wéɪd], **Sir Thomas Francis** *n.* (1818–95) 英国の外交官・中国学者; Wade system を考案.

wade·a·ble [wéɪdəbl] *adj.* ＝wadable.

wád·er *n.* **1** (水の中などを)歩いて渡る[徒(かち)渡る]人. **2** 〘鳥類〙 ＝wading bird. **3** [しばしば *pl.*] (釣り師などのはく, 太腿(もも)または胸まで届く)防水長靴.

waders 3

Wáde sỳstem 〘← *Sir Thomas F. Wade*〙 *n.* [the ～] ウェード式《中国語のローマ字表記法の一つ; cf. Pinyin》.

wa·di [wɑ́ːdi | wɔ́dɪ, wǽdɪ, wɑ́ːdɪ] 〘《1839》□ Arab. *wādī* channel of a river, valley〙 ― *n.* **1** ワジ, 涸谷(かれだに) 《アラビア・北アフリカ地方で降雨時以外には水のない河床, 谷川岸にはしばしばオアシスができる》; 砂漠地方における同上の涸谷. **2** オアシス (oasis).

wád·ing bìrd *n.* 〘鳥類〙 渉禽(しょうきん) 《ツル・サギ・シギ・チドリなど, 浅い水中を渡渉して餌(え)をあさる脚の長い鳥》.

wáding bòots *n. pl.* ＝wader 3.

wáding pòol *n.* (公園などの)子供の水遊び場.

wad·mal [wɑ́dməl, wɔ́(ː)d- | wɔ́d-] 〘《1392》□ ON *vaðmāl* ← *vāð* 'cloth, weed²'＋*māl* 'measure, MEAL¹'〙 ― *n.* (*also* **wad·mol** [～], **wad·mel** [～]) 粗(あら)く厚い, けば立った毛織地《昔, イングランドやスカンジナビアで冬服に用いられた》.

wad·na [wɑ́ːdnə] 〘← WAD³＋NA〙 《スコット・英方言》 ＝would not.

wad·set [wǽdset, wɑ́d-] 〘《a1338》 *wedset* ← OE *tō wedde settan* to set for pledge: ⇨ wed², set〙 *n.*, *v.* (**-set·ted; -set·ting**) 〘スコット法〙 ＝mortgage.

wád·set·ter [-tə | -tə(r] *n.* 〘スコット法〙 **1** ＝mortgagee. **2** ＝mortgagor.

Wads·worth [wɑ́dzwəθ, wɔ́(ː)dz-, -wəːθ | wɔ́dzwəːθ, -wəθ] 〘もと地名: 《原義》 homestead of *Wade* (⇨ wade)〙 *n.* 男性名 《愛称形 Waddy》.

wa·dy [wɑ́ːdi | wɔ́dɪ, wǽdɪ, wɑ́ːdɪ] *n.* ＝wadi.

wae [wéɪ] 〘ME 《北部方言》 *wa* < OE *wā* 'WOE'〙 *n.* 《スコット・北英》 ＝woe.

wae·sucks [wéɪsʌks] 〘← WAE＋*sucks* (《変形》 ← *sakes*): ⇨ sake¹〙 *int.* (*also* **wae·suck** [-sʌk]) 《スコット》 ＝alas.

waf [wǽ(ː)f] *adj.* 《スコット》 ＝waff².

Waf [wǽ(ː)f] 〘《頭字語》 ← *W*(*omen in the*) *A*(*ir*) *F*(*orce*)〙 *n.* (米国の)空軍婦人部隊員 《俗に Air Wac ともいう; cf. WAF》.

WAF, W.A.F. [wǽ(ː)f] 《略》 Women in the Air Force (米国の)空軍婦人部隊 (cf. Waf, WAC, WAVES).

w.a.f. 《略》〘商業〙 with all faults.

Wafd [wɑ́(ː)ft | wɔ́ft, wǽft, wɑ́ːft] 〘□ Arab. ～ 《原義》 deputation〙 *n.* ワフド党《エジプトの極端な愛国党; 1953 年解散》.

Wafd·ist [-tɪst, -təst | -dɪst] *adj.* ワフド党 (Wafd) の. ― *n.* ワフド党員.

wa·fer [wéɪfə | -fə(r] 〘《c1378》 *wafre* thin cake □ AF *wafre* 《変形》 ← ONF *waufre* (F *gaufre*) □ MLG *wāfel* 'honeycomb, WAFFLE¹': cf. OHG *waba* honeycomb〙 ― *n.* **1** ウエファース: (as) thin as a ～ ひどく薄い. **2** 〘教会〙 (カトリック・英国国教会でミサの時に用いるパン種を入れずに作った)薄焼きパン, ウエーファー. **3** (ウエファースのように)薄い平らなもの. **4** 封緘(ふうかん)紙. **5** 〘医学〙 カシェ剤《薬を入れまたは包んで飲むための補助剤; cachet ともいう》: a ～ capsule カプセル / ～ paper (sheet) オブラート. **6** 〘電子工学〙 ウェーファー《半導体基板; cf. chip 9》.

― *vt.* **1** 封緘紙で…の封をする: ～ a letter. **2** 〈干し草などを〉ぎっしりと小さく固める. **3** 〘電子工学〙 〈シリコンロッドなどを〉ウェーファーに分割する.

wáfer-thín *adj.* 非常に薄い: the party's ～ majority

in Parliament その党が議会で占めるぎりぎりの過半数.

wa·fer·y [wéɪfəri | -ri] *adj.* ウエファースのような, ウエファースのように薄い.

waff[1] [wǽ(ː)f] 〘(変形) ← WAVE〙 ── *n.* 《スコット・北英》 **1** 手などを振る合図: put out [set forth] a ～ 合図として手などを振る. **2 a** (風などの)一吹き (blast, puff). **b** ぷんと来るにおい[香り] (whiff): a ～ of roses. **3** 軽い病気: a ～ of cold 風邪引き. **4** 一目 (glimpse). **5** 幽霊 (wraith).

waff[2] [wǽ(ː)f] 〘(変形) ← WAIF〙 《スコット》 *adj.* **1** 価値のない. **2** 〈動物が〉さまよう (stray); 〈人が〉孤独な (solitary), 仲間のない. ── *n.* 浮浪者 (vagrant).

waff·ie [wǽfi | -fɪ] 〘← WAFF[2]＋-IE〙 *n.* 《スコット》浮浪者, やくざ者 (vagrant).

waf·fle[1] [wɑ́fl, wɔ́(ː)fl | wɔ́fl] 〘《1808》□ Du. *wafel* wafer＝MLG *wāfel*: cf. wafer〙 ── *n.* ワッフル《小麦粉・牛乳・卵・ベーキングパウダーなどを合わせた生地を, ワッフルの焼き型 (waffle iron) で焼いた菓子》. ── *adj.* (ワッフルに似た)格子形の刻み目のついた: a ～ weave ワッフル織り《蜂巣織 (honeycomb) の一種》.

waf·fle[2] [wɑ́fl, wɔ́(ː)fl | wɔ́fl] 〘(freq.) ← 《廃》 *waff* yelp 《擬音語》〙 《英》 ── *vi.* のべつ幕なしにしゃべる; むだ口をきく, 駄文(ぶん)を草する. ── *n.* **1** 早口のおしゃべり; むだ口, 駄弁, 駄文. **2** 小犬のほえ声.

wáffle clòth *n.* 〘紡織〙 ＝honeycomb 2 c.

wáf·fled *adj.* ＝waffle[1].

wáffle ìron *n.* ワッフル焼き型《格子などの模様のついた2枚の鉄板を蝶番(ちょうつがい)でつないだ器具》.

wáf·fling [-flɪŋ, -fl-] 〘← WAFFLE[2]〙 *adj.* あいまいな (vague), どっちつかずの (indecisive): a ～ resolution.

waft[1] [wɑ́ːft, wǽ(ː)ft, wɔ́(ː)ft | wɑ́ːft, wɔ́ft] 〘《1513》(逆成) ← 《廃》 *wafter* armed escort vessel □ Du. & LG *wachter* guard: ある意味では WAFF[1] と混同〙 ── *vt.* **1** (空中・水上などを)ふわりと運ぶ, 軽く漂わせる, ふんわり送る[飛ばす]: a fragrance ～*ed* by the wind from the meadow 牧場から風に漂って来る香り / ～ a kiss キスを投げ送る / be ～*ed* on the breeze 〈音などが〉風で伝わる / A breeze ～*ed* the boat over the water. ボートは微風で水上を漂った. **2** 《廃》(手を振って)…に合図する (signal), 呼び招く (summon). ── *vi.* **1** (空中に)ふんわりと漂う[浮かぶ] (float): A fragrance ～*ed* from the meadow. 牧場からいい香りが漂って来た. **2** 投げキッスをする. **3** 〈風が〉そよそよと吹く: A soft air ～*ed* in through the open door. 微風が開いたドアからそよそよと入って来た. ── *n.* **1** (風の)一吹き (puff): a ～ of wind. **2** 一吹きの風 (blast, gust). **3** ふんわり漂って来る香り, 風に運ばれて来る物音; (音・香りなどの)漂い: a ～ of bells 風に運ばれて来る鐘の音. **4** ふわふわと動く運動, 揺り, 揺れ; 翻り, 羽ばたき. **5** 〘海事〙 信号のために掲げた旗(またはそれに代わるもの); そういう手段による信号: make a ～ 信号として旗またはそれに代わるものを掲げる. **6** つかの間の感じ: a ～ of peace, joy, etc.

waft[2] [wǽ(ː)ft] *n.* 〘紡織〙 《スコット》 ＝weft[1].

waft·age [wɑ́ːftɪdʒ, wǽf-, wɔ́(ː)f- | wɑ́ːf-, wɔ́f-] 〘《1558》 ← WAFT[1] (v.)＋-AGE〙 *n.* 《古》 **1** ふわりと送ること[送られること]. **2** (船による)輸送 (conveyance).

wáft·er *n.* 吹き送る人[もの]; (特に送風機の)回転翼.

waft·ure [wɑ́ːftʃə, wǽf- | wɑ́ːftʃə(r, wɔ́f-] 〘《1599》 ← WAFT[1] (v.)＋-URE〙 *n.* **1** ふわりと送ること, 漂って来ること. **2** 漂って来るもの, 漂流物, ほのかな香り.

wag[1] [wǽ(ː)g] 〘*v.*: (? *a*1200) □ ? ON *vag-a* to rock (a cradle): cf. OE *wagian* to shake〙 ── *v.* (**wagged**; **wag·ging**) ── *vt.* **1** (上下・前後・左右に)振る, 揺する (shake, swing): ～ one's head (あざけってまたは面白がって)頭を振る / ～ one's finger at a person ⇨ finger *n.* 1 / A dog ～*s* its tail. 犬は喜んで尾を振る / The tail ～*s* the dog. 下の者が上の者を支配する, 下剋上(げこくじょう) / The boy ～*ged* his flag *about*. 少年はしきりに旗を振った. **2** (しゃべるために)〈舌などを〉動かし続ける: ～ one's tongue [jaws] うるさく[べらべら, 絶えず]しゃべる. **3** [～ it として] 《英俗》(学校を)ずる休みする, さぼる (cf. wag[2] 2). ── *vi.* **1** 〈頭・尾などが〉しきりに揺れる, しきりに動く: He sat still with his head ～*ging* in time to the music. 音楽に合わせて頭を振りながら静かに坐っていた. **2** 〈舌・あごなどが〉しきりに動く: The scandal set tongues [chins, jaws] ～*ging*. その醜聞が伝わると世間はいろいろ取りざたした / Your tongue ～*s* too freely. 君は口が軽すぎる. **3** (頭や指を振って)合図する. **4** よたよた歩く (waddle). **5** 体を揺する; 〈犬が〉体を揺すって歩く. **6** 《古》〈世の中・時勢が〉移り行く, 進行する (go on, proceed) 〈*on, along*〉: let the world ～ (as it will) 成行きを傍観する / This is how the world ～*s*. 世の中はこんなものだ (cf. Shak., *As Y L* 2. 7. 23) / How ～*s* the world (with you)? 景気はどうかね. **7** 《古》立ち去る, 行ってしまう (depart): We must ～. **8** 《英俗》(学校を)ずる休みする (play truant): ～ *from* school. **9** 《古》動く, 活動する; [主に否定構文で] 体[手足]を動かす: No creature ～*ged* to help him. 彼を助けるために体を動かす者はいなかった. ── *n.* (頭・尾などの)振り, 揺すり, 振り動かし: with a ～ of the tail [head] 尾[頭]を一振り振って.

wag[2] [wǽ(ː)g] 〘《*a*1553》(略) ? ← 《廃》 *waghalter* gallows bird (子供またはおどけ者にいう戯語): または WAG[1] (v.) の転用?〙 ── *n.* **1** 剽軽(ひょうきん)者, おどけ者 (joker). **2** 《英俗》 ずる休みする生徒, なまけ者. ★ 次の成句で: ***play*** **(*the*)** ***wag*** ＝ ***hop the wag*** (学校を)ずる休みする, さぼる (play truant).

wage [wéɪdʒ] 〘*n.*: (? *a*1300) □ AF ～＝OF *guage* (F *gage*) □ Gmc **wadjam* pledge (⇨ wed[1,2]). ── *v.*: (? *a*1300) *wage(n)* □ AF *wag-ier*＝OF *guagier* (F *gager*) ← *wage*: GAGE[1] と二重語〙 ── *n.* ★ 複数形で時に単数扱い. **1** [通例 *pl.*] 労賃, 給金; 賃金, 給料 (pay) (cf. salary): He gets [earns] good ～*s*. 給料がよい / a fair day's work for a fair day's ～ 相当の労賃に対する相当の労働 / at a ～ [the ～*s*] of $20 a week 一週20ドルの給料で / one's weekly [monthly] ～*s* 毎週[毎月]の給料, 週[月]給 / a ～ raise [《米》 hike, boost] 賃上げ. **2** [通例 *pl.*] 〘経済〙 賃金, 労働賃金: high ～*s* and low prices 高賃金と低物価 / ⇨ IRON law of wages, incentive wage, real wages, subsistence wages. **3** [通例 *pl.*] 報い, 応報 (requital, reward): The ～*s* of sin is death. 罪の報いは死なり (*Rom.* 6:23). ★ 古くはしばしば単数扱い. **4** 《廃》 抵当 (pledge). ── *vt.* **1** 〈戦争・闘争を〉する, 行なう (carry on): ～ a battle 戦闘を行なう / ～ war against [on] price increases 物価上昇と戦う. **2** 《廃》 抵当に入れる (pledge); 賭ける (stake); 支払う (pay). **3** 《英方言》〈人を〉雇う (hire). ── *vi.* **1** 〈戦争・論争などが〉行なわれる, 続く. **2** 《廃》 戦う, 争う (struggle, contend).

wáge contròl *n.* 〘経済〙 賃金統制《国家権力による賃金の上昇を抑制する政策》.

wáge còuncil *n.* ＝wages council.

wáge drìft *n.* 〘経済〙 賃金ドリフト《労働不足の際, 実際の賃金率が労働協約の規定以上に上昇する現象》.

wáge èarner *n.* **1** 賃金労働者. **2** 給料[月給]取り.

wáge frèeze *n.* 賃金凍結: a one-year ～ 一年間の賃金凍結.

wáge-fùnd thèory *n.* 〘経済〙 賃金基金説《資本が増すか人口が減るかしない限り賃金は上がらないという J. S. Mill の説; wages-fund theory ともいう》.

wáge·less *adj.* 賃金のない, 無給の. **～·ness** *n.*

wáge lèvel *n.* 賃金水準.

wáge-pàcket *n.* **1** 給料袋. **2** 給料.

wáge-pùsh inflàtion *n.* 〘経済〙 賃金インフレ《賃金上昇が, (労働組合勢力等により)物的労働生産性の改善を上回った結果生じる物価騰貴; 単に wage inflation ともいう》.

wa·ger [wéɪdʒə | -dʒə(r] 〘ME □ AF *wageure* (F *gageure*) ← *wagier* 'to WAGE': ⇨ -ure〙 ── *n.* 賭(か)け (bet), 賭事 (betting); 賭けた物, 賭金; 賭の対象: lay a ～ 賭をする / have a ～ on …に賭ける / win [lose] one's ～ 賭に勝つ[負ける] / take up a ～ 賭に応じる.

wager of battle 〘英史〙 ＝TRIAL[1] by battle.

wager of law 〘古英法〙 免責宣誓, 雪冤宣誓《被告が自分の無罪, 無責任を誓い, さらに一定数(通例11人)の隣人がその言の虚偽でないことを宣誓すれば被告が責を免れた制度; cf. compurgation》.

── *vt.* **1** 賭ける (stake); …に賭をする (bet): ～ $100 *on* a horse 馬に100ドル賭ける / ～ a watch against a pen *on* …に対して時計とペンを賭け合う. **2** 保証する, 請け合う 〈*that, to do*〉: I ～ *that* it shall be so. きっとそうなるよ. ── *vi.* 賭をする, 賭ける; 保証する 〔*on*〕: He might come, but I couldn't ～ *on* it. 彼は来るかもしれないが, 保証はできない.

wáge ràte *n.* (一定の時間・出来高に応じ算定する)賃率.

wáger-bòat *n.* レース用ボート.

wá·ger·er [-dʒərə | -rə(r] *n.* 賭ける人, 賭事師.

wáge scàle *n.* 〘経済〙 (業種別の, またはある事業所の)賃金スケール, 賃金算定方式.

wáges còuncil *n.* 賃金審議会《団体交渉が制度化されていない分野での最低賃金, その他の労働条件を決めるために労資の代表者および中立的第三者で組織される; wage council ともいう》.

wáges-fùnd thèory *n.* 〘経済〙 ＝wage-fund theory.

wáge slàve *n.* 賃金のために(不愉快な仕事を忍んで)働く人, 賃金の奴隷.

wáge-stòp *vt.* 《英》〈失業者〉に賃金ストップをかける.

wáge stòp *n.* 《英》 賃金ストップ《失業者に, 働いている場合に得られる以上の金額の失業保険を与えない政策》.

wáge·wòrker *n.* 《米》 ＝wage earner.

wáge·wòrking *n.* 賃金労働. ── *adj.* 賃金労働の.

wag·ger·y [wǽgəri | -ri] 〘《1594》 ← WAG[2]＋-ERY〙 *n.* **1** 滑稽(こっけい), おどけ (drollery). **2** 冗談, 悪ふざけ.

wág·gish [-gɪʃ] 〘《1589》 ← WAG[2]＋-ISH〙 ── *adj.* **1** 〈人・性格など〉おどけた, 剽軽(ひょうきん)な, ふざけた: a ～ boy, girl, etc. **2** 〈行為・言葉など〉いたずらの, ふざけ半分の (jocular, prankish): She cried with a ～ shake of her head. いたずらっぽく首を振って叫んだ. **～·ly** *adv.* **～·ness** *n.*

wag·gle [wǽgl] 〘《*a*1586》 (freq.) ← WAG[1]: ⇨ -le[3]〙 ── *vt.* **1** (上下・前後・左右に繰り返し)振る, 揺する (wag): ～ one's finger at a person ⇨ finger *n.* 1 / A dog ～*s* his tail. 犬は喜んで尾を振る / He ～*d* his head at me. 私に向って首を振ってみせた. **2** 〘ゴルフ〙〈クラブを〉ワッグルする. ── *vi.* **1** 〈頭・尾などが〉(上下・前後・左右に繰り返し)振れる, 揺れる. **2** 尻を振って[腰をくねらせて]歩く. ── *n.* **1** (上下・前後・左右への)振り, 振り動かし. **2** 〘ゴルフ〙 ワッグル《スイングに入る前にクラブヘッドを左右に小さく振る予備運動》.

wag·gly [wǽgli, -gḷi | -glɪ, -glɪ] *adj.* **1** 曲がりくねった, くねくねした: a ～ path. **2** 揺れ動く: a ～ dog よく尾を振る犬.

waggon *n.*, *v.* ＝wagon.

Wag·ner [vɑ́ːgnə | -nə(r; *G.* vɑ́ːgnɐ], **Adolph Heinrich Gotthilf** *n.* ワーグナー《1835-1917; ドイツの財政学者》.

Wagner, (Wilhelm) Richard *n.* ワーグナー《1813-83; ドイツの作曲家で近代楽劇の創始者; *Tannhäuser*「タンホイザー」(1844), *Der Ring des Nibelungen* (4部作)「ニーベルンゲンの指輪」(1853-74)》.

Wág·ner Àct [wǽgnə- | -nə(r)-] 〘← *Robert F. Wagner* (1877-1953: New York 州選出の上院議員) & *William P. Connery* (1888-1937: Massachusetts 州選出の下院議員)〙 ── *n.* [the ～] (米国の)ワグナー法《団体交渉権を確立し組合結成および交渉代表者選出の自由を保障した1935年制定の労働関係法; 詳しくは Wagner-Connery Labor Relations Act (ワグナー コナリー労働関係法)といい, 公式には National Labor Relations Act 1935 (1935年全国労働関係法)という; のちに Taft-Hartley Act で修正された》.

Wágner féstival *n.* [the ～] ワーグナー音楽祭《毎年6月ドイツ Bavaria の Bayreuth で行なわれる; Bayreuth festival ともいう》.

Wag·ne·ri·an [vɑːgní(ə)riən, -nér- | -níəri-] *adj.* (Richard) Wagner 作の, ワーグナー風の. ── *n.* ワーグナーの崇拝者[追随者]; ワーグナー風の作曲家.

Wagnérian féstival *n.* [the ～] ＝Wagner festival.

Wág·ner·ìsm [-nərɪzm] *n.* **1** Wagner の作曲理論《伝統的なイタリア歌劇を批判し, leitmotiv を多用するなどして, 特に劇の流れと音楽が一体となった表現を重視》. **2** (音楽界に及ぼした)ワーグナーの影響.

Wág·ner·ist [-nərɪst, -rəst | -rɪst] *n.* ＝Wagnerian.

Wág·ner·ite [vɑ́ːgnəràɪt] *n.* ＝Wagnerian.

Wág·ner Lábor Àct [wǽgnə- | -nə-] *n.* [the ～] ＝Wagner Act.

Wag·ner von Jau·regg [vɑ́ːgnə-vɑn-jáʊrek, -vən-, -fən- | vɑ́ːgnə-vɔn-jáʊ-, -vən-, -fən-; *G.* vɑ́ːgnɐ-fɔn-jáʊrɛk], **Julius** *n.* ワーグナーフォンヤウレック《1857-1940; オーストリアの神経学・精神病学者; Nobel 医学生理学賞 (1927)》.

wag·on, 《英》 **wag·gon** [wǽgən] 〘《1523》 *wagan, waghen* □ Du. *wagen*, 《廃》 *waghen*: cf. OE *wæġn* 'WAIN'〙 ── *n.* **1** 四輪大型荷馬車《通例2頭以上の馬が引き, 取りはずしのできる屋根のあるものもある; cf. cart》. **2** 《英》〘鉄道〙 無蓋(むがい)貨車 (open railway truck) (cf. van 3). **3** [the ～] 《米》(警察の)囚人護送車. **4** 〘鉱山〙 (鉱石などを運ぶ)鉱車. **5** 《米》 乳母車. **6** ＝dinner wagon. **7** ＝station wagon. **8** 《廃》 戦車 (chariot). **9** [the W-] 〘天文〙 北斗七星《the Big Dipper, Charles's Wain ともいう》. **10** 《米》(街路上の)物売り車: a hotdog [popcorn, ice-cream] ～. **11** ＝coaster wagon. **12** (牛乳・パンなどの)配達トラック.

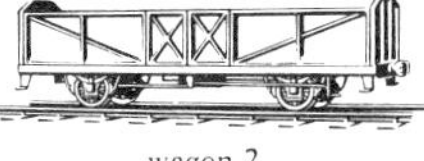

wagon 2

fix a person's wagon 《米俗》〈子供を〉ぴしゃりと打つ (spank); 〈大人〉の成功の邪魔をする, 生活[名声, 期待]をだめにする. ***hitch one's wagon to a star*** 高邁(こうまい)な理想を抱く《Emerson, *Society and Solitude*, 'Civilization' 中の句》. ***on*** **[*off*]** ***the wagon*** ＝on [off] the WATER WAGON.

── *vt.* **1** 《米》 大型荷馬車で〈荷物を〉運送する. **2** 〈荷物を〉大型荷馬車に積む. ── *vi.* 《米》 大型荷馬車で行く[物を運ぶ].

wag·on·age [wǽgənɪdʒ] *n.* 《古》 **1** 大荷馬車輸送. **2** 大荷馬車輸送の料金. **3** [集合的] 大型馬車隊.

wág·on·er 〘《1544》 □ Du. *wagenaar* wagoner〙 ── *n.* **1** 荷馬車の御者. **2** [the W-] 〘天文〙 ぎょしゃ(馭者)座 (⇨ Auriga). **3** 〘鉱山〙 鉱車係. **4** 《廃》 戦車の御者 (charioteer).

wag·on·ette [wæ̀gənét, ⌐―⌐ | ⌐―⌐] 〘《1858》: ⇨ -ette〙 *n.* (四輪の)遊覧馬車《普通6-8人乗り》.

wágon-hèad[-hèaded] *adj.* 〘建築〙〈天井・屋根など〉(大型荷馬車のおおいを広げたような)半円形の, 半筒形の.

wa·gon-lit [vægɔ̃ː(n)líː, vɑ̀ːg-, -gɔ(ː)n-, ⌐―⌐; *F.* vagɔ̃li] 〘《1884》 □ F ～ ← *wagon* railway coach (□ E WAGON)＋*lit* bed〙 ── *n.* (*pl.* **wa·gons-lits** [～z; *F.* ～], **～s** [～z]) (ヨーロッパ大陸鉄道の)寝台車.

wágon·lòad *n.* 四輪大型荷馬車一台分の荷: We'll have to stand ～*s* *of* abuse. 大型荷馬車何台分もの悪口に耐えなければなるまい.

wágon màster *n.* 荷馬車隊長.

wágon sèat *n.* ワゴンシート《挽物部材と横木の背もたれ (slat back) からなる長椅子; 米国の田舎の家庭や馬車で用いた; rumble seat ともいう》.

wágon sòldier *n.* 《軍俗》 野砲兵.

wágon tràin *n.* **1** 〘軍事〙 (軍需品を輸送する)車両縦列, 大荷馬車隊. **2** (鉄道敷設以前に米大陸を横断して貨物を運んだ通例25両編成の)幌馬車隊.

wágon whèel *n.* 〘ダンス〙 ＝mill[1] 9.

wágon·wrìght *n.* ＝wainwright.

Wa·gram [vɑ́ːgrɑːm; *G.* vɑ́ːgram] *n.* ワーグラム《オーストリア北東部の村; 1809年 Napoleon 一世がオーストリア軍を破った戦場》.

wág·tàil 〘《1510》 ← WAG[1] (v.)＋TAIL[1]〙 ── *n.* 〘鳥類〙 **1** セキレイ《セキレイ科の鳥類の総称》: ⇨ pied wagtail, yellow wagtail. **2** (セキレイ以外の)地上を歩行

する時尾を振る鳥類の総称《米国産 water thrush など》; (特に) =willie wagtail. 「Wahhabi.
Wa·ha·bi [wəhɑ́ːbi, wɑː- | -bɪ] *n.* 〘イスラム教〙 =
Wa·há·bism [-bɪzm] *n.* 〘イスラム教〙 =Wahhabism.
Wah·ha·bi [wəhɑ́ːbi, wɑː- | -bɪ] 〘◻ Arab. *Wahhābī* ← (*Abdul*-) *Wahhāb* (1691?–1790 : この派の創始者)〙 **—** *n.* (*also* **Wah·ha·bee** [～]) 〘イスラム教〙 ワッハーブ派の信徒《Koran の教義を厳守しようとする復古的イスラム教徒》. 「habism.
Wah·há·bi·ism [-biìzm] *n.* 〘イスラム教〙 =Wah-
Wah·há·bism [-bɪzm] *n.* 〘イスラム教〙 ワッハーブ主義, Koran の教義厳守主義. 「Wahhabi.
Wah·ha·bite [wəhɑ́ːbaɪt, wɑː-] *n.* 〘イスラム教〙 =
wa·hi·ne [wɑːhíːni, -neɪ | -nɪ, -neɪ] 〘← Maori & Hawaiian〙 *n.* **1** 《ハワイ・ニュージーランド》女, 妻, 愛人. **2** 女性サーファー.
wa·hoo[1] [wɑ́ːhuː, wɔ́ː-, ─́─̀] 〘◻ N-Am.-Ind. (Dakota) *wāhu* 《原義》 arrowwood〙 **—** *n.* (*pl.* ～**s**) 〘植物〙 **1** 北米産ニシキギ属の低木 (*Euonymus atropurpureus*) 《burning bush ともいう》. **2** =strawberry bush 1 a.
wa·hoo[2] [wɑ́ːhuː, wɔ́ː-, ─́─̀] 〘◻ N-Am.-Ind. (Creek) *ûhawhu* cork or winged elm〙 **—** *n.* 〘植物〙 米国産の数種の木または低木の総称《basswood, rock elm, winged elm, cascara buckthorn, umbrella tree など》.
wa·hoo[3] [wɑ́ːhuː, wɔ́ː-, ─́─̀] 〘← ?〙 *n.* (*pl.* ～**s**) 〘魚類〙 カマスサワラ (*Acanthocybium solandri*) 《暖海に生息するサワラに似た大きい魚》.
wa·hoo[4] [wɑ́ːhuː, ─́─̀] *int.* 《米西部》 わーい《あふれる喜び・浮き立つ気分・熱意などを表わす叫び声》.
wáh-wah pèdal [wɑ́ːwɑː-] *n.* =wawa pedal.
Wai·chow [wàɪtʃáu ; *Cant.* waitʃau] *n.* 恵州《中国広東省 (Kwangtung), 広州東部の都市》.
waif [wéɪf] 〘《*c*1378》 ◻ AF ─ ◻ ? ON *veif* flapping thing〙 **—** *n.* **1** 放浪者, 浮浪人; (特に)浮浪児. **2** 持主不明の動物, 迷い出た動物 (stray animal). **3** 持主不明の物品; 拾い物, 漂着物. **4** 〘海事〙 信号旗 (waft). **5** [*pl.*] 《古》〘法律〙 遺棄盗品《窃盗が逃走中放棄した盗品》.
waifs and strays (1) (がらくたの)寄せ集め (odds and ends). (2) 浮浪児たち.
Wai·ki·ki [wàɪkɪkíː, -kə-, ─̀──́ | -kɪ-] 〘◻ Hawaiian ～ 《原義》 spurting water〙 *n.* 米国 Hawaii 州 Honolulu 湾内の海水浴場.
wail [wéɪl] 〘*v.* : 《(?*a*1300)》 ◻ ON *vǣl-a* to lament ← *vǣ* = *vei* (interj.) 'WOE'. — *n.* : 《(? *a*1400)》 ← (v.)〙 **—** *vi.* **1** 泣き叫ぶ : ～ with pain 痛いのでおーおーと泣く / ～ *for* bread 泣き叫んでパンを求める. **2** 〈風・音楽が〉泣くような音を出す, 悲しげな音を出す **3** 嘆き悲しむ (lament) : ～ *over* a person's death 人の死を泣いて悲しむ. **4** 〘ジャズ〙 ウェイルする, (感情をこめて)熱演する. **5** 《俗》 絶妙に感情を表現する. **6** 不平を言う (complain) 〔*about, over*〕. **—** *vt.* 《詩・文語》 嘆く, 泣き悲しむ (wail over, bewail) : ～ a person's death 人の死を嘆き悲しむ. **—** *n.* **1** 泣き叫び; 泣き叫ぶ声 : Her voice rose in a shrill ～. 彼女の声が高まって泣き叫ぶような甲高い声になった. **2** (風などの)物悲しい音, むせぶ音 (mournful sound).
wáil·er [-lə | -lə(r)] *n.* 泣き叫ぶ人; 嘆き悲しむ人.
wail·ful [wéɪlfəl] *adj.* 《詩》 嘆き悲しむ (plaintive); 〈声・音など〉悲しげな, 哀調の (mournful). **～·ly** *adv.*
wáil·ing [-lɪŋ] 〘ME〙 *adj.* **1** 嘆き悲しむ. **2** 〈叫び・声など〉悲しみを表わす; 〈音が〉泣き叫ぶ声に似た.
Wailing Place of the Jews [the ─] =Wailing Wall.
～·ly *adv.*
Wáiling Wáll *n.* [the ～] 嘆きの壁[石垣]《エルサレム (Jerusalem) の両側の城壁の一部で, その壁は高さ 18 m あって, 昔の Solomon の神殿 (the Temple) の石で築かれていると伝えられている; 毎週金曜日ユダヤ人はこの壁の前に集まって聖なる都の荒廃を嘆き, その回復を祈る; Wailing Wall of the Jews ともいう》.
wail·some [wéɪlsəm] 〘← WAIL (n.) + -SOME[1]〙 *adj.* 《古》 嘆き悲しむ (wailing), 哀調の (plaintive).
wain [wéɪn] 〘OE *wæġ(e)n, wǣn* < Gmc **waʒnaz, *weʒnaz* (Du. *wagen* / G *Wagen* : cf. OE *wegan* to carry) ← IE **wegh* to go, carry (Gk *ókhos* chariot) : cf. wagon, way[1], weigh〙 **—** *n.* **1** 《詩・方言》 (特に, 農作物運搬用の)四輪大荷車 (cart). **2** [the W-] 〘天文〙 北斗七星 (Charles's Wain). **3** 《古》 =chariot.
Wain [wéɪn], **John** (**Barrington**) *n.* (1925–) 英国の小説家・詩人, "Angry Young Men" の一人; *Hurry on Down* (1953).
wain·age [wéɪnɪdʒ] 〘◻ AL *wainnāg-ium* ← AF *wai(g)ner* to till (⇨ gain[1]) : ⇨ -age〙 *n.* [集合的] 〘古英法〙 (封建時代農奴の用いた)農耕道具や牛馬車.
wain·scot [wéɪnskət, -skout, -skat | wéɪnskət, wén-, -skɔt] 〘《1352–53》 《部分訳》 ← MLG *wagenschot* ← *wagen* 'WAIN' + *schot* ? board〙 **—** *n.* **1** (家の内壁の)板張り, 羽目. **2** 異なった材料[色彩]で仕上げた内壁の下部《通例, 床から 1 m 内外》; 腰羽目 (dado), 腰張り. **3** 《英》〘建築〙 (昔, 内壁仕上げ用に輸入していた)上質オーク材.
— *vt.* (**wain·scot·ed, -scot·ted; -scot·ing, -scot·ting**) **1** 〈内壁〉に羽目を張る, 板張りにする : The room is ～*ed* with brown wood. 部屋は茶色の羽目が張ってある. **2** 〈壁〉にタイル[大理石, 鏡, 絵画]を張る.

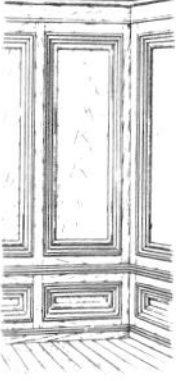
wainscot 1

wáinscot chàir *n.* 17 世紀頃の英国のオーク材のひじ掛け椅子《背板は彫刻や象眼で装飾された》.
wáin·scot·ing [-tɪŋ | -tɪŋ] *n.* **1** (内壁の)板張り材料; 羽目板. **2** [集合的] 板張り壁, 羽目板張り, 腰羽目, 腰張り.
wáin·wrìght 〘OE *wæġn-wyrhta* : ⇨ wain, wright〙 *n.* 荷馬車製造[修理]人 (wagon maker).
Wain·wright [wéɪnraɪt], **Jonathan May·hew** [méɪhjuː] *n.* (1883–1953) 米国の将軍. 「scale.
W.A.I.S. 《略》〘心理〙 Wechsler adult intelligence
waist [wéɪst] 〘《*c*1390》 *wast(e)* ← OE *w(e)axan* 'to grow, increase in size, WAX[2]' : 「腰」の意は growth (of body) から : cf. ON *vǫxtr* / OHG *wahst* growth〙 **—** *n.* **1 a** (人体の)腰, 腰部《英語では胸部 (thorax) とヒップ (hips) との間の(くびれた)部分》: a slender [small] ～ ほっそりした腰 / bow from the ～ 腰を曲げて(丁寧に)お辞儀をする / walk with one's arm around a girl's ～ 女の子の腰を抱くようにして歩く. **b** ほっそりした腰, 細腰 : She has no ～. 腰のくびれがない, ずんどうである. **2** 腰に似た部分, くびれ : the ～ of a violin, bell, etc. **3** ウエスト : **a** 肩から腰, または腰下までの長さの衣服またはその腰の部分 (cf. bodice 1 a). **b** 短かめのブラウス (shirtwaist). **c** =waistline : trousers with elastic at the ～ ウエストにゴムのはいったズボン. **4** (裾(すそ)にボタンをつけ他の下着に留めつける子供用の)短い下着 (underwaist). **5** 〘海事〙 (船首と船尾からいって)船体の中央部. **6** 〘動物〙 (ハチなどの)腰のくびれ.
wáist ànchor *n.* 〘海事〙 =sheet anchor.
wáist·bànd *n.* (スカート・ズボンなどの上部に回したウエストバンド.
wáist bèlt *n.* 帯革, ベルト.
wáist·clòth *n.* **1** 腰巻, 腰布 (loincloth). **2** [*pl.*] 〘海事〙 船腹装飾布《昔, 船を飾るため船側中央部に下げた飾布》. **3** ハンモックカバー.
waist·coat [wéskət, wéɪs(t)kòut | wéɪs(t)kəut] 〘《1519》 ← WAIST + COAT〙 **—** *n.* **1** 《英》 (男子用)チョッキ (cf. vest). **2 a** 《廃》 (ガウンの下に着た)女子用ベスト. **b** ブラウスの代わりに着るベスト. **3** (もと doublet の下に用いた)男性用胴衣. 「を着た.
wáist·coat·ed [-tɪd, -ṭəd | -tɪd, -təd] *adj.* チョッキ
wáist·coat·ing [-tɪŋ | -tɪŋ] *n.* 《英》 チョッキ用生地.
wáist-déep *adj., adv.* **1** 〈水など〉腰までの深さの[に]. **2** (水などに)腰までつかった[て] 〔*in*〕.
wáist·ed *adj.* **1** [通例複合語の第 2 構成素として] …の腰をもった; …腰の : short-*waisted* 腰の短い. **2** 〈容器など〉腰部がくびれた形の.
wáist·er *n.* 〘海事〙 (捕鯨船などの)中央部 (waist) に配置されている新参[老朽]船員, 役に立たぬ船員.
wáist-hígh *adj., adv.* 腰までの高さの[に].
wáist·less *adj.* 腰のくびれのない, ずんどうの.
wáist·lìne *n.* **1** 〘服飾〙 ウエストライン : **a** 胴の最も細い部分を回った線. **b** 婦人服の身頃とスカートの接合線. **2** 胴まわり(の寸法) (girth).
wait [wéɪt] 〘*v.* : 《(*c*1200)》 ◻ ONF *wait-ier* 《原義》 to watch for = OF *guaitier* (F *guetter*) ◻ Gmc **waxtan* (OHG *wahtēn* (G *wachten*)) ← **wakēn* 'to WAKE[1]'. — *n.* : 《(1298)》 ◻ ONF **wait, *wet* ← *waitier* : cf. watch〙 **—** *vi.* **1** 待つ, 待ち受ける, 待ち合わせる; 待ち構える, 期待する 〔*for, till, until*〕 : ～ *in* 中で待つ / ～ *on* 待ち続ける / Ask him to ～ a minute. ちょっとお待ち下さいと言ってくれ / I cannot ～ any longer; I have ～*ed* long enough already. これ以上待てません, ずいぶんお待ちしましたから / *Wait till* he comes. 彼が来るまで待ちなさい / I was kept ～*ing* for two hours. 2 時間待たされた / Are you ～*ing for* anybody? だれかを待ち合わせているのですか / ～ *for* an answer [a signal] 返事[合図]を待つ / ～ *for* the gate to open 門の開くのを待つ / She was ～*ing for* her husband to come home from work. 夫が仕事先から帰宅するのを待っていた / He always has to be ～*ed for*. 彼はいつも人を待たせる / They were ～*ing* to see the champion win. チャンピオンが勝つのを見ようと待ち構えていた / Everything comes to those who ～. 《諺》「待てば甘露[海路]の日和あり」,「果報は寝て待て」/ Time and tide ～ *for* no man. ⇨ time *n.* 1 / *Wait for* me! (そんなに速く歩かないで)待って下さいよ / (Just) you ～! 今に見てろよ《復讐のおどし文句》. **2** [通例 ～ing で] 〈物が〉〈人のために〉用意されて[手近に来て]いる 〔*for*〕: Dinner was ～*ing for* them. 彼らに夕飯が準備されていた / There's a letter ～*ing for* you on the table. テーブルの上に手紙が来ていますよ. **3 a** 急を要しない, 延ばせる, ほっておける : a matter that cannot ～ any longer これ以上ほっておけない事柄 / This can ～. (重要でないから)これは先へ延ばせる / The decision must ～ till I come back. その決定は私が帰るまで延期しなければならない. **b** [～ *to* do として] (…するのを)延ばす : Why should we ～ *to* do this deed? この行為をするのをなぜ延ばさなければならないのか. **4** 給仕する : ～ at [《米》 on] table 食事の給仕をする, ボーイ[ウエートレス]をする / ～ on [upon] oneself 自分で給仕する / She is not accustomed to ～*ing*. 給仕の経験がない. **5** [～ on として] 〘鷹狩〙 〈鷹が〉待っている《獲物が飛び出るまでハンターの頭上で弧を描いて飛ぶ》.
— *vt.* **1** 待つ, 待ち受ける, 待機する. ★ 今は普通 await, wait for を用いる : ～ a person's arrival 人の到着を待つ / ～ one's turn at the barber's 床屋で順番を待つ / ～ a person's convenience [signal, orders] 人の都合[合図, 命令]を待つ / ～ one's chance [opportunity, time, hour] 機会[時]の来るのを待つ / He ～*ed* his turn to speak. 自分の話す順番を待った. **2** 《口語》 (人の来るまで)〈食事を〉延ばす (postpone) : Don't ～ dinner for me. 私を待って夕食を延ばすようなことはしないで下さい. **3** 《米・スコット》 〈食卓〉の給仕をする (cf. *vi.* 4) : ～ table. **4** 《古》 付き添う, はべる (escort). **5** 《古》 〈物が〉待ち受けている (await), …に用意されている : Tea and coffee ～ your pleasure in the drawing room. いつでも召し上がれるように客間にお茶とコーヒーが用意してございます. **6** 《廃》 …に(結果として)伴う.
wait about [***around***] 《口語》 ぶらぶらしながら待ち受ける : We ～*ed about* for something to happen. 何かが起こるのをぶらぶらしながら待ち受けた. ***wait and see*** 成行きを待つ, 静観する《英国首相 Asquith が 1910 年の国会で自由党の政綱を説明するのに用い世に流布された句; cf. wait-and-see》. ***wait behind*** (他の人々が帰った後も)居残る. ***Wait for it!*** 《口語》 まあせかせずに待ちたまえ《適当な時機が来るまで話したり動いたりするな》. ***wait it out*** (不愉快な事が終わるまで)じっと待つ. ***wait on*** [***upon***] (1) 〈人〉に仕える : ～ *on* a gentleman, lady, etc. / ～ *on* an invalid 病人の世話をする / She has no one to ～ *upon* her. 身の回りの世話をしてくれる人がいない. (2) 〈客〉に応待する (serve) : ～ *upon* a visitor, customer, etc. / Are you ～*ed on*? (店員が客に向かって)だれか御用をお伺いしたでしょうか. (3) 〈食事〉の給仕をする (cf. *vi.* 4) : ～ *on* table. (4) (用務でまたは儀礼的に)〈上役〉を訪問する, 敬意を表する, 伺候する (call upon, visit) : He ～*ed upon* the mayor with a letter of introduction. 紹介状を持って市長を訪問した. (5) 《古》 …を護衛する, …のお伴をする (escort). (6) (競走などでわざと)〈相手〉のすぐ後について走る. (7) 〈結果などが〉…に従う, 伴う (follow, attend) : Ruin will ～ *upon* such conduct. そんな行為には破滅が伴う / May good luck ～ *upon* you! 御幸運を祈る. (8) 《方言・口語》 〔…を求めて〕…(の出方)を待つ, …に期待をかける 〔*for*〕 : The people ～*ed on* the government *for* action at the energy crisis. 人々はエネルギー危機に当たって政府の方策を期待した. ***wait out*** (1) 外で放つ. (2) 〈嵐・危機など〉の間じっと待つ, の好転するのを待つ : ～ *out* a storm. ***wait up*** 《口語》 (1) 〔人の帰りなどを〕寝ないで待つ 〔*for*〕 : Don't ～ *up for* me. (2) 〔人が〕追い付くのを待つ 〔*for*〕 : I ～*ed up for* him and we went along side by side. 彼が追い付くのを待って並んで歩いて行った.
— *n.* **1** 待つこと; 待つ時間, 待つ間 : a one-hour ～ / after a ～ of two hours 2 時間待ったあとで / be charged for the ～ 待ち賃を取られる / have a long ～ for the bus 長い間バスを待つ / a ～ between the acts 幕間(まくあい)の待ち時間. **2** 待ち伏せ : lie in [lay] ～ for …を待ち伏せする. **3 a** 《廃》 (中世の)市門番. **b** [*pl.*] 《英》 ウェイツ《15–16 世紀の市や町のお抱えの楽隊》: the city's ～*s*. **c** その一員. **d** [the ～s] 《英》 クリスマスの夜に家々の前で聖歌などを歌って歩く唱歌隊. **4** 〘演劇〙 **a** 幕間(まくあい). **b** =stage wait.
wáit-a-bìt 〘《1785》 《なぞり》 ← Afrik. *wacht-en-bietje*〙 **—** *n.* 〘植物〙 強いとげがあって人の通行を妨げる各種の樹木の総称《New Zealand bramble, greenbrier, アフリカ南部産の grapple plant など》.
wáit-and-sée *adj.* 静観主義的な : a ～ policy 静観政策 / a ～ attitude 静観主義的な態度. 「*n.* 男性名.
Waite [wéɪt] 〘ME ◻ ONF *waite* watchman : ⇨ wait〙
Waite [wéɪt], **Morrison Rem·ick** [rémɪk] *n.* (1816–88) 米国の法律家; 第 7 代連邦最高裁判所長官 (1874–88).
wait·er [wéɪtə | -tə(r)] 〘《*c*1395》 *waitere* 《廃》 watcher, attendant : ⇨ wait, -er[1]〙 **—** *n.* **1** (レストラン・ホテルの食堂などの)給仕人, ウエーター. **2** (食物を運ぶ)盆 (tray, salver). **3** 待つ人. **4** 《廃》 (都市の)門衛, 守衛. **5** 《英》 (昔の)税関吏 (cf. tidewaiter 1). **6** 《英》 =dumbwaiter 2. **7** 《英》 (ロンドン証券取引所の立会場に配置されている制服姿の)取引所従業員.
wáit·er·ing [-tərɪŋ, -trɪŋ | -t(ə)r-] *n.* 給仕仕事.
wáit·ing [-tɪŋ | -tɪŋ] 〘ME〙 **—** *n.* **1** 待つこと; 待機. **2** 給仕すること. **3** 待ち時間. **4** 一時停車 : No ～. 一時停車禁止.
in waiting (1) (王・女王などに)仕える, 奉仕する : ⇨ lady-in-waiting, lord-in-waiting, GROOM in waiting. (2) 〘英軍事〙 〈当番・権利など〉次の番になっていて.
— *adj.* **1** 待つ, 待っている. **2** 仕える, 奉仕する.
wáiting gàme *n.* (ゲームなどでの)チャンス待ち, 待機戦術 : play a ～.
wáiting lìst *n.* 空席待ち名簿 : be on the ～ 補欠になっている, 番の来るのを待っている.
wáiting màid *n.* 侍女, 腰元.
wáiting màn *n.* 下男, 従者 (valet).
wáiting pèriod *n.* **1** (結婚許可証の入手と実際の結婚との間などに見られる公式の意向表明とその実行との間の, 法律で定められた一定の)遅延期間. **2** 〘保険〙 待ち期間《傷病・失業などの場合の保険給付を傷病・失業の発生後一定期間支払わないのが例であるが, その支払わない期間をいう》.
wáiting ròom *n.* (医院・駅などの)待合室.
wáiting wòman *n.* =waiting maid.

wáit·lìst vt. (航空機の座席をとるために)空席待ち名簿 (waiting list) に載せる.
wáit list n. =waiting list.
wait·ress [wéɪtrɪs, -rəs] 〖(c1586)《廃》handmaid : ⇨ waiter, -ess[1]〗 n. (レストラン・ホテルの食堂などの)ウエートレス.
waive [wéɪv] 〖(c1290) weyve(n)《廃》to outlaw (a woman) ◻ AF weyv-er=OF gaiver to abandon ◻ ? ON veifa to fluctuate : cf. waif〗 ― vt. **1** 〈権利·要求などを〉強いて主張しない, 放棄する (relinquish) : ~ one's own claim. **2** 〈主張·行動などを〉差し控える (refrain from) ; 〈機会などを〉利用しようとしない, 無視する (neglect). **3** 〈問題などを〉当分見送る, 延ばす (defer). **4** 〖法律〗〈権利·主張などを〉自発的に放棄する : The defense ~d cross-examination. 弁護側は反対尋問を放棄した. **5**《古》〈危険·義務などを〉避ける, 回避する (evade). **6** 〈規則·法律を〉適用しない.
waiv·er [wéɪvə | -və(r] 〖(1628) ◻ AF weyver (↑) : ⇨ -er[3]〗 ― n. **1** 〖法律〗(契約上の債権や不法行為による損害賠償請求権などの)自発的な放棄, 任意放棄 ; それを表示する文書. **2** 〖野球〗ウェイバー, 公開移籍.
waiver of premium 〖保険〗保険料払込み免除.
Wa·kash·an [wɔːkǽʃən, ─ ─ ─] 〖← N-Am.-Ind. (Nootka) Wa(u)kash《原義》good + -AN[1]〗 ― n. (pl. ~, ~s) **1 a** [the ~(s)] ワカシ族《ワカシ語を話す民族》. **b** ワカシ族の人. **2** (アメリカインディアンの)ワカシ語族《British Columbia や Washington 州で用いられる語族で, Vancouver Island の Nootka 語および British Columbia の Kwakiutl 語を含む》.
wake[1] [wéɪk] 〖v.: ME wake(n) < OE wacian to be awake, watch & *wacan to arise < Gmc *wakǣjan (Du. waken / G wachen / ON vaka to wake, watch) & *wakōjan ← *wak- ← IE *weg- to be lively (cf. watch). — n.: OE (niht-) wacu (night-)watch ← Gmc *wak- : 1,2 ◻ ? ON vak-a watch, vigil, eve : WATCH (v.) と二重語〗 ― v. (**woke** [wóuk | wə́uk], 《まれ》 **~d** ; **~d**, 《まれ》 **wo·ken** [wóukən | wə́u-], 《まれ》 **woke** [wóuk | wə́uk]) ― vi. **1** [~ing 以外は《古》]目が覚めている, 目を覚ましている, 起きている : waking or sleeping 寝ても覚めても / This thought kept me waking. このことを考えて眠れなかった / whether I ~ or sleep 《古》寝ても覚めても (waking or sleeping). **2** (眠り·失神などから)目が覚める, 起きる (awake) 〈up〉: ~ (up) early / ~ from a long sleep 長い眠りから覚める / ~ up with a start がばと起きる / ~ at the sound of the clock 時計の音で目が覚める / All nature seemed suddenly to ~. 自然界が突然目が覚めたように思われた / A nagging fear was waking in him. つきまとって離れない恐れが心の中に目覚めつつあった. **3** (精神的に)〔…に〕目覚める, 覚醒(かくせい)[自覚]する ; 気づく〔to〕: ~ to the gravity of the situation 事態の重大性に気づく / ~ up to a realization of the case 目が覚めて事情を悟る. **4** 生き返る, よみがえる (revive) : ~ into life 生き返る. **5** 《方言》寝ずの番をする ; 通夜をする (hold a wake).
― vt. **1** …の目を覚まさせる, 起こす (awake) 〈up〉: Please ~ me (up) at six. 6 時に起こして下さい / be ~d by the sound その音に目が覚める / The slight noise woke her. その小さな物音で彼女は目を覚ました. **2** (精神的に)目を覚まさせる, よみがえらせる (revive) 〈up〉; 〔…を〕思い出させる〔to〕: The sight woke his sad memories. その光景は彼に悲しい記憶をよみがえらせた / ~ up latent possibilities 隠れた可能性を呼びさます / ~ a person to the fact 人にその事実を思い出させる. **3** 覚醒させる, 自覚させる, 奮起させる 〈up〉: The event will serve to ~ him (up) a little. この事件で少しは目が覚めるだろう / He was ~d up to the danger. 彼はその危険を悟らされた. **4** 〈疑い·欲望などを〉起こさせる, 〈不安などを〉引き起こす, 喚起する, 〈音などを〉起こす : ~ ambition, envy, anger, etc. **5** 《方言》寝ずに…の番をする ; …の通夜をする (hold a wake over). **6** 〈死者を〉生き返らせる, よみがえらせる. **7** 《古》(物音で)…の静穏を乱す, 騒がす.
― n. **1** (祭式上の)通夜 (vigil)《しばしば祝宴やお祭り騒ぎを伴う》. **2** (英国国教会で年々行なう)献堂[守護聖人]記念祝祭 ; その前夜に行なう通夜《この慣習は地方的に残っている》. **3** (主にアイルランドで)葬式前夜の通夜 : hold a ~ over a corpse 死者の通夜をする. **4** [通例 pl. ; 単数または複数扱い]《英》(Lancashire, Yorkshire などの工業都市で年 1 回の)労働者の公休日. **5** 《まれ》目覚めていること : in sleep or [and] ~ 寝ても覚めても / ~ and dream 夢とうつつ.
wake[2] [wéɪk] 〖(a1547) ◻ ON vǫk hole in the ice (made for itself by a vessel) ← ? Gmc *wakw- moist : cf. humor〗 ― n. **1** 船の通った跡, 航跡, 船跡 : the foam at the ~ of the ship 船の通った跡の泡. **2** (物の)通った跡, 跡 : the ~ of a meteor, typhoon, etc. **3** 〖物理〗伴流, 後流《流体中を運動する物体の後に生じる乱流》.
in the wake of (1) 〖海事〗〈船〉の通った跡について : steer in the ~ of another vessel 他の船の通った跡を進む / We followed in her ~. 我々はその船の通った跡について行った. (2) …に引き続いて, …の結果として ; …にならって, 従って : Miseries follow in the ~ of a war. 戦争のあとには苦しみが続く / Such love does not bring peace in its ~. そのような恋はその後に平和をもたらしはしない.

Wake·field[1] [wéɪkfiːld] 〖OE Wacafeld ← *waca 'WAKE[1], annual festival' + feld 'FIELD'〗 ― n. **1** イングランド West Yorkshire 州南東部にある同州の首都で毛織物の産地 ; 人口 307,000. **2** ⇨ Bridges Creek.
Wake·field[2] [wéɪkfiːld] 〖↑〗 n. 男性名.
wake·ful [wéɪkfəl] 〖(1549) ← WAKE[1] + -FUL[1]〗 ― adj. **1** 眠らない, 目を覚ましている, 起きている (sleepless) : remain ~. **2** 〈夜など〉眠れない, 不眠の : pass a ~ night 眠れない夜を過ごす. **3** 寝ずに見張っている ; 用心深い, 油断のない (vigilant) : a ~ enemy. **~·ly** adv. **~·ness** n.
Wáke Ísland n. ウェーク島《北太平洋の米国領の小島 ; 太平洋横断飛行基地 ; 人口 2,000, 面積 7.8 km^2》.
wáke·less adj. 〈眠りが〉深い (deep), 途切れない (unbroken) : a ~ sleep.
wak·en [wéɪkən] 〖OE wæcnan to come into existence ← *wacan to arise (⇨ wake[1]) + -n (inchoative suf. : ⇨ -en[1]) : awake の意味は 12C に ON vakna から借入か〗 ― vt. **1** …の目を覚まさせる, 起こす (awake) 〈up〉: ~ a person from [out of] sleep 人を眠りから覚まさせる / A noise ~ed him up. 物音で彼は目を覚ました. **2** 覚醒(かくせい)させる, 奮起[自覚]させる, 起こす (rouse, stir up) 〈up〉〔to〕: He was suddenly ~ed (up) to the sense of folly. 愚かな行為だったと突然悟った. **3** 活気づかせる, 〈戦争·風·火などを〉起こす, 〈行動を〉起こさせる, 〈感情などを〉かき立てる, 〈音楽·音を〉呼び起こす 〈up〉: What a crowd of emotions were ~ed up in his breast! 彼の胸の中に実にさまざまな感情がかき立てられた. **4** 〖スコット法〗〈訴訟手続を〉1 年後に(裁判要領書によって)復活させる. ― vi. **1** 目を覚ます, 起きる : ~ from [out of] sleep / I ~ed (up) in the night. 夜中に目を覚ました. **2** 活気づく ; 悟る, 自覚する〔to〕: He is ~ing to the truth. その真相を悟りかけている. **~·er** n.
wák·en·ing [-k(ə)nɪŋ] 〖ME〗 ― n. **1** =awakening. **2** 〖スコット法〗(訴訟手続の) 1 年後の復活.
wake·rife [wéɪkràɪf] 〖(c1480) ← WAKE[1] (n.) + RIFE〗 adj. 《スコット·北英》=wakeful.
wáke-ròbin 〖(1530) : ⇨ wake[1], robin[1]〗 n. 〖植物〗 **1** 《英》=cuckoopint. **2** 《米》 **a** =trillium. **b** =jack-in-the-pulpit.
wáke sùrfing n. ウェークサーフィン《サーフィンボードをモーターボートに引かせるスポーツ》.
wáke-ùp 〖← wake up (⇨ wake[1] (vt.) 1)〗 n. 《米口語》〖鳥類〗=flicker[3]. ― adj. 目覚ましの : the morning ~ call (ホテルの)朝の目覚まし電話.
wak·ey [wéɪki | -kɪ] 〖← WAKE[1]〗 int. 《英俗》起きろ (wake up).
wák·ing 〖ME〗 ― n. **1** 目覚めて[起きて]いること. **2 a** 夜番, 夜警. **b** 《方言》通夜. **3** 目覚める[起きる]こと. **4** 目覚めさせる[起こす]こと. ― adj. **1** 目覚めて[起きて]いる ; 油断のない : a ~ owl. **2** 目覚める : the melody of the ~ birds 目覚めた鳥のさえずり. **3** 目覚めている時[人]の : a ~ dream 白日夢, 空想 (daydream) / in one's ~ hours 目覚めている時に / one's ~ life 起きている時の生活 / The news absorbed all my ~ thoughts. 起きている間中そのニュースのことを考え続けた.
Waks·man [wɑ́ːksmən, wǽks-], **Sel·man** [sélmən] **Abraham** n. (1888–1973) ロシヤ生れの米国の細菌学者, streptomycin を発見 ; Nobel 医学生理学賞 (1952).
Wal [wɑ́ːl, wɔ́ːl | wɔ́l, wɔ́ːl] 〖(dim.) ← WALTER, WALLACE〗 n. 男性名.
Wal. 《略》Wallachian ; Walloon.
Wal·ach [wɑ́lək, wɔ́(ː)l- | wɔ́l-] 〖◻ G Wal(l)ache ◻ OChSlav. Vlachŭ ◻ OHG Walh《原義》foreigner : cf. Wales, Welsh〗 n. =Vlach.
Wa·la·chi·a [wɑléɪkiə, wə-, -lǽk-, wɔ(ː)- | wɔléɪkjə, wə-, -kɪə] n. =Wallachia.
Wa·la·chi·an [wɑléɪkiən, wə-, wɔ(ː)-, -lǽk- | wɔléɪkjən, wə-, -kɪən] n., adj. =Wallachian.
Wał·brzych [vɑ́ːłbʒɪç ; Pol. váubʒɪx] n. ワウブジフ《ポーランド南西部, Silesia 地方の都市 ; 人口 129,000 ; 旧ドイツ語名 Waldenburg》.
Wal·bur·ga [vɑːlbúəgɑː, vælbə́ː- | vælbúə-, vɑːl-, -bə́ː-], **St.** n. ワルブルガ《710?–?779 ; 英国の尼僧. ドイツの各地に寺院を建てた ; 祝日 2 月 25 日 ; ⇨ Walpurgis Night 1》.
Wal·che·ren [vɑ́ːlkərən | vɑ́ːlkə-, vɑ́ːlxə-, wɔ́ːlkə- ; Du. wɑ́lxərən] n. ワルヘレン(島)《オランダ南西部の Scheldt 川の河口にある島 ; 人口 66,000, 面積 212 km^2》.
Wald [wɔ́ːld], **George** n. (1906–) 米国の生理学者 ; Nobel 医学生理学賞 (1967).
Wald [wɔ́ːld], **Lillian** n. (1867–1940) 米国の社会事業家.
Wal·de·mar I [wɑ́ːldəmɑ̀ə, vɑ́ːl- | vǽldəmɑ̀ː(r, vɑ́ːl-, wɔ́ːl-, -dɪ- ; Dan. váldəmar] n. ヴァルデマール一世《1131–82 ; デンマークの王 (1157–82) ; Waldemar the Great ともいう ; デンマーク語名 Valdemar》.
Wal·den·burg [G. váldn̩bùrk] n. ワルデンブルク《Walbrzych の旧ドイツ語名》.
Wál·den, or Life in the Wóods [wɔ́ːldən-, -dn- | wɔ́ːl-, wɔ́l-] n. 「ウォールデン, 森の生活」《Thoreau の作 (1854) で森の中での自然観察と思索生活の記録》.
Wál·den Pónd [wɔ́ːldən- | wɔ́ːl-, wɔ́l-] 〖Walden : ← (Saffron) Walden (英国 Essex の町)《原義》the valley of the Britons ← OE Wēalas 'WALES' + denu 'DENE[2]'〗 ― n. 米国 Massachusetts 州 Concord 近くにある小湖 ; Thoreau の小屋 (1845–47) のあった所.
Wal·den·ses [wɔːldénsiːz, wɑl- | wɔːl-, wɔl-] 〖(1537) ◻ ML Waldensēs ← Peter Waldo〗 ― n. pl. ワルドー派《1170 年ごろ Lyons の商人 Peter Waldo の唱導により南フランスに起こったキリスト教の一派で, カトリック教会の慣行に反対し, 初期教徒のような清純な生活を主張した ; 彼らの後継者はその後長い期間カトリック教会から迫害されたが, その信者の一部は今もイタリア Piedmont 地方に残っている》.

Wal·den·si·an [wɔːldénʃən, wɑl-, -siən | wɔːldénsɪən, wɔl-, -sjən] 〖(c1645) : ⇨ ↑, -ian〗 adj. ワルドー派の. ― n. ワルドー派の人.
wald·glas [vɑ́ːldglɑ̀ːs ; G. váldglaːs] 〖◻ G Waldglas《原義》forest glass : cf. wold[1]〗 ― n. バルドグラス《中世·ルネサンス期の普通のガラス製品 ; 十分精製してない原料を用い, 緑色を特色とする》.
Wald·heim [vɑ́ːlthaɪm, vɔ́ːlt- | vɑ́ːlt- ; G. válthaɪm], **Kurt** n. ワルトハイム《1918–　; オーストリアの政治家 ; 国連事務総長 (1972–81)》.
wald·horn [wɔ́ːldhɔ̀ən, vɑ́ːlt- | -hɔ̀ːn ; G. váldhɔrn] 〖(1852) ◻ G Waldhorn ← Wald (⇨ waldglas) + HORN〗 n. ヴァルトホルン《バルブのつかない自然ホルンのドイツ語名》.
Wal·do [wɔ́ːldou, wɑ́l- | wɔ́ːldəu, wɔ́l-] 〖◻ OHG ~ ← waltan to rule〗 n. 男性名. ★ スコットランドに多い.
Wál·dorf sálad [wɔ́ːldɔəf- | wɔ́ːldɔːf-, wɔ́l-] 〖← Waldorf-Astoria (New York 市のホテルの名)〗 ― n. ウォールドーフサラダ《さいの目のセロリ·りんご·くるみなどにマヨネーズをかけて作るサラダ》.
wale[1] [wéɪl] 〖lateOE walu mark of a blow, ridge < Gmc *walō (ON vǫlr / Goth. walus rod, wand) ← IE *wel- to turn : cf. channel[2], gunwale〗 ― n. **1** むちあと, みみずばれ (weal). **2 a** (織物の)うね (ridge), うね織 ; 織地 (texture). **b** 〖服飾〗(ニット地の)縦の目[筋] (cf. course 10). **c** (かごの)うね. **3** 〖造船〗 **a** 《廃》=gunwale. **b** [通例 pl.] (木造船の)外部腰板 (bend)《舷側(げんそく)に張った外板のうち特別厚く幅広のもの》. **4** 〖馬具〗馬の首輪の外側の隆起《二つの一方, この間にはもがはまる》. **5** (also **whale**) 〖建築〗腹起し, 胴貫(どうぬき)《型枠(かたわく)·土止めなどの工事で矢板 (sheet pile) を支持するため横に取り付ける木材または鋼材》. ― vt. **1** みみずばれにする ; むち打つ (flog). **2** うねに織る, 〈織物〉にうねを出す ; 〈かごなどを〉うねを立てて編む. **3** 〖建築〗腹起しで支える.
wale[2] [wéɪl] 〖ME wal(e) ◻ ON val choice ← Gmc *wal-, *wel- to be pleasing ← IE *wel- 'to wish, WILL[1]' : cf. G Wahl〗《スコット·北英》 ― n. **1** (多数あるものの中からの)選択 (choice). **2** [the ~] えり抜きのもの, 最上等品 (the pick). ― vt. えり抜く (select, pick out).
wále knòt 〖(変形)〗 n. 〖海事〗=wall knot.
Wal·er [wéɪlə | -lə(r] 〖(1849) ← (New South) Wales + -ER[1]〗 n. **1** (19 世紀に)オーストラリアの New South Wales から英領インドに輸出された騎兵馬. **2** オーストラリア馬.
Wales [wéɪlz] 〖OE Wēalas (pl.) ← wēalh foreigner, Briton : cf. Welsh〗 ― n. Great Britain 島の南西部の地域 ; 人口 2,724,000《Gwent を含む》, 面積 21,000 km^2, 首都 Cardiff ; 公式名 the Principality of Wales. ★ ウェールズ語系形容詞 : Cymric.
Wa·łę·sa [vɑːwénsɑː ; Pol. valɛ́nsa], **Lech** [léx] n. ワレサ《1943–　; ポーランドの独立自治労働組合の委員長 (1980–　)》.
Wa·ley [wéɪli | -lɪ], **Arthur** n. (1889–1966) 英国の東洋文学者 ; 日本·中国文学の翻訳者 ; *The Tale of Genji* (1925–1932), *Chinese Poems* (1946) ; 旧姓名 Arthur David Schloss.
Wal·hal·la [vɑːlhɑ́ːlə, wælhǽlə, vælt-, wɑːlhɑ́ːlə | vælhǽlə] n. 〖北欧神話〗=Valhalla.
wa·li [wɑ́ːli | -lɪ] 〖◻ Arab. walīy〗 n. **1** (イスラム諸国の地方行政の)総督. **2** =vali 1.
wál·ing [-lɪŋ] 〖← WALE[1] + -ING[1]〗 n. 〖建築〗腹起し(材).
walk [wɔ́ːk] 〖v. : OE (ġe)wealcan to roll, toss, go ← Gmc *welk- (Du. & G walken to full (cloth) / ON vālka to toss) ← ? IE *wel- to turn, roll (⇨ volute). — n. : (c1390) ← (v.)〗 ― vi. **1 a** 歩く, 歩む : ~ slowly, fast, heavily, steadily, etc. / ~ ten miles / ~ backward(s) あとずさりする / The baby cannot ~ yet. 赤ん坊はまだ歩けない. **b** 〈宇宙飛行士が〉宇宙遊泳をする. **2** 歩いて行く, 徒歩で行く ; 散歩する, ぶらつく (roam), (徒歩)遠足をする (hike) : ~ on foot 歩いて行く / ~ arm in arm 腕を組んで歩く / ~ about 歩き回る, ぶらつく / ~ a few paces 二, 三歩歩く / ~ about the countryside 田舎を歩き回る / ~ with a stick ステッキをついて歩く / ~ on crutches 松葉杖をついて歩く / ~ for one's health 健康のために歩く / ~ away [off] 歩き去る, 行ってしまう / ~ into a shop 店へ入って行く / Please ~ in. (遠慮しないで)どうぞお入り下さい / ⇨ WALK up / ~ out of a room 部屋から出て行く / I generally ~ to my office. 大てい歩いて事務所へ行く / We left the car at the bridge and ~ed the rest of the way. 橋の所で車を捨てて残りの道を歩いた / I ~ed the mile to his house. 彼の家までの 1 マイルを歩いた. **3** 〈幽霊が〉現われる, 出る (appear) : Ghosts ~ at night. 幽霊は夜現われる. **4** 〈馬·乗馬者が〉常歩(なみあし)で行く, 歩む. **5 a** 《古》世を渡る, 身を処する, 生活する (live) : ~ through life [the world] 世を渡る / ~ in God's way 神の道を歩む / ~ in the path of righteousness 正道を踏む /

~ in one's own way 独自の道を行く / ~ in the light 光に歩む, 正しい生活をする (cf. *1 John* 1:7) / ~ in darkness 暗きに歩く, やみ[罪]の生活を送る (cf. *John* 12:35) / ~ after the flesh 肉に従いて歩む, 肉欲の生活をする (cf. *Rom.* 8:1) / ⇨ *walk with* GOD / ~ humbly with thy God へりくだりてなんじの神と共に歩む (cf. *Mic.* 6:8) / ~ by faith 信仰によりて歩む, 信仰の生活をする (cf. *2 Cor.* 5:7) / ~ in a person's footsteps [steps] 人を模範として生きる. **b** 〔党派などと〕提携する, 連合する (associate) 〔*with*〕. **6** 〘野球〙〈打者が〉四球で一塁に歩く. **7** 〘バスケットボール〙(ドリブルもパスもせずに)ボールを持って3歩以上歩く, トラベリングをおかす (travel)《反則》. **8** (振動などにより)〈物が〉移動する, 動く. **9** 《廃》動いている, 活動している. **10** 〘海事〙〈船が〉進んで行く. **11** 《米》容疑[嫌疑]が晴れる.

— *vt.* **1** 〈道などを〉歩く: ~ the floor (いらいらして)部屋の中を行ったり来たりする / ~ the earth 〈悪魔が〉地上を歩く, 〈幽霊が〉地上に迷い出る / ~ the [a] round = ~ one's round(s) 巡回する / ⇨ *walk the* STREETS / We ~*ed* the countryside for miles round. その付近の田舎を数マイル四方歩き回った / the dear might of Him that ~*ed* the waves 波の上を歩きたまいしキリストの御力 (Milton, *Lycidas*) / They ~*ed* the deck, talking. 話しながら甲板を歩き回った. **2** 歩いて[散歩して]〈時を〉過ごす 〈*away*〉: I ~*ed* the afternoon *away*. 散歩して午後を過ごした. **3 a** 〈馬・犬などを〉歩かせる, 散歩に連れて歩く: ~ a horse 馬を歩かせる / ~ a dog on a lead 犬にひもを付けて散歩に連れて歩く. **b** (レース後に興奮を静めるために)〈馬を〉歩かせる. **4** [方向の副詞語句を伴って]〈人を〉歩かせる, 連れて歩く, 引っ張って行く; 歩かせて…の状態にする: The policeman ~*ed* him *away*. 巡査は彼を引き立てて行った / ~ a friend *about* the village 友人を連れて村を案内して歩く / He ~*ed* me *to* exhaustion. 彼に歩かされて私はへとへとになった / He ~*ed* her *home*. 彼女を歩いて家まで送った. **5** …と歩き比べ[競歩]をする: Nobody could ~ him. 歩き比べで彼に勝てる者はない. **6** 〈重い荷などを〉歩かせるようにして運ぶ; 〈自転車などを〉押して歩く: ~ a heavy box on its corners 重い箱の角を立ててごとんごとんと動かす / ~ a bicycle *up* a slope 自転車を押して坂を上がる. **7** [~ it として] **a** 《口語》歩く, 歩いてくる. **b** 〈競走馬などが〉楽勝する. **8** 〘野球〙 **a** 〈打者を〉(四球で)歩かせる. **b** (満塁の時, 打者を歩かせて)〈押し出しの1点を〉得させる 〈*in*〉. **9** 〘バスケットボール〙〈ボールを〉もってトラベリングをおかす (cf. *vi.* 7). **10** 歩測する: ~ the boundary 境界線を歩測する. **11** 〘海事〙 **a** 歩いて〈車地 (capstan) を〉回す. **b** [~ up として] 車地を回して[ロープを引いて]〈錨を〉引き上げる. **12** ゆるやかに〈ダンスを〉する: ~ a dance.

walk abroad 〈流行病・死・放火などが〉広まる, 広がる. ***walk all over*** (1) (…を)圧倒的に打ち負かす. (2) = WALK *over* (3). ***walk around*** (1) 《米口語》(ニグロの)ダンスをする. (2) …を多角的に検討する; …を慎重に扱う: ~ *around* a problem. ***walk away from…*** (1) …よりもずっと速く進む, (競争などで)…に楽々と勝つ (cf. walkaway). (2) 〈事故〉を大したこともなく切り抜ける. ***walk away with*** = WALK *off with*. ***walk down*** (1) 歩いて〈毒を〉中和する. (2) 歩いて〈連れを〉へたばらせる. ***walk into*** 《俗》 (1) …をたらふく食う[飲む]: ~ *into* a pie / ~ *into* beer. (2) …をなぐる (thrash); しかる, ののしる (abuse): He ~*ed into* us all. 我々みんなをしかった. (3) 〈金〉をどんどん使い込む: I've been ~*ing into* her money. 彼女の金をどんどん使い込んでいる. (4) うっかり〈打撃など〉をくらう, 〈罠など〉にまんまと陥る: He ~*ed into* the trap. まんまとその罠にはまった. (5) 〈人の愛情〉をまんまとかち得る: She ~*ed into* his affections. まんまと彼の愛情をかち得た. ***walk off*** (1) 突然歩き[立ち]去る. (2) 歩いて〈酔いなど〉を除く: ~ *off* a headache 歩いて頭痛を直す / ~ *off* (the effects of) a drink 歩いて酔いをさます. (3) 立ち去らせる; 〈罪人など〉を引き立てて行く (cf. *vt.* 4). ***walk a person off his legs*** [***feet***] 〈人を〉歩き疲れさせる. ***walk off with*** 《口語》 (1) …を盗む, 持って逃げる. (2) 〈賞品など〉をさらって行く, 獲得する: John ~*ed off with* the championship. ジョンが優勝をさらった / ⇨ *walk off with the* SHOW. ***walk on*** 《口語》(芝居などで)端役をやる (cf. walk-on). ***walk out*** (1) 《口語》(不賛成・抗議の表示に会議の席などから)退場する, 席をけって出る: He ~*ed out* of the meeting. 会議の席から退場した. (2) 《口語》ストをする (cf. walkout 1): The employees ~*ed out* in protest. 従業員は抗議してストをした. (3) 《英》(結婚を前提に)〔異性と〕付き合う 〔*with*〕: He was ~*ing out with* her. 彼女と付き合っていた. (4) 〈人を〉家の外まで送り出す: She ~*ed* me *out*. 彼女は私を家の外まで送り出してくれた. (5) 大股で歩く. (6) 〘軍事〙(許可を取って兵営から)外出する. ***walk out on*** 《口語》〈人〉を見捨てる; 〈仕事など〉を捨てる: She ~*ed out on* her husband after a fight. けんかの末に夫を見捨てた / Are you ~*ing out on* this good job? こんなにいい仕事を捨てるつもりか. ***walk over*** (1) 〘競馬〙〈馬が〉(他に出走馬がいないので)常歩(なみあし)で歩いて勝つ, 単走する (cf. walkover 1). (2) (試合などで)楽勝する. (3) …の気持を無視する; …にいばりちらす, …をこき使う. ***walk round*** 《米口語》〈相手〉を簡単に負かす. ***walk Spanish*** 〘カリブ海でスペインの商船などを襲った海賊たちが捕虜を連行するときのやり方にちなむという〙 (1) (襟首とズボンのしりを捕えて)〈人を〉爪先立って歩かせる; 力ずくで[有無を言わさず]〈人を〉追い出す. (2) 爪先立って歩かされる; こわごわ[用心して]歩く. (3) 追い出される. ***walk the hospital(s)*** [***wards***] 〈医学生が〉病院に実習勤務する (cf. intern[2]). ***walk through*** (1) 《演劇》…を動きを中心に稽古する[させる]; (初期のリハーサルなどで)〈役〉をお座なりに演じる. (2) 〈仕事・試験など〉をお座なりに扱う[済ます]. (3) ゆるやかに〈ダンス〉を終える: ~ *through* a dance. ***walk together*** 《英口語》〈若い男女が〉(結婚を前提に)付き合う. ***walk up*** 近寄る, 進む: He ~*ed up* to me. / *Walk up! Walk up!* さあいらっしゃい, いらっしゃい《見世物の木戸番などがいう言葉》.

— *n.* **1 a** 歩くこと; 歩き, 歩行. **b** 宇宙遊泳 (space walk). **2** 徒歩; 散歩 (stroll): a morning ~ 朝の散歩 / go for a ~ = take a ~ 散歩する / take a person for a ~ 人を散歩に連れて行く / accompany a person on a ~ 人のお供をして散歩する / I have been for a little ~. 少し散歩して来た / Ten minutes' brisk ~ took us to the place. 急ぎ足で10分歩くとその場所へ着いた. **3** 歩き方, 歩き振り (gait): a dignified [graceful, peculiar] ~ 威厳のある[上品な, 一種独特な]歩き方 / He has a ~ like a gorilla. ゴリラのような歩き方をする. **4 a** (馬の)常歩(なみあし) (cf. gait[1] 3): go at a ~ 常歩で歩く / fall into a ~ 〈駆けていた馬が〉常歩になる. **b** (馬の)鎮静運動. **5** 歩行距離, 歩程: an hour's [(a) five minutes'] ~ 歩いて1時間[5分]の距離 / It is within an easy ~ of the town. 町から楽に歩いて行ける所にある / It is a long [short] ~ from here. ここから歩いて遠い[近い]道のりだ. **6** 歩く道; 歩道 (path), 人道 (sidewalk); 遊歩道 (promenade); 並木道 (avenue): a gravel ~ (邸宅内の)砂利道 / a shady ~ under the trees 木陰の道 / one's favorite ~ 好きな散歩道. **7** 領域, 分野 (sphere, field): the ~ of the historian. **8** 《古》生活振り, 世渡り, 暮らし方, 行為, 行動 (conduct, behavior): an honest ~ 正直な暮らし方. **9** 〘野球〙フォアボール, 四球 (a base on balls, pass): an intentional ~ 敬遠. **10** 〘スポーツ〙競歩 (walking race). **11** なわ製造場 (rope walk). **12** 《英》牧羊場 (sheepwalk). **13** 家禽(きん)飼育場, 鶏舎: ⇨ COCK[1] *of the walk*. **14** (西インド諸島の)農園 (plantation). **15** 《英》(呼び売り商人・郵便配達人などの)通り道, 巡回区域. **16** (林務官の)監督区域. **17** (特にシギの)群れ: a ~ of snipes. **18** 《廃》人のよく出入りする所 (haunt, resort). **19** 《英》(儀式的な)行列 (procession). **20** 《英》(猟犬を種々な環境に慣らすために送る)農場, 田舎家: at ~ 〈犬が〉農場に預けられて / put to ~ 〈犬を〉農場に預ける.

a walk of life 身分; 職業, 定職: people in every ~ *of life* あらゆる身分の人々 / choose teaching as one's ~ *of life* 職業として教職を選ぶ / the ~*s of life* open to young people 若い人たちのために開かれている職業. ***in a walk*** 楽々と (cf. walkover 1): win *in a* ~ 楽勝する. ***take a walk*** (1) ⇨ *n.* 2. (2) (会の中途で)退場する.

walk·a·ble [wɔ́ːkəbl̩] *adj.* **1** 徒歩向きの[用の]: a ~ road / ~ shoes 散歩靴. **2** 歩くことのできる, 歩ける: a ~ distance.

wálk·abòut *n.* **1** 《英》徒歩旅行. **2** 《豪》(原住民が通常の仕事を一時離れて送る)森林地での短期間の放浪生活. **3** 王や女王などが人込みの中を非公式に歩き回ること. — *adv.* 《豪俗》動き回って.

wálk·awày 〘《1888》← *walk away* (*from*) (⇨ walk (v.) 成句)〙 *n.* 《口語》 **1** 楽に得た勝利, 楽に勝った勝負, 楽勝. **2** 楽に成就できる事柄. **3** 徒歩脱獄者.

wálk-dòwn *n.* (出入りに階段を使う)地下の店[住居]. — *adj.* 〈店・レストラン・住居など〉歩道の高さより低い, 地下の.

wálk·er 〘《a1376》〙 — *n.* **1** 歩く人, 歩行者 (pedestrian), 散歩好きな人; 競歩選手: a good [poor] ~ 足の達者な[弱い]人 / He is not a rapid ~. 足の早い方ではない / He is a very brisk ~. とてもきびきび歩く人だ / He is much of a ~. よく散歩する, 散歩好きである / ⇨ shopwalker, streetwalker. **2** (地面をぴょんぴょんはねる鳥に対して)歩く鳥. **3** (幼児の)歩行練習器《go-cart, baby walker ともいう》; (病人・身体障害者などの)歩行器. **4** [通例 *pl.*] 散歩靴.

go by Walker's bus 《俗》歩いて行く, テクシーで行く.

Wal·ker[1] [wɔ́ːkə | -kə(r] 〘← *John W. Walker* (19世紀米国の狩猟家)〙 *n.* ウォーカー《米国産のフォックスハウンド種の猟犬》.

Wál·ker[2] [wɔ́ːkə | -kə(r] 〘《1811》: Walker という名のかぎ鼻の人のあだ名が Hookey Walker であったことから?〙 — *int.* 《英俗》まさか, ばかな《不信を表わす; Hookey Walker ともいう》. ★ That is all ~. のように名詞的に用いることもある.

Wálker hòund *n.* = Walker[1].

wálker-ón *n.* (*pl.* **walkers-**) 《演劇》 = walking part.

walk·ie-look·ie [wɔ̀ːkilúki | -kɪlúkɪ] 〘⇨ walk, look, -ie〙 *n.* 〘テレビ〙ウォーキー ルッキー《無線送信機を備えた携帯用テレビカメラ》.

walk·ie-talk·ie [wɔ̀ːkitɔ́ːki, ⸗–⸗– | wɔ̀ːkɪtɔ́ːkɪ] 〘⇨ walk, talk, -ie〙 *n.* 〘通信〙携帯用無線電話機, ウォーキートーキー.

wálk-ìn 《米口語》 *adj.* **1 a** 通りがかりの, ふりの: ~ customers. **b** ふりの客[患者]を扱う: a ~ clinic. **2** 立って入れる位の大きさの: a ~ closet [cooler] 人が入れるほどの大きな収納室[冷蔵室]. **3** (ロビーを通らずに)通りから直接に入れる: a ~ apartment. — *n.* **1** 立って入れる位の大きさの冷蔵庫[冷凍室, 収納室]. **2** (選挙などの)楽勝. **3** ふりの客[患者].

wálk·ing 〘《c1400》〙 — *n.* **1** 歩くこと, 歩行, 徒歩: brisk ~ 活発な歩行 / go ~ 《米》散歩に行く / take a person ~ 《米》人を散歩に連れて行く / He is fond of ~. 歩くことが好きだ. **2** 歩き方, 歩き振り (gait). **3** (歩く立場から見た)道路などの状態 (condition), 道具合, 足場: The ~ is dry [easy]. 道は乾いている[楽だ]. **4** [形容詞的に] 徒歩の; 歩行用の: a ~ tour 徒歩旅行 / ~ shoes 散歩靴 / at a ~ pace 人の歩く位の速度で / Crabs have five pairs of ~ legs. カニは歩行用の脚を5組持っている. — *adj.* **1** 歩く, 歩行する. **2** 〈機械・器具など〉歩くように動く, 移動する; 歩く人[動物]によって用いられる: a ~ plow [cultivator] (トラクター用でない)牛馬用の犂(すき)[耕耘(うん)機] / ⇨ walking beam, walking chair. **3** (患者が)歩行できる (ambulatory) (cf. bedridden 1): a ~ case [patient].

wálking báit *n.* 〘釣〙遊動えさ《固定しないで常に遊動させるえさ; cf. ledger bait》.

wálking báss *n.* 〘音楽〙運歩風低音, 歩行[ウォーキング]ベース《ブルースで, 特にピアノの左手に反覆して現われる低音の音型》.

wálking bèam *n.* 〘機械〙動桁(けた), ウォーキングビーム《支点の回りに往復運動をして動力を伝達するてこ; ポンプなどに用いられる》.

wálking cátfish *n.* 〘魚類〙ヒレナマズ (*Clarias batrachus*)《アジア原産ヒレナマズ科ヒレナマズ属の陸上にはい登ることができる魚》.

wálking chàir *n.* (幼児用の)歩行器 (go-cart).

wálking cràne *n.* 〘機械〙移動起重機.

wálking délegate *n.* 巡察員《以前, 各工場の労働状況などを視察して歩いた労働組合の役員》.

wálking díctionary *n.* 生き字引.

wálking drèss *n.* (実用的な)外出着.

wálking encyclopédia *n.* 生き字引, 大の物知り.

wálking fèrn *n.* 〘植物〙北米産のクモノスシダに似た植物 (*Camptosorus rhizophyllus*).

wálking fìsh *n.* 〘魚類〙水中以外でもかなりの時間生存できる種類の魚類の総称《タイワンドジョウ (snakehead), キノボリウオ (climbing perch), トビハゼ, ムツゴロウ (mudskipper) など》.

wálking gèntleman *n.* 〘演劇〙(外見の立派な)仕出し《端役で出る男優》.

wálking làdy *n.* 〘演劇〙仕出しの女優.

wálking lèaf *n.* **1** 〘植物〙 = walking fern. **2** 〘昆虫〙コノハムシ (⇨ leaf insect).

wálking lìne *n.* 歩行線《階段の踏み幅を設定するための基準線で, 一般に手すりの内側から約18インチ (49 cm) のところに引かれる》.

wálking-òn *n., adj.* = walk-on.

wálking òrders *n. pl.* = walking papers.

wálking-óut *adj.* 《英》〈軍服が〉外出用の: a ~ uniform.

wálking pàpers *n. pl.* 《口語》免職, 解雇(通知): The boss gave him his ~. 社長は彼を解雇した.

wálking pàrt *n.* 〘演劇〙舞台をちょっと歩くだけの役, 「仕出し」 (walk-on) (cf. bit[2] 5 b).

wálking ràce *n.* 〘スポーツ〙競歩.

wálking shòrts *n. pl.* 《米》ウォーキングショーツ《バーミューダショーツに似ているがよりゆったりしたズボン; 裾(すそ)が折り返しになったものが多い》.

wálking stíck *n.* **1** ステッキ (cane). **2** 《米》〘昆虫〙ナナフシ (stick insect).

wálking tìcket *n.* = walking papers.

walking stick 2
(*Diapheromera femorata*)

wálk-òff *n.* **1** 歩いて去ること. **2** (会議などからの)突然の退場 (walkout). **3** 別れ[退去]のしるし, 別れの挨拶(さつ).

wálk-òn *n.* 〘演劇〙 **1** = walking part. **2** 仕出しの俳優. — *adj.* **1** 〘演劇〙仕出し役の: a ~ part. **2** 舞台に現われる.

wálk·òut *n.* **1** ストライキ (cf. WALK *out* (2)): They staged a four-day ~ to protest the lack of staff. 人員不足に抗議して4日間のストを行なった. **2 a** (抗議の意思を表示するための)退場, 欠席. **b** (抗議のための)会議の長期欠席. **3 a** 冷やかしの客. **b** (店を)冷やかすこと.

wálk·òver *n.* **1** 〘競馬〙(他に出走馬がいないので)コースを常歩(なみあし)で歩くこと, 単走《特に, 傑出した馬が出走する場合, 他の馬主の登録馬が出走を取り消し, 一頭で走ることがある; cf. WALK *over* (1), *in a* WALK》. **2** 《口語》不戦勝; 楽勝: have a ~. **3** 楽に達成できる仕事.

wálk-thròugh *n.* **1** 〘演劇〙 **a** 動きを中心としたリハーサル (cf. WALK *through* (1)). **b** (台本の)お座なりな演技. **2** 〘テレビ〙(カメラなしの)リハーサル.

wálk-ùp 《米口語》 *n.* エレベーターのない建物[アパート](の部屋): a second floor ~ エレベーターのない建物の2階(の部屋). — *adj.* **1 a** エレベーターのない建物の2階以上にある: a ~ apartment. **b** (数階の建物で)エレベーターのない: a ~ tenement エレベーターのない安アパート. **2** (歩行者が)建物に入らな

くても用事が済ませる：the ～ window of a bank.

Wal·kü·re [vaːlkýː(ə)rə | -kjúərə ; *G.* valkýːrə], **Die** [diː] 〖⇨ G ～⇨ ON *valkyrja* 'VALKYRIE'〗 *n.* 「ワルキューレ」(⇨ Ring of the Nibelung).

wálk·wày *n.* **1** (庭園・公園などの)歩行者専用通路, 散歩道. **2** (工場内などの)通路, 渡り廊下; 使用人通路. **3** 〖海事〗(機関室などの)通路. **4** 道路から玄関までの道.

Wal·kyr·ie [wælkí(ə)ri, væl- | -kíəri] *n.* 〖北欧神話〗「＝Valkyrie.

walk·y-talk·y [wɔ́ːkitɔ́ːki, ⌐ ⌐ ⌐ ⌐ | wɔ́ːkɪtɔ́ːkɪ] *n.* 〖通信〗＝walkie-talkie.

wall [wɔːl] 〖*n.*: OE *w(e)all* ⇨ L *vall-um* rampart (cf. vallum) ← *vallus* stake ← IE **wel-* to turn, roll (cf. vale[1], walk). — v.: 《c1250》 *walle(n)* < OE **weallian* ← *weall* (n.)〗 ── *n.* **1** (建造物の)壁, 外壁; 仕切り壁, 隔壁 (partition wall); 内壁; 壁面: the four ～s of a house 家の四方の壁 / hang pictures on the ～ 壁に絵をかける / ⇨ fourth wall / *Walls* have ears. 《諺》 壁に耳あり. ★ ラテン語系形容詞: mural. **2** [the W-] **a** ベルリンの壁《東西ベルリンの境界をなす全長 42 km の壁》. **b** ＝Wailing Wall. **3** (石・れんがなどの)塀(へい): a stone [brick] ～ 石[れんが]塀 / build a ～ ten feet high 高さ 10 フィートの塀を建てる. **4** [通例 *pl.*] 城壁, 防壁, 防備 (fortifications): the ～s of a city 都市の周囲に築いた城壁. **5** [しばしば *pl.*] (器官・容器などの)内側, 内壁: the ～s of a boiler ボイラーの内側 / the ～s of the chest [abdomen] 胸[腹]壁. **6** 壁のようにそびえる[さえぎる]もの, 障壁: a mountain ～ びょうぶのようにそびえ立つ山 / a ～ of clouds in the west 西空のびょうぶのような雲 / a ～ of fire [bayonets] 壁のように燃えさかる火[銃剣をかまえて立ち並んだ兵士の列], 火[銃剣]の壁 / ⇨ tariff wall. **7** (知的・精神的・社会的な)隔て, 壁, 障害: a ～ of partition 隔ての壁, 隔壁 (cf. *Ephes.* 2:14) / break through a ～ of tradition 伝統の壁を破る. **8** 土手 (embankment), 堤防 (levee); 石垣: ⇨ retaining wall. **9** 〖鉱山〗 磐(ばん), 側壁: ⇨ footwall, hanging wall. **10 a** 《古》 (街路・歩道の)壁[家]寄りの側. **b** (道路の中央に対して)道路の端.

beat one's head against a (brick [stone]) wall ⇨ head 成句. ***climb the wall*** ＝*go up the* WALL. ***drive a person to the wall*** 〈人を〉窮地に陥らせる, せっぱ詰まらせる. ***drive a person up the wall*** 《口語》 〈人を〉狂わせる; ひどく怒らせる. ***give a person the wall*** (昔, 道路の悪かった時に)〈人〉に道のよい(家寄りの)側を譲る; 〈人〉に有利な立場を譲る. ***go over the wall*** 《俗》 〈囚人などが〉脱走する, 脱獄する; 逃げ出す. ***go to the wall*** (1) 窮地に陥る, 追い詰められる; 負ける: The weakest *goes to the* ～. 《諺》 弱者は負ける. (2) (事業などに)失敗する (fail): The newspaper has *gone to the* ～. その新聞はつぶれてしまった. ***go up the wall*** 《俗》 気違いのようになる, 狂乱状態になる. ***have the wall of a person*** ＝*take the* WALL *of a person.* ***having one's back to the wall*** ⇨ back[1] 成句. ***jump [leap] over the wall*** 教会[聖職]を離れる. ***knock one's head against a (brick [stone]) wall*** ⇨ head 成句. ***push a person to the wall*** ＝*drive a person to the* WALL. ***run one's head against a (brick [stone]) wall*** ⇨ head 成句. ***see through a (brick [mud, stone]) wall*** 鋭い洞察力がある, 洞察力に富んでいる. ***send a person to the wall*** 〈人を〉邪魔者扱いする. ***send a person up the wall*** ＝*drive a person up the* WALL. ***take the wall of a person*** (昔, 道路の悪かった時に)〈人〉を押しのけて道のよい家寄りの側を歩く; 〈人〉よりも有利な立場を取る. ***turn one's face to the wall*** ⇨ face 成句. ***up against a (brick [stone]) wall*** 窮地に陥って, 壁に突き当たって. ***with one's back to the wall*** ⇨ back[1] 成句. ***within four walls*** 室内で; 内密に.

── *attrib. adj.* **1** 壁の, 塀の. **2** 〈植物が〉壁や石垣に生える: a ～ plant [plum]. **3** 壁に掛ける[取り付ける], 壁際の: a ～ safe / a ～ candlestick.

── *vt.* **1** …に壁を築く, 石垣[れんが塀]で囲う. **2** 〈都市〉に城壁をめぐらす, 城壁を築いて防備する: ～ a town 町の周囲に城壁を築いて防備する. **3** 〈入口・窓などを〉壁でふさぐ (block) 〈*up*〉. **4** (壁や塀でさえぎるように)さえぎる, 隔てる 〈*off*〉. **5** 〈人や物を〉壁に塗り込める, 封じ込める 〈*up*〉. **6** 塀で囲い込む 〈*in*〉: a small yard, ～*ed in* by a low wall of stone 低い石塀で囲い込まれた小さな中庭. **7** (塀のように)…の境界になる: The avenue was ～*ed* with blooming lilacs. 並木道の両側には花咲くライラックが植わっていた. **8** 〔…で〕壁をおおう 〔*with*〕: The room was ～*ed with* books. その部屋の壁は本が一杯並べてあった.

wal·la [wɑ́lə, wɔ́(ː)l-, -lɑː | wɔ́lə] *n.* ＝wallah.

wal·la·ba [wɑ́ləbə, wɔ́(ː)l- | wɔ́l-] 〖← S-Am.-Ind. (Arawak)〗 ── *n.* 〖植物〗 ギアナおよびブラジル北部産マメ科の樹木 (*Eperua falcata*); その木材《赤褐色で耐久性が強く, 屋根板や囲いに用いられる》.

wal·la·by [wɑ́ləbi, wɔ́(ː)l- | wɔ́ləbɪ] 〖《1828》⇨ Austral. 《土語》 *wolabā*〗 ── *n.* (*pl.* **-la·bies**, ～) **1** 〖動物〗 ワラビー《カンガルー科カンガルー属 (*Macropus*) の小型のカンガルーの総称; 中にはウサギ大のものもある; cf. pademelon, rock wallaby》. **2** [*pl.*] 《口語》 オーストラリア人たち; (特に)オーストラリア国際ラグビーユニオンチーム.

on the wallaby (track) (1) 《豪》 やぶの中を通って. (2) 《口語》 (仕事を求めたりして)歩き回って, 放浪して (on the tramp); (仕事に)あぶれて (unemployed).

Wal·lace [wɑ́lɪs, wɔ́(ː)l-, -ləs | wɔ́l-] 〖←《スコット》 ～ (家族名)《原義》 Welsh: スコットランドの国民的英雄 Sir William Wallace にちなんで普及〗 ── *n.* 男性名《愛称形 Wal, Wallie, Wallis, Walsh, Wally》. ★ ビクトリア朝期に用いられるようになった.

Wallace, Alfred Russel *n.* (1823–1913) 英国の博物学者; C. R. Darwin とは別に自然選択 (natural selection) の理論を発見した (1858).

Wallace, Edgar *n.* (1875–1932) 英国のスリラー作家; *The Four Just Men* (1906).

Wallace, George C(or·ley) [kɔ́əli | kɔ́ːlɪ] *n.* (1919–) 米国 Alabama 州知事 (1963–67, 70–78) (cf. Wallaceism).

Wallace, Henry A·gard [éɪgɑəd | -gɑːd] *n.* (1888–1965) 米国の政治家・農学者; 副大統領 (1941–45).

Wallace, Lew(is) *n.* (1827–1905) 米国の軍人・小説家; *Ben Hur* (1880).

Wallace, Sir **Richard** *n.* (1818–90) 英国の美術収集家 (⇨ Wallace Collection).

Wallace, Sir **William** *n.* (1272?–1305) スコットランドの国民的英雄; 英国王 Edward 一世に反抗してスコットランド独立のために戦い, 一時は英軍を打ち破ったが, 後捕えられて処刑された.

Wállace Colléction *n.* [the ～] ウォレスコレクション《London にあり, その収集品は Sir Richard Wallace から死後国に寄贈された; 18 世紀のフランス絵画・陶磁器・家具等の名品がある》.

Wál·lace·ism [-sìzm] 〖← *George C. Wallace*〗 *n.* **1** ウォレス主義《人種差別撤廃反対と南部諸州の権利の擁護を主張》. **2** ウォレス的言葉遣い.

Wállace's [Wállace] líne 〖← *A.R. Wallace* (この境界線の発案者)〗 ── *n.* [the ～] 〖動物地理〗 ウォレス線《アジアとオーストラリアの動物分布上の境界線; Bali 島と Lombok 島の間, Borneo と Celebes および Philippine 諸島との間に位置する》.

Wal·lach [wɑ́lək, wɔ́(ː)l- | wɔ́l-] 〖⇨ Walach〗 *n.* ＝Vlach.

Wal·lach [wɑ́lək, vɑ́ːl- | wɔ́l- ; *G.* válax], **Otto** *n.* ワラハ《1847–1931; ドイツの化学者; Nobel 化学賞 (1910)》.

Wallach. 《略》 Wallachian.

Wal·la·chi·a [wɑléɪkiə, wə-, wɔ(ː)-, -lǽk- | wɔléɪkjə, wə-, -kɪə] *n.* ワラキア《ヨーロッパ南東部の旧公国; 1861 年 Moldavia と統合してルーマニアの一部となった; 首都 Bucharest》.

Wal·la·chi·an [wɑléɪkiən, wə-, wɔ(ː)-, -lǽk- | wɔléɪkjən, wə-, -kɪən] *n.* **1** ワラキア (Wallachia) 人. **2** ＝Vlach. ── *adj.* **1** ワラキアの. **2** ワラキア人の.

wal·lah [wɑ́ːlə, wɔ́(ː)l-, -lɑː | wɔ́lə] 〖《1776》⇨ Hindi *-vālā* -er[1]〗 ── *n.* 《俗》 (ある仕事に)使われる人[もの], …係: ⇨ box wallah / a competition ～ (インドで)競争試験の上採用された官吏 / a ground ～ 《空軍俗》 陸上勤務兵 / a howdah ～ かごを載せて歩く象 / a punkah ～ やしの大扇を動かす召使 / a sanitary [signals] ～ 《軍俗》 衛生[通信]兵 / a ticket ～ 切符係.

wal·la·roo [wɑ̀lərúː, wɔ̀(ː)l- | wɔ̀l-] 〖《1827》⇨ Austral. 《土語》 *wolarū*〗 ── *n.* (*pl.* ～**s**, ～) 〖動物〗 ワラルー《中型のカンガルー属 (*Macropus*) の動物の総称》; (特に)ケナガワラルー (*M. robustus*).

Wal·la·sey [wɑ́ləsi, wɔ́(ː)l- | wɔ́ləsɪ] 〖ME *Waylayesegh* ← OE *Wala-ēġ* island of the British＋-*es* (gen. suf.)＋ME *ei* 'ISLAND'〗 ── *n.* イングランド Merseyside 州の都市; Mersey 川の河口 Liverpool 対岸にある; 人口 95,000.

wáll-attàchment effèct *n.* 〖流体力学・航空〗 ＝Coanda effect.

wáll bàrley *n.* 〖植物〗 ムギクサ (*Hordeum murinum*)《ヨーロッパ原産オオムギ属の帰化植物; 道路わきなどに生える》.

wáll·bòard *n.* ウォールボード, 壁板《特に, パルプ・岩綿・石灰などで作った人造壁板》.

wáll bòx *n.* 〖建築〗 **1** 梁受壁枠. **2** (電気配線などの)壁内の金属箱.

wáll brówn *n.* 《英》〖昆虫〗 ＝gatekeeper 2.

wáll clòck *n.* 柱時計, 掛け時計.

wáll clòud *n.* 〖気象〗 ＝eyewall.

wáll·còvering *n.* ウォールカバリング《プラスチック・繊維製などの壁紙の総称》.

wáll crèeper *n.* 〖鳥類〗 カベバシリ (*Tichodroma muraria*)《ヨーロッパと南アジアの高山地帯に生息し, 岩の壁面を移動する; クモ・昆虫などを捕食するので spider catcher ともいう》.

wáll crèss *n.* 〖植物〗 アブラナ科ハタザオ属 (*Arabis*) の植物の総称.

walled 〖late OE〗 ── *adj.* 壁をつけた; 壁で取り囲んだ, 塀(へい)をめぐらした; 城壁をめぐらした, 城壁で防備した: a ～ garden / a ～ cemetery 塀をめぐらした共同墓地 / a ～ town 城壁をめぐらした町.

wálled-ín *adj.* 塀(へい)をめぐらした, 囲い込んだ.

wálled pláin *n.* 〖天文〗 壁(へき)平原《月面にある周囲を城壁のように囲まれた広い区域, ほぼ円形で水平の底をもつ; ringed plain ともいう》.

Wal·len·stein [wɑ́lənstàɪn, wɔ́(ː)l- | wɔ́l- ; *G.* válənʃtàɪn] *n.* 「ワレンシュタイン」《J.C. Schiller 作の歴史悲劇三部作 (1798–99); *Wallenstein's Camp, The Piccolomini, Wallenstein's Death* から成る》.

Wal·len·stein [wɑ́lənstàɪn, wɔ́(ː)l- | wɔ́l- ; *G.* válənʃtàɪn], **Albrecht Wen·zel Eu·se·bi·us** [vɛ́ntsəl ɔyzéːbɪʊs] **von** *n.* ワレンシュタイン《1583–1634; ボヘミア生れの傭兵隊長, 皇帝の将軍; 三十年戦争その他で勇名をとどろかした》.

Wal·ler [wɑ́lə, wɔ́(ː)lə | wɔ́lə(r)], **Edmund** *n.* (1606–87) 英国の詩人.

wal·let [wɑ́lɪt, wɔ́(ː)l-, -lət | wɔ́l-] 〖《c1385》 *walet* ⇨ ? AF **walet* ← Gmc **wall-* ← IE **wel-* to turn, roll (⇨ volute): ⇨ -et〗 ── *n.* **1** (大形)紙入れ, 札入れ. **2** 道具袋. **3** 《古》 (旅人・巡礼・乞食などの用いる)物入れ袋, 合切(がっさい)袋, ずだ袋.

wall·eye [wɔ́ːlàɪ, -lài] 〖《1523》《逆成》↓〗 ── *n.* (*pl.* ～**s**, ～) **1** 〖眼科〗 (外斜視・角膜の濁りなどから生じた)白目. **2** 〖病理〗 ＝leucoma. **3** 〖眼科〗 外斜視《divergent squint, exotropia ともいう; cf. cross-eye 1》. **4** 〖眼科〗 外斜視眼. **5** 〖魚類〗 目玉の大きい北米産パーチ科の食用淡水魚 (*Stizostedion vitreum vitreum*)《外形はややスズキに似る; walleyed pike ともいう》.

wall·eyed [wɔ́ːlàɪd, -láɪd] 〖《?a1400》 *waldeyed, wawil-eghed* 《部分訳》 ← ON *vagl-eygr* ← *vagl* film over an eye＋-*eygr* -eyed (← *auga* eye)〗 ── *adj.* **1** (外斜視のため)白目がちの; 角膜の白く濁った,(その他の理由で)白目の. **2** 《米》 〈魚など〉大きく突き出た目をした. **3** (恐怖・怒り・興奮などで)目を異様に光らせた, 異様な[ねめつける]目付きの: in ～ fear [astonishment] 恐怖[驚き]のために目を異様に光らせて.

wálleyed hérring *n.* 〖魚類〗 ＝alewife[2].

wálleyed píke *n.* 〖魚類〗 ＝walleye 5.

wálleye póllack *n.* 〖魚類〗 スケトウダラ (*Theragra chalcogrammus*)《Alaska pollack ともいう》.

wáll fèrn *n.* 〖植物〗 オオエゾデンダ (*Polypodium vulgare*)《ウラボシ科エゾデンダ属のシダ》.

wáll·flòwer 〖《1578》〗 ── *n.* **1** 〖植物〗 ニオイアラセイトウ (*Cheiranthus cheiri*)《ヨーロッパでは石垣などに自生する香気のある黄色の花をつけるアブラナ科の植物; 園芸種には赤・紫などがある》. **2** 〖植物〗 アブラナ科ニオイアラセイトウ属 (*Cheiranthus*) およびエゾスズシロ属 (*Erysimum*) の多年生・一年生園芸植物の総称《エゾスズシロ (*E. cheiranthoides*) など》. **3** 《口語》 壁の花《舞踏会で, 特に相手がなくて壁側で見ている女, 時に男》.

wáll frùit *n.* (壁面に)桓根仕立[整枝]した樹になった果実《セイヨウナシ・リンゴなど; 以前ヨーロッパに多く普及した栽培法による; cf. espalier 1》.

wáll gàme *n.* 《英》 ウォールゲーム《コート内の壁にボールを打ちつけたり投げつけたりするゲーム; squash など》.

wáll hànging *n.* 壁掛け, (横木などを受ける)箱金物.

Wal·lie [wɑ́li, wɔ́(ː)li | wɔ́lɪ] 〖1: (dim.) ← WALLACE, WALTER. 2: (dim.) ← WALLIS[2] 2〗 *n.* **1** 男性名. **2** 女性名.

wáll iron *n.* (竪樋・避雷針などを留めるため)壁の外面に取り付ける腕金.

Wal·lis[1] [*G.* válɪs] *n.* Valais のドイツ語名.

Wal·lis[2] [wɑ́lɪs, wɔ́(ː)l-, -ləs | wɔ́lɪs] 〖(dim.) ← WALLACE〗 *n.* **1** 男性名. **2** 女性名. ★ 共にアメリカに多い.

Wal·lis [wɑ́lɪs, wɔ́(ː)l-, -ləs | wɔ́lɪs], **John** *n.* (1616–1703) 英国の数学者.

Wállis and Fu·tú·na [-fətúːnə] *n.* ウォリスフトゥーナ《南太平洋 Fiji の北にある二つの諸島から成るフランスの海外領; 人口 10,000, 面積 255 km²》.

wáll knòt 〖《1627》《部分訳》 ← Swed. & Norw. *valknut* ＝Dan. *valknude* double knot〗 *n.* 〖海事〗 うね結び《先端が解けないようにロープの股(こ)をより合わせて結んだもの》.

wáll·less *adj.* 壁[塀(へい)]のない.

wáll·lìke *adj.* 壁[塀]のような.

wáll nèwspaper *n.* 壁新聞, 壁の上の掲示板.

Wal·loon [wɑlúːn, wə-, wɔ(ː)- | wɔ-, wə-] 〖《1567》⇨ F *Wallon* < ML *Wallōnem* ← Gmc **walχaz* foreigner (OE *wealh* / OHG *walh* foreigner): cf. Welsh, walnut〗 ── *n.* **1** ワロン人《ベルギー南東部およびその付近に住む》. **2** ワロン語《ベルギー語なまりのフランス語》. ── *adj.* ワロン人の; ワロン語の.

Wallóon swórd *n.* ＝pappenheimer.

wal·lop [wɑ́ləp, wɔ́(ː)l- | wɔ́l-] 〖*n.*: 《a1375》⇨ ONF *walop* (F *galop*) ← *waloper.* — v.: 《1375》⇨ ONF *walop-er* (F *galoper*) 'to GALLOP'〗 ── *vi.* **1** 《廃》 ＝gallop. **2** 《口語・方言》 **a** ばたばたとあわてて進む. **b** じたばたする, もがく. **c** ぶざまに重苦しく歩く, よたよた歩く (waddle) 〈*along*〉: The old car ～*ed along.* 古自動車はがたがた走って行った. **3** 〈液体が〉激しく沸騰する. **4** 《スコット》 〈ぼろ布などが〉ひらひらする (flop). ── *vt.* 《口語》 ひどく打つ, なぐりつける (thrash); がんと打つ; 〔試合などで〕打ち負かす 〔*in*〕: ～ a ball ボールをかっ飛ばす.

── *n.* **1** 《口語》 ひどい一撃 (heavy blow): I gave him a sound ～. 彼をしたたかなぐりつけた. **2** (ボクシングなどの)強打力, 強烈なパンチ力. **3** 《口語》 (広告などの)効果, 効き目, 訴える力. **4** 《口語》 (愉快な)興奮, スリル (thrill, kick): We got a big ～ out of the game. そのゲームを大いに楽しんだ. **5** 《方言・口語》 じたばた, もがき. **6** 《廃》 ＝gallop. **7** 《英俗》 ビール (beer).

pack a wallop ⇨ pack[1] 成句.

── *adv.* 《口語》 どんと, どさっと, がんと: go (down) ～ どさっと落ちる.

wál·lop·er *n.* **1** 《口語》 打つ人; なぐる物, 棒. **2** 《英方言》 途方もなく大きなもの, とてつもない物[事].

wál·lop·ing 〖《adj.: ?a1400; n.: 1440》〗 《口語》

── *adj.* 巨大な, でっかい; すばらしくいい: a ～ baby, lie, etc. ★ 後に big, great 等を伴う時は副詞とも解される: a ～ big city ばかでかい都市. ── *n.* **1** ひどくぶつこと, 強打. **2** 完全に打ち負かすこと.

wal·low [wɑ́loʊ, wɔ́(ː)l-, -lə | wɔ́ləʊ] 〖OE *w(e)alwian*

to turn, roll < (WGmc) *walwōjan (Goth. *walwjan*) ← Gmc *walw-, *welw- ← IE *wel- to turn, roll (L *volvere* to roll: cf. volute)〗 ― *vi.* **1 a** 〈人や動物が〉〔泥・砂・水中などを〕ごろごろする, 転がり回る (roll about)〔*in*〕. **b** よたよた進む, もがきながら進む: She came ~*ing* like a woman with child. おなかの大きい女のようによたよたと歩いて来た. **2** 〈船などが〉大揺れ[横揺れ]に揺れる: The boat ~*ed* in the sea. 船は海上で横揺れに揺れた. **3** 〔酒色・贅沢(ぜい)などに〕耽(ふけ)る, おぼれる (indulge, revel)〔*in*〕: He ~*ed in* pleasures [luxury]. 快楽[贅沢]に耽っていた. **4** 〔富などを〕いやというほど持っている〔*in*〕: He ~*s in* money [wealth]. 金に埋まっている, いやというほど金を持っている. **5** 〈海・波が〉波打つ (surge); 〈煙・炎・水などが〉ほとばしって出る, 吹き出る〈*up*〉; 〈風が〉吹きまくる.
― *n.* **1** (泥や砂の中などに)転がること; (贅沢などに)耽ること. **2** (水牛などが)転がりに来る所; 動物が転がって作ったくぼみ. 「がる人[動物].

wál·low·er [-louə | -ləuə(r] *n.* (泥や砂などの中を)転

wáll pàinting *n.* 壁画, フレスコ (fresco).

wáll·pàper *n.* 壁紙《通例色刷の模様がある》. ― *vt.* 〈壁〉に壁紙を張る; 〈部屋など〉の壁に壁紙を張る. ― *vi.* 壁紙を張る. 「へ流す)有線放送音楽.

wállpaper mùsic *n.* 《英》(事務所・レストランなど

wáll pèllitory *n.* 〖植物〗ヒカゲミズ (*Parietaria officinalis*)《古い石塀(べい)などに生えるイラクサ科の雑草; 利尿に効がある》.

wáll pèpper *n.* 〖植物〗=stonecrop.

wáll plàte 〖ME *walplate*〗 ― *n.* **1** 〖建築〗敷桁(けた) (⇨ beam 挿絵). **2** 〖電気〗=switch plate. **3** 〖鉱山〗ウォールプレート《長方形断面の立坑で, 坑枠の長手方向に平行に置かれた坑木; また, 坑道の枠組の水平ガーダーと壁面との間に挿入される四角い木片; 圧縮されて圧力を軽減し, あるいは荷重を分散するために用いられる》. 「のコネクター箱.

wáll pòcket *n.* 〖劇場〗舞台の壁に取り付けた照明用

wáll rìb *n.* 〖建築〗壁つき肋材, 壁つきリブ《ヴォールト天井のアーチの肋(ろく)のうち, 垂直に壁に沿った部分; formeret ともいう; ⇨ Gothic 挿絵》.

wáll ròck *n.* **1** 〖鉱山〗磐岩(ばん), 周囲の岩磐. **2** 〖地質〗母岩 (country rock).

wáll ròcket *n.* 〖植物〗ロボウガラシ (*Diplotaxis tenuifolia*)《黄色の花をつけるヨーロッパ原産のアブラナ科の多年草》.

wáll rùe *n.* 〖植物〗イチョウシダ (*Asplenium ruta-muraria*)《石灰岩によく生える小形のシダ, 葉がイチョウに似ている; wall rue spleenwort ともいう》.

Walls·end [wɔ́:lzend] 〖OE *Wallesende*《原義》the end of the Roman Wall〗 ― *n.* **1** イングランド Tyne and Wear 州の Newcastle に近く, Tyne 川に臨む都市; 人口 46,000. **2** ウォールズエンド炭《家庭用上等石炭》.

wáll sòcket *n.* 壁に取り付けたコンセント.

Wáll Strèet 〖1653 年にオランダ人が建設した防御壁から〗 ― *n.* **1** ウォール街《New York 市 Manhattan 島南端部にあり, 米国の金融の中心地; ニューヨーク証券取引所所在地》. **2** New York 金融市場, 米国金融界[街] (cf. Lombard Street, Throgmorton Street).

Wáll Strèet·er [-tə | -tə(r] *n.* ウォール街の証券業者.

wáll-to-wáll *adj.* **1** 床一面の: ~ carpeting. **2** 《米》端から端までの, 全面的な.

wáll tòwer *n.* (昔のとりでの)壁塔.

wall tower

wal·ly[1] [wéɪli | -lɪ] 〖← ? WALE[2] + -Y[4]〗《スコット》 ― *adj.* **1** 立派な, 見事な, 結構な (fine, excellent). **2** 大きい, 強い, たくましい (big, strong). **3** 心地よい, 愉快な (agreeable). ― *adv.* すばらしく (finely). ― *n.* 見かけ倒しの物, 安ぴかもの (gewgaw).

wal·ly[2] [wéɪli | -lɪ] *int.* 《スコット・北英》=waly[2].

Wal·ly [wáli, wɔ́(:)li | wɔ́lɪ] 〖1: (dim.) ← WALLACE, WALTER. 2: (dim.) ← WALLIS[2]〗 *n.* **1** 男性名. **2** 女性名.

wal·ly·drag [wéɪlidræg, wál-, wɔ́(:)l-, -drɑ:g | wéɪlɪ-, wɔ́l-] 〖⇨ waly[2], drag〗 ― *n.* 《スコット》 **1** (弱々しい)発育不全の動物[人]; 巣の中のひよこ. **2** だらしのない人[女性]. 「ト》=wallydrag.

wálly·dràigle [-drèɪgl] 〖⇨ ↑, draggle〗 *n.* 《スコッ

wal·nut [wɔ́:lnʌt, -nət] 〖OE *walh-hnutu*《原義》foreign nut ← *wealh* foreign + *hnutu* 'NUT': cf. Wales, Welsh〗 ― *n.* **1** (食用)クルミ: over the ~*s* and the wine (食後に)クルミを食べワインを飲みながら, デザートで. **2** 〖植物〗クルミ《クルミ科クルミ属 (*Juglans*) の各種の木》. **3** クルミ材《銃床や家具の製造に用いる》: a ~ bureau クルミ材の衣装だんす. **4** クルミ色《クルミの木の心材の色》, 茶色. **5** 《ニューイングランド》ヒッコリーの実. ― *attrib. adj.* くるみの: a ~ garden / ~ brown.

wálnut trèe *n.* 〖植物〗=walnut 2.

Wal·pole [wɔ́:lpoʊl, wál- | wɔ́:lpəʊl, wɔ́l-], **Horace** *n.* (1717–97) 英国の作家; Robert Walpole の息子; *The Castle of Otranto* (1764); 称号 4th Earl of Orford [ɔ́əfəd | ɔ́:fəd].

Walpole, Sir **Hugh** (**Seymour**) *n.* (1884–1941) New Zealand 生まれの英国の小説家; *Mr. Perrin and Mr. Traill* (1913).

Walpole, Sir **Robert** *n.* (1676–1745) 英国の政治家; ホイッグ党の指導者; 首相 (1715–17; 1721–42); Horace Walpole の父; 称号 1st Earl of Orford.

Wal·pol·i·an [wɔ:lpóʊliən, wɑl- | wɔ:lpə́ʊliən, wɔl-, -ljən] *adj.* (*also* **Wal·pol·e·an** [~]) (Horace, Robert) Walpole (流)の.

Wal·pur·gis·nacht [vɑ:lpʊ́əgɪsnɑ̀:kt, vælpə́:-, -gəs-, -nɑ̀:xt | vælpʊ́əgɪs-, vɑ:l-, -pə́:-; *G.* valpʊ́rgɪsnàxt] 〖▭ G ~ ← *Walpurgis* St. Walburga's + *Nacht* 'NIGHT'〗 *n.* =Walpurgis Night.

Wal·púrgis Níght [vɑ:lpʊ́əgɪs-, -gəs- | vælpʊ́əgɪs-, vɑ:l-, -pə́:-] 〖《なぞり》← G *Walpurgisnacht* (↑)〗 ― *n.* **1** ワルプルギスの夜《ドイツの民間伝承では May Day の前夜, この夜は魔女たち (witches) が Harz 山脈の最高峰 the Brocken (1,142 m) に集まって魔王と酒宴を張るという; St. Walburga の祝日の一つが May Day に当たる》. **2** 飲めや歌えの(悪夢のような)大騒ぎ, 飲み騒ぎ (revelry).

Wal·ras [vælrɑ́:; *F.* valʀa], **Marie Es·prit** [ɛspri] **Léon** *n.* ワルラス, ヴァルラ (1834–1910; フランスの代表的数理経済学者).

wal·rus [wɔ́:lrəs, wɑ́l- | wɔ́:lrəs, wɔ́l-, -rʌs] 〖《1655》▭ ? Du. ~ ▭ Norw. & Dan. *hvalros*《音位転換》← ON *hrosshvalr* (cf. OE *horschwæl*)《原義》horse whale ← *hross* 'HORSE' + *hvalr* 'WHALE[1]': cf. G *Walross*〗 ― *n.* (*pl.* ~, ~·**es**) 〖動物〗セイウチ《セイウチ科セイウチ属 (*Odobenus*) の巨獣の総称》: **a** セイウチ (*O. rosmarus*)《大西洋や北極海にいる》. **b** ベーリング海やアラスカやシベリアの北海海岸にいる *O. divergens*.

walrus moustache [ー ー ー ー, ー ー ー ー | ー ー ー ー] *n.* せいうちひげ《だらりと下がった口ひげ》.

Wal·sall [wɔ́:lsɔ:l, -sl | wɔ́:l-, wɔ́l-] 〖lateOE *Waleshō, Waleshale*《原義》Briton's valley ← *Wealh* 'WELSH' + *h(e)alh* 'HAUGH'〗 ― *n.* イングランド中部 West Midlands 州の都市; Birmingham に近く, 石炭・鉄の産地; 人口 269,000. 「男性名.

Walsh [wɔ́:lʃ | wɔ́:lʃ, wɔ́lʃ] 〖(dim.) ← WALLACE〗 *n.*

Wal·sing·ham [wɔ́:lsɪŋəm | wɔ́:l-, wɔ́l-], Sir **Francis** *n.* (1530?–90) 英国の政治家; Elizabeth 朝の国務大臣 (1573–90). 「性名.

Walt [wɔ́:lt | wɔ́:lt, wɔ́lt] 〖(dim.) ← WALTER〗 *n.* 男

Wal·ter [wɔ́:ltə | wɔ́:ltə(r, wɔ́l-; *G.* váltɐ] 〖▭ ONF *Waltier* (F *Gautier*) ▭ ? OHG *Walthari, Waldhere* (=OE *Wealdhere*)《原義》ruler of the army ← *waltan* to rule + *hari, heri* army〗 ― *n.* 男性名《愛称形 Wal, Wallie, Wallis, Wally, Walt》.

Wal·ter [vɑ́:ltə, wɔ́:l- | vɑ́:ltə(r; *G.* váltɐ], **Bruno** *n.* ワルター (1876–1962; ドイツ生まれの米国の指揮者).

Wálter Mít·ty [-míti | -tɪ] 〖J. G. Thurber の短編 *The Secret Life of Walter Mitty* (1939) 中の主人公の名から〗 ― *n.* 途方もなく自分の成功を夢想する平凡な人. ~·**ish** *adj.*

Wal·tham [wɔ́:lθæm, -θəm] 〖同名の英国の町の名から: ↓〗 *n.* 米国 Massachusetts 州東部, Boston 西方の工業都市, 時計の製造地; 人口 47,000.

Wáltham Fórest [wɔ́:lθəm | wɔ́:l-, wɔ́l-] 〖*Waltham*: ← OE *W(e)ald-hām*《原義》home at the wood (⇨ weald, home)〗 *n.* London 北部の自治区; 人口 234,000.

Wal·tham·stow [wɔ́:lθəmstòʊ | wɔ́:lθəmstəʊ, wɔ́l-] 〖ME *Walthamstowe* (*Waltham Abbey* と連想: ↑) ∞ OE *Wilcumestōwe* ← *Wilcume* (女子修道院長の名) // *wilcuma* welcome person or guest + *stōw* place (⇨ stow[1])〗 ― *n.* London 北東部の郊外都市; 現在は Waltham Forest に含まれる.

Wal·ther von der Vo·gel·weide [vɑ́:ltə-fɔ(:)n-də-fóʊgəlvàɪdə | -tə-fɔn-də-fəʊ-; *G.* váltɐ-fɔn-de:ɐ-fó:gəlvàɪdə] *n.* ワルター フォン デル フォーゲルワイデ (1170?–?1230; 中世ドイツ最大の吟遊詩人).

Wal·ton [wɔ́:ltn, -tən | wɔ́:ltn, wɔ́l-, -tən], **Ernest Thomas Sin·ton** [síntn] *n.* (1903–) アイルランドの物理学者; Nobel 物理学賞 (1951).

Walton, Izaak *n.* (1593–1683) 英国の随筆家・伝記作者; *The Compleat Angler, or the Contemplative Man's Recreation*「釣魚大全」(1653, '55). 「作曲家.

Walton, Sir **William** (**Turner**) *n.* (1902–) 英国の

waltz [wɔ́:lts, wɔ́:ls | wɔ́:ls, wɔ́ls, wɔ́:lts, wɔ́lts] 〖《1781》▭ G *Walz-er* ← *walzen* to roll, dance a waltz: cf. walk〗 ― *n.* **1** ワルツ《二人で踊る三拍子の舞踏》. **2** ワルツ(曲), 円舞曲《ドイツ舞曲・レントラー (ländler) から発達した三拍子の舞踏曲; 舞踏の伴奏を目的としない独立した芸術作品も多い》. **3** 《俗》楽々とできるもの, 楽な仕事 (breeze) (cf. *vi.* 3).
― *vi.* **1** ワルツを踊る. **2** 《口語》浮き立って踊る, 踊るような足取りで歩く, 小躍りする: He ~*ed away* [*in*]. 踊るような足取りで去った[入って来た] / ~ *along* the street [*out of* the room] 踊るような足取りで町を通って行く[部屋から出て行く]. **3** 《口語》うまく運ぶ, 首尾よく[楽々と]通り抜ける (breeze)〔*through*〕: ~ *through* an exam 試験にやすやすと合格する. **4** [~ *up* として]《口語》厚かましく近寄る〔*to*〕. ― *vt.* **1** ワルツで〈パートナーを〉リードする; 〈人〉とワルツを踊る: He began to ~ her round the hall. ホールの中をぐるぐると彼女とワルツを踊り始めた. **2** 《口語》〈人を〉かっさらうように[有無を言わさず]連れて行く; 〈物を〉引きずるように運ぶ (lug): She seized me and ~*ed* into the hall. 彼女は私をつかんで引きずるようにホールへ連れ込んだ.
waltz into …をひどく叱る (storm at). ***waltz off with*** 楽勝して〈賞〉を勝ち取る. 「[tune].
― *attrib. adj.* ワルツ(曲)の, ワルツ風の: ~ step

wáltz·er *n.* ワルツを踊る人.

wáltz tìme *n.* 〖音楽〗=three-four.

Wál·vis Báy [wɔ́:lvɪs-, -vəs- | -vɪs-] *n.* **1** ウォルビス湾《南西アフリカにある湾》. **2** ウォルビスベイ《その湾にある港市》. **3** その港市を囲む南アフリカ共和国 Cape 州の飛領土; 南西アフリカが統治; 面積 1,124 km^2, 人口 24,000.

wal·y[1] [wéɪli | -lɪ] *adj., adv., n.* 《スコット》=wally[1].

wal·y[2] [wéɪli | -lɪ] 〖《短縮》? ← WELLAWAY: cf. woe, OE *wālāwa* alas!〗 *int.* 《スコット・北英》ああ (alas)《悲しみ・嘆きを表わす》.

wam·ble [wɑ́mbl, wǽm-, wɔ́(:)m- | wɔ́m-, wǽm-] 〖ME *wamle(n)* ← Norw. *vamla* to stagger // Dan. *vamle* to feel nausea: cf. vomit〗《方言》 ― *vi.* **1** 〈人が〉不安定な歩き方をする, よろめく (stagger); 〈話などが〉もたもた進む. **2** 身をよじる (twist), のたうつ (writhe)〈*about, over*〉. **3 a** (不消化のため)〈胃が〉ごろごろ鳴る, もどしそうになる. **b** 〈人が〉吐きそうになる, 吐き気を催す. ― *vt.* くるくる回す. ― *n.* **1** 不安定な歩き方, よろめく足取り, 千鳥足 (wambling gait): on [upon] the ~ よろめく足取りで, 千鳥足で. **2** 胃のごろごろ鳴る音; 吐き気.

wám·bly [-bli | -blɪ] *adj.* (**wam·bli·er**; **-bli·est**)《方言》 **1** 不安定な, 揺れる, よろよろする (unsteady). **2** 吐き気のする. **3** 吐き気を起こさせるような.

wame [wéɪm] 〖《スコット》《変形》← WOMB〗 *n.* 《スコット・北英》 **1** 腹 (belly); 胃 (stomach). **2** 子宮.

wam·mus [wɔ́:məs, wɑ́m- | wɔ́m-] *n.* =wamus.

Wam·pa·no·ag [wɑ̀mpənóʊæg, wɔ̀(:)m- | wɔ̀mpənə́ʊ-] 〖← N-Am.-Ind. ← *wampan* shiny, east + -*o*- (cf. *ohke* earth) + -*ag* (pl. suf.)〗 ― *n.* (*pl.* ~, ~**s**) **1 a** [the ~(s)] ワンパノーアグ族《Rhode Island, Narragansett Bay 近辺に住むアメリカインディアンの種族》. **b** ワンパノーアグ族の人. **2** ワンパノーアグ語《マサチューセッツ語の一方言》.

wam·pee [wɑmpí:, wɔ(:)m- | wɔm-] 〖《1830》▭ Chin. *hwang-pi* ← *hwang* (黄) + *pi* (皮)〗 ― *n.* 〖植物〗 **1** ワンピ (*Clausena lansium*)《ミカン科の木で中国・インド産, Hawaii で栽培される》. **2** ワンピの実《キンカンに似て食用》.

wam·pish [wǽmpɪʃ] 〖← ?: cf.《スコット》*wamfle* to flutter, wamble: ⇨ -ish[2]〗 ― *vi.* 《スコット》 **1** あちこち揺れる. **2** 〔腕を〕振り回す〔*with*〕: ~ *with* one's arms 腕を振り回す. ― *vt.* 〈腕を〉振り回す.

wam·pum [wɑ́mpəm, wɔ́(:)m- | wɔ́m-] 〖《1636》《短縮》← *wampumpeag* ▭ N-Am.-Ind. (Algonquian) *wampompeag* ← *wampan* white + *api* string + -*ag* (pl. suf.)〗 ― *n.* **1** 貝殻玉《ばらばらにまたは数珠のように糸に通して, 昔北米インディアンが貨幣または装飾として用いた; 白玉 (wampumpeag) が普通で, 色玉は白玉の倍の価値があった》. **2** 《米俗》金 (money).

wámpum·pèag [-pi:g] *n.* ⇨ wampum 1.

wam·pus [wɑ́mpəs, wɔ́(:)m- | wɔ́m-] *n.* 《方言》風変わりな[いやな, 恐しい]人[物].

wa·mus [wɔ́:məs, wɑ́m- | wɔ́m-] 〖▭ Du. *wammes, wambuis* ▭ OF *wambois* leather doublet ▭ OHG *wamba* belly (⇨ womb)〗 ― *n.* 《方言》(厚地の布で作られたベルト付きの)カーディガンジャケット.

wan [wɑ́(:)n, wɔ́(:)n | wɔ́n] 〖OE *wann* dark, gloomy ← ?: cf. wane〗 ― *adj.* (**wan·ner**; **wan·nest**) **1** 〈顔が〉(病気・心配などで)青白い, 青ざめた (pallid, pale): a ~ face / His face was ~ and pale [pale and ~]. 彼の顔は青ざめていた. **2** 病弱な, 弱々しい, 力のない: a ~ smile 弱々しい微笑. **3** 力強さ[効果]のない, 効き目のない: ~ efforts, attempts, etc. **4** 《古》〈夜・水など〉暗い (dark), 陰気な (dismal). **5** 〈星など〉光のない, ぼんやりした; 〈光など〉かすかな: ~ stars / ~ glimmerings of sunshine. ― *vi.* (**wanned**; **wanning**)《詩》青白くなる. ~·**ly** *adv.* ~·**ness** *n.*

Wan·a·ma·ker [wɑ́nəmèɪkə | wɔ́nəmèɪkə(r], **John** *n.* (1838–1922) 米国の実業家.

wan·chanc·y [wɑntʃǽnsi | wɔntʃǽnsɪ] 〖←《廃》*wanchance* misfortune (← ME *wan*- un- (⇨ wane) + CHANCE) + -Y[4]〗 ― *adj.* 《スコット》不運な (unlucky); 気味の悪い (uncanny).

wand [wɑ́(:)nd, wɔ́(:)nd | wɔ́nd] 〖《?c1200》▭ ON *vǫnd-r* ← Gmc *wand- ← IE *wendh- 'to WIND[3]'〗 ― *n.* **1** (魔法使いの使う)しなやかな棒, 魔法の杖. **2** (官職を示す)職杖, 官杖. **3** 〖音楽〗指揮棒 (conductor's baton). **4** (やなぎなどの)しなやかな細枝. **5** 〖アーチェリー〗 **a** 《米》的板《長さ 6 フィート幅 2 インチで男子には 100 ヤード, 女子には 60 ヤードの距離に立てる》. **b** 《英》標的として立てた皮をはいだ棒.

Wan·da [wɑ́ndə, wɔ́(:)n- | wɔ́n-] 〖▭ G ~ ← ? OHG *vand* stock, stem: Ouida の同名の小説 (1883) の主人公の名により一般化した〗 *n.* 女性名.

wan·der [wɑ́ndə, wɔ́(:)n- | wɔ́ndə(r] 〖OE *wandrian* < (WGmc) *wandrōjan (MDu. *wanderen* / G *wandern*) ← *wand-, *wend- 'to WEND': ⇨ -er[4]〗 ― *vi.* **1** (当てもなく)歩き回る, さすらう; ぶらぶら散歩する (rove, ramble)〈*about, up and down*〉: ~ *about*

ぶらぶら歩き回る / ～ *about* the world 世界を放浪する / ～ on the earth 地上をさまよう / ～ *up and down* あちこちさまよう / ～ into the woods ぶらぶらと森の中へ入って行く / I ～*ed* lonely as a cloud. 雲のごとくひとり寂しくさまよえり (Wordsworth). **2** 〈山脈・川・道などがうねりくねって続く[延びる, 走る, 流れる] (meander): a stream ～*ing* through the meadow 牧場の中をうねりくねって流れる小川. **3** 〔本道から〕それる, 横道へそれる, 踏み迷う (stray, go astray)〔*off, from, out of*〕: ～ *off* the track [*out of* one's way] 道を踏み迷う / ～ *from* the right path 正しい道を踏みはずす / ～ *from* the subject (議論など)横道へそれる / She ～*ed off* on the subject of her former lodgers. 話題がそれて以前の下宿人のことに及んだ. **4** 〈考え・言葉などが〉取りとめがなくなる, 集中[統一]ができなくなる; (熱などに)浮かされる, うわごとを言う (rave): ～ in one's talk 言うことに取りとめがない / His mind is ～*ing*. 気がふれている / His attention was beginning to ～. 注意力が散漫になりかけていた. **5** 〈視線・手・ペンなどが〉取りとめなく(あちこちと)動く: His glance ～*ed* from her to John. 彼の視線は彼女からジョンの方へと動いた / I saw his eyes ～ *away* from the picture. 彼の視線が絵からそれるのを見た. — *vt.* 〈通りなどを〉さまよう, 歩き回る, 放浪する (wander over): jobless men ～*ing* the streets 通りを歩き回っている失職者たち.

— *n.* **1** さすらい, 放浪, ぶらぶら歩き. **2** 〘物理〙(ジャイロスコープなどの)ドリフト移動 (cf. drift 14).

wán·der·er [-dərə | -rə(r)] 〘(1440)〙 — *n.* **1** (当てもなく)歩き回る人, さまよう人; 放浪者, さすらい人. **2** 邪道に踏み込んだ人. **3** [W-] 〘スコット史〙放浪の長老主義者, 流浪盟約者《Charles 二世および James 二世の迫害に対し監督制を拒否して反逆し, 追放された長老派牧師に従って故国を去った長老派信徒; cf. covenanter 2》.

wán·der·ing [-d(ə)rɪŋ] 〘adj.: OE *wandrigende*: ⇨ wander, -ing^2. — n.: (*a*1376): ⇨ -ing^1〙 — *adj.* **1** 〈人や動物が〉歩き回る, さまよう, さすらいの; 遊牧の, 放浪性の: ～ tribes. **2** 〈山・道などが〉うねうねと続く, 〈川が〉うねりくねって流れる. **3** 踏み迷う, 横道へそれる; 取りとめのない; うわごとを言う; 〈視線が〉あちこちと動く. **4** 〘医学〙遊走性の (floating): a ～ kidney 遊走腎(じん). — *n.* [通例 *pl.*] **1** ぶらぶら歩き, さすらい, 放浪; 漫遊: return from one's ～*s* さすらいの旅から帰る. **2** 取りとめのない言葉, うわごと (delirious speech). **3** 常軌を逸脱していること, 脱線.

wandering in the wilderness (1) 荒野のさまよい (cf. *Num.* 14: 33, etc.). (2) 〈政党が〉(政権を離れて)野(や)にある, 在野の (out of office).

～·ly *adv.*

wándering álbatross *n.* 〘鳥類〙ワタリアホウドリ (*Diomedea exulans*)《南極域にいる大アホウドリ》.

wándering céll *n.* **1** 〘生物〙遊走細胞. **2** 〘解剖〙=leukocyte.

wándering Jéw *n.* 〘植物〙 **1** シマフムラサキツユクサ (*Zebrina pendula*). **2** シロフハカタツユクサ (*Tradescantia fluminensis*)《ツユクサ科の匍匐性植物》.

Wándering Jéw, the 〘cf. F *le juif errant* / G *der ewige Jude*〙 — *n.* **1** さまよえる[さすらいの]ユダヤ人《刑場へ引かれて行くキリストを侮辱した罰として最後の審判の日まで世界をさすらう運命を与えられたという 13 世紀にさかのぼる伝説上の人物》. **2** 世界を放浪して歩く人, さすらい人.

wándering sáilor *n.* 〘植物〙=moneywort.

wándering táttler *n.* 〘鳥類〙(米国産)メリケンキアシシギ (*Heteroscelus incanus*), (アジア産)アシシギ (*H. brevipes*)《夏は Alaska, Siberia 地方に, 冬は太平洋の島々にすむ》.

Wan·der·jahr [vá:ndəjɑ̀ə | -dəjɑ̀:(r; *G.* vándəja:ɐ] 〘□G ～《原義》wander-year〙 — *G. n.* (*pl.* **-jah·re** [-jɑ̀:rə; *G.* -ja:rə]) **1** (徒弟修業のための)遊歴修業時代. **2** 長い旅行[放浪]期間.

wan·der·lust [wάndəlʌ̀st, wɔ́(:)n- | wɔ́ndə-; *G.* vándəlʊ̀st] 〘□G *Wanderlust* ← *wandern* 'to WANDER' + *Lust* desire, joy (⇨ lust)〙 *n.* 旅心, 放浪癖.

wan·der·oo [wɑ̀ndərú:, wɔ̀(:)n- | wɔ̀n-] 〘(1681) □ Sinhalese *wanderu* monkey〙 *n.* 〘動物〙 **1** =langur. **2** =macaque.

wánder plùg *n.* 〘電気〙遊び差込み.

wánder·yèar 〘(1895)《なぞり》← G *Wanderjahr*〙 *n.* =Wanderjahr.

wan·dle [wάndl | wɔ́n-] 〘(1803) (i)《逆成》? ← OE *wandlung* changeableness // (ii) ← WAND + -LE^2〙 — *adj.* 《スコット・北英》 **1** 〈物が〉柔軟な, しなやかな (flexible, supple). **2** 〈人が〉敏捷(びんしょう)な, はしっこい.

Wands·worth [wάndzwəθ, -wə:θ | wɔ́ndzwəθ, -wə:θ] 〘OE *Wendles wurð*《原義》Vandals' enclosed homestead ← *Wendel* Vandal + *worþ* (enclosure round) a homestead〙 — *n.* London 中央部の自治区; 人口 299,000.

wane [wéɪn] 〘v.: OE *wanian* to lessen < Gmc **wanōjan* (OS *wanon* / OHG *wanōn*) ← **wano-* lacking ← IE **eu-* lacking (L *vānus* 'VAIN'). — n.: OE *wana* ← Gmc **wan-*: ⇨ want, wanton〙 — *vi.* **1** 《まれ》(次第に)小さくなる (dwindle). **2** 〈月が〉欠ける (↔ wax): The moon waxes and ～*s*. 月は満ち欠けする / ⇨ waning moon. **3** 〈光・力・権勢・名声などが〉弱る, 衰える, 衰微する (decline): wax and ～ ⇨ wax^2 *vi.* 3 / one's *waning* popularity 段々衰えて行く人気 / His popularity has ～*d*. 彼の人気は衰えた / My passion for her has ～*d*. 彼女への情熱は衰えた. **4** 〈期間が〉終りに近づく: ～ to a close 終りに近づく / Summer is *waning* fast. 夏は日一日と終りに近づいて来た.

— *n.* **1** (月の)欠け; 月の欠ける時期. **2** 衰え, 衰微. **3** 終り, 終末: the ～ of life. **4** 衰退期. **5** 丸身《製材のかどに丸太の面の一部が残った下級品》.

on* [*in*] *the wane (1) 〈月が〉欠けて: The moon is *on the* ～. 月は欠け始めた. (2) 衰えて, 衰微して: His prosperity is *on* [*in*] *the* ～. 彼の繁栄は下火になった. (3) 終りに近づいて: The year is *on the* ～. 年末が近づいてくる.

wan·ey [wéɪni | -ni] 〘(1662): ⇨ ↑, -y^4〙 *adj.* (**wan·i·er; -i·est**) **1** 〈月など〉欠けて行く; 〈光・力・名声など〉衰えて行く; 減少した. **2** 〈材木が〉丸身の.

wan·gle [wǽŋgl] 〘(1888)《混成》? ←《方言》*wan(kle)* unsteady (< OE *wancol*) + (WAG)GLE〙《俗》 — *vt.* **1** 策略で手に入れる, うまくやり遂げる, 工面する (contrive): ～ an extra holiday うまくやって余分の休暇をせしめる / ～ five pounds *out of* a person まんまと人から 5 ポンド巻き上げる / ～ a forged passport 偽造旅券を何とかして手に入れる / She ～*d* him a job at the Foreign Office. 何とかして外務省での職を見つけてやった. **2** もっともらしく見せる, ごまかす (fake): ～ an account [report, prices] 勘定[記録, 値段]をごまかす. — *vi.* **1** なんとか切り抜ける[やって行く]〈*through, along*〉. **2** 策略を用いる, ごまかしをやる. — *n.* うまく切り抜ける[ごまかす, せしめる]こと; うまく手に入れたもの.

Wan·hsien [wɑ̀:nʃjén; *Chin.* uànɕiɛ̀n] *n.* 万県《中国四川省 (Szechwan), 揚子江沿岸の都市》.

wan·i·gan [wάnɪgən, wɔ́(:)n-, -nə- | wɔ́nɪ-] 〘□ N-Am.-Ind. (Abnaki) *waniigan* a trap,《原義》that into which something strays〙 — *n.* 《米》 **1** (材木切出し人の飯場の)糧食を入れる大ひつ. **2** (材木切出しの飯場で仮事務所に使われる)車上の小屋.

wán·ing *n.* 〘天文〙満月後月が欠けていくこと.

wáning móon *n.* (満月後の)欠けていく月 (old moon) (cf. new moon) (↔ waxing moon).

wan·ion [wάnjən | wɔ́n-] 〘(1549)《変形》← ME《北部方言》*waniand* (pres.p.) ← *wanien* 'to WANE': 月の欠けるのを不吉とした迷信から〙 — *n.* 《古》不運 (bad luck); 復讐, 報復 (vengeance): with [in] a ～ ひどく, やけに.

***A* (*wild*) *wanion on*...! = *With a wanion to*...!** ...に呪いあれ.

Wán·kel éngine [vá:ŋkəl-, wá:ŋ-; *G.* váŋkəl-] 〘← *Felix Wankel* (1902– : ドイツの技師)〙 — *n.* 〘自動車〙バンケルエンジン〘ロータリーエンジンの一種; 単に Wankel ともいう〙.

wan·na [wɔ́(:)nə, wάnə, wάnə | wɔ́nə] 《米口語・英方言》=want to.

wan·ni·gan [wάnɪgən, wɔ́(:)n-, -nə- | wɔ́nɪ-] *n.* = wanigan.

wán·nish [-nɪʃ] 〘← WAN (adj.) + -ISH^1〙 *adj.* やや青ざめた.

want [wɔ́(:)nt, wάnt, wάnt | wɔ́nt] 〘v.: (?*c*1200) *wante(n)* □ ON *vant-a* to lack < NGmc **wanatōn* ← IE **eu-* lacking, empty. — n.: (?*c*1200) □ ON *vant* (neut.) ← *vanr* (adj.) lacking: cf. wane〙 — *vt.* **1** 欲する, 望む (long for); 手に入れたい; 買いたい: She ～*s* everything in this room. この部屋の物を何でも欲しがる / Tell me what you ～. 何が欲しいか言ってごらん / I ～ a good watch. いい時計が欲しい / What do you ～ with me? ご用は何ですか. **2** ...に会いたい, 用がある: Who(m) do you ～? だれにご用ですか / You won't be ～*ed* this afternoon. 今日の午後は君に用はない / You are ～*ed* in the office. 事務室で君を呼んでいる / He is ～*ed* by the police for robbery. 強盗容疑で彼は警察に手配されている (cf. wanted 2). **3 a** [不定詞を伴って] ...したい, ...したがる: I ～ *to* see it. それが見たい / I don't ～ *to* go. 行きたくない / The car didn't ～ *to* start. 車が動こうとしなかった. **b** [目的語+不定詞で] 〈人などに〉...して〉ほしい, もらいたい: I ～ you *to* come at once. 君にすぐ来てもらいたい / I don't ～ you *to* go. 君に行ってほしくない / I don't ～ there to be any trouble. ごたごたはご免ですよ. **c** [-ing 形の目的補語を伴って] ...に...してほしい: I don't ～ you stand*ing* there. 君にそこに立ってもらいたくない / He ～*s* me work*ing* for him. 彼は私に仕事をしてもらいたがっている. **d** [過去分詞形の目的補語を伴って] 〈...が〉...されることを〉望む: Do you ～ this box *opened*? この箱をあけてほしいのか / I ～ it *painted* white. それを白く塗ってほしい. ★ I ～ you to come. の代わりに I ～ for you to come. または I ～ (that) you should come. とするのは非標準的な言い方. **4** 欠けている (lack); 〔...に〕...だけ足りない (fall short)〔*of*〕: He ～*s* judgment. 判断に欠けている / The statue ～*s* the head. その像には首がない / The sum ～*s* a few dollars *of* the required amount. その金は必要額に 2, 3 ドル足りない / It ～*s* five minutes to [《まれ》*of*] noon. 正午まであと 5 分だ (★ 今は It is five minutes to noon. の方が普通) / It ～*s* something *of* perfection. それは少し不完全だ. **5 a** 《英》...が必要である, ...がなければならない (need, require): Children ～ the whip [whipping, to be whipped]. 子供はぶたなければならない / We don't ～ a fire on such a warm day. こんな暖い日には火はいらない / You badly ～ a new tie. (そのネクタイはひどい)ぜひ新しいのを買いなさい / It ～*s* careful handling. それは取扱いに注意を要する / It ～*s* to be handled with care. それは注意して扱われなければならない / These shoes ～ repairing. この靴は修繕の必要がある / The man ～*s* watching [to be watched]. その男は監視する必要がある / What he ～*s* is plenty of sleep. 彼に必要なものは十分な睡眠だ. ★ 受動不定詞を従える場合は want よりも need の方が普通. **b** [不定詞を伴って]《口語》...すべきである(ought), ...した方がいい (had better): You ～ *to* see a doctor at once. すぐ医者に行かなければならない / One ～*s to* be very careful in handling poisons. 毒を扱う時には細心の注意が必要だ / You don't ～ *to* work so hard. そんなに働かなくてもいい / You don't ～ *to* be rude. 不作法をしてはいけない. **6** [p.p. 形で] (広告文で) ...を求める: *Wanted* a cook. 料理人入用 / Situation ～*ed* by a typist. タイピスト, 職を求む.

— *vi.* **1** 〔...に〕欠ける, 不足する, 足りない, 事欠く〔*in, for*〕: The house ～*s in* height. その家は高さが足りない / He never ～*ed for* friends. 友達のないようなことはなかった / You shall ～ *for* nothing. 君には何も不自由はさせない. **2** 《古》欠けている: There ～*s* but his approval. これで彼の承認が要るだけである. **3** 困窮する, 困る, 不自由する: He must not be allowed to ～ in his old age. 年を取ってから困らせるようなことをしてはならない. **4** [しばしば後に to を伴って] ...したい, 望む: We can stay home if you ～ (*to*). あなたが望むならば私達は家に居てもよい / Ring this bell when you ～. ご用の時はこのベルを鳴らして下さい. **5** [後に to come, to go などを略し, 方向を表わす副詞を従えて]《米口語・スコット》(...へ)来たがる, 行きたがる: He ～*s* back [down, off]. 戻り[降り, 去り]たがっている.

want in 《米口語・スコット》(1) 中に入りたがる. (2) (物事に)加わり[加入し]たがる. ***want out*** (1) 《米口語・スコット》外に出たがる. (2) 《米口語》〔物事から〕抜け(出)たがる〔*of*〕.

— *n.* **1** 欠乏 (lack), 不足 (shortage): suffer from ～ *of* food 食料の欠乏に苦しむ / Your work shows ～ *of* thought. 君の仕事にはよく考えずにした跡が見える / There is no ～ *of* anything. 不足しているものは何一つない. **2** [通例 in ～ of の形で] 必要, 入用 (need): be *in* ～ *of* money [good assistants] 金[よい助手]が入用だ, 金[よい助手]がなくて困っている / Our house is *in* ～ *of* repair. 家は修繕の必要がある / He is *in* no ～ *of* money. 金は少しも必要としていない, 金はたんまりある. **3** 困窮, 貧乏 (indigence, poverty): live in ～ 貧乏の生活をする, 生活に困る / the bitterness of ～ 貧乏のつらさ / be reduced [come] to great ～ 大いに困窮する / *Want* is the mother of industry. 《諺》貧困は勤勉の母 / Willful waste makes woeful ～. ⇨ waste *n.* 1 / He found himself barely above ～. やっと生活に困らない程度であった. **4** [通例 *pl.*] (必要な物に対する)欲望 (craving, desire); 欲しい物, 必要物, 入用品 (thing needed): a (long-)felt ～ (長い間)痛感されている必要品 / A great ～ is a good hospital. 非常に必要なものはよい病院だ / a man of few ～*s* 欲の少ない人 / We can supply all your ～*s*. 当方では御用の品は何でも供給できます.

for* [*from, through*] *want of ...がないため, ...の不足で: *for* ～ *of* a better より良いのがないから / *for* [*from*] ～ *of* water 水がないために / fail *for* ～ *of* funds 資金不足で失敗する / She paused *for* ～ *of* breath. 息が切れてきたので立ち止まった.

～·er [-tə | -tə(r)] *n.*

want·a [wɔ́(:)ntə, wάn-, wάn- | wɔ́ntə] *v.* 《俗》=want to.

want·a·ble [wɔ́(:)ntəbl, wάnt-, wάnt- | wɔ́nt-] *adj.* 好ましい (desirable); 魅力的な (attractive).

wánt àd *n.* 《米》(新聞の 3 行広告欄に載る)広告《譲渡・貸家・借家・求職・求人などの数行の個人的広告; cf. classified ad, want column》.

want·age [wɔ́(:)ntɪdʒ, wάnt-, wάnt- | wɔ́nt-] *n.* 《米》〘商業〙不足額, 不足高 (shortage).

wánt còlumn *n.* 《米》三行広告欄 (cf. want ad).

wánt·ed [-tɪd, -təd | -tɪd, -təd] *adj.* **1** 欠けている; 必要とされている: a ～ work. **2** 〈人が〉指名手配されている: a ～ man お尋ね者. — *n.* [通例 *pl.*] 求められている人, 指名手配されている人.

wánt·ing [-tɪŋ | -tɪŋ] 〘(*a*1325): ⇨ want, -ing^2: cf. notwithstanding, excepting, regarding, etc.〙 — *adj.* **1** 足りない, 不足で (lacking, missing): sounds ～ in English 英語に欠けている音 / One volume is still ～ to complete the set. セットが揃(そろ)うのに 1 冊足りない / What was ～ was a competent leader. 足りないものは有能な指導者であった / Nothing is ～ to make me happy. 私の幸福に欠けているものは何一つない. **2** 〔性質などに〕欠けて (lacking)〔*in*〕: be ～ *in* courtesy [zeal, common sense] 礼儀[熱心さ, 常識]が欠けている / He is ～ *in* tact. 彼は気転がきかない. **3** 不十分で, 標準以下で, 期待に添わない (unequal)〔*to*〕: He has never been ～ *to* the occasion [his duty]. その場になって期待にそむくようなことをした[義務を果たさなかった]ことがない / be (tried and) found ～ (試された上で)不十分[役に立たない]とされる (cf. balance *n.* 1 a). **4** 《方言》頭が悪い, 低能な: He's a bit ～. 少々足りない.

— *prep.* **1** ...のない, ...を欠いて (without): a book ～ several pages 数ページ欠けている[落丁のある]本 / *Wanting* courage, nothing can be done. 勇気がなけれ

ば何事もできない. **2** …だけ不足して (less, minus): a month ～ three days ひと月に 3 日不足 / an hour ～ ten minutes 1 時間に 10 分不足.

wánt·less *adj.* **1** 不足のない; 不自由のない, 事欠かない. **2** 欲求物のない; 欲求のない, 欲のない. **～·ness** *n.*

wánt lìst *n.* 入手希望品目表[一覧]《収集家・図書館などが入手希望品目を記載し業者に回覧するリスト》.

wan·ton [wɔ́(ː)ntn̩, wɑ́n-, -tən | wɔ́ntən] 〖(adj.: *a*1325; n.: 1526; v.: 1582) *wantoun, wantowen* ← OE *wan-* not (⇨ wane: cf. 《廃》 *wanhope* despair)＋*togen* ((p.p.) ← *tēon* to draw, discipline (⇨ tow¹: cf. G *gezogen*))〗 **—** *adj.* **1** 《古》 抑制されない, 抑止されない (unrestrained), 奔放な: the ～ imagination of poetry 詩の自由奔放な想像力. **2** 〈人・性質・考え・言行・顔つきなど〉みだらな, 浮気な, 多情な, 不貞な (unchaste, lewd), 猥褻(わいせつ)な (licentious): a ～ woman / ～ looks, thoughts, novels, etc. / a ～ expression みだらな表現. **3** これという理由のない, 無茶な, でたらめな, 気まぐれの (random, arbitrary): ～ destruction, mischief, attack, insults, prejudice, etc. / a ～ murder 理由のない殺人 / in a ～ way 身勝手に. **4** 《廃》 〈衣服・食事が〉ばかばかしく贅沢(ぜいたく)な (excessively luxurious). **5** 悪意の (malicious), 理不尽な (unjustifiable); 野蛮な (brutal), 無慈悲な (merciless): ～ cruelty of men 人間の理不尽な残忍さ / ～ victors 暴虐な勝利者たち / ～ use of strength 力の横暴な行使. **6** 〈動物の子が〉はね回る (frolicsome), ふざける (sportive); 〈風など〉気まぐれな (capricious): ～ children, kids, etc. / ～ play, tricks, etc. / a ～ wind 気まぐれに吹きまくる風 / a ～ stream 元気にさらさらと流れる小川. **7** 《廃》 〈人が〉御し難い, 手に負えない, 〈子供が〉いたずらな, 手に負えない (unruly). **8** 《詩》 〈草木など〉生い茂った (luxuriant), はびこった (rank): ～ vegetation.
— *n.* 浮気な人; (特に)浮気女.
play the wanton (1) 戯れる, いちゃつく (dally) 〔*with*〕. (2) おもしろ半分にやる; 〔物事を〕もてあそぶ (trifle) 〔*with*〕.
— *vi.* **1** 〈子供や動物の子が〉はね回る, ふざける (frolic). **2** 浮気をする, いちゃつく 〔*with*〕. **3** 〔言葉や行為が〕行き過ぎる 〔*in*〕: He ～*ed in* paradoxes. むやみに逆説を飛ばした. **4** 〈庭・植物が〉咲き乱れる, 生い茂る. **5** 〔資産などを〕むだ使いする, 浪費する 〔*with*〕: ～ *with* one's property. **—** *vt.* **1** 〈人生・金などを〉浪費する, 濫費する 〈*away*〉. **2** [～ it として] **a** いちゃつく. **b** ふざける, はね回る.
～·er *n.* **～·ly** *adv.* **～·ness** *n.*

wan·y [wéɪni | -nɪ] 〖← WANE＋-y⁴〗 *adj.* (**wan·i·er; -i·est**) ＝waney.

wap¹ [wǽp, wɑ́p | wǽp, wɔ́p] 〖← ?〗 **—** *vt.* (**wapped; wap·ping**) 《方言》 **1** さっと[乱暴に]投げる. **2** なぐりつける. **—** *n.* 《方言》 **1** 殴打, 打撃 (blow). **2** 《スコット》 突然の(雪)あらし. **3** ばたばた動かすこと (flap). **4** 《スコット》 なぐり合い; けんか (quarrel).
at a wap 《方言》 一撃の下に, 突然 (suddenly).

wap² [wǽp, wɑ́p | wǽp, wɔ́p] 〖ME *wappe(n)* ← ?: cf. wrap〗 《方言》 *vt.* (**wapped; wap·ping**) 包む, くるむ (wrap). **—** *n.* 包む[巻く]もの《ひもなど》.

wap·a·too [wɑ́pətùː | wɔ́p-] 〖□ N-Am.-Ind. (Chinook) ～ ← Cree *wāpatowa* white mushroom〗 **—** *n.* (*pl.* **～s**) 〖植物〗 クワイ《オモダカ科オモダカ属 (*Sagittaria*) で塊茎を食用とする植物の総称; *S. latifolia, S. cuneato* など》.

wap·en·take [wǽpəntèɪk, wɑ́p-, wɔ́(ː)p-|wǽp-, wɔ́p-] 〖OE *wǣpen(ġe)tæc* □ ON *vāpnatak* 《原義》 taking of weapons, i.e. show of weapons at public voting ← *vāpna* ((gen.pl.) ← *vāpn* 'WEAPON') ＋ *tak* an act of taking (← *taka* 'to TAKE'): その長の着任に際し住民が信任の意を表わすため剣をとり打ち振った儀式から〗 **—** *n.* **1** 小邑(ゆう), 百戸村, 郡《昔の英国北部または中部地方のデーン人が多くいた州 (shire) の下位区分, 他地方の hundred に相当する; cf. ward *n.* 4 b》. **2** (昔の英国の)小邑裁判所.

wap·i·ti [wɑ́pəti, wɔ́(ː)p- | wɔ́pɪtɪ] 〖(1806) ← N-Am.-Ind. (Algonquian) 《原義》 white deer〗 **—** *n.* (*pl.* **～, ～s**) 〖動物〗 ワピチ (*Cervus canadensis*) 《北米・アジア北東部と中北部産の大型のシカで, アカシカに近縁》.

wapiti

wap·pen·schaw·ing [wǽpənʃɔ̀ːɪŋ, wɑ́p- | wǽp-, wɔ́p-] 〖(1424) 《北部方言》 *wapynschawing* weapon-showing ← *wapen* (□ ON *vāpn* 'WEAPON')＋*schawing* (← *schawen* 'to SHOW'＋-ING¹): cf. wapentake〗 **—** *n.* (昔スコットランド各地で行なわれた)武装点検《wappenschaw ともいう》.

wap·per·jaw [wɑ́pədʒɔ̀ː | wɔ́pə-] 〖← *wapper* (← ?: cf. wave (v.))＋JAW¹〗 *n.* 《米口語》 突き出た[ゆがんだ]下あご. **wápper-jáwed** *adj.*

Wap·ping [wɑ́pɪŋ, wɔ́(ː)p- | wɔ́p-] 〖ME *Wappingge* ← ?: cf. OE *wapol* bubble〗 **—** *n.* London 東部の Tower Hamlets 自治区にある Thames 河畔の一地区; 古い船着き場の Wapping Old Stairs が残っている.

war¹ [wɔ́ə | wɔ́ː(r] 〖*n.*: (*a*1122) *werr(e)* □ ONF *werre*＝(O)F *guerre* □ OHG *werra* strife ← IE **wers-* to confuse: ⇨ worse. — v.: (1154) *werrie(n)* ← (n.)〗 **—** *n.* **1 a** 戦争, 戦役: ⇨ civil war, cold war, holy war, hot war, world war, TOTAL war / a declaration of ～ 宣戦(布告) / a seat [theater] of ～ 戦場 / a ～ to end ～ 戦争を根絶する目的の戦争《第一次大戦は一時こう呼ばれた》 / declare ～ 宣戦を布告する 〔*on, upon, against*〕 / ⇨ *make* [*wage*] WAR / be against ～ 戦争に反対である / be killed in ～ 戦死する / ～*s* and rumours of ～*s* 戦争と戦争の噂(うわさ) (*Matt.* 24: 6). **b** ＝STATE of war. **2** (対立する力の)争い, 闘争, 戦い; 反目[抗争](の状態): a ～ of words 舌戦, 言論戦 / the ～ *between* science and religion 科学と宗教の争い / the ～ *against* disease 病気にいどむ戦い《治療法の発見・病気の根絶などを目的とする研究または努力》 / a ～ of the elements 大暴風雨. **3** 軍事, 軍務; (政府の一部門として)陸軍 (army): the art of ～ 戦術, 兵法 / ⇨ COUNCIL of war / the trade [profession] of ～ 軍職, 軍人職業 / the Department of *War*＝the *War* Department (米国の)陸軍省《現在は the Department of the Army といい the Department of Defense の一部門》 / the Secretary of *War* (米国の)陸軍長官《現在は the Secretary of the Army という》. **4** 〖トランプ〗 **a** 戦争(ゲーム)《52 枚の札を均等に分け, 各自 1 枚ずつ札を出して高位の者が他の札を全部取る, 同位の場合はもう 1 枚ずつ出してそれで勝負する》. **b** 戦争(ゲーム)で同位の札が出ること. **5** 《廃》 **a** 戦い, 戦闘, 会戦 (battle). **b** 武具, 武器類.
at war (1) 〔ある国と〕戦って, 戦争中 〔*with*〕 (↔ at peace): countries *at* ～ 交戦国. (2) 〔人と〕争って, 戦って; 〈思想などが〉〔…に〕反して, 〔…と〕相容れない, 反目して (at strife) 〔*with*〕. ***carry the war into the enemy's camp*** [***country***] (1) (防衛から)攻勢に転じる. (2) さかねじを食わせる, 逆襲する. ***go to the war(s)*** 《古》 (外地に)出征する. ***go to war*** (1) 〔…と〕戦争を始める 〔*against*〕. (2) 《米》 出征する. ***have a good war*** 《口語》 戦争で[戦時中に]大活躍をする. ***have been in the wars*** 《口語・戯言》 (事故・けんかなどによる)怪我の跡がある, 負傷している; ひどい目に会っている. ***make war*** (1) 戦争を始める, 戦う 〔*on, upon, against, with*〕. (2) 〔疫病・害悪などと〕戦う, 挑戦する 〔*on, upon, against*〕: *make* ～ *on* cancer [pollution] がん[公害]撲滅のために戦う. ***the dogs of war*** ⇨ dog 成句. ***a tug of war*** ⇨ tug¹ 成句. ***wage war*** ＝*make* WAR. ***a war to the knife*** 〖《なぞり》← Sp. *guerro al cuchillo*〗 (主に個人同士の)血戦; 死闘, 徹底的な闘争.
War and Peace 「戦争と平和」《Napoleon 一世のロシア遠征を扱った Leo Tolstoi 作の小説 (1865–69)》.
War Between the States [the —] 〖米史〗 南北戦争 (⇨ civil war 2 a) 《南部史の立場から用いられる言葉》.
War in the Pacific [the —] 太平洋戦争 (Pacific War) 《太平洋を中心とした日本と米・英などの連合国間との戦争で第二次大戦の一部; 1941–45》.
War of (American) Independence [the —] 《英》＝American Revolution.
War of 1812 [the —] 1812 年戦争, 米英戦争 (1812–15).
war of nerves 神経戦《政治的宣伝・圧力・脅迫などの心理的手段による戦い; nerve war ともいう; cf. shooting war, hot war, cold war》.
War of Secession [the —] 〖米史〗 南北戦争 (⇨ civil war 2 a).
War of the Austrian Succession [the —] オーストリア継承戦争《オーストリア・英国対プロイセン・フランス・スペインの間の戦争; 1740–48; cf. King George's War》.
War of the Pacific [the —] 太平洋戦争《チリとペルー間の戦争; 1879–84》.
War of the Rebellion [the —] 南北戦争 (⇨ civil war 2 a).
War of the Spanish Succession [the —] スペイン(王位)継承戦争《スペイン王 Charles 二世死後その王位の継承に関してフランスとスペインに対して英国・オーストリアおよびオランダが戦った; 1701–14; cf. Queen Anne's War》.
Wars of the Roses [the —] 〖英史〗 ばら戦争《王位継承に関する Lancaster 家と York 家との争い (1455–85) で, 前者は紅ばらを後者は白ばらを記章にした》.
— *attrib. adj.* 戦争の, 戦争に関する; 戦争の結果生じた: the ～ dead [bereaved] [集合的] 戦死者[戦争遺族] / a ～ novel 戦争小説 / ～ supplies 軍需品 / ～ expenditure 軍事費 / ～ funds 軍事資金.
— *vi.* (**warred; war·ring**) **1** 《古》 戦争する, 戦う, 争う 〔*against, on, upon, with*〕. **2** 激しく対立する, 両立しない; 葛藤状態にある.

war² [wɑ́ə | wɑ́ː(r] 〖ME *werre* □ ON *verre* (adj.) & *verr* (adv.): cf. worse〗 *adj., adv.* 《スコット》 ＝worse.

War, War. 《略》 Warwickshire.

war. 《略》 warrant.

war·a·tah [wɔ̀ːrətɑ́ː, -tɑ́ː] 〖← Austral. 《土語》〗 **—** *n.* 〖植物〗 オーストラリア産のヤマモガシ科テロペア属 (*Telopea*) の美しい赤色の花をつける植物の総称《*T. speciosissima, T. oreades* など》.

wár bàby *n.* **1** 戦争時に生れた[みごもった]子供; (特に)戦争私生児. **2** 戦争の産物《軍需産業など》; 戦争で暴騰した有価証券.

War·beck [wɔ́əbek | wɔ́ː-], **Per·kin** [pə́ːkɪn, -kən | pə́ːkɪn] *n.* (1474–99) ベルギー生れの英王位要求者; Henry 七世時代に Edward 四世の第二子と詐称して王位要求の反乱を起こし (1497), 失敗して処刑された.

wár·bìrd *n.* **1** 軍用機; 軍用機搭乗員, 飛行兵. **2** 《方言》 〖鳥類〗 ＝scarlet tanager.

war·ble¹ [wɔ́əbl̩ | wɔ́ː-] 〖(?c1390) *werble(n)* (v. & n.) □ ONF *werbl-er* to quaver (v.) & *werble* (n.) ← Gmc: cf. G *wirbeln* / whirl〗 **—** *vi.* **1** 〈鳥が〉さえずる; 〈人が〉(さえずるように)声を震わせて歌う. **2** 《古》 〈小川などが〉さらさらと音をたてて流れる (babble): The brook ～*d* over its rocky bed. 小川はその石の多い川床をさらさら流れた. **3** 《米》 ＝yodel. **4** 〈電子装置が〉震音を出し続ける. **—** *vt.* **1** さえずるように〈アリアなどを〉歌う 〈*forth, out*〉. **2** 音楽的に[歌で]表現する: ～ the praises of God 神を賛美して歌う. **—** *n.* **1** さえずり. **2** さえずるような歌い方; 歌 (song, carol). **3** (電子装置の)震音.

war·ble² [wɔ́əbl̩ | wɔ́ː-] 〖(*a*1585) □ ? Scand.: cf. Swed. *varbulde* boil〗 **—** *n.* **1** ウシバエ (warble fly) の幼虫. **2** 〖獣医〗 **a** ウシバエ幼虫寄生による家畜の背部の浮腫. **b** (馬の背の)くらこぶ.

wár·bled *adj.* 〖獣医〗 〈家畜の皮膚が〉ウシバエの幼虫が寄生した.

wárble flỳ *n.* 〖昆虫〗 ウシバエ《ウシバエ科の双翅類昆虫の総称; 幼虫は牛馬の皮膚下に寄生し, 老熟すると皮膚に穴をあけて脱出し地表で蛹化する; まれに人体に寄生することもある》.

wár·bler [-blə | -blə(r] 〖(1611) ← WARBLE¹＋-ER¹〗 **—** *n.* **1** 〖鳥類〗 **a** ヨーロッパ産ウグイス科の鳴鳥の総称《ズグロムシクイ (blackcap), ヨーロッパヨシキリ (reed warbler), スゲヨシキリ (sedge warble), Tennessee warbler, オージュボンアメリカムシクイ (Audubon warbler) など》. **b** アメリカムシクイ科に属する美しい小鳥の総称《yellow warbler など; wood warbler ともいう》. **c** オーストラリアに生息するウグイス科アオグウシュウムシクイ属 (*Malurus*) と *Gerygone* 属の小鳥の総称. **2** 歌う人, 歌手 (singer).

wár·bling [-blɪŋ, -bl̩ɪŋ] *n.* さえずり. **—** *adj.* さえずる(ような): He spoke French with a ～ accent. フランス語をさえずるような調子で話した.

wárbling víreo *n.* 〖鳥類〗 ナキモズモドキ (*Vireo gilvus*) 《背が灰色がかった緑色で下部が白っぽい調子よくさえずる北米産のモズモドキ》.

wár·bònnet *n.* (わしの羽で飾ったアメリカインディアンの)出陣用帽子.

warbonnet

wár brìde *n.* 戦争花嫁.

War·burg [wɔ́əbəːg | wɔ́ː-bəːg; *G.* vá:rburk], **Otto Heinrich** *n.* ワールブルク (1883–1970; ドイツの生理学者; Nobel 医学生理学賞 (1931)).

wár càbinet *n.* 戦時内閣.

wár chèst *n.* 戦費; 軍資金, 活動[運動]資金.

wár clòud *n.* 戦争になりそうな雲行き, 戦雲.

wár clùb *n.* (アメリカインディアンなどの用いる)戦闘用棍棒.

wár correspòndent *n.* 従軍記者.

wár crìme *n.* [通例 *pl.*] 戦争犯罪, 戦犯《大量虐殺・捕虜虐待など》.

wár crìminal *n.* 戦争犯罪人, 戦犯.

wár crỳ *n.* **1** 鬨(とき)の声 (battle cry). **2** (政党などの)標語, スローガン (slogan).

ward [wɔ́əd | wɔ́ːd] 〖OE *weard* (n.) & *weardian* (v.) ＜ Gmc **warđō* & **warđōjan* (G *warte(n)*) ← **war-* to watch (⇨ ware²) ← IE **wer-* to heed (L *verērī* to respect): 語形・語義共に ONF *warder* の影響を受けた: GUARD と二重語: cf. award, regard, reward, warrant〗 **—** *n.* **1** 《古》 防護 (guard), 見張り, 監督, 保護 (watch). ★ 今は WATCH *and ward* としてだけ用いる. **2** 〖法律〗 (未成年者が)後見されている状態, 後見: a man to whom the child is in ～ その子供の後見人. **3** 〖法律〗 **a** 後見を受けている未成年者, 被後見者 (cf. guardian 2): a ～ in Chancery 大法官府における被後見人《大法官府 (Chancery) においてその未成年者のために後見人を選任することから》. **b** ＝WARD of court. **4 a** (行政区画としての)区, 選挙区. **b** (イングランドの Cumberland, Northumberland およびスコットランドの数州における)郡, 小邑《他地方の hundred, wapentake に相当》. **5** (病院の)共同病室; 病棟: a 3-bed ～ 3 ベッドの病室 / a fever [an accident, an isolation, a maternity, a convalescent] ～ 熱病患者[救急, 隔離, 産科, 回復期患者]病棟 / a cancer ～ 癌病棟 / an emergency ～ 急患室. **6 a** (刑務所内の)区画 (division); 部屋, 監房: a condemned ～ 死刑囚監房. **b** 《英》 (昔の養老院, 救貧院などの)収容室, 寮: a casual ～ 臨時収容室. **7** 《廃》 防御(手段) (protection). **8** 〖モルモン教〗 ワード部《ステーキ部(stake)を小区分した教区で, 監督 (bishop) が統轄する》. **9** 《廃》 〖フェンシング〗 受けの構え, 受け太刀 (guard). **10** (一定以外の鍵(かぎ)の回転を妨げるための)錠の中の突起; (その突起に対する)鍵の切込み (cf. warded). **11** 《古》 監禁, 抑留 (confinement, custody): be under ～ 監禁されている / put a person in ～ 人を監禁する. **12** 〖築城〗 城の外側の防壁; (城壁・堡塁の内側の)空地. **13** 《古》 守備隊 (garrison); 護衛隊.
keep watch and ward ⇨ WATCH *and ward.*
ward of court [the —] 〖法律〗 法廷被後見人《大法官

府などの法廷の保護を受けている未成年者・狂人など；単に ward ともいう》.
— *vt.* **1**《古》守る, 保護する (guard, protect)；後見する. **2** 病室に入れる[収容する].
ward off (1)〈打撃・武器を〉受け流す (parry)：～ *off* a blow, an attack, etc. (2) 防ぐ, かわす, 避ける (avert, keep off)：～ *off* reporters 取材記者を避ける.

Ward [wɔ́ːəd | wɔ́ːd]〚↑〛*n.* 男性名.

Ward, Ar·te·mas [ɑ́ːṭəməs | ɑ́ːtɪ-] *n.* (1727–1800) 独立戦争当時の米国の将軍.

Ward, Ar·te·mus [ɑ́ːṭəməs | ɑ́ːtɪ-] *n.* ⇨ Charles Farrar BROWNE.

Ward, Mrs. **Humphrey** *n.* (1851–1920) 英国の女流小説家；Matthew Arnold の姪；旧姓名 Mary Augusta Arnold.

Ward, Nathaniel *n.* (1578?–1652) 英国生れの米国の牧師.

-ward [wəd | wəd]〚OE *-weard* toward ← Gmc **-warð* ← IE **wer-* to turn：cf. *weorþan* 'to WORTH[2]'〛— *suf.* 方向を表わす副詞・形容詞・前置詞を造る：after*ward*, back*ward*, for*ward*, home*ward*, river*ward*, to*ward*. ★ -s を伴った -wards の形は英用法では普通に, また米用法では時に用いられるが, 形容詞の場合は英米ともに -ward が用いられる.

wár dàmage *n.* 戦争による損害.

wár dànce *n.* (未開民族の)出陣[戦勝]の踊り.

wárd·còrn *n.*〚英史〛兵役に服する代わりに穀物を定期的に収めること.

wár dèbt *n.* 戦債.

wárd·ed *adj.*〈錠が〉(中に)突起のある,〈鍵が〉切込みのある (cf. ward *n.* 10).

wárd éight〚← *Ward Eight* (米国 Boston 市の区の一つでその発祥地)〛— *n.* ウォードエイト《ウイスキー・レモンジュース・グレナディンにしばしば砕いた氷とソーダ水を加えたカクテル》.

war·den [wɔ́ːədn̩ | wɔ́ː-]〚(?*a*1200) ▭ ONF *wardein* =OF *guarden* 'GUARDIAN'〛— *n.* **1** 保管・監視・監督などを託される各種の官吏 (guard, keeper). **2 a** (病院・刑務所など各種官公署の)長官, …長：the ～ of a prison《米》刑務所長 / the ～ of port 港務所長. **b** (昔の, 町・地方などの)首長, 大守；知事. **c**《米》(Connecticut 州の)自治町村長. **d**《カナダ》(Quebec 州などの)州会議長. **3** =churchwarden 2. **4** [W-]《英》(Oxford のある学寮の)学(寮)長, 校長：*Warden* of Merton College. **5**《英》(同業組合・病院などの)理事 (trustee)；シティー (City) の同業組合員. **6**《古》門番. **7 a** =air-raid warden. **b** =firewarden.
— *vi.* 猟区監視官 (game warden) として見張る[保護する].

War·den[1] [wɔ́ːədn̩ | wɔ́ː-]〚(dim.) ← WARD〛*n.* 男性名.

War·den[2], **w-** [wɔ́ːədn̩ | wɔ́ː-]〚(14C) ← ?〛— *n.*《英》〚園芸〛ウォーデン《果肉がしまった料理用の品種群のセイヨウナシ；独立した一つの果実の名称としても用いられ, セイヨウナシの英国への導入を記す記念碑的存在》.

war·den·ry [wɔ́ːədnri | wɔ́ːdn̩rɪ]〚← WARDEN[1]＋-RY〛*n.* warden の職[管轄区].

wárden·shìp *n.* warden の職[管轄].

Wár Depàrtment *n.* [the ～] 陸軍省 (⇨ war[1] *n.* 3；cf. War Office).

ward·er[1]〚(? *a*1400) ▭ AF *wardere* ← *warder*=(O)F *garder* 'to GUARD'：cf. ward〛— *n.* **1**《古》番人, 見張り人；(入口に立つ)番兵, 見張り. **2**《英》(刑務所の)看守 (gaoler). ★ 今は prison officer という. **～·ship** *n.*

war·der[2] [wɔ́ːədə | wɔ́ːdə(r]〚(1440) ← ? WARD (v.)＋-ER[1]〛*n.*〚歴史〛(王や司令官の持つ)権杖(けんじょう).

wárd hèeler *n.*《米》(政党のために票を集めたり何くれと御用を勤める)院外団員, (政界ボスの)腰ぎんちゃく (cf. heeler 3).

Wárd·i·an càse [wɔ́ːədiən- | wɔ́ːdɪən-, -djən-]〚*Wardian*：← *Nathaniel B. Ward* (1791–1868：英国の植物学者)：⇨ -ian〛— *n.* ウォード箱《上面と側面がガラス張りで, 底が金属製・陶製または木製の箱；長い航海による植物の運送や多湿度を好む植物の栽培に用いる》.

wárding fìle *n.* 極薄平やすり《主に鍵(かぎ)の切込み (ward) を作るための細いやすり》.

Wárd Léonard sỳstem〚← *Harry Ward Leonard* (1861–1915：米国の電気技師)〛— *n.*〚電気〛(ウォード)レオナード方式《直流電動機の速度制御方式の一種》.

wárd·less *adj.*〈鍵(かぎ)が〉切込みのない：a ～ key.

Wár·dour Strèet [wɔ́ːədə- | wɔ́ːdə-]〚*Wardour*：← ME *Werdore* < OE *Weardora*《原義》watch hill and slope：⇨ ward：cf. OE *ōra* bank, shore：2, 3 は 1 の転用〛— *n.* **1** 英国 London, Soho 区 Piccadilly Circus 近くの街路名；もと古道具商が多く並んでいたので有名, 今では映画産業が多い. **2** 映画産業 (film trade). — *attrib. adj.* 擬古的な (pseudoarchaic)：～ English (歴史小説などに多い)擬古文.

ward·ress [wɔ́ːədrɪs, -rəs | wɔ́ːdrɪs, -res, -rəs]〚← WARDER[1]＋-ESS[1]〛*n.*《英》婦人看守.

ward·robe [wɔ́ːədròub | wɔ́ːdràub]〚(*c*1385) ▭ ONF *warderobe*=(O)F *garderobe* ← *warder* (⇨ warder[1])＋ROBE〛— *n.* **1** 衣装だんす, 洋服だんす. **2 a** 衣装部屋, 納戸 (clothes closet, dressing room). **b** (劇場の)衣装部屋. **3** (個人または劇団などの)所有衣類, 持ち衣装, ワードローブ：have a large [small, limited, slender] ～ 衣装持ちである[ない] / her spring ～ 彼女の春衣装(全部) / She has her ～ constantly added to. 絶えず着物が増える / Her ～ was the envy of her friends. 友達がうらやむほどの衣装持ちであった. **4** (王室・大家の)衣装[納戸]係：a gentleman of the *Wardrobe*.

wárdrobe dèaler *n.* 古着屋.

wárdrobe màster *n.* 劇場[劇団]の衣装係.

wárdrobe mìstress *n.* 劇場[劇団]の女性衣装係.

wárdrobe trùnk *n.* 衣装トランク《一方の側には服を吊るすようにハンガーが付き, 反対側には小物を入れる引出しが付いている；立てると衣装だんすとなる》.

wárd·ròom *n.* **1**〚海軍〛**a** (軍艦の)士官室《艦長以外の士官の食堂兼集会室》. **b** [集合的] 士官室士官. **2**〚英陸軍〛=guardroom.

-wards [wədz | wədz]〚OE *-weardes* (gen.)：⇨ -ward, -s[2] 1〛*suf.*《英》=-ward：home*wards*, to*wards*.

wárd·shìp〚(15C)：⇨ ward (n.), -ship〛— *n.* 後見人であること；後見人の任務, 後見, 保護 (guardianship)：be under the ～ of …に後見されている / have the ～ of …を後見する.

ware[1] [wέə | wέə(r]〚OE *waru* goods < Gmc **warō*《原義》object of care (G *Ware*) ← **war-* (↓)〛— *n.* **1** [通例 *pl.*] **a** 商品 (commodities)：a peddler and his ～*s* 行商人とその商品 / cry one's ～*s* 呼び売りする / display one's ～*s* 商品[店]を広げる / praise one's own ～*s* 自画自賛する. **b** (無形の)商品；売り物《傭役・芸など》：an actor's ～*s* 役者の売りものの芸. **2** [wὲə | wὲə(r] [通例複合語の第 2 構成素として] 細工品, 製品：⇨ earthenware, glassware, hardware, ironware, silverware, tableware, tinware. **3** [通例産地名を冠して] 陶器, …焼；…細工：⇨ Chelsea ware, delftware, Tunbridge ware, Wedgwood ware. **4**〚考古〛(形や色彩よりも釉や硬度などによって分類された)陶器の型の一群.

ware[2] [wέə | wέə(r]〚OE *wær* cautious, aware < Gmc **waraz* (ON *varr*) ← **war-* ← IE **wer-* to perceive, watch out for (L *verērī* to respect, fear)〛— *pred. adj.*《詩》**1** 気付いている (aware)〈*of, how, that*〉. **2** 注意深い, 用心深い, 油断のない；賢い, 抜目のない.

ware[3] [wέə | wέə(r]〚OE *warian* to guard (against) ← Gmc **waraz* (↑)〛— *vt.*《古》[主に命令文で用いて] 気をつける, 用心する (beware of), 避ける (avoid)：*Ware* hounds [wheat, traps, wire]! 犬[麦, わな, 針金]に気をつけよ / *Ware* the bottle! びんに用心せよ《飲み過ぎるな》.

ware[4] [wέə | wέə(r]〚ME ▭ ON *verja* to invest, clothe < Gmc **wazjan* 'to WEAR[1]'〛*v.*《スコット・北英》**1** =spend. **2** =squander.

ware[5] [wέə | wέə(r]〚ME ▭ ON *vār* spring：cf. L *vēr* (⇨ vernal) / Gk *ear* spring〛*n.*《スコット・北英》春.

wár èffort *n.* 戦争遂行に傾ける努力, 戦争への協力：We were asked to make the ～. 戦争への協力を求められた.

wáre·hòuse〚(n. 1349; v. 1799)〛— [-hàus] *n.* (*pl.* **-hous·es** [-hàuzɪz, -zəs]) **1** 倉庫. **2 a** 卸売店, 問屋 (wholesale store). **b**《英》小売店. — [-hàuz, -hàus] *vt.* **1** 倉庫に入れる, 倉庫に貯蔵する. **2**《英》〈輸入品を〉保税倉庫 (bonded warehouse) に入れる.

wárehouse·man [-mən, -mæ̀n | -mən] *n.* (*pl.* **-men** [-mən, -mèn | -mən]) **1** 倉庫業者, 倉庫主；倉庫で働く人, 倉庫管理係. **2**《英》卸売り商人, 卸し商 (wholesale merchant). 「houseman 1.

wáre·hòus·er [-zə, -sə | -zə(r, -sə(r] *n.* =ware-

wárehouse recèipt *n.* 倉庫証券.

wárehouse-to-wárehouse clàuse *n.*〚海上保険〛倉庫間約款《貨物海上保険で荷送り人の倉庫から荷受人の倉庫まで危険を担保する約款》.

wáre·ròom *n.* 商品貯蔵室；商品陳列室.

war·fare [wɔ́ːəfὲə | wɔ́ːfὲə(r]〚(1456)《原義》military expedition：⇨ war[1], fare〛— *n.* **1** 戦争(行為・状態) (war)；交戦, 戦闘：air ～ 空中戦 / modern ～ 近代戦 / chemical ～ 化学戦 / economic ～ 経済戦 / the science of ～ 戦術. **2 a** 武力闘争：guerrilla ～ ゲリラ戦. **b** 闘争, 戦い, 争い (struggle)：class ～ 階級闘争 / literary ～ 文学論争 / His ～ is over. (死んで)彼の戦いは終わった.

war·fa·rin [wɔ́ːəfərɪn, -rən | wɔ́ːfərɪn]〚← *W*(*isconsin*) *A*(*lumni*) *R*(*esearch*) *F*(*oundation*) (その特許権所有者)＋(COUM)ARIN〛— *n.* **1**〚化学〛ワルファリン ($C_{19}H_{16}O_4$)《殺鼠剤の一種》. **2** ワルファリンを苛性ソーダで中和した薬《抗凝血剤として用いられる》.

wár fòoting *n.* (軍隊の)戦時編制[編成]；戦時体制：industry on a ～ 戦時体制産業.

wár-gàme *vt.*〈作戦計画などを〉机上[図上]作戦演習で検討する. — *vi.* 机上[図上]作戦演習をする, 兵棋研究をする. **～·er** *n.*

wár gàme *n.* **1** ウォーゲーム (⇨ kriegspiel). **2** (参謀将校の)机上作戦演習, 図上作戦, 兵棋. **3** [*pl.*] (実戦を模した)演習.

wár gàs *n.* 戦用ガス, 戦争用毒ガス.

war·gasm [wɔ́ːəgæzm | wɔ́ː-]〚← WAR[1]＋(OR)GASM〛*n.*《米》**1** 全面戦争の勃発. **2** 全面戦争を引き起こしかねない危機, 全面戦争へと発展する危険.

wár gòd *n.* 軍神《ローマ神話の Mars, ギリシャ神話の Ares など》.

wár gòddess *n.* 軍(いくさ)の女神《ギリシャ神話の Athena など》.

wár gràve *n.* 戦没者の墓.

wár hàmmer *n.* 戦槌《鎧(よろい)や兜(かぶと)を破るため槌とつるはしを組み合わせた武器》.

wár hàwk *n.*《米》主戦論者 (jingo), タカ派の議員；(特に) 1812 年の米英戦争に際し開戦を主張した西部や南部出身の若手議員.

wár·hèad *n.* (魚雷・爆弾・ミサイルなどの)弾頭《信管・火薬・化学剤・焼夷剤・核物質などから成る；cf. practice head》：an atomic [a nuclear] ～ 原子[核]弾頭 / a multiple ～ 多核弾頭.

War·hol [wɔ́əhɔ(ː)l, -hoːl | wɔ́ːhɔl, -həul], **Andy** *n.* (1930?–) アメリカの美術家・映画製作者；Pop Art の代表者の一人.

wár·hòrse *n.* **1** 軍馬 (charger). **2**《口語》老兵 (veteran)；(政界などの)古つわもの (old campaigner)：a seasoned old ～ 千軍万馬の古つわもの / a Liberal ～ 自由党の古つわもの / like an old ～ 過去の戦闘の思い出(など)に興奮する老兵のように. **3**《口語》(始終演奏され[演じられ]て)陳腐になった音楽[劇, オペラ].

war·i·son [wǽrəsən, -rɪ-]〚(1297)《廃》'wealth' ▭ ONF *warison* protection=OF *garison* 'GARRISON'：2 は W. Scott, *Lay of the Last Minstrel* (1805) における誤用から〛— *n.* **1**《廃》(長上から与えられる)報償. **2**《俗用》攻撃の合図.

wark[1] [wɑ́ːək | wɑ́ːk]〚OE *wærc* (n.) & *wærcan* (v.) < Gmc **werkiz* & **werkjan* (ON *verkja, virkja*) ← **werkam* 'WORK'〛《英方言》— *n.* 苦痛, 痛み (pain, ache). — *vi.* 痛む (ache)；ずきずきする.

wark[2] [wɑ́ːək | wɑ́ːk]〚《変形》← WORK：cf. ON *verk* work〛*n.*, *v.*《英方言》=work.

wár·less〚(15C)〛*adj.* 戦争のない, 戦争の行なわれていない. **～·ly** *adv.* **～·ness** *n.*

wár·lìke〚(15C)〛— *adj.* **1** 戦争の, 戦争に関する, 軍事の：～ preparations 戦備 / ～ actions 軍事行動. **2** 戦争好きな, 好戦的な, 戦闘的な (bellicose), 勇武の (martial)：a ～ tribe [nation] 好戦民族[国] / ～ spirit 尚武(しょうぶ)の精神, 好戦心 / ～ exploits 武功, 戦功. **3** 戦争が起こりそうな, 戦争のおそれがある：a ～ note 戦争の起こりそうな調子. **4** 兵士の, 武人の：be dressed in ～ armor よろいかぶとに身を固める. **～·ness** *n.*

wár lòan *n.*《英》戦時公債.

war·lock [wɔ́ːəlɑk | wɔ́ːlɔk]〚(16C)《スコット》*warlocke* ∽ ME *warlow*(*e*) < OE *wǣrloga* oath-breaker, devil ← *wǣr* covenant (← Gmc **wēra-* ← IE **wer-* true (L *vērus* 'true, VERY')) + **loʒ* (← *lēoǥan* 'to LIE[1]')〛— *n.*《古》**1** 魔法使い, 魔術師, 妖術師 (sorcerer, magician). ★ witch の男性形 (cf. wizard 1). **2** 手品師 (conjurer).

wár·lòrd *n.* **1**《軽蔑》大将軍；(特に)ドイツ皇帝 (William II), (中国の)督軍 (tuchun). **2** (一地方の覇権を握った)軍司令官. **～·ism** *n.*

warm [wɔ́əm | wɔ́ːm]〚adj.：OE *wearm* < Gmc **warmaz* (Du. & G *warm*) ← IE **gwher-* hot, warm (L *formus* warm / Gk *thermós* 'THERMO-'). — v.：OE *werman* (vt.) & *wearmian* (vi.) < Gmc **warmjan* & **warmǣjan* ← **warmaz*. — n.：(*c*1250) ← (adj.)〛
— *adj.* (**～·er**；**～·est**) **1 a**〈天候・気候・風などが〉暖かい, 温暖な (cf. hot, tepid, cool, cold)：a ～ climate, country, room, etc. / a ～ south wind 暖かい南の風 / It is getting ～*er* day by day. 一日増しに暖かくなって来た. **b**〈部屋・風呂などが〉(人為的に熱して)暖かい：a ～ bath ほどよい熱さの風呂 / Come and get ～ by the fire. こっちへ来て火のそばで暖まりなさい. **2 a**〈身体・血などが〉常温の, 温かい：⇨ warm blood / new milk, ～ from the cow しぼり立ての温かい牛乳 / He kissed her ～ cheek. 彼女の温かいほおにキスした. **b** やや暑い, 暑苦しい：be ～ from exercise [running] 運動をして[走ったので]暑い / I got ～ playing in the sun. 日なたで遊んで暑くなった / I find the room rather ～. 部屋は少し暑過ぎる / I am ～ after playing tennis. テニスをした後なので暑い. **3**〈心が〉温かい, 思いやりのある (affectionate, sympathetic)；親しい (intimate)；心からの, ねんごろな (hearty)；熱心な (ardent)：a ～ heart 温かい心 / ～ friends 親しい友達 / ～ thanks 心からの感謝 / a ～ interest 熱心な興味 / ～ support 熱心な支持 / ⇨ *give a person a* WARM *reception* [*welcome*]. **4** 熱した, 激しやすい (vehement) (↔ cool)；興奮した, 腹を立てた；活発な, 元気な (lively)：a ～ temper 短気 / a ～ debate [argument] 激論 / when (he was) ～ *with* wine 酒で上機嫌の時に / She stood there, her brown eyes ～ *with* indignation. 憤然としてとび色の目でにらみながら彼女はそこに立っていた / They grew ～ over the debate. 議論に熱中した[興奮した] / The debate grew ～. 議論が熱した / Her voice was ～ *with* admiration. 彼女の声は感嘆の念で熱っぽかった. **5**〈色が〉暖かい《赤や黄の勝った；cf. cool 5 a》：～ colors 温色, 暖色《red, yellow および orange 系統》. **6**〈人・描写などが〉挑発的な, 好色的な (amorous)：a ～ description 挑発的な描写 / a ～ temperament 多情な性質 / She is a ～ customer. 多情な女だ. **7**〈仕事などが〉骨の折れる, つらい (strenuous, arduous)；〈場所などが〉不愉快な, 気持の悪い, いたたまれない (uncomfortable)：～ work 骨の折れる仕事；激戦, 苦闘 / have ～ work in doing it それをするのに骨が折れる / a ～ corner 激戦地；不愉快な[いたたまれない]立場 / The place became too ～ for him. 彼はそこに居ずらくなった. **8 a**〚狩猟〛〈遺臭が〉生生しい (fresh), 強い (strong)：a ～ scent. **b**《口語》(隠れん坊や当て事の遊戯などで)もう少し, 近い：You are getting ～. もう少しで見つかる[当たる]. **9**《英口語》〈人が〉暮らし向きのいい, 金のある (well-off, rich)：He is a ～ man. 金持だ.

give** a person **a warm reception** [**welcome**]* (1) 人を心から歓迎する. (2) 人に頑強に抵抗する, 強い敵意を示す. ***keep a seat** [**place**] **warm 席を暖めておく《ある人が資格を得るまで代わってその地位についている》. ***make it** [**things**] **warm for** a person* 〈人〉を不愉快な立場に追い込む, 〈人〉をいたたまれなくする. ***warm with*** ＝HOT *with.*

— *vt.* **1** 暖める, 暖かくする (make warm, heat)〈*up*〉: ～ (*up*) a room 部屋を暖める / ～ *up* the soup スープを暖める / ～ oneself [one's hands] at the fire 火に当たる[手をあぶる] / The drink was beginning to ～ her. その酒で体が暖まって来た / ～ oneself with a whiskey ウイスキーを一杯飲んで暖まる. **2** 熱心にする, 興奮させる, 激させる, 励ます: drink wine to ～ one's heart 酒を飲んで元気を出す. **3** 温かい[優しい]気持にする: It ～*s* one's heart to hear such a story. そういう話を聞くと心が温まる / The sight ～*ed* her with pity. その光景は彼女に憐れみの情を起こさせた. **4** 《口語》(熱くなるほど)打つ, なぐる (flog, beat): ～ a person [a person's jacket] 人をなぐる. **—** *vi.* **1** 暖かくなる, 暖まる〈*up*〉: The room is ～*ing up.* 部屋はだんだん暖まって来た. **2** 熱心になる; 興奮する; 激する〈*up*〉〔*to*〕: He ～*s to* his work. 仕事がおもしろくなって[に油がのって]来た. **3** 同情を寄せる, 心を引かれる; 愛情を感じる, 好意をもつ〔*to, toward*〕: She failed to ～ *to* him. 彼に心を引かれなかった / My heart ～*s to* [*toward*] him. 彼に心引かれる, 彼がなつかしくなる. **4** (喜び・幸福などで)心温まる, 幸福感を覚える, 仕合せな気分になる: His face ～*ed* to a smile at her sight. 彼女を見ると彼はうれしそうに微笑を浮かべた. ***warm over*** 《米》＝WARM *up* (*vi.*) (3); (*vt.*) (3). ***warm up*** (*vt.*) (1) ⇨ *vt.* 1. (2) 〈選手など〉にウォーミングアップさせる; 〈エンジンなどを〉十分に暖める, 暖機(運転)する: I ～*ed up* the engine before moving off. 出発する前にエンジンを暖めた. (3) 〈料理などを〉暖め直す. (4) 興奮[熱中]させる; 活気づける. (*vi.*) (1) ⇨ *vi.* 1. (2) 〈エンジンなどが〉十分に暖まる. (3) 〈食物が〉(暖め直して)暖まる. (4) 興奮[熱中]する; 活気づく; 激化する. (5) いっそう友好[好意]的になる〔*to*〕: I could never ～ *up to* him. どうしても彼に友好的にはなれなかった. (6) (競技などの前に)軽い運動[練習]をする, ウォームアップする (cf. warm-up); (一般に)準備する: You must ～ *up* before entering the pool. プールに入る前には軽い運動をしなければならない.

— *n.* **1** 暖めること, 暖まること, 暖まり, 暖め: have a ～ by the fire 火に当たる / give it a ～ それを暖める. **2** 暖かさ, 暑さ (heat). **3** ＝British warm. ***in the warm*** 〈溶液など〉温かくなって.

— *adv.* [通例複合語の第1構成素として]: *warm*-clad 暖かく着物を着て / *warm*-kept 暖かく保った.

wárm blòod *n.* **1** 温血動物. **2** 熱血, 多感, 多情: in ～ 激して, 怒って.

wárm-blóoded *adj.* **1** 〘動物〙温血の《homoiothermic ともいう; cf. cold-blooded 4》: ～ animals 温血動物. **2** 熱烈な, 熱血の, 激しやすい, 怒りっぽい (passionate). **～·ly** *adv.* **～·ness** *n.*

wármed-óver *adj.* 《米》＝warmed-up.

wármed-úp *adj.* **1** 〈食物が〉暖め直した. **2** 《英》〈作品など〉焼直しの; 〈趣向など〉陳腐な.

wár memòrial *n.* 戦没者記念碑.

wárm·er *n.* 暖める人[物]; 加温器, 保温器: a foot ～ 足温器.

warm front [⌐ ⌐ | ⌐ ⌐] *n.* 〘気象〙温暖前線 (cf. cold front).

wárm·héarted *adj.* 心の温かい, 情に厚い, 思いやりのある, 同情心に富む: a ～ and lovable person 心の温かい愛すべき人. **～·ly** *adv.* **～·ness** *n.*

wárm·ing 〘《15C》〙 *n.* **1** 暖めること, 暖まること, 加温. **2** 《俗》打つこと, 殴打: get a ～ 打たれる / give a person's jacket a good ～ 背中をしたたか打つ.

wárming pàn *n.* **1** 長柄付あんか《ふたのある十能状の容器; 燃えている石炭を入れて昔寝床を暖めるために用いた》. **2** (本人就任までの)臨時の代理人.

wárming-úp *adj.* 準備運動(用)の.

Wár·min·ster bròom, w- b- [wɔ́əmɪnstə- | wɔ́:mɪnstə-] 〘← *Warminster* (英国 Wiltshire 州の一地方)〙 **—** *n.* 〘植物〙ヨーロッパ産マメ科エニシダ属の低木 (*Cytisus praecox*) 《細い枝に硫黄色の花が密集して咲き観賞植物として栽培される》.

wárm·ish [-mɪʃ] *adj.* やや暖かい.

wárm·ly 〘《1529》〙 **—** *adv.* **1** 暖かく: be ～ clothed 暖かく着物を着込んでいる. **2** 熱心に, 興奮して, 激して (eagerly, fervently): I prayed ～ for him. 彼のために熱心に祈った. **3** 心から, 厚く, ねんごろに: welcome ～ / She shook me ～ by one hand. ねんごろに私と握手した.

wárm·ness *n.* ＝warmth.

wár·mònger *n.* 戦争挑発者, 主戦論者 (jingo).

wár·mòn·ger·ing [-g(ə)rɪŋ] *n.* 戦争挑発行為; 戦争挑発者のやり口.

war·mouth [wɔ́əmàuθ | wɔ́:-] 〘← ?〙 **—** *n.* (*pl.* ～, ～**s**) 〘魚類〙サンフィッシュ科の淡水魚 (*Lepomis gulosus*) 《米国東部産; 通例黄緑色または黄褐色に黒っぽい斑点がある; warmouth bass [perch] ともいう》.

wárm sèctor *n.* 〘気象〙暖域《温帯性低気圧の寒冷前線と温暖前線とによって囲まれた区域》.

wárm spòt *n.* 〘生理〙(皮膚の)温点.

wárm spring *n.* 温度 36°C 以下の温泉 (cf. hot spring).

Wárm Springs *n.* 米国 Georgia 州西部の都市; 小児麻痺(ま)の研究所の所在地.

warmth [wɔ́əmθ | wɔ́:mθ] 〘《*c*1175》 *wermthe*: ⇨ warm (adj.), -th²〙 **—** *n.* **1** 暖かさ, 暖かみ, 温暖: the ～ of the fire. **2** 激しさ; 熱心, 熱誠; (心の)温かさ, 温情 (enthusiasm, ardor, cordiality): the ～ of welcome 歓迎の温かさ / She has no ～ of heart. 心が冷たい / He felt a rising ～ toward the girl. その娘に対して温情が湧いて来るのを感じた. **3** 興奮, 軽い怒り (slight irritation): reply with much ～ 多少気色ばんで答える. **4** (色の)暖かい感じ: a ～ of coloring.

wárm-ùp 〘← *warm up* (⇨ warm (v.) 成句)〙 **—** *n.* **1 a** (競技・演技などにはいる前の)軽い予備練習[運動], ウォーミングアップ. **b** 〘ラジオ・テレビ〙(演芸番組の生放送にはいる前の)軽い余興. **2** (エンジンなどの)暖機. **3** (行事のための)予行, 準備.

wárm wórking *n.* 〘金属加工〙温間加工《再結晶温度以下, 室温以上の温度で行なう塑性加工》.

warn [wɔ́ən | wɔ́:n] 〘OE *war(e)nian* to beware of ＜ (WGmc) **warnōjan* (G *warnen*) ← **war-* to be cautious: ⇨ ward, ware²〙 **—** *vt.* **1** 〔危険などについて〕〈人〉に警告する, 注意する (caution)〔*of, about*〕〈*that*〉: ～ a person *of* danger 人に危険があると注意する / He ～*ed* us *about* the landslide. 我々に山くずれがあると注意した / ～ a person *that* there is danger ahead 前方に危険があると人に注意する / ～ a person *against* someone [*against* going] 人にだれそれに気をつけよと[行くなと]警告する. **2** 戒める, 訓戒する (admonish), 忠告する〈*to be, to do*〉: ～ a person *to be* more punctual もっと時間を守れと訓戒する / I ～ you not *to* do so. 悪いことは言わないからそんなことはやめておけ. **3** 〈人〉に通告する, 予告する (notify): ～ a person *to* appear in court 人に出廷を通告する / ～ a tenant *out of* [*from*] a house 借家人に家の明渡しを通告する. ***warn away*** (1) 立ち退けと通告する: ～ a person *away* 人に立退きを通告する. (2) 警告して去らせる: He was afraid that any abrupt sound would ～ *away* approaching beasts. 急に音を立てたりすれば近づいて来る動物が警戒して逃げるのではないかと思った. ***warn off*** (1) (…に)近づくなと言う: ～ trespassers *off* (立札などで)無断で立ち入ることを禁じる. (2) 〘競馬〙〈騎手クラブの掟の不履行者〉に(…の)出走・騎乗・馬券購入を禁止する, 競馬関与を禁止する (cf. RULE *off*). (3) ＝WARN *away* (2).

— *vi.* **1** 警告を与える, 注意する (caution). **2** 《英方言》〈時計が〉…時を打つ, 時刻を知らせるに先立って音を立てる. **～·er** *n.*

War·ner [wɔ́ənə | wɔ́:nə(r)] 〘▭ ONF *Warnier* ← OF *warrennier* 'WARRENER'〙 *n.* 男性名. ★ 米国に多い.

Warner, Charles Dudley *n.* (1829–1900) 米国の小説家・随筆家; *My Summer in a Garden* (随筆集, 1870).

Warner, Rex *n.* (1905–) 英国の小説家; *The Aerodrome* (1941).

Warner, Sylvia Townsend *n.* (1893–1978) 英国の女流小説家・詩人; *Lolly Willowes* (1926).

wár neuròsis *n.* 〘精神医学〙戦争神経症 (⇨ shell shock).

wárn·ing 〘n.: OE *war(e)nung.* — adj.: 《1552》: ⇨ warn, -ing¹˒²〙 **—** *n.* **1 a** 警告, 警報, 注意 (caution): a storm ～ 暴風雨警報 / give [receive] ～ 警告を与える[受ける] / sound a ～ *against* a flood 洪水警報を鳴らす. **b** 訓戒, 戒め (admonition): a ～ *against* drinking [*for* the future] 飲酒に対する[将来への]戒め / take ～ by someone's example 人の例を見て戒めとする / Let his example be a ～ to you. 彼の例を見て戒めとしたがよかろう. **2** 予告, 通告; 解雇[辞任, 立退き]通告 (notice): at a moment's ～ 直ちに, 即座に / give the cook a month's ～ 1か月前に料理人に解雇の通告をする / without previous ～ 予告なしに / The cook has given me ～. 料理人は私に暇をくれと申し出て来た. **3** 前触れ, 前兆, 徴候 (premonition): This happened without the slightest ～. 何の前触れもなく[全く突然]起こった. **4** [形容詞的に] 警告の, 警戒の: a ～ signal [gun, look] 警戒の合図[大砲, 目配せ].

wárning colorátion *n.* 〘動物〙警戒色.

wárn·ing·ly *adv.* 警告して, 警告的に.

wárning pàth *n.* 〘野球〙＝warning track.

wárning pèriod *n.* 〘時計〙打方機構が作動してから時計が打つまでの短い期間.

wárning tràck *n.* 〘野球〙ウォーニングトラック《外野手にフェンスが近いことを知らせるために, 外野の周囲に石炭殻などで作った警告帯》.

wár nòse *n.* ＝warhead.

Wár Òffice *n.* [the ～] (昔の英国の)陸軍省《1964年以来は the Ministry of Defence に統合; 旧称 War Department》.

warp [wɔ́əp | wɔ́:p] 〘OE *weorpan* (v.) to throw & *wearp* (n.) ← Gmc **werb-* (G *werfen* (v.)) ← IE **wer-* to turn, bend〙 **—** *vt.* **1** 〈平らな物やまっすぐな物を〉そらせる, かがめる, ひずませる, 曲げる, いびつにする: timber ～*ed* by heat 熱のために(乾燥して)ゆがんだ材木. **2** 〈心・真実・意味などを〉曲げる, ゆがめる, 歪曲する; 〈意見・判断などを〉かたよらせる, ゆがめる; ひがませる, 偏屈にする (pervert, bias): ～ the meaning 意味を曲解する / a ～*ed* life ゆがんだ生活[生涯] / a ～*ed* mind ひがんだ心 / ～ the Scriptures *into* Erastianism 聖書をゆがめてエラストゥス主義にする / The misfortune ～*ed* his character. 不幸に会って性質が偏屈になった / He had been ～*ed* by a disappointment in love. 彼は失恋のためひがんでいた. **3** 〘航空〙(横の操縦を行なうために)〈翼の翼端部を〉たわめる, ねじる《極く昔の飛行機で行なわれた》. **4** 〘海事〙引索 (warp) を引いて〈船を〉移動させる〈*out, off, in, round*〉. **5** 〘農業〙(潮水その他の水を引いて)沈泥で〈土を〉肥やす. **6** 〘紡織〙〈糸を〉経(たて)に仕掛ける, 整経する. **7** (紐などで)束ねる: ～ two sticks together 2本の棒を束ねる. **—** *vi.* **1** 〈板などが〉そる, ゆがむ, ひずむ, 曲がる, いびつになる: Black ebony will not ～ readily. 黒檀は容易にそることはない. **2** 〈意見・判断などが〉かたよる, ゆがむ, 曲がる. **3** 〘海事〙〈船が〉引索で引かれて移動する. **4** 〘紡織〙経(たて)糸を織機に掛ける. **5** 〘地質〙〈地層が〉(褶曲(しゅうきょく)・断層を生じない程度に)わずかに曲がる, 撓曲する.

— *n.* **1** (板などの)そり, ゆがみ, ひずみ, 曲がり. **2** (心などの)ゆがみ, ひがみ, 根性曲がり, 偏屈. **3 a** (織物の)経(たて)糸 (↔ woof). **b** [通例 the ～] ＝*the* WARP *and woof.* **4** 〘海事〙引索《船外の固定物に取り, これをたぐって船をその方へ移動させる綱》. **5** 〘農業〙(畑に水を引いて得た)沈泥, 沈泥肥料.

the warp and woof 基本的[必須の]要素, 基本構造, 土台, 根本 (foundation).

wár pàint *n.* **1** (アメリカインディアンが)出陣する時に顔面・身体に塗る絵具; 出陣化粧. **2** 《口語》盛装 (full dress), 官服. **3** 《口語》化粧; (婦人用の)化粧品.

wár·pàth *n.* **1** アメリカインディアンの出征路. **2** 敵対行為, 敵愾心.

on the warpath (1) 戦いに行く途中で, 戦おうとして: The police were [went] *on the* ～ against speeders. 警察はスピード違反者の取締りを行なっていた[に乗り出した]. (2) けんか腰で, 気負い立って.

wárp bèam *n.* 〘紡織〙(織機の)経(たて)糸巻き, 千切(ちぎり).

wárp·er 〘OE *weorpere* 《廃》 thrower: ⇨ warp, -er¹〙 *n.* 〘紡織〙 **1** 経(たて)糸巻き機械整経機. **2** 経糸仕掛け人, 整経手.

wárp·ing *n.* 〘地質〙撓曲.

wárp-knìtted *adj.* 〈織物が〉経編みの, 経メリヤスの.

wárp knìtting *n.* 〘紡織〙経編み, 経メリヤス《多数の経糸を用いた編み方; 伝線しにくい; cf. weft knitting》.

wár·plàne *n.* 軍用機, (特に)戦闘用飛行機.

wár pòet *n.* 戦争詩人《特に, 第一次, 第二次大戦をテーマにする詩人》.

wár poténtial *n.* (一国の政治・経済・産業・社会・心理・軍事面での)戦争遂行能力, (国家)戦力.

wár pòwer *n.* 戦力; (特に, 戦争遂行のため行政府によって拡大行使される)非常大権.

wárp·wìse 〘← WARP＋-WISE〙 *adv.* 〘紡織〙緯(よこ)糸に直角に, 経(たて)に.

war·rant [wɔ́(:)rənt, wɑ́r- | wɔ́r-] 〘《?*c*1200》 ▭ ONF *warant* ＝(O)F *garant* ▭ Frank. **warand* (pres.p.) ← **warjan* to protect ← Gmc **war-* (MHG *warend* warranty) ← IE **wer-* to watch out for: cf. ward〙 **—** *n.* **1** 正当な理由 (justification), 根拠 (ground); 権限 (authority): What ～ have you *for* saying so? 君にそんなことを言う権限がどこにあるのか / You have no ～ *for* what you do. それは君の越権行為だ / without a ～ いわれもなく. **2** 保証 (guarantee); 保証となるもの: Diligence is a sure ～ *of* success. 勤勉は成功の確かな保証だ / I will be your ～. 私が君の保証に立とう. **3** (行為・権利などを保証する)証明書 (certificate), 認可証 (license), 領収証 (voucher), 委任状 (commission). **4** 〘法律〙(逮捕・拘引・捜索・出頭などの)令状; (民事の)召喚状: a ～ of arrest 逮捕令状 / a ～ of attachment 差押え令状 / a ～ to search the house 家宅捜索令状 / apply for a ～ (of arrest) 逮捕状を請求する / arrest a suspect without a ～ 令状なしに容疑者を逮捕する / A ～ is out *against* [*for*] him. 彼の逮捕状が出ている / The policeman produced a ～ *for* her arrest. 警官は彼女に対する逮捕状を取り出した / ⇨ bench warrant, death warrant, search warrant. **5** 支払い命令書: a treasury ～ 国庫支払い命令. **6** 《英》倉荷証券 (warehouse receipt): a dock ～ ドック倉荷証券. **7 a** (通例, 歳入を見込んで自治体などが発行する)短期債券. **b** 会社が発行し所持人にその有価証券(一般に通常株)を一定の価格で, 通常一定期間中に買う権利が与えられる証書. **8** 〘軍事〙准尉[准士官] (warrant officer) 任命辞令.

warrant of attorney

— *vt.* **1** …に権限を与える, 是認する (authorize); 正当化する (justify), …の十分な理由[根拠]となる: Nothing can ～ such insolence. そんな無礼なことをされて黙っているわけにはいかない / The facts ～ the statement. この言葉の正しいことは事実が証明している. **2** 〈商品の品質などを〉保証する, 請け合う (vouch for, guarantee): ～ the quality [safe delivery] of an article 品質[安全な配達]を保証する / *Warranted* for three years. 3年間保証付き / *Warranted* pure wool. 保証付き純毛 / Coffee ～*ed* pure. 純良保証付きコーヒー. **3** 《口語》確かに…だと断言する (declare): I [I'll] ～ (you). 確かに《挿入的または付加的に用いる》/ I ～ it's all true.＝It's all true, I ～. 確かにそれはみな本当だ. **4** 〘法律〙 **a** 〈権利を〉保証する. **b** 〈財産・土地など〉の権利を〔…に〕保証する〔*to*〕.

war·rant·a·ble [wɔ́(:)rənṭəbḷ, wɑ́r- | wɔ́rənt-] *adj.* **1** 保証できる, 請け合える; 正当な. **2** 〘狩猟〙〈雄鹿が〉狩るに適した《5–6歳の》: a ～ stag. **～·ness** *n.* **wár·rant·a·bly** *adv.*

war·ran·tee [wɔ̀(:)rəntí:, wɑ̀r- | wɔ̀r-] 〘《1706》← WARRANT (v.)＋-EE¹〙 *n.* 〘法律〙被保証人, 被担保人 (cf. warrantor).

wár·rant·er [-ṭə | -tə(r)] *n.* **1** 保証する人. **2** 〘法律〙＝warrantor.

wárrant·less *adj.* 保証[裏付け]のない(unwarranted).

wárrant òfficer *n.* 〘軍事〙准尉, 准士官. ★ 米陸・空軍・海兵隊では chief warrant officer (上級准尉)と warrant officer (准尉)の2階級があり, 米海軍でも同一の呼称を用いるが, 前者は上級兵曹長, 後者は兵曹長と和訳する.

war·ran·tor [wɔ́(ː)rəntɔ̀ə, wɑ̀r-, wɔ́(ː)rəntə, wɑ́r- | wɔ́rəntɔ̀ː(r, -tə(r, wɔ̀rəntɔ́ː(r] *n.* 〘法律〙保証人, 担保人.

war·ran·ty [wɔ́(ː)rənti, wɑ́r- | wɔ́rənti] 〘《a1338》⊏ ONF *warantie*: ⇨ warrant, -y¹: GUARANTY と二重語〙 — *n.* **1** 〘法律〙 **a** (商品の品質などの)担保契約 (cf. condition 4). **b** (土地譲渡における)瑕疵(ᵏ)担保. **c** (保険契約者による)契約事項の真実または条件実行の保証. **d** 令状 (warrant, writ). **2** 正当な理由 (justification), 権限, 根拠 〔*for doing*〕. **3** 保証 (assurance): in ～ 保証されて, 保証付きで. **4** (商品の品質などの)保証書. 「証書 (cf. quitclaim 2).

wárranty dèed *n.* 〘法律〙(土地譲渡の)瑕疵(ᵏ)担保

war·ren [wɔ́(ː)rən, wɑ́r-, -rɪn | wɔ́r-] 〘《c1378》⊏ AF *warenne* (F *garenne*) game-park ← OF *warir* to preserve ⊏ Frank. **warjan*: ⇨ warrant〙 — *n.* **1** ウサギの飼育場, 養兎(ᵗ)場; ウサギの繁殖地《はちの巣のように穴があいている》; [集合的] そこに住むウサギ: like rabbits in a ～ (養兎場のウサギのように)大勢うようよして. **2** 大勢の人がうようよ住んでいる家[アパート, 地区]; 迷路の多い地区. **3** 〘英史〙 **a** 野生鳥獣(主としてウサギ, 野ウサギ)飼育特許地 (cf. forest 4, chase¹ 3, park 2). **b** 野生鳥獣狩猟許可.

War·ren [wɔ́(ː)rən, wɑ́r-, -rɪn | wɔ́r-] 〘⊏ ONF *Warenne* ← *La Varenne* (フランスの地名)《原義》 sandy soil: もと家族名〙 *n.* 男性名. ★ 米国に多い.

War·ren [wɔ́(ː)rən, wɑ́r-, -rɪn | wɔ́r-], **Earl** *n.* (1891–) 米国の法律家; 第14代最高裁判所長官 (1953–69).

Warren, Robert Penn *n.* (1905–) 米国の詩人・小説家・批評家; *All the King's Men* (小説, 1946).

wár·ren·er 〘《1297》《廃》'an officer employed to watch over the game in a park or preserve' ⊏ ONF *warrennier*: ⇨ warren, -er¹〙 — *n.* **1** 養兎(ᵗ)場主. **2** 〘英史〙野生鳥獣飼育特許地の管理人.

Wárren gìrder 〘← *Russell Warren* (1783–1860: 米国の建築家)〙 — *n.* 〘建築〙ワーレン桁《斜材が交互に引張材と圧縮材になって桁腹を分割して三角形を構成する橋などの骨組み; Warren truss ともいう》.

Wárren hòe 〘商標名〙 *n.* ワーレンホー《ジャガイモの植付けのうねを作るのに使うホー[くわ]》.

Wárren trùss *n.* 〘建築〙 =Warren girder.

war·ri·gal [wɔ́(ː)rəgəl, -rɪ- | wɔ́rɪ-] 〘《1852》⊏ Austral. 《土語》 *warregal* dog, savage〙《豪》 — *n.* **1** 〘動物〙 = dingo 1. **2** 飼いならしてない馬. **3** 野生の原住民. — *adj.* 野生の (wild), 飼いならしてない (untamed).

war·ring [wɔ́ːrɪŋ] *adj.* 闘争する; 敵対する; 両立しない: ～ creeds [principles] 相容れない信条[主義] / ～ countries [nations] 交戦国.

War·ring·ton [wɔ́(ː)rɪŋtən, wɑ́r- | wɔ́r-] 〘ME *Werington* 《原義》 the farm of the people of *Wǣr* (人名): ⇨ -ing³, -ton〙 — *n.* イングランド Lancashire 州南部, Mersey 河畔の工業都市; 人口 167,000.

war·rior [wɔ́(ː)rjə, -riə, wɑ́r- | wɔ́rɪə(r] 〘《c1300》 *werreour* ⊏ ONF *werreieor* = OF *guerreieor* (F *guerroyeur*) ← *werreier* to make war: ⇨ war¹, -or²〙 — *n.* **1** 《文語・詩》 **a** 軍人, 武士 (soldier, fighter); (昔の, または未開人の)戦士. **b** (特に)老兵, 古つわもの, 勇士 (veteran soldier): ⇨ Unknown Warrior. **2** (広く政治などで)勇気・堅忍・熱意・戦闘性を見せた人, 戦士, つわ者. — *adj.* 〈国民など〉戦士のような, 武勇の (martial): a ～ nation 勇武な国民[民族].

wárrior ànt *n.* 〘昆虫〙アカヤマアリ (*Formica sanguinea*)《ヨーロッパから日本に至る寒冷地に広く分布し, 若い女王は一時的にクロヤマアリの巣を乗っ取りその働きアリを使う》.

wár rìsk insùrance *n.* 〘保険〙戦争保険《戦争によって生じた損害に対する保険》.

war·saw [wɔ́əsɔː | wɔ́ː-] 〘《変形》← Sp. *guasa*〙 *n.* 〘魚類〙(南大西洋やメキシコ湾岸に生息する)ハタ科マハタ属の魚 (*Epinephelus nigritus*).

War·saw [wɔ́əsɔː | wɔ́ː-] 〘⊏ Pol. *Warszawa*〙 *n.* ワルシャワ《ポーランド中部にある同国の首都; 人口 1,467,000; ポーランド語名 Warszawa》.

Wársaw Convéntion *n.* [the ～] ワルシャワ航空協定《国際線航空機事故の際に乗客・荷主に対して航空会社の支払う補償金額を定めた条約; 1929年署名》.

Wársaw Páct *n.* [the ～] ワルシャワ協定《1955年 NATO に対抗してアルバニア (68年脱退)・ブルガリア・チェコスロバキア・東ドイツ・ハンガリー・ポーランド・ルーマニア・ソ連が Warsaw で結んだ相互援助条約機構; Warsaw Treaty Organization ともいう》.

Wársaw Tréaty Organizàtion *n.* [the ～] ワルシャワ条約機構 (⇨ Warsaw Pact).

wár·shìp 〘《1533》〙 *n.* 軍艦 (cf. man-of-war 1).

war·sle [wɑ́əsl̩ | wɑ́ː-] 〘《a1325》 *werstil* 《音位転換》← WRESTLE (v.): cf. OE *wǣrstlic*〙 *n.*, *v.* 《スコット》 = wrestle. **wár·sler** [-slə, -slə | -slə(r, -sl̩-] *n.*

wár sòng *n.* 軍歌; (特に北米インディアンが war dance と共に歌い士気を鼓舞する)出陣の歌, 戦いの歌.

war·stle [wɑ́əsl̩ | wɑ́ː-] 〘《異形》← WARSLE〙 *n.*, *v.* 《スコット》 =wrestle.

wár sùfferer *n.* 戦災者.

War·sza·wa [*Pol.* varʃáva] *n.* ワルシャワ《Warsaw のポーランド語名》.

wart [wɔ́ət | wɔ́ːt] 〘OE *wearte* < Gmc **wartōn* (Du. *wrat* / G *Warze*) ← IE **wer-* high; raised spot (L *verrūca* 'VERRUCA')〙 — *n.* **1 a** 〘病理・解剖〙いぼ, 疣贅(ᵘᵘ); (特に手足にできる)ウイルス性のいぼ《verruca vulgaris ともいう》. **b** 乳頭. **2** (木の皮などにできた)いぼ, こぶ. **3** 欠点, 欠陥 (blemish).

paint a person with his warts 〈人を〉善悪をありのままに描く. ***warts and all*** 欠点を少しも隠さずに.

War·ta [vɑ́ətə | vɑ́ːtə; *Pol.* várta] *n.* [the ～] ヴァルタ(川)《ポーランド西部を流れ Oder川に注ぐ川(808km)》.

Wart·burg [wɔ́ətbəːg | wɔ́ːtbəːg; *G.* vártburk] *n.* [the ～] ワルトブルク城《東ドイツ Thuringia 地方の Eisenach の近くにある古城の名; Luther がここで新約聖書をドイツ語に訳した (1521–22)》.

wárt·ed [-tɪd, -təd | -tɪd, -təd] *adj.* いぼのある.

wárt gràss *n.* 〘植物〙 =wartweed.

wárt·hòg *n.* 〘動物〙イボイノシシ (*Phacochoerus* [*Macrocephalus*] *aethiopicus*)《アフリカ南部に野生するイノシシで顔面の左右に二対のいぼ状突起がある》.

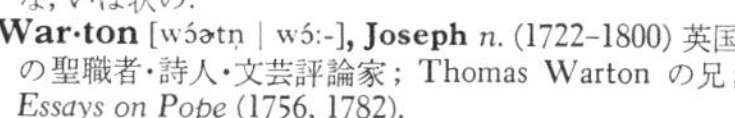

warthog

wár·tìme *n.* 戦時 (cf. peacetime): in ～ 戦時に. — *adj.* 戦時の: ～ activities, propaganda, etc.

wárt·like *adj.* いぼのような, いぼ状の.

War·ton [wɔ́ətn̩ | wɔ́ː-], **Joseph** *n.* (1722–1800) 英国の聖職者・詩人・文芸評論家; Thomas Warton の兄; *Essays on Pope* (1756, 1782).

Warton, Thomas *n.* (1728–90) 英国の詩人・批評家; 桂冠詩人(1785–90); *The History of English Poetry* (3 vols., 1774, '78, '81).

wárt snàke *n.* 〘動物〙ヤスリミズヘビ, イボミズヘビ《東インド諸島産の水生無毒のヘビ; ヤスリミズヘビ科ヤスリミズヘビ属 (*Acrochordus*) に属し, だぶだぶの皮膚がいぼ状のうろこでおおわれている》.

wárt·wèed *n.* 〘植物〙その汁はいぼを治す効力があるといわれていた数種の植物の総称《チャボタイゲキ (*Euphobia peplus*), トウダイグサ (*E. helioscopia*), クサノオオ(celandine), ヤブタビラコ(nipplewort)など》.

wárt·wòrt *n.* 〘植物〙 =wartweed.

wart·y [wɔ́əti | wɔ́ːti] *adj.* (**wart·i·er**; **-i·est**) **1** いぼ状の. **2** いぼのできた, いぼの多い, いぼだらけの: a ～ leaf いぼのできている葉.

wár vèssel *n.* 軍艦 (warship).

Warw. 《略》 Warwickshire.

wár-wèaried *adj.* =warworn.

wár-wèary *adj.* **1** (長い戦争の末期[後]に)戦争に疲れ果てた[倦(ᵘ)んだ], 厭戦(ᵉⁿ)的な. **2** 〈戦闘用飛行機が〉修理不能なほど使い古された[損傷を受けた].

wár-wèa·ri·ness *n.*

wár whòop *n.* (アメリカインディアンの)鬨(ᵗ)の声.

War·wick¹ [wɑ́rɪk, wɔ́(ː)r-, wɔ́əwɪk | wɔ́rɪk] 〘late-OE *Warwic* < OE *Wǣrincwīc* ← **wǣring* (=*wering* dam: cf. weir) // *Wǣringas* '*Wǣr*'s people' (⇨ Warrington) + *-wīc* 'WICK³'〙 — *n.* **1** イングランド Warwickshire 州の首都; 人口 19,000. **2** =Warwickshire. **3** 米国 Rhode Island 州南東部, Narragansett Bay に臨む都市; 人口 114,000. 「男性名.

War·wick² [wɑ́rɪk, wɔ́(ː)r-, wɔ́əwɪk | wɔ́rɪk] 〘↑〙 *n.*

War·wick [wɔ́(ː)rɪk, wɑ́r-, wɔ́əwɪk | wɔ́rɪk], **Richard Neville** *n.* (1428–71) 英国の貴族・政治家; ばら戦争当時 York 家の Edward 四世と Lancaster 家の Henry 六世を交互に擁立して王位につけたため Warwick the Kingmaker と呼ばれた; 称号 Earl of Warwick.

War·wick·shire [wɑ́rɪkʃɪə, wɔ́(ː)r-, wɔ́əwɪk-, -ʃə | wɔ́rɪkʃə(r, -ʃɪə(r] 〘OE *Wǣringwīcscīr*: ⇨ Warwick¹, shire〙 — *n.* イングランド中部の内陸州, 1974年に北西部 (Birmingham を含む) は West Midlands 州の一部となる; 人口 467,000, 面積 2,028 km², 首都 Warwick.

wár wìdow *n.* 戦争未亡人.

wár wòrk *n.* 戦争のためにした仕事.

wár·wòrn *adj.* 戦いに疲れた; 戦いで傷ついた, 戦いで荒らされた.

war·y [wέ(ə)ri | wέəri] 〘《1552》← WARE² + -Y⁴〙 — *adj.* (**war·i·er**; **-i·est**) **1** 注意深い, 用心深い; 油断のない: a ～ diplomatist [statesman] 注意深い外交官[政治家] / a ～ expression 油断のない表情 / Be ～ *of* strangers. 見知らぬ人に用心せよ / You had better be ～ *of* your words and actions. 言行を慎む方がよい / A tradesman ought to be ～ *of* taking too much credit. 商売人は掛売りをしすぎぬよう用心しなければならない. **2** 〈行為・観察など〉慎重な, 周到な: a ～ eye 油断のない目 / a ～ observation 慎重な観察 / ～ answers 慎重な答え. **wár·i·ly** [-rəli | -rəli, -rɪli] *adv.* **wár·i·ness** *n.*

wár zòne *n.* 〘国際法〙交戦地帯.

was [wəz, wʌz, wɑ̀z, wɔ̀(ː)z, wʌ́z, wɑ́z, wɔ́(ː)z | wəz, wɔz, wɔ́z] 〘OE *wæs* ← *wesan* to be ← Gmc **wos-* (G *war*) ← IE **wes-* to dwell, remain: cf. wassail〙 — *v.* be の第一人称・三人称単数直説法過去形.

wa·sa·bi [wɑ́ːsəbi | -bɪ] 〘⊏ Jap.〙 *n.* 〘植物〙ワサビ (*Eutrema wasabi*)《Japanese horseradish ともいう》.

Wá·satch Ránge [wɔ́ːsætʃ-] 〘← N-Am.-Ind. (Ute) 《原義》 mountain pass〙 — *n.* [the ～] ウォーサッチ山脈《米国 Utah 州北部から Idaho 州南東部に連なる山脈, Rocky 山脈の一部》.

wase [wéɪz] 〘ME ～ ← ?: cf. MLG *wase* 'bundle of sticks, pad for head'〙 *n.* 《英方言》 **1** わら[葦(ᵃ)]の束. **2** (荷物を頭に載せて運ぶときの)わら製の頭当て.

wash [wɔ́(ː)ʃ, wɑ́(ː)ʃ | wɔ́ʃ] 〘v.: OE *wascan* < Gmc **waskan* (Du. *wasschen* / G *waschen*) ← **wat-* 'WATER'. — n.: 《1440》← (v.): cf. OE (*ġe*)*wæsc* washing movement of the waves〙 — *vt.* **1 a** 洗う, 洗濯(ᵗᵏ)する (cleanse): ～ one's hands, clothes, a car, etc. / Where can I ～ my hands? 《婉曲》手洗いはどこですか. **b** [～ oneself で] 体を洗う, 顔や手を洗う. **c** 〈麻雀のパイなどを〉掻きまぜる: ～ the tiles パイを掻きまぜる. **2** 〈よごれ・しみなどを〉洗い落とす, 洗い取る[流す] 〈*away, off, out, up*〉: ～ the dirt *away* [*off, up*] = ～ *away* [*off, up*] the dirt ごみを洗い落とす / ～ a stain *out* = ～ *out* a stain しみを洗い取る / ～ the mud *off* the car 車の泥を洗い落とす / He went into the bathroom to ～ the blood *from* his face. 彼は顔についた血を洗い落とすために浴室へ入って行った. **3** (宗教的な意味で)洗い清める (purify) 〈*away*〉: ～ *away* one's sin(s) [guilt] 罪[咎(ᵗ)]を洗い清める / ～*ed* from sin 罪を洗い清められて / *Wash* me thoroughly from mine iniquity. わが不義よりわれをことごとく洗い清めよ (*Ps.* 51:2). **4** 〈猫などが〉〈自分の[他の]体を〉なめてきれいにする. **5** 〈波や海・川などの水が〉〈岸を〉洗う, …に打ち寄せる (lave); 潤す (make wet): cliffs ～*ed* by the sea 海に洗われる断崖(ᵍᵃ) / a district ～*ed* by the sea 沿海地方 / The castle walls are ～*ed* by the waters of the river. 城壁は川の水に洗われている / roses ～*ed* with dew 露にぬれたバラ. **6** [主に p.p. 形で] 流す, 運ぶ, さらって行く 〈*away, off, along, up, down*〉: houses and bridges ～*ed away* by the flood 大水に流された家や橋 / an empty boat ～*ed ashore* by the tide 潮流のために岸に流れついた空のボート / A huge wave ～*ed* the man *overboard*. 大波がその人を甲板から海へさらった / Her body was ～*ed up* two days later. 彼女の死体は2日後に浜に打ち上げられた. **7** 〈流水や波などが〉掘る, えぐる, 削る, 浸食する (wear) 〈*out*〉: The rain ～*ed* channels in the ground. 雨が地面にみぞを掘った / The road was ～*ed out* by the rain. 雨で道路がえぐられた. **8** 〘鉱山〙〈鉱石を〉洗鉱する, 洗鉱して採る: ～ gravel for gold 砂利を洗って砂金を採る / ～ tin ore すずを洗鉱する. **9** 〈ニス・水絵具などを〉…に薄く塗る 〔*with*〕: ～ a table *with* varnish テーブルにニスを塗る / ～ a table over *with* blue 薄く青色を上塗りする. **10** 〈金属〉に〔…で〕めっきする 〔*with*〕: brass ～*ed with* gold 金めっきをした真鍮(ᵗᵏᵘ). **11** (液体中を通過させて)〈気体を〉洗浄する. **12** 〈水や洗剤などが〉…が洗える, …を洗う力がある: This soap will ～ silks. この石鹸で絹物が洗える.

— *vi.* **1** 顔や手を洗う, 手水(ᵗʸᵒᵘᶻ)を使う: ～ before a meal 食事の前に手を洗う / ～ in [with] cold water 冷水で顔を洗う. **2** 洗濯(ᵗᵏ)する: ～ once a week 一週一回洗濯する / She ～*es* for a living. 洗濯をして暮らしを立てている. **3** 〈しみなどが〉洗って落ちる[きれいになる] 〈*off, out*〉: stains that will ～ *out* [*off*] 洗えばきれいになる汚れ. **4 a** 〈織物・色などが〉洗ってもいたまない[落ちない], 洗濯ができる[きく]: Will this material ～? この生地は洗濯がきくでしょうか. **b** 〈水・洗剤が〉洗浄力がある: This soap ～*es* well. この石鹸(ᵏᵉⁿ)はよく落ちる. **5** [否定構文で] 《口語》 **a** (調査・実験などに)耐える, 当てになる: His story [patriotism] *won't* ～. 彼の話[愛国心]は当てにならない. **b** 〈話などが〉受け入れられる, 信じられる: His story *didn't* ～ *with* me. 私には彼の話は信じられなかった. **6** (水・波などに)流される, 流れて行く, さらわれる 〈*along, away, out*〉: The bridge had ～*ed out*. 橋は流されていた. **7 a** 〈波が〉〈岸を〉洗う, ざぶざぶ打ち寄せる 〔*against, on, upon*〕: ～ ashore 岸を洗う / hear the waves ～*ing upon* the shore [*against* the cliff] 波が岸を洗う[崖(ᵍᵃ)に打ち寄せる]音を聞く. **b** 洗うように流れる[殺到する]: He felt the wind ～ pleasantly *against* his face. 風が心地よく顔に当たるのを感じた. **8** (雨・流水などで)掘れる, えぐれる, 削られる 〈*away*〉: The hillside has ～*ed away*. 山腹は雨ですっかり削られてしまった. **9** 〘鉱山〙〔鉱石を求めて〕洗鉱する 〔*for*〕: ～ *for* gold (砂を洗って)砂金を採る.

wash down (1) (流水で)すっかり洗う: He ～*ed* his car *down*. (2) 〈食物・飲物などを〉流し込む: ～ *down* food *with* beer ビールをあおって食事を流し込む / He ～*ed down* the whiskey *with* water. ウイスキーをあおっておいて水を飲んだ. (3) 〈波などが〉押し流す. ***wash out*** (*vt.*) (1) ⇨ *vt.* 2. (2) ⇨ *vt.* 7. (3) 〈口など〉の中を洗う: ～ one's mouth *out with* water 口を水ですすぐ. (4) (洗って)色をはげ[さめ]させる. (5) 使い切らす. (6) 〈雨などが〉〈計画・競技などを〉だめにする, 中止[延期]させる; 〈人が〉中止[延期]する: The rain last night ～*ed* the match *out*. 昨夜の雨で試合は中止された. (7) 〈屈辱などを〉消し[洗い]去る. (8) 《米口語》(だめなものとして)取り除く, はねる; 〈学生などを〉落とす, 落第させる. (*vi.*) (1) (洗って)色がはげ[さめ]る. (2) 《米口語》(だめなものとして)はねられる; 〈学生などが〉落とされる. ***wash over*** 〈騒音・非難などが〉〈人〉にあまり応(ᵏᵃ)えない: The row outside ～*ed* right *over* him. 外の騒ぎにも彼は平気

だった. ***wash up*** (*vi.*) (1)《米》顔や手を洗う. (2)《英》(食後の)皿[食器]洗いをする, あと片付けをする. (*vt.*) (1)〈食器類を〉洗う. (2) [通例 Passive で]《口語》失敗させる, 敗北させる (cf. washed-up 1): Their marriage was ~*ed up*. 二人の結婚は失敗した. (3) [しばしば Passive で] 疲れ切らす: I'm all ~*ed up*. くたくたに疲れた. (4) ⇨ *vt.* 2. (5) ⇨ *vt.* 6. (6) ⇨ washed-up 3.
— *n.* **1** 洗うこと, 洗濯(㊊): have [get] a ~ (手や顔を)洗う / give it a good ~ それをよく洗う / send the shirts to the ~ ワイシャツを洗濯に出す / be at [in] the ~〈衣類などが〉洗濯に出してある[洗濯中である]. **2** [集合的] 洗い物, 洗濯物: hang out the ~ to dry 洗濯物を掛けて干す / When will the ~ come from the laundry? 洗濯物はいつ洗濯屋から返って来ますか. **3** (水の)流れ, 奔流 (rush); (水や波の)打寄せ, 寄せ波; 岸を洗う水音, 打ち寄せる波音; 波の浸食: listen to the ~ of waves 岸を洗う波音を聞く. **4 a** 〘海事〙(船の通ったあとの)波のうねり: The boat rocked in the ~ of another one. ボートは別のボートの余波をくらって揺れた. **b** 〘海事〙=backwash 3. **c** 〘航空〙(飛行機の通ったあとの)気流の乱れ, 後流, ウォッシュ. **5** 洗剤, 化粧水: a hair ~ 洗髪剤 / a ~ for the eyes 洗眼水. **6** 洗濯水, つけ水, 染水; (上塗り用の)薄く溶いたセメント液: ⇨ whitewash 1 a. **7** (水彩絵具の)薄い一塗り; (金属の)めっき; (ロールパンなどの上に塗る)照り. **8 a** (豚などの飼料にする)水っぽい残飯 (swill): ⇨ hogwash. **b** 水っぽい飲食物, 流動食: This soup [claret] is mere ~. このスープ[クラレット]は水っぽくてまずい. **9** 発酵麦芽汁《火酒を作るもと》. **10** (海水・河水などに洗われる)低地; 湿地, 沼地 (bog); 浅瀬, 浅い水たまり. **11** (流水の運んで来る)沈殿物, 沈泥 (silt). **12** (海水・河水などの)浸食 (erosion); (流水の作った)みぞ. **13** 〘鉱山〙洗鉱で貴重な物質の採れる鉱物. **14** 〘建築〙 **a** 水垂れ, 水勾配《雨水を流すための勾配》. **b** 水垂れのある建物部材. **15** 《米口語》強い酒の直後に飲む水[ソーダ水, ビール(など)] (chaser). **16** 《俗》=wash sale. **17** 《米西部》(峡谷の)乾いた川床《dry wash ともいう》.
come out in the wash (1) よい結果になる, 上首尾に終わる. (2) 知れ渡る, ばれる.
— *adj.* 《米》洗濯のきく (washable): ~ goods [fabrics] 洗濯のきく服地[織物].

Wash [wɔ́(ː)ʃ, wɑ́(ː)ʃ | wɔ́ʃ] 〘(dim.) ← WASHBURN, WASHINGTON²〙 *n.* 男性名.

Wash [wɔ́(ː)ʃ, wɑ́(ː)ʃ | wɔ́ʃ], **The** 〘OE (*ġe*)*wæsċ*: ⇨ wash〙 *n.* イングランド東部, Norfolk と Lincolnshire 両州の中間にある入江; 長さ約 32 km; 幅約 24 km.

Wash. 《略》Washington.

wash·a·ble [wɔ́(ː)ʃəbl, wɑ́ʃ- | wɔ́ʃ-] *adj.* **1** 洗濯のきく: ~ silk / a ~ cotton 洗濯のきく木綿服. **2** 水に溶ける, 水溶性の: ~ ink. — *n.* 《米》洗濯のきく織物[衣服]. **wàsh·a·bíl·i·ty** [-ʃəbíləti | -ləti, -lɪ-] *n.*

wásh and wéar *adj.* (*also* **wásh-and-wéar**) ウォッシュアンドウェアの, ノーアイロンの (cf. drip-dry): a ~ shirt.

wásh·bàsin *n.* =washbowl.

wásh·bòard *n.* **1 a** 洗濯(㊊)板. **b** (交通ですりへってできた)舗装路の波形路面; (ガラスの)底しわ. **2** =baseboard. **3** 〘海事〙(船べりの)制水板, 防波板, 波よけ板《washstrake, wasteboard ともいう》.

washboard 1 a

wásh·bòiler *n.* 洗濯(㊊)用大がま.

wásh bòring *n.* 〘土木〙ウォッシュボーリング, 水洗(式)ボーリング《強力な水流を送りながら掘削する方法》.

wásh bòttle *n.* 〘化学〙=washing bottle 1.

wásh·bòwl *n.* **1** 洗面器. **2 a** 洗面台 (cf. washstand 1 b). **b** (洗面台の)水溜(㊊)め.

wásh búlkhead *n.* 〘海事〙制水隔壁《バラストタンクの中で自由水の流動を押えるために設ける縦隔壁》.

Wash·burn [wɔ́(ː)ʃbəːn, wɑ́ʃ- | wɔ́ʃbəːn] 〘← ? OE *walcēres burna* 'the fuller's BOURN¹': もと地名〙 *n.* 男性名《愛称形 Wash》.

wásh·clòth *n.* **1** 《米》=facecloth 1. **2** 《英》(皿洗い用)ふきん.

wásh·dày *n.* (家庭などの決まった)洗濯(㊊)日.

wásh dràwing *n.* (黒・セピアなどの色調の)透明な水彩絵具による絵画, 墨絵 (cf. wash *n.* 7).

wáshed-óut *adj.* **1** (洗濯で)色のさめた, 洗いざらしの: ~ silky hair 洗いざらしの絹のような髪の毛. **2** 《口語》疲れ果てた, 元気のない (worn-out); やつれた, 青ざめた: be ~ 疲れてぐったりしている / look ~. **3** 〈岩など〉浸食された.

wáshed-úp *adj.* **1** 《口語》しくじった, だめになった; 捨てられた. **2** 《口語》疲れ果てた (washed-out). **3** [通例 washed up] 〔…と〕縁が切れた〔*with*〕: I'm *washed up with* him. 彼とは手が切れた.

wásh·er 〘《*c*1325》〙 — *n.* **1** 洗う人, 洗濯(㊊)人. **2** 洗濯機; 洗鉱機. **3** 〘← ?〙座金, ワッシャー.

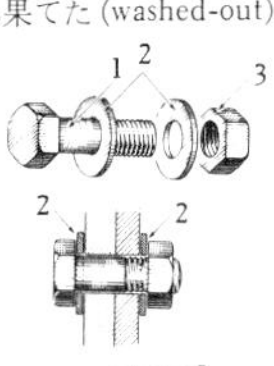

washers 3
1 bolt; 2 washes; 3 nut

wásher·man [-mən] *n.* (*pl.* **-men** [-mən, -mèn]) **1** 洗濯屋; 洗濯夫. **2** (製造過程の)洗浄機係.

wásher·wòman 〘《1632》〙 *n.* 洗濯女.

wash·er·y [wɔ́(ː)ʃəri, wɑ́ʃ- | wɔ́ʃəri] 〘← WASH + -ERY〙 *n.* 〘鉱山〙(石炭の)洗鉱場.

wash·e·te·ri·a [wɔ̀(ː)ʃətí(ə)riə, wɑ̀ʃ- | wɔ̀ʃɪtíəriə, -ʃə-] 〘← WASH + (CAF)ETERIA〙 *n.* 《英》セルフサービスの洗濯屋[洗車場].

wásh gìlding *n.* =water gilding.

wásh·hànd *adj.* 《英》手を洗う, 洗面用の: a ~ basin [bowl] =washbowl / a ~ stand =washstand 1.

wásh·hòuse 〘《1577》: cf OE *wæschūs* bath-house: cf. Du. *waschhuis* / G *Waschhaus*〙 *n.* 洗濯場, 洗濯屋 (laundry).

wásh·ìn *n.* 〘航空〙捩(㊊)り上げ《翼端の迎え角を増すこと; cf. washout 4》.

wásh·ing 〘ME〙 — *n.* **1 a** 洗濯(㊊): bear [stand] ~ 洗濯がきく. **b** 体を洗うこと: I gave myself a good ~. 体を十分に洗った / Children dislike ~. 子供は体を洗われるのがきらいだ. **2** [集合的] 洗濯物: hang out the ~ to dry 干すために洗濯物を掛ける. **3** [通例 *pl.*] (物を洗った後の)洗い水, 洗液. **4** [*pl.*] **a** 洗(精)鉱《洗鉱して得た物; 砂金など》. **b** (波・水によって)流されたもの, 流出物. **5** (試掘者・鉱夫が洗い流した)砂鉱. **6** 〘美術〙ウォッシュをかけること《水彩絵具などで薄く色を塗ること》. **7** 〘証券〙仮装売買 (wash sale) をすること. **8** [形容詞的に] 洗濯用の; 洗濯のきく.
get on with the washing 《俗》暇つぶし[油を売るの]をやめる.

wáshing bòttle *n.* 〘化学〙 **1** 洗びん《ポリエチレン製で押すと水が出る》. **2** ガス洗浄びん.

wáshing dày *n.* =washday.

wáshing machìne *n.* (通例自動の)洗濯機 (washer).

wáshing pòwder *n.* (石鹼・合成洗剤の)粉末状洗剤.

wáshing sòda *n.* 洗濯ソーダ.

Wash·ing·ton¹ [wɔ́(ː)ʃɪŋtən, wɑ́ʃ- | wɔ́ʃ-] 〘← *George Washington*〙 — *n.* **1** 米国の首都, District of Columbia の全地域を占める; 正式には Washington, D.C. という; 米国政府 (the U.S. Government) の意味にも用いる. **2** 米国北西部, 太平洋沿岸の州 (⇨ United States of America 表).

Wash·ing·ton² [wɔ́(ː)ʃɪŋtən, wɑ́ʃ- | wɔ́ʃ-] 〘ME *Wassyngtona*《原義》'the farm of the people of *Wassa* (人名)': cf. -ing³, -ton: もと地名, 家族名〙 — *n.* 男性名《愛称形 Wash》.

Washington, Book·er T(al·ia·ferro) [búkə tɑ́ləvə | -kə tɔ́lɪvə(r)] *n.* (1856–1915) 米国の黒人で教育家; Tuskegee Institute (⇨ Tuskegee) を設立 (1881).

Washington, George *n.* (1732–99) 米国独立戦争の総指揮官で同国初代大統領 (1789–97) (cf. Mount Vernon).

Washington, Mount *n.* 米国 New Hampshire 州 White Mountains 中の最高峰 (1,917 m).

Wáshington clám *n.* 〘貝類〙=butter clam.

Wáshington Cónference *n.* [the ~] ワシントン会議《第一次大戦後 1921–22 年に Washington, D.C. で海軍軍備縮小に関して開かれた米国・ベルギー・英国・中国・フランス・イタリア・日本・オランダ・ポルトガルの九か国の代表による会議》.

Washington, D.C. *n.* =Washingon¹ 1.

Wáshington Élm *n.* [the ~] ワシントン記念のニレ《米国 Massachusetts 州 Cambridge にあったニレの木; George Washington が 1775 年にこの木の下で植民地軍を指揮したという; 1924 年に切り払われた》.

Wash·ing·to·ni·an [wɔ̀(ː)ʃɪŋtóuniən, wɑ̀ʃ-, -njən | wɔ̀ʃɪŋtə́uniən, -njən] 〘《1789》《廃》'believer in the political principles of George Washington': ⇨ Washington¹, -ian〙 — *adj.* (米国) Washington 州(人)の; Washington 市(民)の. — *n.* Washington 州人; Washington 市民.

Wáshington líly *n.* 〘植物〙米国太平洋岸に産する大きな白い花をつけるユリ (*Lilium washingtonianum*)《広く観賞用に栽培される》.

Wáshington Mónument *n.* [the ~] ワシントン記念塔《George Washington を記念して Washington, D.C. の国会議事堂の西方に建てられた白大理石製の方尖塔(㊊); 高さ 169.3 m》.

Wáshington pálm 〘← *George Washington*〙 — *n.* 〘植物〙オキナワシントンヤシ, ロウジュヤシ (*Washingtonia filifera*)《北米 California 湾東岸地方に自生する扇状葉のヤシ, 幹は巨大な直立円柱状で葉の裂片からは 15–30 cm の白い繊毛が垂れる; California fan palm ともいう》.

Wáshington píe 〘← *George Washington*〙 *n.* 《米》ワシントンパイ《ジャムやゼリーなどを入れたレヤーケーキ》.

Wáshington Póst *n.* [The ~]「ワシントンポスト」《米国の日刊新聞; 1877 年創刊》.

Wáshington's Bírthday *n.* ワシントン誕生記念日《米国の大部分の州で以前は 2 月 22 日を祝祭日に指定; 現在は 2 月の第 3 月曜日》.

Wáshington Squáre *n.* ワシントン広場《米国 New York 市 Manhattan 南部 Fifth Avenue 南端の広場; Greenwich Village の東側にある》.

Wáshington Státe *n.* (Washington, D.C. と区別して)ワシントン州.

Wáshington thórn *n.* 〘植物〙北米東部産バラ科サンザシ属の小高木 (*Crataegus phaenopyrum*)《赤い実をつけ, 秋に葉がはなやかになる》.

Wáshington Tréaty *n.* [the ~] ワシントン条約《Washington Conference において締結された五か国(米・英・伊・仏・日)条約, 四か国(英・仏・日・米)条約または九か国条約をいう》.

wáshing tùb *n.* 《英》=washtub.

wáshing-úp *n.* 《英》(食後の)皿[食器]洗い: a ~ machine 食器洗い機.

Wash·i·ta [wɑ́ʃɪtɔ̀ː, wɔ́(ː)ʃ-, -ʃə- | wɔ́ʃɪtɑ̀ː] 〘cf. Ouachita〙 — *n.* [the ~] **1** 米国 Texas 州北西部に発して Oklahoma 州中央部を南流し, Red River と合流する川 (800 km). **2** =Ouachita.

wásh·lèather 〘《*c*1662》〙 *n.* **1** (セーム皮 (chamois) を模造した)柔皮. **2** 《英》(ちり・ほこりをぬぐうための)柔皮, 柔らかい布.

wásh òil *n.* 〘化学〙吸収油, 洗浄油《石炭乾留ガスからガス軽油を回収するために使用される油類》.

wásh·òut 〘← *wash out* (⇨ wash (v.) 成句)〙 — *n.* **1 a** (大雨・大水などによる土手・鉄道などの)土砂の流失, 決壊, 崩壊. **b** 流出[崩壊]個所. **2** (口などの中を)すすぐ[洗う]こと, 洗浄すること. **3** 《俗》 **a** 的はずれ, 大失敗. **b** 失敗者; (訓練・勉学の)落第生. **4** 〘航空〙捩(㊊)り下げ《翼端の迎え角を減じること; cf. washin》.

wásh plàte *n.* 〘造船〙制水板《船のタンク内などで水の自由面を少なくし, 動揺による内部衝撃を少なくするために設けた船首尾方向の垂直板》.

wásh·pòt *n.* **1** (ブリキ製造用の)すず溶解槽(㊊). **2** 《古》手を洗う器, たらい (cf. *Ps.* 60: 8).

wásh·ràg *n.* 《米》=facecloth 1.

wásh·ròom *n.* **1 a** (ホテルなどの)洗面所. **b** 《米》[婉曲的に] 便所 (lavatory). **2** (染物工場の)洗い場.

wásh sàle *n.* 《米》〘証券〙仮装売買《同時または短期間に同じ証券の売りと買いを行なう見せかけの売買》.

wásh·stànd *n.* **1 a** (旧式の)洗面台《水道設備のない寝室などで, 水差し (pitcher), 洗面器 (washbowl) などを載せる台; 下に slop pail を置く》. **b** (水道と排水設備のある)洗面台. **2** 《米》(車庫の片隅などの)洗車場.

wásh·stràke *n.* 〘海事〙=washboard 3.

wásh·tròugh *n.* 洗い桶; (特に) 〘採鉱〙洗鉱槽 (buddle).

wásh·tùb *n.* (洗濯(㊊)用)たらい.

wásh·ùp *n.* **1 a** 《米》洗面(所). **b** 《英》(食後の)皿[食器]洗い(場). **2** (機材などの)よごれを洗い落とすこと, 洗浄. **3** 岸に打ち上げられた物[死体].

wásh·wòman *n.* 《米》=washerwoman.

wash·y [wɔ́(ː)ʃi, wɑ́ʃi | wɔ́ʃɪ] 〘《1566》← WASH (n.) + -Y⁴〙 — *adj.* (**wash·i·er**; **-i·est**) **1** 〈酒類・飲料など〉水っぽい, 薄い (thin, watery): ~ ale, tea, coffee, etc. **2** 〈色が〉薄い, 淡い, ぼんやりした (pale). **3** 〈文体・言葉・感情など〉弱々しい, 力のない (feeble). **wásh·i·ly** [-ʃɪli, -ʃəli, -lɪ] *adv.* **wásh·i·ness** *n.*

was·n't [wɑ́zṇ(t), wʌ́z-, wɔ́(ː)z- | wɔ́z-] was not の縮約形.

wasp [wɑ́(ː)sp, wɔ́(ː)sp | wɔ́sp] 〘OE *wæsp*《音位転換》← *wæps* < (WGmc) **waps-* (Du. *wesp* / G *Wespe*) ← IE **wobhsā* wasp (L *vespa*) ← ? **webh-* 'to WEAVE¹'〙 — *n.* **1** 〘昆虫〙スズメバチ, ジガバチ《主としてスズメバチ上科とジガバチ上科に属するハチの総称; 一般に体が細く腰がくびれていて, 翅が発達している; モンスズメバチ (*Vespa crabro*) など; cf. bee¹》: a waist like a ~'s 細い腰. ★ ラテン語系形容詞: vespine. **2 a** 怒りっぽい人, 意地悪な人, 気難し屋. **b** 刺すもの, 怒らせるもの. **~·like** *adj.*

Wasp¹ [wɑ́(ː)sp, wɔ́(ː)sp | wɔ́sp] 〘《頭字語》← *W*(*omen's*) *A*(*ir Force*) *S*(*ervice*) *P*(*ilots*)〙 *n.* (米国の)陸軍航空隊婦人操縦士隊の隊員 (cf. WASP¹).

WASP¹ 《略》Women's Air Force Service Pilots (米国の)陸軍航空隊婦人操縦士隊《1944 年解散; cf. Wasp¹》.

WASP², **Wasp**² [wɑ́(ː)sp, wɔ́(ː)sp | wɔ́sp] 〘《頭字語》← *W*(*hite*) *A*(*nglo*)-*S*(*axon*) *P*(*rotestant*)〙 — *n.* 《通例軽蔑》アングロサクソン系白人新教徒《米国社会において少数民族から見て強固な排他的団結を維持していると考えられる支配的なタイプ》. **Wásp·ish** *adj.* **Wasp·y** [wɑ́spi, wɔ́(ː)s- | wɔ́spɪ] *adj.*

wásp bèe *n.* 〘昆虫〙キマダラハナバチ (cuckoo bee).

wásp bèetle *n.* 〘昆虫〙トラカミキリ《甲虫類カミキリムシ科の昆虫の総称; 多くの種類があり, ハチに擬態するものが多い》.

Wasp·dom [wɑ́spdəm, wɔ́(ː)sp- | wɔ́sp-] 〘← WASP² + -DOM〙 *n.* WASP² の特徴[信条, 態度].

wásp flỳ *n.* 〘昆虫〙ハチモドキハナアブ《双翅目ハナアブ科の昆虫の総称; 多くの種類があり, ハチに擬態するものが多い》.

wásp·ish [-pɪʃ] 〘《1566》: ⇨ wasp, -ish¹〙 — *adj.* **1** スズメバチ[ジガバチ]のような, ジガバチのように腰の細い (wasp-waisted). **2** 怒りっぽい, 短気な, がみがみ言う, かんしゃくもちの (snappish). **3** 〈文体など〉刺すような, 皮肉な (biting): a ~ wit 辛辣な機知. **4** 〈体形が〉ほっそりした. **5** スズメバチでいっぱいの. **~·ly** *adv.* **~·ness** *n.*

wásp wáist *n.* くびれた細い腰, (特に女性の)コルセットできつく締めた腰の線. **wásp-wáisted** *adj.*

wasp·y [wɑ́spi, wɔ́(ː)s- | wɔ́spɪ] *adj.* (**wasp·i·er**; **-i·est**) =waspish.

was·sail [wɑ́səl, wɔ́(ː)s-, wǽs-, -seɪl, wɑséɪl | wɔ́seɪl, wǽs-] 〘《? *a*1200》 *wes hail* ⊂ ON *ves heill* ← *ves* ((imper. sing.) ← *vesa*, *vera* to be ← Gmc **wos-*) + *heill* hale¹ (cf. hail²,³) ∽ OE *wes hāl* be hale or whole!: ← *wes* ((imper.) ← *wesan* to be) + *hāl* 'HALE¹': cf. was〙 — *n.* 《古》 **1 a** (昔 Christmas Eve, Twelfth night などに行なわれた)酒宴, 酒盛り (drinking bout). **b** 酒宴の酒《香料を入れたビールやぶどう酒》. **2** 乾杯の挨拶. **3** 酒宴の歌. — *vi.* **1** wassail に列する, 飲

み騒ぐ, 痛飲する (carouse). **2** 乾杯する. ― *vt.* …に乾杯する (toast). **～·er** [-lə | -lə(r)] *n.*

wássail bòwl [**cùp**] *n.* wassail 用大杯; wassail の酒.

Was·ser·mann [wɑ́ːsəmən, vɑ́ː- | -sə-] 〚↓〛 *n.* ＝Wassermann test.

Was·ser·mann [wɑ́ːsəmən, vɑ́ː- | -sə-; *G.* vásɐmàn], **August von** *n.* ワッセルマン《1866–1925; ドイツの細菌学者》.

Wassermann, Jakob *n.* ワッセルマン《1873–1934; ドイツ生れでユダヤ系のオーストリアの小説家; *Der Fall Maurizius*「マウリツィウス事件」(1928)》.

Wássermann reàction 〚← *A. von Wassermann*〛 *n.* (梅毒の)ワッセルマン反応.

Wássermann tèst 〚↑〛 *n.* (梅毒の)ワッセルマン検査.

Was·si·ly [vǽsəli | -lɪ; *Russ.* vasjílji] 〚⊏Russ. *Vasiliy*: cf. Basil〛 *n.* 男性名.

wast [wəst; wɑ̀st, wɔ́(ː)st, wɑ́st, wɔ́(ː)st | wəst; wɔ̀st, wɔ́st] 〚《16C》《変形》← WERE: WAS と ART[1] との影響からか: cf. Goth. *wast* / ON *vast*〛 ― *vi.* 《古》 be の第二人称単数直説法過去形 (cf. wert): Thou ～. ＝ You were.

wast·age [wéɪstɪdʒ] 〚⇨↓, -age〛 *n.* **1** 消耗, 損耗; 浪費; 損耗高. **2** 廃物, 廃液, くず: factory ～ 工場廃水. **3** 解雇以外で従業員を失うこと.

waste [wéɪst] 〚adj.: 《*c*1300》⊏ONF *wast*＝OF *g(u)ast* < L *vāstum* ← IE **eu-* empty ∽ OE *wēste* (cf. G *wüst*). ― v.: 《?*a*1200》⊏ONF *wast-er*＝OF *g(u)aster* (F *gâter* to spoil) < L *vāstāre* to lay waste ← *vāstus* ∽ OE *wēstan*. ― n.: 《?*a*1200》⊏ONF *wast(e)*＝OF *g(u)ast(e)* ← (adj.) ∽ OE *wēsten*: cf. vain, want〛

― *adj.* **1** 〈土地が〉耕されていない, 未開墾の; 無人の, 不毛の, 荒廃した: ⇨ wasteland / lie ～ 〈土地が〉荒れている, 荒地になっている. **2** いらない, 不用な, 残った, 余った, 余分な; 廃物の, 役に立たない: ～ steam [gas] (排気管や安全弁などから漏れる)廃棄蒸気[廃ガス] / a ～ pitch [野球] 捨て球, 遊び球. **3** 不用[余分]な物を入れる[運ぶ]: a ～ container 廃棄物容器. **4** 〚生理〛(組織に)不用な, 不用になった, 老廃の: ～ matter 老廃物. **5** 《廃》過多な, むだな. **6** 単調な, おもしろくない: the ～ periods of history 歴史のおもしろくない時代.

lay waste 〈土地・建物を〉荒らす, 荒廃させる, 破壊する (ravage): The land was *laid* ～ by war. 国土は戦争で荒廃した.

― *vt.* **1** 〈金・時間などを〉浪費する, むだ使いする, むだにする, 〈機会などを〉逸する 〔*on, upon, over*〕: ～ money, energy, time, etc. / ～ an opportunity 好機を逸する / Kind words are ～*d upon* him. 親切な言葉も彼にはむだだ / Sarcasm is ～*d on* John. 皮肉を言ってもジョンには通じない / I have no sympathy to ～ *on* him. 彼にむざむざくれてやる同情などもち合わせていない. **2 a** 徐々に破壊する, 摩滅させる. **b** 〈病気・高齢・老朽などが〉徐々に衰えさせる, 消耗させる, 衰弱させる, やせ衰えさせる: a child ～*d* by disease 病気のために衰弱した子供. **3** 〈土地・国などを〉荒らす, 荒廃させる: a country ～*d* by war 戦争のために荒廃した国. **4** 〚法律〛〈借地・借家人などが〉〈土地・建物などを〉(永久的に)毀損(きそん)する, 〈価値を〉低下させる. **5** 〈文書を〉反古(ほご)として扱う. **6** 《米俗》殺す.

― *vi.* **1** だんだん消耗する, だんだん減る, なくなって行く: The resources of the country are rapidly *wasting*. 国の資源は急速に消耗している. **2** 〈人・動物が〉だんだん衰えて行く, 衰弱する, やせ衰える〈*away*〉: ～ from disease 病気のため衰弱する / ～ *away* for lack of food 食物の欠乏のために衰弱して行く / She ～*d away* with grief. 悲しみのために衰弱して行った. **3** 浪費される, むだになる: That water is *wasting*. あの水はむだに流れている. **4** 浪費する: *Waste* not, want not. 《諺》むだをしなければ不自由はしない. **5** 《古》〈時が〉経つ, 過ぎる (pass away). **6** 〚スポーツ〛運動して減量する.

waste oneself down 〚スポーツ〛運動して減量する.

waste words [*one's breath*] むだな言葉を費す, あれこれ言ってもむだである: It's no good *wasting words* on him [it]. 彼に[それを]とやかく言ってもむだだ.

― *n.* **1** 浪費, むだ使い, 空費, 〈機会などを〉逸すること 〔*of*〕: ～ *of* time and money 時間と金の浪費 / ～ *of* opportunity 機会の逸失 / It is a mere ～ *of* labor to do such a thing. そんな事をするのは全くの労力の空費だ / Willful ～ makes woeful want. 《諺》気ままな浪費は激しい欠乏を招く,「気ままにやって泣く貧乏」. **2** 消耗, 衰弱, 漸衰: the ～ of bodily tissue [vigor] 身体組織の消耗[元気の消衰]. **3** 《まれ・廃》(戦争・火災などによる)破壊, 荒廃 (ruin); (戦争・火災などによる)荒廃の地: repair the ～*s* of war 戦争による荒廃を復旧する. **4** 荒れた土地, (未開墾の)荒地, 荒野 (wilderness); 広々とした寂しい地域: a ～ of waters 果てしない大海原 / a ～ of snow 見渡す限りの雪の原 / the flat, white ～*s* of fen 平坦な白い荒れた沼沢地. **5 a** 残り物, 余り物, (生産過剰による)むだ物; (工場の)廃棄物; 台所のごみ, くず (garbage, rubbish), 灰殻 (ashes): a reactor's ～*s* 原子炉の廃棄物 / radioactive ～ 放射性廃棄物. **b** (織物製造中に生じる)くず綿, くず毛《織り糸として再生するか機械の掃除などに用いる》. **c** むだに漏れ出る蒸気. **6** [*pl.*] (体からの)排泄(はいせつ)物. **7** 〚地質〛**a** 岩屑(がんせつ)《岩石が風化作用や諸種の浸食作用あるいは火山爆発などによって破壊されたかけらで, 崖(がけ)下に積もったり川または氷河などによって運ばれたりする》. **b** 鉱山の廃石. **8** 〚法律〛(借地・借家人などの故意, 怠慢による土地・建物などの永久的な)毀損(きそん) (cf. *without* IMPEACHMENT *of waste*). **9** ＝waste pipe.

go [***run***] ***to waste*** (1) むだになる, 浪費される. (2) 〈液体が〉むだに流(さ)れる.

wáste·bàsket *n.* くずかご, (特に)紙くずかご (wastepaper basket). ― *vt.* 紙くずかごに入れる.

wáste·bòard *n.* 〚海事〛＝washboard 3.

waste·ful [wéɪstfəl] 〚《*a*1325》: ⇨ waste (n.), -ful[1]〛 ― *adj.* **1** むだな, 浪費的な, 不経済な, 〔…を〕むだにする 〔*of, with*〕: ～ methods 不経済な方法 / be ～ *of* resources 資源を浪費する / Answering such a letter is ～ *of* our time. そんな手紙に返事を出すのは時間のむだだ / ～ use of water 水のむだ使い. **2** むだ使いする, 贅沢な (squandering): a ～ man / ～ habits 物をむだ使いする習慣. **3** 《古》破壊的な (destructive): ～ war. **4** 《古》荒れた, 荒廃した. **～·ly** *adv.* **～·ness** *n.*

wáste hèat *n.* 廃熱; 余熱.

wáste-hèat bòiler *n.* 〚機械〛廃熱ボイラー.

wáste·lànd [-lænd, -lənd] *n.* **1** 荒地. **2** (知的・精神的に)不毛の時代[時期, 地]: a ～ of the spirit 精神の荒廃(状態) / the television ～ テレビによる知的不毛の時代.

wáste·less *adj.* 使い切れない, 無尽蔵の.

wáste·màker *n.* 廃棄物を出す人[会社, 産業].

wáste·ness 〚ME〛 *n.* 荒廃, 不毛.

wáste·páper 〚《1585》〛 *n.* **1** 紙くず. **2** 反古(ほご), 故紙. **3** [通例 waste paper] 〚製本〛＝endpaper.

waste·paper basket [⌐–⌐–⌐– | ⌐–⌐–⌐–] *n.* くずかご, 紙くずかご (wastebasket).

wáste·pìle *n.* 〚トランプ〛捨て山 (⇨ talon 5 b).

wáste pìpe *n.* **1** 〚機械〛排水管, ドレン管. **2** (台所・洗面所などの)排水管.

wáste pròduct *n.* **1** (生産過程で出る)廃品, 廃産物. **2** [通例 *pl.*] (糞(ふん)尿など, 生物の)排泄物, 老廃物.

wást·er 〚《*c*1353》 *wastoure* ⊏ AF *wastere, wastour*: ⇨ waste (v.), -er[1]〛 ― *n.* **1** (時間・金などを)むだにする人[もの]: a great ～ of words. **2** 浪費者; むだ使いする贅沢屋 (spendthrift). **3** 《俗》やくざ者, ろくでなし (good-for-nothing). **4** (製造中での)できそこない品, むだ物, ローズ物. **5** 荒らす人, 荒廃者 (devastator).

wáste·wàter *n.* (工場)廃水.

wáste·wày *n.* 余水路, 廃水路.

wáste·wèir *n.* 余水堰(せき), 廃水堰.

wást·ing 〚ME〛 *adj.* **1** 徐々に衰弱させる, 消耗性の: a ～ disease [fever] 消耗性疾患[熱病]. **2** 荒廃させる, 破壊的な (devastating). **～·ly** *adv.*

wásting ásset *n.* 〚会計〛消耗資産, 枯渇資産《鉱山など》.

wast·rel [wéɪstrəl, wɑ́st- | wéɪst-] 〚《1589–90》← WASTE (v.) + -REL〛 *n.* **1** 浪費者; やくざ者; 浮浪児 (waif). **2** ＝waster 4.

wast·ry [wéɪstri | -rɪ] 〚← WASTE (v.) + -RY〛 *n.* 《スコット・北英》浪費; 濫費.

Wást Wàter [wɑ́st-, wɔ́(ː)st- | wɔ́st-] *n.* イングランド北西部, 湖水地方 (Lake District) にあるイングランド最深の湖 (水深 79 m).

wat[1] [wɑ́t | wɔ́t] 〚《スコット》～ 'WET'〛 *adj., n.* 《スコット》＝wet.

wat[2] [wɑ́t | wɔ́t] 〚⊏Siam. ～ 'Buddhist temple' ← Skt *vāṭa* enclosure〛 *n.* (タイ・カンボジアの仏教)寺院, 僧院: ⇨ Angkor Wat.

Wat [wɑ́t | wɔ́t] 〚(dim.) ← WALTER, WATKINS〛 *n.* Walter の愛称形 (cf. Walt).

Wat. 《略》 Waterford.

watch [wɑ́tʃ, wɔ́(ː)tʃ | wɔ́tʃ] 〚v.: OE **wæccan* < Gmc **wakǣjan* 'to WAKE[1]'. ― n.: OE *wæcce* ← (v.)〛

― *vi.* **1** 見守る, じっと見ている, 観察する: Are you going to play or only ～? 君もやるかね, それともただ見ているかね. **2** 注意する, 用心する; (注意して)待ち構える, 待ち設ける 〔*for*〕: ～ like a cat 猫のように待ち構える / ～ *for* an opportunity to speak しゃべる機会を待っている / He ～*ed for* the bus. バスが来るのを待ち構えた. **3** 《文語》(祈りなどのために)寝ずにいる, 起きている (be awake); 徹夜をする (keep vigil): ～ and pray 目をさましていて祈る (*Matt.* 26:41; cf. *Mark* 14:38, etc.). **4** 寝ずに看病する 〔*with*〕: ～ *with* a sick person / ～ all night beside a sickbed 一晩中病床のそばで看護する. **5** 警戒する, 見張りをする, 監視する (keep guard); 守る, 番をする (guard) 〔*over*〕: There is a policeman ～*ing* outside the house. 家の外に巡査が見張っている / My guardian angel will ～ *over* me. 私の守護天使が私を守って下さる. **6** 〚海事〛〈船員が〉当直をする. ― *vt.* **1** じっと見ている, 見守る, 見とれる, 観察する: ～ a person's face じっと人の顔を見ている / ～ a game ゲームを見物する / ～ television テレビを見る / ～ hockey on TV テレビでホッケーの試合を見る / I ～*ed* him do [doing] it. 彼がそれをする[している]のを見守った / ～ the development of a case 事件の進展を見守る / *Watch* what I do. 私のすることをよく見ていなさい / A ～*ed* pot never boils. ⇨ pot 1. **2** 〈子供・病人・羊などを〉守る, 番をする, 看護する, 世話をする: ～ a flock of sheep 羊の群れの番をする / ～ a patient carefully 注意して患者の世話をする. **3** 監視する, 見張る: I knew I was closely ～*ed*. 厳重に監視されているのを知っていた. **4** 〈機会などを〉待つ, うかがう (abide); 注意する, 用心する (pay heed to): ～ a good opportunity 好機をうかがう / ～ one's time 時[好機]の至るのを待つ / *Watch* that the baby doesn't fall. 赤ん坊がころばないように気をつけろ.

watch a person's dust [***smoke***] 《米俗》(人が)仕事をすばやく片づけるのを見守る: I'll do it in a minute. So ～ *my dust*. すぐにやってみせるよ. 見てなさい.

watch in 〈新年を〉寝ずに迎える: ～ *in* the New Year.

watch it [*oneself*] 《口語》注意する, 用心する: *Watch it*! 気をつけなさい / You'll stumble if you don't ～ *it*. 注意[用心]しないとつまずくよ.

watch out 注意する, 用心する, 見張る (look out) 〔*for*〕: You must always ～ *out for* the traffic here. ここではいつも交通に注意しなければならない.

watch over …を守る, …の番をする; …を監督[監視]する (superintend) (cf. *vi.* 5).

watch one's step ⇨ step 成句.

― *n.* **1** 見張り, 用心, 警戒, 注意, 監視 (lookout): keep (a) ～ *over* a person 人を監視している / keep (a) good ～ *over* a prisoner 囚人を十分に監視している / They kept (a) close [narrow] ～ (*up*)*on* him. 彼を厳重に監視していた. **2 a** 《古》寝ずの番[看護] (vigil): I kept ～ all the night. 一晩中寝ずの番をした. **b** 通夜 (wake). **3** [集合的にも用いて] 《古》(一人または一組の)番人, 番兵, 警備員[隊], 夜警. **4** (ヘブライ人・古代ギリシャ人・ローマ人などが夜間を三分・四分・五分した)夜間の一区切り (cf. night watch 2 a): the fourth ～ of the night 夜の4時《明け方》. **5** 〚海事〛(原則としては4時間交代の)当直, 当直時間 (cf. dogwatch 1); [集合的] 当直員: the first ～ 初夜直 (8–12 p.m.) / the mid～ 夜半直 (12–4 a.m.) / the morning ～ 朝直 (4–8 a.m.) / the forenoon ～ 午前直 (8–12 a.m.) / the afternoon ～ 午後直 (12–4 p.m.) / the evening ～ 薄暮直 (4–8 p.m.) / the port [starboard] ～ 左[右]舷直 / ⇨ WATCH and watch. **6** ウォッチ, 携帯時計《携帯用の小型時計でどんな姿勢でも機能するように作られている; cf. clock[1]》: a pocket ～ 懐中時計 / ⇨ wrist watch / It's ten by my ～. 私の時計では10時だ. **7** 〚海事〛(船の)クロノメーター, 経線儀, 時辰儀《天測用の正確な時計》. **8** 《廃》(時間をしるした)ろうそく時計. **9** 《俗用》nightingales の群れ (flock).

box the watch 《俗》(いたずらに)夜警を詰め所ごとひっくり返す.

in the watches of the night (1) 《古》夜分に. (2) ＝in the night watches (⇨ night watch 2 b).

off the watch 〚海事〛非番で (off duty): the sailors who were below and *off the* ～ 非番で船室にいた水夫たち.

on the watch 待ちかまえて, 油断なく警戒して 〔*for*〕 / 〈*to do*〉.

on watch 〚海事〛当直[番]で: men *on* ～ 当直員.

pass as [***like***] ***a watch in the night*** 夜のひと時のごとく過ぎる, つかの間に忘れられる (cf. *Ps.* 90:4).

stand upon *one's* ***watch*** 《古》見張り(所)に立つ (*Hab.* 2:1).

through the silent watches of the night 《文語》静かな夜の間に.

watch and ward (昼夜の警戒の意味から)厳しい警戒, 不断の監視: keep ～ *and ward* 不断の警戒をする.

one's watch below [***off***] 〚海事〛非直, 非番: He was having *his* ～ *off*. 彼は非番だった.

watch and watch 〚海事〛半舷当直.

wátch·bànd *n.* 腕時計のバンド《鎖・革など》.

wátch bèll *n.* 《古》〚海事〛半時鐘 (ship's bell).

wátch bòx *n.* 歩哨詰め所, 哨舎 (sentry box); (夜警や警官などの)詰め所.

wátch càp *n.* 〚米海軍〛(寒天や荒天の任務につく下士官兵用のぴったりした毛編みの)縁(ふち)なし帽子.

wátch·càse 〚《1598》《廃》a place in which one must keep watch〛 *n.* (携帯時計のムーブメントを入れる)ケース, 側(がわ).

wátch chàin *n.* 懐中時計の鎖.

Wátch Committee *n.* 《英》(昔の市会の)公安委員会《警察・灯火の見回りなどを扱う》.

wátch·crỳ *n.* **1** 夜警の叫び声. **2** ＝watchword 2.

wátch crỳstal *n.* 《米》＝watch glass 1.

wátch·dòg *n.* **1** 番犬. **2** 厳格な番人, 監視者: a citizens' ～ agency (官庁の不正などを監視する)市民の監視機関. ― *vt.* …の番犬(役)を務める.

wátch·er *n.* **1** 番人, 見張人, 監視人. **2** 寝ずに付き添う人, 看病人; 通夜をする人. **3** 《米》(選挙投票所の)立会人.

wátch·fìre *n.* (信号用のまたは夜警のたく)かがり火.

watch·ful [wɑ́tʃfəl, wɔ́(ː)tʃ- | wɔ́tʃ-] 〚《1548》← WATCH (n.) + -FUL[1]〛 ― *adj.* **1** 注意深い, 用心深い; 油断のない (vigilant) 〔*about, against, for, of, over*〕: a man with a pair of ～ eyes 用心深い目をした男 / be ～ *of* one's behavior 行動に注意する / be ～ *against* enemies 敵に用心する. **2** 《古》眠らない, 不眠の (wakeful). **～·ly** *adv.* **～·ness** *n.*

wátch glàss 〚《1637》《廃》sand glass〛 *n.* **1** 携帯時計の文字盤のふたに用いられるガラス. **2** 時計皿《理化学の実験に用いる小型の円形平底ガラス皿》.

wátch guàrd *n.* 懐中時計の鎖[ひも].

wátch gùn *n.* 〚海事〛号砲《初夜直の始まる午後8時に鳴らされた》.

wátch hànd *n.* 腕時計の針.

wátch·hòuse *n.* 見張所, 番小屋.

wátching brìef *n.* 〚英法〛訴訟警戒依頼(書)《訴訟当事者でない第三者が, その訴訟について行なう用心のための訴訟依頼》.

wátch·kèeper *n.* 〚海事〛当直員.

wátch kèy *n.* (旧式懐中時計に使われた)巻きねじ.

wátch·less *adj.* **1** 警戒を怠る, 油断した: ～ eyes. **2** 番人[歩哨]なしの: a ～ fortress. **3** 〈夜が〉目ざめることのない: a ～ night. **～·ness** *n.*

wátch·màker *n.* 時計屋《時計の製造修理をする》.

wátch·màking *n.* 時計屋の仕事, 時計製造業.
wátch·man [-mən] 〘(?a1400)〙 *n.* (*pl.* **-men** [-mən, -mèn]) **1** (建物などの)夜警, 夜番. **2** (昔あった)夜回り. **3** 〘印刷〙＝flag^3 8.
wátch mèeting *n.* (教会の)除夜の集会, 除夜の礼拝(式)《新年が来るとともに終わる》.
wátch nìght *n.* **1** [W- N-] 除夜, 大みそかの夜. **2** ＝watch meeting.
wátch òfficer *n.* 〘海軍〙当直士官《航海中の呼称; cf. officer of the deck》; 〘海事〙(商船の)当直士官[航海士].
wátch òil *n.* 時計油.
wátch·òut *n.* 見張り, 警戒, 注意 (lookout): keep a ~ for city corruption 市の汚職を警戒する.
wátch pòcket *n.* (ズボン・チョッキなどの)懐中時計用ポケット《fob ともいう》.
wátch sprìng *n.* (携帯時計の)ぜんまい.
wátch·stànd 〘(廃) a look-out position for a watchman〙 *n.* (机上に置く)懐中時計立て[掛け].
wátch stràp *n.* 腕時計のバンド.
wátch tàckle *n.* 〘海事〙ウォッチテークル《船舶の小型の滑車装置》.
wátch·tòwer *n.* **1** 望楼, 物見の塔. **2** 観点. **3** 《古》灯台.
wátch·wòrd 〘(?a1400)〙 *n.* **1** (昔番兵などが用いた)合言葉. **2** 金言, 標語; (党派などの)スローガン.
wa·ter [wɔ́ːtə, wɑ́ːtə | wɔ́ːtə(r)] 〘n.: OE wæter < (WGmc) *watar (Du. water/G Wasser) ← Gmc *wat- (Icel. vatn / Goth. wato) ← IE *wed- ← *aw(e)- water; wet (L unda wave: cf. undine / Gk húdōr water: cf. hydro-). — v.: OE (ġe)wæterian ← (n.): cf. wet, winter〙 — *n.* **1 a** 水: fresh ~ 清水, 淡水 / sweet ~ (新鮮な)真水 / cold ~ 冷水 / hot ~ 湯, 熱湯 / boiling ~ 熱湯 / hard [soft] ~ 硬[軟]水 / ⇨ hot water, salt water, strong water. **b** (古代哲学で, 四大 (four elements) の一つとしての)水. **2 a** 飲料水; [*pl.*] 鉱泉水 (mineral waters): a cup [glass] of ~ 水一杯 / (a) brandy [whiskey] and ~ 水で割ったブランデー[ウイスキー](一杯) / mineral ~s 鉱泉水 / table ~s 食卓水《びん詰めの鉱泉水》/ drink *the* ~s (療養のため湯治場で)鉱泉水を飲む / take *the* ~s at Bath バースの温泉で療養[湯治]する. **b** (水道などの)水, 用水: turn on [off] the ~ (コックをひねって)水を出す[止める]. **c** [通例 *pl.*] (何回かの)洗い水: rinse *in* two tepid ~s 〈物を〉ぬるま湯で2回ゆすぐ. **3 a** [通例 the ~] (空中・陸地に対する場所としての)水; (川・海・湖などの)水, 水中: Fish live in (*the*) ~. / across [over] *the* ~ 海[湖, 川]の向こう側に / ⇨ KING over the Water / jump in(to) *the* ~ 水に飛び込む / swim in *the* ~ 川[湖など]で泳ぐ. **b** 《英》湖, 池. ★ しばしば湖水地方 (Lake District) の湖水名に用いられる: ⇨ Derwent Water, Ullswater, etc. **c** 《古》海, 湖, 川(など). **d** 《スコット・北英》川, 小川. **e** (狐狩などで, 馬に飛び越させる)小川 (streams), 溝 (ditches). **4 a** [しばしば the ~s] (海・川・滝・池などの)水, 流水, 積水; 海水, 河水, 波; [*pl.*] 大水, 洪水 (flood): a vast waste of ~s 荒涼たる大海原 / harness *the* ~s of Niagara ナイアガラの水を工業化する / cross *the* ~s 海を渡る / The castle walls are washed by *the* ~s of the lake. 城壁には湖の水が打ち寄せる / *The* ~s are out [have fallen]. 水が出た[減った] / Still ~s run deep. ⇨ deep *adv.* **b** [*pl.*] 水域, 海域, 領海, 近海: in Japanese ~s 日本水域において / international ~s 国際水域. **5** 水深, 水位, 水面; 潮位: above [below] the ~ 水面上[下] / ⇨ *on* [*upon*] *the* WATER / a boat drawing 12 feet of ~ 吃水(きっすい)12フィートの船 / ⇨ high water, low water. **6** 溶液 (solution); 化粧水 (lotion): ammonia [camphor] ~ アンモニア[カンフル]水 / lavender ~ ラベンダー香水 / soda ~ ソーダ[炭酸]水. **7 a** 水状分泌液; 涙, 汗, 尿, つばき; 水腫 (cf. dropsy 1): ~ *on* the brain [chest, knee] 脳[胸, 膝(ひざ)]水 / red ~ 血尿 / pass ~ 小便する (cf. piss) / ⇨ *make* WATER (1) / hold (one's) ~ 小便をこらえる / The sight brought the ~ to his mouth. それを見るとよだれが出た. **b** [通例 the ~s] 羊水 (cf. amniotic fluid): *The* ~s have broken. (出産の前に)羊水が出た, 破水した / ⇨ false water 2. **8** (宝石, 特にダイヤモンドの光沢・透明度などによる)品質, 品位; 優秀性: ⇨ first water / a genius of the purest ~ 真正の天才. **9** (織物の)波紋, 波形 (cf. *vt.* 6). **10** 《口語》**a** 水彩絵具 (water paint): paint in ~. **b** [しばしば *pl.*] 水彩画: oils and ~s 油絵と水彩画. **11** 〘海事〙(船の)漏水: ⇨ *make* WATER (2). **12** 〘経済〙(実資産を伴わない株の増発による)水増し (cf. *vt.* 7).
above water (1) 水面より上に[高く]. (2) (経済上などの)困難を免れて: ⇨ *keep one's* HEAD *above water*. ***(as) weak as water*** (肉体的に)ひどく弱い, 力が抜けて; ふがいない (cf. *Ezek.* 7:17) (cf. *unstable as* WATER). ***back water*** (1) (船を後進させるために)オールを逆にこぐ, 推進器を逆転させる. (2) 《米》説を翻す, 前言を取り消す 〔*on*〕. ***break water*** (1) 〈魚・鰭(ひれ)・潜水艦などが〉水中から現われる. (2) 〘水泳〙(平泳ぎのかえる足で)水面を蹴る. ***burn the water*** (川で)たいまつをともしてやす (spear) で鮭を突く. ***by water*** 船で (by ship), 水路で. ***draw water to one's mill*** 我田引水をする (cf. miller 1). ***fish in troubled waters*** どさくさ紛れにうまいことをする, 火事場泥棒を働く, 「漁夫の利を占める」. ***get water from a flint*** 至難の業を成しとげ(ようとす)る. ***go over the water*** (1) 川[湖, 海]を越える. (2) 島流しになる. ***hold water*** (1) 〈容器が〉水を漏らさない. (2) [通例, 否定・疑問構文で] 〈計画・陳述・理論などが〉すきがない, 筋が通る: His argument doesn't *hold* ~. 彼の議論は筋道が立たぬ / No theory of accident will *hold* ~ for a minute. 事故説は一たまりもなくくずれてしまうだろう. (3) (ボートを止める時オールの水かきを平たく進路に当てて)水に逆らう. (4) ⇨ 7 a. ***in deep water(s)*** 非常に困って[苦しんで] (cf. *Ps.* 69:2). ***in low water*** ⇨ low water. ***in rough water(s)*** 苦しんで, 苦境に. ***in smooth water(s)*** 平穏に, 故障なく, 順調に. ***like water*** どんどん, どしどし, 湯水のように: He spends money *like* ~. ***like water off [from] a duck's back*** ⇨ duck^1 成句. ***make foul water*** 〘海事〙〈船が〉(浅瀬にさしかかって)水を濁す. ***make water*** (1) 小便する (cf. 7 a). (2) 〘海事〙〈船が〉漏水する, 水をかぶる (cf. 11). ***moving of the waters*** 騒ぎ, 興奮; (事件進行中に起こる)変化, 動乱 (cf. *John* 5:3). ***oil and water*** ⇨ oil 成句. ***on the water*** 水上[水面]に; 海上に; 船に乗って[積まれて]. ***pour cold water on*** = *throw cold* WATER *on*. ***take in water*** 〘海事〙= *make* WATER (2). ***take the water*** = *take* WATER (1), (2), (3). ***take water*** (1) 水に入る, (水に入って)泳ぎ始める. (2) 乗船する (embark). (3) 〈船が〉進水する; 〈飛行機が〉着水する. (4) 〘海事〙= *make* WATER (2). (5) 《米口語》(議論・競争などで)弱気になる, 引き下がる, 「下りる」. ***the water of life*** (1) 〘聖書〙生命の水, 霊的覚醒(かくせい) (cf. *Rev.* 22:1). (2) (伝説の)起死回生の霊水, 不老不死の水. (3) (ブランデーやウイスキーのような)強い酒. ***the waters of forgetfulness*** (1) = Lethe 1. (2) 忘却 (oblivion); 死 (death). ***throw cold water on*** 〈計画など〉に水を差す, けちをつける. ***tread water*** 立泳ぎをする. ***under water*** (1) 水中に, 水面下に没して; 〈土地など〉浸水して: swim *under* ~ / land [a house] *under* ~ 浸水地[家屋]. (2) 生活に落伍して, 困窮して. ***unstable as water*** (ひどく)気が変わりやすい, 意志が弱い, 当てにならない (cf. *Gen.* 49:4) (cf. (*as*) *weak as* WATER). ***upon the water*** = *on the* WATER. ***water under the bridge [over the dam]*** 過ぎてしまったこと, 取り返しのつかない過去: That's all ~ *under the bridge* now. 今となってはすべて過ぎたことだ. ***wring water from a flint*** = *get* WATER *from a flint*. ***writ(ten) in [on] water*** 〈名声・業績など〉はかない, すぐ消えてしまう (ephemeral) (cf. Shak., *Hen VIII* 4. 2. 46): Here lies one whose name was *writ in* ~. 水に書かれた名の者ここに眠る《Keats 自作の墓碑銘》.
water of constitution 〘化学〙構成水《化合物中に2:1の割合で含まれる水素と酸素で, 熱分解により水として除かれるもの》.
water of crystallization 〘化学〙結晶水.
water of hydration 〘化学〙水和水.
— *attrib. adj.* **1** 水の[に関する]: ⇨ water supply. **2** 水を入れる(ための): a ~ bucket. **3** 水力の[による]: a ~ turbine 水力タービン. **4** 水中[水上]で行なう[用いられる]: ~ sports 水上競技[スポーツ] / ~ transport(ation) 水上運輸. **5** 水上[水中, 水際]にある[での]: a ~ life 水上生活 / ⇨ water front. **6** 水際[水中]に住む, 水上を支配する: ~ people / a ~ deity [god] 水神.
— *vt.* **1** 〈道・植物など〉に水をかける, 水をまく, 水をやる: ~ a street [garden] 街路[庭]に水をまく / ~ plants 植物に水をやる. **2 a** 〈動物〉に水をやる, 水を飲ませる. **b** 〈軍隊・船など〉に水を補給する. **3** 〈作物・田畑〉に水を供給する, 灌漑(かんがい)する (irrigate): the district ~*ed* by the river その川によって灌漑される地方. **4** 〈飲物を〉湯や水で薄める, 水で割る, 水増しする 〈*down*〉: ~ soup, tea, milk, wine, etc. **5** 〈文章などを〉希薄にする, 〈表現の厳しさを〉和らげる, 手加減して書く 〈*down*〉: a statement somewhat ~*ed down* いく分内容を希薄にした[表現をぼんやりさせた]叙述. **6** [主に p.p. 形で] 〈織物・金属板など〉に波形模様をつける (cf. *n.* 9, watered 2 a): ~ silk. **7** 〘経済〙(実資産を伴わない株などを発行して)〈資本を〉水増しする (cf. *n.* 12, watered 3). — *vi.* **1** 分泌液を出す, 水状液を分泌する; 〈痛む目が〉涙を出す, 〈口が〉つばを出す: The smoke made our eyes ~. けむくて涙が出た. **2** 〈動物が〉水を飲む, 水を飲みに行く. **3** 〈機関車・船が〉水の供給を受ける, 水を積み込む: The ship put into port to ~. 船は水の補給に入港した.
make a person's mouth water ⇨ mouth 成句. ***water down*** (1) ⇨ *vt.* 4, 5. (2) 〈道路〉に水をまく.
wáter II [-túː] *n.* 〘物理・化学〙= poly water.
wa·ter·age [wɔ́ːtərɪdʒ, wɑ́ːt- | wɔ́ːt-] *n.* 《英》(貨物の)水上輸送; その料金.
wáter ànchor *n.* 〘海事〙= sea anchor 1.
wáter àrum *n.* 〘植物〙ミズイモ, ミズザゼン, ヒメカイウ (*Calla palustris*)《北半球温帯産の湿地性のサトイモ科の宿根草; 赤い漿果を生じる》.
wáter bàck *n.* 《米》(ストーブやかまなどの後部に設けた)湯沸し (《英》back-boiler).
wáter bàg *n.* **1** 水入れ袋《特に, 飲料用の水を蒸発によって冷たくしておくために表面に小さい孔をあけた袋》. **2** (家畜の)羊膜.
wáter bàiliff 〘ME *watir-bailiff*: ⇨ water, bailiff〙 *n.* 《英》**1** 〘歴史〙(英国税関の)船舶検査官. **2** (船積み・密漁などを取り締まる)水上監視官.
wáter bàlance *n.* 〘生物〙水分平衡, 水分経済《生物の体内での水分の吸収量と排出量との平衡関係》.
wáter bàllast *n.* 水バラスト《安定をとるためのバラスト用に船や気球に積載してある水》.
wáter bàllet *n.* 水中バレエ《水中で音楽に合わせて泳ぎながら踊る演技; cf. aquacade, synchronized swimming》.
wáter bàth *n.* **1** 〘料理〙湯煎(ゆせん)用の鍋《bain-marie ともいう; cf. double boiler》. **2** (蒸し風呂に対して, 水を用いた)風呂. **3** 〘化学〙水浴《水を適当な温度に温めておだやかに加熱する間接的加熱法; または加熱用の鍋》.
wáter bèar *n.* 〘動物〙**1** ＝polar bear. **2** ＝tardigrade.
Wáter Bèarer *n.* [the ~] **1** 〘天文〙みずがめ(水瓶)座 (⇨ Aquarius 1). **2** 〘占星〙宝瓶宮, 水がめ座 (⇨ Aquarius 2).
wáter bèd *n.* **1** 水ぶとん《中に水を入れたゴムのマットレスで病人の床ずれを防ぐ》. **2** 水分の多い土壌[岩石層].
wáter bèetle *n.* 〘昆虫〙ゲンゴロウ科・ミズスマシ科・ガムシ科などの水生甲虫の総称.
wáter bèllows *n. pl.* 〘冶金〙＝trompe 1.
wáter bènch *n.* (19世紀前期 Pennsylvania 州のオランダ人が使用した)調理台《下部には牛乳容器と飲料水容器を置くドア付き棚があり, 上部には浅い引き出しがある》.
wáter bìrd *n.* 水鳥.
wáter bìscuit *n.* 小麦粉と水で作る薄くて堅いクラッカーの一種.
wáter·blìnk *n.* 〘気象〙＝water sky.
wáter blìster *n.* 水ぶくれ.
wáter blòom *n.* 〘生態〙**1** 水の華《淡水, 特に湖水面に藻類が急激に増殖したために生じた膜; それにより水面が変色する》. **2** 青粉(あおこ)《淡水の池, 金魚鉢などに多量に繁殖して, 水を緑色にいろどる微小藻類》.
wáter blúe, W- B- *n.* 〘化学〙＝soluble blue.
wáter bòa *n.* 〘動物〙＝anaconda 1.
wáter bòat *n.* 給水船.
wáter bòatman *n.* 〘昆虫〙＝boatbug 1.
wáter bòiler reàctor *n.* 〘原子力〙湯沸かし型原子炉 (cf. swimming-pool reactor).
wáter bòmb *n.* 水爆弾《二階の窓のような高いところから下の通行人などに落とす水を入れた紙袋》.
wáter·bòrne *adj.* **1** 水に浮いている. **2** 水上輸送の, 船で運ばれた: ~ trade 水上貿易, 海外貿易 / ~ traffic 水上交通. **3** 〘病理〙〈伝染病が〉飲料水の媒介による, 水系感染[流行, 伝染]の: ~ diseases.
wáter bòttle *n.* **1** (食卓用・洗面台用の)水さし. **2** (兵士・旅人などの用いる)水筒 (canteen). **3** 採水びん.
wáter bòu·get [-bùːdʒɪt, -dʒət] *n.* **1** 水袋《昔兵士などが天秤棒の両端に下げて水を運んだ革袋》. **2** 〘紋章〙水嚢《十字軍遠征など長行軍に使用されたもので, 馬の背などにかけた対の水嚢を図案化したもの》.

water bougets 2

wáter bòy *n.* **1** (兵士・労働者などに飲料水を運ぶ)給水員. **2** (家畜の)水やり係.
wáter·bràin *n.* 〘獣医〙旋回病 (⇨ gid).
wáter bràke *n.* 〘機械〙水ブレーキ, 水圧制動機, 水動力計.
wáter bràsh *n.* 胸やけ (heartburn, pyrosis).
wáter·bùck 〘(なぞり) ← Afrik. *waterbok*〙 — *n.* (*pl.* ~, ~s) 〘動物〙ウォーターバック, ミズカモシカ (*Kobus ellipsiprymnus*)《アフリカ南部および中部の水辺にすむレイヨウ》.
wáter bùffalo *n.* 〘動物〙スイギュウ (*Bubalus bubalis*)《東南アジアに分布して, 農業用の家畜として飼われている; water ox ともいう》.
wáter bùg *n.* **1** 〘昆虫〙水生半翅(はんし)類コオイムシ科の昆虫の総称《タガメ (*Lethocerus deyrollei*), コオイムシ (*Diplonychus japonensis*) など》. **2** 《俗用》ゴキブリ (cockroach).

waterbuck

Wa·ter·bur·y [wɔ́ːtəbèri, wɑ́ːtə-, -tə-, -b(ə)ri | wɔ́ːtəb(ə)rɪ] 〘この辺に川が多いことから: cf. Canterbury〙 — *n.* **1** 米国 Connecticut 州西部の都市で時計の製造地; 人口 108,000. **2** 同市の Waterbury Clock Co. で作られる安価な時計の名.
wáter-bùs *n.* (Thames 川など決まったルートを運行する)水上バス, 乗合ランチ.
wáter bùtt *n.* **1** 天水桶(おけ). **2** (噴水・便所などの)水槽.
wáter càbbage *n.* 〘植物〙**1** ニオイヒツジグサ, シハイスイレン (*Nymphaea odorata*)《北米原産の白い花が咲くスイレン》. **2** ＝water lettuce.
wáter càltrop *n.* 〘植物〙＝water chestnut 1 b.
wáter càncer *n.* 〘病理〙水癌, 壊死性口内炎《本当の癌ではない》.
wáter cànnon *n.* 放水砲《普通トラックに積んで, デモ隊を散らすなどに使用する》.
wáter càrriage *n.* **1** 水上輸送, 水上運送, 水運. **2** 水上輸送機関[施設]. **3** (流水による)下水処理.
wáter càrrier *n.* **1** 水上輸送をする人. **2 a** 水を運搬する人[動物]. **b** 送水用の水槽[パイプ, 水路]. **c** 雨雲. **3** [the W- C-] 〘天文〙みずがめ(水瓶)座 (⇨ Aquarius 1).

wáter càrt *n.* (街路の)撒水車; 水売りの車.
on the water cart ＝on the WATER WAGON.
wáter cèlery *n.* 〖植物〗＝tape grass.
wáter-cemént ràtio *n.* 〖建築〗水セメント比《コンクリート練りの際のセメント量と水量の重量比》.
wáter chèstnut *n.* **1 a** 〖植物〗ヒシ《ヒシ属 (*Trapa*) の水生植物の総称》. **b** ヒシの実《water caltrop ともいう》. **2 a** 〖植物〗オオクログワイ, シナクログワイ (*Eleocharis tuberosa*)《中国産の直立円筒形の葉を有し, 水辺に群生する植物》. **b** オオクログワイの塊茎《中国料理に用いる》.
wáter chìnquapin *n.* **1** 〖植物〗キバナハス (*Nelumbo lutea*)《米国産の薄黄色の花をつけるハス》. **2** キバナハスの種子《食用》.
wáter chùte *n.* ウォーターシュート《傾斜路を滑り降りるボートが下の池へ突進する遊戯施設》.
wáter clòck *n.* (昔の)水時計, 漏刻 (cf. clepsydra).
wáter clòset 〚《1755》〛 *n.* **1** 水洗便所 (略 W. C.) (cf. earth closet); 水洗便器. **2** 《方言》便所 (privy).
wáter·còlor 〚《*c*1425》《廃》the color of water〛 — *n.* **1** 水彩絵具, 水絵具. **2** 水彩画: paint a ～ 水彩画を描く / an exhibition of ～*s* 水彩画展. **3** 水彩画法: study ～. — *adj.* 水彩絵具で描いた, 水彩の.
wáter·còlored *adj.* ＝watercolor.
wáter·còlorist *n.* 水彩画家.
wáter còlumn *n.* 〖機械〗水位計; 水柱《水位計のガラス管の中をせり上がる水の柱》.
wáter-cóol *vt.* 〈エンジンなどを〉水冷式にする (cf. air-cool 1).
wáter-cóoled *adj.* 水冷式の.
wáter-còoled transfórmer *n.* 〖電気〗水冷変圧器.
wáter cóoler *n.* **1** 冷水タンク. **2** (飲用水を冷やす)冷水器, ウォータークーラー.
wáter·còurse *n.* **1** 水流, 河川, 地下水流. **2** 水路, 流路 (channel) (cf. course¹ 2 b); 運河 (canal). **3** 河床. **4** 〖法律〗流水権《他人の土地の上に水を流す[引く]権利》.
wáter cràcker *n.* ＝water biscuit.
wáter·cràft *n.* **1** 水上技術《船の操縦・水泳など》. **2** (*pl.* ～) 船, ボート; [集合的] 船舶, 船艇.
wáter cràke *n.* 〖鳥類〗 **1** フイリクイナ (spotted crake). **2** ムナジロカワガラス (water ouzel). **3** 《英方言》クイナ (water rail).
wáter cràne *n.* **1** (蒸気機関車に給水するためのがん首形)給水柱. **2** 水圧クレーン (hydraulic crane).
wáter·crèss 〚ME *watercresse*〛 — *n.* 〖植物〗オランダガラシ, ミズガラシ, クレソン, ウォータークレス (*Nasturtium officinale*)《アブラナ科の多年草; 葉をサラダやスープに用いる》.
wáter cùlture *n.* 〖園芸・農業〗＝hydroponics.
wáter cùre *n.* **1** 〖医学〗水治療法 (⇨ hydropathy). **2** 一度に多量の水を飲ませる拷問の方法.
wáter cùrtain *n.* (建物の外壁や屋根への類焼を避けるためにスプリンクラーから一斉に放射される)水の幕.
wáter cỳcle *n.* 水上自転車.
wáter dèvil *n.* 〖昆虫〗 **1** ゲンゴロウダマシ (*Dytiscus dauricus*) の幼虫. **2** ＝hellgrammite.
wáter dìviner *n.* ＝waterfinder 2.
wáter dòg 〚ME〛 — *n.* **1** 射落とした水鳥を水中から持って来るように訓練された猟犬. **2** 〖動物〗オオサンショウウオの総称 (hellbender など). **3** 《口語》老練な水夫, 泳ぎのうまい人. **4** 《方言》〖動物〗＝otter 1.
wáter dràgon *n.* **1** 〖動物〗オーストラリアミズトカゲ (*Physignathus lesueurii*)《オーストラリア産の半水生オオトカゲ》. **2** 〖植物〗＝lizard's-tail.
wáter-drìnker *n.* **1** 鉱泉を飲む人. **2** 禁酒家.
wáter-drìnking *adj.* **1** 水[鉱水]を飲むのを好む[飲む習性のある]. **2** アルコール飲料よりも水の方が好きな.
wáter·dròp *n.* 水滴; 涙滴 (teardrop).
wáter dròpwort *n.* 〖植物〗セリ科セリ属の有毒植物 (*Oenanthe crocata*).
wá·tered 〚ME〛 — *adj.* **1** 灌漑(かんがい)された. **2 a** 〈絹・金属板など〉波紋のある (cf. water *vt.* 6): ～ silk 波紋のある絹. **b** 〈刀の刃が〉焼きの雲形[にえ]がある: ⇨ watered steel. **3** 〖経済〗〈資本など〉水増しした, 擬制の (cf. water *n.* 12): ～ assets 水増し資産 / ～ capital 擬制資本. **4** 水を割った: ～ milk [whiskey]. **5** ＝watered-down.
wátered-dówn *adj.* (水で薄めて)味が薄くなった; 面白味が薄れた.
wátered stéel *n.* ＝Damascus steel.
Wa·ter·ee [wɔ́ːṭəriː, wɑ́ṭ-, ⌐～⌐ | wɔ́ːtəriː, ⌐～⌐] 〚← ? N-Am.-Ind. (Siouan) *wateran* to float〛 *n.* [the ～] ⇨ Catawba¹.
wáter èlm *n.* 〖植物〗ミズニレ (⇨ planer tree).
wáter equìvalent *n.* 〖物理〗水当量《熱量計の全構成物の熱容量を相当量の水の量で表わしたもの》.
wá·ter·er [-ṭərə | -tərə(r)] *n.* **1** 水をまく人[機械]. **2 a** 飲料水補給係. **b** (家畜などへの)給水器.
wáter·fàll 〚OE *wætergefeall* (⇨ water, fall (n.)): cf. G *Wasserfall* / ON *vatnfall*〛 — *n.* **1** 落ち水, 滝 (cf. cataract 1 a, cascade 1). **2** (落水を容易にする)傾斜した土地. **3 a** (滝のように)ゆるくウェーブした髪. **b** 滝を思わせるもの; 殺到: a ～ of suggestions.
wáter-fàst *adj.* **1** 〈色彩・染料が〉水ではげない. **2** 《スコット》＝watertight.
wáter fèather *n.* 〖植物〗 **1** 北米産サクラソウ科の水生植物 (*Hottonia inflata*). **2** アリノトウグサ科フサモ属の一種 (*Myriophyllum proserpinacoides*).
wáter·fìnder 〚cf. G *Wasserfinder*〛 *n.* **1** 水脈を捜す[発見する]人. **2** (特に, 地下水脈発見のために占い杖を使う)水脈占い師 (cf. dowser²).
wáter flàg *n.* 〖植物〗 **1** キショウブ (*Iris pseudacorus*)《yellow iris ともいう》. **2** (水辺に生える)ハナショウブ, アヤメ.
wáter flèa *n.* 〖動物〗ミジンコ《ミジンコ科ミジンコ属 (*Daphnia*) のミジンコ (*D. pulex*) などやキクロプス科 *Cyclops* 属の甲殻類動物の総称》.
wáter·flòod *n.* 水攻法《油井の周囲の地中にポンプで水を送り込んで石油をにじみ出させること》. — *vi.* 水攻法を用いる.
wáter fòg *n.* (消防の)放射水煙《2本のホースから噴出する圧搾水をV字状に衝突させて生じる霧状の放射水》.
Wa·ter·ford [wɔ́ːṭəfəd, wɑ́ṭ- | wɔ́ːtəfəd] *n.* **1** アイルランド共和国の南部 Munster 地方の州; 人口 78,000, 面積 1,838 km². **2** 同州の首都, 海港; 人口 32,000.
Wáterford glàss 〚← *Waterford* (製造地名)〛 — *n.* ウォーターフォードグラス《アイルランドの Waterford 地方で造られたカットグラスまたはめっきしたガラスで, 微量のコバルトが入っているためわずかに青味を帯びているのが特徴》.
wáter fòuntain *n.* 水飲み台, 水飲み場.
wáter·fòwl 〚《*a*1325》〛 *n.* (*pl.* ～, ～**s**) 水鳥, 水禽; [集合的; 複数扱い](特に)ガンカモ類 (cf. seafowl).
wáter·fòwl·er *n.* 水鳥のハンター.
wáter·fòwl·ing *n.* 水鳥猟.
wáter fràme *n.* 水力紡績機《R. Arkwright の発明した最初の紡績機で水力を利用した》.
wáter·frònt *n.* **1** 川[湖・海]に接した土地. **2** 湖岸[海岸]通り: a ～ café. **3** ＝water back.
cover the waterfront 〔ある問題を〕論じ尽くす, あらゆる角度から論じる 〔*on*〕.
wáter gàge *n.* 水面計, 水位計《ボイラー・タンク・貯水池などの水位を示す装置》.
wáter·gàin *n.* 〖土木〗ウォーターゲイン《まだ固まらないコンクリートあるいはモルタルの中から水が上昇する現象》.
wáter gàp *n.* 《米》水隙(すいげき)《河流のために山地が切り開かれてできた峡谷または隘路(あいろ)》.
wáter gàs *n.* 水性ガス《白熱した石炭やコークスの上に水蒸気を通した時に生じる水素と一酸化炭素を主成分とする混合気体; 燃料あるいは水素の原料; cf. gas generator》.
Wa·ter·gate [wɔ́ːṭəgèɪt, wɑ́ṭ-, -gət, -gɪt | wɔ́ːtə-] *n.* **1** ウォーターゲートビル《米国 Washington, D. C. にある建物で, 民主党本部がある》. **2 a** ウォーターゲート事件《1972年6月に共和党の5人の運動員が民主党本部に侵入して行なった政治的スパイ活動; '74年8月 R. Nixon はその責任を追求され大統領を辞任》. **b** (政府高官が関係する)政治的スキャンダル.
wáter gàte *n.* **1** ＝floodgate. **2** (船着場などの)水際までの通路.
wáter gìlding *n.* 水金めっき《5-20% の亜鉛を含む光輝黄銅を装飾品などにめっきする作業》.
wáter glàss 〚《1610》'surface of water serving as a mirror'〛 — *n.* **1** 〖化学〗水ガラス《ケイ酸アルカリガラスの濃厚水溶液のことであるが, 一般にはケイ酸ソーダ水溶液をいう; 空気中で乾かせばガラス状となる; 人造石・ガラス・陶磁器の粘着剤, 耐火[耐酸]塗料の製造, 洗剤・媒染剤》. **2** ＝water clock. **3** ＝water gage. **4 a** 水びん; 大コップ (tumbler). **b** 〖園芸〗水盤. **5** 箱眼鏡, のぞき眼鏡《底にガラスを張った箱または筒で, 浅い海底などをのぞくのに用いる; cf. hydroscope》. **6** 《古》ガラス製のフィンガーボール.
wáter-glass pàinting *n.* 水ガラスを用いて描く画法《フレスコとは異なるが耐久性に富み壁画の製作に応用される; stereochromy ともいう》.
wáter grùel *n.* 薄いかゆ, 水がゆ.
wáter guàrd *n.* [集合的] 水上警察官; 水上巡邏(じゅんら)税関吏.
wáter gùm *n.* 〖植物〗 **1** ＝tupelo. **2** 《豪》テンニンカ科トベラモドキ属の低木 (*Tristania laurina*)《水辺に生え美しい花をつける》.
wáter gùn *n.* ＝water pistol.
wáter-hàmmer *vi.* 〖機械〗〈水が〉水撃を起こす.
wáter hàmmer *n.* 〖機械〗 **1** 水撃作用, ウォーターハンマー《管を通っている水を急に止めたり流したりする時, 水が管の内壁を打つこと》. **2** 水撃音.
wáter hàul 〚水以外は何もかからない網の意から〛 *n.* むだな努力.
wáter hàwthorn *n.* 〖植物〗＝Cape pondweed.
wáter hèater *n.* (家庭用の)温水器; 湯沸し装置.
wáter hèmlock *n.* 〖植物〗ドクゼリ《セリ科ドクゼリ属 (*Cicuta*) の植物の総称; ヨーロッパ産のドクゼリ (*C. virosa*), 北米産のアメリカドクゼリ (*C. maculata*) など; 有毒》.
wáter hèn *n.* 〖鳥類〗水辺に生息するクイナ科の数種の鳥類の総称《バン (gallinule), オオバン (coot), アメリカオオバン (American coot) など》.
wáter hòg *n.* 〖動物〗 **1** ＝capybara. **2** ＝bush pig.
wáter hòle *n.* **1** (水の涸れた河床などの)水たまり, 小池 (pond). **2** (砂漠の)泉, 井戸. **3** (池などに張った)氷の表面の穴.
wáter hỳacinth *n.* 〖植物〗ホテイアオイ, ホテイソウ (*Eichhornia crassipes*)《熱帯産の浮草》.
wáter ìce *n.* **1** (水が凍ってできた)水氷(すいひょう), ウォーターアイス《雪が氷結した snow ice と区別していう》. **2** (水に砂糖と果汁などを加えて凍らせた)氷菓《シャーベット (sherbet) に比べより凍らせる》.
wáter-ínch *n.* 〖水力学〗水インチ《直径1インチの管口からの流量で, 24時間に約500立方フィート》.
wáter·ing [-ṭərɪŋ, -trɪ- | -t(ə)r-] 〚*n.*: OE *wæterung*. — *adj.*: 《*c*1400》: ⇨ -ing¹·²〛 — *n.* **1** 水まき, 撒水. **2** (絹・刀などの)波紋, 波形. **3** [形容詞的に] **a** 撒水[灌水, 給水]用の. **b** 鉱泉の, 温泉の; 海水浴の.
wátering càn *n.* ＝watering pot 1.
wátering càrt *n.* ＝water cart.
wátering hòle *n.* 社交場; (特に)＝watering place 3.
wátering plàce 〚《15C》〛 *n.* **1** 温泉場, 湯治場; 海水浴場. **2** (動物の)水飲み場; (船・隊商などの)水補給地. **3** 飲酒ができる場所《バー・ナイトクラブなど》.
wátering pòt *n.* **1** じょうろ (watering can). **2** 〖貝類〗＝watering-pot shell.
wátering-pot shèll *n.* 〖貝類〗ハマユウ科ジョウロガイ属 (*Brechites*) やツツガキ属 (*Clavagella*) の貝の総称.
wáter injèction *n.* 〖機械〗水噴射《ガスの温度を下げるために, ガスタービンの燃焼室, 空気圧縮機または内燃機関のシリンダー内に水を噴射すること》.
wá·ter·ish [-ṭərɪʃ | -tə-] *adj.* **1** 水のような. **2** 水の混ざった, 水っぽい: ～ wine / a ～ taste 水っぽい味. **3** 〈天候・空気・霧など〉水分を含んだ, 湿気の多い: a ～ sky. **～·ness** *n.*
wáter-jàcket *vt.* …に水ジャケット (water jacket) を付ける[装備する].
wáter jàcket *n.* **1** 〖機械〗水ジャケット《機械(特に内燃機関)のシリンダーの過熱を防ぐためその周囲に設けた水を入れる装置》. **2** (機関銃の)冷却筒, 水套(すいとう)《過熱冷却装置》.
wáter jùmp *n.* 水濠(すいごう)《障害物競馬で馬が飛び越えなければならない障害》.
wáter jùnket *n.* 〖鳥類〗＝sandpiper.
wáter-làid *adj.* **1 a** 〈綱が〉左撚りの. **b** ＝cable-laid. **2** 〖地質〗水の作用で沈積した (sedimentary).
wáter-lànce *vt.* 筒先の付いた管を用いて掃除する.
wáter lànce *n.* 〖機械〗(放水用)筒先の付いた管.
wáter·lèaf *n.* **1** (*pl.* ～**s**) 〖植物〗北米産ハゼリソウ科 *Hydrophyllum* 属の多年草の総称. **2** (*pl.* ～**s, -leaves**) 〖製紙〗水漉(す)紙, 無サイズ紙.
wáter lèaf *n.* (ギリシャ美術の)アイビーの葉を思わせるハート形の飾り.
wáter lèmon *n.* 〖植物〗 **1** ＝Jamaica honeysuckle. **2** 西インド諸島産トケイソウ属の植物 (*Passiflora maliformis*)《リンゴ大の食用の果実をつける》.
wáter lèns *n.* 水レンズ《適当な形状の透明容器に水を入れ, 凸レンズの作用をするようにしたもの》.
wáter·less 〚OE *wæterlēas*〛 *adj.* **1** 水のない, 水分のない, 乾いた. **2** 〈料理など〉水を必要としない. **3** 空冷式の. **～·ly** *adv.* **～·ness** *n.*
wáterless cóoker *n.* **1** 無水鍋(なべ)《ふたが密閉でき水の蒸発がないので少量の水で料理ができる》. **2** ＝pressure cooker.
wáter lèttuce *n.* 〖植物〗ボタンウキクサ (*Pistia stratiotes*)《熱帯産サトイモ科の浮遊性水草で厚いくさび形の葉を一個所から多数生じる; water cabbage ともいう》.
wáter lèvel *n.* **1** 水位. **2** ＝water table 1. **3** (水を用いた)水準器, 水盛り. **4** (船の)水線, 喫水線 (waterline). **5** (鉱山などの)排水坑道およびその坑道の位置の高さ.
wáter lìght *n.* 〖海事〗水(すい)灯, 自己点火灯《救命具に付ける信号灯で水を吸うと自動的に点火する》.
wáter lìly *n.* 〖植物〗 **1** スイレン《スイレン科の植物の総称; cf. lotus 2》: **a** ヒツジグサ属 (*Nymphaea*) の水生植物の総称. **b** コウホネ属 (*Nuphar*) の水生植物の総称. **2** スイレン科の植物の花. **3 a** ＝floating heart. **b** ＝water hyacinth.
wáter-lìly tùlip *n.* 〖植物〗中央アジア・小アジア産のチューリップ (*Tulipa kaufmanniana*)《鮮やかな色の反曲花弁をもつユリ科の観賞植物》.
wáter·lìne *n.* **1** 〖海事〗水線, 喫水線《船側と水面とが相接する線; cf. light² *adj.* 1 c》. **2** 地下水面 (water table). **3** 送水管[線]. **4** (洪水の水位の跡を示す)水位線. **5** 海岸線 (shoreline). **6** (水槽・ボイラーの)水位. **7** (紙の)漉線(こしせん), 漉目.
wáter·lòcked *adj.* 周囲を水[海]で囲まれた: a ～ nation.
wáter lòcust *n.* 〖植物〗米国南部の沼地などに生育するマメ科サイカチ属の木 (*Gleditsia aquatica*)《光沢のある黒ずんだ重い木質で, 短い卵形のさやをつける; swamp locust ともいう》.
wáter·lòg 〚《1779》《逆成》↓〛 — *vt.* **1** 〈海水漏れが〉〈船を〉浸水させて操船不可能にする. **2** 水浸しにして台無しに[役に立たなく]する. — *vi.* 水浸しになる, びしょびしょになる.
wáter·lògged 〚← WATER(n.)＋LOG¹ (n.)＋-ED 2〛 *adj.* **1** 〈船が〉(航行困難なほど)浸水した, 水浸しの. **2** 〈木材・地面など〉極度に水のしみ込んだ. **3** ＝edematous.
Wa·ter·loo [wɔ̀ːṭəlúː, wɑ̀ṭ-, ⌐～⌐ | wɔ̀ːtəlúː, ⌐～⌐; *Du.* wáːtərloː] 〚⊏ Du. ～《原義》? place of water, i.e. meadow: ⇨ water, locus〛 — *n.* **1** ワーテルロー《ベルギー中部, Brussels 南方の村落; 1815年6月18日 Napoleon 一世が英国の Wellington 指揮下の連合軍に大敗戦を喫した地》: The battle of ～ was won in the playing fields of Eton. ワーテルローの戦いの勝利はイートン校の運動場で得られた《Duke of Wellington の言葉として伝えられる》. **2** 大敗戦, 惨敗, (再起

できないような)挫折(ざせつ) (crushing defeat): meet one's ~ 大敗北を喫する,苦杯をなめる.
wáter màin *n.* 給水本管,水道本管,メーン.
wáter·man [-mən] 《(? *a*1400) 'seaman': cf. G *Wassermann*》 — *n.* (*pl.* **-men** [-mən, -mèn]) **1** 船頭,船夫 (boatman, ferryman). **2** (船の)こぎ手 (oarsman): a good [bad] ~ 上手な[下手な]こぎ手. **3** 水産業で生計を立てる人. **4** 水の精,(男の)人魚 (merman). **5** 給水[撒水,灌漑]係; 水門管理人; (鉱山の)排水係.
wáterman·shìp *n.* waterman の仕事[務め,技能],船をこぐ腕前; 水泳その他の技術[知識].
wáter màrigold *n.* 〖植物〗米国産のキク科タウコギの類の植物 (*Bidens beckii*).
wáter·màrk *n.* **1** (川・入江等の)水位標, 量水標 (tidemark)《川等の増水の跡を示すもの》. **2** (紙の)透かし(模様); 透かしを出す金属製の図柄[意匠]. — *vt.* **1** 〈紙〉に透かし模様を付ける,透かしを入れる,すき入れをする. **2** 〖製紙〗〈文字・意匠を〉すき込む.
wáter màss *n.* 〖海洋〗水塊. 「草地.
wáter mèadow *n.* 河水によって灌漑(かんがい)される牧
wáter·mèlon 《(1615) ← WATER+MELON: cf. F *melon d'eau*《原義》melon of water: 水分が多いところから》 — *n.* **1** 〖植物〗スイカ: **a** ウリ科スイカ属の植物 (*Citrullus vulgaris*). **b** その果実: a slice of ~ / I like ~. / He ate too much ~. **2** 〖魚類〗=bonito 1.
wáter mèter *n.* 水量計《水道のメーター》.
wáter mílfoil *n.* 〖植物〗アリノトウグサ科フサモ属 (*Myriophyllum*) のキンギョモの類の水草の総称《オオフサモ (*M. brasiliense*) など》.
wáter mìll *n.* **1** 水車場,水力製粉所. **2** 水車.
wáter mìnt *n.* 〖植物〗ベルガモット (bergamot) に似た香りのするヨーロッパ原産の湿地に繁茂するハッカ (*Mentha aquatica*).
wáter mòccasin *n.* **1** 〖動物〗ヌママムシ (*Agkistrodon piscivorus*)《北米産の有毒ヘビ; cottonmouth, moccasin ともいう》. **2** ミズヘビ (water snake).
wáter mòld *n.* 〖植物〗水生菌類; (特に)ミズカビ目のカビ.
wáter mòle *n.* 〖動物〗**1** =desman. **2** =platypus.
wáter mònkey *n.* 熱帯地方で冷水器として用いるまっすぐな垂直のくびのある丸い素焼きの容器.
Wáter Mònster *n.* [the ~] 〖天文〗=hydra 4.
wáter mòth *n.* 〖昆虫〗トビケラ (caddis fly).
wáter mòtor *n.* 水車,水力原動機,水力機関.
wáter nỳmph *n.* **1** 〖ギリシャ・ローマ神話〗水の精《naiad, Nereid, Oceanid など; cf. water sprite》. **2** 〖植物〗**a** ニオイヒツジグサ (*Nymphaea odorata*)《スイレン科ヒツジグサ属の白色のスイレン》. **b** ヒツジグサ属の水生植物の総称. **c** イバラモ属 (*Naias*) の水生植物の総称.
wáter òak *n.* 〖植物〗北米東南部の沼沢地に生えるカシワの類の植物 (*Quercus nigra*). 「yapock).
wáter opòssum *n.* 〖動物〗ミズオポッサム (⇨
wáter òuzel *n.* 〖鳥類〗ムナジロカワガラス (*Cinclus cinclus*)《ヨーロッパ産のカワガラス》.
wáter òx *n.* 〖動物〗=water buffalo 1.
wáter pàint *n.* 水性塗料,水性ペイント.
wáter pàrting *n.* 《米》=watershed 1.
wáter pèpper 《(1538): cf. G *Wasserpfeffer*》 *n.* 〖植物〗ヤナギタデ (*Polygonum hydropiper*)《smartweed ともいう》.
wáter phèasant *n.* 〖鳥類〗**1** =merganser. **2** レンカク (*Hydrophasianus chirurgus*)《インドなどに生息するレンカク科のキジに似たところがある鳥》.
wáter·phòne *n.* =hydrophone 1.
wáter pìck *n.* 〖歯科〗=water toothpick.
wáter pìllar *n.* (機関車に水を給する)給水柱.
wáter pìmpernel *n.* 〖植物〗**1** =brookweed. **2** =scarlet pimpernel.
wáter pìpe 《(15C)》 *n.* **1** 送水管. **2** 水ぎせる《たばこの煙を水にくぐらせて吸う; cf. hookah, nargileh》.
wáter pìpit *n.* 〖鳥類〗タヒバリ (*Anthus spinoletta*)《北半球に一般に見られるセキレイ科の小鳥》.
wáter pìstol *n.* 水鉄砲.
wáter plàne *n.* **1** (船側の水線に接する)水(線)面.
wáter plànt *n.* 淡水生植物,水草. ⌊**2** 水上機.
wáter plàntain *n.* 〖植物〗サジオモダカ (*Alisma plantagoaquatica*)《サジオモダカ科の浅水域に生える水草》. 「royal water lily.
wáter plàtter *n.* **1** =Santa Cruz water lily. **2** =
wáter plùg *n.* 消火栓 (fireplug).
wáter pòcket *n.* **1** (岩などにできた)水のたまるくぼみ. **2** 滝つぼ (plunge basin).
wáter pollùtion *n.* 水質汚染[汚濁].
wáter pòlo *n.* 水球,ウォーターポロ.
wáter-pòloist *n.* ウォーターポロ競技者.
wáter pòppy *n.* 〖植物〗ウォーターポピー,ミズヒナゲシ (*Hydrocleis nymphoides*)《ブラジル原産ハナイ科の水草の一種; ケシに似た黄色の花をつける》.
wáter pòre *n.* **1** 〖動物〗水孔《バッタやコオロギの卵にある特別な構造で,この穴を通して土中から水を吸収する》. **2** 〖植物〗水孔 (⇨ hydathode).
wáter·pòwer *n.* **1** 水力. **2** (水力に利用できる)滝,傾斜水流. **3** (水車などの)用水権. — *attrib. adj.* 水力の,水力による: ~ electricity 水力電気 / a ~ plant [station] 水力発電所.
wáter prèssure *n.* 水圧.
wáter privilege *n.* (水力用としての)水利権.
wáter·próof 《(adj.: 1736; n.: 1799; v.: 1843)》 — *adj.* 水の通らない,耐水の,防水の (cf. water-repellent): a ~ hat. — *n.* **1** 防水布,防水材料. **2** 《英》防水服,レインコート. — *vt.* ...に防水処理をする,防水する. **~·ness** *n.* 「などの)防水材料.
wáter·próof·er *n.* **1** 防水処理をする人. **2** (屋根
wáter·próofing *n.* **1** 防水剤. **2** 防水処理.
wáterpròofing sált *n.* 〖化学〗防水用塩《布の防水処理に用いる金属塩; 特に,酢酸アルミニウム ($Al(C_2H_3O_2)_3$)》.
wáter pùlse *n.* 食物のかすを取るためにスプレーで
wáter pùmp *n.* 水ポンプ. ⌊歯にかけた水.
wáter pùrslane *n.* 〖植物〗**1** =marsh purslane. **2** 米国中部・メキシコ産のミソハギ科の小さな水生植物 (*Didiplis diandra*)《葉は線状》.
wáter ràce *n.* (産業用の)水路.
wáter ràil *n.* 〖鳥類〗クイナ (*Rallus aquaticus*)《旧世界産のくちばしが赤く長い水鳥》.
wáter ràm *n.* =hydraulic ram.
wáter ràt 〖cf. G *Wasserratte*〗 — *n.* **1** 〖動物〗ミズネズミ《オーストラリア・ニューギニア・フィリピンにすむミズネズミ亜科の総称; 後足が大きく,多くは水生》. **2** 《俗》水辺[海岸通り]の浮浪者[泥棒].
wáter ràte *n.* **1** 水道料金. **2** 〖機械〗蒸気消費率《蒸気機関または蒸気タービンの一馬力あたりの蒸気
wáter rènt *n.* =water rate 1. ⌊消費量》.
wáter-repéllent *adj.* (完全防水ではないが)水をはじく,撥水(はっすい)加工の (cf. waterproof).
wáter resìstance *n.* 〖時計〗防水性,耐水性《水や湿気がケースの中に侵入するのを防ぐ性能》.
wáter-resístant *adj.* (完全防水ではないが)水の作用[浸透]に抵抗する,耐水性の: a ~ watchcase 耐水性の腕時計の側(がわ). 「極を入れた抵抗器》.
wáter rhèostat *n.* 〖電気〗水抵抗器《電解液中に電
wáter rìght *n.* 〖法律〗水利権,用水権.
wáter rùdder *n.* 〖航空〗(飛行艇や水上機の)水中舵.
wáter sàil *n.* 〖海事〗**1** 第一斜檣(しょう) (bowsprit) の下に張る三角形の縦帆. **2** スクーナー船の主檣下桁帆のブームに取り付ける補助帆. **3** 下部スタンスルのブームに取り付ける帆.
wáter sàpphire 《(なぞり) ← F *saphir d'eau*》 *n.* 〖鉱物〗透明な菫(きん)青石 (iolite)《Sri Lanka, Madagascar などに産する》.
wáter·scape [wɔ́ːtəskèɪp, wɑ́ːt- | wɔ́ːtə-] 〖← WATER+(LAND)SCAPE〗 *n.* 水景,水景画 (cf. landscape).
wáter scàvenger bèetle *n.* 〖昆虫〗ガムシ《ガムシ科の腐敗物や水草を食する水生甲虫の総称; ガムシ (*Hydrophilus acuminatus*) など; cf. predaceous diving beetle》.
wáter scòrpion *n.* 〖昆虫〗タイコウチ,ミズカマキリ《半翅目,タイコウチ科の種類の総称》.
wáter sèal *n.* (ガスの漏れを防ぐ)水封じ.
wáter·shèd 《(1803) ← WATER (n.)+SHED² (n.): cf. G *Wasserscheide*》 — *n.* **1** 分水界 (《米》water parting, divide). **2** (川の)流域. **3** (二つの様相・状態などの)分岐点,転機: approach an unavoidable ~ 避けがたい分岐点にさしかかる. **4** **a** 〖建築〗=wash 14. **b** 〖海事〗(丸い)船窓のひさし (eyebrow).
wáter shìeld *n.* 〖植物〗**1** ジュンサイ (*Brasenia schreberi*). **2** フサジュンサイ (⇨ fanwort).
wáter·shòot 《(1585)《廃》sucker growing from the root of a tree》 *n.* **1** 排水どい,排水管,射水路. **2** 〖植物〗=water sprout.
wáter-sìck 〖← WATER+SICK¹: cf. OE *wæter-seoc* dropsical〗 *adj.* 〖農業〗〈土地が〉(作物栽培に不適当なほど)水分の多過ぎる.
wáter·sìde 〖ME〗 *n.* (川・海・湖の)水辺. — *adj.* **1** 水辺にすむ,水辺にある. **2** 水辺で働く; 水辺労働者の: a ~ strike.
wáter skàter *n.* 〖昆虫〗アメンボ (water strider).
wáter-skì *vi.* (~ed, ~'d; ~·ing) 水上スキーをする: go ~ing 水上スキーに行く. **~·er** *n.* **~·ing** *n.*
wáter skì *n.* 水上スキー(板).
wáter·skìn *n.* 水を運ぶ皮袋.
wáter skỳ *n.* 〖気象〗水空(みずぞら)《極地方で水平線を見た時に,結氷しない水面上に現われる黒味がかった空の色; waterblink ともいう; cf. blink 4 b》.
wáter snàke *n.* **1** 〖動物〗水中または水辺にすむヘビ,水ヘビ《特に,ユウダ属 (*Natrix*) の半水生の無毒のヘビ; ヨーロッパヤマカガシ (*N. natrix*) など》. **2** [the W- S-] 〖天文〗みずへび(水蛇)座 (⇨ Hydrus).
wáter snòwflake *n.* 〖植物〗ガガブタ (*Nymphoides indicum*)《アジア産の星状の白い花をつけるリンドウ科の浮草》.
wáter-sòak *vt.* 水につける,...に水をふくませる. — *vi.* びしょびしょになる. 「ンク[容器].
wáter sòftener *n.* **1** 硬水軟化剤. **2** 用水軟化タ
wáter sòldier *n.* 〖植物〗欧州や温帯アジア産トチカガミ科の葉が銃剣に似た水草 (*Stratiotes aloides*).
wáter-sòluble *adj.* 〖生化学〗〈ビタミンなど〉水に溶解する,水溶性の.
wáter spàniel *n.* ウォータースパニエル《縮毛の大型スパニエル; 水に慣れる種類で,水鳥猟に用いる; American water spaniel と Irish water spaniel との2種がある》.
wáter spèedwell *n.* 〖植物〗カワヂシャ (*Veronica anagallis-aquatica*)《沼沢地に生えるゴマノハグサ科の草》. 「つかった道路の一部.
wáter·splàsh *n.* **1** (川の)浅瀬. **2** 川や水たまりに
wáter·spòut 《(*a*1393): ⇨ water (n.), spout (n.)》 — *n.* **1** (水が吐き出される)水口,樋口(ひぐち); (樋口などから)吐き出される水. **2** (屋根の水を下に落とす)竪樋(たてどい). **3** (海上・湖上の)竜巻(たつまき) (cf. sand column, windspout). **4** 土砂降り,豪雨 (torrential rain).
wáter sprìte *n.* 水の精 (water nymph).
wáter spròut *n.* 〖植物〗徒長枝《果樹などの幹などから非常に勢いよく伸び,通例実をつけない若枝》.
wáter stàin *n.* 〖建築〗水性ステイン,水溶性着色液《木部の着色剤》.
wáter stàrwort *n.* 〖植物〗水中や湿地に生えるアワゴケ属 (*Callitriche*)の植物の総称《ミズハコベ (*C. verna*) など》.
wáter stòma *n.* 〖植物〗=hydathode.
wáter strìder *n.* 〖昆虫〗**1** アメンボ《アメンボ科の昆虫の総称》. **2** カタビロアメンボ科の昆虫の総称.
wáter supplỳ *n.* **1** 給水,給水法; 上水道. **2** 上水.
wáter sỳstem *n.* **1** 水系《支流と本流とからなる川すじの全系統》. **2** =water supply 1.
wáter tàble *n.* **1** 地下水面 (groundwater level ともいう). **2** 〖建築〗(外壁から突き出た)水切り石,雨押え石. **3** 道路わきの排水溝,側溝.
wáter tànk *n.* 水槽(すいそう),水タンク.
wáter thrùsh *n.* 〖鳥類〗**1** 北米産アメリカムシクイ科 *Seiurus* 属の鳴鳥の総称. **2** ムナジロカワガラス (*Cinclus cinclus*)《ヨーロッパ産》. **3** 《英方言》=pied
wáter tìger *n.* =water devil 1. ⌊wagtail.
wáter·tìght 《(1387)》 — *adj.* **1** 水を通さない,水の漏らない,水密の (cf. tight *adj.* 2): a ~ box 水の入らない[漏らない]箱 / ⇨ watertight compartment 1 **2** 〈議論・法文など〉完璧な,反撃[誤解]されるすきのない,水も漏らさぬ: a ~ document 完全に手落ちのない文書 / a ~ argument 反撃のすきのない議論 / I've got a ~ alibi. 私には完璧なアリバイがある. **~·ness** *n.*
wátertight compártment *n.* **1** (船などの)水密区画,防水区画,防水室: be [live] in ~*s* 他と全く隔絶[孤立]している. **2** (観念・主題などの)明確[完全]な分離[区分],峻別.
wáter tòn *n.* ウォータートン《容積の単位で224英(国標準)ガロンに等しい》.
Wá·ter·ton Lákes Nátional Párk [wɔ́ːtətn-, wɑ́ːtə- | wɔ́ːtə-] *n.* ウォータートン湖国立公園《カナダ Alberta 州南部の国立公園; 面積 $526\ m^2$; 米国 Montana 州の Glacier National Park と共に Waterton-Glacier International Peace Park を構成する》.
wáter tòothpick *n.* 〖歯科〗ウォーターピック《水を歯に吹きつけて歯を掃除する装置》.
wáter tòrture *n.* 水責め《絶えず滴水の音にさらしたり,額にゆっくり水を浴びせ続けたりする拷問》.
wáter tòwer *n.* **1** 貯水塔,給水塔,配水塔. **2** 消火用放水やぐら.
wáter tràp *n.* 〖ゴルフ〗ウォータートラップ《池・小川など,ゴルフコースの水のある障害地域》.
wáter tùbe *n.* 水管. 「fire-tube boiler).
wátertube bòiler *n.* 水管ボイラー,水管罐(かん) (cf.
wáter tùnnel *n.* 〖航空〗回流水槽《物体の回りの流れを研究するために水を循環させて測定部に水流を作るようにした水槽; cf. wind tunnel》.
wáter tùrbine *n.* 〖電気〗水タービン,水車.
wáter tùrkey *n.* 〖鳥類〗アメリカヘビウ (*Anhinga anhinga*)《新大陸に生息し首が長くウに似ている鳥》.
wáter vàpor *n.* 水蒸気《臨界点 (374°C) 以下における気体の水》. 「の)水管系,歩管系.
wáter-váscular sỳstem *n.* 〖生物〗(棘皮(きょくひ)動物
wáter vòle *n.* 〖動物〗ミズハタネズミ (*Arvicola amphibius*)《水辺に生息するキヌゲネズミ科ミズハタネズミ属の動物》.
wáter wàgon *n.* (行軍中の軍隊などの用いる)水運搬用荷車,給水車.
off the water wagon 《俗》酒をまた飲み出して,禁酒をやめて. ***on the water wagon*** 《俗》酒を断(た)って,禁酒して. 「water thrush 1.
wáter wàgtail *n.* 〖鳥類〗**1** =pied wagtail. **2** =
wáter·wàll 《(*c*1440): cf. G *Wasserwall*》 *n.* 水管壁《ボイラーで炉の内壁に沿って設置された水管群》.
wa·ter·ward [wɔ́ːtəwəd, wɑ́ːt- | wɔ́ːtəwəd] 〖ME: ⇨ -ward〗 *adv.* 水のある方へ. 「る.
wáter-wàve *vt.* 〈髪〉にウォーターウェーブをつけ
wáter wàve *n.* **1** (重力で生じる)水の波. **2** (髪を水でぬらしてドライヤーで整える)ウォーターウェーブ.
wáter·wày 《(1440): ⇨ water, way¹: cf. OE *wæterweg*》 — *n.* **1** 水路 (water route)《川・運河など》. **2** (湾内などの)航路,水脈(みお) (fairway). **3** 〖海事〗(甲板の外周沿いに続く)舷側(げんそく)排水溝. **4** 〖造船〗(木造船の)梁圧(りょうあつ)材《甲板が舷側に接している所を,舷側沿いに縦走する厚い甲板張板》. **5** 〖機械〗水口.
wáterway plànk *n.* 〖海事〗=margin plank.
wáter·wèed *n.* 〖植物〗水草《水生植物数種の総称》: **a** カナダモ (*Elodea canadensis*)《北米産カナダモ属の植物》. **b** カナダモ属の植物の総称.
wáter·whèel *n.* **1** 水車. **2** (水車状の)水揚げ車 (cf. noria). **3** (外輪式汽船の)外車 (paddle wheel).
wáter willow *n.* 〖植物〗**1** =purple loosestrife. **2** =swamp loosestrife. **3** 北米産キツネノマゴ属 (*Justicia*) の植物の総称; (特に)アメリカキツネノマゴ (*J. americana*).

wáter wings n. pl. (水泳初心者の用いる)翼型浮袋.
water witch 〚(a1680)〛 n. 1 水中に住む魔女. 2 《米》=waterfinder. 3 〚鳥類〛 a =dabchick. b 《英方言》=storm petrel. 4 (各種の)水探知機.
wáter witcher n. =waterfinder.
wáter witching n. 1 《米》占い杖 (divining rod) を用いてする地下水脈の探知. 2 水探知.
wáter·wòrks 〚(15C)〛 — n. pl. 1 [単数または複数扱い] 上水道, 水道設備. 2 [単数扱い] (水道設備の)揚水ポンプ場, 浄水場. 3 《俗》 a 涙(を流すこと). b 泌尿系統. 4 [通例複数扱い] 噴水.
turn on the waterworks 《俗》涙を流す, 泣く. 「た].
wáter·wòrn adj. 水の作用で摩滅した[滑らかになっ
wa·ter·y [wɔ́ːṭəri, wɑ́ṭ- | wɔ́ːtəri] 〚OE wæteriġ: ⇨ water, -y¹〛 — adj. 1 a 〈土地が〉水の多い, 水を含んだ; よく灌漑された (well-watered): ~ plains 水の多い平原. b 〈雲・風・季節などが〉雨を含んだ; 雨模様の: ~ clouds 雨雲 / a ~ sky 雨もよいの空 / a ~ moon (雨もよいの時に出る)薄くかすんだ月. c 水におおわれた, 水中に造られた, 流れ[潮]に洗われた: a ~ town. 2 a 〈液体が〉水のような: a ~ fluid 水状液. b 〈色が〉淡い, 青白い (pale): pale, ~ light 青白い薄光. 3 〈食物が〉水っぽい, 味のない, 気の抜けた (vapid): a ~ fish (肉のしまっていない)水っぽい魚 / ~ wine 水っぽい[薄い]ぶどう酒. 4 〈思想・感情・文体・表現など〉希薄な, 力のない, 味わいのない (weak, insipid): a ~ style 無気力な文体. 5 水の, 水の性質をもった; 〈溶液など〉水で作った: the ~ vapor in the atmosphere 大気中の水蒸気 / the ~ arch 《詩》虹 / a ~ solution 水溶液. 6 《詩》水から成る: a ~ way 船路 / a ~ waste 海原 / sink to a ~ grave 水死して水の底に沈む. 7 《まれ》水に属する[関係のある]: ~ fowls 水鳥 / a ~ deity 水の神 / one's ~ journey 海の旅. 8 〈目が〉涙ぐんだ, 〈嘆きなどが〉涙ながらの, 〈眼病にかかった目が〉涙が出る: with a ~ eye 目に涙を浮かべて / ~ complaints 涙ながらの不平. 9 〈皮膚や身体の部分が〉水様液を分泌する, 水様液がつまっている. **wá·ter·i·ly** [-ṭərəli | -tərɪli, -rə-] adv. **wá·ter·i·ness** n.
Wat·kins [wɑ́tkɪnz, wɔ́(ː)t-, -kənz | wɔ́tkɪnz] 〚《原義》son of *Watkin* ((dim.) ← WALTER): ⇨ -kin〛 n. 男性名.
Wat·kins Glen [wɑ́tkɪnz-glén, wɔ́(ː)t-, -kənz- | wɔ́t-kɪnz-] n. 米国 New York 州西部の村, 湖端にあり 3 マイルにわたる峡谷には多数の滝がある.
Wát·ling Ísland [wɑ́tlɪŋ-, wɔ́(ː)t- | wɔ́t-] n. ワットリング島《San Salvador の旧名》.
Wátling Strèet 〚OE *Wæ̃tlingastrǣt* ← *Wæclingastrǣt* 《原義》? the road to St. Albans〛 — n. ウォトリング街道《古代ローマ人が作った街道で, London から Shrewsbury 付近に至る道, または Dover から Canterbury を通り London に至る道》.
WATS 《略》《米》Wide Area Telecommunication [もとは Telephone] Service.
Wat·son [wɑ́tsn, wɔ́(ː)t- | wɔ́t-], **Dr.** n. ワトソン博士《Conan Doyle 作の推理小説に出て来る医師; Sherlock Holmes の親友で事件の語り役, 引立て役》.
Watson, James Dewey n. (1928–) 米国の生化学者; DNA の構造決定に寄与; Nobel 医学生理学賞 (1962).
Watson, John n. (1850-1907) スコットランドの牧師; Ian Maclaren という筆名で小説家として知られている; *Beside the Bonnie Brier Bush* (1894).
Watson, John Broa·dus [brɔ́ːdəs] n. (1878-1958) 米国の心理学者, 行動主義 (behaviorism) の主唱者.
Watson, Sir William n. (1858-1935) 英国の詩人; Tennyson の死を悼(いた)む詩を書いた.
Wátson-Críck 〚↓〛 adj. ワトソンクリック模型の.
Wátson-Críck mòdel 〚← *J.D. Watson & F.H.C. Crick*〛 — n. 〚生化学〛 ワトソンクリック模型《1953 年に J. D. Watson と F. H. C. Crick によって提出された DNA の分子模型》.
wat·so·ni·a [wɑtsóuniə, wɔ(ː)t- | wɔtsə́unjə, -niə] 〚← NL ~ ← *Sir W. Watson* (1715-87: 英国の植物学者): ⇨ -ia¹〛 — n. 〚植物〛 ヒオウギズイセン《アフリカ南部産アヤメ科ヒオウギズイセン属 (*Watsonia*) の植物の総称》.
Wátson-Wátt, Sir Robert Alexander n. (1892-1973) スコットランドの物理学者; radar の発達に貢献.
watt [wɑ́t, wɔ́(ː)t | wɔ́t] 〚(1882) ← *James Watt*〛 n. 〚電気〛 ワット《電力の単位》.
Watt [wɑ́t, wɔ́(ː)t | wɔ́t], **James** n. (1736-1819) スコットランドの機械技師で蒸気機関の完成者.
watt·age [wɑ́ṭɪdʒ, wɔ́(ː)ṭ- | wɔ́t-] 〚← WATT+-AGE〛 n. 1 〚電気〛 ワット数. 2 ある電気器具[装置]を動かすのに要するワット量.
wátt cùrrent n. 〚電気〛 有効電流《active current ともいう; cf. WATTLESS current》.
Wat·teau [wɑtóu, wɔ(ː)t-, ←— | wɔ́təu] 〚↓〛 — adj. 1 ワトーの: a ~ school ワトー派. 2 〈婦人服・婦人帽が〉ワトーの絵にあるようなスタイルの, ワトー型の: a ~ back 首の辺から幅広のはこひだが床まで一直線にたれた婦人服 (gown) の背 / a ~ bodice 四角いネックラインでラッフルのついた袖のある身頃 / a ~ hat 山が浅く広いつばの後ろがはね上がり花飾りのある帽子.
Wat·teau [wɑtóu | wɔ́təu; F. vato], **Jean Antoine** n. ワトー《1684-1721; フランス ロココの代表的画家》.
wátteau pléat n. ワトープリーツ《ガウンなどの後中央につけた大きなボックスプリーツでネックラインに固定され裾に向って身体からはなれるデザイン》.

watteau pleat

Wat·ter·son [wɑ́ṭəsn, wɔ́(ː)ṭə- | wɔ́tə-], **Henry** n. (1840-1921) 米国のジャーナリスト・政治家; Marse Henry として知られる.
wátt-hóur n. 〚電気〛 ワット時《1 ワット 1 時間の電力量》.
wátt-hòur méter n. 〚電気〛 電力量計《積算電力計ともいい, 俗に「電気のメートル」という》.
wat·tle [wɑ́tl̩, wɔ́(ː)tl̩ | wɔ́tl] 〚n.: ME *wattel* < OE *watul* < Gmc **waðlaz* ← IE **aw-* to weave. — v.: (c1378) *wattle(n)* ← *wattel* (n.)〛 — n. 1 a 編み枝, 編み枝細工《細い木を芯に細枝などを編み合わせたもので, 垣根・壁・草ぶき屋根の骨組などに用いる》. b 編み枝(細工)用の材料. c [pl.] (屋根ふき材料 (thatch) を支える)木の棒. 2 《英方言》小枝, 枝, 竿. 3 〚植物〛 a オーストラリア産クノニア科の低木 (*Callicoma serratifolia*)《昔, その細長い小枝が植民者たちによって編み枝として用いられた》. b オーストラリア産マメ科アカシア属 (*Acacia*) の植物の総称《ピクナンサアカシア (golden wattle), モリシマアカシア (green wattle), フサアカシア (silver wattle) など》. 4 a 〚鳥類〛 (鶏や七面鳥の)肉垂(にくすい). b (魚の)触鬚(しょくしゅ)(barbel).
wattle and daub [dab] 〚建築〛 荒打ちしっくい《木舞(こまい)に粘土や泥を塗って造った骨組み》: a ~ hut. — *attrib. adj.* 〈屋根・家が〉編み枝で作られた. — vt. 1 〈垣根・壁・屋根・家などを〉編み枝で作る: ~ a fence. 2 〈小枝などを〉編む.
wáttle·bird n. 〚鳥類〛 ミミダレミツスイ (*Anthochaera paradoxa*)《オーストラリア産のミツスイ (honey eater) の一種; 耳の辺りに著しい肉垂(にくすい)がある》.
wát·tled adj. 1 編み枝で作った: a ~ fence. 2 〈小枝など〉絡み合った: ~ branches. 3 a 〈鳥が〉肉垂(にくすい)のある. b 〈魚が〉触鬚(しょくしゅ)のある. 4 〚紋章〛 〈鶏などが〉肉垂が体の色と異なる.
Wáttle Dày n. オーストラリアの祭日; 各州の wattle の花の咲く時期によって 8 月 1 日または 9 月 1 日.
wátt·less adj. 〚電気〛 無効の: a ~ current 無効電流《reactive current ともいう; cf. watt current》.
wáttless compónent n. 〚電気〛 =reactive component.
wáttle·wòrk n. 編み枝細工, かご細工 (wickerwork).
wát·tling [-tlɪŋ, -tl̩- | -tlɪŋ, -tl̩-] n. =wattlework.
wátt·mèter n. 〚電気〛 電力計, ワット計.
Watts [wɑ́ts, wɔ́(ː)ts | wɔ́ts], **George Frederick** n. (1817-1904) 英国の画家・彫刻家. 「者.
Watts, Isaac n. (1674-1748) 英国の神学者・賛美歌作
Watts-Dun·ton [wɑ́tsdʌ́ntn̩, wɔ́(ː)ts- | wɔ́ts-], **Walter Theodore** n. (1832-1914) 英国の批評家・詩人・小説家; *Aylwin* (小説, 1898).
wátt-sécond n. 〚電気〛 ワット秒《1 ワット 1 秒の電力量; 1 ジュール (joule) に相当》.
Wát Týler's Rebéllion n. =Peasants' Revolt.
Wa·tu·si [wɑːtúːsi | -sɪ] n. (pl. ~, ~s) =Tusi.
waucht [wɑ́xt, wɔ́(ː)xt | wɔ́xt] n., v. 《スコット・北英》=waught.
waugh [wɔ́ːf] 〚← OE *wealġ*? nauseous〛 — adj. 《スコット・北英》 1 味のない (insipid). 2 いやな味のする, いやな匂いの; 古くさい (stale). 3 〈味・匂い・音など〉弱い, 薄い. 「E. Waugh の兄.
Waugh [wɔ́ː], **Alec** n. (1898-1981) 英国の小説家;
Waugh, Arthur n. (1866-1943) 英国の文芸批評家・出版者・編集者; Alec と Evelyn の父.
Waugh, Evelyn (Arthur St. John) n. (1903-66) 英国の小説家; *Decline and Fall* (1928), *Brideshead Revisited* (1945).
waught [wɔ́ːt; Sc. wɔ́xt] 〚← ?: cf. quaff〛 《スコット・北英》 n. がぶ飲み. — vt., vi. がぶ飲みする.
wauk [wɔ́ːk] v., n. 《スコット》=wake¹.
wauk·rife [wɔ́ːkràɪf] adj. 《スコット》=wakeful.
waul [wɔ́ːl] 〚擬音語〛 vi. (ねこや赤子のように)にゃーにゃー[ぎゃーぎゃー]鳴く. — n. にゃーにゃー[ぎゃーぎゃー]鳴く声. 「コット」=worse.
waur [wɑ́ə | wɑ́ː(r)] 〚《異形》← WAR²〛 adj., adv. 《ス
wave [wéɪv] 〚v.: OE *wafian* to wave, brandish ← ? Gmc **wab-* (MHG *waben* to fluctuate / ON *vāfa* to swing) ← IE **webh-* 'to WEAVE¹'. — n.: (1526) ← (v.) ∽ ME *wawe* < OE *wǣg* ← Gmc **wēʒa-* ← IE **wegh-* (cf. way¹)〛 — n. 1 波, 波浪: monstrous ~s 巨大な波 / mountainous ~s 山なす波 / surging ~s うねり寄せる波 / Waves break. 波が砕ける / The ~s swept over the deck. 波が甲板を洗った. 2 [the ~(s)] 《詩》(川・湖・海などの)水, 海: Britannia rules *the* ~s. 英国は海洋を制覇(せいは)する (Thomas Campbell, *Ode to the Germans*). 3 波動, 起伏, うねり (undulation); (群衆などが)波のように押し寄せること: the golden ~s of grain 穀物の黄金の波 / ~s of dark August leaves 波のように揺れる緑濃い 8 月の木の葉 / turn back ~ after ~ of the enemy 次から次へと押し寄せる敵を撃退する. 4 [行動・形勢・感情などの]波, 高まり [of]: a ~ of prosperity [depression] 好[不]景気の波 / a new ~ of buying 新しく起こった買人気 / cause a ~ of popular indignation 大波のような衆人の憤りを引き起こす / arrive with the first ~ of troops 第一部隊について到着する / Crime ~s generally follow wars. 犯罪の波は通例戦後にやって来る / A ~ of horror swept over him. 恐怖が波のように襲って来た / He felt a sudden ~ of apprehension. 不安が突然波のように押し寄せるのを感じた / A ~ of indignation overwhelmed him. 憤りがどっと波のように襲って来た. 5 a 〚物理〛 波, 波動: ⇨ longitudinal wave, transverse wave, sound waves. b 〚電気〛 電波; (電圧・電流などの)波形《waveform ともいう》: radar [radio] ~s レーダー[ラジオ]電波. 6 〚気象〛 (気圧・温度などの)変動, 波: a cold [heat] ~ 寒[熱]波. 7 a (絹布の)波紋 (cf. WATERED silk, WAVED silk). b (髪の)ウェーブ: the neat ~s of hair きれいにウェーブしている髪 / Her hair has a natural ~. 彼女の髪は自然にウェーブがついて[ちぢれて]いる. 8 (手・旗などの)振り; (手・旗などを振る)合図 (signal): He motioned her to silence with a ~ of his hand. 手を振って黙るように合図した.
in waves 波状に[の]: an attack *in* ~s 波状攻撃. ***make waves*** 《米口語》平地に波瀾を起こす. ***the wave of the future*** 未来の波《将来必ず支配的になると思われる勢力・動向など》.
wave of translation 〚物理〛 移動波《水の粒子が波の進行方向に移動するような波》.
— vi. 1 うねる, うねうね動く; 波立つ, 波動する, 揺れる (sway); ひらひらする, 翻る (flutter): The branches ~d in the wind. 枝は風に揺れた / *waving* grain 風にゆらゆら波打つ穀物. 2 (波状に)起伏する, うねっている (undulate): Her hair ~s in beautiful curves. 髪の毛が美しいカーブをなしてうねっている. 3 (手・旗などを振って)合図する: He ~d to me in farewell. 手を振って私に別れの挨拶をした / She ~d toward a chair. 手を振って椅子をすすめた / He ~d angrily to her to be silent. 怒ったように彼女に向かって手を振って黙るように合図した. — vt. 1 揺る, 揺り動かす; 振る, 振り回す (brandish); ひらひらさせる, 翻す: ~ one's sword 刀を振り回す / He ~d the stick at them. 彼らに向かってステッキを振り回した / The wind ~d the branches [flag]. 風が木の枝を揺り動かした[旗をひらひらさせた]. 2 波打たせる, うねらせる; 〈髪を〉ウェーブする, 〈絹布などに〉波紋をつける: ~ one's hair 髪をウェーブする. 3 (合図に)〈手などを〉振る, 振り動かす; (手や旗を振って)合図する, 指図する, 表示する: ~ a light [flag] (合図に)光(懐中電灯など)[旗]を振る / ~ one's hand in farewell 手を振って別れの挨拶をする / ~ a person to come nearer もっと近寄れと手を振って人に合図する / He ~d his men *on* with his sword. 剣を振って進め進めと部下を指揮した / ~ a farewell [good-by] 手[帽子, ハンカチなど]を振って別れの挨拶をする / He ~d us good-by. われわれに手を振って別れの挨拶をした / He ~d his visitor to a seat. 手を振って来客に椅子をすすめた / He ~d me *to* silence. 手振りで黙るように合図した / He ~d her *down*. 手を振って彼女を坐らせた.
wave aside [***away, off***] 手を振って横へどかす[追い払う]; だめだめと手を振って退ける; はねつける, ...は御免こうむる: ~ the children *away* 子供達にあっちへ行けと手を振って合図する / ~ *aside* [*away*] a proposal 提案を退ける / He ~d *away* the compliment. (いやいやと)手を振ってお世辞をかわした. ***wave down*** (1) 手を振って〈車などを〉止める. (2) ⇨ vt. 3.
Wave [wéɪv] 〚《頭字語》← W(*omen*) A(*ccepted for*) V(*olunteer*) E(*mergency Service*)〛 n. 1 (米海軍の)婦人予備部隊員 (cf. WAVES). 2 (米海軍の)婦人隊員.
wáve ànalyzer n. 〚電気〛 波形分析器.
wáve bànd n. 〚通信〛 周波帯, ウェーブバンド.
wáve bàse n. 波浪作用限界深度, 波浪ベース《湖・海などの水面の波動の影響が及ばなくなる水深》.
wáve bòmbing n. 〚軍事〛 波状爆撃.
wáve crèst n. 〚電気〛 波高点, 波高値.
wáve cỳclone n. 〚気象〛 波動性低気圧.
waved adj. 1 波形の, 波状の, 起伏する: one's ~ hair / a ~ sword 刃が波型の剣. 2 〈生地が〉波紋のある: ~ silk. 3 前後に振られた: with ~ hand 手を振って.
wáve equàtion n. 1 〚数学・物理〛 波動方程式《波の運動を表わす微分方程式》. 2 〚物理〛 =Schrödinger equation.
wáve filter n. 〚電気〛 =filter 6.
wáve·fòrm n. 〚物理〛 波形《waveshape ともいう》.
wáve frònt n. 1 〚物理〛 (波の)等相面[線], 波面. 2 〚電気〛 波頭(はとう) (cf. wave tail).
wáve fùnction n. 〚物理〛 波動関数《量子力学的状態を記述する関数; その絶対値の自乗は確率を与える》.
wáve·guìde n. 〚電子工学〛 導波管.
wáve hèight n. 〚海事〛 波高《波の谷と峰の鉛直距離》. 「方, 「波長」.
wáve·lèngth n. 1 〚物理〛 波長. 2 個人の物の考え
on the same wavelength as ... と同じ波長で, と波長が合って (in tune with). 「~·ly adv.
wáve·less adj. 波[波動]のない, なめらかな, 静かな.
wave·let [wéɪvlɪt, -lət] n. 小波, さざなみ.
wáve·lìke adj. 波のような, 波状の.
Wa·vell [wéɪvəl], **Archibald (Percival)** n. (1883–

1950) 英国の陸軍元帥; 第二次大戦中の中東方面軍司令官 (1939), インド・ビルマ方面軍司令官 (1942), インド総督 (1943); 1st Earl Wavell.

wa·vell·ite [wéɪvəlàɪt] 〘← *William Wavell* (?-1829: 英国の医者で, その発見者): ⇨ -ite¹〙 *n.* 〘鉱物〙 銀星石, ウェーベライト ($Al_3(PO_4)_2(OH)_3 \cdot 5H_2O$).

wáve màking dràg *n.* 〘航空〙 ＝compressibility drag.

wáve mechànics *n.* 〘物理〙 波動力学 《Schrödinger の確立した量子力学の一体系》. **wáve-mechánical** *adj.*

wáve·mèter *n.* 〘電気〙 周波計, 波長計.

wáve mòde *n.* 〘物理〙 ＝mode¹ 9.

wáve mòlding *n.* 〘建築〙 《断面形が砕ける波を思わせる》波繰形 (cf. Vitruvian scroll).

wáve mòtion *n.* 波動.

wáve nòde *n.* 〘物理〙 波節.

wáve nùmber *n.* 〘物理〙 波数 《単位長当たりに含まれる波の数を示す物理量》.

wáve pàcket *n.* 〘物理〙 波束 《空間的に限定された波》.

wáve pàttern *n.* (原始的な装飾として陶器などに見られる)波紋, 波模様.

wáv·er¹ 〘《廃》 'one who vacillates': ⇨ wave (v.), -er¹〙 *n.* **1** 振る[揺する]人[物]. **2** (髪に)ウェーブをつける人; ウェーブをつける道具 《アイロンなど》.

wa·ver² [wéɪvə | -və(r] 〘《a1333》 *wavere(n)* 《廃》 to wander □ ON *vafra* to move unsteadily, flicker ← Gmc **wab-*: ⇨ wave (v.), -er⁴〙 — *vi.* **1** あちこちに揺れる, ゆらゆら揺れる, ひらひらする (flutter): ～*ing* shadows ゆらゆら揺れている影 / Butterflies ～*ed* in the air. チョウが空中をひらひら飛んだ. **2** 〈光などが〉ちらちらする, きらめく; 〈声などが〉震える, 〈目が〉おどおどする: A gleam ～*ed* in the distance. 遠方に微光がちらちらしていた / Her voice ～*ed* with exasperation. 声が怒りで震えた. **3** 〈決意などが〉ぐらつく, ためらう, 迷う (vacillate) 〔*in, between*〕: ～ *in* one's judgment 判断に迷う / ～ *between* two opinions 二つの意見の間に立って迷う / I have never ～*ed in* my faith. 私の信仰は揺らいだことがない. **4** 〈軍隊・戦線などが〉たじろぐ, 浮足立つ, 乱れ始める (falter): The line began to ～ before the attack. 攻撃を受けて戦線が動揺し始めた. **5** 〈物価などが〉変動する (fluctuate). **6** 《まれ》 よろめく, よろける (reel).
— *n.* 揺れること; 動揺; ためらい: be on [upon] the ～ ためらっている.

wá·ver·er [-vərə | -rə(r] *n.* 気迷いする人, 決断に迷う人, ためらう人.

wá·ver·ing [-v(ə)rɪŋ] 〘《1375》 《廃》 'wandering': ⇨ waver², -ing²〙 — *adj.* **1** 揺れ動く, ゆらゆらする, 揺らめく, ちらちらする, 震える. **2** 気迷いする, 決しかねている, 心の定まらない, ためらう. ～**·ly** *adv.*

Wá·ver·ley Nóvels [wéɪvəli- | -vəlɪ-] *n. pl.* ウェーヴァリー小説 《Sir Walter Scott の一連の歴史小説の総称; 第一作 *Waverley* (1814) の名にちなむ》.

WAVES 《略》 Women Accepted for Volunteer Emergency Service (米海軍の)婦人予備部隊 《1948 年以降正規の海軍部隊となる; cf. WAC, WAF》.

wáve·shàpe *n.* 〘物理〙 ＝waveform.

wáve sùrface *n.* 〘物理〙 **1** ＝wave front. **2** 波面 《多数の源から放出された波の包絡面》.

wáve tàil *n.* 〘電気〙 波尾(び) (cf. wave front 2).

wáve thèory *n.* [the ～] **1** 〘光学〙 (光の)波動説 《undulatory theory ともいう; cf. corpuscular theory》. **2** 〘《なぞり》 ← G *Wellentheorie*〙 〘言語〙 波紋説 《ドイツの言語学者 Johannes Schmidt (1843-1901) の説で, 言語は祖語から波紋状に分派して行くとする仮説; cf. family-tree theory》.

wave theory of cyclones [the —] 〘気象〙 低気圧波動論 《極前面での風速の不連続変化がもとで大気が不安定な状態になり, 極前面の波動が大きくなって低気圧を生じるとする説》.

wave theory of matter [the —] 〘物理〙 物質波動説 《de Broglie が確立し E. Schrödinger が発展させた》.

wáve tràin *n.* 〘物理〙 波列.

wáve tràp *n.* 〘通信〙 ウェーブトラップ 《特定の波長の電波を取り入れるための付加回路; cf. acceptor 2, rejector 2》.

wáve velòcity *n.* 〘物理〙 ＝phase velocity.

wáve wìnd·ing [-wàɪndɪŋ] *n.* 〘電気〙 波巻 《電機子の巻線法の一種; series winding ともいう; cf. lap winding》.

wáve-wòrn *adj.* 波のため磨滅した: ～ rocks.

wa·vey [wéɪvi | -vɪ] 〘← N-Am.-Ind. (Algonquian): cf. Cree *wehwew* goose〙 *n.* 〘鳥類〙 ＝snow goose.

wav·y¹ [wéɪvi | -vɪ] 〘《1562》 ← WAVE＋-Y⁴〙 — *adj.* (**wav·i·er; -i·est**) **1** 波のように揺れる, 波動する, うねる: ～ flames ゆらゆら揺れる炎. **2** 〈線・表面が〉波打っている, 起伏する, 波状の: a ～ line 波状の線 / ～ hair 波打つ頭髪 / a ～ country 起伏する土地. **3** 波の多い, 波立っている: the ～ seas 波立つ海. **4** 〘植物〙 〈へりなど〉波状の; 波状のへりのある. **5** ぐらぐらする, 不安定な (wavering): the restless ～ world 落着きのない不安定な世界. **6** 〘紋章〙 〈区画線など〉波線状の (undé) (⇨ heraldry 挿絵 F). **wáv·i·ly** [-vɪli, -və- | -lɪ] *adv.* **wáv·i·ness** *n.*

wa·vy² [wéɪvi | -vɪ] *n.* 〘鳥類〙 ＝wavey.

Wáv·y Návy [wéɪvi- | -vɪ-] 〘階級を示す袖(そで)章の金すじが波型であることから〙 *n.* [the ～] 《英口語》 英国海軍義勇予備隊.

waw [vɑ́:v, vɔ́:v | vɔ́:v] 〘□ Heb. *wāw* 《原義》 hook, peg〙 *n.* ワウ 《ヘブライ語アルファベット 22 字中の第 6 字: ו (ローマ字の F に当たる); ⇨ alphabet 表》.

wá·wa pèdal [wɑ́:wɑ:-] *n.* 〘音楽〙 ワウワウペダル 《電気ギターなどでこもった波動音を出すためにアンプに接続してペダルで操作する電気装置》.

wawl [wɔ́:l] *vi., n.* 《スコット》 ＝waul.

wax¹ [wǽks] 〘OE *weax* < Gmc **waxsam* (Du. *was* / G *Wachs* / ON *vax*) ← IE **wokso-* wax〙 — *n.* **1** 蜜蠟(ろう) (beeswax); 精製蜜蠟 《蠟燭(ろうそく)・模型・つや出し剤などに用いる》. **2** (柔らかさ・扱いやすさなどで)蠟にたとえられるもの, 思い通りになる人: fit like ～ ぴったりと合う / stick to a person like ～ 人にくっついて離れない / He was (like) ～ in their hands. 彼らの手にかかると彼は思うままにされた / mold a person like ～ 人(の性格など)を思い通りの型に仕込む, 人を思うままにする. **3** 蠟, ワックス 《各種の蠟状物質》: mineral ～ 鉱物性蠟 《ozocerite, paraffin wax など》 / animal ～ 動物性蠟 《Chinese wax, spermaceti など》 / ⇨ vegetable wax. **4** 耳あか (earwax): Take the ～ from your ears and listen well. 耳の穴をかっぽじってよく聞け. **5** 封蠟 (sealing wax). **6** (靴屋が縫糸につける)蠟. **7** 《口語》 **a** [集合的にも用いて] (蓄音機の)レコード 《もと蠟管》. **b** レコード用の材料. **8** 《米》 (サトウカエデから製する)糖蜜.
(*as*) ***close as wax*** 《口語》 (1) ひどく無口で[な]. (2) 《米》 ひどくけちで[な].
— *attrib. adj.* 蠟製の (cf. waxen¹): a ～ candle, doll, etc.
— *vt.* **1** …に蠟を塗る, 蠟を引く, 蠟を掛ける, 蠟でみがく: ～ a thread, table, etc. / ～ one's moustache 口ひげを蠟で固める / ～ a red tiled floor 赤いタイルをはった床にワックスを掛ける. **2** 《口語》 レコードに録音する. **3** 《米口語》 (競技などで)〈相手を〉さんざんに負かす, …に大勝する (beat soundly). **4** (色づけした材料で)〈装飾大理石の〉割れ目を埋める.

wax² [wǽks] 〘OE *weaxan* to grow ← Gmc **waxs-* (G *wachsen* / ON *vaxa*) ← IE **aweg-* to increase (L *augēre*)〙 — *vi.* (～**ed**; ～**ed**, 《古》 ～**·en** [～ən, ～n̩]) **1** 〈物が〉(大きさ・数量・強度などが)増す; 〈日・夜が〉長くなる. **2** 〈人・国家などが〉盛んになる, 強くなる 〔*in*〕: ～ *in* power [importance, prosperity] 一層強くなる[重要になる, 繁栄する]. **3** 〈月が〉次第に大きくなる, 満ちて来る (↔ wane): ～ and wane 〈月が〉満ちたり欠けたりする; 盛衰する, 消長する, 増減する. **4** [補語を伴って] 《古》 〈人が〉だんだん[次第に]…になる (become, grow): ～ old 年が寄る / ～ merry 陽気になる / ～ angry 腹が立つ / ～ strong [feeble] 強く[弱く]なる. **5** 《古・方言》 〈人間・動物が〉次第に大きくなる.
— *n.* **1** 増大, 成長. **2** (月の)満ち.

wax³ [wǽks] 〘《1854》 《転用》 ? ← WAX²〙 *n.* 腹立ち, かんしゃく (fit of anger): be in a ～ 怒っている / get into a ～ 怒る / put a person in a ～ 人を怒らせる.

wáx bèan *n.* 〘園芸〙 (インゲンの)蠟莢(ろうさや)種 《成熟前の莢の表面が蠟のようなつやをもつ種類; cf. green bean》.

wax·ber·ry [wǽksbèri, -b(ə)ri | -b(ə)rɪ] 〘⇨ wax¹〙 *n.* 〘植物〙 **1** ＝wax myrtle. **2** ＝snowberry.

wáx·bìll 〘← WAX¹＋BILL²〙 — *n.* 〘鳥類〙 アフリカまたは南洋産カエデチョウ科カエデチョウ亜科の鳥類の総称; (特に)カエデチョウ属 (*Estrilda*) の鳥 《蠟のようなくちばしのある飼鳥; カエデチョウ (*E. cinerea*) など》.

wáx càndle 〘OE *wexcandel, waexcondel*〙 *n.* (wax, paraffin などで製した)ろうそく (cf. tallow candle).

wáx-chàndler 〘《15C》: ⇨ wax¹, chandler〙 *n.* ろうそく製造[販売]人, ろうそく屋.

wáx clòth *n.* **1** 蠟[パラフィン]引き防水布. **2** 油団(ゆとん); 油布 (oil cloth).

wáx dòll *n.* 蠟(ろう)人形; 蠟人形のような(活気に乏しく無表情な)女.

waxed 〘ME〙 *adj.* 蠟を塗った, 蠟で磨いた[固めた]: a ～ floor / a ～ moustache.

wáxed ènd *n.* ＝wax end.

wáxed pàper *n.* ＝wax paper.

wáxed tàblet *n.* ＝wax tablet.

wax·en¹ [wǽksən, -sn̩] 〘《?c1390》 ～ ← WAX¹ (n.)＋-EN² ∽ OE *wexen*〙 — *adj.* 《古》 **1** 蠟(ろう)製の (wax): a ～ figure 蠟人形 / a ～ image (人を呪うのに用いた)蠟の人形(ひとがた). **2** 蠟を塗った, 蠟を引いた (waxed). **3** 蠟のような; (蠟のように)すべすべした, 光沢のある, 青白い: ～ arms すべすべした腕 / ～ paleness 蠟のような青白さ. **4** 〈性格など〉柔軟な, どうにでもなる, 感じやすい: a ～ disposition 柔軟な性格.

waxen² 〘OE *weaxen*〙 *v.* 《古》 wax² の過去分詞.

wáx ènd *n.* くつ屋の縫糸 《手縫用毛針をつけるため蠟引き糸の先端を細くしたもの》.

wáx·er *n.* 蠟引き師.

wáx glànd *n.* 〘動物〙 蠟腺(ろうせん) 《多数の昆虫類で見られる蠟を分泌する腺》.

wáx gòurd *n.* 〘植物〙 **1** トウガ, カモウリ (*Benincasa hispida*) 《熱帯アジア産ウリ科のつる草; gourd melon ともいう》. **2** トウガの果実 《食用になる》.

wáx·ing¹ 〘《15C》〙 *n.* **1** 蠟を塗ること; 蠟で磨くこと. **2** **a** レコード製作. **b** (一枚の)レコード.

wáx·ing² *n.* 〘天文〙 満月前の月が満ちてゆくこと.

wáxing móon *n.* (満月前の)満ちてゆく月 (↔ waning moon).

wáx ìnsect *n.* 〘昆虫〙 ロウカイガラムシ (蠟(ろう)を分泌する昆虫の総称); (特に)イボタロウカイガラムシ (*Ericerus pe-la*) 《中国に分布する; この虫の分泌する蠟は, イボタ蠟 (Chinese wax) という》.

wáx jàck *n.* 封蠟(ろう)溶かし 《中央の心棒に巻きつけた長い細ろうそくの先を軸受けでとめて火をともし, 封蠟を溶かすのに用いた 18 世紀の卓上器具; taper jack ともいう》.

wáx lìght *n.* ＝wax candle.

wáx·lìke *adj.* 蠟に似た.

wáx mòth *n.* 〘昆虫〙 ＝bee moth.

wáx musèum *n.* (歴史上の人物などの)蠟人形館 (cf. Madame Tussaud's)

wáx mỳrtle *n.* 〘植物〙 シロヤマモモ (*Myrica cerifera*) 《ヤマモモ科の植物; その実は bayberry, candleberry と呼ばれる; candleberry myrtle, American vegetable-tallow tree ともいう》.

wáx pàinting *n.* 蠟画(法) (encaustic painting) 《溶けた蠟(ろう)に顔料を混ぜ, 鏝(こて)で焼き付ける技法》.

wáx pàlm *n.* 〘植物〙 **1** アンデスロウヤシ (*Ceroxylon andicolum*) 《南米 Andes 山脈中に生えるヤシの一種で, 幹から蠟(ろう)を分泌する》. **2** ブラジルロウヤシ (*Copernicia cerifera*) 《ブラジルに生えるヤシの一種で, その若葉から分泌する蠟がカルナウバ蠟 (carnauba) の原料; carnauba ともいう》.

wáx pàper *n.* 蠟紙(ろうし), パラフィン紙.

wáx pìnk *n.* 〘植物〙 マツバボタン (*Portulaca grandiflora*) 《garden portulaca, rose moss ともいう》.

wáx·plànt *n.* 〘植物〙 **1** サクララン (*Hoya carnosa*) 《日本南部からアジア熱帯産のガガイモ科のつる植物》. **2** ＝Indian pipe. **3** ＝wax myrtle.

wáx pòcket *n.* (ミツバチの腹部下面にある)蜜袋.

wáx prìvet *n.* 〘植物〙 ＝Japanese privet.

wáx tàblet *n.* 蠟(ろう)タブレット 《古代ローマ時代・中世時代に尖筆 (style) で書くのに用いた蠟引きの木または骨の書板; waxed tablet ともいう》.

wáx trèe *n.* 〘植物〙 **1** ＝Japanese wax tree. **2** トウネズミモチ (*Ligustrum lucidum*) 《モクセイ科の造園樹木》. **3** ＝wax myrtle.

wáx·wèed 〘← WAX¹＋WEED¹〙 *n.* 〘植物〙 北米東部産ミソハギ科タバコソウ属の草 (*Cuphea petiolata*).

wáx·wìng 〘← WAX¹ (n.)＋WING〙 — *n.* 〘鳥類〙 レンジャク 《次列風切羽の先端に蠟状の角質突起があるレンジャク科レンジャク属 (*Bombycilla*) の鳥の総称》: a Bohemian ～ キレンジャク (*B. garrulus*) / a Japanese ～ ヒレンジャク (*B. japonica*) / ⇨ cedar waxwing.

wáx·wòrk 〘《1697》 ← WAX¹＋WORK (n.)〙 *n.* **1** 蠟(ろう)細工; (特に)蠟人形. **2** [*pl.*; 単数扱い] 蠟細工[蠟人形]の陳列(館). **3** 〘植物〙 ＝bittersweet 2 b.

wáx·wòrker *n.* 蠟細工人, 蠟人形師.

wax·y¹ [wǽksi | -sɪ] 〘《1552》 ← WAX¹＋-Y⁴〙 — *adj.* (**wax·i·er; -i·est**) **1** 蠟(ろう)の, 蠟の多い, 蠟質の. **2** 蠟のような (waxen), 青白い (pallid). **3** 〈人・心など〉柔軟な (pliable): a ～ mind [heart]. **4** 〘病理〙 アミロイド変性 (waxy degeneration) にかかった: a ～ liver. **wáx·i·ly** [-sɪli, -sə- | -lɪ] *adv.* **wáx·i·ness** *n.*

wax·y² [wǽksi | -sɪ] 〘← WAX³＋-Y⁴〙 *adj.* (**wax·i·er; -i·est**) 《英口語》 怒った, 立腹した: get ～ かっとなる.

wáxy degenerátion *n.* 〘病理〙 ＝amyloidosis.

way¹ [wéɪ] 〘OE *weġ* < Gmc **weʒaz* (Du. *weg* / G *Weg* / ON *vegr* / Goth. *wigs*) ← IE **wegh-* to go, carry in a vehicle (L *vehere* to carry): cf. wain, weigh: L *via* との語源的関係は不詳〙 — *n.* **1** **a** 道, 道路 (road); 通路, 道筋 (route): the shortest ～ to the park 公園へ行く一番の近道 / a house over [across] the ～ 道の向こう側の家 / the other side (of) the ～ 道の向こう側 / cross the ～ 道を横切る / ask the ～ to the station 駅へ行く道を聞く / Please show me the ～ to the station. 駅へ行く道を教えて下さい / I passed that ～ once. 一度その道を通ったことがあった / The fare is 90 yen each ～. 料金は片道 90 円 / The ～*s* were bad. 道は悪かった / ⇨ *the* PARTING *of the ways* / The longest [furthest] ～ about [round] is the nearest [shortest] ～ home. 《諺》 急がば回れ. **b** [しばしば W-] 《英》 (古代ローマ人が造った)街道: ⇨ Appian Way, Icknield Way. **c** [しばしば W-] 《英》 (町の小さい)通り: They live in Trinity *Way*. トゥリニティー通りに住んでいる. **d** ＝permanent way.
2 **a** 進路, 行く道: lose one's [the] ～ 道に迷う / We must go separate ～*s*. 我々は別の道を行かなければならない 《行動を共にすることができない》 / go (on) one's ～ (道を)進んで行く, 立ち去る / open a new ～ 新しい道を行く / proceed on one's ～ 道をたどる[進む] / This will advance him much on his ～. このことは大いに彼の前進を助ける[彼の役に立つ]だろう / cheer the ～ with songs 歌で元気づけて道を進む. **b** (人生)行路 (course of life).
3 道のり, 距離, 道程 (distance): He lives a little [great] ～ off. 近くに[遠くに]住んでいる / Our house is a little ～ off the road. うちは道路から少し離れている / It's a long ～ from here. ここから遠い / It can be seen a long ～ off. 遠方から見える / I will go a little ～ with you. 少し一緒に行きましょう / We have still some ～ to go. もう少し行かねばならない / It is still a long ～ off perfection [from being perfect]. それは完全までにはほど遠い / It's a long ～ from saying to doing. 言うこととすることの間には大きな距離がある 《言うは易く行うは難し》. ★ 《米口語》 ではしばしば ～*s* の形で副詞句に用いられる: run a long ～*s* 遠くへ走る / quite a ～*s* かなりの距離(に), かなり遠く(に) / not a great ～*s* away あまり[大して]遠くでなく.

4 (特定の)方向 (direction): Which ～ is the wind blowing? 風向きはどちらですか / Walk [Step] this ～, please. どうぞこちらへ / Look this ～ and that [both ～*s*] before you cross the street. 道を横断する前に左右を見よ / face two ～*s* (どちらかを選ばなければならない)岐路に立つ / ⇨ WAY of the wine.
5 進行, 前進, 進捗; 行動の自由: ⇨ *make* WAY (2), *make one's* WAY (1) / keep [hold] one's ～ in spite of obstacles 障害をものともせず前進を続ける / give a person ～ to work his will [for the full exercise of his power] 人に思うままに活動する[才能を十分発揮する]自由を与える.
6 仕方, やり方, 風(ふう) (manner); 手段, 方法 (means): in this ～ こんな風に / in a different ～ 違った方法で / in a polite ～ 丁寧に / in an old-fashioned ～ 古風に, 旧式に / a new ～ of thinking 物の新しい考え方 / to my ～ of thinking 私の考え方によれば, 私の意見では / the Japanese ～ of living [life] 日本人の生活様式 / find a ～ out of a difficulty 困難から抜け出す道を発見する / She had no ～ of telling what she thought. 彼女は自分の考えを伝えるすべを知らなかった / That's the ～ to do it. それがそのやり方だ / There are [There's] no two ～*s* about it. (そのことには)外に考えようがない, それに違いない / That's no ～ to talk about your boy. 自分の子供のことをそんな風に言うものじゃない / I like the ～ you're wearing your hair. 君の髪の格好が気に入った / I don't like her ～ of smiling. 彼女の笑い方が気に入らない / ⇨ *more* WAYS *than one* / Where there's a will, there's a ～. ⇨ will[3] 3 / to put it (in) another ～ 別の言い方をすれば, 言葉を変えて言えば. ★ しばしば in なしで副詞句をなす: Do it your own ～. 独自の方法で[思う通りに]しなさい / ⇨ *that* WAY, *this* WAY.
7 [しばしば *pl.*] 人世[世間]の常道, 習わし; 慣行, 風習, しきたり: the ～ of the world 世の習わし / the good old ～*s* 昔ながらの風習 / That is always the ～. それがいつもの習わしだ / affect foreign ～*s* 外国風をまねる.
8 a (個人的な)やり方, 流儀, 式, 癖: That's her usual ～. それは彼女のいつもの癖だ / That's always the ～ *with* him. 彼はいつもあんな具合だ / That's because you do not know women's ～*s*. それは君が女の癖を知らないからだ / He has a little ～ of doing such a thing now and then. 時々そういうことをする癖がある / It is not his ～ to be generous. 気前のよさは彼の持前ではない / I soon got into [got used to] his ～*s*. すぐに彼のやり方に慣れた / That's only [just] his ～. あれは彼の癖にすぎない《別に気にしなくてもよい》/ ⇨ *set in one's* WAYS. **b** [*pl.*] 行状, 行ない, 身持ち: get into bad ～*s* 悪の道に落ちる / mend one's ～*s* 行ないを改める, 心を入れかえる.
9 (…の)点, 事柄 (respect): in every ～ あらゆる点で / be different in several ～*s* いくつかの点で違っている / ⇨ *in a* [*one*] WAY, *in no* WAY / a spot very attractive in a scenic ～ 景色の点では非常に魅力のある場所 / Your daughter doesn't take after you in any ～. 娘さんは少しも君に似ていない.
10 (経験や観察の及ぶ)範囲: Such things have never come [fallen] (in) my ～. そういうことは私の経験にはかつてなかった / It never fell (in) my ～ to hear what became of her. 彼女はどうなったかとんと聞いたことがない / An accident threw it (in) my ～. 偶然の事でそれを知った.
11 規模: ⇨ *in a big* [*great*] WAY, *in a small* WAY.
12 [修飾語を伴い単数形で] (健康・景気などの)状態, 具合, 情況 (condition): We were all in the same ～. 我々はみんな同じ状態だった / ⇨ *in a bad* WAY.
13 職業, 商売: be in the grocery [stationery] ～ 食料品[文房具]商をしている / ⇨ *in a person's* WAY (3).
14 《口語》付近(neighborhood), 地域, 方面 (district): He lives somewhere Hampstead ～. どこかハムステッド辺りに住んでいる / go down Ginza ～ 銀座方面へ行く / if you happen to come our ～ 私たちの方へおいでの節は / The weather has been good out our ～. 私たちの住んでいる辺りでは天気はずっとよかった.
15 [*pl.*] 《米》(物が分割された)部分: Split it (in) four ～*s*. それを四つの部分に分けなさい.
16 [in a ～ として] 《英口語》(怒り・悲しみ・失望などによる)興奮状態 (cf. *in a* [*one*] WAY): be *in a* (great, terrible) ～ (ひどく)興奮して[怒って, 悲しんで, 悔しがって, ヒステリーを起こして]いる / She was quite *in a* ～. ひどく興奮していた.
17 〘法律〙通行権 (right-of-way).
18 [the W-] キリストの道, キリスト教(Christianity).
19 [*pl.*; 時に単数扱い] 〘造船〙進水台, スリップウェイ (launching ways).
20 [*pl.*] 〘機械〙案内, ガイド《工作機械等でベッドがそれに沿って運動するように作られた案内路》.
21 a 〘海事〙(船の)行きあし《船やボートが水中を進むこと》, 航進の速度: gather [lose] ～ 行きあしがつく[を失う] / freshen ～ 速力を増す / The ship had ～ on her. 行きあしがついていた / The boat had too much ～ *on*. ボートは速度がつきすぎていた / ⇨ *under* WAY (1). **b** 前進力, 勢い: The train gathered ～. 列車は速度がついた / The car had a little ～ on the incline. 坂になって車に少し惰性がついた.
all the way (1) 道すがら, ずっと; はるばる, わざわざ: He went *all the* ～ to France. はるばるフランスまで出かけた / I slept *all the* ～ back. 帰り道はずっと眠っていた. (2) 《米》(…から…までの)広い範囲で, さまざまに (anywhere): The casualties are estimated *all the* ～ from 100 to 200. 死傷者数は100から200までいろいろに推定されている. (3) ⇨ *go all the* WAY *with*.
any way ＝anyway.
any which way 《米口語》至る方向に, 行き当たりばったりに (haphazardly).
beat one's way 《米口語》(あの手この手を使って)無銭旅行をする.
blaze a way ⇨ blaze[3] 成句.
both ways (1) 往復とも; 両方とも (cf. 4): ⇨ *cut both* WAYS, *have it both* WAYS. (2) 《英》＝*each* WAY (1).
by a long way [通例否定構文で] はるかに: He wasn't such a fool as he looked, *not by a long* ～. 一見抜けて見えるが決してそうではなかった.
by the way (1) ついでながら, ちなみに, 時に, ところで; ついでの話として (incidentally): Johnson, *by the* ～, was dead at that time. ところでジョンソンは当時死んでいた / *By the* ～, I have something to tell you. 時に君にちょっと話がある. (2) [Predicative に用いて] (本題でなく)ついでの話で, 余談で (incidental): But this is *by the* ～. (3) 道端で; (旅などの)途中で: perish *by the* ～ ⇨ perish *vi.* 1. (4) 副業として.
by way of (1) …を通って, 経由して (via): go [come] *by* ～ *of* Siberia シベリア経由で行く[来る]. (2) …として, のつもりで; 代用として: *by* ～ *of* excuse 言い訳として / say a few words *by* ～ *of* introduction 紹介として二言三言いう / take a poker *by* ～ *of* a weapon 武器として火かき棒を取る / I said so *by* ～ *of* a joke. 冗談のつもりでそう言ったのだ.
by way of doing (1) …するつもりで: He said it *by* ～ *of* comforting me. 私を慰めるつもりでそう言った. (2) いつも…して: He was *by* ～ *of* being particular about his appearance. 彼は風采(ふうさい)にはいつもきちょうめんであった. (3) …するようになって: He is *by* ～ *of doing* better work now than formerly. 彼は現在以前よりもよい仕事をするようになっている. (4) …ということで, …と自称して: She is *by* ～ *of* being a fine pianist. 彼女は立派なピアニストと自称している.
clear the way (1) 邪魔物を取り除く. (2) 〔…の〕準備をする〔*for*〕. (3) わきへ寄る.
come a long way 〈人・物事が〉大いに進歩する[よくなる], 成功する.
come a person's way (1) 人と一緒する (cf. *go a person's* WAY (1)). (2) 〈事が〉人に起こる: Some lucky chance will *come our* ～. 何か幸運がめぐって来るだろう. (3) 《口語》〈事が〉人の思い通りになる, うまくゆく.
cut both ways 〈議論などが〉どちらの側にも役立つ, 有利と不利の両面をもつ.
each way (1) 《英》〘競馬〙(出走馬に賭ける場合)複勝へ(の): bet £50 on a horse *each* ～ 馬に複勝へ50ポンド賭ける. (2) 片道で (⇨ 1 a).
either way いずれにしても, どっちみち.
every which way ＝*any which* WAY.
find one's [*its*] ***way*** (1) 道を求めて行く, たどりつく, 骨折って進む (cf. *win one's* WAY): I managed to *find my* ～ home in time for supper. どうにか夕食に間に合うように帰り着いた / Rivers *find their* ～ *to* the sea. 川は海へ流れて行く / Some of us *found our* ～ *to* the gallows. 我々の中には絞首刑になった者もいた / How did it *find its* ～ *into* print? どうしてそれが印刷されるようになったか《新聞[本]に出たか》. (2) 〔ある場所に〕もたらされる, 入り込む, 繰り込まれる〔*to, into*, etc.〕; 結局〔人の手に〕渡る〔*into*〕: Many precious art objects *found their* ～ *across* the sea [*into* the hands of virtuosos from abroad]. 多くの貴重な美術品が海外に流れて行った[海外から来た愛好家たちの手に渡った] / The ideal of the president *found its* ～ *into* the curriculum. 学長の理想が教科課程の中に繰り込まれた.
find one's way about [(*a*)*round*] (地理に明るいので)自分でどこへでも行ける; 事情がわかってくる.
get one's (***own***) ***way*** ＝*have one's* (*own*) WAY.
give way (1) 崩れる, 壊れる: The bridge *gave* ～. (2) 退く, 屈服する; 譲歩する〔*to*〕. (3) 〔悲しみなどに〕身をゆだねる〔*to*〕: Don't *give* ～ *to* grief. 悲しみに負けてしまってはいけない. (4) 取って代わられる〔*to*〕. (5) 〈株が〉下落する. (6) 〈こぎ手が〉こぎ始める, 力を込めてこぐ.
go a little [***long, good***] ***way*** 少しは[大いに, かなり]役に立つ〔*to, toward, with*〕: Ten dollars will *go a long* [*a little*] ～. 10ドルあれば大したものだ[少しはいい] / This will *go a long* ～ *toward* settling the question. この事は問題の解決に大いに役立つだろう / His kindly manner *goes a long* ～ *with* the old ladies. 彼の親切な態度は老婦人にはとても受けがいい.
go all the way with (1) …に完全に同意する: I go *all the* ～ *with* you about it. その点では全く同感です / He *went all the* ～ *with* my plan. 私の計画に全面的に賛成した. (2) 〈異性〉と行く所まで行く, 交わる.
go down the wrong way 〈飲食物が〉気管に入る.
go out of the [*one's*] ***way to do*** わざわざ[故意に]…する: He *went out of his* ～ *to* assist me. わざわざ援助してくれた / He *went out of his* ～ *to* be rude. 故意に無作法をした.
go one's own way (特に, 他人の忠告を無視して)独自の道を行く, 自分の好きなようにやって行く.
go the way of 〈人・物事が〉…の道をたどる, のように滅びる: *go the* ～ *of* Napoleon (ナポレオンのように)滅びる / *go the* ～ *of* one's wasteful father 浪費家の父親の二の舞いを演じる / The hairstyle *went the* ～ *of* fashions. (流行の常として)その髪型はすたれた.
go the way of all flesh [***nature, all the earth***] 世の人のみな行く道を行く; 死ぬ (cf. *Josh.* 23:14; *1 Kings* 2:2).
go the wrong way (1) 道を間違える; 〈物事が〉うまく行かない. (2) ＝*go down the wrong* WAY.
go a person's way (1) 人と同じ方向に行く; 人と一緒に行く. (2) ＝*come a person's* WAY (3).
have a way with…の扱い方[こつ]を心得ている: He *has a* ～ *with* children. 子供を扱うのがうまい.
have everything [***it*** (***all***)] ***one's*** (***own***) ***way*** ＝*have one's* (*own*) WAY.
have it both ways (議論などで)両天秤[二また]をかける, 態度をはっきりさせない: You can't *have it both* ～*s*.
have one's (***own***) ***way*** 思い通りにする, 勝手を通す: He *has his own* ～ of doing things. 事をするのに彼には彼の流儀がある / You cannot *have your* ～ in everything. 何でも思い通りにするというわけにはいかない / He's always *had his* ～ *with* me. 私に対していつでも好きな通りにしてきた.
in a bad way (1) (病気で)ひどく悪く, 気づかわしい容態で. (2) (財政が)左前で, (金に)困って: Things are *in a bad* ～. 景気は振るわない. (3) 困った破目[こと]になって (in trouble).
in a big [***great***] ***way*** (1) 大規模に, 大々的に, 派手に: live *in a big* ～ / do business *in a big* ～. (2) 《口語》〈行事など〉大張り切りで, にぎやかに, 派手に.
in a fair way to do [***to doing***, 《廃》***of doing***] …しそうで (likely) (cf. fair[2] *adj.* 5 a): He is *in a fair* ～ *to* succeed(*ing*). 彼は成功しそうだ.
in a general way ⇨ general 成句.
in a kind [***sort***] ***of way*** ＝*in a* WAY (2).
in a [***one***] ***way*** (1) ある点では, 見方によれば: *In a* ～ this statement is true. ある意味ではこの言葉は真実だ. (2) 多少, 幾分: I like it *in a* ～. ちょっと好きだ. (3) ⇨ 16.
in a small way 小規模に; つつましく, 細々と, 地味に: live *in a small* ～ / contribute *in a small* ～ ささやかながら貢献する.
in no way どの点においても[決して]…ない (cf. noway): I am *in no* ～ to blame. 私は少しも悪くない.
(***in***) ***one way or another*** [***the other***] どうにか, 何とかして (by some means); どっちみち: We are all *in one* ～ *or another* naturally lazy. 我々はだれしもどのみち生来怠け者である.
in the [***a***] ***family way*** ⇨ family 成句.
in the way (1) 行く道に, 途中で. (2) 道にふさがって, 邪魔[妨害]になって: be [stand] *in the* ～ 邪魔になっている, 行手をふさいでいる, 障害になっている / get *in the* ～ 邪魔[障害]になる. (3) 《英古》手近に (at hand), 居合わせて (present).
in the way of (1) …の邪魔になるように: Great difficulties stand *in the* ～ *of* its achievement. その完成には大きな困難がある / He doesn't want to stand *in the* ～ *of* your marriage. 結婚の邪魔をしようとは思っていない. (2) …の点で, …は, …として: *in the* ～ *of* business 商売として, 仕事上 / *in the* ～ *of* recompense 報酬として / We have a large assortment *in the* ～ *of* summer wear. 夏物を各種たくさん取りそろえてあります / There is nothing remarkable *in the* ～ *of* scenery. 景色の点では大したことはない.
(***in***) ***the worst way*** 《米俗》非常に, ひどく, とても: I want a car (*in*) *the worst* ～. とても車がほしい.
in a person's way (1) 人の行手に; 人が得られるように: A good opportunity lay *in my* ～. よい機会が私の前に控えていた. (2) 人の邪魔[妨害]になって: get *in a person's* ～ 人の邪魔[妨害]になる / Don't stand *in my* ～. 道をふさがないでくれ. (3) お手のもので, 専門で, 得意で: That's not *in my* ～. それは私の専門外[不得手]だ. (4) ⇨ 10.
in one's [***its***] ***way*** (…は)…なりに, (それは)それとして: The proverb is very good *in its* ～, but… この諺は一応結構であるが… / He is a poet *in his* own ～. 彼は彼なりに詩人だ.
in way of 〘海事〙…のそばに, …と隣り合わせて.
know [***learn***] ***one's way about*** [(***a***)***round***] (ある場所の)地理に明るい[明るくなる]; …の事情に通じている[通じる].
lead the way (1) 先に立って行く, 先導する; (道)案内する. (2) 率先する, 先鞭(せんべん)をつける: He *led the* ～ *in* the adoption of the new system. 彼は率先して新制度を採用した.
look nine ways ＝ ***look two ways for Sunday*** ひどいやぶにらみだ.
look the other way (人の視線を避けて)顔をそむける, そっぽを向く; (物事を)故意に無視する.
make its way 引き合う, もうかる.
make one's (***own***) ***way in the world*** (努力によって)出世する, 成功する.
make the best of one's way ⇨ best 成句.
make way (1) 〔…のために〕道をあける, 道を譲る

〔*for*〕: All traffic has to *make* ~ *for* a fire engine. すべての車両および歩行者は消防自動車に道をあけなければならない. (2) 進む, はかどる (make progress): The plan has *made* no ~. 計画は少しも進まない.
make one's [***its***] ***way*** (1) 進む, 行く (proceed): *make one's* ~ on foot 歩いて行く / *make one's* ~ home 家路につく / He *made his* ~ through the rain to the station. 雨の中を駅へ歩いて行った. (2) =*make one's* (*own*) WAY *in the world.* (3) 〈考え・趣向などが〉(世間に)受け入れられる.
more ways than one 幾つもの方法, いろいろなやり方: It can be done in *more* ~*s than one.*
no way (1) ⇨ 6. (2) 《口語》決して…でない (in no way): This is *no* ~ inferior to that. これは決してそれに劣らない. (3) 《俗》(絶対)だめだ: Do it before tomorrow.—*No* ~. それを今日じゅうにしてほしい—だめだ.
once in a way ⇨ once 成句.
one way and another あれやこれやで, あれこれ考え合わせて.
one way or another =(*in*) *one* WAY *or another.*
on the [*one's*] ***way*** (1) (…へ行く)途中で[に]; 輸送中で; 出発し(ようとし)て (cf. 2): *on the* [*one's*] ~ *to* [*from*] …へ行く[から帰る]途中に / *on the* [*one's*] ~ home [back, in] 家へ帰る[戻る, 入る]途中で / perish *on the* ~ ⇨ perish *vi.* 1 / The store is *on my* ~. 店は通り道にある / The remittance is now *on the* ~. もう金は送金した(やがて届くでしょう) / I must be *on my* ~ now. もう失礼しなければ / (Be) *on your* ~! 立ち去れ. (2) 〔ある事態に向けて〕進行中で〔*to*〕; …しそうになって 〈*to doing*〉; 起ころうとして, 近づいて: be *on the* ~ in [down] 《口語》流行りかけている[落ち目である] / He's well advanced *on the* ~ *to* recovery. 相当回復して来ている / He's *on the* ~ *to* becoming an alcoholic. アル中になりかけている / Snow is *on the* ~. 雪になりかけている. (3) 《口語》〈子供が〉(お腹に)できて: She was a mother of three, with another *on the* ~. 彼女は三児の母親で, また次が生れかかっていた.
on the [*one's*] ***way out*** (1) 出る途中で; 退出[退職]しかかって, 去りかかって: The U.S. seems well *on its* ~ *out* of recession. 米国は不況から大分脱け出しているようだ. (2) 《口語》すたれ[消え]かかって; 死にかかって (dying): The miniskirt was *on its* ~ *out*. ミニスカートはすたれかけていた.
out of the [*one's*] ***way*** (cf. out-of-the-way) (1) 道を離れて, 道をはずれて: go *out of the* ~ 寄り道をする / keep *out of* harm's ~ 禍を避ける. (2) 常軌を逸した, 異常な: There is nothing *out of the* ~ about him. 彼には何も異常な点はない. (3) 不適当で, 誤まった: He has never been known to say anything *out of the* ~. 今まで誤まった事を言ったことがない. (4) 邪魔にならない所に, 片付けられて: get *out of the* ~ よけ(させ)る; …を片付ける, 処理する / put a person *out of the* ~ (邪魔な)人を殺す[片付ける, 監禁する]. (5) 人里離れた所に. (6) [out of one's ~ として]《英》自分の専門外で, 不得手で: 「my ~.
out *a person's* ***way*** 《口語》近所に[で]: He lives *out*
pave the way for [***to***] …のために道を開く, …の準備をする; …を容易にする, …を可能にする.
pay *its* ***way*** 〈事業などが〉損をしない, 収支相償う, もうかる.
pay *one's* ***way*** (1) (旅行などで)きちんと費用を払っていく, 他人に迷惑をかけない: *pay one's* ~ through college 働きながら大学を出る. (2) 借金をしないでやっていく.
prepare the way 準備(工作)をする (cf. *Matt.* 3:3).
put *a person* ***in the way of*** …の[する]道を〈人〉につけてやる, に…ができる[得られる]ようにしてやる: He was *put in the* ~ *of* earning a living. 彼は生計を立てるようにしてもらった / I *put* him *in the* ~ *of* a good bargain. 彼に金もうけの機会を与えてやった.
put *oneself* ***out of the way*** (他人のために)骨を折る〔*for*〕〈*to do*〉: He *put himself out of the* ~ *for* her sake. 彼女のために骨折った / Why should I *put myself out of the* ~ *to* welcome such a man? あんな男の歓迎になぜ骨を折らなければならないのか.
rough *a person* (***up***) ***the wrong way*** 〈人を〉怒らせる.
rub (***up***) ***the wrong way*** (1) 〈人・髪・毛皮を〉逆にこする[逆なでする]. (2) 〈人を〉怒らせる, じらす.
see *one's* ***way*** (***clear***) (行動やその結果の)見通しがつく, できるように思う[する]; (要求などに応じて)(…するように)努める〈*to do*〉/〔*to doing*〕: I cannot *see my* ~ *to* comply with your request. 御要望には応じかねます / I can *see my* ~ *to* lending you the money. どうにかそのお金のご用立てができそうです.
set *in one's* ***ways*** (年のせいなどで)自分の流儀に凝り固まって, 一徹で (cf. set *adj.* 3 a): He seems very *set in his* ~*s.* とても頑固[一徹]そうだ.
set *a person* ***on*** *his* ***way*** (1) 人に出立の用意をしてやる. (2) (道を間違えないよう)〈人を〉途中まで送る.
take in [***on***] *one's* ***way*** 途中…を見物[訪問]する: I *took* Rome [a friend] *in my* ~. 途中ローマ[友人]を訪れた.
take *one's* ***way*** 道をたどる, 行く〔*to, toward*〕; 旅をする.
that way (1) あんな風に[で]: What makes him behave *that* ~? どうしてあんな振舞いをするのか. (2) 《口語》〔…に〕惚れて; 〔…が〕大好きで〔*about, for*〕: They are *that* ~ *about* each other. お熱い仲だ / She's *that* ~ *about* [*for*] cakes. ケーキに目がない.
the hard way (1) 苦労して, 地道に; 厳格に: learn songs *the hard* ~ 歌をこつこつと覚えてゆく / bring up a child *the hard* ~ 子供を厳しく育てる. (2) 《ダイス》(craps で)ぞろ目 (doublet) が出て: He made 10 *the hard* ~. 5 と 5 のぞろ目で 10 を出した.
the other way about [(***a***)***round***] あべこべに, 逆に.
the right way [副詞的に] 正しいやり方で, 適切に; 正常な方向に.
the way (1) …の仕方[やり方]: *The* ~ she spoke hurt me. 彼女の話し方がしゃくにさわった / That is not *the* ~ we do things here. ここではそういうやり方はしない / It's wonderful *the* ~ he writes. 彼の書きっぷりはすばらしい. (2) [接続詞的に]《口語》…のように (as); …によれば: I don't see how he can act *the* ~ he does. どうしてああいう風に振舞えるのかわからない / *The* ~ I see it, there is no hope for him. 私の見るところでは彼には見込みがない. (3) [接続詞的に]《アイル》…するために (in order that).
the way of all flesh 生きとし生けるものの道, 世の常道 / ⇨ *go the* WAY *of all flesh.*
the whole way =*all the* WAY.
the wrong way [副詞的に]間違って; 逆に: The S stands *the wrong* ~. その S は逆になっている.
(***the***) ***wrong way about*** [(***a***)***round***] =*the other* WAY *about* [(*a*)*round*].
this way こんな風に[で]: We want to stay *this* ~. いつまでもこんな風でいたい.
under way (1) 〈船が〉進行中で, 航行中(で) (cf. underway): The ship got *under* ~. 船は出帆した[進み始めた]. (2) 始まって, 進行中で, 進捗(しんちょく)して: Preparations are well *under* ~ for the party. パーティーの準備はすでに始まっている / There were widespread fears that a coup was *under* ~. クーデターが始まっているのではないかという不安が広まっていた.
Way enough! 《海事》漕ぎ方止め.
win *one's* ***way*** うまく進んで行く; 出世[栄達]する: *win one's* ~ in the world 出世する, 成功する / This custom has *won its* ~ among all classes. この習わしはすべての階級に普及している.
work *one's* ***way*** ⇨ work *vt.* 7.
Way of the Cross [the ―] (1) =STATIONS of the cross. (2) =via dolorosa 1.
way of the wine [the ―] (食卓で次々に)ぶどう酒(びん)を回す順《左から右》.
ways and means (1) 方法, 手段 (methods). (2) (政府の)歳入の道[方法, 立法]: ⇨ COMMITTEE on [of] Ways and Means.
way(**s**) **of God** [the ―]《聖書》神の道, 天道.
way[2] [wéɪ] 〖《?*a*1200》《頭音消失》← AWAY〗 ― *adv.* (*also* **'way**) **1** 《口語》[above, ahead, behind, below, down, off, out, over, up のような副詞・前置詞を強めて] **a** はるかに: ~ *back* 昔 / ~ *back* in the Middle Ages 遠く中世では / ~ *down* upon the Suwannee river はるか遠くスワニー川のほとりに / He lives ~ *down* South. はるか南部に住んでいる. **b** (途中)ずっと (all the way): He went ~ *over* [*across*] the valley. 谷を越えて行った. **2** 《方言》非常に: ~ early.
from way back 昔から(の), 古く(から)の: They were friends *from* ~ *back*. 古くからの友人同士だった.
way[3] [wéɪ] 〖← ?: cf. woe〗 *int.* 《英方言》どう《馬を制止する掛声》.
way[4] [wéɪ] *adj.* [数詞の後に複合語の第 2 構成素として] …(人)の参加者による (cf. one-[two-, three-, four-] way): a three-*way* discussion [conversation] 3 人での議論[話, 鼎談(ていだん)]. 「every-*way*.
-way [wèɪ] 〖ME: ⇨ way[1]〗 *suf.* =-ways: any*way*,
wáy bènnet [**bènt**] *n.* 《植物》=wall barley.
wáy·bìll 〖← WAY[1]+BILL[3]〗 *n.* **1** 乗客名簿; 貨物運送状: a ~ of lading 貨物引換証. **2** 《商業》=airwaybill. **3** (旅行者のために整えた)旅行日程.
way·far·er [wéɪfɛ̀(ə)rə | -fɛ̀ərə(r)] 〖《1440》: ⇨ way[1], farer〗 *n.* **1** 旅人, (特に)徒歩旅行者. **2** (旅館・ホテルの)短期宿泊客.
way·far·ing [wéɪfɛ̀(ə)rɪŋ | -fɛ̀ər-] 〖adj.: OE *wegfarende.* ― n.: 《1536》〗 *n.* (徒歩)旅行, 道中, 旅.
― *attrib. adj.* (徒歩)旅行をする, 旅の: a ~ man.
wáyfaring trèe 〖《1597》《略》←《廃》*wayfaring man's tree*〗 *n.* 《植物》 **1** スイカズラ科ガマズミ属の低木 (*Viburnum lantana*). **2** =hobblebush.
wáy·gòing 〖← WAY[2]〗 ― *adj.* **1** 《スコット》行き去る, 去り行く (departing). **2** 《法律》期間後収穫の《土地の権利の期間の終了前に播種(はしゅ)され, 終了後に成熟する収穫物についていう》. **3** 《英》去り行く人の. ― *n.* 《スコット》別れ, 告別 (leave-taking).
wáygoing cróp *n.* 《法律》=away-going crop.
wáy ín *n.* 《英》入口 (entrance) (↔ way out).
waylaid *v.* waylay の過去形・過去分詞.
Way·land [wéɪlən(d) | -lənd] 〖OE *Wēland*: cf. ON *Völundr* / OHG *Wiolant*〗 ― *n.* **1** 《北欧伝説》ウェーランド《創意工夫に富む鍛治屋で Scandinavia では Völund, ドイツでは Wieland と呼ばれる》. **2** 男性名.
way·lay [⌐⌐, ⌐⌐ | ⌐⌐] 〖《1513》: ⇨ way[1], lay[1]〗 ― *vt.* (**-laid**) **1** (強盗や殺害の目的で)〈人・物を〉待ち伏せする, 道に要する, 道に待ち構える, 要撃する (ambush): A ruffian *waylaid* her in the street. 暴漢が通りで彼女を襲った. **2** 道に待ち構えて呼び掛ける: I *waylaid* him for the news. そのニュースを聞くために道に待ち構えて声をかけた. **~·er** *n.*
wáy·lèave 〖《1427–28》: ⇨ way[1], leave[2]〗 *n.* **1** 《法律》(採鉱や鉱石の運搬のために他人の所有地を通る)通行権 (right-of-way). **2** その通行料.
wáyleave rènt *n.* =wayleave 2.
wáy·less 〖OE *weglīas*〗 *adj.* 通り道[道路]がない (trackless).
wáy·màrk *n.* 道しるべ, 道路標識.
Wayne [wéɪn] 〖cf. OE *wæ̆gn-mann* waggon-maker: ⇨ wain〗 *n.* 男性名.
Wayne, Anthony *n.* (1745–96) 独立戦争当時の米国の将軍; 勇敢な戦法のために Mad Anthony と呼ばれた.
Wayne, John *n.* (1907–79) 米国の映画俳優; 本名 Marion Michael Morison.
wáy-óut 〖← *way out*: ⇨ way[2]〗 ― *adj.* **1** 《口語》〈スタイルなど〉最先端をゆく, 前衛的な; すぐれた (excellent). **2** 風変わりな, 因習にとらわれない (unconventional); 深遠な, 難解な (esoteric). ― *n.* 因習にとらわれない[急進的な]意見の持主. **~·ness** *n.*
wáy óut *n.* **1** 《英》出口 (exit) (↔ way in). **2** (困難などの)解決法: take the easy [quick, simplest, etc.] ~ (of…) 《口語》(苦境などからの)安易な[素早い, 最も簡単な]解決策をとる.
wáy pàssenger *n.* 中間駅の乗降客, 短距離の旅客 (local passenger).
wáy pòint *n.* **1** (重要な地点間の)中間地点. **2** = way station.
wáy·pòst *n.* 道しるべ (guidepost).
ways [wèɪz] *n. pl.* [単数扱い]《米口語》⇨ way[1] 3 ★.
-ways [wèɪz] 〖ME: ⇨ -way, -s[2]〗 *suf.* 位置・方向・様態を示す副詞を造る (cf. -way, -wise): length*ways*, side*ways*, front*ways*, al*ways*, any*ways*.
wáy shàft *n.* 《機械》=rockshaft.
wáy·sìde 〖《?*a*1400》〗 ― *n.* 道端, 路傍; 沿道.
fall by the wayside 途中でだめになる, 落伍する (cf. *Matt.* 13:4, *Luke* 8:5). ***go*** [***let go***] ***by the wayside*** (他の重要[緊急]事などのために) わきにやられる[やる], 棚上げされる[する], 捨てられる[捨てる].
― *attrib. adj.* 路傍の: ~ flowers 路傍の花 / a ~ inn 路傍の宿屋.
wáy stàtion *n.* 《米》(主要駅間の)中間駅《急行は通過》. 「train).
wáy tràin *n.* 《米》各駅停車列車, 区間列車 (local
way·ward [wéɪwəd | -wəd] 〖《*c*1390》《頭音消失》← ME *awayward* turned away: ⇨ away, -ward〗 ― *adj.* **1** 不従順な(disobedient); 強情な, 片意地の(perverse); わがままな (willful): a ~ child だだっ子. **2** 気まぐれな, むら気な (capricious): a ~ fancy 気まぐれな空想. **3** 〈主義など〉定まらない, ぐらつく, 不規則な, 不安定な (irregular): a ~ course of action 不安定な[常にぐらついている]行動方針. **4** 《古》〈物が〉予想外の, やっかいな (untoward): We war with ~ fate. やっかいな運命と戦う. **~·ly** *adv.* **~·ness** *n.*
wáy-wìse *adj.* **1** 《米》〈馬が〉道[競馬場]に慣れた. **2** 《方言》〈人が〉経験に富む (experienced).
wáy·wìser *n.* 旅行距離測定器. 「travelers.
wáy·wòrn *adj.* (徒歩の)旅に疲れた[やつれた]: ~
wayz·goose [wéɪzgùːs] 〖《1731》《変形》←《廃》*waygoose* ← ? WAY[1]+GOOSE〗 *n.* (*pl.* **wayz·goos·es**) (夏期に行なわれる)印刷工の年 1 回の慰労宴会[旅行会].
Wa·zir·i·stan [wɑzìː(ə)rɪstǽn, wɑː-, -stɑ́ːn | -zìər-] *n.* ワジリスタン《パキスタン北西部の山岳地帯》.
Wb 《略》weber(s).
W/B, W.b., W.B. 《略》waybill.
w.b. 《略》water ballast; 《通信》wave band; waybill; westbound; wheelbase; wool back.
W.B. 《略》warehouse book; washable base; weather bureau; wet bulb; World Bank; World Brotherhood.
WBC, W.B.C. 《略》white blood cell; white blood corpuscle; white blood count.
WbN 《略》west by north.
W̄ bòson *n.* W ボゾン《弱い相互作用を媒介すると考えられる重いボーズ粒子; intermediate (vector) boson, W particle ともいう》.
WbS 《略》west by south.
w.b.s. 《略》《保険》without benefit of salvage「保険者は救助物の利益にあずからない」ことを示す条項.
W/C 《略》Wing Commander.
w.c. 《略》water closet; without charge.
W.C. 《略》war cabinet; war communications; war council; war credits; water closet; Wesleyan Chapel; West Central《ロンドンの郵便区; cf. E.C.》; Western Command; working capital; workmen's circle; work men's compensation 労働者災害補償.
W.C.A. 《略》Women's Christian Association; Workmen's Compensation Act 労働者災害補償法.
WCC, W.C.C. 《略》War Crimes Commission 戦争犯罪委員会; World Council of Churches.
W/Cdr. 《略》Wing Commander.
W̄ chròmosome *n.* 《生物》W 染色体《カイコなどのように雌に 2 種の性染色体がある生物で, 雌にあって雄にない性染色体; cf. Z chromosome》.
W.C.T.U. 《略》Women's [Woman's] Christian Temperance Union キリスト教婦人矯(きょう)風会, (米国)キリスト教婦人禁酒同盟.
wd. 《略》ward; warranted; wood; word; would.
W.D. 《略》War Damage; War Department; Water Department; 《法律》wife's divorce; Works Department.
W.D.C. 《略》War Damage Commission 戦時損害委

員会; War Damage Contribution 戦時損害分担金; World Data Center 世界資料センター.

wds 《略》words.

wd. sc. 《略》wood screw.

we [wi, wɪ; wi:, wí:] 〘OE *wē* < Gmc **wiz* (Du. *wij* / G *wir* / ON *vēr* / Goth. *weis*) < IE **weis* ← **wē-* we + **-i* (pl. suf.) + **-s* (nom. suf.)〙 ― *pron.* [人称代名詞, 一人称複数形主格; 所有格 **our**; 目的格 **us**] **1 a** 我々, 我ら, 私たち: *We* are brothers. 僕らは兄弟です / *We* are in the same class. 私たちは同級生です / It is *we* who are to blame. 悪いのは私たちです / [同格語を伴って] *We* girls have our rights, too. 私たち女性にも権利がある / *We* Americans can understand this feeling. 私たちアメリカ人はこの気持がよく理解できる. **b** [話者または筆者の属する特定の職業・政党・会社など(の者)を指して]: *we* doctors [in the medical profession] 我々医者[医業に携わるもの]は / *We* don't carry that type of watch. 当店ではその種の時計は売っていません / *We* are sold out. 手前どもではその品は売り切れました. **c** [話者または筆者の乗りものなどを指して]: *We* were sailing the coast. 我々の船は海岸沿いに航行していた. **2 a** [国王が公式に自己を表示して] ★ royal "we" といわれる (cf. ourself): *We* are not amused. 朕(ちん)は面白うない《誰かが真面目な席上でしゃれを飛ばした時 Queen Victoria が不興気に言った言葉として有名》/ Know that *we* have divided in three *our* kingdom. わしが王国を三分したことを知ってもらいたい (Shak., *Lear* 1. 1. 38–39). **b** [新聞雑誌の社説などで筆者および同僚の意見を代表させ, あるいは著者・講演者が自己の意見に読者・聴衆の意見を含めさせて] ★ editorial "we" といわれる: *We* will not go on to tell of his last years. 彼の晩年の話には立ち入らないことにしよう. **3** [総称的に一般の人をさして (cf. one 3 a, they 2 a, you 2)]: *We* find good in everything. 何にでもいい所はある / *We* had much rain last year. 去年は雨が多かった. **4** 《口語》[子供・患者・気取り屋などの相手に親しみ・おだて・激励・皮肉などの気持を示して] =you: How are *we* this morning, child? 今日の気分はどう? / *We* really should work a little harder. もう少し頑張った方がいいよ / Oh, *we* are proud! おやなかなか気位が高いんだね.

we and they 我々と彼ら《自分の属する階級とそれと対立すると考えられる階級》.

WE 《略》Women Exchange 婦人交換所《離婚裁判所で有名な米国 Reno 市のあだ名》.

W.E.A. 《略》《英》Workers' Educational Association.

We·A·dar [vèɪɑːdɑ́ə, ⌐⌐⌐ | víːədɑ̀ː(r), véɪ-] *n.* 〘ユダヤ暦〙=Veadar.

weak [wíːk] 〘(*a*1325) *waike, wek* ▭ ON *veik-r* pliant < Gmc **waikwaz* (Du. *week* / G *weich* soft) ← IE **weik-* to bend, wind ∽ ME *woke* < OE *wāc* < Gmc: cf. week〙 ― *adj.* (~·**er**; ~·**est**) (↔ strong) **1** 〈人・身体・四肢など〉弱い, もろい, 薄弱な; 〈器官など〉衰弱した: a ~ old woman / ~ eyes 視力の弱い目 / a ~ stomach 弱い[むかつきやすい]胃 / ⇨ weaker SEX, weak VESSEL, weaker VESSEL / be too ~ to walk 体が弱って歩けない / answer in a ~ voice 力のない声で答える / a ~ smile 弱々しい微笑 / be ~ *in* hearing 耳が遠い / (as) ~ as a rat (ねずみのように)弱虫で / (as) ~ as water ⇨ water 成句 / a ~ hand (トランプで)悪い手. **2** 〈精神・知力・能力・性格など〉弱い, 薄弱な, 知力の足りない; (学科などに)劣った, 下手な, 弱い 〔*in, at*〕: a ~ mind 薄弱な知能, 低能 / a ~ intelligence 薄弱な知力 / one's ~ point [side] 弱点 / a man of ~ character [resolution] 性格[決意]の弱い人 / be ~ *in* judgment [faith, decision] 判断力[信仰心, 決心]が弱い / be ~ *in* spelling つづり字が不得意である / He is ~ *at* [*in*] English [mathematics]. 英語[数学]に弱い / I am ~ *on* names. 名前が覚えられない / He is ~ *of* will. 彼は意志が弱い. **3** 〈行動・抵抗など〉力[気]の弱い, 不十分な: a ~ defense / ~ compliance [surrender, refusal] 力のない承諾[降伏, 拒絶] / in a ~ moment (常になく)素直な[誘惑されやすい]気分の時に. **4** 〈政治力・経済力・権威・国力など〉弱い, 薄弱な, 力[資源]のない: a ~ monarch 無力な国王 / a ~ government 弱体な政府 / the ~*er* nations 弱小国 / The lira is ~ nowadays. 当節リラは弱い. **5** 〈議論・証拠・文体・表現など〉弱い, 説得力のない, 不徹底な; 迫力のない, だらだらした: a ~ argument 説得力のない議論 / a ~ sentence, style, etc. / ~ evidence 不十分な証拠. **6** (濃度が)弱い, 薄い, 水っぽい; 効力の弱い[乏しい]; 〈陰画が〉コントラストに欠けている: ~ tea, coffee, etc. / a ~ negative コントラストに欠けている陰画 / The tea was as ~ as water. 茶は薄くて白湯(さゆ)みたいだった / a ~ drug (効力の)弱い薬. **7** 〈乗組員が〉人手不足で (shorthanded). **8** 〈小麦粉が〉薄力(はくりき)の《軟質小麦 (soft wheat) で造った麩質(ふしつ)(gluten)分の含有量が少ない; cf. strong 13》. **9** 〈相場が〉下向きの, 〈市況が〉弱含みの (↔ firm); (手形の)引受け能力が薄弱な: a ~ market / There was a ~ demand for wheat. 小麦の需要は少なかった. **10** 〘文法〙**a** 〈動詞・活用が〉弱変化の, 規則変化の (regular): ~ conjugation 弱変化 / a ~ verb 弱変化動詞《歴史的には OE の -ed(e), -od(e) の語尾によって活用変化した動詞をいい, 現代英語の規則動詞のほか, burn, lean, show などがこれに属する》. **b** 〈名詞・形容詞・屈折が〉弱変化の: ~ nouns, adjectives / ~ declension 弱変化[屈折]. **11** 〘音声〙弱い, 強勢のない (unstressed): ⇨ weak stress, weak vowel. **12** 〘化学〙〈酸・塩基が〉弱い《水溶液中でわずかしか電離しない》.

wéak accumulátion pòint *n.* 〘数学〙弱集積点 (⇨ accumulation point).

wéak derived sét *n.* 〘数学〙=derived set.

weak·en [wíːkən] 〘(1530): ⇨ weak, -en¹〙 ― *vt.* **1** 弱くする, 弱める, もろくする, 薄弱にする, 軟弱にする, 虚弱にする (↔ strengthen): ⇨ *weaken a person's* HAND(*s*) / He had been severely ~*ed* by a series of heart attacks. 何回かの心臓発作で体力がひどく衰弱していた. **2** 〈溶液・酒・茶などを〉薄くする, 薄める, 希薄にする. ― *vi.* **1** 弱くなる, 弱まる, 弱る, 弱って行く, 衰弱する: His love for her ~*ed*. 彼女への愛が弱まった / Investment has ~*ed* in 1976. 1976 年から投資が弱まった. **2** 優柔不断になる, 屈する, 譲る. ~·**er** [-k(ə)nə | -nə(r)] *n.*

wéak énding *n.* 〘詩学〙弱行末《blank verse において通例アクセントのおかれない語 (and, as, or, than, if などの接続詞, at, by, from, in などの前置詞および can, may, do などの助動詞)を行末の強勢部位置においたもの; cf. feminine ending》.

wéak·en·ing [-k(ə)nɪŋ] *n.* 〘音声〙弱化 (reduction).

wéak-éyed *adj.* 目[視力]の弱い.

wéak·fish 〘▭ Du. 《廃》*weekvisch* 《原義》soft fish〙 *n.* 〘魚類〙=squeteague.

wéak fòrce *n.* 〘物理〙弱い力《弱い相互作用による素粒子間の力; cf. weak interaction, strong force》.

wéak fòrm *n.* 〘音声〙弱形《and の [ən], some の [səm], he の [(h)ɪ] など》.

wéak gràde *n.* 〘文法〙弱階梯 (⇨ grade 8).

wéak·hánded *adj.* **1** 手の力が弱い. **2** 元気がない (dispirited). **3** 人手不足の (shorthanded).

wéak-héaded *adj.* **1** 目まいを起こしやすい; すぐに酔う. **2** 意志力[精神力]を欠いた. **3** 頭の弱い, 低能の, 愚鈍な. ~·**ly** *adv.* ~·**ness** *n.*

wéak·héarted *adj.* 気の弱い, 勇気のない. ~·**ly** *adv.* ~·**ness** *n.*

wéak interáction *n.* 〘物理〙弱い相互作用《素粒子の間に働くごく弱い相互作用で, 原子核のベータ崩壊や π 中間子, μ 粒子など多くの素粒子の不安定性の原因でもある; cf. weak force, strong interaction》.

wéak·ish [-kɪʃ] *adj.* やや弱い, やや柔弱な; 〈味など〉やや薄目の. ~·**ly** *adv.* ~·**ness** *n.*

wéak-knéed *adj.* **1** ひざの弱い. **2** 弱腰の, 決断力のない, 優柔不断の (irresolute): ~ cowards. ~·**ly** *adv.* ~·**ness** *n.*

wéak knées *n.pl.* 決断力のなさ, 優柔不断 (cf. weak-kneed).

weak·ling [wíːklɪŋ] 〘(1526) ← WEAK + -LING¹: cf. G *Weichling* effeminate man〙 *n.* 弱い人[動物]; 虚弱者, 病身者; 柔弱者, 弱虫. ― *adj.* 病身の; 弱虫の.

weak·ly¹ [wíːkli | -lɪ] 〘(1577): ⇨ weak, -ly²〙 *adj.* (**weak·li·er**; **-li·est**) 丈夫でない, 弱々しい, 虚弱な, 病弱な, 病身の (feeble, sickly).

wéak·ly² 〘(*a*1398): ⇨ weak, -ly¹〙 ― *adv.* **1** 弱く, 弱々しく, 力なく, 薄弱に: He grinned ~. 力なくにっと笑った. **2** 優柔不断に, 意気地なく. **3** 薄く, 水っぽく. **4** わずかに, かすかに. **5** 不十分に, 効果なく. **6** 説得力なく.

wéak-mínded *adj.* **1** 気の弱い, 優柔不断の. **2** 低能な, 愚鈍な: ~ children. **3** 〈行動など〉決断力を欠いた: a ~ decision. ~·**ly** *adv.* ~·**ness** *n.*

wéak·ness 〘(*a*1325)〙 ― *n.* **1** 弱いこと, 弱々しさ, 力のないこと; 軟弱, 虚弱, 薄弱 (debility). **2** 愚鈍, 低能 (imbecility). **3** 優柔不断, 柔弱, 気弱さ (irresolution). **4** 証拠不十分, 論拠薄弱. **5** 欠点, 弱点, 短所, 欠陥 (slight defect): His chief ~ is being too easily amenable to flattery. 彼の主な弱点は容易に人のお世辞に乗ることだ. **6** 偏愛, (ばかげた)好み, 趣味; 好きでたまらないもの: have a ~ *for* the bottle [tobacco, strawberries] 酒[たばこ, イチゴ]に目がない / Strawberries [Detective stories] are my ~. **7** 〘証券〙市場が弱いこと《売りが優勢であること》.

wéak rhýme *n.* 〘詩学〙=feminine rhyme.

wéak síde *n.* **1** (性格の)弱点. **2** 〘アメリカンフットボール〙ウィークサイド《アンバランスラインフォーメーションにおいて人数の少ない力の薄弱なサイド》.

wéak-síghted *adj.* 弱視の.

wéak síster *n.* **1** 臆病(おくびょう)者, 頼りにならない人. **2** (全体の中で)他よりも弱い[劣る]部分[分子].

wéak stréss *n.* 〘音声〙弱強勢《第一強勢 (primary stress) および第二強勢 (secondary stress) 以外の強勢; 例: separate [sépərèɪt] の第 2 音節に置かれた強勢; cf. strong stress》.

wéak vówel *n.* 〘音声〙弱母音《英語において弱い強勢の音節に現われる母音; butter [bʌ́tə | -tə(r)] の [ə], [ə], happy [hǽpi | -pɪ] の [i], [ɪ] など》.

weal¹ [wíːl] 〘OE *wela* prosperity < (WGmc) **welon* ← IE **wel-* to wish: cf. well²〙 ― *n.* **1** 《文語》繁栄, 福利, 幸福, 安寧 (prosperity, welfare): the common ~ 公共の福利 / in ~ and [or] woe 幸いにも災いにも / for the general [public] ~ 一般[公共]の福利のため. **2** 《廃》富 (riches). **3** 《廃》国家.

weal² [wíːl] 〘(n.: 1821; v.: 1722) 《混同による変形》← W(ALE)¹ + (WH)EAL¹〙 *n.* =wale¹ 1. ― *vt.* =wale¹ 1.

weald [wíːld] 〘OE (WS) ~ = *wald* 'WOLD¹'〙 *n.* 《詩》森林地帯 (wooded district); 広野 (open country).

Weald [wíːld], **The** 〘↑〙 ― *n.* ウィールド地方《イングランド南東部, North Downs と South Downs の間で, Kent, Surrey, Hampshire, West Sussex の諸州にまたがる地方; もとは森林地帯であったが, 今は農耕地方》.

wéald clày *n.* 〘地質〙ウィールド粘土《イングランドウィールド地方 (Weald) に特有の粘土・砂岩・石灰岩および鉄鉱などから成る粘土質; 多くの化石類を含む》.

Weald·en [wíːldn, -dən] 〘(1828) ← WEALD + -EN²〙 ― *adj.* (英国の)ウィールド地方 (Weald) の; ウィールド地方の地質に似た. ― *n.* 〘地質〙ウィールデン層《ウィールド地方に典型的に発達した下部白亜系の陸成層》.

wealth [wélθ] 〘(*c*1250) *welthe* well-being, riches ← *wele* 'WELL², WEAL¹' + -TH²: HEALTH との類推から〙 ― *n.* **1** 豊富な財貨; 富, 富裕 (riches, affluence): with all the ~ of India インドの富をもってして(も) / a man of great ~ 大富豪 / oil and other mineral ~ 石油その他の鉱物資源 / gather [attain to] ~ 富を積む, 富を致す. **2** [集合的] 富裕階級: be patronized by ~ and fashion 富豪と上流(人士)の愛顧を受ける. **3** 豊富, 沢山 (abundance, profusion): a ~ of experience [imagination, wit, fruit, dark hair] 豊富な経験[想像力, 機知, 果実, 黒髪] / *Wealth* of words is not eloquence. 多弁は雄弁にあらず. **4** 〘経済〙富《すべて貨幣価値・交換価値または利用の価値あるもの》. **5** 《古》幸福, 福利, 繁栄 (well-being, prosperity): Grant her in health and ~ long to live. 女王に健康と平安なる長寿を与えたまえ (*Prayer Book*, 'A Prayer for Queen's majesty').

Wealth of Nations [The ―] 「諸国民の富」,「国富論」《Adam Smith の経済論 (1776)》.

wéalth tàx *n.* 富裕税.

wealth·y [wélθi | -θɪ] 〘(*c*1375) 《廃》'prosperous': ⇨ wealth, -y⁴〙 ― *adj.* (**wealth·i·er**; **-i·est**) **1** 財産の多い, 富んだ, 富裕な (↔ poor): a ~ spinster 金持ちのオールドミス / a ~ nation 富んだ国. **2** 豊かな, 豊富な, 沢山の 〔*in*〕: ~ *in* knowledge. **wéalth·i·ly** [-θɪli, -θə- | -lɪ] *adv.* **wéalth·i·ness** *n.*

Weal·thy [wélθi | -θɪ] 〘↑〙 *n.* 〘園芸〙ウェルシー《米国のリンゴの品種名; 早生で赤い》.

wean¹ [wíːn] 〘OE *wenian* to accustom, wean < Gmc **wanjan* (Du. *wennen* / G *gewöhnen* / ON *venja*) ← **wanaz* accustomed ← IE **wen-* to desire, strive for: ⇨ wont〙 ― *vt.* **1** 〈赤ん坊・動物の子を〉乳離れさせる, 離乳させる 〔*from, on*〕: ~ a baby *from* the mother [breast] / ~ a baby *on* baby food 赤ん坊に離乳食を与えて離乳する / youth ~*ed on* TV and comics 幼時からテレビと漫画を見て育った青年たち. **2** 〔(好ましくない)習慣・興味・交友などから〕〈人を〉徐々に引き離す 〈*away*〉〔*from*〕: That experience ~*ed* me (*away*) *from* any ambition to be a poet. その経験で私は詩人になろうという野望を次第に捨てるようになった.

wean² [wíːn] 〘《短縮》← 《スコット》*wee ane* 《原義》little one: ⇨ wee¹, one〙 *n.* 《スコット》=child.

wéan·er *n.* **1** 離乳させる人[もの]; (特に)家畜用の離乳器具. **2** 離乳したばかりの幼獣.

wéan·ing *n.* **1** 離乳: the ~ period 離乳期. **2** 〘医学〙(人工呼吸器の)取りはずし.

wean·ling [wíːnlɪŋ] 〘← WEAN¹ + -LING¹〙 *n.* 乳離れ[離乳]したばかりの小児[動物の子]. ― *adj.* 離乳したての (newly weaned).

weap·on [wépən] 〘n.: OE *wǣpen* < Gmc **wǣpnam* (Du. *wapen* / G *Waffe*) ← ?. ― v.: OE *wǣpnian* ← (n.)〙 ― *n.* **1 a** 武器, 兵器; 凶器: a ~ of mass destruction 大量破壊兵器 / a ~ of warfare 兵器 / I beat him at his own ~(*s*). 私は彼に得意な武器を取らせて勝った. **b** (動植物の)武器《角・牙(きば)・爪・とげなど》. **2** (比喩的な意味で)武器となるもの, 対抗手段: women's ~*s*, waterdrops 女の武器である水のしずく(涙) (Shak., *Lear* 2. 4. 280) / use the ~ of a general strike ゼネストという武器を行使する / Argument was his only ~. 議論が彼の唯一の武器だった. ― *vt.* 武装させる (arm).

wéap·oned 〘lateOE *ġewǣpnod*: cf. OE *wǣpned* male (cf. weapon 《廃》penis)〙 *adj.* 武器を持った.

weap·on·eer [wèpəníə, ⌐⌐⌐ | wèpəníə(r)] 〘⇨ weapon, -eer〙 *n.* 〘軍事〙 **1** 核爆弾発射調整[準備]係. **2** 核兵器設計者.

wéapon·less 〘lateOE *wǣpenlēas*〙 *adj.* 武器のない: a ~ army.

weap·on·ry [wépənri | -rɪ] 〘⇨ -ry〙 *n.* **1** [集合的] 武器[兵器]類: nuclear [strategic] ~ 核[戦略]兵器類. **2** 造兵学《武器の設計と製造に関するもの》.

wear¹ [wéə | wéə(r)] 〘v.: OE *werian* to wear (clothes), clothe < Gmc **wazjan* (ON *verja* / Goth. *wasjan*) ← **was-* ← IE **wes-* to clothe (L *vestis* 'VEST'). ― n.: (1464)〙 ― *vt.* (**wore** [wɔ́ə, wóə | wɔ́ː(r)]; **worn** [wɔ́ən, wóən | wɔ́ːn]) **1 a** (習慣的にまたは何かの折に)身につけている, 着ている, はいて[かぶって, はめて, 帯びて]いる (cf. HAVE *on*, PUT *on*): ~ a coat, a clean collar, a sword, a cane, a watch, a ring, diamonds, etc. / ~ black [mourning] 黒衣[喪服]を身につけている / ~ white 白衣を身にまとう / ~ the crown [sword, gown, the purple] 王[軍人, 法律家, 皇帝]である / He (always) ~*s* a gray suit. (いつも)グレーの服を着ている / She was ~*ing* [She *wore*] new shoes (at the party). (パーティーで)新しい靴をはいていた / What shall I ~ *to* the theater? 芝居には何を着て行こうかしら. **b** 流行として身につける: a dress that is much *worn* 流行の服 (cf. 5). **c** 〈船が〉〈旗を〉掲げている (fly): ~ a flag.

2 〈髪・ひげなどを〉たくわえる, (ある状態に)しておく, 〈香水を〉つけている, 〈化粧を〉している: ~ a moustache / ~ one's hair waved [long, parted in the middle] 髪を縮らせて[長く伸ばして, 真中で分けて]いる / She ~*s* her hair down to her waist. 髪を腰まで長く垂らしている / She *wore* no makeup. 全然化粧していなかった.

3 〈態度・表情などを〉示す, 帯びる (exhibit, display): ~ a smile [scowl] 笑みを浮べて[しかめつらをして]いる / ~ a worried look 心配そうな顔をしている / ~ a careless manner [a triumphant air] ぞんざいな[勝ち誇った]風をする / The house ~*s* a neglected look. その家は手入れがよく行き届かない様子である / She ~*s* her years well. 年の割に若く見える[ふけない].

4 〈名前・肩書などを〉帯びる, 持つ (bear).

5 〈衣類・靴などを〉すり減らす, すり切らす, 摩滅させる, 摩損する, 使い古す: ~ one's clothes *to* rags [one's shoes *into* holes] すり切らして着物をぼろぼろにする[靴を穴だらけにする] / The rocks are *worn* by waves. 岩は波ですり減っている / The gloves are *worn* at the fingertips. 手袋は指先がすり切れている / a dress that is much *worn* 着古した服 (cf. 1 b).

6 (摩擦・摩滅させて)〈穴や溝などを〉作る, 掘る, うがつ: ~ a hole in one's trousers 着古してズボンに穴をあける / Water has *worn* a channel down the slope. 水の流れで傾斜面に溝が掘られた / A track was *worn* across the field. (人の足で)原を横切る道ができた.

7 疲労させる, 疲れ切らせる (exhaust); 衰弱させる, やせ衰えさせる (waste): Sorrow and anxiety ~ one more than hard work. 悲しみと心配は骨折り仕事よりも人をやつれさせる / He was *worn to* a shadow with care and anxiety. 苦労と心配で見る影もなくやせ衰えた.

8 [通例否定構文で ~ it として]《口語》耐える, 我慢する, …に同意する: I *won't* ~ *it*! そんなことを我慢するもんか.

9 《古》〈時を〉過ごす, 費やす.

10 《スコット》〈羊や牛を〉囲いにかり集める 〈*in, up*〉.

— *vi.* **1 a** (徐々に)すり減る, すり切れる. **b** [形容詞補語を伴って] (徐々にすり減って)…になる: Seams ~ white [ragged, threadbare]. (着古して)縫目が白くなる[ぼろぼろになる, 縫糸が見えて来る]. **2** 〈時が〉徐々に[だらだらと]過ぎる, たつ, 経過する (pass): The day ~*s* (*on*) toward its close. 日はだんだん暮れて行く. **3 a** 使用に耐える, 使える, もつ (last): ~ well [badly] もちがよい[悪い] / This color won't ~. この色はもちが悪かろう / This overcoat has *worn* wonderfully. このオーバーはすばらしくよくもった / Fustian ~*s* better than velvet. ファスチアン織りはビロードよりもちがいい / Among my old friends he is ~*ing* best. 私の旧友の中では彼が一番ふけない. **b** (長く使って[付き合って]も)飽きが来ない: Some slang words ~ well. 長もちする俗語もある. **4** 〔人・神経に〕いら立たしさを与える 〔*on*〕: The noise *wore on* his nerves. その騒音は彼の神経にさわった. **5** 《古》〈服飾品が〉流行している.

wear away (*vt.*) (1) すり減らす, 摩滅させる: ~ *away* stone steps (大勢の人の足が)段をすり減らす. (2) 〈時を〉過ごす: He *wore away* his youth in trifles. 下らないことばかりして青春を過ごした. (*vi.*) (1) 摩滅する: The inscription has *worn away*. 碑銘は摩滅して読み取れない. (2) 〈時が〉(徐々に)たつ, 経過する (pass): The long winter night *wore away*. 長い冬の夜がふけて行った. (3) 徐々になくなる[薄れる]: My patience began to ~ *away*. 次第に我慢がし切れなくなって来た. ***wear down*** (*vt.*) (1) すり減らす, すり減らして低くする: The heels of my shoes are *worn down*. 私の靴のかかとはすり減った. (2) (頑強に抵抗して)くじく, 勝つ: ~ *down* opposition. (3) 疲労させる, 疲れ切らせる; うんざりさせる (weary): The travel *wore down* her nerves. その旅で彼女の神経は参ってしまった. (*vi.*) すり減る, すり減らして低くなる: The tires are ~*ing down*. タイヤがすり減って来た. ***wear off*** (*vt.*) すり減らす, すり切らせる: ~ the freshness *off* 清新の気を失わせる / The paint is *worn off*. ペンキがはげた. (*vi.*) (1) すり減る, すり切れる: The nap will soon ~ *off*. けばはじきすり切れるだろう. (2) (徐々に)なくする, 消える: The feeling of strangeness will soon ~ *off*. 変だという感じはすぐなくなるだろう. ***wear on*** (1) 〈時などが徐々に[だらだらと]経つ, 過ぎる (cf. *vi.* 2): The time *wore on* toward midnight. 時が経って真夜中に近づいた / The discussion *wore on*. 論議は長々と続いた. (2) ⇨ *vi.* 4. ***wear out*** (*vt.*) (1) すり減らす, 使い古す, 着古す: ~ *out* one's clothes, a machine, etc. / These shoes are *worn out*. この靴ははきつぶされている. (2) 〈我慢・忍耐などを〉尽きさせる; 〈人を〉疲れ切らす (tire out): His patience was *worn out* at last. とうとう我慢し切れなくなった / The long journey has *worn* him *out*. 長旅で彼はすっかり疲れてしまった / I am *worn out with* this work. この仕事でくたくたに疲れた / ⇨ *wear out one's* WELCOME. (3) 〈時を〉過ごす, 費やす (pass): ~ *out* one's life [time, youth] in idleness ぶらぶらして生涯[時, 青春]を過ごす. (*vi.*) (1) すり減る: Cheap shoes will soon ~ *out*. 安靴はじきにだめになる. (2) 〈我慢・忍耐などが〉尽きる. ***wear the trousers*** [***breeches,*** 《口語》 ***pants***] 〈女が〉はばをきかす, 亭主を尻に敷く, かかあ天下である. ***wear through*** (*vi.*) (1) 〈物が〉すり減る. (2) 〈時が〉(単調に)過ぎて行く. (*vt.*) 〈時を〉どうやら過ごす: ~ *through* the day どうやら一日を過ごす.

— *n.* **1** 着用, 使用 (use): clothes for winter [everyday] ~ 冬[普段]着 / materials for working ~ 仕事着の生地 / The hat shows signs of ~. その帽子はかぶった形跡がある / It will stand any amount of ~. それはいくら使ってももつだろう. **2** 耐久性, もち (durability): There is plenty [a great deal] of ~ *in* it. それはまだまだ使える / There is not much ~ left *in* it. もう余り長くはもたない / These shoes will give double ~. この靴は2倍ももちましょう. **3** [しばしば複合語に用いて] 服, 衣服; 身につけるもの: children's ~ 子供服 / men's ~ 男子服 / everyday [summer] ~ 普段着[夏着] / ⇨ footwear, neckwear, sportswear, underwear. **4** 使いべり, すり切れ, 損耗, 摩耗: The carpets are showing ~. じゅうたんがすり切れて来た / ~ and tear＝tear and ~ (普段の使用による)損耗, 衰耗, 消耗, 損傷.

come into wear 〈ある型の衣服が〉流行してくる. ***have in wear*** 〈人が〉着用している: the coat that I *have in wear* 私の普段着の上衣. ***in wear*** 〈衣服・飾りなど〉着用されて; 流行して: clothes that are *in* constant ~ いつも着ている衣服 / The carpet has been many years *in* ~. じゅうたんは多年用いられて来た / *in* general ~ 流行して. ***the worse for wear*** ⇨ worse *adj.* 成句.

wear[2] [wέə | wέə(r)] 《(1614)《変形》? ← VEER[1]: WEAR[1] (v.) との連想による?》《海事》 — *v.* (**wore** [wɔ́ə, wóə | wɔ́:(r)]; **worn** [wɔ́ən, wóən | wɔ́:n], **wore**) — *vt.* 〈船を〉下手(ヘ)回しにする: ~ (a) ship. — *vi.* 〈船が〉下手回しに回る (cf. tack[1] *vi.* 1). — *n.* 下手回し.

wear[3] [wíə | wíə(r)] *n.* ＝weir.

wear·a·bil·i·ty [wὲ(ə)rəbíləṭi | wὲərəbíləti, -lɪ-] *n.* (衣類の)耐久性, もちの良さ.

wear·a·ble [wέ(ə)rəbḷ | wέər-] *adj.* 着られる, 身につけられる; 着用に適する: a ~ artificial kidney 身につけられる人工腎臓. — *n.* [通例 *pl.*] 衣服, 着物.

wear·er [wέ(ə)rə | wέərə(r)] 《(15C) ← WEAR[1] (v.)＋-ER[1]》 *n.* **1** 着用者, 携帯者, 身につけている人. **2** すり減るもの, 摩損物, 消耗物.

wea·ried [wí(ə)rid | wíərɪd] *adj.* 疲れ切った: a ~ sigh 疲れたような吐息. **~·ly** *adv.* **~·ness** *n.*

wea·ri·ful [wí(ə)rɪfəl | wíərɪ-] 《(15C)》 *adj.* **1** 疲れる, くたびれる (wearisome); 退屈な (tedious). **2** 疲れ切った (wearied). **~·ly** *adv.* **~·ness** *n.*

wéa·ri·less 《(15C)》 *adj.* 疲れを知らない, くたびれることのない; 退屈しない: a ~ fighter 疲れを知らぬ闘士. **~·ly** *adv.* **~·ness** *n.*

wéa·ri·ly [-rəli | -rəli, -rɪli] 《(15C)》 *adv.* 疲れて; 退屈して, 飽きて.

wéa·ri·ness 《OE *wērignesse*》 *n.* **1** 疲れていること, 疲労. **2** 倦怠, 退屈. **3** 退屈させるもの.

wear·ing [wέ(ə)rɪŋ | wέər-] *adj.* 消耗させる; 疲れさせる, 疲労させる: a ~ life / a ~ companion. — *n.* [形容詞的に] 着用の: ~ apparel 衣類, 着物.

wéaring cóurse *n.* 《土木》 摩耗層 《舗装道路の最上層部分》.

wéaring ìron *n.* ＝wear iron.

wéar·ing·ly *adv.* 疲れさせるように.

wéar ìron *n.* (摩滅に対して用いる)防摩鉄板, すれ鉄.

wear·ish [wí(ə)rɪʃ | wíər-] 《ME》 *adj.* 《英方言》 **1** 風味のない (tasteless); 味気ない (insipid) **2** 病弱な (sickly). **3** 間抜けの (stupid).

wea·ri·some [wí(ə)risəm | wíərɪ-] 《(*c*1450): ⇨ weary (adj. & v.), some[1]》 — *adj.* **1** 疲れさせる, 疲労させる: a ~ march, task, etc. **2** うんざり[飽き飽き]する, 退屈な: a ~ book, lecture, etc. **~·ness** *n.*

wéa·ri·some·ly *adv.* 疲れさせられて, 疲れて, うんざり[飽き飽き]して.

wéar lànd *n.* 《機械》 摩耗部.

wéar plàte *n.* ＝wear iron.

wéar·próof *adj.* 損耗に耐える, 耐久力のある.

wea·ry [wí(ə)ri | wíərɪ] 《adj.: OE *wērig* ＜ (WGmc) **wōriʒa* (OS *wōrig* weary / OHG *wuarag* drunk: cf. OE *wōrian* to wander) ← ? IE **wōr-* giddiness, faintness (Gk *hōrākiān* to faint). — v. OE *wēr(i)gian* ← (adj.): WEAR[1] とは語源上無関係》 — *adj.* (**wea·ri·er; -ri·est**) **1 a** 疲れた, 疲労した, 疲れ果てた (fatigued): ~ eyes, arms, legs, feet, soldiers, etc. / a ~ brain / I was ~ *with* waiting. 待ちくたびれた. **b** 〈足取り・声など〉疲れの色を示して: a ~ voice / ~ footsteps. **2** 疲れさせる, 疲労させる: a ~ road. **3** 〔…がいやになった, 〔…に〕飽きた (tired, bored) 〔*of*〕: be ~ *of* reading 読書に飽きている / She is ~ *of* dance and play. ダンスや遊びに飽きている. **4** 退屈な, 飽き飽きさせる, いやな (tedious, irksome): a ~ journey, task, wait, etc. / this ~ world [life] この憂き世.

— *vt.* **1** 疲れさせる, 疲労させる. **2** 退屈[飽き]させる, うんざりさせる, 困らせる (bore, harass): ~ a person by flattery, apologies, etc. / I was *wearied* by the sheer flow of words. 全くの洪水のような言葉にうんざりした / I won't ~ you *with* the account of how they quarrelled. 彼らがどんなにけんかをしたかをお話してあなたを退屈させたくありません. — *vi.* **1** 疲れる, 疲労する: His poetic mind never *wearied*. 彼の詩魂は疲れることを知らなかった. **2 a** 退屈する, 飽きる: I ~ when I am alone. 一人でいると退屈する. **b** 《古・詩》いやになる 〔*of*〕 / 〈*to* do〉: He had *wearied of* his task. 彼は仕事がいやになっていた / The eye never ~ *to* see beauty. 目は美を見ていやになることは決してない. **3** 《スコット》 待ちこがれる, あこがれる 〔*for*〕 / 〈*to* do〉: ~ *for* home / I was ~*ing to* speak with you. あなたとお話するのを待ちこがれていました / She *wearies for* her absent children. 家にいない子供(の帰り)を待ちわびている.

weary out (1) (疲れて)へとへとにさせる; (退屈して)うんざりさせる. (2) 〈月日を〉(単調に)過ごす, 費やす: ~ *out* the months and years.

Wéary Wíl·lie [-wíli | -lɪ] *n.* 《口語》 怠け者, ものぐさ太郎; 浮浪者 (tramp).

wea·sand [wí:zənd, wíz-, -zṇd] 《OE **wǣsend*, *wāsend* gullet ← (WGmc) **wāsand-* (pres.p.) ← ? IE **weis-* to flow out》 — *n.* 《古・方言》 **1** 気管, のど笛 (trachea, windpipe). **2** 食道 (esophagus); のど (throat): cut [slit] a person's ~ 人ののどを切る.

wea·sel [wí:zl] 《OE *wesule* ＜ (WGmc) **wisula* (G *Wiesel*) ← ? IE **weis-* (↑): 異臭を放つところからか》 — *n.* (*pl.* ~**s**, ~) **1 a** 《動物》 イタチ 《イタチ科イタチ属 (*Mustela*) の小さい肉食動物の総称; ヨーロッパミンク (*M. lutreola*), アメリカミンク (mink), イイズナ (*M. nivalis*), ケナガイタチ (*M. putorius*), オコジョ, エゾイタチ (ermine) など》. **b** イタチの毛皮. **2 a** (イタチのように)こそこそした男, ずるい人, 裏切り者. **b** 《米俗》 密告者 (informer). **3** ウィーズル自動輸送車 《2 種類のうち一つは陸上用で氷上・砂上・ジャングル地帯・45 度の傾斜面などを走破でき, 他は水陸両用式》. **4** ＝weasel word. **5** [通例 W-] 《米》 South Carolina 州人 《あだ名》.

catch a weasel asleep 抜け目のない人を欺く, 生き馬の目を抜く. **pop goes the weasel** ⇨ pop[1] *adv.*

— *vi.* 《米》 **1** (義務・責任を)免れる, 回避する 〔*on*, *out of*〕: ~ *on* paying 支払いをしぶる / He tried to ~ *out of* his misstep. 自分の過失から免れようとした. **2** 曖昧にする, 言葉を濁す. **3** 《米俗》 密告する.

wéasel-fàced *adj.* (イタチのように)細く尖った顔をした, 抜け目のない顔付きの.

wéa·sel·ly [-zḷi, -zli | -zḷɪ, -zlɪ] *adj.* 〈顔付き・態度が〉イタチに似た, イタチを思わせる.

wéasel wòrd 《イタチが鳥の卵の中身を吸ったあと, 卵を何事もなかったように見せかける習性があるといわれていることから; Theodore Roosevelt の言葉》 — *n.* [通例 *pl.*] 《米》 (逃げ口上に使う)曖昧(あいまい)な言葉, (意味を)ぼかすための語.

wéasel-wòrded *adj.* 《米》 (わざと)曖昧な言葉を使った, ぼかした; 逃げ口上の.

weath·er [wéðə | -ðə(r)] 《n.: OE *weder* ＜ Gmc **weðram* (Du. *weer* / G *Wetter* / ON *veðr*) ← IE **aw(e)-* to blow (OSlav. *vedro* good weather). — v.: (15C) ← (n.): cf. wind[1]》 — *n.* **1 a** 天気, 天候, 気象: look at the ~ 空模様を見る, 天気を見る / The ~ improves [settles] 天気がよくなる[定まる] / ⇨ weather eye / ⇨ CLERK of (the) weather. **b** [形容詞を伴って]: broken ~ 不順な天気 / good [bad] ~ 良い[悪い]天気 / hot [cold, warm] ~ 暑い[冷たい, 暖かい]天気 / fair [fine] ~ 上天気, 晴天 / foggy ~ 霧深い天気 / rough ~ 荒天 / seasonable ~ 順調な天候 / settled ~ 定まった天気 / soft ~ なま暖かい日和, しめっぽい天気 / stormy ~ 暴風雨 / ⇨ April weather / in fair ~ or foul 降っても照っても, 晴雨にかかわらず. **c** [*pl.*] ★ 次の句のみに用いる: all ~*s* あらゆる天候 / in all ~*s* あらゆる天候に, どんな天気でも / in most ~*s* 大抵の天気には. **2** 悪天候, 荒天 (雨・霜・波浪など): under stress of ~ 荒天のために, 時化(しけ)で / This mackintosh will keep out the ~. この防水外套は雨風を防ぐだろう. **3** (運命の)移り変わり, 浮沈, 有為転変 (vicissitudes): His honesty has endured all ~*s*. 彼の正直は世のあらゆる移り変わりに耐えて来た. **4** 《海事》 風の向いて来る方向, 風上: drive with the ~ 風と波のまにまに漂う / have the ~ of 〈他船〉の風上に立つ / up to ~ 風上に向かって / luff nigh the ~ 風の近くを帆走する.

above the weather (1) 《航空》 天候に左右されないほど高い所に. (2) 《口語》 (もう)体の具合が悪くない; (もう)酔っていない. ***have*** [***keep***] ***the weather of*** (1) 《海事》 …の風上にいる[を通る]. (2) …より有利である, …にまさる. ***in the weather*** 風雨に当たる場所に; 戸外に. ***make good*** [***bad, foul, heavy***] ***weather*** (***of it***) 《海事》 〈船が〉時化(しけ)に会って揺れない[揺れる]. ***make heavy weather*** 〔困難な仕事で〕苦労する 〔*with*〕. ***make heavy weather of*** [***over***] 〈小事〉を大事に考えすぎる, 仰山に考える, 難儀がる. ***under the weather*** 《口語》 (1) 体の具合が悪くて; (気が)くさくさして: be [feel] *under the* ~. (2) 少し酔って; 二日酔いで. ***weather permitting*** [独立句を成して] 天候が許せば.

— *attrib. adj.* 《海事》 **1** 風上の (windward) (↔ lee); 風上に向かった: ⇨ weather beam, weather bow, weather quarter. **2** 風雨にさらされた, 露天の: ⇨ weather deck.

— *vt.* **1** 風雨[外気]に当てる; 乾かす, 干す (dry, season). **2** 《海事》 …の風上を通る[走らせる]: ~ a cape, another ship, etc. / ⇨ *weather a* POINT. **3** 〈嵐・困難

などを〉乗り切る, 切り抜ける, しのぐ(survive)〈*out*〉: ⇨ *weather the* STORM / ~ many bitter winters 幾年も厳冬を経る / ~ a financial crisis 経済的危機を切り抜ける. **4** 悪天候のために動けなくする〈*in*〉. **5** [通例 p.p. 形で]〘地質〙〈岩石などを〉風化させる. **6**〘建築〙〈屋根・窓敷居など〉に水切りの勾配をつける; 〈外壁〉に水切り石をつける. **7**〈鷹を〉戸外の止まり木につなぐ. — *vi.* **1** 外気で傷む[変化する], 風化する〈*away*〉. **2** 風雨に耐える, もつ〈*out*〉.

weather along〘海事〙荒天をものともしないで進む. ***weather on*** [***upon***] (1)〘海事〙〈他船〉の風上に出る. (2) …を出し抜く. ***weather through***〈暴風雨・危機・困難など〉を切り抜ける, 乗り切る: ~ *through* a storm / ~ *through* financial difficulties 財政困難を切り抜ける.

weath·er·a·bil·i·ty [wèð(ə)rəbíləṭi | -ləti, -lɪ-] *n.* 風雨に耐えうること. 「錨(いかり).

wéather ànchor *n.*〘海事〙(双錨泊の場合の)風上

wéather bàck *n.* 壁の仕上げ面の内側に耐候性のある建築材を用いること. 「~.

wéather bèam *n.*〘海事〙風上側正横(…): on the

wéather-bèaten *adj.* **1** 雨風にさらされた, 雨風にさらされて傷んだ: an old, ~ village church 雨風にさらされた古い村の教会. **2**〈人・顔など〉雨風[荒天](や炎暑)に鍛えられた, 日焼けした, ごつい: a ~ farmer 日焼けした農夫 / a wrinkled ~ face 日焼けしたしわだらけの顔.

wéather·bòard *n.* **1** 下見板, 羽目板 (clapboard). **2**〘海事〙風上舷(…); (ボートの)波よけ板; 雨よけ板. — *vt., vi.* (…に)下見板を付ける.

wéather·bòarding *n.*〘建築〙下見張り; [集合的] 下見板 (weatherboards).

wéather-bòund *adj.* 悪天候のため出帆[出発]できない (cf. windbound). 「the ~.

wéather bòw [-bàʊ] *n.*〘海事〙風上側斜め前方: on

wéather bòx *n.* 晴雨表示箱(男女の人形が出たり入ったりして晴雨(男ならば雨で女なら晴)を示す).

wéather brèeder *n.* (悪天候の前兆となる)静穏な好天気の日.

Wéather Bùreau *n.* [the ~] 気象局《National Weather Service の旧名》. 「た.

wéather·bùrned *adj.*〈顔など〉(強い)日と風で焼け

wéather càst〘(1866) ← WEATHER + (FORE)CAST〙 *n.* (ラジオ・テレビの)天気予報. **~·er** *n.*

wéather chàrt *n.* 天気図 (weather map).

wéather clòth *n.*〘海事〙雨おおい《甲板上の当直員を雨風から護るためのターポーリン(テント)》.

wéather·còck〘(*a*1300) *veder-coc*: ⇨ weather, cock¹〙 — *n.* **1** 風見鶏; 風見. **2** 心の変わりやすい人, 移り気の人 (fickle person); 日和見主義者. — *vt.* **1** …に風見を付ける: ~ a church. **2** …の風見となる. — *vi.*〘航空〙〈飛行機・ミサイルが〉風の方向に向く.

wéather còntact *n.*〘電気〙雨天接触.

wéather cròss *n.*〘電気〙雨天混線. 「甲板.

wéather dèck *n.*〘海事〙 **1** 露天甲板. **2** 風上側の

wéather dòor *n.* **1**〘建築〙(越屋根や頂部に設けられた)開口部. **2**〘鉱山〙=trapdoor 2. **3** 雨戸 (storm door).

wéather-drìven *adj.* 暴風に吹きやられた.

wéath·ered *adj.* **1** 風雨にさらされた: a ~ wooden house 風雨にさらされた木造家屋. **2 a**〈木材が〉乾燥した (seasoned). **b**〈木材など〉(風雨にさらしたり人工的な方法を用いたりして)古めかしさを出した, 古色(…)に仕上げた. **3**〘地質〙風化した. **4**〘建築〙〈屋根・窓敷居など〉(水切りの)勾配のついた.

wéather èye *n.* **1** (経験による)天気を見る[当てる]勘. **2** 油断[ぬかり]のなさ: keep one's [a] ~ open (*for*) = have one's ~ open (*for*) (…に)絶えず注意している, 警戒を怠らない.

wéather-fàst *adj.* =weather-bound.

wéather·fìsh *n.*〘魚類〙ドジョウ《ヨーロッパ・アジア産ドジョウ属 (*Misgurnus*) の魚の総称》: **a** ヨーロッパドジョウ (*M. fossilis*)《川や池の底の泥にもぐり, 雷雨の際に活発に泳ぎまわるとされる; weather loach ともいう》. **b** (アジア産)ドジョウ (*M. anguillicaudatus*)《oriental weatherfish ともいう》.

wéather fòrecast〘(1883)〙 — *n.* 天気予報: give ~*s* for the day〈新聞などが〉その日の天気予報を掲げる / The ~ says it will be rainy tomorrow. 天気予報によれば明日は雨だ.

wéather fòrecaster *n.* 天気予報者[官].

wéather gàuge〘⇨ gauge (n.) 9 b〙 — *n.*〘海事〙(特に, 帆船において, 他船の)風上にある位置関係 (cf. lee gauge): have [keep] the ~ of〈他船〉の風上にいる; …より地の利を占める.

wéather·glàss *n.* 晴雨計 (barometer).

wéather hèlm *n.*〘海事〙[号令]舵柄(…)風上へ《昔の言い方で, 舵柄を風上に取ること; 従って船首は風下に行き, 船首は風下に曲る; 1930 年頃にこの言葉は世界的に廃止され, 同じ動作を lee wheel と言うようになって現在に至っている》.

wéather hòuse *n.* =weatherbox.

wéath·er·ing [-ð(ə)rɪŋ | -ðər-]〘OE *wæderung* weather conditions: ⇨ weather, -ing¹〙 — *n.* **1**〘地質〙風化(作用). **2**〘建築〙水たれ, 水勾配《窓台外方などの排水傾斜》. **3** すき間ふさぎ用材料 (cf. weather strip). **4**〘鷹狩〙鷹を種々の天候にさらすこと.

weath·er·ize [wéðəràɪz] *vt.*〈繊維〉に(化学薬品などにより)耐候性をもたせる.

wéather jòint *n.* (石・れんが工事の)水切目地; 斜目地《水切りを良くするために斜めに仕上げた目地》.

wéather lòach *n.*〘魚類〙=weatherfish a.

wéath·er·ly〘(廃)〙pertaining to the weather: ⇨ -ly²〙 *adj.*〘海事〙〈船が〉風上に切り上がりがちな, 切上りのよい (cf. leewardly). **wéath·er·li·ness** *n.*

wéather·màn [-mæ̀n]〘(廃)〙one who observes the weather〙 *n.* (*pl.* **-men** [-mèn]) **1** 気象学者; 天気予報係. **2** [W-] (米国の)闘争的革命青年組織の一員.

wéather màp *n.* 天気図, 気象図 (weather chart).

wéather mínima *n. pl.*〘航空〙最低気象条件《雲低および滑走路上の見透し距離について規定し, それらが規定以下になったら飛行機の離着陸を禁止する; meteorological minima, ceiling and visibility minima ともいう》. 「(dripstone).

wéather·mòlding *n.*〘建築〙雨押え繰形, 雨押え石

wéather·mòst *adj.*〘海事〙最も風上の.

Weath·er·om·e·ter [wèðərɑ́məṭə | -rɔ́mɪtə(r, -mə-]〘← (商標名) *Weather-Ometer*: ⇨ -o-, -meter¹〙 — *n.* ウェザーオメター《ペンキ・塗料の耐候性をテストする機械》.

wéather·próof *adj.*〈衣類など〉風雨に耐える, 耐候性のある. — *vt.*〈建物など〉に耐候工事を施す, 風雨に耐えるようにする. **~·ness** *n.*

wéather pròphet *n.* **1** 天気予報者. **2** 天気のわかる装置, 天気予報器; 天気予報に役立つもの《鳥・蛙など》.

wéather quàrter *n.*〘海事〙風上側斜め後方: on the ~.

wéather ràdar *n.* (雲・降雨などを探知するための)気象レーダー.

wéather repòrt *n.* (気象台の)気象通報, 天気予報.

wéather-sàtellite *n.* 気象衛星.

wéather sèrvice *n.* (一国の)気象事務(局)《米国では国立気象局(National Weather Service)がその最上

wéather shìp *n.* 気象観測船. 」層機関》.

wéather shòre *n.* 風上浜 (↔ lee shore).

wéather sìde *n.*〘海事〙風上舷.

wéather sìgnal *n.* 気象信号《気温・雨・雪・風向の予想情報を知らせる旗・光などの信号; cf. storm signal》.

wéather stàin *n.* 風雨にさらされたための変色, 雨のしみ. 「できた].

wéather-stàined *adj.* 風雨のため変色した[しみの

wéather stàtion *n.*〘気象〙測候所, 気象観測所.

wéather-strìp *vt.* …にすき間ふさぎを当てる[付ける].

wéather strìp [**strìpping**] *n.* (風雨の侵入を防ぐため, ドアと敷居の間・窓と窓がまちの間などに付ける)すき間ふさぎ.

wéather tìde *n.*〘海事〙風向と反対の潮流, 風上に向かって流れる潮 (cf. leeward tide).

wéather-tìght *adj.* 風雨に耐える, 風雨を通さない.

wéather tìle *n.* (家の外壁に張る)下見がわら.

wéather vàne *n.* =weathercock 1.

wéather whéel *n.*〘海事〙 **1** [号令] 舵輪風上へ《結果として船首は風上に回る; cf. lee helm》. **2** 風上操舵員《舵輪に 2 人以上の操舵員がつく時, その風上側に位置する操舵員(上級者)》.

wéather-wìse〘(*c*1378): ⇨ wise¹〙 *adj.* **1** 天気をよく当てる, 天気予測のうまい. **2** 世論の変化[動向]に敏感な, 世論観測の上手な.

wéather·wòrn *adj.* 風雨に打たれた, 風雨で傷んだ.

weave¹ [wíːv]〘v.: OE *wefan* < Gmc **weban* (Du. *weven* / G *weben* / ON *vefa*) ← IE **webh-* to move to and fro, weave (Gk *húphainein* to weave). — n.: 《(1581)《廃》'a woven fabric' ← (v.): cf. wasp, wave (v.), web, weft¹〙 — *v.* (**wove** [wóʊv | wə́ʊv], 《まれ》 **~d**; **woven** [wóʊvən | wə́ʊ-], 《商用》 **wove**) — *vt.* **1**〈糸を〉(布に)織る; 〈織物を〉(糸から)織る. **2**〈花輪・かごなどを〉編む, 組む; 〈葉・花などを〉編む, 組む; 〈クモなどが〉〈巣を〉作る: ~ a garland / The spider ~*s* its web. クモは巣を作る. **3**〈詩・物語・筋などを〉組み立てる, 作り上げる, 仕組む: ~ a story, plot, etc. / ~ a new romance about [around] it それについて新しい伝奇小説を作り上げる. **4** 織り込む, 編み込む; つづり合わせる〔*into*〕: ~ osiers *into* baskets 柳をかごに編み込む / ~ flowers *into* one's hair 花を髪の毛に編み込む / ~ facts *into* a story 事実を物語の中に織り込む, 事実を編んで物語を作る / ~ words *into* a song 言葉をつづり合わせて歌を作る / The writer can ~ metaphysics *into* the homespun of daily life. その作家は日常生活の描写の中に形而上学を織り込むことができる. **5 a** (障害物を避けるために)〈車などを〉くねりながら[ジグザグに]進ませる: He *wove* his car *through* the London traffic to his house. ロンドンの往来をジグザグに車を走らせて家に帰った. **b** (左右に)くねりながら〈道を〉進む: ~ one's way *through* [*out of*] a crowd 人ごみの中を縫って通る[抜け出る]. — *vi.* **1** 織物を織る, 機(…)を織る. **2**〈クモなどが〉巣を作る. **3** 織り合わされる. **4** (種々の要素を結合して)統一体を作る, まとめる. **5 a** (左右に障害を避けて)くねりながら[縫うように]進む: ~ in and out *through* the crowd 人ごみの中を出たり入ったりして進む / A path *wove through* the valley. 一本の小道が谷間を縫うように通っていた. **b**《英空軍俗》(敵の砲火などを)縫って逃げる, くぐり抜ける, 遁走(…)する: ~ *through* the searchlights サーチライトをくぐり抜ける. **6** 行きつ戻りつする.

get weaving《英俗》=*get* CRACKing. ***weave all pieces on the same loom*** どれも同じ筆法でやる.

— *n.* 織り方, 織り方, 組み方, 組織: a close ~ 目のつんだ織り[編み, 組み]方.

weave² [wíːv]〘(*c*1200) *weve(n)* to wander, brandish ← *waive(n)* to move to and fro, wave ▭ ON *veifa* < Gmc **weibjan* (Du. *weiven* / OHG *-weiben*): cf. vibrate〙 — *vt.*《古》〈船・船客〉に手を振って合図を送る. — *vi.* **1** 左右に揺れる; よろめきながら進む. **2**〘ボクシング〙ウィービングする《パンチを避けるため上体や頭を左右に動かす》.

wéav·er [ME] *n.* **1** 織り手, 織工, 織屋; 編む人, 組む者. **2**〘鳥類〙=weaverbird. **3**〘昆虫〙ミズスマシ (whirligig beetle).

Wea·ver [wíːvə | -və(r]〘↑〙 *n.* 男性名.

wéaver·bìrd〘その巣を精巧に作ることから〙 *n.*〘鳥類〙ハタオリドリ《アジア・アフリカ産のハタオリドリ科の鳥の総称》.

wéaver's knòt [**hìtch**] *n.*〘海事〙=sheet bend.

wea·zand [wíːzənd, wíz-, -znd] *n.*《スコット》= weasand.

wea·zen [wíːzn] *v., adj.* =wizen.

wea·zened [wíːznd] *adj.* =wizened.

web [wéb]〘OE *webb* < Gmc **wabjam* (Du. & LG *webbe*) ← IE **webh-* 'to WEAVE¹'〙 — *n.* **1** 織物; (一機(…)分の)織布: a ~ of calico / an india-rubber ~ ゴム布, ゴム織. **2** クモの巣 (cobweb); (テンマクケムシ(tent caterpillar)などの)巣: the spider's ~. **3 a** クモの巣状のもの, 網状組織 (network). **b**《口語》ラジオ[テレビ]網: a ~ of railways 鉄道網. **4** (水鳥や飛ぶ動物の)指の間の皮膜, 水かき. **5**〘鳥類〙羽弁(…), 羽板, 翈(…) (vane, vexillum). **6** 仕組んだもの, たくらんだもの: a ~ of lies うそ八百. **7** 入り組んだもの, もつれ, わな (snare): a ~ of mental complexes 入り組んだ精神複合 / a ~ of destiny 運命の網 / He was caught in a ~ of indecision. 不決断の網にとらえられた, どうにも決心がつきかねた. **8**〘印刷〙(web press に用いる)巻取紙. **9**〘機械〙添え骨, 腹板, 力板: a ~ of a crank クランク腕 / a ~ of a girder 桁(…)腹, 桁腹材. **10** 薄い金属板: the ~ of a saw のこぎりの身 / the ~ of a sword 刀身. **11** (金敷の平面と台との)中間部, (レールや I 型鋼の頭と台との中間の)垂直部, 腹, ウェブ. **12**〘解剖〙膜 (membrane). **13**〘建築〙(肋(…)(rib) と肋との間の)ヴォールト天井の曲面部. **14**〘金属加工〙鋳ばり, 耳 (fin). **15**〘宇宙〙内面燃焼型固体ロケット推進薬の厚さ.

— *v.* (**webbed**; **web·bing**) — *vt.* **1 a** …にクモの巣を張る: ~ the corner of a ceiling 天井のすみにクモの巣を張る. **b** クモの巣状におおう: Roads ~*bed* the country. その地域は道路がクモの巣状に走っていた. **2** クモの巣にひっかける, わなでとらえる (ensnare): The spider ~*bed* a fly. クモがハエを巣にひっかけた. — *vi.* クモの巣を作る, クモの巣状になる.

Webb [wéb], **Beatrice** *n.* (1858-1943) 英国の社会研究家; Sidney Webb の妻; 旧姓 Potter.

Webb, Mary *n.* (1881-1927) 英国の女流小説家; *Precious Bane* (1924).

Webb, Sidney (**James**) *n.* (1859-1947) 英国 Fabianism の指導的経済学者・社会研究家; 1st Baron Passfield.

webbed *adj.* **1** 水かきのある, 指間に皮膜のある: ~ feet. **2** クモの巣の張った (cobwebbed).

wéb·bing〘(15C): ⇨ -ing¹ 2〙 — *n.* **1** (吊り革・馬の腹帯などに用いる丈夫に織った)帯ひも. **2** (薄織物などの両側を特に強い材料で織った)みみ. **3** (手引き印刷機の版盤の出し入れに使う)紐帯. **4**〘動物〙(水かきの)膜 (web). **5** 皮膜 (web) 状のもの. **6** (ひもなどを編み合わせた)網状のもの《テニスのラケット面など》.

web·by [wébi | -bɪ] *adj.* (**web·bi·er**; **-bi·est**) **1** クモの巣状の. **2** 水かき[皮膜]のある[のような].

we·ber [wébə, véɪ-, wíː- | -bə(r]〘← W. E. Weber〙 *n.*〘電気〙ウェーバー《磁束の実用単位; 10^8 maxwells (マックスウェル)に相当》.

We·ber [véɪbə | -bə(r; G. véːbɐ], **Ernst Heinrich** *n.* ウェーバー《1795-1878; ドイツの生理学者; W. E. Weber の兄》.

Weber, Baron **Karl Maria von** *n.* ウェーバー《1786-1826; ドイツの作曲家; *Der Freischütz*「魔弾の射手」(1820)》.

Weber, Max *n.* ウェーバー《1864-1920; 近代ドイツの代表的社会科学者; 業績は社会・経済・政治・歴史におよび, 大きな影響力がある》.

Weber, Wilhelm Eduard *n.* ウェーバー《1804-91; ドイツの物理学者; E. H. Weber の弟》.

Wéber-Féchner làw [véɪbəféknə-, -féç- | -bəféknə-, -féç-; G. véːbɐféçnɐ-]〘← E. H. Weber + G. T. Fechner〙 — *n.* [the ~]〘心理〙ウェーバー フェヒナーの法則《感覚の大きさが刺激の強さの対数に比例して増加するという精神物理学的法則》.

We·bern [véɪbən | -bən; G. véːbɐn], **Anton von** *n.* ウェーベルン《1883-1945; オーストリアの作曲家》.

Wéber's láw〘← E. H. Weber〙 — *n.*〘心理〙ウェーバーの法則《刺激の量的増加を弁別する閾は, 刺激の量の増大に比例して増大するという精神物理学的法則》.

wéb-fèd *adj.* 〚印刷〛〈印刷機が〉巻取紙(web)用の (cf. sheet-fed).

web·foot 〚⇨ web (n. 4)〛 ― *n.* (*pl.* **-feet**) **1** [⌐⌐] 水かき足. **2** [⌐⌐] 水かき足のある動物《カエル・鳥など》. **3** [⌐⌐] [通例 W-]《米》Oregon 州人《あだ名; この州は湿地が多いことから》.

wéb fòot *n.* 先端部が水かき状になっているテーブルや椅子の(曲線型の)脚.

wéb-fòot·ed *adj.* 水かき足の(ある).

Wéb·fòot·er *n.* ＝webfoot 3.

Wébfoot Stàte *n.* [the ～] 米国 Oregon 州の俗称.

wéb fràme *n.* 〚海事〛特設肋骨(ろっこつ), ウェッブフレーム《transverse ともいう》.

wéb·lìke *adj.* クモの巣[水かき]のような, クモの巣[水かき]状の.

wéb mèmber *n.* 〚土木〛腹材, ウェブ材《トラスの斜材・垂直材などの総称》.

wéb òffset *n.* 〚印刷〛巻取紙オフセット(印刷), オフセット輪転印刷. ★ しばしば *attrib. adj.* に用いる.

wéb plàte *n.* 〚機械〛腹板(ふくばん), ウェブ板(ばん), ウェブプレート《上下フランジ間の部分を構成する板》.

wéb prèss *n.* 〚印刷〛巻取紙印刷機.

wéb-prìnting *n.* 〚印刷〛巻取り紙印刷.

wéb spìnner *n.* 〚昆虫〛シロアリモドキ《熱帯・亜熱帯産のシロアリモドキ目の昆虫の総称; 前跗節に特殊な絹糸の分泌器官があり, 分泌した絹糸で樹皮上・岩石上・石下・地中などに巣を作る》.

web·ster [wébstə | -stə(r)] 〚OE *webbestre* (fem.) ← *webba* weaver: ⇨ web, -ster〛 *n.* 《古》＝weaver.

Web·ster [wébstə | -stə(r)], **Daniel** *n.* (1782–1852) 米国の政治家・雄弁家.

Webster, Jean *n.* (1876–1916) 米国の女流児童文学者; *Daddy-Long-Legs* (1912).

Webster, John *n.* (1580?–?1625) 英国の劇作家: *The White Devil* (1612), *The Duchess of Malfi* (1614 年頃上演, '23 出版).

Webster, Noah *n.* (1758–1843) 米国の辞書編纂者・著述家; *An American Dictionary of the English Language* (1828).

Web·ste·ri·an [webstí(ə)riən | -stíərɪ-] 〚⇨ -ian〛 ― *adj.* **1** (政治家)ウェブスター (Daniel Webster) の(ような)[に関する]. **2** (辞書編纂者)ウェブスター (Noah Webster) の(ような); 〈表音記号が〉ウェブスター式の.

wéb-tóed *adj.* ＝web-footed.

wéb·whèel *n.* 〚機械〛板車輪《輻(や)の部分が平板になっているもの; 貨車の車輪や時計の車に用いる》.

wéb·wòrm *n.* 〚昆虫〛植物の葉を糸で紡いで綴り合せ, その中にすむノメイガ類の幼虫(cf. fall webworm).

Wéchs·ler ádult intélligence scàle [wékslə- | -lə-] 〚← *D. Wechsler* (↓)〛 *n.* 〚心理〛ウェクスラー成人用知能尺度.

Wéchsler-Bélle·vue scàle [-bélvjuː-] 〚← *David Wechsler* (1896– ; 米国の臨床心理学者)＋*Bellevue Psychiatric Hospital*〛 ― *n.* 〚心理〛ウェクスラー ベルヴュー知能尺度《成人を対象とする知能検査の一種》.

WECPNL 《略》weighted equivalent continuous perceived noise level 加重等価感覚騒音レベル《空港周辺において航空機騒音の継続時間・機種・機数・時間帯などを考慮した騒音評価量》.

wed[1] [wéd] 〚OE *weddian* to marry, 《原義》to pledge < Gmc **waðjōjan* (G *wetten* to bet) ← **waðjam* pledge (↓)〛 ― *v.* (**wed·ded**, ～; **wed·ding**) ★ *vt.* 1–3, *vi.* 1 は marry と同義であるが, p.p. として用いる以外は《文語》. ― *vt.* **1** 〈結婚の当事者が〉…と結婚する, めとる, …に嫁ぐ: He ～*ded* a king's daughter. 王の娘と結婚した. **2 a** 〈牧師などが〉…の結婚式を司式する, 結婚させる: The minister ～*ded* the two. 牧師が二人を結婚させた. **b** [Passive で]〔…と〕結婚している〔*to*〕: He was ～*ded to* Mary. 彼はメアリーと結婚していた. **3** 〈親が〉めとらせる, 嫁がせる: ～ one's daughter *to* a composer 娘を作曲家へ嫁にやる. **4** [主に Passive で]〔意見・意志・習性などに〕固執[執着]する〔*to*〕: He is ～*ded to* the town. その町に愛着をもっている / He was ～*ded to* his own will. 自分の意志に固執していた. **5** 密接に結び付ける, 結合させる (unite, combine)〔*to, with*〕/〈*together*〉: ～ efficiency *to* economy 経済と能率を一緒にする / ～ science *to* [*with*] poetry 科学と詩とを密接に結び付ける / ～ two words *together* 二つの単語を密接に結び付ける. ― *vi.* **1** 結婚する, 夫[妻]を得る. **2** 結び付く, 溶け合う〔*with*〕. **～·der** *n.*

wed[2] [wéd] 〚OE *wed(d)* pledge < Gmc **waðjam* (Du. *wedde* / G *Wette*) ← IE **wadh-* a pledge; to pledge (L *vad-, vas* surety): cf. wed[1]〛 ― *n.* 《英方言》担保, 抵当 (pledge), 質物 (pawn).

in wed 入質して, 抵当になって.

Wed. 《略》Wednesday.

we'd [wiːd, wìːd] we had, we would, we should の縮約形.

wéd·ded 〚OE *ġeweddod* (p.p.) ← *weddian* 'to WED[1]'〛 ― *adj.* **1** 結婚した, 結婚の: a newly ～ pair [couple] 新婚の二人 / ～ life 結婚生活 / ～ love 夫婦愛 / ～ bliss 結婚の幸福. **2** 執着した, 固執した (devoted)〔*to*〕: a youth ～ *to* peace and study 平和と研究に没頭している青年. **3** 密接に結合した〔*to*〕: style ～ *to* content 内容にぴったり合った文体.

Wed·dell [wədél, wédl], **James** *n.* (1787–1834) 英国の航海者; 南極探険家.

Wed·déll Séa [wədél-, wédl- | wédl-] 〚← *James Weddell*〛 *n.* [the ～] ウェドル海《南極大陸の南大西洋側の大湾入》.

Weddéll séal 〚← *James Weddell*〛 *n.* 〚動物〛ウェッデルアザラシ (*Leptonychotes weddelli*)《南極産の茶色のアザラシ; 肉と皮下脂肪は珍重される》.

wéd·ding 〚OE *weddung*: ⇨ wed[1], -ing[1]〛 ― *n.* **1** 結婚すること; 結婚式, 婚礼 (nuptials): a penny ～ (もとスコットランド・ウェールズなどで)祝賀客の寄付金で挙式しその残りは新夫婦の世帯道具の購入に当てる結婚式. **2** (異質のものの)結合: a happy ～ of talent and technique 才能と技法との見事な結合. **3** 結婚式招待状用の上質紙. **4** 結婚記念式[日]. ★ 贈り物の種類によって次のように呼ばれる.

	結婚日		結婚日
paper ～	1 周年	china ～	20 周年
straw ～	2 周年	silver ～	25 周年
candy ～	3 周年	pearl ～	30 周年
leather ～	4 周年	coral ～	35 周年
wooden ～	5 周年	ruby ～	40 周年
floral ～	7 周年	sapphire ～	45 周年
tin ～	10 周年	golden ～	50 周年
linen ～	12 周年	emerald ～	55 周年
crystal ～	15 周年	diamond ～	60[時に 75]周年

wédding bànd *n.* ＝wedding ring.

wédding bèd *n.* 新婚[初夜]の床.

wédding bèll *n.* 結婚を知らせる教会の鐘, 結婚式の鐘: All went merry as a ～. 万事愉快に進行した.

wédding brèakfast *n.* 結婚披露宴《以前結婚式後花嫁の家で新婚旅行の出発前に行なわれた》.

wédding càke 〚《1648》〛 *n.* ウェディングケーキ《結婚披露の宴会に引出物として来客に切って分配される大形のケーキ》.

wédding càrd *n.* 結婚披露案内状《新郎と新婦の名が記してある》.

wédding cèremony *n.* 結婚式, 婚礼.

wédding chèst *n.* (嫁入衣装を収める)装飾のあるひつ.

wédding dày 〚《*a*1553》〛 *n.* 婚礼の日; 結婚記念日.

wédding drèss *n.* ウェディングドレス, 花嫁衣装.

wédding fàvor *n.* 《古》結婚式参列者が付ける白花形記章または結びリボン.

wédding gàrment *n.* **1** 結婚式の式服. **2** 祝い事への参加資格 (cf. *Matt.* 22: 11–12).

wédding màrch *n.* (特に, Mendelssohn の)結婚行進曲.

wédding pàrty *n.* 結婚式参列者の一行.

wédding pìcture *n.* 結婚記念写真.

wédding prèsent *n.* 結婚祝の贈り物 (cf. wedding 4).

wédding rìng 〚《*c*1395》〛 *n.* 結婚指輪《結婚式に相手の左手の薬指にはめてやる指輪》.

wédding shèet *n.* 新婚の床に敷くシーツ《花嫁が自分のきょうかたびら (shroud) として用いるため保存されることがある》.

We·de·kind [véɪdəkɪnt; *G.* véːdəkɪnt], **Frank** *n.* ウェーデキント《1864–1918; ドイツの詩人・劇作家; *Frühlings Erwachen* (英訳名 The Awakening of Spring) (1891)》.

we·del [véɪdl, wéɪ-; *G.* véːdl] 〚《逆成》↓〛 *vi.* 〚スキー〛ウェーデルンをする.

we·deln [véɪdl̩n, wéɪ-; *G.* véːdəln] 〚《名詞用法》← G ～ 'to wag (the tail)'〛 *n.* (*pl.* **～s**, ～) 〚スキー〛ウェーデルン《連続の小回り滑走》.

wedge [wédʒ] 〚n.: OE *weċġ* < Gmc **waȝjaz* (Du. *wegge* simnel cake & *wigge* wedge / G *Weck*《方言》wedge-shaped cake) < ? IE **wogwhnis* plowshare, wedge. ― v.: 《1440》← (n.)〛 ― *n.* **1** くさび. **2** くさび形[V 字形](の物): a ～ of cake [cheese] くさび形に切った菓子[チーズ] / a ～ of wild ducks V 字形[かぎ形]になって飛んでいる野鴨の群れ / dispose the seats in ～*s* 座席を V 字形に配置する. **3** 楔形(けっけい)文字 (cuneiform) の一画. **4** 〚軍事〛くさび形隊形, かさ形隊形《装甲機械化部隊を頂点として V 字形に自動車隊・歩兵部隊が続く》: draw up one's men in a ～ 部下をくさび形隊形に集合させる. **5** 〚数学〛直三角柱, くさび形. **6** 〚気象〛くさび形の高気圧圏. **7** ものを割る[分解させる]力のあるもの: a ～ to disrupt a political party 政党を分裂させるくさび. **8** 〚ゴルフ〛ウェッジ《頭部がくさび形のクラブ; number ten iron ともいう》. **9** 〚金属加工〛へら絞り用工具. **10** ＝wedge heel.

knock out the wedges 《俗》人を苦境に陥れて傍観する. ***the thin*** [***little, small***] ***end of the wedge*** 将来重大な結果を来たすような小さな糸口: drive in [get in, insert] *the thin end of the* ～ 一見ささいなようで将来重大な結果を来たすような事をやり始める.

― *vt.* **1** くさびで留める[締める], くさび留めにする: ～ a rail in place レールをくさびで留める / ～ up くさびで〈物を〉しっかり締める. **2 a** くさびで割る: ～ open a log 丸太をくさびで二つに割る. **b** (くさびで割るように)分離させる, 押し離す[のける]〈*off, away*〉: ～ *away* 〈物を〉押しのける, 押しやる / ～ *off* 〈物を〉押し離す, 押しのける. **3 a** 無理に押し込む〈*in*〉〔*into, in, under, between*〕: ～ oneself *in* 無理に割り込む / be ～*d in* a rocky shoal 岩の多い浅瀬に押し込められる / be ～*d in between* …の間に押し込まれて[はさまって]いる / He appeared, his precious books ～*d under* his right arm. 大事な本を右の小脇にかかえて姿を見せた. **b** [～ one's way として] 押しのけて進む, 無理に割り込む. **4** (のこぎりのひき目に)くさびを打ち込んで〈木を〉倒す. **5** 〚窯業〛(気泡を除くために)〈土を〉練る, もむ. ― *vi.* (くさびのように)押し込まれる[留められる]〔*in, into, through*〕: The car ～*d into* a line of waiting cabs. 車は客を待っているタクシーの列の中に割り込んで行った.

wedge·a·ble [wédʒəbl] *adj.* くさびで締められる, くさび留めのできる.

wedged [wédʒd, -dʒɪd, -dʒəd] *adj.* くさび形の: the ～ tail of a bird 鳥のくさび形の尾.

wédge héel *n.* ウェッジヒール, 舟底形(ヒール)《くさび形のヒール; 単に wedge ともいう》.

wédge-shàped *adj.* くさび形の, くさび状の, V 字形の.

wédge spèctrograph *n.* 〚光学〛くさび分光写真器.

wédge-tàiled *adj.* 〈鳥が〉くさび形[V 字形]の尾のある.

wédge·wìse 〚← WEDGE (n.)＋-WISE〛 *adv.* くさび形[状]に.

Wedg·wood [wédʒwʊd] 〚《1787》↓〛 ― *n.* **1** 〚商標〛ウェッジウッド《融剤と着色剤を加えた炻器(せっき)素地表面に, 薄い軟磁器素地の精巧な古典的図柄をはりつけて焼いたウェッジウッド社の代表的な美術品の商品名》. **2** ＝Wedgwood blue.

Wedg·wood [wédʒwʊd], **Josiah** *n.* (1730–95) 英国の陶器製造業者の後裔で, ウェッジウッド社の基礎を確立した.

Wédgwood blúe *n.* 暗青色.

Wédgwood gréen *n.* 灰色がかった黄緑色.

Wédgwood wàre *n.* ＝Wedgwood 1.

wedg·y [wédʒi | -dʒɪ] 〚⇨ wedge (n.), -y[4]〛 *adj.* (**wedg·i·er**; **-i·est**) くさび形[状]の, V 字形の, くさびの用をなす.

wed·lock [wédlɑk | -lɔk] 〚OE *wedlāc* ← *wed* 'WED[2], pledge'＋-*lāc* actions, practice〛 *n.* 結婚生活, 夫婦生活: a child born in [out of] ～ 嫡出[庶出]の子供.

Wednes·day [wénzdi, -deɪ | wénzdɪ, wédn̩z-, -deɪ] 〚ME *Wednesdei* < OE *Wōdnesdæġ* 'DAY of WODEN' (cf. Du. *woensdag* / ON *óðinsdagr*)《なぞり》← LL *diēs Mercurī* 'day of MERCURY' (cf. F *mercredi*)〛 ― *n.* 水曜日 (略 Wed., W.): ⇨ Ash Wednesday. ― *adv.* 《口語》水曜日に (on Wednesday).

Wednes·days [wénzdiz, -deɪz | wénzdɪz, wédn̩z-, -deɪz] 〚⇨ -s[2] 1〛 *adv.* 水曜日に (on any Wednesday), 水曜日ごとに (on every Wednesday).

wee[1] [wiː] 〚《*a*1325》 *we(i)* < OE (Anglian) *wēġe* amount, weight ← Gmc **wǣȝ-* ← IE **wegh-*: ⇨ weigh: cf. wean[2], wey〛 ― *adj.* (**we·er**; **we·est**) **1 a** 《小児語・スコット》ちっぽけな, ちいちゃい: a ～ daughter ちいちゃい娘 / ⇨ wee folk. **b** 《口語》ごく小さい (tiny): a ～ bit ほんの少し, ちょっと / a ～ bit tedious 少し退屈で. **2** 〈時間が〉非常に早い: the ～ hours ＝small hours.

― *n.* 《スコット》ほんの少し (a little bit); ほんの少しの間 (a little while): bide a ～ ちょっと待つ.

wee[2] [wiː] *n.*, *vi.* ＝wee-wee.

weed[1] [wiːd] 〚n.: OE *wēod* < ? (WGmc) **wiudha* (cf. OS *wiod* / OHG *wiota* fern) ← ? ― v.: OE *wēodian* ← *wēod* (n.) (cf. Du. *wieden* to weed)〛 ― *n.* **1** 雑草: grow like a ～ 雑草のようにはびこる / the soothing [fragrant, Indian] ～ 《古》たばこ / Ill ～*s* grow apace. 《諺》悪草は生長が早い,「憎まれっ子世にはばかる」. **2** [(the) ～] **a** たばこ (tobacco); 葉巻 (cigar); 巻たばこ (cigarette). **b** 《俗》マリファナ. **3** 《軽蔑》ひょろひょろしてやせた人[動物]; (競走馬や種馬に適さない)駄馬. **4** いやな物[人].

― *vt.* **1** …の雑草を除く, 草を取る; 〈雑草を〉除く〈*out, up*〉: ～ a garden 庭の草を取る / ～ onions 玉ねぎの雑草を取る / ～ grass *out of* [*from*] the ground 土地から雑草を除く. **2** 〈無用な物・有害な物などを〉除く, 除去する, 淘汰する (eradicate), えり除く (sort) 〈*out*〉; …から無用[有害]な物を取り除く: ～ *out* useless books from one's library 蔵書の中からつまらない本を取りのける / This may ～ him *of* his folly. これで彼も愚行をやめるかもしれない. ― *vi.* **1** 雑草を除く, 草取りをする. **2** 有害[無用]な物を取り除く.

weed[2] [wiːd] 〚ME *wede* < (i) OE *wǣd* clothing < Gmc **wǣðiz* (OS *wād* / ON *vāð*) ← IE **aw-* to weave[1] // (ii) OE (*ġe*)*wǣde* clothing < Gmc **ȝawǣðjam* (Du. *gewaad* / OHG *giwāti*) ← ?〛 ― *n.* **1** (帽子の周囲または腕に巻く)喪章: a man wearing a ～. **2** [通例 *pl.*] 喪服: a widow's ～*s* 寡婦の喪服 / a widow in ～*s* 喪服を着た未亡人. **3** [しばしば *pl.*]《古》衣服《特に職業・地位などを示すもの》.

Weed [wiːd], **Thur·low** [θɜ́ːloʊ | θɜ́ːləʊ] *n.* (1797–1882) 米国のジャーナリスト・政治家.

wéed·ed *adj.* **1** 雑草を取った. **2** 雑草のはびこった (weedy).

wéed·er 〚《15C》: ⇨ weed[1] (v.), -er[1]〛 *n.* **1** 草取り人. **2** 除草器.

wéed-gròwn *adj.* 雑草の生い茂った, 雑草の多い.

weed·i·cide [wíːdəsàɪd | -dɪ-] *n.* ＝herbicide.

wéed·ing hòe *n.* 除草用のホー.

wéeding-òut *adj.* 除去する, 淘汰する: a ～ process 淘汰作用.

wéed kìller *n.* 除草剤 (herbicide).

wéed·less *adj.* **1** 雑草のない: a ～ garden. **2** 〚釣〛〈釣鉤など〉草などにからまないようになった, 根がかり除け付きの: a ～ hook.

weed·y [wíːdi | -dɪ] 〚《*c*1450》: ⇨ weed[1], -y[4]〛 ― *adj.* (**weed·i·er**; **-i·est**) **1** 雑草の多い, 雑草の生えている: a ～ barnyard. **2** 雑草のような; 雑草のように成長の早い; 早く広がる: a ～ rumor. **3** 《口語》**a** 〈馬・猟犬が〉ひょろひょろした, やせっぽちの (thin, lanky). **b** 〈人が〉ひょろ長い; 体格の貧弱な: a thin ～ young man やせてひょろ長い若者. **wéed·i·ly**

[-dɪli, -də-, -dḷi | -dɪlɪ, -də-] *adv.* **wéed·i·ness** *n.*
wée fòlk *n. pl.* 妖精たち (fairies).
Wee Frees [wíːfríːz] *n. pl.* [the ~] 少数自由教会派《1900年に合同自由教会 (United Free Church) に合流することを拒んだスコットランド自由教会派の少数派に対するあだ名》.
week [wíːk] 〖OE *wic(e), wicu* < Gmc **wikōn*《原義》turning, succession (Du. *week* / OHG *wehha* (G *Woche*) / ON *vika* / Goth. *wikō*) ← IE **weik-* to bend : ⇨ weak〗 — *n.* **1** 週, 週間 : a day of the ~ 曜日 / by the ~ 週決めで / What day of the ~ is it? = What is the day of the ~? 今日は何曜日ですか / ⇨ Easter week, Holy Week, Passion Week, FEAST of Weeks. **2** 一週間《普通は日曜日から数えて土曜日までの7日間》; (ある一定の日から数えて)一週間 : this [next] ~ 今[来]週 / She will come in a ~. 一週間たてば来ましょう / She sulks for a ~ at a time. 彼女はまる一週間も機嫌の悪いことがある / I have not seen you for ~*s*. 久しくお目に掛かりませんでした. **3**《英》一週間前[後]の… : this day [today] ~ 先[来]週の今日 / He left yesterday ~. 先週のきのう出発した / I shall come Friday ~. 来週の金曜日に来ます. ★ yesterday ~ よりも a ~ ago yesterday の方が普通. **4** 月曜日から土[金]曜日までの6[5]日, 就業日 (cf. workweek, weekday) : Shall it be on Sunday or in the ~? 日曜にしようかそれとも普通の日にしようか. **5** [W-] (特別の催しのある)週間, …ウィーク : Safety First Week 安全第一週間 / ⇨ Bird Week.
a week about = ***week and week about*** 隔週に. ***a week of Sundays*** ⇨ Sunday 成句. ***knock*** [***send***] ***a person into the middle of next week*** ⇨ middle *n.* 成句. ***week after week*** 毎週毎週 (cf. DAY *after day*). ***week by week*** 週ごとに (cf. DAY *by day*). ***week in, (and) week out*** 毎週毎週 (cf. DAY *in, day out*).
wéek·dày 〖OE *wicdæg*〗 — *n.* (日曜日または weekend 以外の)平日, ウィークデー (cf. week 4) : on a ~ / He works on ~*s*. — *adj.* 平日の, 普通の日の (cf. workaday 1).
wéek·dàys [-dèɪz] 〖⇨ -s[2] 1〗 *adv.* 《米》平日は[に] (on weekdays).
week·end [⌐⌐, ⌐⌐] 〖(1878)〗 — *n.* 週末《土曜日の午後または金曜日の夜から月曜日の朝まで》; 週末休み : on ~*s*《米》=《英》at ~*s* / last [next] ~ / a long ~ 週末の前後に一, 二日加わった休暇 / He was in Scotland for the ~. 週末はスコットランドにいた. — *attrib. adj.* 週末の : a ~ journey / one's ~ house in the country 週末を過ごす田舎の別荘. — *vi.* (どこかで)週末(休み)を過ごす, 週末旅行をする : She used to ~ with him at his house on the river. 彼女は川っぷちの彼の家で週末を過ごすのを常としていた.
wéekend bág [**cáse**] *n.* = weekender 3.
wéek·énd·er *n.* **1** 週末旅行者. **2** 週末来訪者. **3** 週末旅行用鞄(かばん). **4** (週末遊航用の通例4人乗り)小型遊覧船, (特に)帆船.
wéek·ènds [-èndz, -éndz] 〖⇨ -s[2] 1〗 — *adv.* 《米口語》(毎)週末に; 週末にはいつも (on weekends): It's so cheap to phone your friends after six and ~. 6時以後および週末に友人に電話をするととても安い.
wéekend wárrior *n.* 《米軍俗》《兵役義務を果たすため所属部隊の週末会議に出席する》週末予備兵.
Week·ley [wíːkli | -lɪ], **Ernest** *n.* (1865–1954) 英国の英語学者・語源学者; *An Etymological Dictionary of Modern English* (1921).
wéek·ly 〖(adj.: 1489; adv.: 1465; n. 1846)〗: ⇨ -ly[1,2]〗 — *adj.* **1** 毎週の, 一週一度の, 一週の : ~ wages 週給 / a ~ bulletin 週報 / his ~ haircut 一週一度の散髪 / ~ meetings 週ごとの会合. **2** 一週間にする[した]: ~ work. — *adv.* 毎週, 一週一回, 各週に : be published ~. — *n.* 週刊誌, ウィークリー《新聞・雑誌》.
wéek·nìght *n.* 平日[ウィークデー]の夜 : on a ~ / She must be home by ten on ~*s*. 平日の夜は10時までに帰宅しなければならない.
wéek·nìghts [-nàɪts] 〖⇨ -s[2] 1〗 *adv.* 《米》平日[ウィークデー]の夜には (on weeknights).
ween [wíːn] 〖OE *wēnan* to think, expect < Gmc **wǣnjan* (Du. *wanen* to fancy / G *wähnen* to imagine) ← **wǣniz* opinion, expectation ← IE **wen-* to desire: cf. wish〗 — *vt.* 《古・詩》 **1** [通例 I ~ の形式で挿入句として] …と思う, 信じる, 考える (think, believe): A stalwart knight, *I* ~, was he. 彼は逞しき騎士であったと信じる. **2** 期待する, 予期する (hope, expect) 〈*to do*〉.
wee·nie [wíːni | -nɪ] 〖← WIEN(ER) + -IE〗 *n.* (*also* **wee·ny** [~]) 《米口語》= wienie.
wee·ny [wíːni | -nɪ] 〖← WEE[1] + (TI)NY〗 *adj.* 《小児語・口語》小さい, ちっぽけな (tiny).
wéeny-bópper *n.* 《口語》ウィーニーボッパー《teenybopper をまねるもっと若い女の子》.
weep[1] [wíːp] 〖OE *wēpan* to bewail ← Gmc **wōp-* lamentation (OHG *wuoffan* / Goth. *wōpjan* to call) ← ? IE **wāb-* to cry〗 — *v.* (**wept** [wépt]) — *vi.* **1** 涙を流す, 泣く (cry): I *wept for* joy. うれし泣きに泣いた / ~ *with* pain [vexation] 苦痛[いらだたしさ]のあまりに泣く / She *wept that* she was all alone. 全く孤独なので泣いた / She *wept* to hear the news. その知らせを聞いて泣いた / I *wept* over its pages. その本を読んで泣いた / She was ~*ing* into her handkerchief. ハンカチに顔を埋めて泣いていた / ~ *with* a person for company もらい泣きする. **2** 悲しむ, 嘆く (lament, bewail) 〔*for, over*〕: ~ *for* the deceased 故人を偲んで泣く / She *wept over* her lost happiness. 身の不幸を悲しんで泣いた. **3** 〈物が〉露を吹く, 水滴を出す, 水滴が一面に出る; したたる; 〈コンクリートが〉汗をかく. **4** 〈木が〉枝を垂れる, しだれる: ⇨ weeping willow. — *vt.* **1** 〈涙を〉流す, こぼす (shed): ~ tears of joy 喜びの涙を流す / ~ sad tears 悲しくて涙を流す / My heart ~*s* (tears of) blood to see your glory lost. あなたの栄光が失われたのを見て私の心は血(の涙)を流す. **2** 泣いて悲しむ; 泣きながら言う : ~ one's sad fate 泣いて身の不運を嘆く. **3** [~ *oneself* として] 泣いて(…に)する 〔*into, to*〕: ~ *oneself* out 思う存分泣く / ~ *oneself to* sleep 泣きながら寝入る, 泣き寝入りする. **4** 〈土・岩石・植物などが〉〈水気・しずく・露・液などを〉しみ出させる, 吹き出す, たらす 〈*forth*〉.
weep away (1) 泣いて過ごす : ~ *away* one's life 一生を泣き暮らす. (2) 〈悩みなどを〉涙によってぬぐい去る : ~ *away* a person's grief 同情の涙で人に悲しみを忘れさせる. ***weep one's eyes*** [***heart***] ***out*** 目を泣きはらす[(胸も張り裂けんばかりに)泣きくずれる]. ***weep out*** 泣きながら言う; 泣いて取り除く[消す].
— *n.* **1** [しばしば *pl.*] 《口語》泣くこと; ひと泣き (a fit of weeping). **2** (液体の)滲出, 滴下.
weep[2] [wíːp] 〖擬音語〗 *n.* 《英方言》〖鳥類〗= lapwing.
wéep·er 〖(*c*1390)〗 — *n.* **1** (すぐに)泣く人, 悲しむ人. **2** (葬儀の)泣男[女] (professional mourner). **3** 墓碑などに浮彫りにされた喪主を表わす小像. **4** [通例 *pl.*] (昔, 男子の帽子に付けた)喪章 (weed); (寡婦のかぶった)黒クレープのベール; (寡婦の用いたリンネルなどの)白カフス. **5** (木の枝などから)垂れ下がった苔; 苔の巻きひげ. **6** 《米俗》(劇・映画・本などの)お涙頂戴物 (tearjerker). **7** [*pl.*] 長いほおひげ. **8** 〖動物〗ノドジロオマキザル (capuchin monkey).
wéep hòle *n.* 〖建築〗排水孔, 水抜き穴, 涙孔(るいこう)《石垣・擁壁などの背面の水を浸出させるための小孔》.
weep·ie [wíːpi | -pɪ] *n.* 《口語》お涙頂戴式の本[映画, 芝居など] (tearjerker).
wéep·ing 〖adj.: OE *wēpend*; n.: (?*a*1200)〗 — *adj.* **1** 涙を流す, 泣く; 涙ながらの : a ~ good-night 涙ながらのお休みの言葉. **2** 涙もろい, 泣き癖のある. **3** (水滴などが)しみ出る, 滴下する : ~ rocks 水滴のしみ出る岩. **4** 〈木が〉枝を垂れている : ⇨ weeping cherry, weeping willow. **5** 雨降りの : ~ skies.
— *n.* **1** 泣くこと : She burst into loud ~. 大声でわっと泣き出した. **2** 嘆き, 悲しみ. **3** 浸出. **~·ly** *adv.*
wéeping chérry *n.* 〖植物〗シダレザクラ (*Prunus pendula*).
wéeping cróss 〖(なぞり) ← ML *crux lacrimans*〗 *n.* 泣き十字《昔, 懺悔(ざんげ)の涙を捧げて祈った路傍の十字架》.
come home [***return***] ***by weeping cross*** 悲しい目に会う, 失敗する; 自分のした事[採った方法]を悔いる.
wéeping éczema *n.* 〖病理〗滲出(しんしゅつ)性湿疹(しっしん).
wéeping fórsythia *n.* = weeping golden bell.
wéeping gólden bèll *n.* 〖植物〗レンギョウ (*Forsythia suspensa*)《中国原産モクセイ科の低木で, 枝がしだれ, 黄色い花をつける》.
wéeping lóve gràss *n.* 〖植物〗ウィーピングラブグラス (*Eragrostis curvula*)《アフリカ南部原産のイネ科の多年草で, 高速道路などの土留めに使う》.
Wéeping Philósopher *n.* [the ~] Heraclitus の異名 (cf. Laughing Philosopher).
wéeping wíllow *n.* 〖植物〗シダレヤナギ (*Salix babylonica*).
weep·y[1] [wíːpi | -pɪ] 〖⇨ weep[1], -y[4]〗 — *adj.* (**weep·i·er; -i·est**) **1** 《口語》涙もろい, 涙ぐんだ (tearful): the ~, womanly eyes 涙ぐんだ女性らしい目. **2** (液体の)しみ出る, 湿れる (oozy).
weep·y[2] [wíːpi | -pɪ] *n.* = weepie.
weet [wíːt] 〖(*a*1547) 《変形》← WIT[1,2]〗 *n.* 《廃・方言》= wit[2]. — *v.* 《古》= wit[1].
wee·ver [wíːvə | -və(r)] 〖(1622) □ ONF *wivre* (OF *guivre*) serpent, dragon < L *vīperam* 'VIPER': cf. wivern〗 — *n.* 〖魚類〗トラギスに似たハチミシマ属 (*Trachinus*) の海産食用魚の総称《ハチミシマ (*T. draco*), マムシミシマ (*T. vipera*) など》.
wee·vil [wíːvəl | -vɪl, -vəl] 〖(1440) *wevyl* □ ? MLG *wevel* < Gmc ∞ OE *wifel, -il* beetle < Gmc **webilaz*《原義》that which moves briskly ← **web-* to move briskly ← IE **webh-* 'to WEAVE[1]'〗 — *n.* 〖昆虫〗 **1** ゾウムシ《ゾウムシ科の甲虫の総称; コクゾウ (rice weevil), ワタミハナゾウムシ (boll weevil) など》. **2** マメゾウムシ《マメゾウムシ科の甲虫の総称; エンドウマメゾウムシ (pea weevil) など》.
wée·viled *adj.* (*also* **wée·villed**) = weevily.
wée·vil·y [-vɪli, -v(ə)li | -vɪlɪ, -və-] *adj.* コクゾウムシの着いた, コクゾウに害された.
wee-wee [wíːwìː] 〖擬音語〗《小児語》 *n.* おしっこ, 小便 (urination, urine): do a ~. — *vi.* (**~d; ~·ing**) おしっこをする, 小便する.
w.e.f. 《略》with effect from.
weft[1] [wéft] 〖OE *weft(a)* ← *wefan* 'to WEAVE[1]': ⇨ -t[3]〗 *n.* **1** 〖紡織〗(織物の)緯(よこ)糸 (woof) (↔ warp). **2** 織物 (web).
weft[2] [wéft] *n.* 〖海事〗= waif 4.
wéft-knit[-knìtted] *adj.* 〈織物が〉緯編みの, 緯メリヤスの.
wéft knìtting *n.* 〖紡織〗緯編み, 緯メリヤス (cf. warp knitting).
wéft·wìse 〖⇨ -wise〗 *adv.* 〖紡織〗緯(よこ)に, 水平に.
wé-gròup *n.* 〖社会学〗われわれ集団, 内集団 (⇨ in-group).
Wehr·macht [véəmɑːkt | véə-; G. véːɐmaxt] 〖□ G ~ ← *Wehr* defense + *Macht* force : cf. weir, might[2]〗 *n.* [集合的] (第二次大戦中の)ドイツ軍.
Wei [wéɪ; *Chin.* uèɪ] *n.* [the ~] 渭河(いが)《中国北部の川; 甘粛省 (Kansu) から陝西省 (Shensi) を貫流して黄河に注ぐ (787 km); Wei Ho ともいう》.
Wei·er·strass [váɪəstrɑ̀ːs, -ʃtrɑ̀ːs | váɪə-; G. váɪɐʃtràːs], **Karl Theodor** *n.* ワイエルシュトラース《1815–97; ドイツの数学者; ⇨ Bolzano-Weierstrass theorem》.
Wéierstrass approximátion thèorem 〖↑〗 *n.* 〖数学〗ワイエルシュトラースの近似定理《閉区間で定義された連続関数は, 多項式でもってどれだけでも精密に, かつ変数の値に対して一様に近似できるという定理》.
wei·ge·la [waɪdʒíːlə, -gíːlə, wáɪdʒələ, -gələ] 〖← NL ~ ← *C. E. Weigel* (1748–1831: ドイツの医師): ⇨ -a[2]〗 — *n.* 〖植物〗スイカズラ科タニウツギ属 (*Weigela*) の低木の総称《ハコネウツギ (*W. coraeensis*), タニウツギ (*W. hortensis*) など》.
wei·ge·li·a [waɪdʒíːliə, -gíːliə | -lɪə, -ljə] *n.* 〖植物〗= weigela.
weigh [wéɪ] 〖OE *wegan* to carry, weigh < Gmc **weȝan* (Du. *wegen* / G *wägen* to weigh) ← IE **wegh-* to transport in vehicle (L *vehere* to carry / Skt *vah-* to carry): cf. way[1]〗 — *vt.* **1 a** はかりにかける, …の目方を量る 〈*up*〉: ~ grain, iron, etc. / ~ oneself (自分で)体重を量る / be ~*ed* (in the balance) and found wanting ⇨ balance 1. **b** (手に持って)…の重さを見る, (重さを見るかのように)手に持つ: ~ one's stick in one's hand. **2** 考量[考察]する, 比較考量する : ~ a proposal / ~ an argument *with* [*against*] another 二つの議論を比較考察する / ~ the claims of rival candidates 対立候補者たちの主張を比較考量する / ~ the consequence [pros and cons] 結果[賛否]を考量する. **3** 〖海事〗〈錨を〉引き揚げる : ~ anchor 抜錨(ばつびょう)する, 出帆する. **4** 〈沈没した船などを〉海底から引き揚げる 〈*up*〉. **5** (重さで)圧迫する, 押し下げる : ⇨ WEIGH *down*. **6** 〖競馬・ボクシング・レスリング〗〈騎手・選手の〉体重検査をする : ⇨ WEIGH *in* (2) (3), WEIGH *out* (2). **7** 《廃》要重視する, 尊重する.
— *vi.* **1** 目方を量る; (…の)重量がある : When did you ~ last? この前はいつ体重を量りましたか / ~ a ton 目方が1トンある / ~ light 軽い (cf. 2) / ~ little ほとんど目方がない (cf. 2) / How many pounds do you ~? 君の目方は何ポンドありますか. **2** 〔…にとって〕重きをなす, 重要視される, 重きを置かれる 〔*with*〕: ~ light 重要でない (cf. 1) / ~ little 大したものではない (cf. 1) / ~ nothing なんでもない, 全く重きをなさない / The point ~*s with* me. その点は私にとって重要だ / His opinion would ~ *with* any judge. 彼の意見はどんな判事にも重要視されるだろう. **3** (重荷となって)〈人・精神を〉圧(迫)する, 押しかかる, 苦しめる 〔*on, upon*〕: ~ heavily [heavy] *upon* one's mind 心に重くのしかかる, ひどく気になる / The matter ~*ed upon* his conscience. その事が彼の良心を苦しめた / The thought ~*ed on* him like lead. その思いは鉛のように彼の心にのしかかった. **4** 考量する, 考察する : ~ well before deciding よく考えてから決定する. **5** 〖海事〗錨を揚げる, 出帆する 〔*from, out of*〕: ~ *out of* a port 港から出帆する / We ~*ed from* Bristol. ブリストルから出帆した. **6** 〖競馬・ボクシング・レスリング〗〈騎手・選手が〉体重検査を受ける : ⇨ WEIGH *in* (2), (3), WEIGH *out* (2).
weigh against (*vt.*) 〈物〉の重さを…の重さと比べてみる; ⇨ *vt.* 2 : ~ one thing *against* another. (*vi.*) …に不利である (tell against): Lack of experience will ~ *against* the applicant. 経験不足がその志願者にとって不利となろう. ***weigh down*** (1) (重さで)圧迫する, 押し下げる, しなわせる (press down): branches ~*ed down* with [by] fruit 果実でたわんだ枝. (2) [しばしば Passive で] 〔…で〕悩ます, 圧迫する 〔*with*〕: Deep grief ~*ed* me *down*. = I was ~*ed down with* deep grief. 深い悲しみが私の心にのしかかった. (3) = WEIGHT *down* (1). ***weigh in*** (*vt.*) (1) …の目方を計る : ~ *in* one's bags. (2) 〖競馬〗〈騎手を〉競馬の後に検量[体重検査]する, …の後検量をする. (3) 〖ボクシング・レスリング〗〈選手を〉試合前に体重検査する (cf. *vt.* 6, weigh-in). (*vi.*) (1) 体重が〈いくら〉ある 〔*at*〕: I ~*ed in at* 85 pounds today. (2) 〖競馬〗〈騎手が〉競馬の後に検量[体重検査]を受ける. (3) 〖ボクシング・レスリング〗〈選手が〉試合前に体重検査を受ける (cf. *vi.* 6). (4) 《口語》〔…をもって〕参加する, 加わる; 援助する; 仲裁に入る 〔*with*〕: ~ *in with* an argument, a loan, etc. ***weigh out*** (*vt.*) (1) (はかりで)計り分ける, 〈一定量を〉配分する : ~ *out* (portions of) butter. (2) 〖競馬〗〈騎手を〉競馬の前に検量[体重検査]する, 前検量する (cf. *vt.* 6, weigh-out). (*vi.*) (1) 〔…の〕目方がある 〔*at*〕. (2) 〖競馬〗〈騎手が〉競馬の前に検量[体重検査]を受ける, 前検量を受ける. ***weigh up*** (1) ⇨ *vt.* 1. (2) 一定の重みではね上げる. (3) 比較考量する : He ~*ed up* whether to go or stay. (4) 《口語》〈人・物〉を評価する, 〈人・物〉の品定めをする : I haven't ~*ed up* the newcomer yet. 新参者の評価はまだしていない. (5) = WEIGH *out* (1).
— *n.* **1** 目方を量ること. **2** 〖海事〗= way[1] 21 a : under ~ = *under* WAY[1] (1).
~·er *n.*

weigh·a·ble [wéɪəbl] *adj.* 目方を量ることができる.
wéigh·bàr *n.* 《英》〘機械〙逆転軸《蒸気機関の回転方向を逆転するために用いる; weighbar shaft ともいう》.
wéigh bèam *n.* 大さおばかり.
wéigh·brìdge *n.* 橋ばかり, 計重台《地面と同一平面にある鉄板でできている一種の台ばかり; 車両や家畜などの目方を量る》.
wéigh·hòuse 〘《(15C)》 *weyhous*: cf. G *Wagehaus*〙 *n.* (官設の)貨物計量所.
wéigh-ìn *n.* **1** 〘ボクシング・レスリング〙(選手の試合前の)体重検査, 検量. **2** 〘競馬〙(騎手のレース後の)検量, 後検量. (cf. WEIGH *in*)
wéighing machìne *n.* 計量機, 衡器《通例, 特に重い物を量るもの, または複雑な装置のものをいう》.
wéigh·lòck 〘← WEIGH (v.)+LOCK² (n.)〙 *n.* 〘海事〙検量水門《運河通行税徴収のため船を入れてそのトン数を量る水門》.
wéigh·man [-mən] *n.* (*pl.* **-men** [-mən, -mèn]) **1** 計量員, 計量係. **2** 〘鉱山〙(炭坑の)石炭計量員.
wéigh-òut *n.* 〘競馬〙(騎手の)レース前の体重検査, 前検量 (cf. WEIGH *out*).
wéigh·shàft *n.* 〘機械〙=rockshaft.
weight [wéɪt] 〘n.: OE (*ġe*)*wiht* < Gmc **wextiz* & **gawextjam* (Du. (*ge*)*wicht* / G *Gewicht* / ON *vétt*) ← IE **wegh-* (⇨ weigh): ⇨ -t³. — v.: 《(1647)》 ← (n.): 現在の形は WEIGH の母音と ON 形の影響から〙 — *n.* **1** 重さ, 重量, 目方: ~*s* and measures 度量衡 / gain [lose] ~ 体重がふえる[減る] / What is your ~? 君の体重はどれくらいですか / put on ~ 体重が増す, 肥える / give short ~ 目方をごまかす / keep one's ~ down 体重がふえないようにする / He reached the ~ of 12 stone. 彼の体重は12ストーン(76.25キロ)に達した / The gun must be light in ~. 銃は目方が軽くなくてはならない. **2** 重力: the ~*s* of the planets 惑星の重力 / *Weight* is a general property of material substances. 重さは物質の一般的性質である. **3** 圧迫, 重荷, 重圧; 責任, 負担: the ~ of cares, responsibility, sorrows, etc. / under the ~ of ...の重さのために[に耐えかねて] / That's a great ~ off my mind. それで私も大きな心の重荷がおりた. **4** 勢力, 有力; 重要さ (importance), 貫禄: a man of ~ 勢力家, 有力者 / a man of political ~ 政治的に有力な人 / an opinion of no (great) ~ (大して)とるに足りない意見 / It has no [a great] ~ with me. それは私には何でもない[非常に重要な]ことだ / Her opinion carries great [no] ~ with him. 彼女の意見は彼には非常に力がある[全く無力だ] / The ~ of evidence is against him [in his favor]. 証拠は彼に不利[有利]だ. **5** 衡法, 衡量単位: ⇨ avoirdupois weight, troy weight. **6** 目方に相当する量: one ounce ~ of gold dust 砂金 1 オンス分. **7** 重い物[物体]; (はかりの)分銅; (陸上競技用の)砲丸, 円盤, ハンマー, (重量挙げの)バーベル[ディスク(重量となる円盤)]; おもし, おもり; 文鎮; 風鎮: keep papers down with a ~ 文鎮で書類を押えておく / You must not lift ~*s*. 重い物をあげてはいけない / a pound [an ounce] ~ 1 ポンド[オンス]の分銅 / a clock worked by ~*s* 分銅の作用で動く時計. **8** 〘統計〙(加重法および度数分布において各項のもつ)加重値, 評量値, 秤(ひょう)量値, 重み, ウェート. **9** [季節を表わす形容詞を伴って] (季節に応じて変わる衣服の)重さ, 厚さ: a suit of summer [winter] ~ 夏[冬]向きの服. **10** 〘詩学〙(音・音節・韻律単位の)強勢[アクセント]価, 聞え. **11** 〘印刷〙ウェート《欧文活字の筆線の太さ; 太さによって boldface, medium face, lightface という》. **12** 〘スポーツ〙ウェイト, 級《ボクシングやレスリングで選手の体重によって分けられる階級; ⇨ 表》: boxing ~*s*. **13** 〘競馬〙負担重量《レースで馬に課せられる総重量; 騎手・くら・おもりなどの総計》.

各競技における重量制限　単位 kg (( ) 内は lbs)

	boxing (amateur)	boxing (professional)	wrestling (freestyle)	weight lifting (Olympic lifting)
light flyweight	48	—	48	—
flyweight	51	50.802 (112)	52	52
bantamweight	54	53.525 (118)	57	56
featherweight	57	57.152 (126)	62	60
junior lightweight	—	58.967 (130)		—
lightweight	60	61.237 (135)	68	67.5
light welterweight	63.5	—		
junior welterweight	—	63.503 (140)	—	
welterweight	67	66.678 (147)	74	—
light middleweight	71	—		
junior middleweight	—	69.853 (154)	—	
middleweight	75	72.574 (160)	82	75
light heavyweight	81	79.378 (175)	90	82.5
mid-heavyweight			100	
middle heavyweight			—	90
heavyweight	81*	79.378 (175)*	100*	110
super heavyweight	—	—	—	110*

* …を越える.

by weight 目方によって[よる]: sell *by* ~ 目方で売る. *chuck one's weight about* [*around*] =*throw one's* WEIGHT *about* [*around*]. *get* [*take*] *the weight off one's feet* [*legs*] [しばしば命令形で] (腰をおろして)休む. *give* (*away*) *weight* 〘競馬〙(ハンディキャップレースなどで)〈馬が〉他よりも重いハンディを背負う. *give weight to* (1) 〈意見・事情など〉に重きを置く, を重視する: *give* due ~ *to* an argument ある議論に十分重きを置く. (2) 〈事が〉...を重要なものとする, ...の確実性を強める. *lay weight on* [*upon*] ...を重要視する: She *lays* too much ~ *on* money. 金を重要視しすぎる. *pull one's* (*own*) *weight* (1) 自分の体重を利用して(ボートを)こぐ. (2) 《口語》一人前の働きをする, 務めを果たす, 努力する. *swing one's weight* 《口語》顔[幅]をきかす. *throw in one's weight* 支持する, 援助する. *throw one's weight about* [*around*] 《口語》自分の権力[地位]を利用する; いばり散らす. *under* [*over*] *weight* 目方が足りない[多すぎる]. *worth one's* [*its*] *weight in gold* [*silver, etc.*] 〈人・物が〉それと同じ目方の金[銀(など)]くらいの価値がある, 千金の値打ちがある.
weight for age 〘競馬〙馬齢重量《年齢によって競走馬に割り当てられる負担重量》.
— *vt.* **1** ...に重みを付加する, 重くする; 負わせる, 積載する: The camel is sufficiently ~*ed*. ラクダには十分荷がつけてある / The trees in the park were ~*ed with* snow. 公園の木は雪で重くなっていた. **2** ...に重荷を負わせる, 積み過ぎる; 〔悲しみ・失望などで〕圧迫する, 苦しめる〔*with*〕: He ~*s* himself *with* care. 彼は自分で苦労する. **3** 〈織物など〉に混ぜ物をして重くする (adulterate). **4** 〘統計〙(加重法および度数分布において)〈ある項〉に加重値[ウェート]を与える. **5** (ある一方に有利なように)...に手心を加える, 操作する: evidence ~*ed against* the defendant 被告人に不利なように処理された証拠. **6** 〘スキー〙...に重みを掛けかえる. **7** 〘競馬〙〈競走馬〉にウェートを負わせる, 重量を課す: ~ a racehorse *with* 100 pounds. *weight down* (1) 〈物を〉〔重りなどで〕押える〔*with*〕. (2) =WEIGH *down* (1).
wéight clòth *n.* 〘馬具〙(鉛の薄板をつけた)鞍下布《騎手の体重が負担重量に達しない時に用いる; cf. saddlecloth 2》.
wéight dènsity *n.* 〘物理〙単位量に含まれる重量.
wéight·ed [-tɪd, -təd | -tɪd, -təd] *adj.* **1** 荷重した; 荷を積んだ; 加重した. **2** (立法議員の投票などで)代表する有権者数に従って票の効力を調整した, ウェートをかけた. **~·ly** *adv.* **~·ness** *n.*
wéighted áverage [**méan**] *n.* 〘統計〙加重平均, 重みつき平均.
wéight·ing [-tɪŋ | -tɪŋ] *n.* 《英》(給与に上積みされる)手当, (特に)地域手当: Salary range—£3,900 to £4,500 p.a. plus a London ~. [広告] 給与限度—年俸 £3,900—£4,500 (別にロンドン地域手当あり).
wéighting allówance *n.* =weighting.
wéight·less *adj.* **1** 重量のない, 重量のほとんどない; 無重量の. **2** 無重力(状態)の. **~·ly** *adv.* **~·ness** *n.*
wéight lifter *n.* 重量挙げ選手.
wéight lifting *n.* 重量挙げ, ウェイトリフティング.
wéight màn *n.* 〘スポーツ〙投てき(競技)選手《砲丸投げ・ハンマー投げ・円盤投げ・やり投げなど》.
wéight-wàtcher *n.* (体重調整のために)規定食をとっている人 (dieter).
weight·y [wéɪti | -ti] 〘《(1489)》: ⇨ weight, -y⁴〙 — *adj.* (**weight·i·er**; **-i·est**) **1 a** 重い, 重量のある (heavy): a ~ spear. **b** 〈人・動物が〉太った (corpulent): a very ~ man. **2** 〈人が〉有力な, 勢力のある (influential): a ~ banker, statesman, etc. **3** 〈議論など〉人を首肯させる, 心服させる, 有力な (convincing): a ~ argument, deduction, reason, etc. **4** 重要な (important): ~ affairs of state 重大な政務. **5** 耐え難い, 重苦しい (oppressive), 由々しい (grievous): ~ cares. **wéight·i·ly** [-tɪli, -təli, -tɪli | -tɪlɪ, -tə-] *adv.* **wéight·i·ness** *n.*
Wei·hai [wèɪhái; *Chin.* uēɪxǎɪ] *n.* 威海(ウェイハイ)《中国山東省 (Shantung) の港市, 1898 年から 1930 年まで英国の租借地; 面積 738 km²; 旧名 Weihaiwei [wéɪhàɪwéɪ] (威海衛)》.
Wei Ho [wéɪ-hóu | -háu; *Chin.* uèɪxɤ́] *n.* =Wei.
Weill [wáɪl, váɪl; *G.* váɪl], **Kurt** *n.* ワイル《1900–50; 米国に在住したドイツのオペラ・バレエ・喜歌劇の作曲家; *Die Dreigroschenoper* (英訳名 The Threepenny Opera) (1928)》.
Wéil's disèase [váɪlz-, wáɪlz-] 〘← *Adolf Weil* (1848–1916: ドイツの医師)〙 *n.* 〘病理〙ワイル病《黄疸(おうだん)・出血を伴う熱性伝染病》.
Wei·mar [váɪmɑə, wáɪ- | váɪmɑː(r; *G.* váɪmar] 〘□ ML *Wīmare, Winmari* ← OHG *win* pasture // *wīh* holy+*mari* source, lake〙 — *n.* ワイマール《東ドイツ南西部の都市, Thuringia 州の首都; Goethe, Schiller, Liszt などの住んだ土地; 「ワイマール憲法」制定の地 (1919); 人口 64,000》.
Wei·ma·ran·er [vàɪmərɑ́ːnə, wàɪ-, -réɪnə, -rǽnə, ⌐-⌐-⌐- | -nə(r; *G.* vàɪmaráːnɐ] 〘□ G ~: ⇨ Weimar, -an¹, -er¹〙 — *n.* ワイマラナー《ドイツ原産の大型犬種のイヌ; 灰色の短い毛をしたポインターの類》.
Wéimar Constitútion *n.* [the ~] 〘ドイツ史〙ワイマール憲法《第一次大戦直後 (1919 年), Weimar に開催された国民議会 (National Assembly) で採択され同年 8 月に発布された共和制のドイツ国憲法の通称》.
Wéimar Repúblic *n.* [the ~] ワイマール共和国《第一次大戦後に成立した共和制ドイツの通称; 1933 年崩壊して第三帝国 (Third Reich) となった》.
Wein·berg [wáɪnbəːg | -bəːg], **Steven** *n.* (1933–) 米国の物理学者; Nobel 物理学賞 (1979).
Wéinberg-Sálam thèory *n.* 〘物理〙ワインバーグサラム理論《電磁作用と弱い相互作用を統一する理論で, S. Weinberg と A. Salam が独立に提唱した》.
wei·ner [wíːnə, -ni, wíni | wíːnə(r] *n.* =wiener.
Wein·gart·ner [váɪŋgɑətnə, wáɪn- | -gɑːtnə(r; *G.* váɪngàrtnɐ], **Felix von** *n.* ワインガルトナー《1863–1942; オーストリアの作曲家・指揮者》.
weir [wɛ́ə, wíə | wíə(r] 〘OE *wer* dam, pond ← *werian* to defend, dam up (a pool) ← Gmc **werjōn-* (G *Wehr* defense) ← IE **wer-* to cover (cf. L *aperīre* < **ap-werīre* to uncover)〙 — *n.* **1** (水車用・灌漑(かんがい)用に水位を上げるための)ダム (dam); せき止められた水. **2** (流水量測定用の)せき, 量水ダム. **3** (魚を取るための)魞(えり), 簗(やな), 筌(うけ). **4** 《英方言》(川の流れを止めたり新しい水路に流すための)土手, 堤防.
weird [wíəd | wíəd] 〘OE *wyrd* fate, destiny, 《原義》what is to befall (to one) ← Gmc **wurð-* ← IE **wer-* to turn, bend (L *vertere* to turn): cf. OE *weorðan* 'to become, WORTH²' 現在の形は ME 《北部方言》*wērd, weird* による〙 — *n.* 《スコット・古》 **1** 運命 (fate); (特に)不運. **2 a** [the Weirds] 運命の三女神 (the Fates). **b** 魔女 (witch), 予言者 (soothsayer). **3** 予言 (prediction). **4** 不思議な事件[話]. **5** 事件, 出来事: After word comes ~. 《諺》言葉に出せば事件が起こる, うわさをすれば影. — *adj.* (**~·er; ~·est**) **1** 超自然的な (supernatural), 不思議な, 気味の悪い (uncanny, eerie), この世のものでない (unearthly): a ~ appearance, look, sound, etc. **2** 《口語》変な, 奇妙な, 古風な, 不可解な: a ~ dress / How ~! **3** 運命の, 宿命の. **~·ly** *adv.* **~·ness** *n.*
weird·ie [wíədi | wíədɪ] *n.* =weirdo.
weird·o [wíədou | wíədəu] 〘← WEIRD+-O〙 *n.* (*pl.* **~s**) 《口語》変人, 奇人. — *adj.* 風変わりな, 変な.
Wéird Sísters *n. pl.* [the ~] **1** 〘ギリシャ・ローマ神話〙運命の三女神 (the Fates). **2** 〘北欧神話〙運命を司る三女神 (the Norns). **3** Shakespeare 作の *Macbeth* 中に出て来る三人の魔女.
weird·y [wíədi | wíədɪ] *n.* =weirdo.
weis·en·heim·er [wáɪzn̩hàɪmə, -zən- | -mə(r] *n.* =wisenheimer.
Weis·mann [váɪsmɑːn, wáɪsmən; *G.* váɪsman], **August** *n.* ワイスマン《1834–1914; ドイツの生物学者; ワイスマン説 (Weismannism) の提唱者》.
Wéis·mann·ìsm [-nɪzm] 〘↑: ⇨ -ism〙 *n.* 〘生物〙ワイスマン説《自然選択を唯一の進化の根拠とする進化説; Neo-Darwinism と同義》.
wéiss béer [wáɪs-, váɪs-] 〘← G *Weissbier* white beer〙 *n.* ワイスビール《色が淡く泡立ちの強いドイツビール》.
Weiss·horn [váɪshɔən | -hɔːn; *G.* váɪshɔrn] 〘□ G ~ 《原義》white horn〙 *n.* [the ~] ワイスホルン《スイス南部, Pennine Alps 中の山 (4,505 m)》.
Weit·ling [váɪtlɪŋ; *G.* váɪtlɪŋ], **Wilhelm** *n.* ワイトリング《1808–71; ドイツの社会主義者, ドイツ共産主義の父といわれる》.
Weiz·mann [váɪtsmən, wáɪts-], **Cha·im** [xáɪjim] *n.* ワイツマン《1874–1952; ロシヤ生れのイスラエルの化学者; シオニズム (Zionism) 指導者; イスラエル初代大統領 (1949–52)》.
Weiz·säck·er [váɪtszekə | -kə(r; *G.* váɪtszɛ̀kɐ], **Carl Friedrich von** *n.* ワイツゼッカー《1912– ; ドイツの物理学者》.
we·jack [wíːdʒæk] 〘← N-Am.-Ind. (Algonquian)〙 *n.* 〘動物〙=fisher 4.
we·ka [wékə, wéɪkɑː, wíːkə] 〘← Maori: 《擬音語》〙 *n.* 〘鳥類〙コバネクイナ (*Gallirallus australis*)《ニュージーランド産の翼の退化したクイナ》.
welch [wéltʃ, wéʃ | wéltʃ] *v.* 《俗》=welsh. **~·er** *n.*
Welch [wéltʃ, wéʃ | wéltʃ] *adj., n.* =Welsh.
Wélch·man [-mən] *n.* (*pl.* **-men** [-mən, -mèn]) =Welshman.
wel·come [wélkəm] 〘n.: OE *wilcuma* welcome guest ← *wil-* 'WILL³'+*cuma* comer (← *cuman* 'to COME'): OE *wil-* が ME *wel* 'WELL²' と混同された. — v.: OE *wilcumian* ← (n.): cf. L *bene venisti, bene venias* / F *bienvenu*〙 — *adj.* **1** 歓迎される, 喜んで迎えられる: a ~ guest, visitor, etc. / make a person ~ 人を歓迎する, もてなす / ('Thank you.' などに答えて) You are (very, quite) ~. どういたしまして. **2** 自由[勝手]に...してよい, 自由に〔...を〕使ってよい (willingly permitted) 〔*to*〕: You are ~ *to* any book in my library. 私の書斎の本はどれでも自由にお使い下さい / Your sister is ~ *to* my piano. 妹さんに私のピアノを自由に使っていただいて結構です / He is ~ *to* any service I can do. あの人になら喜んでできるだけのことをします. **3** [皮肉に] 勝手に...するがいい, ...しようとこっちの知ったことではない 〈*to* do〉〔*to*〕: He is ~ *to* break his neck. (乱暴なことばかりして)首の骨でも折るがいい / You are ~ *to* take what steps you please. どうでもお好きなようにしなさい / You

are ~ *to* any opinion you like. 勝手な熱を上げるがいい. **4** うれしい, ありがたい : a ~ gift, rest, etc. / ~ signs of improvement 喜ぶべき進歩の印 / It was a ~ sight to see. 見るもうれしい光景だった / I received a ~ letter. 吉報を受け取った / His lecture was as ~ as snow in harvest. 彼の講演は一向にありがたくなかった.

and welcome [しばしば反語的に] それで結構: You may do so *and* ~. そうなさるならそれも結構 / He may go bankrupt *and* ~. 彼が破産しようとこっちの知ったことではない.

— *int.* [しばしば副詞語句を伴って] ようこそ(おいでなさいました): *Welcome* to Japan! / *Welcome* home (again)! お帰りなさい.

— *n.* 歓迎(の言葉), 歓待, もてなし : a speech of ~ 歓迎の辞 (welcoming speech) / say ~ to a person＝bid a person ~ 人に歓迎の意を示す / receive [get] a hearty [cold, chilly] ~ 心からの[冷たい]もてなしを受ける / He gave me a cordial ~ on my arrival. 私が到着するとねんごろに迎えてくれた.

give** a person **a warm welcome ⇨ warm 成句. ***outstay** [**overstay, outsit, wear out**] one's **welcome*** (長居したりなどして)いやな顔をされる : He has *worn out* his ~. 長居しすぎてきらわれている.

— *vt.* (~d) **1** 歓迎する, 愛想よく迎える, …にようこそと言う : We ~*d* him *home* [*back*]. 彼の帰りを喜んで迎えた / He ~*d* her *to* his house. 彼女を彼の家に歓迎した / She ~*d* me with an outstretched hand and a smile. 彼女は片手を差し出し微笑しながら私を歓迎した. **2** 喜んで受け取る[入れる]: He ~*s* candid criticism. 忌憚(きたん)ない批評を喜んで受け入れる / ~ the new year *in* 新年を喜び迎える. **3** 〔特に不愉快な反応で〕迎える (greet), …に応じる 〔*with, by*〕: They ~*d* him *with* a brace of bullets. 彼を2発の弾丸でもって迎えた.

wél·com·er *n.* **~·ly** *adv.* **~·ness** *n.*

wélcome màt *n.* 《米》 靴ぬぐい (door mat) 《通例 Welcome という語が入れてある》. ★ 主に次の句で用いる : ***put*** [***roll***] ***out the welcome mat*** 〔…を〕大いに歓迎する 〔*for*〕.

wélcome wàgon *n.* 《米》 新参歓迎車 《ある地域に新しく転入して来た人のためにその地域社会に関する情報・贈り物・見本物産などを届ける車》.

weld[1] [wéld] 〚《*c*1380》 *welde* < OE **w(e)alde* (cf. G *Wau*): cf. wold[1]〛 — *n.* **1** 〚植物〛 キバナモクセイソウ (*Reseda luteola*) 《ヨーロッパ産》. **2** 〚染色〛 キバナモクセイソウから取った黄色天然染料.

weld[2] [wéld] 〚《1599》 《変形》 ? ← *welled* (p.p.) ← WELL[1] (v.)〛 — *vt.* **1** 〈金属・プラスチックを〉鍛接[溶接]する ; 鍛接[溶接]して作る[修理する]. **2** 結合[接合]する, 合一する, 密着させる : ~ words *into* a sentence 単語を結合して文を作る / The two were ~*ed together* by friendship. 二人は友情によって堅く結ばれていた. — *vi.* 鍛接[溶接]される : Different metals ~ at different temperatures. 金属はそれぞれ違った温度で溶接される. — *n.* **1** 鍛接[溶接]点, 接合点. **2** 鍛接, 溶接.

weld·a·ble [wéldəbl] *adj.* 鍛接[溶接]できる ; 結合[接合]できる. **wèld·a·bíl·i·ty** [-dəbíləṭi | -lɪ̀ti, -lɪ-] *n.*

wéld·er *n.* **1** 溶接工, 溶接手. **2** 溶接機.

wéld·ing *n.* 鍛接, 溶接.

wélding blòwpipe *n.* 溶接吹管, 溶接トーチ.

wélding ròd *n.* 溶接棒.

wélding tòrch *n.* ＝welding blowpipe.

wéld·ment *n.* **1** 鍛接, 溶接. **2** 溶接物.

wéld mètal *n.* 溶着金属.

wél·dor *n.* ＝welder 1.

wel·fare [wélfɛ̀ə | -fɛ̀ə(r] 〚《*c*1303》 *wel fare* (⇨ well[2] (adv.), fare (v.)): cf. farewell〛 — *n.* **1** 幸福, 福利, 福祉, 繁栄 (well-being, prosperity): public ~ 公共の福祉 / ~ legislation 福祉立法 / London's ~ budget ロンドンの福祉予算. **2** 福祉[社会]事業, 厚生事業 (welfare work): be engaged in child ~ 児童福祉事業に従事する / the Ministry [Minister] of *Welfare* 厚生省[大臣]. **3** [the ~] [集合的] (貧困者・失業者などを援助する)政府の社会福祉機関.

on welfare (貧困・失業などのため政府の)福祉援助(金)を受けて (cf. *on* RELIEF[1]): She went *on* ~ to feed her two children. 彼女は二人の子供を養うために福祉援助を受けた.

wélfare cápitalism *n.* 厚生資本主義.

wélfare cènter *n.* 福祉事業[務]所《診療所・健康相談所などがある》.

wélfare económics *n.* 厚生経済学《国民の厚生を極大化する経済政策を追究する経済学の一分野 ; 代表的学者は英国の Pigou》.

wélfare fùnd *n.* 福祉厚生基金.

Wélfare Ísland *n.* ウェルフェア島《米国 New York 市の East River の中の島 ; もと刑務所が, 現在は病院その他福祉事業施設がある ; 旧名 Blackwells Island》.

wélfare móther *n.* 《米》 母子家庭であるために補助金を受けている母親.

wélfare stàte *n.* 福祉国家《失業保険・無料医療・養老年金など各種の社会保障事業を実施する国家》.

wélfare wòrk *n.* 福祉事業《貧困者・身体障害者などの生活条件を改善するための地域社会・団体・個人による組織的な活動》.

wélfare wòrker *n.* 福祉事業家, 社会事業家.

wél·far·ìsm [-fɛ(ə)rìzṃ | -fɛər-] *n.* **1** 福祉国家 (welfare state) 主義[政策]. **2** (福祉国家・公共福祉機関が与える)福祉援助(金).

wél·fàr·ist [-fɛ̀(ə)rɪst, -rəst | -fɛ̀ərɪst] *n.* 福祉国家主義者.

Wel·ha·ven [vɛ́lhɑːvən ; *Norw.* vɛ́lhɑːvən], **Jo·han Se·bas·ti·an Cam·mer·mey·er** [johán sebástian kámmərmè:ər] *n.* ヴェルハーヴェン 《1807–73 ; ノルウェーの詩人・批評家》.

welk [wélk] 〚《*c*1250》 *welke(n)* ▭ ? MDu. *welken* to fade, decay〛 — *vi.* **1** 《英方言》〈花・植物が〉しおれる, しぼむ (wither) 〈*away*〉. **2** 《廃》〈色・名声などが〉あせる (fade), 失(う)せる ; 減少する (decrease).

wel·kin [wélkɪn, -kən | -kɪn] 〚ME *welkne* < OE *wolcen* cloud ← Gmc **welk-* (G *Wolke* cloud) ← IE **welk-* wet〛 — *n.* 《詩・文語》 空, 大空, 青空 (sky): make the ~ ring [roar] (笑声などで)空まで響かせる. — *attrib. adj.* 《廃》 空のように青い : her ~ eyes.

well[1] [wél] 〚*n.*: OE (Anglian) *wella* spring, 《原義》 rolling or bubbling water ← Gmc **wall-* (G *Welle* wave / ON *vella* a boiling, ebullition). — *v.*: OE (Anglian) *wellan* to boil, bubble up ← Gmc **walljan* ← IE **wel-* to turn, roll (⇨ volute)〛 — *n.* **1** 井戸 : an oil ~ 油井 / ⇨ artesian well / a ~ of a parlor (じめじめして暗い)井戸みたいな客間. **2 a** 泉 ; 鉱泉 (mineral spring). **b** [*pl.*] 鉱泉地, 温泉地. **3** (感情・知識などの)源, 源泉 : Dan Chaucer, ~ of English undefiled 純正英語の源チョーサー大人(うし) (Spenser, *The Faerie Queen*). **4** (井戸状の)くぼみ ; (周囲を家で囲まれた)空所 ; 階段吹抜け (wellhole) ; (エレベーターの)縦穴 (elevator well) ; (万年筆の)インク筒. **5** 〚海事〛 **a** あか筒《船底の汚水をくみ出すつるべの通る筒》. **b** 船のポンプを囲んだ区画部. **c** 船楼間の甲板. **6 a** 漁船のいけす. **b** (机の)インクつぼ受け穴 (ink-well). **c** (大皿・肉焼き器具などの)肉汁入れのくぼみ. **7 a** 《英》 (法廷の)判事席前の一段低い部分, 弁護士席. **b** (階段式の教室や会議室などの)講壇[演壇]のある低い部分. **8** 〚土木〛(構造物の基礎の)井筒.

— *vi.* 《文語》 湧き出る, 噴出する (spring) 〈*up, out, forth*〉: A spring has ~*ed up* just lately. つい最近泉が湧き出た / Water ~*ed out* of the ground. 水が地面から湧き出た / (The) tears ~*ed up* in her eyes. 彼女の目に涙がどっとあふれてきた. — *vt.* 湧き出させる 〈*forth*〉: a fountain ~*ing forth* its crystalline waters 水晶のように透明な水を噴出する泉.

— *adj.* **1** 井戸の(ような) ; 井戸状の(部分のある). **2** 井戸用の.

well[2] [wél] 〚*adv.*: OE *wel(l)* in a great degree ← Gmc **wel-* (Du. *wel* / OHG *wela* (G *Wohl*) / ON *vel* / Goth. *waila*) ← IE **wel-* to wish (⇨ will[1]). — adj.: OE *wel* ← (adv.). — int.: OE *wel* ← (adv.). — n.: 《*c*1386》 ← (adv.)〛 — *adv.* (**bet·ter** [béṭə | -tə(r]; **best** [bést]) **1** (道徳的に)よく, 善良に, 立派に : act [do] ~ 善良な行ないをする / ⇨ *live* WELL (2). **2 a** 上手に, うまく, 巧みに, よく (skillfully): dance and sing ~ / *Well* done! あっぱれ, でかした / The work is ~ done. 仕事は上できだ / *Well* run! よく走った. **b** 満足に, 申し分なく : The invalid is eating ~ now. 病人はもうよく食べている / She dressed ~. よい服装をしていた / The plan worked ~. その計画はうまくいった. **3 a** 裕福に, 安楽に : ⇨ *live* WELL (1). **b** [通例 do ~ として] 健康に, 元気で : He has a cold, but will *do* ~. 風邪を引いているが元気になるでしょう. **4** 適当に, 適切に (properly): That is ~ said. うまいことを言ったものだ, まことに至言 / judge ~ and truly 誤らぬようによく裁決する / It will do very ~. それはいかにも結構だろう / as the poet ~ says 詩人がいみじくも言っているように / ⇨ *do* WELL *to do*. **5 a** 首尾よく (successfully), 都合よく (fortunately), 無事に : All went ~. 万事首尾よくいった / I was ~ rid of them. 彼らを厄介払いできてよかった / You are ~ out of it. 君はそれを免れてよかった / ⇨ COME *off well* / *Well* begun is half done. 《諺》 始めがよければ半分成ったも同様 / *Well* met! 《古》 いい所で会った / It was ~ done of you to come. よく来てくれた. **b** (物質的に)有利に, 得をして (profitably): You have done very ~ for yourself in marriage. あなたは良縁を得ましたね / I sold my horse ~ at York. ヨークで馬をいい値で売った. **6** [may, might に伴って] もっともで, 当然で, 恐らく (probably): ⇨ *may* WELL *do* / She agreed to marry him, as ~ she *might*. 彼女は彼との結婚を承諾したが, もっともなことだった / It *may* ~ be true. それは多分本当かも知れない. **7** 容易に (easily), 即座に (readily): I cannot ~ tell you. どうもそれをお話しするわけにはいかない / before he could ~ finish his sentence その文句を終わりもしないうちに. **8** はっきりと (clearly), 正確に : I saw it ~. そのことがはっきりとわかった / He could ~ remember it. そのことをはっきりと思い出すことができた. **9 a** 十分に, 全く (thoroughly) ; かなり, よほど, うんと (to a considerable degree) (cf. well-): He very ~ deserved it. 十分にそれに値した / It is ~ worth trying. それはやってみる値打ちは十分ある / lean ~ back ぐっと後ろにそる / ⇨ well-nigh / be ~ past forty 40 歳をよほど越している / ~ over a hundred years 100 年をはるかに越えて / be ~ on [advanced] in life 非常に高齢である / smack a person ~ 人をしたたか打つ / He is ~ among the leaders of thought. 彼は押しも押されもしない一流の思想家だ / He is ~ up in the list. 彼は名簿でずっと頭の方にいる. **b** 個人的に, 親しく : I know him ~. 彼のことはよく知っている. **10** 心から (heartily), 親切に (kindly), 好意的に (favorably): I love [like] him ~. 彼を心から愛している[好いている] / use a person ~ 人を親切に扱う / receive a person ~ 人を厚遇する / wish ~ to one's country 祖国を大事に思う / He treated me ~. 私を親切にもてなした / I wish him ~. 彼の幸福を祈っている / ⇨ SPEAK *well for*. **11** 雄々しく (gallantly), 勇しく (bravely): acquit oneself ~ 雄々しく振舞う / They fought ~ against their enemy. 勇ましく敵と戦った. **12** 念を入れて, よくよく(carefully): He thought the matter ~ over. その事をよくよく考えてみた / He looked at himself ~ in the glass. 鏡に映った自分の姿をしげしげと見つめた / Look ~ to him. 十分に彼の世話をしてあげなさい. **13** [通例 take に伴って] 善意に, 悪く取らずに : He *took* the joke ~. その冗談を平気で聞き流した / He did not *take* it very ~. それをあまりよく思わなかった.

as well (1) なお, おまけに, その上 (in addition, besides): Take this book *as* ~. この本も持って行きなさい / He has knowledge, and experience *as* ~. 知識もあり, さらに経験もある / He is a judge, but (he is) a Christian *as* ~. 彼は裁判官であるがまたキリスト教信者でもある. (2) [しばしば just を伴って] …のほうが(ちょうど[かえって, やっぱり])よい : It was *just as* ~ you didn't marry her. 彼女と結婚しないでかえってよかったのだ / That is *just as* ~. あの方がちょうどいいのだ《後悔には及ばない》/ It would be *as* ~ to ask. 聞いてみるほうがよいだろう / It would be *just as* ~ if you were present. やっぱり君が出席する方がよいだろう. ***as well as*** (1) …と同様に, …だけでなく : He gave me clothes *as* ~ *as* food. 食べ物の外に着る物もくれた / You [He] *as* ~ *as* I are [is] wrong. 私だけでなく君[彼]も間違っている. ★ (1) 時に and also の意味にも用いる : French, Spanish, Italian, *as* ~ *as* some other languages フランス語, スペイン語, イタリア語, その他いくつかの言語. (2) 時に接続詞的または前置詞的にも用いる : I intend to build the boat *as* ~ *as* plan it.＝*As* ~ *as* plann*ing* the boat, I intend to build it. そのボートを設計するばかりでなく自分で造るつもりだ. (3) …と同じようにうまく : He speaks English *as* ~ *as* John. ジョンと同じくらいうまく英語を話す. ***do oneself well*** 〚《なぞり》 ← G *sich gütlich tun*〛 (1) 自分で(うまく)やり遂げる[成功する]. (2) 贅沢に暮らす (cf. do[1] *vt.* 11). ***do well by*** ⇨ DO[1] *by*. ***do well for oneself*** 商売[仕事]が繁盛する, 成功する. ***do well*** (***out of***) (…で)得をする, もうける. ***do well to do*** …するのがよい : You would [will] *do* ~ *to* keep silent. あなたは黙っていたほうがよい / You *did* ~ *to* come. 来てくれてよかった / You will *do better* not *to* mention it now. 今そのことは言わないほうがよい. ***live well*** (1) 食べ物に贅沢をする, 裕福に暮らす. (2) 正しい生き方をする. ***may as well*** … (***as*** …) (…するのと同様に)…してもよろしい : We *may* (just) *as* ~ begin at once (*as* not). すぐに始める方がいい. ***may well*** *do* …するのはもっともだ; 多分…するだろう : She *may* ~ be proud of her son. 彼女が息子を自慢するのも無理はない. ***might as well*** … (***as*** …) (…するのは)…するのも同様だ, (…するくらいなら)いっそ…した方がましだ ; …して(くれて)もよいだろう : You *might as* ~ throw your money into the sea *as* lend it to him. 彼に金を貸すのは海に投げ込むようなものだ《どちらもむだなこと》/ You *might as* ~ go abroad (*as* not). むしろ外国へ行った方がよい / You *might as* ~ give me some candies. キャンディーをくれたっていいでしょう《ねだり口調》. ***stand well with*** 〈人〉の気に入る : She *stands* ~ *with* my father. 彼女は私の父の受けがよい. ***well and truly*** (1) (全く)正しく, 適切に (properly): lay a foundation stone ~ *and truly* 礎石をきちんと据える. (2) 徹底的に (thoroughly). (3) 《古》 忠実に. ***well away*** (1) (競走で)出足がよくて ; (仕事などで)かなりはかどって 〔*on*〕. (2) 《口語》 ほろ酔いで.

— *adj.* (**better**; **best**) **1 a** [Attributive に用いて] 壮健な, 心身健全な (in good health) (cf. strong): He began to eat like a ~ man. 健康な人のように食べるようになった. **b** [the ~ ; 名詞的] 健康な人々 : *The* ~ are impatient of the sick. 丈夫な人には病人の態度がまだるっこい. ★ この意味では比較級・最上級が用いられない. **2** [Predicative に用いて] **a** 〈人が〉健康で, 壮健で, 達者で (in good health) (cf. strong ; ↔ ill): I am perfectly ~. / You don't look ~. 顔色がさえないぞ / Quite ~, thank you. (How are you? に対する決まりの挨拶として)ありがとう至極元気です / She is ~ enough. 彼女はまずまず元気だ / You will soon be *better*. じきによくなるでしょう / I hope you are ~. お元気のことと存じます / I am *best* in the summer. 私は夏が一番健康です. **b** 〈健康状態が〉良好で (sound); 〈病気が〉直って (cured): His health is not ~. 彼の健康は良好でない / My cold is ~ enough. 風邪は大分よくなった. **3** [Predicative に用いて] **a** 満足な (satisfactory); 運がいい, 好都合な (favorable, fortunate, propitious); 安楽な, 不自由のない (comfortable): All's ~. 万事申し分ない / Very ~. (同意・承認などを表わして)よろしい, 結構だ / It is all very ~, but … それはいかにも結構だが…《不満足・不同意を表わす時の決まり文句》/ This is ~ enough, but I cannot afford the time. これはなかなか結構だが, その時間の都合がつかない / It was ～ that he was our mutual friend. 彼が私たちの共通の友であることは好都合だった / ⇨ well-to-do, well-off / I am very ～ where I am. 私は今の地位[状態]ですこぶる満足です / It is ～ with him. 彼は無事だ. **b** 適当な, 当を得た (suitable, advisable): It would be ～ to do it at once. すぐした方がいいでしょう / It is ～ that you came. 君は来てよかった / It is not ～ to anger him. 彼を怒らせることはよくない / It would have been [It would be] ～ for him. そうすれば彼にとってはよかった[よかろう]ろうに. **4** [Predicative に用いて] 〔…と〕折り合いがよくて, 〔…に〕受けがよくて 〔*with*〕: He is ～ *with* many people. 彼は多くの人と折り合いがよい. ***well and good*** [冷静な同意または時に皮肉を表わして] 結構, 仕方がない: If you truly think so, ～ *and good*. 君が本当にそう考えるなら仕方がない[それでいい](さ).

― *int.* **1** [大きな驚き] まあ, おや, へえー: *Well*, who would have imagined him to be a genius? へえー, あの男が天才だなんてだれが想像したろう / *Well*, to be sure! = *Well*, I never! = *Well* now! へえーこいつは驚いた. **2** やれやれ: *Well*, we have at last finished the work. やれやれ, やっと仕事が終わった / *Well*, that is over. まあまあれも片付いた. **3** [譲歩] そうだね, それじゃ, なるほど, そうだとして: *Well*, come if you like. じゃ来たければ来なさい / *Well*, perhaps you are right. そうだね, ひょっとすると君の言うとおりかもしれない / *Well*, but what about payment? それはいいとして, 支払いの方は / *Well* then, say no more about it. それじゃもうそのことは言うな. **4** [会話をまた続けて] さて, ところで: *Well*, who was it? さてそれはだれだったの. **5** [催促・期待] それで(どうなのか, 言いたいことは何): *Well* then? それから, そうするとどうなる. **6** [あきらめ] いやもう, ままよ: Oh [Ah] ～, it can't be helped. もう仕方がない. ***Well, well*** やれやれ《驚き》.

― *n.* よいこと《健康・幸福など》; 満足なこと: Let [Leave] ～ (enough) alone. よい事はそのままにしておけ, やぶへびをするな.

well- [wél] 〚← WELL²〛 ― well² の連結形 (↔ ill-). ★ ほとんどあらゆる分詞形または擬似分詞形(名詞＋ed)と結合して複合形容詞を造る; Attributive に用いる時には必ずハイフンを付けるが, Predicative に用いる時には通例分離して 2 語に書かれる.

we'll [wìːl, wíːl] we will [shall] の縮約形.

wéll-acquáinted *adj.* 〔人・事物を〕よく知っている, 熟知している, なじみの (familiar) 〔*with*〕: He is ～ *with* Latin. ラテン語に精通している.

wéll-ácted *adj.* 好演の: a ～ play.

well·a·day [wèlədéɪ, ⸗⸗´] 〚(*c*1570)《変形》← WELL-AWAY〛 *int.* ＝wellaway.

wéll-advísed 〚ME *wel avised*〛 ― *adj.* **1** 〈人が〉(用意)周到な, 慎重な, 賢明な (prudent, wise): You would be ～ *to* set out at once. すぐに出発した方がよかろう. **2** 〈計画・行為など〉慎重審議した上での, 熟慮した, 慎重な: a sound and ～ judgment 健全で慎重な判断. **～·ly** *adv.* 「*ward*〕.

wéll-afféctcted *adj.* 好感[好意]をもっている 〔*to, to-*

Wél·land Canál [wélənd-] *n.* [the ～] ウェランド運河《カナダ南部にあり Erie と Ontario の両湖を結ぶ, 長さ 44 km》.

wéll-appóinted *adj.* 十分に支度[準備]の整った, 〈艦船など〉十分に装備の整った, 〈家など〉設備の行き届いた: a ～ ship / a ～ chemist's shop 設備の行き届いた薬屋 / a ～ dinner 行き届いた晩餐(ばん).

wéll-ármed *adj.* 十分に武装した.

wéll-attésted *adj.* 証拠の十分な.

well·a·way [wèləwéɪ, ⸗⸗´ | ⸗⸗´] 〚ME *welawei* 《WELL² の影響による変形》← OE *weilāwei* (ON *vei* 'WOE' の影響による変形) ← *wā lā wā* woe, lo! woe!: ⇨ lo〛 ― *int.* 《古・戯言》あわれあわれ, さてさて《悲しみ・嘆きを表わす; cf. worth²》. ― *n.* 嘆き.

wéll-bálanced *adj.* **1** よく均衡の取れた, 釣合いのよい. **2** 〈人・精神が〉分別のある, 常識のある (sensible): a ～ mind / a ～ young man.

wéll-becóming *adj.* よく似合う.

wéll-beháved *adj.* 行儀[品行]のよい: a ～ child / a ～ prisoner 行儀のよい模範囚.

wéll-béing 〚(*c*1613) ← WELL-＋BEING (n.): cf. F *bien-être* / NL *bene esse*〛 ― *n.* 幸福, 福利, 安寧 (welfare) (↔ ill-being): He had a sense of ～ and a delight in Christine's company. クリスティンと一緒にいると幸福感と喜びとを感じた.

wéll-be·lóv·ed [-bɪlʌ́vɪd, -bə-, -vəd, -lʌ́vd] *adj.* **1** 非常に愛され(ている), 最愛の. **2** 心から敬愛する (highly respected)《君主・領主などの書簡・布告で用いる》: our trusty and ～ cousin 我が信頼すべき敬愛するいとこ. ― *n.* 最愛の人.

wéll·bórn 〚OE *wel-boren*〛 *adj.* 家柄のよい, 生れのよい, 素性のよい: ～ girls 良家の子女.

wéll-bréd *adj.* (↔ ill-bred) **1** 育ちのよい, しつけのよい, 行儀のよい, 上品な: She spoke in a pleasant ～ voice. 感じのいい上品な声で話した. **2** 〈馬・犬など〉良種の.

wéll-búilt *adj.* 体格のよい: a ～ truck driver.

wéll càr *n.* 〚鉄道〛 大物車《大型貨物輸送用の貨車; well-hole car ともいう》.

wéll-chósen *adj.* 正しく選択された, 精選された; (特に)〈言辞・語句が〉精選された, 適切な (apt): He replied to my remarks in ～ words. 私の意見に適切な言葉で答えた.

wéll-condítioned 〚(15C)〛 *adj.* **1** 調子のよい, 好調な, 健康な: a ～ horse. **2** 性質のよい, 善良な: a ～ mind.

wéll-condúcted *adj.* **1** 行儀のよい; 品行方正な: a ～ convict 行ないのよい受刑者. **2** 管理[経営]のよい. 「のある.

wéll-connécted *adj.* 門閥と縁続きの, 有力な縁故

wéll-consídered *adj.* **1** 〈意見など〉よく[十分に]考慮した上での, 慎重な, 賢明な. **2** 〈人が〉高く評価された, 尊敬された. 「足した.

wéll-contént[-conténted] 〚(15C)〛 *adj.* 十分満

wéll-cóoked *adj.* うまく[上手に]料理された.

wéll cùrb *n.* ＝well kerb.

wéll-cút *adj.* 〈服が〉仕立てのよい: a dark ～ suit.

wéll-dáy *n.* 健康な日, 発作などの起こらない日.

wéll dèck 〚cf. well¹ (n. 5 c)〛 *n.* 〚海事〛 凹(おう)甲板, ウェル甲板《船首楼 (forecastle) と船尾楼 (poop) との間の低い部分の甲板》.

wéll-dècked *adj.* 凹(おう)甲板のある.

wéll-defíned *adj.* **1** 〈輪郭・限界など〉はっきりした, 明瞭な, くっきりした: a ～ boundary / She had ～ features. はっきりした顔立ちをしていた. **2** はっきりと述べられた, 明確に定義された: ～ policies.

wéll-desérved *adj.* 十分受けるに値する: He has the ～ reputation of being one of the best singers of the day. 彼は当代切っての歌手の一人であるという十分受けるに値する名声を得ている.

wéll-devéloped *adj.* よく発達した: a ～ bosom.

wéll-diréctcted *adj.* **1** 〈打撃・弾丸など〉上手[正確]に狙った. **2** 見当の違わない.

wéll-dísciplined *adj.* **1** よく訓練された. **2** 規律の行き届いた, 規律正しい. 「こみのある皿.

wéll-dìsh 〚cf. well¹ (n.) 6 c〛 *n.* 底に肉汁が留まるへ

wéll-dispósed 〚ME〛 *adj.* **1** 気立ての良い; 親切な, 同情のある. **2** 好意を寄せている 〔*to, toward*〕.

wéll-dóer *n.* 善行者, 徳行家.

wéll-dóing 〚ME〛 *n.* **1** 善行, 徳行. **2** 繁栄, 成功.

wéll-dóne 〚(?*a*1200)《廃》'wise, prudent'〛 ― *adj.* **1 a** 立派に[巧みに]なされた, 出来のよい: a ～ translation. **b** [間投詞的に] でかした, お見事. **2** 〈肉など〉よく火が通った[焼けた] (cf. underdone, medium 2, rare²): a ～ steak. 「た: a ～ man.

wéll-dréssed *adj.* 身なりのよい, 立派な服装をし

wéll-drèssing *n.* 井戸祭り《英国の田園地方で古くから行なわれた井戸を花で飾る儀式; 清水が豊富に出ることへの感謝を表わす》.

wéll-éarned *adj.* 自分の力[働き]でかち得た, 十分に値する (well-deserved): a ～ holiday 立派に働いてかち得た休暇 / a ～ punishment 自業自得の罰. 「る.

wéll-éducated *adj.* 立派な教育を受けた; 教養のあ

Wel·ler [wélə | -lə(r)], **Thomas Huck·le** [hʌ́kl] *n.* (1915–　) 米国の微生物学者; Nobel 医学生理学賞 (1954).

Welles [wélz], **(George) Or·son** [ɔ́əsn | ɔ́ː-] *n.* (1915–　) 米国の演出家・映画俳優. 「の外交官.

Welles, Sum·ner [sʌ́mnə | -nə] *n.* (1892–1961) 米国

Welles·ley [wélzli | -lɪ], **Arthur** *n.* ⇨ Wellington.

Wellesley, Richard Col·ley [kɑ́li | kɔ́lɪ] *n.* (1760–1842) 英国の政治家; インド総督 (1797–1805); Wellington 公の兄; 1st Marquis Wellesley.

wéll-estáblished *adj.* **1** 〈慣習・語法など〉確立した, 定着した; 〈名声など〉ゆるぎのない. **2** 〈会社など〉基礎のしっかりした, 押しも押されもしない: a ～ store 老舗(しにせ).

Wel·lesz [véles; G. vélɛs], **E·gon** [éːgɔn] *n.* ウェレス《1885–1974; オーストリアの音楽学者・作曲家》.

wéll-fávored 〚(15C)〛 *adj.* 〈男・女が〉器量のよい, 美貌の. **～·ness** *n.* 「太った.

wéll-féd 〚ME〛 *adj.* **1** 栄養の十分な. **2** 肥えた,

wéll-fíxed *adj.* 《米口語》裕福な, 金持の (well-to-do).

wéll-fórmed *adj.* 〚論理・言語〛〈式としての記号表現が〉適格な, 整った《一定の構成規則に従って構成された; ↔ ill-formed》: a ～ formula (論理)整式, 式. **～·ness** *n.* 「fight.

wéll-fóught *adj.* (勇敢に)奮戦した, 力戦した: a ～

wéll-fóund 〚ME〛 *adj.* **1** 《廃》折紙付の, 推賞に値する (commendable). **2** 設備[装備]の行き届いた: a ～ steamer 艤装の完備した汽船.

wéll-fóunded 〚ME〛 *adj.* 〈容疑・所信など〉事実に立脚した, 正当な理由のある.

wéll-fúrnished 〚(15C)〛 *adj.* **1** 十分な給与を受けた. **2** 設備の十分な.

wéll-gróomed *adj.* **1** 〈馬など〉手入れが行き届いている. **2** 〈人が〉服装に一分のすきもない, りゅうとした(身なりの) (very neat). **3** 〈芝生など〉手入れが行き届いた, きちんとした.

wéll-gróunded 〚ME〛 ― *adj.* **1** 十分に根拠のある, 正当な理由のある (well-founded). **2** 十分な基本教育[訓練]を受けた〔*in*〕: He is ～ *in* linguistics. 言語学の十分な基礎知識をもっている.

wéll-hándled *adj.* **1 a** 〈商品が〉(いじり回されて)汚れた. **b** 〈商品が〉よく扱われる, よく出る; よく使われる. **2** 能率的に行なわれた, 手際よく扱われた[処理された].

wéll·hèad 〚ME〛 *n.* **1** 水源. **2** 《比喩》源泉. **3** 井戸をおおう屋根.

wéll-héeled *adj.* **1** 《口語》金持の, 富裕な (cf. well-fixed): a ～ clientele 金持の常連. **2** 《米俗》武器を携えた.

wéll·hòle *n.* **1** 井戸穴. **2** 〚建築〛 階段吹抜け (stair-well).

wéll-hòle càr *n.* 〚鉄道〛 ＝well car.

wéll hòuse *n.* 〚建築〛 井戸の覆屋, 井戸屋形.

wéll-húng *adj.* **1** 〈舌が〉よく動く[回る]: a ～ tongue. **2** 〈馬車・門・スカートなど〉巧みに吊るされた[取り付けた]: a ～ skirt 上手にはいたスカート. **3** 〈肉が〉十分長く吊るされた.

wéll-infórmed 〚(15C)〛 ― *adj.* **1** 博識の, 見聞の広い, 消息通の. **2** 〔ある事柄を〕よく知っている, 熟知[精通]している, 情報に通じた 〔*in, about*〕 (↔ ill-informed): ～ quarters [sources] 消息筋 / He is ～ *about* the topics of the day. 時事的な話題によく通じている.

Wel·ling·ton¹ [wélɪŋtən] 〚英国の地名に因んでの命名か〛 *n.* ニュージーランド北島南部の海港で同国の首都; 人口 351,000.

Wel·ling·ton², **w-** [wélɪŋtən] *n.* ＝Wellington boot.

Wel·ling·ton [wélɪŋtən], 1st Duke of *n.* (1769–1852) 英国の将軍・政治家; Waterloo で Napoleon 一世を破る, 首相 (1828–30); 本名 Arthur Wellesley, 通称 the Iron Duke.

Wéllington bóot, w- b- 〚(1818) ↑〛 *n.* ウェリントンブーツ《ひざまでくる長靴》.

wel·ling·to·ni·a [wèlɪŋtóuniə | -tə́unjə, -nɪə] 〚(1853) ← *1st Duke of Wellington*: ⇨ -ia¹〛 *n.* 〚植物〛 ＝giant sequoia.

wéll-inténtioned *adj.* 〈人が〉善意のある; 〈行動が〉善意で企てた[行なった] (well-meaning).

wéll-júdged *adj.* 正しい判断による, 賢明な; 機宜(きぎ)を得た (timely): a ～ action, reply, gift, etc.

wéll-képt *adj.* 世話[手入れ]の行き届いた: a ～ garden. 「円形構造).

wéll kèrb *n.* 井げた, 井筒《通例, 石造りの井戸口の

wéll-knít 〚(1445)〛 ― *adj.* **1** 〈人・骨格が〉がっしりした, 筋骨たくましい, 引きしまった (sinewy): a ～ frame, figure, etc. **2** 〈組織体など〉よく統一された, よくまとまった, 整然とした. **3** 〈議論など〉整然とした, よくまとまった, 隙のない; 〈文体など〉引き締まった, 簡潔な.

wéll-knówn 〚(15C)〛 *adj.* **1** 有名な, 知名な, 周知の (widely known): a ～ man. **2** 〈顔など〉見なれた, 〈声など〉聞きなれた, なじみの深い.

wéll-láid *adj.* 〈計画など〉周到に練った: ～ plans for burglary 周到に練った夜盗の計画.

wéll-líking 〚ME *wele likand, wel likyng*: cf. OE *wel-līcendlīc* pleasing〛 ― *adj.* 《古》〈人が〉具合のよさそうな, 健康そうな; 裕福そうな: The patient is fat and ～. 病人は太って健康そうだ.

wéll-líned *adj.* 〈財布など〉金の一杯入った.

wéll-lóoking *adj.* 《まれ》〈男・女が〉美貌(びぼう)の, 見目麗しい (good-looking); 〈建物・動植物など〉立派な, 感じのよい.

wéll-máde 〚ME〛 ― *adj.* **1** 〈体が〉格好のいい, 釣合いのよくとれた: She was a ～ woman of about fifty. 50 がらみの均整のとれた女だった. **2** 〈細工が〉よくできている. **3** 〈劇・小説など〉(手際)よくできている; (手際はいいが)型[定石]どおりの《新鮮さや芸術味に欠けた》: a ～ play.

wéll-mánnered 〚ME 《廃》'endowed with good morals'〛 *adj.* 行儀のよい, 礼儀の正しい, 丁寧な (polite).

wéll-márked *adj.* 明確な, はっきりしている (distinct): ～ differences.

wéll-méaning *adj.* 〈人・行為が〉善意のある[による], 悪気のない: a ～ mother / His ～ attempts were set aside. 彼の善意ある試みは退けられた.

wéll-méant 〚(15C)〛 *adj.* 〈言葉・行為が〉善意から出た[でした, で言った]: his ill-timed, though ～, request 善意から出たものではあるが時機を失した依頼.

wéll-móunted *adj.* 立派な馬に乗った.

wéll·ness *n.* 健康であること[状態].

well-nigh [wélnáɪ, ⸗⸗´ | ⸗⸗´] 〚OE *wel nē(a)h*: ⇨ well² (adv.), nigh〛 *adv.* 《文語》ほとんど全く (almost).

wéll-óff 〚(1733): ⇨ well² (adv.), off (adv. 12)〛 ― *adj.* [主に Predicative に用いて] **1** 裕福な (wealthy). **2** 〈事業など〉具合のいい, うまく行っている. **3** 〈人が〉〔…に〕事欠かない, 不自由しない, 〔…が〕豊富な 〔*for*〕: We are ～ *for* wild flowers here. 当地には野の花はたっぷりあります.

wéll-óiled *adj.* **1** お世辞たっぷりの (flattering). **2** 〈事が〉円滑[順調]に運んでいる. **3** 《俗》酔った.

wéll-órdered *adj.* よく整った, よく整頓(せいとん)された; 秩序のある: a ～ nation.

wéll-òrdered sét *n.* 〚数学〛 整列集合《全順序集合で, 空でないどのような部分集合も最小元をもつようなもの; cf. partially ordered set, totally ordered set》.

wéll-órdering thèorem *n.* 〚数学〛 整列(可能)定理《どのような集合も, その上に順序関係を定めて整列集合にできるという定理》.

wéll-pádded *adj.* **1** 〈椅子など〉十分に詰物をした. **2** 《戯言》〈人が〉よく肥えた[太った] (plump, stout).

wéll-páid 〚(15C)〛 *adj.* 十分に給料[報酬]を与えられている, 給与のよい: a ～ job, worker, etc.

wéll-pléased 〚ME〛 *adj.* 大変喜んだ, 満悦した.

wéll-pléasing 〖ME〗 *adj.* 《古》非常に喜ばしい, この上なくうれしい, 満足な〔*to*〕: a sacrifice ~ *to* God 神のよみしたもういけにえ (cf. *Phil.* 4:18).

wéll pòint *n.* 〖土木〗ウェルポイント, (水切り掘削工法に使う)穴あき鉄管の列.

wéll-presérved *adj.* **1** よく保存された, 保存[手入れ]のよい; 真新しく見える: a ~ coat. **2** 〈年配の人が〉年の割に若い, 若く見える.

wéll-propórtioned 〖ME〗 *adj.* よく釣合いのとれた, 均衡のとれた.

wéll-réad [-réd] *adj.* 多読の, 博覧の; 博識の, 博学の〔*in, on*〕: a ~ scholar / a man ~ *in* literature 文学に精通している人.

wéll-régulated *adj.* よく整った, きちんとしている.

wéll-remémbered 〖《15C》〗 *adj.* よく記憶された, 忘れもしない.

wéll-repúted *adj.* 評判のよい, 好評の.

wéll ròom *n.* 鉱泉室《鉱泉地で鉱泉を客に給する部屋》.

wéll-róunded *adj.* **1** 丸々と肥えた, 肥満した (plump). **2** 〈文章・文体など〉優雅で均斉のとれた. **3** (均斉のとれるように)よく計画された, 包括的な: a ~ education 釣合いのとれた教育. **4** 多方面に関心[能力]を見せる, 円満な: a ~ character 円満な人柄.

Wells [wélz], **H(erbert) G(eorge)** *n.* (1866–1946) 英国の小説家・文明批評家; *Tono-Bungay* (1909), *The Outline of History* (1920).

wéll-séeming *adj.* 見かけはよい[申し分のない].

wéll-séen 〖ME *wel sene* 《廃》 well-provided〗 *adj.* 《古》熟達した (accomplished), 精通した (skilled)〔*in*〕: be ~ *in* music.

wéll-sét 〖ME *wel(l) set*〗 — *adj.* **1** 〈骨格など〉引きしまった, がっしりした (knit); 均斉のとれた. **2** 正しく[巧みに]据え付けた[配置した]. **3** 〖クリケット〗〈打者が〉投手の投球癖に慣れていてなかなかアウトにならない.

wéll-sèt-úp *adj.* =well-set 1.

wéll-sháped 〖ME *well ischaped*〗 *adj.* 形[恰好]のよい: ~ hands.

Wells·i·an [wélziən | -zɪ-] 〖← *H. G. Wells*: ⇨ -ian〗 *adj.* ウェルズ (H. G. Wells) (流)の.

wéll-sífted *adj.* 〈事実・証拠など〉十分に吟味[調査]した, 精査した.

wéll sìnker *n.* 井戸掘り人足, 井戸屋.

wells·ite [wélzaɪt] 〖← *H. L. Wells* (1855–1924: 米国の化学者): ⇨ -ite¹〗 — *n.* 〖鉱物〗ウェルサイト ($(Ba, Ca, K_2)\,Al_2Si_3O_{10}\cdot 3H_2O$) 《バリウム・カルシウム・カリウムとアルミニウムのケイ酸塩》.

wéll smàck *n.* =smack³ 2.

wéll-spént *adj.* **1** 〈時間・労働・金銭など〉有効[有益]に使われた. **2** 〈人生など〉有益に過ごされた, 悔いるところのない.

wéll-spóken 〖《15C》〗 *adj.* **1** 〈人が〉上品な言葉遣いの: She is wise and ~. **2** 〈言葉など〉上品な; そつのない.

wéll·sprìng 〖OE *welspryng*: ⇨ well¹, spring (n.)〗 *n.* **1** 水源; 泉 (spring). **2** 資源, (一般に)源泉 (source): a ~ *of* affection.

wéll-súited *adj.* 適切な, 打ってつけ[ぴったり]の〔*to*〕.

wéll swèep *n.* =sweep 10.

wéll-táken *adj.* 十分な根拠のある, 妥当性のある (justifiable).

wéll-témpered 〖《15C》 *wel tempered* 《廃》 having a good constitution〗 — *adj.* **1** 〈鋼鉄・刀剣が〉十分に焼きを入れてある. **2** 〈粘土・しっくいが〉よく練ってある, よく練り合わせた.

wéll-thóught-òf *adj.* 評判のいい (of good repute).

wéll-thòught-óut *adj.* 熟考された, 熟慮の上での.

wéll-thúmbed *adj.* 〈辞書・トランプ札など〉指あとの付いた, 手あかで汚れた.

wéll-tímbered *adj.* **1** 〈土地が〉よく樹木の茂った. **2** 頑丈(がんじょう)な, 丈夫な.

wéll-tímed *adj.* 時宜を得た, 時機に投じた (timely).

wéll-to-dó 〖⇨ well² (adj. 3)〗 — *adj.* (**better-to-do**) **1** 裕福な, 何不足のない (well-off): a ~ man / an Englishman of ~ appearance 裕福そうな様子をしたイギリス人. **2** [the ~; 名詞的に] 富裕な階級.

wéll-tráined *adj.* よく訓練された: one's ~ servant.

wéll-tráveled *adj.* 旅行しつけている, 旅慣れた.

wéll-tríed 〖《15C》〗 *adj.* 多くの試練に耐えた, 十分に吟味した: a ~ friend.

wéll-tród *adj.* 《詩》=well-trodden.

wéll-tródden *adj.* **1** 〈道など〉人によく踏まれた, 踏みならされた. **2** 〈題目など〉しばしば研究[調査]された; 陳腐な, 古くさい (hackneyed).

wéll-túrned *adj.* **1** 〈容姿など〉均斉のとれた, 恰好のよい. **2** 〈語句が〉巧みな, うまく言い表わされた, 適切な (felicitous): a ~ phrase 巧みな句. **3** 〈円柱など〉旋盤仕上げの見事な, 見事に仕上げられた.

wéll-wísher *n.* 他人[物事]の幸い[成功]を願う人, 好意を寄せる人〔*to, of*〕.

wéll-wíshing *adj.* 人の成功を願う[祈る], 好意を寄せる. — *n.* 人の成功を願うこと, 好意.

wéll-wórn *adj.* **1** 使い古した, 使って傷んだ: a ~ carpet, dictionary, hat, etc. **2** 月並みになった, 平凡化した, 陳腐な (hackneyed): a ~ phrase, quotation, etc. **3** 《まれ》〈態度など〉(その人・その場に)ふさわしい, もっともな: ~ dignity いかにもふさわしい威厳(のある態度).

wels [véls; *G.* véls] 〖□G *Wels* catfish〗 *n.* 〖魚類〗=sheatfish.

Wels·bach [wélzbæk, -bɑːk; *G.* vélsbax] 〖← *Karl Auer von Welsbach* (1858–1929: その考案者であるオーストリアの化学者)〗 — *n.* 〖商標〗ウェルスバッハ《ブンゼン灯に Welsbach mantle をかぶせたものの商品名》.

Wélsbach mántle *n.* ウェルスバッハ式マントル《酸化トリウムと酸化セリウムを木綿等の網に付着させたものをガスまたは電気によって加熱するマントル; 赤外線光源として用いられる》.

welsh [wélʃ, wéltʃ | wélʃ] 〖《1857》? ← *Welsher* Welshman: 19 世紀の俗語から〗 — *vt.* 《俗》競馬の賭け金の払い戻し金を〈勝者〉に支払わずに逃げる. — *vi.* **1** 《俗》賭け金を持ち逃げしてごまかす〔*on*〕. **2** 借金[義務]をごまかす〔*on*〕. **~·er** *n.*

Welsh [wélʃ, wéltʃ | wélʃ] 〖OE (Anglian & Kentish) *wǣlisc, welisc* Celtic, foreign ← *wealh, walh* Briton, foreigner (i.e. not of Saxon origin) ← Celt.: cf. G *welsch* foreign, Italian: cf. Vlach, Walach〗 — *adj.* **1** ウェールズ (Wales) の: a ~ village. **2** ウェールズ人[語]の: the ~ language. — *n.* **1** [the ~; 集合的] ウェールズ人. **2** ウェールズ語《ケルト語派に属する; cf. Old Welsh》.

Wélsh árch *n.* 〖建築〗=flat arch.

Wélsh cór·gi [-kɔ́ːəgi | -kɔ́ːgɪ] 〖*corgi*: □ Welsh ~ ← *corr* dwarf+*ci* dog〗 — *n.* ウェルシュコーギ《ウェールズ産の顔がキツネに似て耳の立った脚の短い犬種のイヌ; Cardigan と Pembroke の 2 種がある》.

Wélsh drésser *n.* ウェルシュドレッサー《上部が棚, 下部が引出しになった食器戸棚》.

Wélsh Guárds *n. pl.* [the ~] ⇨ Foot Guards.

Wélsh hárp *n.* ウェルシュハープ《3 列の弦をもつ大ハープ》.

Wélsh lámb *n.* (Wales 産の)小羊の肉.

Wélsh·man [-mən] 〖OE *wilisc mon*〗 *n.* (*pl.* **-men** [-mən, -mèn]) (一人の)ウェールズ (Wales) 人.

Wélsh mútton *n.* (Wales 産の)小型の羊の肉.

Wélsh Óffice *n.* [the ~] (英国政府の)ウェールズ省.

Wélsh ónion *n.* 〖植物〗ネギ, ネブカ (*Allium fistulosum*).

Wélsh póny *n.* ウェルシュポニー《Wales 原産の小型で強健な馬》.

Wélsh póppy *n.* 〖植物〗ケシ科の多年生植物 (*Meconopsis cambrica*) 《西ヨーロッパで広く栽培され, 花梗(かこう)のある派手な薄黄色の花をつける》.

Wélsh rábbit 〖《1725》〗 *n.* ウェールズ風トースト《ビール・バター・香辛料などを溶かし混ぜたチーズをトーストにぬって焼き色をつける》.

Wélsh rárebit 〖《変形》↑〗 *n.* =Welsh rabbit.

Wélsh spránger spániel *n.* ウェルシュスプリンガースパニエル《ウェールズとイングランドの西部でみられ, 作業目的用の水猟犬種のイヌ》.

Wélsh térrier *n.* ウェルシュテリア《ウェールズ産のカワウソ・キツネ・アナグマなどの狩猟犬種のイヌ》.

Wélsh váult *n.* 〖建築〗=underpitch vault.

Wélsh Wízard *n.* [the ~] Lloyd George の異名.

Wélsh·wòman 〖《1442》〗 *n.* ウェールズ人の女.

welt [wélt] 〖《15C》 *welte, walte* ←?: cf. OE *w(i)eltan, wæltan* 'to roll, WELTER¹'〗 — *n.* **1** ウェルト, 細革(ほそかわ)《靴の底革と甲皮とをつなぐ細い革: cf. storm welt; ⇨ shoe 挿絵》. **2** へりまたは継ぎ目の細い当てぎれ, へりかがり, ふち飾り. **3** 《口語》(棒やむちによる)みみずばれ (wale). **4** (みみずばれができるような)ひどい殴打 (heavy blow). — *vt.* **1** …に細革を付ける; …に細い当てぎれを付ける, ふち飾りを付ける. **2** 〈人の皮膚〉にみみずばれを作る. **3** 殴打する, さんざんに殴る (strike, thrash): He ~*ed* her across the face with his stick. ステッキで彼女の顔を殴打した.

Welt [vélt; *G.* vélt] 〖□G ~ 'WORLD'〗 *G. n.* 世界.

Welt·an·schau·ung, W- [véltɑ̀ːnʃaʊʊŋ; *G.* véltànʃaʊʊŋ] 〖□G ~ ← *Welt* (↑) + *Anschauung* view〗 — *G. n.* (*pl.* **~s, ~·en** [~ən; *G.* ~ən]) 〖哲学〗(一個人または一民族の)世界観; 世界像.

Welt·an·sicht [véltɑ̀ːnzɪkt; *G.* véltànzɪçt] 〖□G ~ ← *Welt* (↑)+*Ansicht* view〗 *G. n.* 〖哲学〗世界観《世界・現実に対する自己の洞察・直観・解釈など》.

wel·ter¹ [wéltə | -tə(r)] 〖v.: 《(a1325)》 *weltre(n)* □? MDu. *welteren* (freq.) ← 《廃》 *welt* to roll < Gmc *walt- (OE *w(i)eltan* to roll) ← IE *wel- to turn (⇨ volute). — n.: 《1596》 ← (v.): ⇨ -er⁴〗 — *vi.* **1** 転がる, 転がり回る, (砂・血などの中で)のたくる (roll); (動物のように)ごろごろ寝る, 転がり回る. **2** 〔罪などに〕ひたる, 耽る〔*in*〕: ~ *in* pleasures and idleness 快楽と怠惰をむさぼる. **3** 《詩》〈波・海が〉うねる, 逆巻く. **4** 〈群衆などが〉混乱する, 動揺する, 騒然とする. **5** 《方言》よろめく (stagger). **6** 〈船が〉横揺れする; 〈死体が〉波にもまれる. **7** 〈川が〉流れる. — *n.* **1** 転がり回ること. **2** (波・海の)うねり, 逆巻き. **3** 混乱, ごたごた: the ~ of a crowd / a confused ~ / stir a ~ of controversy 混乱した論争を巻き起こす.

wel·ter² [wéltə | -tə(r)] 〖← ? WELT+-ER¹〗 — *n.* **1** 《口語》ウェルター級 (welterweight) の騎手[ボクサー, レスラー]. **2** 《口語》ひどい殴打 (heavy blow); 大きな人[物]. — *attrib. adj.* (welterweight を課して行なう)ウェルターレースの: ⇨ welterweight, welter race.

wélter ràce *n.* 重量負荷競馬, ウェルターレース (cf. welterweight).

wélter·wèight 〖《1825》 ← WELTER² + WEIGHT〗 — *n.* **1 a** 〖競馬〗(障害物競馬で)馬に負わせる特別の重量《馬齢重量に 28 ポンド (12.7 kg) を加重した重量》. **b** (障害物競馬の)平均体重以上の騎手, 本職の騎手としては体重の重い乗役. **2** (ボクシング・レスリングの)ウェルター級の選手 (⇨ weight 表). — *adj.* ウェルター級の.

Welt·geist [véltgàɪst; *G.* véltgaɪst] 〖□G ~ ← *Welt* (↓)+*Geist* spirit〗 *G. n.* **1** 〖哲学〗世界精神《Hegel の用語》. **2** 時代精神.

wélt pòcket *n.* =slit-pocket.

Welt·po·li·tik, w- [véltpoʊlɪtìːk | -pəʊ-; *G.* véltpolitìːk] 〖□G ~ ← *Welt* (↓)+*Politik* politics〗 *G. n.* (一国の)世界政策, 対外政策 (cf. world politics).

Welt·schmerz, w- [véltʃmèəts | -ʃmèəts; *G.* véltʃmɛrts] 〖□G ~ ← *Welt* 'WORLD'+*Schmerz* pain〗 — *G. n.* 世界苦, 悲観的世界観, 厭世; 感傷的な悲観主義 (sentimental pessimism).

Wel·ty [wélti | -tɪ], **Eu·do·ra** [juːdɔ́ːrə, -dóːrə | -dɔ́ːrə] *n.* (1909–　) 米国の小説家; *Delta Wedding* (1946).

wem [wém] 〖ME ~ (← ME *wemme(n)* to disfigure, impair < OE *wemman* ← *wam*) ∽ OE *wam(m), wom(m)* spot, blemish〗 — *n.* **1** 《古》(道徳的)汚れ, 汚点. **2** 《方言》(物の)傷, 汚れ. **3** (肉体的な)傷跡.

Wem·bley [wémbli | -blɪ] 〖OE *Wemba lēah* 《原義》 'the LEA¹ of Wemba (=*Wamba*)' the name of a Gothic king (⇨ womb)〗 — *n.* London の郊外住宅地, 現在は Brent の一部; 人口 128,000.

Wemyss [wíːmz] 〖ME *Wemys* ← Gael. *uaim* cave + -s¹〗 — *n.* スコットランド東部, Fife 州の村 (parish); Firth of Forth の北岸に臨み, 有名な Wemyss 城がある; 人口 3,200.

wen¹ [wén] 〖OE *wenn* ←?: cf. Du *wen* / MLG *wene* tumor〗 — *n.* **1** 〖病理〗(頭・首などにできる)皮脂嚢腫(のうしゅ) (sebaceous cyst), こぶ. **2** 人口の多い[膨大な]都市, 大都市: the Great Wen ロンドン市《Cobbett がこう呼んだことから》.

wen² [wén] 〖OE *wenn, wynn* joy (cf. winsome): この語をその頭字の字母名とした: cf. thorn (=þ)〗 *n.* 古期英語で [w] 音を表わすために用いられたルーン文字 (runes) 'ƿ' の字母名《近代英語の 'w' に相当する》.

Wen·ces·las [wénsɪsləs, -səs-, -læs] *n.* ウェンツェル《1361–1419; 神聖ローマ帝国皇帝 (1378–1400), ボヘミア王 (1378–1419, Wenceslas 四世)》.

wench [wéntʃ] 〖《c1300》 *wenche* 《短縮》 ← *wenchel* < OE *wenċel* child, 《原義》 the inconstant one ← Gmc *waykil- (OE *wancol* unsteady, weak) ← IE *weng- to bend (⇨ wink¹): cf. winch¹〗 — *n.* **1 a** 《方言》少女, 女子, 若い女: a strapping [buxom] ~ 大柄の[丸ぽちゃの]娘. **b** 田舎娘, 労働階級の娘. **2** 《古》ふしだらな女, 売春婦; 情婦. **3** 女中. **4** 《米方言》アメリカインディアンの女 (cf. squaw); 黒人女, 黒人女中. — *vi.* 《古》〈男が〉売春婦と交わる.

wénch·er *n.* 《古》遊里客, 遊蕩客.

wench·man [wéntʃmən] 〖? ← *wench* angler's reel (《廃・異形》 ← *winch*)+MAN〗 — *n.* (*pl.* **-men** [-mən, -mèn]) 〖魚類〗大西洋産のフエダイ科ヒメダイ属の魚 (*Pristipomoides andersoni*).

Wen·chow [wèntʃáu; *Chin.* uēntʂōu] *n.* 温州《中国東部の浙江省 (Chekiang) の港市》.

wend [wénd] 〖OE *wendan* to turn, go < Gmc *wandjan (caus.) ← *windan 'to WIND³' (cf. wander): 過去形《古》went は今は go の過去形を補充 (suppletion) している〗 — *v.* (~·**ed**, 《古》 **went** [wént]) — *vt.* [~ one's way として]《文語》転じる, 進む, 行く (direct): ~ *one's way* (to) (…へ)行く / ~ *one's way* home 家路をたどる. — *vi.* 《古》進む, 行く (go).

Wend [wénd | wénd, vénd] 〖《1786》□G *Wende* < OHG *Winida* < ? Gmc *Weneda- 《原義》 the beloved people ← IE *wen- to desire: cf. win¹〗 — *n.* ウェンド人《ドイツ北東部に住むスラブ族の人, この種族の大部分は現在は Lusatia 地方の農民; Sorb ともいう》.

Wen·dell [wéndl̩] 〖← ? Gmc *wendla wanderer〗 *n.* 男性名.

Wend·ic [wéndɪk | wén-, vén-] *adj.* ウェンド族の; ウェンド語の (Sorbian).

Wend·ish [wéndɪʃ | wén-, vén-] 〖《1614》□G *Wendisch*: ⇨ Wend, -ish¹〗 *adj.* =Wendic. — *n.* ウェンド語 (Sorbian).

Wen·dy [wéndi | -dɪ] 〖J. Barrie の nickname である Friendy-wendy から童話劇 *Peter Pan* の女主人公 Wendy Darling の名が生れ, その名より一般化した〗 — *n.* 女性名. ★ 特に, 演劇人に好まれる.

Wén·dy hòuse [wéndi- | -dɪ-] 〖← WENDY: Peter Pan が Wendy の身体のまわりに作った小さな家に因む〗 *n.* 《英》(子供が入って遊ぶ)おもちゃの家.

wén·nish [-nɪʃ] 〖⇨ wen¹〗 *adj.* =wenny.

wen·ny [wéni | -nɪ] 〖⇨ wen¹〗 *adj.* (**wen·ni·er; -ni·est**) **1** こぶ[皮脂嚢腫]のような. **2** こぶのできた.

Wens·ley·dale [wénzlidèɪl | -lɪ-] 〖← ~: 産地名〗 — *n.* ウェンズレイデール: **1** イングランド Yorkshire 州産の毛の長い品種の羊. **2** Wensleydale 産のチーズの一種.

went 〖もとは WEND の過去形だったが 15C から GO¹ の過去形として用いられる〗 *v.* **1** go¹ の過去形 (⇨ wend). **2** 《古》wend の過去形・過去分詞.

wen·tle·trap [wéntl̩træp | -tl-] 〖□ Du. *wenteltrap* spiral staircase ← *wentel* a turning+*trap* stair, step〗 — *n.* 〖貝類〗イトカケガイ《イトカケガイ科の各種の貝の総称》.

Went·worth [wéntwəːθ, -wəθ | -wəθ, -wɜːθ], **Thomas** *n.* ⇨ 1st Earl of STRAFFORD.

wept 〖《13–14C》 ~ ∽ ME *we(o)p* (pret.) & *wopen* (p.p.) < OE *wēop* & *wōpen*〗 *v.* weep の過去形・過去分詞.

were [wə; wə̀:, wə́: | wə(r; wə̀:, wə́:] 〖ME *were(n)* < OE *wǣron* ← Gmc *wǣz-* (G *waren*) ← IE *wes-* to remain (cf. was)〗 ── *vi.* be の直説法複数[第二人称単数]過去形および仮定法単数・複数過去形.

we're [wiə, wiə; wìə, wiə, wíə, wíə | wɪə, wìə(r, wíə(r] we are の縮約形.

were·gild [wə́:gɪld, wɛ́ə-, wíə- | wíə-, wə́:-] *n.* = wergild.

weren't [wə́:nt, wə́:(r)ənt | wə́:nt] were not の縮約形.

were·wolf [wíəwùlf, wɛ́ə-, wə́:- | wíə-, wə́:-] 〖OE *werewulf* ← *wer* man (< Gmc **weraz* (ON *verr*) < IE **wiro-s* man (L *vir* man) ←? **wei-* vital force) + *wulf* 'WOLF'〗 ── *n.* (*pl.* **-wolves** [-wùlvz]) **1** (昔の迷信で)狼になった人, 狼人間 (lycanthrope). **2** (狼人間のように)残忍な人.

Wer·fel [vɛ́əfəl | vɛ́ə-; G. vɛ́rfəl], **Franz** *n.* ウェルフェル《1890-1945; Prague 生れのオーストリアの詩人・小説家・劇作家; *Das Lied von Bernadette*「ベルナデットの歌」(1941)》.

Wer·ge·land [vɛ́əgəlà:n(d) | vɛ́ə-; *Norw.* vǽrgəlàn], **Hen·rik Ar·nold** [hénrik árnɔl] *n.* ヴェルゲラン《1808-45; ノルウェーの詩人・劇作家》.

wer·gild [wə́:gɪld, wɛ́ə-, wíə- | wíə-, wə́:-] 〖OE *wer(e)gild* ← *wer* man (⇨ werewolf) + *gild* 'payment, YIELD': cf. G *We(h)rgeld*〗 ── *n.* 贖罪(しょくざい)金《アングロサクソン時代のイングランドおよび中世ゲルマン諸国で, 人の生命や身体に傷害を与えた場合代償として被害者の親族に支払って体刑を免れた金》.

Wer·ner [wə́:nə, vɛ́ənə | wə́:nə(r, vɛ́ənə(r; G. vɛ́rnɐ] 〖《異形》← WARNER〗 *n.* 男性名.

Wer·ner [vɛ́ənə | vɛ́ənə(r, wə́:-; G. vɛ́rnɐ], **Abraham Gott·lob** [gɔ́tlo:p] *n.* ウェルナー《1750-1817; ドイツの地質学者; すべての岩石は海水中に沈澱・沈積して生じたという水成論の創始者として著名》.

Werner, Alfred *n.* ウェルナー《1866-1919; スイスの化学者; Nobel 化学賞 (1913)》.

Wer·ne·ri·an [wə:ní(ə)riən, vɛə- | wə:níəriən, vɛə-] 〖⇨↓, -ian〗 *adj.* ウェルナー (A. G. Werner) の[に関する]; ウェルナー説[水成説]の[による].

wer·ner·ite [wə́:nəràɪt | wə́:-] 〖← *A. G. Werner*: ⇨ -ite[1]〗 *n.* 〖鉱物〗柱石 (⇨ scapolite).

wert [wət; wə̀:t, wə́:t | wət; wə̀:t, wə́:t] 〖《16C》《混成》← WER(E) + (AR)T[1]〗 *vi.* 《古》 be の第二人称単数直説法・仮定法過去形: Thou ～ = You were. ★ 直説法にはまた wast が用いられる.

Wért·heim effèct [vɛ́əthaɪm- | vɛ́ət-; G. vɛ́rthaɪm-] *n.* [the ～] 〖電気〗ウェルトハイム効果 (⇨ Wiedemann effect).

Wert·hei·mer [vɛ́əthaɪmə | vɛ́əthaɪmə(r; G. vɛ́rthaɪmɐ], **Max** *n.* ヴェルトハイマー《1880-1943; ドイツの心理学者; cf. Gestalt psychology》.

Wer·the·ri·an [vɛətí(ə)riən | vɛətíəri-] 〖⇨↓, -ian〗 *adj.* ウェルテル的に感傷的な, 病的に感傷的な.

Wer·ther·ism [vɛ́ətərɪzm | vɛ́ətə-] 〖← *Werther* (Goethe, *Die Leiden des Jungen Werthers* (1774) の主人公名): ⇨ -ism〗 ── *n.* ウェルテル的な感傷性, 病的感傷性 (morbid sentimentality).

wer·wolf [wíəwùlf, wə́:-, wɛ́ə- | wíə-, wə́:-] *n.* (*pl.* **-wolves** [-wùlvz]) = werewolf.

Wes [wés] 〖(dim.) ← WESLEY〗 *n.* 男性名.

We·ser [véɪzə | -zə(r; G. vé:zɐ] *n.* [the ～] ウェーザー(川)《北海に注ぐ西ドイツ北西部の川 (440 km)》. ★ R. Browning 作の *Pied Piper of Hamelin* では韻の関係で [wí:zə | -zə(r] と発音される.

Wes·ker [wéskə | -kə(r], **Arnold** *n.* (1932-　) 英国の劇作家; *Chicken Soup with Barley* (1958).

wes·kit [wéskɪt, -kət | -kɪt] 〖《変形》← WAISTCOAT〗 *n.* ウェスキット (vest)《特に, 女性用のチョッキ》.

Wes·ley [wésli, wéz- | wézlɪ, wéslɪ] 〖OE *Westlēah* '(from the) WEST LEA[1]': もと地名・家族名〗 *n.* 男性名.

Wesley, Charles *n.* (1707-88) 英国の牧師・賛美歌作者; 兄 John と共にメソジスト教会の創始者の一人.

Wesley, John *n.* (1703-91) 英国の牧師・神学者, メソジスト教会の創始者; Charles Wesley の兄.

Wes·ley·an [wéslian, wéz- | wézlɪən, wés-, -ljən] 〖《1771》: ⇨↑, -an[1]〗 ── *adj.* ウェスレー (John Wesley) の, (彼が創始した)メソジスト派[教会]の. ── *n.* **1** ウェスレーの信奉者. **2** 《英》メソジスト教徒.

Wés·ley·an·ìsm [-nìzm] *n.* ウェスレー主義, メソジスト主義 (Methodism)《John Wesley の唱道したキリスト教の教義》.

Wésleyan Méthodist *n.* ウェスレー(系)メソジスト教徒《ウェスレー (John Wesley) の唱道した教義を奉じるプロテスタント; (特に)その教義に基づいて創設された各地の教会の一員》.

wes·sand [wí:zənd, wíz-, -zṇd] *n.* 《スコット》= weasand.

Wes·sex [wésɪks, -səks | -sɪks] 〖OE *West Seaxe* the West Saxons: もと部族名: cf. Essex, Sussex〗 ── *n.* **1** (昔の)ウェセックス王国《イングランド南西部にあった Saxons の古王国; 首都 Winchester; cf. heptarchy 2 b》. **2** ウェセックス(地方)《昔のほぼ Wessex に当たる, 今の Dorsetshire およびその周辺地方; T. Hardy 作 *Wessex Novels* はこの地方を背景に描かれた》.

west [wést] 〖adv.: OE ～ < Gmc **westaz* (Du. *west* / G *West*) ← IE **wesperos* evening, night (L *vesper* / Gk *hésperos*) ← **wes-* down or away from: 《原義》the region where the sun goes down. ── n.: 《*c*1180》← (adv.). ── adj.: 《*c*1375》← (adv.)〗 ── *n.* **1** [通例 the ～] 西, 西方, 西部(略 W, W.); 西部地方: in *the* ～ 西部に / The wind is in *the* ～. 風が西から吹く / on *the* ～ 西部に(接触して) / be to *the* ～ of London ロンドンの西方にある / travel in *the* ～ of England イングランド西部地方を旅行する. **2** [the W-] **a** 西半球. **b** 西洋; (時には東洋と区別して)欧米: the customs of *the West* 西洋の風習 / Oh, East is East, and *West* is *West*, and never the twain shall meet. 東は東, 西は西, 両者相見(まみ)えることなかるべし (Kipling, *The Ballad of East and West*) / the Empire of *the West* = the Western Empire. **c** 《米》西部地方《通例 Mississippi 川以西の大草原と太平洋諸州を含む; cf. east 2 c》: ⇨ Far West, Middle West, Wild West. **d** 西側諸国, 西欧自由諸国. **e** (ローマ帝国が東西に二分した後の)西ローマ帝国 (the Western Roman Empire). **3** [the W-] 〖キリスト教〗西方教会 (the Western Church). **4** (教会堂の)西(側), 西端《内陣の反対側》. **5** 《詩》西風 (the west wind). **6** [しばしば W-] 〖トランプ〗(ブリッジなどで)ウェスト, 西家《テーブルで西の席に坐る人》.

west by north 西微北 (略 WbN).

west by south 西微南 (略 WbS).

── *adj.* **1** 西の; [しばしば W-] (大陸・国などの)西部の, 西にある: the ～ coast 西部沿岸, 西海岸 / the ～ longitude 西経 / ⇨ West Germany. **2** 西に面した, 西向きの: an ～ window, gate, etc. **3** 〈風が〉西方から吹く: the ～ wind 西風《★ 英国ではふつう西風は温暖で快い風》. **4** (教会堂で)祭壇と反対側の.

── *adv.* 西に, 西へ, 西方に: sail due ～ 真西へ航海する[進む] / lie ～ of...の西方にある / lie east and ～ 東西に横たわる / The wind is blowing ～. 風は西へ[《まれ》西から]吹いている (⇨ north ★).

go west (1) 〈太陽が〉西に傾く. (2) 《俗》死ぬ《第一次大戦で一般に用いられ出したが, 起源は 16 世紀》. (3) 《俗》〈金などが〉なくなる; だめになる, 失敗する.

── *vi.* 西へ向かう; 西方へ針路を取る.

West [wést], **Benjamin** *n.* (1738-1820) 英国で活躍した米国の歴史画家.

West, Mae *n.* ⇨ Mae West.

West, Nathanael *n.* (1903-40) 米国の小説家; 本名 Nathan Wallenstein Weinstein; *The Day of the Locust* (1939).

West, Dame **Rebecca** *n.* (1892-　) 英国の小説家・批評家; *The Return of the Soldier* (1918); 本名 Cicily Isabel Fairfield.

wèst·abóut *adv.* 西の方に (westward).

Wèst África *n.* 西アフリカ《Sahara 砂漠南西の地方》. **Wèst Áfrican** *adj.*

Wèst Bengál *n.* 西ベンガル(州)《インド北東部の Bangladesh に接する州 (cf. Bengal); 人口 4,441,000, 面積 87,617 km², 首都 Calcutta》.

Wèst Berlín *n.* 西ベルリン《Berlin の西部; 西ドイツの一部; 人口 1,937,000, 面積 479 km²》.

wést·bòund *adj.* 西行きの, 西回りの; 〈貨物列車・船が〉西行きの便の: a ～ trip, ship, etc.

Wèst Bróm·wich [-brʌ́mɪdʒ, -brʌ́m-, -mɪtʃ | -brɔ́m-, -brʌ́m-] 〖⇨ west, broom, wick[3]〗 *n.* イングランド West Midland 州の都市, Birmingham の西に当たる; 人口 16,000.

Wèst Céntral *n.* [the ～] (London の)中央西部郵便区 (略 W.C.).

wèst cóuntry 〖ME〗 ── *n.* **1** 西部地方. **2** [ˌ--ˌ-] [the W- C-] (イングランド・スコットランドの)西部地方; (特にイングランドの)南西部地方《Southampton から Severn 川に至る線から西》. ── *adj.* **1** 西部地方の[に関する]. **2** [ˌ--ˌ-] [W- C-] (イングランドの)南西部地方の[に関する].

wèst cóuntryman *n.* 西部地方の人.

wèst cóuntrywoman *n.* 西部地方の女.

Wèst-énd *adj.* ロンドン西区の, 西区独特の.

Wèst Énd 〖《1807》← *west end* < OE *westende*〗 ── *n.* [the ～] London 中央部西よりの地区《明確な境界はないが, 大体東は Charing Cross Road から西は Kensington Gardens あたりまでの地域で, 大部分が the City of Westminster に含まれる; Bond Street などのあるファッショナブルなショッピング街として有名で, 国会議事堂以下諸官庁・四大公園・高級ホテル・有名クラブ・劇場・映画館のほか公共建造物なども多い; 19 世紀には名士・富豪の住宅の多かった Mayfair は, 今も住宅地域ではあるが, 昔の面影はない; cf. East End》. **Wèst-Énd·er** *n.*

west·er[1] [wéstə | -tə(r] 〖ME *westre(n)* to go west: ⇨ west (adv. & adj.), -er[4]〗 ── *vi.* **1** 〈太陽・月・星が〉西(方)に動く[進む]: the ～*ing* sun 西に傾く太陽. **2** 〈風が〉西(方)に向きが変わる.

west·er[2] [wéstə | -tə(r] 〖← WEST + -ER[1]〗 *n.* 西風; (特に)西から吹く強風.

west·er·ling [wéstəlɪŋ | -tə-] 〖《1630》← WESTER[1] + -LING[1]〗 *n.* 《古》= westerner.

west·er·ly [wéstəli | -təlɪ] 〖《adj.: 1577; adv.: 1625》← 《廃》*wester* western + -LY[1,2]. ── n.: 《1876》← (adj.)〗 ── *adj.* **1** 西寄りの, 西方の, 西向きの. **2** 西から吹く: a ～ breeze, wind, etc. ── *adv.* **1** 西方に[へ], 西寄りに. **2** 〈風が〉西方から: The wind blew ～. 風は西から吹いた. ── *n.* 西風.

Wes·ter·marck [wéstəmàək, vés- | wéstəmà:k, vés-; *Finn.* véstərmàrk], **Edward Alexander** *n.* ヴェスターマルク《1862-1939; フィンランドの哲学者・人類学者; 英国で活躍した》.

west·ern [wéstən | -tən] 〖adj.: OE *westerne*. ── n.: 《1708》← (adj.): ⇨ west (adv.), -ern〗 ── *adj.* **1** 西の, 西方の: the ～ half of the country その国の西半分 / the ～ front 西部戦線. **2** 西向きの: the ～ window. **3** 〈風が〉西から吹く. **4** [しばしば W-] 西方の, 西部地方の, (特に)米国西部の: the *Western* States (Mississippi 川以西の)西部諸州 / a *Western* bronco [cowboy, ranch]. **5 a** [W-] 西洋[西欧, 西洋風]の (Occidental): in *Western* style 西洋風に / ⇨ Western civilization. **b** [通例 W-] (共産圏に対し)西側(諸国)の, 西欧自由諸国の: *Western* emphasis on individualism. **6** [W-] 〖キリスト教〗西方教会の. **7** 〈人生が〉傾く, 衰える (declining): one's ～ days.

── *n.* **1** [通例 W-] 西国人; 《米》西部諸州の人. **2** [W-] 西欧人, 欧米人. **3** 西部もの, 西部劇, ウェスタン《開拓時代の西部地方の生活を描いた小説・映画・テレビ》: an Italian ～イタリア製作の西部劇映画, マカロニウェスタン. **4** = western sandwich. **5** = General American.

Wéstern Austrália *n.* オーストラリア西部の同国最大の州; 人口 1,170,000, 面積 2,527,636 km², 首都 Perth.

wéstern bírch *n.* 〖植物〗= western paper birch.

wéstern cédar *n.* 〖植物〗(米国太平洋岸産の)ヒノキ科ビャクシン属の高木 (*Juniperus occidentalis*); その材《western juniper ともいう》.

Wéstern Chúrch *n.* [the ～] 〖キリスト教〗 **1** 西方教会《Roman Catholic Church のこと; 広義では西ヨーロッパのキリスト教会(ラテン系教会), さらに他の地域における同系統の諸教会をもいう; cf. Eastern Church》. **2** (総括的に)欧米キリスト教会.

Wéstern civilizátion *n.* 西洋文明《ヨーロッパおよびアメリカ文明; cf. ORIENTAL civilization》.

wéstern cráb àpple *n.* 〖植物〗= crab apple 1 b.

wéstern díamondback ráttlesnake *n.* 〖動物〗ニシヒシモンガラガラヘビ (*Crotalus atrox*)《米国南西部からメキシコにかけての乾燥地に生息する有毒大型のヘビ; 単に western diamondback ともいう》.

Wéstern Dvína *n.* [the ～] 西ドビナ(川)《ソ連邦ロシヤ共和国西部 Valdai Hills に源を発し, 西に流れて the Gulf of Riga に注ぐ川 (1,020 km)》.

Wéstern Émpire *n.* [the ～] = Western Roman Empire.

West·ern·er [wéstənə, -tə- | -tənə(r] *n.* **1 a** 西部人, 西国人; 《米》(特に米国の)西部諸州の人. **b** 西欧人; 西洋人. **2 a** 西側諸国の政策[思想]の支持者. **b** 西洋の思想と生活を信奉する人.

Wéstern Européan Únion *n.* [the ～] 西欧同盟, 西ヨーロッパ連合《英・仏・オランダ・ベルギー・ルクセンブルクの間で 1948 年調印された Brussels 条約を基とする同盟; 1954 年西ドイツ・イタリアが加盟》.

wéstern fráme *n.* 〖建築〗お神楽(かぐら), 太神楽(だいかぐら)軸組み (⇨ platform frame).

Wéstern Gháts *n. pl.* [the ～] 西ガーツ(山脈) (⇨ Ghats).

Wéstern Hémisphere, w- h- *n.* [the ～] 西半球: **a** 本初子午線から西回りで 180 度の子午線に至る範囲[半球]. **b** 南北アメリカ大陸の全体.

wéstern hémlock *n.* 〖植物〗アメリカツガ (*Tsuga heterophylla*)《建築用材; Washington 州の州木》.

Wéstern Íslands *n. pl.* [the ～] = Hebrides.

Wéstern Ísles *n.* スコットランド西部, 大西洋の Outer Hebrides 諸島よりなる州; 1975 年に新設; 面積 2,900 km², 人口 30,000, 首都 Stornoway.

wést·ern·ìsm, W- [-nìzm] *n.* **1** 《米》西部地方風《西部特有の言葉遣い・風習など》. **2 a** 西洋人の思想[制度]. **b** 西洋の伝統・技術の信奉.

west·ern·ize [wéstənàɪz | -tə-] *vt.* **1** 〈考え方・生活様式・国家などを〉西洋風にする, 西欧化させる. **2** 《米》西部的にする. ── *vi.* 西洋化する. **west·ern·i·za·tion, W-** [wèstənɪzéɪʃən, -nə- | -tənaɪ-, -nɪ-] *n.*

wéstern júniper *n.* 〖植物〗= western cedar.

Wéstern Lánd *n.* [the ～] = Hesperia.

wést·ern·ly *adj.* 《まれ》= westerly.

wéstern méadowlark *n.* 〖鳥類〗北米西部に生息するムクドリモドキ科マキバドリ属の鳴鳥 (*Sturnella neglecta*).

wéstern·mòst 〖《1703》〗 *adj.* 最も西の, 最西端の.

wéstern móuntain àsh *n.* 〖植物〗北米太平洋沿岸産バラ科ナナカマド属の木 (*Sorbus sitchensis*)《mountain ash ともいう》.

Wéstern Ócean *n.* [the ～] North Atlantic Ocean の古名.

wéstern ómelet *n.* ウェスタンオムレツ《ハム・青とうがらし・玉ねぎ入りのオムレツ》.

wéstern páper bírch *n.* 〖植物〗北米西部産アメリカシラカンバの一亜種 (*Betula papyrifera* var. *subcordata*)《褐色がかった樹皮を有する; mountain birch, western birch ともいう; cf. paper birch》.

Wéstern Próvince *n.* ウェスタンプロビンス《アフリカ中部 Zambia の一地方》.

wéstern réd cédar *n.* 〖植物〗 **1** = Rocky Mountain juniper. **2** = canoe cedar. **3** = western cedar.

Wéstern Resérve *n.* [the ～] 西部保留地《米国 Ohio 州北東部 Erie 湖に臨む特別保留地; 1786 年 Connecticut 州の西部の土地が連邦政府に割譲された時, 同州で移住者のために保留した土地; 1800 年に Ohio 州に譲渡》.

Wéstern róll *n.* 〖走り高跳び〗ウェスタンロール《バ

ーから遠い方の脚をまずあげ, 跳び越える際にはバーに対してジャンパーの身体の側面が向くようにクリアーするフォーム ; 着地は跳み切った方の脚と両方の手で行なう》.

Western Róman Émpire *n.* [the ～] 西ローマ帝国《ローマ帝国 (Roman Empire) が 395 年東西に分裂したのち Rome を首都とした西方の帝国; 476 年滅亡; cf. Eastern Roman Empire》.

Wéstern sáddle, w- s- *n.* 〘馬具〙 西部風の鞍(くら), ウェスタンサドル《カウボーイ用の鞍革(あおり)付きのサドル ; stock saddle ともいう ; cf. English saddle ; ⇨ saddle 挿絵》.

Wéstern Sahára *n.* 西サハラ《アフリカ北西部大西洋岸の地域, もとスペイン領 (Spanish Sahara) ; 1975 年スペインが撤退し, '76 年モロッコとモーリタニアに分割》.

Wéstern Samóa *n.* 西サモア《南太平洋 Samoa 諸島中 Savaii 島・Upolu 島などから成る英連邦内の独立国, もとニュージーランドの信託統治領であったが 1962 年独立 ; 人口 47,000, 面積 2,842 km², 首都 Apia》.

wéstern sándwich *n.* ウェスタンサンドイッチ《ウェスタンオムレツ (western omelet) 入りのサンドイッチ》.

Wéstern Slávs *n. pl.* ⇨ Slav.

wéstern tánager *n.* 〘鳥類〙 キムネフウキンチョウ (*Piranga ludoviciana*) 《北米西部産》.

Wéstern Wáll *n.* [the ～] =Wailing Wall.

West·fa·len [vestfá:lən ; *G.* vɛstfá:lən] *n.* ウェストファーレン《Westphalia のドイツ語名》.

Wést Flánders *n.* 西フランドル(州)《北海に沿うベルギー西部の州 ; 人口 1,067,000, 首都 Brugge》.

Wést Flémish *n.* 西フランダース語《西フランドル地方のフランダース語の一方言》.

Wést Frísian *n.* 西フリジア語《Friesland 西部に行なわれるフリジア語の一方言》.

Wést Frísian Íslands *n. pl.* ⇨ Frisian Islands.

Wést Gérman *adj.* 西ドイツ(人)の. — *n.* 西ドイツ人.

Wést Germánic *n.* 西ゲルマン語《ゲルマン語族の一区分で, ドイツ語・オランダ語・フランダース語・英語を含む》.

Wést Gérmany *n.* 西ドイツ《第二次大戦後ドイツの東西分割によって 1949 年成立した共和国; 人口 61,400,000, 面積 248,572 km², 首都 Bonn; 公式名 the Federal Republic of Germany ドイツ連邦共和国; cf. East Germany》.

Wést Glamórgan *n.* ウェールズ南部の州; 1974 年に新設, 旧 Glamorganshire 州西部よりなる; 人口 372,000 ; 面積 816 km²; 首都 Swansea.

Wést Góth *n.* 西ゴート人 (Visigoth).

Wést Hám 〘ME *Westhamma* : ⇨ ham²〙 *n.* イングランド南東部, Thames 河畔の都市で Greater London の Newham に含まれる ; 人口 166,000.

Wést Hárt·le·pool [-há:ətlipù:l, -tl̩pù:l | -há:tlipù:l, -tl̩pù:l] 〘*Hartlepool* : ← ME *Hertelpol* (異化) ← *Herterpol* ← OE **Heorotēg-pōl* : ⇨ hart, island, pool¹〙 — *n.* イングランド Cleveland 州 Tees 河口の港市 ; 人口 74,000.

Wést Híghland *n.* ウェストハイランド《スコットランドの西高地産の肉牛の一種》.

Wést Índian 〘(1584) ← West Ind(ies)+-ian〙 *adj.* 西インド諸島 (West Indies) の[から来た]. — *n.* 西インド諸島人[の住民].

Wést Índian cédar *n.* 〘植物〙 =Spanish cedar.

Wést Índian córkwood *n.* 〘植物〙 =balsa 1.

Wést Índies 〘(1555)〙 — *n. pl.* [the ～] **1** 西インド諸島《北米南東部と南米北部との間の諸島 ; Greater Antilles, Lesser Antilles および Bahamas の諸島に分かれる ; 総面積約 236,000 km²》. **2** =Federation of the West Indies.

Wést Índies Assóciated States *n. pl.* [the ～] 西インド諸島国家連合《西インド諸島の Lesser Antilles 中の Antigua, Dominica, Grenada, St. Christopher, St. Lucia (1979 年独立), St. Vincent が連合して 1967 年成立した英連邦内の国家連合; 首都 Antigua 島の St. John's》.

Wést Índies Federátion *n.* ⇨ Federation of the West Indies.

wést·ing 〘(1628) ← west+-ing¹〙 — *n.* **1** 〘海事〙 西航東西距 (cf. easting 1) ; 偏西航行. **2** (風向きの) 西寄り ; 西風に変わること. **3** 西に向かうこと ; (天体などの)西進. **4** 〘測量〙 偏西距離《南北の基準線から西方に測った距離》.

West·ing·house [wéstɪŋhàus], **George** *n.* (1846–1914) 米国の発明家・企業家; 空気ブレーキを発明 (1868).

Wést Irián *n.* 西イリアン《New Guinea 島の西半分を占めるインドネシア領の地域; もとオランダの植民地で Netherlands [Dutch] New Guinea といったが, 1963 年インドネシア領になって現在名に変わった; West New Guinea ともいう ; 人口 924,000, 面積 416,990 km², 首都 Djajapura [dʒɑ:jəpú(ə)rə | -púərə] ; インドネシア語名 Irian Jaya》.

west·lin [wéstlɪn, -lən | -lɪn] 〘⇨ westlins〙 *adj.* 《スコット》 =westerly.

west·ling [wéstlɪn, -lən, -lɪŋ | -lɪŋ] *adj.* 《スコット》 =westerly.

west·lins [wéstlɪnz, -lənz | -lɪnz] 〘← west+《スコット》 *-lins* (⇨ lings)〙 *adv.* (*also* **west·lings** [wéstlɪnz, -lənz, -lɪŋz | -lɪŋz]) 《スコット》 西方へ.

Wést Lóthian *n.* スコットランド南東部の旧州; 現在の Lothian 州西部; 面積 311 km², 旧名 Linlithgow.

Westm. 《略》 Westmeath ; Westminster ; Westmorland.

Wést Maláysia *n.* ⇨ Malaysia 1.

Westmd. 《略》 Westmorland.

West·meath [wèstmí:ð, -mí:θ | -mí:θ] *n.* アイルランド共和国中北部, Leinster 地方の州; 人口 54,000, 面積 1,763 km², 首都 Mullingar [mʌ̀lɪŋgɑ́ə, -lən- | -lɪŋgɑ́:(r)].

Wést Mídlands *n.* イングランド中部の州; 1974 年に新設, 旧 Staffordshire 州南東部, Warwickshire 州北西部および Worcestershire 州北東部よりなる; 面積 775 km², 人口 5,179,000, 首都 Birmingham.

West·min·ster [wés(t)mɪnstə | wés(t)mɪnstə(r, ⌐⌐–] 〘OE *Westmynster* 《原義》 Western monastery (ロンドン西部に位置したことから) : ⇨ west, minster〙 — *n.* **1** London 中央部の自治区《Westminster Abbey・国会議事堂・Buckingham 宮殿などの大建築物がある ; 人口 226,000 ; 正式名は the City of Westminster》. **2** =Westminster Abbey. **3** (英国の)国会議事堂 ; (英国)議会 ; 議会政治 : at ～ 議会で. **4 a** = Westminster School. **b** 同校の生徒 : an old ～ ウェストミンスター校卒業生.

Wéstminster Ábbey *n.* **1** ウェストミンスターアベイ, ウェストミンスター寺院《London にあるゴシック式建築の教会堂 ; 正式名は the Collegiate Church of St. Peter in Westminster という ; Edward the Confessor が 1050 年ごろ建立に着手, 国王の戴冠(たいかん)式はここで行なわれる ; 国王・名士の墓があり, ここに葬られることは英国人最大の栄誉とされる ; 単に the Abbey ともいう ; cf. Poets' Corner 1》. **2** (同寺院に葬られるような資格のある)名誉の死.

Westminster Abbey 1

Wéstminster Assémbly *n.* [the ～] ウェストミンスター会議《1643–49 年間に London の Westminster で開催された教会会議; その時決定された信仰告白や教理問答 (Westminster Confession) は大体今日の長老教会が採用している》.

Wéstminster Brídge *n.* ウェストミンスター橋《London の Thames 川にかかる橋 ; 1862 年建造》.

Wéstminster Cathédral *n.* ウェストミンスター大聖堂《London の Westminster Abbey の近くにあるローマカトリック教会の大聖堂; 1895 年着工》.

Wéstminster Háll *n.* ウェストミンスター会館《London の Westminster にある国会付属の会館; もとの Westminster Palace の一部で, 1834 年の同宮殿焼失の火災にも焼け残った; 古くから国家的大裁判や国王の戴冠(たいかん)式などが行なわれた》.

Wéstminster Pálace *n.* ウェストミンスター宮殿《London の Westminster にあった王宮で, 16 世紀前半から国会議事堂として使われたが, 1834 年火災により焼失 ; 現在の国会議事堂はその跡に建っている》.

Wéstminster Schóol *n.* ウェストミンスター校《London の Westminster にある英国屈指の public school の一つ》.

West·mor·land [wés(t)mələnd, -mɔ̀ə-, -mɔ̀ə-, wes(t)mɔ́ə-, -mɔ́ə- | wés(t)mə-] 〘OE *Westmōringaland* ← *Westmōringas* people west of the Yorkshire moors+land : ⇨ west, moor¹, -ing³〙 — *n.* イングランド北西部の旧州; 1974 年 Cumbria 州の一部となる ; 一部は湖水地方 (Lake District) を成す ; 首都 Appleby.

wést·mòst [-mòust | -màust, -məst] 〘(1510) : cf. OE *westmest* : ⇨ -most〙 *adj.* =westernmost.

Wést Nèw Guínea *n.* =West Irian.

wést-northwést *n.* 西北西 (略 WNW). — *adj., adv.* 西北西の[に, へ, から].

wést-northwéstward *adv.* 西北西へ[に]. — *adj.* 西北西にある, 西北西に向いた. — *n.* [通例 the ～] 西北西(方).

Wes·ton [wéstən], **Edward** *n.* (1886–1958) 米国の写真家.

Wéston céll 〘← *Edward Weston* (1850–1936 : 英国系米人の製造者)〙 *n.* 〘電気〙 ウェストン電池《陽極に水銀, 陰極にカドミウムを用いた標準電池》.

Wést Pákistan *n.* 西パキスタン《現在の Pakistan, 東パキスタンが 1971 年に Bangladesh として独立する以前の名称》.

Wést Pálm Béach *n.* 米国 Florida 州南東部, Miami 北方の都市, 避寒地 ; 人口 58,000.

West·pha·lia [westféɪljə, -liə | -ljə, -lɪə] 〘⊏ ML ～ ← OHG *Westfalo* Westphalian : cf. G *Westfalen*〙 — *n.* ウェストファーレン《ドイツ Prussia の旧州 ; 現在は西ドイツ North Rhine-Westphalia 州の一部; 三十年戦争の講和条約締結地 (1648) ; ドイツ語名 Westfalen》.

West·pha·lian [westféɪljən, -liən | -ljən, -lɪən] 〘⇨ ↑, -an¹〙 — *adj.* ウェストファーレン (Westphalia) の, ウェストファーレン人[文化]の. — *n.* ウェストファーレンの人[住民].

Wést Póint 〘⇨ point (n.) 5 : Hudson 河の西岸にあるところから〙 — *n.* **1** 米国 New York 市の北方約 80 km, Hudson 河畔にある軍用地 ; 陸軍士官学校 (Military Academy) がある (cf. Annapolis). **2** (同地の)陸軍士官学校.

Wést Póint·er [-pɔ́ɪnṭə | -tə(r)] *n.* 《米》 (West Point の)米国陸軍士官学校出身者または士官候補生.

West·po·li·tik [véstpoʊlitì:k | -pəʊ- ; *G.* vɛ́stpolitì:k] 〘⊏ G ～ : ⇨ west, politics〙 — *G. n.* 西欧政策《特に共産国の, 西欧諸国と正常な外交・通商関係を確立しようとする政策》.

Wést Prússia *n.* 西プロイセン《もと Prussia の一州; 現在ポーランド領》.

Wést Punjáb *n.* ⇨ Punjab.

Wést Ríding *n.* [the ～] ⇨ Yorkshire.

Wést Ríver *n.* [the ～] 西江 《Si-kiang の英語名》.

Wést Sáxon 〘(*a*1387) : cf. OE *West-Seaxe* (pl.) West Saxons : cf. Wessex〙 — *n.* **1** ウェストサクソン語《古英語の最も重要な一方言 ; イングランドの南部に話され, Norman Conquest に先立つ時期の主要な文献はこの方言で書かれている》. **2** ウェストサクソン人. — *adj.* ウェストサクソン語[人]の.

West·side, w- [wéstsàɪd] 〘↓〙 *adj.* New York 市ウェストサイドの.

Wést Síde *n.* [the ～] New York 市 Manhattan 区西部の地区 《Fifth Avenue の西側 ; cf. East Side》. **Wést-síd·er** *n.*

Wést Slávic *n.* ⇨ Slavic.

Wést Smíthfield *n.* London の St. Paul's Cathedral の北西部の一地区 ; 肉市場で有名.

wést-southwést *n.* 西南西 (略 WSW). — *adj., adv.* 西南西の[に, へ, から].

wést-sòuthwéstward *adv.* 西南西へ[に]. — *adj.* 西南西にある, 西南西に向いた. — *n.* [通例 the ～] 西南西(方).

Wést Súffolk *n.* ⇨ Suffolk¹.

Wést Sússex *n.* イングランド南部の English Channel に面する州; 1974 年新設, 旧 Sussex 州の西部 ; 人口 626,000, 面積 2,015 km², 首都 Chichester.

Wést Virgínia *n.* 米国東部の州 (⇨ United States of America 表).

Wést Virgínian *adj.* (米国) West Virginia 州(人)の. — *n.* West Virginia 州人.

West·wall [wéstwɔ̀:l ; *G.* vɛ́stvàl] 〘⊏ G ～ 'west rampart'〙 *n.* [the ～] =Siegfried line.

west·ward [wéstwəd | -wəd] 〘OE *westweard(e)* : ⇨ -ward〙 *adv.* 西方へ[に], 西方に向かって. — *adj.* 西方への ; 西向きの. — *n.* 西方, 西部.

wést·ward·ly *adj.* **1** 西向きの. **2** 〈風が〉西から吹く. — *adv.* 西向きに, 西方へ ; 〈風が〉西方から.

wést·wards [-wədz | -wədz] 〘⇨ -wards : cf. OE *westweardes*〙 *adv.* =westward.

wést·wòrk *n.* 〘建築〙 (ドイツロマネスク建築で, 教会堂の高大で威厳のある)西構, 西側正面《階下に通路を, 階上に礼拝所をもつ(多)塔の形をとる》.

Wést Yórkshire *n.* イングランド北部の州 ; 1974 年に新設 ; 主に旧 Yorkshire 州の West Riding の一部 ; 人口 2,073,000, 面積 2,049 km², 首都 Wakefield.

wet [wét] 〘adj. : (14C) *wett* (p.p.) ← *wete(n)* < OE *wǣtan* to wet ∽ ME *weet* < OE *wǣt* ← Gmc **wēd-* (OFris. *wēt* / ON *vātr*) ← IE **aw(e)-* 'water, wet'. — n. : OE *wǣt*. — v. : OE *wǣtan* : n., v. の幹母音も 15C 頃から adj. との類推で短母音化した〙 — *adj.* (**wet·ter ; wet·test**) (↔ dry) **1** 湿った, 濡れた ; 湿気のある : 〈ペンキ・インクが〉まだ乾いていない : ～ clothes, hands, etc. / ～ eyes 涙に濡れた目 / a ～ floor, pavement, etc. / get ～ 濡れる / be ～ *with* perspiration 汗で濡れている / Her cheeks were ～ *with* tears. 彼女のほおは涙に濡れていた / wipe with a ～ sponge 濡れた海綿でぬぐう / *Wet* paint. [掲示] ペンキ塗りたて / ink still ～ まだ乾いていないインク / be ～ through [to the skin] びしょ濡れになる, 濡れねずみになる. **2** 〈日・天気が〉雨の, 雨降りの, 雨の多い, 雨がちの (rainy) ; 〈空気・風など〉湿気を含んだ, しめっぽい : ～ days, weather, etc. / a ～ spring 雨がちの春 / a ～ wind 湿気を含んだ風 / the ～ season 雨季 / a ～ sky 降り出しそうな空 / ～ or fine 晴雨にかかわらず. **3** 《口語》 酒を飲んだ, 酔った, 酒の好きな : a ～ driver 酔った運転手 / make a ～ night of it 一晩飲む. **4** 《米口語》 〈州・町など〉酒類(の製造販売)を禁止していない ; 〈選挙候補者など〉(政治的に)禁酒反対の (↔ dry) : a ～ town, state, etc. / a ～ candidate 禁酒反対の候補 / go ～ 酒類の販売を許すようになる ; 非禁酒主義になる. **5** 《口語》 ばかげた (foolish), 感傷的な (sentimental). **6** [通例 all ～ として] 《俗》 〈頭・考えなど〉まちがっている, 見当違いで (wrong) : He [His claim] is *all* ～. 彼[彼の主張]は全くまちがっている. **7** 〘化学〙 湿式の : a ～ process 湿式法. **8** 〘音声〙 湿音の (mouillé). **9** 液中に漬(つ)けて保存した : ～ specimens. **10** 〘医学〙 湿性の : ⇨ wet pack. **11** 〈乳牛が〉乳を出す : a ～ cow. **12** 〈人が〉良い人間とは思われていない, 変な. **13** 〘化学〙 〈天然ガスが〉湿性の《すぐ濃縮できる炭化水素をかなり含んでいる ; ↔ dry》.

wet behind the ears ⇨ ear¹ 成句.

— *n.* **1** 湿気, 水分, 湿り (moisture) ; 液体 (liquid). **2** 雨降り, 雨天 (rainy weather) ; 雨 (rain) : come in out of the ～ 雨の降る戸外から中に入る. **3** 《英俗》 酒 (drink) : have a ～. **4** 《米口語》 酒類禁止反対論者 (↔ dry). **5** 《俗》 ばか. **6** [the ～] 《豪》 雨期 (the rainy season).

— *v.* (～, **wet·ted ; wet·ting**) — *vt.* **1** 湿す, 湿らせる, 濡らす 〈*down, through*〉 : be ～(*ted*) to the skin ずぶ濡れになる / He ～ his lips with the tip of his tongue. 舌先で唇を濡らした / I was ～*ted through* by the rain. その雨でずぶ濡れになった. **2** 〈ベッドなど〉

に小便する：～ the [one's] bed 寝小便する / ～ one's pants 小便をもらしてズボンを濡らす. **3**《口語》酒を飲んで祝う[行なう]：～ a bargain 酒を飲んで契約を結ぶ (cf. wet bargain). **4** 熱湯を注いで〈茶を〉出す：～ a cup of tea. ― *vi.* **1** 濡れる〈*down, through*〉. **2**〈動物・子供が〉放尿する, 小便する. **3**《方言》雨が降る (rain).

wet out 〘紡織〙〈織物原料を〉完全に浸潤する (cf. wetting agent).

～·ly *adv.* **～·ness** *n.*

we·ta [wéɪṭə | -tə] 〘□ Maori ～〙 ― *n.* 〘昆虫〙ニュージーランド産カマドウマ科の無翅で長い触角をもつ昆虫の総称；(特に)体長 10 cm に達する大きいもの (*Deinacrida heteracantha*).

wét-and-drý-búlb thermòmeter *n.* 〘気象〙＝psychrometer.

wét·bàck [⇨ wet (adj.), back¹ (n.)：その多くの者が Rio Grande 川を泳ぎ渡って不法入国したことから] ― *n.* 《米口語》米国に不法入国するメキシコ人 (cf. bracero).

wét bár *n.* 《米》(娯楽室などにある)水道設備のある売台[カウンター].

wét bárgain [⇨wet (vt.) 3] *n.* 《口語》＝Dutch bargain (cf. wet *vt.* 3).

wét-blánket 〘↓〙 ― *vt.* **1**〈火を〉濡れ毛布で消す. **2** …の興をそぐ, …に水を差す：His appearance ～*ed* the merry atmosphere. 彼が顔を出したので(せっかくの)愉快な気持が湿っぽくなってしまった.

wét blánket *n.* **1** (消火の)濡れ毛布. **2** けちをつける人[物], 座興をそぐ人[物], 座を白けさせる人[物].

wét bób 〘← WET＋BOB〙 *n.* 《英俗》(Eton 校の)水上競技部員, (特に)ボート部員 (cf. dry bob).

wét búlb *n.* (乾湿球湿度計の)湿球.

wét-bùlb témperature *n.* 湿球温度.

wét-bulb thermómeter *n.* 湿球温度計.

wét céll *n.* 〘電気〙湿電池 (cf. dry cell).

wét chinóok *n.* 〘気象〙＝Chinook 3 b.

wét cómpass *n.* 〘海事・航空〙液体コンパス《磁気コンパスの一種で, コンパスカードが液体中に入っているもの；liquid compass ともいう；cf. dry compass》.

wét cóntact *n.* 〘電気〙直流が流れる接触.

wét dòck *n.* 〘海事〙 **1** 湿船渠(きょ)《船が水に浮いたまま各種の修理をするドック内の場所》. **2** 係船ドック《潮の満干にかかわらず船の高さを一定に保って荷の積み降ろしに便利なように水門を閉じるドック》.

wét drèam *n.* 夢精；性夢.

wét flỳ *n.* 〘釣〙ウェットフライ, 沈み毛鉤《水面下に沈めて用いる毛鉤；cf. dry fly》.

wét gòods *n. pl.* 液体商品《酒類・ペンキ・油》；(特に)酒類 (cf. dry goods 2).

weth·er [wéðə | -ðə(r)] 〘OE *weþer* sheep, lamb < Gmc **weþruz* ? yearling (G *Widder*) ← ? IE **wet*- year (L *vitulus* calf, yearling & *vetus* old / Gk *étos* year)：cf. veal〙 ― *n.* **1** (通例生後数週間で)去勢した雄羊. **2** ＝wether wool.

wéther wòol *n.* 既に毛を刈ったことのある羊から採った羊毛.

wét làb *n.* (潜水者が仕事の準備をする)海中作業室.

wét·lànd [-lǽnd, -lənd] *n.* [通例 *pl.*] (野生生物保護地域としての)沼地, 湿地.

wét lánding *n.* (宇宙船の)着水 (splashdown).

wét màchine *n.* 〘製紙〙ウェットマシン《かゆ状のパルプから水分をすき取る機械；decker ともいう》.

wét móp *n.* (床を掃除するための)長柄付モップ.

wét-nùrse *vt.* **1** …の乳母になる, 乳母になって〈乳児〉に乳をやる (cf. dry-nurse 1). **2** …に至れり尽くせりの世話をする, 過保護にする.

wét nùrse *n.* (乳児に乳をやる)乳母 (cf. dry nurse 1).

wét pàck *n.* 〘医学〙湿包布.

wét pán *n.* 〘窯業〙湿式パンミル, ウェットパン《水分をもった, または粘着性の物質を粉砕するのに用いるエッジランナー (edge-runner)；wet pan mill ともいう》.

wét pláte *n.* 〘写真〙湿板 (cf. dry plate 1).

wét pléurisy *n.* 〘病理〙湿性肋膜炎.

wét·próof *adj.* ＝waterproof.

wét púddling *n.* 〘冶金〙湿式パドル法《錬鉄を作る方法；炉底を鉄鉱石で築く；cf. dry puddling》.

wét rót *n.* 〘植物病理〙(木材の)濡れ腐れ, 湿蝕, 湿朽 (cf. dry rot 1).

wét stéam *n.* 〘化学〙湿り蒸気《浮遊水滴を含む飽和蒸気；saturated steam ともいう；cf. dry steam》.

wét stréngth *n.* 〘製紙〙湿潤強度.

wét sùit *n.* ウェットスーツ《ダイバーなどの用いる体にぴったりと合う(合成)ゴム服》.

wet·ta·bil·i·ty [wèṭəbíləṭi | -təbíləti, -lɪ-] *n.* **1** 湿潤性. **2** 吸湿度, 吸湿力.

wet·ta·ble [wéṭəbl | -tə-] *adj.* **1** 濡らせる, 浸潤できる. **2** 湿気で溶かせる；湿気を吸う；水和性の.

wétted súrface *n.* 〘海事〙(船体の)浸水(表)面.

wét·ter [-ṭə | -tə(r)] *n.* **1** 濡らす[湿す]人[物]. **2** 〘化学〙＝wetting agent.

Wet·ter·horn [véṭəhɔ̀ən | -təhɔ̀ːn；*G.* vétɐ hɔ̀rn] *n.* [the ～] ウェッターホルン《スイス南部にある Bernese Alps 中の高峰；3,700 m》.

wét·ting [-ṭɪŋ | -tɪŋ] 〘ME〙 ― *n.* **1** 濡れる[濡らす]こと：get a ～ (雨などで)濡れる. **2** 〘化学〙湿潤, 濡れ《2 種の物質が触れた時に付着する現象》：～ power 湿潤力 / ⇨ wetting agent.

wétting àgent *n.* 〘化学〙湿潤剤, 浸潤剤《織物工業などで表面を浸潤させるのに用いる；cf. WET *out*》.

wétting-óut àgent *n.* ＝wetting agent.

wét·tish [-ṭɪʃ | -tɪʃ] *adj.* やや湿っぽい, やや水分のある.

wét wàsh *n.* 洗っただけで干しもせずアイロンもかけない洗濯物 (cf. dry wash).

W.E.U. 《略》Western European Union.

we've [wiːv, wɪːv, wíːv] we have の縮約形.

Wex. 《略》Wexford.

Wex·ford [wéksfəd | -fəd] *n.* **1** アイルランド共和国南東部 Leinster 地方の州；人口 87,000, 面積 2,351 km². **2** 同州の首都, 海港；人口 14,000.

wey [wéɪ] 〘OE *wǣġ(e)* weight, scales, balance：cf. weigh〙 ― *n.* ウェイ：**a** 昔の英国の地方でチーズ・羊毛・塩などを計るのに用いた重さの単位；計る貨物の種類によって一定しないが, 羊毛では 182 ポンド. **b** スコットランド・アイルランドの石炭・穀物などの容量単位；41.28 ブッシェル (bushels) に相当.

Wey·den [váɪdn, véɪ-；*Du.* wέɪdə], **Ro·gier van der** [roːgíːr vɑn dər] *n.* ワイデン《1399?-1464；フランドルの画家；⇨ Flemish school》.

Wey·gand [veɪgɑ́ː(ŋ), -gɔ́ː(ŋ), -gɑ́ːŋ, -gɔ́(ː)ŋ *F.* vɛgɑ̃], **Maxime** ウェーガン《1867-1965；フランスの将軍；第二次大戦で独軍に降服, ビシー政府陸相となる》.

Weyl [váɪl；*G.* váɪl], **Hermann** *n.* ワイル《1885-1955；ドイツの数学者；1933 以後米国に住んだ》.

w.f., wf 《略》〘活字〙wrong font.

WFlem 《略》West Flemish.

WFris 《略》West Frisian.

WFTU, W.F.T.U. 《略》World Federation of Trade Unions.

wg. 《略》weighing；wing.

W.G. 《略》Welsh Guards；West German；West Germanic；The Westminster Gazette. wire gauge.

W.G., w.g. 《略》water gauge；weight guaranteed；

W.G.A. 《略》Writers Guild of America.

Wg.Cdr. 《略》Wing Commander.

W. Ger. 《略》West Germanic；West Germany.

W. Gmc., WGmc 《略》West Germanic；West Germanic protolanguage 西ゲルマン基語.

Wh 《略》〘電気〙watt-hour.

wh. 《略》wharf；which；whispered；white.

wh- ★ (1) [発音]：wh- で始まる語の発音は米音では [hw-] が一般的で, [w-] と発音する人もある. 逆に英音では [w-] が一般的である. 本辞典では簡略化して white [(h)wáɪt] のように表記してある. (2) [語源]：wh- は通例 OE *hw*- (< Gmc **χw*- < IE **kw*-) からの音位転換 (metathesis) による変形であって, 上記発音の種々相もこれに関連するものである；'wh-words' と総称される who (< OE *hwā*), what (< OE *hwæt*), which (< OE *hwilċ*), when (< OE *hwænne*), why (< OE *hwī*), how (< OE *h(w)ū*), whither (< OE *hwider*) などの疑問詞, 関係詞は IE **kwo-*, **kwi-* に遡るが, この語基が広く印欧諸語の疑問詞・関係詞を構成する要素となっている. (cf. Jap.「いくつ」「いずこ」「いずれ」「いかに」などの「い」,「どこ」「どれ」「どんな」「どちら」などの「ど」).

whack¹ [(h)wǽk] 〘《1719》《擬音語》：cf. thwack〙 ― *vt.* **1** 《口語》(ステッキなどで)強く[がんと]打つ, ぴしゃりと打つ (thwack). **2** 《英》〈相手を〉やっつける, 負かす. **3** ぶった切る (chop)：～ *off* a turkey's head 七面鳥の首を切り落とす / The house ～*ed* $60 million *out of* the proposed budget. 下院は提案されている予算から 6 千万ドルをカットした. **4** 《俗》分ける, 分配する (share, divide)〈*up*〉：～ *up* expenses 費用を分け合う. **5** 激しく攻撃する. ― *vi.* 《口語》 **1** 強く打つ. **2** 分ける, 山分けする (share)〈*up*〉. ― *n.* **1** 《口語》(ステッキなどによる)殴打, 強打 (heavy blow)；その音. **2** 《口語》分配, 分け前 (portion, share)：get [have, take] one's ～ 分け前にあずかる / I have had my ～ of pleasure. 私も人並みに楽しみました / go ～*s* 分配する, 山分けする. **3** 《口語》試み, 試し (trial, attempt)；機会 (chance)：It was a lucky ～ for me that I got here today. 今日ここに到着したのは運がよかった. **4** 《米俗》(よい)具合 (condition, order)：He is *in* fine ～. ぴんぴんしている / My stomach seems *out of* ～. どうも腹の調子が悪い / What John does is *out of* ～ *with* what he says. ジョンのすることは言うことと一致しない.

at a* [*one*] *whack 《口語》一度ですばやく, 一気に.

have* [*take*] *a whack at 《口語》(1) …に一撃を加えようとする, 殴りかかる. (2) …を試みる：*have* [*take*] *a* ～ *at* skating スケートをやってみる / He *took a* ～ *at* the dish. 彼はその料理を食べてみた.

That's* [*It's*] *a whack. 《米口語》承知した, 約束した, そういうことに決めた (It's a bargain).

with one whack ＝*at a* [*one*] WHACK.

whack² [(h)wǽk] *n.* ＝wack.

whacked *adj.* 《英》疲れ切った (exhausted).

whack·er [(h)wǽkə | -kə(r)] *n.* **1** 《口語》(同種類のものの中で)でかいもの[人]. **2** 《口語》信じ難い物, だぼら, 大うそ (big lie). **3** 《方言》打撃 (blow). **4** **a** 家畜の群れを追う人. **b** ＝car knocker.

whack·ing 《英俗》*adj.* すごく大きい, でっかい：a ～ lie 大うそ. ― *adv.* ひどく, とてつもなく：a ～ tall fellow すごいのっぽ / a ～ big lie とてつもない大うそ. ― *n.* ひどい殴打.

whack·y [(h)wǽki | -kɪ] *adj.* (**whack·i·er**；**-i·est**) ＝wacky.

whale¹ [(h)wéɪl] 〘OE *hwæl* < Gmc **χwaliz* (ON *hvalr* / G *Wal(fisch)*) ← IE **(s)kwalo-* big fish (L *squalus* a kind of sea fish)〙 ― *n.* (*pl.* ～, ～**s**) **1** 〘動物〙クジラ《海洋哺乳動物クジラ目の大型種の総称；コクジラ (gray whale), ホッキョククジラ (bowhead), ザトウクジラ (humpback), セミクジラ (right whale), マッコウクジラ (sperm whale) など》. **2** [the W-] 〘天文〙くじら(鯨)座 (⇨ Cetus).

a whale of a … 《口語》並外れて大きな, すばらしい (no end of a…)：*a* ～ *of a* wrestler [scholar, story] すごい力士[えらい学者, すてきな物語] / He was having *a* ～ *of a* time. すごく楽しく過ごしていた.

***a whale on* [*at, for*]** …の非常な名人[熱心家]：*a* ～ *on* reading 熱心な読書家 / *a* ～ *at* tennis [*for* work] テニスの名人[仕事の虫] / You're *a* ～ *on* psychology. あなたは心理学の大家です.

very like a whale いかにも仰せの通り, 全くその通りで《ばかばかしい話に対する皮肉な答え；cf. Shak., *Hamlet* 3.2.399》.

― *vi.* 捕鯨に従事する, 捕鯨する.

whale² [(h)wéɪl] 〘《転訛》? ← WALE¹ (v.)〙 ― *vt.* 《米口語》 **1** むち打つ (thrash). **2** 強打する：～ the ball for a home run ホームランをかっ飛ばす. **3** 完全に負かす. ― *vi.* 激しく攻撃する〈*away*〉：The boxer ～*d away* at his opponent. そのボクサーは相手を激しく攻撃した.

whale³ [(h)wéɪl] 〘《異形》← WALE¹ (n.)〙 *n.* 〘建築〙＝wale¹ 5.

whale·back [⁻⁻] *n.* **1** 〘海事〙亀甲(きっ)甲板《激浪を防ぐために船首または船尾に設けた亀の甲状の鋼鉄甲板, turtleback, turtle deck ともいう》. **2** 〘海事〙亀甲甲板貨物船《甲板が中高に盛り上がった汽船で, 主に米国五大湖地方で小麦の運搬に用いる》. **3** (丘・波などのように形状が)鯨の背のように盛り上がったもの.

whále-bàcked *adj.* クジラの背のように盛り上がった. ― [⁻⁻⁻] *adj.* ＝whale-backed.

whále·bìrd *n.* 〘鳥類〙クジラドリ《捕鯨船の出すくずを食べ, その後を追って移動する群集性の *Pachyptila* 属の海鳥の総称》.

whále·bòat *n.* ホエールボート《昔の鯨船形のボート；もとは手漕ぎ, 今はモーター付き》.

whále·bòne 〘《?*a*1200》*whales bone*《廃》ivory from the walrus〙 *n.* **1** クジラのひげ (baleen). **2** クジラのひげ製品《扇の骨・コルセットなど》：in ～.

whálebone whàle *n.* 〘動物〙ヒゲクジラ《口中にいわゆるひげ (whalebone) のあるヒゲクジラ亜目のクジラの総称；コククジラ (gray whale)・セミクジラ (right whale)・ナガスクジラ (finback) など；baleen whale ともいう；cf. toothed whale》.

whále càlf *n.* 子クジラ《1 歳未満のもの》.

whále càtcher [chàser] *n.* 捕鯨船.

whále fáctory shìp *n.* 捕鯨母[工]船.

whále fìn *n.* クジラのひげ (baleen).

whále fìshery *n.* **1** 捕鯨業. **2** 捕鯨場.

whále fìshing *n.* ＝whale fishery 1.

whále·hèad *n.* 〘鳥類〙＝shoebill.

whále lìne *n.* **1** (捕鯨用の)もり綱. **2** 《俗》(カウボーイの用いる麻製の)輪なわ.

whále·man [-mən] *n.* (*pl.* **-men** [-mən, -mèn]) **1** 捕鯨者, 捕鯨船員. **2** 捕鯨船.

whále òil *n.* 鯨油《工業的に使途が広い；train oil ともいう》.

whál·er¹ [-lə | -lə(r)] *n.* **1** 捕鯨者；捕鯨船 (whaling ship). **2** 〘魚類〙ニューギニア・オーストラリアに分布するメジロザメ科 *Eulamia* 属の魚類の総称.

whál·er² [-lə | -lə(r)] *n.* **1** むち打つ人. **2** 《俗》とてつもなく大きいもの (whopper).

whále ròpe *n.* ＝whale line.

Whales [(h)wéɪlz], **the Bay of** *n.* 南極大陸の Ross 海の入江, Ross Ice Shelf の一部を成す；Little America の所在地.

whále shàrk *n.* 〘魚類〙ジンベイザメ (*Rhincodon typus*)《熱帯の海全域に生息するサメの一種；プランクトンなどを食べ無害；体長 15 m に及ぶものがある》.

whále sùcker *n.* 〘魚類〙オオコバン (*Remilegia australis*)《クジラやイルカにくっつく大きな青いコバンザメ》.

whál·ing¹ [-lɪŋ] *n.* 捕鯨業, 鯨猟.

whál·ing² [-lɪŋ] *n.* 《米俗》殴打.

whàling gùn *n.* 捕鯨砲, もり発射砲.

whàling màster *n.* 捕鯨船船長.

whàling pòrt *n.* 捕鯨船の母港.

whàling shìp *n.* 捕鯨船.

wham [(h)wǽ(ː)m] 〘擬音語〙 ― *n.* **1** どしん[ぐわん]という音《堅い物のぶつかる音》. **2** 強い衝撃. ― *vt.* どしん[ぐわん]と打つ. ― *vi.* どしん[ぐわん]とぶつかる. ― *adv.* 突然, だしぬけに.

wham·mo [(h)wǽmoʊ | -məʊ] *adv.* ＝wham.

wham·my [(h)wǽmi | -mɪ] [⇨ wham, -y²] ― *n.* 《米》 **1** (幸・不幸をもたらすための)まじない, 魔法. **2** 不吉をもたらすもの, 縁起の悪いもの (jinx)；邪眼 (evil eye)：put a [the] ～ on …にまじないをする, にけちをつける. **3** 強い力[攻撃], (特に)致命的な一撃.

whang [(h)wǽŋ] 〘《変形》← ME *thwang* 《異形》← THONG〙 ― *vt.* **1** 《口語》ぴしゃりと打つ, 強く打つ (beat, whack). **2** 《方言》むち打つ (thrash). **3** 《スコット》たたき切る (chop off). ― *vi.* **1** 《口語》強く打つ. **2** 激しく攻撃する〈*away*〉. **3** 《口語》〈太鼓などが〉どんと鳴る. ― *n.* **1** 《口語》ぴしゃりと打つこと, 強打；打つ音. **2** 《口語》ごーん, ぴしゃりという音. **3** 《方言》**a** 革[皮]ひも (thong). **b** 革[皮]ひもを作る生皮. **4** 《英》厚切れ. **5** 《卑》＝penis.

whàng·dòodle [⇨↑, doodle¹] ― *n.* 《俗》 **1** わけのわからぬ空想的生物. **2** きらいな物を激しく攻撃する人. **3** くだらないもの, たわごと (poppycock). **4** [*pl.*] 〘トランプ〙＝rangdoodles.

whan·gee [(h)wæŋ(g)íː] 〘《1813》□ Chin. *huang-li* (黄黎)〙 ― *n.* **1** 〘植物〙中国産マダケ属の数種のタ

ケの総称《マダケ (*Phyllostachys bambusoides*), ハチク (*P. nigra*) など》. **2** それで作ったステッキ.

whap [(h)wάp, (h)wɔ́(ː)p | (h)wɔ́p] *v., n.* 《口語》 = whop.

whap·per [(h)wάpə, (h)wɔ́(ː)pə | (h)wɔ́pə(r] *n.* 《口語》 = whopper.

whap·ping [(h)wάpɪŋ, (h)wɔ́(ː)p- | (h)wɔ́p-] *adj.* 《口語》 「= whopping.

wharf [(h)wɔ́əf | (h)wɔ́ːf] 〘OE *hwearf* bank, crowd 《原義》 place where people move about ← Gmc **χwarb-* (Du. *werf* / G *Werft* pier) ← IE **kwerp-* to turn oneself〙 ― *n.* (*pl.* **wharves** [(h)wɔ́əvz | (h)wɔ́ːvz], **~s**) **1** 波止場, 岩壁, 埠頭(ふ) (quay, pier). **2** 《廃》 河岸 (river bank); 海岸. ― *vt.* **1** 〈船を〉波止場につなぐ. **2** 〈貨物を〉波止場に陸揚げする. **3** …に波止場の設備をする. ― *vi.* 〈船が〉波止場に着く 〔*at*〕.

wharf·age [(h)wɔ́əfɪdʒ | (h)wɔ́ːf-] 〘(1469–71): ⇨ ↑, -age〙 *n.* **1 a** 波止場使用. **b** 波止場での物貨保管. **2** 波止場使用料, 埠頭(ふ)料. **3** [集合的] 波止場.

wharf·in·ger [(h)wɔ́əfəndʒə, -fɪn- | (h)wɔ́ːfɪndʒə(r] 〘(1552–53) 《変形》 ← **wharfager* : ⇨ ↑, -er¹ : *-n-* の挿入については MESSENGER, PASSENGER〙 ― *n.* 波止場(持)主, 波止場[埠頭(ふ)]管理人[会社].

whárf ràt *n.* **1** 《動物》 ドブネズミ (brown rat) 《波止場・倉庫などに多い普通のドブネズミ》. **2** 《米俗》 波止場ごろ《波止場あたりをごろごろして船や倉庫から品物をくすねたりする》.

Whar·ton [(h)wɔ́ətn | (h)wɔ́ː-], **Edith** (**New·bold** [n(j)úːbould | njúːbəuld]) *n.* (1862–1937) 米国の女流小説家; *Ethan Frome* (1911), *The Age of Innocence* (1920); 旧姓 Jones.

wharve [(h)wɔ́əv | (h)wɔ́ːv] 〘OE *hweorfa* ← *hweorfan* to turn ← Gmc **χwarb-* : cf. wharf〙 *n.* = whorl 3.

wharves *n.* **1** wharf の複数形. **2** wharve の複数形.

what [(h)wάt, (h)wʌ́t, (h)wɔ́(ː)t | (h)wɔ́t] 〘OE *hwæt* (neut.) < Gmc **χwat* (Du. *wat* / G *was* / ON *hvat*) ← IE **kwod* (L *quod*) (neut.) ← **kwo-* 'WHO'〙 ― *pron.* **1** [疑問詞として] **a** 何, どんなもの[こと], 何物, 何ごと; (金額などが)どれだけ, いかほど: *What* is he? 彼は何をしている人[どういう人, どこの人]ですか《職業・性格・身分・国籍などを問う語; cf. Who is he?》/ *What* do you take me for? 私を何者だと思っているのかね / *What* is he like? 彼はどんな風な人か (What kind of man is he?) (cf. *What* like is he? 《方言》 彼はどういう男か) / *What* is your name? お名前は? / *What*'s yours? 《俗》 君は何(酒)を飲むかね / *What* is the price? 値段はいくらですか / *What* will it cost? いくらかかるだろうか / *What* do you know about it? それについて君は何を知っているか / *What* do you know about that! これは驚いた, や, ほんとか (I want to know!) / *What*'s o'clock? 《英》 = *What*'s the time? 今何時ですか / *What of* him? 彼はどうした / Well, ~ *of* it? それでそれがどうしたというのだ《構わないではないか》/ *What* is that to you? それが君にとってどうだというのか《構わんではないか》/ *What* will people say? 世間は何というだろうか / *What*'s doing this on my desk? 何で机の上にこんな物があるんだ / I don't know ~ he said. 彼が何を言ったか知らない / He knows ~ to do. 彼は何をすべきかを心得ている / I wonder ~ it is. はてなそれは何だろう / I know ~ it is to be in love. 恋がどんなものか知っている / I cannot guess ~ he was attempting. 彼が何を企てていたか推量しかねる / *What* followed is doubtful. その後がどうなったかよくわからない / *What* would I not give to see her! 彼女に会えるなら何だってくれてやるのに / *What* I don't know about you. = *What* don't I know about you? 君のことは何でも知ってるぞ / *What* can he not do? 彼にできないものがあるだろうか (He can do anything). **b** [前に言われたことの説明・反復を求めて; しばしば省略的に] 何(ですか): *What* (did you say)? = *What* (is it)? 何ですって / You told him ~? 彼に何と言ったって / You need five ~? 五つ必要って, 何がですか / You claim to be ~? 自分が何者だと主張しているのですか / My ~, did you say? 私の何だとおっしゃったのですか. **c** [特に文末に用いて] 《英口語》 そう思いませんか, ええ: It's rather late, eh ~? 少々遅いじゃないか, ええ / A sort of anarchical fellow, ~? いわば無政府主義者じゃないか, ええ / That's a bit thick, ~? そいつは少々ひどいぜ, おい / Have you heard that latest, ~? 最近の話を聞いたかい, おい. **2** [感嘆用法]: *What* he has (not) suffered! どんなに彼は苦しんだことだろう / *What* these ancient walls could tell us! この古い城壁はいかに多くの事を物語ることか / *What* rubbish you talk! 何たるたわごとを言ってるのか. **3** [(h)wʌt, (h)wɑt, (h)wɔ(ː)t | (h)wɔt] [関係代名詞として] (…する)もの[こと] (the thing(s) which, that or those which, anything that): *What* I say is true. 私の言うことは本当だ / Give me ~ you can. くれられるだけ下さい / I will do ~ I can for you. できる事は何なりといたしましょう / Tell me ~ you remember of it. それについて覚えているだけのことを話して下さい / *What* followed was unpleasant. 次に起こったことは不愉快だった / Air is to us ~ water is to fish. 空気と人間との関係は水と魚との関係に等しい / *What* I have said I have said. 言ったことは言ったことだ《悪びれたりはしない》/ But, ~ even you must condemn, he was lying. だが, 君だって咎めずにはおれまいが, 彼はうそを言っていたのだ / He said it, and, ~ is more surprising, he did it. 彼はそう言ったし, さらに驚いたことにはそれを実行したのだ / Come ~ will [may], I am prepared for it. 何事があろうとも私は覚悟を決めている / *What* must [will] be must [will] be. 《諺》 (物事は)成るようにしかならぬ. **4** [(h)wʌt, (h)wət, (h)wɔ(ː)t | (h)wɔt] [関係代名詞として] …するところの(人, 物) (that, which, who) 《非標準的な用法》: Mary is his own daughter ~ he's brought up. メアリは彼が手塩にかけて育てた実の娘だ.

and* [*or*] *what not (列挙した後に)何やかや, など: I brought with me a knife, a can opener, a magnifying glass, *and* ~ *not*. ナイフやかん切りや拡大鏡など色々な物を持って来た / He called me fool *and* ~ *not*. 私をばかだの何だのとののしった. ***but what*** [否定語に続いて] …ない(ところの); …以外には: *Not* a man *but* ~ likes that ballerina. あのバレリーナを好まない男は一人もいない / Nobody saw the play *but* ~ it moved him deeply. その芝居を見て深く感動しない者はなかった / *Not* a day *but* ~ we hear some music. 音楽が耳に入らない日は一日もない / I *never* see him *but* ~ I think. 彼は全く私の考えた通りの男だ / I *don't* know *but* ~ I will. ほかにどうしようという気はない《まあそんなことにでもしよう》. ★ but what は but, but that などと意義・用法は同じであるが, 後者より口語的. ***I know what.*** ⇨ know 成句. ***I* (*will*) *tell you what.*** 《口語》 まあ聞きなさい, いい話[考え]がある. ***know what's what*** (1) 世事にたけている, 常識がある. (2) (ある事の)事情に通じている, 見る目がある 〔*about, in*〕. ***not but what*** ⇨ but¹ *conj.* 成句. ***or what?*** それとも何か[何をしようと言うのか]: Is it raining, or snowing, *or* ~? 降っているのは雨かね, 雪かね, それとも何かね / Are you trying to fool me, *or* ~? 私を愚弄しようとしてるのか, それともどうしようというのだ. ***So what?*** [軽蔑・無関心・拒絶を表わして] 《口語》 だからどうした(というのか), うんそれで, さあね. ***Tell you what.*** = *I* (*will*) *tell you* WHAT. ***What about…?*** ⇨ about *prep.* 成句. ***What about that?*** = How *about* that? ***What do you say?*** 《米俗》 今日は, やあ《挨拶の言葉》 ***What do you say* (*to*) *…?*** 《口語》 …してはどうですか: *What do you say to* a game of chess [*taking* a walk]? チェスを一番どうですか[散歩はいかがですか] / *What do you say* we have a drink? 一杯やることにしないかね. ***what for*** (1) 《口語》 何のために, なぜ (why): We must study English.—*What for?* 我々は英語を学ばなければならない—何のために. (2) ⇨ what for. ***What…for?*** 何のために, なぜ: *What* do you study English *for?* 何のために英語を学ぶのか. ***what have you*** それに類する他のもの, ほかのそのようなもの: a novel, a play, or ~ *have you* 小説・戯曲その他何でも. ***What if…?*** (1) …ならどうだろう: *What if* we were to try? やってみたらどうだろう. (2) …したって構うものか: *What if* it's true? 本当だって構うもんか. ***what is*** = WHAT'S *what*. ***what it takes*** 《口語》 (成功・人気を収めるのに)必要なもの《才能・勇気・魅力など》: She has ~ *it takes*. ***What next?*** ⇨ next 成句. ***What of it?*** = *What* ABOUT *it?* ***What say?*** 《米口語》 何ですって《わからなくて聞き返す言葉》. (2) = WHAT *do you say*? (3) = WHAT *do you say* (*to…*)? ***What's to do?*** 《米口語》 (1) どうしたものか. (2) どうしたのか. ***what's what*** ものの道理; (物事の)真相, 事情: I told him ~'*s* [~ *was*] ~. / ⇨ *know* WHAT'S *what*. ***What then?*** それから[その結果]どうなるのか; それでどうだと言うのか (What of that?). ***What though …?* [*!*]** たとえ…だって何だ: *What though* I fail! 失敗したって構うものか.

― *adj.* **1** [疑問詞として] どんな, いかなる, 何の (cf. which); いかほどの (how much, how many): *What* books have you read? どんな本を読みましたか / *What* good [use] is it? 何の役に立つのか / *What* manner of man is he? どういうタイプの人ですか / *What* matter? どうした; それがどうしたというのか《構わないではないか》 (What does it matter?) / *What* news? 何か変わったことがありますか / I don't know ~ plan he will try. 彼がどんなたくらみをするか私は知らない / *What* money have you got? いくら金を持っているか / *What* pudding is there left? プディングはどれくらい残っているのか. ★ What は不定の数について用い, 次のように特定の数について用いるのは《口語》: *What* (= Which) book have you chosen? どの本を選んだのですか. **2** [感嘆用法] 何という (cf. how): *What* an idea! 何という途方もない考えだ / *What* a genius he is! 何という天才だろう / *What* a blessing! 何という幸せだろう / *What* impudence! 厚かましいにもほどがある / *What* a pity it is! 情けないこともあればあるもの / He said ~ a fool she was. 彼は何というばかだろうと言った. **3** [(h)wʌt, (h)wɑt, (h)wɔ(ː)t | (h)wɔt] [関係詞として] (…する)その[あの], (…する)それ[あれ]らの (that or those…which), (…する)だけの, (…する)どんな (as much [many]…as): Wear ~ clothes you please. どんな服でも好きなのを着なさい / I will give you ~ help is possible. できるだけの御援助はいたしましょう / Lend me ~ money [books] you can. 君の都合できるだけの金[本]を貸して下さい.

What price …? ⇨ price 成句. ***what time*** 《古》 = when, whenever *conj.* ***what way*** (1) 《英方言》 = how: *What way* was he killed? 彼はどのようにして殺されたのか. (2) 《スコット》 = why.

― *adv.* **1** どの程度, どのくらい (how much): *What* does it benefit you? それがどれほど君の役に立つのか / *What* is he the better for it? それによって彼がどの程度に益を得たのか / *What* do I care? (そんなこと)構うもんか / *What* does it matter? どうってことがあるもんか. **2** 《古》 どんな風に[点で] (in what respect, how): *What* can I help you? どうお助けしましょうか / *What* are men better than sheep? どんな点で人間は羊より優れているか. **3** 《廃》 何のために, 何故に (why).

***what with* [*between*] …*and* (*what with* [*between*])** …や…(の理由)で. ★ 後の what with [between] は省く方が普通: *What with* drink *and* (*what with*) fright he did not know much about the facts. 酔ってもおりおびえてもいたので彼は余り事実を知らなかった.

― *conj.* **1** 《方言》 …だけ (as much as), …かぎり (as far as): He helped me ~ he could. 私にできるだけの援助をしてくれた. **2** [than の後で節を導く機能語として]: She can run better *than* ~ I can. 彼女は私よりもよく走る.

― *int.* [通例疑問文を伴って] 何だって, ええっ, おや, あら《驚き・怒り・困惑などを表わす》: *What*, do you really mean it? へえー, 君それは本気で言ってるのか / *What!* no dinner? なに, 食事がないんだって / *What* ho! やあ, おいおい, おーい《挨拶または呼掛け》.

― *n.* [the ~] (物の)本質, (基本的)性格: *the* ~ of a thing / uncover *the* ~ and why of their relationship それらの関係の本質と理由を明らかにする.

what'd [(h)wάṭɪd, (h)wʌ́ṭ-, (h)wɔ́(ː)ṭ-, -ṭəd | (h)wɔ́t-] what did の縮約形: *What'd* you say?

whát-do-you-càll-it[**-them, -her, -him**] [ˌ-- duju ˌ-- , -dju-, -di- | -dju-, -dʒu-] 〘(1639)〙 ― *n.* 《口語》 あの何とかいったもの[人たち, 女, 人]. ★ 名前を忘れた時などに代用する言葉; 普通は -d'you- または -d'ye [-di- | -dɪ-] と書くことが多い: Hand me one of those *what-d'you-call-thems*. その何とかいうやつを一つ渡してくれ.

whàt-é'er *pron., adj.* 《詩》 = whatever.

whàt·éver 〘(14C)〙 ― *pron.* **1** [強意関係詞として] (…する)もの[こと]は何でも, (…する)もの[こと]は皆 (anything that): *Whatever* I have is yours. 私の持っている物は何でも君の物だ / Do ~ you like. 何でも好きなことをなさい / He will give ~ you may need. 彼は君の必要なものは何でも[いくらでも]くれるだろう / *Whatever* next? ⇨ next *adv.* 成句. **2** [譲歩節を導いて] どんなこと[もの]が…でも, いかに…でも (no matter what): *Whatever* happens, I will go. 何事が起ころうと私は行く. **3** 《口語》 [強意疑問詞として] 一体何が[を] (what in the world): *Whatever* (= What ever) has happened? 一体何事が起こったのだ / *Whatever* do you want? 一体全体何がほしいと言うんだ. ★ この意味では what ever と2語に書くのが正しいとされる; なお whenever 2, whichever 3, whoever 3 における ever についても同じことが言える. ***or whatever*** あるいは何でも類似のもの (or anything similar): He is ill in bed with the measles *or* ~. はしかか何かそんなものにかかって床についている.

― *adj.* **1** [強意関係詞として] どんな…でも, いかなる…でも, いくらかの…でも: *Whatever* orders he gives are obeyed. 彼の命令は何事によらず服従される / Take ~ measures are considered best. 何なりと最良と考えられる処置をとりなさい. **2** [譲歩節を導いて] たとえ…でも (no matter what …): *Whatever* results follow, I will go. どんな結果が起ころうとも構わず行こう / *Whatever* excuses he may make, we do not believe him. どんな言い訳をしようと我々は彼の言うことを信じない. **3** [否定・疑問構文で名詞の後に置いて] 少しの…も, 何らの…も (of any kind, at all): There is *no* doubt ~. 全く疑いはない / Is there *any* chance ~? 少しは見込みがありますか / I can*not* see anyone ~. 全くだれも見えない / *No* one ~ would accept. だれにしたって承知はしないだろう. **4** [強意疑問詞として] 一体どんな: *Whatever* contrivance is that? あれは一体どんな仕掛けなのか / I wonder ~ queer thing he'll do next. 彼は次には一体どんな変な事をするのかしら.

whát fòr 〘⇨ what (pron.) 成句〙 ― *n.* 《俗》 **1** 理由, わけ (reason). **2** 罰 (punishment); (特に)ぶつこと, ひどく叱りつけること, 大目玉 (severe scolding): give a person ~ ひどく打ち懲らす; ひどくしかる[なじる].

whàt-ís-it *n.* 《口語》 なんとかいう人[もの], 何やら. ★ 名前を忘れた時などに代用する語. 「の縮約形.

what'll [(h)wάṭl, (h)wʌ́ṭl, (h)wɔ́(ː)ṭl | (h)wɔ́tl] what will

what·man [(h)wάtmən, (h)wɔ́(ː)t- | (h)wɔ́t-] 〘← *James Whatman* (18 世紀英国の製紙家)〙 *n.* ワットマン紙《画用紙の一種》.

whát·nòt 〘← *and* [*or*] *what not* (⇨ what (pron.) 成句)〙 *n.* **1** (骨董(こっ)品・書籍などを載せる 19 世紀の)置き棚, すみ棚, 飾り棚. **2** 《口語》 何やかや, いろんな物, 下らない物: intuitionism or ~ 直覚説だの何だの.

what's [(h)wάts, (h)wʌ́ts, (h)wɔ́(ː)ts | (h)wɔ́ts ; (h)wɔ̀ts] what is [what has, what does] の縮約形.

what·sis [(h)wάtsɪz, (h)wʌ́ts-, (h)wɔ́(ː)ts-, -əz | (h)wɔ́ts-] 〘← *what is his…?*〙 *n.* = what-is-it.

whát's its [**his, her**] **nàme** *n.* 《口語》 何とか言うもの[人, 婦人] (thingamy): I never heard of John *what's-his-name*. ジョンなにがしという人のことは聞いたことがない.

whàt·só 〘(?c1200)《短縮》← OE *swā hwæt swā* : ⇨ what, so[1]〙 *pron., adj.*《古》=whatever.

whàt·soé'er *pron., adj.*《詩》=whatsoever.

whàt·soéver 〘(c1250)〙 *pron., adj.* whatever の強意形 (cf. whensoever).

what've [(h)wátəv, (h)wʌ́t-, (h)wɔ́(:)t- | (h)wɔ́t-] what have の縮約形.

whát-you-may-càll-it[-them, -her, -him] *n.* =what-do-you-call-it[-them, -her, -him].

whau [(h)wɔ́:, (h)wɑ́:] 〘擬音語〙 *int.*《北英》=well[2], why.

whaup [(h)wɔ́:p, (h)wɑ́:p] 〘(16C)《擬音語》: cf. OE *hwilpe* curlew : 鳴声から〙 — *n.* (*pl.* ~, ~s)《スコット・北英》〘鳥類〙ダイシャクシギ (*Numenius arquata*) (cf. curlew).

wheal[1] [(h)wí:ł] 〘(1808)《変形》← WALE[1] : 《廃》*wheal* to suppurate (< OE *hwelian*) との連想による変形 : cf. whelk[2]〙 — *n.* **1**〘医学〙(じんましんなどの)膨疹, 丘疹. **2** (むち打ちなどによる)みみずばれ.

wheal[2] [(h)wí:ł] 〘⇨ Corn. *huel*〙 *n.*《英方言》鉱山.

wheat [(h)wí:t] 〘OE *hwǣte* < Gmc *χwaitjaz* (Du. *weit* / G *Weizen* / ON *hveiti* / Goth. *hwaiteis*) ← *χwit- 'WHITE'〙 — *n.* **1**〘植物〙コムギ (*Triticum aestivum*). **2** (穀物としての)小麦《植物も実もいう》: ⇨ durum wheat, spring wheat, winter wheat / a ~ field 小麦畑 / (as) good as ~《米口語》非常によい.

a grain of wheat in a bushel of chaff ⇨ grain[1] 成句.

separate (the) wheat from (the) chaff 良いものと悪いものとを分ける.

whéat bèlt *n.* 小麦(栽培)地帯.

whéat càke *n.*《米》パンケーキ (pancake).

whéat·èar 〘(1591) *wheatears*《変形》← **whiteeres* : ⇨ white, arse : その臀部(でんぶ)が白いことから〙 — *n.*〘鳥類〙ハシグロヒタキ (*Oenanthe oenanthe*)《サバクヒタキの類の小鳥》.

wheat·en [(h)wí:tn̩] 〘OE *hwǣten* : ⇨ wheat, -en[2]〙 *adj.*《まれ》小麦の, 小麦製の : ~ bread.

whéat gèrm *n.* 小麦の麦芽.

whéat·gràss *n.*〘植物〙=couch grass.

Wheat·ley [(h)wí:tli | -lɪ], **Phillis** *n.* (1753?-84) 米国の黒人女流詩人 ; アフリカ生れの奴隷出身.

whéat·mèal 〘OE *hwǣtemelu* : ⇨ wheat, meal[2]〙 *n.*《英》ホイートミール《混ぜ物のない小麦をひいた無漂白の粗粉》.

whéat mìdge *n.*〘昆虫〙**1** ヨーロッパ・アメリカに生息するタマバエ科の昆虫 (*Sitodiplosis mosellana*)《その幼虫が生育中の麦を食害する》. **2** =Hessian fly.

whéat mosáic *n.*〘植物病理〙小麦などのウイルス病《wheat rosette ともいう》.

Whea·ton [(h)wí:tn̩] 〘← *Frank Wheaton* (1833–1903 : 米陸軍少将)〙 *n.* 米国 Maryland 州中部の町 ; 人口 66,300.

whéat pìt *n.* (商品取引所における)小麦取引場所.

whéat rosétte *n.*〘植物病理〙=wheat mosaic.

whéat rùst *n.*〘植物病理〙小麦の銹(さび)病 : **1** 種々の銹病菌による病害. **2** 小麦を犯す銹菌.

Wheat·stone [(h)wí:tstoun | -stən, -stəun], **Sir Charles** *n.* (1802–75) 英国の物理学者 ; Wheatstone bridge の考案者.

Whéatstone brídge 〘↑〙 — *n.*〘電気〙ホイートストーンブリッジ《4個の抵抗および検流計を用いた電気抵抗測定回路 ; Wheatstone's bridge ともいう ; cf. Schering bridge》.

Wheatstone bridge
G galvanometer ; B battery ; R_1R_2 arms of known resistance ; R_3 known resistance which can be varied ; R_4 resistance to be measured when G shows no current ; $R_4 = \frac{R_2}{R_1}R_3$

whéat·wòrm *n.*〘動物〙コムギツブセンチュウ (*Anguina tritici*)《コムギなどに寄生してコムギの殻実に似た虫癭をつくる線虫》.

whee [(h)wí:] 〘擬音語〙 — *int.* ひゃー, わーい《喜び・興奮・歓喜などを表わす》. — *vt.* [~ up として]《米俗》興奮させる, 有頂天にする.

whee·dle [(h)wí:dl̩] 〘(1661) ← ? G *wedeln* to wag the tail, flatter ← *wedel* tail : もと隠語〙 — *vt.* **1 a** 〈人を〉甘言で誘う, 口車に乗せる. **b** 口車に乗せて…させる 〔*into*〕: The salesman ~*d* me *into* buying the car. 外交員は私を口車に乗せてその車を買わせた / She ~*d* me *into* good temper. うまいことを言って私に機嫌(きげん)を直させた. **2 a** 〔人から〕〈物を〉甘言で得る 〔*from, out of*〕: She ~*d* a promise *from* [*out of*] him. 彼を言いくるめて約束させた. **b** 〈人〉から〈物を〉甘言で奪い取る 〔*out of*〕: He ~*d* me *out of* the money. 口車に乗せて私からその金を巻き上げた.
— *vi.* 人の機嫌を取る, 甘言を用いる, お世辞を使う (coax, flatter).

wheedle one's way 人を口車に乗せて[人に取り入って]進む 〔*toward, into*〕: ~ *one's way into* a managership 上役(など)に取り入って支配人になる.

whée·dler [-dlə, -dl̩ə | -dlə(r, -dl̩-] *n.* 口車に乗せる人.

whée·dling [-dlɪŋ, -dl̩-] *adj.* 口車に乗せる(ような).

whée·dling·ly *adv.* 甘言で, 口車に乗せて.

wheel [(h)wí:l] 〘n. : OE *hwēol, hweogol* < Gmc *χwe(ʒ)ula* (Du. *wiel* / ON *hjōl*) ← IE **kwel-* to revolve (Gk *kúklos* 'CYCLE'). — v. : (?a1200) ← (n.)〙 — *n.* **1** (車の)輪, 車輪, ホイール : an annular ~ 内歯歯車 / an eccentric ~ 偏心輪. **2** 運命の車 : Fortune's ~ =the ~ of Fortune 運命の神の車輪 ; 運命, 有為転変 / We may be rich at the next turn of the ~. 今度運が向けば金持ちになるかも知れない. **3** [通例 *pl.*] (事を動かす)原動力, 機構 (machinery): the ~*s* of government 政治機構, 政府機関 / turn back the ~*s* of progress 逆行する, 進歩を妨げる / the ~*s* of life (人体の)内臓とその機能 (cf. WHEEL of life). **4 a**《米》自転車. **b**《まれ》三輪車. **c** [*pl.*]《俗》自動車. **5** (船の)舵輪(だりん), (自動車の)ハンドル (steering wheel); (船の)舵手 (steersman): take the ~ ハンドルを握る / ⇨ *at* [*behind*] *the* WHEEL / put the ~ port [starboard] (⇨ port[2] *adv.*, starboard *adv.*). **6** 車輪状の物 : **a** (製陶用の)ろくろ (potter's wheel): turn [make] pottery *on a* ~ ろくろを回して陶器を造る. **b** (ルーレットの円板のような)賭博用の回転円板. **c** (形・模様などが)円板状のもの : a ~ of cheese 円板状のチーズ. **d** 輪転花火. **7** (昔の車裂きの)刑車 : break a person on the ~ 刑車に縛りつけて殺す, 車裂きにする / ⇨ *break a butterfly* [*fly*] *on the* WHEEL. **8 a** 輪転, 回転, 旋転 : turn ~*s* とんぼ返りを打つ / the ~*s* and somersaults of gulls かもめの旋回と宙返り. **b** (時・歴史などの)反復, 変転 (cycle, round), 着実な進行 : the ~ of history 変転する歴史. **9**〘軍事〙(軍隊・艦隊が隊列を組んだまま基準の軸を中心に行なう)旋回運動. **10**〘海事〙**a** (汽船の)外輪, 外車 (paddle wheel). **b** (船の)プロペラ, 推進器. **11** [しばしば big を伴って]《米》勢力家, 大物 (influential person): a *big* ~ in the party 党内の大立物. **12**《米俗》1 ドル. **13**《古》(歌の)折り返し(句) (refrain) (⇨ bob[1] 6).

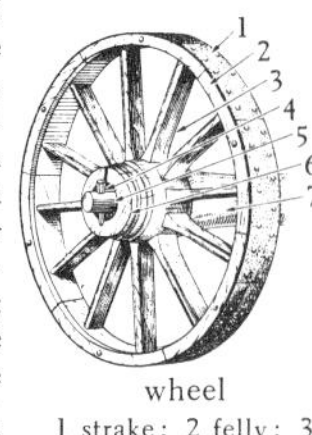

wheel
1 strake ; 2 felly ; 3 spoke ; 4 linchpin ; 5 axle ; 6 hub *or* nave ; 7 axletree

at* [*behind*] *the wheel (1) (船・車の)舵輪(だりん)[ハンドル]を握って, 操縦[運転]して : sit *at* [*behind*] *the* ~ ハンドルの前に坐(って運転す)る / fall asleep *at the* ~. ハンドルを握ったまま寝入る / Don't speak to the man *at the* ~. 舵手に話しかけるな ; 執務中の人を邪魔するな. (2) 支配権を握って, 支配[管理]を預かって. ***break* [*crush*] *a butterfly* [*fly*] *on the wheel*** (か弱いちょう[はえ]を車裂きにするように)小さな事に過大な力[大げさな手段]を用いる, 鶏を裂くに牛刀をもってする (cf. Pope, *Prologue to the Satires*). ***grease* [*oil*] *the wheels*** (金の力で)事を円滑に運ばせる. ***on oiled wheels*** =*on* WHEELS (2). ***on wheels*** (1) 車で, 車に乗って ; 〈車が〉動いて (in motion). (2) 円滑に, するすると, すらすらと (smoothly, quickly): go [run] *on* ~*s*. ***put a spoke in a person's wheel*** ⇨ spoke 成句. ***put* [*set*] *one's shoulder to the wheel*** ⇨ shoulder 成句. ***set* [*sit*] *high on the wheel*** 非常に幸運にする[である] (cf. *n.* 2). ***a wheel within a wheel*** =***wheels within wheels*** 込み入ったからくり[事情], 複雑な機構 ; 底に底のある魂胆, 秘密行動 (cf. *Ezek.* 1 : 16, 10 : 10): There are more damn ~*s within* ~*s* here than you can possibly guess. ここには想像もつかないようなひどく込み入った事情がある.

wheel and axle [the —]〘機械〙輪軸《大円筒(=輪)と小円筒(=軸)とを一つの中心軸に固定し, 大円筒に巻いた綱を引いて小円筒に巻いた綱に吊るした重量を引き上げる装置 ; 重い物体を小さい力で引き上げることができる ; 単一機械 (simple machine) の一種》.

wheel of fortune [the —] (1) 運命の女神の回す輪 ; (人生の)変転 (cf. *n.* 2). (2) 回転円板式賭博器[抽選器].

wheel of life (cf. *n.* 3) (1) =zoetrope. (2) [the —] (仏教でいう)輪廻(りんね) (transmigration).

— *vt.* **1** 〈車を〉動かす, 押す, 引く : ~ a truck トラックを運転する / ~ a barrow 手押し車を押す. **2** 車で運ぶ, 車に載せて運ぶ ; 〈車の付いている物を〉ごろごろと動かす : ~ a load of bricks れんがの荷を車で運ぶ / ~ *out* a table (脚輪 (casters) の付いている)テーブルをごろごろ引っ張り出す / Two bellboys ~*ed in* the trunks. 二人のボーイがトランクをごろごろと運び込んだ. **3** 〈隊などを〉旋回させる. **4** …に車輪を付ける. **5** 回転させる (rotate). **6**《口語》〈人を〉(面接室などに)呼び入れる 〈*in*〉/〔*into*〕. — *vi.* **1** 方向を変える[転じる] 〈*round, about*〉: He ~*ed round* in his chair. 椅子に腰かけたままぐるっと向き直った **2**〘軍事〙〈隊などが〉旋回する : Right [Left] ~! 右[左]に向きを変え進め. **3** 〈鳥などが〉旋回する, ぐるぐる回る : An eagle ~*ed about* overhead. わしが上空を旋回していた. **4** 円滑に[すらすらと]進む. **5** 車に乗る, 車に乗って旅行する ; 自転車に乗る. **6** 旋回する, (軸を中心に)回転する. **7** 〈意見・態度などが〉変わる 〈*about, around*〉. **8** 揺れる (sway), よろめく (reel).

wheel and deal《米》(取引や政治で)率先して事に当たる, 策略をめぐらす, 権謀術数を用いる.

whéel ànimal [animàlcule] *n.*〘動物〙ワムシ (⇨ rotifer).

whéel-bàck *n.* 車輪模様の付いた椅子の背板《ウィンザーチェアの背もたれにみられる》.

whéel·bàrrow 〘(n. : c1340 ; v. : 1721)〙: ⇨ wheel, barrow[1]〙 — *n.* **1** 一輪(時に二輪以上)の手押し車, ねこ車. **2** 手押し車競走《二人一組で一人が両手を地面につき, その両足をもう一人が支えて進む競争》: play ~ 手押し車の遊びをする. — *vt.* 手押し車で運ぶ.

whéelbarrow ràce *n.* =wheelbarrow 2.

whéel·bàse *n.* 軸距, ホイールベース《自動車等の前後の車軸間の距離, または前・後輪接地面中心間の距離 ; cf. tread 3》.

whéel bày *n.* =wheel well.

whéel bèarer *n.*〘動物〙ワムシ (⇨ rotifer).

whéel bùg *n.*〘昆虫〙サシガメ (*Arilus cristatus*)《北米産 ; 背部に半円歯車状の突起がある ; cf. conenose》.

whéel·chàir *n.* (病人・身障者用の)車椅子.

wheeled *adj.* **1** [しばしば複合語の第 2 構成素として] 車輪のある, (…の)車[輪]の付いた : a four-*wheeled* carriage. **2** 車輪によって移動[機能]する : the entire absence of ~ traffic 車の交通が全然ないこと.

whéel·er [-lə | -lə(r] 〘(1379)《廃》'wheeler dog' : ⇨ wheel, -er[1]〙 — *n.* **1** 車で運ぶ者, 荷車引き. **2** =wheelhorse 1. **3** [複合語の第 2 構成素として] 車のある物, 車付きの物 : ⇨ four-wheeler, side-wheeler. **4**《口語》自転車乗り (cyclist). **5** 車大工 (wheelwright). **6**《米》=wheeler-dealer 2.

Whee·ler [(h)wí:lə | -lə(r], **Joseph** *n.* (1836–1906) 南北戦争当時の南軍の将軍, 後米西戦争にも従軍した.

whéeler-déaler《米》*n.* **1** (商品を車に積んで売り歩く)行商人《wheeler and dealer ともいう》. **2** 策略家, 策士. — *vi.* 抜け目ない商売[策動]をする.

whéeler-déaling *n.*《米》抜け目ない商売[策動].

whéel èxcavator *n.*〘土木〙車輪形掘削機.

whéel·hòrse *n.* **1** (四頭立てまたは縦並びの二頭引き馬車の)後馬 (wheeler) (cf. leader 3). **2**《米》(政党などで)こつこつと働く人, 勤勉家.

whéel·hòuse *n.*《米》〘海事〙=pilothouse.

wheel·ie [(h)wí:li | -lɪ] 〘⇨ wheel, -ie〙 *n.* (自転車・オートバイ・軽自動車などの)後輪走行, 曲乗り.

whéel·ing [-lɪŋ] 〘(15C)〙 — *n.* **1** 車で運ぶこと. **2**《口語》自転車に乗ること. **3** (車行の上から見て)道の具合 : It is good [bad] ~. 道がいい[悪い]. **4** 輪転, 回転.

Whee·ling [(h)wí:lɪŋ] 〘⇨ ? N-Am.-Ind. (Lenape) *wihlink*《原義》the place of the head : ここで敵の囚人が処刑され, その首がさらされたことから〙 — *n.* 米国 West Virginia 州北部, Ohio 河畔の都市 ; 人口 45,000.

whéel làthe *n.*〘機械〙車輪旋盤.

whéel·less *adj.* **1** 車輪[外輪]のない. **2** 車のない.

whéel lòck *n.*〘銃砲〙**1** (輪燧(りんすい)銃の)輪燧発機《回転する鉄輪に火打石を当てて発火させる仕掛け》. **2** 輪燧銃.

whéel·man [-mən] *n.* (*pl.* **-men** [-mən, -mèn]) **1**《米》(船の)舵手(だしゅ), 操舵員 (steersman). **2** 自転車乗り (cyclist). **3**《俗》自動車の運転手.

whéel pànts *n. pl.*〘航空〙=spat[2] 2.

whéel·sèat *n.* 輪座《車輪の心棒が轂(こしき)にはまる所》.

whéels·man [-mən] *n.* (*pl.* **-men** [-mən, -mèn])《米》=wheelman 1.

whéel stàtic *n.*〘通信〙車輪空電《車輪の回転で発生する静電気により自動車内のラジオに入る雑音》.

whéel-trèad 〘⇨ tread (n.) 2 b〙 *n.* (車輪の)踏面(とうめん), トレッド (tread).

whéel-tùrned *adj.* 〈陶器など〉ろくろに掛け(て作っ)た : ~ pottery.

whéel wèll *n.*〘航空〙(飛行機の脚を収納する)脚室《wheel bay ともいう》.

whéel wìndow *n.*〘建築〙(教会正面などの)車輪状の窓, 車輪窓《Catherine wheel ともいう》.

whéel·wòrk *n.*〘機械〙歯車仕掛け.

whéel·wright 〘(1281)〙: ⇨ wheel, wright〙 *n.* 車大工, 車輪製造人 ; 自動車の車輪の修理工.

Wheel·wright [(h)wí:lraɪt], **John (Brooks)** *n.* (1897–1940) 米国の詩人.

wheen [(h)wí:n] 〘OE *hwēne, hwǣne* a little, somewhat (instr.) ← *hwōn* few, little〙《スコット・北英》 — *adj.* 少しの (few): a ~ books わずかの本.
— *n.* 少数, 少量 ; かなりの数[量].

a wheen (1) 小数(の) (a few) 〔*of*〕: just *a* ~ *of* parcels 少しの包み. (2) [副詞的に] 少し, やや (a little).

wheeze [(h)wí:z] 〘(a1460) ⇨ ? ON *hvæsa* to hiss : cf. OE *hwǣst*〙 — *vi.* **1** ぜいぜい[はあはあ]息をする : He was still *wheezing* from his race. 走ったのでまだはあはあいっていた. **2** ぜいぜい[はあはあ]あえぐような音を出す. — *vt.* [~ out として] ぜいぜい息をして言う. — *n.* **1** ぜいぜい[はあはあ]いう音 ; ぜいぜい息をすること. **2**《俗》**a** (俳優の)場当たりの滑稽文句, ギャグ (gag). **b** 陳腐な洒落[冗談]. **c** 悪ふざけ. **d** 言い古された格言[諺]. **e** 手.

whéez·ing·ly *adv.* ぜいぜいあえぐような音を出して.

whee·zle [(h)wí:zl̩] 〘⇨ wheeze, -le[3]〙 *vi.*《スコット・北英》=wheeze.

wheez·y [(h)wí:zi | -zɪ] 〘⇨ wheeze, -y[4]〙 — *adj.* (**wheez·i·er ; -i·est**) ぜいぜい[はあはあ]言う ; ぜいぜいする : a slightly ~ voice ややぜいぜいした声 / He gave a ~ chuckle. ぜいぜい声でくつくつ笑った.

wheez·i·ly [-zɪli, -zə- | -lɪ] *adv.* **whéez·i·ness** *n.*

whelk[1] [(h)wélk, wílk | wélk] 〘OE *weoloc* < Gmc **weluka-* (MDu. *welc* whelk / ON *vil* intestines) ← IE **wel-* to roll (L *volvere* to turn)〙 — *n.*〘貝類〙**1**

エゾバイ《北大西洋・北太平洋にすむエゾバイ科の貝の総称》; (特に)ヨーロッパバイ (*Buccinum undatum*) 《カキの養殖場に害を与える》. **2** *Busycon* 属の各種の大型エッチュウバイの類の総称《カキ・オオノガイなどに有害》.

whelk² [(h)wélk | wélk] 〖OE *hwylca* ← ? *hwelian* to suppurate: cf. wheal¹〗 *n.* **1** 吹出物; 小膿包(pustule). **2** (虫のさした跡などの)かゆいふくれた部分.

whelked [(h)wélkt, wílkt | wélkt] *adj.* 巻き貝状の, ねじれた: a ~ horn ねじれた角(つの)のある.

whelk·y [(h)wélki | wélkɪ] 〖⇨ whelk², -y⁴〗 *adj.* 吹出物のある.

whelm [(h)wélm] 〖《*a*1325》 *whelme*(*n*) to turn over 《混成》? ← *whelven* (< OE *hwylfan* to bend over)+ *helmen* (< OE *helmian* 'to cover, HELM²')〗 — *vt.* **1** 《方言》(物をおおうために)〈皿・器などを〉伏せる; 〈物を〉〔…の上に〕かぶせる〔*over, on*〕: He ~*ed* a pot *over* each plant. 各々の植物の上に鉢をかぶせた **2** 《詩・文語》水に沈める (submerge), 〈洪水・雪・闇などが〉飲み込む, すっぽりとおおう (engulf): Darkness ~*ed* the whole village. 村はどこもすっぽりと闇に包まれた. **3** 《詩・文語》〔驚き・悲しみなどで〕圧倒する, 押しつぶす(overwhelm)〔*in, with*〕: ~ a person *in* sorrow(s) 人を悲嘆に暮れさせる.

whelp [(h)wélp] 〖n.: OE *hwelp* puppy ← Gmc (G *Welf* / ON *hvelpr*): 《擬音語》?. — v.: 《?*c*1200》 ← (n.)〗 — *n.* **1 a** 犬の子, 子犬 (puppy). **b** 《古》(ライオン・トラ・ヒョウ・クマ・オオカミ・オットセイなどの)子 (cub). **2** 《軽蔑》がき, 小僧. **3** 〖機械〗 = sprocket 2 a. **4** [通例 *pl.*] 〖海事・機械〗(巻揚げ機 (windlass) の)胴のうね. — *vt.* **1** 〈犬・ライオンなどが〉〈子を〉産む: The bitch ~*ed* a large litter. 雌犬はたくさんの子犬を産んだ. **2** 《軽蔑》〈女が〉〈子を〉産む. — *vi.* 子を産む.

when [(h)wén] 〖adv. & conj.: OE *whænne, hwanne* ← Gmc *χwan- (MDu. *wen* / G *wann* when & *wenn* if / Goth. *hwan*) ← IE *kwo-. — pron.: 《14C》 ← (adv.). — n.: 《1616》 ← (adv.): cf. who, what〗 — *adv.* **1** [疑問詞として] **a** いつ (at what time, on what occasion): *When* did you see him last? この前彼に会ったのはいつでした / *When* shall we have his like again? 彼のような人はまたいつ得られるだろうか《得られまい》 / *When* will he return? いつ帰って来るのか / *When* is the meeting? 会合はいつですか / *When* will the wedding be? 結婚式はいつ行なわれますか / I don't know ~ it was. いつのことだったか知らない / He told us ~ to eat. いつ食べたらよいかを教えてくれた. **b** どの時点で(at what point): *When* shall I stop pouring? 注ぐのをいつ止めましょうか.
2 [(h)wen, (h)wən | (h)wen] [関係詞として] **a** [制限的用法] (…する[した])ところの(時): It was a time ~ fountain pens were rare. それは万年筆が珍しい時代であった / There are occasions ~ we are unreasonably dispirited. むやみに元気のない時がある. **b** [非制限的用法] (…すると)その時に, (…して)それから; (…と)ちょうどその時に (and (just) then): I shall be back before noon, ~ we shall send for him. 正午までには帰って来るから, それから彼を呼ぶことにしよう / I was about to reply, ~ Jones cut in. 私が返事をしようとしているとジョーンズが口をはさんだ / The conflict began, ~ it soon appeared which was stronger. 闘争が始まるとすぐどっちが強いか明らかになった / We were just coming to the point, ~ the bell interrupted us. ちょうど要点に来かかるとベルが鳴って邪魔された. ★ 2 番目以下の例の when は接続詞と解してもよい. **c** [先行詞なく名詞節を導いて]: That's ~ we are busiest. それは我々が一番忙しい時です / Now is ~ I need him most. 私が彼を一番必要とするのは今だ. **3** 以前, (特に)今のように有名でなかった時に: I knew him ~. 昔[無名時代]の彼と知り合いだった.

Say when! 《口語》いい時言いたまえ. ★ 相手に酒をつぐ時などの言葉; この返事は 'When.'「いいよ」.

— [(h)wen, (h)wən | (h)wen] *conj.* **1 a** (…する[した])時に: *When* it rains, he stays at home. 雨が降ると彼は外出しない / It was past two ~ we began. 始めた時は 2 時を過ぎていた / He exclaimed ~ he saw me. 私を見た時に彼は叫んだ / He will go ~ he has had his dinner. 食事をしたら行くでしょう / ~ all comes to all 帰する所は, 結局は (after all) / ~ due 期限には / ~ in position 位置に収まると / ~ ready 用意ができると / ~ seated 座に着くと / ~ speaking 話している時 / *When* (he was) king, …王であったころ … / He looked in ~ passing. 通りすがりに立ち寄った / *When* found, make a note of it. 見つかったら書き留めて置きなさい / His mind went back to ~ he was a student. 彼の思いは学生時代へ戻って行った / You were lucky to buy it ~ you did. あの時買っていて君は運がよかった. **b** [特に過去完了の主節に続いて](主節の動作について)…するとすぐ (cf. SCARCELY …*when*): He had just fallen asleep ~ someone knocked at the door. 眠ったと思ったらだれかがドアをノックした. **2** …時にはいつも (whenever): It is cold ~ it snows. 雪が降ると寒い / *When* he reads books, he falls asleep. 本を読むといつも寝てしまう. **3** …にもかかわらず, のに (whereas, although): He walks ~ he might ride. 彼は車に乗ってもいいのに歩く / How can you do so, ~ you know it annoys me? 私の気に障ることを知っていながら君はどうしてそんなことをするのか / How can I convince him ~ he will not listen? 耳を傾けようとしないのにどうして説き伏せられようか. **4** …ならば(if): You shall have it ~ you say, 'Please'.「どうぞ」と言ったらそれを上げますよ. **5** …を思うと, …と考えると (considering): How can I refuse ~ refusal means death? 拒めば殺されるのにどうして拒めよう / *When* I think what I have done for him! あの男にあんなに尽くしてやったことを思うと《感無量だ》.

— *pron.* ★ 前置詞の目的語として用いられる. **1** [疑問詞として] いつ (what time): *Till* ~ can you stay? いつまで滞在できますか / *From* ~ does it date? それはいつからのことですか / *Since* ~ has he been ill? いつから悪いのですか. **2** [関係詞として] その時 (which time): He came on Monday, *since* ~ things have been better. 彼は月曜に来たが, その時以来事情は好転した.

— *n.* [the ~] 時 (time), 場合 (occasion): *the* ~ and where 時と所 / I don't remember *the* ~ of my first visit. 最初の訪問がいつだったか思い出せない.

whèn·ás 〖《15C》 ← WHEN+AS¹〗 *conj.* 《古》 **1** = when. **2** = inasmuch as. **3** = while, whereas. **4** = as.

whence [(h)wéns] 〖《?*c*1225》 *when(ne)s, whannes* ← *whenne, whanne* (< OE *hwanon(e)* whence ← Gmc *χwan- (OHG *(h)wanana* whence): cf. when)+-s²: cf. once, thence〗 — 《古・文語》 *adv.* ★ 今はこの代わり一般に from where, where…from, from which などを用いる (cf. whither). **1** [疑問詞として] **a** いずこより, どこから (from what place): *Whence* did you come? 君はどこから来たか (Where did you come from?) / No one knows ~ she comes. 彼女がどこの出身かだれも知らない. **b** どうして, なぜ(how, why): *Whence* comes it that he is here? どうして彼がここにいるか (How comes it that…?).
2 [(h)wens] [関係詞として] **a** [場所の先行詞を伴って] (そこから)…するところの (from which): the source ~ (=from which) these evils spring これらの悪の起こる源. **b** [先行詞を伴わずに] (そこから)…するところの場所へ[で, から] (to [in, from] the place from which): Return ~ (=to the place from which) you came. 君の来た所へ戻れ / He abides ~ (=in the place from which) he sent me. 私をよこしたその所に彼はいる / She comes ~ he came. 彼が来たのと同じ所から彼女は来ている. **c** [非制限的用法] (そして)そこから (from which place [source]); (そして)そのために (wherefore): There was no reply, ~ he inferred that all had gone. 返事がなかったので皆出かけたのだと推論した.

— *pron.* ★ from の目的語として. **1** [疑問詞として]: *From* ~ is he? 彼はどこから来た人か / He inquired *from* ~ the water came. 水はどこから来るのかと尋ねた. **2** [関係詞として]: the source *from* ~ (=from which) it springs それが発する源.

— *n.* 由来, 来た所, 根源 (source): We know neither our ~ nor our whither. 我々はどこから来てどこへ行くか知らない.

whènce·soéver 〖《1511》〗 *adv.* 《文語》どのような場所[原因, 由来]で…しても. — *conj.* どこから…しても.

whèn·é'er *adv., conj.* 《詩》= whenever.

when·ev·er [(h)wènévə, (h)wən- | -və(r)] 〖《*c*1390》: ⇨ when, ever〗 — *conj.* **1** (…する時は)どんな時でも, いつ…しても (at whatever time): I'll see him ~ he likes to come. 彼が来たい時にいつでも私は会いましょう / I am ready ~ the summons comes. いつ呼出しが来ようと用意ができている / I hope you'll come and play ~ you feel inclined. 気の向いた時はいつでも来てお弾(ひ)き下さい. **2** 《スコット・アイル》…の時はすぐ (as soon as): We will go to our dinner ~ the clock strikes two. 時計が 2 時を打つとすぐ正餐を食べに行く. — *adv.* 《口語》一体いつ (when ever) (⇨ whatever *pron.* 3 ★): *Whenever* did I say so?

whén-íssued *adj.* 〈有価証券が〉発行日付の.

whèn·soé'er *conj., adv.* 《詩》= whensoever.

whèn·soéver 〖《*c*1390》〗 *adv., conj.* 《文語》whenever の強意形 (cf. whosoever, whatsoever, etc.).

where [(h)wɛ́ə | (h)wɛ́ə(r)] 〖OE *hwǣr* < Gmc *χwar (Du. *waar* / G *wo* (cf. *warum* why) / ON *hvar* / Goth. *hwar*) ← IE *kwo-: cf. who, when〗 — *adv.* **1** [疑問詞として] どこに[で, へ], どの位置に[へ], どっちへ, どの方向へ (in what direction or part); どこから (from what place); どうして, どの点で (in what respect); どういう情況に (in what circumstances): **a** [直接疑問で]: *Where* is my hat? 私の帽子はどこにありますか / *Where* are the children? 子供たちはどこにいますか / *Where* is everybody? みんなどこにいるのか / *Where* is there a hotel? (この辺に)どこかホテルはありませんか / *Where* am I? ここはどこですか《気絶していた人など気がついて言う言葉》/ *Where* are you going? どこへお出かけですか / *Where* are you looking? どこを見ているのですか / *Where* did you read [hear] that tale? どこでその話を読んだか[聞いたか] / *Where* does the analogy fail? その類推はどの点で誤っているか / *Where* does it concern us? それはどの点で私たちに関係があるのか / *Where* do you feel the pain? どこが痛むのか / *Where* did we leave off reading? この前どこまで読んだっけ / *Where* are you getting off? (バスなどで)どこで降りますか (cf. *tell where to* GET *off*) / *Where* shall we be if prices go up now? 今物価が上がったら我々はどうなるだろうか / *Where* will you be if you offend him? 彼を怒らせたら君はどうなるのか / *Where* is the use of being obstinate? 意地を張ってみたってどうなることか. **b** [間接疑問で]: Nobody knows ~ she lives. 彼女がどこに住んでいるのか知っている者がない / He showed me ~ they were. 彼らの居所を教えてくれた / I don't know ~ to have him. どの点で彼をへこましたらいいかわからない / He doesn't know ~ to look. (恥じ入って)目のやり場がない / He went away I don't know ~. どこか知らない所へ行ってしまった. **c** 《古》[see, look, behold の目的節として]: *See* [*Look, Behold*] ~ he comes! ほら彼がやって来た (Here [There] he comes!). **2** [(h)wɛə; (h)wə | (h)wɛə(r)] [関係詞として] **a** [制限的用法] (…する[した])ところの(場所, 点) (in which): the place ~ they live 彼らの住んでいる所 / This is the house ~ he was born. ここが彼の生れた家だ / the place ~ the treasure is buried 宝の埋めてある場所. **b** [非制限的用法] (…すると)その所で (and there): I went to Honolulu, ~ I found her. 私がホノルルへ行ったら彼女がいたのだ. **c** [先行詞なく名詞節を導いて] …する場所[点]: This is ~ I live. これが私の住んでいる所[住い]です / This is ~ you are wrong. ここが君の間違っている点だ / I walked over to ~ she sat. 彼女の坐っている所へ歩いて行った / It happened a yard from ~ I stood. それは私の立っている所から 1 ヤード離れた所で起こった / *Where* he is weak is in his reasoning. 彼の一番の弱点は推理のやり方だ.

where away (1) 〖海事〗どっちの方向だ (in what direction)《海上で見張りの者が陸地などを認めたという報告に対しての反問》: *Where away*? (2) = whereaway.

— [(h)wɛə; (h)wə | (h)wɛə(r)] *conj.* **1 a** …する[した]所に[へ, を]; …する場合に[で]: He now lives ~ he used to. 今はもといた所に住んでいる / Go ~ you like. (どこでも)好きな所へ行きなさい / *Where* there's a will, there's a way. ⇨ will³ 3 / Some people worry ~ it does no good. 何の役にも立たないとき[のに]くよくよする人もある. **b** …する点で, …することに関して; …する限りでは: *Where* you affirm, he denies. 君が肯定する事に関して彼は否定する / He is a good psychologist ~ women are concerned. 女性にかけては心理を読むのが上手だ. **c** = whereas 1.
2 《米口語》= that. ★ この用法は広く用いられているが, よくないと言う人もある: I see ~ (=that) prices are going up. 物価が上がっていることがわかる.

— *pron.* **1** [疑問詞として] どこ, どんなところ; どの点 (what place): *Where* from? どこから / *Where* to? どこへ / *Where* have you come from? どこからお出でになりましたか / *Where* do you come from? = *Where* are you from? お国はどちらですか / *Where* is he *at*? 彼はどこにいるのか / *Where* are you going *to*? どこへお出でですか. ★ 上の 2 例で at を添えるのは《米口語》または非標準的用法; *to* では to は強意的. **2** 《俗用》[関係詞として] (…する[した])ところの(場所) (which): That is the place ~ he comes from. それが彼の出身地です. ★ where のない the place he comes from が普通.

where it's (***all***) ***at*** 《俗》(場所・物事など)一流のもの, ナウなもの; 核心, 真相; その物ずばり: This is ~ *it's at*.

— *n.* その場所, そこ, その光景: The ~s and whens are important. その場所と時日が重要だ.

where·a·bout [*adv.* ⌐⌐⌐, ⌐⌐⌐ | ⌐⌐⌐, ⌐⌐⌐; *n.* ⌐⌐⌐, ⌐⌐⌐ | ⌐⌐⌐] *adv., n.* = whereabouts. ★ -s のないこの形は, 特に副詞用法ではまれ.

where·a·bouts 〖⇨ -s² 1〗 — [⌐⌐⌐, ⌐⌐⌐ | ⌐⌐⌐, ⌐⌐⌐] *adv.* **1** どの辺に, どのあたりに, どこいらに (about where): I don't know even ~ to look. どこいらを捜していいのかさえ分かりません / *Whereabouts* did you put it? どの辺に置いたのか. **2** 《廃》何のことで, どんな仕事で: *Whereabouts* goest thou? 何の件で出かけるのか. — [⌐⌐⌐, ⌐⌐⌐ | ⌐⌐⌐] *n. pl.* [単数または複数扱い] 居所, 所在, ありか, 行方: They knew his ~. / His present ~ is [《時に》are] unknown. 彼の現在の居所は不明だ.

where·as [(h)wɛ̀(ə)rǽz; (h)wər- | (h)wɛ̀ər-; (h)wər-] 〖《*c*1350》: ⇨ as (conj.)〗 — *conj.* **1** [主節と対照・反対の節を導いて] …のに, …のにかえって, ところが(事実は) (when in fact); …がその反対に, それに反して: I hate, ~ you merely dislike, him. 君は単に彼をきらうに過ぎないが私は彼を憎む / One calls it politeness, ~ in fact it is nothing but weakness. 人はそれを慇懃(いんぎん)と呼んでいるが, ところが実は, 弱さ以外の何ものでもない. **2** …で見ると, …という事実から見れば (considering that); …なるがゆえに (since), …なるについては. ★ 特に, 法律的用語として緒論を述べる際に用いる: *Whereas* it hath seemed good to the King's majesty, … 国王陛下の聖旨に基づき…. **3** 《古》= where 1. — *n.* **1** ("whereas" という語で始まる)但し書[制限]条項. **2** 〖法律〗前文 (preamble).

where·at [(h)wɛ̀(ə)rǽt, (h)wər- | (h)wɛ̀ər-, (h)wər-] 〖《*c*1250》〗 — *adv.* 《古》 **1** 何で (at what): *Whereat* are you offended? 何で腹を立てているのか. **2** [関係詞として] **a** [制限的用法] (それで…する)ところの (at or upon which): I know the things ～ you are displeased. 君の気に入らない点を知っている. **b** [非制限的用法] すると, そこで (whereupon): The girl wept; ～ he shed a few tears himself. 少女が泣いた, そこで彼も少し涙をこぼした.

whère·awáy *adv.* 《方言》 ＝whereabouts.

whère·bý 〘《?a1200》〙 ── *adv.* **1** [疑問詞として] 何で, 何によって (by what), どうして (why), いかにして (how): *Whereby* shall we know him? 何によって彼を見分けるか. **2** [関係詞として] **a** (それによって…する)ところの (by which): Tell me the signs ～ he shall be known. 彼だとわかる印を教えて下さい. **b** それによって; それで (whereupon): *Whereby* I saw that he was angry. それによって私は彼が怒っていると知った / We heard firing, ～ we made for the place. 銃声が聞こえたのでそちらへ向かった.

where'd [(h)wέəd | (h)wέəd] where did の縮約形.

wher·e'er [(h)wὲ(ə)rέə, (h)wər- | (h)wὲərέə(r, (h)wər-] *adv.* 《詩》 ＝wherever.

whère·fór 〘《14C》: ⇨for (prep.)〙 *adv.* 《古》 そのために (for which).

where·fore [(h)wέəfɔ̀ə, -fɔ̀ə | (h)wέəfɔ̀:(r] 〘《c1200》: ⇨for (prep.)〙 ── *adv.* **1** [疑問詞として] **a** 何のために (for what): *Wherefore* was I born? 私は何のために生れたのか. **b** どうして, どういうわけで, なぜ (why): I know not ～ it befell. どうしてそうなったか知らない / *Wherefore* do you weep? なぜ泣くのか / *Wherefore* (are you) so sad? なぜそんなに悲しいのか. **2** [関係詞として] **a** 《古》 [制限的用法] (…した)ところの (for which): the reason ～ I say so 私がそう言う理由. **b** [非制限的用法] その理由で, そんなわけで (and therefore): *Wherefore*, let us not despise our neighbor. だから隣人を軽蔑するのはよそう. ── *n.* [通例 *pl.*] いわれ, 理由 (reason): the whys and ～*s* of it その理由. ★ しばしば why を伴う.

whère·fróm 〘《1490》〙 *adv.* 《古》 **1** [疑問詞として] どこから, どっちから. **2** [関係詞として] (そこから…する)ところの (from which); そこから, それから.

whère·ín 〘《c1230》〙 ── *adv.* 《文語・古》 **1** [疑問詞として] 何の中に (in what); 何で, どこに, どの点で: *Wherein* does this differ from the other? これはどの点で他と違うのか. **2** [関係詞として] (そこで…する)ところの (in which); そこに, その時に, その点で: points ～ we differ 我々の意見の相違する点 / A long battle ensued, ～ we got the better. 長い戦闘が続き, その戦いで我々が勝った.

whèrein·soéver *adv.* 《文語・古》 wherein の強意形.

whère·ínto *adv.* 《古》 [関係詞として] (その中へ…する)ところの (into which): I have a room ～ no one enters save myself. 私以外だれも入らない部屋がある.

where'll [(h)wέəl | (h)wέəl] where will [shall] の縮約形.

whère·óf 〘《?a1200》〙 ── *adv.* 《文語》 **1** [疑問詞として] 何の, 何について, だれの, 何から: *Whereof* was the house built? その家は何で造られているのか. **2** [関係詞として] (それ[その人]について…する)ところの (of which or whom); そのことについて: the matter ～ we spoke 我々が話したその問題.

whère·ón 〘《?a1200》〙 ── *adv.* 《古》 **1** [疑問詞として] 何の上に, だれの上に, だれに: *Whereon* is your trust? 君はだれを当てにしているか. **2** [関係詞として] (その上に…する)ところの(…); すると (whereupon): the rock ～ the house is built 家の建ててある土台岩 / *Whereon* she smiled. すると女は微笑した.

whère·óut 〘《1340》〙 *rel. adv.* 《古》 (…から…する)ところの (out of which).

where're [(h)wέ(ə)rə | (h)wέərə(r] where are の縮約形.

where's [(h)wέəz | (h)wέəz] **1** where is の縮約形. **2** where has の縮約形.

whére·sò *conj., adv.* 《古》 ＝wheresoever.

whère·so·é'er *adv.* 《詩》 ＝wheresoever.

whère·so·év·er 〘ME〙 *conj., adv.* 《文語・古》 wherever の強意形.

whère·thróugh 〘《c1225》: cf. G *wodurch*〙 *rel. adv.* 《古》 **1** (…を通って…する)ところの (through which). **2** (…の)ために, そのために (on account of which).

whère·tó 〘《?c1200》〙 ── *adv.* **1** [疑問詞として] **a** 《文語》 何へ, 何まで, どこへ. **b** 《廃》 何の目的で, 何のために. **2** [関係詞として] 《文語・古》 (…へ…する)ところの (to which); するとそれに対して: the point ～ they hasten 彼らの急いで行く地点 / He asked them their business, ～ they replied. 彼は彼らに用件を尋ねた, すると彼らはそれに答えた.

whère·únder 〘《a1325》: cf. G *worunter*〙 *rel. adv.* 《古》 (その下で…する)ところの (under which); その下で: the trees ～ they rested 彼らが下で休んだ木.

whère·untó 〘《1423》〙 *adv.* 《古》 ＝whereto.

whère·upón 〘《a1325》〙 ── *adv.* **1** [疑問詞として] ＝whereon. **2** [関係詞として] **a** 《古》 (その上に[そこで]…する)ところの (upon which). **b** (物語などの文頭によく用いて)そのゆえに, その結果として (in consequence), そこで, それから(after which): *Whereupon* he left us. それから彼は立ち去った.

where've [(h)wέəv | (h)wέəv] where have の縮約形.

wher·év·er [(h)wε(ə)révə, (h)wər- | (h)wεərévə(r, (h)wər-] 〘《c1300》: cf. OE *hwǣr ǣfre*〙 ── *conj.* **1** (…するところは)どこでも, どこに[へ]でも, どこで[に, へ]…しても: Sit ～ you like. どこでもお好きな所にお掛け下さい / He will get lost ～ he goes. 彼はどこへ行ってもきっと道に迷う / He comes from Glossop, ～ that may be. 彼はグロソップの出身だ, どこにあるのか知らないが. **2** …するどのような場合にも: *Wherever* there is genius, there is pride. 天才がある場合はいつでも高慢が付きまとう. ── *adv.* [疑問詞 where の強意形として驚き・当惑を表わす] 《口語》 一体どこに[へ] (where ever) (⇨ whatever *pron.* 3 ★): *Wherever* are you going? 一体どこへ行くつもりなのか.

whère·wíth 〘《?c1200》〙 ── *adv.* 《古》 **1** [疑問詞として] 何で, 何によって (with what): *Wherewith* shall they be fed? 彼らに何を食べさせたらいいのか. **2** [関係詞として] **a** (それで…する)ところの (with which): He was without even a shirt ～ *to* cover his body. 体をおおうシャツさえなかった. **b** そのために (by reason of which). **c** そこで (whereat): *Wherewith* I woke. そこで私は目を覚ました. ── *pron.* [次に不定詞を伴って] それで…するところのもの: Here is ～ *to* build the school. ここに学校を建てる資金がある. ── *n.* ＝wherewithal.

where·with·al [ˊ–ˋ–, ˋ–ˊ– | ˊ–ˋ–, ˋ–ˊ–] 〘《1535》〙 ── *adv.* ＝wherewith. ── *pron.* ＝wherewith. ── [ˊ–ˋ–] *n.* [the ～] 《口語》 (目的を達するのに要する)資力, 資金: He lacked *the* ～ *to* bring up his family. 子供を養育するだけの資力がなかった.

wher·ry [(h)wéri | -ri] 〘《1443》 *whery* ← ?: cf. wharf, whir, ferry〙 ── *n.* **1** (主に川で貨物や人を運ぶための)はしけ, (喫水の浅い手漕ぎの)小舟, 渡船. **2** 一人乗り競漕用スカル. **3** 《英》 はしけとしては大型の幅広い帆船《貨物の遊搬・魚漁用》; ウェリー型小船《人を乗せる手漕ぎの小船》. ── *vt.* wherry で運ぶ.

whérry·màn [-mæ̀n] *n.* (*pl.* **-men** [-mèn]) 《英》 ウェリー型小船の水夫.

whet [(h)wét] 〘v.: OE *hwettan* < Gmc *χwatjan (Du. *wetten* / G *wetzen*) ← *χwattaz sharp (OE *hwæt* bold, sharp) ← IE *kwed- to sharpen. ── n.: 《a1628》 ← (v.)〙 ── *vt.* (**whet·ted**; **whet·ting**) **1** 〈刃物を〉とぐ, みがく (sharpen): ～ a knife [scythe] ナイフ[かま]をとぐ. **2** 〈食欲・欲望・好奇心などを〉刺激する, 鋭敏にする, 増進する (stimulate): ～ the [a person's] appetite / His words ～*ted* my curiosity. 彼の言葉で私は好奇心をそそられた. **3** 《廃》 〈人を〉そそのかす (incite). ── *n.* **1** 鋭くすること, 研摩. **2** 刺激物, (特に)食欲を増進するもの, (食前の)一杯 (dram). **3** 《方言》 **a** ひと仕事 (turn). **b** 間, 時間 (time, while).

wheth·er [(h)wèðə, ˊ– | (h)wèðə(r, ˊ–] 〘OE *hwæþer* which of two < Gmc *χwaþaraz (G *weder* neither / ON *hvaðarr* / Goth. *hwaþar*) ← *χwa- 'WHO'＋*-þar '-THER': cf. either〙 ── *conj.* **1** [間接疑問を導いて] …かどうか; …かまたは…か. ★ (1) 通例 whether… or… と相関的形式の構文を取る; この際 or の後は完全に表現される場合もあるが, 簡単に or not の形となることが多い; or 以下が省略されると if と同義になる; whether …or not という形が最も普通であるが, ほかに whether…or no, whether or not [no] …の形もしばしば用いられる: I wonder ～ he will go himself *or* (～ he will) send you. 彼が自分で行くかあるいは君を代わりに出すかどちらだろうか / It is no matter ～ he is here *or* (～ he is) in London. 彼がここにいようとロンドンにいようとそれは問題でない / I don't know ～ it is raining *or not*. 雨が降っているかどうか知りません / I don't know ～ he will be here. 彼が来るかどうか知らない / He asked ～ he could help. お手伝いできましょうかと尋ねた / It is doubtful [uncertain] ～ he will come. 彼が来るかどうか疑わしい[確かでない] / I am doubtful (as to) ～ it is true *or not*. それの真偽については私には疑いがある / A question rose (as to) ～ it is true *or no*(*t*) [～ *or no*(*t*) it is true]. その真偽について問題が起こった / *Whether* we shall go to him *or* he will come to us will not matter much. 我々が彼のもとへ行くかまたは彼が我々の所へ来るかは大した問題でなかろう / *Whether or no* [*not*] these books are satisfactory as textbooks depends on the way the teacher makes use of them. これらの本が教科書として満足なものであるかどうかは教師の使用法のいかんによる. (2) 同じ用法には if も用いるが, 上の最後の2例のように名詞節が文頭に立つ時には if でなく whether を用いる; また or not などが続く時は whether が普通であるが,(特に米国の)口語では if も用いる: I asked him if (＝whether) he was coming or not. (3) whether は不定詞句も導く: I don't know ～ to go away *or* stay where I am. 行くべきか今いるところに留(とど)まるべきかわからない. (4) 古くは直接疑問にも用いた: *Whether* shall we live *or* die? 生きるべきか死ぬべきか. **2** [譲歩の副詞節を導いて] …であろうとなかろうと(いずれにせよ): ～ for good *or* for evil よかれあしかれ / *Whether* he comes *or not*, the result will be the same. 彼が来ようが来まいが結果は同じだろう / *Whether* we help *or not*, the enterprise will fail. 我々が手を貸しても貸さなくてもその事業は失敗するだろう / *Whether* we like it *or not*, such are the facts. 気に入ろうと入るまいと事実はその通りだ. ★ 古くは対をなす各 clause に帰結文を伴うこともあった: *Whether* we live, we live unto the Lord; and ～ we die, we die unto the Lord. 我ら生くるも主のために生き, 死ぬるも主のために死ぬるなり (*Rom.* 14: 8).
whether or no [***not***] いずれにせよ, どっちみち (in either case); いやでも応でも, 必ず; ともかく (in any case): We must stick to it ～ *or no*. どうしてもそれを固守しなければならない / I hate officiousness at all times, ～ *or no*. いつでもお節介は絶対にきらいだ. ── *pron.* 《古》 **1** 二者のいずれか, どちらか (which of the two): *Whether* of them, think you, is the worse? どちらが悪いと思うか. **2** 二者のどちらでも: Let them take ～ they will. どちらか好きな方を取らせよ.

whét·stòne 〘OE *hwetstān*: ⇨ whet, stone: cf. Du. *wetsteen* / G *Wetzstein*〙 *n.* **1** 砥石(といし), 砥. **2** 刺激物, 興奮剤; 才知をみがく物; 激励者, 他山の石.

whét·ter [-tə | -tə(r] *n.* **1** (刃物を)とぐ物, 研摩器. **2** (食欲・欲望・好奇心などを)刺激する人[物].

whew 〘《?a1400》: 擬音語〙 ── [çɥ́:, ɥ́:, hwú:, hjú:] *int.* ひゃー, へえーっ, やー《通例, おどけた驚き・失望・不快・安心などを表わす》. ── [hwú:, hjú:] *n.* 'whew' という音[声].

Whew·ell [hjú:əl, -el | hjú:əl, hjú-, -el, -ɪl], **William** *n.* (1794–1866) 英国の哲学者・数学者.

whey [(h)wéɪ] 〘OE *hwæġ* < Gmc *χwuja- ← ?: cf. Du. *wei*〙 *n.* 乳漿(にゅうしょう), ホエー《チーズを造る時凝乳と分離した液》: ⇨ CURDS and whey.

whéy bùtter *n.* ホエーバター《乳漿中に含まれている脂肪分を集めて造ったバター》.

whéy chèese *n.* ホエーチーズ《ホエーで造った質の悪いチーズ》.

whey·ey [(h)wéɪi | (h)wéɪɪ] [⇨whey, -y[4]] *adj.* 乳漿のような.

whéy·fàce *n.* (恐怖・病気などのために)青ざめた顔; 顔色の青白い人.

whéy·fàced *adj.* 《古》 (恐怖で)顔の青ざめた.

whey·ish [(h)wéɪɪʃ] *adj.* 多少乳漿(にゅうしょう)のような.

whf. 《略》 wharf.

whfg. 《略》 wharfage.

which 〘OE *hwilċ* < Gmc *χwa-lik- what like (Du. *welk* / G *welch*) ← *χwa- 'WHO'＋*lika- body: ⇨ lich〙 ── *pron.* **1** [(h)wítʃ] [疑問詞として, 特定数の事物について] どの人, どちらの人[もの] (cf. what): *Which* do you like better? どちらの方が好きか[よいか] / *Which* of you am I to thank for this? これに対してはあなた方のどちらにお礼申し上げたらいいのか / *Which* of the ladies has come? その婦人たちのうちだれが来たのですか / *Which* of the two is the prettier? その二人のうちどちらがきれいですか / *Which* will you take, milk or cream? ミルクとクリームのどちらにしますか / I don't mind ～. どちらでも構いません / Says ～? 《米俗》 何ですって / Say ～ you would like best. どれが一番好きか言ってごらん / I don't know ～ is ～. どれがどれかわからない / to see ～ went best with ～ どれがどれと一番よく調和するかを確かめるために.
2 [(h)wɪtʃ] [関係詞として] ★ 所有関係は of which で表わすが, 口語では whose も用いられる. **a** (1) [制限的用法] (…する)ところの: This is the book ～ I chose. これが私の選んだ本です / The meeting ～ was held in the park was a failure. 公園で開かれた会合は失敗に終わった / the house in ～ I once lived 私が一時住んだことのある家 / a thing for ～ there is no use 全く用のない物 / I gave him a year in ～ to write it. それを書くのに1年間の余裕を与えた / the room of ～ the door was closed＝the room the door of ～ was closed＝the room *whose* door was closed ドアのしまっている部屋 / a city *whose* mayor I once was [of ～ I once was a mayor] 私がかつて市長をした市. (2) [that を先行詞として] (…する)ところの: There was *that* about the place ～ filled me with a sense of dreariness. その場所には私をすっかりわびしくさせるものがあった. (3) 《古》 ＝who: Our Father ～ art in heaven, Hallowed be thy name. 天にましますわれらの父よ, 願わくは御名のあがめられんことを (*Matt.* 6: 9). (4) [性格・機能・役割を示す人を先行詞として]: He is not the man ～ his father wants him to be. 彼は父親が望んでいるタイプの人間ではない / John is not the scholar ～ Mary is. ジョンはメアリと違って学者ではない. **b** [非制限的用法; 先行する名詞・文または文の一部を先行詞として] ところがそれは[を], ところが…であるが: He said he saw me there, ～ was a lie. そこで私を見たと言うがそれはうそだった / The river, ～ is tidal, is full of shipping. この川は潮がさし込むので船舶の出入りが多い / He looked like a soldier, ～ indeed he was. 軍人のように見えたが, 事実その通りだった / She desired me to dine, ～ I did. 彼女が私に食事をしてほしいと言ったので私はそうした / [先行詞に先立って] Moreover, ～ (＝what) you will hardly credit, he was not there himself. おまけに, 君はこんなことは信じないだろうが, 彼自身そこにいなかったのだ. **c** 《古》 [接続詞を伴って]: *Which* when he saw, thither ran he. それを見るとそちらへ走って行った. **d** [先行詞なしに名詞節を導いて] どれでも(…する)もの (one [any] that, whichever): Here are three books; choose ～ you like best. 本が3冊ある, そのうちのどれでも好きなのを取りなさい. **e** [通例前置詞の後で the ～ として] 《古》 ＝which: For *the* ～, as I told you, Antonio shall be bound. それに対しては, 今も言う通り, アントニオが責任をもつ (Shak., *Merch V* 1. 3. 4).

— [(h)wítʃ] *adj.* **1** [疑問詞として, 特定数の事物について] どっちの, どちらの, どの (cf. what) : *Which* way shall we go? どちらの道を参りましょうか / *Which* teacher of all those you were under did you like best? 教わったすべての先生のうちどの方が一番好きでしたか / Say ～ chapter you prefer. どっちの章の方がよいと思うか言ってごらん.
2 [関係詞として] **a** そしてこの[これらの]. ★ 通例先行詞の細目を総合再説する名詞に付けて用いる : A smile and a sixpence, ～ equipment is within most people's reach, will suffice. ほんの微笑と6ペンス銀貨一つ, これくらいの用意は大抵の人にできるが, それで足りよう / He told me all he had suffered, ～ things were well-nigh incredible. 彼は自分の受けた苦しみの一切を話したがそれはほとんど信じ難いことだった / He came at noon, at ～ time I am usually in the garden. 彼は正午にやって来たがその時刻には私は大抵庭に出ている. ★ the man ～ his (= whose) head was cut off「首をはねられた人」のような構文は方言. **b** (…するところ)どちらの[どんな]…でも (whichever, any…that) : Try ～ method he pleased, he could not succeed. どんな方法を試みてみても成功しなかった / *Which* way I fly is Hell. どちらへ逃げても地獄だ (Milton, *Paradise Lost*). **c** [the ～]〘古〙= which : Of *the* ～ thing I spoke unto her. そのことについて彼女に話した.

which·év·er 〘(c1395)〙 — *adj., pron.* ★ 特定数の人・事物について用いる. **1** [強意関係詞として] どちら(の…)でも, どっち(の…)が…でも, どっち(の…)でも (any that) : I will take ～ (book) you reject. どちら(の本)でも君がいやだというのをもらおう / Pray take ～ suits you best. どれでも一番都合のよいのをお取り下さい. **2** [譲歩の副詞節を導いて] どちら(の…)が…でも, どちら(の…)を…にせよ (no matter which…may) : *Whichever* side wins, I shall be satisfied. どちら側が勝とうと私は満足だ / *Whichever* you may choose, it must be once for all. どちらを選ぶにせよ一度限りにしなければならない. **3** [強意疑問詞として]〘口語〙一体どちら (which ever) (⇨ whatever *pron.* 3 ★) : *Whichever* are you going to choose? 一体どっちを選ぶつもりか. 「の強意形.

which·so·év·er 〘(c1450)〙 *adj., pron.*〘古〙whichever

whick·er [(h)wíkə | -kə(r)] 〘(擬音語) : ⇨ -er⁴ 2 : cf. G *wiehern* to neigh〙 — *vi.* **1** くすくす[忍び]笑いをする (snicker, titter). **2** 〈馬が〉いななく, ひんひんなく (whinny). — *n.* いななき.

whid¹ [(h)wíd] 〘← (廃) ～ (n.) squall of wind ▭ ? ON *hviða*〙 *vi.* (**whid·ded**; **whid·ding**)〘スコット〙音を立てずにさっと動く.

whid² [(h)wíd] 〘OE *cwide* speech, word〙 *n.* **1** [通例 *pl.*]〘英俗〙語, 言葉 (word). **2**〘スコット〙うそ (lie), 「ほら.

whid·ah [(h)wídə] *n.*〘鳥類〙= whydah.

whiff¹ [(h)wíf] 〘(1591) (擬音語) : cf. ME *weffe* gust, vapor ← ?〙 — *n.* **1** (風の)一吹き (puff, gust); (たばこの)一服; ぷんと来るにおい (waft) : a ～ of sea air, decaying leaves, etc. / I got a ～ of a good cigar as he passed. 彼が通ったとき上等の葉巻の香りがぷんとした / take a ～ or two (たばこを)一, 二服吸う / take the ～ たばこを吸う / a very faint ～ of gas とてもかすかなガスのにおい / I want a ～ of fresh air. 新鮮な空気が一息ほしい. **2** 気味, におい (savor, smack) : This book has some ～ of anarchism. この本には多少無政府主義のにおいがある. **3** (たばこを飲む人や機関車などの出す)一吹きの煙, ぽっと立ち昇る湯気 : a ～ of smoke. **4** ぷっと[ひゅうっと]いう音. **5 a** (ちょっとした癇癪(かんしゃく)の)破裂 : This little ～ of temper seemed to cool him down. こうして少々むかっ腹を立てたので冷静になったらしかった. **b** (弾丸などの)発砲, 発射 (discharge). **c** 醜聞 (scandal). **6** 小さい葉巻. **7**〘米口語〙(ゴルフ・野球で)ボールの打ち損じ, 空振り; 三振.
a whiff of grapeshot ぶどう弾の発射《民衆運動抑圧に銃砲を用いること; 1795年の Napoleon の行動から; Carlyle, *The French Revolution*》.
— *vt.* **1** 柔らかく吹き送る, ぷっと吹き飛ばす. **2** 〈たばこの煙を〉吹き出す; 〈パイプなどを〉ふかす, すう. **3** 〈においなどを〉かぐ (sniff). **4**〘俗〙〘野球〙〈打者を〉三振させる. — *vi.* **1** 風に漂う. **2** ぷっと吹くような音を出す. **3** たばこをふかす. **4** (不快な)においがする. **5**〘米口語〙〘野球〙〈打者が〉三振する; 〘ゴルフ〙空振りする.

whiff² [(h)wíf] 〘← ?〙 *n.*〘魚類〙**1** 北大西洋産のヒラメ科の魚 (*Lepidorhombus whiffiagonis*). **2** ヒラメ科 *Citharichtys* 属の魚類の総称.

whiff³ [(h)wíf] 〘← ? WHIFF¹ (v.) : cf. whip〙 *vi.*〘釣〙水面近くえさを引いて釣る.

whiff⁴ [(h)wíf] 〘⇨ whiff¹〙 *n.*〘英〙小船, スカル.

whif·fet [(h)wífɪt, -fət] 〘(変形) ← WHIPPET : WHIFF¹ との連想による : ⇨ -et〙 *n.* **1**〘米〙小犬 (small dog). **2**〘米口語〙小男, 若僧, つまらない人.

whif·fle [(h)wífl] 〘(freq.) ← WHIFF¹ : ⇨ -le³〙 — *vi.* **1** 〈風が〉一しきり吹く, 軽く吹く, そよぐ. **2** 〈木の葉・炎が〉揺れる (flicker); 方向が変わる. **3** 意見[行動]をあれこれと変える, 色々に言い抜ける, いい加減なことを言う. — *vt.* **1** (風の一吹きなどで)吹き散らす, 吹き払う. **2** 〈旗・剣などを〉振り動かす. **3** 〈船を〉あちこちの方角へ向ける. **4** 〈意見・行動などを〉ぐらつかせる. — *n.* 空気のかすかな揺れ, そよぎ.

whíffle·bàll *n.* ホイッフルボール《あまり飛ばないように幾つか穴をあけた中空のプラスチックのボール; ゴルフの練習用》.

whif·fler¹ [-flə, -flə | -flə(r, -flə(r] 〘⇨ whiffle, -er¹〙 *n.* **1** 意見[態度]がしばしば変わる人. **2** 議論で意見が定まらない人, 言い抜けする人.

whif·fler² [(h)wíflə | -flə(r)] 〘(1539) *wiffler* armed attendant ← *wifle* (< OE *wifel* battle-axe) + -ER¹〙 — *n.*〘歴史〙(行列の)露払い, 先導役《武装して行列や見せ物の先導をつとめる》.

whiffle·trèe 〘異形〙 *n.*〘米〙= whippletree.

whif·fy [(h)wífi | -fɪ] 〘← WHIFF¹ (n.) + -Y⁴〙 *adj.* ぷんとにおう, いやなにおいのする, 臭い (smelly).

whig [(h)wíg] 〘(1666-67) (廃) to drive briskly : cf. OE *weċġan* to agitate & *wiċġ* horse〙 *vi.* (**whigged**; **whig·ging**)〘スコット〙てくてく歩く (jog along).

Whig [(h)wíg] 〘(1657)〘英方言・廃〙*whig* yokel《短縮》← *whiggamore*〘スコット〙*whiggamaire*《原義》one who drives a horse ← ? WHIG (↑) + MARE¹ : 1648年の西部スコットランドの反徒による Edinburgh 進軍が 'the whiggamore raid' と呼ばれたことから〙 — *n.* **1** ホイッグ : **a** 17 世紀のスコットランドの長老教会員または(反徒とみなされた)盟約者 (Covenanter) (cf. true blue 2 a). **b** 1679 年王弟(後の James 二世)をカトリック教徒であるという理由で王位継承から排除しようとする法案を支持した人を軽蔑的に呼んだ語 (cf. Tory 1 a). **2**〘英〙ホイッグ党員; [the ～s] ホイッグ党《1688 年以後は Tory 党と並ぶ英国の二大政党; 19 世紀中葉以後は今の自由党 (Liberal Party) となった》. **3**〘米史〙**a** (独立戦争当時の)独立党員, 革命派の人《Loyalist または Tory の反対党員》. **b** ホイッグ党員《1834 年ごろ民主党 (Democratic Party) に対して結成され, 1856 年共和党 (Republican Party) がこれを引き継いだ》. — *adj.* ホイッグ党(員)の.

Whig·ger·y [(h)wígəri | -rɪ] *n.*〘軽蔑〙**1** ホイッグ党の主張, ホイッグ主義. **2** ホイッグ党; [集合的] ホイッグ党員.

Whíg·gish [-gɪʃ] *adj.*〘軽蔑〙ホイッグ党らしい, ホイッグ党臭い. **～·ly** *adv.* **～·ness** *n.*

Whíg·gism [-gɪzm] *n.* (*also* **Whig·ism** [～]) = Whiggery 1.

whig·ma·lee·rie [(h)wìgməlí(ə)ri | -líərɪ] 〘← ?〘英方言・廃〙*whig* yokel : cf. Whig〙 *n.* (*also* **whig·ma·lee·ry** [～])〘スコット〙**1** 気まぐれ, ばからしい考え (whim). **2** 風変わりな飾り, 奇妙な仕掛け.

while [(h)wáɪl] 〘n. : OE *hwīl* space of time < Gmc **χwīlō* (G *Weile*) ← IE **kwei-* quiet (L *tranquillus* 'TRANQUIL'). — conj. : (1154) ← OE *þā hwīle þe* during the time that. — v. : (1606) (廃) 'to occupy for a time' ← (n.)〙 — *n.* **1** 間, 時間; 暫時; 一定の時 (period) : a ～ ago [back] しばらく前に / after a ～ しばらく[少し]して / all the ～ 始終 / all this [that] ～ この[その]間中ずっと / quite a ～〘口語〙かなり長い間 / all the ～ …の間中 / at ～s 折々, 時々 / between ～s ⇨ between 成句 / for a (short) ～ しばらくの間 / in a (little) ～ 間もなく (soon) / once in a ～ 時々, 時たま / I have been waiting all this ～. 今までずっと待っていた / I have not seen him for a long [good, great] ～. 私は長いこと彼に会っていない / I shall be away some ～. しばらく留守をします / What a ～ you are! ずいぶん手間取るんですね / It happened a long ～ ago [back]. それは大分前のことだ / That's enough for one ～. しばらくはそれで十分だ. **2** (仕事などにかける)時間, 労, 骨折り. ★ 今は worth (one's) ～ で用いる (⇨ worth *adj.* 成句).
the while (1) (…している)その間中, そうしている間に, 同時に : We rowed the boat and sang *the* ～. = We rowed the boat, *the* ～ we sang. 我々はボートをこぎそしてその間中歌った《こぎながら歌った》. ★ 上の第 2 文における用法は (2) に推移する. (2)〘古・詩〙= while *conj.* 1.
— [(h)waɪl] *conj.* **1** …の間, …する間に, する間は, するうち, …と共に, と同時に. ★ while に導かれる節の主語が主節の主語と同じ場合はしばしば動詞 be と共に省略される : *While* (I was) reading I fell asleep. 本を読んでいるうちに私は眠ってしまった / He retained the consciousness of it ～ (he was) asleep. 彼は眠っていてもそれを意識していた / You are safe ～ (you are) in my care. 私が面倒を見ている間は君は安全だ / He died ～ (he was) eating his dinner. 正餐をとっている時に死んだ / the pauses ～ one is thinking of the right word 適当な語を考えている間の間(ま) / *While* there is life there is hope.〘諺〙生命がある限り希望もある,「命あっての物種」/ ～ I am [you are] about it ⇨ about *prep.* 6. **2** …とはいえ (although) : *While* I admit his good points, I can see his bad. 私は彼の長所を認める一方弱点も目につく / *While* I grant his honesty, I suspect his memory. 正直な男というには異議はないが記憶の点では怪しいと思う. **3** …なのに, 然るに (whereas), ところが一方; 同時に, [主に新聞雑誌口調で] そして (and) : *While* I have no money to spend, you have nothing to spend money on. 私は使う金がないのに, 君は(使う金があっても)買うものがない. **4**〘古〙= until.
— [(h)waɪl] *prep.*〘古〙= until.
— *vt.* (楽しく)〈時を〉過ごす 〈*away*〉 : ～ *away* the time / He ～*d away* two hours at the movies. 映画館で楽しく2時間を過ごした.

whiles 〘← WHILE + -S² 1 : cf. whilst〙 [(h)wáɪlz] *n.* [the ～ として]〘古〙= *the* WHILE. — [(h)wáɪlz] *adv.*〘スコット〙時折 (at times). — [(h)waɪlz] *conj.* **1**〘古〙= while. **2**〘廃〙= until.

whil·li·kers [(h)wílɪkəz, -lə- | -lɪkəz] 〘← ?〙 *int.*〘口語〙ひゃー《gee, golly の後に用いて驚き・喜びなどを表わす》.

whil·li·kins [(h)wílɪkɪnz, -lə-, -kənz | -lɪkɪnz] *int.* = whillikers.

whi·lom [(h)wáɪləm] 〘OE *hwīlum* at times (dat. pl.) ← *hwīl* 'time, WHILE'〙〘古〙*adv.* かつて (once), 以前に (at one time), 往時 (formerly). — *adj.* 以前の (former), 前の (quondam) : one's ～ friend 昔の友人.

whilst 〘(*a*1400) ← WHILES + -*t* : cf. against, amongst, amidst〙 [(h)waɪlst] *conj.*〘英〙〘米方言〙= while.
— [(h)wáɪlst] *n.*〘古〙= while.
the whilst = *the* WHILE.

whim [(h)wím] 〘(1641) (廃) 'pun' ← ? : cf. ON *hvima* to wander with the eyes〙 — *n.* **1** 気まぐれ, むら気, 出来心 (caprice, crotchet) : the ～s of fashion 流行の気まぐれ / He is full of ～s (and fancies). 気まぐれだ, 粋狂だ / take [have] a ～ *for* reading 本でも読んでみる気になる / at the ～s of …の気まぐれのままに / while the ～ lasts 気の向いている間に. **2**〘鉱山〙(昔の鉱石・鉱水の)巻揚げ機の胴.

whim 2
1 frame; 2 shaft; 3 crossbar; 4 drum; 5 pulley; 6 hoisting rope

whim·brel [(h)wímbrəl] 〘(1530-31) ← *whimp* (↓) + -REL : その鳴き声から〙 *n.*〘鳥類〙チュウシャクシギ (*Numenius phaeopus*)《シャクシギ属》.

whim·per [(h)wímpə | -pə(r)] 〘(1513) ← (方言) *whimp* to whimper (擬音語) + -ER⁴ : cf. whine / G *wimmern* to whimper〙 — *vi.* **1** 〈小児などが〉めそめそ泣く, べそをかく; 〈犬などが〉くんくん鳴く. **2** ぶつぶつ不平を言う 〔*for, after*〕 : ～ *for* mercy. — *vt.* めそめそしながら言う, 泣き声で言う. — *n.* めそめそ泣く声; くんくん鳴く声, 鼻を鳴らす音 (whine). **～·er** *n.*

whím·per·ing [-p(ə)rɪŋ | -pər-] *adj.* めそめそ泣いている, 鼻を鳴らしている. **～·ly** *adv.*

whim·sey [(h)wímzi | -zɪ] *n.* = whimsy.

whim·si·cal [(h)wímzɪkəl, -zə- | -zɪ-, -sɪ-] 〘(1653) ← WHIMS(Y) + -ICAL〙 — *adj.* **1** 〈人・行動・考えなど〉気まぐれな, むら気な (capricious, freakish) : a ～ notion 気まぐれな考え. **2** 変な, 妙な, 滑稽な (fantastic, quaint) : a ～ smile 変な微笑. **3** 突然変わりがちな, 不確かな. **～·ly** *adv.* **～·ness** *n.*

whim·si·cal·i·ty [(h)wìmzəkǽləti | -zɪkǽlətɪ, -sɪ-, -lɪ-] *n.* **1** 気まぐれ, むら気. **2** 風変わり, 奇想, 奇行.

whim·sy [(h)wímzi | -zɪ] 〘(1605) ← WHIM(-WHAM) + (FANTA)SY〙 — *n.* **1** 風変わりな考え, 気まぐれ, むら気, 物好き (whim). **2** (文章・美術・装飾などの)奇想, 奇抜な趣向; 奇想の産物.

whim-wham [(h)wím(h)wæ̀m] 〘(*a*1529) (加重) ← WHIM : cf. flimflam, jimjams〙 — *n.* **1** 奇妙な物 (odd thing), 奇妙な飾り[服]; つまらない物 (trumpery, gimcrack). **2** むら気, 気まぐれ (whimsy). **3** [the ～s]〘米口語〙そわそわ, いらいら, 神経質 (the jitters).

whin¹ [(h)wín] 〘(?c1350) *quyn, whyn(ne)* ← ? ON (cf. Norw. *hvine* / Swed. *hven*)〙 *n.*〘植物〙**1** ハリエニシダ (⇨ furze). **2** ヒトツバエニシダ (⇨ woodwaxen).

whin² [(h)wín] 〘← ?〙 *n.* = whinstone.

whín·chàt 〘(1678) ← WHIN¹ + CHAT〙 *n.*〘鳥類〙マミジロノビタキ (*Saxicola rubetra*)《ヨーロッパ産ノビタキ属の小鳥》.

whine [(h)wáɪn] 〘OE *hwīnan* to hiss, whistle ← Gmc **χwīn-* (ON *hvína* to whirr, whiz (as an arrow)) ← IE **kwei-* to hiss, whistle : cf. OE *hwinsian* to whine〙 — *n.* **1** (幼児・犬などが苦しみや悲しみのためあげる)長いかん高い泣き声. **2** (風・弾丸などの)ひゅーひゅーいう音 : the ～ of a vacuum cleaner. **3** めそめそした泣き言[ぐち]. — *vi.* **1** 〈幼児が〉(むずかって)泣く, 〈犬が〉哀れっぽく泣く. **2** 〈風・弾丸などが〉ひゅーひゅーと音を立てる. **3** めそめそと泣き言を言う[ぐちをこぼす] 〈*out*〉. — *vt.* 鼻を鳴らして言う, 哀れな声で言う 〈*out*〉 (cf. bark²). **whín·er** *n.*

whing-ding [(h)wíŋdɪŋ] *n.*〘米俗〙= wingding.

whing·er [(h)wíŋ(g)ə | -ŋə(r)] 〘(1540) (変形) ← *whinyard* short-sword ← ?〙 *n.*〘スコット〙短剣, 短刀.

whín·ing·ly *adv.* 哀れっぽく泣いて[鼻を鳴らして].

whin·ny [(h)wíni | -nɪ] 〘(1530) (変形) ? ← WHINE // (擬音語) ? : cf. L *hinnire* to whinny / G *wiehern*〙 — *vi.* 〈馬が〉低くいななく, ひんひん鳴く. — *vt.* いなないて表わす, いななくように言う. — *n.* (馬の)低いいななき; いななくような音 : She gave a little ～ of laughter. 小声で馬がいななくように笑った.

whín·sìll *n.*〘岩石〙= whinstone.

whín·stòne 〘← WHIN² + STONE〙 *n.*〘岩石〙玄武岩 (basalt)・粗粒玄武岩 (dolerite)・角石 (chert)・トラップ (trap) などの, 緻密で硬い岩石の総称.

whin·y [(h)wáɪni | -nɪ] 〘⇨ whine, -y⁴〙 *adj.* (**whin·i·er**; **-i·est**) めそめそ泣く[泣き言を言う] : a ～ child.

whip [(h)wíp] 〘v. : (c1250) *(h)wippe(n)* ▭ (M)LG & (M)Du. *wipp-en* to swing ← Gmc **wip-* (G *wippen* to move up and down, seesaw) ← IE *weip- to turn : cf. wipe. — n.: (《c1325》) ← (v.)》 — v. (**whipped ; whip·ping**) — *vt.* **1** 〈子供などを〉むち打つ (lash), 折檻(せっかん)する (flog) ; 〈馬〉にむちを当てて飛ばす 〈*up*〉, 〈独楽(こま)を〉むち打って回す : ～ a naughty child / ～ a child for wetting his bed 寝小便をしたために子供をむち打つ / ～ *up* one's horse むちを当てて馬を飛ばす / ～ a top 独楽をむち打って回す / He ～*ped* his car through the byway. 脇道を抜けて車を飛ばした. **2** 励ます, 盛んにする, 刺激する (urge) 〈*up*〉: Bodily exercise ～*s up* the circulation. 運動は血行を盛んにする / ～ *up* public opinion against the arms deal 世論をかき立てて兵器交渉に反対させる / They have to ～ themselves to their work. 自らをむち打って仕事をしなければならない. **3** むち打って〔人に〕教え込む 〔*into*〕; むち打って〈悪癖・迷信などを〉〔人から〕なくさせる 〔*out of*〕: ～ sense *into* a child 子供をむち打って聞き分けさせる / ～ a fault [bad habit] *out of* a person むち打って人の短所[悪癖]を直させる. **4** (むち打つように)激しくたたく[打つ]: The pelting rain ～*s* the pane. どしゃ降りの雨が窓ガラスを激しく打つ. **5** 激しく懲らしめる, しかり飛ばす (scold severely). **6** 《俗》…に勝つ, 負かす (excel, defeat) (cf. whip hand): We can ～ the British. 我々はイギリス人を負かすことができる. **7** [通例方向の副詞語句を伴って]急に動かす (jerk); ひったくる, ひっつかむ (snatch), 投げる (dart); 手早くやる : ～ *off* one's coat 上衣をさっと脱ぐ / ～ *out* a sword 刀をさっと抜き放つ / ～ *out* a pistol ピストルをさっと取り出す / ～ *out* a tit-for-tat [reply] 間髪を入れずにやり返す[答える] / He ～*ped* me *off* to play bridge. 彼はブリッジをやろうと私を引っ張って行った / He ～*ped* a notebook *from* his pocket. ポケットから手帳をさっと取り出した. **8** (統一行動のために)駆り集める 〈*up, in*〉: ～ *up* all the members of one's party 自党の全議員を駆り集める. **9** 〖服飾〗〈裁目・縁を〉かがる, まつる. **10** 〈石炭などを〉小滑車(whip)で引き揚げる. **11** 〖釣〗〈川・湖など〉でたたき釣りをする ; むち打つように〈毛鉤などを〉水面に投げ込む : ～ a stream 小川でたたき釣りをする. **12** 〈卵・生クリームなどを〉(泡立て器・フォークなどで)かき立てて泡立たせる (cf. beat *vt.* 10): ～ cream [eggs] クリーム[卵]を泡立てる. **13** 〈ロープなどの端〉にひもをぐるぐる巻き付ける, 端止めする (cf. whipping 6).

— *vi.* **1 a** むちを使う, 折檻(せっかん)する ; 馬にむちを当てる. **b** (むちのように)曲がる, しなう. **2** [通例方向の副詞語句を伴って]急に動く ; 飛びかかる ; 逃走する ; 突進する, はね入る[出る]; 〈旗などが〉はためく : ～ *behind* a piano ピアノの陰につと隠れる / ～ *off* 急に出立する / ～ *out of* a door 戸外に飛び出す / Her loosened hair ～*ped back* and *forth*. 束ねてない髪がぱっぱと前後になびいた / ～ *round* くるりと振り向く / He ～*ped upstairs* in a flash. またたく間に二階にかけ上がった / They ～*ped away* [*off*] to France. 彼らはフランスへ高飛びした. **3** 〈卵・クリームなどが〉泡立つ (cf. *vt.* 12): This cream ～*s* easily. このクリームはすぐ泡立つ. **4** 激しくたたく[打つ]: Rain was ～*ping* against the window. 雨が窓を激しくたたいていた. **5** 〖釣〗たたき釣りをする (cf. *vt.* 11). **6** 〖フェンシング〗相手の刃をこするように押しつける[小きざみにたたく].

whip in (1) 〖狩猟〗〈猟犬を〉(むちで呼び集めて)散らさないようにする. (2) 〈議員〉に登院を励行させる (⇨ *vt.* 8). ***whip into shape*** 《口語》てきぱきとまとめ上げる[…の形を整える]. ***whip off*** (*vt.*) (1) むちで追い払う ; 〈猟犬を〉むちでかけ散らす. (2) 急に連れ去る (⇨ *vt.* 7). (3) 急いで書き上げる. (4) 手荒く脱ぐ (⇨ *vt.* 7). (5) 《俗》〈酒を〉ぐいと飲む. (*vi.*) 急に出発する (⇨ *vi.* 2). ***whip on*** 〈馬などを〉むち打って駆り立てる ; 〈人を〉駆り立てる : The fear of capture ～*ped* them *on*. 捕えられるかもしれないという不安が彼らを駆り立てた. ***whip open*** さっと開ける : He ～*ped open* the door. ***whip out*** (1) 急に引き出す, 〈剣・ピストルなどを〉引き抜く (⇨ *vt.* 7). (2) 急に荒く言う. ***whip round*** (1) 急に振り向く. (2) 募金する. ***whip the devil round the post*** [《米》 ***around the stump***] ⇨ devil 成句. ***whip together*** (1) 〈猟犬を〉むちで寄せ集める. (2) (議会で)〈与党を〉糾合する. ***whip up*** (1) ⇨ *vt.* 1. (2) ⇨ *vt.* 2. (3) 素早くつかむ. (4) 〈興味などを〉刺激する, かき立てる : ～ *up* enthusiasm. (5) = WHIP *off* (5). (6) 〈議員・寄付金などを〉駆り集める (cf. *vt.* 8): ～ *up* subscription [an audience] 寄付金[聴衆]を駆り集める. (7) 〈食事・計画などを〉手早く作る : She ～*ped up* a lunch. 昼食を手早く作った.

— *n.* **1 a** (馬を御したり人を罰するための)むち : the crack of a ～ (馬に当てる)むちの音 / a loaded ～ (中に鉛などを仕込んだ)仕込みむち / ⇨ *whip and* SPUR / He wants the ～. 彼はむち打たないといけない. **b** むちの役をはたす物, しもと (scourge): a ～ for all liars. **c** 《スコット》むち打ち. **2** [通例形容詞を伴って] 《英》御者 : a good [poor] ～ 上手な[下手な]御者. **3** 〖狩猟〗猟犬指揮係 (whipper-in). **4** 《英》〖政治〗 **a** (議院の)院内幹事《主要議事の予定されている日など議員の出席励行を監督する ; party whip ともいう》: the ministerial [government] ～ 政府与党の院内幹事 / the opposition ～ 在野党の院内幹事. **b** (重大議案の採決のある日に政党が党議員の登院を促す)登院命令 : a three-line ～ (強調のためにアンダーラインを3本引いた)緊急登院命令《医師の診断書を添えるか特別に党首の許可なしに欠席した場合には除名処分を受けることがある ; 昔は5線引きの five-line whip を用いた》/ send [issue] a ～ round (院内幹事から議員に)登院命令を発する. **c** (議員などを)駆り集めること ; 党の規律・指示. **5 a** (主に軽い荷を揚げるのに用いる)滑車装置, 小滑車《滑車1個とロープ1本のものを single whip, 滑車2個とロープ1本のものを double whip という》. **b** = WHIP and derry. **6** むちを振る(ような)動作. **7** (風車の)翼 (vane). **8 a** ホイップ《泡立てた卵・生クリームなどを用いたデザート用の菓子》. **b** 泡立て器 (whisk). **9** ホイップ《ロープなどの端止め (whipping) のための押え》. **10** 〖機械〗(軸の)振れ回り. **11** 屈曲性, 彎曲性 ; 柔軟性. **12** 〖電気〗むち形空中線, ホイップアンテナ《自動車や携帯用無線機などの導体棒1本だけのアンテナ》. **13** 〖服飾〗まつった[かがった]縫目. **14** (遊園地の)急にぎくっぎくっと動く車 (bumper car) で場内を回る遊び. 「る.

apply* [*crack*] *the whip 罰するとおどして服従させ

whip and derry (derrick に whip を取り付け船や鉱山の荷役に使う)簡易起重機 (whipsy-derry).

whip bird *n.* 〖鳥類〗= coachwhip bird.

whip·còrd 〚ME *wyppe-cord*〛 — *n.* **1** むちなわ : His veins stood out like a ～. 血管が太く筋立っていた. **2** ガット, 腸線 (catgut). **3** 〖紡織〗急傾斜の綾線を出した織物. — *adj.* 強靱(きょうじん)な, たくましい (sinewy) ; ～ muscles たくましい筋肉.

whip-cràcker *n.* **1** むちを鳴らす人. **2** 地位を笠に着て権威を振り回す人.

whip cràne *n.* 滑車 (whip) 付き起重機.

whip·fish *n.* 〖魚類〗ハタタテダイ (*Heniochus acuminatus*)《背びれのとげが1本むちのように長く延びている》.

whip-gin *n.* = whip 5 a.

whip gràft *n.* 〖園芸〗舌継ぎ (⇨ tongue graft).

whip hànd *n.* **1** (乗馬者・御者などが)むちを持つ方の手, 右手 (right hand). **2** 優勢, 優位 (advantage) (cf. upper hand): get [have] the ～ of [over] …より優勢である, …に勝つ, …を左右する.

whip·làsh *n.* **1** むちの先のしなやかな部分, むちひも. **2** 刺激, 鞭撻(べんたつ), 気合い: He wants the ～. 彼は打たなければだめだ. **3** 〖病理〗= whiplash injury.

whíplash ínjury *n.* 〖病理〗むち打ち症.

whip·like *adj.* むち状の.

whipped *adj.* **1** むち打たれた. **2** 〈クリームが〉泡立った : ～ cream. **3** 打ち負かされた, 打ちのめされた (broken, defeated).

whip·per *n.* **1** むち打つ人. **2** (小滑車 (whip) で)船の荷揚げをする人. **3** 〖政治〗= whip 4 a.

whipper-in *n.* (*pl.* **whip·pers-in**) **1** 〖狩猟〗= whip 3. **2** 〖政治〗= whip 4 a. **3** 《英古》〖競馬〗しんがり入線の馬.

whip·per·snap·per [(h)wípəsnæ̀pə | -pəsnæ̀pə(r] 〚《1674》《混成》← WHIP(STER)+《方言》(*snip*)*per-snapper* young insignificant fellow ← ?〛 — *n.* 小男, つまらない人間, (特に)こしゃくな若造.

whip·pet [(h)wípɪt, -pət] 〚《c1500》《廃》'light wine' ← WHIP+-ET // ←《廃》*whippet* to move briskly ← *whip it* ← WHIP (v.)〛 — *n.* **1** ホイペット《小型の English greyhound といろいろの terrier との異種交配のあとイタリアの greyhound の血を注入された犬種のイヌ ; Lancashire や Yorkshire で競走に用いる》. **2** 〖軍事〗= whippet tank.

whippet tànk *n.* 〖軍事〗(第一次大戦時に連合軍が用いた)軽戦車.

whip·ping *n.* **1** むち打ち ; むち打ちの刑罰 (flogging). **2** (卵・クリームなどをかき混ぜて)泡立てること. **3** 急動 ; 飛びかかること. **4** 《口語》敗北 (defeat): The enemy got a good ～. 敵は散々な敗北を喫した. **5** 〖釣〗たたき釣り (cf. whip *vt.* 11, *vi.* 5). **6** 〖海事〗端止(はどめ)《ロープの端のほぐれを防ぐため, ひもを詰めて数回巻き付けて締める結び方》. **7** 〖服飾〗かがり[まつり]縫い. **8** (小滑車 (whip) による)荷揚げ.

whipping bòy **1** (昔, 王子と共に学び)王子の身替りにむち打たれた少年. **2** 身替り, 犠牲 (scapegoat).

whipping crèam *n.* ホイップクリーム《乳脂肪含有量の多い泡立て用の生クリーム ; cf. coffee cream》.

whipping pòst *n.* (昔, 罪人が)むち打ちの刑の時に縛りつけられた柱.

whipping tòp *n.* むち打って回す独楽(こま), ぶち独楽.

Whip·ple [(h)wípḷ], **George Hoyt** [hɔ́ɪt] *n.* (1878–1976) 米国の病理学者 ; Nobel 医学生理学賞 (1934).

whip·ple·trèe [(h)wípḷ-] 〚← *whipple* (⇨ whip, -le[1]) + TREE〛 — *n.* 馬具の引き皮 (trace) を結びつける横木《その中心に鋤(すき)や車を連結する ; swingletree, whiffletree ともいう》.

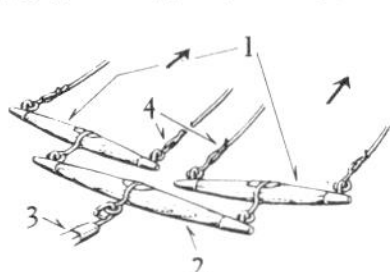

whippletree
1 whippletree *or* swingletree ; 2 doubletree ; 3 plowbeam ; 4 trace

Whip·ple trùss [(h)wípḷ-] 〚← *Squire Whipple* (1804–88 : 米国の土木技師)〛 — *n.* 〖建築〗ホイップルトラス《垂直の圧縮材と二つのパネルにわたる斜めの引張材からなるトラス ; cf. Pratt truss》.

whip·poor·will [(h)wípəwìl, -puə-, ⌐‿‿⌐ | (h)wípuəwìl] 〚擬音語〛 — *n.* **1** 〖鳥類〗ウイップアーウィル (*Caprimulgus vociferus*)《北米産のヨタカ (goatsucker) の一種》. **2** 《ニューイングランド》〖植物〗ラン科アツモリソウ属の植物 (*Cypripedium acaule*).

whip·py [(h)wípi | -pɪ] 〚← WHIP (n.)+-Y[4]〛 *adj.* (**whip·pi·er ; -pi·est**) **1** むちのような形の. **2** 弾力性のある, しなやかな (flexible).

whip ràỳ *n.* 〖魚類〗= stingray.

whip ròll *n.* 〖紡織〗バックローラー《織機の部品》.

whip-ròund 〚← *whip round* (⇨ whip (v.) 成句)〛 *n.* 《英》(友人・会員間などに回す)寄付勧誘状 ; (特に, 慈善のための)募金.

whip·sàw 〚← WHIP+SAW[1]〛 — *n.* **1** (わくで弓弦のように張った)細身の長のこぎり. **2** (二人で挽く)横挽きのこぎり. — *vt.* **1** whipsaw で挽く. **2** 〖トランプ〗 **a** 《米》(faro で)〈相手〉にダブルパンチを与える《負札と勝札の両方で勝つ》. **b** (ポーカーで)〈客を〉巻き添えにしてカモる《2人が結託して互いに賭高を吊り上げ合い, 客を巻き込んで最後に1人が勝ち, 賭金をさらう》. **3** 《米》二重に損害を与える ; (特に)相場の天井で買って底で売るようにさせる.

whip·sàwed *adj.* 〖証券〗(上げ相場と下げ相場の両面で)二重に損をした.

whip scòrpion *n.* 〖動物〗シリオムシ, ムチサソリ《サソリモドキ目 *Thelyphonus* 属の外形はサソリに似ているが, 無毒の節足動物 ; ジャワサソリモドキ (*T. candatus*) など》.

Whip·snade Pàrk [(h)wípsneɪd-] 〚← ME *Wibsnede* ← OE *Wibba* (人名)+*snǣd* a piece of woodland〛 — *n.* イングランド Bedfordshire 州の都市 Dunstable [dʌ́nstəbḷ] 付近にある自然動物園.

whip snàke *n.* 〖動物〗ムチヘビ《尾がむちのように細長い種類のヘビの総称 ; 特に, アジア産ハナナガムチヘビ属 (*Dryophis*) のヘビなど》.

whip stàll 〚⇨ stall[1] (n.) 6〛〖航空〗 *n.* 急上昇失速《垂直上昇した時, 機首が急激に揺れて失速すること》. — *vt.* 急上昇失速させる. — *vi.* 急上昇失速する.

whip·ster [(h)wípstə | -stə(r] 〚← WHIP+-STER〛 *n.* **1** むちを使う人. **2** = whippersnapper.

whip·stitch *vt.* **1** 〖服飾〗〈裁ち目を〉かがる, まつる. **2** 〖製本〗= overcast[1] 3 a.

— *n.* **1** 〖服飾〗裁ち目かがり (overcast). **2** 〖製本〗重ねかがり綴じ.

(***at***) ***every whipstitch*** ちょくちょく, しょっちゅう (every now and then).

whip·stòck *n.* むちの柄.

whip·sy-der·ry [(h)wípsidéri | -sɪdéri] *n.* = WHIP and derry.

whip·tàil *n.* 〖動物〗むちひも状の尾のある動物の総称 : **a** = whip scorpion. **b** ムチオトカゲ《アメリカ産デグトカゲ科ハシリトカゲ属 (*Cnemidophorus*) のトカゲの総称》. — *adj.* = whiptailed.

whip-tàiled *adj.* むちひも状の尾をもった.

whip·wòrm *n.* 〖動物〗ベンチュウ(鞭虫)《人間には *Trichuris trichiura* が寄生する》.

whir [(h)wə́ː | (h)wə́ː(r] 〚《?a1400》*whirre(n)* ← ? ON (cf. Dan. *hvirre* to whir / Norw. *kvirra* / ON *hverfa* to turn)《擬音語》: ⇨ wharf, whirl〛 — *v.* (**whirred ; whir·ring**) — *vi.* ひゅーと飛ぶ[動く], ぶんぶん回る. — *vt.* ひゅーと運ぶ, 速やかに動かす : The car ～*red* them through the night. 車がぶーんと彼らを夜の中を運んで行った. — *n.* ひゅーという音, ぴゅー, ぶんぶん, ごーごー, しゅーしゅー《鳥のはばたき・昆虫の羽音・車輪の回転・空中を飛ぶ物体などの立てる絶え間のない振動音を表わす》: the ～ of cars on a highway ハイウェーを疾走する車の音.

whirl [(h)wə́ːl | (h)wə́ːl] 〚《c1300》*whirle(n)* ⊏ ? ON *hvirfla* to whirl ← Gmc *χwerƀ- (ON *hvirfill* circle / G *Wirbel* whirlwind) ← IE *kwerp- to turn oneself〛

— *vt.* **1** ぐるぐる回す, …に渦を巻かせる, 回転[旋回]させる : ～ a top 独楽(こま)を回す / ～ one's head 急に振り向く / He ～*ed* his partner round (the room). 踊りの相手を引っ張って(部屋を)ぐるぐる回った. **2** 〈風などが〉渦を巻いて持って行く ; さっと運ぶ ; 素早く連れて行く 〈*along, away*〉: The wind ～*ed away* my hat. 風が渦を巻いて私の帽子をさらって行った / We were ～*ed away* in an airplane. 我々は飛行機でさっと運ばれて行った. **3** ほうり投げる (hurl). **4** 《古》めまいを起こさせる, くらくらさせる. — *vi.* **1** ぐるぐる回る (spin rapidly), 渦を巻く, 旋転[旋回]する, (回りを)回る, 周行する : a ～*ing* top くるくる回る独楽(こま) / dancers ～*ing round* a ballroom 舞踏室をぐるぐる回る舞踏者たち. **2** 急に向き直る, 急に回る, 急にそれる : ～ from the path 小道から急にそれる. **3** 〈車が〉疾走する, 〈人が〉乗物で急行する, 急行する 〈*away*〉: The carriage ～*ed* out of sight. 車はたちまち視界から去った / He ～*ed* into action. すみやかに行動を起こした. **4** [head, brain を主語にして]めまいがする, ぐるぐる回るように感じる : His head was ～*ing*. 頭がくらくらしていた. **5** 〈思想・感情などが〉相次いで起きる, しきりに湧く.

— *n.* **1** 回転, 旋回 ; ぐるぐる回る物 ; 渦巻き, 旋風 : the ～ of a top 独楽(こま)の回転 / a ～ of dust ほこりの渦巻き / in a ～ ぐるぐる回って, 旋回して. **2** 騒動 (tumult), 騒ぎ (bustle): I plunged into a ～ of work. 騒々しい仕事に飛び込んだ / live in the ～ of London Society ロンドン社交界の騒がしさの中で生活する. **3** (思想・感情の)混乱, 乱れ : My thoughts are in a ～. 私の心は千々に乱れている / His mind was a ～ of conflicting emotions. 彼の心は葛藤する感情で千々に乱

れていた. 4 (会合・事件などの)目まぐるしい一続き: a ~ of entertainments 目まぐるしい余興の連続. 5 〘生物〙=verticil. 6 〘米俗〙試み, 試行 (attempt, trial): give it a ~ 試す, やってみる / take a ~ at the intellectual life 知的生活を試みる. 7 〘機械〙=whip 10. 8 〘金属加工〙鋳型(いがた)内の溶湯が回転するように配置すること. 9 急行, 駆け歩き: The ~ of cars filled the streets. 疾駆する車が通りにあふれていた.

whírl·abòut *n.* 回転, 旋回(すること). — *adj.* ぐるぐる回る, 旋回する.

whírl·er [-lə | -lə(r] 〘《15C》〙 *n.* 1 旋回するもの. 2 (製綱用)よりかけ鉤(かぎ)[車]. 3 仕上げろくろ.

whírl gàte *n.* 〘金属加工〙回し堰(せき)《円柱状の鋳型(いがた)内の溶湯が型内でよく流れるように型の接線方向につけた堰》.

whirl·i·cote [(h)wə́ːlɪkòut, -lə- | (h)wə́ːlɪkàut] 〘ME *whirlecole* ← *whirle* 'WHIRL' + *-cole* '-CULE'〙 *n.* (豪華な)大型馬車 (coach).

whirl·i·gig [(h)wə́ːlɪgìg, -lə- | (h)wə́ːlɪ-] 〘《1440》← WHIRL (n.)+-I-+GIG¹〙 — *n.* 1 回転おもちゃ《独楽(こま)・風車など》. 2 回転木馬(merry-go-round). 3 回転運動, 旋回運動; 変転, 輪廻(りんね): the ~ of taste 趣味の移り変わり / the ~ of time 時運の変転 (Shak., *Twel N* 5. 1. 385). 4 〘昆虫〙=whirligig beetle. 5 《廃》奇想 (fanciful notion). 6 回転するもの; 旋回装置. 7 《古》軽薄な人, 落着きのない人.

whírligig bèetle *n.* 〘昆虫〙ミズスマシ《ミズスマシ科の水生甲虫の総称》.

whirling dérvish *n.* =dervish.

whírl·pòol 〘《1529》: ⇨ pool¹〙 — *n.* 1 渦巻き, 渦 (eddy, vortex): a ~ of traffic. 2 混乱, 騒ぎ (whirl); 巻き込む力. 3 〘紋章〙=gurges. — *vi.* 渦巻く, ぐるぐる回る.

whírlpool báth *n.* 《米》渦巻き風呂《渦巻く湯に身体(の一部)を浸す療法》.

whírl·wind [-wìnd] 〘《*c*1340》《なぞり》← ON *hvirfilvindr*: cf. G *Wirbelwind*〙 — *n.* 1 旋風, つむじ風. 2 (感情の)嵐; (嵐にも似た)めまぐるしい動き: a ~ of applause 嵐のような拍手かっさい / a ~ tour めまぐるしい旅行.

ride* (*in*) *the whirlwind 〈天使が〉旋風を御する; 革命の機運に乗じる, 風雲に乗じる (cf. Addison, *The Campaign*; Pope, *The Dunciad*). (***sow the wind and***) ***reap the whirlwind*** (悪事を働いて)幾倍もひどい目に会う (cf. *Hos.* 8:7): *The wind* has *been sown*, and *the* ~ must *be reaped*. 悪事を働いたのだから幾倍もひどい目に会わなければならない / The Republicans are *reaping a* political ~. 共和党は(過去の失策のゆえに)政治的に幾倍もひどい目に会っている.

— *vi.* 旋風のように動く.

whirl·y¹ [(h)wə́ːli | (h)wə́ːli] 〘⇨ -y²〙 *n.* 小旋風.

whirl·y² [(h)wə́ːli | (h)wə́ːli] 〘⇨ -y⁴〙 *adj.* (**whirl·i·er**; **-i·est**) ぐるぐる回る, 渦巻く.

whírly·bird 〘↑〙 *n.* 《俗》=helicopter.

whirr [(h)wə́ː | (h)wə́ː(r] *v., n.* =whir.

whir·ry [(h)wə́ːri | (h)wʌ́ri] 〘? ← WHIR+(HUR)RY〙 《スコット》*vi.* 急ぐ, 急いで行く. — *vt.* 速やかに運ぶ; 〈家畜を〉急いで追って行く.

whish¹ [(h)wíʃ] 〘《1518》: 擬音語〙 — *vi.* びゅーっ[すーっ]と鳴る[動く, 飛ぶ] (whiz, swish). — *vt.* びゅーっ[すーっ]と動かす. — *n.* [間投詞的に] びゅーっ[すーっ](という音).

whish² [(h)wíʃ] 〘《1542》← *whish* (int.) Hush! ← WHISHT〙 *vi.* 《英方言》[しばしば命令文で] 静かにする.

whisht [(h)wíʃt] 〘《異形》← WHIST¹〙 《スコット・アイル》*vi.* =whish². — *n.* [主に間投詞的に用いて] 沈黙 (silence).

whisk [(h)wísk] 〘《1375》 *wysk* ⇨ ON *visk* wisp: cf. Dan. *viske* / G *wischen* to wipe〙 — *n.* 1 a =whisk broom. b (花・わらなどの)小さな束 (tuft). 2 (柄の先に編んだ針金の輪をつけた)泡立て器 (whip). 3 (はたきや鳥・獣の羽や尾などでの)ひと払い; 素早く軽快な動き: There was a ~ of feminine skirts down the passage. 廊下を歩いて行く女性のスカートのさらさらいう音がした.

with* [*in*] *a whisk あっと言う間に, たちまち (in an instant).

— *vt.* 1 〈ちり・はえなどを〉払う, はたく 〈*away, off*〉: ~ crumbs *off* one's coat 上衣からパンくずを払う / ~ flies *away* はえを追い払う. 2 《英》〈卵・クリームなどを〉かき回す, 泡立てる (whip, beat up) 〈*up*〉. 3 急に持ち去る, かっさらう, さらって[連れて]行く 〈*away, off*〉: The ruler was ~*ed away from* his palace. 王は宮殿から連れ去られた / The waiter ~*ed* my plate *off*. 給仕は私の皿を引っさらうように持って行った / They ~*ed* him *off to* the spot in question. その(問題の)場所へ彼を連れ去った. 4 さっと動かす[取る, 振る]: He went ~*ing* a cane. ステッキを振り振り行った / The horse was ~*ing* his tail. 馬は尾を振っていた. — *vi.* 素早く[さっと]動く, 速やかに動く[走る]: ~ *out of* the room / ~ *out of* sight 急に見えなくなる / The mouse ~*ed into* its hole. ハツカネズミは急に穴へもぐり込んだ.

— *adv.* さっと, ぱっと《突然の速やかな運動を表わす》.

whísk bròom *n.* (毛・わら・小枝などを束ねて作った)ブラシ《ちり・ほこりを払う》.

whis·ker [(h)wískə | -kə(r] 〘《?*c*1425》 *wisker* fan, brush, 《原義》something that whisks: ⇨ whisk, -er¹: 「ほおひげ」の意 (*c*1600) は戯言的用法から〙 — *n.* 1 a [通例 *pl.*] ほおひげ (cf. moustache, beard); (ネコ・ネズミなどの)ひげ; (鳥の)くちばしの周囲の羽毛, ひげ; (ナマズなどの)ひげ. b 一本のほおひげ. c [a ~]《口語》ほんのわずかな距離 (hairbreadth): within a ~ of ...から わずかな距離に, ...にすれすれで. d [*pl.*]《古》口ひげ (moustache). 2 掃く人; (ちりなどを)払う物. 3 [通例 *pl.*]〘海事〙=whisker boom. 4 〘軍事〙星型起爆装置《魚雷が目標を斜めにかすめても必ず爆発するように, 先端から星型に出ている起爆用の短い角》. 5 〘結晶〙ひげ結晶, ホイスカー. 6 [通例 *pl.*]〘活字〙=hairline 5 a. 7 《卑》(性の対象としての)女, ふしだら女, 売春婦. 8 〘通信〙=cat whisker.

whiskers 1 a

by a whisker 《口語》(1) 間一髪の差[ところ]で (by a hairbreadth): win [lose] *by a* ~. (2) ほんの少しだけ: move the sights of a rifle *by a* ~ ライフル銃の照準をごくわずか動かす.

whísker bòom *n.* [通例 *pl.*]〘海事〙第一斜檣(しょう) (bowsprit) の両側から突き出ている木製または鉄製の円材《ジブ斜檣 (jib boom) の左右の支索をこの先端に固定する》.

whis·kered [(h)wískəd | -kəd] *adj.* [しばしば複合語の第 2 構成素として] (...の)ほおひげのある: a ~ man / gray-*whiskered* ほおひげがごま塩の.

whis·ker·y [(h)wísk(ə)ri | -rɪ] *adj.* ほおひげのある; ほおひげのような.

whis·key [(h)wíski | -kɪ] 〘《1715》《略》← *whiskybae* 《変形》← USQUEBAUGH〙 (*also* **whisky**) — *n.* 1 ウイスキー《大麦・ライ麦・とうもろこしなどを原料に発酵させ蒸留してオーク材の樽で熟成させた酒; 原料や製法によって種類がある; ⇨ corn whiskey, grain whiskey, malt whiskey; blended whiskey, straight whiskey; bourbon whiskey, Irish whiskey, Scotch whisky》. ★ スコッチ, カナディアン, 日本のウイスキーは whisky と綴り, バーボン, アイリッシュは whiskey と使い分けし, 米国では国産品には whiskey を, 輸入品には whisky を用いる: drink ~ neat ウイスキーをストレートで飲む / ~ toddy=toddy 1. 2 [a ~] ウイスキー一杯: Give me *a* ~ [two ~*s*].

whískey lìver *n.* ウイスキー過飲による肝臓病.

whískey sóur *n.* ウイスキーサワー《ウイスキーにレモン汁や苦味を加えたカクテル》.

whis·ki·fied [(h)wískɪfàɪd, -kə- | -kɪ-] *adj.* 《戯言》ウイスキーに酔っぱらった.

whis·ky¹ [(h)wíski | -kɪ] *n.* =whiskey.

whis·ky² [(h)wíski | -kɪ] 〘⇨ whisk, -y⁴: その軽快なところから〙 *n.* (一頭立ての)軽二輪馬車《一種の gig》.

whísky jàck 〘《1772》《変形》← 《廃》*whisky-john* 《なぞり》← N-Am.-Ind. (Cree) *wiskatjân* gray jay〙 *n.* 〘鳥類〙ハイイロカケス (⇨ Canada jay).

whis·per [(h)wíspə | -pə(r] 〘v.: OE *hwisprian* ← Gmc **χwis-* (G *wispern*): ⇨ whistle. — n.: 《1596》← (v.)〙 — *vi.* 1 ささやく, 小声で話す; 私語する, 耳打ちする: ~ in a person's ear 人に耳打ちする. 2 〘音声〙ささやきで発話する. 3 (中傷・陰謀などの目的で)ひそひそ話す, こそこそ話し合う: His companions ~*ed against* [*about*] him. 彼の仲間はひそひそと彼の悪口を言った. 4 〈木・風・流れなどが〉さわさわ[ざわざわ]音がする, さらさら鳴る[流れる] (rustle, murmur). — *vt.* 1 小声で話す, ささやく: He ~*ed* something into her ear. 彼女に何か耳打ちした. 2 ささやき声[小声]で〈人に〉話しかける: He ~*ed* me to shut the window. 小声で窓を締めろと言った. 3 [しばしば Passive で] ひそかに言いふらす (rumor) 〈*about, around*〉: It is ~*ed* (*about*) that...というううわさがある / The strangest things were ~*ed* concerning him. 彼について奇怪きわまるうわさが立った. 4 〘音声〙〈言語音を〉ささやきで発する.

— *n.* 1 ささやき, 耳語; こそこそ話, 密談: a pig's ~ 豚の鼻声 (grunt) / ⇨ stage whisper / give the ~ ヒントを与える, こっそり教えてやる / He spoke in ~*s*. ひそひそ声で話した / He always talks in a ~ [in ~*s*]. 彼はいつも内緒話をする. 2 うわさ, 風説: There were ~*s* that he was put to death without trial. 彼は裁判もなしに処刑されたといううわさがあった. 3 (風などの)さわさわ(いう音): the ~ of the leaves 木の葉の音 / a ~ from the air conditioning 空調器のさわさわいう音. 4 微量, わずか (trace): a ~ of a perfume ほんの少しの香水. 5 〘音声〙ささやき《声門を声 (voice) の状態まで狭めるが震動させないで発する音》.

whís·per·er [-pərə | -rə(r] *n.* ささやく人; (特に)うわさをして回る人.

whís·per·ing [-p(ə)rɪŋ] 〘n.: OE *hwisprunge*〙 — *n.* 1 ささやき, 耳語; 密話. 2 うわさ. 3 (風や流れの)ざわざわいう音, さわさわ, さらさら. — *adj.* 1 ささやく, ささやくような音を立てる. 2 さらさらと鳴る. 3 私語癖のある, 口さがない. 4 ささやき声で話す, ひそひそ話の: a ~ voice. **~·ly** *adv.*

whíspering campàign *n.* 《米》(政治家・公務員の名誉を毀損(きそん)するための)デマ[中傷]戦術: start a ~ against the mayor 市長に対する中傷戦術を展開する.

whíspering gàllery [dòme] *n.* ささやきの回廊[丸天井室]《音響が壁に反射しながら進むため, ささやきでも遠くの人に聞える回廊または丸天井室; St. Paul's Cathedral にあるものは有名》.

whis·per·ous [(h)wísp(ə)rəs] *adj.* =whispery.

whis·per·y [(h)wísp(ə)ri | -rɪ] *adj.* ささやきの, ささやくような; さわさわ[さらさら]いう: the ~ chatter of girls 少女らのささやき声のおしゃべり / a ~ place さわさわいう場所.

whist¹ [(h)wíst] 〘《*c*1380》《擬音語》: cf. hist, hush, whisht〙 — *int.* 《古・方言》しっ, 静かに. — *vi.* 《古・方言》静かになる, 話をやめる. — *vt.* 《廃》黙らせる (silence). — *n.* 《アイル》沈黙: Hold your ~! 黙れ. — *adj.* 《古》[通例 Predicative に用いて] 静かな, 無言の (silent).

whist² [(h)wíst] 〘《1663》《変形》← 《廃》*whisk*: ⇨ whisk (v.): 卓上の札を whisk off するところからもとは *whisk* といったが, 後に勝負の際の静けさから WHIST¹ と結び付けられたもの〙 — *n.* 〘トランプ〙ホイスト《ブリッジの前身; 配り終わりの札を表に向けて切札の種類 (suit) を決定すること, 4人が全員プレーすること, 得点の数え方等がブリッジと異なる; cf. long whist, short whist》.

whíst drive *n.* 《英》〘トランプ〙(進行式)ホイスト競技会 (cf. progressive game).

whis·tle [(h)wísl] 〘v.: OE (*h*)*wistlian* to make hissing sound ← Gmc **χwis-* (ON *hvísla* to whisper) ← IE **kwei-* to hiss, whistle 《擬音語》: cf. whisper. — n.: OE (*h*)*wistle*〙 — *vi.* 1 口笛を吹く; 笛[呼子, ホイッスル]を吹く: ~ *to* one's dog 犬に向かって口笛を吹く. 2 ぴーぴー鳴く, さえずる: The bird ~*s*. 3 ぴゅーと鳴る, ぴゅーと飛ぶ, うなって飛ぶ: The wind ~*s*. / The bullet ~*d* through the air. 弾丸がひゅーと空中を飛んで行った. 4 (のどが)ひゅーひゅーいう: ~ in one's throat. 5 汽笛を鳴らす: The driver ~*s*. 6 《廃》密告する, 告げ口する (peach).

— *vt.* 1 〈犬を〉口笛で呼ぶ, 笛で呼び集める, 笛で合図する 〈*up*〉: ~ a dog *back* 口笛を吹いて犬を呼び戻す. 2 口笛で吹く: ~ a lively tune 口笛で陽気な曲を吹く. 3 〈調子などを〉笛で合わせる. 4 〈矢・銃弾などを〉ひゅーっ[ぴゅーん]と放つ.

let a person go whistle 〈人を〉だめだとあきらめさせる, 〈人の〉願いを聞いてやらない. ***whistle for*** (1) ...を口笛で呼ぶ: ~ *for* a taxi / ⇨ *whistle for a* WIND¹. (2) 《口語》...を望んでもだめ[むだ]である: You can [may] ~ *for* it. ***whistle in the dark*** ⇨ *in the* DARK. ***whistle** one's **life away*** 一生をのんきに暮す. ***whistle off*** ぷいと立ち去る. ***whistle up*** (1) 〈犬を〉(口)笛で呼び集める. (2) 〈援軍を〉急いで呼ぶ. (3) 《口語》〈料理を〉手早く作る; 〈計画などを〉大急ぎで作る[まとめる].

— *n.* 1 口笛: play a ~ 口笛で曲を奏する / dance to a person's ⇨ dance v. 成句 / He gave a low ~. 彼は低く口笛を吹いた. 2 笛, 呼子, 号笛, 警笛, ホイッスル: a steam ~ 汽笛 / a warning ~ 警笛 / a police ~ 呼子. 3 (ぴーという)呼子[汽笛]の音; (木の葉を渡る)風の音, (銃弾などの)ぴゅーっと飛ぶ音, (鳥や動物の)鋭い鳴き声: the shrill ~ of a fife 鋭い横笛の音. 4 《口語》口, のど: ⇨ *wet one's* WHISTLE.

(***as***) ***clean as a whistle*** (1) きれいさっぱりして, とてもきれいで[きちんとして]. (2) 完全に, 見事に. (***as***) ***clear as a whistle*** 極めて明白で; すっかり澄んで. (***as***) ***dry as a whistle*** すっかり乾いて. ***blow the whistle on*** 《米俗》(1) 〈仲間など〉を密告する (inform against), ...を裏切る (betray): Someone *blew the* ~ *on* the bank robbers. だれかが銀行強盗の密告をした. (2) 〈不正行為など〉を止めさせる, ...の中止を命じる: The mayor *blew the* ~ *on* gambling. 市長は賭博の中止を命じた. ***not worth the whistle*** 呼ぶ[招く]だけの値打ちない; 全く無益で[下らない]. ***pay*** (***too dear***) ***for** one's **whistle*** 〘Franklin の逸話から〙つまらない物を高く買う; ひどい目に会う. ***wet** one's **whistle*** 《口語》のどを湿す, 一杯飲む.

whis·tle·a·ble [(h)wísḷəbḷ, -sl-] *adj.* 口笛で吹ける: a ~ tune.

whístle-blòwer *n.* 《米俗》他人を公然と非難する人, 「告発者.

whís·tler [-slə, -sḷə | -slə(r] 〘OE *hwistlere*: ⇨ whistle, -er¹〙 — *n.* 1 口笛を吹く人, ぴゅーと鳴る音[物], さえずる者. 2 〘動物〙ロッキーマーモット (*Marmota caligata*) 《北米産のマーモット》. 3 〘鳥類〙 a =widgeon. b モズヒタキ《オーストラリア・ポリネシア産のモズに類する *Pachycephala* 属などの鳥類の総称; thickhead ともいう》. 4 〘獣医〙喘鳴症の馬. 5 〘電気〙電光・高エネルギー電子などが出す電磁波《地磁場線に沿って流れ, ラジオ受信機ではぴゅーと聞こえる》.

Whis·tler [(h)wíslə | -lə(r], **James** (**Abbott**) **McNeill** [məknǐːl] *n.* (1834–1903) 英国に在住した米国の画家・エッチング作家; 日本美術の影響を受け, また革新的な画風は異端視された.

Whis·tle·ri·an [(h)wɪslí(ə)riən | -líərɪ-] 〘⇨ ↑, -ian〙 *adj.* Whistler 風の.

whístle-stòp *n.* 《米》 1 a 〘鉄道〙=flag station. b 田舎町. 2 (選挙遊説中に)列車の後部デッキから行なう短い演説. 3 (選挙遊説などで)小さな町に止まって顔を出す[演説する]こと. — *attrib. adj.* 地方遊説の: a ~ tour [campaign]. — *vi.* 1 田舎駅に全部止まりながら遊説する. 2 小さな町に顔を出す[で演説する].

whís·tling [-slɪŋ, -sḷ-] 〘n.: OE *hwistlung*; adj.: ME:

⇨ -ing[1,2]》 ── *adj.* 〈動物・鳥が〉ぴーと鳴く. ── *n.* **1** ぴゅーと鳴る音[こと]: the ～ of the wind. **2** 〖獣医〗(喘鳴症の馬の)喘息. **～·ly** *adv.*

whistling búoy *n.* 〖海事〗ホイッスルブイ《波の動揺によって笛が鳴る霧中用ブイ》.

whistling kéttle *n.* 笛吹きケトル《湯が沸騰するとぴーぴー音を立てる方式のやかん》.

whistling mármot *n.* 〖動物〗＝whistler 2.

whistling swán *n.* 〖鳥類〗コハクチョウ (*Cygnus columbianus*)《鳴声の優美な北米産野生ハクチョウ》.

whit [(h)wít] 〖《1480》《変形》← ME *wi(g)ht* < OE *wiht* thing, creature: ⇨ wight[1]: cf. aught[1], naught[1]〗 ── *n.* 《古・文語》微少, 極少 (bit, particle): I felt a ～ uneasy. ほんの少し不安を感じた / no [not a, never a] ～ 少しも…ない (not at all) / every ～ 全部; 全く / I don't care a ～. 一向構いません.

Whit[1] [(h)wít] 〖(dim.) ← WHITCOMB〗 *n.* 男性名.

Whit[2] [(h)wít] 〖《略》← WHIT(SUNDAY)〗 *adj.* 聖霊降臨日 (Whitsunday) の.

Whít·a·ker's Álmanack [(h)wítɪkəz-, -tə- | -tə-kəz-, -tɪ-] *n.* 1868 年英国の出版業者 Joseph Whitaker (1820–95) が創始し, 今も続刊されている英国の年鑑.

Whit·by [(h)wítbi | -bɪ] 〖OE *Hwitebī* ← *hwīt* 'WHITE' + *bȳ* (⊏ ON *bȳ-r* village)〗 ── *n.* イングランド北東部 North Yorkshire 州北東部の港市・行楽地; 昔の修道院の遺跡がある; 人口 13,000.

Whit·comb [(h)wítkəm, -koum | -kəm, -kəum] 〖《原義》wide or withy valley: もと地名〗 *n.* 男性名.

white [(h)wáɪt] 〖adj.: OE *hwīt* < Gmc **χwītaz* (Du. *wit* / G *weiss*) ← IE **kʷei-* white (Skt *śveta* white). ─ n.: OE《独立用法》← (adj.). ─ v.: OE *hwītian* ← (adj.)〗 ── *adj.* (**whit·er**; **whit·est**) **1** 白い, 白色の, 純白の; 雪白の, 銀色の, 銀白の, 白髪の: a mountain ～ with snow 雪で白い山 / ⇨ white hands, white gloves, white night / (as) ～ as snow 雪のように白い; 潔白な (cf. snow-white) / (as) ～ as lily flower [milk, a swan, whale's bone, flour, wool, curds] ユリの花[牛乳, 白鳥, クジラの骨, 小麦粉, 羊毛, 凝乳]のように白い / ～ hair 白髪, 銀髪 / A ～ wall is a fool's paper. 《諺》白い壁はばかの紙《壁にいたずら書きなどする者にろくな者はいない》. **2** 雪の降る (snowy), 雪の積もった (snow-covered): a ～ winter / a ～ Christmas 雪のクリスマス. **3 a** 色の淡い. **b** 〔恐怖などで〕青ざめた 〈*with*〉: Her lips were ～ *with* fear. 恐怖で唇に血の気がなかった / be in ～ terror 恐怖で真っ青である / (as) ～ as a sheet (恐怖で)血の気のうせた, 真っ青な / turn ～ 真っ青になる. **4** 〈水・空気・光・ガラスが〉透明な, 透き通った (transparent), 無色の (colorless): ～ glass. **5** 〖音楽〗〈音質が〉暖かみや色つやのない. **6** 無邪気な, 罪のない (innocent), けがれを知らない (unstained): make one's name ～ again 汚名をそそぐ. **7 a** 白人種の, コーカサス人種の: ～ civilization [culture] 白人文明[文化] / ⇨ White Australia, white man, white race. **b** 白人支配[専用]の: a ～ school [club]. **8** 《古》〈皮膚・顔色が〉色白の (fair, blond): a ～ skin. **9** 〈政党・政策など〉保守反動的な, 反革命的な (cf. red[1] *adj.* 4, pink[1] *adj.* 3). **10** 〖印刷〗空白の, 余白の: ⇨ white space. **11** 〈銀器が〉ぴかぴかにみがいてない, どんよりした光沢のある (unburnished). **12** 白衣の, 白衣を着た: a ～ sister 白衣の修道女 / ⇨ White Friar. **13** 《口語》公正[公平]な, 正しい, (人格の)立派な, 信頼できる (fair, righteous): That's very ～ of you. それはなかなか正直だ / I meant to act ～ by you. 君には公平に振舞うつもりだった. **14** 善意の, 悪意のない, 良いことに用いる: a ～ lie 罪のないうそ (cf. black lie ⇨ black 8 b) / ⇨ white magic, white witch. **15** 《まれ》縁起のよい, 幸運の (auspicious): one of the ～ days of one's life 一生涯の縁起のよい日の一つ. **16** 《英》〈コーヒーが〉ミルク[クリーム]を入れた (cf. black 3 b, café au lait): ～ coffee. **17** 白熱の (at white heat); 熱烈な, 気色ばんだ (passionate): ～ rage [fury] 激怒. **18** 〖軍事〗(裏面工作に対して)正面工作の, 公式の (official) (cf. black 14). **19 a** 〖甲冑〗磨き鋼鉄の: a ～ armor. **b** 磨き鋼鉄のよろいを着た: a ～ knight. **20** 〈ぶどう酒が〉白の, こはく色の: ～ wine 白ぶどう酒. **21** 〈戦争が〉間接手段による: a ～ war of propaganda 宣伝による白い戦争, 宣伝戦.

be white about the gills ⇨ gill[1] 成句. ***bleed white*** 〖畜殺者が子牛の肉を白くするため血を絞ることから〗《口語》…から国力[財産]を絞り尽くす; 〈人〉から絞れるだけ絞り取る: He was *bled* ～. とことんまで金を絞り取られた.

── *n.* **1 a** 白, 白色. **b** (顔の)色白. **c** 純潔 (purity), 潔白 (innocence). **2** 白絵具; 白色染料[顔料]: Chinese [zinc] ～ 亜鉛白. **3 a** 白衣: be dressed in ～ 白衣を着ている / a lady in ～ 白衣の婦人. **b** [しばしば *pl.*] 白い織物, 白布. **4** [*pl.*] **a** 白の僧[聖職]服. **b** 白ズボン. **5 a** (物の)白い部分. **b** (肉・木材などの)白身. **c** (卵の)白味 (cf. yellow *n.* 2 c, yolk[1] 1; ⇨ egg[1] 挿絵): the ～ of an egg 卵1個の白味 / Take the ～*s* of three eggs. 卵の白味3個を取りなさい. ★ 物質として考えている場合には (the) white of egg のように複数にならない. **6** 白目: the ～ of one's eye / turn up the ～*s* of one's eyes (偽りの信心, 死んだ時, 驚き・恐怖などで)白目を見せる, 目を白くする. **7** 白人 (white man): ⇨ poor white. **8** 白ぶどう酒 (white wine); 白パン (white bread). **9** [the W-] 〖英史〗(17 世紀に英国の艦隊が Blue, Red, White に分かれていた時の)白色艦隊 (White Squadron). **10 a** (ハト・犬・猫などの)白色種. **b** [W-] ホワイト《豚の白色品種》: ⇨ Chester White. **c** 〖昆虫〗シロチョウ《シロチョウ科の翅の白いチョウの総称; (オオ)モンシロチョウ (cabbage white) など》. **11** ＝whitebeard. **12** [通例 *pl.*] **a** 〖印刷〗空白, 余白, あき. **b** (絵などの)ホワイトスペース《空白の部分》. **13** [*pl.*] 《口語》こしけ, (白)帯下 (leukorrhea). **14** [主に *pl.*] 極上の小麦粉[砂糖]. **15** 〖アーチェリー〗**a** 的の5番目[最も外側]の輪; そこに当たった矢. **b** 《古》白い標的. **16 a** 〖チェス・チェッカー〗白(白をもった競技者). **b** (ビリヤードなどの)白球. **17** [しばしば W-] 保守反動的[反革命的]な政党の党員 (cf. red[1] 5).

call white black ＝***turn white into black*** 白を黒と言いくるめる. ***in the white*** (1) 〈布が〉白生地のままで. (2) 〈革製品・家具など〉染色[塗装, 磨き]が施されないままで. **black and white** ⇨ black *n.*

── *vt.* **1** 《古》白くする (whiten, make white): ⇨ whited sepulcher. **2** 〖印刷〗**a** 空白を作る, (インテルなどを入れて)〈語間を〉あける 〈*out*〉. **b** (写真製版の準備に)ホワイトをかける 〈*out*〉.

White [(h)wáɪt], **Elwyn Brooks** *n.* (1899–　) 米国のジャーナリスト・作家.

White, Gilbert *n.* (1720–93) 英国の牧師・博物学者; *The Natural History and Antiquities of Selborne* (1789).

White, Patrick *n.* (1912–　) オーストラリアの小説家; Nobel 文学賞 (1973); *The Vivisector* (1970).

White, Stanford *n.* (1853–1906) 米国の建築家.

White, Walter (Francis) *n.* (1893–1955) 米国の黒人運動指導者・著述家.

White, William Allen *n.* (1868–1944) 米国のジャーナリスト・著述家; *Autobiography* (1946).

White, William Hale [héɪl] *n.* (1831–1913) 英国の小説家; 筆名 Mark Rutherford; *The Revolution in Tanner's Lane* (1887).

white ácid *n.* 〖化学〗白酸《フッ化水素酸と二フッ化水素アンモニウムとの混合物でガラスの腐食用》.

white·àcre *n.* (blackacre と区別して)ある仮定の土地《以前法律書に例示として用いられた任意名》.

white ádmiral *n.* 〖昆虫〗イチモンジチョウ《タテハチョウ科イチモンジチョウ属 (*Limenitis*) の翅に白い帯のあるチョウの総称》.

white ágaric *n.* 〖植物〗エブリコ (⇨ purging agaric).

white alért *n.* **1** 防空警報白, 白(防空)警報《敵機の攻撃がさし迫っているとも, またはありそうにもと考えられない段階; cf. alert 1》, 警報解除; (警報解除の)発令, 合図. **2** (警報解除後の)常態復帰期間.

white álkali *n.* **1** 〖農業〗白アルカリ土《硫酸ナトリウム・硫酸マグネシウム・塩化ナトリウムなどの塩類を含む雨の少ない地方の土壌》. **2** 精製ソーダ灰.

white ánt *n.* 〖昆虫〗シロアリ (⇨ termite).

White Ármy *n.* [the ～] 白衛軍《ソ連の反革命軍; 1920 年赤軍との闘いに破れ, 壊滅; cf. Red Army》.

white ársenic *n.* 〖化学〗三二酸化ヒ素, 白ヒ (As_2O_3), (俗に)亜ヒ酸.

white ásh *n.* 〖植物〗アメリカトネリコ (*Fraxinus americana*)《American ash ともいう》.

White Austrália *n.* 白人独占のオーストラリア; (有色人種の移住を許さない)白豪主義.

white bácklash *n.* (公民権運動に対する)白人の巻き返し.

white·bàit 〖《1758》: ⇨ bait: 餌として使用したため〗 ── *n.* (*pl.* ～) 〖魚類〗**1** シラス《イワシ・ニシンなどの稚魚; 特に, タイセイヨウニシン (*Clupea harengus*) などの稚魚》. **2** (日本・中国産の)シラウオ (⇨ icefish). **3** 北米太平洋沿海産のキュウリウオの類 (smelt) の魚 (*Allosmerus elongatus*). **4** (ニュージーランド産の) inanga の稚魚.

white báneberry *n.* 〖植物〗北米産キンポウゲ科ルイヨウショウマ属の植物 (*Actaea pachypeda*).

white báss [-bǽ(ː)s] *n.* 〖魚類〗北米東部に分布するペルキクチス科の淡水食用魚 (*Morone chrysops*)《silver bass ともいう》.

white·bèam *n.* 〖植物〗ヨーロッパ産バラ科のウラジロノキの類の低木 (*Sorbus aria*).

white bèar *n.* 〖動物〗**1** ホッキョクグマ, シロクマ (polar bear). **2** 《米》＝grizzly bear.

white·bèard 〖《15C》〗 *n.* (あごに)白ひげをはやした老人; 老人.

white béet *n.* 〖植物〗＝chard.

white-béllied swállow *n.* 〖鳥類〗ミドリツバメ (*Iridoprocne bicolor*)《北米に広く分布するツバメの一種; 樹木の穴に巣を造り, 背は緑青色で腹は白色》.

white bélt *n.* (柔道の)白帯 (cf. black belt[2]).

white bírch *n.* 〖植物〗**1** オウシュウシラカバ (*Betula alba*)《ヨーロッパで最も普通なシラカバの一種》. **2** ＝paper birch.

white blóod cèll *n.* 白血球 (leukocyte).

white bòok *n.* 白書《国内事情に関して政府が発行する白表紙の報告書; cf. blue book 1, white paper 3, Yellow Book》.

white·bòy *n.* **1** 《古》寵児(ちょうじ), お気に入り (favorite boy). **2** [W-] 白衣党員《1761 年アイルランドで地主階級に反抗して結成された農民の秘密結社の一員》.

white bréad 〖ME〗 *n.* (小麦粉, 特に漂白した粉で作った)白パン (cf. black bread, brown bread).

white brónze *n.* 〖冶金〗白色青銅《スズの含有量が多い》.

white brýony *n.* 〖植物〗＝bryony 1.

white cámpion *n.* 〖植物〗ヒロハノマンテマ, マツヨイセンノウ(待宵仙翁) (*Lychnis alba*)《ナデシコ科の草; 夜花が開くので evening campion ともいう》.

white·càp *n.* **1** [通例 *pl.*] (泡をかぶった)波頭, 白波 (breaker). **2** 白帽の人. **3** [W-] 《米》白帽団員《私設の自警団員; 地域社会の共同生活に有害な分子に対して暴力的制裁を加える》. **4** 〖鳥類〗＝redstart. **5** 〖植物〗＝horse mushroom.

white cást íron *n.* 〖冶金〗白鋳鉄 (⇨ white iron).

white cédar *n.* 〖植物〗**1 a** ヌマヒノキ (⇨ southern white cedar). **b** ヌマヒノキ材《家具・農具・建築用材》. **2** ベイヒ (⇨ Port Orford cedar). **3** マクナブサイプレス (⇨ macnab cypress). **4** ＝canoe cedar. **5** ＝incense cedar. **6** ＝arborvitae 1. **7** 南米産ノウゼンカズラ科 *Tabebuia* 属の数種の常緑樹.

white céll *n.* ＝white blood cell.

white cemént *n.* 〖土木〗白色セメント《酸化鉄の量がごく少ない白色のセメント》.

White·chap·el [(h)wáɪttʃæ̀pəl] *n.* **1** London 東部 Tower Hamlets 区の一地区《ユダヤ人の居住地; London 塔がある》. **2** 〖トランプ〗(ホイストで)一枚札 (singleton) の打出し《あとでそのスーツ (suit) を切る (trump) ことができる》. **3** 〖玉突〗相手の球をポケットに入れること. **4** ＝Whitechapel cart. ── *vi.* 〖トランプ〗(ホイストで)一枚札を出す.

Whitechapel cárt *n.* 二輪の軽荷車《商品配達用》.

white cinnamon *n.* 〖植物〗＝canella.

white clóver *n.* 〖植物〗**1** ＝white Dutch clover. **2** ＝white sweet clover.

white cóal *n.* (動力源としての)水, 水力; 電力.

white-cóllar *adj.* 〈労働者・仕事が〉筋肉労働に従事しない, ホワイトカラーの (cf. blue-collar): ～ jobs ホワイトカラー系の職業 / ～ wage earners ホワイトカラーの給料取り / a ～ worker ホワイトカラーの職業人.

White Cóntinent *n.* [the ～] 白い大陸《南極大陸》.

white córal *n.* 〖動物〗シロサンゴ (*Amphihelia* (or *Madrepora*) *oculata*)《地中海産の白いビワガライシの類のイシサンゴ; 100–200 m の海底に産する》.

white córpuscle *n.* 白血球 (leukocyte).

white cráppie *n.* 〖魚類〗米国東部産サンフィッシュ科の淡水魚 (*Pomoxis annularis*) (cf. crappie).

white cróp *n.* 実が白くなって収穫する作物, 穀類 (cf. black crop, green crop, root crop).

white crów *n.* **1** 〖鳥類〗エジプトハゲワシ (*Neophron percnopterus*). **2** 白いカラス《珍奇なもの》.

white-crówned spárrow *n.* 〖鳥類〗ミヤマシトド (*Zonotrichia leucophrys*)《北米北部・西部産ホオジロ科の頭に白と黒のしまのあるスズメ; cf. white-throated sparrow》.

white·cùp *n.* 〖植物〗ギンパイソウ, ギンサカズキ (*Nierembergia rivularis*)《アルゼンチン産の匍匐(ほふく)性で白色まれには青やばら色の混じった花をつけるナス科の宿根草》.

white cúrrant *n.* 〖植物〗シロスグリ《液果を食用にするスグリ属 (*Ribes*) のある種の植物の総称》.

whit·ed [-tɪd, -təd | -tɪd, -təd] 〖ME〗 *adj.* **1** 白くなった, 漂白した. **2** 水漆喰(しっくい)を塗った.

white dáisy *n.* 〖植物〗フランスギク (⇨ daisy 2 a).

white dámp *n.* 炭鉱内の毒ガス《主成分は一酸化炭素 (carbon monoxide)》.

whited sépulcher 〖イエスが律法学者とパリサイ人(びと)を「白く塗りたる墓」になぞらえたところから: cf. *Matt.* 23: 27〗 *n.* 偽善者 (hypocrite).

white Dútch clóver *n.* 〖植物〗シロツメクサ (*Trifolium repens*)《マメ科の植物》.

white dwárf *n.* 〖天文〗白色矮星(わいせい)《光度が低く非常に高温で白色の光を放つ恒星; 直径はわずかに惑星ぐらいでありながら質量は普通の恒星並みであるため極めて大きな密度をもつ; シリウス星の伴星などがその例》.

white éardrops *n.* (*pl.* ～) 〖植物〗＝Dutchman's-breeches.

white élephant *n.* **1** 白象《インド・セイロン・タイ・ビルマなどで神聖視される; 国王がきらいな臣下を困らせる時にはこれを下賜したといわれる》. **2** やっかいな所有物, もて余し物. **3** 持主には無用であるが他人には価値があるかも知れないもの: a ～ sale (慈善などのための資金調達のため行なう)不要品持寄りセール. **4** 白象の付いた記章.

white énsign *n.* 〖海事〗英国軍艦旗《白地に赤十字の左上側の部分に英国国旗を描いたもの; cf. red ensign》.

white-èye *n.* **1** 〖鳥類〗メジロ (⇨ silvereye). **2** 〖魚類〗**a** ＝haddock. **b** ＝walleye 5.

white-èyed víreo *n.* 〖鳥類〗メジロモズモドキ (*Vireo griseus*)《米国東部産の小鳥で虹彩が白い》.

white·fàce *n.* **1** ＝Hereford[2]. **2** 〖演劇〗顔をまっ白にメーキャップすること; (道化のように)顔を白くメーキャップした役者.

white-fáced *adj.* **1** 顔の青白い: John, ～ with rage, glared at me. ジョンは激怒で顔を青くして私をにらみつけた. **2** 〈馬など〉額[顔]に白い斑点(はんてん)のある: a ～ horse. **3** 前面[表面]の白い.

white-fàced hórnet *n.* 〖昆虫〗北米産のスズメバチ科クロスズメバチ属の頭などに白い線がある大型のスズメバチ (*Vespula maculata*)《bald-faced hornet ともいう》.

white féather 〖雄鶏の尾羽に白い羽があると闘鶏

に弱いという言い伝えから〗 ― *n.* 臆病者の証拠: show the ～ 臆病風を吹かす, 弱音を吐く / find a ～ in a person's tail 人の臆病を見破る.

White·field [(h)wáɪtfiːld, (h)wɪ́t-], **George** *n.* (1714–70) 英国のメソジスト派の説教者.

white fínger *n.* 〘病理〙白蠟病 (Raynaud's disease).

white fír *n.* 〘植物〙 **1 a** コロラドモミ (*Abies concolor*)《北米西部産の直立性の狭い樹冠に青白い葉をしたモミ属の木》. **b** コロラドモミの柔らかい木材. **2** コロラドモミに類する北米西部産のモミの木の総称《lowland fir, alpine fir など》; その木材.

white·fish 〘(15C)〙 ― *n.* **1** 〘魚類〙 **a** 北米・ヨーロッパ・アジアに分布するシロマス属 (*Coregonus*), *Prosopium* 属の魚類の総称《北米産 lake whitefish, *C. nasus* (broad whitefish), *C. nipigon* (humpback whitefish) やヨーロッパ産 *C. albula* など》. **b** アマダイ科の海洋食用魚 (*Caulolatilus princeps*)《米国 California 州産》. **c** (一般に)白い魚《ポーラン (pollan), メンハーデン (menhaden), cod, haddock, bluefish (幼魚) など》. **2** 〘動物〙 = beluga 1.

white flág *n.* 白旗《降伏・休戦・伝染病患者のいないことなどを示す旗》.
hang [*hoist, show, wave*] *the white flag* 白旗を掲げる, 降参する.

white fláx *n.* 〘植物〙 = gold-of-pleasure.

white·flỳ *n.* 〘昆虫〙コナジラミ《半翅目コナジラミ科の害虫の総称; 白または灰色の粉でおおわれている》.

white-fòoted móuse *n.* 〘動物〙米国東部産キヌゲネズミ科 *Peromyscus* 属のネズミの総称; (特に)シロアシネズミ (*P. leucopus*)《deer mouse, vesper mouse, wood mouse ともいう》.

white fóx *n.* 〘動物〙白ギツネ《ホッキョクギツネ (arctic fox) の冬期白色型》.

White Fríar 〘(15C): 白衣を着用していることから〙 *n.* カルメル会の修道士 (Carmelite).

White·fri·ars [(h)wáɪtfràɪəz, ⌐⌐⌐ | -əz] 〘↑: London の Fleet Street にカルメル会の修道院 (1241–1538) があったことから〙 ― *n.* ホワイトフライアーズ《London 中央部の一地区; ⇨ Alsatia 2》.

white-frìnged béetle *n.* 〘昆虫〙ゾウムシの一種 (*Pantomorus leucoloma*)《アルゼンチン原産; 近年オーストラリア・米国南東部に移動, 栽培植物の害虫》.

white-frònted góose *n.* 〘鳥類〙マガン (*Anser albifrons*)《ヨーロッパ北部・北米産の灰褐色の額が白いガン》.

white fróst *n.* 霜 (hoarfrost).

white gásoline [**gás**] *n.* 白ガソリン, 無鉛ガソリン《四エチル鉛を添加していないガソリン》.

white glóbe lìly *n.* 〘植物〙ユリ科の球根植物 (*Calochortus albus*)《米国 California 州産で, 紫がかった茎部のある球状の白い花をつける》.

white glóves *n. pl.* 〘英法〙白手袋《もと巡回裁判で, 審理すべき刑事事件がない時(特に, 以前は死刑宣告のなかった時), 州の長官 (sheriff) から判事に贈られた一対の白手袋; cf. glove-money 2》.

white góld *n.* **1** ホワイトゴールド《ニッケル・亜鉛などと金との合金》. **2** 精製すれば白くなる産物《砂糖・綿花など》.

white góldenrod *n.* 〘植物〙 = silverrod 2.

white gòods *n. pl.* **1** 漂白品《木綿・麻布など》. **2** 家庭用白色綿布《シーツ・テーブル掛け・タオルなど》. **3** (白い塗料を塗った)大型の家庭用品《冷蔵庫・ストーブ・洗濯機など》.

white gróuse *n.* 〘鳥類〙 = ptarmigan.

white grúb *n.* 〘昆虫〙ネキリムシ《コガネムシ類の幼虫》.

white gúm *n.* 〘植物〙オーストラリア産の樹皮の白いユーカリノキ属 (*Eucalyptus*) の植物の総称.

white gýrfalcon *n.* 〘鳥類〙シロハヤブサ (*Falco rusticolus*)《白羽の多い時期のハヤブサ (gyrfalcon); 鷹狩り用に最も珍重される》.

white-háired 〘ME〙 *adj.* **1** 白髪の. **2** 《口語》 = white-headed 3.

white háke *n.* 〘魚類〙ニューイングランド沿岸産タラ科の主要食用魚 (*Urophycis tenuis*).

White·hall [(h)wáɪthɔːl, ⌐⌐ | ⌐⌐, ⌐⌐] *n.* **1** ホワイトホール《London 中央部にあった旧宮殿; 正式には Whitehall Palace; 中世には York 大司教の London での居館であったが, 1529 年 Henry 八世が時の York 大司教 Wolsey から没収し, 以後王宮になった; Charles 一世の処刑場; 1698 年焼失》. **2** London の官庁街《Trafalgar Square から国会議事堂に及ぶ街路で諸官庁が立ち並ぶ》. **3** [形容詞的にも用いて] 英国政府(の政策): a ～ statement イギリス政府の声明.

Whitehall bòat *n.* もと米国の海岸で用いられた数人用の手漕舟《遊覧船・ヨットの専属船・港内運送用》.

white-hánded *adj.* **1** 白い手をした, 労働しない. **2** 潔白な, 正直な, 廉直な (pure, innocent).

white hánds *n. pl.* **1** (労働をしない)白い手. **2** 潔白.

white·hèad *n.* **1** 〘鳥類〙頭部の辺りが白い鳥類の総称《アオハクガン (blue goose), アラナミキンクロ (surf scoter), 頭の白いイエバトなど》. **2** 《俗称》稗粒腫 (milium). **3** [*pl.*; 単数または複数扱い] 〘植物病理〙 = take-all.

White·head [(h)wáɪthed], **Alfred North** *n.* (1861–1947) 英国の数学者・論理学者・哲学者; 1924 年以後米国に住んだ; *Principia Mathematica*「数学原理」(B. Russell と共著) (1910–13), *Science and the Modern World* (1925).

white-héaded *adj.* **1** 白頭の, 白髪頭の. **2** 亜麻色の髪の. **3** 《米口語》お気に入りの (favorite): one's ～ boy.

white-hèaded éagle *n.* 〘鳥類〙 = bald eagle.

white héart *n.* **1** 〘植物〙カナダケマンソウ (⇨ squirrel corn). **2** 〘園芸〙ホワイトハート《薄黄色, 多汁で品質良好な一品種の甘果オウトウ》.

white héarts *n.* (*pl.* ～) = Dutchman's-breeches.

white héat *n.* **1** 白熱《1000°C 以上》. **2** 激情; 極度の緊張, 熾烈(しれつ)な状態: ～ of love [wrath] 熱愛[激怒] / study at a ～ 猛烈に勉強をする / The campaign was at a ～. キャンペーンは熾烈を極めていた.

white hóle *n.* **1** 〘印刷〙白スペース (⇨ pigeonhole 4). **2** 〘物理・天文〙ホワイトホール《ブラックホール (black hole) の物理的反天体; 物質が流出する》.

white hópe 〘(20C): もとヘビー級チャンピオンの黒人 Jack Johnson 打倒の期待をになう白人ボクサーに対して用いた表現から〙 ― *n.* **1** 《米俗》(ボクシングで黒人チャンピオンを倒す可能性をもつ)白人ボクサー. **2** 大いに期待される人, ホープ; (特に)難事と取り組んでいる人.

white hórse *n.* **1** [通例 *pl.*] = whitecap 1. **2** 〘魚類〙 = white sucker.

White·horse [(h)wáɪthɔəs | -hɔːs] *n.* カナダの Yukon 準州の首都; 人口 12,000.

white-hót *adj.* **1** 〈温度が〉白熱の (cf. red-hot). **2** 白熱的な, 熱烈な, (極度に)興奮した: She was in a ～ rage. 彼女は激怒していた.

White Hòuse 〘(1811)〙 ― *n.* [the ～] **1** ホワイトハウス《Washington, D.C. にある米国大統領官邸; Executive Mansion ともいう》. **2** 米国大統領の職権・政策; 米国政府.

white íbis *n.* 〘鳥類〙 **1** シロトキ (*Eudocimus albus*)《南米産の白色小形のトキ》. **2** クロトキ (*Threskiornis melanocephalus*)《アジア産でアフリカクロトキ (sacred ibis) によく似た鳥; 背中の飾り羽は白い》.

white íron *n.* 白銑, 白鋳鉄《white cast iron ともいう》.

white ìron pýrites *n.* 〘鉱物〙白鉄鉱 (⇨ marcasite 1).

white knìght *n.* 政治改革者, 主義のために闘う人.

White Lády *n.* [the ～] 〘ドイツ民間伝承〙(ある家に不幸の起こる前兆として現われるという)白衣の(貴)婦人.

white lánd *n.* 《英》農地に専用する土地.

white láuan *n.* 白ラワン《白色がちのラワン材; 特にフィリピン産シロラワン (*Pentacme contorta*) から採れる木材》.

white léad [-léd] 〘(15C)〙 ― *n.* **1** 〘化学〙鉛白 ($2PbCO_3 \cdot Pb(OH)_2$)《塩基性炭酸鉛; 白色顔料として用い, 毒性がある; ceruse ともいう》. **2** 〘化学〙(鉛白粉と油とを混ぜて作る)火傷用軟膏(なんこう); (同じ方法で作る)パテ (putty). **3** 〘鉱物〙 = white lead ore.

white léad òre *n.* 〘鉱物〙 = cerussite.

white léather *n.* = whitleather.

white lèg *n.* 〘病理〙 = milk leg.

White Lèghorn *n.* ハクショクレグホン《イタリア原産の卵用品種のニワトリ》.

white líght 〘cf. white noise 1〙 *n.* **1** 〘物理〙白色光《真昼の太陽の光のように, 各波長の光を等しい密度で含む光》. **2** 偏見のない[公平な]判断.

white líghtning *n.* 《米俗》(無色の)自家製ウイスキー; (特に)コーンウイスキー.

white·lìne *n.* = codline.

white líne *n.* **1** 〘印刷〙(行間の)空白行. **2** 〘獣医〙馬のひづめの白色層. **3** (道路の)白線《交通整理用》.

white-lípped *adj.* (恐怖で)唇の血の気が失せた.

white-lipped péccary *n.* 〘動物〙クチジロペッカリー (*Tayassu albirostris*)《たてがみが長く, ほおから胸にかけて白い体長 110 cm 位のペッカリー》.

white líquor *n.* 白液《製紙用パルプを作る時に用いるパルプ材溶解剤; 苛性ソーダ・次亜硫酸ナトリウムを基本とする; cf. black liquor》.

white líst *n.* 白表《blacklist に対し, よしとされる[好感をもたれている]もののリスト》: **a** 労働者の待遇その他の点で引立てに値する優良企業リスト. **b** 道徳上の理由などで問題ないとされる本・映画・芝居などのリスト. **c** 企業が採用上適当と考える人物リスト. **d** 官吏から正式認可を得ている個人・組織などのリスト. **white-lísted** *adj.*

white-lívered 〘(1549): ⇨ livered: 古くは肝臓は激情・勇気の源と考えられ, 胆汁の分泌が悪い時その色は白くなると信ぜられていたことによる〙 ― *adj.* **1** 臆病な (cowardly). **2** 血色の悪い, 青白い (pale).

white lúpine *n.* 〘植物〙ヨーロッパ産マメ科ハウチワマメ属 のシロバナルピナス (*Lupinus albus*).

white·ly 〘ME〙 *adv.* 白く.

white mágic *n.* 白魔術《善神・天使などの助けを借りて善事を行なう治療・救済などに採用された魔術; cf. black magic》.

white mahógany *n.* **1** 〘植物〙オーストラリア産のユーカリの一種 (*Eucalyptus acmenoides*). **2** その木材《重く堅い; 鉄道の枕木用》. **3** = primavera 2.

white màn *n.* **1** 白人. **2** 《口語》公平[立派]な人, 清廉潔白な人; 育ち[行儀]のよい人: play a ～'s game 正々堂々とやる.

white màn's búrden 〘R. Kipling の詩 "*The White Man's Burden*" (1899) から〙 *n.* [the ～] (後進国を指導する)白人の責務.

white Maripósa, w- m- *n.* 〘植物〙シロチョウユリ (*Calochortus venustus*)《赤い点の入った白い花をつける北米 California 州原産のユリ科の多年草; cf. mariposa lily》.

white márlin *n.* 〘魚類〙ニシマカジキ (*Makaira albida*)《大西洋産の小型マカジキ》.

white màtter *n.* 〘解剖〙(脳の)白質 (cf. gray matter).

white mèat 〘(15C) *wyttemet*〙 *n.* **1** 白身の肉《鶏の胸肉・子牛肉・豚肉など》. **2** 《古》(バター・チーズなどの)酪農製品. **3** 《俗》女優 (actress).

white mélilot *n.* 〘植物〙 = white sweet clover.

white métal *n.* 〘冶金〙 **1** 軸受メタル《鉛・スズなどを成分とした軸受用の減摩合金》. **2** ホワイトメタル《ピューター (pewter)・ブリタニアメタル (britannia metal) のような非鉄系合金の一般名》.

white mónk *n.* 白い修道士 (Cistercian).

White Móuntains *n. pl.* [the ～] 米国 New Hampshire 州の山脈; アパラチア (Appalachian) 山系の一支脈; 最高峰 Mt. Washington (1,917 m).

white múlberry *n.* 〘植物〙トウグワ, マグワ (*Morus alba*)《クワの一種で中国・朝鮮原産; 日本でも栽培》.

white mústard *n.* 〘植物〙シロガラシ (*Brassica hirta*)《アブラナ科の植物でからし(油)を採る》.

whit·en [(h)wáɪtn] 〘(*c*1300): ⇨ white, -en[1]〙 ― *vt.* **1** 白くする: Snow ～*ed* the wheat-tawny countryside. 雪が小麦で黄色い田舎を白くした. **2** …に水しっくいを塗る (whitewash); 〈金属を〉スズでおおう: get one's house ～*ed* 家に水しっくいを塗る. **3** 漂白する: ～ cloth. **4** 正しく[良く, 純潔に]見せる, もっともらしく見せる: Any society may be relatively ～*ed*. どんな社会でも比較的もっともらしいものに見せることはできる. ― *vi.* **1** 白くなる: His hair is ～*ing*. 髪の毛に白いものが見え始めている / The dawn ～*ed*. 東の空が白んできた. **2** (恐怖などで)青ざめる: His cheek ～*ed*. **3** 正しく[良く, 純潔に]見える.

white Négro *n.* (混血などにより)皮膚の白い黒人.

whít·en·er [-tnə, -tnə | -tnə(r), -tn-] *n.* **1** 白く[漂白]する人[物]. **2** 白色染料, 白色塗料. **3** (製造過程で)白色染料[塗料]・漂白剤などを用いる人.

white·ness 〘OE *hwītnes*〙 ― *n.* **1** 白いこと, 純白, 白色. **2** 純潔 (purity), 潔白 (innocence). **3** 青白いこと (paleness). **4** 白いもの: The water lilies lifted their ～ to the sunbeams. スイレンはその白い花を日差しに向けていた.

white níght 〘《なぞり》← F *nuit blanche*〙 *n.* 眠れぬ夜.

White Níle *n.* [the ～] 白ナイル (⇨ Nile).

whít·en·ing [-tnɪŋ, -tn-] *n.* **1** 白くする[なる]こと. **2** = whiting[1] 1.

white nóise 〘cf. white light 1〙 ― *n.* **1** 〘物理〙白色雑音, ホワイトノイズ《すべての周波数成分を等しい密度で含む雑音》. **2** 白色ノイズ《耳ざわりな騒音を消すためにそれにかぶせる音》.

white óak *n.* 〘植物〙 **1** 北米産のオークの一種 (*Quercus alba*)《樹皮は淡灰色または白色, 材が堅い》. **2** 英国産のオークの一種 (*Quercus sessiliflora*). **3** 樹皮の白っぽいオーク. **4** 以上各種のオーク材.

white óil *n.* 〘化学〙ホワイト油, 白油《無色・無味・無臭の鉱物油; 機械の潤滑油として用いる》.

white·òut 〘cf. blackout〙 ― *n.* 〘気象〙ホワイトアウト《北極地方で地面が雪に, 空が雲におおわれている時, 黒い物質を除いては地平線を初めあたり一面が白く見えて見分けがつかない現象》.

white páper *n.* **1** 白紙. **2** 白書《政府発行の報告書》. **3** [W- P-] 《英》白書《下院発行の報告書; cf. blue book, command paper, white book》. **4** 長たらしい権威ぶった報告書[政治宣伝].

White Páss *n.* [the ～] 米国 Alaska 州南東部, Skagway に近い山道; 高さ 880 m.

white péar *n.* 〘植物〙 **1** 南アフリカ南部産ニシキギ科の有用樹 (*Pterocelastrus rostratus*). **2** アフリカ南部産ボロボロノキ科の有用樹 (*Apodytes dimidiata*).

white pélican *n.* 〘鳥類〙 **1** アメリカシロペリカン (*Pelecanus erychrorhynchos*). **2** モモイロペリカン (*P. onocrotallus*)《ヨーロッパ産》.

white pépper *n.* 白こしょう《完熟したコショウの実を発酵させ, 外皮と果肉を取り除いたもの; cf. black pepper 2》.

white pérch *n.* 〘魚類〙 **1** ペルキクチス科の食用魚 (*Morone americana*)《米国大西洋岸および大西洋側河口でとれる》. **2** = freshwater drum. **3** = white crappie.

white péril, W- P- *n.* [the ～] 白禍《白色人種の有色人種に対する圧迫; cf. yellow peril》.

white píne *n.* 〘植物〙 **1** ストローブマツ (*Pinus strobus*)《北米東部産; eastern white pine ともいう》. **2** ストローブマツ材. **3** ストローブマツに類似した松の種類.

white píne blíster rùst *n.* 〘植物病理〙ストローブマツさび病《さび菌の一種 (*Cronartium ribicola*) がストローブマツ・ゴヨウマツ・ハイマツ・スグリ類に寄生して起こす病害》; ストローブマツさび病菌.

white píne wèevil *n.* 〘昆虫〙ストローブマツキボシゾウムシ (*Pissodes strobi*)《ストローブマツ (white pine) などの若枝を食い荒らすゾウムシ科の昆虫》.

white plágue *n.* [the ～] **1** 〘病理〙肺結核 (pulmonary tuberculosis). **2** ヘロイン中毒.

White Pláins 〘《なぞり》← N-Am.-Ind. *quaropas* 《原義》white marshes〙 ― *n.* 米国 New York 州南東部, New York 市付近の都市, 独立戦争の戦跡 (1776); 人口 51,000.

white póinter *n.* 《豪》〘魚類〙 = great white shark.

white póplar *n.*〘植物〙**1** ハクヨウ, ウラジロハコヤナギ (*Populus alba*)《ヨーロッパ・アジア原産のポプラ; 葉裏に銀白の細毛が密生する; silver poplar, abele ともいう》. **2** ユリノキ (⇨ tulip tree); ユリノキ材.

white potàto *n.*《米》ジャガイモ (Irish potato).

white precípitate *n.*〘化学〙白降汞(はくこう): **a** 不溶融性白降汞 (⇨ ammoniated mercury). **b** 溶融性白降汞 ($Hg(NH_3)_2Cl_2$)《塩化アンモニウムを含む塩化第二水銀にアンモニア水を加えて作る白色の結晶》.

white prímary *n.* (米国の民主党の南部諸州での)白人予選会《白人だけが投票できた; 1944 年違憲となる》.

white·prìnt *n.*〘印刷〙陽画写真, 白写真《原図の線や像が黒または色でその他は白くやける複写の一種; 俗に「白やき」》; 白写真法.

white ráce *n.* [the ~]〘俗用〙白色人種, コーカサス人種 (Caucasian race).

white ráinbow *n.*〘気象〙=fogbow.

white rát *n.*〘動物〙シロネズミ《ドブネズミ (*Rattus norvegicus*) の生物実験用白変種 (albino)》.

white rént *n.*〘法律〙白地代《銀で支払われた地代; cf. black rent》.

white rhinóceros *n.*〘動物〙シロサイ, ヒロクチサイ (*Ceratotherium simus*)《アフリカに生息する 2 本の角のあるシロサイ属の動物》.

white ríbbon *n.*《米》白リボン《禁酒のバッジ》.

White Ríver *n.* [the ~] 米国 Arkansas 州北西部から南東に流れて Mississippi 川に注ぐ支流 (1,126 km).

white-róbed *adj.* 白いローブをまとった.

White Róck *n.* ホワイトロック《白色のプリマスロック (Plymouth Rock) 種の鶏》.

white ròom *n.* =clean room.

white róse *n.*〘英史〙白ばら《York 家の記章; cf. Wars of the Roses》.

white róse màllow *n.*〘植物〙アメリカフヨウ (*Hibiscus oculiroseus*)《米国北東海岸沿いの沼地に見られる白またはピンクの花をつけるアオイ科の植物》.

white rót *n.*〘植物病理〙**1** 木材の白腐れ《樹幹がリグニン分解多孔菌に冒され, 材組織中にセルロースが残って白色・軟質となる》. **2** ブドウ白腐病《*Coniothyrium diplodiella* 菌に冒され, 果梗や果実が灰白色より淡褐色となる》. **3** タマネギの白腐病《タマネギ・ニンニクなどが *Sclerotinia cepivorum* 菌に冒され, 白色菌糸によって包まれる》.

White Rússia *n.* 白ロシヤ (⇨ Belorussia).

White Rússian *n.* **1** 白ロシヤ人《White Russia 地方に住むロシヤ人; ⇨Belorussian 1》. **2** ロシヤ革命の時の反ボルシェビキ派のロシヤ人, 白系ロシヤ人. **3** =Belorussian 2.

white rúst *n.* **1**〘植物病理〙しろさび病《しろさび病菌属 (*Albugo*) の細菌によって乳白色の斑点を生じる植物の病気》. **2** しろさび病菌.

white ságe *n.*〘植物〙**1** キク科ヨモギ属の雑草 (*Artemisia ludviciana*). **2** シソ科の多年草 (*Salvia polystachya*)《米国 California 州産の白い毛におおわれた葉と白い花を有する多年生低木》.

white sàle *n.* (シーツ・枕カバーなど)白布製品の大売出し.

white sálmon *n.*〘魚類〙**1** =yellowtail a. **2** =silver salmon. **3** =inconnu 2.

white sapóta [sapóte] *n.*〘植物〙ミカン科の高木 (*Casimiroa edulis*)《熱帯アメリカ原産; トマトのような食用果実をつける; 収斂(しゅうれん)性の葉, 麻酔性のある種子がある; Mexican apple ともいう》.

white sápphire *n.*〘鉱物〙白青玉, 白サファイア.

white sàuce *n.* ホワイトソース《小麦粉・バターで作ったルー (roux) を, 牛乳・生クリーム・だし汁などでのばした白いソースの総称; ⇨ béchamel sauce, velouté; cf. brown sauce》.

white scóurge *n.* (肺)結核 (white plague).

White Séa *n.* [the ~] 白海《ソ連邦ロシヤ共和国北西部, Kola 半島と Kanin 半島との間の Barents Sea の彎入部》.

white shárk *n.*〘魚類〙=great white shark.

white shéet *n.* 懺悔(ざんげ)者の着る白布: stand in a ~ 懺悔する.

white sláve *n.* **1** (外国に売られたりして強制的に売春させられる白人)売春婦. **2**《古》白人奴隷《工場などで酷使される白人》.

White-Sláve Àct *n.* [the ~]〘米法〙=Mann Act.

white sláver *n.* (白人)売春婦売買業者.

white slávery *n.* (白人)売春婦売買, 強制売春; (白人)売春婦の境遇.

white·smìth 〘《1302》〙*n.* **1** ブリキ職人 (tinsmith). **2** 金属器みがき[仕上げ]職人 (cf. blacksmith).

white snákeroot *n.*〘植物〙マルバフジバカマ (*Eupatorium rugosum*)《北米産キク科ヒヨドリバナ属の草本; これを食べた動物が振顫(しんせん)を伴う中毒症 (trembles) を起こし, その動物の乳を飲んだ人間が戦慄症 (milk sickness) にかかる》.

white spáce *n.* (印刷物中の)ホワイトスペース, 余白.

white spírit *n.* [しばしば *pl.*] 石油の蒸留物《テレビン油の代用》.

white sprúce *n.*〘植物〙北米産トウヒ属の常緑針葉樹 (*Picea glauca*); その材《軽くて柔らかく, パルプの原料や箱などの材料に用いる》.

White Squádron *n.*〘英史〙[the ~] 白色艦隊 (⇨ white *n.* 9).

white squàll *n.*〘気象〙ホワイトスコール, 無雲疾風(しっぷう)《熱帯地方の海に突如現われる疾風; 嵐雲を伴わず白波の前進によって接近が知られる; cf. black squall》.

white stórk *n.*〘鳥類〙コウノトリ, (特に, ヨーロッパ産の)シュバシ(朱嘴)コウ (*Ciconia ciconia*) (⇨ stork) (cf. black stork).

white stúrgeon *n.*〘魚類〙シロチョウザメ (*Acipenser transmontanus*)《北米太平洋沿岸産で, 北米最大の淡水魚; cf. beluga 2》.

white súcker *n.*〘魚類〙北米産サッカー科の食用魚の一種 (*Catostomus commersoni*).

white suprémacist *n.* 白人優越論者.

white suprémacy *n.* (黒人・他の有色人種に対する)白人優越論.

white swámp hòneysuckle *n.*〘植物〙=swamp azalea.

white swéet clóver *n.*〘植物〙コゴメハギ, シロバナシナガワハギ (*Melilotus alba*)《白花をつけるマメ科の二年草で蜂蜜の原料; white melilot ともいう》.

white·tàil *n.*〘動物〙(white-tailed deer など)尾の白い各種の動物の総称.

white-tailed déer *n.*〘動物〙オジロジカ (*Odocoileus virginianus*)《北米で最も普通のシカ, 尾の下面が白い; 夏季毛の赤い間は red deer と呼ばれ, また特に米国東部では Virginia deer と呼ばれる》.

white-tailed gnú *n.*〘動物〙オジロヌー (*Connochaetes gnou*)《アフリカに生息するウシ科ヌー属の動物》.

white-tailed kíte *n.*〘鳥類〙オジロトビ (*Elanus leucurus majusculus*)《温帯[熱帯]アメリカ産で頭部・胸・尾などが白い》.

white-tailed séa eàgle *n.*〘鳥類〙オジロワシ (*Haliaeetus albicilla*)《尾が短いくさび型で白い; gray sea eagle, white-tailed eagle ともいう》.

white tássel flòwer *n.*〘植物〙米国中西部草原産マメ科の白花の穂状花序をつけるクローバー (*Petalostemon candidus*)《white tassels ともいう》.

White Térror 〘もと白百合がフランス王権の表徴だったことから〙*n.* [the ~] **1**〘フランス史〙王政復古時代初期のフランス南東部で復帰した王党派が革命派に対して行なった残虐な報復行為. **2** 反革命派[反動派]の恐怖政治, 白色テロ (cf. Red Terror).

white·thòrn 〘ME〙*n.*〘植物〙=hawthorn.

white·thròat 〘《1676》〙 ── *n.*〘鳥類〙**1** ノドジロムシクイ (*Sylvia communis*)《ヨーロッパ産ウグイス科の小鳥; nettle creeper ともいう》. **2** =white-throated sparrow.

white-thròated spárrow *n.*〘鳥類〙ノドジロシトド (*Zonotrichia albicollis*)《北米産ホオジロ科シトドモドキ属ののどに白い斑紋のある小鳥の一種; white-throat ともいう》.

white-tie *adj.* 正式夜会服の; 正装を要する (cf. black-tie).

white tíe *n.* **1** (燕尾(えんび)服と共に着用する)白蝶ネクタイ (cf. black tie). **2** (男子の)正式夜会服《燕尾服に白の蝶ネクタイ》: a ~ function 正装を要する会合.

white·tile 〘建物の特徴から〙*adj.* 白タイルの《第二次大戦後に昇格・新設された英国大学にいう; cf. plateglass, redbrick》: a ~ university.

white trásh *n.* [集合的]〘軽蔑〙**1** (米国南部の)貧乏白人, プアホワイト. **2** 貧乏白人, プアホワイト (poor whites).

white trúmpet lìly *n.*〘植物〙テッポウユリ (*Lilium longiflorum*).

white trúmpet narcìssus *n.*〘植物〙シロバナラッパズイセン (*Narcissus moschatus*).

white túrnip *n.*〘植物〙カブ (⇨ turnip 1 a).

white úpland áster *n.*〘植物〙テリアツバギク (*Aster ptarmicoides*)《北米原産キク科の白い舌状花をつける多年草》.

white vítriol *n.*〘化学〙皓礬(こうばん), 硫酸亜鉛七水化物 ($ZnSO_4 \cdot 7H_2O$)《媒染剤・防腐剤》.

White Vólta *n.* [the ~] 白ボルタ(川)《アフリカ西部, Ghana の川; Volta 川の支流; 長さ 885 km》.

white·wàll *n.*《米》ホワイトウォール《タイヤの横腹に白い帯が出るように作った自動車タイヤ; white-wall tire ともいう》.

white wálnut *n.*〘植物〙**1** =butternut 1 a. **2** =walnut 2.

white·wár *n.* 経済戦 (economic warfare).

white·wàre *n.*〘窯業〙ホワイトウェア, 白色陶磁器《施釉または無釉素地からできている焼成品で, 一般には白色で微細な組織をもつ古陶磁器全般の総称》.

white·wàsh 〘《*n.*: 1689; *v.*: 1591》: ⇨ white (*n.*) 2, wash (*vt.*) 9〙 ── *n.* **1 a** 石灰水, 水漆喰(しっくい), のろ《石灰水に胡粉(ごふん)・のりを混ぜた溶液で, 壁・天井などの上塗りに用いる》. **b** 水おしろい. **2** (欠点・過失などを隠すための)体裁のいいごまかし, 糊塗(こと)するもの. **3**《米口語》(競技で)零敗. **4** (れんが表面の)白華(はっか). **5**〘ガラス製造〙=glass gall.
── *vt.* **1 a** …に水漆喰を塗る: He ~*ed* the ceiling. 天井に水漆喰を塗った. **b** …に水おしろいを塗る: She ~*ed* her face. 顔に水おしろいを塗った. **2** (いい加減な手段で)…の汚名をすすごうと試みる; ごまかす, …の表面を飾る, 体裁を繕う. **3** [Passive に用いて]《英》〈破産者〉に負債の弁済を免れさせる. **4**《米口語》(競技で)零敗させる. **5** 〈れんが〉の表面に白華を発生させる.
~·er *n.* **~·ing** *n.*

white wáter *n.* **1** (波頭・急流・滝などの)白くあわ立つ水. **2** (砂底の透ける)明るい色をした海水.

white wáter lìly *n.*〘植物〙シロスイレン; (特に) ニオイヒツジグサ (*Nymphaea odorata*)《黄色のスイレン (yellow water lily) と区別して用いる》.

white wáx *n.* 白蠟(ろう)《beeswax, Chinese wax など》.

white wáy 〘← *Great White Way*〙*n.*《米》(大都市の商店・劇場街の)盛り場, 繁華街, 不夜城.

white whále *n.*〘動物〙シロイルカ (⇨ beluga 1).

white wíne 〘ME: cf. L *vinum album* / F *vin blanc*〙*n.* 白ぶどう酒, 白ワイン (⇨ wine 1).

white·wìng *n.* **1**〘鳥類〙**a**《英》=chaffinch. **b** =white-winged scoter. **c** =white-winged dove. **2**《米》白い制服を着た人, (特に)道路掃除夫.

white-winged cóot *n.*〘鳥類〙=white-winged scoter.

white-winged dóve *n.*〘鳥類〙ハジロバト (*Zenaida asiatica*)《米国南部以南産の野生バト》.

white-winged scóter *n.*〘鳥類〙アメリカビロードキンクロ (*Melanitta deglandi*)《北米産のビロードキンクロ》.

white wítch *n.* (人の幸福のためにのみ力を行使する)善魔女.

white·wòod *n.* **1**〘林業〙白色木材《シナノキ・ユリノキ・ヒロハハコヤナギなどの材で, 家屋内部仕上げ・ボート・家具などに用いる》. **2**〘植物〙白色木材の採れる木の総称.

white wóod àster *n.*〘植物〙北米産の白い花をつけ森林地に育つキク科の多年草 (*Aster divaricatus*).

whit·ey, W- [(h)wáɪti | -tɪ] *adj.* =whity. ── *n.*《軽蔑》**1** 白人. **2** [集合的] 白人, 白人社会.

Whit·field [(h)wítfiːld] 〘《原義》white field (白亜, 石灰質の土地): もと地名〙*n.* 男性名.

whith·er [(h)wíðə | -ðə(r)] 〘OE *hwider* ← Gmc **χwi-* (⇨ which)+OE *-dre* '-THER': *d* → *th* への変化は FATHER に同じ〙 ── 《古・文語》*adv.* ★ 今はこの代わりに一般に where, where...to, how far などを用いる (cf. whence). **1** [疑問詞として] いずこへ, どの点まで: *Whither* are they drifting? どこへ漂って行くのか / I see ~ your question tends. ご質問の方向はわかります. **2** [←] [関係詞として] **a** (そこへ…する)ところの (to which); そしてそこへ: We know not the place ~ they went. 彼らの行った所を知らない / He is in heaven, ~ I hope to follow. 彼は天国にいるがそこへ私もついて行きたい. **b** [先行詞を省略して] …するどこへでも (to any place that): Go ~ you will. 行きたい所へ行きなさい.
── *n.* 行先, 目的地 (destination): our whence and our ~ 我々の出て来た所と行き着く所.

whìther·soéver 〘《?c1200》← *hwiderse whitherso* (< OE (*swā*) *hwider swā*: ⇨ ↑, so¹)+EVER〙 ── *adv., conj.*《古》**1** (…する所は)どこへでも, …所はどこでも. **2** [譲歩節を導いて] どこへ…しようとも.

whith·er·ward [(h)wíðəwəd | -ðəwəd] 〘ME: ⇨ whither, -ward〙*adv.*《古》どちらの方へ, いずれに向かって.

whith·er·wards [-wədz | -wədz] 〘ME〙*adv.* =whitherward.

whit·ing¹ [-tɪŋ | -tɪŋ] 〘《1440》← WHITE (*v.*)+-ING¹〙*n.* **1** 胡粉(ごふん), 白亜, のろ《顔料・水漆喰(しっくい)・パテなどに用いる》. **2**《古》(漂白・漆喰などで)白くすること.

whit·ing² [(h)wáɪtɪŋ | -tɪŋ] 〘《c1425》⊏ (M)Du. *wijting*: ⇨ white, -ing³〙*n.* (*pl.* ~, **~s**)〘魚類〙**1** ヨーロッパ産のタラ科の魚 (*Merlangus merlangus*). **2** 北米大西洋沿岸産のニベ科 *Menticirrhus* 属の食用魚の総称. **3** =silver hake.

whit·ish [-tɪʃ | -tɪʃ] 〘ME: ⇨ white, -ish¹〙 ── *adj.* **1** やや白い, 白っぽい, 白みがかった. **2** [色彩語を修飾して] 淡い (pale): a *whitish*-blue color 淡青色.
~·ness *n.*

whit·lèather [(h)wít-] 〘ME *whittlether*: ⇨ white, leather〙*n.* **1** みょうばんなめし革《みょうばん・食塩などでなめした柔らかい白色の革》. **2** =buff¹ 1.

Whit·ley Cóuncil [(h)wítli- | -lɪ-] 〘← *J. H. Whitley* (1866–1935: 英国下院議長 (1921–28))〙 ── *n.*《英》(ホイットレー委員会が提唱した)産業別労資会議 (cf. joint industrial council).

Whit·ley·ism [-liìzm] *n.*《英》Whitley Council によって産業問題を討議・調停する方法.

whit·low [(h)wítlou | -ləu] 〘《a1400》*whitflawe, whitflowe*: ⇨ white, flaw¹〙*n.*〘病理〙瘭疽(ひょうそ)《医学用語は paronychia》.

whitlow gràss 〘↑: それに対する薬効から〙*n.*〘植物〙アブラナ科イヌナズナ属 (*Draba*) の植物の総称.

whitlow·wòrt *n.*〘植物〙温帯地方産ナデシコ科 *Paronychia* 属の植物の総称.

Whit·man [(h)wítmən] 〘OE *Hwitmann*《原義》white or fair man // 'servant of White (人名)': もと家族名〙*n.* 男性名.

Whitman, Walt(er) *n.* (1819–92) 米国の詩人; *Leaves of Grass* (1855).

Whit·mon·day [(h)wítmʌ̀ndi, -deɪ, ⌣⌣⌣ | -dɪ, -deɪ] 〘← WHITE+MONDAY: cf. Whitsunday〙 ── *n.* Whitsunday 後の第一の月曜日《イングランド・ウェールズ・アイルランドの法定休日; cf. bank holiday》.

Whit·ney [(h)wítni | -nɪ] 〘OE *Witenie*《原義》white island // 'island of White (人名)': *-n-* は弱変化形容詞の dat. の語尾: もと家族名〙*n.* 男性名.

Whitney, Eli *n.* (1765–1825) 米国の発明家; 綿繰り機 (cotton gin) を発明.

Whit·ney [(h)wítni | -nɪ], **Mt.** 〘← *J. D. Whitney* (1819–96: 米国の地理学者)〙 ── *n.* ホウィットニー山《米国 California 州東部, Sierra Nevada 山脈中の高山; 米本国 (Alaska 州を除く) 中の最高峰 (4,418 m)》.

Whitney, William Dwight *n.* (1827–94) 米国のサン

スクリット学者・辞書編集者; *The Life and Growth of Language* (1875), *The Century Dictionary* (1889–91).

whit·rack [(h)wítræk] *n.* 《英方言》=whittret.

Whit·sun [(h)wítsn, -sən] 〖《?a1200》 *whitsone* ← *whitsondei* (↓): *Whitsun Day* と異分析されたもの〗 — *adj.* Whitsunday の; Whitsuntide の. — *n.* **1** =Whitsunday. **2** =Whitsuntide.

Whit·sun·day [(h)wítsʌ́ndi, ⌐⌐⌐, (h)wítsndèɪ, -sən-, -di|(h)wítsʌ́ndɪ, -deɪ, -sndéɪ] 〖OE *Hwīta Sunnandæġ* 《原義》 White Sunday (この日洗礼が多く行なわれ, 受洗者が白衣を着用したことから): [(h)wít-] の発音は複合語における母音の短縮による〗 — *n.* 聖霊降臨日, 白衣の日曜日《復活祭 (Easter) 後第七の日曜日, 英国では四期支払日の一つ; Pentecost ともいう; cf. quarterday》.

Whítsun·tìde 〖《?a1200》: ⇨ Whitsun, tide[1]〗 *n.* 聖霊降臨節《Whitsunday から一週間, 特に最初の三日》.

Whit·ta·ker [(h)wítɪkə, -tə- | -təkə(r, -tɪ-] 〖《原義》 white acre (cf. Whitfield): もと地名〗 *n.* 男性名《異形 Whitaker》.

Whit·ti·er [(h)wítiə | -tɪə(r], **John Green·leaf** [gríːnliːf] *n.* (1807–92) 米国の詩人; *Snow-Bound* (1866).

Whit·ting·ton [(h)wítɪŋtən | -tɪŋ-], **Richard** *n.* (1358?–1423) 一匹の猫のために巨万の富を得たと伝えられる半ば伝説的な人物; 後に三度 London 市長になった; 通称 Dick Whittington.

whit·tle [(h)wítl|-tl] 〖n.: 《1404》《転訛》← ME *thwitel* knife ← *thwite* (n.) < OE *þwītan* to shave off ← Gmc **þwit-* ← IE **twei-* to shake, agitate. — v.: 《1552》← (n.): ⇨ -le[3]〗 — *n.* 《古・方言》大ナイフ《さやに入れて腰に下げるものなど》; (肉屋の)肉切り包丁. — *vt.* **1** (ナイフで)〈木を〉少しずつ削る; 少しずつ削って形作る 〈*out*〉: ~ *down* a stick 棒を少しずつ削って細くする / ~ a piece of wood *into* a figure 木片を少しずつ削って人型を作る. **2** 切り取る, 削り取る 〈*away*〉: ~ *away* the bark 木の皮を削り取る. **3** そぐ, 減らす, 減じる 〈*down, away, off, up*〉: ~ *down* a person's salary 人の俸給を減らす / ~ *down* [*away*] the significance of …の重要さを減じる / ~ the distinction between …間の差異を少なくする / ~ the price *down* to one half 値段を半分まで値切る / The hunger ~*d* my body *down* to a mass of skin and bones. 飢えのため私の体はやせ細って骨と皮になってしまった. — *vi.* **1** (ナイフで)〔木片などを〕切る, 刻む, 削る 〔*at*〕. **2** くよくよ[やきもき]して疲れ切る[他人を疲れさせる].

Whit·tle [(h)wítl|-tl], Sir **Frank** *n.* (1907–) 英国の技師・発明家; ジェット推進技術の研究者.

whít·tling [-tlɪŋ, -tl- | -tl-, -tl-] 〖⇨ whittle, -ing[1]〗 *n.* **1** 削る[切る, 刻む]こと; 削減すること. **2** [しばしば *pl.*] 削りくず, (薄い)木片 (bit, chip).

whit·tret [(h)wítrɪt, -trət] 〖⇨ white, rat[1]〗 *n.* 《スコット》イタチ (weasel).

Whit·tues·day [(h)wít(j)uːzdi, -deɪ, ⌐⌐⌐ | (h)wíttjúːzdɪ, -deɪ, ⌐⌐⌐] *n.* Whitsunday 後の第一の火曜日.

Whit Wèek *n.* =Whitsuntide.

whit·y [(h)wáɪti | -tɪ] 〖⇨ white, -y[4]〗 — *adj.* (**whit·i·er**; **-i·est**) [しばしば他の色の名と複合語を成して] 白味がかった (whitish), 白味を帯びた: whity-brown. — *n.* 《俗》=whitey.

whiz [(h)wíz] 〖《a1547》: 擬音語〗 — *v.* (**whizzed**; **whiz·zing**) — *vi.* **1** ぴゅっと鳴る, ひゅーひゅー鳴る, ぴゅーぴゅーと音を立てる. **2** ぴゅーぴゅー音を立てて飛ぶ[回転する]: I heard a bullet ~ past my head. 弾丸がぴゅっと頭のそばを飛ぶのが聞こえた / The airplane ~*zed away*. 飛行機はびゅーんと飛び去った. — *vt.* **1** ぴゅーといわせる. **2** 遠心脱水機 (whizzer) にかける.
— *n.* **1** (矢・弾丸などが)風を切る音, ぴゅー, ひゅー. **2** ぴゅーという(音を立てるほどの)速さ; 急ぎの旅行. **3** 〖《転訛》← WIZ〗《米俗》切れ者, やり手, 名人: I'm a ~ *at* omelets. オムレツ作りの名人だ. **4** 《米俗》すばらしいもの: a ~ of an automobile すてきな車. **5** 《米俗》合意, 話がつくこと: It's a ~. 承知した, 賛成.

whíz·bàng 〖⇨ ↑, bang[1]〗 — *n.* **1** 《軍俗》ぴゅーずどん《小口径高速度砲の榴弾(りゅうだん); 飛来する音と炸裂(さくれつ)する爆音とがほとんど同時》. **2** ぴゅーずどんに類似する爆竹[花火]. **3** 《米俗》=whiz 3, 4.
— *adj.* ひどく巧みな[役立つ, 立派な], 一流の.

Whíz Kìd, w- k- 〖《変形》← *Quiz kid* (一時人気があった子供番組の名): cf. whiz (n. 3), wizard (n. 4)〗 *n.* 《口語》若手の俊秀, 若手の大物; 神童.

whizz [(h)wíz] *v., n.* =whiz.

whízz·bàng *n., adj.* =whizbang.

whíz·zer *n.* **1 a** ぴゅーっというもの. **b** 遠心脱水機《穀物・砂糖などを乾燥させるに用いる》. **c** =bull-roarer. **2** 際立った才能[腕前]の持主. **3** 抜け目のない[いたずらな]策略: He pulled a ~ on us. 我々をまんまとぺてんにかけた.

whíz·zing *adj.* ひゅーという(音を立てる). **~·ly** *adv.*

who 〖OE *hwā* ← Gmc **χwa-* ← **χwaz, *χwez* (Du. *wie* / G *wer*) < IE **kwo-* (関係・疑問代名詞語幹: cf. L *quis* who)〗 — *pron.* (目的格 **whom** [(*1* では) húːm; (*2* では) huːm, hʊm, uːm], 所有格 **whose** [(*1* では) húːz; (*2* では) huːz, uːz]) **1** [húː] [疑問詞として] だれ, どんな人《姓名・地位・資格などを問う; cf. what》: *Who* is he? / *Who* are those men? / *Who* said so? / *Whose* son is he? 彼はだれの息子ですか / *Who* on earth is it? 一体それはだれですか / *Who* goes (there)? ⇨ go *vi.* 1 / Mr ~ did you say? だれさんだとおっしゃいましたか / Your name is Mr ~? お名前はだれさんですって / *Who* did you say was expected? だれを待っているとおっしゃいましたか / His father was nobody knows ~. 彼の父親はどこのだれだか知れない人だった / I told him *whom* to look out for. だれに用心すべきかを彼に教えた / I told him ~ they were. 彼らは何者であるか彼に聞かせてやった / *Who* am I that I should object? 私ごときものがどうして反対などしましょう / *Who* are the Joneses? I should like to know. ジョーンズ家ってどんな人たちだろう, 知りたいものだ / *Who* would have thought it? だれがそんなことを思っただろう《だれも思いはしなかったろう》/ It was ~ should have it first. 皆はわれ先にそれを取ろうとしていた. ★ 口語では, whom を用いる場合に who を用いる傾向が強い: *Who*(*m*) do you mean? だれのことを言っているのですか / *Who*(*m*) are you writing to? だれに手紙を書いているのですか / *Who* (=Whom) do you introduce to *whom*? だれをだれに紹介するのかね / No matter *who*(*m*) I meet, … だれに会おうとも… / I know ~ he is thinking of. 彼がだれのことを考えているのか知っている / *Who* do you think I saw just now? さっきだれを見たと思う / *Who* should I meet but John? 会ったのはほかならぬジョンだった.
2 [huː, hʊ, uː, ʊ] [関係詞として] **a** [制限的用法] (…する)ところの(人) (cf. which, that): a man ~ knows the secret その秘密を知っている人 / a man (*whom*) one can trust 信用の置ける人 / the man (*whom*) you saw 君の見た人 / Any one ~ chooses can apply. 好きな人はだれでも申し出ればよい. ★ 次のような例では who を用いるべきであるが, しばしば後の動詞の目的語と感じられて whom となる: the girl ~ [*whom*] I hear is to be his wife 彼の妻になると聞いている娘 / There is no one ~ [*whom*] we can believe is competent. 適任と我々が信じうる人は一人もない. **b** [非制限的用法] すると[だが, もしも, なぜなら]彼[彼女, 彼ら]は[を]: I sent it to Jones, ~ (=and he) passed it to Smith. 私がそれをジョーンズに送ると, ジョーンズはそれをスミスに回した / She is going to marry Dick, *whom* she does not love (=though she does not love him). 彼女はディックと結婚しようとしているが実は愛してはいないのだ. ★ 先行詞は原則的に「人」および擬人化されたもの(船・国家など)であるが, 時には動物にも適用される: They have a dog, ~ always gives us a welcome. **c** [先行詞を省略して]《古》(…する)その人, 人はだれでも (the [any] person(s) who): *Who* loves raves. 恋する者は気も狂う / *Whom* the gods love die young. 《諺》神の愛する人は若死する (Byron, *Don Juan*) / There are ~ would not hear. 耳を傾けようとしない人たちもある.
as who should say 《古》言いでもする人のように, 言うかのように (as if one should say): He looked at me, *as ~ should say*, "I don't believe you". 彼は「君の言うことは信じない」…とばかりに私を見た. ***Says who?*** 《米俗》うそつけ, まさか. ***who all*** 《米口語》=(all) who: I forget ~ *all* were there. あそこにだれだれがいたかすっかり忘れてしまった. ***who is it*** あの何とかさん《名前を思い出せない人に使用する》. ***who is*** [***who's***] ***who*** だれがどんな人であるか (cf. who's who): I know ~*'s* ~. / Soon I had learned ~ *was* ~. だれがどんな人だかすぐに分かった.

WHO, W.H.O. 《略》World Health Organization 世界保健機関.

whoa [(h)wóʊ, hóʊ | wáʊ, háʊ] 〖《1600》《変形》←《廃》*who* 《変形》← HO〗 — *int.* **1** どーどー《馬・ろばなどを止める時の掛声》: ~ back 後へ, どーどー (《英》wo back) (cf. gee[1] 1). **2** 《戯言》(人に向かって)ストップ, 止まれ (Stop).

who'd [húːd, huːd, hʊd] who would の縮約形.

whó-dòes-whát *adj.* 《労働》特定の仕事をどの労組がすべきかに関する: a ~ dispute, strike, etc.

who·dun·it [hùːdʌ́nɪt, -nət | -nɪt] 〖《転訛》← *Who done it?*: *done* 《俗・詩》=did: D. Gordon (*American News of Books*) の造語〗 — *n.* (*also* **who·dun·nit** [~]) 《口語》推理小説[劇, 映画].

whò·é'er *pron.* 《詩》=whoever.

whò·éver 〖? lateOE: ⇨ who, ever〗 — *pron.* (目的格 **whomever**; 所有格 **whoseever, whosever**) **1** [強意関係詞として] だれ[どんな人]でも (any person(s) who); [所有格] だれの(もの)でもそれ[それら](は): *Whoever* (=Any one who) comes will be welcome. 来る人はだれでも歓迎される / You can invite *whomever* [~] (=any one whom) you like. だれでも好きな人を招いてよい / *Whoseever* are left here will be confiscated. ここに残っているものはだれのものでも没収される.
2 [譲歩の副詞節を導いて] だれが…とも (no matter who); [所有格] だれの(もの)であっても (no matter whose): *Whoever* else objects, I do not. 他のだれが反対しようとも私はしない / *Whoever* you are, speak! 君がだれか知らんが口をきけ / *Whoever* [*Whomever*] I quote, you retain your opinion. どんな人の言を私が引いて来てもあなたは一向に意見を変えない / *Whoseever* it is, I mean to have it. それがだれのだって私は自分のものにするつもりだ.
3 [強意疑問詞として] 《口語》一体だれ(が) (who ever); 一体だれの(もの) (whosever) (⇨ whatever *pron.* 3 ★): *Whoever* can he be? 一体彼はだれだろう / *Whoever* would have thought of it? 一体だれがそんなことを考え付いただろうか / *Whosever* will win, do you think? 一体だれのが勝つと思いますか.

whole [hóʊl | hə́ʊl] 〖adj.: OE (*ġe*)*hāl* 'healthy, sound, HALE[1]' (*w-* は 1500 年ごろの添加) < Gmc **(ga)χailaz* (Du. *heel* / G *heil*) ← IE **kailo-* whole, good-omened. — n.: 《a1398》← (adj.): cf. heal, holy〗
— *adj.* **1** [the, his, her, your などを冠し, Attributive にだけ用いて] 全部の, 全体の, すべての, 全…, 総… (cf. all): *the* ~ world 全世界(の人々) (all the world) / *the* ~ country 全国(民) (all the country) / *the* ~ sum 総数, 総額 / *the* ~ truth すべての真相, 全く偽りのない真実, ありのまま / *the* ~ priesthood 聖職者全体 / *the* ~ body 全身 / *the* ~ duty of man 人のすべての本分 (*Eccles.* 12:13) / *his* ~ energy 彼の全精力 / with *one's* ~ heart 心をこめて, 努力を傾けて, 迷わずに / He loves me with *his* ~ heart and soul. 彼は心のたけをこめて私を愛してくれる / Sobs shook *her* ~ frame. すすり泣きで彼女の体全体が震えた / I never saw her *the* ~ morning. その日の午前中ずっと彼女を見かけなかった / *the* ~ lot 全部, みな (all of it or them) / *the* ~ time 始終, 絶えず / ⇨ whole hog, whole show. ★ 通例地名を直接修飾しない (cf. *n.* 1).
2 a [単数普通名詞には不定冠詞をつけて] まる…, ちょうど, 満…, 続いた (complete, no less than): a ~ day [year] まる1日[1年] / It rained (for) three ~ days. まる3日間も雨が降った / He spent ~ years of misery. 数年間というものみじめな暮らしを続けた. **b** [強意形容詞として] 非常に多数[多量]の; (数量・程度の)大きな: *Whole* towns were left in ruins. 実に多くの町々が廃墟と化した / a ~ army of ants アリの一大大群. **3 a** 〈人・動物・身体など〉傷を受けない, 無事で; 傷の直った: I hope you will come back ~. 無事に帰って来られるようお祈りします / with a ~ skin ⇨ skin 成句. **b** 〈物が〉無傷の, 壊れていない, 完全な (intact): The dish is still ~. 皿はまだ無傷だ / There isn't a cup left ~. これずにいるカップは1個もない. **4 a** (部分に)分けない, まるのままの[で], まるごと(の): cook a pig ~ 豚を1匹まるごと料理する / He swallowed a tablet ~. 錠剤をまるごと飲んだ. **b** 《数学》〈数が〉整数の (integral), 分数を含まない (unfractional): ⇨ whole number. **5** 他人の血の混じらない, (特に)〈兄弟・姉妹が〉両親が同じの, 本当の (cf. german 1): ⇨ whole blood 2 / a ~ brother [sister] 父母の同じ兄弟[姉妹] (cf. half brother, half sister). **6** 本来の成分を全部含んだ, 全…: ⇨ whole cloth, whole gale, whole milk, whole meal, whole wheat. **7** 〈知・情・意(の発達)が〉完全に調和した, 完全な, 円満な: education for the ~ man 全人教育. **8** 《古》健康な, 壮健な (well, healthy); 〈傷・病気などが〉直った: be ~ and sound 健康である / be ~ of one's sickness 病気が直る / His hand is made ~. 手(の傷)がいえた / They that are ~ need not a physician. 《諺》すこやかな人には医者はいらない (cf. *Mark* 2:17).
a whole lot 《口語》大いに: I feel *a ~ lot* better now. もうずいぶん気分がよくなった. ***a whole lot of*** 《口語》たくさんの (lots of): He talks *a ~ lot of* nonsense. 彼はばかな事ばかり言う. ***go*** (***the***) ***whole hog*** ⇨ whole hog 成句. ***out of whole cloth*** ⇨ whole cloth 成句.
— *n.* **1 a** [the ~] 全部, 全体, 総体 〔*of*〕: *The ~ of* (=All) his money was gone. 彼の金は全部なくなった / during *the ~ of* my life 私の全生涯を通じて / *the ~ of* Japan 日本全土[全国] (cf. ALL Japan) / The golden rule contains *the* ~ of morality. 黄金律は道徳律のすべてを含む / He spent *the ~ of* that year in Paris. その年の全部をパリで過ごした. **b** 全体の人々: *The ~ of* the village knows it. そのことは村全体の人々が知っている. **2** (有機的)統一体 (organic unity), 完全体系 (complete system), 完全物: the ~ and the parts 全体と部分 / ~*s* and halves 全体のものと半分のもの / Nature is a ~. 自然は統一体である / Various parts blend into a harmonious ~. 様々な部分が混じり合って調和ある統一体を作っている.
as a whole 全体として (all together): You must consider things *as a* ~. 物事を全体として考えなければならない. ***in*** (***the***) ***whole*** [今は通例 the を省いて] 全部, すっかり (↔ in part): The work was printed *in* ~. その作品は全部印刷された. ***on*** [***upon***] ***the whole*** 全体から見て, 概して, 大体 (all things considered): *On the* ~ I am satisfied. 大体満足です.
— *adv.* 全く (wholly).

whóle bìnding *n.* 《製本》丸装(丁) (full binding).

whóle blóod *n.* **1** 全血《いかなる成分も除去されてない血液》. **2** 両親が共に同じであること (full blood) (cf. half blood): brothers [sisters] of the ~ 実の兄弟[姉妹].

whóle-bòund *adj.* 《製本》丸装(丁)の (cf. half-bound).

whóle chéese *n.* [the ~] 《米俗》=whole show 1.

whóle clóth 〖《15C》〗 *n.* 《紡織》原反《製造したままのカットしてない生地》.
out of whole cloth 《米》全くのでっち上げで[の], 全く根拠なしに[の]: His story was made *out of* ~. 彼の話は全くのでっち上げだった / He told a lie *out of* ~. 全くでたらめのうそをついた.

whóle-còlored *adj.* 単色の.
whóle gàle *n.* 〘気象〙全強風 (⇨ wind scale).
whóle·héarted *adj.* **1** 心から熱中している: a ~ student of Shakespeare. **2** 心をこめた, 心からの: a ~ love. **~·ly** *adv.* **~·ness** *n.*
whóle-hóg [-hɔ́(ː)g, -hɑ́g | -hɔ́g] *adj.* 徹底的な, 完全な (complete): a ~ patriot とことんまでの愛国主義者. **—** *adv.* とことんまで, 完全に (completely): accept ~ 完全に受け入れる.
whóle hóg *n.* 全体, 完全 (entireness): believe [accept] the ~ ことごとく信じる[是認する], 丸のみにする. **go (the) whole hog** 遠慮なく[徹底的に]やる, とことんまでやる.
whóle-hóg·ger [-hɔ́(ː)gə, -hɑ́gə | -hɔ́gə(r] 〘← (*go the*) *whole hog* (↑)+-ER¹〙 *n.* 極端論者, 徹底的な支持者[推進者].
whóle hóliday *n.* 全休日 (cf. half-holiday).
whóle-hóofed *adj.* 〘動物〙単蹄(たんてい)の, 奇蹄の (cf. cloven-footed 1).
whóle-léather *adj.* 総革の: ~ boots / ~ binding 〘製本〙総革(装).
whóle-léngth *adj.* **1** 〈肖像画が〉(頭から足までの)全長の, 全身の: a ~ portrait. **2** 省略[短縮]してない: a ~ report. **—** *n.* 全身画, 全身像.
whóle life insùrance *n.* 〘保険〙終身保険 (ordinary life insurance).
whóle mèal *n.* **1** 完全小麦粉 (whole wheat flour): ~ bread. **2** 《英》=wheatmeal.
whóle mílk *n.* 全乳《脂肪分を取らない完全乳; cf. skim milk》.
whóle·ness 〘OE *hālnes*〙 *n.* **1** 全体, 総体, 一切. **2** 完全, 無傷. **3** 強健, 矍鑠(かくしゃく). **4** 〘数学〙整数性.
whóle nòte *n.* 《米》〘音楽〙全音符 (semibreve).
whóle númber *n.* 〘数学〙整数 (integer).
whóle pláte *n.* 《英》〘写真〙八切判《写真の大きさが $6^1/_2 \times 8^1/_2$ in. (16.5×21.6 cm) のものをいう》.
whóle rèst *n.* 〘音楽〙全休止(符).
whóle·sàle 〘(*a*1417) *holesale* ← *by hole sale* by wholesale〙 **—** *adj.* **1** 卸し売りの, 卸しの (cf. retail): a ~ dealer 卸し商人 / ~ prices 卸し値段 / ~ business 卸し業 / Our business is ~ only. 当方の売買は卸しばかりです. **2** 大規模の, 大仕掛けな: a ~ liar 大うそつき / a ~ arrest 一斉検挙. **3** 十把一からげの: the ~ destruction of mankind 人類を全滅させること / a ~ slaughter 大量無差別虐殺.
— *adv.* **1** 卸し売りで: sell [buy] ~ 卸しで売る[買う]. **2** 大仕掛けに (on a large scale), 大ざっぱに, すっかり: He wasted his money ~. 持金をすっかり消費した / I was abused ~ for not having prevented the crimes. その犯罪を防がなかったという理由でこてんぱんにののしられた.
— *n.* 卸し(売り) (cf. retail).
by [《米》 **at**] **wholesale** (1) 卸し売りで. (2) 大量に; 手広く, 十把一からげに.
— *vt.* 卸し売りする. **—** *vi.* **1** 卸し売りをする. **2** 〈物が〉卸し売りされる.
whólesale príce index *n.* 〘経済〙卸売物価指数 (cf. INDEX of retail prices).
whóle·sàler *n.* 卸し(売り商)業者, 小口卸商業者, 問屋.
whóle-sèas 〘*half-seas over* にならった造語〙 *adj.* [しばしば over を伴って]《口語・戯言》(すっかり)酔っぱらって (completely drunk) (cf. half-seas over 2).
whóle shów *n.* [the ~] **1** 《米俗》花形選手 (principal player); 唯一の重要人物. **2** 《米口語》事柄全体: boss *the* ~ 一切を牛耳る / I hate *the* ~. その事が全部きらいだ.
whóle snìpe *n.* 〘鳥類〙タシギ (*Capella gallinago*) 《ヨーロッパやアジア・アフリカの一部によく見られるシギ; cf. jacksnipe》.
whole·some [hóʊlsəm | hə́ʊl-] 〘(*c*1200) *holsum* < OE **hālsum*: ⇨ whole, -some¹: cf. G *heilsam*〙 **—** *adj.* (**more ~, most ~; whole·som·er, -som·est**) **1** 健康によい, 衛生によい: ~ air 健康によい空気 / a ~ climate 健康によい気候 / ~ exercise 体によい運動 / ~ food 滋養になる食物. **2** 健康そうな (healthy-looking): a ~ girl 健康そうな少女. **3** (道徳的に)健全な, 穏健な, 有益な (salutary): ~ advice 有益な忠告 / a ~ moving picture for children 健全な児童向き映画 / ~ reading 健全な読み物 / a clean, ~ story 清潔で健全な物語. **4** 安全な (safe): It wouldn't be ~ for you to go out alone. 一人で出かけるのは危険だろう. **~·ly** *adv.* **~·ness** *n.*
whóle-sóuled *adj.* =wholehearted.
whóle stèp *n.* 《米》〘音楽〙全音程 (whole tone).
whóle-tíme *adj.* 全時間の; 常勤の (full-time).
whóle tòne *n.* 〘音楽〙全音(程)《半音 (semitone) 2個を含む音程; 長2度》.
whóle-tòne scàle *n.* 〘音楽〙全音音階《全音だけからなる音階[列]; C, D, E, F♯, G♯, A♯, C および C♯, D♯, F, G, A, B, C♯ の両音階が見られるが, 調性・主音感や転調の可能性は求められない; Glinka, Mussorgsky, Debussy などの近代の作曲家が好んで用いた音階》. ★ 全音階 (diatonic scale) とは別.
whóle whéat *adj.* (ふすまを取り去らない)完全小麦粉の[で作った].
whóle whéat flòur *n.* 全粒小麦粉 (graham flour).
who·lism [hóulɪzm | hə́ʊ-] *n.* 〘哲学〙=holism.
who·lis·tic [houlístɪk | həʊ-] *adj.* 〘哲学〙=holistic.
who'll [húːl, huːl ; hʊl] who will [shall] の縮約形.
whol·ly [hóuli, hóulli | hə́ʊlli, hə́ʊli] 〘ME *hōlly* ← *hōl* 'WHOLE'+*-li* '-LY¹' ∽ (*a*1325) (*y*-)*hōlliche*, *hōlly* < OE *(*ge*)*hāllīċe*: wh- への変化は16世紀〙 **—** *adv.* **1** 全く, 全然, 完全に (completely), すっかり, 徹頭徹尾: a ~ bad example 全くの悪例 / Few men are ~ bad. 全くの悪人は少ない / I am ~ yours. 私は全くあなたのものです《御意のままになります》 / I don't ~ agree. 全面的には同意しかねる. **2** 単に, ただ, 一概に, もっぱら (exclusively): He devoted himself ~ to this work. ひたすらこの仕事に打ち込んだ.
whom [《疑問代名詞》húːm, 《関係代名詞》huːm, hʊm, uːm] 〘OE *hwǣm*, *hwām* (dat.) ← *hwā* 'WHO'〙 *pron.* who の目的格. ★ 用法・用例は who の項を見ること.
whòm·éver 〘(*a*1300)〙 *pron.* whoever の目的格.
whomp [(h)wɑ́mp, (h)wɔ́(ː)mp | (h)wɔ́mp] 〘擬音語〙 **—** 《口語》 *n.* どさん, ばたん, がちゃん, ずどん《激しくぶつかる音》. **—** *vt.* **1** 〈相手・敵を〉徹底的に負かす. **2** ぴしゃりと打つ, たたく. **—** *vi.* どん[ぴしゃり]という音を立てる.
whomp up (1) さっと用意する[こしらえる] (whip up, concoct): ~ *up* a story 話をでっち上げる. (2) 〈興味などを〉かき立てる (arouse).
whòm·so·éver 〘(*a*1475)〙 *pron.* 《文語》whosoever の目的格.
whoop [húːp, húp, (h)wúːp, (h)wúp | húːp] 〘*v.*: (?*a*1400) *whope(n)* 《擬音語》: cf. OF *houper* (← *houp* whoop (int.)) / OE *hwōpan* to threaten〙 **—** *int.* わあい《歓喜・興奮などの叫び声を表わす》. **—** *vi.* **1** わあいと叫ぶ (shout, halloo); わあいと叫びながら進む[通る]: They ~*ed* with joy. 喜んでわあいと叫んだ / The bill ~*ed* through the Senate. その法案は歓呼のうちに上院を通過した. **2** 〈フクロウなどが〉ほーほーと鳴く (hoot). **3** [《米》 húːp, húp] 〈百日ぜきの病人が〉(せきをしたあとで)ぜーぜーいう. **—** *vt.* **1** 叫び声をあげて言う; 叫んで追う 〈*away, off*〉, 叫んでけしかける 〈*on*〉: ~ a dog *on* 犬をけしかける. **2** 盛んに宣伝する (boom). **3** 〈値段などを〉上げる.
whoop it up (1) 《英口語・米俗》わあわあ騒ぎ立てる, 大いにはしゃぐ; 飲み騒ぎする. (2) 《米俗》〔…を〕ほめ立てる, 〔…への〕人気をあおり立てる, 支持[賛成]をしきりに求める 〔*for*〕: The children ~*ed it up for* the movie. 子供たちは映画行きをしきりに希望した.
— *n.* **1 a** わあい[わあわあ]という叫び声: let out a ~ おーいと声をかける / ~*s* of joy. **b** 猟師[戦闘, 追跡している人]の叫び声. **2** (百日ぜき特有の)ぜーぜーいう音. **3** (フクロウなどの)ほーほーと鳴く声. **4** [否定構文に用いて]《米口語》騒ぎ立てるほどの価値, ごくわずか: I *don't* care a ~. ちっとも構わない / The book is *not* worth a ~. その本はくだらない, 三文の価値もない. **5** かくれんぼの一種.
whoop-de-do [húːpdidúː, húp-, (h)wúːp-, (h)wúp-, -ti- | húːpdɪ-] 〘← ? WHOOP〙 **—** *n.* (*pl.* **~s**) (*also* **whoop-de-doo** [~]) 《口語》 **1** (陽気で騒がしい)お祭り騒ぎ, どんちゃん騒ぎ (merrymaking). **2** 沸騰した世論. **3** 大げさな宣伝[広告].
whoop·ee [← WHOOP+-EE²] **—** [(h)wúpiː, (h)wúː-, ─ ́ | wʊpíː] *int.* わあい《歓喜の叫び声を表わす》. **—** [(h)wúpiː, (h)wúː-, -pi | wʊpíː, -pɪ] *n.* 《口語》愉快な騒ぎ, お祭り騒ぎ (hilarity, festive time): make ~ (飲めや歌えの)大騒ぎをする, 陽気に騒ぐ.
whóop·er 〘(1660): ⇨ whoop, -er¹〙 *n.* **1** 陽気に騒ぐ人. **2** ほーほーと鳴くもの. **3** 〘鳥類〙 **a** =whooper swan. **b** =whooping crane.
whóoper swàn *n.* 〘鳥類〙オオハクチョウ (*Cygnus cygnus*) 《最も普通のハクチョウ》.
whóop·ing còugh [húːpɪŋ-, húp- | húːp-] 〘(1739)〙 *n.* 〘病理〙百日咳 (pertussis).
whóoping cràne *n.* 〘鳥類〙アメリカシロヅル (*Grus americana*) 《大きな耳障りな声で鳴く北米産の大きなツル; 絶滅に近い》.
whóoping swán *n.* 〘鳥類〙=whooper swan.
whoop·la [h(w)úːplɑː, (h)wúp-] 〘《変形》← HOOPLA〙 *n.* 《米口語》 **1** 大騒ぎ, 大騒動 (to-do). **2** どんちゃん騒ぎ (whoopee): throw ~ どんちゃん騒ぎをする.
whoops [(w)úps, (h)wúps, (h)wúːps] 〘← WHOOP (int.) +-*s* (強調の添加音)〙 *int.* 《口語》=oops.
whoosh [(h)wúːʃ, (h)wúʃ] 〘(1856): 擬音語〙 **—** *n.* (空気・水などの)ひゅー[しゅー]という音. **—** *vi.* **1** ひゅー[しゅー]という(音を出す): Some snow slid off the roof with a ~*ing* sound. 雪がしゅーという音を立てて屋根から滑り落ちた. **2** ひゅー[しゅー]という音を立てて速やかに通過する: The train ~*ed past*. 汽車はしゅーと通り過ぎた. **—** *vt.* ひゅー[しゅー]と動かす.
whoo·sis [húːzɪs, -zəs | -zɪs] 〘《転訛》? ← *who's this*〙 *n.* 《米口語》 **1** あれ, それ, 何とかさん. ★ 名前を知らないかまたは忘れた人や物に用いる. **2** 例の何とか; 例の何とかさん. ★ 不特定の典型的な物や人に用いる.
whoo·sy [húːzi | -zɪ] *n.* 《米口語》=whoosis.
whop [(h)wɑ́p, (h)wɔ́(ː)p | (h)wɔ́p] 〘(?*a*1400) *whappe* 《変形》← *wappe(n)* to strike, wap 《擬音語》: cf. whip〙 **—** *v.* (**whopped; whop·ping**) **—** *vt.* 《口語》 **1** (ぴしりと)打つ, むち打つ (thrash). **2** 激しく[勢いよく, 急に]引っぱる[動かす] 〈*out*〉. **3** (競技などで)完全に破る, 負かす (defeat). **—** *vi.* 《米口語》ばたり[どしん]と落ちる[倒れる] 〈*down*〉. **—** *n.* 《口語》 **1** 殴打, ぴしりと打つこと; (どしんと)倒れること. **2** [間投詞的に] ぴしり; ばたん, どしん.
whóp·per 〘(1785): ⇨↑, -er¹〙 *n.* 《口語》 **1** 打つ人, なぐる人. **2 a** 途方もない大きな物 (jumbo). **b** だぼら, 大うそ (big lie).
whóp·ping 〘(*n.*: 1812; *adj.*: *a*1625)〙 《口語》 **—** *n.* **1** むち打ちの刑, 折檻(せっかん). **2** 大敗. **—** *adj.* ず抜けた, ず抜けて大きい, 途方[とてつ]もない: a ~ lie 大うそ, 大ぼら. **—** *adv.* [big, great などを修飾して] 非常に, 恐ろしく, ばかに (immensely): a ~ great frog ばかでかい蛙.
whore [hɔ́ə, hóə, húə | hɔ́ː(r] 〘OE *hōre* < Gmc **χōrōn* 《原義》one who desires (G *Hure* / ON *hóra*) ← IE **kā-* to like, desire (L *cārus* dear): *w-* は16世紀ごろの添加〙 **—** *n.* **1 a** 売春婦. **b** みだらな女: ⇨ Scarlet Whore. **2** 〘聖書〙堕落した[偶像崇拝的な]社会: the ~ of Babylon (17世紀のプロテスタントにとって)ローマカトリック教会 (cf. *Rev.* 17: 1, 5).
— *vi.* **1 a** 〈女が〉私通をする, 売春行為をする: She ~*s* around in bars. バーを回って売春をしている. **b** 《古》〈男が〉私通する, 女郎買いをする. **2** 《古》偶像崇拝の罪を犯す; 邪教に迷う. **—** *vt.* 《廃》密通して〈女を〉堕落させる; 〈女を〉売春婦扱いにする.
whore after 〈不道徳的[偶像崇拝的]なことなど〉を熱心に追い求める: go a-*whoring after* strange gods 邪教に迷う; 邪欲に迷う[耽る] (cf. *Exod.* 34: 15, 16, *Deut.* 31: 16).
who're [húːə, huːə ; hʊə | húːə(r, húə(r, huːə(r ; hʊə(r] who are の縮約形.
whóre·dom [-dəm] 〘lateOE *hōrdōm* ▭ ? ON *hórdóm-r*: ⇨ whore, -dom〙 **—** *n.* **1** 売春, 醜業; 女郎買い; 私通, 密通; 売春婦社会. **2** 〘聖書〙偶像崇拝, 邪教信仰.
whóre·hòuse 〘ME〙 *n.* 女郎屋, 売春宿 (brothel).
whóre·màster 〘(*a*1508)〙 *n.* =whoremonger.
whóre·mònger 〘(1526)〙 *n.* 女郎買いする人, 好色家.
whore·son [hɔ́əsn, hóə-, húə- | hɔ́ː-] 〘(?*a*1300) *hores sone* 《原義》son of a whore 《なぞり》← AF *fiz a putain*: cf. Fitz-〙 《古》 *n.* **1** 私生児 (bastard). **2** 《軽蔑》やつ, 野郎. **—** *adj.* **1** 私生児の. **2** 〈人・物が〉卑しい, 浅ましい (scurvy).
Whorf [(h)wɔ́əf | (h)wɔ́ːf], **Benjamin Lee** *n.* (1897–1941) 米国の言語学者・人類学者 (cf. Sapir-Whorf hypothesis); *Language, Thought and Reality* (ed. J. B. Carroll) (1956).
Whórf·i·an hypóthesis [(h)wɔ́əfiən- | (h)wɔ́ːfiən-, -fjən] 〘↑〙 **—** *n.* [the ~] 〘言語〙ウォーフの仮説《母国語が個人の世界観を決定するとする説; cf. Sapir-Whorf hypothesis》.
whor·ish [hɔ́ːrɪʃ, hóːr-, húr- | hɔ́ːr-] *adj.* **1** 売春婦の(ような); みだらな (lewd). **2** 《廃》背信的な, 偶像崇拝的な. **~·ly** *adv.*
whorl [(h)wɔ́əl, (h)wə́ːl | (h)wə́ːl] 〘(1440) *whorle* *wharwyl* 《変形》← *wherwille* 'WHIRL': cf. MDu. *worvel*〙 **—** *n.* **1** 〘動物〙(巻貝の)ひと巻き, 階層; (哺乳動物の耳の蝸牛(かぎゅう)殻の)渦巻き, 螺旋(らせん)部. **2** 〘生物〙=verticil. **3** 〘紡織〙(スピンドルの)みぞ車, 小はずみ車《wharve ともいう》. **4** 渦巻き, 渦型. **5** 渦巻き型の指紋《線の少なくとも一本は完全な輪になっているもの; ⇨ fingerprint 挿絵》.
whorled *adj.* **1** 渦巻きのある. **2** 〘生物〙輪生の (verticillate).
whórled mílkweed *n.* 〘植物〙北米産の輪生の細い葉と緑がかった白色の花を有するガガイモ科トウワタ属の植物 (*Asclepias verticillata*).
whort [(h)wɔ́ːt | (h)wɔ́ːt] 〘《変形》← 《方言》*hurt* 《略》← HURTLEBERRY〙 *n.* 〘植物〙 **1** =whortleberry 1. **2** =bearberry 1.
whor·tle [(h)wɔ́ːtl | (h)wɔ́ːtl] *n.* 〘植物〙=whort.
whor·tle·ber·ry [(h)wɔ́ːtlbèri | (h)wɔ́ːtlbərɪ, -b(ə)rɪ] 〘(1578) 《変形》← HURTLEBERRY〙 **—** *n.* 〘植物〙 **1 a** ヨーロッパ産ツツジ科コケモモ属の一種 (*Vaccinium myrtillus*). **b** その黒い小果実《食用》. **2** =blueberry.
who's [húːz, huːz ; hʊz, uːz, ʊz] who is または who has の縮約形.
whose 〘(12C) *hwās*, *hwōs* 《変形》← *hwas* < OE *hwæs* (gen.) ← *hwā* 'WHO' & *hwæt* 'WHAT': 長母音化は ME *hwā*, *hwō* 'WHO', *hwām* 'WHOM' の影響〙 **—** *pron.* (who の所有格; 関係詞としてはまた which の所有格) **1** [húːz] [疑問詞として] だれの(もの): *Whose* (book) is it? それはだれの(本)ですか / I wonder ~ it is. 一体だれのだろうか / *Whose* are these gloves? この手袋はだれのですか / *Whose* fault is it? だれの責任か / *Whose* will last longer? だれのが長くもつだろうか. **2** [huːz, uːz] [関係詞として] その…するところの; そしてその (of which). ★ 生物に限らず無生物にも用いる: the books ~ sale is greatest 一番多く売れる書物 / a child ~ parents are dead 両親が死んだ子供 / I saw a house among the trees, ~ roof glittered in the sun. 木の間に家が見えたが, 屋根は日に当たってぎらぎらしていた / the person for ~ sake he did it 彼がそれをしてあげた人.
whòse·éver *pron.* whoever の所有格.
whòse·so·éver 〘(1611)〙 *pron.* 《文語》whosever の強意形 (cf. whensoever).
whos·ev·er [huːzévə | -évə(r] *pron.* whoever の所有格.
who·sis [húːzɪs, -zəs | -zɪs] *n.* 《米口語》=whoosis.
who·sit [húːzɪt, -zət | -zɪt] 〘← *who's it*〙 *n.* 《俗》某, だれそれ (so-and-so).
whó·so 〘(1154) *wha swa*, *hwa se* ← OE *swā hwā swā*: ⇨ who, so¹〙 *pron.* 《古》=whosoever.

whòso·é'er *pron.* 《詩》=whosoever.

whòso·éver *pron.* (目的格 **whomsoever**; 所有格 **whosesoever**) 《文語》 whoever の強意形.

whó's whó 〘← *who is who*〙 **—** *n.* **1** [集合的] 名士連: the ~ of the city その町の名士連. **2** [W- W-] 「フーズフー」《1849 年英国の A. & C. Black 社から創刊され, 現在では年鑑で出版されている名士録[紳士録]》. ★ これに類するもの: *Who's Who* in America 現代アメリカ名士録《1899 年創刊, 隔年発行》.

WHP, w.h.p. 《略》 water horsepower 水(ｽｲ)馬力.

whr. 《略》〘電気〙 watt-hour.

whs. 《略》 warehouse.

whse. 《略》 warehouse.

whsle. 《略》 wholesale.

whump [(h)wʌ́mp] *n.*, *v.* 《口語》 =thump.

why 〘adv.: OE *hwī*, *hwȳ* ((instr.) ← *hwæt* 'WHAT'). —n.: 《c1303》 ← (adv.). —int.: 《1519》 ← (adv.)〙 **—** *adv.* **1** [(h)wáɪ] [疑問詞として] どうして, なぜ, どういうわけで, 何のために (cf. how[1] A 3): *Why* did you do it? なぜ君はそれをしたか / *Why* does fire burn? なぜ火は燃えるか / *Why* so? どういうわけか, どうしてそうなのか / But ~? でもなぜですか / *Why* not? どうしていけない[悪い]のか《悪いはずがないじゃないか, 構わないではないか》; [肯定の回答を強めて] 無論そうさ (cf. *What's* WRONG *with it?*) / *Why* not let him act as he pleases? 彼に好きなようにさせたらいいじゃないか / *Why* study English? なぜ英語を勉強するのか / *Why* don't you try? やってみたらどうですか / *Why* don't you come with us?—Thanks, I will. 一緒にいらっしゃいませんか—折角ですからそうしましょう / *Why* is it (that) you did it? そんなことをしたのはなぜか / You are late. *Why*? 君は遅かったね, どうして(遅れたか)? / Do you know ~ he said so? 彼がなぜそう言ったか知っていますか / I don't see ~ you are here. なぜ君が来たかわからない. **2** [(h)waɪ] [関係詞として] (なぜ…した)かの(理由): The reasons ~ he did it are obscure. 彼がそれをした理由ははっきりしない / This is ~ I came. こういう訳で来たのです. ★ 後の例のように先行詞なしで用いる方が普通で, 前の例のような reason(s) の後の why はしばしば省かれる.

— [(h)wáɪ] *n.* (*pl.* **~s**) **1** 理由, いわれ (reason), (なぜそうであるかの)説明: He had very white teeth; he said apples were ~. 彼はひどく白い歯をしていたが, その秘訣はりんごだと言った / I cannot go into the ~*s* and wherefores now. 私は今そのいわれ因縁を説明している暇がない. **2** なぜかという疑問, 謎: the philosopher's ~*s* 哲学者たちの謎.

— [waɪ, hwaɪ, wàɪ, hwàɪ] *int.* **1** [発見・承認などを表わして] あら, おや, なに, まあ, そりゃ, もちろん: *Why*, that's Frank over there! おや, あそこにいるのはフランクだよ / *Why*, of course, that was it. そうそう, もちろんその通りだった. **2** [簡単すぎる質問などに対して] 何だ(そんなこと), なあんだ: "Who wrote 'Hamlet'?" "*Why*, Shakespeare." 「ハムレットの作者はだれだったっけ」「そりゃ無論, シェークスピアじゃないか」/ "What is twice two?" "*Why*, a child could answer that." 「2 の 2 倍は」「何だ, そんなこと子供だって答えられるよ」. **3** [躊躇(ﾁｭｳﾁｮ)などを表わして] そうさなあ, えーっと: "Is it true?" "*Why*, yes, I think so." 「それは本当ですか」「ええと, そう, まあ本当でしょうね」. **4** [反対を表わして] 何だって, なに: *Why*, what harm is there in smoking? なあに, たばこを吸ったところで何の害があるものか. **5** [条件文の帰結 (apodosis) の導入語として] そりゃ: If your daughter wants to be a ballet dancer, ~, you had better let her go her way. お嬢さんがバレエをやりたいというなら, そりゃ, 好きな道に進ませてあげた方がいいでしょう.

whyd·ah [(h)wídə] 〘《変形》← *widow* (*bird*): Ouidah, Whidah (その生息地である Dahomey の海港)との連想から〙 **—** *n.* 〘鳥類〙 テンニンチョウ, ヒメホウオウ《キンパラ科テンニンチョウ亜科のアフリカ産ハタオリドリの総称; 繁殖期の雄は長い尾を有する》.

Whym·per [(h)wímpə | -pə(r), **Edward** *n.* (1840–1911) 英国の登山家・木版画家, Matterhorn 初登頂 (1865); *Scrambles Amongst the Alps* (1871).

WI 《略》〘米郵便〙 Wisconsin (州).

w.i. 《略》〘金融〙 when issued (証券)発行の節は; 〘冶金〙 wrought iron.

W.I. 《略》 West India; West Indian; West Indies; 《英》 Women's Institute.

WIA, w.i.a. 《略》〘陸軍〙 wounded in action.

Wic·ca [wíkə] 〘OE *wicca* wizard, magician: cf. witch〙 *n.* 魔術崇拝. **Wíc·can** [-kən] *adj.*

wich- [wítʃ] =wych-.

Wich·i·ta [wítʃətɔ̀ː | -tʃɪtɑ̀ː, -tɔ̀ː] 〘← N-Am.-Ind. (部族名)〙 *n.* 米国 Kansas 州南部, Arkansas 河畔の都市; 人口 265,000.

wick[1] [wík] 〘OE *wēoc(e)* ← ?: cf. G *Wieke* lint & *Wieche* wick-yarn〙 **—** *n.* **1** 灯心; (ろうそく・ランプの)芯(ｼﾝ) (⇨ lamp 挿絵). **2** 〘外科〙 傷口にはめ込むガーゼ. **3** =wicking.

get on a person's wick 《俗》 人を悩ます, いらいらさせる.

wick[2] [wík] 〘v.: 《1786》 ← ?: cf. wicket〙 〘カーリング〙 **—** *n.* **1** 先行競技者の石 (stones) で囲まれた狭いすき間. **2** =inwick. **—** *vt.* 〈邪魔な石を〉内側からはじききとばす. **—** *vi.* =inwick.

wick[3] [wík] 〘OE *wīc* ▭ L *vīc-us* village, quarter ← IE **weik-* clan: cf. vicinage, vicinity〙 **—** *n.* **1** 町 (town), 部落 (hamlet). ★ 次のように地名に用いられる以外は《方言》 (cf. -wick[1]): Hampton *Wick* (in Middlesex). **2** 《英方言》 農場, 酪農場 (dairy farm).

Wick. 《略》 Wicklow.

-wick[1] [ɪk] 〘⇨ wick[3]〙 **—** *suf.* 地名の第二要素として「…の村, 部落」の意を表わす: War*wick*(shire), Ber*wick*(shire). ★ Green*wich* [grínɪdʒ, grén-, -nɪtʃ] の -wich はこの変形.

-wick[2] [wɪk] 〘《廃》 *wike* office, duty < OE *wice*〙 *suf.* 「…の管区[管轄]」の意の名詞語尾: baili*wick*.

wick·a·pe [wíkəpi | -pɪ] *n.* 〘植物〙 =wicopy.

wick·ed [wíkɪd, -kəd] 〘《c1300》 *wikked* wicked, feeble ← *wikke* evil < OE *wicca* wizard: -*ed* は *wretch* → WRETCHED にならったもの: cf. weak, witch〙 **—** *adj.* (**~·er**; **~·est**) **1** 〈人・言行・考えなど〉よこしまな, 邪悪な (sinful), 不正な, 不法の, 不義の (iniquitous); 不埒(ﾗﾁ)な, 不行跡の (vicious): a ~ man 悪人 / ⇨ Wicked One / a ~ book 悪書 / a ~ thought 不埒な考え / a ~ murderer 凶悪な殺人者 / a ~ song [joke] きわどい歌[冗談] / It is ~ *of* you to take all. 一人占めするなんて君はひどい. **2** 悪意[害悪]のある (spiteful), 意地悪な, つむじ曲りな (ill-tempered); 〈動物が〉獰猛(ﾄﾞｳﾓｳ)な (savage), 癖の悪い (vicious): a ~ smile ほくそえみ / a ~ dog 猛犬 / a ~ tongue 毒舌. **3** いたずらな (mischievous), 人の悪い (roguish): You ~ little thing! このいたずらっ子め. **4** 《口語》 〈寒さ・頭痛など〉厳しい, 激しい; 危険な; 〈道路など〉通りにくい, 厄介な: a ~ climate 厳しい気候 / It was a ~ hot day. ひどく暑い日だった / a ~ toothache 激しい歯痛 / a narrow, ~ path 狭い厄介な道. **5** 《口語》 ひどい, いやな, 不愉快な (horrid, unpleasant): a ~ task いやな仕事 / a ~ smell [taste] いやなにおい[味]. **6** 《米俗》 優れた, 上手な: She plays a ~ game of tennis. 彼女はテニスがすごくうまい. **7** とんでもない, 無茶な (outrageous): a ~ price 法外な値段 / a ~ exam とんでもない試験.

— *n.* [通例 the ~; 集合的] 悪人たち (↔ the good).

~·ly *adv.*

Wícked Bíble *n.* [the ~] 1631 年出版の欽定訳聖書 (Authorized Version) の俗称 (*Exod.* 20. 14 の 'Thou shalt not commit adultery.' の not を落として印刷したことから; Adulterous Bible ともいう).

wíck·ed·ness *n.* 邪悪, 不正; 不行跡, 不道徳; 悪意, 意地悪.

Wícked Óne *n.* [the ~] 魔王 (Satan, the devil).

wick·er [wíkə | -kə(r)] 〘《1336》 *wyker* osier ← ON (cf. Swed. 《方言》 *viker* ← *vika* to bend): cf. weak / OE *wican* to collapse〙 **—** *n.* **1** (編物細工に使う)小枝, 柳の枝 (osier). **2** 枝編み細工 (バスケットなど). **—** *attrib. adj.* 小枝で作った, 柳枝製の, 柳細工の: a ~ basket, chair, etc.

wícker·ed *adj.* 小枝で編んだ, 柳枝細工の.

wícker·wòrk *n.* 柳細工, 柳かご, 小枝細工: a ~ cage [chair] 柳細工のかご[椅子].

wick·et [wíkɪt, -kət] 〘《?c1225》 ▭ AF & ONF *wiket* =(O)F *guichet* ← Gmc **wik-* < IE **weik-* to bend: 原義は the door that turns: cf. weak, -et〙 **—** *n.* **1** (大きい門や戸の傍らに造った)くぐり門, くぐり戸; 小門. **2** 回転木戸 (turnstile), 改札口. **3** 《米》 (銀行の窓口・切符売場などの)格子窓, 窓口 (cf. window 4). **4** (うまやなどで下半分だけ開く)半ドア (half door). **5** (運河の水門の水を放出する)小さな口, (水車などについた水量調節用の)水門. **6** 〘クリケット〙 **a** 三柱門, ウィケット (cf. stump *n.* 10, bail[2] 1; この項の挿絵の他に ⇨ cricket[2] 挿絵); (三柱門間の)投球場 (pitch); 投げ方; 打者のウィケットを守る番: five ~*s* down 5 人アウト / a good ~ 良い投球位置 / keep one's ~ up 〈打者が〉アウトにならずにいる / keep ~ 捕手 (wicketkeeper) を務める / at the ~ 打撃中で / The ~ is down [lost, taken]. =The ~ falls. 打者がアウトになる / a match won by 2 ~*s* 3 人がまだアウトにならずにいて勝った試合 / take a ~ 〈投手が〉打者の一人をアウトにする / The sixth ~ fell for 70. 70 点取って 6 番目の打者がアウトになった. **b** 投球場のコンディション: Play began on a perfect ~. 試合は申し分ない(球場の)コンディションで始まった / a sticky ~ (地面が湿ってねばねばする)投球場の悪コンディション. **7** 《米》〘クロッケー〙 門 (hoop).

11.11cm a b 71.12cm

wicket 6 a
a bail; b stump

hit wicket 〘クリケット〙 〈ストローク中の打者が〉(誤って)バット[身体]を三柱門に打ち当ててその上の横木を落とす, ヒットウィケットでアウトになる (cf. hit wicket). ***on a sticky* [*good*] *wicket*** 不利な[有利な]立場にあって.

wícket dòor [**gàte**] *n.* =wicket 1.

wícket·kèep *n.* 〘クリケット〙 =wicketkeeper.

wícket·kèeper *n.* 〘クリケット〙 ウィケットキーパー, 三柱門守備者, 捕手《三柱門の後方にあって球を防ぐ捕手; ⇨ cricket 挿絵》.

wick·ing [wíkɪŋ] 〘← WICK[1] + -ING[1]〙 *n.* ろうそくの芯(ｼﾝ)の材料, 灯心.

wick·i·up [wíkiʌ̀p | -kɪ-] 〘《1857》 ▭ N-Am.-Ind. (Algonquian) *wikiyap* dwelling: cf. wigwam〙 **—** *n.* **1** (米国 Nevada 州の砂漠に住むインディアンや Arizona 州の Apache 族の)枝編み小屋, 苫(ﾄﾏ)小屋. **2** 《米西部》 粗末な小屋.

Wick·liffe [wíklɪf, -ləf | -lɪf], **John** *n.* ⇨ Wycliffe.

Wick·low [wíkloʊ | -ləʊ] 〘← ON *vik* inlet (⇨ Viking) + LOUGH〙 *n.* **1** アイルランド共和国東部, Leinster 地方の州; 人口 67,000, 面積 2,025 km^2. **2** 同州の首都.

wic·o·py [wíkəpi | -pɪ] 〘▭ N-Am.-Ind. (Algonquian) *wik'pi* inner bark〙 *n.* 〘植物〙 **1** =leatherwood. **2** =willow herb 1. **3** シナノキ属の高木の一種 (*Tilia glabra*).

wid. 《略》 widow; widower.

Wi·dal [vɪdɑ́ːl, -dǽl; *F.* vidal], **Georges Fernand I·si·dore** [izidɔːr] *n.* ヴィダール《1862–1929; フランスの細菌学者》.

wid·der [wídə | -də(r)] *n.* 《方言》 =widow.

wid·der·shins [wídəʃɪnz, -ʃənz | -dəʃɪnz] 〘《1513》 *widdersyns* ▭ MLG *weddersin(ne)s* ← *wedder* against (cf. with / G *wider*) + *sinnes* ((gen.) ← *sin(d)* way): 太陽との関係は第 2 要素を sun と解した通俗語源による〙 **—** *adv.* 《スコット》 太陽のめぐりとあべこべに, 左回りの (counterclockwise). ★ 通例縁起が悪いとされる.

wid·dle [wídl] 〘《混成》 ← WEE(-WEE) + (PID)DLE〙 *vi.* 《口語》 小便する (urinate).

wid·dy[1] [wídi | -dɪ] 〘《変形》 ← WITHY〙 *n.* (*also* **wid·die** [~]) 《スコット》 **1** (柳の細枝で作った)ロープ, 索. **2** 絞首索, 首つりなわ (halter).

wid·dy[2] [wídi | -dɪ] *n.* 《方言》 =widow.

wide [wáɪd] 〘adj.: OE *wīd* < Gmc **widaz* 《原義》 far apart (Du. *wijd* / G *weit* far) ← ? IE **wī-* apart. —adv.: OE *wīde* ← (adj.): cf. with〙 **—** *adj.* (**wid·er**; **wid·est**) (↔ narrow) **1** 幅の広い, 幅広の (broad): a ~ brim, cloth, ribbon, shelf, etc. / a ~ margin, river, road, etc. / a ~ interval 広い間隔 / He had a ~ forehead. 広い額をしていた. **2** [通例数量を示す語句を伴って] 幅が…の (cf. long 3): How ~ is it? 幅はどれだけありますか / It is 3 feet ~. 幅は 3 フィートある / a strip (of) 3 feet ~ 幅 3 フィートの切れ地 / The window was open just ~ enough for a cat to get through. 窓は猫が通り抜けられるほどの幅に開けられていた. **3** 〈面積が〉広い, 広々とした, 広大な, 大きな: the whole ~ world この広い全世界 / on a ~, ~ sea 広い広い海の上に (S. T. Coleridge, *The Rime of the Ancient Mariner*) / a ~ domain 広大な領地 / ~ open spaces 《米口語》 (平原のような)広々とした場所. **4** (範囲の)広い, 該博な, 広汎な, 多方面の: He has a ~ knowledge of literature. 文学について広い知識をもっている / It has a ~ range. 広い範囲にわたっている / be of ~ distribution 分布が広い, 津々浦々まで行き渡っている / a ~ circle of readers 広い読者層 / a man of ~ fame 広く知られた人 / a man of ~ culture 幅広い教養の持主 / ~ generalization 射程の広い一般化 / ~ reading 多方面の読書, 多読 / He has ~ experience. 広い経験の持主だ / have ~ interests 趣味が広い, 多趣味である / have a ~ acquaintance 交際範囲が広い / There is a ~ difference between humanism and neo-humanism. ヒューマニズムとネオヒューマニズムとは大いに違う / Devolution enjoys ~ support in Scotland and Wales. 地方分権はスコットランドとウェールズで幅広い支持を受けている. **5** ゆるやかな, たっぷりした (loose): ~ knickerbockers だぶだぶの半ズボン / This vest is too ~ for me. このチョッキは私にはだぶだぶ過ぎる. **6** 自由な (free); 拘束されない (unrestrained); 放縦な; 偏狭でない, 偏見のない (liberal, unprejudiced): take ~ views 偏狭でない[広い]見方をする / hazard a ~ guess 大ざっぱな当て推量をする. **7** 大きく開いた[広げた]: stare with ~ eyes 目を丸くして見る / She greeted me with arms ~. 腕を大きく広げて私を迎えた / Her eyes went ~ with astonishment. 彼女の目は驚きのために大きく見開かれた / Her eyes were ~ with fear. 彼女の目は恐怖で大きく見開かれていた. **8** (的などから)遠く離れた, 見当違いの [*of*]: be ~ *of* the mark 的外れである / ⇨ wide ball / His remark is ~ *of* the truth. 彼の言ったことは真理[真実]に遠い / He gave me an answer quite ~ *of* the mark [purpose]. 私に対してまるで見当違いな返事をした. **9** 《口語》〘野球〙 〈投球が〉外角の (outside). **10** 《英俗》 抜け目のない, ずるい, 悪賢い (crafty): a ~ man 抜け目のない男 / ⇨ wide boy. **11** 〘音声〙 =lax[2] 6. **12** 《米》〘農業〙 〈家畜の飼料が〉蛋白質分が少ない (cf. narrow 9).

— *adv.* (**wid·er**; **wid·est**) **1** 広く: search ~ / far and ~ ⇨ far *adv.* 成句 / The principle ranges ~. その原則の及ぶ範囲は広い. **2** 大きく開いて, 十分にあけて: with eyes ~ open 目を大きく見開いて / have one's eyes ~ open 油断がない, 如才がない / He is ~ awake. すっかり目が覚めている; 抜け目がない / The baby yawned ~. 赤ん坊は大きな口を開けてあくびをした / Open your mouth ~. 口を大きく開けなさい / open the window ~ 窓を広く開ける[開け放つ]. **3** 見当外れに, 的を外れて: The ball went several yards ~. ボールが数ヤードそれた / bowl ~ 〘クリケット〙 暴投する《打者の 1 点となる》/ speak ~ of the mark 要領を得ないことを言う / He is shooting ~. 的外れに撃っている / The arrow fell ~ of the target. 矢は

的を外れて落ちた. **4** 《方言》〔場所から〕遠く離れて〔*of*〕.

— *n.* **1** 〘クリケット〙=wide ball. **2** **a** 《詩》広い場所, 広がり. **b** [the ~] 広い世界 (the wide world). ★ 次の成句で (cf. *to the* WORLD): ***broke to the wide*** 一文なしになって, 破産して. ***dead to the wide*** 意識を失って; 泥酔して. ***done*** [《口語》***whacked***] ***to the wide*** すっかり[くたくたに]疲れて, 参ってしまって.

~·ness *n.*

-wide [wàɪd] 〘↑〙「全体に(ゆき)わたって」の意の連結形: nation*wide*, industry*wide*.

wíde-ángle *adj.* **1** 〘写真〙 **a** 〈カメラのレンズが〉広角の《普通のレンズより焦点距離が短く撮影できる範囲の角度の広い》. **b** 〈カメラ・写真が〉広角レンズを使用した: a ~ camera. **2** 〘映画〙ワイドスクリーンの, 広角レンズによる (cf. Cinema Scope, Cinerama).

wide-awake 〘《1818》〙 **—** [ˋ-ˊ-] *adj.* **1** すっかり目覚めた. **2** 油断のない, 抜け目のない (wary), 如才ない: be ~ *to* one's interest 自分の利害に抜け目がない. **—** [ˊ-ˋ-] *n.* **1** (クラウンが低く縁が広いソフトな)フェルト帽《wide-awake hat ともいう》. **2** 《口語》〘鳥類〙セグロアジサシ (sooty tern). **~·ness** *n.*

wíde báll *n.* 〘クリケット〙(打者が届かない)無理な方向へ投げられた球, 暴(投)球《打者側の1点となる》.

wíde-bànd ámplifier *n.* 〘電気〙広帯域増幅器.

wíde bóy *n.* 《英俗》詐欺師 (professional cheat).

wíde-éyed *adj.* **1** 目を大きく見開いた. **2** びっくり仰天した (amazed). **3** 純真な (naïve): ~ innocence.

wíde-flúng *adj.* =far-flung.

wíde·ly 〘《1663》〙 **—** *adv.* **1** (差異が)大きく, すこぶる, はなはだしく: differ ~ 非常に違う. **2** 遠く, 広く; 広範に: be ~ known 広く知られる, 有名である / a ~ traveled man 方々旅行した人 / He is very ~ read. 本を広く読んでいる.

wíde·móuthed *adj.* **1** 〈人・動物・器など〉口の大きい, 広い: a ~ fish / a ~ bottle 広口のびん. **2** 〈人が〉(恐怖・驚き・貪(どん)欲で)口を大きく開けた.

wid·en [wáɪdn̩] 〘《1607》: ⇨ wide, -en[1]〙 **—** *vt.* **1** 〈幅を〉広くする (broaden) 〈*out*〉: ~ one's knowledge 見聞を広める. **2** …の範囲を広げる: The word became ~*ed* in its meaning. その語は意味の幅が広くなった. **—** *vi.* **1** 広くなる, 幅が広がる 〈*out*〉: The cave ~*s out* into a big one. その洞穴は(奥が)広くなって大きなものになっている / Her eyes ~*ed* in horror [surprise]. 彼女の目はおびえて[驚いて]大きく見開かれた. **2** (範囲が)広がる: The gap between poor city and rich suburb has ~*ed* yearly since 1960. 貧しい都会と豊かな郊外とのギャップは1960年以来年々広がってきた. **~·er** [-dnə, -dn̩ə | -dnə(r, -dn-] *n.*

wíde-ópen *adj.* **1** 〈窓・口・目など〉十分に[広く]開いた: They stared with ~ eyes and mouths. 彼らは目と口とを大きく開いて見つめていた. **2** 《米》〈地域が〉(酒・賭博(とばく)などに対して)取締りの甘い; (建築規則・酒類取締り法などが)励行されていない: a ~ city. **3** 〔攻撃・非難などに〕もろにさらされて〔*to*〕: ~ *to* criticism.

wíde-ránging *adj.* 広範囲にわたる; 大規模な, 変化の多い: ~ topics 広範囲にわたる話題 / a ~ discussion 広範囲にわたる討論.

wíde recéiver *n.* 〘アメリカンフットボール〙ワイドレシーバー《攻撃フォーメーションにおいて普通位置より数ヤード外側に位置するボールレシーバープレーヤー》.

wíde-scréen *adj.* 〘映画〙スクリーン枠の広い, ワイドスクリーンの.

wíde scréen *n.* 〘映画〙ワイドスクリーン《スクリーン枠の縦横の比率が2対3よりも横広のスクリーン》.

wíde-spéctrum *adj.* 〘薬学〙=broad-spectrum.

wíde-spréad 〘《1705》: ⇨ spread (p.p.)〙 **—** *adj.* **1** 〈翼など〉広げた; 広々とした: ~ wings / an old, ~ brick building 古い広々としたれんが造りの建物. **2** 普及した, あまねく行き渡った, 一般的な, はびこった: a ~ superstition. **3** 大幅な, 広汎な: ~ revisions 大幅な改訂 / ~ support 広汎な支持 / a ~ circle of friends 広汎な友人仲間.

wíde-spréading *adj.* **1** 広がっている: ~ plains 広々とした平原. **2** 広範囲に及ぶ, 蔓延(まんえん)した: ~ infection 広範囲に及ぶ感染.

widg·eon [wídʒən | -dʒən, -dʒɪn] 〘《1513》▭ ? AF *wigeon* 《変形》← (O)F *vigeon* ← ? L *vipiō(n-)* kind of crane: cf. pigeon[1]〙 **—** *n.* (*pl.* ~, ~s) **1** 〘鳥類〙 **a** ヒドリガモ (*Anas penelope*). **b** =baldpate 2. **2** 《廃》ばか者 (fool).

widg·et [wídʒɪt, -dʒət] 〘《変形》← GADGET〙 **—** *n.* 《口語》 **1** (名前がわからない[思い出せない])小さな仕掛, 道具《スイッチ・つまみなど》. **2** (ある会社の代表的製品と見なされる)製品.

wid·ish [wáɪdɪʃ] *adj.* やや広い.

Wi·dor [viːdɔ́ə | -dɔ́ː(r; *F.* vidɔːr], **Charles Marie** *n.* ヴィドール《1844–1937; フランスのオルガン奏者・作曲家》.

wid·ow [wídou | -dəu] 〘*n.*: OE *widewe, wuduwe* < Gmc *widewaz 《原義》woman separated (Du. *weduwe* / G *Witwe*) ← IE *weidh- to divide (L *vidua* widow ((fem.) ← *viduus* bereft ← *(di)vidēre* 'to DIVIDE')). — *v.*: 《*a*1325》← (*n.*)〙 **—** *n.* **1** **a** 未亡人, 寡婦(かふ), 後家(ごけ) (↔ widower): ⇨ widow's weeds / a ~'s bounty 未亡人扶助料 / a ~'s right 寡婦権 / She was left a ~ early in life. 若い時に夫に先立たれて寡婦となった / ⇨ grass widow, HEMPEN widow, widow's cruse, widow's mite. **b** 《口語》=grass widow. **c** [通例限定詞を伴って] …ウィドー《趣味・スポーツなどに熱中してしばしば家をあける夫をもつ妻》: a golf [poker, fishing] ~. **2** 〘《なぞり》← F *Veuve Cliquot* (葡萄酒会社名)〙 [the ~] 《俗》シャンペン(酒) (champagne). **3** 〘トランプ〙(pinochle 系のゲームで)後家札(ふだ)《裏返して場に配った余分の手札で, 切札のせりに勝った者が自由に使える; skat ともいう》. **4** 〘印刷〙ウィドー《ページ[欄]の初行または最終行で, 行いっぱいに組まれていないもの》.

— *vt.* **1** [通例 p.p. 形で] 未亡人[寡婦]にする, 男やもめにする: a ~*ed* father 妻を失った父 / a ~*ed* mother 夫を失った母親 / A great many women were ~*ed* by the war. 戦争のために非常に多くの婦人が未亡人になった / She was ~*ed* young. 若くして後家になった. **2** 《詩》…から〔…を〕奪う (bereave, deprive)〔*of*〕: The tree was ~*ed of* its fruit. 木は実をもぎとられた. **3** 《廃》 **a** …の未亡人となる, 〈夫〉に死に別れる. **b** …に寡婦の権利を与える.

wídow bìrd 〘《なぞり》← NL *Vidua* (属名)《原義》widow: 羽毛が黒いところから〙 *n.* =whydah.

wid·ow·er [wídouə | -dəuə(r] 〘《*a*1376》*widewer*〙 *n.* 妻を失った男, 男やもめ: ⇨ grass widower.

wídower·hòod *n.* 男やもめの状態[期間]; 男やもめ暮らし: He married again after a ~ of ten years. 10年間の男やもめ暮らしのあとで再婚した.

wídow·hòod 〘OE *widewanhād* ← *widewan* (gen.) ← *widewe* 'WIDOW': ⇨ -hood〙 *n.* 寡婦の状態[期間]; やもめ暮らし: a long ~ 長い間のやもめ暮らし.

wídow hùnter *n.* 金持の未亡人を妻にねらう男, 後家あさり(人).

wídow's cáp *n.* 後家帽《後ろに長いたれ飾りのあるローン (lawn) 製の帽子》.

wídow's-cróss *n.* 〘植物〙ベンケイソウ科キリンソウ属の常緑草本 (*Sedum pulchellum*) 《米国東部産で多肉質の葉をして紫がかった花をつける》.

wídow's crúse *n.* (打出の小づちに似た)寡婦のつぼ, 無尽蔵(な供給源) (cf. *1 Kings* 17: 10–16; *2 Kings* 4: 1–7).

wídow's mán *n.* **1** 寡婦を引き付ける男性. **2** 〘海事〙有名無実の水兵《以前, 名簿の上では存在していることにし, その給料は寡婦のための基金に当てられた》.

wídow's míte *n.* 寡婦の乏しい賽銭(さいせん), 貧者の一燈 (cf. *Mark* 12: 42–43).

wídow's péak 〘widow のかぶる頭巾のまびさしにちなむ?〙 *n.* 女の額の V 字形のはえ際, 「富士額」《これがあると早く夫と死別するという迷信があった》.

wídow's thírd [tíerce] *n.* 〘法律〙三分の一寡婦産《亡夫の相続財産の 1/3 を生涯権 (estate for life) として寡婦に与えたもの; cf. dower 1》.

wídow's wàlk *n.* 《米》〘建築〙屋上露台《初期の New England で船を見るための屋根上の狭い台; captain's walk ともいう》.

wídow's wéeds *n. pl.* 寡婦服《寡婦が喪に服するために用いる》.

width [wídθ, wítθ] 〘《1627》← WIDE+-TH[2] ∞ 《古形》*wideness*: cf. length, breadth〙 *n.* **1** 広さ, 幅, 幅員, 横 (breadth): a river of considerable ~ 相当幅の広い川 / have a ~ of four feet=be four feet in ~ 幅が4フィートある. **2** 〔見解・知識などの〕広さ, 〔心の〕寛大〔*of*〕: a ~ *of* view 見解の広さ / The ~ *of* his knowledge impressed me. 彼の知識の広さに私は感銘した. **3** ある幅をもつ物, 一定の幅のもの[織物]: The room takes three ~*s* of linoleum. その部屋は三幅のリノリウムが必要だ. **4** (衣服などの)余裕, ゆとり: give ~ to the sleeve 袖にゆとりをもたせる.

width·ways [wídθwèɪz, wítθ-] 〘⇨ ↑, -ways〙 *adv.* =widthwise.

wídth·wìse *adv.* 横に, 横方向に.

Wi·du·kind [víːdukɪnt; *G.* víːdukɪnt] *n.* =Wittekind.

Wíe·de·mann efféct [víːdəmɑ̀ːn-, wíːdəmən-; *G.* víːdəman-] 〘← *Gustav H. Wiedemann* (1826–1899: ドイツの物理学者・化学者)〙 **—** *n.* [the ~] 〘物理〙ウィーデマン効果《強磁性体の円筒の軸方向に電流を通しこれに平行に磁場を加える時に起こるねじれの現象; Wertheim effect ともいう》.

Wie geht's? [viː-géːts; *G.* viː-géːts] 〘▭G ~ ← *Wie geht es (Ihnen)?* How goes it (with you)?〙 *G.* ご機嫌いかがですか (How are you?).

Wie·land [víːlɑːnt; *G.* víːlant] *n.* =Wayland.

Wie·land [víːlɑːnt; *G.* víːlant], **Christoph Martin** *n.* ウィーラント《1733–1813; ドイツの詩人・小説家・批評家; *Agathon*「アガトン」(1766–67), *Oberon*「オベロン」(1780)》.

Wieland, Heinrich *n.* ウィーラント《1877–1957; ドイツの有機化学者; Nobel 化学賞 (1927)》.

wield [wiːld] 〘OE *wieldan, wealdan* to rule < Gmc *waldan to rule (G *walten*) ← IE *wal- to be strong (L *valēre* 'to be VALIANT')〙 **—** *vt.* 《文語》 **1** **a** 〈剣を〉揮(ふる)う, 振り回す; 〈健筆を〉揮う: ~ a sword, spade, etc. / ~ the brush, pen, etc. / ~ a good baton 巧みな指揮をする / ~ the scepter 王笏(おうしゃく)を採る, 大権を揮る / ~ a facile [formidable] pen 健筆[恐るべき筆]を揮う. **b** 〈能力・知識などを〉使いこなす, 操る: ~ two languages with equal facility 2か国語を共に楽々と操る. **2** 支配する, 統御する: ~ a kingdom 王国を支配する. **3** **a** 〈権力・武力などを〉使う, 掌握する, 揮う: ~ arms 武力を揮う / ~ authority 権威を揮う / ~ much power 大いに権力を揮う / He ~*s* considerable influence in the new government. 今度の政府で相当な勢力を揮っている. **b** 〈影響・感化を〉及ぼす: ~ great influence upon …に大影響を及ぼす.

~·a·ble [-dəbl̩] *adj.* **~·er** *n.*

wield·y [wíːldi | -dɪ] 〘《*c*1385》: ⇨ ↑, -y[4]〙 *adj.* (**wield·i·er; -i·est**) 使いやすい, 取り扱いやすい, 手ごろな (manageable).

Wien [*G.* víːn] *n.* ウィーン《Vienna のドイツ語名》.

Wien [víːn; *G.* víːn], **Wilhelm** *n.* ウィーン《1864–1928; ドイツの物理学者; Nobel 物理学賞 (1911)》.

wie·ner [wíːnə, -ni, wíni | wíːnə(r] 〘《1867》《略》← WIENERWURST〙 *n.* 《米》ウィンナソーセージ.

Wie·ner [wíːnə | -nə(r], **Nor·bert** [nɔ́əbət | nɔ́ːbət] *n.* (1894–1964) 米国の電気工学者・数学者; cybernetics の提唱者.

Wie·ner schnit·zel [víːnə-ʃnɪtsəɫ, wíːnə-snɪt- | -nə-; *G.* víːnɐ-ʃnɪtsl̩] 〘▭G ~ ← *Wiener* of Vienna + *Schnitzel* ((dim.) ← *Schnitz* cut, piece)〙 **—** *n.* ウィンナシュニッツェル《子牛肉の薄切りカツレツ》.

wie·ner·wurst [wíːnəwə̀ːst, -nə-, -wʊ̀əst, -nəwə̀ːst; *G.* víːnɐvʊ̀rst] 〘▭G *Wienerwurst* 'Viennese sausage'〙 *n.* =wiener.

Wie·niaw·ski [vjeɪnjɑ́ːfski | -skɪ; *Pol.* vjɛnjáfski], **Henri** *n.* ヴィエニアフスキー《1835–80; ポーランドのバイオリン奏者・作曲家》.

wie·nie [wíːni, wíni | wíːnɪ] 〘← WIEN(ER)+-IE〙 *n.* 《米俗》=wiener.

Wies·ba·den [víːsbɑ̀ːdn̩, víːs- | víːsbɑ̀ːdn̩, víːz-, ˊ-ˋ-; *G.* víːsbaːdn̩] *n.* ウィースバーデン《西ドイツ Hesse 州の首都, Rhine 河畔の都市, 鉱泉保養地; 人口 251,000》.

wie·sen·bo·den [víːzn̩bòudn̩ | -bəu-; *G.* víːzn̩boː-dn̩] 〘▭G *Wiesenboden* ← *Wiesen* ((pl.) ← *Wiese* meadow) + *Boden* soil: cf. ooze[2], bottom〙 **—** *n.* 〘土壌〙低湿地土.

Wie·ser [víːzə | -zə(r; *G.* víːzɐ], **Friedrich von** *n.* ウィーザー《1851–1926; オーストリアの経済学者; ⇨ Austrian school》.

wife [wáɪf] 〘OE *wīf* woman, wife < Gmc *wīf (Du. *wijf* / G *Weib*) ← ? IE *weip- to turn, twist (L *nupta* bride ((fem. p.p.) ← *nūbere* to cover oneself for the bridegroom, marry)): 《原義》the veiled or hidden one: cf. woman〙 **—** *n.* (*pl.* **wives** [wáɪvz]) **1** 妻, 夫人, 女房, 人妻: husband [man] and ~ 夫婦, 夫妻 / a man and his ~ 男とその妻 / one's wedded [lawful] ~ 正妻 (cf. mistress 9, concubine) / have a ~ 〈男が〉結婚する / She made him a good ~. =She made a good ~ for him. 彼の良い妻になった / the ~ 《口語》=my wife. ★ ラテン語系形容詞: uxorial. **2** **a** 《方言》女; 田舎女: an old ~ 老婆; おしゃべりばあさん / ⇨ old wives' tale. **b** [複合語の第二構成素として] (…を職業とする)女: ⇨ fishwife, housewife, midwife.

all the world and his wife ⇨ world 成句. ***give*** [***take, have***] ***a woman to wife*** 《古》〈女を〉嫁にやる[妻にめとる]: I will give you my daughter *to wife.* 娘を君の嫁にやろう.

— *vi., vt.* 《まれ》=wive.

wífe·dom [-dəm] *n.* =wifehood.

wífe·hòod 〘ME〙 *n.* **1** 妻であること; 妻の身分. **2** 妻らしさ.

wífe·less 〘OE *wiflēas*〙 *adj.* 妻のない, 独身の. **~ness** *n.*

wífe·lìke 〘⇨ -like〙 *adj.* =wifely. **—** *adv.* 妻らしく.

wífe·ly 〘OE *wīflic*: ⇨ wife, -ly[2]〙 *adj.* 妻らしい, 人妻にふさわしい, 世話女房型の. **wífe·li·ness** *n.*

wífe-swàpping *n.* 《口語》ワイフスワッピング, 夫婦交換《複数の男性が妻を交換して性交を行なうこと》.

wif·ey [wáɪfi | -fɪ] 〘⇨ -y[2]〙 *n.* (*also* **wif·ie** [~]) 《口語》=wife. ★ 夫が冗談に妻を呼ぶ言葉 (cf. hubby).

Wíffle bàll [wífɫ-] *n.* =whiffleball.

wig [wíg] 〘*n.*: 《1675》《略》← PERIWIG. — *v.*: 《1826》← (*n.*)〙

wig 1 a

1 bob wig; 2 back style of bob wig; 3 judge's wig; 4 barrister's wig

— *n.* **1** **a** かつら (peruke, periwig) 《はげ隠し用・舞台用・装飾用, 英国では法廷で法官・弁護士用などいろいろ; 17–18世紀には一般に男子が用いた》: catch a person with his ~ off 人がかつらをぬいだところをとらえる, 平常の姿で描く / ⇨ WIGS *on the green.* **b** =toupee. **2** 《口語》判事, 裁判官; 偉い人 (cf. bigwig). **3** 《米俗》(長い)髪の毛 (1927); 頭; 精神. **4** 《英口語》=wigging 1. **5** **a** ズキンアザラシ (hooded seal) の雄の肩の毛皮. **b** オットセイ (fur seal) の雄.

flip one's wig ⇨ flip[1] 成句. ***My wigs!*** =***Dash my wig(s)!*** いまいましい, くそ. ***wigs on the green*** 〘つかみ合いをすればかつらが草の上に落ちることから〙 《古》喧嘩(けんか), つかみ合い; 激論, 猛烈な討論.

— *v.* (**wigged; wig·ging**) **—** *vt.* **1** …にかつらをかぶせる. **2** ひどくしかり付ける, しかる, ののしる (scold, rate). **3** 《米俗》うるさがらせる (annoy), 狼狽(ろうばい)させる (upset), 怒らせる (anger); 興奮[陶酔, 熱中]させる 〈*out*〉. **—** *vi.* **1** しかる (scold) 〔*at*〕. **2** [~ out として] 《米俗》 **a** 狼狽[興奮, 熱中]する. **b** 麻薬によって[よるかのように]上機嫌になる[はしゃぐ].

Wig. 《略》Wigtown.

wig·an [wígən] 〘↓(その産地)〙 *n.* ウィガン《綿芯地の一種》.

Wig·an [wígən] 〘《略》? ← *Tref Wigan*《原義》'homestead of *Wigan* (人名)'〙 *n.* イングランド西部, Greater Manchester 州の都市; 人口 311,000.

wig·eon [wídʒən | -dʒən, -dʒɪn] *n.* (*pl.* ～, ～**s**) = widgeon.

wigged *adj.* かつらを付けている.

wig·ger·y [wígəri | -rɪ] 〘← WIG＋-ERY〙 *n.* **1** [集合的] かつら. **2** かつら着用. **3** かつら店.

Wig·gin [wígɪn, -gən | -gɪn], **Kate Douglas** *n.* (1856-1923) 米国の女流児童文学者・教育家; 旧姓 Smith.

wíg·ging 〘← WIG (vt.) 2＋-ING[1]〙 *n.* **1** 文句, 叱責(しっせき) (scolding). **2**《豪》羊の目の回りの毛の刈取り; [*pl.*] その刈取った毛.

wig·gle [wígl] 〘v.: 《?*a*1200》 *wigele(n)* to totter ▭ ? (M)Du. & (M)LG *wiggele-n* (freq.) ← **wig-* to wag: cf. wag[1], waggle / OE *wegan* to move: ⇨ -le[3]〙 ── *vt.* 〈体・尾などを〉振る, 揺する, 振り動かす (sway, waggle) (cf. wriggle 1). ── *vi.* **1** 体を揺り動かす, のたくる. **2** 体を揺り動かして[うねりくねって]進む (wriggle): ～ *under* the bed / ～ *out* of ... 体を揺り動かして…からのがれる / ～ *through* a crowd うねりくねって人込みの中を進む.
── *n.* **1** 揺れ, 揺れること. **2** くねくねした[揺れた]線. **3** えんどうを添えクリームソースをかけたえび[魚]料理.
get a wiggle on《米俗》急ぐ (hurry up): Better *get a* ～ *on.* 急いだ方がいい.

wiggle nàil *n.* ＝corrugated fastener.

wíg·gler [-glə, -glə | -glə(r, -glə(r] *n.* **1** 揺れ動くもの. **2**〘昆虫〙ボウフラ (wriggler).

Wig·gles·worth [wíglzwə̀ːθ | -wəːθ], **Michael** *n.* (1631-1705) 英国生まれの米国の神学者・著述家; *The Day of Doom* (長詩, 1662).

wíggle-tàil *n.*〘昆虫〙ボウフラ (wiggler).

wig·gle-wag·gle [wíglwæ̀gl] 〘← WIGGLE＋WAGGLE: cf. wig-wag, zig-zag〙 *vi., n.*《口語》くねくねと動く(こと, もの).

wig·gly [wígli, -gli | -gli, -glɪ] 〘⇨ -y[4]〙 ── *adj.* (**wig·gli·er**; **-gli·est**) **1** うごめく, (体を)くねくねさせる. **2** うねる, うねうねした: a ～ line 波状線 / a ～ course うねうねした道.

wig·gy [wígi | -gɪ] 〘⇨ wig, -y[4]〙 ── *adj.* (**wig·gi·er**; **-gi·est**) **1**《まれ》かつらを付けた; もったいぶった (pompous), えらく儀式ばった[上品ぶった]. **2**《米俗》狂った, 刺激的な, 途方もない (wild, crazy).

wight[1] [wáɪt] 〘OE *wiht* creature, person, thing ← ? Gmc **wihti-* (G *Wicht* fellow) ← IE **wek-ti-* thing, creature〙 ── *n.* **1** 《古・戯言・方言》**a** 人, 人間 (person): an unlucky [a luckless] ～ 不運な人 / a wretched ～ みじめな人. **b** 超自然的存在《fairy や witch など》. **2**《廃》生き物, 生物 (creature).

wight[2] [wáɪt] 〘《?*a*1200》 *wi(g)ht* ▭ ON *vígt* (neut.) ← *vígr* doughty ← Gmc **wik-* (OE *wīg* battle / ON *víg* war) ← IE **weik-* to conquer: cf. victor〙 ── *adj.* **1**《古》勇敢な, 勇猛な (valiant). **2**《方言》活発な, 素早い (active, nimble); 強い (strong).

Wight [wáɪt], **the Isle of** 〘OE *Wiht*《原義》? what has been raised, i.e. island〙 ── *n.* Great Britain 島の南海岸沖の島; もと旧 Hampshire 州に属したが 1974 年に独立した州となる; 人口 111,000, 面積 381 km², 首都 Newport.

wig·let [wíglɪt, -lət] 〘← WIG＋-LET〙 *n.*《米》婦人用小型ヘアピース《髪の毛を長く見せたりふくらませたりする》.

wíg·màker *n.* かつら師[商].

Wig·ner [wígnə | -nə(r], **Eugene Paul** *n.* (1902-) ハンガリー生れの米国の物理学者; Nobel 物理学賞 (1963).

Wigorn. 《略》*ML.* Wigorniēnsis (＝of Worcester)《Bishop of Worcester が署名に用いる; ⇨ Cantuar. 2》.

Wig·town [wígtən, -taun | wígtən] 〘ME *Wyg(g)eton* ← OE *wic-tūn*《原義》dwelling-place, homestead: ⇨ wick[3]〙 ── *n.* **1** スコットランド南西部の旧州; 現在の Dumfries and Galloway 州の西部; 面積 1,711 km². **2** 同州の首都; 人口 1,200.

Wig·town·shire [wígtənʃɪə, -taun-, -ʃə | -tənʃə(r, -ʃɪə(r] *n.* ＝Wigtown 1.

wig·wag [wígwæ̀g] 〘《1846》《加重》← WAG[1]: cf. wiggle-waggle〙 ── *v.* (**wig·wagged**; **-wag·ging**) ── *vi.* **1** あちこちに動く[揺れる] (wag). **2** (信号のために) 手旗を振る, (手旗・灯火で)信号する. ── *vt.* **1** 手旗を振って〈通信を〉伝える. **2**〈手旗を〉振る.
── *n.* **1** 手旗[灯火]による信号(法). **2**《米》手旗[灯火]による通信.

wíg·wàg·ger *n.*

wig·wam [wígwɑm, -wɔ(ː)m | wígwæm] 〘《1628》▭ N-Am.-Ind. (Algonquian) *wikwām*《原義》their dwelling〙 ── *n.* **1 a** (アメリカインディアンの)小屋《通例獣皮・むしろ・木皮などを張った円形または卵形のもので, 主に五大湖地方およびその東方の種族が用いる; cf. tepee》. **b** (それに似た)小屋. **2**《米》(党大会などに用いられる)急造の大会場: the *Wigwam*＝Tammany Hall.

wigwam 1 a

wik·i·up [wíkiʌ̀p | -kɪ-] *n.* ＝wickiup.

Wil·ber·force [wílbəfɔ̀əs, -fɔ̀əs | -bəfɔ̀ːs], **William** *n.* (1759-1833) 英国の政治家・慈善家・奴隷解放運動家.

Wil·bert [wílbət | -bət] 〘▭ ? Du. *Wildeboer*《原義》wild farmer: cf. OE *wil-beorht*《原義》bright will〙 *n.* 男性名.

Wil·bur [wílbə | -bə(r] 〘← OE *wilburh*《原義》willow town〙 *n.* 男性名. ★アメリカに多い.

Wil·bur·ite [wílbəràɪt] 〘← *John Wilbur* (1774-1856: 米国のクエーカー派の伝道師): ⇨ -ite[1]〙 ── *n.* ウィルバー派《クエーカー教徒の保守派の団体の一員; ガーニー派 (Gurneyites) の福音主義に抗議して内なる光 (Inner Light) を守るため 1845 年に米国で創立された Religious Society of Friends の人》.

Wil·bye [wílbi | -bɪ], **John** *n.* (1574-1638) 英国のマドリガル作曲家.

wil·co [wílkou | -kəu] 〘← *wil(l) co(mply)*〙 *int.* 了解《無線通信で受信したメッセージの応諾を示す言葉》.

Wil·cox [wílkɑks | -kɔks], **Ella Wheeler** *n.* (1850-1919) 米国の女流詩人; *Drops of Water* (1872).

wild [wáɪld] 〘OE *wilde* < Gmc **wilþijaz* (Du. & G *wild*) ← IE **wel-* woods; wild: cf. OE *weald* 'WEALD'〙 ── *adj.* (～·**er**; ～·**est**) **1** 〈鳥獣・草木など〉野生の, 野育ちの (↔ domestic, cultivated, garden): a ～ hare, swan, etc. / ～ beasts, plants, etc. / ～ honey 天然の蜂蜜 / a ～ vine 野ぶどう / grow ～ 野に育つ, 野生である, 自然に生える. **2** 〈土地が〉耕作してない, 手を加えない, 荒れ果てた: ～ scenery 荒涼たる景色. **3** 〈人・部族などが〉未開の, 野蛮な (uncivilized); 〈動物が〉荒い, 人慣れしない, 暴れる: ⇨ wild man / the ～ state 未開状態 / The dog is very ～ today. 今日は犬がばかに暴れる. **4** 〈風・夜・時代など〉激しい, 荒い, 騒々しい (violent, tempestuous): a ～ storm 激しい嵐 / a ～ night 嵐の一夜 / a ～ sea 荒海 / ～ times 乱世. **5** 乱暴な, 無情な (lawless, disorderly); 手に負えない, わがままな (wayward); 放埒(ほうらつ)な (licentious): ～ mobs 無法な暴徒たち / a ～ fellow 乱暴者 / a ～ blow めった打ち, 乱打 / ～ work 無法[狂暴]な仕業 / He settled down after a ～ youth. 若いころ放蕩(ほうとう)者だったが今は落ち着いた / She was in ～ spirits. 彼女は乱暴な気分になっていた. **6 a** 狂乱した, 狂気の (frantic); (狂ったように)激しく興奮して, 熱狂的な (enthusiastic): ～ cheers, grief, etc. / a ～ appearance ＝ ～ looks 狂乱の姿 / ～ eyes 狂気じみた目 / ～ delight 狂喜 / ～ excitement [enthusiasm] 激しい興奮[熱狂] / ～ rage 激怒 / ～ *with* rage 怒り狂って / be ～ *with* excitement 気が狂ったように興奮している / drive a person ～ 人を夢中にさせる[発狂させる] / It made me ～ to listen to such nonsense. あんなくだらない話を聞いていると腹が立った. **b**《口語》夢中で; (狂気のように)ひどく…したがって (intensely eager) 〔*about, for*〕/ 〈*to* do〉: be ～ *about* fishing [a person] 釣[人]に夢中である[熱中する] / He was ～ *for* revenge. 復讐(ふくしゅう)の鬼となっていた / He was ～ *to* see her. 彼女にひどく会いたがっていた. **c**《口語》かんかんに怒った (infuriated). **7** 〈計画など〉突飛な (fantastic); 乱暴な, 無謀な (rash, reckless): ～ schemes, notions, etc. / a ～ project 突飛な計画 / ～ fancies とりとめもない空想 / He cherished a ～ hope. 突飛な望みを抱いていた. **8** でたらめな, 当てずっぽうの (random, haphazard): 突飛な: a ～ talk よた話 / a ～ remark 放言 / a ～ guess 当て推量 / a ～ shot 乱射 / a ～ throw〘野球〙(野手の)悪送球, 暴投 / ⇨ wild pitch / It's only a sort of ～ conjecture. 当て推量のようなものでしかない. **9** だらしない, 乱れた (disorderly, dishevelled): ～ locks 乱れ髪 / hair hanging in ～ locks ぼさぼさに乱れ下がった髪の毛 / The room is in (a state of) ～ disorder. 部屋が散らかし放題になっている. **10**〘トランプ〙持主の希望通りになる: ⇨ wild card, deuces wild. **11** 〈証券・商品の相場など〉乱調子の: ～ fluctuations (相場の)乱高低. **12**〘冶金〙〈溶解した金属が〉(冷却中に)多量のガスを発生して.
go wild 乱暴になる, 狂乱する, ひどく怒る, 夢中になる 〔*with, over*〕: *go* ～ *with* joy [enthusiasm] 狂喜[熱狂]する / The town *went* ～ *with* celebration. 町はお祭り騒ぎで夢中になった / London *went* ～ *over* the news. ロンドン中がそのニュースで沸き立った. ***run wild*** (1) 〈植物などが〉野育ちに伸びる, やたらにはびこる, 野生に戻る. (2) 暴れる, したい放題にやる, 乱暴になる. ***wild and wooly*** 粗野な, 野蛮な (barbarous): a ～ *and wooly* town 粗野な町.
── *adv.* 無鉄砲に, でたらめに, 途方もなく, 乱暴に (wildly): play ～ 乱暴に遊ぶ / shoot ～ 乱射する / talk ～ でたらめなことをしゃべる.
── *n.* **1** [しばしば *pl.*] 荒地, 荒野 (desert); 未開地: the ～*s* of Africa. **2** [the ～] 野性の状態[生活]: the call of *the* ～ 野性の呼び声 / animals living in *the* ～ 野生の状態で住んでいる動物.
(out) in the wilds《口語》町から遠く離れて.

Wild [wáɪld], **Jonathan** *n.* (1682?-1725) 英国の大盗賊; 盗賊団を結成し盗品故売組織をつくったが, 最後は絞首刑; Fielding の小説 *The Life of Mr. Jonathan Wild the Great* (1743) でも有名.

wíld állspice *n.*〘植物〙＝spicebush.

wíld béan *n.*〘植物〙ホドイモ (groundnut).

wíld bérgamot *n.*〘植物〙ヤグルマハッカ (*Monarda fistulosa*)《北米東部産の芳香のある多年草》.

wíld bláck cúrrant *n.*〘植物〙アメリカフサスグリ (*Ribes americanum*)《北米産の低木; 花は黄緑色で果実は黒色; ゼリーや製薬に用いる; flowering currant ともいう》.

wíld bléeding hèart *n.*〘植物〙米国東部産ケシ科コマクサ属のケマンソウの類の植物 (*Dicentra eximia*).

wíld blúe phlóx *n.*〘植物〙北米産ハナシノブ科のフロックスの一種 (*Phlox divaricata*)《wild sweet william ともいう》.

wíld bóar *n.*〘動物〙＝boar 2.

wíld bríer *n.*〘植物〙**1** ＝dog rose. **2** ＝sweetbrier. **3** (その他の)野バラ.

wíld cárd *n.*〘トランプ〙鬼札, 化(ばけ)札, 万能札《ジョーカー (joker) などのように, 持主の意向によってどの札の代わりとしても使える札》.

wíld cárrot *n.*〘植物〙野菜のニンジンの原種ともみなされる雑草 (*Daucus carota* var. *carota*)《食用にならない; lace flower, Queen Anne's lace ともいう》.

wíld·càt 〘《1418》〙 ── *n.* (*pl.* ～**s**, ～) **1**〘動物〙ヤマネコ《各種の小型または中型の野生ネコの総称》: **a** オオヤマネコ《北米産オオヤマネコ属 (*Lynx*) のネコの総称》; (特に)ボブキャット (bobcat), カナダオオヤマネコ (Canada lynx). **b** ヨーロッパヤマネコ (*Felis sylvestris*)《ヨーロッパの森にすむ; 家ネコに似るがもっと大きい》. **c** リビアヤマネコ (*Felis libyca*)《アフリカ産で, 家ネコの祖先とみなされている》. **d** その他類似の野生ネコ《サーバルキャット (serval), オセロット (ocelot) など》. **2** 野良猫, 野猫《イエネコ (house cat) の野生化したもの; この場合は通例 wild cat と綴る》. **3** 気短かで獰(どう)猛な人. **4**《米》〘鉄道〙(操車用)小型機関車. **5**《米》無鉄砲な[乱暴な, でたらめの]企業[計画]. **6**《米》(石油の)試掘井. **7**〘海事〙ワイルドキャット, 鎖車《鎖型の凹部をもつ車で, 錨鎖などの巻き込み用に使われる》. **8**《米口語》山ねこ銀行 (wildcat bank) 発行の通貨. **9** ＝wildcat strike.

wildcat 1 b

── *attrib. adj.* **1 a** (経営面が)向こう見ずな, 無謀な, でたらめの: a ～ company [scheme] 山師会社[計画] / ⇨ wildcat bank. **b**《米口語》〈紙幣など〉山ねこ銀行発行の: ～ currency. **2** 非合法的な; やみ取引の: a ～ still《米口語》密造酒製造所 / ⇨ wildcat strike. **3**《米》〘鉄道〙〈列車が〉規定時間外に運転される; 勝手に走る: a ～ train / a ～ engine 暴走機関車. **4** (やみくもに)試掘した: a ～ well.
── *vi.*《米》**1** (埋蔵の確実性不明な地域で)〈石油・鉱石・天然ガスなどを〉試掘する. **2** 向こう見ずな企画[仕事]に従事する. ── *vt.*《米》(石油・鉱石・天然ガスなどを求めて)〈埋蔵の確実性不明な地域を〉試掘する.

wildcat bánk *n.*《米口語》山ねこ銀行《銀行法制定 (1864) 以前に紙幣を乱発した銀行; cf. carpetbagger 1 c》.

wíldcat stríke *n.* 山ねこスト[争議]《組合員の一部が本部の承認を受けずに勝手に行なうストライキ》.

wíld·càt·ter [-tə | -tə(r] *n.*《米口語》**1** (石油・鉱石・天然ガスを求めて)やたらに試掘する山師. **2** 山師. **3** 山ねこストをする人.

wíld célery *n.*〘植物〙セキショウモ (⇨ tape grass).

wíld chérvil *n.*〘植物〙**1** シャク (*Anthriscus sylvestris*)《アジア・ヨーロッパ産セリ科シャク属の二年草》. **2** ＝stone parsley 1.

wíld córn *n.*〘植物〙ユリ科ツバメノオモト属の植物の一種 (*Clintonia umbellulata*).

wíld cótton *n.*〘植物〙アメリカフヨウ (⇨ swamp mallow).

wíld cránesbill *n.*〘植物〙米国東部産フウロソウ科の多年草 (*Geranium maculatum*)《spotted cranesbill, alumroot ともいう》.

wíld dáte *n.*〘植物〙トラノオヤシ (*Phoenix sylvestris*)《インド産; 葉は灰緑色の観賞植物》.

wíld dúck *n.* 野鴨; (特に)マガモ (mallard).

Wilde [wáɪld], **Oscar (Fin·gal O'Fla·her·tie Wills)** [fíŋgəl oufláhəti wílz, -o(u)fléəti- | -ə(u)fléətɪ-] ── *n.* (1854-1900) アイルランド生れで英国の世紀末文学を代表する小説家・劇作家・詩人; *The Picture of Dorian Gray* (1891), *Salomé* (1893), *The Importance of Being Earnest* (1895 上演, '99 出版). **Wild·e·an** [wáɪldiən | -dɪən, -djən] *adj.*

wil·de·beest [wíldəbìːst | wíldɪ-, víldə-; *Du.* wíldəbèːst] 〘《1838》▭ Afrik. ～《原義》wild beast〙 *n.* (*pl.* ～**s**, ～, **wil·de·bees·te** [～ə; *Du.* ～ə]) 〘動物〙＝gnu.

wil·der [wíldə | -də(r] 〘《1613》《逆成》? ← WILDERNESS: cf. Icel. *villr* astray / MDu. *verwildern* to stray〙《古・詩》── *vt.* **1** 道に迷わす. **2** 惑わす (bewilder). ── *vi.* さ迷う (stray).

Wil·der [wáɪldə | -də(r], **Thorn·ton (Niv·en)** [θɔ́əntn nívən | θɔ́ːn-] *n.* (1897-1975) 米国の小説家・劇作家; *The Bridge of San Luis Rey* (小説, 1927), *Our Town* (戯曲, 1938).

wíl·der·ment *n.*《古》惑い (bewilderment).

wil·der·ness [wíldənɪs, -nəs | -də-] 〘OE *wild(d)ēornes* ← *wild(d)ēor* wild beast: ⇨ wild, deer, -ness〙 ── *n.* **1** (植物が生い茂って動物だけが住む)原野 (wasteland); 砂漠 (desert); (未開墾の)荒野, 荒れ地; 不毛の地: a voice (crying) in the ～ 荒ら野に呼ばわ

る者の声; 世に容れられない道徳家・改革家などの叫び (cf. *Matt.* 3:3) / a howling ～ ⇨ howling 2. **2** [通例 a ～] (水面・空間などの)果てしない広がり: a ～ of ocean 大海原. **3** 荒涼[雑然]たる場所; 味気なさ, 不毛: a ～ *of* a home わびしい家庭 / the ～ in one's heart 心中のむなしさ / She lived in her ～ *of* a home. 荒涼とした家に住んでいた. **4** **a** (人や物の)雑然たる集り[群]: a ～ *of* houses ごたごたと続く(わびしい)家並. **b** とまどう[あきれる]ほどの多数[多量] 〔*of*〕: a ～ *of* antiques / a ～ *of* monkeys 数え切れないほどの猿 (Shak., *Merch* V 3. 1. 128). **5** (庭園内の, しばしば迷路状の)わざと手を加えてない部分.

go into the wilderness 〈政党などが〉政権を離れる, 野(や)に下る, 下野する. ***in the wilderness*** 〈政党などが〉政権を離れて, 失脚して, 在野して (out of office) (cf. *Num.* 14:33).

Wil·der·ness [wíldənɪs, -nəs | -də-] 〖↑〗 *n.* [the ～] 米国 Virginia 州北東部の森林地帯; Grant, Lee 両将軍の激戦地 (1864).

wílderness área, W- A- *n.* (道路や建物を作ることを禁じられている公有の)自然保護区域.

wild-éyed *adj.* **1** 目が怒りに燃えている, 気違いじみた目つきの. **2** 〈計画・考えなど〉途方もない, 無謀な, 過激な; 〈人が〉極端な改革を支持する: a ～ plan / ～ reformers.

wild fíg *n.* 〖植物〗 =caprifig.

wild·fìre 〖lateOE *wildefȳr*〗 ― *n.* **1** (昔, 敵船に火を放つために使用した)燃焼物 《Greek fire など》. **2** **a** 鬼火, きつね火 (will-o'-the-wisp). **b** 野火. **3** = heat lightning. **4** 〖植物病理〗 野火病 《*Pseudomonus tabaci* 菌によるタバコ・ダイズの病気; 葉に周囲が黄色味を帯びた茶色の小斑点ができ, それが大きくなり黒ずんで腐敗落葉する》. **5** 《廃》〖病理〗 丹毒 (erysipelas). **6** 《廃》〖獣医〗 羊の皮膚炎 (cf. scabies).

spread* [*run*] *like wildfire 〈うわさなどが〉燎原(りょうげん)の火のごとく広まる, 野火のように[急速に]広まる.

wild fláx *n.* 〖植物〗 **1** =GOLD of pleasure. **2** = toadflax.

wild flòwer *n.* 野の花; 野草.

wild·fòwl 〖OE *wild fugel*〗 *n.* (*pl.* ～, ～s) 猟鳥 (game birds); (特に)ガンカモ(類) 《マガモ (wild duck), シジュウカラガン (Canada goose) など》.

wild gerá nium *n.* 〖植物〗 米国東部産のフウロソウ科フウロソウ属の植物 (*Geranium maculatum*).

wild gínger *n.* 〖植物〗 カナダサイシン, アメリカカンアオイ (*Asarum canadense*) 《北米産ウマノスズクサ科カンアオイ属の植物; cf. asarum》.

wild góose 〖OE *wilde gōs*〗 *n.* 〖鳥類〗 野生のガンやカリの総称: **a** 《米》 =Canada goose. **b** 《英》 = greylag.

wild-góose chàse 〖ガンをつかまえることの難しさにちなむ〗 *n.* (雲をつかむような)当てのない追求, 途方もない計画 (futile enterprise).

wild-héaded *adj.* 無謀[法外]な考えにとりつかれた.

wild hóg *n.* 〖動物〗 =wild boar.

wild hóllyhock *n.* 〖植物〗 タチアオイに似た数種のアオイ科の, 特にケシバナアオイ属 (*Callirhoe*), キンゴジカモドキ属 (*Sidalcea*), *Sphaeralcea* 属の植物の総称.

wild hórse *n.* 野性の馬: draw with ～*s* 野性の馬を使って八つ裂きにする 《中世の刑罰》 / *Wild horses* would not drag it from [out of] me. 野性の馬に八つ裂きにされたってその秘密はしゃべらない.

Wild Húnt *n.* 〖北欧伝説〗 荒猟師 《深夜に空や荒野を疾走する幽霊のような猟師や猟犬の騒々しい一団》.

Wild Húntsman *n.* [the ～] 〖北欧伝説〗 荒猟師 (Wild Hunt) の隊長 《Odin の民話化したものとも考えられる》.

wild hýacinth *n.* 〖植物〗 **1** 北米産ユリ科ヒナユリ属の草本 (*Camassia scilloides*). **2** =wood hyacinth.

wild hydrángea *n.* 〖植物〗 **1** ユキノシタ科アジサイ属の植物 (*Hydrangea arborescens*) 《北米産の白花をつける野生のアジサイで, 観賞用にも栽培される; sevenbark ともいう》. **2** タデ科のギシギシの一種 (*Rumex vinosus*).

wild índigo *n.* 〖植物〗 ムラサキセンダイハギ 《北米産のマメ科ムラサキセンダイハギ属 (*Baptisia*) の野草の総称; 特に, indigo broom》.

wild·ing [wáɪldɪŋ] 〖← WILD+-ING[3]〗 ― *n.* **1** 野生植物; (通例)野生りんご(の木). **2** 野獣. **3** 〖植物〗 逸出植物 (escape). ― *adj.* 《古》 野生の (wild): a ～ rose.

wild·ish [-dɪʃ] *adj.* やや乱暴[野蛮, 無謀]な.

wild léttuce *n.* 〖植物〗 荒地に生えるキク科アキノノゲシ属 (*Lactuca*) の雑草の総称 《英国産のチシャ (*L. scariola*), 北米産のチシャに似た植物 (*L. canadensis*) など》.

wild·lìfe *n.* [集合的] 野生生物 《特に, 猟の対象となる鳥獣魚》. ― *attrib. adj.* 野生生物の: a ～ habitat 野生生物の生息地 / a ～ biologist 野生生物学者 / ～ protection 野生動物の保護 / ～ destruction 野生生物を殺すこと.

wild·lìf·er *n.* 野生生物保護論者.

wild líly of the válley *n.* 〖植物〗 =lesser wintergreen.

wild·ling [wáɪldlɪŋ] 〖← WILD+-LING[1]〗 *n.* 野生の動物; 野生の花[植物].

wild·ly 〖《1369》〗 *adv.* **1** 乱暴に, 荒々しく, 狂って. **2** むやみに, やたらに: I was ～ in love with her. 彼女を激しく恋していた. **3** 野生で, 野育ちで.

wild mádder *n.* 〖植物〗 **1** =madder 1. **2** アカネ科ヤエムグラ属 (*Galium*) の植物の総称; (特に)ユーラシア産の *G. mollugo*, 米国産の *G. tinctorium*.

wild màn 〖《c1300》〗 *n.* **1** 野蛮人 (savage); 粗野な男, 野蛮な男. **2** (党内の)過激分子 (extremist). **3** 〖動物〗 =orangutan 《wild man of the woods ともいう》.

wild mándrake *n.* 〖植物〗 =mayapple 1.

wild márjoram *n.* 〖植物〗 =pot marjoram.

wild mónkshood *n.* 〖植物〗 トリカブトの類の植物 (*Aconitum uncinatum*) 《北米産のキンポウゲ科の有毒植物; 青色の花をつけ湿地に育つ》.

wild múlberry *n.* 〖植物〗 =yawweed.

wild mústard *n.* 〖植物〗 =charlock.

wild·ness 〖《c1380》〗 *n.* **1** 野生, 野育ち. **2** (土地が)荒れていること, 荒廃. **3** 乱暴, 粗暴, 無謀. **4** 放埒(ほうらつ), 放蕩(ほうとう): the ～*es* of youth.

wild óat *n.* **1** 〖植物〗 **a** カラスムギ属 (*Avena*) の雑草の総称; (特に)カラスムギ (*A. fatua*) 《麦畑や牧場などに生える一年草または二年草; エンバク (oat) の原種と考えられる》. **b** =tall oat grass. **c** 北米東部産ユリ科の黄色の小さいしだれる花をつける森林地植物 (*Uvularia sessilifolia*). **2** [*pl.*] 若い時の放蕩(ほうとう)[道楽].

sow one's wild oats 〖よい種の代わりに野生のカラスムギをまく愚かな行為から〗 若気の放蕩をする: He has *sown his* ～*s*. 彼も若気の道楽をやったものだ 《今はおさまったが》.

wild óleander *n.* 〖植物〗 =swamp loosestrife.

wild óleaster *n.* 〖植物〗 =buffalo berry.

wild ólive *n.* 〖植物〗 外見や果実がオリーブに類似した樹木の総称 《ニッサ (tupelo), アメリカアサガラ (silver bell) など》.

wild pánsy *n.* 〖植物〗 ビオラ トリコロル (*Viola tricolor*) 《北欧原産; pansy はこの改良種; heartsease, Johnny-jump-up ともいう》.

wild pársley *n.* 〖植物〗 パセリに類似したセリ科の野生植物の総称; (特に) =corn parsley.

wild pársnip *n.* 〖植物〗 アメリカボウフウ (*Pastinaca sativa*) 《米国・ヨーロッパ産セリ科の野生の多年草; 栽培される parsnip の祖先型と考えられるが, 根は苦くて食べられない》.

wild pássionflower *n.* 〖植物〗 =maypop.

wild pépper *n.* 〖植物〗 ミツバハマゴウ (*Vitex trifolia*) 《熱帯アジア産の低木; 葉は薬用となる》.

wild pínk *n.* 〖植物〗 **1** 米国産ムシトリナデシコの一種 (*Silene caroliniana*). **2** =arethusa.

wild pítch *n.* 〖野球〗 (投手の)暴投, ワイルドピッチ.

wild potáto *n.* 〖植物〗 **1** =man-of-the-earth. **2** = groundnut 1a. **3** =claytonia.

wild púmpkin *n.* 〖植物〗 =prairie gourd.

wild ríce *n.* **1** 〖植物〗 イネ科の湿地に生える多年草の総称 《北米産のマコモ (*Zizania aquatica*), アジア産の *Z. latifolia* など》. **2** 菰米(こまい), ワイルドライス 《マコモの頴果(えいか); かつてアメリカインディアンが食用にしたが, 風味がよいので今日でもしばしば用いられる》.

wild róse *n.* 〖植物〗 野バラ 《sweetbrier, swamp rose など》. ★ 米国 Iowa, New York, North Dakota 各州の州花.

wild rósemary *n.* 〖植物〗 =marsh tea.

wild rúbber *n.* 野生ゴム 《各種の野生ゴムノキから採る》.

wild rýe *n.* 〖植物〗 =lyme grass.

wild ságe *n.* 〖植物〗 **1** ヨーロッパ・アジア原産で米国に帰化した青い花が咲くシソ科セージの一種 (*Salvia verbenaca*). **2** =sagebrush. **3** =red sage.

wild sarsaparílla *n.* 〖植物〗 **1** ウコギ科タラノキ属の草 (*Aralia nudicaulis*) 《北米産の掌状複葉をもつ多年草で, 根はサルサ (sarsaparilla) の代用になる》. **2** ユリ科シオデ属の植物の一種 (*Smilax glauca*).

wild sénna *n.* 〖植物〗 ツリハブソウ (*Cassia marilandica*) 《北米産マメ科の多年草; 葉は薬用センナの場合と同様に用いられる; cf. senna》.

wild sílk *n.* 〖紡織〗 天蚕 (wild silkworm) からとれる絹 (tussah).

wild sílkworm *n.* 〖昆虫〗 天蚕(てんさん) 《ヤママユガ科に属する種類のうち, 繭から絹糸をとるガの幼虫の総称; ヤママユ, サクサン, ヒマサンなどを含む》.

wild spíkenard *n.* 〖植物〗 =false spikenard.

wild spínach *n.* 〖植物〗 アカザ 《アカザ科アカザ属 (*Chenopodium*) の数種の植物の総称; シロザ (*C. album*), アカザ (*C. album* var. *centrorubrum*) など; 時に食用》.

wild swéet pèa *n.* 〖植物〗 =catgut 2.

wild swéet potàto *n.* 〖植物〗 **1** =man-of-the-earth. **2** =sand vine.

wild swèet wílliam, w- s- W- *n.* 〖植物〗 **1** = wild blue phlox. **2** 米国東部産ハナシノブ科フロックス属の草 (*Phlox maculata*) 《青または紫の花をつけしばしば栽培される》.

wild thýme *n.* 〖植物〗 ヨウシュイブキジャコウソウ (*Thymus serpyllum*) 《ヨーロッパ原産の土手や山腹に生えるシソ科の蔓(つる)状の多年草; creeping thyme, mother-of-thyme ともいう》.

wild-tràck *adj.* 〈解説など〉(映画・テレビの)画面とは異なる: a～ commentary 画面とは異なる解説.

wild tỳpe *n.* 〖生物〗 野生型 《実験的に, または自然界において生じた突然変異体 (mutant)》.

wild-tỳpe *adj.*

wild vanílla *n.* 〖植物〗 葉にバニラに似た香りのある米国産キク科の野草 (*Trilisa odoratissima*).

wild·wàter *n.* [しばしば Attributive に用いて] (川の)急流, 激流: the world ～ canoe championships 世界急流カヌー選手権.

Wild Wést, w- W- *n.* [the ～] (開拓時代の無法・未開の)米国西部地方 (cf. west *n.* 2 c).

Wild Wést shòw *n.* 《米》 (初め Buffalo Bill が組織したような開拓時代の)カウボーイやアメリカインディアンの離れわざを呼び物とするサーカス.

wild wistéria *n.* 〖植物〗 =groundnut 1 a.

wild·wòod 〖OE〗 *n.* 《詩》 天然林 (natural forest).

wild yám *n.* 〖植物〗 野生ヤマノイモ 《野生の各種のヤマノイモ属 (*Dioscorea*) の植物の総称, 特に北米東部産の *D. paniculata*》.

wild yéast *n.* 〖生化学〗 野生酵母 《空気中や果実の表面に天然に存在する酵母》.

wile [wáɪl] 〖n.: lateOE *wīl* trick ▭? ON **wīhl-* craft (cf. OE *wīgle* divination, magic) ← IE **weik-* to augur. ― v.: 《c1375》 ← (n.): GUILE と二重語〗 ― *n.* **1** [通例 *pl.*] たくらみ, 策略; 手管: the ～*s* of a devil, coquette, etc. **2** ずるさ, 狡猾(こうかつ)(craftiness, guile). ― *vt.* **1** たぶらかす, だます (lure, entice) 〈*away*〉 / 〔*from, into*〕: ～ a person *into* [*out of*] … 人をだまして…に連れ込む[…から連れ出す] / The sunshine ～*d* me *from* work. 日差しに誘い出されて私は仕事をやめた. **2** 楽しく〈時を〉過ごす (while) 〈*away*〉.

Wi·ley [wáɪli | -lɪ] 〖(dim.) ← WILLIAM〗 *n.* 男性名.

Wil·fred [wílfrɪd, -frəd | wílfrɪd, wúl-] 〖OE *Wilfrith* ← *wil* 'WILL[3]' + *frith* peace (⇨ Winfred): もと Wilfrid と綴られたがヴィクトリア朝以後 Wilfred となった〗 ― *n.* 男性名 《異形 Wilfrid; 愛称 Fred》.

wil·ful [wílfəl] *adj.* =willful. **～·ly** *adv.* **～·ness** *n.*

wil·ga [wílgə] 〖← Austral. 《土語》〗 *n.* 〖植物〗 オーストラリア・ニューギニアに産する耐乾性のミカン科 *Geijera* 属の小木 《白い花をつける》.

Wil·helm [wílhelm; G. vílhelm, *Dan.* wílhɛlm] 〖▭ G ～ 'WILLIAM'〗 *n.* 男性名.

Wil·hel·mi·na [wìləmíːnə, wìlhelm- | wìlhelmíːnə, wìləm-; G., *Swed.* vìlhɛlmíːna, *Du.* wìlhɛlmíːnaː] 〖(fem.) ← WILLIAM (cf. Wilhelm): ⇨ -ina〗 ― *n.* 女性名 《愛称形 Minnine, Minny, Vilma, Willa, Willie, Willis, Willy, Wilma》.

Wil·hel·mi·na [wìləmíːnə, wìlhelm- | wìlhelm-, wìləm-], **Mount** *n.* ウィルヘルミナ山 《New Guinea 中部 West Irian の山 (4,730 m)》.

Wil·hel·mi·na I [wìlhelmíːnə, wìləm-, *Du.* wìlhɛlmíːnaː] *n.* ウィルヘルミナー世 《1880–1962: オランダの女王 (1890–1948); Wilhelmina Helena Pauline Maria》.

Wil·helms·ha·ven [vìlhelmzháːfən, víləmzhàːfən | vìlhelmzháːfən; G. vìlhɛlmsháːfən] *n.* ウィルヘルムスハーフェン 《西ドイツ Lower Saxony 州の北海に臨む海港, 第一次大戦中のドイツ海軍の根拠地; 人口 103,000》.

Wil·helm·stras·se [vílhelmʃtràːsə, -strɑː-; G. vílhɛlmʃtràːsə] *n.* **1** [the ～] ウィルヘルムシュトラーセ 《Berlin 中央部の街路; もと官庁街》. **2** (旧ドイツ)外務省.

wil·i·ly [wáɪlɪli, -lə- | -lɪ] *adv.* 狡猾に, ずる賢く.

Wilkes [wílks] 〖(dim.) ← WILLIAM: cf. Wilkie〗 *n.* 男性名.

Wilkes, Charles *n.* (1798–1877) 米国の海軍少将・探検家.

Wilkes, John *n.* (1727–97) 英国の政治家・政治評論家; 1760 年代に *The North Briton* 紙上で George 三世を批判して再三下院議員を除名されたが, そのたびに民衆の支持を得て当選した.

Wilkes-Bar·re [wílksbæ̀rə, -bæ̀ri, -bɛ̀ə | -bærə, -rɪ, -bɛ̀ə(r] 〖← *John Wilkes*+*Isaac Barré* (英国の軍人)〗 ― *n.* 米国 Pennsylvania 州北東部, Susquehanna 河畔の都市; 人口 57,000.

Wilkes Lànd *n.* オーストラリア南方の, 南極大陸の沿岸地方.

Wil·kie [wílki | -kɪ] 〖(dim.) ← WILLIAM: ⇨ -ie〗 *n.* 男性名.

Wil·kins [wílkɪnz, -kənz | -kɪnz], Sir **(George) Hubert** *n.* (1888–1958) オーストラリアの飛行家・極地探検家.

Wilkins, Mary Eleanor *n.* ⇨ Mary Eleanor FREEMAN.

Wilkins, Maurice H(ugh) F(rederick) *n.* (1916–) ニュージーランド生れの英国の生物物理学者; Nobel 医学生理学賞 (1962).

Wilkins, Roy *n.* (1901–81) 米国の黒人ジャーナリスト・公民権運動家.

will[1] [wəl, əl, l̩; wɪl, wíl] 〖OE **willan*, *wyllan* < Gmc **wel(l)jan* (Du. *willen*) ← IE **wel-* to wish (L *velle* to wish): cf. G *wollen*〗 ― *auxil. v.* (cf. will[2] *vt.* 4) ★ Infinitive, Participle, Gerund の形がなく, 古形の直説法二人称単数現在形 (thou) **wilt** [wɪlt, wəlt, (ə)lt, wílt] **'lt** [lt], 同過去形 (thou) **wouldst** [wədst, wətst; wʊdst, wʊtst, wʊ́tst], **would·est** [wʊ́dɪst; wʊ́dɪst, -dəst], **'dst** 以外には語尾変化をせず, 常に to なしの Infinitive と結ぶ; なお特に《米》では will が shall の意義用法をも吸収しようとする傾向がある (cf. shall).

1 [話者の予言] **a** [平叙文の場合] …だろう, でしょう. ★ 主題は通例第二・三人称; ただし《口語》では第一人称にも will を用いる: One day I [you, he] ～ die. / You ～ feel better after this medicine. この薬を飲めば気分がよくなりますよ / He ～ die sooner or later. 遅かれ早かれ彼は死ぬだろう / It'*ll* be fine tomorrow. あしたは好天気だろう / That ～ be the end of all. それで全部おしまいになるだろう / You never know what he'*ll* do next. 彼がこの次に何をやり出すかわからない / It'*ll* be raining tomorrow. あすは雨が降っている

だろう / By then you ~ [you'*ll*] have forgotten all about this. そのころにはこの事についてはすっかりお忘れになっているでしょう / I think I ~ [I'*ll*] meet some of my friends at the party this evening. 今晩のパーティーで何人かの友だちに会うでしょう / God ~ pity me if I repent. 悔い改めるなら神様も憐んで下さるだろう. **b** [疑問文の場合] ★ (1) 主語は通例第三人称; ただし米口語では第二人称にも will を用いる: *Will* he come tomorrow? 彼は明日来るだろうか / How long ~ he live? 彼はいつまで生きるだろうか / *Will* all of you be at the party tomorrow? あしたのパーティーには君たちは皆出席しますか / Next month you [he] ~ be sixty. 来月君[彼]は 60 歳になる. (2) *Will* you come tomorrow? のような有意志動詞の場合は勧誘の意味に取られるので, 情報を求める疑問文は普通 *Are* you *coming* tomorrow? のようにする.
2 [主語の意志] …しようと思う, するつもりだ: **a** [主語が第一人称の場合]: I ~ strike you. 打つぞ / *I'll* be a good boy for the future. これからはおとなしくします / I ~ let you know. お知らせします / I ~ not be caught again. 二度と再びつかまるものか / I ~ do anything for you. 君のためなら何でもします / I ~ take this one. 私はこれを取ります[もらいます] / I ~ be obeyed. 言うことを聞いてもらわなければならない / I ~ have it so. ぜひともそうしてみせる / I ~ never do such a thing again. 二度とこんな事はしません. ★ *Will* I…? という形も反語的な will の意味で用いられる: Will you do this?—*Will* I? (=Of course I will). **b** [第二・三人称を主語とする条件節で]: I shall be glad [pleased] to go, if you [he] ~ accompany me. 君[彼]が同道して下さるなら喜んで行きましょう. **c** [第二人称を主語とする疑問文・命令文でしばしば依頼・勧誘などを表わす]: *Will* you (please) pass me the salt?=Pass me the salt, ~ you? その塩をこっちへ回して下さいませんか / *Will* you come for a walk this evening? 夕方散歩に出掛けませんか. **d** [第二人称を主語とする平叙文または付加疑問文で穏やかな命令・指図を表わす]: You ~ please do so. どうかそうして下さい / You ~ pack and leave this house at once. 荷物をまとめてすぐこの家を出てもらいたい / Go and answer the bell, ~ you? 取次に出て下さい. ★ この形式は命令的で無礼であるから, 依頼の場合は Would you kindly…? / Would you be good enough to…? の形式を用いる方がよい.
3 [wɪl] [通例主語の固執を表わす] (cf. would 4): Boys ~ be boys. 男の子はやっぱり男の子《いたずらは仕方がない》/ You ~ have your (own) way, whatever I say. 私が何と言っても君はどこまでも意地を張る / He ~ have his joke. どうしても冗談を止めない.
4 [wɪl] [主語の習慣・習性]: Accidents ~ happen. 事故は起こるもの / People ~ talk. 人の口には戸が立てられぬ / He ~ often sit up all night. 彼はよく徹夜することがある / A large ostrich ~ stand more than 6 feet. 大きなダチョウになると丈(たけ)が 6 フィート以上になるものもある / Murder ~ out. 《諺》人殺しはばれるもの, 悪事は露顕する / This door ~ not [*won't*] open. このドアはどうしても開かない.
5 [無生物主語の能力・収容力を表わす] …できる (can, be capable of…ing): This metal ~ not crack under heavy pressure. この金属は強い圧力を受けてもひびが入ることがない / It ~ hold another quart. それにはもう 1 クォート入れられる / The hall ~ seat five hundred. そのホールは 500 人収容できる / *Will* the ice bear? 氷はもつだろうか / That'*ll* do. それで結構.
6 [間接話法の場合] ★ 最後の 2 例のような場合以外は原則として直接話法の will をそのまま引き継ぐ: She says she ~ do her best (="I will do my best"). 彼女は全力を尽くすと言う / You've promised you ~ never do so again (="I will never do so again"). 君はもう二度とそうしないと約束したはずだ / He tells me that I shall [《口語》~] not understand such matters till I grow older (="You will not…"). もっと大きくなるまではそういうことはおわかりになるまいと彼は私に言う / He says that he ~ never manage it (="I shall never…"). 私にはそれはとてもできないと彼は言う.
7 [話者の推量] (cf. would[1] B 4): You ~ be Mr. Field, I suppose? あなたはフィールドさんでしょうね / This ~ be our train, I fancy. これが我々の乗る列車らしい / *Will* they be able to hear at such a distance? こんなに離れていて聞こえるだろうか / By now he ~ be eating. 今ごろは食事をしているだろう / You ~ have heard about it by now. もう今ごろはその事はお聞き及びでしょう.

will[2] [wɪl] 〖OE *willian* ← *willa* 'WILL[3]': cf. G *wollen*〗 — *v.* (*vt.* 4 は will[1] と同じ変化, 他は規則変化) — *vt.* **1** 意志で定める, 決意する, 欲する, 命じる (decree): He ~*s* his own death. 自殺を決意する / I ~ that he shall die. 彼を生かしておかない決心だ / He who ~*s* success is half way to it. 成功を志す人は(それだけで既に)半ば成功の途上にある / The law ~*s* it. 法律はそれを命じる《それが法律の意思だ》/ God ~*s* it. それは神のおぼしめしである / Can we ~ what we are told to ~? 我々は他から決意せよと言われたことを決意することができるか / God ~*s* [《古》~*eth*] that man should be happy. 神は人間が幸福ならんことを欲する《人間が幸福であることは神の意志である》/ Many wish, but few ~, to be good. 善人でありたいと思う者は多いが, そうなろうと心がける者は少ない. **2** …に意志の力でさせる: She ~*s* herself to fall asleep. 意志の力で眠る / He ~*s* himself into contentment. 強いて満足する / A mesmerist ~*s* you to play what antics he likes. 催眠術師は意志の力で人にどんな滑稽な事でも思う通りにさせる / He ~*ed* the genie into his presence. 彼は意志の力で精霊を面前に呼び寄せた. **3** 遺言(で指示)する; (遺言で)遺贈する (bequeath by will): He ~*ed that* his lands be sold for payment of his debts. 彼は自分の借金を支払うために土地を売るように遺言した / ~ one's property *to* a son / I shall ~ my money *to* a hospital. 病院へ金を遺贈しようと思う / He ~*ed* his property away from his natural heirs. 彼は自分の相続人以外の者に財産を遺贈した. **4** [変化は will[1] と同じ] 望む, 欲する, 願う (want, desire) (cf. would[1] B 3). ★ この用法は will[1] の省略用法とも見なされる; 次の最初の例のように名詞・代名詞を目的語にとるのは古体: What *wilt* thou? なんじ何物を欲するや / Let him do what he ~. 何でも彼の好きなことをさせなさい / Come when you ~. 来たい時に来なさい / Let him come when he ~. いつでも彼の好きな時に来るがよい / It shall be as you ~. それは君の思うままにしたらいい.
— *vi.* **1** 意志を用いる: He has lost the power to ~. 意志を働かせる力を失った. **2** 決定する (decide), 命じる (decree): All shall be as God ~*s*. 万事は神のおぼしめしの通りになる. **3** 欲する, 好む (prefer): The sheep wandered as they ~*ed*. 羊はどこへでも好きな所へさまよった.

will[3] [wɪl] 〖OE *willa* < Gmc **wiljon* (G *Wille*) ← IE **wel-* 'to WILL[1]'〗 — *n.* **1** 意志, 意思: God's ~ = the ~ of the Lord 神意, 神のおぼしめし / ⇨ free will / the freedom of the ~ 意志の自由 / He has no ~ of his own. 彼には独自の意志がない / a ~ of one's own《婉曲》わがまま, 頑固さ (obstinacy) / My poverty, but not my ~, consents. 私は意志からでなく貧のために同意する (Shak., *Romeo* 5. 1. 75). **2** 意力, 意志力 (will power) (↔ mind): a man of iron ~ 意志が鉄のように堅固な人 / He has a strong [weak] ~. 意志が強い[弱い]. **3** 決意, 決心; 意欲, 望み, 願い (wish, desire); 目的, 意図, 欲する所 (purpose, intention): the ~ to succeed 成功欲 / the ~ *to* victory 勝利への意志 / have one's ~ 意地を通す, 意のままにする, 望みを遂げる / take the ~ for the deed 実行はできなかったけれどもその意図を多とする / work one's ~ (upon) (…に対し)自分の思うことを行なう, 目的を遂げる / Thy ~ be done. み心のごとくなし給わんことを (cf. *Matt.* 6 : 10) (★ この be は仮定法現在形) / What is your ~? 《古》君の望みは何ですか / Where there's a ~, there's a way. 《諺》しようという決意があれば道はおのずから開ける, 「精神一到何事か成らざらん」/ The ~ is as good as the deed. 《諺》何事にも志が大切. **4** (人に対してもつ好意・悪意の)気持: show good [ill] ~ 好[悪]意を示す. **5** 〖法律〗遺言(書)《しばしば 'last will and testament' という》: ⇨ nuncupative will / leave something by ~ 遺言で物を残す / make [draw up] one's ~ 遺言書を作成する.
against one's will 心ならずも, 不本意ながら: He made me come *against my* ~. 私がいやなのを来させた / It was much *against her* ~. それは決して彼女の本意ではなかった. ***at one's own (sweet) will*** 意のままに, 随意に: He comes and goes *at his own sweet* ~. 彼は意のままに来たり帰ったりする. ***at will*** 思うままに, 随意に: You may go or stay *at* ~. 行くも留まるも自由にしなさい. ***do the will of*** …に従う (obey). ***of one's own free will*** 自己の自由意志から, 自ら進んで: I did it *of my own free* ~. ***with a will*** 心をこめて; 熱心に, 本気で, 威勢よく (heartily): He worked *with a* ~. 本気で働いた. ***with the best will in the world*** 心掛けはどんなによくても, いくらその気[つもり]で(やって)も: *With the best* ~ *in the world* I could not eat anything. いくら本気でやっても何も食べられなかった. ***work one's will*** 〔人・物に対して〕目的[望み]を遂げる 〔*upon*〕: He *worked his* wicked ~ *upon* them. 彼らによこしまな目的を遂げた.

will to power (ニーチェ哲学で)(権)力への意志.

Will [wɪl] 〖(dim.) ← WILLIAM: cf. Bill〗 *n.* 男性名.

Wil·la [wɪlə] 〖(dim.) ← WILHELMINA〗 *n.* 女性名.

will·a·ble [wɪləbl] 〖《*c*1450》 ← WILL[2] + -ABLE〗 *adj.* 欲することができる; 意志で決定できる.

Wil·laert [wɪlɑːt, vɪl- | -lɑːt; *Du.* wɪlaːrt], **Adrian** *n.* ウィラールト《1480 (または 1490)-1562; フランドル生れで Venice で活躍した作曲家》.

Wil·lam·ette [wɪlǽmɪt, wə-, -mət | wɪ-] 〖← N-Am.-Ind.〗 *n.* [the ~] 米国 Oregon 州北西部を北流して Portland で Columbia 川に合流する川 (295 km).

Wil·lard [wɪlәd | -lɑːd, -ləd] 〖OE *Wilheard* ← WILL[3] + *heard* hardy: もと家族名〗 *n.* 男性名.

Willard, Emma *n.* (1787-1870) 米国の女流教育家・詩人; 旧姓 Hart; 米国で女子の高等教育機関 (a girls seminary in Waterford, N.Y.) を最初に設立 (1819).

Willard, Frances (**Elizabeth Caroline**) *n.* (1839-98) 米国の女流教育家・社会改革者; the World's W.C.T.U. の設立者 (1883).

wíll-cáll 〖← (*the buyer*) *will call*〗 — *adj.* (デパートなどで客が全額払い込むまでその買物を)留置きにする(ための): a ~ department / ~ services. — *n.* (デパートなどで)買上品を留置きにする制度.

Will·cocks [wɪlkɑks | -kɔks], **Sir William** *n.* (1852-1932) 英国の技師; エジプトの Aswan Dam を設計 (1898).

wíll còntest *n.* 〖法律〗遺言書の存否[合法性]を争う訴訟.

willed[1] [wɪld] 〖ME ← WILL[3] + -ED 2〗 *adj.* [主に複合語の第 2 構成素として] (…の)意志のある: ill-*willed* 悪意のある / strong-[weak-]*willed* 意志の強い[弱い].

willed[2] 〖← WILL[2] + -ED 1〗 — *adj.* **1** 意志によって決定された; 自発的な: a ~ determination not to remember 思い出すまいという自発的な決意. **2** (催眠術などで)他人の意志に支配された.

Wil·lem [wɪləm; *Du.* wɪləm] 〖⇨ Du. ~ 'WILLIAM'〗 *n.* 男性名.

wil·lem·ite [wɪləmàɪt | -lɪ-] 〖《1850》⇨ Du. *willemit* ← *Willem I* (オランダ国王: 1815-40): ⇨ -ite[1]〗 *n.* 〖鉱物〗ケイ酸亜鉛鉱 (Zn_2SiO_4).

Wil·lem·stad [vɪləmstɑːt; *Du.* wɪləmstɑ̀t] *n.* ウィレムスタト《Netherlands Antilles の首都, Curaçao 島南端の港市; 人口 44,000》.

Wil·len·dorf [vɪləndɔəf | -dɔːf; *G.* vɪlәndɔrf] *n.* ウィレンドルフ《オーストリア北東部の村; 旧石器時代後期オーリニャック期の遺跡があり, 石灰岩の小像ウィレンドルフのヴィーナス (Venus of Willendorf) の発見地》.

Willes·den [wɪlzdən, -dn] 〖OE *Willesdone*《原義》hill with a spring: ⇨ well[1], -s[2], down[1]〗 — *n.* イングランド南東部, もと Middlesex 州の都市, 現在は Greater London の Brent 区の一部; 人口 174,000.

wil·let [wɪlɪt, -lət] 〖《1791》← *pill-will-willet* (その鳴声)〗 *n.* (*pl.* ~, ~**s**) 〖鳥類〗ハジロシギ (*Catoptrophorus semipalmatus*)《北米産の大型のシギ》.

wil·ley [wɪli | -lɪ] 〖⇨ willy〗 〖紡織〗 *n.* = willow 3. — *vt.* = willow.

Wil·ley [wɪli | -lɪ], **Basil** *n.* (1897-1978) 英国の文学研究家; *The Seventeenth Century Background* (1934).

will·ful [wɪlfəl] 〖《?*a*1200》← WILL[3] + -FUL[1]〗 — *adj.* **1** 〈行動が〉故意の (intentional, deliberate): a ~ injury 故意の傷害 / ~ murder 故意の殺人, 謀殺. **2** わがままな, 強情な, 片意地な (wayward, obstinate): ~ children わがままな子供ら / ~ ignorance 頑迷(がんめい) / ~ waste 勝手気ままな浪費. **~·ly** *adv.* **~·ness** *n.*

Wil·liam [wɪljəm] 〖《11C》⇨ ONF *Willa(u)me* ⇨ OHG *Willahelm* ← *willio* 'WILL[3]' + *helm* 'HELM[2]': cf. G *Wilhelm* / (O)F *Guillaume*〗 — *n.* **1** 男性名《愛称形 Bill, Billy, Wilkes, Will, Willie, Willy; アイルランド形 Liam, ウェールズ形 Gwylim》. **2** 〖William の愛称形 Bill (i.e. bill) にひっかけて〗《米俗》札, 紙幣: a ten-dollar ~.

William I *n.* **1** (1027-87) 初めフランスの Normandy 公であったが, 1066 年 Norman Conquest により英国を征服して Norman 王朝初代の王となった (1066-87); 通称 William the Conqueror. **2** (オランイェ公)ウィレム一世《1533-84; ドイツ生れのオランダの政治家・軍人; オランダ共和国の初代総督 (1579-84); 称号 Prince of Orange (1544-84); 通称 William the Silent; オランダ語名 Willem van Oranje》. **3** ウィルヘルム一世《1797-1888; プロイセン国王 (1861-88) およびドイツ皇帝 (1871-88); ドイツ語名 Wilhelm》.

William II *n.* **1** (1056?-1100) 英国王 (1087-1100), William 一世の子; 通称 William Rufus, William the Red. **2** ウィルヘルム二世《1859-1941; ドイツ皇帝およびプロイセン国王 (1888-1918), 第一次大戦後廃位; 通称 Kaiser Wilhelm》.

William III *n.* (1650-1702) 英国王 (1689-1702); James 二世の甥でオレンジ公 (Prince of Orange) としてオランダ総督であったが, 名誉革命により妻 Mary 二世と共同で英王位についた.

William IV *n.* (1765-1837) Hanover 朝の英国王 (1830-37); George 三世の第三子で George 四世の弟; 嫡子なく没したため, 姪の Victoria 女王が王位を継承.

William and Mary 〖← *William III* + *Mary II*〗 *n.* ウィリアムアンドメアリー(様式)《1689-1720 年にわたって英国で流行したオランダ起源の家具の様式; ウォールナットを用い, 優美なデザインが特徴》.

Wílliam of Málmesbury [-mɑ́ːmzbèri, -b(ə)ri | -b(ə)rɪ] *n.* (1090?-?1143) 英国の歴史家.

Wílliam of Órange *n.* オレンジ公ウィリアム《William III のこと》.

Wil·liams [wɪljəmz], **Ben Ames** [bén éɪmz] *n.* (1889-1953) 米国の小説家; *House Divided* (1947).

Williams, Charles (**Walter Stans·by** [stǽnzbi | -bɪ]) *n.* (1886-1945) 英国の宗教的詩人・小説家・劇作家.

Williams, Sir George *n.* (1821-1905) 英国の実業家, Y.M.C.A. の創立者 (1844).

Williams, (**George**) **Emlyn** *n.* (1905-) ウェールズ生れの英国の劇作家・俳優.

Williams, Ralph Vaughan *n.* ⇨ Vaughan Williams.

Williams, Roger *n.* (1603?-83) 英国生れで米国に住んだ牧師, Rhode Island 植民地の創設者.

Williams, Ten·nes·see [ténəsiː | -nə-, -nɪ-] *n.* (1914-) 米国の劇作家; *A Streetcar Named Desire* (1947); 本名 Thomas Lanier Williams.

Williams, William Car·los [kɑ́ːlous | kɑ́ːlɔs] *n.* (1883-1963) 米国の詩人; *Paterson* (5 巻, 1946-58).

Wil·liams·burg [wɪljəmzbə̀ːg | -bə̀ːg] 〖← *William III*: ⇨ -s[2], -burg〗 — *n.* 米国 Virginia 州南東部の都市; 英国植民地時代の首都; 植民地時代の建物などが多く保存されている.

Wíliam Téll [-tél] 〘← G *Wilhelm Tell*〙 ── *n.* ウィリアムテル《14世紀頃スイスに住んでいたという伝説的な愛国者; オーストリアの悪代官によってわが子の頭上のりんごを弓で射ることを命じられた; Schiller の戯曲や Rossini の歌劇の題材となった》.

Wil·lie [wíli | -lɪ] 〘(dim.) 1: ← WILLIAM; 2: ← WILHELMINA: ⇨ -ie〙 *n.* **1** 男性名. **2** 女性名.

wil·lies [wíliz | -lɪz] 〘《1896》《短縮》? ← BEWILDER: ⇨ -ie〙 ── *n. pl.* [the ~]《俗》いらだち (jitters), 怖気(おじけ) (the creeps): get *the* ~ at…にぞっとする / give a person *the* ~ 人をぞくぞく[ひやひや]させる.

wil·lie wágtail [wíli- | -lɪ-] 〘← WILLIE+WAGTAIL〙 *n.*〘鳥類〙オーストラリア・ニューギニア・Solomon 諸島産オウギヒタキの一種 (*Rhipidura leucophrys*).

wil·lie-waught [wíliwɔ̀:xt | -lɪ-] 〘《異分析》← *gude-willie waught*: Robert Burns の 'Auld Lang Syne' の句〙 *n.* (ビールなどの)大量のひと飲み.

will·ing [wílɪŋ] 〘adj.: 《*a*1325》. ─ n.: OE *willung*. ─ adj.: 《*a*1325》: ⇨ will², -ing¹·²〙 ── *adj.* **1** 喜んで…する, 快く…する, …するのをいとわない (ready) 〈*to* do〉/〈*that*〉: I am quite ~ *to* do anything for you. 君のためなら何でも喜んでします / Are you ~ *that* he (should) be punished? 彼を罰してもらいたいのか. **2** いそいそとしている, 進んでする (ready to act): a ~ mind, worker, guide, etc. / ~ hands 喜んで助力する人々, 進んで働く手伝い人 / a ~ participant in the plot その陰謀に自ら進んで加わった人 / turn a ~ ear to…に進んで耳を傾ける / spur a ~ horse ⇨ horse 成句 / The spirit indeed is ~. ⇨ spirit 2. **3** 進んで提供する, 自発的な (voluntary): a ~ gift, help, sacrifice, etc. / ~ aid 心からの援助 / ~ consent 快諾. **4** 〈物が〉言う通りになる (compliant), 〈風が〉好都合な (favorable). ── *n.* **1**《古》欲すること, 志すこと: *Willing* and wishing are not the same. 志すことと願うこととは別物だ. **2** 進んでしようとする意志. **~·ness** *n.*

will·ing·ly 〘ME〙 *adv.* 喜んで, 快く, いそいそとして.

Wil·lis [wílɪs, -ləs | -lɪs] 〘(dim.) ← WILLIAM〙 *n.* 男性名.

wil·li·waw [wíliwɔ̀: | -lɪ-] 〘《変形》← WILLY-WILLY〙 *n.* **1** Magellan 海峡に吹き荒れる激しい突風. **2** 大混乱, 激動.

will-less *adj.* **1** 意志のない. **2** 遺言をしない (intestate). **~·ly** *adv.* **~·ness** *n.*

will-o'-the-wisp [wìləðəwísp | ⌣ー⌣⌣, ⌣ー⌣⌣] 〘《1661》*Will of the wisp*《原義》William of the torch ∞《1608》*Will with the wisp*: cf. jack-o'-lantern〙 ── *n.* **1** きつね火, 鬼火 (ignis fatuus, jack-o'-lantern). **2** 人を迷わすもの, 幻影. **~·ish** [~ɪʃ] *adj.*

Wil·lough·by [wíləbi | -bɪ] 〘← OE *wylig-by* (from the) willow farm〙 *n.* 男性名.

wil·low [wílou, -lə | -ləu] 〘OE *welig* ← ? Gmc **wel-* (Du. *wilg* / LG *wilge*) ← ? IE **wel-* to turn, roll (Gk *helíkē* willow)〙 ── *n.* **1**〘植物〙ヤナギ《ヤナギ属 (*Salix*) の植物の総称; シダレヤナギ (weeping willow), ネコヤナギ (*S. gracilistyla*) など》. **2**《口語》(柳製のクリケット用)バット: handle [wield] the ~ バットを使う[振る]. **3** 〘《変形》← WILLY〙〘紡織〙開毛除塵機.

wear the willow 〘昔, 柳の葉で作った花輪をつけて哀悼の意を示したことから〙失恋する; 愛人の死を嘆く.

── *adj.* 柳の; 柳製の.

── *vt.* 開毛除塵機にかける.

~·like *adj.*

wil·low·er [-louə | -ləuə(r] *n.* **1**〘紡織〙開毛除塵機. **2** 開毛除塵機を操作する人.

willow gòldfinch *n.*〘鳥類〙米国太平洋岸に生息するオオゴンヒワの一種 (*Spinus tristis salicamans*).

willow gràin *n.*〘皮革〙揉(も)んで流れ模様をつけた革の銀面.

willow hèrb *n.*〘植物〙 **1** アカバナ属 (*Epilobium*) の植物の総称; (特に)ヤナギラン (*E. angustifolium*). **2** =purple loosestrife.

wíl·low·ish [-louɪʃ | -ləu-] *adj.* 柳のような, 柳に似た.

wíllow-lèaved jásmine *n.*〘植物〙ナス科キチョウジ属の低木 (*Cestrum parqui*)《南米産でヤナギのような葉をもち, 緑黄色の花は夜芳香を放つ》.

willow mýrtle *n.*〘植物〙オーストラリア産フトモモ科の木 (*Agonis flexuosa*)《葉がヤナギに似る》.

willow òak *n.*〘植物〙米国東部産ブナ科カシ属のヤナギのような葉をした高木 (*Quercus phellos*); その材《建築用》.

willow pàttern *n.* **1** (中国陶磁器に見る主に白地にあい色の)柳模様《1780 年に英人 Thomas Turner がこの模様を英国製陶磁器に用いた; cf. willowware》. **2** 柳模様の陶磁器.

willow ptàrmigan *n.*〘鳥類〙ヌマライチョウ, カラフトライチョウ (*Lagopus lagopus*)《米国北部の低地に生息するライチョウの類の鳥》.

willow tìt *n.*〘鳥類〙コガラ (*Parus montanus*) (cf. black-capped chickadee).

willow wàrbler *n.*〘鳥類〙キタヤナギムシクイ (*Phylloscopus trochilus*)《ヨーロッパ産ムシクイ属の灰緑色の鳴鳥; willow wren ともいう》.

willow·wàre *n.* ウィローウェア《大きな柳の木に小さな橋をあしらった青色の図柄の陶磁器の食器; 18 世紀後半に中国から英国に入った; cf. willow pattern》.

willow wrèn *n.*〘鳥類〙 **1** =willow warbler. **2** = chiffchaff.

wil·low·y [wíloui | -ləui] 〘⇨ -y⁴〙 ── *adj.* **1** 柳の多い. **2** 〈容姿が〉柳の枝のような, か細い, しなやかな (supple), 優美な (graceful): a ~ figure / a tall ~ girl 背の高いすらりとした娘.

will·pòwer 〘《なぞり》← G *Willenskraft*〙 *n.* 意志力; 自制力.

Wills [wílz] 〘《原義》'son of WILL'〙 *n.* 男性名.

Will·stät·ter [vílʃtetə, -steta | -tə(r; *G.* vílʃtɛtɐ], **Richard** *n.* ウィルシュテッター《1872-1942; ドイツの化学者; Nobel 化学賞 (1915)》.

wil·ly [wíli | -lɪ] 〘《特別用法》←《方言》*willy* < OE *wilige* basket,《原義》one made of willow twigs: cf. willey〙 ── *n.* **1**《英方言》柳細工のかご; 柳細工の魚を取る筌(うけ). **2** =willow 3. ── *vt.* =willow.

Wil·ly [wíli | -lɪ; *G.* víli] 〘⇨ Willie: cf. -y²〙 *n.* **1** 男性名. **2** 女性名.

wil·ly-nil·ly [wìlinílí | -lɪnílɪ] 〘《1608》《変形》← *will I* [*he, ye*], *nill I* [*he, ye*]: cf. will¹, nill〙 ── *adv.* いやでもおうでも (inevitably) (cf. nill). ── *adj.* **1** いやでもおうなしの, いやおうなしに起こる. **2**《俗用》優柔不断の, 決心の定まらない.

wil·ly·waw [wíliwɔ̀: | -lɪ-] *n.* =williwaw.

wil·ly-wil·ly [wíliwìli | -lɪwìlɪ] 〘← Austral.《土語》//《加重》← *Willy*《変形》← *whirly*《短縮》← WHIRLWIND〙 ── *n.*《豪》 **1** 大旋風 (tornado), 竜巻き (cyclone). **2** (砂漠の)つむじかぜ.

Wil·ma [wílmə] 〘(dim.) ← WILHELMINA〙 *n.* 女性名.

Wil·ming·ton [wílmɪŋtən] 〘← *Spencer Compton, Earl of Wilmington* (1673?-1743)〙 ── *n.* **1** 米国 Delaware 州北部, Delaware 河畔の都市; 人口 81,000. **2** 米国 North Carolina 州南東部, Fear 川に臨む港市; 人口 54,000.

Wil·mot [wílmət | -mɒt, -mət] 〘ME *Willmot* ← ONF (dim.): ⇨ William〙 *n.* 男性名.

Wílmot Províso *n.* [the ~]〘米史〙ウィルモット但し書《米国がメキシコから買収した土地での奴隷制度を禁止する修正案; 1846 年議会に提案され, 下院は通過したが上院で否決された》.

Wil·son [wílsn] 〘ME *Willeson*: ⇨ Will, son¹〙 *n.* 男性名.

Wilson, Alexander *n.* (1766-1813) スコットランド生れの米国の鳥類学者.

Wilson, Charles Thomson Rees [rí:s] *n.* (1869-1959) スコットランドの物理学者; 霧箱 (cloud chamber) を発明; Nobel 物理学賞 (1927).

Wilson, Colin *n.* (1931-) 英国の批評家・作家; *The Outsider* (1956).

Wilson, Edmund *n.* (1895-1972) 米国の批評家; *Axel's Castle* (1931).

Wilson, (James) Harold *n.* (1916-) 英国の政治家, 労働党党首 (1963-); 首相 (1964-70, '74-76).

Wilson, John *n.* (1785-1854) スコットランドの哲学教授・評論家・詩人; 筆名 Christopher North; *Noctes Ambrosianae*「アンブロウス館夜話」(1822-35) の大部分を執筆.

Wilson, (John) Dover *n.* (1881-1969) 英国の Shakespeare 学者; *The New Shakespeare* (1921-66).

Wil·son [wílsn], **Mount** 〘← *B. D. Wilson* (米国初期の開拓者)〙 ── *n.* ウィルソン山《米国 California 州南西部, Pasadena 付近の山 (1,740 m); Mount Wilson 天文台がある》.

Wilson, (Thomas) Wood·row [wúdrou | -rəu] *n.* (1856-1924) 米国第 28 代大統領 (1913-21); Nobel 平和賞 (1919).

Wílson chámber 〘← *C.T.R. Wilson*〙 *n.*〘物理〙ウィルソン霧箱 (⇨ cloud chamber).

Wílson clóud chàmber 〘↑〙 *n.*〘物理〙ウィルソン霧箱 (⇨ cloud chamber).

Wílson Dám 〘← *T. W. Wilson*〙 *n.* [the ~] 米国 Alabama 州北西部, Tennessee 河畔の電力用ダム, T.V.A. の事業の一つ; 長さ 1,400 m, 高さ 42 m.

Wil·so·ni·an [wɪlsóuniən | -sə́unjən, -nɪən] *adj.* (米国大統領) Woodrow Wilson の.

Wil·só·ni·an·ism [-nìzm] *n.* =Wilsonism.

Wil·son·ism [wílsənìzm] *n.* (米国大統領) Woodrow Wilson の主義[政策].

Wílson's bláckcap *n.*〘鳥類〙=Wilson's warbler.

Wíl·son's disèase 〘← *S.A.K. Wilson* (1878-1936: 英国の神経病理学者)〙 *n.*〘病理〙ウィルソン病《線状体の変性と肝硬変を伴う遺伝的な家族性疾患》.

Wílson's pétrel 〘← *A. Wilson*〙 *n.*〘鳥類〙アシナガウミツバメ (*Oceanites oceanicus*).

Wílson's phálarope 〘↑〙 *n.*〘鳥類〙アメリカヒレアシシギ (*Steganopus tricolor*)《夏期北米草原地方で繁殖する水鳥》.

Wílson's snípe 〘↑〙 *n.*〘鳥類〙タシギ (*Gallinago gallinago*).

Wílson's thrúsh 〘↑〙 *n.*〘鳥類〙=veery.

Wílson's wárbler 〘↑〙 ── *n.*〘鳥類〙ウィルソンアメリカムシクイ (*Wilsonia pusilla*)《北米東部・北部産のハエを捕食する頭部が黒く体が黄色の鳴鳥; Wilson's blackcap ともいう》.

wilt¹ [wɪlt, wəlt, (ə)lt; wílt, wɪ́lt] 〘OE ~〙 *v.*《古》will¹ の 2 人称単数直説法現在: Thou ~ =You will.

wilt² [wílt] 〘v.: 《1691》《変形》? ←《廃》*welk* to wither ← LDu. (cf. Du. *welken*). ─ n.: 《1855》← (v.)〙 ── *vi.* **1** 〈草花などが〉しぼむ, しおれる (wither, droop): Vases of flowers were ~*ing* in the hot atmosphere. 暑い天気の中で花びんの花がしおれていた. **2** 〈人が〉元気がなくなる (flag): He seemed to be ~*ing away* in his anxiety. 不安のあまり次第にしょげて行っている様子だった. ── *vt.* **1** 〈草花を〉しおれさせる, しぼます. **2** しょげさせる, …の意気をくじけさせる. ── *n.* **1** しおれること, 意気消沈, (熱意・関心などの)さめること. **2**〘植物病理〙立枯れ病《細菌・ウイルス・菌類・昆虫などによる》. **3** しおれ病《各種のチョウ・ガの幼虫の伝染病; ウイルスによるもので内臓などが溶ける》.

wilt disèase *n.* =wilt 2, 3.

wílt·ing [-tɪŋ | -tɪŋ] *n.*〘植物〙しおれ, 凋萎(ちょうい): ⇨ incipient wilting, permanent wilting.

wílting coeffícient *n.* しおれ係数《永久凋萎の起こる際の土壌の水分含有量; wilting point ともいう》.

wílting percèntage *n.* しおれ率.

wílting pòint *n.* しおれ点 (⇨ wilting coefficient).

Wíl·ton [wíltn, -tən | -tn, -tən] 〘《1773》← *Wilton* (Wiltshire にあるその最初の産地名) < OE *Wiltūn*《原義》village on Wylye (川の名): ⇨ -ton〙 ── *n.* ウィルトンじゅうたん《Brussels carpet のように作ってその輪奈を切ってビロード風にしたもの; Wilton carpet, Wilton rug ともいう》.

Wilts., Wilts [wílts]《略》Wiltshire.

Wilt·shire¹ [wíltʃɪə, -ʃə | -ʃə(r, -ʃɪə(r] 〘OE *Wiltunscīr*《原義》'SHIRE dependent on WILTON'〙 ── *n.* イングランド南部の内陸州; 人口 514,000, 面積 3,484 km², 行政上の中心地 Trowbridge, 宗教上の中心地 Salisbury.

Wilt·shire² [wíltʃɪə, -ʃə | -ʃə(r, -ʃɪə(r] 〘↑〙 ── *n.* **1** ウィルトシア《英国産の角のねじれた純白品種の羊; Wiltshire Horn ともいう》. **2** ウィルトシアチーズ (Wiltshire cheese)《derby に似た円筒状のチーズ》.

wil·y [wáɪli | -lɪ] 〘ME: ⇨ wile, -y⁴〙 ── *adj.* (**wil·i·er, -i·est**) 手管の多い, 策略のある, 陰険な, ずるい (crafty, cunning): ~ politicians, schemes, etc. / He was familiar with the ~ ways of diplomacy. 外交の策略の多いやり方はよく知っていた. **wíl·i·ness** *n.*

wim·ble [wímbl] 〘《1295》▭ AF **wimble* = OF **guimble* ▭ MDu. *wimmel* ← ? Gmc **wimpila-* (⇨ wimple): cf. gimlet〙 ── *n.* **1** きり (gimlet). **2** 掘った穴から土や泥をすくい上げる道具. **3** 綱をよる道具. ── *vt.* **1**《古》(wimble で)…に穴を掘る, 穴をあける. **2** 綱をよる道具で〈綱を〉よじる[なう].

Wim·ble·don [wímbldən, -dn] 〘OE *Wimbeldon*《原義》'DOWN¹ of *Winebeald* (人名)'〙 *n.* イングランド南東部, Greater London の Merton 区の一部; ここで全英テニス選手権大会が開かれる; 人口 58,000.

wimp [wímp] 〘← ?《英俗》*wimp* girl, woman ← ? WHIMPER〙 *n.* 弱虫, 無能な人. **wimp·y** [wímpi | -pɪ] *adj.*

wim·ple [wímpl] 〘lateOE *wimpel* neck-covering ← ? Gmc **wimpila-* (Du. *wimpel* / G *Wimpel* streamer) ← IE **weib-* to turn: cf. wimble〙 ── *n.* **1** (修道女の用いる)ベール《首に巻きつけ頭からかぶる; もとは普通の婦人も外出時に用いた》. **2**《スコット》 **a** ひだ, 折目 (fold). **b** (道路などの)曲がり (winding). **3**《英》さざ波 (ripple). ── *vt.* **1** (修道女用の)ベールで包む; (ベールのように)ひだを入れて巻く. **2** …にさざ波を立たせる, …を揺り動かす. ── *vi.* **1** ひだになる. **2**《スコット》〈小川・道などが〉うねうねとする, うねる (meander). **3** さざ波立つ.

wimple 1

Wíms·hurst machine [gènerator] [wímzhə:st- | -hə:st-] 〘← *James Wimshurst* (1832-1903: 英国の技師)〙 *n.*〘電気〙ウィムズハースト起電機.

win¹ [wín] 〘v.: OE *winnan* to fight, toil < Gmc **winn(w)an* (G *gewinnen*) ← IE **wen-* to desire, strive for (L *venus* 'VENUS'). ─ n.: OE (*ġe*)*win*(*n*) toil, strife: 現在の意味は v. から〙 ── *v.* (**won** [wʌ́n]; **win·ning**) ── *vt.* **1** 〈戦争・競争・賭事など〉に勝つ, …に勝利を得る: ~ a war, battle, race, game, bet, etc. / ~ an argument / ~ an election 選挙に勝つ / She *won* a beauty contest. 美人コンテストで一位になった. **2** (戦争・競争などで)〈勝利・賞品などを〉得る, 取る (gain, obtain): ~ a victory in war 戦争で勝利を得る / ~ a fortress 要塞(さい)を占領する[陥れる] / ~ a prize in a contest 競争に勝って賞品を取る / ~ an Oscar (映画の)アカデミー賞を取る / ~ a trophy *for* one's school 学校のためにトロフィーを獲得する / ⇨ *win the* PEACE / ~ one's spurs ⇨ spur 1 b / The party *won* only six seats in the Parliament. その党は 6 議席を得たに過ぎない / His abilities *won* him an important post in the Cabinet. 彼はその才能によって閣内の要職に就くことができた. **3** (努力して)〈名声・賞賛などを〉博する, 〈信頼・愛などを〉得る: ~ praise, approval, etc. / ~ a person's confidence, love, etc. / ~ fame and fortune 富と名声を得る / ~ a person's [a woman's] heart 人の同情[女の愛]を得る / ~ a lady's hand 婦人から結婚の承諾を得る / The book *won* him fame. その本で彼は有名になった / His unaffected intelligence ~*s* friends. 気取りのない知性が友人を得ている. **4** (労力の代償として)〈生計などを〉得る (earn): ~ one's livelihood [daily bread] 生計[日々の糧(かて)]を得る[かせぐ] (cf. breadwinner). **5**《文語》(努力して)…に達する, たどり着く (reach): ~ the shore, summit, etc. / ~ repose [tranquility] 安息[静穏]の境地に達する. **6** **a** 〈女を〉口説き落とす, 妻にする: ~ a woman. **b**

《古》説き伏せる (persuade), 説き伏せて…させる (induce) 〔*to*〕/ 〈*to* do〉 (cf. WIN *over*): You have *won* me. お説には恐れ入りました《これ以上反対はしない》/ His eloquence *won* the audience. 雄弁をふるって聴衆を説得した / I can always ～ him *to* my point of view. いつでも彼を説き伏せて私の見解に同調させることができる / They have *won* him *to* consent. 彼を説得して承諾させた. **7** 《俗》盗む (steal). **8** 〘鉱山〙 **a** 〈鉱石を〉掘り当てる: ～ ore 鉱石を掘り当てる. **b** 〈鉱山などを〉開発する. **c** 〈金属を〉鉱石から採る.
— *vi.* **1** 勝つ (↔ lose); 優勝する (cf. place *vi.* 2): ～ *against* a person 人と競争して勝つ / ～ *at* cards トランプに勝つ / ～ by a boat's length 一艇身の差で勝つ / ～ by a neck (競馬で)首一つの差で勝つ / We've *won*! 勝ったぞ / Let those laugh who ～. 《諺》笑っているのも勝てばこそ. **2** 《スコット》やり遂げる 〈*to* do〉. **3** (努力して)進む; 達する, たどり着く: ～ *home* 家にたどり着く / ～ *to* shore 〘海事〙(遂に)岸に達する / ～ *back to* sanity やっと正気に返る. **4** [補語を伴って] (努力して)…となる: ～ free [clear, loose] 自由になる, 切り抜ける. **5 a** 〔…を〕(次第に)引き付ける 〔*upon, on*〕: ～ *upon* a person, the heart, etc. / Her gentle manner soon *won upon* her neighbors. 彼女の穏やかな物腰はじきに近所の人たちの心を捕えた. **b** 《古》〔…に対して〕勝利を得る, 勝つ 〔*on, upon, of*〕.
win and wear 〈妻などを〉勝ち得て大事にする. ***win a person away from***…から〈人を〉味方に引き入れる. ***win back*** 〈失地などを〉回復する, 取り戻す: She hoped to ～ *back* his heart again. もう一度彼の気持を取り戻したいと思った. ***win by***…を(うまく)のがれる (escape, avoid): ～ *by* hanging 絞首刑を免れる. ***win or lose*** 勝っても負けても. ***win out*** (長い努力の末)勝ち抜く, 切り抜ける: Right will ～ *out*. 正義はついに勝つ / We *won out over* the enemy. 最後には敵をやっつけた. ***win over*** 説き伏せる, 味方に引き入れる (gain over) 〔*to*〕 (cf. *vt.* 6): ～ *over* a person *to* a plan 人をある計画に賛成させる / She *won* the jury *over to* her side. 彼女は陪審員たちを自分の方に引き入れた. ***win round*** 味方に引き入れる. ***win through*** (1) …を切り抜ける, やり遂げる, 勝ち抜く (cf. WIN *out*): ～ *through* all difficulties 万難を排して進む. (2) 病気から回復する. ***win up*** (1) 起き上がる, 立ち上がる. (2) 馬に乗る. ***win one's way*** ⇨ way[1] 成句. ***You can't win ('em all).*** 《口語》(いつも)成功する[うまく行く]とは限らない.
— *n.* **1** (競技などでの)勝ち, 勝利 (victory, success): celebrate a ～ 勝利を祝う / He has had three ～*s* and no defeats. 3 勝して一度も負けていない / I have three ～*s against* him. 私は彼に 3 番勝ち越している. **2** もうけ, 利益 (profit); [通例 *pl.*] (賭けなどの)賞金, 賞品 (winnings). **3** (競馬などで)第一着, 単勝, 単勝式勝馬投票 (cf. place[1] 15 a ★, show 9).

win[2] [wín] 〘ME *wine(n)* 《異形》← WON[2]〙 *vi.* (**winned**; **win·ning**) 《英方言》住む (live).

win[3] [wín] 〘← ? WIN[1] 《方言》 to gather, harvest: WIND[1] (vt. 3) との連想か〙 *vt.* (**winned**; **win·ning**) 《英方言》〈干し草・木材などを〉乾燥させる (dry).

Win [wín] 〘1: (dim.) ← WINCHELL, WINFRED, WINSTON. — 2: (dim.) ← WINIFRED〙 *n.* **1** 男性名. **2** 女性名.

wince[1] [wíns] 〘《*c*1300》 *wynci* to kick restlessly ▭ ONF *wenc-ir* = OF *guenc(h)ir* to give way, turn aside ▭ Gmc *weŋkjan ← *waŋkjan ← IE *weng- to bend: ⇨ wink[1]〙 — *vi.* **1** (痛さ・こわさなどに)ひるむ, たじろぐ, 縮み上がる (shrink, flinch): ～ *under* pain [the blows] 苦痛に[打たれて]ひるむ / ～ *at* an allusion ほのめかされてたじろぐ / bear pain without *wincing* 平気で苦痛に耐える. **2** 《古》〈馬などが〉(痛み・いらだちなどで)蹴る.
Let the galled jade wince. 傷もつ馬は蹴りもしよう, 侮辱されたと思う人は怒ってみせろ (cf. Shak., *Hamlet* 3. 2. 253).
— *n.* **1** たじろぎ, ひるみ, 辟易(へきえき). **2** 《古》蹴ること, 蹴り.

wince[2] [wíns] *n.* 《英》〘紡織〙 = winch[1] 3.

win·cey [wínsi | -si] 〘《1808》《変形》← LINSEY: LINSEY-WOOLSEY の w- の影響による〙 *n.* 綿の経(たて)糸と毛の緯(よこ)糸の交織物.

win·cey·ette [wìnsiét | -si-] 〘⇨↑, -ette〙 *n.* 《英》両面にけばのある綿ネル《下着・パジャマ・家庭着用》.

winch[1] [wíntʃ] 〘lateOE *winċe* pulley < Gmc *wiŋkjo- ← IE *weng-: ⇨ wink[1]〙 — *n.* **1** ウィンチ, 巻揚げ機《windlass の複雑な種類をいう》. **2** 曲り柄, クランク (crank). **3** 〘紡織〙 **a** ウィンチ, ウィンス《仕上げまたは染色過程で用いる浸染機の一種で, 輪 (vat) の中のローラーで布を運ぶ》. **b** 2 個の染色桶の間で布を運ぶローラー. **4** 《英》(釣ざおの)リール. — *vt.* ウィンチで巻き揚げる[引き上げる]. **～·er** *n.*

winch[1] 1

winch[2] [wíntʃ] *vi.*, *n.* 《古》= wince[1].

Win·chell [wíntʃəl] 〘← OE *winċel* (from) the bend of a road〙 *n.* 男性名.

Win·chel·sea [wíntʃəlsi, -sì: | -si, -sì:] 〘OE *Winċeleseia* 《原義》 island by the bend ← *winċel* corner (↑)+-s[2]+OE *ēg* 'ISLAND'〙 — *n.* イングランド East Sussex 州東部の村 (⇨ Cinque Ports).

Win·ches·ter [wíntʃestə, -tʃɪs-, -tʃəs- | -tʃɪstə(r)] 〘OE *Wintanċeaster* ← ML *Venta* (← ? Celt. *ven-* to enjoy, love)+OE *ċeaster* '-CHESTER'〙 — *n.* **1** イングランド南部 Hampshire 州の首都; 有名な大聖堂と public school (⇨ Winchester College) がある, 古代 Wessex 王国の首都, 中世時代 England の首都; 人口 89,000. **2** = Winchester quart. **3** = Winchester rifle.

Wínchester búshel *n.* 昔英国で用いた乾量単位 (⇨ bushel[1] 1).

Wínchester Cóllege *n.* ウィンチェスター校《1382 年に Bishop of Winchester である William of Wykeham によって Winchester に創立された英国最古の public school; cf. Wykehamist》.

Wínchester quárt *n.* 半ガロン(入りのびん).

Wínchester rífle 〘← *O.F. Winchester* (1810-1880: Winchester Repeating Arms Co. の創立者で, その銃の完成者)〙 *n.* ウィンチェスター銃《後装式連発銃》.

wínch·man *n.* (*pl.* **-men** [-mən, -mèn]) 〘海事〙ウインチマン《揚貨機を操作する人》.

wínc·ing *adj.* たじろいでいる, ひるんでいる. **～·ly** *adv.*

Win·ckel·mann [víŋkəlmà:n, wíŋkəlmən; *G.* víŋkəlmàn], **Johann Joachim** *n.* ウィンケルマン《1717-68; ドイツの美術史家; 美術考古学・古典考古学の祖》.

wind[1] [wínd, (詩ではしばしば) wáɪnd] 〘n.: OE ～ < Gmc *windaz (Du. *wind* / G *Wind* / ON *vindr*) < IE *wento- (pres.p. stem) ← *aw(e)- to blow (L *ventus*). — v.: 《*c*1410》 ← (n.): cf. weather〙 — *n.* **1** 風 (cf. breeze[1], gale[1], blast) 《風の強さについて詳しくは ⇨ wind scale》: a gust of ～ 一陣の風 / an adverse ～ 逆風 / a constant ～ 恒風 / a variable ～ 変風 / a fair [contrary] ～*s* 順[逆]風 / a free ～ 順風 / a high ～ 強風 / a light ～ 微風 / periodical ～*s* 定期風 / a seasonal ～ 季節風 / a wet ～ 雨を含んだ風 / whistling ～*s* ひゅーひゅー音を立てる風 / ⇨ head wind / the ～ and sea 風波 / like the ～ (風のように)速やかに (swiftly) / ⇨ *with the* WIND / against the ～ 風に逆らって, 逆風に向かって / row against the ～ ⇨ row[2] 成句 / into the ～ 風にまともに向かって / on the ～ 〈音・においが〉風に乗って[運ばれて] / (as) swift as the ～ (風のように)非常に速く (cf. wind-swift) / The ～ rises [falls]. 風が起こる[やむ]; 風が強まる[弱まる] / It is an ill ～ that blows nobody (any) good. 《諺》だれの得にもならない風は吹かないものだ, 「甲の損は乙の得」. **2** あおり, あおり風 (stream of air): the ～ of the passing train 通過する列車のあおり / the ～ of a bellows [fan, bullet, jet propeller] ふいご[扇, 弾丸, 噴射推進機]のあおり風. **3** 破壊的な力[影響力]; 影響力; 傾向 (trend): the ～ of war 戦争の破壊的な影響力 / current philosophical ～*s* 現代の哲学界の動向 / China's shifting political ～*s* 中国の変動する政治動向. **4** 大風, 強風, 暴風 (gale, strong wind): ⇨ windstorm. **5** 〘海事〙風利(ふうり), 風上 (windward position): ～ abaft [ahead] 正尾[正首]の風 / ⇨ *before the* WIND / on the [a] ～ 詰め開きで, 風上に, 風に逆らって / in the ～*'s* eye = in the teeth of the ～ 真正面に風に向かって, 風をまともに受けて, 風に逆らって / touch the ～ なるたけ風上に出る[詰め開きにする]. **6** [*pl.*] 風が吹いて来る方角; 方位 (cardinal points): come from the four ～*s* 四方八方から来る (*Ezek.* 37:9, *Matt.* 24:31) / ⇨ *cast* [*fling*] *to the* (*four*) WINDS. **7** (獲物が近くにいる)におい, 臭跡 (scent); (何かの)予感 (intimation) 〔*of*〕: I caught ～ *of* his plan. 彼の計画に感づいた. **8 a** 《古》(秘密の)漏洩(ろうえい), うわさ (rumor): take [get] ～ 世間のうわさになる, 知れ渡る. **b** 情報 (information): catch the ～ of…のことを聞き込む[かぎつける] / ⇨ *get* WIND *of*. **9** (胃・腸内の)ガス, 鼓腸 (flatulence): break ～ おならをする / be troubled with ～ 腸[胃]にガスがたまって悩む / ⇨ *have the* WIND *up*, *put the* WIND *up*. **10** 息, 呼吸 (breath): ⇨ broken wind, second wind / be short of ～ 息切れがする / get [recover] one's ～ 息をつぐ / have a good [bad] ～ 息がよく続く[続かない] / I have lost my ～. 息が切れた / catch one's ～ 息を殺す / knock the ～ out of a person 人をなぐって息ができなくさせる. **11** 空言, 空談, 身のない言葉[話]; 気取り, うぬぼれ (vanity, conceit): His speech was mere ～. 彼の演説の内容はまるでからっぽだった / His theory is based on ～. 彼の理論は根も葉もない空論だ / He is all puffed up with ～. すっかりうぬぼれている. **12** (歌・楽器などで)楽音を出すための空気の流れ. **13** 〘音楽〙 **a** 吹奏楽器, 管楽器: a wood [brass] ～ 木管[金管]楽器. **b** [集合的] 管楽器族, 管楽器類. **c** [the ～s] (管弦楽団の)管楽器部 (cf. string 4, brass 3 b, reed[1] 5): *The* ～*s* are too strong for the strings. (オーケストラの)管楽器部が弦楽器部より強過ぎる. **14** 《俗》〘ボクシング〙みぞおち: hit a person in the ～ 人のみぞおちを打つ / have one's ～ taken みぞおちを打たれて息ができなくなる[気絶する].
beat the wind ⇨ beat 成句. ***before the wind*** (1) 〘海事〙風下に, 追い風を受けて. (2) 幸先(さいさき)よく, 順調に. ***between wind and water*** (1) 〘海事〙(船の)水線 (waterline) 付近に. ★ ここに弾丸が当たれば致命的 (cf. shot[1] *n.* 1 a). (2) 急所に[を]: be shot *between* ～ *and water*. ***burn the wind*** ⇨ burn[2] 成句. ***by the wind*** 〘海事〙 = *close to the* WIND. ***cast to the (four) winds*** (1) 四方(八方)に散らす, 風に吹き飛ばす (cf. *Ezek.* 17:21, *Dan.* 11:4). (2) 〈慎しみなどを〉全く捨ててしまう: *cast* all caution [anxiety] *to the four* ～*s* 慎しみ[不安]を全く捨ててしまう. ***catch the wind*** 〘海事〙〈帆などが〉風をはらむ. ***close to the wind*** 〘海事〙ほとんど風に逆行して; 詰め開きで: ⇨ *sail close to the* WIND. ***down the wind*** (1) 風下に (↔ up the wind). (2) 《古》衰微して. ***eat the wind out of*** 《口語》〘海事〙 = *take the* WIND *of* (1). ***fling to the (four) winds*** = *cast to the (four)* WINDS. ***get [gain] the wind of*** = *take the* WIND *of*. ***get the wind up*** = *have the* WIND *up*. ***get wind*** ⇨ *n.* 8 a. ***get wind of***…をかぎつける, …のうわさを聞きつける: He *got* ～ *of* where she was. 彼女がどこにいるかかぎつけた. ***gone with the wind*** 風と共に散って, 跡形もなく消え去って (Ernest Dowson, *Non Sum Qualis Eram* iii). ***go to the winds*** 打ち捨てられる, すっかり無くなる. ***haul on [to, upon] the wind*** 〘海事〙船首を一層風上に向けて船を停止させる. ***have a free wind*** 〘海事〙順風に航進する. ***have in the wind*** = *have the* WIND *of* (3). ***have the wind of*** (1) 〘海事〙〈他船〉の風上にある. (2) 〈他〉よりも優利な位置を占める. (3) 〈獲物〉のにおいをかぎつける (cf. 7); …のうわさを聞く[かぎつける] (cf. 8 b). ***have the wind up*** 《俗》ぎょっとする, おびえる. ***hold a close [good] wind*** 〘海事〙風に一杯切り上げて航行する《前進可能では最も風上に船首を向けて進む》. ***hold the wind*** 〘海事〙風に切り上げて航行する《風圧差による風下への船の流れを余り多くしない程度に船首を風上に向けて進む》. ***in the wind*** (1) 〘海事〙風上に (windward): all *in the* ～ 風に向首し総帆がばたばたして. (2) 起きていて, 進行中で (astir, afoot); 起ころうとして, さし迫って (imminent): Something unusual was *in the* ～. 何か異常なことが起ころうとしていた. (3) 未決定で: hang *in the* ～ 未決定状態にある. (4) 《俗》〘海事〙酔っぱらって (drunk): I was a little *in the* ～. 少し酔っていた / have a sheet [three sheets] *in the* ～ ⇨ sheet[2] 成句. ***keep the wind*** (1) 〘海事〙詰め開きを続ける. (2) (狩で)臭跡を失わないようにする (cf. 7). ***kick the wind*** 《俗》縛り首になる. ***know [see, find out] how [where, which way] the wind blows [lies, sits]*** 風向きを知る, 世論の向かう所を知る. ***let go down the wind*** 〈物事を〉遺棄[放棄]する (abandon). ***near the wind*** 〘海事〙 = *close to the* WIND. ***off the wind*** 〘海事〙風を船尾から受けて, 順走して《ものによって逆の意味にも使われている》. ***on the [a] wind*** 〘海事〙 = *close to the* WIND. ***put the wind up*** 《俗》〈人〉をぎょっとさせる, おびえさせる (frighten): The noise absolutely *put the* ～ *up* John. その物音は全くジョンをぎくっとさせた. ***raise the wind*** 《俗》(1) 金を工面する, 資金を調達する. (2) 〔…のことで〕騒ぎを起こす 〔*over*〕. ***sail against the wind*** (1) 風に逆航する. (2) 世論[慣習]にさからう. ***sail before the wind*** (1) 追手に帆をかけて走る, 順風に帆をさす. (2) とんとん拍子に行く; どんどん出世する. ***sail near [close to] the wind*** (1) 〘海事〙詰め開きで航行する《ほとんど風に逆行して進む》. (2) (法や道徳にすれすれの)きわどい事をする, 危い世渡りをする. ***sail with every (shift of) wind*** どんな境遇をも自己の有利に導く. ***scatter [throw] to the (four) winds*** = *cast to the (four)* WINDS. ***sound in wind and limb*** 至って健康で. ***sow the wind and reap the whirlwind*** ⇨ whirlwind 成句. ***split the wind*** 《俗》全速力で行く[走る]. ***take the wind of*** (1) 〘海事〙〈他船〉の風上に出る. (2) …よりも地の利を得る[有利な地位を占める]. ***take the wind out of the sails of*** 《口語》(1) 〈人〉を面くらわせる. (2) 〈人〉の鼻をあかす, 〈人〉を出し抜く. ***take wind*** ⇨ *n.* 8 a. ***The wind is in that quarter.*** 事態はそういう状況だ. ***throw to the (four) winds*** = *cast to the (four)* WINDS. ***trim by [on] a wind*** 〘海事〙できるだけ風の方向に帆走する. ***under the wind*** 〘海事〙(1) 風下に向かって (to leeward). (2) 風陰に (under the lee). ***up the wind*** 風の中へ, 風に向かって (into the wind) (↔ down the wind): The airplane landed *up the* ～. ***whistle down the wind*** 〘鷹は獲物を追わせる時は風上に飛ばすが, 自由にする時は風下に飛ばすことから〙(1) 〈人・物事を〉捨てる, 放棄する (abandon). (2) むだな議論(など)をする. ***whistle for a wind*** (なぎの時に)〈水夫が〉口笛を吹いて風を呼ぶ《迷信的慣行》. ***wind and weather*** 風雨, 風雪(など). ***wind(s) of change*** 改革への力[傾向]. ***within wind of*** …にかぎつけられる[見つけられる]ほど近く(に). ***with the wind*** (1) 風と共に, 風のままに: ⇨ *gone with the* WIND. (2) = *before the* WIND.
— *vt.* **1** 〈叫び声を〉あげる. **2** 〈一陣の風を〉ひゅーひゅー吹き立てる (blow). **3** 風に当てる, …に風を通す. **4** 〈猟犬などが〉〈獲物を〉かぎつける, かぎ出す (cf. *get* WIND *of*, *have the* WIND *of*); かぎつけて後を追う: The hounds ～*ed* the fox. 猟犬はきつねをかぎ出した / ～ a plot 陰謀をかぎつける. **5** (運動などで)息切れさせる: I am quite ～*ed* by the climb. 山登りですっかり息切れがした. **6** 〈馬など〉に息を継がせる[入れさせる], 休ませる: ～ one's horse 馬に息を継がせる. — *vi.* **1** 〈犬が〉獲物をかぎつける. **2** 《方言》息をつくために立ち止まる, ひと息入れる.

wind[2] [wáɪnd, wínd | wáɪnd] 〘《*c*1410》 *wynde(n)* to get the wind of 《特殊用法》 ← WIND[1] (n. 7): 発音は WIND[3] の影響による, らっぱの形状からの連想か〙

— *vt.* (~·ed, **wound** [wáund]) **1** 〈角笛・らっぱなどを〉吹き鳴らす, 吹奏する (blow); 〈角笛などを〉(合図に)吹き鳴らす: ~ a horn, trumpet, call, etc. **2** (吹き)鳴らして〈音を〉出す: ~ a shrill blast 音高く吹き鳴らす. — *vi.* 角笛を吹き鳴らす.

wind[3] [wáɪnd] 〘v.: OE *windan* < Gmc **windan* (Du. & G *winden* / ON *vinda*) ← IE **wendh-* to turn, wind. — n.: 《1399》 *wynde* winch ▭ MDu. & MLG *winde* // ← (v.): cf. wend, wander〙 — *v.* (**wound** [wáund], (まれ) ~·**ed**) — *vi.* **1** 〈道・川などが〉曲がりくねる, 屈曲する; 〈生物がうねって進む〈*along, up, down, over*, etc.〉: The path ~*s*. その道は曲がりくねっている / The river ~*s* through the field. その川は野をうねって流れる / The lowing herd ~ slowly o'er the lea. 牛の群れが鳴きながらゆっくりと草原をうねって行く (Gray, *Elegy Written in a Country Churchyard*) / A car was ~*ing up* a hill. 車がうねうねと丘を上っていた. **2** (行動・議論などで)曲がりくねった[遠回しの, 巧妙な]やり方をする; うまく[巧みに]入り込む (insinuate oneself) 〔*in, into*〕: ~ *into* power 次第に権力を握るようになる. **3** 〈板・ドアなどが〉曲がる, ひずむ. **4** 巻きつく, からみつく (twine) 〔*about, around, round, upon*〕: the tendrils that ~ *round* the poles 支柱にからみつく巻きひげ. **5** 〈時計が〉巻かれる: a clock which ~*s* with a key かぎで巻く時計. **6** 《廃》進む, 行く (go): ~ *away*. **7** 《廃》身もだえする, のた打つ. **8** 〘海事〙〈船が〉(ある方向に)曲がる; 船首を(ある方向に)向けている: How does the ship ~? 船はどう曲がるのか. **9** 〈馬が〉左に回る.

— *vt.* **1** 〈糸などを〉巻く, 巻きつける (coil): ~ a tape, wire, etc. / ~ thread *on* [*to*] a reel 糸を糸巻きに巻く / ~ wool *into* a ball 毛糸を巻いて玉にする / ~ a top こまに糸を巻く / ~ a baby *in* a shawl [one's arms] = ~ a shawl [one's arms] *round* a baby 赤ん坊をショールに包む[両手に抱く] / The snake *wound* itself *round* its victim. へびは餌食に体を巻きつけた / She *wound* her arms *around* his neck. 彼の首の回りに両腕を巻きつけた. **2** (巻揚機などで)巻き揚げる (draw up) (cf. WIND *up* (*vt.*) (2)): ~ a bucket / ~ water from a well 井戸から水を(つるべで)巻き揚げる. **3** 〈時計などを〉巻く (cf. WIND *up* (*vt.*) (3)): ~ a watch. **4** 回す (turn): ~ a handle. **5** 遠回しに[巧みに]入り込ませる: ~ his prejudices *through* all his writings 書きものすべてに彼の偏見を巧みに持ち込む / ⇨ WIND *oneself into*. **6** 〘海事〙〈船を〉反対の方向に回す: ~ a boat [ship] out of the harbor 船首を転じて出港する. **7** 〈馬を〉左に回す. **8** 《古》〈人を〉意のままに操る: ~ a person *to* one's will 人を意のままに操る. **9** 《廃》〈人を〉巧みに引き入れる〈*in*〉/〔*into*〕: ~ men *in*.

wind back 〈フィルム・テープなどを〉巻き戻す. ***wind down*** (*vt.*) (1) 徐々に終わらせる: ~ a war *down* 戦争を徐々に終結させる. (2) 回して下げる: He *wound down* his window. 窓の(取手)を回して下げた. (*vi.*) (1) 徐々に終わる: The war is ~*ing down*. 戦争は徐々に終りかけている. (2) くつろぐ (relax). (3) 〈時計のぜんまいが〉解けて止まる: The spring ~*s down* in 24 hours. ぜんまいは24時間で解ける. ***wind in*** 〈釣糸を〉リールに巻き付ける. ***wind off*** [***from***] 〈巻いたものを〉…から巻きもどす, ほぐす (unwind): ~ cotton *off* a reel 糸巻きから糸をほぐす. ***wind on*** 〈フィルム・テープなどを〉巻いて先へ送る. ***wind oneself into*** …にうまく取り入る; こっそりと入って行く: He *wound himself into* her affection. 徐々に彼女に取り入った. ***wind up*** (*vt.*) (1) 〈糸などを〉すっかり巻く; 巻き締める, 締める: ~ *up* the strings of a fiddle バイオリンの弦を巻きつく締める. (2) 〈いかり・つるべ・窓などを〉巻き揚げる: ~ *up* a bucket from a well. (3) 〈時計を〉巻く, 巻き上げる, 〈機械の〉ぜんまいを巻く: ~ *up* a watch / ~ *up* a toy car おもちゃの自動車のぜんまいを巻く. (4) 緊張させる, 興奮させる, …に元気をつける (excite): He was *wound up* to a high pitch of excitement. 極度に興奮していた / He was *wound up* to fury. かんかんに怒っていた / He is ~*ing* himself *up* for an effort. 一奮発しようと張り切っている / The administration needs ~*ing up*. 管理部は活(かつ)を入れる必要がある. (5) 〈論などを〉結ぶ, 結論する (conclude); 終わりにする, …に結末をつける, かたをつける (stop, finish) 〔*by, with, in*〕: He *wound up* his speech *with* a quotation [*by* declaring that…]. 彼は引用句で[…と言って]演説を結んだ. (6) 〈店・会社などを〉たたむ, …に始末をつける, 閉鎖する, 解散する (dissolve); 破産する: ~ *up* a company 会社をたたむ / I had to ~ *up* my affairs there. そこでの身辺の整理をしなければならなかった. (*vi.*) (1) 終わる, 終結する; 最後に…になる: I hope this tedious speaker will soon ~ *up*. この退屈な弁士ももう間もなくやめるだろう / He *wound up by* stabbing himself too. 最後に彼自らも自殺して果てた / He had *wound up in* Lansing. 最後にはランシング刑務所へ入れられてしまった / The firm may ~ *up in* the red. 会社はついに赤字になるかもしれない / He *wound up* as a teacher. 結局教師になった. (2) 〈店・会社などが〉解散する; 破産する: The company has *wound up*. その会社は閉鎖した / The committee is to ~ *up* by March 1. 委員会は3月1日までに解散の予定である. (3) 〘野球〙〈投手が〉投球前に腕を回す, ワインドアップする. (4) 準備する. ***wind one's way*** うねって進む[行く]: He *wound his way* up the belfry stair. 鐘楼の階段をぐるぐる回りながら上って行った / a rivulet that ~*s its* silent *way* through the meadow 草原を静かにうねり流れる小川. ***wind one's way into*** = WIND *oneself into*.

— *n.* **1** 曲がり, うねり, 曲折: out of ~ 〈板など〉曲がっていない. **2** (時計のねじ・糸などの)一回り, 一巻き. **3** (ウインチなどで)巻き揚げること. 「できる.

wind·a·ble [wáɪndəbl] 〘⇨ wind[3]〙 *adj.* 巻くことの

wind·age [wíndɪdʒ] 〘← WIND[1] + -AGE〙 — *n.* **1** (飛弾などの起こす)あおり; 気擦. **2** 〘砲術〙 **a** (風による弾丸の)偏流, (風)偏差 (cf. drift 3). **b** (偏差に対する)修正量, (照準)調整度. **c** 遊隙(ゆうげき), 空隙 (ガスを逃がし摩擦を少なくするための砲身内壁と砲弾との間隙). **3** 〘海事〙船体の風上側. **4** 〘機械・電気〙風損 (発電機・電動機などの回転子が回転中に受ける空気の抵抗によるエネルギー損失; windage loss ともいう).

Win·daus [víndaus; G. víndaus], **Adolf** *n.* ウィンダウス (1876–1959; ドイツの化学者; Nobel 化学賞 (1928)).

wind·bàg 〘《15C》〙 *n.* **1** 空気袋; (風笛の)革袋; ふいご (bellows). **2** 《戯言》胸 (chest). **3** おしゃべり(な人); 空虚な(議論をまくし立てる)議論家.

wind·bàg·ger·y [-gəri | -rɪ] *n.* 大げさな空言.

wind bànd *n.* **1** 吹奏楽器隊; (特に)軍楽隊. **2** [集合的] (オーケストラの)管楽器部.

wind·bèll *n.* **1** 風鈴. **2** [通例 *pl.*] ウインドベル (金属片・ガラス片などをひもでつるし, 風で鳴るようにした仕掛け; 風鐸の類).

wind·blàst *n.* **1** 一陣の風 (a gust of wind). **2** 〘航空〙ウインドブラスト (射出座席で高速機から脱出したパイロットに加わる破壊的な風の影響).

wind·blòwn *adj.* **1** 風に吹かれた; 吹きさらしの. **2** 〘植物〙卓越風 (prevailing wind) の影響で形のできた: ~ pines 磯馴(そなれ)マツ. **3** 〈女性の髪が〉短く刈って額の方へなでつけた: the ~ bob of a girl 少女のウインドブロウンボブの髪型.

wind-bòrne *adj.* 風で運ばれた: ~ sand.

wind·bòund *adj.* **1** 〘海事〙強風[逆風]のため閉じ込められた[出港できない], 風のため航行不能の (cf. weather-bound): We lay ~ for a week. 風のため一週間出港できなかった. **2** (行動の)自由を妨げられて, 抑制されて.

wind·brèak *n.* **1** 防風林. **2** 防風設備, 風よけ, 防風塀(へい). **3** (樹木の)風折れ.

wind·brèak·er 〘← WIND[1] + BREAKER[1]〙 — *n.* **1** = windbreak. **2** [W-] 《米》〘商標〙ウィンドブレーカー (風を通さない素材でウエストや手首にゴム編みなどのバンドをつけたスポーツ用ジャンパー).

wind·brò·ken *adj.* 〘獣医〙〈馬が〉呼吸困難になった; 喘鳴症の; 喘息の.

wind·bùrn *n.* **1** 〘植物病理〙草木の葉・茎の表皮などが強風を受けて乾燥して起こる病変. **2** 風焼け (強風にさらされたために皮膚に生じる病変). ~**ed** *adj.*

Wind Càve Nàtional Pàrk *n.* ウィンドケーブ国立公園 (米国 South Dakota 州南西部にあり, 鍾乳洞で有名, 1903年指定; 面積 1,114 km²).

wind·chèat·er *n.* 《英》= windbreaker 2.

wind·chèst *n.* (パイプオルガンの)風箱 (これに圧搾空気を入れておきパイプに風を送る).

wind·chìll *n.* 〘生理〙風冷え (風による体温の消失).

wind chìme *n.* [通例 *pl.*] = wind-bell 2.

wind còlic *n.* 〘獣医〙腸内のガスのために生じる疝痛(せんつう); 風気疝.

wind còne *n.* = wind sock.

wind dirèction *n.* 風向.

wind-dòwn 〘← *wind down* (⇨ wind[3] (v.) 成句)〙 *n.* 徐々の終了[停止].

wind·ed[1] [wíndɪd, -dəd] 〘(p.p.) ← WIND[1] (v.)〙 *adj.* **1** 風[空気]に当てた. **2** 息が切れて.

wind·ed[2] [wíndɪd, -dəd] 〘《15C》 ← WIND[1] (n.) + -ED〙 — *adj.* [通例複合語の第2構成素として] (…の)呼吸[息]をした, 呼吸が…の: a short-*winded* man すぐ息切れのする人.

wind ègg 〘ME: 風による受精のためと考えた迷信から〙 *n.* (殻の柔らかい)不完全卵; 無精卵.

Win·del·band [víndl̩bàːnt; G. vínd̩bant], **Wilhelm** *n.* ウィンデルバント (1848–1915; ドイツの新カント学派の哲学者; *Präludien*「プレルーディエン」(1884)).

wind·er[1] [wáɪndə | -də(r] 〘← WIND[3] (v.) + -ER[1]〙 — *n.* **1** 巻く人[物]; 曲げる人[物]; 曲がる物. **2** 巻付け器, 巻取り機, 糸巻き. **3** 《廃》つる植物. **4** (螺旋階段などの)踏面の一方の端が狭く他方が広くなっている踏み段 (cf. flier 8).

wind·er[2] [wáɪndə, wíndə | wáɪndə(r] 〘⇨ wind[2]〙 *n.* (らっぱ・笛などを)吹く人, 吹奏者.

wind·er[3] [wíndə | -də(r] 〘⇨ wind[1] (v.)〙 *n.* 息を止めるもの (ひどい打撃・疾走・山登りなど).

Win·der·mere [wíndəmɪə, -də- | -dəmɪə(r] 〘《c1160》 *Wynandremer* (原義) Vinand's lake ← OSwed. *Vinandus* (人名): ⇨ mere[1]〙 — *n.* イングランド北西部, Cumbria 州にあるイングランド最大の湖; 長さ 17 km, 幅 1.6 km.

wind eròsion *n.* 〘地質〙風食(作用) (風による侵食・運搬作用; deflation ともいう).

wind·fàll 〘《1464》: ⇨ wind[1], fall: cf. MHG *wintval* (G *Windfall*)〙 — *n.* **1 a** 風で落ちた果物; 吹倒れの木[枝]: the odor of ~ apples 風で落ちたりんごのにおい. **b** 強風のため樹木が吹き倒された森林中の地域. **2** (たなぼた式の)意外な授かり物, もっけの幸い, こぼれ幸い: For the Democrats, the result was something of a political ~. 民主党にとってはその結果は政治的なたなぼたといった感があった.

wind·fàllen *adj.* 風で落ちた.

wind·fànner *n.* 《方言》〘鳥類〙= kestrel.

wind-fértilized *adj.* 〘植物〙風媒の (anemophilous).

wind·flàw 〘⇨ wind[1], flaw[2]〙 *n.* 突風 (flaw).

wind·flòwer 〘《なぞり》← Gk *anemṓnē* 'ANEMONE'〙 *n.* 〘植物〙 **1** = anemone 1. **2** = rue anemone.

wind-fòrce *n.* 〘気象〙風力 (⇨ wind scale).

wind fùrnace *n.* (試金等に用いられる)風炉.

wind·gàll 〘⇨ wind[1], gall[2]〙 *n.* **1** 〘獣医〙(馬などの)球腱軟腫. **2** 〘気象〙色の付いた太陽の傘. ~**ed** *adj.*

wind gàp *n.* 〘地理〙風隙(ふうげき) (川の流れ方が変わったために, もとの谷底に当たる部分が山の背の一部に V 字形の鞍部となって残っている所; 風の通り道になる尾根の切れ目; air gap, wind valley ともいう).

wind gàuge *n.* **1** 風力計, 風速計 (anemometer). **2** 〘音楽〙(パイプオルガンに付ける)風圧計. **3** 〘銃砲〙横尺目盛, 風偏差調節計 (弾丸に対する風の影響を修正するため射撃照準器についている装置).

wind hàrp *n.* 〘音楽〙= aeolian harp.

Wind·hoek [vínthʊk] *n.* ウィントフーク (South-West Africa 中央部の都市でその首都; 人口 62,000).

wind·hòle *n.* **1** (鉱山の)通風口. **2** (オルガンのパイプの根元の)風を入れる穴. **3** 風のためにできた穴.

wind·hòver 〘その習性にちなむ〙 *n.* 《英》〘鳥類〙= kestrel. 「向指示器.

wind indicator *n.* 〘航空〙(空港で用いる大型の)風

wind·ing [wáɪndɪŋ] 〘ME: ⇨ wind[3], -ing[1,2]〙 — *adj.* **1** 〈流れ・道など〉曲がりくねる; 〈階段が〉螺旋状の (spiral): a ~ stream, passage, path, lane, etc. / a ~ stairs [staircase] 螺旋階段 (winder によって構成される階段). **2** 〈話など〉回りくどい, 取りとめのない, だらだらした (circuitous, rambling): a ~ narrative 一向にはかどらぬ話[物語]. **3** よろめいて (reeling): send a person ~ 人をよろめかせる. — *n.* **1** 曲がること; 屈曲, 曲がり (turn, curve): the ~*s* of a road [stream] 道[流れ]の曲がりくねり / in ~ 〈板など〉曲がって, 反(そ)って / out of ~ 曲がっていない. **2** [通例 *pl.*] 曲がった[不正な]行動[方法]. **3** まつわり[巻き]つくこと. **4 a** (針金などを)巻くこと; 巻いたもの: the ~ of wire on a bobbin 巻枠に巻いた針金. **b** (時計などを)巻くこと. **5** 〘電気〙巻き方, 巻線: ⇨ compound winding, series winding, shunt winding. **6** 〘獣医〙巻き足 (馬が歩くとき一方の足を他方の足にからませる癖).

winding èngine *n.* 巻上げエンジン, 巻上げ機関.

winding fràme *n.* 糸巻き器, (糸の)巻取り器.

wind·ing·ly *adv.* **1** 曲がりくねって, うねって, うねうねと. **2** 巻きついて.

winding nùmber *n.* 〘数学〙回転数 (平面上の閉曲線がその上にない点のまわりをまわる回数).

winding pìnion *n.* 〘時計〙きち車 (ぜんまい捲き上げ輪列の中の一つの歯車で, 巻真にゆるくはめ込まれ, つづみ車および丸穴車とかみ合う).

wind·ing-shèet 〘⇨ sheet[1]〙 *n.* **1** 死衣, 経帷子(きょうかたびら). **2** (ろうそくから垂れて固まった)ろう涙 (そのできる方向の人に凶事が起こるという迷信がある).

wind·ing-ùp 〘← *wind up* (⇨ wind[3] (v.) 成句)〙 *n.* **1** 終結, 結末. **2** 清算結了; (会社などの)整理解散.

wind ìnstrument [wínd-] *n.* 〘音楽〙 **1** 管楽器, 吹奏楽器: brass ~*s* 金管楽器類 (horn, trombone, trumpet, tuba など) / wood ~*s* 木管楽器類 (flute, oboe, clarinet, bassoon など; cf. woodwind). **2** [the ~s] **a** 管楽器類. **b** 管楽器部 (cf. orchestra).

wind·jam·mer [wín(d)dʒæ̀mə | -mə(r] 〘← WIND[1] (n.) + JAM[1] + -ER[1]〙 — *n.* **1** 〘海事〙帆船; 帆走商船; 帆船の水夫. ★ 元来汽船の水夫などが用いた軽蔑的な言葉. **2** 《米俗》ほら吹き (windbag). **3** 《俗》(サーカスの)金管楽器奏者; (軍隊の)らっぱ手 (bugler).

wind·lass [wíndləs] 〘《c1400》 *wyn(l)elas* (変形) ? ← ME *windas* ▭ AF = OF *guindas* ▭ ON *vindāss* ← *vinda* 'to WIND[3]' + *āss* pole, beam ← ?〙 — *n.* ウィンドラス, 巻上げ機 (横巻胴を通例クランクで回転してそれにロープをからませて物をつり上げる装置); (船の)いかり巻き機, 揚錨機. — *vi., vt.* windlass で巻き揚げる.

windlass

win·dle [wín(d)l] 〘OE *windel* box, basket ← *windan* 'to plait, WIND[3]': ⇨ -le[1]〙 *n.* 《スコット・北英》(小麦などの)乾量単位 (地域によって異なるが約 3 bushels).

wind·less 〘ME〙 — *adj.* **1** 風のない, なぎの, 静穏な (calm, still): a ~ sea. **2** 《まれ》息切れのした (breathless). ~**ly** *adv.* ~**ness** *n.*

win·dle·strae [wín(d)l̩strèɪ] *n.* = windlestraw.

win·dle·straw [wín(d)l̩strɔ̀ː] 〘OE *windelstrēaw* straw for plaiting ← *windel* a twisting (⇨ windle) + *strēaw* 'STRAW'〙 — *n.* 《スコット・英方言》 **1** 細長い枯れた草の茎. **2** 各種の茎の長い草. **3** やせた人, 病弱な人; 弱々しい[軽い]物. 「加えられる荷重).

wind lòad *n.* 〘土木〙風荷重 (風圧によって構造物に

wínd lòading *n.* 風荷重.

wínd machìne *n.* 〘演劇〙突風[風の音]を作る装置.

wind·mill [wín(d)mìl] 〘《c1300》: ⇨wind¹, mill¹: cf. MHG *wintmül* (G *Windmühle*)〙 **—** *n.* **1** **a** 風車小屋. **b** 風車. **2** 想像上の悪, 仮想の害悪; 仮想敵 (⇨ *tilt at* WINDMILLS). **3** 〘航空〙風車タービン. **4** 《俗》ヘリコプター. **5** (玩具の)風車 (《米》pinwheel).

fling* [*throw*] *one's cap over the windmill ⇨ cap 成句. ***tilt* [*fight*] *at windmills*** 〘Don Quixote が武者修業の途中風車を巨人と思い込んでこれと戦ったという話から〙仮想の敵[害悪]と戦う.

— *vt.* **1** (風車のように)回転させる: ~ one's arms. **2** 〘航空〙(エンジンが作動していない時に)風の力で〈プロペラを〉回転させる. **—** *vi.* **1** (風車のように)回転する. **2** 〘航空〙(エンジンが作動していない時に)〈プロペラが〉風の力で回転する.

win·dow [wíndoʊ, -də | -dəʊ] 〘《?a1200》 *windoȝe* ⊏ ON *vindaug-a* ← *vindr* 'WIND¹' + *auga* 'EYE' ∽ OE *ēagþyrel, ēagduru* eye-hole, eye-door ← *ēag* 'EYE' + *þyrel* hole & *duru* 'DOOR': 一説では 'まど' < 'めど'(目戸)〙 **—** *n.* **1** 窓, 窓口: an arched ~ 弓形窓 / a blank [blind, false] ~ めくら窓 / ⇨ bow window, bay window, French window, lattice window, oriel window, sash window / look out of a ~ 窓から外を見る / look through a ~ 窓を通して[透かして]見る / open [close, shut] a ~ 窓を開ける[閉める] / sit by a ~ 窓のそばに坐っている / get in by a ~ 窓からはいる / She is often at the ~. よく窓(のところ)にいる / I saw a light in the ~. 窓に明かりが見えた. ★ ラテン語系形容詞: fenestral. **2** **a** 窓枠 (window frame). **b** 窓ガラス (windowpane): break a ~ 窓(のガラス)をこわす. **3** (商店の)飾り窓, 陳列窓 (show window): goods displayed in the ~ 飾り窓に飾ってある商品. **4** 窓口 (cf. wicket 3): a cashier's [ticket] ~ 出納[切符売]窓口 / *Window* (No.) 3 3 番の窓口. **5** (窓付き封筒 (window envelope) などの)窓. **6** **a** 窓のような穴. **b** [通例 *pl.*] (心の)窓, 目: The eyes are the ~*s* of the mind. 目は心の窓. **c** 《古》まぶた (eyelid): the ~*s* of one's eyes まぶた. **7** 観察の機会, 接触の手段, 窓(口) [*on*]: open a ~ to ...を知る[観察する]機会を与える / English is the ~ *on* the world. 英語は世界の窓である / Japan was seeking a ~ *on* Western civilization. (当時)日本は西欧文明(へ)の窓口を求めていた. **8** = fenestra. **9** 〘空軍〙(レーダーや電波の)窓: **a** 電磁波反射装置《レーダーに反射をもたらすために空中に送り込む仕掛けで, 通例空中の物体追跡用か風の追跡標識》. **b** レーダー妨害片, レーダー攪乱(かく)物体《敵のレーダーを混乱させるために, 航空機・砲弾・ロケットなどにより散布する金属箔(はく)・ワイヤー・金属片など; chaff ともいう》. **10** 〘宇宙〙 **a** = launch window. **b** (宇宙船の)再突入大気回廊. **11** 〘気象〙電磁窓《光・熱・電波が地上に貫入できる大気の周波スペクトル帯》. **12** 〘地質〙横臥褶曲(しゅう)した地層の一部が侵食で取り去られて, 下盤層が露出した場所.

come in by the window 〘《なぞり》← F *entrer par la fenêtre*〙 こっそりはいる, 忍び入る. ***out of the window*** 《口語》もはや問題にされないで: The old method was *thrown out of the* ~. 古い方法は捨て去られた[放棄された]. ***the windows of heaven*** 〘天空に雨の降る穴があると考えられたことから; ヘブライ語法 (cf. *Gen.* 7:11)〙天の窓, 天(てん)の戸.

— *vt.* **1** ...に窓を取り付ける. **2** ...に(窓のような)穴を幾つもあける. **3** 《廃》窓に置く.

wíndow bàck *n.* 〘建築〙(窓下の)腰壁《窓台敷居 (windowsill) から床までの板壁部分》.

wíndow bàr *n.* 窓桟, 窓格子, 窓連子(れんじ).

wíndow blìnd *n.* (通例上端にローラーがあって上下する)窓のおおい, ブラインド. 「水平の板》.

wíndow bòard *n.* 窓膳板《窓台・窓枠に用いられる

wíndow bòx *n.* **1** 窓台に置く植木箱. **2** (上げ下げ窓の窓枠内の)分銅箱.

wíndow cùrtain *n.* 窓掛け, 窓カーテン.

wíndow-drèss 〘《逆成》↓〙 *vt.* 美しく[良く]見せる, 粉飾する.

wíndow drèsser *n.* **1** 陳列窓装飾家, 飾り付け屋. **2** 体裁を繕う人, 見掛け倒しの人, 粉飾する人.

wíndow drèssing *n.* **1** 陳列窓装飾(法). **2** **a** 体裁を繕うこと; 見せ掛け, 見掛け倒し: Let's cut out the ~, and get down to brass tacks. 体裁を繕うのは省いて早速本題に入りましょう. **b** (企業の経営状態などの)粉飾.

win·dowed 〘《15C》〙 *adj.* **1** 窓のある. **2** 〈服飾品など〉飾り穴のある. **3** 穴だらけの. 「factor.

wíndow-effíciency ràtio *n.* 〘光学〙 =daylight

wíndow ènvelope *n.* 窓付き封筒《パラフィン紙を張った中央の窓から宛名が見える》. 「組み》.

wíndow fràme *n.* 窓枠《窓の建具を取り付ける枠

wíndow glàss *n.* 窓用ガラス (cf. windowpane 1).

wíndow lèdge *n.* =windowsill.

wíndow·less *adj.* 窓のない: a small ~ anteroom 小さな窓のない控え室.

wíndowless mónad *n.* 〘哲学〙窓のない単子《Leibnitz 哲学で究極の実体である単子が各々独立に世界を写し相互に因果的連関を持たない点を形容する言葉》.

wíndow·lìght *n.* =windowpane 1.

wíndow·pàne *n.* **1** (はめてある)窓ガラス. ★ はめてなければ window glass という. **2** 〘魚類〙北米大西洋岸産のヒラメ科の一種 (*Scophthalmus aquosus*).

wíndow sàsh *n.* 〘建築〙窓サッシ《窓枠の中で開閉する窓本体の部分; cf. casement 1 b, sash window》.

wíndow scrèen *n.* **1** 網戸. **2** 窓格子.

wíndow sèat *n.* **1** (窓下に取り付けた)窓下腰掛け. **2** (航空機・列車などの)窓側の席.

wíndow shàde *n.* 《米》=window blind.

wíndow-shòp *vi.* (買物をしないで)飾り窓をのぞいて歩く, ウインドーショッピングをする. **wíndow-shòpper** *n.* **wíndow-shòpping** *n.*

wíndow·sìll *n.* 窓敷居, 窓台 (cf. doorsill; ⇨ architrave 挿絵).

wíndow tàx *n.* 《英》(昔, 窓の数によって課した)窓税《hearth money に代わるものとして 1695 年新設され, 1851 年廃止》.

wíndow trìmmer *n.* =window dresser 1.

wínd·pìpe *n.* のど笛, 気管 (trachea). 「ous).

wínd-póllinated *adj.* 〘植物〙風媒の (anemophil-

wínd pòppy *n.* 〘植物〙米国 California 州産の赤褐色の花をつける野生のケシ (*Meconopsis heterophylla*).

wínd pòwer *n.* (動力としての)風力.

wínd pòwer stàtion [plànt] *n.* 〘電気〙風力発電所.

wínd prèssure *n.* 〘物理〙風圧.

wínd·próof *adj.* 〈生地・衣服が〉風を通さない, 防風の: a ~ jacket, coat, etc. 「くポンプ》.

wínd pùmp *n.* 風車ポンプ《風車の回転によって動

wínd resìstance *n.* 風圧抵抗《静止した空気が特に車の運動に示す抵抗》.

Wínd Ríver [wínd-] 〘その水源付近で冬季に強風が吹くことから〙 **—** *n.* [the ~] ウインド川《米国 Wyoming 州中西部の川; 東南の方向に流れ Bighorn 川に注ぐ (190 km)》.

Wínd Ríver Ràn̂ge *n.* [the ~] ウインドリバー山脈《米国 Wyoming 州西部の Rocky 山脈の一部》.

wínd-ròde *adj.* 〘海事〙〈係留した船が〉風がかりの《風を受けて船首を風に向けている; cf. tide-rode》.

wínd ròse¹ 〘⊏ G *Windrose*: ⇨ wind¹, rose² (n. 4 f)〙 **—** *n.* 〘気象〙風配図: **a** ある地域における一定期間の風向を図示したもの. **b** 風向と他の(雨などの)気象状況をあわせて示す図.

wínd ròse² *n.* 〘植物〙ヨーロッパ原産ケシ属の赤い花をつける植物 (*Papaver argemone*)《北米に移植された》.

wínd·ròw [-ròʊ | -rəʊ] **—** *n.* **1** **a** (刈ったあと乾燥するためにかき集めた)干草の列. **b** (風に当てて干すために立て並べた)麦束や泥炭などの列. **c** (風に吹き寄せられた)落葉やごみなどの列; 寄せ波. **d** かたまり, 山 (heap). **2** サトウキビの植えみぞ《その中に茎を切ったものを横たえ上に土をかけて発芽させる》. **—** *vt.* **1** (風で干すために)列に並べる. **2** 〈サトウキビの切断茎を〉植えみぞに植える.

wínd·sàil *n.* **1** 〘海事〙(船内の下方に風を通すための)帆布通風筒, 風取り, ウインドスル. **2** 風車の羽根.

wínd scàle *n.* 〘気象〙風力階級. ★ 今日最も普通に用いられている Beaufort scale は次表の通り.

風力	名称	相当風速 (m/sec)	
0	calm (静穏)	0–0.2	(煙突の煙がまっすぐ)
1	light air (至軽風)	0.3–1.5	(煙が曲がる; 風見は静止)
2	light breeze (軽風)	1.6–3.3	(木の葉が揺れる)
3	gentle breeze (軟風)	3.4–5.4	(小枝が絶えず揺れる)
4	moderate breeze (和風)	5.5–7.9	(砂ぼこりが舞い上がる)
5	fresh breeze (疾風)	8.0–10.7	(葉の繁った小枝が揺れる)
6	strong breeze (大風)	10.8–13.8	(大枝が揺れ, 電線が鳴る)
7	moderate gale (強風)	13.9–17.1	(風に向かっては歩行困難)
8	fresh gale (疾強風)	17.2–20.7	(小枝が折れる)
9	strong gale (大強風)	20.8–24.4	(屋根がわらが動く)
10	whole gale (全強風)	24.5–28.4	(樹木・家屋が倒れる)
11	storm (暴風)	28.5–32.6	(被害広範囲に及ぶ)
12	hurricane (颶風)	32.7 以上	(被害猛烈をきわめる)

wínd·scrèen *n.* 《英》=windshield 1 a.

wíndscreen wìper *n.* 《英》=windshield wiper.

wínd shàft *n.* 風軸《風車羽根で回転される軸》.

wínd shàke *n.* (強風が木の枝に当たってできたと考えられる)木材の割れ. ★ 集合的にも用いる.

wínd-shàken *adj.* **1** 風に振り動かされた. **2** 〈木材が〉割れの入っている.

wínd shèar *n.* 〘航空〙風のシヤー《地表付近で高さが増すにつれて風速が増大しているように, 風向に直角に風速を測った時, 風速が変化している状態》.

wínd·shìeld *n.* **1** **a** 《米》(自動車前部の)風防ガラス, フロントガラス (《英》windscreen). **b** (航空機の)風防. **2** (手首にぴったり合う)風よけ袖口. **3** (弾頭を流線形にするためにつける軽金属製の)仮帽, 防風キャップ. 「(《英》windscreen wiper).

wíndshield wìper *n.* 《米》(自動車などの)ワイパー

wínd·shìp *n.* 大型帆船.

wínd sòck [slèeve] *n.* 〘気象・航空〙風見用円錐筒, 吹流し《wind cone ともいう》.

Wínd·sor¹ [wínzə | -zə(r] 〘OE *Windlesōra* 《原義》? landing place with a windlass ← ?**windels* (← *windan* 'to WIND³')+*ōra* bank〙 **—** *n.* **1** イングランド南部 Berkshire 州東部の都市; Thames 川に臨み William the Conqueror 以来歴代の王室であった Windsor Castle の所在地; 正式名 New Windsor; 人口 30,000. **2** カナダ南東部, Ontario 州の都市, 米国 Michigan 州の Detroit 市に相対する; 人口 121,000. **3** = Windsor soap. **4** =Windsor chair.

Military Knights of Windsor ⇨ military *adj.*

Windsor² *n.* ウィンザー王朝《英国の現王室の称; 旧称 the House of Saxe-Coburg-Gotha はドイツ系であったため, 第一次大戦中敵国の家名を王室名に戴くのは不穏当との意見により 1917 年改称; George 五世, Edward 八世, George 六世および Elizabeth 二世はこの王家の君主; the House of Windsor ともいう》.

Wind·sor [wínzə | -zə(r], **the Duke of** *n.* ⇨ Edward VIII.

Wíndsor bénch *n.* ウィンザー型ベンチ《意匠と構造が Windsor chair に似たベンチ》.

Wíndsor cháir *n.* ウィンザーチェア《18 世紀に英国や米国の植民地で広く用いられた全木製の椅子》.

Wíndsor knót *n.* ウィンザーノット《ネクタイの結び方の一種で結び目の巾が広いのが特徴》.

windsor settée *n.* =Windsor bench.

Wíndsor sóap *n.* ウィンザー石鹸《香料入りの通例褐色または白色の化粧石鹸》: brown ~.

Wíndsor tíe *n.* ウィンザータイ《絹製の幅広のネクタイで前で蝶結びにする》.

Wíndsor úniform *n.* 《英》ウィンザー宮殿朝服《George 三世時代から Windsor Castle で王族などの着用する赤いカラーとカフス付きの紺の燕尾(えん)服・白チョッキ・黒ズボン》. 「tornado).

wínd·spòut *n.* 旋風 (whirlwind) (cf. waterspout,

wínd sprint *n.* 肺活量を増進するための短距離競走.

wínd stàr *n.* 〘海事〙風向風力図.

wínd stick [wáind-] *n.* 〘木工〙平面定規《木材等の面が平らであるかどうかを調べる直定規; 普通一端をつないだ二枚一組で用いる》. 「ないもの》.

wínd·stòrm *n.* 暴風《雨を全然またはほとんど伴わ

windstorm ìnsurance *n.* 暴風保険.

wínd·sùcker *n.* wind sucking の習慣をもつ馬.

wínd sùcking *n.* (馬が)齰癖(さく)(crib-biting) に伴って空気を飲み込む悪癖.

wínd·sùrfing *n.* ウィンドサーフィン.

wínd·swèpt *adj.* 風の当たる, 吹きさらしの: a ~ promontory 吹きさらしの岬.

wínd-swift *adj.* 風のように速い.

wínd tèe *n.* 〘航空〙T 字型吹流し《着陸場付近に設けた大型の風見; landing T ともいう》. 「(airtight).

wínd·tíght *adj.* 風を通さない, 風の通らない, 気密の

wínd tùnnel *n.* 〘航空〙風洞 (cf. water tunnel).

wínd·up [wáindʌ̀p] 〘← *wind up* (⇨ wind³ (v.) 成句)〙 **—** *n.* **1** 終結, 結末 (conclusion, finish). **2** 仕上げ (finishing). **3** 〘野球〙ワインドアップ《投球前のモーション》. **—** *attrib. adj.* **1** 巻上げの; 〈おもちゃが〉手巻きぜんまいで動く: a ~ phonograph / ~ toys. **2** 結びの (closing).

wínd vàlley *n.* 〘地理〙=wind gap.

wínd vàne *n.* 風向計 (anemoscope).

wínd·ward [wíndwəd | -wəd] **—** *adj.* **1** 風上の, 風にさらされている (↔ lee, leeward): on the ~ side of ...の風上の側に. **2** 風に向かって[逆らって]進む: a ~ tide / ~ sailing. **3** 〘海事〙=weatherly. **—** *adv.* 風上へ, 風上に向かって. **—** *n.* **1** 風上(の方向) (↔ lee): sail *to* the ~ / pass *to* ~ / The church lies *to* ~ of us. 教会は風上の方向にある. **2** (物の)風の当たる[風上の]部分.

eat to windward of 《口語》〘海事〙〈他船〉の風上に出る. ***get to windward of*** (1) 〘海事〙〈他船など〉の風上に出る. (2) (臭気などを避けるために)...の風上に回る. (3) 〈人〉を出し抜く, より優勢な地を占める. ***keep to windward of*** ...を避けている. ***work to windward*** 〘海事〙〈帆船が〉風上に間切って進む.

~·ness *n.*

Wíndward Íslands *n. pl.* [the ~] **1** 西インド諸島 Lesser Antilles 中の Leeward Islands の南方に続く諸島. **2** 西インド諸島の南東部のもと英領の群島; Dominica, Grenada, Grenadines, St. Lucia, St. Vincent などから成る.

Wíndward Pàssage *n.* [the ~] ウィンドワード海峡《西インド諸島の Cuba, Hispaniola 両島間の海峡, 幅約 80 km》. 「楽」=flue³ 3.

wínd·wày *n.* **1** 空気の通路, (鉱山の)通風路. **2** 〘音

wind·y [wíndi | -di] 〘OE *windig*: ⇨ wind¹, -y¹〙 **—** *adj.* (**wind·i·er**; **-i·est**) **1** 風の; 風の吹く, 風の強い: a ~ night / ~ weather / It is ~ today. 今日は風が強い. **b** (台風などで)風が主力の, 風の強い. **2** 風の当たる, 風を受ける, 吹きさらしの (windswept): a ~ spot, hilltop, plain, etc. / a ~ situation 吹きさらしの場所. **3** 風のような, 激しい (violent, stormy), たけり狂う: ~ anger. **4** **a** 胃腸内のガスの, ガスによって生じる: ~ colic 胃腸内のガスによる腹痛. **b** 〈食物が〉ガスを生じる, ガスのたまる (flatulent): ~ food / ~ dishes 腹の張る食品. **5** 口先ばかりの, おしゃべりな, 空虚な, 実のない (wordy, empty): a ~ speaker, speech, etc. / ~ eloquence 駄弁(だ) / a ~ fellow ほら吹き / ~ logic [rhetoric] 空虚な論法[修辞]. **6** 《英俗》びっくりした, おびえた, びくびくした (frightened) (cf. *have the* WIND *up*). **7**

《古》風上の (windward): on the ～ side of the law 法律の手の及ばぬ所に (cf. Shak., *Twel N* 3.4.181). **8** 《スコット》自慢たっぷりの (boastful) 〔of〕.

wínd·i·ly [-dɪli, -də- | -lɪ] *adv.* **wínd·i·ness** *n.*

Wíndy Cíty *n.* [the ～] Chicago の異名. **—** *attrib. adj.* 《俗》Chicago の.

wine [wáɪn] 〘n.: OE wīn < Gmc *wīnam (Du. wijn / G Wein / ON vīn) ▭ L vīnum (cf. F vin) ← ?IE *wo-ino- (Gk oînos wine): 地中海起源. — v.: (c1624) ← (n.): ⇨ vine〙 **—** *n.* **1** ぶどう酒, ワイン《ブドウの果汁を発酵させて造る酒で, 赤色または紫色のブドウの皮とともに造るものを red wine, 皮をとって造る無色または琥珀色のものを white wine, 発酵後に皮を取り除いて造るものを rosé という; 利用法・産地などによって種々のワインがある; ⇨ dessert wine, table wine; fortified wine, sparkling wine》: Adam's ～《戯言》水 / aromatic ～ 香料入りぶどう酒 / dry [sweet] ～ 甘味のない[甘味のある]ぶどう酒 / green ～ 新酒《醸造後1年間のワイン》/ French ～s フランス産の各種ぶどう酒 / ～ and women 酒と女 (*Eccles.* 19:2) / ⇨ SPIRITS of wine / tears of strong ～ ⇨ tear[1] 2 / Joy is the best of ～. 喜びは最良の酒《何よりのごちそう》/ Good ～ needs no bush. ⇨ bush[1] 4 b / When ～ is in, wit [truth] is out. 《諺》酒がはいれば知恵はお留守 / In ～ there is truth. 《諺》酒に真実あり《ラテン語 In vino veritas の英訳》/ Good ～ is a good familiar creature, if it be well used. 良い酒は使い方が良ければ良い下僕(しもべ)だ (Shak., *Othello* 2.3.313-4). **2** 果実酒: apple [currant, fruit, gooseberry, orange, palm] ～ / ⇨ cowslip wine. **3** 〘醸造〙蒸留液[酒]: ⇨ high wine, low wine. **4** 〘薬学〙ぶどう酒溶剤: quinine ～ / ～ of opium 阿片ぶどう酒. **5** 《英》(大学で晩餐(ばんさん)後数人でやる)飲酒会 (wine party): have a ～ in one's room 自室で飲み会を開く / *Wines* have gone out of fashion. 飲み会はもうすたれた. **6** (ワインのように)元気づける[酔わせる, 喜ばせる]もの: The audience tasted the ～ of his eloquence. 聴衆は彼の雄弁の美酒(びしゅ)に酔いしれた. **7** (赤)ぶどう酒色, ワインカラー, 暗赤色 (dark red).

in wine 酒に酔って, 一杯機嫌(きげん)で (intoxicated). ***look on the wine when it is red*** 大酒を飲む, 酒にひたる (cf. *Prov.* 23:31). ***new wine in old bottles*** 古い皮袋に盛った新酒《旧来の形式では律し得ない新説; cf. *Matt.* 9:17》. ***over the walnuts and the wine*** ⇨ walnut 1. ***take wine with***…と健康を祝し合って乾杯する.

— *adj.* (赤)ぶどう酒色の, 暗赤色の.

— *vt.* 〈人を〉ぶどう酒でもてなす: ～ and dine a person 人に酒食のもてなしをする. **—** *vi.* ぶどう酒を飲む: ～ and dine *with* a person 人とぶどう酒を飲みながら会食する.

～·less *adj.*

Wine [wáɪn] 〘↑: cf. G. Weinapfel〙 *n.* 〘園芸〙ワイン《米国のリンゴの品種名; 赤色, 大果で美しい; Wine apple ともいう》.

wíne·bàg *n.* **1** (皮製の)酒袋 (wineskin). **2** 《俗》飲み助, 大酒飲み (wineskin, winebibber).

wíne bàr *n.* (主に)ぶどう酒を飲ませる酒場.

wíne·bèr·ry [-bèri | -b(ə)rɪ] 〘OE winberige: ⇨ wine, berry〙 **—** *n.* 〘植物〙 **1** ウラジロイチゴ, エビガライチゴ (*Rubus phoenicolasius*)《中国・日本産キイチゴ属の低木》. **2** ウラジロイチゴの実.

wíne·bìbber 〘(1535) ← WINE+BIBBER: Coverdale によって Luther 訳聖書の *Weinsaüfer* (《なぞり》) ← Gk *oinopótēs* wine drinker) の訳語として用いられた: cf. *Matt.* 11:19〙 **—** *n.* 大酒飲み (drunkard).

wíne·bìbbing *adj.* 大酒飲みの. **—** *n.* 大酒(飲み).

wíne·bìscuit *n.* ワインビスケット《ワインと共に供するビスケット》.

wíne·bòttle *n.* **1** ぶどう酒びん. **2** ＝wineskin.

wíne·bòwl *n.* **1** ぶどう酒用大杯: drown care in the ～ 酒で憂さを忘れる. **2** 飲酒, 飲酒癖.

wíne·càrriage *n.* (食卓上で用いる車付きの)酒びん転送器.

wíne càsk *n.* ぶどう酒だる.

wíne cèllar 〘ME〙 *n.* **1** (地下の)ぶどう酒貯蔵室. **2** ぶどう酒の貯蔵(量).

wíne còlor *n.* 赤ぶどう酒色, ワインカラー (cf. wine red).

wíne-còlored *adj.* 赤ぶどう酒色の, ワインカラーの.

wíne còoler *n.* ぶどう酒冷却器《氷を入れ, その中にぶどう酒を入れて冷やす容器》.

wíne còoper *n.* 《英》＝cooper[1] 2.

wíne·fàt 〘← WINE+《古形》fat (⇨ vat)〙 *n.* 《古》＝winepress (cf. *Isa.* 63:2).

wíne gàllon *n.* ワインガロン《昔英国で用いられていたぶどう酒の量単位; 231 立方インチ, 3.7853 リットル; 現行米ガロンに同じ》.

wine cooler

wíne·glàss *n.* **1** ワイングラス. **2** ＝wineglassful.

wíne·glass·fùl [-fùl] *n.* ワイングラス 1 杯《tablespoon 4 杯の量》.

wíne gràpe 〘ME〙 *n.* ぶどう酒用ブドウ; (特に)ヨーロッパブドウ (*Vitis vinifera*).

wíne·gròwer *n.* ブドウ栽培兼ぶどう酒醸造家.

wíne gròwing *n.* ブドウ栽培兼ぶどう酒醸造業.

wíne·hòuse *n.* ＝wineshop.

Wíne·land [wáɪnlənd] *n.* ＝Vinland.

wíne lìst *n.* (レストランなどの)ワインの一覧表, ワインリスト: He knows his way down a ～. 彼はワイン通だ.

wíne-màrc *n.* (ブドウの)しぼりかす.

wíne mèasure *n.* ぶどう酒の旧英式量単位《1 gallon を 231 立方インチとする; cf. wine gallon》.

wíne pàlm *n.* 椰子酒の原料となる各種のヤシ (cf. toddy palm).

wíne-pàrty *n.* 《英》＝wine 5.

wíne plànt *n.* 〘植物〙＝rhubarb.

wíne·prèss 〘(1526): cf. MHG winpresse〙 *n.* ブドウしぼり器.

wíne prèsser *n.* ＝wine press.

wíne réd *n.* 赤ぶどう酒色, ワインレッド (cf. wine color).

win·er·y [wáɪn(ə)ri | -nərɪ] 〘← WINE+-ERY〙 *n.* ぶどう酒醸造所.

Wíne·sap [wáɪnsæp] *n.* 〘園芸〙ワインサップ, 初日出《米国のリンゴの品種名; 貯蔵のきく赤色中形種; cf. winter apple》.

wíne·shòp *n.* ぶどう酒専門のレストラン[酒場].

wíne·skìn *n.* **1** (ぶどう酒を入れる)皮袋《やぎなどの全皮を用いる》. **2** 《俗》大酒家.

wíne stòne *n.* (ぶどう酒だるの底に沈積する)粗酒石 (argol).

wíne tàble *n.* (暖炉の前に備える飲酒用の)U字形のテーブル.

wíne tàster *n.* **1** ぶどう酒のきき酒をする人. **2** きき酒用の杯.

wíne tàsting *n.* ぶどう酒のきき酒.

wíne·vàult 〘⇨ vault[1]〙 *n.* **1** ぶどう酒貯蔵地下室. **2** ぶどう酒小売場, 酒場 (taproom, bar).

win·ey [wáɪni | -nɪ] *adj.* ＝winy.

Win·fred [wínfrɪd, -frəd | -frɪd] 〘OE Winfrið ← wine friend (← Gmc *wini- beloved ← IE *wen-: ⇨ win[1])+friðu peace (< Gmc *friþuz ← IE *prāi- to love): cf. Edwin, free, Godfrey〙 **—** *n.* 男性名《愛称形 Win, Winnie, Winny》.

wing [wíŋ] 〘n.: lateOE wenge (pl.) ▭ ON vængi-r, vængi (acc.) (pl.) ← vængr < Gmc *wē-inʒja ← IE *aw(e)- to blow. — v.: (1486) ← (n.): wenge > wing の変化は e が -ng の前で i に変化したもの (cf. hinge, singe, string, think): cf. weather〙 **—** *n.* **1 a** (鳥・天使などの)翼, 羽根, (昆虫の)翅(はね): a gray goose ～ 矢 (arrow) / ⇨ WINGS *sprout*. **b** 養育, 庇護, 保護, 指導: ⇨ *under a person's* WING. **2 a** (飛行機などの)翼. **b** (風車の)羽根, 翼 (vane). **c** (コウモリなどの)飛膜; (トビウオの)胸鰭. **d** 矢羽根. **e** (water wings の)翼. **3** [*pl.*] **a** 《口語》〘軍事〙航空記章, 翼状章《2枚の鳥の翼を広げた形のバッジで, 操縦士・爆撃手・観測手などに与えられる; 公式には aviation badge という》: get the [one's] ～s 航空兵の資格を得る. **b** (ガールスカウトの年少団員がつける緑色の)翼章. **4 a** 《戯言》(獣の)前脚 (foreleg). **b** (兎の)肩. **c** 《口語》(人の)腕 (arm); (特にピッチャーの)投球する腕: a touch in the ～ 腕の負傷. **5** [集合的にも用いて] 鳥; 群れ (flock): a ～ of sparrows すずめの群れ. **6** 飛行, 飛翔 (winged flight). **7** 〘建築〙翼(よく), そで, 翼部《主要部の側方に伸びた部分》; 〘築城〙翼廊, 翼壁: the north ～ / He built a new ～. そでを建て増した. **8** [通例 *pl.*] 〘植物〙(モミジ・トネリコなどの翼果の)翼; (蝶形花冠の)翼弁. **9** 〘劇場〙 **a** 舞台脇, そで; 突き出し《舞台のそでにある右または左側の張りもの》: ⇨ *in the* WINGS. **b** ＝wing flat. **10** 〘海事〙翼艙(よくそう)《船艙または下甲板の舷側(げんそく)に接する部分》. **11 a** 〘軍事〙翼, 翼(側)部隊: the left [right] ～ (of an army) (軍隊の)左[右]翼部隊 / The cavalry were massed on the left ～. 騎兵は左翼に密集していた. **b** 翼《飛行隊形で他の飛行機の背後で左右の一方の位置》. **12** 〘空軍〙飛行団, 航空団《地上部隊の旅団に相当するもの; 英国では2個またはそれ以上の squadrons (飛行中隊), 米国では4個の groups (飛行群)から成る; cf. air command》. **13** (党派などの右翼・左翼の)翼, 派 (faction): the left ～ 左派 / the Democrats' liberal ～ 民主党のリベラル派 / the progressive ～ of the party 党の革新派. **14** (サッカー・ホッケーなどの)ウイング (cf. wing three-quarter): the right [left] ～ ライト[レフト]ウイング. **15** (ひじ掛け椅子の)そで《背もたれの上端左右の頭もたせ(の一方); cf. wing chair》. **16** 両開きドア[2枚スクリーンなど]の片方. **17** 《英》(自動車などの)泥よけ (mudguard, fender). **18** [通例 *pl.*] 《詩》(船の)帆 (sail). **19** 〘解剖〙翼 (ala): the ～ of the nose 鼻翼, 小鼻. **20** 〘ダンス〙ウイング《社交ダンスステップの一つ; 男子がゆっくり前進する間に女子が男子の前方を数歩回り歩くステップ》.

clip the wings of (鳥の翼を切って飛べなくするように)…の活動[力]を阻害する, …から伸びる力を奪う: Time had *clipped the* ～*s of* his love. 時がたって彼の愛する力もなくなってしまった. ***find one's wings*** 〈ひな鳥が〉飛べるようになる. ***give wing(s) to***…を(翼で)飛べるようにする. ***hit under the wing*** 〘「翼の下を撃たれた鳥のようにぐったりして」の意から〙《俗》酔って. ***in the wings*** (1) (舞台の)両そでに(隠れて). (2) 《口語》すぐ近くに待機して: He is waiting *in the* ～*s*. すぐ近くに待機している. ***lend wings to***…＝***lend***…***wings*** …の進度を促す, 促進する (accelerate): Fear *lent* him ～*s*. 恐ろしいので一目散に走った. ***on the wing*** (1) 飛んで(いる), 飛行中の[で] (flying): birds *on the* ～ 飛んでいる鳥. (2) 動き回って, 旅をして (traveling), 出発しかけて: A traveling salesman is always *on the* ～. セールスマンはいつも旅をしている. (3) 活動して (moving), せっせと働いて (busy): She is *on the* ～ *doing* things in the kitchen. 台所でいろいろな用事をしてばたばたしている. ***on the wings of the wind*** (風に乗って飛ぶように)迅速(じんそく)に (cf. *Ps.* 18:10). ***on wings*** 翼に乗って; (心も浮々と)足を軽く運んで: His spirits soared *on* ～*s*. 彼の心は浮々と高揚した. ***show the wings*** (平時に飛行訪問によって)空軍力を誇示する. ***singe one's wings*** ⇨ singe 成句. ***spread*** [***stretch***] ***one's wings*** 全能力を発揮する. ***sprout wings*** 《戯言》(1) (天使のように)行い澄ます (cf. WINGS *sprout*). (2) 死ぬ. ***take*** (***to itself***) ***wings*** 〈金などが〉羽が生えたようになくなる. ***take wing*** (1) 〈鳥が〉飛び立つ, 飛び去る. (2) 逃げる, 逃亡する (make off). (3) 歓喜[狂喜]する. ***try one's wing(s)*** 腕試しをする. ***under a person's wing*** 人に保護[指導など]されて: I was taken [put] *under* a tutor's ～. 私は家庭教師の指導を受けることになった. ***wing and wing*** 〘海事〙(縦帆船が順走するとき左右両舷(げん)に帆を一つずつ張り出して)ちょうちょう開きで, 観音開きで. ***wings sprout*** 《戯言》〈人に〉(天使の)翼(はね)が生える, 天使[君子]のようになる (cf. *sprout* WINGS): His ～*s* are *sprouting*.＝He has ～*s* *sprouting*. 彼は(別人のように)行い澄ましている.

— *vt.* **1** …に翼を付ける; 〈矢〉に羽を付ける: ～ an arrow *with* feather. **2** 飛べるようにする, …に空をかけさせる; …の速度を増させる: Ambition ～*ed* his spirit. 大望に駆られた / Fear ～*ed* his steps. 恐怖のために足が速くなった / Vengeance ～*ed* the shaft. 復讐(ふくしゅう)の矢は飛んだ. **3** 〈矢などを〉飛ばす (let fly): ～ an arrow at the mark 的に向かって矢を飛ばす. **4** 飛ぶ, 飛んで渡る (fly over): ～ the air [sky] 空を飛ぶ / ～ its way [flight] 〈鳥が〉飛んで行く (fly) / ～ one's flight over a place ある場所を飛行する. **5 a** 〈鳥〉の翼を傷つける. **b** 《口語》〈人〉の腕[肩など]を傷つける; (決闘などで)〈相手を〉傷つける (wound); 弾丸で傷つける[負傷させる]. **6** 《口語》〈飛行機などを〉撃墜する. **7** 〈建物〉にそで[翼]を付ける. **8** 〘演劇〙舞台のそでにいるプロンプターにたよって〈役を〉演じる. **9** 《方言》羽ぼうきで掃除する. **10** [～ it として] 《米俗》即席でやる (improvise).

— *vi.* 〈鳥・飛行機が〉飛んで行く (fly): The birds ～*ed* across the lake. 鳥は湖を越えて飛んで行った / His plane ～*ed* home from Paris. 飛行機はパリから飛んで帰って来た.

wíng antènna *n.* 〘電気〙機翼空中線, ウイングアンテナ.

wíng·bàck *n.* 〘アメリカンフットボール〙ウイングバック《wing back formation をとった時のバックスのプレーヤー》; ウイングバックのポジション.

wíng bàck fòrmation *n.* 〘アメリカンフットボール〙ウイングバックフォーメーション《鳥の両翼型にバックスが位置するフォーメーション[攻撃陣形]》.

wíng bàr *n.* **1** 〘航空〙翼の横骨. **2** 〘鳥類〙(翼の)横帯.

wíng·bèat *n.* 一回のはばたき, 翼のひと打ち.

wíng bìt *n.* (鍵(かぎ)の先の)平たいかかり.

wíng bòlt *n.* 蝶ボルト.

wíng bòw [-bòu | -bàu] *n.* 〘鳥類〙(家禽(かきん)・小鳥などの顕著な色の)肩の羽毛.

wíng càp *n.* 〘製靴〙ウイング飾り革《爪先部のおかめ飾り; wing tip ともいう》.

wíng càse *n.* 〘動物〙＝elytron 1.

wíng chàir *n.* そで椅子《背の上部の左右からそでが延びてすき間風を防ぎ, 頭を支えるようにしたもの》.

wíng còllar *n.* ウイングカラー《スタンドカラーの前端が下に折り曲がったカラーで紳士の正装用》.

wíng commànder *n.* 《英》空軍中佐.

wíng còver *n.* 〘動物〙＝elytron 1.

wing chair

wíng còvert *n.* 〘鳥類〙雨覆(あまおおい)羽 (⇨ bird 挿絵).

wíng dàm *n.* (流れの方向を変える)導水堤.

wíng·ding [wíŋdɪŋ] 〘擬音語的造語〙 **—** *n.* 《米俗》 **1** (麻薬で引き起こされたり, 仮病で装った)発作, 痙攣(けいれん). **2** 激怒; かんしゃく. **3** 騒々しいお祭り[パーティー]. **4** 特に目立つ[興味をそそる]もの.

wíng dròp *n.* 〘航空〙ウイングドロップ《飛行機が遷音速域に入って左右の翼のどちらかが衝撃波失速を起こし, 不意に横転する現象》.

winged[1] [wíŋd] 〘(c1385): ⇨ wing (n.), -ed 2〙 **—** *adj.* **1 a** 翼[翼状物]のある: ～ creatures 翼のある動物《鳥類》/ a ～ seed (モミジ・トネリコなどの)翼のついている種子, 翼果 (samara) / the ～ god 翼を持った神《Mercury のこと》/ the ～ horse 翼のある馬《Pegasus のこと》; 詩歌 / the *Winged* Victory 翼のある勝利の女神像 (cf. Nike 1). **b** [通例複合語の第2構成素として] 翼が…の; 〈建物が〉(…の)翼部をもつ: strong-[swift-]*winged* 翼の強い[速い] / a double-*winged* house 二つの翼部をもつ家. **2** [または wíŋɪd, -ŋəd] 《詩》鳥の群がる: the ～ air 鳥の群がる空 (cf. Milton, *Comus*). **3** 崇高な, 高遠な: ～ sentiments, thoughts, etc. **4** 翼に乗って行くような, 羽が生えたように飛んでゆく; 迅速な: ⇨ winged words.

winged[2] 〘(p.p.) ← WING (vt.)〙 *adj.* **1** 〈鳥が〉翼を痛めた: a ～ eagle, hawk, etc. **2** 《口語》〈人が〉腕などを負傷した; 弾丸で傷ついた.

wínged acácia *n.* 〘植物〙オーストラリア産マメ科の薄黄色の頭状花をつけるとげと毛の多いアカシア (*Acacia alata*).

winged cháir *n.* =wing chair.

winged élm *n.* 〖植物〗北米産ニレ属の植物 (*Ulmus alata*).

winged everlásting *n.* 〖植物〗カイザイク (*Ammobium alatum*)《オーストラリア原産の翼のでる茎と柔毛のある葉を有するキク科の草本で, ドライフラワーにする》.

Wínged Hórse *n.* [the ~]〖天文〗ペガスス座, 天馬座 (⇨ Pegasus 4).

winged péa *n.* 〖植物〗ヨーロッパ産マメ科ミヤコグサ属の一年草 (*Lotus tetragonolobus*)《食用になる4翼をもつさやを有する》.

winged spíndle trèe *n.* 〖植物〗ニシキギ (*Euonymus alatus*)《中国・日本産のニシキギ科の低木; 枝にコルク質の4翼が出る》.

Wínged Víctory *n.* [the ~] =NIKE of Samothrace.

wínged wórds 〖《なぞり》← Gk *épea pteróenta*〗 *n. pl.* 翼ある言葉, (矢のように)口をついて出る(要領を得た)言葉, すらすらと書かれた(意味深い)言葉《Homer の句から》.

wíng élm *n.* 〖植物〗=winged elm.

wing·er [wíŋə | -ŋə(r] *n.* 《英》〖スポーツ〗ウインガー《ラグビー・サッカー・ホッケーなどでウイング (wing) を守っている競技者》.

Wíng·field Scúlls [wíŋfiːld-] *n. pl.* [the ~] ウイングフィールドスカル競艇《1830年以来毎年 Thames 川でアマチュアによって行なわれるスカル競艇; コースは Putney から Mortlake までの $4^1/_4$ mile (6.8 km); 但し 1849-1860 の間だけコースは Putney から Kew までであった》.

wíng flàt *n.* 〖劇場〗=coulisse 2.

wíng-fóoted *adj.* (Mercury のように)足に翼のある; 《詩》足の速い, 迅速な (swift).

wíng gàme *n.* [集合的]《英》狩猟鳥 (game birds) (cf. ground game).

wíng·less *adj.* **1** 翼のない. **2** 飛べない; のろのろと進む. **3** (kiwi のように)翼の痕跡(こんせき)しかない.

wing·let [wíŋlɪt, -lət] 〖⇨ -let〗 *n.* **1** 小さな翼. **2** 〖動物〗小翼 (alula).

wíng·lìke *adj.* 翼状の.

wíng lòading [**lòad**] *n.* 〖航空〗翼面荷重《飛行機の全重量を主翼面積で割った値; cf. loading 6》.

wíng·man [-mən] *n.* (*pl.* **-men** [-mən, -mèn]) 〖空軍〗編隊僚機《援護などの目的で編隊の後方から先導機に従う飛行機で通例同一機種》; 編隊僚機の操縦士.

wíng mìrror *n.* (自動車の)サイドミラー.

wíng nùt *n.* 蝶ナット, 蝶留めねじ《スパナを用いず指先で回すつまみのあるナット; ⇨ bolt¹ 挿絵》.

wíng·òver *n.* 〖航空〗急上昇反転.

wíng ràil *n.* 〖鉄道〗翼レール, 翼軌条《轍叉(てっさ)の先端の両側につける軌条》.

wíng sèction *n.* 〖航空〗翼形, 翼断面《aerofoil section ともいう》.

wíng shèath *n.* 〖動物〗=elytron 1.

wíng shèll *n.* 〖貝類〗ウグイスガイ科 *Pteria* 属の貝の総称《ウグイスガイ (*P. brevialata*) など》.

wíng shòoting *n.* 〖狩猟〗飛鳥狙撃《飛んでいる猟鳥またはクレーを撃つこと》.

wíng shòt *n.* 〖狩猟〗**1** 飛ぶ鳥を撃つこと. **2** 飛ぶ鳥を撃つ名射手.

wíng skìd *n.* 〖航空〗翼端橇(そり)《翼が地に触れぬようにするためのもの; cf. tail skid》.

wíng·spàn *n.* 〖航空〗翼幅, スパン.

wíng·sprèad *n.* (鳥・昆虫・飛行機などの)翼幅《翼の一端から他端までの長さ》.

wíng·stròke *n.* =wingbeat.

wíng thrée-quárter *n.* 〖ラグビー〗ウイング スリークォーター (⇨ Rugby football 挿絵).

wíng tìp *n.* **1** (航空機の)翼端. **2** (靴の)つま革, 飾り革. **3** つま革に飾り穴の模様がある靴.

wíng wàll *n.* 〖建築〗袖壁(そでかべ), 翼壁(よくへき)《斜めに作られた擁壁》.

wíng-wèary *adj.* 翼の疲れた, 飛び疲れた.

wing·y [wíŋi | -ŋi] 〖⇨ wing, -y⁴〗 *adj.* (**wing·i·er**; **-i·est**) **1** 翼のある; 迅速な (rapid). **2** 天翔けるような (soaring); 高尚な (lofty). **3** 翼のような.

Win·i·fred [wínəfrɪd, -frəd | -nɪfrɪd] 〖《古形》*Wynifreed, Winefred*《変形》← Welsh *Gwenfrewi*《原義》white wave: 現在の形は WINFRED の影響 (cf. Guenevere)〗 *n.* 女性名《愛称形 Freda, Frida, Win, Winnie, Winny》.

wink¹ [wíŋk] 〖OE *wincian* to nod, wink ← Gmc **wiŋk-* (G *winken* to beckon) ← IE **weng-* to bend, curve: cf. wince¹, winch¹, wench, gauche〗 — *vt.* **1** 〈目を〉しばたたく, まばたきさせる: ~ one's eye [eyes, eyelids] まばたきする. **2** まばたきして〈涙・ちりなどを〉払う: ~ *away* [*back*] one's tears 目をしばたたいて涙を払う[押える] / He tried to ~ dust *out of* his eye. 目をしばたたいてちりを取り除こうとした. **3** まばたきして合図する: ~ one's consent 承認したことをめくばせで知らせる. **4** 〈懐中電灯・明かりを〉点滅させて合図する; 懐中電灯[明かり]で〈合図を〉与える. **5** 見て見ぬふりをする, 意図的に無視する. — *vi.* **1** まばたきする (blink): She had to ~ hard to keep the tears back. 涙を押えるために懸命にまばたきしなければならなかった. **2** 目で合図する, めくばせする; ウインクする〔*at*〕: ~ *at* a girl. **3** 〔過失などを〕見て見ぬふりする, 見逃す〔*at*〕: ~ *at* a person's misconduct 人の不行跡を見逃す / ~ *at* an abuse, a fault, etc. **4** 〈星・光などが〉ちらつく, きらめく. **5** 懐中電灯[明かり]で合図する.

wink out (1) (急に)終わる. (2) 〈明かりが〉消える.

— *n.* **1 a** まばたき (blink). **b** (光・星などの)またたき, ちらつき (twinkle). **2** めくばせ, (めくばせで知らせた)合図: He gave me a knowing [significant] ~. 彼は私に向かって心得顔に[意味ありげに]めくばせした / A nod is as good as a ~ (to a blind horse). 《諺》一を聞いて十を知る (cf. verb. sap.); 「馬の耳に念仏」. **3 a** 目を閉じること; ひと眠り, 一睡 (nap): She wanted to get a ~. ひと眠りしたいと思った / ⇨ forty winks. **b** 《廃》死 (death): the perpetual ~ 永遠の眠り, 死. **4 a** 一瞬間 (instant): in a ~ またたく間に, たちまち / (as) quick as a ~ またたく間に. **b** [通例否定語の後に用いて](眠りの)少量, ごく僅か: I did *not* get a ~ of sleep. 一睡もしなかった / She did *not* sleep a ~ all night. 一晩中まんじりともしなかった.

tip [***give***] ***a person the*** [***a***] ***wink*** 《口語》〈人〉にめくばせする, 〈人〉にこっそり合図する.

wink² [wíŋk] 〖← (TIDDLEDY)WINK(S)〗 *n.* 〖遊戯〗(tiddlywinks で使われる)小円盤, ウインク.

Win·kel·ried [víŋkəlriːt; G. víŋkəlriːt], **Arnold von** *n.* ウィンケルリート《?-1386; スイスの愛国者で国民的英雄》.

wínk·er *n.* **1** まばたきする人, めくばせする人. **2** [通例 *pl.*]〖馬具〗目隠し, 遮眼帯 (blinker). **3** [通例 *pl.*]《口語》目 (eye); まつ毛 (eyelash). **4** 《英口語》(自動車の)点滅式方向指示灯, ウインカー (《米》blinker).

wínk·ing 〖adj.: OE *wincende*. — n.: lateOE *winkunge*〗 — *adj.* まばたきする. — *n.* まばたきすること, またたくこと: (as) easy as ~ (まばたきするごとぐらいに)実に容易で[な].

like winking 《俗》素早く, 見るまに, 急に; 活発に, 元気よく.

win·kle¹ [wíŋkl] 〖n.: (1585)《略》← PERIWINKLE²: cf. wig〗 — *n.* 〖貝類〗**1** ヨーロッパタマキビガイ (periwinkle). **2** =whelk¹ 2. — *vt.* [~ *out* として]《口語》〈人・物・情報などを〉えぐり取る, 引き出す: ~ a rat *out of* a hole 穴からねずみをほじくり出す / ~ the truth *out of* a person 人から真相を引き出す.

win·kle² [wíŋkl] 〖← WINK+-LE³〗 *vi.* =twinkle.

win·kle·hawk [wíŋklhɔ̀ːk] 〖⊏ G *Winkelhaken* ← *Winkel* angle, corner+*Haken* 'HOOK'〗 *n.* (織地の)L 字形の傷[裂け目].

wínkle-pìcker *n.* [*pl.*]《俗》つま先の細く尖った靴[ブーツ].

win·na·ble [wínəbl] *adj.* 勝てる, 勝ち取ることができる.

Win·ne·ba·go [wìnəbéɪgoʊ | -gəʊ] 〖⊏ F ~ ← N-Am.-Ind. (Algonquian)《原義》people of the muddy water: cf. Winnipeg〗 — *n.* (*pl.* ~, **~s**, **~es**) **1 a** [the ~(s), ~(es)] ウィネバゴー族《米国 Wisconsin 州の Green 湾沿岸を中心として居住し Sioux 語族に属するアメリカインディアン》. **b** ウィネバゴー族の人. **2** ウィネバゴー語《Siouan 語の一方言》.

Win·ne·ba·go [wìnəbéɪgoʊ | -gəʊ], **Lake** 〖↑〗 *n.* ウィネベイゴ湖《米国 Wisconsin 州東部の湖, 面積 557 km²》.

Win·ne·pe·sau·kee [wìnəpəsɔ́ːki | -kɪ], **Lake** *n.* =Winnipesaukee.

win·ner 〖ME〗 — *n.* **1 a** 勝利者; (競馬の)勝ち馬. **b** 《口語》確実に成功しそうな人[物]. **2** 受賞者[作品]: the ~ of the first prize, grand prix, etc. **3** 〖トランプ〗(ブリッジで)必勝札《それによって場札 (trick) を取れる見込みがある札》. **4** [複合語の第2構成素として](…を)得る人 (earner): ⇨ breadwinner.

wínner's círcle *n.* 〖競馬〗勝ち馬表彰式場, 優勝馬表彰所《優勝馬と騎手が写真撮影や賞品授与のため現われる馬場近くの囲い》.

Win·nie¹ [wíni | -nɪ] 〖1: (dim.) ← WINSTON. — 2: (dim.) ← WINIFRED〗 *n.* **1** 男性名. **2** 女性名.

Win·nie² [wíni | -nɪ] 〖← WINN(ER)+-IE〗 *n.* ウィニー賞《米国で, すぐれたファッションデザイナーに対して毎年与えられる賞》.

win·ning 〖(n.: ?a1300; adj.: 1435): ⇨ win, -ing¹,²〗 — *n.* **1** 獲得, 占領 (capture, taking). **2** 人を引きつけること. **3** 勝利, 成功. **4** [*pl.*] (賭けなどの)勝利金, 賞金, 所得. **5** 〖鉱山〗採鉱(場), 採炭(場).

— *adj.* **1** 勝者としての, 勝利を得る, 決勝の (victorious): a ~ team, side, stroke, shot, etc. / the ~ hit 決勝(の安)打 / a ~ horse 勝ち馬. **2** 人を引きつける (attracting), 愛嬌(あいきょう)のある (charming): ~ manners / a ~ personality / a ~ look [smile] 人を引きつける目つき[笑顔].

~·ness *n.*

wínning gàllery *n.* (court tennis で, 見物席の向かい側にある網を張った)得点孔.

wínning házard *n.* ⇨ hazard *n.* 5.

wín·ning·ly *adv.* 心を引きつけるように, 愛嬌(あいきょう)よく.

wínning òpening *n.* (court tennis で, サーブ側後方の)観覧席 (dedans); (ハザード側後方の)四角い穴 (grille) または得点孔 (winning gallery).

wínning pòst *n.* (競馬などの)決勝線[点], ゴール.

Win·ni·peg [wínəpèg | -nɪ-] 〖⊏F ~ ← N-Am.-Ind. (Algonquian) *winipig* filthy water〗 — *n.* **1** カナダ南部, Red River of the North 河畔の都市, Manitoba 州の首都; 英連邦最大の小麦の集散地; 人口 247,000. **2** [the ~] カナダ南部の川 (320 km), Lake of the Woods に発し北西流して Winnipeg 湖に注ぐ.

Winnipeg, Lake *n.* ウィニペグ湖《カナダ南部, Manitoba 州の湖, 長径 418 km, 面積 24,514 km²》.

Win·ni·pe·go·sis [wìnəpəgóʊsɪs, -səs | -góʊsɪs], **Lake** 〖⊏ N-Am.-Ind. (Algonquian)《原義》'little WINNIPEG'〗 — *n.* ウィニペゴシス湖《カナダ南部 Manitoba 州南西部の湖, Winnipeg 湖の西方に当たる; 面積 5,180 km²》.

Win·ni·pe·sau·kee [wìnəpəsɔ́ːki | -nɪpəsɔ́ːkɪ], **Lake** 〖⊏ N-Am.-Ind. (Algonquian) ~ ← ? *winne* good, fine+*sauk* outlet+*-ee* (locative ending)〗 — *n.* 米国 New Hampshire 州中央部の湖; 長さ 32 km.

win·nock [wínək] 〖(15C) *windok*《スコット》← *windoȝe* 'WINDOW'〗 *n.* 《スコット》=window.

win·now [wínoʊ | -nəʊ] 〖OE *windwian* ← WIND¹ (n.): cf. L *ventilāre* to winnow (← *ventus* wind)〗 — *vt.* **1 a** 〈穀物を〉(もみがらやごみなどから)あおぎ分ける, ひる: ~ grain. **b** 〈もみがらなどを〉あおぎ除く (fan) 〈*away, out*〉〔*from*〕: ~ chaff. **2** 〈良い部分を〉選び出す, 抜き出す (select, extract) 〈*out*〉〔*from*〕: They were ~*ed from* 30 applicants. 彼らは30名の志願者の中から選び出された / ~ *out* the candidates 候補者を選び出す. **3** 〈くずなどを〉ふるい捨てる (clear, drive off) 〈*away, out*〉: ~ refuse. **4** (悪い分子を除くために)ふるいにかける (sift, sort): ~ the list, multitude, etc. **5** 〈真偽・善悪などを〉識別する, 吟味する〔*from*〕: ~ the false *from* the true [truth *from* falsehood] 真偽を識別する. **6** 《詩》羽打つ (fan); 羽ばたきする (flap): ~ the air / ~ the wings / a bird ~*ing* its way 飛んで行く鳥. **7** 《詩》〈風が〉〈木の葉・髪などを〉散乱させる, (あおって)乱す (stir). **8** 《詩》軽く漂わす (waft), 散らす (diffuse). — *vi.* **1** 穀物をひる. **2** 《詩》羽ばたく (flutter).

— *n.* **1** ひる[ふるい分ける]道具; ふるい. **2** ひること, ふるい分け.

wín·now·er 〖ME〗 *n.* **1** (穀物を)ひる人[機械]. **2** 唐箕(とうみ), 風選機 (winnowing machine).

wínnowing bàsket *n.* (農家で使う)箕(み).

wínnowing-fàn *n.* =winnowing basket.

wínnowing machìne *n.* 唐箕(とうみ), 風選機 (winnower).

Win·ny [wíni | -nɪ] *n.* =Winnie¹.

wi·no [wáɪnoʊ | -nəʊ] 〖← WINE+-O〗 *n.* (*pl.* **~s**) 《俗》ワイン中毒者.

Wi·no·na [wɪnóʊnə, wə- | wɪnə́ʊ-] 〖← Sioux Indian ~ 'first-born daughter'〗 *n.* 女性名.

Wins·low [wínzloʊ | -ləʊ] 〖OE *Wineshlauu* ← *wine* friend (⇨ Winfred)+-s²+*hlǣw* (burial) mound〗 *n.* 男性名.

Winslow, Edward *n.* (1595-1655) 英国から派遣されたアメリカ Plymouth 植民地総督.

win·some [wínsəm] 〖OE *wynsum* pleasant ← *wynn* joy: ⇨ -some¹: cf. win¹〗 — *adj.* **1** 〈人・容姿・態度・微笑など〉(しばしば子供っぽい魅力と無邪気さのために)人を引きつける, 人目を引く, 愛嬌(あいきょう)のある (attractive, winning): a ~ girl, smile, face, etc. **2** 《方言》晴れやかな, 快活な (pleasant). **~·ly** *adv.* **~·ness** *n.*

Win·some [wínsəm] 〖↑〗 *n.* 女性名.

Win·sor [wínzə | -zə(r], **Justin** *n.* (1831-97) 米国の図書館学者・歴史家.

Win·ston [wínstən, -stn̩] 〖← OE *winnes-tūn* friend's estate: もと地名〗 *n.* 男性名《愛称形 Win, Winnie, Winny》.

win·ter [wíntə | -tə(r] 〖n.: OE ~ < Gmc **wentrus*《原義》wet season (Du. *winter* / G *Winter*) ← ? IE **aw(e)-* 'WET': WIND¹ とは語源上無関係. — v.: (c1390) ← (n.): cf. water〗 — *n.* **1** 冬, 冬季《天文学上は北半球では冬至から春分まで, 南半球では夏至から秋分まで; 一般には秋が過ぎて寒い季節をさす; 通俗的には, 北半球では大体 12, 1, 2 月, 英国では 11, 12, 1 月とすることもある》: a hard ~ 寒さの厳しい冬 / a mild [soft] ~ 暖冬 / in (the) ~ 冬に(なると). ★ ラテン語系形容詞: hibernal, hiemal. **2** (冬特有の)寒い天気 (cold weather). **3** (冬のように)寂しい[つらい, 緩慢な]時期; 衰退期, 老齢: the ~ of sorrow 冬のように寂しい悲しみ / in the ~ of old age 老齢の霜枯れ時. **4** [*pl.*; 数詞を伴って]《詩》春秋(しゅんじゅう), …歳 (cf. summer¹): an old man of eighty ~*s* 八十路(やそじ)の老人.

— *attrib. adj.* **1** 冬の, 冬季の; 冬向きの: ~ clothing 冬着, 冬支度 / a ~ cough (冬に多い)一種の慢性気管支炎 / ~ stock 冬の貯え, 冬の仕入れ / ~ sports ウインタースポーツ《スキー・スケートなど》/ a ~ resort 避寒地. **2 a** 〈野菜・果物が〉冬季貯蔵のできる: ⇨ winter apple, winter melon. **b** 〈小麦など〉秋まきの《冬季前にまいて翌年の春または夏収穫される》: a ~ crop 越冬作物, 裏作 / ⇨ winter barley, winter oats, winter wheat. — *vi.* **1** 冬を過ごす, 避寒する〔*at, in*〕: ~ *in* the city. **2** 冬眠する (hibernate). **3** 〈動植物が〉冬の間飼育[保護]される; 冬の間〔…を〕餌(え)にする〔*on*〕. — *vt.* **1** 〈動植物を〉冬の間飼育[保護]する: ~ cows *on* hay. **2** 冬の間囲う, 冬囲いする. **3** (寒さで)凍えさす, 凍らせる (chill,), 萎縮させる.

wínter áconite *n.* 〖植物〗キバナセツブンソウ (*Eranthis hyemalis*)《早春に花を開くキンポウゲ科の植物》.

wínter ápple *n.* 冬リンゴ《冬でもよくもつ晩生のもの; cf. Winesap》.

wínter bárley *n.* 秋まき大麦.

wínter-bèaten *adj.* 冬の寒さに痛められた, 寒気に当てられた.

wínter·bèr·ry [-bèri, -b(ə)ri | -b(ə)rɪ] *n.* 〖植物〗北米産のモチノキ科モチノキ属 (*Ilex*) の植物の数種の名《black alder, smooth winterberry, mountain winterberry など》.

wínter·bòurne 〖OE *winterburna*: ⇨ winter, bourn(e)¹〗 *n.* 夏枯れ川《冬期雨の多い季節だけ水のある川》.

wínter búd *n.* 〖植物〗**1** =statoblast. **2** 冬芽《樹木の越冬する芽》.

wínter chérry *n.* 〖植物〗=ground-cherry.

wínter crèss 〘《なぞり》← Du. *winterkers*〙 **—** *n.* 〘植物〙フユガラシ (*Barbarea vulgaris*)《冬のサラダ用に栽培されることのある黄色の花をつけるアブラナ科ヤマガラシ属の植物》.

wínter cróokneck *n.* 〘園芸〙首が長く曲がり, 肉質は硬く貯蔵性があるカボチャ (pumpkin) の一種《winter crookneck squash ともいう》.

wínter égg *n.* 〘動物〙冬卵, 耐久卵《ある種の扁形動物で秋の終わりにうみ出され冬を越す卵; cf. summer egg》.

win·ter·er [wíntərə, -trə | -t(ə)rə(r] *n.* 冬を越すもの, 「越冬者.

wínter fállow *n.* 冬期休閑中の土地. **—** *adj.* 〈土地が〉冬期休閑中の.

wínter·féed *v.* (-fed) **—** *vt.* 〈家畜〉に冬期飼料を与える; 〈穀物などを〉冬家畜に与える. **—** *vi.* 家畜に冬期飼料を与える. **—** *n.* (家畜の)冬期用飼料.

wínter flóunder *n.* 〘魚類〙北米北東部産カレイ科の食用魚 (*Pseudopleuronectes americanus*)《特に冬期の重要な市場魚で灰褐色に赤い点がある; blackback flounder ともいう》.

wínter gàrden *n.* 冬園《熱帯植物などを植えたガ「ラス張りの遊歩庭園》.

wínter·grèen 〘《なぞり》← Du. *wintergroen* / G *wintergrün*〙 **—** *n.* **1** 〘植物〙ヒメコウジ (*Gaultheria procumbens*)《北米産のツツジ科の小低木で, 赤い実は checkerberry と称し食用にする; 葉からは香気のある揮発性の冬緑油 (wintergreen oil) を採る; aromatic wintergreen, checkerberry, teaberry ともいう》. **2** 冬緑油の芳香; それでにおいをつけた糖菓など. **3** 〘植物〙イチヤクソウ, ウメガサソウ《イチヤクソウ属 (*Pyrola*) やウメガサソウ属 (*Chimaphila*) の植物の総称; lesser wintergreen など》. **4** ヒメハギの一種 (*Polygala paucifolia*).

wíntergreen bárberry *n.* 〘植物〙中国産メギ科メギ属の葉に歯状のとげがある常緑低木 (*Berberis julianae*)《装飾品用》.

wintergreen óil *n.* 〘化学〙ウィンターグリーン油, 冬緑油《ヒメコウジ (wintergreen) の葉から得られる無色・帯黄色または帯赤色の芳香油; 99% サリチル酸メチルから成り, 香料に用いる; gaultheria oil ともい「う》.

wínter háil *n.* あられ (cf. summer hail).

wínter-hàrdy *adj.* 〈植物など〉越冬性の, 耐寒性の.

wínter héliotrope *n.* 〘植物〙ニオイカントウ (*Petasites fragrans*)《ヨーロッパ産の芳香のある薄紫色の頭状花をつけるキク科フキ属の植物; cf. butterbur》.

wín·ter·ing [-tərɪŋ, -trɪŋ | -t(ə)r-] 〘《15C》〙 *n.* **1** 避寒; 冬ごもり. **2** (家畜などの)冬季飼育[保護].

wín·ter·ish [-tərɪʃ, -tr- | -t(ə)r-] *adj.* 冬のような.

win·ter·ize [wíntəràɪz | -tə-] *vt.* **1 a** 〈テント・衣類・武器など〉に防寒設備をする, 防寒おおいをする: The camp is not ~*d*. そのキャンプには防寒設備がない. **b** 〈植物など〉に霜よけをする. **2** (除氷器・特殊油・不凍液などを用いて)〈飛行機・自動車など〉に防寒[冬期]装備をする. **win·ter·i·za·tion** [wìntərɪzéɪʃən, -rə- | -təraɪ-, -rɪ-] *n.*

wínter jásmine *n.* 〘植物〙オウバイ(黄梅) (*Jasminum nudiflorum*)《中国産ヒイラギ科ソケイ属の冬に黄色の花が咲く低木》.

wínter·kill *n.* 《米》冬枯れ, (寒さによる)枯死.

wínter-kìll 《米》 *vt.* 〈作物などを〉冬の寒さで枯らす, (寒さで)枯死させる; 〈家畜を〉凍死させる: The wheat was ~*ed*. 小麦が寒さで枯れた. **—** *vi.* 冬の寒さで枯れる[死ぬ]. **~·ing** *adj., n.*

wínter lámb *n.* (秋または初冬に生まれ5月20日前に売られる)肥えた子羊. 「er 冬を知らない気候.

wínter·less *adj.* 冬のない, 冬を知らない: ~ weath-

wín·ter·ly 〘OE *winterlīc*: ⇨ winter, -ly²〙 *adj.* **1** 冬の, 冬らしい. **2** わびしい (wintry): a ~ smile.

wínter mélon *n.* 〘植物〙フユメロン (*Cucumis melo* var. *inodorus*)《メロンの一品種で貯蔵がきく》.

wínter óats *n. pl.* [単数または複数扱い] 秋まきエンバク.

Wínter Olýmpics *n. pl.* [the ~] 冬期オリンピック《オリンピックと同年に開催されるウィンタースポーツなどの国際競技会》.

wínter púrslane *n.* 〘植物〙北米太平洋岸産スベリヒユ科ヌマハコベ属の白い小花をつける食用一年草 (*Montia perfoliata*).

wínter·quárters *n. pl.* [単数または複数扱い] **1** 冬ごもりの場所. **2** (軍隊・サーカスなどの)冬営地, 冬期用営舎.

wínter sávory *n.* 〘植物〙ヨーロッパ原産セリ科トウバナ属の植物 (*Satureia montana*)《料理の香料に用いる; cf. savory》.

Wínter's bárk, w- b- 〘← *William Winter* (Magellan Straits へ Francis Drake に同行した16世紀の英国の船長でその発見者)〙 **—** *n.* 〘植物〙メキシコ・南米産の芳香性のある葉を有するモクレン科の常緑樹 (*Drimys winteri*).

wínter sléep *n.* 冬眠 (hibernation).

wínter sólstice *n.* 〘天文〙冬至《12月21日または22日; cf. summer solstice》.

wínter spóre *n.* 〘植物〙冬(ふゆ)胞子 (teliospore)《一種の冬眠胞子; cf. summer spore》.

wínter squásh *n.* 〘園芸〙成熟果を利用するカボチャの総称《クリカボチャ (*Cucurbita maxima*), ニホンカボチャ (*C. moschata*) などの果実; 主に秋に成熟し貯蔵できる; cf. summer squash》.

Wínter's Tále, The *n.* 「冬の夜ばなし」《Shakespeare 作のロマンス劇 (1610-11)》.

wínter·tìde 〘OE *wintertīd*: ⇨ tide¹: cf. G *Winterzeit*〙 *n.* 《詩》=wintertime.

wínter·tìme 〘ME〙 *n.* 冬, 冬季.

wínter vétch *n.* 〘植物〙=hairy vetch.

wínter-wèight *adj.* 〈衣服・布地が〉(厚くて)冬用の.

wínter whéat *n.* 秋まき小麦《秋に植え翌年の春または夏に収穫する小麦》.

wínter wrén *n.* 〘鳥類〙ミソサザイ (⇨ wren).

win·ter·y [wíntəri, -tri | -t(ə)rɪ] *adj.* (**win·ter·i·er**; **-i·est**) =wintry.

Win·throp [wínθrəp], **John** *n.* (1588-1649) 英国生まれのアメリカ Massachusetts Bay Colony の総督.

Winthrop, John, Jr. *n.* (1606-76) J. Winthrop の子, アメリカ Connecticut 植民地の総督.

win·tle [wíntḷ | -tl] 〘⊏? Flem. *windtel-en* to roll: cf. MDu. *wentelen*〙 **—** 《スコット》 *n.* 体をゆさぶること; よろめくこと. **—** *vi.* **1** 前後にゆさぶる. **2** つまずいて転ぶ, ひっくり返る (capsize).

Win·ton. [wíntən] 《略》 *ML.* Wintoniēnsis (=of Winchester)《Bishop of Winchester が署名に用いる; ⇨ Cantuar. 2》.

win·try [wíntri | -trɪ] 〘《1590》← WINTER＋-Y⁴: cf. OE *wintrig*〙 **—** *adj.* (**win·tri·er**; **-tri·est**) **1** 《古》冬の. ★ 今は winter (*attrib. adj.*) を使用する. **2** 冬らしい, 荒涼たる, 霜枯れの, わびしい: ~ scenes, weather, etc. / a ~ day [sky] 冬らしい日[空] / a ~ chill 冬のような冷え込み. **3** 冷やかな, 冷淡な (chilly, unfriendly): a ~ smile, greeting, welcome, etc. / with ~ calm 冷やかに落ち着き払って. **wín·tri·ly** [-trəli, -trɪ- | -lɪ] *adv.* **wín·tri·ness** *n.*

win·y [wáɪni | -nɪ] *adj.* (**win·i·er**; **-i·est**) **1** ぶどう酒の; 〈風味・におい・色など〉ぶどう酒のような: a ~ smell. **2** ぶどう酒に酔った. **3** 〈空気が〉すがすがしく芳香に満ちた.

winze¹ [wínz] 〘《古形》 *winds* (pl.) ← WIND³ (n.)〙 *n.* 〘鉱山〙坑井(こう)《通風や連絡のため一つの切羽から他の切羽へ抜けるようにした掘下げ》.

winze² [wínz] 〘⊏Flem. & Du. *wensch* wish: cf. wish〙 *n.* 《スコット》のろい, のろいの言葉 (curse).

wipe [wáɪp] 〘OE *wīpian* < Gmc **wipjan* to move back and forth ← IE **weip-* to turn, vacillate (L *vibrāre* 'to move rapidly, VIBRATE')〙 **—** *vt.* **1** ふく, ぬぐう: ~ a dish, table, etc. / ~ one's eyes *with* a handkerchief ハンカチで涙をぬぐう / She ~*d* her hands *on* her apron. エプロンで手をぬぐった. **2** 〈水・涙・泥などを〉ぬぐい取る, ふき取る (remove, take) 〈*away, off, up*〉: ~ one's tears *away* [*off*] 涙をぬぐう / ~ *up* spilt milk こぼれた牛乳をぬぐい取る / The rain ~*d away* all footprints. 雨が降って足跡をみな消してしまった / She ~*d* the dampness *off* with a cloth. 布でしめり気をふき取った / He ~*d* the sweat *from* his forehead *with* the back of his hand. 手の甲で額の汗をぬぐった / *Wipe* that silly grin *off* your face. ばかみたいににたにたするのはよせ / ~ *off* the fingerprints 指紋をぬぐい取る / I ~*d* my fingerprints *off* the bottle. びんから私の指紋をぬぐい取った / He ~*d* the gun free [clean] of fingerprints. 拳銃から指紋をきれいにふき取った. **3** 〈布片などを〉こすりつける (rub, draw): ~ a cloth *over* the table / He ~*d* his hand *across* his forehead. 彼は手で額(の汗)をぬぐった. **4** 〈しみ・よごれを〉抜く (wash); 〔記憶などから〕消す (blot) 〈*out*〉 / 〔*from*〕: ~ a stain *out* / His very name was ~*d out from* human memory. 人人の記憶から彼の名さえ全く忘れられた. **5** 〈恥などを〉ぬぐう, 消し取る, 〈負債を〉消却する 〈*off, out*〉: ~ *out* a disgrace [an insult] 不名誉[侮辱]をすすぐ / ~ *out* [*off*] a debt 負債を消却する. **6** 〈敵・犯罪などを〉一掃する, 全滅させる (annihilate), 徹底的にやっつける 〈*out*〉: ~ *out* an opponent, a regiment, pestilence, etc. / ~ the enemy *out* of existence 敵を撲滅する. **7** 《方言・俗》なぐる, 打つ. **8 a** 〈油などを〉塗り広げる, 塗布する: ~ oil *into* the surface 油を表面にすり込む. **b** 〘金属加工〙〈鉛管工が〉ぬぐい継ぎをする《半ば溶けたはんだを継目に当てて革でなでながらろうづけする》: a ~*d* joint=wipe joint. **9** 〘機械〙〈回転軸が〉摩擦で〈軸受け〉の真鍮を溶かす. **10** 〘海事〙…の磁場を弱める, 消磁する; 〈船体〉に消磁装置を施す.

— *vi.* **1** 〔…を〕ぬぐう, ふく 〔*at*〕; ぬぐえる: This bag ~*s* clean with a damp cloth. この鞄は湿った布できれいにぬぐえる. **2** (刃・つえなどで)払うようにさっと打つ 〔*at*〕: He ~*d at* me with his stick. つえで私を横打ちに払おうとした.

wiped out 《俗》酔っ払って. ***wipe down*** (布で)すっかりふく[ぬぐう]: He ~*d* his car *down*. 車をすっかりふいた. ***wipe off the map*** = ***wipe off the face of the earth*** 〈町・村・敵などを〉地上から抹殺する. ***wipe out*** (*vt.*) (1) ⇨ vt. 4, 5, 6. (2) 《口語》殺す (kill), 殺害する (murder). (3) 〈うつわ〉の中をきれいにぬぐう. (*vi.*) (サーフィンで)波にひっくり返される. ***wipe over*** 〈机・窓・壁などを〉ざっとふく[ぬぐう]. ***wipe up*** (1) ⇨ vt. 2. (2) 《俗》負かす, やっつける (defeat). (3) 〈皿などを〉ふく: ~ *up* the dishes.

— *n.* **1** ふく[ぬぐう]こと, ひとふき: Give this plate a ~. この皿をちょっとふいて下さい. **2** こすること (rub). **3** 《俗》さっと[ぴしりと]打つこと, ひとなぎ: I fetched [took] a ~ at him. 彼にぴしゃりと一つ食らわせた / He fetched me a ~ over the knuckles. 私の指関節をぶった. **4** 剣突く (rebuff, snub); あざけり, 嘲弄(ちょう), 皮肉 (jeer, gibe) (cf. wiper 4). **5** 《俗》ハンカチ (wiper). **6** 〘電気〙=wiper 5. **7** 〘映画〙ワイプ《ぬぐわれるように画面が転換すること; wipe off ともいう》.

wípe jòint *n.* 〘金属加工〙ぬぐい継ぎ手.

wípe òff *n.* 〘映画〙=wipe 7.

wípe·òut 〘← *wipe out* (⇨ wipe (v.) 成句)〙 **—** *n.* **1** 〘通信〙消滅, 消失《無線局の発信する電波が通信距離内で受信されなくなる現象》. **2 a** (サーフィンで)波にひっくり返されること. **b** 転倒, 失敗, 敗北, 崩壊 (fall, failure). **—** *attrib. adj.* 消滅[消失]の: a ~ zone [area] 消滅区域.

wípe-òver *n.* ざっとふく[ぬぐう]こと.

wíp·er *n.* **1** ふく[ぬぐう, こする]人[物]. **2** ふくのに用いる布《手ぬぐい・タオル・ぞうきん・ぼろ切れなど》. **3** 《俗》ハンカチ (wipe). **4** 《俗》なぐりつけ, 一なぐり, 嘲弄(ちょう), 皮肉 (cf. wipe 4). **5** 〘電気〙刷子(ぶら) (brush). **6** 〘機械〙ワイパー《軸などを持ち上げて落とすカム (cam) の一種》. **7** (銃の腔内掃除用の)槊杖(さく). **8** (自動車の)ワイパー.

wíper blóck *n.* 〘金属加工〙ワイパーブロック (cf. wiping). 「グ (⇨ wiping).

wíper fòrming *n.* 〘金属加工〙ワイパーフォーミン

wíper shàft *n.* 〘機械〙ワイパー軸.

wíp·ing 〘ME〙 *n.* 〘金属加工〙ワイピング《形材・管材を成形型とワイパーブロックとの間にはさんで回しながら曲げる加工方法; wiper forming ともいう》.

wíping ròd *n.* =wiper 7.

W.I.P.O. 《略》World Intellectual Property Organization.

W.I.R. 《略》West India Regiment.

wir·a·ble [wáɪ(ə)rəbḷ | wáɪər-] *adj.* wire されうる.

wire [wáɪə | wáɪə(r] 〘n.: OE *wīr* < Gmc **wī-ra-* (ON **virr*) ← IE **wei-* to turn, twist (L *viriae* armlets). — v.: (?a1300) ← (n.): cf. withe, withy〙 **—** *n.* **1** 針金: copper [platinum, silver] ~ 銅[白金, 銀]線 / an aerial ~ 空中線, アンテナ / an earth ~ = ground wire / a leading-in ~ 引込み線, 接続線 / an open ~ 裸線 / an overground [overhead, overland] ~ 高架線 / telephone [telegraph] ~(*s*) 電話[電信]線 / ⇨ barbed wire, live wire. **2** 電信[電話]線: a party ~ 共同加入線 / a private ~ 個人専用電信[電話]線 / a subaquatic [subaqueous] ~ 水底線, 海底線 / a subterranean [an underground] ~ 地下線. **3 a** 《口語》電信 (telegraphy): Let me know by ~. 電報で知らせて下さい / He was sent for by ~. 彼は電報で呼び寄せられた. **b** 《口語》電報 (telegram), 海外電報 (cablegram): receive [send] a ~ 電報を受け取る[打つ] / ~ news. **4** [the ~] 電話 (telephone): We talked a long time over *the* ~. 電話で長時間話をした / ⇨ on the WIRE. **5** (弦楽器の)金属弦; 弦楽器. **6** 針金細工, 金網 (wirework, wire netting). **7** 鉄条網; 〘海事〙鋼索 (wire rope): under ~ 鉄条網をめぐらして[た]. **8** (金網製の)わな (snare), (特に)うさぎわな. **9** [*pl.*] **a** (人形芝居の)あやつり糸. **b** 陰で引く糸, 秘密の策略. **10 a** 〘競馬〙決勝線《コースの上空に線が張られている》. **b** 決勝線: cross the ~. **11** 〘鳥類〙線羽《針金のように細長い飾りの羽毛》. **12** 〘製紙〙抄(す)き網. **13** 《俗》すり (pickpocket). **14** (曲芸師が渡る)針金.

cross wires (1) [しばしば Passive で] 電話を混線させる. (2) 誤解する. ***down to the wire*** 《米》(1) 期限が迫って. (2) 資金が底をついて. ***get one's wires crossed*** 《口語》混乱して誤解する. ***give a person the wire*** 〈人〉に前もって教える. ***lay wires for*** 《米口語》…の準備をする. ***on the wire*** 電話で, 電話に出て. ***on wires*** 《口語》気が立って, いらいらして: be all *on* ~*s* すっかりいら立っている. ***pull (the) wires*** (1) (人形芝居で)糸をあやつる, 人形を使う. (2) (黒幕となって)陰で糸を引く, 陰で策動する (cf. wire-puller, wire-pulling). ***under the wire*** (1) 〘競馬〙決勝線に達して: the second horse *under the* ~ 2着で決勝線に達した馬. (2) (期限に)やっと間に合って. ***under wire*** 〈区域など〉有刺鉄線で囲まれて[を巡らして].

— *vt.* **1** …に針金を付ける, 針金で結び付ける[縛る]; …に針金の芯を入れる; …に電灯線を付ける; 針金[鋼索]で囲う: ~ two things *together* 二つの物を針金で縛る / ~ the stems of flowers (弱い)草花の茎に針金を巻いてぴんとさせる / ~ beads ビーズに針金を通す / ~ a house (*for* electricity [electric light]) 家に電灯線を引く / ~ *off* a race course 競馬の走路を鋼索で仕切る. **2** 〈鳥・兎などを〉わなで捕える: ~ a hare. **3** 《口語》…に電報を打つ, 打電する, 電送する: ~ a person 人に電報を打つ / ~ the news *to* a person その知らせを電報で人に知らせる / ~ a birthday greeting 誕生日の祝電を打つ / Please ~ me as soon as you hear. お耳に入り次第打電して下さい / He ~*d* me (about) the result. その結果を電報で知らせてくれた / I ~*d* him *to* come. 来るように電報した / He ~*d* me *that* I had passed. 私がパスしたと打電してくれた. **4** [通例 p.p. 形で] 〘クロッケー〙〈選手・球などを〉門 (hoop) で邪魔する. **—** *vi.* 《口語》電報を打つ: ~ *to* a person / ~ home *for* money 金送れと家に電報を打つ / ~ *back* 返電する.

wire away =WIRE *in* (2). ***wire in*** (1) …に有刺鉄線をめぐらす. (2) 《英俗》一生懸命にやる, 全力を傾ける: You had better ~ *in* and finish the job. ***wire into*** 《英俗》〈食物〉をがつがつ食べ始める; 〈仕事など〉を一生懸命始める.

— *attrib. adj.* **1** 針金で作られた; 鋼索でできた. **2** 針金に似た. **3** 有線の: ⇨ wire telephone.
wíre àgency *n.* =wire service.
wíre·bìrd *n.* 〘鳥類〙St. Helena に生息するチドリ科チドリ属の鳥 (*Charadrius sanctaehelenae*).
wíre bróadcasting *n.* 〘通信〙有線放送.
wíre brùsh *n.* ワイヤーブラシ《さびを落としたり, ジャズの演奏などでシンバルをこすったりなどする》.
wíre clòth *n.* ワイヤークロス《こまかく織った金網で濾過(ろか)器などに使う》.
wíre cùtter *n.* 針金切り《ペンチの一種》.
wired 〘(15C)〙 — *adj.* **1** 有線の: ~ telegraphy [telephony] 有線電信[電話]. **2** 針金[鋼索]を張った[で囲いをした]: a ~ enclosure. **3** 針金[金網]で補強した: ⇨ wired glass. **4** 〘クロッケー〙門(hoop)で邪魔された: a ~ ball.
wíre·dàncer *n.* 針金渡り芸人 (cf. ropedancer).
wíre·dàncing *n.* 針金渡り (cf. ropedancing).
wíred bróadcasting *n.* =wire broadcasting.
wíred glàss *n.* =wire glass.
wíred-in 〘← *wire in* (⇨ wire (vi.) 成句)〙 *adj.* 鉄条網をめぐらした.
wíred lógic *n.* 〘電子工学〙固定論理, ワイヤドロジック《配線により定められた, 可変でない論理回路》.
wíred rádio *n.* 有線ラジオ放送《ラジオ番組を電波によらず有線で放送する方式; 《英》では wired wireless ともいう》.
wíre·dràw 〘《逆成》↓〙 — *vt.* (**wire·drew; -drawn**) **1** 〈金属を〉引き延ばして針金にする. **2** 引き延ばす, 長くする. **3** 〈議論・論点などを〉無理に引っ張る, (引き延ばして)微細にわたらせる, 薄弱にする (attenuate): ~ a subject, a discourse, an argument, etc. **4** 〈意味などを〉こじつける (wrest).
wíre·dràw·er [-drɔ̀ːə | -drɔ̀ːə(r] 〘ME *wyrdrare*: ⇨ wire, drawer〙 *n.* **1** 針金を作る人. **2** 議論を長く延ばす人, やかまし屋 (precisian).
wíre·dràw·ing [-drɔ̀ːɪŋ] *n.* **1** 線引き, 針金製造. **2** 〘機械〙(蒸気の)絞り作用. **3** (議論の)引き延ばし.
wíre·dràwn *v.* wiredraw の過去分詞. — *adj.* 〈議論・区別など〉細か過ぎる.
wíred télevision *n.* 有線テレビ放送《映像信号を電波によらず有線で伝送する方式; 工業用テレビ (industrial television) などに用いる》.
wíred wíreless *n.* 《英》=wired radio.
wíre èdge *n.* (とぎ過ぎてできる)刃先きのまくれ.
wíre entànglement *n.* 鉄条網.
wíre gàuge *n.* **1** (針金の太さを測る)針金ゲージ (略 W.G., w.g.). **2** (針金の)番手, 線番.
wíre gáuze *n.* 細目金網.
wíre glàss *n.* 網入り板ガラス《safety glass の一種; wired glass ともいう》.
wíre gràss *n.* 〘植物〙 **1** = Bermuda grass. **2** コイチゴツナギ (*Poa compressa*)《ヨーロッパ産でカナダ・米国に広く帰化しているイネ科の牧草; Canada bluegrass ともいう》. **3** = yard grass. **4** その他のイネ科の雑草《*Aristida* 属・*Sporobolus* 属など》.

wire gauge 1

wíre gùn 〘⇨gun[1]〙 *n.* 鋼線砲《内筒の上に鋼線を巻いて作った大砲; wire-wound gun ともいう》.
wíre·hàir *n.* =wirehaired fox terrier.
wíre·háired *adj.* 〈犬が〉硬い縮れた剛(ごう)い被毛をした.
wírehaired fóx térrier *n.* ⇨ fox terrier.
wírehaired póinting gríffon *n.* ワイヤヘアードポインティンググリフォン《19 世紀の末オランダの E. K. Korthals [kɔ́rtals] が作出し, フランスで発達した剛(ごう)い毛の猟犬種のイヌ》.
wíre hèel *n.* 〘獣医〙蹄踵狭窄《牛や馬の足の欠陥で, 変形蹄の一種》.
wíre hòuse *n.* 〘証券〙ワイヤハウス《支店や取引店との連絡に私設の電話・電信を利用する証券業者》.
wíre làth *n.* 〘建築〙ワイヤーラス《針金を編んで造ったもので, モルタル塗りなどの下地に用いる》.
wíre·less 〘(1894) ← WIRE+-LESS〙 — *adj.* 無線の; 無線電信の; 《英》ラジオの: a ~ apparatus 無線電信機 / a ~ license 無線通信免許 / a ~ operator (船の)無線電信手 / a ~ station 無線局 / a ~ set 無線電信[電話]機; ラジオ受信機 / a ~ telegram 無線電報 / be within ~ communication 無電通信圏内にある. — *n.* **1** 無線電信[電話, 電報]; 無線受信装置 (wireless receiving set): carry ~ 〈船が〉無線電信の設備をもつ / send a message by ~ 無電を打つ. **2** 《英》ラジオ (radio), ラジオ放送[番組]: over the ~ ラジオで / turn on the ~ ラジオをかける / talk [sing] on the ~ ラジオで話す[歌う] / hear the ~ ラジオを聞く. — *vt.* 無電で送る[知らせる]. — *vi.* 無電を打つ.
wíreless càbin [ròom] *n.* (船の)無線電信室.
wíreless cómpass *n.* 《英》〘通信〙=radio compass.
wíreless telégraphy [télegraph] *n.* =radiotelegraph.
wíreless télephone *n.* 〘通信〙=radiophone 1.
wíreless teléphony *n.* =radiotelephony.
wíre·lìke *adj.* (細さ・柔軟性において)針金のような.
wíre·man [-mən] *n.* (*pl.* **-men** [-mən, -mèn]) 架線工夫 (lineman); 電気配線工.
wíre màrk *n.* 〘製紙〙(紙の)ワイヤーマーク《抄(す)き網の網目のあと》.
wíre máttress *n.* 金網の枠で補強したマットレス.
wíre nàil *n.* 丸釘.
wíre nétting *n.* 金網《wire gauze より目の粗いもの》.
wíre·phóto *vt.* 〈写真を〉有線電送する.
wíre plànt *n.* 〘植物〙ニュージーランド産のほとんど葉のないつる植物 (*Muehlenbeckia complexa*)《wire vine ともいう》.
wíre-pùller 〘(1832)〙 *n.* **1** 人形の糸を引く人; あやつり人形師. **2** (政界などの)黒幕 (cf. wire n. 9 b).
wíre-pùlling *n.* (政界などで)黒幕となって策動すること.
wír·er [wáɪ(ə)rə | wáɪərə(r] *n.* **1** 針金を巻く人; 架線工夫 (wireman). **2** (金網わなで)獲物を取る人.
wíre-recórd 〘《逆成》↓〙 *vt.* 針金磁気録音をする.
wíre recòrder *n.* =magnetic wire recorder.
wíre recòrding *n.* 針金磁気録音.
wíre ròom 〘競馬の結果を受信するための設備がしてあるところから〙 *n.* (合法的業務を装った)賭け業者の店, 呑み屋.
wíre rópe *n.* 鋼索, ワイヤーロープ.
wíre·scape [wáɪəskèɪp | wáɪə-] *n.* 自然の景観を損う電線.
wíre sèrvice *n.* (新聞・雑誌社や放送局に無線でニュースを供給する)通信社《news service, news agency ともいう》.
wíre sìde *n.* 〘製紙〙ワイヤーサイド: **a** 手すき紙では漉型に接している面で, 通例は表面《right side ともいう》. **b** 機械すき紙では抄紙機のすき網に接している面で, 通例は裏面《wrong side ともいう; ↔ felt side》.
wíre·sonde [wáɪəsɑ̀nd | wáɪəsɔ̀nd] 〘← WIRE+SONDE〙 — *n.* 〘気象〙有線ゾンデ《係留気球に装備した自動観測装置で, 気温・湿度・気圧などを有線で地上に送信する》.
wíre·spùn *adj.* **1** 針金のように引き伸ばした. **2** 〈議論など〉あまりにも微妙な (oversubtle), あいまいな (obscure). **3** 中身[内容]のほとんどない.
wíre·stìtch *vt.* 〘製本〙針金とじにする.
wíre·stìtched *adj.* 〘製本〙針金とじの.
wíre stìtcher *n.* 〘製本〙針金とじ機.
wíre·tàp 〘《逆成》↓〙 — *n.* **1** (電信・電話の)盗聴. **2** 盗聴装置: use a ~. — *attrib. adj.* (電信・電話)盗聴の: ~ evidence 盗聴で得た証拠. — *vt.* **1** …を盗聴して証拠[情報]を集める: The police ~*ped* his house. 警察は彼の家(の電話)を盗聴した. **2** 〈電信・電話を〉盗聴する. — *vi.* 盗聴する.
wíre·tàpper 〘← WIRE+TAPPER[1]〙 *n.* **1** (電信・電話の)盗聴者. **2** 情報屋, 予想屋《盗聴した情報を提供するのを商売にしている詐欺師》.
wíre·tàpping *n.* (電信・電話の)盗聴: a ~ device.
wíre télephone *n.* 有線電話.
wíre vìne *n.* 〘植物〙=wire plant.
wíre-wàlker *n.* 針金を渡る曲芸師.
wíre whèel *n.* **1** (金属細工掃除用の)回転式針金ブラシ. **2** (自動車の)針金スポーク車輪, ワイヤーホイール.
wíre wóol *n.* スティールウール, 鉄綿《食器などをこする》.
wíre·wòrk *n.* **1** 針金細工, 針金製品. **2** 針金の綱渡り.
wíre·wòrker *n.* **1** 針金細工屋, 針金工. **2** =wire-puller.
wíre·wòrks *n.* (*pl.* ~) 針金工場《針金を造る工場または針金を用いて他の物を造る工場》.
wíre·wòrm *n.* **1** 〘昆虫〙ハリガネムシ《コメツキムシ科の昆虫の幼虫; 節の多い堅い皮におおわれた短い針金形の小虫; 土中で植物に害を与える》. **2** =millipede. **3** 〘動物〙=stomach worm.
wíre-wòund gún [-wàʊnd-] *n.* =wire gun.
wíre-wound resístor 〘cf. wound[2]〙 *n.* 〘電気〙巻線抵抗器.
wíre-wòve 〘← WIRE (n.)+WOVE (p.p.)〙 *adj.* **1** 〈便箋など〉光沢があって上質の. **2** 金網製の.
wír·ing [wáɪ(ə)rɪŋ | wáɪər-] *n.* **1** 架線(工事), 配線(工事). **2** 〘集合的〙針金. **3** 〘外科〙針金結紮.
wíring dìagram *n.* 〘電気〙配線図.
wíring pàrty *n.* 〘軍事〙架線隊.
wir·ra [wírə] 〘《略》← *Oh wirra*《変形》← Ir. *a muire*《原義》O Mary〙 — *int.* 《アイル》ああ, おお《悲嘆・悲哀を表わす》. ★ 通例次のように重ねていう: *Wirra*, ~! ああ, ああ; まあ, まあ.
wir·y [wáɪ(ə)ri | wáɪəri] 〘(1588) ← WIRE (n.)+-Y[4]〙 — *adj.* (**wir·i·er; -i·est**) **1** 〈毛・草など〉針金状の, 針金のような; しなやかで強い: ~ grass, hair, etc. **2** 針金製の: a ~ cage. **3** 〈音・声など〉金属性の, 細くて緊張した: a ~ voice. **4 a** 金属線の震音に似た, 金属線の震動で発する: a ~ pizzicato, tone, etc. **b** 〈再生音が〉金属性の. **5** (やせているが)筋張って屈強な: a ~ arm, body, figure, etc. / ~ vigor 筋金入りのたくましさ / She has a lot of ~ strength. 筋金入りの強さが大いにある. **6** 〈脈拍が〉弱くて速い. **wír·i·ly** [-rəli | -rɪli, -rɪli] *adv.* **wír·i·ness** *n.*
wis [wɪs] 〘(1508) *I wis*: *ywis, iwis* certainly (< OE *ġewiss*) を *I wis* と分け, *wis* を Spenser などが WIT[1] の過去形 *wiste* (⇨ wist) の現在形と考えたことから I know と誤解された〙 — *vi.* 《古》よく知っている (know well). ★ I wis として挿入句的に用いる.
Wis. 《略》 Wisconsin.
Wis·by [G. víːsbi] *n.* ウィスビー(島)《Visby のドイツ語名》.
Wisc. 《略》 Wisconsin.
Wis·con·sin [wɪskɑ́nsən, wəs-, -sɪn, -sn̩ | wɪskɔ́nsɪn] 〘⊏F *Ouisconsin* (川の名) ⊏ N-Am.-Ind. (Algonquian) ← ?〙 — *n.* **1** 米国中北部の州 (⇨ United States of America 表). **2** [the ~] Wisconsin 州北部から南西流して Mississippi 川に注ぐ川 (690 km).
Wis·con·si·nite [wɪskɑ́nsənàɪt, wəs- | wɪskɔ́nsɪ-] 〘⇨↑, -ite[1]〙 *n.* Wisconsin 州人.
Wisd. 《略》 Wisdom of Solomon (聖書外典の)ソロモンの知恵.
wis·dom [wízdəm] 〘OE *wīsdōm* (cf. G *Weistum* precedent / Swed. & Dan. *visdom*): ⇨ wise[1], -dom〙 — *n.* **1** 賢いこと; 賢明さ (sagacity); 分別, 知恵 (prudence, discretion): We cannot help doubting the ~ of his conduct. 彼の行為が賢明かどうか疑わざるを得ない / worldly ~ 世才 / ~ after the event あと知恵 (hindsight) (cf. wise[1] *adj.* 1). **2** 《古》学問, 知識 (knowledge, learning): the ~ of the ancients, Babylonians, etc. **3** 金言, 格言, 名言 (wise sayings); 賢い行ない: pour forth ~ 名言を吐く / It is ~ to conceal our meaning. 我々の真意を隠すのが利口だ. **4** [しばしば W-] 《古》知者, 賢者 (wise man): all the ~*s* of the place その地の賢者ことごとく. **5** [W-] (Douay Bible で) =WISDOM of Solomon.
Wisdom of Jesus the Son of Sirach [The —] 〘聖書〙=Ecclesiasticus.
Wisdom of Solomon [The —] 〘聖書〙ソロモンの知恵《外典 (Apocrypha) の一書; 略 Wisd.》.
Wísdom lìterature *n.* **1** 知恵文学《古代バビロニア・エジプトで書かれた哲学的人生の書物》. **2** 〘聖書〙知恵文学《旧約聖書の Job, Proverbs, Ecclesiastes や外典の Ecclesiasticus, Wisdom of Solomon など, 理知的なまた処世訓的な書をさす; Wisdom books ともいう; cf. sapiential books》.
wísdom tòoth 〘(1668) *teeth of wisdom* 《なぞり》← L *dentes sapientiae* (pl.): それの生える時期を分別のつく時期と関連づけたもの; なお現在の形は(1848)から〙 — *n.* 知恵歯, 知歯, 親知らず, 第三大臼歯 (third molar)《通例 20 歳ごろに生える》.
cut one's wisdom teeth (1) 知歯[親知らず]が生える. (2) 分別がつく (gain discretion) (cf. *cut one's* EYETEETH).
wise[1] [wáɪz] 〘adj.: OE *wīs* < Gmc **wīsaz* (Du. *wijs* / G *weise*) ← IE **w(e)id-* to see (⇨ wit[1]). — v.: (1905) ← (adj.)〙 — *adj.* (**wis·er; wis·est**) **1 a** 賢い, 賢明な (sagacious); 思慮[分別]のある (sensible): a ~ judge, leader, old man, etc. / a ~ man 賢人 (cf. wise man) / a ~ woman 賢婦人 (cf. wisewoman) / a ~ saw [saying] 金言 / It would not be ~ to do so. そうするのは賢明であるまい / It is ~ *of* you to keep out of debt. 君が借金しないのは賢明だ / He is ~ *in* money matters. 金銭上のことにかけては利口だ / It is easy to be ~ after the event. 《諺》事が済んでから悟るのはたやすい, 「下種(げす)のあと知恵」/ A ~ man changes his mind sometimes, a fool never. 《諺》賢人は時として考えを変えることがあるが愚者は絶対に変えない, 「君子は豹変(ひょうへん)す」/ Where ignorance is bliss, 'tis folly to be ~. 知らぬが幸いなら知るはかえって愚かなこと, 「知らぬが仏」(Gray, *Ode On a Distant Prospect of Eton College*). **b** [the ~] 賢い人[賢人]たち: A word to *the* ~ (is enough). ⇨ word *n.* 2. **2** 博学な, 博識な: a ~ professor, treatise, etc. **3** 賢そうな, 物知り顔の: look ~ (偉そうに)すまし込む / He answered with a ~ shake of the head. 賢そうに[心得顔に]頭を振って答えた. **4** [通例比較級を用いて] (今までわからなかったことが)わかって; 得るところがあって: He came away none the [not much, no] ~*r*.=He came away as ~ as he went. 彼は何ら得るところなく帰って来た / I was none the ~*r* for his explanation. 彼の説明を聞いても少しもわからなかった / Who will be the ~*r*? だれがわかるものか, だれの得にもならない / Nobody will be the ~*r*. だれにも気づかれないだろう / without anyone's being the ~*r* だれにも気づかれずに. **5** 《口語》知って, わかって, (…に)気がついて (aware) 〔*to, on*〕: be [get] ~ *to* [*on*] …を知っている[知る] / The police are ~ *to* it. 警察はそれに気づいている / put a person ~ *to* [*on*] …を人に知らせてやる[気づかせる]. **6** 《米俗》きざな, うぬぼれた (conceited); 生意気な (impudent): a bunch of ~ kids 生意気な子供らの一群 / ⇨ wise guy. **7** 《古》秘法や魔法に通じた: ⇨ wise man, wisewoman.
get wise 《米俗》生意気[無遠慮]にふるまう, 思い上がった[無礼な]態度をとる 〔*with*〕. ***wise in one's generation*** ⇨ generation 成句.
— 《米俗》 *vt.* 教える, 気づかせる 〈*up*〉: I'll ~ you. 君に教えてやろう / He was [got] ~*d up* to a few tricks of the trade. 彼はその商売のこつを少し覚えた. — *vi.* 知る, 気づく 〈*up*〉 〔*to, on*〕: People are *wising up to* the fact. 人々はその事実に気づきつつある.
~·ness *n.*
wise[2] [wáɪz] 〘OE *wise* < Gmc **wīsōn* appearance (G *Weise* / ON *vísa* stanza) ← IE **w(e)id-* (↑): cf. wit[1,2]: GUISE と二重語〙 — *n.* [単数形でだけ用いて]《古》方法, やり方, 風(ふう), 具合, 程度 (way, fashion, degree) (cf. -wise): in any ~ どうしても (at all), どっちにしても / in like ~ 同じように (cf. likewise 1) /

(in) no ～ 少しも…ない, どうしても…ない (not at all) / in some ～ どうにか, (見ようでは)どこか / in [《古》 on] this ～ かように / in solemn [stately] ～ おごそかに[堂々と].

wise[3] [wáɪz] 〚OE *wīsian* to show way, guide ← *wīs* 'WISE[1]'〛 ― *vt.* 《スコット》 **1 a** 教える, 教授する. **b** 説き勧める, 助言[忠告]する. **c** 〈人〉に道を教える, 〈人を〉案内する. **2** 〈人〉に方向を変えさせる.

-wise [wàɪz] 〚OE -*wīsan* ← *wīse* manner : ⇨ wise[2]〛 ― *suf.* 名詞・形容詞に付いて次の意味の副詞を造る. **1** 方法, 方向 (cf. -ways): any*wise*, like*wise*, other*wise*; clock*wise*, cross*wise*. **2** (商業文などで)「…に関連して (with reference to)」: budget*wise* 予算としては / tax*wise* 税金に関しては / be superior quality-*wise* 質の点で優れている.

Wise [wáɪz], **Stephen Samuel** *n.* (1874–1949) 米国に在住したハンガリー生れのユダヤ人学者でユダヤ人の指導者.

wise·a·cre [wáɪzèɪkə | -kə(r] 〚《1595》《通俗語源による変形》← MDu. *wijsseggher* 《*segghen* to say との連想による変形》← OHG *wissago* 《*wis* 'WISE[1]' と *sagen* 'to SAY[2]' から成ると解したための変形》← *wīzago* seer, prophet (cf. OE *wītega* prophet) ← Gmc **wit-* 'to WIT[1]'〛 ― *n.* **1** 知ったかぶる人, 賢人気取りの人 (know-it-all). **2** [通例軽蔑的に] 賢人 (sage).

wíse·cràck 〚cf. crack (n.) 9〛 《口語》 ― *n.* (ぴりっとする)気のきいた冗談[言葉, 返答], 警句 (witticism), 皮肉 (sarcasm). ― *vi.* 気のきいた冗談を言う, 警句を吐く, 皮肉を言う. ― *vt.* 冗談[皮肉]に言う. **～·er** *n.*

wise gùy *n.* 《口語》知ったかぶりをする男, うぬぼれの強い男 (know-all).

wise·ly 〚OE *wīslīce* : ⇨ wise[1], -ly[1]〛 ― *adv.* (**wise·li·er**; **-li·est**) 賢く, 賢明に, 思慮深く, 抜け目なく: not ～ but too well 賢明にではないが十二分に《愛した, 酒を飲んだなど; cf. Shak., *Othello* 5. 2. 344》.

wise mán 〚OE *wīs man* : ⇨ wise[1] (adj.) 7: cf. witan〛 ― *n.* (*pl.* **w- men**) **1** 賢人 (sage). ★ しばしば皮肉に fool の意に用いられる: ⇨ wise men of GOTHAM. **2** 魔法使い (wizard).

Wise Men of Greece [the ―] ＝SEVEN Wise Men of Greece.

Wise Men of the East [the ―] 《聖書》東方の三博士 (the Magi)《星に導かれて Bethlehem に至り, 生れたばかりのキリストを拝したといわれる三人の賢者 (Balthazar, Caspar, Melchior); cf. *Matt.* 2: 1–12》.

Wise·man [wáɪzmən], **Nicholas Patrick Stephen** *n.* (1802–65) 英国の聖職者; 枢機卿, ローマカトリック教会の Westminster 大司教.

wis·en·heim·er [wáɪzṇhàɪmə, -zən- | -mə(r] 〚《戯言的造語》← WISE[1] + G -*enheimer* (cf. G *Guggenheimer*, *Oppenheimer* (姓))〛 *n.* 知ったかぶりする人 (wiseacre).

wi·sent [víːzent, -zənt] 〚□ G *Wisent* : ⇨ bison〛 ― *n.* 《動物》ヨーロッパバイソン, ヨーロッパヤギュウ (*Bison bonasus*)《1921 年に野生種は絶滅し, ポーランドの森林に保護されている; aurochs ともいう》.

wíse·wòman 〚ME *wise womman.* ― 2: 《なぞり》← F *sage-femme* : cf. wiseman〛 *n.* **1** 魔女 (witch); 占い女 (fortuneteller). **2** 産婆 (midwife).

wish [wíʃ] 〚v.: OE *wȳscan* < Gmc **wunskjan* (G *wünschen* / ON *ǿskja*) ← IE **wen-* to desire (Skt *vanati* he desires). ― n.: 《*a*1325》← (v.): cf. win[1], ween, wont〛 ― *vt.* **1 a** [目的語として仮定法過去または過去完了の動詞を有する Clause を伴って実現し難いまたは実現しなかった願いを, 時に穏やかな依頼を表わす(ただし that は通例省略される)] …であればよいと思う: I ～ (that) it would rain. 雨が降ってほしい / I ～ I were [《口語》 was] a bird! 鳥だったらいいがなあ / I ～ (to God) I had never been born. この世に生れて来なければよかった / I ～ I could have it. それをもらえるといいんだけれど / I ～ you would be quiet. 静かにしてもらいたい (Please be quiet.) / I ～ you would shut that door when you go out. 出て行く時にその戸を締めて下さい. **b** [通例 may を有する Clause を伴って, 希望・懸念を表わす] …であればよいが (hope): I ～ I *may* live to see it. 何とか長生きしてそれが見たいものだ / I ～ it *may* not prove true. 本当にならなければいいが.
2 [不定詞を目的語として] 望む, …したい (want) 《★ この用法の wish は形式ばった語で, want の方が普通》: I ～ *to* go. 行きたい / I ～ *to* see you. お目にかかりたい / I ～ *to* say a few words. 少し言わしていただきたい / One believes what one ～*es to* believe. 人は自分の信じたいと願うことを信じるものだ.
3 a [目的補語を伴って] 〈…が〉〈…で〉あればよいと思う: ～ a person away 人が行ってしまえばいいのにと思う / ～ a person happy 人が幸福であるようにと祈る / ～ oneself dead [home, at home] 死んでいたら[家にいたら]と思う / I could not ～ it better. これ以上は望めない / ～ a person further [farther, at the devil] 《口語》人が早くどこかへ行ってしまえばいいと思う / She ～*ed* him miles away. 彼が何マイルも遠くへ去ってくれればいいのにと思った. **b** [目的語＋不定詞を伴って] 〈…に〉〈…して〉ほしい: I ～ you *to* do it. 君にそれをしてもらいたい / What do you ～ me *to* do? 君は僕に何をしてほしいのか / I ～ it *to* be finished. 仕上げてもらいたい《★ to be を省略して I ～ it finished とすれば 3 a の例となる》. **c** [目的語＋well, ill を伴って] 〈…が〉〈…で〉あれかしと願う (cf. *vi.* 2): He ～*es* me *well*. 私のためを思ってくれる / He ～*es* nobody *ill*. だれにもあしかれとは思っていない. ★ この場合の ill は名詞と見ることもできる. その場合は *vt.* 5 a の用法に属する.
4 a [単一の目的語を伴って] 望む, 願う, 祈る: ～ aid, money, etc. / They say they ～ peace. 彼らは平和を欲すると言う / I ～ success to the enterprise. その事業の成功を祈る / Which do you ～? どちらを望みますか / I will do what you ～. お望みの事をしましょう / You may have whichever you ～. どれでも望みの物を取ってよろしい / At length the day so long ～*ed* came. ついに久しく待ち望んでいた日が来た. ★ この用法では一般には wish for (⇨ *vi.* 1) か, または口語的には want の方が普通. **b** [to be wished の形で] 望ましい (desirable): It is *to be* ～*ed* that the dispute will soon be settled. 争議が早く解決してもらいたいものだ / 'Tis a consummation devoutly *to be* ～*ed*. それこそ願ってもない人生の終局だ (Shak., *Hamlet* 3. 1. 64).
5 [二重目的語を伴って] **a** 〈人〉に〈幸運・成功・健康などを〉祈る (invoke upon): We ～*ed* him good luck [good luck to him]. 彼の幸運を祈った / I heartily ～ you success [a happy life, good health]. 心から御成功[幸福, 健康]を祈る / I ～ you joy. おめでとう / I ～ you joy of it. 《皮肉》精々お楽しみなさい《後でろくなことはないから; cf. joy *n.* 1 a》/ I ～ you many happy returns of the day. 誕生日おめでとう / I ～ you a Merry Christmas. クリスマスおめでとう / I ～ you a happy New Year. 新年おめでとう. **b** 〈人〉に〈あいさつ・別れの言葉を〉述べる: He ～*ed* me goodby [farewell]. 彼は私に別れを告げた / I'll ～ you good morning. じゃごきげんよう《いやな人を追い払ったり, そのそばから立ち去る時に用いる皮肉な決まり文句》/ I ～*ed* them good night and left the room. 彼らにお休みと言って部屋を出た.
6 《口語》〈義務などを〉〈人〉に強いる, 無理に押しつける (impose); 〈にせ物などを〉〈人〉に押しつける, つかませる (foist) 〔*on*, *upon*〕: They ～*ed* another duty *on* him. 彼にまた別な務めを押しつけて来た / He ～*ed* a sorry nag *on* me. 彼にひどい馬をつかませられた.
― *vi.* **1** 望む, 欲する 〔*for*〕 (cf. wished-for): Everything came just as he ～*ed*. 何もかも彼が望んだ通りになった / I could see it at any time I ～*ed*. 望めばいつでもそれを見ることができる / We are apt to ～ *for* what we can't have. 人は得られないものを欲しがるものだ / I will send you the book you ～*ed for*. 君が欲しがった本を送ってあげよう / I would not ～ *for* anything better. これ以上のものは望まない / How I ～ *for* a pair of wings! ああ 2 枚の翼があったらなあ / It is no good ～*ing*. 望んだとてだめだ / This leaves nothing to ～ *for*. これは申し分がない / The weather was all one could ～ *for* [that could be ～*ed for*]. 天気上々だった. **2** [well, ill を補語として] …であれかしと思う, …ならんことを祈る (cf. *vt.* 3 c): He ～*es well* to all men. あらゆる人の幸福を願っている. **3** 願をかける 〔*on*, *upon*〕: She ～*ed on* the new moon. 彼女は新月に願いをかけた.
― *n.* **1 a** (心からの)願い, 願望 (desire, longing): against a person's ～ 人の意志にそむいて / to one's ～ 望み通りに / with every good ～ 衷心からの好意をもって / make a ～ 願をかける / He had a great ～ to go to sea. 彼は船乗りになりたいという大望があった / I hope your ～ will be satisfied. 君の望みがかなうように希望します / If ～*es* were horses, beggars would ride. 《諺》願望が馬ならこじきも乗ろう, 「とかく浮世はままならぬ」/ She had the ～ to marry him. 彼と結婚したいという気持があった / The ～ is father to the thought. 《諺》望みは考えの親《こうあってほしいと願う心はやがてそうだと信じるようになる; cf. wishful thinking》. **b** [*pl.*] 祝福の言葉, 祝辞: good ～*es* 好意 / New Year's ～*es* 新年の祝辞 / Please accept my best ～*es* for your happiness. あなたの御幸福を祈ります / Please send [give] her my best ～*es*. 彼女によろしくお伝え下さい / You have our good ～*es*. 御成功[幸福]を祈っております. **2** (言葉に表わした)請い, 要請, 希望 (request): at one's own ～ 自分の希望で / She married at [by] her father's ～. 父親の希望で彼女は結婚した / carry out [attend to] a person's ～*es* 人の希望に添う / disregard [disobey] a person's ～*es* 人の希望を無視する / I cannot grant your ～. 御希望をいれるわけには行かない. **3** 望みのもの, 希望するもの (thing desired): I have got my ～. 希望を達した. **4** 《精神分析》願望《精神の深層にある原我 (id) に基づき(多くの場合)無意識的に働く》.

wísh·bòne *n.* **1** (鳥の胸の)暢思(ちょうし)骨, 叉骨(さこつ) (furcula)《食事の際, 皿に残ったこの骨を引き合い長い方を取った人はどんな望みでもかなうという; wishing bone ともいう》. **2** 《海事》(schooner または ketch の)ウィッシュボーン式帆装《ウィッシュボーントライスルと称する変形台形の帆をメインマストの下端のグースネック接続から斜めに突き出ている 2 本の sprit》. **3 a** (自動車の)ウィッシュボーン《通常の乗用車で広く用いられている前輪懸架装置の一型式で, 上下一対の鳥の叉骨に似た V 字形アームよりなる》. **b** (電極の)腕木. **4** 《アメリカンフットボール》ウィッシュボーン《T formation の変型で鳥の胸骨型にバックスが位置するフォーメーション[攻撃陣形]》.

wishbone 1

wíshbone ríg *n.* 《海事》ウィッシュボーン式帆装.

wíshed-fòr *adj.* 望んでいた, 望み通りの (cf. wish *vi.* 1): ～ results, books, etc.

wísh·er *n.* **1** 願望者, 希望者. **2** …であるようにと願う人, …を祈る人: ⇨ ill-wisher, well-wisher.

wish·ful [wíʃfəl] 〚《1523》← WISH + -FUL[1]〛 ― *adj.* **1** 〈人が〉望んで, 切望して, 希望して (desirous, anxious): be ～ *to* do it それをすることを望んでいる / be ～ *for* happy days 幸せな日々を切望している. **2** 〈目つき・顔つきなど〉物欲しそうな (longing, wistful): ～ eyes, curiosity, etc. **3** (現実にではなく)希望に基づく, 希望的な: ⇨ wishful thinking. **～·ly** *adv.* **～·ness** *n.*

wish fulfillment *n.* **1** 欲望[願望]の充足. **2** 《精神分析》願望実現[充足]《望みのかなえられるような状況, 緊張の解消をもたらすような事態を空想したり夢に見たりすることによって願望を充足し緊張を解消すること》.

wíshful thínker *n.* **1** 希望的観測者. **2** 《精神分析》願望的思考者.

wíshful thínking *n.* **1** 希望的観測 (cf. HOPEFUL view). **2** 《精神分析》 **a** 願望的思考《現実の事実に即せず, 感情や欲求のみに基づいた非現実的な思考》. **b** ＝wish fulfillment 2.

wísh·ing 〚n.: ME〛 ― *n.* **1** 願う[望む]こと: can be got for the ～ 望むままに得られる. **2** [形容詞的に] 願いの, 願望のための: ⇨ wishing bone, wishing cap, wishing well. ― *adj.* 《古》希望している, 願っている; 希望を表わす.

wíshing bòne *n.* ＝wishbone 1.

wíshing càp *n.* 魔法の帽子《これをかぶるとどんな望みでもかなうといわれる》.

wíshing wèll *n.* 願かけ井戸.

wish-wash [wíʃwɔ̀(ː)ʃ, -wɑ̀ʃ | -wɔ̀ʃ] 〚《1786》《加重》← WASH (n.)〛 *n.* **1** (薄くて)水っぽい飲料, 気の抜けた酒. **2** 気の抜けたような[くだらない]話 (foolish talk).

wish·y-wash·y [wíʃiwɔ̀(ː)ʃi, -wɑ̀ʃi, ―― | wíʃɪwɔ̀ʃɪ, ――] 〚《*a*1693》《加重》← WASHY〛 ― *adj.* 《口語》 **1** 〈スープ・コーヒー・茶など〉薄い, 水っぽい (sloppy): ～ wine 気の抜けたようなワイン. **2** 弱々しい, 女々しい, 決断力のない; 気の抜けたような, くだらない: a weak, ～ man 女々しい男 / a ～ novel くだらない小説.

Wis·ła [*Pol.* víswa] *n.* [the ～] ウィスワ(川)《Vistula のポーランド語名》.

wisp [wísp] 〚《?c1280》 ～, *wips* ← ? ON (cf. Swed. *visp* a bundle of rushes or twigs): cf. whisk, wipe〛 ― *n.* **1 a** (干草・わら・小枝などの)ひと握り (handful), 小束 (small bundle): a ～ of straw, hay, grass, etc. **b** 《英》(馬の手入れ用の)わら[干し草]束; わら束のたいまつ. **2** (毛髪の)房: a ～ of hair, lock, etc. **3** (物の)断片, はし切れ (fragment, shred); (火をつけるための)ひねり紙: a flaming ～ of paper 燃えているひねり紙. **4** 小さな[か細い]もの (little thing): a thin ～ of smoke 細い一筋の煙 / a mere ～ of an old man 線香のようにやせた老人. **5** 《古》＝whisk broom. **6** ＝will-o'-the-wisp. **7** 〔しぎなどの〕群れ (flock) 〔*of*〕: a ～ *of* snipes. ― *vt.* ひねって[よって]小束にする. ― *vi.* 小束をなして出る[漂う].

wisp·ish [-pɪʃ] *adj.* 小束[房]のような, 小束[房]に似た.

wisp·y [wíspi | -pɪ] 〚⇨ wisp, -y[4]〛 ― *adj.* (**wisp·i·er**; **-i·est**) **1** 小さい束[房]の[になった], 一握りの. **2** か細い (slender): a ～ arm, woman, tree, etc. **wísp·i·ly** [-pɪli, -pə- | -lɪ] *adv.* **wísp·i·ness** *n.*

Wiss·ler [wíslə | -lə(r], **Clark** *n.* (1870–1947) 米国の人類学者.

wist [wíst] 〚OE *wiste* (pret.): p.p. としては 14C 以降〛 *v.* wit[1] の過去形・過去分詞.

wis·ta·ri·a [wɪstí(ə)riə, wəs-, -té(ə)r- | wɪstέərɪə] 〚《1842》← NL ～ ← *Caspar Wistar* (1761–1818: 米国の解剖学者): ⇨ -ia[1]〛 *n.* 《植物》＝wisteria.

Wis·ter [wístə | -tə(r], **Owen** *n.* (1860–1938) 米国の小説家; *The Virginian* (1902).

wis·te·ri·a [wɪstí(ə)riə, wəs- | wɪstíərɪə] 〚⇨ wistaria〛 *n.* 《植物》フジ《マメ科フジ属 (*Wisteria*) の植物の総称; アメリカフジ (American wisteria), シナフジ (Chinese wisteria), フジ (Japanese wisteria) など》.

wist·ful [wístfəl] 〚《1613–16》← 《廃》 *wist(ly)* intently (← ? WHIST[1]) + -FUL // 《転訛》← WISHFUL〛 ― *adj.* **1** 〈顔つきなど〉欲しそうな, 物足りなそうな, 懐しそうな (longing, yearning): a ～ look / ～ eyes. **2** 思いに悩む, 物思いに沈んだ (meditative, pensive): a ～ mood. **～·ly** *adv.* **～·ness** *n.*

wit[1] [wít] 〚OE *witan* ← Gmc **witan* (Du. *weten* / G *wissen* / ON *vita*) ← IE **w(e)di-* to see (L *vidēre* to see (⇨ vision) / Gk *oîda* to know / Skt *veda* I know)〛 ― *vt.*, *vi.* (*pres. 1st pers.* **wot** [wɑ́t | wɔ́t], *2nd pers.* **wottest** [wɑ́tɪst, -ṭəst | wɔ́t-], *3rd pers.* **wot**; *pl.* 《まれ》 **wot**; *past* **wist**; *p.p.* **wist**; *pres.p.* **witting**) 《古》知る, 知っている (know) (⇨ witting): God *wot*. 神は知りたもう / had I *wist* 私が(それを)知っていたら《そうとは知らなかった》/ I *wot*. 私はよく知っている (I know well).
to wit 〚《略》← 《廃》 *that is to wit* 《なぞり》← AF *cestasavoir* that is to know〛 すなわち (that is to say, namely). ★ 今は主に法律用語.

wit[2] [wít] 〚OE *wit(t)*, *ġewit(t)* mind, intelligence ← Gmc **wit-* (Du. *weet* / G *Witz* / ON *vit*) ← IE **w(e)di-*

(↑): cf. wise¹〗 ― n. **1** 機知, 気転, ウィット (cf. humor): a man of ~ 機知の人 / pages sparkling with ~ 機知のあふれた紙面 / be possessed of both ~ and humor 機知とユーモアとを兼ね備えている, しゃれもわかれば人情も解する / ready ~ 頓知. **2** [しばしば *pl.*] 理知, 知力 (intelligence, understanding): be past the ~ of man 人知が及ばない / ⇨ mother wit / exercise one's ~ 才[頭]を働かす / have quick [nimble] ~s 気転がきく, 変通自在の才がある / a man of slow ~s 気のきかない人. **3** [通例 *pl.*] 才能 (abilities), 分別 (sense): have not the ~(s) [have not ~ enough] to do …するだけの分別がない / I had the ~ to avoid the topic. その話題を避けるだけの分別があった. **4** [通例 *pl.*] (健全な)精神, 心 (mind); 正気 (sanity) (cf. senses A 5): in [out of] one's (right) ~s 正気で[でなく] / He was frightened out of his ~s by the idea. その考えにびっくり仰天してしまった / lose [regain] one's ~s 正気を失う[取り戻す] / collect [gather] one's scattered ~s 乱れた心を落ち着ける / He was scared out of his ~s. 正気を失うほどおびえていた. **5** 才人, 才子: set up for a ~ 才子をもって任じている, 才人ぶる / ⇨ University Wits. **6** 《古》知者, 賢者.
at one's wits' [wit's] end 途方に暮れて (cf. *Ps.* 107: 27): I was *at my ~s' end* for an idea. 考えが浮かばなくて困ってしまった / I'm *at my ~s' end* for money. 金策のめどがつかなくて困り果てている. ***bring [drive, put] a person to his wits' [wit's] end*** 〈人を〉途方に暮れさせる: The task *drove* me *to my ~s' end*. その仕事には途方に暮れた. ***have [keep] one's wits about one*** 抜け目[抜かり]がない; (どんなことがあっても)度を失わない, 上がらない / *Keep your ~s about* you. 度を失わないようにしなさい. ***live by one's wits*** (定職がなく)小才をきかして[やりくりで]どうにか暮らす. ***set one's wits to*** 〈問題など〉(の解決)に知恵をしぼる, 取り組む. ***set one's wits to another's*** 人と議論を戦わす.
five wits [the ―] 《古》(1) 五官 (five senses). (2) 心の働き《通例 common sense, imagination, fantasy, judgment および memory の五機能》.

wit·an [wítɑːn, -tn̩] 〖OE ~ (pl.) ← *wita* councilor, 《原義》wise man ← Gmc **wit-* 'to WIT¹'〗 ― *n. pl.* 《英》(アングロサクソン時代の)国政審議会議員, witenagemot の議員たち; [単数扱い] =witenagemot.

witch [wítʃ] 〖OE *wiċċe* (female) witch ← *wiċċian* to bewitch ← Gmc **wikk-* ← IE **weik-* (cf. guile, victim, wile): cf. OE *wiċċa* wizard: ME 以後の v. は BEWITCH の頭音消失〗 ― *n.* **1** 女魔法使い, 魔女 (sorceress). ★古くは男性の魔法使いにも用いた (cf. warlock 1, wizard 1): ⇨ white witch, Witches' Sabbath. **2** [通例 old ~ として] 鬼ばば, 醜い女 (hag, crone): an *old* ~ 鬼ばば. **3** 魔法 (magic spell): put the ~es on …に魔法をかける. **4** (すごい)魅力のある女. **5** 《米》=water witch 1. **6** 〖魚類〗北大西洋の深海に生息するババガレイ (lemon sole) に近似の魚 (*Glyptocephalus cynoglossus*)《食用として重要》. **7** 〖数学〗=WITCH of Agnesi.
(as) nervous as a witch 《米》ひどくそわそわして. ***The witch is in it*** それは魔法がかかっている.
witch of A·gne·si [-ɑːnjéɪzi | -zɪ; *It.* aɲɲɛ́ːzi] 〖← *Maria Gaetana Agnesi* (1718–99: イタリアの数学者): その図形が魔女の帽子に似ているところから〗〖数学〗アーネシーのウィッチ《方程式 $x^2y=4a^2(2a-y)$ であたえられる曲線; y 軸に関して対称; $x=0$ で最大, $x=0$ から遠ざかるにつれて x 軸に近づく; 単に witch ともいう》.
― *attrib. adj.* 魔女の; 魔女を防ぐための.
― *vt.* **1 a** …に魔法をかける (bewitch). **b** [方向の副詞語句を伴って] 魔法で…にする: They were *~ed into* stone. 魔法で石に変えられた / ~ *away* the lives of men 人の命を魔法で奪う. **2** 魅する, 悩殺する (charm, fascinate). ― *vi.* 《米》=dowse².
witch- [wítʃ] =wych-.
witch bàll *n.* 魔女よけのガラス玉《色付きで中空のガラス玉で以前田舎家の窓に吊したが, のちには装飾品として室内に吊すこともある》.
witch bròom *n.* 〖植物病理〗=witches'-broom.
witch·cràft 〖OE *wiċċecræft*: ⇨witch, craft〗 *n.* **1** 魔法, 魔術, 妖術 (sorcery, magic). **2** 魅力, 魔力 (charm).
witch dòctor *n.* **1** (アフリカの Kaffir 族などの)祈禱(きとう)師, 妖術師. **2** 《俗用》=medicine man.
witch elm [⌐⌐, ⌐⌐] *n.* 〖植物〗=wych elm.
witch·er·y [wítʃ(ə)ri | -tʃəri] 〖← WITCH+-ERY〗 *n.* **1 a** 魔術, 魔法, 妖術 (witchcraft). **b** [通例 *pl.*] 魔法の行為[例]. **2** 魔力, 魅力 (fascination, magic).
witch·es'-bèsom [wítʃɪz-, -tʃəz-] *n.* 〖植物病理〗=witches'-broom.
witches' brèw *n.* **1** 魔女が作ったといわれる秘薬(など). **2** 奇妙な混合物; ごった混ぜ.
witches'-bròom *n.* 〖植物病理〗天狗(てんぐ)巣病《菌類や寄生植物によってサクラ・モミなどの枝が異常分岐して密生した小枝となるもの; witch broom, witches'-besom, hexenbesen ともいう》.
Witches' Sábbath, w- s- *n.* =Sabbat.
witch·et·ty [wítʃəti | -tɪ] 〖□ Austral. ← 《土語》〗 *n.* (*also* **witch·e·ty** [~]) 〖昆虫〗オーストラリアに生息し木材中にすむ鉄砲虫やガの大きな白い幼虫《原住民が食用にする; cf. bardy》.
witch fìre *n.* 檣(しょう)頭電光 (St. Elmo's fire).
witch·gràss 〖《変形》← QUITCH GRASS〗 *n.* 〖植物〗**1** 北米産イネ科キビ属の雑草の一種 (*Panicum capillare*). **2** =couch grass.
witch hazel [⌐⌐, ⌐⌐] 〖《1541–42》《変形》← *wych hazel*: ⇨wych-〗 ― *n.* **1** 〖植物〗アメリカマンサク (*Hamamelis virginiana*)《北米産; その樹皮と葉を薬用にする》. **2** アメリカマンサクから採った薬物のチンキ《打ち身・切り傷などの洗浄用》. **3** 〖植物〗=wych elm.
witch hòbble *n.* 〖植物〗=hobblebush.
witch-hùnt *n.* **1** 魔女狩り. **2** 国家の転覆を図る者を捜し出すこと《実は政敵, 殊に自由主義者を中傷・迫害すること; cf. red hunt》: a ~ *for* reds 赤狩り. **3** 迫害, 誹謗(ひぼう). **~·er** *n.* **~·ing** *n.*
witch·ing 〖n.: OE *wiċċung*: ⇨witch, -ing¹. ―adj.: 《a1387》: ⇨-ing²〗 ― *n.* **1** 魔法の行使. **2** 魅力.
― *adj.* **1** 魔法の (magic), 魔法を使うのにふさわしい, 妖霊の出現にふさわしい: the ~ hour [time] of night 夜半に魔法使いの横行する時刻, 〈魔物の横行する〉「丑(うし)三つ時」(cf. Shak., *Hamlet* 3. 2. 406). **2** 魔力的な, 魅惑的な, 人の力を奪う (fascinating): a ~ smile. **~·ly** *adv.*
witch knòt [lòck] *n.* **1** (魔女の仕業といわれる)毛のもつれ. **2** 〖植物病理〗=witches'-broom.
witch·like *adj.* 魔女のような, 魔女にふさわしい.
witch-màrk *n.* =witch's mark.
witch mèal *n.* 〖薬学〗=lycopodium powder.
witch mòth *n.* 〖昆虫〗エレブフオオヤガ《米国南部・西インド諸島・南米などに産する大型のヤガ(夜蛾)科 *Erebus* 属および類縁の属のガの総称》.
witch's màrk *n.* 魔女の印《悪魔の印 (devil's mark) と固く信じられ, 正確には魔女が familiar spirit に血をのませるのに用いたとされる皮膚の隆起; しばしば副乳がそれだといわれた》.
witch·wèed *n.* 〖植物〗ゴマノハグサ科 *Striga* 属の黄色い花をつける半寄生植物の総称.
witch·y [wítʃi | -tʃɪ] 〖← WITCH+-Y⁴〗 *adj.* (**witch·i·er; -i·est**) **1** 魔女のような, 魔女らしい, 魔女に関する, 魔女に特有の, 悪意のある: a ~ old woman. **2** 魔法による, 魔法を思わせる.
wite [wáɪt] 〖OE *wīte* ← Gmc **wītī-* ← IE **w(e)di-* to see: cf. wise¹·², wit¹·²〗 ― *n.* **1** 〖古英法〗(王などが科す)罰金; 贖罪金. **2** 《スコット》罰 (punishment); 叱責(しっせき) (blame), 非難 (reproach). ― *vt.* 《スコット》非難する, 告発する.
wi·te·na·ge·mot [wítn̩əgəmòut, ⌐⌐⌐⌐⌐, wìtnɑ́ːgəmòut | wìtnɪgɪmɔ́ut, -tə-, -gə-] 〖OE *witenaġemōt* ← *witena* ((gen. pl.) ← *wita*: ⇨witan)+(*ġe*)*mōt* a meeting (← *ġe-* 'together, Y-'+MOOT)〗 ― *n.* (*also* **wi·te·na·ge·mote** [~]) 《英》(アングロサクソン時代の)国政審議会 (national council)《高位聖職者・高官・貴族などで構成し国政に参与した》.
with [wɪð, wɪθ, wəð, wəθ; wíð, wíθ, wíð, wíθ | wɪð, wɪθ; wíð, wíθ, wíð, wíθ] 〖OE *wið* against, alongside, with《短縮》? ← *wiþer* against < Gmc **wiþrō* against (Du. *weder* against / G *wider* / ON *viðr*) ← IE **wī* apart: 原義は WITHDRAW, WITHSTAND 等に残り, 現在の意味は《廃》*mid* with (cf. G *mit*) から〗 ― *prep.*
1 [同伴・同居・仲間] …と共に, と一緒に; …のところ[もと]で(働いて): go [come, walk, travel] ~ …と一緒に行く[来る, 歩く, 旅行する] / talk ~ a friend 友人と話す / I had much discourse ~ him. 彼と大いに談話した / drink [eat] ~ …と共に飲む[食べる] / live ~ …と共に暮らす, と同居する, と同棲する / stay ~ …の家に滞在する[世話になる] / play ~ a child 子供と遊ぶ / read a book ~ the boys [class] ある本を生徒[クラス]に教える / learn English ~ Professor Smith スミス教授について英語を学ぶ / ~ God (死んで)神のみもとに / He has been ~ the company for ten years. 彼はその会社で 10 年間勤めている.
2 [交渉・取引・処置] …と, …を, …に: have dealings ~ …と取引関係がある, と取引する / have done ~ …を済ませている, …と関係を断つ / have nothing to do ~ …とは何の関係[交渉]もない / negotiate ~ …と交渉する / meddle ~ …に干渉する / trifle ~ …をもてあそぶ / deal harshly ~ …につらく当たる.
3 [出会い・接触] …と, …に: encounter [meet, fall in] ~ …と出会う / be [keep] in touch [contact] ~ …と接触している / keep up ~ …に遅れないようにする.
4 a [同時] …と同時に; …につれて (in the course of): coeval [contemporary] ~ …と同時代の / change ~ the seasons 四季と共に[季節につれて]変化する / rise ~ the sun [lark] 太陽[ひばり]と共に起きる《早起きする》/ grow wise ~ the age 年をとるにつれて賢くなる / Our hopes died ~ him. 彼の死とともに我々の希望も絶えた / grief that lessened ~ time 時とともに薄れた悲しみ / ⇨ WITH *that* [*this*]. **b** [同様] …と同様に (like): suffer ~ Job ヨブのように苦しむ / I think ~ Nietzsche that we should spare nobody. ニーチェと同じく何人をも寛恕(かんじょ)すべきでないと考える. **c** [同程度] …と同じ割合に (in proportion to), …に応じて (according to): The rate of wages fluctuates ~ the population. 賃金率は人口に応じて上下する / Wines improve ~ age. ワインは年がたつにつれて良質になる.
5 a [一致・調和・符合・共同・連結]: accord ~ …と一致する / be in harmony ~ …と調和する / be compatible [incompatible] ~ …と両立する[しない] / coincide ~ …と符合する / combine [connect] one thing ~ another ある物を他の物と結合[連結]する / cooperate ~ …と協同する, と協力し合う / hand in hand ~ ⇨ hand *n.* 成句 / in common ~ ⇨ common *n.* 成句 / be one ~ …と一体[同じ]である, と合体する / I agree [disagree] ~ you there. その点では君と意見が一致[相違]する / I am ~ you there.=I agree ~ you there. / I sympathize [feel] ~ you. 君に同情する. **b** 〈潮流・風〉と同じ方向に (in the same direction as): ~ the stream [the tide] 流れ[潮流]に従って / The boat shifted ~ the wind. ボートは風のまにまに漂った.
6 [包含・提携] …の中に, …を含めて (including); …の側に (on the side of), …に味方して: be numbered ~ the transgressors 違反者の中に数えられる / *With* the stepchildren, the family numbers ten. 継子(ままこ)を入れてその家族の人数は 10 人である / vote ~ the Socialists 社会党側に投票する / He that is not ~ me is against me. 我と友ならぬ者は我にそむくなり (*Matt.* 12:30) / They had the wind ~ them. 彼らは風向きがよかった.
7 [比較・平等・同一] (cf. to 17): compare [contrast] ~ …と比較[対照]する / He is on an equality ~ you. 彼は君と対等だ / Goodwill is identical ~ friendship. 友好は友情と同じものだ.
8 [混合・混同]: mingle [blend] ~ …と混合する / wine mixed ~ water 水で割った酒.
9 [battle, chide, compete, conflict, contend, dispute, fight, quarrel, strive, struggle, vie, war などの動詞または go to law, at odds などの句に伴って敵対を表わして] …と, …を相手に (against): argue [quarrel] ~ a friend 友と議論[喧嘩(けんか)]する / fight ~ an enemy 敵と戦う / vie ~ each other 互いに競う / be at war ~ ⇨ *at* WAR / contend [compete] ~ …と競争する / grapple ~ …と組打ちする.
10 [器具・手段] …で, …を用いて (by the use of) (cf. by¹ 9): cut a branch ~ a knife ナイフで枝を切る / write ~ a pen ペンで書く (cf. in 11) / We see ~ our eyes, and hear ~ our ears. 目で見, 耳で聞く / I have no pen to write ~. 書くペンがない / I have no money to buy it (~). それを買う金がない.
11 [様態] ★次に続く名詞と共に副詞句となる: ~ ease やすやすと, 楽々と, すらすらと (easily) / ~ difficulty 苦労して, やっと / ~ courage 勇敢に / hear ~ calmness 冷静に[落ち着いて]聞く / speak ~ warmth 熱意をこめて[熱心に]語る / work ~ energy 元気一杯に働く / speak ~ a smile 微笑しながら話す / ~ one accord [consent] 全員一致して / ~ delight 大喜びで. ★この意味で in が with と近似した用法に用いられることがあるが, 例えば *in* surprise は動作の時点における心的状態を示す (cf. in 6) のに対し, *with* surprise は動作に対する感情の随伴の観念を示す: He looked at her *in* surprise. 驚いて彼女を見やった / He noticed the fact *with* surprise. 事実に気づいて驚いた.
12 [材料] …で: fill a glass ~ water コップに水を満たす / fill (up) a box ~ straw 箱にわらを詰める / be covered ~ ice [mud] 氷[泥]でおおわれる / be choked ~ emotion 感動して胸がふさがる / be adorned ~ frescoes 壁画で飾ってある / be blessed ~ beauty 美しさに恵まれている / be endowed ~ …を賦与されて[授かって]いる / be overflowing ~ water 水があふれている / struck ~ astonishment はっと驚いて / supply [furnish, provide] a person ~ 人に…を供給する / The cart is laden ~ baggage. その車は荷物が積んである / The coat is lined ~ fur. その上着は毛皮の裏が付いている / The garden is enclosed ~ a fence. その庭は垣根がめぐらしてある / The streets are paved ~ stone. 街路には石が敷いてある.
13 a [所有・付加] …を持って, を有する (having, carrying) (↔ without): an old gentleman ~ a sprinkling of gray hairs 白髪まじりの老紳士 / a man ~ a hot temper かんしゃく持ちの男 / a man ~ a hat on 帽子をかぶった人 / go out ~ no hat on 帽子をかぶらないで外出する / a girl ~ bewitching eyes 魅するような目の娘 / a lawyer ~ a hundred thousand (dollars) a year 年収 10 万ドルの弁護士 / a vase ~ handles 取っ手のついた花びん / come ~ a letter 手紙を持って来る / walk ~ a stick in one's hand [~ a gun on one's shoulder] ステッキを手にして[銃を肩にして]歩く / a woman ~ a child in her arms 子供を抱いた女 / stand ~ a book under one's arm 本をわきにかかえて立つ. ★最後の 3 例は 14 の用例に推移する. **b** [通例 all を伴って譲歩を表わす] …がありながら, …をもってしても(なお), …にもかかわらず (in spite of): *With all* his boasting, he is a coward. 大きなことを言いながら彼は臆病者だ / England, ~ *all* thy faults I love thee still. イングランドよ, いろいろ欠点はあっても私はやはりお前を愛する (Cowper, *Task*) / *With* many admirable qualities, he failed completely. 多くの立派な資質を持ちながら完全に失敗した.
14 [付帯事情を示す句を導いて]: speak ~ tears in one's eyes 目に涙を浮べて話す / sit ~ one's back against the wall 壁にもたれて坐る / speak ~ one's mouth full 一杯に頰張って話をする / ~ (a) pipe in (one's) mouth パイプをくわえて / ~ one's eyes open 両目を大きく開いて, 油断なく / What a lonely world it will be ~ you away! あなたが居なくなったらどんなに寂しい(世の中になる)ことでしょう / He sat read-

ing, ~ his wife sewing beside him. 彼は読書をし, かたわらでは妻が縫物をしていた / *With* night coming on, we started for home. 夜になってきたので, 我々は家路についた. ★ 最後の 2 例で with を省けば, 独立分詞構文となる.

15 …の身につけて, のところに持ち合わせて[保管して] (in the hand of), の手に帰して (in the power of) (cf. about 2): bring [carry, take] a thing ~ one 物を持って来る[行く] / I have no money ~ me. 金の持ち合わせがない / Leave the baggage [child] ~ me. 荷物[子供]は私に預けて行きなさい / The next move is ~ you. (チェスで)今度は君のさす番だ / It rests ~ you to decide. 決定するのは君だ《決定権は君にある》.

16 [原因] …のせいで, の故に, のために (because of, owing to) (cf. by 12): roses wet ~ dew 露にぬれたバラ / eyes dim ~ tears 涙にくもった目 / bent ~ age 年のせいで腰が曲がって / benumbed ~ cold 寒さで凍えて / excited ~ joy 喜びで興奮して / be silent ~ shame 恥しくて黙る / be touched [affected] ~ compassion [pity] 哀れさに心を動かされる, 哀れを催す / be tired [fatigued, worn out] ~ toil 労苦に疲れる / perish ~ hunger 飢えのために死ぬ / be troubled [afflicted] ~ a disease 病気に悩む / shiver [tremble] ~ fear こわくて震える / He is down ~ fever. 熱病でふせっている / He is in hospital ~ his knee. 膝が悪くて入院している / She was almost beside herself ~ joy. 彼女はうれしくて気も狂わんばかりであった / It is pouring ~ rain. 雨がどしゃ降りに降っている (=Rain is pouring.) / *With* such knowledge and experience he is sure to succeed. あれほどの知識と経験があるのだからきっと成功する / The streets are thronged [alive] ~ people. 往来は人で込み合って[にぎわって]いる / The road is running ~ water. 道に水があふれている.

17 [関係・関連] **a** …については, に関して (in regard to, concerning); …に対して; …にとっては, …の場合, …の見るところでは (in the mind of) (cf. about 5): be angry ~ …に対して怒る / be patient [bear, put up] ~ …を我慢する / have no patience ~ …には我慢ができない / I am in love ~ her. 彼女に恋している / to be frank ~ you 打ち明けて言えば / What do you want ~ me? 私にどんな用があるのですか / What is the matter ~ you? どうしたんですか / How is it ~ you? あなたはどうですか / It is usual [the custom] ~ the French. フランス人にはそれが普通[習慣]だ / He has a great influence ~ the House. 彼は院内で非常な勢力がある / He is popular ~ his men. 彼は部下に人望がある / I can do nothing ~ him. あの人はどうにもしようがない / How are you getting along ~ your work? お仕事の方はいかがですか / Things went well ~ us. 万事がうまく運んだ / *With* God all things are possible. 神には万事が可能である / *With* women, love always comes first. 女の場合は常に愛情を第一に考える / It is a holiday ~ us. 私たちは休暇です / Such is the case ~ me. 私の方はこういう事情です / The first object ~ him is… 彼の第一の目的は…である. **b** [away, down, off, up などの副詞の後に, 命令法に使った動詞 put, take, throw などを省いて]: *Away* ~ him! 彼を追い払え / *Down* ~ the door! ドアをたたきこわせ / *Off* ~ your hat! 帽子を脱げ.

18 [分離] (cf. from 6): He parted ~ her at the door. 戸口の所で彼女と別れた / He broke ~ his family and left home. 家族と縁を切って家を出た.

19 〘海事〙 …に接近して (close to), に沿うて (alongside): The boat was running close in ~ the land. 船は陸に接近して航行していた.

get with it 《口語》 (1) (仕事などに)精を出す, てきぱきやる: I told him to *get* ~ *it*. 彼にぼやぼやするなと言ってやった. (2) 時代[流行]に遅れないようにする. ***in with…*** ⇨ in *adv.* 成句. ***what with…and*** (***what with***)… ⇨ what *adv.* 成句. ***with it*** 《口語》 時代に遅れないで, 最近の流行を追って, 進歩的で (cf. *get* WITH *it* (2)). ***with that*** [***this***] そう[こう]言って, そう[こう]して(おいて), それ[これ]と同時に (thereupon): *With that* he went away. そう言って彼は立ち去った. ***with you*** [***me***] [通例否定・疑問構文で] あなた[私]の議論について行って: I'm *not* ~ *you*. Are you ~ *me*?

with- [wɪð, wɪθ, wəð, wəθ | wɪð, wɪθ] 〘OE *wiþ-*: ↑〙 ─「後方へ (back)」「離れて (away)」「反対に (against)」などの意味を表わす with の連結形: *with*hold, *with*draw, *with*stand.

with·al [wɪðɔ́ːl, wɪθ-, wəð-, wəθ- | wɪð-] 〘《?c1200》 *with al(le)*: ⇨ with, all: cf. OE *mid ealle*〙 ── 《古》 *adv.* **1** その上に (in addition); 同様にまた (besides, as well): He was a man of breeding and a very honest fellow ~. 教養がありまた同時に非常に正直な男だった. **2** 同時に; それにもかかわらず (nevertheless): His master was severe, but ~ a very good man. 彼の主人は少し厳しいが, しかし同時に大変善良な人でもあった. **3** それをもって, それとともに (therewith): He will scarce be pleased ~. 彼はとてもそれには気に入るまい. ── *prep.* =with. ★ 常に文尾に置く: What shall he fill his belly ~? 彼は何をもってかその腹を満たすべきか / This is the sword he used to defend himself ~. これは彼が護身用とした剣である.

with·am·ite [wíðəmàɪt] 〘← *H. Witham* (その発見者である 19 世紀の英国人): ⇨ -ite¹〙 ── *n.* 〘鉱物〙 ウィザム石《濃紅色または麦黄色の緑簾(りょく)石 (epidote) の一種》.

with·draw [wɪðdrɔ́ː, wɪθ-, wəð-, wəθ- | wɪð-, wɪθ-] 〘《?a1200》 *wiðdrawe(n)*: ⇨ with-, draw〙 ── *v.* (**with·drew** [-drúː]; **-drawn** [-drɔ́ːn]) ── *vt.* **1** 引っ込める (draw back), 〈カーテンなどを〉引く: ~ one's head *from* the window / ~ a curtain 幕を引く. **2 a** 〔場所・位置から〕引き出す, 取り出す〔*from*〕: ~ a sum of money *from* the bank 銀行から金を引き出す / He *withdrew* a folded paper *from* his pocket. たたんだ紙をポケットから取り出した. **b** 〈視線を〉〔…から〕そらせる〔*from*〕: She *withdrew* her eyes *from* the scene. その光景から目をそむけた. **3** 引き取る, 下げる, 退(ひ)かせる: ~ a boy *from* school 子供に学校を退学させる / ~ a horse *from* the race 馬を競馬から退かせる. **4** 〈軍隊を〉引き上げる, 撤退させる, 撤兵する: ~ a troop *from* a country ある国から軍隊を引き上げる. **5** 〈恩恵などを〉取り上げる (take away): ~ favor [privilege] *from* a person 人に与えた恩恵[特権]を取り上げる. **6** 〈通貨・書物などを〉回収する, 取り戻す: ~ coins [books] *from* circulation 流通中の通貨[発売中の書籍]を回収する. **7 a** 〈申し出・言明・約束などを〉取り消す, 撤回する(retract): ~ an offer, a statement, a promise, etc. / ~ the word 'offensive'「けしからぬ」という言葉を取り消す / ~ subscription 購読申し込みを取り消す / ~ one's resignation 辞表を撤回する. **b** (議会運営手続きで)〈動議を〉撤回する. **8** 〈訴訟を〉取り下げる: ~ a suit.
── *vi.* **1** 引き下がる, 引っ込む, 引き取る (retire, move back); 退出する, 去る (leave): ~ *from* a person's presence 人の面前から引き下がる / After dinner the ladies *withdrew*. 食事のあと婦人たちは退出した《食堂から客間 (drawing room) へ行った》. **2** 〔職・学校などを〕やめる, 〔会などから〕脱退する, 退く〔*from*〕: ~ *from* a society / He has practically ~*n from* the business. 事実上その商売から手を引いていた. **3** 〈軍隊が〉引き上げる, 撤退する, 撤兵する: The American forces *withdrew from* their bases in Spain. アメリカ軍はスペインの基地から撤退した. **4** 取り消す, やめにする, 手を引く: After all your promises you can't ~ now. あんなにいろいろ約束したんだから君は今更後へは引けない / cries of "~" (議会で不穏な言などを)「取り消せ」という叫び. **5** 〈麻薬などの使用を〉止める〔*from*〕: He could not ~ *from* heroin. ヘロインを止めることができなかった. **6** 〘精神医学〙 (社会的・情緒的に)引きこもる: She had ~*n* by degrees into herself. 彼女は次第に自己の中に引きこもっていった.
~·a·ble [~əbl̩] *adj.* **~·er** *n.*

with·draw·al [wɪðdrɔ́ː(ə)l, wɪθ-, wəð-, wəθ- | wɪð-, wɪθ-] 〘⇨ ↑, -al²〙 ── *n.* **1** 引っ込める[引っ込む]こと. **2** (預金・出資金などの)払い戻し, 撤回, 回収. **3** 取消し (revocation). **4** 引上げ, 撤退; 撤収, 撤兵: the ~ *of* American forces *from* Indochina インドシナからのアメリカ軍の撤退. **5** 退学; 退会. **6** (禁断症状などを伴う)麻薬使用[施薬]の中止(過程). **7** 〘精神医学〙 引きこもり.

withdráwal sỳmptom *n.* 禁断症状.

withdráwing ròom *n.* 《古》 =drawing room 1.

with·dráw·ment *n.* =withdrawal.

with·drawn [wɪðdrɔ́ːn, wɪθ-, wəð-, wəθ- | wɪð-, wɪθ-] ── *v.* withdraw の過去分詞. ── *adj.* **1** 人里離れた, 引っ込んだ (secluded, isolated). **2** 社会から離れた, 引っ込み思案の, 内向性の (socially unresponsive, introvert). **~·ness** *n.*

withdrew *v.* withdraw の過去形.

withe [wɪθ, wɪð, wáɪð] 〘OE *wiþþe* < Gmc **wiþōn*, **wiþi* (Du. *wis* / OHG *wit, withi*) ← IE **wei-* to turn, twist (L *vītis* vine): cf. withy〙 ── *n.* (*pl.* **~s**) **1 a** (たきぎなどを束ねるのに用いる)ふじづる, 柳の細枝(など): a small ~ of a man 小柄で細枝のようにやせた男. **b** ふじづる(など)をない合わせて作ったなわ[輪]. **2** (道具の衝撃を和らげるための)弾性のある柄. **3** (煙突の)煙道隔壁. ── *vt.* ふじづるで束ねる[縛る]; ふじづる製の輪なわで〈鹿を〉捕える.

with·er [wíðə | -ðə(r] 〘《?c1380》 *wyddere(n)* 《変形》 ← *wederyn* 'to expose, WEATHER'〙 ── *vi.* **1** しぼむ, しおれる, 枯れる (dry up, shrivel); 弱る, 衰える, しなびる (wilt) 〈*up*〉: Fruit(s) and vegetables are ~*ing* for lack of moisture. 果物や野菜は水不足で枯れかかっている / Flowers and beauty ~. 色香は(いつしか)衰える. **2** 〈愛情・希望などが〉薄くなる, 衰える, 消える, 〈産業が〉活気を失う, 衰退する, 〈国家・制度などが〉徐々になくなる 〈*away*〉. ── *vt.* **1** しぼませる, しおれさす, しなびさせる (shrivel) 〈*up*〉; 枯らす (decay). **2** 衰えさせる, 弱らせる (languish, decline) 〈*away*〉: Age cannot ~ her. 歳月も彼女の色香を衰えさせる力がない (cf. Shak., *Antony* 2. 2. 240). **3** 〈人を〉萎縮(いしゅく)させる, ひるませる, どぎまぎさせる (abash, disconcert); (砲火などを浴びせて)戦闘力を失わせる: ~ a person with a look じろりと見て人を縮み上がらせる. **4** 〈名誉・評判などを〉傷つける (blight).
wither on the vine ⇨ vine 成句.

With·er [wíðə | -ðə(r], **George** *n.* (1588–1667) 英国の詩人・パンフレット作者; Withers ともいう.

wíth·ered 〘《15C》〙 ── *adj.* **1** しぼんだ, しおれた, しなびた; 枯れた: ~ leaves. **2** 衰えた, ひからびた, しわくちゃな: a ~ hand. **3** 〈希望など〉薄れた, 減じた (blighted, diminished).

with·er·ing [-ð(ə)rɪŋ] 〘⇨ -ing²〙 ── *adj.* **1** しぼませる, しおれさせる, しなびさせる, 枯らす: a ~ drought 草木を枯らす日照り続き. **2** 萎縮(いしゅく)させる, ひるませる, しょげさせるような; 破壊的な (devastating): a ~ glance, sarcasm, etc. / a ~ fire 破壊的な砲撃. **~·ly** *adv.*

with·er·ite [wíðəràɪt] 〘← W. *Withering* (1741–99: 英国の医師でその組成分析の最初の報告者): ⇨ -ite¹〙 *n.* 〘鉱物〙 毒重石 ($BaCO_3$) 《バリウムの原鉱》.

wíthe ròd *n.* 〘植物〙 米国産スイカズラ科ガマズミ属 (*Viburnum*) の低木の総称《次の二種をさす: *V. cassinoides, V. nudum*》.

with·ers [wíðəz | -ðəz] 〘《1580》《短縮》 ← 《廃》 *wider-some, -sone* ← OE *wiþer* against (⇨ with)+*-sone* (《変形》? ← SINEW): 原義は「馬の首輪 (collar) に逆らうもの」か: cf. G *Widerrist* (← *wider* against+*Rist* 'WRIST')〙 ── *n. pl.* **1** 鬐甲(きこう)《馬や犬の肩甲骨間の隆起; ⇨ dog, horse 挿絵》. **2** 感情, 気持 (feelings).
wring a person's withers 〘馬の鞍が鬐甲部に擦り傷を与える意から〙 人を心配させる, 悩ます (⇨ unwrung).

With·ers [wíðəz | -ðəz], **George** *n.* =Wither.

with·er·shins [wíðəʃɪnz, -ʃənz | -ðəʃɪnz] *adv.* 《スコット》 =widdershins.

With·er·spoon [wíðəspùːn | -ðə-], **John** *n.* (1723–94) スコットランド生れの米国の神学者, 米国独立宣言書の署名者の一人.

withheld 〘ME *wiðeld* (pret.), *witholde* (p.p.)〙 *v.* withhold の過去形・過去分詞.

with·hold [wɪθhóʊld, wɪð-, wəð-, wəθ- | wɪðhə́ʊld, wɪθ-] 〘《c1200》 *wiðholde(n)*: ⇨ with-, hold¹〙 ── *vt.* (**with·held** [-héld]) **1** 差し控える, 許さない, 与えない (keep back, refuse to grant): ~ something *from* a person 人に物を与えるのを控える / ~ one's consent [payment] 承諾[支払い]を差し控える / ~ one's favor 恩恵を与えない / I *withheld* the whole truth *from* the police. 一切の真相を警察に隠しておいた. **2** 引き止める, …に…させない (check, restrain) 〔*from*〕: ~ one's hand 《古》 手を控える, 手を出さないでいる / ~ oneself 自制する / What *withheld* him *from* making the attempt? どうして彼はその企てを差し控えたのか. **3** 《米》 〈税金などを〉給料[賃金]から控除する[天引きする]. ── *vi.* 〔…を〕差し控える (refrain) 〔*from*〕. **~·er** *n.*

with·hóld·ing tàx *n.* 《米》 源泉徴収税(額), 源泉課税(額).

with·in [wɪðín, wɪθ-, wəð-, wəθ- | wɪð-] 〘lateOE *wiþinnan* on the inside ← *wiþ* 'WITH'+*innan* into, within (adv.): ⇨ in〙 ── *adv.* (↔ without) 《古・文語》 **1** 内へ, 内に, 内は, 中へ, 中は, 内部は[に] (on the inside, internally): The windows are locked ~. 窓は内側から錠がかけられる / traitors ~ and exiles without 国内の反逆者と国外の亡命者 / Bishopsgate ~ ロンドン市の城壁内のビショップスゲート. **2 a** 家の中に (in the house), 屋内に (indoors): stay ~ / go ~ 中に入る / Is Mr. Jones ~? ジョーンズさんはお内ですか / There was nobody ~. 中にはだれもいなかった. **b** 〘演劇〙 舞台奥で: Shout ~. 舞台奥で喚声《ト書き》. **3** 心の内に, 心は, 心中に (inwardly): beauty without and foulness ~ 美しい顔に(引きかえ)醜い心, 「外面如菩薩内心如夜叉」/ be pure ~ 心が清らかである.
within and without 内外共に: He whitewashed the walls ~ *and without*. 壁に内外ともに白色塗料を塗った.
── *n.* [from ~ として] 内, 内部 (the inside): The door opens *from* ~. そのドアは内側から開く / Reform must come *from* ~. 改革は内部から起こるべきものだ / Seen *from* ~, the cave looks larger. 内部から見るとほら穴はもっと大きく見える.
── [‒ ́, ‒ ́] *prep.* **1 a** 《古》 〈空間・地域・容器など〉の内に, …の中に (in): ~ the building / call from ~ the house 家の中から呼ぶ. **b** …の限界[境界]内に, の内部に (↔ without): ~ a city 市内に / ~ board 〘海事〙 船内に / ~ doors 屋内に, 屋内で, 家の中へ / He died ~ the church walls. 彼は教会の内部で死んだ. **2** [限界・範囲] …の範囲内に, …以内で (inside the limit of), …を越えない(not exceeding): live ~ one's income 収入の範囲内で生活する / a task well ~ one's powers 力量で十分できる仕事 / keep ~ bounds 制限を守る, 埒(らち)外に出ない / ~ law 法に触れない範囲で / immorality ~ the law (法律の範囲では)不法でない不道徳 / ~ reason 道理にかなって, ほどほどに / keep ~ the law 法則[法律]から外れないようにする / It is ~ the range of possibility. それは可能の範囲内にある《不可能だとは限らない》/ It is true ~ limits. それはある程度まで本当だ / I can tell you the amount to ~ a few cents. 私はその額をセントの細かい数字まで言える. **3** [距離] …以内の地点に[で] (not farther off than): ~ an ace of ⇨ ace 成句 / ~ an easy walk of …から歩いて楽に行ける所に / ~ call 呼べば聞こえる所で / ~ hearing 聞こえる所で / ~ hearing [earshot] of …から(呼べば)聞こえる所に / ~ sight of …の見える所に / They live ~ easy reach of London. ロンドンからほど遠くない所に住

んでいる / ~ easy reach of a couple of hours 2, 3 時間ですぐ行ける所に / The place is ~ three miles of the station. そこは駅から 3 マイル以内にある / The hotel was ~ sound of the sea, ~ scent of the meadow. ホテルは海の音が聞こえ, 牧草地のにおいの漂って来るところにあった. **4** [期間] …以内に (not more than): ~ an hour 1 時間以内に (cf. in an hour 1 時間たったら, 1 時間後に) / ~ a week [month] 1 週間 [1 か月]以内に / *Within* a year (of his death), all was changed. (彼の死後) 1 年とたたない内にすべてが一変した.

within oneself (1) 心の中に: say [think] ~ *oneself* 心の中で言う[考える]. (2) 自分の力の範囲内で, 余裕[余力]を残して, 控え目に: run ~ *oneself* 余裕を残して走る / fight well ~ *oneself* 余裕綽々(しゃくしゃく)として戦う. (3)《方言》資力の範囲内で: live ~ *oneself*.

with·in·dóors *adv.* =indoors.

with·ín-nàmed *adj.* 本文書中で称するところの (named in this writing).

wíth-it 〘← *with it* (⇨ with 成句)〙 — *adj.* 《俗》〈人・物が〉流行の先端を行く: the most ~ collections of jewelry in London ロンドンで最も流行の先端を行く宝石のコレクション. **~·ness** *n.*

with·out [wɪðáʊt, wɪθ-, wəð-, wəθ- | wɪð-] 〘lateOE *wiþūtan* (adv. & prep.) ← *wiþ* 'WITH' + *ūtan* from outside (← *ūt* 'OUT')〙 — *adv.* (↔ within) **1** 《古・文語》 **a** 外は, 外へ[に], 外部は[に]: white within and ~ 内外共に白い (⇨ within *adv.* 成句) / An apple is red ~ and white within. りんごは外は赤く中は白い / Bishopsgate ~ ロンドン市城壁外のビショップスゲート. **b** うわべは, 外面は (externally): He was at ease ~ and at peace within. うわべもくつろいでいて心も平静だった. **2** 《古・文語》戸外に, 外に (out of doors): stand ~ 戸外に立つ / listen to the wind ~ 戸外の風に耳を傾ける / It was cold ~. 戸外は寒かった. **3** [前置詞の目的語を省略した形で]《口語》それなしで: I have a revolver in the house because no house is safe ~. 家にピストルがあるが, それがなければどんな家だって安全ではないからだ / I have no friends here, but I am better ~. 当地には友人がいないが, いない方がいいのです. **4** 《古》部外の: those (that are) ~ 部外者 (outsiders) (cf. *1 Cor.* 5:12).

— *n.* [from ~ として] 外, 外部, 外面 (outside, exterior) (↔ within): as seen *from* ~ 外から見れば / be supplied *from* ~ 外部から供給される / look at a thing *from* ~ 外から物を見る / Help came *from* ~. 助けが外部から来た.

— [–⌐] *prep.* **1** 《古》…の外に, の外で (outside); …の範囲[限界]を越えて (beyond) (↔ within): ~ doors 戸外で, 外に (out of doors) / things ~ us 我々の外部の事物, 外界の物, 万象 / negotiations within and ~ the House 議院の内外における交渉 / The country is ~ the pale of civilization. その国は文明の埒(らち)外にある / ~ his reach 彼の手の届かぬ所に[で]. **2** …を持たずに, …なしに; …のない (not with, with no), …がなくて, が欠けて (lacking, in want of) (↔ with): ~ money or friends 金も友もなく / a rose ~ a thorn とげのないばら; 苦しみを伴わない歓楽 / all ~ exception 例外なくすべて / ~ ceremony 儀式ばらずに, 遠慮なく, 打ち解けて; 容赦なく / ~ day 日限なく; 無期限に (sine die) / ~ doubt 疑いもなく / ~ difficulty (何の)困難もなく, 造作なく (easily) / times ~ number 何度も何度も / ~ end 限りない[なく], 永久の[に], 果てしない[なく] / ~ enthusiasm 熱意なしに / ~ fail 間違いなく, きっと / ~ hesitation 躊躇(ちゅうちょ)することなく / ~ regard for …を無視して, …に構わずに / ~ reluctance いやがらずに / ~ reserve 遠慮なく / ~ stint 惜しげなく, 惜しまずに, ふんだんに / do [go] ~ …なしに済ませる; …なしでいる / He came ~ a hat. 帽子もかぶらずにやって来た / He is ~ money. 彼は金がない / They are ~ servants now. 今は召使を置いていない / He remembered it not ~ regret. その事を思い出して後悔を感じないでもなかった / It is a book that no library should be ~. それはどんな図書館も無しですますことの許されない本である / *Without* her glasses she was very lovely. めがねをはずすと彼女はとても愛らしかった. **3** …(すること)なく; …(されること)なく, …を免れて; 〈…の感情〉をもたないで[表わさないで]; …がなければ (in the absence of); …せずに, …しないで: ~ making provision 用意をすることなく[せずに] / ~ shedding blood 血を流さずに, 流血の惨を招かずに / ~ taking leave 暇乞いもせずに / ~ leave 断りなく, 無断で / He did it ~ being discovered. 彼は見つかりもせずそれをした / You cannot do so ~ hurting his feelings. そうすれば必ず彼の感情を害することになる / Not a week passed ~ a row over one thing or another. 何かかにかでけんかをせずに 1 週が過ぎることはなかった / I cannot live ~ her. 彼女がいなくては生きるかいがない / *Without* health, happiness is impossible. 健康なくしては幸福はあり得ない / He never goes out ~ losing his umbrella. 外出すると必ずかさを無くして来る / One [You] cannot make an omelet ~ breaking eggs. ⇨omelet / ~ anyone hearing だれに聞かれることもなく / ~ another word exchanged あとひと言も言葉を交わさずに / He was happier ~ the money. その金がないほうが幸せだった / We could not live ~ water. 水がなければ生きて行けない.

cold without ⇨ cold *adj.* 成句. ***do without*** ⇨ do[1] 成句. ***go without*** ⇨ go[1] 成句. ***without so much as*** ⇨ much *adv.* 成句.

— *conj.* 《古・俗》…するのでなくては, …しなければ (unless): You will never succeed ~ you work hard. 猛勉強しなければ成功しない / He never goes out ~ he loses his umbrella. 外出すると必ずかさを無くして来る / You can't go ~ (that) you get permission. 許可を得なければ行ってはいけない.

with·òut·dóors *adv.* **1** 《古》戸外で (out of doors). **2** [通例 without doors として]《古》家庭外で, 国外で; 《廃》(議)院外で.

wíth ríghts *adv., adj.* 〘証券〙=cum rights.

with·stand [wɪθstǽnd, wɪð-, wəð-, wəθ- | wɪðstǽnd, wɪθ-] 〘OE *wiþstandan*: cf. ON *viðstanda* to withstand: ⇨ with-, stand〙 — *v.* (**with·stood** [-stúd]) — *vt.* **1** 〈人・力・困難など〉に(首尾よく)抗する, 逆らう, 抵抗する (oppose, resist): ~ arguments 議論に抗する / ~ the enemy 敵の攻撃に耐える / ~ temptation 誘惑に負けない / ~ many difficulties 多くの困難に耐える. **2** 〈摩擦, その他自然力など〉によく耐える, (耐えて)もちこたえる (endure): armor to ~ the terrific hitting power of a gun 銃の恐ろしい衝撃によく耐える装甲. — *vi.* 抵抗する (resist).

withstood *v.* withstand の過去形・過去分詞.

with·y 〘OE *wiþig* < Gmc **wiþōn*, **wiþi* 'WITHE'〙 — [wíði, wíθi | wíðɪ] *n.* **1** 〘植物〙ヤナギ, (特に)コリヤナギ (osier). **2** (物を縛るコリヤナギなどの)しなやかな小枝; その小枝で作った輪. — [wíθi, -ði, wáɪði | -θɪ, -ðɪ] *adj.* (**with·i·er**; **-i·est**) しなやかで強い (tough and flexible).

wíth·y béd [wíði-, -θi- | -ðɪ-] 〘OE *wiþig bed*〙 *n.* = osier-bed.

with·y·wind [wíðiwàɪnd, -θi- | -θɪ-] *n.* 〘植物〙 **1** = bindweed. **2** =traveler's-joy.

wít·less 〘OE *witlēas*: ⇨ wit[2], -less〙 *adj.* 機知のない; 気が狂った (crazy); 愚鈍な, ばかな (foolish). **~·ly** *adv.* **~·ness** *n.*

wit·ling [wítlɪŋ] 〘← WIT[2] + -LING[1]〙 *n.* 小才子, (知恵のないのに)利口ぶる人 (petty wit).

wit·loof [wítloʊf, -lu:f | -ləʊf, -lu:f] 〘⇨ Du. ~ 'white leaf'〙 — *n.* 〘植物〙キクニガナ, チコリ (chicory) 《witloof chicory ともいう》; キクニガナ[チコリ]の若葉《サラダ用》.

wit·ness [wítnɪs, -nəs] 〘n.: OE *witnes*. — v.: 《?c1300》 ← (n.): ⇨ wit[2], -ness〙 — *n.* **1** 証拠, 証言 (evidence, testimony); 確証 (confirmation): give ~ on behalf of …のために証言する / bear false ~ 《古》虚偽の証言をする (*Exod.* 20:16, *Matt.* 19:18, etc.) / It stands there in ~ of the event. それはその事件の証拠としてそこにある/in ~ whereof 右の証拠として《証書の常用文句》. **2** 証拠となる人[物], 証拠物件: He is a living ~ *to* my innocence. 彼は私が潔白であることの生き証人だ / The emptiness of the cupboard is a good ~ *of* their poverty. 戸棚の空なのは彼らの貧しさのよい証拠だ. **3** 目撃者 (eyewitness): be ~ *of* [a ~ *to*] an incident ある事件の目撃者である / The eyes are very unreliable ~*es*. 目で見たことは実に当てにならない. **4** 〘法律〙 **a** 証人《法廷において宣誓のうえ, ある事実について証拠を提出する者》. ★ 特に, 裁判記録などではしばしば定冠詞を省略する: be ~ 証人となる / stand ~ 証人に立つ / challenge ~ 証人を忌避する / hear [examine] the ~ 証人を審問する / be a ~ *against* [*for*] oneself 自分に不利な[有利な]証言をする / a false ~ 《廃》虚偽の申し立てをする証人. **b** (文書の署名に立ち会ってその事実を立証する)副署人, 立会人. **5** [W-] 証人(しょうにん)《エホバの証人 (Jehovah's Witnesses) の一人》.

(as) witness その証拠としては, 例えば: I am innocent, (*as*) ~ my poverty. 私は潔白だ, 私の貧乏がその証拠だ. ★ この例文のコンマから後を of which let my poverty be witness の意と考えて witness を仮定法現在の動詞と解することもできる. ***bear witness to*** [***of***] …の証言をする, の証人となる. ***call*** [***take***]…***to witness*** …の証明を求める, …に証明してもらう, …を証人とする, …に誓う: I *call* Heaven *to* ~ *that* … の偽りなきことは天も照覧あれ. ***with a witness*** 《古》明白に, 疑いなく, 正に (without a doubt); 大いに, 激しく.

— *vt.* **1** 目撃する, まのあたりに見る (see personally); …に立ち会う, …の目撃者になる; 《俗》見る (see): Many people ~*ed* the incident. 多くの人がその事件を目撃した / Only the pastor's wife ~*ed* the marriage. 牧師の妻だけがその結婚式に立ち会った / ~ a beautiful sight 美しい景色を見る. **2** 証人として…に署名する, 副署する: ~ a document [deed] 書類[証書]に証人として署名する / ~ a person's signature 人の署名に立ち会って(その真正であることを証して)副署する. **3** 〈事が〉証する, 示す, …の証拠となる: A blush ~*ed* her confusion. さっと顔を赤らめたことから見ても彼女が狼狽(ろうばい)したのは明らかだった. **4** 《古》証言する, 証明する (testify to): ~ the antiquity of the settlement of the Scots in Britain ブリテン島にスコットランド人が定住した時代の古さを証明する / None could ~ *that* he was present. 彼のいたことはだれ一人証言できなかった.

— *vi.* **1 a** 証言する (bear witness): ~ *against* a person 人に不利な証言をする / ~ *to* a person's innocence 人の無罪を証言する. **b** 立証する, 証拠となる: Its quality ~*es for* its origin. その品質がその出の確かなことの証拠だ《質で出所がわかる》/ more than words can ~ とうてい言葉では証明できないほど (Shak., *Shrew* 2.1.337-8). **2** (言行などで)信仰のあかしを立てる.

~·a·ble [~əbl̩] *adj.* **~·er** *n.*

wítness-bòx *n.* 《英》(囲いのある法廷の)証人台 (《米》witness stand): put a person into the ~ 人を証人に立たせる.

wítness còrner *n.* 〘測量〙目標柱《近接不能の土地への参照点として立てたくいとか目印》.

wítness màrk *n.* 目印《土地の境界の角などに差して置くくいや石柱など, また測量の目印に立てる棒》.

wítness stànd *n.* 《米》証人台 (《英》witness-box): take the ~ =be on the ~ 証人台に立つ.

wit·ster [wítstə | -stə(r)] 〘← WIT[2] + -STER〙 *n.* 才人 「(wit).

Wit·te [vítə | -tə; *Russ.* vjítji], Count **Sergei Yu·lie·vich** [júljivjitʃ] *n.* ウィッテ《1849–1915; ロシヤの政治家・外交官, 日露戦争講和会議全権》.

wít·ted [-tɪd, -təd | -tɪd, -təd] 〘ME (*y*)*witted*(*e*): ⇨ wit[2], -ed 2〙 — *adj.* [通例複合語の第 2 構成素として] …の知恵[才]のある: dull-[slow-]*witted* 鈍才の / half-*witted* 知恵の足りない / quick-*witted* 頭の鋭い.

Wit·te·kind [víṭəkɪnt | -tə-] *n.* ヴィドゥキント《?–?807; Charlemagne と戦ったサクソン人の指導者; Widukind ともいう》.

Wit·tels·bach [víṭlsbà:k, -bà:x | -tl̩s-; *G.* vɪ́tl̩sba:x] *n.* ウィテルスバハ(家)《ドイツのバイエルンの王家 (12 世紀–1918)》.

Wit·ten·berg [wítn̩bə̀:g | vítn̩bə̀:g, -bɛ̀əg; *G.* vɪ́tn̩bɛ̀rk] 〘⇨ G ~ 《原義》white burg〙 — *n.* ウィッテンベルク《東ドイツ Halle 州, Elbe 河畔の都市; Martin Luther がローマ教皇攻撃の文書を公にして宗教改革ののろしを挙げた所》.

Witt·gen·stein [vítgənʃtàɪn, -stàɪn; *G.* vɪ́tgənʃtaɪn], **Ludwig** (**Josef Johann**) *n.* ウィトゲンシュタイン《1889–1951; オーストリア生れの英国の哲学者; *Tractatus Logico-Philosophicus*「論理哲学論考」(1922), *Philosophical Investigations* (1953)》.

Witt·gen·stein·ian [vìtgənʃtáɪniən, -stáɪn- | -nɪən, -njən] *adj.* ウィトゲンシュタイン流(の哲学)の.

wit·ti·cism [wíṭəsɪzm̩ | -tɪ-] 〘《1677》← WITTY + (CRITI)CISM: Dryden の造語〙 *n.* **1** [通例軽蔑的に] 機知のある言葉, 警句, しゃれ. **2** 《古》あざけり, ひやかし (jeer). 「う[飛ばす].

wit·ti·cize [wíṭəsàɪz | -tɪ-] 〘⇨↑, -ize〙 *vi.* 警句を言

wit·ting [wíṭɪŋ | -tɪŋ] 〘《c1378》(pres.p.) ← WIT[1]〙 — *adj.* **1** [Predicative に用いて] 知って, 意識して (⇨ wit[1]): be ~ of the fact その事実を知っている / Scarcely ~, he ran forward. 彼はほとんど何も気づかずに前に駆け寄った. **2** [しばしば willing または willfully と共に用いて] 知りつつの, 故意の (deliberate): ~ (and willing) acts, lies, etc. — [《米》wítn̩, wíṭɪŋ] *n.* 《方言》 **1** 知る[知っている]こと (knowledge). **2** 情報, 消息 (news).

wít·ting·ly 〘《1340》: ⇨↑, -ly[1]〙 *adv.* 知りながら, 承知の上で, 故意に, わざと (deliberately): ~ or unwittingly 故意か偶然か.

wit·tol [wíṭl̩ | -tl̩] 〘《15C》*wetewold* ← *wete* 'to WIT[1]' + (*coke*)*wold* 'CUCKOLD' // 《転訛》← 《方言》*witwal* green woodpecker ⇨ G 《廃》*Wittewal* = *Widewal* (この鳥の巣が cuckoo の産卵所に利用されることから)〙 — *n.* 《古》 **1** 妻の不貞を黙許する夫, お人好しのばか亭主 (contented cuckold). **2** 知恵のない人 (fool).

wit·ty [wíṭi | -tɪ] 〘OE *wittiġ*: ⇨ wit[2], -y[4]〙 — *adj.* (**wit·ti·er**, **-ti·est**; **more ~, most ~**) **1** 機知のある[に富んだ] (full of wit): a ~ man, speech, etc. / a ~ talker 機知のある話し手. **2** 〈言葉・文章など〉気のきいた; しゃれのうまい, 滑稽な: a ~ book / ~ comments. **3** 《方言》賢い, 賢明な (wise). 「*n.*

wít·ti·ly [-ṭəli, -tl̩i | -tɪli, -tə-] *adv.* **wít·ti·ness**

Wit·wa·ters·rand [wítwɔ̀:təzrǽnd, -wàṭəz-, -rà:nd, -rɑ̀:nt | wɪtwɔ́:təzrænd, ⌐⌐⌐⌐; *Afrik.* vətvɑ̀:tərsránt] *n.* ウィトウォーターズランド《南アフリカ共和国北部 Johannesburg 付近の地方名, 富有な金鉱地; The Rand ともいう》. ★ 南アフリカ共和国の英人は [wítwɑ:təzrɑ́:nd, -rɑ́:nt, vítvɑ̀:təzrɔ́nt, ⌐⌐⌐⌐] のように発音する.

wive [wáɪv] 〘OE (*ġe*)*wifian* ← *wīf* 'WIFE'〙《古》*vt.* **1** 妻にする, めとる. **2** 妻帯させる. **3** 〈男〉の妻になる. — *vi.* 妻をめとる, 妻帯する; 結婚する.

wi·vern [-wáɪvən | -və(ː)n] *n.* 〘紋章〙=wyvern 2.

wives *n.* wife の複数形.

wiz [wíz] 〘《短縮》↓〙 *n.* 《俗》非凡の才人, 驚異的な人 (whiz): a ~ at mathematics 数学の鬼才. — *adj.* 《俗》=wizard 2.

wiz·ard [wízəd | -zəd] 〘《1440》*wys*(*e*)*ard* ← OE *wis* 'WISE[1]': ⇨ -ard〙 — *n.* **1** 魔法使い (magician, warlock). **2** 奇術師 (juggler, conjurer). **3** 《口語》奇跡を行なう人. **4** 《口語》名人, 専門家 (expert), 鬼才, 奇才: a cue ~ 玉突きの名人 / a ~ of shipbuilding.

Wizard of Oz [ɑ́(ː)z | ɔ́z] [the —] オズの魔法使い《L.F. Baum 作の童話 *The Wonderful Wizard of Oz* の主人公》. 「異名.

Wizard of the North [the —] Sir Walter Scott の

— *adj.* **1** 魔法使いの; 魔法の(ような) (magic). **2** 《英俗》〈人が〉器用な, 巧妙な, 名人の (clever, ingenious); 〈物が〉素敵な, すばらしい: a ~ dancer / That's ~! それは素敵だ / Simply ~! 全くすばらしい.

wíz·ard·ly *adj.* **1** 魔法使い[奇術師]のような; 奇妙な, 不思議な (weird): ~ sayings. **2** 天才的な; 鬼才らしい, 驚異的な.

wiz·ard·ry [wízədri, -zəd- | -zədri] 〖(1583)〗: ⇨ -ry〗 *n.* 魔法, 魔術.

wiz·en [wízn, wí:z- | wíz-] 〖OE *wisnian* to become dry ← Gmc **wis-* (ON *visna* to wither) ← IE **wei-* to wither (L *viēscere* to wither)〗 — *vi.* しなびる, しぼむ. — *vt.* しなびさせる. — *adj.* =wizened.

wíz·ened *adj.* **1** 〈人·顔つきが〉しぼんだ, ひからびた, しわくちゃの (shriveled, dried-up): a ~ old man しわくちゃの老人 / a ~ appearance しなびた顔つき. **2** 〈植物·果実など〉しなびた: ~ apples.

wk. 《略》 weak; week; work; wreck.

wks. 《略》 weeks; works; workshop.

wkt. 《略》〖クリケット〗 wicket.

W.L. 《略》 *F.* wagon-lit (=sleeping car); waiting list; waterline; wavelength; West Lothian; Women's Liberation (movement).

Wlad·i·mir I [vlǽdɪmɪə, -də-, vlədí:mɪə | vlǽdɪmɪə(r, -mə(r; *Russ.* vladjímjir] *n.* =Vladimir I.

W.L.F. 《略》《英》 Women's Liberal Federation.

W. lon., W. long. 《略》 west longitude.

w/m 《略》 weight and/or measurement 重量および[または]容積.

Wm. 《略》 William.

W.M. 《略》〖電気〗 wattmeter; 〖電気〗 wavemeter; 〖冶金〗 white metal; wire mesh; 〖フリーメーソン〗 Worshipful Master.

wmk. 《略》 watermark.

WMO, W.M.O. 《略》 World Meteorological Organization 世界気象機関 《国連専門機関; 1950 年設立》.

W.N.P. 《略》 Welsh Nationalist Party.

WNW, W.N.W., *wnw.* 《略》 west-northwest.

wo [wóu | wə́u] *int.* **1** =whoa. **2** 《古》 =woe.

WO, W.O. 《略》 wait order; walkover; War Office; 〖軍事〗 Warrant Officer; 〖化学〗 water-in-oil 油中水型の; wireless operator; written order 文書命令.

w/o 《略》〖商業〗 without.

w.o. 《略》 walkover.

woad [wóud | wə́ud] 〖OE *wād* ← (WGmc) **waida-* (Du. *weede* / G *Waid*)〗 *n.* **1** 〖植物〗 タイセイ属 (*Isatis*) の植物の総称; (特に)ホソバタイセイ (*I. tinctoria*) 《ヨーロッパ産アブラナ科の植物; 以前その葉から青色染料をとった; dyer's woad ともいう》. **2** 〖染色〗 以前ホソバタイセイの葉から採った青色インジゴ染料. — *vt.* ホソバタイセイで染める.

wóad·ed *adj.* ホソバタイセイで染めた.

woad·wax·en [wóudwæksən, -sn̩ | wə́ud-] 〖(1367) *wodewexen* < OE *wuduweaxan* (obl.) ← *wuduweaxe* ← *wudu* 'WOOD¹' + **weaxe* (⇨ wax²): 現在の形は WOAD との連想による〗 — *n.* 〖植物〗 ヒトツバエニシダ (⇨ woodwaxen).

woald [wóuld | wə́uld] *n.* =weld¹.

wó báck 〖← wo+BACK¹ (adv.)〗 *int.* 《英》 =WHOA back.

wob·be·gong [wɑ́bigɔ̀ŋ | wɔ́bɪgɔ̀ŋ] 〖□ Austral. 《土俗》〗 *n.* 《豪》〖魚類〗 =carpet shark.

wob·ble [wɑ́bl̩, wɔ́(:)bl̩ | wɔ́bl̩] 〖(1657) □ LG *wabbeln* to wobble ← ? Gmc **wab-* (ON *vafla* to waver) ← IE **webh-* 'to WEAVE¹': cf. wave〗 — *vi.* **1** よろよろする, よろめく, ぐらぐらする, 動揺する: ~ *about* あちこちよろよろ[ぐらぐら]する / ~ *in* [*out*] よろよろ入る[出る] / This chair ~*s*. この椅子はぐらぐらする / The floorboards ~. この床板はぐらぐらする. **2** 〈声などが〉震える: Her voice ~*d*. **3** 〈政策·気持などが〉ぐらつく (waver): ~ between two opinions. — *vt.* **1** よろよろ[ぐらぐら]させる, 動揺させる. **2** 〈政策·気持などを〉ぐらつかせる. — *n.* **1** よろめき, よろよろ. **2** (意見などの)ぐらつき, 動揺: with a faint ~ of doubt. **3** [*pl.*; 通例単数扱い] 〖獣医〗 ヤシ科植物の採食による馬の中毒症《神経系の障害を起こし, 跛行する》.

wóbble pùmp *n.* 〖航空〗 補助手動ポンプ《動力ポンプが故障になった時航空エンジンの carburetor に燃料を送入するため使用する》.

wób·bler [-blə, -bl̩ə | -blə(r, -bl̩ə(r] *n.* よろよろする[ぐらつく]人[物]; (意見などの)動揺する人.

wóbble sàw *n.* 〖機械〗 =drunken saw.

wób·bling [-bl̩ɪŋ, -bl-] *adj.* ぐらぐら[よろよろ]する; ぐらぐら[よろよろ]させる: the country's ~ economy その国の不安定な経済. **~·ly** *adv.*

wob·bly [wɑ́bli, wɔ́(:)b-, -bl̩i | wɔ́bli, -bl̩i] *adj.* (**wob·bli·er**; **-bli·est**) ぐらぐら[よろよろ]する, 不安定な; 無定見な: a ~ chair, desk, etc. / I felt a bit ~ about the knees. ひざの辺が少しがくがくした / a ~ statesman 無定見な政治家. **wób·bli·ness** *n.*

Wob·bly [wɑ́bli, wɔ́(:)b-, -bl̩i | wɔ́bli, -bl̩i] 〖略称 I.W.W. に対する中国なまりの発音 *I wobbly wobbly* からという〗 — *n.* 《米俗》 世界産業労働者組合 (Industrial Workers of the World) の組合員.

wó·begòne *adj.* 《古》 =woebegone.

w.o.c., WOC 《略》〖政治〗 without compensation 無報酬.

Wo·dan [wóudn̩ | wə́u-] *n.* 〖ゲルマン神話〗 ヴォーダン《OE で北欧神話の Odin に相当する神を呼んだ名》. ★ Wednesday はこの神の名から出た.

Wode·house [wúdhaus], **P(el·ham) G(renville)** [péləm] *n.* (1881–1975) 英国に生れ米国に帰化 (1955) したユーモア小説家; Jeeves 物で知られる; *The Inimitable Jeeves* (1923).

Wo·den [wóudn̩ | wə́u-] 〖OE *Wōden* ← Gmc **wōdeno-* raging, mad (OS *Wōden* / OHG *Wuotan* (G *Wotan*) / ON *ōðinn* 'ODIN'): cf. wood², Wednesday, Friday〗 — *n.* 〖ゲルマン神話〗 =Wodan.

wodge [wɑ́(:)dʒ | wɔ́dʒ] 〖《変形》? ← WEDGE〗 *n.* 《英口語》 大きなかたまり, ひとかたまり (lump).

woe [wóu | wə́u] 〖OE *wā* (int.) < Gmc **wai* (Du. *wee* / G *weh* / ON *vei*) ← IE **wai-* alas (L *vae* cry of pain): cf. wail, wellaway〗 — *n.* **1** 悲哀, 悲痛; 悩み, 苦悩: a face of ~ 悲しげな顔 / a tale of ~ 悲しい身の上話, 泣きごと / *Woe* is me. 《古》 ああ, 悲しいかな (Alas!). **2 a** [通例 *pl.*] 災い, 難儀 (calamity, misfortune, trouble) (↔ weal): weal and ~ 幸と不幸, 苦楽 / tell all one's ~*s* 悲しい身の上話をする. **b** 《古》 [仮定法の動詞を従えてのろい·非難を表わして]: *Woe* be to [unto] ...に災いあれ, ...は災いなるかな / *Woe* worth the day! ⇨ worth² / *Woe* betide you! お前に災いあれ; 《口語》 (そんなことをすると)ひどい目にあうぞ. — *int.* 《古》 ああ (alas).

wóe·begòne 〖(?c1300) *wo begon* ← *wo* 'WOE (n.)' + *begon* ((p.p.) ← *begon* to beset < OE *begān*: ⇨ be-, go): cf. ME *Me is wo bigon* (=Woe has beset me).〗 — *adj.* **1** 《古》 悲惨な, 痛ましい. **2** 悲しそうな, 悩ましそうな: a ~ face 悲しげな顔 / She was ~ with pains of love. 恋の悩みに沈んでいた.

woe·ful [wóufəl | wə́u-] 〖(*a*1325): ⇨ woe, -ful¹〗 — *adj.* **1** 悲惨な, 痛ましい (distressing); 災いの, 因の (afflicted): a ~ spectacle, day, etc. **2** 悲しみの, 悲しみに満ちた, 悲しそうな, 悲しい (mournful): a ~ song, cry, countenance, etc. **3** ひどい, 情けない, はなはだしい: a ~ mistake はなはだしい誤り / She is a ~ manager of childen. 子供の扱いがひどく下手だ. **~·ly** *adv.* **~·ness** *n.*

woe·some [wóusəm | wə́u-] 〖⇨ -some¹〗 *adj.* 《古》 =woeful.

Wof·fing·ton [wɑ́fɪŋtən, wɔ́(:)f- | wɔ́f-], **Margaret** *n.* (1714–60) アイルランド生れの英国の女優; 通称 Peg Woffington.

wo·ful [wóufəl | wə́u-] *adj.* =woeful.

wog [wɑ́(:)g | wɔ́g] 〖《略》? ← GOLLIWOG〗 *n.* 《俗·軽蔑》 中東の国の原住民; (通例有色の)外国人.

wog·gle [wɑ́gl̩, wɔ́(:)gl̩ | wɔ́gl̩] 〖← ?〗 *n.* (ボーイスカウトがネッカチーフを首元でまとめる)輪, リング.

Wöh·ler [wə́:lə, vɔ́:- | -lə(r; *G.* vǿ:lɐ], **Friedrich** *n.* ウェーラー 《1800–82; ドイツの化学者》.

wok [wɑ́k | wɔ́k] 〖□ Chin. 《広東方言》 *wôk* 鑊〗 *n.* 中華なべ.

woke 〖ME *wook* (pret.) & *waken* (p.p)〗 *v.* wake の過去形·過去分詞.

woken *v.* wake の過去分詞.

Wo·king [wóukɪŋ | wə́u-] 〖OE *Woc(c)ingas* 《原義》 'the people of *Wocca* (人名)': ⇨ -ing³〗 — *n.* イングランド南部, Surrey 州の都市; 大共同墓地 (Woking Cemetery) がある; 人口 79,000.

w.o.l. 《略》〖保険〗 wharf-owner's liability 埠頭側責任.

wold¹ [wóuld | wə́uld] 〖OE (Anglian) *wald*, (West-Saxon) *weald* forest < Gmc **walþus* (Du. *woud* / G *Wald*) ← IE **wel-* woods; wild: cf. weald, wild〗 — *n.* **1** (不毛の)高原, 山地, 荒野. **2** [W-] (イングランドの Yorkshire, Leicestershire, Lincolnshire などの)高原地方: Yorkshire *Wolds* / ⇨ Cotswolds. **3** 《廃》 森林 (forest, wood).

wold² [wóuld | wə́uld] *n.* =weld¹.

wolf [wúlf] 〖OE *wulf* < Gmc **wulfaz* (Du. *wolf* / G *Wolf* / ON *ulfr*) < IE **wl̥kʷos* wolf (L *lupus* / Gk *lúkos* / Skt *vr̥kas*) ← ? **wel-* to tear, pull: 原義は 'tearing-beast' の意か〗 — *n.* (*pl.* **wolves** [wúlvz]) **1** 〖動物〗 **a** オオカミ 《イヌ科イヌ属 (*Canis*) の動物の中で犬に似た比較的大きい動物の総称; シンリンオオカミ (timber wolf) など》; (特に)オオカミ (gray wolf): (as) greedy [hungry] as a ~ (狼のように)ひどく貪欲(どんよく)な[空腹な] / To mention the ~'s name is to see the same. 《諺》 うわさをすれば影 (cf. Talk of the DEVIL, and he is sure to appear.) / Wake not a sleeping ~. やぶをつついてへびを出すな, つまらぬことをして損[災い]を招くな (Shak., *2 Henry* 4. 1. 2.) (cf. *let sleeping* DOGS *lie*). ★ ラテン語系形容詞: lupine. **b** オオカミの類の動物の総称 《タテガミオオカミ (maned wolf), コヨーテ (coyote) など》. **2** オオカミ(の類の動物)の毛皮. **3** [the W-] 〖天文〗 おおかみ(狼)座 (⇨ Lupus). **4** (狼のような)貪欲[残忍]な人. **5** 《俗》 しつこく女のあとを追う男, 女好きな人, 女たらし (philanderer). **6** 非常な空腹, 飢え, 猛烈な食欲 (ravenous appetite): ⇨ *keep the wolf from the door* / have a ~ in the stomach 非常に空腹を感じる, 猛烈に食欲がある / The ~ is at the door. 飢餓に瀕する. **7** 穀食を荒らす各種の昆虫(の幼虫). **8** 〖音楽〗 **a** ウルフ(音), 狼音(ろうおん) 《不等分平均律で調律された鍵盤楽器, 特にオルガンの四度音程で生じる吼(ほ)えるような一種のうなり》; その音程 (cf. wolve 2). **b** (用弓弦楽器の製作上の欠陥または弦の調律の不完全などから起こる)一種の雑音.

cry wolf (***too often***) 〖Aesop 物語から〗 (面白半分に)狼が来たと言って人をだます, 虚報を伝える (give a false alarm). ***have*** [***hold***] ***a wolf by the ears*** (狼の両耳を捕えているように)のっぴきならぬ立場にある, 苦境に陥る, 難局に立つ (cf. *take the* BULL¹ *by the horns*). ***keep the wolf from the door*** 飢餓を免れる, どうにか食べて生きて行く. ***see*** [***have seen***] ***a wolf*** 〖狼に会うと口がきけなくなるという言い伝えから〗 口がきけなくなる. ***throw to the wolves*** 狼に投げ与える, 平気で犠牲にする. ***ugly enough to tree a wolf*** 《米俗》 (狼も恐れて木に登って逃げ出すほどに)不器量な: She was small and *ugly enough to tree a* (barking [curly, gray, white, she-]) ~. ***a wolf in sheep's clothing*** [***a lamb's skin***] 温順[友情]を装った危険な人物, ねこかぶり, 偽善者 (cf. *Matt.* 7: 15).

— *vt.* **1** がつがつ食う, むさぼり食う (devour greedily) 〈*down*〉: He stopped ~*ing* the oysters. カキをがつがつ食べるのをやめた / He ~*ed down* a piece of pie. パイを一きれぺろりと平らげた. **2** [~ it として] 狼のように[残忍に]振舞う. — *vi.* **1** 狼狩りをする. **2** 攻撃的に女をあさる.

~·like *adj.*

Wolf [vɔ́(:)lf | vɔ́lf; *G.* vɔlf], **Friedrich August** *n.* ウォルフ 《1759–1824; ドイツの古典学者》.

Wolf, Hugo *n.* ヴォルフ 《1860–1903; オーストリアの作曲家》.

wólf·bèr·ry [-bèri, -b(ə)ri | -b(ə)ri] *n.* 〖植物〗 北米西部産のスイカズラ科の白い実がなる低木 (*Symphoricarpos occidentalis*).

wólf·bòy *n.* (狼に育てられたと考えられる)狼少年.

wólf càll *n.* 《米》 (女性の注意を引くための)口笛[喚声など] (cf. wolf whistle).

wólf child *n.* 狼に育てられたと考えられる子供; (特に)狼少年.

wólf cùb *n.* **1** オオカミの子. **2** [W- C-] ウルフカブ 《ボーイスカウト運動の 4 部門のうち最年少の部門に属する隊員 (8–11 歳); 現在は Cub Scout という; cf. brownie 2》.

wólf dòg *n.* **1** 狼狩り用の猟犬, (羊を狼から守る)牧羊犬 (cf. wolfhound). **2** 狼と飼犬との雑種.

Wolfe [wúlf] 〖⇨ wolf〗 *n.* 男性名.

Wolfe, Charles *n.* (1791–1823) アイルランドの詩人; *The Burial of Sir John Moore* (1817).

Wolfe, Humbert *n.* (1885–1940) 英国の詩人.

Wolfe, James *n.* (1727–59) 英国の将軍; 七年戦争でカナダ派遣軍の将となり, Quebec 攻略に際し仏軍の出城を陥落させたが, 自らは戦死した (cf. Plains of ABRAHAM).

Wolfe, Thomas (**Clay·ton**) [kléɪtn̩] *n.* (1900–38) 米国の小説家; *Look Homeward, Angel* (1929).

wólf èel *n.* 〖魚類〗 北米太平洋岸産スズキ目オオカミウオ科の一種 (*Anarrhichthys ocellatus*).

wólf·er 〖← WOLF+-ER¹〗 *n.* **1** 狼狩りをする人. **2** がつがつ食べる人.

Wolff [vɔ́(:)lf, wúlf | wúlf, wɔ́lf; *G.* vɔlf] (*also* **Wolf** [~]), **Christian von** *n.* ウォルフ 《1679–1754; ドイツの哲学者·数学者》.

Wolff, Kas·par [káspar] **Friedrich** *n.* ウォルフ 《1733–94; ドイツの解剖学者·生理学者》.

Wolff, Wil·helm [vílhɛlm] *n.* ウォルフ 《1809–64; ドイツの社会主義者》.

Wolf-Ferrari [vɔ́(:)lfferá:ri | vɔ̀lfferá:ri; *It.* vólfferrá:ri], **Er·man·no** [ermánno] *n.* ウォルフフェラーリ 《1876–1948; イタリアの作曲家; *I Gioielli della Madonna*「マドンナの宝石」(1911)》.

Wólff·i·an bódy, w- b- [wúlfiən-, vɔ́(:)l- | wúlfɪ-, vɔ́l-] 〖← *K. F. Wolff*: ⇨ -ian〗 *n.* 〖生物〗 ウォルフ体 (⇨ mesonephros).

Wólffian dúct *n.* 〖解剖·動物〗 ウォルフ管 (⇨ mesonephric duct).

wólf·fìsh *n.* 〖魚類〗 **1** オオカミウオ (*Anarrhichas lupus*) 《北大西洋産のギンポ亜目の魚; 歯が強く性質は獰猛(どうもう), 長さ 2 m に達するものがある》. **2** =lancet fish.

Wolf·gang [wúlfgæŋ, vɔ́(:)lfgɑ:ŋ, vɑ́lf- | wúlfgæŋ; *G.* vɔ́lfgaŋ] 〖□ Gmc ~ 'advancing wolf'〗 *n.* 男性名.

wólf hèrring *n.* 〖魚類〗 オキイワシ (*Chirocentrus dorab*) 《熱帯インド洋·太平洋にいる等椎類の大型大食魚; dorab ともいう》.

wólf·hòund 〖昔狼狩りに用いたため: cf. wolf dog〗 *n.* ウルフハウンド 《狼狩り用の猟犬》: ⇨ Irish wolfhound, Russian wolfhound.

wólf·ish [-fɪʃ] 〖(1570) ← WOLF+-ISH¹〗 — *adj.* 狼のような, 貪欲(どんよく)な (greedy), 残忍な (cruel): a ~ pursuit of pleasure 貪欲な快楽の追求 / a ~ smile 残忍な笑い. **~·ly** *adv.* **~·ness** *n.*

wólf·màn [-mæ̀n] *n.* (*pl.* **-men** [-mèn]) 狼男 (werewolf) 《満月の夜などに狼に変身する男》.

wólf nòte *n.* 〖音楽〗 =wolf 8 b.

wólf pàck *n.* **1** 狼の群れ. **2** 〖《なぞり》← G *Rudel* 《原義》 pack¹ n. 3〗 同時に敵を襲う潜水艦[戦闘機]群.

wol·fram [wúlfrəm, vɔ́(:)l- | wúl-] 〖(1757) □ G *Wolfram* ← MHG *wolf* 'WOLF' + *rām* dirt, soot: すずよりも価値が劣ると考えられたことから // 《変形》? ← G 《古形》 *Wolfrumb* 《原義》 wolf-turnip: かぶの形をした原鉱にちなむ〗 — *n.* **1** 〖鉱物〗 =wolframite. **2** 〖化学〗 ウォルフラム (⇨ tungsten).

wol·fram·ate [wúlfrəmèɪt, vɔ́(:)l- | wúlf-] 〖⇨ ↑, -ate¹〗 *n.* 〖化学〗 ウォルフラム酸塩 (⇨ tungstate).

wol·fram·ic [wulfrǽmɪk, vɔ(:)l- | wul-] *adj.* 〖化学〗 =tungstic.

wol·fram·ite [wúlfrəmàɪt, vɔ́(:)l- | wúl-] 〖□ G *Wolframit*: ⇨ wolfram, -ite¹〗 *n.* 〖鉱物〗 鉄マンガン重石 ($(Fe, Mn)WO_4$) 《タングステン原鉱》.

wol·fra·mi·um [wulfréɪmiəm, vɔ(:)l- | wulfréɪmɪ-] 〖← NL ~: ⇨ wolfram, -ium〗 *n.* 〖化学〗 =tungsten.

Wol·fram von Esch·en·bach [wʊ́lfrəm-vɑn-ɛ́ʃənbɑ̀ːk, vɔ́(ː)lfraːm-, -vən-, -fən-, -bɑ̀ːx | wʊ́lfrəm-vɔn-, -vən-, -fən-; *G.* vɔ́lfram-fɔn-ɛ́ʃənbàx] *n.* ウォルフラム フォン エッシェンバハ《1170?-?1220; ドイツの叙事詩人; *Parzival*「パルチファル」(*c.* 1210)》.

Wólf-Ra·yét stár [wʊ́lfraɪjéɪ-, vɔ́(ː)lf- | wʊ́lf-, vɔ̀lf-; *F.* vɔlfrajɛ] 〘← *Charles Wolf* (1827-1918: フランスの天文学者)+*Georges Rayet* (1839-1906: フランスの天文学者)〙 **—** *n.* 〖天文〗ウォルフライエ星《恒星の一種; 極めて高温で光度が大きく, 幅広い輝線スペクトルを示す星》.

wólfs·bàne 〘《なぞり》← NL *lycoctonum* 《原義》wolf-killing ⊏ Gk *lukoktónon* wolf-slayer〙 **—** *n.* 〖植物〗 **1** トリカブト, レイジンソウ《キンポウゲ科トリカブト属 (*Aconitum*) の植物の総称》; (特に)黄色の花を付ける種類 (*A. lycoctonum*). **2** ＝winter aconite.

wólf's-clàw *n.* 〖植物〗＝club moss.

wólf's-fòot *n.* 〖植物〗＝wolf's-claw.

wólf·skìn *n.* **1** 狼の毛皮. **2** 狼皮製品《敷物・外套(がいとう)など》. **—** *attrib. adj.* 狼皮製の.

wólf's-mìlk 〘その刺激性の乳液から: cf. G *Wolfsmilch*〙 *n.* トウダイグサ科トウダイグサ属 (*Euphorbia*) の植物の総称《*E. esula* など》.

wólf spìder *n.* 〖動物〗コモリグモ, ドクグモ《ドクグモ科のクモの総称; 地面を歩き回って餌を捕え幼虫を背に乗せて運ぶ》.

wólf tòoth *n.* 〖獣医〗 **1** (時に上顎大臼歯の次に生える)異常歯《馬に多く, 採食の際に舌や歯茎が傷つきやすい》. **2** ＝needle tooth.

wólf whìstle *n.* (魅力的な女性を見た時に鳴らす, 通例高低2音調の)口笛 (cf. wolf call): He gave a long ~. ひゅーひゅーと特に長い口笛を吹いた.

wolf·y [wʊ́lfi | -fɪ] *adj.* (**wolf·i·er; -i·est**) 狼のような; 猛々しい.

wol·las·ton·ite [wʊ́ləstənàɪt, wɑ́l- | wʊ́l-] 〘← *William Hyde Wollaston* (1766-1828: 英国の物理・化学者): ⇨ -ite[1]〙 *n.* 〖鉱物〗珪(けい)灰石 ($CaSiO_3$).

Wol·lon·gong [wʊ́ləngɑ̀ŋ, -gɔ̀(ː)ŋ | -gɔ̀ŋ] *n.* オーストラリア東部, New South Wales 州東方の港市; 付近を合わせて Greater Wollongong と呼ぶ; 人口 212,000.

Woll·stone·craft [wʊ́lstənkræ̀ft | -krɑ̀ːft], **Mary** *n.* ⇨ Mary Wollstonecraft GODWIN.

Wo·lof [wóʊlɑf | wɔ́ʊləf] *n.* **1 a** [the ~] ウォロフ族《西アフリカの Senegal 河口付近のアフリカ黒人種族; 大部分はイスラム教徒》. **b** ウォロフ族の人. **2** ウォロフ語.

Wolse·ley [wʊ́lzli | -lɪ], **Garnet Joseph** *n.* (1833-1913) 英国の陸軍元帥; 称号 1st Viscount Wolseley.

Wol·sey [wʊ́lzi | -zɪ], **Thomas** *n.* (1475?-1530) 英国の政治家・枢機卿, Henry 八世の宰相; 通称 Cardinal Wolsey.

wolve [wʊ́lv] 〘← WOLF (n.): cf. halve (← half)〙 **—** *vi.* **1** 狼のように振舞う[暴れる]. **2** 〈パイプオルガンが〉狼音(ろうおん)を出す (cf. wolf *n.* 8 a). **—** *vt.* [~ it として] ＝*vi.* 1.

wólv·er 〘⇨ ↑, -er[1]〙 **—** *n.* **1** 狼のような振舞いをする人. **2** 狼狩りをする人 (wolfer).

Wol·ver·hamp·ton [wʊ́lvəhæ̀m(p)tən, ⏤⏤⏤ | -və-] 〘OE *Wolvrenehamptonia* ← *Wulfrun* (人名)+*Hēa(n)tūne* 《原義》high town〙 **—** *n.* イングランド West Midlands 州中部, Birmingham 北西の工業都市; 人口 367,000.

wol·ver·ine [wʊ̀lvəríːn, ⏤⏤ | ⏤⏤] 〘《1574》《変形》←《古形》*wolvering* (dim.) ← WOLVER (n. 1): cf. G *Wölflein*〙 **—** *n.* **1** (*pl.* ~) 〖動物〗クズリ (*Gulo luscus*)《北米産イタチ科のずんぐりした肉食哺乳動物; carcajou ともいう; ヨーロッパ産は glutton[2]》. **2** クズリの毛皮. **3** [W-]《米口語》Michigan 州の人《あだ名》.

wolverine 1

Wólverine Státe *n.* [the ~] 米国 Michigan 州の俗称.

wolves *n.* wolf の複数形.

wom·an [wʊ́mən] 〘OE *wimman, wifmann* ← *wif* 'female, WIFE'+*mann* 'person, MAN': 複数形の発音 [wɪ-] は規則的発達を示しているが, 単数形の発音 [wʊ-] は語頭音 [w] の円唇化の影響による〙 **—** *n.* (*pl.* **wom·en** [wɪ́mɪn, -mən | -mɪn]) **1** (成人した)女性, 婦人 (cf. lady, girl): a single ~ 独身婦人 (spinster) / ⇨ little woman, new woman, old woman / a ~ of pleasure 快楽を追う女; 自堕落女 / a ~ of letters 教養ある女性; 女流文学者 / a ~ with a past 過去のある[いわく付きの]女 / *women's* garments 婦人用衣類 / a [the] ~*'s* reason ⇨ reason 2 / *women's* rights＝woman's rights / Every ~ is to him a lady. 彼には女は皆貴婦人に見える / There is a ~ in it. この裏面には女がいる《恋愛関係に違いない; cf. cherchez la femme (巻末)》/ my good ~ もしもし, あなた《婦人に対する呼掛け》/ A whistling ~ and a crowing hen are neither liked by God nor men. 《諺》口笛を吹く女と時を告げるめんどりは神にも男にも好かれない / A ~*'s* work is never done [at an end]. 《諺》女の仕事にはきりがない / ⇨ inner woman, outer woman. **2** [単数で無冠詞; 総称的] 女, 女性: an excellent thing in ~ どの女にでも結構なこと《愛嬌(あいきょう)・声の美しさ・料理上手など》/ ~*'s* wit 女の知恵《本能的な洞察力や機転》/ Sentiment is ~*'s* sphere. 情操は女性の本領である. **3 a** 《方言》妻 (wife). **b** 恋人, 愛人 (sweetheart, mistress). **c** [*pl.*] (情交相手としての)女: quit drink and *women* 酒と女(遊び)をやめる. **4** 女のような男, めめしい男 (womanish man): all the *women* of both sexes 男女を問わずめめしい人々. **5** [the ~] 女性らしさ, 女らしさ, 女かたぎ (womanliness); 女性の感情, 女の意地, 女心: *the* ~ in man 男性の中にある女性的要素 / There is little of *the* ~ in her. 彼女にはどうも女らしい所がない / He has much of *the* ~ in him. 彼には大分女らしいところがある. **6** 《口語》雑役婦 (charwoman), おばさん. **7** 《古》侍女, 女官 (lady-in-waiting): one of the queen's *women* / ~ of the bedchamber《英》女王付きの女官《lady of the bedchamber よりも下の位》.

born of woman*＝*of woman born 女から生れた, 人と生れた (cf. *Job* 14:1). ***make an honest woman* (*of*)** (関係した女を)正式の妻にする, 妻の座に付かせる: You want to be *made an honest* ~, I gather. どうやら正式に結婚し(てもらい)たいらしいね. ***make a woman of*** (1) …を服従させる. (2)《米》…に女の仕事をさせる. ***play the woman*** めめしい振舞いをする. ***the other woman*** (結婚した男にできた)愛人, 情婦. ***a woman of the town* [*street(s)*]** 街(まち)の女, 売春婦. ***a woman of the world*** 世情に通じた婦人, 世慣れた女; 社交婦人 (cf. *a* MAN *of the world*).

— *attrib. adj.* **1** 女らしい, 女性(特有)の (womanly): ~ talk [clothes]. **2** 女の, 婦人の (female) (cf. lady 8): a ~ doctor 女医 / a ~ friend [helper, servant, slave, reporter] 女の友人[助け手, 召使, 奴隷, 新聞記者]. ★ この用法における woman は本来同格的な複合語を成す名詞であり, 複数の場合も women doctors のように変化する (cf. man *attrib. adj.*).

— *vt.* **1** 《古》…にめめしい振舞い(泣いたりなど)をさせる, めめしくする, 柔弱にする. **2** (女性を lady と言わずに) woman と言う[呼び掛ける]: He ~*ed* her. **3** …に女性を配置する (staff with women).

-wom·an [wʊ̀mən] 〘↑〙 **—** (*pl.* **-wom·en** [wɪ̀mɪn, -mən | -mɪn]) woman の意の名詞連結形 (cf. -man). **a** 「…国婦人」「…に住む婦人」の意: English*woman*, French*woman*, country *woman*. **b** 職業・身分などを表わす: police*woman*, air*woman*, char*woman*, church*woman*, dairy*woman*, horse*woman*, kins*woman*, lay*woman*, needle*woman*.

wóman chàser *n.* 女の尻ばかり追いかけている男, 女たらし.

wóman·fòlk *n.* (*pl.* **women·folk, women·folks**) **1** 《方言》＝woman. **2** [*pl.*] ⇨ womenfolk.

wóman hàter *n.* 女ぎらい(の人) (misogynist) (cf. man-hater 2).

wóman·hòod 〘ME: ⇨ woman, -hood ∽ ME *womanhead*: ⇨ -head〙 **—** *n.* **1** 女であること, 女性かたぎ, 女性の本能, 女らしさ. **2** [集合的] 婦人たち (women), 女性 (womankind): the ~ of Japan 日本の女性.

wóm·an·ish [-nɪʃ] 〘《*c*1385》: ⇨ -ish[1]〙 **—** *adj.* **1 a** 〈男性・その感情・行動・顔つきなど〉女のような, 女みたいな, めめしい (cf. womanlike). **b** [通例軽蔑的に] 柔弱な (effeminate). **2** 《古》〈仕事など〉女のする: ~ work. **~·ly** *adv.* **~·ness** *n.*

wom·an·ize [wʊ́mənàɪz] 〘《1593》: ⇨ -ize〙 *vt.* 女のようにする, めめしくする, 柔弱にする. **—** *vi.* **1** 《古》めめしくなる. **2** 女狂い[女道楽]をする.

wóm·an·iz·er *n.* 女狂い[女道楽]をする人.

woman·kind [⏤⏤, ⏤⏤] 〘《*a*1387》: ⇨ woman, kind[1]: cf. mankind〙 **—** *n.* [集合的] 婦人, 女子, 女性: one's ~ 一家内の女たち.

wóman·less *adj.* 女性のいない: a ~ game.

wóman·lìke 〘《15C》〙 *adj.* **1** 女のような, 女らしい (womanly) (cf. womanish). **2** 〈男が〉めめしい.

wóm·an·ly 〘《?*a*1200》 *wummonlich*: ⇨ -ly[2]〙 **—** *adj.* (**more ~, most ~; wom·an·li·er, -li·est**) 〈女性(の感情・行動)が〉女らしい, 婦女にふさわしい: ~ feelings, modesty, compassion, intuition, etc. / a truly ~ woman 真に婦人らしい婦人. **—** *adv.* 《古》女らしく. **wóm·an·li·ness** *n.*

wóman mòvement *n.* 婦人(解放)運動, 女権拡張運動.

wóman·pòwer *n.* 女性の(働きで得られる)力 (cf. man power).

wóman's màn *n.* ＝ladies' man.

wóman's rìghts *n. pl.* 女権.

wóman's-tóngue trèe 〘その実のさやからでる騒騒しい音から〙 *n.* 〖植物〗＝lebbek 1.

wóman súffrage *n.* 婦人参政[選挙]権 (cf. manhood suffrage, universal suffrage).

wóman-súffragist *n.* (*pl.* **~s, women-suffragists**) 婦人参政権論者.

womb [wúːm] 〘OE ~, *wamb* belly, womb < Gmc **wambō* (Du. *wam* / G *Wamme* / ON *vǫmb*) ← ? (cf. OE *umbor* infant)〙 **—** *n.* **1** 子宮 (uterus): fruit of the ~ 子供, 子 (child, children) / falling of the ~ ＝PROLAPSUS uteri / a *womb*-to-tomb program of social welfare 胎児から死までの社会福祉計画 / from the ~ to the tomb＝from the cradle to the grave (⇨ cradle *n.* 2). **2** 《廃》腹 (belly). **3** 内部 (interior): the ~ of the earth. **4** 物の発生する所, 包む物: in the ~ of time 未来に, 将来, 将来起こるべき. **—** *vt.* 子宮(のようなもの)に包む, はらむ. **~ed** *adj.*

wom·bat [wɑ́mbæt, wɔ́(ː)m- | wɔ́mbət, -bæt] 〘《1798》← Austral. 《土語》〙 **—** *n.* 〖動物〗ウォンバット《オーストラリア産の有袋類ウォンバット科の動物の総称; 外形はアナグマに類似し, 穴居性, 育児嚢がある》.

wombat
(*Vombatus ursinus*)

women 〘ME *wommen* ∽ ME *wymmen* < OE *wifmen*〙 *n.* woman の複数形.

wómen·fòlk *n. pl.* **1** 《口語》女たち (women). **2** [通例 the ~] (家族・団体のうちの)女連中, 女(の人)たち (↔ menfolk): *the* [one's] ~ 一家内の女連中.

wómen·fòlks *n. pl.* ＝womenfolk.

women·kind [⏤⏤, ⏤⏤] 〘ME: ⇨ kind[1]〙 *n.* ＝womankind.

Wómen's Ármy Auxíliary Còrps *n.* [the ~] ⇨ WAAC.

Wómen's Ármy Còrps *n.* [the ~] ⇨ WAC.

Wómen's Auxíliary Ármy Còrps *n.* [the ~] ⇨ WAAC.

Wómen's Ínstitute *n.* 《英》(地方都市の)婦人のための成人教育施設.

wómen's lìb, W- L- *n.* 女性解放運動, ウーマンリブ (cf. Men's Lib).

Wómen's-Líbber *n.* ＝Women's Liberationist.

wómen's liberátion, W- L- *n.* ＝women's lib.

Wómen's Liberátionist *n.* 女性解放[ウーマンリブ]運動家.

wómen's ròom *n.* ＝ladies' room.

Wómen's Róyal Ármy Còrps *n.* 英国陸軍婦人部隊《略 WRAC; cf. Auxiliary Territorial Service, WAAC》.

wom·er·a [wɑ́mərə, wɔ́(ː)m- | wɔ́m-] 〘← Austral. 《土語》〙 **—** *n.* (*also* **woomera**) (オーストラリア原住民が用いる)やりを投げる道具《細長い棒でその上にやりを載せて投げる》.

womp [wɑ́mp | wɔ́mp] 〘擬音語〙 *n.* 〖テレビ〗白閃(はくせん)《画面上に突然起こる閃光》.

won[1] 〘ME *wan*, ~ (pret.) & *wonne(n)*, *wunne(n)* (p.p.) < OE *wann*, *wonn* (pret.) & *gewunnen* (p.p.)〙 *v.* win の過去形・過去分詞.

won[2] [wʌ́n, wóʊn | wʌ́n, wáʊn] 〘OE *wunian* < Gmc **wunōjan* (Du. *wonen* / G *wohnen*) ← IE **wen-* to desire: cf. wean[1], wish, win[2]〙 **—** *vi.* (**wonned; won·ning**) 《古》住む, 居住する (dwell).

won[3] [wɔ́(ː)n, wɑ́(ː)n | wɔ́n] 〘⊏ Korean *wǒn*〙 **—** *n.* (*pl.* ~) **1** ウォン: **a** 韓国の通貨単位《＝100 chon; 記号 W》. **b** 北朝鮮の通貨単位《＝100 jun; 記号 W》. **2** 1 ウォン硬貨[紙幣].

won·der [wʌ́ndə | -də(r)] 〘n.: OE *wundor* miracle < Gmc **wundar-* (Du. *wonder* / G *Wunder* / ON *undr*) ← ?. — v.: OE *wundrian* ← (n.): cf. G *wundern* to wonder〙 **—** *n.* **1** 驚異(の念), 驚嘆, 驚き: ⇨ BIRD of wonder / be filled with ~ 驚異の思いで一杯だ, 非常に驚く / Still the ~ grew. (一同の)驚異の念はなおもつのった, 一層驚いた (cf. O. Goldsmith, *The Deserted Village* 1. 210). **2** 驚くべき事[物], 不思議, 驚異, 奇跡 (miracle, marvel); 神童 (prodigy): a ~ of delicate workmanship 驚嘆すべき精巧な細工品 / He is a ~ of generosity. すばらしく気前のいい人だ / the ~*s* of the sea 海の驚異《深海魚・顕微鏡で見たプランクトン・海中の魚群など》/ work [perform, do] ~*s* 奇跡を行なう; 驚くほどうまくゆく, 〈薬などが〉驚くほどよくきく / It is a ~ (that) he is still alive. 彼がまだ生きているのは不思議だ / The child is a ~. あの子は神童だ / ⇨ nine days' wonder, SEVEN Wonders of the World / ~*s* and signs 奇跡としるし (*Act* 2:43; cf. sign *n.* 1 b) / It is no ~ [No ~] (that) he did not come. 彼が来なかったのは少しも不思議でない (cf. No WONDER!) / Small ~ that …でも不思議ではない / The ~ is that he did not come. 不思議なのは彼が来なかったことだ / What ~ if he failed? 彼が失敗したとてそれがなぜ不思議だ《そんなことは当然だ》/ *Wonders* will never cease. 《皮肉》これは実に不思議なことだ.

and no wonder それもそのはず, 驚くに当たらない, 怪しむに足りない: He refused, *and no* ~. 彼が断わったのも無理はない. ***for a wonder*** 不思議にも (strange to say): *For a* ~ he was in time. 不思議にも彼は遅刻しなかった. ***in wonder*** 驚嘆して, 驚いて: stare *in* ~ あっけに取られて目を見張る / The boy looked at him *in* silent [open-mouthed] ~. 少年はあっけに取られて黙って[口あんぐりと]彼を見た. ***No wonder!*** なるほど, 道理で. ***to a wonder*** 《古》不思議なくらいに, 驚くほど.

— *attrib. adj.* **1** 驚くべき, 非凡な: a ~ child [boy, girl] 神童. **2** 不思議な, 奇跡的な: a ~ book 不思議な物語, 奇談 / a ~ world 不思議な世界. **3** 魔法の (magical): a ~ staff 魔法の杖.

— *vi.* **1** 不思議に思う, 不思議に耐えない, (…に接して, を見て)驚く (marvel) 〔*at*〕/ 〈*to see*〉: the kind of persons that never ~ 何を見ても驚かないたちの人々 / I ~*ed to see* you there. あそこで君に会って驚いたよ / I don't ~ *at* his anxiety. 彼が心配するのも不思議ではない / Can you ~ *at it*? そんなこと怪しむに足りないではないか / It is not to be ~*ed at*.

不思議でも何でもない《怪しむに足りない》/ I ~ at you. (いたずらをした子供などに)お前にはほんとにあきれた. **2** どうかしらと思う, 疑う, 怪しむ(doubt): ~ *about* [*as to*] the truth of the report その報道の真偽を疑う / I ~. さてどうだろうかな《甚だ怪しいものだ》. **— *vt.*** **1** [*that*-clause を目的語として (that はよく省略される)] …とは不思議に思う, 驚く: I ~ (*that*) he did it at last. とうとう彼がそれをしたとは驚いた / Can you ~ *that* he said so? 彼がそう言ったことはそんなに驚くには当たるまい / He ~*ed* you had done it. 君がそんなことをしたのには彼も驚いていた / It is little to be ~*ed that* his students respect him. 学生たちが彼を尊敬するのは少しも不思議ではない. ★ この用法で Clause を原因・理由の副詞節と見て, wonder を *vi.* と解してもよい. **2** [who, what, why, how, if, whether などで導かれる Clause を目的語として] **a** …かしら, …だろうか: I ~ *who* he is. 彼はだれだろう / I ~ *what* I should do. どうしたらいいのか / I ~ *if* it will rain. 雨が降るかしら / I ~ *how* to proceed. どうしたものかなあ / I ~ *how* memory works. 一体どういう風にして記憶(という作用)は行なわれるのだろう / I ~ *what* the time is. 今は何時かしら / I ~ *who* invented it. だれがそれを発明したのだろう / I can't help ~*ing if* we are wise to do it. それをやるのは果して賢明かどうかな / I ~ *why* he left. 彼はなぜ行ってしまったのだろう. ★ たとえば I shouldn't wonder if it turned to snow soon. (間もなく雪になったとしても驚かない, きっと雪になるだろう)の意味で I shouldn't wonder if it didn't turn to snow soon. を用いるのは不注意から来る誤用 (⇨ surprise *vt.* 1). **b** [通例一人称主語で] できますかしら, お願いできますまいか《人に丁寧に頼む時》: I ~ *whether* [*if*] I might ask you a question. 質問してもよろしいでしょうか / I ~ *whether* [*if*] I might trouble you to open the door. お手数でも戸を開けていただけませんかしら.

wón·der·bèr·ry [-bèri, -b(ə)ri | -b(ə)rɪ] *n.* 〘植物〙 イヌホウズキ (black nightshade); イヌホウズキの実《sunberry ともいう》.

wónder drùg *n.* 特効薬 (miracle drug).

won·der·ful [wʌ́ndəfəl | -də-] 〘adj.: lateOE *wunderfull*. —adv.: 《?*a*1400》 ← (adj.): ⇨ wonder (n.), -ful[1]〙 **— *adj.*** **1** 不思議な, 驚くべき, 驚くほどの, 驚嘆すべき (amazing, marvelous): a ~ story 不思議な物語 / a man of ~ patience 非常に辛抱強い人 / a ~ sight 珍しい光景, 奇観 / ~ to say 不思議にも. **2** 素敵な, すばらしい (remarkable, excellent): a ~ dinner / ~ weather / He was ~ at climbing trees. 木登りがうまかった / *Wonderful!* すばらしい. **— *adv.*** 《方言》=wonderfully. **~·ly** *adv.* **~·ness** *n.*

wón·der·ing [-d(ə)rɪŋ] *adj.* 不思議に思う, 不思議そうな: a ~ look 不思議そうな顔つき. **~·ly** *adv.*

wónder·lànd [-lǽnd, -lənd | -lǽnd] *n.* **1** 不思議の国, おとぎの国 (fairyland). **2** (景色のよいまたは肥沃な)すばらしい所 (wonderful place).

wón·der·ment *n.* **1 a** 驚き, 不思議, 驚嘆 (surprise). **b** 驚きの表現: make a ~ 驚きを現わす. **2** 不思議なもの, 奇観 (wonder). **3** 不思議がること, いぶかり.

wónder-strìcken [-strùck] *adj.* 驚きの念に打たれた, 仰天した, あっけに取られた.

wónder·wòrk 〘OE *wundorweorc*: ⇨ wonder (n.), work (n.)〙 *n.* 驚くべきもの, すばらしいもの, 奇跡.

wónder-wòrker *n.* 奇跡を行なう人, 驚くべき事をする人.

wónder-wòrking *adj.* 奇跡を行なう.

won·drous [wʌ́ndrəs] 〘《*a*1500》 ← WONDER + -OUS ∞ ME *wonders* (adv. & adj.) (gen.) ← WONDER (n.)〙 《詩・文語》 **— *adj.*** 驚くべき, 不思議な. **— *adv.*** [形容詞を修飾して] 不思議なほど; 非常に, きわめて: ~ kind, beautiful, etc. **~·ly** *adv.* **~·ness** *n.*

wong·a-wong·a [wɑ́ŋəwɑ́ŋə | wɔ́ŋəwɔ́ŋə] 〘← Austral. 《土語》〙 **— *n.*** **1** 〘植物〙 オーストラリア産ノウゼンカズラ科ソケイノウゼン属の黄白色の円錐花をつける蔓性低木 (*Pandorea pandorana*). **2** 〘鳥類〙 ウォンガバト (*Leucosarcia melanoleuca*)《オーストラリア産の大きなハト; 単に wonga ともいう》.

wonk [wɑ́ŋk | wɔ́ŋk] 〘《逆成》↓ / 《逆綴り》← KNOW〙 《俗》 *n.* がり勉家 (grind). **— *vi.*** 〈学生が〉がり勉する (cram, grind).

won·ky [wɑ́ŋki | wɔ́ŋkɪ] 〘《変形》← 《方言》*wanky* ← ME *wankel* < OE *wancol* wavering ← Gmc *wankil- (G *wanken* to totter) ← IE *weng- to bend: cf. wench, wince[1]〙 **— *adj.*** (**won·ki·er; -ki·est**) 《英俗》 **1** ぐらぐらする, ぐらつく, よろよろの (shaky, tottery): a ~ desk / This tooth is a bit ~. この歯が少しぐらつく. **2** 〈経営など〉あぶなっかしい; 故障のある, 具合の悪い (amiss): His accounts went a little ~. 会計が少しあぶなっかしくなった / Has anything gone ~ with the clock? 時計は故障したのか.

won·na [wɑ́nnə] 《スコット》 =will not, won't.

won·ner [wɑ́nə | -nə(r)] *n.*, *v.* 《スコット》 =wonder.

Wŏn·san [wɑ́nsɑ́ːn] *n.* (*also* **Won·san** [~]) 元山(ウォンサン) 《北朝鮮, 日本海側の港市; 人口 300,000》.

wont [wɔ́(ː)nt, wóunt, wɑ́nt, wʌ́nt | wóunt] 〘adj.: ME *wunt, woned* < OE *gewunod* (p.p.) ← *wunian* 'to WON[2]'. —n.: 《*a*1325》《変形》← ? ME *wune, wone* custom, habit < OE (*ge*)*wuna* ← *wunian*. —v.: 《*c*1440》 ← (adj.)〙 《古》 *pred. adj.* …し慣れて, するのを常として (accustomed) 〈*to do*〉: as he was ~ to say 彼がよく言っていたように / sitting as I was ~ 例のように坐って. **— *n.*** 習慣 (habit); 風習 (custom): use and ~ 世間の風習 / according to his ~ 彼の習慣に従って / as is one's ~ = after one's ~ いつものように / It was his ~ to rise at six. 6時に起きるのが彼の習慣であった / He came home much later than was his ~. 彼はいつもよりずっとおそく帰宅した. **— *v.*** (~; ~, ~·ed) **— *vt.*** **1** 〈人を〉慣れさせる (accustom) 〔*to*〕. **2** [通例 Passive で] 〈物を〉習慣的なものにする. **— *vi.*** …する習慣である 〈*to do*〉: as he ~ (=used) *to* do 彼がいつもしていたように.

won't [wóunt, wʌ́nt | wóunt] 〘《17C》《短縮》← ME *wol not* will not: ⇨ will[1]〙 will not の縮約形.

wont·ed [wɔ́(ː)ntɪd, wóun-, wɑ́n-, wʌ́n-, -təd | wóunt-] 〘《*a*1413》: ⇨ wont (n.), -ed 2〙 **— *adj.*** **1** [Attributive だけに用いて] 常の, 例の, いつもの (habitual, usual): with his ~ courtesy 例の通り丁寧に / return at one's ~ hour いつもの時間に帰る / I met with the ~ obstacles. 私はいつもの障害にぶつかった. **2** 《米》 慣れた, なついた (accustomed) 〔*to*〕: sheep ~ *to* the fold 小屋に慣れた羊. **~·ly** *adv.* **~·ness** *n.*

won·ton [wɑ́ntɑ̀n | wɔ́ntɔ̀n] 〘□ Chin. 《広東方言》 *wan t'an* (餛飩)〙 *n.* ワンタン; ワンタン入りスープ.

woo [wúː] 〘lateOE *wōgian* ← ?〙 **— *vt.*** 《文語》 **1** 〈女性〉に求愛する, 求婚する (court): ~ the Muses ミューズの神々の愛を求める, 芸術に精進する. **2** 〈人〉に(…するよう)せがむ (importune), なだめすかして〈人〉に…させる (coax) 〔*to*〕 / 〈*to do*〉: ~ a person *to* do …してくれと人にせがむ / I ~*ed* him *to* compliance. 彼をなだめすかして同意させた. **3** 〈名誉・財産などを〉得ようとする (try to win), 求める, 追う (pursue); 〈災難などを〉招く (invite): ~ fame [success, slumber] 名声[成功, 睡眠]を求める / ~ one's own destruction 身の破滅を招く. **— *vi.*** **1** 〈男が〉求愛する, 求婚する. **2** 懇願[嘆願]する. **— *n.*** ★ 次の成句で: ***pitch woo*** 《米俗》 愛撫する, 抱き合う (neck).

woo·but [wúːbət] 〘ME *wolbode* ← ? WOOL + OE *budda* beetle〙 *n.* 〘昆虫〙 =woolly bear.

wood[1] [wúd] 〘OE *wudu* < Gmc *widuz (OHG *witu* / ON *viðr*) ← IE *widhu- tree〙 **— *n.*** **1** [しばしば *pl.*] 森, 森林《通例 grove より大きく forest より小さい》. ★《口語》では a woods のように複数形でしばしば単数扱い: a ~s path 森の小道 / a ~ of larches カラマツの林 / a house in the middle of a ~ 森の真ん中の家 / ride through the ~(*s*) 森の中を馬で通る. **2 a** [the ~] 木質部. **b** 木, 木材; 材木 (timber); まき, たきぎ (firewood): ⇨ hardwood, softwood / cut ~ 木を切る / bundle [chop, collect] ~ まきを束ねる[割る, 集める] / a house made of ~ 木造家屋. **3** [the ~] (酒びんなどに対して)たる (cask, barrel): wine [beer] from *the* ~ たるから出したぶどう酒[ビール] / fresh from *the* ~ たるから出したばかりの / in *the* ~ たる詰めの, たる入りの (in case). **4 a** [the ~] (道具などの)木の部分. **b** (木版の)版木 (woodcut). **5** [the ~] 〘音楽〙 木管楽器 (woodwind); [集合的] (オーケストラの)木管楽器部 (cf. brass 3). **6** (lawn bowling に用いる)木球 (bowl). **7** 〘ゴルフ〙 ウッド《木製のクラブ; cf. iron 4》. **8** [the ~] 《俗》 説教壇 (pulpit).

be* [*get*] *out of the woods [《英》 ***wood***] 《口語》 森の中から出る; 危機を免れる, 困難を切り抜ける: Don't halloo till you *are out of the* ~*s*. 《諺》 早まって喜ぶな. ***cannot see the wood for the trees*** 木を見て森を見ず, 一部に気をとられて全体の姿を見失う, 小事に心を奪われて大局が見えない. ***go to the woods*** 社会的地位を失う, 社会から追放される. ***saw wood*** 《米俗》 (1) (他人にかまわず)自分の仕事をする, 人のことに干渉しない. (2) いびきをかく. ***take to the woods*** (1) 森に逃げ込む. (2) 《米口語》 逃げて隠れる; 責任を回避する, 務めを怠る. ***touch*** [《米》 ***knock*** (***on***)] ***wood*** 木に手(など)を触れる《迷信で, 軽はずみに自慢などをした後で Nemesis (応報の女神)の怒りを和らげるため, または子供の遊びで相手につかまらないために, 近くにある木製のテーブルや柱に触れること》.

— *attrib. adj.* **1** 木製の (wooden): a ~ ceiling. **2** 木材用の, 木を切る[削る, 持ち上げる]ための. **3** 森にすむ, 森林で育つ: a ~ bee.

— *vt.* **1** 樹木でおおう (cf. wooded 1). **2** …に樹木を植える; 植林する (reforest). **3** 〈蒸気船・ストーブなど〉にたきぎ[木材]を供給する[積み込む]. **4** 材木で支える. **— *vi.*** (燃料として)たきぎの供給を受ける, たきぎを積み込む 〈*up*〉.

wood[2] [wúːd, wóud, wúd | wúːd, wáud, wúd] 〘OE *wōd* < Gmc *wōdaz ← IE *wāt- to inspire: cf. Woden〙 **— *adj.*** 《古》 **1** 気が狂った (mad). **2** 暴れる, 狂暴な (mad, violent). **3** 激怒した (enraged).

Wood [wúd], **Grant** *n.* (1892–1942) 米国の画家; 細密描写による肖像・風景で著名.

Wood, Leonard *n.* (1860–1927) 米国の将軍・政治家; ⇨ Rough Riders.

wóod àgate *n.* 〘鉱物〙 木瑪瑙(めのう)《木が珪化してできた一種の瑪瑙》.

wóod álcohol *n.* 〘化学〙 木精, メチルアルコール (methanol) (cf. grain alcohol).

wóod anèmone *n.* 〘植物〙 アネモネ数種の総称《ヨーロッパ産のヤブイチゲ (*Anemone nemorosa*), 北米東部産のアネモネ (*A. quinquefolia*) など》.

wóod bètony *n.* 〘植物〙 **1** =betony. **2** =lousewort.

wóod·bìn *n.* まき箱.

wóod·bìnd 〘OE *wudubind*(*e*): ⇨ wood[1], bind〙 *n.* 〘植物〙 =woodbine.

wood·bine [wúdbaɪn] 〘《16C》《変形》↑〙 **— *n.*** 〘植物〙 **1** 数種のスイカズラの類 (honeysuckle) の総称; (特に)ヨーロッパ産のつる性低木 (*Lonicera* (or *Conicera*) *periclymenum*). **2** 《米》 =Virginia creeper.

wóod blòck *n.* **1** =woodcut. **2** (舗装用)木れんが.

wóod bòrer *n.* **1** 〘昆虫〙 樹木の木質部に穴をあける各種の昆虫の幼虫. **2** 〘動物〙 海中の木材に穴をあける各種の2枚貝や甲殻類小動物の総称《フナクイムシ・キクイムシなど》. **3** (圧縮空気を用いる)木材用穿孔器.

wóod-bòring *adj.* 〈昆虫など〉木に穴をうがつ.

wóod·bòx *n.* =woodbin.

wóod brìck *n.* 〘建築〙 木れんが《仕上材を取り付けるためれんがやコンクリート壁に埋め込まれる木片》.

wood·bur·y·type [wúdberitàɪp, -b(ə)ri- | -b(ə)rɪ-] 〘← *W.B. Woodbury* (1834–85: その発明者)〙 **— *n.*** ウッドベリ写真版《カーボンレリーフ像に圧着して作った鉛板の凹凸像に顔料を含むゼラチン液を含ませて紙に転写する》.

wóod·càrver *n.* 木彫師.

wóod càrving *n.* 木彫(術); 木彫(物), 木彫り.

wóod·chàt 〘← *woodcat (なぞり) ← G *Waldkatze*: ⇨ wood[1], chat (n.)〙 **— *n.*** 〘鳥類〙 **1** ズアカモズ (*Lanius senator*)《ヨーロッパ産のモズの一種; woodchat shrike ともいう》. **2** 《まれ》 コルリ属 (*Larvivora*) の鳴鳥の総称. **3** コマドリ属 (*Erithacus*) の小鳥の総称.

wóod-chòpper *n.* 《米》 きこり.

wóod·chùck 〘《1689》《通俗語源による変形》← N-Am.-Ind. (Algonquian) *wuchak, otchek*〙 **— *n.*** 〘動物〙 **1** ウッドチャック (*Marmota monax*)《米国北東部のマーモット; groundhog ともいう》. **2** (北米西部産の)マーモットの類の数種の動物の総称 (cf. marmot).

wóod cóal *n.* **1** 木炭. **2** 亜炭, 褐炭(かったん) (lignite).

wóod·còck 〘lateOE *wuducoc*: ⇨ wood[1], cock[1]〙 **— *n.*** (*pl.* **~s, ~**) 〘鳥類〙 **1 a** ヤマシギ (*Scolopax rusticola*)《旧世界産のシギ科の鳥》. **b** アメリカヤマシギ (*Philohela minor*)《同類の小型の狩猟鳥》. **2** 〘この鳥が簡単にわなにかかるところから〙《古》 うすのろ (simpleton).

wóod·cràft 〘《?*c*1390》 *wod crafte*: 廃語であったが Walter Scott により復活された〙 **— *n.*** **1** 山林技術《山林での狩猟・通過・生活法など》. **2** 森林学 (forestry). **3** 木彫, 木彫り術.

wóod·cràftsman *n.* (*pl.* **-men**) **1** 山林技術者. **2** 木彫り工[名工].

wóod·crèeper *n.* 〘鳥類〙 =woodhewer.

wóod cúdweed *n.* 〘植物〙 キク科ハハコグサ属の多年生雑草 (*Gnaphalium sylvaticum*)《chafeweed ともいう》.

wóod·cùt *n.* **1** 板目木版 (cf. wood engraving). **2** 板目木版画.

wóod·cùtter *n.* **1** きこり. **2** 木版師, 木版彫刻師.

wóod·cùtting *n.* **1** 木材伐採. **2** 木版彫刻.

wóod dòve *n.* 〘鳥類〙 =wood pigeon.

wóod dùck *n.* 〘鳥類〙 アメリカオシ (*Aix sponsa*)《北米産のオシドリに似た水鳥》.

wóod·ed 〘⇨ -ed 2〙 **— *adj.*** **1** 森の多い, 樹木の茂った: a ~ hill / ~ valleys 樹木の茂った谷間 / a well-*wooded* country よく樹木の茂っている地方. **2** [複合語の第2構成素として] (…質の)木の, 木が…(質)の: a soft-*wooded* tree 木質の柔らかい木.

wood·en [wúdn̩] 〘《1538》 ← WOOD[1] (n.) + -EN[2]〙 **— *adj.*** **1** [Attributive に用いて] 木の, 木製の, 木で作った: a ~ hut 木造小屋 / a ~ bucket 手桶 / a ~ bridge 木橋 / a short ~ pipe 短い木製のパイプ / a great ~ door 大きな木製のドア / ⇨ Wooden Horse, wooden spoon, wooden walls. **2** 活気のない (spiritless); 表情のない (inexpressive): a ~ face 無表情な顔 / a ~ look きょとんとした顔つき / He said it with a ~ inflection. 感情のない抑揚でそう言った. **3** ぎごちない, ぶざまな (awkward, clumsy): ~ manners [motions] ぎごちない素振り[動作] / a ~ smile ぎごちない微笑. **4** 間の抜けた, とんまな, 鈍感な (dull), ばかな: a ~ head 鈍い頭 / a ~ old man 愚鈍な老人. **~·ly** *adv.* **~·ness** [-dn̩(n)ɪs, -(n)əs] *n.*

wóod engràver *n.* **1** 木版師, 木彫師. **2** 〘昆虫〙 =engraver beetle.

wóod engràving *n.* **1** 小口木版 (cf. woodcut). **2** 小口木版画.

wóoden·hèad *n.* 間抜け, のろま, ばか (blockhead).

wóoden-héaded *adj.* 愚鈍な, のろまな, ばかな (stupid, dull). **~·ness** *n.*

Wóoden Hórse, w- h- 〘《1599》《廃》 'ship': 現在の意味については cf. Gk *hippos doúrateos* (*Odyssey*, VIII. 492, 512)〙 **— *n.*** **1** [the ~] 〘ギリシャ伝説〙 (トロイの)木馬 (Trojan War で, ギリシャ軍が中に兵士を忍ばせて Troy 城内におくりこみ, Troy を攻略した大きな木馬; Trojan horse ともいう》. **2** [w- h-] = horse 4 d.

wóoden Índian *n.* **1** (昔, たばこ屋の店頭に広告としておいた)アメリカインディアンの木彫像. **2** [しばしば w- i-] 《口語》 (木彫りの面のように)無表情[無感覚]な人.

wóoden níckel *n.* **1** 5セント白銅貨相当の木製の小型記念品[物]. **2** (だまされやすい人が手に入れる)全く無価値なもの.

wóoden nútmeg *n.* =wooden nickel 2.

wóoden róse *n.* 〘植物〙 暖地に生育するヒルガオ科サツマイモ属の多年生蔓(つる)植物 (*Ipomoea tuberosa*)

《黄色の萼片(がく)が果実を包んでバラの花のような形になる》.
wóoden shóe *n.* 木靴 (sabot).
wóoden spóon *n.* 1 《英大学》 a 木さじ《元来は Cambridge 大学の数学優等試験で末席の人に与える木製スプーン》. b 木さじ受領者. 2 最下位賞 (booby prize).
wóoden tóngue *n.* 《獣医》(家畜の)舌アクチノミコーゼ症, 木舌.
wóoden wálls 《《なぞり》← Gk *xúlinon teîkhos*》 ── *n. pl.* 木壁, 沿岸警護の軍艦《昔の, 国の守りとしての木造戦艦; 紀元前 480 年ごろペルシャ軍襲来の際,「木壁のみその進攻を食い止めん」という Pythia の伝えた神託に基づき, Themistocles が「木壁」を船の意に解し, 海戦によって敵軍を撃破した故事による; cf. *Herodotus* VII. 141, iron walls》.
wóoden·wàre *n.* [集合的] 木製器具《木さじ・木皿など》.
wóoden wédding *n.* 木婚式《結婚 5 周年目の記念式[日]; ⇨ wedding 4》.
wóod fèrn *n.* 《植物》オシダ属 (*Dryopteris*) の各種のシダの総称.
wóod fìber *n.* 《植物》=xylem fiber.
wóod fìller *n.* 木材目止剤.
wóod flòur *n.* 《化学》木粉《木材を微粉末にしたものまたはおがくずなど; ダイナマイトの吸着剤, 合成樹脂形成の充填材用; wood meal ともいう》.
wóod fràme constrùction *n.* 《建築》枠組壁構造, 枠組壁構法, ツーバイフォー構法 (⇨ two-by-four).
wóod fròg *n.* 《動物》アメリカアカガエル (*Rana sylvatica*) 《北米東部によく見られる体は茶色で森林の湿地にすむカエル》.
wóod gàs *n.* 《化学》木ガス, まきガス《木材を乾溜して採ったガスで, 炭酸ガス・一酸化炭素および炭化水素類を含む》.
wóod gròuse *n.* 《鳥類》 1 《英》=capercaillie. 2 =spruce grouse.
wóod hènge 《Stonehenge にならった造語》 *n.* ウッドヘンジ《イングランドの方々にある, 有史以前の木造建造物; cf. Stonehenge》.
wóod·hèwer *n.* 《鳥類》オニキバシリ《中南米産のオニキバシリ科の木の幹を登る各種の鳥の総称; cf. creeper 4》.
wóod hòopoe *n.* 《鳥類》カマハシ《熱帯アフリカ産カマハシ科 *Phoeniculus* 属の鳥の総称》.
wóod·hòuse *n.* まき小屋 (woodshed).
wóod hỳacinth *n.* 《植物》つり鐘形の花をつけるヨーロッパ産ユリ科ツルボ属の草本 (*Scilla nonscripta* および *S. nutans*) 《wild hyacinth, harebell ともいう》.
wóod ìbis *n.* 《鳥類》アメリカトキコウ (*Mycteria americana*) 《北米産のコウノトリの一種》.
wóod·land [-lənd, -læ̀nd] 《OE *wudulond*》 ── *n.* 森林地方, 森林地帯. ── *attrib. adj.* 森林地の, 森林の: ～ flowers 森の花 / ～ scenery 森林の景色 / the ～ choir 森に歌うもろもろの鳥の群れ.
wóod·lànd·er *n.* 森林に住む人, 森林居住[生活]者.
wóod làrk 《ME *wode-larke*》 *n.* 《鳥類》モリヒバリ (*Lullula arborea*) 《ヨーロッパ産のヒバリの一種; 木にとまる習性がある》.
wóod lèopard *n.* 《昆虫》ゴマフボクトウの幼虫 (⇨ leopard moth).
wóod·less *adj.* 樹木のない, 材木のない.
wóod lìly 《ME *wode-lilie* the meadow-saffron》 *n.* 《植物》米国東部産の赤い花をつけるユリ (*Lilium philadelphicum*).
wóod·lòre *n.* 森林についての知識.
wóod·lòt *n.* (農場などの)林地.
wóod lòuse *n.* 1 《動物》ワラジムシ, ダンゴムシ《等脚目(Isopoda)ワラジムシ科・ダンゴムシ科・ミズムシ科の節足動物の総称; ワラジムシ (*Porcellio scaber*) など; slater, sow bug ともいう》. 2 《昆虫》翅のない小さなチャタテムシ類の総称《樹皮下・壁の割れ目・古本の間など陰湿な場所にすむ; コナチャタテ, カツブシチャタテなど》. 3 《昆虫》シロアリ (termite).
wóod·man [-mən] 《(15C) *wodeman*》 ── *n.* (*pl.* -men [-mən]) 1 きこり. 2 《英》林務官. 3 森の住人, 山男 (woodlander). 4 《廃》森林の猟師. 5 [W-] (アメリカまたは世界)ウッドメン協会の会員.
wóod méadow gràss *n.* 《植物》タチイチゴツナギ (*Poa nemoralis*) 《ヨーロッパ産イネ科の草本; 日陰地に見られる》.
wóod mèal *n.* 《化学》=wood flour.
wóod mòuse *n.* 《動物》 1 森にすむネズミの総称. 2 =white-footed mouse.
wóod·nòte *n.* [通例 *pl.*] (森の小鳥の歌のような)技巧のない歌, 野性[自然]の調べ (cf. Milton, *L'Allegro*).
wóod nùt *n.* 《植物》=filbert 1.
wóod nỳmph *n.* 1 森の精 (dryad). 2 《鳥類》中南米産の *Thalurania* 属のハチドリの総称.
wóod òil *n.* 1 木材から採る油の総称《gurjun balsam, 松根油 (pine oil) など》. 2 《化学》=tung oil 1.
wóod òpal *n.* 《鉱物》木蛋白石.
wóod pàper *n.* 木材パルプ紙.
wóod parènchyma *n.* 《植物》木部柔組織 (cf. phloem parenchyma, ray parenchyma).
wóod pàvement *n.* 木れんが舗道.
wóod·pècker 《(1530)》 *n.* 《鳥類》キツツキ《キツツキ科の鳥の総称; downy woodpecker, great spotted woodpecker など》.
wóod pèwee *n.* 《鳥類》 1 モリタイランチョウ (*Contopus virens*) 《米国東部産タイランチョウ科モリタイランチョウ属の鳥》. 2 ニシモリタイランチョウ (*C. sordidulus*) 《北米西部産》.
wóod·pìe *n.* 《鳥類》=great spotted woodpecker.
wóod pìgeon *n.* 《鳥類》 1 =ringdove. 2 =band-tailed pigeon. 3 =passenger pigeon.
wóod·pìle 《⇨ pile¹》 *n.* まき[材木]の山.
a nigger in the woodpile ⇨ nigger 成句.
wóod pìtch *n.* 木(き)ピッチ《木タール乾溜(かんりゅう)の残渣として得られる》.
wóod pòppy *n.* 《植物》=celandine poppy.
wóod·prìnt *n.* =woodcut.
wóod pùlp *n.* 木材パルプ《製紙原料》.
wóod pùssy *n.* 《米方言》《動物》 1 (シマ)スカンク (skunk). 2 ケナガイタチ (polecat).
wóod ràbbit *n.* 《動物》=cottontail.
wóod ràt *n.* 《動物》モリネズミ (⇨ pack rat).
wóod rày *n.* 《植物》=xylem ray.
wóod·rèeve 《⇨ reeve¹》 *n.* 《英》林務官, 山林官.
wóod ròbin *n.* 《鳥類》=wood thrush.
wóod ròsin *n.* 《化学》ウッドロジン《松根を溶剤で抽出して得られるロジン》.
wóod ròt *n.* (菌類による)木材の腐朽 (cf. rot *n.* 4).
Wood·row [wúdrou | -rəu] 《OE *wudo-rowe* (dweller at the) hedge by the forest》 *n.* 男性名.
wood·ruff [wúdrəf, -rʌf | -rʌf] 《OE *wudurofe* ← *wudu* 'WOOD¹'+*rōfe* (← ?: cf. MLG *röve* turnip)》 ── *n.* 《植物》クルマバソウ《全体に芳香のあるアカネ科クルマバソウ属の植物の総称》.
Wóodruff kèy [wúdrəf-, -rʌf-] 《← *Woodruff*: 発明者の名か》 *n.* 《機械》ウッドラフキー, 半月キー《直径 2 インチ以下の軸と車を締結する半月形のキー》.
wóod rùsh *n.* 《植物》イグサ科スズメノヤリ属 (*Luzula*) の植物の総称.
Woods [wúdz], **the Lake of the** *n.* ⇨ Lake of the Woods.
wóod sàge *n.* 《植物》北米東部原産シソ科ニガクサ属の多年草 (*Teucrium scorodonia*).
wóod scrèw *n.* 《木工》木(もく)ねじ (screw nail).
wóod·shèd *n.* まき小屋 (woodhouse).
something nasty in the woodshed 《母親や姉妹の woodshed などでの情事を目撃して気が動転したの意から; 英国の女流作家 Stella Gibbons (1902–) の小説 *Cold Comfort Farm* (1932) を通じて一般化した》(抑制の原因となるような)過去のいまわしい経験: He has seen *something nasty in the* ～. 過去にショッキングなことを目撃[経験]したことがある.
── 《昔楽器の稽古(けいこ)を woodshed でしたことからか》 *vi.* 《俗》(隠し芸などのために)熱心に楽器の稽古をする.
Woods Hole [wúdz-hóul | -hə́ul] *n.* 米国 Massachusetts 州南東部にある村; 海洋学研究所の所在地.
wóod shòt *n.* 1 《ゴルフ》ウッドショット《ウッドによるショット》. 2 《テニス・バドミントン》フレームショット《ラケットの木部でするショット》.
wood·si·a [wúdziə | -ziə] 《← *Joseph Woods* (1776–1864: 英国の植物学者): ⇨ -ia¹》 ── *n.* 《植物》ウラボシ科イワデンダ属 (*Woodsia*) のシダの総称《イワデンダ (*W. polystichoides*), ミヤマイワデンダ (*W. ilvensis*) など》.
Wóod's lìght 《← R. W. Wood (1868–1955: 米国の物理学者)》 *n.* ウッド光線《偽造物の光学鑑定に用いる紫外線》.
wóods·man [-mən] *n.* (*pl.* -men [-mən]) 1 森の住人; 山の事(山林や狩猟など)に明るい人. 2 =lumberman.
wóod·smòke *n.* たきぎ[まき]の煙.
wóod sòrrel 《《なぞり》← MF *sorrel de boys*》 ── *n.* 《植物》カタバミ《カタバミ属 (*Oxalis*) の草の総称》; (特に)コミヤマカタバミ (*O. acetosella*) 《ヨーロッパ・北米産; sleeping beauty ともいう》.
wóod spìrit *n.* 1 《化学》木精 (wood alcohol). 2 森の精.
wóod spùrge *n.* 《植物》タカトウダイ科タカトウダイに似た多年草で黄緑色の花序を枝端につける植物《ヨーロッパ産の *Euphorbia amygdaloides* と北米産の *E. commutata* とがある》.
wóod·stòne *n.* 《地質》珪(けい)化木.
wóod sùgar *n.* 《化学》木糖 ($C_5H_{10}O_5$) 《木材を酸で加水分解して得られる粗糖 D-グルコース, D-キシロース, D-マンノースなどの混合物; 染め物, 皮なめし等に用いられる》.
wóod swàllow *n.* 《鳥類》モリツバメ《オーストラリア・アジア産のモリツバメ属 (*Artamus*) の鳥の総称; ハイイロモリツバメ (*A. fuscus*), マミジロモリツバメ (*A. superciliosus*) など; swallow shrike ともいう》.
woods·y [wúdzi | -zi] 《(1860) ← WOOD¹+-s¹+-y⁴: cf. woody》 *adj.* (woods·i·er; -i·est) 《米》森林の(ような): a ～ odor 森のにおい. **wóods·i·ness** *n.*
wóod tàr *n.* 木(き)タール《木材を乾溜(かんりゅう)して得られる黒色粘液; 木材の防腐剤》.
wóod thrùsh *n.* 《鳥類》モリツグミ (*Hylocichla mustelina*) 《北米東部産のツグミの一種》.
wóod tìck *n.* 《動物》モリマダニ《森林中で人を襲うマダニの総称》; (特に)北米ではロッキー山紅斑熱 (Rocky Mountain spotted fever) を媒介する *Dermacentor andersoni* 《Rocky Mountain wood tick ともいう》.
wóod tùrner *n.* ろくろ師, 木地細工師, 木工旋盤工.
wóod tùrning *n., adj.* ろくろ細工(の).
wóod túrpentine *n.* =turpentine 1.
wóod vínegar *n.* 《化学》木酢(もくさく) (pyroligneous acid).
wóod wàrbler *n.* 《鳥類》 1 =warbler 1b. 2 モリムシクイ (*Phylloscopus sibilatrix*) 《ヨーロッパ産ムシクイ属の小鳥》.
Wood·ward [wúdwəd | -wəd], **Robert Burns** *n.* (1917–79) 米国の化学者; Nobel 化学賞 (1965).
wóod wàsp *n.* 《昆虫》 1 =horntail. 2 ヨーロッパ産スズメバチ属の木に巣を造るハチ (*Vespa sylvestris*).
wóod·wàxen 《OE *wuduweaxan* (oblique) ← *wuduweaxe*: ⇨ wood¹, wax², woadwaxen》 ── *n.* 《植物》ヒトツバエニシダ (*Genista tinctoria*) 《ユーラシア原産マメ科の落葉低木; 昔その花から採れる黄色の染料とホソバタイセイから採れる青色の染料 (woad) とを混ぜて緑色の染料を作った; dyer's-broom, dyeweed, greenweed, greenwood, whin, woadwaxen ともいう》.
wóod·wìnd [-wìnd] 《音楽》 *n.* 1 a 木管楽器. b [集合的] 木管楽器類 (cf. wind instrument). 2 [the ～s] (オーケストラの)木管楽器部. ── *attrib. adj.* 木管楽器の, 木管楽器奏者[音楽]の.
wóod-wòol *n.* (詰め物などに用いる)木毛(もくめん)《細かいかんなくずまたは木質繊維; cf. excelsior 1》.
wóod·wòrk *n.* 木工品, 木細工, 木工事; [集合的] (家などの)木造部, 木工部分 (cf. stonework 1).
wóod·wòrker *n.* 1 木細工人, 木工師《木工・指物師など》. 2 木工機械.
wóod·wòrking *n.* 1 木細工, 木工業《大工職・建具職・木地ひきなど》. 2 [形容詞的に] 木工用の, 木工業に従事する.
wóod·wòrm *n.* 《昆虫》=wood borer 1.
wood·y¹ [wúdi | -di] 《(1375) *woddy*: ⇨ wood¹, -y⁴》 ── *adj.* (wood·i·er; -i·est) 1 〈地域が〉樹木の茂った[多い], 森の多い (wooded): a ～ hill 樹木の茂った丘 / ～ land 森林地. 2 《廃》森林の (silvan). 3 木質の (ligneous); 木の, 木に似た: ～ parts of a plant 植物の木質部 / a ～ plant (草本に対して)木本 / a ～ stem 木質茎 / ～ tissue 木質組織. **wóod·i·ness** *n.*
wood·y² [wʌ́di, wúdi | -di] *n.* 《スコット》=widdy¹.
Wood·y [wúdi | -di] 《(dim.) ← WOODROW》 *n.* 男性名.
wóod·yàrd *n.* 木材置場.
wóody fíber *n.* 《植物》 1 =xylem. 2 木部繊維.
wóody níghtshade *n.* 《植物》=bittersweet 2 a.
woo·er [wúːə | wúːə(r, wúə(r] 《OE *wōgere*: ⇨ woo, -er¹》 *n.* 求婚者, 求愛者 (suitor).
woof¹ [wúf, wúːf | wúːf] 《(16C) 《変形》← ME *oof* < OE *āwef*, *ōwef* ← A-¹+*wefan* 'to WEAVE¹': 現在の形は他の縁語 WARP, WEFT¹ の語頭音 [w-] の影響: cf. web》 ── *n.* (*pl.* ～s) 1 a (織物の)緯(よこ)糸, ぬき (weft) (↔ warp). b [通例 the ～] 基本的要素 (cf. warp 3 b). 2 織物 (woven fabric), 織地 (texture).
the warp and woof ⇨ warp 成句.
woof² [wúf] 《擬音語》 ── *n.* (*pl.* ～s) 1 犬の(ような)低い抑えたほえ声, うーというようなうなり声. 2 (再生装置から出る)低いうなり声 (cf. tweet 2). ── *vi.* うーというようなうなり声を出す.
woof·er [wúfə | wúfə(r, wúːf-] 《⇨ ↑, -er¹: その低音から》 *n.* ウーファー《低音専用スピーカー; cf. squawker 5, tweeter》.
woo·ing [wúːɪŋ | wúːɪŋ, wúɪŋ] 《OE *wōgung*: ⇨ woo, -ing¹》 *n.* 求愛, 求婚. ── *adj.* 1 求愛する: a ～ lover. 2 魅惑的な (alluring). **～·ly** *adv.*
wool [wúl] 《OE *wull* < Gmc *wullō (Du. *wol* / G *Wolle*) ← IE *wel- wool (L *vellus* fleece & *lāna* wool / Gk *lēnos* wool) ← ? *wel- to tear, pull》 ── *n.* 1 羊毛《山羊・ラマ・アルパカなどの毛にもいう》: carding [short] ～ 紡毛用の短い羊毛《長さ 2 インチ以下》/ combing [long] ～ 梳毛(そもう)用の長い羊毛《長さ 2 インチ以上》. ★ 毛糸には梳毛糸 (worsted yarn) と紡毛糸 (woolen yarn) とがあり, 前者は長い羊毛を, 後者は短い羊毛を原料としたもの; ただし両方を総称して woolen yarn ということもある. 2 毛糸 (woolen yarn). 3 毛織物, ラシャ (woolen cloth); 毛織の衣服: wear ～ 毛織物を着る. 4 a (毛皮獣の)むく毛, 綿毛 (down). b 黒人の頭髪; 《戯言》(人の)縮れ毛: ⇨ *lose one's* WOOL. c (植物・毛虫などの)綿毛: vegetable ～ 植物毛《マツ・モミジなどの生の毬果(きゅうか)から採る》/ ⇨ cotton wool. 5 羊毛代用品, 人造羊毛: glass ～ ガラス綿, グラスウール / mineral [slag] ～ 鉱物綿, 鉱滓(こうさい)綿 / rock ～ 岩綿 / ⇨ lead wool, steel wool, wire wool, wood-wool.
against the wool (1) さか毛に, 逆に. (2) =*against the* GRAIN. ***all wool and a yard wide*** 《米口語》人柄がよい, 申し分のない, 頼りになる, 親切な: He's *all ～ and a yard wide*. ***draw the wool over a person's eyes*** =*pull the* WOOL *over a person's eyes*. ***dye in the wool*** ⇨ dye 成句. ***go for wool and come home shorn*** 《「羊の毛を刈りに行ってかえって裸にされて帰る」から》反対にやっつけられる, 返り討ちになる, ミイラ取りがミイラになる. ***keep one's wool on*** =*keep one's* HAIR *on*. ***lose one's wool*** =*lose one's* HAIR. ***much cry and little wool*** ⇨ cry *n.* 成句. ***out of the wool*** 〈羊など〉毛を刈り取られて. ***pull [put] the wool over a person's eyes*** 人の目をくらます, 〈人を〉瞞着(まんちゃく)する (deceive).
wóol·bàll *n.* =hair ball.
wóol càrding *n.* 羊毛のカーディング, 羊毛すき《羊毛のもつれなどを除き, 繊維をほぐすこと》.
wóol clàsser *n.* 《豪》=wool grader.
wóol clìp *n.* 羊毛の年産量[額] (cf. clip² 2 c).
wóol cómber *n.* コーマ, 梳(そ)毛機.
wóol còmbing *n.* =wool carding.
wóol drìver *n.* 《英》羊毛仲買人.

wóol-dýed *adj.* **1** (織る前に)羊毛(のまま)で染めた, 毛染めの, 先き染めの (cf. piece-dyed). **2** 《米》頑固な, 徹底的な (thoroughgoing).
wooled 〖《15C》: ⇨ wool, -ed 2〗 *adj.* **1** 羊毛を有する[刈り取っていない]: ～ lambs. **2** [しばしば複合語の第 2 構成素をなして] 羊毛が…の: long*wooled*.
wool·en [wúlən | -lən, -lɪn] *adj., n.* 《米》 =woollen.
wóolen dràper *n.* (昔の)毛織物小売商人.
wóolen dràpery *n.* (昔の)毛織物類 (woolen goods); 毛織物[ラシャ]店.
wool·en·et [wùlənét | -lə-, -lɪ-] 〖← WOOLEN (n.)+-ETTE〗 *n.* 《米》薄地毛織物, 薄ラシャ.
wool·er [wúlə | -lə(r] *n.* 採毛用家畜《羊・アンゴラウサギなど》.
Woolf [wúlf], **Leonard** (**Sidney**) *n.* (1880–1969) 英国の文筆家, The Hogarth Press の創立者; Virginia Woolf の夫.
Woolf, Virginia *n.* (1882–1941) 英国の女流小説家・批評家; Leslie Stephen の娘, Leonard Woolf の妻; *Mrs. Dalloway* (1925), *To the Lighthouse* (1927).
wóol fàt *n.* 〖化学〗 =wool grease.
wóol·fèll 〖《15C》 *wolle felle*: ⇨ wool, fell[1]〗 *n.* 《英》 毛の付いたままの羊皮, 羊毛皮.
wóol-gàther 〖《逆成》← WOOLGATHERING〗 *vi.* 取りとめもない空想に耽る.
wóol·gàtherer *n.* **1** 羊毛を集める人. **2** ぼんやりしている人, 空想に耽る人.
wóol·gàthering 〖n.: 1553; adj.: 1850〗: ⇨ wool, gather, -ing[1,2]〗 — *n.* **1** 羊毛集め《やぶなどに引っかかっている羊毛を集めること》; つまらない仕事. **2** 放心, ぼんやりしていること; 取りとめのない空想 (idle fancies). — *adj.* 放心した, ぼんやりした (absent-minded), うかつな (inattentive); 取りとめのない空想に耽る: His wits have gone [run] ～. 彼はぼんやりしている, 取りとめもない空想に耽っている.
wóol gràder *n.* 羊毛鑑定人.
wóol grèase *n.* 〖化学〗 羊毛蠟(ろう), 羊毛脂《羊毛に付着している蠟様物質を精製脱水したもの; 無水ラノリンともいう; 軟膏基剤, 含水ラノリンの原料; wool fat, wool wax ともいう; cf. lanolin》.
wóol·gròwer *n.* 《英》牧羊業者.
wóol·gròwing *n.* 《英》牧羊(業).
wóol hàll *n.* 《英》羊毛取引所; 羊毛市場.
Wooll·cott [wúlkət], **Alexander** (**Hum·phreys** [hʌ́mfriz | -frɪz]) *n.* (1887–1943) 米国のジャーナリスト・評論家.
wool·len [wúlən | -lən, -lɪn] 〖adj.: lateOE *wullen* ∽ OE *wyllen*. — n.: 《a1300》 ← (adj.): ⇨ wool, -en[2]〗 — *adj.* 羊毛(製)の, 毛織の; 紡毛の: ～ cloth 毛織物, ラシャ / a ～ manufacturer 毛織物製造者 / a ～ mill 毛織物工場 / a ～ scarf 毛織のスカーフ / ～ stockings 毛織のストッキング / ～ yarn 毛糸 (⇨ wool *n.* 1). — *n.* **1** 紡毛糸《短羊毛や反毛を材料にして紡績糸をつむぎ, けばだったラシャを織るのに用いる; cf. worsted 1》. **2** 毛織物 (woolen fabric), ラシャ; [通例 *pl.*] 毛織の衣服: be dressed in ～ 毛織物を着ている.
Wool·ley [wúli | -lɪ], Sir (**Charles**) **Leonard** *n.* (1880–1960) 英国の考古学者; Carchemish, Tell el Amarna, Ur などの調査に基づき, オリエント考古学の発展に貢献.
wóol·like *adj.* 羊毛状の.
wool·ly [wúli | -lɪ] 〖《adj.: 1578; n.: 1865》 ← WOOL+-LY[2]〗 — *adj.* (**wool·li·er**; **-li·est**) **1** 羊毛(質)の; 羊毛状の; 羊毛をつけた, 毛の多い: ～ hair もじゃもじゃした頭髪 / ～ clouds むくむくした雲 / the ～ flock 羊の群れ. **2** はっきりしていない, 不鮮明な, ぼんやりした, かすれた (indistinct, vague) (↔ precise): a ～ painting ぼんやりしている絵 / a ～ voice しゃがれ声 / ～ thinking, ideas, etc. **3** 《米口語》(昔の西部地方を連想させる)荒くれて野蛮な, 波乱の多い: a ～ melodrama 波乱に富んだ俗受けのする芝居 / the wild and ～ West 乱暴で波乱に富む西部地方(の生活). **4** 〖植物〗柔毛のある. — *n.* **1** 羊毛[毛糸]製品: **a** [通例 *pl.*] 《口語》(編んだ)ウールの下着. **b** 《英》(ウールの)セーター (sweater). **2** 《米西部・豪》羊 (sheep).
wóol·li·ness *n.*
wóolly áphid *n.* 〖昆虫〗 ワタアブラムシ, ワタムシ《半翅目同翅亜目アブラムシ科の綿毛のようなものでおおわれている昆虫の総称》; (特に) =woolly apple aphid.
wóolly ápple àphid *n.* 〖昆虫〗 リンゴワタムシ, リンゴワタアブラ (*Eriosoma lanigerum*)《リンゴの木に加害するアブラムシの一種; 世界各地に広く分布》.
wóolly bèar *n.* 〖昆虫〗 熊毛虫, 毛虫《特に, 毛の多い毛虫の総称; ヒトリガ (tiger moth) の幼虫など》.
wóolly bútt *n.* 〖植物〗 =bastard mahogany.
wóolly-héaded *adj.* **1** 羊毛のような髪をもつ, 縮れ毛の. **2** 考えが混乱している, 頭がもやもやした. **～·ness** *n.*
wóolly hédge nèttle *n.* 〖植物〗 =lamb's ears.
wóolly mánzanita *n.* 〖植物〗 米国 California 州産ツツジ科ウワウルシ属の綿毛でおおわれた小低木 (*Arctostaphylos tomentosus*).
wóolly mónkey *n.* 〖動物〗 アマゾン地帯の森林に生息するラゴトリック属のサルの総称《フンボルトウーリーモンキー (*Lagothrix lagotricha*) など》.
wóol·man [-mən] 〖ME〗 *n.* (*pl.* **-men** [-mən, -mèn]) 羊毛商人.
Wool·man [wúlmən], **John** *n.* (1720–72) 米国のクエーカー派の伝道者・奴隷廃止論者・著述家; *Journal* (1774).
wóol òil *n.* 〖化学〗 紡毛油.
wóol·pàck 〖ME *wolpak(ce)*: ⇨ pack[1]〗 *n.* **1** 羊毛を入れるこり[俵]; 羊毛の一こり. **2** 〖気象〗 (下部が平らな)羊毛状の積雲.
wóol·sàck 〖ME *wolsacke*: ⇨ sack[1]〗 — *n.* **1** 羊毛袋. **2** 《英》羊毛を詰めた座席《上院議長の席》; [the ～] 上院議長[大法官] (Lord Chancellor) の職: reach *the* ～ 大法官[上院議長]になる / take seat on *the* ～ 上院の議事を始める, 上院を開会する.
wool·sey [wúlzi | -zɪ] *n.* =linsey-woolsey.
wóol·shèd *n.* 羊の毛を刈り市場へ出荷する準備をする小屋.
wóol·skìn 〖《15C》〗 *n.* =woolfell.
wóol·sòrter *n.* 羊毛選別者.
wóol·sòrter's disèase *n.* 〖病理〗 脾脱疽(ひだっそ) (anthrax).
wóol spònge *n.* 羊毛海綿《柔らかく丈夫な市販の海綿》; (特に)ウマカイメン (*Hippiospongia lachne*)《メキシコ湾・カリブ海地域・Florida 州南東海岸沖に生息する; sheepswool, sheepswool sponge ともいう》.
wóol stàple *n.* 羊毛の品質, 毛足《長さ》.
wóol stàpler *n.* **1** 羊毛商人. **2** 羊毛選別者 (woolsorter).
wóol wàx *n.* 〖化学〗 =wool grease.
Wool·wich [wúlɪdʒ, -lɪtʃ] 〖OE *Wullwīc* ← *wull* 'WOOL'+*wīc* '-WICK[1]'〗 — *n.* London 東部の地区, Thames の南岸にあり, ドック・兵器庫などがあり, もと Royal Military Academy (陸軍士官学校)があった; 現在は Greenwich 区の一部.
wóol·wòrk *n.* 毛糸刺繡(しゅう).
Wool·worth [wúlwə(ː)θ | -wə(ː)θ], **Frank Win·field** [wínfiːld] *n.* (1852–1919) 米国の実業家, five-and-ten の創始者.
wool·y [wúli | -lɪ] *adj.* (**wool·i·er**; **-i·est**), *n.* 《米》 = woolly. **wóol·i·ness** *n.*
woom·er·a [wúmərə, wúːm-] *n.* =womera.
woops [wúps, wúːps] 〖《変形》← OOPS: ⇨ whoops〗 *vi., vt.* 《口語》 =vomit. — *int.* =oops.
woo·ra·li [wuráːli, wu- | -lɪ] 〖《1769》《変形》〗 *n.* = curare.
woo·ra·ra [wuráːrə] *n.* =woorali.
woosh [wúːʃ, wúʃ] *n., v.* =whoosh.
wootz [wúːts] 〖《変形》← *wook* ▭ Kanarese *ukku* steel〗 *n.* インド製鋼鉄《刃物用に古来製造された》.
wooz·y [wúːzi, wúzi | -zɪ] 〖《1897》《変形》? ← OOZY[1]〗 — *adj.* (**wooz·i·er**; **-i·est**) 《米口語》 **1** (飲酒などのために)頭のぼんやりした (befuddled). **2** 気分のすぐれない, 頭がふらふらする. **3** 酔った (drunken). **wóoz·i·ly** [-zɪli, -zə- | -lɪ] *adv.* **wóoz·i·ness** *n.*
wop[1] [wáp, wɔ́(ː)p | wɔ́p] *v., n.* =whop.
wop[2], **W-** [wáp | wɔ́p] 〖▭? It. 《方言》 *guappo* braggart〗 *n.* 《米俗・軽蔑》 (色の浅黒い)南欧移民, イタリア移民 (cf. dago).
Wor. 《略》 Worshipful.
Worces·ter [wústə | -tə(r] 〖OE *Wigraceaster* 《原義》 'the Roman fort of *Wigoran* (部族名)': cf. -chester〗 — *n.* **1** イングランド Hereford and Worcester 州の首都, Severn 河畔にあり, 大聖堂がある; 人口 75,000; O. Cromwell の軍がこの地で王党軍を破った (1651). **2** =Worcestershire. **3** 米国 Massachusetts 州中部の工業都市; 人口 203,000. **4** =Worcester china.
Worces·ter [wústə | -tə(r], **Joseph Emerson** *n.* (1784–1865) 米国の辞書編集者.
Wórcester chína [**pórcelain**] *n.* ウスター磁器《1751 年に英国 Worcester で最初に作られた軟磁器》.
Wórcester sàuce *n.* =Worcestershire sauce.
Worces·ter·shire [wústəʃɪə, -ʃə | -təʃə(r, -ʃɪə(r] 〖OE *Wihraceastrescīr*: ⇨ Worcester, -shire〗 — *n.* **1** イングランド西部の旧州; 1974 年に Hereford and Worcester 州の一部となる; 面積 1,823 km^2. **2** = Worcestershire sauce.
Wórcestershire sàuce *n.* ウスターソース《イングランド Worcester 市原産のソース; しょう油・酢・香料などを原料とする; 日本では普通ソースといっているもの; Worcester sauce ともいう》.
Worcs. [wə́ːks | wɔ́ːks] 《略》 Worcestershire.
word [wə́ːd | wə́ːd] 〖n.: OE ～ < Gmc *wordam (Du. *woord* / G *Wort*) ← IE *werdh- ← *wer- to speak (L *verbum* / Gk *eirein* to speak). — v.: 《c1205》 ← (n.): ⇨ verb: cf. irony〗 — *n.* **1** 語, 単語; 〖文法〗 語 (cf. syllable 1, phrase 1 a, clause 2, sentence 4): a ～ of two syllables 2 音節の語 / an English ～ 英単語 / hard ～*s* 難語 (cf. 2) / ⇨ last word / use long ～*s* つづりの長い言葉を使う / I don't believe a ～ of it. その話は少しも信じない.
2 [しばしば *pl.*] (口で言う)言葉, 語 (speech); 話, 談話 (talk); 口論, 議論, 論争 (quarrel): a man of few [many] ～*s* 言葉数の少ない[多い]人 / a ～ and a blow 口より手の早いこと《性急な仕打ち》 / a ～ in a person's ear 内証の言葉, 耳打ち / a ～ in [out of] season 時宜にかなった[適さない]言葉 / A ～ to the wise (is enough). 賢者には一言にして足る《L *verbum sapienti* のなぞり》 / (I want) a ～ with you. ちょっと一言(お話したいことがある) / I would like a ～ with you. ちょっとお話があります / say a few ～*s* 短いスピーチをする / I have no ～*s* to express my gratitude. お礼の言葉もありません / ⇨ *have no* WORDS *for* / torture ～*s* 言葉をもじる / A truer ～ was never spoken. 一言半句もうそがない, 一々その通り / beyond ～*s* 言葉に表わせぬほど(で), 言いようのない / big ～*s* ほら, 大言壮語 / bitter ～*s* 激しい言葉, 恨みつらみ / burning ～*s* 熱烈な言葉 / fair ～*s* お世辞 / Fair [Fine] ～*s* butter no parsnips. 《諺》 口先だけ立派では何の役にも立たない, 「巧言令色鮮(すく)なし仁」 / hard ～*s* 激語, ののしり (abuse) (cf. 1) / high ～*s* 激論, 口論 / come to (high) ～*s* 言葉が荒くなる, 激論する / We had ～*s* and parted. 口論して別れた / have ～*s* with... と激論を交える, 口論する / hot [warm, sharp] ～*s* 激論, 口論 / bandy ～*s* with... と口論する, 言い争う, 議論する / a ～ of command 命令(の言葉); 号令 / give ～*s* to... を言い表わす (express) / have a ～ with... とちょっと話をする / have a ～ to say 少し言いたいことがある, 傾聴に値することを知っている / proceed from ～*s* to blows 言い合いからなぐり合いになる / put in a ～ 口を出す / put into ～*s* (言葉に)言い表わす / say [put in, speak] a (good) ～ for... を推薦する, ...のためにとり成す, 弁護する / give a person one's good ～ (地位などに)人を推薦する / take up the ～*s* (他人に代わって)続いて論じる / ～*s* and deeds 言行 / *Words* without actions are of little use. 実行の伴わない言葉は役に立たない / Not a ～ more! もう一言も聞きたくない, もう何も言うな / on [with] the ～ そう言うやいなや, そう言ってすぐ / I never heard a ～ against him. 彼の悪口など聞いたこともない / Life is another ～ for conflict. 人生とは葛藤の別語にほかならない / It is too funny for ～*s*. 滑稽でとても言葉では言い尽くせない / *Words* fail me. 驚きのあまり言葉が出ない / Nobody hinted at the fact in ～*s*. その事実を口に出してほのめかす者はいなかった.
3 a 命令, 指図 (order, command): give the ～ *to* fire 射撃の命令を下す / act promptly at the ～ 命令一下てきぱきと行動する / ⇨ *say the* WORD / Father's ～ was law. 父の命令は法律であった / Mum's the ～. 《口語》 黙ってるんだよ, 他言無用 / Sharp's the ～. 《口語》 急ぎなさい. **b** [the ～] 合言葉 (password): give *the* ～ 合言葉を言う.
4 [be the ～ として] 最も適切な言葉: Rich *is not the* ～ for me. 私を金持と言うのは当たらない / Commonplace *is the* ～ to describe it. 平凡というのがそれを評するには最もふさわしい.
5 [one's ～ として] 約束, 誓言, 言質(げんち) (promise): be as good as *one's* ～ 約束を果たす, 言ったことを実行する / be better [worse] than *one's* ～ 約束以上のことをする[約束を破る] / break [keep] *one's* ～ 約束を破る[守る] / give [pledge, pass] *one's* ～ 言質を与える, 約束する / I give you *my* ～ for it. それは保証する / You can take *my* ～ that she is innocent. 私の言葉を信じて下さい, 彼女は無実です / I took *his* ～ for it. そうだという彼の保証を信じた / *my* ～ upon it 確かに, 誓って, 間違いなく / a man of *his* ～ 約束を守る人 / *one's* ～ of honor 名誉にかけた約束[言明] / *His* ～ is (as good as) his bond. 彼の言葉[約束]は証文も同様《絶対信用していい》.
6 [通例無冠詞] 知らせ, 報知, 便り (news); うわさ (rumor); 伝言, 音信 (message) ⟨*that*⟩ / ⟨*of*⟩: bring ～ 消息を伝える / leave ～ 言い置く, 伝言を残して行く / send ～ 伝言する, 申し送る / *Word* came of it. その事について知らせがあった / I received ～ *of* his coming. 彼の来る知らせを受けた / We have never had a ～ from him since. それ以来なんの音信もない / *Word* [The ～] got round *that* he had died. 彼が死んだといううわさが広まった / The ～ is [has it, is around] *that* he has gone away. 彼は去ったとのうわさだ.
7 [*pl.*] (譜に対して)歌詞; (芝居の)せりふ, 台詞: ～*s* and music by Mr. X 作詩作曲 X 氏.
8 [the W-] 〖神学〗 **a** (神の)ことば, みことば, 神の言, 聖言 (cf. *John* 1:1). **b** 啓示 (revelation); 聖書 (the Scriptures); 福音 (the Gospel): ⇨ God's Word / preach *the Word* to the heathens 異教徒に福音を説く / the ministers of *the Word* 聖職者たち (the clergy). **c** (三位一体の第二位である)キリスト (Christ). ★ ともに the Word of God, a, c は Logos ともいう.
9 〖電算機〗 語, ワード《記憶装置におけるデータの基本単位; cf. kiloword, gigaword, megaword, teraword》.
10 《古》 諺 (proverb).
at a [***one***] ***word*** (命令などの)一言で, 言下に, すぐに. ***by word of mouth*** 口頭で, 口上で, 口伝えで. ***eat one's words*** (恥を忍んで)前言を取り消す, (前言の)誤り[うそ]を認める. ***from the word 'go'*** 《口語》 (1) 最初から: I have been a pacifist *from the* ～ '*go*'. 初めから平和主義者だった. (2) 徹頭徹尾, 全く: He is a poet *from the* ～ '*go*'. 全くの詩人だ. ***get the word*** 《俗》 相手の真意がはっきりわかる. ***half a word*** ほんのひと言: Might I have *half a* ～ with you? ちょっとお話があるのですが. ***hang on a person's words*** 人の言っていることを熱心に聞く, 人の話を傾聴する. ***have not a word to throw at a dog*** ⇨ dog 成句. ***have no words for*** ...を表わす言葉がない. ***in a*** [***one***] ***word*** 一語[一言]で言えば, 要するに. ***in other words*** 言い替えれば, 別言[換言]すれば. ***in so many words*** (1) それだけの言葉で, 文字通りに, はっきりと (exactly, literally): I told him *in so many* ～*s* that he was a liar. お前はうそつきだとはっきりと彼に言ってやった. (2) 簡潔に (succinctly). ***in word*** 口で(は), 口だけ: be bold *in* ～ only 口先だけ大胆である / love *in* ～ 口先だけで愛する (cf. *1 John* 3:18) / *in* ～ and deed 言行共に. ***in words of one syllable*** 簡単に[はっきり]言えば: *In* ～*s of one syllable*, he's a rogue. はっきり言えば彼は悪党

だ. ***My word!*** これはこれは, これは驚いた (cf. My God!, My hat!, etc.). ***my word upon it*** ＝*upon my* WORD (1). ***play upon*** [***on***] ***words*** しゃれを言う (make a pun); 曖昧な事を言う. ***put words into*** *a person's* ***mouth*** (1) 言うべきことを人に授ける[言わせる] (cf. 2 *Sam.* 14:3). (2) 人が言いもしないことを言ったことにする. ***say the word*** 《口語》命じる, そうだと言う: If you don't like this, *say the* ~. これが気に入らなければそう言ってくれたまえ. ***swallow*** *one's* ***words*** ＝*eat one's* WORDS. ***take*** *a person* ***at*** *his* ***word*** 〈人〉の言う通りを信じる, 〈人〉の言葉を真に受ける: I'm inclined to *take you at your* ~. お言葉を真に受けたい気持です. ***take the words out of*** *a person's* ***mouth*** 人の言おうとしていることを先に言ってしまう. ***take*** (***up***) ***the word for*** …を信じる, 本気にする. ***upon my word*** (1) 誓って, 名誉にかけて (on my honor), 確かに, きっと, 全く. (2) [Upon my ~!] ＝*My* WORD! ***waste words*** ⇨ waste 成句. ***weigh*** *one's* ***words*** 言葉を選びながら話す, 一言一句もゆるがせにしない: He spoke slowly, *weighing his* ~*s*. ゆっくりした口調で言葉を選びながら話した. ***word for word*** 一語一語, 逐語的に (literally): translate ~ *for* ~ 逐語訳をする / repeat ~ *for* ~ 一語一語そのまま伝える. **Word of God** [the —] ＝word 8.
— *vt.* 言葉に表わす, 言い表わす: a carefully ~*ed* address 慎重な言葉遣いの演説 / I can ~ it differently. それは別な言葉で表現できる.

wórd àccent *n.* 〖音声〗＝word stress.

word·age [wə́ːdɪdʒ | wə́ːd-] 〖⇨ -age〗 — *n.* **1** [集合的] 言葉 (words). **2** (使われた)単語数, 単語の総数. **3** 無用の語が多いこと, 冗長, 多言, 饒舌 (verbiage). **4** 言葉の選択, 言葉遣い (wording).

wórd assòciation *n.* 〖心理〗語連想《単語を刺激に使って行なう連想》.

wórd-assòciation tèst *n.* 〖心理〗言語連想テスト《刺激語を与えて被験者に最初に心に浮かんだ語を言わせ, それによって心の内面を探ろうとする方法》.

wórd-blìnd *adj.* 〖病理〗語盲症の, 失読症の.

wórd blìndness *n.* 〖病理〗語盲症, 失読症 (alexia).

wórd·bòok 〖《1598》: cf. Du. *woordenboek* / G *Wörterbuch* / Swed. *ordbok*〗 *n.* **1** 単語集; 辞書. **2** (オペラの)台本 (libretto); (歌曲の)歌詞集.

wórd-bùilding 〖《1862》《なぞり》← G *Wortbildung*〗 *n.* 〖文法〗＝word-formation.

wórd clàss *n.* 〖文法〗語類.

wórd·cràft *n.* (文章や演説における)言葉の技巧, 用語の苦心.

wórd-dèaf *adj.* 〖病理〗語聾(ろう)(症)の.

wórd dèafness *n.* 〖病理〗語聾(ろう)(症)《言葉を聞いても意味を理解しない状態; 失語症 (aphasia) の一種》.

wórd-formàtion *n.* 〖文法〗語形成, 造語法.

wórd-for-wórd *adj.* 〈翻訳など〉逐語的な; 一語ずつの (verbatim): a ~ translation.

wórd gàme *n.* (anagram や Scrabble などのような)ことば遊び.

wórd·ing *n.* 言葉遣い, 用語, 言い回し, 表現 (expression, phrasing).

wórd·less 〖ME〗 — *adj.* **1** 言葉のない, 無言の; 物言わぬ, おしの (dumb). **2** 口に出さない (unexpressed); 口では表現できない. **3** 言葉[歌詞]を伴わない. **~·ly** *adv.* **~·ness** *n.*

wórd-lòre *n.* **1** 単語[語源]研究. **2** (ある言語の)語彙(い)とその歴史.

wórd mèthod *n.* (言語の)語中心教授法 (cf. ABC method, sentence method).

wórd-mòngering *n.* 空虚な[大げさな]単語の使用.

wórd-of-móuth *attrib. adj.* 口頭の[で行なう] (oral); 口伝えの: a ~ tale.

wórd òrder *n.* 〖文法〗語順《構文上の各語の配置法》.

wórd-pàinter *n.* (絵のような)精彩のある[生々した]文章を書く人 (graphic writer).

wórd-pàinting *n.* **1** (絵のように)実況を眼前にほうふつさせる叙述, 精彩のある[生々した]描写 (graphic writing). **2** 〖音楽〗＝tone painting.

wórd-pérfect *adj.* 〈俳優・講演者・学生など〉せりふ[文章]を完全に暗記している.

wórd pìcture *n.* (実況を眼前に彷彿させるような)精彩のある文章, (絵を見るような)生々した文章[描写].

wórd·plày *n.* **1** 軽妙な言葉のやりとり, 丁々発止のやりとり (repartee). **2** しゃれ, 地口 (pun).

wórd pròcessing *n.* (電子機器を用いた)文書処理.

wórd pròcessor *n.* ワードプロセッサー, 文書作成編集機.

wórd sàlad *n.* 〖精神医学〗言葉のサラダ《精神障害で思考が混乱し, 単語の断片的な羅列が起きる状態; 分裂病に典型的に見られる》.

wórd·smìth *n.* 言葉の達人, 名文章家.

wórd-splìtter 〖⇨ split (vt.)〗 *n.* 言葉の微細な区別立てをする人, 言葉遣いのやかましい人.

wórd-splìtting *n.* 言葉の微細に過ぎる区別立て; 言葉遣いのやかましいこと.

wórd squàre *n.* **1** 四角連語《横に読んでも縦に読んでも同じになるように言葉を並べた正方形》. **2** [*pl.*; 単数扱い] 四角連語遊び.

WORD
ODOR
ROSE
DREG

word square 1

wórd-stòck *n.* ある言語[方言, 個人語]の語彙.

wórd strèss *n.* 〖音声〗語強勢《例: separate [sépərèɪt] における第一音節の第一強勢, 第三音節にかける第二強勢; word accent ともいう; cf. sentence stress》.

Words·worth [wə́ːdzwəθ, -wəːθ | wə́ːdzwəθ, -wəːθ], **William** *n.* (1770–1850) 英国のロマン派を代表する詩人, 桂冠(けいかん)詩人 (1843–50); *Lyrical Ballads* 《S. T. Coleridge と共著》(1798), '*Ode: Intimations of Immortality*' (1807), *The Prelude* (1805, '50).

Words·worth·i·an [wəːdzwə́ːθiən, -ðiən | wəːdzwə́ːðjən, -θiən] 〖⇨ ↑, -ian〗 — *adj.* Wordsworth の, Wordsworth 式[流]の. — *n.* Wordsworth の崇拝者[模倣者など]. **~·ism** [-nìzṃ] *n.*

wórd tìme *n.* 〖電算機〗ワードタイム, 語時間《1 語の情報を処理するのに要する時間》.

word·y [wə́ːdi | wə́ːdi] 〖lateOE *wordiġ*: ⇨ -y[1]〗 — *adj.* (**word·i·er**; **-i·est**) **1** 言葉の, 言葉での, 言論の: ~ war(fare) 言論戦, 舌戦, 論争 / a ~ conflict 口喧嘩(げんか). **2** 言葉数の多い, 口数の多い, 冗漫な: a ~ speaker 口数の多い人 / a ~ style くだくだしい文体. **wórd·i·ly** [-dəli, -dḷi | -dɪli, -də-] *adv.* **wórd·i·ness** *n.*

wore 〖1: 《16C》 ~ ∽ OE *werede* & 《15C》 *ware*. 2: 《17C》 ~ ∽ 《廃》 *wared*〗 *v.* **1** wear[1] の過去形. **2** wear[2] の過去形・過去分詞.

work [wə́ːk | wə́ːk] 〖n.: OE *we(o)rc* < Gmc **werkam* (Du. *werk* / G *Werk* / ON *verk*) ← IE **werg-* to do (Gk *érgon*). — v.: ME *worke(n)* ← (n.) ∽ ME *wirchen* < OE *wyrċan* < Gmc **wurkjan*: cf. erg, organ, wright〗 — *n.* **1** 仕事, 働き, 労働 (labor, toil); 努力 (effort); 勉強, 研究 (study): fall [get] to ~ 仕事にとり掛かる / set about one's ~ 仕事を始める / do the ~ of two men 二人前の仕事をする / the ~ of building a house 家を建てる仕事 / the ~ of restoring order 秩序回復の仕事 / have [take] ~ reading proofs 《口語》校正の仕事をもっている[引き受ける] 《★ reading 以下は work と同格; cf. job 1》 / the ~ of a few minutes 数分でできる仕事 / a ~ of time 手間のかかる仕事 / school ~ 学業 / uphill ~ 骨の折れる仕事 / ⇨ day's work / All ~ and no play makes Jack a dull boy. 《諺》休みなしの勉強[仕事]は子供[人]をばかにする, 「よく学びよく遊べ」 / a man of all ~ ＝man-of-all-work / He never does a stroke of ~. 彼は少しも仕事をしない / Rich men's luxury makes ~ for the poor. 富者のぜいたくは貧者のためには仕事になる / Many hands make light [quick, slight] ~. 《諺》人手が多ければ仕事は楽だ[早い] / I do all the ~ of the house. 家の仕事はすべて私がします.
2 (なすべき)仕事, 務め, 任務 (task): I have a lot of ~ to do. 私にはする仕事がたくさんある / To fight the devil was his ~. 悪魔と闘うことが彼の務めだった.
3 a 仕事の口, 職; 職業, 商売, 専門: be engaged in ~ 仕事についている / be in regular ~ 定職をもっている / go to ~ (at seventeen) (17 歳で)職につく (cf. 3 b) / look for ~ 職を捜す / He wants ~. 仕事を捜している. **b** 勤め先, 職場, 会社: go to ~ 会社へ行く (cf. 3 a) / leave [get to] (one's) ~ 会社を出る[に着く].
4 針仕事, 縫物, 刺繍(しゅう) (needlework); [集合的] (仕事の)道具; (製作中の)材料: She took her ~ out on the veranda. 仕事をベランダに持って出た / Put away your ~ in the drawer. 仕事を引出しにしまいなさい / ⇨ drawnwork, fancywork, lacework, openwork.
5 a 製作物; 細工物, 工作物, 工作品, 工芸品: embossed ~ 浮彫り[打出し]細工 / beaten ~ (金属の)打出し細工, 打ち物 / An honest man's the noblest ~ of God. 正直な人間は神の最も高貴な作品 (Pope, *Essay on Man*) / a beautiful piece of ~ 美しい製作品[細工品] / a nasty piece of ~ 《俗》いやなやつ (objectionable person). **b** [通例複合語の第 2 構成素として] ある材料で作った物: ⇨ brickwork, firework, framework, latticework, waxwork. **c** (芸術または学問上の)著作, 著書 (book); (絵画・彫刻・音楽などの)作品; [*pl.* または総称的に] (ある作者の)全作品, 全集: a ~ of art 芸術品《文学・音楽・美術の優れた作品》 / a poetical ~ of Milton ミルトンの詩 / the ~*s* of Scott スコットの作品[全集] / the complete ~*s* of Thomas Hardy トマス ハーディ全集 / the ~*s* [a ~] of Beethoven ベートーベンの作品 (cf. opus) / One can hardly fail to recognize the ~ of Milton when one sees it. ミルトンの作品[書いたもの]は見れば大概それとわかる / the ~ of Cellini [Rodin] チェルリーニ[ロダン]の作品 / a delicate ~ of art 優美な芸術品 / a learned ~ 学術書, 論文 / a ~ attributed to Titian ティツィアーノの作とされている絵. ★ work が著作・絵画・作曲などを表わす場合は可算名詞・非可算名詞の両方に用いることができるが, 細工品・工芸品・彫刻などの場合に通例非可算名詞として扱う.
6 仕業(しわざ), 所業; 働き, 作用 (action), 効果; (自然力の)作用によってできたもの: the ~*s* of the devil 悪魔の仕業 / mighty ~*s* 奇跡 / the ~*s* of God 神の働き, (特に)自然 / good ~ 善行 / a ~ [~*s*] of mercy [charity] 慈悲[慈善]の行為 / the ~ of an enemy 敵の仕業 / the ~ of poison 毒の作用 / The wine has begun to do its ~. ぶどう酒がきき始めた / The robbery was the ~ of two people. 強盗は二人の仕業だった.
7 [形容詞に修飾されて] (…な)やり方, 行為, (…なやり方の)仕事, 事 (manner of working, treatment): bloody ~ 殺伐な行為 / dry [thirsty] ~ のどの乾く仕事 / wild ~ 乱暴な行為 / ⇨ *make short* [*quick*] WORK *of* / make sad ~ of it 下手なやり方をする, みそを付ける / It was anxious ~. 心配な事だった / It was sharp ~. 抜け目のないやり方だった / It was hard ~ rowing. ボートをこぐのは大変な仕事だった.
8 a [通例 *pl.*] 土木工事: public ~*s* 公共事業, 土木工事. **b** [通例 *pl.* または複合語の第 2 構成素として] 防御工事, 防備施設, 堡塁(ほるい): The ~*s* were frail. 堡塁はもろいものであった / advance ~(*s*) 前哨(ぜんしょう)線防御工事 / defensive ~(*s*) 防御工事[施設] / ⇨ earthwork, fieldwork, hornwork, outwork[2].
9 [通例 *pl.*; しばしば単数扱い] 工場, 製作所. ★《米》では plant: brick*works* れんが工場 / iron*works* 鉄工場 / The glass*works* is [are] near the station. そのガラス工場は駅の近くにある / The ~*s* is [are] closed today. 工場は本日休業.
10 [the ~*s*] (時計などの)仕掛け, 機械 (operative parts): *the* ~*s* of a watch 時計の機械 / Something must be wrong with *the* ~*s*. どこか機械が狂っているに相違ない.
11 [the ~*s*] 《俗》(利用できる)全部, 一切合財: the whole ~*s* 一切合財 / ⇨ *give a person the* WORKS.
12 [*pl.*] 《俗・戯言》(動物の)内臓, 臓腑(ふ) (internal organs): take out the ~*s* (鳥などの)内臓を抜く.
13 〖物理〗仕事; 仕事量 (cf. erg[1], joule): effective ~ 有効仕事量 / external [internal] ~ 外[内]部仕事量 / convert heat into ~ 熱を仕事に変える.
14 [通例 *pl.*] 〖神学〗業(わざ), 功徳(くどく) (good deeds): faith and ~*s* 信行《宗教の精神的と実行的の二面》 / good ~*s* 敬虔な行為 / ~*s* of supererogation 〖カトリック〗(自己の魂の救済以上の)余分の立派な業績, 功徳 / ~*s* of necessity 救済に最低限度必要な業.
15 (工作機械・研磨機などで加工される)部品.
16 (酢などに発酵によってできる)あわ (foam).
17 《卑》性交.
a good day's work ⇨ day's work 成句. ***all in the day's work*** ⇨ day's work 成句. ***at work*** 仕事をして, 働いて, 活動中で, 作用して (working, in action): be hard *at* ~ 精出して働いている / The engines are *at* ~. 機関が運転している / Divide and rule, that's the principle *at* ~ these days. 分割統治, それが今日働いている原則だ / Many firms are *at* ~ on various technological innovations. 多くの会社が種々の技術革新に取り組んでいる. ***get the works*** 《米俗》殺される; なぐられる, ひどい目に会う. ***give*** *a person* ***the works*** 《俗》(1) 〈人〉に向かって(ピストルなどの)ありったけの弾丸(たま)をぶっ放す; 〈人を〉射殺する, 殺す; ひどい目に会わす. (2) 〈人〉に何もかも話す[ぶちまける]. ***go to work*** 仕事に行く[出かける]; 働き始める; 〈能力などが〉作用し出す: I *went to* ~ *on* it. そのことに取りかかった / His wits *went* instantly *to* ~. 彼の頭はすぐ働き始めた. ***gum*** (***up***) ***the works*** (1) 機械の滑り[調子]を悪くする. (2) 《俗》(~をまをしたりして)(物事を)狂わせる, だめにする, 頓座(とんざ)させる. ***have*** *one's* ***work cut out*** (***for*** *one*) 手一杯の仕事がある, 難しい仕事を抱えている. ***in full work*** 全時間働いて. ***in good work*** 儲けのよい仕事をして. ***in the works*** 準備中で, 進行中で, 完成しかかって: The prints are *in the* ~*s*. ***in work*** (1) 定職について. (2) 進行中で. (3) 〈馬が〉調教中で. ***make*** (***a***) ***work*** 混乱を起こす, 騒ぎを起こす. ***make short*** [***quick***] ***work of*** …をさっさとする, 手早く片付ける; 〈食物などを〉またたく間に平らげる: We will *make short* ~ *of* searching the room. その部屋を手早く捜すことにしよう. ***make work for*** (1) …に仕事を与える[あてがう]. (2) 〈人〉に手数[迷惑]をかける. ***out of work*** 仕事にあぶれて, 失業して. ***set to work*** (1) 〈人・能力などを〉仕事にかからせる, 働かせ始める: He *set* himself *to* ~. 仕事にかかった / He *set* his wits *to* ~. 頭を働かせ始めた. (2) 仕事を始める: I *set to* ~ *on* the problem. その問題を解きにかかった. ***shoot the works*** (1) 有り金全部を賭ける, のるかそるかの勝負をする; 一か八かやってみる (risk all). (2) 徹底的に[とことんまで]やる. (3) 有り金全部をはたく.
— *attrib. adj.* 仕事[作業](用)の: a ~ clothes [shoes].
— *v.* (~**ed**, 《古》 **wrought** [rɔ́ːt]) ★ wrought の形は以下に特記した場合だけ今日も用いられる.
— *vi.* **1** 働く, 仕事をする; 努力する; 勉強[研究]する (study): ~ *at* a task 仕事をする / ~ *at* [*in*, *for*] a bank 銀行で働く[に勤める] / ~ hard 一生懸命に働く[勉強する, 研究する] / ~ *for* peace 平和運動をする / ~ *for* [*against*] a cause ある主義のため[に反対して]働く / ~ *among* the poor 貧しい人たちに奉仕する / ~ *for* the public good 公益のために働く / ~ *for* an exam 試験勉強[準備]をする / ~ *under* a master 親方の下で働く / ~ through college 苦学して大学を出る (cf. *vt.* 7) / He is not ~*ing* just now. 彼は今は勤めていない / He is ~*ing in* movies [films]. 彼は映画の仕事をしている / I am going to ~ *with* him. 彼と一緒に仕事をすることになっている.
2 縫物[針仕事]をする (do needlework), 刺繍をする (embroider); 製作する, 細工をする〔*in*〕: He ~*ed* [*wrought*] *in* silver. 銀で細工をした, 銀細工師だった.
3 〈器官・機械などが〉働く, 作用する, きく, 運転する, 動く (operate); 〈車輪などが〉回転する (run, revolve); 〈計画などが〉うまくゆく (succeed): ~ smoothly [freely] なめらかに[自由に]動く / The machine ~*s* well. 機械は調子がよい / My watch ~*s* perfectly. 時計は正確に動いている / Does the system ~? その組織はうまく行くか / The hinges ~ stiffly. ちょうつがいの動きが悪い / All these things have ~*ed* together for good. すべてこれらのものは皆共に働いて好結果をも

たらした / The mill is not ～*ing*. 水車は休止している / Already the poison was ～*ing*. すでに毒が回ってきていた / The wheel ～*s* on an axle. 車輪は軸を中心として回転する / The plan ～*ed* well. 計画はうまく行った / The charm ～*ed*. まじないが効いた.
4 a [通例方向の副詞語句を伴って] 徐々に[努力して]進む, 抜ける, 動く; 次第に…なる: His elbow has ～*ed* through the sleeve. 服のひじが抜けてしまった / The stockings ～*ed* down. 靴下が次第にずり落ちた / ～ south through the forest 森を南方に抜ける / The ferrule has ～*ed* off. 金たがが脱けた / The poison ～*ed* off. 毒はだんだん消えて行った / The root ～*ed* down between the stones. 根は石の間を通って下へ張った / I ～*ed* through the crowded courtroom. 混雑した法廷内を抜けて行った / Frank ～*ed* through the list. フランクは表[目録]へ目を通した / He is ～*ing* toward his doctorate in theology. 神学博士号をめざして勉強している / The ship is ～*ing* eastward. 船は東方に向かって進んでいる / The wind has ～*ed* round. 風の方向が変わった. **b** [補語を伴って] がたがたして…になる: The handle of the mallet has ～*ed* loose. 木づちの柄ががたがたして緩んだ.
5 発酵する (ferment): The wine is ～*ing* in the tubs. ぶどう酒がおけの中で発酵している.
6 〈物質が〉(ある力の反応で)できて行く, 反応[感応]する (react): Cherry wood ～*s* easily. 桜材は細工しやすい.
7 〈顔などが〉ぴくぴく動く, つれる (twitch); 〈心・考えなどが〉動揺する, 荒れる; 〈海が〉荒れる, 逆巻く (seethe): His face [features] ～*ed* violently with emotion. 彼の顔は感動のために激しく引きつった / The muscles of his throat were ～*ing*. のどの筋肉がぴくぴく動いていた / The sea ～*s* high. 海が大荒れに荒れている / Tempests of feeling were ～*ing* within him. 彼の心中では感情のあらしが吹き荒れていた.
8 〈芽が〉出る, 芽生える (shoot).
9 〖海事〗 **a** 〈帆船が〉ある針路を取って進む, (特に, 風上に)間切って進む: We ～*ed up* the river. 船は川上へ進んで行った / ⇨ *work to* WINDWARD. **b** 〈船が〉難航して船体がゆるむ[がたがたになる]: The ship ～*ed* in a heavy sea. 船は激浪の中で難航して船体ががたがたになった.
10 〖機械〗〈機械が〉なめらかに動かない, ひっかかる.
— *vt.* **1** 〈人を〉働かせる; 〈人・牛馬などを〉使う, こき使う: ～ one's servants [horses] hard 召使[馬]をこき使う / He ～*ed* himself to death. 彼は体を酷使して死んだ / He ～*ed* her like a nigger. ひどくこき使った.
2 〈指・そろばん・タイプライターなどを〉動かす, 使用する; 〈船・車・大砲・機械などを〉運転する, 操縦する (operate): ～ a machine 機械を運転する / ～ one's jaws あごを動かす / ～ one's fingers nervously 指を神経質に動かす / a mill ～*ed* by water 水力で動く製粉機 / ～ a gun 大砲を操作する / ～ a ship 船を運転[操作]する / He began to ～ his back teeth with a toothpick. つま楊子で奥歯をほじり始めた.
3 〈鉱山・農場・事業などを〉経営する, 管理する; 〈石・石炭・鉱石などを〉採掘する, 採鉱する; 〈場所を〉受け持つ, 経営する, …の事業を行なう, …で漁業する; 〈土地を〉耕す (cultivate): ～ a mine 鉱山を採掘する / ～ a stream 川を漁場とする / ～ a house with one servant 一人の召使で家を切盛りして行く / This salesman ～*s* the Kansai district. この外交員は関西地区を受け持っている.
4 〈計画などを〉考え出す, 立てる, めぐらす; 計算する, 〈問題などを〉解く (solve) 〈*out*〉: ～ a plan [scheme] 計画を立てる / ～ (*out*) a problem 問題を解く / ～ (*out*) a result 結果を算出する / You have ～*ed* your sum wrong. 君は計算を間違えた.
5 [過去形および過去分詞はしばしば wrought] **a** (労力を用いて)造る, 作り出す, 細工する (shape, make); 〈変化・効果・影響などを〉生じる, 遂げる, 行なう (effect, bring about): a vase cunningly *wrought* 精巧な作りの花びん / ～ a pair of stockings 靴下を一足編む / noble columns *wrought* in marble 大理石造りの立派な柱 / The wood is easily ～*ed*. その木材は細工しやすい / a belief that has *wrought* much evil 多くの害を及ぼした信仰 / ～ a miracle [change] 奇跡を行なう[変化を来す] / ～ wonders 不思議を現出する / the destruction *wrought* by the sea 海のなした破壊 / ～ the oracle ⇨ oracle 成句 / ～ cures 治療を行なう / The frost ～*ed* havoc with the crop. 霜は作物に大害を与えた. **b** 《古》〈非行・犯罪などを〉犯す (commit): I *wrought* a murder in a dream. 夢の中で人殺しをした.
6 [補語を伴って; 過去形および過去分詞はしばしば wrought] (ある状態に)させる; 〈人を〉次第に動かす, 誘致する (induce); 興奮させる (excite) 〔*into*〕: A stream will ～ itself clear after rain. 川は雨の後で徐々に澄んで行く / The horse ～*ed* his nose free of the muzzle. 馬は遂に鼻を口輪からはずしてしまった / The rope has ～*ed* itself loose. 綱はひとりでにゆるんだ / ～ oneself ill 働き過ぎて病気になる / ～ a person [oneself] *into* a rage 激怒させる[する] / ～ oneself *into* favor with …にうまく取り入る / The speaker ～*ed* his audience *into* enthusiasm. 弁士は聴衆を次第に熱狂させた.
7 [通例 ～ one's [its] way として] 徐々に[骨折って]…を進む, 通る; 努力して[働いて]得る: ～ *one's way* 進む / ～ *one's way* up 次第に出世する / ～ *one's way* through the crowd 人込みの中を押し分けて行く / He has ～*ed his way* through college. 彼は苦学して大学を出た (cf. *vi.* 1) / Tom ～*ed* himself *into* his great coat. トムはやっと外套を着た / The bill is ～*ing its way* through Congress. 法案は徐々に議会での審議が進んでいる / The grub ～*s its way* into [out of] it. 虫が次第にその中に食い込む[それを食い破って出る].
8 通す, 通過させる: ～ a knife through the card ナイフをカードに突き刺す.
9 a 加工する, 加工して作る〔*into*〕: ～ silver 銀に加工する, 銀細工をする / ～ cotton *into* thread 綿を加工して糸にする. **b** 入れ込んで作る: The love of pleasure was *wrought into* his habit. 快楽を愛することが彼の習慣の中へ入り込んでしまった. **c** 〖園芸〗〔台木に〕接(つ)ぎ木する (graft) 〔*on*〕: ～ a rose *on* a short stem 短い台木にバラを接ぎ木する.
10 縫う, 編む, 縫い込む, 刺繍する (embroider): ～ a pattern on linen リンネルに模様を縫い取る / ～ embroidery 刺繍する / ～ a shawl 肩掛けを編む / a napkin *wrought with* horse and hound 馬と猟犬を刺繍したナプキン / ～ one's name on blankets 毛布にネームを縫い取る / Can you ～ buttonholes? ボタン穴がかがれますか / I'm going to ～ him a pair of gloves. 彼に手袋を編んであげるつもりです.
11 こねる (knead), 練る; 〈鉄を〉鍛える: ～ dough, clay, etc. / She ～*ed* flour and butter into a paste. 粉とバターをこねて練り粉にした / ～ iron 鉄を鍛錬する.
12 発酵させる (ferment).
13 《口語》利用する (make use of): ～ one's social relations in business 社交上の関係を取引にうまく利用する / ～ one's connections コネをきかせる.
14 《口語》だます, ぺてんにかける, かつぐ: I suspected him of ～*ing* us. 彼が私たちをかついでいるのではないかと思った.
15 《俗》(なぐったり蹴ったりして)痛めつける (beat up); 袋だたきにする (work over): I saw a black man getting ～*ed*. 黒人が袋だたきにされるのを見た.
work (a)round to 〈仕事などに〉取りかかる: I'll ～ *round to* it very soon. じきにそれに取りかかります.
work at (1) 〈仕事〉に従事する, 〈学科〉を勉強する: ～ *at* social reform 社会改革事業に従事する / ～ *at* Greek history ギリシャ史を勉強する. (2) …を食べる: She was ～*ing* away *at* macaroons. 彼女はせっせとマコロンを食べていた.
work away 働き続ける, どしどし働く: She was still ～*ing away at* her antimacassar. まだ椅子の背おおいをせっせと付けていた.
work one's head [***tail***] ***off*** 《米俗》一心に[一生懸命に]働く (work hard).
work in (*vt.*) (1) 入れる, 交える (put in): Can't you ～ *in* a few jokes? しゃれを二つ三つ入れられませんか. (2) 〈人〉のために時間の都合をつける. (3) こすり[すり]込む: ～ some cream *in* with one's fingers 指先でクリームをすり込む. (4) 差し込む: ～ *in* the key. (*vi.*) (1) 合う, 調和する, しっくり行く; 〔他人と〕協力する〔*with*〕: My plans did not ～ *in with* his. 私の計画は彼のとしっくり合わなかった / I'm willing to ～ *in with* them. 喜んで彼らと協力しよう. (2) 入り込んで来る: The enemy again ～*ed in*. 敵はまた侵入して来た.
work it 《俗》なんとかする, やり遂げる: I'll ～ *it* if I can. できればなんとかしたい.
work off (*vt.*) (1) 徐々に取り除く; 片付けてしまう (get rid of); 売りさばく, 売り払う: ～ *off* impurities 不純物を除く / ～ *off* the cold 風邪を抜く / ～ *off* 3,000 copies in a week 1週間に3千部を売りさばく / ～ *off* a debauch 放蕩(ほう)をし尽くして落ち着く. (2) 〈鬱憤(ぷん)などを〉晴らす: ～ *off* one's vexation / He ～*s off* his bad temper *on* [*against*] his servants. 彼は召使どもに当たり散らして自分の不機嫌を晴らす. (3) 〈借金などを〉(金でなく)働いて支払う: He is always ready to ～ *off* the debt. その借金を働いて返す用意がいつもできている. (4) (他へ)押し付ける (pass off), 〔…を目当てに〕行なう (play off) 〔*on*〕: He ～*ed off* old jokes *on* me. 私に向かって古臭いしゃれを言った. (5) 印刷する, 刷り上げる (print off): About 500 copies of the book were ～*ed off*. その本が500部ばかり刷り上がった. (6) …の仕事を済ませる, 片付ける. (7) 《俗》(縛り首などにして)殺す (kill). (*vi.*) ⇨ *vi.* 4 a.
work on (1) ＝WORK *away*. (2) …に効く, 作用する; 〈人・感情など〉を動かす, 左右する (affect), 興奮させる (excite): The drug began to ～ *on* him. 薬がきき始めた / She ～*ed on* his feelings by pretending to be ill. 彼女は病気のふりをして彼の感情に訴えた. (3) 〈仕事・研究など〉に従事する: He is ～*ing on* a book about Japan. 日本に関する本を書いている / The police are ～*ing on* the case. 警察はその事件を手掛けている.
work out (*vi.*) (1) 〈金額などが〉(幾らと)算定される (be calculated), 結局〔…に〕なる, 〔…に〕当たる 〔*at*〕: The cost ～*ed out at* 5 dollars a head. 費用は一人当たり5ドルとなった. (2) 〈問題が〉解ける; 〈合計が〉出る: The sum won't ～ *out*. この合計はなかなか出ない. (3) ある結果が出る: His plan ～*ed out* well [badly]. 彼の計画はうまく行った[うまく行かなかった]. (4) 〈ボクシングの〉選手などが〉練習をする (practice): He ～*s out* in the gym one hour in the evening. 夕方1時間ジムで練習する. (5) (埋め込まれた所から)出て来る, 外れてくる: Underlays often ～ *out*. (活字の)下張り紙はよく外れてくる. (6) 〈事件・物語が〉ある結末になる: It is impossible to tell how the situation in Ireland will ～ *out*. アイルランドの情況がどんな結末になるかわからない. (*vt.*) (1) 苦心して成就する, 達成する: ⇨ *work out one's own* SALVATION / Things ～ themselves *out* a lot of times. 物事はしばしば自然にうまく行くものだ / Finally a compromise was ～*ed out*. 遂に妥協案が成立した. (2) 計算する, 算出する (calculate), 〈問題などを〉解く (solve) (cf. *vt.* 4): ～ *out* a day's course 一昼夜の航程の算出をする / ～ *out* a problem 問題を解く[解決する] / ～ things *out* 《口語》個人的な問題を解決する[片づける] / I ～*ed out* by the stars that we had flown east. 星の位置から東に飛んだと推測した. (3) 〈計画などを〉細かく立てる, 立案する, 作成する, 練り上げる: ～ *out* a scheme of invasion 侵入の計をめぐらす[画策する] / He had ～*ed out* his plan in advance. 前もって計画を立てていた / ～ *out* a code 暗号を考案する / The theory was ～*ed out* with the most elaborate care. その学説はこの上もなく入念に練り上げられた. (4) 〈鉱山を〉掘り尽くす, 使い尽くす (exhaust): ～ *out* a mine. (5) 〈借金などを〉働いて返す; 〈道路税などを〉労働を提供して納める: ～ *out* a debt 借金を働いて返す / He went back to prison to ～ *out* his time. 刑期を勤め上げるために刑務所へ戻った. (6) 除く, 追い出す: ～ *out* poison. (7) 《口語》〈人〉の正体をつかむ: I can't ～ Peter *out*. ピーターって人間がわからない.
work over (1) 〈原稿などを〉やり[書き]直す, 手を加える (do over again). (2) 徹底的に研究する, 精査する. (3) 《口語》容赦なく打つ, したたかなぐる.
work to 〈計画など〉に従って働く: ～ *to* a budget 予算を守る / ⇨ *work to* RULE.
work up [過去形・過去分詞にはしばしば wrought を用いて] (*vt.*) (1) (努力して)次第に作り上げる (bring about, achieve): ～ *up* a reputation for oneself 次第に名をあげる / ～ *up* a business 業を起こす. (2) 徐々に興奮[激昂(こう)]させる; 扇動する, あおる (instigate) 〔*to, into*〕: He was so ～*ed up* he stammered. ひどく興奮したのでどもった / ～ *up* a spirit of social unrest 社会不安の気運を醸成する / ～ *up* one's nervous feelings 感情[神経]を刺激する / be *wrought up to* a violent temper 激怒する / He ～*ed* himself *up into* a passion. 徐々に激怒していった / I have ～*ed* him *up to* publish a book. 彼をあおって本を出版させた / He has never ～*ed up* the courage to approach her. 彼女に言い寄るだけの勇気をふるい起こしたことがない. (3) 《俗》激しい活動で〈汗を〉かく. (4) 〈話の筋などを〉発展させる (develop): ～ *up* the plot of a novel 小説の筋を作り上げる. (5) 丹精して作る (elaborate): He ～*ed up* a picture elaborately. 彼は入念に一枚の絵を描き上げた. (6) (能率・技術などで)高める, 増す. (7) 〈成分を〉混ぜる, 練る, こねる. (8) 〈材料を〉(あるものに)作り上げる 〔*into*〕; 〈非物質的なものを〉〔…に〕する 〔*to, into*〕: ～ *up* iron *into* tools 鉄から色々な器具を作り上げる / ～ *up* a sketch *into* a picture スケッチをまとめて絵に仕上げる. (9) 〈学科などを〉詳細に研究する, 追求してマスターする: I'm ～*ing up* English for my exam. 試験に備えて英語をおさらいしています / ～ *up* the history of trade unions 労働組合の歴史を研究する / ～ *up* a theme 主題を追求する. (10) 〖海事〗罰として〈人〉に不必要な労働を強いる: The hands were continually being ～*ed up*. 乗組員は絶えず罰として不必要な労働を強いられていた. (*vi.*) 徐々に進む[登る, 進展する, 出世する] 〔*to*〕: He was ～*ing up to* a peroration. 彼は結論に近づきつつあった / He ～*ed up* from the bottom. 彼は社会の底辺から築き上げた.
work upon… ＝WORK *on* (2).
work with …を動かそうとする: He is hard to ～ *with*. あの人はなかなか動かない《融通がきかない》.

work·a·bil·i·ty [wə̀ːkəbíləṭi | wə̀ːkəbílɪtɪ, -lɪ-] *n.* 実行[耕作]可能性; 〖土木〗ウォーカビリチー《まだ固まらないコンクリートの性質》.

work·a·ble [wə́ːkəbl̩ | wə́ːk-] *adj.* **1** 〈計画など〉運用できる, 実行できる, 実行可能な (practicable, feasible): a ～ plan / a ～ agreement [solution] 実行可能な協定[解決法]. **2** 〈鉱山など〉経営[採掘]できる; 〈土地が〉耕される. **3** 〈物質・材料など〉加工[処理, 細工]できる; 〈装置など〉実際に使える: a ～ miniature toilet. **～·ness** *n.* **wórk·a·bly** *adv.*

work·a·day [wə́ːkədèɪ | wə́ːk-] 〘(?*a*1200) *werkedai*: -*e*- は *sunnedei* 'SUNDAY' などの類推か: cf. Icel. *virkdiggr* working day〙 — *adj.* **1** 仕事日の, 平常の日の (working-day): ～ clothes. **2** (平凡で)実際的な (practical), 殺風景な, 無味乾燥な, つまらない (dull): this ～ world [life] この無味乾燥な世の中.

work·a·hol·ic [wə̀ːkəhɔ́(ː)lɪk, -hάl- | wə̀ːkəhɔ́l-] 〘← WORK＋A(LCO)HOLIC〙 *n.* 仕事中毒者.

work·a·hol·ism [wə́ːkəhɔ̀(ː)lɪzm, -hɑ̀l- | wə́ːkəhɔ̀l-] *n.* 仕事中毒.

wórk-and-túmble[-flóp] *adv., adj.* 〖印刷〗がんどう返しで[の]《表面のくわえを利用して裏面を印刷する方法にいう》.

wórk-and-túrn *adv., adj.* 〖印刷〗略掛けで[の], 打返しので[で], 半裁掛けの[で]《表版・裏版からなる一つの版面で紙の両面を刷り, 裁断後, 2折丁になるように版面を配列する方法》.

wórk-and-twíst[-whírl] *adj.* 〘印刷〙回し刷の；だるま掛けの《一つの版で1枚の紙に4面刷りする(版の配列)方法にいう》.
wórk·bàg *n.* 仕事袋,（特に)針仕事袋, 裁縫道具入れ.
wórk·bàsket *n.* (裁縫の)仕事用具入れかご, 針仕事かご.
wórk·bènch *n.* (大工・職工・機械技師などの)仕事台, 細工台《単に bench ともいう》.

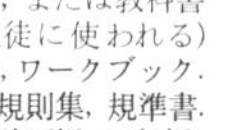
workbasket

wórk·bòat *n.* (漁業用などの)労務用ボート.
wórk·bòok *n.* **1** (教科書と並行して, または教科書代わりに生徒に使われる)練習問題集, ワークブック. **2** (仕事の)規則集, 規準書. **3** (仕事の)計画帳, 工程帳.
wórk·bòx *n.* 道具箱；(特に)裁縫箱, 針箱.
wórk càmp *n.* 《米》 **1** ＝prison camp. **2** (宗教団体などの)奉仕キャンプ；その参加者全体.
wórk·dày 〚《*c*1430》: cf. workaday〛 *n.* **1** 平日, 仕事日, 作業日, 就業日 (weekday)(↔holiday). **2** ＝working day 2. **—** *adj.* ＝workaday.
worked *adj.* 細工した, 加工した, 縫い付けた (cf. wrought): ～ material 加工原料.
wórked úp *adj.* ＝wrought-up.
wórk·er 〚《*c*1340》〛 **—** *n.* **1 a** 働く人, 仕事をする人；働く人[動物, 物]: a hard ～. **b** よく働く人[動物], 勤勉家: He is a real ～. **2 a** 労働者 (laborer)；労働階級の人. **b** 従業員；作業員, 工員. **c** 細工師: a ～ *in* brass 真鍮(しんちゅう)細工師. **3** (特定分野・団体の)活動家, 研究者: a party ～ 政党運動員 / a volunteer ～ (宗教団体などの)ボランティア活動家 / a ～ *in* a cause 主義のために活動する人 / ⇨ social worker. **4** (…を)行なう人(doer): a ～ of miracles＝a miracle ～ 奇跡を行なう人. **5** 〘昆虫〙働きバチ (worker bee), 働きアリ (worker ant)《社会性昆虫の中の一階級；一般に不完全な雌からなるが, シロアリでは雌雄両性がある; cf. drone 1, reproductive, soldier 6》. **6** 〘印刷〙実用版, (平版の)刷版(さっぱん). **7** (梳綿(そめん)機 (carding machine) などの)繊維すき取り小型ローラー.
wórker ánt *n.* 〘昆虫〙働きアリ (⇨ worker 5).
wórker bée *n.* 〘昆虫〙働きバチ (⇨ worker 5).
wórker-príest *n.* (フランスのカトリックの)労働司祭《伝道の目的で平日の一部を工場などで働く》.
wórk·fàre 〚← WORK＋(WEL)FARE〛 *n.* 福祉給付金の受給者が与えられた仕事をしたり職業訓練を受けたりすることを義務づける福祉事業.
wórk fàrm *n.* (青少年犯罪者の社会復帰のための)更正[労働]農場.
wórk·fèllow *n.* (同じ仕事に従事している)仕事仲間.
wórk·fòlk *n. pl.* 労働者,（特に)農場労務者《workfolks ともいう》. 「働, 労働力人口.
wórk fòrce *n.* **1** (企業などの)労働者総数. **2** 総労
wórk fùnction *n.* 〘物理〙仕事関数《固体中から固体外部の真空中へ電子を引き出すのに要するエネル
wórk·gìrl *n.* 女子工員, 女子作業員. 〔ギー〕.
wórk·hòrse *n.* **1** 荷車馬, 馬車馬, 役馬(えきば). **2** 馬車馬のように働く人. **3** 耐久力のある[役に立つ]機械[車など]. **4** ＝sawhorse.
wórk·hòuse 〚OE *weorchūs*〛 **—** *n.* **1** 《米》教護院, (酔っぱらい・浮浪者など軽犯罪者を収容する)懲治監 (house of correction). **2** 《英》(もとの貧民救助法 (poor law) に基づいて貧民を収容した教区(連合)の)救貧院 (cf. poorhouse). **3** 《廃》＝workshop.
wórk hypértrophy *n.* 〘生理〙(筋肉の)作業肥大.
wórk-ìn *n.* (工場を占拠して労働者が自主的に作業を継続する)生産管理争議.
wórk·ing 〚ME〛 **—** *adj.* **1** 働く, 労働に従事する；労働者の: ～ people / a ～ woman＝workingwoman / the ～ class(es) 労働階級 / ～ population 労働(者)人口. **2** (監督でなく実際に)仕事をする, 労務の: a ～ partner (合資会社の)労働出資社員. **3** 工作の, 実行の；実用の, 役立つ；(立論などの)基礎となる, 基礎的な；〈数量・規模など〉十分な: a ～ majority 法案などを通過させるのに十分な過半数 / a ～ knowledge of English 英語の役に立つ知識 / ⇨ working drawing, working face, working hypothesis, working plan, working section, etc. **4** 〈顔など〉(激情などで)ぴくぴく動く, ひきつる. **5** 〈木材・石材などの面など〉作業を進める[取りかかる]ための (cf. working face). **6** 〈イースト菌など〉発酵する. **7** 〈食事など〉業務・政策などが議論される: ～ lunch.
— *n.* **1** 働き, 作用, 活動；(顔・心などの)動き方；(顔などの)ぴくぴくした動き, ひきつり: the ～ of conscience 良心の働き / the ～*s* of the brain 頭脳の働き / the ～ of nature 自然の営み / the ～*s* of a person's features (表情としての)人の顔面の動かし方 / Ghosts are just the ～*s* of a vivid imagination. 幽霊なんてありありと想像する能力の働きにすぎない. **2** 製作(法), 工作(法), 運転(法), 作業: understand the ～ of a machine 機械の運転法を理解する. **3** 経営；運営: the ～ of the laws [a business] 法の運用[事業の経営]. **4** (数学問題などの)運算, 計算: the ～ of a problem 問題の計算. **5** (努力を伴っての)徐々の進歩[前進]: the ～ of a ship against the wind 風に逆らって船が徐々に進むこと. **6** [通例 *pl.*] (鉱山・石切場などの)作業場, 現場: old ～*s* 廃坑. **7** (酵母などの)発酵作用 (fermentation). **8** [形容詞的に] **a** 作業の, 就業の, 仕事の: ～ hours 就業時間 / ～ clothes 仕事着, 作業服 / ⇨ working day. **b** 経営の, 営業の, 運営の: ～ expenses 運営[営業]費 / ～ cost 生産費.
wórking àsset *n.* 〘会計〙運転資産.
wórking bèam *n.* 〘機械〙＝walking beam.
wórking càpital *n.* 〘会計〙 **1** 運転[営業]資本 (cf. LIQUID capital). **2** (正味)運転資本《流動資産から流動負債を引いた差額のこと》. **3** 流動資本 (cf. capital *n.* 3).
wórking-càpital fùnd *n.* 運転資金.
wórking-clàss *adj.* 労働階級の: ～ whites 労働階級の白人 / a ～ district 労働階級の住む地域.
wórking clàss *n.* **1** [集合的] (肉体労働に従事する)賃金労働者. **2** 労働者階級, 勤労者階級.
wórking committee *n.* 運営委員会.
wórking-dày *adj.* ＝workaday 1.
wórking dày *n.* **1** ＝workday 1. **2** (1日の)労働時間, 勤務時間: a ～ of eight hours (1日)8時間労働.
wórking dòg *n.* (ペット・狩猟用等ではない)作業犬.
wórking dràwing *n.* (機械の)工作図, 製作図；(工事の)施行図.
wórking fàce *n.* 〘鉱山〙切羽《鉱石や石炭を採掘している場所》.
wórking fìt *n.* 〘機械〙＝snug fit.
wórking flùid *n.* 〘力学〙流体作業物質.
wórking fòrce *n.* ＝work force.
wórking gàuge *n.* 〘機械〙工作ゲージ.
wórking gìrl *n.* **1** 働く女性, 女性労働者. **2** 《米俗》売春婦 (prostitute).
wórking hypóthesis *n.* 作業仮説《立論・研究などの一応の基礎となり得るもの》.
wórking lòad *n.* 〘機械〙使用荷重.
wórking·màn [-mæ̀n] *n.* (*pl.* **-men** [-mèn]) 労働者, 職人, 職工, 工員 (manual laborer). 「るもの》.
wórking módel *n.* 実用模型《実物と同じ働きをす
wórking órder *n.* (機械などの)正常に動く状態: keep a clock in ～ 柱時計を正常に動かせておく.
wórking óut 〚← *work out* (⇨ work (v.) 成句)〛 *n.* **1** 細部の計画, 画策, 計画を練ること. **2** 〘音楽〙＝development 10. **3** 《米口語》＝workout. **4** 計算.
wórking pàpers *n. pl.* 就業書類《未成年者の年齢証明書など就職の際に必要な公文書》.
wórking pàrty *n.* **1** 〘軍事〙作業班. **2** 《英》(生産向上などの方法について助言をするため, または特定の問題の調査のために設けられる)調査委員会.
wórking plàn *n.* **1** 作業計画. **2** 工作図 (working drawing).
wórking sèction *n.* 仕上げ断面図.
wórking síde *n.* 〘歯科〙作業側《食物を咀嚼する側の歯列；cf. balancing side》.
wórking stréss *n.* 〘機械〙使用応力, 許容応力《通常の使用状態で機械部品に許容される応力》.
wórking substance *n.* 〘機械〙作動物質, 作動流体《機関内でピストンや翼を動かす流体》.
wórking wèek *n.* 《英》＝workweek. 「者の妻.
wórking·wòman *n.* **1** 女子労働者, 女工. **2** 労働
wórk·less 〚《1484》《廃》'idle'〛 *adj.* **1** 仕事のない, 失職した. **2** [the ～；集合的] 失業者 (cf. unemployed 4). **～·ness** *n.*
wórk lòad *n.* 労働量, 作業量.
wórk·man [-mən] 〚OE *weorcmann*〛 **—** *n.* (*pl.* **-men** [-mən]) **1** 労働者, 職人, 職工, 工員 (laborer) (cf. servant 1): ⇨ master workman / a ～'s train (労働者のための)早朝割引列車. **2** 仕事をする人, 仕事振りが…の人: a very decent fellow but a poor ～ 大変いい男であるが仕事の下手な人 / a bad [an ill] ～ 下手な職人 / a good [skilled] ～ 良い[腕利きの]職人 / A bad ～ always quarrels with [blames] his tools. 《諺》下手の道具立て[選び], 「弘法筆を選ばず」.
wórkman·like 〚《15C》〛 *adj.* **1** 職人らしい；名工にふさわしい；手際のよい, 腕利きの (skillful). **2** [通例軽蔑的に] 職人的な, 悪達者な. 「workmanlike.
wórk·man·ly 〚《1467》《廃》'efficiently'〛 *adj.* ＝
wórkman·shìp 〚《*a*1400》〛 **—** *n.* **1** (職人などの)手腕, 技量. **2** 細工の巧拙, 仕上げ, 手際, 出来栄え: be of good ～ よい出来である. **3** 作られたもの, (製)作品, 作, 細工(work): This box is my ～. / We are (of) God's ～. 我らは神の造りたもうたもの.
wòrk·màte *n.* 《英》＝workfellow.
wórkmen's compensátion insùrance *n.* 〘保険〙労働者災害補償保険《労働者が就業中に負傷または病気をした場合, それに対する補償を雇い主に請求できる制度》.
wórk·òut 〚← *work out* (⇨ work (v.) 成句)〛 **—** *n.* **1** 〘スポーツ〙(競技などの)練習(試合), トレーニング. **2** 試験, 試し (test, trial). **3** 体操, 運動.
wórk·pèople *n. pl.* 《英》勤労者, 工員, 従業員, 労働者.
wórk·pìece *n.* (製造中の)製作品.
Wórk Prójects Administràtion *n.* [the ～] ⇨ WPA.
wórk·ròom *n.* 仕事部屋, 作業室.
wórks cómmittee [cóuncil] *n.* 《英》 **1** 工場協議会《単一工場内の労働者代表で組織した会議；経営者に対して労働者側の要求をしたり経営者側の諮問に応じたりする》. **2** (単一工場内で労資双方から選出した)労資協議会.
wórk shèet *n.* **1** (作業立案のための)企画用紙；企画参考資料紙[小冊子]. **2** 練習問題用紙；ワークブックの1枚[1ページ]. **3** 〘会計〙(決算報告作成のための)計算用紙. **4** ＝job ticket 1.
wórk·shòp 〚⇨ shop (n.)〛 **—** *n.* **1** (工作仕事をする)仕事場, 作業場. **2** ゼミ, 研修会；実習室 (laboratory): a theater ～ 演劇研究会. **3** (文学・芸術作品の)創作の場[方法].
wórk-shỳ *adj.* 仕事ぎらいの, なまけ者の (lazy).
wórks mànager *n.* (製造会社の)生産部長.
wórk sòng *n.* 作業歌 (cf. chantey).
wórk stòppage *n.* (ストライキ・ロックアウトなどによる)作業停止.
wórk stùdy *n.* (能率・生産をあげるために, 作業諸要素とその組合わせの改善をはかる)作業研究 (cf. TIME and motion study). 「台.
wórk·tàble *n.* 仕事台, 工作台；(引出し付きの)裁縫
wórk-to-rúle *n.* 《英》(労働者の)順法闘争 (cf. work *to* RULE).
wórk tràin *n.* 〘鉄道〙工事列車.
wórk·ùp *n.* 精密検査.
wórk·ùp *n.* 〘印刷〙汚れ《空白となる部分が, 込め物の浮上がりによって黒く印刷されてしまうこと》.
wórk·wèar *n.* **1** 作業着[服]；仕事着. **2** 作業服スタイル(の服装).
wórk·wèek *n.* (週休に対し)1週のうちの就業日《全体》, 週労働日数[時間]: a 5-day ～ 週5日労働.
wórk·wòman *n.* 女工, 工女, 女労働者.
world [wə́ːld | wɔ́ːld] 〚OE *weorold*《原義》life or age of man ← Gmc **weraz* (← IE **wiro-s* man: ⇨ virile) ＋**alð-* 'OLD': cf. Du. *wereld* / G *Welt* / ON *veröld*〛 **—** *n.* **1** [通例 the ～] **a** 世界, 地球 (the earth): go round the ～ 世界を一周する / to the ～'s end＝to the end of the ～ 世界の果てまで(も) / all over the ～＝(all) the ～ over＝throughout the ～ 世界中(至る所で) / as long as the [this] ～ lasts 世界の続く限り, 永久に. **b** 天地 (heaven and earth), 宇宙 (the universe)；万物, あらゆる物, 一切 (everything): the creation of *the* ～ 天地の創造 / *the* external ～ 外界；宇宙の万象 / ⇨ *all the* WORLD / I wouldn't do it to gain *the* whole ～. 何をもらえてもそんな事は絶対にしたくない (cf. *Matt.* 16: 26, etc.).
2 [通例 the ～] (地球上のある)地域, 世界: *the* Western ～ 西洋 / *the* civilized ～ 文明世界 / *the* Roman ～ ローマ的世界 / *the* ancient ～ 古代の世界, 古代 / ⇨ New World, Old World, Third World.
3 a [the ～] 世の中, 世間；世の中の事, 世事, 人事 (human affairs)；俗世間, 俗事；世俗, 世の習わし: ⇨ *a* MAN [WOMAN] *of the world* / be out of touch with the ～ 世間とは没交渉である / begin the ～ 世の中に出る (start in life) / begin the ～ anew (一旦(いったん)失敗して)新規まき直しをする, 新生活に入る / bring into the ～ 〈女性が〉〈子を〉産む；〈医者などが〉分娩(ぶんべん)を助ける；生れた時からもっている / come down in the ～ 落ちぶれる / come into the ～ 生れる；出版される / give to the ～ 出版する / forsake the ～ (浮)世を捨てる / get on in the ～＝rise [come up, go up] in the ～ 出世する / go out into the ～ 実社会に出る / live out of the ～ 世間を避ける / know the ～ 世間を知っている / see the ～ 世間[世の中]を知る / take the ～ as it is＝take the ～ as one finds it (世の中をあるがままに見て)世と共に移る, 時勢に順応する / let the ～ slide 世間の事に構わない, 万事成行きに任せる；世間の思惑を気にしない / as the [this] ～ goes 今のままでは, 世間なみに言えば / All's right with the ～. ⇨ right *adj.* A 4 / All the ～'s a stage. 世の中はすべて舞台だ (Shak., *As Y L* 2. 7. 139) / the wise old ～ 一般的な経験や習慣 / a religieuse who was, in the ～, Kate Smith 世俗にいた頃はケイトスミスと言った修道女. **b** (個人の生活・活動などの場としての)世界: My ～ has changed. 私の(目に映る)世界は変わった.
4 [the ～] **a** 世界の人々, 人間 (社会)；世人, 世間(の人々): all *the* [*the* whole] ～ 全世界(の人々) / against *the* ～ 全世界を敵に回して, 世間に逆らって / have *the* ～ against one 全世界を敵に回す, 世人から こぞって反対される / make *the* whole ～ kin 四海を同胞とならしめる (cf. Shak., *Troilus* 3. 3. 175) / All *the* ～ knows it. それはだれでも知っている, 世間周知の事だ / All *the* ～ will be there. みんな総出でそこへ行くだろう / ⇨ *all the* WORLD *and his wife* / *The* whole ～ would die of hunger. (そんなことがあったら)全世界の人々は飢え死にするだろう / What will *the* ～ say? 世間は何と言うだろう (cf. Grundy) / How goes *the* ～ with you?＝How is *the* ～ using you? 景気はどうです, 近況はいかがですか. **b** 上流[流行]社会: *the* great ～ 流行社会 (fashionable society).
5 [the ～] **a** (特定の人種・職業・集団などの)世界, …界: the Anglo-Saxon ～ アングロサクソン人種(英国人)の世界 / *the* scientific ～ 科学界 / *the* sporting ～＝*the* ～ of sport(s) スポーツ界 / *the* racing ～ 競馬界 / *the* ～ of art 美術界 / *the* literary ～＝*the* ～ of letters 文学界, 文壇 / *the* educational ～ 教育界 / *the* industrial ～ 産業界 / *the* theatrical ～ 演劇界. **b** (非現実的な)世界 (realm): *the* spiritual ～ 精神界 / *the* ～ of dreams [romance] 夢[ロマンス]の世界.
6 (この, あの)世；現世, この世: the [this] ～ この世, 現世 / this ～ and the next 現世と来世 / the other [next] ～＝the ～ to come [to be]＝the ～ beyond (the grave) あの世, 未来, 来世 (future life) / ⇨ lower world / ⇨ *the* END *of the world* / the ～, the flesh, and the devil 世と肉と悪魔《名利・肉欲・悪心などのすべ

ての誘惑》(*Prayer Book*, "The Litany") / go to the better ～ あの世へ行く, 死ぬ (die) / go [depart] out of this ～ この世を去る, 死ぬ (die) / be too good for this ～ 余りに良くてこの世のものと思われない.
7 (自然界の区分としての)界 (kingdom): the animal [mineral, vegetable] ～ 動物[鉱物, 植物]界.
8 [a ～ または ～s として] **a** 多数, 多量 〔*of*〕(cf. sea 4 b): *a* ～ *of* bank notes おびただしい紙幣 / *a* ～ *of* difference 格段の差[違い] / *a* ～ *of* trouble(s) きりのない厄介ごと / *a* ～ *of* waters 大洋, 大海 / ～*s* to say [see, do] 言うべき[見るべき, なすべき]ことが山ほど(ある) / The experience gave me *a* ～ *of* confidence. その経験で私は大きな自信を得た / It did him *a* [the] ～ *of* good. それは大いに彼のためになった. **b** [副詞的に] 大いに, 極端に: ⇨ WORLDS *apart*.
9 (地球に似た)天体, 世界 (heavenly body): a universe of ～*s* 全宇宙 / the starry ～*s* 星の世界, 星 / innumerable ～*s* in space 宇宙(空間)の無数の天体.
all the world (1) 全世界, 世界中の人々 (cf. 4 a). (2) 最も大事なもの, かけがえのないもの (everything): She [It] was *all the* ～ *to* him. 彼女[それ]は彼にとってすべてだった. ***all the world and his wife*** (男も女も)だれも彼も, 猫も杓子(しゃくし)も (everybody) (Swift, *Polite Conversation*, Dialogue): *All the* ～ *and his wife* were there. ***carry the world before*** one ⇨ carry 成句. ***dead to the world*** 〖cf. dead (adj. 2)〗 (1) 意識を失って; 熟睡して; 泥酔して. (2) うわの空で. (3) 疲れきって. ***for*** (***all***) ***the world like*** [***as if***] どの点から見ても…と同様で, まるで…かのように: He is *for all the* ～ *like* a monkey. どう見ても猿そっくりだ. ***for*** (***anything in***) ***the world***＝***for worlds*** [否定を強めて] どうしても, どうあっても: I would *not* do it *for* (*anything in*) *the* ～. どんなことがあってもそれはしない. ***get the best of both worlds***＝*make the best of both* WORLDS. ***give the world*** (…のため[をする]なら)どんな犠牲もいとわない 〔*for*〕/ 〈*to* do〉: I would *give the* ～ to know it. それを知る為なら何でもやる, どんなことをしてもそれが知りたい. ***have the world before*** one 洋々たる前途がある, いくらでも出世ができる. ***in a world of*** one's ***own***＝***in a world by*** oneself 自分だけの世界で[に]; 自分だけの世界に閉じこもって. ***in the world*** (1) [最上級を強調して]世界中で: the greatest poet *in the* ～. (2) [疑問詞を強調して]一体全体, いやしくも (on earth): What *in the* ～ does he mean? 一体彼はどういうつもりなのか / Who [How, What] *in the* ～ is it? 一体それはだれ[どう, 何]なのか. (3) [否定を強調して]少しも, 全く(…でない): Nothing *in the* ～ would persuade him. 彼を納得させることは到底できないだろう. ***like nothing in the world*** ⇨ nothing *pron.* 成句. ***lost to the world*** (1) 世間から取り残されて, 世に忘れられて. (2) 夢中になって周りのことに気がつかない: When he is reading, he is lost *to the* ～. 読書している時は没頭して周りのことはすっかり忘れる. ***make the best of both worlds*** 世俗的利害と精神的利害の一致を図る; (利害の異なった)二方面でうまくやる[辻褄(つじつま)を合わせる]. ***on top of the world*** ⇨ top 成句. ***out of this*** [***the***] ***world*** 《口語》特別上等の, 飛切りの, 素敵な (superb): Her beauty was *out of this* ～. 素敵な美人だった / He is *out of this* ～ as a cock. コックとしては抜群だ. ***set the world on fire*** ⇨ fire 成句. ***tell the world*** 《口語》公言する; (…だと)断言する (assert): I can [will] *tell the* ～ I like it. 断然好きだ. ***the best of all possible worlds*** 〖Leibnitz の楽観論を皮肉った Voltaire の哲学小説 *Candide* (1759) Chap. 6 の言葉から〗 (1) この世 (the earth). (2) 最高にすばらしい所[仕事など]: He's got *the best of all possible* ～*s*. 彼は最高にすばらしい仕事にありついた / This is *the best of all possible* ～*s*. ここは最高にすばらしい場所だ. ***think*** (***all***) ***the world of***… を非常に重んじる, …が大好きである: She *thinks the* ～ *of* her husband. 夫のことをとても大事に思っている. ***to the world*** 全く, すっかり (entirely): broke *to the* ～＝*broke to the* WIDE / done *to the* ～＝*done to the* WIDE. ***worlds apart***＝*poles apart* (⇨ pole²). ***world without end*** 〖ME *worlde wiþouten ende* ∽ ME *world* (*a*)*buten ende*〗 永久に, 世々限りなく (forever, eternally) (cf. *Ephes.* 3:21).
World Council of Churches [the ―] 世界教会協議会《1948 年にオランダの Amsterdam で結成された全世界的な教会の団体で Geneva に本部をもつ》.
World Day of Prayer [the ―] 世界祈禱日《四旬節 (Lent) の最初の金曜日; 友好関係にあるキリスト教徒が全世界的規模で伝道のために祈る日》.
World Federation of Trade Unions [the ―] 世界労働組合連盟《1945 年 Paris で世界 60 か国の代表によって組織された労組の協調と宣伝を目的とする国際的機関; 略 WFTU, W.F.T.U.》.
― *attrib. adj.* **1** (全)世界の, 世界的な: a ～ championship 世界選手権 / a ～ enterprise 世界企業 / a ～ government 世界政府 / ～ literature 世界文学 / ～ peace. **2** 〈人が〉世界的に有名な: a ～ artist.
Wórld Bánk *n.* [the ～] 世界銀行, 世銀《International Bank for Reconstruction and Development の通称》.
wórld-bèater *n.* (同類のすべてを)凌駕(りょうが)する人[もの], 第一人者.
Wórld Cálendar *n.* [the ～] 世界暦《太陽暦の改良案; 1 年を 4 等分し, 各季節は必ず日曜日に始まり, 3 か月ずつに分かれるが最初の月は 31 日, 次の 2 か月は 30 日ずつとし, 12 月 31 日の代わりに年末休日を置くという案》.
wórld-clàss *adj.* 世界的に名の通った: a ～ director.
Wórld Commúnion Sùnday *n.* 世界聖餐(主)日, 世界教会交わりの日曜《10 月第 1 日曜日; キリスト教会は本来一つであるという意図の下に, 教派を超えて全世界の教会がこの日聖餐式を挙行する》.
Wórld Cóurt *n.* [the ～] (国際連盟の)常設国際司法裁判所《Permanent Court of International Justice (1921–46) の通称》.
Wórld Cúp *n.* [the ～] ワールドカップ《各種のスポーツの世界選手権試合》.
wórld-fámous *adj.* 世界[天下]に名高い.
wórld féderalism *n.* **1** 世界連邦主義. **2** [W- F-] World Federalists の原理[運動].
wórld féderalist *n.* **1** 世界連邦主義者. **2** [W- F-] (第二次大戦後に興った)世界連邦推進運動の一員.
Wórld Héalth Organizàtion *n.* [the ～] 世界保健機関《国連の専門機関; 1948 年設立; 略 WHO, W.H.O.》.
Wórld Ísland *n.* [the ～] 世界島《アジア・ヨーロッパ・アフリカの総称》.
wórld lánguage *n.* **1** 世界語, 国際語《Esperanto, Ido, Volapuk などの人工語》. **2** 世界語《英語のように多くの国で使用されている言語》.
wórld lìne *n.* 《物理・数学》世界線《四次元の時空世界で世界点 (world point) が作る曲線》.
world·ling [wə́ːldlɪŋ | wə́ːld-] 〖《1549》← WORLD＋-LING¹: cf. G *Weltling*〗 *n.* 世俗的名利を追う人, 俗人, 俗物 (worldly person).
world·ly [wə́ːldli | wə́ːld-] 〖OE *woruldlic*: ⇨ world, -ly²〗 **―** *adj.* (**world·li·er**; **-li·est**) **1** この世の, 現世の, 浮世の (mundane, earthly): ～ pleasures 浮世の楽しみ / ～ affairs [matters] 俗事 / ～ goods [property] この世の財産 / close one's ～ account 俗世間との交渉を絶つ, 俗界と別れる. **2** 名利を追求する, 世俗の欲に耽る, 世俗的な, 凡俗の, 俗物の: ～ life (名利の追求のみを事とする)世俗的生活 / ～ wisdom (特に, 利己的な)世才 / ～ people 俗人たち. **3** 《古》地球[地上]の (earthly).
of the world, worldly 俗の俗なる, 俗臭ふんぷんたる (cf. *of the earth*, EARTHY).
wórld·li·ness *n.*
wórldly-mínded *adj.* 俗な, 世俗的な, 名利を追求する. **～·ly** *adv.* **～·ness** *n.*
wórldly-wíse 〖ME〗 *adj.* 世才のある, 世慣れた, 世故にたけた.
Wórldly Wíseman 〖Bunyan, *Pilgrim's Progress* 中の人物〗 *n.* 俗物, 世俗人.
wórld-óld 〖《なぞり》← G *weltalt*〗 *adj.* 世界の初めからある; きわめて古い, 昔からある.
wórld pòint *n.* 《物理・数学》世界点《四次元時空世界の点》.
wórld pólitics 〖《なぞり》← G *Weltpolitik*〗 *n.* 《政治》世界政治《特に, Morgenthau の唱えたもの; cf. Weltpolitik》.
wórld pówer 〖《なぞり》← G *Weltmacht*〗 *n.* 世界的強国.
wórld premíere *n.* 《演劇》世界中での初公演.
wórld relígion *n.* 世界(的)宗教《キリスト教・ユダヤ教・仏教・イスラム教など》.
Wórld Séries, w- s- *n.* [the ～] **1** 《野球》ワールドシリーズ《米国 American League と National League の優勝チームの間で行なわれる選手権試合; World's Series ともいう》. **2** (ワールドシリーズと同様の)選手権試合.
wórld's fáir *n.* 世界博覧会《世界各国の美術・工芸品・工業製品・農産物などを展示する》.
wórld-shàker *n.* [しばしば否定構文で] 世界を震憾(しんかん)させるもの, 画期的なもの: His discovery is *no* ～. 彼の発見は画期的なものではない.
wórld-shàking *adj.* 世界を震憾させる, 重大な: be no ～ affair 世界を震憾させるようなものではない.
wórld sóul 〖《なぞり》← G *Weltseele*〗 *n.* 世界霊魂《全世界を支配する統一原理》.
wórld spírit 〖《なぞり》← G *Weltgeist*〗 *n.* 世界精神《世界に内在してこれを統一支持する生命的原理》.
wórld stàte *n.* **1** 世界国家《一つの政府が全世界を支配する》. **2** ＝world power.
wórld vìew 〖《なぞり》← G *Weltanschauung*〗 *n.* ＝Weltanschauung.
wórld wár *n.* 世界大戦: *World Wars* I and II / ⇨ World War I, World War II.
Wórld Wàr I [-wʌ́n] *n.* 第一次世界大戦 (1914–18) 《英国・フランス・ロシヤおよびその同盟国側とドイツ・オーストリア・ハンガリーおよびその同盟国側との戦争; 勝利は前者側に帰した; First World War, Great War ともいう; cf. Sarajevo, Versailles》.
Wórld Wàr II [-túː] *n.* 第二次世界大戦 (1939–45) 《戦端は英国・フランスおよびポーランド側とドイツとの間に開かれたが, 後にはほとんど全世界の国々が参戦し, 主として連合国 (the Allies) 側の英国・米国およびソ連と枢軸国 (the Axis) 側のドイツ・イタリアおよび日本の間で戦われた; 勝利は連合国側に帰した; Second World War ともいう》.
wórld-wèary *adj.* 世の中[人生]がいやになった, 厭世(えんせい)的な, (特に)物質的快楽に飽きた. **wórld-wèariness** *n.*
wórld·wíde *adj.* 全世界に広まった, 世界中に知れわたった, 世界的な: ～ fame 世界的名声 / a ～ movement 世界的運動 / the ～ recession 世界的な不況 / the ～ O'Keefe hotel chain 全世界にまたがるオキーフホテルチェーン / of ～ importance 世界的に重要な. **―** *adv.* 全世界的に; 世界中で: It has been observed ～. それは世界的に観察されている.
wórld-withòut-énd 〖← *world without end* (⇨ world (n.) 成句)〗 *adj.* 永遠の, 永久の (eternal).
worm [wə́ːm | wə́ːm] 〖n.: OE *wyrm* serpent, dragon, worm < Gmc **wurmiz* (Du. *worm* / G *Wurm* / ON *ormr*) ← IE **wer-* to bend (L *vermis*: ⇨ worth²). ― v.: 《1576》← (n.)〗 **―** *n.* **1 a** 虫《一般に, 害となる昆虫の幼虫で, 柔らかくて細長く, 通例足のないもの》: ⇨ glowworm, inchworm, silkworm / become food [meat] for ～*s* (死んで)うじのえじきとなる / A ～ [Even a ～] will turn.＝Tread on a ～ and it will turn. 《諺》「一寸の虫にも五分の魂」. **b** 《動物》蠕虫(ぜんちゅう)《扁形(へんけい)動物・円虫類・環虫類・鉤(こう)頭虫類・紐虫(ひもむし)類などの総称; 条虫 (tapeworm), 回虫 (maw-worm) など. ★ ラテン語系形容詞: vermicular. **c** ＝earthworm. **d** [通例複合語の第 2 構成素として] 蠕虫に似た小動物: ⇨ blindworm, shipworm, slow-worm. **2** (虫けら同様の)つまらない[みじめな]人間, (うじのような)卑しい人, 卑劣漢 (wretch): a poor ～ like him 彼のような哀れなやつ / I am a ～ today. 私は今日は元気がない (cf. *Ps.* 22:6). **3** (人の心をむしばむ)苦しみ (pains), 苦悩: the ～ of conscience 良心のとがめ, 悔恨 (remorse) / where their ～ dieth not 苦労の絶えない所 (*Mark* 9:44, 46, *Isa.* 66:24). **4** ねじ (screw); ねじ山 (thread). **5** 《機械》ウォーム《ウォーム歯車 (worm wheel) とかみ合い, 回転している時は虫がはうように見える》: ⇨ worm gearing 挿絵. **6** らせん状のパイプ; (蒸留器の)らせん管 (⇨ still² 挿絵). **7** 《動物》＝lytta. **8** 《古》蛇 (snake, serpent). **9** [*pl.*] 《病理》寄生虫病: have ～*s* 〈犬・子供などが〉腸虫がわいている. **10** 《冶金》(加工または鋳造の際にできる金属の表面の)虫状のきず.
― *vt.* **1** [通例 ～ oneself, ～ one's way として] (虫のように)徐々に進める, そろそろ進める; はい込ませる 〔*into*〕, はい出させる 〔*out of*〕; (自分を)〔人の気に〕入らせる, 次第に〔人に〕取り入る 〔*into*〕: ～ *one's way into* society うまく社交界へ乗り込む / ～ *oneself* [*one's way*] through the bushes やぶの中を徐々に(はうようにして)通り抜ける / ～ *oneself into* a person's confidence [favor] 巧妙に取り入って人の信頼[寵愛(ちょうあい)]を得る. **2** 〈秘密などを〉探り出す, 聞き出す (extract), 〈金などを〉せがんで手に入れる: ～ *out* information 情報を聞き出す / ～ *out* the whole story 話をすっかり聞き出す / ～ the truth *out of* [*from*] a person 人から真相を聞き出す / ～ money *out of* a person せがんで金を手に入れる. **3** 〈人体・犬など〉の寄生虫を除く, 〈花壇・たばこの木など〉の虫を駆除する: ～ a dog, garden, etc. **4** 《海事》填巻(てんまき)する《ロープの表面のでこぼこを少なくするために, ロープを形成している子綱と子綱との間の谷間を埋めるように細ひもなどを巻きつける》. **5** 〈犬など〉の舌の虫状の筋線維 (lytta) を取り除く《狂犬病の予防になると考えられていた》. **―** *vi.* **1** 〈鳥などが〉虫を捜す. **2** 徐々に進む, はうようにして進む 〔*through, into, out of*〕: He tried to ～ *out of* his difficulties. 何とか困難を切り抜けようとした. **3** こっそり[巧妙に]取り入る 〔*into*〕: The boy ～*ed into* his teacher's favor. 少年は教師に巧妙に取り入った. **4** ＝craze 3.
～·like *adj.*
wórm·càst *n.* (地面に排泄された)ミミズの糞.
wórm drìve *n.* 《機械》ウォーム歯車装置.
wórm-èaten 〖《*a*1398》〗 **―** *adj.* **1** 虫の食った, むしばまれた: ～ wood [fruit] 虫の食った材木[果物]. **2** 古臭くなった, 時代遅れの (antiquated): ～ regulations [customs] 古臭い規則[慣習].
wórm·er *n.* (鳥獣用の)駆虫剤.
wórm fènce *n.* スネークフェンス, 木柵《荒く削った横木の両端を一定の角度で積み上げて作ったジグザグ形の柵; snake fence, Virginia fence ともいう》.
wórm·fish *n.* 《魚類》熱帯の海に住むスズキ目ハゼ亜目の魚の総称.
wórm-físhing *n.* みみずを餌(えさ)に使う魚釣り, みみず釣り.
wórm gèar *n.* 《機械》ウォーム歯車.
wórm gèaring *n.* 《機械》ウォーム歯車装置.
wórm gràss *n.* 《植物》 **1** ＝pinkroot. **2** シロベンケイソウ, シロバナベンケイ (*Sedum album*) 《ヨーロッパ産の多年草》.

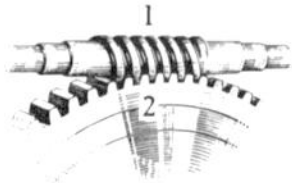

worm gearing
1 worm; 2 worm wheel

wórm·hòle 〖《1593》〗 *n.* (樹木・果実・衣類・紙などの)虫食い穴.
wórm-hòled *adj.* 《文語》虫の穴のある, 虫の食った.
wor·mil [wə́ːmɪl | wə́ː-] 〖《変形》← *warnel* < OE *wernægel* ← ? *wer* man (cf. world)＋*nægel* 'NAIL' 《原義》 horny place made by man: または *wer-* ← **wearh* pus か〗 **―** *n.* **1** ウシバエの幼虫 (warble). **2** ウマバエの幼虫 (bot).
wórm·less *adj.* 虫のいない.
wórm lizard *n.* 《動物》ミミズトカゲ《アフリカおよび南米産ミミズトカゲ科ミミズトカゲ属 (*Amphisbaena*) の地中にすむミミズに似た足のないトカゲの総称》.
wórm pòwder *n.* 駆虫粉剤.
wórm·ròot *n.* 《植物》＝pinkroot.

Worms [wɔ́ːmz, vɔ́əms | vɔ́ːmz, wɔ́ːmz; *G.* vɔ́rms] *n.* ウォルムス《西ドイツ Rhineland-Palatinate 州の Rhine 河畔の都市; 1521 年にここで開かれた議会 (the Diet of Worms) で Luther は異端者と宣告された; 人口 78,000》.

wórm·sèed 〖(a1400-50)〗 *n.* **1** セメンシナ (santonica) の乾燥した花頭《駆虫薬》. **2** 〖植物〗種子が駆虫剤に用いられる植物; その種子.

wórmseed òil *n.* 〖化学〗=chenopodium oil.

wórm's-èye víew *n.* 《戯言》(bird's-eye view に対して)地面[最下層]からの見方.

wórm snàke *n.* 〖動物〗ミミズヘビ《地中にすむミミズに似た小型無害のヘビの総称; ミミズヘビ (thunder snake), メクラヘビ (blind snake) など》.

wórm whèel *n.* 〖機械〗ウォーム歯車 (⇨ worm gearing 挿絵).

worm·wood [wɔ́ːmwʊd | wɔ́ːm-] 〖(a1400-50)《変形》← OE *wermōd* ← ? *wer* man (cf. world)+*mōd* 'MOOD², courage': もと媚薬(びやく)として用いられたことから: 今の形は通俗語源 (← WORM+WOOD¹) による: cf. vermouth / G *Wermut*〗 — *n.* **1** 〖植物〗ヨモギ《キク科ヨモギ属 (*Artemisia*) の草本の総称; 臭気の強いものが多い》; (特に)ニガヨモギ (*A. absinthium*)《アブサン (absinthe)・ベルモット (vermouth)・薬などに用いる》. **2** 苦悩, はなはだしい屈辱; 苦悩の種: ⇨ GALL *and wormwood* / The thought was ~ to him. その思いは彼には耐え難い屈辱であった.

worm·y [wɔ́ːmi | wɔ́ːmɪ] 〖(15C)〗 — *adj.* (**worm·i·er; -i·est**) **1** 虫のついた, 虫の食った (worm-eaten): ~ pears, pages, etc. **2** 虫のいる, 虫のわいた: a ~ dog. **3** 虫だらけの, 虫の多い: the ~ earth. **4** 虫けら同然の, 卑屈な, 卑劣な (groveling), 卑しむべき (contemptible). **wórm·i·ness** *n.*

worn [wɔ́ən, wóən | wɔ́ːn] 〖(15C) ~ ∽ OE *wered* (p.p.) ← *werian* 'to WEAR¹'〗 — v. wear¹, wear² の過去分詞. — *adj.* 〖(1508)〗 **1** すり切れた, 使い古した; 〈言葉・考えなど〉陳腐な: ~ clothes 中古の衣類, 着古した着物 / a ~ inscription すりへった墓碑銘 / a ~ and faded letter すり切れて色あせた手紙 / a ~ joke 言い古された冗談. **2** やつれた, 疲れた (wearied, pinched): a ~ face やつれた顔.

wórn-dówn *adj.* =worn-out 1, 2: ~ pencils ちびた鉛筆.

wórn-óut 〖← *wear out* (⇨ wear¹ (v.) 成句)〗 — *adj.* **1** 使い古した, すり切れた: a ~ age よぼよぼの老齢 / a ~ garment 着古した衣服. **2** 疲れ切った, やつれ果てた. **3** 陳腐な: a ~ simile 陳腐な直喩.

wór·ried *adj.* 困った, 当惑した, 迷惑そうな: wear a ~ look 当惑した顔をする / ~ eyes 当惑したような目 / A ~ expression crossed his face. 困ったような表情が彼の顔にちらと浮かんだ / There was a ~ look in his face. 彼の顔には当惑の色があった. **~·ly** *adv.*

wór·ri·er *n.* **1** 悩ます人, 苦しめる人. **2** 取越し苦労する人, 苦労性の人.

wor·ri·less [wɔ́ː(r)əlɪs, -ləs | wʌ́rɪ-, -rə-] *adj.* 煩い[悩み, 心配, 苦労]のない, のんきな.

wor·ri·ment [wɔ́ː(r)ɪmənt | wʌ́rɪ-] *n.* 《口語》心配, 苦労, 悩み (anxiety, worry); 心配[苦労]の種.

wor·ri·some [wɔ́ː(r)isəm | wʌ́rɪ-] 〖← WORRY+-SOME¹〗 — *adj.* **1** 面倒な, 厄介な, うるさい (annoying). **2** 苦労性の, くよくよする. **~·ly** *adv.* **~·ness** *n.*

wor·rit [wɔ́ː(r)ɪt, -(r)ət | wʌ́rɪt] 〖《変形》← WORRY〗 *v., n.* 《英方言》=worry.

wor·ry [wɔ́ː(r)i | wʌ́ri] 〖v.: OE *wyrgan* to strangle < (WGmc) **wurʒjan* (Du. *wurgen* / G *würgen*) ← IE **wer-* to bend (⇨ worth²). — n.: (1804) ← (v.): cf. wring, worm〗 — *vt.* **1 a** 〔しつこい行為などで〕うるさく攻める, …にせがむ (harass) 〈*out*〉〔*with*〕: ~ a person *with* questions 人にうるさく質問する / The child *worried* him *out* till he gave his consent. 子供が余りうるさくせがむのでとうとう承知した / He *worried* her *to* marry him. 彼は彼女に結婚してくれと攻め立てた. **b** (肉体的に)苦しめる (annoy): His toothache *worries* him a good deal. 歯痛でひどく苦しんでいる. **2** 心配させる, 苦労させる, いらいらさせる (fret, vex): be very [much] *worried* / Don't let that ~ you. その事で気をもむな / ~ oneself *about* [*over*] one's health 健康のことでくよくよする[気をもむ] / ~ oneself sick [*to* death] 心労のあまり病気になる[死んでしまう] / I was *worried* [~*ing*] *that* he might be late. 彼が遅くなりはしないかと気をもんでいた / One cannot be *worried* by such a thing. そんなことを気にしたらきりがない. **3 a** 〈犬などが〉くわえて振り回す, かみついていじめる, かみ散らす: The dog *worried* the rat. 犬がねずみをくわえて振り回した. **b** (神経質に)繰り返し触れる[つつく], いじる: She sat there, her hands ~*ing* a rumpled handkerchief. そこに腰かけて, くしゃくしゃになったハンカチを両手でいじっていた / ~ a log *into* the river 丸太をやっと転がして川の中へ落とす. **c** 〔歯で〕かむ (bite at)〔*with*〕: He *worried* his moustache *with* his teeth. 歯で口ひげをかんだ.

— *vi.* **1** 悩む, くよくよする, 心配する; いらいらする, やきもきする (fret, chafe)〔*about, over*〕: Don't ~ *about* little things. つまらない事にくよくよするな / She *worried over* wrinkles. しわのことをくよくよ気にした / I should ~! 《口語》[反語的] (迷惑どころか)少しも構いません, 私の知ったことじゃない. **2** 〈犬などが〉〔動物などを〕口にくわえて振り回す[いじめる]〔*at*〕: There was Floss, ~*ing at* a shoe. (犬の)フロスが靴をくわえて振り回していた. **3** なんとかして進む, やっとのことで動く: He *worried through* the crowd. 人込みの中をなんとかして進んで行った.

Not to worry! 《口語》心配ご無用, くよくよしなさんな. ***worry along*** (困難にめげずに)なんとかしてやって行く: She tried to ~ *along* without him. 彼なしでなんとかやって行こうとした. ***worry aloud*** 不平を言う〔*about*〕. ***worry at*** (1) ⇨ *vi.* 2. (2) (ある目的のために)〈人・物事〉にしつこく食い下がる 〈*to do*〉. ***worry out*** (1) ⇨ *vt.* 2. (2) 苦しめて[うるさくせがんで]奪い取る[手に入れる]: She *worried* him *out* of his life. 彼をいじめて死なせてしまった. (3) 〈問題などを〉考え抜く, 苦心して解く: He tried to ~ *out* (the meaning of) the text. 苦心してテキスト(の意味)を解明しようとした. ***worry through*** (1) ⇨ *vi.* 3. (2) (…を)何とかして切り抜ける[やり遂げる]: He managed to ~ *through* the piece of work. なんとか工夫して(その仕事を)やり遂げた.

— *n.* **1** 猟犬が獲物にかみ付くこと, かみ裂き. **2** 心配; 気苦労, 取越し苦労: show signs of ~ 心配の様子を見せる / That's his ~. それは彼の仕事だ《私の知った事じゃない》. **3** [しばしば *pl.*] 心配[苦労]の種, 心配事; うるさいこと[もの] (trouble): the petty *worries* of everyday life 日常生活のつまらない苦労 / have many *worries* 色々な心配事がある / What a ~ the boy is! あの子はなんとうるさいのだろう / Norma has been a great ~ *to* her father. ノーマは父親にとっては大変な悩みの種であった.

wórry bèads 〖指を動かすと神経が鎮まると信じられていることから〗 *n. pl.* 悩みのじゅず《気晴し用に指先でまさぐる》.

wórry·gùts *n.* =worrywart.

wór·ry·ing *adj.* 厄介な, うるさい (vexatious, annoying); 気がもめる, 心配な: I had a ~ time. ひどく気がもめた / She asked me a most ~ question. ひどく厄介な質問をした. **~·ly** *adv.*

wórry·wàrt *n.* 《口語》苦労性の人, 気に病む人, 取越し苦労する人; 厭世(えんせい)家.

worse [wɔ́ːs | wɔ́ːs] 〖OE *wyrsa* (adj.) & *wyrs* (adv.) < Gmc **wersizon* (OHG *wirsiro* / ON *verri*) ← **wers-* (OHG *werra* strife & *werran* to confuse) ← IE **wers-* to confuse: cf. war¹·², worst〗 (↔ better) — *adj.* [bad, ill の比較級; cf. worst] **1** もっと悪い, 一層悪い, 更に悪い: It is much [far] ~ *than* what I thought. 私が思ったよりずっと悪い[ひどい] / There could be no ~ misfortune *than* this. これ以上の不幸はあり得ない / It might have been ~. (結果など)ひょっとしたらもっと悪かったかもしれない, これでもましな方だった. **2** [Predicative に用いて] **a** (容体・情勢など)前よりよくない, 一層悪い, 悪化して: grow rapidly ~ どんどん悪くなる / get ~ every day 日に日に悪くなる / get ~ and ~ いよいよ悪化する / (and) what is ~ =to make matters [things] ~ その上更に悪いことには, かてて加えて / The patient is ~ this morning. 病人は今朝は(前より)悪い. **b** [the ~]〔…のために〕一層悪くなって, 更に困った状態で: so much *the* ~ *for*…のためにそれだけかえって悪い / It is *the* ~ *for* the change. 変化によってかえって悪くなった.

none the worse for (1) (…にもかかわらず)同じ状態で (cf. *adv.*): He was *none the* ~ *for* the accident. 事故にあっても平気だった《どうもなかった》. (2) 《口語》〈人・物が〉…のために(見場が)よくなって: He would be none the ~ *for* a haircut. 散髪をしたらさっぱりするだろうに. ***the worse for drink*** [***liquor***] 酒に酔って. ***the worse for wear*** 着古して, 使って傷(いた)んで: This coat is none *the* ~ *for wear.* このコートは少しも着古されていない.

— *adv.* [badly, ill の比較級; cf. worst] **1** もっと悪く, 更に悪く, 一層悪く (more badly): sing ~ than ever 一層下手に歌う / He behaves ~ than ever. 彼の行動はますます悪くなって来た. **2** 一層ひどく, もっとひどく (to a worse degree): It is raining ~ than ever. 雨が一層[いよいよ]ひどく降ってきた / It blew ~ than before. 風が前よりも一層ひどく吹いた / I want it ~ than you do. 私は君よりももっと切実にそれを欲している / ~ off ⇨ off *adv.* 12.

could [***might***] ***do worse than*** (***to***) *do* 《反語》…するのも悪くはない: One *could do* ~ *than* go into teaching as a profession. 教職につくのも悪くはない. ***none the worse for***…にもかかわらずやっぱり, 相変わらず, 同じように (cf. *adj.*; *none the* LESS): I like him *none the* ~ *for* being blunt. ぶっきら棒な男だがやはり彼は好きだ. ***think none the worse of*** やはり…を重んじる, 相変わらず尊敬する.

— *n.* もっと悪い事[物], 一層悪い状態; もっと悪い人: But ~ followed. しかしそれ以上に悪いことが続いて起こった / I have ~ to tell.=*Worse* remains to tell.=There is ~ to tell. (それだけでなく)もっと悪い事がある / *Worse* cannot happen. これ以上悪いことは起こり得ない / or [and] ~ さらに悪いもの.

for better (***or***) ***for worse*** ⇨ better 成句. ***for the worse*** 悪い方へ, 一層悪く, 悪化して: turn *for the* ~ 悪化する / The change has been *for the* ~. それは改悪だった. ***go from bad to worse*** ますます悪化する, だんだん悪くなる. ***have the worse*** (1) 負ける. (2) (相手に対して)不利な立場にある. ***if worse comes to worst*** 《米》最悪の場合には, 万一の場合には (cf. *if the* WORST *comes to the worst*). ***put a person to the worse*** =*put a person to the* WORST.

wors·en [wɔ́ːsn̩ | wɔ́ːsn̩] 〖(?a1200): ⇨ ↑, -en¹〗 — *vt.* より悪くする, 悪化させる: ~ the morale of a nation 国民の士気を低下させる. — *vi.* より悪くなる, 悪化する.

wors·er [wɔ́ːsə | wɔ́ːsə(r)] 〖(1495): ⇨ worse, -er²〗 *adj., adv.* 《古・方言・卑》=worse.

wor·ship [wɔ́ːʃɪp, -ʃəp | wɔ́ːʃɪp] 〖OE *weorðscipe*: ⇨ worth¹, -ship〗 — *n.* **1** (神・超自然的なものに対する)崇拝; 敬慕, 尊敬 (veneration): the ~ of beauty [wealth] 美[富]の崇拝 / hero [ancestral] ~ 英雄[祖先]崇拝 / an object of ~ 崇敬の的, 崇拝される人 / He regarded her with ~ in his eyes. 崇拝の目で[拝まんばかりに]彼女をながめた. **2** 礼拝(式) (divine service); 参拝, 拝礼: public ~ (教会の)礼拝式 / a house [place] of ~ 礼拝所, 教会 / the hours of ~ 礼拝時間 / the order of ~ ⇨ order *n.* B 6 b. **3** 《まれ》宗派 (sect). **4** [所有格の人称代名詞と共に用いて; 時に W-] 《英》閣下. ★ 反語的に敬称として用いることもある: Yes, your *Worship.* はい, 閣下《市長・高官に呼び掛ける時の敬称》/ his *Worship* the Mayor of Bath バース市長閣下《言及する時》. **5** 《古》尊厳, 尊敬; 名誉, 令名: have ~ 世間にあがめられる, 令名がある / win ~ 令名を得る, 名声を博する.

— *v.* (**wor·shiped, -shipped,** 《英》**-shipped; -ship·ing, -ship·ping,** 《英》**-ship·ping**) — *vt.* 崇拝する, 敬慕する (idolize, adore): ~ God / ~ money 金銭を崇拝する / ~ the ground a person walks on ⇨ ground¹ 成句.

— *vi.* 礼拝する, 参拝する, 拝む (revere and adore): Where does she ~? 彼女はどこの教会に行くか.

wór·ship·er, 《英》**wór·ship·per** *n.*

wor·ship·ful [wɔ́ːʃɪpfəl, -ʃəp- | wɔ́ːʃɪp-] 〖(c1300): ⇨ ↑, -ful〗 — *adj.* **1** [通例 W-; 敬称として] 《英》名誉ある, 尊敬すべき (honorable), 高名の (distinguished): the Most [Right] *Worshipful* 閣下 / *Worshipful* Master フリーメーソン支部長(など)《称号; 略 W. M.》. **2** 信心深い, 敬虔(けいけん)な (devout, religious): a ~ audience 信心深い聴衆. **3** 《古》崇敬[敬慕]すべき: ~ animals. **~·ly** *adv.* **~·ness** *n.*

worst [wɔ́ːst | wɔ́ːst] 〖OE *wierresta, wyrresta* (adj.) & *wyr(r)est* (adv.) < Gmc **wersistaz* ← IE **wers-*: ⇨ worse, -est¹〗 (cf. worse) — *adj.* [bad, ill の最上級] **1** 一番悪い, 最悪の; 一番下手な: the ~ dinner I ever ate 今まで食べたうちで一番まずいごちそう / the ~ typist 一番下手なタイピスト. **2** 一番ひどい, 最も激しい: the ~ frost [wind] for a hundred years 百年ぶりのひどい霜[風].

(***in***) ***the worst way*** ⇨ way 成句.

— *adv.* [badly, ill の最上級] 最も悪く, 最悪に, 最もひどく, 最も下手に: play ~.

come off worst =*get the* WORST *of* (⇨ *n.*).

— *n.* 最も悪いこと[物, 人], 最悪の事態[成行き, 場合], 万一(の場合), (病気・寒暑などの)峠: prepare for the ~ 最悪の場合に備える / the ~ of winter 冬の一番寒い頃 / if the ~ happens 最悪の事態が起これば / The ~ (of it) is that… 一番悪い[困った]ことには…, 不幸にも[あいにく]…だ / The sick man is over the ~ now. 病人はもう峠を越した.

at (***the***) ***worst*** (1) =*at one's* WORST. (2) 最も悪くなっても, 一番ひどくて, どんなに悪くても, いくらひどくても: when things are *at the* ~ 事態が最悪になると, 最悪の場合には. ***at one's worst*** 最悪の状態で, 最も不出来な場合で: We saw him *at his* ~. 我々は彼の一番悪い状態[最も不出来な所]を見た / Even *at his* ~, he was better than any of them. 最悪の出来の場合でも彼らのだれよりも彼は上手だった / The epidemic was *at its* ~. 流行病は最悪の状態だった. ***do one's worst*** 最もひどい[有害な]事をする, できるだけひどい事をする: *Do your* ~. [挑戦的に用いて] どんな(ひどい)事でもやるならやってみろ, どうとでも勝手にしろ / Let him *do his* ~. やつめどんな(ひどい)事でもやれるものならやってみろ. ***get*** [***have***] ***the worst of*** 〈喧嘩・議論など〉に負ける, やっつけられる; 〈取引など〉で(一番)損をする, ひどい目にあう (cf. *get* [*have*] *the* BEST *of*): He *got the* ~ *of* it [the argument]. ***give a person the worst of it*** 〈人を〉負かす. ***have the worst*** 負ける. ***if the worst comes to the worst*** 《英》万一の場合には, 最悪の場合には (cf. *if* WORSE *comes to worst*). ***make the worst of*** 〈困難など〉の一番悪い面だけを考える[述べる], …に対して善処しない: He *made the* ~ *of* his business failure. 彼は事業の失敗をただ悲観するだけだった. ***put a person to the worst*** 《廃》〈人を〉負かす (defeat). ***speak*** [***talk***] ***the worst of*** …をこきおろす.

— *vt.* (争い・議論などで)負かす, やっつける.

wor·sted [wʊ́stɪd, wɔ́ːs-, -təd | wʊ́s-] 〖(1293) *w*(*u*)*rstede* ← OE *Wurðestede* (英国 Norfolk 州の原産地 Worstead の古名) ← *worþ* enclosure+*stede* place (cf. homestead)〗 — *n.* **1** 梳毛(そもう)糸《長繊維羊毛を長線状に並べてよりをかけた毛糸, サージやギャバジンなどの原糸, またメリヤス糸や編物用糸にする; woolen との違いについては ⇨ wool 1》. **2** ウーステッド, 梳毛織物. — *attrib. adj.* ウーステッド製の: ~ socks / ~ damask 毛どんす / ~ suiting ウーステッドの服地.

wórsted yárn *n.* =worsted 1.

wort[1] [wə́ːt, wɔ́ət | wɔ́ːt] 〖OE *wyrt* (↓): cf. G *Würze*〗 *n.* ウワート《発酵前の麦芽浸出液; ビール原料》.

wort[2] [wə́ːt, wɔ́ət | wə́ːt] 〖OE *wyrt* root, herb < Gmc **wurtiz* (G *Wurz* / ON *urt*) ← IE **w(e)rād-* 'branch, ROOT[1]'〗 ── *n.* 植物, 草 (plant, herb). ★ 植物名として用いるほかは《古》: ⇨ St.-John's-wort, figwort, liverwort, milkwort, ragwort, woundwort.

wort[3] [wə́ːt, wɔ́ət | wə́ːt] *n.* 〖植物〗=whort.

worth[1] [wə́ːθ | wə́ːθ] 〖OE *w(e)orþ* (adj. & n.) < ? Gmc **werþoz* worth, equivalent, toward (Du. *waard* / G *Wert*) ← ? IE **wer-* (↓)〗 ── *pred. adj.* [目的語を取って] **1** (金銭的に)…の値打ち[価値]がある, …の価の: It is ~ more (than that). それはもっと値打ちがある / It is not ~ a penny. それは一文の値打ちもない / How much [What] is it ~? それはどれだけの値打ちがありますか / a book (which is) ~ $10 10ドルの価値のある本 / be ~ little=《古》be little ~ ほとんど価値がない / be ~ much 大いに価値がある / be ~ nothing=《古》be nothing ~ 全く価値がない. **2** …に値する, …するだけの価値がある (deserving): It is not ~ a fig [pin, damn, etc.]. 全くつまらない / His words are ~ notice. 彼の言葉は注目に値する / He is not ~ his salt. ⇨ salt 成句 / not ~ the candle ⇨ candle 成句 / It is not ~ the trouble. 骨折りがいがない / The work is ~ an effort. その仕事は一奮発のかいがある / be ~ hearing [saying, reading] 聞く[言う, 読む]だけの価値がある, 聞く[言う, 読む]に足る / What is ~ doing at all, is ~ doing well. 《諺》なすに足る事なら立派にやるだけの価値がある / I hope you will be ~ your fee. 謝礼だけの働きをしてほしい / This book is well ~ reading. この本は十分に読む値打ちがある. **3** 〈人が〉〈財産をどれほど〉所有して, 財産が…の: He is ~ a million dollars. 彼は100万ドルの身代である / He died ~ a million pounds. 彼は100万ポンド残して死んだ / He spent all he was ~ on it. それで全財産をすってしまった.

as much as...is worth …の価値に匹敵するほど: It is *as much as* his life *is* ~. それは彼としては命がけのことだ / It is *as much as* my place *is* ~ to let you see it. 君にそれを見せると私の地位が危い. ***for all one [it] is worth*** 《口語》(1) 全力を尽くして: He ran *for all he was* ~. 彼は一生懸命に走った. (2) (物事の)価値をフルに生かして, 最大限に: play the game [《米》one's hand] *for all it is* ~ 勝機[チャンス]をつかむために最善の努力をする. ***for what it is worth*** (真偽はわからないが)それだけのこととして: take a story *for what it is* ~ (そんな話もあると)話をそのままに受け取る. ***worth it*** 《口語》=worthwhile. ***worth (one's) while*** 時を費すだけの価値がある, 骨折りがいがある, (…するのは)むだでない (cf. worthwhile): do something ~ *while* 役に立つ[有用な]事をする / It is not ~ *while* doing [to do] it. それはするかいのないことだ / I will make it ~ *your while*. あなたにむだ骨折りはさせませんよ. ★ It is ~ while reading [to read] this book. (この本は読む価値がある)や This book is ~ reading. はよいが, It is ~ reading this book. や This book is ~ while reading. は破格構文.

── *n.* **1** 値打ち, 価値 (value); 真価 (merit): a jewel of great ~ 大した値打ちの宝石 / a man of ~ 立派な人物 / a thing of little [no] ~ ほとんど[全く]価値のないもの / before I know his ~ 彼の真価がわからないうちは, 彼の真価を知るまでは / True ~ often goes unrecognized. 真価は往々認められないものだ / Only her husband recognized her ~. 夫だけが彼女の値打ちを認めていた / He appreciates me at my true ~. 彼は私の真の価値をわかってくれている. **2** 〔物の〕(幾らだけの)価格相当のもの[分量], …分, …だけ〔*of*〕(cf. pennyworth, threeha'porth): fifty cents' ~ *of* sugar 50セント分の砂糖 / Give me a dollar's ~ *of* this cloth. この切地を1ドルだけ下さい / He always gets the ~ of his money. 彼はいつも(支払った)金相当の品を得る《損をしない》/ She wants the money's ~ in coffee. 金に見合っただけのコーヒーを求めている. **3** 財産, 富: one's personal ~ 私有の財産.

put in one's two cents worth 《米口語》(討論などで)自分の意見を述べる, 弁じ立てる (speak up).

worth[2] [wə́ːθ | wə́ːθ] 〖OE *weorðe* (3rd sg. pres. subj.) ← *weorðan* to become < Gmc **werþan* (Du. *worden* / G *werden*) ← IE **wer-* to turn, bend (L *vertere* to turn): cf. wrath, worry, wrong〗 ── *vt.* 《古》…に起こる, ふりかかる (betide, befall). ★ 通例 woe ~ +(代)名詞の形にだけ用いて: Woe ~ the day! この日にのろいあれ, ああ今日は何という厄日だろう.

worth·ful [wə́ːθfəl | wə́ːθ-] 〖OE *weorþful*: ⇨ worth[1], -ful[1]〗 *adj.* **1** 立派な (honorable): a ~ female. **2** 価値のある, 貴重な (valuable): ~ ideas.

wórth·less *adj.* 価値のない, 値打ちのない (of no value); つまらない (of no merit), 役に立たない: a ~ book 価値のない本. **~·ly** *adv.* **~·ness** *n.*

wórth·whíle 〖(1884)〗 ── *adj.* 骨折りがいのある, しがいのある, やりがいのある; 値打ちのある, 相当の, 立派な: a ~ experiment, gift, book, etc. / It is ~ to try. 試みてみる値打ちがある. **~·ness** *n.*

wor·thy [wə́ːði | wə́ːðɪ] 〖(*c*1250) *wurði*: ⇨ worth (n.), -y[4]〗 ── *adj.* (**wor·thi·er**; **-thi·est**) **1** 〔…の〕価値[値打ち]のある, 〔…するに〕足る (good enough); 〔…にふさわしい (deserving) 〔*of*〕/〈*to be, to do*〉: a ~ reward 相応の報酬 / find a ~ adversary 相手として不足のない敵を見つける / a matter ~ *to be* considered 考慮する価値のある問題 / a poet ~ *of* the name 詩人の名にふさわしい詩人 / a man ~ *of* confidence [praise] 信頼するに足る[称賛に値する]人 / Such bravery is ~ *of* praise [~ *to* be praised, being praised]. そのような勇気は称賛に値する / He is ~ *to* lead [*to* take the lead]. 統率するだけの貫録がある, 指導者の値打ちがある / He is ~ *of* such a father. さすがはあの人の子だ / The place is quite ~ *of* a visit. そこへは一度行って見る価値が十分ある / His enthusiasm is ~ *of* a better cause. あれほど熱心なのにあんな事をさせておくのは惜しい / in words ~ *of* the occasion その場にふさわしい言葉で. ★ worthy of なしに直接に名詞を目的語とするのは《古》: He is not ~ (*of*) my sword [steel]. あんな男を相手にするのは刀の汚れだ. **2** [~‐] [複合語の第2構成素として] **a** (…に)値する (cf. *n.* 1): blame*worthy*, praise*worthy*, trust*worthy*, news*worthy*. **b** (航空・航海などに)耐える: air*worthy*, sea*worthy*. **3 a** 尊い, 尊敬すべき, 立派な, 有徳の (deserving respect, virtuous): a ~ old couple 立派な老夫婦 / a ~ cause 立派な目的 / live a ~ life 立派な一生を送る. **b** (目下の者に対して親しみをこめて)律気(ᵍ)な, 実直な, 善良な (honest): Give our ~ friend one pound. 律気なわが友人に1ポンド差し上げてくれ.

── *n.* **1** 立派な人物, 名士 (notable): the *worthies* of Tang 唐(ᵗ)の傑人 / an Elizabethan ~ エリザベス時代の名士 / village *worthies* 村の長老たち / a local ~ 地方名士 / the nine *Worthies* 九名士, 九英傑《古代および中世紀の九偉人; 3人のユダヤ人 Joshua, David および Judas Maccabaeus, 3人の異教徒 Hector, Alexander 大王および Julius Caesar, 3人のキリスト教徒 Arthur 王, Charlemagne, Godfrey of Bouillon》. **2** 《戯言》人, 御仁(ᵍᵉ) (person): Who is the ~ over there? あそこにいる御仁はだれですか?

wór·thi·ly [-ðɪli, -ðə- | -lɪ] *adv.* **wór·thi·ness** *n.*

wot[1] [wɑ́t | wɔ́t] 〖OE *wāt*〗 *v.* 《古》wit[1] の第一人・三人称単数現在形および複数現在形.

wot[2] [wɑ́t | wɔ́t] 〖(*a*1325) 《変形》← WIT[1]: WOT[1] の影響〗 《英方言》 *vt.* 知っている (know). ── *vi.* 知っている〔*of*〕.

Wo·tan [vóutɑːn | vɔ́u-; G. vóːtan] 〖□G ~: ⇨ Odin〗 *n.* ウォータン《ゲルマン神話の最高神; 北欧神話の Odin に相当する》.

wotch·er [wɑ́tʃə | wɔ́tʃə(r)] 〖《転訛》← *What cheer!*〗 *int.* 《英俗》こんにちは.

wottest *v.* wit[1] の第二人称単数現在.

Wot·ton [wʊ́tn̩, wɑ́tn̩ | wɔ́tn̩, wʊ́tn̩], Sir **Henry** *n.* (1568–1639) 英国の外交官・詩人; Earl of Essex の外交秘書として活躍.

wou·bit [wúːbɪt] *n.* 《英方言》〖昆虫〗=woobut.

Wouk [wóuk | wə́uk], **Herman** *n.* (1915–) 米国の小説家・劇作家; *The Caine Mutiny* (1951).

would[1] [wəd, əd, d; wʊd, wʊ̀d, wʊ́d] 〖OE *wolde* (pret.) ← *willan* 'to wish, WILL[1]'〗 ── *auxil. v.* [will の過去形] **A** [直説法過去] **1** 《古》=wished, desired: He ~ that we should go. 私たちが行くのを望んだ. **2** [過去の意志・固執; しばしば否定文で] どうしても…しようとした: He ~ get in my light. 彼はどうしても私の明り先に立った《邪魔をし通した》/ He ~ eat *nothing*. 彼はどうしても物を食べようとしなかった / He ~ have *nothing* to do with it. 彼はその事には手を出そうとはしなかった / He ~ *not* go any further. 彼はそれより先へはどうしても行こうとしなかった / He ~ go, say what I might. 私がどんなに言っても彼は行こうとした / The door ~ *not* open. ドアはどうしても開かなかった / The wound ~ *not* heal. 傷がどうしても直らなかった. ★ 最後の2例のように物が主語の場合は擬人化と見ることができる. **3** [過去の習慣・反復] よく…したものだ, …するのだった (cf. used[2] ★(4)): Now and then a bird ~ call. 時折鳥が鳴くのだった / He ~ sit for hours doing nothing. 何時間も何もしないで坐っていることがあった. **4** [間接話法に用いて] (will の場合に準じる): I said I ~ do it. (< "I will do it.") / He said that he ~ never manage it. (< "I shall never...").

B [仮定法過去] **1** [条件文] (条件節中では「意志」を表わし「もし…する意志があれば」の意; 主節では will の普通の用法に従う: I could do so, if I ~. しようと思えばそうできるのだが / If she ~ prefer to go, she ~ go. 彼女が行きたいのなら行くだろう / I ~ do so, if I could. できるのならそうするのですが / If I were you, I ~ never do it. 私でしたら決してそれをしません / They ~ have been killed, if they had let go. 彼らは(あの時)手を放したら命はなかったのだが / If I had been you, I ~ never have done so. 私でしたら決してそうはしなかったでしょう / If it hadn't been for him, I ~ have died. 《米》彼がいなかったら私は死んでいただろう. **2** [1 の条件節を省略して, 丁寧・遠慮を表わす]: *Would* you mind showing me the way? どうぞ道をご案内願えませんでしょうか / It ~ seem (that)... どうも…らしい, …のように思われる / *Would* you help us, please? 手伝っていただけませんでしょうか / I ~ say she'd make him a good wife. 彼女は彼の良い妻になるでしょうよ / I ~*n't* go skating today: the ice isn't safe. 私なら今日スケートに行きませんね. 氷が割れるかもしれませんよ. **3** 欲する (wish (to)) (cf. will[2] 4): If you ~ be happy, be good. 幸福を欲するならば善良であれ / If you [one, we] ~ understand a nation, you [one, we] must know its language. ある民族を理解したいと思うならその言語を知らなければならない / I ~ rather [sooner] not do it. 私はむしろそうしたくない / I ~ rather [sooner] have died. 死んだ方がましだった / I ~ (=should) like to go. 《口語》行きたいものだ (cf. like *vt.* 2) / *Would* to God it were true. 《文語》それが本当であればよいがなあ / *Would* that (=I wish) I were young again. 《文語》もう一度若くなれるとよいがなあ / I ~ fain [gladly, willingly] do so. 喜んでそうしたい (I should like to do so.). **4** [推量] (cf. will[1] 7) **a** [過去について]: I suppose she ~ be about 40 when she died. 彼女は死んだ時40歳ぐらいだったろう(と思う) / Every one thought I ~ die. 皆私が死ぬだろうと考えていた. **b** [時に関係なく推量の意を強めて]: One ~ have thought that. 誰でもそう思った[思う]だろうに / Who ~ have thought it? 実に意外な事がある[あった]ものだ / They are [were] very polite.—They ~ be. 彼らは大変丁重です[でした]—そうでしょうとも / *Would* you be able to hear at such a distance? こんなに離れていて聞こえるでしょうか / I don't know who it ~ be. 一体それがだれなのかわからない.

would[2] [wʊ́d] *v.* will[2] の過去形.

wóuld-bè 〖(1300): ⇨ would[1] (B) 3〗 [通例軽蔑的に] ── *attrib. adj.*, *adv.* 自分免許の[で], ひとりよがりの[で], 似而非(ᵉ)の, …のふりをしている; (いつかは)…になりたいと思っている, なるつもりの; …のつもりの: a ~ gentleman 自称紳士 / a ~ poet 自称[でも]詩人 / a ~ author 作家志望者 / a ~ suicide 自殺志願者 / a ~ joke 冗談のつもりの言葉, へたな冗談 / ~ ironical 皮肉のつもりの. ── *n.* こう[そう]なりたいと願っている人; ひとりよがりの人.

would·est [wʊ̀dɪst, wʊ́dɪst, -dəst] *v.* 《古》=wouldst.

wóuld-have-bèen *n.* =might-have-been.

would·n't [wʊ́dn̩t] would not の縮約形.

wouldst [wədst, wətst; wʊ̀dst, wʊ́dst] 〖OE *woldest*〗 *v.* 《古》will の第二人称単数直説法過去形.

Wóulff bòttle [wʊ́lf-] 〖《変形》← *Peter Woulfe* (?1727–1803: 英国の化学者)〗 ── *n.* (*also* **Woulfe bottle** [~]) 〖化学〗ウルフびん《ガス発生などに用いる二口または三口のびん》.

wound[1] [wúːnd] 〖n.: OE *wund* < Gmc **wundaz* (Du. *wond* / G *Wunde*) ← ? IE **wa-* to beat, wound. ─v.: OE *wundian* ← (n.): cf. wen[1]〗 ── *n.* **1 a** 傷, 負傷, 怪我 (injury, hurt); 〖医学〗創傷: a festering ~ 膿傷(ᵒᵘ) / an incised ~ 切創 / a lacerated ~ 裂傷 / a mortal [fatal] ~ 致命傷 / an open ~ 開放創 / a punctured [stab] ~ 刺創 / operative ~ 手術創 / receive [inflict] a ~ 傷を受ける[与える] / heal a ~ 傷を直す / open up old ~*s* 古傷をつつく / bind up the ~*s* of ...の傷に包帯する. **b** (樹木・植物の)傷, 切り口. **2 a** (名誉・信用・感情などへの)痛手, 傷つけるもの, (相手に与える)苦痛; 侮辱 (insult, affront). **b** (政治団体・社会集団への)打撃, 損害. **c** 《詩》恋の痛手.

God's wounds 《古》=zounds. ***lick one's wounds*** (1) 傷の手当てをする. (2) 敗北から立ち直る.

── *vt.* **1** (戦争や喧嘩で)傷つける, 負傷させる (injure, hurt): ~ a person in the head [shoulder] 人の頭[肩]を傷つける / ~ a person to death 人に深手を負わせて死なせる / be badly ~*ed* on the head 頭をひどく怪我する / He was ~*ed* in the battle. その戦闘で負傷した. **2** 〈感情などを〉害する, 傷つける (hurt): be ~*ed* at ...について感情を損ねる. **3** 〈物〉に傷をつける, 損傷を与える. ── *vi.* 傷つける: willing to ~ 悪意のある.

wound[2] [wáund] 〖OE *wundon* (pret. pl.) & (*ġe*)*wunden* (p.p.)〗 *v.* wind[2], wind[3] の過去形・過去分詞.

wóund còrk [wúːnd-] *n.* 〖植物〗傷害コルク, 傷コルク《幹・枝・茎などが傷つけられた時, 二次的に形成されるコルク組織》.

wound·ed [wúːndɪd, -dəd] 〖ME〗 ── *adj.* **1** 傷ついた, 負傷した, 怪我をした: a ~ bird. **2** 傷つけられた, 損なわれた (⇨ wound[1] *vt.* 2): one's ~ feelings 傷つけられた感情 / ~*ed* vanity 傷つけられた虚栄心 / She must satisfy her ~ pride. 傷つけられた誇りを埋め合わさなければならない.

── *n.* [the ~; 集合的] 負傷者, 怪我人.

Wóunded Knée *n.* 米国 South Dakota 州南西部, Sioux 族インディアンが惨殺された所 (1890); 1973年にインディアンの立てこもり事件があった.

wóund·fin [wúːnd-] *n.* 〖魚類〗米国コロラド河川系の支流にいる細長いうろこのないコイ科の魚 (*Plagopterus argentissimus*).

wóund hòrmone [wúːnd-] *n.* 〖植物〗傷ホルモン, 傷害ホルモン, 癒傷ホルモン, ネクロホルモン《組織が傷つけられた時分泌されるホルモン性の物質》.

wóund·less [wúːnd-] *adj.* 傷[怪我]のない.

wóund-ròtor mótor [wáund-] 〖⇨ wound[2]〗 *n.* 〖電気〗巻線形電動機 (cf. cage-rotor motor).

wounds [wáundz, wúːndz] 〖《略》← *by God's wounds* (⇨ wound[1] (n.))〗 *int.* 《古》=zounds.

wóund·wòrt [wúːnd-] 〖(1548)《なぞり》← G *Wundkraut*: ⇨ wound[1], wort[2]〗 ── *n.* 〖植物〗傷薬として使用されてきた草の総称《通例裏に毛のある各種の植物; kidney vetch, allheal など; その葉を傷口にて

て包帯した); (特に)シソ科イヌゴマ属 (*Stachys*) の植物《betony など》.

wound·y [wúːndi, wáʊn- | -dɪ] 〖《c1621》← WOUNDS＋-Y[4]〗 ── 《古》*adj.* ひどい, 非常な (confounded, excessive): fall into a ～ passion ひどく怒る. ── *adv.* ひどく (excessively).

wou·ra·li [wuráːli | -lɪ] 〖← S-Am.-Ind〗 *n.* ＝curare.

wou·ra·ri [wuráːri | -rɪ] *n.* ＝wourali.

wove 〖OE *wæf* (pret.): p.p. の用法は《17C》〗 *v.* weave の過去形・過去分詞. 「の過去分詞.

wo·ven 〖《14C》～ ∽ OE (*ġe*)*wefen* (p.p.)〗 *v.* weave

wóve pàper 〖《19C》: ⇨ wove (p.p.)〗 ── *n.* ウーブペーパー, 簀(す)の目なし紙《通常のすき網ですいた紙; 透かすと細かな網目が見える; cf. creamwove, laid paper》.

wow[1] [wáʊ] 〖《1513》: 擬音語〗 ── *n.* 《俗》大成功(者); (特に, 芝居の)大当たり, 大ヒット (hit). ── *int.* まあ, おや, ああ《驚嘆・喜び・苦痛などを表わす》.
── *vt.* 《俗》〈聴衆・観衆を〉やんやと言わせる: He ～*ed* his audience with a folksy delivery. 親しみのある話し方で聴衆をやんやと言わせた.

wow[2] [wáʊ] 〖擬音語〗 ── *n.* **1** 〖通信〗ワウ《テープ・レコードなどの回転むらによる再生音のゆっくりした周波数変動; cf. flutter 8》. **2** 《英方言》遠ぼえの声 (howl), 泣き叫び (wail), 哀れな泣き声 (whine). ── *vi.* 《英方言》ほえる, 泣き声をたてる (howl, wail).

wow·ser [wáʊzə | -zə(r)] 〖← ?〗 *n.* 《豪・軽蔑》清教徒的な狂信者, ひどく固苦しい人, 人の楽しみを邪魔する人 (spoilsport); 禁酒主義者 (teetotaller).

w/p 《略》〖法律〗without prejudice.

wp., WP 《略》〖野球〗wild pitch(es).

w.p. 《略》wastepaper; waste pipe; weather permitting; will proceed; wire payment; working party; 〖機械〗working point; working pressure.

W.P. 《略》weather permitting; West Point; wettable powder; White Paper; 〖陸軍〗white phosphorus 黄燐, (正しくは)白燐; 〖法律〗without prejudice; Worthy Patriarch; Worthy President.

W.P.A. 《略》〖保険〗with particular average 単独海損担保, 分損担保; Work Projects Administration (米国の)公共事業促進局 (1939–41)《1935–39 までは Works Progress Administration; のち FWA に吸収されたが, 1942 年廃止》.

W pàrticle 〖《略》← *weak particle*〗 *n.* 〖物理〗W 中間子 (⇨ W boson).

W.P.B. 《略》War Production Board (米国の第二次大戦中の)戦時生産局 (1942–45); wastepaper basket.

wpc 《略》watts per candle.

W.P.C. 《略》《英》woman police constable.

wpm, w.p.m. 《略》words per minute 毎分語数《タイピスト[速記者]の能力・演説の速さ・文字伝送速度などを表わす実用上の単位》.

wpn 《略》weapon.

w.r. 《略》〖保険〗war risk 戦争危険.

W.R. 《略》wardroom; warehouse receipt; war reserve; Wassermann reaction; West Riding; 〖証券〗with rights.

Wrac [rǽk] 〖《頭字語》← W(*omen's*) R(*oyal*) A(*rmy*) C(*orps*)〗 *n.* 英国陸軍婦人部隊員 (cf. WRAC).

WRAC, W.R.A.C. 《略》Women's Royal Army Corps 英国陸軍婦人部隊 (cf. WAAC, Ats).

wrack[1] [rǽk] 〖《c1390》▭ MDu. *wrak* wreck, wrecked ship // ＜OE *wræc* misery, something driven ← Gmc **wrak-* ← IE **wreg-* to push, drive (⇨ wreak): wreck と混同〗 ── *n.* **1** 波に打ち上げられた海草, 漂着海草 (kelp); 波打ち際に生えている海草《肥料などに用いる》. **2 a** 難破船; 漂着物, 難破物 (wreck). **b** 破壊されたものの断片[跡]. ── *vt.* 難破させる. ── *vi.* 難破する

wrack[2] [rǽk] *n.* ＝rack[2].

wrack[3] [rǽk] *n.* ＝rack[3].

Wraf [rǽ(ː)f] 〖《頭字語》← W(*omen's*) R(*oyal*) A(*ir*) F(*orce*)〗 *n.* 英国空軍婦人部隊員 (cf. WRAF).

WRAF, W.R.A.F. [rǽ(ː)f] 《略》Women's Royal Air Force 英国空軍婦人部隊 (cf. Waaf).

wraith [réɪθ] 〖《1513》《スコット》～《変形》? ←《古形》*warth* guardian angel ▭ ON *vǫrðr* warden, guardian ← *varða* 'to WARD, guard': Scott の使用によって一般化した〗 ── *n.* **1** (人の臨終前後に現われるというその人自身の)生霊(いきりょう) (fetch, double). **2** 亡霊, 幽霊 (apparition, specter) (cf. ghost 1).

Wrán·gel Ísland [rǽŋgəl-; *Russ.* vrángjilj] *n.* ヴランゲリ島《ソ連邦ロシヤ共和国北東部, 東シベリア海とチュコト海との間の島; 面積 7,300 km²; ロシヤ語名 Ostrov Vrangelya [óstrəf-vrángjiljə]》.

Wran·gell [rǽŋgəl], **Mount** 〖← *Baron F. von Wrangell* (1796–1870: ロシヤの探険家)〗 ── *n.* ランゲル山《米国 Alaska 州南東部にある Wrangell 山脈中の火山 (4,316 m)》.

Wrángell Móuntains 〖↑〗 *n. pl.* [the ～] ランゲル山脈《米国 Alaska 州南東部にある山脈》.

wran·gle [rǽŋgl] 〖*v.* (*c*1378) ▭ ? LG *wrangel-n* (freq.) ← *wrangen* to struggle ← Gmc **wraŋg-* ← IE **wer-* to turn (⇨ worth[2], wring): ⇨ -le[3]. ── *n.*: 《1547》← (*v.*)〗 ── *n.* 口論, 言い争い (noisy quarrel); 論争 (controversy). ── *vi.* 口論する, 言い争う (brawl, quarrel noisily): ～ *with* a person *about* [*over*] …のことで人と口論する / ～ among themselves 内輪喧嘩(けんか)する. ── *vt.* **1 a** 言い争って手に入れる. **b** (議論の上)〈人を〉説き伏せて…させる 〈*out, in*〉: ～ a person *out* of his faith 人を説き伏せて信念を変えさせる. **2** 〖《逆成》← WRANGLER 3〗《米西部》(牧場で)〈馬など〉の世話をする, 番をする (tend, herd).

wrán·gler [-glə, -glə | -glə(r, -glə(r)] 〖《c1515》〗 ── *n.* **1** 口論者, 言い争う人 (angry disputant, brawler). **2** [-glə | -glə(r)] 《英》(Cambridge 大学で)数学の学位試験における第一級優等合格者 (cf. optime): ⇨ senior wrangler. **3** 《米西部》(牧場での)乗用馬の世話係; カウボーイ. 「であること.

wrángler·shìp *n.* 《英》(Cambridge 大学で) wrangler

wrap [rǽp] 〖(*v.*: ? *a*1325; *n.*: *c*1460) ← ? Gmc **wrap-* ← IE **wer-* to bend (⇨ worth[2]): cf. lap[1] / Dan. 《方言》*vravle* to wind〗 ── *v.* (**wrapped, wrapt** [rǽpt]; **wrap·ping**) ── *vt.* **1** 包む, くるむ (enfold, enclose, pack) 〈*up*〉: ～ a parcel in paper 小包みを紙に包む / ～ a child in a shawl 子供を肩掛けにくるむ / He ～*ped* himself *up* in a cloak. 外套(がいとう)に身をくるんだ / She ～*ped* herself *up* with a good many shawls. たくさんのショールで身をくるんだ. **2** まとう, 掛ける, 巻く, 巻き付ける (roll together) 〔*about, around, round*〕: ～ cellophane [paper] *round* a thing 物のまわりにセロファン[紙]を巻く / He ～*ped* his dressing gown *round* him. 化粧着を体にまとった / He ～*ped* his arms *around* me. 両腕を私の体に巻き付けた. **3 a** [しばしば Passive で] おおい包む, 取り巻く (envelop) 〈*round*〉〔*in*〕: Darkness ～*ped* him *round*. 暗黒が彼をおおい包んだ / be ～*ped* in conspiracy 陰謀の中に巻き込まれる / be ～*ped in* sleep ぐっすり寝込んでいる, 寝静まっている / The hills are ～*ped in* mist. 山々は霧におおわれている / The affair is ～*ped in* mystery. 事件は謎に包まれている. **b** 没頭させる, 耽らせる 〔*in*〕: He walked on ～*ped in* his own thoughts. 考えに耽って歩き続けた. **4** 隠す (conceal), 装う (disguise) 〈*up*〉: ～ *up* a censure in a polite formula 丁寧なきまり文句の中に非難の意をこめる. **5** 〈ナプキンなどを〉たたむ, 折りたたむ (fold).
── *vi.* **1** 包む. **2** 巻き付く (twine): The vine ～*ped round* the elm. つる草がニレに巻き付いていた. **3** (外套・肩掛けなど防寒具に)身を包む, くるまる 〈*up*〉: Mind you ～ *up* well if you go out. 外出するならよくくるまって行くんですよ. **4** 包める, 包装できる 〈*up*〉.
be wrapped up in (1) …に夢中になる, に凝る, に専心する: She *is* quite ～*ped up in* her children [work]. 子供のことに[仕事に]夢中になっている / *be* ～*ped up in* thought 夢中で考え込んでいる / *be* ～*ped up in* oneself 《米俗》自分のことばかり考えている, うぬぼれている. (2) …とからんでいる, …に密接な関係がある: The country's prosperity *is* ～ *ped up in* its trade. その国の繁栄はその貿易にかかっている. ***wrap it up*** ＝WRAP *up* (6). ***wrap over*** 〈衣服が〉(着た時)重なる. ***wrap up*** (*vt.*) (1) ⇨ *vt.* 1. (2) ⇨ *vt.* 4. (3) 〈活動・会を〉終える, …の結着をつける; 完結[完成]する: ～ *up* a meeting 会を終える / ～ *up* an agreement 協定を結ぶ. (4) …の総括的な要約[報告]をする, まとめる. (5) 《俗》台なしにする, ぶちこわす. (*vi.*) (1) ⇨ *vi.* 3. (2) [命令文で] 《俗》黙れ.
── *n.* **1** 包み, 外被, おおい (wrapper, covering). **2** [通例 *pl.*] 体を包むもの《肩掛け (shawl), えり巻き (neckerchief), ひざ掛け (rug), 外套(がいとう) (cloak) など》. **3** [*pl.*] 機密 (secrecy); 検閲; 抑制, 拘束 (restraint): a new weapon *under* military ～*s* 軍機に属する新兵器 / take off the ～*s* 制限[禁止]を解く / take the ～*s* off … をあばく. **4** 〖製本〗＝wraparound *n.* 2.

wráp·aròund *adj.* **1** 〈衣服など〉身体[腰]に巻く(式の): a ～ skirt [dress, robe]. **2** 取り囲む形の: a ～ windscreen (自動車の)広角型のフロントグラス / He wore ～ dark glasses. 目の回りをすっぽりと包む黒のサングラスをかけていた. **3** 〖印刷〗ラップアラウンド版の. **4** 一切を含む, 包括的な. ── *n.* **1 a** 身体に巻く形の衣服. **b** 部分的に重ね合わせる[取り巻く]もの. **2** 〖製本〗＝outsert. **3** 〖印刷〗ラップアラウンド版《輪転機印刷の際シリンダーに巻き付ける薄い金属・プラスチック・ゴム版》. **4** 《英》＝book jacket.

wrap·page [rǽpɪdʒ] *n.* **1** 包み, 包み紙, 包装 (wrapping(s)). **2** ＝wrapper 4.

wráp·per 〖《15C》〗 ── *n.* **1** 包む人, 巻き手. **2** 包むもの; 上包み, 包装紙, 包み紙; (雑誌・新聞の)帯封, 帯紙. **3** (書物の)カバー, ジャケット; (パンフレットや小冊子の)紙表紙. **4 a** ラップ[巻き]スタイルの衣服 (cf. wrap *n.* 2). **b** ＝dressing gown. **c** ＝shawl. **5** (葉巻たばこの良質の)外巻き葉. **6** 〖甲冑〗補強あご当て《armet のあごと首の部分を補強する防具》.

wráp·ping 〖《15C》〗 *n.* [通例 *pl.*] 包み, 包装 (covering); 体を包むようにして着る衣類.

wrápping pàper *n.* 包み紙, 包装紙.

wrapt[1] *v.* wrap の過去形・過去分詞.

wrapt[2] [rǽpt] *adj.* ＝rapt.

wráp-ùp 〖← *wrap up* (⇨ wrap (*v.*) 成句)〗 ── *adj.* 《口語》**1** 終結する, 結びの (concluding). **2** 要約の. ── *n.* **1** 《米口語》**a** (一続きの中の)結末, 最終的出来事. **b** 総括報告, (ニュースの)要約. **2** 《米俗》あっさり売りさばくこと; あっさり買って行く客.

wrasse [rǽ(ː)s] 〖《c1672》▭ Welsh *gwrach* & Corn. *wrach* old woman ← ?: cf. oldwife〗 *n.* 〖魚類〗ベラ《ベラ科 *Labrus* 属の海産魚の総称》.

wras·tle [rǽsl] *v., n.* 《方言》＝wrestle.

wrath [rǽ(ː)θ, ráːθ | rɔ́θ, rɔ́ːθ] 〖OE *wrǣððo* ← *wrāþ* 'WROTH'＋Gmc *-*iþō* '-TH[2]'〗 ── *n.* 《詩・文語・戯言》**1** 激怒, 憤怒 (violent anger, indignation): in ～ 怒って / nurse one's ～ 胸に憤りをいだく / be slow to ～ 怒りっぽくない / A soft answer turneth away ～. 《諺》穏やかな答は怒りをそらす (cf. *Prov.* 15:1). **2** 復讐(ふくしゅう), 懲罰, 天罰 (vengeance, punishment): children [vessels] of ～ 神罰を受くべき人々 (cf. vessel 3) / the day of ～ 天罰の下る日 / the ～ of God 神の怒り, 神罰, 天罰. **3** (天然現象などの)厳しさ[暴威]: the ～ of winter 冬の厳しさ.
the grapes of wrath ⇨ grape 成句.
── *adj.* 《古》激怒して (wroth).

wrath·ful [rǽθfəl, ráːθ- | rɔ́θ-, rɔ́ːθ-] 〖《c1340》〗 ── *adj.* ひどく怒った: a ～ look 激怒した顔つき / a red and ～ face 怒って赤くなった顔 / He became increasingly ～ on the subject. その件で次第に怒りっぽくなっていった. **～·ly** *adv.* **～·ness** *n.*

wrath·y [rǽθi, ráːθi | rɔ́θɪ, rɔ́ːθɪ] *adj.* (**wrath·i·er**; **-i·est**) 《米》**1** 激怒した. **2** 〈風雨など〉怒り狂う, 激しい (violent). **wráth·i·ly** [-θɪli, -θə- | -lɪ] *adv.* **wráth·i·ness** *n.*

wreak [riːk, rék | riːk] 〖OE *wrecan* to drive, avenge ＜Gmc **wrekan* (Du. *wreken* / G *rächen*) ← IE **wreg-* to push, drive (L *urgēre* 'to drive, URGE'): cf. wreck, wretch〗 ── *vt.* **1** 〈怒りなどを〉漏らす, 〈恨みを〉晴らす (give vent to); 〈罰などを〉加える, 与える (inflict) 〔*on, upon*〕: ～ one's wrath *upon* …に怒りをぶちまける / ～ a grudge of ten years 10 年間の遺恨を晴らす / ～ one's thought *upon* expression 思うことを述べる / Drink ～*ed* its vengeance *on* him. 大酒のばちが当たった《体をこわした》. **2** 〈精力などを〉費やす (expend): ～ one's energies *on* reforms 改革に精力を傾ける. **3** 〈損害などを〉与える 〔*on, upon*〕: The gypsy moths are ～*ing* devastation *on* huge areas of woodland. マイマイガが広い森林地帯に大損害を与えている. **4** 《古》〈虐待・虐待された人〉の仇を討つ: ～ one's father's death. **～·er** *n.*

wreath [riːθ] 〖OE *wriða* twisted band ← *wriþan* 'to WRITHE'〗 ── *n.* (*pl.* ～**s** [riːðz, riːθs]) **1** (花・葉など木の枝のついた)輪, 花輪, 花冠 (garland); 花輪の彫刻: a ～ of victory 勝利の花冠 / place [lay] a ～ at [on] the tomb of the Unknown Soldier 無名戦士の墓に花輪をささげる. **2** 〈煙・雲・色などの〉輪, 渦巻き (curl, ring) 〔*of*〕: a ～ *of* smoke [cloud] 渦巻く煙[雲]. **3** 《詩》〔踊り手・見物人などの〕輪, まるく並んだ列, 一団 〔*of*〕. **4** (彎曲階段の)手すり[がわげた]の曲部. **5** 雪の吹きだまり[土手]. **6** 〖紋章〗(crest の下, helmet の上に置いた)花冠 (2, 3 色の布をねじり鉢巻状にしたもので, helmet に mantling を取り付け, crest を安定させる役をなす; torse ともいう: ⇨ heraldry 挿絵 A).
── *vt., vi.* ＝wreathe. **～·less** *adj.* **～·like** *adj.*

wreathe [riːð] 〖《1530》《逆成》← ME *wrethen* (p.p.) ← *writhe*(*n*) 'to WRITHE': WREATH の影響もある〗 ── *v.* (～**d**; ～**d**, 《古》**wreath·en** [～ən]) ── *vt.* **1** 〈花・葉などのついた木の枝を〉輪に作る, 花輪にする; 〈花輪を〉作る: ～ daisies *into* a garland ひなぎくを編んで花輪にする / ～ a garland 花輪を作る. **2** …に花輪[花冠]をつける, 花輪で飾る: a poet's brow ～*d with* laurel 月桂冠をいただいた詩人の額. **3** 巻く, 巻きつける, からみ合わせる; 〈枝などが〉…にまつわる (encircle); 〈腕を〉からませる 〔*around, round, about*〕: a column ～*d with* vines つるのからみついている柱 / be ～*d in* each other's arms 互いに抱き合っている / ～ one's arms *about* a person 人に抱きつく, 腕でからむ / The snake ～*d* itself *around* a mouse. 蛇が鼠に体を巻きつけた. **4 a** 〈手足などを〉よじる, ねじる (twist): ～ one's hands. **b** 〈表情を〉〈微笑に〉変える 〔*in, into, to*〕: He ～*d* his countenance *into* smiles. 彼は表情をくずして微笑した / His face ～*ed* itself *in* smiles. 顔をほころばせて笑った / His mouth was ～*d in* smiles. 口元は微笑していた. ── *vi.* **1** 〈枝などが〉からみ合う; 〈蛇などが〉からみつく (wind itself) 〈*round*〉: *wreathing* branches. **2** 〈煙などが〉輪になって立ち昇る, 渦巻く (curlup wards).

wréath·er *n.* 「(twisted column).

wréathed cólumn *n.* 〖建築〗螺旋円柱, 捻(ねじ)り柱

wreathen 〖ME *wrethen* 《異形》← WRITHEN〗 *v.* wreathe の過去分詞. ── *adj.* 《古》ねじれた (twisted); からみ合った (intertwined).

wréath góldenrod *n.* 〖植物〗キク科アキノキリンソウ属の植物 (*Solidago caesia*)《北米産; 黄色の頭状花をつける》.

wréath shèll *n.* 〖貝類〗＝turbo[1]. 「を成している.

wreath·y [riːθi, riːði | -θɪ, -ðɪ] *adj.* 花輪形の; (花)輪

wreck [rék] 〖*n.*: 《1228》▭ AF *wrec* ▭ ON **wrek* (Norw. & Icel. *rek*) ← Gmc **wrekan* 'to WREAK'. ── *v.*: 《*a*1400》← (*n.*): cf. wrack[1]〗 ── *n.* **1** 難破, 難船 (shipwreck): save a ship from ～ 船の難破を救う / cause many ～*s* 多くの船を難破させる / A disastrous ～ has happened. ひどい難船があった. **2 a** 難破船 (wrecked ship): The ship was a perfect ～. 船は全くの難破船だった. **b** 〖法律〗(難破船から)岸に打ち上げられた貨物[積荷]: the shore strewn with ～*s* 難破物の打ち上げられている海岸 / The ～ of the sea belongs to the Crown. 岸に打ち上げられた貨物等は国王[国家]に帰属する. **3** 破壊, 大破, めちゃめちゃ(になること) (destruction, ruin) (cf. wrack[1], rack[2]): the

~ of one's life 人生の破滅 / the ~ of one's happiness 幸福が台なしになること / save one's fortunes from ~ 破産[倒産]を免れる / That brought all his wicked scheme to ~. それで彼の悪だくみが頓挫してしまった. **4** 大破したもの, めちゃくちゃになったもの, 残骸(ざん), 大破した家, 敗残の身, 落ちぶれた人, (病気で)やせ衰えた人 (sorry remnant): make a ~ of a person's life 人の一生を台なしにする / He is a [the] (mere) ~ of his former self. 彼は昔の面影もない哀れな姿だ / What (a) ~ he is! まあ何と変わり果てた姿だろう / He returned a nervous ~ from shell shock. 爆弾性ショックによって神経がすっかり参って帰って来た / He looked a positive ~ of his usual jolly, healthy self. いつもの陽気な健康そうな様子はすっかり無くなっていた. 「ちゃになる, 滅びる.
go to wreck (and ruin) 《まれ》 破滅する, めちゃめ
— *vt.* **1** [しばしば Passive で] 〈船を〉難船[難破]させる; 〈人を〉遭難させる (cf. wrecked): The ship was ~*ed* off the shore. 船は沖で難破した / We were ~*ed* in our boat last night. 昨夜難船した. **2** 〈列車・飛行機などを〉大破させる, めちゃくちゃにする: They attempted to ~ the express. 彼らは急行列車の転覆を企てた. **3** 〈銀行・財産などを〉傾かせる, 破産させる, つぶす (bring ruin upon); 〈体を〉こわす, 台なしにする, 〈希望・計画などを〉破壊する, くじく (destroy, shatter): His business [health, happiness] was ~*ed*. 彼の事業[健康, 幸福]は台なしになった / Ambition ~*ed* his life. 野心のため一生が台なしになった / A sudden misfortune ~*ed* all my prospects in life. 突然の不幸で私の将来の見込みが台なしになった.
— *vi.* **1** 難破する, 難船する (suffer wreck): ~ on a rock. **2** 破滅する, 台なしになる (suffer ruin): The plan is sure to ~. 計画はめちゃくちゃになるにきまっている / This is the obstacle your hopes will ~ on. これが君の希望を破壊する障害物だ. **3** 難破貨物を拾う, 難破船からかすめ取る. **4** 難破船の救助をする. **5** 《米》 事故[故障]車を処理する.

wreck·age [rékɪdʒ] 〘《1837》: ⇨↑, -age〙 **—** *n.* **1** 難破, 難船. **2** 破壊, 破滅, めちゃくちゃになること, 台なしになること (wrecking): the ~ of one's hopes 希望が潰(つい)えること. **3** [集合的] 難破貨物, 漂着物; (難破船・墜落した飛行機などの)残骸(ざん), 破片 (remnants of wreck). **4** [集合的] (社会の)落後者, 敗残者.

wrecked *adj.* 難船[難破]した, 難船の; 遭難した; こわれた: ~ goods 難破貨物 / ~ sailors 難船の船乗りたち / a ~ typewriter こわれたタイプライター.

wréck·er *n.* **1** こわす人, 破壊者. **2** 難船略奪者, (貨物略奪のため船を)難破させる人. **3** 難船救助者; 破船救助船, 難破船救助作業船. **4** 《米》 建物取りこわし業者 (《英》 housebreaker). **5** 《米》 レッカー車 (故障車や, 雪などで動けなくなっている自動車を牽引(けん)し, また簡単な故障はその場で修理できるだけの設備と巻上機をそなえた救援用トラック; tow car, tow truck ともいう); 救援列車 (wreck train), 救援車. **6** 《米》 故障車修理人.

wrécker's báll *n.* 建物取りこわし用の鉄製ボール.

wréck·fish 〘難破船の周辺によく見られることから〙 *n.* 〘魚類〙 =stonebass. 「もたらす.

wreck·ful [rékfəl] *adj.* 《古》 破壊する, 破壊[破滅]を

wréck·ing *n.* **1** 難船, 難破, 遭難. **2** 救難作業, 救援. **3** 破壊, 大破, 破滅. **4** 《米》 建物取りこわし(業). **5** [形容詞的に] 難破[遭難]救助に従事する, 救援の, 建物取りこわし作業に従事する. **—** *adj.* 難破させる, 大破させる; 破壊的な, 破滅的な, めちゃくちゃにする, 台なしにする (causing ruin).

wrécking amèndment *n.* 《英》〘政治〙 (前議案または前動議を台なしにするような)骨抜き修正案.

wrécking báll *n.* =wrecker's ball.

wrécking bàr *n.* 台付きてこ.

wrécking càr *n.* 《米》〘鉄道〙 救援車.

wrécking cràne *n.* 《米》〘鉄道〙 救援クレーン (脱線・転覆などの鉄道事故復旧用のクレーン).

wrécking crèw *n.* 《米》〘鉄道〙 救援[応急]作業隊 (《英》 breakdown gang).

wréck màster *n.* 難船貨物管理者.

wréck tràin *n.* 《米》〘鉄道〙 救援列車.

wren [rén] 〘OE *wrenna, wrænna* ← ? Gmc *wrend(il)a-* (OHG *wrendilo* / ON *rindill*): cf. OE *wrǣne* lecherous〙 **—** *n.* 〘鳥類〙 **1** ミソサザイ (*Troglodytes troglodytes*) (winter wren ともいう): ⇨ house wren, marsh wren, rock wren. **2** ミソサザイに似た各種の鳴鳥 (特に, ヨーロッパ産のヨーロッパヨシキリ (reed warbler), キタヤナギムシクイ (willow warbler), キクイタダキ (goldcrest) など).

Wren [rén] 〘《頭字語》 ← *W(omen's) R(oyal) N(aval Service)*〙 *n.* 《口語》 英国海軍婦人部隊員 (cf. WRNS).

Wren [rén], Sir **Christopher** *n.* (1632–1723) 英国の代表的バロック建築家; St. Paul's 大聖堂を始め多くの名建築を残した.

wrench [réntʃ] 〘v.: lateOE *wrenċan* < ? Gmc *wrankjan* (G *renken*) ← IE *wer-* to bend (⇨ worth[2]). — n.: 《?c1460》 ← (v.): cf. wring, wrinkle[1]〙 **—** *n.* **1** (激しいまたは急な)ねじり, ひねり: pull out a tooth with one ~ ぐいと一ねじりして歯を抜き取る / give a ~ at the door handle ドアの取っ手をぐっと回す / give a branch a ~ 枝をねじり取る. **2** (足首などを)くじくこと, 捻挫(ねん) (sprain): give one's ankle a ~ 足首を捻挫する. **3** (別離の)悲痛, 苦痛 (painful parting): the ~ of parting with one's children 子供とのつらい別離 / Leaving home is a great ~. 家を離れるのは切ない思いだ. **4** 〘機械〙 レンチ, スパナー (spanner). **5** (意味の)こじつけ, 曲解 (strained meaning).

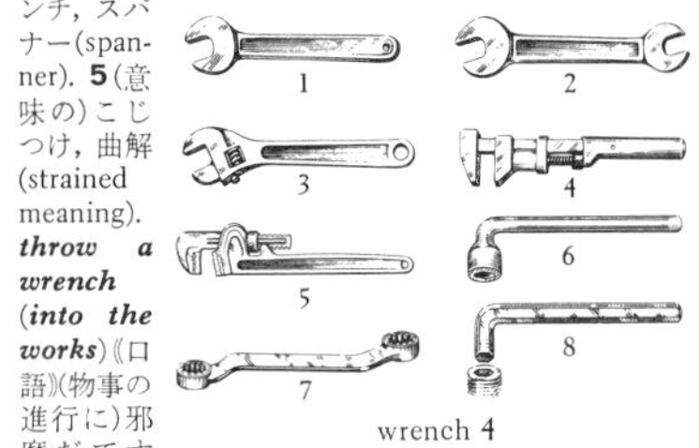

wrench 4
1 single-head wrench; 2 open-end wrench; 3 adjustable end wrench; 4 monkey wrench; 5 pipe [Stillson] wrench; 6 socket wrench; 7 box wrench; 8 allen wrench

throw a wrench (into the works) 《口語》 (物事の進行に)邪魔だてする, 妨害する.
— *vt.* **1** ねじる, ひねる, ねじ回す 〈*about, round*〉: ~ the horse's head *round* 馬首をめぐらす. **2** ねじ取る, もぎ取る; ねじって…する 〈*away, off*〉 / 〔*from, out of*〕: ~ a fruit *off* a branch 果物を枝からもぎ取る / ~ a plant *out of* the ground 植物を土からねじり抜く / ~ a door [box] open 戸[箱]をねじあける[こじあける] / ~ *off* a lock 錠前をねじ切る / ~ a person's sword *from* him 人の剣をもぎ取る / ~ oneself free 身を振り離す / I ~*ed* myself *away* from her. 彼女から身を振り離した / He ~*ed* his thoughts *away* from the woman. その女性から無理に考えをそらした. **3** 〈足首・ひざなどを〉くじく, 捻挫する (sprain): ~ one's ankle 足首の筋をくじく. **4** 〈事実を〉曲げる, 〈意味を〉こじつける (distort, pervert): ~ a fact, one's meaning, etc. **5** 〈心を〉苦しめる: It ~*ed* my heart to listen to her story. 彼女の話を聞くと胸が痛んだ. **6** 〈人〉の生活などをがらりと変える. **—** *vi.* ひとねじりする, ひねる; ねじれる, 急に曲がる: He ~*ed at* the lock. 錠前をぎゅっとねじった.

wrén-thrùsh *n.* 〘鳥類〙 コスタリカ・パナマの山岳産の小鳥 (*Zeledonia coronata*).

wrén-tit *n.* 〘鳥類〙 ミソサザイモドキ (*Chamaea fasciata*) (米国 California 州産チメドリ亜科のミソサザイに似た褐色の小鳥).

wrest [rést] 〘OE *wrǣstan* < Gmc *wraistjan* (Dan. *vriste*) ← IE *wer-* to bend (⇨ worth[2]): cf. wrist〙 **—** *vt.* **1** ねじる (twist, distort) 〈*about, away, round*〉. **2** ねじ取る, もぎ取る, 無理に奪う (wrench away) 〈*off*〉 / 〔*out of, from*〕: ~ a weapon *from* [*out of*] a person's grasp 人の手から武器をもぎ取る / ~ the throne *from* the heir 王位をその後継者から奪い取る / ~ the Panama Canal *from* U.S. control パナマ運河を米国の管理から奪い取る. **3** 〈秘密を〉ほじり出す (wring, extract); 骨折って[努力して]取る[得る] (extort) 〔*from, out of*〕: ~ her secrets *from* Nature 自然界の秘密を探り出す / ~ a living *from* the barren land 不毛の土地を耕してやっと暮らしを立てる / ~ a victory 力戦してようやく勝利を得る. **4** 〈法・事実などを〉曲げる; 〈意味を〉こじつける (distort, pervert): ~ the facts / ~ the law to suit oneself 自分に都合のいいように法律を曲解する / ~ a person's meaning 人の言葉の意味を曲解する / ~ a citation *to* a different sense 引用文をこじつけて別義に取る / ~ a word *from* its obvious meaning 言葉の明白な意味を曲げる. **—** *n.* **1** ねじり, ひねり (wrench). **2** 《古》 (ハープ・ピアノなどの)調律鍵(けん).

wrést blòck *n.* =pin block.

wrést·er *n.* こじつけた解釈をする人.

wres·tle [résḷ, rǽsḷ | résḷ] 〘OE **wrǣstlian* (freq.) ← *wrǣstan*: ⇨ wrest, -le[3]〙 **—** *vi.* **1** レスリング(試合)をする, 組打ちをする, 取っ組み合う; つかみ合う, 格闘する (tussle, grapple) 〔*with*〕: ~ *together* (二人)で取っ組み合う / He challenges all comers to ~ *with* him. 彼はやって来るすべての人に自分と組打ちしろといどむ. **2** 〔難事業・誘惑・災禍などと〕戦う, 苦闘する, 〔役目・問題などに〕全力を尽くす (struggle, contend) 〔*with, against*〕: ~ *with* a task 仕事と取り組む / ~ *with* a mass of correspondence 懸命になって山のような手紙を処理する / ~ *with* a dictionary 辞書と首っ引きする / ~ *with* [*against*] temptation [adversity] 誘惑[逆境]と戦う / ~ *with* the *Times* crossword 「タイムズ」紙のクロスワードパズルと取り組む.
— *vt.* **1** …と組打ちする, 相撲を取る, 投げ倒そうとする: I will ~ you for $5. 君と5ドルかけて相撲を取ろう / ~ a person *down* 人を倒す. **2** レスリングで〈勝負・フォールなどを〉行なう: ~ a fall, a bout, a match, etc. **3** 取っ組むようにして[大いに骨折って]動かす[持ち上げる]: ~ a boulder *into* place 大いに骨折って丸石を動かしてすえる. **4** 《米西部》 (焼印を押すために)〈牛などを〉投げ倒す.
wrestle out 骨折って行なう, 奮闘して果たす.
wrestle with God = ***wrestle in prayer*** (苦悩の中に)一心不乱に(神に)祈る (cf. *Gen.* 32: 24).
— *n.* **1** 組打ち, 相撲, 取っ組み合い (tussle); レスリング(試合). **2** 力戦, 奮闘, 苦闘 (hard struggle).

wrés·tler [-slə | -slə(r, -sḷə(r] 〘OE *wrǣstlere*: ⇨↑, -er[1]〙 *n.* レスラー, レスリング選手: a champion ~ レスリング選手権保持者.

wrés·tling [-slɪŋ | -sl-, -sḷ-] 〘OE *wrǣstlung*: ⇨ wrestle, -ing[1]〙 *n.* レスリング; 相撲; 格闘: a ~ match レスリング[相撲]の勝負.

wrést pìn *n.* (ピアノやハープの)調律ピン.

wrést plànk *n.* =wrest block.

wretch [rétʃ] 〘OE *wræċċa* exile, 《原義》 one driven out < (WGmc) **wrakjo* 《原義》 pursuer; one pursued (G *Recke* hero, warrior) ← IE **wreg-* to push, track down: cf. wrack[1,2], wreak〙 **—** *n.* **1** 不運の人, 悲惨な人, 哀れな人 (miserable person): a poor ~ かわいそうな人 / a ~ of a child かわいそうな[哀れな]子. **2** 恥知らず, 浅ましい人間, 卑劣漢 (scoundrel), (かわいい)やつ (rogue). ★ しばしばふざけたののしり語として用いられる: You ~! こいつめ, この人でなし / She is an ungrateful old ~. 彼女は恩知らずのばあさんだ / the little ~ ちび助.

wretch·ed [rétʃɪd, -tʃəd] 〘《c1200》: ⇨↑, -ed 2: cf. wicked〙 **—** *adj.* (**~·er, ~·est; more ~, most ~**) **1** 悲惨な, みじめな (miserable); 不運な, 不幸な (unhappy, distressed): ~ mortals 不幸な人々 / lead a ~ life みじめな生活をする / Boys are often ~ when they first go to school. 男の子は初めて入学する時よくみじめな気持になる / The ~ man lost all his money. かわいそうにその男は金をすっかりなくした. **2** 実に不快な, 全くいやな (very unpleasant); ひどい: a ~ cold, toothache, pain, etc. / ~ weather ひどい天気 / ~ health ひどく損じた健康 / a ~ nuisance ひどい厄介物 / ~ food [accommodation] ひどい食物[設備] / a ~ inn みすぼらしい宿屋 / ~ insufficiency ひどい不足 / ~ stupidity はなはだしい愚鈍. **3** ひどくまずい, 下手な, 拙劣な, 下等な (very bad, inferior): a ~ horse やくざ[やせ]馬 / a ~ poem 下手な詩 / a ~ poet へぼ詩人 / a ~ scribbler へっぽこ文士. **4** 浅ましい, 見下げ果てた, 卑劣な (confounded, contemptible): ~ ungratefulness 浅ましい忘恩.
feel wretched ひどく狼狽する; ひどく気分が悪い.
~·ly *adv.* **~·ness** *n.*

W.R.I. 《略》〘保険〙 War Risk Insurance.

wrick [rík] 〘ME *wricke(n)* to twist ▭ MLG **wricken* to sprain: cf. wring, wry〙 **—** 《英》 *vt.* 〈首・背骨などを〉くじく, …の筋を違える (sprain): ~ one's neck, back, etc. **—** *n.* 筋違い, くじき: give one's back a ~ 背骨の筋を違える / have a ~ in one's neck 首の筋を違えている.

wrier *adj.* wry の比較級.

wriest *adj.* wry の最上級.

wrig·gle [rígḷ] 〘《1495》 ▭ LG *wriggel-n* (Du. *wriggelen*) (freq.) ← **wriggen* to twist, turn: ⇨ -le[3]: cf. wry〙 **—** *vi.* **1** 〈みみずなどが〉のたくる, のたうつ (squirm, twist about); (みみずのように)のたうち回る, あがく (writhe); そわそわする, もじもじする (fidget about): Keep still, and don't ~. じっとしていなさい, そわそわするんじゃない / ~ *about* のたくる, のたくり回る, もじもじする. **2** のたうちながら進む[出る, 入る] 〈*along, through, out, in*〉 / 〔*into*〕: ~ *underneath* barbed wire 有刺鉄線の下を身をくねらせてくぐり抜ける / He ~*d out of* his undershirt. 体をくねらせてシャツを脱いだ / The snake ~*d into* its hole. へびがくねくねと穴の中へ入った. **3 a** 〈人が〉のらりくらりする (be slippery), 何とかして[ごまかして, 口実を設けて]抜ける 〈*out*〉 / 〔*out of*〕: ~ *out of* a difficulty 困難を何とか切り抜ける / ~ *out of* a bargain [an undertaking] 何とかかんとか言って契約を果さない[引き受けた事をしない] / ~ *out of* an engagement 口実を設けて約束をすり抜ける / ~ *out of* expressing one's opinion 何とかごまかして自分の意見を言うことを逃れる. **b** 上手に取り入る 〔*into*〕: ~ *into* favor 何とか言って取り入る. **—** *vt.* **1** 〈体・手・尾などを〉うごめかす, のたくらす (cf. wiggle); のたくって…する: ~ oneself うごめく, のたくる / ~ oneself free (縛られたりした体を)よじって自由にする / ~ one's body [hand] 体[手]をうごめかす / ~ oneself out at a small hole 小さな穴から身をひねって出る. **2** [~ one's way として] のたくりながら進む: ~ *one's way* up のたくりながら上る. **3** [通例 ~ oneself として] 何とかうまく…させる: ~ *oneself into* a person's favor うまく人に取り入る.
— *n.* あがき, のたうち, のたくり, 身もだえ.
wríg·gling·ly [-glɪŋli, -gl- | -glɪŋlɪ, -gl-] *adv.*

wríg·gler [-glə, -glə | -glə(r, -gl-] *n.* **1** のたくり回るもの. **2** 〘昆虫〙 ぼうふら (wiggler). **3** (ひょうたんなまずで)あいまいな返事をする人, 約束を守らない人. **4** 上手に取り入る人.

wríg·gly [rígli, -gli | -glɪ, -glɪ] *adj.* (**wrig·gli·er; -gli·est**) **1** のたくる, もがく, もじもじする, のらりくらりの. **2** 曲がりくねった: a ~ street.

wright [ráɪt] 〘OE *wryhta* 《音位転換》 ← *wyrhta* worker < (WGmc) **wurhtjo* ← **wurk-* 'to WORK': cf. wrought〙 **—** *n.* 《古》 (大工などのような)職人, 工人; (船・車などの)製造人, 木工: The wheel must go to the ~ for repair. その車輪は修繕のため車大工へ出さなければならない. ★ 今は通例複合語の第2構成素として用いる: ⇨ millwright, playwright, shipwright, wainwright, wheelwright.

Wright [ráɪt] 〘ME (*le*) *Wrichte*, (*le*) *Writh* (the) Wright (↑): もと家族名〙 *n.* 男性名.

Wright, Frances *n.* (1795–1852) スコットランド生れの米国の女流社会改良家.

Wright, Frank Lloyd *n.* (1869–1959) 米国の建築家.

Wright, Joseph *n.* (1855–1930) 英国の言語学者・辞書編集家; *The English Dialect Dictionary* (6 vols, 1896–1905) はその独力編集に成るもの.

Wright, Or·ville [ɔ́ːvɪl, -vəl | ɔ́vɪl] *n.* (1871–1948) 米国の航空技術者, 兄の Wilbur Wright と共に 1903 年初めて飛行機による飛行に成功した.

Wright, Richard *n.* (1908–60) 米国の黒人小説家; *Native Son* (1940).

Wright, Wil·bur [wílbə | -bə(r] *n.* (1867–1912) ⇨ Orville WRIGHT.

Wright, Willard Huntington *n.* (1888–1939) 米国の美術批評家・推理小説家; 筆名 S. S. Van Dine.

wring [rɪ́ŋ] 〘OE *wringan* ← Gmc **wreŋg-* (Du. & G *ringen*) ← IE **wer-* to bend (⇨ worth²): cf. wrangle, wrong〙 ── *v.* (**wrung** [rʌ́ŋ], (まれ) ~**ed**) ── *vt.* **1** 〈ぬれた物・果実などを〉絞る (squeeze, twist) 〈*out*〉; 〔ぬれた物から〕〈水分を〉絞り出す 〔*out of, from*〕; 絞り機械 (wringer) にかける: ~ (*out*) a wet towel ぬれタオルを絞る / ~ the washing dry 洗濯物を絞って乾かす / ~ water *out of* a piece of linen リンネルの切れから水分を絞り出す. **2 a** 〈鳥の首などを〉(ぎゅっと)ひねる; 〈人の手を〉堅く握る, 握り締める, 〈人の〉手を堅く握る; 〈顔などを〉ゆがめる (contort): ~ the neck of a turkey 七面鳥の首をひねる, 七面鳥をつぶす / ~ a person's hand 人の手を握り締める / A smile *wrung* his lips. 唇を曲げて笑った. **b** 〈両手を〉もむ: ⇨ *wring one's* [*the*] HANDS. **3** 〈金銭などを〉絞り取る, 搾取する: ~ money *from* [*out of*] …から金銭を絞り取る / ~ taxes *out of* the distressed people 苦しんでいる人民から税を絞り取る. **4** 〔…から〕無理に引き出す[出させる]〔*from, out of*〕: ~ tears *from* a person 人に涙を流させる / ~ a groan *from* a person (苦しめて)人にうめき声を出させる / I *wrung* a promise *from* [*out of*] him. 彼に無理に約束させた / ~ food *out of* the barren soil 不毛の土地から骨折って食糧を取る. **5 a** 苦しめる, 悩ます (torture): It ~*s* my heart to hear your story. 君の身の上話を聞くと胸が痛む. **b** 《古》(ねじったりして)〈体の一部を〉痛める, 傷つける: ⇨ *wring a person's* WITHERS. **6** 〈靴が〉〈足を〉締めつける, (締めつけて)〈人を〉苦しめる: ⇨ *where the* SHOE *wrings* (*one*). **7** 巻き付ける: She *wrung* her veil *round* her head. ベールを頭に巻き付けた. **8** 《廃》こじつける, 曲解する (distort). ── *vi.* **1** 絞る, 絞り取る. **2** (苦痛のあまり)もがく, のたうつ (writhe).

wring down (1) 押しつける. (2) むりやりに食べる. ***wring in*** 割り込ませる. ***wring off*** ねじ切る[折る, 取る]. ***wring out*** (1) ⇨ *vt.* 1. (2) [通例 Passive で]〔悩みなどで〕くたくたにする〔*with*〕: She felt *wrung out with* anxiety. 不安でくたくただった. ***wring up*** 締めつける.

── *n.* **1** 絞ること, 絞り, ひねり (squeeze, wringing): give a wet towel a ~. 濡れたタオルを絞る. **2** 手の堅い握り, 堅い握手: I gave his hand a ~. 彼の手をぐっと握った.

wríng·er 〘ME〙 *n.* **1** 絞り手, 絞る人; 搾取者 (extortioner). **2** 絞り機械 (wringing machine) (cf. mangle²). **3** 苦痛[苦労, 消耗など]をもたらす事柄[経験], 苦難, 試練. ★ 主に次の成句で: ***go through the wringer*** 試練を経る. ***put a person through the wringer*** 〈人〉に苦難を味わわせる.

wringer 2

wríng·ing 〘ME〙 ── *adj.* **1** のた打つ. **2** 苦しい (distressing). **3** 圧政的な. **4** 《口語》びしょぬれの. **5** [副詞的に; ~ wet として] 絞るほど: My clothes are ~ *wet*. 着物が絞るほどぬれている.

wrin·kle¹ [ríŋkl] 〘n.: 《*a*1400》 *wrinkel* 《逆成》? ← *wrinkled* < OE (*ġe*)*wrinclod* winding, serrated (p.p.) ← (*ġe*)*wrinclian* to wind about (cf. OE *wringan* 'to WRING'): ⇨ -le³〙 ── *n.* **1** しわ, ひだ (crease): ~*s* in a face, garment, rock, etc. / take the ~*s* out of one's belly 腹のしわが伸びるほど食う. **2** さざ波 (wavelet). **3** (道徳的な)汚点, 欠点 (blemish): without (spot or) ~ 一点の非の打ち所もない. ── *vt.* …にしわを寄らせる, くしゃくしゃにする (crease, corrugate) 〈*up*〉: ~ (*up*) one's forehead [brow] 額にしわを寄せる / ~ one's nose 鼻にしわを寄せる / His face was ~*d* in deep furrows. 顔には幾筋も深いしわが寄っていた. ── *vi.* しわが寄る, しわになる (pucker) 〈*up*〉: ~ with age 寄る年波でしわが寄る / His face was *wrinkling* with mirth. 彼は愉快そうに顔をしわくちゃにして笑っていた.

wrin·kle² [ríŋkl] 〘《1817》《特殊用法》↑ // OE *wrenċ* trick + -LE¹: cf. wrench〙 *n.* 《口語》**1** 気のきいた思い付き, うまい考え; 妙案, 新趣向 (dodge): the latest ~ (服装などの)新流行 / He is full of ~*s*. 妙計に富んでいる / up to a ~ うまい事を考えて. **2** 助言, 忠告; 入れ知恵; 聞込み, 情報 (hint): Give me [Put me up to] a ~ or two. 私に少々知恵を貸してくれ / I can give you a ~. ちょっと良い考えがあるよ.

wrín·kled 〘< ? OE (*ġe*)*wrinclod*: ⇨ wrinkle¹〙 *adj.* しわの寄った, くしゃくしゃになった: a ~ face.

wrin·kly [ríŋkli | -klɪ] *adj.* (**wrin·kli·er; -kli·est**) しわのある, しわの寄った, しわの多い: a ~ forehead.

wrist [ríst] 〘OE (*hand*)*wrist* hand-turner < Gmc **wristiz* (G *Rist* / ON *rist*) ← IE **wer-* to bend (⇨ worth²): cf. wrest, writhe〙 ── *n.* **1** 手関節; 手首 (cf. hand): take a person by the ~ 人の手首をとらえる. ★ ラテン語系形容詞: carpal. **2** (服・手袋などの)手首の部分. **3** (フェンシング・球戯・手品などで)(手首から先の)手先の力[業], リストの使用: a wonderful ~ 不思議な手先の力[業] / That was all done by ~. それは全く手先の業によるものだった. **4** 〘機械〙=wrist pin.

a slap* [*tap*] *on the wrist 《米》申しわけ程度の罰, 軽い叱責. ***slap on the* [*a person's*] *wrist*** 《米》(人を)申し訳程度に罰する, 軽く叱る.

── *vt.* 手首を使って動かす[投げる].

wríst·bànd 〘《1571》: ⇨ band¹〙 *n.* **1** (袖口の)カフス, バンド(など). **2** 手首につけるバンド状のもの《ブレスレットなど》.

wríst·bòne *n.* 〘解剖〙手根骨 (carpal bone). 「手.

wríst·dròp *n.* 〘病理〙(鉛毒による)垂手, 下垂手, 垂れ

wrist·let [rístlɪt, -lət] 〘《1847》: ⇨ -let〙 ── *n.* **1** (袖口や手袋に付ける)巾の広いバンド《防寒用で, 通例毛で編んだものが多い》. **2** 手首飾り, 腕輪. **3** 手錠.

wrístlet wàtch *n.* 《英》=wrist watch.

wríst·lòck 〘⇨ lock²〙 *n.* 〘レスリング〙リストロック《手首をねじって相手を押さえる技》.

wríst pìn *n.* 〘機械〙ピストンピン《ピストン棒と連

wríst plàte *n.* 〘機械〙揺り板. ⌊接棒とを留める》.

wríst shòt *n.* (ゴルフ・ホッケーなどで,手首を使って素速く打つ)リストショット.

wríst·wàtch 〘《1896》〙 *n.* 腕時計.

wríst wrèstling *n.* 親指ずもう《親指と親指を組み合わせて行なう腕ずもうの一種》.

wríst·wòrk *n.* =wrist 3. 「スト」を使う.

wrist·y [rísti | -tɪ] *adj.* (ボールを打つ時など)手首[リ

writ¹ [rít] 〘OE (*ġe*)*writ* a writing ← *wrītan* 'to WRITE': cf. ON *rit* / Goth. *writs* pen-stroke〙 ── *n.* **1** 《まれ》書き物, 文書 (document, writing): the *Writ* = (the) Holy [SACRED] Writ. **2** 〘法律〙(国王・大統領・政府・裁判所等の名で出される)令状: a ~ of attachment 差押え令状 / a ~ of execution 強制執行令状 / a ~ of habeas corpus 人身保護令状 / a ~ of inquiry 調査令状, 金額確定令状 / serve a ~ on a person 人に令状を執行する, 令状を送達する / The Queen's ~ does not run there. 女王の令状はそこには及んでいない. **3** 《英》(国王が貴族を議会に召集したり国会議員の選挙を命じたりする)勅命.

writ of assistance (1) 〘米史〙(上級植民地裁判所が官吏に下付した)臨検令書. (2) 〘古英法〙判決執行援助令状《執行官がコモンロー (common law) 上の判決の執行ができない時, エクイティー裁判所 (equity court) が勝訴原告の土地占有を許す令状》.

writ of certiorari 〘法律〙=certiorari.

writ of election 選挙の告示書《特に補充選挙の時に用いられた》.

writ of error 〘法律〙誤審令状, 覆審令状, 再審令状《記録上欠陥のある判決に対する上訴のために用いられたが, 上訴手続としては不完全であり, 廃止され, 上訴 (appeal) をもって代えることになった》.

writ of extent 〘英法律〙(国が債権者の場合の)財産差押え令状.

writ of privilege 〘法律〙特権令状, 釈放令状《民事事件で逮捕された時, 釈放の特権を有する国会議員のための令状》.

writ of prohibition 〘法律〙(上級裁判所が係属中の事件に関して管轄権がないとして下級裁判所に出す)裁判禁止令状.

writ of protection 〘古英法〙保護令状《海外に駐在する公務員が訴訟の提起を受けぬよう大法官府 (Chancery) の発した令状; 17 世紀以来実例なし》.

writ of right 〘法律〙権利令状《古く土地所有者(主として単純封土権 (fee simple) をもつ者)がその権利を主張し土地の占有を回復するための訴訟を開始する令状》.

writ of summons 〘英法律〙召換令状, 呼出状《裁判所または裁判官の前に出頭するように命令する令状》.

writ² [rít] 〘《15C–19C》〙 *v.* 《古》write の過去形・過去分詞.

writ·a·ble [ráɪtəbl | -tə-] *adj.* 書かれる, 書記しうる.

write [ráɪt] 〘OE *wrītan* 《原義》to scratch, score < Gmc **wrītan* (G *reissen* to tear / ON *rita* to score, write): ← IE **wrei-* to scratch (Gk *rhínē* (< **frínē*) file / Skt *vṛhati* he tears, plucks): cf. Jap.「搔(か)く」「書く」〙 ── *v.* (**wrote** [róut | ráut], 《古》**writ** [rít]; **writ·ten** [rítn], 《古》**writ**) ── *vi.* **1 a** (ペン・鉛筆・タイプライターなどで)字を書く, 文字を書く: ~ well [plain, large, small] 上手に[はっきりと, 大きく, 細字で]書く / cannot read or ~ 読み書きができない / ~ in English 英語で書く / ~ with a pen [in ink, in pencil] / ~ on paper 紙に書く. **b** 〈ペンなどが〉(特定の仕方で)書ける This pen won't ~ well. このペンはうまく書けない / This pen ~*s* scratchily. このペンは書く時に引っかかる. **c** 草書体で書く (cf. print *vi.* 4). **2** 文章を書く; 原稿を書く, 著述[著作]する; 〔…について〕書く〔*about, on, of*〕: ~ *for* a living 文筆を業とする / ~ *for* a newspaper [magazine] 新聞[雑誌]に寄稿する / ~ *against* the regime 体制批判の文章を書く / ~ *to The Times* タイムズ紙に投書する / ~ cleverly 文章がうまい / He ~*s*. 著述業だ / Her ambition was to ~. 彼女の野心は作家になることだった. **3** 書記[筆耕]をする. **4** 手紙を送る, 手紙を書く, 便りをする 〔*to*〕(cf. *vt.* 4): ~ *to* a person for money 人に手紙を書いて金を貸してくれと頼む / ~ from Tokyo 東京から手紙を出す / He ~*s* home every month. 彼は毎月故郷に便りをする / He ought to be *written to*. 手紙で彼に言ってやらなければならない. **5** 〘電算機〙記憶装置に記録する.

── *vt.* **1 a** 〈文字・文章などを〉書く: (タイプライターで)打つ (type); 〈書物を〉書く, 著わす 〔*about, of, on, upon*〕; 作曲する (compose); 〈名前・単語などを〉綴る (spell): ~ one's name 名前を書く, 署名する / ~ a book [novel, play, poem] 本[小説, 戯曲, 詩]を書く / ~ a book *on* Japan 日本に関する本を書く / I *wrote* a letter to him. = I *wrote* him a letter (cf. 4). 私は彼に手紙を書いた / ~ a letter on a typewriter タイプライターで手紙を書く / ~ a check [an application] 小切手[申込書]を書く / He *wrote* her large checks. 彼女に多額の小切手を書いた / He ~*s* articles for minor papers. 二流新聞に記事を寄せている / get a lawyer to ~ one's will 弁護士に頼んで遺言状を作ってもらう / ~ three pages 3 ページ書く / ~ the music *for* a song 歌に曲をつける, 歌を作曲する / ~ a symphony [an opera] 交響曲[オペラ]を作曲する / It is *written* in pencil [ink]. 鉛筆で[インクで]書いてある / ~ a good [bad] hand 字がうまい[まずい] / He *wrote* a beautiful hand. 美しい字を書いた / Words *written* alike are often pronounced differently. 単語は綴りが同じでも発音が異なることがよくある / What I have *written* I have *written*. 書いたものは書いたもの《訂正のしようがない; cf. *John* 19:22》. **b** 〈草書体を〉書く: ~ cursive. **c** 〈ある言語〉の文字を知っている, …が書ける: ~ French with ease 自由にフランス語が書ける / I can ~ my alphabet. アルファベットが書ける / He can ~ shorthand. 速記ができる. **2** [特に p.p. 形で] 〔顔などに〕〈ある性質〉を銘記する[刻みつける] (impress, stamp)〔*on, in, over*〕: Innocence is *written in* [*on, over*] his face. 無実が彼の顔にありありと表われている / He has "coast" *written* all *over* him. 海岸地方から来たと彼の全身に書いてある《全くの海育ちだ》/ He stared at me, wonder *written on* his face. 彼は顔に驚きの色をありありと浮かべて私を見つめた. **3** 〔文書・物語などに〕書き込む, 書き入れる〔*into*〕: His love was *written into* his poems. 彼の愛は詩の中に詠み込まれている. **4** 〈人〉に手紙を書く, 便りをする, 手紙で知らせる[伝える], 書き送る 〈*how, that*〉 (cf. *vi.* 4): He promised to ~ me at once. すぐ私に手紙をくれると約束した / *Write* us all the news. 何でも変わったことがあったら知らせて下さい / *Write* me *how* you got home. どうやって家に着いたか知らせて下さい / He ~*s that* he is leaving tomorrow. 明日立つと書いてある. ★ write a person の形は to の消去によって生じたもので米国に多く, 英国では to を落とさずに write to a person とするのが普通 (⇨ *vi.* 4); ただし英国でも商業文および《口語》には to のない形を用いる: Please ~ us at your convenience. お手数ながら御返事をお待ち申し上げます. **5 a** 〈人〉のことを…と書く[称する]: Nature had *written* him a villain on his face. 彼の顔は生れつき悪党であることを示していた. **b** [~ *oneself* + 補語で] 自分のことを〈…と〉書く, 称する (cf. WRITE *down* (3)): ~ *oneself* a general 自分の肩書に将軍と書く / ~ *oneself* M.A. on the title page とびらに自分の肩書を M.A. と書く / By this article he *wrote himself* a fool. この論文で彼はばかだということを示した. **6** [*that*-clause を目的語として] (本などの中で)…と書いて[言って]いる: Bacon ~*s that* revenge is wild justice. 報復は野蛮な正義だとベーコンは言っている / It is *written* in the Bible *that* pride goeth before destruction. たかぶりは滅びに先立つと聖書にある (cf. *Prov.* 16:18). **7** 〈保険証書〉に署名する: ~ life insurance. **8** 〘電算機〙**a** (記憶装置に)〈情報を〉記録する. **b** 書き込む《データを記憶装置から他の記憶装置に転写する》.

to write home about ⇨ home 成句. ***write away*** 手紙をやる 〔*for*〕/ 〈*to do*〉 (cf. WRITE *in* (3)): He *wrote away for* the catalog. そのカタログを手紙[郵便]で注文した. ***write back*** 返信する 〔*to*〕: I *wrote back to* him at once. すぐ彼に返信した. ***write down*** (1) 書き下ろす, 書き留める (record): I *wrote down* his phone number. 彼の電話番号を書き留めた. (2) 〈人・著書などを〉紙上で攻撃する, (紙上で)けなす. (3) 〔…と〕評する (cf. *vt.* 5 b) 〔*as*〕: By saying so you ~ yourself *down as* [*as* incapable]. そんな事を言うとつまり君はばかだ[無能だ]ということになる. (4) 程度を下げて書く, (低級な読者にわかるように)易しく書く 〔*to*〕. (5) 〘会計〙〈資産〉の帳簿価額を下げる, 〈資産価額の一部分を〉費用 a/c または 損益 a/c へ振り替える: ~ *down* an account. ***write for*** (1) …を手紙[郵便]で注文する. (2) …をほめて書く. (3) ⇨ *vi.* 2. ***write in*** (*vt.*) (1) 書き込む, (文書中に)書き入れる: We will ~ *in* the date. 日付はこちらで入れます. (2) 《米》〈投票用紙に公式に載っていない人〉に(名を書き入れて)投票する: ~ *in* a candidate's name. (*vi.*) (要望・注文などを)〔官庁・会社などに〕手紙で送る 〔*to, for*〕 (cf. WRITE *away*): ~ *in to* BBC / I *wrote in* (*to* the travel agency) *for* a brochure. (その旅行社に)パンフレットを送るように手紙を出した. ***write off*** (1)

すらすらと書く, 即座に書く, 筆が早い. (2) =WRITE *away*. (3)〘会計〙(減価償却によって)〈資産を〉償却する (cf. write-off 1), 費用に計上する; 損益勘定に賦課する. (4)〘簿記〙〈負債などを〉帳消しにする, 棒引きにする, 削除する (cancel). (5) 殺す (kill) (cf. written-off): ～ oneself *off*=get oneself *written off* 殺される, 死ぬ. (6)〔無価値な[なかった, 済んだ]ものと〕見なす; 忘れようとする〔*as*〕: Critics *wrote off* the novelist *as* a bore. 批評家たちはその小説家を退屈だとした / ～ *off* an attempt *as* a complete failure 試みが完全に失敗として忘れようとする. ***write out*** (1) 清書[浄書]する; きちんと書く; 〈速記などを〉完全に書き改める: ～ *out* fair 浄書[清書]する / ～ *out* a statement 声明書を清書する / He *wrote out* an address. 住所をきちんと書いた. (2)〈小切手・処方箋などを〉書く: I *wrote* him *out* a check. 彼に小切手を切った. (3) =WRITE *oneself out*. ***write oneself out*** 〈作家などが〉頭の中のものを書き尽くす: He has *written himself out*. もう(種切れになって)書くことがない. ***write out of*** 〈俳優の役を〉〔テレビ・ラジオの台本など〕から削る: His part had been *written out of* the script. 彼の役はその台本から削られた. ***write over*** (1) 書き直す, 書き変える (rewrite). (2) (余白がないほど)一杯に書く. ***write up*** (1) (壁上など)高い所に書く, 掲示する: A notice is *written up* on the wall. 壁に掲示が出ている. (2)〈出来事などを〉詳しく[十分に]書き立てる, 詳細に書く (write in detail): ～ *up* one's notes on a lecture 講演の草稿を詳しく作る. (3) (紙上で)批評を書く; ほめ立てる, 書き立てる: ～ *up* a new actor 新人俳優をほめ立てる. (4)〈日記・帳簿などを〉最近までつける; きちんと整理する. (5)〘会計〙〈資産など〉の評価引上げをする; 不当に高く評価する. (6) ...に呼出状を書く. ***writ [written] large*** (1) 特筆大書して; はっきり示されて, よく見えて (clearly observable) (cf. Milton, *On the New Forces of Conscience*). (2) 大規模で, 大々的で (on a large scale). (3) (誤った処置のため)〈弊害などが〉かえってひどくなって (aggravated). ***writ small*** 縮小して, 小規模で. ***writ(ten) in [on] water*** ⇨ water 成句.

wríte-dòwn *n.* 〘会計〙帳簿価格[評価額]の引下げ, 費用の計上; その処置[手続き].

wríte-ìn 〘← *write in* (⇨ write 成句)〙 — *n.* 《米》投票用紙に正式に載っていない候補者(への投票)《write-in vote ともいう》. — *adj.* 《米》(候補者名)書き入れ方式の: a ～ vote 書き入れ方式の投票.

wríte-òff 〘← *write off* (⇨ write 成句)〙 — *n.* **1**〘会計〙価格引下げ, 資産の償却, 費用の計上. **2** (税金などの)控除 (deduction), 帳消し, 取消し (cancellation). **3 a**〘空軍〙(航空機・エンジン・装備品などの)除籍; 《空軍俗》(飛行機などの)大破. **b** 大破した自動車.

writ·er [-ṭə | -tə(r)] 〘OE *writere*〙 — *n.* **1** 書く[書いた]人, 筆者, 執筆者: the ～ (of this [hereof])=the present ～ 筆者,「記者」《著者が 'I' を避けるために用いる句》. **2** 著述家, 作家, 著者 (author); 記者 (journalist); 作曲家: modern American ～s 現代アメリカ作家 / a fiction ～ 小説家 / a ～ of mystery stories 推理小説家 / a financial ～ 経済記者. **3** 筆記者, 写字生 (penman); 《英》(ある官庁, 特に海軍の)書記 (clerk); 点字タイプライター (braillewriter). **4** (外国語の)作文教本[独習書]: a French ～ フランス語作文教本 / a letter ～ 書簡文範. **5**《スコット》=WRITER to the Signet.

Writer to the Signet 《古》〘スコット法〙=solicitor 3 (略 W.S.).

wríter's crámp *n.* 〘病理〙書痙(しょけい) (scrivener's palsy).

wríter·shìp *n.* 書記の職務[仕事] (clerkship).

wríter's pálsy *n.* 〘病理〙=writer's cramp.

wríte-ùp 〘← *write up* (⇨ write 成句)〙 — *n.* **1** 記事, 報告 (report). **2** (新聞紙上などでの)ほめ立て記事, ちょうちん持ち: give the town [school] a ～ その町[学校]をほめ立てる. **3**〘会計〙(資産の)評価引上げ, (法人資産の)過大評価.

writhe [ráɪð] 〘OE *wrīþan* to twist, turn ← Gmc **wrīþ-* (Du. 《古形》 *wrijten* / OHG *rīdan* (cf. F *rider* to wrinkle)) ← IE **wer-* to bend (⇨ worth[2]): cf. wreath〙 — *vi.* **1** 身もだえする, (苦しみのあまり)のたうち回る: ～ in agony 苦痛のあまりのたうち回る / ～ *with* laughter 身もだえして笑う / The coconuts were *writhing* in the wind. ココヤシの実が風に吹かれて揺れていた. **2** もだえ苦しむ, 苦悩する: ～ *at* [*under*] an insult 侮辱を受けてもだえ苦しむ / ～ *with* shame 恥辱にもだえる / His features ～*d* in agony. 顔が苦悩にゆがんだ. **4** 〈へびなどが〉のたくる, くねくねと動く〈*along, about*〉. **3** 曲がりくねった模様を示す. — *vt.* 〈体などを〉くねり曲げる, ねじ曲げる; (苦痛で)のたうち回る, 身もだえさせる. — *n.* 身もだえ, のたうち回ること; 苦悶, 苦悩. **wríth·ing·ly** *adv.*

writh·en [ríðən] 〘OE *wriðen* (p.p.)↑〙《古》*adj.* **1** からみ合った (intertwined). **2** 曲がった, 曲がりくねった, ねじ曲がった (twisted).

writ·ing [-ṭɪŋ | -tɪŋ] 〘(?*a*1200)〙 — *n.* **1 a** 書くこと; 執筆, 著作, 著述: magazine ～ 雑誌に物を書くこと / be busy with one's ～ 書き物[執筆]で忙しい / *Writing* maketh an exact man. 物を書くことは人を精確にする (cf. Bacon, *Essays*, 'Of Studies'). **b** =typewriting. **c** 文体, 筆致; 作曲法: fine ～ 見事な書き方 / good [bad] ～ 上手[下手]な書き方 / shoddy ～ 雑な書き方 / in baroque ～ バロック式文体の[で]. **d** 文筆[著述]業: He supports himself by ～. 文筆で生活している. **2 a** 習字, 手習い, 書写 (penmanship). **b** 筆跡 (handwriting): I know his ～. 彼の筆跡は知っている. **3** 書き物, 書面, 書類, 書付け, 手紙; 証文, 文書 (written document): The contract should be *in* ～. 契約は必ず書面によること (cf. verbally 2) / *by* ～ 文書によって / consign into ～ 文書にする. **4 a** [通例 *pl.*] 著作, 著書, 作品 (literary production): the ～*s* of Milton ミルトンの作品 / the W*ritings* of Addison アディスン著作集 / the (sacred [holy]) ～*s* 聖書 (the Scriptures) / His ～*s* are interesting [numerous]. 彼の著作は面白い[沢山ある]. **b** 作曲, 楽曲. **5** 銘刻, 碑文 (inscription): ～*s* on tombs 墓碑銘. **6** [the Writings]〘聖書〙=Hagiographa. **7** [形容詞的に] **a** 書写用の: ～ materials 文房具《ペン・インク・紙など》/ a ～ set 文房具一式 / a ～ machine 写字機, タイプライター. **b** 著作にたずさわる: ～ people 文筆家たち. ***at this (present) writing*** 現時点において, 現在(のところ)《著述家の用いる常套句》. ***put in writing*** 書く, 書面にする. ***the writing on the wall*** 〘⇨ Belshazzar〙「壁に書きしるされた文字」, 差し迫った災難の徴(しるし)《writing の代わりに handwriting も用いる》.

wríting bòok *n.* 習字帳, 草紙.

wríting bùreau *n.* 《英》=bureau 1.

wríting càse *n.* 筆箱, 筆入れ, 文房具箱.

wríting chàir *n.* **1** =corner chair. **2** =tablet-arm chair.

wríting dèsk *n.* **1** 書き物机《引出しや書類整理棚などを備えたもの》. **2** 携帯文具箱《ふたを開ければ写字台となる》.

wríting ìnk *n.* 書写用インキ (cf. printing ink).

wríting màster *n.* 習字教師.

wríting pàd *n.* (はぎとり式)書簡紙, 便箋.

wríting pàper *n.* (印刷用紙に対して)筆記用紙, 書簡用紙.

wríting sèt *n.* (装飾的な)文房具一式.

wríting tàble *n.* (通例引出し付きの)書き物テーブル, 写字用テーブル (cf. KNEEHOLE table).

writ·ten [rítn̩] 〘OE (*ġe*)*writen* (p.p.); adj. (*a*1325)〙 — *v.* write の過去分詞. — *adj.* **1** 書いた, 書き物にした, 書面[文書]にした, 書面の; 成文の (↔ oral, verbal; cf. printed 1): a ～ agreement 契約書 / a ～ apology 詫状(わびじょう) / a ～ application 申込書, 依頼状 / a ～ code 成文律 / a ～ contract 成文契約 / ～ evidence 証拠書類 / a ～ examination 筆記試験 / a ～ guarantee 保証書 / a ～ judgment 判決書 / a ～ report [request] 報告[要求]書 / a ～ will 遺言書. **2** 文語の: ～ language 文語 (cf. spoken language). **3** 碑文のある: a ～ stone.

wrítten láw 〘ME〙 *n.* 成文法 (cf. unwritten law).

wrítten-óff 〘← *write off* (⇨ write 成句)〙 — *adj.* **1**〘空軍〙〈航空機・エンジン・装備品などが〉除籍された, めちゃめちゃにこわれた; 《空軍俗》戦死した (killed). **2** 完全に破滅して.

WRNS, W.R.N.S. [rénz] 《略》Women's Royal Naval Service 英国海軍婦人部隊 (cf. Wren).

wrnt. 《略》warrant.

Wro·cław [vrɔ́(ː)tslɑːf, -lɑːv | vrɔ́tslɑːf, -læf, -tswɑːf; *Pol.* vrɔ́tswaf] *n.* ウロツワフ《ポーランド南西部 Oder 河畔の商工業都市, 旧ドイツ領; 人口 580,000; ドイツ語名 Breslau》.

wrong [rɔ́(ː)ŋ, rɑ́ŋ | rɔ́ŋ] 〘lateOE *wrang* ▭ ON **wrang-r rangr* crooked (Dan. *vrang*) ← Gmc **wrang-* ← IE **wer-* to bend (⇨ worth[2]): cf. wring, wrath, worry, wrist〙 — *adj.* (↔ right) **1** 〈行為など〉(道義上または法的に)悪い, 不正な (unjust); 〈人が〉邪悪な (wicked): a ～ act 不都合な行為 / It is ～ to tell a lie. うそを言うのは悪い / It was very ～ *of* him to mislead you in this way. 彼が君をこんな風に迷わしたのは非常に悪い / ⇨ *a* WRONG *'un* [*un*]. **2** 間違った, 誤った (mistaken); 正しくない (incorrect): a ～ answer 間違った答え / a ～ belief 間違った信念 / a ～ date 誤った日付 / a ～ statement [estimate, guess] 誤った陳述[評価, 臆測] / a ～ opinion [judgment, decision] 誤った意見[判断, 断定] / ⇨ wrong number / take the ～ train 間違った列車に乗る / come on the ～ day 日を間違えてやって来る / take the ～ way 道[方法]を間違える / the ～ way to do it それの正しくないやり方 / There is a right and a ～ way of doing things. すべて物事には正しいやり方と間違ったやり方とがある / I can prove you ～. 君が誤っていることは証明できる / I think you are ～. 君は間違っていると思う / My watch is ～ by five minutes. 時計が5分違っている / You have got all your sums ～. 君の計算はすっかり違っている / It is ～ *for* him to desert her.=For him to desert her is ～. 彼が彼女を見捨てるのは間違っている / I was ～ *about* his age. 彼の年を思い違いしていた / He was ～ *in* his conjecture [thinking so]. 彼の推測は[彼がそう考えたのは]間違っていた. **3** 頭がおかしい: He is ～ in the head [mind].=He is ～ in his senses. 頭がおかしい. **4** 不適切な, 不適当な (inappropriate): His clothes were ～ *for* the occasion. 彼の着物はああいう時に着るべきではなかった / He always says and does the ～ thing in society. 彼は人前へ出るといつもへまな事を言ったりしたりする / This is just the ～ book to give to children. これは子供に与える本ではない / You have come to the ～ shop for that. それはお門違いだ / You have come at the ～ time. 君は悪い[困った, まずい]時に来た / He married the ～ type of woman. 彼は間違ったタイプの女性と結婚した. **5** あべこべの, 逆の, 裏の: the ～ end 逆の端 (cf. *get hold of the* WRONG *end of the stick*) / the ～ side of the cloth 生地の裏 / (the) ～ side out 内側を外にして, 裏返しに / He has a bad habit of telling his stories ～ end foremost. 彼は話をあべこべの順序でするという悪い癖がある. **6** [Predicative に用いて] 具合が悪くて, 故障して, 狂って (amiss)〔*with*〕: Something is [There is something] ～ *with* him [the machine]. 彼はどうかしている[機械はどこか故障している] / Has she anything ～ *with* her heart? 彼女は心臓が悪いのか / What's ～ *with* you? 君は具合が悪いのか.
a wrong 'un [un] 《口語》(1) 悪いやつ, 悪人. (2) にせ金. (3)〘クリケット〙=googly[1]. ***take the wrong turning [path]*** 道を誤る; 身を誤る, 堕落する (go wrong). ***What's wrong with it?*** 《口語》それがどうしたのか《それでよいではないか》; それをしてもよいではないか (cf. Why not?; ⇨ why *adv.* 1).
— *adv.* (↔ right) **1** [比較変化なし] 悪く: right or ～ よかれあしかれ, 善悪いずれにせよ. **2** 誤って, 間違って, へまをやって (cf. wrongly ★): aim ～ 狙いを誤る / answer ～ 答えを誤る / do a sum ～ 計算を誤る / hear a name ～ 名前を聞き違える / take ～ (計算を)間違える; 誤解する, 思い違いをする / sort things ～ 物の選別を誤る / guess ～ 推理を誤る / judge ～ 判断を誤る. **3** 方向を誤って, 逆に, あべこべに (in the wrong direction): lead a person ～ 人の方向を誤らせる, 人を迷わせる; 人に間違ったことを教える.
get wrong 《口語》〈人・物を〉誤解[思い違い]をする: Don't *get* me ～. ***go wrong*** (1) 道を誤る[迷う]. (2)〈時計などが〉狂う, 故障する (get out of order). (3) 身を誤る[持ちくずす], 堕落する (go astray). (4)〈計画などが〉失敗する (fail). (5)〈食物が〉悪くなる, 腐る.
— *n.* (↔ right) **1** (道徳的に)悪いこと, 悪, 邪悪, 罪, 不徳義: know the difference between right and ～ 善悪の区別を知る / know right from ～ 正邪をわきまえる. **2** 不当な行為, 悪事, 非行 (wrong action); 不当な待遇[仕打ち] (injustice): complain of one's ～*s* 自己が受けた不当な処置を訴える / suffer ～ (他から)害を被る, 虐待を受ける; 不法の処置を受ける / do ～ 罪を行なう[犯す] (sin, offend), 法に逆らう (transgress) / do a person ～=do ～ to a person 人に対して悪事[不法]を行なう, 人を不当に遇する, 人を誤解する / The king can do no ～. 国王に不法はない《立憲政体では内閣が責任を負うから》/ Two ～*s* do not make a right. 《諺》悪事が重なっても善事とはならない《他人も悪事をしているからといって自分の悪事が帳消しされるわけではない》/ You do me ～. それは君の誤解だ / He has done me a great ～. 私をひどい目にあわせた. **3** 間違っていること, 間違い, 誤り (mistake, error): ⇨ *in the* WRONG. **4**〘法律〙違法行為, 権利侵害: a doer of ～ 違法行為を働く人 (wrongdoer) (cf. tort-feasor) / ⇨ civil wrong, public wrong.
get a person in wrong 《米口語》〈人〉に〔...の〕不興を被らす, 受けを悪くさせる (bring into disfavor)〔*with*〕. ***get in wrong with***... 《米口語》〈人〉の不興を買う, ...を怒らせる, ...にきらわれる (incur dislike). ***in the wrong*** 誤って, 間違って; 非があって, 悪い: You are both *in the* ～. 二人共悪い / put a person *in the* ～ 人に非があるのを証明する, 過ちを人のせいにする / put oneself *in the* ～ 自分に非があることを認める.
— *vt.* **1** ...に悪い事をする, 不当な扱いをする (treat unjustly), 不正を行なう, 不徳義を行なう; 虐待する, ...の権利を侵害する (do wrong to) (cf. right 3 a): ～ one's wife deeply 妻を虐待する, (夫が姦通(かんつう)などして)妻をひどく侮辱する / a ～*ed* orphan 虐待を受けた孤児. **2** ...にぬれぎぬを着せる, ...の名誉を傷つける (disgrace, dishonor); 誤解する, 誣(し)いる: I ～*ed* him in believing him dishonest. 彼を不正直者だと思ったのは誤解で私が悪かった / He ～*ed* her by two years. 彼は彼女を実際より二つ年増に見た. **3** 〈女を〉誘惑する, だます (seduce). **4** 〈人〉から〔...を〕だまし取る (defraud)〔*of*〕: ～ a person of money 人から金をだまし取る.
～·ness *n.*

wróng·dóer 〘ME: cf. malefactor〙 *n.* 悪事をする人, 背徳者; 加害者; 違反者, 犯罪者, 罪人 (offender).

wróng·dóing 〘(15C)〙 *n.* 悪事をすること; 悪行, 非行 (evildoing), 背徳行為; 罪, 犯罪 (transgression, offense).

wróng·er 〘(15 C)〙 *n.* 不正を行なう人.

wróng fónt [fóunt] *n.* 〘活字〙フォント違い《同一サイズ・同一書体の活字群(フォント)の中に混在している別サイズまたは別の書体の活字; 略 w.f., wf》.

wróng·ful [rɔ́(ː)ŋfəl, rɑ́ŋ- | rɔ́ŋ-] 〘(*c*1311): ⇨ wrong (n.), -ful[1]〙 — *adj.* **1** 悪い, 邪悪な (wicked, unjust): a ～ act. **2** 不法な, 不当な (unfair, unlawful); 理不尽な (unwarranted): ～ dealing 不当処置 / ～ detention 不法拘禁 / ～ dismissal 不当解雇 / ～ taking of property 財産横領. **～·ly** *adv.* **～·ness** *n.*

wróng·héaded *adj.* 誤った考えを改めようとしない; 片意地な, 頑迷(がんめい)な (obstinate): He has the most ～ opinions. この上もなく片意地な意見を持っている. **～·ly** *adv.* **～·ness** *n.*

wróng·ly 〘(*c*1303): ⇨ wrong, -ly[1]〙 — *adv.* **1** 間

違って, 不正確に; 不適切に: They interpreted the law ~. 法律の解釈を間違えていた / The letter was ~ addressed. 手紙の宛名が間違っていた / She behaved quite ~. 振舞いが全くおかしかった. **2** 不当に, 不法に: He was very ~ treated. 非常に不当な扱いを受けた. **3** 誤って, 当を得ないことに: rightly or ~ ⇨ rightly 3 / I ~ believed that he was coming. 彼が来るものと思ったのは間違いだった. ★ 副詞として wrongly と wrong は特に「間違って」の意味ではどちらも使えるが, 動詞の後では wrong のほうが一層普通であるのに対し, 動詞・過去分詞の前では通例 wrongly が用いられる: You guessed *wrong(ly)*. / a *wrongly* conceived.

wróng númber *n.* **1** (電話で)間違った番号: You have (got) a [the] ~. 番号が違います. **2** 《米俗》 **a** 思い違い, 誤解. **b** 信用できない人.

wrong·o [rɔ́(ː)ŋou, rɑ́ŋ- | rɔ́ŋəu] 〘← WRONG+-O〙 *n.* 《俗》悪党, 悪者 (wrongdoer).

wrong·ous [rɔ́(ː)ŋəs, rɑ́ŋ- | rɔ́ŋ-] 〘《15C》← WRONG (adj.)+-OUS ∞ ME *wrangwis* (⇨ -wise): cf. righteous〙 — *adj.* **1** 《古》悪い, 邪悪な (wrongful). **2** 〘スコット法〙 不正な, 非合法の (unjust, illegal). **~·ly** *adv.*

wróng síde *n.* 〘製紙〙 **1** ロングサイド《手漉き紙の裏面》. **2** =wire side b.

Wron·ski·an [(v)rɑ́nzkiən, (v)rɔ́(ː)n-, -skiən | (v)rɔ́nzkɪ-, -sk-] 〘← *Józef* [*Hoene*] *Wroński* (1778–1853: ポーランドの数学者): ⇨ -an¹〙 — *n.* 〘数学〙ロンスキー行列式, ロンスキアン《*n* 個の関数とその (*n*−1) 次までの導関数とで作られる *n* 次の行列式; Wronskian determinant ともいう》.

wrote 〘OE *wrat*〙 *v.* write の過去形.

wroth [rɔ́(ː)θ, róuθ, rɑ́(ː)θ | róuθ, rɔ́ːθ, rɔ́θ] 〘OE *wrāþ* perverted in temper ← Gmc **wraiþ-*, **wriþ-* 'to WRITHE' (Du. *wreed* cruel / Dan. & Swed. *vred* angry): cf. wrath〙 — *adj.* **1** [Predicative に用いて]《文語・戯言》激怒して, 怒って (angry). **2** 〈風・海など〉荒れ狂う (turbulent): the ~ sea.

wrought [rɔ́ːt] 〘ME *wroght* < OE *wroht(e)* 《音位転換》← *worhte* (pret.) & (*ġe*)*worht* (p.p.) ← *wyrċan* 'to WORK'〙 — *v.* work の過去形・過去分詞. — *adj.* **1** [副詞を伴って] 作り[細工]が…の: a well-*wrought* statue よくできた彫像 / a highly [an elaborately] ~ article 精巧な細工品 / a small, exquisitely-*wrought* teakwood chest 小さな精巧な細工のチーク材の箱. **2** 加工した, 製造した: ~ goods (仕上げ加工をした)加工製品. **3** 細工した, 手の込んだ (worked, elaborated); 飾った, 刺繍した: a highly ~ decoration きわめて精巧に作られた装飾品. **4** 〈金物が〉打って作った (beaten): ~ silver (打って作った)銀細工品.

wróught íron *n.* 〘冶金〙錬鉄.

wróught ìron cásting *n.* 可鍛鉄鋳造[鋳物] (mitis casting).

wróught-úp 〘← *work up* (⇨ work (v.) 成句)〙 — *adj.* 〈神経・人が〉興奮した, いらいらした, 気の立った (nervous): one's ~ nerves 高ぶった神経 / be in a highly ~ state 非常に興奮している / She was too ~ to eat. ひどく気が高ぶっていて食事もできなかった.

wrung [rʌ́ŋ] 〘OE *wrungon* (pret. pl.) & (*ġe*)*wrungen* (p.p.)〙 *v.* wring の過去形・過去分詞. — *adj.* **1** 絞った, ねじった. **2** 苦しみ[悲しみ]に打ちひしがれた.

W.R.V.S. 《略》Women's Royal Voluntary Service (英国の)婦人義勇隊.

wry [rái] 〘adj.: 《1523》← (v.). —v.: OE *wrīgian* to strive, go forward, tend ← Gmc **wriʒ-* ← IE **wer-* to bend (⇨ worth²): cf. wriggle〙 — *adj.* (**wri·er, ~·er; wri·est, ~·est**) **1** 〈目鼻立ち・首など〉ゆがんだ, ねじれた, 横に曲がった: a ~ mouth [nose] ゆがんだ口つき[鼻]. **2** 〈顔つきなど〉(一時的に)しかめた: make [draw, pull] a ~ face [mouth] 顔をしかめる, 渋面を作る / a ~ smile にが笑い. **3** 〈物が〉曲がった, ねじれた: a ~ finger 曲がった指. **4** 〈言葉・思想など〉もじった, こじつけの; ひとひねりした, 皮肉な: a ~ word こじつけた言葉 / ~ humor ひとひねりしたユーモア. — *vi.* ゆがむ, ねじれる. — *vt.* **1** ひねる, ねじる, よじ曲げる. **2** 〈顔を〉しかめて苦痛[不快]を示す 〈*up*〉. **~·ly** *adv.* **~·ness** *n.*

wrý·bìll *n.* 〘鳥類〙ハシマガリチドリ (*Anarhynchus frontalis*)《ニュージーランド産の嘴(くちばし)が右に曲がっているチドリの一種》. ⌈wrybill.

wrý-bìlled *adj.* 嘴(くちばし)のゆがんだ: a ~ plover=

wrý-fàced *adj.* 顔のゆがんだ; しかめっつらの.

wrý·mòuth *n.* 〘魚類〙=ghostfish 2.

wrý·nèck *n.* **1** 〘鳥類〙アリスイ (*Jynx torquilla*)《キツツキの一種》. **2** 〘医学〙斜頸(しゃけい) (torticollis). **3** 首の曲がった人.

wrý-nècked *adj.* 首の曲がった, 斜頸(しゃけい)の.

wrý·tàil *n.* 〘生物〙ねじれ尾《家畜に生じる遺伝的な変異で, 尾の根元がねじれ右または左に曲がったもの》.

W.S. 《略》water-soluble; West Saxon.

W.S.P.U. 《略》Women's Social and Political Union.

WS$ 〘記号〙〘貨幣〙Western Samoa tala.

WSW, W.S.W. 《略》west-southwest.

wt. 《略》warrant; weight; without.

W.T. 《略》watertight; wireless technology; wireless telegraphy; wireless telephony; withholding tax.

Wu [wúː; *Chin.* ú] 〘⊏ Chin. ~ (呉)〙 *n.* 呉語[方言]《揚子江下流地域の中国語方言》.

Wu·chang [wùːtʃɑ́ːŋ; *Chin.* ǔtʂʻāŋ] *n.* 武昌 (⇨ Wuhan).

wud [wʊ́d] 〘《スコット》~ 'WOOD²'〙 *adj.* 《スコット》気違いの (insane).

Wu·han [wùːhɑ́ːn; *Chin.* ǔxàn] *n.* 武漢, 武漢三鎮《中国東部湖北省 (Hupeh) の首都; 武昌 (Wuchang)・漢口 (Hankow)・漢陽 (Hanyang) 三市が合併してできた; Han Cities ともいう》.

Wu·hsi [wùːʃíː; *Chin.* úʃí] *n.* 無錫(むしゃく)《中国東部江蘇省 (Kiangsu) の都市; 大運河に臨む》.

Wu·hu [wùːhúː; *Chin.* úxú] *n.* 蕪(ぶ)湖《中国東部安徽(き)省 (Anhwei) の都市》.

wul·fen·ite [wʊ́lfənàɪt] 〘← *F. X. von Wulfen* (1728–1805: オーストリアの鉱物学者): ⇨ -ite¹〙 *n.* 〘鉱物〙黄鉛鉱, 水鉛鉛鉱, モリブデン鉛鉱 ($PbMoO_4$).

Wul·fi·la [wʊ́lfələ | -fɪ-] *n.* =Ulfilas.

wun·der·bar [vʊ́ndəbɑ̀ː | -dəbɑ̀ː(r; *G.* vʊ́ndɐbaːɐ] *G. adj.* =wonderful.

Wun·der·kind, w- [vʊ́ndəkɪnt | -də-; *G.* vʊ́ndɐkɪnt] 〘⊏ G ~ 'wonder child'〙 — *G. n.* (*pl.* **-der·kin·der** [-kɪ̀ndə | -də(r; *G.* -kɪndɐ], **~s**) **1** 神童. **2** (事業などの)若年の成功者.

Wundt [vʊ́nt; *G.* vʊ́nt], **Wilhelm** (**Max**) *n.* ヴント《1832–1920; ドイツの生理学者・心理学者・哲学者; 実験心理学・民族心理学の創始者; *Grundzüge der physiologischen Psychologie*「生理学的心理学綱要」(1874, 1880), *Völkerpsychologie*「民族心理学」(1904)》.

Wup·per·tal [vʊ́pətɑ̀ːl | -pə-; *G.* vʊ́pɐtaːl] *n.* ヴッパータール《西ドイツ North Rhine-Westphalia 州の工業都市; 人口 402,000》.

wur·ley [wə́ːli | wɔ́ːlɪ] 〘← Austral. 《土語》〙 *n.* (*pl.* **~s, wur·lies**) 《豪》 **1** (オーストラリア原住民の木の枝と葉で造った)小屋. **2** 巣, (特に)ねずみの巣.

Würm [vʊ́əm, wʊ́əm, wə́ːm | vʊ́əm, wʊ́əm, wə́ːm; *G.* vʏ́rm] 〘⊏ G ~ (ドイツ南部の湖・川の名)〙 — *n.* 〘地質〙ウルム氷期, ビュルム氷期《ユーラシア大陸の更新世の第四(最終)氷河期; Würm glacial stage ともいう》.

wurst [wə́ːst, wʊ́əst, wʊ́st, wʊ́ʃt | wə́ːst, wʊ́əst] 〘⊏ G ~ < OHG 《原義》mingle-mangle〙 *G. n.* =sausage. ★ しばしば複合語に用いる: brat*wurst*, knack*wurst*.

Würt·tem·berg [wə́ːtəmbə̀ːg, wʊ́ə- | vɔ́ːtəmbɛ̀əg, wɔ́ːtəmbə̀ːg; *G.* vʏ́rtəmbɛ̀rk] *n.* ヴュルテンベルク《西ドイツ南部の地方; 旧王国; 現在は Baden-Württemberg 州の一部》. ⌈Württemberg.

Würt·tem·berg-Ba·den [⌐⌐⌐⌐⌐] *n.* =Baden-

wurtz·i·lite [wə́ːtsəlàɪt | wɔ́ːtsɪ-] 〘← *Henry Wurtz* (1828–1910: 米国の鉱物学者): ⇨ -lite〙 *n.* ウルツ石《組成が Gilsonite に似たアスファルトの一種》.

wurtz·ite [wə́ːtsaɪt | wɔ́ː-] 〘⊏ F ~ ← *C. A. Wurtz* (1817–84: フランスの化学者): ⇨ -ite¹〙 — *n.* 〘鉱物〙ウルツ鉱, 繊維亜鉛鉱 (ZnS)《褐黒色繊維状の鉱物で, 塊状をなしていることが多い》.

Würz·burg [wə́ːtsbəːg, wʊ́əts- | vɔ́ːtsbəːg, wɔ́ːts-; *G.* vʏ́rtsbʊrk] *n.* ヴュルツブルク《西ドイツ南部 Bavaria 州の大学都市; 人口 116,000》.

Wu·sih [wùːʃíː, -síː; *Chin.* úʃí] *n.* =Wuhsi.

Wúth·er·ing Héights [wʌ́ðərɪŋ-] *n.*「嵐が丘」《Emily Brontë 作の小説 (1847)》.

wu-ts'ai [wùːtsái; *Chin.* ǔtsʻǎi] 〘⊏ Chin. ~ (五彩)〙 *n.* 〘窯業〙五彩, 硬彩《中国明代に完成した透明上絵付》.

wu wei [wùːwéɪ; *Chin.* úuéi] 〘← Chin. ~ (無為)〙 *n.* (道教で)無為《自己の行為を自然に従わせること》.

WV 《略》〘米郵便〙West Virginia (州).

W.Va. 《略》West Virginia.

W.V.S. 《略》Women's Voluntary Service (英国の)婦人義勇隊《今は W.R.V.S.》.

WW, W.W. 《略》《米》World War: *WW* II.

W/W 《略》〘保険〙warehouse to warehouse 倉庫から倉庫までの危険担保.

W.W. 《略》〘証券〙with warrants.

W.W.D.S.H.E.X. 《略》〘海運〙Weather Working Days Sundays & Holidays Excluded 日曜・祭日を除く晴天荷役日.

WWW 《略》World Weather Watch 世界気象監視.

W.X. 《略》women's extra (size).

WY 《略》〘米郵便〙Wyoming (州).

Wy. 《略》Wyoming.

Wy·an·dot [wáɪəndɑ̀t, wáɪn- | wáɪəndɔ̀t] 〘《1749》⊏ N-Am.-Ind. (Iroquoian) *wădát* 《原義》calf of the leg: その種族の特殊な肉の切り方から〙 — *n.* (*pl.* ~, **~s**) **1 a** [the ~(s)] ワイアンドット族《以前は Huron 族と呼ばれた Iroquois 語族に属する北米インディアン; もと Ohio 州にいたが, Oklahoma 州に移された》. **b** ワイアンドット族の人. **2** ワイアンドット語《イロクォイ語 (Iroquoian languages) の一つ》.

Wy·an·dotte, w- [wáɪəndɑ̀t, wáɪn- | wáɪəndɔ̀t] 〘↑〙 *n.* ワイアンドット《米国産の卵肉鶏の一品種のニワトリ》.

Wy·att [wáɪət] 〘⊏ F *Wyat(t)*, *Guyat* (dim.) ← GUY〙 *n.* 男性名.

Wyatt, James *n.* (1746–1813) 英国の建築家.

Wyatt [*also* **Wy·at** [~]], Sir **Thomas** *n.* (1503?–42) 英国の詩人・外交官; Henry Howard と共にイタリアのソネット形式を英国に輸入した.

wych- [wɪ́tʃ] 〘OE *wiċ(e)* 《原義》pliant, drooping ← Gmc **wik-* ← IE **weik-* to bend (L *vicis* change): cf. wicker, weak〙 樹木の名に用いる連結形.

wych elm [wɪ́tʃ⌐, ⌐⌐] 〘《1626》〙 *n.* **1** 〘植物〙ヨウシュハルニレ (*Ulmus glabra*)《ヨーロッパ産》. **2** ヨウシュハルニレの材.

Wych·er·ley [wɪ́tʃəli | -tʃəlɪ], **William** *n.* (1640?–1716) 英国の劇作家; *The Country Wife* (1675), *The Plain Dealer* (1677).

wych hazel [wɪ́tʃ⌐⌐, ⌐⌐⌐] *n.* 〘植物〙 **1** =wych elm 1. **2** =witch hazel 1.

Wých·wood Fórest [wɪ́tʃwʊd-] 〘*Wychwood*: OE *Hwiċċa wudu* 《原義》'forest of the *Hwiċċe* (部族名)'〙 *n.* イングランド中南部の Oxfordshire 州の森林地帯《今は一部しか残っていない; cf. forest marble》.

Wyc·liffe [wɪ́klɪf, -ləf | -lɪf], **John** *n.* (*also* **Wyc·lif** [~]) (1320?–84) 英国の宗教改革家・聖書の英訳者.

Wyc·liff·ite [wɪ́klɪfàɪt, -lə- | -lɪ-] 〘《1580》: ⇨ ↑, -ite¹〙 (*also* **Wyc·lif·ite** [~]) *adj.* Wycliffe (派)の. — *n.* Wycliffe 派(の人) (Lollard).

Wýcliffite Bíble *n.* [the ~] ウィクリフ派訳聖書《初期訳と後期改訂訳とがあり, 前者は 1385 年ごろ, 後者は 1395 年ごろ, それぞれ Wycliffe の門下によってラテン語訳聖書から翻訳・編集された; Wycliffite Version (of the Holy Bible) ともいう》.

wye [wáɪ] 〘Y の文字名から〙 *n.* **1** Y 字, Y 字形の物. **2** 〘電気〙Y 字状回路.

Wye [wáɪ] 〘OE *Wæġe* 《原義》? the running water ← OE *weġan* 'to carry, WEIGH': cf. Welsh *Gwy* '《原義》? water'〙 *n.* [the ~] ウェールズ南東部に発しイングランド南西部を流れて Severn 川に注ぐ川 (210 km).

wýe-délta connèction *n.* 〘電気〙星形三角結線《三相変圧器の結線法で 1 次側が, 星形 [Y], 2 次側が三角[デルタ]結線のもの; Y-Δ connection とも書く》.

wýe lèvel *n.* 〘測量〙=Y level.

Wy·eth [wáɪəθ, -əθ], **Andrew** (**New·ell** [n(j)úːəl | njúːəl, njúːl]) *n.* (1917–) 米国の画家; 細密描写による叙情的風景画で有名.

wýe-wýe connèction *n.* 〘電気〙星形星形結線《三相変圧器の結線法で 1 次側, 2 次側のそれぞれが星形 [Y] 結線のもの; Y-Y connection とも書く》.

Wyke·ham·ist [wɪ́kəmɪst, -məst | -mɪst] 〘← *William of Wykeham* (1324–1404: その創立者): ⇨ -ist〙 *adj.* (英国の)ウィンチェスター校 (Winchester College) の. — *n.* ウィンチェスター校在学生[出身者].

Wyld [wáɪld], **Henry Cecil** (**Kennedy**) *n.* (1870–1945) 英国の英語学者; *A History of Modern Colloquial English* (1920), *The Universal English Dictionary* (1932).

Wy·lie [wáɪli | -lɪ], **Elinor** (**Morton**) *n.* (1885–1928) 米国の女流詩人・小説家; W. R. Benét の妻.

Wylie, Philip (**Gordon**) *n.* (1902–71) 米国の小説家・批評家.

wy·lie·coat [wáɪlikòut, wíl-| -lɪkəut] 〘《15C》《スコット》*wyle cot* ← *wyle* (← ?)+*cot* 'COAT'〙 — *n.* 《スコット》 **1** 毛やフランネルの下着. **2** =petticoat. **3** 婦人[子供]用ナイトガウン.

wynd [wáɪnd] 〘《15C》← WIND³〙 *n.* 《スコット》小路(こうじ), 路地.

Wyo. 《略》Wyoming.

Wy·o·ming [waɪóumɪŋ | waɪə́u-] 〘⊏ N-Am.-Ind. (Algonquian) *M'cheuwómink* 《原義》great plains: Wyoming Valley にちなむ〙 — *n.* 米国北西部の州 (⇨ United States of America 表).

Wy·o·ming·ite [waɪóumɪŋàɪt | waɪə́u-] 〘⇨ ↑, -ite¹〙 *n.* Wyoming 州人.

Wyóming Válley *n.* [the ~] 米国 Pennsylvania 州北東部の Susquehanna 川の谷《長さ 32 km, インディアンと英国軍による植民者虐殺の地 (1778)》.

Wys·tan [wɪ́stən] 〘OE *Wīgstān* ← *wīg* battle+*stān* 'STONE' (?–849: 少年時代に殉教し, 後に聖者に列せられたマーシャ王)〙 *n.* 男性名.

Wythe [wɪ́θ], **George** *n.* (1726–1806) 米国の法律家; 独立宣言書の署名者の一人.

wy·vern [wáɪvən | -və(ː)n] 〘《1610》《変形》← 《?a1300》 *wivere* ⊏ ONF *wivre* = OF *guivre* < L *viperam* 'VIPER': 語尾 -n の添加については cf. bittern²〙 — *n.* **1** 飛竜《翼と 2 本の鳥のような足があり尾の先は矢印のようにとがっている架空の動物》. **2** 〘紋章〙ワイバン《2 本足の dragon; 敵意を象徴する架空の動物で, England 系の紋章のみ wyvern と呼び, 大陸の紋章ではこれを dragon としている》.

wyvern 2

X

X¹, x¹ [éks] 〘OE *X*, *x* ▭ L ▭ Gk *X*, χ (khi): cf. OGk (Ionic) 王, 三 [ks] ← Phoenician 手 [s]〙 ── *n.* (*pl.* **X'(e)s, X(e)s, x'(e)s, x(e)s** [~ɪz, ~əz]) **1** 英語アルファベットの第 24 字. **2** (活字・スタンプの)X または x 字: ⇨ King's X. **3** [X] X 字形(のもの). **4** 文字 x が表わす音《text, six などの [ks]》. **5** (連続したものの)第 24 番目(のもの); (J を数に入れない時は)第 23 番目(のもの); (J, V, W を数に入れない時は)第 21 番目(のもの): Table X 第 24 号表, X 号表. **6** (ローマ数字の)10: IX = 9 / XVI = 16 / XX = 20 / XL = 40 / LX = 60 / XC = 90 / DXLV = 545 / MX = 1010. **7** 〖通信〗空電 (atmospherics).

x² [éks] 〘← X, x¹: 誤字などを抹消する際 x 字記号を用いることから〙 ── *vt.* (**x-ed, x'd** [~t]; **x-ing, x'-ing** [~ɪŋ]) **1** 〈投票用紙など〉に×印をつける. **2** ×印で消す 〈*out*〉: *x out* a mistake 誤りを×印で消す.

x 〘← X, x¹: 1: 《1660》 Descartes がその著書 *Géométrie* (1637) 中に用いたのに始まる: ← ? Sp. *xei* ▭ Arab. *shay* something; または既知数を表わすのに *a*, *b*, *c* を用いたのに対して, 未知数を表わすのに alphabet の終りから *x*, *y*, *z* を用いたもの ?〙 ──《記号》 **1** 未知数; 任意の数. **2** 〖数学〗 **a** 掛ける (times, by): 6×7=42. **b** (第 1)未知数[量] (cf. y, z; a, b, c). **c** (第 1)変数. **d** 横座標 (abscissa), (空間の)第 1 座標 (cf. y, z). **3** 物の寸法: a card 3″×5″ (=three by five inches) 縦 3 インチ横 5 インチのカード. **4** 倍率: a 100 *x* telescope 倍率 100 の望遠鏡. **5** 交配: a horse by Only-For Life *x* (=out of) Gold-Planet. **6** 〖演劇〗(ト書きで) cross (the stage). **7** 〖チェス〗capture.

x, X 《記号》 **1** 未知の人[もの]: Madam *X* / ⇨ X ray. **2** kiss《手紙などの末尾に書く》. **3** 誤り (mistake) を示す印. **4** (投票・試験などで)選択を表わす×印. **5** 字が書けない人の署名の印. **6** (地図などの)特定の地点をマークする印.

X² [éks] *n.*, *adj.* 18 歳未満お断わりの(映画)《一部地域では 16 歳未満の場合もある; cf. G², PG, R²; A², AA, U⁵》.

X 《記号》 **1** 〘《略》← Gk *ΧΡΙΣΤΟΣ* Christ〙 Christ; Christian. **2** 〖電気〗reactance. **3** 《米》10 ドル紙幣 (ten-dollar bill) (cf. XX). **4** 《砂糖・粉などの》精製度. **5** 〖米軍〗research plane 研究機. ⌈al; extra.

X. 《略》〖証券〗…なし, …落ち (⇨ ex¹ 2 b); experiment-

x.a. 《略》〖証券〗ex all 金権利落ちで[の].

xa·lo·stock·ite [sɑ̀ːlo(ʊ)stóʊkaɪt | zæ̀lə(ʊ)stɔ́k-] 〘← *Xalostoc* (メキシコの地名)＋-ITE¹〙 *n.* 〖鉱物〗ザロストッカイト《ざくろ石の一種》.

Xan·a·du [zǽnəd(j)ùː | -dùː] *n.* **1** (元の)上都《中国の内モンゴル自治区に遺跡のある古都; 元代に Kublai Khan が離宮を建てた土地として S. T. Coleridge の *Kubla Khan* (1798) に歌われている》. **2** 田園美の土地《町, 村など》.

xanth- [zænθ | zænθ, gzænθ] (母音の前に来る時の) xantho- の異形.

xan·thate [zǽnθeɪt | zǽn-, gzǽn-] 〘← XANTHO-＋-ATE¹〙 *n.* 〖化学〗キサントゲン酸塩[エステル].

xan·tha·tion [zænθéɪʃən | zæn-, gzæn-] 〘⇨ ↑, -ation〙 ── *n.* 〖化学〗硫化, キサントゲン酸化《アルカリセルロースに二硫化炭素を反応させてセルロースキサントゲン酸ナトリウムを作ること》.

Xan·the [zǽnθi | -θɪ] 〘← Gk *xanthḗ* (fem.) ← *xanthós* yellow, golden〙 *n.* 女性名. ★ 金髪女性につけられる名.

xan·the·in [zǽnθiɪn, -θiən | zǽnθiɪn, gzǽn-] 〘▭ F *xanthéine* ← Gk *xanthós* yellow (⇨ xantho-): *-éine* は *xanthine* 'XANTHIN' と区別するため〙 ── *n.* 〖化学〗黄色花中の水溶性の黄色色素 (cf. xanthin 1).

xan·thene [zǽnθiːn | zǽn-, gzǽn-] 〘← XANTHO-＋-ENE〙 ── *n.* 〖化学〗 **1** キサンテン ($CH_2(C_6H_4)_2O$)《無色の結晶で, キサンテン染料や指示薬を作る原料》. **2** キサンテンの種々の誘導体.

xánthene dýe *n.* 〖顔料〗キサンテン[ザンセン]染料《分子内にキサンテン環をもつ染料の総称; 色調が鮮明で一般に強い蛍光をもつ; 顔料の製造にも利用》.

Xan·thi·an [zǽnθiən | zǽnθɪ-, gzǽn-] 〘← XANTHUS＋-AN¹〙 *adj.* ザンサス (Xanthus) の.

Xánthian márbles *n. pl.* [the ~] ザンサス大理石《Xanthus 付近で英人によって 1842-43 年発掘された彫刻など; 今は大英博物館に保存されている》.

xan·thic [zǽnθɪk | zǽn-, gzǽn-] 〘▭ F *xanthique*: ⇨ xantho-, -ic¹〙 ── *adj.* **1 a** 黄色の, 帯黄色の. **b** 〈花が〉黄色の (cf. cyanic 2): ~ flowers 黄色花. **2** 〖生化学〗キサンチンの: ~ calculus 〖医学〗(膀胱(ぼうこう)の)キサンチン結石.

xánthic ácid *n.* 〖化学〗キサントゲン酸 (C_2H_5OCSSH)《刺激性臭気を放つ油状の液体》.

Xan·thi·dae [zǽnθədìː | -θɪ-] 〘← NL ~ ← *Xanthus* (属名: ⇨ xantho-)＋-IDAE〙 *n. pl.* 〖動物〗オウギガニ科.

xan·thin [zǽnθɪn, -θən | zǽnθɪn, gzǽn-] 〘▭ F *xanthine*: ⇨ xantho-, -in¹〙 *n.* **1** 〖化学〗黄色花中の非水溶性の黄色色素 (cf. xanthein). **2** =xanthine.

xan·thine [zǽnθiːn, -θɪn, -θən | zǽnθiːn, gzǽn-, -θɪn] 〘▭ F ~: ⇨ xantho-, -ine³: フランスの化学者 C.-F. Kuhlmann (1803-81) の造語〙 ── *n.* 〖生化学〗キサンチン ($C_5H_4N_4O_2$)《血液・尿・肝臓およびある種の植物の葉などに含まれるプリン誘導体, 結晶性化合物》.

Xan·thip·pe [zæntípi, -θípi | zænθípɪ, gzæn-, -típɪ] 〘▭ Gk *Xanthíppē* (女性名) ← *Xánthippos* (男性名) ← *xanthós* yellow＋*híppos* horse〙 ── *n.* **1** クサンチッペ《Socrates の妻; 口やかましい女で, 悪妻の典型とされる; B.C. 5 世紀末頃の人》. **2** がみがみ女, 悪妻.

xan·thite [zǽnθaɪt | zǽn-, gzǽn-] 〘← XANTHO-＋-ITE¹〙 *n.* 〖鉱物〗ザンサイト《暗黄褐色の結晶体として産するベスブレ (vesuvianite) の一種》.

xan·tho- [zǽnθo(ʊ) | zǽnθə(ʊ), gzǽn-] 〘← Gk *xanthós* yellow ← ?〙 ── 次の意味を表わす連結形: **1** 「黄色」: *xantho*derm. **2** 〖化学〗「キサントゲン酸」: *xanth*ate. ★ 母音の前では通例 xanth- になる.

xan·thoch·ro·i, X- [zænθɑ́kroʊàɪ, -rɔɪ | zænθɔ́krəʊàɪ, gzæn-, -rɔɪ] 〘← NL ~ ← XANTHO-＋Gk *ōkhroí* ((pl.) ← *ōkhrós* pale)〙 ── *n. pl.* 白色人種《皮膚が淡黄ないし白色で, 目および髪が淡色のコーカサス人種; cf. melanochroi》.

xan·tho·chro·ic [zæ̀nθəkróʊɪk | zæ̀nθə(ʊ)kráʊ-, gzæ̀n-] *adj.* 白色人種の.

xan·tho·chroid [zǽnθəkrɔ̀ɪd, zænθɑ́krɔɪd | zǽnθə(ʊ)-krɔ̀ɪd, gzǽn-] 〘← XANTHOCHROI＋-OID〙 *adj.* 白色人種の. ── *n.* 白色人種に属する人, 類白色人種.

xan·tho·derm [zǽnθədə̀ːm | zǽnθə(ʊ)də̀ːm, gzǽn-] 〘← XANTHO-＋-DERM〙 *n.* 皮膚の黄色の人; (特に)黄色人種の人.

xan·tho·gen·ate [zǽnθədʒənèɪt, -dʒə-, zænθɑ́dʒə- | zǽnθədʒɪ-, gzǽn-, zænθɔ́dʒɪ-, gzæn-] 〘← XANTHO-＋-GEN＋-ATE¹〙 *n.* 〖化学〗=xanthate.

xan·tho·gén·ic ácid [zæ̀nθədʒénɪk- | zæ̀nθə(ʊ)-, gzæ̀n-] *n.* 〖化学〗=xanthic acid.

xan·tho·ma [zænθóʊmə | zænθə́ʊ-, gzæn-] 〘← NL ~: ⇨ xantho-, -oma〙 ── *n.* (*pl.* **~s**, **~·ta** [~tə | ~tə]) 〖病理〗黄色腫. **xan·thóm·a·tous** [-θɑ́mətəs, -θóʊm- | -θɔ́mət-, -θə́ʊm-] *adj.*

xan·tho·mel·a·nous [zæ̀nθo(ʊ)mélənəs | zæ̀nθə(ʊ)-, gzæ̀n-] 〘← XANTHO-＋MELANOUS〙 *adj.* 髪が黒く皮膚がオリーブ色または淡黄色の.

xan·thone [zǽnθoʊn | -θəʊn] 〘← XANTHO-＋-ONE〙 *n.* 〖化学〗キサントン ($C_6H_4(CO)(O)C_6H_4$)《リンドウ科・ウルシ科などの植物にその誘導体が含まれる》.

xan·tho·phyll [zǽnθəfɪl | zǽnθə(ʊ)-, gzǽn-] 〘▭ F *xanthophylle*: ⇨ xantho-, -phyll〙 ── *n.* (*also* **xan·tho·phyl** [~]) **1** 〖化学〗キサントフィル《水酸基を有するカロチノイドの総称》. **2** 〖生化学〗葉黄素 (⇨ lutein 1). **xan·tho·phyl·lic** [zæ̀nθəfílɪk | zæ̀n-θə(ʊ)-, gzæ̀n-] *adj.* **xan·tho·phyl·lous** [zæ̀nθəfíləs | zæ̀nθə(ʊ)-, gzæ̀n-] *adj.*

xan·tho·pro·té·ic ácid [zæ̀nθəpro(ʊ)tíːɪk- | zæ̀n-θə(ʊ)prə(ʊ)-, gzæ̀n-] 〘← XANTHO-＋PROTEIN＋-IC¹〙 ── *n.* 〖化学〗キサントプロテイン酸 ($C_{34}H_{24}N_4O_{22}$)《蛋白質を濃硝酸で分解する時生じる黄色の物質》.

xanthoprotéic reáction [tést] *n.* 〖化学〗キサントプロテイン反応, 硝黄反応《蛋白質が示す呈色反応; 蛋白質溶液に濃硝酸を加えて熱すると黄色を呈し, アルカリを加えると橙黄色に変わる》.

xan·thop·si·a [zænθɑ́psiə | zænθɔ́psɪə, gzæn-] 〘← NL ~ ← XANTHO-＋-OPSIA〙 *n.* 〖病理〗黄視(症).

xan·thop·ter·in [zænθɑ́ptərɪn, -rən | zænθɔ́ptərɪn, gzæn-] 〘← XANTHO-＋PTERO-＋-IN¹〙 *n.* 〖生化学〗キサントプテリン《2-アミノ-4,6 ジオキシプテリジン》.

xan·thous [zǽnθəs | zǽn-, gzǽn-] 〘← XANTHO-＋-OUS〙 *adj.* **1** 黄色の (yellow). **2** 黄色がかった[茶色の, 赤色の]髪の毛をした. **3** 黄色[モーコ系]人種の.

Xan·thus [zǽnθəs | zǽn-, gzǽn-] *n.* **1** ザンサス, ザントス《小アジア南西部, Lycia の古都; その遺跡および出土品は考古学上貴重な資料とされる》. **2** 〖ギリシャ神話〗 **a** ザンサス (⇨ Scamander 2). **b** ザンサス《Achilles の戦車を引いていた 2 頭の神馬の一つ; 人間の悲しみを理解し, Achilles の朋友 Patroclus の死を見て涙を流したという》.

Xan·tip·pe [zæntípi | zæntípɪ, gzæn-] *n.* =Xanthippe.

Xan·tu·si·i·dae [zæ̀ntəsáɪədìː | -təsáɪɪ-] 〘← NL ~ ← *Xantusia* (属名: ← *János Xántus* (*d.*1894: ハンガリーの鳥類学者)＋-IA²)＋-IDAE〙 ── *n. pl.* 〖動物〗ヨアソビトカゲ科.

xat [xɑ́ːt] 〘▭ N-Am.-Ind. (Haida) ~〙 *n.* (アメリカインディアンのハイダ族が死者を追悼して立てる)トーテムポール.

Xa·ve·ri·an Bróther [zeɪví(ə)riən-, zæv- | -víərɪən-] 〘← *Saint Francis Xavier*＋-IAN〙 ── *n.* 〖カトリック〗(特に米国での教育事業のために 1839 年ベルギーに設立された)ザベリオ会の修道士.

Xa·vi·er [zéɪviə, -vjə, zǽviə, ɪgzéɪviə | zǽvɪə(r, zéɪv-, -vjə(r; *Sp.* xabjér] 〘▭ Sp. *Javier*〙 *n.* 男性名.

Xavier, Saint Francis *n.* ザビエル, ハビエル《1506-52; スペインの宣教師; Ignatius of LOYOLA を助けてイエズス会を創設し, 東洋に布教, 1549 年日本へはじめてキリスト教を伝えた; 異名 the Apostle of the Indies; スペイン語名 Francisco Javier [franθísko xa-vjér]》.

x́-àxis *n.* 〖数学〗 **1** (平面の)横(座標)軸, x 軸. **2** (空間の)第 1 座標軸, x 軸 (cf. y-axis 2, z-axis).

X́-bòdy *n.* 〖植物病理〗(植物細胞中の)無定形封入体 (cf. inclusion body, X virus).

X.C., x.c. 《略》〖証券〗ex coupon (⇨ ex¹ 2 b).

X́ chrómosome *n.* 〖生物〗X 染色体《性の決定を支配する性染色体の一種; cf. Y chromosome》.

x́-coórdinate *n.* 〖数学〗*x* 座標, 横座標 (abscissa)《*x* 軸の方向に測った座標; cf. y-coordinate》.

x-cp. 《略》〖証券〗ex coupon (⇨ ex¹ 2 b).

X́-cùt *n.* 〖電気〗X 板《水晶発振器用の振動子で, 水晶の結晶の電気軸 (X 軸) に垂直な板面を持つもの》.

X.D., x.d., x-d. 《略》〖証券〗ex dividend (⇨ ex¹ 2 b).

x.'d. 《略》executed.

X́-disèase *n.* X 病《病原不明のウイルス病》: **a** 〖植物病理〗桃(およびその類似種)のウイルス病の一種《葉に斑点が生じて落葉し, 果実が萎びる; yellow-red virosis ともいう》. **b** 〖獣医〗=blue comb. **c** 〖獣医〗=hyperkeratosis 2.

X-div., x-div. 《略》〖証券〗ex dividend.

x.dr. 《略》〖証券〗ex drawings 抽選権落ちで[の].

Xe 《記号》〖化学〗xenon.

xe·bec [zíːbek, zɪbék, zə- | zíːbek] 〘《1756》← 《古形》 *chebec* ▭ F *chébec* ▭ It. *sciabecco* ▭ Arab. *šabbāk*: OSp. *xabeque* (Sp. *jabeque*) の影響による変形〙 ── *n.* ジーベック《地中海沿岸で用いられている小型の三檣(しょう)帆船; 昔アラブの海賊がよく用いた》.

xeme [zíːm] 〘← NL *Xema*〙 *n.* 〖鳥類〗尾が二股に分かれたクビワカモメ属 (*Xema*) のカモメの総称; (特に) =sabine's gull.

Xen. 《略》Xenophon. ⌈異形.

xen- [zen | zen, gzen] (母音の前に来る時の) xeno- の

Xe·na·kis [kseɪnɑ́ːkɪs; *Mod. Gk* ksenákis], **Yan·nis** [jɑ́nnis] *n.* クセナキス《1922- ; ギリシャの作曲家》.

xe·nate [zíːneɪt, zén-] 〘← XENON＋-ATE¹〙 *n.* 〖化学〗キセノン酸塩[エステル].

-xene [ksiːn] 〘▭ F *-xène* ▭ Gk *-xenos*: ↓〙 ── 〖鉱物〗次の意味を表わす名詞連結形: **1** 「…の鉱物と関係の少ない」: anthraco*xene*. **2** 「…の性質の貫入鉱物」: caco*xene*.

xe·ni·a [zíːniə, -njə | zénɪə, gzén-, ksén-, -éɪn- -njə] 〘← NL ~ ← Gk *xenía* hospitality ← *xénos* (⇨ xeno-): ⇨ -ia²〙 ── *n.* 〖植物〗キセニア《交配の雄植物の形質が雌植物の胚乳に現われる現象》.

Xe·ni·a [zíːniə, -njə | zénɪə, gzén-, ksén-, -éɪn-, -njə] 〘↑〙 *n.* 女性名.

xe·ni·al [zíːniəl, -njəl | zíːnɪəl, gzíː-, -njəl] 〘← XENO-＋-IAL〙 *adj.* (特に, 古代ギリシャの他都市間の人について)賓客と主人との, 主客関係の.

xé·nic ácid [zíːnɪk-, zén-] *n.* 〖化学〗キセノン酸.

Xe·nic·i·dae [zənísədìː | zenísɪ-, gze-] 〘← NL ~ ← *Xenicus* ← Gk *xenikós* of a stranger ← *xénos*: ⇨ ↓, -ic¹, -idae〙 *n. pl.* 〖鳥類〗(スズメ目)イワサザイ科.

xen·o- [zéno(ʊ) | zénə(ʊ), gzén-] 〘← Gk *xénos* stranger, guest〙 ── 次の意味を表わす連結形: **1** 「賓客 (guest), 異人 (foreigner)」: *xeno*mania. **2** 「外来の, 異質の, 異種の」: *xeno*genesis. ★ 母音の前では通例 xen- になる. ⌈exobiology.

xèno·biólogy 〘← XENO-＋BIOLOGY〙 *n.* 〖生物〗=

Xe·no·cle·a [zɪ̀nəklíːə | zɪ̀-, gzɪ̀-] *n.* 〖ギリシャ・ローマ神話〗クセノクリア《Delphi のみこで, Hercules に予言を拒んだ》.

Xe·noc·ra·tes [zɪnɑ́krətìːz, zə- | zɪnɔ́k-] *n.* クセノクラテス《396?-314 B.C.; ギリシャの哲学者》.

xen·o·cryst [zénəkrɪst | zén-, gzén-] 〘← XENO-＋CRYST(AL)〙 *n.* 〖岩石〗捕獲結晶, 外来結晶《火成岩の

結晶中外部の岩石から取り込まれたもの).

xèno·diagnósis 〖← NL ～: ⇨xeno-, diagnosis〗 ― n. 〖医学〗外因診断法, 媒虫診断法, 代償性診断《昆虫・ダニなどに患者血液を吸わせた後, 虫体で感染の有無を検査する》. **xèno·diagnóstic** adj.

xe·nog·a·my [zɪnágəmi, zə- | zi:nɔ́gəmɪ, zɪ-, gzi:-, gzɪ-] 〖← XENO-+-GAMY〗 ― n. 〖植物〗異花授粉[受精], 他花受精 (cross-fertilization) (cf. geitonogamy). **xe·nóg·a·mous** [-məs] adj.

xèno·génesis 〖← NL ～: ⇨xeno-, -genesis〗 n. 〖生物〗=heterogenesis 1. **xèno·genétic** adj. **xèno·génic** adj.

xen·o·graft [zénəgræ̀ft, zí:n- | -nə(ʊ)grɑ̀:ft] 〖← XENO-+GRAFT[1]〗 n. 〖外科〗異種移植片 (cf. homograft).

xen·o·lith [zénəlìθ, zí:n-, -nl̩- | zén-, zí:n-, gzén-, gzí:n-] 〖← XENO-+-LITH〗 ― n. 〖岩石〗捕虜岩《火成岩中に包含された外来岩片》. **xen·o·lith·ic** [zènəlíθɪk, -nl̩- | zènəl-, zì:n-, gzèn-, gzì:n-] adj.

xen·o·mor·phic [zènəmɔ́əfɪk | zènəmɔ́:-, gzèn-] 〖← XENO-+-MORPHIC〗 adj. **1** 異形の, 不思議な形をした. **2** 〖鉱物〗=allotriomorphic.

xe·non [zí:nɑn, zén- | zénɔn, gzén-] 〖《1898》□ Gk *xénon* (neut.) ← *xénos* strange: ⇨xeno-〗 ― n. 〖化学〗キセノン《希ガス元素の一つ; 記号 Xe; 原子番号 54, 原子量 131.30; キセノン放電管に封入して光源として用いられる》.

xénon diflúoride n. 〖化学〗二フッ化キセノン (XeF_2).

xénon hexaflúoride n. 〖化学〗六フッ化キセノン (XeF_6).

xénon tetraflúoride n. 〖化学〗四フッ化キセノン (XeF_4).

Xe·noph·a·nes [zɪnɑ́fəni:z, zə- | zɪnɔ́f-, gzɪ-] n. クセノファネス《580 または 578?–480 または 475 B.C.; ギリシャの詩人・哲学者, エレア学派 (Eleatics) の祖と伝えられる》.

xen·o·phile [zénəfàɪl, zí:n- | zénə(ʊ)-, gzén-] 〖← XENO-+-PHILE〗 ― n. 外国[外国人]好きの人, 異国[異人]好みの人. **xe·noph·i·lous** [zenɑ́fələs, zi:-, zɪ-, zə- | zenɔ́fɪ-, gze-] adj.

xen·o·phobe [zénəfòʊb, zí:n- | zénə(ʊ)fəʊb, gzén-] 〖⇨↓, -phobe〗 n. 外国[外国人]ぎらいの人, 排外主義者.

xen·o·pho·bi·a [zènəfóʊbiə, zì:n- | zènə(ʊ)fə́ʊbjə, gzèn-, -biə] 〖← XENO-+-PHOBIA〗 ― n. 外国[外国人]ぎらい, 外国[外人]アレルギー; 他人[外国人]恐怖症. **xen·o·pho·bic** [zènəfóʊbɪk, zì:n-, -fáb- | zènə(ʊ)fə́ʊb-, gzèn-, -fɔ́b-] adj.

Xen·o·phon [zénəfən, -fɑ̀n | zénəfən, gzén-] 〖□ Gk *Xenophō̃n* (cf. xeno-, -phone): ↓にちなむ〗 ― n. **1** 男性名. **2** クセノフォン《428 または 427?–354 B.C.; ギリシャの歴史家・軍人・哲学者, Socrates の周囲の一人; *Anabasis*「アナバシス」》.

Xen·o·sau·ri·dae [zènəsɔ́:rədì: | zènəsɔ́:rɪ-, gzèn-] 〖← NL ～ ← *Xenosaurus* (属名: ⇨xeno-, -saurus)+-IDAE〗 n. pl. 〖動物〗ワニトカゲ科.

xer- [zɪ(ə)r | zɪər] (母音の前に来る時の) xero- の異形.

xe·ran·the·mum [zɪrǽnθəməm, zə- | zer-, zɪ(ə)r-] 〖← NL ～ ← XERO-+Gk *ánthemon* flower: ⇨antho-〗 ― n. 〖植物〗キセランテマム, 乾燥花卉(き)《トキワバナ属 (*Xeranthemum*) の植物の総称; 乾燥しても色や形の変わらないハハコグサ, カイザイクなど》.

xe·rarch [zí(ə)rɑək | zíərɑ:k] 〖← XERO-+-ARCH[2]〗 adj. 〖生態〗〈植物の遷移(せ)が〉乾燥した土地に源を発した: ～ succession 乾性遷移.

Xe·res [ʃéri:z] n. ヘレス《Jerez の旧名》.

xe·ric [zí(ə)rɪk | zíər-] 〖← Gk *xērós* (↓)+-IC[1]〗 adj. 〖生態〗**1** 好乾性の, 耐乾性の (cf. hydric 2, mesic). **2** 乾燥した環境の[に適した]. **xé·ri·cal·ly** adv.

xe·ro- [zí(ə)ro(ʊ) | zíərə(ʊ)] 〖← Gk *xērós* dry〗「乾燥(した)」の意の連結形. ★ 母音の前では通例 xer- になる.

xe·ro·der·ma [zɪ(ə)rədə́:mə | zɪərədə́:-] 〖← NL ～: ⇨xero-, derma〗 n. 〖病理〗乾皮症, 皮膚乾燥症.

xe·ro·der·mi·a [zɪ(ə)rədə́:miə | zɪərədə́:mɪə, -mjə] n. 〖病理〗=xeroderma.

xe·ro·gel [zí(ə)rədʒèl | zíər-] 〖□ G ～: ⇨xero-, gel〗 ― n. 〖化学〗キセロゲル, 乾膠(こう)体《多孔性の乾燥ゲルの総称で網状構造を呈する; 気体の吸着や乾燥に用いられる; cf. aerogel》.

xe·rog·ra·phy [zɪrɑ́grəfi, zə- | zɪərɔ́grəfɪ, zer-] 〖← XERO-+-GRAPHY〗 ― n. 〖電気〗ゼログラフィ, 静電写真法《光学像を静電像にかえ, これにトナーを吸着させて像を得る写真法で, 乾式複写器に応用されている》. **xe·róg·raph·er** n. **xe·ro·graph·ic** [zɪ(ə)rəgrǽfɪk | zɪər-] adj. **xè·ro·gráph·i·cal·ly** adv.

xe·ro·mor·phism [zɪ(ə)rəmɔ́əfɪzm | zɪərəmɔ́:-] 〖← XERO-+-MORPHISM〗 ― n. 〖植物〗乾生形態《乾燥地などに生える植物が乾燥に耐えるために有する形態的特徴》.

xe·ro·pha·gi·a [zɪ(ə)rəféɪdʒiə, -dʒə | zɪərəféɪdʒɪə, -dʒə] n. =xerophagy.

xe·roph·a·gy [zɪrɑ́fədʒi, zə-, zɪ(ə)r- | zɪərɔ́fədʒɪ, zer-] 〖□ LL *xerophagia* □ Gk *xērophagía* eating of dry food: ⇨xero-, -phagy〗 ― n. 〖東方正教会〗厳斎《Lent の期間中に行なわれ, 水・パン・塩・野菜だけの食事をすること》.

xe·ro·phile [zí(ə)rəfàɪl | zíər-] adj. =xerophilous.

xe·roph·i·lous [zɪrɑ́fələs, zə-, zɪ(ə)r- | zɪərɔ́fɪ-, zer-] 〖← XERO-+-PHILOUS〗 ― adj. **1** 〖植物〗乾燥地に生える[適した], 乾性の. **2** 〖動物〗乾燥地にすむ, 好乾性の.

xe·roph·i·ly [zɪrɑ́fəli, zə-, zɪ(ə)r- | zɪərɔ́fɪlɪ, zer-] n.

xe·roph·thal·mi·a [zɪ(ə)rɑfθǽlmiə | zɪərɔfθǽlmɪə] 〖← NL ～ ← Gk *xērophthalmía*: ⇨xero-, ophthalmia〗 ― n. 〖病理〗眼球乾燥症. **xe·roph·thal·mic** [zɪ(ə)rɑfθǽlmɪk | zɪərɔf-] adj.

xe·ro·phyte [zí(ə)rəfàɪt | zíər-] 〖← XERO-+-PHYTE〗 ― n. 〖植物〗(砂漠などの)乾性植物 (cf. hydrophyte, mesophyte). **xe·ro·phyt·ic** [zɪ(ə)rəfítɪk | zɪərəfít-] adj. **xè·ro·phýt·i·cal·ly** adv. **xé·ro·phỳt·ism** [-fàɪtɪzm] n.

xéro·printing 〖← XERO-+PRINTING〗 n. ゼロプリンティング, 静電印刷, 乾式複写印刷.

xèro·radiógraphy 〖← XERO-+RADIOGRAPHY〗 n. 乾式放射線写真術, ゼロラジオグラフィ《電子写真法による放射線写真》. **xèro·radiográphic** adj.

xe·ro·sere [zí(ə)rəsɪə | zíərəsɪə(r)] 〖← XERO-+SERE[3]〗 n. 〖生態〗乾性遷移系列.

xe·ro·sis [zɪróʊsɪs, zə-, zɪ(ə)r-, -səs | zɪərə́ʊsɪs, zer-] 〖← NL ～ ← Gk *xērōsis*: ⇨xero-, -osis〗 ― n. (pl. **-ro·ses** [-si:z]) 〖医学〗(皮膚・眼球などの)乾燥(症). **xe·rot·ic** [zɪrɑ́tɪk, zə- | -rɔ́t-, zɪ(ə)r-] adj.

xe·ro·ther·mic [zɪ(ə)rəθə́:mɪk | zɪərəθə́:-] 〖← XERO-+THERMIC〗 ― adj. **1** (氷河期後の一時代のように)暑くて乾燥した, 暑くて乾燥した気候の時代の. **2** 暑くて乾燥した風土に適応した.

Xe·rox [zí(ə)rɑks, zí:r- | zíərɔks] 〖← XEROGRAPHY〗 ― n. 〖商標〗ゼロックス《乾式複写法の一種》; ゼロックスによる複写[コピー]. ― vt., vi. [しばしば x-] ゼロックスで複写[コピー]する.

Xer·xes [zə́:ksi:z | zə́:k-, gzə́:k-] 〖□ Gk *Xérxēs* □ OPers. *Xshayārshan-*: ↓にちなむ〗 n. 男性名.

Xerxes I n. クセルクセス一世《519?–465 B.C.; 古代ペルシャ Achaemenid 王朝の王 (486?–465 B.C.), Darius 一世の子; 第2回ギリシャ遠征を起こしたが, Salamis 湾で大敗》.

x hèight n. 〖活字〗エックスハイト《a, c, m, x のような小文字の高さ》.

Xho·sa [kóʊsə, kɔ́(:)sə, -zə | kɔ́:sə, kə́ʊ-] n. (pl. ～s, ～) **1 a** [the ～(s)] コーサ族《南アフリカ共和国の Cape 州東部に住む部族》. **b** コーサ族の人. **2** コーサ語, ホサ語《Bantu 語に属する》.

xi [záɪ, ksáɪ, ksí:, sáɪ | sáɪ, gzáɪ, záɪ] 〖□ Gk *xi* < (古形) *xeî*〗 ― n. **1** クシー《ギリシャ語アルファベット 24 字中の第 14 字: Ξ, ξ (ローマ字の X, x に当たる); ⇨alphabet 表》. **2** 〖物理〗=Xi particle.

X.i., x.i., x-i. 《略》〖証券〗ex interest 利子落ち.

Xí hýperon n. 〖物理〗クサイハイペロン (⇨Xi particle).

Xin·gú [ʃi:ŋgú:, ʃɪŋ-; *Braz.* ʃingú] n. [the ～] シングー(川)《ブラジル中央部を北流して Amazon 川に注ぐ川 (1,979 km)》.

x-int. 《略》〖証券〗ex interest 利子落ち.

x-intercept n. 〖数学〗x 切片.

-xion [kʃən] 〖《変形》← -ction: ⇨-ion (-ct- は語幹語尾)〗 ― suf. 動作・状態を表わす名詞語尾 (-ction に相当する英国式つづり; 今はあまり使われない): connexion, inflexion.

Xí pàrticle n. 〖物理〗クサイ (Ξ) 粒子《ストレンジネス (strangeness) −2 のハイペロン, 通例 Ξ-particle と書く; cascade hyperon, Xi hyperon ともいう; 記号 Ξ》.

xiph- [zaɪf, zɪf | zɪf, gzɪf] (母音の前に来る時の) xipho- の異形: xiphisternum.

xi·phi- [záɪfɪ, zífɪ | zífɪ, gzífɪ] xipho- の異形 (⇨-i-):

xiph·i·as [zífiəs | zífɪ-, gzíf-] 〖□ L ～ □ Gk *xiphías* ← *xíphos*: ⇨xipho-〗 ― n. (pl. ～) **1** 〖魚類〗メカジキ《メカジキ属 (*Xiphias*) の魚類の総称; メカジキ (swordfish) など》. **2** [X-] 〖天文〗つるぎ座 (⇨dorado 2)《今は廃止された名称》.

xìphi·stérnum n. 〖解剖〗=xiphoid process.

xíph·i·um íris [zífiəm- | -fɪ-] 〖← NL ～ ← Gk *xiphíon* corn flag ← *xíphos* sword〗 n. 〖植物〗=Spanish iris.

xi·pho- [záɪfo(ʊ), zíf- | zífə(ʊ), gzíf-] 〖← Gk *xíphos* sword ← ? Sem.〗「剣の; 剣状の」の意の連結形: *xipho*id. ★ 時に xiphi-, また母音の前では通例 xiph- になる.

xi·phoid [záɪfɔɪd, zíf- | zíf-, gzíf-] 〖《1746》□ Gk *xiphoeidēs*: ⇨↑, -oid〗 〖解剖〗 adj. **1** 剣状の. **2** 剣状突起の. ― n. =xiphoid process.

xíphoid prócess n. 〖解剖〗(胸骨の)剣状突起.

Xi·phos·ur·a [zàɪfəsú(ə)rə, zìf- | zìfəsjúərə, gzìf-] 〖← NL ～ ← Gk *xíphos* sword+*ourá* tail: ⇨xipho-, -ura〗 ― n. pl. 〖動物〗剣尾綱《カブトガニ (king crab) などを含む; Merostomata ともいう》. **xì·phos·ú·rous** [-rəs] adj.

xi·phos·u·ran [zàɪfəsú(ə)rən, zìf- | zìfəsjúər-, gzìf-] 〖⇨↑, -an[1]〗 adj., n. 剣尾綱の(動物).

Xiph·y·dri·i·dae [zìfədráɪədì: | zìfɪdráɪɪ-, gzìfɪ-] 〖← NL ～ ← *Xiphydria* (属名: ← Gk *xiphúdrion* a shell fish ← *xíphos* sword)+-IDAE〗 ― n. pl. 〖昆虫〗(膜翅目)クビナガキバチ科.

X-irrádiate vt. X 線で照射する. **X-irradiátion** n.

XL 《略》extra large.

x-lìne n. 〖活字〗エックスライン (⇨mean line 2).

Xm. 《略》Christmas.

X·mas [krísməs] 〖← X (Gk *Xristós* (=Christ) の頭文字)+-MAS〗 n. 《口語》=Christmas[1] 1. ★ [éksməs] と発音することもある.

Xn. 《略》Christian (⇨Xmas).

x.n. 《略》《英》〖証券〗ex new (⇨ex[1] 2 b).

Xnty. 《略》Christianity (⇨Xmas).

x.o. 《略》examination officer; executive officer.

xo·a·non [zóʊənɑ̀n | záʊənən, gzə́ʊ-] 〖□ Gk *xóanon* (原義) piece of sculpture in wood: cf. Gk *xúein* to scrape〗 ― n. (pl. **-a·na** [-nə]) 〖考古〗原始的彫像《粗雑なつくりで天から降ったと信じられた》.

Xo·chi·mil·co [sòʊtʃɪmí:lkoʊ, -mí:l-, sòʊʃɪ- | sə̀ʊtʃɪmí:lkəʊ, -mí:l-, sə̀ʊʃɪ-; *Am. Sp.* sòtʃimílko] n. **1** ソチミルコ(湖)《メキシコ南東部の湖》. **2** ソチミルコ《メキシコ南東部, Mexico 市南方の都市; 浮園 (Floating Gardens) で有名; 人口 118,000》.

X·o·graph [éksəgræ̀f | -grɑ̀:f, -græ̀f] n. 〖商標〗エクソグラフ《右眼用と左眼用の像を交互に縦縞状にプリントし, その上に縦縞状に円筒形レンズを成形したプラスチックシートをはりつけた立体写真(印刷); またはその方法》.

Xo·sa [kóʊsə, kɔ́(:)sə, -zə | kɔ́:sə, kə́ʊ-] n. =Xhosa.

x. out 《略》cross out.

XP [kàɪróʊ, kí:- | -rə́ʊ] 《記号》Christ《ギリシャ語大文字で Christ を表わす ΧΡΙΣΤΟΣ の初めの二字》.

x.r. 《略》〖証券〗ex rights.

X-rádiate vt. 〈患部など〉に X 線を照射する.

X-radiátion n. X 線照射.

X-rày, x-r- adj. X 線の: an ～ examination X 線検査. ― vt. ...の X 線検査[治療]をする; ...の X 線写真をとる: ～ briefcases. ― vi. X 線を使う.

X rày 〖《1895》《なぞり》← G *X-strahlen*: 発見者 W. K. von Röntgen による命名; その性質が明らかでなかったためにこう名づけた〗 ― n. **1** [pl.] X 線, レントゲン線. **2** X 線写真, レントゲン写真.

X-ray astrónomy n. X 線天文学《天体の X 線を観測して天体や宇宙を解析する天文学の一分野; cf. optical astronomy》. **X-ray astrónomer** n.

X-ray crystallógraphy n. X 線結晶学《X 線回折を用いて結晶構造などを調べる研究分野》.

X-ray diffráction n. 〖物理・結晶〗X 線回折《物質内の原子間隔が X 線の波長と同程度なので, 干渉の結果, それぞれ特有の回折模様を与える》.

X-ray fìlm n. X 線フィルム.

x-ray fìsh n. 〖魚類〗=glassfish.

X-ray mìcroscope n. X 線顕微鏡《X 線を用いて像を拡大する装置; または X 線の回折像などを拡大する装置》.

X-ray nóva n. 〖天文〗X 線新星《X 線を放射する新星》.

X-ray phòtograph n. X 線写真, レントゲン写真.

X-ray púlsar n. 〖天文〗X 線パルサー《強い X 線を放射するパルサー》.

X-ray scánning n. X 線走査《X 線を使って固体の異常部分などを診断する方法》.

X-ray sóurce n. 〖天文〗=X-ray star.

X-ray spèctrograph n. X 線分光写真機.

X-ray spectròmeter n. X 線分光計.

X-ray spèctrum n. X 線スペクトル.

X-ray stár n. 〖天文〗X 線星《強力な X 線を放射する天体; X-ray source ともいう》.

X-ray tèlescope n. X 線望遠鏡《X 線を発する天体を観察する望遠鏡》.

X-ray thèrapy n. 〖医学〗X 線療法.

X-ray tùbe n. X 線管《X 線を出す真空管》.

x.rts. 《略》〖証券〗ex rights.

x-sec·tion [krɔ́(:)s·sékʃən | krɔ́s-] n. =cross section.

Xt. 《略》Christ (⇨Xmas). **～·al** [-ʃənl, -ʃnəl] adj.

Xtian. [krístʃən | -tʃən, -tjən, -tɪən] 《略》Christian (⇨Xmas).

Xty. 《略》Christianity (⇨Xmas).

xu [sú:] 〖□ Vietnamese *xu* □ F *sou* 'sou'〗 n. (pl. ～) **1** スー《ベトナムの通貨単位; $=^{1}/_{100}$ dong》. **2** 1 スーアルミ貨.

X ùnit n. 〖物理〗X 単位《X 線分光で用いられる長さの単位, 約 10^{-3}Å》.

X vìrus n. 〖植物病理〗X ウイルス《植物ウイルスの一種に冒された植物組織の細胞の中にできる封入体 (X-body) の中にはいっているウイルス》.

x.w. 《略》〖証券〗ex warrants 株式買取権落ちで[の].

X-wàve n. 〖通信〗X 波 (⇨extraordinary wave).

XX 《記号》**1** 《米》20 ドル紙幣 (cf. X 3). **2** 《英》〖製紙〗retree.

Xy·el·i·dae [zaɪélədì: | zaɪélɪ-, gzaɪ-] 〖← NL ～ ← *Xyela* (属名: ← Gk *xuélē* a tool for scraping wood ← *xúein* to scrape)+-IDAE〗 ― n. pl. 〖昆虫〗(膜翅目)ナギナタハバチ科.

xyl- [zaɪl | zaɪl, gzaɪl] (母音の前に来る時の) xylo- の異形.

xy·lan [záɪlæn | záɪ-, gzáɪ-] 〖← XYLO-+-AN[2]〗 n. 〖化学〗キシラン《キシロース (xylose) から成る多糖類》.

Xy·lar·i·a·ce·ae [zaɪlæ̀riéɪsiì: | zaɪlɛ̀əri-, gzaɪ-] 〖← NL ～ ← *Xylaria* (属名: ⇨xylo-, -aria[1])+-ACEAE〗 n. pl. 〖植物〗マメザヤタケ科.

xý·la·ry ráy [záɪləri- | záɪlərɪ-, gzáɪ-] n. =xylem ray.

xy·lem [záɪləm, -lɪm, -lem | záɪlem, gzáɪ-] 〖□ G *Xylem* ← Gk *xúlon* wood: 19 世紀のドイツの植物学者 K. W. Nägeli の造語〗 n. 〖植物〗木部, 木質部 (cf. phloem).

xýlem fìber n. 〖植物〗木部繊維 (cf. phloem fiber).

xýlem parénchyma n. 〖植物〗木部柔組織.

xýlem ràỳ n. 〖植物〗木部放射組織《木部と師部(しぶ)とを横に貫いて存在する組織; cf. phloem ray》.

xy·lene [záɪliːn | záɪ-, gzáɪ-] 〘← XYLO-＋-ENE〙 ― *n.* 〘化学〙キシレン, ザイレン ($C_6H_4(CH_3)_2$)《ベンゼンの水素2原子をメチル基で置換したもの; 次の三種がある》: **a** オルト異性体《無水フタール酸の製造に用いる; ortho-xylene ともいう》. **b** パラ異性体《テレフタール酸の製造に用いる; para-xylene ともいう》. **c** メタ異性体《イソフタール酸の製造に用いる; meta-xylene ともいう》.

xy·le·nol [záɪlənɔ̀(ː)l, -nòul | záɪlɪnɔ̀l, gzáɪ-] 〘← XYLENE＋-OL[1]〙 ― *n.* 〘化学〙キシレノール ($(CH_3)_2C_6H_3OH$)《コールタール中に存在する一種のフェノール; 消毒剤·防腐剤·フェノール樹脂·有機合成薬品の原料に用いる》.

xy·lic [záɪlɪk | záɪ-, gzáɪ-] 〘← XYLO-＋-IC[1]〙 *adj.* 〘化学〙キシリル酸の.

xýlic ácid *n.* 〘化学〙キシリル酸, 2,4-ジメチル安息香酸 ($(CH_3)_2C_6H_3COOH$).

xy·li·dine [záɪlədìːn, zíl-, -dn | záɪlɪdìːn, gzáɪ-] 〘← XYL(ENE)＋-IDINE〙 ― *n.* **1** 〘化学〙キシリジン ($(CH_3)_2C_6H_3NH_2$)《アニリンに似た油性の液体で, 6種の異性体がある》. **2** キシリジンの化合物から成る市販用の染料の原料.

xylo. 《略》xylophone.

xy·lo- [záɪlo(ʊ) | záɪlə(ʊ), gzáɪ-] 〘← Gk *xúlon* wood, timber〙 ― 次の意味を表わす連結形: **1 a**「木, 木の」: *xylo*phone. **b**「木部 (xylem)」. **2** 〘化学〙 **a**「キシレン (xylene), キシロース (xylose)」. **b** [イタリックで用いて]「キシロース (xylose) と同じ立体配置をもつ」. ★ 母音の前では通例 xyl- になる.

xy·lo·bal·sa·mum [zàɪlo(ʊ)bɔ́ːlsəməm | zàɪlə(ʊ)-, gzàɪ-] 〘▭ L ～ 'balsam wood' ▭ Gk *xulobálsamon*: ⇨ xylo-, balsam〙 ― *n.* カンラン科の常緑樹ギレアドバルサムノキ (balm of Gilead) の乾枝; その香木.

xy·lo·carp [záɪləkɑ̀ːp | záɪləkɑ̀ːp, gzáɪ-] 〘← XYLO-＋-CARP〙 *n.* 〘植物〙硬木質果.

xy·lo·car·pous [zàɪləkɑ́ːpəs | zàɪləkɑ́ː-, gzàɪ-] *adj.* 〘植物〙硬木質果を有する.

xy·lo·gen [záɪlədʒɪn, -dʒən, -dʒèn | -dʒèn] 〘← XYLO-＋-GEN〙 *n.* 〘植物〙＝xylem.

xy·lo·graph [záɪləgræ̀f | záɪlə(ʊ)grɑ̀ːf, gzáɪ-, -græ̀f] 〘《逆成》← XYLOGRAPHY〙 *n.* (特に, 15世紀の)木版; 木版印刷物.

xy·log·ra·pher [zaɪlɑ́grəfə | zaɪlɔ́grəfə(r, gzaɪ-] *n.* 木版師, 彫版師.

xy·log·ra·phy [zaɪlɑ́grəfi | zaɪlɔ́grəfɪ, gzaɪ-] 〘▭ F *xylographie*: ⇨ xylo-, -graphy〙 ― *n.* (特に, 15世紀の)木版術; (活版印刷術に対する)木版印刷術. **xy·lo·graph·ic** [zàɪləgræ̀fɪk | zàɪ-, gzàɪ-] *adj.* **xỳ·lo·gráph·i·cal** *adj.*

xy·loid [záɪlɔɪd | záɪ-, gzáɪ-] 〘← XYLO-＋-OID〙 *adj.* 木材に似た, 木質の (woody).

xy·loi·dine [zɪlɔ́ɪdɪn, zə-, -dən | zɪlɔ́ɪdɪn] 〘▭ F *xyloïdine*: ⇨ ↑, -ine[3]〙 *n.* 〘化学〙キシロイジン《澱粉·木繊維からつくる爆薬の一種》.

xy·lol [záɪlɔ(ː)l, -lout | záɪlɔl, gzáɪ-] 〘← XYLO-＋-OL[1]〙 *n.* 〘化学〙＝xylene.

xy·lol·o·gy [zaɪlɑ́lədʒi | zaɪlɔ́lədʒɪ, gzaɪ-] 〘← XYLO-＋-LOGY〙 *n.* 樹木学の中の木質の構造を調べる一分科.

-x·y·lon [ksəlɑ̀n | ksɪlɔ̀n] 〘← NL ～ ← Gk *xúlon* wood〙「木」の意の名詞連結形《通例属名に用いる》: Haemato*xylon*.

xy·lón·ic ácid [zaɪlɑ́nɪk- | zaɪlɔ́n-, gzaɪ-] 〘*xylonic*: ← XYLO-＋-ONE＋-IC[1]〙 *n.* 〘化学〙キシロン酸 ($C_4H_5(OH)_4COOH$)《xylose から導かれるアルドン酸》.

Xy·lo·nite [záɪlənàɪt | záɪlə(ʊ)-, gzáɪ-] 〘《1869》← XYLO-＋-ITE[1]〙 *n.* 〘商標〙ザイロナイト《非熱硬化性のプラスチック》.

xy·lo·phage [záɪləfèɪdʒ | záɪ-, gzáɪ-] 〘← XYLO-＋-PHAGE〙 *n.* 〘昆虫〙木食い虫《木材や木の髄に食い入る昆虫の総称》.

Xy·lo·phag·i·dae [zàɪləfǽdʒədìː | zàɪləfǽdʒɪ-, gzàɪ-] 〘← NL ～ ← *Xylophagus* (属名: ← Gk *xulophágos* (↓))＋-IDAE〙 *n. pl.* 〘昆虫〙(双翅目)キアブ科.

xy·loph·a·gous [zaɪlɑ́fəgəs | zaɪlɔ́f-, gzaɪ-] 〘▭ Gk *xulophágos*: ⇨ xylo-, -phagous〙 *adj.* 〈昆虫など〉木を食う; 木に穴をあける.

xy·loph·i·lous [zaɪlɑ́fələs | zaɪlɔ́fɪ-, gzaɪ-] 〘← XYLO-＋-PHILOUS〙 *adj.* 〘生物〙木に[の中に]生活する[育つ]: ～ fungi / a ～ beetle.

xylophone 1

xy·lo·phone [záɪləfòun, zíl- | záɪləfəun, gzáɪ-, zíl-] 〘《1866》← XYLO-＋-PHONE〙 ― *n.* **1** ザイロフォーン, 木琴, (俗に)シロフォン (cf. marimba). **2** 木の弾性を計る器具. **xy·lo·phon·ic** [zàɪləfɑ́nɪk, zìl- | zàɪləfɔ́n-, gzàɪ-, zìl-] *adj.*

xy·lo·phon·ist [záɪləfòunɪst, zíl-, zaɪlɑ́fən-, zɪ-, zə-, -nəst | zaɪlɔ́fəunɪst, gzáɪ-, zíl-] *n.* ザイロフォーン奏者, 木琴演奏家.

xy·lose [záɪlous, -louz | záɪləus, gzáɪ-] 〘← XYL(AN)＋-OSE[2]〙 *n.* 〘化学〙キシロース ($C_5H_{10}O_5$)《木材や藁(わら)の中に存在する一種の糖》.

xy·lo·stro·ma [zàɪləstróumə | zàɪləstrə́u-, gzàɪ-] 〘← NL ～: ⇨ xylo-, stroma〙 ― *n.* (*pl.* ～**·ta** [～tə | ～tə]) 〘植物〙 **1** 菌絲体《ナラタケの菌絲束が樹の割れ目などに作る黒色, 針金状の組織》. **2** 菌褥《キララタケの菌絲束が作る黄褐色, フェルト状の組織》.

xy·lot·o·mous [zaɪlɑ́təməs | zaɪlɔ́t-, gzaɪ-] 〘← XYLO-＋Gk *tomós* cutting (⇨ tome, -ous)〙 *adj.* 〈昆虫が〉木に穴をあける, 木を切る.

xy·lot·o·my [zaɪlɑ́təmi | zaɪlɔ́təmɪ, gzaɪ-] 〘← XYLO-＋-TOMY〙 ― *n.* (検鏡用試料切断器などによる)木材の標本作製. **xy·lo·tom·ic** [zàɪlətɑ́mɪk | zàɪlətɔ́m-, gzàɪ-] *adj.* **xỳ·lo·tóm·i·cal** *adj.*

-xy·lum [ksələm | ksɪ-] 〘← NL ～ ← Gk *xúlon* wood〙 -xylon の異形: zantho*xylum*.

X-Y plótter *n.* 〘電算機〙X-Y プロッター《出力装置の一種で, 図形や文字などを描かせるもの》.

X-Y recórder *n.* 〘電気〙X-Y レコーダー《ペン書きオシログラフの一種で, XY座標(直交座標)上をペンが動いて記録するもの》.

Xyr·i·da·ce·ae [zɪ̀rədéɪsiìː | zɪ̀rɪ-, gzɪ̀rɪ-] 〘← NL ～ ← *Xyrid-*, *Xyris* (属名: ← L *xyris* iris)＋-ACEAE〙 *n. pl.* 〘植物〙トウエンソウ科.

xyst [zíst] *n.* ＝xystus.

xysta *n.* xystum の複数形.

xys·ter [zístə | -tə(r] 〘← NL ～ ← Gk *xustḗr* ← *xúein* to scrape〙 *n.* 〘医学〙(外科用の)骨膜剝離器.

xysti *n.* xystus の複数形.

xys·tum [zístəm] *n.* (*pl.* **xys·ta** [-tə]) ＝xystus.

xys·tus [zístəs] 〘《1664》▭ L ～ ▭ Gk *xustós* (*drómos*) polished (course) ← *xúein* to scrape〙 ― *n.* (*pl.* **xys·ti** [-taɪ, -tiː]) **1** (古代ギリシャ·ローマで冬期または雨天に用いた屋根のある柱廊の)屋内体育練習場[競技場]. **2** (古代ローマの)庭園内の歩道[テラス].

XYY sýndrome *n.* 〘医学〙XYY 症候群《Y が1本多い性染色体異常のため, 男性で知能が低く攻撃的となる》.

Y

Y, y [wáɪ] 〘OE Y, y ▭ L ▭ Gk Υ, υ: ⇨ V〙 ― *n.* (*pl.* **Y's, Ys, y's, ys** [～z]) **1** 英語アルファベットの第25字. **2** (活字·スタンプの) Y または y 字. **3** [Y] Y字形(のもの): ⇨ Y-branch, Y-cartilage **4** 文字 y が表わす音《young の [j], symbol の [ɪ], by の [aɪ], happy の [i | ɪ] など》. **5** (中世ローマ数字の) 150. **6** (連続したものの)第25番目(のもの); (J を数に入れない時は)第24番目(のもの); (J, V, W を数に入れない時は)第22番目(のもの).

y 《記号》 **1** 〘数学〙 **a** (x を第1未知数[量]として用いた時の)第2未知数[量] (cf. x, z; a, b, c). **b** (x を第1変数として用いた時の)第2変数. **c** 縦座標 (ordinate), (空間の)第2座標 (cf. x, z). **2** altitude. **3** 〘気象〙dry air.

Y 《記号》〘電気〙admittance; 〘化学〙yttrium; hypercharge.

Y, Y. [wáɪ] *n.* 《口語》 **1** Y.M.C.A. [Y.W.C.A.] の省略形: He stayed at the Y in the town. **2** Y.M.H.A. [Y.W.H.A.] の省略形.

Y, ¥, ¥ 《記号》〘貨幣〙 **1** yen (円): ¥100. **2** yuan (元).

y., Y. 《略》yacht; yard(s); year(s); yellow; yeomanry; young; younger; youngest.

y- [i | ɪ] 〘OE *ġe-* < Gmc **ʒa-* (Du. & G *ge-* (cf. G *ge*sehen) / ON *g-* / Goth. *ga-*) ← IE **kom* beside, near, by, with (L *com-* / Skt *ja-*)〙 ― *pref.* 《古》過去分詞·集合名詞などを表わす《近代英語にも古風な語として少数残っている》: yclad (＝clad) / yclept (＝called) / ywis (＝surely). ★ *a*like, *a*mong などの a-, *e*nough, *ei*ther などの e-, ei-, また handi*w*ork の -i- などはこの y- の変形.

-y[1] [i | ɪ] 〘▭ (O)F *-ie* // L *-ia*: ⇨ -ia[1]〙 ― *suf.* **1** ラテン語系の抽象名詞語尾で「状態·性質; 行為(の結果)」などを表わす: comedy, glory, history, remedy, -logy. **2** 国名の語尾に用いる: Brittany, Italy. **3** 特定の集合体を表わす: soldiery. **4** 特定の店や品物を表わす: bakery.

-y[2] [i | ɪ] 〘ME -y, -i, -ie ▭ ? OF -i, -e〙 ― *suf.* **1** 名詞に付ける愛称的指小辞 (cf. -ie)《小児語に多い》: Betty, Johnny; aunty, nursy, doggy, dolly. **2** 形容詞に付けて同様の名詞を造る: darky 黒ん坊 / fatty でぶちゃん. ★ (1) -y で終わる名詞形がその基本形に代わって普通語となることがある: baby (← babe). (2) スコットランド方言や古語では -ie の形が普通. (3) 現代俗語調として多音節語の名詞·形容詞の第一音節以外の任意の音節に代用される: comfy (← comfortable) / hanky (← handkerchief) / hubby (← husband) / nighty (← nightdress).

-y[3] [i | ɪ] 〘▭ (O)F *-é(e)* < L *-ātus, -āta, -ātum* (p.p. suf.)〙 ― *suf.* **1** -ate[1] に当たる名詞語尾: county, dutchy; army, deputy, entry. **2** -ate[2] に当たる形容詞語尾: easy, privy. **3** 紋章を表わす語の形容詞語尾: gyronny, lozengy.

-y[4] [i | ɪ] 〘OE *-iġ*. 《古形》*-æġ* < Gmc **-ig-*, **-ag-* (OHG *-īg, -ag* / ON *-igr*): cf. IE **-igo-* (L *-icus* / Gk *-ikos* / Skt *-ika*): ⇨ -ic[1]〙 ― *suf.* 次の意味を表わす形容詞語尾: **1** 名詞に付いて. **a**「…の, …の特徴をもった」: hairy, milky, needy, thorny / bony (← bone), icy (← ice), stony (← stone) / knobby (← knob). ★ (1) y に終わる名詞の後では -ey となる: clayey (← clay) / skyey (← sky). (2) この -y で終わる形容詞に -ly, -ness が付いた時には, -ness の場合は [i | ɪ] にそのまま [nɪs, nəs] が付くが, 米音では時に happy [hǽpi] → happiness [hǽpinɪs, -pə-, -nəs] となることもある. -ly が付く時には, [i | ɪ] は [ɪ] または [ə] に変化して [li | lɪ] が付く (例: happily [hǽpɪli, -pə-]). また語末の [i] の前の子音が [t̬, d, n] の時 -ly が続くと, pretty [príti] → prettily [prít̬ɪli], ready [rédi] → readily [rédɪ̥li], thorny [θɔ́əni] → thornily [θɔ́ənɪ̥li] という発音になることもある. **b**「…の多い, …が一杯な」: muddy, watery. **c** 《口語》「…みたいな, …じみた」: lemony, oniony, homey. ★ しばしば非難·軽蔑の意を伴って用いられる: stagy, churchy. **d**「…に夢中な」: horsey. **2** 色彩などを表わす主に単音節の形容詞に付いて「やや…の, …っぽい」(cf. -ish[1] 4): whity-brown, yellowy. **3** 主に単音節の形容詞に付いてほとんど同義の主に詩語を造る: dusky, paly, steepy, stilly. **4** 動詞に付いて「…しやすい, …しがちの」: clingy, sleepy.

-y[5] [i | ɪ] 〘ME *-ie* ▭ AF ▭ L *-ium*〙 *suf.* 動詞から名詞を造る: enquiry, entreaty, expiry.

ya [jə] *pron.* 《俗·方言》＝you, your.

Y/A, Y.A. 《略》〘海上保険〙York-Antwerp Rules ヨークアントワープ規則《共同海損の精算についての世界的統一規則》.

yab·ber [jǽbə | -bə(r] 〘《1874》▭ Austral. 《土語》*yabba* language: cf. *ya-* to speak〙 《豪》 *n.* おしゃべり, 会話 (talk, jabber). ― *vi.* おしゃべりをする.

Ya·bim [jɑ́ːbɪm, -bəm | -bɪm] *n.* (*pl.* ～, ～**s**) **1 a** [the ～(s)] ヤービム族《New Guinea の Morobe [məróubi | -rə́ubɪ] 地区に住むメラネシア人》. **b** ヤービム族の人. **2** ヤービム語.

Ya·blo·no·vý Móuntains [jɑ̀ːblənəvíː- ; *Russ.* jábłənəvɨj] *n. pl.* [the ～] ヤブロノボ山脈《ソ連邦ロシヤ共和国東部, Baikal 湖東部の山脈; 最高峰 1,680 m》.

yacht [jɑ́t | jɔ́t] 〘《1557》▭ Du. 《古形》*jaghte* (Du. *jacht*)《短縮》← *jaghtschip* chasing ship (against pirates) ← *jacht* hunting (← *jagen* to hunt)＋*schip* 'SHIP'; 船足の速さから〙 ― *n.* ヨット: **a** 競漕用軽快帆船: a racing ～ 競漕用ヨット / a ～ race ヨットレース. **b** 遊覧用のモーター[帆]付きの豪華快走船. ― *vi.* ヨットに乗る, ヨットを走らす[操る], ヨットで遊航する: go ～*ing* ヨット乗りに行く.

yácht chàir *n.* ヨットチェア《折り畳み式ひじ掛け椅子の一種》.

yácht clùb *n.* ヨットクラブ.

yácht·er [-tə | -tə(r] *n.* ＝yachtsman.

yácht·ing [-tɪŋ | -tɪŋ] 〘《1836》〙 *n.* **1** ヨットを走らすこと, ヨット遊び, ヨット操縦. **2** [形容詞的に] ヨット(競走)の: a ～ match [race] ヨット競漕[レース].

yácht-ràcing *n.* ヨット競漕[レース].

yáchts·man [-mən] 〘《1862》← YACHT＋-S[2]＋MAN ∽ 《1820》*yachtman*〙 *n.* (*pl.* **-men** [-mən]) ヨット操縦者[熱狂者]; ヨット所有者.

yáchtsman·shìp *n.* ヨット操縦術.

yáchts·wòman *n.* 女性のヨット操縦者[熱狂者]; 女性のヨット所有者.

yack [jǽk] 〘擬音語〙 *n., vi.* ＝yak[3].

yack·e·ty-yak [jǽkɪtijǽk, -kə- | -kɪtɪ-] 〘《加重》← YACK〙 *n., vi.* (**-yakked; -yak·king**) (*also* **yack·e·ty-yack** [～]) ＝yak[3].

yáck-yáck *n., vi.* ＝yak[3].

yaff [jǽ(ː)f] 〘《擬音語》: cf. ↓, waff[1]〙 *vi.* 《スコット·

北英》(犬のように)ほえる; がみがみ言う, ずけずけ言う; しかる (scold).

yaf·fle [jǽfl]〘擬音語〙 *n.* (*also* **yaf·fil** [jǽfəl | jǽfɪl]) 《英方言》〘鳥類〙=green woodpecker.

YAG [jǽ(:)g]〘《頭字語》← *y(ttrium) a(luminum) g(arnet)*〙 — *n.*〘化学〙YAG, イットリウムアルミニウムガーネット ($Y_3Al_5O_{12}$)《合成イットリウムアルミニウムガーネット; レーザー発振に用いられる》.

ya·ger [jéɪgə | -gə(r] *n.* =jaeger 2.

ya·gi [jɑ́:gi, jǽgi | -gɪ]〘← 八木秀次 (1886–1976: このアンテナの発明者)〙 — *n.*〘電気〙八木アンテナ, 八木空中線《ダイポールアンテナに導波器・反射器を配列した指向性アンテナで, テレビ受信用に広く用いられている; yagi antenna, yagi array ともいう》.

yah[1] [jɑ́:, jé: | jɑ́:]〘《1812》擬音語〙 *int.* やー, やーい《焦燥・あざけり・軽蔑・嫌悪・挑戦を表わす》.

yah[2] [jɑ́:, jé: | jɑ́:]〘《転訛》← YEA // ⇨ G *ja* yes〙 *adv.* 《英方言・米俗》=yes (cf. yeah).

Yah·gan [jɑ́:gən]〘← *Yahga* (Tierra del Fuego の地名)+-AN[1]〙 — *n.* (*pl.* ~, ~s) **1 a** [the ~(s)] ヤーガン族《Tierra del Fuego に住む狩猟民族》. **b** ヤーガン族の人. **2** ヤーガン語.

Ya·hi [jɑ́:hi | -hɪ]〘⇨ Yahi ~ 'person'〙 — *n.* (*pl.* ~, ~s) **1 a** [the ~(s)] ヤヒ族《米国 California 州北部 Pitt [pít] 川流域に住んでいるインディアンの一部族》. **b** ヤヒ族の人. **2** ヤヒ語.

Ya·hoo [jéɪhu:, jɑ́:-, jəhú: | jəhú:, jɑ:-]〘《1726》: Swift の造語〙 *n.* (*pl.* ~s) **1** ヤフー《Swift の *Gulliver's Travels* 中で Houyhnhnms に仕える人間の形をした動物》. **2** [y-] 獣のような粗野な人; 無骨者, 無作法者.

Yahr·zeit [jɑ́:ətsaɪt, jɔ́ə- | jɑ́:-]〘⇨ Yid. *yartsayt* ⇨ MHG *jārzīt* (G *Jahrzeit*) anniversary ← *jār* 'YEAR'+ *zīt* 'TIME'〙 — *n.*〘ユダヤ教〙追悼記念祭《偉大な指導者・父母・兄弟姉妹などの命日に行なう記念祭》.

Yah·veh [jɑ́:veɪ, -ve | jɑ́:veɪ, ―́―, jɑ́:və] *n.* (*also* **Yah·ve** [~]) =Yahweh.

Yah·vism [-vɪzm] *n.* =Yahwism.

Yáh·vist [-vɪst, -vəst | -vɪst] *n.* =Yahwist.

Yah·vis·tic [jɑ:vístɪk] *adj.* =Yahwistic.

Yah·weh [jɑ́:weɪ, -we, -veɪ, -ve | jɑ́:weɪ, ―́―, jɑ́:wə]〘⇨ Heb. *Yahwéh*: 神名を表わすヘブライ語子音字 YHWH の発音を学問的に再構成したもの; 《原義》? being, existence: ⇨ Jehovah, Tetragrammaton〙 — *n.* ヤハウェ, ヤーウェ《ヘブライ語の旧約聖書に現れる神の名; 伝統的には Jehovah の形が用いられる; ⇨ Tetragrammaton》.

Yah·wism [jɑ́:wɪzm] *n.* **1** 古代ヘブライ人のヤハウェ (Yahweh) の崇拝, ヤハウェ信仰. **2** Yahweh を神の名として用いること.

Yáh·wist [-wɪst, -wəst | -wɪst] *n.* ヤハウィスト《旧約聖書の最初の六書 (Hexateuch) の中で神が Elohim でなく Yahweh と称されている部分の記者; cf. Elohist》.

Yah·wis·tic [jɑ:wístɪk] *adj.* ヤハウィストの; ヤハウェ信仰の.

Yáj·ur-Véda [jʌ́dʒʊə- | -dʒʊə-] *n.* [the ~]〘バラモン教〙「ヤジュルヴェーダ」(⇨ Veda).

yak[1] [jǽk]〘《1799》⇨ Tibetan *gyak*〙 — *n.* (*pl.* ~s, ~)〘動物〙ヤク, リギュウ (*Poephagus grunniens*)《チベット・中央アジア産の野牛; しばしば飼いならして駄用にする; 肉は食用となる》.

yak[1]

yak[2] [jǽk]〘擬音語〙 *n.* 《俗》**1** 大笑い. **2** 冗談.

yak[3] [jǽk]〘擬音語〙《俗》 *n.* おしゃべり, むだ話. — *vi.* (**yakked**; **yak·king**) おしゃべりする, むだ話する. **yák·ker** *n.*

Ya·ka [jɑ́:kə] *n.* (*pl.* ~, ~s) **1** [the ~(s)] ヤカ族《中部アフリカ Kwango [kwɑ́:ŋgoʊ | -gəʊ] 川流域に住む Bantu 系部族》. **2** ヤカ族の人.

Ya·kan [jɑ́:kən] *n.* **1 a** [the~s] ヤカン族《フィリピン Basilan 島奥地に住むイスラム化された一種族》. **b** ヤカン族の人. **2** ヤカン語.

yak·e·ty-yak [jǽkɪtijǽk, -kə- | -kɪtɪ-]〘《加重》: ← YAK[3]〙 *n.*, *vi.* =yak[3].

Yak·i·ma [jǽkəmɔ̀:, -mə | -kɪmɑ̀:, -mɔ̀:] *n.* (*pl.* ~, ~s) **1 a** [the ~(s)] ヤキマ族《米国 Washington 州に住むインディアンの一部族》. **b** ヤキマ族の人. **2** ヤキマ語《Shahaptian 語の一方言》.

yak·i·ty-yak [jǽkɪtijǽk, -kə- | -kɪtɪ-] *n.*, *vi.* =yak[3].

yak·ka [jǽkə]〘← Austral.《土語》〙 *n.* (*also* **yak·ker** [-kə | -kə r]) 《豪口語》仕事, 労働 (work, labor).

Ya·kut [jəkú:t, jɑ:kút | jækút, jɑ:-, jə-; *Russ.* jikút] *n.* (*pl.* ~, ~s) **1** ヤクート《ソ連邦ロシヤ共和国東部の自治共和国; 人口 845,000, 面積 3,103,200 km^2, 首都 Yakutsk; 公式名 the Yakut Autonomous Soviet Socialist Republic ヤクート自治ソビエト社会主義共和国》. **2 a** [the ~(s)] ヤクート族《シベリア北東部の Lena 川流域に住むチュルク系の民族》. **b** ヤクート族の人. **3** ヤクート語《シベリア北東部に行なわれる Turkic 語派の一言語》.

Ya·kutsk [jəkú:tsk, jɑ:kútsk | jækútsk, jɑ:-, jə-; *Russ.* jikútsk] *n.* ヤクーツク《ソ連邦ロシヤ共和国, シベリア中部 Lena 河畔にある Yakut 自治共和国の首都; 人口 155,000》.

yák-yák *n.*, *vi.* 《米》=yak[3].

yale [jéɪl]〘ME *eale* ⇨ L *eale* (Pliny, *Nat. Hist.*)〙 *n.* レイヨウ (antelope) に似た架空の動物《その 2 本の角は自由に動き, どの方向にも向けることができるという》.

Yale [jéɪl] *n.*〘商標〙=Yale lock.

Yale [jéɪl], **Elihu** *n.* (1649–1721) 英国の商人・植民地司政官; Yale 大学創立に尽力した.

Yále lòck〘《1882》← *Linus Yale* (1821–68: 米国の錠前師)〙 *n.*〘商標〙エール錠《ドアなどに用いる円筒錠》.

Yále Univèrsity [jéɪl-] *n.* エール大学《米国 Connecticut 州 New Haven にあり, 1701 年創立; ⇨ Elihu YALE》.

y'all [jɔ́:l] *pron.* you-all の縮約形.

Yal·ta [jɔ́:ltə | jǽltə; *Russ.* jáltə] *n.* ヤルタ《ソ連邦西部 Ukraine 共和国の黒海沿岸の Crimea 半島にある海港・保養地; 人口 77,000》.

Yálta Cónference *n.* [the ~] ヤルタ会談《第二次大戦の末期 1945 年 2 月 3 日–11 日に Yalta で行なわれた Roosevelt, Churchill, Stalin の首脳会議; 戦後処理・国連創立などについての重要決定がなされた》.

Ya·lu [jɑ́:lù:; *Chin.* iālù] *n.* [the ~] 鴨緑江《中国と北朝鮮の境を流れて黄海に注ぐ川 (800 km)》.

yam [jǽ(:)m]〘《1657》*inany*, *igname* ⇨ Port. *inhame* // Sp.《廃》*igñame*=*ñame* ← W.-Afr.《土語》: cf. Senegal *nyami* to eat〙 — *n.* **1 a**〘植物〙ヤマノイモ属 (*Dioscorea*) の植物の総称: ⇨ Chinese yam. **b** ヤマノイモ属の植物の根《食用》. **2** 《米南部》サツマイモ (sweet potato). **3** 《スコット》ジャガイモ (potato).

Ya·ma [jʌ́mə]〘⇨ Skt *Yama* 《原義》? the restrainer ← *yama* rein, bridle〙 — *n.*〘インド神話〙(緑面赤衣の)ヤマ《最初に死んだ人間の神格化したもので, 死者の裁判官; 仏教に入って閻魔になった》.

Ya·ma·to-e [jɑ:mɑ́:toʊèɪ | -təʊ-]〘⇨ Jap.〙 *n.* 大和絵《単に Yamato ともいう》.

yám bèan *n.*〘植物〙クズイモ (*Pachyrhizus erosus*)《熱帯産マメ科の蔓植物; 塊根・さやは食用, 種子は薬用》.

ya·men [jɑ́:mən; *Chin.* iámən]〘《1827》⇨ Chin. *ya mên* (衙門: 正しくは牙門) ← *ya* tooth+*mên* door, gate: もと役所の前に縁にぎざぎざのある旗を立てたのにちなむ〙 — *Chin.* *n.* (*pl.* ~s) 衙門, 官衙《清代までの中国の官庁》: the Tshungli ~ 総理衙門《清朝時代の外務省》.

yam·mer [jǽmə | -mə(r)]〘ME *Zamere(n)*, *Zomere(n)* < OE *ġeōm(e)rian* to complain ← *ġeōmor* sorrowful: cf. MDu. *jammeren* / G *jammern* to lament〙《口語》 — *vi.* **1** 鼻を鳴らす, 不平を言う. **2** (高い声でたて続けに)ぺちゃくちゃしゃべる. **3** 騒々しい音をたてる. — *vt.* 不平顔で話す. — *n.* **1** 鼻を鳴らす[不平を言う]こと. **2** おしゃべり; 騒々しい音.

yam·pee [jǽmpi | -pɪ]〘⇨ N-Am.-Ind. ~ ?《変形》← Shoshoni *yampa*〙 *n.*〘植物〙=cush-cush.

yám stìck *n.* オーストラリアの原住民の女性が根を掘るのに用いる先の尖った棒.

ya·mun [jɑ́:mən; *Chin.* iámən] *Chin.* *n.* =yamen.

Ya·na[1] [jɑ́:nə]〘⇨ Yana ~ 'person'〙 — *n.* (*pl.* ~, ~s) **1 a** [the ~(s)] ヤナ族《米国 California 州北部 Pitt 川流域に住んだインディアンの一部族; 現在は殆んど死滅》. **b** ヤナ族の人. **2** ヤナ語《男女の言語体系が異なるのが特徴であったが, 消滅した》.

Ya·na[2] [jɑ́:nə; *Russ.* jánə] *n.* [the ~] ヤナ(川)《ソ連邦ロシヤ共和国 Yakut 自治共和国中東部, Verkhoyansk 山脈より発し Laptev 海に注ぐ (872 km)》.

yang [jɑ́:ŋ; *Chin.* iáŋ]〘《1911》⇨ Chin. ~ (陽)〙 *n.*〘中国哲学〙陽 (⇨ yin[2]).

Yang Chen Ning [jɑ́:ŋ-tʃèn-níŋ; *Chin.* iáŋ tʂə̀nníŋ] *n.* 楊振寧 (1922– ; 中国生れの米国の物理学者; Nobel 物理学賞 (1957)).

Yang·chu·an [jɑ́:ŋtʃú:ɑ́:n; *Chin.* iáŋtʃ'yán] *n.* 陽泉《中国北部山西省 (Shansi) の都市》.

Yang Kouei-fei [*Chin.* iáŋ kuìfēi] *n.* 楊貴妃《719–756; 中国, 唐代の玄宗皇帝が寵愛した妃》.

Yang·tze [jǽŋsi:, -tsí: | jǽntsɪ; *Chin.* iáŋtsǐ] *n.* [the ~] 揚子江《中国中部を貫流し東シナ海に注ぐ同国最長の川 (6,300 km); 公式名は長江; Yangtze Kiang, Chang (Kiang) ともいう》.

Yángtze Kiáng [-kiǽŋ, -kjǽŋ | -kjǽŋ, -kiǽŋ; *Chin.* iáŋtsǐ tʃiāŋ] *n.* =Yangtze.

yank [jǽŋk]〘《1848》← ?〙《口語》 — *vt.* **1** ぐいと引く[引っ張る]: ~ the weed *out* by the root 雑草を根こぎにする / ~ open a drawer 引出しを引っぱりあける / ~ a person out of his seat 人を席から引きずり出す. **2** (急速に荒っぽく)ぐいと引き抜く; 荒っぽく追い出す: have one's tooth ~*ed* 歯をぐいと抜かれる / be ~*ed* out of the room 部屋から追い出される. — *vi.* ぐいと引く: ~ *at* the controls 操縦桿をぐいと引く / ~ down on the rope 綱をぐっと下に引く. — *n.* ぐいと引くこと (jerk).

Yank [jǽŋk]〘《1778》《略》← YANKEE〙 *n.*, *adj.* 《口語》=Yankee; (特に, 第一・第二次大戦当時の)米国兵.

Yan·kee [jǽŋki | -kɪ]〘《1758》⇨ ? Du. *Janke* (New York のオランダ移民が Connecticut の英国移民を呼んだあだ名) (dim.) ← *Jan* 'JOHN[1]': または Du. *Jan Kees* John Cheese (もとはオランダ人に対するあだ名)あるいは *Jengees* (*English* のアメリカインディアンの発音を表わしたもの) を pl. とみた逆成とするなど諸説がある〙 — *n.* **1** ヤンキー: **a** ニューイングランド人; ニューイングランド人の血を引く人. **b** 米国北部諸州人 (Northerner). **c** 米国人, 米人 (American). **d** (南北戦争当時南部側がつけたあだ名として)北軍の兵士 (cf. buckskin 3 a). **2** ヤンキー英語, (特に)ニューイングランド方言. **3**〘競馬〙4 (ないしはそれ以上の)重勝式勝馬投票《4 レース(以上)の勝馬または入着馬を的中させる投票方法》. — *adj.* ヤンキーの, ヤンキー式[流]の: ~ blarney ヤンキー流のお世辞 / ~ notions ヤンキーの細工品, 米国式新案品 / ~ shrewdness ヤンキー一流の抜け目なさ.

Yán·kee·dom [-dəm] *n.* **1** ヤンキー国《米国北東部; 特に, New England》; 米国 (United States). **2** [集合的] ヤンキー (Yankees).

Yánkee Dóo·dle [-dú:dl]〘*Doodle*: (i)《転訛》← TOOTLE(伴奏の横笛を舌を使って吹くときの音から) // (ii) ← DOODLE[1,2] 'to pipe; a fool'〙 — *n.* **1**「ヤンキードゥードル」《恐らく英国起源の米国の愛唱歌; 独立戦争当時英軍が歌っていたざれ歌が, 米国軍の間にも流行したもの》. **2** [a ~] 米国人, 米人 (Yankee).

Yan·kee·fy [jǽŋkifàɪ | -kɪ-] *vt.* …をヤンキー化する, 米国風にする (Americanize).

Yán·kee·ism [-kiìzm] *n.* **1** ヤンキー[米国人]かたぎ; 米国風. **2** 米国語風, 米国なまり.

Yánkee·lànd *n.* 《口語》ヤンキー国: **a** 《英》米国. **b** 《米南部》米国北部. **c** 《米北部》=New England.

yan·ni·gan [jǽnɪgən, -nə- | -nɪ-]〘《転訛》← ? *young'un* young one〙 *n.* 《米俗》〘野球〙二軍選手.

yan·qui, Y- [jɑ́:ŋki | -kɪ; *Sp.* jánki]〘⇨ Am.-Sp. ← YANKEE〙 *Sp.* *n.* (ラテンアメリカでラテンアメリカ人と区別して)ヤンキー (Yankee); 米国人.

Yao[1] [jáu; *Chin.* iáu] *n.* 堯《理想的な政治を行なったとされる伝説上の中国の帝王; cf. Shun》.

Yao[2] [jáu]〘← Bantu《土語》〙 — *n.* (*pl.* ~, ~s) **1 a** [the ~(s)] ヤオ族《アフリカ中部 Nyasa 湖周辺に住むアフリカ原住民》. **b** ヤオ族の人. **2** ヤオ語《Bantu 語族に属する》.

Yao[3] [jáu] *n.* (*pl.* ~, ~s) **1 a** [the ~(s)] ヤオ族《中国南部・タイ・ラオス北部などの山岳地帯に住む山地民》. **b** ヤオ族の人. **2** ヤオ(傜)語.

Ya·oun·dé [jaʊndéɪ; *F.* jaunde] *n.* ヤウンデ《アフリカ中西部 Cameroon 南西部にある同国の首都; 人口 178,000》.

ya·ourt [jɑ́:ʊət | -ʊət] *n.* 《英》=yogurt.

yap [jǽp]〘《1603》擬音語〙 — *v.* (**yapped**; **yap·ping**) — *vi.* **1** 〈小犬が〉《騒がしく》ほえ立てる, きゃんきゃんほえる (yelp). **2** 《口語》がみがみ言う[叱る]; ぺちゃぺちゃしゃべる, おしゃべりする (chatter). — *vt.* がみがみ言う. — *n.* **1** (やかましい)ほえ声 (yelp). **2** 《俗》おしゃべり. **3** 《俗》不作法者 (bumpkin); 乱暴者, 与太者. **4** 《俗》口 (mouth): Shut your ~. 黙れ. **yáp·per** *n.* **yáp·ping·ly** *adv.*

Yap [jǽp, jɑ́:p] *n.* ヤップ(島)《ミクロネシア北部 Caroline 諸島西部の島; 米国海底電信中継地; 人口 5,000, 面積 101 km^2》.

Ya·pese [jæpí:z, jɑ:-, -pí:s | -pí:z] *adj.* ヤップ島(人)の. — *n.* (*pl.* ~) ヤップ島人.

ya·pock [jəpák | -pɔ́k]〘《1827》← *Oyapok* (南米 Guiana の川の名)〙 — *n.* (*also* **ya·pok** [~])〘動物〙ミズオポッサム (*Chironectes minimus*)《中・南米産; water opossum ともいう; cf. opossum》.

ya·pon [jú:pan, jɔ́:- | -pɔn] *n.*〘植物〙=yaupon.

yapp [jǽp]〘《1883》← *William Yapp* (1860 年ごろ聖書をこの様式で製本した London の本屋の名)〙 — *n.* 《英》〘製本〙ヤップ式製本《yapp binding ともいう; ⇨ divinity circuit binding》.

Ya·pu·rá [ʒɑ̀purɑ́:; *Am. Sp.* ʒàpurá] *n.* [the ~] =Japurá.

Ya·qui[1] [jɑ:kí:; *Sp.* jakí] *n.* [the ~] ヤキ(川)《メキシコ北西部の川, California 湾に注ぐ (676 km)》.

Ya·qui[2] [jɑ́:ki | -kɪ]〘⇨ Sp. ~ ⇨ Nahuatl ~《原義》? chief river〙 — *n.* (*pl.* ~, ~s) **1 a** [the ~(s)] ヤキ族《メキシコ Sonora 州に住む種族, もと Yaqui 川の流域に居住した》. **b** ヤキ族の人. **2** ヤキ語《Uto-Aztecan 語族に属する》.

yar [jɑ́:ə | jɑ́:(r] *adj.* =yare 2.

Yar·bor·ough, y- [jɑ́:əbə:(r)ə -b(ə)rə | jɑ́:b(ə)rə]〘《1900》← *Charles A. Worsley, Second Earl of Yarborough* (こんな手は起こり得ないと 1000 対 1 で賭けた 19 世紀の英国の貴族)〙 — *n.*〘トランプ〙(whist または bridge で)からす《オナーカード (honor card) が 1 枚もない悪い手》.

yard[1] [jɑ́:əd | jɑ́:d]〘OE *ġierd*, *ġyrd* rod, staff < Gmc **ʒazdjō* (G *Gerte* rod) ← Gmc **ʒazdaz* ← IE **ghasto-* rod: cf. gad[2]〙 — *n.* **1** ヤード《長さの単位; =3 feet, 36 inches, 約 91.4 cm; 略 yd.》. **2 a** 平方ヤード (square yard)《面積の単位; 9 平方フィート, 1,296 平方インチ, 0.836 m^2; 略 sq.yd., yd^2》. **b** 立方ヤード (cubic yard)《土や砂を計る時に用いる体積の単位; 27 立方フィート, 46.656 立方インチ, 0.765 m^3; 略 cu.yd., yd^3》: a ~ of sand. **3** 多量, たくさん: ~*s* of facts たくさんの事実. **4**〘海事〙ヤード, 桁, 帆桁 (⇨ yardarm 挿絵): man the ~*s* 登桁礼を行なう / ~*s* apeak (喪を表わす時などに)帆桁を X 形に引き上げて / ⇨ foreyard, main yard. **5** 《米俗》100 ドル; (時に) 1,000 ドル. **6** 《古》=penis.

by the yard きわめて詳細に, 長々と. ***a yard of ale*** 《英》高さ約 1 ヤードのらっぱ形ビール用グラス《2–3 パイント入る》; その分量. ***a yard of clay*** 《英》長い陶製のパイプ. ***a yard of tin*** 《英》御者の使う笛.

yard[2] [jɑ́:əd | jɑ́:d]〘OE *ġeard* enclosure < Gmc **ʒardaz* (Du. *gaard*) ← IE **ghordho-*, *ghorto-* enclosure ← **gher-* to grasp: GARDEN と二重語〙 — *n.* **1 a** (建物に隣接し, しばしば舗装された戸外の狭い)囲った地面 (enclosure); 中庭 (court): ⇨ churchyard,

farmyard. b《米》家に隣接した庭 (cf. garden 1 a): a front ~ 前庭. c (大学などの)構内 (campus): Harvard *Yard* ハーバードヤード《ハーバード大学のもとの構内》. d (刑務所内の)運動場: a prison ~. 2 [しばしば複合語の第2構成素として](れんが・材木・車などの)置場; 仕事場: a builder's ~ 大工の仕事場 / a navy ~ 海軍造船所, 海軍工廠 / ⇨ brickyard, lumberyard. 3 家畜場: a chicken ~ 養鶏場 / ⇨ stockyard. 4 (鹿類の)冬期草食い場. 5 a [the Y-]《英口語》=Scotland Yard: call in *the Yard*=call in SCOTLAND YARD. b〘鉄道〙操車場, ヤード.
— *attrib. adj.* 1 庭[中庭]の[にある, で用いられる]. 2 操車場の[で用いられる]. 3 家畜場の[から出る].
— *vt.* 1 a〈家畜などを〉囲いの中に入れる〈*up*〉. b〈鹿類を〉冬期草食い場に入れる. 2 a〈車両を〉操車場に入れる. b〈木材などを〉置場に入れる. — *vi.*〈鹿類が〉冬期草食い場に集まる〈*up*〉.

yard·age[1] [jɑ́ədɪdʒ | jɑ́:d-] 〚← YARD[1]+-AGE〛 — *n.* 1 ヤード数, ヤード尺計算数, ヤードで計った長さ・量・面積. 2 ヤード極め採炭《炭坑夫の賃金決定の基準にする》. 3 =yard goods. 4〘アメリカンフットボール〙ボールキャリアーが進んだ距離.

yard·age[2] [jɑ́ədɪdʒ | jɑ́:d-] 〚← YARD[2]+-AGE〛 *n.* (駅の家畜積みかえ用の)構内使用料, 構内使用権.

yar·dang [jɑ́ədɑ:ŋ | jɑ́:-] 〚□ Turk. ~ (abl.) ← *yar* steep bank〛 *n.*〘地質〙ヤルダン《風蝕によってできた盆地状地形; 特に, Turkestan 地方のもの》.

yárd·àrm 〚⇨ yard[1]〛 *n.*〘海事〙ヤーダーム, 桁端(こうたん), けたはし《帆桁(ほげた)の末端; cf. quarter 16 b》.

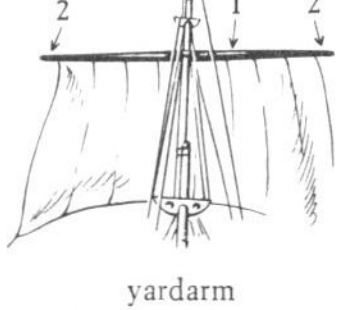

yardarm
1 yard; 2 yardarm

yárd·bìrd 〚⇨ yard[2]〛 *n.*《米俗》1 (清掃・草取りなどの仕事をさせられる)雑役兵, 初年兵. 2 囚人.

yárd gòods *n. pl.* ヤード単位で売られる布地[反物].

yárd gràss *n.*〘植物〙オヒシバ, チカラグサ (*Eleusine indica*)《荒地などによく生えるイネ科の雑草》.

yárd·lànd 〚(15C): ⇨ yard[1]〛 *n.* =virgate[2].

yárd lìne *n.*〘アメリカンフットボール〙ヤードライン《ゴールラインに平行にフィールドに1ヤードの間隔で引かれたライン》.

yárd·man[1] [-mən, -mæ̀n] 〚⇨ yard[2]〛 — *n.* (*pl.* **-men** [-mən, -mèn]) 1〘鉄道〙操車場係, 構内作業係《転轍(てんてつ)手など》. 2 材木置場の建築資材監督. 3《米》(芝刈りなど戸外の仕事をする)日雇い人.

yárd·man[2] [-mən, -mæ̀n] 〚⇨ yard[1]〛 *n.* (*pl.* **-men** [-mən, -mèn])〘海事〙船の帆桁(ほげた)に仕事を割り当てられた船員.

yárd·màster *n.*〘鉄道〙操車場係長, 構内作業係長.

yárd méasure *n.* ヤード尺《1ヤードの長さのテープ尺・さお尺など》.

yárd ròpe *n.*〘海事〙帆桁(ほげた)索《帆桁を上げ下げする綱》.

yárd sàle *n.* =garage sale.

yárd·stìck *n.* 1 (木または金属製の)ヤード尺. 2 判断・比較の標準[尺度],「ものさし」(standard): Success cannot be measured by the ~ of wealth. 成功は財産の基準では計れない.

yárd tàckle *n.*〘海事〙桁端(こうたん)テークル《桁端に付けた滑車装置》.

yárd·wànd *n.*《古》=yardstick.

yare [jéə | jéə(r)] 〚OE *ġearu* ready ← Gmc **ʒarwu-* prepared (Du. *gaar* done / G *gar* ready) ← **ʒarwian* to prepare〛 — *adj.* (**yar·er**; **yar·est**)《古・方言》1 用意のできた. 2 (*also* **yar**) [米ではまた jɑ́ə] **a** 迅速な; 活発な. **b**〈船が〉舵(かじ)ききがいい, 操縦しやすい, 扱いやすい. — *adv.*《古》迅速に. **~·ly** *adv.*

Yar·kand [jɑəkǽnd, jɑ́əkɑ:nd | jɑ:kǽnd, jɑ́:kɑ:nd] *n.* 葉爾羌(ヤルカン)《中国新疆(しんきょう)ウイグル自治区南西部の旧都市; かつて天山南路四大城の一つ; 現在の Soche》.

yar·mel·ke [jɑ́əməlkə | jɑ́:-] *n.*〘ユダヤ教〙=yarmulke.

Yar·mouth [jɑ́əməθ | jɑ́:-] 〚OE *Ġernemūða*《原義》mouth of the River Yare ← *Ġerne* Yare + *mūða* 'MOUTH of river'〛 *n.* =Great Yarmouth.

yar·mul·ke [jɑ́əməlkə | jɑ́:-] 〚□ Yid. ~ □ Pol. *yarmulka* small hat □ ? Turk. *yağmurluk* raincoat ← *yağmur* rain〛 — *n.*〘ユダヤ教〙ヤムルカ, スカルキャップ《祈りの時とトーラー (Torah) を読む時または常時, ユダヤ教正統派または保守派の男性信者がかぶる縁なし帽》.

yarn [jɑ́ən | jɑ́:n] 〚OE *ġearn* < Gmc **ʒarnō* string ← IE **gher-* gut, entrail〛 — *n.* 1 紡績糸, 紡ぎ糸 (spun thread), (織物用)綿[絹, 亜麻]糸, (編物用)毛糸; 人造糸: woolen [cotton] ~ 毛[綿]糸. 2 (ロープなどの)もとこ, ヤーン (rope yarn). 3 〚← *spin a yarn* (⇨ yarn 成句)〛《口語》a (旅行者などの余り当てにならない)物語; ほら話, 作り話: a sportsman's ~ 狩猟家[釣人など]の手柄話 / a spy ~ スパイ物語. b おしゃべり, 会話: have a ~ with him 彼としゃべる.
spin a yarn《口語》物語[奇談, 冒険談など]をする: Come, *spin us a* good ~. さあ, 面白い話をして下さい.
— *vt.*〈パイプの継ぎ目など〉にまいはだ (oakum) を詰める. — *vi.*《口語》1 物語をする, 長話をする; ほら話をする. 2 おしゃべりする.

yárn-dỳe *vt.*〈反物などを〉織らないうちに染める, 糸染め[先染め]する (cf. piece-dye).

Ya·ro·slavl [jɑ̀:rəslɑ́:vl̩; *Russ.* jiraslávlj] *n.* ヤロスラブリ《ソ連邦ロシア共和国西北部 Volga 河畔の都市; 人口 584,000》.

yar·o·vize [jɑ́:rəvàɪz, jǽr-] *vt.*〘農業〙=vernalize.

yar·ran [jǽrən] 〚← Austral.《土語》〛 — *n.*〘植物〙オーストラリア産マメ科アカシア属の樹木 (*Acacia homalophylla*)《家畜の飼料, 燃料用, パイプの材料などに使う雑用木》.

yar·row [jǽrou | -rəu] 〚OE *ġearwe* ← (WGmc) **ʒarw-* (Du. *gerwe* / G *Garbe*)〛 — *n.*〘植物〙ノコギリソウ《キク科ノコギリソウ属 (*Achillea*) の植物の総称》; (特に)セイヨウノコギリソウ (*A. millefolium*)《milfoil ともいう》.

Yar·row [jǽrou | -rəu] 〚ME *Yarwe* □ ? Gael. *garbh abh* rough stream〛 *n.* [the ~] スコットランド南東部 Borders 州の川, Tweed 川の支流 (23 km).

yash·mak [jǽʃmæk, jɑ:ʃmɑ́:k | jǽʃmæk] 〚(1844) □ Arab. *yáśmaq* □ Turk. *yaşmak*〛 — *n.* (*also* **yash·mac** [~], **yas·mak** [~]) ヤシマック《イスラム教徒の婦人が人前でかぶる二重ベールで目だけが出る》.

Yas·na·ya Po·lya·na [jɑ́:snəjə-po(ʊ)ljɑ́:nə | -pə(ʊ)-; *Russ.* jásnəjə-paljánə] *n.* ヤースナヤポリャーナ《ソ連邦ロシア共和国 Tula 南方の村; Lev Tolstoi の生地および居住地で Tolstoi 博物館がある》.

yat·a·ghan [jǽtəgæ̀n, -gən | -təgən] 〚(1819) □ Turk. *yatağan*〛 — *n.* (*also* **yat·a·gan** [~]) (トルコの)蛮刀《つばはなく, 刀身はゆるいS字形》.

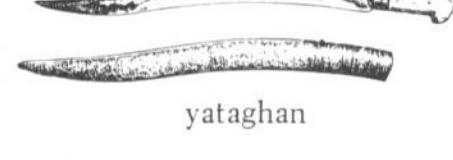
yataghan

ya·ta·ta [jǽtətə | -tətə] 〚擬音語〛 *n.*《米俗》むだ話 (empty talk).

yate [jéɪt] 〚← Austral.《土語》〛 *n.*〘植物〙オーストラリア産フトモモ科ユーカリノキ属 (*Eucalyptus*) の植物《特に *E. cornuta, E. occidentalis* など》; その材.

yat·ter [jǽtə | -tə(r)] 〚《混成》? ← YA(P) // YA(K)[3] + (CHA)TTER〛 *n.* おしゃべり, むだ話 (idle talk). — *vi.*《俗》おしゃべりする, ぺちゃくちゃしゃべる.

yaud [jɔ́:d, jɑ́:d] 〚□ ON *jalda*《詩》mare □ ? Finno-Ugric: cf. jade[1]〛 *n.*《スコット・北英》雌馬; (特に)おいぼれ(雌)馬.

yauld [jɔ́:l(d), jǽl(d)] 〚← ?〛 *adj.*《スコット・北英》敏捷な (alert); 活動的な (active).

Yaun·de [jaʊndéɪ] *n.* =Yaoundé.

yaup [jɔ́:p, jɑ́:p] *vi., n.* =yawp.

yau·pon [jú:pɑn, jɔ́:- | -pɔn] 〚□ N-Am.-Ind. (Catawba) *yopún* ← *yop* tree, bush + *-un* (dim. suf.)〛 — *n.*〘植物〙米国南部産のイヌツゲのような葉をしたモチノキ属の低木 (*Ilex vomitoria*)《その葉は茶の代用となる; cf. dahoon》.

yau·ti·a [jaʊtí:ə] 〚□ Am.-Sp. *yautia* ← Taino〛 — *n.* 1〘植物〙熱帯アメリカや西インド諸島産サトイモ科の植物で食用とされるもの数種の総称《アメリカサトイモ (*Xanthosoma sagittifolium*) など; malanga ともいう》. 2〘植物〙タロイモ (taro). 3 その塊茎《澱粉(でんぷん)質で食用》.

Ya·va·ri [ʒɑ̀:vərí:; *Braz.* ʒɑvarí] *n.* =Javari.

yaw[1] [jɔ́:] 〚(1546) ← ?: cf. ON *jaga* to move to and fro,《原義》to hunt〛 — *vi.* 1〘海事〙(航海中)船首が左右に揺れる, ヨーイングする, 揺首する; 停泊中の船が錨を起点として左右に振子運動をする. 2〘航空〙針路を逸する, それる (fall off), ぐらぐら不安定に進む, がぶる, 偏揺れする;〈ロケット・誘導弾・宇宙船が〉正常な飛行高度からそれる. 3 偏向する, それる (swerve), 不安定に進む. — *vt.* 1〘海事〙ヨーイングを起こさせる, 揺首させる. 2〘航空〙…の針路をそらす, がぶらせる, 偏揺れを起こさせる. — *n.* 1〘海事〙ヨーイング, 揺首; 振れ. 2〘航空〙(進路からはずれて作る)偏揺角; 偏揺れ; (ロケット・誘導弾・宇宙船の)首振り; 角度変位.

yaw[2] [jɔ́:] 〚《逆成》← YAWS〛 *n.*〘病理〙フランベジアの病巣 (⇨ yaws).

yáw dàmper *n.*〘航空〙ヨーダンパー《高速の航空機に広く使用される自動安定増加装置の一つで, 偏揺れ角速度を検知して自動的に方向舵を動かし, 偏揺れを収束させる》.

yaw·ey [jɔ́:i | jɔ́:ɪ] *adj.*〘病理〙いちご腫 (yaws) の[にかかった].

yáwing mòment *n.*〘航空〙偏揺れモーメント.

yawl[1] [jɔ́:l] 〚ME *yaule(n), yalle(n)*《擬音語》: cf. yowl〛 *v., n.*《英方言》=yowl.

yawl[2] [jɔ́:l] 〚(1670) □ MLG *jolle* // □ Du. *jol* a kind of boat ← ?: cf. G *Jolle* / Dan. *jolle* / Swed. *julle* yawl〛 — *n.* 1 ヨール《4本または6本オールの小型の船載雑用艇》. 2 ヨール型帆船《高い前檣(しょう)と短小な後檣に縦帆を装置した一種の小型帆船》.

yawl[2] 2

yáwl-rìgged *adj.* ヨール型帆船の艤装(ぎそう)をした.

yáw·mèter *n.*〘航空〙風向計, 偏揺計《流れの中に入れ計器の基準線と流れの方向とのなす角を測る》.

yawn [jɔ́:n, jɑ́:n | jɔ́:n] 〚ME *yane(n)* (*ganien* (< OE *gānian* to gape) の影響による変形) ← *yone(n), yene(n)* < OE *ġeonian, ġinian* < Gmc **ʒinōn* ← IE **ghē-* to yawn, gape〛 — *vi.* 1 あくびする: ~ heavily 大あくびをする / make a person ~ 人にあくびを催させる, 人をうんざりさせる. 2〈口・割れ目・湾・ふちなどが〉大きく開く (gape), 口が広く開いている: Hell ~*s* for him. 地獄が彼を呑もうと口を開いている. — *vt.* 1 あくびしながら言う[やる]: ~ good night「お休み」とあくびしながら言う / 'What is the use?,' he ~*ed*.「やってもむだだよ」と彼はあくびまじりに言った. 2 [~ one's way として] あくびしながらやりとげる. 3《古》(あくびのように)大きく開ける. — *n.* 1 あくび: give [draw] a ~ あくびをする[誘う] / with a prodigious ~ 大あくびしながら / She patted a ~. あくびをしながら口を軽くたたいた. 2 (大きく開けた口に似た)開き, 割れ目, ふち. 3《俗》退屈な人[物] (bore). **~·er** *n.*

yawn·ful [jɔ́:nfəl, jɑ́:n- | jɔ́:n-] *adj.* (退屈で)あくびの出る, あくびをさせる, あくびの出そうな. **~·ly** *adv.*

yáwn·ing 〚ME *yaning*〛 — *adj.* 1 口を大きく開いている: a ~ gulf, pit, cave, etc. 2 あくびをしている, 飽き飽きしている, うんざりしている: a ~ audience, congregation, etc.

yáwn·ing·ly *adv.* 口を大きく開けて; あくびしながら, うんざりして.

yawn·y [jɔ́:ni, jɑ́:ni | jɔ́:nɪ] *adj.* (**yawn·i·er**; **-i·est**) あくびをする; あくびを引き起こす: a ~ story / ~ listeners.

yawp [jɔ́:p, jɑ́:p | jɔ́:p] 〚(*c*1380) ← *yolpen* ← ? (p.p.) ← *yelpen* 'YELP'〛《米》 — *vi.* 1 かん高く叫ぶ; 耳ざわりな声を出す, 大声で不平を言う. 2《俗》ぺちゃくちゃしゃべる. 3《口語》大あくびする. — *n.* 1 かん高い叫び声. 2《俗》むだ話; おしゃべり. **~·er** *n.*

yáwp·ing *n.* かん高い発声[叫び].

yaws [jɔ́:z] 〚(1679) ← Carib.〛 *n. pl.* [単数または複数扱い]〘病理〙いちご腫, 熱帯覆盆子腫 (*Treponema pertenue* による熱帯伝染病; frambesia ともいう).

yáw·wèed *n.*〘植物〙熱帯アメリカ産の芳香のある白い小さな花をつけるアカネ科の草本 (*Morinda royoc*)《フランベジア (yaws) に効くと考えられていた; wild mulberry ともいう》.

ý-àxis *n.*〘数学〙1 (平面の)縦(座標)軸, y 軸. 2 (空間の)第2座標軸, y 軸 (cf. x-axis 2, z-axis).

Ya·yoi [jɑ:jɔ́ɪ] 〚□ Jap.〛 *adj.* 弥生(やよい)式の (cf. Jomon): ~ ware 弥生式土器.

Yazd [jɑ́:zd] *n.* =Yezd.

Yaz·oo[1] [jǽzu:, jɑ́:-] 〚↓〛 *n.* (*pl.* ~, ~s) 1 [the ~(s)] ヤズー族《Yazoo 川下流域に住むインディアン》. 2 ヤズー族の人.

Yaz·oo[2] [jæzú:, ─́─] 〚□ F ~ ← N-Am.-Ind.〛 *n.* [the ~] 米国 Mississippi 州北部に発し Vicksburg で Mississippi 川に注ぐ川 (300 km).

Yazóo-tỳpe rìver *n.*〘地理〙ヤズー川型の川《本流の自然堤防 (natural levee) に妨げられてなかなか分流できず, その間本流と平行して流れている支流の川》.

Yb〘記号〙〘化学〙ytterbium.

Y.B.《略》Yearbook.

Ý-brànch *n.* Y字形枝管.

Y.C.《略》yacht club; Young Conservative; youth club.

Ý càrtilage *n.*〘解剖〙Y(字)軟骨《腸骨・坐骨・恥骨の結合部にある軟骨》.

Ý chròmosome *n.*〘生物〙Y染色体《性染色体の一種で, X染色体と組み合わさるもの; cf. X chromosome》.

y·clad [ɪklǽd] 〚(*c*1320): ⇨ y-, clad〛 *v.*《古》clothe の過去分詞.

y·clept [ɪklépt] 〚OE *ġeclipod* (p.p.) ← *clipian, cleopian* to call: ⇨ y-, clepe〛 — *adj.* (*also* **y·cleped** [~])《古・戯言》…と呼ばれる (called): a giant ~ Barbarossa 赤ひげと呼ばれる巨人.

Ý connèction *n.*〘電気〙Y結線, Y接続 (⇨ star connection).

ý-coórdinate *n.*〘数学〙y座標, 縦座標 (ordinate)《y軸の方向に測った座標; cf. x-coordinate》.

yd.《略》yard(s).

y'day, yday《略》yesterday.

yds.《略》yards.

ye[1] [ji:, jɪ; jì:, jí:] 〚OE *ġē* < Gmc **jiz, *jūz* (Du. *gij* / G *ihr*) ← IE **yu-* you〛 — *pron.* (人称代名詞二人称複数主格; cf. thou[1]). ★ 今は一般に you に代えられている. 1《詩・古・聖書・戯言》**a** [主語に用いて] あなた方は, なんじらは, おまえたちは: *Ye* are the salt of the earth. なんじらは地の塩なり (*Matt.* 5:13). ★ 今では主として Blessed are *ye* that…! (…する者はさいわいなるかな)のような聖書からきた古風な言い方に限って用いられる. **b** [呼掛けに用いて]: *Ye* zephyrs gay! おお颯々(さつさつ)と吹く西風たちよ / *Ye* gods (and little fishes)! ⇨ God 成句 / Go it, *ye* cripples! ⇨ GO *it*. **c** [命令法の動詞のあとで]: Hark *ye*. 聞け / Look *ye*. 見よ. 2《方言》[二人称単数主格に用いて] あなたは, おまえは (you): What d'*ye* think? / How d'ye do? [hàʊdɪdú:, -dəjɪ-, -dəjə-] ご機嫌はどうだね. 3《方言》[二人称単・複数目的格に用いて] あなた(方)に[を], おまえ(たち)に[を]: Think *ye*. / I tell *ye*.

ye[2] [(子音の前) ðə; (母音の前) ðɪ; (独立して) ðì:, ðí: | (子音の前) ðə; (母音の前) ðɪ; (独立して) ðì:, ðí:] *article*《古》=the. ★ 14-15 世紀において 'þ' (=th) を 'y' と混同して生じた形; 今でも擬古体として次のように書くことがある: ye olde shoppe (=the old shop).

yea [jéɪ] 〚OE *ġē*, (WS) *ġēa* < Gmc **jā* (Du. & G *ja*) ← IE **e-* (pron. stem)〛《古・文語》(↔ nay) — *adv.*

1 はい, 然り, さよう. ★今では賛成投票の場合以外には代わりに yes を用いる. 2 げに, 実に (indeed). 3 その上, のみならず (moreover): I therein do rejoice, ~, and will rejoice. われこれを喜ぶ, またこれを喜ばん (*Philip.* 1:18). — *n.* 肯定, 賛成 (affirmation); 賛成の答[投票]; 賛成投票者 (cf. aye¹): ~s and nays 賛否(の投票) / Let your ~ be ~. 賛成なら賛成と率直に言いたまえ. — *int.* 《米》頑張れ, フレー (hurrah)《運動選手団などに対する応援の掛け声》.

yeah [jɛ́ə, jéʊ, jǽə | jɛ́ə] 〘《1933》《転訛》← YEA, YES // ▭ Du. & G ja yes〙 *adv.* 《口語・方言》=yes (cf. yah²): oh, ~? ええそうかい《懐疑心を表わす言葉》.

yéah-yèah *adj.*, *n.* 《口語》=yé-yé.

yean [jíːn] 〘《c1400》 yene(n) < OE *ġeēanian ← ġe- 'Y-'+ēanian to bring forth lambs (< Gmc *aunōjan ← *aun- ← IE *agʷh-no-s lamb)〙《古》 — *vt.* 〈羊・やぎが〉〈子を〉産む: ~ a lamb, kid, etc. — *vi.* 〈羊・やぎが〉子を産む.

yean·ling [jíːnlɪŋ] 〘《1637》: ⇨↑, -ling¹〙《古》 *n.* 子羊, 子やぎ. — *adj.* 生れたばかりの; 幼い.

year [jɪ́ə | jə́ː(r, jɪ́ə(r] 〘OE ġēar < Gmc *jǣram (Du. jaar / G Jahr) ← IE *yēro- year (L hōra 'HOUR' / Gk hôros year) ← *ei- to go〙 — *n.* 1 年, 歳: a lean ~ 凶年 / the old ~ 旧年, 行く年 / see the old ~ out 行く年を送る / ⇨ new year / the ~ 1980 千九百八十年という年 / about a ~ [three ~s] ago 約1年[3年]前 / all the ~ round 年中, 年がら年中 / a ~ (from) today きょうから1年目に, 来年のきょう / in a ~'s time 1年たてば / *for* ~*s* =*for* many ~*s* 多年, 幾年間も / from one ~'s end to another ある年の年末から翌年の年末まで; 毎年毎年; 長年の間 / this day ~ ⇨ day 成句 / He has not been heard of *for* [《米》 *in*] the last ten ~s. この10年彼の消息が絶えている / It is ~s since I saw him. 彼に会ってから随分久しくなる / He is fifty (~s old). 彼は50歳です. ★(1) 次のような「限定語+year」はしばしば副詞句として用いられる: last ~ 昨年, 去年 / next ~ 来年 / the next ~ その翌年 / this ~ 今年 / every ~ 毎年 / every other ~ 隔年, 一年おきに / We had been married six ~s when the accident occurred. 私たちが結婚してから6年たったときにその事件が起こった《*for* six ~s とある場合よりも前の継続を表わす動詞表現とのつながりが緊密である》. (2) しばしば形容詞的な複合語または連語をなし無変化複数形で用いられる: a 15-*year*-old boy 15歳の少年 / a four ~(*s*) course 4年間の課程 / ⇨ five-year plan. 2 (特定の計算法による)一年, 年度: an astral ~ =sidereal year / an astronomical [a natural] ~ =tropical year / a calendar [civil, legal] ~ 暦年 / a Christian [a Church, an ecclesiastical] ~ キリスト教暦年《Advent (降臨節)に始まる》/ the Gregorian [Julian] ~ 新[旧]暦 / the school ~ =academic year / ⇨ common year, financial year, fiscal year, leap year, lunar year. 3 [*pl.*] 年齢; 老年: declining ~s 頽齢(たいれい), 老齢 / the ~s of discretion =AGE of discretion / carry one's ~s light 若く見える / a man *of* ~*s* 高齢の人 / a man of his ~*s* 彼ぐらいの年配の男 / be old in ~*s* but young in vigor 年はとっても元気は盛んである / be advanced [well on] *in* ~*s* (大分)年をとっている / be young in ~*s* 年が若い, 春秋に富む / get along in ~*s* 年をとる / He is young [old] for his ~*s*. 年齢の割には若い[ふけている] / *Years* bring wisdom. 《諺》年をとると知恵がつく,「亀の甲より年の功」. 4 [*pl.*] 時, (特に)長い時, 歳月 (time): the ~s of hardship 苦難の歳月. 5 刑期(年数), …年の禁錮(こ): He was given ten ~s. 彼は禁錮10年を申し渡された. 6 …期の学級[組] (class): We were in the same ~ at college. 大学ではわれわれは同期だった. 7 〘天文〙惑星が太陽のまわりを一周する時間.

from year to year 年々. (***in***) ***the year one*** [***dot***] 《英口語》西暦一年に; 大昔. ***put years on*** *a person* 〈事が〉〈人〉を老(ふ)けさせる. ***take years off*** *a person* 〈事が〉〈人〉を若くさせる[見えるようにする]. ***year after year*** 毎年毎年 (cf. DAY *after day*). ***year by year*** 年々, 年一年と (cf. DAY *by day*). ***year in,*** (***and***) ***year out*** 年々歳々 (cf. DAY *in, day out*).

year and a day [a —] 〘法律〙満1個年《死亡が傷害を受けた日から満1個年以内でなかった場合には, 別の原因によったものであると推定される; 現在では医学の発達によりほとんど意義を失った》.

year of confusion [the —] 混乱の年《紀元前46年, ローマ紀元708年に当たり, 太陽暦 (Julian Calendar) が初めて用いられた年》.

year of grace [**our Lord**] [the —] (通例年数につけて) キリスト紀元, 西暦 (cf. Anno Domini): in *the* ~ *of grace* 1616 西暦1616年に / in this ~ *of grace* (1980) (西暦1980年の)今日において.

year of our redemption [the ~] (人間の救いの開かれたキリスト生誕の年から数えて, すなわち)西暦 (cf. YEAR of grace): in *the* ~ *of our redemption* 1564 西暦1564年.

yéar-aròund *adj.* =year-round.

yéar·bòok *n.* 1 年鑑, 年報 (cf. almanac). 2 年次刊行物; (大学・高校卒業生の)同期生年報[アルバム].

Yéar Bòok *n.* 《英》(Edward 三世から Henry 八世時代の1535年までの)裁判所年報(の1冊).

yéar-énd *n.* [the ~] 年末, 歳末. — *adj.* 年末の, 歳末の.

year·ling [jɪ́əlɪŋ, jə́ːlɪn, -lən | jə́ːlɪŋ, jɪ́ə-] 〘ME: ⇨ -ling¹〙 — *n.* 1 満一年児(の動物), 一年子. 2 〘競馬〙明け2歳馬. — *attrib. adj.* 1 〈馬など〉当歳の: a ~ heifer. 2 1年になる, 1年たつ: a ~ bride 結婚生活1年の花嫁.

yéar·lóng *adj.* 1年続く[にわたる]; 1年を通じた[中の].

yéar·ly 〘OE ġēarlic(e)〙 — *adj.* 1 1年1回の; 毎年の: one's ~ travel 年一回の旅行. 2 その年(だけ)の; 1年間の, 1年続く: a ~ income 年収 / a ~ plant 一年生植物. — *adv.* 年に1度; 毎年 (every year). — *n.* 年刊(刊行物).

Yéarly Méeting *n.* 〘キリスト教〙(Quaker の)年会《数個の四季集会 (Quarterly Meeting) を併合した組織》.

yearn [jə́ːn | jə́ːn] 〘OE ġiernan < Gmc *ʒernjan ← IE *ĝher- to like, want〙 — *vi.* 1 あこがれる, 焦がれる, 慕う〔*for, after*〕: ~ *for* [*after*] rest, home, affection, etc. 2 なつかしく思う, 慕わしく思う, 思慕の情を寄せる〔*to, toward*〕: ~ *toward* [*to*] a person 人を慕う. 3 同情する, 心を動かされる〔*over*〕: She ~*ed over* the orphan. 彼女はそのみなし子をかわいそうに思った. 4 切に〈…し〉たがる, こいねがう〈*to* do〉: He ~s *to* live in London. 彼はしきりにロンドンに住みたがっている. — *vt.* 1 切々たる声で言う[話す, 読む]〈*out*〉: ~ *out* a poem. 2 《廃》悲しい思いをさせる: It would ~ your heart to see it. それを見たらきっとあなたは気の毒に思うだろう (Shak., *Merry W.* 3. 5. 45). — *n.* =yearning. **~·er** *n.*

yéarn·ing 〘OE ġierning〙 — *n.* あこがれ, 熱望; 恋慕の情, 切なる思い: the man's ~ *for* his dead wife 男の亡妻に対する思慕 / her ~ *to* know the truth of herself 自分の真実を知りたいと願う彼女の思い. — *adj.* あこがれている(ような), 思慕の, 熱望の (longing): a ~ look あこがれのまなざし.

yéarn·ing·ly *adv.* あこがれて, 恋々として, 慕って.

yéar-róund *adj.* 1年中の, 年がら年中の, 季節なしの: a ~ invalid 一年中寝たきりの病人.

yéar's mínd 〘《1408》∞ OE ġeargemynd〙 *n.* 〘カトリック〙(死後1年目に行なう)鎮魂[死者, 追悼]ミサ(式) (Requiem) (cf. month's mind 1).

yéa-sàyer *n.* 1 人生に肯定的な態度の人. 2 =yes-man.

yeast [jíːst] 〘OE ġist ← (WGmc) *ʒiest- (Du. gist, gest / G Gischt, 《古形》 gäscht yeast) ← IE *yes- to boil, foam (Gk zein to boil)〙 — *n.* 1 a 酵母(菌); パン種, イースト (cf. enzyme, bottom yeast, top yeast). b (特に, アルコール発酵する)麦芽酵母菌 (*Saccharomyces cerevisiae*). 2 (波などの)泡. 3 活力[感化]を与えるもの, 刺激素[剤] (leaven); 大騒ぎ, 興奮 (ferment). — *vi.* 発酵する (ferment); 泡でおおわれる, 泡立つ. — *vt.* …にイースト[酵母]を入れる.

yéast càke *n.* 生イーストのかたまり《パンや菓子を作る時に用いる》.

yéast cèll *n.* =yeast plant.

yéast nucléic ácid *n.* 〘生化学〙酵母核酸 (=ribonucleic acid).

yéast plànt *n.* イースト菌, 酵母菌.

yéast-pòwder *n.* 1 顆粒状の乾燥イースト. 2 《米》=baking powder.

yeast·y [jíːsti | -tɪ] *adj.* (**yeast·i·er; -i·est**) 1 a 酵母の, 酵母の入った, 酵母のような. b 発酵する; 泡立つ: ~ waves. 2 若い, 元気あふれる. 3 落着きのない, 不安定な (restless); 動揺する, 興奮する性質の: the ~ years between childhood and maturity 大人と子供時代にはさまれた不安定な年代. 4 実質のない, 浮薄な: ~ fellows, words, talks, etc. **yéast·i·ly** [-tɪli, -təli | -tɪli] *adv.* **yéast·i·ness** *n.*

Yeats [jéɪts], **William Butler** *n.* (1865–1939) アイルランドの詩人・劇作家; Nobel 文学賞 (1923); *The Land of Heart's Desire* (詩劇, 1894); *The Wind among the Reeds* (詩, 1899); *Last Poems* (1940).

Yeats·i·an [jéɪtsiən | -tsɪ-] *adj.* イエーツ(風)の. — *n.* イエーツ研究者.

yed·da [jédə] 〘← ?〙 *n.* (イタリア・日本・フィリピン産の)製帽用麦わら.

yéd·do háwthorn [jédoʊ- | -dəʊ-] *n.* 〘植物〙シャリンバイ (*Raphiolepis umbellata*)《日本原産のバラ科の常緑低木》.

Yéddo sprúce *n.* 〘植物〙エゾマツ, クロエゾマツ (*Picea jezoensis*)《Japanese spruce ともいう》.

Ye·do [jédoʊ | -dəʊ] 〘▭ Jap.〙 *n.* (日本の)江戸.

yegg [jég, jéɪg | jég] 〘← ? *John Yegg* (有名な金庫破りと伝えられる人物)〙 *n.* 《米俗》強盗, 金庫破り.

yégg·man [-mən] *n.* (*pl.* **-men** [-mən]) =yegg.

yeh [jɛ́ə, jéː, jǽː] *adv.* 《米口語》=yes (cf. yeah).

Yeh Chien-ying [jéɪ-tʃɪ̀en-íŋ | -tʃɪ-; *Chin.* iè tʃɪ̀ɛ̀nīŋ] *n.* 葉剣英 (1898– ; 中国の政治家, 中国共産党副主席 (1973–), 国防相 (1975–)).

Ye·hu·di [jehúːdi | -dɪ] 〘▭ Heb. Yᵉhūdhī: ⇨ Jew〙 *n.* (ユダヤ系の)男性名.

yeld [jéld] *adj.* 《スコット》=eild.

yell [jél] 〘OE ġ(i)ellan ← Gmc *ʒel-, *ʒal- (Du. gillen / G gellen to resound) ← IE *ghel- to call: cf. yelp, nightingale〙 — *vi.* 1 叫び声を発する, (声高く鋭く)叫ぶ, わめく (scream) (cf. yelp 2): ~ *for* him 大声で彼を呼ぶ / ~ *with* pain, delight, fury, laughter, etc. 2 《米》〈応援団などが〉(一斉に)大声をあげる, エールを呼ぶ: We ~*ed* together *for* our team. わがチームに一斉に声援を送った. 3 不満[抗議]の叫び声をあげる. — *vt.* 1 叫んで言う (shout)〈*out*〉: ~ an order, curses, a person's name, a refusal, etc. / ~ *out* an oath (畜生などと)のろいの言葉を発する. 2 大声で[エールを]叫んで…する: ~ the team to victory 声援を送りチームを勝利させる. — *n.* 1 (高く鋭い)叫び声, わめき, 金切り声: a ~ of pain, fear, defiance, anger, delight, etc. / with ~s of horror 恐怖の叫び声[悲鳴]をあげて. 2 《米》エール (cheer)《大学生などが競技会などで味方の選手応援のためにあげるきまった叫び》: a college ~. **~·er** [-lə | -lə(r] *n.*

yéll lèader *n.* 《米》応援団長, チアリーダー.

yel·low [jéloʊ, -lə | -ləʊ] 〘OE ġeolu ← (WGmc) *ʒelwa- (Du. geel / G gelb) ← IE *ĝhel- to shine (L helvus yellow / Gk khlōrós greenish yellow): cf. gold〙 — *adj.* (~·er; ~·est) 1 黄色の, 黄色い; 黄ばんだ顔色の, 顔色の悪い: the sear, the ~ leaf 枯れた黄色の葉; 老齢, 老境 (cf. Shak., *Macbeth* 5. 3. 23). 2 皮膚の黄色い (yellow-skinned), 黄色[黄色]人種の (Mongolian): ~ men 黄色人種 / ⇨ yellow peril, yellow race. 3 [しばしば軽蔑的に] (黒人との混血白人の皮膚のように)黄味を帯びた. 4 《口語》臆病(おくびょう)な, 腰抜けの (cowardly); 卑劣な: ⇨ yellow streak. 5 〈新聞記事など〉扇情的な; いんちきの: a ~ journal イエローペーパー, 赤新聞 / ⇨ yellow journalism. 6 ねたましそうな (envious), 嫉妬(しっと)深い; 猜(さい)疑の: ~ looks / a ~ mood, feeling, etc. — *n.* 1 黄色. 2 a 黄色のもの. b 黄色絵具[顔料, 染料]. c 卵黄, 黄身 (yolk) (cf. white 5 b). d [しばしば軽蔑的に] 皮膚の黄色い人, 黄色人. 3 〘昆虫〙モンキチョウ《*Colias* 属の黄色のチョウの総称; 日本の高山にいるミヤマモンキチョウ (*C. palaeno*) など; 時に, シロチョウ科内の他の黄色の種類を含むこともある》. 4 《口語》臆病 (cowardice). 5 [the ~s] 《古》嫉妬. 6 [*pl.*] 《米》〘植物病理〙黄化病, 萎黄(いおう)病《葉が黄変して植物が萎縮する病気》: ⇨ peach yellows, cabbage yellows. 7 [*pl.*] 〘獣医〙子羊の中毒症. 8 [*pl.*] 〘病理〙黄疸(おうだん) (jaundice). — *vt.* 黄色にする: paper ~*ed* with age [by time] 年月を経て黄色くなった紙. — *vi.* 黄色になる, 黄ばむ: the leaves ~*ing* in autumn 秋に色づく木の葉. **~·ness** *n.*

yéllow alért *n.* 防空警報黄, 黄(防空)警報, 警戒警報第一段階《敵機・正体不明機が防空地域に向かって飛行中の段階; cf. alert 1》; (同警報の)発令, 合図.

yéllow árchangel *n.* 〘植物〙ヨーロッパ産の黄色の花をつけるシソ科オドリコソウ属の多年生雑草 (*Lamium galeobdolon*).

yéllow ávens *n.* 〘植物〙バラ科ダイコンソウ属 (*Geum*) の植物の総称《ヨーロッパの *G. strictum* や北米の *G. macrophyllum* など》.

yéllow azálea *n.* 〘植物〙=flame azalea.

yéllow·bàck *n.* 1 黄表紙本《19世紀後半に読まれた安っぽい感傷的な通俗小説》. 2 〘経済〙=gold certificate.

yéllow-bàcked *adj.* 黄表紙本の.

yéllow báss [-bǽs] *n.* 〘魚類〙北米の淡水に生息するスズキ科またはサンフィッシュ科の体の黄色い魚の総称《*Morone interrupta, Huro floridana* など》.

yéllow bédstraw *n.* 〘植物〙キバナノカワラマツバ (*Galium verum*)《アカネ科ヤエムグラ属の植物, 薄黄色の花がつく; Our-Lady's-bedstraw, lady's bedstraw, joint grass, cheese rennet ともいう》.

yéllow-bèllied *adj.* 1 《俗》臆病な, 卑劣な (cowardly). 2 〈鳥が〉(薄)黄色い腹部をした.

yéllow-bellied sápsucker *n.* 〘鳥類〙北米東部産のシルスイキツツキの一種 (*Sphyrapicus varius*)《薄黄色の腹部, 黒と白の混った羽毛をもち樹液を吸う》.

yéllow bélls *n.* (*pl.* ~) 〘植物〙ヒメアリアケカズラ (*Allamanda neriifolia*)《ブラジル産の低木; 黄金色で釣鐘型の花をつける》.

yéllow·bèlly *n.* 1 《俗》臆病者 (coward). 2 a 黄色い皮膚をした人. b 《米南西部》[通例軽蔑的に用いて] メキシコ人. 3 a 《ニュージーランド》〘魚類〙重要な食用になる平たい型をした魚類 (flatfish) の総称《*Ammotretis guntheri* など》. b 《アフリカ南部》ハタ科の魚 (*Epinephelus guaza*). c =pumpkinseed 2. d squawfish 1.

yéllow bíle 〘《なぞり》← Gk xanthē kholē〙 *n.* 〘古生理〙(黄)胆汁 (choler)《肝臓から分泌され立腹の原因と考えられていた; ⇨ humor 5》.

yéllow·bìll *n.* 〘鳥類〙キバシガモ (*Anas undulata*)《アフリカ産》.

yéllow-bìlled cúckoo *n.* 〘鳥類〙キバシカッコウ (*Coccyzus americanus*)《北米産, くちばしが黄色で, 多くのカッコウ類と違い自分で巣を作りひなを育てる》.

yéllow-billed mágpie *n.* 〘鳥類〙キバシカササギ (*Pica nutalli*) (cf. magpie 1).

yéllow bírch *n.* 1 〘植物〙キハダカンバ (*Betula lutea*)《北米産のカバの木, 樹皮は黄色または銀灰色》. 2 キハダカンバ材.

yéllow·bìrd *n.* 〘鳥類〙各種の黄色い鳥; (特に)オウゴンヒワ (goldfinch), キガシラコウライウグイス (golden oriole).

Yéllow Bòok 〘《なぞり》← F livre jaune〙 *n.* 黄書《政府が発行する黄色表紙の報告書; cf. white book》.

Yéllow Bòok, The *n.* 「イエローブック」《1894–97年 London で発行された唯美主義運動の季刊雑誌で, Henry Harland, Aubrey Beardsley, Max Beerbohm, Edmund Gosse, Henry James などが関係した》.

yéllow bòx *n.* 〘植物〙=yellow jacket 2.

yéllow bóy *n.* 《英俗》金貨 (gold coin).

yéllow-brèasted chát *n.* 〘鳥類〙オオアメリカムシクイ (*Icteria virens*)《北米産アメリカムシクイ科の鳥の一種; のどが黄色で体の上部が緑褐色をしている; 他の鳥の鳴きまねがうまい》.

yéllow bùnting *n.* 〘鳥類〙=yellowhammer.

yéllow búsh *n.* 〘植物〙米国南東部から西部にかけ

て産するクロウメモドキ科の低木 (*Rhamnus caroliniana*)《赤から黒に変る実をつける; Indian cherry ともいう》.

yéllow·càke *n.* 〖化学〗イエローケーキ, ウラン精鉱《ウラン鉱から金属ウランを製する過程で得られる粗精練産物》.

yéllow cálla *n.* 〖植物〗キバナカイウ (*Zantedeschia elliottiana*) (⇨ golden calla).

yéllow cédar *n.* 〖植物〗 **1** アラスカヒノキ (*Chamaecyparis nootkatensis*)《北米西部原産の主に装飾用に栽培される常緑樹; Alaska cedar ともいう》; アラスカヒノキ材《黄色で硬い》. **2** =western cedar.

yéllow clintónia *n.* 〖植物〗北米南部産ユリ科ツバメオモト属の黄色い花と青い実をつける高山性多年草 (*Clintonia borealis*).

yéllow dáisy *n.* 〖植物〗=black-eyed Susan 1a.

yéllow-dóg *adj.* 《米》 **1** 下等な, 卑屈な (mean). **2** 〖労働〗黄犬契約の.

yéllow dóg *n.* 《米》 **1** 野良犬 (cur). **2** 下等な人間; 臆病者 (coward).

yéllow-dóg cóntract *n.* 《米》〖労働〗黄犬契約《労働組合に入らないことを条件とする労使間の雇用契約; 現代労働法のもとでは一般に禁止されている》.

yéllow dwárf *n.* 〖植物病理〗黄化矮小《植物, 特に麦類のウイルス病; 生長が止まり葉が黄変する》.

yéllow éarth *n.* **1** 山吹色 (yellow ocher) に近い色. **2** 黄土, 黄色土壌.

Yéllow Égg *n.* 〖園芸〗イエローエッグ《セイヨウスモモ (plum) の品種名; 果実は卵形で黄色》.

yéllow énzyme *n.* 〖生化学〗 **1** フラビン酵素, 黄色酵素. **2** 旧黄色酵素, 黄色酸化酵素.

yéllow féver *n.* 〖病理〗黄(ᵒ)熱病《中南米・アフリカ西岸地方などで見られるカの媒介によるウイルス病》.

yéllow-féver mosquìto *n.* 〖昆虫〗ネッタイシマカ (*Aëdes aegypti*)《黄熱病・デング熱を媒介する》.

yéllow·fin túna *n.* 〖魚類〗キハダ (*Thunnus albacares*)《単に yellowfin ともいう》.

yéllow flág[1] *n.* 〖海事〗=quarantine flag.

yéllow flág[2] *n.* 〖植物〗キショウブ (⇨ yellow iris).

yéllow fóxglove *n.* 〖植物〗 **1** キバナジギタリス (*Digitalis lutea*)《ヨーロッパ産ジギタリス属の多年草》. **2** =false foxglove.

yéllow géntian *n.* 〖植物〗 **1** ヨーロッパ・小アジア産のリンドウ属の多年生草本 (*Gentiana lutea*)《花は黄色; 根は強い強壮薬》. **2** 北米東部産のリンドウ科の草本 (*Dasystephana flavida*)《花は黄色》.

yéllow góatfish *n.* 〖魚類〗Florida から Panama に至る大西洋に生息するヒメジ科の魚 (*Mulloidichthys martinicus*).

yéllow góatsbeard *n.* 〖植物〗キバナムギナデシコ (*Tragopogon pratensis*)《ヨーロッパ原産キク科の草本; meadow salsify ともいう》.

yéllow granadílla *n.* 〖植物〗=Jamaica honeysuckle.

yéllow gráss *n.* 〖植物〗北米産ユリ科キンコウカ属の多年草 (*Narthecium americanum*).

yéllow-gréen *n.* 黄緑色. — *adj.* 黄緑色の.

yéllow-green álga *n.* 〖植物〗黄緑色藻《Xanthophyceae 綱の藻. 葉緑体は黄色が強く, 運動性の細胞は2本の不等長の鞭毛(ᵇᵃⁿ)がある; ほとんど顕微鏡的大きさ》.

yéllow gúm *n.* 〖植物〗 **1** オーストラリア産の樹皮の黄色いユーカリの総称《*Eucalyptus gunnii* など》. **2** =black gum.

yéllow·hàmmer 〖(17C) (i)《HAMMER との連想による変形》← 《廃》 *yelambre* < OE **geoloamore* ← *geolo* 'YELLOW'+*amore* yellowhammer (cf. G *Ammer*) // (ii)《混成》? ← 《廃》 *yellowham* (YELLOW+? OE *ham* covering)+《廃》 *yelambre*〗 — *n.* 〖鳥類〗キアオジ (*Emberiza citrinella*)《ヨーロッパ産の小鳴鳥》.

yéllow-hèad *n.* 〖鳥類〗頭が黄色の鳥の総称《bush canary, キガシラムクドリモドキ (yellow-headed blackbird) など》.

yéllow-hèaded bláckbird *n.* 〖鳥類〗キガシラムクドリモドキ (*Xanthocephalus xanthocephalus*)《北米中西部産; 頭が黄色, 体は黒色》.

yéllow hóneysuckle *n.* 〖植物〗 **1** 米国東部産のスイカズラの一種 (*Lonicera dioica*)《黄緑の花をつける》. **2** 米国南部産のスイカズラの一種 (*Lonicera flava*)《芳香のある橙黄色の花をつける》.

yéllow íris *n.* 〖植物〗キショウブ (*Iris pseudacorus*)《corn flag, yellow flag ともいう》.

yel·low·ish [-louɪʃ | -ləu-] 〖ME *yelowische*〗 *adj.* 黄ばんだ, 黄色がかった, 帯黄色の.

yéllow jàck *n.* **1** 〖海事〗=quarantine flag. **2** 〖病理〗=yellow fever. **3** 〖魚類〗シマアジの類の食用魚 (*Caranx bartholomaei*)《Florida, 西インド諸島産》.

yéllow jàcket *n.* **1** 〖昆虫〗ホオナガスズメバチ《スズメバチ科クロスズメバチ類の小型のハチ数種の総称; 黒い体色に黄色の模様がある; cf. hornet 1》. **2** 〖植物〗オーストラリア産の帯黄色の樹皮をもつユーカリノキ属 (*Eucalyptus*) の樹木数種の総称《*E. melliodora*, *E. rostrata* など; yellow box ともいう》. **3** 〖カプセルの色から〗《俗》鎮静剤; 催眠剤; (特に) =thiopental.

yellow jacket 1 (*Dolichovespula diabolica*)

yéllow jéssamine [jásmine] *n.* 〖植物〗 **1** =jasmine 1 b. **2** フジウツギ科のつる植物 (*Gelsemium sempervirens*)《匂いの高い黄色の花がつり下がる; 米国 South Carolina 州の州花; Carolina jessamine ともいう》.

yéllow jóurnalism 〖*New York World* (1895) に掲載の漫画 "Yellow Kid" の印刷に黄色のインクを用いたことから〗 — *n.* 《米》イエロージャーナリズム《読者の興味をそそるために俗っぽいセンセーショナリズムや誇張などを用いる》.

Yel·low·knife [jélo(ʊ)nàɪf, -lə- | -lə(ʊ)-] *n.* カナダ Mackenzie 地区中部にある Northwest Territories の首都; 人口 6,000.

yéllow lády's-slipper *n.* 〖植物〗米国東部産のアツモリソウ属 (*Cypripedium*) のランの総称《紫がかった5センチ幅の花をつける; *C. calceolus*, *C. parviflorum* など》.

yéllow·lègs *n.* (*pl.* ~) 〖鳥類〗 **1** =greater yellowlegs. **2** =lesser yellowlegs.

yéllow líght *n.* 黄信号《黄色の交通信号》.

yél·low·ly *adv.* 黄色に, 黄ばんで.

yéllow mélilot *n.* 〖植物〗=yellow sweet clover.

yéllow mercúric óxide *n.* 〖化学〗酸化水銀 (II), 黄色酸化水銀《黄色, 無臭の粉末; 軟膏(ᵏᵒᵘ)に用いる; 薬学部門では yellow precipitate という》.

yéllow métal *n.* **1** 〖冶金〗四六黄銅 (⇨ Muntz metal). **2** 金 (gold).

yéllow mombín *n.* 〖植物〗テリハタマゴノキ (*Spondias mombin*)《紫がかった緑の花と黄色の卵形の食べられる果実をつける熱帯産ウルシ科の高木; hog plum ともいう》.

yéllow ócher *n.* **1** 黄(ᵒ)土《顔料に用いる》. **2** 淡「赤黄色, 山吹色.

Yéllow Páges, y- p- *n. pl.* (電話帳の)職業別ページ《黄色の紙に印刷されていて, 広告欄がある》.

yéllow pérch *n.* 〖魚類〗イエローパーチ (*Perca flavescens*)《北米産パーチ科の淡水魚; 食用およびゲームフィシュ用; 単に perch ともいう》.

yéllow péril, Y- P- *n.* [the ~] **1** 黄禍《白色人種の抱く黄色人種による圧倒的支配の恐れ; cf. white peril》. **2** (そういう恐れを生むと思われる)黄色人種.

yéllow píne *n.* **1** 〖植物〗黄色く強い木材のとれる米国産のマツの総称《ダイオウマツ (longleaf pine), リギダマツ (pitch pine), タエダマツ (loblolly pine) など》. **2** その木材.

yéllow pónd lìly *n.* 〖植物〗=spatterdock.

yéllow póplar *n.* **1** 〖植物〗ユリノキ (⇨ tulip tree). **2** ユリノキ材 (⇨ tulip wood).

yéllow precípitate *n.* 〖薬学〗黄降汞(ᵏᵒᵘᵏᵒᵘ) (⇨ yellow mercuric oxide).

yéllow préss *n.* [the ~; 集合的] 扇情的な新聞.

yéllow prússiate of pótash *n.* 〖化学〗黄血カリ (⇨ potassium ferrocyanide).

yéllow prússiate of sóda *n.* 〖化学〗黄血ソーダ (⇨ sodium ferrocyanide).

yéllow puccóon *n.* 〖植物〗=goldenseal.

yéllow ráce *n.* 黄色人種《モンゴル人種 (Mongolian race) のこと》.

yéllow ráttle *n.* 〖植物〗=rattle.

yéllow-rèd virósis *n.* 〖植物病理〗=X-disease a.

Yéllow Ríver *n.* [the ~] =Hwang Ho.

yéllow·ròot *n.* 〖植物〗黄色の根をもつ植物の総称《goldenseal, goldthread, アメリカタツタソウ (twinleaf) など》.

yéllow rúst *n.* 〖植物病理〗=stripe rust.

yéllow ságe *n.* 〖植物〗ランタナ, コウオウカ (⇨ red sage).

Yéllow Séa *n.* [the ~] 黄海《中国北東部と朝鮮半島との間の海; 中国語名 Hwang Hai》.

yéllow-shàfted flícker [wóodpecker] *n.* 〖鳥類〗ハシボソキツツキ (*Colaptes auratus*)《北米東部産のキツツキ》.

yéllow sóap *n.* 普通の家庭用の石鹸.

Yéllow Spánish *n.* 〖園芸〗イエロースパニッシュ《甘果オウトウの品種名; ビガロー群 (biggarreau) に属する; 果実は赤味がかった黄色で品質優良, ナポレオンにくらべやや小さい》.

yéllow spòt *n.* 〖眼科〗(網膜の)黄斑 (macula lutea).

Yel·low·stone [jéləstòun, -lo(ʊ)- | -lə(ʊ)stəun, -stən] 〖《なぞり》← F *Roche Jaune* // ?〖土語: 河口近くに黄色の岩があるところから〗〗 — *n.* [the ~] 米国 Wyoming 州北西部に発し Yellowstone 湖を経て北東流して Missouri 川に注ぐ川 (1,080 km); 大渓谷と二つの滝が有名.

yéllow stónecrop *n.* 〖植物〗=dwarf houseleek.

Yéllowstone Fálls *n. pl.* [the ~] Yellowstone 国立公園の中の Yellowstone 川にある二つの滝《上の滝: 33 m, 下の滝 (Grand Falls): 94 m》.

Yéllowstone Láke *n.* イエローストーン湖《Yellowstone 国立公園にある湖; 長さ 32 km, 面積 360 km²》.

Yéllowstone Nátional Párk *n.* イエローストーン国立公園《米国 Wyoming 州および Montana, Idaho 両州の一部にわたる; 間欠泉・滝・大渓谷などで有名, 1872 年指定(米国最初の国立公園); 面積 8,991 km²》.

yéllow stréak *n.* 臆病(ᵒᵏᵘ)(風) (cowardice); 卑怯(ᵏʸᵒᵘ)なふるまい: show a ~ 卑怯なふるまいをする.

yéllow swéet clóver *n.* 〖植物〗セイヨウエビラハギ (*Melilotus officinalis*)《ユーラシア産マメ科の二年草; 黄色の花をつける; yellow melilot, king's clover ともいう》.

yéllow·tàil *n.* (*pl.* ~s, ~) 〖魚類〗黄色の尾びれをもつ魚の総称: **a** アジ科ブリ属 (*Seriola*) の類の食用魚の総称《California yellowtail, ブリ (*S. quinqueradiata*) など》. **b** =silver perch 1. **c** =rainbow runner. **d** =pinfish. **e** 米国沿岸の温海に生息するニベ科の魚 (*Umbrina roncador*). **f** 大西洋西部に生息するフエダイ (*Ocyurus chrysurus*). **g** =yellowtail flounder. **h** 《豪》マアジ属の魚 (*Trachurus declivis*).

yéllowtail flóunder *n.* 〖魚類〗北米大西洋沿岸に産する黄色い尾びれをもち体に赤さび色の斑点があるカレイ科マコガレイ属の魚 (*Limanda ferruginea*).

yéllowtail snápper *n.* 〖魚類〗=yellowtail f.

yéllow·thròat *n.* 〖鳥類〗アメリカムシクイ属 (*Geothlypis*) の鳥類の総称; (特に)カオグロアメリカムシクイ (*G. trichas*).

yéllow-thròated márten *n.* 〖動物〗キエリテン (*Charronia flavigula*)《インド・東南アジア産のテンの一種; 毛は粗く, のどから胸にかけて鮮黄色斑がある》.

yéllow-throated víreo *n.* 〖鳥類〗米国東部産のモズモドキ科の一種 (*Vireo flavifrons*)《胸とのどが明るい黄色をしている》.

yéllow-throated wárbler *n.* 〖鳥類〗米国南東部産アメリカムシクイ科の鳥の一種 (*Dendroica dominica*)《のどもとが黄色》.

yéllow tríllium *n.* 〖植物〗米国中部産ユリ科エンレイソウ属の多年草 (*Trillium viride* var. *luteum*)《レモンのにおいを出す黄(緑)色の花をつける》.

yéllow túft *n.* 〖植物〗ヨーロッパ産アブラナ科の多年草 (*Alyssum argenteum*)《濃黄色房状の花が咲く》.

yéllow wágtail *n.* 〖鳥類〗ツメナガセキレイ (*Motacilla flava*)《ヨーロッパからアジア北部にかけて繁殖するセキレイ》.

yéllow wárbler *n.* 〖鳥類〗アメリカムシクイ科の鳥「(*Dendroica petechia*).

yéllow wáter lily *n.* 〖植物〗黄色の花をつけるスイレン科の水生植物の総称; (特に) =spatterdock.

yéllow wéasel *n.* 〖動物〗チョウセンイタチ, シベリアイタチ (*Mustela sibirica*)《東アジア原産の大型のテン; 特に毛皮をとる種類を kolinsky という》.

yéllow·wèed *n.* 〖植物〗 **1** キク科アキノキリンソウ属の草本数種の総称. **2** =sneezeweed 1. **3** =rape². **4** =tansy ragwort.

yéllow·wòod *n.* 〖植物〗 **1 a** オオバユク, アメリカユクノキ (*Cladrastis lutea*)《米国南東部産のマメ科の小高木; 材は黄色で堅く各種の器具を作る; gopher-wood ともいう》. **b** =Osage orange. **c** =buckthorn. **d** カスミノキ (smoke tree). **2** その他の黄色い材を産する樹木の総称; その材.

yéllow·wòrt *n.* 〖植物〗ヨーロッパ産リンドウ科の植物 (*Chlora perfoliata*)《強壮剤として用いられる》.

yel·low·y [jéloui | -ləuɪ] *adj.* 黄味を帯びた, 黄色がかった (yellowish).

yelp [jélp] 〖OE *ġ(i)elpan* to boast, exult ← Gmc **ʒel-*, **ʒal-*: cf. yell〗 — *vi.* **1** 〈犬・狐がほえ立てる (yap), きゃんきゃん鳴く (cf. bark², snarl²). **2** 鋭い叫び声をあげる (cf. yell 1). — *vt.* 叫んで言う. — *n.* **1** (犬などの怒った)ほえ声, きゃんきゃん鳴く声: give a ~ ほえる. **2** 鋭い叫び声; 悲鳴 (squeal): give a ~ 悲鳴をあげる.

yélp·er *n.* **1** きゃんきゃん鳴く犬. **2** (狩猟家が用いる)野生の七面鳥の雌鳥の鳴き声をまねた音を出す笛. **3** (犬の鳴き声に似たような)わけのわからぬ音を発する人.

Yem. 《略》Yemen; Yemenite.

Yem·en [jémən, jérm- | jém-] 〖□ Arab. *al-Yáman*《原義》the country of the South, the happy country ← *yáman* right hand, right side, south (cf. Benjamin): 東面すると吉方と考えられた右が南になるため (cf. dexter, sinister); ラテン語名は *Arabia Felix* 'Happy Arabia'〗 — *n.* **1** イエメン《アラビア半島南西部の共和国; 1958 年アラブ連合共和国 (United Arab Republic) に加わったが, 1961 年離脱; 人口 7,080,000, 面積 195,000 km², 首都 San'a; 公式名 the Yemen Arab Republic イエメンアラブ共和国》. **2** (南)イエメン《アラビア南部の共和国; もと英国保護領で南アラブ連邦 (Federation of South Arabia) といったが, 1967 年独立, 南イエメン (公式名 the People's Republic of Southern Yemen) となり, 後, 現在名となる; 人口 1,800,000, 面積 290,274 km², 首都 Aden; 公式名 the People's Democratic Republic of Yemen イエメン人民民主共和国》.

Yem·e·ni [jémənɪ, jérm- | jémənɪ] 〖□ Arab. *yamanī* ← *Yáman* (↑)+*-i* (adj. suf.)〗 *n., adj.* =Yemenite.

Yem·en·ite [jémənàɪt, jérm- | jém-] 〖⇨ -ite¹〗 *n.* イエメンの住民. — *adj.* イエメン(人)の.

yen[1] [jén] 〖(1875) □ Jap. *en* (円) □ Chin. *yüan* (圓) round (piece), dollar〗 *n.* (*pl.* ~, ~s) **1** 円《日本の通貨単位; 記号 Y, ¥, ¥》. **2** 1 円アルミ貨.

yen[2] [jén] 〖(1906) □ Chin.《広東方言》*yan* craving for opium = *yin* (淫) addiction // □ Chin. *yen* (煙) opium,《原義》smoke: のちには *yearn* の転訛形と誤解された〗 — *n.* **1** 《米口語》熱望, あこがれ: have a ~ *for* …を熱望する, にあこがれる / a ~ *to* climb the Alps アルプスに登りたいという強い願望. **2** 《米俗》麻薬[あへん]に対する強い欲求; 性交に対する欲求, 性欲. — *vi.* (**yenned**; **yen·ning**) 《米口語》願う, 熱望する (long), あこがれる (yearn) 〔*for*〕.

Yen·an [jénɑ́:n; *Chin.* iɛ́nān] *n.* 延安《中国北部, 陝(ˢᵉⁿ)西省 (Shensi) の都市; 1935 年から第二次大戦終了まで中国共産党の根拠地》.

yén crédit *n.*〘経済〙円借款.

yén hòok *n.*《俗》阿片のみのパイプ.

Ye·ni·sei [jènəséɪ | jènɪséɪ, -séɪ, jénɪsèɪ; *Russ.* jinjiséj] *n.* (*also* **Ye·ni·sey** [~]) [the ~] エニセイ(川)《ソ連邦ロシヤ共和国, シベリア中部の川, 北流して北極海に注ぐ (4,129 km)》.

yen-shee [jènʃíː; *Cant.* inʃi]〘□ Chin.《広東方言》*in shi* (煙渣)〙*n.* 煙渣《阿片のパイプの残留物》.

yen·ta [jéntə | -tə]〘□ Yid. ~ □ ? It. *gentile* < L *gentīlem* 'GENTLE'〙*n.*《米俗》かげ口をきく女; おせっかいな女, うるさい女.

Yen·tai [jèntáɪ; *Chin.* iɛ̃nt'áɪ] *n.* 煙台 (⇨ Chefoo).

yeo.《略》yeomanry.

yeom.《略》yeomanry.

yeo·man [jóumən | jə́ʊ-]〘《? a1300》*yeman, yoman*《短縮》? ← *yengman, yung man* young man, attendant〙— *n.* (*pl.* **-men** [-mən]) **1**《英》**a** (昔の)自由民, 自由農, ヨーマン《gentleman より位が低く, もと年 40 シリングの収入のある土地を所有することで国会議員選出権を有した自由所有権保有農 (freeholder); 中世では servant であったが, 漸次自由保有農となり英国中堅階級を形成した》. **b** 自作農, 小地主. **2 a**《英》(昔, 王家・貴族に仕えた)従者, 家臣《官位は sergeant と groom との間の gentleman》. **b** 従者 (retainer), 番卒 (guard). **3**《英》(昔の)義勇農騎兵 (⇨ yeomanry 2). **4** 勤勉な奉仕をしてくれる人; 大いに役立つもの. **5**〘海軍〙**a**《英》倉庫係, 補給品係, 信号係(下士官兵). **b**《米》庶務係(下士官).

Yeoman of the Guard

yeoman of signals〘英海軍〙信号係下士官兵.

Yeomen of the Guard [the —] (英国王の)衛士《1485 年 Henry 七世の制定による; 初めは 50 名であったが, 1669 年以来 100 名になった; 古式の服装をまとい, ほこを持ち, 儀式の際の国王の衛士係とロンドン塔の衛士係とがある; 正式名 the King's [Queen's] Bodyguard of the Yeomen of the Guard; beefeater ともいう》.

— *adj.* **1** yeoman の[にふさわしい]; yeoman からなる. **2** (骨の折れる仕事などに)忠勤を励んでくれる, 大いに役立つ: ⇨ yeoman service / give ~ help.

yéo·man·ly〘《adj.: 1576; adv.: c1387》〙*adj.* yeoman の[に似た, にふさわしい]; 勇敢な, 不屈な, 忠実な. — *adv.* yeoman らしく; 勇敢に.

yeo·man·ry [jóumənri | jə́ʊmənri]〘《1375》: ⇨ yeoman, -ery〙— *n.* [集合的] **1** 自由民, 自由農, ヨーマン; 小地主達, 自作農 (yeomen). **2**《英》(昔の)義勇農騎兵団《1761 年 yeoman 階級の子弟をもって組織された騎馬義勇兵団; Boer 戦争では Imperial Yeomanry と呼ばれ, 1908 年以降は Territorial Army に編入》.

yéoman sèrvice *n.* (いざという時の)忠勤, 役立ち: It did me ~. それが私に思わぬ役にたった (Shak., *Hamlet* 5. 2. 36).

yéoman's sèrvice *n.* =yeoman service.

yep [jép, jéʔ]〘《強調転訛》← YEAH: cf. nope〙*adv.*《米口語》=yes. ★ [p] は破裂しない.

-yer [jə | jə(r)]〘《変形》← -IER[1] (cf. -eer) // ← ME *-ien* (動詞語尾)+-ER[1]〙*suf.* (w で終わる名詞に付く) -er[1] の異形: bowyer, lawyer, sawyer.

yer·ba bue·na [jɛ́ːəbə-bwéɪnə, jə́ː- | jɛ́ə-, jə́ː-; *Sp.* jérbabwéna]〘□ Sp. ~《原義》good herb〙— *n.*〘植物〙**1** ブエナソウ (*Satureia douglasii*)《北米太平洋岸産シソ科の多年草; 古くは催吐剤・駆虫剤などに用いた》. **2** 北米西部産シソ科の多年生つる草 (*Micromeria chamissonis*)《古くは駆虫剤などに用いた》.

Yer·ba Bue·na [jɛ́əbə-bwéɪnə, jə́ː- | jɛ́ə-, jə́ː-]〘↑〙— *n.* イエルバブエナ(島)《米国 California 州, San Francisco 湾内の一島; San Francisco と Oakland との間にあり, 双方を San Francisco-Oakland bridge (全長約 13 km) で結ぶ》.

yérba maté〘□ Am.-Sp. ~ ← Sp. *yerba* < L *herba* 'grass, HERB': ⇨ maté〙*n.*〘植物〙=maté.

yer·cum [jə́ːkəm | jə́ː-]〘□ Tamil *yerkum*〙*n.*〘植物〙=mudar.

Yer·e·van [jèrəváːn | -rɪ-; *Russ.* jirjiván] *n.* エレバン《ソ連邦 Armenia 共和国の首都; 人口 982,000; 英語名 Erivan》.

yerk [jə́ːk | jə́ːk]〘《c1430》← ?《擬音語》: cf. jerk[1]〙— *vt.* **1**《方言》打つ (strike), むち打つ (whip). **2**《方言》かきまぜる; かき立てる, 起こす (arouse); 興奮させる (excite), 扇動する. **3**《方言》〈体の一部を〉ぐいと動かす. **4**《古》**a** (靴を作る際に)〈縫い糸を〉しっかりと引く. **b** しっかりと縛る. — *vi.* **1**《廃》蹴る (kick). **2**《方言》急に立上がる. — *n.* **1**《スコット》蹴ること (kick). **2**《方言》急にぐいと引くこと.

Yér·kes Obsérvatory [jə́ːkiːz- | jə́ː-]〘*Yerkes*: ← *Charles Tyson Yerkes* (1837–1905: その寄付者である米国の資本家)〙— *n.* [the ~] ヤーキス天文台《米国 Wisconsin 州南部の村 Williams Bay にある; 1892 年創立, Chicago 大学に所属し世界最大の屈折望遠鏡 (口径 102 cm) を有する》.

yes [jés]〘OE *gēse, gise* ← ? *gēa* 'YEA'+*sī(e)* may it be (so) // +*swā* 'so': 英語に特有の語〙— *adv.* **1** [肯定・同意の返事] **a** [質問・呼掛けなどに答えて] はい (↔ no): "Were you there?" "*Yes.*"「あなたはそこにいましたか」「はい(いました)」/ "Isn't it raining?" "*Yes*, it is."「雨は降っていませんか」「いえ降っています」★ 問の形式のいかんにかかわらず答が肯定ならば常に yes と言う. **b** [相手の言葉に同意を表わして] (いかにも)そうだ, 左様, 然り: "This is an excellent book." "*Yes* [jéːs], it is."「これは立派な本だ」「立派だ, 全く」/ "You see it is fit to you." "*Yes*, but I prefer that one."「お似合いですよ」「ええ, だけどあちらのほうがいいね」. **2** [上昇調に発音して] **a** [相手の言葉に疑いを表わし, 相づちとし, また話の先を促して] そう?, えー?, まさか?; ははあ, なるほど, それで? (Indeed?, Is it so?); ご用向きは? (What is it?): "I was always good at drawing." "*Yes?*"「私はいつも図画は得意だったんだ」「そう? (本当かい)」/ "I have come to the conclusion that…" "*Yes?*"「私はこういう結論に達したのですが」「それで?」. **b** [自分の述べた言葉のあとで] ね? (わかるか, そうだろう): "We first go two miles west, then bear to the north and continue in a straight line for several miles—*Yes?*"「まず西に向かって 2 マイル行き, それから北に方向をとって一直線に 5–6 マイル進むのだ—ね? (わかったかい)」. **3** [強調的に前言を敷衍して] いや(その上), しかも (moreover, in addition): He says he's ready, ~ eager to help you. 喜んであなたのお手伝いをしようと, いや, 是非したいと言っています.

— *n.* (*pl.* ~·**es, yess·es** [~ɪz, ~əz]) **1** yes という言葉[返事], 肯定, 承諾 (affirmation): say ~「はい」と言う, 承諾する / Confine yourself to ~ and no [~*es* and noes].「はい」と「いいえ」の一点張りで通せ. **2** 賛成(投票); [*pl.*] 賛成(投票)者. ★ この意味では aye のほうが普通.

yes and no yes と no の答だけで物を当てる遊戯.

— *vt., vi.* (**yessed; yes·sing; yes·ses**) (逆らわず)「はい」と言う.

ye'se [jiːs]《スコット・北英》ye shall の縮約形 (cf. Ise, I'se).

Ye·se·nin [jeséɪnɪn, -nən | -nɪn; *Russ.* jisjénjin], **Sergei Aleksandrovich** *n.* =Sergei Aleksandrovich ESENIN.

ye·shi·va [jəʃíːvə]〘□ Mish.Heb. *yᵉšîbhāʰ* academy,《原義》sitting〙— *n.* (*pl.* ~**s, -shi·voth** [jəʃiːvóʊt, -vóʊθ | -vəʊt, -vəʊθ]) (*also* **ye·shi·vah** [~])〘ユダヤ教〙タルムード学院, イェシーバ《タルムード (Talmud) およびラビ文学などの研究を行ない, またラビ (rabbi) を養成するユダヤ教の学校》.

yés-màn [-mæ̀n] *n.* (*pl.* **yés-mèn** [-mèn])《口語》(目上の者の命令を)何でもはいはい言ってきく人, ごますり, おべっか使い, イエスマン (sycophant) (↔ no-man).

yest [jést]〘《異形》← YEAST〙*n.*《古》泡 (yeast).

yes·ter [jéstə | -tə(r)]〘《1577》《逆成》← YESTERDAY: cf. yester-〙*adj.*《古・詩》昨日の.

yes·ter- [jéstə | -tə(r)]〘↑〙「すぐ前の, 昨… (last)」の意の連結形: *yester*eve, *yester*night.

yes·ter·day [jéstədi, -dèɪ | -tədɪ, -dèɪ, jéstdɪ, jèstədéɪ]〘OE *ġeostran dæġ* ← *ġeostran* (of) yesterday (← Gmc **ʒes-ter-* (G *Gestern* yesterday) ← IE **ghdhyes* yesterday)+*dæġ* 'DAY'〙— *n.* **1 a** きのう, 昨日: (the) day before ~ [副詞句としても用いて] おととい, 一昨日《★ 定冠詞を省くのは《米》》/ I read it in ~'s paper. 私はそれをきのうの新聞で読んだ. **b** [形容詞的に] きのうの, 昨日の. ★ 通例副詞句をなす: ~ morning [afternoon] きのうの朝[午後] / ~ evening [night] 昨晩, 昨夜 (last evening [night])《★ 主に《英》》. **2**《文語》**a** 昨今, 近ごろ: a thing of ~ つい昨今の事柄[物]. **b** [通例 *pl.*] 過去 (past time): far back in the dim ~*s* はるかに遠い過去の霧の中に.

— *adv.* **1** きのう, 昨日: I told it to him ~. **2** 昨今, 近ごろ (only lately). ★ 次の慣用文に用いる場合を除けば《文語》.

born yesterday [通例否定構文で]未経験な, うぶな, すぐだまされる: I was *not born* ~. 昨日生まれた赤ん坊ではあるまいし. ***want it yesterday***《米口語》〈顧客などが〉(注文品などを)ひどくせっかちに[しつこく]要求する.

yéster·éve〘《1603》← YESTER-+EVE〙*n., adv.*《古・詩》きのうの晩, 昨晩 (yesterday evening).

yéster·éven〘《c1420》← YESTER-+EVEN[1]〙*n., adv.* =yestereve.

yéster·évening〘《1715》← YESTER-+EVENING〙*n., adv.* =yestereve.

yéster·mórn〘《1654–55》← YESTER-+MORN〙*n., adv.*《古・詩》きのうの朝, 昨朝 (yesterday morning).

yéster·mórning〘《1654–55》← YESTER- + MORNING〙*n., adv.* =yestermorn.

yes·tern [jéstən | -tən]〘《変形》? ← YESTER: cf. eastern〙*adj.* =yester.

yéster·níght〘OE *ġystran niht*: ⇨ yesterday, night〙*n., adv.*《古・詩》昨夜 (last night).

yéster·yèar〘《1870》: D. G. Rossetti が F *antan* (< L *ante annum*) の訳語として用いた造語: ⇨ yester-〙— *n., adv.* 昨年, 去年 (last year); 過ぎし年 (past times): Where are the snows of ~? こぞの雪今いずこ《D. G. Rossetti, *Three Translations from François Villon* 中の句》.

yes·treen [jestríːn]〘《16C》《短縮》← ME《スコット》*ȝystrewin, yistrevin* ← *ȝyster-* (⇨ yester-)+*ewin, evin* 'EVEN[1]'〙*n., adv.*《スコット》ゆうべ, 昨晩.

yet [jet, jèt, jét]〘OE *ġiet(a), ġӯt* ← ?: cf. OFris. *(i)eta* yet / MHG *ieze* yet, now (G *jetzt*)〙— *adv.* **1** [否定構文で] (今まで, またはその時までには)まだ(…ない), (今までのところでは)まだ (so far) (cf. already 3); まだしばらくは: He has *not* come ~. 彼はまだ来ていない / The time of figs was *not* ~. いちじくいまだ時ならず (*Mark* 11: 13) / Have*n't* you learned ~ that he is dead? 彼が死んだということをまだ知らないのか / It is *not* time to go ~. まだ行く時刻ではない / It will *not* happen just ~. それはまだしばらくは起こるまい / *Not* ~. (いや)まだです.

2 [疑問構文で] (今またはその時)もう (cf. already 3): Has the train arrived ~?—No, it has not arrived ~. 列車はもう着きましたか—いいえ, まだ着きません《★ 2 番目の yet は 1 の意》/ Need you go ~? もう行かねばならないのですか《まだ行かなくてもよいのではないか》.

3 (今, またはその時) まだ; 今も(なお), 依然として, (やはり)まだ (even now, still): There is ~ time. まだ時間はある / There is one ~ missing. まだ足りないのが一つある / Much ~ remains to be done. まだまだなすべきことがたくさんある / I seem to see him ~. 今なお彼の姿が目に浮かぶ思いがする / There is life in the old dog ~. 老人ながらまだ元気がある. ★ この意味では今は《口語》では still の方が普通.

4 a まだその上に, なお, さらに (in addition, further): another and ~ another また一つまた一つと, 続々 / ~ once (more) さらにもう一度 / He hopes to work for another year ~. まだもう一年間働きたいと希望している / There is work ~ to be done. まだこの上しなければならない仕事がある. **b** [nor に伴って強調的に] また(…しない), いわんや(…でない) (even): He will not accept help *nor* ~ advice. 助力はおろか忠告すら受け入れないだろう. **c** [比較級を伴って] まだ一層, さらに一層 (still): a ~ *more* difficult task なお一層むずかしい仕事 / It came nearer and ~ *nearer*. それはなおもますます近づいて来た.

5 (そのうち)やがては, いずれ, いつかは (some day): He will ~ be victorious. 彼はやがて勝利を占めるだろう / You shall ~ repent it. 今に後悔するぞ / I will be even with you ~. 今にうらみを晴らしてやるぞ.

6 [しばしば and または but に伴って (cf. *conj.*)] それにもかかわらず, しかもなお (nevertheless): It is strange (*and*) ~ true. 不思議なことだが本当だ / It seems proved, *but* ~ I doubt. 立証されたようだが, それでもまだ私は疑わしいと思う. ★ 時に従節の (al)though と相関的に用いられる: *Though* the water is deep, ~ it is clear. 水は深いけれども澄んでいる.

as yet (将来はともかく)今まで[この時まで]のところでは: a conscience *as* ~ clear まだ曇り[汚れ]のない良心 / He has not come *as* ~. まだ来ていない / It has worked well *as* ~. 今までのところは故障がなかった / *As* ~, he has not succeeded, but …. 今までのところまだ成功していないが…. ***be yet to do*** これから…する はずである, まだ…していない: The worst *is* ~ *to* come. 最悪の事態はまだ来ていない / He *is* ~ *to* know the truth. まだ真実を知っていない. ***have yet to do*** これから…すべきである, まだ…していない: I *have* ~ *to* learn. (そんなこと)私はまだ知らない.

— *conj.* それにもかかわらず, しかしそれでも (nevertheless), けれども (however) (cf. *adv.* 6). ★ しばしば従節の (al)though と相関的に用いられる: He is still young, ~ he is well up in his profession. 年は若いが職務には明るい / Although I have known him only a few years, ~ he is my best friend. 彼を知ってからまだ数年にしかなっていないがそれでも彼は私の一番の親友だ.

yet·i [jéti | -tɪ]〘《1938》← Tibetan《土語》〙*n.* 雪男, イエティー (⇨ Abominable Snowman).

yeuk [júːk]〘ME (northern) *gykyn, yukyn* < OE *ġiccan* itch〙《スコット》*vi.* かゆい, むずむずする. — *n.* かゆいこと, かゆみ. **~·y** [júːki | -kɪ] *adj.*

Yev·tu·shen·ko [jèftəʃéŋkoʊ | -kəʊ; *Russ* jiftuʃénkə], **Yev·ge·ny** [jivgjénjij] **Aleksandrovich** *n.* エフトシェンコ《1933– ; ソ連の詩人; *Bratsk Station* (1966)》.

yew [júː]〘OE *īw, ēow* < Gmc **ī(x)waz* (Du. *ijf* / G *Eibe*) ← IE **ei-* reddish, yew〙— *n.* **1**〘植物〙イチイ《イチイ属 (*Taxus*) の樹木の総称》; (特に)セイヨウイチイ (English yew). **2 a** イチイ材. **b**《古》(イチイ材製の)弓. **3** (悲しみ・死などを表わす)イチイの木[枝].

yé-yé [jéɪjèɪ; *F.* jeje]〘《c1960》□ F《俗》~ □ E *yeah, yeah* (特に the Beatles などの歌に使われた間投詞): ⇨ yeah〙《口語》— *adj.* **1** 〈服装・音楽など〉イエイエの, イエイエ調の《1960 年代フランスに生まれ流行したモッズスタイルで, 音楽はロックンロール調のものにいう; cf. mod[2] 2》. **2** (10 代の若者のように)流行に敏感な, 流行を追う; 若さでいっぱいの. **3** 10 代の若者らしい. — *n.* (音楽・服装などの)イエイエスタイル.

Yezd [jézd] *n.* エズド《イラン中央部の都市; 人口 100,000》. 「旧名」.

Ye·zo [jézoʊ | -zəʊ]〘□ Jap. 蝦夷〙*n.* 蝦夷《北海道の

Yg·dra·sil [ígdræsɪl, -drəsɪl]〘《1770》□ ON *yg(g)drasil(l)*, *askr yg(g)drsils* (ash of) the horse of Yggr ← *Yggr* name of Odin (← *yggr*=*uggr* frightful: ⇨ ugly) +*drasill* horse〙— *n.*〘北欧神話〙ユグドラシル, トネリコの大樹, 宇宙樹, 永遠に緑したたるもの《宇宙を支えその根と枝は天界・地界・地獄にわたるという》.

Y·gerne [igə́ːn | igə́ːn] *n.*〘アーサー王伝説〙=Igraine.

Ygg·dra·sil [ígdræsɪl, -drəsɪl] *n.* =Ygdrasil.

Ý-gùn 〖その形から〗 *n.* 爆雷発射機, Y 型爆雷投射機《通例駆逐艦や駆潜艇などの艦尾に備え, 両舷に同時にまたは別々に爆雷投射のできる Y 字形の対潜用兵器》.

Y.H.A. 《略》 Youth Hostels Association.

YHS 《記号》 Jesus (cf. IHS 1).

YHVH 《記号》 ⇨ Tetragrammaton.

YHWH 《記号》 ⇨ Tetragrammaton.

yi [jíː ; *Chin.* ì] 〖□ Chin. *yi* (義)〗 *n.* 〖中国哲学〗 義《人間関係において特定の義務を忠実に果すこと》.

Yid [jid] 〖□ Yid. ～ □ MHG *Jude, Jüde* < OHG *Jud(e)o* □ L *Jūdaeus* 'JEW'〗 *n.* 《俗》 [通例軽蔑的に用いて] ユダヤ人 (Jew).

Yid. 《略》 Yiddish.

Yid·dish [jídɪʃ] 〖《1886》《転訛》← G *jüdisch* (*deutsch*) Jewish(-German) ← *Jüde* 'JEW'〗 **—** *n.* イディッシュ語《高地ドイツ語方言に Hebrew, Slav 系の語の混じったもので, ヘブライ文字で書く; ロシヤ・ヨーロッパ中部・英国・米国のユダヤ人などに用いられている》. **—** *adj.* イディッシュ語で話された[書かれた].

yield [jíːld] 〖OE *ġ(i)eldan* to pay < Gmc **ʒelðan* (Du. *gelden* / G *gelten* to cost, be worth) ← ? IE **ghel-tō* to pay〗 **—** *vt.* **1 a** (特に, 耕作または工業過程の結果として)産する, 生じる (produce): This land ～*s* heavy crops. この土地から作物が豊富にとれる / Cotton can be treated to ～ many kinds of products. 綿は加工すると種々の製品ができる. **b** 〈報酬・利子・収入など〉をもたらす (bring in): My labors ～*ed* but a poor result. 私の労働は乏しい成果しか産まなかった / Investments ～ a profit. 投下資本は利潤を産む / The bond ～*s* 6%. その証券は年 6 分の利回りになる. **c** 引き起こす, もたらす: Sin ～*s* bitter fruit. 罪悪は災いをもたらす, 悪因悪果 / His speech ～*ed* only one good laugh. 彼の話は一度しか皆の笑いを誘い出さなかった. **2** [時に二重目的語を従えて] (当然なものとしてまたは要求されて)許す, 与える (grant, give), 譲る (concede): ～ possession 所有権を譲る / ～ submission 服従する / ～ a point (in argument) (議論で相手の)論点を認める, 一歩譲る / ～ precedence *to* another 人に先を譲る / ～ the palm *to* another 人にかぶとをぬぐ, 人に勝[名誉]を譲る / He ～*ed* the floor *to* the senator from Washington. 彼はワシントン州選出の上院議員に発言権を譲った / The king ～*ed* them the citizenship. 王は彼らに市民権を与えた. **3 a** (圧迫されまたは強制されて)譲渡する, 明け渡す (surrender), 放棄する (resign) 〈*up*〉: ～ one's place 地位を捨てる / ～ oneself prisoner 捕虜として身を差し出す, 降服する / ～ the fortress *to* the enemy 敵に要塞(さい)を明け渡す / ～ *up* the ghost ⇨ ghost *n.* 成句. **b** [～ *one-self to* として] …に身をゆだねる, に耽る 〈*up*〉: He ～*ed himself to* the temptation. 彼はその誘惑に負けた / Never ～ *yourself up to* pleasure. 快楽におぼれてはいけない. **4** 《古》 …に返済する, 償う (recompense), 報いる (reward). **5** 〖野球〗 〈投手が〉〈ヒット・得点を〉許す (give up).

— *vi.* **1** 〈土地などが〉収穫を与える, 作物が出来る, 〈果樹などが〉実る: The peach trees ～*ed* well this year. 桃は今年は実りがよかった / This mine ～*s* poorly. この鉱山は産出高が乏しい. **2** 〈強制・懇願・説得などの力に〉服する, 屈する, 従う, 応じる (surrender, submit) 〔*to*〕: courage never to submit or ～ 不撓(とう)不屈の勇気 / ～ *to* temptation 誘惑に屈する / ～ *to* a person's request [persuasion] 人の依頼に応じる[説得に屈する] / The garrison ～*ed to* the rebels at the first assault. 城兵は反徒の強襲にひとたまりもなかった / He ～*s to* none in his respect for law. 法律を重んじる点では彼は人後に落ちない. **3** 〈物が〉(圧力・物理力のために)曲がる, へこむ, たわむ, なびく (give way) 〔*to*〕: The door ～*ed to* a strong push. ぐいと押すとドアはあいた / Ice ～*s to* heat. 氷は熱で溶ける. **4 a** 〈運転手などに〉道を譲る 〔*to*〕: *Yield.* [道路標識] (交差交通に)先を譲れ. **b** 《米》 (議会で)(…に)発言権を譲る 〔*to*〕: He would not ～ *to* the senator from Washington. 彼はワシントン州選出の上院議員に発言権を譲ろうとはしなかった.

— *n.* **1** 産出 (output); 産額, 産出高, 生産額, 収穫 (product): a large ～ 豊作. **2** 報酬 (return); 利回り; 投資収益(率); 歩どまり: the ～ on a bond 債券の利回り. **3** 〖化学〗 収量, 収率《化学過程において, 理論的に得られるはずの量に対する実際に得られた量の百分率》. **4** 〖原子力〗 (特に, 核爆発による)エネルギーの放射量: a 100-megaton ～ 100 メガトンの放射エネルギー.

yíeld·er *n.* **1** 降服者: I was not born a ～. 降服者に生まれたのではない, 降服なんかするもんか (Shak., *1 Hen.* 5.3.11). **2** [通例限定詞を伴って] 物を産出するもの: a good [poor] ～.

yíeld·ing *adj.* **1** 曲がりやすい, 曲げられる, 屈伸性のある (flexible): a ～ mattress. **2** 影響[感化]を受けやすい, 説得に屈しやすい, 言いなりになる, 従順な (compliant) (cf. stubborn): a ～ temper. **3** 生む, 産する, 生産する. **～·ly** *adv.* **～·ness** *n.*

yíelding pròp *n.* 〖鉱山〗 可縮性支柱《外力の増大に伴って徐々に降縮し, 壁面や天盤の一挙に崩壊するのを防ぐ支柱》.

yíeld pòint *n.* 〖物理〗 降伏点《物体に働く応力が弾性限度を越えてある値に達すると, 応力が殆ど増加しないのに永久ひずみが急激に増加する; この点の応力を降伏点と呼び, その時の応力値を降伏値[価] (yield value) といい, これを材料の強度という観点からみる時は降伏強度 (yield strength) という》.

yíeld strèngth *n.* 〖物理〗 降伏強度 (⇨ yield point).

yíeld vàlue *n.* 〖物理〗 降伏値[価] (⇨ yield point).

YIG [jíg] 《略》 〖化学〗 yttrium iron garnet.

Yig·dal [jɪgdáːl] 〖□ MHeb. *yighdál* 《原義》 he becomes great〗 **—** *Heb. n.* 〖ユダヤ教〗 イグダル(聖歌)《ユダヤ教の 13 の信条を歌にしたもので, 冒頭の言葉がイグダルで始まる; 通例金曜日と祭日の夕べの礼拝の終わりに歌われる; 最終節は死者の復活に関するもので cantor と会衆との間で応答式に唱えられる》.

yill [jɪl] 〖《変形》← ALE〗 *n.* 《スコット》 ＝ale.

yin[1] [jɪn] 〖《変形》← ONE〗 *adj., n., pron.* 《スコット》 ＝ one.

yin[2] [jín ; *Chin.* īn] 〖《1911》 □ Chin. ～ (陰)〗 **—** *n.* 〖中国哲学〗 陰 (cf. yang): the alternating transition in history from ～ to yang 歴史における陰から陽への周期的な変遷.

Yin and Yang 〖中国哲学〗 陰陽: the rhythm of *Yin and Yang* 陰陽のリズム[変転].

Yin [jín ; *Chin.* īn] 〖□ Chin. ～〗 *n.* 殷(いん) (⇨ Shang).

Yin·chwan [jìntʃuáːŋ | -tʃu- ; *Chin.* íntʂ'uān] *n.* 銀川(ぎんせん)《中国中北部寧夏回(かい)族自治区の首都》.

Ying·kou [jìŋkáu, -kóu | káu, -kóu ; *Chin.* íŋk'ǒu] *n.* (*also* **Ying·kow** [～]) 営口《中国東北部遼寧省 (Liaoning) にある海港》.

ý-intercept *n.* 〖数学〗 y 切片.

Yín-Yáng schòol [jínjáːŋ-, -jǽŋ- ; *Chin.* īniáŋ-] *n.* [the ～] 陰陽五行説《古代中国の哲理で, 宇宙の現象・一切の万物などは陰陽と五行(木・火・土・金・水)によって生じるという説》.

yip [jɪp] 〖擬音語〗 《米》 **—** *n.* きゃんきゃんほえる声. **—** *v.* (**yipped**; **yip·ping**) **—** *vi.* **1** 〈子犬などが〉きゃんきゃんほえる. **2 a** 鋭く叫ぶ, 大声を上げる. **b** 大声で不平を言う. **—** *vt.* かん高い声で言う.

yipe [jaɪp] 〖《擬音語》: cf. yap〗 *int.* ひゃあ, きゃあ《恐怖・驚き・苦痛などを表わす》. **—** *vi.* ひゃあ[きゃあ]と言う.

yip·pee [jípi | -pɪ] 〖《1920》: cf. hip[4]〗 *int.* きゃあ, わあい《喜び・はしゃぎなどを表わす》.

yip·pie [jípi | -pɪ] 〖《1968》 ← *Y(outh) I(nternational) P(arty)* (イッピー集団の自称名)＋-IE (cf. hippie, yippee)〗 **—** *n.* (*also* **yip·py** [～]) イッピー《反戦思想など政治意識の強いヒッピー (hippie) の若者》.

yird [jɜ́ːd | jɜ́ːd] 〖《変形》← EARTH: cf. yard[2]〗 *n., v.* 《スコット》 ＝earth.

yirr [jɜ́ː | jɜ́ː(r)] 〖《擬音語》: cf. OE *ġeorran* to make a harsh sound〗 《スコット》 *vi.* (犬のように)うなる (snarl, growl). **—** *n.* (犬のような)うなり声.

Yiz·kor, Y- [jízkə | -kə(r)] 〖□ MHeb. *yizkōr* 《原義》 he remembers〗 **—** *Heb. n.* 〖ユダヤ教〗 イズコール《追悼の祈り; あがないの日 (Yom Kippur), かりいお祭の 8 日目 (Shemini Atzereth), 五旬節 (Shabuoth) の 2 日目, すぎこしの祝い (Passover) の最終日に会堂で律法の朗読が終わった後に唱えられる祈り》.

Yks. 《略》 Yorkshire.

-yl [ɪl, əl, iːl, ḷ | ɪl, iːl] 〖← Gk *húlē* wood, timber, material: 1832 年ドイツの化学者 J. von Liebig および F. Wöhler とが *benzoyl* と命名したのが最初〗 **—** 〖化学〗 「(通例一価の)基 (radical)」の意の名詞連結形: **a** 飽和直鎖炭化水素の鎖端から水素 1 原子を除いてできる基: ethyl, methyl, vinyl. ★ (1) 炭化水素名の接尾辞 -ane を -yl に変える. (2) 環状炭化水素でも phen*yl*, benzyl などは用いてもよい. **b** 酸素[硫黄, セレンなど]を含む基: hydroxyl, cacodyl, uranyl, zirconyl.

y·lang-y·lang [iːlaːŋíːlaːŋ] *n.* 〖植物〗 ＝ilang-ilang.

y·lem [áɪləm] 〖ME ～ □ OF *ilem* □ ? LL *hylem* (acc.), *hȳlē* matter □ Gk *húlē*: ⇨ hyle〗 **—** *n.* **1** 〖哲学〗 ＝hyle. **2** 〖天文・物理〗 (膨脹宇宙 (expanding universe) の初めにあった)始源物質.

-y·lene [əlìːn, -ɪ̀iːn | ɪliːn] 〖← -YL＋-ENE〗 **—** *suf.* 〖化学〗 次の意味を表わす名詞を造る: **1** 「不飽和炭化水素」: pipery*lene*. **2** 「直鎖アルカン (alkane) の両鎖端から水素原子 1 原子ずつを除いて導かれる二価の基」: phenyl*ene*.

Ý lèvel *n.* 〖測量〗 Y レベル, Y 字形水準器《望遠鏡を二つの Y 形支架によって支え, かつ取外しができる水準器; cf. dumpy level》.

-yl·i·dene [ílədìːn, ɪlə-, ələ- | ílɪ-] 〖← -YL＋-IDENE〗 *suf.* 〖化学〗 「R_2C= 形の 2 価の基」の意の名詞語尾: ethyl*idene* エチリデン (CH_3HC=).

-yl·i·dyne [ílədàɪn, ɪlə-, ələ- | ílɪ-] 〖← -YLIDENE＋-YNE〗 *suf.* 〖化学〗 「RC≡ の形の 3 価の基」の意の名詞語尾: ethyl*idyne* エチリジン (CH_3C≡).

Ý lìgament *n.* 〖解剖〗 Y 靱帯(じんたい).

ý-màtrix *n.* 〖電気〗 ＝admittance matrix.

Y.M.C.A., YMCA 《略》 Young Men's Christian Association キリスト教青年会.

Y.M.Cath.A. 《略》 Young Men's Catholic Association カトリック教青年会.

Y.M.H.A., YMHA 《略》 Young Men's Hebrew Association ヘブライ青年会.

Y·mir [íːmɪə | -mɪə(r)] 〖□ ON ～ ← IE **yemo* twin〗 **—** *n.* 〖北欧神話〗 ユミル, イミル《両性的な原始巨人で, 神々や巨人族の先祖; 神々は彼の体で世界のさまざまな部分を創った》.

-yne [aɪn] 〖《変形》← -INE[3]〗 *suf.* 〖化学〗 「炭素炭素の三重結合一個をもつ不飽和炭化水素」の意の名詞語尾: ethyne.

yo [jóu | jə́u] 〖《c1420》〗 *int.* よう《激励・注意の掛声》.

yob [jɑ́(ː)b | jɔ́b] 〖《1859》《逆つづり》← BOY〗 *n.* 《英俗》 **1** やつ (fellow); 不作法者 (yokel). **2** 新兵.

y.o.b. 《略》 year of birth.

yob·bo [jɑ́bou | jɔ́bəu] 〖← YOB＋-O〗 *n.* (*pl.* **～s**) (*also* **yob·o** [～]) 《英俗》 **1** ＝yob. **2** (生意気な)あんちゃん.

yock [jɑ́k | jɔ́k] *n.* ＝yak[2].

yod [jɔ́(ː)d, júd | jɔ́d] *n.* ＝yodh.

y.o.d. 《略》 year of death.

yo·del [jóudḷ | jə́udḷ, jɔ́dḷ] 〖《1830》 □ G *jodeln* to yodel 《擬音語?》〗 **—** *n.* **1** ヨーデル《スイスや Tyrol の山間地方で歌われる胸声と裏声 (falsetto) の急速な転換が繰返し行なわれるのが特徴の民謡とその唱法》. **2** ヨーデル風の叫び. **—** *v.* (**～ed, -delled**; **～·ing, -del·ling**) **—** *vt.* ヨーデルで歌う: ～ a song, refrain, etc. **—** *vi.* **1** ヨーデルを歌う. **2** ヨーデル風に叫ぶ.

yo·del·er [-dḷə, -dlə | -dḷə(r, -dlə(r)] *n.* ヨーデル歌手.

yodh [jɔ́(ː)d, júd | jɔ́d] 〖《1735》 □ Heb. *yōdh* hand〗 *n.* ヨッド《ヘブライ語アルファベット 22 字中の第 10 字: י (ローマ字の I に当たる); ⇨alphabet 表》.

yo·di·ci·za·tion [jòudəsɪzéɪʃən, -sə- | jə̀udɪsaɪ-, -sɪ-] *n.* 〖音声〗 口蓋化 (palatalization).

yo·di·cize [jóudəsàɪz | jə́udɪ-] 〖← YODH: ⇨ -ic[1], -ize〗 *vt.* 〖音声〗 口蓋化する (palatalize).

yo·dle [jóudḷ | jə́udḷ, jɔ́dḷ] *n., v.* ＝yodel.

yó·dler [-dḷə, -dlə | -dḷə(r, -dlə(r)] *n.* ＝yodeler.

Yo·ga, y- [jóugə | jə́u-] 〖《1820》 □ Hindi & Skt ～ 《原義》 yoking, union ← *yuj-* to bind: ⇨ yoke[1]〗 **—** *n.* 〖ヒンズー教〗 ヨーガ, 瑜伽(ゆが) 《観行相応理の義》; 瑜伽派《インド六派哲学の一つ》; ヨーガ[瑜伽]の行(ぎょう)《五感の作用を制して散乱を離れ思念を一事に集中し, 三昧(ざんまい)の境地に到達する黙想的修行法》.

yogh [jóuk, jɑ́k, jɔ́(ː)k, -g, -x | jɔ́ux, jɔ́x, jə́uk, jɔ́k] 〖ME *ʒogh* ＝ ? *ʒoc* 'YOKE[1]': その形から?〗 **—** *n.* (ME の) 'ʒ' 字《有声または無声の摩擦音を表わし, 有声音は 'y' (ME *ʒonder* yonder) または 'w' (ME *saʒe* saw) となり, 無声音の方は後に 'gh' と書かれ 'night' [náɪt] のように黙字になるか, また 'tough' [tʌ́f] のように [f] 音になった》.

yo·ghurt [jóugət | jɔ́gət, jə́u-, -gɑːt, -guət] *n.* (*also* **yo·ghourt** [～]) ＝yogurt.

yo·gi [jóugi | jə́ugɪ] 〖《1619》 □ Hindi *yogī* ← Skt *yogin* ← *yoga* 'YOGA'〗 *n.* **1** ヨーガ修行者, 瑜伽(ゆが)行者(ぎょうじゃ). **2** 思慮深い人; 神秘的な人.

Yo·gic, y- [jóugɪk | jə́u-] 〖← YOGA＋-IC[1]〗 *adj.* ヨーガの, 瑜伽(ゆが)(の行)の (⇨ yoga).

yo·gin [jóugɪn, -gən | jə́ugɪn] *n.* ＝yogi.

yo·gi·ni [jóugəni | jə́ugɪnɪ] 〖← Skt *yoginī* ← *yogin* 'YOGI'〗 *n.* 女のヨーガ[瑜伽(ゆが)]行者(ぎょうじゃ).

Yo·gism [jóugɪzm | jə́u-] 〖← YOGA＋-ISM〗 *n.* **1** ヨーガ[瑜伽(ゆが)]の哲理[教理]. **2** [y-] ヨーガ[瑜伽]の行(ぎょう).

yo·gurt [jóugət | jɔ́gət, jə́u-, -gɑːt, -guət] 〖《1625》 □ Turk. *yoğurt*〗 *n.* ヨーグルト《乳酸菌発酵乳の一種》.

yó-hèave-hó 〖《1803》《擬音語》: ⇨ yo-ho, heave〗 *int.* よいとまけ, えんやらや《昔, 錨などを巻き揚げる時の水夫の掛け声に用いられた》.

yo·him·bine [jo(u)hímbiːn, jə-, -bɪn, -bən | jə(u)-hímbiːn, -bɪn] 〖← Bantu *yohimbé* (African tree)＋-INE[3]〗 **—** *n.* 〖化学〗 ヨヒンビン ($C_{21}H_{26}N_2O_3$)《アフリカ産ヨヒンベ樹皮に存在するアルカロイド; 催淫剤》.

yò-hó 〖《1769》《擬音語》: ⇨ yo, ho〗 **—** *int.* **1** やっほー, おーい《注意を喚起する時の掛け声》. **2** えんやら《力仕事をする時などの掛け声》. **—** *vi.* おーい[やっほー, えんやら]と叫ぶ.

yoick [jɔ́ɪk] 〖《逆成》← YOICKS〗 *vi.* 「ほいっ (Yoicks!)」と叫ぶ. **—** *vt.* 「ほいっ (Yoicks!)」と叫んで〈猟犬を〉けしかける 〈*on*〉.

yoicks [jɔ́ɪks] 〖《1774》《擬音語》: cf. hoicks〗 *int.* 《古》 ほいっ《狐狩で猟犬を励ます掛け声》.

yoke[1] [jóuk | jə́uk] 〖*n.*: OE *ġeoc* < Gmc **jukam* (Du. *juk* / G *Joch*) < IE **jugom* (L *jugum* / Skt *yugam*) ← **yeu-* 'to JOIN'. — *v.*: OE *ġeocian* ← *ġeoc*〗 **—** *n.* **1** (一対の牛を首の所でつなぐ)軛(くびき): put…to the ～ …を軛にかける[つなぐ]. **2** (*pl.* ～) [通例 *pl.*] (軛でつないだ牛の)一対: three ～ of oxen 6 頭の牛. **3 a** 軛状のもの. **b** (馬車・荷車の長柄 (thill) と馬などの首をつなぐための)首当て. **c** (手おけなどをかつぐ)天びん棒. **d** 上框(かまち)《窓枠(わく)上部をなす横フレーム》. **e** Y 型の連結パイプ. **4** ヨーク《身頃の肩やスカートの腰の切替え部分の布》. **5 a** 〖敗れた敵兵を軛または三本やりのアーチの下をくぐらせた古代ローマの風習から〗 服従[奴隷]のしるし; 服従, 隷属, 支配: pass [come] under the ～ 屈服する / send…under the ～ …を屈服させる, …に支配を受けさせる / submit to a person's ～ 人の支配に服する / We have never endured the ～. われわれはかつて他の支配を受けたことがない. **b** 絆(きずな), 拘束 (bond); 夫婦の縁: the ～ of matrimony 婚姻[夫婦]の絆 / cast [shake, throw] off the ～ 束縛を脱する. **6** 《英・古》 一対の牛によって一日に耕作される土地: a ～ of land. **7** 《英方言》 **a** (特に, Kent で)(農夫が牛を使って耕作する)ひと仕事する時間, ひと仕事: work

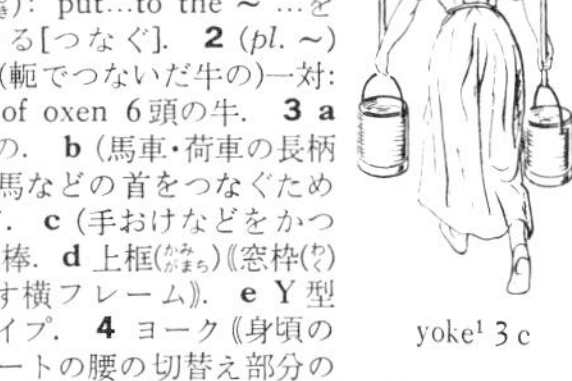

yoke[1] 3 c

two ~s (1日に)ふた仕事をする《午前と午後に働く》. **b** 50-60 エーカーの地域. **8 a**〘海事〙ヨーク, 横舵柄(おうだ)《競争艇などで, ひもまたは鎖で舵を取れるように舵の頭に取付けた木製の横木》. **b**〘航空〙操縦桿(かん). **9**〘建築・機械〙繋鉄, かすがい (cramp), 二叉, 枠, (型枠工事の)裏ざん, ヨーク. **10**〘電気〙**a** 継鉄《変圧器の脚鉄心同士を磁気的に接続する鉄心, モーター・発電機などの磁極間を磁気的に接続する鉄》. **b** ヨーク《2連以上の懸垂碍子を支持物につける金物》.
— *vt.* **1**〈牛・馬など〉に軛をかける, 軛でつなぐ;〈牛・馬などを〉〈車に〉つける (attach)〔*to*〕: ~ cows / ~ a horse *to* a cart. **2** 一緒にする, 結合する, 結びつける: ~ one *to* another. **3** [しばしば p.p. 形で] 配偶させる (couple): ~ a pair / be ~*d* in marriage 結婚して結ばれている. **4** 働かせる, 就役させる. **5**《古》束縛する; 圧迫する. — *vi.* **1** 連れになる, 一緒になる, 夫婦になる; 釣り合う, 似合う (match): They do not ~ well. それらはうまく釣り合っていない. **2** 相棒となって働く, 共に働く: ~ *together*, *with* another, etc. **3**《スコット》〔…に〕精を出す, 仕事をする〔*to*〕.

yoke[2] [jóuk | jə́uk] *n.* =yolk[1].

yóke bòne *n.*〘解剖〙=zygomatic bone.

yóke·fèllow〘《なぞり》← Gk *súzugos*〙*n.* **1** 共働者, 相棒, 仲間. **2** 配偶者, 連れ合い (spouse).

yóke-frònt chést *n.*〘家具〙(両側が突出し中央部が窪みをもった) 18 世紀の U 字曲面簞笥(たんす)《oxbow chest ともいう》.

yo·kel [jóukəl | jə́u-]〘《1812》? ←《方言》*yokel* green woodpecker, yellowhammer ←?《擬音語》〙*n.* 田舎者.

yóke·lìnes *n. pl.*〘海事〙舵取索《yoke の両端に付けた索; これを引いて舵を取る》.

yó·kel·ish [-k(ə)lɪʃ] *adj.* 田舎者の; 無骨な, 粗野な.

yóke·màte *n.* =yokefellow.

yóke-ròpes *n. pl.*〘海事〙=yokelines.

Yok·na·pa·táw·pha Cóunty [jɑ̀knəpətɔ́ːfə | jɔ̀k-] *n.* ヨクナパトーファ郡《米国の W. Faulkner が小説 *Sartoris* (1929) を初めとして, 14 編の小説および多くの短編の背景とした Mississippi 州北部の架空の郡》.

Yo·ko·há·ma béan [jòukəhɑ́ːmə- | jə̀ukə(ʊ)-] *n.*〘植物〙ハッショウマメ (*Stizolobium hasjoo*)《日本産のつる草, 濃紫の花をつけ白い毛のさやをつける》.

Yo·kuts [jóukʌts, -kəts | jə́u-]〘← N-Am.-Ind.《土語》〙— *n.* (*pl.* ~) **1 a** [the ~] ヨークツ族《米国 California 州の San Joaquin Valley やその東隣の山麓地帯に住むインディアンの一部族》. **b** ヨークツ族の人. **2** ヨークツ語《Penutian 語族に属する》.

Yo·lan·de [joulǽndə | jəu-; *F.* jɔlɑ̃ːd]〘⇨ OF ~《変形》? ← *Violante* ← VIOLA〙*n.* 女性名《異形 Yolanda [-də]》.

yolk[1] [jóuk, jóulk | jə́uk]〘OE *ġeol(o)ca* ← *ġeolu* 'YELLOW'〙— *n.* **1** 卵黄, 黄身 (cf. white 5 b; ⇨ egg[1] 挿絵). ★ ラテン語系形容詞: vitelline. **2**《廃》核心, 中心 (center).

yolk[2] [jóuk, jóulk | jə́uk]〘《1607》《変形》←? ME *ȝoke* < OE *ēowoca*: cf. Flem. *ieke*〙*n.* 羊毛脂 (wool oil).

yólk·bàg *n.*〘動物〙=yolk sac.

yólk cèll *n.*〘動物〙卵黄細胞.

yolked *adj.* [通例複合語の第 2 構成素として] (…の)卵黄のある: a double-*yolked* egg 黄身の二つある卵.

yólk glànd *n.*〘動物〙卵黄腺《扁形動物 (flatworm) などの卵殻中で卵黄細胞を作る腺》.

yólk·less *adj.* 卵黄[黄身]のない.

yólk plùg *n.*〘動物〙卵黄プラッグ, 卵黄栓.

yólk sàc *n.*〘動物〙卵黄嚢(のう).

yólk stàlk *n.*〘動物〙卵黄柄[茎]《胚体と卵黄嚢を連絡するくびれた部分》.

yolk·y[1] [jóuki, jóulki | jə́uki] *adj.* (**yolk·i·er**; **-i·est**) 卵黄の, 卵黄状の.

yolk·y[2] [jóuki, jóulki | jə́uki]〘OE *ēowociġ*: ⇨ yolk[2], -y[4]〙*adj.* (**yolk·i·er**; **-i·est**)〈刈った羊毛が〉脂のついている.

y.o.m.《略》year of marriage.

Yom Kip·pur [jɔ́(ː)m-kípə, jɑ́m-, jóum-, jɑ́m-, -kɪpúə | jɔ́m-kípə(r, -kɪpúə(r]〘⇨ Mish.Heb. *yōm kippūr* ← *yōm* day + *kippūr* atonement (← *kippēr* to forgive)〙— *n.*〘ユダヤ教〙贖罪の日, 贖(あがな)いの日《Tishri 月 10 日の新年祭に続くざんげの日々の最終日で, 過去一年間を反省し, 犯した罪の赦(ゆる)しを求め, 終日断食して祈る; Day of Atonement ともいう; cf. Jewish holidays》.

yon [jɑ́(ː)n, jɔ́(ː)n, jɑ́n | jɔ́n]〘OE *ġeon* (adj.) ← Gmc *ȝaino-*, **jeno-* (G *jener* that) ← IE **e-* (pron. stem)〙《古・詩・方言》— *adj.* あそこの, あちらの, 向こうの. — *adv.* =yonder. — *pron.* かなた[あそこ]の物[人].

yond [jɑ́(ː)nd, jɔ́(ː)nd, jɑ́nd | jɔ́nd]〘OE *ġeond* ← Gmc **jend-* (Du. *ginds*) ← IE **e-* (↑)〙*adv.*, *adj.*《古・方言》=yonder.

yon·der [jɑ́ndə | jɔ́ndə(r]〘《*a*1325》: ⇨ ↑, hinder〙《文語》— *adj.* あそこの, 向こうの, かなたの: ~ church tower. — *adv.* あそこに, 向こうに (over there): *Yonder* stands an oak. 向こうにオークの木が生えている. — *pron.* あそこ[かなた]にある物[人].

Yonge [jʌ́ŋ], **Charlotte Mary** *n.* (1823-1901) 英国の女流小説家; *The Heir of Redclyffe* (1853).

yo·ni [jóuni | jə́uni]〘《1799》⇨ Skt *yoni* abode, womb〙*n.*〘ヒンズー神話〙女陰像《インドで Shakti の表象として礼拝する; cf. lingam 1 a》.

Yon·kers [jɑ́ŋkəz | jɔ́ŋkəz]〘⇨ Du. *De Jonkers (Land)*《原義》the young nobleman's (land)〙*n.* 米国 New York 州 Hudson 河畔の都市; 人口 193,000.

Yonne [jɑ́n, jɔ́(ː)n | jɔ́n; *F.* jɔn] *n.* ヨンヌ《フランス北部の県; 人口 292,000, 面積 7,461 km², 首都 Auxerre [ɔsɛːr, o-]》.

yoo-hoo [júːhùː]〘擬音語?〙*int.* よーお, おーい《注意を引くための叫び声》. — *vi.* (よーお[おーい]と呼び掛けて)人の注意を引く.

yore [jɔ́ə, jóə | jɔ́ː(r]〘OE *ġ(e)āra* formerly ←? *ġēar* 'YEAR'〙*n.*《古》昔 (old times). ★ 次の成句で: *of yore* 昔の; 昔は (formerly): in days *of* ~ 昔.

Yor·ick [jɔ́(ː)rɪk, jɑ́r- | jɔ́r-]〘cf. Dan. *Georg*: ⇨ George[1]〙— *n.* **1** 男性名. **2** Shakespeare の *Hamlet* で先王に仕えた道化師: Alas, poor ~! ああ, 不憫(ふびん)なヨリック《かわいそうに, 彼はもうこの世にいない; cf. *Hamlet* 5. 1. 202》.

york [jɔ́ək | jɔ́ːk]〘《逆成》← YORKER〙*vt.*〘クリケット〙〈打者を〉ヨーカー (yorker) でアウトにする.

York[1] [jɔ́ək | jɔ́ːk]〘OE *Iorvik* (ON *Jōrvík* の影響による変形) ← *Eoforwīc* (*eofor* boar + *wīc* village)《通俗語源》← L *Eburacum* ← Gaul. *eburos* yew (cf. Ir. *iubhar*)〙— *n.* **1** =Yorkshire. **2** イングランド北東部 North Yorkshire 州の首都, 大聖堂 (York Minster) がある (⇨ Canterbury 1); 人口 105,000. **3** 米国 Pennsylvania 州南東部の都市; 人口 49,000.

York[2] *n.* ヨーク家《York 公 Edmund が興した Edward 四世, Edward 五世, Richard 三世の三代にわたる英国の王家 (1461-85), Plantagenet 王朝の支流; ばら戦争 (Wars of the Roses) で Lancaster 家と対立した; the House of York ともいう》.

York, 1st Duke of *n.* (1341-1402) 英国の Edward 三世の子, 1385 年 York 公に封ぜられて York 家を興した; Edmund of Langley.

York [jɔ́ək | jɔ́ːk], **Albert Frederick Arthur George** *n.* (1895-1952) 英国王 George 六世の即位以前の名; 称号 Duke of York.

York, Alvin Cul·lum [kʌ́ləm] *n.* (1887-1964) 第一次大戦で偉勲をたてた米国の軍曹; 通称 Sergeant York.

York, Cape *n.* ヨーク岬《オーストラリア北東部 Queensland 州北端の岬》.

Yórk-and-Láncaster ròse〘ばら戦争を起こした York, Lancaster 両王家の紋章がそれぞれ白と紅のばらであったことから〙— *n.*〘園芸〙ヨークアンドランカスター《バラの品種名; 紅白咲き分ける》.

Yórk bòat〘*York*: カナダの Manitoba 州北東部の地名で, 最初の製作地〙*n.* (カナダ北西部で用いられる)大型カヌー《毛皮をとる人が品物の運搬に使う》.

york·er [jɔ́əkə | jɔ́ːkə(r]〘《1870》←? YORK (英国の地名) + -ER[1]: この球が Yorkshire チームの特技であったことから〙— *n.*〘クリケット〙ヨーカー《打者のすぐ前, bat の真下に落ちるように投げられたボール》.

Yórk·ist [-kɪst, -kəst | -kɪst]〘← (*the House of*) *York*〙— *n.* **1** ヨーク家の人. **2** ヨーク党員, ヨーク党支持者《ばら戦争当時 York 家を奉じた党員; 党章として白ばらを用いた; cf. Lancastrian》. — *adj.* **1** ヨーク家の. **2** ヨーク党員の.

Yórk ríte, Y- R- *n.* [the ~]〘フリーメーソン〙ヨーク儀礼《フリーメーソンが行なう儀式の一つ; 米国では 13 級を英国では 4 級を与える; その儀式を行なう組織; cf. Scottish rite》.

Yorks [jɔ́əks | jɔ́ːks] *n.* (*also* **Yorks.**) =Yorkshire.

York·shire [jɔ́əkʃɪə, -ʃə | jɔ́ːkʃə(r, -ʃɪə(r]〘OE *Eoferwīcscīr*: ⇨ York, shire〙— *n.* **1** イングランド北東部の旧州; 首都 York; East Riding, West Riding, North Riding の三地区に分かれていた; 1974 年 4 月以降 Humberside, North Yorkshire, South Yorkshire, West Yorkshire の四州となる. **2** ヨークシャー《Yorkshire 原産の耳の立った白色の一品種の豚》.

come Yorkshire over* [*on*] *a person* = *put Yorkshire on a person 〘Yorkshire の人はずるくて抜け目がないとの評判から〙〈人〉をだます, 一杯食わす, 出し抜く.

Yórkshire Dáles Nátional Párk *n.* ヨークシャーデールズ国立公園《イングランド North Yorkshire 州から Cumbria にかけての深い谷を含む荒野, 1954 年指定; 面積 1,760 km²》.

Yórkshire flánnel *n.* 染色しない糸で織ったフランネル.

Yórkshire grít *n.* ヨークシャー砂岩《大理石みがき用》.

Yórkshire púdding *n.* ヨークシャープディング《小麦粉・卵・牛乳を混ぜ, 肉を焼く時出る汁で焼いたもの; ローストビーフなどにつけ合わせて食べる》.

Yórkshire stóne *n.* ヨークシャー石《建築材》.

Yórkshire térrier *n.* ヨークシャーテリア《英国 Yorkshire, Lancashire で開発された小型で濃い鋼青色と黄褐色の絹のような長毛の犬種のイヌ》.

York·town [jɔ́əktaun | jɔ́ːk-]〘← *the Duke of York* (=Charles I)〙— *n.* 米国 Virginia 州南東部の町; 1781 年英軍の Cornwallis が独立軍の Washington に降服した所; 人口 400.

Yo·ru·ba [jɔ́ːrubə, jóːr-, -bɑ̀ː | jɔ́r-, jə́ur-] *n.* (*pl.* ~, ~**s**) **1 a** [the ~(s)] ヨルバ族《アフリカ西部海岸東部一帯の広い範囲にわたる黒人種族; 北米の黒人にはこの種族に属する者が多い》. **b** ヨルバ族の人. **2** ヨルバ語《Kwa 語に属する》. **Yó·ru·ban** [-bən] *adj.*

Yo·ru·ba·land [jɔ́ːrubəlæ̀nd, jóːr- | jɔ́r-, jə́ur-] *n.* ヨルバランド《アフリカ西部の旧王国; 今の Nigeria 南西部の地域》.

Yo·sem·i·te [jo(ʊ)sémɪṭi, -mə- | jə(ʊ)sémɪti]〘⇨ N-Am.-Ind. ~《原義》grizzly bears, killers〙— *n.* [the ~] ヨセミテ渓谷 (Yosemite Valley)《米国 California 州東部 Sierra Nevada 山脈中の深い谷; 長さ 11 km》.

Yosémite Fálls *n. pl.* [the ~] ヨセミテ滝《Yosemite 国立公園にある大滝; Upper Fall (436 m), Middle Fall (191 m), Lower Fall (98 m) の三段で全長 770 m》.

Yosémite Nátional Párk *n.* ヨセミテ国立公園《米国 California 州中東部にあり, 渓谷・滝・巨木林で有名, 1890 年指定; 面積 3,061 km²》.

Yosh·kar-O·la [jɔ(ː)ʃkáə-oulɑ́ː | jɔʃkɑ́ː(r)-; *Russ.* jəʃʃkár-alá] *n.* イオシュカールオラ《マリ自治ソビエト社会主義共和国の首都》.

you〘OE *ēow* (dat. & acc. pl.) < (WGmc) **iwwiz* (Du. *u* / G *euch*) ← IE **ju-* you: cf. ye[1]〙— [juː, jʊ, jə; jùː, júː] *pron.* [人称代名詞, 二人称単・複数主格および目的格; 所有格 **your**]. ★ もとは ye の目的格で複数形 (cf. ye[1], thou[1], thee). **1** あなた(方), 君(たち), お前(たち), なんじ(ら): **a** [主格]: ~ and I [me] 君と私 / *You* are kind [all friends]. 君(たち)は親切だ[君たちは皆友だちだ] / Are ~ there? (電話で)もしもし聞こえてますか / "*You*'re a liar." "*You*'re another." 「君はうそつきだ」「そういう君だって」/ [主語と同格として] *You* schoolboys must be very careful about it. 生徒諸君はこのことを十分注意しなければならない / [強調的に命令文の主語として] *You* begin, Ben. ベン, 君から始めたまえ / Don't ~ go away. おい, 立ち去るな / [呼掛け] *You* there, what is your name? もし(そちらの方)お名前は? / *You* beauty! うるわしき君よ / *You* darling! ねえお前《愛情の呼掛け》/ *You* idiot, ~! このばか者め《強調的な反復》/ Come on, ~ bad dog! さあ, お出で, このしょうのない犬め. **b** [目的格]: all of ~ あなた方みんな, 諸君全員 (you all) / the rest of ~ (君たちの中で)残った者たち / I'll take ~ three with me. 君たち 3 人を連れて行こう / He has left ~ this message. 彼はあなたにこのことづてを残して行った / What's the matter with ~? どうしたのですか / I heard about ~ succeeding in the examination. 君が試験に合格したことを聞いた (★ I heard about *your* succeeding in the examination. よりも口語的).
2 [総称的に] 人は(だれでも): *You* often find that just when ~ want something ~ haven't got it by ~. 欲しい時にその物が手元にないことはだれでもよく経験することだ / When ~ pat him, he snaps at ~. あの男はなでるとかみつく《恩をあだで返す》/ *You* never can tell. (先のことなど)だれも予想できないものだ. ★ 同様な意味に用いる代名詞に we, they, one があるが, you が最も親密感を帯びている.
3 a《口語》[*for* ~, *to* ~ として; 口調を強めて聴者の注意・関心を引くために添える副詞句]: He's jumping for joy — that's a child *for* ~. 小躍りして喜んでいる, やはり子供だね / Not Tom, if you don't mind — Mr. Jones *to* ~. できたら「トム」はよしてくれ, 「ジョーンズ君」と言ってほしいね. **b**《古》[単に語勢を強めるために動詞に添加して; cf. ethical dative]: I will roar ~ an 'twere any nightingale. うぐいすみたいにうなってみせます (Shak., *Mids N D* 1. 2. 8 b).
4《古》=yourself, yourselves: Get ~ gone. 去れ / Stay and rest ~ on this bank. 足をとめて土手の上で休め / You must choose ~ a wife. 君は自分で細君を選ばなくてはならん.

between you and me ⇨ between *prep.* 成句. ***you all*** [juːɔ́ːl, ⸗⸗, jɔ́ːl] (1) =all of you (cf. 1b). (2)《米南部》=you-all. ***You and your...!*** …は君の口癖だね《また始まったなど》.
— [júː] *n.* (*pl.* ~**s** [~z]) あなたというもの, 君そのもの, 君のようなもの: It was like another ~. それはもう一人の君のようなものだった / Such is the real ~. そういうところが本当の君なのだ.

you-all [juːɔ́ːl, ⸗⸗, jɔ́ːl]〘《1824》〙— *pron.*《米南部》[you (単数)の複数形として] あなた方, 君たち (cf. un, 'un): What are ~ doing? 君たちは何をしている所だね. ★ (1) you all とも書き,《米口語》ではまた you people, you folks ともいう. (2) you-all を純粋に単数に用いるのは非標準的.

you'd [juːd; jud]《口語》you had [would] の縮約形.

you'll [juːl; juːl, júːl | juːl, jul; juːl, júːl]《口語》you will [shall] の縮約形.

young [jʌ́ŋ]〘OE *ġeong* < Gmc **juŋȝaz* (Du. *jong* / G *jung*)《短縮》← **juwuŋȝaz* < IE **yuwn̥kós* (L *juvencus* young bull) ← **yeu-* young〙*adj.* (**young·er** [jʌ́ŋgə | -gə(r]; **young·est** [jʌ́ŋgɪst, -gəst]) **1** (老年・中年に対して)年の若い, 幼少の, 年のいかない: a ~ singer, animal, plant, etc. / a ~ family 幼児たち, 家族の幼い者たち / We get no ~*er*. もう若くはならない / ⇨young lady, young man. **2** (同名の, または同姓の父子・兄弟など)年下の方の (cf. junior 1 a, fils) (↔ elder): ~ Jones / the ~ Mrs. Brown ブラウンさんの若奥様 / Teniers the *Younger* 小テニール (⇨ Teniers) / the *Younger* Pitt 小ピット (⇨ Pitt) / a ~*er* branch of the family 分家 / a ~*er* brother 弟 / a ~*er* son 下の息子; (長男でないために)貴族の出でありながら貧しい男 / the ~*est* son 末子. **3** 若々しい; 清新の, 元気な; 青春時代の, 青年特有の (↔ old): ~ love [ambitions] 若い人の恋[大望] / a ~ dreadful boy 腕白盛り[憎まれ盛り]の少年 / a ~ hopeful 前途有望な大事な子供 / in her soft, ~ voice 例のも静かで若々しい声で / in one's ~ days 若いころには / ~ in [at] heart 気が若い / ⇨young blood / He is ~ for his age [years]. 年の割に若い / A man is as ~ as his arteries. 男の年はその体力次第 / People are ～ at fifty now. 今は50でもまだ若い / I am not as ～ as I was. 私にはもうもとの元気はない. **4** [通例 Y-; 特に進歩的な政治的党派・運動の名称に用いて] 進歩派の, 青年党の: ⇨ Young England, Young Ireland, Young Lord, Young Turk. **5** (歴史の)新しい, 新興の, 揺籃(ようらん)期にある: a ～ nation 新興国家 / a ～ institution 発足してまだ日の浅い協会. **6** 〈時日・季節など〉まだ浅い, まだ早い (↔ deep): The night is still ～. まだ宵(よい)の口である. **7** 未熟な, 経験のない: ～ *in* the trade, study, life, etc. / The world was as yet too ～ *in* wisdom for that. 世人はまだそれを悟るほどには賢くなっていなかった / I am still ～ *at* the work. まだ未熟者です / you ～ rascal [呼掛け] おい, いたずら小僧さん. **8** 《口語》小型の, 雛型の (miniature): a ～ museum.

— *n.* **1** [通例 the ～; 集合的] 青年 (youth): *The* ～ have a better time of it than their forefathers. 今の若い者は祖先の人たちよりも恵まれ(た時を過し)ている / *the* educated ～ of today 今日の教養ある若者たち / a game for ～ and old 若者にも年寄にも向くゲーム. **2** (主に, 動物の)子 (offspring): the ～ of fish(es) 稚魚, 幼魚 / a bear with her ～ 子を連れた母熊.

with young 〈動物が〉はらんで(いる) (pregnant).

～·ness *n.*

Young [jʌ́ŋ], **Arthur** *n.* (1741–1820) 英国の農業経済学者・著述家; *Travels in France* (1792).

Young, Brigh·am [brígəm] *n.* (1801–77) 米国の Mormon 教の指導者.

Young, Edward *n.* (1683–1765) 英国の詩人; *The Complaint: or, Night Thoughts on Life, Death, and Immortality* (1742–45).

Young, Francis Brett *n.* (1884–1954) 英国の小説家; *Portrait of Clair* (1927).

Young, Owen D. *n.* (1874–1962) 米国の実業家 (⇨ Young plan).

Young, Stark *n.* (1881–1963) 米国の劇評家・ジャーナリスト・劇作家・小説家.

Young, Thomas *n.* (1773–1829) 英国の医師・物理学者・エジプト学者.

Young, Victor *n.* (1900–56) 米国の作曲家・指揮者・映画音楽監督; *Around the World in 80 Days* (1956).

young·ber·ry [jʌ́ŋbèri, -b(ə)ri | -b(ə)ri] 〖← *B. M. Young* (19 世紀の米国 Louisiana 州の園芸家)〗 **—** *n.* 〖園芸〗ヤングベリー《dewberry の改良品種である Young 種のつる状の低木の濃紫色の大粒の果実》.

yóung blóod *n.* **1** 青春の血潮, 若々しい活力[思想, 情熱]. **2** [集合的] (威勢のいい)若者たち; (党などに新風を吹き込む)若手.

Yóung Éngland *n.* [the ～] イギリス青年党《1840 年代初期の Tory 党の一派; 支配層には博愛を, 労働者には服従を要求して 1842–46 年 Corn Law 撤廃運動に反対した》.

young·er [jʌ́ŋgə | -gə(r)] 〖ME *ȝonger* < OE *ġeongra* disciple, servant 《変形》 ← *gyngra* (compar.) ← *ġeong* 'YOUNG': ⇨ -er²〗 **—** *n.* **1** [通例所有格代名詞とともに] 年下の者 (junior): His brother is two years *his* ～. 彼の弟は2歳年下だ. **2** [通例 *pl.*] 若者たち, 子供たち (cf. elder *n.* 1): He is kind to his ～*s*. 若者に親切だ.

young·est [jʌ́ŋgɪst, -gəst] 〖ME *yongest(e)* < OE *ġyngesta* ← *ġyngst* (superl.) ← *ġeong* (↑)〗 *n.* (*pl.* ～) 一番年少の人; (特に, 家族の中で)末の子, 年少の者.

yóung-éyed *adj.* **1** 目の澄んだ, 明るい目つきの (bright-eyed); 若々しい表情の. **2** 青年らしいものの見方をする; 熱情的な (enthusiastic).

yóung grammárian *n.* [通例 *pl.*] ＝neogrammarian.

Young·hus·band [jʌ́ŋhʌ̀zbənd], **Sir Francis Edward** *n.* (1863–1942) 英国の探検家・著述家; ヒマラヤ登山で知られ, 1936 年よりエベレスト会会長を勤めた.

Yóung Íreland *n.* [the ～] アイルランド青年党《O'Connell の輩下の一部が 1843 年分離して結成し, 1848 年独立と共和制を目的として暴動を起こしたが, 失敗した》.

yóung·ish [-ŋɪʃ, -ŋgɪʃ] *adj.* やや若い; まだ若い.

Yóung Ítaly *n.* [the ～] 青年イタリア党《1831 年 Mazzini が組織した共和主義的秘密結社》.

yóung lády *n.* **1 a** 若い婦人[女性]《未婚の洗練された女性にいう》. **b** [呼掛けに用いて] お嬢さん. **2** ガールフレンド; 恋人, フィアンセ (fiancée).

young·ling [jʌ́ŋlɪŋ] 〖OE *ġeongling* ← *ġeong* 'YOUNG' ＋-LING¹: cf. G *Jüngling*〗 *n.* 《古》 **1** 若者, 若い人. **2** 動物の子; 若木. **—** *adj.* 若い (young).

Yóung Lórd *n.* 《米》ヤングロード党員《米国におけるラテンアメリカ系市民の政治・経済的な力を求めるスペイン語系のアメリカ人の急進的団体 Young Lords の一員》.

yóung mán *n.* **1 a** 青年, 若者. **b** [呼掛けに用いて] お若いの: Look here, ～! おい, お若いの. **2** 若い男の雇人. **3** ボーイフレンド; 恋人 (sweetheart).

yóung-óld *adj.* 年を取っているのに若く見える (cf. old-young).

yóung one [-(w)ən] *n.* **1** 若者 (youngster), 子供; [呼掛け] おいお若いの. **2** 動物の子; (特に)若駒.

yóung péople *n.* **1** 若人; (特に, 婚期の)年ごろの人たち. **2** (プロテスタント教会で)青年会会員《12–24 歳の人》.

yóung pérson *n.* **1 a** 若い人. **b** 《古》若い女の人《girl, woman, lady の別を明示したくない時, 特に女中が下層の婦人を取りつぐ時などに使う》. **2** [the ～] 〖英法〗(保護を要する 14 歳以上 17 歳未満の)純真な青少年.

Yóung plàn *n.* [the ～] ヤング案《第一次大戦後のドイツ賠償支払計画; 1929 年 Owen D. Young が議長となり Dawes 案を改訂して成立した》.

Yóung Preténder *n.* [the ～] 若僭(せん)王, 小王位要求者《James 二世の孫で the Old Pretender の子 Charles Edward Stuart (1720–88) の通称; 父の志を継いで英王位を要求し, 1745 年 Jacobites の反乱を起こしたが失敗; Scotland では Bonnie Prince Charlie の愛称で親しまれた; cf. forty-five 4》.

Yóung's módulus 〖← *Thomas Young*〗 *n.* 〖物理〗ヤング率[係数]《弾性率の一種で伸び弾性率ともいう》.

young·ster [jʌ́ŋstə, jʌ́ŋks- | -stə(r)] 〖《1589》← YOUNG ＋-STER: cf. younker〗 **—** *n.* **1 a** 若者 (young man). **b** 子供 (child), (特に)少年 (boy). **c** 比較的若い中年の人; 経験の浅い人 (cf. oldster). **2** 子馬, 若馬; 若い獣; 若木. **3 a** 〖英海軍〗勤務経験 4 年以下の少尉候補生. **b** 〖米海軍〗海軍兵学校二年生.

Youngs·town [jʌ́ŋztaun] 〖← *John Young* (1800 年ごろ活躍した米国の開拓者)〗 *n.* 米国 Ohio 州北東部の工業都市, 鉄鋼業の中心地; 人口 133,000.

yóung thìng *n.* **1** 若者; (特に)若い女性. **2** 若い動物; (特に)(訓練を受けていない)子馬.

Yóung Túrk *n.* **1** 青年トルコ党員《1890 年代はじめ秘密結社として結成された「統一進歩委員会」のメンバー; 青年将校を中心とする; 1908 年の憲政復活の主動力となって権力をにぎり, 1918 年までオスマン帝国を支配した》. **2** 政党の反対分子. **3** [時に y- T-] 組織内の変革主張者, 急進派の人 (radical). **4** [y- t-] 気性の激しい青年[子供].

young 'un [jʌ́ŋ ən] *n.* 《口語》若い人; [呼掛け] お若いの.

yóung wóman *n.* ＝young lady.

youn·ker [jʌ́ŋkə | -kə(r)] 〖▭ Du. *jonker* ← *jong* young ＋*heer* sir (cf. G *Herr*): cf. G *Junker*〗 *n.* **1** 《古》＝youngster. **2** 《廃》若[青年]紳士.

your [jʊə, jɔə, joə, jə; jʊ̀ə, jɔ̀ə, jòə, jʊ́ə, jɔ́ə, jóə | jɔː(r), jʊə(r), jə(r); jʊ̀ə(r), jɔ́ː(r), jʊ́ə(r)] 〖OE *ēower* (gen.) ← *ġē* 'YE¹': cf. G *euer*〗 **—** *pron.* [you の所有格; cf. yours] **1** あなた(方)の, 君(ら)の, なんじ(ら)の: by ～ leave お許しを得て, ご免をこうむって / ～ and my friend 君と私との友人 (cf. your friend and mine 君の友人と私の友人) / *Your* good sense must tell you that this is right. 賢明な君にはこれが正しいということがわかるだろう. **2** [jə | jə(r)] 《口語》(不定・一般的な意味で)皆のよく口にする[よく知っている](the familiar), いわゆる, かの, 例の. ★ 通例軽蔑的に用いる: So this is ～ good works! ではこれがいわゆる善行なんだね / No one is so fallible as ～ expert. 世にいわゆる「くろうと」なる者ほど誤りに陥りやすいものはない / There are more things in heaven and earth, Horatio, than are dreamt of in ～ philosophy. ホレーショー君, 天上天下, いわゆる哲学などの考え及ばないことが色々とあるものだよ (Shak., *Hamlet* 1. 5. 166). **3** [総称的に] 人の, だれもの (one's) (cf. you *pron.* 2): You should obey ～ parents. 親の言うことを聞くべきだ / When you face the north, east is at ～ right. 北に向かって右が東です. **4** [しばしば Y-; 敬称を伴って you の代用をなす]: *Your* Highness ⇨ highness 2 / *Your* Lordship ⇨ lordship 2 / *Your* Majesty [Majesties] ⇨ majesty 4.

you're [jʊə; jʊ̀ə, jʊ́ə | jʊə(r; jʊ̀ə(r, jʊ́ə(r] you are の縮約形.

yourn [jʊ́ən, jɔ́ən, jóən | jɔ́ːn, jʊ́ən] *pron.* 《方言》＝yours.

yours [jʊ́əz, jɔ́əz, jóəz | jɔ́ːz, jʊ́əz] 〖《*a*1325》 *your(e)s* (⇨ your, -s² 4): cf. hers, ours〗 **—** *pron.* [you に対する所有代名詞] **1 a** あなた(方)の物, 君(ら)の所有物: my father and ～ 私の父と君のおとうさん / This seat is ～. この座席は君のです《★ This is *your* seat. よりもやや形式ばった表現法》/ Our help without ～ will not do. 私たちの助力もあなた(方)のお力添えがなくては役に立ちますまい / *Yours* is the only way. 君のが唯一の方法だ / The fault is much more mine than ～. その罪は君より私にあります / This is ～ if you will accept it. お受け下さるならばこれをさし上げます / With best wishes to you and ～ (＝your family). (手紙で)皆さまにもどうぞよろしく / What's ～? 《口語》(酒は)何にしますか, 何を飲みますか. **b** [...of ～ の形式をなして (cf. mine¹ 1 b ★)] あなた(方)の..., 君(ら)の...: that little whim *of* ～ 君の例のちょっとした気まぐれ / those books *of* ～ 君のあの本 / Is he a friend *of* ～? 彼は君の友だちですか. **c** あなたのなすべきこと, 君の役[責任] (your duty): It is ～ to help him. 彼を救うのは君の責任だ. **2** 〖商業〗お手紙 (your letter): ～ of the 15th inst. 今月 15 日付けのお手紙 / *Yours* is just to hand. お手紙確かに落手いたしました. **3** [手紙の結辞用語として]: Sincerely ～＝*Yours* sincerely 敬具 (「誠実に貴君のしもべである...」の意から). ★ この種の用語は親疎の度合の差を反映している: (1) Respectfully ～, *Yours* respectfully 《公式書翰・商用文に適する》/ (2) Very sincerely ～, *Yours* very sincerely; Very truly ～, *Yours* very truly / (3) Sincerely ～, *Yours* sincerely; *Yours* truly / (4) Most sincerely ～, *Yours* most sincerely / (5) Cordially ～, *Yours* cordially / (6) *Yours* faithfully, Faithfully ～ / (7) *Yours* ever, Ever ～ / (8) Always ～, *Yours* always / (9) Affectionately ～, *Yours* affectionately.

yours truly (1) ⇨ 3. (2) 《口語・戯言》＝I, me (cf. your UNCLE): But ～ *truly* will not be there. だがおれはそこへ行かん.

your·self [jʊəsélf, jɔə-, joə-, jə- | jɔː-, jʊə-, jə-] 〖《?*c*1390》 *your self(e), youre selven* ∽ *you self* (acc., dat.): ⇨ your, self〗 **—** *pron.* [二人称単数複合代名詞; cf. oneself, himself] (*pl.* **-selves** [-sélvz]) **1** [強意用法] あなた自身, 君みずから: Please do it ～. ご自分でして下さい / That's the letter you ～ wrote. それはあなた自身が書いた手紙です / It is ～ I want, not your money. 私がほしいのはあなたそのもので金ではない / Here is a present for ～. これは君自身に上げるものです (cf. Here is a present for *you*.) / See it *for* ～. (人に頼らないで)自分(の目)で確かめてごらん / Why are you sitting *by* ～. なぜたった一人ですわっているのですか / You cannot do it *by* ～. 独力ではできはしない / How's ～? 《俗》(そう言う)君はいかがです《特に 'How are you?' という問に答えたあとで言う》. **2** [—ˊ] [再帰用法]: Know ～. 自分自身を知れ / Ask ～ whether it is true or not. 本当かどうか自分に聞いて見るがよい《よく考えて見よ》/ Help ～ to some more meat. もっと肉を取って召し上がって下さい / You will wear ～ out. (そんなことをして)今に疲れてしまうよ. **3** (身体的・精神的に)いつもの[正常な]: You are not quite ～ tonight. 君は今夜どうかしている / Be ～! 《口語》しっかりしろ, 元気を出せ.

your·selves [jʊəsélvz, jɔə-, joə-, jə- | jɔː-, jʊə-, jə-] 〖《1523》 *your selves*: ↑〗 **—** *pron.* [複合人称代名詞; yourself の複数形] **1** [強意用法] あなた方自身, 君らみずから: Do your homework (for) ～. 宿題は各自自分でしなさい. **2** [—ˊ] [再帰用法]: You students ought to be proud of ～. 学生諸君は自尊心をもつべきである. **3** (身体的・精神的に)いつもの[正常な]あなた方: Both of you will feel more like ～ after a few days' rest. あなた方はお二人とも 2, 3 日お休みになれば元気が出ましょう.

yous [júːz] *pron.* ＝youse.

youse [juːz, jʊz, jəz, juːs, jʊs, jəs; jùːz, jʊ̀s, júːz, júːs] 〖← YOU＋*-se* '-s¹'〗 *pron.* お前ら, 君たち《複数の you として用いられる非標準的な語》.

youth [júːθ] 〖OE *ġeoguth* ← (WGmc) **juȝunþ-* (G *Jugend*) 《変形》 ← **juwunþ-* ← **juwuŋ-* 'YOUNG': ⇨ -th²〗 **—** *n.* (*pl.* **youths** [júːðz, júːθs | júːðz]) **1 a** 幼年, 幼少, 若年(の状態) (cf. childhood, manhood 2) (↔ man): in spite of his ～ まだ若いのに. **b** 若さ, 若々しさ, 青春 (youthfulness); (青年のような)軽快, 明朗 (buoyancy); 元気, 活発 (vigor): eternal ～ 永遠の若さ, 不老不死 / the secret of keeping one's ～ いつまでも若さを失わない秘訣 / He has all the appearance of ～. 非常に若々しく見える, いかにも若々しい. **2 a** 若い時, 青年時代, 青春期 (adolescence) (cf. middle age, old age): ～ like a summer morn 夏の朝のような青春(時代) / from ～ onward 青年時代からずっと続いて / in my hot [raw, vigorous] ～ 血気盛んな時代に / *in* (the days of) one's ～ 若き日に, 青春のころに (cf. *Eccl.* 12: 1) / She is past her first ～. 年増(としま)である / *Youth*'s a stuff will not endure. 少年老いやすし (Shak., *Twel N* 2. 3. 53). **b** (発生・創設の)初期, 草創期, 発達途上の時期: the ～ of a nation 国[民族]の(歴史が浅く)発達の初期にある時代 / the ～ of the world 古代, 太古 / Our business is still *in* its ～. 事業はまだ草創期にある. **3 a** (特に, 男子の)若者, 青年 (young man): a ～ of twenty 20 歳の若者 / promising ～*s* 前途有望な青年たち / a bevy of ～*s* and maidens 一群れの青年男女. **b** [集合的; 通例複数扱い] 青年男女, 若い人たち (young people): the ～ of our country わが国の青年男女 / Our ～ *are* industrious. わが国[今日]の若人は勤勉である / *Youth* turns to ～. 若い者は若い者同士.

yóuth-and-òld-áge *n.* 〖植物〗＝zinnia.

yóuth cènter *n.* ユースセンター《青年の余暇活動のための場所》.

yóuth clùb *n.* ユースクラブ《青年の余暇活動のためのクラブ》.

youth·ful [júːθf(ə)l] 〖《1561》← YOUTH＋-FUL¹〗 **—** *adj.* **1** 若さを持った, 若々しい (young); ういういしい (fresh): a ～ bride, mother, etc. **2** 若者の, 青年特有の, 若者らしい, 若者に適した: ～ ambitions / a ～ appearance, smile, etc. / Her clothes were too ～ for her face and figure. 着物が彼女の顔や姿に似合わずはで過ぎた. **3** 〈季節など〉早い (early): the ～ season of the year 初春, 春. **4** 〖地質〗浸食の度の少ない: a ～ river. **～·ly** *adv.* **～·ness** *n.*

yóuthful offénder *n.* 〖法律〗青少年犯罪者《特に初犯の 16 歳以上 22 歳未満の青少年, 実刑を科するよりも更生補導をする; youth offender ともいう; 英国では 10 歳以上 14 歳未満を少年 (children), 14 歳以上 17 歳未満を青年 (young persons) としている》.

yóuth gròup *n.* (団体や組織の)若い構成員のグループ, 青年部.

youth·hòod 〖OE *ġeoguþhād*: ⇨ youth, -hood: OE からの語は 13C で廃れ, 新たに 17C に造語〗 **—** *n.* **1** 青年[年若]であること. **2** [集合的] 《廃》青年たち, 若者たち.

yóuth hòstel 〖《なぞり》← G *Jugendherberge*〗 *n.* ユースホステル (⇨ hostel 1).

yóuth hòsteler *n.* **1** ユースホステルの会員[利用者]. **2** ユースホステルの管理人.

yóuth mòvement *n.* (政治・宗教など特に変革を目的とした)青年運動.

yóuth offénder *n.* 〘法律〙 =youthful offender.

you've [juːv, juv; jùːv, júːv] 《口語》 you have の縮約形.

yow [jáu] 〘擬音語〙 *int.* うー, うえー, わあー《苦痛・当惑・驚き・喜びなどを表わす》.

yowl [jául] 〘《?c1200》 *yowle(n)* ▭ ? ON *gaul-a* to howl : または擬音語 (cf. howl, yawl[1])〙 ― *vi.* **1** 悲痛な声を出す, 泣きわめく (wail). **2** 悲痛な声で不平を言う. ― *vt.* 悲痛な声で言う. ― *n.* (犬や猫などの)もの悲しい鳴き声.

yo-yo [jóujòu | jáujàu] 〘《1932》 ▭ Tagalog 《土語》: フィリピンからカナダを通じて米国に持ちこまれたおもちゃ〙 ― *n.* (*pl.* **~s**) **1** ヨーヨー. **2** 《米俗》ばか者; のろま. ― *adj.* 上下する; 変動する. ― *vi.* **1** 行ったり来たりする. **2** 動揺する (vacillate). **3** 変動する.

y.p. 《略》〘物理〙 yield point.

Y-paràmeter *n.* 〘電気〙 =admittance parameter.

y·per·ite [íːpəràɪt] 〘▭ F *ypérite* ← YPRES : ⇨ -ite[1]〙 *n.* 〘化学〙イペリット (⇨ mustard gas).

y·pon·o·meu·tid [iːpὰnəmjúːtɪd, -təd | -pɔ̀nəmjúː-tɪd] 〘↓〙〘昆虫〙 *adj.* スガ(科)の. ― スガ《スガ科のガの総称》.

Y·pon·o·meu·ti·dae [iːpὰnəmjúːtədìː | -pɔ̀nəmjúː-tɪ-] 〘← NL ~ ← *Yponomeuta* (属名 : ← ? Gk *hyponomeutḗs* miner)＋-IDAE〙 ― *n. pl.* 〘昆虫〙(鱗翅目)スガ科.

Y potèntial *n.* 〘電気〙相電圧《3 相回路で Y 結線されたものの 1 相分の電圧》.

Y·pres [íːpr(ə), -prəz, -pəz | -pr(ə), -pəz; *F.* ipr] *n.* イープル《ベルギー北西部の都市; 第一次大戦戦跡 (1914–18), この地で初めて毒ガス (yperite) が用いられた; フラマン語名 Ieper》.

Yp·si·lan·ti [ìpsəlǽnti | -sɪlǽntɪ], **Alexander** *n.* イプシランティ《1792–1828; ギリシャ独立運動における愛国者・革命家; 通称 Prince Ypsilanti》.

Ypsilanti, De·me·tri·os [dɪmíːtriəs | -trɪ-] *n.* イプシランティ《1793–1832; ギリシャの政治家; A. Ypsilanti の弟, 兄と協力して独立のため戦った》.

YR 《記号》〘貨幣〙 Yemen rial(s).

yr., yr 《略》 year(s); younger; your.

yrbk 《略》 yearbook.

yrly 《略》 yearly.

yrs., yrs 《略》 years; yours.

Y·sa·ÿe [ɪzáɪi, ɪzáɪ | ɪzáɪɪ, ɪzáɪ; *F.* izai], **Eugène** *n.* イザイ《1858–1931; ベルギーのバイオリン奏者・作曲家・指揮者》.

Y·ser [iːzέə | íːzə(r; *F.* izɛːr] *n.* [the ~] イゼール(川)《フランス北部に発しベルギー北西部を貫流して北海に注ぐ川 (77 km); その流域は第一次大戦戦跡》.

Y·seult [ɪsúːlt] *n.* 〘アーサー王伝説〙 =Iseult.

Y-shàped cártilage *n.* 〘解剖〙 =Y cartilage.

yt, y[t] [ðǽt] 〘《14C》 *yt, yat* : y- は *þ* (thorn) の誤り〙《廃》 that の筆記上の短縮形 (cf. ye[2]).

Yt 《記号》〘化学〙 yttrium.

Y.T. 《略》 Yukon Territory.

Y-tràck *n.* 〘鉄道〙 Y 線, 方向転換用三角線.

yt·ter·bi·a [ɪtə́ːbiə, ət- | ɪtə́ːbɪə, -bjə] 〘← NL ~ ← *Ytterby* (↓)＋-IA[1]: cf. terbia, yttria〙 *n.* 〘化学〙酸化イッテルビウム (Yb_2O_3).

yt·ter·bite [ɪtə́ːbaɪt, ət- | ɪtə́ː-] 〘《1839》 ← *Ytterby* (スウェーデンの地名でその発見地)＋-ITE[1]〙 *n.* 〘鉱物〙 =gadolinite.

yt·ter·bi·um [ɪtə́ːbiəm, ət- | ɪtə́ːbjəm, -bɪəm] 〘《1879》 ← NL ~ : ⇨ ↑, -ium〙 ― *n.* 〘化学〙イッテルビウム《希元素の一つ; 記号 Yb, 原子番号 70, 原子量 173.04》. **yt·ter·bic** [ɪtə́ːbɪk, ət- | ɪtə́ː-] *adj.*

yttérbium mètal *n.* 〘化学〙イッテルビウム金属.

yt·ter·bous [ɪtə́ːbəs, ət- | ɪtə́ː-] *adj.* 〘化学〙(特に) 2 価のイッテルビウム (ytterbium[II]) の[に関する, を含む].

yt·tri·a [ítriə | -trɪə] 〘《1800》 ← NL ~ ← *Ytterby* : ⇨ ytterbite, -ia[1]〙 *n.* 〘化学〙イットリア (Y_2O_3)《イットリウムの酸化物》.

yt·tric [ítrɪk] *adj.* 〘化学〙イットリウムの[に関する, を含む].

yt·trif·er·ous [ɪtríf(ə)rəs] 〘← YTTRIUM ＋ -FEROUS〙 *adj.* 〘化学〙イットリウムを含む.

yt·tri·ous [ítriəs | -trɪ-] 〘⇨ ↓, -ous〙 *adj.* 〘化学〙イットリウムの.

yt·tri·um [ítriəm | -trɪ-] 〘《1822》 ← NL ~ : ⇨ yttria, -ium〙 ― *n.* 〘化学〙イットリウム《ガドリン石 (gadolinite) 中に含まれる希金属元素; 記号 Y, 原子番号 39, 原子量 88.9059》.

ýttrium íron gárnet *n.* 〘化学〙イットリウム鉄ガーネット ($Y_3Fe_2(FeO_4)_3$)《フェライトの一種; 略 YIG》.

ýttrium mètal *n.* 〘化学〙イットリウム金属《希土類元素の金属の総称》.

yt·tro·tan·ta·lite [ìtro(ʊ)tǽntəlàɪt, -tl̩- | -rə(ʊ)tǽntəl-] 〘← *yttro-* (← YTTRIUM)＋TANTALITE〙 ― *n.* 〘鉱物〙イットロタンタル石《Y, Ta, U, Zr などを含む, Fe, Ca の酸化鉱物》.

Yü [júː; *Chin.* ỳ] *n.* 禹(ウ)《中国伝説上の最古の王朝である夏の始祖; 黄河の治水に成功したと言われる》.

Y.U. 《略》 Yale University.

yu·an [júːən, jùːáːn | jùːáːn; *Chin.* yán] 〘▭ Chin. *yüan* (圓) 《原義》 round〙 ― *n.* (*pl.* ~) **1** 元, 圓《中華人民共和国の通貨単位; =10 角 (chiao); 記号 ¥ (=RMB yuan)》. **2** 1 元紙幣.

Yu·an, y- [júːən, jùːáːn | jùːáːn; *Chin.* yàn] 〘▭ Chin. *yüan* (院) 《原義》 hall, courtyard〙 ― *n.* (*pl.* **~, ~s**) 院《中華民国の政府機関; 立法・行政・司法・考試・監察の 5 院がある》.

Yü·an[1] [júːən, jùːáːn | jùːáːn; *Chin.* yán] 〘▭ Chin. *yüan* (元) 《原義》 first, beginning〙 *n.* 元(ゲン)《Kublai Khan が創建した中国のモンゴル人王朝 (1279–1368)》.

Yü·an[2] [jùːén; *Chin.* yán] *n.* [the ~] =Yüen.

Yü·an Shih-k'ai [juːáːn-ʃiːkáɪ; *Chin.* yán ʂìk'ǎi] *n.* 袁(エン)世凱(ガイ)《1860–1916; 中国清朝末期の政治家; 中華民国初代大総統 (1913–16)》.

Yu·ca·tán [jùːkətǽn, -táːn, ―― ― | jùːkətáːn, jʊk-, -tǽn; *Sp.* jùkatán] *n.* (*also* **Yu·ca·tan** [~]) **1** ユカタン(半島)《カリブ海とメキシコ湾との境をなす中米の半島; メキシコ南東部・グアテマラ北部・ベリーズ (Belize) を含む》. **2** ユカタン(州)《メキシコ南東部の州; 人口 774,000, 面積 43,379 km², 首都 Mérida》.

Yucatán Chánnel *n.* [the ~] ユカタン海峡《ユカタン半島とキューバ間にあり, メキシコ湾とカリブ海を結ぶ; 幅 216 km》.

Yu·ca·tec [júːkətèk] 〘▭ Sp. *yucateco* ← *Yucatán*〙 ― *n.* (*pl.* **~s, ~**) **1 a** [the ~(s)] ユカテク族《メキシコ Yucatán 半島に住むインディアンの一部族》. **b** ユカテク族の人. **2** ユカテク語《Maya 語の一方言》. **3** ユカタン半島の(原)住民. **Yu·ca·tec·an** [jùːkətékən] *adj., n.*

yuc·ca [jʌ́kə] 〘《1664》 ← NL ~ ← Sp. *yuca* ← West Ind.〙 ― *n.* 〘植物〙ユッカ, イトラン《ユリ科イトラン属 (*Yucca*) の植物の総称; 観賞用, またイトラン (*Y. filamentosa*), キミガヨラン (*Y. recurvifolia*) など葉から繊維を採る; 《米》では Adam's needle ともいう》. ★ その花は米国 New Mexico 州の州花.

yúcca mòth *n.* 〘昆虫〙イトランモグリガ《*Tegeticula* 属の白いガ数種の総称; イトランに授粉する》.

yuck [jʌ́k] 〘《擬音語》?: cf. 《スコット》 *yuke* itch〙 *n.* =yak[2].

yuck·y [jʌ́ki | -kɪ] *adj.* 《米俗》いやらしい, いまいましい (disgusting).

Yü·en [jùːén; *Chin.* yán] *n.* [the ~] 沅(ゲン)江《中国南部貴州省 (Kweichow) に発し湖南省 (Hunan) の洞庭湖 (Tungting) に注ぐ川 (993 km)》.

Yug. 《略》 Yugoslavia.

Yu·ga [júgə, júː-] 〘▭ Skt *yugam* age, 《原義》 YOKE[1]〙 ― *n.* 〘ヒンズー教〙(世界を四期に分けた中の)一時代《第一の時代は黄金時代 (Krita Yuga) で 1,728,000 年続き, 第二は薄明時代 (Treta Yuga) で 1,296,000 年, 第三は薄暗時代 (Dvapara Yuga) で 864,000 年, 第四は暗黒時代 (Kali Yuga) すなわち現代で紀元前 3,102 年に始まり 432,000 年続くものとする; 全四期を合わせて大世 (Maha Yuga) という》.

Yu·go·slav [jùːgo(ʊ)sláːv, -slǽv, ―― ― | jùːgə(ʊ)sláːv, ―― ―] 〘▭ Austrian-G ~ ← Serbo-Croatian *jug* south (< OSlav. *jugŭ*)＋SLAV : 《原義》 the southern Slavs〙 (*also* **Yu·go-Slav** [~]) ― *n.* **1** ユーゴスラビア人《Serbs, Croats, Slovenes 族; cf. Serbo-Croatian》. **2** 南スラブ人. ― *adj.* ユーゴスラビア(人)の.

Yu·go·sla·vi·a [jùːgo(ʊ)sláːviə, -slǽv- | -gə(ʊ)sláːvjə, -vɪə] 〘▭ Serbo-Croatian *Jugoslavija* : ⇨ ↑, -ia[1]〙 ― *n.* ユーゴスラビア《ヨーロッパ南部の共和国; 人口 22,000,000, 面積 255,804 km², 首都 Belgrade; Bosnia and Herzegovina, Croatia, Macedonia, Montenegro, Slovenia, Serbia の 6 共和国から成る; 公式名 the Socialist Federal Republic of Yugoslavia ユーゴスラビア社会主義連邦共和国》.

Yu·go·sla·vi·an [jùːgo(ʊ)sláːviən, -slǽv- | gə(ʊ)sláːvjən, -vɪən] *adj., n.* =Yugoslav.

Yu·go·slav·ic [jùːgo(ʊ)sláːvɪk, -slǽv- | -gə(ʊ)sláːv-] *adj.* ユーゴスラビア(人)の.

yuk [jʌ́k] *n.* =yak[2].

Yuk. 《略》 Yukon (Territory).

Yu·ká·wa poténtial [juːkáːwaː-] *n.* 〘物理〙湯川型ポテンシャル《中間子場によって媒介される力のポテンシャルで湯川秀樹によって導入された》.

yuk·ky [jʌ́ki | -kɪ] *adj.* =yucky.

Yu·kon [júːkɑn | -kɔn] 〘▭ N-Am.-Ind. (Athapascan) *yukon-na* big river〙 ― *n.* [the ~] **1** ユーコン《カナダ北西部の準州; 人口 19,000, 面積 536,327 km², 首都 Whitehorse; 公式名 Yukon Territory》. **2** ユーコン(川)《Yukon 準州を流れ Bering 海に注ぐ川 (3,700 km)》.

Yúkon stándard tìme *n.* =Yukon time.

Yúkon Térritory *n.* [the ~] =Yukon 1.

Yúkon tìme *n.* ユーコン(標準)時《米国の標準時の一つで西経 135° にあり, GMT より 9 時間遅い; ⇨ standard time 1 ★》.

yu·lan [júːlɑn, -læn] 〘▭ Chin. *yülan* (玉蘭)〙 ― *n.* 〘植物〙ハクモクレン (*Magnolia denudata*)《中国中部産モクレン科の落葉高木; 大きい白い花をつけ, よく庭木として植えられる》.

yule [júːl] 〘OE *ġēol, ġeohhol* ← Gmc **jehwla-, *jeʒwla-* (ON *jōl*) ← ?: もとは冬至のころ行なわれた異教の祭りを指した〙 ― *n.* [しばしば Y-] 《古》クリスマスの季節 (Christmas season); クリスマスの祝祭 (Christmas festival).

Yúle lòg [**blòck, clòg**] *n.* クリスマス前夜に炉にたく大薪(マキ).

yúle·tìde *n.* [しばしば Y-] 《古》クリスマス(の)季節 (Christmas season, Christmastide). ― *adj.* クリスマスの季節の.

Yu·ma [júːmə] 〘▭ Sp. ← ? *Yah-may-o* Son of the Captain : 初期のスペインの宣教師が誤ってこの部族の名称にしたという〙 ― *n.* (*pl.* **~, ~s**) **1 a** [the ~(s)] ユーマ族《もと米国 Arizona 州およびそれに接する Mexico および California 州の部分に住み, 今は California 州南東部の指定保留地に居住するアメリカインディアンの一部族》. **b** ユーマ族の人. **2** ユーマ語《Yuman 語族の一方言》.

Yu·man [júːmən] *adj.* **1** ユーマ族の[に関する]; ユーマ語の. **2** ユーマン語族の. ― *n.* ユーマン語族《米国南西部および Mexico 北西部に居住する Yuma 族・Mohave 族を含むアメリカインディアンの話す語族》.

Yü·men [jùːmén; *Chin.* ỳmən] *n.* 玉門《中国甘粛省 (Kansu) の都市》.

yum·my [jʌ́mi | -mɪ] 〘← *yum* (喜びを表わす叫び声)＋-Y[4]〙 ― *adj.* (**yum·mi·er; -mi·est**) 《口語》 **1** 舌ざわりがよい; おいしい (delicious); 気持ちよい (delightful). **2** 美しい, とても素敵な.

yum-yum [jʌ́mjʌ́m] 〘《加重》 ← *yum* (↑): もと小児語〙 *int.* おいしい, うまい. ― *n.* 《米小児語》食べもの, 「まんま」(food); 甘いもの, 菓子 (sweets).

Yung·ning [jùŋníŋ; *Chin.* yūŋníŋ] *n.* 邕寧(ヨウネイ)《Nanning の旧名》.

Yün·nan [jùːnáːn, jùnǽn; *Chin.* ýnnán] *n.* **1** 雲南(省)《中国南西部の省; 人口 30,920,000, 面積 380,000 km², 首都 Kunming (昆明)》. **2** 雲南《Kunming の旧名》.

yup [jʌ́p, jʌ́ʔ] *adv.* =yep. ★ [p] は破裂しない.

yu·quil·la [juːkíː(j)ə; *Am. Sp.* jukíja] 〘▭ Sp. ~ ← *yuca* 'YUCCA'＋*-illa* (n. suf.)〙 ― *n.* (*pl.* **~s** [~z; *Am. Sp.* ~s]) 〘植物〙中央アメリカ産トウダイグサ科のマニホットゴムノキの一種 (*Manihot carthaginensis*)《黄緑色の花をつける; 質は劣るが, ゴムが取れる》.

Yu·rak [jʊrǽk, jú(ə)ræk | jʊ(ə)rǽk, júəræk] *n.* 〘言語〙ユラク語《西シベリアの北部に住む遊牧民の話すウラル語の一方言》.

yurt [júət | júət] 〘▭ Russ. *yurta* ▭ Turk. ~ 'dwelling'〙 ― *n.* ユルト, パオ(包)《中央アジアのモンゴル人やトルコ人が使用する毛皮やフェルト製の円屋根の折りたたみ式移動住居》.

Yutang, Lin *n.* ⇨ Lin Yutang.

Yu·zov·ka [júːzəfkə; *Russ.* júzəfkə] *n.* Donetsk の旧名.

Yve·lines [iːvlíːn; *F.* ivlin] *n.* イヴリーヌ(県)《フランス北中部の県; 人口 1,100,000, 面積 2,271 km², 首都 Versailles》.

Yves [íːv; *F.* iːv] 〘▭ F *Yves* 《原義》 yew〙 *n.* 男性名.

Y·vette [ɪvét, iː-; *F.* ivɛt] 〘▭ F ~ (fem.) (↑)〙 *n.* 女性名.

Y·vonne [ɪvάn, iː- | ɪvɔ́n; *F.* ivɔn] 〘F ~ (fem.) ← *Yvon* ← ? Celt.〙 *n.* 女性名.

Y.W.C.A., YWCA 《略》 Young Women's Christian Association キリスト教女子青年会.

Y.W.H.A., YWHA 《略》 Young Women's Hebrew Association ヘブライ女子青年会.

y·wis [ɪwís] *adv.* 《古》 =iwis.

Ý-Ý connéction *n.* 〘電気〙 =wye-wye connection.

Z

Z, z [zíː | zéd] 〘OE《まれ》Z, z ▭ L《まれ》▭ Gk Z, ζ (zēta) ▭ Phoenician ⵊ: cf. Heb. ז (záyin)《原義》weapon: フェニキア文字では第7字, ギリシャ文字では第6字, ラテン語では古く使われたことがあったが, 紀元の初めに再びギリシャ語から Y と共に借入された〙 ── *n.* (*pl.* **Z's, Zs, z's, zs** [~z]) **1** 英語アルファベットの第26字 (cf. izzard, zed 1, zee). **2** (活字・スタンプなどの) Z または z 字. **3** [Z] Z 字形(のもの): ⇨ Z-bar. **4** 文字 z が表わす音《zoo, seize などの[z]》. **5** (中世ローマ数字の) 2,000. **6** (連続したものの)第26番目(のもの); (J を数に入れない時は)第25番目(のもの); (J, V, W を数に入れない時は)第23番目(のもの). ***from A to Z*** ⇨ A[1] 成句.

z 〘cf. x〙 ──《記号》**1**〘数学〙**a** (x, y をそれぞれ第1, 第2未知数[量]として用いた時の) 第3未知数[量] (cf. x, y; a, b, c). **b** (x, y をそれぞれ第1, 第2変数として用いた時の)第3変数. **c** (空間の) 第3座標 (cf. x, y). **2**〘気象〙dust haze 砂煙霧.

Z《記号》**1**〘米軍〙airship 飛行船. **2**〘化学〙atomic number. **3**〘電気〙impedance. **4**〘貨幣〙zaire; zloty(s). **5**〘物理〙Zee meson.

Z., z.《略》zero; zinc; zone.

za·ba·glio·ne [zɑ̀ːbəljóuni | zæ̀bəljə́uni; *It.* dzabaʎʎóːne] 〘▭ It. ~《変形》← *zabaione* ← ? LL *sabaia* an Illyrian drink + It. *-one* (aug. suf.)〙 ── *n.* ザバリョーネ《イタリア料理; 卵と砂糖を泡立てぶどう酒を加えたクリーム状のデザート; プディングなどのソースとしても用いる》.

za·ba·io·ne [zɑ̀ːbəjóuni | -jə́uni; *It.* dzabajóːne] *n.* = zabaglione.

Zab·rze [zɑ́ːbʒeɪ; *Pol.* zábʒɛ] *n.* ザブジェ《ポーランド南部の都市, 旧ドイツ領; 旧ドイツ語名 Hindenburg; 人口 204,000》.

Za·ca·te·cas [sæ̀kətéɪkəs, sɑ̀ː-, -ték- | sɑ̀ːkətéɪ-; *Am. Sp.* sàkatékas] *n.* **1** サカテカス(州)《メキシコ中部の州; 人口 952,000, 面積 75,040 km²》. **2** サカテカス《Zacatecas 州の首都; 人口 57,000》.

zac·a·ton [zǽkətòun, sǽk- | -tə̀un; *Am. Sp.* sàkatón] 〘▭ Am.-Sp. *zacatón*: ⇨ sacaton〙 ── *n.*〘植物〙米国・メキシコなどの乾燥地に産するイネ科の草本: **a** = guinea grass. **b** メキシコ産の草本 (*Epicampes stricta*, *Festuca amplissima*)《繊維が強く, 製紙の原料となる》. **c** = sacaton.

Zac·che·us [zækíːəs, zə- | -kíːəs, -kíəs] 〘▭ LL ~ ▭ Gk *Zakkaîos* ▭ Heb. *Zakkáy*《原義》pure, innocent ← *zākhā*[h] to be clean〙 ── *n.* **1** 男性名. **2**〘聖書〙ザアカイ《イエスを見ようとして桑の木に登った取税人; のちにイエスを食卓に招いた; cf. *Luke* 19:2-10》.

Zach.《略》Zacharias.

Zach·a·ri·ah [zæ̀kəráɪə] 〘▭ LL *Zachariās* ▭ Gk *Zakharías* ▭ Heb. *Zᵉkharyā́*[h]《原義》Yahweh has remembered〙 *n.* **1** 男性名. **2**〘聖書〙= Zechariah.

Zach·a·ri·as [zæ̀kəráɪəs | -ráɪəs, -ráɪæs; *G.* tsàxaríːas] *n.* **1**〘聖書〙ザカリヤ《John the Baptist の父; cf. *Luke* 1》. **2** (Douay Bible での) Zechariah のラテン語式語形.

Zach·a·ry [zǽkəri | -rɪ] 〘(dim.) ← ZACHARIAH〙 *n.* 男性名.

Za·cyn·thus [zɑ́ːkɪnθəs | -θəs] *n.* ザキントス(島)《Zante のラテン語の古名》.

Za·dar [zɑ́ːdɑə | -dɑː(r; *Serbo-Croat.* zádar] *n.* ザダル《ユーゴスラビア西部, Dalmatia 沿岸の海港, もとイタリアの飛領土 (exclave); 人口 108,000; イタリア語名 Zara》.

zad·dik [tsɑ́ːdɪk] 〘▭ Heb. *ṣaddîq*《原義》righteous〙 ── *n.* (*pl.* **zad·dik·im** [tsɑ́ːdɪkɪm, tsɑːdíː-, -kəm | -kɪm]) **1** (ユダヤ教の基準から見て)有徳で聖人のような人. **2** Hasidism 派の精神的指導者.

Zad·ki·el [zǽdkiəł | -kɪ-] 〘その編者である英国人 R.J. Morrison (1795-1874) の匿名〙 *n.* ザドキエル暦《民間に行なわれた占星術の暦》.

Za·dok [zéɪdɑk | -dɔk] 〘▭ Heb. *Ṣādôq* ← *ṣaddîq* just, righteous〙 *n.* 男性名.

zaf·fer [zǽfə | -fə(r] 〘(1662) ▭ It. *zaffera* // (OF) *safre*, *zafre* ▭ ? L *sapphirus* 'SAPPHIRE'〙 ── *n.* (*also* **zaf·fre** [~]) 合成呉須(ごす)《コバルト鉱と珪砂との煆焼(かしょう)混合物で, 昔は陶磁器・ガラスの着色剤に使用された; cf. asbolite》.

zaf·tig [zɑ́ːftɪg, -tɪk] 〘▭ Yid. ~ 'juicy' ← MHG *saf(t)* 'juice, SAP[1]' + *-ig* '-Y[4]'〙 ── *adj.*《俗》**1** 〈女が〉ふくよかな体をした, 性的に魅力的な姿をした. **2** 太った; 均斉のとれた.

zag [zǽ(ː)g] 〘《略》← ZIGZAG〙 *n.* ジグザグ(コース)の一方向 (cf. zig 1). ── *vi.* (**zagged**; **zag·ging**) = zig.

Zag·a·zig [zǽgəzɪg] *n.* ザガジグ《エジプト北東部, Nile 川デルタ地域にある都市; 人口 201,000》.

Zagh·lul Pa·sha [zæglúːł-pɑ́ːʃə, zɑ́ːgluːł-, -pǽʃə, -pəʃɑ́ː | -pɑ́ːʃə], **Saad** [sǽ(ː)d, sɑ́ːd] *n.* ザグルルパシャ《1860?-1927; エジプトの法律家・政治家; 首相 (1924-27)》.

Za·greb [zɑ́ːgreb | zɑ́ːg-, zǽg-] *n.* ザグレブ《ユーゴスラビア北西部, Sava 川付近の都市, Croatia の首都; 人口 567,000; ドイツ語名 Agram》.

zai·ba·tsu [záɪbɑːtsùː] 〘▭ Jap.〙 *n.* (*pl.* ~) 財閥.

za·in [zɑ́ːjɪn, -jən | -jɪn] *n.* = zayin.

za·ire [zɑ́ɪə, zɑːíə | zɑːíə(r] 〘← Congo《土語》〙 *n.* (*pl.* ~**s**, ~) **1** ザイール《Zaire の通貨単位; = 100 makuta; 記号 Z》. **2** 1 ザイール紙幣.

Za·ire [zɑ́ɪə, zɑːíə | zɑːíə(r] *n.* ザイール《アフリカ中部にある共和国; もとベルギーの植民地 (the Belgian Congo) であったが, 1960年独立してコンゴ民主共和国 (the Democratic Republic of the Congo) となり, 1971年現在名に変更; 人口 24,485,000, 面積 2,344,116 km², 首都 Kinshasa; 公式名 the Republic of Zaire ザイール共和国》.

Za·ir·e·an [zɑ́ɪ(ə)riən, zɑːí(ə)ri- | zɑːíərɪ-] (*also* **Za·ir·i·an** [~]) *n.* ザイール人. ── *adj.* ザイール(人)の.

Zá·kin·thos [zɑ́ːkɪnθɔ̀(ː)s, -kən- | -kɪnθɔ̀s] *n.* ザキントス《Zante のギリシャ語名》.

za·kus·ka [zəkúːskə; *Russ.* zakúskə] 〘▭ Russ. ~ ← *zakusit'* to take a light meal〙 *n.* (*pl.* ~, **-kus·ki** [-ki | -kɪ; *Russ.* zakúskji]) ザクスカ《ロシヤ料理の前菜》.

Zam.《略》Zambia.

Za·ma [zéɪmə, zɑ́ːmə | zɑ́ːmə] *n.* ザマ《アフリカ北部 (現在の Tunisia), Numidia の古都, Carthage の南西; Scipio the elder の指揮するローマ軍がこの付近で Hannibal の率いるカルタゴ軍を破った (202 B.C.)》.

za·mar·ra [zəmɑ́ːrə, sə-] 〘▭ Sp. ~ ▭ (i) Arab. *sammūr* sable // (ii) Basque *zamar* sheepskin〙 *n.* ザマラ《スペインの羊飼いの着用する羊皮のコート》.

Zam·be·zi [zæmbíːzi | -zɪ] *n.* (*also* **Zam·be·si** [~]) [the ~] ザンベジ(川)《アフリカ南部の川; Zambia, Angola 西部, Zimbabwe, Mozambique を貫流してインド洋に注ぐ (2,740 km)》.

Zam·bi·a [zǽmbiə | -bɪə, -bjə] *n.* ザンビア《アフリカ南部にある英連邦内の共和国; もと英国保護領で Northern Rhodesia といい Federation of Rhodesia and Nyasaland の一部となったが, 1964年独立; 人口 4,751,000, 面積 752,620 km², 首都 Lusaka; 公式名 the Republic of Zambia ザンビア共和国》.

Zam·bi·an [zǽmbiən | -bɪən, -bjən] *adj.* ザンビア(人)の. ── *n.* ザンビア人.

zam·bo [zɑ́ːmbou, zǽm- | -bəu] 〘▭ Sp. ~: ⇨ sambo[1]〙 *n.* (*pl.* ~**s**) = sambo[1].

Zam·bo·an·ga [zæ̀mbouɑ́ːŋgə | -bəu-] *n.* サンボアンガ《フィリピンの Mindanao 島南西部の海港; 人口 241,000》.

Za·men·hof [zɑ́ːmənhɔ̀(ː)f, -hɑ̀f | -hɔ̀f; *Pol.* zámɛnhɔf], **Lazarus Ludwig** *n.* ザメンホフ《1859-1917; ポーランドの眼科医, 国際語 Esperanto の創案者》.

za·mi·a [zéɪmiə | -mɪə] 〘← NL ~ (sing.) ← L *zāmiae* (fem. pl.): Pliny の書中にある L *azāniae* pine nuts の誤読〙 ── *n.*〘植物〙熱帯・亜熱帯アメリカ産のソテツ科ザミア属 (*Zamia*) の植物の総称《時に, 地中の短い太い幹の上にヤシに似た羽状葉を出す》.

za·min·dar [zəmíːndɑ̀ə, -mən-, ━ ─ ━, zəmìːndɑ́ə | zæmɪndɑ́ː(r] 〘(1683) ▭ Hindi *zamīndār* landholder ▭ Pers. ← *zamīn* land + *-dār* owner〙 ── *n.*《インド》ザミンダール: **a** 大地主《独立前に, 英国政府へ地租を納める条件で認められた封建領主》; 地主. **b** (Mogul 帝国時代の)徴税請負人. **c** (独立後の政府と耕作者との間の仲介役を働く)不在地主.

za·min·da·ri [zəmɪndɑ́ːri, -mən-, zəmìːndɑ́ːri | zæmɪndɑ́ːrɪ] 〘▭ Hindi *zamīndārī* ▭ Pers. ← *zamīndār* (↑)〙 *n.*《インド》**1** ザミンダール(大地主)による地租納入制度. **2** ザミンダール(大地主)が支配する土地.

Za·mo·ra y Tor·res [zəmɔ́ːrə-iː-tɔ́(ː)reɪs, θə-, -mɔ́ːrə- | θəmɔ́ːrə-; *Sp.* θamóraitórres], **Ni·ce·to Al·ca·lá** [niθéto àlkalá] *n.* サモラ イ トレス《1877-1949; スペインの政治家; スペイン(共和国)初代大統領 (1931-36)》.

Zan.《略》Zanzibar.

Zan·cli·dae [zǽŋklədìː | -klɪ-] 〘← NL ~ ← *Zanclus* (属名: ▭ Gk *záŋklon* sickle) + -IDAE〙 *n. pl.*〘魚類〙ツノダシ科.

zan·der [zǽndə, tsɑ́ːn- | -də(r] 〘▭ G ~ ← ? Slav.: cf. Pol. *sandacz*〙 *n.* (*pl.* ~**s**, ~) = pike perch.

Zane [zéɪn] 〘《変形》← JOHN[1]〙 *n.* 男性名.

Zang·will [zǽŋ(g)wɪł | zǽŋg-], **Israel** *n.* (1864-1926) ユダヤ系の英国の小説家・劇作家; *The Children of the Ghetto* (1892).

Zan·te [zǽnti, -teɪ | -tɪ, -teɪ; *It.* dzánte] *n.* ザンテ《ギリシャ語名 Zakinthos, ラテン語名 Zacynthus》: **a** ギリシャ西部海岸沖のイオニア諸島中の一島; 人口 30,000, 面積 407 km². **b** Zante 島の都市, 海港; 人口 10,000.

zan·thox·y·lum [zænθɑ́ksələm | -θɔ́ksɪ-] 〘← NL ~: *Xanthoxylum* (Gk *xanthós* yellow + *xúlon* wood) の誤記から〙 ── *n.*〘植物〙サンショウ《サンショウ属 (*Zanthoxylum*) の植物の総称》; そのある種のもの (*Z. americanum* など)の乾燥した樹皮《発汗剤・興奮剤用》.

za·ny [zéɪni | -nɪ] 〘(1588) ▭ F *zani* // It. *zanni*《Venetia 方言》← *Gianni*《短縮》← *Giovanni* John〙 ── *n.* **1** (昔の喜劇で滑稽な身振りで主役のまねをした)副道化役 (merry-andrew): I take them no better than the fools' *zanies*. 彼らは阿呆の手伝いにすぎないと思う (cf. Shak., *Twel N.* 1. 5. 96). **2** 道化役 (buffoon). **3** [通例軽蔑的に用いて]卑屈な従者[部下], へつらい人 (toady). **4** ばか, のろま. ── *adj.* (**za·ni·er**; **-ni·est**) **1** 変に滑稽な; 頭の少々おかしい. **2** おどけた, 道化の; ばかばかしい, 気違いじみた. **zá·ni·ly** [-nɪli, -nə-, -nḷi | -nɪlɪ, -nə-] *adv.* **zá·ni·ness** *n.*

zá·ny·ism [-nìɪzm̩] *n.* 道化, ふざけ (buffoonery).

Zan·zi·bar [zǽnzəbɑ̀ə | zæ̀nzɪbɑ́ː(r] *n.* ザンジバル: **a** アフリカ東海岸沖の島; 人口 122,000, 面積 1,660 km². **b** Zanzibar 島のほか Pemba 島その他の小島を合わせたもと英国保護領; 1963年独立; 面積 2,642 km²; 1964年 Tanganyika と合併して Tanzania となる. **c** Zanzibar 島の海港; 人口 69,000.

Zan·zi·ba·ri [zæ̀nzəbɑ́ːri | -zɪbɑ́ːrɪ] *n.* **1** ザンジバル (Zanzibar) 人. **2** ザンジバル語《アラビア語の一方言》. ── *adj.* ザンジバルの.

zap [zǽp] 〘《混成》? ← Z(IP[1]) + (SL)AP[1]〙《俗》*v.* (**zapped**; **zap·ping**) ── *vt.* **1** 急に動かす. **2** なぐる, 殺す; 負かす (defeat). **3** 撃つ, 射る. **4** 言葉で攻撃する. ── *vi.* 急に動く, さっと行く. ── *n.* **1** 力, 勢力, 活力, 気力 (pep), 元気 (zip). **2** 敵との対決; 敵の攻撃. ── *int.* **1** さあー, しゅう, えい, あっ《急速・急変・突然などを表わす音声; 通例3回繰り返す》. **2** どーん, ぱーん《大砲の音など》.

Za·pa·ta [səpɑ́ːṭə | -tə; *Am. Sp.* sapáta], **E·mi·lia·no** [èmiljáno] *n.* サパタ《1877?-1919; メキシコの政治家・革命家》.

za·pa·te·a·do [zɑ̀ːpəteɪɑ́ːdou, sɑ̀ː- | -ɑ́ːdəu; *Sp.* θapateádo] 〘▭ Sp. ~ 'clog or shoe dance' (p.p. の名詞用法) ← *zapatear* to strike with shoe ← *zapato* shoe: cf. sabot, -ade〙 ── *n.* (*pl.* ~**s** [~z; *Sp.* ~s]) **1 a** サパテアード《律動的なかかとのタップを特徴とするソロ用のスペインフラメンコ舞踊》. **b** サパテアードのタップ[ステップ]. **2** サパテアードの舞曲.

za·pa·te·o [zɑ̀ːpətéɪou, sɑ̀ː- | -əu] *n.* = zapateado 1 a.

zap·o·did [zǽpədɪd, -dəd | -dɪd] 〘↓〙 *adj.*, *n.*〘動物〙オナガネズミ科の(動物).

Za·pod·i·dae [zəpɑ́dədìː | -pɔ́dɪ-] 〘← NL ~ ← *Zapod-*, *Zapus* (属名: ← *za-* (intensive pref.) + *-pod-*, *-pus* (⇨ -pus)) + -IDAE〙 ── *n. pl.*〘動物〙オナガネズミ科.

Za·po·ro·zhe [zɑ̀ːpəróuʒə | -rə́u-; *Russ.* zəparóʒjı] *n.* (*also* **Za·po·ro·zhye** [~]) ザポロジエ《ソ連邦 Ukraine 共和国南部, Dnieper 河畔の都市; 人口 772,000; 旧名 Aleksandrovsk》.

Za·po·tec [zɑ́ːpətèk, sɑ́ː-] 〘▭ Sp. *Zapoteca* ▭ Nahuatl *zapoteca*《原義》people of the land of the sapodillas〙 ── *n.* (*pl.* ~**s**, ~) **1 a** [the ~(s)] サポテック族《メキシコ南部の Oaxaca 州に住むアメリカインディアンの一部族》. **b** サポテック族の人. **2** サポテック語《Zapotecan 語族に属する》.

Za·po·tec·an [zɑ̀ːpətéɪkən, sɑ̀ː-, -ték-] *n.* **1** サポテカン語族《メキシコ南部で用いられるアメリカインディアン語の一語族》. **2** サポテカン語族の言語を用いる部族.

zap·ti·ah [zʌptíːɑː] 〘(1869) ▭ Turk. *ḍabtiyeh* ▭ Arab. *ḍabṭiya*[h] police ← *ḍabaṭa* to seize〙 *n.* (*also* **zap·ti·eh** [zʌptíːeɪ]) トルコの警官.

Za·ra [*It.* dzáːra] *n.* ザーラ《Zadar のイタリア語名》.

Za·ra·go·za [*Sp.* θaragóθa] *n.* Saragossa のスペイン語名.

Za·ra·thus·tra [zæ̀rəθúːstrə | zæ̀r-, zɑ̀ːr-; *G.* tsàratústra] 〘▭ G ~ ▭ Aves. *Zarathushtra* 'ZOROASTER'〙 ── *n.* ツァラトゥストラ, ザラツシュトラ《Zoroaster の古イラン名》.

Zar·a·thus·tri·an [zæ̀rəθúːstriən | zæ̀rəθúːstrɪ-, zɑ̀ːr-] *adj.*, *n.* = Zoroastrian.

za·ra·tite [zɑ́ːrətàɪt, zǽr- | zǽr-] 〘▭ Sp. *zaratita* ← *Zarate* (スペイン人の姓): ⇨ -ite¹〙 *n.* 〘鉱物〙翠(すい)ニッケル鉱 ($Ni_3(CO_3)(OH)_4 \cdot 4H_2O$).

za·re·ba [zəríːbə] 〘(1849) ▭ Arab. *zarība*ʰ pen, enclosure〙 — *n.* (*also* **za·ree·ba** [~]) (アフリカのスーダンなどで村や宿営地などの野獣・敵の防御用に作られる)いばらなどの柵(さく).

zarf [zɑ́əf | zɑ́ːf] 〘▭ Arab. *ẓarf* case, vessel, sheath〙 — *n.* (Levant 地方で取っ手のない小型のコーヒー茶わん(finjan)を載せる)金属製コップ形の一種の茶托(たく).

zarf

1 finjan; 2 zarf

za·ri·ba [zəríːbə] *n.* =zareba.

zar·zue·la [zɑəzwéɪlə | zɑː-; *Sp.* θarθwéla] 〘▭ Sp. ~ ← ? *La Zarzuela* (1629 年初めて演じられた Madrid 近くの宮殿)〙 — *Sp. n.* サルスエラ《スペインの国民的歌劇; 必ず対話の部分を含み, 題材は喜劇的諷刺的なものが多い》.

zas·tru·ga [zǽstrəgə, zɑ́ːs-, -gùː; *Russ.* zastrúgə] *n.* (*pl.* **-tru·gi** [-trəgìː]) =sastruga.

zax [zǽks] 〘(1842) 《南西部方言》← SAX¹: cf. OE *seax* knife〙 *n.* 石板切 (sax)《屋根ふき用のスレートを切るためのなた状の道具》.

z-àxis *n.* 〘数学〙(空間の)第 3 座標軸, z 軸 (cf. x-axis 2, y-axis 2).

za·yin [zɑ́ːjɪn, -jən, zɑ́ɪ(ə)n | zɑ́ːjɪn] 〘▭ Heb. *záyin* 《原義》 weapon ← Aram. *záyin*〙 — *n.* (*also* **za·in** [~]) ザイン《ヘブライ語アルファベット 22 字中の第 7 字: ז (ローマ字の Z に当たる); ⇨ alphabet 表》.

z.B. 《略》 G. zum Beispiel (=for example).

Z-bàr *n.* Z 形材《断面が Z 形の長い(鋼)材》.

Z chrómosome *n.* 〘生物〙Z 染色体《性染色体の一種; cf. W chromosome》.

ZD 《略》〘経営〙zero defects.

Z.D. 《略》〘天文〙zenith distance.

Zdár·sky tént [stɑ́əski-, zdɑ́ə- | stɑ́ːskɪ-, zdɑ́ː-; G. tsdárski-] 〘← *Mathias Zdarsky* (1856–1940: オーストリアのプロスキーヤー)〙 — *n.* 〘登山〙ツェルト(ザック)《ビバーク用の簡便な小型テント; bivouac sheet ともいう》.

zeal [zíːl] 〘(*c*1390) *zele* ▭ LL *zēl-us* ▭ Gk *zē̂los* emulation〙 — *n.* **1** 熱心, 熱中 (ardor, fervor): show ~ *for* music 音楽に熱意を示す / with ~ 熱心に. **2** 《廃》 **a** 熱望. **b** =zealot 1.

Zea·land [zíːlənd] 〘▭ Dan. *Sjælland* 《原義》 sealand〙 *n.* ジーランド(島)《Sjælland の英語名》.

zeal·ot [zélət] 〘(*a*1325) ▭ LL *zēlōt-ēs* ▭ Gk *zēlōtḗs* zealous follower ← *zē̂los*: ⇨ zeal〙 — *n.* **1** 熱中する人, 熱心な人 (enthusiast); 熱狂者 (fanatic). **2** [Z-] 熱心党[ゼロテ党]の人, ゼーロータイ《西暦 6 年, ローマの圧政に反抗してユダヤに発生した政治的・宗教的過激派の人; 66–73 年ローマ軍と戦った》. — *adj.* 熱中者の; 熱狂者の.

zeal·ot·ry [zélətri | -rɪ] *n.* 熱狂; 熱狂的行動, 狂信的献身.

zeal·ous [zéləs] 〘(1537) ▭ ML *zēlōs-us*: ⇨ zeal, -ous: cf. jealous〙 — *adj.* 熱中している, 熱心な, 熱狂的な (ardent, fervent); 〔…を〕熱望する 〔*for*〕; 〈…しようと〉熱望する 〈*to* do〉: ~ efforts 熱心な努力 / be ~ *for* liberty 自由を熱望する / He is ~ *to* please his wife. 熱心に妻を喜ばせようとしている / He is ~ in working. 仕事に熱心である. **~·ly** *adv.* **~·ness** *n.*

ze·a·tin [zíːətɪn, -tən | -tɪn] 〘← NL *Zea* (トウモロコシの属名: ← Gk *zeiá* single-grained wheat)+(KINE)-TIN〙 — *n.* 〘植物〙ゼアチン《トウモロコシの胚乳から分離した一種のサイトカイニン》.

ze·a·xan·thin [zìːəzǽnθɪn, -θən | -θɪn] 〘← *zea-* (↑)+XANTHIN〙 — *n.* 〘生化学〙ゼアキサンチン ($C_{40}H_{57}O_2$) 《β-カロチンのアルコール型; トウモロコシや緑葉に存在》.

ze·bec [zíːbek, zəbék | zíːbek] *n.* (*also* **ze·beck** [~]) =xebec.

Zeb·e·dee [zébədìː | -bɪ-] 〘▭ LL *Zebedae-us* ▭ Gk *Zebedaîos* ▭ ? Heb. *Zᵉbhadhyā́ʰ* 《原義》 Yahweh has bestowed〙 — *n.* 〘聖書〙ゼベダイ《使徒 James と John との父; cf. *Matt.* 4: 21》.

ze·bra [zíːbrə | zíːb-, zéb-] 〘(1600) ▭ It. ~ // Port. ~ (i) ← Congo 《土語》 // (ii) ▭ Sp. *cebra* < OSp. *zebra, zebro, enzebro* wild ass < VL **eciferus*=L *equiferus* wild horse ← *equus* horse+*ferus* wild〙 — *n.* (*pl.* **~s**, ~) **1** 〘動物〙シマウマ, ゼブラ《アフリカ産の白黒の縞のあるウマ属 (*Equus*) の動物の総称; ヤマシマウマ (*E. zebra*) など》. **2 a** ゼブラのような縞のあるもの. **b** =zebra crossing. **3** 〘魚類〙=zebra fish. **4** 〘昆虫〙=zebra butterfly.

zébra bútterfly *n.* 〘昆虫〙アメリカドクチョウ (*Heliconius charitonius*) 《ドクチョウ類の一種》.

zébra cróssing 〘道路に白黒ペンキなどで塗った縞模様とシマウマとの連想から; cf. pelican crossing〙 *n.* 《英》横断歩道《縞模様が白ペンキなどで描かれている》.

zébra dánio *n.* 〘魚類〙ゼブラダニオ (⇨ zebra fish).

zébra fínch *n.* 〘鳥類〙キンカチョウ (*Poephila* (*or Taeniopygia*) *castanotis*) 《オーストラリア産の小鳥; 普通の飼い鳥》.

zébra físh *n.* 〘魚類〙ゼブラフィッシュ (*Brachydanio rerio*) 《東南アジア原産の青と銀の縞のあるコイ科の小型の観賞用熱帯魚; zebra danio ともいう; cf. danio》.

ze·bran·o [zɪbrǽnoʊ, zə- | zɪbrɑ́ːnəʊ] *n.* (*pl.* **~s**) = zebrawood.

zébra pàrakeet *n.* 〘鳥類〙=budgerigar.

zébra plànt *n.* 〘植物〙トラフヒメバショウ (*Calathea zebrina*) 《ブラジル産のクズウコン科ゼブラソウ属の観葉植物; 黄と薄緑の縞のある葉をもつ》.

ze·brass [zíːbræs | zíːb-, zéb-] 〘← ZEBR(A)+ASS¹〙 *n.* 〘動物〙雄のシマウマと雌のロバとの 1 代雑種 (cf. zebrula).

zébra swállowtail *n.* 〘昆虫〙アメリカタイマイ (*Eurytides marcellus*) 《北米東部産のアゲハチョウの一種; 淡黄色の地に黒条があり, 長い尾状突起がある》.

zébra-tàiled lízard *n.* 〘動物〙シマオトカゲ (*Callisaurus draconoides*) 《メキシコや米国南西部の砂漠に見られるトカゲ; gridiron-tailed lizard ともいう》.

zébra·wòod *n.* **1** 〘植物〙主に Guiana 産マメモドキ科の材質が縞(しま)状の低木 (*Connarus guianensis*). **2** 縞材《その装飾的な縞のある材; 家具製造用》.

ze·brine [zíːbraɪn, -brɪn, -brən | zíːbraɪn, zéb-] 〘← ZEBR(A)+-INE¹〙 *adj.* シマウマの, シマウマに似た, シマウマ模様の.

ze·broid [zíːbrɔɪd | zíːb-, zéb-] 〘← ZEBR(A)+-OID〙 *adj.* シマウマの血を引いた; シマウマに似た. — *n.* 〘動物〙=zebrula.

ze·bru·la [zíːbrʊlə | zíːb-, zéb-] 〘← ZEBR(A)+L *-ula* '-ULE'〙 *n.* (*also* **ze·brule** [zíːbruːl | zíːb-, zéb-]) 〘動物〙雄のシマウマと雌のウマとの 1 代雑種 (cf. zebrass).

ze·bu [zíːb(j)uː | -buː] 〘(1774) ▭ F *zébu* ▭ ? Tibetan *zeu, zeba* hump of a camel or zebu: 1752 年の Paris fair で初めてヨーロッパに紹介されたという〙 — *n.* (*pl.* **~s**, ~) 〘動物〙コブウシ, ホウギュウ (*Bos indicus*) 《インド・東南アジア・アフリカなどの産で, 肩に大隆肉がある家畜のウシ》.

Zeb·u·lon [zébjʊlɑ̀n | zébjʊlən, zebjúː-] 〘↓〙 *n.* 男性名.

Zeb·u·lun [zébjʊlən, zɪbjúːl-, zə- | zébjʊlən, zebjúːl-] 〘▭ LL *Zabulon* ▭ Gk *Zaboulṓn* ▭ Heb. *Zᵉbhūlū́n* ← ? *zᵉbhūl* dwelling+*-on* (dim. suf.)〙 — *n.* 〘聖書〙 **1** ゼブルン《Jacob の第 10 子, 母は Leah; cf. *Gen.* 30: 20》. **2** ゼブルン族《ゼブルンを祖とするイスラエルの十二支族の一つ》.

zec·chi·no [zekíːnoʊ, tse- | -nəʊ; *It.* tsekkíːno] *n.* (*pl.* **-chi·ni** [-niː; *It.* -ni], **~s**) =sequin 2.

Zech. 《略》 Zechariah (旧約聖書の)ゼカリヤ書.

Zech·a·ri·ah [zèkəráɪə] 〘⇨ Zachariah〙 — *n.* 〘聖書〙 **1** ゼカリヤ《紀元前 6 世紀のヘブライの預言者; ゼカリヤ書の作者》. **2** (旧約聖書の)ゼカリア書 (略 Zech.).

zech·in [zékɪn, -kən, zekíːn | zékɪn] *n.* =sequin 2.

zed [zéd] 〘(15C) ▭ (O)F *zède* ▭ L *zēta* ▭ Gk *zē̂ta*〙 *n.* 《英》 **1** Z [z] 字の名 (cf. zee): (as) crooked as the letter ~ すごく曲がった. **2** Z 字形のもの.

zéd·bàr *n.* 《英》=Z-bar.

Zed·e·ki·ah [zèdəkáɪə | -dɪ-] 〘▭ Heb. *Ṣidqiyā́ʰ* 《原義》 Yahweh is righteousness〙 — *n.* **1** 男性名. **2** 〘聖書〙ゼデキア《バビロン捕囚の際の Judah の王 (597–586 B.C.); cf. 2 *Kings* 24, 25; *Jer.* 52: 1–11》.

zed·o·ar·y [zédoʊèri | -dəʊəri] 〘(*c*1475) *zeodoarye* ▭ ML *zedoaria* ▭ Arab. *zadwār* ▭ Pers. *zadwār*: ⇨ -ary〙 — *n.* 〘植物〙ガジュツ (*Curcuma zedoaria*) 《インド・スリランカ産ショウガ科ウコン属の植物; その根茎は乾かして香料・薬用とする; 漢法で「弘法大師の石芋」と称する健胃剤はこれ》; ガジュツの根茎.

zee [zíː] 〘(1677) ▭ Du. ~〙 *n.* 《米》 Z [z] 字の名 (cf. zed).

Zee·brug·ge [zéɪbrʌgə, zíːbrʊgə; *Flem.* zéːbrœxə] *n.* ゼーブリュッヘ《ベルギー北西部の海港; 第一次大戦のドイツ潜水艦基地》.

Zee·land [zíːlənd, zéɪ- | zéɪlənd, zíːl-; *Du.* zéːlɑnt] 〘▭ Du. ~ 《原義》 sea land: cf. Zealand〙 — *n.* ゼーラント(州)《オランダ南西部の州; 人口 336,000, 面積 2,700 km², 首都 Middelburg [mídəlbə̀ːrx]》.

Zee·man [zéɪmɑːn, -mən | zíːmən; *Du.* zéːmɑn], **Pie·ter** [píːtər] *n.* ゼーマン《1865–1943; オランダの物理学者; Nobel 物理学賞 (1902)》.

Zéeman effèct 〘← *P. Zeeman*〙 — *n.* 〘物理・光学〙ゼーマン効果《磁場によって物質のエネルギー準位が分裂する現象; 狭義には磁場中の物質のスペクトル線が分裂する現象; cf. anomalous Zeeman effect, normal Zeeman effect》.

Zée méson *n.* 〘物理〙ゼッド (Z) 中間子《ワインバーグサラム理論 (Weinberg-Salam theory) に登場し, 弱い相互作用を媒介する中性の重いベクトル中間子; 記号 Z》.

Ze·i·dae [zíːədìː | zíːɪ-] 〘← NL ~ ← *Zeus* (属名: ← L *zeus* ▭ Gk *zaiós*)+-IDAE〙 *n. pl.* 〘魚類〙マトウダイ科.

ze·in [zíːɪn, zíːən | zíːɪn] 〘(1822) ← NL *zēa* maize (← L ← Gk *zeiá*)+-IN¹〙 *n.* 〘生化学〙ゼイン《トウモロコシに含まれる一種の蛋白質》.

Zeiss [záɪs; *G.* tsáɪs], **Carl** *n.* ツァイス《1816–88; ドイツの技術者・実業家; 1846 年 Jena に近代的光学器械工場を創設した》.

Zeit·geist, z- [tsáɪtgàɪst | záɪt-; *G.* tsáɪtgaɪst] 〘(1884) ▭ G ~ ← *Zeit* time+*Geist* spirit: ⇨ tide, ghost〙 *G. n.* (*pl.* **~s**) 時代精神, 時代思潮.

Zel·da [zéldə] 〘(dim.) ← GRISELDA〙 *n.* 女性名.

zel·ko·va [zélkəvə, zelkóʊ- | zélkə-, zelkə́ʊ-] 〘← NL ~ ← Transcaucasia 《土語》 *tselkva*〙 *n.* 〘植物〙ケヤキ《ニレ科ケヤキ属 (*Zelkova*) の植物の総称》.

Zel·os [zéləs | -lɒs] 〘▭ Gk *Zē̂los*: *zē̂los* 'ZEAL' の擬人化〙 *n.* 〘ギリシャ神話〙ゼーロス《熱狂・競争心の擬人化; Pallas と Styx の息子》.

Ze·lo·tes [zɪlóʊtiːz, zə- | ziːlə́ʊ-, zɪ-] 〘← Gk *zēlōtḗs* 'ZEALOT'〙 *n.* 男性名.

ze·min·dar [zémɪndɑ̀ə, -mən-, zəmìːndɑ́ə | zèmɪndɑ́ː(r)] *n.* =zamindar.

ze·min·dar·y [zèmɪndɑ́ːri, -mən-, zəmìːndɑ́ːri | zèmɪndɑ́ːrɪ] *n.* =zamindari.

zem·stvo [zémstvoʊ, -və | -stvəʊ, -və; *Russ.* zjémstvə] 〘(1865) ▭ Russ. ~ ← *zemlya* land (cf. L *humus* earth)〙 — *n.* (*pl.* **~s**) 〘ロシヤ史〙(帝政ロシヤ時代の)地方自治会《1864 年 Alexander 二世によって創設された; 1905–17 年の自由主義運動の中核となった》.

Zen [zén] 〘(1902) ▭ Jap. ▭ OChin. *zien* (禅) ▭ Pali *jhāna* ← Skt *dhyāna* meditation〙 *n.* 〘仏教〙 **1** 禅. **2** 禅宗, 仏心宗.

zen. 《略》 zenith.

ze·na·i·da [zɪnéɪɪdə, zə-, -néə- | zɪnéɪɪ-] 〘← NL ~ ← *Zénaïde* (*d.* 1854: フランスの鳥類学者 C. L. Bonaparte (1803–57) の妻)〙 — *n.* 〘鳥類〙ハジロバト《ハジロバト属 (*Zenaida*) のハト; 米国南西部以南の熱帯アメリカに分布, 5 種ある; zenaida dove ともいう》.

ze·na·na [zɪnɑ́ːnə, zə-, ze- | zenɑ́ːnə, zɪ-] 〘(1761) ▭ Hindi & Pers. *zenāna, zanāna* of woman ← *zen, zan* woman: cf. Gk *gunḗ* / Skt *jani*: cf. queen〙 — *n.* (インド・ペルシャの上流家庭の)婦人部屋 (harem); [集合的] 婦人部屋の婦人たち. — *adj.* 婦人部屋の.

zenána mìssion *n.* インド婦人伝道会《インド婦人の宗教・衛生・教育思想の改善を目的とし英米の婦人伝道員を婦人に派出するキリスト教伝道会》.

Zén Búddhism *n.* 〘仏教〙禅宗 (Zen).

Zén Búddhist *n.* 禅僧; 禅宗の帰依者[信者].

Zend [zénd] 〘(1700) ▭ OPers. *zend* commentary: Zend-Avesta (↓) の注釈に用いられた言語の意〙 — *n.* 〘ゾロアスター教〙 **1** ゼンド《Pahlavi 語で書かれたゾロアスター教の経典 Avesta の注解書》. **2** Avestan の旧名.

Zénd-Avésta 〘(1630) ▭ F ~ ▭ Pers. *Avesta' va Zend* text and commentary〙 — *n.* 〘ゾロアスター教〙ゼンドアベスタ《経典 Avesta とその注解書 Zend を合わせたもの》.

zé·ner díode, Z- d- [zíːnə-, zénə- | -nə-] 〘← *Clarence Zener* (1905– : 米国の物理学者)〙 *n.* 〘電子工学〙ゼナーダイオード《半導体の定電圧ダイオード》.

Ze·ni·a [zíːniə, -njə | zéniə, zíːn-, -njə] 〘← Russ. *Zenya* ← Gk *xenia* hospitality: ⇨ xenia〙 *n.* 女性名.

Zén·ist [-nɪst, -nəst | -nɪst] *n.* 禅を唱導する人, 禅をする人, 禅修行者.

ze·nith [zíːnɪθ, -nəθ | zénɪθ, zíːn-] 〘(*c*1400) *senyth, cenyth* ▭ OF *cenit(h)* (F *zénith*) // ML *cenit(h)* ▭ Arab. *samt(-ar-rá's)* way (over the head) ▭ L *sēmita* way: Arab. *samt* が ML *cenit* となったのは誤記によるものか〙 — *n.* **1** 〘天文〙天頂《天底 (nadir) の正反対の点, 観測者の真上の天球上の点》. **2** 天空. **3** 頂点, 極点, 絶頂, 極度: at the ~ of one's fame [powers] 名声[権勢]の絶頂に / be at one's ~ (得意・栄光などの)絶頂にある, 全盛をきわめている. — *adj.* 天頂の, 天頂にある.

ze·nith·al [zíːnɪθəl, -nə- | zénɪ-, zíːn-] *adj.* **1** 天頂の, 頂点の; 絶頂の. **2** 〘地図〙正主距離方位図法の, 中心から実際の方位を示すように描かれた: a ~ map.

zénithal equidístant projéction *n.* 〘地図〙=azimuthal equidistant projection.

zénith dístance *n.* 〘天文〙天頂距離《天頂から天体までの角距離; 略 Z.D.》.

zénith télescope [**tùbe**] *n.* 〘天文〙天頂儀《緯度測定望遠鏡》.

Ze·no [zíːnoʊ | -nəʊ] *n.* **1** =Zeno of Elea. **2** =Zeno of Citium.

Ze·no·bi·a [zənóʊbiə | zɪnə́ʊbjə, ze-, -bɪə] 〘▭ L *Zēnobia* ▭ Gk *Zēnobía* 《原義》 force of Zeus ← *Zēn* (← *Zeús* 'ZEUS')+*bía* strength〙 *n.* 女性名.

Zenobia, Sep·tim·i·a [septímiə | -mɪə] *n.* ゼノビア《?–272; シリアの Palmyra の女王; 美貌と教養の深さで知られる; ローマに敗北し捕えられた》.

Zéno of Cítium *n.* キプロスのゼノン《340 (または 335)–265 (または 263) B.C.; ギリシャの哲学者, ストア学派の祖; cf. Citium, Stoic》.

Zéno of Élea *n.* エレアのゼノン《490?–?430 B.C.; ギリシャのエレア学派 (Eleatic school) の哲学者; Parmenides の弟子; cf. ACHILLES and the tortoise》.

ze·o·lite [zíːəlàɪt] 〘(1777) ▭ Swed. *zeolit* ← Gk *zeîn* to boil+-o-+*-lit* '-LITE'〙 — *n.* 〘鉱物〙ゼオライト, 沸石《アルカリ・アルカリ土類元素の含水アルミノ珪酸塩で, 多くの種類がある; 紙の充填材・分子ふるいなどの用途がある》. **ze·o·lit·ic** [zìːəlítɪk | -tɪk] *adj.*

Zep [zép] 〘略〙 *n.* 《俗》=Zeppelin.

Zeph. 《略》〘聖書〙Zephaniah (旧約聖書の)ゼパニア書.

Zeph·a·ni·ah [zèfənáɪə] 〘▭ Heb. *Ṣᵉphanyā́ʰ* 《原義》 Yahweh has hidden〙 — *n.* 〘聖書〙 **1** ゼパニヤ《紀元前 7 世紀のヘブライの預言者》. **2** (旧約聖書の)ゼパニヤ書 (略 Zeph.).

zeph·yr [zéfə | -fə(r] 〘《1598》▭F *zéphyr* ▭L *zephyrus* ▭Gk *zéphuros* west wind ⇔ ME *zephirus* & OE *zefferus* ▭L〙 **—** *n.* **1** [Z-]〘詩〙(擬人化された)西風 (west wind). **2** 軟風, そよ風 (mild breeze). **3** 薄地の布(製品); (運動選手の着る)薄地のジャージー. **—** *adj.* 〈布・糸が〉薄地の, 極細の. 「ドの布).

zéphyr clòth *n.* ゼファークロス《薄地のウーステッ

zeph·yr·e·an [zèfəríːən | -fɪ-] 〘⇨ zephyr, -ean〙 *adj.* 西風の, 軟風の, そよ風がいっぱいの.

zéphyr lìly *n.* 〘植物〙サフランモドキ (*Zephyranthes carinata*)《熱帯アメリカ産ヒガンバナ科の球根植物》.

Zeph·y·rus [zéfərəs] 〘▭L ~ : ⇨ zephyr〙 *n.* 〘ギリシャ神話〙ゼフュロス《西風の神; cf. Favonius》.

zéphyr wórsted *n.* ゼファーウーステッド《薄地のウーステッド織》. 「柔らかく軽い毛糸).

zéphyr yárn *n.* ゼファーヤーン《刺繍などに用いる

Zep·pe·lin, z- [zép(ə)lɪn, -lən | -pəlɪn] 〘《1900》← Count *Ferdinand von Zeppelin* (1838–1917: これを設計したドイツの将軍)〙 **—** *n.* **1** ツェッペリン飛行船《俗に Zep と略す》. **2** 飛行船 (airship).

Zer·matt [tseəmɑ́ːt | zɔ́ːmæt ; *G.* tsɛrmát] *n.* ツェルマット《Matterhorn 山の北東にあるスイス南部の村, 保養地; 海抜 1,620 m》.

Zer·ni·ke [zɛ́ənɪkə, zɔ́ː- | zɛ́ə-, zɔ́ː- ; *Du.* zɛ́rnɪkə], **Frits** [fríts] *n.* ゼルニケ《1888–1966; オランダの物理学者; Nobel 物理学賞 (1953)》.

ze·ro [zíːroʊ, zí(ə)r- | zíərəʊ] 〘《1604》▭F *zéro* // It. *zero* (短縮) ← (古形) *zefiro* ▭ML *zephirum* ▭Arab. *ṣifr* empty: CIPHER と二重語〙 **—** *n.* (*pl.* ~s, ~es) **1** (アラビア数字の) 0 (cipher, naught); 零, ゼロ. **2** 零点, 零位; (寒暖計などの)零度: at 20° below ~ (セ氏)零下20度で[に]. ★ セ氏および列氏では水の氷点 (freezing point) を零度とし, カ氏ではそれより以下 32° すなわち 'thirty-two degrees of frost' を零度とする; 英米では通例後者が用いられる (⇨ absolute zero). **3 a** 無 (nothing); 〘比喩〙最下点: Our hopes were reduced to ~. 我々の希望も消え果てた. **b** 取るに足らない人[物], つまらない人[物] (nonentity). **4** 〘言語〙(形態素 (morpheme) としての)ゼロ表徴, ゼロ形態素, ゼロ交替形《例えば book の複数形 *books* では *s* が, mouse の複数形 *mice* では母音の変化がそれぞれ形態素であるが deer の複数形 *deer* や, cut の過去形 *cut* などでは形態素がゼロであるという; 記号 *ϕ*》. **5** 〘砲術〙 **a** 通常の状況での標準射撃距離における弾道癖を修正するための照準具の規正. **b** 風による偏流があるなど特定の状況での照準具の規正. **6** 〘航空〙ゼロ高度《500 フィート以下の高度》: fly at ~. **7** =zero hour 1.

— *adj.* **1** ゼロの, 零の; 測定できる値のない: the ~ point 零度. **2** 〘気象〙(cf. zero-zero) **a** 水平視程階級 0 の《視程 (visibility) の最大距離が 50 メートル以下の》. **b** 垂直視程階級 0 の《垂直視程の最大距離が 15 メートル以下の》. **3** 〘言語〙(表徴が)ゼロの (⇨ *n.* 4): a ~ copula ゼロ繋(ケイ)辞 / a ~ element, form, etc.

— *v.* (三人称単数現在形 ~es) **—** *vt.* **1** 〈計器などの零点規正をする. **2** 〈差異などを〉無くさせる, 取り除く. **3** [~ *in* として] **a** 零点規正をする《標準射撃距離における弾道癖修正射撃によって小銃などの照準具の規正を行なう》. **b** 〈大砲などを〉(…に向けて)狙いを定める [*on, at*]: ~ *in* mortars *on* the target 臼砲を目標に向けて狙いを定める. **—** *vi.* [~ *in* として] **1** 〈大砲などが〉(ある目標に)狙いを定める; (目標に)砲火を向ける[集中する] [*on*]. **2** (…を狙って)迫る; (…に)注意[努力]を集中する [*on*].

zéro árticle *n.* 〘文法〙無冠詞: have [take] (the) ~.

zéro béat *n.* 〘通信〙零ビート《周波数の一致》.

zéro-bèat recéption *n.* 〘通信〙零ビート受信《搬送波抑圧通信の受信法》.

zéro defécts *n. pl.* 〘経営〙無欠点運動《従業員一人一人の注意によって仕事上の欠点発生の原因を除去し, はじめから正しく仕事をすることにより品質の向上・原価の低減・納期の短縮が達成できるように従業員を動機づける運動; 略 ZD》.

zéro-divìsor *n.* 〘数学〙零因子《環において, 0 でない二要素を掛合わせて 0 になる時のそれらの要素》.

zéro grávity *n.* 〘物理〙無重力状態.

zéro grázing *n.* 〘畜産〙ゼログレージング, (牧草の)青刈給与《牧草を刈取って青草のまま家畜に与えること》.

zéro hòur *n.* **1 a** 〘軍事〙行動発起時刻, 作戦行動開始時刻, 予定行動開始時間《単に zero ともいう; cf. H hour》. **b** (ロケットなどの)発射時刻《単に zero ともいう; cf. countdown》. **2** 決定的な[きわどい]瞬間, 危機 (crisis). **3** 零時《時間の基本時》.

Zé·rol gèar [zí(ə)rɔ(ː)l-, -roʊl- | zíərəl-] *n.* 〘商標〙ゼロールギヤ《はすば傘歯車の一種》.

zéro méson *n.* 〘物理〙=Zee meson.

zéro mèthod *n.* 〘電気〙零位法《未知の量と可変の既知の量との差を零にして行なう精密測定の方法》.

zéro-pháse-sèquence *adj.* 〘電気〙零相の《3 相回路の電圧・電流などを相回転の方向に分解すると正相, 逆相, 零相となる, 零相は相回転に寄与しない成分》.

zéro-pòint ènergy *n.* 〘物理〙零点エネルギー《絶対零度における物質のエネルギー》.

zéro populátion grówth *n.* 人口ゼロ成長, 人口増加ゼロ《人口が増えも減りもしない状態; 略 ZPG》.

zéro poténtial *n.* 〘電気〙零電位.

zéro-súm *adj.* 〈ゲーム・関係など〉零和の《一方の利益[勝点]と相手の損失[敗点]の総和が 0 になるものにいう》: a ~ game 零和ゲーム.

ze·roth [zí(ə)roʊθ | zíərəʊθ] *adj.* 第ゼロの, 零番(目)の. **zeroth law of thermodynamics** [the —] 〘物理化学〙熱力学第零法則 (⇨ LAW[1] of thermodynamics (4)).

zéro·vàlent *adj.* 〘化学〙原子価 0 の.

zéro vèctor *n.* 〘数学〙零ベクトル《成分のすべてが零のベクトル》.

zéro-zéro *adj.* 〘気象〙水平・垂直ともに視程 0 [ゼロ] の (cf. zero *adj.* 2): a ~ fog 視界ゼロの霧 / ~ landing 〘航空〙視程ゼロの状態での着陸《自動着陸装置の能力の表現の一種》 / ~ weather 〘航空〙水平・垂直ともに視程ゼロの悪天候《目視飛行不能の状態》.

Ze·rub·ba·bel [zɪrʌ́bəbəl, zə-] 〘▭Heb. *Zᵉrubbābhél* ▭Akkad. *Zēr-Bābili* offspring of Babylon〙 **—** *n.* 〘聖書〙ゼルバベル《バビロンの捕囚後 Jerusalem から帰国したユダヤ人の先導者; cf. *Ezra* 2 : 2; 3 : 2–13》.

zest [zést] 〘《1674》▭F (古形) ~ (現在の形は *zeste*) lemon peel used for flavoring, skin of walnut kernel ← ?: cf. gusto〙 **—** *n.* **1** 風味を添えるもの《レモン・オレンジの小片など》; (酒などに入れる)強い香味: a ~ of lemon. **2** 興味を添えるもの, 痛快味, 妙味 (piquancy): give [add] a ~ to pleasure 娯楽に味を添える. **3** 強い興味 (keen interest), 熱心 (keenness): a ~ *for* pleasure 快楽への強い関心 / enter into a game [a piece of work] with ~ 熱心に競技[仕事]を始める / eat with ~ おいしそうに食べる. **—** *vt.* …に風味[趣]を添える, …の味を高める.

zest·ful [zéstfəl] *adj.* 味のある; 興味深い. **~·ly** *adv.* **~·ness** *n.*

zest·y [zésti | -tɪ] *adj.* (**zest·i·er**; **-i·est**) 強い風味の ある, ぴりっとした味の (piquant).

ze·ta [zéɪtə, zíː- | zíːtə] 〘《1840》▭Gk *zêta* ← ? Heb. *záyin* (⇨ z): *ēta, thēta* との類推〙 **—** *n.* ゼータ《ギリシャ語アルファベット 24 字中の第6字: *Z*, *ζ* (英語の Z, z に当たる); ⇨ alphabet 表》.

zéta fùnction *n.* 〘数学〙ゼータ関数《自然数の *x* 乗の逆数を項とする無限級数で定義される関数; Riemann zeta function ともいう》.

zéta pínch *n.* 〘物理〙ゼータ (*Z*) ピンチ《プラズマ柱を軸方向に流れる電流とそれによって作られる磁場との相互作用でプラズマ柱がしぼられる現象; cf. theta pinch》.

zéta poténtial *n.* 〘電気〙ゼータ電位《固体と液体のような二つの異なる物質が相接して相対運動を行なった時, 両者の界面に生じる電位差; cf. streaming potential》.

ze·tet·ic [zɪtétɪk, zə- | -tɪk] 〘▭Gk *zētētikós* searching ← *zēteîn* to seek for〙 *adj.* 質疑によって進めていく. **—** *n.* 懐疑家 (skeptic).

Ze·thar [zíːθɑə | -θɑː(r] 〘▭LL ~ ▭Heb. *Zēthár* (原義) ? slayer〙 *n.* 〘聖書〙ゼタル《Ahasuerus 王の宮殿につかえた 7 人の宦官(カンガン)の 1 人; cf. *Esth.* 1 : 10》.

Ze·thus [zíːθəs] 〘▭L *Zēthus* ▭Gk *Zêthos*〙 *n.* 〘ギリシャ神話〙ゼートス (⇨ Amphion).

Zet·land [zétlənd] 〘《スコット》~, *Yetland* ▭ON *Hja(l)land, Hjetland*: cf. OIcel. *hjalt* knob, boss〙 *n.* =Shetland.

zeug·ma [zúːgmə | z(j)úːg-] 〘《1586》▭L ~ ▭Gk *zeûgma* band, bond, yoke ← *zeugnúnai* to yoke: cf. yoke[1]〙 **—** *n.* 〘文法〙くびき語法《一つの形容詞または動詞で異種の 2 個の名詞を無理に修飾または支配させること: 例えば kill the boys and destroy the luggage とすべきを kill だけ用いて kill the boys and the luggage とする類で destroy の意味は補って解釈される; cf. hypozeugma》. **zeug·mat·ic** [zuːgmǽtɪk | z(j)uːgmǽt-] *adj.*

Zeus [zúːs | zjúːs] 〘▭Gk *Zeús* (cf. Skt *dyaus* the sky, heaven): ⇨ deity: cf. Jupiter〙 **—** *n.* 〘ギリシャ神話〙ゼウス《Olympus 山の神々の主神; ローマ神話の Jupiter に当たる》.

Zeux·is [zúːksɪs, -səs | z(j)úːksɪs] *n.* ゼウクシス《紀元前 5 世紀末のギリシャの画家; 美人画と写実で有名》.

Z.G. 〘略〙Zoological Gardens.

ź-gùn *n.* 〘英軍俗〙(Home Guards の)高射ロケット砲.

Zhda·nov [ʒdɑ́ːnəf ; *Russ.* ʒdánəf] *n.* ジダーノフ《ソ連邦 Ukraine 共和国南東部, Azov 海に臨む港市; 人口 474,000; 旧名 Mariupol [mərjiúpəlj]》.

Zhda·nov [ʒdɑ́ːnəf ; *Russ.* ʒdánəf], **Andrei Aleksandrovich** *n.* ジダーノフ《1896–1948; ソ連の政治家・共産党指導者》.

Zhi·to·mir [ʒɪtóʊmɪə | -tə́ʊmɪə(r ; *Russ.* ʒitómjir] *n.* ジトミル《ソ連邦 Ukraine 共和国北西部の都市; 人口 236,000》.

Zhiv·kov [ʒɪvkɔ́(ː)f | -kɔ́f ; *Bulg.* ʒivkɔ́f], **To·dor** [tóːdor] *n.* ジブコフ《1911– ; ブルガリアの政治家; 首相 (1962–71)・国家評議会議長 (1971–)》.

Zhu·kov [ʒúːkɔ(ː)f, -kɔ(ː)v, -kɑf, -kɑv | -kɔf ; *Russ.* ʒúkəf], **Grigori Konstantinovich** *n.* ジューコフ《1896–1974; ソ連の元帥 (1943), 国防相 (1955–57)》.

ZI 〘略〙〘軍事〙zone of interior.

zib·el·ine [zɪ́bəlìːn, -làɪn, -lɪn, -lən | -làɪn, -lìːn] 〘《1671》▭F *zibelline* ▭It. *zibellino* < ML *sabellinum* ← *sabellum* ▭Slav. (cf. Russ. *sobol'* 'SABLE')〙 (*also* **zib·el·line** [~]) **—** *adj.* 黒貂(テン)(sable)の. **—** *n.* **1** 黒貂の毛皮. **2** (モヘア・アルパカ・ラクダの毛の交紡の)けばの長い厚地の毛織物.

zib·et [zɪ́bɪt, -bət | -bɪt] 〘《1594》▭It. *zibetto* civet // ML *zibethum* ▭Arab. *zabād*: cf. civet[1]〙 **—** *n.* (*also* **zib·eth** [~]) 〘動物〙インドジャコウネコの一種 (*Viverra zibetha*)《インド・東南アジア・中国南部などにすむジャコウネコ属の肉食獣》.

zibet

Zieg·feld [zígfeld, zíːg-, -fiːld, -fəld], **Flor·enz** [flɔ́ːrənz, flɑ́r- | flɔ́r-] *n.* (1867–1932) 米国の演劇プロデューサー.

Zie·gler [tsíːglə | -glə(r ; *G.* tsíːglɐ], **Carl** *n.* ツィーグラー《1897–1973; ドイツの化学者; Nobel 化学賞 (1963)》.

Zif [zíf] 〘▭Heb. *ziw* ▭Akkad. *zīm wu* (原義) appearance〙 *n.* (古代ヘブライ暦の)ジフの月, 2 月《ユダヤ暦の Iyar の古名; cf. *1 Kings* 6 : 1》.

zig [zíg] 〘《略》← ZIGZAG: cf. zag〙 **—** *n.* **1** ジグザグ(コース)の急な曲り目; ジグザグ(コース)の一方向 (cf. zag). **2** (政策・進行など)急激な変更, 方向転換. **—** *vi.* (**zigged**; **zig·ging**) ジグザグの一方向を進む.

zig·gu·rat [zígʊræ̀t] 〘▭Assyro-Babylonian *ziqquratu* pinnacle ← *zaqaru* to be high〙 **—** *n.* ジグラット《古代バビロニアやアッシリアの神殿; 階段状になったピラミッド形に構成される; zikurat ともいう》.

ziggurat

zig·zag [zígzæ̀g] 〘《c1730》▭F ~ ▭G *Zickzack* (加重) ← ? *Zacke* 'tooth, TACK[1]'〙 **—** *n.* **1** Z 字形, 電光形, ジグザグ形, 千鳥, がん木形 (/\/\/). **2 a** ジグザグ形のもの《装飾・線・電光・道路など》. **b** Z 字壕(ゴウ).

— *adj.* Z 字形の, 稲妻形の, ジグザグ形の, Z 字形を描いている: a ~ line, course, path, fence, trench, flash of lighting, etc / in (a) ~ fashion ジグザグ形に.

— *adv.* ジグザグに, Z 字形に: The road runs ~ across the hills. 道路はジグザグに丘を横断している.

— *v.* (**zig·zagged**; **-zag·ging**) **—** *vi.* **1** ジグザグ形になる, Z 字形に進む: He was ~*ging* slowly homeward. 彼はジグザグ形にゆっくりと家の方へ歩いていた. **2** 〈道・川が〉ジグザグ形に走る, Z 字形である: The path continued to ~ upward. 小道は稲妻形に上方に続いていた. **—** *vt.* ジグザグ形にする, Z 字形に動かす[進める].

zíg·zàg·ger *n.* **1** ジグザグ形に進む人, Z 字形のもの. **2** (ミシンの)ジグザグ縫いをするための付属品.

zígzag mólding *n.* 〘建築〙=chevron molding.

zígzag rùle *n.* 千鳥尺, 折たたみ尺. 「gurat.

zik·u·rat [zíkʊræ̀t] *n.* (*also* **zik·ku·rat** [~]) =zig-

zilch [zíltʃ] 〘? ← Z(ERO)+(N)IL+G (*ni*)*ch*(*ts*) nothing〙 **—** *n.* 〘米俗〙 **1** 無, 零: I have absolutely ~ in the bank. 銀行に預金は 1 銭もない. **2** [Z-] 無名の人[一般の人]を指すときの名.

zil·lah [zílə] 〘▭Hindi *ḍilaʻ* division ▭Arab. *dilʻ* rib, part〙 *n.* (英領インド時代の)州, 郡.

Zil·lah [zílə] 〘▭Heb. *Ṣillāʰ* (原義) shadow〙 *n.* 女性名. ★ ジプシーに多い.

zil·lion [zíljən] 〘MILLION, BILLION にならった造語〙 *n., adj.* 〘米口語〙無慮何千億(の): ~*s* of gnats=a ~ gnats 無数のぶよ.

Zil·pah [zílpə] 〘▭Heb. *Zilpāʰ* ← ?〙 *n.* 〘聖書〙ジルパ《Leah の侍女で, Jacob との間に Gad と Asher とを生む; cf. *Gen.* 30 : 9–13》.

zi·mar·ra [zɪmɑ́ːrə, zə-] 〘▭It. ~ : ⇨ cymar〙 *n.* ジマラ《ローマカトリックの聖職者が室内で着る黒のカソック (cassock); simar ともいう》.

Zim·ba·bwe [zɪmbɑ́ːbwi, -bǽb-, -bweɪ | -bwɪ, -bweɪ] *n.* ジンバブエ: **1** アフリカ南東部の共和国; もと英国植民地で Southern Rhodesia といい Federation of Rhodesia and Nyasaland の一部となったが, 1965 年 Rhodesia として「一方的に独立を宣言」し, 1970 年共和制に移行, 1980 年完全独立して現在名となった; 人口 7,140,000, 面積 389,400 km², 首都 Salisbury. **2** Zimbabwe 南東部の廃都で石造建築遺跡; 15 世紀ごろ Bantu 族が建てたと考えられている; 1868 年発見; 現在この地は国立公園になっている.

Zim·ba·list [zímbəlɪst, -ləst | -lɪst ; *Russ.* zjimbalíst], **Ef·rem** [éfrəm ; *Russ.* ifrém] *n.* (1889–) ロシヤ生れの米国のバイオリン奏者・作曲家.

Zim·mern [zímən | -mən], Sir **Alfred** *n.* (1879–1957) 英国の政治学者.

zinc [zíŋk] 〘《1651》▭G *Zink* ← ? *Zinke* spike, prong < OHG *zinko* prong ← Gmc **teng-*: その結晶の形から?: cf. tine[1]〙 **—** *n.* 〘化学〙 **1** 亜鉛《記号 Zn, 原子番号 30, 原子量 65.38》: flowers of ~ 亜鉛華, 酸化亜鉛 / ~ galvanizing 亜鉛引き. **2** (電池に用いる)亜鉛棒. **—** *vt.* (**zinced**, **zincked**, 〘英〙 **zinked**, **zincked**; **zinc·ing**, **zinck·ing**, 〘英〙 **zink·ing**, **zinck·ing**) 亜鉛で処理[メッキ]する, …に亜鉛をきせる.

zínc álkyl *n.* 〘化学〙アルキル亜鉛.

zinc·ate [zíŋkeɪt] *n.* 〘化学〙亜鉛酸塩《酸化亜鉛と塩

基性の金属酸化物からなる塩》.

zínc blènde *n.*〘鉱物〙=sphalerite.

zínc chlóride *n.*〘化学〙塩化亜鉛 ($ZnCl_2$)《水溶性の白色粉末[固体]; 防腐剤・乾電池材料用; 劇薬》.

zínc chróme *n.*〘化学〙=zinc yellow 1.

zínc dùst *n.*〘化学〙亜鉛末《亜鉛の蒸気を冷却して得る灰色の微粉末で, 還元剤に用いる》.

zínc ètching *n.* (主に線画の)亜鉛板エッチング; 亜鉛版画.

zínc gréen *n.* **1**〘顔料〙ジンク緑《zinc yellow と Prussian blue または ultramarine とを混ぜた緑色顔料》. **2** =cobalt green 2.

zinc·ic [zíŋkɪk] *adj.* 亜鉛の, 亜鉛を含む, 亜鉛に似た.

zinc·if·er·ous [zɪŋkíf(ə)rəs, zɪnsíf-] *adj.* 亜鉛を含む[生じる].

zinc·i·fy [zíŋkəfàɪ | -kɪ-] *vt.* …に亜鉛をきせる; 亜鉛を含ませる. **zinc·i·fi·ca·tion** [zɪ̀ŋkəfɪkéɪʃən, -fə- | -kɪfɪ-] *n.*

zinc·ite [zíŋkaɪt]〘← ZINC+-ITE¹〙*n.*〘鉱物〙紅亜鉛鉱 (ZnO)《亜鉛の原鉱; red zinc ore ともいう》.

zincked *v.* zinc の過去形・過去分詞.

zinck·en·ite [zíŋkənàɪt] *n.*〘鉱物〙=zinkenite.

zinck·ic [zíŋkɪk] *adj.* =zincic.

zin·ckif·er·ous [zɪŋkíf(ə)rəs] *adj.* =zinciferous.

zinck·i·fy [zíŋkəfàɪ | -kɪ-] *vt.* =zincify.

zínck·ing *v.* zinc の現在分詞.

zinck·y [zíŋki | -kɪ]〘← ZINC+-Y⁴〙*adj.* 亜鉛製の, 亜鉛を含む, 亜鉛類似の.

zin·co [zíŋkou | -kəu]〘《略》← ZINCOGRAPH〙*n.* (*pl.* ~s)《英》線彫り亜鉛版画.

zin·co- [zíŋko(ʊ) | -kə(ʊ)]〘← ZINC+-O-〙「亜鉛 (zinc)」の意の連結形.

zin·co·graph [zíŋkəgræ̀f | zíŋkə(ʊ)grɑ̀ːf, -græ̀f]〘← ZINCO-+-GRAPH〙*n.*〘印刷〙**1**《廃》亜鉛凸版; 亜鉛平版, ジンク平版. **2** 亜鉛版画.

zin·cog·ra·pher [zɪŋkɑ́grəfə | -kɔ́grəfə(r] *n.* 亜鉛版画家.

zin·cog·ra·phy [zɪŋkɑ́grəfi | -kɔ́grəfɪ]〘(1834) ← ZINCO-+-GRAPHY〙— *n.*〘印刷〙**1** 亜鉛凸版術. **2** 亜鉛平版術, ジンク平版術. **zin·co·graph·ic** [zɪ̀ŋkəgræ̀fɪk | -kə(ʊ)-] *adj.* **zìn·co·gráph·i·cal** *adj.*

zinc·oid [zíŋkɔɪd] *adj.* 亜鉛の; 亜鉛に似た.

zínc óintment *n.*〘薬学〙亜鉛華軟膏.

zin·co·type [zíŋkətàɪp] *n.*〘印刷〙=zincograph.

zinc·ous [zíŋkəs] *adj.* =zincic.

zínc óxide *n.*〘化学〙酸化亜鉛, 亜鉛華 (ZnO)《亜鉛を燃焼させて作る白色の粉末; cf. zinc white》.

zínc phósphide *n.*〘化学〙リン化亜鉛: **a** (Zn_3P_2)《暗灰色の結晶; 殺鼠剤に用いる》. **b** (ZnP_2)《オレンジ色の結晶》.

zínc stéarate *n.*〘化学〙ステアリン酸亜鉛 ($Zn(C_{18}H_{35}O_2)_2$)《白色粉末; 冷水・エタノール・エーテルに不溶; 化粧品・軟膏などを作るのに用いる》.

zínc súlfate *n.*〘化学〙硫酸亜鉛 ($ZnSO_4$)《七水塩は皓(こう)ばんという; 顔料原料・媒染剤・医薬品となる》.

zínc súlfide *n.*〘化学〙硫化亜鉛 (ZnS)《白色顔料・ペンキ原料・蛍光体》.

zínc whíte *n.*〘化学〙亜鉛華《酸化亜鉛で作った顔料》.

zinc·y [zíŋki | -kɪ] *adj.* =zincky.

zínc yéllow *n.* **1**〘化学〙亜鉛黄(き)《塩基性クロム酸亜鉛 ($4ZnO \cdot K_2O \cdot 4Cr_2O_3 \cdot 3H_2O$) を主成分とする黄色顔料; zinc chrome ともいう》. **2** 明るい鬱金(うこん)色 (light chrome yellow).

zin·eb [zíneb]〘← *zin(c) e(thylene) b(is-dithiocarbamate)*: ⇨ bi-¹, dithio-, carbamate〙— *n.*〘化学〙ジネブ《エチレンビスジチオカルバミン酸亜鉛 ($Zn(CS_2NHCH_2)_2$) を主成分とする農業用殺菌剤; 灰白色の結晶》.

zin·fan·del [zínfəndèl]〘ヨーロッパの地名から?〙— *n.* **1**〘園芸〙ジンファンデル《California 州産のぶどう酒製造用の小粒の黒ぶどう》. **2** ジンファンデル(ワイン)《それから造った赤ぶどう酒》.

zing [zíŋ]〘擬音語〙— *n.* **1** ひゅうひゅう[びゅんびゅん, ぶんぶん](という音)《急速な運動や風を切って飛んで行く物体をまねていう音》. **2**《口語》元気, 気力 (energy), 熱意 (enthusiasm); 元気[活力, 興味]を起こすもの: a place with lots of ~ 興味津々の場所. — *vi.* ひゅうひゅう[びゅんびゅん, ぶんぶん]と音を立てる. — *vt.* ひゅうひゅう音を立てて動かす.
zing up《俗》…に活力[生気]を与える.

zin·ga·ra [zíŋgərɑ̀ː; *It.* tsíŋgara]〘⊏ It. ~ (fem.) ↓〙*It. n.* (*pl.* **-ga·re** [-rèɪ; *It.* -re]) zingaro の女性形.

zin·ga·ro [zíŋgəròu | -rɑ̀u; *It.* tsíŋgaro]〘(1617) ⊏ It. ~ ⊏ ? Gk *Athigganoi* name of an Oriental people: cf. Pahlavi *asinkār* blacksmith〙— *It. n.* (*pl.* **-ga·ri** [-rìː; *It.* -ri]) =Gypsy.

zing·er [zíŋə | -ŋə(r]〘← *zing*《俗》《擬音語》shrill sound, vigor+-ER¹〙— *n.*《俗》**1** 当意即妙な言葉[返答]; あっと言わせるしぐさ. **2** 元気のいい人. **3** 風変わりなもの[こと], 異常なもの[こと].

zin·gi·ber [zíndʒəbə | -dʒɪbə(r]〘← NL ~ ← L *zingiber* 'GINGER'〙— *n.*〘植物〙ショウガ科ショウガ属 (*Zingiber*) の植物の総称《特に, ハナショウガ (*Z. zerumbet*) など観賞用の花をさす》.

Zin·gi·ber·a·ce·ae [zɪ̀ndʒəbəréɪsiìː | -dʒɪ-]〘← NL ~: ⇨ ↑, -aceae〙*n. pl.*〘植物〙ショウガ科. **zin·gi·ber·á·ceous** [-ʃəs] *adj.*

zing·y [zíŋi | -ŋɪ]〘cf. zinger〙*adj.* (**zing·i·er**; **-i·est**) **1** わくわくさせる, 興奮させる, 面白い: a ~ musical. **2** とても魅力的な: a ~ suit.

zin·jan·thro·pus [zɪndʒǽnθrəpəs]〘← NL ~ ← Arab. *Zinj* Negroes+-ANTHROPUS〙— *n.* (*pl.* **-thro·pi** [-pàɪ], ~·es)〘人類学〙ジンジャントロプス (*Australopithecus boisei*)《約 200 万年前に生息したと推測される猿人; タンザニアの Olduvai Gorge で 1959 年その化石を発見; 旧学名 *Zinjanthropus boisei*; 俗に nutcracker man ともいう》. **zin·jan·thro·pine** [zɪndʒǽnθrəpàɪn, -piːn] *adj.*

zinked *v.* zinc の過去形・過去分詞.

zin·ken·ite [zíŋkənàɪt]〘⊏ G *Zinkenit* ← *J. K. L. Zinken* (1790–1862: ドイツ Anhalt の鉱山長): ⇨ -ite¹〙*n.*〘鉱物〙ジンケナイト, 輝安鉛鉱 ($Pb_6Sb_{14}S_{27}$).

zink·ic [zíŋkɪk] *adj.* =zincic.

zin·kif·er·ous [zɪŋkíf(ə)rəs] *adj.* =zinciferous.

zink·i·fy [zíŋkəfàɪ | -kɪ-] *vt.* =zincify.

zínk·ing *v.* zinc の現在分詞.

zink·y [zíŋki | -kɪ] *adj.* =zincky.

zin·ni·a [zíniə, zíːn-, -njə | zínjə, -nɪə]〘(1767) ← NL *Zinnia* ← *J. G. Zinn* (1727–59: ドイツの植物学者)+-IA¹〙— *n.* ジニア《キク科ヒャクニチソウ属 (*Zinnia*) の植物の総称》; (特に)ヒャクニチソウ (*Z. elegans*).

zinn·wald·ite [tsínvɑːldàɪt]〘← *Zinnwald* (これが発見されたチェコスロバキアの村の名)+-ITE¹〙— *n.*〘鉱物〙チンワルダイト ($K_2(Li, Fe, Al)_6(Si, Al)_8O_{20}(OH,F)_4$)《鉄・リチウムを含んだ雲母》.

Zi·no·viev [zɪnóuvjəf, zə-, -vjef, -vjev | zɪnə́uvjev, -vjef; *Russ.* zjinóvjif], **Grigori Ev·se·e·vich** [jifsjéjivjitʃ] *n.* ジノーヴィエフ《1883–1936; ソ連の革命家》.

Zi·on [záɪən]〘OE *Sion* ⊏ LL *Siōn* ⊏ Gk *Se(i)ṓn* ⊏ Heb. *Ṣiyyṓn*《原義》? hill〙— *n.* **1** シオン(山)《Jerusalem 旧市東南の丘で, ここに David とその子孫は王宮を営み, 神殿を建て, 政治の中心とした》. **2** (ユダヤ主義の象徴としての)ユダヤ民族の故国, イスラエルの地, ユダヤ; エルサレム. **3** [集合的] エルサレムの住民; ユダヤ人. **4** 天における神の都 (City of God, New Jerusalem). **5** ユートピア (Utopia).
at ease in Zion ⇨ *at* EASE (2).

Zí·on·ìsm [-nìzm] *n.* シオニズム, シオン主義《ユダヤ民族主義に基づいて世界のユダヤ人を Palestine に集結させて国家的統一を与えようとする運動; cf. Balfour Declaration, Israel² 2》.

Zí·on·ist [-nɪst, -nəst | -nɪst] *n.* シオン主義者, シオニスト (Zionite). — *adj.* シオニズムを信奉[擁護]する, シオン主義の. **Zi·on·is·tic** [zàɪənístɪk] *adj.*

Zi·on·ite [záɪənàɪt] *n.* **1** 神の都 (City of God) の住民; 神の選民. **2** =Zionist.

Zíon Nátional Párk *n.* ザイオン国立公園《米国 Utah 州南西部にあり, 深さ 450–750 m に及ぶ大渓谷(けい) (Zion Canyon) があり景観に富む, 1909 年指定; 面積 595 km²》.

Zi·on·ward [záɪənwəd | -wəd] *adv.* 天国の方へ (heavenward).

zip¹ [zíp]〘(1852) 擬音語〙— *n.* **1** ぴゅっ, ぴゅー《弾丸などの飛ぶ音》. **2**《口語》元気, 気力, 活気 (energy). — *v.* (**zipped**; **zip·ping**) — *vi.* **1** ぴゅーと音を立てる[立てて進む]. **2**《口語》**a** 勢いよく進む, 元気よく動く. **b** 迅速にやる: ~ *through* work 仕事をてきぱきやってゆく. — *vt.* **1** …に速力[力]を加える. **2** …に活気を与える, 活発にする, …に活を入れる〈*up*〉: He ~*ped up* a monotonous song with a little dash of swing. 少々調子をつけて単調な歌に活気をつけた.
zip across the horizon《米口語》急に有名になる.

zip² [zíp]〘(1936)《逆成》← ZIPPER〙— *n.*《英》=zipper. — *v.* (**zipped**; **zip·ping**) — *vi.* **1**〈服などが〉ジッパー[チャック]で締まる[あく]. **2** ジッパーをあける[締める]. — *vt.* **1** ジッパー[チャック]で締める[あける]: ~ *up* a jacket. **2** ジッパーを締めて[あけて]…する: ~ money into a purse ジッパーをあけて金を財布にしまう / *Zip* me out of my jacket. 上着のジッパーをはずしてくれ. **3**〈口などを〉とじる (close): *Zip* your lips! 黙れ.

zip³, ZIP [zíp] *n.*《米》=zipcode.

Zi·pan·gu [zɪpǽŋguː, zə- | zɪ-]〘cf. Japan〙*n.* ジパング《Marco Polo が日本を呼んだ名》.

zíp-còde *vt.*《米》…にジップコード[郵便番号]を付ける.

zíp còde, Zip C-, ZIP C- [zíp-]〘*zip*:《頭字語》← *z(oning) i(mprovement) p(lan)* [*p(rogram)*]〙*n.*《米》ジップコード, 郵便番号 (《英》post-code)《5 桁(けた)の数字を住所のあとに記すもの; 最初の 3 桁は州と配達地を示し, あとの 2 桁は郵便局または郵便地帯を示している; 1963 年 7 月 1 日制定》.

zíp-fàstener *n.*《英》=zipper 1.

zíp gùn *n.*《米》(粗製の)手製ピストル《モデルガンを改造したもので, 普通弾丸は直径 0.22 インチを使用する》.

ziph·i·id [zífiɪd, -fiəd | -fiɪd]〘↓〙*adj., n.* =ziphioid.

Zi·phi·i·dae [zɪfáɪədìː, zə- | zɪfáɪɪ-]〘← NL ~ ← *Ziphius* (属名:《変形》← Gk *Xiphios* swordfish)+-IDAE〙*n. pl.*〘動物〙アカボウクジラ科.

ziph·i·oid [zífiɔ̀ɪd | -fɪ-]〘⇨ ↑, -oid〙*adj., n.*〘動物〙アカボウクジラ科の(クジラ).

zipped *adj.* =zippered.

zip·per [zípə | -pə(r]〘(1925) ← *Zipper* (商標名)〙*n.* **1** ジッパー, ファスナー, チャック. **2** ジッパー《チャックつきのゴム長靴》. — *vt., vi.* =zip².

zípper bàg *n.* ファスナー付きのかばん.

zíp·pered *adj.* ジッパー[ファスナー]のついた.

Zip·po·rah [zɪpɔ́ːrə, -póːrə, zípərə | zɪpɔ́ːrə, zípərə] *n.*〘聖書〙チッポラ《Midian の祭司 Jethro の娘; Moses の妻; cf. *Exod.* 2:21》.

zip·py [zípi | -pɪ]〘← ZIP¹+-Y⁴〙*adj.* (**zip·pi·er**; **-pi·est**)《口語》張り切っている, 元気な (brisk), きびきびした (snappy).

zíp-tóp *adj.* 縁のまわりについている小片を引っぱってあけるふたのついた (cf. pop-top): a ~ can.

zi·ram [záɪræm | záɪər-]〘《混成》← ZI(NC)+(THI)RAM〙— *n.*〘化学〙ジラム《ジメチルジチオカルバミン酸亜鉛 ($[(CH_3)_2NCSS]_2Zn$) を主成分とする農業用殺菌剤; 白色の粉末》.

zir·ca·loy [zə́ːkəlɔ̀ɪ | zə́ː-]〘《混成》← ZIRC(ONIUM)+AL(L)OY〙— *n.* (*also* **zir·cal·loy** [~])〘冶金〙ジルコニウム合金《少量のスズその他を含む原子炉の高温水に耐食性のある合金》.

zir·con [zə́ːkɑn, -kən | zə́ːkɔn]〘(1794) ⊏ G *Zirkon*《変形》← F *jargon*: ⇨ jargon²〙— *n.*〘鉱物〙ジルコン, 風信子鉱 ($ZrSiO_4$)《紅色透明のものは hyacinth と称し宝石; ⇨ birthstone》.

zir·con·ate [zə́ːkənèɪt | zə́ː-]〘⇨ ↑, -ate¹〙*n.*〘化学〙ジルコニウム酸塩.

zir·co·ni·a [zəːkóuniə | zəːkə́unjə, -nɪə]〘← NL ~: ⇨ ZIRCON, -IA¹〙*n.*〘化学〙ジルコニア (⇨ zirconium oxide).

zir·con·ic [zəːkɑ́nɪk | zəːkɔ́n-] *adj.*〘化学〙ジルコニウムの, ジルコニウムを含む[に似た].

zir·co·ni·um [zəːkóuniəm | zəːkə́unjəm, -nɪəm]〘← NL ~: ⇨ ZIRCON, -IUM: ドイツの化学者 M. H. Klaproth (1743–1817) の造語〙— *n.*〘化学〙ジルコニウム《金属元素の一つ; 記号 Zr, 原子番号 40, 原子量 91.22》.

zircónium óxide *n.*〘化学〙酸化ジルコニウム (ZrO_2)《窯業原料・耐火炉材; zirconia ともいう》.

zir·co·nyl [zə́ːkənl̩, -nɪl | zə́ːkənɪl]〘← ZIRCON+-YL〙*n.*〘化学〙ジルコニル《ZrO^{II}を含む基》.

zisch·äg·ge [tsíʃegə; *G.* tsíʃɛgə]〘⊏ G ~《原義》slip-peak〙— *n.* (16–17 世紀に東ヨーロッパで用いられた)騎兵用かぶと《上下可動の鼻当て付》.

zischägge

Zis·ka [získə, tsís-; *G.* tsíʃka], **Johann** *n.* ジシュカ《1360?–1424; ボヘミアの将軍・宗教改革家; John Huss 門下の指導者; ボヘミア語名 Jan Žižka [ʒíʃka]》.

zith·er [zíðə, -θə | -ðə(r, -θə(r]〘(1850) ⊏ G *Zither* < OHG *zithera, cithera* ⊏ L *cithara* ⊏ Gk *kithára*: CITHARA, GUITAR と三重語〙— *n.* ツィター《オーストリア・南ドイツ・スイスなどで用いられている弦楽器の一種; 右手の親指にはめたつめ (plectrum) と, 人さし指・中指・薬指とで演奏する》.

zíth·er·ist [-ðərɪst, -θər-, -rəst | -rɪst] *n.* ツィター (zither) 奏者.

zith·ern [zíðən, zíθ- | -ðən, -θən]〘(1864)〙*n.* **1** =cittern. **2** =zither.

zit·tern [zítən | -tən] *n.* =cittern.

Ziw [zíf] *n.* =Zif.

Zi·wiye [zíːwìː] *n.* (*also* **Zi·wiyeh** [~]) ジーウェー, ジヴィエ《イラン北西部の古代都市; 1947 年, B.C. 8–7 世紀頃の象牙・黄金・青銅の加工品などが発見された》.

zi·zith [tsítsɪs, -tsəs, tsiːtsíːt | tsítsɪs, tsiːtsíːt]〘⊏ Heb. *ṣîṣîth* tassel, lock〙— *n. pl.*〘ユダヤ教〙ふさ《男性の衣のすそや, 祈りの際に肩に掛ける布につけるふさ; これは神のいましめを憶えるためのもので, 青い紐 1 本と白い紐 3 本を孔に通し, 結んで 8 本の紐のふさとする; cf. *Deut.* 22:12, *Num.* 15:37–41》.

Zl《記号》〘貨幣〙zloty(s).

zlot·y [zlɔ́(ː)ṭi | zlɔ́tɪ; *Pol.* zwɔ̀tɨ]〘⊏ Pol. *złoty*《原義》golden ← *złoto* 'GOLD'〙— *n.* (*pl.* ~s, ~) **1** ズオチ, ズロチ《ポーランドの通貨単位; =100 groszy; 記号 Zl, Z》. **2** 1 ズオチ硬貨[紙幣], 1 ズロチ硬貨[紙幣].

Ž-màtrix *n.*〘電気〙=impedance matrix.

Zn《記号》〘天文・海事〙azimuth;〘化学〙zinc.

Zo《記号》〘物理〙zero meson.

zo- [zou | zəu] (母音の前に来る時の) zoo- の異形.

zoa *n.* zoon の複数形.

ZOA《略》Zionist Organization of America 在米シオニスト機構《1898 年 New York で Federation of American Zionists が結成され, 1918 年シオニスト諸派を合併してこの名称となる》.

-zo·a [zóuə | zə́uə]〘← NL *-zōa* ← Gk *zôia* (pl.) ← *zôion* animal: ⇨ zoo-〙「動物」の意の複数形名詞連結形: Antho*zoa*, Hydro*zoa*.

Zo·an [zóuæn | zə́u-]〘⊏ Heb. *Ṣṓ'ân*《通俗語源》migration: cf. *Num.* 13:22, etc.〙*n.* ゾアン《エジプトの古都 Tanis の聖書中の名》.

Zo·an·thar·i·a [zòuənθɛ́(ə)riə | zə̀uənθɛ́ərɪə]〘← NL ~ ← *Zoanthus* (← zoo-+Gk *ánthos* flower)+-ARIA: ⇨ antho-〙— *n. pl.*〘動物〙(腔腸動物花虫綱)スナギンチャク目.

zo·an·thar·i·an [zòuənθɛ́(ə)riən | zə̀uənθɛ́ərɪ-] *adj., n.*〘動物〙(腔腸動物).

zo·an·thro·py [zouǽnθrəpi | zəuǽnθrəpɪ]〘← zoo-+-anthropy (⇨ -anthropus, -y¹)〙*n.*〘精神医学〙獣化妄想《自分が動物になったと信じる精神異常》.

Zo·ar [zóuə | zə́uɑː(r, zóuə(r]〘⊏ Heb. *Ṣṓ'ar*《原義》smallness ← *ṣā'ír* little, young: Lot とその子らが Sodom から避難した町の名』 ― *n.* **1** 〘聖書〙ゾアル《Jordan の低地の五つの町の一つ; cf. *Gen.* 19:22》. **2** 避難の地.

Zo·ar·ci·dae [zouάəsədiː | zəuáːsɪ-] 〘← NL ~ ← *Zoarces* (属名: ← Gk *zōarkēs* life-supporting ← *zōē* life + *-arkēs* (← *arkein* to support)) + -IDAE〙 ― *n. pl.* 〘魚類〙(スズキ目)ゲンゲ科.

zo·ca·lo [zóukəlòu | zə́ukəlàu] 〘□ Mex.-Sp. *zócalo* ← Sp. *socle* □ It. *zoccolo*: ⇨ socle〙 *n.* (*pl.* ~**s**) (メキシコの都市の)広場 (public square).

zo·di·ac [zóudiæ̀k | zə́udɪ-] 〘(*a*1393) □ (O)F *zodiaque* □ L *zōdiacus* □ Gk *zōidiakós* (*kúklos*) (circle) containing animals ← *zṓidion* (dim.) ← *zôion* animal (動物の名の星座が多いことから): ⇨ -ac〙 ― *n.* **1** 〘天文〙黄道帯, 獣帯《黄道 (ecliptic) を中心にして南北に各幅 8 度の帯; 主な惑星と月はこの帯内を運行する; 獣帯に属する星座は 12 個ある》. **2** 〘占星〙(黄道)十二宮; 十二宮図. **3** (時などの)一周: Nineteen ~*s* have gone round. 19年がめぐった (Shak., *Measure* 1. 2. 172).

zodiac 2

signs of the zodiac [the ―]〘天文・占星〙黄道十二宮《南北に各幅約8度で黄道に沿いこれを十二等分したもので次の各宮がある: Aries (おひつじ座, 白羊宮), Taurus (おうし座, 金牛宮), Gemini (ふたご座, 双子宮), Cancer (かに座, 巨蟹(きょかい)宮), Leo (しし座, 獅子宮), Virgo (おとめ座, 処女宮), Libra (てんびん座, 天秤宮), Scorpio (さそり座, 天蝎(てんかつ)宮), Sagittarius (いて座, 人馬宮), Capricorn (やぎ座, 磨羯(まかつ)宮), Aquarius (みずがめ座, 宝瓶(ほうへい)宮), Pisces (うお座, 双魚宮)》.

zo·di·a·cal [zo(u)dáɪəkəl, zə- | zəu-] 〘(1576) □ F ~: ⇨ ↑, -al[1]〙 *adj.* 黄道帯内の, 獣帯の; 十二宮の: ~ symbols, constellations, etc.

zodíacal líght *n.* 〘天文〙黄道光《太陽を中心に黄道に沿ってひろがる微光帯で, 北半球では日没後の西天あるいは日出前の東天に見える》.

Zo·e[1] [zóui, zóu | zə́ui] 〘□ Gk *Zōḗ* (原義) life: Heb. *Ḥawwā́* 'EVE' のギリシャ語訳〙 *n.* 女性名《異形 Zoa, Zoë》. ★ 米国に多い.

Zo·e[2] [zóui | zə́ui; *F.* zɔə] 〘(頭字語) ← F *Z*(*éro*) *O*(*xyde d'urane*) *E*(*au-lourde*) zero oxide of uranium heavy water〙 *n.* (フランスの)研究用原子炉.

zo·e·a [zouíːə | zəu-] 〘(1828) ← NL ~ ← Gk *zōē* life (⇨ zoo-) + *-ea* (cf. -eous)〙 ― *n.* (*pl.* **-e·ae** [-íːiː], ~**s**) 〘動物〙ゾエア《節足動物, 甲殻類のうち主として十脚類の発生中に現れる幼生; 大きい目とくちばし状の突起をもつのが特徴; cf. protozoea, metazoea, mysis》. **zo·é·al** [-əl] *adj.*

zo·e·trope [zóuɪtròup | zə́uɪtrə̀up] 〘(1869) ← *Zoetrope* (商標名) ← Gk *zōē* life (⇨ zoo-) + *trópos* turn (⇨ trope)〙 ― *n.* 回転のぞき絵, ゾーエトロープ (wheel of life)《運動体の一定時間ごとの状態を描いた紙を円筒内に張り, それを回転させながら円筒の外側のすき間からのぞくと動いているように見えるおもちゃ》. **zo·e·trop·ic** [zòuɪtrάpɪk | zə̀uɪtrɔ́p-] *adj.*

zof·tic [zάftɪk | zɔ́f-] *adj.* (*also* **zof·tick** [~]) = zaftig.

zof·tig [zάftɪg | zɔ́f-] *adj.* = zaftig.

Zo·har [zóuhɑə | zə́uhɑː(r)] 〘□ MHeb. *zōhar* (原義) brightness〙 ― *n.* [the ~] ゾハール, 光耀篇(こうようへん)《モーセの5書 (Pentateuch) のヘブライの神秘主義的注解書; 2-13 世紀に書かれたもので, The Bible of the Mystics と呼ばれた》.

zo·ic [zóuɪk | zə́u-] 〘□ Gk *zōik-ós* of or pertaining to animals ← *zôion* animal: ⇨ zoo-, -ic[1]〙 ― *adj.* **1** 動物の; 動物生活の. **2** 〘AZOIC と連想〙〘地質〙〈岩石など〉化石動植物を含む.

-zo·ic[1] [zóuɪk | zə́u-] 〘□ Gk *zōik-ós* (↑)〙「動物の生活が…様式の」の意を表わす形容詞連結形: cytozoic, holozoic.

-zo·ic[2] [zóuɪk | zə́u-] 〘← Gk *zōē* life (⇨ zoo-) + -IC[1]〙「(特定の)地質時代の[に関する]」の意を表わす形容詞連結形: Mesozoic.

zois·ite [zɔ́ɪsaɪt] 〘□ G *Zoisit* ← *Baron S. Zois von Edelstein* (1747–1819: その発見者であるスロベニアの貴族): ⇨ -ite[1]〙 ― *n.* 〘鉱物〙ゾイサイト, 黝簾(ゆうれん)石 ($Ca_2Al_3Si_3O_{12}(OH)$).

Zo·la [zóulə, -lɑː | zə́ulə; *F.* zɔla], **Émile** *n.* ゾラ《1840–1902; フランスの自然主義小説家; *Les Rougon-Macquart*「ルゴンマカール双書」(全20編) (1871–93); ⇨ Dreyfus affair》.

Zo·la·esque [zòuləésk, -lɑː- | zə̀ulə-] 〘⇨ -esque〙 *adj.* ゾラ (Zola) 風の, ゾラ(の小説)を思わせる.

Zó·la·ism [-ɪzm] *n.* ゾラ主義, ゾラの作風; (悪い意味の)自然主義.

Zó·la·ist [-ɪst, -əst | -ɪst] *n.* ゾラ主義者, ゾラ風の作家.

Zo·la·is·tic [zòuləístɪk, -lɑː- | zə̀ulə-] *adj.* ゾラ主義の.

Zöll·ner illúsion [tsǽlnə-, tsél- | tsʌ́lnə-; *G.* tsœ́lnɐ-] 〘← *J. K. F. Zöllner* (1834–82: ドイツの物理学者)〙 ― *n.* 〘心理〙ツェルネルの錯視 (⇨ Zöllner's lines).

Zöllner's línes *n.pl.* 〘心理〙ツェルナーの平行線《錯視の一種で, 平行線が多くの斜線と交差する時平行線が平行でなく見える》.

Zöllner's lines

Zoll·ver·ein [tsɔ́ːlfəràɪn, -fer- | tsɔ́lfəràɪn, zɔ́lvəràɪn; *G.* tsɔ́lfɐàɪn] 〘(1843) □ G ~ ← *Zoll* 'tax, TOLL[2]' + *Verein* union〙 ― *G. n.* **1** (ドイツ)関税同盟《特に, 1834–88年にプロイセンを中心にドイツ各邦国間に結ばれたものを指す》. **2** [z-] 関税同盟 (customs union).

Zom·ba [zάmbə | zɔ́m-] *n.* ゾンバ《アフリカ南東部 Malawi 南部にある都市; 人口 34,000》.

zom·bi [zάmbi | zɔ́mbɪ] 〘□ W-Afr. ~: cf. Congo *zumbi* fetish〙 ― *n.* **1** ゾンビ《西アフリカ原住民などが崇拝する蛇神》. **2** ゾンビ: **a** 死体にはいってこれを生き返らせるという霊力ゾンビの魔力で生き返らされた人. **b** 意志も言葉もなくただ無意識の運動しかできない人. **3** = zombie 1.

zom·bie [zάmbi | zɔ́mbɪ] 〘(変形) ↑〙 ― *n.* **1** 《俗》歩く死人のような人; 風変わりな人《zombi ともいう》. **2** ゾンビ《数種のラム酒をベースとし, 果物のジュースやブランデーを加味し, ミントと果物を飾るカクテル》. **3** 《カナダ俗》海外勤務を希望しない内地兵. **~·like** *adj.*

zóm·bi·ism [-biìzm] *n.* ゾンビの信仰[儀式].

zon- [zoun | zəun] (母音の前に来る時の) zono- の異形: zoniferous.

zonae pellucidae *n.* zona pellucida の複数形.

zonae radiatae *n.* zona radiata の複数形.

zon·al [zóunl̩ | zə́unl̩] 〘□ LL *zōnāl-is* ← L *zōna* 'ZONE': ⇨ -al[1]〙 ― *adj.* **1** 帯の, 帯状の: a ~ structure 帯状構造. **2** 〘土壌〙成帯の (cf. azonal 2, intrazonal 1): ⇨ zonal soil. **3** 地域[地区, 区域]に分けられた, 区分された (zoned). **~·ly** *adv.*

zónal sóil *n.* 〘土壌〙成帯土壌《気候・植生の影響を深く受けて生成した土壌型; cf. azonal soil, intrazonal soil》.

zónal strúcture *n.* 〘鉱物・結晶〙累帯構造《溶液から鉱物が析出される時に, 成分比に従って色彩などが変化して, 成長に応じた帯状模様が生じた構造》.

zo·na pel·lu·ci·da [zóunə-pəlúːsədə, -peljúː- | zə́unə-pelúːsɪ-, -pɪ-, -pə-, -ljúː-] 〘← NL ~ 'transparent zone': ⇨ zone, pellucid〙 ― *n.* (*pl.* **zo·nae pel·lu·ci·dae** [zóuniː-pəlúːsədiː, zóunaɪ-pəlúːsədàɪ, -peljúː- | zə́uniː-pelúːsɪdiː, zə́unaɪ-pelúːsɪdàɪ, -pɪ-, -pə-, -ljúː-]) 〘動物〙透明帯《哺乳類の卵にある透明な卵膜で受精の後は卵の最外層となる; cf. zona radiata》.

zóna ra·di·á·ta [-reɪdiάːtə, -éɪtə | -diάːtə, -éɪtə] 〘← NL ~ 'radiate zone': ⇨ zone, radiate〙 ― *n.* (*pl.* **zo·nae ra·di·a·tae** [-tiː, -taɪ]) 〘動物〙放射帯《透明帯 (zona pellucida) の表面に見られる多数の直角の縞模様》.

zon·a·ry [zóunəri | zə́unərɪ] 〘□ L *zōnāri-us* ← *zōna* 'ZONE': ⇨ -ary〙 *adj.* 帯様の, 帯状の (zonal).

zon·ate [zóuneɪt | zə́u-] 〘← L *zōna* 'ZONE' + -ATE[2]〙 *adj.* 帯(状の斑紋)のある; 帯状に排列された.

zon·at·ed [zóuneɪtɪd, -təd | zə́uneɪt-] *adj.* = zonate.

zo·na·tion [zounéɪʃən | zəu-] *n.* **1** 帯状斑紋; 帯状排列. **2** (生物の)帯状分布.

zone [zóun | zə́un] 〘(*a*1500) □ (O)F ~ // L *zōna* □ Gk *zṓnē* belt, girdle ← IE **jō(u)s-* to gird〙 ― *n.* **1** (外観・特徴などが他と異なっている)一帯, 地帯, 地域 (belt, area), 環状地帯: an annual ~ (木の)年輪 / a demilitalized ~ 非武装地帯 / a fortified ~ 要塞(さい)地帯 / the ~ of influence 勢力範囲 / the ~ of operations 作戦区域 / the wheat ~ 小麦地帯 / the sterling ~ ポンド圏[地域] / a 200-mile excusive fishery ~ 200海里漁業専管水域 / ⇨ Canal Zone, safety zone, war zone. **2 a** (都市を特殊の目的のために区分した)地区: a school [residence] ~ 文教[住宅]地区 / an amusement ~ 娯楽地区. **b** (道路の)交通規制区域: a no-parking ~ 駐車禁止区域 / a bus loading ~ バス乗降区域. **3** (交通機関の)同一運賃区域: the 25-cent fare ~ 25セント区間. **4** 《米》**a** (小包み郵便の)同一料金区域 (parcel post zone). **b** (大都市の)郵便区 (postal delivery zone) (cf. district). **5** 時間帯 (time zone). **6** 《古》帯, ひも (belt, girdle): a maiden [virgin] ~ 処女帯《処女の象徴》/ loose the maiden ~ of …の処女を奪う. **7** 〘地理〙(寒帯・熱帯など地球をとりまく)帯: ⇨ Frigid Zone, Temperate Zone, Torrid Zone. **8** 〘生態〙(同種類の動植物の生育によって区分された)帯(たい): the floral ~ 植物帯 / the alpine ~ 高山植物帯. **9** 〘地質〙岩帯. **10** 〘数学〙帯(たい)《2枚の平行面にはさまれた球面・錐面・円柱面などの帯状の部分》: a spherical ~ 球(面)帯. **11** 〘スポーツ〙ゾーン《競技場・コートなどの特定の地域・範囲》: ⇨ zone defense. **12** 〘電算機〙ゾーン《文字を表わす符号の一部を示す上位のビット》.

zones 7
1 north pole; 2 North Frigid Zone; 3 Arctic Circle; 4 ecliptic; 5 tropic of Cancer; 6 equator; 7 tropic of Capricorn; 8 Antarctic Circle; 9 South Frigid Zone; 10 south pole; 11 North Temperate Zone; 12 Torrid Zone; 13 South Temperate Zone

zone of action [the ―] 〘軍事〙行動区域, 戦闘地域《大きい地域を戦術的に区分し, 各部隊の責任範囲を明らかにしたもの》.

zone of fire [the ―] 〘軍事〙射撃区域, 射界, 火制地域《ある一部隊が射撃し, または射撃準備中の地域》.

zone of interior [the ―] 〘軍事〙内国地帯《交戦圏 (theater of war) 内で作戦地域 (theater of operations) を除く地域》.

― *attrib. adj.* **1** = zonal 1. **2** 〘スポーツ〙ゾーンの.

― *vt.* **1 a** …に帯状の印を付ける. **b** 帯[ベルト, ひも]で囲む, 帯で巻く (encircle). **2** (特徴に従って)区分する: ~ the world into climatic provinces 世界を風土上の地域に区分する. **3** 〈都市などを〉(文教区・住宅区・商業区などの地区に)区分する: ~ the quarter as residential その地区を住宅地区にする. ― *vi.* 帯(状)になる[をなす].

zón·er *n.*

zóne àxis *n.* 〘結晶〙晶帯軸《幾つかの結晶面がそれらに平行な一つの方向を共有する時, その方向をいう》.

zoned *adj.* **1** 地帯[地区, 区域]に区分された. **2** 《古》帯を着けた, 処女帯をつけた; 処女の (virgin).

zóne defènse *n.* 〘球技〙ゾーンディフェンス《バスケットボールやサッカーなどで各選手が守る地域をそれぞれ分担して守備する方法; cf. man-to-man defense》.

zóne lìne *n.* 〘アイスホッケー〙ゾーンライン (⇨ blue line).

zóne mèlting *n.* 〘冶金〙ゾーンメルティング, 帯域溶融法《偏析を利用して純粋な物質あるいは溶質濃度の一様な物質を得る方法の総称; cf. zone refining, cage zone melting》.

zóne nùmber *n.* 《米》(電話の)地域番号, 市外局番.

zóne plàte *n.* 〘光学〙同心円回折板《回折を利用し光線を焦点に集中させるのに用いる同心円図形をもつガラス板》.

zóne refìne *vt.* 〘冶金〙ゾーン精製法で精錬する.

zóne refìning *n.* 〘冶金〙ゾーン精製法《不純物を含む棒状の金属を帯状に溶かしていって精製する方法; cf. zone melting》.

zóne tìme *n.* 時刻帯時, 経帯時《地球の表面を 24 の時刻帯に分けそれぞれに 1 時間の時差を設けたもの; cf. Greenwich Time》.

Zon·i·an [zóuniən | zə́uniən, -njən] 〘← (*Canal*) *Zone*: ⇨ -ian〙 *n., adj.* パナマ運河地域在住の米国人(の).

zón·ing *n.* (都市工場地帯・住宅地帯などの)地帯制, 地域制; (小包郵便)区域制.

zóning làw *n.* 〘法律〙土地使用[利用]制限法.

zo·ni·tid [zóunətɪd, -təd | zə́unɪtɪd] 〘↓〙 *adj., n.* コハクガイ科の(巻貝).

Zo·nit·i·dae [zo(u)nítədiː | zə(u)nítə-] 〘← NL ~ ← *Zōnites* (属名: ⇨ zono-, -ites[1]) + -IDAE〙 *n. pl.* 〘動物〙(柄眼目)コハクガイ科.

zonked [zάŋkt | zɔ́ŋkt] 〘← ?: cf. conk[2]〙 *adj.* 《俗》(麻薬や酒に)酔った (high).

zonked out 《俗》すっかり酔った.

zo·no- [zóuno(u) | zə́unə(u)] 〘□ Gk *zōn-*, *zōno-* ← *zṓnē*: ⇨ zone〙「帯 (belt), 環帯 (zone)」の意を表わす連結形: *zono*placental 帯状胎盤のある. ★ 母音の前では通例 zon- になる.

Zón·ta Clùb [zάntə- | zɔ́ntə-] 〘*Zonta*: ← N-Am.-Ind. (Siouan) *zonta* honest〙 ― *n.* ゾンタクラブ《1919年米国で各職業の代表婦人が一人ずつ集まって国際親善の目的で組織したクラブ》.

Zon·ti·an [zάnṭiən | zɔ́ntɪən, -tjən] *adj.* Zonta Club (会員)の. ― *n.* Zonta Club の会員.

zon·ule [zóunjuːl | zə́u-] 〘← L *zōnula* (dim.) ← L *zōna* 'ZONE': ⇨ -ule〙 ― *n.* **1** 小帯 (little zone). **2** 〘解剖〙毛様(体)小帯《眼の毛様体と水晶体を連結し, 後者の固定に役立っている》. **zón·u·lar** [zóunjulə | zə́unjulə(r)] *adj.*

zoo [zúː] 〘(*c*1847) (略) ← *zoological* (*garden*)〙 ― *n.* (*pl.* ~**s**) **1** 《口語》動物園 (zoological garden); [the Z-] (特に)ロンドン動物園 (the Zoological Gardens). **2** 《俗》(刑務所・食堂など)雑然と人の込み合った場所.

zo·o- [zóuə | zə́uə(u)] 〘□ Gk *zōi*(*o*)- ← *zôion* animal, (原義) living thing ← IE **gʷei-* to live; life: ⇨ quick〙 ― (*also* **zo·ö-** [~]) 次の意味を表わす連結形. **1**「動物 (animal)」: *zoo*logy. **2** 〘□ Gk *zō-*, *zōo-* alive ← *zôion*〙「運動性のある (motile)」: *zoo*gamete. ★ 母音の前では通例 zo- になる.

zo·o·blast [zóuəblæ̀st | zə́uə(u)-] 〘← ZOO- + -BLAST〙 *n.* 動物細胞 (animal cell).

zo·o·chore [zóuəkɔ̀ə, -kɔ̀ə | zə́uəkɔ̀ː(r)] 〘← ZOO- + -CHORE〙 *n.* 〘植物〙動物によって散布される植物.

zòo·dynámics *n.* **1** 動物力学 (zoomechanics). **2** 動物生理学 (animal physiology).

zo·oe·ci·um [zouíːʃiəm | zəuíːʃɪəm, -sɪəm] 〘← NL ~ ← ZOO- + Gk *oîkos* house + -IUM〙 ― *n.* (*pl.* **-ci·a** [-ʃiə | -ʃɪə, -sɪə]) 〘動物〙虫室, 虫房《多形性群体をな

しているコケムシ類の普通の個虫の収まっている室).

zòo·flágellate *n.* 〘動物〙動鞭毛(ぺん)虫類の動物.

zòo·gaméte *n.* 〘生物〙 運動性配偶子 (⇨ planogamete).

zo·og·a·my [zouágəmi | zəuɔ́gəmɪ] 〘← ZOO-＋-GAMY〙 *n.* (動物の)有性生殖. **zo·óg·a·mous** [-məs] *adj.*

zòo·geógrapher *n.* 動物地理学者.

zòo·geógraphy *n.* 動物地理学《動物分布の研究》. **zòo·geográphic** *adj.* **zòo·geográphical** *adj.* **zòo·geográphically** *adv.*

zo·og·ra·pher [zouágrəfə | zəuɔ́grəfə(r] *n.* 《古》動物記載学者.

zo·oid [zóuɔɪd | záu-] 〘《1851》← ZOO-＋-OID〙 — *n.* **1** 〘動物〙 **a** 個虫, 個員 (zoon)《群体を構成する各個体》. **b** (両性生殖によらず, 分裂・増殖によって生じる)独立個体. **c** 世代の交代に際して有性生殖と有性生殖との間に現われる個体《ヒドロ虫のくらげ体など》. **2** 〘生物〙子虫, 類生物《独立の運動能力を持つ生物体または細胞; 精子など》. — *adj.* ＝zooidal.

zo·oi·dal [zouɔ́ɪdl | zəu-] *adj.* 動物に似た, 動物性の.

zooks [zúks, zú:ks | zú:ks] 〘《略》← *gadzkoo's gadsooks* 《原義》God's hooks: cf. Gad[2]〙 *int.* まあ, ちぇっ《軽いののしりを表わす》.

zool. 《略》zoological; zoologist; zoology.

zo·ol·a·ter [zouálətə | zəuɔ́lətə(r] *n.* 動物崇拝[偏愛]者.

zo·ol·a·trous [zouálətrəs | zəuɔ́l-] *adj.* 動物崇拝[偏愛]の.

zo·ol·a·try [zouálətri | zəuɔ́lətrɪ] 〘← ZOO-＋-LATRY〙 *n.* **1** 動物崇拝 (animal worship). **2** 動物偏愛; (特に)ペット動物の偏愛.

zo·o·lite [zóuəlàɪt | záuə(ʊ)-] 〘□ F *zoölite*: ⇨ zoo-, -lite〙 *n.* 《まれ》化石動物 (fossil animal).

zo·o·lith [zóuəlɪθ | záuə(ʊ)-] 〘⇨↑, -lith〙 *n.* ＝zoolite.

zo·o·log·ic [zòuəládʒɪk | zəuəlɔ́dʒ-, zuəlɔ́dʒ-, zulɔ́dʒ-] *adj.* ＝zoological.

zo·o·log·i·cal [zòuəládʒɪkəl, -dʒə- | zəuəlɔ́dʒɪ-, zuəlɔ́dʒ-, zulɔ́dʒ-] 〘《1815》← ZOOLOGY＋-ICAL〙 *adj.* 動物学(上)の; 動物の生活や構造に関する. **~·ly** *adv.*

zoológical gárden *n.* 動物園 (zoo); [the Z- Gardens] (特に)ロンドン動物園《《英》では [zulɔ́dʒ-, zəuə-, zuə-, zə-] と発音する; しばしば略して the Zoo という》.

zo·ól·o·gist [-dʒɪst, -dʒəst | -dʒɪst] 〘《1663》〙 *n.* 動物学者.

zo·ol·o·gy [zouálədʒi | zəuɔ́lədʒɪ, zuɔ́l-] 〘《1669》← NL *zoologia* & NGk *zōiologia*: ⇨ zoo-, -logy〙 — *n.* **1** 動物学. **2** 動物学に関する論文. **3** (特定の地域での)動物の生活.

zoom [zú:m] 〘《1886》擬音語〙 — *vi.* **1** ぶーんという音を立てる: ~ down 〈飛行機が〉爆音を立てて急降下する. **2** 〈景気・価格などが〉急上昇する. **3** 〘航空〙 爆音を立てて急上昇する. **4** 〘写真〙ズームレンズ (zoom lens) でとる. **5** [~ *out* [*in*] として]〘映画・テレビ〙〈映像が〉急速に拡大[縮小]する. — *vt.* **1** 〘航空〙〈飛行機を〉急上昇させる. **2** 〘写真〙〈ズームレンズを〉調節する. **3** [~ *out* [*in*] として]〘映画・テレビ〙〈映像を〉急速に拡大[縮小]する. — *n.* **1 a** 〘航空〙 急上昇. **b** (景気などの)急上昇. **2** ぶーんという音. **3** (映像の)急拡大[縮小]. **4** ズームレンズ (zoom lens). **5** ズーム《ブランデー・蜂蜜・クリームを混ぜたカクテル》. — *adj.* ズームレンズの付いた, ズームレンズに関する.

zo·o·man·cy [zóuəmæ̀nsi | záuə(ʊ)mæ̀nsɪ] 〘← ZOO-＋-MANCY〙 *n.* 動物占い.

zòo·mechánics *n.* ＝zoodynamics 1.

zo·om·e·try [zouámətri | zəuɔ́mɪtrɪ, -mə-] 〘← ZOO-＋-METRY[1]〙 — *n.* 動物測定学《動物の体の各部の長さ・面積などを測定することを目的とする動物学の一部門》. **zo·o·met·ric** [zòuəmétrɪk | zəuə(ʊ)-] *adj.*

zóom lèns *n.* 〘写真〙ズームレンズ《焦点距離・写角が自由に変えられて, この時像面の位置が変化しないレンズ; 映画・テレビの撮影に多く使用される》.

zo·o·mor·phic [zòuəmɔ́əfɪk | zəuə(ʊ)mɔ́:-] 〘← ZOO-＋-MORPHIC〙 — *adj.* **1** (装飾芸術で)動物形の, 動物をかたどった, 動物くずしの. **2** 〈神・超自然物が〉動物形態の, 獣形神の.

zo·o·mor·phism [zòuəmɔ́əfɪzm | zəuə(ʊ)mɔ́:-] 〘← ZOO-＋-MORPHISM〙 — *n.* **1** (図案などに)動物の形を用いること, 獣形使用. **2** 動物形態観《神または超自然物を動物形または動物体の一部(角・きば・突き出した口など)で表わすこと; cf. anthropomorphism 1》.

zo·o·mor·phize [zòuəmɔ́əfaɪz | zəuə(ʊ)mɔ́:-] 〘← ZOO-＋-MORPH＋-IZE〙 *vt.* 動物形態化する.

zo·on [zóuɑn | zəuɔn] 〘← NL ~ ← Gk *zōion* animal〙 *n.* (*pl.* **~s, zo·a** [zóuə | zəuə]) 〘動物〙 **1** (群体動物の)個員. **2** 個体. **3** ＝zooid 2. **~·al** [-nl] *adj.*

-zo·on [zóuɑn | zəuɔn] 〘← NL ~: ↑〙 zoon の意の名詞連結形 (⇨ -zoa): hemato*zoon*.

zo·on·o·sis [zouánəsɪs, zòuənóusɪs, -səs | zəuɔ́nəsɪs, zəuənəu-] 〘← NL ~ ← ZOO-＋-*nosis* (← Gk *nósos* disease)〙 — *n.* 〘病理〙 **1** 人獣伝染病, 人畜共通伝染病. **2** 動物原性感染(症). **zo·o·not·ic** [zòuənátɪk | zəuənɔ́t-] *adj.*

zòo·párasite *n.* 動物性寄生体. **zòo·parasític** *adj.*

zòo·pathólogy 〘← ZOO-＋PATHOLOGY〙 *n.* 動物病理学.

Zo·oph·a·ga [zouáfəgə | zəuɔ́f-] 〘← NL ~ ← zoo-＋-*phaga* eaters: ⇨ -phage〙 — *n. pl.* 〘動物〙食肉有袋類 (Polyprotodontia に当たる旧分類名; cf. Phytophaga 2 a).

zo·oph·a·gan [zouáfəgən | zəuɔ́f-] 〘⇨↑, -an[1]〙 *n.* 肉食動物.

zo·oph·a·gous [zouáfəgəs | zəuɔ́f-] 〘← ZOO-＋-PHAGOUS〙 *adj.* 〈動物が〉肉食の, 肉食動物の.

zo·o·phile [zóuəfàɪl | záuə-] 〘← ZOO-＋-PHILE〙 *n.* **1** 〘植物〙動物媒植物. **2** ＝zoophilist 1.

zo·o·phil·i·a [zòuəfíliə | zəuəfílɪə] 〘← NL ~: ⇨ zoo-, -philia〙 — *n.* **1** 動物愛好. **2** 〘精神医学〙動物性愛《動物によって性欲を満足させること; zoophilism, zoophily ともいう》.

zo·o·phil·ic [zòuəfílɪk | zəuə-] *adj.* ＝zoophilous.

zo·oph·i·lism [zouáfəlɪzm | zəuɔ́fɪ-] 〘← ZOO-＋-PHIL＋-ISM〙 *n.* 〘精神医学〙＝zoophilia 2.

zo·óph·i·list [-lɪst, -ləst | -lɪst] *n.* **1** 動物愛好者, (特に, 生体解剖などの反対を唱える)動物保護者. **2** 〘精神医学〙動物性愛者.

zo·oph·i·lous [zouáfələs | zəuɔ́fɪ-] *adj.* **1** 動物愛好の. **2** 〘植物〙動物によって受粉する[花粉を媒介する] (cf. entomophilous). **3** 〘昆虫〙動物寄生の, 動物食の《下等動物から人類に至る動物を食餌とする昆虫についていう》.

zo·oph·i·ly [zouáfəli | zəuɔ́fɪlɪ] 〘← NL *zoophilia*: ⇨ zoo-, -phily〙 *n.* 〘精神医学〙＝zoophilia 2.

zo·o·pho·bi·a [zòuəfóubiə | zəuəfə́ubjə, -bɪə] 〘← NL ~: ⇨ zoo-, -phobia〙 *n.* 動物恐怖(症).

zo·o·phyte [zóuəfàɪt | záu-] 〘《a1635》← NL *zōophyton* □ Gk *zōióphuton*: ⇨ zoo-, -phyte〙 — *n.* 〘生物〙植虫類《イソギンチャク・サンゴ・カイメン・コケムシなどのように形態が植物に似ている動物》. **zo·o·phyt·ic** [zòuəfítɪk | zəuəfít-] *adj.* **zò·o·phýt·i·cal** *adj.*

zò·o·phy·tól·o·gist [-dʒɪst, -dʒəst | -dʒɪst] *n.* 植虫類の研究者.

zo·o·phy·tol·o·gy [zòuəfaɪtálədʒi | zəuəfaɪtɔ́lədʒɪ] 〘← ZOOPHYTE＋-O-＋-LOGY〙 *n.* 植虫類学.

zòo·plánkter 〘← ZOO-＋PLANKTER〙 *n.* 〘生物〙プランクトン動物 (⇨ plankter).

zòo·plánkton 〘← ZOO-＋PLANKTON〙 *n.* 〘生物〙〘通例集合的〙動物プランクトン, 浮遊動物 (cf. phytoplankton). **zoo·planktónic** *adj.*

zòo·psychólogy 〘← ZOO-＋PSYCHOLOGY〙 *n.* 動物心理学.

zo·o·sperm [zóuəspə̀:m | záuə(ʊ)spə̀:m] *n.* **1** 〘生物〙＝spermatozoon 1. **2** 〘植物〙＝zoospore.

zòo·sporángium 〘← NL ~: ⇨ zoo-, sporangium〙 *n.* (*pl.* **-gia**) 〘植物〙遊走子嚢(のう). **zòo·sporán·gial** *adj.*

zóo·spòre 〘← ZOO-＋SPORE〙 — *n.* 〘植物〙遊走子《無性生殖を行なう胞子の一種で, 鞭毛(ぺん)をもち水中を運動するもの; cf. zygospore》. **zòo·spóral** *adj.* **zòo·spóric** *adj.* **zòo·spórous** *adj.*

zo·os·ter·ol [zouástərɔ̀(:)l, -ròul | zəuɔ́stərɔ̀l] 〘← ZOO-＋STEROL〙 — *n.* 〘生化学〙動物ステリン《動物の体内に見出されるコレステロールのようなステロイドアルコールのこと; cf. phytosterol, mycosterol》.

zo·o·tax·y [zóuətæ̀ksi | záuə(ʊ)tæ̀ksɪ] 〘← ZOO-＋-TAXY〙 *n.* 動物分類学 (zoological taxonomy).

zòo·téchnics *n.* ＝zootechny.

zo·o·tech·ny [zóuətèkni | záuə(ʊ)tèknɪ] 〘← ZOO-＋-TECHNY: cf. F *zootechnie*〙 *n.* 畜産技術; 畜産学.

zo·o·the·ism [zóuəθiìzm, zòuəθí:ɪzm | záuə(ʊ)-, zəuə-] 〘← ZOO-＋-THEISM〙 *n.* 動物神崇拝.

zo·ót·o·mist [-mɪst, -məst | -mɪst] *n.* 動物解剖者[学者].

zo·ot·o·my [zouátəmi | zəuɔ́təmɪ] 〘← NL *zōotomia*: ⇨ zoo-, -tomy〙 — *n.* 動物解剖(学). **zo·o·tom·ic** [zòuətámɪk | zəuə(ʊ)tɔ́m-] *adj.* **zò·o·tóm·i·cal** *adj.* **zò·o·tóm·i·cal·ly** *adv.*

zòo·tóxin 〘← ZOO-＋TOXIN〙 *n.* 動物毒素《ヘビ・ハチ・フグなどの毒》.

zóot sùit [zú:t-] 〘*suit* の押韻加重形?: cf. Du. *zoet* sweet, good〙 — *n.* 《口語》ズート服《1940 年代初めにティーンエージャーの間で流行した男子服で, 膝まで届く長いルーズな上着と, 裾をカフスでしぼっただぶだぶのズートパンツ (zoot pants) から成る》.

zóot·sùit·er [-ṭə | -tə(r] *n.* 《口語》ズート服を着ている人.

zoot·y [zú:ṭi | -tɪ] 〘← ZOOT (SUIT)＋-Y[4]〙 *adj.* 《口語》〈服装・スタイルなど〉はでな, けばけばしい.

Zo·phar [zóufə | záufɑ:(r, -fə(r] 〘□ L *Sōphar* □ Heb. *Ṣōphar*〙 *n.* 〘聖書〙ゾパル《Job の友達; cf. *Job* 2:11》.

Zor·ach [zɔ́:rɑ:k, zɔ́:r-, -ræk | zɔ́:r-], **William** *n.* ゾラック《1887-1966; リトアニア生れの米国の彫刻家・画家》.

Zo·rap·ter·a [zəræ̀ptərə] 〘← NL ~ ← Gk *zōrós* pure ＋*áptera* without wings (⇨ apterous)〙 *n. pl.* 〘昆虫〙絶翅目.

「~s) 草履(ぞう).

zo·ri [zɔ́:ri, zó:ri | zɔ́:rɪ] 〘《1823》□ Jap.〙 *n.* (*pl.* ~,

zor·il [zɔ́(:)rɪl, zár-, -rəl | zɔ́rɪl] 〘《1774》□ F *zorille* □ Sp. *zorilla, zorillo* (dim.) ← *zorra, zorro* fox〙 — *n.* (*also* **zo·ril·la** [zəríla], **zo·rille** [zəríl]) 〘動物〙ゾリラ (*Ictonyx striatus*)《アフリカ南部産のイタチの一種; スカンクに似て悪臭を放つ》.

Zorn [sɔ́ən, zɔ́ən | sɔ́:n, zɔ́:n; *Swed.* so:rn], **Anders Le·on·hard** [léənhɑ̀rd] *n.* ソルン《1860-1920; スウェーデンの画家・彫刻家》.

Zórn's lémma [zɔ́ənz- | zɔ́:nz-] 〘← *Max August Zorn* (1906- : ドイツの数学者)〙 — *n.* 〘数学〙ツォルンの補題《帰納的な順序集合は常に極大元をもつという集合論の定理》.

Zo·ro·as·ter [zɔ́:rouæ̀stə, zó:r- | zɔ̀rəuǽstə(r] 〘□ L *Zōroastr-ēs* □ Gk *Zōroástrēs* (転訛) ← Avestan *Zarāthushtra* (原義) whose camels are old ← **zarant* old ＋*ushtra* camel〙 — *n.* ゾロアスター《紀元前 600 年ごろのペルシャの宗教家; Zoroastrianism の開祖; 古イラン語名 Zarathustra》.

Zo·ro·as·tri·an [zɔ̀:rouǽstriən, zò:r- | zɔ̀rəuǽstrɪ-] 〘《1743》: ⇨↑, -ian〙 *adj.* ゾロアスターの; ゾロアスター教の. — *n.* ゾロアスター教徒, 拝火教徒.

Zò·ro·ás·tri·an·ìsm [-nìzṃ] *n.* ゾロアスター教, 拝火教《古代ペルシャに起こった宗教で, 神 Ahura Mazda を至高神としてあがめつつも, 宇宙と人類の歴史を善悪二原理の対立・抗争として説く; その経典は Zend-Avesta でイスラム以前のペルシャを支配し, 現在は Bombay 地方に残る; Mazdaism ともいう》.

Zo·ro·as·trism [zɔ̀:rouǽstrɪzṃ, zò:r- | zɔ̀rəu-] *n.* ＝Zoroastrianism.

Zor·ril·la y Mo·ral [zərí:(j)ə-i:-mərá:l; *Sp.* θorríjaimoral], **José** *n.* ソリーリャイモラル《1817-93; スペインのロマン派詩人・劇作家》.

zos·ter [zástə, zás- | zɔ́us-, zɔ́s-] 〘□ L ~ □ Gk *zōstḗr* girdle〙 *n.* **1** 〘病理〙＝herpes zoster. **2** (古代ギリシャの男子の)帯 (girdle).

Zos·ter·a·ce·ae [zɑ̀stəréɪsiː: | zɔ̀s-] 〘← NL ~ ← *Zōstēra* (属名: ← Gk *zōstḗr* belt: ⇨ zone)＋-ACEAE〙 — *n. pl.* 〘植物〙アマモ科《アマモ属 (*Zostera*) を含む海産高等植物; ヒルムシロ科に含めることが多い》.

Zos·ter·op·i·dae [zɑ̀stərápədì: | zɔ̀stərɔ́pɪ-] 〘← NL ~: ⇨↓, -idae〙 *n. pl.* 〘鳥類〙(スズメ目)メジロ科.

zos·ter·ops [zástəràps | zɔ́stərɔ̀ps] 〘← NL ~ ← Gk *zōstḗr* girdle＋*ṓps* eye: ⇨ optic〙 *n.* 〘鳥類〙メジロ属 (*Zosterops*) の鳥の総称 (cf. silvereye).

Zou·ave, z- [zuá:v, zú:ɑ:v, zwá:v | zu:á:v, zuá:v, zwá:v, zú:ɑ:v] 〘□ F ~ □ Arab. *Zwā́wa* (アルジェリアの Kabyle 族の名)〙 — *n.* **1** ズワーブ兵《フランスの軽歩兵; もとアルジェリア人をもって編成してアラビア服を着用した》. **2** (米国南北戦争の際の)ズワーブ兵の服装を模した義勇兵. **3 a** (婦人用の)ズワーブスカート《ズワーブ兵のズボンを真似たもので, 裾をあげて裏にとじつけたたっぷりしたもの》. **b** ズワーブジャケット (Zouave jacket)《ズワーブ兵のジャケットを真似たもので丈が短く身頃の開きはつき合わせになっている》.

Zouave 1

Zoug [F. zug] *n.* Zug のフランス語名.

zounds [záundz, zú:ndz] 〘《1600》《婉曲的短縮》← (*by*) *God's* (i.e. Christ's) *wounds* (*on the Cross*)〙 — *int.* 《古》ちえっ, 畜生《軽いののしりを表わす》.

zow·ie [záui | záuɪ] 〘擬音語: cf. wow[1]〙 *int.* やあ, ああ, うわあ《突然の事がらや速く走る物などに対する驚きや喜びの発声》.

zoy·sia [zɔ́ɪʃə, -ʒə, -siə | -sɪə, -zɪə] 〘← NL *Zoysia* ← *Karl von Zois* (1756-1800: ドイツの植物学者)＋-IA[1]〙 *n.* 〘植物〙シバ(芝)《イネ科シバ属 (*Zoysia*) の草》.

Z-paràmeter *n.* 〘電気〙＝impedance parameter.

ZPG 《略》zero population growth.

Zr 《記号》〘化学〙zirconium.

Zsig·mon·dy [ʒígmɑ(:)ndi | -mɔndɪ; *G.* ʒígmɔndi], **Richard** *n.* ジーグモンディー《1865-1929; ドイツの化学者; Nobel 化学賞 (1925)》.

Z transformátion *n.* 〘電気〙Z 変換《サンプル値制御系などでの時間関数を周波数領域で取扱うための種分変換の一種》.

Z-twíst *n.* 〘紡織〙Z 撚(よ)り, 左撚 (cf. S-twist).

Zuc·ca·ri [tsu:ká:ri | -rɪ; *It.* tsukká:ri] (*also* **Zuc·ca·ro** [-rou | -rəu; *It.* -ro]), **Federico** *n.* ツッカーロ《1543?-1609; イタリアの画家》.

Zuccari, Taddeo *n.* ツッカーロ《1529-66; イタリアの画家; Federico の兄》.

zuc·chet·to [zu:kétou | -təu; *It.* tsukkétto] 〘《1853》□ It. *zucchetta* small gourd (dim.) ← *zucca* gourd, head: cf. LL *cucutia* gourd〙 — *n.* (*pl.* **-chet·ti** [-ti:; *It.* -ti], **~s**) 〘カトリック〙ズケトウ《聖職者のかぶる半球形の小ずきん; pope は白, cardinal は緋色, bishop は紫, その他は黒と, 位階によって色が違う; cf. biretta, galero》.

zuc·chi·ni [zu:kí:ni, -tʃí:ni | -nɪ] 〘□ It. ~ (pl.) ← *zucchino* (dim.) ← *zucca* gourd (↑)〙 — *n.* (*pl.* ~, **~s**) 〘園芸〙ズッキーニ《summer squash に属するカボチャ; 矮性でキュウリのような形をした濃緑色の未熟果を食用とする》.

zu·fo·lo [tsú:fəlòu | -ləu; *It.* tsú:folo] 〘□ It. ~ ← *zufolare* to whistle (cf. L *sibilāre* to hiss)〙 — *It. n.* (*pl.* **-fo·li** [-lì:; *It.* -li]) (*also* **zuf·fo·lo** [~; *It.* tsúffolo]) (鳴鳥を仕込むための)一種の小笛.

Zug [tsú:k, zú:g; *G.* tsú:k] *n.* **1** ツーク(州)《スイス北部の州; 人口 74,000, 面積 239 km²》. **2** ツーク《Zug 州の首都で Zug 湖の北東岸にある; 人口 24,000; フランス語名 Zoug》.

Zug, the Lake of *n.* ツーク湖《スイスの Zug 州にある湖; 39 km²》.

Zug·spitze [tsú:kspɪtsə, zú:g-; *G.* tsú:kʃpɪtsə] *n.* ツークシュピッツェ《西ドイツ南東部にある同国の最高峰 (2,962 m)》.

zug·zwang [tsú:ktsvɑ̀:ŋ; *G.* tsú:ktsvaŋ] 〘□ G ~ ← *zug* to tug＋*Zwang* force: cf. tow[1], thong〙 — *n.* 〘チェ

ス》ツークツワンク《相手の手番にして, 自から形を崩し不利な形にせざるを得ないように手待ちすること》.

Zui·der Zee [záɪdə-zéɪ, -zíː | -də- ; *Du.* zœ̀idər-zé:] *n.* [the ～] ゾイデル海《オランダ北西岸にあった浅い湾, 今は堤防で海から遮断され淡水湖; Ijsselmeer となっている》.

Zuid Hol·land [*Du.* zœithɔ́lant] *n.* ゾイトホラント(州)《South Holland のオランダ語名》.

Zu·lei·ka [zuːléɪkə, -láɪ-] 〘▭ Pers. ～ 'brilliant beauty'〙 *n.* 女性名.

Zu'l-Hij·ja [zúːlhɪ́dʒɑː] *n.* ＝Dhu'l-Hijja.

Zu'l-Ka·dah [zúːlkədɑ́ː] *n.* ＝Dhu'l-Qa'dah.

Zu·lo·a·ga [θùːlouɑ́ːgə, zùː- | -ləu- ; *Sp.* θùlóaga], **Ignacio** *n.* スロアガ《1870–1945; スペインの画家》.

Zu·lu [zúːluː] 〘← Afr. (土語)〙 **—** *n.* (*pl.* ～, ～**s**) **1 a** [the ～(s)] ズールー族《南アフリカ共和国 Natal 州に住む種族で, Bantu 系種族に属する》. **b** ズールー族の人. **2** ズールー語《Bantu 語に属する》. **3** (子供用)あら編み円錐形の麦わら帽. **—** *adj.* ズールー族[語]の.

zúlu clòth *n.* 目のつんだ綾織地《家具用の刺繍布などに使用される》.

Zu·lu·land [zúːluːlæ̀nd] *n.* ズールーランド《南アフリカ共和国 Natal 州北東部の準州; 人口 571,000, 面積 26,837 km², 首都 Eshowe [éʃəwèɪ]》.

Zu·ñi [zúːn(j)i, súː- | -n(j)ɪ] 〘▭ Sp. ～ ▭ N-Am.-Ind. (Keresan) *sïni* middle (短縮) ← *Súnyitsa*〙 **—** *n.* (*pl.* ～, ～**s**) **1 a** [the ～(s)] ズニ族《米国 New Mexico 州西部に住む Pueblo 族に属するアメリカインディアン》. **b** ズニ族の人. **2** ズニ語. **Zú·ñi·an** [-niən | -nɪən, -njən] *adj., n.*

zun·yite [zúːnjaɪt] 〘← *Zuñi* (Colorado にある鉱山) ＋-ITE¹〙 *n.* 〘鉱物〙 ズニアイト ($Al_{13}Si_5O_{20}(OH, F)_{18}Cl$).

zup·pa in·gle·se [tsúːpə-ɪŋgléɪzeɪ, zúː-, -ɪn-, -seɪ ; *It.* tsúppaiŋglé:se] 〘▭ It. ～ (原義) English soup〙 **—** *n.* ツッパイングレーゼ《ラム酒などにひたしたスポンジケーキとカスタードを層にして, クリームをかけ果物を飾ったイタリアのデザート; cf. trifle 4》.

Zur·ba·rán [θùəbərɑ́ːn, zùə- | θùə-, zùə- ; *Sp.* θùrbarán], **Francisco de** *n.* スルバラン《1598–1664; スペインの画家》.

Zu·rich [zú(ə)rɪk | z(j)ʊ́ər-] *n.* **1** チューリヒ(州)《スイス北部の州; 人口 693,000, 面積 1,730 km²》. **2** チューリヒ《Zurich 湖畔にある Zurich 州の首都; 人口 423,000; ドイツ語名 Zürich [tsýːrɪç]》.

Zurich, the Lake of *n.* チューリヒ湖《スイス北部の湖; 面積 89 km²》.

Zuy·der Zee [záɪdə-zéɪ, -zíː | -də- ; *Du.* zœ́idərzé:] *n.* [the ～] ＝Zuider Zee.

zve·no [zveɪnóu | -nə́u ; *Russ.* zvjinó] 〘▭ Russ. ～ (原義) link (of a chain)〙 **—** *n.* (ソ連の)コルホーズ (kolkhoz) の作業班《1930 年代に初めて出現したもので, 作業の最小単位 (5–14 人) を構成する》.

Zweig [zwáɪg, swáɪg ; *G.* tsváɪk], **Arnold** *n.* ツヴァイク《1887–1968; ドイツのユダヤ系小説家・劇作家; *Der Streit um den Sergeanten Grischa*「グリーシャ軍曹の争い」(小説, 1927)》.

Zweig, Stef·an [ʃtéfan] *n.* ツヴァイク《1881–1942; オーストリアのユダヤ系小説家・伝記作家・劇作家・詩人; 1938 年以降, 英米・その他に亡命; *Drei Meister*「三人の巨匠」(1920), *Triumph und Tragik des Erasmus*「エラスムスの勝利と悲劇」(1935)》.

Zwick·y [tsvíki | -kɪ ; *G.* tsvíki], **Fritz** *n.* ツウィッキー《1898–1974; ブルガリア生れのスイスの天体物理学者》.

zwie·back [swíːbæk, zwíː-, swáɪ-, zwáɪ-, -bɑːk | zwíː-bæk, -bɑːk ; *G.* tsvíːbak] 〘(1894) ▭ G ～ 'twice baked' ← *zwie* twice (⇨ twi-) ＋ *backen* 'to BAKE' (なぞり) ← It. *biscotto* & F *biscuit* 'BISCUIT'〙 **—** *n.* (*pl.* ～, ～**s**) ツヴィーバック《ドイツ風ラスク (rusk); 甘味のついたパンを用いる》.

Zwing·li [zwíŋ(g)li, swíŋ(g)- | zwíŋglɪ, tsvíŋlɪ ; *G.* tsvíŋli], **Ul·rich** [úlrɪç] *or* **Hul·dreich** [húldraɪç] *n.* ツウィングリ《1484–1531; スイスの宗教改革者・プロテスタント神学者》.

Zwing·li·an [zwíŋ(g)liən, swíŋ(g)- | zwíŋglɪən, tsvíŋlɪən] 〘(1532): ⇨ ↑, -AN¹〙 **—** *adj.* ツウィングリ (Zwingli) の, ツウィングリ主義の, ツウィングリ派の. **—** *n.* ツウィングリ派の信徒.

Zwíng·li·an·ìsm [-nìzm] *n.* ツウィングリ主義《反カトリック的である点では Luther と一致するが, 聖餐を精神的・象徴的なものであるとする点で Luther と異なる》.

Zwíng·li·an·ist [-nɪst, -nəst | -nɪst] *n.* ＝Zwinglian.

zwit·ter·i·on [zwíṭəàɪən, swíṭ-, -ɑn | -tə(r)àɪən, -ən ; *G.* tsvítəriò:n, -iːɔn] 〘▭ G ～ 'mongrel ion' ← *Zwitter* hybrid (< OHG *zwitaran* ← *zwi-* double, twice: ⇨ twi-) ＋ION〙 **—** *n.* 〘物理〙 ＝dipolar ion. **zwit·ter·i·on·ic** [zwìtəaɪɑ́nɪk, swìṭ- | -tə(r)aɪɔ́n-] *adj.*

zyg- [zaɪg, zɪg] (母音の前に来る時の) zygo- の異形.

zy·gae·nid [zaɪdʒíːnɪd, -nəd | -nɪd] 〘↓〙 〘昆虫〙 *adj.* マダラガ(科)の. **—** *n.* マダラガ《マダラガ科のガの総称》.

Zy·gae·ni·dae [zaɪdʒíːnədìː | -nɪ-] 〘← NL ～ ← *Zygaena* (属名: ← Gk *zúgaina* hammerheaded shark) ＋-IDAE〙 *n. pl.* 〘昆虫〙 (鱗翅目)マダラガ科.

zyg·a·po·phys·e·al [zìgəpo(ʊ)fíziəl, zàɪg- | -pə(ʊ)-fízɪ-] *adj.* (*also* **zyg·a·po·phys·i·al** [～]) 〘動物〙 脊椎関節突起の.

zyg·a·poph·y·sis [zìgəpɑ́fəsɪs, zàɪg-, -səs | -pɔ́fɪsɪs] 〘← ZYGO-＋APOPHYSIS〙 **—** *n.* (*pl.* **-y·ses** [-sìːz]) 〘動物〙 脊椎(せきつい)関節突起《隣接した脊椎骨をつないでいる関節突起》.

Zyg·ne·ma·ta·ce·ae [zɪgnìːmətéɪsiìː] 〘← NL ～ ← *Zygnemat-*, *Zygnema* (属名: ⇨ zygo-, nemato-)＋-ACEAE〙 **—** *n. pl.* 〘植物〙 (接合藻目)ホシミドロ科. **zyg·nè·ma·tá·ceous** [-ʃəs] *adj.*

Zyg·ne·ma·ta·les [zɪgnìːmətéɪliːz] 〘← NL ～ ← *Zygnemat-*, *Zygnema* (↑)＋-ALES〙 *n. pl.* 〘植物〙 接合藻目《Conjugales ともいう》.

zy·go- [záɪgo(ʊ), zíg- | -gə(ʊ)] 〘← Gk *zugón* 'YOKE¹'〙 **—** 次の意味を表わす連結形: **1**「くびき状の, 連結した; 頬骨の」: *zygo*sphene. **2**「一対を成している」: *zygo*doctyl. **3**「接合」: *zygo*spore. ★ 母音の前では通例 zyg- になる.

zy·go·dac·tyl [zàɪgo(ʊ)dǽktl, zìg- | -gə(ʊ)dǽktɪl] 〘⇨ ↑, dactyl〙 **—** *adj.* **1** 〘鳥類〙 (二指ずつ前後方に向かう)対指足の. **2** ＝syndactyl. **—** *n.* 〘鳥類〙 対指足類の鳥《キツツキ・オウムなど》.

Zy·go·dac·ty·lae [zàɪgo(ʊ)dǽktəlìː, zìg- | -gə(ʊ)dǽk-tɪ-] 〘← NL ～: ↑〙 *n. pl.* (*also* **Zy·go·dac·ty·li** [-làɪ]) 〘動物〙 対指足類.

zỳgo·dáctylous *adj.* 〘鳥類〙 ＝zygodactyl 1.

zỳgo·génesis 〘← NL ～: ⇨ zygo-, -genesis〙 *n.* 〘生物〙 **1** 接合子形成. **2** 配偶子生殖.

zy·goid [záɪgɔɪd, zíg-] 〘← ZYGO-＋-OID〙 *adj.* 〘生物〙 接合子 (zygote) の.

zy·go·ma [zaɪgóumə, zɪ-, zə- | zaɪgə́umə, zɪ-] 〘(1684) ← NL ～ ← Gk *zúgōma*: ⇨ zygo-, -oma〙 **—** *n.* (*pl.* ～**·ta** [～ṭə | ～tə], ～**s**) 〘解剖〙 **1** 頬骨(きょうこつ)突起. **2** 頬骨弓. **3** ＝zygomatic bone.

zy·go·mat·ic [zàɪgəmǽṭɪk, zìg- | -tɪk] 〘← NL *zygomatic-us* ← *zygomat-*, *zygoma* (↑)＋-IC¹〙 〘解剖〙 *adj.* 頬骨(突起, 弓)の. **—** *n.* ＝zygomatic bone.

zygomátic árch *n.* 〘解剖〙 頬骨弓 (⇨ skull¹ 挿絵).

zygomátic bóne *n.* 〘解剖〙 頬骨, 顴骨(かんこつ) (cheekbone) (⇨ skull¹ 挿絵).

zygomátic prócess *n.* 〘解剖〙 頬骨突起.

zy·go·mor·phic [zàɪgəmɔ́əfɪk, zìg- | -mɔ́ː-] 〘← ZYGO-＋-MORPHIC〙 **—** *adj.* 〘生物〙 左右相称の; 〈花弁が〉左右相称に排列された, 〈花冠が〉不整斉の (cf. actinomorphic). **zy·go·mor·phy** [záɪgəmɔ̀əfi, zíg- | -mɔ̀ːfɪ] *n.*

zỳgo·mórphism *n.* 〘生物〙 左右相称.

zỳgo·mórphous *adj.* 〘生物〙 ＝zygomorphic.

Zỳgo·mycétes 〘← NL ～: ⇨ zygo-, -mycetes〙 *n. pl.* 〘植物〙 接合菌綱《藻菌類の中で有性胞子として接合胞子を生じるもの》.

Zy·go·phyl·la·ce·ae [zàɪgo(ʊ)fɪléɪsiìː, zìg-, -fə- | -gə(ʊ)fɪ-] 〘← NL ～ ← *Zygophyllum* (属名: ⇨ zygo-, -phyll)＋-ACEAE〙 *n. pl.* 〘植物〙 ハマビシ科. **zỳ·go·phyl·lá·ceous** [-ʃəs] *adj.*

zy·go·phyte [záɪgəfàɪt, zíg-] 〘← ZYGO-＋-PHYTE〙 *n.* 〘植物〙 接合植物《接合胞子 (zygospore) によって繁殖する藻類》.

Zy·gop·ter·a [zaɪgɑ́ptərə | -gɔ́p-] 〘← NL ～: ⇨ zygo-, -ptera〙 **—** *n. pl.* 〘昆虫〙 均翅亜目《イトトンボ類・カワトンボ類など前後翅の形が同様でたたんで止まる仲間をいう》. **zy·gop·ter·ous** [-rəs] *adj.*

zy·gop·ter·an [zaɪgɑ́ptərən | -gɔ́p-] *adj., n.* 〘昆虫〙 均翅亜目の(昆虫).

zy·go·sis [zaɪgóusɪs, zɪ-, zə-, -səs | zaɪgə́usɪs, zɪ-] 〘← NL ～: ⇨ zygo-, -osis〙 *n.* 〘生物〙 (生殖細胞の)接合.

zýgo·spèrm 〘← ZYGO-＋SPERM〙 *n.* 〘植物〙 ＝zygospore.

zýgo·spòre 〘← ZYGO-＋-SPORE〙 **—** *n.* 〘植物〙 接合胞子《ある種の菌類や藻(そう)類において同形の配偶子嚢の接合によって生じる細胞; cf. zoospore》. **zỳgo·spóric** *adj.*

zy·gote [záɪgout, zíg- | -gəut] 〘▭ Gk *zugōt-ós* yoked ← *zugoûn* to yoke together ← *zugón* 'YOKE¹'〙 **—** *n.* 〘生物〙 **1 a** 接合子《2 個の配偶子あるいは配偶子嚢が接合して生じる細胞》. **b** 受精卵. **2** 接合体《2 個の配偶子の結合した細胞が分裂して出来た個体》. **zy·got·ic** [zaɪgɑ́ṭɪk, zɪ-, zə- | zaɪgɔ́t-, zɪ-] *adj.* **zy·gót·i·cal·ly** *adv.*

zy·go·tene [záɪgətìːn, zíg-] 〘▭ F *zygotène*: ⇨ zygo-, -tene〙 **—** *n.* 〘生物〙 合糸期, 接合期, ザイゴテン期, 対合期《減数分裂前期の細糸期に続く時期で, 両親からきた相同染色糸が接合する; cf. leptotene》.

-zy·gous [záɪgəs, ⌐-zɪgəs, -zə- | záɪgəs, ⌐-zɪgəs] 〘▭ Gk *-zugos* ← *zugón* 'YOKE¹'〙 〘生物〙「接合子 (zygote) 的構造をもった」の意の形容詞連結形: homo*zygous*.

zym- [zaɪm, zɪm] (母音の前に来る時の) zymo- の異形.

zy·mase [záɪmeɪs, -meɪz | -meɪs] 〘▭ F ～: ⇨ zyme, -ase〙 *n.* 〘生化学〙 チマーゼ《アルコール発酵にあずかる酵素群の総称》.

zyme [záɪm] 〘▭ Gk *zúmē* leaven: cf. *zōmos* broth〙 *n.* 《廃》〘病理〙 酵素《昔, 伝染病の病原体がこの名で呼ばれたことがあった; cf. zymosis 2 a》.

-zyme [zaɪm] 〘↑〙 〘生化学〙「酵素」の意の名詞連結形: endoen*zyme*, lyso*zyme*.

zy·mo- [záɪmo(ʊ) | -mə(ʊ)] 〘← NL ～ ← Gk *zūmo-*: ⇨ zyme〙「酵素, 発酵」の意の連結形. ★ 母音の前では通例 zym- になる.

zy·mo·gen [záɪmədʒən, -dʒɪn, -dʒèn] 〘▭ G ～: ⇨ ↑, -gen: 19 世紀ドイツの生理学者 R. P. H. Heidenhain の造語〙 **—** *n.* 〘生化学〙 チモーゲン, 酵素原《酵素の母体; ほかの一定の物質の作用を受けて酵素の働きをもつようになる; proenzyme ともいう》.

zỳmo·génesis 〘← NL ～: ⇨ zymo-, -genesis〙 *n.* 〘生化学〙 酵素化《チモーゲンが酵素に変じること》.

zỳmo·génic 〘1: ← ZYMO-＋-GENIC. 2: ← ZYMOGEN＋-IC¹〙 *adj.* 〘生化学〙 **1** 発酵を促進させる. **2** 酵素原 (zymogen) の.

zymogénic órganism *n.* 〘生物〙 発酵有機体《発酵を促進させる微生物》.

zy·mog·e·nous [zaɪmɑ́dʒənəs | -mɔ́dʒɪ-] *adj.* 〘生化学〙 ＝zymogenic.

zy·mól·o·gist [-dʒɪst, -dʒəst | -dʒɪst] *n.* 発酵学者.

zy·mol·o·gy [zaɪmɑ́lədʒi | -mɔ́lədʒɪ] 〘← NL *zymologia*: ⇨ zymo-, -logy〙 *n.* 発酵学. **zy·mo·log·ic** [zàɪməlɑ́dʒɪk | -lɔ́dʒ-] *adj.* **zỳ·mo·lóg·i·cal** *adj.*

zy·mol·y·sis [zaɪmɑ́ləsɪs, -səs | -mɔ́lɪsɪs] 〘← NL ～: ⇨ zymo-, -lysis〙 *n.* 〘生化学〙 **1** 酵素分解《酵素による消化・発酵作用》. **2** 酵素分解《酵素による加水分解反応》. **zy·mo·lyt·ic** [zàɪməlíṭɪk | -tɪk] *adj.*

zy·mom·e·ter [zaɪmɑ́məṭə | zaɪmɔ́mɪtə(r, -mə-] 〘← ZYMO-＋-METER¹〙 *n.* 発酵計, 発酵度測定器.

zỳmo·plástic 〘← ZYMO-＋-PLASTIC〙 *adj.* 〘化学〙 酵素を生じる.

zy·mo·scope [záɪməskòup | -skə̀up] 〘← ZYMO-＋-SCOPE〙 *n.* 〘化学〙 発酵計.

zy·mo·sim·e·ter [zàɪmo(ʊ)síməṭə | -mə(ʊ)símɪtə(r, -mə-] 〘← Gk *zúmōsis* (↓)＋-METER¹〙 *n.* ＝zymometer.

zy·mo·sis [zaɪmóusɪs, -səs | zaɪmə́usɪs, zɪ-] 〘(1842) ← NL ～: ⇨ zymo-, -osis〙 **—** *n.* (*pl.* **-mo·ses** [-siːz]) **1** 発酵 (fermentation). **2** 《廃》〘病理〙 **a** 発酵作用《昔はこれによって伝染病が起こると考えられた; cf. zyme》. **b** 発酵病《発酵作用によるとされた伝染病 (zymotic disease); ほうそう・チフスなど》.

zy·mos·then·ic [zàɪməsθénɪk] 〘← ZYMO-＋STHENIC〙 *adj.* 〘化学〙 酵素の働きを増す.

zỳmo·téchnics 〘← ZYMO-＋TECHNICS〙 *n.* 発酵法, 醸造法.

zy·mot·ic [zaɪmɑ́ṭɪk | -mɔ́t-] 〘(1842) ▭ Gk *zūmōtikós* causing fermentation: ⇨ zymo-, -otic¹〙 **—** *adj.* **1** 発酵の, 発酵性の. **2** 《廃》〘病理〙 発酵病の. **zy·mót·i·cal·ly** *adv.*

zymótic diséase *n.* 《廃》〘病理〙 発酵病, 伝染病 (⇨ zyme, zymosis 2 b).

zy·mur·gy [záɪməːdʒi | -məːdʒɪ] 〘(1868) ← ZYMO-＋-URGY〙 *n.* 醸造学.

Zyr·i·an [zíriən | -rɪ-] 〘▭ F *zyriène*〙 **—** *n.* ズリェーン語《フィンウゴール語 (Finno-Ugric) の一つ; ウラル・アルタイ語系に属する言語; 文献は 13 世紀ごろからある》.

zy·thum [záɪθəm] 〘▭ L ～ ▭ Gk *zûthos* beer ← ? Egypt.〙 *n.* ザイサム《古代エジプトのビール》.

zz 《略》 zigzag.

Zz., zz 《略》 *L.* zingiber (＝ginger).

ZZZ, zzz 《記号》 ぐうぐう《特に, 漫画家がいびきや眠りを表わすのに用いる》.

FOREIGN PHRASES AND QUOTATIONS

ラテン語を中心に，人口に膾炙(かいしゃ)した外国語慣用表現約 800 を選んである．単語や短いフレーズは一般に本文中に収めるようにし，ここには主として文形式のものをできるだけ集めることにした．出典の明らかなものは，流布版によって，著者·書名のほか巻·行，章·節などを示すようにし，また必要に応じて相互参照や用法上の指示を与えた．ここに見当らない語句については，本文の方を検索されたい．(ギリシャ文字のローマ字転写は本文の alphabet 表により，例えば χ は ch でなく kh で転写してある.)

abeunt studia in mores (L) One's habitual pursuits pass over into character; use is second nature. — Ovid, *Heroides* 15:83.

abiit ad plures [majores] (L: he [she] has gone to the majority) He [She] is dead.

ab incunabulis (L) from the cradle; from the childhood — Livy, *Historia* 4:36.

a bisogni si conoscon gli amici (It.: friends are known in time of need) A friend in need is a friend indeed. (cf. au besoin l'on connaît l'ami).

à bon chat, bon rat (F: to a good cat, a good rat) tit for tat; retaliation in kind.

ab ovo usque ad mala (L: from the egg to the apples) from beginning to end — Horace, *Satirae* 1:3:6-7 (昔のローマの宴席では食事は卵で始まり果物で終わったのにちなむ; cf. 本文 ab ovo).

absens haeres non erit (L: the absent one will not be the heir) Out of sight, out of mind.

absit omen (L: let there be no omen) Let there be no bad things. (cf.「つるかめつるかめ」).

ab uno disce omnes (L: from one (offense), learn all (the race)) From one example you may know the rest. — Virgil, *Aeneis* 2:65-66 (cf. ex pede Herculem; ex ungue leonem; ex uno disce omnes).

a buon vino non bisogna frasca (It.) Good wine needs no bush. (銘酒は看板を要せず，の意).

abusus non tollit usum (L: abuse does not destroy the use) Abuse is no argument against proper use. (濫用はその使用を廃せず，の意).

acerrima proximorum odia (L) The hatred of those nearest (to us) is the bitterest. — Tacitus, *Historia* 4:70.

ad astra per aspera (L) to the stars through hardships (米国 Kansas 州のモットー; cf. Seneca, *Hercules Furens* 437).

adhuc sub judice lis est (L: the case is still before the court) The dispute is still pending. — Horace, *Ars Poetica* 78.

ad Kalendas [Calendas] Graecas (L: at the Greek calends) never — Suetonius, *Augustus* 87 (⇨ 本文 Greek calends).

ad majorem Dei gloriam (L) to the greater glory of God — Gregorius Magnus, *Dialogi* 1:2 (イエズス会のモットー; 略 AMDG).

adunaton oun polla tekhnōmenon anthrōpon panta kalōs poiein (Gk) It is impossible for a man who attempts much to do everything well. — Xenophon, *Cyropaedia* 8:2:5.

ad unguem (L: to the fingernail) exactly; to nicety — A.C. Celsus (大理石の滑かさを爪で試したことから; ↓).

ad unguem factus homo (L: man polished to the nail) a perfect gentleman — Horace, *Satirae* 1:5:32 (**homo factus ad unguem** ともいう; ↑).

ad vitam aut culpam (L: for life or fault) during good behavior; till some misconduct is proved (Scotland の法律用語).

advocatus diaboli (L: devil's advocate) a carping [adverse] critic (弁護する方は **advocatus Dei** という).

aegrescit medendo (L: it [he] becomes worse from the very remedies employed) The remedy is worse than the disease. (cf. Virgil, *Aeneis* 12:46).

aequam memento rebus in arduis servare mentem (L) Remember to keep an even mind in difficulties. — Horace, *Odae* 2:3:1 (cf. mens aequa (rebus) in arduis).

aetatis suae (L) of [at] his [her] age.

afflavit Deus et dissipantur (L) God breathed, and they are dispersed. (アルマダ海戦 (1588) の戦勝記念メダルに刻まれた句).

agnōstōi theōi (Gk) to the unknown God — *Acts* 17:23.

aide-toi et Dieu [le ciel] t'aidera (F) Help yourself and God [Heaven] will help you. — La Fontaine, *Fables* 6:18.

à la française [la grecque, l'anglaise, l'espagnole] (F) in the French [Greek, English, Spanish] style.

à la Tartuffe (F: like Tartuffe) hypocritically (Molière の喜劇 *Le Tartuffe* (1664) の偽善的な主人公にちなむ).

alieni appetens, sui profusus (L) covetous of another's possessions, lavish of his [one's] own — Sallust, *Catilina* 5:4.

aliquando bonus dormitat Homerus (L) (Even) good Homer sometimes nods. (cf. quandoque bonus dormitat Homerus).

alis volat propriis (L) She [He] flies with her [his] own wings. (米国 Oregon 州のモットーの一つ).

alter ego est amicus (L) A friend is another self.

alteri sic tibi (L) (do) to another as to thyself (cf. *Matt.* 7:12).

amantes amentes (L) Lovers are lunatics. — Terence, *Andria* 1:3:11.

amantium irae amoris integratio [redintegratio] est (L) Lovers' quarrels are a renewal of love. — Terence, *Andria* 3:3:23.

amare et sapere vix deo conceditur (L) To love and to be wise is scarcely granted (even) to a god. (cf. amar y saber no puede ser).

amari aliquid (L) some touch of bitterness — Lucretius, *De Rerum Natura* 4:1134.

amar y saber no puede ser (Sp.) No one can love and be wise at the same time. (cf. amare et sapere vix deo conceditur).

a mensa et t(h)oro (L) from table [board] and bed (⇨ 本文 DIVORCE a mensa et thoro).

amicus Plato, (amicus Socrates,) sed magis amica veritas (L) Plato is my friend, (Socrates is my friend,) but a greater friend is truth. (Aristotle に帰せられる: cf. Plato, *Phaedon* 91 C).

amicus usque ad aras (L: friend as far as the altars) a friend to the last extremity (⇨ usque ad aras).

ami de cour (F: friend of the court) a court friend; a false friend (cf. 本文 amicus curiae).

amor vincit omnia (L) Love conquers all things. (⇨ omnia vincit amor, nos et cedamus amori).

anguis in herba (L: snake in the grass) unforeseen danger (cf. latet anguis in herba).

animal bipes implume (L) a two-legged animal without feathers (Plato の「人間」の定義のラテン語訳; cf. Plato, *Politicus* §266; **animal implume, bipes** ともいう).

animis opibusque parati (L) prepared in spirits and wealth — Virgil, *Aeneis* 2:799 (米国 South Carolina 州のモットーの一つ).

anno aetatis suae (L) in the ... year of his [her] age.

anno post Christum natum (L) in the year after the birth of Christ (略 A.P.C.N.).

anno post Romam conditam (L) in the year after the building of Rome (753 B.C.) (略 A.P.R.C.; cf. anno urbis conditae).

annos vixit (L) He [She] lived (so many) years. (略 a.v.).

anno urbis conditae (L) in the year [from the time] of the founded city (=Rome) (⇨ anno post Romam conditam).

annuit coeptis (L) He (=God) has smiled on (our) attempt. — Virgil, *Georgica* 1:30 (米国の国璽(じ) (Great Seal) の裏のモットー).

anthrōpos esti pneuma kai skia monon (Gk) Man is but a breath and a shadow. — Sophocles, *Fragmenta* 13.

après nous [moi] le déluge (F) After us [me] the deluge! (Rossbach の戦いでフランス軍がドイツ軍に敗れたとき Mme. de Pompadour が Louis 十五世に言った言葉，また moi の形では Louis 十五世自身の言葉とされる; cf.「後は野となれ山となれ」; Gk *emou thanontos gaia mikhthētō puri* 'when I am dead let earth be mingled with fire' (cf. Cicero, *De Finibus* 3:19; Euripides)).

à propos de bottes [rien] (F: with regard to boots [nothing]) irrelevantly (cf.「藪(やぶ)から棒に」; 話題を変更する時に使う).

Arcades ambo (L: Arcadians both) two persons of like tastes [occupations]; 《戯言》 two rascals — Virgil, *Eclogae* 7:4 (Corydon と Thyrsis のこと).

argent comptant porte médicine (F) Cash money works wonderful cures.

a rivederci (It.) till we meet again (別れの挨拶).

arma virumque cano (L) Arms and the man I sing. — Virgil, *Aeneis* 1:1.

arrectis auribus (L: with ears erect) attentively — Virgil, *Aeneis* 2:303.

ars est celare artem (L) The (true) art is to conceal art.

ars gratia artis (L) art for art's sake.

ars longa, vita brevis (L) Art is long, life is short. (cf. L *vita brevis, ars longa* — Seneca, *De Brevitate Vitae* 1:1; Hippocrates の Gk *ho bios brakhus, hē de tekhnē makrē* から; tekhnē (=ars) はここでは「医術」を意味し，従って原義は「医術の修得には多年を要し，人生が短かすぎる」の意).

asbestos gelōs (Gk) unquenchable laughter — Homer, *Ilias* 1:599 (cf. 本文 Homeric laughter).

asinus ad lyram (L: ass at the lyre) one unsuited to occupation; an awkward fellow — Aulus Gellius, *Noctes Atticae* 3:16 (cf. Gk *onos pros luran*).

au besoin l'on connaît l'ami (F) A friend in need is a friend indeed. (cf. a bisogni si conoscon gli amici).

auctor pretiosa facit (L) The giver makes the gift precious. (cf. Ovid, *Heroides* 17:71-72).

audentes fortuna juvat (L) Fortune favors the bold. — Virgil, *Aeneis* 10:284.

au dernier les os (F: for the last, the bones) The last comer gets the bones.

audi alteram partem (L) Hear the other side. — St. Augustine, *De Duabus Animabus* 14:22.

aujourd'hui roi, demain rien (F) Today a king, tomorrow nothing.

au pays [royaume] des aveugles les borgnes sont rois (F) In the country [kingdom] of the blind, the one-eyed men are kings. (cf.「鳥なき里のこうもり」).

au pis aller (F) at the worst; as a last resort.

aurea mediocritas (L) the golden mediocrity [mean] (cf. Horace, *Odae* 2:10:5).

auribus teneo lupum (L) I hold a wolf by the ears. — Terence, *Phormio* 3:2:21 (ある事を手放しても保持しても苦境に陥ることを言う).

auri sacra fames (L) accursed hunger for gold — Virgil, *Aeneis* 3:57.

auspicium melioris aevi (L) augury of a better age (St. Michael & St. George 勲爵士団のモットー).

autant d'hommes [de têtes], autant d'avis (F) So many men [heads], so many minds [opinions].

aut Caesar aut nullus (L: either Ceasar or nobody) All or nothing.

aut regem aut fatuum nasci oportet (L) One ought to be born either a king or a fool. — Seneca, *De Morte Claudii Caesaris*.

autres temps, autres mœurs (F) Other times, other manners [customs].

avec les hommages de l'auteur (F) with the author's compliments.

ave, Imperator, morituri te salutant (L) Hail, Emperor [Caesar]! Those who are about to die salute thee. — Suetonius, *Claudius* 21 (古代ローマ闘士の言葉).

a vinculo matrimonii (L) from the bond of marriage (⇨ 本文 DIVORCE a vinculo matrimonii).

a vostra salute! (It.) To your health! (乾杯の言葉; ⇨ 本文 à votre santé!).

a vuestra salud! (Sp.) To your health! (乾杯の言葉; ↑).

barbae tenus sapientes (L: men wise as far as their beards) with an appearance of wisdom only.

bella! horrida bella! (L) Wars! horrid wars! — Virgil, *Aeneis* 6:86.

bellaque matribus [matronis] detestata (L) and wars detested by mothers [matrons] — Horace, *Odae* 1:1:24-25.

belle hôtesse un mal pour la bourse (F) A pretty hostess makes the hotel bill heavy.

bellum internecinum [internecivum] (L) war of extermination — Cicero, *Orationes Philippicae* 14:3; Livy, *Ab Urbe Condita* 22:58.

bellum nec timendum nec provocandum (L) War is neither to be feared nor provoked. — Pliny (the Younger), *Panegyricus* 16.

belua multorum capitum (L: the many-headed monster) the multitude; the mob — Horace, *Epistulae* 1:1:76.

benedetto è quel male che vien solo (It.) Blessed is the misfortune that comes alone.

benedicto benedicatur (L) May the blessed one (=God) be blessed!

benedictus benedicat (L) May the blessed one (=God) bless! (Benedict 派の食前の祈禱).

beneficium accipere libertatem est ven-

dere (L) To accept a favor is to sell one's liberty. — Syrus.
bene merenti [merentibus] (L) to the well-deserving one [ones] — Plautus, *Asinaria* 1 : 2 : 3 (略 b.m.).
bene vale (vobis) (L) Good luck (to you); farewell (略 B.V.).
benigno numine (L) by favor of Providence — Horace, *Odae* 4 : 4 : 74.
beso las manos [los pies] (Sp.) I kiss your hands [feet]. (挨拶の言葉).
bis dat qui cito dat (L) He gives twice who gives promptly. — F. Bacon (1617年5月7日の演説).
bis pueri senes (L) Old men are twice children.
bon avocat, mauvais voisin (F) A good lawyer is a bad neighbor.
bon gré, mal gré (F : good grace, bad grace) willingly or unwillingly ; willy-nilly.
bonnes nouvelles adoucissent le sang (F) Good news sweetens the blood.
Borgen macht Sorgen (G) Borrowing makes sorrowing.
brevis esse laboro, obscurus fio (L) Laboring to be brief, I become obscure. — Horace, *Ars Poetica* 25-26.
brûler la chandelle par les deux bouts (F) to burn the candle at both ends — Alain-René Le Sage, *Gil Blas* 7 : 15.
buen principio, la mitad es hecha (Sp. : good beginning, half is done) Well begun is half done. (cf. dimidium facti, qui coepit, habet).

caelum non animum mutant qui trans mare currunt (L) Those who cross the sea change only their climate, not their mind. — Horace, *Epistulae* 1 : 11 : 27.
cantabit vacuus coram latrone viator (L) The penniless traveler will sing in presence of the robber. — Juvenal, *Satirae* 10 : 22 (持たぬ者は失うものなし, の意).
carpe diem, quam minimum credula postero (L) Seize the (present) day, trust the least possible of the future. — Horace, *Odae* 1 : 11 : 8 (cf. 本文 carpe diem).
causa latet, vis est notissima (fontis) (L) The cause (of the fountain) is hidden, but the effect is most clear. — Ovid, *Metamorphoses* 4 : 287.
cedant arma togae (L : let arms yield to the toga) Let military power give way to civil power. — Cicero, *De Officiis* 1 : 22 : 77 (米国 Wyoming 州のモットー).
celui qui ne dit rien consent (F : one who says nothing consents) Silence gives consent. (cf. qui tacet consentire videtur).
celui qui veut, celui-là peut (F : he who has the will, has the power) Where there's a will there's a way.
ce n'est que le premier pas qui coûte = il n'y a que le premier pas qui coûte.
certum est quia impossibile est (L) It is true because it is impossible. (cf. Tertullian, *De Carne Christi* 5 ; credo quia absurdum (est)).
c'est double plaisir de tromper le trompeur (F) It is a double pleasure to deceive the deceiver. — La Fontaine, *Fables* 1 : 15.
c'est le commencement de la fin (F) It's the beginning of the end. (Borodino における Napoleon の敗北 (1812) を聞いた時の Charles-Maurice de Talleyrand の言葉).
chacun (à) son goût (F) every one to his taste. (cf. de gustibus non est disputandum).
châteaux en Espagne (F : castles in Spain) castles in the air.
cherchez la femme (F : look for the woman) There's a woman at the bottom of the affair. — Dumas père, *Le Mohicans de Paris* 2 : 11.
che sarà, sarà (It.) What will be will be.
chi tace acconsente [confessa] (It. : he who is silent consents [confesses]) Silence gives consent. (cf. qui tacet consentire videtur).
Christe eleison (Latinized Gk) Christ have mercy.
cicada cicadae cara, formicae formica (L : cicada is dear to cicada, ant to ant) Like draws to like. (cf. simile gaudet simili ; similia similibus curantur).
circuitus verborum (L : circuit of words) a round-about expression; a circumlocution — Cicero, *De Oratore* 3 : 49 : 191.
circulus in probando (L : circle in the proof) arguing in a circle ; a vicious circle.
civis Romanus sum (L) I am a Roman citizen. — Cicero, *In Verrem* 5 : 5 : 147 (この申し開きによって死罪などを免れることができたという).
clarum et venerabile nomen (L) an illustrious and venerable name — Lucan, *Pharsalia* 9 : 203.
cogito, ergo sum (L) I think, therefore I exist. (cf. 本文 cogito).
concordia discors (L) discordant harmony — Horace, *Epistulae* 1 : 12 : 19.
conditio sine qua non (L : condition without which the matter cannot be) an indispensable condition.
conscia mens recti famae mendacia risit (L) A mind conscious of rectitude laughs at the falsehoods of rumor. — Ovid, *Fasti* 4 : 311.
consensus facit legem (L) Consent makes law.
consuetudo pro lege servatur (L) Custom is held as law.
consule Planco (L : when Plancus was consul) in my younger days — Horace, *Odae* 3 : 14 : 28.
contraria contrariis curantur (L) Opposites are cured by opposites.
cor ad cor loquitur (L) Heart speaks to heart.
coram populo (L : before the people) publicly ; in public.
corruptio optimi pessima (L) The corruption of the best is worst of all.
coup de foudre (F : thunderbolt) an unexpected event [disaster] ; love at first sight.
crambe repetita (L : cabbage warmed up again) an old story — Juvenal, *Satirae* 7 : 154 (cf. Gk *dis krambē thanatos* 'cabbage served twice is death').
credat Judaeus Apella(, non ego) (L) Let Apella, the superstitious Jew, believe it(; I don't). — Horace, *Satirae* 1 : 5 : 100.
credo quia absurdum (est) (L) I believe it because it is absurd. (cf. certum est quia impossibile est).
crescit amor nummi quantum ipsa pecunia crescit (L) The love of money grows as our wealth increases. — Juvenal, *Satirae* 14 : 139.
crescit eundo (L) It increases as it goes. — Lucretius, *De Rerum Natura* 6 : 341 (米国 New Mexico 州のモットー).
crux criticorum (L) a crux for critics.
cucullus non facit monachum (L) The cowl does not make the monk.
cui Fortuna ipsa cedit (L) to whom Fortune herself yields — Cicero, *Paradoxa Stoicorum* 34.
cum privilegio (L : with privilege or licence) by leave of the authorities.
cum tacent, clamant (L : although they keep silence, they cry aloud) Their silence is more expressive than words. — Cicero, *Orationes in Catilinam* 1 : 21.
curiosa felicitas (L) careful felicity of expression — Petronius Arbiter, *Satyricon* 118 : 5 (Horace についてのべた言葉).

da locum melioribus (L) Give place to your betters. — Terence, *Phormio* 3 : 2 : 37.
damnant quod non intelligunt (L) They condemn what they do not understand. — Quintilian, *Institutiones Oratoriae* 10 : 1 : 26.
das Ewig-Weibliche (zieht uns hinan) (G) The eternal feminine (draws us upward). — Goethe, *Faust*, ad fin.
date et dabitur vobis (L) Give, and it shall be given to you. — *Luke* 6 : 38.
Davus sum, non Oedipus (L : I am Davus, not Oedipus) I am not good at riddles. — Terence, *Andria* 1 : 2 : 23 (Davus はローマの奴隷, Oedipus は Sphinx の謎を解いたテーベの国王).
decori decus addit avito (L) He adds honor to the ancestral honor.
de gustibus non est disputandum (L) There is no disputing about tastes. (cf. chacun (à) son goût).
de lana caprina rixari (L : to quarrel about goat's wool) to dispute about a worthless thing — Horace, *Epistulae* 1 : 18 : 15.
de l'audace, encore de l'audace, et toujours de l'audace (F) audacity, more audacity, and always audacity (Georges Jacques Danton の演説中の言葉).
delenda est Carthago (L : Carthage must be destroyed) The war must be carried on to the bitter end. (Cato, the Elder が元老院で口を開く度にのべた言葉).
de mortuis nil nisi bonum (L) Of the dead say nothing but good. (Solon の法律の一つ).
de nihilo nihil, in nihilum nil posse reverti (L) From nothing nothing can come, and into nothing nothing can return. — Persius, *Satirae* 3 : 84.
deorum cibus est (L) It is food for the gods.
de rerum natura (L) concerning the nature of things (Lucretius 作の表題).
der Mensch ist was er isst (G) Man is what he eats. — Feuerbach.
desinit in piscem mulier formosa superne (L) What at the top is a lovely woman (should not end below) with a fish's tail. — Horace, *Ars Poetica* 4.
de te fabula narratur (L) ⇨ quid rides? mutato nomine, de te fabula narratur.
detur digniori (L) Let it be given to the more deserving.
detur pulchriori (L) Let it be given to the fairer. (apple of discord に記された言葉).
Deus avertat! (L) God forbid!
Deus det (nobis pacem)! (L) May God grant (us peace)! (昔用いられた食後の感謝の祈り).
Deus nobiscum, quis contra (L) God with us, who (can avail) against us?
deus nobis haec otia fecit (L) It is a god (= Augustus Caesar) that has given us this ease. — Virgil, *Eclogae* 1 : 6.
Deus vobiscum (L) God be with you. (cf. Dominus vobiscum).
Deus vult (L) God wills it. (第1回十字軍のモットー).
di buona volontà sta pieno l'inferno (It.) Hell is full of good intentions. (St. Bernard of Clairvaux の言葉からという).
dictum sapienti (sat est) (L) A word to the wise (is sufficient). — Plautus, *Persa* 4 : 7 : 19 (cf. verbum sat sapienti (est)).
dies nefasti (L) forbidden [unholy] day (古代ローマの法廷非開廷日, 不起訴日のこと).
digito monstrari (L : to be pointed out with the finger) to be famous — Persius, *Satirae* 1 : 28.
dignus vindice nodus (L) a knot worthy of the untier (cf. nec deus intersit nisi dignus vindice nodus (inciderit)).
dii majorum gentium (L) the (twelve) superior gods — Cicero, *Disputationes Tusculanae* 1 : 13 : 29.
dimidium facti, qui coepit, habet (L : he who has begun has the work half done) Well begun is half done. — Horace, *Epistulae* 1 : 2 : 40 (cf. buen principio, la mitad es hecha).
dirigo (L) I direct. (米国 Maine 州のモットー).
dis aliter visum (L) It is otherwise decreed by the gods. — Virgil, *Aeneis* 2 : 428.
disjecti membra poetae (L) the limbs of the dismembered poet — Horace, *Satirae* 1 : 4 : 62 (韻律は整っていなくても詩人の本意の片鱗は認められる時があるということ ; cf. 本文 disjecta membra).
ditat Deus (L) God enriches. (米国 Arizona 州のモットー).
docendo discimus (L) We learn by teaching.
doctor utriusque legis (L) a doctor of both (*i.e.* canon and civil) laws (cf. juris utriusque doctor).
Domine, dirige nos (L) O Lord, direct us. (London 市のモットー).
Dominus illuminatio mea (L) The Lord is my light. — *Ps.* 27 : 1 (Vulgate では 26 : 1 ; Oxford 大学のモットー).
Dominus vobiscum (L) The Lord be with you. (cf. Deus vobiscum).
domus et placens uxor (L) home and an agreeable wife — Horace, *Odae* 2 : 14 : 21-22.
donec eris felix, multos numerabis amicos (L) As long as you are prosperous, you will number many friends. — Ovid, *Tristia* 1 : 9 : 5 (友人が群がるのは羽振りのよい間だけ, の意 : cf. felicitas multos habet amicos).
donna è mobile (It.) Woman is changeable.
dono dedit (L) gave as a gift (献呈本の献呈者(著者)名の前にしばしば使われる ; 略 d.d.).
dormitat Homerus (L) ⇨ quandoque bonus dormitat Homerus.
dos moi pou stō kai tēn gēn kinēsō (Gk) Give me a place where I may stand, and (with a lever) I will move the earth. — Archimedes, *Pappus Alexandrinus, Collectio* 8 : 10 : 11 (⇨ 本文 pou sto).
dulce bellum inexpertis (L) War is sweet to those who have not tried it.
dulce, 'Domum' (L) Sweet is the strain of 'Homeward'. (休暇の前に歌われる Winchester 校などの歌の一節).
dulce est desipere in loco (L) It is pleasant to play the fool on occasion. — Horace, *Odae* 4 : 12 : 28.
dulce et decorum est pro patria mori (L) It is sweet and glorious to die for one's country. — Horace, *Odae* 3 : 2 : 13.
dum spiro, spero (L) While I breathe, I hope. (米国 South Carolina 州のモットーの一つ).
dum vivimus, vivamus (L : let us live while we live) Let us enjoy life.
dux femina facti (L) The leader [originator] of the deed was a woman. — Virgil, *Aeneis* 1 : 364.

eau bénite de cour (F : holy water of court) fair promises ; empty words.
ecce agnus Dei (L) Behold, the lamb of God. — *John* 1 : 29.
écrasez l'infâme! (F) Crush the infamous thing. (Voltaire が 1762年11月28日付の A. M. d'Alembert への手紙で, 革命前のフランスの固陋(ころう)な体制派, カトリック教会に対してのべた言葉).
e flamma cibum petere (L : to seek food from the flames) to be reduced to the last extremity — Terence, *Eunuchus* 3 : 2 : 38.
ego sum rex Romanus et super gram-

maticam (L) I am the king of the Romans and am superior to grammar. (ラテン語の誤りを正そうとした枢機卿に対する皇帝 Sigismund の言葉).

eheu! fugaces labuntur anni (L) Alas! the fleeting years slip away. —Horace, *Odae* 2:14:1.

emollit mores, nec sinit esse feros (L) (Learning) softens manners, and does not permit men to be rude. —Ovid, *Epistulae ex Ponto* 2:9:48.

en cueros (vivos) (Sp.: in the (living) skin) naked; without clothing (時に, **en cuerpo** (Sp.) 'in close-fitting dress' を誤用でこの意味に用いることがある).

ense petit placidam sub libertate quietem (L) with the sword she seeks peaceful repose under liberty (Algernon Sidney (1622-83) の作に帰せられる; 米国 Massachusettes 州のモットー).

e pluribus unum (L) one out of many (1956年以前の米国のモットー).

eppur si muove (It.) And yet it does move. (地動説を撤回した際の Galileo の言葉と伝えられる).

epulis accumbere divum (L) to sit at banquets of the gods —Virgil, *Aeneis* 1:79.

e re nata (L) according to the circumstances; as matters are —Terence, *Adelphi* 3:1:8.

errare est humanum (L) =humanum est errare.

errare malo cum Platone (L) I choose rather to err with Plato.

esse est percipi (L) To be is to be perceived. (Berkley 哲学の基本原理).

esse quam videri (L) to be rather than to seem (米国 North Carolina 州のモットー).

est modus in rebus (L) There is a middle course in all things. —Horace, *Satirae* 1:1:106.

esto perpetua (L) Be thou lasting. (故郷 Venice を想う Paolo Sarpi 教父の臨終の言葉といわれる; 米国 Idaho 州のモットー).

et in Arcadia ego (L) I too (lived) in Arcadia; I, too, know all about it. (「Arcadia の羊飼い」という Poussin の絵の中の墓碑銘).

et sic de ceteris [similibus] (L) and so of the rest [the like].

et tu, Brute! (L) And you too, Brutus. (暗殺者の中に Brutus を認めた Caesar の最後の言葉とされる: cf. *The True Tragedie of Richard Duke of York* (1595); Shak. *Caesar* 3:1:77).

eventus stultorum magister (L: the result is the schoolmaster of fools) Fools must be taught by experience. (cf. experientia docet stultos).

ex Africa semper aliquid novi (L) always something new out of Africa —Pliny (the Elder), *Historia Naturalis* 8:17:42.

excelsior (L: higher) ever upward (米国 New York 州のモットー).

exceptio probat regulam (L) The exception proves the rule.

exegi monumentum aere perennius (L) I have reared a monument more lasting than bronze. —Horace, *Odae* 3:30:1.

ex fructu arbor agnoscitur (L) The tree is known by its fruits. —*Matt.* 12:33.

exitus acta probat (L) The result justifies the deed. —Ovid, *Heroides* 2:85.

ex nihilo nihil fit (L) Out of nothing nothing comes. (cf. Lucretius, *De Rerum Natura* 1:149; 2:287; ⇨ 本文 ex nihilo; cf. de nihilo nihil).

ex pede Herculem (L: from the foot (we may know) Hercules) the whole from the part shown (Pythagoras が Hercules の背丈をその足の大きさから推し量ったとの言い伝えから; cf. ex ungue leonem).

experientia docet stultos (L) Experience teaches fools. (cf. eventus stultorum magister).

experto credite [crede] (L) Trust one who has had experience. —Virgil, *Aeneis* 11:283.

expertus metuit (L: having had experience, he dreads it) A burnt child dreads the fire. —Horace, *Epistulae* 1:18:87 (cf. 「羹(あつもの)に懲りて膾(なます)を吹く」).

ex tempore (L) on the spur of the moment; according to circumstances —Cicero, *De Oratore* 3:50:194 (⇨ 本文 extempore).

extinctus amabitur idem (L) This same man (abused when alive) will be loved after his death. —Horace, *Epistulae* 2:1:14.

ex ungue leonem (L: from the claw (we may judge of) the lion) We may judge of the whole from a part. —Plutarch, *De Defectu Oraculorum* 3 (cf. ex pede Herculem).

ex uno disce omnes (L) =ab uno disce omnes.

faber est quisque fortunae suae (L) Every man is the architect of his own fortune. —Sallust, *De Republica* 1:1.

facile est inventis addere (L) It is easy to add to things already invented.

facilis descensus Averno (L: the descent to Avernus is easy) The road to evil is easy. —Virgil, *Aeneis* 6:126.

facit indignatio versum (L) Indignation makes verse. —Juvenal, *Satirae* 1:79.

facta non verba (L) deeds, not words.

faex [faeces] populi (L) the scum of the people (cf. Cicero, *Epistulae ad Quintum Fratrem* 2:9:5).

fama clamosa (L) public scandal.

fama semper vivat! (L) May his [her] fame last forever!

fas est et ab hoste doceri (L) It is right to learn even from an enemy. —Ovid, *Metamorphoses* 4:428.

fata obstant (L) The Fates oppose. —Virgil, *Aeneis* 4:440.

fata viam invenient (L) The Fates will find out a way. —Virgil, *Aeneis* 10:113.

fatti maschii, parole femine (It.) Deeds (are) manly, words womanish. (米国 Maryland 州のモットーの一つ; ただしこのモットーでは 'Manly deeds, womanly words' の意と解される).

favete linguis (L: favor with your tongues) Be silent. —Horace, *Odae* 3:1:2.

felicitas multos habet amicos (L) Prosperity has many friends (cf. donec eris felix, multos numerabis amicos).

fendre un cheveu en quatre (F: to split a hair in four) to split hairs.

festina lente (L) Make haste slowly.

fiat lux (L) Let there be light. —*Gen.* 1:3.

fide, sed cui vide (L) Trust, but see whom (you are trusting).

finis coronat opus (L) The end crowns the work.

flamma fumo est proxima (L: flame is very near to smoke) Where there's smoke there's fire. —Plautus, *Curculio* 1:1:53.

flectere si nequeo superos, Acheronta movebo (L: if I cannot move the gods I will move Acheron) I will do everything to obtain the end. —Virgil, *Aeneis* 7:312.

foenum habet in cornu (L: he has hay on his horn) Beware of him. —Horace, *Satirae* 1:4:34 (秣(まぐさ)を角につけることによって危険な牛を見分けたことから).

forsan et haec olim meminisse juvabit (L) Perhaps some day it will be pleasant to call even these things to mind. —Virgil, *Aeneis* 1:203.

fortes fortuna juvat (L) Fortune favors the brave. —Terence, *Phormio* 1:4:26.

forti et fideli nihil difficile (L) Nothing is difficult to the brave and faithful.

fortiter in re, suaviter in modo (L) forcibly in deed, gentle in manner.

fortuna favet fatuis [fortibus] (L) Fortune favors fools [the brave].

froides mains, chaud amour [chaudes amours] (F) Cold hands (is the sign of) warm heart(s).

fronti nulla fides (L) There is no trusting to appearances. —Juvenal, *Satirae* 2:8.

fugit hora (L) The hour flies. —Persius, *Satirae* 5:153.

fugit irreparabile tempus (L) Irrecoverable time glides away. —Virgil, *Georgica* 3:284.

fuimus Troes; fuit Ilium (L: we once were Trojans, Troy is no more) We have seen better days. —Virgil, *Aeneis* 2:325.

fulmen brutum ⇨ 本文 brutum fulmen.

furor arma ministrat (L) Rage provides arms. —Virgil, *Aeneis* 1:150.

gens togata (L: People wearing the togas) Roman citizens; civilians —Virgil, *Aeneis* 1:282.

genus irritabile vatum (L) the irritable tribe of poets —Horace, *Epistulae* 2:2:102.

gli assenti hanno torto (It.) The absent are (always) in the wrong.

gnōthi seauton (Gk) Know thyself. —Solon (Delphi にある Apollo 神殿入口の上に刻まれた銘).

Gott mit uns (G) God with us (Hohenzollerns 家のモットー).

gradus ad Parnassum (L: a step to Parnassus) an aid in writing Latin or Greek poetry (cf. 本文 gradus).

graeculus esuriens, in caelum jusseris, ibit (L: tell a hungry Greek to go to heaven, he'll go) A starving man will do anything. —Juvenal, *Satirae* 3:78.

gratia Dei (L) by the grace of God.

graviora manent (L: greater afflictions remain) The worst is yet to come. (cf. Virgil, *Aeneis* 6:84).

grex venalium (L) a venal throng —Suetonius, *De Claris Rhetoribus* 1.

grosse tête et peu de sens (F) a big head and little sense.

gutta cavat lapidem, non vi, sed saepe cadendo (L) The drop hollows out the stone not by force, but by constant falling. —Gariopontus, *Passionarius* 1:17 (cf. 「点滴石を穿(うが)つ」).

hanc veniam petimusque damusque vicissim (L) This licence we ask and grant in turn. —Horace, *Ars Poetica* 11.

helluo librorum (L: a devourer of books) a bookworm.

heu pietas! heu prisca fides! (L) Alas for piety! Alas for the ancient faith! —Virgil, *Aeneis* 6:878.

hiatus valde [maxime] deflendus (L) a gap [deficiency] greatly to be deplored.

hic sepultus (L) here (lies) buried (略 H.S.).

hinc illae lacrimae [lachrymae] (L: hence those tears) This is the cause of the trouble. —Terence, *Andria* 1:1:99; Horace, *Epistulae* 1:19:41.

hoc erat in votis (L) This was my wish. —Horace, *Satirae* 2:6:1.

hoc monumentum posuit (L) He [She] erected this monument. (略 H.M.P.).

hoc opus, hic labor est (L: this is the task, this the toil) This is the real difficulty. —Virgil, *Aeneis* 6:129 (**hic labor, hoc opus est** ともいう).

hoc saxum posuit (L) He [She] placed this stone.

hoc volo, sic jubeo (L) This I will, thus I command. —Juvenal, *Satirae* 6:223.

hodie mihi, cras tibi (L) It is my turn today, yours tomorrow.

hodie, non cras (L) today, not tomorrow.

homines nihil agendo discunt malum agere (L) By doing nothing, men learn to do ill. (cf.「小人閑居して不善をなす」).

hominis est errare (L) It belongs to man to err. —Cicero, *Orationes Philippicae* 12:2:5 (cf. humanum est errare).

homo doctus in se semper divitias habet (L) A learned man always has riches within himself. —Phaedrus, *Fabulae* 4:23:1.

homo homini lupus (L) =lupus (est) homo homini.

homo sum; humani nihil a me alienum puto (L) I am a man, and I count nothing human indifferent to me. —Terence, *Heautontimormenos* 1:1:25.

homo trium litterarum (L: man of three letters (=*fur* thief) a thief —Plautus, *Aulularia* 4:46.

homo unius libri (L) a man of one book (Thomas Acquinas の「学者」の定義).

honesta mors turpi vita potior (L) An honorable death is better than a base life. —Tacitus, *Agricola* 33:25.

honi soit qui mal y pense (F) Shame be to him who thinks evil of it. (ガーター勲爵士団 (the Order of the Garter) のモットー).

honos alit artes (L) Honor nourishes the arts. —Cicero, *Disputationes Tusculanae* 1:2:4.

honos habet onus (L: honor has its burden) Honor is burdened with responsibility.

hora fugit (L) =fugit hora.

horresco referens (L) I shudder to tell it. —Virgil, *Aeneis* 2:204.

humanum est errare (L) To err is human. —Hieronyms, *Epistulae* 57:11 (cf. errare est humanun; hominis est errare).

hunc tu, Romane, caveto (L) Roman, beware of that man. —Horace, *Satirae* 1:4:85.

hurtar para dar por Dios (Sp.) to steal in order to give to God.

ich dien (G) I serve. (Prince of Wales のモットー).

idem velle atque idem nolle (L) to like and dislike the same thing —Sallust, *Catilina* 20:4.

Iesus Hominum Salvator (L) Jesus, (the) Savior of Men (⇨ 本文 IHS).

ignorantia legis neminem excusat (L) Ignorance of the law excuses no one.

ignoti nulla cupido (L: (there is) no desire for what is unknown) Where ignorance is bliss, it is folly to be wise. —Ovid, *Ars Amatoria* 3:397.

i gran dolori sono muti (It.) Great griefs are silent.

Ilias kakōn (Gk) an Iliad of woes; a host of evils.

Ilias malorum (L) =Ilias kakōn.

il n'y a que le premier pas qui coûte (F) It is only the first step that costs. (Mme. du Deffand の 1763年7月7日付 d'Alembert 宛の手紙から).

il sent le fagot (F: he smells of the faggot) He savors of heresy. (異端者を火刑にする時の薪の束から).

ils n'ont rien appris ni rien oublié (F) They have learned nothing and forgotten nothing. (フランスの亡命貴族, 特に Bourbons 家の人をさして言う).

imitatores, servum pecus (L) You imitators, you servile herd. —Horace, *Epistulae* 1:19:19.

immedicabile vulnus (L) an incurable wound; an irreparable injury —Ovid, *Metamorphoses* 1:190.

imo pectore (L) from the bottom of one's heart

— Virgil, *Aeneis* 11 : 377.
imponere Pelio Ossam [Olympo] (L) to pile Pelion on Ossa [Olympus] — Virgil, *Georgica* 1 : 281.
in articulo mortis (L : in the article of death) at the point of death ; in the last struggle.
in caelo quies [salus] (L) In heaven is rest [salvation].
incedis per ignis suppositos cineri doloso (L) You walk on fires covered with treacherous ash. — Horace, *Odae* 2 : 1 : 7-8.
in Christi nomine (L) in the name of Christ (略 I.C.N.).
incidis in Scyllam cupiens vitare Charybdim (L) You fall a prey to Scylla trying to avoid Charybdis. (cf.「前門の虎, 後門の狼」).
incredulus odi (L) Being incredulous, I cannot endure it. — Horace, *Ars Poetica* 188.
inde irae (L) hence this resentment — Juvenal, *Satirae* 1 : 168.
industriae nil impossibile (L) Nothing is impossible to industry.
in excelsis (L) in the highest ; on the heights.
infandum, regina, jubes renovare dolorem (L) You command me, O Queen, to revive unspeakable grief. — Virgil, *Aeneis* 2 : 3.
in hoc signo vinces (L) By this sign (=the Cross) thou shalt conquer. (Constantine 大帝のモットー : Constantine 大帝は 312 年ローマへ向けて進軍中, この言葉が空で燃える十字架の下に現われるのを見, キリスト教に改宗したという ; 略 I.H.S.V. ; ⇨ 本文 IHS).
in initio (L) in the beginning (略 in init.).
in manus tuas commendo spiritum meum (L) Into Thy hands I commend my spirit. — *Luke* 23 : 46 (十字架上のイエスの最後の言葉).
in medio tutissimus ibis (L) The middle course is the safest. — Ovid, *Metamorphoses* 2 : 137.
inopem me copia fecit (L) Abundance has made me poor. — Ovid, *Metamorphoses* 3 : 466.
inops, potentem dum vult imitari, perit (L) The poor man, who imitates the powerful, is lost. — Phaedrus, *Fabulae* 1 : 24 : 1.
in partibus infidelium (L) in the countries of unbelievers (カトリックで異教国のことをいう ; 名儀司教 (titular bishop) などの正式名称につけられる ; 略 i.p.i.).
instar omnium (L) worth all (the rest) ; as good as all — Cicero, *Brutus* 51 : 191.
in te, Domine, speravi (L) In thee, O Lord, have I put my trust. — *Ps.* 31:1 (Vulgate では 30:2).
integer vitae, scelerisque purus (L) blameless in life and clear of crime — Horace, *Odae* 1 : 22 : 1.
inter arma silent leges (L) In time of war the laws are silent. — Cicero, *Oratio pro Milone* 4 : 11.
inter canem et lupum (L : between the dog and the wolf) at twilight.
interdum vulgus rectum videt (L) Sometimes the public see things aright. — Horace, *Epistulae* 2 : 1 : 63.
inter pocula (L) over one's cups ; between cups — Persius, *Satirae* 1 : 30 (食後, 酒を汲み交わしながら芸術などを論じること).
inter spem et metum (L) between hope and fear.
invita Minerva (L : Minerva being unwilling) uninspired ; without capacity or genius — Horace, *Ars Poetica* 385.
ira furor brevis est (L) Anger is a brief madness. — Horace, *Epistulae* 1 : 2 : 62.
ita lex scripta (L) Thus the law (stands) written.

jam proximus ardet Ucalegon (L) Already the neighboring Ucalegon('s house) blazes. — Virgil, *Aeneis* 2 : 311.
jam redit et Virgo, redeunt Saturnia regna (L) Now the Virgin and the Saturnian [Golden] age return. — Virgil, *Eclogae* 4 : 6.
jam satis(, ohe!) (L) Enough now of this(, stop !).
janius clausis (L : with closed doors) in secret.
jeu de mains (F) a practical joke ; a horseplay.
joci causa (L) for the joke.
judex damnatur cum [ubi] nocens absolvitur (L) The judge is condemned when the guilty man is acquitted. — Syrus.
judicium parium aut leges terrae (L) the judgment of (one's) peers or the laws of the land — *Magna Charta* Ch. 39.
jure divino (L) by divine law.
jure humano (L) by human law.
juris utriusque doctor (L) a doctor of both (*i.e.* canon and civil) laws (略 J.U.D. ; cf. doctor utriusque legis).
jus et norma loquendi (L) the law and rule of speech — Horace, *Ars Poetica* 72.
jus summum saepe summa malitia est (L) Extreme law is often extreme wrong. — Terence, *Heautontimormenos* 4 : 5 : 48 (cf. summum jus, summa injuria).
juste milieu (F) the golden mean.
justitia omnibus (L) justice for all (米国 Washington, D. C. のモットー).
justum et tenacem propositi virum (L) a man who is upright and tenacious of his purpose — Horace, *Odae* 3 : 3 : 1.
j'y suis, j'y reste (F) Here I am, here I stay. (1855 年, Crimea 戦争で Malakoff の要塞を放棄するように勧められた時の MacMahon の言葉).

kairon gnōthi (Gk) Know your opportunity. — Diogenes Laertius, *Lives of Eminent Philosophers* 1 : 4 : 79.
khalepa ta kala estin hopē ekhei mathein (Gk) Whatever is good to know is difficult to learn. — Plato, *Cratylus* 1 : 384, B.
ktēma es aei (Gk) a possession for all time — Thucydides, *History of the Peloponnesian War* 1 : 22 : 21-22 (価値が長く持続するような文芸のこと).

labitur et labetur in omne volubilis aevum (L) It (=The stream) glides on, and will glide on for ever. — Horace, *Epistulae* 1 : 2 : 43.
laborare est orare (L) To labor is to pray.
labor ipse voluptas (L) Labor itself is a pleasure.
labor omnia vincit (L) Labor overcomes all (difficulties). — Virgil, *Georgica* 1 : 145 (米国 Oklahoma 州のモットー).
laborum dulce lenimen (L) the sweet solace of labors — Horace, *Odae* 1 : 32 : 14 (lyre を指す).
la donna é mobile (It.) Woman is fickle.
la fortune passe partout (F) Fortune passes everywhere. (人生の起伏は誰にもある, の意).
l'amour et la fumée ne peuvent se cacher (F) Love and smoke cannot be hidden.
la patience est amère, mais son fruit est doux (F) Patience is bitter, but its reward is sweet. — Rousseau.
lapis philosophorum (L) the philosophers' stone.
la povertà è la madre di tutte le arti (It.) Poverty is the mother of all the arts.
l'appétit vient en mangeant (F) Appetite comes with eating. — Rabelais, *Gargantua* Ch. 5. (持てば持つほど欲が深くなる, の意).
la propriété c'est le vol (F) Property is theft. — Pierre Joseph Proudhon, *Qu'est-ce que la Propriété*.
lapsus calami [linguae, memoriae] (L) a slip of the pen [tongue, memory].
lasciate ogni speranza, voi ch'entrate (It.) Abandon all hope, ye who enter here. — Dante, *Inferno* 3 : 9 (地獄への門の上にある銘より).
lateat scintillula forsan (L) Perhaps a little spark (of life) may lie concealed. (王立投身者救助会 (the Royal Humane Society) のモットー).
latet anguis in herba (L) A snake lies hidden in the grass. — Virgil, *Eclogae* 3 : 93 (花や苺を摘む者たちへの警告の言葉).
laudator temporis acti (L) one who praises past times — Horace, *Ars Poetica* 173.
leben sie wohl! (G) Farewell!
lector benevole (L) Kind reader!
leges mori serviunt (L) Laws are subservient to custom. — Plautus, *Trinummus* 4 : 3 : 36.
le grand Monarque (F) the Great Monarch (Louis 十四世のこと).
le monde est le livre des femmes (F) The world is women's book. — Rousseau, *Émile* 5.
le roi est mort, vive le roi (F) The king is dead, long live the (new) king [his successor]!
les absents ont toujours tort (F) The absent are always in the wrong. (cf. Néricault-Destouches, *L'Obstacle imprévu* 1 : 6).
les murailles ont des oreilles (F) Walls have ears. (cf.「壁に耳あり, 障子に目あり」).
le style est l'homme (même) (F) The style is the man himself. (1753 年 8 月 25 日 Academy での Buffon の演説から ; 通例 **le style c'est l'homme** という).
l'état, c'est moi (F) The state, it is I. (Louis 十四世の言葉).
le vrai n'est pas toujours vraisemblable (F) Truth does not always seem probable. (事実は小説より奇なり, の意).
lex non scripta (L : unwritten law) common law.
lex scripta (L : written law) statute law.
l'homme propose, et Dieu dispose (F) Man proposes, but God disposes ; when Heaven appoints man must obey.
licentia vatum (L) the license allowed to poets ; poetical license.
limae labor et mora (L : the labor and delay of the file) the slow and laborious polish of a literary work — Horace, *Ars Poetica* 291.
limbus fatuorum [infantum] (L) the paradise of fools [children].
litem lite resolvere (L) to settle strife by strife, to end one controversy by another — Horace, *Satirae* 2 : 3 : 103.
lit(t)era scripta manet (L) The written word remains.
locus communis (L : commonplace) a place of the dead ; a public place ; (通例, 複数形 **loci communes** で) general arguments.
longissimus dies cito conditur (L) The longest day quickly comes to an end. — Pliny (the Younger), *Epistulae* 9 : 36 : 4.
lucidus ordo (L) clearness of order ; a perspicuous arrangement — Horace, *Ars Poetica* 41.
l'union fait la force (F) Union makes strength (ベルギーのモットー).
lupus (est) homo homini (L) Man is a wolf to his fellow man. — Plautus, *Trinummus* 2 : 4 : 46 (cf. homo homini lupus).
lupus in fabula (L : wolf in the fable) Talk of the devil and he will appear. — Terence, *Adelphi* 4 : 1 : 21 (噂をすると姿を現わした昔話の中の狼から).
lux in tenebris (L) light in darkness — *John* 1 : 5.

macte virtute (L) Be increased in your virtue! ; Well done! ; Good luck! — Livy, *Historia* 7 : 36 : 5 ; Cicero, *Disputationes Tusculanae* 1 : 17.
maestro di color che sanno (It.) the master of those that know (Dante が Aristotle についてのべた言葉).
magna civitas magna solitudo (L) A great city (is) a great solitude (cf. megalē polis, megalē erēmia).
magnae spes altera Romae (L) a second hope of mighty Rome — Virgil, *Aeneis* 12 : 168 (Aeneas の息子 Ascanius についてのべた言葉 ; 前途有望な若者について用いる).
magna est veritas, et praevalet (L) Mighty is the truth, and it prevails. — 3 *Esdras* 4 : 41 (通例 praevalet の代りに praevalebit 'it will prevail' を用いる).
magna est vis consuetudinis (L) Great is the power of habit. (cf. Cicero, *Disputationes Tusculanae* 2 : 15).
magnas inter opes inops (L) poor in the midst of great wealth — Horace, *Odae* 3 : 16 : 28.
magni nominis umbra (L) the shadow of a mighty name — Lucan, *Pharsalia* 1 : 135.
magnos homines virtute metimur, non fortuna (L) Great men we estimate by virtue, not by success. — Cornelius Nepos.
malade imaginaire (F) one who fancies himself an invalid ; a hypochondriac (cf. Molière, *Le Malade imaginaire* (1673)).
mali principii malus finis (L) the bad end of a bad beginning.
malis avibus (L : with unlucky birds) under bad auspices (鳥占いから).
materiam superabat opus (L) The workmanship was better than the material. — Ovid, *Metamorphoses* 2 : 5.
matre pulchra filia pulchrior (L) a daughter more beautiful than her beautiful mother — Horace, *Odae* 1 : 16 : 1.
maxima debetur puero reverentia (L) The greatest reverence is due to (the innocence of) a child. — Juvenal, *Satirae* 14 : 47.
mea virtute me involvo (L) I wrap myself up in my virtue. — Horace, *Odae* 3 : 29 : 54-55.
mēden agen (Gk) (Let there be) nothing in excess. — Solon (cf. ne quid nimis).
medice, cura teipsum (L) Physician, heal thyself. — *Luke* 4 : 23.
medio tutissimus ibis (L) You will travel safest in a middle course. — Ovid, *Metamorphoses* 2 : 137.
megalē polis, megalē erēmia (Gk) A great city is a great solitude. (cf. magna civitas, magna solitudo).
mehr Licht! (G) More light! (Goethe の最後の言葉).
me judice (L : I being judge) in my opinion.
mens aequa (rebus) in arduis (L) an even mind in difficulties (Calcutta にある Warren Hastings の肖像の銘 ; cf. aequam memento rebus in arduis servare mentem).
mensa et toro (L) ⇨ a mensa et t(h)oro.
mens agitat molem (L) A mind moves the mass. — Virgil, *Aeneis* 6 : 727.
mens sibi conscia recti (L : mind conscious to itself of rectitude) a good conscience — Virgil, *Aeneis* 1 : 604 (cf. conscia mens recti famae mendacia risit).
merum sal (L) pure salt ; true wit.
metiri se quemque suo modulo ac pede verum est (L) It is just that every man should measure himself according to his own measure or standard. — Horace, *Epistulae* 1 : 7 : 98.
mikron apo tou hēliou metastēthi (Gk)

Stand a little out of my sunshine. — Plutarch, *Alexander* 14 : 3 (Diogenes が Alexander 大王から臣従を求められた時の返答という).
miseris succurrere disco (L) I am learning to succor the miserable. — Virgil, *Aeneis* 1 : 630.
mollissima fandi tempora (L) the most favorable times for speaking — Virgil, *Aeneis* 4 : 293.
montani semper liberi (L) Mountaineers (are) always freemen. (米国 West Virginia 州のモットー).
monumentum aere perennius (L) ⇨ exegi monumentum aere perennius.
more majorum (L) after the manner of the ancestors.
morituri morituros salutant (L) Those about to die salute those about to die. (↓)
morituri te salutamus (L) We who are about to die salute thee. (cf. ave, Imperator, morituri te salutant).
mors janua vitae (L) Death is the gate of life; everlasting life. (cf. St. Bernard of Clairvaux, *In transitu S. Malachi, sermo* 1 : 2 : 4).
mors omnibus communis (L) Death is common to all men.
mos pro lege (L) Usage has the force of law. (cf. leges mori serviunt).
multum legendum esse non multa (L) Read much not many (books). — Pliny (the Younger), *Epistulae* 7 : 9.
munus Apolline dignum (L) a gift worthy of Apollo — Horace, *Epistulae* 2 : 1 : 216.
mutato nomine, de te fabula narratur (L) With a mere change of name, the fable applies to you. — Horace, *Satirae* 1 : 1 : 69.

naturam expellas [expelles] furca, tamen usque recurret (L) You may drive out Nature with a pitchfork, but she will always come back. — Horace, *Epistulae* 1 : 10 : 24.
natura non facit saltum [saltus] (L) Nature makes no leaps; nature works uniformly.
nec deus intersit nisi dignus vindice nodus (inciderit) (L) Let not a god intervene unless a knot occur worthy such a deliverer (=god). — Horace, *Ars Poetica* 191-92 (劇作についての注意).
ne cede malis, sed contra audentior ito (L) Do not yield to misfortunes; on the contary, go more boldly to meet them. — Virgil, *Aeneis* 6 : 95.
necessitas non habet legem (L) Necessity has [knows] no law.
nec habeo, nec careo, nec curo (L) I have not, I want not, I care not.
nec mora, nec requies (L) neither delay nor rest; without intermission — Virgil, *Georgica* 3 : 110.
nec pluribus impar (L) no unequal match for several (suns); a match for the whole world (Louis 十四世のモットー).
nec scire fas est omnia (L) Nor is it lawful to know all things. — Horace, *Odae* 4 : 4 : 22.
nefasti dies (L) =dies nefasti.
ne fronti crede (L) Don't trust to appearances. (cf. nimium ne crede colori).
nekros ou daknei (Gk: dead man bites not) Dead men tell no lies. — Plutarch *Pompeius* 77.
nemine contradicente (L: no one speaking in opposition) without opposition (略 nem. con.).
nemo me impune lacessit (L) No one provokes me with impunity. (スコットランド王及びあざみ勲爵士団 (the Order of the Thistle) のモットー).
nemo mortalium omnibus horis sapit (L: no mortal is wise at all times) The wisest may make mistakes. — Pliny (the Elder), *Historia Naturalis* 7 : 41 : 2.
nemo repente fuit turpissimus (L) No man becomes a villain all at once. — Juvenal, *Satirae* 2:83.
nemo tenetur ad impossibile (L) No one is bound by what is impossible.
ne plus ultra (L: not more beyond) the uttermost point; acme.
ne quid nimis (L) (Let there be) nothing in excess. — Terence, *Andria* 1 : 1 : 34 (cf. mēden agen).
nervi belli pecunia infinita (L) Endless money is the sinews of war. (cf. Cicero, *Orationes Philippicae* 5 : 2 : 5).
nessuna nuova, buona nuova (It.) =nulla nuova, buona nuova.
nessun maggior dolore che ricordarsi del tempo felice nella miseria (It.) (There is) no greater sorrow than to remember happy days in present misery. — Dante, *Inferno* 5 : 121-23.
ne sutor supra crepidam judicaret (L: let not the shoemaker criticize beyond his last) Let the cobbler stick to his last. — Pliny (the Elder), *Historia Naturalis* 35 : 36 (画家の Apelles が, 靴の描き方だけでなく絵画自体を批判した靴職人に言った言葉).
nihil sub sole novum (L) (There is) nothing new under the sun. — *Eccles.* 1 : 9 (Vulgate では 1 : 10).
nihil tetigit quod non ornavit (L) He touched nothing without embellishing it. (Westminster Abbey にある Oliver Goldsmith 記念碑の Dr. Johnson による銘: *Qui nullum fere scribendi genus non tetigit, nullum quod tetigit non ornavit* 'Who left scarcely any kind of writing untouched, and nothing touched that he did not adorn' から).
nil actum credens [reputans] dum [cum, quum] quid superesset agendum (L) believing nothing done while anything was left to be done — Lucan, *Pharsalia* 2 : 657.
nil conscire sibi, nulla pallescere culpa (L) to have no guilt at heart, to turn pale at no crime — Horace, *Epistulae* 1 : 1 : 61.
nil consuetudine majus (L) (There is) nothing greater than custom. (cf. Ovid, *Ars Amatoria* 2 : 345).
nil desperandum (L) Never despair; there is no reason to despair. — Horace, *Odae* 1 : 7.
nil nisi cruce (L) nothing but by the Cross; no reward without suffering (cf. *Gal.* 6 : 14).
nil sine numine (L) nothing without the divine will (米国 Colorado 州のモットー).
nimium ne crede colori (L) Do not trust too much to appearances. — Virgil, *Aeneis* 2 : 17 (cf. ne fronti crede).
nisi Dominus frustra (L) Unless the Lord (build the house, they labor) in vain (that build it). — *Ps.* 127 : 1 (Vulgate では 126 : 1; Edingburgh 市のモットー).
nitor in adversum (L) I strive in the opposite direction. — Ovid, *Metamorphoses* 2 : 72.
nomen atque omen (L) a name and also an omen; an ominous name — Plautus, *Persa* 4 : 4 : 73.
non Angli sed angeli (L) Not Angles but angels. (奴隷市で売られていた美しい若者がアングル族 (Angles) の出身であると聞いて, 教皇 Gregory 一世がのべたと伝えられる言葉; cf. Bede, *Historia Ecclesiastica* 2 : 1).
non cuivis homini contingit adire Corinthum (L) It is not every man's lot to go to Corinth. — Horace, *Epistulae* 1 : 17 : 36 (Corinth は奢侈の町として有名; すべての人が, 善行の報いを得ることができるわけではない, の意).
non expedit (L) It is not expedient. (カトリック教徒がイタリアにおける政治的選挙に参加することを禁じる 1874 年教皇庁内赦院 (Sacred Penitentiary) から出された命令 (教皇 Pius 十世により解禁); 本来は一般的に, ローマ教皇が問い合せに対して否定的な答えをする時, その理由をあげる冒頭の言葉; cf. Seneca, *De Ira* 3 : 11).
non ignara mali, miseris succurrere disco (L) Not unacquainted with misfortune, I learn to succor [befriend] the wretched. — Virgil, *Aeneis* 1 : 630.
non multa, sed multum (L) not many but much (cf. multum legendum esse non multa).
non omnia possumus omnes (L) We cannot all do everything. — Virgil, *Eclogae* 8 : 63.
non omnis moriar (L) I shall not wholly die. — Horace, *Odae* 3 : 30 : 6.
non quis, sed quid (L: not who, but what) not the person, but the deed.
non sibi, sed patriae (L) not for himself, but for his native land (cf. Cicero, *De Finibus* 2 : 14 : 45).
non sum qualis eram (L) I am not now what I once was. — Horace, *Odae* 4 : 1 : 3.
non tali auxilio (L) not (for) such aid as this — Virgil, *Aeneis* 2 : 521.
nonumque prematur in annum (L) And let it (=your piece) be kept until the ninth year. — Horace, *Ars Poetica* 388.
nosce te ipsum [teipsum] (L) Know thyself. (cf. gnōthi seauton).
noscitur a [ex] sociis (L) A man is known by his companions.
nous avons changé tout cela (F) We have changed all that. — Molière, *Le Médecin malgré lui* 2 : 4.
nous verrons (ce que nous verrons) (F) We shall see (what we shall see).
nulla dies sine linea (L) no day without a line [without something done] (勤勉な画家についてのべた言葉; cf. Pliny (the Elder), *Historia Naturalis* 35 : 10 : 36).
nulla nuova, buona nuova (It.) No news is good news.
nulli secundus (L) second to none — Appuleius, *Florida* 1 : 9 : 32.
nullius addictus [adductus] jurare in verba magistri (L) not bound to swear to the words of any master; to follow no one blindly — Horace, *Epistulae* 1 : 1 : 14.
nullum quod tetigit non ornavit (L) =nihil tetigit quod non ornavit.
nunc aut nunquam (L) now or never.
nunc est bibendum (L) Now is the time for drinking. — Horace, *Odae* 1 : 37 : 1.
nunquam minus solus quam cum solus (L) Never less alone than when alone. (cf. Cicero, *De Officiis* 3 : 1 : 1).
obsta principiis (L) =principiis obsta.
oderint dum metuant (L) Let them hate so long as they fear. — Accius, *Atreus*, Fragment 4 (cf. Cicero: *Orationes Philippicae* 1 : 14 : 34).
odi profanum vulgus et arceo (L) I hate the vulgar rabble and keep them far away. — Horace, *Odae* 3 : 1 : 1.
O fama ingens, ingentior armis! (L) O great by fame, greater in arms. — Virgil, *Aeneis* 11 : 124.
O fortunatos nimium, sua si bona norint, agricolas (L) O too happy farmers, if they but knew their blessings. — Virgil, *Georgica* 2 : 458.
ohne Hast, (aber) ohne Rast (G) without haste, without rest (Goethe のモットー; もと太陽についてのべた言葉).
omne ignotum pro magnifico (L) Everything unknown is thought to be splendid. — Tacitus, *Agricola* 30.
omne tulit punctum qui miscuit utile dulci (L) He has gained every point who has blended the useful and the agreeable. — Horace, *Ars Poetica* 343.
omnia mors aequat (L) Death renders all equal. — Claudianus, *De Raptu Proserpinae* 2 : 302.
omnia munda mundis (L) To the pure all things are pure. — *Titus* 1 : 15.
omnia praeclara (sunt) rara (L) All excellent things are rare. — Cicero.
omnia vanitas (L) All is vanity. — *Eccles.* 1 : 2.
omnia vincit amor, nos et cedamus amori (L) Love conquers all things, let us, too, yield to love. — Virgil, *Eclogae* 10 : 69 (cf. amor vincit omnia).
omnia vincit labor (L) =labor omnia vincit.
omnibus idem (L) the same to all men — Virgil, *Aeneis* 10 : 112.
omnis amans amens (L) Every lover is demented.
on connaît l'ami au besoin (F) =au besion l'on connaît l'ami.
opprobrium medicorum (L) the reproach of physicians (不治の病気について言う).
optat ephippia bos piger, optat arare caballus (L: the lazy [fat] ox desires horse's trappings, and the horse desires to plow) No one is content with his condition. — Horace, *Epistulae* 1 : 14 : 43.
O quam cito transit gloria mundi! (L) O how quickly passes away the glory of the world! — Thomas à Kempis, *De Imitatione Christi* 1 : 3 : 6.
orator fit, poeta nascitur (L) An orator is made, a poet is born. (cf. poeta nascitur, non fit).
ore rotundo (L: with rounded mouth) with well-turned speech; eloquently — Horace, *Ars Poetica* 323.
oro y plata (Sp.) gold and silver (米国 Montana 州のモットー).
O sancta simplicitas! (L) O sacred simplicity! (John Huss の最後の言葉; 主に無邪気な言行を冷笑する時に用いる).
O tempora! O mores! (L: o the times! o the manners!) What an age we live in! — Cicero, *Orationes in Catilinam* 1 : 1 : 2.
otia dant vitia (L) Leisure begets vice. (cf. homines nihil agendo discunt malum agere).
ouketi pista gunaixin (Gk) No longer are women trustworthy. — Homer, *Odyssea* 11 : 456.

pallida mors aequo pulsat pede pauperum tabernas regumque turres (L) Pale Death, with impartial step, knocks at the cottages of the poor and the palaces of kings. — Horace, *Odae* 1 : 4 : 13-14.
palmam qui meruit ferat (L) Let him bear the palm who has deserved it. (Lord Nelson のモットー; palm は勝利の象徴).
panem et circenses (L: bread and games) food and recreation at public expense — Juvenal, *Satirae* 10 : 81.
parce, precor, precor (L) Be merciful, I beg, I beg! — Horace, *Odae* 4 : 1 : 2 (**parce, parce, precor** ともいう).
parcere subjectis et debellare superbos (L) To spare the vanquished and to subdue the proud. — Virgil, *Aeneis* 6 : 853.
par nobile fratrum (L: noble pair of brothers) a well-matched pair; two just alike — Horace, *Satirae* 2 : 3 : 243.
Parthis mendacior (L) more mendacious [lying] than the Parthians — Horace, *Epistulae* 2 : 1 : 112.
parturiunt [parturient] montes, nascetur ridiculus mus (L) The mountains are in labor and the result will be a ridiculous mouse. — Horace, *Ars Poetica* 139 (cf.「大山鳴動して鼠一匹」).
parvis componere magna (L) to compare great things with small — Virgil, *Eclogae* 1 : 23.

paulo maiora canamus (L) Let us sing somewhat loftier things. — Virgil, *Eclogae* 4 : 1.

pax huic domui (L) Peace be to this house. — *Matt.* 10 : 12 ; *Luke* 10 : 5.

Pelio imponere Ossam (L : to pile Ossa on Pelion) to aggravate what is already aggravated (cf. L *Pelion imposuisse Olympo* 'to have piled Pelion on Olympus' — Horace, *Odae* 3 : 4 : 52).

per angusta ad augusta (L) through trial to honors.

per aspera ad astra (L : through hardships to the stars) through suffering to renown (cf. Seneca, *Hercules Furens* 437 ; ad astra per aspera).

pereant qui ante nos nostra dixerunt (L) May they perish who have said our good things before us. — Donatus ; St. Augustine.

per mare, per terras [terram] (L) over sea and over land — Ovid, *Heroides* 14 : 101.

per varios casus, per tot discrimina rerum (L) Through various accidents, through so many crises of fortune — Virgil, *Aeneis* 1 : 204.

pharmakon nēpenthes (Gk) a drug that kills sorrow ; the nepenthe of gods.

plus ça change, plus c'est la même chose (F : the more it changes, the more it is the same thing) No superficial change alters its essential nature.

poesis est vinum daemonum (L) Poetry is devil's wine. — St. Augustine.

poeta nascitur, non fit (L) The poet is born, not made. (cf. orator fit, poeta nascitur).

populus vult decipi, (ergo) decipiatur (L) The people wish to be deceived, (therefore) let them be decived.

porro unum est necessarium (L) But one thing is necessary. — *Luke* 10 : 42 (Duke of Wellington のモットー).

possunt quia posse videntur (L : they are able because they seem (to themselves) to be able) They can, because they think they can. — Virgil, *Aeneis* 5 : 231.

post equitem sedet atra cura (L : black care sits behind the horseman) Even the rich man on horseback cannot escape his cares. — Horace, *Odae* 3 : 1 : 40.

post factum nullum consilium (L) After the deed no counsel is of avail.

presto maturo, presto marcio (It.) Soon ripe, soon rotten.

pretium laborum non vile (L) The value of labor (is) not trifling. (黄金羊毛勲爵士団 (the Order of the Golden Fleece) のモットー).

principia, non homines (L) principles, not men.

principiis obsta (L) Resist the first beginnings. — Ovid, *Remedia Amoris* 91 (cf. venienti occurrite morbo).

prior tempore, prior jure (L) First in time, first by right ; first come first served.

pristinae virtutis memores (L) mindful of the valor of former days — Sallust, *Catilina* 60.

pro aris et focis (L : for altars and hearths) for religious and civil liberty — Cicero, *De Natura Deorum* 3 : 40 : 94.

probitas laudatur et alget (L) Honesty is praised, and freezes [left to starve]. — Juvenal, *Satirae* 1 : 74 (cf. virtus laudatur et alget).

procul, o procul este, profani (L) Hence, oh get hence, ye profane [uninitiated]. — Virgil, *Aeneis* 6 : 258.

pro Deo et ecclesia (L) for God and the Church.

profanum vulgus (L) ⇨ odi profanum vulgus et arceo.

proprie communia dicere (L) to utter commonplaces as one's own — Horace, *Ars Poetica* 128.

pro rege, lege, et grege (L) for the king, the law, and the people.

pulvis et umbra sumus (L) We are but dust and shadow. — Horace, *Odae* 4 : 7 : 16.

quae fuerant vitia mores sunt (L) What were once vices are now customs [fashions]. — Seneca, *Epistulae* 4 : 10.

qualis rex, talis grex (L) like king, like people.

quandoque bonus dormitat Homerus (L) Even good Homer sometimes nods ; the wisest make mistakes. — Horace, *Ars Poetica* 359.

quantum mutatus ab illo! (L) How changed from what he (=Hector) once was! — Virgil, *Aeneis* 2 : 274.

que diable allait-il faire dans cette galère? (F) What the devil was he going to do in that galley? — Molière, *Les Fouberies de Scapin* 2 : 7.

quem di diligunt adolescens moritur (L) He whom the gods love dies young. — Plautus, *Bacchides* 4 : 7 : 18.

quem Jupiter [Deus] vult perdere, prius dementat (L) Whom Jupiter [God] means to destroy he first makes mad.

quicquid delirant reges, plectuntur Achivi (L) Whatsoever foolish thing the kings do, it is the Achaeans [the people] who must suffer. — Horace, *Epistulae* 1 : 2 : 14.

quicunque vult servari (L) Whosoever will be saved. (アタナシオス信条 (Athanasian Creed) の冒頭句).

qui desiderat pacem, praeparet bellum (L) Who desires peace, let him make ready for war. — Vegetius, *De Re Militari* 3. Prologue (cf. si vis pacem, para bellum).

quid pro quo (L) something in return ; an equivalent.

quid rides? mutato nomine, de te fabula narratur (L) Why do you laugh? Change but the name, and the tale is told of you. — Horace, *Satirae* 1 : 1 : 69–70.

qui laborat, orat (L) He who labors, prays. — St. Augustine (cf. laborare est orare).

qui s'excuse, s'accuse (F) He who excuses himself accuses himself.

quis separabit? (L) Who shall separate (us)? (聖パトリック勲爵士団 (the Order of St. Patrick) のモットー ; cf. *Rom.* 8 : 35).

qui stat, caveat ne cadat (L) Let him that standeth take heed lest he fall. (cf. *1 Cor.* 10 : 12).

qui tacet consentire videtur (L) He who keeps silence is assumed to consent ; silence gives consent. (cf. celui qui ne dit rien consent ; chi tace acconsente).

qui timide rogat, docet negare (L) He who asks timidly courts denial. — Seneca, *Hippolytus* 593–94.

qui transtulit sustinet (L) He who transplanted sustains (us). (米国 Connecticut 州のモットー).

quod non opus est, asse carum est (L) What is not necessary is dear even at a penny. — Seneca, *Epistulae* 94 : 27 (Cato の言葉として引用).

quod scripsi, scripsi (L) What I have written, I have written. — *John* 19 : 22.

quod tibi fieri non vis, alteri ne facias (L) What you do not wish done to yourself, do not to another. (cf. *Matt.* 7 : 12).

quot homines tot sententiae (L) So many men, so many minds. — Terence, *Phormio* 2 : 4 : 14 (または 454 行) ; Cicero, *De Finibus* 1 : 5 : 15 (時に誤って tot homines, tot sententiae と引用される).

quousque tandem? (L) How long, pray? ; to what lengths? — Cicero, *Orationes in Catilinam* 1 : 1 : 1.

quo vadis? (L) Whither goest thou?

rara avis in terris nigroque simillima cygno (L : a rare bird on the earth, and very like a black swan) a rare person [thing] ; a prodigy. — Juvenal, *Satirae* 6 : 165 (cf. 本文 rara avis).

reculer pour mieux sauter (F) to draw back in order to take a better leap ; await a better opportunity.

regnat populus (L) Let the people rule. (米国 Arkansas 州のモットー).

relata refero (L) I tell the tale as I heard it. — Herodotus, *Historia* 7 : 152.

religio loci (L) the religious spirit of the place — Virgil, *Aeneis* 8 : 349–50.

rem acu tetigisti (L : you have touched the matter with a needle) You have described it accurately. (cf. Plautus, *Rudens* 5 : 2 : 17 (または 1306 行)).

remis velisque (L) with oars and sails ; with all one's might (cf. Cicero, *Disputationes Tusculanae* 3 : 11 : 25).

res angusta domi (L) narrow circumstances at home ; poverty — Juvenal, *Satirae* 3 : 165.

respice finem (L) Look to the end ; consider the outcome. — *Fabulae Aesopiae* 22 : 5 (cf. L *respice funem* 《戯言》'Beware of the (hangman's) rope' ; cf. Riley, *Comedy of Errors* 4 : 4 : 40).

revenons à nos moutons (F : let us return to our sheep) Let us come back to our subject. (中世の笑劇 *L'Avocat Pathelin* から).

ridere in stomacho (L) to laugh inwardly ; to laugh in one's sleeve — Cicero, *Epistulae ad Familiares* 2 : 16 : 7 (cf. rire entre cuir et chair).

ride si sapis (L) Laugh, if you are wise. — Martial, *Epigrammata* 2 : 41 : 1.

rien n'est beau que le vrai (F) There is nothing beautiful but truth. — Boileau, *Épîtres* 9 : 43.

rira bien qui rira le dernier (F) He laughs best who laughs last.

rire entre cuir et chair (F : to laugh between skin and flesh) to laugh in one's sleeve (cf. ridere in stomacho).

risum teneatis, amici? (L) Could you help laughing, my friends? — Horace, *Ars Poetica* 5.

rixatur de lana saepe caprina (L : he often quarrels about goats' wool) He quarrels about anything. — Horace, *Epistulae* 1 : 18 : 15.

ruat caelum (L) Let the heavens fall.

ruit mole sua (L) ⇨ vis consilii expers mole ruit sua.

rus in urbe (L) the country in the town — Martial, *Epigrammata* 12 : 57 : 21.

sal Atticum (L) Attic salt [wit] ; delicate wit — Pliny (the Elder) *Historia Naturalis* 31 : 1 : 41.

salus populi suprema est lex (L) The welfare of the people is the supreme law. — Cicero, *De Legibus* 3 : 3 : 8 (**salus populi suprema lex esto** (米国 Missouri 州のモットー) ともいう).

sans peur et sans reproche (F) without fear and reproach (フランスの騎士 Bayard について用いる慣用的形容語).

satis eloquentiae [loquentiae], sapientiae parum (L) enough of eloquence [talk], but too little wisdom. — Sallust, *Catilina* 5 : 4.

satis superque (L) enough, and more than enough — Plautus, *Amphitruo* 1 : 1 : 74 ; Horace, *Epodi* 1 : 31.

satis verborum (L) enough of words ; no more need be said.

sat pulchra, si sat bona (L : fair enough if (she is) good enough) Handsome is that handsome does.

scientia est potentia (L) Knowledge is power.

securus judicat orbis terrarum (L) The whole world judges in safety. — St. Augustine, *Contra Epistulam Parmeniani* 3 : 4 : 24.

seditio civium hostium est occasio (L) The insurrection of the citizens is the opportunity of the enemy. — Syrus, *Sententiae* 900.

semel insanivimus omnes (L) We have all been mad at some time. — J. B. Mantuanus, *Ecloge* 1 : 217.

semper eadem (L) always the same (Queen Elizabeth I [Anne 女王] のモットー ; 男性の場合は **semper idem** という).

se non è vero, è ben trovato (It.) If it is not true, it is well imagined [cleverly invented].

sequiturque patrem non passibus aequis (L) He follows his father, but not with equal steps. — Virgil, *Aeneis* 2 : 724.

sero venientibus ossa (L : (only) the bones for those who come late) Those who come late get the leavings.

servare modum (L) to keep within bounds — Virgil, *Aeneis* 10 : 502 ; Lucan, *Pharsalia* 2 : 381.

servus servorum Dei (L) the servant of the servants of God ; the Pope.

sic eunt fata hominum (L) Thus go the destinies of men.

sic itur ad astra (L) Such is the way to the stars [to immortal fame]. — Virgil, *Aeneis* 9 : 641.

sic semper tyrannis (L) Ever thus to tyrants. (米国 Virginia 州のモットー).

sic transit gloria mundi (L) So earthly glory passes away. (教皇就任式の礼拝に用いる式文 ; cf. Thomas à Kempis, *De Imitatione Christi* 1 : 3 : 30).

sicut patribus sit Deus nobis (L) May God be with us, as He was with our fathers. (米国 Massachusetts 州 Boston 市のモットー).

sic volo, sic jubeo (L) Such is my will and command. (cf. stat pro ratione voluntas ; stet pro ratione voluntas).

sic vos non vobis (L) So you do not (labor) for yourselves. — Donatus, *Vita Vergilii* 17.

si Deus pro nobis [nobiscum], quis contra nos? (L) If God be for us, who shall be against us? — *Rom.* 8 : 31.

si jeunesse savait, si vieillesse pouvait (F) if youth only knew, if age only could.

sile et philosophus esto (L) Hold your tongue, and you will pass for a philosopher.

silent leges inter arma (L) =inter arma silent leges.

simile gaudet simili (L) Like loves like. (↓)

similia similibus curantur (L : like things are cured by like) Like cures like. (cf. ↑ ; cicada cicadae cara, formicae formica).

si monumentum requiris, circumspice (L) If you seek his memorial, look around. (St. Paul 大寺院の建築者 Sir Christopher Wren の墓碑銘の一部).

simplex munditiis (L) simple in elegance — Horace, *Odae* 1 : 5 : 5.

si parva licet componere magnis (L) if it be lawful to compare small things with great — Virgil, *Georgica* 4 : 176.

si quaeris peninsulam amoenam, circumspice (L) If thou seekest a beautiful peninsula, look around. (米国 Michigan 州のモットー).

siste, viator (L) Stop, traveler! (路傍の墓碑銘).

sit tibi terra levis (L) May the earth lie light upon thee. (埋葬の時の言葉 ; 略 S.T.T.L.).

si vis pacem, para bellum (L) If you want peace, be ready for war. (cf. qui desiderat pacem, praeparet bellum).

solitudinem faciunt, pacem appellant (L)

They make a desolation and call it peace. —Tacitus, *Agricola* 30.
solventur risu tabulae (L) The bills of indictment [The case] will be dismissed with laughter. —Horace, *Satirae* 2 : 1 : 86.
solvitur ambulando (L : it is solved by walking) The theoretical problem is solved by practical experiment.
spero meliora (L) I hope for better things.
spes sibi quisque (L) Let each man's hope be in himself ; let him trust to his own resources. —Virgil, *Aenesis* 11 : 309.
splendide mendax (L : splendidly lying) untruthful for a noble object —Horace, *Odae* 3 : 11 : 35 (父の命に従わず, その夫を殺さなかった Hypermnestra についてのべた言葉).
spretae injuria formae (L) the insult to her slighted beauty —Virgil, *Aeneis* 1 : 27.
stat magni nominis umbra (L) He stands the shadow of a great name. —Lucan, *Pharsalia* 1 : 135.
stat pro ratione voluntas (L) My will stands for the reason. —Juvenal, *Satirae* 6 : 223 (cf. sic volo, sic jubeo).
sta, viator, heroem calcas (L) Stop, traveler, thou treadest on a hero's dust. (cf. siste, viator).
stemmata quid faciunt? (L) What is the use of long pedigrees? —Juvenal, *Satirae* 8 : 1.
stet pro ratione voluntas (L) Let my will stand for the reason. (cf. sic volo, sic jubeo).
studium immane loquendi (L) an insatiable desire for talking —Ovid, *Metamorphoses* 5 : 678.
sua cuique utilitas (L) to everything its own use —Tacitus, *Historia* 1 : 15.
sua cuique voluptas (L) Every man has his own pleasures. (cf. trahit sua quemque voluptas).
suaviter in modo, fortiter in re (L: suavely in manner, firmly in matter) gentle in manner, resolute in execution.
summum jus, summa injuria (L) The rigor of the law is the height of injustice. (cf. Cicero, *De Officiis* 1 : 10 ; jus summum saepe summa malitia est).
sunt bona, sunt quaedam mediocria, sunt mala plura (L) Some things (in this book) are good, some middling, but more are bad. —Martial, *Epigrammata* 1 : 1 : 16.
sunt lacrimae rerum (L) There are tears for mortal things ; misfortunes call for tears. —Virgil, *Aeneis* 1 : 462.
suppressio veri suggestio falsi (L) The suppression of the truth is the suggestion of a falsehood. (cf. 本文 suppressio veri).
surgit amari aliquid (L) Something bitter arises (in the midst of happiness). —Lucretius, *De Rerum Natura* 4 : 1128.
suus cuique mos (L) Every one has his own (particular) way. —Terence, *Phormio* 2 : 3 : 14 (または 454 行).

tantaene animis caelestibus irae? (L) Can resentment so fierce dwell in heavenly breasts? —Virgil, *Aeneis* 1 : 11.
telum imbelle sine ictu (L) a feeble dart devoid of force —Virgil, *Aeneis* 2 : 544.
tempora mutantur, nos et mutamur in illis (L) The times are changed and we with them.
tempori parendum (L) We must move with the times. —Theodosius II.
tempus edax rerum (L) time the devourer of things —Ovid, *Metamorphoses* 15 : 234.
tempus omnia revelat (L) Time reveals all things. —Tertullianus, *Apologeticus* 7 ad fin.
terra es, terra ibis (L) Dust thou art, to dust thou shalt return. (cf. *Gen.* 3 : 19).
tot homines, tot [quot] sententiae (L) ⇨ quot homines, tot sententiae.
totus mundus agit histrionem (L: the whole world plays a part of an actor) All the world is a stage. —Petronius Arbiter (**totum mundum agit histrio** 'The actor plays the whole world' ともいう).
toujours perdrix (F : every day partridge) too much of a good thing ; a satiating repetition.
tout bien ou rien (F : everything well (done) or nothing (attempted)) all or nothing.
tout comprendre, c'est tout pardonner (F) To understand everything is to forgive everything.
tout le monde est sage après coup (F) Everybody is wise after the event.
traduttori traditori (It.) Translators are traitors; translation is a tricky business. (単数形で **traduttore traditore** ともいう).
trahit sua quemque voluptas (L) Each man is led by his own taste. —Virgil, *Eclogae* 2 : 65 (cf. sua cuique voluptas).
tria juncta in uno (L) Three united in one. (バス勲爵士団 (the Order of the Bath) のモットー).
Troja fuit (L : Troy was) Troy is no more. (cf. fuimus Troes ; fuit Ilium).
Tros Tyriusque mihi nullo discrimine agetur (L) Trojan and Tyrian shall be treated by me with no discrimination. —Virgil, *Aeneis* 1 : 574.
truditur dies die, novaeque pergunt interire lunae (L) One day follows hard on another and each new moon hastens to its death. —Horace, *Odae* 2 : 18 : 15-16.
tu ne cede malis (L) ⇨ ne cede malis, sed contra audentior ito.

ubi jus incertum, ibi jus nullum (L) Where the law is uncertain, there is no law.
ubi libertas, ibi patria (L) Where there is liberty, there is my country.
ubi mel, ibi apes (L : where honey is, there are bees) Where there is attraction, there will be no want of admirers. —Plautus.
ubi tres medici, duo athei (L) Where there are three physicians, there are two atheists.
ultimus Romanorum (L) the last of the Romans (Brutus が Cassius についてのべた言葉).
uni navi ne committas omnia (L) Trust not all in one ship.
unius dementia dementes efficit multos (L) The madness of one makes many mad.
un malheur ne vient jamais seul (F) Misfortunes never come singly.
un roseau pensant (F) a thinking reed —Pascal, *Pensées* 6 : 347.
urbem lateritiam invenit [accepit], marmoream reliquit (L) He (=Augustus) found the city (=Rome) built of brick, and left it in marble. (cf. Suetonius, *Vita* 2 : 28 : 3).
usque ad aras (L : even to the altars) to the last extremity ; accepting all but what is contrary to religion (cf. amicus usque ad aras).
usque ad nauseam (L : even to nausea) to a disgusting extent (cf. 本文 ad nauseam).
usus est tyrannus (L) Custom is a tyrant.
ut pictura poesis (L) Poetry is like painting. —Horace, *Ars Poetica* 361.

vade in pace (L) Go in peace. —*Exod.* 4 : 18.
vade retro me, satana (L : get thee behind me, Satan) Stop trying to tempt me. —*Matt.* 16 : 23 ; *Mark* 8 : 33.
vanitas vanitatum, et omnia vanitas (L) Vanity of vanities, all is vanity. —*Eccles.* 1 : 2.
varium et mutabile semper femina (L) A fickle and changeable thing is woman ever. —Virgil, *Aeneis* 4 : 569-70.
vedi Napoli e poi mori (It.) See Naples and then die. (cf.「日光を見ぬ中は結構というな」).
velis et remis (L) =remis velisque.
veluti in speculum (L) even as in a mirror (cf. *1 Cor.* 13 : 12).
vendidit hic auro patriam (L) He sold his country for gold. —Virgil, *Aeneis* 6 : 621.
venenum in auro bibitur (L : poison is drunk out of gold) The rich run more risk of being poisoned than the poor. —Seneca, *Thyestes* 3 : 453.
venienti occurrite morbo (L : meet the coming disease) Prevention is better than cure. —Persius, *Satirae* 3 : 64 (cf. principiis obsta).
venit summa dies et ineluctabile tempus (L) The last day has come, and the inevitable doom. —Virgil, *Aeneis* 2 : 324.
vera incessu patuit dea (L) By her gait the true goddess was revealed. —Virgil, *Aeneis* 1 : 405.
verbatim et literatim (L) word for word and letter for letter.
verbum sat sapienti (est) (L) A word is enough for the wise. —Terence, *Phormio* 3 : 3 (略 verb. sap., verb. sat. ; ⇨本文 verb. sap. ; cf. dictum sapienti (sat est)).
veritas omnia vincit (L) Truth conquers all things.
veritas praevalet (L) Truth will prevail. (cf. magna est veritas, et praevalet).
veritas vos liberabit (L) Truth will make you free. —*John* 8 : 32 (Johns Hopkins 大学のモットー).
veritatis simplex oratio est (L) The language of truth is simple. —Seneca, *Epistulae* 49 : 12.
vestigia terrent, omnia te adversum spectantia, nulla retrorsum (L) The footprints frighten me, all leading to your home, none turning back. —Horace, *Epistulae* 1 : 1 : 74-75.
via trita via tutissima (L) The beaten path is the safest.
via, veritas, vita (L) the way, the truth, the life (cf. *John* 14 : 6).
victi vincimus (L) Conquered, we conquer ; the losers win. —Plautus, *Casina* 2 : 8 : 74 (または 510 行).
victix causa deis placuit, sed victa Catoni (L : if the victor had the gods on his side, the vanquished had Cato) Noble spirits ally themselves to great causes even when there is no hope of ultimate success. —Lucan, *Pharsalia* 1 : 128.
video meliora proboque, deteriora sequor (L) I see the better and approve it, but I pursue the worse. —Ovid, *Metamorphoses* 7 : 20-21.
vidit et erubuit lympha pudica Deum (L) The modest water saw its God and blushed. (Canaan での奇跡について).
vilius argentum est auro, virtutibus aurum (L) Silver is of less value than gold, gold than virtue. —Horace, *Epistulae* 1 : 1 : 52.
vincet amor patriae (L) The love of country will prevail. —Virgil, *Aeneis* 6 : 823.
vincit omnia veritas (L) =veritas omnia vincit.
vincit qui se vincit (L) He conquers who conquers himself.
vir bonus dicendi peritus (L) a good man skilled in the art of speaking —Quintilian, *Institutiones Oratoriae* 12 : 1 : 1.
vires acquirit eundo (L) It (=fame) acquires strength as it goes. —Virgil, *Aeneis* 4 : 175.
Virgilium [Vergilium] vidi tantum (L : I just saw Virgil) I was not intimate with the great man. —Ovid, *Tristia* 4 : 10 : 51.
virtus laudatur et alget (L) Virtue is praised, and is left to starve. (cf. probitas laudatur et alget).
virtus post nummos (L : virtue after money) money first —Horace, *Epistulae* 1 : 1 : 54.
virtute et armis (L) by valor and arms (米国 Mississippi 州のモットー).
vis consilii expers mole ruit sua (L) Force without judgment falls by its own weight. —Horace, *Odae* 3 : 4 : 65.
vita brevis, ars longa (L) ⇨ars longa, vita brevis.
vita hominis sine lit(t)eris mors est (L) The life of man, without books, is death. —Seneca.
vitam impendere vero (L) to risk one's life for the truth —Juvenal, *Satirae* 4 : 91 (Rousseau の選んだモットー).
vita, si scias uti, longa est (L) Life is long, if you know how to use it. —Seneca, *De Brevitate Vitae* 2 : 1.
vivere est cogitare (L) To live is to think. —Cicero, *Disputationes Tusculanae* 5 : 38 : 111.
vivit post funera virtus (L) Virtue lives after the grave.
vixere fortes ante Agamemnona (L) There were brave men before Agamemnon. —Horace, *Odae* 4 : 9 : 25.
vogue la galère! (F : let the galley sail) Here goes! ; come what will!
volenti non fit injuria (L) No injury is done to a consenting party. —Justinian, *Digesta* 47 : 10 : 1 : 5.
volo, non valeo (L) I am willing but unable.
vox clamantis in deserto (L) the voice of one crying in the wilderness —*John* 1 : 23 ; *Matt.* 3 : 3 ; *Mark* 1 : 3 ; *Luke* 3 : 4.
vox et praeterea nihil (L : a voice and nothing more) sound without sense.
vox faucibus haesit (L) His voice stuck in his throat ; he was dumb with amazement. —Virgil, *Aeneis* 2 : 774.
vultus est index animi (L) The countenance is the index of mind. (cf. Cicero, *Orator* 18).

zonam perdidit (L) He has lost his money-belt ; he is ruined. —Horace, *Epistulae* 2 : 2 : 40.
zonam solvere (L: to untie the girdle (=mark of maidenhood)) to marry a maiden.
zōon politikon (Gk) a political animal ; a man —Aristotle, *Politica* 3 : 4 : 2.

英訳聖書 (A.V.) 書名の略形

Acts *The Acts of the Apostles*
Amos *Amos*
1 Chron. *The First Book of the Chronicles*
2 Chron. *The Second Book of the Chronicles*
Col. *The Epistle of Paul the Apostle to the Colossians*
1 Cor. *The First Epistle of Paul the Apostle to the Corinthians*
2 Cor. *The Second Epistle of Paul the Apostle to the Corinthians*
Dan. *The Book of Daniel*
Deut. *The Fifth Book of Moses, called Deuteronomy*
Eccles. *Ecclesiastes, or the Preacher*
Ephes. *The Epistle of Paul the Apostle to the Ephesians*
Esth. *The Book of Esther*
Exod. *The Second Book of Moses, called Exodus*
Ezek. *The Book of the Prophet Ezekiel*
Ezra *Ezra*
Gal. *The Epistle of Paul the Apostle to the Galatians*
Gen. *The First Book of Moses, called Genesis*
Hab. *Habakkuk*
Hag. *Haggai*
Heb. *The Epistle of Paul the Apostle to the Hebrews*
Hos. *Hosea*
Isa. *The Book of the Prophet Isaiah*
James *The General Epistle of James*
Jer. *The Book of the Prophet Jeremiah*
Job *The Book of Job*
Joel *Joel*
John *The Gospel according to St. John*
1 John *The First Epistle General of John*
2 John *The Second Epistle of John*
3 John *The Third Epistle of John*
Jonah *Jonah*
Josh. *The Book of Joshua*
Jude *The General Epistle of Jude*
Judges *The Book of Judges*
1 Kings *The First Book of the Kings*
2 Kings *The Second Book of the Kings*
Lam. *The Lamentations of Jeremiah*
Lev. *The Third Book of Moses, called Leviticus*
Luke *The Gospel according to St. Luke*
Mal. *Malachi*
Mark *The Gospel according to St. Mark*
Matt. *The Gospel according to St. Matthew*
Mic. *Micah*
Nah. *Nahum*
Neh. *The Book of Nehemiah*
Num. *The Fourth Book of Moses, called Numbers*
Obad. *Obadiah*
1 Pet. *The First Epistle General of Peter*
2 Pet. *The Second Epistle General of Peter*
Philem. *The Epistle of Paul to Philemon*
Philip. *The Epistle of Paul the Apostle to the Philippians*
Prov. *The Proverbs*
Ps. *The Book of Psalms*
Rev. *The Revelation of St. John the Divine*
Rom. *The Epistle of Paul the Apostle to the Romans*
Ruth *The Book of Ruth*
1 Sam. *The First Book of Samuel*
2 Sam. *The Second Book of Samuel*
Song of Sol. *The Song of Solomon*
1 Thess. *The First Epistle of Paul the Apostle to the Thessalonians*
2 Thess. *The Second Epistle of Paul the Apostle to the Thessalonians*
1 Tim. *The First Epistle of Paul the Apostle to Timothy*
2 Tim. *The Second Epistle of Paul the Apostle to Timothy*
Titus *The Epistle of Paul to Titus*
Zech. *Zechariah*
Zeph. *Zephaniah*

外　典 (Apocrypha)

Baruch *Baruch*
Bel and Dragon *The History of the Destruction of Bel and the Dragon*
Ecclus. *The Wisdom of Jesus the Son of Sirach, or Ecclesiasticus*
1 Esd. *I. Esdras*
2 Esd. *II. Esdras*
Judith *Judith*
1 Macc. *The First Book of the Maccabees*
2 Macc. *The Second Book of the Maccabees*
Pr. of Man. *The Prayer of Manasses*
Rest of Esther *The Rest of the Chapters of the Book of Esther*
Song of Three Children *The Song of the Three Holy Children*
Susanna *The History of Susanna*
Tobit *Tobit*
Wisd. of Sol. *The Wisdom of Solomon*